일러두기

매일경제·에프앤가이드 상장기업분석 2018년 봄호는 주식투자의 대중화 시대를 맞아 일반투자자에 대한 효율적인 정보제공을 목적으로 **매일경제신문사**가 에프앤가이드의 협조를 받아 제작했습니다.

■ **개요/재무자료** : 에프앤가이드가 보유하고 있는 기업정보 DB와 금융감독원의 공시사이트(DART)에서 최근 6개 사업연도 사업보고서 및 감사보고서를 분석해 수록, 2018년 4월 21일 현재 자료 미입수 및 자료 미제출 기업의 경우 기존 제출된 최근 보고서 기준으로 작성

■ **수록기준** : 2018년 4월 21일 현재 한국거래소 유가증권시장에 상장된 760개사, 코스닥시장에 상장된 1,231개사, 코넥스 시장에 상장된 148개사 등 총 2,139개사를 가나다순으로 수록

■ **기업명** : 해당 회사의 한글 및 영문 회사명

■ **기업코드** : 해당 회사의 보통주 기준 단축코드

■ **업종분류** : 에프앤가이드 표준산업분류 (FICS, FnGuide Industry Classification Standard) 기준

■ **신용등급** : 해당 회사의 단기(기업어음) 및 장기(회사채) 채권에 대한 국내 신용평가 3사의 유효등급 중 최저등급

국내 신용평가회사의 신용등급 체계			
구분	장기	단기	· 장기/단기는 각각 1년이상/미만 · 장기 AA~CCC와 단기 A2~B 등급에는 상대적 우열에 따라 +, − 기호 첨부
투자 등급	AAA, AA, A, BBB	A1, A2, A3	
투기 등급	BB, B, CCC, CC, C, D	B, C, D	

■ **기업규모** : 유가증권시장 소속회사는 시가총액 순위에 따라 분류, 코스닥시장 소속회사는 우량, 중견, 벤처, 신성장으로 분류 (시가총액 대형 : 1~100위, 중형 : 101~300위, 소형 : 301위 이하)

■ **홈페이지** : 해당 회사의 웹사이트 홈페이지 URL

■ **연락처** : 해당회사의 본사 대표전화번호

■ **기업개요**

· 설립일 : 법인으로 설립 혹은 전환된 날짜
· 액면가 : 2018년 4월 21일 기준 주당 액면가
· 종업원수 : 최근에 공시한 사업·반기·분기 보고서 상의 상시 종업원수(임원 제외)
· 감사의견 : 최근 사업연도 외부감사인 및 감사의견(분기·반기의 경우 직전 사업연도 외부감사인 및 감사의견 기재)
· 주식수 : 2018년 4월 21일 기준 보통주와 우선주의 총발행주식수
· 계열 : 공정거래위원회 발표 상호출자제한 기업집단 기준 소속 계열
· 구상호 : 최근 5년 이내에 상호를 변경한 회사의 직전 상호

■ **주주구성** : 데이터 마감일 기준 주요주주의 보통주 지분율과 2018년 4월 21일 기준 외국인 지분율

■ **출자관계** : 출자 관계사명, 지분율(출자액, 지분율 등 중요도 기준 상위 회사)

■ **주요 경쟁사** : 유가증권시장과 코스닥시장에 상장된 회사 중 동일 업종에 속한 회사와 각 회사의 비교가능한 외형을 기재 (제조업은 최근 사업·반기·분기 보고서 기준 매출액, 금융업종은 영업수익 또는 업종별 주요 수익 계정)

■ **매출/수익구성** : 매출비중이 높은 제품·상품·사업부문의 구성비, 금융업종은 영업수익의 구성비율

■ **비용구성** : 매출액 대비 매출원가와 판매 및 일반관리비가 차지하는 비중, 금융업종은 영업비용의 구성비율

■ **수출비중** : 사업·반기·분기 보고서 기준 매출액 대비 수출 및 내수 비중

■ **회사개요** : 사업·반기·분기 보고서에 기재된 내용을 토대로 해당 회사가 속한 업종, 해당 회사의 영업현황, 연혁, 경쟁력 등을 수록
(일부 관리종목은 회사개요를 기재하지 않음)

■ **시장 대비 수익률**

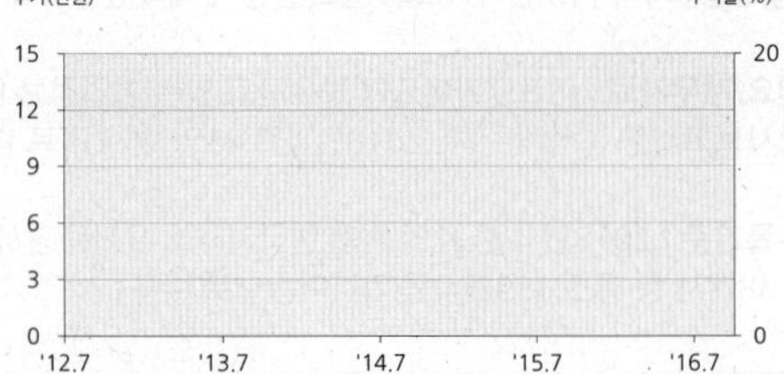

· 기간 : 2013년 1월 5일 ~ 2018년 4월 21일
· 굵은 선 : 기간 내 해당 회사(보통주)의 주간 수정 주가
· 가는 선 : 기간 내 해당 회사(보통주)의 벤치마크 지수 대비 수익률
※벤치마크 지수 대비 수익률
= 해당 회사(보통주)의 2013년 1월 5일 대비 주가 수익률
− 2013년 1월 5일 대비 KOSPI 또는 KOSDAQ 지수의 수익률

■ **IFRS의 적용**

· IFRS가 일부 유예 업종을 제외하고 전 상장사에 적용됨에 따라 본 책자에서도 IFRS를 적용한 재무제표를 수록함
· 본 책자에 수록된 재무제표는 IFRS 적용 연결재무제표를 기본으로 함
(IFRS 적용 연결재무제표 외의 재무제표를 수록하는 경우, 해당 재무제표의 구분을 별도 표기)
· IFRS 적용 기업 간 계정의 정의가 동일하지 않은 경우 해당 계정은 에프앤가이드가 정한 계정정의에 따라 표기함
따라서 해당 회사의 IFRS 적용 방식에 따라 회사가 발표한 수치와 본 책자에 표시된 내용이 상이할 수 있음
· IFRS 적용 기업의 기존 GAAP 기준 계정은 에프앤가이드의 계정정의에 따라 IFRS 기준으로 변환하여 수록함
단, 해당 회사가 IFRS 기준으로 변환 가능한 GAAP 기준 수치를 발표한 경우에 한하여 변환함
(예 : IFRS 기준 연결재무제표를 발표하는 기업이 GAAP 기준으로 연결재무제표를 발표하지 않은 경우 변환하지 않음)
· IFRS 적용 의무 및 반기·분기 보고서 제출 의무가 면제되는 코넥스 상장사의 재무제표는 IFRS 적용 여부를 무시함.

[기업가치 지표와 재무 비율]

주가관련 지표

주가(최고/최저) 기중의 보통주 최고/최저가, 주식분할/병합 시 과거 주가를 조정한 수정주가 기준

PER(최고/최저) 수정주가(최고/최저) ÷ 주당순이익

PBR(최고/최저) 수정주가(최고/최저) ÷ 주당순자산

PSR(최고/최저) 기중의 보통주 최고/최저가 ÷ 주당매출액(또는 주당영업수익)

EV/EBITDA EV ÷ EBITDA

- ○ EV(Enterprise Value) = 시가총액 + 자본총계(비지배주주지분) + 순차입금
- ○ 시가총액 = 주식수(상장예정주/우선주 포함) × 기말주가
- ○ 순차입금 = 금융부채 − (현금 및 현금성자산 + 단기금융자산)
- ※ EV 및 EBITDA는 당사의 계정 재분류 작업으로 인해 기존 과거 데이터가 변경될 수도 있음

내재가치 지표

EPS(주당순이익) 지배주주귀속당기순이익 ÷ 평균발행주식수(우선주 및 자기주식 포함)

- ○ 연결재무제표가 아닌 경우 : 당기순이익 ÷ 평균발행주식수(우선주 및 자기주식 포함)
- ○ 평균발행주식수 = (기초발행주식수 + 무상증자/주식배당/사채전환발행주식수 + 유상증자발행주식수) × (발행일로부터 기말까지의 일수) ÷ 기중총일수

BPS(주당순자산) (지배주주지분 + 자기주식) ÷ 기말발행주식수

- ○ 연결재무제표가 아닌 경우 : (자본총계 + 자기주식) ÷ 기말발행주식수

CFPS(주당현금흐름) 총현금흐름 ÷ 평균발행주식수(우선주 및 자기주식 포함)

- ○ 총현금흐름 = NOPLAT(세후영업이익) + 감가상각비
- ○ NOPLAT = 영업이익 × (1 − 법인세율)

DPS(주당배당금) 보통주 1주당 기말 현금배당금

EBITDAPS(주당EBITDA) EBITDA ÷ 평균발행주식수(우선주 및 자기주식 포함)

EBITDA 세전영업이익(EBIT) + 감가상각비

- ※ 회계상의 순이익은 회계처리방식(감가상각법 등)과 영업 외적인 요인에 의해 크게 영향 받을 수 있음에 따라 최근에는 이러한 요인에 의해 영향 받지 않는 EBITDA(Earnings Before Interest, Tax, Depreciation, Amortization)를 기업의 새로운 성과지표로 사용하는 추세임 특히 국내외 업체의 수익력 비교, 업종간 수익력 비교시에는 필수적으로 활용됨
- ※ 분기, 반기 또는 결산기 변경의 경우에도 계절적인 요인에 의한 영향을 감안하여 순이익, 현금흐름, EBITDA 등을 연간 환산하지 않음에 따라 비교시 주의해야 함

재무 비율

부채비율	부채총계 ÷ 자기자본 × 100
차입금비율	총차입금 ÷ 자기자본 × 100
ROA	당기순이익 ÷ 평균자산총계 × 100
ROE	지배주주귀속순이익 ÷ 평균지배주주지분 × 100 ○ 연결재무제표가 아닌 경우 : 당기순이익 ÷ 평균자본총계 × 100
유보율	(지배주주지분 − 자본금 − 자기주식) ÷ 자본금 × 100 ○ 연결재무제표가 아닌 경우 : (자본총계 − 자본금 − 자기주식) ÷ 자본금 × 100
자기자본비율	자본총계 ÷ 자산총계 × 100
EBITDA마진율	EBITDA ÷ 매출액 × 100
총자산증가율	(당기말총자산 − 전기말총자산) ÷ 전기말총자산 × 100

A033430 * 디에스티 210
A090710 * 디에스티로봇 211
A131030 * 디에이치피코리아 211
A196490 * 디에이테크놀로지 212
A066900 * 디에이피 212
A127120 * 디엔에이링크 213
A092070 * 디엔에프 213
A101000 * 디엠씨 214
A068790 * 디엠에스 214
A134580 * 디엠티 215
A039840 * 디오 215
A013570 디와이 216
A210540 디와이파워 216
A079810 * 디이엔티 217
A113810 * 디젠스 217
A139130 디지비금융지주 218
A043360 * 디지아이 218
A197140 ** 디지캡 219
A106520 * 디지탈옵틱 219
A068930 * 디지털대성 220
A033130 * 디지틀조선일보 220
A033310 * 디케이디앤아이 221
A105740 * 디케이락 221
A007340 디티알오토모티브 222
A187220 * 디티앤씨 222
A026890 디피씨 223
A131180 * 딜리 223

라

A042510 * 라온시큐어 224
A232680 ** 라온테크 224
A050120 * 라이브플렉스 225
A171120 * 라이온켐텍 225
A069540 * 라이트론 226
A285770 ** 라이프사이언스테크놀로지 226
A115390 락앤락 227
A200350 ** 래몽래인 227
A171010 * 램테크놀러지 228
A084650 * 랩지노믹스 228
A092590 ** 럭스피아 229
A141080 * 레고켐바이오사이언스 229
A060300 * 레드로버 230
A038390 * 레드캡투어 230
A228850 * 레이언스 231
A047440 * 레이젠 231
A238120 * 로고스바이오시스템스 232
A215100 * 로보로보 232
A090360 * 로보스타 233
A238500 ** 로보쓰리 233
A900260 * 로스웰 234
A067730 * 로지시스 234
A071280 * 로체시스템즈 235
A032350 롯데관광개발 235
A000400 롯데손해보험 236
A023530 롯데쇼핑 236
A004000 롯데정밀화학 237
A280360 롯데제과 237
A004990 롯데지주 238
A005300 롯데칠성음료 238
A011170 롯데케미칼 239
A002270 롯데푸드 239
A071840 롯데하이마트 240
A038060 * 루멘스 240
A082800 * 루미마이크로 241
A162120 ** 루켄테크놀러지스 241
A085370 * 루트로닉 242
A060240 * 룽투코리아 242
A058470 * 리노공업 243
A039980 * 리노스 243
A016100 * 리더스코스메틱 244
A197210 * 리드 244
A012700 * 리드코프 245
A131100 * 리켐 245
A277070 * 린드먼아시아 246
A042500 * 링네트 246
A219420 * 링크제니시스 247

마

A027740 마니커 247
A098120 * 마이크로컨텍솔루션 248
A147760 * 마이크로프랜드 248
A035480 * 마제스타 249
A038290 * 마크로젠 249
A204320 만도 250
A001080 만호제강 250
A267980 * 매일유업 251
A005990 * 매일홀딩스 251
A127160 * 매직마이크로 252
A093520 * 매커스 252
A141070 * 맥스로텍 253
A067280 * 멀티캠퍼스 253
A072870 * 메가스터디 254
A215200 * 메가스터디교육 254
A133750 * 메가엠디 255
A200580 ** 메디쎄이 255
A041920 * 메디아나 256
A233250 ** 메디안디노스틱 256
A236340 ** 메디젠휴먼케어 257
A086900 * 메디톡스 257
A078160 * 메디포스트 258
A065650 * 메디프론디비티 258
A015540 메디플란트 259
A138040 메리츠금융지주 259
A008560 메리츠종합금융증권 260
A000060 메리츠화재해상보험 260
A021880 * 메이슨캐피탈 261
A140410 * 메지온 261
A241770 * 메카로 262
A059210 * 메타바이오메드 262
A058110 * 멕아이씨에스 263
A096640 * 멜파스 263
A017180 명문제약 264
A267060 ** 명진홀딩스 264
A012690 모나리자 265
A005360 모나미 265
A149940 * 모다 266
A080420 * 모다이노칩 266
A080160 * 모두투어네트워크 267
A100030 * 모바일리더 267
A087260 * 모바일어플라이언스 268
A101330 * 모베이스 268
A250060 * 모비스 269
A033200 * 모아텍 269
A009680 모토닉 270
A118990 * 모트렉스 270
A006920 * 모헨즈 271
A001810 * 무림에스피 271
A009200 무림페이퍼 272
A009580 무림피앤피 272
A033920 무학 273
A008420 문배철강 273
A161570 * 미동앤씨네마 274
A279600 ** 미디어젠 274
A095500 * 미래나노텍 275
A025560 미래산업 275
A218150 * 미래생명자원 276
A007120 미래아이앤지 276
A006800 미래에셋대우 277
A085620 미래에셋생명보험 277
A028040 * 미래에스씨아이 278
A049950 * 미래컴퍼니 278
A213090 * 미래테크놀로지 279
A207760 * 미스터블루 279
A225850 ** 미애부 280
A002840 미원상사 280
A268280 미원스 281
A107590 미원홀딩스 281
A134380 미원화학 282
A003650 미창석유공업 282
A059090 * 미코 283
A214610 ** 미코바이오메드 283
A201490 * 미투온 284
A214180 * 민앤지 284

바

A206640 * 바디텍메드 285
A018700 * 바른손 285
A035620 * 바른손이앤에이 286
A064520 * 바른전자 286
A029480 * 바른테크놀로지 287
A053030 * 바이넥스 287
A084990 * 바이로메드 288
A064550 * 바이오니아 288
A222810 * 바이오닉스진 289
A208710 * 바이오로그디바이스 289
A142760 * 바이오리더스 290
A065940 * 바이오빌 290
A038460 * 바이오스마트 291
A281310 ** 바이오시네틱스 291
A217950 ** 바이오씨앤디 292
A216400 ** 바이오코아 292
A086040 * 바이오톡스텍 293
A199290 ** 바이오프로테크 293
A032980 * 바이온 294
A222160 ** 바이옵트로 294
A043150 * 바텍 295
A003610 방림 295
A267790 * 배럴 296
A001340 백광산업 296
A014580 백광소재 297
A046310 * 백금티앤에이 297
A035150 백산 298
A036620 * 버추얼텍 298
A002410 범양건영 299
A177350 * 베셀 299
A007210 벽산 300

사

A110660 ** 세신버팔로 392
A001430 세아베스틸 393
A003030 세아제강 393
A019440 세아특수강 394
A058650 세아홀딩스 394
A013000 세우글로벌 395
A100700 * 세운메디칼 395
A234100 * 세원 396
A024830 * 세원물산 396
A091090 세원셀론텍 397
A021820 세원정공 397
A067830 세이브존아이앤씨 398
A033530 세종공업 398
A135270 ** 세종머티리얼즈 399
A036630 * 세종텔레콤 399
A039310 * 세중 400
A075580 세진중공업 400
A067770 * 세진티에스 401
A053450 * 세코닉스 401
A027970 세하 402
A145210 세화아이엠씨 402
A252500 * 세화피앤씨 403
A049180 * 셀루메드 403
A108860 * 셀바스에이아이 404
A208370 * 셀바스헬스케어 404
A068270 셀트리온 405
A068760 * 셀트리온제약 405
A091990 * 셀트리온헬스케어 406
A053110 * 소리바다 406
A032680 * 소프트센 407
A210610 ** 소프트캠프 407
A066910 * 손오공 408
A043100 * 솔고바이오메디칼 408
A154040 * 솔루에타 409
A035610 * 솔본 409
A036830 * 솔브레인 410
A230980 * 솔트웍스 410
A004430 송원산업 411
A086980 * 쇼박스 411
A050960 * 수산아이앤티 412
A017550 수산중공업 412
A084180 * 수성 413
A253840 ** 수젠텍 413
A185190 ** 수프로 414
A236200 * 슈프리마 414
A094840 * 슈프리마에이치큐 415
A192440 * 슈피겐코리아 415
A099440 * 스맥 416
A033790 * 스카이문스테크놀로지 416
A159910 * 스킨앤스킨 417
A115570 * 스타플렉스 417
A258540 ** 스템랩 418
A253450 * 스튜디오드래곤 418
A087220 * 스틸플라워 419
A245030 ** 스페이스솔루션 419
A013810 * 스페코 420
A039670 * 스포츠서울 420
A049830 * 승일 421
A020710 * 시공테크 421
A033170 * 시그네틱스 422
A260870 ** 시그넷이브이 422
A246830 ** 시냅스엠 423
A048870 * 시너지이노베이션 423
A025320 * 시노펙스 424
A269620 * 시스웍 424
A131090 * 시큐브 425
A232830 ** 시큐센 425
A016590 신대양제지 426
A029530 신도리코 426
A004970 신라교역 427
A001000 * 신라섬유 427
A025870 * 신라에스지 428
A215600 * 신라젠 428
A065350 * 신성델타테크 429
A011930 신성이엔지 429
A005390 신성통상 430
A004170 신세계 430
A034300 신세계건설 431
A035510 신세계아이앤씨 431
A031430 신세계인터내셔날 432
A031440 신세계푸드 432
A006880 신송홀딩스 433
A056000 * 신스타임즈 433
A002800 * 신신제약 434
A005800 신영와코루 434
A001720 신영증권 435
A009270 신원 435
A017000 * 신원종합개발 436
A002700 신일산업 436
A012790 * 신일제약 437
A138070 * 신진에스엠 437
A019170 신풍제약 438
A002870 신풍제지 438
A005450 신한 439
A055550 신한금융지주회사 439
A001770 신화실업 440
A056700 * 신화인터텍 440
A187270 * 신화콘텍 441
A004080 신흥 441
A243840 * 신흥에스이씨 442
A108320 * 실리콘웍스 442
A222800 * 심텍 443
A036710 * 심텍홀딩스 443
A090730 * 심팩메탈 444
A160980 * 싸이맥스 444
A102280 쌍방울 445
A003410 쌍용양회공업 445
A003620 쌍용자동차 446
A010280 * 쌍용정보통신 446
A004770 써니전자 447
A217320 ** 썬테크 447
A122800 * 썬테크놀로지스 448
A208640 * 썸에이지 448
A222420 * 쎄노텍 449
A037760 * 쎄니트 449
A136510 * 쎄미시스코 450
A099320 * 쎄트렉아이 450
A049960 * 쎌바이오텍 451
A050890 * 쏠리드 451
A060310 * 쓰리에스코리아 452
A099830 * 씨그널엔터테인먼트그룹 452
A066790 * 씨씨에스충북방송 453
A222080 * 씨아이에스 453
A004920 씨아이테크 454
A236030 ** 씨알푸드 454
A103660 ** 씨앗 455
A245450 ** 씨앤에스링크 455
A032040 * 씨앤에스자산관리 456
A023460 * 씨앤에이치 456
A264660 * 씨앤지하이테크 457
A065770 * 씨에스 457
A083660 * 씨에스에이코스믹 458
A112610 씨에스윈드 458
A000590 씨에스홀딩스 459
A115530 * 씨엔플러스 459
A225330 * 씨엠에스에듀 460
A058820 * 씨엠지제약 460
A115480 * 씨유메디칼시스템 461
A189330 ** 씨이랩 461
A001040 씨제이 462
A000120 씨제이대한통운 462
A079160 씨제이씨지브이 463
A011150 씨제이씨푸드 463
A035760 * 씨제이오쇼핑 464
A130960 * 씨제이이앤엠 464
A097950 씨제이제일제당 465
A051500 * 씨제이프레시웨이 465
A037560 씨제이헬로 466
A096530 * 씨젠 466
A900120 * 씨케이에이치 467
A235090 ** 씨케이컴퍼니 467
A101240 * 씨큐브 468
A047920 * 씨트리 468
A189540 ** 씨티네트웍스 469
A060590 * 씨티씨바이오 469
A036170 * 씨티엘 470
A260930 * 씨티케이코스메틱스 470

아

A013990 * 아가방앤컴퍼니 471
A123860 * 아나패스 471
A008700 아남전자 472
A058220 * 아리온테크놀로지 472
A090430 아모레퍼시픽 473
A002790 아모레퍼시픽그룹 473
A052710 * 아모텍 474
A074430 * 아미노로직스 474
A092040 * 아미코젠 475
A083930 * 아바코 475
A149950 * 아바텍 476
A090370 아비스타 476
A036010 * 아비코전자 477
A002030 아세아 477
A183190 아세아시멘트 478
A002310 아세아제지 478
A050860 * 아세아텍 479
A246720 * 아스타 479
A067390 * 아스트 480
A127710 * 아시아경제 480
A020560 아시아나항공 481
A154030 * 아시아종묘 481
A227610 * 아우딘퓨쳐스 482
A143160 * 아이디스 482
A054800 * 아이디스홀딩스 483
A060570 * 아이리버 483
A122900 아이마켓코리아 484

A099190 * 아이센스 484
A214430 * 아이쓰리시스템 485
A040910 * 아이씨디 485
A068940 * 아이씨케이 486
A052860 * 아이앤씨테크놀로지 486
A010780 아이에스동서 487
A095340 * 아이에스시 487
A069920 * 아이에스이커머스 488
A038880 * 아이에이 488
A003560 아이에이치큐 489
A079440 아이엔지생명보험 489
A101390 * 아이엠 490
A052220 * 아이엠비씨 490
A226350 * 아이엠텍 491
A078860 * 아이오케이컴퍼니 491
A114810 * 아이원스 492
A031310 * 아이즈비전 492
A185490 * 아이진 493
A059100 * 아이컴포넌트 493
A149010 ** 아이케이세미콘 494
A039570 아이콘트롤스 494
A052460 * 아이크래프트 495
A119830 * 아이텍반도체 495
A124500 * 아이티센 496
A099520 * 아이티엑스엠투엠 496
A033660 아주캐피탈 497
A032080 * 아즈텍더블유비이 497
A013310 * 아진산업 498
A059120 * 아진엑스텍 498
A023890 * 아트라스비엑스 499
A101140 아티스 499
A067160 * 아프리카티비 500
A001540 * 안국약품 500
A053800 * 안랩 501
A251280 ** 안지오랩 501
A065660 * 안트로젠 502
A271400 ** 알로이스 502
A001780 알루코 503
A260660 * 알리코제약 503
A002250 알보젠코리아 504
A106080 * 알비케이이엠디 504
A131370 * 알서포트 505
A140670 * 알에스오토메이션 505
A096610 * 알에프세미 506
A218410 * 알에프에이치아이씨 506
A061040 * 알에프텍 507
A148250 * 알엔투테크놀로지 507
A196170 * 알테오젠 508
A123750 * 알톤스포츠 508
A085810 * 알티캐스트 509
A117670 * 알파홀딩스 509
A267810 ** 앙츠 510
A018250 애경산업 510
A161000 애경유화 511
A196300 * 애니젠 511
A205500 * 액션스퀘어 512
A052790 * 액토즈소프트 512
A131400 * 액트 513
A238090 * 앤디포스 513
A174900 * 앱클론 514
A255440 * 야스 514
A030960 * 양지사 515
A102120 * 어보브반도체 515
A224810 ** 엄지하우스 516
A041590 * 에너전트 516
A019990 * 에너토크 517
A011090 에넥스 517
A208890 ** 에듀케이션파트너 518
A025980 * 에머슨퍼시픽 518
A041440 * 에버다임 519
A270660 ** 에브리봇 519
A038680 * 에스넷시스템 520
A217480 * 에스디생명공학 520
A121890 * 에스디시스템 521
A099220 * 에스디엔 521
A030270 * 에스마크 522
A097780 * 에스맥 522
A019550 * 에스비아이인베스트먼트 523
A950110 * 에스비아이핀테크솔루션즈 523
A034120 에스비에스 524
A101060 에스비에스미디어홀딩스 524
A046140 * 에스비에스콘텐츠허브 525
A042110 * 에스씨디 525
A036120 * 에스씨아이평가정보 526
A065420 * 에스아이리소스 526
A009160 에스아이엠피에이씨 527
A050320 * 에스아이티글로벌 527
A270210 ** 에스알바이오텍 528
A103230 * 에스앤더블류 528
A260970 ** 에스앤디 529
A900080 * 에스앤씨엔진그룹 529
A101490 * 에스앤에스텍 530
A064960 에스앤티모티브 530
A100840 에스앤티씨 531
A003570 에스앤티중공업 531
A036530 에스앤티홀딩스 532
A095910 * 에스에너지 532
A031330 * 에스에이엠티 533
A002360 에스에이치에너지화학 533
A060540 * 에스에이티 534
A158300 ** 에스에이티 534
A112240 * 에스에프씨 535
A056190 * 에스에프에이 535
A036540 * 에스에프에이반도체 536
A080000 * 에스엔유프리시젼 536
A091340 * 에스엔케이폴리텍 537
A160600 * 에스엔텍 537
A263920 * 에스엔피월드 538
A086460 ** 에스엔피제네틱스 538
A005850 에스엘 539
A246250 ** 에스엘에스 539
A252940 ** 에스엠로보틱스 540
A041510 * 에스엠엔터테인먼트 540
A048550 * 에스엠컬처앤콘텐츠 541
A007820 * 에스엠코어 541
A251540 ** 에스와이제이 542
A109610 * 에스와이패널 542
A012750 에스원 543
A123700 에스제이엠 543
A025530 에스제이엠홀딩스 544
A080440 * 에스제이케이 544
A004060 에스지세계물산 545
A049470 * 에스지에이 545
A184230 * 에스지에이솔루션즈 546
A224880 ** 에스지에이임베디드 546
A040610 * 에스지엔지 547
A255220 * 에스지이 547
A001380 에스지충방 548
A034730 에스케이 548
A018670 에스케이가스 549
A001740 에스케이네트웍스 549
A210980 에스케이디앤디 550
A036490 * 에스케이머티리얼즈 550
A052260 * 에스케이바이오랜드 551
A011790 에스케이씨 551
A057500 * 에스케이씨솔믹스 552
A224020 ** 에스케이씨에스 552
A178920 * 에스케이씨코오롱피아이 553
A096770 에스케이이노베이션 553
A001510 에스케이증권 554
A006120 에스케이케미칼 554
A285130 에스케이케미칼 555
A017670 에스케이텔레콤 555
A000660 에스케이하이닉스 556
A096630 * 에스코넥 556
A069510 * 에스텍 557
A041910 * 에스텍파마 557
A234300 * 에스트래픽 558
A039440 * 에스티아이 558
A011810 에스티엑스 559
A077970 에스티엑스엔진 559
A071970 에스티엑스중공업 560
A098660 * 에스티오 560
A052020 * 에스티큐브 561
A237690 * 에스티팜 561
A050760 * 에스폴리텍 562
A005610 에스피씨삼립 562
A058610 * 에스피지 563
A043340 * 에쎈테크 563
A023960 에쓰씨엔지니어링 564
A010950 에쓰-오일 564
A054630 * 에이디칩스 565
A200710 * 에이디테크놀로지 565
A078520 에이블씨엔씨 566
A203400 ** 에이비온 566
A003800 * 에이스침대 567
A088800 * 에이스테크놀로지 567
A138360 * 에이씨티 568
A015260 에이엔피 568
A234070 ** 에이원알폼 569
A095570 에이제이네트웍스 569
A068400 에이제이렌터카 570
A078150 * 에이치비테크놀러지 570
A072990 * 에이치시티 571
A036640 * 에이치알에스 571
A044990 ** 에이치엔에스하이텍 572
A176440 * 에이치엔티일렉트로닉스 572
A028300 * 에이치엘비 573
A067630 * 에이치엘비생명과학 573
A043220 * 에이치엘비파워 574
A239610 * 에이치엘사이언스 574
A044780 * 에이치케이 575
A006840 에이케이홀딩스 575
A071670 * 에이테크솔루션 576
A045660 * 에이텍 576
A224110 * 에이텍티앤 577

코드	구분	종목명	페이지
A021080	*	에이티넘인베스트먼트	577
A089530	*	에이티세미콘	578
A182400	*	에이티젠	578
A073570	*	에이티테크놀러지	579
A003060		에이프로젠제약	579
A007460		에이프로젠케이아이씨	580
A109960	*	에이프로젠헬스케어앤게임	580
A265520	*	에이피시스템	581
A054620	*	에이피에스홀딩스	581
A211270	*	에이피위성	582
A043580	*	에임하이글로벌	582
A214870	*	에치디프로	583
A064510	*	에코마이스터	583
A230360	*	에코마케팅	584
A038870	*	에코바이오홀딩스	584
A086520	*	에코프로	585
A038110	*	에코플라스틱	585
A073540	*	에프알텍	586
A064850	**	에프앤가이드	586
A064090	*	에프앤리퍼블릭	587
A007700		에프앤에프	587
A036810	*	에프에스티	588
A063440	*	에프엔씨애드컬쳐	588
A173940	*	에프엔씨엔터테인먼트	589
A083500	*	에프엔에스테크	589
A278990	**	에프엠에스	590
A065160	*	에프티이앤이	590
A054940	*	엑사이엔씨	591
A950130	*	엑세스바이오	591
A205100	*	엑셈	592
A226360	*	엑스티	592
A092870	*	엑시콘	593
A067570	*	엔브이에이치코리아	593
A101400	*	엔시트론	594
A036570		엔씨소프트	594
A008260		엔아이스틸	595
A217820	*	엔에스	595
A138250		엔에스쇼핑	596
A031860	*	엔에스엔	596
A224760	**	엔에스컴퍼니	597
A104200	*	엔에이치엔벅스	597
A181710		엔에이치엔엔터테인먼트	598
A060250	*	엔에이치엔한국사이버결제	598
A005940		엔에이치투자증권	599
A053290	*	엔이능률	599
A208860	*	엔지스테크널러지	600
A183490	*	엔지켐생명과학	600
A085310		엔케이	601
A009810		엔케이물산	601
A206400	*	엔터메이트	602
A069410	*	엔텔스	602
A004250		엔피씨	603
A048830	*	엔피케이	603
A096870	*	엘디티	604
A061970	*	엘비세미콘	604
A138690	*	엘아이에스	605
A079550		엘아이지넥스원	605
A066970	*	엘앤에프	606
A156100	*	엘앤케이바이오메드	606
A006260		엘에스	607
A000680		엘에스네트웍스	607
A010120		엘에스산전	608
A229640		엘에스전선아시아	608
A093050		엘에프	609
A073110	*	엘엠에스	609
A083310	*	엘오티베큠	610
A003550		엘지	610
A034220		엘지디스플레이	611
A001120		엘지상사	611
A051900		엘지생활건강	612
A032640		엘지유플러스	612
A011070		엘지이노텍	613
A066570		엘지전자	613
A108670		엘지하우시스	614
A051910		엘지화학	614
A037950	*	엘컴텍	615
A170920	*	엘티씨	615
A183350	**	엘피케이	616
A058630	*	엠게임	616
A058970	**	엠로	617
A019590	*	엠벤처투자	617
A097520	*	엠씨넥스	618
A225860	**	엠앤씨생명과학	618
A009780	*	엠에스씨	619
A123040	*	엠에스오토텍	619
A023150		엠에이치에탄올	620
A251960	**	엠에프엠코리아	620
A032790	*	엠젠플러스	621
A033160	*	엠케이전자	621
A259630	*	엠플러스	622
A065150	*	엠피그룹	622
A219550	*	엠피한강	623
A115960	*	연우	623
A090740	*	연이정보통신	624
A014440		영보화학	624
A007530	*	영신금속공업	625
A143540	*	영우디에스피	625
A111770		영원무역	626
A009970		영원무역홀딩스	626
A036180	*	영인프런티어	627
A003520		영진약품	627
A000670		영풍	628
A036560	*	영풍정밀	628
A006740		영풍제지	629
A242850	**	영현무역	629
A012280		영화금속	630
A265560	*	영화테크	630
A012160		영흥철강	631
A036000	*	예림당	631
A053280	*	예스이십사	632
A015360		예스코	632
A122640	*	예스티	633
A179720	**	옐로페이	633
A900300	*	오가닉티코스메틱	634
A045060	*	오공	634
A080520	*	오디텍	635
A007310		오뚜기	635
A039830	*	오로라월드	636
A046120	*	오르비텍	636
A014940	*	오리엔탈정공	637
A002630		오리엔트바이오	637
A065500	*	오리엔트정공	638
A271560		오리온	638
A001800		오리온홀딩스	639
A010470	*	오리콤	639
A227420	**	오백볼트	640
A053980	*	오상자이엘	640
A052420	*	오성첨단소재	641
A241790	*	오션브릿지	641
A039200	*	오스코텍	642
A226400	*	오스테오닉	642
A031510	*	오스템	643
A048260	*	오스템임플란트	643
A010060		오씨아이	644
A138080	*	오이솔루션	644
A080580	*	오킨스전자	645
A067170	*	오텍	645
A173130	**	오파스넷	646
A049480	*	오픈베이스	646
A057540	*	옴니시스템	647
A057680	*	옴니텔	647
A123010	*	옵토팩	648
A082210	*	옵트론텍	648
A109080	*	옵티시스	649
A051390	*	와이더블유	649
A052770	*	와이디온라인	650
A010600		와이비로드	650
A057030	*	와이비엠넷	651
A122990	*	와이솔	651
A232140	*	와이아이케이	652
A067900	*	와이엔텍	652
A155650	*	와이엠씨	653
A251370	*	와이엠티	653
A066430	*	와이오엠	654
A193250	*	와이제이엠게임즈	654
A122870	*	와이지엔터테인먼트	655
A019210	*	와이지-원	655
A037270		와이지플러스	656
A040300	*	와이티엔	656
A079000	*	와토스코리아	657
A900180	*	완리	657
A070960		용평리조트	658
A114630	*	우노앤컴퍼니	658
A032820	*	우리기술	659
A041190	*	우리기술투자	659
A115440	*	우리넷	660
A004720		우리들제약	660
A118000		우리들휴브레인	661
A046970	*	우리로	661
A215360	*	우리산업	662
A072470	*	우리산업홀딩스	662
A073560	*	우리손에프앤지	663
A000030		우리은행	663
A153490	*	우리이앤엘	664
A082850	*	우리이티아이	664
A037400	*	우리조명	665
A010050		우리종합금융	665
A101170	*	우림기계	666
A006980		우성사료	666
A194610	*	우성아이비	667
A066590	*	우수에이엠에스	667
A017370		우신시스템	668
A046940	*	우원개발	668
A215380	*	우정비에스씨	669
A065680	*	우주일렉트로닉스	669
A105840		우진	670

하

코드		종목명	영문명	페이지
A221980	*	케이디켐	KDCHEM CO	847
A001390		케이지케미칼	KG Chemical	865
A083420		케이피엑스그린케미칼	KPX Green Chemical	871
A025000		케이피엑스케미칼	KPX CHEMICAL	872
A092230		케이피엑스홀딩스	KPX Holdings	873
A042040	*	케이피엠테크	KPMTECH	873
A089010	*	켐트로닉스	Chemtronics	875
A220260	*	켐트로스	Chemtros	875
A005420		코스모화학	Cosmo Chemical	888
A120110		코오롱인더스트리	KOLON INDUSTRIES	893
A144620		코오롱패션머티리얼	Kolon Fashion Material	893
A138490		코오롱플라스틱	KOLON PLASTICS	894
A900250	*	크리스탈신소재	China Crystal New Material Holdings	907
A006890		태경화학	TaeKyung Chemical	914
A003240		태광산업	Taekwang Industrial	915
A104480	*	티케이케미칼	TK CHEMICAL	940
A002960		한국쉘석유	Hankook Shell Oil	1005
A017890	*	한국알콜산업	Korea Alcohol Industrial	1006
A017960		한국카본	HANKUK Carbon	1016
A011500		한농화성	Hannong Chemicals	1025
A221610	*	한솔씨앤피	Hansol CNP	1035
A014680		한솔케미칼	Hansol Chemical	1036
A007770	*	한일화학공업	Hanil Chemical Ind	1046
A079170	*	한창산업	Hanchang Industry	1051
A009830		한화케미칼	Hanwha Chemical	1056
A097870	*	효성오앤비	Hyosung ONB	1093
A093370		후성	Foosung	1093
A079980		휴비스	HUVIS	1098
A069260		휴켐스	Huchems Fine Chemical	1101

건축소재

코드		종목명	영문명	페이지
A198440	*	고려시멘트	KOREA CEMENT	50
A004440		대림씨엔에스	DAELIM C&S	125
A001520		동양	TONGYANG	179
A228340	*	동양파일	TONGYANG PILE	183
A003580		동원	Dong Won	186
A270020	**	두원석재	Doowon stone	198
A171120	*	라이온켐텍	Lion Chemtech	225
A006920	*	모헨즈	Mohenz	271
A028040	*	미래에스씨아이	SPEROGLOBAL	278
A014580		백광소재	Baek Kwang Mineral Products	297
A225530	*	보광산업	BoKwang Industry	300
A011390		부산산업	Busan Industrial	307
A038500	*	삼표시멘트	SAMPYO Cement	355
A079650	*	서산	SeoSanCo	367
A004980		성신양회	Sungshin Cement	384
A003410		쌍용양회공업	Ssangyong Cement Industrial	445
A037760	*	쎄니트	Cenit	449
A183190		아세아시멘트	ASIA CEMENT COLTD	478
A255220	*	에스지이	SG COLTD	547
A000910		유니온	Union	690
A023410	*	유진기업	Eugene	706
A007110		일신석재	IlshinstoneCo	762
A112190	**	케이씨산업	KC INDUSTRY COLTD	850
A004090		한국석유공업	Korea Petroleum Industrial	1004
A003300		한일시멘트	Hanil Cement	1045
A006390		현대시멘트	Hyundai Cement	1069
A060560	*	홈센타홀딩스	Home Center Holdings	1083

용기 및 포장

코드		종목명	영문명	페이지
A008870		금비	Kumbi	72
A004780	*	대륙제관	DAERYUK CAN CO	124
A014160		대영포장	Dae Young Packaging	135
A014820		동원시스템즈	DONGWON SYSTEMS CORP	188
A033310	*	디케이디앤아이	DK D&I	221
A115390		락앤락	LOCK&LOCK	227
A005090		삼광글라스	Sam Kwang Glass CO	329
A014970	*	삼륭물산	SAMRYOONG	330
A023600	*	삼보판지	SAMBO CORRUGATED BO	332
A272550		삼양패키징	SAMYANG PACKAGING	344
A003720		삼영화학공업	SAMYOUNG CHEMICAL	347
A004450		삼화왕관	Samhwa Crown & Closure	358
A049830	*	승일	SEUNG IL	421
A224020	**	에스케이씨에스	SKCS COLTD	552
A115960	*	연우	YONWOO CO	623
A005820		원림	Wonlim	673
A008730		율촌화학	YoulChon Chemical	711
A900290	*	지알티	Great Rich Technologies	814
A018290	*	지엠피	GMP	821
A011280		태림포장	Tailim Packaging	915
A002200		한국수출포장공업	Korea Export Packaging Ind	1005
A037230	*	한국팩키지	Hankuk Package	1022

금속 및 광물

코드		종목명	영문명	페이지
A039240	*	경남스틸	Kyeong Nam Steel	41
A010130		고려아연	Korea Zinc	51
A002240		고려제강	KISWIRE	51
A026910	*	광진실업	Kwang Jin Ind	59
A060480	*	국일신동	KUKIL METAL CO	64
A186230	**	그린플러스	GREEN PLUS	67
A053260	*	금강철강	Keum Kang Steel	71
A121600	*	나노신소재	Advanced Nano Products	80
A008350		남선알미늄	Namsun Aluminum	87
A048470	*	대동스틸	DaeDongSteel	123
A009190		대양금속	DaiYang Metal	134
A114920	**	대주이엔티	Daejoo Energy INnovation Technology	144
A012800		대창	Daechang	146
A084010		대한제강	Daehan Steel	151
A069460		대호에이엘	Daeho Al	155
A021040	*	대호피앤씨	DAEHO P&C COLTD	155
A005160	*	동국산업	DONGKUK INDUSTRIES CO	167
A075970	*	동국알앤에스	DONGKUK REFRACTORIES & STEEL CO	168
A001230		동국제강	Dongkuk Steel Mill	169
A016380		동부제철	DONGBU STEEL	173
A060380	*	동양에스텍	DONGYANG S ·TEC	182
A008970		동양철관	Dong Yang Steel Pipe	183
A004890		동일산업	Dongil Industries	191
A002690		동일제강	DONG IL STEEL MFG CO	192
A023790	*	동일철강	DONGIL STEEL	192
A024090		디씨엠	DCM	205
A155660		디에스알	DSR CORP	209
A069730		디에스알제강	DSR Wire	209
A001080		만호제강	Manho Rope & Wire	250
A008420		문배철강	Moon Bae Steel	273
A026940		부국철강	Bookook Steel	306
A100090	*	삼강엠앤티	SAMKANG M&T	328
A009620	*	삼보산업	Sambo Industrial	331
A006110		삼아알미늄	Sam-A Aluminium	341
A017480	*	삼현철강	Samhyun Steel	356
A021050		서원	Seowon	374
A110660	**	세신버팔로	SESHIN BUFFALO CO	392
A001430		세아베스틸	SeAH Besteel	393
A003030		세아제강	SeAH Steel	393
A019440		세아특수강	SeAH SPECIAL STEEL	394

코드	구분	종목명	영문명	페이지
A058650		세아홀딩스	SeAH Holdings	394
A135270	**	세종머티리얼즈	Sejong Materials	399
A087220	*	스틸플라워	Steel Flower	419
A001770		신화실업	Shin Hwa Sil Up	440
A090730	*	심팩메탈	SIMPAC METAL	444
A122800	*	썬테크놀로지스	Sun Technologies	448
A000590		씨에스홀딩스	CS Holdings	459
A001780		알루코	ALUKO	503
A007460		에이프로젠케이아이씨	Aprogen KIC	580
A008260		엔아이스틸	NI Steel	595
A009810		엔케이물산	NK Mulsan CO	601
A012160		영흥철강	YOUNG HEUNG IRON & STEEL	631
A012620	*	원일특강	WONIL SPECIAL STEEL	676
A024800	*	유성티엔에스	Yoosung T&S	699
A263770	*	유에스티	SHINYOUNGHAPPYTOMORROW NO3 SPAC	704
A025820		이구산업	Lee Ku Industrial	712
A037370	*	이지	EG	737
A081000		일진다이아몬드	Iljin Diamond	765
A065620	*	제낙스	JENAX	775
A001560		제일연마공업	Cheil Grinding Wheel Ind	794
A023440	*	제일제강공업	Jeilsteel MFG	794
A000480		조선내화	Chosun Refractories	801
A120030		조선선재	CHOSUN WELDING POHANG	801
A018470		조일알미늄	Choil Aluminum	803
A032860	*	지엠알머티리얼즈	GMR Materials	821
A001940		케이아이에스씨오홀딩스	KISCO Holdings	855
A054410	*	케이피티유	Korea Plasma Technology U	874
A009730	*	코센	KOSSEN	885
A002710		티씨씨동양	TCC Steel	934
A081150	*	티플랙스	Tplex	940
A177830	*	파버나인	PAVONINE CO	946
A005490		포스코	POSCO	964
A058430		포스코강판	POSCO Coated & Color Steel	964
A009520	*	포스코엠텍	POSCO M-TECH	966
A003670	*	포스코켐텍	POSCO CHEMTECH	966
A103140		풍산	POONGSAN	972
A005810		풍산홀딩스	Poongsan Holdings	973
A128660	*	피제이메탈	PJ METAL	987
A071090		하이스틸	Histeel	995
A010040		한국내화	Korea Refractories	1002
A025550	*	한국선재	Hankuk Steel Wire	1004
A025890		한국주강	HanKook Steel	1014
A000970		한국주철관공업	Korea Cast Iron Pipe Ind	1014
A104700		한국철강	KISCO	1015
A007280		한국특수형강	Korea Steel Shapes	1021
A002220		한일철강	Hanil Iron & Steel	1046
A004560		현대비앤지스틸	HYUNDAI BNG STEEL	1068
A004020		현대제철	HYUNDAI STEEL	1074
A133820		화인베스틸	FINE BESTEEL	1088
A032560		황금에스티	Hwang Kum Steel & Technology	1091
A005010		휴스틸	Husteel	1099

종이 및 목재

코드	구분	종목명	영문명	페이지
A078130	*	국일제지	Kuk-il Paper Mfg	65
A004540		깨끗한나라	KleanNara	78
A017650	*	대림제지	Dae Lim Paper	126
A006580	*	대양제지공업	DAEYANG PAPER MFG CO	135
A025900	*	동화기업	DONGWHA ENTERPRISE	193
A001810	*	무림에스피	Moorim SP	271
A009200		무림페이퍼	Moorim Paper	272
A009580		무림피앤피	Moorim P&P	272
A036620	*	버추얼텍	Virtualtek	298
A002820		선창산업	Sunchang	382
A000180		성창기업지주	Sungchang Enterprise Holdings	387
A027970		세하	Seha	402
A185190	**	수프로	Suppro	414
A016590		신대양제지	Shindaeyang Paper	426
A002870		신풍제지	Shin Poong Paper Mfg	438
A002030		아세아	ASIA HOLDINGS	477
A002310		아세아제지	ASIA PAPER MANUFACTURING	478
A006740		영풍제지	YOUNGPOONG PAPER MFG COLTD	629
A008250		이건산업	Eagon Industrial	711
A900090	*	차이나하오란	China Hao Ran Recycling	832
A109070		케이지피	KOREA GREEN PAPER MFG	865
A001020		페이퍼코리아	PaperCorea	960
A002300		한국제지	Hankuk Paper Mfg	1013
A213500		한솔제지	Hansol Paper	1036
A010420		한솔피엔에스	HansolPNS	1037
A025750		한솔홈데코	Hansol Homedeco	1038
A009460		한창제지	Hanchangpaper	1051

건축자재

코드	구분	종목명	영문명	페이지
A000860		강남제비스코	KANGNAM JEVISCO CO	38
A006050	*	국영지앤엠	KukYoung G&M	64
A014280		금강공업	Kumkang Kind	71
A090350		노루페인트	Noroo Paint & Coatings	103
A000320		노루홀딩스	NorooHoldings	104
A060260	*	뉴보텍	Nuvotec	111
A005750		대림비앤코	DAELIM B&Co	124
A006570		대림통상	Daelim Trading	126
A140520	*	대창스틸	DaeChang Steel CO	147
A090410	*	덕신하우징	Duckshin housing	160
A007210		벽산	BYUCK SAN	300
A018310	*	삼목에스폼	SAMMOK S-FORM	330
A000390		삼화페인트공업	SamHwa Paints Industrial	360
A013810	*	스페코	SPECO	420
A083660	*	씨에스에이코스믹	CSA COSMIC	458
A109610	*	에스와이패널	SYPANEL COLTD	542
A050760	*	에스폴리텍	SPOLYTECH	562
A234070	**	에이원알폼	A ONE ALFORM CO	569
A226360	*	엑스티	Ext	592
A108670		엘지하우시스	LG Hausys	614
A079000	*	와토스코리아	Watos Corea	657
A900180	*	완리	WANLI INTERNATIONAL HOLDINGS	657
A192390	*	윈하이텍	WINHITECH CO	686
A039020	*	이건홀딩스	Eagon Holdings	712
A022220	*	정산애강	JEONGSAN AIKANG COLTI	774
A038010	*	제일테크노스	JEIL TECHNOS	795
A004910		조광페인트	Chokwang Paint	799
A002380		케이씨씨	KCC	851
A101670	*	코리아에스이	KOREASE	881
A035200	*	프럼파스트	PlumbFast	975
A066130	*	하츠	Haatz	998
A002000		한국유리공업	HANKUK GLASS INDUSTRIES	1007

건설

코드	구분	종목명	영문명	페이지
A013580		계룡건설산업	Kyeryong Construction Industrial	47
A004200		고려개발	Korea Development	48
A076340	**	관악산업	GWANAK CONSTRUCTION	55
A066620	*	국보디자인	Kukbo Design	63
A002990		금호산업	Kumho Industrial	73
A036190	*	금화피에스시	GEUMHWA PLANT SERVICE & CONSTRUCTION	75
A013700		까뮤이앤씨	CAMUS ENGINEERING & CONSTRUCTION	78
A001260		남광토건	Nam-Kwang Engineering & Construction	86

코드		종목명	영문명	페이지
A091590	*	남화토건	Nam Hwa Construction	89
A000210		대림산업	Daelim Industrial	125
A047040		대우건설	Daewoo Engineering & Construction	136
A007680	*	대원	DAEWON CO	138
A002150		도화엔지니어링	DOHWA ENGINEERING	166
A005960		동부건설	Dongbu	172
A025950	*	동신건설	DONGSHIN CONSTRUCTION INDUTSTRIAL CO	176
A028100		동아지질	Dong-Ah Geological Engineering	178
A013120	*	동원개발	DongWon Development	186
A011160		두산건설	Doosan Engineering & Construction	195
A002410		범양건영	BUMYANG CONSTRUCTION COLTD	299
A001470		삼부토건	Sambu Construction	333
A028050		삼성엔지니어링	Samsung Engineering (SECL)	336
A002290	*	삼일기업공사	SAMIL ENTERPRISE	350
A001880		삼호	Samho International	356
A010960		삼호개발	Samho Development	357
A042940	*	상지카일룸	Forward Companies	363
A011370	*	서한	SEOHAN Const & Eng	377
A035890	*	서희건설	Seohee Construction	378
A037350	*	성도이엔지	SUNGDO ENGINEERING & CONSTRUCTION CO	383
A005980		성지건설	Sungjee Construction	387
A011560	*	세보엠이씨	SEBO MANUFACTURING ENGINEERING & CONSTRUCTION CORP	392
A034300		신세계건설	Shinsegae Engineering & Construction	431
A017000	*	신원종합개발	SHINWON Construction co	436
A010780		아이에스동서	I S DongSeo	487
A039570		아이콘트롤스	I CONTROLS	494
A224810	**	엄지하우스	EOMJIHOUSE CO	516
A023960		에쓰씨엔지니어링	SC Engineering	564
A224760	**	엔에스컴퍼니	NSCompany	597
A046940	*	우원개발	Woowon Development	668
A076080	*	웰크론한텍	WELCRON HANTEC CO	680
A054930	*	유신	Yooshin Engineering	700
A016250	*	이테크건설	eTEC E&C	739
A001840	*	이화공영	Ee-Hwa Construction	740
A013360		일성건설	IlSung Construction	760
A138290	**	지성이씨에스	ZISUNG ECS CO	813
A006360		지에스건설	GS Engineering & Construc	816
A002780		진흥기업	ChinHung International	831
A140290	**	청광종합건설	CHUNGKWANG CONSTRUCTION	835
A044180	*	케이디건설	KD Construction	846
A021320	*	케이씨씨건설	KCC Engineering & Construction	851
A060370	*	케이티서브마린	KT Submarine	867
A003070		코오롱글로벌	KOLONGLOBAL	892
A009410		태영건설	Taeyoung Engineering & Construction	918
A026150	*	특수건설	Tuksu Engineering & Construction	932
A023350		한국종합기술	Korea Engineering Consultants	1013
A014790		한라	Halla	1026
A053690		한미글로벌건축사사무소	HanmiGlobal	1028
A004960		한신공영	Hanshin Construction	1039
A000720		현대건설	Hyundai Engineering & Construction	1063
A012630		현대산업개발	Hyundai Development- Engineering & Construction-	1068
A002460		화성산업	Hwasung Industrial	1084
A037440	*	희림종합건축사사무소	Heerim Architects & Planne	1104

전기장비

코드		종목명	영문명	페이지
A000500		가온전선	Gaon Cable	37
A024840	*	갑을메탈	KB METAL	38
A017040		광명전기	KWANG MYUNG ELECTRI(	57
A012340	*	뉴인텍	NUINTEK	111
A068240	*	다원시스	DAWONSYS	117
A006340		대원전선	Daewon Cable	140
A001440		대한전선	Taihan Electric Wire	151
A006910	*	보성파워텍	Bosung Power Technology	303
A126340	**	비나텍	VINA TECH	311
A042370	*	비츠로테크	VITZRO TECH	320
A005680		삼영전자공업	SAMYOUNG ELECTRONICS	346
A009470		삼화전기	Samwha Electric	358
A011230		삼화전자공업	Samwha Electronics	359
A001820		삼화콘덴서공업	Samwha Capacitor	359
A027040	*	서울전자통신	SEOUL ELECTRONICS & TELECOM	373
A189860	*	서전기전	SEOJEON ELECTRIC MACHINERY COLTD	375
A007610		선도전기	Seondo Electric	380
A014910		성문전자	SUNGMOON ELECTRONICS	383
A017510	*	세명전기공업	SEMYUNG ELECTRIC MACI	390
A217320	**	썬테크	SUNTECHCOLTD	447
A058610	*	에스피지	SPG	563
A006260		엘에스	LS	607
A010120		엘에스산전	LS Industrial Systems	608
A229640		엘에스전선아시아	LS Cable&System Asia	608
A057540	*	옴니시스템	OMNI SYSTEM	647
A208850	**	이비테크	EB TECH COLTD	722
A024810	*	이화전기공업	Ehwa Technologies Information	741
A103590		일진전기	ILJIN ELECTRIC	766
A015860		일진홀딩스	Iljin Holdings	767
A033100	*	제룡전기	CHERYONG ELECTRIC	780
A119850	*	지엔씨에너지	GnCenergy	819
A237750	*	피앤씨테크	PNC Technologies	981
A002230	*	피에스텍	PS Tec	984
A267260		현대일렉트릭앤에너지시스	HYUDAI Electric & Energy S	1073

복합 산업

코드		종목명	영문명	페이지
A000150		두산	DOOSAN	194
A028260		삼성물산	SAMSUNG C&T	334
A001740		에스케이네트웍스	SK Networks	549
A003550		엘지	LG	610
A016880		웅진	WOONGJIN CO	671
A002020		코오롱	Kolon	891
A015890		태경산업	Taekyung Industrial	913
A004150		한솔홀딩스	Hansol Holdings	1038
A000880		한화	Hanwha	1054
A004800		효성	Hyosung	1092

기계

코드		종목명	영문명	페이지
A900280	*	골든센츄리	Cayman Golden Century Wheel Group	54
A014200	*	광림	Kang Lim	56
A900070	*	글로벌에스엠	Global SM Tech	69
A092440		기신정기	KISHIN	77
A051490	*	나라엠앤디	Nara Mold & Die	82
A089140	*	넥스턴	NEXTURN COLTD	98
A126870	*	뉴로스	NEUROS	110
A015590		대경기계기술	Daekyung Machinery & Engineering	118
A000490		대동공업	Daedong Industrial	121
A008830	*	대동기어	Dae Dong Gear	122
A015230		대창단조	Daechang Forging	146
A002900		동양물산기업	Tong Yang Moolsan	181
A104460	*	동양피엔에프	DONGYANG P&F	184
A109860	*	동일금속	DONGIL METAL	190
A241560		두산밥캣	Doosan Bobcat	195
A042670		두산인프라코어	Doosan Infracore	196
A034020		두산중공업	Doosan Heavy Industries & Construction	197
A090710	*	디에스티로봇	DST ROBOT	211
A013570		디와이	DY	216
A105740	*	디케이락	DK-Lok	221
A232680	**	라온테크	RAONTECH	224

코드		회사명	영문명	페이지
A090360	*	로보스타	ROBOSTAR	233
A141070	*	맥스로텍	MAXROTEC	253
A008470	*	부-스타	BOOSTER	308
A083650	*	비에이치아이	BHI	315
A086670	*	비엠티	BMT	316
A054540	*	삼영엠텍	Samyoung M-Tek	345
A073640	*	삼원테크	SAM WON TECHCo	348
A004380		삼익티에이치케이	Samick THK	349
A263540	*	샘코	SACHEON AEROSPACE MANUFACTURING IND CO	365
A100660	*	서암기계공업	SEOAM MACHINERY INDUSTRY	368
A014620	*	성광벤드	SUNG KWANG BEND	382
A017550		수산중공업	Soosan Heavy Industries	412
A084180	*	수성	Soosung	413
A099440	*	스맥	SMEC	416
A138070	*	신진에스엠	SINJIN SM COLTD	437
A060310	*	쓰리에스코리아	3S Korea	452
A235090	**	씨케이컴퍼니	CK	467
A050860	*	아세아텍	ASIA TECHNOLOGY	479
A067390	*	아스트	AeroSpace Technology of Korea	480
A140670	*	알에스오토메이션	RS AUTOMATION COLTD	505
A019990	*	에너토크	ENERTORK	517
A041440	*	에버다임	EVERDIGM	519
A009160		에스아이엠피에이씨	SIMPAC	527
A007820	*	에스엠코어	SMCoreInc	541
A043340	*	에쎈테크	ESSEN TECH	563
A044780	*	에이치케이	HK	575
A071670	*	에이테크솔루션	A-Tech Solution	576
A064510	*	에코마이스터	ECOMAISTER COLTD	583
A183350	**	엘피케이	LPK	616
A036560	*	영풍정밀	Young Poong Precision	628
A067170	*	오텍	Autech	645
A019210	*	와이지-원	YG-1	655
A101170	*	우림기계	WOORIM MACHINERY	666
A105840		우진	WOOJIN	670
A049800		우진플라임	WOOJIN PLAIMM CO	671
A195990	*	유지인트	Ugint	705
A241510	**	이에스산업	ES INDUSTRY COLTD	727
A074610		이엔쓰리	EN3	729
A095190	*	이엠코리아	ENERGY&MACHINERY KOREA	732
A158310	*	인터불스	Interbulls	749
A147830	*	제룡산업	CHERYONG INDUSTRIAL COLTD	779
A044060	*	조광아이엘아이	Jokwang ILI	799
A036890	*	진성티이씨	Jinsung TEC	827
A016920	*	카스	CAS	839
A024880	*	케이피에프	Korea Parts & Fasteners	871
A049430	*	코메론	Komelon	884
A023160	*	태광	TAE KWANG	914
A048770	*	티피씨메카트로닉스	TPC Mechatronics	941
A033540	*	파라텍	Paratech	944
A119500	*	포메탈	FORMETAL	962
A053160	*	프리엠스	Freems	976
A013030	*	하이록코리아	Hy-Lok	994
A101680	*	한국정밀기계	HNK MACHINE TOOL	1011
A011700		한신기계공업	HANSHIN Machinery	1040
A267270		현대건설기계	Hyundai Construction Equipment	1063
A017800		현대엘리베이터	Hyundai Elevator	1071
A003010		혜인	Hae In	1081
A039610	*	화성밸브	HS valve	1084
A010660		화천기계	Hwacheon Machinery	1090
A000850		화천기공	Hwacheon Machine Tool	1090
A010240	*	흥국	HEUNGKUK METALTECH	1102

무역

코드		회사명	영문명	페이지
A011810		에스티엑스	STX	559
A001120		엘지상사	LG International	611
A001250		지에스글로벌	GS Global	816
A047050		포스코대우	POSCO DAEWOO	965
A011760		현대종합상사	Hyundai	1075

조선

코드		회사명	영문명	페이지
A272420	**	극동자동화	Kukdong Automation	68
A108380	*	대양전기공업	DAEYANG ELECTRIC	134
A042660		대우조선해양	Daewoo Shipbuilding & Marine Engineering	137
A096350	*	대창솔루션	Daechang Solution	147
A099410	*	동방선기	Dongbang Ship Machinery	171
A082740		두산엔진	Doosan Engine	196
A101000	*	디엠씨	Dongnam Marine Crane	214
A010140		삼성중공업	Samsung Heavy Industries	338
A065570	*	삼영이엔씨	SAMYUNG ENC	346
A075580		세진중공업	SEJIN HEAVY INDUSTRIES COLTD	400
A099220	*	에스디엔	SDN	521
A103230	*	에스앤더블류	S&W	528
A077970		에스티엑스엔진	STX Engine	559
A071970		에스티엑스중공업	STX Heavy Industries	560
A028300	*	에이치엘비	HLB	573
A085310		엔케이	NK	601
A014940	*	오리엔탈정공	Oriental Precision & Engineering	637
A101930	*	인화정공	Inhwa Precision	758
A054180	*	중앙오션	ChoongAng Ocean	810
A073010	*	케이에스피	KSP	857
A064820	*	케이프	CAPE INDUSTREIS	870
A092460	*	한라아이엠에스	Hanla IMS	1027
A097230		한진중공업	Hanjin Heayy Industries & Constrution	1049
A102210	*	해덕파워웨이	Haeduk Powerway	1058
A010620		현대미포조선	Hyundai Mipo Dockyard	1067
A009540		현대중공업	Hyundai Heavy Industries	1075
A053660	*	현진소재	Hyunjin Materials	1080

상업서비스

코드		회사명	영문명	페이지
A049720	*	고려신용정보	Koryo Credit Information	50
A130580	*	나이스디앤비	NICE D&B	84
A036800	*	나이스정보통신	Nice Information & Telecon	85
A030190	*	나이스평가정보	NICE Information Service	85
A034310		나이스홀딩스	NICE Holdings	86
A069140	*	누리플랜	Nuriplan	110
A005360		모나미	Monami	265
A054220	*	비츠로시스	VitzroSys	319
A065450	*	빅텍	Victek	322
A143240	*	사람인에이치알	SaraminHR	324
A099320	*	쎄트렉아이	Satrec Initiative	450
A032040	*	씨앤에스자산관리	C&S	456
A122900		아이마켓코리아	iMarketKorea	484
A068940	*	아이씨케이	ICK	486
A030960	*	양지사	Yangjisa	515
A036120	*	에스씨아이평가정보	SCI Information Service	526
A012750		에스원	S-1	543
A079550		엘아이지넥스원	LIG Nex1	605
A067900	*	와이엔텍	Y-Entec	652
A215090	*	유니맥스정보시스템	EUGENE ACPC SPECIAL PL	688
A060150	*	인선이엔티	INSUN Environmental New Technology	744
A043910	*	자연과환경	Nature & Environment	770
A111820	*	지와이커머스	Cheoum & C	822
A009440		케이씨그린홀딩스	KC Green Holdings	850
A119650		케이씨코트렐	KC Cottrell	853

코드		종목명	영문명	페이지
A058860		케이티스	ktis	867
A058850		케이티씨에스	ktcs	868
A029960	*	코엔텍	Korea Environment Technology	891
A010820		퍼스텍	Firstec	958
A050540	*	한국	HANKOOK	999
A034950	*	한국기업평가	Korea Ratings	1001
A063570	*	한국전자금융	NICE Total Cash Managem	1009
A041460	*	한국전자인증	KOREA ELECTRONIC CERTI	1009
A025770	*	한국정보통신	Korea Information & Communications	1012
A047810		한국항공우주산업	KOREA AEROSPACE INDUS	1023
A052600	*	한네트	Hannet	1025
A012450		한화테크윈	HANWHA TECHWIN	1057
A094280		효성아이티엑스	HYOSUNG ITX	1092

항공운수

코드		종목명	영문명	페이지
A003490		대한항공	Korean Air Lines	153
A020560		아시아나항공	Asiana Airlines	481
A036000	*	예림당	YeaRimDang Publishing	631
A089590		제주항공	JEJUAIR CO	797
A272450		진에어	Jin Air	830
A004870		티웨이홀딩스	T'way Holdingsorporation	938
A005430		한국공항	KOREA AIRPORT SERVICE (	1001
A180640		한진칼	HANJIN KAL	1050

해상운수

코드		종목명	영문명	페이지
A005880		대한해운	Korea Line	153
A000700		유수홀딩스	EUSU HOLDINGS COLTD	699
A129260		인터지스	INTERGIS CO	750
A044450		케이에스에스해운	KSS LINE	857
A012170		키위미디어그룹	Kiwi Media Group	911
A028670		팬오션	Pan Ocean	957
A011200		현대상선	HYUNDAI MERCHANT MARINE	1069
A003280		흥아해운	Heung-A Shipping	1104

육상운수

코드		종목명	영문명	페이지
A001140		국보	KUKBO LOGISTICS CO	62
A052300	*	더블유홀딩컴퍼니	W Holding	157
A084670		동양고속	Dongyang Express	180
A032280	*	삼일	SAMIL	350
A004360		세방	Sebang	391
A000120		씨제이대한통운	CJ korea express	462
A000650		천일고속	Chunil Express	834
A009070		케이씨티시	KCTC	854
A009180		한솔로지스틱스	Hansol Logistics	1033
A014130		한익스프레스	HanExpress	1043
A002320		한진	Hanjin Transportation	1048
A086280		현대글로비스	HYUNDAI GLOVIS	1065

운송인프라

코드		종목명	영문명	페이지
A058730		다스코	Dang-A Steel Technology	116
A045390	*	대아티아이	Daea TI	133
A139050	*	데일리블록체인	IGis System	163
A004140		동방	Dongbang Transport Logistics	171
A065710	*	서호전기	Seoho Electric	377
A003100	*	선광	SUN KWANG	379
A121890	*	에스디시스템	SD system	521
A038620	*	위즈코프	Wiz	684
A045340	*	토탈소프트뱅크	Total Soft Bank	928
A221840	*	하이즈항공	HIZEAERO	996
A064350		현대로템	HYUNDAI ROTEM	1065

자동차부품

자동차부품

코드		종목명	영문명	페이지
A024910	*	경창산업	Kyung Chang Industrial	47
A012200		계양전기	Keyang Electric Machinery	48
A090150	*	광진윈텍	Kwangjin Wintec	59
A053270	*	구영테크	Guyoung Technology	61
A214330		금호에이치티	KUMHO HT	74
A073240		금호타이어	Kumho TireInc	75
A187790	*	나노	NANO	79
A212560	*	네오오토	NEOOTO CO	91
A085910	*	네오티스	NEO TECHNICAL SYSTEM	92
A005720		넥센	Nexen	96
A002350		넥센타이어	Nexen Tire	97
A073070	*	넥센테크	NEXEN TECH CORP	97
A900100	*	뉴프라이드	New Pride	113
A020400	*	대동금속	Daedong Metals	122
A025440	*	대성엘텍	DAESUNG ELTEC CO	130
A104040	*	대성파인텍	DAESUNG FINETEC CO	131
A009320		대우전자부품	Daewoo Electronic Components	136
A000430		대원강업	Dae Won Kang Up	139
A005710	*	대원산업	DAE WON SAN UP CO	140
A002880		대유에이텍	DAYOU A-TECH COLTD	142
A000300		대유플러스	DAYOU PLUS CO	143
A024900		덕양산업	Duckyang Ind	161
A001620		동국실업	Dongkook Ind	168
A282690		동아타이어공업	DONG AH TIRE & RUBBER COLTD	178
A092780		동양피스톤	Dong Yang Piston	184
A018500		동원금속	Dongwon Metal	187
A163560		동일고무벨트	DRB Industrial	189
A016740		두올	DUAL	197
A078590	*	두올산업	DUAL INDUSTRIAL	198
A092200		디아이씨	DAE-IL	206
A004840		디알비동일	DRB Holding	207
A033430	*	디에스티	DST	210
A210540		디와이파워	DY POWER	216
A113810	*	디젠스	Dgenx	217
A007340		디티알오토모티브	DTR AUTOMOTIVE	222
A900260	*	로스웰	Rothwell International	234
A204320		만도	Mando	250
A087260	*	모바일어플라이언스	MOBILE APPLIANCE	268
A009680		모토닉	Motonic	270
A118990	*	모트렉스	MOTREX COLTD	270
A161570	*	미동앤씨네마	Midong & Cinema	274
A005030		부산주공	Pusan Cast Iron	308
A122350	*	삼기오토모티브	SAMKEE AUTOMOTIVE	329
A053700	*	삼보모터스	Sambo Motos	331
A006660		삼성공조	Samsung Climate Control	333
A023000		삼원강재	SAMWONSTEEL	348
A041650		상신브레이크	Sangsin Brake	361
A075180		새론오토모티브	Saeron Automotive	364
A007860		서연	SEOYON	368
A200880		서연이화	SEOYON E-HWA COLTD	369
A012860	*	서연전자	SEOYON ELECTRONICS CO	369
A019770	*	서연탑메탈	SEOYON TOPMETAL CO	370
A122690	*	서진오토모티브	Seojin Automotive	376
A015750	*	성우하이텍	SUNGWOO HITECH CO	386
A080470	*	성창오토텍	SUNGCHANG AUTOTECH	388
A053060	*	세동	SAEDONG	389
A004490		세방전지	SEABANG GLOBAL BATTERY	391
A234100	*	세원	Sewon	396
A024830	*	세원물산	SEWON	396
A021820		세원정공	Sewon Precision Industry	397
A033530		세종공업	Sejong Industrial	398

A145210		세화아이엠씨	SAEHWA IMC	402
A260870	**	시그넷이브이	SIGNET EV	422
A048870	*	시너지이노베이션	Synergy Innovation	423
A245450	**	씨앤에스링크	CNSLINK	455
A013310	*	아진산업	A-JIN INDUSTRY COLTD	498
A900080	*	에스앤씨엔진그룹	S&C Engine Group	529
A064960		에스앤티모티브	S&T Motiv	530
A003570		에스앤티중공업	S&T Dynamics	531
A036530		에스앤티홀딩스	S&T Holdings	532
A005850		에스엘	SL	539
A123700		에스제이엠	SJM	543
A025530		에스제이엠홀딩스	SJM Holdings	544
A080440	*	에스제이케이	SJK COLTD	544
A040610	*	에스지엔지	SG&G	547
A015260		에이엔피	Automobile & PCB	568
A038110	*	에코플라스틱	Ecoplastic	585
A067570	*	엔브이에이치코리아	NVH KOREA	593
A123040	*	엠에스오토텍	MS AUTOTECH	619
A007530	*	영신금속공업	Youngsin Metal Industrial	625
A012280		영화금속	Yeong Hwa Metal	630
A265560	*	영화테크	YOUNG HWA TECH CO	630
A002630		오리엔트바이오	ORIENT BIO	637
A065500	*	오리엔트정공	Orient Precision Industries	638
A031510	*	오스템	Austem	643
A215360	*	우리산업	WOORY INDUSTRIAL COLTD	662
A072470	*	우리산업홀딩스	Woory Industrial Holdings	662
A066590	*	우수에이엠에스	Woosu AMS	667
A017370		우신시스템	Wooshin Systems	668
A140660	**	위월드	WIWORLD	684
A047400		유니온머티리얼	Union Materials	690
A011320	*	유니크	Unick	692
A241690	*	유니테크노	UNITEKNO	693
A048430	*	유라테크	Yura Tech	695
A002920		유성기업	Yoosung Enterprise	698
A223310	*	이에스브이	ESV	727
A101360	**	이엔드디	E&D	728
A088290	*	이원컴포텍	EWON COMFORTECH	735
A033600	*	이젠텍	Ezen Tech	736
A023800		인지컨트롤스	INZI CONTROLS COLTD	746
A023810		인팩	Infac	755
A008500		일정실업	Il Jeong Industrial	764
A019540	*	일지테크	ILJI TECHNOLOGY CO	764
A120780	**	전우정밀	JEONWOO PRECISION	773
A130500	*	지에이치신소재	GH Advanced Materials	818
A013870		지엠비코리아	GMB Korea	820
A010580		지코	Jico	823
A100250		진양홀딩스	Chinyang Holdings	829
A013720	*	청보산업	Cheong Bo Industrial	836
A033250		체시스	Chasys	837
A071850	*	캐스텍코리아	CASTEC KOREA COLTD	842
A024120	*	케이비오토시스	KB Autosys	848
A105330	*	케이엔더블유	KNW	858
A046070	*	코다코	KODACO CO	877
A123410	*	코리아에프티	KOREA FUEL-TECH	882
A152330		코리아오토글라스	KOREA AUTO GLASS CO	882
A126600	*	코프라	KOPLA	897
A045520	*	크린앤사이언스	Clean & Science	908
A004100		태양금속공업	Taeyang Metal Industrial	916
A116100	**	태양기계	Sun Machinery	917
A001420		태원물산	Taewonmulsan	919
A105550	*	트루윈	Truwin	931
A019180		티에이치엔	THN	937
A130740	*	티피씨	TPC	941
A084730	*	팅크웨어	ThinkwareSystemsCorporation	943
A038950	*	파인디지털	Finedigital	949
A054300	*	팬스타엔터프라이즈	Panstar Enterprise	956
A090080		평화산업	Pyung Hwa Industrial	961
A043370	*	평화정공	Pyeong Hwa Automotive	961
A010770		평화홀딩스	Pyung Hwa Holdings	962
A093380	*	풍강	Pungkang	971
A025540		한국단자공업	Korea Electric Terminal	1002
A021650	*	한국큐빅	Cubic Korea	1018
A161390		한국타이어	HANKOOK TIRE	1019
A000240		한국타이어월드와이드	Hankook Tire WorldWide	1019
A010100		한국프랜지공업	KOREA FLANGE CO	1022
A060980		한라홀딩스	Halla Holdings	1027
A018880		한온시스템	Hanon Systems	1042
A024740	*	한일단조공업	Hanil Forging Industrial	1044
A107640	**	한중엔시에스	HanJung Natural Connectiv	1048
A143210		핸즈	Hands	1061
A170030	*	현대공업	Hyundai Industrial	1064
A012330		현대모비스	HYUNDAI MOBIS	1066
A011210		현대위아	HYUNDAI WIA	1072
A089470		현대이피	Hyundai Engineering Plastic	1072
A013520		화승알앤에이	HWASEUNG R & A	1085
A010690		화신	HwaShin	1086
A126640	*	화신정공	HWASHIN PRECISION	1087
A086250	*	화신테크	Hwashin Tech	1087
A134780	*	화진	HWAJIN	1089

자동차

A000270		기아자동차	Kia Motors	77
A067990	*	도이치모터스	DEUTSCH MOTORS	166
A003620		쌍용자동차	Ssangyong Motor	446
A001380		에스지충방	SG CHOONGBANG	548
A000040		케이알모터스	KR Motors	856
A900140		코라오홀딩스	Kolao Holdings	879
A005380		현대자동차	Hyundai Motor	1073

내구소비재

A009450		경동나비엔	Kyung Dong Navien	43
A071460	*	대유위니아	DAYOU WINIA	142
A073190	*	디비케이	DBK	204
A026890		디피씨	Digital Power Communications	223
A111870	*	삼본정밀전자	SAMBON PRECISION & ELECTRONICS	332
A225190	*	삼양옵틱스	SAMYANG OPTICS CO	343
A032750	*	삼진	Sam Jin	352
A263810	*	상신전자	SANGSHIN ELECTRONICS CO	362
A065350	*	신성델타테크	SHINSUNG DELTA TECH C(	429
A002700		신일산업	Shinil Industrial	436
A008700		아남전자	Anam Electronics	472
A011090		에넥스	Enex	517
A270660	**	에브리봇	EVERYBOT	519
A069510	*	에스텍	ESTec	557
A003800	*	에이스침대	Ace Bed	567
A054940	*	엑사이엔씨	EXA E&C	591
A066570		엘지전자	LG Electronics	613
A051390	*	와이더블유	YW	649
A065950	*	웰크론	Welcron	679
A044340	*	위닉스	Winix	682
A234920	*	자이글	Zaigle	770
A071950		코아스	KOAS CO	889
A021240		코웨이	Coway	894
A225650	*	쿠첸	Cuchen	899

코드		회사명	영문명	페이지
A192400		쿠쿠홀딩스	CUCKOO ELECTRONICS CC	899
A284740		쿠쿠홈시스	CUCKOO HOMESYS COLTD	900
A134790		팀스	Teems	942
A037070	*	파세코	Paseco	947
A016800		퍼시스	Fursys	958
A024940	*	피엔풍년	Pnpoongnyun	986
A004590	*	한국가구	Hankook Furniture	999
A009240		한샘	Hanssem	1030
A008800	*	행남사	HAENGNAM CHINAWARE	1062
A079430		현대리바트	HYUNDAI LIVART FURNITURE	1066

레저용품

코드		회사명	영문명	페이지
A183410	**	데카시스템	Deca System	164
A050120	*	라이브플렉스	LIVEPLEX	225
A206950	**	볼빅	VolvikInc	304
A068290		삼성출판사	Samsung Publishing	339
A002450		삼익악기	Samick Musical Instruments	349
A024950	*	삼천리자전거	Samchuly Bicycle	355
A066910	*	손오공	SONOKONG	408
A123750	*	알톤스포츠	Alton Sports coltd	508
A252940	**	에스엠로보틱스	SMROBOTICS	540
A031860	*	엔에스엔	NSN	596
A039830	*	오로라월드	Aurora World	636
A194610	*	우성아이비	WOOSUNG IB CO	667
A056080	*	유진로봇	Yujin Robot	706
A088390	*	이녹스	Innox	716
A900110	*	이스트아시아홀딩스	East Asia Holdings Investment	725
A094850	*	참좋은여행	Very Good Tour	833
A032540	*	티제이미디어	TJ MEDIA	939
A900270	*	헝셩그룹	HENG SHENG HOLDING GROUP	1062

섬유 및 의복

코드		회사명	영문명	페이지
A000050		경방	Kyungbang	45
A005320		국동	Kukdong	62
A002070		남영비비안	Namyeung Vivien	88
A024890		대원화성	Daewon Chemical	141
A001070		대한방직	Taihan Textile	149
A016090		대현	DAEHYUN CO	154
A004830		덕성	Duksung	160
A017680	*	데코앤이	DECO&E COLTD	164
A001530		동일방직	DONG-IL	191
A039980	*	리노스	Leenos	243
A003610		방림	Pangrim	295
A267790	*	배럴	BARREL	296
A035150		백산	Baiksan	298
A001460		비와이씨	BYC	317
A002170		삼양통상	SAMYANG TONGSANG	343
A011300		성안	Seong An	385
A005390		신성통상	Shinsung Tongsang	430
A031430		신세계인터내셔날	Shinsegae International	432
A005800		신영와코루	Shinyoungwacoal	434
A009270		신원	Shinwon	435
A102280		쌍방울	SBW	445
A013990	*	아가방앤컴퍼니	AGABANG&COMPANY	471
A090370		아비스타	Avista	476
A032080	*	아즈텍더블유비이	AztechWB	497
A030270	*	에스마크	SMARK CO	522
A251540	**	에스와이제이	SYJ	542
A004060		에스지세계물산	SG	545
A098660	*	에스티오	STO	560
A007700		에프앤에프	F&F	587
A065160	*	에프티이앤이	Finetex EnE	590
A000680		엘에스네트웍스	LS Networks	607
A093050		엘에프	LF	609
A251960	**	엠에프엠코리아	MFM KOREACOLTD	620
A111770		영원무역	Youngone	626
A009970		영원무역홀딩스	Youngone Holdings co	626
A010600		와이비로드	YBROAD	650
A066430	*	와이오엠	Y-OPTICS MANUFACTURE	654
A114630	*	우노앤컴퍼니	UNO&COMPANY	658
A008290	*	원풍물산	Won Pung Mulsan	678
A008600		윌비스	The Willbes &	687
A011330		유니켐	Uni Chem	691
A014990		인디에프	In the F	742
A003200		일신방직	Ilshin Spinning	762
A000950		전방	Chonbang	772
A159580	*	제로투세븐	Zero to Seven	779
A194370		제이에스	JS	786
A026040	*	제이에스티나	JESTINA	787
A004700		조광피혁	Chokwang Leather	800
A033340	*	좋은사람들	GOODPEOPLE	806
A221670	**	주노콜렉션	JUNO COLLECTION COLTD	806
A065060	*	지엔코	GNCO	819
A088790		진도	Jindo	825
A900040	*	차이나그레이트	CHINA GREAT STAR INTERNATIONAL	832
A047770	*	코데즈컴바인	Codes Combine	877
A007980		태평양물산	Pan-Pacific	919
A215480	*	토박스코리아	TOEBOX KOREA	927
A084870		티비에이치글로벌	TBH GLOBAL COLTD	933
A225590	*	패션플랫폼	Shinyoung HappyTomorrow No2 Special Purpose Acquisition	955
A064800	*	필링크	Feelingk	989
A020000		한섬	HANDSOME	1031
A105630		한세실업	HANSAE	1032
A069640		한세엠케이	HANSAEMK COLTD	1032
A016450		한세예스투포홀딩스	Hansae Yes24 Holdings	1033
A011080	*	형지아이앤씨	HYUNGJI INNOVATION & CREATIVE	1080
A093240		형지엘리트	hyungji Elite	1081
A111110		호전실업	HOJEON	1082
A241590		화승엔터프라이즈	HWASEUNG ENTERPRISE CO	1085
A006060		화승인더스트리	HWASEUNG Industries	1086
A081660		휠라코리아	FILA KOREA	1094

호텔 및 레저

코드		회사명	영문명	페이지
A035250		강원랜드	Kangwon Land	39
A215000	*	골프존	GOLFZON	54
A121440	*	골프존뉴딘	GOLFZON NEWDIN	55
A114090		그랜드코리아레저	Grand Korea Leisure	67
A217620	*	디딤	Didim	201
A038390	*	레드캡투어	RedcapTour	230
A032350		롯데관광개발	Lotte Tour Development	235
A035480	*	마제스타	Majestar	249
A080160	*	모두투어네트워크	ModetournetworkInc	267
A018700	*	바른손	Barunson	285
A039310	*	세중	SEJOONG	400
A020710	*	시공테크	Sigongtech	421
A005450		신한	SHINHAN ENG & CONST	439
A025980	*	에머슨퍼시픽	Emerson Pacific	518
A095570		에이제이네트웍스	AJ Networks	569
A068400		에이제이렌터카	AJ RENT A CAR	570
A065150	*	엠피그룹	MP Group	622
A070960		용평리조트	YONG PYONG RESORT	658
A084680		이월드	E-WORLD	735
A034230	*	파라다이스	Paradise	944
A039130		하나투어	HANATOUR SERVICE	991

A220630	*	해마로푸드서비스	Haimarrow Food Service	1058
A005440		현대그린푸드	Hyundai Green Food	1064
A008770		호텔신라	Hotel Shilla	1082

교육

A019680		대교	Daekyo	119
A035290	*	더블유에프엠	WFM	157
A068930	*	디지털대성	Digital Daesung	220
A215100	*	로보로보	RoboRobo	232
A067280	*	멀티캠퍼스	Multicampus	253
A072870	*	메가스터디	Megastudy	254
A215200	*	메가스터디교육	MegaStudyEdu	254
A133750	*	메가엠디	MegaMD	255
A100220		비상교육	Visang Education	313
A225330	*	씨엠에스에듀	CMS Edu	460
A208890	**	에듀케이션파트너	Educationpartner co ltd	518
A053290	*	엔이능률	NE Neungyule	599
A036180	*	영인프런티어	Young In Frontier	627
A057030	*	와이비엠넷	YBM NET	651
A095720		웅진씽크빅	Woongjin Thinkbig	672
A084440	**	유비온	UBION	696
A038340	*	유씨아이	GY COMMERCE	701
A033110	*	이디	ED	718
A134060	*	이퓨쳐	e-futureCo	740
A040420	*	정상제이엘에스	JLS	774
A096240	*	청담러닝	Chungdahm Learning	835
A144740	**	피엠디아카데미	PMD ACADEMY CORP	986

미디어

A011420		갤럭시아에스엠	Galaxia SM	40
A089600	*	나스미디어	Nasmedia	83
A160550	*	넥스트엔터테인먼트월드	Next Entertainment World	100
A048910	*	대원미디어	Daewon Media	139
A206560	*	덱스터스튜디오	Dexter studios	165
A220110	**	드림티엔터테인먼트	Dream T Entertainment	200
A263720	*	디앤씨미디어	D&C MEDIA COLTD	208
A033130	*	디지틀조선일보	DIGITAL CHOSUN	220
A200350	**	래몽래인	Raemong Raein	227
A060300	*	레드로버	Redrover	230
A207760	*	미스터블루	Mr Blue	279
A121800	*	비덴트	Vidente	312
A210120	**	빅텐츠	Victory Contents	322
A266170	**	뿌리깊은나무들	Redwoods	324
A046390	*	삼화네트웍스	SAMHWA NETWORKS	357
A002420		세기상사	The Century	389
A053110	*	소리바다	SORIBADA	406
A086980	*	쇼박스	SHOWBOX	411
A115570	*	스타플렉스	StarFlex	417
A253450	*	스튜디오드래곤	Studio Dragon	418
A039670	*	스포츠서울	The Sports Seoul	420
A099830	*	씨그널엔터테인먼트그룹	Signal Entertainment Grou|	452
A066790	*	씨씨에스충북방송	KOREA CABLE TV CHUNG-BUK SYSTEM	453
A079160		씨제이씨지브이	CJ CGV	463
A130960	*	씨제이이앤엠	CJ E&M	464
A037560		씨제이헬로	CJ Hello	466
A127710	*	아시아경제	The Asia Business Daily	480
A003560		아이에이치큐	IHQ	489
A052220	*	아이엠비씨	iMBC	490
A078860	*	아이오케이컴퍼니	IOKCOMPANY	491
A034120		에스비에스	Seoul Broadcasting System	524
A101060		에스비에스미디어홀딩스	SBS Media Holdings	524
A046140	*	에스비에스콘텐츠허브	SBS Contents Hub	525
A041510	*	에스엠엔터테인먼트	SM Entertainment	540
A048550	*	에스엠컬처앤콘텐츠	SM Culture & Contents	541
A230360	*	에코마케팅	ECHOMARKETING	584
A063440	*	에프엔씨애드컬쳐	FNC ADD CULTURE	588
A173940	*	에프엔씨엔터테인먼트	FNC ENTERTAINMENT	589
A104200	*	엔에이치엔벅스	NHN BUGS	597
A010470	*	오리콤	Oricom	639
A122870	*	와이지엔터테인먼트	YG Entertainment	655
A037270		와이지플러스	YG PLUS	656
A040300	*	와이티엔	YTN	656
A214320		이노션	Innocean Worldwide	714
A036260	*	이매진아시아	IMAGINE ASIA	720
A015020		이스타코	e-Starco	724
A123570	*	이엠넷	EMNET	731
A216050	*	인크로스	Incross	748
A035900	*	제이와이피엔터테인먼트	JYP Entertainment	789
A058420	*	제이웨이	J way	790
A036420	*	제이콘텐트리	Jcontentree corp	791
A030000		제일기획	Cheil Worldwide	792
A043610	*	지니뮤직	GENIE Music	811
A035000		지투알	G II R	823
A047820	*	초록뱀미디어	Chorokbaem Media	838
A016170	*	카카오엠	LOEN ENTERTAINMENT	840
A058400	*	케이엔엔	KOREA NEW NETWORK	859
A122450	*	케이엠에이치	KMH	861
A053210		케이티스카이라이프	KT Skylife	868
A051780	*	큐로홀딩스	CUROHOLDINGS	901
A182360	*	큐브엔터테인먼트	CUBE ENTERTAINMENT	902
A054780	*	키이스트	Keyeast	911
A066410	*	투윈글로벌	TO-WIN Global	930
A033830	*	티비씨	Taegu Broadcasting	932
A202960	**	판도라티비	PANDORA TV COLTD	953
A032800	*	판타지오	Fantagio	953
A068050	*	팬엔터테인먼트	Pan Entertainment	956
A214270	*	퓨쳐스트림네트웍스	Futurestream Networks	974
A242350	**	피엔아이시스템	PNI System COLTD	984
A039340	*	한국경제티브이	Korea Business News	1000
A126560		현대에이치씨엔	HYUNDAI HCN CO	1071
A204630	*	화이브라더스코리아	Huayi Brothers Korea	1088

도소매

A038530	*	골드퍼시픽	Gold Pacific	53
A007720	*	대명	DAEMYUNG COLTD	127
A071840		롯데하이마트	LOTTE Himart	240
A015540		메디플란트	Mediplant	259
A014470	*	부방	Bubang COLTD	306
A027410		비지에프	BGF	318
A282330		비지에프리테일	BGF Retail	318
A063170	*	서울옥션	Seoul Auction	372
A067630	*	에이치엘비생명과학	HLB Life Science	573
A242850	**	영현무역	YOUNG HYUN TRADING	629
A139480		이마트	E-MART	720
A950170	*	제이티씨	JTC	792
A051160	*	지어소프트	GAEASOFT	815
A007070		지에스리테일	GS Retail	817
A051380	*	피씨디렉트	PC Direct	980
A039740	*	한국정보공학	Korea Information Enginee	1011

온라인쇼핑

A119860	*	다나와	Danawa	114
A035760	*	씨제이오쇼핑	CJ O SHOPPING CO	464
A069920	*	아이에스이커머스	ISE Commerce	488

A138250		엔에스쇼핑	NS Home Shopping	596
A053280	*	예스이십사	YES24	632
A108790	*	인터파크	Interpark	751
A035080	*	인터파크홀딩스	Interpark Holdings	752
A028150	*	지에스홈쇼핑	GS Home Shopping	818
A141020	*	포티스	Fortis	968
A057050		현대홈쇼핑	HYUNDAI HOME SHOPPING NETWORK	1078

백화점

A037710		광주신세계	Gwangju Shinsegae	58
A019010	*	그랜드백화점	Grand Departmentstore	66
A006370		대구백화점	DAEGU DEPARTMENT STORE	119
A023530		롯데쇼핑	Lotte Shopping	236
A006730	*	서부티엔디	Seobu T&D	367
A067830		세이브존아이앤씨	SAVEZONE I&C	398
A004170		신세계	SHINSEGAE	430
A027390		한화갤러리아타임월드	Hanwha Galleria Timeworl(	1055
A069960		현대백화점	Hyundai Department Store	1067

음료

A043650	*	국순당	Kook Soon Dang	63
A007390	*	네이처셀	NATURECELL COLTD	94
A178600	**	대동고려삼	DAEDONG KOREA GINSENG COLTD	121
A005300		롯데칠성음료	Lotte Chilsung Beverage	238
A033920		무학	Muhak	273
A000890		보해양조	BOHAE BREWERY	303
A023150		엠에이치에탄올	MHETHANOL	620
A018120	*	진로발효	Jinro Distillers	825
A004650	*	창해에탄올	Changhae Ethanol	834
A023900	*	풍국주정공업	PUNGGUK ETHANOL INDUSTRIAL	972
A000080		하이트진로	HITEJINRO CO	997
A000140		하이트진로홀딩스	HITEJINRO HOLDINGS	998
A189980	*	흥국에프엔비	HYUNGKUK F&B	1103

식료품

A002140		고려산업	Korea Industrial	49
A003920		남양유업	Namyang Dairy Products	88
A065170	*	넥스트비티	NEXT BT	99
A004370		농심	NongShim	108
A072710		농심홀딩스	Nongshimholdings	108
A222040	*	뉴트리바이오텍	NUTRIBIOTECH COLTD	112
A001680		대상	Daesang	128
A084690		대상홀딩스	Daesang Holdings	128
A003310	*	대주산업	DAEJOO COLTD	144
A001790		대한제당	TS	152
A001130		대한제분	Daehan Flour Mills	152
A026960		동서	DongSuh Companies	173
A088910	*	동우팜투테이블	DONGWOO FARM TO TABLE	185
A006040		동원산업	Dongwon Industries	187
A030720		동원수산	Dong Won Fisheries	188
A049770		동원에프앤비	Dongwon F&B	189
A280360		롯데제과	LOTTE CONFECTIONERY C(	237
A004990		롯데지주	Lotte	238
A002270		롯데푸드	LOTTE FOODS COLTD	239
A027740		마니커	Maniker	247
A267980	*	매일유업	Maeil Dairies	251
A005990	*	매일홀딩스	Maeil Holdings	251
A267060	**	명진홀딩스	Myungjin HoldingsCorp	264
A218150	*	미래생명자원	MILAE BIORESOURCES CO	276
A250000	*	보라티알	BORATR CO	301
A005180		빙그레	Binggrae	323
A003960		사조대림	SAJODAERIM	325
A008040		사조동아원	SAJODONGAONE	325
A007160		사조산업	Sajo Industries	326
A014710		사조씨푸드	SAJO SEA FOOD	326
A006090		사조오양	Oyang	327
A079660		사조해표	SAJOHAEPYO	327
A145990		삼양사	Samyang	342
A003230		삼양식품	Samyang Foods	342
A000070		삼양홀딩스	Samyang Holdings	344
A007540		샘표	SEMPIO	365
A248170		샘표식품	SEMPIO FOODS	366
A004410		서울식품공업	Seoul Food Industrial	372
A136490		선진	Sunjin	381
A004970		신라교역	Silla	427
A025870	*	신라에스지	SILLA SG	428
A031440		신세계푸드	SHINSEGAE FOOD	432
A006880		신송홀딩스	SINGSONG HOLDINGS CO	433
A236030	**	씨알푸드	Ssial Food	454
A001040		씨제이	CJ	462
A011150		씨제이씨푸드	CJ Seafood	463
A097950		씨제이제일제당	CJ CheilJedang	465
A051500	*	씨제이프레시웨이	CJ Freshway	465
A154030	*	아시아종묘	ASIA SEED	481
A260970	**	에스앤디	S&D COLTD	529
A005610		에스피씨삼립	SPC SAMLIP CO	562
A009780	*	엠에스씨	MSC	619
A007310		오뚜기	Ottogi	635
A271560		오리온	ORION	638
A001800		오리온홀딩스	ORION Holdings	639
A073560	*	우리손에프앤지	Woorison F&G CO	663
A006980		우성사료	Woosung Feed	666
A035810	*	이지바이오	EASY BIO	737
A062580	**	인산가	INSAN	743
A208140	*	정다운	JUNGDAWN	773
A003380	*	제일홀딩스	JEIL HOLDINGS CO	796
A002600		조흥	Choheung	804
A066360	*	체리부로	Cherrybro	837
A025880	*	케이씨피드	KC Feed	855
A044820		코스맥스비티아이	COSMAX BTI	887
A060280	*	큐렉소	CUREXO	900
A264900		크라운제과	CORWN CONFECTIONERY	904
A005740		크라운해태홀딩스	CROWNHAITAI Holdings	905
A036580		팜스코	FARMSCO	954
A027710	*	팜스토리	FARMSTORY CO	955
A005670	*	푸드웰	FOODWELL	969
A017810		풀무원	Pulmuone	971
A136480	*	하림	HARIM	992
A024660	*	하림홀딩스	Harim Holdings	992
A222980	*	한국맥널티	Mcnulty Korea	1003
A003680		한성기업	Hansung Enterprise	1031
A005860	*	한일사료	HanilFeed	1044
A002680	*	한탑	Hantop	1053
A101530		해태제과식품	Haitai Confectionery & Foods	1060
A227840		현대홀딩스	HYUNDAI HOLDINGS	1078
A204990	*	현성바이탈	HS Vital CO	1079

담배

A033780		케이티앤지	KT&G	869

가정생활용품

A012690		모나리자	Monalisa	265
A215050	**	비엔디생활건강	B&D Life Health COLTD	315
A009770		삼정펄프	Sam Jung Pulp	351

코드		종목명	영문명	페이지
A051900		엘지생활건강	LG Household & Healthcare	612
A036670	*	케이씨아이	KCI	852
A053620	*	태양	TAEYANG	916
A033180		필룩스	Feelux	988

개인생활용품

코드		종목명	영문명	페이지
A092730	*	네오팜	Neopharm	93
A016100	*	리더스코스메틱	LEADERS COSMETICS CO	244
A225850	**	미애부	Miev	280
A014100	*	보령메디앙스	Boryung Medience	302
A242420	**	본느	Bonne	304
A252500	*	세화피앤씨	SEWHA P&C	403
A159910	*	스킨앤스킨	Skin n Skin	417
A260930	*	씨티케이코스메틱스	CTK Cosmetics	470
A090430		아모레퍼시픽	AMOREPACIFIC	473
A002790		아모레퍼시픽그룹	AMOREPACIFIC Group	473
A227610	*	아우딘퓨쳐스	Outin Futures	482
A018250		애경산업	AEKYUNG IND CO	510
A217480	*	에스디생명공학	SD BIOTECHNOLOGIES CO	520
A270210	**	에스알바이오텍	SR biotek	528
A263920	*	에스엔피월드	S&P WORLD	538
A078520		에이블씨엔씨	ABLE C&C	566
A064090	*	에프앤리퍼블릭	FN REPUBLIC COLTD	587
A225860	**	엠앤씨생명과학	M&C Life Science	618
A219550	*	엠피한강	MP Hankang	623
A900300	*	오가닉티코스메틱	ORGANIC TEA COSMETICS HOLDINGS	634
A044480	*	유니더스	Unidus	687
A252370	**	유쎌	YOUCEL	700
A240340	**	인터코스	Interkos	751
A226320		잇츠한불	IT'S HANBUL CO	768
A950140	*	잉글우드랩	ENGLEWOOD LAB	768
A123330	*	제닉	GENIC	778
A025620		제이준코스메틱	Jayjun Cosmetic	790
A900310	*	컬러레이	Coloray International Investment	844
A214370	*	케어젠	CAREGEN CO	846
A237720	**	케이엠제약	KM PHARMACY	862
A080530	*	코디	KODI	878
A027050	*	코리아나화장품	COREANA COSMETICS CO	880
A192820		코스맥스	COSMAX	886
A241710	*	코스메카코리아	COSMECCA KOREA CO	887
A069110	*	코스온	COSON	889
A200130	*	콜마비앤에이치	Kolmar BNH	898
A237880	*	클리오	CLIO Cosmetics	909
A214420		토니모리	TONYMOLY CO	926
A284610	**	티에스트릴리온	TALMOCOM	937
A266870	**	플렉스파워에이더블유에스	Flex Power Aws	978
A233990	**	하우동천	HAUDONGCHUN	993
A161890		한국콜마	KOLMAR KOREA CO	1017
A024720		한국콜마홀딩스	KOREA KOLMAR HOLDINGS	1018
A123690		한국화장품	Hankook Cosmetics	1023
A003350		한국화장품제조	Hankook Cosmetics Manuf.	1024

의료 장비 및 서비스

코드		종목명	영문명	페이지
A039860	*	나노엔텍	NanoenTek	80
A244880	**	나눔테크	NANOOMTECH	81
A271850	**	다이오진	DIOGENE CO	118
A131220	*	대한과학	DAIHAN SCIENTIFIC	148
A145720		덴티움	Dentium	165
A214680	*	디알텍	DRTECH	207
A039840	*	디오	DIO	215
A285770	**	라이프사이언스테크놀로지	Life Science Technology	226
A228850	*	레이언스	RAYENCE COLTD	231
A238120	*	로고스바이오시스템스	Logos Biosystems	232
A085370	*	루트로닉	Lutronic	242
A200580	**	메디쎄이	MEDYSSEY	255
A041920	*	메디아나	MEDIANA	256
A233250	**	메디안디노스틱	Median Diagnostics	256
A059210	*	메타바이오메드	Metabiomed	262
A058110	*	멕아이씨에스	MEKICS	263
A214610	**	미코바이오메드	MiCo NanoBioSys	283
A206640	*	바디텍메드	Boditech Med	285
A199290	**	바이오프로테크	BIO PROTECH	293
A043150	*	바텍	Value Added Technology	295
A100120	*	뷰웍스	Vieworks	309
A032850	*	비트컴퓨터	Bit Computer	320
A043710	*	서울리거	SEOULEAGUER	371
A100700	*	세운메디칼	SEWOONMEDICAL	395
A049180	*	셀루메드	CELLUMED	403
A208370	*	셀바스헬스케어	SELVAS Healthcare	404
A043100	*	솔고바이오메디칼	Solco Biomedical	408
A035610	*	솔본	Solborn	409
A253840	**	수젠텍	Sugentech	413
A258540	**	스템랩	StemLab	418
A004080		신흥	Shinhung	441
A115480	*	씨유메디칼시스템	CU MEDICAL SYSTEMS	461
A246720	*	아스타	ASTA	479
A099190	*	아이센스	i-SENS	484
A950130	*	엑세스바이오	Access Bio	591
A156100	*	엘앤케이바이오메드	L&K BIOMED	606
A226400	*	오스테오닉	OSTEONIC	642
A048260	*	오스템임플란트	Osstemimplant	643
A032940	*	원익	Wonik	673
A216280	**	원텍	WON TECH	677
A032620	*	유비케어	UBcare	697
A056090	*	유앤아이	U&I	703
A221800	**	유투바이오	U2BIO COLTD	708
A041830	*	인바디	InBody	742
A119610	*	인터로조	INTEROJO	749
A150840	*	인트로메딕	IntroMedic	754
A071200	*	인피니트헬스케어	INFINITT Healthcare	758
A230400	**	자비스	XAVIS CO	769
A054950	*	제이브이엠	JVM	783
A229000	**	젠큐릭스	Gencurix	798
A051980	*	중앙리빙테크	NEXTBIO HOLDINGS	809
A228760	**	지노믹트리	Genomictree	811
A219750	**	지티지웰니스	GTG Wellness	824
A085660	*	차바이오텍	Chabiotech	831
A263700	*	케어랩스	Carelabs	845
A104540	*	코렌텍	Corentec	880
A214150	*	클래시스	CLASSYS	909
A228180	**	티씨엠생명과학	TCM BIOSCIENCES	934
A046210	*	파나진	Panagene	943
A241820	*	피씨엘	PCL	981
A006140	*	피제이전자	PJ Electronics	987
A149980	*	하이로닉	Hironic	993
A205470	*	휴마시스	HUMASIS CO	1096
A212310	**	휴벡셀	HUVEXEL	1098
A065510	*	휴비츠	Huvitz	1099

바이오

코드		종목명	영문명	페이지
A217730	*	강스템바이오텍	KANGSTEM BIOTECH CO	39
A138610	*	나이벡	NIBEC	84
A168330	*	내추럴엔도텍	Naturalendo Tech	90
A086220	**	네추럴에프앤피	Natural F&P	95

A144510	*	녹십자랩셀	Green Cross Lab Cell	105
A142280	*	녹십자엠에스	Green Cross Medical Science	106
A054050	*	농우바이오	Nong Woo Bio	109
A176750	**	듀켐바이오	DUCHEMBIO	199
A127120	*	디엔에이링크	DNA LINK	213
A084650	*	랩지노믹스	LabGenomics	228
A141080	*	레고켐바이오사이언스	LegoChem Biosciences	229
A038290	*	마크로젠	Macrogen	249
A236340	**	메디젠휴먼케어	Medizen Humancare	257
A078160	*	메디포스트	Medipost	258
A084990	*	바이로메드	ViroMed	288
A064550	*	바이오니아	BIONEER	288
A142760	*	바이오리더스	Bioleaders	290
A217950	**	바이오씨앤디	BIOCND	292
A216400	**	바이오코아	BIOCORE CO	292
A086040	*	바이오톡스텍	Biotoxtech	293
A032980	*	바이온	BYON	294
A207940		삼성바이오로직스	SAMSUNG BIOLOGICS	334
A038070	*	서린바이오사이언스	Seoulin Bioscience	366
A068270		셀트리온	Celltrion	405
A091990	*	셀트리온헬스케어	Celltrion Healthcare	406
A215600	*	신라젠	Sillajen	428
A049960	*	쎌바이오텍	CELLBIOTECH	451
A096530	*	씨젠	Seegene	466
A185490	*	아이진	EyeGeneInc	493
A196170	*	알테오젠	ALTEOGEN	508
A196300	*	애니젠	ANYGEN COLTD	511
A086460	**	에스엔피제네틱스	SNP Genetics	538
A246250	**	에스엘에스	SLS	539
A052260	*	에스케이바이오랜드	SKbioland	551
A203400	**	에이비온	ABION	566
A138360	*	에이씨티	ACT	568
A182400	*	에이티젠	ATGen	578
A183490	*	엔지켐생명과학	ENZYCHEM LIFESCIENCES	600
A039200	*	오스코텍	Oscotec	642
A215380	*	우정비에스씨	WOOJUNG BSC	669
A206650	*	유바이오로직스	EuBiologics	695
A086890	*	이수앱지스	ISU Abxis	723
A048530	*	인트론바이오테크놀로지	iNtRON Biotechnology	754
A068330	*	일신바이오베이스	ilShinbiobase	761
A095700	*	제넥신	Genexine	776
A066830	**	제노텍	GENOTECH CORP	777
A187420	*	제노포커스	GenoFocus	777
A225220	**	제놀루션	GENOLUTION	778
A109820	*	진매트릭스	GENEMATRIX	826
A011000		진원생명과학	GeneOne Life Science	830
A026260	*	카테아	CATEA COLTD	841
A180400	*	캔서롭	MG MED	843
A217600	*	켐온	CHEMON	874
A166480	*	코아스템	CORESTEM	890
A215570	**	크로넥스	CRONEX CO	906
A083790	*	크리스탈지노믹스	CrystalGenomics	908
A191420	*	테고사이언스	Tego Science	920
A199800	**	툴젠	ToolGen	930
A950160	*	티슈진	TissueGene	933
A214450	*	파마리서치프로덕트	PHARMA RESEARCH PRODUCTS	945
A005690		파미셀	Pharmicell	946
A222110	*	팬젠	Pangen Biotech	957
A087010	*	펩트론	Peptron	960
A203690	*	프로스테믹스	PROSTEMICS CO	975
A222670	**	플럼라인생명과학	Plumbline Life Scienes	977
A042520	*	한스바이오메드	HANS BIOMED	1039
A200670	*	휴메딕스	Humedix	1097

제약

A053950	*	경남제약	KYUNG NAM PHARMCOLT	42
A011040	*	경동제약	Kyungdong Pharmaceutica	44
A214390		경보제약	KYONGBO PHARMACEUTICAL CO	45
A014570	*	고려제약	Korean Drug	52
A009290		광동제약	Kwangdong Pharmaceutical	56
A002720		국제약품	Kukje Pharma	65
A229500	**	노브메타파마	NovMetaPharma	104
A006280		녹십자	Green Cross	105
A005250		녹십자홀딩스	Green Cross Holdings	107
A065560	*	녹원씨아이	Nokwon CI	107
A078140	*	대봉엘에스	Deabongls	127
A036480	*	대성미생물연구소	DAESUNG MICROBIOLOGI	129
A003090		대웅	Dae Woong	137
A069620		대웅제약	Daewoong Pharmaceutical	138
A003220		대원제약	Daewon Pharmaceutical	141
A054670	*	대한뉴팜	Daehan New Pharm	149
A023910	*	대한약품공업	Daihan Pharmaceutical	150
A067080	*	대화제약	DAEHWA PHARM COLTD	156
A006620	*	동구바이오제약	DongKoo Bio & Pharma	167
A086450	*	동국제약	DongKook Pharmaceutical	170
A002210		동성제약	Dong Sung Bio Pharm	174
A000640		동아쏘시오홀딩스	Dong-A Socio Holdings	176
A170900		동아에스티	Dong-A ST	177
A000020		동화약품	Dong Wha Pharm	194
A131030	*	디에이치피코리아	DHP KOREACo	211
A086900	*	메디톡스	Medy-Tox	257
A140410	*	메지온	Mezzion Pharma	261
A017180		명문제약	MYUNGMOON PHARM	264
A053030	*	바이넥스	BinexCo	287
A003850		보령제약	Boryung Pharmaceutical	302
A003000		부광약품	Bukwang PharmCo	305
A200780	*	비씨월드제약	BCWORLD PHARM COLTD	313
A001360		삼성제약	SAMSUNG PHARM	338
A009300	*	삼아제약	Sam-A Pharm	341
A000520		삼일제약	Samil Pharmaceutical	351
A005500		삼진제약	Samjin Pharamaceutical	353
A000250	*	삼천당제약	SAM CHUN DANG PHARM	354
A018680	*	서울제약	SEOUL PHARMA	373
A008490		서흥	SUHEUNG	378
A067370	**	선바이오	SunBio	380
A068760	*	셀트리온제약	Celltrion Pharm	405
A002800	*	신신제약	SINSIN PHARMACEUTICAL	434
A012790	*	신일제약	SINIL PHARMACEUTICAL CO	437
A019170		신풍제약	Shin Pooong Pharm	438
A058820	*	씨엠지제약	CMG Pharmaceutical	460
A900120	*	씨케이에이치	CKH Food & Health	467
A047920	*	씨트리	CHEM TECH RESEARCHORPORATION	468
A060590	*	씨티씨바이오	CTCBIO	469
A074430	*	아미노로직스	Aminologics	474
A092040	*	아미코젠	Amicogen	475
A001540	*	안국약품	AHN-GOOK PHARMACEUTICAL	500
A251280	**	안지오랩	AngioLab	501
A065660	*	안트로젠	ANTEROGEN CO	502
A260660	*	알리코제약	KOREA ARLICO PHARM COLTD	503
A002250		알보젠코리아	ALVOGEN KOREA COLTD	504
A174900	*	앱클론	AbClon	514
A041910	*	에스텍파마	EstechPharma	557
A237690	*	에스티팜	ST PHARM CO	561
A239610	*	에이치엘사이언스	HLSCIENCE CO	574

A003060		에이프로젠제약	Aprogen pharmaceuticalsInc	579
A109960	*	에이프로젠헬스케어앤게임:	Aprogen Healthcare & Games	580
A003520		영진약품	YUNGJIN Pharm	627
A004720		우리들제약	Wooridul Pharmaceutical	660
A018620	*	우진비앤지	WooGene B&G	670
A000220		유유제약	Yuyu Pharma	705
A000100		유한양행	Yuhan	709
A044960	*	이-글벳	Eagle Vetrinary Technology	714
A102460		이연제약	REYON PHARMACEUTICAL	733
A249420		일동제약	IL DONG PHARMACEUTIC/	759
A000230		일동홀딩스	ILDONG HOLDINGS	760
A003120		일성신약	Ilsung Pharmaceuticals	761
A007570		일양약품	Ilyang Pharamaceutical	763
A234080		제이더블유생명과학	JW Life Science	781
A067290	*	제이더블유신약	JW SHINYAK	782
A001060		제이더블유중외제약	JW PHARMACEUTICAL	782
A096760		제이더블유홀딩스	JW Holdings	783
A052670	*	제일바이오	CheilBio	793
A271980		제일약품	JEIL PHARMACEUTICAL CC	793
A002620		제일파마홀딩스	JEIL PHARMA HOLDINGS	795
A034940	*	조아제약	CHOA PHARMACEURICAL	802
A185750		종근당	Chong Kun Dang Pharmaceutical	804
A063160		종근당바이오	CKD Bio	805
A001630		종근당홀딩스	Chong Kun Dang Holdings	805
A072020	*	중앙백신연구소	Choong Ang Vaccine Laboratory	809
A204840	*	지엘팜텍	GL Pharm Tech	820
A086060	*	진바이오텍	GeneBioTech	826
A007370	*	진양제약	JIN YANG PHARMACEUTICAL CO	828
A220250	**	카이노스메드	KAINOS MEDICINE	839
A205290	**	케미메디	KEMIMEDI CO	845
A114450	*	케이피엑스라이프사이언스	KPX LIFESCIENCE	872
A041960	*	코미팜	Komipharm International	885
A102940	*	코오롱생명과학	KOLON LIFE SCIENCE	892
A115180	*	큐리언트	Qurient	902
A066700	*	테라젠이텍스	Theragen Etex	921
A043090	*	팜스웰바이오	PharmswellBio	954
A220100	*	퓨쳐켐	FutureChem	974
A106190	*	하이텍팜	HIGH TECH PHARM	996
A226610	**	한국비엔씨	BNC Korea	1003
A033270		한국유나이티드제약	Korea United Pharm	1006
A002390		한독	Handok	1026
A008930		한미사이언스	Hanmi Science	1029
A128940		한미약품	Hanmi Pharm	1029
A009420		한올바이오파마	Hanall Biopharma	1042
A004310		현대약품	Hyundai Pharmaceutical	1070
A061250	*	화일약품	HWAIL PHARMACEUTICAL	1089
A016580		환인제약	Whan In Pharm	1091
A284420	**	휴럼	Hurum	1095
A243070	*	휴온스	HUONS CO	1100
A084110	*	휴온스글로벌	Huons Global	1100
A145020	*	휴젤	Hugel	1101

상업은행

A192530		광주은행	Kwangju Bank	58
A139130		디지비금융지주	DGB Financial Group	218
A138930		비엔케이금융지주	BNK Financial Group	316
A055550		신한금융지주회사	Shinhan Financial Group	439
A000030		우리은행	Woori Bank	663
A175330		제이비금융지주	JB Financial Group	784
A006220		제주은행	Jeju Bank	797
A024110		중소기업은행	Industrial Bank Of Korea	808
A105560		케이비금융지주	KB Financial Group	848
A086790		하나금융지주	Hana Financial Group	990

상호저축은행

A007330	*	푸른저축은행	Pureun Mutual Savings Bank	970

창업투자 및 종금

A019660	*	글로본	GLOBON	70
A027830	*	대성창업투자	Daesung Private Equity	131
A241520	*	디에스씨인베스트먼트	DSC Investment	208
A277070	*	린드먼아시아	Lindeman Asia Investment	246
A019550	*	에스비아이인베스트먼트	SBI Investment Korea	523
A021080	*	에이티넘인베스트먼트	Atinum Investment	577
A019590	*	엠벤처투자	M-Venture Investment	617
A041190	*	우리기술투자	Woori Technology Investm	659
A010050		우리종합금융	Woori Investment Bank	665
A019570	*	제미니투자	Gemini Investment	780
A016600	*	큐캐피탈파트너스	Q Capital Partners	904
A246690	*	티에스인베스트먼트	TSInvestment	936

소비자 금융

A204620	*	글로벌텍스프리	Global Tax Free	70
A021880	*	메이슨캐피탈	MASON CAPITAL	261
A029780		삼성카드	Samsung Card	340
A038540	*	상상인	Texcell-Netcom	361
A023460	*	씨앤에이치	CNH	456
A033660		아주캐피탈	Aju Capital	497
A023760	*	한국캐피탈	Han Kook Capital	1016

보험

A082640		동양생명보험	TONG YANG LIFE INSURANCE	181
A005830		디비손해보험	DB INSURANCE COLTD	203
A000400		롯데손해보험	Lotte Non-Life Insurance	236
A138040		메리츠금융지주	Meritz Financial Group	259
A000060		메리츠화재해상보험	Meritz Fire & Marine Insurance	260
A085620		미래에셋생명보험	Mirae Asset Life Insurance	277
A032830		삼성생명보험	Samsung Life Insurance	335
A000810		삼성화재해상보험	Samsung Fire & Marine Insurance	340
A079440		아이엔지생명보험	ING Life Insurance	489
A211050	**	인카금융서비스	INCAR FINANCE SERVICE CO	747
A003690		코리안리재보험	Korean Reinsurance	883
A088350		한화생명보험	HanWha Life Insurance	1055
A000370		한화손해보험	Hanwha General Insurance	1056
A001450		현대해상화재보험	Hyundai Marine&Fire Insura	1077
A000540		흥국화재해상보험	Heungkuk Fire & Marine In:	1103

부동산

A001000	*	신라섬유	SILLA TEXTILE CO	427
A210980		에스케이디앤디	SK D&D	550
A056730	*	포스링크	Fourth-Link	963
A123890		한국자산신탁	Korea Asset In Trust	1007
A034830		한국토지신탁	Korea Real Estate Investment & Trust	1020
A005110		한창	Hanchang	1050
A034810	*	해성산업	Haesung Industrial	1059

증권

A001290		골든브릿지투자증권	Golden Bridge Investment & Securities	53
A030610		교보증권	Kyobo Securities	60
A023590		다우기술	DAOU TECHNOLOGY	116
A032190	*	다우데이타	Daou Data	117
A003540		대신증권	Daishin Securities	133
A016610		디비금융투자	DB Financial InvestmentLTD	202
A008560		메리츠종합금융증권	Meritz Securities	260

코드		종목명	영문명	페이지
A006800		미래에셋대우	MIRAE ASSET DAEWOO C(	277
A001270		부국증권	BOOKOOK SECURITIES	305
A016360		삼성증권	Samsung Securities	339
A001720		신영증권	Shinyoung Securities	435
A001510		에스케이증권	SK Securities	554
A005940		엔에이치투자증권	NH Investment & Securities	599
A003470		유안타증권	Yuanta Securities Korea	702
A001200		유진투자증권	EUGENE INVESTMENT & SECURITIES CO	707
A003460		유화증권	Yuhwa Securities	710
A078020	*	이베스트투자증권	EBEST INVESTMENT & SECURITIES	721
A030210		케이티비투자증권	KTB Investment & Securities	866
A039490		키움증권	Kiwoom Securities	910
A071050		한국투자금융지주	Korea Investment Holdings	1021
A001750		한양증권	Hanyang Securities	1041
A003530		한화투자증권	Hanwha Investment&Securities	1057
A001500		현대차증권	HMC INVESTMENT SECURITIES	1077

인터넷 서비스

코드		종목명	영문명	페이지
A079940	*	가비아	Gabia	36
A094480	*	갤럭시아커뮤니케이션즈	Galaxia Communications	40
A035420		네이버	Naver	93
A064260	*	다날	Danal	114
A089230	*	더이앤엠	THE E&M	158
A066980	*	브레인콘텐츠	Brain Contents CO	309
A246830	**	시냅스엠	SCENAPPSM inc	423
A067160	*	아프리카티비	AfreecaTV	500
A950110	*	에스비아이핀테크솔루션즈	SBI AXES	523
A060250	*	엔에이치엔한국사이버결제	NHN KCP	598
A179720	**	옐로페이	Yelopay	633
A057680	*	옴니텔	Omnitel	647
A080010	*	이상네트웍스	eSang Networks	722
A090850	*	이지웰페어	Ezwelfare	738
A092130	*	이크레더블	e-Credible	738
A115310	*	인포바인	INFOvine co	756
A229480	**	줌인터넷	ZUM internet	808
A035720		카카오	Kakao	840
A042000	*	카페투포	Cafe24	841
A093320	*	케이아이엔엑스	KINX	856
A046440	*	케이지모빌리언스	KGMobilians	863
A035600	*	케이지이니시스	KGINICIS	864
A036030	*	케이티하이텔	KT Hitel	869
A075130	*	플랜티넷	Plantynet	977

IT 서비스

코드		종목명	영문명	페이지
A243870	**	굿센	Goodcen	66
A167380	**	나무기술	NAMU TECH CO	83
A072770	*	네오디안테크놀로지	Neodian Technology	90
A020180	*	대신정보통신	Daishin Information & Communications	132
A263800	*	데이타솔루션	Datasolution	162
A199150	**	데이터스트림즈	Data Streams	163
A030790		동양네트웍스	TONGYANG Networks	180
A012030		디비	DB	202
A042500	*	링네트	RingNet	246
A100030	*	모바일리더	Mobileleader	267
A250060	*	모비스	Mobiis	269
A279600	**	미디어젠	MediaZen	274
A007120		미래아이앤지	MiraelNGCo	276
A214180	*	민앤지	Minwise	284
A029480	*	바른테크놀로지	BARUN Technology	287
A064480	*	브리지텍	BRIDGETEC	310
A138580	*	비즈니스온커뮤니케이션	BusinessOn Communication	317
A148780	**	비플라이소프트	BFLYSOFT COLTD	321
A018260		삼성에스디에스	SAMSUNG SDS COLTD	336
A032680	*	소프트센	SOFTCEN	407
A035510		신세계아이앤씨	SHINSEGAE Information & Communication	431
A010280	*	쌍용정보통신	SsangYong Information & (	446
A004920		씨아이테크	CITECH COLTD	454
A189330	**	씨이랩	XIIlab	461
A052460	*	아이크래프트	iCRAFT	495
A124500	*	아이티센	ITCEN	496
A050320	*	에스아이티글로벌	Smart Information Technology Global	527
A234300	*	에스트래픽	STraffic	558
A064850	**	에프앤가이드	FnGuide	586
A205100	*	엑셈	EXEM	592
A069410	*	엔텔스	nTels	602
A053980	*	오상자이엘	Osangjaiel	640
A173130	**	오파스넷	OPASNET COLTD	646
A049480	*	오픈베이스	Openbase	646
A118000		우리들휴브레인	WOORIDUL HUE BRAIN	661
A065370	**	위세아이텍	WISE iTech	683
A121060	**	유니포인트	UNIPOINT	694
A072130		유엔젤	Uangel	704
A065440	*	이루온	ELUON	719
A067010	*	이씨에스텔레콤	ECS Telecom	726
A096040	*	이트론	E-TRON	739
A033230	*	인성정보	Insung Information	744
A045510	*	정원엔시스	Zungwon EN-SYS	775
A192250	*	케이사인	KSIGN	849
A115500	*	케이씨에스	Korea Computer & Systems	852
A039420	*	케이엘넷	KL-Net	859
A040350	*	큐로컴	Curocom	901
A217880	**	틸론	TILON	942
A038160	*	팍스넷	Paxnet	952
A022100	*	포스코아이씨티	POSCO ICT	965
A195440	*	퓨전데이타	Fusion Data	973
A258250	**	피시피아비아이티	PCPIA BIT	980
A070590	*	한솔인티큐브	Hansol Inticube	1035
A046110	*	한일네트웍스	HANIL NETWORKS	1043
A026180	*	현대정보기술	Hyundai Information Technology	1074

일반 소프트웨어

코드		종목명	영문명	페이지
A153460	*	네이블커뮤니케이션즈	Nable Communications	94
A081970	*	넥스지	NexGLTD	98
A139670	*	넥스트리밍	NexStreaming	99
A040160	*	누리텔레콤	Nuri Telecom	109
A012510		더존비즈온	DuzonBizon	158
A203650	*	드림시큐리티	Dream Security	200
A197140	**	디지캡	DigiCAP	219
A042510	*	라온시큐어	RaonSecure	224
A219420	*	링크제니시스	Linkgenesis	247
A222810	*	바이오닉스진	NICSTECH	289
A108860	*	셀바스에이아이	Selvas AI	404
A210610	**	소프트캠프	SOFTCAMP COLTD	407
A230980	*	솔트웍스	Soltworks	410
A050960	*	수산아이앤티	SOOSAN INT CO	412
A245030	**	스페이스솔루션	SPACE SOLUTION	419
A131090	*	시큐브	SECUVE	425
A232830	**	시큐센	SECUCEN COLTD	425
A053800	*	안랩	AHNlab	501
A131370	*	알서포트	Rsupport	505
A085810	*	알티캐스트	Alticast	509
A049470	*	에스지에이	SGA	545
A184230	*	에스지에이솔루션즈	SGA Solutions	546
A224880	**	에스지에이임베디드	SGA Embedded	546

A208860	*	엔지스테크널러지	EnGIS Technolgies	600
A058970	**	엠로	EMRO	617
A136540	*	윈스	Wins	685
A067920	*	이글루시큐리티	IGLOO SECURITY	713
A053350	*	이니텍	Initech	717
A047560	*	이스트소프트	ESTsoft	725
A039290	*	인포뱅크	InfoBank	756
A041020	*	인프라웨어	Infraware	757
A247300	**	인프라웨어테크놀러지	INFRAWARE TECHNOLOGY	757
A263860	*	지니언스	GENIANS	812
A208350	*	지란지교시큐리티	Jiransecurity	813
A115450	*	지트리비앤티	G-treeBNT	824
A094860	*	코닉글로리	KORNICGLORYCO	876
A078000		텔코웨어	Telcoware	925
A079970	*	투비소프트	TOBESOFT	929
A150900	*	파수닷컴	FASOOCOM	947
A016670	*	포비스티앤씨	Pobis TNC	963
A189690	*	포시에스	FORCS	967
A150440	**	피노텍	Finotek	979
A053300	*	한국정보인증	KOREA INFORMATION CERTIFICATE AUTHORITYORPORATED	1012
A030520	*	한글과컴퓨터	Hancom	1024
A054920	*	한컴시큐어	Hancom Secure	1052
A086960	*	한컴엠디에스	Hancom MDS	1052
A077280	*	한컴지엠디	Hancom GMD	1053
A220180	*	핸디소프트	HANDYSOFT	1061

게임 소프트웨어

A063080	*	게임빌	GAMEVIL	41
A223220	**	구름게임즈앤컴퍼니	GURUM GAMES &	60
A095660	*	네오위즈	NEOWIZ	91
A042420	*	네오위즈홀딩스	Neowiz Holdings	92
A041140	*	넥슨지티	Nexon GT CO	101
A217270	*	넵튠	Neptune	102
A225570	*	넷게임즈	NAT GAMES COLTD	102
A251270		넷마블게임즈	Netmarble Games	103
A192080	*	더블유게임즈	DoubleUGames	156
A194480	*	데브시스터즈	Devsisters	162
A030350	*	드래곤플라이	Dragonfly GF	199
A060240	*	룽투코리아	LONGTU KOREA	242
A201490	*	미투온	ME2ON CO	284
A035620	*	바른손이앤에이	Barunson Entertainment & Arts	286
A123420	*	선데이토즈	SundayToz	379
A056000	*	신스타임즈	SINCETIMES	433
A208640	*	썸에이지	Thumbage	448
A205500	*	액션스퀘어	Action Square	512
A052790	*	액토즈소프트	Actoz Soft	512
A036570		엔씨소프트	NCsoft	594
A181710		엔에이치엔엔터테인먼트	NHN Entertainment	598
A206400	*	엔터메이트	Entermate	602
A058630	*	엠게임	MGAME	616
A052770	*	와이디온라인	YD Online	650
A069080	*	웹젠	Webzen	681
A112040	*	위메이드엔터테인먼트	Wemade Entertainment	682
A052190	*	이에스에이	ESA	728
A101730	*	조이맥스	Joymax	802
A067000	*	조이시티	JoyCity	803
A078340	*	컴투스	Com2uS	844
A194510	*	파티게임즈	PATI Games	952
A263750	*	펄어비스	PearlAbyss	959
A023770	*	플레이위드	PLAYWITH	978
A047080	*	한빛소프트	HANBIT SOFT	1030

통신장비

A192410	*	감마누	Gamma Nu	37
A035460	*	기산텔레콤	Kisan Telecom	76
A039560	*	다산네트웍스	DASAN Networks	115
A010170	*	대한광통신	TAIHAN FIBER OPTICS CO	148
A187220	*	디티앤씨	DT&C	222
A069540	*	라이트론	LIGHTRON	226
A067730	*	로지시스	LOGISYS	234
A149940	*	모다	Moda	266
A046310	*	백금티앤에이	BG T&A	297
A072950	*	빛샘전자	Vissem Electronics	323
A037460	*	삼지전자	Samji Electronics	352
A178320	*	서진시스템	SEOJIN SYSTEM COLTD	375
A033790	*	스카이문스테크놀로지	Skymoons technology	416
A050890	*	쏠리드	SOLiD	451
A065770	*	씨에스	CS	457
A189540	**	씨티네트웍스	ctnetworks	469
A214430	*	아이쓰리시스템	i3system	485
A031310	*	아이즈비전	EYESVISION	492
A218410	*	알에프에이치아이씨	RFHIC	506
A038680	*	에스넷시스템	Snet systems	520
A088800	*	에이스테크놀로지	Ace Technologies	567
A211270	*	에이피위성	Asia Pacific Satellite	582
A073540	*	에프알텍	FRTEK	586
A138080	*	오이솔루션	OE Solutions	644
A109080	*	옵티시스	Opticis	649
A115440	*	우리넷	WooriNet	660
A046970	*	우리로	WOORIRO	661
A095270	*	웨이브일렉트로닉스	Wave Electronics	679
A264450	*	유비쿼스	Ubiquoss	697
A078070	*	유비쿼스홀딩스	Ubiquoss Holdings	698
A060230	*	이그잭스	Exax	713
A073490	*	이노와이어리스	Innowireless	715
A215790	*	이노인스트루먼트	INNO INSTRUMENT	715
A189300	*	인텔리안테크놀로지스	Intellian Technologies	753
A135160	**	지오씨	GOC	822
A032500	*	케이엠더블유	KMW	860
A189350	**	코셋	Coset	886
A056360	*	코위버	Communication Weaver	895
A031820		콤텍시스템	Comtec Systems	898
A091440	*	텔레필드	Telefield	924
A200230	*	텔콘	TELCON	926
A170790	*	파이오링크	Piolink	948
A007630		폴루스바이오팜	POLUS BioPharm	969
A005870		휴니드테크놀러지스	Huneed Technologies	1095

컴퓨터 및 주변기기

A065690	*	대진디엠피	DAEJINDMPCOLTD	145
A043360	*	디지아이	DIGITAL GRAPHICSORPOR.	218
A131180	*	딜리	DILLI ILLUSTRATE	223
A065650	*	메디프론디비티	Medifron DBT	258
A213090	*	미래테크놀로지	MIRAE TECHNOLOGY CO	279
A093190	*	빅솔론	Bixolon	321
A060570	*	아이리버	Iriver	483
A045660	*	에이텍	Atec	576
A032790	*	엠젠플러스	MGENPLUS	621
A049550	*	잉크테크	Inktec	769
A096690	*	제이스테판	J Stephen Lab	784
A033320	*	제이씨현시스템	JC hyun System	786
A044380		주연테크	Jooyontech	807
A012600		청호컴넷	ChungHo Comnet	836
A089150	*	케이씨티	Korea Computer Terminal	854

A005070	코스모신소재	Cosmo Advanced Materials	888
A094940	* 푸른기술	PULOON TECHNOLOGY	970
A066110	* 한프	HANP	1054

전자 장비 및 기기

A009140	경인전자	Kyung in Electronics	46
A098460	* 고영테크놀러지	Koh Young Technology	52
A017900	광전자	AUK	57
A004270	남성	Namsung	87
A031390	* 녹십자셀	GREEN CROSS CELL	106
A085670	* 뉴프렉스	Newflex Technolgy	113
A008060	대덕전자	Daeduck Electronics	120
A004130	대덕지디에스	DAEDUCK GDS	120
A008110	대동전자	Daidong Electronics	123
A078600	* 대주전자재료	Daejoo Electronic Materials	145
A079960	* 동양이엔피	DONGYANG E&P	182
A032960	* 동일기연	DONGIL TECHNOLOGY	190
A196490	* 디에이테크놀로지	DA Technology	212
A238500	** 로보쓰리	Robo3	233
A080420	* 모다이노칩	Moda-InnoChips	266
A033200	* 모아텍	Moatech	269
A038460	* 바이오스마트	BioSmart	291
A090460	* 비에이치	Bh	314
A082920	* 비츠로셀	VITZROCELL	319
A006400	삼성에스디아이	SAMSUNG SDI	335
A009150	삼성전기	Samsung Electro-Mechanics	337
A091580	* 상신이디피	SANGSIN ENERGY DISPLAY PRECISION	362
A043260	* 성호전자	SUNGHO ELECTRONICS CORP	388
A154040	* 솔루에타	Solueta	409
A269620	* 시스웍	SYSWORK CO	424
A243840	* 신흥에스이씨	SHIN HEUNG ENERGY & EI	442
A222800	* 심텍	SIMMTECH	443
A036710	* 심텍홀딩스	SIMMTECH HOLDINGS	443
A004770	써니전자	SUNNY ELECTRONICS CORP	447
A222080	* 씨아이에스	Creative & Innovative System	453
A052710	* 아모텍	Amotech	474
A036010	* 아비코전자	ABCO ELECTRONICS	477
A101390	* 아이엠	IM	490
A023890	* 아트라스비엑스	Atlasbx	499
A148250	* 알엔투테크놀로지	RN2 Technologies	507
A131400	* 액트	ACT	513
A042110	* 에스씨디	SCD	525
A091340	* 에스엔케이폴리텍	S&K Polytec	537
A052020	* 에스티큐브	STCUBE	561
A072990	* 에이치시티	HCT COLTD	571
A224110	* 에이텍티앤	ATEC T& CO	577
A086520	* 에코프로	ECOPRO	585
A217820	* 엔에스	NS	595
A066970	* 엘앤에프	L&F	606
A011070	엘지이노텍	LG Innotek	613
A259630	* 엠플러스	mPLUS corp	622
A082210	* 옵트론텍	Optrontec	648
A089850	* 유비벨록스	UbiVelox	696
A011690	유양디앤유	YUYANG D&U	703
A272290	* 이녹스첨단소재	INNOX Advanced Materials	716
A007660	이수페타시스	ISU PETASYS	723
A232530	** 이엠티	Energy Material Technolog	733
A017250	* 인터엠	INTER-MCo	750
A051370	* 인터플렉스	Interflex	752
A020150	일진머티리얼즈	ILJIN MATERIALS	766
A033240	자화전자	Jahwa Electronics	771
A052400	* 코나아이	KONA I	876
A007810	코리아써키트	KOREA CIRCUIT COLTD	881
A045970	* 코아시아홀딩스	CoAsia Holdings	890
A033290	* 코웰패션	COWELL FASHION	895
A058530	* 크레아플래닛	CREAPLANET COLTD	905
A043590	* 크로바하이텍	Clover Hitech	906
A182690	* 테라셈	TerraSem	921
A277880	** 티에스아이	TSI CO	935
A191600	** 티케이씨	TKC COLTD	939
A047310	* 파워로직스	PowerLogics	948
A140860	* 파크시스템스	Park Systems	951
A131390	* 피앤이솔루션	PNE SOLUTION	982
A137400	* 피엔티	PEOPLE & TECHNOLOGY	985
A092300	* 현우산업	HYUNWOOINDUSTRIAL	1079

사무기기

A029530	신도리코	SINDOH	426

휴대폰 및 관련부품

A151910	* 나노스	NANOS	79
A190510	* 나무가	NAMUGA CO	82
A263600	* 덕우전자	DERKWOO ELECTRONICS COLTD	161
A066670	* 디스플레이테크	DISPLAYTECH	205
A066900	* 디에이피	DAP	212
A106520	* 디지탈옵틱	DIGITAL OPTICS	219
A096640	* 멜파스	Melfas	263
A101330	* 모베이스	MOBASE	268
A208710	* 바이오로그디바이스	BIOLOG DEVICE	289
A033560	* 블루콤	BLUECOM	311
A005930	삼성전자	Samsung Electronics	337
A082660	* 삼우엠스	SamwooEms	347
A093920	* 서원인텍	SEOWONINTECH	374
A081580	* 성우전자	SUNGWOO ELECTRONICS	385
A053450	* 세코닉스	SEKONIX	401
A192440	* 슈피겐코리아	Spigen Korea	415
A025320	* 시노펙스	Synopex	424
A187270	* 신화콘텍	Shin Hwa Contech	441
A052860	* 아이앤씨테크놀로지	I&C Technology	486
A226350	* 아이엠텍	IM Tech	491
A106080	* 알비케이이엠디	RBK EMD	504
A096610	* 알에프세미	RFsemi Technologies	506
A061040	* 알에프텍	RFTech	507
A267810	** 앙츠	AntzCo	510
A238090	* 앤디포스	NDFOS CO	513
A041590	* 에너전트	GemVax Technology	516
A097780	* 에스맥	S-MAC	522
A060540	* 에스에이티	System and Application Technologies	534
A096630	* 에스코넥	S Connect	556
A176440	* 에이치엔티일렉트로닉스	HNT Electronics	572
A043580	* 에임하이글로벌	Aimhigh Global	582
A278990	** 에프엠에스	FMS co	590
A037950	* 엘컴텍	Elcomtec	615
A097520	* 엠씨넥스	MCNEX COLTD	618
A000670	영풍	Young Poong	628
A122990	* 와이솔	WilSoL	651
A193250	* 와이제이엠게임즈	YJM Games	654
A065680	* 우주일렉트로닉스	Uju Electronics	669
A049520	* 유아이엘	UIL	702
A179900	* 유티아이	UTI	709
A191410	* 육일씨엔에쓰	RYUK-IL C&S	710
A041520	* 이라이콤	e-Litecom	718
A054210	* 이랜텍	Elentec	719
A115610	* 이미지스테크놀로지	IMAGIS	721

A094190	*	이엘케이	ELK	730
A079190	*	이엠따블유	EMW	731
A091120	*	이엠텍	EM-Tech	732
A181340	*	이즈미디어	isMedia	736
A049070	*	인탑스	Intops	748
A175140	*	인포마크	INFOMARK	755
A058450	*	일야	ILYA	763
A174880	*	장원테크	JANG WON TECH COLTD	771
A049630	*	재영솔루텍	JAEYOUNG SOLUTEC	772
A080220	*	제주반도체	Jeju Semiconductor	796
A050110	*	캠시스	CammSys	843
A060720	*	케이에이치바텍	KHVATEC	858
A083470	*	케이제이프리텍	KJPretech	863
A078650	*	코렌	KOLEN	879
A114120	*	크루셜텍	Crucialtec	907
A072520	*	태양씨앤엘	TAE YANG C&L COLTD	917
A055490		테이팩스	TAPEX	923
A196450	*	텔루스	Tellus	925
A052290	*	트레이스	Trais	931
A091700	*	파트론	PARTRON	951
A032580	*	피델릭스	Fidelix	979
A054340	*	피앤텔	NRKCOLTD	982
A126700	*	하이비젼시스템	HyVISION SYSTEM	994
A070300	*	한솔시큐어	Hansol Secure	1034
A004710		한솔테크닉스	Hansol Technics	1037
A123840	*	한일진공	HANIL VACUUM CO	1045
A076610	*	해성옵틱스	Haesung Optics	1060

셋톱 박스

A078890	*	가온미디어	Kaonmedia	36
A134580	*	디엠티	Digital Multimedia Technol	215
A058220	*	아리온테크놀로지	ARION TECHNOLOGY	472
A271400	**	알로이스	ALOYS	502
A057880	*	토필드	Topfield	928
A064240	*	홈캐스트	Homecast	1083
A115160	*	휴맥스	HUMAX	1096
A028080	*	휴맥스홀딩스	Humax Holdings	1097

보안장비

A092600	*	넥스트칩	NEXTCHIP	101
A236200	*	슈프리마	Suprema	414
A094840	*	슈프리마에이치큐	Suprema HQ	415
A143160	*	아이디스	Intelligent Digital Integrate	482
A054800	*	아이디스홀딩스	IDIS Holdings	483
A099520	*	아이티엑스엠투엠	ITX-M2M	496
A214870	*	에치디프로	HD PRO CO	583
A203450	*	유니온커뮤니티	Union community	691
A083640	*	인콘	INCON	747
A036690	*	코맥스	Commax	883
A015710	*	코콤	Kocom	896
A019490		하이트론씨스템즈	Hitron Systems	997
A039010	*	현대통신	Hyundai Telecommunicatio	1076

반도체 및 관련장비

A089890	*	고려반도체시스템	Korea Semiconductor Syste	49
A083450	*	글로벌스탠다드테크놀로지	Global Standard Technolog	69
A049080	*	기가레인	GIGALANE	76
A033640	*	네패스	Nepes	95
A087730	*	네패스신소재	NEPES Advanced Materials	96
A144960	*	뉴파워프라즈마	New Power Plasma	112
A093640	*	다믈멀티미디어	Tamul Multimedia	115
A077360	*	덕산하이메탈	DUKSAN HI METAL COLTD	159
A094170	*	동운아나텍	DONGWOON ANATECH C	185
A005290	*	동진쎄미켐	Dongjin Semichem	193
A000990		디비하이텍	DB HiTek	204
A003160		디아이	DI	206
A092070	*	디엔에프	DNF	213
A171010	*	램테크놀러지	RAM TECHNOLOGY CO	228
A071280	*	로체시스템즈	Rorze Systems	235
A058470	*	리노공업	Leeno Industrial	243
A098120	*	마이크로컨텍솔루션	Micro Contact Solution	248
A147760	*	마이크로프랜드	Micro Friend	248
A127160	*	매직마이크로	MAGICMICRO CO	252
A093520	*	매커스	Makus	252
A241770	*	메카로	MECARO CO	262
A025560		미래산업	Mirae	275
A059090	*	미코	MiCo	283
A064520	*	바른전자	Barun Electronics	286
A222160	**	바이옵트로	Bioptro	294
A140070	*	서플러스글로벌	SurplusGLOBAL	376
A045300	*	성우테크론	Sungwoo Techron	386
A214310	*	세미콘라이트	Semicon Light	390
A036830	*	솔브레인	Soulbrain	410
A033170	*	시그네틱스	Signetics	422
A160980	*	싸이맥스	CYMECHS	444
A264660	*	씨앤지하이테크	C&G HI TECH CO	457
A095340	*	아이에스시	ISC	487
A038880	*	아이에이	iA	488
A149010	**	아이케이세미콘	IK Semicon	494
A119830	*	아이텍반도체	ITEK Semiconductor	495
A059120	*	아진엑스텍	AJINEXTEK	498
A117670	*	알파홀딩스	Alpha Holdings	509
A102120	*	어보브반도체	ABOV Semiconductor	515
A101490	*	에스앤에스텍	S&S TECH	530
A031330	*	에스에이엠티	SAMT	533
A036540	*	에스에프에이반도체	SFA Semicon	536
A160600	*	에스엔텍	SNTEK CO	537
A036490	*	에스케이머티리얼즈	SK Materials	550
A057500	*	에스케이씨솔믹스	SKC Solmics	552
A000660		에스케이하이닉스	SK hynix	556
A039440	*	에스티아이	STI	558
A054630	*	에이디칩스	Advanced Digital Chips	565
A200710	*	에이디테크놀로지	ADTechnologyCo	565
A089530	*	에이티세미콘	AT semicon	578
A073570	*	에이티테크놀러지	AT technology	579
A036810	*	에프에스티	FINE SEMITECH	588
A092870	*	엑시콘	Exicon	593
A101400	*	엔시트론	N CITRON	594
A061970	*	엘비세미콘	LB SEMICON	604
A083310	*	엘오티베큠	LOT VACUUM	610
A033160	*	엠케이전자	MK Electron	621
A122640	*	예스티	YEST	633
A080520	*	오디텍	ODTech	635
A241790	*	오션브릿지	OCEANBRIDGE CO	641
A080580	*	오킨스전자	OKins Electronics	645
A123010	*	옵토팩	OptoPAC	648
A232140	*	와이아이케이	YIK	652
A251370	*	와이엠티	YMT CO	653
A104830	*	원익머트리얼즈	WONIK Materials	674
A240810	*	원익아이피에스	WONIK IPS CO	674
A074600	*	원익큐엔씨	WONIK QnC	675
A030530	*	원익홀딩스	WONIK HOLDINGS COLTD	676
A101160	*	월덱스	WORLDEX INDUSTRY&TRA	678
A097800	*	윈팩	Winpac	686

Code		회사명	Company	Page
A036200	*	유니셈	Unisem	689
A077500		유니퀘스트	Uniquest	692
A086390	*	유니테스트	UniTestorporation	693
A142210	*	유니트론텍	Unitrontech	694
A084370	*	유진테크	Eugene Technology	707
A102710	*	이엔에프테크놀로지	ENF Technology	729
A039030	*	이오테크닉스	EO Technics	734
A064290	*	인텍플러스	INTEKPLUS	753
A217190	*	제너셈	GENESEM	776
A079370	*	제우스	Zeus	781
A089790	*	제이티	JT	791
A082270	*	젬백스	GemVax&KAEL	798
A036930	*	주성엔지니어링	Jusung Engineering	807
A114570	*	지스마트글로벌	G-SMATT GLOBAL	814
A094360	*	칩스앤미디어	Chips&Media	838
A029460		케이씨	KC CO	849
A281820		케이씨텍	KCTECH CO	853
A083550	*	케이엠	KM	860
A052900	*	케이엠에이치하이텍	KMH HITECH COLTD	861
A092220		케이이씨	KEC	862
A224060	*	코디엠	CODI-M	878
A183300	*	코미코	KoMiCo	884
A066310	*	큐에스아이	QSI	903
A136660	**	큐엠씨	QMC	903
A020120		키다리스튜디오	Daouincube	910
A219130	*	타이거일렉	TigerElec	912
A095610	*	테스	TES	922
A131970	*	테스나	TESNA	922
A089030	*	테크윙	TECHWING	923
A054450	*	텔레칩스	Telechips	924
A064760	*	티씨케이	Tokai Carbon Korea	935
A131290	*	티에스이	TSE CO	936
A053610	*	프로텍	Protec	976
A024850	*	피에스엠씨	PSMC	983
A031980	*	피에스케이	PSK	983
A087600	*	픽셀플러스	Pixelplus	988
A067310	*	하나마이크론	Hana Micron	990
A166090	*	하나머티리얼즈	Hana Materials	991
A200470	*	하이셈	HISEM CO	995
A006200		한국전자홀딩스	KEC Holdings	1010
A042700		한미반도체	Hanmi Semiconductor	1028
A078350	*	한양디지텍	Hanyang Digitech	1040
A045100	*	한양이엔지	Hanyang ENG	1041
A195870		해성디에스	HAESUNG DS	1059

디스플레이 및 관련부품

Code		회사명	Company	Page
A001210		금호전기	KUMHO ELECTRIC	74
A137940	*	넥스트아이	NextEye	100
A213420	*	덕산네오룩스	DUK SAN NEOLUX COLTD	159
A088130	*	동아엘텍	Dong A Eltek	177
A187870	*	디바이스이엔지	Device ENG COLTD	201
A045890	*	디비라이텍	DB Lightec	203
A109740	*	디에스케이	DSK	210
A068790	*	디엠에스	DMS	214
A079810	*	디이엔티	DE&T	217
A092590	**	럭스피아	Luxpia	229
A047440	*	레이젠	Raygen	231
A038060	*	루멘스	Lumens	240
A082800	*	루미마이크로	LUMIMICRO CO	241
A162120	**	루켄테크놀러지스	LUKEN Technologies	241
A197210	*	리드	LEED	244
A095500	*	미래나노텍	MNtech	275
A049950	*	미래컴퍼니	MeereCompany	278
A177350	*	베셀	Vessel	299
A251630	*	브이원텍	V-ONE TECH CO	310
A141000	*	비아트론	Viatron Technologies	314
A123260	*	사파이어테크놀로지	Sapphire Technology	328
A054090	*	삼진엘앤디	Samjin LND	353
A027580	*	상보	SANG BO	360
A089980	*	상아프론테크	SANG-A FLONTEC	363
A042600	*	새로닉스	Seronics	364
A046890	*	서울반도체	Seoul Semiconductor	371
A171090	*	선익시스템	Sunic System	381
A067770	*	세진티에스	SEJIN TS	401
A056700	*	신화인터텍	SHINWHA INTERTEK CORP	440
A108320	*	실리콘웍스	Silicon Works	442
A136510	*	쎄미시스코	Semisysco	450
A115530	*	씨엔플러스	CNPLUS	459
A036170	*	씨티엘	CTLInc	470
A123860	*	아나패스	Anapass	471
A083930	*	아바코	Avaco	475
A149950	*	아바텍	AVATEC COLTD	476
A040910	*	아이씨디	Innovation for Creative Dev	485
A114810	*	아이원스	IONES	492
A059100	*	아이컴포넌트	i-Components	493
A255440	*	야스	YAS	514
A158300	**	에스에이티	Solution Advanced Technol	534
A056190	*	에스에프에이	SFA Engineering	535
A080000	*	에스엔유프리시젼	SNU Precision	536
A078150	*	에이치비테크놀러지	HB Technology	570
A044990	**	에이치엔에스하이텍	H&SHighTech	572
A265520	*	에이피시스템	Advanced Process Systems	581
A054620	*	에이피에스홀딩스	APS Holdings	581
A083500	*	에프엔에스테크	FNS TECH	589
A096870	*	엘디티	LDT	604
A138690	*	엘아이에스	Leading International Servic	605
A073110	*	엘엠에스	LMS	609
A034220		엘지디스플레이	LG Display	611
A170920	*	엘티씨	LTC	615
A090740	*	연이정보통신	YOUNYI Information & Coı	624
A143540	*	영우디에스피	YoungWoo DSP	625
A052420	*	오성첨단소재	OsungLST	641
A155650	*	와이엠씨	YMC	653
A153490	*	우리이앤엘	WOOREE E&L CO	664
A082850	*	우리이티아이	WooreeETI	664
A037400	*	우리조명	Wooree Lighting	665
A036090	*	위지트	wizit	685
A069330	*	유아이디	UID CO	701
A178780	*	유테크	U-Tech	708
A063760	*	이엘피	ELP	730
A079950	*	인베니아	INVENIA	743
A037330	*	인지디스플레이	Inzi Display	745
A020760		일진디스플레이	Iljin Display	765
A090470	*	제이스텍	JASTECH	785
A033050	*	제이엠아이	Jeong Moon Information	788
A094970	*	제이엠티	JMT	789
A155960	*	지디	Global Display	812
A009310		참엔지니어링	Charm Engineering	833
A043290	*	케이맥	Korea Materials & Analysis	847
A256940	*	케이피에스	KPS	870
A121850	*	코이즈	KOYJ CO	896
A052330	*	코텍	Kortek	897
A065130	*	탑엔지니어링	Top Engineering	913
A123100	*	테라세미콘	TERA SEMICON	920

거래소·코스닥

가비아 (A079940)
Gabia

업종 : 인터넷 서비스 | 시장 : KOSDAQ
신용등급 : (Bond) — (CP) — | 기업규모 : 벤처
홈페이지 : ir.gabia.com | 연락처 : 1544-4370
본사 : 경기도 성남시 분당구 대왕판교로 660(삼평동) 유스페이스1 B동 5층

설립일	1999.09.21	**종업원수**	270명	**대표이사**	김홍국
상장일	2005.10.19	**감사의견**	적정(대주)	**계열**	
결산기	12월	**보통주**		**종속회사수**	6개사
액면가	500원	**우선주**		**구상호**	

주주구성 (지분율,%)		출자관계 (지분율,%)		주요경쟁사 (외형,%)	
김홍국	18.3			가비아	100
FID Low Priced Stock Fund	7.2			이크레더블	29
(외국인)	14.6			인포바인	20

매출구성		비용구성		수출비중	
호스팅/IDC/솔루션	64.5	매출원가율	51.9	수출	6.8
도메인	13.4	판관비율	37.2	내수	93.2
IX 등	9.8				

회사 개요

1999년 설립되어 2005년 코스닥에 상장한 동사는 인터넷 비즈니스를 영위하거나 인터넷 환경이 필요한 기업을 대상으로 인프라 및 솔루션을 서비스로 제공함. 인터넷인프라서비스로는 호스팅사업, 도메인사업, 솔루션사업을 영위 중이며, 종속회사인 케이아이엔엑스를 통하여 상호접속 서비스인 IX사업, IDC(Internet Data Center)산업, CDN사업, 클라우드 서비스업을 영위하고 있음. 이외에 5개의 연결대상 종속회사를 소유하고 있음.

실적 분석

2017년 연간 매출액은 전년 대비 13.7% 증가한 1,162.2억원을 기록함. 주요 사업 부문의 고른 매출 증가가 이익 증가에도 기여함. 연간 영업이익은 전년 대비 1.3% 증가한 127.1억원을 기록함. 안정적인 매출처 확보 및 대기업, 금융과 교육기관, 정부 및 공공기관 등을 대상으로 하는 클라우드 기반의 호스팅 서비스 확대와 통합보안솔루션 시장 성장세로 지속적인 매출 및 이익 확대가 기대됨.

현금 흐름
<단위 : 억원>

항목	2016	2017
영업활동	179	204
투자활동	-182	-89
재무활동	21	-58
순현금흐름	22	45
기말현금	254	300

시장 대비 수익률

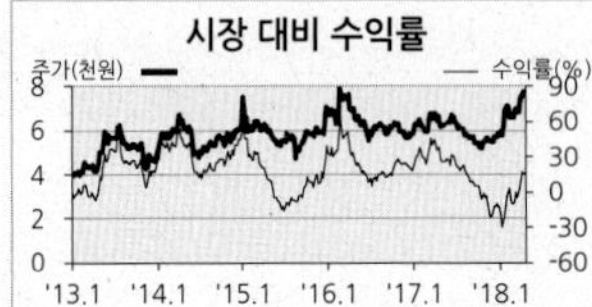

결산 실적
<단위 : 억원>

항목	2012	2013	2014	2015	2016	2017
매출액	691	707	804	916	1,022	1,162
영업이익	76	70	84	113	125	127
당기순이익	94	95	68	85	102	97

분기 실적
<단위 : 억원>

항목	2016.3Q	2016.4Q	2017.1Q	2017.2Q	2017.3Q	2017.4Q
매출액	255	289	275	276	285	326
영업이익	29	32	27	24	26	49
당기순이익	21	26	17	22	26	33

재무 상태
<단위 : 억원>

항목	2012	2013	2014	2015	2016	2017
총자산	852	912	985	1,051	1,258	1,334
유형자산	378	370	371	369	432	455
무형자산	61	67	115	85	110	99
유가증권	29	35	55	98	18	23
총부채	263	226	230	210	298	335
총차입금	132	107	90	60	94	96
자본금	67	67	68	68	68	68
총자본	589	686	755	841	960	999
지배주주지분	353	410	450	505	529	558

기업가치 지표

항목	2012	2013	2014	2015	2016	2017
주가(최고/저)(천원)	7.6/3.5	6.4/3.8	6.9/4.8	7.5/4.7	7.9/5.4	6.8/5.2
PER(최고/저)(배)	15.4/7.2	14.6/8.7	26.8/18.6	18.1/11.3	19.6/13.4	19.3/14.7
PBR(최고/저)(배)	2.9/1.3	2.1/1.2	2.1/1.4	2.0/1.3	2.0/1.4	1.6/1.2
EV/EBITDA(배)	5.3	5.6	6.6	5.1	4.6	4.4
EPS(원)	505	448	261	423	408	356
BPS(원)	2,736	3,170	3,413	3,820	3,998	4,227
CFPS(원)	942	938	747	944	935	913
DPS(원)	20	20	20	30	30	30
EBITDAPS(원)	1,013	1,018	1,108	1,360	1,454	1,496

재무 비율
<단위 : %>

연도	영업이익률	순이익률	부채비율	차입금비율	ROA	ROE	유보율	자기자본비율	EBITDA마진율
2017	10.9	8.3	33.5	9.6	7.5	8.9	745.5	74.9	17.4
2016	12.3	10.0	31.1	9.8	8.8	10.7	699.7	76.3	19.3
2015	12.4	9.3	25.0	7.2	8.4	12.0	664.0	80.0	20.1
2014	10.4	8.4	30.5	11.9	7.1	8.2	582.7	76.6	18.6

가온미디어 (A078890)
Kaonmedia

업종 : 셋톱 박스 | 시장 : KOSDAQ
신용등급 : (Bond) — (CP) — | 기업규모 : 우량
홈페이지 : www.kaonmedia.com | 연락처 : 031)724-8500
본사 : 경기도 성남시 분당구 성남대로 884-3 (야탑동, 가온미디어빌딩)

설립일	2001.05.11	**종업원수**	353명	**대표이사**	임화섭
상장일	2005.07.12	**감사의견**	적정(삼일)	**계열**	
결산기	12월	**보통주**		**종속회사수**	7개사
액면가	500원	**우선주**		**구상호**	

주주구성 (지분율,%)		출자관계 (지분율,%)		주요경쟁사 (외형,%)	
임화섭	15.1	가온소프트	69.6	가온미디어	100
한가람투자자문	4.3	KAONDOBRASILINDUSTRIAELETRONICAA	100.0	휴맥스	305
(외국인)	5.6	KAONMEDIADEMEXICO	100.0	홈캐스트	8

매출구성		비용구성		수출비중	
디지털STBSeries	91.1	매출원가율	84.7	수출	59.3
기타	8.9	판관비율	11.3	내수	40.7

회사 개요

동사는 2001년 설립되어 2005년 코스닥시장에 상장했으며, 세계 전역을 대상으로디지털셋톱박스, IP-hybrid, 스마트박스, 홈게이트웨이 등의 제조 및 판매를 주요 사업으로 영위하고 있음. 주력 시장은 국내외 방송통신 사업자 시장임. 2017년 기준 동사의 국내외 연결대상 종속회사는 가온소프트 등 총 9개사이며, 디지털셋톱박스 판매 및 Mobile Smart-Work 판매와 관련된 회사로 구성됨.

실적 분석

거래 규모 확대 및 고부가제품군의 매출 증대에 따라 동사의 2017년 연결기준 누적 매출액은 전년 대비 20.9% 증가한 5,283.7억원을 시현함. 원재료 가격 상승의 영향으로 영업이익은 전년도와 비슷한 수준으로 시현하였으며 당기순이익은 환율 변동에 따른 외화평가손실 반영으로 전년대비 64.8% 감소함. KT에 '기가지니' 제품을 공급 중이며 홈게이트웨이, 스마트박스 등 고사양 제품군의 출하량도 꾸준히 늘리고 있음.

현금 흐름
<단위 : 억원>

항목	2016	2017
영업활동	96	-189
투자활동	-41	-57
재무활동	147	87
순현금흐름	219	-191
기말현금	452	261

시장 대비 수익률

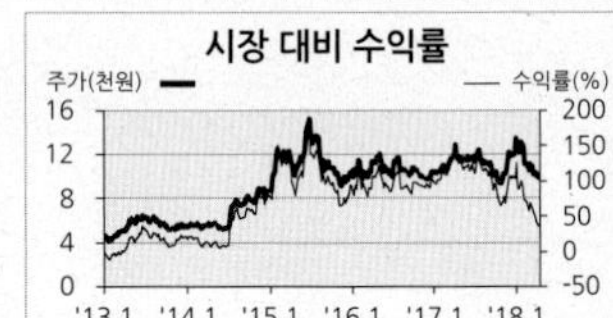

결산 실적
<단위 : 억원>

항목	2012	2013	2014	2015	2016	2017
매출액	1,919	2,893	3,434	3,758	4,369	5,284
영업이익	62	122	176	203	204	210
당기순이익	44	75	113	93	175	62

분기 실적
<단위 : 억원>

항목	2016.3Q	2016.4Q	2017.1Q	2017.2Q	2017.3Q	2017.4Q
매출액	970	1,020	1,055	1,428	1,333	1,467
영업이익	45	27	22	84	55	50
당기순이익	9	47	-35	75	45	-22

재무 상태
<단위 : 억원>

항목	2012	2013	2014	2015	2016	2017
총자산	1,519	1,325	1,887	2,217	2,393	2,670
유형자산	139	141	133	176	182	211
무형자산	21	20	19	15	19	18
유가증권	10	—	—	—	—	—
총부채	968	648	1,063	1,217	1,236	1,438
총차입금	510	258	245	274	416	516
자본금	50	53	60	67	67	67
총자본	551	677	824	1,000	1,157	1,231
지배주주지분	551	677	826	1,007	1,169	1,249

기업가치 지표

항목	2012	2013	2014	2015	2016	2017
주가(최고/저)(천원)	4.7/3.0	6.6/4.1	9.0/5.2	15.2/8.7	12.1/9.7	12.9/9.4
PER(최고/저)(배)	11.2/7.2	9.6/6.0	9.5/5.5	20.9/11.9	9.2/7.4	25.4/18.5
PBR(최고/저)(배)	0.8/0.5	1.0/0.6	1.3/0.7	2.0/1.1	1.4/1.1	1.4/1.0
EV/EBITDA(배)	8.2	4.4	6.2	6.6	5.9	7.6
EPS(원)	438	726	983	748	1,339	512
BPS(원)	5,986	6,845	7,320	7,875	9,028	9,530
CFPS(원)	654	911	1,160	926	1,548	762
DPS(원)	50	70	100	100	100	120
EBITDAPS(원)	827	1,372	1,698	1,723	1,729	1,819

재무 비율
<단위 : %>

연도	영업이익률	순이익률	부채비율	차입금비율	ROA	ROE	유보율	자기자본비율	EBITDA마진율
2017	4.0	1.2	116.8	41.9	2.4	5.7	1,806.0	46.1	4.6
2016	4.7	4.0	106.8	36.0	7.6	16.5	1,705.7	48.4	5.3
2015	5.4	2.5	121.7	27.4	4.6	10.7	1,475.0	45.1	6.0
2014	5.1	3.3	129.1	29.8	7.0	15.1	1,364.0	43.7	5.7

가온전선 (A000500)
Gaon Cable

업 종 : 전기장비 | 시 장 : 거래소
신용등급 : (Bond) A (CP) A2 | 기업규모 : 시가총액 소형주
홈페이지 : www.gaoncable.com | 연 락 처 : 031)459-6207
본 사 : 경기도 군포시 엘에스로45번길 120

설 립 일	1947.09.24	**종업원수**	439명	**대표이사**	윤재인
상 장 일	1987.06.08	**감사의견**	적정(한영)	**계 열**	
결 산 기	12월	**보 통 주**		**종속회사수**	1개사
액 면 가	5,000원	**우 선 주**		**구 상 호**	

주주구성 (지분율,%)		출자관계 (지분율,%)		주요경쟁사 (외형,%)	
LS전선	31.6	모보	90.8	가온전선	100
JF Asset Management Limited	4.3	LSGM	50.0	성문전자	6
(외국인)	5.2	KT	0.0	광명전기	12

매출구성		비용구성		수출비중	
[제 품]절연선, 전력선,케이블 류	61.2	매출원가율	95.5	수출	13.8
[상 품]절연선, 전력선,케이블 류	26.1	판관비율	3.5	내수	86.2
[통신사업부]부산물 외 및 내부거래	8.2				

회사 개요

동사는 전력케이블 및 통신케이블을 생산하는 국내 3대 전선 전문제조업체임. 전선산업은 80년대말까지 국가경제의 급속한 성장과 더불어 전력수요의 급증, 통신망의 현대화로 수요가 급증했으나 90년 이후 저성장국면에 진입하였음. 최근 선진국의 기존 망 교체 수요 및 이머징 시장의 수요가 증가하고 있는 추세임. 수출 비중은 아직 20% 수준임. 원재료는 전기동인데 이는 원가에 중요한 변수임. 매출에서 전력선 비중이 약 90%, 통신선 비중이 12%임.

실적 분석

동사의 2017년 연간 매출액은 전년동기대비 11.7% 상승한 8,369.8억원을 기록하였음. 비용면에서 전년동기대비 매출원가는 증가했으며 인건비도 증가, 기타판매비와관리비는 증가함. 이와 같이 상승한 매출액 대비 비용증가가 높아 매출액은 성장했지만 원가 증가로 인해 전년동기대비 영업이익은 78.6억원으로 48.8% 크게 하락 하였음. 최종적으로 전년동기대비 당기순이익은 크게 하락하여 14.6억원을 기록함.

현금 흐름 <단위 : 억원>

항목	2016	2017
영업활동	476	-251
투자활동	64	-111
재무활동	-503	183
순현금흐름	38	-179
기말현금	385	206

시장 대비 수익률

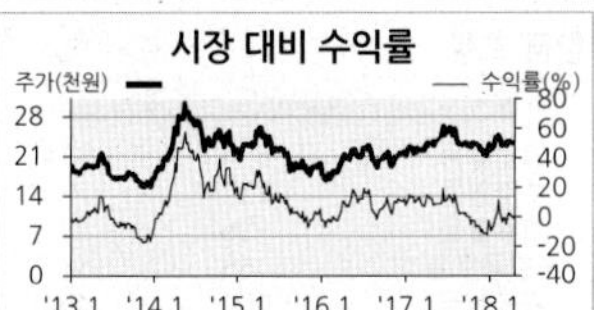

결산 실적 <단위 : 억원>

항목	2012	2013	2014	2015	2016	2017
매출액	10,059	8,974	8,887	7,810	7,494	8,370
영업이익	150	195	115	99	154	79
당기순이익	42	83	-6	21	29	15

분기 실적 <단위 : 억원>

항목	2016.3Q	2016.4Q	2017.1Q	2017.2Q	2017.3Q	2017.4Q
매출액	1,799	1,920	2,074	2,002	2,253	2,041
영업이익	33	25	31	25	3	19
당기순이익	35	-57	27	6	-4	-13

재무 상태 <단위 : 억원>

항목	2012	2013	2014	2015	2016	2017
총자산	5,171	5,398	5,113	5,205	5,185	5,390
유형자산	2,010	2,259	2,167	2,129	2,112	2,100
무형자산	53	87	79	79	77	70
유가증권	26	40	19	9	109	72
총부채	2,525	2,699	2,477	2,579	2,545	2,788
총차입금	1,398	1,478	1,234	1,344	856	1,140
자본금	208	208	208	208	208	208
총자본	2,647	2,699	2,636	2,626	2,640	2,601
지배주주지분	2,650	2,696	2,627	2,616	2,628	2,589

기업가치 지표

항목	2012	2013	2014	2015	2016	2017
주가(최고/저)(천원)	19.6/13.0	21.5/15.6	30.2/17.0	26.1/16.7	22.9/16.6	26.2/20.9
PER(최고/저)(배)	21.6/14.3	12.0/8.7	—/—	58.4/37.3	36.9/26.7	80.0/64.0
PBR(최고/저)(배)	0.4/0.3	0.4/0.3	0.5/0.3	0.5/0.3	0.4/0.3	0.4/0.3
EV/EBITDA(배)	8.7	6.7	10.3	9.1	5.5	12.3
EPS(원)	1,095	2,102	-84	485	657	336
BPS(원)	64,061	65,177	63,516	63,246	63,548	62,603
CFPS(원)	2,620	3,793	1,588	2,015	2,118	1,781
DPS(원)	600	1,000	600	600	600	600
EBITDAPS(원)	5,122	6,381	4,427	3,904	5,154	3,335

재무 비율 <단위 : %>

연도	영업이익률	순이익률	부채비율	차입금비율	ROA	ROE	유보율	자기자본비율	EBITDA마진율
2017	0.9	0.2	107.2	43.8	0.3	0.5	1,152.1	48.3	1.7
2016	2.1	0.4	96.4	32.4	0.6	1.0	1,171.0	50.9	2.9
2015	1.3	0.3	98.2	51.2	0.4	0.8	1,164.9	50.5	2.1
2014	1.3	-0.1	94.0	46.8	-0.1	-0.1	1,170.3	51.6	2.1

감마누 (A192410)
Gamma Nu

업 종 : 통신장비 | 시 장 : KOSDAQ
신용등급 : (Bond) — (CP) — | 기업규모 :
홈페이지 : www.gammanu.com | 연 락 처 : 031)831-8800
본 사 : 경기도 화성시 동탄면 금곡로 185-44

설 립 일	1997.10.15	**종업원수**	109명	**대표이사**	김상기,우성덕
상 장 일	2014.08.14	**감사의견**	거절(감사범위제한)(삼일)	**계 열**	
결 산 기	12월	**보 통 주**		**종속회사수**	2개사
액 면 가	500원	**우 선 주**		**구 상 호**	

주주구성 (지분율,%)		출자관계 (지분율,%)		주요경쟁사 (외형,%)	
에스엠브이	42.2	WEIHAIGAMMANURHO	100.0	감마누	100
김상기	5.0	GammaNuTheta,	100.0	옵티시스	52
(외국인)	0.1	CHEONGYEINTERNATIONALTRAVEL	51.0	텔레필드	109

매출구성		비용구성		수출비중	
기지국 안테나	90.7	매출원가율	72.9	수출	—
인빌딩 안테나 등	7.6	판관비율	17.8	내수	—
상품 및 기타 매출	1.8				

회사 개요

동사는 1997년 감마누 웨이브라는 이름으로 국방과학연구소와 한국과학기술원 출신 연구원들이 설립한 회사로서 이동통신 기지국 안테나와 인빌딩 안테나 등을 개발했음. SK텔레콤, KT, LG유플러스 등 국내 이동통신 3사와 일본 NTT도코모, 미국 버라이즌(Verizon) 등에 안테나를 공급하고 있음. 2017년 기준 매출액의 70% 이상의 기지국 등의 제품매출에서 발생하고 있으며, 기타매출(23.8%), 상품매출(0.05%) 순을 기록함.

실적 분석

동사의 2017년 연결기준 매출액은 전년 대비 125.7% 증가한 344.4억원을 기록한 반면, 매출원가는 41.8% 증가에 그침에 따라 매출총이익율이 전년 대비 개선되었고, 영업이익 또한 31.8억원을 기록하며 흑자전환하였음. 한편, 이자비용 및 매도가능금융자산처분손실이 크게 발생하면서 비영업손익은 적자전환되었음. 이에 따라 당기순손실은 21.0억원을 보이며 적자 규모가 소폭 축소됨.

현금 흐름 <단위 : 억원>

항목	2016	2017
영업활동	18	-93
투자활동	-22	-434
재무활동	0	394
순현금흐름	-4	-136
기말현금	239	103

시장 대비 수익률

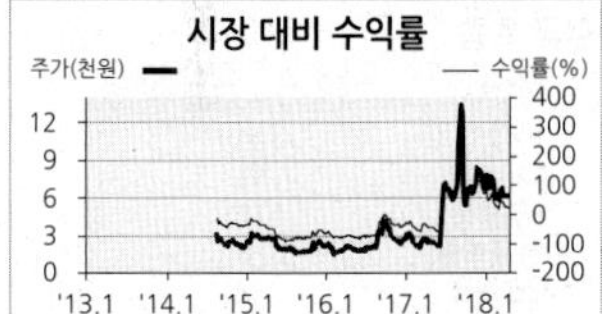

결산 실적 <단위 : 억원>

항목	2012	2013	2014	2015	2016	2017
매출액	472	292	430	265	153	344
영업이익	54	25	49	3	-52	32
당기순이익	49	27	45	13	-33	-21

분기 실적 <단위 : 억원>

항목	2016.3Q	2016.4Q	2017.1Q	2017.2Q	2017.3Q	2017.4Q
매출액	27	104	26	63	133	122
영업이익	-16	-2	-17	-6	10	44
당기순이익	-16	18	-16	-2	9	-12

재무 상태 <단위 : 억원>

항목	2012	2013	2014	2015	2016	2017
총자산	247	277	317	369	343	982
유형자산	24	23	25	29	25	32
무형자산	7	6	13	13	11	8
유가증권	—	—	4	1	17	7
총부채	66	69	21	65	71	494
총차입금	—	—	—	—	—	315
자본금	10	10	12	18	18	122
총자본	181	208	296	304	271	488
지배주주지분	181	208	296	304	271	309

기업가치 지표

항목	2012	2013	2014	2015	2016	2017
주가(최고/저)(천원)	—/—	—/—	12.3/8.2	12.9/5.9	17.4/6.1	14.2/2.1
PER(최고/저)(배)	0.0/0.0	0.0/0.0	9.1/6.1	36.8/17.0	—/—	—/—
PBR(최고/저)(배)	0.0/0.0	0.0/0.0	1.5/1.0	1.5/0.7	2.3/0.8	11.2/1.6
EV/EBITDA(배)	—	—	1.7	4.2	—	43.5
EPS(원)	411	228	344	87	-230	-150
BPS(원)	9,045	10,411	12,294	8,412	7,514	1,266
CFPS(원)	2,912	1,848	2,579	723	-575	-84
DPS(원)	—	—	200	—	—	—
EBITDAPS(원)	3,133	1,727	2,779	470	-1,107	243

재무 비율 <단위 : %>

연도	영업이익률	순이익률	부채비율	차입금비율	ROA	ROE	유보율	자기자본비율	EBITDA마진율
2017	9.2	-6.1	101.3	64.6	-3.2	-9.3	153.2	49.7	12.7
2016	-34.3	-21.7	26.3	0.0	-9.3	-11.5	1,402.8	79.2	-26.2
2015	1.3	4.8	21.4	0.0	3.7	4.2	1,582.4	82.4	6.4
2014	11.5	10.4	7.1	0.0	15.1	17.8	2,358.7	93.3	14.1

갑을메탈 (A024840)

KB METAL

업　　종 : 전기장비　　시　　장 : KOSDAQ
신용등급 : (Bond) —　　(CP) —　　기업규모 : 중견
홈페이지 : www.kabulmetal.co.kr　　연 락 처 : 053)610-5600
본　　사 : 대구시 달성군 논공읍 논공로87길 88 갑을메탈 대구공장

설립일	1987.02.25	**종업원수**	215명	**대표이사**	박한상
상장일	1994.12.29	**감사의견**	적정(한영)	**계열**	
결산기	12월	**보통주**		**종속회사수**	1개사
액면가	500원	**우선주**		**구상호**	엠비성산

주주구성 (지분율,%)		출자관계 (지분율,%)		주요경쟁사 (외형,%)	
국인산업	12.9	코스모링크	45.0	갑을메탈	100
케이비텍	12.8	모보	6.5	성문전자	10
(외국인)	1.4	COSMOLINK-VIETNAMCABLE	63.9	가온전선	178

매출구성		비용구성		수출비중	
동 ROD	91.0	매출원가율	94.4	수출	14.1
CORE	5.0	판관비율	1.9	내수	85.9
전장품	3.6				

회사 개요

모터와 트랜스포머의 코어(자성철심) 생산, 비철금속 제조 및 판매를 주력으로 하는 업체로 2010년말 갑을상사그룹에 인수됨. 전장부품의 상당 부분이 중국 등에서 생산되고 있으며, 장치산업의 특성상 생산능력의 비중이 높아 시장점유율은 안정적이나 신뢰성을 바탕으로 한 품질기술력이 요구됨. 전장사업부 비중은 8.1%, 메탈사업부가 90.9%를 차지함. 주요 거래처로는 한국전력공사, 대한중전기판매, 포스코건설 등이 있음.

실적 분석

동사의 2017년 연결기준 연간 누적 매출액은 4711.5억원으로 전년 동기 대비 31.5% 증가함. 매출이 증가하면서 매출원가와 판관비도 늘었지만 매출 증가에 따른 고정비용 감소효과로 영업이익은 전년 동기 대비 90.8% 증가한 174.2억원을 시현함. 비영업 부문에서 금융손실로 인해 막대한 적자를 기록했지만 영업이익 증가 폭이 커 당기순이익은 전년 동기 대비 93.6% 증가한 61.2억원을 기록함.

현금 흐름

<단위 : 억원>

항목	2016	2017
영업활동	-130	-185
투자활동	-53	-114
재무활동	177	331
순현금흐름	-6	31
기말현금	2	33

시장 대비 수익률

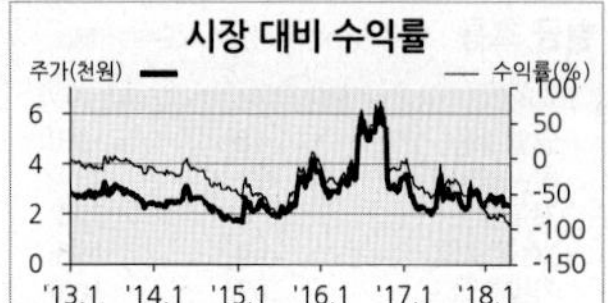

결산 실적

< 단위 : 억원 >

항목	2012	2013	2014	2015	2016	2017
매출액	5,271	5,662	4,807	4,576	3,583	4,711
영업이익	25	71	-67	-45	91	174
당기순이익	-34	153	-91	-127	32	61

분기 실적

< 단위 : 억원 >

항목	2016.3Q	2016.4Q	2017.1Q	2017.2Q	2017.3Q	2017.4Q
매출액	861	969	1,089	1,157	1,282	1,184
영업이익	-4	67	38	26	79	31
당기순이익	-6	13	21	17	30	-6

재무 상태

< 단위 : 억원 >

항목	2012	2013	2014	2015	2016	2017
총자산	1,523	2,054	1,712	1,212	1,560	1,991
유형자산	329	472	467	322	314	363
무형자산	5	5	7	7	7	36
유가증권	13	14	11	9	20	16
총부채	1,043	1,406	1,130	781	1,100	1,197
총차입금	901	1,097	879	639	833	944
자본금	506	506	531	531	106	156
총자본	480	649	582	431	461	794
지배주주지분	480	624	561	431	461	768

기업가치 지표

항목	2012	2013	2014	2015	2016	2017
주가(최고/저)(천원)	5.2/2.6	3.4/2.3	3.2/1.7	4.3/1.7	6.7/2.6	3.7/2.0
PER(최고/저)(배)	—/—	4.8/3.2	—/—	—/—	47.4/18.8	18.2/9.9
PBR(최고/저)(배)	2.3/1.1	1.1/0.8	1.2/0.7	2.2/0.9	3.2/1.3	1.5/0.8
EV/EBITDA(배)	26.7	14.3	—	—	13.7	7.9
EPS(원)	-160	712	-395	-567	141	201
BPS(원)	489	631	542	420	2,182	2,469
CFPS(원)	-3	186	-49	-86	260	287
DPS(원)	—	—	—	—	—	—
EBITDAPS(원)	55	106	-30	-9	541	661

재무 비율

< 단위 : % >

연도	영업이익률	순이익률	부채비율	차입금비율	ROA	ROE	유보율	자기자본비율	EBITDA마진율
2017	3.7	1.3	150.8	119.0	3.5	9.9	393.8	39.9	4.3
2016	2.6	0.9	238.8	180.8	2.3	7.1	336.5	29.5	3.2
2015	-1.0	-2.8	일부잠식	일부잠식	-8.7	-25.6	-16.0	35.6	-0.2
2014	-1.4	-1.9	194.3	151.1	-4.8	-14.6	8.4	34.0	-0.7

강남제비스코 (A000860)

KANGNAM JEVISCO CO

업　　종 : 건축자재　　시　　장 : 거래소
신용등급 : (Bond) —　　(CP) —　　기업규모 : 시가총액 소형주
홈페이지 : www.jevisco.com　　연 락 처 : 051)892-4221
본　　사 : 부산시 부산진구 냉정로 289 (가야동)

설립일	1952.07.16	**종업원수**	634명	**대표이사**	황익준,김재현
상장일	1975.11.12	**감사의견**	적정(삼일)	**계열**	
결산기	12월	**보통주**		**종속회사수**	4개사
액면가	1,000원	**우선주**		**구상호**	건설화학

주주구성 (지분율,%)		출자관계 (지분율,%)		주요경쟁사 (외형,%)	
황중운	19.2	피앤에스	100.0	강남제비스코	100
황중호	18.9	케이엔케이코팅스	60.0	노루홀딩스	225
(외국인)	13.4	강남케이피아이	45.2	삼화페인트	143

매출구성		비용구성		수출비중	
도료	82.1	매출원가율	85.6	수출	6.0
상품	11.0	판관비율	10.8	내수	94.0
기타	6.9				

회사 개요

동사는 1952년 도료와 안료의 제조 및 판매를 주요 사업목적으로 설립되어, 1975년에 유가증권시장에 상장됨. 도료의 기본 구성요소는 수지, 안료, 용제로서 가장 중요한 수지의 원료는 대부분 석유화학에서 추출되며, 범용도료용을 제외한 특수원료는 거의 수입에 의존하고 있음. 약 1,000억원을 투자하여 현재의 안양공장을 평택시 포승공단 내 소유부지로 2020년까지 단계적으로 이전할 계획임.

실적 분석

동사의 2017년 연결기준 결산 매출액은 도료제품의 내수판매 증가로 전년동기 대비 3% 증가한 3,424억원을 시현하였음. 반면 원재료가 등 매출원가가 상승하였고, 판관비가 늘어나면서 수익성은 큰 폭으로 하락함. 같은 기간 동사의 영업이익은 66.7% 감소한 122.8억원을 기록하는데 그쳤으며, 당기순이익 역시 41% 감소한 220.3억원에 그침. 2016년 대비 시장점유율은 소폭 하락한 것으로 추정됨.

현금 흐름

<단위 : 억원>

항목	2016	2017
영업활동	315	324
투자활동	-222	-759
재무활동	-36	-54
순현금흐름	55	-510
기말현금	1,004	494

시장 대비 수익률

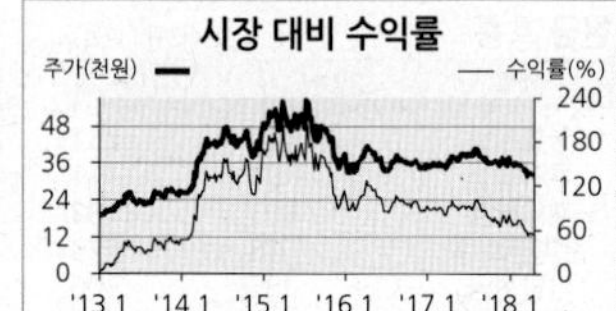

결산 실적

< 단위 : 억원 >

항목	2012	2013	2014	2015	2016	2017
매출액	3,661	3,828	3,775	3,353	3,323	3,424
영업이익	278	338	381	384	368	123
당기순이익	306	424	417	435	373	220

분기 실적

< 단위 : 억원 >

항목	2016.3Q	2016.4Q	2017.1Q	2017.2Q	2017.3Q	2017.4Q
매출액	821	860	777	945	881	822
영업이익	86	75	59	98	-49	14
당기순이익	94	73	69	107	6	39

재무 상태

< 단위 : 억원 >

항목	2012	2013	2014	2015	2016	2017
총자산	4,286	4,731	5,065	5,421	5,820	6,133
유형자산	1,097	1,079	1,122	1,132	1,317	1,742
무형자산	14	14	14	16	8	7
유가증권	62	82	87	79	84	96
총부채	954	994	965	942	1,030	1,150
총차입금	112	57	58	44	49	23
자본금	65	65	65	65	65	65
총자본	3,332	3,737	4,100	4,479	4,791	4,983
지배주주지분	3,277	3,661	3,996	4,349	4,641	4,848

기업가치 지표

항목	2012	2013	2014	2015	2016	2017
주가(최고/저)(천원)	19.2/13.1	28.2/18.4	48.6/26.1	60.0/34.2	42.1/32.7	40.8/34.0
PER(최고/저)(배)	4.8/3.3	4.9/3.2	8.6/4.6	10.1/5.8	8.1/6.3	11.6/9.7
PBR(최고/저)(배)	0.4/0.3	0.5/0.4	0.8/0.5	0.9/0.5	0.6/0.5	0.6/0.5
EV/EBITDA(배)	2.4	2.6	4.7	2.8	2.3	6.8
EPS(원)	4,387	6,180	5,928	6,192	5,335	3,568
BPS(원)	50,411	56,316	61,484	66,914	71,406	74,589
CFPS(원)	5,071	6,881	6,659	6,984	6,203	4,470
DPS(원)	450	450	500	500	500	550
EBITDAPS(원)	4,965	5,907	6,592	6,693	6,532	2,790

재무 비율

< 단위 : % >

연도	영업이익률	순이익률	부채비율	차입금비율	ROA	ROE	유보율	자기자본비율	EBITDA마진율
2017	3.6	6.4	23.1	0.5	3.7	4.9	7,358.9	81.3	5.3
2016	11.1	11.2	21.5	1.0	6.6	7.7	7,040.6	82.3	12.8
2015	11.4	13.0	21.0	1.0	8.3	9.6	6,591.4	82.6	13.0
2014	10.1	11.0	23.5	1.4	8.5	10.1	6,048.4	81.0	11.4

강스템바이오텍 (A217730)

KANGSTEM BIOTECH CO

업 종 : 바이오 | 시 장 : KOSDAQ
신용등급 : (Bond) — (CP) — | 기업규모 : 기술성
홈페이지 : www.kangstem.com | 연 락 처 : 02)888-1590
본 사 : 서울시 강남구 테헤란로 512 신안빌딩 17층

설 립 일 2010.10.29	**종업원수** 83명	**대표이사** 이태화
상 장 일 2015.12.21	**감사의견** 적정(안진)	**계 열**
결 산 기 12월	**보 통 주**	**종속회사수** 1개사
액 면 가 500원	**우 선 주**	**구 상 호**

주주구성 (지분율,%)		출자관계 (지분율,%)		주요경쟁사 (외형,%)	
강경선	15.4	크로엔	56.4	강스템바이오텍	100
한화인베스트먼트	8.5	디앤케이코퍼레이션	50.0	코아스템	198
(외국인)	0.5	티엘아이	0.8	진원생명과학	298

매출구성		비용구성		수출비중	
줄기세포 배양액	73.7	매출원가율	64.3	수출	0.1
줄기세포 치료제	23.7	판관비율	164.2	내수	99.9
기 타	2.6				

회사 개요

동사는 2010년에 제대혈 줄기세포 응용사업단(ASCRC)의 연구 인력과 원천기술을 토대로 설립된 줄기세포 치료제 개발 기업으로, 제대혈을 기반으로 한 고순도 줄기세포 분리 및 대량 배양에 대한 원천기술을 보유하고 있음. 줄기세포분야는 국가 중점과학기술 로드맵상 범부처 협력이 필요한 분야로 선정됨. 국가차원에서 종합적인 전략을 수립하는 5대 분야 30개 기술 중 하나이며, 향후 10여 년간 정부차원의 R&D지원이 활발할 것으로 예상됨.

실적 분석

동사의 2017년 연간 매출액은 전년 대비 10배 이상 증가한 91.3억원. 줄기세포배양액 함유 화장품 매출액 43억원 증가 및 당기 연결종속회사로 편입된 크로엔의 매출액 37억원 반영 때문. 인건비 및 R&D 비용 지출로 판관비가 급증함. 높은 매출원가율, 판관비 증가로 인해 매출증가에도 불구하고 117.4억원의 영업적자를 기록함. 전년 91.2억원의 영업적자에서 적자폭이 확대됨.

현금 흐름 <단위 : 억원>

항목	2016	2017
영업활동	-79	-106
투자활동	-269	65
재무활동	305	62
순현금흐름	-43	20
기말현금	19	39

시장 대비 수익률

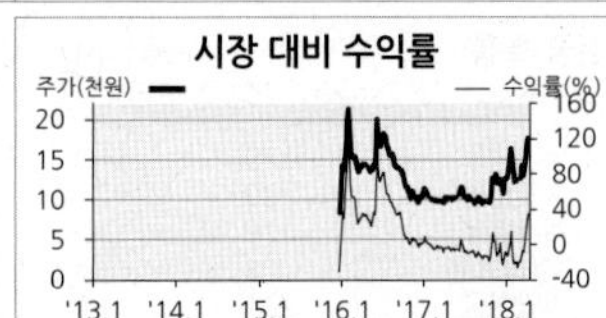

결산 실적 <단위 : 억원>

항목	2012	2013	2014	2015	2016	2017
매출액	—	4	2	15	8	91
영업이익	—	-28	-45	-51	-91	-117
당기순이익	—	-28	-44	-58	-83	-115

분기 실적 <단위 : 억원>

항목	2016.3Q	2016.4Q	2017.1Q	2017.2Q	2017.3Q	2017.4Q
매출액	1	—	—	38	26	—
영업이익	-23	—	—	-26	-33	—
당기순이익	-23	—	—	-32	-46	—

재무 상태 <단위 : 억원>

항목	2012	2013	2014	2015	2016	2017
총자산	—	110	72	250	474	472
유형자산	—	29	26	30	40	132
무형자산	—	7	8	9	10	42
유가증권	—	—	—	20	121	81
총부채	—	21	27	37	245	227
총차입금	—	15	14	11	215	177
자본금	—	49	49	69	71	81
총자본	—	89	44	212	230	245
지배주주지분	—	89	44	212	230	246

기업가치 지표

항목	2012	2013	2014	2015	2016	2017
주가(최고/저)(천원)	—/—	—/—	—/—	10.9/8.1	21.8/9.7	13.8/9.4
PER(최고/저)(배)	0.0/0.0	0.0/0.0	0.0/0.0	—/—	—/—	—/—
PBR(최고/저)(배)	0.0/0.0	0.0/0.0	0.0/0.0	7.1/5.3	13.5/6.0	9.1/6.2
EV/EBITDA(배)	0.0	—	—	—	—	—
EPS(원)	—	-388	-588	-495	-593	-709
BPS(원)	—	9,106	456	1,537	1,617	1,511
CFPS(원)	—	-2,742	-515	-436	-533	-641
DPS(원)	—	—	—	—	—	—
EBITDAPS(원)	—	-2,780	-522	-382	-591	-665

재무 비율 <단위 : %>

연도	영업 이익률	순 이익률	부채 비율	차입금 비율	ROA	ROE	유보율	자기자본 비율	EBITDA 마진율
2017	-128.5	-126.3	92.8	72.5	-24.4	-47.7	202.1	51.9	-116.5
2016	-1,081.8	-984.9	106.5	93.6	-22.9	-37.6	223.3	48.4	-982.3
2015	-345.2	-387.6	17.6	5.0	-35.8	-44.8	207.4	85.0	-299.0
2014	-2,158.0	-2,130.2	일부잠식	일부잠식	—	—	-8.8	62.0	-1,893.2

강원랜드 (A035250)

Kangwon Land

업 종 : 호텔 및 레저 | 시 장 : 거래소
신용등급 : (Bond) — (CP) — | 기업규모 : 시가총액 대형주
홈페이지 : kangwonland.high1.com | 연 락 처 : 1588-7789
본 사 : 강원도 정선군 사북읍 하이원길 265

설 립 일 1998.06.29	**종업원수** 3,694명	**대표이사** 문태곤
상 장 일 2001.10.25	**감사의견** 적정(한영)	**계 열**
결 산 기 12월	**보 통 주**	**종속회사수** 3개사
액 면 가 500원	**우 선 주**	**구 상 호**

주주구성 (지분율,%)		출자관계 (지분율,%)		주요경쟁사 (외형,%)	
한국광해관리공단	36.3	하이원엔터테인먼트	100.0	강원랜드	100
강원도개발공사	6.1	하이원상동테마파크	100.0	호텔신라	250
(외국인)	28.5	하이원추추파크	99.6	GKL	31

매출구성		비용구성		수출비중	
카지노	95.4	매출원가율	49.1	수출	0.0
호 텔	1.7	판관비율	17.8	내수	100.0
콘 도	1.5				

회사 개요

동사는 국내 유일의 내국인 허용 가능 카지노 사업자임. 폐광지역개발에 관한 특별법으로 보장된 독점적 지위를 기반으로 안정적인 성장을 해 왔음. 중장기적으로는 워터파크 등 가족형 종합 리조트 업체로의 도약을 목표로 함. 내국인 대상 카지노 산업은 수요는 넘치는 반면, 시설 공급은 여전히 부족해 안정적 성장이 기대됨. 반면 사행성 산업에 대한 규제와 사회 전반의 부정적 인식은 여전하여 향후 게임, 테마파크 등 카지노 외 사업부문의 분발 필요.

실적 분석

동사의 2017년 4분기 누적 매출액은 1조 5,044.7억원으로 전년 동기(1조6,965.3억원) 대비 5.4% 감소하며 다소 주춤한 모습. 이는 고스란히 수익성 악화로 이어져 영업이익은 전년보다 14.2% 감소한 5,309억원을 실현함. 당기순이익 역시 3.7% 감소한 4375.4억원을 기록하긴 했지만 꾸준한 흑자 기조를 이어가는 등 수익성 안정된 모습. 독점적 시장 지위와 높은 이익률 등 탄탄한 재무구조를 바탕으로 견조한 실적세 유지 중.

현금 흐름 <단위 : 억원>

항목	2016	2017
영업활동	5,967	4,625
투자활동	-4,115	-2,494
재무활동	-1,980	-2,006
순현금흐름	-127	126
기말현금	930	1,056

시장 대비 수익률

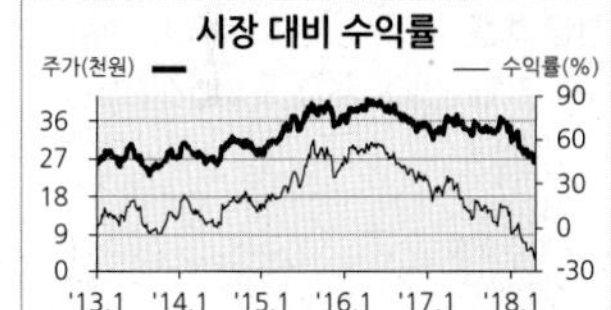

결산 실적 <단위 : 억원>

항목	2012	2013	2014	2015	2016	2017
매출액	12,962	13,613	14,965	16,337	16,965	16,045
영업이익	4,049	3,880	5,132	5,954	6,186	5,309
당기순이익	3,062	2,976	3,593	4,416	4,545	4,375

분기 실적 <단위 : 억원>

항목	2016.3Q	2016.4Q	2017.1Q	2017.2Q	2017.3Q	2017.4Q
매출액	4,381	4,100	4,230	3,870	3,951	3,994
영업이익	1,617	1,188	1,624	1,355	1,376	954
당기순이익	1,243	637	1,298	1,104	1,190	783

재무 상태 <단위 : 억원>

항목	2012	2013	2014	2015	2016	2017
총자산	29,067	31,020	33,751	36,908	39,790	41,857
유형자산	13,577	13,857	13,876	13,536	13,157	12,980
무형자산	49	36	32	25	19	13
유가증권	2,669	1,489	4,574	10,486	6,074	5,706
총부채	5,346	5,843	6,698	6,930	7,263	6,844
총차입금	—	—	—	—	9	14
자본금	1,070	1,070	1,070	1,070	1,070	1,070
총자본	23,720	25,177	27,054	29,978	32,527	35,012
지배주주지분	23,720	25,174	27,051	29,975	32,525	35,011

기업가치 지표

항목	2012	2013	2014	2015	2016	2017
주가(최고/저)(천원)	27.0/19.2	30.9/22.9	32.8/25.2	41.8/27.8	42.2/33.4	37.7/31.7
PER(최고/저)(배)	22.0/15.7	25.3/18.8	21.7/16.7	21.9/14.6	21.0/16.6	19.0/16.0
PBR(최고/저)(배)	2.7/1.9	2.8/2.1	2.7/2.1	3.1/2.0	2.8/2.2	2.3/1.9
EV/EBITDA(배)	10.8	12.0	8.8	9.7	8.5	8.8
EPS(원)	1,431	1,391	1,680	2,064	2,125	2,046
BPS(원)	11,901	12,580	13,458	14,824	16,017	17,178
CFPS(원)	1,756	1,749	2,033	2,412	2,475	2,392
DPS(원)	755	730	850	980	990	990
EBITDAPS(원)	2,217	2,172	2,752	3,130	3,242	2,828

재무 비율 <단위 : %>

연도	영업 이익률	순 이익률	부채 비율	차입금 비율	ROA	ROE	유보율	자기자본 비율	EBITDA 마진율
2017	33.1	27.3	19.6	0.0	10.7	13.0	3,335.7	83.7	37.7
2016	36.5	26.8	22.3	0.0	11.9	14.6	3,103.3	81.8	40.9
2015	36.4	27.0	23.1	0.0	12.5	15.5	2,864.9	81.2	41.0
2014	34.3	24.0	24.8	0.0	11.1	13.8	2,591.5	80.2	39.3

갤럭시아에스엠 (A011420)
Galaxia SM

업 종	미디어	시 장	거래소
신용등급	(Bond) — (CP) —	기업규모	시가총액 소형주
홈페이지	www.galaxiasme.com	연 락 처	02)775-1300
본 사	서울시 강남구 학동로 311 미성빌딩 7층		

설 립 일	1975.05.06	**종업원수**	128명	**대 표 이 사**	심우택,위의석
상 장 일	1989.11.14	**감사의견**	적정(이현)	**계 열**	
결 산 기	12월	**보 통 주**		**종속회사수**	3개사
액 면 가	500원	**우 선 주**		**구 상 호**	IB월드와이드

주주구성 (지분율,%)		출자관계 (지분율,%)		주요경쟁사 (외형,%)	
트리니티에셋매니지먼트	22.4	에브리쇼	100.0	갤럭시아에스엠	100
에스.엠.엔터테인먼트	12.6	에버그린컨텐츠그룹(비상장)보통주	14.0	티비씨	113
(외국인)	1.1	에버그린컨텐츠그룹(비상장)우선주	5.0	오리콤	449

매출구성		비용구성		수출비중	
스포츠 마케팅 등	76.9	매출원가율	100.4	수출	—
채널수신료등	13.5	판관비율	9.1	내수	—
스포츠 중계권 등	9.2				

회사 개요

동사는 1975년에 설립된 스포츠 판권사업 및 스포츠마케팅 사업을 영위하고 있는 업체로서 국내 및 해외 스포츠 방송중계권을 확보를 통한 중계권 판매와 각종 스포츠 협회, 스포츠 연맹, 스포츠 구단등을 위한 마케팅활동과 스포츠선수 매니지먼트사업을 주요 수입원으로 하고 있음. 'IB미디어넷'(방송콘텐츠)과 '에브리쇼'(IPTV) 등 4개의 종속회사를 두고 있으며, 2015년 11월 'IB월드와이드'에서 '갤럭시아SM'으로 상호를 변경함.

실적 분석

2017년은 2017 세계육상대회 방송권 판매 부진과 전반적인 스포츠 마케팅 사업 부진으로 인해 전년 대비 매출액이 19.9% 감소한 372.8억원을 기록했으며, 이에따라 각각 35.5억원, 59.0억원의 영업손실 및 당기순손실을 기록하였음. 향후 2018 인도네시아 아시안게임 티켓 발권사업, 장애인 스포츠 육성사업과 같은 신규사업의 성공이 영업실적 성장에 관건임.

현금 흐름 <단위 : 억원>

항목	2016	2017
영업활동	-12	-74
투자활동	-6	-20
재무활동	-10	—
순현금흐름	-27	-95
기말현금	193	99

시장 대비 수익률

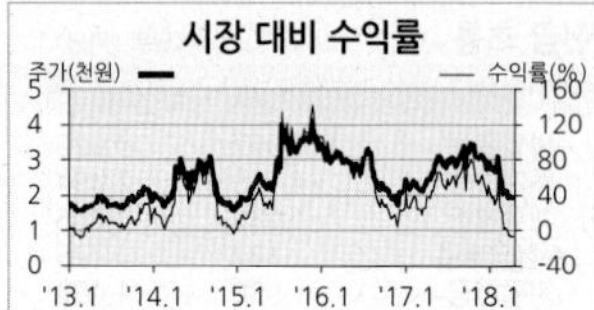

결산 실적 <단위 : 억원>

항목	2012	2013	2014	2015	2016	2017
매출액	550	464	439	625	465	373
영업이익	21	7	-4	21	-35	-35
당기순이익	4	-17	-3	19	-16	-59

분기 실적 <단위 : 억원>

항목	2016.3Q	2016.4Q	2017.1Q	2017.2Q	2017.3Q	2017.4Q
매출액	121	87	85	97	97	93
영업이익	-7	-10	-6	8	-17	-21
당기순이익	-7	-1	-7	4	-17	-39

재무 상태 <단위 : 억원>

항목	2012	2013	2014	2015	2016	2017
총자산	440	376	453	687	584	498
유형자산	34	31	31	29	26	4
무형자산	71	49	58	38	30	26
유가증권	55	49	56	107	64	106
총부채	181	161	221	189	136	93
총차입금	48	42	49	14	4	—
자본금	98	98	98	138	138	138
총자본	259	215	232	497	448	405
지배주주지분	245	215	232	497	448	405

기업가치 지표

항목	2012	2013	2014	2015	2016	2017
주가(최고/저)(천원)	2.9/1.5	2.3/1.5	3.6/1.5	4.2/1.7	3.5/1.6	3.6/2.0
PER(최고/저)(배)	156.7/79.4	—/—	—/—	49.9/19.7	—/—	—/—
PBR(최고/저)(배)	2.3/1.2	2.1/1.4	3.0/1.3	2.3/0.9	2.1/1.0	2.4/1.4
EV/EBITDA(배)	1.9	3.6	12.5	18.1	—	—
EPS(원)	19	-83	-13	84	-57	-214
BPS(원)	1,247	1,095	1,183	1,805	1,628	1,470
CFPS(원)	606	362	143	175	-10	-171
DPS(원)	—	—	—	—	—	—
EBITDAPS(원)	693	483	135	185	-80	-86

재무 비율 <단위 : %>

연도	영업이익률	순이익률	부채비율	차입금비율	ROA	ROE	유보율	자기자본비율	EBITDA마진율
2017	-9.5	-15.8	23.1	0.0	-10.9	-13.8	194.0	81.3	-6.4
2016	-7.5	-3.4	30.3	0.9	-2.5	-3.3	225.6	76.7	-4.7
2015	3.4	3.0	38.1	2.8	3.3	5.1	261.1	72.4	6.6
2014	-1.0	-0.6	95.1	21.2	-0.6	-1.1	136.5	51.3	6.0

갤럭시아커뮤니케이션즈 (A094480)
Galaxia Communications

업 종	인터넷 서비스	시 장	KOSDAQ
신용등급	(Bond) — (CP) —	기업규모	벤처
홈페이지	www.galaxiacommunications.co.k	연 락 처	1566-0123
본 사	서울시 강남구 광평로 281 수서빌딩 15층 (수서동)		

설 립 일	1994.10.05	**종업원수**	118명	**대 표 이 사**	김용광
상 장 일	2007.07.20	**감사의견**	적정(서일)	**계 열**	
결 산 기	12월	**보 통 주**		**종속회사수**	1개사
액 면 가	500원	**우 선 주**		**구 상 호**	

주주구성 (지분율,%)		출자관계 (지분율,%)		주요경쟁사 (외형,%)	
조현준	31.8	가비	50.0	갤럭시아컴즈	100
효성ITX	16.5	나무액터스	13.1	KG이니시스	1,097
(외국인)	0.4	액션스퀘어	0.4	NHN한국사이버결제	509

매출구성		비용구성		수출비중	
전자결제사업부문	74.8	매출원가율	57.0	수출	0.0
모바일사업부문	13.1	판관비율	37.2	내수	100.0
기타부문	7.6				

회사 개요

동사는 효성그룹 계열사로 1994년에 설립되어 다양한 규격의 멀티미디어콘텐츠를 제작, 변환, 전송, 유통할 수 있는 뉴미디어사업과 통합 전자결제사업을 영위하는 전자결제사업자임. 모바일 백화점 상품권, KIOSK 등을 운영하는 마케팅사업, 유/무선 플랫폼을 기반으로 다양한 멀티미디어 콘텐츠를 서비스하기 위해 시스템 개발, 서비스 운영 및 유지보수 등을 일괄 대행하여 주는 모바일 ASP사업과 소셜커머스 사업 등을 영위함.

실적 분석

동사의 2017년 결산 연결기준 매출액은 전년 대비 28.4% 성장한 691.3억원을 기록함. 외형 성장에도 원가율 악화로 영업이익 39.8억원, 당기순이익 30.7억원을 보이며 이익 규모가 감소함. 당기 부문별 매출비중은 전자결제사업 83.1%, 모바일커머스사업16.7% 및 기타 등으로 구성됨. 동사는 결산일 이후 운영자금 사용목적으로 보통주 165.8억원 규모의 주주배정 유상증자를 진행하고 있음.

현금 흐름 <단위 : 억원>

항목	2016	2017
영업활동	-119	-440
투자활동	-29	4
재무활동	176	366
순현금흐름	28	-70
기말현금	211	141

시장 대비 수익률

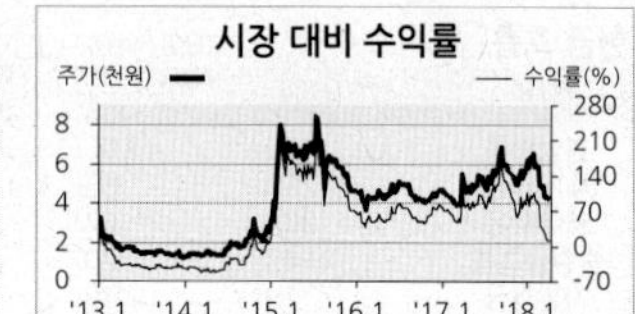

결산 실적 <단위 : 억원>

항목	2012	2013	2014	2015	2016	2017
매출액	1,203	1,257	983	396	539	691
영업이익	-46	-27	19	24	47	40
당기순이익	-94	-138	251	15	37	31

분기 실적 <단위 : 억원>

항목	2016.3Q	2016.4Q	2017.1Q	2017.2Q	2017.3Q	2017.4Q
매출액	146	144	169	168	171	183
영업이익	15	11	24	18	15	-18
당기순이익	13	6	19	15	10	-14

재무 상태 <단위 : 억원>

항목	2012	2013	2014	2015	2016	2017
총자산	1,702	1,690	1,052	1,240	1,433	1,835
유형자산	187	135	16	15	13	9
무형자산	234	228	204	239	241	240
유가증권	1	20	13	30	67	23
총부채	1,370	1,488	601	770	900	1,191
총차입금	746	771	143	180	356	640
자본금	154	154	154	163	163	174
총자본	332	203	451	470	533	644
지배주주지분	426	316	437	468	526	650

기업가치 지표

항목	2012	2013	2014	2015	2016	2017
주가(최고/저)(천원)	2.4/1.1	3.3/1.3	3.6/1.3	9.2/2.9	5.6/3.7	7.2/3.9
PER(최고/저)(배)	—/—	—/—	8.5/3.0	181.5/57.0	48.4/32.3	56.4/30.9
PBR(최고/저)(배)	1.7/0.8	3.2/1.2	2.5/0.9	5.0/1.6	2.9/2.0	3.2/1.8
EV/EBITDA(배)	30.1	26.2	13.7	45.3	29.4	51.9
EPS(원)	-248	-400	412	50	114	124
BPS(원)	1,380	1,024	1,415	1,819	1,890	2,164
CFPS(원)	27	-214	535	81	144	147
DPS(원)	—	—	—	—	25	30
EBITDAPS(원)	126	97	183	107	174	137

재무 비율 <단위 : %>

연도	영업이익률	순이익률	부채비율	차입금비율	ROA	ROE	유보율	자기자본비율	EBITDA마진율
2017	5.8	4.5	184.9	99.3	1.9	7.4	332.7	35.1	6.9
2016	8.7	6.8	168.9	66.9	2.8	7.5	277.9	37.2	10.5
2015	6.1	3.8	163.8	38.3	1.3	3.5	263.7	37.9	8.6
2014	1.9	25.5	133.1	31.7	18.3	33.8	182.9	42.9	5.8

게임빌 (A063080)
GAMEVIL

업 종 : 게임 소프트웨어
신용등급 : (Bond) — (CP) —
홈페이지 : www.gamevil.com
본 사 : 서울시 서초구 서초동 서초중앙로4 게임빌빌딩
시 장 : KOSDAQ
기업규모 : 우량
연 락 처 : 02)876-5252

설 립 일	2000.01.10	**종업원수**	397명	**대표이사**	송병준
상 장 일	2009.07.30	**감사의견**	적정(안진)	**계 열**	
결 산 기	12월	**보 통 주**		**종속회사수**	8개사
액 면 가	500원	**우 선 주**		**구 상 호**	

주주구성 (지분율,%)		출자관계 (지분율,%)		주요경쟁사 (외형,%)	
송병준	30.9	게임빌와플	91.0	게임빌	100
KB자산운용	5.0	게임빌엔	91.0	엔씨소프트	1,653
(외국인)	10.5	게임빌컴투스플랫폼	83.5	컴투스	478

매출구성		비용구성		수출비중	
모바일게임	100.0	매출원가율	47.3	수출	—
		판관비율	71.6	내수	—

회사 개요
동사는 모바일게임 및 온라인 네트워크게임 서비스의 제공을 목적으로 2000년에 설립됨. 현재는 모바일게임의 제작 및 서비스를 주된 사업으로 영위중. 연결대상 종속회사로 미국, 일본, 중국, 동남아시아, 유럽의 해외법인과 게임빌엔, 게임빌에버, 게임빌와플 등이 있으며, 컴투스와 컴투스의 일본, 미국 해외법인 등을 계열회사로 두고 있음. 전 계열회사가 모바일게임 제작 및 서비스의 단일 영업부문으로 구성됨.

실적 분석
동사의 2017년 4/4분기 누적 매출액은 전년동기대비 34.1% 감소한 1,063.7억원을 기록함. 외형축소의 영향으로 매출원가 및 판관비가 전년동기 대비 각각 19.9%, 19.3% 감소했음에도 201.3억원의 영업손실을 기록하며 적자전환함. 그러나 비영업부문에서 266.8억원의 이익을 시현해 영업부문에서의 손실이 만회되었음. 이에 따라 전년동기대비 72.7% 감소한 80.1억원의 당기순이익을 시현했음.

현금 흐름
<단위 : 억원>

항목	2016	2017
영업활동	40	-206
투자활동	-106	33
재무활동	-440	-21
순현금흐름	-503	-212
기말현금	315	104

시장 대비 수익률
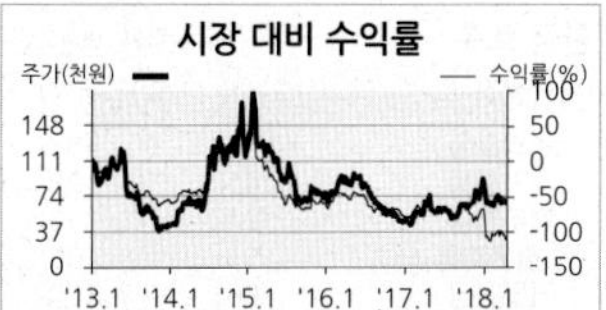

결산 실적
<단위 : 억원>

항목	2012	2013	2014	2015	2016	2017
매출액	703	812	1,450	1,523	1,615	1,064
영업이익	241	121	114	32	43	-201
당기순이익	224	140	229	200	293	80

분기 실적
<단위 : 억원>

항목	2016.3Q	2016.4Q	2017.1Q	2017.2Q	2017.3Q	2017.4Q
매출액	390	384	286	302	254	222
영업이익	0	-27	-30	-42	-38	-91
당기순이익	56	28	32	56	25	-34

재무 상태
<단위 : 억원>

항목	2012	2013	2014	2015	2016	2017
총자산	994	1,792	2,264	3,319	3,255	3,360
유형자산	162	172	229	236	256	284
무형자산	32	105	153	110	89	74
유가증권	25	43	31	39	37	37
총부채	86	127	328	1,195	909	932
총차입금	8	3	97	972	562	539
자본금	28	33	33	33	33	33
총자본	908	1,665	1,937	2,124	2,347	2,428
지배주주지분	908	1,664	1,939	2,125	2,339	2,415

기업가치 지표

항목	2012	2013	2014	2015	2016	2017
주가(최고/저)(천원)	143/60.6	124/38.4	171/42.6	184/64.5	98.7/46.9	92.3/43.3
PER(최고/저)(배)	35.3/15.0	53.2/16.5	48.1/12.0	59.9/21.0	21.9/10.4	76.2/35.7
PBR(최고/저)(배)	8.6/3.7	4.8/1.5	5.7/1.4	5.6/2.0	2.7/1.3	2.5/1.2
EV/EBITDA(배)	19.9	17.5	49.3	69.4	39.0	—
EPS(원)	4,041	2,323	3,560	3,076	4,516	1,211
BPS(원)	16,591	25,703	29,885	32,728	36,468	37,208
CFPS(원)	4,310	2,727	4,151	3,724	5,191	2,037
DPS(원)	—	—	—	—	—	—
EBITDAPS(원)	4,619	2,414	2,334	1,144	1,331	-2,231

재무 비율
<단위 : %>

연도	영업이익률	순이익률	부채비율	차입금비율	ROA	ROE	유보율	자기자본비율	EBITDA마진율
2017	-18.9	7.5	38.4	22.2	2.4	3.4	7,341.7	72.3	-13.8
2016	2.7	18.1	38.7	24.0	8.9	13.2	7,193.6	72.1	5.4
2015	2.1	13.2	56.3	45.7	7.2	9.9	6,445.5	64.0	4.9
2014	7.8	15.8	16.9	5.0	11.3	12.9	5,877.1	85.5	10.5

경남스틸 (A039240)
Kyeong Nam Steel

업 종 : 금속 및 광물
신용등급 : (Bond) — (CP) —
홈페이지 : www.ksteel.co.kr
본 사 : 경남 창원시 성산구 연덕로15번길 10
시 장 : KOSDAQ
기업규모 : 우량
연 락 처 : 055)274-2066

설 립 일	1990.11.15	**종업원수**	75명	**대표이사**	최석우
상 장 일	2000.03.07	**감사의견**	적정(대주)	**계 열**	
결 산 기	12월	**보 통 주**		**종속회사수**	
액 면 가	500원	**우 선 주**		**구 상 호**	

주주구성 (지분율,%)		출자관계 (지분율,%)		주요경쟁사 (외형,%)	
최충경	49.5			경남스틸	100
임철준	20.7			부국철강	51
(외국인)	0.8			스틸플라워	18

매출구성		비용구성		수출비중	
상품(기타)	29.5	매출원가율	94.3	수출	0.0
산세코일 (PO)	27.0	판관비율	3.4	내수	100.0
냉연강판(CR)	23.5				

회사 개요
동사는 1990년 삼현강업으로 설립되어 1995년 사명을 경남스틸로 변경함. 동사는 포스코에서 생산한 냉연 및 열연 강판을 공급받아 고객사들이 주문하는 규격으로 전단, 절단 가공하여 공급하고 있음. 동사는 경남 창원과 전남 광양에서 강판을 절단가공해 자동차, 기계, 가전 업체가 밀집한 경남지역에 공급하고 있음. 포스코의 냉연판매점 업체간 점유율로 보면 2017년말 기준 7.9%를 차지함.

실적 분석
동사의 2017년 4/4분기 연결기준 누적매출액은 2,869.8억원으로 전년동기 대비 8.1% 증가했음. 외형성장 및 판관비 감소의 영향으로 매출원가가 전년동기 대비 7.8% 증가했음에도 영업이익은 전년동기 대비 266.6% 증가한 65.7억원을 시현했음. 그러나 비영업부문에서는 8.9억원의 손실을 시현해 이익폭이 축소되었음. 당기순이익은 전년동기 대비 406.9% 증가한 42.6억원을 기록했음.

현금 흐름 *IFRS 별도 기준
<단위 : 억원>

항목	2016	2017
영업활동	190	-7
투자활동	9	-53
재무활동	-192	93
순현금흐름	7	32
기말현금	13	45

시장 대비 수익률

결산 실적
<단위 : 억원>

항목	2012	2013	2014	2015	2016	2017
매출액	3,132	3,057	2,895	2,912	2,655	2,870
영업이익	117	97	106	106	18	66
당기순이익	63	60	72	82	8	43

분기 실적 *IFRS 별도 기준
<단위 : 억원>

항목	2016.3Q	2016.4Q	2017.1Q	2017.2Q	2017.3Q	2017.4Q
매출액	667	679	742	750	664	714
영업이익	10	-22	18	5	16	26
당기순이익	6	-20	10	5	8	19

재무 상태 *IFRS 별도 기준
<단위 : 억원>

항목	2012	2013	2014	2015	2016	2017
총자산	1,178	1,148	1,372	1,463	1,305	1,481
유형자산	338	324	308	347	331	363
무형자산	8	8	8	6	6	8
유가증권	5	4	4	4	1	3
총부채	577	499	662	685	535	670
총차입금	228	210	270	432	256	351
자본금	25	25	25	25	25	25
총자본	601	649	709	778	770	811
지배주주지분	601	649	709	778	770	811

기업가치 지표 *IFRS 별도 기준

항목	2012	2013	2014	2015	2016	2017
주가(최고/저)(천원)	8.0/4.9	6.2/5.3	7.1/5.7	8.7/6.4	14.0/8.1	11.2/8.9
PER(최고/저)(배)	38.5/23.5	30.0/25.8	27.5/22.0	28.0/21.3	436.4/254.4	68.2/54.2
PBR(최고/저)(배)	4.1/2.5	2.8/2.4	2.8/2.2	2.9/2.2	4.8/2.8	3.6/2.9
EV/EBITDA(배)	3.9	4.6	5.1	6.9	21.8	9.6
EPS(원)	254	240	290	327	34	170
BPS(원)	12,019	12,983	14,189	15,565	15,402	16,211
CFPS(원)	1,625	1,585	1,842	2,028	548	1,212
DPS(원)	250	250	300	300	150	350
EBITDAPS(원)	2,699	2,328	2,512	2,511	739	1,676

재무 비율
<단위 : %>

연도	영업이익률	순이익률	부채비율	차입금비율	ROA	ROE	유보율	자기자본비율	EBITDA마진율
2017	2.3	1.5	82.7	43.4	3.1	5.4	3,142.2	54.7	2.9
2016	0.7	0.3	69.5	33.2	0.6	1.1	2,980.3	59.0	1.4
2015	3.6	2.8	88.0	55.6	5.8	11.0	3,013.0	53.2	4.3
2014	3.7	2.5	93.3	38.1	5.8	10.7	2,737.9	51.7	4.3

경남제약 (A053950)

KYUNG NAM PHARMCOLTD

업　　종 : 제약
신용등급 : (Bond) —　　(CP) —
홈페이지 : www.kyungnampharm.co.kr
본　　사 : 경남 의령군 의령읍 구룡로4남길 79
시　　장 : KOSDAQ
기업규모 : 중견
연 락 처 : 055)572-8700

설 립 일	1998.12.29	**종업원수**	217명	**대표이사**	류충효
상 장 일	2001.10.28	**감사의견**	적정(삼영)	**계　열**	
결 산 기	12월	**보 통 주**		**종속회사수**	
액 면 가	500원	**우 선 주**		**구　상　호**	

주주구성 (지분율,%)		출자관계 (지분율,%)		주요경쟁사 (외형,%)	
이지앤홀딩스	20.8			경남제약	100
에버솔루션	12.0			명문제약	349
(외국인)	3.0			유유제약	156

매출구성		비용구성		수출비중	
[제품]OTC	69.8	매출원가율	57.4	수출	0.3
[상품]OTC	10.5	판관비율	33.3	내수	99.7
[상품]기타	10.4				

회사 개요

동사는 의약품 제조 및 판매업을 영위하는 업체로 2010년 4월 자회사인 경남제약과의 소규모 합병을 통해 현재의 상호로 변경. 전통적인 비타민 시장에서 동사의 비타민제가 부동의 1위를 보유하고 있으며, 주요 제품으로 무좀약 'PM정'과 인후염증약 '미놀 트로키', '경남유산균5' 등 다양한 품목을 보유. 약국 유통용 품목으로 비타민군, 태반군, 건강식품군, 일반군의 제품군을 보유하고 있으며, 전국 1만여 약국에 제품을 유통하고 있음.

실적 분석

2017년 연간 매출액은 전년대비 1.0% 증가, 영업이익은 24.8% 감소함. 당기순이익은 -34.8억원으로 적자전환하였는데 이는 2017년 발행한 전환사채평가손실 65억원 반영에 기인한 것. 2018년 3월 거래소는 이희철 전 대표이사의 위법행위와 신규 최대주주 예정자에 대한 투명성 확보가 불확실하다며 상장적격성 실질대상으로 결정함. 기업심사위원회의 심의의결을 거쳐 상장폐지 여부 또는 개선기간 부여 여부를 결정할 예정.

현금 흐름 *IFRS 별도 기준 〈단위 : 억원〉

항목	2016	2017
영업활동	49	17
투자활동	-12	4
재무활동	-16	27
순현금흐름	21	48
기말현금	38	85

시장 대비 수익률

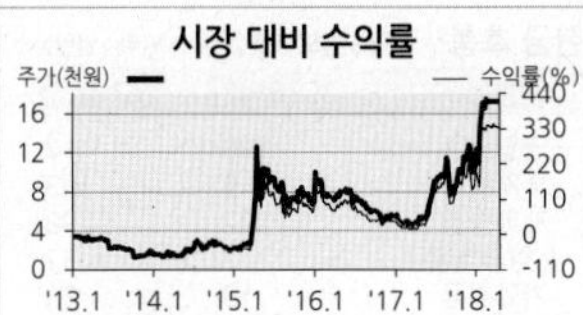

결산 실적 〈단위 : 억원〉

항목	2012	2013	2014	2015	2016	2017
매출액	403	328	360	391	398	402
영업이익	46	5	36	68	50	37
당기순이익	0	-166	6	21	1	-35

분기 실적 *IFRS 별도 기준 〈단위 : 억원〉

항목	2016.3Q	2016.4Q	2017.1Q	2017.2Q	2017.3Q	2017.4Q
매출액	98	110	87	111	96	108
영업이익	16	10	4	17	12	5
당기순이익	13	2	1	-10	6	-31

재무 상태 *IFRS 별도 기준 〈단위 : 억원〉

항목	2012	2013	2014	2015	2016	2017
총자산	789	526	479	470	452	538
유형자산	327	189	184	180	153	175
무형자산	3	4	2	1	1	1
유가증권	—	—	—	—	—	—
총부채	545	413	361	302	284	385
총차입금	436	339	289	222	204	300
자본금	221	50	50	56	56	56
총자본	244	113	118	168	168	153
지배주주지분	244	113	118	168	168	153

기업가치 지표 *IFRS 별도 기준

항목	2012	2013	2014	2015	2016	2017
주가(최고/저)(천원)	6.1/3.2	3.5/1.3	3.2/1.4	12.6/2.2	10.0/4.9	12.8/4.6
PER(최고/저)(배)	9,445.7/4,988.5	—/—	54.7/23.6	66.5/11.4	866.5/425.4	—/—
PBR(최고/저)(배)	2.2/1.2	3.1/1.1	2.7/1.2	8.4/1.4	6.7/3.3	9.4/3.4
EV/EBITDA(배)	11.4	40.4	11.0	13.3	13.8	31.6
EPS(원)	1	-1,694	58	189	12	-309
BPS(원)	552	1,126	1,179	1,500	1,496	1,356
CFPS(원)	23	-1,620	125	248	68	-248
DPS(원)	—	—	—	—	—	—
EBITDAPS(원)	140	127	431	671	498	394

재무 비율 〈단위 : %〉

연도	영업이익률	순이익률	부채비율	차입금비율	ROA	ROE	유보율	자기자본비율	EBITDA마진율
2017	9.3	-8.7	252.4	196.6	-7.0	-21.7	171.2	28.4	11.0
2016	12.5	0.3	168.6	121.1	0.3	0.8	199.1	37.2	14.1
2015	17.5	5.4	179.2	131.5	4.5	14.7	200.0	35.8	19.1
2014	10.1	1.6	304.6	244.0	1.2	5.0	135.9	24.7	12.0

경농 (A002100)

Kyung Nong

업　　종 : 화학
신용등급 : (Bond) —　　(CP) —
홈페이지 : www.knco.co.kr
본　　사 : 서울시 서초구 효령로77길 28 동오빌딩
시　　장 : 거래소
기업규모 : 시가총액 소형주
연 락 처 : 02)3488-5800

설 립 일	1957.07.12	**종업원수**	339명	**대표이사**	이병만
상 장 일	1977.06.30	**감사의견**	적정(정진)	**계　열**	
결 산 기	12월	**보 통 주**		**종속회사수**	5개사
액 면 가	500원	**우 선 주**		**구　상　호**	

주주구성 (지분율,%)		출자관계 (지분율,%)		주요경쟁사 (외형,%)	
동오레저	27.6	글로벌아그로	99.0	경농	100
이용진	15.4	탑프레쉬	90.0	효성오앤비	17
(외국인)	1.1	동오라이프사이언스	76.5	바이오빌	24

매출구성		비용구성		수출비중	
유액제	35.5	매출원가율	67.2	수출	0.0
수화제	32.2	판관비율	28.7	내수	100.0
입제	18.4				

회사 개요

동사는 1957년 농약 제조, 판매를 영위할 목적으로 설립됨. 1977년 유가증권시장에 상장됨. 현재 동오그룹에 소속되어 있으며, 주요 계열사로는 비료 제조, 판매를 목적으로 하는 조비와 글로벌아그로, 탑프레쉬, 동오시드, 종오육묘 등이 있음. 동사의 주요 제품인 작물보호제는 수요의 계절성을 가져 농번기인 3~6월 사이 매출이 집중됨. 이상기후, 천재지변, 병해충의 발생 등에 따라 수요가 영향을 받음.

실적 분석

농약시장은 농약완제품 수입자유화 및 관세인하 조치로 인한 다국적 기업의 국내시장 진출과 국내 농약제조업체 인수에 따라 경쟁이 심화되고 있는 상황임. 동사는 당기 연결대상 종속회사의 수가 4개에서 5개로 증가했음에도 불구하고 2017년 연간 매출액이 2,065.3억원을 기록하며 전년 대비 1.3% 증가하는데 그침. 매출원가율 상승으로 영업이익 또한 전년 대비 7.9% 감소함.

현금 흐름 〈단위 : 억원〉

항목	2016	2017
영업활동	160	158
투자활동	-141	-128
재무활동	-74	9
순현금흐름	-54	35
기말현금	96	130

시장 대비 수익률

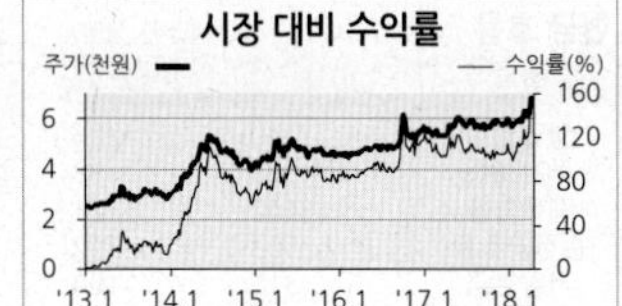

결산 실적 〈단위 : 억원〉

항목	2012	2013	2014	2015	2016	2017
매출액	1,370	1,964	1,885	1,964	2,040	2,065
영업이익	127	188	147	121	92	84
당기순이익	103	140	71	70	64	101

분기 실적 〈단위 : 억원〉

항목	2016.3Q	2016.4Q	2017.1Q	2017.2Q	2017.3Q	2017.4Q
매출액	205	203	958	685	239	183
영업이익	-72	-107	237	78	-100	-130
당기순이익	-58	-84	188	97	-75	-109

재무 상태 〈단위 : 억원〉

항목	2012	2013	2014	2015	2016	2017
총자산	2,694	2,560	2,846	3,163	3,209	3,359
유형자산	931	1,012	1,186	1,221	1,332	1,403
무형자산	113	132	132	132	122	120
유가증권	60	60	61	49	40	36
총부채	1,177	928	1,157	1,417	1,369	1,437
총차입금	709	459	624	868	769	796
자본금	108	108	108	108	108	108
총자본	1,517	1,632	1,689	1,747	1,840	1,922
지배주주지분	1,472	1,570	1,615	1,663	1,713	1,769

기업가치 지표

항목	2012	2013	2014	2015	2016	2017
주가(최고/저)(천원)	2.7/2.2	3.3/2.5	5.4/3.0	5.4/4.1	6.7/4.4	6.1/5.2
PER(최고/저)(배)	6.9/5.7	6.6/5.0	18.4/10.3	19.9/15.0	24.3/16.2	13.7/11.6
PBR(최고/저)(배)	0.5/0.4	0.6/0.4	0.8/0.5	0.8/0.6	0.9/0.6	0.8/0.7
EV/EBITDA(배)	7.3	5.1	8.1	11.2	15.0	15.4
EPS(원)	504	623	347	312	301	468
BPS(원)	7,097	7,549	7,750	7,928	8,156	8,417
CFPS(원)	700	826	553	533	507	709
DPS(원)	150	200	200	240	265	295
EBITDAPS(원)	783	1,069	882	779	629	630

재무 비율 〈단위 : %〉

연도	영업이익률	순이익률	부채비율	차입금비율	ROA	ROE	유보율	자기자본비율	EBITDA마진율
2017	4.1	4.9	74.8	41.4	3.1	5.8	1,583.5	57.2	6.6
2016	4.5	3.1	74.4	41.8	2.0	3.9	1,531.3	57.3	6.7
2015	6.2	3.6	81.1	49.7	2.3	4.1	1,485.6	55.2	8.6
2014	7.8	3.8	68.5	36.9	2.6	4.7	1,450.0	59.4	10.2

경동나비엔 (A009450)
Kyung Dong Navien

업　　종 : 내구소비재　　시　　장 : 거래소
신용등급 : (Bond) —　(CP) —　　기업규모 : 시가총액 중형주
홈페이지 : www.kdnavien.co.kr　　연 락 처 : 031)8060-5500
본　　사 : 경기도 평택시 서탄면 수월암길 95

설 립 일	1978.11.03	**종업원수**	944명	**대표이사**	손연호
상 장 일	1991.09.20	**감사의견**	적정(신한)	**계　열**	
결 산 기	12월	**보 통 주**		**종속회사수**	7개사
액 면 가	1,000원	**우 선 주**		**구 상 호**	

주주구성 (지분율,%)		출자관계 (지분율,%)		주요경쟁사 (외형,%)	
경동원	50.5	경동에버런	100.0	경동나비엔	100
국민연금공단	6.2	경동티에스	100.0	코웨이	368
(외국인)	9.3	경동인베스트	1.7	쿠쿠홀딩스	66

매출구성		비용구성		수출비중	
보일러,온수기 (국내)(기타)	51.2	매출원가율	65.2	수출	54.1
보일러,온수기 (북미)(기타)	36.5	판관비율	27.9	내수	45.9
보일러,온수기 (러시아)(기타)	5.2				

회사 개요

동사는 보일러 및 냉난방기를 제조 및 판매하는 사업을 주 사업으로 영위하고 있음. 과거 경동보일러에서 경동나비엔으로 상호를 변경하며, 에어컨, 환기시스템, 홈네트웍 시스템까지 사업영역을 확장함. 주요 상표는 콘덴싱으로 주력 제품은 가스보일러와 온수기를 판매하고 있으며, 2017년 기준 가정용 보일러가 57%, 온수기가 30%, 기타 13% 매출비중을 차지하고 있음. 북미, 중국, 러시아, 유럽 등에 진출하여 꾸준한 외형성장을 이룸.

실적 분석

동사의 2017년 매출액은 전년동기 대비 17.4% 상승한 6,846.6억원을 기록하였음. 비용측면에서 전년대비 매출원가는 16.7% 증가 했으며 인건비와 광고선전비 등 판관비 또한 23% 증가함. 상승한 매출액 대비 비용도 증가하여 영업이익은 477.6억원을 기록하며 전년 대비 4.2% 소폭 증가에 그침. 외환손실 77억원을 비롯한 비영업손실이 확대되어 당기순이익은 전년 대비 27.9% 하락한 270.2억원을 기록함.

현금 흐름 <단위 : 억원>

항목	2016	2017
영업활동	613	201
투자활동	-221	-402
재무활동	-350	265
순현금흐름	42	65
기말현금	223	288

시장 대비 수익률

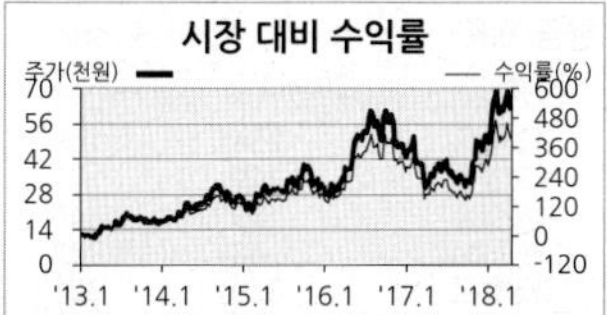

결산 실적 <단위 : 억원>

항목	2012	2013	2014	2015	2016	2017
매출액	3,790	4,142	4,290	5,120	5,833	6,847
영업이익	139	198	135	242	458	478
당기순이익	92	111	94	168	375	270

분기 실적 <단위 : 억원>

항목	2016.3Q	2016.4Q	2017.1Q	2017.2Q	2017.3Q	2017.4Q
매출액	1,321	2,038	1,388	1,297	1,644	2,517
영업이익	72	98	119	64	132	162
당기순이익	39	109	61	52	107	51

재무 상태 <단위 : 억원>

항목	2012	2013	2014	2015	2016	2017
총자산	2,997	3,548	4,017	4,021	4,298	5,037
유형자산	1,201	1,844	1,910	1,951	2,037	2,219
무형자산	122	98	93	88	86	88
유가증권	97	115	184	165	151	147
총부채	1,239	1,675	2,116	1,960	1,910	2,472
총차입금	249	484	1,052	690	333	603
자본금	127	127	127	127	127	127
총자본	1,759	1,873	1,900	2,061	2,388	2,565
지배주주지분	1,740	1,854	1,879	2,039	2,361	2,565

기업가치 지표

항목	2012	2013	2014	2015	2016	2017
주가(최고/저)(천원)	12.3/5.4	20.5/11.0	32.0/17.0	39.9/21.9	63.4/27.0	54.7/30.8
PER(최고/저)(배)	17.5/7.6	24.0/12.9	45.1/23.9	30.9/17.0	22.1/9.4	26.5/14.9
PBR(최고/저)(배)	0.9/0.4	1.4/0.8	2.2/1.2	2.5/1.4	3.4/1.5	2.7/1.5
EV/EBITDA(배)	5.8	8.3	17.8	11.5	9.1	10.7
EPS(원)	722	873	721	1,304	2,898	2,074
BPS(원)	13,706	14,601	14,804	16,055	18,581	20,186
CFPS(원)	1,456	1,739	1,675	2,474	4,151	3,376
DPS(원)	100	100	100	100	150	200
EBITDAPS(원)	1,827	2,419	2,011	3,071	4,850	5,050

재무 비율 <단위 : %>

연도	영업이익률	순이익률	부채비율	차입금비율	ROA	ROE	유보율	자기자본비율	EBITDA마진율
2017	7.0	4.0	96.4	23.5	5.8	10.7	1,918.6	50.9	9.4
2016	7.9	6.4	80.0	14.0	9.0	16.8	1,758.1	55.6	10.6
2015	4.7	3.3	95.1	33.5	4.2	8.5	1,505.5	51.3	7.6
2014	3.1	2.2	111.4	55.4	2.5	4.9	1,380.4	47.3	6.0

경동도시가스 (A267290)
KYUNGDONG CITY GAS CO

업　　종 : 가스　　시　　장 : 거래소
신용등급 : (Bond) —　(CP) —　　기업규모 : 시가총액 소형주
홈페이지 : www.kdgas.co.kr　　연 락 처 : 052)219-5300
본　　사 : 울산시 북구 염포로 260-10

설 립 일	2017.04.01	**종업원수**	269명	**대표이사**	송재호,나윤호
상 장 일	2017.05.12	**감사의견**	적정(삼일)	**계　열**	
결 산 기	12월	**보 통 주**		**종속회사수**	4개사
액 면 가	2,500원	**우 선 주**		**구 상 호**	

주주구성 (지분율,%)		출자관계 (지분율,%)		주요경쟁사 (외형,%)	
경동인베스트	35.0	경동강북고객서비스	85.0	경동도시가스	100
경동홀딩스	9.7	경동양산고객서비스	85.0	한국가스공사	2,544
(외국인)	24.8	경동강동고객서비스	70.0	서울가스	155

매출구성		비용구성		수출비중	
		매출원가율	91.0	수출	0.0
		판관비율	6.5	내수	100.0

회사 개요

동사는 2017년 4월 1일을 분할기일로 하여, 존속회사인 경동인베스트의 지주회사 전환과 도시가스사업부문의 투자 및 관리 집중을 위해 신설된 기업임. 인적분할 후 기존 사업이던 도시가스사업무문을 영위하고 있음. 울산에 본사를 두고 있으며 천연가스를 구매하여 공급배관을 통해 울산과 양산지역에 판매하고 있음. 2017년 4월 1일 기준 동사를 제외하고 23개의 계열회사가 있음.

실적 분석

타연료 대비 가격경쟁력 강화 및 산업체 생산 증가로 인한 산업용 도시가스 사용량 증가로 동사의 2017년 연결기준 연간 누적 매출액은 8,715.5억원, 영업이익은 216.7억원을 시현함. 비영업손익이 15.1억원을 기록하며 당기순이익은 178.0억원을 시현함. 동사는 안정적 수익창출 및 사업다각화를 위하여 도시가스사 최초로 배관임대 사업을 시작함. 2018년 준공예정인 S-OIL 신규공장의 직수입 LNG용 배관을 임대할 예정임.

현금 흐름 <단위 : 억원>

항목	2016	2017
영업활동	—	194
투자활동	—	-542
재무활동	—	-9
순현금흐름	—	-357
기말현금	—	601

시장 대비 수익률

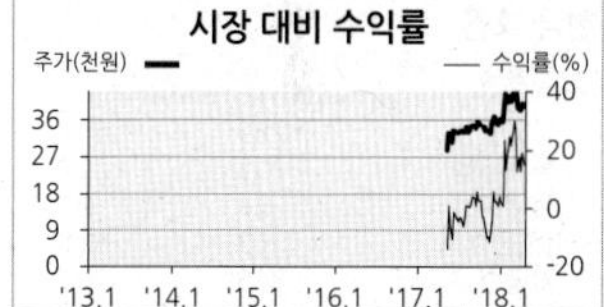

결산 실적 <단위 : 억원>

항목	2012	2013	2014	2015	2016	2017
매출액	—	—	—	—	—	8,715
영업이익	—	—	—	—	—	217
당기순이익	—	—	—	—	—	178

분기 실적 <단위 : 억원>

항목	2016.3Q	2016.4Q	2017.1Q	2017.2Q	2017.3Q	2017.4Q
매출액	—	—	—	2,699	2,061	3,955
영업이익	—	—	—	65	20	132
당기순이익	—	—	—	60	15	103

재무 상태 <단위 : 억원>

항목	2012	2013	2014	2015	2016	2017
총자산	—	—	—	—	—	7,103
유형자산	—	—	—	—	—	3,168
무형자산	—	—	—	—	—	123
유가증권	—	—	—	—	—	1
총부채	—	—	—	—	—	4,159
총차입금	—	—	—	—	—	149
자본금	—	—	—	—	—	118
총자본	—	—	—	—	—	2,943
지배주주지분	—	—	—	—	—	2,938

기업가치 지표

항목	2012	2013	2014	2015	2016	2017
주가(최고/저)(천원)	—/—	—/—	—/—	—/—	—/—	—/—
PER(최고/저)(배)	0.0/0.0	0.0/0.0	0.0/0.0	0.0/0.0	0.0/0.0	10.2/7.7
PBR(최고/저)(배)	0.0/0.0	0.0/0.0	0.0/0.0	0.0/0.0	0.0/0.0	0.6/0.5
EV/EBITDA(배)	0.0	0.0	0.0	0.0	0.0	2.0
EPS(원)	—	—	—	—	—	3,769
BPS(원)	—	—	—	—	—	62,326
CFPS(원)	—	—	—	—	—	7,469
DPS(원)	—	—	—	—	—	750
EBITDAPS(원)	—	—	—	—	—	8,293

재무 비율 <단위 : %>

연도	영업이익률	순이익률	부채비율	차입금비율	ROA	ROE	유보율	자기자본비율	EBITDA마진율
2017	2.5	2.0	141.3	5.1	0.0	0.0	2,393.1	41.4	4.5
2016	0.0	0.0	0.0	0.0	0.0	0.0	0.0	0.0	0.0
2015	0.0	0.0	0.0	0.0	0.0	0.0	0.0	0.0	0.0
2014	0.0	0.0	0.0	0.0	0.0	0.0	0.0	0.0	0.0

경동인베스트 (A012320)
KYUNGDONG INVEST COLTD

업 종 : 가스 | 시 장 : 거래소
신용등급 : (Bond) — (CP) — | 기업규모 : 시가총액 소형주
홈페이지 : www.kdinvest.co.kr | 연 락 처 : 031)738-5557
본 사 : 경기도 성남시 분당구 수내로46번길 4 경동빌딩

설 립 일	1977.06.15	**종 업 원 수**	12명	**대 표 이 사**	박영훈
상 장 일	1997.02.02	**감 사 의 견**	적정(삼일)	**계 열**	
결 산 기	12월	**보 통 주**		**종속회사수**	7개사
액 면 가	5,000원	**우 선 주**		**구 상 호**	경동가스

주주구성 (지분율,%)		출자관계 (지분율,%)		주요경쟁사 (외형,%)	
경동홀딩스	45.2	경동에너아이	100.0	경동인베스트	100
손경호	5.7	경동	50.0	한국가스공사	11,366
(외국인)	14.5	경동건설	30.2	서울가스	692

매출구성		비용구성		수출비중	
도시가스(CNG포함),가스보일러 판매외	86.4	매출원가율	72.1	수출	0.0
광업 및 자원개발 외	10.1	판관비율	9.2	내수	100.0
플랜트 및 물류서비스외	3.0				

회사 개요

동사는 1977년 설립돼 도시가스 공급사업을 영위하고 있음. 가스 제조 및 배관공급업체로 주요 사업 부문은 도시가스 사업부문, 플랜트/물류서비스 사업부문, 건설 사업부문 및 도시가스 안전관리서비스 사업부문으로 구분됨. 가스산업의 특성상 지역별로 사업자를 선정, 그 지역 내에서의 가스공급을 전담토록 하고 있어 울산시, 양산시 전역에 독점공급하고 있음. 전국시장 점유율(공급량누계)은 7.7%로 전국 도시가스 업체 중 3위임.

실적 분석

동사의 2017년 매출액은 1,950.7억원으로 전년대비 22% 증가함. 영업이익은 363.8억원으로 전년 0.6억원 손실에서 흑자전환함. 동사는 지주회사 체제 전환을 위해 자회사 지분의 관리 및 투자를 목적으로 하는 주식회사 경동인베스트사(분할존속회사)와 도시가스 공급 및 에너지절약사업을 목적으로 하는 경동도시가스(신설회사)로 2017년 4월 인적분할함. 관련기업투자 이익 발생으로 당기순이익은 519.3억원을 시현함.

현금 흐름 〈단위 : 억원〉

항목	2016	2017
영업활동	269	602
투자활동	-255	-202
재무활동	-57	-63
순현금흐름	-43	-618
기말현금	815	197

시장 대비 수익률

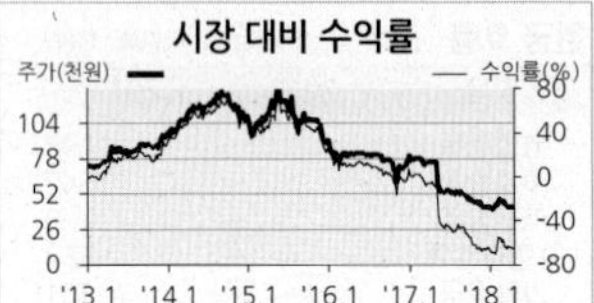

결산 실적 〈단위 : 억원〉

항목	2012	2013	2014	2015	2016	2017
매출액	25,026	27,883	26,031	15,154	1,599	1,951
영업이익	499	505	479	219	-1	364
당기순이익	429	501	759	-213	191	519

분기 실적 〈단위 : 억원〉

항목	2016.3Q	2016.4Q	2017.1Q	2017.2Q	2017.3Q	2017.4Q
매출액	416	560	261	318	337	1,034
영업이익	62	-31	-8	-30	-15	418
당기순이익	78	15	89	-6	269	167

재무 상태 〈단위 : 억원〉

항목	2012	2013	2014	2015	2016	2017
총자산	12,099	12,073	13,208	11,678	11,261	5,993
유형자산	3,020	3,226	4,362	4,785	4,904	1,773
무형자산	101	98	235	275	255	135
유가증권	242	326	369	348	411	440
총부채	7,634	7,066	7,133	5,913	5,382	1,989
총차입금	476	477	862	1,483	1,477	1,309
자본금	174	174	174	174	174	118
총자본	4,465	5,007	6,075	5,765	5,879	4,004
지배주주지분	4,430	4,970	5,560	5,345	5,437	3,529

기업가치 지표

항목	2012	2013	2014	2015	2016	2017
주가(최고/저)(천원)	78.0/52.1	97.5/70.7	127/95.7	129/87.6	89.7/60.9	79.2/41.5
PER(최고/저)(배)	6.9/4.6	7.2/5.3	6.4/4.8	—/—	17.9/12.1	4.1/2.1
PBR(최고/저)(배)	0.7/0.5	0.7/0.5	0.8/0.6	0.9/0.6	0.6/0.4	0.5/0.3
EV/EBITDA(배)	—	0.5	2.4	4.0	7.0	2.6
EPS(원)	12,297	14,309	20,938	-4,455	5,161	19,751
BPS(원)	127,145	142,642	159,548	153,397	159,746	152,276
CFPS(원)	17,401	19,769	29,204	6,011	15,241	27,373
DPS(원)	1,250	1,250	1,250	1,250	1,250	500
EBITDAPS(원)	19,423	19,963	22,021	16,747	10,062	22,214

재무 비율 〈단위 : %〉

연도	영업이익률	순이익률	부채비율	차입금비율	ROA	ROE	유보율	자기자본비율	EBITDA마진율
2017	18.7	26.6	49.7	32.7	6.0	11.0	2,945.5	66.8	28.4
2016	0.0	12.0	91.5	25.1	1.7	3.3	3,094.9	52.2	21.9
2015	1.4	-1.4	102.6	25.7	-1.7	-2.9	2,967.9	49.4	3.9
2014	1.8	2.9	117.4	14.2	6.0	13.9	3,091.0	46.0	3.0

경동제약 (A011040)
Kyungdong Pharmaceutical

업 종 : 제약 | 시 장 : KOSDAQ
신용등급 : (Bond) — (CP) — | 기업규모 : 우량
홈페이지 : www.kdpharma.co.kr | 연 락 처 : 031)352-0990
본 사 : 경기도 화성시 양감면 제약단지로 224-3

설 립 일	1976.02.12	**종 업 원 수**	570명	**대 표 이 사**	류덕희,류기성
상 장 일	1992.12.18	**감 사 의 견**	적정(한영)	**계 열**	
결 산 기	12월	**보 통 주**		**종속회사수**	3개사
액 면 가	1,000원	**우 선 주**		**구 상 호**	

주주구성 (지분율,%)		출자관계 (지분율,%)		주요경쟁사 (외형,%)	
류덕희	10.0	경동스포츠	76.7	경동제약	100
류기성	5.3	케이디파마	53.0	아미노로직스	9
(외국인)	21.0	킹고투자파트너스	17.1	에스텍파마	21

매출구성		비용구성		수출비중	
로트로반정 등	31.6	매출원가율	41.9	수출	9.6
기타제품	24.7	판관비율	40.7	내수	90.4
아트로반정 외	23.0				

회사 개요

동사는 1976년 2월에 설립된 퍼스트제네릭에 특화된 전문의약품 업체로 1992년 12월에 코스닥시장에 상장됨. 주요 품목은 심혈관계, 소화기계, 내분비계 등 고령화 사회에 적합한 품목군을 다수 보유하고 있음. 내수 및 수출 증대를 위해 2014년 12월에 신규 합성 공장을 준공함. 수출은 일본으로의 원료의약품과, 베트남, 파키스탄, 필리핀 등으로의 완제의약품을 중심으로 이뤄짐.

실적 분석

동사의 2017년 누적 매출액은 전년동기대비 12.1% 상승한 1,777.7억원을 기록함. 비용면에서 전년동기대비 매출원가는 17% 증가하였으며 인건비와 광고선전비는 소폭 증가, 기타판매비와관리비 또한 9.4%증가함. 이와 같이 상승한 매출액 만큼 비용증가도 있었으나 수출부문과 내수 의약품 매출 상승에 힘입어 영업이익은 전년동기대비 17.6% 상승하였고 당기순이익도 19.3% 상승하여 202.3억원을 기록함.

현금 흐름 〈단위 : 억원〉

항목	2016	2017
영업활동	256	148
투자활동	-119	-79
재무활동	-89	-46
순현금흐름	48	22
기말현금	229	251

시장 대비 수익률

결산 실적 〈단위 : 억원〉

항목	2012	2013	2014	2015	2016	2017
매출액	1,247	1,331	1,533	1,519	1,586	1,778
영업이익	252	300	354	260	263	309
당기순이익	81	185	243	133	169	202

분기 실적 〈단위 : 억원〉

항목	2016.3Q	2016.4Q	2017.1Q	2017.2Q	2017.3Q	2017.4Q
매출액	419	419	407	421	483	466
영업이익	70	55	83	84	110	32
당기순이익	52	19	63	52	80	8

재무 상태 〈단위 : 억원〉

항목	2012	2013	2014	2015	2016	2017
총자산	1,892	2,004	2,277	2,334	2,385	2,514
유형자산	474	500	684	738	713	708
무형자산	32	32	37	41	41	40
유가증권	69	91	179	259	212	231
총부채	355	314	372	290	299	321
총차입금	36	36	33	34	33	44
자본금	136	136	136	136	136	136
총자본	1,538	1,690	1,904	2,044	2,086	2,193
지배주주지분	1,539	1,694	1,903	2,051	2,099	2,210

기업가치 지표

항목	2012	2013	2014	2015	2016	2017
주가(최고/저)(천원)	12.3/7.3	15.5/9.9	24.8/11.3	27.3/16.5	19.1/15.4	23.1/16.7
PER(최고/저)(배)	24.4/14.5	12.9/8.2	15.2/6.9	28.4/17.2	15.5/12.5	15.5/11.2
PBR(최고/저)(배)	1.1/0.7	1.3/0.8	1.8/0.8	1.8/1.1	1.2/1.0	1.3/0.9
EV/EBITDA(배)	3.8	3.4	6.9	6.9	5.4	6.4
EPS(원)	620	1,420	1,847	1,065	1,326	1,543
BPS(원)	13,207	14,378	15,947	16,956	17,526	18,323
CFPS(원)	969	1,725	2,167	1,468	1,788	2,027
DPS(원)	500	600	600	600	700	800
EBITDAPS(원)	2,247	2,567	2,985	2,363	2,440	2,813

재무 비율 〈단위 : %〉

연도	영업이익률	순이익률	부채비율	차입금비율	ROA	ROE	유보율	자기자본비율	EBITDA마진율
2017	17.4	11.4	14.6	2.0	8.3	9.5	1,691.8	87.2	21.0
2016	16.6	10.7	14.3	1.6	7.2	8.5	1,613.9	87.5	20.4
2015	17.1	8.7	14.2	1.7	5.8	7.2	1,558.2	87.6	20.7
2014	23.1	15.9	19.6	1.7	11.4	13.6	1,459.4	83.6	25.9

경방 (A000050)

Kyungbang

업종 : 섬유 및 의복
신용등급 : (Bond) — (CP) —
홈페이지 : www.kyungbang.co.kr
본사 : 서울시 영등포구 영중로 15 (영등포동4가)

시장 : 거래소
기업규모 : 시가총액 중형주
연락처 : 02)2638-6000

설립일	1919.10.05	**종업원수**	512명	**대표이사**	김준,김담
상장일	1956.03.03	**감사의견**	적정(다산)	**계열**	
결산기	12월	**보통주**		**종속회사수**	2개사
액면가	500원	**우선주**		**구상호**	

주주구성 (지분율,%)		출자관계 (지분율,%)		주요경쟁사 (외형,%)	
김담	21.0	코크렙케이스퀘어위탁관리부동산투자회사	32.4	경방	100
김준	13.4	다우엔터프라이즈	32.2	한세예스24홀딩스	682
(외국인)	2.3	한국능률협회컨설팅	2.3	LF	444

매출구성		비용구성		수출비중	
임대	37.4	매출원가율	70.2	수출	—
[경방/상품]사류, 포류	33.1	판관비율	18.0	내수	—
[경방/제품]사류, 포류,의류	28.4				

회사 개요

동사는 1919년 설립된 업체로 직물, 내의, 양말, 신발용품의 원사와 각종 의류 원료 등의 방적사 및 가공사를 생산 제조하는 원재료 생산업체 및 부동산임대업체임. 매출액 구성은 내수 약 76%, 수출 24%로 구성됨. 경남베트남은 현지에서 우수한 품질로 호평을 받고 있으며, 베트남 공장은 1공장 안정기, 2공장 공정안정화를 달성함. 타임스퀘어는 주식회사 신세계에 영업위탁을 한 상태이며, 오픈8주년을 맞이함.

실적 분석

동사의 2017년도 연간 매출액은 3,607.9억원으로 전년동기 대비 4.4% 감소함. 국내매출액이 감소한 섬유사업부의 매출액이 전년대비 감소하는 모습을 보이며, 사업부 중 유일하게 57.4억원의 영업손실을 기록함. 하지만 임대 및 백화점사업부와 기타사업부의 매출액이 전년 대비 증가하며 영업이익은 423.1억원을 시현함. 비영업손실은 전년 대비 감소했지만, 법인세비용이 큰 폭으로 증가하며 당기순이익은 253.2억원을 기록함.

현금 흐름 〈단위 : 억원〉

항목	2016	2017
영업활동	680	579
투자활동	-137	-198
재무활동	-536	-361
순현금흐름	7	20
기말현금	75	95

시장 대비 수익률

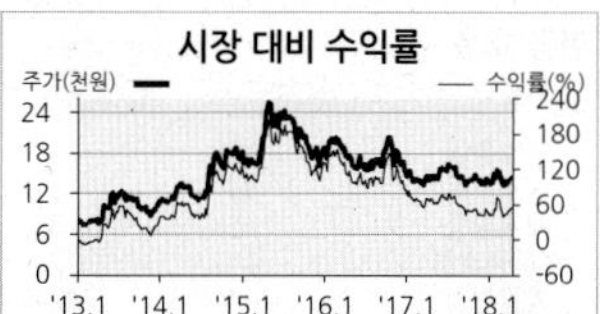

결산 실적 〈단위 : 억원〉

항목	2012	2013	2014	2015	2016	2017
매출액	3,336	3,472	3,290	3,576	3,774	3,608
영업이익	73	360	306	390	434	423
당기순이익	-79	146	115	167	295	253

분기 실적 〈단위 : 억원〉

항목	2016.3Q	2016.4Q	2017.1Q	2017.2Q	2017.3Q	2017.4Q
매출액	924	993	920	903	861	925
영업이익	105	153	119	104	87	114
당기순이익	61	88	62	66	80	46

재무 상태 〈단위 : 억원〉

항목	2012	2013	2014	2015	2016	2017
총자산	13,350	12,970	13,018	13,186	13,019	12,740
유형자산	3,241	3,065	3,079	3,258	3,155	3,106
무형자산	46	49	49	48	47	43
유가증권	37	38	85	84	86	28
총부채	7,143	6,606	6,542	6,557	6,221	5,749
총차입금	4,153	3,654	3,739	3,735	3,268	2,859
자본금	104	125	137	137	137	137
총자본	6,207	6,364	6,477	6,630	6,798	6,991
지배주주지분	6,207	6,365	6,477	6,630	6,799	6,992

기업가치 지표

항목	2012	2013	2014	2015	2016	2017
주가(최고/저)(천원)	9.8/6.4	12.7/7.3	19.0/10.6	25.5/15.2	20.4/15.1	16.5/13.1
PER(최고/저)(배)	—/—	24.7/14.3	47.0/26.1	43.3/25.8	19.4/14.2	18.1/14.4
PBR(최고/저)(배)	0.5/0.3	0.6/0.3	0.8/0.5	1.1/0.7	0.8/0.6	0.7/0.5
EV/EBITDA(배)	20.6	10.6	15.3	13.2	10.0	9.1
EPS(원)	-288	532	419	609	1,075	923
BPS(원)	298,924	255,370	236,250	241,825	24,799	25,502
CFPS(원)	7,299	15,961	13,630	16,463	2,174	2,003
DPS(원)	—	250	500	1,250	180	180
EBITDAPS(원)	14,587	24,563	20,608	24,586	2,683	2,623

재무 비율 〈단위 : %〉

연도	영업이익률	순이익률	부채비율	차입금비율	ROA	ROE	유보율	자기자본비율	EBITDA마진율
2017	11.7	7.0	82.2	40.9	2.0	3.7	5,000.5	54.9	19.9
2016	11.5	7.8	91.5	48.1	2.3	4.4	4,859.8	52.2	19.5
2015	10.9	4.7	98.9	56.3	1.3	2.6	4,736.5	50.3	18.9
2014	9.3	3.5	101.0	57.7	0.9	1.8	4,625.0	49.8	17.2

경보제약 (A214390)

KYONGBO PHARMACEUTICAL CO

업종 : 제약
신용등급 : (Bond) — (CP) —
홈페이지 : www.kbpharma.co.kr
본사 : 충남 아산시 실옥로 174

시장 : 거래소
기업규모 : 시가총액 소형주
연락처 : 041)420-0500

설립일	1987.03.31	**종업원수**	419명	**대표이사**	강태원
상장일	2015.06.29	**감사의견**	적정(한영)	**계열**	
결산기	12월	**보통주**		**종속회사수**	
액면가	500원	**우선주**		**구상호**	

주주구성 (지분율,%)		출자관계 (지분율,%)		주요경쟁사 (외형,%)	
종근당홀딩스	39.5			경보제약	100
이장한	5.8			삼진제약	128
(외국인)	4.7	BardiaFarmaS.P.A	100.0	종근당홀딩스	235

매출구성		비용구성		수출비중	
기타	39.2	매출원가율	71.5	수출	50.0
일반 API	34.3	판관비율	15.7	내수	50.0
세파계 항생제 API	23.2				

회사 개요

1987년 원료의약품 사업으로 시작하여 2002년도에는 완제의약품을 포괄하여 사업영역을 넓히고 회사 상호를 경보제약으로 변경함. 의약품 종합도매업 허가, 미국FDA 인증과 KGMP 공장 건설 등 견실한 발전을 지속하고 있음. 2015년 6월 한국거래소 유가증권시장에 상장됨. 2016년에 완공된 High Potency-2 공장을 통해 항바이러스제, 폐렴·천식 등의 고효능활성 품목에 대한 CMO사업도 추진할 계획임.

실적 분석

동사의 2017년 누적매출액은 1,916.6억원으로 전년대비 2.6% 증가함. 비용측면에서 매출원가는 3.9% 줄었으나 판관비는 5.4% 증가함. 제3공장의 가동이 시작되면서 주요제품이 공정 개선으로 원가율 개선에 힘입어 영업이익은 245.9억원으로 전년보다 57.7% 늘어남. 고효능활성 원료 의약품 생산 공장을 신축했으며, 포트폴리오 확대를 통한 성장이 기대됨.

현금 흐름 *IFRS 별도 기준 〈단위 : 억원〉

항목	2016	2017
영업활동	253	258
투자활동	-202	-64
재무활동	-48	-168
순현금흐름	2	18
기말현금	46	64

시장 대비 수익률

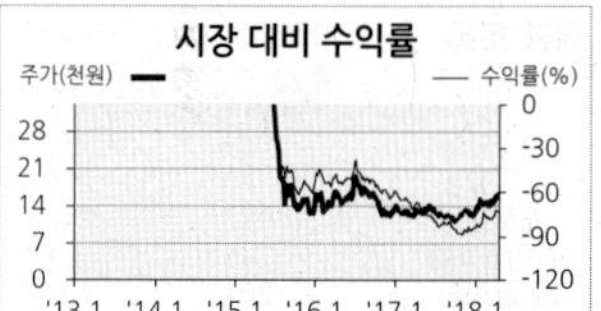

결산 실적 〈단위 : 억원〉

항목	2012	2013	2014	2015	2016	2017
매출액	1,528	1,622	1,698	1,780	1,867	1,917
영업이익	225	262	277	256	156	246
당기순이익	145	180	86	261	127	180

분기 실적 *IFRS 별도 기준 〈단위 : 억원〉

항목	2016.3Q	2016.4Q	2017.1Q	2017.2Q	2017.3Q	2017.4Q
매출액	469	439	454	511	466	485
영업이익	24	35	56	60	75	55
당기순이익	12	34	35	46	56	43

재무 상태 *IFRS 별도 기준 〈단위 : 억원〉

항목	2012	2013	2014	2015	2016	2017
총자산	1,199	1,434	1,680	1,955	2,037	2,049
유형자산	409	438	553	749	839	785
무형자산	11	17	21	16	34	26
유가증권	8	12	23	29	29	12
총부채	662	772	997	727	743	634
총차입금	307	363	473	391	411	288
자본금	108	108	108	120	120	120
총자본	537	662	683	1,228	1,294	1,415
지배주주지분	537	662	683	1,228	1,294	1,415

기업가치 지표 *IFRS 별도 기준

항목	2012	2013	2014	2015	2016	2017
주가(최고/저)(천원)	—/—	—/—	—/—	33.2/12.0	20.2/11.4	14.3/10.9
PER(최고/저)(배)	0.0/0.0	0.0/0.0	0.0/0.0	30.6/11.1	39.3/22.1	19.4/14.8
PBR(최고/저)(배)	0.0/0.0	0.0/0.0	0.0/0.0	6.8/2.5	3.9/2.2	2.5/1.9
EV/EBITDA(배)	1.0	0.9	1.2	11.0	14.2	8.9
EPS(원)	675	838	401	1,147	531	751
BPS(원)	24,970	30,776	31,757	5,137	5,413	5,919
CFPS(원)	9,344	11,086	7,361	1,510	968	1,231
DPS(원)	—	—	—	275	200	250
EBITDAPS(원)	13,078	14,892	16,207	1,489	1,089	1,508

재무 비율 〈단위 : %〉

연도	영업이익률	순이익률	부채비율	차입금비율	ROA	ROE	유보율	자기자본비율	EBITDA마진율
2017	12.8	9.4	44.8	20.4	8.8	13.3	1,083.8	69.1	18.8
2016	8.4	6.8	57.4	31.8	6.4	10.1	982.6	63.5	13.9
2015	14.4	14.7	59.2	31.8	14.4	27.3	927.5	62.8	19.1
2014	16.3	5.1	145.9	69.2	5.6	12.8	535.2	40.7	20.5

경인양행 (A012610)

KYUNGIN SYNTHETIC

업종	화학	시장	거래소
신용등급	(Bond) — (CP) —	기업규모	시가총액 소형주
홈페이지	www.kyungin.co.kr	연락처	032)571-7498
본사	인천시 서구 건지로 199 (석남동 223-52)		

설립일	1977.10.14	종업원수	517명	대표이사	김흥준,조성용
상장일	1995.09.06	감사의견	적정(한울)	계열	
결산기	12월	보통주		종속회사수	5개사
액면가	500원	우선주		구상호	

주주구성 (지분율,%)		출자관계 (지분율,%)		주요경쟁사 (외형,%)	
김흥준	21.1	제이엠씨	79.5	경인양행	100
국민연금공단	3.9	와이즈켐	50.6	한국알콜	71
(외국인)	9.7	다이토키스코	50.0	카프로	180

매출구성		비용구성		수출비중	
[제품]반응성염료 외	70.3	매출원가율	84.3	수출	—
[제품]사카린 외	25.1	판관비율	13.3	내수	—
[상품]반응성염료 외	4.0				

회사 개요

동사는 1977년 10월 14일 염료의 제조 · 판매와 수출입 등을 목적으로 설립됨. 1994년 3월 31일 염료제조용 원재료 및 반제품을 생산 및 판매하는 특수관계자인 삼원화학공업를 흡수합병함. 국내 염료시장에서 2016년 기준 약 38%의 시장점유율로 업계 선두를 유지하고 있음. 고품질 사카린시장에서도 독점적 지위를 차지하고 있음. 매출비중은 염료 76%, 화학 24%로 구성됨.

실적 분석

동사의 2017년 연결기준 결산 매출액은 3,000억원으로 전년동기 대비 9.1% 증가함. 반면, 원가 및 판관비 부담 증가로 영업이익은 전년동기 대비 30.4% 감소한 73.7억원에 그침. 비영업손익 또한 악화되어 당기순이익 역시 전년동기 대비 30.1% 감소함. 동사는 지속적으로 기존 사업의 매출 확대를 도모하고 있으며, 향후 사카린 사용규정의 변화가 일어난다면 동사의 실적 또한 한단계 업그레이드 가능할 것으로 기대.

현금 흐름 〈단위 : 억원〉

항목	2016	2017
영업활동	189	33
투자활동	-70	-254
재무활동	-72	240
순현금흐름	45	7
기말현금	201	207

시장 대비 수익률

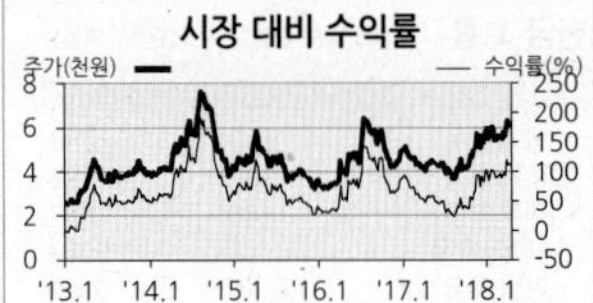

결산 실적 〈단위 : 억원〉

항목	2012	2013	2014	2015	2016	2017
매출액	2,186	2,608	2,772	2,632	2,749	3,000
영업이익	36	111	141	67	106	74
당기순이익	21	102	101	37	68	48

분기 실적 〈단위 : 억원〉

항목	2016.3Q	2016.4Q	2017.1Q	2017.2Q	2017.3Q	2017.4Q
매출액	644	678	763	750	738	749
영업이익	15	18	11	28	13	21
당기순이익	2	26	4	26	11	7

재무 상태 〈단위 : 억원〉

항목	2012	2013	2014	2015	2016	2017
총자산	2,875	3,169	3,130	3,267	3,443	3,580
유형자산	1,241	1,277	1,356	1,361	1,378	1,497
무형자산	27	33	28	28	33	32
유가증권	13	13	13	14	21	18
총부채	1,125	1,272	1,148	1,256	1,360	1,470
총차입금	682	733	724	800	727	957
자본금	188	202	202	202	202	202
총자본	1,750	1,897	1,982	2,011	2,083	2,109
지배주주지분	1,616	1,770	1,855	1,867	1,924	1,944

기업가치 지표

항목	2012	2013	2014	2015	2016	2017
주가(최고/저)(천원)	4.0/2.2	4.6/2.5	7.7/3.7	5.9/3.1	6.7/3.2	6.2/3.7
PER(최고/저)(배)	66.6/37.0	17.9/9.9	32.6/15.9	130.1/68.8	53.7/25.6	70.9/41.8
PBR(최고/저)(배)	1.0/0.5	1.1/0.6	1.7/0.8	1.3/0.7	1.4/0.7	1.3/0.8
EV/EBITDA(배)	13.7	11.9	10.4	13.6	13.1	18.6
EPS(원)	64	269	246	47	127	89
BPS(원)	4,363	4,495	4,695	4,722	4,831	4,869
CFPS(원)	295	493	476	293	376	339
DPS(원)	50	50	50	50	50	50
EBITDAPS(원)	328	500	579	412	511	433

재무 비율 〈단위 : %〉

연도	영업이익률	순이익률	부채비율	차입금비율	ROA	ROE	유보율	자기자본비율	EBITDA마진율
2017	2.5	1.6	69.7	45.4	1.4	1.9	873.8	58.9	5.8
2016	3.9	2.5	65.3	34.9	2.0	2.7	866.3	60.5	7.5
2015	2.6	1.4	62.4	39.8	1.2	1.0	844.5	61.6	6.3
2014	5.1	3.7	57.9	36.5	3.2	5.5	839.0	63.3	8.4

경인전자 (A009140)

Kyung in Electronics

업종	전자 장비 및 기기	시장	거래소
신용등급	(Bond) — (CP) —	기업규모	시가총액 소형주
홈페이지	www.kie.co.kr	연락처	02)2113-2000
본사	서울시 금천구 가산디지털 2로 184 (가산동, 벽산/경디지털 밸리 2차 1411호)		

설립일	1973.08.06	종업원수	10명	대표이사	김성은
상장일	1989.06.20	감사의견	적정(대주)	계열	
결산기	12월	보통주		종속회사수	4개사
액면가	5,000원	우선주		구상호	

주주구성 (지분율,%)		출자관계 (지분율,%)		주요경쟁사 (외형,%)	
김효조	21.3	고궐	32.8	경인전자	100
김성완	14.2	케이아이디벨롭먼트	18.0	대주전자재료	424
(외국인)	16.8	우남앤파트너스	8.9	이엠티	45

매출구성		비용구성		수출비중	
리모콘	73.0	매출원가율	80.9	수출	95.3
TMS	19.9	판관비율	22.3	내수	4.7
스위치	5.0				

회사 개요

동사는 전자부품 제조업체로 스위치를 비롯하여 리모콘, Thermostat 제조 사업을 영위하고 있음. 삼성전자, LG전자, 기아자동차 등이 주요 고객사임 매출은 스위치 사업 6.79%, 리모콘 사업 69.08%, TMS 사업 22.23%, 기타 사업 1.9%로 구성됨. Kyungin Electronics(Tian Jin) Co.,Ltd, Kyungin Electronics(Shen Zhen) Co.,Ltd 등을 연결대상 종속회사로 보유함.

실적 분석

동사의 2017년 결산 연결기준 매출액은 전년대비 17.1% 감소한 220.2억원을 기록함. 매출부진은 환율 하락과 리모콘사업 부진에 기인함. 외형 축소에 따른 고정비 부담 상승으로 영업손실 7.2억원, 당기순손실 29.8억원을 시현하며 전년대비 적자전환함. 리모콘 사업의 부진은 국내 시장의 지속적인 축소, 해외 현지 업체 간 치열한 가격 경쟁 및 환율 하락 등이 원인으로 작용함.

현금 흐름 〈단위 : 억원〉

항목	2016	2017
영업활동	13	-24
투자활동	33	15
재무활동	-5	-3
순현금흐름	44	-22
기말현금	264	242

시장 대비 수익률

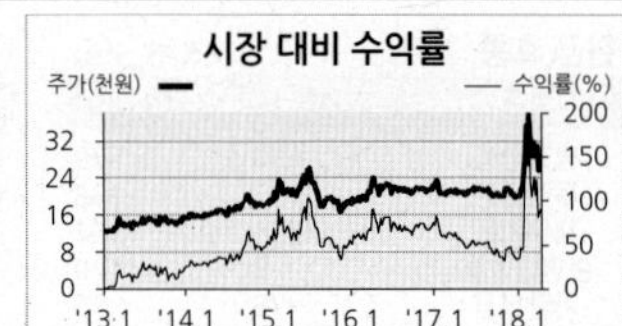

결산 실적 〈단위 : 억원〉

항목	2012	2013	2014	2015	2016	2017
매출액	442	466	340	283	266	220
영업이익	21	31	27	17	7	-7
당기순이익	11	17	-10	13	30	-30

분기 실적 〈단위 : 억원〉

항목	2016.3Q	2016.4Q	2017.1Q	2017.2Q	2017.3Q	2017.4Q
매출액	84	63	55	54	67	44
영업이익	6	-0	-2	-0	-1	-4
당기순이익	5	23	-8	-2	-3	-17

재무 상태 〈단위 : 억원〉

항목	2012	2013	2014	2015	2016	2017
총자산	637	660	617	642	643	599
유형자산	53	57	57	54	50	44
무형자산	3	3	4	3	3	3
유가증권	238	49	94	97	75	45
총부채	68	80	43	46	46	38
총차입금	—	—	—	—	—	—
자본금	79	79	79	79	79	79
총자본	570	580	575	596	597	561
지배주주지분	570	580	575	596	597	561

기업가치 지표

항목	2012	2013	2014	2015	2016	2017
주가(최고/저)(천원)	13.7/11.1	15.9/12.4	21.9/15.2	27.8/16.2	24.8/18.4	23.9/19.7
PER(최고/저)(배)	20.9/16.9	16.3/12.7	—/—	34.1/19.9	13.5/10.0	—/—
PBR(최고/저)(배)	0.4/0.3	0.4/0.3	0.6/0.4	0.7/0.4	0.6/0.5	0.6/0.5
EV/EBITDA(배)	—	—	—	—	—	—
EPS(원)	732	1,053	-633	850	1,880	-1,897
BPS(원)	38,418	39,216	39,025	40,415	40,639	38,148
CFPS(원)	1,159	1,475	-220	1,246	2,231	-1,594
DPS(원)	350	350	350	350	250	250
EBITDAPS(원)	1,753	2,365	2,147	1,459	785	-155

재무 비율 〈단위 : %〉

연도	영업이익률	순이익률	부채비율	차입금비율	ROA	ROE	유보율	자기자본비율	EBITDA마진율
2017	-3.3	-13.5	6.8	0.0	-4.8	-5.2	663.0	93.7	-1.1
2016	2.6	11.1	7.6	0.0	4.6	5.0	712.8	92.9	4.6
2015	5.9	4.7	7.7	0.0	2.1	2.3	708.3	92.8	8.1
2014	8.0	-2.9	7.4	0.0	-1.6	-1.7	680.5	93.1	9.9

경창산업 (A024910)

Kyung Chang Industrial

업 종 : 자동차부품
신용등급 : (Bond) — (CP) —
홈페이지 : www.kc.co.kr
본 사 : 대구시 달서구 성서로35길 6(월암동)
시 장 : KOSDAQ
기업규모 : 우량
연 락 처 : 053)555-2333

설 립 일	1977.06.22	**종업원수**	1,223명	**대 표 이 사**	손일호
상 장 일	1994.12.29	**감사의견**	적정(한울)	**계 열**	
결 산 기	12월	**보 통 주**		**종속회사수**	3개사
액 면 가	500원	**우 선 주**		**구 상 호**	

주주구성 (지분율,%)		출자관계 (지분율,%)		주요경쟁사 (외형,%)	
손일호	18.4	KCW	97.6	경창산업	100
대경A/S	7.2	경창정공	40.8	동원금속	90
(외국인)	1.9	경창일만기차배건	65.0	유라테크	35

매출구성		비용구성		수출비중	
AUTO T/M부품	81.6	매출원가율	91.2	수출	68.5
CABLE	6.6	판관비율	9.3	내수	31.5
LEVER	5.1				

회사 개요

동사는 AUTO 트랜스밋션부품류, CABLE류, 페달류, AUTO LEVER류 등 자동차부품을 제조하여 완성차 및 시판업체에 판매하고 있음. 국내자동차 산업의 첨단 고급화 추세와 지속적인 신모델 개발로 내수 및 수출의 성장이 계속되고 있으며, 국내 및 해외 완성차 생산 메이커를 통한 주문 생산방식으로 판매가 이루어져 시장도 안정적으로 형성되어 있음. AUTO T/M부품이 매출의 약 80%를 차지하는 주요 매출원임

실적 분석

동사는 2017년 연결기준 영업이익이 26억원의 손실을 기록해 전년대비 적자전환. 같은 기간 매출액은 5,502억원으로 14.8% 줄었고, 당기순이익은 243억원의 손실을 기록해 적자전환. 또, 보통주 1주당 20원의 현금 결산배당을 결정. 시가배당율은 0.6%이며 배당금총액은 3억4222만원.매출구성은 AUTO T/M 부품 81.43%, CABLE 6.57%, LEVER 5.49%, PEDAL 5.12%, 기타 등.

현금 흐름 <단위 : 억원>

항목	2016	2017
영업활동	1,113	45
투자활동	-808	-422
재무활동	-203	175
순현금흐름	100	-206
기말현금	288	82

시장 대비 수익률

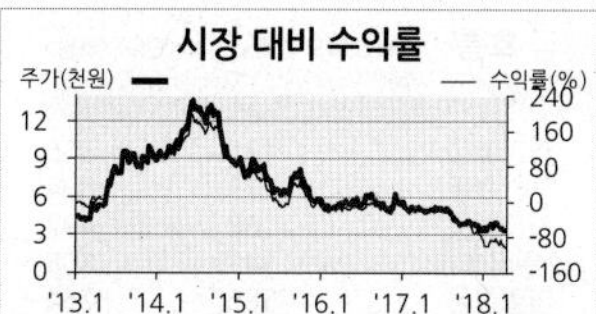

결산 실적 <단위 : 억원>

항목	2012	2013	2014	2015	2016	2017
매출액	4,231	5,266	5,528	5,990	6,458	5,503
영업이익	126	298	284	250	293	-27
당기순이익	121	273	249	135	98	-243

분기 실적 <단위 : 억원>

항목	2016.3Q	2016.4Q	2017.1Q	2017.2Q	2017.3Q	2017.4Q
매출액	1,446	1,809	1,601	1,370	1,265	1,267
영업이익	5	90	83	4	-50	-64
당기순이익	-46	17	19	-16	-80	-166

재무 상태 <단위 : 억원>

항목	2012	2013	2014	2015	2016	2017
총자산	3,935	4,338	4,753	5,799	6,140	6,671
유형자산	2,396	2,750	2,829	3,163	3,424	4,521
무형자산	17	30	35	45	56	62
유가증권	26	22	39	82	110	65
총부채	3,066	3,313	3,520	4,409	4,673	4,766
총차입금	2,353	2,216	2,524	3,238	3,146	3,343
자본금	88	88	88	88	88	88
총자본	869	1,025	1,233	1,389	1,467	1,905
지배주주지분	830	972	1,166	1,190	1,255	1,669

기업가치 지표

항목	2012	2013	2014	2015	2016	2017
주가(최고/저)(천원)	5.7/3.6	10.0/4.1	13.8/7.8	9.1/5.5	6.3/4.7	5.7/3.4
PER(최고/저)(배)	9.4/6.0	7.1/2.9	10.7/6.1	16.0/9.6	14.5/10.8	—/—
PBR(최고/저)(배)	1.3/0.8	1.7/0.7	2.0/1.1	1.2/0.8	0.8/0.6	0.6/0.4
EV/EBITDA(배)	5.4	5.2	4.8	5.4	5.0	8.8
EPS(원)	637	1,479	1,334	582	443	-1,427
BPS(원)	4,748	6,128	7,229	7,502	7,862	9,758
CFPS(원)	3,126	3,919	4,169	3,646	3,259	1,339
DPS(원)	55	100	80	50	70	20
EBITDAPS(원)	3,208	4,135	4,454	4,487	4,482	2,613

재무 비율 <단위 : %>

연도	영업 이익률	순 이익률	부채 비율	차입금 비율	ROA	ROE	유보율	자기자본 비율	EBITDA 마진율
2017	-0.5	-4.4	250.1	175.4	-3.8	-17.1	1,851.6	28.6	8.3
2016	4.5	1.5	318.6	214.4	1.7	6.4	1,472.5	23.9	12.2
2015	4.2	2.3	317.4	233.1	2.6	8.7	1,400.5	24.0	13.2
2014	5.1	4.5	285.5	204.7	5.5	21.9	1,345.9	25.9	14.2

계룡건설산업 (A013580)

Kyeryong Construction Industrial

업 종 : 건설
신용등급 : (Bond) BBB (CP) —
홈페이지 : www.krcon.co.kr
본 사 : 대전시 서구 문정로 48번길 48
시 장 : 거래소
기업규모 : 시가총액 소형주
연 락 처 : 042)480-7114

설 립 일	1978.10.11	**종업원수**	1,100명	**대 표 이 사**	한승구,이승찬
상 장 일	1995.12.30	**감사의견**	적정(한울)	**계 열**	
결 산 기	12월	**보 통 주**		**종속회사수**	18개사
액 면 가	5,000원	**우 선 주**		**구 상 호**	

주주구성 (지분율,%)		출자관계 (지분율,%)		주요경쟁사 (외형,%)	
이승찬	22.9	케이알스포츠	100.0	계룡건설	100
머스트자산운용	9.9	계룡대한뉴스테이	83.0	KT서브마린	3
(외국인)	14.1	KR산업	73.0	남광토건	5

매출구성		비용구성		수출비중	
도급공사(건축부문)	62.8	매출원가율	89.9	수출	—
도급공사(토목부문)	21.1	판관비율	5.0	내수	—
자체사업	14.1				

회사 개요

동사는 1978년 설립되어 건축, 토목, 분양, 패션아울렛, 고속도로 휴게소 운영 등의 사업을 영위하고 있으며 2017년말 기준 시공능력평가순위는 17위. 2017년 4분기 기준 매출비중은 건축 51.8%, 토목 21.7%, 유통 8.1%, 분양 18.3% 등임. 계룡산업, 케이알산업, 케이알유통, 케이알스포츠 등 총 9개의 계열사를 보유함. 보다 풍부한 양질의 수주물량 확보를 위해 건실한 재무구조와 고도의 기술력 확보가 주요 경쟁요소임.

실적 분석

동사의 2017년 연결기준 연간 매출액은 전년대비 14.4% 상승한 2조 2,408.3억원을 기록하였음. 외형성장으로 인해 매출원가와 판관비는 전년 대비 각각 11.6%, 47.7% 증가했음에도 영업이익은 전년 대비 48.1% 증가한 1,149.7억원을 시현하였음. 비영업무문의 손실도 전년동기 414.0억원에서 353.3억원으로 감소해 당기순이익은 전년 대비 203.2% 증가한 564.5억원을 기록하였음.

현금 흐름 <단위 : 억원>

항목	2016	2017
영업활동	553	-31
투자활동	-706	-364
재무활동	1,052	-292
순현금흐름	900	-691
기말현금	2,279	1,588

시장 대비 수익률

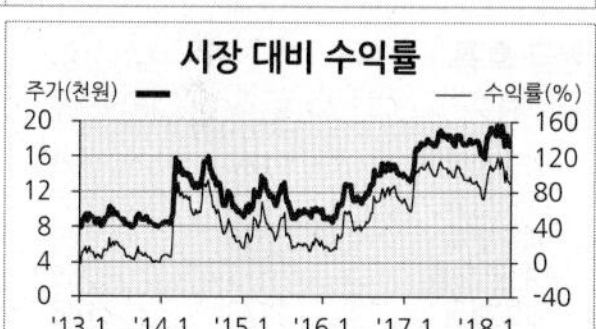

결산 실적 <단위 : 억원>

항목	2012	2013	2014	2015	2016	2017
매출액	15,467	15,850	16,333	15,222	19,585	22,408
영업이익	441	-501	-1,037	361	776	1,150
당기순이익	44	-826	-1,111	169	186	565

분기 실적 <단위 : 억원>

항목	2016.3Q	2016.4Q	2017.1Q	2017.2Q	2017.3Q	2017.4Q
매출액	4,862	6,221	4,561	6,058	5,672	6,117
영업이익	134	394	156	280	254	460
당기순이익	63	28	44	142	167	212

재무 상태 <단위 : 억원>

항목	2012	2013	2014	2015	2016	2017
총자산	16,198	14,819	12,383	12,247	15,134	15,829
유형자산	1,601	1,845	1,468	1,445	1,460	2,011
무형자산	248	242	228	238	145	67
유가증권	2,422	798	855	894	1,079	814
총부채	11,036	10,465	9,366	9,068	11,840	12,006
총차입금	5,919	5,103	4,386	3,931	4,166	5,019
자본금	447	447	447	447	447	447
총자본	5,162	4,354	3,017	3,179	3,294	3,823
지배주주지분	4,576	3,745	2,568	2,750	2,885	3,380

기업가치 지표

항목	2012	2013	2014	2015	2016	2017
주가(최고/저)(천원)	16.9/7.1	10.3/7.8	16.8/8.2	14.4/8.5	15.5/8.6	19.5/13.1
PER(최고/저)(배)	61.6/25.8	—/—	—/—	8.2/4.9	8.3/4.6	3.3/2.2
PBR(최고/저)(배)	0.3/0.1	0.2/0.2	0.6/0.3	0.5/0.3	0.5/0.3	0.5/0.3
EV/EBITDA(배)	7.3	—	—	7.2	3.3	4.0
EPS(원)	274	-9,484	-12,490	1,754	1,864	5,856
BPS(원)	51,575	42,267	29,336	31,422	32,920	38,462
CFPS(원)	1,177	-8,590	-11,433	2,859	2,844	6,940
DPS(원)	—	—	—	—	—	—
EBITDAPS(원)	5,844	-4,711	-10,550	5,147	9,672	13,957

재무 비율 <단위 : %>

연도	영업 이익률	순 이익률	부채 비율	차입금 비율	ROA	ROE	유보율	자기자본 비율	EBITDA 마진율
2017	5.1	2.5	314.0	131.3	3.7	16.7	669.2	24.2	5.6
2016	4.0	1.0	359.4	126.5	1.4	5.9	558.4	21.8	4.4
2015	2.4	1.1	285.2	123.7	1.4	5.9	528.4	26.0	3.0
2014	-6.4	-6.8	310.4	145.4	-8.2	-35.3	486.7	24.4	-5.8

계양전기 (A012200)
Keyang Electric Machinery

업 종 : 자동차부품
신용등급 : (Bond) — (CP) —
홈페이지 : www.keyang.co.kr
본 사 : 서울시 강남구 테헤란로 508 (대치동) 해성2빌딩 2층

시 장 : 거래소
기업규모 : 시가총액 소형주
연 락 처 : 02)559-6800

설 립 일	1977.04.27	**종 업 원 수**	713명	**대 표 이 사**	단재완,정한수
상 장 일	1988.07.06	**감 사 의 견**	적정(삼일)	**계 열**	
결 산 기	12월	**보 통 주**		**종속회사수**	2개사
액 면 가	500원	**우 선 주**		**구 상 호**	

주주구성 (지분율,%)		출자관계 (지분율,%)		주요경쟁사 (외형,%)	
단재완	20.3	해성디에스	9.6	계양전기	100
케이머스원	10.0	계양전기(소주)유한공사	100.0	우리산업홀딩스	98
(외국인)	5.7	계양전기(강소)유한공사	100.0	디아이씨	186

매출구성		비용구성		수출비중	
Seat 모터, Window 모터 등	57.3	매출원가율	79.5	수출	22.9
전동공구,엔진,산업용구	42.7	판관비율	17.1	내수	77.1

회사 개요

동사는 1977년 전동공구 제조 및 판매를 목적으로 설립되어 전동공구, 엔진, 산업용구 등 산업용품 및 자동차용 DC모터 등 전장품 관련 사업을 운영하고 있음. 국내 전동공구 시장 1위 기업이며, 산업용품 매출이 가장 큰 비중을 차지함. 동사는 고객 주문에 의한 단기 납품 형식을 취하고 있음. 자동차 좌석, 문에 장착되는 전동모터(DC모터)를 생산하며 현대차, 기아차 등에 납품함. 최근 골프차 모터 생산 업체 프레스토라이트아시아 지분 취득함.

실적 분석

동사는 2017년 매출액 3399억원, 영업이익 113억원, 당기순이익 91억원을 각각 기록하였음. 주요제품으로 전동공구, 엔진, 산업용구 등이 있으며 구체적인 용도로는 기계, 건축 및 농업용으로 사용됨. 계양, 미쓰비시, 다이신 등을 주요고객으로 두고 있음. 진행중인 신규사업은 고전압용 Oil Pump Motor개발, 충전공구 개발, 하이브리드 자동차용 8kW급 벨트구동 Torque Assist System 및 통합SW 개발 등이 있음.

현금 흐름 〈단위 : 억원〉

항목	2016	2017
영업활동	187	198
투자활동	-151	-105
재무활동	-38	-29
순현금흐름	-3	63
기말현금	79	143

시장 대비 수익률

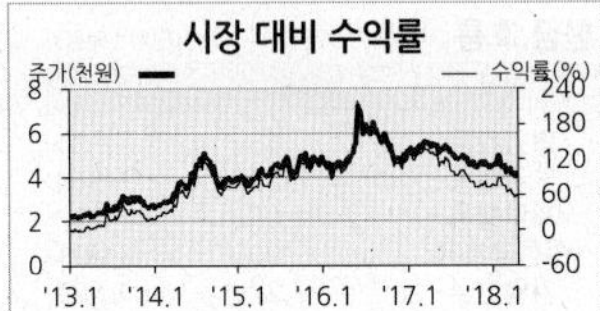

결산 실적 〈단위 : 억원〉

항목	2012	2013	2014	2015	2016	2017
매출액	2,474	2,609	2,865	2,936	3,289	3,399
영업이익	27	61	42	71	142	113
당기순이익	50	59	65	96	172	91

분기 실적 〈단위 : 억원〉

항목	2016.3Q	2016.4Q	2017.1Q	2017.2Q	2017.3Q	2017.4Q
매출액	799	795	849	927	863	760
영업이익	34	12	30	38	40	5
당기순이익	27	12	21	43	40	-13

재무 상태 〈단위 : 억원〉

항목	2012	2013	2014	2015	2016	2017
총자산	1,746	1,808	2,042	2,116	2,440	2,539
유형자산	528	558	639	835	999	974
무형자산	29	18	15	27	64	80
유가증권	3	0	0	0	0	0
총부채	302	316	513	511	648	716
총차입금	35	6	15	14	30	—
자본금	170	170	170	170	170	170
총자본	1,443	1,492	1,529	1,604	1,791	1,824
지배주주지분	1,443	1,492	1,529	1,604	1,762	1,824

기업가치 지표

항목	2012	2013	2014	2015	2016	2017
주가(최고/저)(천원)	3.0/2.1	3.3/2.2	5.1/2.6	5.1/3.6	7.3/4.0	5.7/4.4
PER(최고/저)(배)	22.1/15.4	20.1/13.2	28.1/14.4	18.9/13.3	15.0/8.3	22.7/17.4
PBR(최고/저)(배)	0.8/0.5	0.8/0.5	1.2/0.6	1.1/0.8	1.5/0.8	1.1/0.8
EV/EBITDA(배)	5.5	4.9	12.6	12.2	7.0	6.5
EPS(원)	147	175	191	282	499	255
BPS(원)	4,245	4,387	4,498	4,719	5,183	5,364
CFPS(원)	306	334	353	460	754	543
DPS(원)	50	50	45	55	65	55
EBITDAPS(원)	239	340	285	387	673	621

재무 비율 〈단위 : %〉

연도	영업이익률	순이익률	부채비율	차입금비율	ROA	ROE	유보율	자기자본비율	EBITDA마진율
2017	3.3	2.7	39.3	0.0	3.7	4.8	972.8	71.8	6.2
2016	4.3	5.2	36.2	1.7	7.6	10.1	936.7	73.4	7.0
2015	2.4	3.3	31.9	0.9	4.6	6.1	843.8	75.8	4.5
2014	1.5	2.3	33.6	1.0	3.4	4.3	799.5	74.9	3.4

고려개발 (A004200)
Korea Development

업 종 : 건설
신용등급 : (Bond) — (CP) —
홈페이지 : www.kdc.co.kr
본 사 : 경기도 용인시 수지구 풍덕천로 112, 501호 (풍덕천동, 하나프라자빌딩)

시 장 : 거래소
기업규모 : 시가총액 소형주
연 락 처 : 031)420-9000

설 립 일	1965.03.31	**종 업 원 수**	348명	**대 표 이 사**	이주익
상 장 일	1978.10.30	**감 사 의 견**	적정(삼정)	**계 열**	
결 산 기	12월	**보 통 주**		**종속회사수**	
액 면 가	5,000원	**우 선 주**		**구 상 호**	

주주구성 (지분율,%)		출자관계 (지분율,%)		주요경쟁사 (외형,%)	
대림산업	62.2	광명경전철	50.0	고려개발	100
켐텍	5.4	함양에코라인	38.0	서희건설	156
(외국인)	0.2	화천강군	34.6	서한	80

매출구성		비용구성		수출비중	
[건축공사]민간	54.2	매출원가율	87.4	수출	—
[토목공사]관급	23.3	판관비율	4.1	내수	—
[토목공사]민간	15.5				

회사 개요

1965년 설립돼 1976년 해외건설업 면허 1호 취득, 1981년 철강재 면허 취득, 국내 오피스텔 건축 1호를 기록한 종합건설업체임. 1987년에 대림산업 계열사로 편입됨. 2011년 11월 기업개선절차에 들어갔으며, 2017년말까지 연장된 상태임. 2016년 1분기에 무상감자와 출자전환, 제3자배정유상증자로 자본금을 확충함. 2017년 2월 대주주가 500억원 유상증자를 완료하였으며, 현재는 채권단이 참여하는 3차 유상증자를 추진 중임.

실적 분석

토목공사와 자체공사(분양) 부문이 부진하였으나, 민간건축 부문의 매출은 20.7% 증가하면서 2017년 전체 매출액은 전년 대비 6.3% 늘어난 6,631.0억원을 달성함. 원가율 개선과 판관비 축소로 영업이익은 전년의 두배 이상으로 급증함. 구조조정에 따른 채무조정이익이 늘어나 당기순이익도 57.2억원의 흑자로 전환됨. 채권단도 800억원 규모의 출자전환을 계획하고 있어 추가적인 재무구조 개선을 통한 이익 증가가 기대됨.

현금 흐름 *IFRS 별도 기준 〈단위 : 억원〉

항목	2016	2017
영업활동	175	355
투자활동	-171	-684
재무활동	138	497
순현금흐름	141	168
기말현금	586	754

시장 대비 수익률

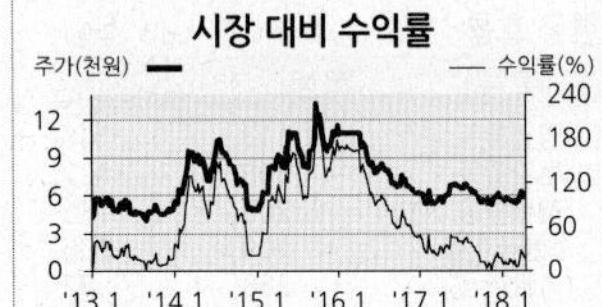

결산 실적 〈단위 : 억원〉

항목	2012	2013	2014	2015	2016	2017
매출액	6,942	7,443	6,868	6,071	6,239	6,631
영업이익	271	456	165	-798	263	563
당기순이익	-23	-31	-617	-1,198	-305	57

분기 실적 *IFRS 별도 기준 〈단위 : 억원〉

항목	2016.3Q	2016.4Q	2017.1Q	2017.2Q	2017.3Q	2017.4Q
매출액	1,211	1,637	1,407	1,653	1,406	2,165
영업이익	8	59	118	120	109	217
당기순이익	-30	-357	105	77	53	-177

재무 상태 *IFRS 별도 기준 〈단위 : 억원〉

항목	2012	2013	2014	2015	2016	2017
총자산	9,161	8,234	7,655	6,391	6,065	6,627
유형자산	60	50	42	36	33	34
무형자산	50	50	50	49	38	38
유가증권	1,369	1,678	1,662	1,211	1,210	1,026
총부채	7,959	7,043	7,086	7,037	5,851	5,845
총차입금	4,823	4,431	4,293	4,201	3,141	3,386
자본금	1,000	1,000	1,000	1,000	1,078	1,355
총자본	1,203	1,191	569	-646	214	782
지배주주지분	1,203	1,191	569	-646	214	782

기업가치 지표 *IFRS 별도 기준

항목	2012	2013	2014	2015	2016	2017
주가(최고/저)(천원)	6.5/3.6	6.6/4.1	10.9/4.8	13.4/4.8	11.3/6.0	7.1/5.1
PER(최고/저)(배)	—/—	—/—	—/—	—/—	—/—	32.3/23.2
PBR(최고/저)(배)	0.4/0.3	0.5/0.3	1.6/0.7	-1.7/-0.6	11.3/6.1	2.4/1.8
EV/EBITDA(배)	16.1	9.2	24.3	—	14.6	6.7
EPS(원)	-277	-372	-7,514	-14,583	-1,562	218
BPS(원)	6,015	5,959	2,849	-3,228	997	2,888
CFPS(원)	-88	-128	-3,064	-5,968	-1,541	238
DPS(원)	—	—	—	—	—	—
EBITDAPS(원)	1,382	2,303	847	-3,966	1,369	2,167

재무 비율 〈단위 : %〉

연도	영업이익률	순이익률	부채비율	차입금비율	ROA	ROE	유보율	자기자본비율	EBITDA마진율
2017	8.5	0.9	일부잠식	일부잠식	0.9	11.5	-42.3	11.8	8.6
2016	4.2	-4.9	일부잠식	일부잠식	-4.9	전기잠식	-80.1	3.5	4.3
2015	-13.1	-19.7	완전잠식	완전잠식	-17.1	당기잠식	-164.6	-10.1	-13.1
2014	2.4	-9.0	일부잠식	일부잠식	-7.8	-70.1	-43.0	7.4	2.5

고려반도체시스템 (A089890)

Korea Semiconductor System

업 종 : 반도체 및 관련장비
신용등급 : (Bond) — (CP) —
홈페이지 : www.koses.co.kr
본 사 : 경기도 부천시 오정구 산업로 62

시 장 : KOSDAQ
기업규모 : 중견
연 락 처 : 032)662-2224

설 립 일	1994.01.25	**종업원수**	129명	**대표이사**	박명순
상 장 일	2006.11.08	**감사의견**	적정(다산)	**계 열**	
결 산 기	12월	**보 통 주**		**종속회사수**	
액 면 가	500원	**우 선 주**		**구 상 호**	

주주구성 (지분율,%)		출자관계 (지분율,%)		주요경쟁사 (외형,%)	
박명순	48.5			고려반도체	100
포스텍기술투자	2.4			에이티세미콘	252
(외국인)	0.4			코디엠	180

매출구성		비용구성		수출비중	
반도체 제조용 장비/레이저응용장비 등	64.5	매출원가율	72.5	수출	49.1
Conversion Kit , A/S	29.2	판관비율	15.2	내수	50.9
반도체 제조용 장비 등	5.8				

회사 개요

동사는 1994년 설립되어 반도체 공정 중 후공정장비인 Solder Ball Attach System장비, Laser 응용장비, Marking Handler System 장비 및 Stack 장비 등을 제조하는 업체임. 동사는 2016년 11월 전체 지분의 4.5%에 해당되는 37만 6082주를 제3자 배정 유상증자로 새로 발행해 10.0억원의 운영자금을 조달함. 반도체 제조용 장비/레이저응용장비 등이 전체 매출의 66.6%를 차지함.

실적 분석

동사는 2017년 연간 매출액이 409.2억원으로 전년 대비 46.8% 증가함. 이는 주요 반도체 고객사들의 설비투자 증가 및 OLED용 LLO장비 판매 개시로 인한 영향으로 판단됨. 원가절감 노력으로 인해 영업이익은 50.3억원으로 흑자전환됨. 당기순이익 또한 비영업이익이 증가함에 따라 105.5억원으로 흑자전환됨. 동사는 사업영역 확대에 따라 코세스로 상호변경 예정임.

현금 흐름 *IFRS 별도 기준 〈단위 : 억원〉

항목	2016	2017
영업활동	-17	71
투자활동	-14	-9
재무활동	28	-65
순현금흐름	-3	-4
기말현금	10	6

시장 대비 수익률

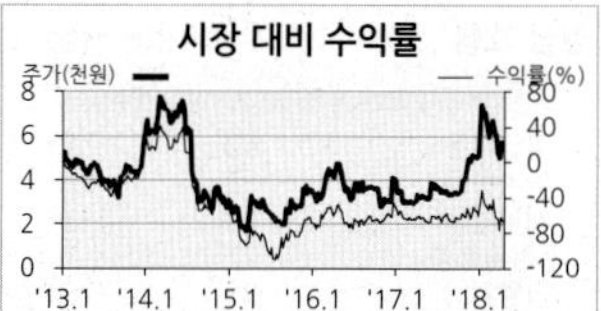

결산 실적 〈단위 : 억원〉

항목	2012	2013	2014	2015	2016	2017
매출액	767	339	369	431	279	409
영업이익	60	-77	-32	-1	-33	50
당기순이익	63	-106	-87	-9	-12	106

분기 실적 *IFRS 별도 기준 〈단위 : 억원〉

항목	2016.3Q	2016.4Q	2017.1Q	2017.2Q	2017.3Q	2017.4Q
매출액	41	55	86	93	109	121
영업이익	-7	-26	14	11	23	3
당기순이익	-14	6	8	11	20	67

재무 상태 *IFRS 별도 기준 〈단위 : 억원〉

항목	2012	2013	2014	2015	2016	2017
총자산	447	445	419	367	273	330
유형자산	176	168	153	144	137	131
무형자산	24	46	44	36	36	16
유가증권	—	—	—	—	—	—
총부채	209	308	370	324	231	186
총차입금	88	189	164	147	111	—
자본금	40	40	40	40	42	42
총자본	237	136	50	43	43	144
지배주주지분	237	136	50	43	43	144

기업가치 지표 *IFRS 별도 기준

항목	2012	2013	2014	2015	2016	2017
주가(최고/저)(천원)	9.5/4.5	5.8/3.2	7.8/2.5	3.8/1.7	4.8/2.7	5.2/2.9
PER(최고/저)(배)	12.0/5.7	—/—	—/—	—/—	—/—	4.2/2.3
PBR(최고/저)(배)	3.2/1.5	3.4/1.9	12.6/4.0	7.1/3.2	9.4/5.3	3.0/1.7
EV/EBITDA(배)	6.1	—	—	29.1	—	6.6
EPS(원)	787	-1,314	-1,075	-110	-153	1,252
BPS(원)	2,948	1,695	620	535	509	1,714
CFPS(원)	966	-1,145	-926	77	-7	1,410
DPS(원)	—	—	—	—	—	—
EBITDAPS(원)	921	-788	-243	174	-264	754

재무 비율 〈단위 : %〉

연도	영업이익률	순이익률	부채비율	차입금비율	ROA	ROE	유보율	자기자본비율	EBITDA마진율
2017	12.3	25.8	128.8	0.0	35.0	112.7	242.9	43.7	15.5
2016	-11.9	-4.4	537.9	259.7	-3.9	-28.8	1.8	15.7	-7.7
2015	-0.3	-2.1	754.1	342.2	-2.3	-19.1	6.9	11.7	3.3
2014	-8.6	-23.5	741.3	328.9	-20.0	-92.9	23.9	11.9	-5.3

고려산업 (A002140)

Korea Industrial

업 종 : 식료품
신용등급 : (Bond) — (CP) —
홈페이지 : www.hafeed.com
본 사 : 부산시 사상구 새벽시장로 21(감전동)

시 장 : 거래소
기업규모 : 시가총액 소형주
연 락 처 : 051)600-5000

설 립 일	1957.07.24	**종업원수**	104명	**대표이사**	전장열,김영교
상 장 일	1991.01.14	**감사의견**	적정(안경)	**계 열**	
결 산 기	12월	**보 통 주**		**종속회사수**	5개사
액 면 가	1,000원	**우 선 주**		**구 상 호**	

주주구성 (지분율,%)		출자관계 (지분율,%)		주요경쟁사 (외형,%)	
금강공업	41.5	부산청과	100.0	고려산업	100
한국외환은행	4.1	D&A	100.0	대주산업	49
(외국인)	0.6	코리아캐피탈대부	100.0	한탑	72

매출구성		비용구성		수출비중	
(배합사료부문)제 품	75.4	매출원가율	80.9	수출	0.0
(식육사업부문)상 품	13.6	판관비율	15.7	내수	100.0
(배합사료부문)상 품	6.6				

회사 개요

동사는 가축용 배합사료의 제조 및 판매를 주업종으로 하고 있으며, 배합사료의 안정적인 판로확보를 위하여 식육사업부문도 함께 영위함. 국내 배합 사료업계 최초로 전자동 공정제어 시스템을 도입해 제품의 표준화와 균일화를 달성하여, 최적 배합비율의 고효율 배합사료를 생산함. 또한, 부산, 대구 양대공장의 실험실에서 고품질의 신제품 개발, 농장자동화, 사양관리 등 전 부문에 걸친 선진기술 이전을 통해 경쟁력을 확보하고 있음.

실적 분석

동사의 2017년 연결기준 결산 매출액은 1,745억원으로 전년동기 대비 1.3% 증가함. 반면, 외형확대에도 불구하고 원가율 상승 여파로 영업이익은 전년동기 대비 11% 감소한 59.5억원을 시현하는데 그침. 비영업손익 부문에서도 개선세를 나타내지 못한 영향으로 당기순이익 또한 전년동기 대비 26% 감소한 38.8억원을 시현함. 3분기 이후 매출 및 영업수익성 개선된 모습을 시현하고 있는 점은 긍정적.

현금 흐름 〈단위 : 억원〉

항목	2016	2017
영업활동	158	10
투자활동	-119	-107
재무활동	-35	115
순현금흐름	4	17
기말현금	143	160

시장 대비 수익률

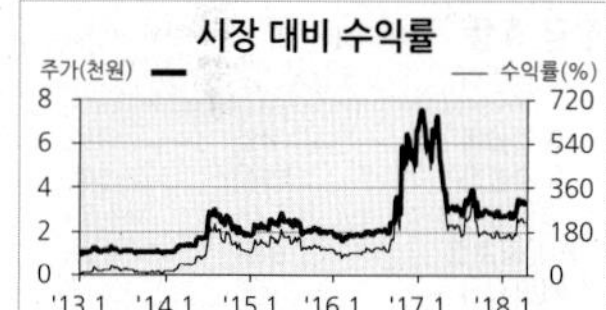

결산 실적 〈단위 : 억원〉

항목	2012	2013	2014	2015	2016	2017
매출액	1,911	2,024	1,851	1,854	1,723	1,745
영업이익	67	50	107	68	67	59
당기순이익	78	47	90	54	69	51

분기 실적 〈단위 : 억원〉

항목	2016.3Q	2016.4Q	2017.1Q	2017.2Q	2017.3Q	2017.4Q
매출액	414	436	413	427	455	451
영업이익	18	9	8	23	16	13
당기순이익	42	-5	19	17	3	12

재무 상태 〈단위 : 억원〉

항목	2012	2013	2014	2015	2016	2017
총자산	1,483	1,484	1,560	1,600	1,678	1,831
유형자산	376	386	402	457	476	500
무형자산	9	9	18	18	18	21
유가증권	25	24	28	35	35	29
총부채	862	818	799	806	828	944
총차입금	622	557	521	585	564	666
자본금	249	249	249	249	249	249
총자본	621	665	761	793	850	888
지배주주지분	619	664	756	770	834	888

기업가치 지표

항목	2012	2013	2014	2015	2016	2017
주가(최고/저)(천원)	1.0/0.6	1.3/1.0	3.2/1.1	2.9/1.7	6.7/1.6	7.9/2.6
PER(최고/저)(배)	3.6/2.2	7.6/5.5	9.2/3.1	13.3/8.0	24.5/5.9	39.3/12.8
PBR(최고/저)(배)	0.4/0.3	0.5/0.4	1.1/0.4	1.0/0.6	2.0/0.5	2.3/0.7
EV/EBITDA(배)	8.7	10.6	6.1	10.0	22.2	11.0
EPS(원)	311	190	363	225	279	205
BPS(원)	12,547	2,687	3,059	3,114	3,371	3,568
CFPS(원)	1,746	233	409	281	344	280
DPS(원)	150	25	45	30	30	35
EBITDAPS(원)	1,528	245	475	326	333	314

재무 비율 〈단위 : %〉

연도	영업이익률	순이익률	부채비율	차입금비율	ROA	ROE	유보율	자기자본비율	EBITDA마진율
2017	3.4	2.9	106.3	75.0	2.9	5.9	256.8	48.5	4.5
2016	3.9	4.0	97.4	66.4	4.2	8.7	237.1	50.7	4.8
2015	3.7	2.9	101.6	73.7	3.4	7.4	211.4	49.6	4.4
2014	5.8	4.9	105.0	68.4	5.9	12.7	205.9	48.8	6.4

고려시멘트 (A198440)
KOREA CEMENT

업종 : 건축소재
신용등급 : (Bond) — (CP) —
홈페이지 : www.koreacement.co.kr
본사 : 전남 장성군 장성읍 영천로 35
시장 : KOSDAQ
기업규모 : 중견
연락처 : 061)390-6300

설립일	2014.04.28	**종업원수**	111명	**대표이사**	이국노
상장일	2014.08.13	**감사의견**	적정(신우)	**계열**	
결산기	12월	**보통주**		**종속회사수**	
액면가	100원	**우선주**		**구상호**	우리스팩3호

주주구성 (지분율,%)		출자관계 (지분율,%)		주요경쟁사 (외형,%)	
강대완	49.6	고려콘크리트	29.0	고려시멘트	100
강동산업	13.1	부강레미콘	29.0	아세아시멘트	526
(외국인)	0.2	에이취.에이취레저	23.0	현대시멘트	398

매출구성	비용구성		수출비중	
	매출원가율	86.7	수출	0.0
	판관비율	9.9	내수	100.0

회사 개요

동사는 2012년 7월 설립되어 시멘트 및 레미콘 제조/판매업을 주요 사업으로 영위하고 있으며 2017년 5월 'NH SPAC III' 과의 합병을 통하여 코스닥에 상장함. 동사는 2016년 광양레미콘 공장을 준공하여 2017년 1월부터 본격 가동을 시작함. 2016년 3월에는 고려콘크리트에 지분 50%를 출자하였으며 자회사를 통하여 PHC파일 등 콘크리트 2차제품을 생산하고 있음.

실적 분석

동사의 연결기준 2017년 매출액은 876.6억원으로 전년대비 1.6% 감소하였음. 매출원가율 부담이 커졌고 인건비 등 판관비가 증가함에 따라 매출총이익과 영업이익이 각각 32.9%, 66.3%씩 감소, 116.9억원, 30.2억원을 기록하였음. 매출 비중은 시멘트가 78.97%로 가장 높고 레미콘 비중은 21.03%임. 신규사업인 레미콘 사업은 지역적 사업, 관급을 통한 물량 배정판매, 광주권 지역으로 일정한 수요창출이 기대됨.

현금 흐름 *IFRS 별도 기준 〈단위 : 억원〉

항목	2016	2017
영업활동	48	32
투자활동	-94	-146
재무활동	-0	89
순현금흐름	-46	-26
기말현금	33	7

시장 대비 수익률

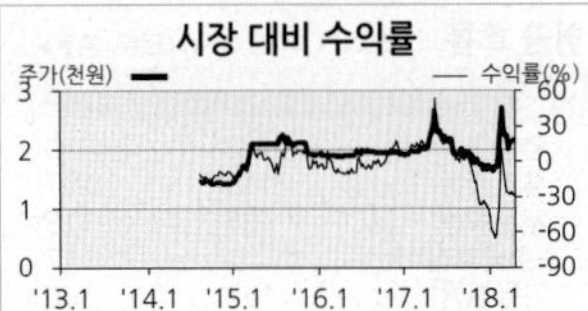

결산 실적 〈단위 : 억원〉

항목	2012	2013	2014	2015	2016	2017
매출액	236	717	689	750	891	877
영업이익	48	70	75	84	89	30
당기순이익	40	64	79	81	81	10

분기 실적 *IFRS 별도 기준 〈단위 : 억원〉

항목	2016.3Q	2016.4Q	2017.1Q	2017.2Q	2017.3Q	2017.4Q
매출액	223	—	—	254	209	—
영업이익	26	—	—	35	18	—
당기순이익	30	—	—	7	22	—

재무 상태 *IFRS 별도 기준 〈단위 : 억원〉

항목	2012	2013	2014	2015	2016	2017
총자산	365	568	564	819	939	1,159
유형자산	117	270	292	475	525	479
무형자산	8	8	7	9	9	9
유가증권	0	0	0	0	0	0
총부채	275	272	256	267	304	385
총차입금	135	130	70	—	—	102
자본금	50	50	50	100	23	30
총자본	90	296	309	552	635	774
지배주주지분	90	296	309	552	635	774

기업가치 지표 *IFRS 별도 기준

항목	2012	2013	2014	2015	2016	2017
주가(최고/저)(천원)	—/—	—/—	1.5/1.4	2.3/1.4	2.0/1.9	3.0/1.7
PER(최고/저)(배)	0.0/0.0	0.0/0.0	2.9/2.8	5.5/3.4	7.8/7.3	93.8/51.9
PBR(최고/저)(배)	0.0/0.0	0.0/0.0	0.8/0.7	1.3/0.8	1.0/0.9	1.2/0.7
EV/EBITDA(배)	2.2	1.0	2.2	0.6	0.9	10.6
EPS(원)	262	423	520	432	265	33
BPS(원)	8,988	29,555	30,871	2,759	3,174	2,648
CFPS(원)	4,696	8,616	9,116	777	498	113
DPS(원)	—	—	—	—	—	55
EBITDAPS(원)	5,546	9,210	8,654	796	541	179

재무 비율 〈단위 : %〉

연도	영업이익률	순이익률	부채비율	차입금비율	ROA	ROE	유보율	자기자본비율	EBITDA마진율
2017	3.4	1.2	49.7	13.2	1.0	1.4	2,547.6	66.8	6.2
2016	10.0	9.1	47.9	0.0	9.2	13.6	2,603.6	67.6	12.2
2015	11.2	10.9	48.4	0.0	11.8	18.9	451.8	67.4	13.1
2014	10.8	11.5	82.8	22.7	—	—	517.4	54.7	12.6

고려신용정보 (A049720)
Koryo Credit Information

업종 : 상업서비스
신용등급 : (Bond) — (CP) —
홈페이지 : www.koryoinfo.co.kr
본사 : 서울시 서초구 서초대로 353, 유니온타워 (서초동)
시장 : KOSDAQ
기업규모 : 중견
연락처 : 02)3450-9000

설립일	1991.06.27	**종업원수**	409명	**대표이사**	윤태훈
상장일	2002.01.19	**감사의견**	적정(한영)	**계열**	
결산기	12월	**보통주**		**종속회사수**	2개사
액면가	500원	**우선주**		**구상호**	

주주구성 (지분율,%)		출자관계 (지분율,%)		주요경쟁사 (외형,%)	
윤의국	18.6			고려신용정보	100
신예철	14.8			아이씨케이	31
(외국인)	1.4			SCI평가정보	49

매출구성		비용구성		수출비중	
[고려신용정보]채권추심업	88.2	매출원가율	0.0	수출	0.0
[고려신용정보]신용조사업	9.1	판관비율	94.3	내수	100.0
[고려신용정보]민원대행업	2.7				

회사 개요

동사는 1991년 6월 27일 설립되어 1991년 10월 2일 신용조사업 허가취득을 시작으로 1996년 6월 7일 민원대행업 겸업승인, 1998년 7월 24일 채권추심업 허가 취득으로 사업을 계속 영위하고 있음. 현재 동사는 채권추심 전문회사로서 채권추심업이 전체매출의 88% 이상을 차지하고 있음. 채권추심사업부분내에서 매출액은 민 · 상사채권 약 55%, 금융채권 약 28%, 통신채권 약 17%로 구성되어 있음.

실적 분석

동사의 2017년 4분기 연결기준 누적 매출액은 877.9억원으로 전년 동기(848.7억원) 대비 3.4% 증가함. 동사의 주력사업인 채권추심에서 3.6%의 성장을 기록함. 영업이익은 전년보다 7.9% 줄어든 49.9억원을 기록함. 인건비를 비롯한 판매비와 관리비가 4.2% 늘어난 탓임. 채권추심업은 경기 침체기에는 부실 채권 증가로 인해 수주 물량이 증가하지만 채무자의 상환 능력 저하로 회수율이 감소하는 현상을 보임.

현금 흐름 〈단위 : 억원〉

항목	2016	2017
영업활동	53	36
투자활동	-3	-28
재무활동	-23	-24
순현금흐름	27	-16
기말현금	81	64

시장 대비 수익률

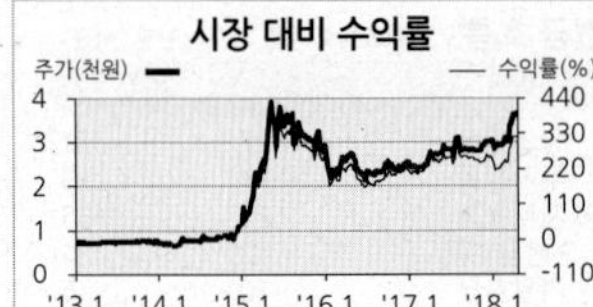

결산 실적 〈단위 : 억원〉

항목	2012	2013	2014	2015	2016	2017
매출액	834	824	816	828	849	878
영업이익	18	3	18	51	54	50
당기순이익	9	3	12	40	37	36

분기 실적 〈단위 : 억원〉

항목	2016.3Q	2016.4Q	2017.1Q	2017.2Q	2017.3Q	2017.4Q
매출액	208	226	209	217	226	225
영업이익	12	19	9	12	13	16
당기순이익	9	11	5	9	11	10

재무 상태 〈단위 : 억원〉

항목	2012	2013	2014	2015	2016	2017
총자산	201	206	230	252	274	272
유형자산	24	24	18	16	14	18
무형자산	16	20	32	29	29	28
유가증권	2	7	3	51	33	—
총부채	77	84	105	99	106	99
총차입금	—	1	6	2	—	—
자본금	72	72	72	72	72	72
총자본	124	122	125	153	168	173
지배주주지분	122	121	124	152	167	173

기업가치 지표

항목	2012	2013	2014	2015	2016	2017
주가(최고/저)(천원)	0.9/0.7	0.8/0.7	1.2/0.7	3.9/1.2	2.9/2.2	3.2/2.3
PER(최고/저)(배)	21.1/15.2	41.7/37.4	16.1/9.7	16.7/4.9	12.6/9.4	13.4/9.9
PBR(최고/저)(배)	1.5/1.1	1.2/1.1	1.6/0.9	4.4/1.3	2.8/2.1	2.8/2.0
EV/EBITDA(배)	2.8	5.4	4.6	6.2	4.5	5.6
EPS(원)	62	25	85	280	260	251
BPS(원)	868	863	880	1,073	1,180	1,223
CFPS(원)	130	96	155	344	316	311
DPS(원)	50	50	75	150	175	200
EBITDAPS(원)	197	90	195	423	435	409

재무 비율 〈단위 : %〉

연도	영업이익률	순이익률	부채비율	차입금비율	ROA	ROE	유보율	자기자본비율	EBITDA마진율
2017	5.7	4.1	57.0	0.0	13.1	21.1	144.6	63.7	6.7
2016	6.4	4.4	63.2	0.0	14.1	23.3	136.0	61.3	7.3
2015	6.2	4.8	65.1	1.3	16.6	29.0	114.6	60.6	7.3
2014	2.2	1.5	84.3	4.6	5.4	9.9	75.9	54.3	3.4

고려아연 (A010130)
Korea Zinc

업 종 : 금속 및 광물 | 시 장 : 거래소
신용등급 : (Bond) — (CP) — | 기업규모 : 시가총액 대형주
홈페이지 : www.koreazinc.co.kr | 연 락 처 : 02)519-3416
본 사 : 서울시 강남구 강남대로 542 (논현동), 영풍빌딩

설 립 일	1974.08.01	**종업원수**	1,370명	**대표이사**	최창근,이제중
상 장 일	1990.07.28	**감사의견**	적정(삼정)	**계 열**	
결 산 기	12월	**보 통 주**		**종속회사수**	22개사
액 면 가	5,000원	**우 선 주**		**구 상 호**	

주주구성 (지분율,%)		출자관계 (지분율,%)		주요경쟁사 (외형,%)	
영풍	26.9	클린코리아	100.0	고려아연	100
국민연금공단	8.0	케이지그린텍	100.0	포스코켐텍	18
(외국인)	25.2	케이지엑스	100.0	나노신소재	1

매출구성		비용구성		수출비중	
은(수 출)	28.6	매출원가율	83.8	수출	69.7
금(내 수)	22.4	판관비율	2.6	내수	30.3
아연(수 출)	21.0				

회사 개요

동사는 비철금속제련회사로서 아연과 연의 생산판매를 주업종으로 영위하고 있으며 이 사업은 한국표준산업분류표의 소분류가 같고, 기타 금, 은, 황산 등은 아연과 연제련과정에서 회수하는 유가금속과 부산물의 일종으로 생산하고 있음. 비철금속 가격은 Global 시장 상황과 연동되기 때문에 투기적 수요 등 수급 상황이외의 세계 금융 시장 환경 변화에도 제한적으로 영향을 받음.

실적 분석

동사의 2017년 매출과 영업이익은 6조 5,967억원, 8,948억원으로 전년 대비 각각 12.8%, 17% 증가함. 동사는 2017년에 주요제품인 아연괴 61만톤, 연괴 42만톤을 생산하였으며, 국제금속가격의 전반적인 강세 영향이 있었으나 제련수수료의 하락, 외환평가손실 등으로 인하여 매출총이익(1조 687억원)과 당기순이익(6,340억원)이 전년대비 각각 13%, 7% 증가함.

현금 흐름 〈단위 : 억원〉

항목	2016	2017
영업활동	6,807	7,968
투자활동	-4,590	-3,237
재무활동	-1,565	-1,725
순현금흐름	698	2,876
기말현금	3,093	5,969

시장 대비 수익률

결산 실적 〈단위 : 억원〉

항목	2012	2013	2014	2015	2016	2017
매출액	54,975	48,177	49,385	47,714	58,475	65,967
영업이익	7,575	5,986	6,827	6,722	7,647	8,948
당기순이익	5,680	4,528	5,049	5,140	5,946	6,340

분기 실적 〈단위 : 억원〉

항목	2016.3Q	2016.4Q	2017.1Q	2017.2Q	2017.3Q	2017.4Q
매출액	14,590	16,269	15,738	16,717	16,169	17,342
영업이익	1,621	2,351	2,363	2,483	1,873	2,228
당기순이익	1,306	1,795	1,692	1,700	1,486	1,462

재무 상태 〈단위 : 억원〉

항목	2012	2013	2014	2015	2016	2017
총자산	49,405	51,210	56,424	59,079	64,826	70,381
유형자산	17,058	18,523	21,117	24,281	24,843	27,025
무형자산	784	672	650	708	737	797
유가증권	9,933	11,996	13,413	16,022	16,468	14,969
총부채	9,545	7,890	8,593	6,886	8,199	9,325
총차입금	3,301	1,662	1,733	530	511	343
자본금	944	944	944	944	944	944
총자본	39,860	43,320	47,831	52,194	56,627	61,057
지배주주지분	38,594	41,827	46,339	50,773	55,165	59,603

기업가치 지표

항목	2012	2013	2014	2015	2016	2017
주가(최고/저)(천원)	443/270	372/238	415/287	529/361	538/394	535/385
PER(최고/저)(배)	16.5/10.1	17.1/11.0	16.8/11.6	20.8/14.2	17.8/13.0	16.4/11.8
PBR(최고/저)(배)	2.4/1.4	1.8/1.2	1.8/1.2	2.1/1.4	1.9/1.4	1.7/1.2
EV/EBITDA(배)	7.9	6.8	8.2	9.3	8.0	6.7
EPS(원)	29,685	23,745	26,565	26,994	31,395	33,336
BPS(원)	207,361	224,494	248,406	271,901	295,176	318,698
CFPS(원)	36,312	31,516	34,828	36,218	42,976	45,406
DPS(원)	5,000	5,000	6,500	8,500	8,500	10,000
EBITDAPS(원)	46,772	39,493	44,441	44,848	52,105	59,487

재무 비율 〈단위 : %〉

연도	영업이익률	순이익률	부채비율	차입금비율	ROA	ROE	유보율	자기자본비율	EBITDA마진율
2017	13.6	9.6	15.3	0.6	9.4	11.0	6,274.0	86.8	17.0
2016	13.1	10.2	14.5	0.9	9.6	11.2	5,803.5	87.4	16.8
2015	14.1	10.8	13.2	1.0	8.9	10.5	5,338.0	88.4	17.7
2014	13.8	10.2	18.0	3.6	9.4	11.4	4,868.1	84.8	17.0

고려제강 (A002240)
KISWIRE

업 종 : 금속 및 광물 | 시 장 : 거래소
신용등급 : (Bond) — (CP) — | 기업규모 : 시가총액 중형주
홈페이지 : www.kiswire.com | 연 락 처 : 051)760-1700
본 사 : 부산시 수영구 구락로 141번길 37(망미동)

설 립 일	1945.09.21	**종업원수**	960명	**대표이사**	이이문,박창희
상 장 일	1976.05.25	**감사의견**	적정(한영)	**계 열**	
결 산 기	12월	**보 통 주**		**종속회사수**	28개사
액 면 가	1,000원	**우 선 주**		**구 상 호**	

주주구성 (지분율,%)		출자관계 (지분율,%)		주요경쟁사 (외형,%)	
홍영철	18.5	서울청과	100.0	고려제강	100
키스와이어홀딩스	15.4	케이.에이.티.	100.0	POSCO	3,912
(외국인)	7.7	홍덕섬유	100.0	현대제철	1,236

매출구성		비용구성		수출비중	
S/W, B/W	72.1	매출원가율	84.5	수출	—
W/R, PC강연선, GAC등	23.7	판관비율	13.0	내수	—
기타, 임대수익등	4.2				

회사 개요

동사는 1945년 국내외 와이어로프, 경강선 등 특수선재 제품의 생산 등을 주 영업목적으로 설립됨. 선재산업은 타 품목과는 달리 전량 선재 가공 업체에 가공되어 2차 가공 공정을 거친 다음, 강선 및 스프링, 와이어로프 등의 최종제품으로 생산됨. 용도는 자동차산업, 광산, 선박어업, 기계 등 그 이용 범위가 매우 넓고, 산업현장에 투입되는 중간재적인 성격으로서 제품 개발 여하에 따라 그 수요도 매우 광범위함.

실적 분석

동사의 연결기준 2017년 매출액은 1조 5,504.6억원으로 전년 대비 9.4% 상승하였음. 주요 원재료인 ROD와 아연의 가격상승과 함께 제품가격 역시 상승함. 종속기업 및 관계기업 이익증가로 인한 배당가능이익의 이연법인세부채 인식에 따른 법인세비용의 증가로 당기순이익이 감소함. 고부가가치제품의 개발, 원가경쟁력 강화 등의 수익극대화 정책을 시행하여 시장개척 및 적정수준의 수익성을 확보해야 함.

현금 흐름 〈단위 : 억원〉

항목	2016	2017
영업활동	1,184	1,140
투자활동	-1,561	-936
재무활동	-116	-180
순현금흐름	-515	-10
기말현금	1,183	1,173

시장 대비 수익률

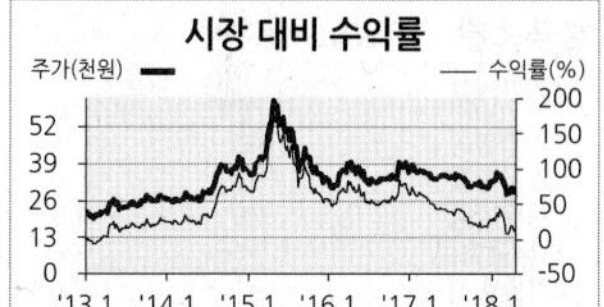

결산 실적 〈단위 : 억원〉

항목	2012	2013	2014	2015	2016	2017
매출액	11,186	10,806	13,412	14,732	14,174	15,505
영업이익	513	486	404	443	370	388
당기순이익	438	367	2,905	183	403	225

분기 실적 〈단위 : 억원〉

항목	2016.3Q	2016.4Q	2017.1Q	2017.2Q	2017.3Q	2017.4Q
매출액	3,530	3,607	3,813	3,855	3,970	3,867
영업이익	118	53	189	161	59	-21
당기순이익	157	97	169	104	107	-156

재무 상태 〈단위 : 억원〉

항목	2012	2013	2014	2015	2016	2017
총자산	18,140	18,240	25,230	24,258	24,531	24,006
유형자산	6,592	6,564	10,409	10,918	10,740	10,176
무형자산	63	66	128	163	227	187
유가증권	388	376	539	567	591	496
총부채	5,549	5,531	10,492	9,698	9,708	9,423
총차입금	2,394	2,415	6,400	5,773	5,784	5,261
자본금	150	150	150	180	180	180
총자본	12,590	12,709	14,738	14,560	14,823	14,583
지배주주지분	11,430	11,560	13,694	13,560	13,850	13,656

기업가치 지표

항목	2012	2013	2014	2015	2016	2017
주가(최고/저)(천원)	34.3/21.0	28.8/19.2	41.5/25.5	61.1/32.5	40.5/30.1	38.5/29.9
PER(최고/저)(배)	17.1/10.5	20.0/13.3	3.0/1.8	64.9/34.5	20.6/15.4	32.8/25.5
PBR(최고/저)(배)	0.6/0.4	0.5/0.4	0.6/0.4	0.9/0.5	0.6/0.4	0.6/0.4
EV/EBITDA(배)	6.1	6.7	9.3	8.0	8.8	7.5
EPS(원)	2,123	1,511	14,535	968	1,999	1,185
BPS(원)	76,205	77,071	91,298	75,342	76,947	75,875
CFPS(원)	7,517	7,091	25,652	6,720	8,051	7,282
DPS(원)	350	350	350	350	350	350
EBITDAPS(원)	8,103	8,314	8,964	8,108	7,886	8,123

재무 비율 〈단위 : %〉

연도	영업이익률	순이익률	부채비율	차입금비율	ROA	ROE	유보율	자기자본비율	EBITDA마진율
2017	2.5	1.5	64.6	36.1	0.9	1.7	7,487.5	60.8	9.4
2016	2.6	2.8	65.5	39.0	1.7	2.9	7,594.7	60.4	10.0
2015	3.0	1.3	66.6	39.7	0.7	1.4	7,434.2	60.0	9.9
2014	3.0	21.7	71.2	43.4	13.4	23.0	9,029.8	58.4	10.0

고려제약 (A014570)
Korean Drug

업　　종	제약	시　　장	KOSDAQ
신용등급	(Bond) —　(CP) —	기업규모	중견
홈페이지	www.nicepharma.com	연 락 처	031)634-7100
본　　사	경기도 이천시 신둔면 원적로 69-10		

설 립 일	1980.01.10	종업원수	251명	대표이사	박해룡,박상훈
상 장 일	2000.11.30	감사의견	적정(삼덕)	계　　열	
결 산 기	12월	보 통 주		종속회사수	
액 면 가	500원	우 선 주		구 상 호	

주주구성 (지분율,%)		출자관계 (지분율,%)		주요경쟁사 (외형,%)	
박상훈	37.5	디아메스코	6.3	고려제약	100
박해룡	10.0	비보존	1.2	녹원씨엔아이	40
(외국인)	3.5	비엔씨바이오팜	0.5	KPX생명과학	77

매출구성		비용구성		수출비중	
중추신경계용제	44.5	매출원가율	58.6	수출	1.7
고지혈증	20.0	판관비율	31.8	내수	98.3
항생항균제 외	19.6				

회사 개요

동사는 1980년 설립돼 의약품 제조 및 판매가 주요 사업임. 중추신경계용제의 매출 비중이 46.5%로 가장 높으며, 고지혈증 치료제 23.36%, 비타민/영양제 7.76%, 항생항균제 5.0%, 피부과용제 4.48% 등으로 구성됨. 2017년 2분기 누적 수출 금액은 9.45억원으로 전체 매출의 1.8%임. 같은 기간 연구개발비용은 34억원으로 매출액 대비 6.13%를 차지함.

실적 분석

동사의 2017년 누적매출액은 554.억원으로 전년대비 0.2% 증가함. 비용측면에서 판관비가 6.1% 상승하면서 영업이익은 전년보다 13.6% 줄어든 53억원을 기록함. 식약처는 동사의 '에너골드액'에 대해 2017년 12월 7일부터 2018년 3월 6일까지 광고업무정지 3개월의 행정처분을 내림. '피로회복' 등의 문구를 사용하여 신고한 사항 이외의 광고를 한 것이 이유임.

현금 흐름 *IFRS 별도 기준 〈단위 : 억원〉

항목	2016	2017
영업활동	40	4
투자활동	-12	-1
재무활동	-29	-11
순현금흐름	-1	-7
기말현금	31	24

시장 대비 수익률

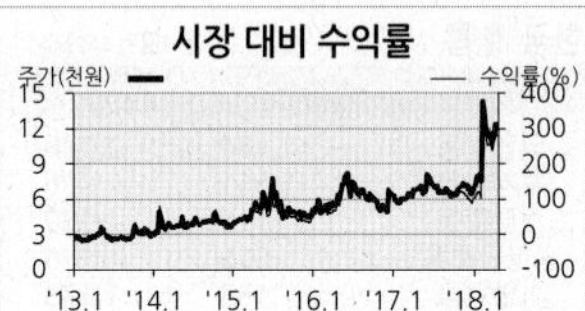

결산 실적 〈단위 : 억원〉

항목	2012	2013	2014	2015	2016	2017
매출액	439	416	454	474	553	554
영업이익	25	10	28	25	61	53
당기순이익	15	7	22	18	51	47

분기 실적 *IFRS 별도 기준 〈단위 : 억원〉

항목	2016.3Q	2016.4Q	2017.1Q	2017.2Q	2017.3Q	2017.4Q
매출액	129	176	97	145	143	169
영업이익	11	32	5	11	13	24
당기순이익	10	25	5	11	12	19

재무 상태 *IFRS 별도 기준 〈단위 : 억원〉

항목	2012	2013	2014	2015	2016	2017
총자산	659	635	622	592	634	668
유형자산	161	156	152	149	146	149
무형자산	3	3	7	9	8	8
유가증권	6	6	2	11	21	10
총부채	184	161	134	95	97	98
총차입금	115	100	65	30	10	10
자본금	55	55	55	55	55	55
총자본	476	474	488	497	537	570
지배주주지분	476	474	488	497	537	570

기업가치 지표 *IFRS 별도 기준

항목	2012	2013	2014	2015	2016	2017
주가(최고/저)(천원)	3.0/1.9	3.9/2.3	4.9/2.9	8.3/3.9	8.3/4.8	8.6/5.5
PER(최고/저)(배)	24.2/15.1	65.2/39.2	26.5/15.9	53.9/25.2	18.7/10.7	20.6/13.2
PBR(최고/저)(배)	0.8/0.5	1.0/0.6	1.2/0.7	1.9/0.9	1.8/1.0	1.7/1.1
EV/EBITDA(배)	11.7	20.8	12.6	15.4	9.8	12.1
EPS(원)	137	64	196	161	459	426
BPS(원)	4,325	4,327	4,454	4,539	4,911	5,211
CFPS(원)	228	151	283	249	543	513
DPS(원)	70	60	70	70	100	90
EBITDAPS(원)	314	181	346	318	641	568

재무 비율 〈단위 : %〉

연도	영업이익률	순이익률	부채비율	차입금비율	ROA	ROE	유보율	자기자본비율	EBITDA 마진율
2017	9.6	8.5	17.2	1.8	7.2	8.5	942.3	85.3	11.3
2016	11.1	9.1	18.2	1.9	8.2	9.8	882.2	84.6	12.8
2015	5.4	3.7	19.2	6.0	2.9	3.6	807.9	83.9	7.4
2014	6.3	4.7	27.4	13.3	3.4	4.5	790.8	78.5	8.4

고영테크놀러지 (A098460)
Koh Young Technology

업　　종	전자 장비 및 기기	시　　장	KOSDAQ
신용등급	(Bond) —　(CP) —	기업규모	우량
홈페이지	www.kohyoung.com	연 락 처	02)6343-6000
본　　사	서울시 금천구 가산디지털 2로 53 (가산동 한라시그마밸리 14,15층)		

설 립 일	2002.04.25	종업원수	343명	대표이사	고광일
상 장 일	2008.06.03	감사의견	적정(안진)	계　　열	
결 산 기	12월	보 통 주		종속회사수	5개사
액 면 가	500원	우 선 주		구 상 호	

주주구성 (지분율,%)		출자관계 (지분율,%)		주요경쟁사 (외형,%)	
고영홀딩스	19.3	KohYoungEuropeGmbH	100.0	고영	100
Columbia Wanger Asset Management, LLC	5.0	JapanKohYoung	100.0	삼성SDI	3,108
(외국인)	53.4	KohYoungAmerica,	100.0	삼성전기	3,363

매출구성		비용구성		수출비중	
aSPIre/Prime/Zenith 등	100.0	매출원가율	35.4	수출	92.8
		판관비율	43.1	내수	7.2

회사 개요

동사는 전자제품 생산용, 반도체 생산용 3D 납도포검사기, 3D 부품 장착 및 납땜 검사기, 반도체 Substrate Bump 검사기를 제조하여 전자 제조 전문 서비스(EMS)업체, 휴대폰, 자동차 부품 제조업체 등에 공급하고 있음. 3D SPI와 3D AOI, 반도체검사장비 판매업을 영위하는 기업 5개사를 연결대상 종속회사로 보유하고 있음. 이들은 일본, 독일, 미국 등지에 위치함.

실적 분석

동사의 연결기준 2017년 매출액은 2,033.7억원으로 전년 1,717.9억원보 18.4% 증가함. 매출원가율이 개선되었으며 이에 따라 매출총이익이 21.8% 증가함. 이에 전년 동기 331.8억원을 기록한 영업이익은 31.8% 증가한 437.5억원을 기록함. 다만 외환 손실 등 비영업 부문에서 109.1억원의 손실이 발생, 적자 전환하였음 최종적으로 당기순이익은 10.1% 감소, 267.3억원을 기록하였음.

현금 흐름 〈단위 : 억원〉

항목	2016	2017
영업활동	292	199
투자활동	-70	52
재무활동	-36	-226
순현금흐름	197	-3
기말현금	463	460

시장 대비 수익률

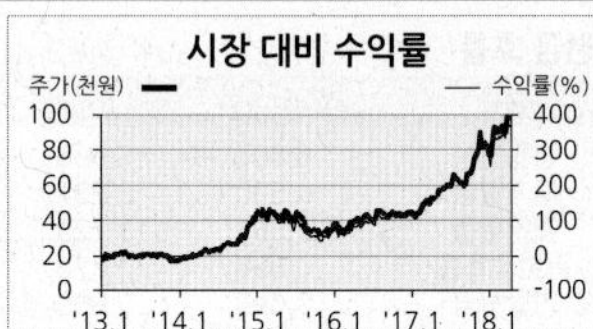

결산 실적 〈단위 : 억원〉

항목	2012	2013	2014	2015	2016	2017
매출액	1,078	1,119	1,428	1,459	1,718	2,034
영업이익	214	168	282	234	332	437
당기순이익	152	139	221	235	297	267

분기 실적 〈단위 : 억원〉

항목	2016.3Q	2016.4Q	2017.1Q	2017.2Q	2017.3Q	2017.4Q
매출액	418	461	432	536	510	555
영업이익	89	86	80	120	120	118
당기순이익	38	123	8	126	104	29

재무 상태 〈단위 : 억원〉

항목	2012	2013	2014	2015	2016	2017
총자산	1,034	1,210	1,417	1,589	1,951	2,052
유형자산	155	148	200	197	238	253
무형자산	64	73	72	67	64	50
유가증권	1	—	1	1	1	0
총부채	200	226	259	274	379	439
총차입금	—	—	4	3	1	—
자본금	45	45	67	68	68	68
총자본	834	983	1,158	1,315	1,573	1,613
지배주주지분	832	981	1,156	1,311	1,569	1,613

기업가치 지표

항목	2012	2013	2014	2015	2016	2017
주가(최고/저)(천원)	19.9/14.0	22.1/16.8	42.2/17.2	46.8/31.4	46.3/32.6	90.1/42.0
PER(최고/저)(배)	18.1/12.8	22.4/17.0	26.3/10.8	27.8/18.6	21.7/15.3	46.6/21.7
PBR(최고/저)(배)	3.3/2.3	3.2/2.4	4.9/2.0	4.6/3.1	3.8/2.7	6.6/3.1
EV/EBITDA(배)	9.5	11.1	16.9	17.6	14.8	22.4
EPS(원)	1,155	1,036	1,645	1,728	2,173	1,950
BPS(원)	9,522	10,954	8,850	10,441	12,300	13,850
CFPS(원)	1,966	1,798	1,866	1,978	2,435	2,230
DPS(원)	200	350	300	300	400	700
EBITDAPS(원)	2,681	2,118	2,316	1,980	2,691	3,480

재무 비율 〈단위 : %〉

연도	영업이익률	순이익률	부채비율	차입금비율	ROA	ROE	유보율	자기자본비율	EBITDA 마진율
2017	21.5	13.2	27.2	0.0	13.4	16.8	2,670.0	78.6	23.4
2016	19.3	17.3	24.1	0.1	16.8	20.6	2,360.1	80.6	21.4
2015	16.1	16.1	20.8	0.2	15.7	19.0	1,988.3	82.8	18.4
2014	19.7	15.5	22.4	0.4	16.8	20.7	1,670.0	81.7	21.8

골드퍼시픽 (A038530)

Gold Pacific

업　　종 : 도소매　　시　　장 : KOSDAQ
신용등급 : (Bond) —　(CP) —　　기업규모 : 중견
홈페이지 : www.corecross.com　　연 락 처 : 02)2029-0700
본　　사 : 광주시 북구 첨단과기로 313, 비동 204호 (대촌동, 하이테크센터)

설 립 일	1997.06.24	**종업원수**	25명	**대표이사**	송상욱
상 장 일	2000.06.02	**감사의견**	적정(신정)	**계　열**	
결 산 기	12월	**보 통 주**		**종속회사수**	
액 면 가	500원	**우 선 주**		**구 상 호**	코아크로스

주주구성 (지분율,%)		출자관계 (지분율,%)		주요경쟁사 (외형,%)	
바이오프리벤션	7.0	오션블루냉장	48.1	골드퍼시픽	100
에버리치파트너스	5.2	휘라포토닉스	34.9	피씨디렉트	1,893
(외국인)	1.7	케빈우드텍	26.9	부방	3,191

매출구성		비용구성		수출비중	
식자재유통외	95.0	매출원가율	72.5	수출	0.0
웨이퍼 & 칩, ASIC, 기타	5.1	판관비율	17.5	내수	100.0

회사 개요

1997년에 설립된 동사는 광통신부품 제조, 식자재 유통사업을 영위하였으나, 2017년 대대적인 구조조정을 통해 사업영역이 100% 변경됨. 현재는 중고휴대폰을 국내외 딜러, 통신사 등으로부터 매입을 한 후 동남아 등에 수출하는 모바일 사업(유통)이 주력이며, 휴대용 X-ray 유통사업도 2016년 하반기부터 시작하였음. 병의원 브랜드인 '라마르', '라프린'의 프랜차이지 사업도 병행함. 2017년 하반기부터 패션과 게임퍼블리싱 사업을 추가함.

실적 분석

동사의 2017년 매출과 영업이익은 120억원, 12억원으로 전년 대비 매출은 29.4% 감소하고 흑자전환함. 동사의 식자재 유통 사업과 전자상거래 유통사업은 매출액 대비 각각 25.4%와 22.6%의 점유율을 차지하는데 각 사업부별 결산에서 영업손실이 발생함. 해당 산업의 유통 마진 구조상 매출이익 자체가 낮은 것에서 비롯된 것으로 분석됨. 동사는 외형 감소 우려에도 영업이익 달성을 위해 해당 사업에서 과감히 철수하기로 결정함.

현금 흐름 *IFRS 별도 기준

〈단위 : 억원〉

항목	2016	2017
영업활동	-62	-4
투자활동	-4	-110
재무활동	62	141
순현금흐름	-4	27
기말현금	26	53

시장 대비 수익률

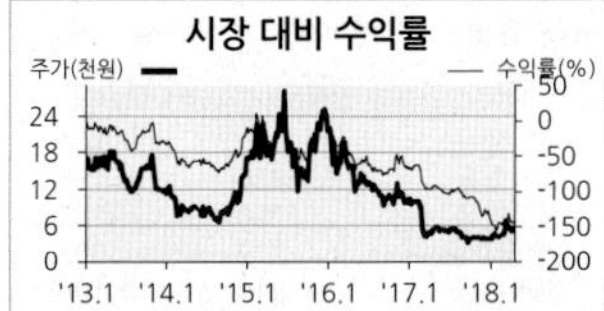

결산 실적

〈단위 : 억원〉

항목	2012	2013	2014	2015	2016	2017
매출액	105	72	165	186	170	120
영업이익	7	-61	-58	-82	-78	12
당기순이익	3	-94	-74	-102	-227	-10

분기 실적 *IFRS 별도 기준

〈단위 : 억원〉

항목	2016.3Q	2016.4Q	2017.1Q	2017.2Q	2017.3Q	2017.4Q
매출액	38	51	23	32	32	33
영업이익	-5	-48	1	-1	2	10
당기순이익	-9	-190	-1	-3	-1	-6

재무 상태 *IFRS 별도 기준

〈단위 : 억원〉

항목	2012	2013	2014	2015	2016	2017
총자산	299	305	319	286	179	272
유형자산	87	72	56	26	13	13
무형자산	18	31	20	44	20	26
유가증권	3	—	—	—	—	44
총부채	69	134	150	74	153	212
총차입금	58	105	112	56	73	172
자본금	116	129	176	265	293	33
총자본	229	171	169	212	26	60
지배주주지분	229	171	169	212	26	60

기업가치 지표 *IFRS 별도 기준

항목	2012	2013	2014	2015	2016	2017
주가(최고/저)(천원)	2.4/1.0	1.4/0.8	1.2/0.5	2.1/0.9	1.8/0.7	10.4/3.0
PER(최고/저)(배)	281.7/119.7	—/—	—/—	—/—	—/—	—/—
PBR(최고/저)(배)	3.2/1.4	2.8/1.6	3.2/1.4	6.9/2.9	47.6/18.1	10.9/3.1
EV/EBITDA(배)	9.2	—	—	—	—	23.8
EPS(원)	113	-3,509	-2,593	-2,201	-4,210	-159
BPS(원)	1,004	679	491	406	50	960
CFPS(원)	116	-245	-174	-171	-399	-142
DPS(원)	—	—	—	—	—	—
EBITDAPS(원)	137	-126	-127	-128	-123	205

재무 비율

〈단위 : %〉

연도	영업이익률	순이익률	부채비율	차입금비율	ROA	ROE	유보율	자기자본비율	EBITDA마진율
2017	10.0	-8.4	351.6	285.3	-4.5	-23.5	91.9	22.2	10.9
2016	-46.1	-133.5	일부잠식	일부잠식	-97.7	-191.0	-89.9	14.5	-39.0
2015	-44.2	-54.8	일부잠식	일부잠식	-29.0	-55.4	-18.8	74.2	-32.5
2014	-35.3	-44.8	일부잠식	일부잠식	-19.5	-47.8	-8.7	39.5	-19.5

골든브릿지투자증권 (A001290)

Golden Bridge Investment & Securities

업　　종 : 증권　　시　　장 : 거래소
신용등급 : (Bond) —　(CP) —　　기업규모 : 시가총액 소형주
홈페이지 : www.bridgefn.com　　연 락 처 : 02)3779-3000
본　　사 : 서울시 서대문구 충정로 50 (충정로3가)

설 립 일	1954.08.30	**종업원수**	128명	**대표이사**	박정하
상 장 일	1988.09.23	**감사의견**	적정(정동)	**계　열**	
결 산 기	12월	**보 통 주**		**종속회사수**	4개사
액 면 가	1,000원	**우 선 주**		**구 상 호**	

주주구성 (지분율,%)		출자관계 (지분율,%)		주요경쟁사 (외형,%)	
골든브릿지	41.8	엘나인글로벌	11.4	골든브릿지증권	100
리딩투자증권	4.9	얀트리	7.2	부국증권	693
(외국인)	4.0	이리언스	4.4	유화증권	89

수익구성		비용구성		수출비중	
금융상품 관련이익	62.1	이자비용	10.9	수출	—
이자수익	17.6	파생상품손실	0.0	내수	—
수수료수익	15.3	판관비	49.4		

회사 개요

동사는 주식거래 중개, 금융상품 판매 등의 사업을 영위하는 소형 증권사임. 동사는 1954년 설립됐고, 1998년 영국 리젠트퍼시픽그룹과 합작하면서 사명을 대유증권에서 대유리젠트증권으로 바꿨다가 2000년 리젠트증권으로 다시 변경함. 동사는 2002년 일은증권과 합병하면서 브릿지증권으로 변경하고, 2007년부터 현재 사명을 사용함. 동사는 골든브릿지자산운용, 골든브릿지베트남증권 등 계열회사를 두고 있음.

실적 분석

동사는 2017년 매출액 448억원으로 전년 대비 크게 감소하였고, 영업손실과 당기순손실 또한 각각 61억원, 42억원 등으로 부진하였음. 본사사업부서의 수익성 향상과 지점의 영업체질 개선에 노력하고 있으며, 투자자 보호 강화, 리스크관리 능력 제고 등을 통해 향후 금융시장의 환경 변화에 대응하고 지속적인 경쟁력을 확보하고자 노력하고 있음. 동사는 신규 성장동력 확보가 시급한 상황임.

현금 흐름

〈단위 : 억원〉

항목	2016	2017
영업활동	85	-1,131
투자활동	48	92
재무활동	-109	1,287
순현금흐름	24	248
기말현금	181	429

시장 대비 수익률

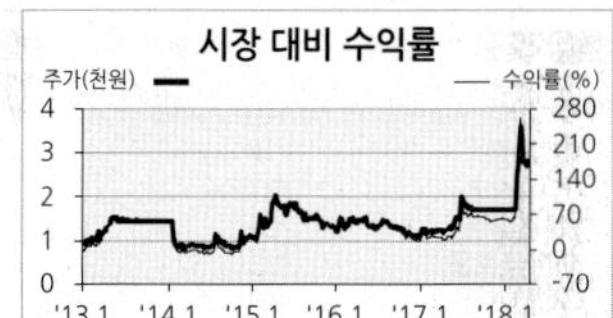

결산 실적

〈단위 : 억원〉

항목	2012	2013	2014	2015	2016	2017
순영업손익	222	170	178	284	212	190
영업이익	-85	-64	-94	7	-41	-61
당기순이익	-41	-63	-65	31	-43	-42

분기 실적

〈단위 : 억원〉

항목	2016.3Q	2016.4Q	2017.1Q	2017.2Q	2017.3Q	2017.4Q
순영업손익	50	36	52	63	56	19
영업이익	-10	-45	-6	-8	-4	-42
당기순이익	-7	-36	-3	3	-4	-39

재무 상태

〈단위 : 억원〉

항목	2012	2013	2014	2015	2016	2017
총자산	6,311	5,471	8,745	7,029	5,598	8,565
유형자산	17	15	13	3	4	5
무형자산	36	30	28	21	20	15
유가증권	3,463	2,841	5,784	4,588	3,261	4,277
총부채	4,438	4,028	7,316	5,584	4,097	7,042
총차입금	2,483	2,340	2,761	3,263	3,085	3,988
자본금	500	650	650	650	650	650
총자본	1,873	1,443	1,429	1,445	1,501	1,522
지배주주지분	1,838	1,415	1,410	1,428	1,415	1,387

기업가치 지표

항목	2012	2013	2014	2015	2016	2017
주가(최고/저)(천원)	1.0/0.6	1.2/0.9	1.2/0.7	1.8/0.8	1.2/0.9	1.6/0.9
PER(최고/저)(배)	—/—	—/—	—/—	44.1/20.1	—/—	—/—
PBR(최고/저)(배)	0.7/0.4	0.7/0.5	0.6/0.4	1.0/0.4	0.7/0.5	0.7/0.4
PSR(최고/저)(배)	6/3	7/5	5/3	5/2	5/3	6/3
EPS(원)	-59	-80	-97	51	-66	-78
BPS(원)	3,841	2,274	2,266	2,294	2,274	2,804
CFPS(원)	-87	-69	-74	72	-45	-54
DPS(원)	—	—	—	—	—	—
EBITDAPS(원)	-174	-89	-147	11	-64	-104

재무 비율

〈단위 : %〉

연도	계속사업이익률	순이익률	부채비율	차입금비율	ROA	ROE	유보율	자기자본비율	총자산증가율
2017	-32.1	-22.3	462.6	262.0	-0.6	-3.3	118.6	17.8	53.0
2016	-21.5	-20.3	273.0	205.5	-0.7	-3.0	122.9	26.8	-20.4
2015	15.7	11.0	386.4	225.8	0.4	2.3	124.8	20.6	-19.6
2014	-42.4	-36.4	512.1	193.2	-0.9	-4.4	122.1	16.3	38.6

골든센츄리 (A900280)

Cayman Golden Century Wheel Group

업 종 : 기계　　　시 장 : KOSDAQ
신용등급 : (Bond) —　(CP) —　　　기업규모 :
홈페이지 : www.jsj-wheel.co.kr　　　연 락 처 : 86-514-80806067
본 사 : Floor 4, Willow House, Cricket Square, P O Box 2084, Grand Cayman KY1-1112, Cayman Islands

설 립 일	2014.09.03	**종 업 원 수**	404명	**대 표 이 사**	주승화
상 장 일	2016.10.19	**감 사 의 견**	적정(신한)	**계 열**	
결 산 기	12월	**보 통 주**		**종속회사수**	4개사
액 면 가	—	**우 선 주**		**구 상 호**	

주주구성 (지분율,%)		**출자관계** (지분율,%)		**주요경쟁사** (외형,%)	
주승화(ZHU CHENGHUA)	33.2	양주금세기	100.0	골든센츄리	100
퍼펙트빌리언그룹리미티드	9.4	홍콩금세기	100.0	대동공업	670
(외국인)	49.7	낙양금세기	100.0	와이지-원	425

매출구성		**비용구성**		**수출비중**	
휠	68.0	매출원가율	0.0	수출	—
타이어	30.7	판관비율	0.0	내수	—
기타	1.4				

회사 개요

동사의 명칭은 케이만금세기차륜집단유한공사이며, 해외상장을 목적으로 2014년 9월 3일 케이만에 설립되었음. 실질 영업회사는 중국 내 양주금세기, 낙양동방홍, 낙양금세기의 3개사임. 각각 트랙터용 휠 및 트랙터용 타이어를 생산 및 판매하는 것을 주요 사업의 내용으로 하고 있으며, 농기계 수요의 증가와 함께 본격적인 매출신장이 발생하였음. 매출은 휠 65.09%, 타이어 30.57%, 기타 4.34% 등으로 구성됨.

실적 분석

2017년 연결기준 동사 매출액은 1059억원을 기록함. 전년도 매출액인 910억원에 비해 16.4% 증가한 금액임. 영업이익은 292억원으로 전년도 251억원에서 16.3% 증가함. 영업이익률은 27.57%임. 당기순이익은 전년도 183억원에서 16.9% 증가한 214억원을 시현함. 2018년 1월 제2공장 증설 자금을 확보하기 위해 410억6700만원 규모로 유상증자를 했음.

현금 흐름 〈단위 : 억원〉

항목	2016	2017
영업활동	118	—
투자활동	-37	—
재무활동	238	—
순현금흐름	318	—
기말현금	398	—

시장 대비 수익률

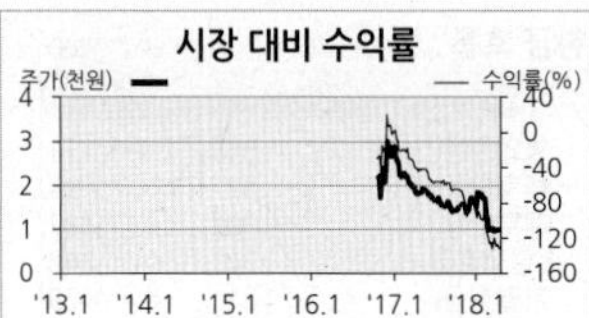

결산 실적 〈단위 : 억원〉

항목	2012	2013	2014	2015	2016	2017
매출액	—	—	589	778	910	—
영업이익	—	—	184	202	248	—
당기순이익	—	—	134	144	183	—

분기 실적 〈단위 : 억원〉

항목	2016.3Q	2016.4Q	2017.1Q	2017.2Q	2017.3Q	2017.4Q
매출액	242	245	262	245	265	—
영업이익	60	72	62	65	71	—
당기순이익	41	55	46	48	53	—

재무 상태 〈단위 : 억원〉

항목	2012	2013	2014	2015	2016	2017
총자산	—	—	580	644	1,097	—
유형자산	—	—	202	189	172	—
무형자산	—	—	0	0	0	—
유가증권	—	—	—	—	—	—
총부채	—	—	207	82	93	—
총차입금	—	—	127	47	0	—
자본금	—	—	—	48	66	—
총자본	—	—	373	563	1,005	—
지배주주지분	—	—	347	563	1,005	—

기업가치 지표

항목	2012	2013	2014	2015	2016	2017
주가(최고/저)(천원)	#VALUE!	—/—	—/—	—/—	—/—	—/—
PER(최고/저)(배)	0.0/0.0	0.0/0.0	0.0/0.0	0.0/0.0	8.6/4.2	0.0/0.0
PBR(최고/저)(배)	0.0/0.0	0.0/0.0	0.0/0.0	0.0/0.0	2.0/1.0	0.0/0.0
EV/EBITDA(배)	0.0	0.0	0.7	—	5.7	0.0
EPS(원)	—	—	1,220,019	623	393	—
BPS(원)	—	—	34,719,025	2,617	3,371	—
CFPS(원)	—	—	13,841,630	1,392	851	—
DPS(원)	—	—	—	—	—	—
EBITDAPS(원)	—	—	20,119,290	1,943	1,143	—

재무 비율 〈단위 : %〉

연도	영업이익률	순이익률	부채비율	차입금비율	ROA	ROE	유보율	자기자본비율	EBITDA마진율
2017	0.0	0.0	0.0	0.0	0.0	0.0	0.0	0.0	0.0
2016	27.3	20.1	9.2	0.0	21.0	23.3	1,431.0	91.6	29.2
2015	25.9	18.5	14.5	8.3	23.5	30.5	1,067.3	87.3	27.8
2014	31.2	22.8	N/A	N/A	0.0	0.0	0.0	64.4	34.1

골프존 (A215000)

GOLFZON

업 종 : 호텔 및 레저　　　시 장 : KOSDAQ
신용등급 : (Bond) —　(CP) —　　　기업규모 : 우량
홈페이지 : company.golfzon.com　　　연 락 처 : 1577-4333
본 사 : 대전시 유성구 엑스포로97번길 40(도룡동)

설 립 일	2015.03.03	**종 업 원 수**	249명	**대 표 이 사**	박기원
상 장 일	2015.04.03	**감 사 의 견**	적정(삼정)	**계 열**	
결 산 기	12월	**보 통 주**		**종속회사수**	5개사
액 면 가	500원	**우 선 주**		**구 상 호**	

주주구성 (지분율,%)		**출자관계** (지분율,%)		**주요경쟁사** (외형,%)	
KB자산운용	25.0	골프존네트웍스	100.0	골프존	100
골프존유원홀딩스	20.3	골프존미디어	100.0		
(외국인)	6.3	스튜디오에스비	52.0		

매출구성		**비용구성**		**수출비중**	
Golf Simulator 판매 및 온라인 서비스	91.8	매출원가율	34.5	수출	7.5
직영사업/광고 등	5.1	판관비율	46.8	내수	92.5
소모품상품	3.1				

회사 개요

동사는 골프시뮬레이터를 주력으로 하는 업체로서 국내시장에서 약 12여개 업체가 경쟁하고 있는 완전경쟁 상태임. 그러나 브랜드 인지도 상승과 함께 이용고객 간의 네트워크 형성을 통한 시장지배력이 실질적으로 독점적인 지위를 차지하고 있음. 골프 시뮬레이터의 지속적인 기술개발을 통하여 총 360건의 특허를 출원해 240건 이상의 특허권을 보유하고 있음. 해외 12개국에 골프시뮬레이터를 판매 중이며 일본, 중국의 경우에는 동사의 현지법인이 설립됨.

실적 분석

동사의 2017년 연결기준 4분기 누적 매출액은 2001.1억원으로 전년동기 2169.6억원 대비 7.8% 감소함. 골프 시뮬레이터 신규 판매 감소가 주 요인임. 영업이익은 전년 437.5억원에서 14.4% 줄어든 374.6억원을 기록함. 비영업손익 흑자전환과 법인세 비용 감소로 당기순이익은 전년 대비 117.3% 증가한 793.9억원을 달성함. 전국 골프용품 오프라인 소매점이 캐시카우 역할을 하고 있음.

현금 흐름 〈단위 : 억원〉

항목	2016	2017
영업활동	352	804
투자활동	-336	118
재무활동	-250	-125
순현금흐름	-232	792
기말현금	314	1,106

시장 대비 수익률

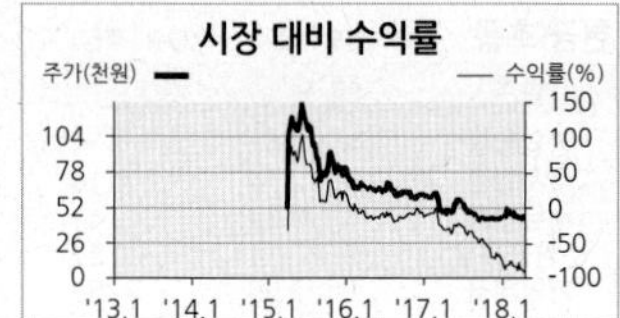

결산 실적 〈단위 : 억원〉

항목	2012	2013	2014	2015	2016	2017
매출액	—	—	—	2,016	2,170	2,001
영업이익	—	—	—	496	437	375
당기순이익	—	—	—	365	365	794

분기 실적 〈단위 : 억원〉

항목	2016.3Q	2016.4Q	2017.1Q	2017.2Q	2017.3Q	2017.4Q
매출액	561	528	588	475	494	443
영업이익	103	64	143	77	93	61
당기순이익	101	62	102	547	59	87

재무 상태 〈단위 : 억원〉

항목	2012	2013	2014	2015	2016	2017
총자산	—	—	—	1,781	1,879	2,537
유형자산	—	—	—	779	731	716
무형자산	—	—	—	61	65	78
유가증권	—	—	—	—	51	53
총부채	—	—	—	693	673	643
총차입금	—	—	—	351	350	326
자본금	—	—	—	31	31	31
총자본	—	—	—	1,089	1,206	1,894
지배주주지분	—	—	—	1,089	1,206	1,893

기업가치 지표

항목	2012	2013	2014	2015	2016	2017
주가(최고/저)(천원)	—/—	—/—	—/—	135/52.4	81.2/59.2	64.1/41.9
PER(최고/저)(배)	0.0/0.0	0.0/0.0	0.0/0.0	26.1/10.2	15.1/11.0	5.3/3.5
PBR(최고/저)(배)	0.0/0.0	0.0/0.0	0.0/0.0	8.8/3.4	4.6/3.3	2.2/1.5
EV/EBITDA(배)	0.0	0.0	0.0	9.5	7.6	4.4
EPS(원)	—	—	—	5,822	5,822	12,639
BPS(원)	—	—	—	17,374	19,246	30,188
CFPS(원)	—	—	—	6,846	7,008	13,518
DPS(원)	—	—	—	4,000	1,600	2,400
EBITDAPS(원)	—	—	—	8,925	8,157	6,848

재무 비율 〈단위 : %〉

연도	영업이익률	순이익률	부채비율	차입금비율	ROA	ROE	유보율	자기자본비율	EBITDA마진율
2017	18.7	39.7	34.0	17.2	36.0	51.2	5,937.6	74.7	21.5
2016	20.2	16.8	55.8	29.0	20.0	31.9	3,749.2	64.2	23.6
2015	24.6	18.1	63.6	32.3	0.0	0.0	3,374.8	61.1	27.8
2014	0.0	0.0	0.0	0.0	0.0	0.0	0.0	0.0	0.0

골프존뉴딘 (A121440)

GOLFZON NEWDIN

업 종 : 호텔 및 레저
신용등급 : (Bond) — (CP) —
홈페이지 : www.golfzonnewdin.com
본 사 : 서울시 강남구 영동대로 735
시 장 : KOSDAQ
기업규모 : 우량
연 락 처 : 1577-4333

설 립 일	2000.05.08	**종업원수**	115명	**대표이사**	박기원
상 장 일	2011.05.20	**감사의견**	적정(삼정)	**계 열**	
결 산 기	12월	**보 통 주**		**종속회사수**	12개사
액 면 가	500원	**우 선 주**		**구 상 호**	골프존뉴딘

주주구성 (지분율,%)		출자관계 (지분율,%)		주요경쟁사 (외형,%)	
김원일	41.8	골프존카운티	100.0	골프존뉴딘홀딩스	100
김영찬	10.7	골프존유통	100.0	이월드	16
(외국인)	4.4	뉴딘콘텐츠	100.0	AJ렌터카	298

매출구성		비용구성		수출비중	
오프라인	34.7	매출원가율	52.9	수출	—
체험형 야구 게임	20.1	판관비율	38.5	내수	—
골프장 운영	17.1				

회사 개요

동사는 골프시뮬레이터를 주력으로 하는 업체임. 브랜드 인지도 상승과 함께 이용고객 간의 네트워크 형성을 통한 시장지배력이 실질적으로 독점적인 지위를 차지하고 있음. 골프시뮬레이터의 지속적인 기술개발을 통하여 다수의 특허권을 보유하고 있음. 동사는 경영과 사업 효율성을 높이기 위하여 2015년 3월을 기점으로 분할을 결정하여 인적분할 형태로 지주회사인 골프존유원홀딩스와 사업부문인 골프존으로 재상장함.

실적 분석

동사의 2017년도 연결기준 연간 매출액은 2,137.6억원으로 전년대비 1.2% 감소함. 스크린야구사업의 매출이 본격적으로 증가하고 있으나 기존 골프유통사업, 스크린야구사업 등 영업 확대 및 신설 자회사의 신규사업 추진에 따른 판관비 증가로 영업이익이 전년대비 51.0% 감소함. 골프존의 손상차손 280억이 발생하면서 순이익은 적자전환함. 향후 유아동 공간사업과 VR 컨텐츠 플랫폼 사업을 확장할 계획임.

현금 흐름

〈단위 : 억원〉

항목	2016	2017
영업활동	159	-12
투자활동	-111	-8
재무활동	-185	162
순현금흐름	-136	142
기말현금	349	491

시장 대비 수익률

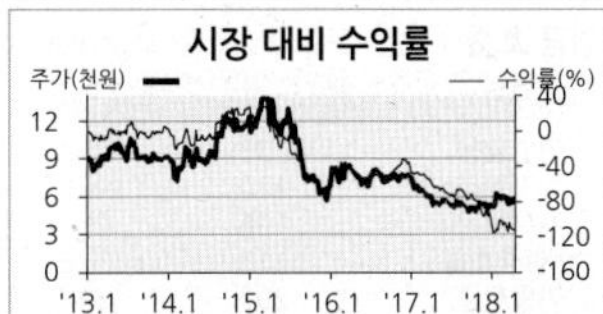

결산 실적

〈단위 : 억원〉

항목	2012	2013	2014	2015	2016	2017
매출액	2,896	3,651	1,217	1,645	2,165	2,138
영업이익	690	805	-189	-93	376	184
당기순이익	734	28	792	8,711	29	-216

분기 실적

〈단위 : 억원〉

항목	2016.3Q	2016.4Q	2017.1Q	2017.2Q	2017.3Q	2017.4Q
매출액	831	321	422	748	658	310
영업이익	283	55	-30	153	51	10
당기순이익	252	-238	-62	134	24	-312

재무 상태

〈단위 : 억원〉

항목	2012	2013	2014	2015	2016	2017
총자산	5,409	6,378	7,620	7,673	7,608	7,565
유형자산	1,982	2,223	4,543	4,013	3,986	3,943
무형자산	229	261	187	86	83	79
유가증권	924	1,009	605	432	291	395
총부채	1,293	2,133	2,757	2,160	2,327	2,556
총차입금	884	1,016	1,952	1,864	1,942	2,083
자본금	61	184	184	214	214	214
총자본	4,116	4,245	4,864	5,514	5,281	5,009
지배주주지분	4,116	4,245	4,864	5,482	5,274	5,009

기업가치 지표

항목	2012	2013	2014	2015	2016	2017
주가(최고/저)(천원)	10.7/6.8	10.6/8.0	12.4/7.1	13.8/5.5	8.8/6.8	7.3/4.7
PER(최고/저)(배)	6.4/4.1	162.5/122.6	6.6/3.8	0.7/0.3	97.4/74.5	—/—
PBR(최고/저)(배)	1.1/0.7	1.1/0.8	1.1/0.6	1.2/0.5	0.7/0.6	0.6/0.4
EV/EBITDA(배)	8.2	6.8	—	150.6	9.6	12.4
EPS(원)	1,996	76	2,150	23,032	94	-504
BPS(원)	35,680	11,521	13,276	12,833	12,347	11,730
CFPS(원)	6,647	392	2,513	23,356	367	-206
DPS(원)	1,200	400	500	580	117	117
EBITDAPS(원)	6,277	2,500	-151	77	1,151	728

재무 비율

〈단위 : %〉

연도	영업 이익률	순 이익률	부채 비율	차입금 비율	ROA	ROE	유보율	자기자본 비율	EBITDA 마진율
2017	8.6	-10.1	51.0	41.6	-2.9	-4.2	2,246.0	66.2	14.6
2016	17.4	1.3	44.1	36.8	0.4	0.8	2,369.5	69.4	22.8
2015	-5.7	529.4	39.2	33.8	113.9	168.4	2,466.6	71.9	1.8
2014	-15.6	65.1	56.7	40.1	11.3	17.4	2,555.3	63.8	-4.6

관악산업 (A076340)

GWANAK CONSTRUCTION AND EQUIPMENT SERVICE CO

업 종 : 건설
신용등급 : (Bond) — (CP) —
홈페이지 : www.gwan-ak.co.kr
본 사 : 서울시 송파구 올림픽로 293-19 (신천동, 현대타워빌딩 2층)
시 장 : KONEX
기업규모 : —
연 락 처 : 02)2240-7900

설 립 일	1998.07.27	**종업원수**	170명	**대표이사**	이규형
상 장 일	2015.05.18	**감사의견**	적정(신아)	**계 열**	
결 산 기	12월	**보 통 주**		**종속회사수**	
액 면 가	—	**우 선 주**		**구 상 호**	

주주구성 (지분율,%)		출자관계 (지분율,%)		주요경쟁사 (외형,%)	
이규형	29.8	관악개발	100.0	관악산업	100
마그나포커싱펀드	16.4			엄지하우스	60
				청광종건	

매출구성		비용구성		수출비중	
[국내도급공사]관급도급	87.5	매출원가율	94.8	수출	—
장비임대, 용역매출	12.6	판관비율	2.6	내수	—

회사 개요

동사는 수중공사와 준설공사를 주요 사업목적으로 하여 1998년 7월 27일자로 설립되었으며, 수중공사, 준설공사 등 총 8개부문의 면허를 취득하여 사업을 영위하고 있음. 관악산업 주식회사와 그 종속회사(관악개발)의 연결부문인 사업본부는 서로 다른 사업과 용역을 제공하는 전략적 사업단위이며, 동사는 2015년 5월 18일자로 한국거래소가 개설한 코넥스시장에 주식을 상장함.

실적 분석

코넥스 상장기업인 동사의 2017년 매출액은 1,608억원으로 전년 대비 34% 증가함. 고정비의 증가로 영업이익은 41.7억원으로 전년대비 35.4% 감소함. 당기순이익 또한 45.7억원으로 전년 대비 26.9% 감소됨. 동사는 최근 토목사업 분야에서 시공능력 및 역량을 인정받아 국내시장에서의 공사 참여 요구가 점차 확대되고 있어 동사의 위상 및 시장 유지가 가능할 것으로 판단됨.

현금 흐름 *IFRS 별도 기준

〈단위 : 억원〉

항목	2016	2017
영업활동	108	-44
투자활동	-37	5
재무활동	-4	-5
순현금흐름	68	-43
기말현금	117	74

시장 대비 수익률

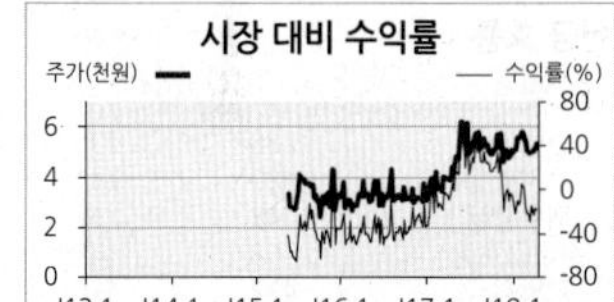

결산 실적

〈단위 : 억원〉

항목	2012	2013	2014	2015	2016	2017
매출액	821	1,025	900	796	1,200	1,608
영업이익	23	23	22	22	65	42
당기순이익	32	40	28	29	62	46

분기 실적 *IFRS 별도 기준

〈단위 : 억원〉

항목	2016.3Q	2016.4Q	2017.1Q	2017.2Q	2017.3Q	2017.4Q
매출액	—	—	—	—	—	—
영업이익	—	—	—	—	—	—
당기순이익	—	—	—	—	—	—

재무 상태 *IFRS 별도 기준

〈단위 : 억원〉

항목	2012	2013	2014	2015	2016	2017
총자산	372	372	389	395	513	535
유형자산	151	135	119	104	90	77
무형자산	0	0	0	0	—	0
유가증권	17	17	17	18	23	29
총부채	72	36	27	7	67	47
총차입금	50	5	—	—	—	—
자본금	24	24	24	24	24	24
총자본	300	336	362	388	447	488
지배주주지분	300	336	362	388	447	488

기업가치 지표 *IFRS 별도 기준

항목	2012	2013	2014	2015	2016	2017
주가(최고/저)(천원)	—/—	—/—	—/—	6.4/2.4	4.3/2.5	7.0/3.0
PER(최고/저)(배)	0.0/0.0	0.0/0.0	0.0/0.0	11.3/4.2	3.5/2.0	7.6/3.2
PBR(최고/저)(배)	0.0/0.0	0.0/0.0	0.0/0.0	0.9/0.3	0.5/0.3	0.7/0.3
EV/EBITDA(배)	1.0	—	—	3.0	0.1	2.9
EPS(원)	655	812	584	603	1,282	938
BPS(원)	61,604	69,042	74,386	7,966	9,174	10,011
CFPS(원)	10,297	11,739	9,204	929	1,598	1,258
DPS(원)	—	—	—	75	100	60
EBITDAPS(원)	8,435	8,241	7,977	780	1,641	1,177

재무 비율

〈단위 : %〉

연도	영업 이익률	순 이익률	부채 비율	차입금 비율	ROA	ROE	유보율	자기자본 비율	EBITDA 마진율
2017	2.6	2.8	9.6	0.0	8.7	9.8	1,902.2	91.2	3.6
2016	5.4	5.2	14.9	0.0	13.8	15.0	1,734.7	87.1	6.7
2015	2.8	3.7	1.8	0.0	7.5	7.8	1,493.3	98.2	4.8
2014	2.5	3.2	7.5	0.0	7.5	8.2	1,387.7	93.1	4.3

광동제약 (A009290)

Kwangdong Pharmaceutical

업 종 : 제약 | 시 장 : 거래소
신용등급 : (Bond) A (CP) — | 기업규모 : 시가총액 중형주
홈페이지 : www.ekdp.com | 연 락 처 : 02)6006-7777
본 사 : 서울시 서초구 서초중앙로 85, 가산빌딩 3~8층 (서초동)

설 립 일	1963.10.16	**종업원수**	1,007명	**대표이사**	최성원
상 장 일	1989.11.17	**감사의견**	적정(삼정)	**계 열**	
결 산 기	12월	**보 통 주**		**종속회사수**	10개사
액 면 가	1,000원	**우 선 주**		**구 상 호**	

주주구성 (지분율,%)		출자관계 (지분율,%)		주요경쟁사 (외형,%)	
최성원	6.6	광동힌	100.0	광동제약	100
FID Low Priced Stock Fund	5.9	애플에셋	100.0	신풍제약	16
(외국인)	24.1	가산	100.0	에이프로젠제약	4

매출구성		비용구성		수출비중	
기타(약국,병원,유통 등)	35.5	매출원가율	78.4	수출	1.2
삼다수(생수영업)	28.9	판관비율	18.5	내수	98.8
비타500류(유통영업)	14.2				

회사 개요

동사는 한방과학화를 창업이념으로 독창적인 의약품개발과 우수한 기술도입을 통해 국민 보건과 삶의 질을 향상시킬 목적으로 1963년 10월 설립되어 1989년 11월 유가증권시장에 상장됨. 의약품 주요 품목으로는 한방감기약 "쌍화탕류"와 동의보감 처방의 "우황청심원"이 있음. 비타500, 옥수수 수염차, 헛개차는 주요 음료 품목임. 2012년 12월 제주개발공사로부터 삼다수 판매권을 획득하여 생수사업도 영위하고 있음.

실적 분석

동사의 2017년 매출액은 1조 1,415.7억원으로 전년대비 8.1% 증가함. 비용측면에서 매출원가와 판관비가 각각 10.6%, 4% 상승하면서 매출 확대에도 불구하고 영업이익은 전년보다 19.5% 줄어든 357.4억원을 기록함. 채널별로는 병원영업, 유통영업의 매출이 증가함. 2017년 삼다수 판권 재계약은 LG생활건강과 나눠서 체결됨. 2016년부터 노바티스 표적항암제 '아피니토(성분명 에베로리무스)' 퍼스트제네릭 개발을 진행 중임.

현금 흐름 <단위 : 억원>

항목	2016	2017
영업활동	288	235
투자활동	-189	-241
재무활동	-43	67
순현금흐름	58	49
기말현금	427	476

시장 대비 수익률

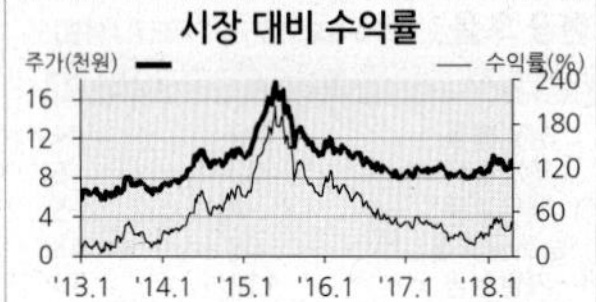

결산 실적 <단위 : 억원>

항목	2012	2013	2014	2015	2016	2017
매출액	3,326	4,684	5,223	9,555	10,564	11,416
영업이익	363	444	505	509	444	357
당기순이익	278	220	351	361	279	231

분기 실적 <단위 : 억원>

항목	2016.3Q	2016.4Q	2017.1Q	2017.2Q	2017.3Q	2017.4Q
매출액	2,684	2,653	2,643	3,022	2,970	2,781
영업이익	129	70	97	56	124	81
당기순이익	84	18	64	38	103	26

재무 상태 <단위 : 억원>

항목	2012	2013	2014	2015	2016	2017
총자산	3,894	4,257	4,425	6,638	6,798	7,227
유형자산	1,393	1,386	1,478	1,670	1,734	1,744
무형자산	1	1	1	310	283	273
유가증권	514	648	685	731	711	719
총부채	1,222	1,349	1,281	2,861	2,801	3,064
총차입금	685	572	652	1,006	999	1,103
자본금	524	524	524	524	524	524
총자본	2,673	2,908	3,144	3,777	3,997	4,163
지배주주지분	2,660	2,893	3,128	3,499	3,730	3,919

기업가치 지표

항목	2012	2013	2014	2015	2016	2017
주가(최고/저)(천원)	5.8/3.4	8.2/5.6	11.2/7.1	18.2/9.9	12.1/7.8	9.4/7.9
PER(최고/저)(배)	11.6/6.8	20.4/14.0	17.4/11.0	28.0/15.2	23.1/14.9	21.4/18.0
PBR(최고/저)(배)	1.1/0.6	1.4/1.0	1.7/1.1	2.5/1.3	1.6/1.0	1.1/1.0
EV/EBITDA(배)	7.3	7.2	9.1	10.1	8.1	9.7
EPS(원)	531	420	669	668	535	443
BPS(원)	5,782	6,208	6,873	7,551	7,991	8,352
CFPS(원)	674	565	813	888	814	735
DPS(원)	60	70	80	80	80	80
EBITDAPS(원)	836	992	1,108	1,190	1,125	974

재무 비율 <단위 : %>

연도	영업이익률	순이익률	부채비율	차입금비율	ROA	ROE	유보율	자기자본비율	EBITDA마진율
2017	3.1	2.0	73.6	26.5	3.3	6.1	735.2	57.6	4.5
2016	4.2	2.6	70.1	25.0	4.2	7.8	699.1	58.8	5.6
2015	5.3	3.8	75.7	26.6	6.5	10.6	655.2	56.9	6.5
2014	9.7	6.7	40.8	20.7	8.1	11.6	587.3	71.1	11.1

광림 (A014200)

Kang Lim

업 종 : 기계 | 시 장 : KOSDAQ
신용등급 : (Bond) — (CP) — | 기업규모 : 벤처
홈페이지 : www.kanglim.com | 연 락 처 : 043)260-9111
본 사 : 충북 청주시 서원구 현도면 청남로 484

설 립 일	1980.03.13	**종업원수**	217명	**대표이사**	김효천
상 장 일	1993.07.07	**감사의견**	적정(정동)	**계 열**	
결 산 기	12월	**보 통 주**		**종속회사수**	5개사
액 면 가	500원	**우 선 주**		**구 상 호**	

주주구성 (지분율,%)		출자관계 (지분율,%)		주요경쟁사 (외형,%)	
칼라스홀딩스	32.8	나노스	53.1	광림	100
브이더블유홀딩스	4.4	원라이트전자	23.0	두산중공업	10,743
(외국인)	1.9	쌍방울	18.0	현대엘리베이	1,475

매출구성		비용구성		수출비중	
SN15B NEW BATTERY TYPE 외	36.8	매출원가율	97.0	수출	23.3
특장부문 기타(제품)	27.1	판관비율	12.1	내수	76.7
크레인부문 기타(제품)	14.6				

회사 개요

동사는 유압크레인, 전기공사용 특장차, 운송용 차량, 환경차 등 중량물 운반용 건설장비 및 특수장비를 제조 판매하는 기업임. 재활용장비 및 고층작업과 중량물 작업을 수행하는 관절식, 직진식 크레인, 신속하고 다양한 배전공사를 위한 전기공사분야 특장차, 노면청소 및 쓰레기 수거, 하수구 청소등 환경분야 특장차 및 건설기계분야와 소방차, 각종 군용 수송장비등을 생산 판매함. 나노스, 연태나노스유한공사 등을 연결대상 종속회사로 보유함.

실적 분석

2017년 연결기준 동사 매출액은 1351.9억원을 기록함. 전년도에 비해 54.9% 증가한 금액임. 매출이 늘었으나 매출원가가 74.9% 늘고 판매비와 관리비가 35.2% 증가해 영업이익은 적자로 전환함. 전년도엔 1.7억원을 기록했으나 2017년엔 손실 123.7억원을 기록함. 비영업 부문도 적자폭이 커져 당기순손실 적자폭이 커짐. 주요 종속회사인 나노스가 법정관리로 인해 단가협상에서 불리했던 점, 경기침체 등이 수익성 악화 원인으로 보임.

현금 흐름 <단위 : 억원>

항목	2016	2017
영업활동	33	-153
투자활동	-120	-76
재무활동	196	257
순현금흐름	110	26
기말현금	290	317

시장 대비 수익률

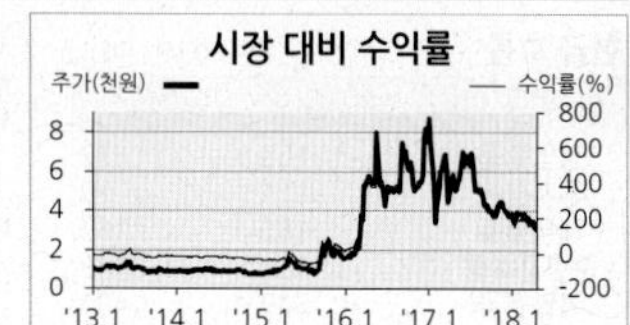

결산 실적 <단위 : 억원>

항목	2012	2013	2014	2015	2016	2017
매출액	853	1,034	2,314	2,372	873	1,352
영업이익	13	33	22	13	2	-124
당기순이익	6	16	-2	92	-19	-236

분기 실적 <단위 : 억원>

항목	2016.3Q	2016.4Q	2017.1Q	2017.2Q	2017.3Q	2017.4Q
매출액	160	335	363	322	332	335
영업이익	-7	15	-19	-21	-18	-66
당기순이익	-17	-8	-47	-31	-43	-114

재무 상태 <단위 : 억원>

항목	2012	2013	2014	2015	2016	2017
총자산	898	1,016	2,449	1,463	2,288	2,081
유형자산	239	239	567	245	671	582
무형자산	11	7	198	10	123	123
유가증권	14	9	9	36	30	22
총부채	263	368	1,159	654	1,170	1,004
총차입금	117	155	815	419	567	655
자본금	191	191	191	191	242	242
총자본	635	648	1,290	809	1,118	1,077
지배주주지분	635	648	656	809	988	936

기업가치 지표

항목	2012	2013	2014	2015	2016	2017
주가(최고/저)(천원)	2.5/0.8	1.5/0.8	1.0/0.7	3.1/0.8	8.4/1.5	8.8/3.4
PER(최고/저)(배)	133.9/45.5	34.5/19.3	54.3/39.2	12.2/3.0	—/—	—/—
PBR(최고/저)(배)	1.5/0.5	0.9/0.5	0.6/0.4	1.5/0.4	4.1/0.7	4.5/1.8
EV/EBITDA(배)	15.6	4.3	24.7	15.3	425.5	—
EPS(원)	19	43	19	252	-41	-307
BPS(원)	3,325	3,393	3,433	4,235	2,038	1,932
CFPS(원)	99	131	229	700	-24	-160
DPS(원)	—	—	—	—	—	—
EBITDAPS(원)	145	219	306	265	21	-108

재무 비율 <단위 : %>

연도	영업이익률	순이익률	부채비율	차입금비율	ROA	ROE	유보율	자기자본비율	EBITDA마진율
2017	-9.2	-17.5	93.2	60.8	-10.8	-15.5	286.4	51.8	-3.9
2016	0.2	-2.2	104.7	50.7	-1.0	-2.1	307.7	48.9	1.1
2015	0.6	3.9	80.9	51.8	4.7	13.2	323.5	55.3	2.1
2014	0.9	-0.1	89.9	63.2	-0.1	1.1	243.3	52.7	2.5

광명전기 (A017040)
KWANG MYUNG ELECTRIC CO

업　　종 : 전기장비　　　시　　장 : 거래소
신용등급 : (Bond) —　　(CP) —　　기업규모 : 시가총액 소형주
홈페이지 : www.kmec.co.kr　　연 락 처 : 031)494-0720
본　　사 : 경기도 안산시 단원구 목내로 160(목내동)

설 립 일	1955.07.01	**종업원수**	191명	**대표이사**	이재광,조광식
상 장 일	1990.09.14	**감사의견**	적정(대성삼경)	**계　　열**	
결 산 기	12월	**보 통 주**		**종속회사수**	3개사
액 면 가	500원	**우 선 주**		**구　상　호**	

주주구성 (지분율,%)		출자관계 (지분율,%)		주요경쟁사 (외형,%)	
이재광	15.0	광명태양광	92.5	광명전기	100
조광식	12.9	케이엠씨	67.4	성문전자	45
(외국인)	1.2	광명에스지	38.4	가온전선	824

매출구성		비용구성		수출비중	
수배전반 등	93.1	매출원가율	91.0	수출	10.4
태양광발전시스템시공	5.8	판관비율	6.8	내수	89.6
임대	1.0				

회사 개요

동사는 1955년 설립돼 수배전반 제조, 판매 등을 영위하며, 수배전반 부문, 태양광발전시스템부문, 전력기기부문, 임대부문 4개의 사업으로 구분됨. 광명전기의 주요 고객은 한국전력공사, 한국수력원자력, 삼성물산 등이 있음. 대표적인 제품인 중전기기는 대형 플랜트나 아파트, 전력수급 설비에 안정적인 전력 공급을 위한 설비. 태양광발전시스템은 일정비율의 신재생에너지원 발전 의무 이슈가 있음.

실적 분석

동사의 2017년도 연결기준 연간 매출액은 1,015.6억원으로 전년 대비 4.8% 증가함. 태양광발전시스템은 감소했으나, 주요 수익원인 수배전반 사업부문과 임대료 수익이 증가하고 공사수익, 전력매출의 신규 매출이 발생함. 고정비와 외화환산손실 금액 증가에 따라 순손실은 전년 대비 적자전환(-20.5억원). 삼성전자 납품, 현대로템 공사를 신규 수주하여 진행 중임.

현금 흐름 〈단위 : 억원〉

항목	2016	2017
영업활동	24	87
투자활동	-331	-110
재무활동	230	55
순현금흐름	-69	8
기말현금	390	398

시장 대비 수익률

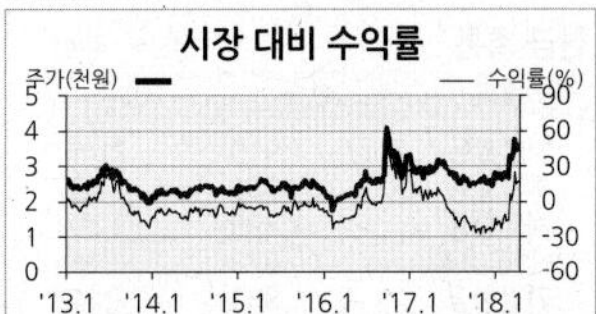

결산 실적 〈단위 : 억원〉

항목	2012	2013	2014	2015	2016	2017
매출액	1,172	1,179	1,348	932	969	1,016
영업이익	42	108	125	38	36	22
당기순이익	4	65	91	89	112	-20

분기 실적 〈단위 : 억원〉

항목	2016.3Q	2016.4Q	2017.1Q	2017.2Q	2017.3Q	2017.4Q
매출액	209	178	251	239	243	283
영업이익	10	-46	9	-1	4	10
당기순이익	5	39	-16	-2	10	-12

재무 상태 〈단위 : 억원〉

항목	2012	2013	2014	2015	2016	2017
총자산	1,311	1,209	1,386	1,315	1,458	1,516
유형자산	185	171	178	178	176	331
무형자산	43	42	44	47	37	36
유가증권	23	22	79	39	18	47
총부채	681	511	599	436	485	558
총차입금	280	209	193	167	207	262
자본금	217	217	217	217	217	217
총자본	630	698	787	878	972	958
지배주주지분	570	629	710	777	893	879

기업가치 지표

항목	2012	2013	2014	2015	2016	2017
주가(최고/저)(천원)	4.5/2.3	3.3/2.0	2.5/2.0	2.7/2.1	4.1/1.8	3.4/2.4
PER(최고/저)(배)	283.3/141.3	24.4/14.7	13.0/10.6	17.9/14.3	18.9/8.1	—/—
PBR(최고/저)(배)	3.5/1.7	2.2/1.4	1.5/1.2	1.5/1.2	2.0/0.9	1.7/1.2
EV/EBITDA(배)	17.2	6.4	6.1	14.2	25.6	27.8
EPS(원)	16	133	192	148	218	-45
BPS(원)	1,314	1,451	1,638	1,792	2,061	2,029
CFPS(원)	61	176	229	184	251	-12
DPS(원)	—	—	—	—	—	—
EBITDAPS(원)	141	291	325	124	117	84

재무 비율 〈단위 : %〉

연도	영업 이익률	순 이익률	부채 비율	차입금 비율	ROA	ROE	유보율	자기자본 비율	EBITDA 마진율
2017	2.2	-2.0	58.2	27.3	-1.4	-2.2	305.8	63.2	3.6
2016	3.7	11.6	49.9	21.3	8.1	11.3	312.2	66.7	5.2
2015	4.1	9.5	49.7	19.0	6.6	8.6	258.4	66.8	5.8
2014	9.3	6.8	76.1	24.5	7.0	12.5	227.5	56.8	10.4

광전자 (A017900)
AUK

업　　종 : 전자 장비 및 기기　　　시　　장 : 거래소
신용등급 : (Bond) —　　(CP) —　　기업규모 : 시가총액 소형주
홈페이지 : www.auk.co.kr　　연 락 처 : 063)839-1111
본　　사 : 전북 익산시 약촌로8길 62-8 (어양동)

설 립 일	1984.07.31	**종업원수**	904명	**대표이사**	박래원
상 장 일	1996.09.19	**감사의견**	적정(안진)	**계　　열**	
결 산 기	12월	**보 통 주**		**종속회사수**	4개사
액 면 가	500원	**우 선 주**		**구　상　호**	

주주구성 (지분율,%)		출자관계 (지분율,%)		주요경쟁사 (외형,%)	
중도곽화	17.1	원광전자	41.0	광전자	100
에이유이	16.5	파인로보틱스	18.0	써니전자	11
(외국인)	23.2	태화	9.5	파워로직스	398

매출구성		비용구성		수출비중	
PHOTO SENSOR	43.7	매출원가율	84.4	수출	72.3
TRANSISTOR	37.6	판관비율	10.9	내수	27.7
LED/LDM등	15.9				

회사 개요

동사는 반도체 전문 생산업체임. 2010년 고덴시와 나리지 온을 흡수합병 하였음. 반도체 중에서도 Transistor, LED, Photo Sensor 등이 주요 제품임. Transistor는 전력 반도체이고 안정된 고속 스위칭과 낮은 포화전압의 특징을 갖고 있어서 휴대폰 뿐만 아니라 가전 및 자동차 등에 사용되고 있음. LED는 아직 매출에서 차지하는 비중이 15.7% 수준임.

실적 분석

동사의 2017년 연결기준 매출액은 1,773.9억원으로 전년동기 대비 3.8% 증가함. 원가절감과 생산성 향상으로 영업이익은 82.8억원으로 흑자전환함. 비영업부문 이익이 적자전환했지만 금융이익과 관련기업투자 이익이 흑자전환되며, 당기순 이익은 29.2억원으로 44.6% 증가함. 동사는 원가경쟁력 확보에 주력하고 있으며, 경기침체에도 적응 가능하고 신성장 동력 제품개발을 위하여 한,중,일 협력 체제를 구축하고 투자를 진행하고 있음.

현금 흐름 〈단위 : 억원〉

항목	2016	2017
영업활동	124	47
투자활동	-120	-79
재무활동	0	-0
순현금흐름	3	-33
기말현금	129	95

시장 대비 수익률

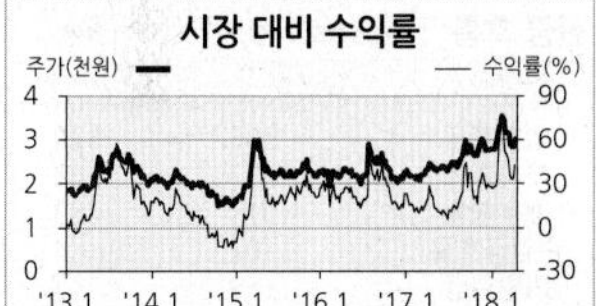

결산 실적 〈단위 : 억원〉

항목	2012	2013	2014	2015	2016	2017
매출액	3,186	3,077	2,356	2,062	1,709	1,774
영업이익	-59	-72	-99	-115	-14	83
당기순이익	-134	-48	-107	-51	20	29

분기 실적 〈단위 : 억원〉

항목	2016.3Q	2016.4Q	2017.1Q	2017.2Q	2017.3Q	2017.4Q
매출액	449	431	438	456	465	415
영업이익	4	10	14	23	30	16
당기순이익	-37	83	-39	45	46	-23

재무 상태 〈단위 : 억원〉

항목	2012	2013	2014	2015	2016	2017
총자산	2,825	2,694	2,782	2,403	2,423	2,382
유형자산	1,268	764	956	860	748	740
무형자산	43	13	8	5	3	3
유가증권	62	62	79	79	79	79
총부채	732	603	566	371	390	321
총차입금	118	—	0	2	2	2
자본금	290	290	290	290	290	290
총자본	2,093	2,090	2,217	2,032	2,033	2,061
지배주주지분	2,101	2,096	2,221	2,036	2,037	2,061

기업가치 지표

항목	2012	2013	2014	2015	2016	2017
주가(최고/저)(천원)	3.7/1.7	2.8/1.7	2.3/1.4	3.1/1.6	2.9/1.9	3.1/2.1
PER(최고/저)(배)	—/—	—/—	—/—	—/—	86.3/57.7	62.6/42.5
PBR(최고/저)(배)	0.8/0.4	0.6/0.4	0.6/0.4	0.9/0.4	0.8/0.5	0.8/0.6
EV/EBITDA(배)	3.9	5.2	2.1	12.1	3.4	4.1
EPS(원)	-191	-86	-186	-90	34	50
BPS(원)	4,692	4,557	3,850	3,757	3,758	3,801
CFPS(원)	398	305	119	185	268	219
DPS(원)	—	—	—	—	—	50
EBITDAPS(원)	486	266	134	76	209	312

재무 비율 〈단위 : %〉

연도	영업 이익률	순 이익률	부채 비율	차입금 비율	ROA	ROE	유보율	자기자본 비율	EBITDA 마진율
2017	4.7	1.7	15.6	0.1	1.2	1.4	660.3	86.5	10.2
2016	-0.9	1.2	19.2	0.1	0.8	1.0	651.7	83.9	7.1
2015	-5.6	-2.5	18.2	0.1	-2.0	-2.4	651.5	84.6	2.1
2014	-4.2	-4.5	25.5	0.0	-3.9	-5.0	670.0	79.7	3.3

광주신세계 (A037710)
Gwangju Shinsegae

업 종 : 백화점 | 시 장 : 거래소
신용등급 : (Bond) — (CP) A1 | 기업규모 : 시가총액 소형주
홈페이지 : www.gjshinsegae.co.kr | 연 락 처 : 062)360-1234
본 사 : 광주시 서구 무진대로 932 (광천동)

설 립 일	1995.04.10	**종업원수**	351명	**대표이사**	최민도
상 장 일	2002.01.30	**감사의견**	적정(삼정)	**계 열**	
결 산 기	12월	**보 통 주**		**종속회사수**	
액 면 가	5,000원	**우 선 주**		**구 상 호**	

주주구성 (지분율,%)		출자관계 (지분율,%)		주요경쟁사 (외형,%)	
정용진	52.1	신세계의정부역사	25.0	광주신세계	100
신세계	10.4			롯데쇼핑	8,672
(외국인)	13.5			현대백화점	882

매출구성		비용구성		수출비중	
[백화점]상품 매출	52.8	매출원가율	32.7	수출	0.0
[이마트]상품 매출	35.2	판관비율	40.4	내수	100.0
[백화점]기타 수입	11.4				

회사 개요

1995년 설립된 동사는 광주를 비롯한 호남지역을 상권으로 식품, 의류, 잡화 등을 판매하는 백화점 및대형마트업을 주요 사업으로 영위하고 있음. 광주 지역 내 롯데백화점과 NC백화점, 이마트, 홈플러스 등이 주요 경쟁사로 꼽힘. 매출은 백화점 사업 부문 64.4%, 이마트 사업 부문 35.6%로 구성됨. 백화점 부문은 2015년 점유율이 하락했으나 이후 다시 증가세를 보임. 마트 부문은 2016년 점유율이 내려갔으나 2017년 다시 증가함.

실적 분석

2017년 연결기준 동사 매출액은 2,096.5억원을 기록함. 전년도 매출액인 2,104.2억원에 비해 0.4% 감소한 금액임. 매출이 소폭 줄었으나 매출원가가 0.6% 감소하고 판매비와 관리비가 0.7% 줄어 영업이익은 0.4% 증가함. 전년도엔 560.5억원을 기록했으나 2017년엔 562.9억원을 기록함. 비영업부문 이익은 21.5% 증가함. 이에 당기순이익은 5% 증가한 478.5억원을 기록함.

현금 흐름 *IFRS 별도 기준 <단위 : 억원>

항목	2016	2017
영업활동	506	520
투자활동	-97	-43
재무활동	-511	-473
순현금흐름	-102	4
기말현금	9	13

시장 대비 수익률

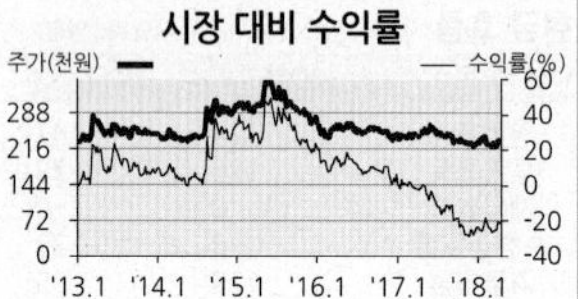

결산 실적 <단위 : 억원>

항목	2012	2013	2014	2015	2016	2017
매출액	2,138	2,066	2,048	2,053	2,104	2,096
영업이익	582	560	518	548	560	563
당기순이익	538	486	422	459	456	478

분기 실적 *IFRS 별도 기준 <단위 : 억원>

항목	2016.3Q	2016.4Q	2017.1Q	2017.2Q	2017.3Q	2017.4Q
매출액	515	555	517	508	505	566
영업이익	116	173	130	136	115	181
당기순이익	102	134	114	123	105	136

재무 상태 *IFRS 별도 기준 <단위 : 억원>

항목	2012	2013	2014	2015	2016	2017
총자산	4,307	6,564	6,528	6,595	6,555	6,550
유형자산	1,183	1,135	1,124	1,117	1,098	1,089
무형자산	6	8	8	9	13	12
유가증권	—	—	—	—	—	—
총부채	690	2,477	2,041	1,681	1,212	757
총차입금	—	1,801	1,357	1,000	509	56
자본금	80	80	80	80	80	80
총자본	3,616	4,087	4,486	4,914	5,343	5,794
지배주주지분	3,616	4,087	4,486	4,914	5,343	5,794

기업가치 지표 *IFRS 별도 기준

항목	2012	2013	2014	2015	2016	2017
주가(최고/저)(천원)	234/164	282/225	318/229	360/263	276/234	265/221
PER(최고/저)(배)	7.2/5.0	9.5/7.6	12.3/8.8	12.7/9.3	9.8/8.3	8.9/7.4
PBR(최고/저)(배)	1.1/0.8	1.1/0.9	1.2/0.8	1.2/0.9	0.8/0.7	0.7/0.6
EV/EBITDA(배)	1.6	9.4	10.8	8.9	7.2	5.9
EPS(원)	33,606	30,356	26,398	28,688	28,471	29,904
BPS(원)	226,010	255,432	280,391	307,113	333,931	362,102
CFPS(원)	37,406	33,941	30,186	32,543	32,017	33,407
DPS(원)	1,250	1,250	1,250	1,250	1,250	1,250
EBITDAPS(원)	40,166	38,574	36,185	38,087	38,576	38,684

재무 비율 <단위 : %>

연도	영업이익률	순이익률	부채비율	차입금비율	ROA	ROE	유보율	자기자본비율	EBITDA마진율
2017	26.9	22.8	13.1	1.0	7.3	8.6	7,142.1	88.5	29.5
2016	26.6	21.7	22.7	9.5	6.9	8.9	6,578.6	81.5	29.3
2015	26.7	22.4	34.2	20.4	7.0	9.8	6,042.3	74.5	29.7
2014	25.3	20.6	45.5	30.3	6.5	9.9	5,507.8	68.7	28.3

광주은행 (A192530)
Kwangju Bank

업 종 : 상업은행 | 시 장 : 거래소
신용등급 : (Bond) AA+ (CP) — | 기업규모 : 시가총액 중형주
홈페이지 : www.kjbank.com | 연 락 처 : 062)239-5000
본 사 : 광주시 동구 제봉로 225

설 립 일	2014.05.08	**종업원수**	1,660명	**대표이사**	송종욱
상 장 일	2014.05.22	**감사의견**	적정(안진)	**계 열**	
결 산 기	12월	**보 통 주**		**종속회사수**	4개사
액 면 가	5,000원	**우 선 주**		**구 상 호**	KJB금융지주

주주구성 (지분율,%)		출자관계 (지분율,%)		주요경쟁사 (외형,%)	
JB금융지주	57.0	큐씨피제이비기술가치평가	24.7	광주은행	100
브이아이피투자자문	5.4	메이플트리사모투자합자회사	20.0	BNK금융지주	418
(외국인)	13.3	영화산업	18.8	DGB금융지주	227

수익구성		비용구성		수출비중	
		이자비용	35.3	수출	—
		파생상품손실	0.0	내수	—
		판관비	40.9		

회사 개요

동사는 우리금융지주 민영화 방침에 따라 우리금융지주에서 분할돼 KJB금융지주를 2014년 5월 설립함. 이후 자회사인 광주은행과 합병하면서 사명을 광주은행으로 변경함. 그 해 10월 JB금융지주가 예금보험공사가 보유 중이던 동사 주식 56.97%를 취득하면서 자회사로 편입됨. 광주, 전남권에 집중된 점을 극복하기 위해 서울 및 수도권 지역에 소형점포를 확충해 영업력 확대를 통한 규모의 경제를 꾀함.

실적 분석

동사의 2017년 4분기 연결기준 누적 영업이익은 1,821.1억원으로 전년 동기(1,309억원) 대비 39.1% 증가함. 안정적인 순이자마진 확보 및 자금량 증가, 비용구조 효율화 등으로 ROE(8.69%), ROA(0.59) 등의 수익성 지표가 전년 대비 각각 1.72%p, 0.11%p 상승했음. 정부정책에 따른 가계대출 성장세 둔화, 인터넷은행의 출현에 따른 소매신용대출 시장의 경쟁 심화 등으로 성장성은 제한될 것으로 전망됨.

현금 흐름 <단위 : 억원>

항목	2016	2017
영업활동	1,910	2,791
투자활동	-705	1,007
재무활동	-1,899	-3,501
순현금흐름	-673	281
기말현금	1,832	2,113

시장 대비 수익률

결산 실적 <단위 : 억원>

항목	2012	2013	2014	2015	2016	2017
이자수익	—	—	5,017	6,650	7,250	8,021
영업이익	—	—	317	722	1,328	1,813
당기순이익	—	—	200	579	1,034	1,342

분기 실적 <단위 : 억원>

항목	2016.3Q	2016.4Q	2017.1Q	2017.2Q	2017.3Q	2017.4Q
이자수익	1,843	1,870	1,921	1,977	2,034	2,089
영업이익	448	71	568	545	568	132
당기순이익	350	69	428	417	431	65

재무 상태 <단위 : 억원>

항목	2012	2013	2014	2015	2016	2017
총자산	—	—	173,479	197,763	226,195	234,191
유형자산	—	—	1,658	1,792	1,779	1,716
무형자산	—	—	203	174	122	514
유가증권	—	—	31,619	30,530	29,061	27,610
총부채	—	—	160,195	183,927	211,402	218,371
총차입금	—	—	27,566	23,876	22,132	18,786
자본금	—	—	2,566	2,566	2,566	2,566
총자본	—	—	13,284	13,836	14,793	15,820
지배주주지분	—	—	13,284	13,836	14,793	15,820

기업가치 지표

항목	2012	2013	2014	2015	2016	2017
주가(최고/저)(천원)	—/—	—/—	11.4/9.0	9.1/6.9	10.6/6.9	13.8/9.9
PER(최고/저)(배)	0.0/0.0	0.0/0.0	33.6/26.5	8.6/6.6	5.5/3.6	5.4/3.9
PBR(최고/저)(배)	0.0/0.0	0.0/0.0	0.5/0.4	0.4/0.3	0.4/0.3	0.5/0.3
PSR(최고/저)(배)	0/0	0/0	1/1	1/1	1/1	1/1
EPS(원)	—	—	363	1,127	2,014	2,616
BPS(원)	—	—	25,893	26,969	28,832	30,834
CFPS(원)	—	—	633	1,601	2,568	3,281
DPS(원)	—	—	—	200	200	250
EBITDAPS(원)	—	—	619	1,407	2,587	3,533

재무 비율 <단위 : %>

연도	계속사업이익률	순이익률	부채비율	차입금비율	ROA	ROE	유보율	자기자본비율	총자산증가율
2017	22.1	16.7	1,380.4	118.8	0.6	8.8	516.7	6.8	3.5
2016	18.7	14.3	1,429.1	149.6	0.5	7.2	476.7	6.5	14.4
2015	11.6	8.7	1,329.3	172.6	0.3	4.3	439.4	7.0	14.0
2014	6.3	4.0	1,205.9	207.5	0.0	0.0	417.9	7.7	0.0

광진실업 (A026910)

Kwang Jin Ind

업　　종 : 금속 및 광물
신용등급 : (Bond) —　　(CP) —
홈페이지 : www.kjsteel.co.kr
본　　사 : 부산시 사하구 하신중앙로 160 (신평동)

시　　장 : KOSDAQ
기업규모 : 중견
연 락 처 : 051)204-9102

설 립 일	1976.12.06	**종업원수**	100명	**대표이사**	김영욱,허정도
상 장 일	1996.01.03	**감사의견**	적정(삼경)	**계　　열**	
결 산 기	12월	**보 통 주**		**종속회사수**	
액 면 가	500원	**우 선 주**		**구 상 호**	

주주구성 (지분율,%)		출자관계 (지분율,%)		주요경쟁사 (외형,%)	
허정도	33.3			광진실업	100
최두필	8.9			하이스틸	498
(외국인)	3.1			한국주강	70

매출구성		비용구성		수출비중	
봉강(제품)	72.2	매출원가율	89.3	수출	7.0
스텐(상품)	27.7	판관비율	8.9	내수	93.0
기타	0.2				

회사 개요

동사는 철강제품 제조 판매업, 철강제품 도매업, 수출입업, 오토바이 판매와 수리를 주된 사업으로 영위하고 있음. 전방 산업인 설비투자, 기계부문 및 자동차 부분의 성장이 둔화될 것으로 예상되나, 경기회복에 따른 설비투자가 이어질 경우 전방산업 호조로 작용될 것으로 전망됨. 반면, 국제 철강가격의 상승 추세는 계속 이어질 것으로 판단되어 영업이익율 상승의 기회로 평가되어짐.

실적 분석

동사의 2017년 연간 매출액은 전년동기대비 11.1% 상승한 424.9억원을 기록하였음. 비용면에서 전년동기대비 매출원가는 증가 하였으며 인건비는 거의 동일 하였고 광고선전비는 크게 감소, 기타판매비와관리비는 감소함. 이처럼 매출액 상승과 더불어 비용절감에도 힘을 기울였음. 최종적으로 전년동기대비 당기순이익은 흑자전환하여 5.4억원을 기록함. 금융손익 등 비영업손익의 적자가 지속중이나 손실폭을 줄이고 있는것이 긍정적임.

현금 흐름 *IFRS 별도 기준 〈단위 : 억원〉

항목	2016	2017
영업활동	45	25
투자활동	-4	-5
재무활동	-27	-26
순현금흐름	14	-6
기말현금	47	41

시장 대비 수익률

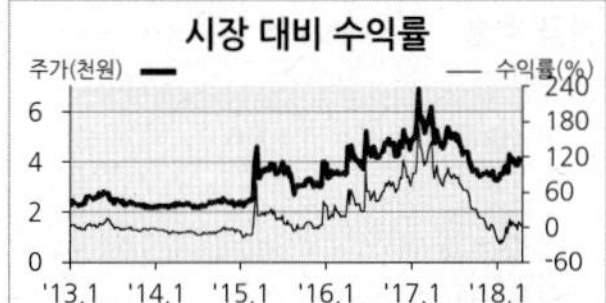

결산 실적 〈단위 : 억원〉

항목	2012	2013	2014	2015	2016	2017
매출액	733	562	467	421	382	425
영업이익	19	-1	12	-2	1	8
당기순이익	12	-6	6	-1	-0	5

분기 실적 *IFRS 별도 기준 〈단위 : 억원〉

항목	2016.3Q	2016.4Q	2017.1Q	2017.2Q	2017.3Q	2017.4Q
매출액	82	97	107	109	106	103
영업이익	-1	1	3	4	2	-2
당기순이익	-1	0	2	3	2	-2

재무 상태 *IFRS 별도 기준 〈단위 : 억원〉

항목	2012	2013	2014	2015	2016	2017
총자산	535	455	435	425	405	388
유형자산	191	174	172	189	178	170
무형자산	2	2	3	3	3	3
유가증권	2	2	0	0	0	0
총부채	247	174	152	139	121	99
총차입금	191	131	120	97	73	49
자본금	32	32	32	32	32	32
총자본	288	281	283	286	285	290
지배주주지분	288	281	283	286	285	290

기업가치 지표 *IFRS 별도 기준

항목	2012	2013	2014	2015	2016	2017
주가(최고/저)(천원)	4.2/2.1	2.9/2.1	2.6/2.2	5.2/2.3	5.4/3.4	7.2/3.3
PER(최고/저)(배)	24.0/12.1	—/—	26.9/22.5	—/—	—/—	84.7/38.6
PBR(최고/저)(배)	1.0/0.5	0.7/0.5	0.6/0.5	1.2/0.5	1.2/0.8	1.6/0.7
EV/EBITDA(배)	8.1	12.2	7.4	19.0	20.2	10.4
EPS(원)	183	-91	98	-20	-3	85
BPS(원)	4,595	4,480	4,531	4,470	4,445	4,524
CFPS(원)	513	215	389	280	224	291
DPS(원)	25	25	25	—	—	—
EBITDAPS(원)	622	288	472	263	242	325

재무 비율 〈단위 : %〉

연도	영업이익률	순이익률	부채비율	차입금비율	ROA	ROE	유보율	자기자본비율	EBITDA마진율
2017	1.8	1.3	34.0	16.9	1.4	1.9	804.9	74.6	4.9
2016	0.3	-0.1	42.4	25.5	0.0	-0.1	789.1	70.3	4.1
2015	-0.6	-0.3	48.5	34.0	-0.3	-0.4	794.1	67.3	4.0
2014	2.5	1.3	53.8	42.3	1.4	2.2	806.2	65.0	6.5

광진윈텍 (A090150)

Kwangjin Wintec

업　　종 : 자동차부품
신용등급 : (Bond) —　　(CP) —
홈페이지 : www.kwangjinwintec.com
본　　사 : 부산시 기장군 장안읍 장안산단9로 110

시　　장 : KOSDAQ
기업규모 : 중견
연 락 처 : 051)711-2222

설 립 일	1999.02.06	**종업원수**	186명	**대표이사**	신규진
상 장 일	2006.10.20	**감사의견**	적정(부영)	**계　　열**	
결 산 기	12월	**보 통 주**		**종속회사수**	4개사
액 면 가	500원	**우 선 주**		**구 상 호**	

주주구성 (지분율,%)		출자관계 (지분율,%)		주요경쟁사 (외형,%)	
신태식	29.0	칸트바이오	50.0	광진윈텍	100
신규진	25.8	씨텍시스템	42.3	디젠스	111
(외국인)	1.7	광진윈텍베트남	100.0	에스제이케이	9

매출구성		비용구성		수출비중	
시트히터(상품)	67.0	매출원가율	82.4	수출	64.8
시트히터(제품)	33.1	판관비율	21.3	내수	35.2

회사 개요

동사는 1999년 설립되어 2006년에 코스닥 시장에 상장했으며 현대, 기아, 르노삼성자동차의 대부분 차종에 시트히터를 납품하고 있음. 현재 국내 경쟁 업체 2개사 정도가 한국GM, 쌍용車 등에 납품하고 있으며 해외업체를 비롯한 잠재적 경쟁사들의 시장진출노력이 강화되면서 대 · 내외적으로 경쟁이 심화되고 있음. 2015년 기준 국내 시트히터 시장 점유율은 94%이며 현대, 기아차향 매출 비중은 97.5%임.

실적 분석

동사의 2017년 매출액은 971.9억원으로 전년 대비 8.1% 감소함. 영업이익은 35.5억원의 적자를 기록함. 동사의 주력제품인 시트히터는 국내 주요 완성차 업체의 대부분의 차종에 납품 중. 국내 전체 시트히터 물량의 90% 이상을 공급하고 있음. 시트히트분야에서는 세계최고의 기술력을 보유한 IGB사와의 독점적인 기술제휴 중. 향후 원가절감을 통한 수익성 제고 노력이 지속적으로 필요함.

현금 흐름 〈단위 : 억원〉

항목	2016	2017
영업활동	71	24
투자활동	-38	-61
재무활동	-50	14
순현금흐름	-20	-22
기말현금	134	112

시장 대비 수익률

결산 실적 〈단위 : 억원〉

항목	2012	2013	2014	2015	2016	2017
매출액	943	922	948	970	1,058	972
영업이익	43	23	26	15	15	-35
당기순이익	39	28	8	9	21	-30

분기 실적 〈단위 : 억원〉

항목	2016.3Q	2016.4Q	2017.1Q	2017.2Q	2017.3Q	2017.4Q
매출액	269	235	256	256	241	219
영업이익	9	-9	2	-41	4	-1
당기순이익	-6	7	-10	-13	9	-16

재무 상태 〈단위 : 억원〉

항목	2012	2013	2014	2015	2016	2017
총자산	1,016	1,045	1,012	983	974	972
유형자산	203	190	178	175	167	159
무형자산	16	16	16	16	19	18
유가증권	4	6	21	23	21	38
총부채	636	643	604	566	541	576
총차입금	410	432	419	371	323	341
자본금	48	48	48	48	48	48
총자본	380	402	408	417	433	396
지배주주지분	380	402	408	417	433	396

기업가치 지표

항목	2012	2013	2014	2015	2016	2017
주가(최고/저)(천원)	2.5/1.8	2.9/1.8	2.9/2.0	3.4/1.9	6.6/2.6	5.4/2.5
PER(최고/저)(배)	6.8/4.9	10.6/6.8	35.2/24.5	36.6/19.9	31.2/12.3	—/—
PBR(최고/저)(배)	0.7/0.5	0.7/0.5	0.7/0.5	0.8/0.4	1.4/0.6	1.3/0.6
EV/EBITDA(배)	7.3	9.8	8.5	14.8	19.1	—
EPS(원)	390	287	87	96	215	-309
BPS(원)	4,100	4,324	4,389	4,480	4,644	4,267
CFPS(원)	578	515	306	300	420	-99
DPS(원)	30	30	30	30	30	30
EBITDAPS(원)	634	464	490	365	363	-158

재무 비율 〈단위 : %〉

연도	영업이익률	순이익률	부채비율	차입금비율	ROA	ROE	유보율	자기자본비율	EBITDA마진율
2017	-3.7	-3.1	145.4	85.9	-3.1	-7.2	753.5	40.8	-1.6
2016	1.4	2.0	125.1	74.8	2.1	4.9	828.8	44.4	3.3
2015	1.6	1.0	135.8	88.9	0.9	2.2	795.9	42.4	3.6
2014	2.8	0.9	148.0	102.7	0.8	2.1	777.8	40.3	5.0

교보증권 (A030610)

Kyobo Securities

업　　종 : 증권　　　시　　장 : 거래소
신용등급 : (Bond) A+　(CP) A1　　기업규모 : 시가총액 소형주
홈페이지 : www.iprovest.com　　연 락 처 : 02)3771-9000
본　　사 : 서울시 영등포구 여의도동 의사당대로 97 (여의도동 26-4)교보증권빌딩

설 립 일	1949.11.22	종업원수	942명	대표이사	김해준
상 장 일	1999.11.06	감사의견	적정(삼정)	계　열	
결 산 기	12월	보 통 주		종속회사수	2개사
액 면 가	5,000원	우 선 주		구　상　호	

주주구성 (지분율,%)		출자관계 (지분율,%)		주요경쟁사 (외형,%)	
교보생명보험	51.6	화성경남일반산업단지	19.0	교보증권	100
하나은행	5.0	파주운정지구주택건설사업출자금	18.5	키움증권	223
(외국인)	11.9	알파돔시티	18.1	유안타증권	136

수익구성		비용구성		수출비중	
금융상품 관련이익	52.7	이자비용	8.9	수출	—
이자수익	20.3	파생상품손실	0.0	내수	—
수수료수익	17.1	판관비	17.4		

회사 개요

동사는 주요 사업으로 위탁매매업, 자기매매업, 장내외파생상품업, 투자은행업, 자산관리업 등을 영위하고 있음. 종속회사로는 부동산임대업을 목적으로 설립된 투자신탁과 사모단독펀드가 있으며, 투자신탁은 당분기 중 관련 부동산을 처분함. 현 금융투자업은 낮은 진입장벽과 갈수록 낮아지고 있는 위탁 수수료율 등으로 심한 경쟁상태에 놓여져 있으며 다양한 상품 개발과 금융서비스 차별화로 경쟁력 확보를 위해 노력 중임.

실적 분석

동사는 지난해 1949년 창립 이후, 2015년 이후 역대 두 번째 순이익을 기록했음. 연결기준 영업이익 911억원, 순이익 733억원을 냈음. 이는 전년 대비 영업이익 26.32%, 당기순이익 17.71% 늘어난 것. 이는 전 사업부문의 영업 호조세 유지 및 경쟁력/수익구조가 강화된 결과. 중소형사인 동사는 대형사들의 전유물인 부동산, 채권·외환상품(FICC), 자산관리 등에서 특화된 전략으로 두각을 나타내고 있다는 평가.

현금 흐름 〈단위 : 억원〉

항목	2016	2017
영업활동	5,734	-3,152
투자활동	655	78
재무활동	-6,585	3,427
순현금흐름	-193	351
기말현금	759	1,110

시장 대비 수익률

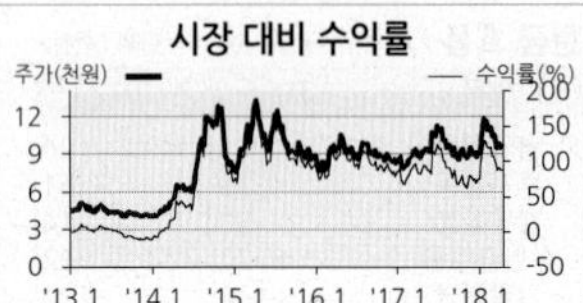

결산 실적 〈단위 : 억원〉

항목	2012	2013	2014	2015	2016	2017
순영업손익	1,502	1,245	1,872	2,766	2,508	2,642
영업이익	33	101	340	973	722	912
당기순이익	120	113	298	789	623	733

분기 실적 〈단위 : 억원〉

항목	2016.3Q	2016.4Q	2017.1Q	2017.2Q	2017.3Q	2017.4Q
순영업손익	658	434	631	670	630	711
영업이익	246	-57	221	225	213	252
당기순이익	190	-40	183	183	169	199

재무 상태 〈단위 : 억원〉

항목	2012	2013	2014	2015	2016	2017
총자산	51,573	49,382	56,736	55,342	51,185	68,522
유형자산	738	729	696	683	667	689
무형자산	184	156	119	84	58	64
유가증권	36,608	31,806	37,852	38,331	34,002	48,751
총부채	45,711	43,496	50,590	48,481	43,729	60,364
총차입금	25,744	22,077	22,344	20,717	14,240	17,545
자본금	1,800	1,800	1,800	1,800	1,800	1,800
총자본	5,862	5,886	6,146	6,861	7,456	8,159
지배주주지분	5,862	5,886	6,146	6,861	7,456	8,158

기업가치 지표

항목	2012	2013	2014	2015	2016	2017
주가(최고/저)(천원)	5.2/4.1	5.1/4.0	13.0/4.0	13.3/7.5	10.5/7.4	11.3/7.8
PER(최고/저)(배)	17.2/13.4	17.6/13.9	17.0/5.3	6.5/3.7	6.4/4.5	5.7/3.9
PBR(최고/저)(배)	0.4/0.3	0.3/0.3	0.8/0.3	0.7/0.4	0.5/0.4	0.5/0.4
PSR(최고/저)(배)	1/1	2/1	3/1	2/1	2/1	2/1
EPS(원)	332	313	827	2,193	1,731	2,037
BPS(원)	16,481	16,548	17,272	19,257	20,910	22,827
CFPS(원)	586	507	1,076	2,441	1,980	2,172
DPS(원)	50	—	100	150	170	300
EBITDAPS(원)	91	280	944	2,703	2,005	2,532

재무 비율 〈단위 : %〉

연도	계속사업이익률	순이익률	부채비율	차입금비율	ROA	ROE	유보율	자기자본비율	총자산증가율
2017	38.9	27.8	739.9	215.1	1.2	9.4	356.6	11.9	33.9
2016	33.6	24.8	586.5	191.0	1.2	8.7	318.2	14.6	-7.5
2015	39.2	28.5	706.6	302.0	1.4	12.1	285.1	12.4	-2.5
2014	21.2	15.9	823.1	363.5	0.6	5.0	245.4	10.8	10.0

구름게임즈앤컴퍼니 (A223220)

GURUM GAMES &

업　　종 : 게임 소프트웨어　　시　　장 : KONEX
신용등급 : (Bond) —　(CP) —　　기업규모 : —
홈페이지 : www.gurumcompany.com　　연 락 처 : 031)714-9909
본　　사 : 경기도 성남시 분당구 성남대로331번길 8 킨스타워 6층 607호,608호

설 립 일	2013.08.21	종업원수	17명	대표이사	한용만
상 장 일	2015.07.09	감사의견	거절(불확실성)(이촌)	계　열	
결 산 기	12월	보 통 주		종속회사수	
액 면 가	—	우 선 주		구　상　호	구름컴퍼니

주주구성 (지분율,%)		출자관계 (지분율,%)		주요경쟁사 (외형,%)	
Directouch Management Limited	12.8			구름게임즈앤컴퍼니	100
조상익	11.9			엔터메이트	1,078
				엠게임	1,571

매출구성		비용구성		수출비중	
모바일게임(기타)	100.0	매출원가율	211.4	수출	—
		판관비율	95.8	내수	—

회사 개요

동사는 2013년 8월 16일 설립한 (구)추콩테크놀로지로, 2015년 7월 코넥스 시장에 상장함. 주요 사업은 온라인, 모바일 게임 소프트웨어 개발로 주요 게임으로는 미검온라인, 천하제일 용병단, 피싱라이더, 낚시의 달인 등이 있으며 카카오플랫폼에서 서비스하였음. 액션부터 RPG까지 다양한 라인업을 서비스하였음. 2017년 8월 '구름게임즈앤컴퍼니'로 사명을 변경하고 방송·e스포츠 사업본부를 신설해 신사업 추진 준비 중임.

실적 분석

동사의 연결기준 2017년 매출액은 전년 대비 70.7% 감소한 17.5억원을 기록한 반면 판관비는 인건비 및 광고선전비 감소를 중심으로 전년 동기 대비 42.5% 감소함. 동기간 영업손실은 36.3억원을 기록하며 적자를 지속함. 비영업손실은 금융손실을 중심으로 9.8억원의 적자를 보이며 손실이 확대됨. 이에 따라 당기순손실은 48.5억원을 기록하며 적자를 지속함.

현금 흐름 *IFRS 별도 기준 〈단위 : 억원〉

항목	2016	2017
영업활동	-11	-36
투자활동	-12	18
재무활동	6	14
순현금흐름	-17	-3
기말현금	5	1

시장 대비 수익률

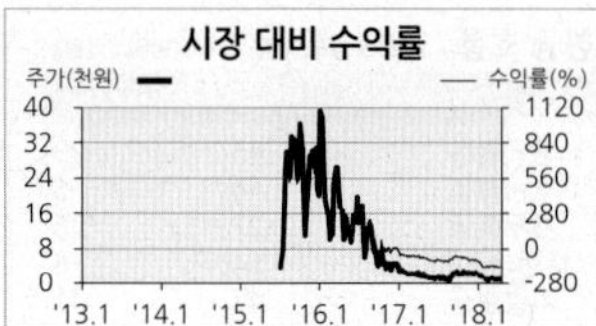

결산 실적 〈단위 : 억원〉

항목	2012	2013	2014	2015	2016	2017
매출액	—	39	239	201	60	18
영업이익	—	-6	16	-20	-31	-36
당기순이익	—	-4	14	-19	-34	-48

분기 실적 *IFRS 별도 기준 〈단위 : 억원〉

항목	2016.3Q	2016.4Q	2017.1Q	2017.2Q	2017.3Q	2017.4Q
매출액	—	—	—	—	—	—
영업이익	—	—	—	—	—	—
당기순이익	—	—	—	—	—	—

재무 상태 *IFRS 별도 기준 〈단위 : 억원〉

항목	2012	2013	2014	2015	2016	2017
총자산	—	51	133	132	65	36
유형자산	—	0	0	46	41	15
무형자산	—	6	11	14	1	2
유가증권	—	—	—	0	9	—
총부채	—	38	106	119	84	48
총차입금	—	—	—	22	27	36
자본금	—	17	17	17	17	32
총자본	—	13	27	13	-20	-13
지배주주지분	—	13	27	13	-20	-13

기업가치 지표 *IFRS 별도 기준

항목	2012	2013	2014	2015	2016	2017
주가(최고/저)(천원)	—/—	—/—	—/—	—/—	—/—	—/—
PER(최고/저)(배)	0.0/0.0	0.0/0.0	0.0/0.0	—/—	—/—	—/—
PBR(최고/저)(배)	0.0/0.0	0.0/0.0	0.0/0.0	97.6/8.2	-88.1/-5.1	-18.2/-4.5
EV/EBITDA(배)	0.0	—	—	—	—	—
EPS(원)	—	-131	400	-418	-956	-858
BPS(원)	—	3,758	7,968	389	-586	-197
CFPS(원)	—	-1,089	6,104	-89	-622	-812
DPS(원)	—	—	—	—	—	—
EBITDAPS(원)	—	-1,565	6,926	-98	-513	-597

재무 비율 〈단위 : %〉

연도	영업이익률	순이익률	부채비율	차입금비율	ROA	ROE	유보율	자기자본비율	EBITDA마진율
2017	-207.2	-276.5	완전잠식	완전잠식	-96.9	잠식지속	-139.4	-35.3	-192.4
2016	-52.3	-56.8	완전잠식	완전잠식	-34.8	당기잠식	-217.2	-30.9	-33.2
2015	-9.7	-9.6	일부잠식	일부잠식	-14.6	-98.3	-44.3	8.0	-4.1
2014	6.9	5.7	392.3	0.0	14.8	68.3	59.4	20.3	9.8

구영테크 (A053270)

Guyoung Technology

업종 : 자동차부품 / 시장 : KOSDAQ
신용등급 : (Bond) — (CP) — / 기업규모 : 중견
홈페이지 : www.guyoungtech.com / 연락처 : 053)592-6111
본사 : 대구시 달서구 달서대로91길 97 (호림동)

설립일	1989.11.09	**종업원수**	305명	**대표이사**	이희화
상장일	2002.01.25	**감사의견**	적정(삼일)	**계열**	
결산기	12월	**보통주**		**종속회사수**	3개사
액면가	500원	**우선주**		**구상호**	

주주구성 (지분율,%)		출자관계 (지분율,%)		주요경쟁사 (외형,%)	
이희화	22.2	미광에너지	72.0	구영테크	100
미광정공	15.9	미광스포렉스	25.0	티에이치엔	209
(외국인)	1.2	GuyoungTechUSA.INS	100.0	GH신소재	36

매출구성		비용구성		수출비중	
기타	57.0	매출원가율	84.8	수출	70.1
HR-CAR 외	25.6	판관비율	11.4	내수	29.9
YP-CAR(카니발)	10.6				

회사 개요

1989년에 설립되어 1000여종 이상의 자동차용 부품을 생산해 현대차와 기아차에 납품중인 자동차부품 생산업체. 자체 개발한 Progressive 금형 및 Transfer 자동화 공정으로 자동화 시스템을 구축하여 인건비를 절감하는 등 품질 및 가격 경쟁력을 확보하고 있음. 중국에 2개 종속회사와 미국의 현지법인에서 부품을 생산하여 동사와 미국의 현대차 및 현지 협력업체에 납품중임.

실적 분석

동사의 2017년 결산 매출액은 정체된 모습을 나타내며 전년동기 대비 1% 증가한 1,498억원을 기록함. 영업이익은 56.9억원을 시현하며 전년동기 대비 31.2% 증가하였으나, 당기순이익은 금융 및 외환손실 확대 여파로 큰 폭으로 감소한 13.6억원 시현에 그침. 외형 정체에도 불구하고 판관비 감소 영향으로 비교적 큰 폭으로 영업수익성 개선된 모습. 4분기들어 매출 및 영업수익성 개선된 모습은 긍정적 신호로 판단됨.

현금 흐름 〈단위 : 억원〉

항목	2016	2017
영업활동	181	68
투자활동	-166	-232
재무활동	-19	214
순현금흐름	-3	44
기말현금	84	129

시장 대비 수익률

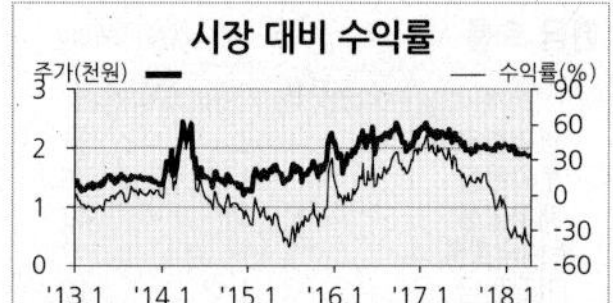

결산 실적 〈단위 : 억원〉

항목	2012	2013	2014	2015	2016	2017
매출액	1,558	1,727	1,705	1,721	1,483	1,498
영업이익	75	75	54	61	43	57
당기순이익	16	22	22	42	25	14

분기 실적 〈단위 : 억원〉

항목	2016.3Q	2016.4Q	2017.1Q	2017.2Q	2017.3Q	2017.4Q
매출액	356	353	378	363	344	413
영업이익	12	-1	21	17	16	4
당기순이익	-9	13	1	9	8	-4

재무 상태 〈단위 : 억원〉

항목	2012	2013	2014	2015	2016	2017
총자산	1,612	1,492	1,559	1,613	1,667	1,870
유형자산	833	825	856	904	972	1,082
무형자산	4	4	4	4	4	4
유가증권	5	54	39	64	69	92
총부채	1,245	1,102	1,036	1,049	1,090	1,312
총차입금	948	803	756	753	756	951
자본금	64	64	99	99	99	99
총자본	367	390	522	564	578	558
지배주주지분	359	382	513	554	569	550

기업가치 지표

항목	2012	2013	2014	2015	2016	2017
주가(최고/저)(천원)	2.0/1.2	1.6/1.3	2.5/1.2	2.4/1.3	2.6/1.6	2.4/1.9
PER(최고/저)(배)	17.2/10.5	10.5/8.1	22.4/10.7	12.1/6.4	20.0/12.2	33.6/26.1
PBR(최고/저)(배)	0.7/0.5	0.6/0.4	1.0/0.5	0.9/0.5	0.9/0.5	0.9/0.7
EV/EBITDA(배)	6.1	5.9	7.0	7.3	8.6	8.7
EPS(원)	125	165	119	208	131	74
BPS(원)	2,911	3,080	2,637	2,912	3,005	2,928
CFPS(원)	731	786	586	628	562	481
DPS(원)	—	—	—	100	—	50
EBITDAPS(원)	1,188	1,204	772	730	650	694

재무 비율 〈단위 : %〉

연도	영업이익률	순이익률	부채비율	차입금비율	ROA	ROE	유보율	자기자본비율	EBITDA마진율
2017	3.8	0.9	235.1	170.4	0.8	2.6	485.5	29.8	9.2
2016	2.9	1.7	188.6	130.8	1.6	4.6	500.9	34.7	8.7
2015	3.6	2.4	186.0	133.5	2.6	7.7	482.4	35.0	8.4
2014	3.2	1.3	198.5	144.9	1.5	4.8	427.4	33.5	8.1

국도화학 (A007690)

KukDo Chemical

업종 : 화학 / 시장 : 거래소
신용등급 : (Bond) A+ (CP) — / 기업규모 : 시가총액 소형주
홈페이지 : www.kukdo.com / 연락처 : 02)3282-1476
본사 : 서울시 금천구 가산디지털 2로 61 (가산동)

설립일	1972.02.22	**종업원수**	456명	**대표이사**	이삼열,이시창
상장일	1989.08.05	**감사의견**	적정(신한)	**계열**	
결산기	12월	**보통주**		**종속회사수**	4개사
액면가	5,000원	**우선주**		**구상호**	

주주구성 (지분율,%)		출자관계 (지분율,%)		주요경쟁사 (외형,%)	
Nippon Steel Chemical Co.,Ltd	22.4	국도정밀	100.0	국도화학	100
신도케미칼	20.0	국도화인켐	100.0	휴켐스	67
(외국인)	32.7	국도첨단소재	100.0	송원산업	67

매출구성		비용구성		수출비중	
GY-3010E등	75.7	매출원가율	88.3	수출	—
KSF-ISO등	12.5	판관비율	6.4	내수	—
HJ-2200V등	6.0				

회사 개요

동사는 1972년 설립돼 에폭시수지, 경화제용 수지를 주로 생산함. 주력 상품인 에폭시수지는 산업용 화학 소재로 전기·전자, 우주항공, 도료, 풍력블레이드, 토목 건축 등 전 산업분야에서 필수적인 고기능성 원자재로 사용됨. 정보통신기술의 발달로 에폭시수지의 사용용도가 꾸준히 늘어나고 있음. 동사의 제품별 생산능력은 에폭시 16만톤, 폴리올 3만톤임. 에폭시수지의 국내 시장점유율 66%를 차지하고 있음.

실적 분석

동사의 2017년 누적매출액은 10,759.8억원으로 전년대비 13% 증가함. 비용 측면에서 매출원가와 판관비가 각각 11.6%, 8% 상승했음에도 불구하고 매출 확대에 힘입어 영업이익은 전년보다 52.8% 늘어난 565.1억원을 기록함. 당기순이익도 420.3억원으로 전년대비 58.3% 증가함. 동사는 신규 생산설비를 통해 자동차 시트 및 가구용 연질 우레탄 시장에서 지속적으로 매출을 확대해 나가고 있음.

현금 흐름 〈단위 : 억원〉

항목	2016	2017
영업활동	564	301
투자활동	-294	-769
재무활동	-113	219
순현금흐름	155	-253
기말현금	472	219

시장 대비 수익률

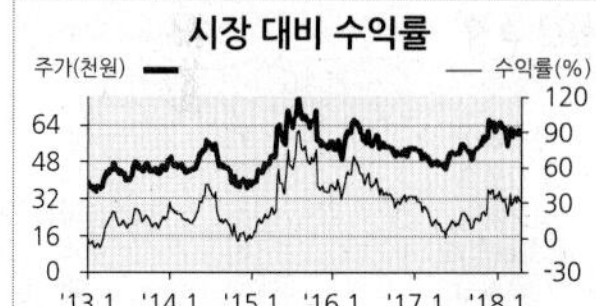

결산 실적 〈단위 : 억원〉

항목	2012	2013	2014	2015	2016	2017
매출액	8,414	9,119	9,780	10,119	9,526	10,760
영업이익	405	406	315	780	370	565
당기순이익	299	314	209	563	266	420

분기 실적 〈단위 : 억원〉

항목	2016.3Q	2016.4Q	2017.1Q	2017.2Q	2017.3Q	2017.4Q
매출액	2,284	2,217	2,435	2,601	2,747	2,976
영업이익	42	50	60	156	197	153
당기순이익	21	44	57	114	140	110

재무 상태 〈단위 : 억원〉

항목	2012	2013	2014	2015	2016	2017
총자산	5,478	5,904	6,374	6,813	6,828	7,885
유형자산	2,108	2,222	2,349	2,463	2,756	3,005
무형자산	34	22	21	21	20	19
유가증권	11	5	223	588	609	1,057
총부채	2,109	2,277	2,584	2,506	2,369	3,207
총차입금	881	990	1,225	1,047	1,022	1,373
자본금	291	291	291	291	291	291
총자본	3,368	3,627	3,791	4,307	4,458	4,679
지배주주지분	3,288	3,544	3,700	4,212	4,364	4,582

기업가치 지표

항목	2012	2013	2014	2015	2016	2017
주가(최고/저)(천원)	53.7/34.2	50.5/35.1	57.2/36.9	78.3/36.9	67.9/49.1	67.4/45.4
PER(최고/저)(배)	12.1/7.7	10.4/7.4	18.0/11.6	8.7/4.1	15.8/11.5	9.8/6.6
PBR(최고/저)(배)	1.1/0.7	0.9/0.6	1.0/0.6	1.2/0.6	1.0/0.7	0.9/0.6
EV/EBITDA(배)	5.2	6.8	6.4	3.9	6.0	5.9
EPS(원)	5,098	5,335	3,495	9,618	4,490	7,070
BPS(원)	56,584	60,985	63,683	72,495	75,108	80,308
CFPS(원)	6,853	7,305	5,754	12,013	7,137	9,760
DPS(원)	1,000	1,000	1,000	1,500	1,200	1,500
EBITDAPS(원)	8,732	8,949	7,688	15,813	9,012	12,414

재무 비율 〈단위 : %〉

연도	영업이익률	순이익률	부채비율	차입금비율	ROA	ROE	유보율	자기자본비율	EBITDA마진율
2017	5.3	3.9	68.5	29.3	5.7	9.2	1,506.2	59.3	6.7
2016	3.9	2.8	53.1	22.9	3.9	6.1	1,402.2	65.3	5.5
2015	7.7	5.6	58.2	24.3	8.5	14.1	1,349.9	63.2	9.1
2014	3.2	2.1	68.2	32.3	3.4	5.6	1,173.7	59.5	4.6

국동 (A005320)
Kukdong

업 종	섬유 및 의복	시 장	거래소
신용등급	(Bond) — (CP) —	기업규모	시가총액 소형주
홈페이지	www.kd.co.kr	연 락 처	02)3407-7715
본 사	서울시 동대문구 천호대로 405 7,8층(동보빌딩)		

설 립 일	1967.12.08	**종업원수**	74명	**대표이사**	변상기
상 장 일	1996.12.03	**감사의견**	적정(우리)	**계 열**	
결 산 기	12월	**보 통 주**		**종속회사수**	6개사
액 면 가	500원	**우 선 주**		**구 상 호**	

주주구성 (지분율,%)		출자관계 (지분율,%)		주요경쟁사 (외형,%)	
변상기	10.1	바이오밸류	100.0	국동	100
변상희	2.6	KUKDONGAPPAREL(AMERICA),	100.0	방림	77
(외국인)	0.8	PT.KUKDONGAPPARELBATANG	100.0	형지I&C	59

매출구성		비용구성		수출비중	
의류(수출)	89.4	매출원가율	85.2	수출	89.7
의류(내수)	10.5	판관비율	17.9	내수	10.3
건강보조식품(내수)	0.2				

회사 개요

동사는 1967년 설립되어 니트의류의 수출을 주된 사업으로 하고 있으며, 주문자상표부착방식(OEM)에 의해 NIKE, FOREVER21, H&M 등과의 계약으로 의류를 인도네시아에 소재하고 있는 해외생산법인 등에서 생산판매하고 있음. 또한 1999년에 수출지역의 다변화를 목적으로 북미시장에 진출하고자 멕시코 및 미국에 현지법인을 설립하였음. 사업다각화의 일환으로 산삼배양근(건강보조식품) 사업도 소규모로 추진중임.

실적 분석

동사의 2017년 결산 매출액은 전년동기대비 2.9% 감소한 1,916억원을 기록하였음. 주력제품인 의류부문의 수출 부진에 기인함. 외형 축소와 더불어 원가율 상승 및 판관비 급증으로 인하여 수익성 크게 하락함. 지난해 대비 적자전환하며 58.6억원의 영업손실 시현함. 금융 및 외환손실 확대되면서 경상수지 또한 악화되어 89.7억원의 당기순손실 시현하며 적자 전환. 미국의 보호무역주의가 우려되는 상황이나, 미주지역의 경기호조는 우호적 상황.

현금 흐름 〈단위 : 억원〉

항목	2016	2017
영업활동	7	-68
투자활동	-159	-44
재무활동	172	30
순현금흐름	18	-85
기말현금	123	38

시장 대비 수익률

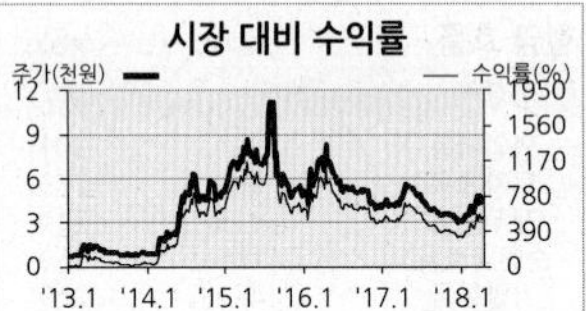

결산 실적 〈단위 : 억원〉

항목	2012	2013	2014	2015	2016	2017
매출액	1,382	1,479	1,861	1,703	1,974	1,916
영업이익	68	55	101	87	106	-59
당기순이익	51	40	89	52	62	-90

분기 실적 〈단위 : 억원〉

항목	2016.3Q	2016.4Q	2017.1Q	2017.2Q	2017.3Q	2017.4Q
매출액	476	465	411	627	502	377
영업이익	27	27	23	30	22	-134
당기순이익	-1	28	-2	15	28	-131

재무 상태 〈단위 : 억원〉

항목	2012	2013	2014	2015	2016	2017
총자산	658	730	893	938	1,241	1,063
유형자산	239	220	257	276	386	344
무형자산	0	0	0	0	0	0
유가증권	2	10	10	0	0	0
총부채	564	576	606	625	724	637
총차입금	389	379	444	448	502	439
자본금	20	23	23	23	30	65
총자본	94	154	286	312	517	426
지배주주지분	94	154	286	312	517	426

기업가치 지표

항목	2012	2013	2014	2015	2016	2017
주가(최고/저)(천원)	2.4/1.1	3.0/1.4	12.7/1.7	22.9/8.9	16.4/7.5	5.6/2.9
PER(최고/저)(배)	1.9/0.9	3.3/1.5	6.6/0.9	20.6/8.0	15.6/7.2	—/—
PBR(최고/저)(배)	1.0/0.5	0.9/0.4	2.1/0.3	3.4/1.3	1.9/0.9	1.7/0.9
EV/EBITDA(배)	5.1	5.8	7.2	8.2	6.5	—
EPS(원)	653	464	979	567	534	-688
BPS(원)	2,385	3,406	6,129	6,679	8,770	3,282
CFPS(원)	1,628	1,360	2,222	1,379	1,380	-529
DPS(원)	—	—	—	—	—	—
EBITDAPS(원)	2,040	1,703	2,493	2,107	2,116	-290

재무 비율 〈단위 : %〉

연도	영업이익률	순이익률	부채비율	차입금비율	ROA	ROE	유보율	자기자본비율	EBITDA마진율
2017	-3.1	-4.7	149.4	103.0	-7.8	-19.0	556.4	40.1	-2.0
2016	5.4	3.2	140.0	97.1	5.7	15.0	1,654.0	41.7	6.3
2015	5.1	3.1	200.3	143.6	5.7	17.5	1,235.9	33.3	5.8
2014	5.5	4.8	211.7	155.2	11.0	40.4	1,125.7	32.1	6.2

국보 (A001140)
KUKBO LOGISTICS CO

업 종	육상운수	시 장	거래소
신용등급	(Bond) — (CP) —	기업규모	시가총액 소형주
홈페이지	www.kukbo.com	연 락 처	02)765-5544
본 사	서울시 중구 소공로 88 (소공동)		

설 립 일	1953.12.28	**종업원수**	134명	**대표이사**	김영철
상 장 일	1989.12.02	**감사의견**	적정(삼일)	**계 열**	
결 산 기	12월	**보 통 주**		**종속회사수**	1개사
액 면 가	5,000원	**우 선 주**		**구 상 호**	

주주구성 (지분율,%)		출자관계 (지분율,%)		주요경쟁사 (외형,%)	
흥아해운	21.1			국보	100
머스트자산운용	5.6			KCTC	466
(외국인)	1.3			동양고속	181

매출구성		비용구성		수출비중	
컨테이너 운송, 보관, 운송주선	92.9	매출원가율	92.4	수출	0.0
보세화물 보관	5.8	판관비율	12.6	내수	100.0
컨테이너하역 외	1.3				

회사 개요

동사는 1953년에 설립되어 컨테이너 화물운송, 보관, 하역 등을 주요 사업으로 하고 있으며 전국의 각 영업소를 거점으로 물류서비스업을 영위하고 있는 종합물류기업 인증업체로 1989년 유가증권시장에 상장함. 동사의 연결대상 종속회사인 에스엘케이국보는 국제물류운송주선을 주요사업으로 하고 있으며 해당매출은 지배회사인 국보의 운송부문에 포함됨. 현재 최대주주는 21.08%를 보유하고 있는 흥아해운임.

실적 분석

동사의 2017년 연간 매출액은 전년동기대비 10.4% 하락한 782.6억원을 기록하였음. 비용면에서 전년동기대비 매출원가는 감소 하였으며 인건비도 감소, 기타판매비와관리비는 감소함. 주춤한 모습의 매출액에 의해 전년동기대비 영업손실은 39.3억원으로 적자지속 하였음. 최종적으로 전년동기대비 당기순손실은 적자지속하여 28.9억원을 기록함. 동사는 전사적인 영업구조 및 조직재편을 통해 지속적인 경영개선 조치를 진행하고 있음.

현금 흐름 〈단위 : 억원〉

항목	2016	2017
영업활동	5	-31
투자활동	2	-5
재무활동	-8	43
순현금흐름	-1	7
기말현금	3	10

시장 대비 수익률

결산 실적 〈단위 : 억원〉

항목	2012	2013	2014	2015	2016	2017
매출액	1,223	1,083	975	916	873	783
영업이익	14	8	-24	-25	2	-39
당기순이익	-9	-38	-70	-40	-42	-29

분기 실적 〈단위 : 억원〉

항목	2016.3Q	2016.4Q	2017.1Q	2017.2Q	2017.3Q	2017.4Q
매출액	238	211	186	191	206	201
영업이익	3	11	-1	-0	-5	-33
당기순이익	2	-36	-4	-2	-8	-14

재무 상태 〈단위 : 억원〉

항목	2012	2013	2014	2015	2016	2017
총자산	985	983	910	831	813	733
유형자산	387	423	413	404	397	394
무형자산	84	77	57	53	46	50
유가증권	24	15	36	22	21	22
총부채	647	685	684	647	660	554
총차입금	324	385	434	409	396	321
자본금	51	51	51	51	51	84
총자본	338	298	226	184	153	178
지배주주지분	337	297	226	184	152	178

기업가치 지표

항목	2012	2013	2014	2015	2016	2017
주가(최고/저)(천원)	24.9/10.7	13.9/10.0	14.2/10.7	23.3/12.7	29.3/15.5	21.7/9.3
PER(최고/저)(배)	—/—	—/—	—/—	—/—	—/—	—/—
PBR(최고/저)(배)	0.7/0.3	0.5/0.3	0.6/0.5	1.2/0.7	1.8/1.0	2.1/0.9
EV/EBITDA(배)	10.2	13.9	—	—	40.5	—
EPS(원)	-777	-3,346	-6,039	-3,495	-3,699	-1,981
BPS(원)	33,114	29,201	22,295	18,221	14,861	10,597
CFPS(원)	1,265	-1,604	-5,274	-2,726	-3,043	-1,273
DPS(원)	50	50	50	50	—	—
EBITDAPS(원)	3,464	2,939	-858	-1,211	1,296	-2,043

재무 비율 〈단위 : %〉

연도	영업이익률	순이익률	부채비율	차입금비율	ROA	ROE	유보율	자기자본비율	EBITDA마진율
2017	-5.0	-3.7	310.5	179.9	-3.7	-17.2	111.9	24.4	-3.7
2016	0.2	-4.8	432.3	259.3	-5.1	-25.3	197.2	18.8	1.5
2015	-2.7	-4.4	351.3	222.4	-4.7	-19.6	264.4	22.2	-1.4
2014	-2.5	-7.2	302.3	191.7	-7.4	-26.6	345.9	24.9	-0.9

국보디자인 (A066620)

Kukbo Design

업종 : 건설 | 시장 : KOSDAQ
신용등급 : (Bond) — (CP) — | 기업규모 : 우량
홈페이지 : www.ikukbo.com | 연락처 : 02)6220-1800
본사 : 서울시 마포구 월드컵로10길 49 (서교동)

설립일	1988.03.02	**종업원수**	364명	**대표이사**	황창연
상장일	2002.08.23	**감사의견**	적정(한울)	**계열**	
결산기	12월	**보통주**		**종속회사수**	4개사
액면가	500원	**우선주**		**구상호**	

주주구성 (지분율,%)		출자관계 (지분율,%)		주요경쟁사 (외형,%)	
황창연	45.9	국보디자인제주	100.0	국보디자인	100
한가람투자자문	4.9	인치가구	100.0	한라	710
(외국인)	9.7	세르비레	100.0	화성산업	210

매출구성		비용구성		수출비중	
[국내 도급공사]건축(공사)	81.2	매출원가율	83.0	수출	4.7
[해외 도급공사]건축(공사)	18.8	판관비율	8.4	내수	95.3

회사 개요

동사는 인테리어의 기획 및 설계, 시공감리를 전문으로 하는 인테리어디자인 전문회사임. 최근에는 리모델링공사 등에 주력하고 있음. 업무시설, 호텔, 레져 및 국가기간산업 인테리어 시장의 성장세가 보임. 업무시설부문은 사무실의 사무환경을 효율적이고 효과적인 공간이 될 수 있도록 과학적인 분석을 적용한 인테리어디자인이 요구되며 정보사회로 전환되며 고객 수요에 각각 부합하는 형태로 변환 중임.

실적 분석

동사의 2017년 결산 매출액은 2,707억원을 기록하며 전년동기 대비 34.4% 증가함. 견조한 외형 확대 및 원가율 하락 영향으로 전년동기 대비 120.8% 증가한 232.2억원의 영업이익 시현함. 당기순이익 또한 비영업부문의 악화에도 불구하고 지난해 같은 기간 대비 비교적 큰 폭으로 증가한 모습. 꾸준히 실적 회복하는 모습을 보인점은 긍정적으로 평가하며, 향후 해외시장에서의 성장세 지속 이어갈 것으로 기대.

현금 흐름 <단위 : 억원>

항목	2016	2017
영업활동	127	177
투자활동	-36	-19
재무활동	-76	-18
순현금흐름	21	139
기말현금	126	266

시장 대비 수익률

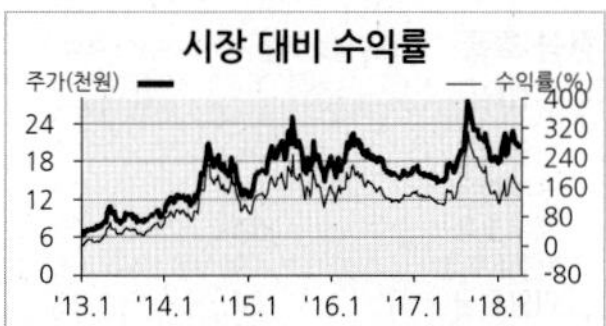

결산 실적 <단위 : 억원>

항목	2012	2013	2014	2015	2016	2017
매출액	1,194	1,635	1,764	1,926	2,014	2,707
영업이익	99	118	133	128	105	232
당기순이익	77	109	109	108	107	133

분기 실적 <단위 : 억원>

항목	2016.3Q	2016.4Q	2017.1Q	2017.2Q	2017.3Q	2017.4Q
매출액	502	694	645	675	733	653
영업이익	27	13	62	69	42	59
당기순이익	20	36	48	18	35	33

재무 상태 <단위 : 억원>

항목	2012	2013	2014	2015	2016	2017
총자산	929	1,279	1,320	1,411	1,585	1,644
유형자산	22	22	26	69	74	75
무형자산	18	18	20	20	18	20
유가증권	14	42	32	35	32	43
총부채	353	623	577	578	715	651
총차입금	—	34	—	19	—	—
자본금	38	38	38	38	38	38
총자본	576	656	744	833	869	993
지배주주지분	576	656	744	833	869	993

기업가치 지표

항목	2012	2013	2014	2015	2016	2017
주가(최고/저)(천원)	9.9/4.3	11.1/6.2	20.8/9.5	25.1/11.9	23.0/14.6	28.3/14.8
PER(최고/저)(배)	10.7/4.7	8.2/4.6	15.1/6.9	18.2/8.7	16.6/10.5	16.2/8.4
PBR(최고/저)(배)	1.4/0.6	1.4/0.8	2.2/1.0	2.4/1.1	2.0/1.2	2.1/1.1
EV/EBITDA(배)	—	1.0	2.1	5.3	3.8	1.4
EPS(원)	1,026	1,458	1,459	1,436	1,432	1,779
BPS(원)	7,675	8,746	9,913	11,108	12,097	13,744
CFPS(원)	1,043	1,477	1,482	1,462	1,456	1,815
DPS(원)	200	230	250	250	250	280
EBITDAPS(원)	1,342	1,588	1,802	1,731	1,426	3,132

재무 비율 <단위 : %>

연도	영업이익률	순이익률	부채비율	차입금비율	ROA	ROE	유보율	자기자본비율	EBITDA마진율
2017	8.6	4.9	65.6	0.0	8.3	14.3	2,648.9	60.4	8.7
2016	5.2	5.3	82.3	0.0	7.2	12.6	2,319.4	54.9	5.3
2015	6.6	5.6	69.4	2.3	7.9	13.7	2,121.5	59.1	6.7
2014	7.6	6.2	77.6	0.0	8.4	15.6	1,882.7	56.3	7.7

국순당 (A043650)

Kook Soon Dang

업종 : 음료 | 시장 : KOSDAQ
신용등급 : (Bond) — (CP) — | 기업규모 : 중견
홈페이지 : www.ksdb.co.kr | 연락처 : 033)3404-300
본사 : 강원도 횡성군 둔내면 강변로 975

설립일	1983.02.05	**종업원수**	277명	**대표이사**	배중호
상장일	2000.08.24	**감사의견**	적정(한미)	**계열**	
결산기	12월	**보통주**		**종속회사수**	5개사
액면가	500원	**우선주**		**구상호**	

주주구성 (지분율,%)		출자관계 (지분율,%)		주요경쟁사 (외형,%)	
배중호	36.6	IMM16호기업구조조합	98.0	국순당	100
JF Asset Management Limited	5.0	지앤텍벤처투자	96.5	진로발효	141
(외국인)	4.6	자연그대로농업	88.2	풍국주정	171

매출구성		비용구성		수출비중	
막걸리	43.6	매출원가율	62.1	수출	10.6
기타	17.3	판관비율	44.7	내수	89.4
백세주	15.6				

회사 개요

국내 주류시장은 정체기에 들어섬. 매년 2~3%의 완만한 성장이 예상되며 시장 규모는 약 8조 4천억 정도로 추정됨. 동사는 탁주 및 약주제조업을 영위하는 기업으로서 신선도 유지를 위해 업계 최초로 전국냉장유통시스템을 도입하여 생막걸리의 유통기한을 늘려 기존 제품과의 차별화를 추구함. 주류 수입이 활발해지고 소비자의 선택 폭이 다양해짐에 따라 과실주, 청주, 약주의 구분이 모호해지고 있음.

실적 분석

동사의 연결기준 2017년 매출액은 전년 대비 10% 감소한 627.6억원을 기록한 반면, 판관비는 인건비와 광고선전비 감소의 영향으로 전년 동기 대비 17.9% 감소함. 동기간 영업손실은 42.6억원을 기록하며 적자지속함. 반면, 비영업손익은 금융이익 증가의 영향으로 전년동기대비 394.8% 증가함. 이에 따라 동사의 2017년 당기순이익은 96.9억원을 달성하며 흑자전환에 성공함.

현금 흐름 <단위 : 억원>

항목	2016	2017
영업활동	1	-19
투자활동	-127	155
재무활동	-15	-12
순현금흐름	-139	114
기말현금	239	361

시장 대비 수익률

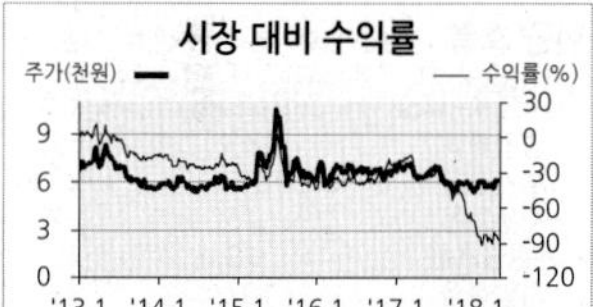

결산 실적 <단위 : 억원>

항목	2012	2013	2014	2015	2016	2017
매출액	1,187	992	919	774	697	628
영업이익	57	14	11	-82	-65	-43
당기순이익	62	57	35	-35	-28	97

분기 실적 <단위 : 억원>

항목	2016.3Q	2016.4Q	2017.1Q	2017.2Q	2017.3Q	2017.4Q
매출액	186	158	155	167	180	125
영업이익	-13	-29	-13	-6	6	-29
당기순이익	-15	-19	-10	14	141	-49

재무 상태 <단위 : 억원>

항목	2012	2013	2014	2015	2016	2017
총자산	2,097	2,181	2,175	2,166	2,130	2,422
유형자산	825	797	720	692	649	580
무형자산	43	40	43	35	31	27
유가증권	316	587	502	435	439	478
총부채	191	235	207	184	190	207
총차입금	12	45	9	7	12	16
자본금	89	89	89	89	89	89
총자본	1,906	1,946	1,968	1,982	1,940	2,215
지배주주지분	1,861	1,897	1,921	1,932	1,895	2,173

기업가치 지표

항목	2012	2013	2014	2015	2016	2017
주가(최고/저)(천원)	9.9/6.0	8.3/5.5	6.7/5.4	10.5/5.5	7.3/5.8	7.3/5.4
PER(최고/저)(배)	29.0/17.6	28.9/19.2	38.2/30.7	—/—	—/—	13.5/10.0
PBR(최고/저)(배)	1.0/0.6	0.8/0.5	0.6/0.5	1.0/0.5	0.7/0.6	0.6/0.5
EV/EBITDA(배)	7.3	7.9	8.5	—	—	—
EPS(원)	366	304	185	-208	-148	556
BPS(원)	10,771	10,974	11,106	10,928	10,720	12,275
CFPS(원)	689	567	417	-12	28	729
DPS(원)	90	45	50	50	50	170
EBITDAPS(원)	644	344	293	-263	-187	-66

재무 비율 <단위 : %>

연도	영업이익률	순이익률	부채비율	차입금비율	ROA	ROE	유보율	자기자본비율	EBITDA마진율
2017	-6.8	15.4	9.3	0.7	4.3	4.9	2,355.1	91.5	-1.9
2016	-9.3	-4.0	9.8	0.6	-1.3	-1.4	2,043.9	91.1	-4.8
2015	-10.6	-4.6	9.3	0.3	-1.6	-1.9	2,085.6	91.5	-6.1
2014	1.2	3.8	10.5	0.5	1.6	1.7	2,121.1	90.5	5.7

국영지앤엠 (A006050)
KukYoung G&M

업종 : 건축자재 | 시장 : KOSDAQ
신용등급 : (Bond) — (CP) — | 기업규모 : 중견
홈페이지 : www.kukyounggnm.com | 연락처 : 02)2015-0300
본사 : 서울시 서초구 서초중앙로 36 준영빌딩 7층

설립일	1969.05.07	**종업원수**	110명	**대표이사**	최재원
상장일	1994.10.07	**감사의견**	적정(태성)	**계열**	
결산기	12월	**보통주**		**종속회사수**	
액면가	500원	**우선주**		**구상호**	

주주구성 (지분율,%)		출자관계 (지분율,%)	주요경쟁사 (외형,%)	
최재원	8.4		국영지앤엠	100
박종철	2.9		대림B&Co	370
(외국인)	7.0		뉴보텍	65

매출구성		비용구성		수출비중	
복층유리 외(공사)	80.3	매출원가율	95.0	수출	0.4
복층유리 외(제품)	19.7	판관비율	2.8	내수	99.6

회사 개요

1959년 설립된 판유리가공업체임. 원자재인 판유리를 판유리 생산업체로부터 구매하여 용도에 맞게 가공한 후 건축용, 철도용, 차량용, 인테리어용, 특수시설 보안용 등으로 공급함. 다양한 제품을 고객(유리시공업체 포함)에게 판매하거나, 직접 상업용, 주택용 건물 프로젝트를 수주하여 시공함. 발코니 확장 합법화와 커튼월 방식의 고층주상복합건물의 증가로 냉난방 부하 문제를 해결할 수 있는 고단열, 고기능 복층제품에 대한 필요성이 높아질 전망임.

실적 분석

2016년부터 PVC와 난간대 공사 등 영업포트폴리오를 다각화한 데 힘입어 2017년 매출액은 2013년의 매출 최고치를 훨씬 뛰어넘는 600억원대의 매출 신기록을 기록함. 외형확대에 따른 고정비용 부담 완화로 영업이익과 당기순이익도 큰 폭으로 증가하는 등 양호한 실적을 나타냄. 부설연구소의 활발한 연구개발의 성과로 30분 비차열강화접합 방화유리와 60분 차열방화유리를 국내 최초 개발하여, 선박용은 물론 발코니 확장시장에 납품·시공하고 있음.

현금 흐름 *IFRS 별도 기준 〈단위 : 억원〉

항목	2016	2017
영업활동	-33	2
투자활동	-5	-33
재무활동	15	2
순현금흐름	-23	-29
기말현금	102	73

시장 대비 수익률

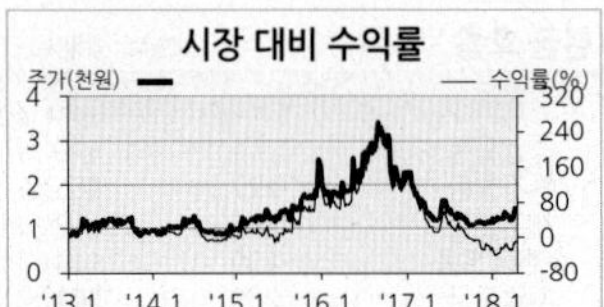

결산 실적 〈단위 : 억원〉

항목	2012	2013	2014	2015	2016	2017
매출액	438	558	515	401	515	629
영업이익	-15	13	16	-10	2	14
당기순이익	48	10	4	-5	4	14

분기 실적 *IFRS 별도 기준 〈단위 : 억원〉

항목	2016.3Q	2016.4Q	2017.1Q	2017.2Q	2017.3Q	2017.4Q
매출액	126	124	156	133	141	199
영업이익	-4	6	-7	7	-6	19
당기순이익	-4	7	-5	7	-4	17

재무 상태 *IFRS 별도 기준 〈단위 : 억원〉

항목	2012	2013	2014	2015	2016	2017
총자산	602	631	590	637	657	661
유형자산	321	317	324	316	318	318
무형자산	4	2	2	3	3	3
유가증권	6	6	6	6	5	5
총부채	142	168	118	147	151	135
총차입금	65	72	30	30	33	28
자본금	147	147	150	165	171	174
총자본	460	463	472	490	506	526
지배주주지분	460	463	472	490	506	526

기업가치 지표 *IFRS 별도 기준

항목	2012	2013	2014	2015	2016	2017
주가(최고/저)(천원)	2.1/0.8	1.3/0.9	1.3/0.9	2.6/1.0	3.4/1.6	2.3/1.0
PER(최고/저)(배)	13.2/4.7	42.6/27.1	100.0/66.1	—/—	302.0/143.4	57.1/25.6
PBR(최고/저)(배)	1.4/0.5	0.9/0.6	0.8/0.6	1.7/0.6	2.3/1.1	1.5/0.7
EV/EBITDA(배)	—	9.0	7.3	186.2	42.8	11.7
EPS(원)	167	32	13	-17	11	41
BPS(원)	1,590	1,603	1,604	1,512	1,500	1,531
CFPS(원)	212	76	60	29	51	82
DPS(원)	20	—	15	—	—	15
EBITDAPS(원)	-7	89	100	12	47	81

재무 비율 〈단위 : %〉

연도	영업이익률	순이익률	부채비율	차입금비율	ROA	ROE	유보율	자기자본비율	EBITDA마진율
2017	2.2	2.3	25.6	5.2	2.2	2.8	206.1	79.6	4.5
2016	0.5	0.8	29.9	6.4	0.6	0.8	200.0	77.0	3.1
2015	-2.6	-1.3	30.1	6.0	-0.9	-1.1	202.4	76.9	1.0
2014	3.1	0.8	24.9	6.4	0.7	0.9	220.7	80.1	5.8

국일신동 (A060480)
KUKIL METAL CO

업종 : 금속 및 광물 | 시장 : KOSDAQ
신용등급 : (Bond) — (CP) — | 기업규모 : 중견
홈페이지 : www.kukilmetal.com | 연락처 : 031)499-9192
본사 : 경기도 안산시 단원구 번영2로 58

설립일	1993.02.26	**종업원수**	58명	**대표이사**	김연경,손인국
상장일	2014.12.29	**감사의견**	적정(태성)	**계열**	
결산기	12월	**보통주**		**종속회사수**	
액면가	500원	**우선주**		**구상호**	

주주구성 (지분율,%)		출자관계 (지분율,%)	주요경쟁사 (외형,%)	
손인국	42.3		국일신동	100
이구무역	5.8		하이스틸	636
(외국인)	0.1		한국주강	90

매출구성		비용구성		수출비중	
황동봉 내수 제품매출	56.4	매출원가율	82.8	수출	3.7
철동 합금코일 제품매출 외	13.5	판관비율	5.5	내수	96.3
압연 외 임가공	11.8				

회사 개요

동사는 1993년 설립된 동합금계열 비철전문 제조업체로서 주 생산품은 황동봉이며 그외 철동합금코일 등을 생산하고 있음. 품목다변화를 위해 중공봉, Anode-Ball, BAR, 무연 및 고력황동을 개발해 생산 시작했고, Ni Strike Plating 및 Sn Plating 개발 중임. 계열회사는 상장사인 이구산업을 포함한 5개사가 있음. 황동봉은 대창과 풍산이 점유율 70%를 차지하며 동사의 점유율은 8% 전후로 추정됨.

실적 분석

동사는 2017년 매출액과 영업이익이 전년 동기 대비 각각 20.2%, 448.5% 증가함. 동사는 황동봉의 내수 판매액이 증가하면서 매출이 늘었고, 원재료인 황동스크랩의 가격이 인상됐으나 제품 가격에 이를 반영해 원가율이 하락함. 인건비를 동결하는 등 판매관리비를 적절히 통제해 수익성이 크게 향상됨. 비영업부문에서 적자가 발생했으나, 순이익 흑자전환에 성공.

현금 흐름 *IFRS 별도 기준 〈단위 : 억원〉

항목	2016	2017
영업활동	44	20
투자활동	-2	-12
재무활동	-34	-15
순현금흐름	9	-6
기말현금	24	18

시장 대비 수익률

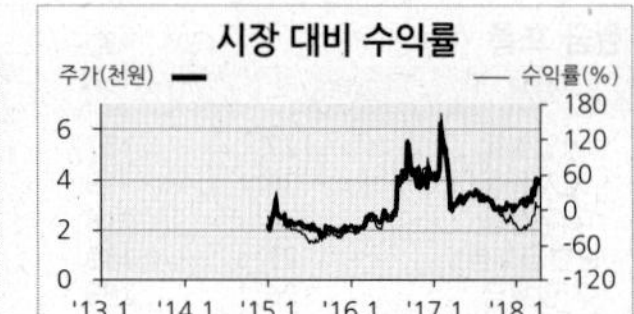

결산 실적 〈단위 : 억원〉

항목	2012	2013	2014	2015	2016	2017
매출액	318	355	337	301	277	333
영업이익	27	28	19	9	7	39
당기순이익	19	20	13	7	4	30

분기 실적 *IFRS 별도 기준 〈단위 : 억원〉

항목	2016.3Q	2016.4Q	2017.1Q	2017.2Q	2017.3Q	2017.4Q
매출액	53	82	83	67	97	86
영업이익	1	5	10	10	7	12
당기순이익	1	4	7	8	5	10

재무 상태 *IFRS 별도 기준 〈단위 : 억원〉

항목	2012	2013	2014	2015	2016	2017
총자산	471	473	536	479	451	476
유형자산	292	290	288	289	285	289
무형자산	—	—	—	—	—	—
유가증권	0	0	0	0	0	0
총부채	136	157	155	93	67	65
총차입금	87	97	100	44	16	5
자본금	40	40	55	55	55	55
총자본	334	315	381	386	384	411
지배주주지분	334	315	381	386	384	411

기업가치 지표 *IFRS 별도 기준

항목	2012	2013	2014	2015	2016	2017
주가(최고/저)(천원)	—/—	—/—	2.6/2.2	3.4/1.6	5.7/2.0	6.3/2.7
PER(최고/저)(배)	0.0/0.0	0.0/0.0	16.9/14.4	59.6/29.2	172.7/60.0	24.1/10.5
PBR(최고/저)(배)	0.0/0.0	0.0/0.0	0.7/0.6	0.9/0.5	1.6/0.5	1.6/0.7
EV/EBITDA(배)	2.7	2.7	12.9	19.1	34.7	7.1
EPS(원)	238	254	162	60	35	269
BPS(원)	4,180	4,415	3,778	3,818	3,805	4,046
CFPS(원)	297	320	228	111	88	323
DPS(원)	—	—	25	50	50	75
EBITDAPS(원)	392	415	295	131	118	406

재무 비율 〈단위 : %〉

연도	영업이익률	순이익률	부채비율	차입금비율	ROA	ROE	유보율	자기자본비율	EBITDA마진율
2017	11.7	8.9	15.9	1.2	6.4	7.5	709.1	86.3	13.5
2016	2.6	1.4	17.5	4.1	0.8	1.0	661.1	85.1	4.7
2015	2.9	2.2	24.2	11.4	1.3	1.7	663.7	80.6	4.8
2014	5.5	3.9	40.6	26.3	2.6	3.8	655.5	71.1	7.1

국일제지 (A078130)

Kuk-il Paper Mfg

업 종	종이 및 목재	시 장	KOSDAQ
신용등급	(Bond) — (CP) —	기업규모	중견
홈페이지	www.kukilpaper.co.kr	연 락 처	031)339-9100
본 사	경기도 용인시 처인구 이동면 백옥대로 563		

설 립 일	1978.08.21	**종업원수**	133명	**대표이사**	최부도
상 장 일	2004.10.22	**감사의견**	적정(다산)	**계 열**	
결 산 기	12월	**보 통 주**		**종속회사수**	
액 면 가	100원	**우 선 주**		**구 상 호**	

주주구성 (지분율,%)		출자관계 (지분율,%)		주요경쟁사 (외형,%)	
최우식	35.2	진영지업	30.0	국일제지	100
배진한	4.2	필로시스	5.4	한창제지	457
(외국인)	0.4	케이지피	1.1	영풍제지	239

매출구성		비용구성		수출비중	
박엽지	94.6	매출원가율	86.1	수출	11.2
박엽지 등	5.2	판관비율	13.2	내수	88.8
임대매출	0.2				

회사 개요

동사는 1978년 설립된 제지업체로서, 각종 지류의 제조, 가공 및 판매, 도소매 및 수출입을 영위함. 산업용 지류 중 특수지에 해당하는 박엽지가 주력 제품으로서, 담배필터용 등으로 이용됨. 제지사업은 주 원재료인 펄프의 해외의존도가 80% 이상이며, 원료 및 제품의 크기가 크기 때문에 내수 지향적인 수요구조를 가지고 있음. 향후 환경보호에 큰 효과를 얻음과 동시에 주 생산품을 대체할 수 있는 식품용지 제품을 생산 중임.

실적 분석

동사의 2017년도 연간 매출액은 439.9억원으로 전년 대비 8.8% 증가함. 매출증가 및 판관비 감소에 따라 영업이익은 3.1억원으로 큰 폭으로 증가함. 매도가능증권 처분에 따른 영업외수익 증가로 당기순이익 또한 17.7억원으로 흑자전환됨. 적극적인 해외 시장 개척과 국내시장에서의 지배력 강화를 목표로 하고 있으며, 고부가가치 특수지 개발이 주력하고 있음.

현금 흐름 *IFRS 별도 기준

〈단위 : 억원〉

항목	2016	2017
영업활동	33	29
투자활동	-108	-64
재무활동	26	58
순현금흐름	-49	22
기말현금	16	39

시장 대비 수익률

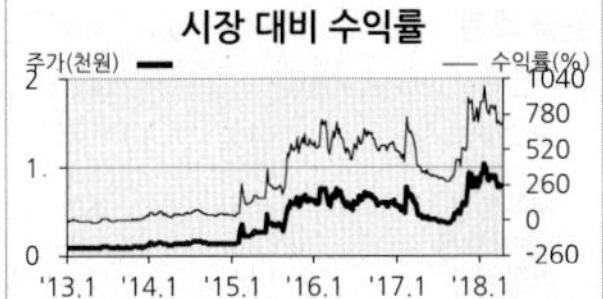

결산 실적

〈단위 : 억원〉

항목	2012	2013	2014	2015	2016	2017
매출액	1,406	1,074	969	415	404	440
영업이익	17	20	-7	9	1	3
당기순이익	-63	1	-56	146	-3	18

분기 실적 *IFRS 별도 기준

〈단위 : 억원〉

항목	2016.3Q	2016.4Q	2017.1Q	2017.2Q	2017.3Q	2017.4Q
매출액	99	111	110	113	111	106
영업이익	-4	4	-3	2	-0	5
당기순이익	4	-13	8	4	2	4

재무 상태 *IFRS 별도 기준

〈단위 : 억원〉

항목	2012	2013	2014	2015	2016	2017
총자산	892	720	1,154	1,009	1,020	1,067
유형자산	201	205	587	188	191	190
무형자산	1	1	1	1	2	2
유가증권	0	1	0	0	218	124
총부채	580	398	846	507	468	490
총차입금	398	284	619	398	383	417
자본금	100	100	100	103	116	116
총자본	312	323	308	502	552	577
지배주주지분	312	323	308	502	552	577

기업가치 지표 *IFRS 별도 기준

항목	2012	2013	2014	2015	2016	2017
주가(최고/저)(천원)	0.1/0.1	0.1/0.1	0.2/0.1	0.7/0.1	0.8/0.5	1.0/0.4
PER(최고/저)(배)	—/—	11.4/7.5	—/—	4.8/0.9	—/—	65.7/23.7
PBR(최고/저)(배)	0.4/0.3	0.4/0.3	0.6/0.4	1.4/0.3	1.6/1.1	2.0/0.7
EV/EBITDA(배)	8.9	8.0	15.4	26.1	81.4	89.9
EPS(원)	-57	11	-56	145	-3	15
BPS(원)	15,598	16,128	15,380	2,439	476	496
CFPS(원)	-2,498	1,073	-1,123	860	7	25
DPS(원)	—	—	—	—	—	—
EBITDAPS(원)	2,542	2,463	2,319	181	10	12

재무 비율

〈단위 : %〉

연도	영업이익률	순이익률	부채비율	차입금비율	ROA	ROE	유보율	자기자본비율	EBITDA마진율
2017	0.7	4.0	84.9	72.3	1.7	3.1	395.9	54.1	3.2
2016	0.3	-0.8	84.7	69.4	-0.3	-0.6	376.1	54.2	2.9
2015	2.2	35.2	100.9	79.3	13.5	36.9	387.9	49.8	8.8
2014	-0.8	-5.8	275.2	201.3	-4.7	-11.4	189.6	26.7	2.7

국제약품 (A002720)

Kukje Pharma

업 종	제약	시 장	거래소
신용등급	(Bond) — (CP) —	기업규모	시가총액 소형주
홈페이지	www.kukjepharm.co.kr	연 락 처	031)781-9081~9
본 사	경기도 성남시 분당구 야탑로 96-8		

설 립 일	1959.07.27	**종업원수**	413명	**대표이사**	남영우,남태훈,안재만
상 장 일	1975.12.27	**감사의견**	적정(삼일)	**계 열**	
결 산 기	12월	**보 통 주**		**종속회사수**	1개사
액 면 가	1,000원	**우 선 주**		**구 상 호**	

주주구성 (지분율,%)		출자관계 (지분율,%)		주요경쟁사 (외형,%)	
우경	23.8	케이제이케어	94.7	국제약품	100
남영우	8.5	국제피앤비	33.6	하이텍팜	54
(외국인)	3.1	제아에이치앤비	20.0	우리들제약	65

매출구성		비용구성		수출비중	
[의약품]기타	51.3	매출원가율	58.3	수출	5.3
상품	17.0	판관비율	39.7	내수	94.7
콜렌시아연질캡슐 외	14.9				

회사 개요

동사는 1959년 설립되어 1975년 12월 한국거래소에 상장한 의약품 업체임. 주요 품목으로는 당뇨병성망막질환 치료제인 타겐에프, 건성안 치료제인 큐알론점안액과 항생제인 세포제돈 등 일반의약품과 전문의약품 120여종을 취급하고 있음. 연결대상 종속회사는 의료기기 판매업 등을 수행하는 케이제이케어가 있으며 국내 OEM으로 실버카, 보행차 등을 제작판매하고 있음.

실적 분석

동사의 2017년 결산 연결기준 매출액은 전년과 유사한 1,233.1억원을 기록함. 외형 성장 정체와 소폭 악화된 원가율로 영업이익 25.6억원을 보이며 전년대비 수익성이 1.2%pt 하락함. 다만 금융손실 및 관련기업투자손실 등이 축소되며 당기순이익은 10.4억원을 시현하며 전년대비 증가함. 동사는 당기 결산 이후 현저한 시황변동에 대한 조회공시가 있었음. 당기 유형별 매출비중은 제품 79.15%, 상품 20.31% 및 기타 등으로 구성됨.

현금 흐름

〈단위 : 억원〉

항목	2016	2017
영업활동	161	8
투자활동	-49	-55
재무활동	-53	9
순현금흐름	59	-39
기말현금	64	25

시장 대비 수익률

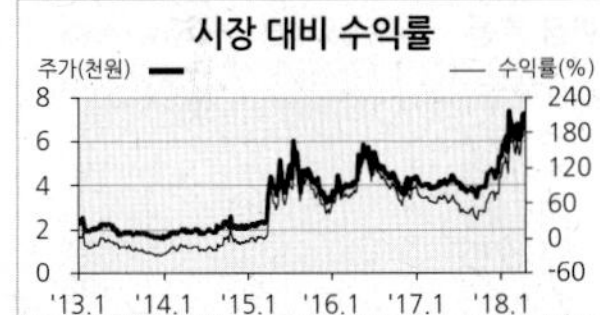

결산 실적

〈단위 : 억원〉

항목	2012	2013	2014	2015	2016	2017
매출액	1,268	1,205	1,224	1,176	1,207	1,233
영업이익	-147	10	-14	21	40	26
당기순이익	-189	17	-69	-59	8	10

분기 실적

〈단위 : 억원〉

항목	2016.3Q	2016.4Q	2017.1Q	2017.2Q	2017.3Q	2017.4Q
매출액	299	288	294	312	328	299
영업이익	13	10	12	10	8	-4
당기순이익	-2	4	7	2	9	-7

재무 상태

〈단위 : 억원〉

항목	2012	2013	2014	2015	2016	2017
총자산	1,149	1,174	1,175	1,366	1,295	1,316
유형자산	400	373	361	619	601	606
무형자산	11	10	8	8	14	28
유가증권	13	13	13	6	7	24
총부채	596	591	667	682	619	639
총차입금	348	348	354	404	331	345
자본금	154	154	159	166	166	174
총자본	554	583	509	685	675	678
지배주주지분	550	583	508	683	675	677

기업가치 지표

항목	2012	2013	2014	2015	2016	2017
주가(최고/저)(천원)	3.2/1.7	2.7/1.6	2.6/1.6	7.0/2.1	6.3/3.4	5.3/3.3
PER(최고/저)(배)	—/—	23.5/13.6	—/—	—/—	147.1/79.4	87.1/54.3
PBR(최고/저)(배)	1.0/0.6	0.8/0.5	0.9/0.6	1.8/0.6	1.6/0.9	1.4/0.9
EV/EBITDA(배)	—	12.2	31.3	18.7	15.5	24.2
EPS(원)	-1,049	118	-384	-329	43	60
BPS(원)	3,666	3,881	3,303	4,175	4,191	4,033
CFPS(원)	-958	402	-199	-156	220	215
DPS(원)	—	40	60	—	60	50
EBITDAPS(원)	-684	332	149	328	413	299

재무 비율

〈단위 : %〉

연도	영업이익률	순이익률	부채비율	차입금비율	ROA	ROE	유보율	자기자본비율	EBITDA마진율
2017	2.1	0.8	94.2	50.9	0.8	1.6	303.3	51.5	4.2
2016	3.3	0.7	91.7	49.0	0.6	1.1	319.1	52.2	5.7
2015	1.8	-5.0	99.6	59.0	-4.6	-10.0	317.5	50.1	4.6
2014	-1.2	-5.7	131.1	69.6	-5.9	-12.7	230.3	43.3	1.9

굿센 (A243870)
Goodcen

업　　종 : IT 서비스　　시　　장 : KONEX
신용등급 : (Bond) —　(CP) —　　기업규모 : —
홈페이지 : www.goodcen.com　　연 락 처 : 02)580-6500
본　　사 : 서울시 서초구 반포대로 22, 7층(서초동, 서초평화빌딩)

설 립 일	2004.09.30	종업원수	98명	대표이사	윤석구
상 장 일	2016.10.31	감사의견	적정(선명)	계　열	
결 산 기	12월	보 통 주		종속회사수	
액 면 가	—	우 선 주		구 상 호	

주주구성 (지분율,%)		출자관계 (지분율,%)		주요경쟁사 (외형,%)	
아이티센	41.6			굿센	100
조해근	17.4			링네트	616
				DB	828

매출구성		비용구성		수출비중	
유지보수매출	49.8	매출원가율	81.3	수출	—
SI매출	29.6	판관비율	20.7	내수	—
상품매출	19.0				

회사 개요

동사는 2004년 설립돼 건설업용 ERP와 통합 커뮤니케이션과 협업 포탈 및 EKP, 정보기술 아웃소싱, 공공 클라우드 기반의 HW 공급 및 SW 서비스 구축 등의 사업을 영위함. 2014년부터는 위 4대 사업영역에 대해 클라우드 서비스로 변환하는 작업을 진행 중에 있음. 2016년 10월, 에너지 분석전문 기업인 인코어드테크놀로지스와 빅데이터 에너지관리서비스 협약을 체결함.

실적 분석

동사의 2017년 연결기준 매출액은 전년 대비 15.7% 감소한 241.1억원을 기록한 반면 매출원가는 전년동기대비 16.2% 감소한 196.1억원을 기록함. 판관비는 인건비를 중심으로 전년 동기 대비 17.8% 증가한 49.9억원을 기록함. 동기간 영업손실은 4.9억원을 기록하며 적자를 지속함. 반면 법인세비용의 감소에도 불구하고 당기순이익은 전년동기대비 98.9% 감소한 0.1억원을 기록함.

현금 흐름 *IFRS 별도 기준 〈단위 : 억원〉

항목	2016	2017
영업활동	-51	24
투자활동	47	-10
재무활동	-1	—
순현금흐름	-5	14
기말현금	95	109

시장 대비 수익률

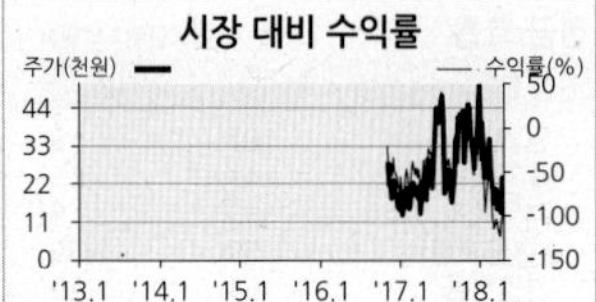

결산 실적 〈단위 : 억원〉

항목	2012	2013	2014	2015	2016	2017
매출액	119	128	85	74	286	241
영업이익	13	14	-2	-1	10	-5
당기순이익	16	16	3	3	12	0

분기 실적 *IFRS 별도 기준 〈단위 : 억원〉

항목	2016.3Q	2016.4Q	2017.1Q	2017.2Q	2017.3Q	2017.4Q
매출액	—	—	—	—	—	—
영업이익	—	—	—	—	—	—
당기순이익	—	—	—	—	—	—

재무 상태 *IFRS 별도 기준 〈단위 : 억원〉

항목	2012	2013	2014	2015	2016	2017
총자산	176	195	191	186	252	269
유형자산	18	18	18	17	2	3
무형자산	0	0	0	0	34	42
유가증권	73	99	99	35	8	7
총부채	18	21	14	7	43	57
총차입금	5	5	3	—	—	—
자본금	6	6	6	6	7	7
총자본	158	174	177	178	209	212
지배주주지분	158	174	177	178	209	212

기업가치 지표 *IFRS 별도 기준

항목	2012	2013	2014	2015	2016	2017
주가(최고/저)(천원)	#VALUE!	—/—	—/—	—/—	—/—	—/—
PER(최고/저)(배)	0.0/0.0	0.0/0.0	0.0/0.0	0.0/0.0	30.8/13.2	6,079.0/1,165.0
PBR(최고/저)(배)	0.0/0.0	0.0/0.0	0.0/0.0	0.0/0.0	1.7/0.7	3.5/0.7
EV/EBITDA(배)	—	—	—	—	9.4	—
EPS(원)	1,457	1,438	299	247	911	9
BPS(원)	14,157	15,567	15,815	15,952	16,341	16,578
CFPS(원)	1,530	1,499	364	304	1,019	182
DPS(원)	—	—	—	—	—	—
EBITDAPS(원)	1,264	1,318	-103	-48	855	-195

재무 비율 〈단위 : %〉

연도	영업이익률	순이익률	부채비율	차입금비율	ROA	ROE	유보율	자기자본비율	EBITDA마진율
2017	-2.1	0.1	27.1	0.0	0.1	0.1	3,215.6	78.7	-1.1
2016	3.3	4.1	20.8	0.0	5.3	6.0	3,168.2	82.8	3.8
2015	-1.6	3.7	4.1	0.0	1.5	1.6	3,090.5	96.1	-0.7
2014	-2.2	3.9	8.1	1.9	1.7	1.9	3,063.0	92.5	-1.4

그랜드백화점 (A019010)
Grand Departmentstore

업　　종 : 백화점　　시　　장 : KOSDAQ
신용등급 : (Bond) —　(CP) —　　기업규모 : 우량
홈페이지 : www.granddept.co.kr　　연 락 처 : 02)3665-0101
본　　사 : 서울시 강남구 대치동 936-21

설 립 일	1979.04.27	종업원수	297명	대표이사	김만진
상 장 일	1993.11.05	감사의견	적정(도원)	계　열	
결 산 기	12월	보 통 주		종속회사수	2개사
액 면 가	5,000원	우 선 주		구 상 호	

주주구성 (지분율,%)		출자관계 (지분율,%)		주요경쟁사 (외형,%)	
정도진흥기업	20.1	호텔그랜드유통	71.6	그랜드백화점	100
김만진	7.7	부국관광	47.6	신세계	5,733
(외국인)	0.5	정도건설	37.7	광주신세계	310

매출구성		비용구성		수출비중	
상품매출액(백화점)	89.2	매출원가율	45.5	수출	0.0
영업수수료외(백화점)	10.9	판관비율	52.7	내수	100.0

회사 개요

동사는 1979년 설립돼 1993년 코스닥시장에 주식을 상장함. 백화점 1개와 할인점 1개를 운영하며 주택건설사업, 웨딩컨설팅 및 예식장업 등을 주요 사업으로 영위함. 관광호텔업을 영위하는 호텔그랜드유통과 골프장 운영업을 영위하는 부국관광을 연결대상 종속회사로 보유하고 있음. 내수경기 침체, 시장 포화로 인한 경쟁 심화 등으로 인해 경영환경이 악화되고 있음.

실적 분석

2017년 연결기준 동사 매출액은 675.3억원을 기록함. 전년도 매출액인 697.5억원에서 3.2% 감소한 금액임. 매출이 감소한 탓에 영업이익은 전년도 37.2억원에서 67.8% 감소한 12억원을 기록함. 관련기업 투자로 거둬들인 이익이 전년도에 비해 96.4% 감소해 비영업부문 이익도 46.8% 감소한 51.7억원을 기록함. 이에 전년도 127.8억원이었던 당기순이익은 손실 38억원을 기록하며 적자전환함.

현금 흐름 〈단위 : 억원〉

항목	2016	2017
영업활동	-45	78
투자활동	-28	-236
재무활동	-53	108
순현금흐름	-125	-39
기말현금	186	147

시장 대비 수익률

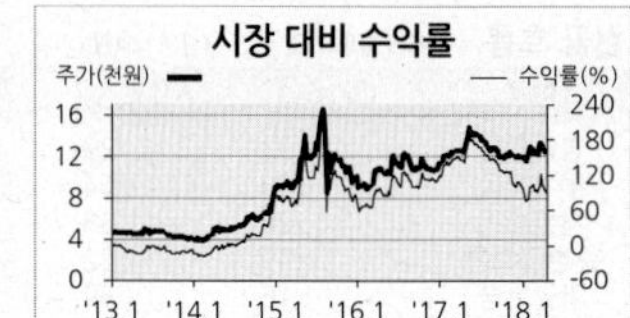

결산 실적 〈단위 : 억원〉

항목	2012	2013	2014	2015	2016	2017
매출액	1,026	578	671	684	697	675
영업이익	-25	-5	24	6	37	12
당기순이익	-258	-170	-149	409	128	-38

분기 실적 〈단위 : 억원〉

항목	2016.3Q	2016.4Q	2017.1Q	2017.2Q	2017.3Q	2017.4Q
매출액	164	183	176	166	158	175
영업이익	-1	17	10	15	-9	-4
당기순이익	-22	167	9	-12	-11	-24

재무 상태 〈단위 : 억원〉

항목	2012	2013	2014	2015	2016	2017
총자산	3,981	3,723	3,897	3,918	4,131	4,365
유형자산	1,949	2,030	1,905	2,215	2,848	2,947
무형자산	1	1	1	1	2	1
유가증권	56	59	28	311	202	154
총부채	2,060	1,980	2,302	1,874	1,763	2,050
총차입금	1,207	1,209	1,034	1,141	1,219	1,448
자본금	241	241	241	241	241	241
총자본	1,921	1,742	1,595	2,043	2,368	2,315
지배주주지분	1,853	1,682	1,566	1,985	2,108	2,075

기업가치 지표

항목	2012	2013	2014	2015	2016	2017
주가(최고/저)(천원)	7.8/4.3	5.0/4.0	9.2/3.9	16.5/8.1	12.4/8.9	14.8/11.4
PER(최고/저)(배)	—/—	—/—	—/—	2.3/1.1	4.6/3.3	—/—
PBR(최고/저)(배)	0.2/0.1	0.2/0.1	0.3/0.1	0.4/0.2	0.3/0.2	0.3/0.3
EV/EBITDA(배)	26.8	25.2	11.7	11.7	17.0	26.2
EPS(원)	-5,134	-3,346	-2,430	7,898	2,808	-374
BPS(원)	40,047	36,511	34,095	42,237	44,784	44,108
CFPS(원)	-3,964	-2,239	-977	9,290	4,047	742
DPS(원)	—	—	300	300	300	300
EBITDAPS(원)	642	1,005	1,955	1,508	2,010	1,365

재무 비율 〈단위 : %〉

연도	영업이익률	순이익률	부채비율	차입금비율	ROA	ROE	유보율	자기자본비율	EBITDA마진율
2017	1.8	-5.6	88.6	62.6	-0.9	-0.9	782.2	53.0	9.7
2016	5.3	18.3	74.5	51.5	3.2	6.6	795.7	57.3	13.9
2015	0.8	59.9	91.7	55.8	10.5	21.4	744.7	52.2	10.6
2014	3.6	-22.3	144.3	64.8	-3.9	-7.2	581.9	40.9	14.0

그랜드코리아레저 (A114090)
Grand Korea Leisure

업　종 : 호텔 및 레저　　시　장 : 거래소
신용등급 : (Bond) —　(CP) —　　기업규모 : 시가총액 중형주
홈페이지 : www.grandkorea.com　　연 락 처 : 02)6421-6000
본　사 : 서울시 강남구 삼성로 610 GKL

설 립 일	2005.09.06	**종업원수**	1,815명	**대표이사**	이기우
상 장 일	2009.11.19	**감사의견**	적정(삼정)	**계　열**	
결 산 기	12월	**보 통 주**		**종속회사수**	
액 면 가	500원	**우 선 주**		**구　상　호**	

주주구성 (지분율,%)		출자관계 (지분율,%)		주요경쟁사 (외형,%)	
한국관광공사	51.0			GKL	100
국민연금공단	10.1			강원랜드	320
(외국인)	15.3			호텔신라	800

매출구성		비용구성		수출비중	
카지노매출	98.4	매출원가율	70.8	수출	0.0
환전수입	1.6	판관비율	7.6	내수	100.0

회사 개요
동사는 카지노, 관광숙박업 등을 영위하는 업체로, 한국관광공사의 자회사로 서울 강남, 힐튼, 부산롯데 카지노를 운영 중. 주요 고객은 중국인 비중이 절반 이상으로 크고 일본 방문객이 두 번째 높은 비중을 차지하나 2015년 중국의 반부패정책 영향에 따른 중국 VIP 고객 감소, 메르스(MERS) 발병으로 매출이 감소함. 또 2016년 회복 기조를 보였으나 사드 배치 문제로 중국인 관광객이 감소해 어려움을 겪고 있음.

실적 분석
동사의 2017년 4분기 기준 누적 매출액은 5,013억원으로 전년 동기(5,482.3억원) 대비 8.6% 축소됨. 카지노 매출이 8.4%, 환전수입 역시 17.6% 감소함. 매출부진과 함께 판관비가 18.9% 증가해 영업이익은 전년보다 28.5% 줄어든 1,081.7억원에 그침. 대만, 동남아시아 및 미주지역 등 신규시장 개척을 위하여 마케팅조직의 강화 등을 통한 마케팅 활동으로 신규고객을 창출하고 VIP 고객유치를 통한 수요기반확대를 계획중

현금 흐름 *IFRS 별도 기준 〈단위 : 억원〉

항목	2016	2017
영업활동	1,378	784
투자활동	-898	-826
재무활동	-516	-615
순현금흐름	-35	-659
기말현금	1,913	1,254

시장 대비 수익률
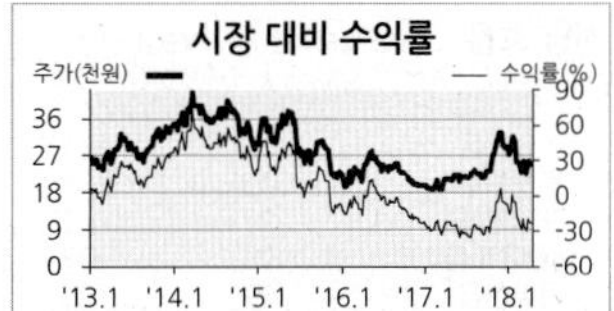

결산 실적 〈단위 : 억원〉

항목	2012	2013	2014	2015	2016	2017
매출액	5,024	5,613	5,407	5,057	5,482	5,013
영업이익	1,464	1,911	1,478	1,184	1,512	1,082
당기순이익	1,441	1,376	1,165	917	1,143	805

분기 실적 *IFRS 별도 기준 〈단위 : 억원〉

항목	2016.3Q	2016.4Q	2017.1Q	2017.2Q	2017.3Q	2017.4Q
매출액	1,340	1,486	1,253	1,097	1,387	1,276
영업이익	345	431	315	176	407	184
당기순이익	277	341	175	154	334	142

재무 상태 *IFRS 별도 기준 〈단위 : 억원〉

항목	2012	2013	2014	2015	2016	2017
총자산	5,027	5,629	6,510	6,505	7,302	7,319
유형자산	369	355	382	780	986	930
무형자산	104	118	105	98	94	95
유가증권	943	2,133	2,614	1,871	2,457	1,597
총부채	1,712	1,674	2,196	1,943	2,115	1,999
총차입금	39	8	5	2	—	4
자본금	309	309	309	309	309	309
총자본	3,314	3,955	4,314	4,562	5,187	5,321
지배주주지분	3,314	3,955	4,314	4,562	5,187	5,321

기업가치 지표 *IFRS 별도 기준

항목	2012	2013	2014	2015	2016	2017
주가(최고/저)(천원)	27.6/14.6	35.3/23.1	43.1/28.2	38.7/21.6	28.2/19.2	33.3/18.3
PER(최고/저)(배)	14.0/7.4	18.4/12.3	26.1/17.1	29.0/16.1	16.4/11.1	26.1/14.4
PBR(최고/저)(배)	6.1/3.2	6.4/4.3	7.1/4.6	5.8/3.2	3.6/2.4	4.0/2.2
EV/EBITDA(배)	9.0	10.3	9.4	7.8	4.4	10.2
EPS(원)	2,329	2,224	1,884	1,483	1,849	1,302
BPS(원)	5,358	6,395	6,974	7,376	8,386	8,602
CFPS(원)	2,559	2,397	2,067	1,688	2,056	1,559
DPS(원)	1,217	1,179	1,002	831	1,000	730
EBITDAPS(원)	2,597	3,263	2,573	2,119	2,652	2,006

재무 비율 〈단위 : %〉

연도	영업이익률	순이익률	부채비율	차입금비율	ROA	ROE	유보율	자기자본비율	EBITDA마진율
2017	21.6	16.1	37.6	0.1	11.0	15.3	1,620.3	72.7	24.8
2016	27.6	20.9	40.8	0.0	16.6	23.5	1,577.2	71.0	29.9
2015	23.4	18.1	42.6	0.0	14.1	20.7	1,375.2	70.1	25.9
2014	27.3	21.6	50.9	0.1	19.2	28.2	1,294.9	66.3	29.4

그린플러스 (A186230)
GREEN PLUS

업　종 : 금속 및 광물　　시　장 : KONEX
신용등급 : (Bond) —　(CP) —　　기업규모 : —
홈페이지 : www.greenplus.co.kr　　연 락 처 : 041)332-6421
본　사 : 충남 예산군 응봉면 응봉로 50-42

설 립 일	1997.10.21	**종업원수**	89명	**대표이사**	박영환
상 장 일	2013.12.20	**감사의견**	적정(우리)	**계　열**	
결 산 기	12월	**보 통 주**		**종속회사수**	
액 면 가	—	**우 선 주**		**구　상　호**	

주주구성 (지분율,%)		출자관계 (지분율,%)		주요경쟁사 (외형,%)	
박영환	38.9	그린케이팜	87.2	그린플러스	100
박선희	11.1	그린피시팜	82.0		142
				대주이엔티	281

매출구성		비용구성		수출비중	
건축용알미늄	52.7	매출원가율	85.9	수출	17.2
온실시공	19.4	판관비율	7.7	내수	82.8
온실자재 및 기타	19.0				

회사 개요
동사는 1997년 10월 21일 설립되어 알루미늄 제품의 생산, 가공 및 판매와 대형식물원, 첨단유리온실 등 온실 관련 창호공사 및 강구조물공사를 주업으로 하고 있음. 동사의 사업은 알루미늄사업부문과 첨단온실사업부문으로 구성됨. 알루미늄 사업부문은 원자재와 스크랩을 혼합해 생산된 Billet을 압출작업과 가공작업을 통해 최종 제품을 생산함. 첨단온실사업부문에는 설계와 제작, 시공 등 전단계 맞춤식 시공이 가능한 첨단온실을 구현하고 있음.

실적 분석
동사의 2017년 매출액은 전기 대비 20.8% 증가한 463.1억원, 영업이익은 30% 증가한 29.7억원 당기순이익은 17.6억원을 기록함. 2017년 매출액 증가의 주요 요인은 수출액 증가(37억원)와 알미늄매출증가(57억원)에 기인함. 매출원가율은 원자재가격의 상승으로 2.2%포인트 상승함. 영업이익률은 6.4%로 판관비(대손상각비)의 감소로 인해 소폭 상승함.

현금 흐름 *IFRS 별도 기준 〈단위 : 억원〉

항목	2016	2017
영업활동	-8	17
투자활동	-32	-37
재무활동	73	5
순현금흐름	33	-16
기말현금	35	19

시장 대비 수익률
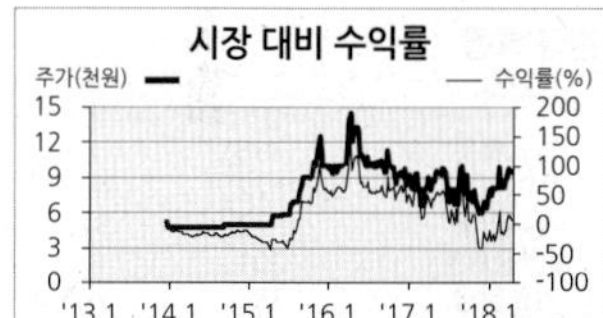

결산 실적 〈단위 : 억원〉

항목	2012	2013	2014	2015	2016	2017
매출액	383	308	378	495	383	463
영업이익	21	18	16	39	23	30
당기순이익	7	4	4	22	14	18

분기 실적 *IFRS 별도 기준 〈단위 : 억원〉

항목	2016.3Q	2016.4Q	2017.1Q	2017.2Q	2017.3Q	2017.4Q
매출액	—	—	—	—	—	—
영업이익	—	—	—	—	—	—
당기순이익	—	—	—	—	—	—

재무 상태 *IFRS 별도 기준 〈단위 : 억원〉

항목	2012	2013	2014	2015	2016	2017
총자산	293	323	307	295	385	420
유형자산	164	164	165	161	157	166
무형자산	2	2	2	3	6	5
유가증권	4	4	4	13	4	4
총부채	169	207	196	147	162	178
총차입금	137	164	164	128	141	146
자본금	15	15	16	17	20	20
총자본	124	116	111	148	222	242
지배주주지분	124	116	111	148	222	242

기업가치 지표 *IFRS 별도 기준

항목	2012	2013	2014	2015	2016	2017
주가(최고/저)(천원)	—/—	5.2/4.5	5.0/4.8	12.5/5.0	14.5/7.3	11.2/5.6
PER(최고/저)(배)	0.0/0.0	37.8/32.4	33.6/32.0	16.5/6.6	37.6/18.9	23.5/11.8
PBR(최고/저)(배)	0.0/0.0	1.2/1.1	1.2/1.1	2.5/1.0	2.4/1.2	1.7/0.9
EV/EBITDA(배)	4.0	9.2	10.1	7.3	9.3	7.0
EPS(원)	228	137	149	756	386	474
BPS(원)	4,072	4,210	4,169	4,931	6,005	6,550
CFPS(원)	554	482	547	1,163	760	847
DPS(원)	—	—	—	—	—	—
EBITDAPS(원)	1,027	953	963	1,712	1,002	1,174

재무 비율 〈단위 : %〉

연도	영업이익률	순이익률	부채비율	차입금비율	ROA	ROE	유보율	자기자본비율	EBITDA마진율
2017	6.4	3.8	73.3	60.1	4.4	7.6	1,100.2	57.7	9.4
2016	6.0	3.7	73.1	63.4	4.1	7.6	1,000.3	57.8	9.5
2015	7.8	4.5	99.6	86.6	7.4	17.3	785.9	50.1	10.2
2014	4.3	1.1	176.5	147.9	1.4	3.7	647.7	36.2	7.3

극동유화 (A014530)
Kukdong Oil & Chemicals

업　　종 : 화학　　　　시　　장 : 거래소
신용등급 : (Bond) —　　(CP) —　　기업규모 : 시가총액 소형주
홈페이지 : www.kdoc.co.kr　　연 락 처 : 055)370-9900
본　　사 : 경남 양산시 어실로 101

설 립 일	1979.12.28	**종업원수**	111명	**대표이사**	장홍선,장선우
상 장 일	1991.01.31	**감사의견**	적정(삼정)	**계　열**	
결 산 기	12월	**보 통 주**		**종속회사수**	2개사
액 면 가	500원	**우 선 주**		**구 상 호**	

주주구성 (지분율,%)		출자관계 (지분율,%)		주요경쟁사 (외형,%)	
장홍선	27.7	선진모터스	30.0	극동유화	100
케이씨지 제1호 사모투자 합자회사	19.5	세양물류	25.0	동성화인텍	47
(외국인)	1.3	세종AMC	19.0	동성화학	42

매출구성		비용구성		수출비중	
윤활유	47.5	매출원가율	92.6	수출	19.1
LPG	16.9	판관비율	4.6	내수	80.9
유동파라핀 외	13.3				

회사 개요

동사는 산업 및 기계용 윤활유와 의약, 화장품, 식품용 및 PS가소제로 사용 중인 고급특수유 등을 생산하고 있음. 부산, 경남권에 난방취사용 프로판과 산업용, 차량용 부탄을 공급하고 있으며, 건설용 자재인 방수용시트와 특수 아스팔트를 생산함. 오일뱅크와 제휴하여 김포, 인천, 여주, 천안 등에서 LPG 영업소를 운영 중임. 계열사를 통해 수입차 판매사업도 영위함. 2017년 석유판매업을 영위하는 쌍용에너텍을 인수하여 흡수합병함.

실적 분석

주력제품인 윤활유 부문의 매출이 소폭 감소하였으나, ASPHALT의 판매가 큰 폭으로 증가함. 합병효과로 인해 2017년 매출액은 전년의 두배 이상으로 급증함. 기유가격이 크게 오르면서 원가율이 악화되고, 분양사업이 종결됨에 따라 영업이익은 18.2% 감소함. 경영 효율성 제고를 위해 SHEET공장(경남 양산시) 등 유형자산을 극동씨엠씨에 161억원에 2017년 5월 처분함. 중단사업매각이익(90억원)의 발생으로 당기순이익은 8.0% 증가함.

현금 흐름 〈단위 : 억원〉

항목	2016	2017
영업활동	296	42
투자활동	-22	-482
재무활동	-73	375
순현금흐름	201	-74
기말현금	334	260

시장 대비 수익률

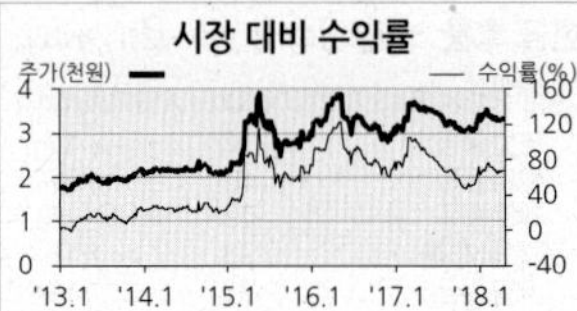

결산 실적 〈단위 : 억원〉

항목	2012	2013	2014	2015	2016	2017
매출액	3,332	3,060	2,916	2,620	2,312	4,901
영업이익	177	181	130	181	166	136
당기순이익	119	129	93	145	140	151

분기 실적 〈단위 : 억원〉

항목	2016.3Q	2016.4Q	2017.1Q	2017.2Q	2017.3Q	2017.4Q
매출액	536	632	580	644	1,775	1,901
영업이익	35	36	36	28	38	33
당기순이익	20	47	14	83	31	23

재무 상태 〈단위 : 억원〉

항목	2012	2013	2014	2015	2016	2017
총자산	1,979	1,956	1,886	1,875	1,917	2,685
유형자산	376	381	381	383	414	549
무형자산	12	12	12	12	12	297
유가증권	34	21	8	28	11	56
총부채	946	821	689	570	518	1,201
총차입금	484	497	398	262	227	817
자본금	174	174	174	174	174	174
총자본	1,033	1,135	1,197	1,305	1,399	1,484
지배주주지분	1,033	1,135	1,197	1,305	1,399	1,484

기업가치 지표

항목	2012	2013	2014	2015	2016	2017
주가(최고/저)(천원)	1.8/1.4	2.2/1.7	2.4/2.1	3.9/2.1	3.9/2.8	3.7/3.0
PER(최고/저)(배)	6.6/4.9	7.1/5.5	10.2/8.9	10.5/5.7	10.5/7.5	9.0/7.2
PBR(최고/저)(배)	0.8/0.6	0.8/0.6	0.8/0.7	1.2/0.6	1.1/0.8	0.9/0.7
EV/EBITDA(배)	5.1	6.0	7.0	6.5	5.3	10.8
EPS(원)	342	371	267	415	401	433
BPS(원)	29,629	32,556	34,319	37,430	4,012	4,387
CFPS(원)	3,677	4,102	3,093	4,608	454	494
DPS(원)	700	800	700	1,000	115	160
EBITDAPS(원)	5,339	5,581	4,155	5,640	530	451

재무 비율 〈단위 : %〉

연도	영업이익률	순이익률	부채비율	차입금비율	ROA	ROE	유보율	자기자본비율	EBITDA마진율
2017	2.8	3.1	80.9	55.1	6.6	10.5	777.3	55.3	3.2
2016	7.2	6.1	37.1	16.3	7.4	10.3	702.3	73.0	8.0
2015	6.9	5.5	43.6	20.1	7.7	11.6	648.6	69.6	7.5
2014	4.5	3.2	57.6	33.3	4.8	8.0	586.4	63.5	5.0

극동자동화 (A272420)
Kukdong Automation

업　　종 : 조선　　　　시　　장 : KONEX
신용등급 : (Bond) —　　(CP) —　　기업규모 : —
홈페이지 : www.kdakr.com　　연 락 처 : 052)288-6208
본　　사 : 울산시 북구 숙보로 27

설 립 일	1991.07.01	**종업원수**	명	**대표이사**	이상열
상 장 일	2017.06.28	**감사의견**	적정(대주)	**계　열**	
결 산 기	12월	**보 통 주**		**종속회사수**	
액 면 가	—	**우 선 주**		**구 상 호**	

주주구성 (지분율,%)		출자관계 (지분율,%)		주요경쟁사 (외형,%)	
이상열	35.0			극동자동화	100
최병녀	35.0			대창솔루션	257
				에스앤더블류	197

매출구성		비용구성		수출비중	
통신시스템구축	50.4	매출원가율	84.6	수출	59.2
선박엔진부품	49.6	판관비율	12.9	내수	40.8

회사 개요

동사는 1991년 신흥기계라는 법인으로 설립되었으며 1993년 극동자동화로 사명을 변경함. 2017년 6월 28일 코넥스 시장에 상장함. 선박엔진부품 사업부와 해외 및 국내 육상, 해상 플랜트에 필요한 통신 및 보안시스템 구축, 통합, 선박용 CCTV 등을 제조하는 시스템 사업부로 구성되어 있음. 현대건설, 현대엔지니어링, 현대중공업, 삼성물산, 삼성엔지니어링 등 국내 EPC 업체로부터 보안시스템 수주를 받아 사업 진행 중.

실적 분석

코넥스 상장 기업인 동사의 2017년 4분기 기준 누적 매출액은 166.3억원으로 전년 동기(107.2억원) 대비 66.2% 증가함. 2017년 선박엔진부품 사업부의 매출은 전년대비 20억정도 감소하였으나 시스템 사업부의 사우디 PJT 매출이 약 100억원 발생함. 영업이익은 4.1억원으로 전년대비 소폭 증가했지만 금융손실과 외환손실로 당기순손실이 1억원 발생하며 적자전환함.

현금 흐름 *IFRS 별도 기준 〈단위 : 억원〉

항목	2016	2017
영업활동	15	-21
투자활동	-13	9
재무활동	22	-9
순현금흐름	24	-22
기말현금	27	5

시장 대비 수익률

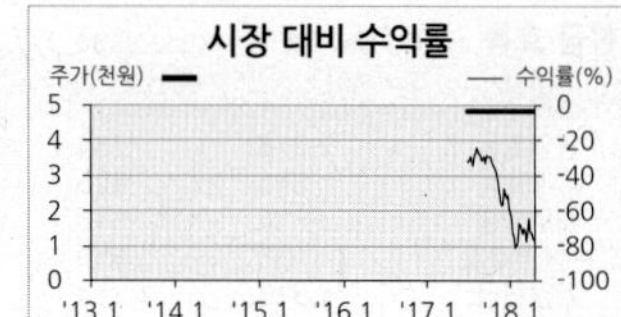

결산 실적 〈단위 : 억원〉

항목	2012	2013	2014	2015	2016	2017
매출액	—	—	79	107	100	166
영업이익	—	—	-1	3	0	4
당기순이익	—	—	-1	4	1	-1

분기 실적 *IFRS 별도 기준 〈단위 : 억원〉

항목	2016.3Q	2016.4Q	2017.1Q	2017.2Q	2017.3Q	2017.4Q
매출액	—	—	—	—	—	—
영업이익	—	—	—	—	—	—
당기순이익	—	—	—	—	—	—

재무 상태 *IFRS 별도 기준 〈단위 : 억원〉

항목	2012	2013	2014	2015	2016	2017
총자산	—	—	70	74	123	93
유형자산	—	—	19	18	18	17
무형자산	—	—	0	0	0	0
유가증권	—	—	0	0	0	0
총부채	—	—	52	52	100	71
총차입금	—	—	38	35	57	48
자본금	—	—	3	3	3	3
총자본	—	—	18	21	23	22
지배주주지분	—	—	18	21	23	22

기업가치 지표 *IFRS 별도 기준

항목	2012	2013	2014	2015	2016	2017
주가(최고/저)(천원)	—/—	—/—	—/—	—/—	—/—	—/—
PER(최고/저)(배)	0.0/0.0	0.0/0.0	0.0/0.0	0.0/0.0	0.0/0.0	—/—
PBR(최고/저)(배)	0.0/0.0	0.0/0.0	0.0/0.0	0.0/0.0	0.0/0.0	1.1/1.1
EV/EBITDA(배)	0.0	0.0	149.6	7.9	27.3	14.0
EPS(원)	—	—	-243	753	269	-190
BPS(원)	—	—	70,833	85,888	4,564	4,373
CFPS(원)	—	—	-975	18,808	429	-58
DPS(원)	—	—	—	—	—	—
EBITDAPS(원)	—	—	912	16,267	218	948

재무 비율 〈단위 : %〉

연도	영업이익률	순이익률	부채비율	차입금비율	ROA	ROE	유보율	자기자본비율	EBITDA마진율
2017	2.5	-0.6	324.6	217.5	-0.9	-4.3	774.7	23.6	2.9
2016	0.3	1.4	439.8	249.8	1.4	6.1	812.7	18.5	1.1
2015	2.9	3.5	243.3	163.5	5.3	19.2	758.9	29.1	3.8
2014	-0.9	-1.5	293.5	217.3	0.0	0.0	608.3	25.4	0.3

글로벌스탠다드테크놀로지 (A083450)
Global Standard Technology

업 종 : 반도체 및 관련장비 | 시 장 : KOSDAQ
신용등급 : (Bond) — (CP) — | 기업규모 : 벤처
홈페이지 : www.gst-in.com | 연 락 처 : 031)371-2200
본 사 : 경기도 화성시 동탄면 동탄산단6길 15-13

설 립 일	2001.10.12	종업원수	541명	대표이사	김덕준
상 장 일	2006.02.01	감사의견	적정(이촌)	계 열	
결 산 기	12월	보 통 주		종속회사수	7개사
액 면 가	500원	우 선 주		구 상 호	

주주구성 (지분율,%)		출자관계 (지분율,%)		주요경쟁사 (외형,%)	
김덕준	23.6	이에스티	60.0	GST	100
한국증권금융	4.1	아브로퍼시픽인코퍼레이티드	50.0	키다리스튜디오	9
(외국인)	12.5	로보케어	39.4	한양디지텍	47

매출구성		비용구성		수출비중	
용역	34.6	매출원가율	65.6	수출	17.2
Scrubber	33.4	판관비율	20.8	내수	82.8
Chiller	27.7				

회사 개요

동사는 2001년에 설립되어 반도체, FPD(Flat Panel Display), LED, 태양전지 공정에서 사용후 배출되는 유해가스를 정화하는 가스정화장비인 Scrubber와, 안정적인 온도유지를 제공함으로써 공정효율을 개선하는 온도조절 장비인 Chiller제품, FPD 제조공정에서 발생되는 Acid 및 VOC(휘발성 유기화합물)가스를 처리하여 작업환경 개선하는 VOC농축장비 제조 장비를 생산하고 있음. 종속회사는 이에스티 등 7개임.

실적 분석

동사의 2017년 누적 매출액은 1,628.4억원으로 전년동기대비 79.3% 증가. 영업이익은 222.6억원으로 전년동기대비 폭발적으로 증가함(+356.4%). `17년 삼성전자 평택과 삼성디스플레이 A3 Fab 수주로 가파른 실적 개선세 시현. 전방 고객사 환경 투자 확대 수혜로 중장기 실적 개선세 기대됨. 중장기적으로 단일 고객사에 대한 높은 매출액 비중을 낮추기 위해 중국 반도체 기업 등으로의 고객사 다변화가 필요.

현금 흐름 <단위 : 억원>

항목	2016	2017
영업활동	2	181
투자활동	-37	-117
재무활동	5	6
순현금흐름	-28	63
기말현금	128	191

시장 대비 수익률

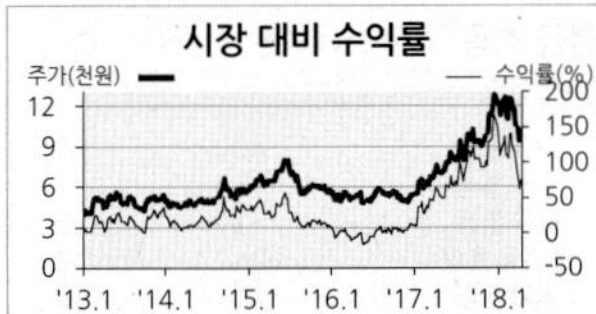

결산 실적 <단위 : 억원>

항목	2012	2013	2014	2015	2016	2017
매출액	648	810	891	844	908	1,628
영업이익	81	75	86	60	49	223
당기순이익	70	59	79	57	46	158

분기 실적 <단위 : 억원>

항목	2016.3Q	2016.4Q	2017.1Q	2017.2Q	2017.3Q	2017.4Q
매출액	213	375	438	434	429	327
영업이익	19	39	61	70	61	31
당기순이익	10	45	40	62	50	5

재무 상태 <단위 : 억원>

항목	2012	2013	2014	2015	2016	2017
총자산	538	626	700	697	894	1,024
유형자산	173	193	193	236	262	343
무형자산	12	13	19	20	17	20
유가증권	—	—	—	—	—	—
총부채	178	200	191	130	286	241
총차입금	30	43	37	38	45	40
자본금	42	45	47	47	47	47
총자본	360	426	508	567	608	783
지배주주지분	350	411	487	541	577	740

기업가치 지표

항목	2012	2013	2014	2015	2016	2017
주가(최고/저)(천원)	4.6/3.0	5.7/4.0	6.6/4.4	8.3/5.3	6.1/4.8	13.0/5.4
PER(최고/저)(배)	5.9/3.8	9.6/6.7	8.6/5.7	14.8/9.4	14.1/11.2	8.0/3.3
PBR(최고/저)(배)	1.1/0.7	1.2/0.9	1.3/0.8	1.4/0.9	1.0/0.8	1.6/0.7
EV/EBITDA(배)	3.3	5.2	4.1	6.0	6.9	4.4
EPS(원)	825	612	787	565	434	1,642
BPS(원)	4,341	4,785	5,380	5,929	6,313	8,012
CFPS(원)	935	726	903	720	608	1,814
DPS(원)	50	50	70	—	—	100
EBITDAPS(원)	1,142	969	1,054	800	697	2,560

재무 비율 <단위 : %>

연도	영업이익률	순이익률	부채비율	차입금비율	ROA	ROE	유보율	자기자본비율	EBITDA마진율
2017	13.7	9.7	30.8	5.1	16.4	23.3	1,502.5	76.4	14.7
2016	5.4	5.1	47.1	7.4	5.8	7.2	1,162.5	68.0	7.2
2015	7.1	6.8	23.0	6.6	8.2	10.3	1,085.7	81.3	8.8
2014	9.7	8.8	37.6	7.3	11.9	16.1	975.9	72.7	10.8

글로벌에스엠 (A900070)
Global SM Tech

업 종 : 기계 | 시 장 : KOSDAQ
신용등급 : (Bond) — (CP) — | 기업규모 :
홈페이지 : www.globalsmtech.com | 연 락 처 : 031)932-9770
본 사 : Offshore Incorporations, Scotia Centre, 4thFloor, P.O. Box 2804, George Town, Grand Cayman

설 립 일	2008.08.28	종업원수	959명	대표이사	나윤복
상 장 일	2009.12.23	감사의견	적정(이현)	계 열	
결 산 기	12월	보 통 주		종속회사수	14개사
액 면 가	—	우 선 주		구 상 호	

주주구성 (지분율,%)		출자관계 (지분율,%)		주요경쟁사 (외형,%)	
서울메탈홀딩스	48.1			글로벌에스엠	100
나윤복	3.9			SIMPAC	220
(외국인)	3.4			영풍정밀	63

매출구성		비용구성		수출비중	
		매출원가율	73.8	수출	—
		판관비율	22.5	내수	—

회사 개요

동사는 SM(HK), SM(WH), SM(TJ), SM(HZ), 등 4개 자회사를 소유함으로써 그 회사를 지배하는 것을 목적으로 하는 순수지주회사에 해당하며 4개 자회사는 동관법인, 위해법인, 천진법인, 혜주법인, 말레이시아법인을 각 100% 소유하고 있음. 동사의 자회사 및 손자회사들은 각종 전자제품 및 기계 등의 체결 부품으로 사용되는 스크류, 샤프트, 스프링 등을 생산하고 전방 전자산업에 공급하는 패스너 업체들임.

실적 분석

동사의 연결기준 2017년 연간 매출액은 전년동기 대비 4.4% 감소한 1,047.0억원을 기록함. 이는 자동차부품의 매출이 전방산업의 시황 문제로 부진했기 때문임. 매출총이익 감소와 판관비 증가가 맞물려 영업이익은 전년동기 대비 42.5% 감소한 38.2억원을 기록함. 채권등에 대한 충당금 설정으로 당기순이익은 전년동기 대비 84.8% 감소한 6.7억원을 기록함.

현금 흐름 <단위 : 억원>

항목	2016	2017
영업활동	81	27
투자활동	-136	-8
재무활동	29	-30
순현금흐름	-21	-14
기말현금	247	219

시장 대비 수익률

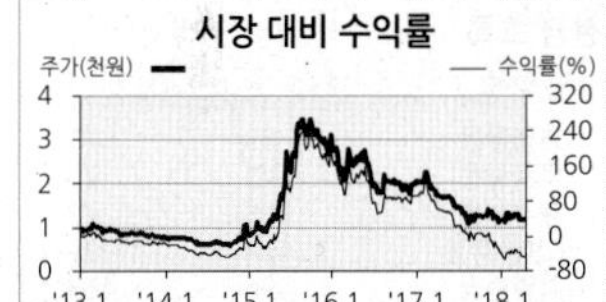

결산 실적 <단위 : 억원>

항목	2012	2013	2014	2015	2016	2017
매출액	828	807	691	837	1,095	1,047
영업이익	41	34	33	19	56	19
당기순이익	24	5	-37	-0	44	7

분기 실적 <단위 : 억원>

항목	2016.3Q	2016.4Q	2017.1Q	2017.2Q	2017.3Q	2017.4Q
매출액	274	224	261	266	260	259
영업이익	28	-18	8	10	24	-23
당기순이익	25	-24	13	3	10	-20

재무 상태 <단위 : 억원>

항목	2012	2013	2014	2015	2016	2017
총자산	1,038	1,059	1,056	1,424	1,459	1,346
유형자산	309	320	271	437	396	355
무형자산	—	—	—	27	21	21
유가증권	3	3	3	19	24	15
총부채	221	232	257	595	530	431
총차입금	79	90	95	383	251	224
자본금	208	220	223	257	309	294
총자본	817	827	799	829	929	916
지배주주지분	818	826	795	834	851	821

기업가치 지표

항목	2012	2013	2014	2015	2016	2017
주가(최고/저)(천원)	—/—	—/—	—/—	—/—	—/—	—/—
PER(최고/저)(배)	26.7/16.0	107.8/71.0	—/—	839.7/196.0	44.5/24.3	—/—
PBR(최고/저)(배)	0.7/0.4	0.7/0.4	0.8/0.4	2.0/0.5	1.9/1.0	1.5/0.7
EV/EBITDA(배)	2.1	1.1	1.7	25.0	7.1	5.2
EPS(원)	47	11	-82	4	70	-6
BPS(원)	2,431	2,340	2,260	2,067	1,673	1,603
CFPS(원)	201	129	-21	125	189	110
DPS(원)	—	—	—	—	—	—
EBITDAPS(원)	261	217	201	158	243	187

재무 비율 <단위 : %>

연도	영업이익률	순이익률	부채비율	차입금비율	ROA	ROE	유보율	자기자본비율	EBITDA마진율
2017	1.8	0.6	47.0	24.4	0.5	-0.4	193.5	68.0	9.6
2016	5.2	4.0	57.0	27.0	3.0	4.5	189.4	63.7	11.8
2015	2.3	-0.1	71.7	46.2	0.0	0.3	241.2	58.2	8.0
2014	4.8	-5.4	32.1	11.9	-3.5	-4.9	276.1	75.7	10.8

ㄱ

글로벌텍스프리 (A204620)
Global Tax Free

업　　종 : 소비자 금융
신용등급 : (Bond) —　(CP) —
홈페이지 : www.global-taxfree.com
본　　사 : 서울시 중구 퇴계로 131 9층(충무로2가, 신일빌딩)
시　　장 : KOSDAQ
기업규모 : 중견
연 락 처 : 02)518-0837

설 립 일	2014.07.31	**종업원수**	149명	**대표이사**	강진원
상 장 일	2014.11.19	**감사의견**	적정(삼일)	**계　열**	
결 산 기	12월	**보 통 주**		**종속회사수**	
액 면 가	100원	**우 선 주**		**구 상 호**	유안타제1호스팩

주주구성 (지분율,%)		출자관계 (지분율,%)		주요경쟁사 (외형,%)	
브레인콘텐츠	33.0	주식회사와그트래블	22.7	글로벌텍스프리	100
프리미어성장전략엠앤에이사모투자합자회사	8.5	뉴패러다임인베스트먼트주식회사	3.9	텍셀네트컴	1,206
(외국인)	5.8	아이아이컴바인드	0.5	아주캐피탈	642

매출구성		비용구성		수출비중	
		매출원가율	0.0	수출	—
		판관비율	97.5	내수	—

회사 개요

동사는 기업인수목적회사인 유안타제1호스팩과 합병하여 상장한 기업으로 2005년 설립된 1세대 택스리펀드 전문기업으로 가맹점 수 기준 국내54%를 점유한 1위 사업자임. 영위하는 사업은 외국인 관광객들이 사후면세점에서 물건을 구입할 때 지불한 부가세/소비세의 환급을 대행함. 타사 대비 업력이 길고 가맹점과 관계 유지로 M/S 유지가 유리하며 가맹점내 설치하는 기기에서 국내 최다 시내 환급창구에 이르기까지 환급 관련 인프라를 갖추고 있음.

실적 분석

동사의 연결재무제표 기준 2017년 영업수익은 전기 대비 19.9% 감소한 330억원, 영업이익은 전기 대비 89.7% 감소한 8억원을 기록함. 동사는 유안타제1호기업인수목적주식회사와의 합병을 통한 상장으로 합병비용 30억원을 영업외비용으로 인식하여 2017년 연결기준 당기순손실 24억원, 별도기준 당기순손실 19억원을 기록함. 당기순손실 발생으로 적자전환함.

현금 흐름 〈단위 : 억원〉

항목	2016	2017
영업활동	89	21
투자활동	-45	25
재무활동	385	-78
순현금흐름	427	-33
기말현금	496	463

시장 대비 수익률

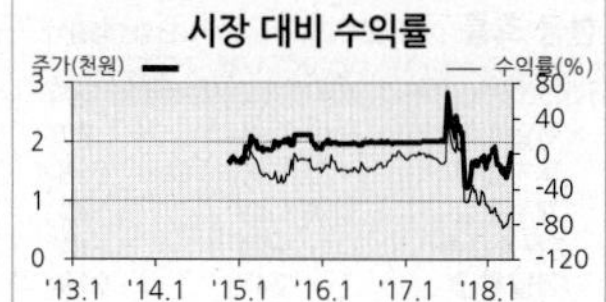

결산 실적 〈단위 : 억원〉

항목	2012	2013	2014	2015	2016	2017
매출액	—	76	133	233	412	330
영업이익	—	24	44	19	78	8
당기순이익	—	18	33	12	22	-24

분기 실적 〈단위 : 억원〉

항목	2016.3Q	2016.4Q	2017.1Q	2017.2Q	2017.3Q	2017.4Q
매출액	108	—	97	—	73	—
영업이익	23	—	9	—	-2	—
당기순이익	15	—	4	—	-28	—

재무 상태 〈단위 : 억원〉

항목	2012	2013	2014	2015	2016	2017
총자산	—	78	126	250	746	759
유형자산	—	5	16	23	40	35
무형자산	—	11	12	12	27	28
유가증권	—	—	—	—	0	43
총부채	—	43	68	131	250	119
총차입금	—	7	27	76	154	14
자본금	—	2	13	13	82	96
총자본	—	35	58	119	496	640
지배주주지분	—	35	58	119	496	640

기업가치 지표

항목	2012	2013	2014	2015	2016	2017
주가(최고/저)(천원)	—/—	—/—	2.2/2.0	2.2/1.7	2.0/2.0	3.5/1.2
PER(최고/저)(배)	0.0/0.0	0.0/0.0	35.2/32.4	120.4/92.9	72.4/69.2	—/—
PBR(최고/저)(배)	0.0/0.0	0.0/0.0	19.9/18.3	13.2/10.2	3.9/3.7	4.4/1.5
EV/EBITDA(배)	0.0	—	2.6	4.5	—	42.3
EPS(원)	—	27	51	18	28	-25
BPS(원)	—	82,478	2,263	4,088	6,555	796
CFPS(원)	—	46,592	1,463	741	563	-5
DPS(원)	—	—	—	—	—	—
EBITDAPS(원)	—	62,547	1,910	984	1,449	29

재무 비율 〈단위 : %〉

연도	영업이익률	순이익률	부채비율	차입금비율	ROA	ROE	유보율	자기자본비율	EBITDA마진율
2017	2.5	-7.2	18.6	2.1	-3.2	-4.2	695.7	84.3	8.2
2016	19.0	5.4	50.3	31.1	4.5	7.2	507.4	66.5	22.3
2015	8.2	5.3	110.2	64.3	6.6	14.0	785.5	47.6	11.6
2014	33.1	24.5	117.7	46.3	32.1	70.4	352.6	45.9	36.6

글로본 (A019660)
GLOBON

업　　종 : 창업투자 및 종금
신용등급 : (Bond) —　(CP) —
홈페이지 : www.globon.co.kr
본　　사 : 서울시 강남구 도산대로 331 (신사동)
시　　장 : KOSDAQ
기업규모 : 중견
연 락 처 : 02)6934-0800

설 립 일	1986.12.20	**종업원수**	12명	**대표이사**	한상호
상 장 일	1992.06.04	**감사의견**	적정(세림)	**계　열**	
결 산 기	12월	**보 통 주**		**종속회사수**	
액 면 가	500원	**우 선 주**		**구 상 호**	베리타스

주주구성 (지분율,%)		출자관계 (지분율,%)		주요경쟁사 (외형,%)	
한상호	17.1	이데일리	1.6	글로본	100
최영덕	5.8			우리종금	2,581
				SBI인베스트먼트	256

매출구성		비용구성		수출비중	
기타영업수익	96.7	매출원가율	57.6	수출	—
이자수익	1.8	판관비율	139.1	내수	—
외환거래이익	0.9				

회사 개요

동사는 1986년에 설립, 1992년에 코스닥시장에 상장한 회사로, 한국창업투자, 케이티아이씨글로벌투자자문, 에스비아이글로벌인베스트먼트의 상호를 거쳐 2013년 6월 베리타스인베스트먼트로 상호를 변경함. 2008년에 창업투자업을 반납하고, 금융위에서 투자자문 및 일임업 인가를 받았으나 2011년 자진폐지하고 현재는 국내외 투자사업 및 관련업, 종합 컨설팅 서비스업을 영위함. 2013년 9월부터 휴대폰 유통사업을 신규사업으로 진행.

실적 분석

동사의 2017년 4분기 누적 매출액은 71.1억원으로 전년 동기(144.7억원) 대비 50.9% 감소함. 매출원가가 전년 대비 50.8% 감소했지만 인건비를 비롯한 판관비가 19.5% 늘어나면서 영업손실 68.7억원을 기록함. 전년 영업손실 21.2억원보다 적자 폭이 확대됨. 당기순손실 역시 86.3억원 적자지속하며 수익성 저하. 동사는 북중미 지역과 중동시장 진출 등을 적극적으로 추진할 예정임.

현금 흐름 *IFRS 별도 기준 〈단위 : 억원〉

항목	2016	2017
영업활동	-40	-65
투자활동	15	12
재무활동	-1	52
순현금흐름	-25	-3
기말현금	21	18

시장 대비 수익률

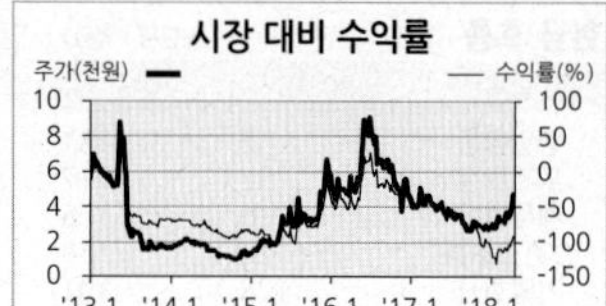

결산 실적 〈단위 : 억원〉

항목	2012	2013	2014	2015	2016	2017
매출액	—	—	—	—	145	71
영업이익	—	—	—	—	-21	-69
당기순이익	—	—	—	—	-62	-86

분기 실적 *IFRS 별도 기준 〈단위 : 억원〉

항목	2016.3Q	2016.4Q	2017.1Q	2017.2Q	2017.3Q	2017.4Q
매출액	27	—	8	13	22	28
영업이익	-16	—	-11	-23	-12	-22
당기순이익	-21	—	-14	-23	-12	-37

재무 상태 *IFRS 별도 기준 〈단위 : 억원〉

항목	2012	2013	2014	2015	2016	2017
총자산	—	—	—	—	327	287
유형자산	—	—	—	—	10	13
무형자산	—	—	—	—	10	10
유가증권	—	—	—	—	4	38
총부채	—	—	—	—	24	47
총차입금	—	—	—	—	—	32
자본금	—	—	—	—	140	140
총자본	—	—	—	—	303	239
지배주주지분	—	—	—	—	303	239

기업가치 지표 *IFRS 별도 기준

항목	2012	2013	2014	2015	2016	2017
주가(최고/저)(천원)	18.0/5.0	9.4/1.5	2.4/1.0	6.7/1.8	9.4/3.6	5.0/2.6
PER(최고/저)(배)	0.0/0.0	0.0/0.0	0.0/0.0	0.0/0.0	—/—	—/—
PBR(최고/저)(배)	0.0/0.0	0.0/0.0	0.0/0.0	0.0/0.0	8.6/3.4	5.9/3.0
EV/EBITDA(배)	0.0	0.0	0.0	0.0	—	—
EPS(원)	—	—	—	—	-221	-308
BPS(원)	—	—	—	—	1,084	855
CFPS(원)	—	—	—	—	-215	-293
DPS(원)	—	—	—	—	—	—
EBITDAPS(원)	—	—	—	—	-70	-230

재무 비율 〈단위 : %〉

연도	영업이익률	순이익률	부채비율	차입금비율	ROA	ROE	유보율	자기자본비율	EBITDA마진율
2017	-96.7	-121.3	19.8	13.3	-28.1	-31.8	71.1	83.5	-90.7
2016	-14.7	-42.9	7.9	0.0	0.0	0.0	116.8	92.7	-13.5
2015	0.0	0.0	0.0	0.0	0.0	0.0	0.0	0.0	0.0
2014	0.0	0.0	0.0	0.0	0.0	0.0	0.0	0.0	0.0

금강공업 (A014280)
Kumkang Kind

업 종 : 건축자재 | 시 장 : 거래소
신용등급 : (Bond) — (CP) — | 기업규모 : 시가총액 소형주
홈페이지 : www.kumkangkind.com | 연 락 처 : 051)264-8881
본 사 : 부산시 사하구 다산로 110 (다대동)

설 립 일	1979.08.08	**종업원수**	399명	**대표이사**	전장열,이범호
상 장 일	1988.09.10	**감사의견**	적정(안경)	**계 열**	
결 산 기	12월	**보 통 주**		**종속회사수**	13개사
액 면 가	5,000원	**우 선 주**		**구 상 호**	

주주구성 (지분율,%)		출자관계 (지분율,%)		주요경쟁사 (외형,%)	
KB자산운용	22.7	금강엔지니어링	66.7	금강공업	100
중원엔지니어링	14.6	고려산업	41.5	KCC	630
(외국인)	2.3	케이엔엔	2.8	LG하우시스	531

매출구성		비용구성		수출비중	
판넬폼(알루미늄폼)-상품 외	26.8	매출원가율	79.5	수출	18.1
알루미늄폼(임대)-제품	24.8	판관비율	13.0	내수	81.9
사료-제품	21.5				

회사 개요

1979년 설립된 강관 및 건설용 가설자재 전문기업으로 강관, 알루미늄폼, 모듈러, 가설재를 제조하고 있음. 상하수도, 공업용수, 건축, 교량 등의 공사에 사용되는 배관용 및 구조용 강관은 매출의 약 20%를 차지하고 있음. 매출의 30~40%인 알루미늄폼은 건설에 거푸집 용도로 사용되는 자재로 대형 공사에 주로 쓰이며, 국내 시장은 동사와 삼목에스폼, 현대알미늄이 과점하고 있음. 2017년 케냐, 인도네시아에 해외법인 설립함.

실적 분석

동사의 연결기준 2017년 매출액은 6,132.5억원으로 전년과 비슷한 수준을 유지하였음. 매출원가와 판관비가 상승하였으며 이는 영업이익과 당기순이익이 각각 18.4%, 25.5% 감소하는 원인이 됨. 지배회사(금강공업)의 알폼 국내 임대의 경우 조기 분양 집중에 따른 수입금액 증가, 강관의 경우 원재료 가격 상승에 따른 유통상 재고확보를 위한 구매증가로 인한 수입금액 증가가 소폭이나마 매출 증가의 원인이었음.

현금 흐름
〈단위 : 억원〉

항목	2016	2017
영업활동	466	98
투자활동	-257	-159
재무활동	-172	190
순현금흐름	36	126
기말현금	500	627

시장 대비 수익률

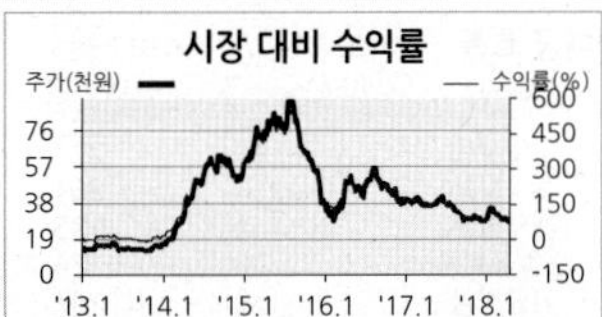

결산 실적
〈단위 : 억원〉

항목	2012	2013	2014	2015	2016	2017
매출액	6,887	6,943	6,586	5,660	6,032	6,132
영업이익	313	320	410	322	563	460
당기순이익	151	185	231	76	358	266

분기 실적
〈단위 : 억원〉

항목	2016.3Q	2016.4Q	2017.1Q	2017.2Q	2017.3Q	2017.4Q
매출액	1,444	1,437	1,493	1,562	1,564	1,513
영업이익	144	124	139	129	106	86
당기순이익	82	74	81	101	63	22

재무 상태
〈단위 : 억원〉

항목	2012	2013	2014	2015	2016	2017
총자산	6,566	6,755	7,231	6,783	7,108	7,564
유형자산	3,152	3,452	3,877	3,201	3,550	3,619
무형자산	84	84	105	104	93	93
유가증권	112	74	87	83	108	103
총부채	4,145	4,181	4,485	4,084	4,060	4,253
총차입금	2,633	2,824	3,275	3,130	2,957	3,172
자본금	249	249	249	249	249	249
총자본	2,420	2,573	2,746	2,700	3,048	3,311
지배주주지분	2,007	2,133	2,270	2,264	2,566	2,725

기업가치 지표

항목	2012	2013	2014	2015	2016	2017
주가(최고/저)(천원)	14.1/8.9	17.1/12.7	63.9/15.9	101/36.8	58.9/28.3	41.2/28.0
PER(최고/저)(배)	7.0/4.4	5.7/4.3	18.1/4.5	97.7/35.5	9.9/4.7	8.7/5.9
PBR(최고/저)(배)	0.4/0.2	0.4/0.3	1.4/0.4	2.3/0.8	1.2/0.6	0.8/0.5
EV/EBITDA(배)	4.7	4.8	5.6	5.5	3.9	3.5
EPS(원)	2,188	3,188	3,701	1,080	6,163	4,801
BPS(원)	41,248	43,776	46,539	46,418	52,489	55,690
CFPS(원)	8,988	11,291	16,972	12,511	18,738	19,618
DPS(원)	350	350	400	400	500	500
EBITDAPS(원)	13,099	14,544	21,505	17,912	23,900	24,061

재무 비율
〈단위 : %〉

연도	영업이익률	순이익률	부채비율	차입금비율	ROA	ROE	유보율	자기자본비율	EBITDA 마진율
2017	7.5	4.3	128.5	95.8	3.6	9.0	1,013.8	43.8	19.5
2016	9.3	5.9	133.2	97.0	5.2	12.7	949.8	42.9	19.7
2015	5.7	1.4	151.3	115.9	1.1	2.4	828.4	39.8	15.7
2014	6.2	3.5	163.3	119.3	3.3	8.4	830.8	38.0	16.2

금강철강 (A053260)
Keum Kang Steel

업 종 : 금속 및 광물 | 시 장 : KOSDAQ
신용등급 : (Bond) — (CP) — | 기업규모 : 우량
홈페이지 : www.kksteel.co.kr | 연 락 처 : 02)3471-0001
본 사 : 서울시 서초구 서운로 19, 701호 (서초동, 서초월드오피스텔)

설 립 일	1977.01.12	**종업원수**	64명	**대표이사**	주광남,주성호
상 장 일	2002.01.04	**감사의견**	적정(신한)	**계 열**	
결 산 기	12월	**보 통 주**		**종속회사수**	3개사
액 면 가	500원	**우 선 주**		**구 상 호**	

주주구성 (지분율,%)		출자관계 (지분율,%)		주요경쟁사 (외형,%)	
주광남	30.4	케이인베스트먼트	100.0	금강철강	100
주성호	15.4	금강에코너지	70.5	황금에스티	114
(외국인)	2.2	푸드사이언스	52.3	GMR 머티리얼즈	58

매출구성		비용구성		수출비중	
산세, 코일(상품) 외	27.7	매출원가율	94.6	수출	—
산세, 코일(제품)	21.1	판관비율	3.5	내수	—
아연, 도금, 강판(제품)	19.4				

회사 개요

동사는 철강재 판매업, 자동차 및 전자부품 제조 및 판매업을 주요 목적으로 하는 전문 철강유통 서비스 회사임. 1977년 설립되어 2002년 1월 코스닥시장에 상장되었음. 포스코의 냉연강판 지정 코일센터로서 자동차, 가전, 건설, 산업용기 등의 산업원자재인 냉연코일을 수요자가 원하는 규격으로 가공하여 공급함. 주요 매출은 냉연 압연강판 29.89%, 산세코일 26.05%, 아연도금 강판 21.80%, 등으로 구성됨.

실적 분석

동사의 2017년 매출과 영업이익은 1,972억원, 36억원으로 전년 대비 매출은 21.2% 증가하고 영업이익은 11.4% 감소함. 매출액영업이익률은 전기 2.51%에서 1.84%로 0.67% 감소함. 조선, 자동차 등 수요산업의 부진과 원재료 단가 상승 및 공급과잉에 따른 마진 감소로 인해 영업이익률이 소폭 감소함. 금융수익은 16억원으로 전기대비 14.0% 감소함.

현금 흐름
〈단위 : 억원〉

항목	2016	2017
영업활동	82	-73
투자활동	-99	36
재무활동	-11	-34
순현금흐름	-26	-73
기말현금	251	178

시장 대비 수익률

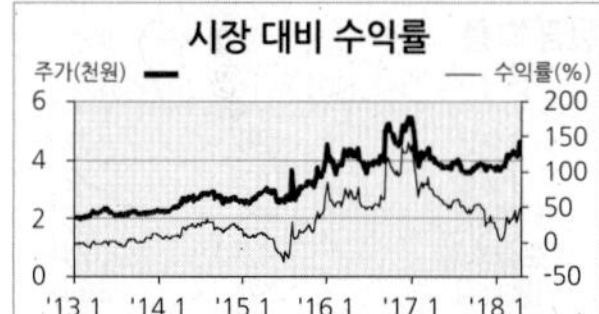

결산 실적
〈단위 : 억원〉

항목	2012	2013	2014	2015	2016	2017
매출액	2,564	2,468	2,006	1,595	1,627	1,972
영업이익	91	68	44	43	41	36
당기순이익	85	77	59	68	56	30

분기 실적
〈단위 : 억원〉

항목	2016.3Q	2016.4Q	2017.1Q	2017.2Q	2017.3Q	2017.4Q
매출액	372	440	527	438	486	522
영업이익	2	15	16	5	3	12
당기순이익	2	30	6	18	1	5

재무 상태
〈단위 : 억원〉

항목	2012	2013	2014	2015	2016	2017
총자산	1,284	1,309	1,278	1,319	1,349	1,300
유형자산	177	175	173	161	155	152
무형자산	18	18	22	24	22	20
유가증권	124	100	176	261	138	187
총부채	377	350	279	272	260	225
총차입금	17	16	16	18	18	17
자본금	99	99	99	99	99	99
총자본	907	960	999	1,047	1,089	1,075
지배주주지분	908	961	1,001	1,050	1,093	1,079

기업가치 지표

항목	2012	2013	2014	2015	2016	2017
주가(최고/저)(천원)	2.6/1.8	2.4/2.0	3.0/2.2	4.1/2.5	6.2/3.5	5.5/3.5
PER(최고/저)(배)	6.8/4.7	6.6/5.5	10.6/7.8	11.7/7.4	21.1/12.1	34.6/22.1
PBR(최고/저)(배)	0.6/0.4	0.5/0.4	0.6/0.5	0.8/0.5	1.1/0.6	0.9/0.6
EV/EBITDA(배)	1.5	0.7	—	3.9	6.6	3.2
EPS(원)	458	414	314	366	305	162
BPS(원)	4,938	5,233	5,445	5,707	5,928	5,935
CFPS(원)	503	461	364	416	348	210
DPS(원)	100	100	100	100	100	100
EBITDAPS(원)	532	408	287	277	262	242

재무 비율
〈단위 : %〉

연도	영업이익률	순이익률	부채비율	차입금비율	ROA	ROE	유보율	자기자본비율	EBITDA 마진율
2017	1.8	1.5	21.0	1.6	2.3	2.8	1,026.8	82.7	2.3
2016	2.5	3.5	23.8	1.6	4.2	5.3	1,025.4	80.8	3.0
2015	2.7	4.3	26.0	1.7	5.2	6.7	983.6	79.4	3.3
2014	2.2	2.9	28.0	1.6	4.5	6.0	933.7	78.2	2.7

금비 (A008870)
Kumbi

업　　종 : 용기 및 포장
신용등급 : (Bond) —　　(CP) —
홈페이지 : www.kumbi.co.kr
본　　사 : 경기도 이천시 부발읍 중부대로1707번길 13

시　　장 : 거래소
기업규모 : 시가총액 소형주
연 락 처 : 031)632-5280

설 립 일	1973.06.05	**종업원수**	244명	**대표이사**	고병헌,고기영
상 장 일	1990.06.08	**감사의견**	적정(한영)	**계　열**	
결 산 기	09월	**보 통 주**		**종속회사수**	2개사
액 면 가	5,000원	**우 선 주**		**구 상 호**	

주주구성 (지분율,%)		출자관계 (지분율,%)		주요경쟁사 (외형,%)	
고병헌	15.0	금비인터내셔널	90.0	금비	100
고기영	11.1	삼화왕관	50.4	디케이디앤아이	28
(외국인)	0.1			승일	73

매출구성		비용구성		수출비중	
Cap(알루미늄캡)	55.3	매출원가율	73.7	수출	2.0
유리(주류)	40.0	판관비율	16.3	내수	98.0
화장품	2.5				

회사 개요

동사의 주요사업으로는 유리사업부문, Cap사업부문(병마개제조업), 화장품사업부문으로 분류됨. 사업부문별 매출비중은 Cap사업부문 54%, 유리사업부문 39.42%, 화장품사업부문 6.59% 등임. 음료와 주류병이 70% 정도를 차지하고 있으며, 제병 시장의 성장률은 다소 주춤하나 유리병에 대한 수요는 음료 및 주류산업의 소비성향이 꾸준히 상향 전개될 것으로 전망. 또한 병마개시장은 경기회복 전망에 따라 수요가 소폭 증가할 것으로 예상됨.

실적 분석

9월 결산법인인 동사는 지난해 말 연결 재무제표 기준 매출액 4865억원을 기록하였음. 이 기간 영업이익은 38억원을 기록하였음. 동사는 병마개 업체들 중 유일하게 비금속 Cap과 금속 Cap을 공급하는 종합 병마개 업체로서 기술력과 품질에서 국내 최고 수준을 확보. 병마개 중 납세용 병마개는 주세법에 의해 국세청 지정 제조자만이 할 수 있음. 동사는 신규 성장동력 확보에 적극 나설 필요가 있음.

현금 흐름 〈단위 : 억원〉

항목	2017	2018.1Q
영업활동	185	73
투자활동	-107	12
재무활동	-67	-10
순현금흐름	11	74
기말현금	290	364

시장 대비 수익률

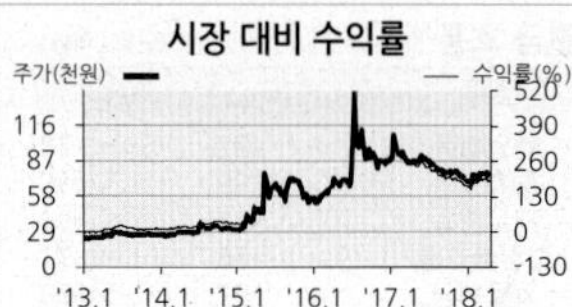

결산 실적 〈단위 : 억원〉

항목	2013	2014	2015	2016	2017	2018
매출액	1,751	1,775	1,895	2,005	1,855	—
영업이익	61	55	153	200	117	—
당기순이익	19	31	77	132	66	—

분기 실적 〈단위 : 억원〉

항목	2016.4Q	2017.1Q	2017.2Q	2017.3Q	2017.4Q	2018.1Q
매출액	528	488	427	370	571	487
영업이익	41	34	39	12	31	38
당기순이익	31	17	33	6	11	25

재무 상태 〈단위 : 억원〉

항목	2013	2014	2015	2016	2017	2018.1Q
총자산	2,098	2,209	2,318	2,506	2,470	2,511
유형자산	1,231	1,275	1,242	1,288	1,258	1,251
무형자산	145	111	77	66	65	64
유가증권	62	106	171	173	196	207
총부채	819	904	929	1,039	970	992
총차입금	454	507	474	544	509	501
자본금	50	50	50	50	50	50
총자본	1,279	1,304	1,389	1,467	1,500	1,519
지배주주지분	785	790	844	909	936	949

기업가치 지표

항목	2013	2014	2015	2016	2017	2018.1Q
주가(최고/저)(천원)	28.5/26.6	37.6/23.2	77.2/25.6	166/30.0	125/51.3	80.5/75.1
PER(최고/저)(배)	81.4/66.4	51.9/35.7	16.6/6.5	18.0/5.6	36.3/21.6	—/—
PBR(최고/저)(배)	0.4/0.3	0.5/0.3	0.9/0.4	1.8/0.6	1.3/0.8	0.8/0.7
EV/EBITDA(배)	6.6	6.5	5.4	5.6	6.6	—/—
EPS(원)	399	786	4,897	9,496	3,516	1,845
BPS(원)	81,197	81,754	87,163	93,579	96,300	97,573
CFPS(원)	11,670	13,624	17,992	19,906	14,796	4,703
DPS(원)	1,200	1,000	1,500	1,800	1,500	—
EBITDAPS(원)	17,350	18,371	28,376	30,402	22,956	6,692

재무 비율 〈단위 : %〉

연도	영업 이익률	순 이익률	부채 비율	차입금 비율	ROA	ROE	유보율	자기자본 비율	EBITDA 마진율
2017	6.3	3.6	64.7	34.0	2.7	3.8	1,826.0	60.7	12.4
2016	10.0	6.6	70.9	37.1	5.5	10.8	1,771.6	58.5	15.2
2015	8.1	4.1	66.9	34.1	3.4	6.0	1,643.3	59.9	15.0
2014	3.1	1.8	69.3	38.9	1.4	1.0	1,535.1	59.1	10.4

금양 (A001570)
Kum Yang

업　　종 : 화학
신용등급 : (Bond) —　　(CP) —
홈페이지 : www.kyc.co.kr
본　　사 : 부산시 사상구 낙동대로960번길 81 (감전동)

시　　장 : 거래소
기업규모 : 시가총액 소형주
연 락 처 : 051)316-5881

설 립 일	1955.11.17	**종업원수**	109명	**대표이사**	류광지
상 장 일	1976.12.17	**감사의견**	적정(한울)	**계　열**	
결 산 기	12월	**보 통 주**		**종속회사수**	8개사
액 면 가	500원	**우 선 주**		**구 상 호**	

주주구성 (지분율,%)		출자관계 (지분율,%)		주요경쟁사 (외형,%)	
류광지	45.6	KUMYANGNEIMENGGUCHEMICAL.(	100.0	금양	100
오토해운	0.8	HANKUMNEIMENGGUCHEMICAL	100.0	그린케미칼	141
(외국인)	0.8	KUMYANG(LIANYUNGANG)CHEMICAL	100.0	세우글로벌	20

매출구성		비용구성		수출비중	
발포제(제품)	54.8	매출원가율	80.3	수출	70.8
기 타(상품)	40.9	판관비율	12.4	내수	29.2
기 타(제품)	4.3				

회사 개요

동사는 발포제를 주력으로 하는 정밀화학 전문업체로서, 2009년 하반기부터 발포제 유관 각종 첨가제 및 화학제품의 TRADING 사업을 병행함. 발포제는 스폰지제품을 제조하기 위해 합성수지 또는 고무 등과 같은 고분자재료에 첨가되는 화공약품임. 매출액의 약 70%이상을 수출하고 있는 수출형 산업으로 분류되며 중국현지공장으로 이전하여 생산을 점차 확대하고 있음. 2017년 6월 기준 중국 종속회사의 경영권을 420억원에 매각함.

실적 분석

동사의 2017년 매출액은 1,803.7억원으로 전년대비 6.9% 증가함. 비용측면에서 매출원가와 판관비가 각각 5.4%, 17.4% 상승했음에도 불구하고 매출 확대에 힘입어 영업이익은 전년보다 8.4% 늘어난 131.4억원을 기록함. 중국 종속회사 경영권을 420억원에 매각함에 따라 관련기업 투자이익이 211.8억원 발생함. 이를 반영한 당기순이익은 전년 205.3억원 손실에서 186.5억원 이익으로 흑자 전환함.

현금 흐름 〈단위 : 억원〉

항목	2016	2017
영업활동	80	-221
투자활동	-254	361
재무활동	116	-135
순현금흐름	-78	-26
기말현금	173	147

시장 대비 수익률

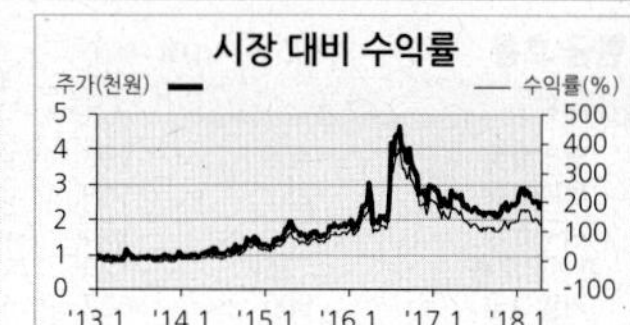

결산 실적 〈단위 : 억원〉

항목	2012	2013	2014	2015	2016	2017
매출액	1,229	1,563	1,586	1,590	1,687	1,804
영업이익	66	56	52	69	121	131
당기순이익	37	7	-1	145	-205	186

분기 실적 〈단위 : 억원〉

항목	2016.3Q	2016.4Q	2017.1Q	2017.2Q	2017.3Q	2017.4Q
매출액	484	345	409	445	475	475
영업이익	29	36	28	40	33	31
당기순이익	26	-268	34	137	11	5

재무 상태 〈단위 : 억원〉

항목	2012	2013	2014	2015	2016	2017
총자산	1,276	1,471	1,602	1,654	1,789	1,961
유형자산	430	421	372	378	510	494
무형자산	88	87	9	16	51	41
유가증권	4	3	2	12	13	13
총부채	820	1,016	1,158	1,075	1,444	1,385
총차입금	696	863	750	799	925	706
자본금	197	197	197	197	197	214
총자본	455	456	445	580	345	576
지배주주지분	448	448	437	571	338	569

기업가치 지표

항목	2012	2013	2014	2015	2016	2017
주가(최고/저)(천원)	1.4/0.7	1.2/0.8	1.6/0.9	2.0/1.2	4.8/1.7	2.9/2.1
PER(최고/저)(배)	17.3/8.5	81.4/54.8	—/—	5.6/3.4	—/—	6.9/4.8
PBR(최고/저)(배)	1.3/0.7	1.1/0.8	1.4/0.9	1.3/0.8	5.1/1.8.	2.1/1.5
EV/EBITDA(배)	11.0	12.1	9.2	10.0	11.7	9.0
EPS(원)	94	17	-3	367	-519	437
BPS(원)	1,229	1,227	1,199	1,541	947	1,415
CFPS(원)	133	112	104	461	-423	541
DPS(원)	35	45	60	60	—	—
EBITDAPS(원)	207	238	238	268	404	411

재무 비율 〈단위 : %〉

연도	영업 이익률	순 이익률	부채 비율	차입금 비율	ROA	ROE	유보율	자기자본 비율	EBITDA 마진율
2017	7.3	10.3	240.5	122.6	9.9	41.2	183.0	29.4	9.7
2016	7.2	-12.2	418.9	268.3	-11.9	-45.0	89.4	19.3	9.4
2015	4.3	9.1	185.4	137.8	8.9	28.7	208.2	35.0	6.6
2014	3.3	-0.1	260.2	168.6	-0.1	-0.3	139.9	27.8	5.9

금호산업 (A002990)
Kumho Industrial

업 종 : 건설　　시 장 : 거래소
신용등급 : (Bond) —　(CP) —　　기업규모 : 시가총액 소형주
홈페이지 : www.kumhoenc.com　　연 락 처 : 061)333-7612
본 사 : 전남 나주시 시청길4

설 립 일	1960.09.05	**종업원수**	1,690명	**대표이사**	박삼구,서재환
상 장 일	1976.06.26	**감사의견**	적정(한울)	**계 열**	
결 산 기	12월	**보 통 주**		**종속회사수**	
액 면 가	5,000원	**우 선 주**		**구 상 호**	

주주구성 (지분율,%)		출자관계 (지분율,%)		주요경쟁사 (외형,%)	
금호홀딩스	45.5	충주보라매	100.0	금호산업	100
호반건설	4.7	제이외곽순환도로	35.7	아이에스동서	141
(외국인)	8.4	아시아나항공	33.5	태영건설	252

매출구성		비용구성		수출비중	
토목	27.6	매출원가율	91.6	수출	—
건축	26.6	판관비율	6.0	내수	—
주택	23.6				

회사 개요
동사는 1960년 9월에 설립됐으며, 1999년 2월 건설업과 운송업을 영위하는 금호건설을 흡수합병하면서 금호산업으로 변경함. 2011년 11월 운송업을 금호고속으로 물적분할하여 건설업을 주력 사업으로 영위 중임. 종합건설업 시공능력은 2015년 기준 17위임. 회사는 '어울림'이라는 아파트 브랜드를 보유하고 있음. 현재 워크아웃 진행 중이며 경영정상화를 위해 노력함.

실적 분석
동사의 2017년도 연결기준 연간 매출액은 1조2,979.5억원으로 전년 대비 4.1% 감소함. 매출원가는 감소했으나, 판관비 증가하여 영업이익은 310.5억원으로 전년 대비 25.7% 감소함. 반면 지분법피투자회사의 실적이 증가하여 당기순이익은 952.8억원으로 전년 대비 164.4% 증가함. 동사는 주로 베트남 지역을 중심으로 도로, 상하수도 시설 등의 원조자금(ODA) 공사에도 참여하고 있으며, 점차 사업을 확대할 예정임.

현금 흐름 〈단위 : 억원〉

항목	2016	2017
영업활동	191	759
투자활동	222	-103
재무활동	-875	-826
순현금흐름	-465	-173
기말현금	713	541

시장 대비 수익률
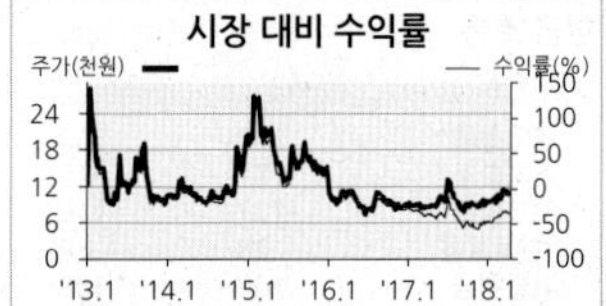

결산 실적 〈단위 : 억원〉

항목	2012	2013	2014	2015	2016	2017
매출액	14,999	14,345	15,235	15,310	13,537	12,979
영업이익	-1,648	589	398	208	418	311
당기순이익	-7,279	526	1,058	-61	360	953

분기 실적 〈단위 : 억원〉

항목	2016.3Q	2016.4Q	2017.1Q	2017.2Q	2017.3Q	2017.4Q
매출액	3,282	4,482	2,543	2,996	3,116	4,325
영업이익	121	151	33	87	145	45
당기순이익	534	-525	354	-200	167	631

재무 상태 〈단위 : 억원〉

항목	2012	2013	2014	2015	2016	2017
총자산	19,322	17,664	15,044	13,100	12,746	12,849
유형자산	191	185	90	90	94	92
무형자산	66	63	62	61	46	38
유가증권	1,183	1,352	1,182	1,144	1,280	1,189
총부채	19,177	16,132	12,035	10,199	9,633	8,922
총차입금	6,661	4,769	4,356	3,345	2,689	2,172
자본금	8,627	1,614	1,715	1,755	1,769	1,807
총자본	145	1,532	3,009	2,902	3,113	3,927
지배주주지분	145	1,532	3,009	2,902	3,113	3,927

기업가치 지표

항목	2012	2013	2014	2015	2016	2017
주가(최고/저)(천원)	52.8/9.2	32.3/9.2	21.1/9.3	27.9/12.6	12.7/7.3	13.4/7.8
PER(최고/저)(배)	—/—	17.4/5.0	7.2/3.2	—/—	13.5/7.8	5.3/3.1
PBR(최고/저)(배)	94.8/16.5	7.4/2.1	2.6/1.2	3.7/1.7	1.6/0.9	1.3/0.8
EV/EBITDA(배)	—	8.6	24.3	33.2	10.6	13.4
EPS(원)	-32,760	2,015	3,194	-176	1,021	2,653
BPS(원)	87	4,754	8,780	8,276	8,806	11,078
CFPS(원)	-4,539	2,080	3,232	-142	1,055	2,685
DPS(원)	—	—	—	—	300	500
EBITDAPS(원)	-919	2,319	1,240	631	1,218	897

재무 비율 〈단위 : %〉

연도	영업이익률	순이익률	부채비율	차입금비율	ROA	ROE	유보율	자기자본비율	EBITDA마진율
2017	2.4	7.3	227.2	55.3	7.5	27.1	121.6	30.6	2.5
2016	3.1	2.7	309.5	86.4	2.8	12.0	76.1	24.4	3.2
2015	1.4	-0.4	351.5	115.3	-0.4	-2.1	65.5	22.2	1.4
2014	2.6	6.9	400.0	144.8	6.5	46.6	75.6	20.0	2.7

금호석유화학 (A011780)
Kumho Petrochemical

업 종 : 화학　　시 장 : 거래소
신용등급 : (Bond) A-　(CP) —　　기업규모 : 시가총액 대형주
홈페이지 : www.kkpc.com　　연 락 처 : 02)6961-1114
본 사 : 서울시 중구 청계천로 100(수표동, 시그니쳐타워스 서울)

설 립 일	1970.12.28	**종업원수**	1,280명	**대표이사**	박찬구,김성채
상 장 일	1988.01.22	**감사의견**	적정(삼덕)	**계 열**	
결 산 기	12월	**보 통 주**		**종속회사수**	7개사
액 면 가	5,000원	**우 선 주**		**구 상 호**	

주주구성 (지분율,%)		출자관계 (지분율,%)		주요경쟁사 (외형,%)	
박철완	10.0	코리아에너지발전소	96.1	금호석유	100
국민연금공단	9.5	금호티앤엘	95.0	LG화학	507
(외국인)	27.5	금호피앤비화학	78.2	한화케미칼	184

매출구성		비용구성		수출비중	
SBR, BR, NBR,LATEX등	49.7	매출원가율	91.5	수출	64.4
PS, ABS, EPS,PPG등	33.0	판관비율	3.3	내수	35.6
전자소재, 스팀,임대료 등	13.4				

회사 개요
동사는 1976년 설립돼 합성고무제품과 합성수지제품 등 석유화학제품을 제조 및 판매함. 매출은 합성고무 49.7%, 합성수지 33%, 정밀화학 3.9% 및 기타 13.4%로 구성돼 있음. 현재 페놀 세계 5위, BPA 세계 5위권의 생산능력을 보유하고 있으며, 수출비중은 약 55%임. 시장점유율은 국내 합성고무 시장의 47%, 합성수지 시장의 16%를 차지하고 있음. 주요 종속회사는 금호피앤비화학, 금호티앤엘 등임.

실적 분석
동사의 2017년 매출액은 5조 647.8억원으로 전년대비 27.6% 증가함. 비용측면에서 매출원가가 27.5% 상승했음에도 불구하고 영업이익은 전년보다 67.2% 늘어난 2,626.3억원을 기록함. 금호렌터카의 최대주주였던 금호석휴화학은 렌트카 지분 모두를 금호피앤피화학에 넘기며 관련기업 투자이익이 개선을 보이고, 합성고무 부문에서 부타디엔 원재료 가격이 최악의 국면을 벗어나면서 재무구조가 개선세를 보임.

현금 흐름 〈단위 : 억원〉

항목	2016	2017
영업활동	2,968	4,210
투자활동	-2,507	-1,060
재무활동	1,036	-2,767
순현금흐름	1,497	375
기말현금	1,970	2,344

시장 대비 수익률

결산 실적 〈단위 : 억원〉

항목	2012	2013	2014	2015	2016	2017
매출액	58,837	51,321	47,657	39,345	39,704	50,648
영업이익	2,238	1,342	1,849	1,640	1,571	2,626
당기순이익	1,261	-427	883	1,219	808	2,176

분기 실적 〈단위 : 억원〉

항목	2016.3Q	2016.4Q	2017.1Q	2017.2Q	2017.3Q	2017.4Q
매출액	9,944	10,930	14,082	12,391	12,052	12,123
영업이익	235	219	657	442	578	949
당기순이익	184	-240	704	375	567	530

재무 상태 〈단위 : 억원〉

항목	2012	2013	2014	2015	2016	2017
총자산	44,107	42,116	44,373	42,106	45,461	45,798
유형자산	21,296	22,217	22,610	25,057	25,648	24,403
무형자산	284	197	162	162	173	149
유가증권	4,059	3,167	3,484	2,513	2,322	2,559
총부채	27,524	26,519	27,957	25,468	28,182	26,230
총차입금	20,932	20,362	21,505	19,162	20,816	18,201
자본금	1,675	1,675	1,675	1,675	1,675	1,675
총자본	16,584	15,598	16,416	16,637	17,279	19,568
지배주주지분	15,477	14,746	15,594	15,565	16,197	18,427

기업가치 지표

항목	2012	2013	2014	2015	2016	2017
주가(최고/저)(천원)	167/88.9	129/73.3	89.7/66.1	88.6/48.8	81.4/46.9	99.5/66.4
PER(최고/저)(배)	46.9/25.0	—/—	34.0/25.1	25.9/14.2	38.0/21.9	15.6/10.5
PBR(최고/저)(배)	3.8/2.0	3.1/1.7	2.0/1.5	1.9/1.1	1.7/1.0	1.8/1.2
EV/EBITDA(배)	15.6	16.3	12.6	10.8	12.5	10.0
EPS(원)	3,869	-368	2,782	3,550	2,187	6,377
BPS(원)	47,407	45,236	47,764	47,677	49,559	56,215
CFPS(원)	8,644	4,840	8,085	8,804	8,337	12,883
DPS(원)	2,000	1,500	1,500	800	800	1,000
EBITDAPS(원)	11,458	9,216	10,823	10,149	10,840	14,347

재무 비율 〈단위 : %〉

연도	영업이익률	순이익률	부채비율	차입금비율	ROA	ROE	유보율	자기자본비율	EBITDA마진율
2017	5.2	4.3	134.1	93.0	4.8	12.3	1,024.3	42.7	9.5
2016	4.0	2.0	163.1	120.5	1.8	4.6	891.2	38.0	9.1
2015	4.2	3.1	153.1	115.2	2.8	7.6	853.5	39.5	8.6
2014	3.9	1.9	170.3	131.0	2.0	6.1	855.3	37.0	7.6

금호에이치티 (A214330)
KUMHO HT

업　　종 : 자동차부품　　　시　　장 : 거래소
신용등급 : (Bond) —　(CP) —　　기업규모 : 시가총액 소형주
홈페이지 : www.kumhoht.co.kr　　연 락 처 : 062)958-2700
본　　사 : 광주시 광산구 용아로 717

설 립 일	1989.07.01	**종업원수**	479명	**대표이사**	조석래
상 장 일	2015.11.11	**감사의견**	적정(삼정)	**계　　열**	
결 산 기	12월	**보 통 주**		**종속회사수**	1개사
액 면 가	500원	**우 선 주**		**구 상 호**	

주주구성 (지분율,%)		출자관계 (지분율,%)		주요경쟁사 (외형,%)	
금호전기	37.0	금호묘	7.2	금호에이치티	100
TOSHIBA LIGHTING & TECHNOLOGY	8.5	루미마이크로	1.9	삼보모터스	522
(외국인)	9.6			트루윈	20

매출구성		비용구성		수출비중	
DRL	32.8	매출원가율	89.7	수출	31.8
RCL	26.1	판관비율	5.3	내수	68.2
ETC 외	19.2				

회사 개요
동사는 자동차의 조명과 실내 등에 사용하는 LED 모듈 등을 생산하는 기업으로, 1998년 최대주주인 금호전기와 일본 TLT사가 합작하여 설립하였음. 현재 양사의 동사 지분율은 각각 37%, 17%임. 금동전구에서 금호에이치티오토닉스로 사명을 변경하였다가 2008년부터 현재의 사명을 사용중임. 주 매출처는 에스엘그룹, 현대차 그룹 등이며, 연결대상 종속회사로 2013년 중국에 설립한 TIANJIN KUMHO HT를 보유하고 있음.

실적 분석
동사의 2017년 연간 매출액은 전년동기대비 13.8% 하락한 1,797.1억원을 기록하였음. 비용면에서 전년동기대비 매출원가는 감소하였으며 인건비도 감소, 광고선전비도 크게 감소, 기타판매비와관리비는 증가함. 주춤한 모습의 매출액에 의해 전년동기대비 영업이익은 89.2억원으로 37.6% 크게 하락 하였음. 최종적으로 전년동기대비 당기순이익은 크게 하락하여 49.3억원을 기록함.

현금 흐름
〈단위 : 억원〉

항목	2016	2017
영업활동	235	142
투자활동	-364	-23
재무활동	168	-91
순현금흐름	39	26
기말현금	46	72

시장 대비 수익률
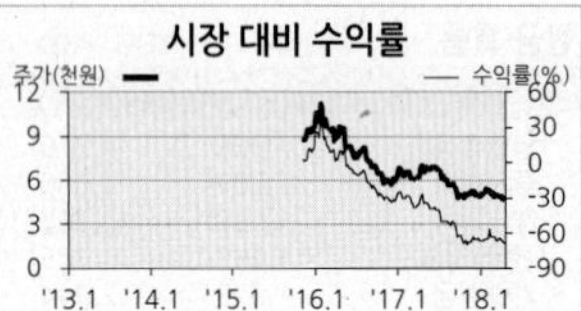

결산 실적
〈단위 : 억원〉

항목	2012	2013	2014	2015	2016	2017
매출액	1,064	1,240	1,792	2,031	2,086	1,797
영업이익	65	105	163	203	143	89
당기순이익	34	72	135	150	84	49

분기 실적
〈단위 : 억원〉

항목	2016.3Q	2016.4Q	2017.1Q	2017.2Q	2017.3Q	2017.4Q
매출액	482	573	492	407	427	471
영업이익	34	35	35	12	18	24
당기순이익	11	33	8	17	18	6

재무 상태
〈단위 : 억원〉

항목	2012	2013	2014	2015	2016	2017
총자산	763	906	1,108	1,239	1,566	1,502
유형자산	200	245	297	351	619	558
무형자산	—	—	0	0	2	1
유가증권	13	13	11	9	20	28
총부채	334	429	478	425	703	594
총차입금	154	176	267	247	439	352
자본금	23	23	23	49	49	49
총자본	428	476	630	814	863	908
지배주주지분	428	476	619	806	863	908

기업가치 지표

항목	2012	2013	2014	2015	2016	2017
주가(최고/저)(천원)	—/—	—/—	—/—	9.6/8.5	11.3/5.7	7.9/4.6
PER(최고/저)(배)	0.0/0.0	0.0/0.0	0.0/0.0	6.8/6.0	12.1/6.0	15.9/9.3
PBR(최고/저)(배)	0.0/0.0	0.0/0.0	0.0/0.0	1.2/1.1	1.3/0.7	0.9/0.5
EV/EBITDA(배)	0.9	0.7	1.3	4.5	4.6	4.7
EPS(원)	332	693	1,269	1,471	967	505
BPS(원)	186,191	207,090	13,455	8,257	8,836	9,294
CFPS(원)	28,234	49,371	3,963	2,125	1,777	1,253
DPS(원)	—	—	—	125	100	75
EBITDAPS(원)	41,336	63,652	4,657	2,603	2,274	1,661

재무 비율
〈단위 : %〉

연도	영업이익률	순이익률	부채비율	차입금비율	ROA	ROE	유보율	자기자본비율	EBITDA마진율
2017	5.0	2.8	65.5	38.8	3.2	5.6	1,758.8	60.4	9.0
2016	6.9	4.0	81.5	50.9	6.0	11.3	1,667.2	55.1	10.7
2015	10.0	7.4	52.2	30.4	12.8	21.5	1,551.5	65.7	13.4
2014	9.1	7.5	75.9	42.4	13.4	24.0	2,591.1	56.9	12.0

금호전기 (A001210)
KUMHO ELECTRIC

업　　종 : 디스플레이 및 관련부품　　　시　　장 : 거래소
신용등급 : (Bond) —　(CP) —　　기업규모 : 시가총액 소형주
홈페이지 : www.khe.co.kr　　연 락 처 : 02)707-4000
본　　사 : 서울시 마포구 마포대로4다길 41 마포타워빌딩

설 립 일	1935.05.25	**종업원수**	184명	**대표이사**	박명구
상 장 일	1973.11.15	**감사의견**	적정(삼정)	**계　　열**	
결 산 기	12월	**보 통 주**		**종속회사수**	11개사
액 면 가	5,000원	**우 선 주**		**구 상 호**	

주주구성 (지분율,%)		출자관계 (지분율,%)		주요경쟁사 (외형,%)	
박명구	13.2	동경정밀	98.5	금호전기	100
박병구	12.9	금호에이엠티	63.7	탑엔지니어링	52
(외국인)	2.8	루미마이크로	38.2	DB라이텍	22

매출구성		비용구성		수출비중	
자동차용전구	48.4	매출원가율	88.2	수출	—
LED용 부품 제조	18.2	판관비율	12.1	내수	—
LED조명	14.9				

회사 개요
동사는 전문 조명제조업체로 일반조명부문(LED조명포함), IT&DISPLAY용 BLU부문, LED PKG제조부문 및 자동차용 전구부문으로 운영되고 있음. 일반/LED 조명부문의 시장 점유율은 2017년말 기준 15.3%에 달하고 있음. 동사는 주력사업인 LED조명 사업에서 스마트폰으로 손쉽게 조명을 제어할 수 있는 스마트 LED제어 시스템을 개발 중에 있음. 이외에도 신규사업인 스마트테이블과 SiC히터 응용제품도 점점 완성도가 높아지고 있음.

실적 분석
동사의 2017년 결산 매출액은 전년동기대비 18.4% 감소한 3,387억원을 기록하였음. 방전램프, LED조명제품을 제외한 주력부문의 판매부진의 결과임. 매출감소와 함께 원가율 상승, 판관비 비중 확대 등의 여파로 수익성 크게 악화된 상황. 영업이익은 12.1억원의 손실을 시현하며 적자 전환되었으며, 당기순손실 또한 비영업부문의 개선에도 불구하고 지난해 대비 확대된 모습. 무선 LED조명 제어시스템과 식물공장용 LED조명 매출 확대 추진 중.

현금 흐름
〈단위 : 억원〉

항목	2016	2017
영업활동	238	142
투자활동	-81	-15
재무활동	-127	-116
순현금흐름	28	8
기말현금	100	108

시장 대비 수익률
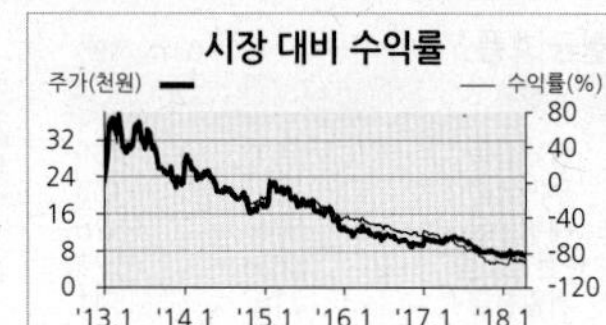

결산 실적
〈단위 : 억원〉

항목	2012	2013	2014	2015	2016	2017
매출액	3,798	3,867	4,475	3,963	4,152	3,387
영업이익	-142	-46	48	-126	74	-12
당기순이익	-671	-181	-46	-564	-174	-202

분기 실적
〈단위 : 억원〉

항목	2016.3Q	2016.4Q	2017.1Q	2017.2Q	2017.3Q	2017.4Q
매출액	1,013	1,166	1,013	822	776	776
영업이익	28	11	41	-5	-6	-42
당기순이익	-28	-84	-10	-57	-23	-111

재무 상태
〈단위 : 억원〉

항목	2012	2013	2014	2015	2016	2017
총자산	5,093	5,327	5,157	4,756	4,605	4,099
유형자산	2,125	1,932	2,149	1,912	1,988	1,897
무형자산	135	152	179	124	92	63
유가증권	19	210	206	33	54	62
총부채	2,930	3,467	3,210	2,946	3,004	2,716
총차입금	2,352	2,645	2,628	2,465	2,357	2,227
자본금	346	346	346	346	346	346
총자본	2,163	1,859	1,946	1,810	1,601	1,383
지배주주지분	1,895	1,566	1,704	1,276	1,023	623

기업가치 지표

항목	2012	2013	2014	2015	2016	2017
주가(최고/저)(천원)	29.1/16.4	39.0/20.9	28.9/16.1	23.5/12.4	13.6/8.9	11.2/6.9
PER(최고/저)(배)	—/—	—/—	—/—	—/—	—/—	—/—
PBR(최고/저)(배)	0.9/0.5	1.5/0.8	1.0/0.6	1.0/0.5	0.7/0.5	0.9/0.5
EV/EBITDA(배)	33.4	26.0	15.9	44.0	13.6	22.8
EPS(원)	-8,063	-3,032	-837	-6,822	-3,030	-2,645
BPS(원)	31,787	27,020	28,899	22,742	19,078	13,145
CFPS(원)	-4,538	20	2,107	-3,809	-485	-395
DPS(원)	100	100	—	—	—	50
EBITDAPS(원)	1,537	2,417	3,648	1,252	3,639	2,098

재무 비율
〈단위 : %〉

연도	영업이익률	순이익률	부채비율	차입금비율	ROA	ROE	유보율	자기자본비율	EBITDA마진율
2017	-0.4	-6.0	196.5	161.1	-4.6	-22.4	162.9	33.7	4.3
2016	1.8	-4.2	187.6	147.2	-3.7	-18.4	281.6	34.8	6.1
2015	-3.2	-14.2	162.8	136.2	-11.4	-31.9	354.9	38.1	2.2
2014	1.1	-1.0	165.0	135.0	-0.9	-3.6	478.0	37.7	5.6

금호타이어 (A073240)

Kumho TireInc

업 종 : 자동차부품
신용등급 : (Bond) BBB (CP) —
홈페이지 : www.kumhotire.co.kr
본 사 : 광주시 광산구 어등대로 658 (소촌동)
시 장 : 거래소
기업규모 : 시가총액 중형주
연 락 처 : 062)940-2114

설 립 일	2003.06.30	**종 업 원 수**	5,040명	**대 표 이 사**	김종호
상 장 일	2005.02.17	**감 사 의 견**	적정(한영)	**계 열**	
결 산 기	12월	**보 통 주**		**종속회사수**	14개사
액 면 가	5,000원	**우 선 주**		**구 상 호**	

주주구성 (지분율,%)		출자관계 (지분율,%)		주요경쟁사 (외형,%)	
우리은행	14.2			금호타이어	100
한국산업은행	13.5			한국타이어	237
(외국인)	5.2			한국타이어월드와이드	29

매출구성		비용구성		수출비중	
타이어	98.9	매출원가율	84.0	수출	—
임대료	0.6	판관비율	21.5	내수	—
ATB, CMB 등	0.5				

회사 개요

동사는 2003년 금호산업 타이어산업부의 자산부채 현물출자 및 영업양수도를 통해 설립되었음. 동사는 한국, 중국, 베트남에 위치한 8개의 생산공장에서 글로벌 생산체계를 구축하고 전세계 8개 판매법인, 14개 지사를 통해 제품을 공급하고 있음. 국내 시장은 동사와 한국타이어, 넥센타이어가 90%이상 점유중이며, 세계시장은 미쉐린, 브릿지스톤, 굿이어 등 Big 3 업체의 매출액이 전체의 약 40%를 차지함.

실적 분석

동사는 지난해 매출액 2조8773억원, 영업손실 1568억원을 각각 기록. 최근 3개년의 시장점유율은 교체용 시장(RE) 및 신차용 시장(OE) 모두 동사, 한국타이어, 넥센타이어가 전체 타이어 시장의 약 90% 이상을 점유. 제품 매출원가의 약 50% 이상을 차지하는 원재료의 가격변동은 수급(고무나무 작황 및 합성고무 업체의 공급능력) 변동 및 환율, 유가, 경제상황 등에 의해 영향을 받음.

현금 흐름 〈단위 : 억원〉

항목	2016	2017
영업활동	1,883	713
투자활동	-2,649	-837
재무활동	56	49
순현금흐름	-804	-115
기말현금	1,635	1,520

시장 대비 수익률

결산 실적 〈단위 : 억원〉

항목	2012	2013	2014	2015	2016	2017
매출액	40,706	36,985	34,379	30,404	29,472	28,764
영업이익	3,753	3,459	3,584	1,360	1,201	-1,572
당기순이익	1,306	1,010	1,316	-675	-379	-1,118

분기 실적 〈단위 : 억원〉

항목	2016.3Q	2016.4Q	2017.1Q	2017.2Q	2017.3Q	2017.4Q
매출액	7,101	7,906	6,693	7,122	7,551	7,399
영업이익	95	547	-282	-225	-2	-1,062
당기순이익	-320	170	-606	-475	482	-519

재무 상태 〈단위 : 억원〉

항목	2012	2013	2014	2015	2016	2017
총자산	47,810	47,339	48,047	52,200	51,217	45,009
유형자산	23,364	23,948	25,097	29,976	29,518	28,389
무형자산	524	469	416	347	287	74
유가증권	1,823	1,354	1,085	1,030	929	0
총부채	38,509	35,957	34,787	39,592	39,076	35,095
총차입금	28,002	25,961	24,235	27,824	27,340	24,042
자본금	6,313	7,391	7,900	7,900	7,900	7,900
총자본	9,301	11,382	13,260	12,608	12,141	9,914
지배주주지분	8,104	10,172	12,090	11,429	11,022	9,545

기업가치 지표

항목	2012	2013	2014	2015	2016	2017
주가(최고/저)(천원)	16.1/10.0	13.1/10.2	14.6/9.7	10.5/5.7	11.4/6.1	9.3/3.4
PER(최고/저)(배)	15.6/9.7	20.3/15.7	17.8/11.8	—/—	—/—	—/—
PBR(최고/저)(배)	2.5/1.6	1.9/1.5	1.9/1.3	1.4/0.8	1.6/0.9	1.5/0.6
EV/EBITDA(배)	7.6	7.5	6.6	10.4	11.3	45.6
EPS(원)	1,032	646	820	-439	-228	-790
BPS(원)	6,418	6,882	7,652	7,234	6,976	6,042
CFPS(원)	2,549	1,906	1,998	856	1,191	614
DPS(원)	—	—	—	—	—	—
EBITDAPS(원)	4,649	3,601	3,447	2,155	2,179	409

재무 비율 〈단위 : %〉

연도	영업 이익률	순 이익률	부채 비율	차입금 비율	ROA	ROE	유보율	자기자본 비율	EBITDA 마진율
2017	-5.5	-3.9	354.0	242.5	-2.3	-12.1	20.8	22.0	2.3
2016	4.1	-1.3	321.9	225.2	-0.7	-3.2	39.5	23.7	11.7
2015	4.5	-2.2	314.0	220.7	-1.4	-5.9	44.7	24.2	11.2
2014	10.4	3.8	262.3	182.8	2.8	11.6	53.1	27.6	15.8

금화피에스시 (A036190)

GEUMHWA PLANT SERVICE & CONSTRUCTION

업 종 : 건설
신용등급 : (Bond) — (CP) —
홈페이지 : www.geumhwa.co.kr
본 사 : 서울시 강남구 테헤란로25길 15-4 (역삼동 643-11)
시 장 : KOSDAQ
기업규모 : 우량
연 락 처 : 02)2186-6220

설 립 일	1981.05.13	**종 업 원 수**	899명	**대 표 이 사**	정도정,김경태
상 장 일	2000.12.16	**감 사 의 견**	적정(삼일)	**계 열**	
결 산 기	12월	**보 통 주**		**종속회사수**	3개사
액 면 가	500원	**우 선 주**		**구 상 호**	

주주구성 (지분율,%)		출자관계 (지분율,%)		주요경쟁사 (외형,%)	
김성기	16.9	금화씨앤이	100.0	금화피에스시	100
TETON CAPITAL PARTNERS, L.P.	13.3	금화전자	93.0	이테크건설	712
(외국인)	29.1	엔에스컴퍼니	31.1	아이콘트롤스	128

매출구성		비용구성		수출비중	
경상정비(공사)	62.7	매출원가율	79.2	수출	12.9
해외설비(공사)	11.6	판관비율	4.3	내수	87.1
발전소설비(공사)	9.8				

회사 개요

동사는 2000년 코스닥시장에 상장된 발전소 건설을 위한 플랜트 건설 및 설비의 유지보수를 위한 경상정비 등을 주로 하는 플랜트 전문 건설업체임. 민간 발전소 경상정비 시장에서 경쟁사 대비 높은 시장 점유율과 기술력에서 우위를 보이고 있음. 국내 발전소 경상정비 시장은 한전KPS가 약 78%를 점유하고 있고 나머지 시장을 민간 정비업체 6개사가 차지하고 있는 상태임.

실적 분석

동사의 2017년 연결기준 매출액은 전기대비 292억원(12.4%) 감소한 2,058억을 시현. 영업이익은 전기대비 40억원(13.6%) 증가한 339억이며 당기순이익은 전기대비 68억원(15.7%) 감소하여 202억원을 나타냄. 매출 감소 원인은 주요 건설공사의 준공과 공사수주물량 감소로 다소 감소하였으나 영업이익, 당기순이익의 증가의 원인은 매출원가 및 판매관리비의 감소로 증가함.

현금 흐름 〈단위 : 억원〉

항목	2016	2017
영업활동	322	465
투자활동	-236	-386
재무활동	-48	-54
순현금흐름	40	23
기말현금	210	233

시장 대비 수익률

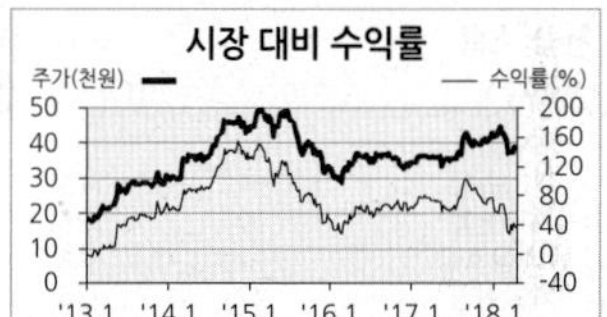

결산 실적 〈단위 : 억원〉

항목	2012	2013	2014	2015	2016	2017
매출액	1,082	1,661	1,896	2,360	2,350	2,058
영업이익	205	271	234	277	298	339
당기순이익	185	228	214	227	239	202

분기 실적 〈단위 : 억원〉

항목	2016.3Q	2016.4Q	2017.1Q	2017.2Q	2017.3Q	2017.4Q
매출액	487	707	486	638	516	418
영업이익	44	146	57	104	72	106
당기순이익	33	107	34	92	32	43

재무 상태 〈단위 : 억원〉

항목	2012	2013	2014	2015	2016	2017
총자산	1,055	1,429	1,581	1,890	2,150	2,316
유형자산	140	155	193	246	266	254
무형자산	19	163	161	142	117	89
유가증권	61	68	121	152	104	433
총부채	132	253	245	400	463	474
총차입금	—	—	—	23	29	29
자본금	30	30	30	30	30	30
총자본	923	1,176	1,335	1,491	1,687	1,842
지배주주지분	923	1,176	1,332	1,487	1,683	1,839

기업가치 지표

항목	2012	2013	2014	2015	2016	2017
주가(최고/저)(천원)	18.0/9.6	31.7/17.8	47.3/29.2	50.4/30.7	37.4/28.3	42.9/33.1
PER(최고/저)(배)	6.7/3.6	9.4/5.3	14.5/9.0	14.3/8.8	9.8/7.4	13.0/10.0
PBR(최고/저)(배)	1.3/0.7	1.8/1.0	2.3/1.4	2.2/1.3	1.4/1.1	1.4/1.1
EV/EBITDA(배)	2.7	4.8	8.6	4.8	3.8	3.6
EPS(원)	3,081	3,798	3,565	3,773	3,986	3,369
BPS(원)	15,599	19,603	22,194	24,780	28,057	30,651
CFPS(원)	3,289	4,127	4,229	4,162	4,308	3,704
DPS(원)	600	900	900	900	900	900
EBITDAPS(원)	3,617	4,847	4,572	5,002	5,291	5,979

재무 비율 〈단위 : %〉

연도	영업 이익률	순 이익률	부채 비율	차입금 비율	ROA	ROE	유보율	자기자본 비율	EBITDA 마진율
2017	16.5	9.8	25.7	1.6	9.0	11.5	6,030.3	79.5	17.4
2016	12.7	10.2	27.5	1.7	11.8	15.1	5,511.4	78.5	13.5
2015	11.7	9.6	26.8	1.5	13.1	16.1	4,856.0	78.9	12.7
2014	12.4	11.3	18.4	0.0	14.2	17.1	4,338.9	84.5	14.5

기가레인 (A049080)
GIGALANE

업　　종 : 반도체 및 관련장비　　시　　장 : KOSDAQ
신용등급 : (Bond) —　　(CP) —　　기업규모 : 중견
홈페이지 : www.gigalane.com　　연 락 처 : 031)233-7325
본　　사 : 경기도 화성시 삼성1로5길 46

설 립 일	2000.01.31	**종업원수**	194명	**대표이사**	장일준
상 장 일	2013.12.19	**감사의견**	적정(영앤진)	**계　　열**	
결 산 기	12월	**보 통 주**		**종속회사수**	2개사
액 면 가	500원	**우 선 주**		**구 상 호**	

주주구성 (지분율,%)		출자관계 (지분율,%)		주요경쟁사 (외형,%)	
케플러밸류파트너스	21.8	상지카일룸	5.1	기가레인	100
전재홍	5.6			엘비세미콘	125
(외국인)	1.5			에스엔텍	57

매출구성		비용구성		수출비중	
LED/DRIE Etcher,Parts 등	49.9	매출원가율	82.8	수출	51.9
RF케이블 조립체,RF커넥터	43.1	판관비율	11.5	내수	48.1
검사부품 등	7.1				

회사 개요
동사는 2000년 조은정보시스템으로 설립되어 RF통신부품 및 반도체 장비 제조사업을 주요 사업으로 영위하고 있음. 동사의 RF통신부품은 주요 모바일 기기에 사용되고 있으며, 반도체 장비인 LED Etcher 역시 지속적으로 수익을 창출하고 있음. 동사는 RF동축케이블을 제조하는 씨쓰리와 통신기기 및 부품 제조하는 베트남기가레인을 종속회사로 두고 있음. 동사는 2017년 5월 최대주주가 김정곤에서 케플러파트너스로 변경됨.

실적 분석
동사의 2017년 4/4분기 연결기준 누적매출액은 1,058.4억원으로 전년동기 대비 57.9% 증가했고, 영업이익은 60.2억원으로 흑자전환했음. 동사는 모바일 기기에 들어가는 RF통신부품의 판매가 전년보다 부진했으나, 반도체 호황의 영향으로 반도체 장비 부문의 매출이 급증하면서 매출이 늘었음. 그러나 비영업부문에서 42.4억원의 손실을 기록해 1.4억원의 당기순손실을 기록하며 적자를 지속했음.

현금 흐름 〈단위 : 억원〉

항목	2016	2017
영업활동	-16	-31
투자활동	-151	-112
재무활동	90	136
순현금흐름	-77	-18
기말현금	92	74

시장 대비 수익률

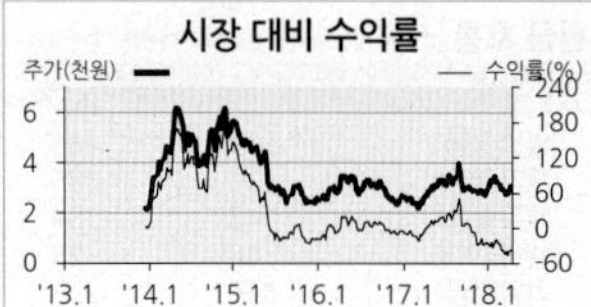

결산 실적 〈단위 : 억원〉

항목	2012	2013	2014	2015	2016	2017
매출액	560	948	957	616	670	1,058
영업이익	120	129	91	-189	-29	60
당기순이익	85	108	78	-134	-103	-1

분기 실적 〈단위 : 억원〉

항목	2016.3Q	2016.4Q	2017.1Q	2017.2Q	2017.3Q	2017.4Q
매출액	96	144	223	250	265	320
영업이익	-18	-17	-30	20	31	39
당기순이익	-30	-71	-58	3	27	27

재무 상태 〈단위 : 억원〉

항목	2012	2013	2014	2015	2016	2017
총자산	797	1,225	1,319	1,518	1,557	1,767
유형자산	380	507	664	725	726	670
무형자산	99	127	151	195	225	227
유가증권	1	4	2	3	5	37
총부채	532	601	564	860	981	873
총차입금	362	441	412	674	752	673
자본금	54	80	89	89	89	243
총자본	265	624	756	657	576	895
지배주주지분	265	624	756	647	571	879

기업가치 지표

항목	2012	2013	2014	2015	2016	2017
주가(최고/저)(천원)	—/—	4.6/4.2	13.3/4.5	12.2/4.5	7.3/4.8	4.0/2.2
PER(최고/저)(배)	0.0/0.0	5.0/4.6	29.5/10.1	—/—	—/—	—/—
PBR(최고/저)(배)	0.0/0.0	1.1/1.1	3.0/1.0	3.2/1.2	2.2/1.4	2.2/1.2
EV/EBITDA(배)	2.4	5.2	14.6	—	23.5	14.7
EPS(원)	544	451	219	-378	-280	-12
BPS(원)	2,456	3,908	4,269	3,652	3,223	1,808
CFPS(원)	1,374	1,358	817	-239	-7	165
DPS(원)	—	50	50	—	—	15
EBITDAPS(원)	1,825	1,535	893	-549	391	308

재무 비율 〈단위 : %〉

연도	영업이익률	순이익률	부채비율	차입금비율	ROA	ROE	유보율	자기자본비율	EBITDA마진율
2017	5.7	-0.1	97.5	75.2	-0.1	-0.8	261.5	50.6	13.4
2016	-4.3	-15.4	170.4	130.6	-6.7	-16.3	544.5	37.0	10.3
2015	-30.6	-21.7	130.8	102.5	-9.4	-19.1	630.5	43.3	-15.8
2014	9.5	8.1	74.6	54.5	6.1	11.3	753.7	57.3	16.5

기산텔레콤 (A035460)
Kisan Telecom

업　　종 : 통신장비　　시　　장 : KOSDAQ
신용등급 : (Bond) —　　(CP) —　　기업규모 : 벤처
홈페이지 : www.kisantel.co.kr　　연 락 처 : 02)3433-8200
본　　사 : 서울시 송파구 오금로 111, 세기빌딩 11층 (방이동)

설 립 일	1994.09.06	**종업원수**	88명	**대표이사**	박병기
상 장 일	1999.11.12	**감사의견**	적정(우리)	**계　　열**	
결 산 기	12월	**보 통 주**		**종속회사수**	3개사
액 면 가	500원	**우 선 주**		**구 상 호**	

주주구성 (지분율,%)		출자관계 (지분율,%)		주요경쟁사 (외형,%)	
박병기	30.8	와이티엔디엠비	3.0	기산텔레콤	100
연종숙	3.1			백금T&A	161
(외국인)	1.8			스카이문스테크놀로지	21

매출구성		비용구성		수출비중	
중계기외	100.0	매출원가율	85.7	수출	17.8
		판관비율	19.4	내수	82.2

회사 개요
1994년에 설립된 동사는 통신장비 제조 및 판매 사업을 영위하고 있으며 군통신장비를 제조하는 현대제이콤, 항공통신장비를 제조하는 모피언스 등을 종속회사로 두고 있음. 동사와 종속회사는 서로 다른 제품과 용역을 제공하는 전략적인 사업단위로 각 사업부문은 서로 다른 기술과 마케팅 전략을 바탕으로 독립적으로 운용되고 있음. 동사의 매출은 통신산업 46.58%, 방위산업 39.36%, 항공산업 14.06%로 구성됨.

실적 분석
동사의 2017년 4/4분기 연결기준 누적 매출은 634.7억원으로 전년동기 대비 7.3% 증가했음. 그러나 매출원가가 전년동기 대비 10.0% 증가함에 따라 32.3억원의 영업손실을 시현하며 적자를 지속했음. 비영업부문에서도 21.2억원의 손실을 시현함에 따라 손실폭이 확대되어 55.4억원의 당기순손실을 기록하며 적자를 지속했음. 매출확대에도 불구하고 높은 원가율 및 비영업손실로 적자폭이 확대되었음.

현금 흐름 〈단위 : 억원〉

항목	2016	2017
영업활동	-21	6
투자활동	-92	-4
재무활동	45	-2
순현금흐름	-67	-3
기말현금	161	158

시장 대비 수익률

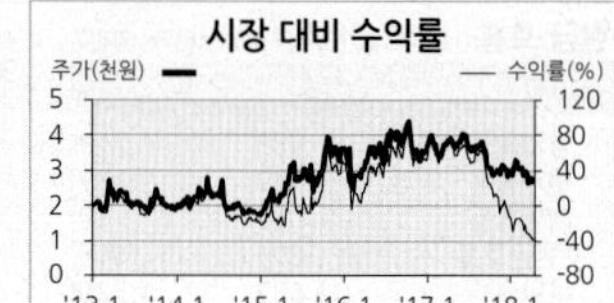

결산 실적 〈단위 : 억원〉

항목	2012	2013	2014	2015	2016	2017
매출액	743	795	745	797	592	635
영업이익	17	51	17	16	-29	-32
당기순이익	-19	39	27	17	-26	-55

분기 실적 〈단위 : 억원〉

항목	2016.3Q	2016.4Q	2017.1Q	2017.2Q	2017.3Q	2017.4Q
매출액	190	223	151	140	118	225
영업이익	39	-35	0	-14	-8	-11
당기순이익	34	-29	-10	-9	-11	-26

재무 상태 〈단위 : 억원〉

항목	2012	2013	2014	2015	2016	2017
총자산	732	787	781	760	742	701
유형자산	25	20	23	20	23	21
무형자산	92	75	64	53	47	44
유가증권	25	18	15	14	13	15
총부채	417	422	395	338	343	351
총차입금	228	144	150	123	143	140
자본금	72	72	72	72	73	73
총자본	315	365	385	423	399	350
지배주주지분	293	336	354	388	366	324

기업가치 지표

항목	2012	2013	2014	2015	2016	2017
주가(최고/저)(천원)	2.5/1.7	2.7/1.8	2.8/1.7	5.2/1.8	4.4/2.5	4.2/2.8
PER(최고/저)(배)	—/—	11.4/7.7	16.4/10.0	50.6/17.1	—/—	—/—
PBR(최고/저)(배)	1.2/0.8	1.1/0.8	1.1/0.7	1.9/0.6	1.7/1.0	1.9/1.2
EV/EBITDA(배)	7.1	3.4	6.4	10.9	—	—
EPS(원)	-42	239	173	102	-171	-327
BPS(원)	2,131	2,430	2,559	2,729	2,543	2,254
CFPS(원)	176	422	349	278	-50	-206
DPS(원)	—	—	—	—	—	—
EBITDAPS(원)	338	540	297	287	-78	-100

재무 비율 〈단위 : %〉

연도	영업이익률	순이익률	부채비율	차입금비율	ROA	ROE	유보율	자기자본비율	EBITDA마진율
2017	-5.1	-8.7	100.4	39.9	-7.7	-13.8	350.8	49.9	-2.3
2016	-4.9	-4.5	86.1	35.9	-3.5	-6.6	408.6	53.7	-1.9
2015	2.0	2.1	79.9	29.1	2.2	4.0	445.8	55.6	5.2
2014	2.4	3.7	102.7	38.9	3.5	7.2	411.8	49.3	5.7

기신정기 (A092440)
KISHIN

업　　종 : 기계　　시　　장 : 거래소
신용등급 : (Bond) —　(CP) —　　기업규모 : 시가총액 소형주
홈페이지 : www.kishin.com　　연 락 처 : 032)820-1600
본　　사 : 인천시 남동구 은봉로 111 49동 1호(논현동, 남동공단)

설 립 일	1988.11.01	**종업원수**	424명	**대표이사**	윤현도
상 장 일	2007.10.30	**감사의견**	적정(삼일)	**계　　열**	
결 산 기	03월	**보 통 주**		**종속회사수**	3개사
액 면 가	500원	**우 선 주**		**구 상 호**	

주주구성 (지분율,%)		출자관계 (지분율,%)		주요경쟁사 (외형,%)	
FUTABA CORPORATION	60.9	원진정공	100.0	기신정기	100
국민연금공단	4.9	기신메가텍	100.0	유지인트	43
(외국인)	64.1	한국단자공업	0.8	에버다임	316

매출구성		비용구성		수출비중	
몰드베이스(MOLD BASE)(기타)	82.2	매출원가율	77.7	수출	—
정밀 플레이트(CORE PLATE)(기타)	6.7	판관비율	12.9	내수	—
금형용 공구강 및 단조강(기타)	6.5				

회사 개요

동사는 플라스틱 사출금형용 몰드베이스(MOLD BASE)와 정밀 플레이트(PRECISION PLATE), 프레스 금형용 다이 세트(DIE SET)를 제조, 판매하는 기업임. 대형 몰드베이스의 원재료인 금형용 단조강을 판매하는 강재 사업도 영위함. 기신메가텍, KISHIN VIETNAM COMPANY LIMITED, 원진정공, 기신정밀모구(천진)유한공사를 연결대상 종속회사로 보유하고 있음. 기신정밀모구는 현재 청산 수속을 진행 중임.

실적 분석

3월 결산법인인 동사의 당분기 누적 매출액은 799.5억원을 기록함. 전년도 같은 기간 매출액인 799.4억원과 대동소이함. 매출원가는 2.2% 증가하고 판매비와 관리비는 15.1% 증가해 영업이익은 39.7% 감소한 43.8억원을 기록하는 데 그침. 4.8억원의 손실을 기록했던 비영업부문은 79.4억원의 이익을 시현하며 흑자로 돌아섰음. 이에 당기순이익은 30.7억원에서 223.5% 증가한 99.4억원을 시현함.

현금 흐름 〈단위 : 억원〉

항목	2016	2017.3Q
영업활동	178	103
투자활동	-192	-44
재무활동	-44	-34
순현금흐름	-68	24
기말현금	215	239

시장 대비 수익률

결산 실적 〈단위 : 억원〉

항목	2012	2013	2014	2015	2016	2017
매출액	1,138	1,191	1,227	1,129	1,078	—
영업이익	192	216	208	131	101	—
당기순이익	161	197	181	31	9	—

분기 실적 〈단위 : 억원〉

항목	2016.2Q	2016.3Q	2016.4Q	2017.1Q	2017.2Q	2017.3Q
매출액	261	273	279	260	273	266
영업이익	17	29	31	-3	20	26
당기순이익	-1	11	-22	-9	45	63

재무 상태 〈단위 : 억원〉

항목	2012	2013	2014	2015	2016	2017.3Q
총자산	2,207	2,306	2,440	2,423	2,360	2,446
유형자산	957	1,060	1,141	1,102	1,074	1,085
무형자산	29	28	28	17	12	5
유가증권	29	39	63	90	68	63
총부채	189	143	151	144	134	174
총차입금	50	—	—	—	—	11
자본금	146	146	146	146	146	146
총자본	2,018	2,164	2,288	2,279	2,226	2,272
지배주주지분	1,939	2,093	2,220	2,254	2,197	2,231

기업가치 지표

항목	2012	2013	2014	2015	2016	2017.3Q
주가(최고/저)(천원)	6.2/3.8	7.4/5.3	7.5/6.3	8.3/5.2	5.8/4.1	5.0/4.3
PER(최고/저)(배)	11.5/7.1	12.2/8.8	12.9/11.1	35.8/22.2	613.4/433.7	—/—
PBR(최고/저)(배)	1.1/0.7	1.2/0.9	1.1/0.9	1.2/0.7	0.8/0.6	0.7/0.6
EV/EBITDA(배)	5.5	5.5	6.4	5.3	4.2	—/—
EPS(원)	633	695	635	254	10	302
BPS(원)	6,639	7,168	7,604	7,719	7,523	7,642
CFPS(원)	870	945	898	545	272	501
DPS(원)	200	200	200	150	150	—
EBITDAPS(원)	895	990	974	741	609	349

재무 비율 〈단위 : %〉

연도	영업이익률	순이익률	부채비율	차입금비율	ROA	ROE	유보율	자기자본비율	EBITDA마진율
2016	9.4	0.8	6.0	0.0	0.4	0.1	1,404.6	94.3	16.5
2015	11.6	2.7	6.3	0.0	1.3	3.3	1,443.7	94.1	19.2
2014	16.9	14.7	6.6	0.0	7.6	8.6	1,420.8	93.8	23.2
2013	18.1	16.5	6.6	0.0	8.7	10.1	1,333.7	93.8	24.3

기아자동차 (A000270)
Kia Motors

업　　종 : 자동차　　시　　장 : 거래소
신용등급 : (Bond) AA+　(CP) —　　기업규모 : 시가총액 대형주
홈페이지 : www.kia.com　　연 락 처 : 02)3464-1114
본　　사 : 서울시 서초구 헌릉로 12

설 립 일	1944.12.11	**종업원수**	34,752명	**대표이사**	박한우
상 장 일	1973.07.21	**감사의견**	적정(한영)	**계　　열**	
결 산 기	12월	**보 통 주**		**종속회사수**	23개사
액 면 가	5,000원	**우 선 주**		**구 상 호**	

주주구성 (지분율,%)		출자관계 (지분율,%)		주요경쟁사 (외형,%)	
현대자동차	33.9	KME	100.0	기아차	100
국민연금공단	7.1	KMS	100.0	현대차	180
(외국인)	38.2	KMD	100.0	쌍용차	7

매출구성		비용구성		수출비중	
K5, K7, K3 등	100.0	매출원가율	83.3	수출	60.9
		판관비율	15.4	내수	39.1

회사 개요

동사는 현대자동차그룹의 자회사로 현대차와 함께 국내 시장을 견인함. 동사는 1944년 설립되어 1973년 유가증권시장에 상장됨. 국내(소하리, 화성, 광주 등)와 미국, 슬로박 공장의 생산능력을 모두 합하면 연간 230만대 규모임. 2017년 국내시장에서 전년비 2.5% 감소한 52만 2천대를 판매하여 29.1%의 시장점유율을 기록하였으며, 미국시장에서는 8.9% 감소한 59만 대를 판매해 3.4%의 점유율을 차지함.

실적 분석

2017년 연결기준 매출액은 전년대비 1.6% 증가한 53조 5,357억원을 기록. 원/달러 환율이 2.6% 절상되고 경쟁심화에 따른 인센티브 증가 영향을 도매대수증가와 믹스개선에 따른 ASP 상승 등이 흡수하며 연결 매출액 증가를 견인. 매출원가는 통상임금 1차 소송 패소에 따른 비용 인식으로 전년대비 5.5% 증가했으며, 판매관리비는 통상임금 일부 비용 계상 및 리콜 비용 발생으로 인한 판매보증비 증가 등의 영향으로 전년대 3.6% 증가함.

현금 흐름 〈단위 : 억원〉

항목	2016	2017
영업활동	32,759	25,942
투자활동	-23,123	-47,946
재무활동	9,454	7,319
순현금흐름	19,593	-15,025
기말현금	30,642	15,617

시장 대비 수익률

결산 실적 〈단위 : 억원〉

항목	2012	2013	2014	2015	2016	2017
매출액	472,429	475,979	470,970	495,214	527,129	535,357
영업이익	35,223	31,771	25,725	23,543	24,615	6,622
당기순이익	38,647	38,171	29,936	26,306	27,546	9,680

분기 실적 〈단위 : 억원〉

항목	2016.3Q	2016.4Q	2017.1Q	2017.2Q	2017.3Q	2017.4Q
매출액	126,989	129,147	128,439	135,784	141,077	130,056
영업이익	5,247	5,322	3,828	4,040	-4,270	3,024
당기순이익	6,644	3,200	7,654	3,896	-2,918	1,048

재무 상태 〈단위 : 억원〉

항목	2012	2013	2014	2015	2016	2017
총자산	323,983	361,820	410,442	459,801	508,893	522,944
유형자산	97,212	97,770	101,143	130,421	134,932	136,529
무형자산	15,240	17,157	18,888	21,338	22,953	24,705
유가증권	16,251	12,451	26,217	37,973	25,559	31,197
총부채	155,503	159,272	185,603	217,761	243,098	254,333
총차입금	38,762	33,405	47,041	63,179	80,702	88,350
자본금	21,393	21,393	21,393	21,393	21,393	21,393
총자본	168,481	202,548	224,839	242,040	265,794	268,612
지배주주지분	168,481	202,548	224,839	242,040	265,794	268,612

기업가치 지표

항목	2012	2013	2014	2015	2016	2017
주가(최고/저)(천원)	74.7/48.8	62.1/44.2	56.9/44.8	54.2/37.5	48.2/34.8	40.3/29.5
PER(최고/저)(배)	8.8/5.7	7.3/5.2	8.4/6.7	9.0/6.2	7.5/5.4	17.3/12.7
PBR(최고/저)(배)	2.0/1.3	1.4/1.0	1.1/0.9	1.0/0.7	0.8/0.6	0.6/0.5
EV/EBITDA(배)	4.9	4.5	4.8	5.5	3.7	5.1
EPS(원)	9,537	9,416	7,385	6,489	6,795	2,388
BPS(원)	41,623	50,027	55,685	60,290	66,103	66,798
CFPS(원)	12,163	12,380	10,684	9,999	10,956	6,966
DPS(원)	650	700	1,000	1,100	1,100	800
EBITDAPS(원)	11,318	10,801	9,645	9,317	10,233	6,212

재무 비율 〈단위 : %〉

연도	영업이익률	순이익률	부채비율	차입금비율	ROA	ROE	유보율	자기자본비율	EBITDA마진율
2017	1.2	1.8	94.7	32.9	1.9	3.6	1,165.7	51.4	4.7
2016	4.7	5.2	91.5	30.4	5.7	10.9	1,152.5	52.2	7.9
2015	4.8	5.3	90.0	26.1	6.1	11.3	1,042.4	52.6	7.6
2014	5.5	6.4	82.6	20.9	7.8	14.0	955.1	54.8	8.3

까뮤이앤씨 (A013700)
CAMUS ENGINEERING & CONSTRUCTION

업 종 : 건설
신용등급 : (Bond) — (CP) —
홈페이지 : www.camusenc.com
본 사 : 경기도 이천시 대월면 경충대로 1937번길 57
시 장 : 거래소
기업규모 : 시가총액 소형주
연 락 처 : 031)633-9114

설립일	1978.12.22	종업원수	161명	대표이사	손병재
상장일	1989.11.30	감사의견	적정(한영)	계열	
결산기	12월	보통주		종속회사수	
액면가	5,000원	우선주		구상호	삼환까뮤

주주구성 (지분율,%)		출자관계 (지분율,%)		주요경쟁사 (외형,%)	
베이스에이치디	55.0	인천남부에스엠씨	3.5	까뮤이앤씨	100
신영자산운용	5.0	건설공제조합	0.1	범양건영	79
(외국인)	0.6	주택도시보증공사	0.0	한국종합기술	116

매출구성		비용구성		수출비중	
건축(공사)	47.1	매출원가율	89.1	수출	0.0
P.C(공사)	44.4	판관비율	5.1	내수	100.0
토목(공사)	7.3				

회사 개요

동사는 건설업을 영위할 목적으로 1978년에 설립되어 도급공사 및 PC(Precast Concrete) 제작·임대사업을 영위중임. PC공법을 이용한 국내외 대형 건축물의 외관공사, 조립식 아파트 건설 및 공장건설 등을 수행하고, 서울 여의도동 사옥의 일부를 임대하는 임대사업도 영위중인 종합건설업체임. 2012년 워크아웃이 개시되었다가 2014년 3월 최대주주 변경과 함께 종결, 2015년 11월 삼환까뮤에서 까뮤이앤씨로 상호 변경됨.

실적 분석

동사의 2017년 영업실적은 PC(Precast Concrete) 사업부문의 영업 신장을 통해 매출 및 수익면에서 개선된 성과를 실현하였음. 매출은 1,722억원으로 전년대비 23% 증가, 영업이익은 101억원으로 127% 증가하였음. 특히 당기순이익은 159% 증가한 84억원 달성하였음. 재무상태는 수익증대, 채권회수, 차입축소 영향으로 자산총액이 전년 대비 2% 감소한 1,399억원, 부채총액이 808억원으로 12% 감소하였음.

현금 흐름 *IFRS 별도 기준 〈단위 : 억원〉

항목	2016	2017
영업활동	-97	82
투자활동	-40	63
재무활동	107	-91
순현금흐름	-31	54
기말현금	1	55

시장 대비 수익률

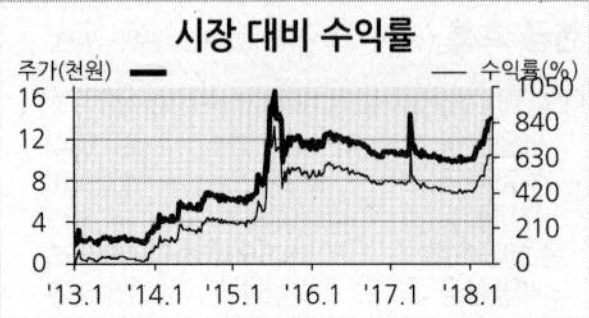

결산 실적 〈단위 : 억원〉

항목	2012	2013	2014	2015	2016	2017
매출액	910	836	1,236	1,324	1,397	1,722
영업이익	43	-11	28	40	44	101
당기순이익	-34	-120	23	52	33	84

분기 실적 *IFRS 별도 기준 〈단위 : 억원〉

항목	2016.3Q	2016.4Q	2017.1Q	2017.2Q	2017.3Q	2017.4Q
매출액	364	389	388	442	385	508
영업이익	0	9	12	27	21	40
당기순이익	6	-2	10	17	18	40

재무 상태 *IFRS 별도 기준 〈단위 : 억원〉

항목	2012	2013	2014	2015	2016	2017
총자산	2,057	1,676	1,296	1,295	1,430	1,399
유형자산	315	349	351	435	488	499
무형자산	2	2	2	6	7	10
유가증권	112	108	122	91	92	91
총부채	1,627	1,339	940	837	919	808
총차입금	1,097	940	330	199	333	248
자본금	226	226	226	226	226	226
총자본	430	337	357	458	511	591
지배주주지분	430	337	357	458	511	591

기업가치 지표 *IFRS 별도 기준

항목	2012	2013	2014	2015	2016	2017
주가(최고/저)(천원)	3.2/1.7	3.7/1.8	7.0/3.3	17.1/5.8	12.6/10.3	14.5/9.8
PER(최고/저)(배)	—/—	—/—	14.8/7.1	15.6/5.3	18.1/14.7	7.9/5.3
PBR(최고/저)(배)	0.4/0.2	0.5/0.3	1.0/0.5	1.8/0.6	1.1/0.9	1.1/0.8
EV/EBITDA(배)	20.6	—	17.5	14.6	14.9	5.9
EPS(원)	-758	-2,668	506	1,145	721	1,869
BPS(원)	9,526	7,467	7,906	10,140	11,549	13,319
CFPS(원)	-566	-2,587	589	1,263	866	2,064
DPS(원)	—	—	150	150	150	200
EBITDAPS(원)	1,152	-160	714	1,010	1,129	2,430

재무 비율 〈단위 : %〉

연도	영업이익률	순이익률	부채비율	차입금비율	ROA	ROE	유보율	자기자본비율	EBITDA마진율
2017	5.9	4.9	136.8	42.0	6.0	15.3	166.4	42.2	6.4
2016	3.2	2.3	179.7	65.2	2.4	6.7	131.0	35.8	3.7
2015	3.0	3.9	182.8	43.4	4.0	12.7	102.8	35.4	3.5
2014	2.3	1.9	263.2	92.5	1.5	6.6	58.1	27.5	2.6

깨끗한나라 (A004540)
KleanNara

업 종 : 종이 및 목재
신용등급 : (Bond) BBB+ (CP) —
홈페이지 : www.kleannara.com
본 사 : 서울시 중구 삼일대로6길 5, 신조양빌딩 8층
시 장 : 거래소
기업규모 : 시가총액 소형주
연 락 처 : 02)2270-9200

설립일	1966.03.07	종업원수	611명	대표이사	최병민
상장일	1975.06.25	감사의견	적정(안진)	계열	
결산기	12월	보통주		종속회사수	4개사
액면가	5,000원	우선주		구상호	

주주구성 (지분율,%)		출자관계 (지분율,%)		주요경쟁사 (외형,%)	
희성전자	28.6	케이앤이	100.0	깨끗한나라	100
최정규	16.0	온스토어	70.6	한국제지	103
(외국인)	2.0	보노아	51.0	선창산업	94

매출구성		비용구성		수출비중	
[제품]백판지-화이트호스	44.8	매출원가율	85.9	수출	23.3
[제품]생활용품-깨끗한나라,보솜이,릴리안	35.2	판관비율	17.9	내수	76.7
[상품]생활용품-소비재	16.2				

회사 개요

1966년에 설립된 동사는 포장재로 사용되는 백판지와 미용티슈, 두루마리 화장지, 생리대, 기저귀 등 생활용품을 제조, 판매하는 사업을 영위하고 있음. 제지사업부는 주로 포장재를 판매하고, 생활용품사업부는 두루마리 화장지류, 미용티슈류, 기저귀류, 생리대류 등을 제조, 판매함. 동사의 생활용품 브랜드는 깨끗한나라, 화이트호스, 여성생리대 순수한면, 릴리안, 기저귀 봄날 등임.

실적 분석

동사의 2017년 연간 연결기준 매출액은 전년동기(7060.3억원) 대비 6.5% 감소한 6,599.4억원을 기록함. 영업이익은 전년 183.4억원에서 적자전환하며 252.6억원 손실이 나타남. 당기순이익 역시 적자전환하며 -221.9억원을 기록함. 논란이 됐던 순수한면(릴리안) 생리대 부작용과 소비자 환불이 매출 및 이익에 악영향을 미친 것으로 보임.

현금 흐름 〈단위 : 억원〉

항목	2016	2017
영업활동	501	-29
투자활동	-251	-232
재무활동	-217	258
순현금흐름	33	-3
기말현금	68	65

시장 대비 수익률

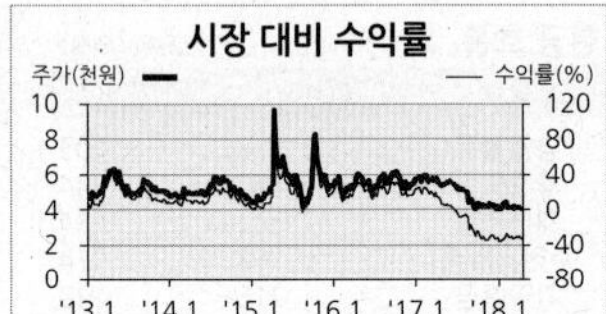

결산 실적 〈단위 : 억원〉

항목	2012	2013	2014	2015	2016	2017
매출액	6,334	6,474	6,565	6,786	7,060	6,599
영업이익	169	209	70	40	183	-253
당기순이익	144	161	26	-14	76	-222

분기 실적 〈단위 : 억원〉

항목	2016.3Q	2016.4Q	2017.1Q	2017.2Q	2017.3Q	2017.4Q
매출액	1,832	1,739	1,816	1,755	1,605	1,423
영업이익	40	70	52	29	-58	-275
당기순이익	38	7	59	11	-54	-237

재무 상태 〈단위 : 억원〉

항목	2012	2013	2014	2015	2016	2017
총자산	4,239	4,500	4,698	5,191	5,225	5,731
유형자산	2,960	3,173	3,278	3,617	3,605	3,839
무형자산	14	11	14	11	8	7
유가증권	21	18	31	36	33	31
총부채	3,071	2,716	2,893	3,150	3,118	3,850
총차입금	1,620	1,354	1,602	1,822	1,646	2,029
자본금	1,232	1,636	1,637	1,880	1,880	1,880
총자본	1,168	1,784	1,805	2,041	2,106	1,881
지배주주지분	1,168	1,784	1,805	2,010	2,086	1,861

기업가치 지표

항목	2012	2013	2014	2015	2016	2017
주가(최고/저)(천원)	5.0/3.8	6.4/4.6	6.2/4.6	9.7/4.0	6.6/4.6	6.1/3.9
PER(최고/저)(배)	8.6/6.5	12.5/9.1	77.0/57.2	—/—	33.2/23.2	—/—
PBR(최고/저)(배)	1.1/0.8	1.2/0.8	1.1/0.8	1.8/0.8	1.2/0.8	1.2/0.8
EV/EBITDA(배)	7.1	5.9	8.7	12.2	8.6	202.6
EPS(원)	583	508	80	-40	199	-598
BPS(원)	4,740	5,453	5,517	5,349	5,550	4,950
CFPS(원)	1,466	1,222	815	639	880	121
DPS(원)	—	—	—	—	—	—
EBITDAPS(원)	1,570	1,373	949	784	1,169	47

재무 비율 〈단위 : %〉

연도	영업이익률	순이익률	부채비율	차입금비율	ROA	ROE	유보율	자기자본비율	EBITDA마진율
2017	-3.8	-3.4	204.7	107.8	-4.1	-11.4	-1.0	32.8	0.3
2016	2.6	1.1	148.1	78.2	1.5	3.6	11.0	40.3	6.2
2015	0.6	-0.2	154.3	89.3	-0.3	-0.8	7.0	39.3	4.3
2014	1.1	0.4	160.2	88.7	0.6	1.5	10.3	38.4	4.7

*관리종목

나노 (A187790)
NANO

업　　종 : 자동차부품　　시　　장 : KOSDAQ
신용등급 : (Bond) —　(CP) —　　기업규모 : 벤처
홈페이지 : www.nanoin.com　　연 락 처 : 054)533-5887
본　　사 : 경북 상주시 청리면 마공공단로 60

설 립 일	2013.10.18	**종업원수**	76명	**대표이사**	신동우
상 장 일	2014.05.08	**감사의견**	적정(태성)	**계　열**	
결 산 기	12월	**보 통 주**		**종속회사수**	6개사
액 면 가	500원	**우 선 주**		**구 상 호**	유진스팩1호

주주구성 (지분율,%)		출자관계 (지분율,%)		주요경쟁사 (외형,%)	
신동우	9.0			나노	100
KTB 해외진출 Platform 펀드	1.8			동국실업	824
(외국인)	1.3			넥센테크	113

매출구성		비용구성		수출비중	
자동차부품	51.6	매출원가율	85.8	수출	70.6
SCR탈질촉매	38.1	판관비율	11.9	내수	29.4
TiO2	10.4				

회사 개요

동사는 대기정화 사업을 주요사업으로 영위하고 있음. 대기정화 사업은 연소 후 발생하는 질소산화물을 암모니아와 함께 촉매층을 통과시켜 무해한 질소 혹은 수증기로 환원시키는 작업임. 종속기업으로 비상장회사인 나노환보과학기술(상해)유한공사를, 관계기업으로는 비상장회사인 NANO-Yufeida를 두고 있음. 매출 구성은 SCR탈질촉매 41.12%, 자동차부품 36.27% 이 대부분을 차지하고 있음.

실적 분석

동사의 2017년 연결기준 연간 매출액은 730.9억원으로 전년 대비 51.7% 증가함. 이는 정부의 초미세먼지 저감 정책에 따른 국내 발전소 매출증가의 영향임. 매출원가는 증가했으나, 판관비의 감소로 영업이익은 16.6억원으로 흑자전환됨. 동사는 최근 미국 사무소와 일본 사무소를 개소하여 미국과 일본 등에서 새로운 고객 확보에 주력하고 있으며, 선진 SCR 기술력을 통해 유럽뿐 아니라 미국, 일본 등에서 신규 고객 확보에 더욱 노력할 예정임.

현금 흐름

〈단위 : 억원〉

항목	2016	2017
영업활동	0	-15
투자활동	-56	-53
재무활동	59	84
순현금흐름	2	14
기말현금	34	48

시장 대비 수익률

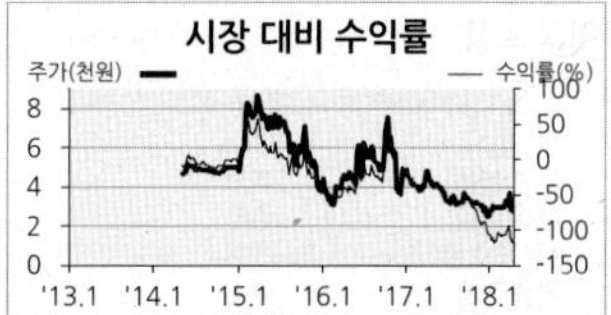

결산 실적

〈단위 : 억원〉

항목	2012	2013	2014	2015	2016	2017
매출액	205	628	383	299	482	731
영업이익	15	49	31	-85	-142	17
당기순이익	1	18	1	-90	-244	1

분기 실적

〈단위 : 억원〉

항목	2016.3Q	2016.4Q	2017.1Q	2017.2Q	2017.3Q	2017.4Q
매출액	115	109	182	251	177	120
영업이익	-28	-72	-9	10	0	15
당기순이익	-14	-144	-16	8	-2	11

재무 상태

〈단위 : 억원〉

항목	2012	2013	2014	2015	2016	2017
총자산	413	594	736	995	834	916
유형자산	196	259	252	439	468	460
무형자산	12	11	16	19	17	22
유가증권	3	3	3	3	3	3
총부채	284	446	566	568	491	467
총차입금	270	366	473	421	352	319
자본금	13	13	10	24	29	39
총자본	129	148	170	427	343	449
지배주주지분	129	148	170	347	244	356

기업가치 지표

항목	2012	2013	2014	2015	2016	2017
주가(최고/저)(천원)	—/—	—/—	2.1/1.8	3.6/1.5	3.0/1.2	2.0/1.0
PER(최고/저)(배)	0.0/0.0	0.0/0.0	723.5/641.3	—/—	—/—	—/—
PBR(최고/저)(배)	0.0/0.0	0.0/0.0	2.3/2.0	2.5/1.1	3.8/1.6	2.2/1.1
EV/EBITDA(배)	6.3	4.1	8.8	—	—	12.2
EPS(원)	17	277	7	-927	-1,846	-3
BPS(원)	3,840	4,408	3,887	1,520	834	908
CFPS(원)	633	1,144	629	-235	-636	114
DPS(원)	—	—	—	—	—	—
EBITDAPS(원)	1,053	2,077	1,331	-224	-350	158

재무 비율

〈단위 : %〉

연도	영업이익률	순이익률	부채비율	차입금비율	ROA	ROE	유보율	자기자본비율	EBITDA마진율
2017	2.3	0.1	103.9	71.1	0.1	-0.2	808.1	49.0	8.3
2016	-29.4	-50.6	143.1	102.6	-26.7	-76.1	734.5	41.1	-21.1
2015	-28.3	-30.1	133.2	98.8	-10.4	-33.8	1,420.0	42.9	-16.3
2014	8.1	0.1	333.9	279.2	0.1	0.3	1,520.2	23.1	15.1

나노스 (A151910)
NANOS

업　　종 : 휴대폰 및 관련부품　　시　　장 : KOSDAQ
신용등급 : (Bond) —　(CP) —　　기업규모 :
홈페이지 : www.nanosm.com　　연 락 처 : 031)240-3900
본　　사 : 경기도 화성시 마도면 마도공단로2길 4

설 립 일	2004.12.02	**종업원수**	245명	**대표이사**	이인우
상 장 일	2012.08.02	**감사의견**	적정(한영)	**계　열**	
결 산 기	12월	**보 통 주**		**종속회사수**	4개사
액 면 가	100원	**우 선 주**		**구 상 호**	

주주구성 (지분율,%)		출자관계 (지분율,%)		주요경쟁사 (외형,%)	
광림	53.1			나노스	100
베스트마스터1호투자조합	25.5			텔루스	40
(외국인)	0.0			해성옵틱스	958

매출구성		비용구성		수출비중	
광학필터(나노스)	78.0	매출원가율	131.5	수출	—
Hal sensor IC외(나노스)	22.0	판관비율	9.5	내수	—

회사 개요

동사는 2004년 삼성전기의 VCR헤드 부문을 분사해 종업원 지주회사로 설립된 전자제품 설계제조회사임. 그러나 2006년 VCR 헤드사업은 정리하고 현재는 휴대폰 카메라 모듈용 광학필터 개발 및 제조를 주력 사업으로 영위하고 있으며, 휴대폰 카메라 모듈조립과 홀센서 사업도 영위하고 있음. 연태나노스유한공사, 천진나노스텍전자유한공사, 나노스텍일렉트로닉스, Tianjin NanosTech Electronics등의 연결대상 종속법인을 보유함.

실적 분석

동사의 2017년 연간 매출액은 전년동기대비 9.8% 하락한 357.7억원을 기록하였음. 비용면에서 전년동기대비 매출원가는 크게 감소 하였으며 인건비도 크게 감소, 기타판매비와관리비는 크게 감소함. 주춤한 모습의 매출액에 의해 전년동기대비 영업손실은 146.7억원으로 적자지속 하였음. 최종적으로 전년동기대비 당기순손실은 적자전환하여 201.5억원을 기록함.

현금 흐름

〈단위 : 억원〉

항목	2016	2017
영업활동	-227	-243
투자활동	177	-52
재무활동	120	407
순현금흐름	69	110
기말현금	118	228

시장 대비 수익률

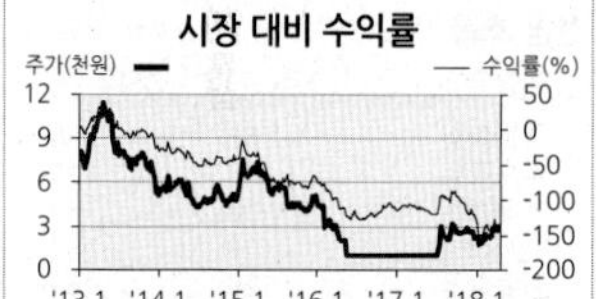

결산 실적

〈단위 : 억원〉

항목	2012	2013	2014	2015	2016	2017
매출액	1,321	2,305	936	909	397	358
영업이익	86	81	66	-526	-516	-147
당기순이익	73	44	4	-1,078	295	-202

분기 실적

〈단위 : 억원〉

항목	2016.3Q	2016.4Q	2017.1Q	2017.2Q	2017.3Q	2017.4Q
매출액	95	55	87	79	95	97
영업이익	-83	243	-26	-23	-26	-72
당기순이익	-88	1,149	-45	-31	-46	-79

재무 상태

〈단위 : 억원〉

항목	2012	2013	2014	2015	2016	2017
총자산	1,108	1,791	1,958	1,164	807	839
유형자산	440	895	979	487	414	320
무형자산	10	30	33	9	5	8
유가증권	0	—	—	2	—	—
총부채	736	1,214	1,349	1,652	527	500
총차입금	384	760	972	1,044	150	329
자본금	41	55	60	60	482	491
총자본	372	577	609	-488	280	339
지배주주지분	372	577	609	-488	280	339

기업가치 지표

항목	2012	2013	2014	2015	2016	2017
주가(최고/저)(천원)	13.5/6.9	20.7/9.5	11.7/7.7	13.7/7.0	9.0/1.8	3.4/1.0
PER(최고/저)(배)	1.0/0.5	0.4/0.2	2.2/1.4	—/—	4.3/0.9	—/—
PBR(최고/저)(배)	0.0/0.0	0.0/0.0	0.0/0.0	0.0/0.0	86.0/17.4	49.8/14.7
EV/EBITDA(배)	13.3	10.8	10.3	—	—	—
EPS(원)	8,058	31,555	3,023	-706,232	1,166	-42
BPS(원)	4,523	5,336	5,249	-3,854	290	69
CFPS(원)	1,533	1,192	1,081	-7,655	7,057	-29
DPS(원)	100	150	150	—	—	—
EBITDAPS(원)	1,715	1,548	1,606	-3,079	-8,980	-17

재무 비율

〈단위 : %〉

연도	영업이익률	순이익률	부채비율	차입금비율	ROA	ROE	유보율	자기자본비율	EBITDA마진율
2017	-41.0	-56.3	일부잠식	일부잠식	-24.5	-65.1	-30.8	40.4	-23.6
2016	-130.0	74.3	일부잠식	일부잠식	29.9	전기잠식	-42.0	34.7	-114.4
2015	-57.9	-118.6	완전잠식	완전잠식	-69.1	당기잠식	-870.8	-41.9	-40.8
2014	7.0	0.5	221.5	159.6	0.2	0.8	949.7	31.1	20.0

나노신소재 (A121600)

Advanced Nano Products

업 종 : 금속 및 광물　　시 장 : KOSDAQ
신용등급 : (Bond) —　(CP) —　　기업규모 : 벤처
홈페이지 : www.anapro.com　　연 락 처 : 044)275-6966
본 사 : 세종시 부강면 금호안골길 78, 부강지방산업단지내

설 립 일	2000.03.15	**종업원수**	186명	**대 표 이 사**	박장우
상 장 일	2011.02.09	**감사의견**	적정(신한)	**계 열**	
결 산 기	12월	**보 통 주**		**종속회사수**	1개사
액 면 가	500원	**우 선 주**		**구 상 호**	

주주구성 (지분율,%)		출자관계 (지분율,%)		주요경쟁사 (외형,%)	
박장우	24.6			나노신소재	100
알리안츠글로벌인베스터스자산운용	5.0			고려아연	14,476
(외국인)	2.3			포스코켐텍	2,627

매출구성		비용구성		수출비중	
[디스플레이 소재]인듐계산화물 TCO 타겟 등	43.2	매출원가율	54.6	수출	76.3
[기타]TRB paste외	40.4	판관비율	26.7	내수	23.7
[반도체 소재]CMP slurry	14.2				

회사 개요

2000년에 설립된 동사는 디스플레이 패널 시장 및 박막형 태양전지시장, 반도체 CMP 공정에 투입되는 소재를 제조하는 업체임. 금속원재료를 매입해 나노파우더로 제조하고 이를 전기전도도가 우수한 전극용 재료 '타겟'과 반도체 평탄화 공정에 활용되는 소재 '슬러리' 등으로 출하함. 고도의 기술력을 요하고 제품 안정성 테스트를 1~2년간 거쳐야 하므로 시장 진입장벽이 높은 편임. 해외거래처 관리 및 영업업체인 ANP USA Inc가 종속회사임

실적 분석

동사의 2017년 매출과 영업이익은 456억원, 85억원으로 전년 대비 각각 10.8%, 35.5% 증가함. 당기순이익은 68억원으로 15% 증가함. 분야별 매출비중은 디스플레이소재 48.6%, 반도체소재 15.7%, 태양전지소재 8.4%, 기타기능성소재가 27.3%의 비중을 차지함. 기말 현재 유동성비율은 1573.4%로 회사의 지급능력과 신용능력의 관점에서 양호함. 부채비율도 7.3%로 낮아 재무건정성이 유지되고 있음.

현금 흐름 〈단위 : 억원〉

항목	2016	2017
영업활동	66	96
투자활동	-48	-115
재무활동	-30	-33
순현금흐름	-8	-64
기말현금	129	65

시장 대비 수익률

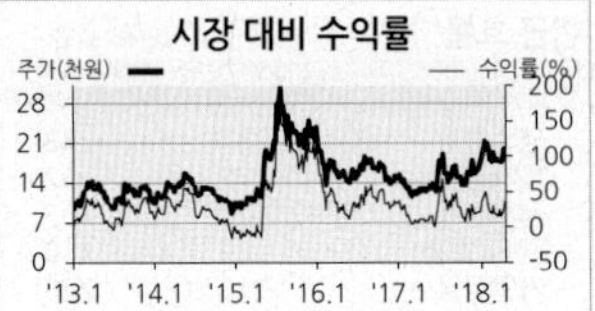

결산 실적 〈단위 : 억원〉

항목	2012	2013	2014	2015	2016	2017
매출액	236	270	279	431	411	456
영업이익	-7	14	37	91	63	85
당기순이익	-14	12	38	77	59	68

분기 실적 〈단위 : 억원〉

항목	2016.3Q	2016.4Q	2017.1Q	2017.2Q	2017.3Q	2017.4Q
매출액	88	134	90	94	128	143
영업이익	13	21	11	15	30	29
당기순이익	2	29	5	19	29	15

재무 상태 〈단위 : 억원〉

항목	2012	2013	2014	2015	2016	2017
총자산	684	675	717	834	842	890
유형자산	215	196	185	194	186	200
무형자산	26	28	21	16	15	16
유가증권	—	—	—	—	—	—
총부채	118	97	101	96	67	61
총차입금	84	63	68	30	23	13
자본금	36	36	36	54	54	54
총자본	566	579	616	739	776	829
지배주주지분	566	579	616	739	776	829

기업가치 지표

항목	2012	2013	2014	2015	2016	2017
주가(최고/저)(천원)	18.1/6.6	14.3/9.1	15.9/8.4	30.7/9.6	22.2/13.4	19.1/11.6
PER(최고/저)(배)	—/—	136.7/86.8	47.0/24.9	44.4/13.9	41.2/24.9	30.8/18.6
PBR(최고/저)(배)	3.4/1.2	2.6/1.7	2.8/1.5	4.6/1.4	3.2/1.9	2.5/1.5
EV/EBITDA(배)	46.5	26.0	15.7	19.4	15.1	14.0
EPS(원)	-133	108	350	706	546	625
BPS(원)	8,236	8,411	8,925	6,811	7,144	7,768
CFPS(원)	216	600	1,004	1,029	859	944
DPS(원)	—	—	150	150	100	130
EBITDAPS(원)	320	631	991	1,162	891	1,100

재무 비율 〈단위 : %〉

연도	영업이익률	순이익률	부채비율	차입금비율	ROA	ROE	유보율	자기자본비율	EBITDA마진율
2017	18.7	15.0	7.3	1.6	7.9	8.5	1,464.8	93.2	26.4
2016	15.3	14.5	8.6	2.9	7.1	7.8	1,339.0	92.1	23.6
2015	21.1	17.8	12.9	4.1	9.9	11.3	1,262.2	88.5	29.2
2014	13.3	13.6	16.4	11.0	5.5	6.4	1,685.0	85.9	25.7

나노엔텍 (A039860)

NanoenTek

업 종 : 의료 장비 및 서비스　　시 장 : KOSDAQ
신용등급 : (Bond) —　(CP) —　　기업규모 : 중견
홈페이지 : www.nanoentek.com　　연 락 처 : 02)6220-7728
본 사 : 서울시 구로구 디지털로26길 5, 에이스하이엔드타워1차 12층

설 립 일	1987.11.18	**종업원수**	92명	**대 표 이 사**	정찬일
상 장 일	2000.07.30	**감사의견**	적정(한영)	**계 열**	
결 산 기	12월	**보 통 주**		**종속회사수**	1개사
액 면 가	500원	**우 선 주**		**구 상 호**	

주주구성 (지분율,%)		출자관계 (지분율,%)		주요경쟁사 (외형,%)	
에스케이텔레콤	27.1			나노엔텍	100
장준근	3.6			엑세스바이오	136
(외국인)	1.1			파나진	31

매출구성		비용구성		수출비중	
FREND Kit	32.4	매출원가율	56.4	수출	89.1
Rapid Kit	20.1	판관비율	36.6	내수	10.9
C-Chip/	19.9				

회사 개요

동사는 1987년 정보보안을 주사업으로 하는 퓨처시스템으로 설립됐으며 2006년 8월 나노바이오 융복합기술을 주사업으로 영위하는 디지탈바이오테크놀러지와의 포괄적 주식교환 이후 상호를 나노엔텍으로 변경함. 동사는 나노바이오 융복합 기술, 즉 랩온어칩(Lab-On-A-Chip) 기술을 기반으로 생명공학(유전자전달시스템, 세포분석시스템)과 진단의료기기를 개발, 생산, 판매하는 사업을 영위하고 있음.

실적 분석

동사의 2017년 누적매출액은 238.1억원으로 전년대비 7.2% 증가함. 비용측면에서 매출원가와 판관비가 각각 22.9%, 39.8% 하락하면서 영업이익은 16.7억원을 기록해 흑자전환함. 현장진단의료기기는 최대주주인 SK텔레콤과의 전략적 제휴를 통해 해외시장을 공략하고 있고, 미국 FDA승인과 중국 CFDA승인 등 글로벌 공략에 박차를 가하고 있음. 지속적으로 발전하는 전방산업을 기반으로 공격적인 마케팅을 통해 향후 수익개선이 기대됨.

현금 흐름 〈단위 : 억원〉

항목	2016	2017
영업활동	-30	17
투자활동	-42	-7
재무활동	86	—
순현금흐름	13	8
기말현금	89	98

시장 대비 수익률

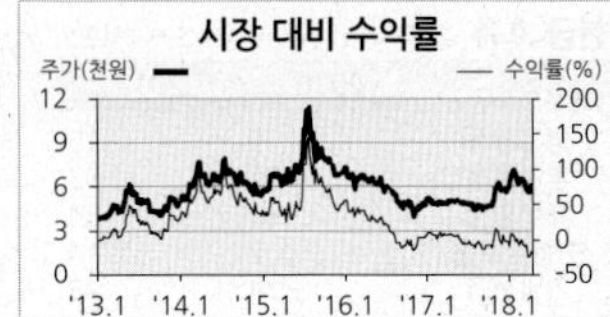

결산 실적 〈단위 : 억원〉

항목	2012	2013	2014	2015	2016	2017
매출액	134	191	195	248	222	238
영업이익	-53	-5	-26	-72	-97	17
당기순이익	-59	-12	-25	-75	-148	-21

분기 실적 〈단위 : 억원〉

항목	2016.3Q	2016.4Q	2017.1Q	2017.2Q	2017.3Q	2017.4Q
매출액	53	60	52	59	60	67
영업이익	-13	-39	0	3	5	9
당기순이익	-18	-72	-9	3	4	-19

재무 상태 〈단위 : 억원〉

항목	2012	2013	2014	2015	2016	2017
총자산	444	448	433	527	457	424
유형자산	131	126	119	148	154	141
무형자산	48	69	81	124	70	55
유가증권	1	1	1	1	1	1
총부채	215	212	78	143	201	186
총차입금	166	158	13	48	123	125
자본금	97	99	113	122	122	122
총자본	230	236	355	384	256	237
지배주주지분	230	236	355	384	256	237

기업가치 지표

항목	2012	2013	2014	2015	2016	2017
주가(최고/저)(천원)	4.6/3.4	6.2/3.8	8.1/5.0	12.1/5.6	7.8/3.9	6.5/4.4
PER(최고/저)(배)	—/—	—/—	—/—	—/—	—/—	—/—
PBR(최고/저)(배)	3.9/2.9	5.2/3.2	5.1/3.2	7.6/3.6	7.5/3.8	6.7/4.5
EV/EBITDA(배)	—	80.8	—	—	—	32.9
EPS(원)	-302	-63	-109	-314	-607	-85
BPS(원)	1,181	1,193	1,573	1,578	1,047	970
CFPS(원)	-238	27	-12	-195	-490	32
DPS(원)	—	—	—	—	—	—
EBITDAPS(원)	-209	66	-18	-192	-281	185

재무 비율 〈단위 : %〉

연도	영업이익률	순이익률	부채비율	차입금비율	ROA	ROE	유보율	자기자본비율	EBITDA마진율
2017	7.0	-8.7	78.5	52.9	-4.7	-8.4	94.0	56.0	19.0
2016	-43.6	-66.6	78.7	48.0	-30.1	-46.3	109.3	56.0	-30.9
2015	-29.0	-30.1	37.2	12.5	-15.6	-19.7	215.6	72.9	-17.9
2014	-13.3	-12.6	21.9	3.6	-5.6	-8.3	214.6	82.1	-2.1

나노캠텍 (A091970)

Nano Chem Tech

업　　종 : 화학　　시　　장 : KOSDAQ
신용등급 : (Bond) —　(CP) —　　기업규모 : 중견
홈페이지 : www.nanosbiz.com　　연 락 처 : 031)671-9466
본　　사 : 경기도 용인시 처인구 남사면 완장천로 42-34

설립일	1999.12.23	**종업원수**	79명	**대표이사**	심익호
상장일	2007.01.30	**감사의견**	적정(신한)	**계열**	
결산기	12월	**보통주**		**종속회사수**	4개사
액면가	500원	**우선주**		**구상호**	

주주구성 (지분율,%)		출자관계 (지분율,%)		주요경쟁사 (외형,%)	
제이앤에스파트너	15.2	해피글로벌이앤티	100.0	나노캠텍	100
비앤비산업	3.4	나노전자화학	100.0	세우글로벌	56
(외국인)	40.3	스타넥스	1.4	리켐	37

매출구성		비용구성		수출비중	
Nanos 외	70.0	매출원가율	90.1	수출	0.2
Glassom 외	24.7	판관비율	19.5	내수	99.8
기 타	5.4				

회사 개요

동사는 플라스틱 전도성 표면도포제 및 제품, 대전방지 합성수지, 전도성 테이프, 전자재료, 정밀화학 제조기술과 관련된 사업 등을 주 사업으로 영위하고 있음. 또한 레이저 프린터에 들어가는 폴리우레탄 롤러를 개발해 국내 롤러 생산 업체에 반가공 형태로 공급하고 있음. 다품종생산체제로 연간 약 180여개 제품을 생산함. 2018년 3월 제이앤에스파스너에 인수되면서 여행, 관광, 바이오, 화장품 등 중국 관련 신규사업을 추진할 예정임.

실적 분석

동사의 2017년 누적 매출액은 647.3억원으로 전년대비 21.9% 증가함. 비용측면에서 매출원가와 판관비가 각각 30.4%, 7.4% 상승하면서 매출 확대에도 불구하고 영업손실 62.3억원으로 적자폭이 확대됨. 신규사업으로 바이오와 의학·의료용품 사업, 화장품, 건강식품 도소매(면세점) 사업 등을 영위할 예정임. 중국 관광객을 상대로 의약품, 건강식품 판매 등에 주력할 것으로 예상됨.

현금 흐름

<단위 : 억원>

항목	2016	2017
영업활동	18	-56
투자활동	-102	17
재무활동	226	3
순현금흐름	143	-36
기말현금	173	137

시장 대비 수익률

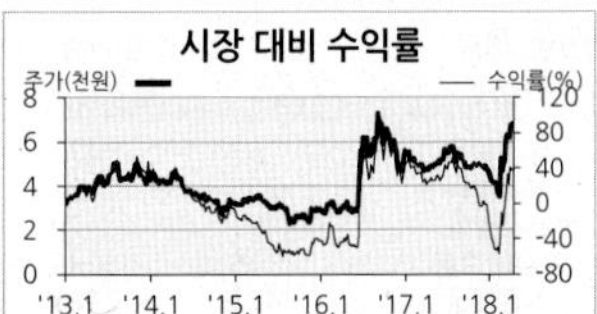

결산 실적

<단위 : 억원>

항목	2012	2013	2014	2015	2016	2017
매출액	761	883	749	620	531	647
영업이익	20	46	22	-73	-34	-62
당기순이익	16	38	17	-96	-46	-81

분기 실적

<단위 : 억원>

항목	2016.3Q	2016.4Q	2017.1Q	2017.2Q	2017.3Q	2017.4Q
매출액	134	155	172	158	151	167
영업이익	-6	4	0	-19	-11	-32
당기순이익	-12	9	4	-39	-3	-44

재무 상태

<단위 : 억원>

항목	2012	2013	2014	2015	2016	2017
총자산	703	782	834	684	849	742
유형자산	352	397	435	385	301	282
무형자산	0	3	24	4	1	2
유가증권	7	3	7	4	0	—
총부채	258	287	339	273	214	190
총차입금	157	189	237	191	144	142
자본금	50	50	50	50	100	100
총자본	446	495	495	411	635	552
지배주주지분	439	482	492	398	633	551

기업가치 지표

항목	2012	2013	2014	2015	2016	2017
주가(최고/저)(천원)	4.8/2.9	5.1/3.2	4.8/2.7	3.6/2.3	7.3/2.7	5.9/4.5
PER(최고/저)(배)	31.7/19.2	13.8/8.6	27.6/15.4	—/—	—/—	—/—
PBR(최고/저)(배)	1.1/0.7	1.1/0.7	1.0/0.5	0.9/0.6	2.3/0.8	2.1/1.6
EV/EBITDA(배)	11.9	8.4	9.7	—	—	—
EPS(원)	155	378	175	-882	-346	-407
BPS(원)	4,485	4,877	5,002	4,100	3,241	2,827
CFPS(원)	347	645	468	-535	-121	-303
DPS(원)	—	50	30	—	—	—
EBITDAPS(원)	387	722	515	-377	-58	-207

재무 비율

<단위 : %>

연도	영업이익률	순이익률	부채비율	차입금비율	ROA	ROE	유보율	자기자본비율	EBITDA마진율
2017	-9.6	-12.6	34.3	25.6	-10.2	-13.8	465.4	74.4	-6.4
2016	-6.4	-8.6	33.7	22.7	-6.0	-8.1	548.3	74.8	-1.3
2015	-11.8	-15.5	66.3	46.5	-12.6	-20.0	720.0	60.2	-6.1
2014	3.0	2.3	68.3	47.9	2.1	3.6	900.5	59.4	6.9

나눔테크 (A244880)

NANOOMTECH

업　　종 : 의료 장비 및 서비스　　시　　장 : KONEX
신용등급 : (Bond) —　(CP) —　　기업규모 : —
홈페이지 : www.nanoomtech.co.kr　　연 락 처 : 062)955-8588
본　　사 : 광주시 북구 첨단벤처소로 57 (월출동)

설립일	2005.08.31	**종업원수**	41명	**대표이사**	최무진
상장일	2016.06.01	**감사의견**	적정(대주)	**계열**	
결산기	12월	**보통주**		**종속회사수**	
액면가	—	**우선주**		**구상호**	

주주구성 (지분율,%)		출자관계 (지분율,%)		주요경쟁사 (외형,%)	
최무진	44.5			나눔테크	100
최오진	10.0				

매출구성		비용구성		수출비중	
자동심장충격기	92.1	매출원가율	39.8	수출	13.2
골밀도진단기	6.4	판관비율	45.6	내수	86.8
기타	1.5				

회사 개요

동사는 의료기기 제조 및 판매 등을 사업목적으로 2005년 8월 설립. 2016년 6월 1일에 코넥스 시장 상장해 매매가 개시됐음. 동사는 2008년부터 자동심장충격기 분야를 중점적으로 연구, 개발함으로써 성인, 소아 공용 패드 기술을 국내 최초로 개발해 응급 상황 시 신속한 대응은 물론 소모품 가격 경쟁력을 확보하고 있으며, 축적된 레퍼런스를 통해 품질의 우수성을 입증했음.

실적 분석

동사의 2017년 누적매출액은 105억원으로 전년 78.4억원에서 증가함. 영업이익은 15.3억원으로 전년 2.5억원에서 크게 늘었고 당기순이익도 2.3억원에서 17.7억원으로 증가함. 자동심장충격기 3가지 모델의 기존 고객을 대상으로 판매확대를 유도하는 한편 신규 시장 발굴에 나설 계획임. 차세대 제품인 전신형 골밀도측정기와 무릎고주파측정기는 해외규격인증(CE) 획득으로 사업을 추진 중임.

현금 흐름 *IFRS 별도 기준

<단위 : 억원>

항목	2016	2017
영업활동	10	25
투자활동	-5	-13
재무활동	-8	-6
순현금흐름	-3	6
기말현금	7	13

시장 대비 수익률

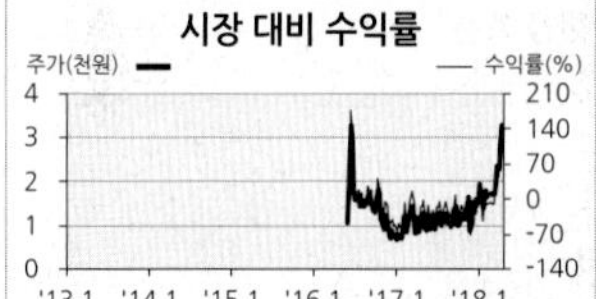

결산 실적

<단위 : 억원>

항목	2012	2013	2014	2015	2016	2017
매출액	—	41	50	65	78	105
영업이익	—	-6	0	-3	2	15
당기순이익	—	-4	0	-3	2	18

분기 실적 *IFRS 별도 기준

<단위 : 억원>

항목	2016.3Q	2016.4Q	2017.1Q	2017.2Q	2017.3Q	2017.4Q
매출액	—	—	—	—	—	—
영업이익	—	—	—	—	—	—
당기순이익	—	—	—	—	—	—

재무 상태 *IFRS 별도 기준

<단위 : 억원>

항목	2012	2013	2014	2015	2016	2017
총자산	—	85	80	75	70	85
유형자산	—	22	23	19	18	16
무형자산	—	0	1	1	1	1
유가증권	—	4	6	1	1	2
총부채	—	38	41	38	31	28
총차입금	—	34	34	31	23	17
자본금	—	13	12	12	25	25
총자본	—	47	40	37	39	57
지배주주지분	—	47	40	37	39	57

기업가치 지표 *IFRS 별도 기준

항목	2012	2013	2014	2015	2016	2017
주가(최고/저)(천원)	—/—	—/—	—/—	—/—	—/—	—/—
PER(최고/저)(배)	0.0/0.0	0.0/0.0	0.0/0.0	0.0/0.0	71.7/14.3	4.7/1.7
PBR(최고/저)(배)	0.0/0.0	0.0/0.0	0.0/0.0	0.0/0.0	4.2/0.8	1.5/0.5
EV/EBITDA(배)	0.0	—	6.0	7.0	6.6	2.5
EPS(원)	—	-84	5	-58	46	357
BPS(원)	—	36,493	31,990	29,687	790	1,155
CFPS(원)	—	-2,098	1,884	1,498	105	404
DPS(원)	—	—	—	—	—	—
EBITDAPS(원)	—	-3,090	1,778	1,480	108	356

재무 비율

<단위 : %>

연도	영업이익률	순이익률	부채비율	차입금비율	ROA	ROE	유보율	자기자본비율	EBITDA마진율
2017	14.6	16.9	48.7	29.7	22.7	36.7	131.0	67.2	16.8
2016	3.1	2.9	79.9	59.7	3.1	6.0	57.9	55.6	6.8
2015	-4.5	-4.4	102.8	85.3	-3.7	-7.6	196.9	49.3	2.8
2014	0.2	0.5	102.3	86.9	0.3	0.6	219.9	49.4	4.5

나라엠앤디 (A051490)

Nara Mold & Die

업　　종 : 기계　　시　　장 : KOSDAQ
신용등급 : (Bond) —　(CP) —　　기업규모 : 우량
홈페이지 : www.naramnd.com　　연 락 처 : 055)239-3600
본　　사 : 경남 창원시 성산구 공단로 675 (성주동 50-1)

설 립 일	1999.02.19	**종업원수**	252명	**대표이사**	김영조
상 장 일	2001.05.30	**감사의견**	적정(현대)	**계　열**	
결 산 기	12월	**보　통　주**		**종속회사수**	5개사
액 면 가	500원	**우　선　주**		**구　상　호**	

주주구성 (지분율,%)		출자관계 (지분율,%)		주요경쟁사 (외형,%)	
엘지전자	12.6	나라플라테크	100.0	나라엠앤디	100
나라엠앤디우리사주조합	9.9	나라엠텍	83.1	아세아텍	72
(외국인)	6.4	쓰리에스엠케이	22.9	동일금속	51

매출구성		비용구성		수출비중	
PRESS금형, MOLD사출금형	76.3	매출원가율	85.6	수출	58.6
ESS / 자동차 부품, 가전 부품	23.8	판관비율	9.6	내수	41.4

회사 개요

동사는 1999년 LG전자 금형공장을 스핀오프 방식으로 분할하여 설립된 금형 전문 업체임. 금형은 자동차, 디스플레이, 휴대폰, 가전 등의 대량생산을 위한 필수장치임. 금형 제작 사업과 함께 금형을 이용한 부품 양상 사업도 영위 중임. 부품 부문에서는 자동차용 Pedal Assembly, Seat Rail 등을 생산 중임. 지난해 말 기준 금형 제작 부문이 전체 매출의 약 72% 가량을 차지하며 수출 비중은 약 59% 가량임.

실적 분석

동사의 2017년 결산 매출액은 1,409억원으로 전년동기 대비 7.5% 증가함. 외형확대와 더불어 원가율 하락 영향으로 수익성은 크게 상승함. 67.2억원의 영업이익 시현하며 전년동기 대비 큰 폭으로 증가함. 전방 산업이 완만한 회복세를 나타낼것으로 기대되어 추가 외형 확대 가능할 것으로 보이며, 오랜 흑자 기조에 힘입은 탄탄한 재무구조와 안정적 수익기반을 바탕으로 점진적 실적 회복 가능할 것으로 기대됨.

현금 흐름 〈단위 : 억원〉

항목	2016	2017
영업활동	184	85
투자활동	-81	-112
재무활동	-100	73
순현금흐름	3	40
기말현금	77	117

시장 대비 수익률

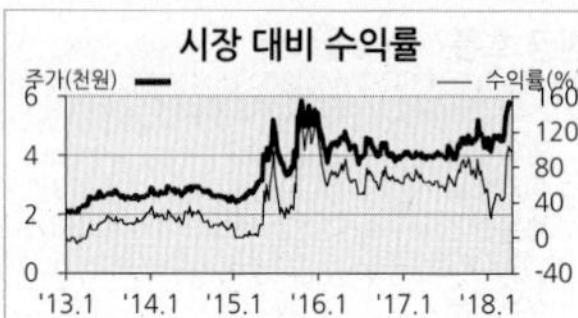

결산 실적 〈단위 : 억원〉

항목	2012	2013	2014	2015	2016	2017
매출액	1,322	1,241	1,365	1,297	1,310	1,409
영업이익	91	77	74	48	23	67
당기순이익	62	49	43	37	21	19

분기 실적 〈단위 : 억원〉

항목	2016.3Q	2016.4Q	2017.1Q	2017.2Q	2017.3Q	2017.4Q
매출액	317	395	250	363	345	450
영업이익	12	8	12	19	16	20
당기순이익	2	9	1	17	5	-3

재무 상태 〈단위 : 억원〉

항목	2012	2013	2014	2015	2016	2017
총자산	1,395	1,371	1,569	1,601	1,704	1,853
유형자산	528	601	623	631	643	676
무형자산	23	23	23	24	32	43
유가증권	31	30	42	30	29	11
총부채	685	653	831	835	926	1,069
총차입금	352	372	455	519	461	535
자본금	72	72	72	72	72	72
총자본	710	719	738	766	778	784
지배주주지분	688	697	718	747	762	772

기업가치 지표

항목	2012	2013	2014	2015	2016	2017
주가(최고/저)(천원)	2.6/1.8	2.8/2.1	3.0/2.4	6.6/2.4	5.1/3.7	5.3/3.9
PER(최고/저)(배)	7.8/5.3	9.7/7.0	10.7/8.5	25.9/9.5	30.0/21.8	35.5/26.0
PBR(최고/저)(배)	0.6/0.4	0.7/0.5	0.6/0.5	1.3/0.5	1.0/0.7	1.0/0.7
EV/EBITDA(배)	4.5	5.6	5.9	11.2	10.3	7.9
EPS(원)	413	341	312	270	177	151
BPS(원)	4,975	5,072	5,236	5,347	5,456	5,522
CFPS(원)	738	723	746	724	657	624
DPS(원)	120	120	120	110	100	80
EBITDAPS(원)	969	928	956	791	645	946

재무 비율 〈단위 : %〉

연도	영업이익률	순이익률	부채비율	차입금비율	ROA	ROE	유보율	자기자본비율	EBITDA마진율
2017	4.8	1.3	136.3	68.3	1.1	2.8	984.6	42.3	9.5
2016	1.8	1.6	119.1	59.2	1.3	3.3	971.5	45.7	7.0
2015	3.7	2.9	109.1	67.8	2.4	5.2	950.3	47.8	8.7
2014	5.4	3.2	112.6	61.7	2.9	6.3	928.3	47.1	10.0

나무가 (A190510)

NAMUGA CO

업　　종 : 휴대폰 및 관련부품　　시　　장 : KOSDAQ
신용등급 : (Bond) —　(CP) —　　기업규모 : 우량
홈페이지 : www.namuga.co.kr　　연 락 처 : 070)7012-8400
본　　사 : 경기도 성남시 중원구 사기막골로 124, 709호(상대원동, SKn테크노파크)

설 립 일	2004.10.14	**종업원수**	145명	**대표이사**	서정화
상 장 일	2015.11.12	**감사의견**	적정(삼덕)	**계　열**	
결 산 기	12월	**보　통　주**		**종속회사수**	4개사
액 면 가	500원	**우　선　주**		**구　상　호**	

주주구성 (지분율,%)		출자관계 (지분율,%)		주요경쟁사 (외형,%)	
서정화	24.7	나무서원	100.0	나무가	100
현대인베스트먼트자산운용	4.8	인스케이프	48.3	세코닉스	129
(외국인)	1.1	한신비전	16.7	엠씨넥스	260

매출구성		비용구성		수출비중	
카메라 모듈	95.9	매출원가율	104.8	수출	98.3
무선 데이터 모듈	2.2	판관비율	7.4	내수	1.7
기타	1.9				

회사 개요

동사는 2004년 설립되어 컴퓨터 및 주변기기 관련 제조 및 판매, 공급을 영위하고 있으며, 2015년 11월 코스닥에 상장함. 5개의 연결대상 종속기업을 보유하고 있으며, 2014년 벤처천억기업으로 선정된 바 있음. 주요 생산 제품은 스마트폰 카메라 모듈, 노트북 카메라 모듈, 무선 오디오 모듈, 3D 카메라 모듈이며, 카메라 모듈 제품은 삼성전자의 스마트폰, 태블릿, 노트북 등에 채용되고 있음.

실적 분석

동사의 2017년도 연결기준 누적 매출액은 2,575.7억원으로 전년대비 12.0% 감소함. 스마트폰 시장 성장세 둔화와 제품 판매 단가 하락, 고화소 제품군 초기 설비투자비용 증가에 따라 수익성이 저하됨. 이에 당기순손실 409.2억원으로 적자가 지속됨. 향후 스마트카, 드론, HMD용 3D 센싱 카메라 등 신기술 개발로 차별화된 기술을 확보해 글로벌 전략 고객의 매출 비중을 확대할 예정임.

현금 흐름 〈단위 : 억원〉

항목	2016	2017
영업활동	97	-433
투자활동	-238	121
재무활동	191	79
순현금흐름	55	-240
기말현금	423	183

시장 대비 수익률

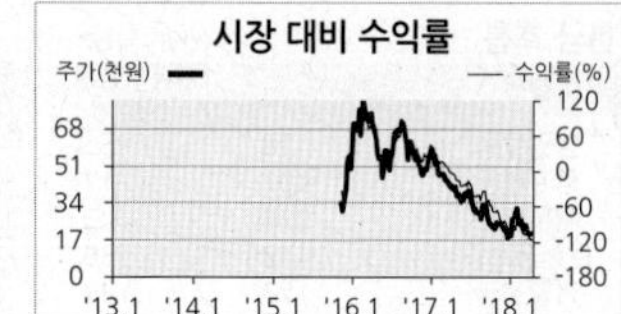

결산 실적 〈단위 : 억원〉

항목	2012	2013	2014	2015	2016	2017
매출액	855	2,193	2,183	4,038	2,926	2,576
영업이익	36	54	18	257	-7	-315
당기순이익	11	21	18	85	-42	-409

분기 실적 〈단위 : 억원〉

항목	2016.3Q	2016.4Q	2017.1Q	2017.2Q	2017.3Q	2017.4Q
매출액	662	637	512	671	590	802
영업이익	4	-49	-69	-89	-71	-86
당기순이익	-10	-33	-72	-105	-77	-155

재무 상태 〈단위 : 억원〉

항목	2012	2013	2014	2015	2016	2017
총자산	641	913	1,356	2,039	1,959	1,424
유형자산	110	177	374	478	589	553
무형자산	5	5	5	8	9	9
유가증권	—	—	2	—	5	15
총부채	623	745	1,162	1,436	1,242	1,118
총차입금	307	311	558	560	589	590
자본금	7	13	13	19	19	19
총자본	18	168	194	603	717	306
지배주주지분	18	168	194	603	716	307

기업가치 지표

항목	2012	2013	2014	2015	2016	2017
주가(최고/저)(천원)	—/—	—/—	—/—	58.0/30.4	82.9/44.6	58.4/18.0
PER(최고/저)(배)	0.0/0.0	0.0/0.0	0.0/0.0	19.8/10.4	—/—	—/—
PBR(최고/저)(배)	0.0/0.0	0.0/0.0	0.0/0.0	2.9/1.5	3.7/2.0	5.8/1.8
EV/EBITDA(배)	3.3	1.0	5.9	5.5	19.3	—
EPS(원)	552	981	691	2,937	-1,241	-11,963
BPS(원)	874	6,377	7,331	20,189	22,209	10,015
CFPS(원)	1,380	1,977	2,242	5,477	1,703	-8,419
DPS(원)	—	—	—	—	—	—
EBITDAPS(원)	2,594	3,446	2,226	11,424	2,744	-5,735

재무 비율 〈단위 : %〉

연도	영업이익률	순이익률	부채비율	차입금비율	ROA	ROE	유보율	자기자본비율	EBITDA마진율
2017	-12.2	-15.9	365.6	192.8	-24.2	-79.3	1,695.5	21.5	-7.6
2016	-0.2	-1.4	173.2	82.2	-2.1	-6.3	3,877.0	36.6	3.1
2015	6.4	2.1	238.2	92.9	5.0	21.3	3,509.9	29.6	8.2
2014	0.8	0.8	599.9	288.1	1.6	10.1	1,366.3	14.3	2.7

나무기술 (A167380)
NAMU TECH CO

업　　종 : IT 서비스　　시　　장 : KONEX
신용등급 : (Bond) —　(CP) —　　기업규모 : —
홈페이지 : www.namutech.co.kr　　연 락 처 : 031)8060-0200
본　　사 : 경기도 성남시 분당구 판교로 242, 에이동 4층 403호

설 립 일	2001.11.13	**종업원수**	55명	**대표이사**	정철
상 장 일	2016.11.28	**감사의견**	적정(삼덕)	**계　　열**	
결 산 기	12월	**보 통 주**		**종속회사수**	
액 면 가	—	**우 선 주**		**구 상 호**	

주주구성 (지분율,%)		출자관계 (지분율,%)		주요경쟁사 (외형,%)	
이수병	36.7	아스펜스	51.0	나무기술	100
정중현	9.8	아콘소프트	50.0	동양네트웍스	144
		NANJINGNAMUTECH	100.0	신세계 I&C	534

매출구성		비용구성		수출비중	
솔루션(클라우드)	50.7	매출원가율	86.0	수출	—
솔루션용역	21.9	판관비율	11.5	내수	—
서버, 스토리지 장비류	14.2				

회사 개요

2001년 11월 설립한 동사는 IT분야에서 네트워크 환경 인프라 구축(서버 및 스토리지 등)과 가상화 및 클라우드 솔루션, 시스템통합(SI) 및 유지보수 사업을 중심으로 사업을 영위해오고 있음. 사업 초기는 인프라 구축(정보통신 HW 위주)으로 사업을 진행하다 2010년 이후부터는 가상화 및 클라우드 사업 분야 위주로 사업을 확장함. 최근 회사 주요 업종을 소프트웨어 쪽으로 결정, 클라우드 및 가상화 시장을 주 타겟으로 하고있음.

실적 분석

동사의 연결기준 2017년 연간 누적 매출액은 전년동기 494.4억원 대비 21.4% 증가한 600.0억원을 기록함. 이는 서버, 스토리지 장비류의 매출이 전년 대비 5배 이상 증가한 것에 기인함. 하지만 매출원가가 전년동기 대비 28.0% 증가하며 영업이익은 전년동기 21.3억원 대비 31.1% 감소한 14.7억원을 기록함. 비영업손익도 적자를 지속하며 당기순이익은 전년동기 대비 50.0% 감소한 8.7억원을 기록함.

현금 흐름 *IFRS 별도 기준 〈단위 : 억원〉

항목	2016	2017
영업활동	-4	14
투자활동	6	-5
재무활동	-4	-8
순현금흐름	-2	0
기말현금	2	3

시장 대비 수익률

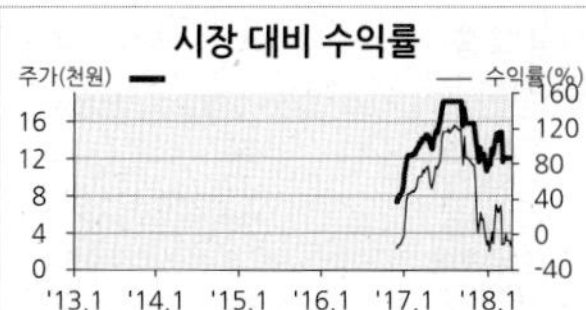

결산 실적 〈단위 : 억원〉

항목	2012	2013	2014	2015	2016	2017
매출액	248	293	326	319	330	600
영업이익	2	7	6	5	17	15
당기순이익	0	1	1	5	13	9

분기 실적 *IFRS 별도 기준 〈단위 : 억원〉

항목	2016.3Q	2016.4Q	2017.1Q	2017.2Q	2017.3Q	2017.4Q
매출액	—	—	—	—	—	—
영업이익	—	—	—	—	—	—
당기순이익	—	—	—	—	—	—

재무 상태 *IFRS 별도 기준 〈단위 : 억원〉

항목	2012	2013	2014	2015	2016	2017
총자산	103	115	92	120	120	161
유형자산	4	4	4	4	1	2
무형자산	—	—	—	—	0	2
유가증권	4	2	2	5	8	1
총부채	86	98	73	90	71	100
총차입금	32	41	27	36	28	20
자본금	5	5	5	10	12	12
총자본	17	17	18	30	48	60
지배주주지분	17	17	18	30	48	60

기업가치 지표 *IFRS 별도 기준

항목	2012	2013	2014	2015	2016	2017
주가(최고/저)(천원)	—/—	—/—	—/—	—/—	9.0/6.5	18.7/9.6
PER(최고/저)(배)	0.0/0.0	0.0/0.0	0.0/0.0	0.0/0.0	14.0/10.1	34.3/17.6
PBR(최고/저)(배)	0.0/0.0	0.0/0.0	0.0/0.0	0.0/0.0	4.3/3.1	7.2/3.7
EV/EBITDA(배)	5.7	3.9	1.8	2.5	12.9	14.1
EPS(원)	21	72	84	353	643	545
BPS(원)	17,161	17,495	18,406	14,784	2,088	2,604
CFPS(원)	1,169	1,931	2,811	4,289	688	590
DPS(원)	—	—	—	—	—	—
EBITDAPS(원)	3,009	8,437	7,983	4,387	845	788

재무 비율 〈단위 : %〉

연도	영업이익률	순이익률	부채비율	차입금비율	ROA	ROE	유보율	자기자본비율	EBITDA마진율
2017	2.5	1.5	273.0	48.1	4.4	15.8	451.6	26.8	2.8
2016	5.1	4.1	147.9	58.0	11.2	34.3	317.6	40.3	5.4
2015	1.7	1.7	298.0	120.4	5.0	22.0	195.7	25.1	2.1
2014	1.9	0.4	398.5	144.0	1.1	6.4	268.1	20.1	2.5

나스미디어 (A089600)
Nasmedia

업　　종 : 미디어　　시　　장 : KOSDAQ
신용등급 : (Bond) —　(CP) —　　기업규모 : 벤처
홈페이지 : www.nasmedia.co.kr　　연 락 처 : 02)2188-7300
본　　사 : 서울시 강남구 도곡로1길 14 삼일프라자 4,5층

설 립 일	2000.03.13	**종업원수**	296명	**대표이사**	정기호
상 장 일	2013.07.17	**감사의견**	적정(삼정)	**계　　열**	
결 산 기	12월	**보 통 주**		**종속회사수**	1개사
액 면 가	500원	**우 선 주**		**구 상 호**	

주주구성 (지분율,%)		출자관계 (지분율,%)		주요경쟁사 (외형,%)	
케이티	42.8	플레이디	66.7	나스미디어	100
정기호	17.1	얼라이언스인터넷	19.1	SBS미디어홀딩스	351
(외국인)	15.8	ISU-kth콘텐츠투자조합	3.1	현대에이치씨엔	241

매출구성		비용구성		수출비중	
온라인 디스플레이	70.7	매출원가율	0.0	수출	—
디지털사이니지	21.7	판관비율	71.5	내수	—
IPTV(디지털방송)	7.4				

회사 개요

동사는 KT기업집단에 편입된 국내 온라인 미디어랩 전문회사임. 매출비중은 온라인 71.5%, IPTV 7.6%, 디지털옥외 20.9%임. 2000년부터 시작인 인터넷 광고사업은 국내 주요 포탈사를 고객으로 확보했고, 이를 기반으로 2011년 모바일광고 분야로 사업을 확대함. 인터넷 및 모바일광고 분야에서 국내 1위. 또한 2009년부터 진출한 IPTV광고 시장에서도 KT 고객을 기반으로 국내 시장점유율 1위 달성.

실적 분석

동사의 연결기준 2017년 매출액은 1,202.8억원으로 전년 대비 72.0% 증가함. 온라인광고 및 디지털방송광고, 디지털 사이니지광고 매체판매대행에서 매출이 크게 증가함. 동사는 이미 디스플레이를 비롯하여 IPTV, 옥외광고 등 가장 넓은 매체 커버리지를 확보하고 있으며 2016년 국내 1위 검색광고업체 엔서치마케팅을 인수하며 영역을 더욱 확대함. IPTV는 KT와의 시너지를 바탕으로 압도적인 시장지배력을 확보하고 있음.

현금 흐름 〈단위 : 억원〉

항목	2016	2017
영업활동	168	143
투자활동	33	-181
재무활동	-60	-64
순현금흐름	142	-103
기말현금	276	173

시장 대비 수익률

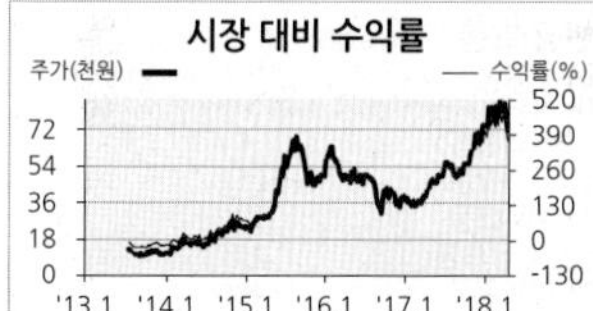

결산 실적 〈단위 : 억원〉

항목	2012	2013	2014	2015	2016	2017
매출액	235	248	299	455	699	1,203
영업이익	76	61	86	117	154	343
당기순이익	65	56	80	99	120	267

분기 실적 〈단위 : 억원〉

항목	2016.3Q	2016.4Q	2017.1Q	2017.2Q	2017.3Q	2017.4Q
매출액	153	266	282	315	296	310
영업이익	34	56	75	90	77	100
당기순이익	27	42	60	71	61	75

재무 상태 〈단위 : 억원〉

항목	2012	2013	2014	2015	2016	2017
총자산	907	971	975	1,417	2,639	3,160
유형자산	4	4	3	117	121	117
무형자산	10	10	11	10	483	470
유가증권	7	7	9	6	4	2
총부채	471	409	349	722	1,595	1,882
총차입금	—	—	—	—	60	30
자본금	38	43	43	43	46	46
총자본	436	562	626	695	1,044	1,278
지배주주지분	436	562	626	695	981	1,196

기업가치 지표

항목	2012	2013	2014	2015	2016	2017
주가(최고/저)(천원)	—/—	14.6/9.8	27.7/10.7	70.6/21.0	65.1/30.8	76.5/32.7
PER(최고/저)(배)	0.0/0.0	21.2/14.3	29.9/11.5	60.3/17.9	46.9/22.2	27.3/11.8
PBR(최고/저)(배)	0.0/0.0	2.3/1.5	3.8/1.5	8.6/2.6	5.9/2.8	5.6/2.4
EV/EBITDA(배)	—	9.6	18.5	31.2	19.4	16.7
EPS(원)	887	726	965	1,202	1,413	2,805
BPS(원)	5,994	6,815	7,587	8,432	11,207	13,659
CFPS(원)	931	766	1,011	1,251	1,581	3,152
DPS(원)	—	170	290	360	390	690
EBITDAPS(원)	1,090	824	1,089	1,467	2,014	4,264

재무 비율 〈단위 : %〉

연도	영업이익률	순이익률	부채비율	차입금비율	ROA	ROE	유보율	자기자본비율	EBITDA마진율
2017	28.5	22.2	147.3	2.4	9.2	22.6	2,523.7	40.4	31.0
2016	22.1	17.1	152.8	5.8	5.9	14.1	2,052.8	39.6	24.1
2015	25.7	21.8	103.8	0.0	8.3	15.0	1,515.7	49.1	26.6
2014	28.8	26.7	55.8	0.0	8.2	13.4	1,353.9	64.2	30.1

나이벡 (A138610)
NIBEC

업　　종 : 바이오　　시　　장 : KOSDAQ
신용등급 : (Bond) —　(CP) —　　기업규모 : 기술성
홈페이지 : www.nibec.co.kr　　연 락 처 : 043)532-7458
본　　사 : 충북 진천군 이월면 밤디길 116 이월전기전자농공1단지

설 립 일	2004.02.20	종업원수	57명	대표이사	정종평
상 장 일	2011.07.13	감사의견	적정(가립)	계　열	
결 산 기	12월	보 통 주		종속회사수	
액 면 가	500원	우 선 주		구 상 호	

주주구성 (지분율,%)		출자관계 (지분율,%)		주요경쟁사 (외형,%)	
정종평	18.9			나이벡	100
박윤정	3.8			에이씨티	382
(외국인)	0.4			듀켐바이오	372

매출구성		비용구성		수출비중	
치과용 골이식재	84.4	매출원가율	69.0	수출	83.5
치주조직재생용 바이오소재	10.3	판관비율	48.9	내수	16.5
치아미백제	3.0				

회사 개요

동사는 구강케어 관련제품과 조직재생용 바이오소재와 펩타이트 소재를 연구, 개발, 판매하는 업체임. 약물전달시스템, 조직재생용 바이오소재기술, 펩타이드 공학기술의 학문적 성과를 제품 개발에 응용하고자 2004년 1월 24일 설립됨. 조직재생용 바이오소재, 구강보건제품, 펩타이드 융합바이오 소재, 펩타이드 치료제의 개발 및 제품화를 목적으로 함. 항노화 기능성 화장품과 아토피증상 개선용 피부면역 증진 소재 함유 화장품 사업에 투자를 늘리고 있음.

실적 분석

2017년 누적 매출액은 63.0억원으로 전년대비 31.2% 증가함. 이는 주력제품군인 치과용골이식재의 해외수출 증가에 기인함. 매출 원가 상승과 경상개발비 증가 등으로 영업이익은 전년도에 이어 적자지속됨. 비영업부문 손실도 적자가 지속되면서 당기순손실이 25.7억원으로 적자가 지속됨. 2015년 출시하여 바이어들에게 호평을 받은 차폐막, 콜라겐 제품군 등으로 실적개선이 기대됨.

현금 흐름 *IFRS 별도 기준 〈단위 : 억원〉

항목	2016	2017
영업활동	-6	3
투자활동	-25	-41
재무활동	54	45
순현금흐름	23	7
기말현금	46	53

시장 대비 수익률

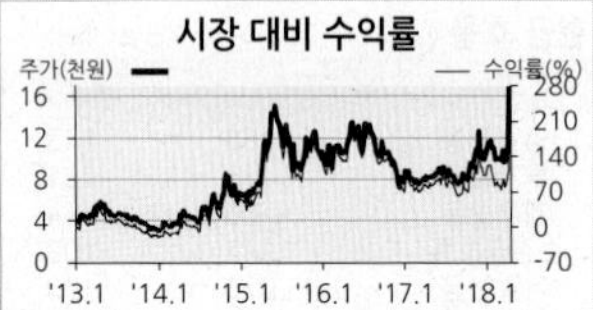

결산 실적 〈단위 : 억원〉

항목	2012	2013	2014	2015	2016	2017
매출액	39	23	48	42	48	63
영업이익	-8	-26	-30	-16	-25	-11
당기순이익	-14	-38	-36	-24	-30	-26

분기 실적 *IFRS 별도 기준 〈단위 : 억원〉

항목	2016.3Q	2016.4Q	2017.1Q	2017.2Q	2017.3Q	2017.4Q
매출액	10	13	22	13	14	14
영업이익	-7	-11	6	-3	-2	-11
당기순이익	-10	-12	3	-5	-3	-21

재무 상태 *IFRS 별도 기준 〈단위 : 억원〉

항목	2012	2013	2014	2015	2016	2017
총자산	165	171	141	194	230	258
유형자산	82	77	72	77	92	99
무형자산	33	38	34	33	44	52
유가증권	—	—	—	12	0	5
총부채	76	112	91	86	131	134
총차입금	47	82	71	56	95	94
자본금	17	17	20	26	27	30
총자본	89	58	51	108	98	124
지배주주지분	89	58	51	108	98	124

기업가치 지표 *IFRS 별도 기준

항목	2012	2013	2014	2015	2016	2017
주가(최고/저)(천원)	7.9/3.7	6.0/3.1	9.9/3.1	16.0/6.0	14.0/7.2	12.6/7.3
PER(최고/저)(배)	—/—	—/—	—/—	—/—	—/—	—/—
PBR(최고/저)(배)	3.1/1.4	3.6/1.8	8.2/2.6	7.7/2.9	7.7/4.0	6.1/3.6
EV/EBITDA(배)	—	—	—	—	—	219.0
EPS(원)	-406	-1,110	-1,011	-522	-563	-427
BPS(원)	2,632	1,731	1,247	2,073	1,811	2,057
CFPS(원)	-222	-873	-727	-275	-318	-189
DPS(원)	—	—	—	—	—	—
EBITDAPS(원)	-44	-512	-556	-93	-220	50

재무 비율 〈단위 : %〉

연도	영업이익률	순이익률	부채비율	차입금비율	ROA	ROE	유보율	자기자본비율	EBITDA마진율
2017	-17.9	-40.7	108.3	76.0	-10.5	-23.1	311.3	48.0	4.8
2016	-52.0	-63.0	133.4	96.8	-14.3	-29.3	262.2	42.8	-24.6
2015	-38.0	-58.1	79.6	51.9	-14.5	-30.5	314.5	55.7	-10.4
2014	-63.2	-75.7	178.6	139.2	-23.2	-66.4	149.3	35.9	-40.4

나이스디앤비 (A130580)
NICE D&B

업　　종 : 상업서비스　　시　　장 : KOSDAQ
신용등급 : (Bond) —　(CP) —　　기업규모 : 중견
홈페이지 : www.nicednb.com　　연 락 처 : 02)2122-2500
본　　사 : 서울시 마포구 마포대로 217 (아현동)

설 립 일	2002.11.01	종업원수	197명	대표이사	노영훈
상 장 일	2011.12.22	감사의견	적정(삼정)	계　열	
결 산 기	12월	보 통 주		종속회사수	1개사
액 면 가	500원	우 선 주		구 상 호	

주주구성 (지분율,%)		출자관계 (지분율,%)		주요경쟁사 (외형,%)	
NICE홀딩스	35.0	나이스데이터	100.0	나이스디앤비	100
PHILLIP CAPITAL PTE LTD	26.6	GmbH	6.1	아이마켓코리아	7,285
(외국인)	51.8			NICE평가정보	852

매출구성		비용구성		수출비중	
신용인증 서비스(기타)	48.0	매출원가율	0.0	수출	10.9
글로벌 기업정보 서비스(기타)	41.2	판관비율	80.0	내수	89.1
거래처관리 서비스외(기타)	10.9				

회사 개요

동사는 신용정보의 이용 및 보호에 관한 법률에 근거, 신용조회 및 신용조사업 허가를 보유하고 있는 기업신용정보 전문기업임. 국내외 기업신용정보제공서비스, 기업신용인증서비스, 신용평가시스템구축 컨설팅서비스 등을 제공하고 있음. 글로벌 기업정보 서비스 부문 매출이 전체의 41.2%, 신용인증 서비스가 47.9%, 거래처관리 서비스와 기타를 합쳐 10.9%를 차지함

실적 분석

동사의 2017년 4분기 기준 누적 매출액은 422.8억원으로 전년 동기(339.7억원) 대비 24.5% 증가함. 영업이익은 84.5억원으로 전년동기 대비 30.8억원 늘어남. 당기순이익은 64.1억원을 시현하며 전년보다 29.6% 증가함. 기업신용정보 사업은 정부 및 공공기관, 대기업 등의 발주량 증가, 무역량의 증가 등 경제규모의 성장에 따라 시장규모는 증가될 것으로 예상됨.

현금 흐름 〈단위 : 억원〉

항목	2016	2017
영업활동	66	79
투자활동	-32	-46
재무활동	-25	-13
순현금흐름	9	19
기말현금	73	91

시장 대비 수익률

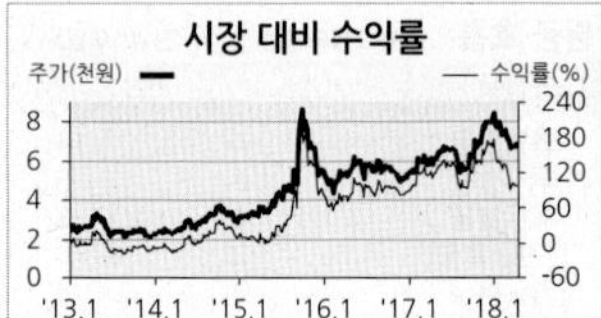

결산 실적 〈단위 : 억원〉

항목	2012	2013	2014	2015	2016	2017
매출액	193	196	211	257	340	423
영업이익	32	33	41	49	65	85
당기순이익	30	30	36	44	57	64

분기 실적 〈단위 : 억원〉

항목	2016.3Q	2016.4Q	2017.1Q	2017.2Q	2017.3Q	2017.4Q
매출액	72	79	81	143	103	95
영업이익	5	7	11	51	16	6
당기순이익	5	9	10	41	15	-1

재무 상태 〈단위 : 억원〉

항목	2012	2013	2014	2015	2016	2017
총자산	248	271	311	372	405	469
유형자산	3	3	2	7	10	11
무형자산	9	9	10	14	20	21
유가증권	—	5	5	49	65	42
총부채	43	43	57	73	67	84
총차입금	—	—	—	—	—	—
자본금	77	77	77	77	77	77
총자본	205	228	254	299	337	385
지배주주지분	205	228	254	287	337	385

기업가치 지표

항목	2012	2013	2014	2015	2016	2017
주가(최고/저)(천원)	4.5/1.5	3.4/2.0	3.8/2.2	8.9/3.1	7.0/4.4	8.1/5.3
PER(최고/저)(배)	25.6/8.6	18.8/10.9	17.3/10.0	32.7/11.3	19.7/12.3	19.7/13.0
PBR(최고/저)(배)	3.8/1.3	2.5/1.4	2.5/1.4	5.0/1.7	3.3/2.1	3.3/2.2
EV/EBITDA(배)	6.3	4.2	4.9	11.5	7.9	10.6
EPS(원)	196	196	235	283	366	417
BPS(원)	1,333	1,482	1,650	1,862	2,190	2,502
CFPS(원)	210	211	254	309	405	474
DPS(원)	59	59	71	84	84	96
EBITDAPS(원)	222	231	285	347	459	606

재무 비율 〈단위 : %〉

연도	영업이익률	순이익률	부채비율	차입금비율	ROA	ROE	유보율	자기자본비율	EBITDA마진율
2017	20.0	15.2	21.8	0.0	14.7	17.8	400.5	82.1	22.1
2016	19.0	16.9	20.0	0.0	14.8	18.1	338.1	83.4	20.8
2015	19.3	17.0	24.3	0.0	12.8	16.1	272.4	80.4	20.8
2014	19.4	17.2	22.3	0.0	12.5	15.0	229.9	81.8	20.7

나이스정보통신 (A036800)

Nice Information & Telecommunication

업 종 : 상업서비스　　시 장 : KOSDAQ
신용등급 : (Bond) — (CP) —　　기업규모 : 우량
홈페이지 : www.nicevan.co.kr　　연 락 처 : 02)2187-2700
본 사 : 서울시 마포구 마포대로 217 크레디트센터빌딩

설 립 일	1988.05.12	**종업원수**	166명	**대표이사**	김용국
상 장 일	2000.05.03	**감사의견**	적정(안진)	**계 열**	
결 산 기	12월	**보 통 주**		**종속회사수**	2개사
액 면 가	500원	**우 선 주**		**구 상 호**	

주주구성 (지분율,%)		출자관계 (지분율,%)		주요경쟁사 (외형,%)	
한국신용정보	42.7	NICE페이먼츠	100.0	나이스정보통신	100
NTAsian Discovery Master Fund	11.0	후퍼	25.0	아이마켓코리아	841
(외국인)	27.9	PT.IONPAYNETWORKS	70.0	NICE평가정보	98

매출구성		비용구성		수출비중	
카드조회서비스	67.6	매출원가율	68.2	수출	0.0
전자지불결제대행	26.4	판관비율	20.0	내수	100.0
카드조회단말기	6.0				

회사 개요

동사는 밴(VAN) 사업과 PG(온라인지불결제서비스) 사업, 그에 따른 단말기 임대 및 판매를 주요사업으로 영위함. 13개사 VAN 사업자 중 1위를 달림. 2016년 7월 PG부문을 물적분할해 독립적인 PG전문기업을 설립함으로써 온라인 지급결제 시장의 변화에 대한 능동적 대응력을 확보함. 오프라인 지급결제와의 시너지를 창출해 O2O 지급결제 시장을 선도하는 사업자로 탈바꿈한다는 계획임.

실적 분석

동사의 2017년 연결기준 누적매출액은 3664.4억원으로 전년 동기(3170.7억원) 대비 15.6% 성장한 모습임. 다만 판관비가 전년보다 150억원 가량 늘어나며 영업이익은 전년 동기 대비 8.7% 감소한 431.2억원을 기록하였음. 전자상거래의 활성화, 모바일결제에서 신용카드 사용량 증대로 VAN 사업이 지속적으로 확대되고 있음. PG사업도 현금없는 사회를 지향하는 정부 정책에 힘입어 커지는 양상.

현금 흐름

〈단위 : 억원〉

항목	2016	2017
영업활동	675	496
투자활동	-271	26
재무활동	-59	-59
순현금흐름	350	457
기말현금	951	1,408

시장 대비 수익률

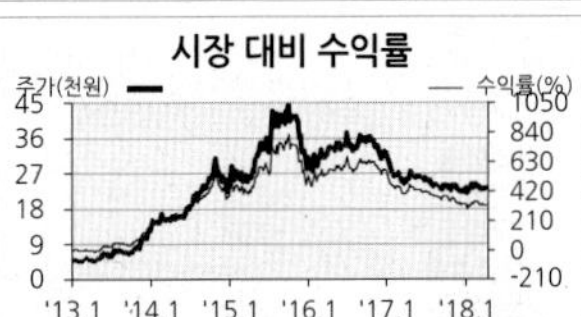

결산 실적

〈단위 : 억원〉

항목	2012	2013	2014	2015	2016	2017
매출액	1,781	2,007	2,255	2,639	3,171	3,664
영업이익	147	203	212	342	472	431
당기순이익	105	193	300	305	303	366

분기 실적

〈단위 : 억원〉

항목	2016.3Q	2016.4Q	2017.1Q	2017.2Q	2017.3Q	2017.4Q
매출액	797	874	826	897	952	990
영업이익	126	104	84	108	129	111
당기순이익	102	67	59	94	94	118

재무 상태

〈단위 : 억원〉

항목	2012	2013	2014	2015	2016	2017
총자산	1,510	1,887	2,461	2,909	3,769	4,942
유형자산	201	191	217	265	250	161
무형자산	26	26	41	347	319	387
유가증권	112	170	29	76	92	64
총부채	960	1,119	1,503	1,670	2,252	3,136
총차입금	197	130	100	250	220	220
자본금	50	50	50	50	50	50
총자본	550	767	958	1,240	1,517	1,806
지배주주지분	550	767	958	1,240	1,517	1,797

기업가치 지표

항목	2012	2013	2014	2015	2016	2017
주가(최고/저)(천원)	5.7/3.9	12.8/4.4	31.4/12.6	46.9/23.7	38.0/27.4	32.4/22.0
PER(최고/저)(배)	6.0/4.1	7.0/2.4	11.0/4.4	15.9/8.0	12.9/9.3	9.0/6.1
PBR(최고/저)(배)	1.1/0.8	1.8/0.6	3.4/1.4	3.9/2.0	2.6/1.9	1.8/1.2
EV/EBITDA(배)	1.5	2.8	4.6	5.2	3.5	1.5
EPS(원)	1,049	1,929	2,998	3,053	3,031	3,669
BPS(원)	5,531	7,701	9,606	12,425	15,204	18,297
CFPS(원)	2,170	3,165	4,354	4,764	5,011	5,516
DPS(원)	200	230	240	300	350	350
EBITDAPS(원)	2,589	3,269	3,480	5,127	6,701	6,159

재무 비율

〈단위 : %〉

연도	영업 이익률	순 이익률	부채 비율	차입금 비율	ROA	ROE	유보율	자기자본 비율	EBITDA 마진율
2017	11.8	10.0	173.6	12.2	8.4	22.1	3,559.5	36.6	16.8
2016	14.9	9.6	148.4	14.5	9.1	22.0	2,940.8	40.3	21.1
2015	13.0	11.6	134.7	20.2	11.4	27.8	2,385.1	42.6	19.4
2014	9.4	13.3	157.0	10.4	13.8	34.8	1,821.1	38.9	15.4

나이스평가정보 (A030190)

NICE Information Service

업 종 : 상업서비스　　시 장 : KOSDAQ
신용등급 : (Bond) — (CP) —　　기업규모 : 우량
홈페이지 : www.niceinfo.co.kr　　연 락 처 : 02)2122-4000
본 사 : 서울시 영등포구 국회대로74길 4(여의도동)

설 립 일	1985.02.28	**종업원수**	552명	**대표이사**	심의영
상 장 일	2000.05.02	**감사의견**	적정(삼정)	**계 열**	
결 산 기	12월	**보 통 주**		**종속회사수**	2개사
액 면 가	500원	**우 선 주**		**구 상 호**	

주주구성 (지분율,%)		출자관계 (지분율,%)		주요경쟁사 (외형,%)	
NICE홀딩스	43.0	동부사모부동산투자신탁제11호	50.0	NICE평가정보	100
삼성자산운용	5.0	BBSGmbH	14.0	아이마켓코리아	855
(외국인)	27.0	오픈메이트우선주	12.0	나이스정보통신	102

매출구성		비용구성		수출비중	
개인신용정보 제공 및 컨설팅 외	64.1	매출원가율	0.0	수출	0.4
기업정보 제공, 컨설팅,TCB 외	18.9	판관비율	88.2	내수	99.6
채권추심, 신용조사	17.3				

회사 개요

동사는 기업정보 제공 및 컨설팅, 개인신용정보, 자산관리부문에서 수익을 창출함. 개인신용정보사업 및 기업정보사업 성장세가 지속되고 있고 개인신용정보사업에서는 기존 사업영역 지배력 강화 및 신규시장 발굴에 노력하고 있음. 동사는 채권회수 대행 등의 자산관리사업과 개인신용정보 및 솔루션 관련 매출이 전체 사업의 대부분을 차지함. 국내업체 중 유일하게 개인신용정보와 기업신용정보 사업을 모두 영위함.

실적 분석

동사의 2017년 4분기 연결기준 누적 매출액은 3,604억원으로 전년 동기(3,455.5억원) 대비 4.3% 증가한 모습을 보임. 매출증가에 힘입어 영업이익도 8.7% 늘어 426.2억원을 기록했음. 인터넷전문은행 등 신규 고객사 확보를 바탕으로 중금리 대출 시장 매출 발생이 기대됨. E-Biz 부문 채널(카드사 등) 다양화, 자체 브랜드 성장도 긍정적임. 빅데이터(데이터분석 서비스) 부문(나이스지니데이타)은 미래 성장 동력임.

현금 흐름

〈단위 : 억원〉

항목	2016	2017
영업활동	368	437
투자활동	-58	-245
재무활동	-73	-144
순현금흐름	237	48
기말현금	672	720

시장 대비 수익률

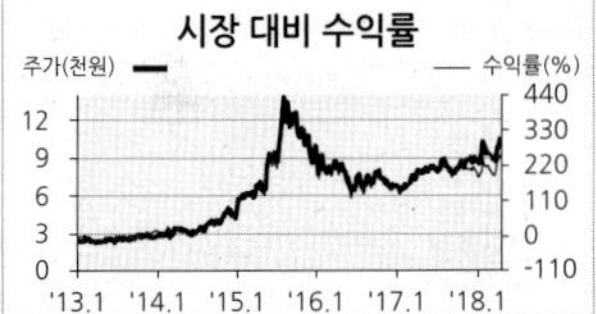

결산 실적

〈단위 : 억원〉

항목	2012	2013	2014	2015	2016	2017
매출액	1,845	2,222	2,792	3,381	3,455	3,604
영업이익	194	221	228	281	392	426
당기순이익	112	155	178	222	283	307

분기 실적

〈단위 : 억원〉

항목	2016.3Q	2016.4Q	2017.1Q	2017.2Q	2017.3Q	2017.4Q
매출액	847	851	883	959	888	874
영업이익	96	62	110	149	91	76
당기순이익	72	29	86	114	76	31

재무 상태

〈단위 : 억원〉

항목	2012	2013	2014	2015	2016	2017
총자산	1,454	1,477	1,678	1,901	2,187	2,347
유형자산	149	243	82	95	153	322
무형자산	309	279	279	278	276	278
유가증권	0	6	6	103	119	53
총부채	473	402	501	565	633	631
총차입금	—	—	1	—	—	—
자본금	304	304	304	304	304	304
총자본	981	1,076	1,177	1,336	1,553	1,715
지배주주지분	982	1,076	1,177	1,336	1,553	1,715

기업가치 지표

항목	2012	2013	2014	2015	2016	2017
주가(최고/저)(천원)	2.5/1.7	2.9/2.2	5.0/2.7	13.8/4.8	9.5/6.4	9.2/6.2
PER(최고/저)(배)	14.6/10.4	12.5/9.3	18.1/9.7	39.6/13.6	21.2/14.2	18.4/12.5
PBR(최고/저)(배)	1.7/1.2	1.8/1.3	2.7/1.5	6.6/2.3	3.9/2.6	3.2/2.2
EV/EBITDA(배)	4.8	4.6	7.3	15.2	7.3	8.6
EPS(원)	187	256	294	366	466	505
BPS(원)	3,236	1,773	1,939	2,202	2,559	2,933
CFPS(원)	647	390	430	512	602	653
DPS(원)	180	90	100	120	130	140
EBITDAPS(원)	912	498	512	609	782	850

재무 비율

〈단위 : %〉

연도	영업 이익률	순 이익률	부채 비율	차입금 비율	ROA	ROE	유보율	자기자본 비율	EBITDA 마진율
2017	11.8	8.5	36.8	0.0	13.5	18.8	486.5	73.1	14.3
2016	11.4	8.2	40.8	0.0	13.9	19.6	411.8	71.0	13.7
2015	8.3	6.6	42.2	0.0	12.4	17.7	340.4	70.3	10.9
2014	8.2	6.4	42.5	0.1	11.3	15.8	287.9	70.2	11.1

나이스홀딩스 (A034310)
NICE Holdings

업 종 : 상업서비스
신용등급 : (Bond) — (CP) —
홈페이지 : www.nice.co.kr
본 사 : 서울시 영등포구 국회대로74길 4 (여의도동) 나이스그룹 3사옥
시 장 : 거래소
기업규모 : 시가총액 중형주
연 락 처 : 02)2122-4000

설 립 일	1986.09.11	**종업원수**	34명	**대표이사**	최영
상 장 일	2004.02.04	**감사의견**	적정(안진)	**계 열**	
결 산 기	12월	**보 통 주**		**종속회사수**	16개사
액 면 가	500원	**우 선 주**		**구 상 호**	

주주구성 (지분율,%)		출자관계 (지분율,%)		주요경쟁사 (외형,%)	
김광수	29.9	나이스인프라	100.0	NICE	100
에스투비네트워크	18.1	나이스신용평가	100.0	한국항공우주	143
(외국인)	8.9	나이스인베스트먼트	100.0	에스원	134

매출구성		비용구성		수출비중	
신용카드VAN	42.0	매출원가율	0.0	수출	—
기업 및 개인신용정보	21.6	판관비율	91.5	내수	—
제조	20.1				

회사 개요

1986년 한국신용정보 주식회사로 출발해 2004년 2월 유가증권시장에 상장됨. 2010년 11월 투자사업부문과 신용조회사업부문을 인적분할했으며, 동일자로 동사의 투자사업부문을 존속법인으로 해 한국신용평가정보㈜로부터 인적분할된 투자사업부문을 흡수합병하고 상호를 한국신용정보 주식회사에서 주식회사 나이스홀딩스로 변경했음. 현재 30개 종속회사를 두고 있으며, 종속회사 및 기타 투자회사로부터의 배당수익, 상표권 사용수익 등으로 수익을 올림.

실적 분석

동사의 2017년 연결기준 누적매출액은 1조4500.7억원으로 전년 동기(1조3464.1억원) 대비 7.7% 증가함. 영업이익은 1226억원으로 전년 동기대비 3.4% 소폭 감소함. 비영업부문에서 18.4억원 순익을 달성하는 등 흑자전환하며 당기순이익은 전년보다 2.2% 증가함. 신용평가사업, 기업정보 및 개인신용정보사업, 자산관리 사업, CD 및 ATM 관리 사업 등 사업 포트폴리오가 다양하게 구성돼 있어 안정적인 사업 기반 구축함.

현금 흐름 〈단위 : 억원〉

항목	2016	2017
영업활동	1,396	1,289
투자활동	-253	-242
재무활동	-3	414
순현금흐름	1,154	1,440
기말현금	3,209	4,649

시장 대비 수익률

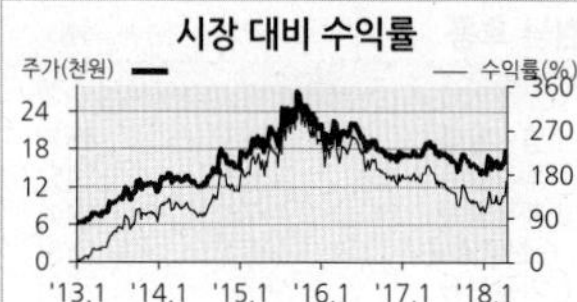

결산 실적 〈단위 : 억원〉

항목	2012	2013	2014	2015	2016	2017
매출액	5,002	7,533	9,285	10,908	13,464	14,501
영업이익	618	728	710	912	1,269	1,226
당기순이익	553	637	537	629	908	928

분기 실적 〈단위 : 억원〉

항목	2016.3Q	2016.4Q	2017.1Q	2017.2Q	2017.3Q	2017.4Q
매출액	3,252	3,430	3,378	3,676	3,724	3,722
영업이익	304	127	291	388	356	191
당기순이익	277	64	202	285	289	152

재무 상태 〈단위 : 억원〉

항목	2012	2013	2014	2015	2016	2017
총자산	7,907	8,655	11,910	12,425	14,083	17,424
유형자산	2,158	1,885	3,293	2,649	2,495	2,653
무형자산	852	756	1,186	1,856	1,809	2,091
유가증권	451	722	649	730	965	1,038
총부채	2,755	2,946	5,239	5,471	6,350	8,644
총차입금	792	720	2,212	2,446	2,662	3,918
자본금	189	189	189	189	189	189
총자본	5,151	5,708	6,671	6,954	7,732	8,779
지배주주지분	3,867	4,245	4,468	4,703	5,106	5,579

기업가치 지표

항목	2012	2013	2014	2015	2016	2017
주가(최고/저)(천원)	6.1/4.4	13.4/6.2	18.1/11.5	28.5/15.0	22.8/15.7	19.4/13.8
PER(최고/저)(배)	5.1/3.7	13.2/6.1	22.9/14.6	39.5/20.8	16.8/11.6	15.1/10.7
PBR(최고/저)(배)	0.6/0.4	1.2/0.6	1.5/0.9	2.2/1.2	1.6/1.1	1.3/0.9
EV/EBITDA(배)	2.5	3.3	5.5	6.3	3.8	3.3
EPS(원)	1,264	1,056	811	737	1,379	1,299
BPS(원)	106,332	11,631	12,660	13,279	14,342	15,591
CFPS(원)	24,152	2,415	2,419	2,580	3,424	3,464
DPS(원)	1,300	110	110	120	130	130
EBITDAPS(원)	29,351	3,282	3,482	4,252	5,396	5,401

재무 비율 〈단위 : %〉

연도	영업이익률	순이익률	부채비율	차입금비율	ROA	ROE	유보율	자기자본비율	EBITDA마진율
2017	8.5	6.4	98.5	44.6	5.9	9.2	3,018.1	50.4	14.1
2016	9.4	6.7	82.1	34.4	6.9	10.7	2,768.4	54.9	15.2
2015	8.4	5.8	78.7	35.2	5.2	6.1	2,555.8	56.0	14.8
2014	7.6	5.8	78.5	33.2	5.2	7.1	2,431.9	56.0	14.2

남광토건 (A001260)
Nam-Kwang Engineering & Construction

업 종 : 건설
신용등급 : (Bond) — (CP) —
홈페이지 : www.namkwang.co.kr
본 사 : 경기도 용인시 기흥구 흥덕중앙로 120(영덕동, 흥덕유타워)
시 장 : 거래소
기업규모 : 시가총액 소형주
연 락 처 : 02)3011-0114

설 립 일	1954.08.05	**종업원수**	168명	**대표이사**	김종오
상 장 일	1976.12.28	**감사의견**	적정(삼일)	**계 열**	
결 산 기	12월	**보 통 주**		**종속회사수**	1개사
액 면 가	5,000원	**우 선 주**		**구 상 호**	

주주구성 (지분율,%)		출자관계 (지분율,%)		주요경쟁사 (외형,%)	
세운건설	22.4	남광엔케이	100.0	남광토건	100
금광기업	20.4			KT서브마린	64
(외국인)	0.1			계룡건설	1,938

매출구성		비용구성		수출비중	
[국내도급공사]토목(공사)	60.0	매출원가율	91.2	수출	—
[국내도급공사]건축(공사)	32.7	판관비율	7.2	내수	—
[해외도급공사]토목(공사)	7.2				

회사 개요

동사는 1947년 설립된 건설 업체로서 현재 회생 노력 중임. 민간 도급공사 채권의 대규모 부실, 과도한 시행사 연대보증 및 대여금 증가에 따른 자금 부담, 워크아웃 절차 진행에 따른 수주 및 매출 감소 등으로 자금 사정이 급격하게 악화돼 2012년 12월 회생계획안 인가를 결정 받은 바 있음. 2015년 11월 세운건설 컨소시엄을 우선협상대상자로 선정하고 회생절차를 진행해 2016년 2월 회생계획상 확정된 채권의 93.4%를 변제 완료함.

실적 분석

동사의 연결기준 2017년 매출액은 1,156.1억원으로 전년 대비 37.0% 감소하며 외형이 크게 축소되었음. 다만 원가율이 감소하면서 매출총이익이 크게 개선되었고 영업이익은 전년 93.0억원 적자에서 18.3억원으로 흑자전환하였음. 동사는 강도높은 원가개선 노력이 점차 결실을 맺어가고 있음. 전반적인 건설경기 위축으로 국내외 도급공사 실적이 감소하고 있어 동사는 수익성 높은 수주에 힘쓸 계획임.

현금 흐름 〈단위 : 억원〉

항목	2016	2017
영업활동	-46	13
투자활동	334	21
재무활동	-293	-0
순현금흐름	-4	32
기말현금	271	303

시장 대비 수익률

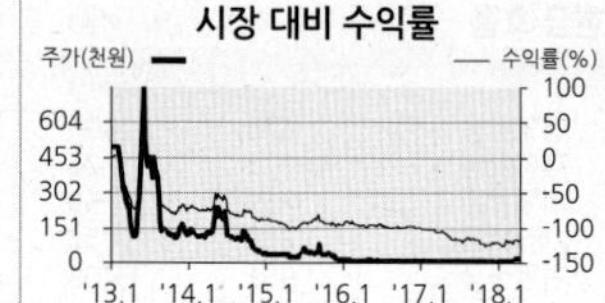

결산 실적 〈단위 : 억원〉

항목	2012	2013	2014	2015	2016	2017
매출액	3,935	2,845	2,786	3,024	1,836	1,156
영업이익	-1,490	-233	-404	-509	-93	18
당기순이익	-3,001	-419	-1,060	-770	-21	17

분기 실적 〈단위 : 억원〉

항목	2016.3Q	2016.4Q	2017.1Q	2017.2Q	2017.3Q	2017.4Q
매출액	510	460	229	298	303	325
영업이익	38	-54	-9	-26	33	20
당기순이익	48	-41	-6	-27	47	3

재무 상태 〈단위 : 억원〉

항목	2012	2013	2014	2015	2016	2017
총자산	4,369	4,579	5,256	2,392	1,759	1,664
유형자산	310	292	285	281	25	35
무형자산	100	68	54	44	20	18
유가증권	126	253	231	431	305	299
총부채	3,900	4,298	5,915	1,998	1,352	1,231
총차입금	1,122	1,921	4,169	469	180	180
자본금	2,816	386	414	490	490	491
총자본	469	281	-659	394	407	433
지배주주지분	467	280	-661	394	407	433

기업가치 지표

항목	2012	2013	2014	2015	2016	2017
주가(최고/저)(천원)	4,199/406	778/105	246/38.9	78.1/14.1	15.0/7.1	9.6/6.0
PER(최고/저)(배)	—/—	—/—	—/—	—/—	—/—	55.5/34.6
PBR(최고/저)(배)	15.7/1.5	5.1/0.7	-0.8/-0.1	19.4/3.5	3.6/1.7	2.2/1.4
EV/EBITDA(배)	—	—	—	—	—	19.1
EPS(원)	-23,482,421	-224,694	-531,867	-50,329	-219	173
BPS(원)	829	3,795	-7,813	4,030	4,167	4,428
CFPS(원)	-72,351	-5,399	-13,016	-49,670	-188	213
DPS(원)	—	—	—	—	—	—
EBITDAPS(원)	-35,664	-2,928	-4,844	-32,611	-918	226

재무 비율 〈단위 : %〉

연도	영업이익률	순이익률	부채비율	차입금비율	ROA	ROE	유보율	자기자본비율	EBITDA마진율
2017	1.6	1.5	일부잠식	일부잠식	1.0	4.1	-11.4	26.0	1.9
2016	-5.1	-1.2	일부잠식	일부잠식	-1.0	-5.4	-16.7	23.1	-4.9
2015	-16.8	-25.5	일부잠식	일부잠식	-20.1	전기잠식	-19.4	16.5	-16.5
2014	-14.5	-38.0	완전잠식	완전잠식	-21.6	당기잠식	-256.3	-12.5	-14.0

남선알미늄 (A008350)
Namsun Aluminum

업　　종 : 금속 및 광물　　시　　장 : 거래소
신용등급 : (Bond) —　　(CP) —　　기업규모 : 시가총액 소형주
홈페이지 : www.namsun.co.kr　　연 락 처 : 053)610-5200
본　　사 : 대구시 달성군 논공읍 논공중앙로 288

설 립 일	1973.01.04	종업원수	605명	대표이사	이상일,박기재
상 장 일	1978.05.22	감사의견	적정(안경)	계 열	
결 산 기	12월	보 통 주		종속회사수	
액 면 가	500원	우 선 주		구 상 호	

주주구성 (지분율,%)		출자관계 (지분율,%)		주요경쟁사 (외형,%)	
하이플러스카드	17.0	ADM21	34.0	남선알미늄	100
우방산업	16.7	에스엠티케미칼	28.7	고려아연	1,646
(외국인)	6.6	삼라자원개발	26.0	포스코켐텍	299

매출구성		비용구성		수출비중	
범퍼(제품)	35.9	매출원가율	89.0	수출	27.9
AL형재	28.2	판관비율	5.9	내수	72.1
부재료 외	20.3				

회사 개요

동사는 1947년에 설립되어 알루미늄 샷시, PVC 창호를 생산하여 건설회사에 주로 납품하는 알미늄 부문과 Bumper 등 자동차용 내외장 Plastic 부품을 생산하여 한국지엠에 납품하는 자동차 부문으로 구성됨. 2014년부터 부동산개발업, 주택건설사업으로 사업영역을 확대함. 동사는 삼라마이더스(SM)그룹에 속한 대한해운, 티케이케미칼과 함께 3개의 상장사 가운데 하나임. 계열회사는 벡셀, 우방 등 국내외 61개임.

실적 분석

동사의 2017년 매출과 영업이익은 4007억원, 208억원으로 전년 대비 매출은 정체되고 영업이익은 14.2% 감소함. 2017년 말 유동자산은 전년대비 0.33% 증가한 1388억원이며, 비유동자산은 전년대비 0.54% 증가한 1458억원임. 2017년말 유동부채는 전년대비 17.95% 감소한 1065억원이며, 비유동부채는 2.3% 감소한 304억원임. 2017년말 자본총계는 전년대비 20.59% 증가한 1478억원임.

현금 흐름 *IFRS 별도 기준 〈단위 : 억원〉

항목	2016	2017
영업활동	413	303
투자활동	-156	-143
재무활동	-338	-129
순현금흐름	-82	31
기말현금	9	40

시장 대비 수익률

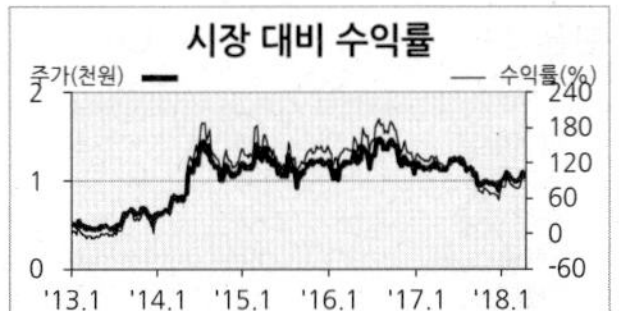

결산 실적 〈단위 : 억원〉

항목	2012	2013	2014	2015	2016	2017
매출액	3,085	3,534	3,413	3,503	4,007	4,007
영업이익	-39	136	139	171	242	208
당기순이익	-165	97	176	149	204	217

분기 실적 *IFRS 별도 기준 〈단위 : 억원〉

항목	2016.3Q	2016.4Q	2017.1Q	2017.2Q	2017.3Q	2017.4Q
매출액	979	1,118	993	1,148	996	869
영업이익	44	48	59	64	38	46
당기순이익	55	3	65	84	30	38

재무 상태 *IFRS 별도 기준 〈단위 : 억원〉

항목	2012	2013	2014	2015	2016	2017
총자산	2,367	2,376	2,403	2,861	2,834	2,846
유형자산	684	671	673	651	641	621
무형자산	4	2	1	1	1	1
유가증권	3	4	3	35	60	57
총부채	1,754	1,667	1,529	1,830	1,608	1,368
총차입금	938	810	734	995	666	531
자본금	552	552	552	552	552	552
총자본	613	708	875	1,031	1,226	1,478
지배주주지분	613	708	875	1,031	1,226	1,478

기업가치 지표 *IFRS 별도 기준

항목	2012	2013	2014	2015	2016	2017
주가(최고/저)(천원)	0.8/0.4	0.7/0.4	1.4/0.6	1.4/0.9	1.5/1.0	1.3/0.9
PER(최고/저)(배)	—/—	8.0/4.9	9.2/3.7	10.6/6.8	8.2/5.4	7.1/5.0
PBR(최고/저)(배)	1.5/0.7	1.1/0.7	1.8/0.8	1.5/1.0	1.4/0.9	1.0/0.7
EV/EBITDA(배)	85.4	7.7	10.5	10.0	6.7	5.6
EPS(원)	-150	87	159	135	185	197
BPS(원)	555	641	792	933	1,109	1,338
CFPS(원)	-99	137	210	186	233	243
DPS(원)	—	—	—	—	—	—
EBITDAPS(원)	15	173	177	206	267	234

재무 비율 〈단위 : %〉

연도	영업이익률	순이익률	부채비율	차입금비율	ROA	ROE	유보율	자기자본비율	EBITDA마진율
2017	5.2	5.4	92.6	35.9	7.7	16.1	167.6	51.9	6.5
2016	6.0	5.1	131.2	54.4	7.2	18.1	121.9	43.3	7.4
2015	4.9	4.3	177.6	96.5	5.7	15.6	86.6	36.0	6.5
2014	4.1	5.2	174.8	84.0	7.4	22.2	58.3	36.4	5.7

남성 (A004270)
Namsung

업　　종 : 전자 장비 및 기기　　시　　장 : 거래소
신용등급 : (Bond) —　　(CP) —　　기업규모 : 시가총액 소형주
홈페이지 : www.namsung.com　　연 락 처 : 02)2109-1550
본　　사 : 서울시 구로구 디지털로 31길 20 크라운프라자 13층

설 립 일	1965.06.10	종업원수	61명	대표이사	윤봉수,윤남철,윤성호
상 장 일	1989.11.14	감사의견	적정(참)	계 열	
결 산 기	12월	보 통 주		종속회사수	2개사
액 면 가	500원	우 선 주		구 상 호	

주주구성 (지분율,%)		출자관계 (지분율,%)		주요경쟁사 (외형,%)	
윤남철	14.3	엔에스에너지	100.0	남성	100
윤종호	8.7	남성전자	49.9	비에이치	752
(외국인)	3.4	NAMSUNGAMERICA	98.8	액트	95

매출구성		비용구성		수출비중	
MOBILE AUDIO/VIDEO(상품)	75.9	매출원가율	72.9	수출	92.9
MOBILE SPEAKER/AMP(상품)	13.4	판관비율	19.2	내수	7.1
쇼핑몰 운영 및 임대(기타)	7.5				

회사 개요

동사는 1965년 6월에 설립되어 Digital Mobile Dudio/Video기기, XM위성수신 RADIO, GPS수신기, DIGITAL AMPLIFIER, MULTI-MEDIA SPEAKER, WIRELESS HEADPHONE 등의 전자제품을 미국, 중국 등 해외로 수출하는 디지털전자 사업부문과 남성플라자, 크라운플라자를 비롯하여 서울 시흥동 카멜리아 쇼핑몰과 면목동의 카멜리아 면목점을 운영관리하는 유통임대사업으로 구성되어 있음.

실적 분석

동사의 연결기준 2017년 매출액은 919.9억원으로 전년 동기 대비 9.9% 증가, 영업이익은 전년 동기 대비 58.2% 증가한 72.1억원을 기록함. 그러나 외환환산손실이 전년대비 크게 증가하면서 비영업손실이 확대되었음. 이에 따라 동사의 2017년 당기순이익은 전년 동기 대비 2.2% 증가한 13.6억원을 기록함.

현금 흐름 〈단위 : 억원〉

항목	2016	2017
영업활동	69	67
투자활동	37	-11
재무활동	-98	-47
순현금흐름	8	9
기말현금	31	40

시장 대비 수익률

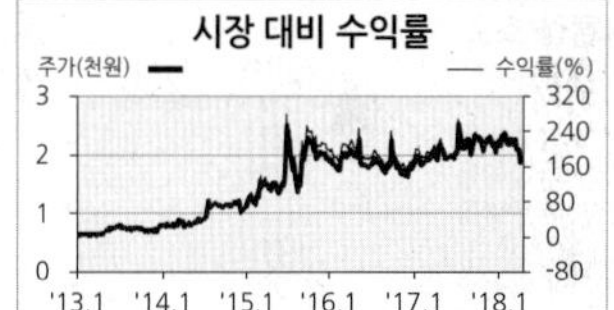

결산 실적 〈단위 : 억원〉

항목	2012	2013	2014	2015	2016	2017
매출액	680	731	691	759	837	920
영업이익	-0	20	16	28	46	72
당기순이익	-69	-7	-40	-5	13	14

분기 실적 〈단위 : 억원〉

항목	2016.3Q	2016.4Q	2017.1Q	2017.2Q	2017.3Q	2017.4Q
매출액	209	204	235	216	222	247
영업이익	16	0	21	18	13	19
당기순이익	5	-2	6	8	9	-9

재무 상태 〈단위 : 억원〉

항목	2012	2013	2014	2015	2016	2017
총자산	2,214	2,001	1,955	2,017	2,045	2,034
유형자산	82	80	80	77	78	77
무형자산	10	10	11	11	11	9
유가증권	123	99	90	87	85	100
총부채	1,415	1,219	1,229	1,307	1,311	1,160
총차입금	1,028	764	881	976	895	716
자본금	181	181	181	181	181	181
총자본	799	782	726	710	734	874
지배주주지분	803	786	731	716	741	876

기업가치 지표

항목	2012	2013	2014	2015	2016	2017
주가(최고/저)(천원)	0.8/0.6	0.8/0.6	1.2/0.8	2.8/1.1	2.3/1.6	2.7/1.8
PER(최고/저)(배)	—/—	—/—	—/—	—/—	61.6/42.3	73.0/49.0
PBR(최고/저)(배)	0.4/0.3	0.4/0.3	0.6/0.4	1.3/0.5	1.0/0.7	1.1/0.7
EV/EBITDA(배)	68.7	24.1	33.9	33.1	22.3	14.5
EPS(원)	-183	-18	-109	-12	38	37
BPS(원)	24,467	24,001	22,460	2,204	2,253	2,552
CFPS(원)	-1,345	293	-623	35	84	85
DPS(원)	250	250	250	25	25	25
EBITDAPS(원)	475	1,041	907	124	173	247

재무 비율 〈단위 : %〉

연도	영업이익률	순이익률	부채비율	차입금비율	ROA	ROE	유보율	자기자본비율	EBITDA마진율
2017	7.8	1.5	132.8	82.0	0.7	1.7	410.4	43.0	9.7
2016	5.5	1.6	178.7	122.0	0.7	1.9	350.7	35.9	7.5
2015	3.7	-0.7	184.2	137.4	-0.3	-0.6	340.9	35.2	5.9
2014	2.3	-5.8	169.2	121.3	-2.0	-5.2	349.2	37.2	4.8

남양유업 (A003920)
Namyang Dairy Products

업 종 : 식료품 | 시 장 : 거래소
신용등급 : (Bond) — (CP) — | 기업규모 : 시가총액 중형주
홈페이지 : www.namyangi.com | 연 락 처 : 02)2010-6423
본 사 : 서울시 강남구 도산대로 240 1964빌딩

설 립 일	1964.03.13	**종 업 원 수**	2,488명	**대 표 이 사**	이정인
상 장 일	1978.06.24	**감 사 의 견**	적정(삼일)	**계 열**	
결 산 기	12월	**보 통 주**		**종속회사수**	3개사
액 면 가	5,000원	**우 선 주**		**구 상 호**	

주주구성 (지분율,%)		출자관계 (지분율,%)		주요경쟁사 (외형,%)	
홍원식	51.7	금양흥업	100.0	남양유업	100
국민연금공단	6.0	남양에프앤비	100.0	빙그레	73
(외국인)	22.5	대신증권	0.0	매일홀딩스	140

매출구성		비용구성		수출비중	
맛있는우유GT 外	47.9	매출원가율	74.2	수출	4.7
몸이가벼워지는시간17차 外	27.6	판관비율	25.3	내수	95.3
XO FiveSolution 外	24.5				

회사 개요

동사는 분유, 시유, 발효유, 치즈 등 유가공제품 및 카페믹스, 음료제품 등을 생산판매. 제품 형태에 따라 우유류, 분유류, 기타 외식사업, 음료생산 및 OEM, 부동산경영 및 임대업을 영위하고 있음. 매출은 우유류가 절반 가까이 차지하는 가운데 분유와 기타 등으로 구성. 매출의 상당 부분을 차지하고 있는 우유류 제품의 경우 원유 과잉생산 및 소비심리 위축으로 인해 우유와 탈지분유 재고부담이 가중되고 있는 상황.

실적 분석

동사의 2017년 연결기준 연간 누적 매출액은 1조1,669.7억원으로 전년 대비 5.8% 감소함. 매출이 감소했지만 판매비와 관리비는 오히려 늘었고 매출원가 감소 폭 또한 크지 않아 영업이익은 전년 대비 87.9% 감소한 50.8억원을 시현함. 비영업손익 부문에서는 법인세비용이 감소했지만 영업이익 감소폭이 워낙 커 당기순이익은 전년 대비 86.5% 감소한 50.2억원을 시현함.

현금 흐름 〈단위 : 억원〉

항목	2016	2017
영업활동	1,212	174
투자활동	-794	-241
재무활동	1	-62
순현금흐름	419	-130
기말현금	965	836

시장 대비 수익률

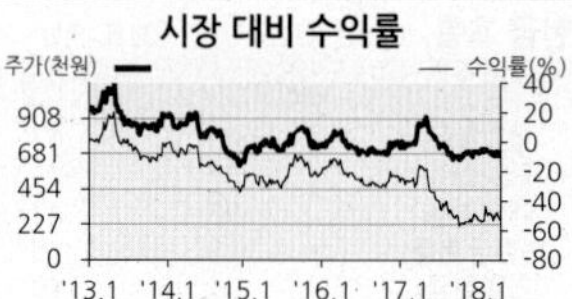

결산 실적 〈단위 : 억원〉

항목	2012	2013	2014	2015	2016	2017
매출액	13,650	12,299	11,517	12,150	12,392	11,670
영업이익	637	-175	-261	201	418	51
당기순이익	611	-455	2	267	372	50

분기 실적 〈단위 : 억원〉

항목	2016.3Q	2016.4Q	2017.1Q	2017.2Q	2017.3Q	2017.4Q
매출액	3,113	3,142	2,713	2,993	3,078	2,886
영업이익	120	106	10	13	10	18
당기순이익	90	116	9	33	0	8

재무 상태 〈단위 : 억원〉

항목	2012	2013	2014	2015	2016	2017
총자산	10,333	9,755	9,632	9,941	10,415	10,357
유형자산	2,852	3,490	3,347	3,177	3,196	3,345
무형자산	70	77	73	73	56	56
유가증권	1,188	553	634	1,315	1,690	1,370
총부채	1,625	1,490	1,393	1,450	1,522	1,407
총차입금	0	3	—	—	—	—
자본금	44	44	44	44	44	44
총자본	8,708	8,265	8,239	8,491	8,893	8,950
지배주주지분	8,708	8,265	8,239	8,491	8,893	8,950

기업가치 지표

항목	2012	2013	2014	2015	2016	2017
주가(최고/저)(천원)	1,026/603	1,157/792	958/600	860/624	825/651	943/641
PER(최고/저)(배)	15.0/8.8	—/—	5,197.1/3,254.3	28.7/20.9	19.7/15.6	166.7/113.4
PBR(최고/저)(배)	1.0/0.6	1.2/0.8	1.0/0.6	0.9/0.6	0.8/0.6	0.9/0.6
EV/EBITDA(배)	4.9	55.6	21.9	6.5	3.0	6.0
EPS(원)	68,879	-51,361	185	30,064	41,928	5,663
BPS(원)	1,008,204	958,192	955,307	983,744	1,029,018	1,035,427
CFPS(원)	97,159	-21,128	46,533	76,229	84,108	48,158
DPS(원)	1,000	1,000	1,000	1,000	1,000	1,000
EBITDAPS(원)	100,156	10,550	16,959	68,869	89,355	48,225

재무 비율 〈단위 : %〉

연도	영업이익률	순이익률	부채비율	차입금비율	ROA	ROE	유보율	자기자본비율	EBITDA마진율
2017	0.4	0.4	15.7	0.0	0.5	0.6	20,608.5	86.4	3.7
2016	3.4	3.0	17.1	0.0	3.7	4.3	20,480.4	85.4	6.4
2015	1.7	2.2	17.1	0.0	2.7	3.2	19,574.9	85.4	5.0
2014	-2.3	0.0	16.9	0.0	0.0	0.0	19,006.1	85.5	1.3

남영비비안 (A002070)
Namyeung Vivien

업 종 : 섬유 및 의복 | 시 장 : 거래소
신용등급 : (Bond) — (CP) — | 기업규모 : 시가총액 소형주
홈페이지 : www.namyeung.co.kr | 연 락 처 : 02)3780-1114
본 사 : 서울시 용산구 서빙고로 51길 52(서빙고동)

설 립 일	1957.06.14	**종 업 원 수**	394명	**대 표 이 사**	남석우
상 장 일	1976.07.13	**감 사 의 견**	적정(광교)	**계 열**	
결 산 기	12월	**보 통 주**		**종속회사수**	5개사
액 면 가	1,000원	**우 선 주**		**구 상 호**	

주주구성 (지분율,%)		출자관계 (지분율,%)		주요경쟁사 (외형,%)	
남석우	23.8	남영나이론	100.0	남영비비안	100
남영산업	17.5	훼미모드	60.0	우노앤컴퍼니	19
(외국인)	2.7	GROUPEBARBARAS.A.S	100.0	좋은사람들	57

매출구성		비용구성		수출비중	
BBM(여성용 파운데이션,란제리) 외	31.5	매출원가율	42.1	수출	7.4
기타(여성용 파운데이션,란제리)	23.6	판관비율	57.6	내수	92.6
VIVIEN(여성용 파운데이션,란제리)	21.4				

회사 개요

동사는 여성용 내의 제조와 판매 등을 주요 사업으로 영위하는 국내 최대 여성란제리 전문 기업임. 청도남남유한공사, 남영나이론주식회사, 주식회사훼미모드, 청도남천내의유한공사, Groupe Barbara S.A.S 등을 연결대상 종속회사로 보유함. 여성용 파운데이션 란제리, 스타킹 등을 판매해 매출의 99.83%를 거둬들임. 2017년 하반기 들어 소비 심리가 점차 회복되며 실적이 개선되고 있음.

실적 분석

2017년 연결기준 동사 매출액은 2093.8억원으로 전년도 대비 소폭 증가함. 전년도에는 영업손실을 기록했으나 외형성장에 힘입어 영업이익 4.9억원을 기록하며 흑자전환에 성공함. 금융손실이 증가하고 외환손익이 적자전환되며 비영업부문 손실폭이 전년도 대비 증가했으나 당기순이익은 15.9억원을 기록하며 흑자로 전환함. 전년도에는 당기순손실 22.9억원을 기록했음.

현금 흐름 〈단위 : 억원〉

항목	2016	2017
영업활동	-29	-40
투자활동	50	6
재무활동	-2	-1
순현금흐름	17	-36
기말현금	62	26

시장 대비 수익률

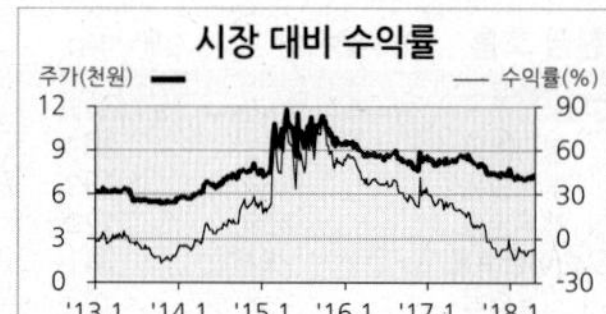

결산 실적 〈단위 : 억원〉

항목	2012	2013	2014	2015	2016	2017
매출액	2,490	2,327	2,167	2,092	2,075	2,094
영업이익	-10	-60	-152	-82	-20	5
당기순이익	-10	-53	-2	62	-23	16

분기 실적 〈단위 : 억원〉

항목	2016.3Q	2016.4Q	2017.1Q	2017.2Q	2017.3Q	2017.4Q
매출액	496	589	467	549	530	548
영업이익	2	-2	-2	-1	-0	8
당기순이익	-9	2	6	-4	1	13

재무 상태 〈단위 : 억원〉

항목	2012	2013	2014	2015	2016	2017
총자산	2,164	2,291	1,942	1,694	1,644	1,637
유형자산	676	665	639	482	462	430
무형자산	34	53	67	70	73	72
유가증권	17	8	7	8	11	9
총부채	770	876	552	346	343	343
총차입금	436	491	283	93	95	99
자본금	69	69	69	69	69	69
총자본	1,394	1,414	1,390	1,348	1,302	1,294
지배주주지분	1,382	1,407	1,387	1,348	1,316	1,304

기업가치 지표

항목	2012	2013	2014	2015	2016	2017
주가(최고/저)(천원)	7.0/5.8	6.4/5.4	8.1/5.7	13.1/7.2	9.7/7.6	8.8/7.2
PER(최고/저)(배)	—/—	—/—	355.9/251.7	14.8/8.1	—/—	57.7/47.2
PBR(최고/저)(배)	0.4/0.3	0.4/0.3	0.4/0.3	0.7/0.4	0.5/0.4	0.5/0.4
EV/EBITDA(배)	38.0	—	—	—	351.0	22.8
EPS(원)	-98	-719	25	949	-323	157
BPS(원)	20,447	20,893	20,666	20,203	19,666	19,421
CFPS(원)	375	-286	404	1,309	-12	451
DPS(원)	250	400	200	200	200	200
EBITDAPS(원)	321	-446	-1,840	-827	24	365

재무 비율 〈단위 : %〉

연도	영업이익률	순이익률	부채비율	차입금비율	ROA	ROE	유보율	자기자본비율	EBITDA마진율
2017	0.2	0.8	26.5	7.6	1.0	0.8	1,842.1	79.0	1.2
2016	-1.0	-1.1	26.3	7.3	-1.4	-1.7	1,866.6	79.2	0.1
2015	-3.9	3.0	25.7	6.9	3.4	4.8	1,920.3	79.6	-2.7
2014	-7.0	-0.1	39.7	20.3	-0.1	0.1	1,966.6	71.6	-5.8

남해화학 (A025860)
Namhae Chemical

업 종 : 화학
신용등급 : (Bond) — (CP) —
홈페이지 : www.nhchem.co.kr
본 사 : 서울시 강남구 테헤란로113길 15(삼성동)
시 장 : 거래소
기업규모 : 시가총액 중형주
연 락 처 : 061)688-5354

설 립 일	1947.05.08	**종업원수**	433명	**대표이사**	이광록
상 장 일	1995.11.10	**감사의견**	적정(한영)	**계 열**	
결 산 기	12월	**보 통 주**		**종속회사수**	1개사
액 면 가	1,000원	**우 선 주**		**구 상 호**	

주주구성 (지분율,%)		출자관계 (지분율,%)		주요경쟁사 (외형,%)	
농협경제지주	56.0	바이오필드	70.0	남해화학	100
국민연금공단	5.9	여수그린에너지	49.0	한국쉘석유	19
(외국인)	4.9	닛소남해아그로	25.0	동성코퍼레이션	74

매출구성		비용구성		수출비중	
석유류	43.5	매출원가율	90.5	수출	18.2
복합비료	29.1	판관비율	7.0	내수	81.8
암모니아	14.4				

회사 개요

동사는 1974년 정부의 중화학공업 육성정책으로 설립돼 국내 최대의 비료 생산설비를 갖추고 있음. 현재 비료와 3대 농자재 중 하나인 유류사업을 영위해 2003년부터 자영, 농협 및 직영주유소를 운영하고 있음. 동사의 비료부문은 수요량보다 보다 많은 생산능력으로 인해 수출비중이 커지고 있음. 동사의 최대주주는 농협경제지주로 지분율은 56%임. 2017년 말 기준 동사의 비료시장 국내 점유율은 43%임.

실적 분석

동사의 결산 매출액은 1조 1,224억원으로 전년동기 대비 2.4% 증가함. 원가율 하락 영향으로 281.2억원의 영업이익 시현하며 120.8% 증가함. 비료부문의 부진에도 불구하고 화학 및 유류부문에서 선방하였고, 유류사업은 고정비 부담 완화된 모습. 농지면적 감소로 인해 매년 비료수요가 감소하고 있는 점은 다소 부정적이나 유류부문의 호조와 고정비 부담 완화로 수익성은 개선세. 2019년 열병합발전소를 건립할 예정임.

현금 흐름 〈단위 : 억원〉

항목	2016	2017
영업활동	517	261
투자활동	-322	-206
재무활동	-200	248
순현금흐름	2	300
기말현금	927	1,227

시장 대비 수익률

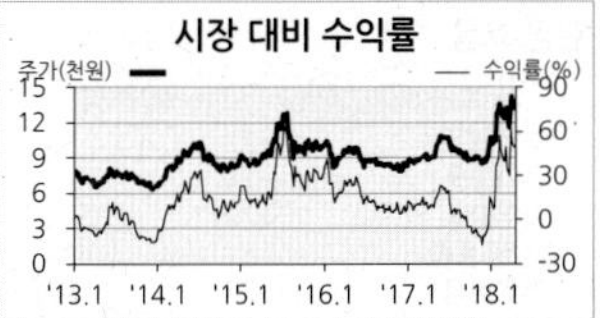

결산 실적 〈단위 : 억원〉

항목	2012	2013	2014	2015	2016	2017
매출액	14,688	13,916	12,518	11,751	10,965	11,224
영업이익	-391	208	182	241	127	281
당기순이익	-249	129	182	205	144	267

분기 실적 〈단위 : 억원〉

항목	2016.3Q	2016.4Q	2017.1Q	2017.2Q	2017.3Q	2017.4Q
매출액	2,523	2,540	2,894	3,151	2,539	2,640
영업이익	55	-95	96	177	95	-87
당기순이익	62	-66	83	148	72	-36

재무 상태 〈단위 : 억원〉

항목	2012	2013	2014	2015	2016	2017
총자산	5,631	5,041	5,200	5,162	5,304	5,572
유형자산	1,584	1,496	1,472	1,532	1,702	1,732
무형자산	18	17	17	14	16	7
유가증권	82	86	78	53	2	2
총부채	2,218	1,497	1,518	1,306	1,325	1,358
총차입금	1,811	937	656	465	257	455
자본금	497	497	497	497	497	497
총자본	3,413	3,543	3,682	3,856	3,980	4,214
지배주주지분	3,413	3,543	3,682	3,856	3,976	4,212

기업가치 지표

항목	2012	2013	2014	2015	2016	2017
주가(최고/저)(천원)	11.4/7.0	8.4/6.4	10.5/6.7	13.1/8.3	10.6/7.8	11.1/8.3
PER(최고/저)(배)	—/—	33.4/25.2	29.5/18.7	32.6/20.4	36.8/27.1	20.7/15.5
PBR(최고/저)(배)	1.7/1.0	1.2/0.9	1.4/0.9	1.7/1.1	1.3/1.0	1.3/1.0
EV/EBITDA(배)	—	12.2	15.1	12.3	13.2	10.4
EPS(원)	-502	261	366	412	292	541
BPS(원)	7,023	7,284	7,565	7,915	8,157	8,631
CFPS(원)	-232	524	626	675	569	851
DPS(원)	30	50	60	60	45	80
EBITDAPS(원)	-518	682	627	749	534	877

재무 비율 〈단위 : %〉

연도	영업이익률	순이익률	부채비율	차입금비율	ROA	ROE	유보율	자기자본비율	EBITDA마진율
2017	2.5	2.4	32.2	10.8	4.9	6.6	763.1	75.6	3.9
2016	1.2	1.3	33.3	6.5	2.8	3.7	715.7	75.0	2.4
2015	2.1	1.7	33.9	12.1	4.0	5.4	691.5	74.7	3.2
2014	1.5	1.5	41.2	17.8	3.6	5.0	656.5	70.8	2.5

남화토건 (A091590)
Nam Hwa Construction

업 종 : 건설
신용등급 : (Bond) — (CP) —
홈페이지 : www.namhwaconst.co.kr
본 사 : 전남 화순군 화순읍 벽라1길 40
시 장 : KOSDAQ
기업규모 : 우량
연 락 처 : 061)374-4409

설 립 일	1959.08.22	**종업원수**	79명	**대표이사**	최상준,최재훈
상 장 일	2012.01.31	**감사의견**	적정(승일)	**계 열**	
결 산 기	12월	**보 통 주**		**종속회사수**	1개사
액 면 가	500원	**우 선 주**		**구 상 호**	

주주구성 (지분율,%)		출자관계 (지분율,%)		주요경쟁사 (외형,%)	
시유	13.9	남화개발	68.6	남화토건	100
최상준	11.2	KCTV광주방송	41.8	성도이엔지	590
(외국인)	1.1	남화산업	29.1	희림	240

매출구성		비용구성		수출비중	
건축(공사)	76.0	매출원가율	86.4	수출	—
토목(공사)	15.2	판관비율	5.6	내수	—
기타	8.8				

회사 개요

동사는 1958년 설립되어 토목공사, 건축공사, 조경공사, 전기도급공사 등을 시행하는 종합건설사로 2012년 1월 코스닥시장에 상장됨. 약 70%의 지분을 보유한 남화개발을 종속회사로 보유하고 있음. 토목과 건축공사가 총 매출의 90% 이상을 차지함. 2016년 대한건설협회에서 발표한 시공능력평가액은 1669.1억원으로 국내 건설사 중 126위를 기록한 중견 건설업체. 2015년까지 100위 안에 들었으나 2016년부터 100위 밖으로 밀려남.

실적 분석

동사는 이익율이 좋은 민간공사의 수주에 주력하고 직원들의 원가절감 노력에 힘입어 2017년 연결 기준 매출액은 전년과 비슷한 663.5억원이였지만 당기순이익은 전년대비 37% 증가한 81.5억원을 실현하였음. 관급공사 수주에 어려움이 있어서 2018년으로 이월된 수주잔고가 다소 감소하기는 하였지만 건설업은 수주산업이기 때문에 다각도로 수주전략과 대책을 수립한다면 2018년 실적이 개선될 것으로 기대.

현금 흐름 〈단위 : 억원〉

항목	2016	2017
영업활동	64	-42
투자활동	-47	34
재무활동	-6	-13
순현금흐름	11	-21
기말현금	106	84

시장 대비 수익률

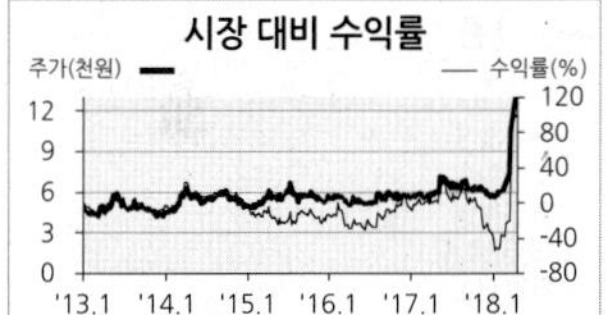

결산 실적 〈단위 : 억원〉

항목	2012	2013	2014	2015	2016	2017
매출액	873	897	952	504	646	664
영업이익	51	31	31	-15	34	53
당기순이익	72	61	59	22	60	82

분기 실적 〈단위 : 억원〉

항목	2016.3Q	2016.4Q	2017.1Q	2017.2Q	2017.3Q	2017.4Q
매출액	144	188	183	206	143	131
영업이익	6	15	10	29	6	8
당기순이익	14	18	14	34	16	17

재무 상태 〈단위 : 억원〉

항목	2012	2013	2014	2015	2016	2017
총자산	1,324	1,382	1,381	1,394	1,504	1,572
유형자산	37	36	35	33	33	32
무형자산	0	0	0	0	0	0
유가증권	64	60	64	48	109	125
총부채	209	221	172	172	231	227
총차입금	—	1	0	—	2	1
자본금	59	59	59	59	59	59
총자본	1,115	1,161	1,209	1,222	1,273	1,346
지배주주지분	1,069	1,112	1,158	1,169	1,218	1,287

기업가치 지표

항목	2012	2013	2014	2015	2016	2017
주가(최고/저)(천원)	5.3/3.6	6.3/4.2	6.3/4.5	6.7/4.8	6.2/5.1	8.5/5.6
PER(최고/저)(배)	9.9/6.7	13.7/9.1	13.7/9.7	39.6/28.5	13.2/10.8	13.1/8.5
PBR(최고/저)(배)	0.7/0.4	0.7/0.5	0.7/0.5	0.7/0.5	0.6/0.5	0.8/0.5
EV/EBITDA(배)	4.8	8.7	6.7	—	10.3	8.4
EPS(원)	599	496	493	178	485	662
BPS(원)	9,103	9,470	9,866	9,960	10,373	10,960
CFPS(원)	622	520	518	202	506	686
DPS(원)	150	100	100	70	100	100
EBITDAPS(원)	464	288	293	-104	313	478

재무 비율 〈단위 : %〉

연도	영업이익률	순이익률	부채비율	차입금비율	ROA	ROE	유보율	자기자본비율	EBITDA마진율
2017	8.0	12.3	16.9	0.1	5.3	6.2	2,091.9	85.6	8.5
2016	5.3	9.2	18.2	0.2	4.1	4.8	1,974.7	84.6	5.7
2015	-3.0	4.4	14.1	0.0	1.6	1.8	1,892.1	87.6	-2.4
2014	3.3	6.2	14.2	0.0	4.3	5.1	1,873.3	87.6	3.6

내츄럴엔도텍 (A168330)
Naturalendo Tech

업　　종 : 바이오　　　　　　　　　　시　　장 : KOSDAQ
신용등급 : (Bond) —　　(CP) —　　　기업규모 : 벤처
홈페이지 : www.naturalendo.co.kr　　연 락 처 : 070)4601-3152
본　　사 : 경기도 성남시 분당구 판교로 255번길 58, 씨즈타워 A동 3층

설 립 일	2001.05.31	**종 업 원 수**	64명	**대 표 이 사**	장현우
상 장 일	2013.10.31	**감 사 의 견**	적정(삼정)	**계 열**	
결 산 기	12월	**보 통 주**		**종속회사수**	1개사
액 면 가	500원	**우 선 주**		**구 상 호**	

주주구성 (지분율,%)		출자관계 (지분율,%)		주요경쟁사 (외형,%)	
김재수	17.9	엔도더마	44.0	내츄럴엔도텍	100
(유)엔에이치씨	8.3	안덕태(북경)생물과기	100.0	씨젠	949
(외국인)	4.5			프로스테믹스	71

매출구성		비용구성		수출비중	
백수오 여성호르몬제	49.1	매출원가율	64.0	수출	28.8
기타	34.6	판관비율	94.4	내수	71.2
백수오등 복합추출물	16.3				

회사 개요

동사는 2001년 5월 물리, 화학 및 생물학 연구개발업을 주요사업 목적으로 설립됐으며, 현재 헬스케어 신소재 연구개발 전문 바이오 기업임. 특히 호르몬 관련 증상 치료용 소재의 연구개발에 주력하고 있으며, 폐경기 증상 개선용 제품 백수오 여성호르몬제를 주력 품목으로 제조하고 있음. 매출 비중은 백수오 여성호르몬제가 51.14%, 백수오 등 복합추출물이 9.62%, 웰문 등 다이어트 소재가 39.24%임. 북미 및 유럽 등에 제품 런칭 예정임.

실적 분석

동사의 2017년 누적매출액은 92.4억원으로 전년 대비 40.9% 증가함. 영업손실은 53.9억원으로 적자폭이 줄었고, 당기순손실도 88.6억원으로 적자폭 축소됨. 2016년 가짜 백수오 파동으로 생산을 중단하면서 실적이 급격히 악화됨. 생산을 재개했으나 홈쇼핑 등 판로 확보는 아직까지 불투명한 상태임. 백수오 제품에 대한 소비자들의 신뢰를 회복하는 것이 급선무임. 코스트코 등의 유통채널을 통해 판매 중임.

현금 흐름 〈단위 : 억원〉

항목	2016	2017
영업활동	-183	-75
투자활동	-118	-15
재무활동	398	-7
순현금흐름	97	-99
기말현금	163	65

시장 대비 수익률

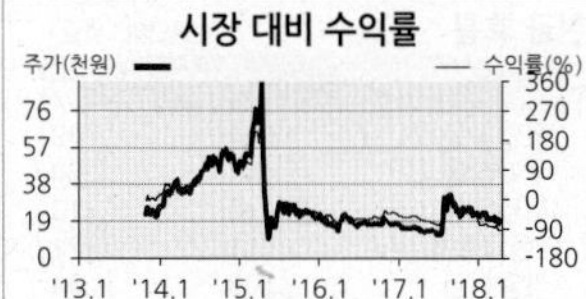

결산 실적 〈단위 : 억원〉

항목	2012	2013	2014	2015	2016	2017
매출액	216	841	1,241	445	66	92
영업이익	51	241	259	-109	-94	-54
당기순이익	44	193	208	-156	-132	-89

분기 실적 〈단위 : 억원〉

항목	2016.3Q	2016.4Q	2017.1Q	2017.2Q	2017.3Q	2017.4Q
매출액	9	19	18	21	34	20
영업이익	-14	-48	-18	-16	-8	-12
당기순이익	-18	-65	-27	-34	-16	-11

재무 상태 〈단위 : 억원〉

항목	2012	2013	2014	2015	2016	2017
총자산	159	683	887	694	859	857
유형자산	15	108	453	320	312	361
무형자산	9	12	16	10	10	67
유가증권	—	—	15	7	92	236
총부채	69	175	171	190	386	310
총차입금	11	4	12	28	328	257
자본금	22	26	97	97	97	101
총자본	90	508	716	505	473	547
지배주주지분	90	508	716	505	473	476

기업가치 지표

항목	2012	2013	2014	2015	2016	2017
주가(최고/저)(천원)	—/—	27.3/20.3	58.2/26.1	91.0/8.6	23.6/13.4	32.9/11.8
PER(최고/저)(배)	0.0/0.0	24.3/18.1	53.8/24.2	—/—	—/—	—/—
PBR(최고/저)(배)	0.0/0.0	10.2/7.6	15.7/7.1	31.5/3.0	8.6/4.9	12.4/4.4
EV/EBITDA(배)	—	19.6	32.4	—	—	—
EPS(원)	286	1,123	1,081	-798	-677	-438
BPS(원)	2,065	9,635	3,710	2,893	2,731	2,645
CFPS(원)	1,043	4,061	1,121	-743	-607	-367
DPS(원)	—	—	—	—	—	—
EBITDAPS(원)	1,213	5,072	1,388	-505	-413	-196

재무 비율 〈단위 : %〉

연도	영업이익률	순이익률	부채비율	차입금비율	ROA	ROE	유보율	자기자본비율	EBITDA마진율
2017	-58.4	-95.9	56.6	47.0	-10.3	-18.7	429.0	63.9	-42.9
2016	-143.3	-201.0	81.6	69.4	-17.0	-27.0	446.2	55.1	-122.7
2015	-24.5	-35.2	37.6	5.6	-19.8	-25.4	478.7	72.7	-22.1
2014	20.9	16.7	23.8	1.6	26.5	33.9	642.0	80.8	21.5

네오디안테크놀로지 (A072770)
Neodian Technology

업　　종 : IT 서비스　　　　　　　　시　　장 : KOSDAQ
신용등급 : (Bond) —　　(CP) —　　　기업규모 : 중견
홈페이지 : www.neodian.co.kr　　　　연 락 처 : 02)2028-2800
본　　사 : 서울시 서초구 방배로34길 8, 301(방배동, 다원빌딩)

설 립 일	1998.03.03	**종 업 원 수**	42명	**대 표 이 사**	정현수
상 장 일	2007.07.25	**감 사 의 견**	적정(현대)	**계 열**	
결 산 기	12월	**보 통 주**		**종속회사수**	
액 면 가	500원	**우 선 주**		**구 상 호**	아로마소프트

주주구성 (지분율,%)		출자관계 (지분율,%)		주요경쟁사 (외형,%)	
이현진	14.6			네오디안테크놀로지	100
안재성	3.5			이트론	28
(외국인)	0.5			동양네트웍스	153

매출구성		비용구성		수출비중	
EMC 솔루션과 Dell Software(상품)	71.1	매출원가율	93.3	수출	1.4
EMC 솔루션과 Dell Software(용역)	27.6	판관비율	18.9	내수	98.6
무선인터넷 플랫폼(수수료)	0.9				

회사 개요

동사는 임베디드 소프트웨어 개발 및 공급업체로, 임베디드 시스템이란 각종 기기에 내장되어 고유한 목적과 기능을 수행하는 컴퓨터를 말함. 동사의 제품은 이 중 무선인터넷 서비스 환경의 일부인 모바일 미들웨어 플랫폼으로 사용되고 있음. 백업과 스토리지 분야의 장비 및 유지보수 전문 기업인 네오디안테크놀로지와 7월 31일자로 합병하고 네오디안테크놀로지로 사명을 변경, 기술적으로 빅데이터 처리를 위한 수직계열화를 구축해 고객층을 넓힐 예정.

실적 분석

동사의 2017년 연결 기준 연간 누적 매출액은 564억원으로 전년 동기 대비 7.3% 감소함. 매출은 감소했지만 매출원가는 오히려 늘었고 판매비와 관리비도 크게 증가하면서 영업손실은 68.6억원으로 전년 동기 대비 적자전환함. 비영업 부문에서 금융 손실과 관련기업 투자 손실 등이 이어지면서 당기순손실은 77.6억원으로 전년 동기 대비(11.3억원) 적자전환함.

현금 흐름 〈단위 : 억원〉

항목	2016	2017
영업활동	-72	-34
투자활동	-74	25
재무활동	229	-26
순현금흐름	82	-34
기말현금	124	90

시장 대비 수익률

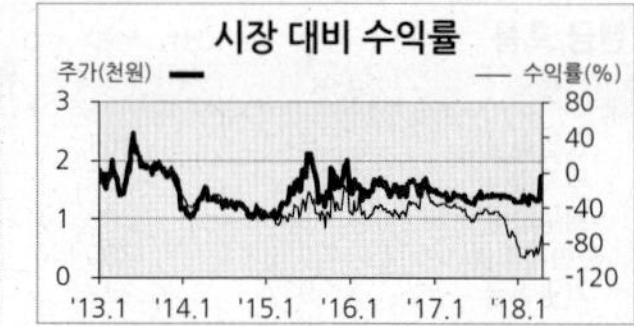

결산 실적 〈단위 : 억원〉

항목	2012	2013	2014	2015	2016	2017
매출액	60	58	425	365	608	564
영업이익	16	11	7	-3	11	-69
당기순이익	2	2	-4	2	11	-78

분기 실적 〈단위 : 억원〉

항목	2016.3Q	2016.4Q	2017.1Q	2017.2Q	2017.3Q	2017.4Q
매출액	197	227	81	168	120	195
영업이익	7	15	-7	-22	-5	-35
당기순이익	9	20	-6	-21	-9	-42

재무 상태 〈단위 : 억원〉

항목	2012	2013	2014	2015	2016	2017
총자산	205	302	284	243	538	445
유형자산	46	57	46	22	21	19
무형자산	23	40	36	44	39	32
유가증권	5	12	8	2	3	3
총부채	97	154	139	111	244	227
총차입금	80	41	36	32	115	89
자본금	57	80	80	80	152	152
총자본	108	148	145	132	295	218
지배주주지분	77	136	131	130	293	216

기업가치 지표

항목	2012	2013	2014	2015	2016	2017
주가(최고/저)(천원)	1.8/0.7	2.5/1.2	1.6/1.0	2.3/1.0	1.7/1.3	1.5/1.3
PER(최고/저)(배)	71.5/28.2	118.5/54.9	—/—	263.0/114.2	43.1/31.8	—/—
PBR(최고/저)(배)	3.1/1.2	3.3/1.5	2.2/1.4	3.2/1.4	1.8/1.3	2.1/1.8
EV/EBITDA(배)	11.8	12.3	11.1	—	18.6	—
EPS(원)	26	21	-33	9	40	-256
BPS(원)	676	853	820	818	967	713
CFPS(원)	71	65	23	28	64	-235
DPS(원)	—	—	—	—	—	—
EBITDAPS(원)	180	117	103	-3	63	-205

재무 비율 〈단위 : %〉

연도	영업이익률	순이익률	부채비율	차입금비율	ROA	ROE	유보율	자기자본비율	EBITDA마진율
2017	-12.2	-13.8	104.5	40.8	-15.8	-30.5	42.5	48.9	-11.0
2016	1.8	1.9	82.7	39.0	2.9	5.4	93.4	54.7	2.9
2015	-0.9	0.4	84.2	24.3	0.6	1.2	63.6	54.3	-0.1
2014	1.6	-1.0	96.2	24.7	-1.5	-4.4	63.9	51.0	3.9

네오오토 (A212560)

NEOOTO CO

업 종 : 자동차부품
시 장 : KOSDAQ
신용등급 : (Bond) — (CP) —
기업규모 : 중견
홈페이지 : www.neooto.kr
연 락 처 : 02)732-2871
본 사 : 서울시 종로구 새문안로5길 19 6층(당주동, 로얄빌딩)

설 립 일 2010.01.01	**종 업 원 수** 106명	**대 표 이 사** 김홍직	
상 장 일 2015.11.18	**감 사 의 견** 적정(안진)	**계 열**	
결 산 기 12월	**보 통 주**	**종속회사수**	
액 면 가 500원	**우 선 주**	**구 상 호**	

주주구성 (지분율,%)		출자관계 (지분율,%)		주요경쟁사 (외형,%)	
김선현	40.0			네오오토	100
오토인더스트리	8.0			오리엔트정공	76
(외국인)	1.8			대우부품	45

매출구성		비용구성		수출비중	
피니언기어	58.6	매출원가율	93.3	수출	57.1
대형 기어등	24.2	판관비율	5.4	내수	42.9
디프어셈블리	16.9				

회사 개요

동사는 2010년 오토인더스트리로부터 물적 분할을 통해 자동차부품 가공 및 제조를 주된 사업 목적으로 설립됐음. 주로 자동차 변속기에 사용되는 피니언 기어, T/F 드라이브, 드리븐 기어 등 기어류 부품을 생산하고 있음. 주요 매출업체로는 현대파워텍(75.6%), 기아자동차(7.3%), 현대자동차(7.0%) 등으로 구성되어 있음. 제품 품목별 매출 비중은 피니언기어 56.1%, 디프어셈블리 19.5%, 대형기어 등이 23.7%를 차지함.

실적 분석

동사의 연결기준 2017년 연간 누적 매출액은 전년동기 1,405.4억원에서 8.8% 감소한 1,282.5억원을 기록함. 이는 전방산업 침체에 따른 자동차 부품 수요가 감소한 것에 기인함. 신설공장(예산 3공장) 가동 준비에 따른 비용 증가로 영업이익은 전년동기 100.5억원 대비 84.0% 감소한 16.1억원을 기록함. 당기순이익은 법인세비용 감소효과로 영업이익의 감소에도 불구, 41.4억원을 시현함.

현금 흐름 *IFRS 별도 기준 〈단위 : 억원〉

항목	2016	2017
영업활동	195	150
투자활동	-301	-202
재무활동	66	7
순현금흐름	-39	-44
기말현금	143	99

시장 대비 수익률

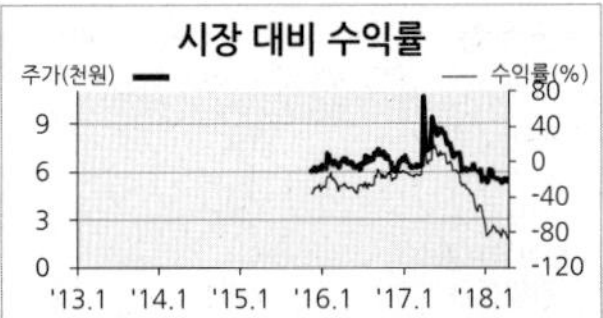

결산 실적 〈단위 : 억원〉

항목	2012	2013	2014	2015	2016	2017
매출액	1,063	1,173	1,088	1,154	1,405	1,282
영업이익	28	100	83	92	101	16
당기순이익	18	92	68	77	79	41

분기 실적 *IFRS 별도 기준 〈단위 : 억원〉

항목	2016.3Q	2016.4Q	2017.1Q	2017.2Q	2017.3Q	2017.4Q
매출액	366	324	372	355	287	268
영업이익	20	24	22	17	-3	-20
당기순이익	17	27	19	25	8	-11

재무 상태 *IFRS 별도 기준 〈단위 : 억원〉

항목	2012	2013	2014	2015	2016	2017
총자산	682	954	909	1,205	1,349	1,371
유형자산	507	602	510	801	948	956
무형자산	1	2	6	5	5	5
유가증권	—	—	10	—	—	—
총부채	543	612	488	591	658	646
총차입금	390	394	307	384	450	466
자본금	14	14	14	26	26	39
총자본	139	343	422	613	690	725
지배주주지분	139	343	422	613	690	725

기업가치 지표 *IFRS 별도 기준

항목	2012	2013	2014	2015	2016	2017
주가(최고/저)(천원)	—/—	—/—	—/—	6.4/5.9	7.6/6.0	10.6/5.4
PER(최고/저)(배)	0.0/0.0	0.0/0.0	0.0/0.0	5.8/5.3	7.9/6.2	20.6/10.4
PBR(최고/저)(배)	0.0/0.0	0.0/0.0	0.0/0.0	0.9/0.8	0.9/0.7	1.2/0.6
EV/EBITDA(배)	2.0	1.1	0.5	2.8	3.0	4.1
EPS(원)	278	1,465	1,084	1,156	1,001	525
BPS(원)	49,722	122,326	14,766	11,686	13,152	9,208
CFPS(원)	60,001	93,309	7,689	5,115	4,972	2,730
DPS(원)	—	—	—	—	150	80
EBITDAPS(원)	63,867	96,017	8,201	5,473	5,385	2,409

재무 비율 〈단위 : %〉

연도	영업 이익률	순 이익률	부채 비율	차입금 비율	ROA	ROE	유보율	자기자본 비율	EBITDA 마진율
2017	1.3	3.2	89.1	64.2	3.0	5.8	1,741.6	52.9	14.8
2016	7.2	5.6	95.3	65.2	6.2	12.1	2,530.5	51.2	20.1
2015	8.0	6.6	96.4	62.6	7.2	14.8	2,237.2	50.9	20.9
2014	7.6	6.3	115.6	72.9	7.3	17.9	2,853.2	46.4	21.1

네오위즈 (A095660)

NEOWIZ

업 종 : 게임 소프트웨어
시 장 : KOSDAQ
신용등급 : (Bond) — (CP) —
기업규모 : 중견
홈페이지 : www.neowizgames.com
연 락 처 : 031)8023-6600
본 사 : 경기도 성남시 분당구 대왕판교로 645번길 14 네오위즈판교타워

설 립 일 2007.04.26	**종 업 원 수** 301명	**대 표 이 사** 문지수	
상 장 일 2007.07.02	**감 사 의 견** 적정(삼일)	**계 열**	
결 산 기 12월	**보 통 주**	**종속회사수** 11개사	
액 면 가 500원	**우 선 주**	**구 상 호** 네오위즈게임즈	

주주구성 (지분율,%)		출자관계 (지분율,%)		주요경쟁사 (외형,%)	
네오위즈	29.4	게임온	100.0	네오위즈	100
나성균	5.2	네오위즈아이엔에스	100.0	넥슨지티	28
(외국인)	9.8	네오위즈씨알에스	100.0	위메이드	63

매출구성		비용구성		수출비중	
피망 유료아이템	94.8	매출원가율	52.8	수출	37.6
기타	5.2	판관비율	40.9	내수	62.4

회사 개요

동사는 2007년 네오위즈홀딩스에서 인적분할 방식으로 설립된 업체로, 온라인 게임포털 피망 및 피망플러스 서비스 운영 및 온라인/모바일 게임 콘텐츠 개발과 퍼블리싱 사업 영위하는 업체임. 총 19개의 계열회사를 보유하고 있으며 당기 중 네오위즈게임즈는 네오위즈로, 게임온스튜디오는 네오위즈온스튜디오로 사명이 변경됨. 주요 사업부문은 프리미엄 서비스 게임유료 아이템 부문, 광고 부문, 서비스대행 부문으로 나뉘어짐.

실적 분석

동사의 2017년 연간 매출액은 모바일게임 신작의 오픈 효과 감소의 영향으로 전년 대비 8.9% 감소한 1,740.5억원을 기록함. 영업이익 또한 108.7억원을 기록해 전년 대비 53.7% 감소했으며 비영업손실 적자 폭 확대로 인해 당기순손실 역시 21.4억원을 기록, 전년 대비 적자전환함. '블레스'의 일본 시장 안착과 '디제이맥스 리스펙트', '브라운더스트'의 해외시장 개척에 힘써 실적 개선을 기대해 봄.

현금 흐름 〈단위 : 억원〉

항목	2016	2017
영업활동	304	91
투자활동	382	-80
재무활동	-681	-2
순현금흐름	38	-29
기말현금	665	636

시장 대비 수익률

결산 실적 〈단위 : 억원〉

항목	2012	2013	2014	2015	2016	2017
매출액	6,753	4,428	1,950	1,901	1,910	1,740
영업이익	1,150	963	301	157	235	109
당기순이익	57	469	-82	-219	99	-21

분기 실적 〈단위 : 억원〉

항목	2016.3Q	2016.4Q	2017.1Q	2017.2Q	2017.3Q	2017.4Q
매출액	424	396	382	471	442	446
영업이익	26	-18	2	35	30	41
당기순이익	-14	-49	-20	7	-11	3

재무 상태 〈단위 : 억원〉

항목	2012	2013	2014	2015	2016	2017
총자산	5,978	5,068	4,233	3,744	3,174	3,044
유형자산	1,103	1,058	54	35	49	62
무형자산	419	309	322	75	77	162
유가증권	218	110	933	774	228	141
총부채	3,350	2,110	1,385	1,101	464	396
총차입금	1,897	1,406	806	604	4	1
자본금	110	110	110	110	110	110
총자본	2,628	2,958	2,848	2,643	2,711	2,647
지배주주지분	2,620	2,953	2,838	2,650	2,717	2,658

기업가치 지표

항목	2012	2013	2014	2015	2016	2017
주가(최고/저)(천원)	44.5/17.8	25.8/14.2	25.8/14.5	25.0/14.3	19.2/10.3	14.9/10.4
PER(최고/저)(배)	130.1/51.9	12.0/6.6	—/—	—/—	40.6/21.9	—/—
PBR(최고/저)(배)	3.5/1.4	1.8/1.0	1.9/1.1	2.0/1.1	1.4/0.8	1.1/0.8
EV/EBITDA(배)	4.3	3.7	10.5	10.8	5.4	11.6
EPS(원)	342	2,140	-347	-940	471	-70
BPS(원)	12,628	14,148	13,537	12,671	13,338	13,058
CFPS(원)	1,742	2,829	129	-563	708	146
DPS(원)	—	—	—	—	—	—
EBITDAPS(원)	6,645	5,086	1,849	1,093	1,307	712

재무 비율 〈단위 : %〉

연도	영업 이익률	순 이익률	부채 비율	차입금 비율	ROA	ROE	유보율	자기자본 비율	EBITDA 마진율
2017	6.3	-1.2	15.0	0.1	-0.7	-0.6	2,511.5	87.0	9.0
2016	12.3	5.2	17.1	0.2	2.9	3.9	2,567.7	85.4	15.0
2015	8.3	-11.5	41.7	22.9	-5.5	-7.5	2,434.3	70.6	12.6
2014	15.4	-4.2	48.6	28.3	-1.8	-2.6	2,607.5	67.3	20.8

네오위즈홀딩스 (A042420)

Neowiz Holdings

업　　종 : 게임 소프트웨어
신 용 등 급 : (Bond) — (CP) —
홈 페 이 지 : www.neowiz.com
본　　사 : 경기도 성남시 분당구 대왕판교로 645번길 14 네오위즈판교타워

시　　장 : KOSDAQ
기 업 규 모 : 우량
연 락 처 : 031)8023-6600

설 립 일 1997.06.06		**종 업 원 수** 3명		**대 표 이 사** 나성균	
상 장 일 2000.06.27		**감 사 의 견** 적정(삼일)		**계　　열**	
결 산 기 12월		**보 통 주**		**종속회사수** 15개사	
액 면 가 500원		**우 선 주**		**구 상 호** 네오위즈	

주주구성 (지분율,%)		출자관계 (지분율,%)		주요경쟁사 (외형,%)	
나성균	42.4	네오플라이	100.0	네오위즈홀딩스	100
한국투자신탁운용	4.5	네오위즈	29.4	액토즈소프트	30
(외국인)	8.4	엑스엘게임즈	6.3	액션스퀘어	5

매출구성		비용구성		수출비중	
Brand Royalty(기타)	75.5	매출원가율	53.3	수출	—
지주사업(기타)	24.5	판관비율	41.0	내수	—

회사 개요

동사는 컴퓨터 설비 자문업, 소프트웨어 자문 및 개발업을 목적으로 1997년 6월에 설립되어 2000년 6월에 코스닥시장에 상장한 업체로 현재는 지주회사로서 온라인, 모바일 게임 컨텐츠 개발과 퍼블리싱을 주요 사업으로 영위하고 있음. 또한 종속회사를 통하여 온라인, 모바일 게임 제작 및 해외 퍼블리싱 사업도 진행중임. 2017년 말 현재 네오위즈게임즈를 포함해 총 14개의 연결 자회사를 두고 있음.

실적 분석

동사의 2017년 연간 매출액은 전년 대비 8.4% 감소한 1,848.6억원을 기록함. 매출 감소는 주로 해외 온라인게임의 부진에 기인함. 외형 축소에 따른 고정비 부담으로 2017년 연간 영업이익은 전년 대비 52.5% 감소한 106.3억원을 기록함. 금융비용 증가 등이 반영되며 당기순손실은 68억원 기록, 적자 지속됨. 동사는 해외 사업의 경우 자체 개발작 출시, 일본 자회사 게임온을 통한 퍼블리싱 및 인도네시아 모바일 사업을 추진 중임.

현금 흐름 〈단위 : 억원〉

항목	2016	2017
영업활동	148	107
투자활동	-36	-38
재무활동	-151	-2
순현금흐름	-7	28
기말현금	690	718

시장 대비 수익률

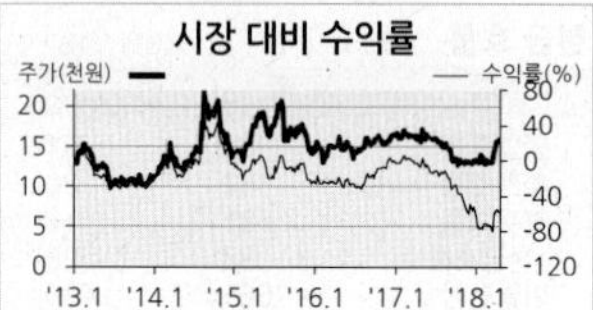

결산 실적 〈단위 : 억원〉

항목	2012	2013	2014	2015	2016	2017
매출액	7,437	5,043	2,022	1,995	2,017	1,849
영업이익	1,129	1,030	288	143	224	106
당기순이익	137	599	575	500	-84	-68

분기 실적 〈단위 : 억원〉

항목	2016.3Q	2016.4Q	2017.1Q	2017.2Q	2017.3Q	2017.4Q
매출액	453	422	407	498	470	473
영업이익	24	-22	2	33	30	41
당기순이익	-12	-249	-7	10	10	-82

재무 상태 〈단위 : 억원〉

항목	2012	2013	2014	2015	2016	2017
총자산	6,677	5,885	5,740	5,709	5,334	5,248
유형자산	890	859	93	40	54	64
무형자산	761	633	634	338	340	395
유가증권	154	116	1,880	2,523	2,187	2,092
총부채	3,022	1,723	1,065	780	544	484
총차입금	1,347	833	223	7	12	9
자본금	47	47	47	47	47	47
총자본	3,655	4,162	4,675	4,929	4,790	4,764
지배주주지분	1,660	1,885	2,429	3,085	2,891	2,911

기업가치 지표

항목	2012	2013	2014	2015	2016	2017
주가(최고/저)(천원)	25.4/10.6	15.7/9.2	22.0/11.0	20.8/13.2	17.0/13.0	17.2/12.7
PER(최고/저)(배)	21.6/9.0	6.6/3.8	3.5/1.7	3.0/1.9	—/—	—/—
PBR(최고/저)(배)	1.4/0.6	0.8/0.5	0.8/0.4	0.6/0.4	0.5/0.4	0.5/0.4
EV/EBITDA(배)	1.8	2.0	3.7	1.8	3.7	4.7
EPS(원)	1,203	2,437	6,499	6,996	-1,636	-581
BPS(원)	18,471	20,925	26,866	34,025	32,958	33,178
CFPS(원)	4,707	4,073	7,638	7,936	-1,036	-13
DPS(원)	—	—	—	330	—	—
EBITDAPS(원)	15,839	12,883	4,286	2,504	3,054	1,768

재무 비율 〈단위 : %〉

연도	영업이익률	순이익률	부채비율	차입금비율	ROA	ROE	유보율	자기자본비율	EBITDA마진율
2017	5.8	-3.7	10.2	0.2	-1.3	-1.8	6,214.7	90.8	8.5
2016	11.1	-4.2	11.4	0.3	-1.5	-5.0	6,173.0	89.8	13.8
2015	7.2	25.1	15.8	0.1	8.7	23.2	6,595.4	86.3	11.5
2014	14.3	28.4	22.8	4.8	9.9	27.6	5,186.6	81.5	19.4

네오티스 (A085910)

NEO TECHNICAL SYSTEM

업　　종 : 자동차부품
신 용 등 급 : (Bond) — (CP) —
홈 페 이 지 : www.neotis.co.kr
본　　사 : 경기도 안성시 죽산면 용대길 38-9, 두교산업단지

시　　장 : KOSDAQ
기 업 규 모 : 중견
연 락 처 : 031)671-0170

설 립 일 2000.08.18		**종 업 원 수** 222명		**대 표 이 사** 권은영	
상 장 일 2007.10.01		**감 사 의 견** 적정(삼일)		**계　　열**	
결 산 기 12월		**보 통 주**		**종속회사수** 1개사	
액 면 가 500원		**우 선 주**		**구 상 호**	

주주구성 (지분율,%)		출자관계 (지분율,%)		주요경쟁사 (외형,%)	
권은영	27.8	네오디에스	51.7	네오티스	100
김현미	7.2	알트론	38.5	오리엔트정공	223
(외국인)	9.7	서울샹주조	11.9	대우부품	133

매출구성		비용구성		수출비중	
Shaft	57.9	매출원가율	78.9	수출	48.6
Router&Endmill Bit	25.6	판관비율	13.6	내수	51.4
Drill Bit	13.7				

회사 개요

동사는 2000년 8월에 설립되어 PCB의 가공에 사용되는 초정밀 공구인 마이크로비트와 자동차 모터용 샤프트의 제조 및 판매 등을 영위함. 총매출의 약 40%를 차지하는 마이크로비트 시장은 국내에는 동사와 인곡산업이 경쟁 중이며, 국내에서 활동하고 있는 해외 판매 업체로는 일본의 Union Tool, 대만의 TCT, Topoint 등이 있음. 자회사 네오디에스를 통해 초정밀 가공 Tool 및 특수가공 Tool의 연구개발을 진행하고 있음.

실적 분석

동사의 2017년도 결산 매출액은 434.7억원으로 전년동기 대비 8.2% 증가함. 영업이익은 32.7억원을 기록하여 전년동기 대비 29.1% 증가하였으나 비영업손실 101.1억원을 기록하며 적자지속하여 당기순손실 역시 72.5억원을 기록하여 적자지속함. 동사는 적자상황에서도 고배당 정책을 지속중이며 최근 '이형 나노코팅 기술이 적용된 마이크로드릴'로 장영실상을 수상함.

현금 흐름 〈단위 : 억원〉

항목	2016	2017
영업활동	18	75
투자활동	-36	-39
재무활동	4	-38
순현금흐름	-14	-2
기말현금	69	67

시장 대비 수익률

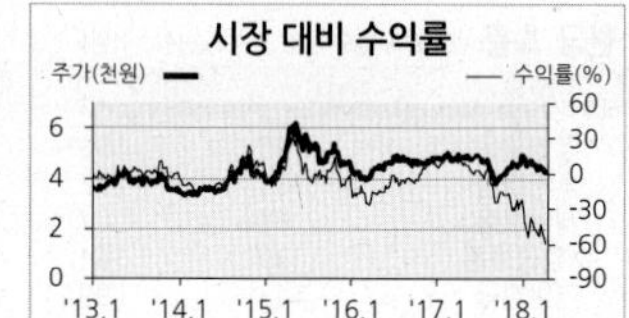

결산 실적 〈단위 : 억원〉

항목	2012	2013	2014	2015	2016	2017
매출액	350	361	377	357	402	435
영업이익	39	34	40	20	25	33
당기순이익	43	24	31	-36	-16	-72

분기 실적 〈단위 : 억원〉

항목	2016.3Q	2016.4Q	2017.1Q	2017.2Q	2017.3Q	2017.4Q
매출액	95	110	106	105	108	115
영업이익	5	1	5	4	11	13
당기순이익	-0	-24	4	-65	9	-21

재무 상태 〈단위 : 억원〉

항목	2012	2013	2014	2015	2016	2017
총자산	709	852	846	849	849	810
유형자산	358	371	342	324	300	296
무형자산	17	16	22	21	21	21
유가증권	15	13	59	52	45	33
총부채	102	245	207	250	285	349
총차입금	44	189	139	180	192	248
자본금	47	47	50	52	55	55
총자본	607	607	640	599	563	461
지배주주지분	601	600	629	589	556	453

기업가치 지표

항목	2012	2013	2014	2015	2016	2017
주가(최고/저)(천원)	3.8/2.2	4.4/3.5	5.0/3.3	6.5/3.8	4.9/3.9	5.1/3.7
PER(최고/저)(배)	11.7/6.9	24.2/18.5	21.9/14.3	—/—	—/—	—/—
PBR(최고/저)(배)	0.8/0.5	0.9/0.7	0.9/0.6	1.3/0.8	1.0/0.8	1.2/0.9
EV/EBITDA(배)	6.3	6.1	7.7	10.4	10.4	9.8
EPS(원)	462	243	286	-348	-147	-663
BPS(원)	6,896	6,807	6,684	5,951	5,349	4,457
CFPS(원)	735	553	612	-6	186	-337
DPS(원)	350	350	350	350	350	350
EBITDAPS(원)	691	677	748	537	568	623

재무 비율 〈단위 : %〉

연도	영업이익률	순이익률	부채비율	차입금비율	ROA	ROE	유보율	자기자본비율	EBITDA마진율
2017	7.5	-16.7	75.8	53.7	-8.7	-14.5	791.4	56.9	15.8
2016	6.3	-4.0	50.7	34.1	-1.9	-2.8	969.7	66.4	15.2
2015	5.6	-10.1	41.8	30.1	-4.2	-5.9	1,090.2	70.5	15.5
2014	10.6	8.1	32.3	21.8	3.6	4.4	1,236.8	75.6	18.8

네오팜 (A092730)
Neopharm

업 종 : 개인생활용품
시 장 : KOSDAQ
신용등급 : (Bond) — (CP) —
기업규모 : 벤처
홈페이지 : www.neopharm.co.kr
연 락 처 : 042)864-0038
본 사 : 대전시 유성구 테크노2로 309-8

설 립 일	2000.07.01	**종업원수**	102명	**대 표 이 사**	이대열
상 장 일	2007.01.30	**감사의견**	적정(삼덕)	**계 열**	
결 산 기	12월	**보 통 주**		**종속회사수**	1개사
액 면 가	500원	**우 선 주**		**구 상 호**	

주주구성 (지분율,%)		출자관계 (지분율,%)		주요경쟁사 (외형,%)	
잇츠한불	31.0	Neopharm(Huzhou)Trading	100.0	네오팜	100
Templeton Asian Smaller Companies Fund	4.9			코리아나	208
(외국인)	16.0			보령메디앙스	225

매출구성		비용구성		수출비중	
화장품	93.9	매출원가율	25.2	수출	4.5
용품/벌크	2.8	판관비율	48.7	내수	95.5
의약품	2.8				

회사 개요

동사는 2000년에 설립되어 2007년에 코스닥시장에 상장하였으며 화장품(보습제), 의약품의 개발, 제조 및 판매 사업을 영위함. 주요 제품은 병원용 아토피 보습제와 물티슈, 화장품원료, 피부외용제 등임. 2016년 6월 안용찬외 7명에서 한불화장품외 3명으로 최대주주 변동이 확정됨. 2016년 말 현재 연결종속기업으로 NEOPARM(HUZHOU) TRADE CO., LTD를 보유중임.

실적 분석

동사의 2017년 결산 연결기준 누적매출액은 536.3억원으로 전년대비 26.6% 증가함. 비용측면에서 매출원가와 판관비가 각각 28.6%, 16.9% 상승했음에도 불구하고, 매출 확대로 영업이익은 전년동기보다 47% 늘어난 140.4억원을 시현함. 당기순이익도 115.6억원을 시현하며 전년동기 대비 49.3%의 성장세를 보임. 동사의 아토팜 브랜드가 매년 한국브랜드파워의 민감성스킨케어 부분에서 11년 연속 1위를 차지하며 입지를 다짐.

현금 흐름 〈단위 : 억원〉

항목	2016	2017
영업활동	92	106
투자활동	-79	-113
재무활동	-18	-25
순현금흐름	-4	-34
기말현금	76	42

시장 대비 수익률

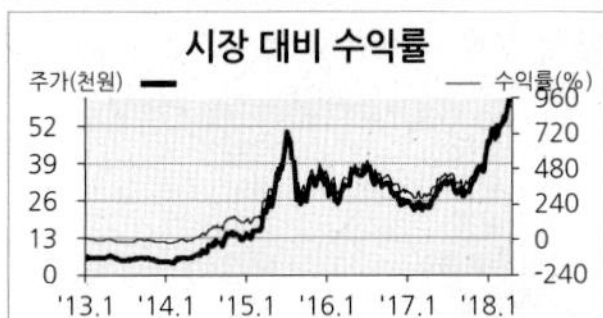

결산 실적 〈단위 : 억원〉

항목	2012	2013	2014	2015	2016	2017
매출액	188	201	256	360	424	536
영업이익	2	21	50	63	96	140
당기순이익	6	19	26	34	77	116

분기 실적 〈단위 : 억원〉

항목	2016.3Q	2016.4Q	2017.1Q	2017.2Q	2017.3Q	2017.4Q
매출액	84	122	131	130	115	160
영업이익	21	16	43	35	25	38
당기순이익	18	12	34	30	23	29

재무 상태 〈단위 : 억원〉

항목	2012	2013	2014	2015	2016	2017
총자산	341	348	358	404	465	567
유형자산	95	90	84	83	86	89
무형자산	51	41	28	11	12	12
유가증권	16	76	43	73	31	19
총부채	42	44	47	78	79	91
총차입금	5	9	4	0	1	1
자본금	37	37	37	37	37	37
총자본	299	303	311	326	386	476
지배주주지분	299	303	311	326	386	476

기업가치 지표

항목	2012	2013	2014	2015	2016	2017
주가(최고/저)(천원)	8.6/4.9	6.9/4.5	15.8/4.2	50.1/12.9	38.9/23.3	47.2/22.6
PER(최고/저)(배)	107.5/61.1	29.1/19.0	48.1/12.9	113.2/29.1	38.5/23.0	30.4/14.8
PBR(최고/저)(배)	2.3/1.3	1.7/1.1	3.7/1.0	10.9/2.8	7.2/4.3	7.0/3.4
EV/EBITDA(배)	32.8	8.9	15.6	34.2	16.4	21.6
EPS(원)	87	254	344	457	1,038	1,549
BPS(원)	4,100	4,291	4,533	4,731	5,529	6,736
CFPS(원)	208	385	469	581	1,149	1,656
DPS(원)	75	100	250	250	350	500
EBITDAPS(원)	149	419	795	963	1,392	1,988

재무 비율 〈단위 : %〉

연도	영업이익률	순이익률	부채비율	차입금비율	ROA	ROE	유보율	자기자본비율	EBITDA마진율
2017	26.2	21.6	19.2	0.1	22.4	26.8	1,247.3	83.9	27.7
2016	22.6	18.3	20.6	0.2	17.8	21.8	1,005.7	82.9	24.5
2015	17.4	9.5	23.9	0.1	8.9	10.7	846.3	80.7	20.0
2014	19.5	10.0	15.1	1.3	7.3	8.4	806.7	86.9	23.2

네이버 (A035420)
Naver

업 종 : 인터넷 서비스
시 장 : 거래소
신용등급 : (Bond) AA (CP) —
기업규모 : 시가총액 대형주
홈페이지 : www.navercorp.com
연 락 처 : 1588-3830
본 사 : 경기도 성남시 분당구 불정로 6, 그린팩토리 (정자동)

설 립 일	1999.06.02	**종업원수**	2,655명	**대 표 이 사**	한성숙
상 장 일	2002.10.29	**감사의견**	적정(삼일)	**계 열**	
결 산 기	12월	**보 통 주**		**종속회사수**	74개사
액 면 가	500원	**우 선 주**		**구 상 호**	NHN

주주구성 (지분율,%)		출자관계 (지분율,%)		주요경쟁사 (외형,%)	
국민연금공단	10.8	네이버비즈니스플랫폼	100.0	NAVER	100
Goldman Sachs International	4.5	캠프모바일	100.0	카카오	42
(외국인)	59.6	네이버웹툰	100.0	KTH	5

매출구성		비용구성		수출비중	
광고(기타)	73.8	매출원가율	0.0	수출	—
콘텐츠(기타)	23.0	판관비율	74.8	내수	—
기타	3.3				

회사 개요

동사는 국내 최대 인터넷 포털 서비스업체임. 국내 1위 인터넷 검색 포털 '네이버(NAVER)'와 글로벌 모바일 플랫폼 '라인(LINE)' 등을 서비스하고 있음. 디스플레이 광고, 동영상 광고 등 광고 사업과, 검색/쇼핑 검색 등 비즈니스플랫폼 사업, 네이버페이/IT서비스/클라우드, 웍스 등 IT플랫폼 사업, 네이버 뮤직, 웹툰, 브이라이브 등 콘텐츠서비스 사업, 라인 및 기타플랫폼 사업을 통해 매출을 창출하고 있음.

실적 분석

동사의 2017년 연간 매출액은 4조 6,784.7억원으로 전년대비 16.3% 성장함. 쇼핑 검색 광고가 성공적으로 안착했고, 정보성 콘텐츠 강화되며 검색 품질이 개선되어 광고매출이 성장한 영향임. 네이버페이 이용자와 가맹점이 꾸준히 증가하며 IT플랫폼 매출이 성장하는 추세이며 콘텐츠서비스 매출도 웹툰, V LIVE 등의 꾸준한 성장으로 증가함. 영업이익은 전년대비 7% 성장한 1조 1,791.9억원을 기록함.

현금 흐름 〈단위 : 억원〉

항목	2016	2017
영업활동	11,640	9,400
투자활동	-9,417	-13,103
재무활동	6,978	6,362
순현금흐름	9,128	1,813
기말현금	17,262	19,076

시장 대비 수익률

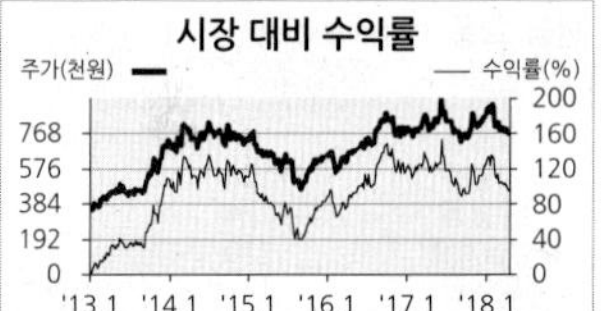

결산 실적 〈단위 : 억원〉

항목	2012	2013	2014	2015	2016	2017
매출액	17,987	22,591	27,585	32,539	40,226	46,785
영업이익	5,212	5,065	7,582	8,302	11,020	11,792
당기순이익	5,444	18,953	4,518	5,170	7,591	7,701

분기 실적 〈단위 : 억원〉

항목	2016.3Q	2016.4Q	2017.1Q	2017.2Q	2017.3Q	2017.4Q
매출액	10,131	10,850	10,822	11,296	12,007	12,659
영업이익	2,823	2,903	2,908	2,852	3,121	2,911
당기순이익	1,980	1,828	2,109	1,714	2,158	1,720

재무 상태 〈단위 : 억원〉

항목	2012	2013	2014	2015	2016	2017
총자산	29,273	26,977	33,945	43,859	63,706	80,193
유형자산	5,656	7,916	9,010	8,638	8,633	11,500
무형자산	1,216	1,340	1,208	1,033	1,121	3,395
유가증권	5,248	4,845	5,480	6,390	7,758	13,394
총부채	10,237	12,224	15,970	21,163	22,410	27,141
총차입금	3,302	3,517	4,558	6,677	3,773	4,156
자본금	241	165	165	165	165	165
총자본	19,036	14,753	17,974	22,696	41,296	53,052
지배주주지분	18,964	14,713	17,960	21,245	35,947	47,623

기업가치 지표

항목	2012	2013	2014	2015	2016	2017
주가(최고/저)(천원)	451/324	735/344	848/655	786/459	897/554	958/719
PER(최고/저)(배)	40.1/28.9	16.3/7.6	61.9/47.8	50.2/29.3	39.6/24.5	40.9/30.7
PBR(최고/저)(배)	7.8/5.6	11.5/5.4	10.5/8.1	8.2/4.8	6.0/3.7	5.3/4.0
EV/EBITDA(배)	15.7	36.4	24.9	20.7	18.2	18.8
EPS(원)	11,346	45,425	13,787	15,737	22,732	23,447
BPS(원)	58,637	64,165	81,551	96,527	150,192	180,040
CFPS(원)	13,571	48,578	18,158	20,470	27,676	29,704
DPS(원)	616	734	782	1,100	1,131	1,446
EBITDAPS(원)	13,054	15,279	27,373	29,919	38,377	42,031

재무 비율 〈단위 : %〉

연도	영업이익률	순이익률	부채비율	차입금비율	ROA	ROE	유보율	자기자본비율	EBITDA마진율
2017	25.2	16.5	51.2	7.8	10.7	18.5	35,907.9	66.2	29.6
2016	27.4	18.9	54.3	9.1	14.1	26.2	29,938.4	64.8	31.5
2015	25.5	15.9	93.3	29.4	13.3	26.5	19,205.4	51.8	30.3
2014	27.5	16.4	88.9	25.4	14.8	27.8	16,210.3	53.0	32.7

네이블커뮤니케이션즈 (A153460)
Nable Communications

업 종 : 일반 소프트웨어 | 시 장 : KOSDAQ
신용등급 : (Bond) — (CP) — | 기업규모 : 벤처
홈페이지 : www.nablecomm.com | 연 락 처 : 070)7780-9910
본 사 : 서울시 강남구 학동로 401, 15층 (청담동, 금하빌딩)

설 립 일	2003.01.29	**종업원수**	177명	**대 표 이 사**	심재희,이준원
상 장 일	2012.07.19	**감사의견**	적정(삼정)	**계 열**	
결 산 기	12월	**보 통 주**		**종속회사수**	
액 면 가	500원	**우 선 주**		**구 상 호**	

주주구성 (지분율,%)		출자관계 (지분율,%)		주요경쟁사 (외형,%)	
엔텔스	18.1	리니어허브	8.6	네이블	100
한국차량공업	6.7	로디스컴퍼니	4.8	한컴지엠디	71
		유스페이스	1.9	엠로	213

매출구성		비용구성		수출비중	
FMC, RCS솔루션 외	85.5	매출원가율	60.4	수출	0.5
SBC 외	12.6	판관비율	87.7	내수	99.5
기타	1.9				

회사 개요

동사는 2003년 1월 29일 설립되어 유무선 융합통신 솔루션 및 ALL-IP 통신 보안 솔루션의 개발 및 공급업 등의 사업을 영위하고 있음. 주 고객군은 통신사업자, 단말제조사, 기업 및 관공서 등임. 동사는 유무선 융합 통신 분야에선 텔코웨어, 필링크 등과 경쟁하고 있으며, All-IP 분야에선 Acme Packet, 나온웍스,SMEC 등과 경쟁하면서 시장을 형성하고 있음. 2014년 엔텔스가 동사 지분을 인수하며 최대주주가 되었음.

실적 분석

동사의 2017년 연간 매출액은 전년동기대비 37.6% 하락한 134.7억원을 기록하였음. 비용면에서 전년동기대비 매출원가는 크게 감소 하였으며 인건비는 증가 했고 기타판매비와관리비는 감소함. 주춤한 모습의 매출액에 의해 전년동기대비 영업손실은 64.8억원으로 적자전환 하였음. 최종적으로 전년동기대비 당기순손실은 적자전환하여 63.4억원을 기록함. 적자 지속중이나 비영업손익의 흑자전환은 긍정적인 요소로 판단됨.

현금 흐름 *IFRS 별도 기준 〈단위 : 억원〉

항목	2016	2017
영업활동	60	-69
투자활동	-24	7
재무활동	74	—
순현금흐름	110	-64
기말현금	172	109

시장 대비 수익률

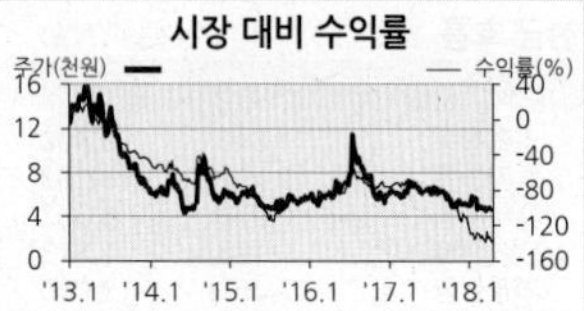

결산 실적 〈단위 : 억원〉

항목	2012	2013	2014	2015	2016	2017
매출액	285	219	237	229	216	135
영업이익	51	0	1	3	2	-65
당기순이익	58	12	5	4	2	-63

분기 실적 *IFRS 별도 기준 〈단위 : 억원〉

항목	2016.3Q	2016.4Q	2017.1Q	2017.2Q	2017.3Q	2017.4Q
매출액	55	94	16	34	31	54
영업이익	-0	21	-27	-16	-20	-2
당기순이익	1	18	-27	-14	-19	-3

재무 상태 *IFRS 별도 기준 〈단위 : 억원〉

항목	2012	2013	2014	2015	2016	2017
총자산	332	293	303	307	381	309
유형자산	82	80	79	77	75	70
무형자산	4	3	2	3	3	3
유가증권	6	13	8	9	1	1
총부채	97	44	56	53	50	42
총차입금	2	0	—	—	—	—
자본금	22	24	24	25	33	33
총자본	235	249	247	254	330	267
지배주주지분	235	249	247	254	330	267

기업가치 지표 *IFRS 별도 기준

항목	2012	2013	2014	2015	2016	2017
주가(최고/저)(천원)	16.2/6.4	16.0/6.5	10.7/4.4	6.9/4.0	13.7/5.0	7.2/4.8
PER(최고/저)(배)	13.2/5.2	68.2/27.6	111.4/45.7	89.0/51.5	474.4/174.3	—/—
PBR(최고/저)(배)	3.5/1.4	3.2/1.3	2.1/0.9	1.3/0.8	2.7/1.0	1.7/1.2
EV/EBITDA(배)	9.0	32.7	27.7	20.2	17.5	—
EPS(원)	1,234	234	96	77	29	-970
BPS(원)	4,880	5,146	5,285	5,362	5,188	4,218
CFPS(원)	1,426	382	242	229	173	-871
DPS(원)	—	—	—	—	—	—
EBITDAPS(원)	1,280	145	169	201	182	-893

재무 비율 〈단위 : %〉

연도	영업이익률	순이익률	부채비율	차입금비율	ROA	ROE	유보율	자기자본비율	EBITDA마진율
2017	-48.1	-47.0	15.7	0.0	-18.4	-21.2	743.6	86.5	-43.3
2016	0.9	0.7	15.2	0.0	0.4	0.5	937.6	86.8	4.4
2015	1.1	1.7	20.8	0.0	1.3	1.6	972.3	82.8	4.3
2014	0.6	2.1	22.7	0.0	1.6	2.1	956.8	81.5	3.5

네이처셀 (A007390)
NATURECELL COLTD

업 종 : 음료 | 시 장 : KOSDAQ
신용등급 : (Bond) — (CP) — | 기업규모 : 중견
홈페이지 : www.naturecell.co.kr | 연 락 처 : 02)545-4137
본 사 : 서울시 영등포구 국회대로 76길 10, 5층

설 립 일	1971.08.06	**종업원수**	175명	**대 표 이 사**	라정찬
상 장 일	1992.11.30	**감사의견**	적정(진성)	**계 열**	
결 산 기	12월	**보 통 주**		**종속회사수**	
액 면 가	500원	**우 선 주**		**구 상 호**	알앤엘삼미

주주구성 (지분율,%)		출자관계 (지분율,%)		주요경쟁사 (외형,%)	
바이오스타코리아	20.6	R-JAPAN	29.0	네이처셀	100
김희택	3.1	케이엠디씨	9.3	흥국에프엔비	165
(외국인)	2.2	가온아이	5.0	풍국주정	395

매출구성		비용구성		수출비중	
수출(제품)	39.7	매출원가율	72.1	수출	43.5
OEM(용역)	39.2	판관비율	23.3	내수	56.5
기타	10.9				

회사 개요

동사는 1971년 산업용보일러 제작 등을 목적으로 설립되었으며, 2008년 삼미식품과의 합병을 통해 음료사업을 주된 사업영역으로 확대하였음. 2013년 3월 알앤엘삼미에서 네이처셀로 회사명 재차 변경함. 과실 캔 음료를 주로 생산 중임. 음료 산업은 비교적 경기변동의 영향을 덜 받고 하절기 보다 동절기 매출이 감소하는 등 주로 계절적 요인에 의해 민감하게 반응함. 2014년 줄기세포사업부문을 추가하여 첨단 바이오기업으로 변모를 추진 중임

실적 분석

동사의 2017년 결산 매출액은 전년동기 대비 1.6% 증가한 272.2억원을 시현함. 비용 면에서 매출원가 및 판관비 감소 노력으로 인하여 영업이익 12.5 억원, 순이익 5.2억원으로 흑자전환 하였음. 동사와 알바이오는 바이오스타 줄기세포 기술연구원을 공동 운영하고 있음. 알바이오는 동사의 대주주이면서 재생의료 판매업체인 바이오스타코리아 지분 92%를 갖고 있음.

현금 흐름 *IFRS 별도 기준 〈단위 : 억원〉

항목	2016	2017
영업활동	-21	53
투자활동	-49	-11
재무활동	48	16
순현금흐름	-22	56
기말현금	34	90

시장 대비 수익률

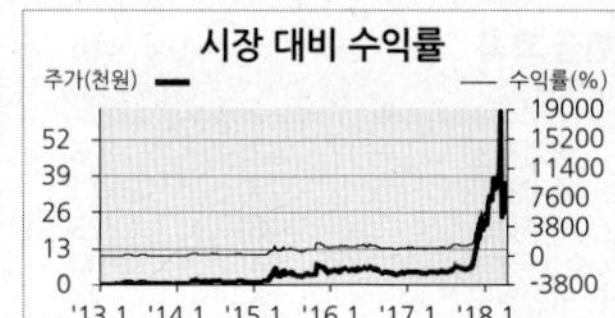

결산 실적 〈단위 : 억원〉

항목	2012	2013	2014	2015	2016	2017
매출액	272	292	254	306	268	272
영업이익	-5	11	-13	-12	-36	13
당기순이익	-19	-35	19	-13	-32	5

분기 실적 *IFRS 별도 기준 〈단위 : 억원〉

항목	2016.3Q	2016.4Q	2017.1Q	2017.2Q	2017.3Q	2017.4Q
매출액	70	63	74	76	76	46
영업이익	-4	-22	0	1	5	6
당기순이익	-6	-20	0	3	7	-4

재무 상태 *IFRS 별도 기준 〈단위 : 억원〉

항목	2012	2013	2014	2015	2016	2017
총자산	248	230	245	460	527	545
유형자산	96	97	97	93	108	111
무형자산	—	—	—	6	51	59
유가증권	9	9	8	63	67	52
총부채	162	122	108	143	186	120
총차입금	102	73	66	68	85	42
자본금	146	185	194	246	254	264
총자본	86	108	137	317	340	425
지배주주지분	86	108	137	317	340	425

기업가치 지표 *IFRS 별도 기준

항목	2012	2013	2014	2015	2016	2017
주가(최고/저)(천원)	0.8/0.4	1.2/0.3	2.1/0.5	8.6/1.0	7.9/3.5	25.7/4.2
PER(최고/저)(배)	—/—	—/—	42.4/11.0	—/—	—/—	2,599.1/427.6
PBR(최고/저)(배)	1.3/0.7	4.1/1.1	5.9/1.5	13.3/1.6	11.7/5.2	31.9/5.2
EV/EBITDA(배)	—	19.2	—	—	—	555.1
EPS(원)	-70	-113	50	-29	-64	10
BPS(원)	630	291	355	645	670	805
CFPS(원)	-60	-104	57	-21	-53	27
DPS(원)	—	—	—	—	—	—
EBITDAPS(원)	-6	46	-27	-18	-61	41

재무 비율 〈단위 : %〉

연도	영업이익률	순이익률	부채비율	차입금비율	ROA	ROE	유보율	자기자본비율	EBITDA마진율
2017	4.6	1.9	28.1	9.8	1.0	1.4	61.0	78.1	7.9
2016	-13.6	-12.0	54.8	25.1	-6.5	-9.8	33.9	64.6	-11.5
2015	-3.8	-4.4	45.1	21.5	-3.8	-5.9	28.9	68.9	-2.6
2014	-5.1	7.5	일부잠식	일부잠식	8.0	15.5	-29.0	56.0	-4.0

네추럴에프앤피 (A086220)

Natural F&P

업 종 : 바이오 | 시 장 : KONEX
신용등급 : (Bond) — (CP) — | 기업규모 : —
홈페이지 : www.naturalfnp.com | 연 락 처 : 043)211-1056
본 사 : 충북 청원군 오창읍 양청송대길 39(송대리)

설 립 일	1992.12.29	**종 업 원 수**	146명	**대 표 이 사**	조정환
상 장 일	2015.07.09	**감 사 의 견**	적정(삼덕)	**계 열**	
결 산 기	12월	**보 통 주**		**종속회사수**	
액 면 가	—	**우 선 주**		**구 상 호**	

주주구성 (지분율,%)		출자관계 (지분율,%)		주요경쟁사 (외형,%)	
넥스트비티	62.2	바이오프로젠	25.5	네추럴FNP	100
SBI-성장사다리 코넥스 활성화펀드	11.2	나노바이오텍	24.0	진매트릭스	11
		메디코프	1.1	메디젠휴먼케어	6

매출구성		비용구성		수출비중	
홍삼원골드외	92.2	매출원가율	84.4	수출	9.1
상 품	4.8	판관비율	6.7	내수	90.9
퓨어스킨	3.0				

회사 개요

동사는 1992년 설립됐으며, 건강기능식품 및 기능성화장품 제조업을 주력으로 하고 있는 바이오 벤처기업임. 건강기능식품과 기능성 화장품 이외에도 기능성원료개발 및 신약개발 분야에 적극적인 연구개발 및 투자를 진행하고 있음. 주력 품목은 홍삼 가공제품, 녹용 활력 등의 건강음료, 프로바이오틱스 유산균 등이며, 이외에도 비타민, 칼슘 등 영양 보충용 식품에서 글루코사민, 생식, 다이어트식이섬유, 오메가3 등 약 30여가지 제품군을 보유하고 있음.

실적 분석

동사의 2017년 매출액은 484억원으로 전년동기 대비 21.8% 증가함. 고정비 부담이 완화되어 영업이익은 전년보다 113.8% 증가한 43.5억원을 기록함. 비영업손실이 다소 증가하였지만 당기순이익은 크게 확대됨. 동사의 건강기능식품은 약 110개 이상의 안정적인 B2B 판매처를 확보하고 있음. 천연물 유래 항암제 개발 및 B형 간염 등 각종 성인병 관련 예방 및 치료제를 개발 중임.

현금 흐름 *IFRS 별도 기준 〈단위 : 억원〉

항목	2016	2017
영업활동	41	-4
투자활동	-17	-35
재무활동	-8	39
순현금흐름	16	-0
기말현금	33	33

시장 대비 수익률

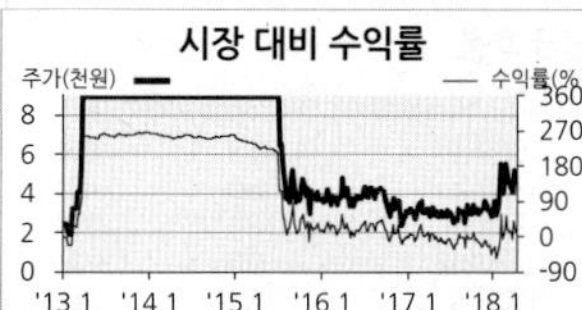

결산 실적 〈단위 : 억원〉

항목	2012	2013	2014	2015	2016	2017
매출액	359	318	381	393	397	484
영업이익	24	24	20	17	20	43
당기순이익	5	-4	-3	-20	7	22

분기 실적 *IFRS 별도 기준 〈단위 : 억원〉

항목	2016.3Q	2016.4Q	2017.1Q	2017.2Q	2017.3Q	2017.4Q
매출액	—	—	—	—	—	—
영업이익	—	—	—	—	—	—
당기순이익	—	—	—	—	—	—

재무 상태 *IFRS 별도 기준 〈단위 : 억원〉

항목	2012	2013	2014	2015	2016	2017
총자산	395	399	393	377	401	460
유형자산	241	229	217	211	220	238
무형자산	15	14	12	10	8	6
유가증권	5	5	3	16	13	15
총부채	352	362	274	272	290	263
총차입금	288	272	195	181	182	161
자본금	28	28	37	38	38	47
총자본	43	38	118	105	110	197
지배주주지분	43	38	118	105	110	197

기업가치 지표 *IFRS 별도 기준

항목	2012	2013	2014	2015	2016	2017
주가(최고/저)(천원)	2.2/0.4	9.5/2.0	—/—	8.1/3.1	6.0/2.2	3.8/2.3
PER(최고/저)(배)	32.5/5.6	—/—	0.0/0.0	—/—	62.5/23.1	14.7/8.9
PBR(최고/저)(배)	2.7/0.5	13.1/2.8	0.0/0.0	5.6/2.2	3.9/1.5	1.8/1.1
EV/EBITDA(배)	9.8	19.6	5.0	13.9	11.0	6.5
EPS(원)	64	-69	-57	-269	90	258
BPS(원)	778	681	1,602	1,362	1,438	2,097
CFPS(원)	280	221	231	-65	289	435
DPS(원)	—	—	—	—	—	—
EBITDAPS(원)	542	726	644	428	463	680

재무 비율 〈단위 : %〉

연도	영업이익률	순이익률	부채비율	차입금비율	ROA	ROE	유보율	자기자본비율	EBITDA마진율
2017	9.0	4.6	133.4	81.8	5.2	14.5	319.4	42.8	12.2
2016	5.1	1.7	263.1	165.0	1.8	6.4	187.5	27.5	9.0
2015	4.3	-5.2	260.4	172.8	-5.3	-18.2	172.4	27.7	8.2
2014	5.3	-0.9	232.0	164.6	-0.8	-4.2	220.5	30.1	9.5

네패스 (A033640)

Nepes

업 종 : 반도체 및 관련장비 | 시 장 : KOSDAQ
신용등급 : (Bond) — (CP) — | 기업규모 : 중견
홈페이지 : www.nepes.co.kr | 연 락 처 : 043)877-3040
본 사 : 충북 음성군 삼성면 금일로 965번길 105

설 립 일	1990.12.27	**종 업 원 수**	690명	**대 표 이 사**	이병구
상 장 일	1999.11.30	**감 사 의 견**	적정(대주)	**계 열**	
결 산 기	12월	**보 통 주**		**종속회사수**	6개사
액 면 가	500원	**우 선 주**		**구 상 호**	

주주구성 (지분율,%)		출자관계 (지분율,%)		주요경쟁사 (외형,%)	
이병구	19.1	네패스디스플레이	98.6	네패스	100
랜드마크자산운용	4.4	이리도스	50.0	아이에이	21
(외국인)	11.5	네패스엘이디	37.5	에스에이엠티	425

매출구성		비용구성		수출비중	
[(주) 네패스]Driver IC Bumping,WLP 외	65.2	매출원가율	78.2	수출	79.7
[(주) 네패스]Developer, EMC Chemical외	14.8	판관비율	15.0	내수	20.3
[(주) 네패스신소재]Developer, EMC Chemical외	7.2				

회사 개요

동사는 지배회사는 반도체 및 전자관련 부품, 전자재료 및 화학제품 제조, 판매를 영위할 목적으로 1990년에 설립되어 2011년 웨이퍼레벨패키지(WLP) 시장에서 비약적인 매출 성장과 고객선 확대가 이루어짐. 종속회사로 상장사인 네패스신소재를 비롯해 6개가 있고, 계열회사는 동사 포함 12개임. 동사는 LCD 구동칩의 Bumping 기술을 최초로 Turn-Key Base 국산화하여 삼성전자, 동부하이텍 등 안정적 공급처를 확보한 상황.

실적 분석

동사는 2017년 반도체시장의 호황에 힘입어 연간 매출액 2,850.3억원을 시현하며 전년대비 12.0% 외형이 확대됨. 영업이익은 매출증가, 원가율 감소 등으로 193.1억을 달성하며 전년 대비 134.2% 증가함. 당기순이익은 전년도 에네패스디스플레이 전환상환우선주에 대한 무상감자와 관련된 채무면제이익이 발생하여 전년 대비 78.1% 감소한 39.4억원에 그침.

현금 흐름 〈단위 : 억원〉

항목	2016	2017
영업활동	443	597
투자활동	-275	-580
재무활동	-77	-26
순현금흐름	18	-9
기말현금	489	480

시장 대비 수익률

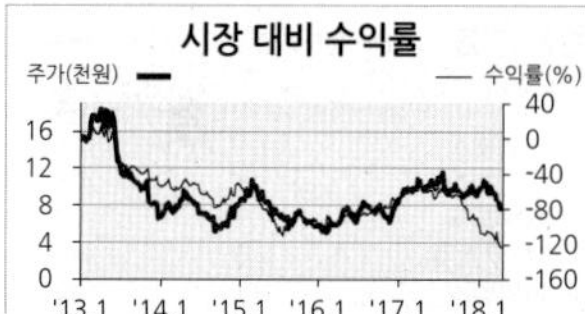

결산 실적 〈단위 : 억원〉

항목	2012	2013	2014	2015	2016	2017
매출액	3,102	3,630	3,288	2,792	2,545	2,850
영업이익	257	8	69	39	82	193
당기순이익	141	-458	-116	-163	180	39

분기 실적 〈단위 : 억원〉

항목	2016.3Q	2016.4Q	2017.1Q	2017.2Q	2017.3Q	2017.4Q
매출액	647	663	684	729	732	706
영업이익	27	9	33	64	73	24
당기순이익	-10	2	5	12	33	-11

재무 상태 〈단위 : 억원〉

항목	2012	2013	2014	2015	2016	2017
총자산	3,801	3,951	3,855	3,559	2,986	3,081
유형자산	2,360	2,236	1,940	2,087	1,484	1,619
무형자산	66	44	74	123	51	47
유가증권	4	4	3	3	3	3
총부채	2,174	2,785	2,361	2,178	1,828	1,872
총차입금	1,526	1,863	1,842	1,749	1,353	1,254
자본금	110	110	110	110	110	111
총자본	1,626	1,166	1,494	1,381	1,158	1,209
지배주주지분	1,605	1,272	1,206	1,115	1,308	1,312

기업가치 지표

항목	2012	2013	2014	2015	2016	2017
주가(최고/저)(천원)	20.6/10.8	19.0/6.5	9.9/5.0	11.1/5.5	8.4/5.1	11.6/8.2
PER(최고/저)(배)	29.1/15.2	—/—	—/—	—/—	10.1/6.1	38.8/27.3
PBR(최고/저)(배)	2.8/1.5	3.2/1.1	1.7/0.9	2.1/1.0	1.4/0.8	1.9/1.3
EV/EBITDA(배)	7.3	8.7	7.5	6.9	5.5	4.6
EPS(원)	728	-1,532	-382	-398	845	302
BPS(원)	7,608	6,106	5,822	5,409	6,292	6,237
CFPS(원)	2,187	-13	1,276	1,306	2,549	2,020
DPS(원)	100	—	—	50	—	100
EBITDAPS(원)	2,638	1,554	1,972	1,882	2,082	2,600

재무 비율 〈단위 : %〉

연도	영업이익률	순이익률	부채비율	차입금비율	ROA	ROE	유보율	자기자본비율	EBITDA마진율
2017	6.8	1.4	154.9	103.7	1.3	5.1	1,141.9	39.2	20.0
2016	3.2	7.1	157.8	116.8	5.5	15.2	1,146.9	38.8	17.9
2015	1.4	-5.9	157.7	126.6	-4.4	-7.5	971.9	38.8	14.7
2014	2.1	-3.5	158.0	123.3	-3.0	-6.7	1,053.8	38.8	13.1

네패스신소재 (A087730)
NEPES Advanced Materials

업 종 : 반도체 및 관련장비 | 시 장 : KOSDAQ
신용등급 : (Bond) — (CP) — | 기업규모 : 벤처
홈페이지 : www.nepesamc.co.kr | 연 락 처 : 063)900-7202
본 사 : 전북 익산시 석암로 99(팔봉동 841)

설 립 일	2000.02.10	종 업 원 수	91명	대 표 이 사	이종국
상 장 일	2008.04.04	감 사 의 견	적정(대주)	계 열	
결 산 기	12월	보 통 주		종속회사수	
액 면 가	500원	우 선 주		구 상 호	

주주구성 (지분율,%)		출자관계 (지분율,%)		주요경쟁사 (외형,%)	
키스톤하이테크 제1호 투자목적회사	31.5	네패스	0.5	네패스신소재	100
네패스	5.7			피에스엠씨	65
(외국인)	0.1			에이디칩스	114

매출구성		비용구성		수출비중	
EMC(제품)	79.6	매출원가율	79.2	수출	68.4
CMC(제품)	14.2	판관비율	29.8	내수	31.6
기타 (상품외)(기타)	6.2				

회사 개요

동사는 2000년에 LG화학의 EMC 사업부를 네패스가 인수하여 설립되었으며, 반도체 칩 외부를 밀봉하는 재료인 에폭시 몰딩 컴파운드(EMC)와 LED 칩을 보호하는 소재 클리어 몰딩 컴파운드(CMC)를 생산하는 전문화학 소재 기업임. 최근 LED Packaging 및 Lighting의 제조, 판매업체인 네패스LED를 자회사로 설립하여 하이파워 LED 형광등 사업으로의 진출을 추진 중에 있음.

실적 분석

동사의 2017년 연결기준 매출액은 163.4억원으로 전년 대비 10.7% 감소하였음. 고수익 제품군 매출감소와 매출제품 단가인하로 인하여 영업손실이 지속되고 있음. 합성수지 및 기타 플라스틱물질 제조업은 반도체 재료로 사용되기 때문에 반도체 경기에 매우 민감하게 반응함. 반도체용 EMC 및 LED용 CMC는 전기, 전자재료의 다른 부문에서와 마찬가지로 일본업체들이 세계시장을 지배하고 있음.

현금 흐름 *IFRS 별도 기준 〈단위 : 억원〉

항목	2016	2017
영업활동	-7	-10
투자활동	-6	-5
재무활동	1	2
순현금흐름	-12	-13
기말현금	60	47

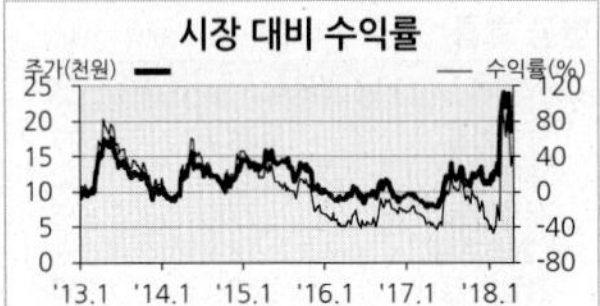

결산 실적 〈단위 : 억원〉

항목	2012	2013	2014	2015	2016	2017
매출액	186	208	248	227	183	163
영업이익	17	22	42	25	-20	-15
당기순이익	22	21	36	25	-7	-21

분기 실적 *IFRS 별도 기준 〈단위 : 억원〉

항목	2016.3Q	2016.4Q	2017.1Q	2017.2Q	2017.3Q	2017.4Q
매출액	50	42	44	41	41	37
영업이익	-5	-10	-4	-4	-1	-4
당기순이익	-3	-5	-3	-2	0	-16

재무 상태 *IFRS 별도 기준 〈단위 : 억원〉

항목	2012	2013	2014	2015	2016	2017
총자산	123	143	207	237	224	197
유형자산	22	23	81	86	83	79
무형자산	4	3	2	2	1	1
유가증권	—	3	10	7	9	12
총부채	36	40	72	86	81	72
총차입금	8	6	9	38	36	30
자본금	14	14	14	14	14	14
총자본	86	103	135	151	143	125
지배주주지분	86	103	135	151	143	125

기업가치 지표 *IFRS 별도 기준

항목	2012	2013	2014	2015	2016	2017
주가(최고/저)(천원)	10.5/2.5	17.8/8.5	16.2/8.7	16.6/9.4	12.1/8.4	15.0/7.7
PER(최고/저)(배)	14.4/3.4	24.8/11.8	13.3/7.1	19.6/11.1	—/—	—/—
PBR(최고/저)(배)	3.6/0.9	5.1/2.4	3.5/1.9	3.2/1.8	2.4/1.7	3.4/1.8
EV/EBITDA(배)	8.6	8.1	7.8	7.9	—	—
EPS(원)	759	738	1,243	857	-236	-738
BPS(원)	3,015	3,594	4,710	5,266	4,998	4,359
CFPS(원)	1,061	1,051	1,524	1,140	50	-459
DPS(원)	100	100	150	100	—	—
EBITDAPS(원)	881	1,088	1,734	1,143	-410	-233

재무 비율 〈단위 : %〉

연도	영업이익률	순이익률	부채비율	차입금비율	ROA	ROE	유보율	자기자본비율	EBITDA마진율
2017	-9.0	-12.9	57.6	23.9	-10.0	-15.8	771.8	63.4	-4.1
2016	-10.9	-3.7	56.6	25.4	-2.9	-4.6	899.7	63.9	-6.4
2015	10.8	10.8	57.1	25.3	11.1	17.2	953.2	63.7	14.4
2014	16.7	14.3	53.6	6.8	20.3	29.9	842.0	65.1	20.0

넥센 (A005720)
Nexen

업 종 : 자동차부품 | 시 장 : 거래소
신용등급 : (Bond) — (CP) — | 기업규모 : 시가총액 중형주
홈페이지 : www.nexencorp.co.kr | 연 락 처 : 055)320-7370
본 사 : 경남 김해시 김해대로 2595번지

설 립 일	1968.09.10	종 업 원 수	810명	대 표 이 사	강병중,강호찬
상 장 일	1987.12.19	감 사 의 견	적정(안경)	계 열	
결 산 기	12월	보 통 주		종속회사수	2개사
액 면 가	500원	우 선 주		구 상 호	

주주구성 (지분율,%)		출자관계 (지분율,%)		주요경쟁사 (외형,%)	
강호찬	48.5	넥센디앤에스	100.0	넥센	100
한국투자밸류자산운용	15.4	넥센타이어	41.7	한국타이어	2,169
(외국인)	7.1	KNN	39.3	한국타이어월드와이드	263

매출구성		비용구성		수출비중	
튜브류	40.6	매출원가율	65.5	수출	—
기타	24.6	판관비율	11.1	내수	—
기타(고무사업)	22.2				

회사 개요

2013년 4월 넥센 그룹의 지주회사로 전환, 주력 계열사인 넥센타이어를 비롯해 넥센테크, 케이엔엔, 넥센디앤에스를 자회사로 보유하고 있음. 넥센타이어를 포함한 국내 3개 업체가 세계 튜브 시장 점유율의 50% 이상을 차지, 넥센타이어는 한국 전체 수출의 43% 가량을 점유. 넥센디앤에스는 방배동에 넥센 강남타워 빌딩 및 주변 상가와 경기 시흥시에 위치한 공장부지에 대해 임대사업을 수행 중임.

실적 분석

동사는 지난해 매출액 3,140억원으로 전년 대비 소폭 감소하였음. 같은 기간 영업이익은 734억원, 당기순이익은 818억원을 각각 기록하였음. 매출원가 증가와 판관비 상승으로 인한 영업이익률 감소. 세계 경기 불황으로 인한 수주량 감소가 우려되나, 내수 전략 품목의 M/S 확대를 통해 수익성 강화에 노력 중임.

현금 흐름 〈단위 : 억원〉

항목	2016	2017
영업활동	1,055	669
투자활동	-960	-489
재무활동	-184	-160
순현금흐름	-90	19
기말현금	220	240

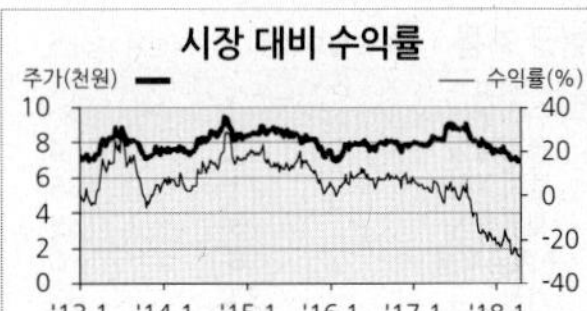

결산 실적 〈단위 : 억원〉

항목	2012	2013	2014	2015	2016	2017
매출액	3,487	3,799	3,543	3,061	3,214	3,140
영업이익	882	843	882	858	1,091	734
당기순이익	744	691	789	778	994	818

분기 실적 〈단위 : 억원〉

항목	2016.3Q	2016.4Q	2017.1Q	2017.2Q	2017.3Q	2017.4Q
매출액	777	801	748	757	740	896
영업이익	267	242	190	194	209	141
당기순이익	234	249	153	176	318	173

재무 상태 〈단위 : 억원〉

항목	2012	2013	2014	2015	2016	2017
총자산	7,209	7,872	8,372	8,831	9,706	10,855
유형자산	1,087	1,100	1,249	1,230	1,193	1,550
무형자산	44	45	49	49	50	51
유가증권	266	281	296	270	241	589
총부채	1,944	1,938	1,797	1,582	1,498	1,684
총차입금	1,041	953	936	735	602	569
자본금	272	272	272	272	272	286
총자본	5,264	5,934	6,576	7,249	8,208	9,171
지배주주지분	5,211	5,868	6,576	7,249	8,208	9,171

기업가치 지표

항목	2012	2013	2014	2015	2016	2017
주가(최고/저)(천원)	8.5/4.9	9.0/6.9	9.4/7.3	9.0/7.1	8.2/6.9	9.1/7.4
PER(최고/저)(배)	6.0/3.5	7.5/5.7	6.8/5.3	6.5/5.1	4.6/3.9	6.1/5.0
PBR(최고/저)(배)	0.9/0.5	0.9/0.7	0.8/0.6	0.7/0.6	0.6/0.5	0.6/0.5
EV/EBITDA(배)	5.0	5.0	5.3	4.7	3.8	5.1
EPS(원)	1,485	1,246	1,435	1,428	1,824	1,490
BPS(원)	95,678	107,748	120,732	133,088	15,069	16,052
CFPS(원)	16,064	13,818	15,801	15,634	1,952	1,609
DPS(원)	400	500	550	550	75	75
EBITDAPS(원)	18,807	16,832	17,652	17,099	2,130	1,455

재무 비율 〈단위 : %〉

연도	영업이익률	순이익률	부채비율	차입금비율	ROA	ROE	유보율	자기자본비율	EBITDA마진율
2017	23.4	26.1	18.4	6.2	8.0	9.4	3,110.3	84.5	25.4
2016	33.9	30.9	18.3	7.3	10.7	12.9	2,913.8	84.6	36.1
2015	28.0	25.4	21.8	10.1	9.0	11.3	2,561.8	82.1	30.4
2014	24.9	22.3	27.3	14.2	9.7	12.6	2,314.6	78.5	27.1

넥센타이어 (A002350)

Nexen Tire

업　　종 : 자동차부품
신용등급 : (Bond) A+　　(CP) A2+
홈페이지 : www.nexentire.com
본　　사 : 경남 양산시 충렬로 355 (유산동)

시　　장 : 거래소
기업규모 : 시가총액 중형주
연 락 처 : 055)370-5114

설 립 일	1958.04.11	**종업원수**	4,188명	**대표이사**	강병중,강호찬
상 장 일	1976.05.19	**감사의견**	적정(한영)	**계　열**	
결 산 기	12월	**보 통 주**		**종속회사수**	13개사
액 면 가	500원	**우 선 주**		**구　상　호**	

주주구성 (지분율,%)		출자관계 (지분율,%)		주요경쟁사 (외형,%)	
넥센	42.4	누리네트웍스	82.9	넥센타이어	100
강병중	20.5	대전방송	1.5	한국타이어	347
(외국인)	13.4	쌍용자동차	0.1	한국타이어월드와이드	42

매출구성		비용구성		수출비중	
타이어	98.0	매출원가율	67.6	수출	—
운송보관	1.4	판관비율	23.0	내수	—
임대, 렌탈 및 판매대행	0.6				

회사 개요

동사는 한국타이어, 금호타이어와 함께 3대 타이어 회사로 1958년 설립됨. 1976년 유가증권시장에 상장됨. 국내 본사를 거점으로 중국, 미국, 유럽 등 글로벌 판매 네트워크를 통해 타이어 제조, 판매를 하고 있음. 사업영역은 타이어부문과 운송 보관, 비타이어부문(금형)으로 나뉨. 중국산 타이어의 반덤핑 제소에 따른 관세부과등으로 높은 비중을 차지하고 있던 북미쪽 매출이 신장. 유럽시장 광고 확대 및 메이저리그 3개 팀과 파트너십 체결.

실적 분석

동사의 2017년 매출액은 1조 9,647.9억원으로 전년 대비 3.7% 증가하였음. 같은 기간 영업이익은 1,854.2억원, 당기순이익은 1,254.0억원으로 전년 대비 부진한 실적을 시현함. 동사는 타이어 원재료인 천연고무를 대부분 수입하고 있고, 합성고무의 원재료가 원유에 의존되는 관계로 천연고무 및 유가의 국제시황 그리고 환율 변동의 변화에 민감함. 신성장동력 확보가 시급한 상황인 것으로 판단됨.

현금 흐름

<단위 : 억원>

항목	2016	2017
영업활동	3,832	2,551
투자활동	-1,264	-2,897
재무활동	-2,374	260
순현금흐름	212	-101
기말현금	1,261	1,160

시장 대비 수익률

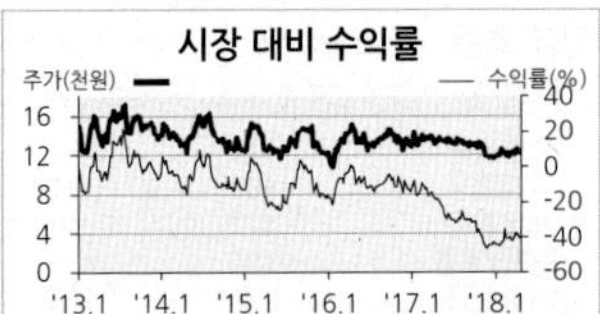

결산 실적

<단위 : 억원>

항목	2012	2013	2014	2015	2016	2017
매출액	17,062	17,282	17,588	18,375	18,947	19,648
영업이익	1,802	1,770	2,086	2,249	2,480	1,854
당기순이익	1,343	1,240	1,298	1,271	1,760	1,254

분기 실적

<단위 : 억원>

항목	2016.3Q	2016.4Q	2017.1Q	2017.2Q	2017.3Q	2017.4Q
매출액	4,702	4,734	4,815	5,141	5,269	4,423
영업이익	654	551	488	436	477	454
당기순이익	468	433	296	294	415	249

재무 상태

<단위 : 억원>

항목	2012	2013	2014	2015	2016	2017
총자산	20,521	22,998	25,273	25,809	26,179	27,940
유형자산	12,779	14,822	17,024	16,920	16,472	17,657
무형자산	55	79	131	140	152	191
유가증권	541	431	400	356	518	542
총부채	13,715	15,028	15,940	15,468	14,152	14,551
총차입금	10,149	11,404	11,719	10,788	8,411	8,656
자본금	527	527	535	535	535	541
총자본	6,806	7,970	9,334	10,340	12,027	13,389
지배주주지분	6,778	7,930	9,280	10,266	11,932	13,355

기업가치 지표

항목	2012	2013	2014	2015	2016	2017
주가(최고/저)(천원)	21.0/14.2	17.2/11.5	16.7/12.2	15.3/11.6	15.2/10.7	14.6/11.6
PER(최고/저)(배)	16.6/11.2	14.7/9.8	13.7/10.0	12.9/9.7	9.1/6.4	12.2/9.7
PBR(최고/저)(배)	3.3/2.2	2.3/1.5	1.9/1.4	1.6/1.2	1.3/0.9	1.1/0.9
EV/EBITDA(배)	9.4	8.6	7.3	5.8	4.8	5.4
EPS(원)	1,314	1,209	1,255	1,217	1,689	1,208
BPS(원)	6,713	7,848	9,046	10,004	11,622	12,849
CFPS(원)	2,118	2,196	2,278	2,573	3,095	2,656
DPS(원)	60	65	75	80	100	100
EBITDAPS(원)	2,581	2,733	3,061	3,542	3,817	3,241

재무 비율

<단위 : %>

연도	영업이익률	순이익률	부채비율	차입금비율	ROA	ROE	유보율	자기자본비율	EBITDA마진율
2017	9.4	6.4	108.7	64.7	4.6	9.9	2,374.8	47.9	17.1
2016	13.1	9.3	117.7	69.9	6.8	15.7	2,137.5	45.9	20.7
2015	12.2	6.9	149.6	104.3	5.0	12.8	1,826.0	40.1	19.8
2014	11.9	7.4	170.8	125.6	5.4	14.9	1,641.5	36.9	17.8

넥센테크 (A073070)

NEXEN TECH CORP

업　　종 : 자동차부품
신용등급 : (Bond) —　　(CP) —
홈페이지 : www.nexentech.co.kr
본　　사 : 울산시 울주군 웅촌면 웅비공단길91-1(대대리)

시　　장 : KOSDAQ
기업규모 : 중견
연 락 처 : 052)259-8300

설 립 일	1994.02.01	**종업원수**	119명	**대표이사**	김정훈
상 장 일	2004.01.28	**감사의견**	적정(성도)	**계　열**	
결 산 기	12월	**보 통 주**		**종속회사수**	1개사
액 면 가	100원	**우 선 주**		**구　상　호**	

주주구성 (지분율,%)		출자관계 (지분율,%)		주요경쟁사 (외형,%)	
루트원투자조합	20.4	청도넥센전장	100.0	넥센테크	100
루트원투자조합3호	17.3			동국실업	731
(외국인)	2.6			디와이파워	394

매출구성		비용구성		수출비중	
자동차용 WIRE HARNESS(제품)	95.8	매출원가율	80.5	수출	0.0
자동차용 WIRE HARNESS(상품)	2.6	판관비율	10.3	내수	100.0
기타	1.5				

회사 개요

동사는 1994년 설립돼 자동차용 와이어링 하네스 부품 생산업체임. 완성차 업체와 장기 공급 계약을 맺어 부품 협력업체로서 사업을 영위함. 와이어링 하네스는 동사와 함께 유라코퍼레이션, 경신 등 몇몇 업체가 과점을 하는 구조임. 이 부품은 자동차 전기, 전자적 신호체계를 전달하는 역할을 함. 신규 차종의 개발 시 완성차 업체와 공동으로 개발, 설계가 이뤄져 생산 후 전량 완성차 업체로 공급되는 장점을 가짐.

실적 분석

동사는 지난해 영업이익 76억원을 기록. 이는 전년 동기 대비 45% 증가한 수치. 같은 기간 매출액은 823억원으로 0.7%, 당기순이익은 84억원으로 59%가 각각 증가. 생산 공적 최적화 등 내부 프로세스 개선과 자회사 손익 개선을 통해 이익이 큰 폭으로 개선. 동사는 최근 제주도에 자회사 엔디엠(NDM)을 설립하고 미국의 자율주행 플랫폼 전문기업인 우모와 업무협약을 체결했음.

현금 흐름

<단위 : 억원>

항목	2016	2017
영업활동	114	26
투자활동	-60	-195
재무활동	-17	490
순현금흐름	36	319
기말현금	92	411

시장 대비 수익률

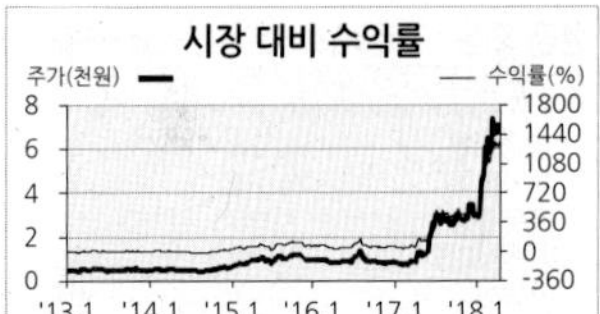

결산 실적

<단위 : 억원>

항목	2012	2013	2014	2015	2016	2017
매출액	667	591	720	934	817	823
영업이익	10	20	36	46	52	76
당기순이익	43	20	62	36	53	79

분기 실적

<단위 : 억원>

항목	2016.3Q	2016.4Q	2017.1Q	2017.2Q	2017.3Q	2017.4Q
매출액	167	227	189	190	214	230
영업이익	13	17	15	16	18	28
당기순이익	14	23	13	12	21	34

재무 상태

<단위 : 억원>

항목	2012	2013	2014	2015	2016	2017
총자산	513	529	622	606	673	1,226
유형자산	195	188	187	179	166	162
무형자산	2	4	4	10	8	8
유가증권	48	44	—	—	—	104
총부채	124	127	194	154	186	469
총차입금	21	19	37	5	2	297
자본금	73	73	73	73	73	88
총자본	389	401	428	452	487	757
지배주주지분	389	401	428	452	487	757

기업가치 지표

항목	2012	2013	2014	2015	2016	2017
주가(최고/저)(천원)	1.3/0.4	0.6/0.4	0.7/0.4	1.2/0.7	1.4/0.8	3.5/0.7
PER(최고/저)(배)	24.5/7.1	24.4/17.5	8.5/5.5	26.0/14.3	19.5/11.2	32.3/6.8
PBR(최고/저)(배)	2.7/0.8	1.2/0.9	1.2/0.8	2.1/1.1	2.1/1.2	4.0/0.9
EV/EBITDA(배)	12.7	9.6	9.3	10.5	7.4	20.9
EPS(원)	60	28	85	49	73	108
BPS(원)	2,685	2,768	2,951	3,119	3,358	865
CFPS(원)	398	235	531	352	452	125
DPS(원)	50	35	75	100	125	—
EBITDAPS(원)	170	231	353	423	449	121

재무 비율

<단위 : %>

연도	영업이익률	순이익률	부채비율	차입금비율	ROA	ROE	유보율	자기자본비율	EBITDA마진율
2017	9.3	9.6	61.9	39.3	8.3	12.7	765.3	61.8	10.7
2016	6.4	6.5	38.2	0.4	8.3	11.2	571.6	72.4	8.0
2015	4.9	3.8	34.0	1.0	5.8	8.1	523.8	74.7	6.6
2014	5.0	8.6	45.3	8.6	10.8	14.9	490.2	68.8	7.1

*관리종목

넥스지 (A081970)

NexGLTD

업 종 : 일반 소프트웨어 / 시 장 : KOSDAQ
신용등급 : (Bond) — (CP) — / 기업규모 :
홈페이지 : www.nexg.net / 연 락 처 : 02)20160855
본 사 : 서울시 마포구 월드컵북로 396, 16층(상암동, 누리꿈스퀘어 비즈니스타워)

설 립 일	2001.10.24	**종업원수**	152명	**대 표 이 사**	김용석
상 장 일	2007.08.20	**감사의견**	거절(감사범위제한)(상장)	**계 열**	
결 산 기	12월	**보 통 주**		**종속회사수**	
액 면 가	500원	**우 선 주**		**구 상 호**	한솔넥스지

주주구성 (지분율,%)		출자관계 (지분율,%)		주요경쟁사 (외형,%)	
유앤아이글로벌	23.8			넥스지	100
위드윈투자조합11호	12.4			네이블	62
(외국인)	0.6			한컴지엠디	44

매출구성		비용구성		수출비중	
[제품]VAAN, Nex25	42.3	매출원가율	55.0	수출	6.9
[제품]VForce시리즈, NexG FW 시리즈	41.4	판관비율	47.7	내수	93.1
[상품]DDos제품외	8.4				

회사 개요

동사는 VPN(가상사설망)을 활용한 보안관제 서비스와 보안솔루션 제품 개발 및 공급을 목적으로 2001년 10월에 설립됨. 2007년 8월 코스닥 시장 상장. 2013년 최대주주가 누리텔레콤에서 한솔인티큐브와 솔라시아로 변경되면서 한솔그룹 계열사로 편입. 주요 제품으로는 VPN(가상사설망)제품 VForce시리즈와 UTM(통합위협관리)제품, 차세대방화벽인 NexG FW, 통합보안관제서비스 등이 있으며, 콤텍시스템, 롯데정보통신 등이 주요 고객임.

실적 분석

동사의 2017년 연간 매출액은 전년 대비 13.5% 감소한 215.9억원을 기록함. 매출 감소의 영향으로 2017년 연간 영업손실은 6.0억원을 기록하며 적자가 지속됨. 비영업이익의 확대로 당기순이익은 전년대비 362.2% 증가한 21.2억원을 기록함. M2M/IoT 제품 개발 및 M2M 보안 시장, 모바일 VPN 개발 및 모바일 보안 시장, 차세대방화벽 시장 등에 대한 신사업에 대한 진출 모색하고 있음.

현금 흐름 *IFRS 별도 기준 〈단위 : 억원〉

항목	2016	2017
영업활동	28	18
투자활동	-4	-98
재무활동	-5	0
순현금흐름	19	-79
기말현금	147	67

시장 대비 수익률

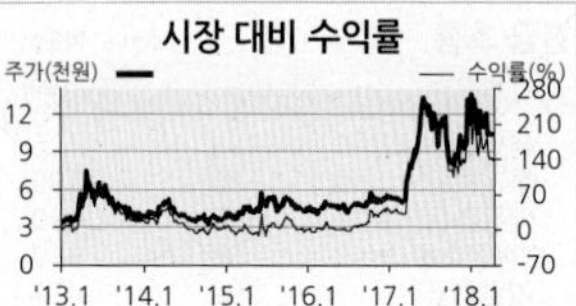

결산 실적 〈단위 : 억원〉

항목	2012	2013	2014	2015	2016	2017
매출액	186	179	219	229	250	216
영업이익	25	12	9	3	-4	-6
당기순이익	27	15	10	4	5	21

분기 실적 *IFRS 별도 기준 〈단위 : 억원〉

항목	2016.3Q	2016.4Q	2017.1Q	2017.2Q	2017.3Q	2017.4Q
매출액	63	72	53	56	51	59
영업이익	1	-2	-2	2	-1	0
당기순이익	2	2	-1	2	-1	9

재무 상태 *IFRS 별도 기준 〈단위 : 억원〉

항목	2012	2013	2014	2015	2016	2017
총자산	354	356	390	383	388	390
유형자산	82	23	21	32	25	21
무형자산	7	25	30	32	30	16
유가증권	36	23	13	15	18	102
총부채	32	22	46	33	31	35
총차입금	—	—	—	—	—	—
자본금	29	29	29	29	29	29
총자본	322	334	344	350	356	355
지배주주지분	322	334	344	350	356	355

기업가치 지표 *IFRS 별도 기준

항목	2012	2013	2014	2015	2016	2017
주가(최고/저)(천원)	6.9/3.1	7.8/3.3	5.4/3.3	5.8/3.7	6.1/4.1	14.0/5.0
PER(최고/저)(배)	15.2/6.8	31.4/13.3	30.1/18.2	75.2/48.4	—/—	85.5/30.8
PBR(최고/저)(배)	1.3/0.6	1.4/0.6	0.9/0.6	1.0/0.6	1.0/0.7	2.3/0.8
EV/EBITDA(배)	1.8	3.4	3.3	5.9	18.6	32.4
EPS(원)	461	252	180	77	-17	163
BPS(원)	5,589	5,796	5,965	6,073	6,184	6,168
CFPS(원)	666	461	399	396	305	477
DPS(원)	—	20	20	20	—	—
EBITDAPS(원)	634	422	369	374	153	292

재무 비율 〈단위 : %〉

연도	영업이익률	순이익률	부채비율	차입금비율	ROA	ROE	유보율	자기자본비율	EBITDA마진율
2017	-2.8	9.8	10.2	0.0	5.4	5.9	1,172.3	90.7	5.6
2016	-1.6	1.8	8.8	0.0	1.2	1.3	1,136.8	91.9	5.8
2015	1.4	1.9	9.4	0.0	1.2	1.3	1,114.6	91.4	9.4
2014	3.9	4.7	13.4	0.0	2.8	3.1	1,093.1	88.2	9.7

넥스턴 (A089140)

NEXTURN COLTD

업 종 : 기계 / 시 장 : KOSDAQ
신용등급 : (Bond) — (CP) — / 기업규모 : 벤처
홈페이지 : www.nexturn.co.kr / 연 락 처 : 031)288-2021
본 사 : 경기도 용인시 기흥구 기흥단지로 121번길 35

설 립 일	2000.07.18	**종업원수**	70명	**대 표 이 사**	정영화
상 장 일	2006.11.01	**감사의견**	적정(이정)	**계 열**	
결 산 기	12월	**보 통 주**		**종속회사수**	
액 면 가	500원	**우 선 주**		**구 상 호**	

주주구성 (지분율,%)		출자관계 (지분율,%)		주요경쟁사 (외형,%)	
대호테크	33.5			넥스턴	100
우아	7.9			SIMPAC	528
(외국인)	2.0			영풍정밀	151

매출구성		비용구성		수출비중	
3D 열성형장비	82.4	매출원가율	69.0	수출	79.1
CNC자동선반	16.3	판관비율	8.0	내수	20.9
상품	1.2				

회사 개요

동사는 자동차, 항공기, 선박, 의료기기를 포함한 기계류의 부품제작에 활용되는 주축 이동형 CNC자동선반을 전문적으로 생산하는 업체로 2000년 '케이엠티'라는 상호로 설립됨. 이후 2004년 넥스턴으로 상호가 변경되었음. 국산 장비 시장은 한화기계와 동사가 과점하고 있으며 동사의 점유율은 약 37%로 추산됨. 2016년 스마트폰 커버 유리를 구부려 엣지 글래스를 만드는 유리 열성형 장비 사업을 새롭게 시작함.

실적 분석

2017년 누적 매출액과 영업이익은 각각 전년동기 대비 각각 41.2%, 47.8% 감소한 437.1억원, 100.8억원을 기록. CNC 자동선반 부문의 매출이 증가하였으나 매출액 비율이 61%에 달하는 3D 열성형장비 부문 매출이 감소하며 외형축소. 중국 내 Display 공급업체에서 Flexible Display의 공급이 원활해지면 시장은 급속히 성장할 것으로 예측됨.

현금 흐름 *IFRS 별도 기준 〈단위 : 억원〉

항목	2016	2017
영업활동	179	51
투자활동	-401	131
재무활동	427	-46
순현금흐름	185	133
기말현금	276	408

시장 대비 수익률

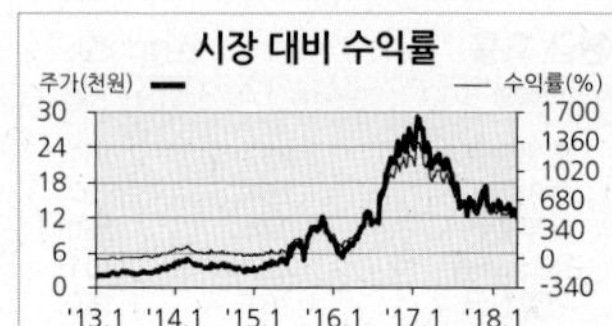

결산 실적 〈단위 : 억원〉

항목	2012	2013	2014	2015	2016	2017
매출액	213	220	205	162	744	437
영업이익	34	35	41	16	193	101
당기순이익	24	28	32	14	172	68

분기 실적 *IFRS 별도 기준 〈단위 : 억원〉

항목	2016.3Q	2016.4Q	2017.1Q	2017.2Q	2017.3Q	2017.4Q
매출액	382	295	110	75	205	47
영업이익	114	86	25	19	54	3
당기순이익	74	98	7	24	50	-13

재무 상태 *IFRS 별도 기준 〈단위 : 억원〉

항목	2012	2013	2014	2015	2016	2017
총자산	284	306	335	332	985	948
유형자산	77	74	71	78	85	91
무형자산	5	4	4	3	3	3
유가증권	0	—	—	—	—	50
총부채	42	41	44	32	86	30
총차입금	0	0	0	0	0	0
자본금	29	29	29	29	59	59
총자본	242	265	291	300	899	918
지배주주지분	242	265	291	300	899	918

기업가치 지표 *IFRS 별도 기준

항목	2012	2013	2014	2015	2016	2017
주가(최고/저)(천원)	2.5/1.8	3.9/2.0	5.0/2.7	12.3/3.0	27.1/5.1	29.4/12.4
PER(최고/저)(배)	9.4/6.9	11.9/6.1	13.5/7.3	76.5/18.5	15.6/2.9	52.1/21.9
PBR(최고/저)(배)	0.8/0.6	1.1/0.6	1.3/0.7	3.1/0.7	3.5/0.7	3.6/1.5
EV/EBITDA(배)	3.1	7.3	3.1	31.9	12.3	9.2
EPS(원)	294	344	387	165	1,774	572
BPS(원)	4,828	5,243	5,696	5,862	7,925	8,336
CFPS(원)	490	556	614	281	1,793	592
DPS(원)	100	100	100	60	150	200
EBITDAPS(원)	650	663	762	324	2,012	870

재무 비율 〈단위 : %〉

연도	영업이익률	순이익률	부채비율	차입금비율	ROA	ROE	유보율	자기자본비율	EBITDA마진율
2017	23.1	15.5	3.3	0.0	7.0	7.5	1,567.2	96.9	23.6
2016	25.9	23.1	9.6	0.0	26.1	28.6	1,485.1	91.2	26.2
2015	9.9	8.4	10.6	0.1	4.1	4.6	1,072.4	90.5	11.6
2014	19.8	15.6	15.2	0.1	10.0	11.5	1,039.1	86.8	21.5

넥스트리밍 (A139670)
NexStreaming

업 종 : 일반 소프트웨어 | 시 장 : KOSDAQ
신용등급 : (Bond) — (CP) — | 기업규모 : 벤처
홈페이지 : www.nexstreaming.com | 연 락 처 : 02)2194-5300
본 사 : 서울시 서초구 바우뫼로37길 56 건영빌딩 3층

설 립 일	2002.09.09	**종 업 원 수**	87명	**대 표 이 사**	임일택
상 장 일	2011.12.02	**감 사 의 견**	적정(대주)	**계 열**	
결 산 기	12월	**보 통 주**		**종속회사수**	3개사
액 면 가	500원	**우 선 주**		**구 상 호**	

주주구성 (지분율,%)		출자관계 (지분율,%)		주요경쟁사 (외형,%)	
임일택	13.5	BEIJINGNEXSTREAMINGTECHNOLOGY	100.0	넥스트리밍	100
솔본	13.4	NEXSTREAMINGUSA,	100.0	포시에스	127
(외국인)	1.2	NEXSTREAMINGEUROPESLU	100.0	한컴시큐어	162

매출구성		비용구성		수출비중	
NexPlayer SDK	72.7	매출원가율	0.0	수출	92.2
기타	21.4	판관비율	133.3	내수	7.8
NexPlayer	6.0				

회사 개요
동사는 모바일기기를 중심으로 하는 멀티미디어 환경에서 독자기술로 개발한 모바일 멀티미디어 소프트웨어를 글로벌 기업 및 콘텐츠업체들에게 개발/제공하는 업체임. 주요 제품은 모바일 디바이스에 탑재 또는 설치되는 동영상 플레이어임. 특히 삼성전자, LG전자 등 글로벌 휴대폰 제조업체들을 고객으로 확보하고 있으며, NexPlayerSDK등을 sbs콘텐츠허브에 공급하고 있음.

실적 분석
동사의 2017년 연간 매출액은 전년 대비 8.1% 증가한 101억원을 기록함. 영업손실은 33.6억원을 기록함. 외형확대와 함께 인건비, 무형자산상각비 등 판매비와관리비 감소하며 적자 폭이 축소됨. 당기순손실은 42.9억원 기록하였으며 적자 지속되지만 적자 규모 축소되었음. 현재 동사는 신규 플랫폼용 플러그인 개발과 차세대 플랫폼에 대한 연구 개발을 지속하고 있음.

현금 흐름
<단위 : 억원>

항목	2016	2017
영업활동	-53	-31
투자활동	-69	13
재무활동	—	—
순현금흐름	-121	-24
기말현금	109	86

시장 대비 수익률
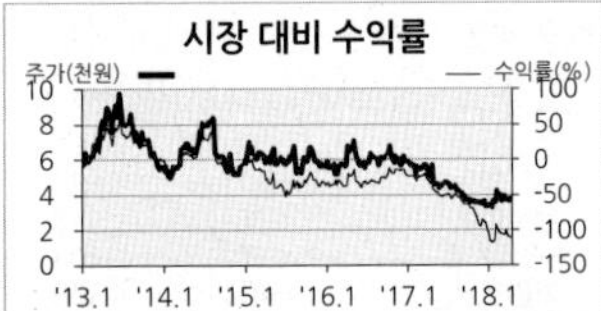

결산 실적
<단위 : 억원>

항목	2012	2013	2014	2015	2016	2017
매출액	153	183	173	127	93	101
영업이익	44	45	23	-22	-50	-34
당기순이익	39	41	25	-12	-53	-43

분기 실적
<단위 : 억원>

항목	2016.3Q	2016.4Q	2017.1Q	2017.2Q	2017.3Q	2017.4Q
매출액	22	21	27	26	25	23
영업이익	-11	-14	-9	-5	-5	-15
당기순이익	-15	-14	-14	-4	-5	-21

재무 상태
<단위 : 억원>

항목	2012	2013	2014	2015	2016	2017
총자산	216	271	301	282	218	166
유형자산	7	6	5	4	7	6
무형자산	6	7	8	6	5	3
유가증권	0	0	—	0	61	47
총부채	33	48	61	53	39	31
총차입금	—	—	6	—	—	—
자본금	35	35	35	35	35	35
총자본	183	223	240	228	179	135
지배주주지분	183	223	240	228	179	135

기업가치 지표

항목	2012	2013	2014	2015	2016	2017
주가(최고/저)(천원)	7.5/3.5	9.7/5.2	8.5/4.9	8.5/5.2	7.5/5.1	6.0/3.3
PER(최고/저)(배)	13.9/6.5	16.9/9.1	24.2/13.8	—/—	—/—	—/—
PBR(최고/저)(배)	2.7/1.2	2.9/1.6	2.3/1.3	2.3/1.4	2.6/1.7	2.6/1.4
EV/EBITDA(배)	5.9	3.9	6.7	—	—	—
EPS(원)	556	589	355	-170	-750	-611
BPS(원)	2,899	3,446	3,765	3,634	2,937	2,305
CFPS(원)	601	646	418	-102	-684	-558
DPS(원)	70	70	50	—	—	—
EBITDAPS(원)	670	705	389	-243	-642	-426

재무 비율
<단위 : %>

연도	영업이익률	순이익률	부채비율	차입금비율	ROA	ROE	유보율	자기자본비율	EBITDA마진율
2017	-33.3	-42.5	23.1	0.0	-22.3	-27.3	361.1	81.3	-29.6
2016	-53.2	-56.3	21.8	0.0	-21.1	-25.8	487.4	82.1	-48.2
2015	-17.2	-9.4	23.3	0.0	-4.1	-5.1	626.9	81.1	-13.4
2014	13.2	14.4	25.7	2.3	8.7	10.8	653.0	79.6	15.8

넥스트비티 (A065170)
NEXT BT

업 종 : 식료품 | 시 장 : KOSDAQ
신용등급 : (Bond) — (CP) — | 기업규모 : 중견
홈페이지 : www.nextbt.co.kr | 연 락 처 : 043)878-8851
본 사 : 충북 음성군 삼성면 대양로 193-12

설 립 일	1995.02.17	**종 업 원 수**	30명	**대 표 이 사**	박영철
상 장 일	2002.11.14	**감 사 의 견**	적정(한영)	**계 열**	
결 산 기	12월	**보 통 주**		**종속회사수**	6개사
액 면 가	500원	**우 선 주**		**구 상 호**	엔알디

주주구성 (지분율,%)		출자관계 (지분율,%)		주요경쟁사 (외형,%)	
바이오리더스	40.0	넥스트에스앤엘	100.0	넥스트BT	100
에너텍	1.0	네추럴에프앤피	61.6	뉴트리바이오텍	163
(외국인)	0.4	바이오프로젠	47.4	코스맥스비티아이	356

매출구성		비용구성		수출비중	
다이어트,비타민,홍삼외	69.3	매출원가율	66.8	수출	—
마스크팩외	35.8	판관비율	29.9	내수	—
연결조정	-5.1				

회사 개요
동사는 2008년 7월 회사 분할 후 종속기업인 ㈜네추럴에프앤피의 기존 제조사업을 안정적인 기반으로 하여 유통사업부, 해외사업부로 세분하여 운영중임. 유통사업부는 TV홈쇼핑과 인터넷쇼핑을 통해 건강기능식품, 생활, 미용제품, 무형상품에 이르기까지 현재 유통되지 않는 상품에 대해서도 개발, 유통에 관한 전략을 수립하고 있음. 해외사업부는 건강식품 및 화장품의 해외수출업무를 담당함.

실적 분석
동사의 2017년도 연결기준 연간 매출액은 837.1억원으로 전년대비 13.2% 증가함. 주요 아이템 매출 전략이 매출액 증가에 기인했으며 자회사의 경영 효율성 상승으로 인해 영업이익이 개선됨. 이자비용, 기타대손상각비 등으로 금융손실 부분에서 적자지속, 순손실은 26.5억원으로 전년 대비 적자 폭을 감소시킴. 건강기능식품의 지속적인 성장에 따라 관련 분야인 동사의 성장도 긍정적.

현금 흐름
<단위 : 억원>

항목	2016	2017
영업활동	23	5
투자활동	-102	22
재무활동	114	1
순현금흐름	35	22
기말현금	71	92

시장 대비 수익률
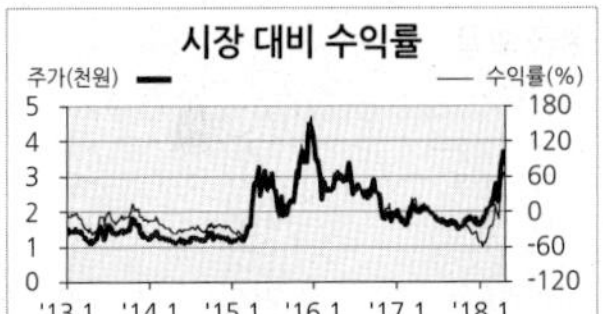

결산 실적
<단위 : 억원>

항목	2012	2013	2014	2015	2016	2017
매출액	613	507	616	571	740	837
영업이익	23	19	20	-2	18	28
당기순이익	-25	-40	-13	-78	-50	-27

분기 실적
<단위 : 억원>

항목	2016.3Q	2016.4Q	2017.1Q	2017.2Q	2017.3Q	2017.4Q
매출액	186	171	260	154	211	213
영업이익	3	3	8	5	17	-2
당기순이익	1	-31	1	-4	12	-35

재무 상태
<단위 : 억원>

항목	2012	2013	2014	2015	2016	2017
총자산	712	654	658	632	734	682
유형자산	262	249	236	242	277	297
무형자산	66	75	73	67	65	63
유가증권	25	36	41	47	31	37
총부채	357	346	292	305	444	405
총차입금	302	249	202	192	289	286
자본금	136	150	172	190	199	199
총자본	355	309	366	326	290	278
지배주주지분	274	284	312	279	241	202

기업가치 지표

항목	2012	2013	2014	2015	2016	2017
주가(최고/저)(천원)	2.7/1.3	1.8/1.1	1.4/1.1	5.0/1.2	4.0/1.7	2.3/1.5
PER(최고/저)(배)	—/—	—/—	—/—	—/—	—/—	—/—
PBR(최고/저)(배)	2.6/1.3	1.9/1.2	1.6/1.2	6.9/1.6	6.6/2.8	4.6/2.9
EV/EBITDA(배)	18.3	16.5	16.1	116.8	26.7	20.1
EPS(원)	-99	-109	-33	-177	-130	-77
BPS(원)	1,004	945	907	734	605	508
CFPS(원)	-38	-50	21	-132	-86	-33
DPS(원)	—	—	—	—	—	—
EBITDAPS(원)	146	126	116	41	90	114

재무 비율
<단위 : %>

연도	영업이익률	순이익률	부채비율	차입금비율	ROA	ROE	유보율	자기자본비율	EBITDA마진율
2017	3.3	-3.2	145.9	103.1	-3.7	-13.8	1.6	40.7	5.4
2016	2.5	-6.7	152.8	99.7	-7.3	-19.6	21.0	39.6	4.8
2015	-0.3	-13.6	93.6	58.9	-12.1	-22.0	46.7	51.7	2.6
2014	3.2	-2.2	79.7	55.3	-2.0	-3.5	81.4	55.7	6.0

넥스트아이 (A137940)

NextEye

업　　종 : 디스플레이 및 관련부품
신용등급 : (Bond) —　　(CP) —
홈페이지 : www.nexteye.com
본　　사 : 경기도 안양시 동안구 동편로13번길65 넥스트아이빌딩

시　　장 : KOSDAQ
기업규모 : 벤처
연 락 처 : 031)389-2299

설 립 일	1998.09.07	**종업원수**	151명	**대표이사**	진광
상 장 일	2011.06.14	**감사의견**	적정(삼일)	**계　　열**	
결 산 기	12월	**보 통 주**		**종속회사수**	11개사
액 면 가	100원	**우 선 주**		**구 상 호**	

주주구성 (지분율,%)		출자관계 (지분율,%)		주요경쟁사 (외형,%)	
Aesthetic International Beauty Chain Group Limited	20.4	원뷰티면세점	85.0	넥스트아이	100
Joy Billion Finance Limited	14.6	실로닉스	64.0	루멘스	608
(외국인)	56.2	이노메트리	60.0	상아프론테크	258

매출구성		비용구성		수출비중	
디스플레이용 편광필름 검사장비	42.2	매출원가율	68.1	수출	59.8
X-RAY	42.0	판관비율	29.8	내수	40.2
3차원 측정기등	13.8				

회사 개요

동사는 머신비전(Machine Vision) 기술을 활용하여, 각종 첨단 제품 또는 관련 부품의 외관검사를 하는 장비를 제조하고 판매하는 것을 주요 사업으로 영위하고 있음. 주요 제품인 편광필름검사장비, BLU검사장비, 유리모서리 깨짐 검사장비(GECD) 등은 LCD제품 또는 부품의 제조공정에서 활용되고 있으며, 전방산업은 TFT- LCD산업 및 TFT-LCD부품산업분야임.

실적 분석

동사의 2017년 연간 매출액은 전년동기대비 51.2% 상승한 594.8억원을 기록하였음. 비용면에서 전년동기대비 매출원가는 증가 했으며 인건비도 크게 증가, 광고선전비도 크게 증가, 기타판매비와관리비는 크게 증가함. 이와 같이 상승한 매출액 대비 비용증가가 높아 매출액은 성장했지만 원가 증가로 인해 전년동기대비 영업이익은 12.9억원으로 67.6% 크게 하락 하였음. 최종적으로 전년동기대비 당기순이익은 적자전환함.

현금 흐름 〈단위 : 억원〉

항목	2016	2017
영업활동	36	-19
투자활동	-309	-169
재무활동	424	301
순현금흐름	152	87
기말현금	205	291

시장 대비 수익률

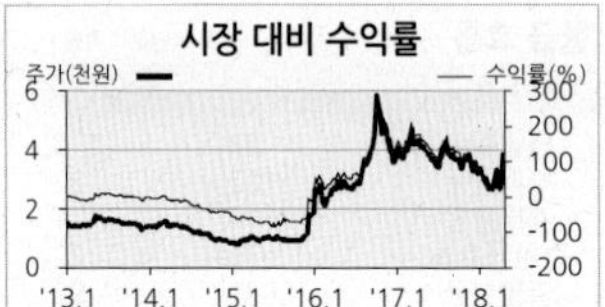

결산 실적 〈단위 : 억원〉

항목	2012	2013	2014	2015	2016	2017
매출액	257	279	292	266	393	595
영업이익	69	53	38	27	40	13
당기순이익	48	43	35	30	35	-27

분기 실적 〈단위 : 억원〉

항목	2016.3Q	2016.4Q	2017.1Q	2017.2Q	2017.3Q	2017.4Q
매출액	64	154	131	147	165	152
영업이익	-8	18	-12	-1	12	15
당기순이익	-4	16	-14	-7	15	-21

재무 상태 〈단위 : 억원〉

항목	2012	2013	2014	2015	2016	2017
총자산	341	406	444	463	989	1,390
유형자산	77	66	112	116	132	155
무형자산	18	9	9	6	14	43
유가증권	17	55	62	47	266	268
총부채	47	69	77	76	335	637
총차입금	—	30	24	17	217	484
자본금	42	42	42	42	62	71
총자본	294	337	367	387	654	753
지배주주지분	287	331	362	379	605	673

기업가치 지표

항목	2012	2013	2014	2015	2016	2017
주가(최고/저)(천원)	1.4/0.8	1.8/1.2	1.6/0.8	2.2/0.8	6.1/2.1	4.7/3.1
PER(최고/저)(배)	12.3/6.8	17.2/12.2	17.9/9.2	33.4/11.8	141.9/48.8	—/—
PBR(최고/저)(배)	1.9/1.0	2.1/1.5	1.7/0.9	2.3/0.8	5.9/2.0	4.7/3.1
EV/EBITDA(배)	6.4	7.9	5.1	18.8	43.6	88.0
EPS(원)	120	106	90	68	43	-27
BPS(원)	3,893	4,389	4,729	5,026	5,235	1,015
CFPS(원)	639	576	542	433	282	-8
DPS(원)	50	75	50	50	75	6
EBITDAPS(원)	885	700	555	439	420	37

재무 비율 〈단위 : %〉

연도	영업이익률	순이익률	부채비율	차입금비율	ROA	ROE	유보율	자기자본비율	EBITDA마진율
2017	2.2	-4.5	84.6	64.3	-2.3	-2.9	884.0	54.2	4.3
2016	10.1	9.0	51.1	33.1	4.9	4.9	910.6	66.2	12.0
2015	10.3	11.4	19.6	4.4	6.7	7.3	853.6	83.7	13.1
2014	12.9	12.0	21.0	6.6	8.2	10.6	797.1	82.7	15.5

넥스트엔터테인먼트월드 (A160550)

Next Entertainment World

업　　종 : 미디어
신용등급 : (Bond) —　　(CP) —
홈페이지 : www.its-new.co.kr
본　　사 : 서울시 강남구 언주로 726 두산빌딩 8층

시　　장 : KOSDAQ
기업규모 : 벤처
연 락 처 : 02)3490-9300

설 립 일	2008.06.25	**종업원수**	80명	**대표이사**	김우택
상 장 일	2014.12.23	**감사의견**	적정(삼일)	**계　　열**	
결 산 기	12월	**보 통 주**		**종속회사수**	
액 면 가	500원	**우 선 주**		**구 상 호**	뉴

주주구성 (지분율,%)		출자관계 (지분율,%)		주요경쟁사 (외형,%)	
김우택	37.2	스튜디오앤뉴	95.6	NEW	100
HUACE MEDIA (HONG KONG) INVESTMENT LIMITED	13.0	콘텐츠판다	70.9	SBS미디어홀딩스	446
(외국인)	14.7	뮤직앤뉴	70.0	현대에이치씨엔	307

매출구성		비용구성		수출비중	
영화(제품)	85.7	매출원가율	77.8	수출	0.0
드라마(제품)	13.1	판관비율	27.6	내수	100.0
기타	1.2				

회사 개요

동사는 도메오홀딩스에서 경영합리화, 기업의 경쟁력 제고를 위하여 2012년 1월 11일 간이흡수합병을 통하여 넥스트엔터테인먼트월드를 합병하였으며, 합병소멸법인의 상호인 넥스트엔터테인먼트월드로 상호를 변경함. 동사는 영화, 비디오물 및 방송 프로그램 배급업을 주요 사업으로 영위하고 있으며 종속회사인 뮤직앤뉴는 음반 기획/제작 및 매니지먼트업, 콘텐츠판다는 영상 콘텐츠에 대한 부가판권 유통업, 쇼앤뉴는 공연 기획 및 제작업을 영위.

실적 분석

동사의 2017년 연결기준 매출액은 945.4억원으로 전년대비 24.8% 감소하였음. 동사의 매출은 영화매출, 극장매출, 공연매출, 드라마 매출, 기타 매출로 구분되며 이중 2017년 영화관 상영 배급(63.79%)과 공중파, Cable TV 판권계약(32.70%)을 통한 국내영화 매출 비중이 가장 큼. 판관비가 36.3% 증가하는 등 부담에 따라 51.6억원의 영업손실이 발생, 적자전환하였음. 동사는 74.6억원의 당기순손실을 기록함.

현금 흐름 〈단위 : 억원〉

항목	2016	2017
영업활동	39	-215
투자활동	-267	-32
재무활동	38	43
순현금흐름	-190	-204
기말현금	581	376

시장 대비 수익률

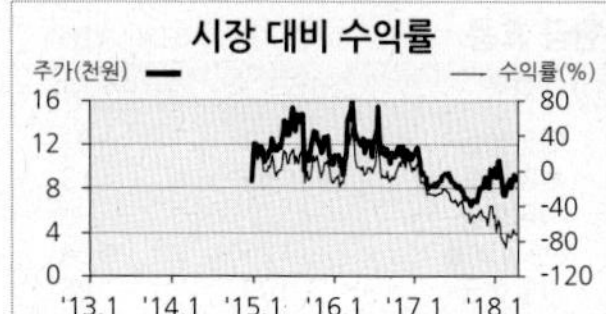

결산 실적 〈단위 : 억원〉

항목	2012	2013	2014	2015	2016	2017
매출액	443	1,264	620	826	1,257	945
영업이익	39	191	61	-25	66	-52
당기순이익	39	189	31	9	36	-75

분기 실적 〈단위 : 억원〉

항목	2016.3Q	2016.4Q	2017.1Q	2017.2Q	2017.3Q	2017.4Q
매출액	536	329	378	189	195	184
영업이익	118	-15	37	-24	-10	-54
당기순이익	130	-36	10	-9	-0	-75

재무 상태 〈단위 : 억원〉

항목	2012	2013	2014	2015	2016	2017
총자산	797	1,175	1,793	2,004	2,305	2,565
유형자산	5	5	10	8	422	536
무형자산	13	10	14	14	16	59
유가증권	62	81	100	141	158	218
총부채	683	861	501	675	939	1,257
총차입금	181	258	129	198	235	463
자본금	36	37	69	137	137	137
총자본	113	314	1,292	1,330	1,367	1,307
지배주주지분	114	312	1,292	1,311	1,354	1,277

기업가치 지표

항목	2012	2013	2014	2015	2016	2017
주가(최고/저)(천원)	—/—	—/—	9.1/8.7	15.4/9.6	16.2/9.3	11.7/6.4
PER(최고/저)(배)	0.0/0.0	0.0/0.0	59.5/56.7	304.9/190.0	100.8/57.8	—/—
PBR(최고/저)(배)	0.0/0.0	0.0/0.0	1.9/1.8	3.2/2.0	3.3/1.9	2.5/1.4
EV/EBITDA(배)	—	—	22.1	—	34.2	—
EPS(원)	350	1,116	153	50	160	-287
BPS(원)	13,172	3,081	9,428	4,783	4,940	4,659
CFPS(원)	7,382	1,989	334	69	192	-245
DPS(원)	—	—	—	—	—	—
EBITDAPS(원)	6,333	2,001	620	-73	274	-146

재무 비율 〈단위 : %〉

연도	영업이익률	순이익률	부채비율	차입금비율	ROA	ROE	유보율	자기자본비율	EBITDA마진율
2017	-5.5	-7.9	96.2	35.4	-3.1	-6.0	831.9	51.0	-4.2
2016	5.3	2.8	68.7	17.2	1.7	3.3	888.0	59.3	6.0
2015	-3.1	1.1	50.8	14.9	0.5	1.1	856.6	66.3	-2.4
2014	9.8	4.9	38.8	10.0	2.1	3.8	1,785.5	72.0	10.5

넥스트칩 (A092600)
NEXTCHIP

업 종 : 보안장비 | 시 장 : KOSDAQ
신용등급 : (Bond) — (CP) — | 기업규모 : 벤처
홈페이지 : www.nextchip.com | 연 락 처 : 02)3460-4700
본 사 : 경기도 성남시 분당구 판교로 323 (삼평동)

설 립 일	1997.05.13	**종업원수**	132명	**대표이사**	김경수
상 장 일	2007.06.26	**감사의견**	적정(삼일)	**계 열**	
결 산 기	12월	**보 통 주**		**종속회사수**	5개사
액 면 가	500원	**우 선 주**		**구 상 호**	

주주구성 (지분율,%)		출자관계 (지분율,%)		주요경쟁사 (외형,%)	
김경수	22.3	앤커넥트	94.3	넥스트칩	100
김동욱	16.6	베이다스	74.5	아이디스홀딩스	821
(외국인)	1.0	앤씨비아이티	73.1	아이디스	178

매출구성		비용구성		수출비중	
영상처리칩(제품)	92.0	매출원가율	67.8	수출	83.0
Camera 부품 등(상품)	8.0	판관비율	52.5	내수	17.0
기타	0.0				

회사 개요

영상보안시장 멀티미디어 반도체 제품의 제조 및 판매를 주 사업으로 영위하고 있음. 설립이래 영상보안시장용 영상처리칩을 개발하기 위해 많은 노력을 해왔으며, 현재 주력 매출이 영상보안 시장에서 발생함. 영상처리칩이 매출액의 91%를 차지하며, 매출 중 대만과 중국으로의 수출 물량이 상당량을 차지하고 있음. 향후 중국이 세계 영상보안 기기 생산에 있어 주도적인 국가로 자리매김할 것으로 예상됨.

실적 분석

동사의 2017년 연결 기준 연간 누적 매출액은 534억원으로 전년 동기 대비 16.6% 감소함. 매출이 감소하면서 매출원가도 줄었지만 판매비와 관리비는 오히려 큰 폭으로 늘면서 영업손실은 108.7억원으로 전년 동기 대비 적자 규모가 확대됨. 비영업 부문에서 금융이익 등으로 흑자가 계속됐지만 영업손실 규모가 워낙 커 당기순손실은 89.6억원으로 적자 전환함.

현금 흐름 (단위 : 억원)

항목	2016	2017
영업활동	-41	-111
투자활동	39	83
재무활동	-28	24
순현금흐름	-27	-5
기말현금	75	70

시장 대비 수익률

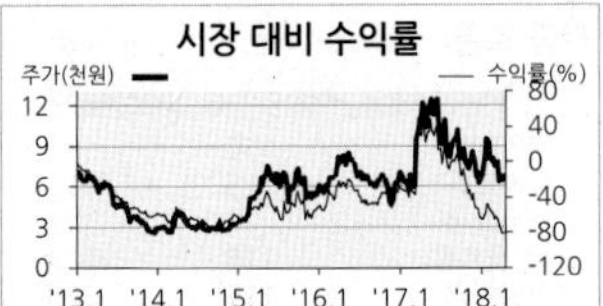

결산 실적 (단위 : 억원)

항목	2012	2013	2014	2015	2016	2017
매출액	531	367	359	632	641	534
영업이익	3	-119	-27	79	-13	-109
당기순이익	34	-186	-19	84	8	-90

분기 실적 (단위 : 억원)

항목	2016.3Q	2016.4Q	2017.1Q	2017.2Q	2017.3Q	2017.4Q
매출액	130	134	128	130	120	156
영업이익	-14	-6	-14	-42	-31	-22
당기순이익	-9	-2	-12	-40	-18	-20

재무 상태 (단위 : 억원)

항목	2012	2013	2014	2015	2016	2017
총자산	777	576	562	675	653	604
유형자산	11	10	7	6	31	34
무형자산	31	18	13	40	51	42
유가증권	39	57	54	74	57	63
총부채	101	91	93	119	94	123
총차입금	59	65	43	52	39	50
자본금	66	66	66	66	67	67
총자본	676	485	469	556	559	481
지배주주지분	676	485	469	553	557	476

기업가치 지표

항목	2012	2013	2014	2015	2016	2017
주가(최고/저)(천원)	12.4/6.3	7.1/2.6	4.1/2.6	7.7/3.3	8.6/4.4	12.7/5.7
PER(최고/저)(배)	50.4/25.4	—/—	—/—	12.2/5.3	101.6/52.4	—/—
PBR(최고/저)(배)	2.5/1.3	2.0/0.7	1.2/0.8	1.9/0.8	2.0/1.1	3.5/1.6
EV/EBITDA(배)	25.3	—	—	5.8	—	—
EPS(원)	252	-1,400	-143	637	84	-616
BPS(원)	5,087	3,647	3,526	4,162	4,195	3,612
CFPS(원)	406	-1,313	-93	682	127	-575
DPS(원)	80	—	—	50	—	—
EBITDAPS(원)	174	-811	-152	642	-54	-767

재무 비율 (단위 : %)

연도	영업이익률	순이익률	부채비율	차입금비율	ROA	ROE	유보율	자기자본비율	EBITDA마진율
2017	-20.4	-16.8	25.5	10.3	-14.3	-16.1	622.3	79.7	-19.3
2016	-2.0	1.3	16.8	7.0	1.2	2.0	739.1	85.6	-1.1
2015	12.6	13.3	21.5	9.3	13.6	16.6	732.4	82.3	13.5
2014	-7.5	-5.3	19.8	9.2	-3.4	-4.0	605.1	83.5	-5.6

넥슨지티 (A041140)
Nexon GT CO

업 종 : 게임 소프트웨어 | 시 장 : KOSDAQ
신용등급 : (Bond) — (CP) — | 기업규모 : 우량
홈페이지 : www.nexon-gt.com | 연 락 처 : 031)779-2500
본 사 : 경기도 성남시 분당구 판교로 256번길 25 (삼평동, 판교테크노밸리 씨3-7비동)

설 립 일	1993.11.08	**종업원수**	169명	**대표이사**	신지환
상 장 일	2000.07.25	**감사의견**	적정(삼일)	**계 열**	
결 산 기	12월	**보 통 주**		**종속회사수**	1개사
액 면 가	500원	**우 선 주**		**구 상 호**	게임하이

주주구성 (지분율,%)		출자관계 (지분율,%)		주요경쟁사 (외형,%)	
넥슨코리아	63.2	넥슨레드	100.0	넥슨지티	100
최성학	4.8	중앙판교개발	99.9	위메이드	222
(외국인)	2.7	레드덕	5.2	선데이토즈	147

매출구성		비용구성		수출비중	
온라인게임	61.2	매출원가율	47.8	수출	1.6
기타게임 및 서비스	38.8	판관비율	56.9	내수	98.4

회사 개요

동사는 국내 최대 온라인 게임 개발사인 넥슨의 자회사로 1993년 11월에 설립되었으며, 2000년 7월에 코스닥시장에 상장한 온라인게임 개발 및 판매 전문 업체임. 2014년 2월 온라인게임 업체인 넥스토릭과 합병을 실시함. 연결대상 종속회사로 웰게임즈가 있음. 현재 슈퍼판타지워(S-RPG), 서든어택(FPS) 등을 공급하고 있으며 넥슨코리아에서 퍼블리싱 담당하고 있음. 주요 매출 유형은 퍼블리셔 로열티로 아이템 판매수익 등으로 구성됨.

실적 분석

동사의 2017년 연간 매출액은 전년 대비 19.5% 감소한 492.7억원을 기록함. 주력 온라인게임인 서든어택의 급격한 수익 감소로 인해 매출이 감소했으며 외형 축소와 더불어 원가율 상승 및 무형자산 상각비와 경상개발비 등 기타 판관비의 증가로 2017년 연간 영업손실은 23.2억원을 기록하며 전년 대비 적자전환함. 지난해 상반기 출시한 신작 게임 서든어택2가 선정성 문제로 9월 서비스 종료되었던 것이 실적 개선의 방해요인으로 파악됨.

현금 흐름 (단위 : 억원)

항목	2016	2017
영업활동	242	4
투자활동	-38	-19
재무활동	-113	-18
순현금흐름	91	-35
기말현금	237	202

시장 대비 수익률

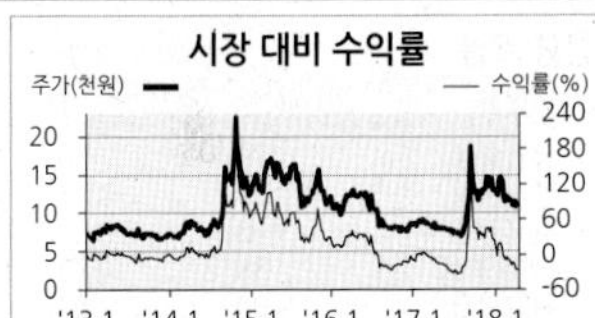

결산 실적 (단위 : 억원)

항목	2012	2013	2014	2015	2016	2017
매출액	531	553	633	601	612	493
영업이익	288	228	206	201	178	-23
당기순이익	154	198	97	179	158	-132

분기 실적 (단위 : 억원)

항목	2016.3Q	2016.4Q	2017.1Q	2017.2Q	2017.3Q	2017.4Q
매출액	194	84	111	85	133	163
영업이익	82	-23	-19	-35	13	18
당기순이익	67	5	-16	-27	8	-97

재무 상태 (단위 : 억원)

항목	2012	2013	2014	2015	2016	2017
총자산	906	1,097	1,326	1,499	1,517	1,738
유형자산	17	28	15	14	11	609
무형자산	17	24	19	12	217	121
유가증권	6	—	13	37	28	20
총부채	176	156	210	196	125	498
총차입금	—	67	73	90	73	371
자본금	170	170	177	177	177	177
총자본	730	942	1,116	1,303	1,392	1,240
지배주주지분	730	942	1,116	1,303	1,392	1,240

기업가치 지표

항목	2012	2013	2014	2015	2016	2017
주가(최고/저)(천원)	11.7/6.9	8.9/6.5	22.8/6.8	17.6/10.3	13.2/7.4	18.7/7.0
PER(최고/저)(배)	25.9/15.2	15.4/11.1	82.9/24.7	34.7/20.4	29.5/16.5	—/—
PBR(최고/저)(배)	5.5/3.2	3.2/2.3	7.2/2.2	4.8/2.8	3.2/1.8	4.9/1.9
EV/EBITDA(배)	6.4	6.8	14.7	13.9	8.6	126.1
EPS(원)	452	581	275	505	448	-374
BPS(원)	2,142	2,762	3,154	3,685	4,184	3,788
CFPS(원)	487	695	377	582	583	-213
DPS(원)	—	—	—	—	—	—
EBITDAPS(원)	879	783	685	646	638	96

재무 비율 (단위 : %)

연도	영업이익률	순이익률	부채비율	차입금비율	ROA	ROE	유보율	자기자본비율	EBITDA마진율
2017	-4.7	-26.9	40.2	30.0	-8.1	-10.1	657.7	71.4	6.9
2016	29.1	25.9	9.0	5.3	10.5	11.8	736.7	91.7	36.9
2015	33.5	29.7	15.0	6.9	12.7	14.8	636.9	86.9	38.0
2014	32.5	15.3	18.9	6.5	8.0	9.4	530.8	84.1	38.2

넵튠 (A217270)
Neptune

업 종 : 게임 소프트웨어 | 시 장 : KOSDAQ
신용등급 : (Bond) — (CP) — | 기업규모 : 중견
홈페이지 : www.neptunegames.co.kr | 연 락 처 : 031)698-3498
본 사 : 경기도 성남시 분당구 성남대로 331번길 8 13층(정자동, 킨스타워)

설 립 일 2015.03.19	**종업원수** 103명	**대 표 이 사** 정욱
상 장 일 2015.06.18	**감사의견** 적정(삼일)	**계 열**
결 산 기 12월	**보 통 주**	**종속회사수** 7개사
액 면 가 500원	**우 선 주**	**구 상 호** 대신밸런스제1호스팩

주주구성 (지분율,%)		출자관계 (지분율,%)		주요경쟁사 (외형,%)	
정욱	12.9	에이치앤씨게임즈	100.0	넵튠	100
손호준	12.1	펠릭스랩	100.0	한빛소프트	191
(외국인)	1.0	불혹소프트	70.6	파티게임즈	149

매출구성		비용구성		수출비중	
Real Casino Free Slots& PokerVegas Tower	57.5	매출원가율	0.0	수출	84.3
LINE퍼즐탄탄 탄탄사천성 for Kakao(용역)	39.3	판관비율	142.0	내수	15.7
넥슨프로야구마스터,블랙서바이벌,건설의터치헌	3.2				

회사 개요
동사는 2012년에 설립되어 2016년 12월 코스닥시장에 상장한 모바일 게임 개발사임. 동사의 첫 게임은 '프로야구마스터'로 최초의 스마트폰용 정통 야구 시뮬레이션 게임. 2013년 애플 앱스토어 최고 매출 8위까지 올랐고, 2012년 10월 출시해서 2013년 8월까지 누적 매출 70억 원 기록. 최근 카카오, 라인 등 IP를 활용한 사천성 게임으로 주목 받고 있음.

실적 분석
2017년 연결기준 매출은 약 205억원, 영업손실은 86억원을 기록함. 매출은 견조한 캐쥬얼 게임 매출과 소셜카지노 자회사의 매출 증가로 전년 대비 12.0% 증가하였으며, 신작 게임 개발에 따른 인력 증가로 인해 인건비가 증가하며 영업손실이 확대됨. 당기순이익은 318억원으로 블루홀에 대해서 파생상품평가이익 519억원을 인식한 영향. 신규사업인 블록체인, e스포츠, MCN(Multi Channel Network) 사업을 진행할 예정임

현금 흐름 〈단위 : 억원〉

항목	2016	2017
영업활동	9	-50
투자활동	29	-141
재무활동	-0	168
순현금흐름	38	-23
기말현금	90	67

시장 대비 수익률

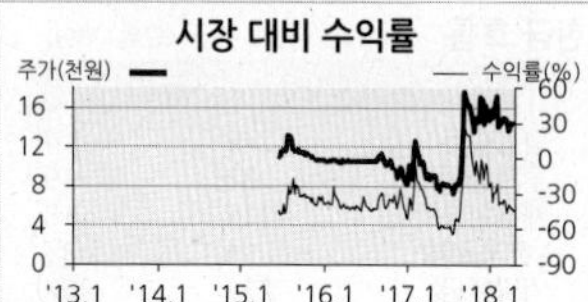

결산 실적 〈단위 : 억원〉

항목	2012	2013	2014	2015	2016	2017
매출액	—	—	16	100	183	205
영업이익	—	—	-10	28	-31	-86
당기순이익	—	—	-37	29	-40	321

분기 실적 〈단위 : 억원〉

항목	2016.3Q	2016.4Q	2017.1Q	2017.2Q	2017.3Q	2017.4Q
매출액	41	49	57	49	52	48
영업이익	-8	-26	-9	-26	-18	-33
당기순이익	-8	-33	-11	-25	-16	373

재무 상태 〈단위 : 억원〉

항목	2012	2013	2014	2015	2016	2017
총자산	—	—	30	359	479	1,103
유형자산	—	—	1	3	6	9
무형자산	—	—	5	263	344	331
유가증권	—	—	3	3	3	73
총부채	—	—	75	55	89	278
총차입금	—	—	68	12	30	98
자본금	—	—	2	81	88	95
총자본	—	—	-45	303	389	825
지배주주지분	—	—	-45	306	402	850

기업가치 지표

항목	2012	2013	2014	2015	2016	2017
주가(최고/저)(천원)	—/—	—/—	—/—	2.6/2.1	2.4/1.6	20.0/7.1
PER(최고/저)(배)	0.0/0.0	0.0/0.0	0.0/0.0	47.6/38.1	—/—	11.2/4.0
PBR(최고/저)(배)	0.0/0.0	0.0/0.0	0.0/0.0	7.4/5.9	5.1/3.5	4.4/1.6
EV/EBITDA(배)	0.0	0.0	—	1.9	—	—
EPS(원)	—	—	-423	277	-206	1,793
BPS(원)	—	—	-9,075	32,133	464	4,500
CFPS(원)	—	—	-7,393	5,430	-23	1,910
DPS(원)	—	—	—	—	—	—
EBITDAPS(원)	—	—	-1,843	5,092	-18	-339

재무 비율 〈단위 : %〉

연도	영업이익률	순이익률	부채비율	차입금비율	ROA	ROE	유보율	자기자본비율	EBITDA마진율
2017	-42.0	156.3	33.8	11.9	40.6	54.2	799.9	74.8	-31.2
2016	-17.0	-21.8	23.0	7.6	-9.5	-10.2	363.6	81.3	-8.4
2015	28.5	28.5	18.3	3.8	14.7	전기잠식	277.6	84.5	31.4
2014	-61.0	-235.9	완전잠식	완전잠식	0.0	0.0	-2,010.4	-150.1	-58.1

넷게임즈 (A225570)
NAT GAMES COLTD

업 종 : 게임 소프트웨어 | 시 장 : KOSDAQ
신용등급 : (Bond) — (CP) — | 기업규모 : 중견
홈페이지 : www.natgames.co.kr | 연 락 처 : 02)6421-7733
본 사 : 서울시 강남구 강남대로 308, 2층

설 립 일 2015.07.14	**종업원수** 304명	**대 표 이 사** 박용현
상 장 일 2015.09.25	**감사의견** 적정(삼일)	**계 열**
결 산 기 12월	**보 통 주**	**종속회사수**
액 면 가 100원	**우 선 주**	**구 상 호**

주주구성 (지분율,%)		출자관계 (지분율,%)		주요경쟁사 (외형,%)	
바른손이엔에이	31.4			넷게임즈	100
넥슨코리아	18.6			룽투코리아	234
(외국인)	0.6			선데이토즈	324

매출구성	비용구성		수출비중	
	매출원가율	0.0	수출	62.6
	판관비율	116.7	내수	37.4

회사 개요
동사는 2013년 5월 설립되었으며 모바일 게임의 개발 및 제작업을 영위하고 있음. 2개의 상장사(바른손이엔에이, 바른손)와 3개의 비상장사(스튜디오8, 엔투스튜디오, 이브이알스튜디오)를 자회사로 두고 있음. 2017년 말 기준 2개의 상장사(바른손이엔에이, 바른손)와 3개의 비상장사(스튜디오8, 엔투스튜디오, 이브이알스튜디오, 엔엑스게임즈)를 자회사로 두고 있음. 최대주주는 바른손이엔에이로 31.86%의 지분을 보유하고 있음.

실적 분석
동사의 2017년 연간 매출액은 전년 대비 12.6% 감소한 224.1억원을 기록함. 인건비 등 판매관리비 증가의 영향으로 영업손실은 37.3억원을 기록하며 적자전환함. 당기순손실 역시 30.7억원을 기록하며 적자전환함. 2017년 11월 출시한 모바일 신작 게임 '오버히트'의 안정적인 성과가 지속되고 있어 이를 바탕으로 한 매출 다변화 및 실적 개선이 기대됨. 또 다른 신작 '멀티히트'는 2019년 출시 계획임.

현금 흐름 *IFRS 별도 기준 〈단위 : 억원〉

항목	2016	2017
영업활동	136	87
투자활동	-15	112
재무활동	-7	11
순현금흐름	115	209
기말현금	115	325

시장 대비 수익률

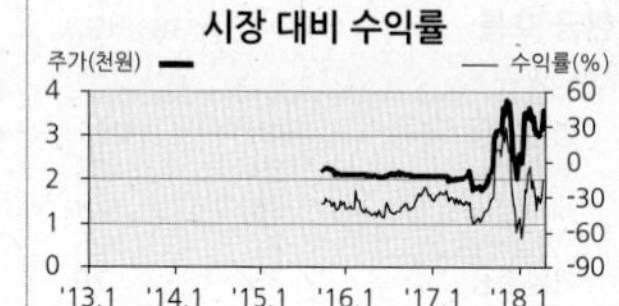

결산 실적 〈단위 : 억원〉

항목	2012	2013	2014	2015	2016	2017
매출액	—	—	—	61	256	224
영업이익	—	—	-48	9	103	-37
당기순이익	—	—	-51	15	97	-31

분기 실적 *IFRS 별도 기준 〈단위 : 억원〉

항목	2016.3Q	2016.4Q	2017.1Q	2017.2Q	2017.3Q	2017.4Q
매출액	62	—	—	45	27	—
영업이익	22	—	—	-27	-44	—
당기순이익	20	—	—	-47	-31	—

재무 상태 *IFRS 별도 기준 〈단위 : 억원〉

항목	2012	2013	2014	2015	2016	2017
총자산	—	—	12	77	200	430
유형자산	—	—	2	2	8	10
무형자산	—	—	2	3	5	18
유가증권	—	—	—	—	—	—
총부채	—	—	49	31	48	135
총차입금	—	—	37	10	—	9
자본금	—	—	9	25	97	115
총자본	—	—	-36	46	151	295
지배주주지분	—	—	-36	46	151	295

기업가치 지표 *IFRS 별도 기준

항목	2012	2013	2014	2015	2016	2017
주가(최고/저)(천원)	—/—	—/—	—/—	—/—	—/—	—/—
PER(최고/저)(배)	0.0/0.0	0.0/0.0	0.0/0.0	136.3/126.2	23.8/22.5	—/—
PBR(최고/저)(배)	0.0/0.0	0.0/0.0	0.0/0.0	52.1/48.3	15.2/14.3	14.8/6.8
EV/EBITDA(배)	0.0	0.0	—	18.0	0.6	—
EPS(원)	—	—	-183	17	91	-28
BPS(원)	—	—	-3,888	1,855	6,053	256
CFPS(원)	—	—	-7,596	777	4,018	-21
DPS(원)	—	—	—	—	—	—
EBITDAPS(원)	—	—	-7,187	485	4,284	-27

재무 비율 〈단위 : %〉

연도	영업이익률	순이익률	부채비율	차입금비율	ROA	ROE	유보율	자기자본비율	EBITDA마진율
2017	-16.7	-13.7	45.7	3.0	-9.8	-13.8	156.4	68.6	-13.1
2016	40.3	37.7	32.0	0.0	69.7	97.7	56.4	75.8	41.8
2015	14.8	25.3	66.8	20.5	34.4	전기잠식	85.6	60.0	17.3
2014	0.0	0.0	완전잠식	완전잠식	0.0	0.0	-488.8	-292.6	0.0

넷마블게임즈 (A251270)
Netmarble Games

업 종 : 게임 소프트웨어 | 시 장 : 거래소
신용등급 : (Bond) — (CP) — | 기업규모 : 시가총액 대형주
홈페이지 : www.netmarble.com | 연 락 처 : 1588-5180
본 사 : 서울시 구로구 디지털로 300, 20층(구로동, 지밸리비즈플라자)

설 립 일	2011.11.17	**종 업 원 수**	675명	**대 표 이 사**	권영식,박성훈집행임원
상 장 일	2017.05.12	**감 사 의 견**	적정(삼정)	**계 열**	
결 산 기	12월	**보 통 주**		**종속회사수**	39개사
액 면 가	100원	**우 선 주**		**구 상 호**	

주주구성 (지분율,%)		출자관계 (지분율,%)		주요경쟁사 (외형,%)	
방준혁	24.4	넷마블넥서스	100.0	넷마블	100
CJ E&M	22.0	아이지에스	100.0	엔씨소프트	73
(외국인)	26.0	지스퀘어자산관리	100.0	컴투스	21

매출구성		비용구성		수출비중	
기타(모바일)	26.5	매출원가율	0.0	수출	54.4
세븐나이츠	23.5	판관비율	79.0	내수	45.6
모두의마블	13.6				

회사 개요

2011년 11월 설립, 자회사가 개발한 게임 등을 퍼블리싱하는 사업을 전문적으로 영위하고 있음. 종속회사는 2016년 말 기준, 넷마블넥서스, 넷마블엔투 및 넷마블네오 등 34개사임. 매출은 세븐나이츠 23.50%,모두의마블 13.55%,쿠키잼 9.59%,리니지II:레볼루션 8.06%, 마블퓨처파이트 7.26%, 판다팝 5.26%, 기타(모바일) 26.50% 등으로 구성되어 있음. 2017년 5월 12일 KOSPI 시장에 상장하였음.

실적 분석

동사의 2017년 연결기준 누적 매출액은 2조 4,247.6억원을 기록하였으며 영업이익은 5,097.6억원을 시현. 각각 전년 동기 대비 61.7%, 73% 증가함. 주력 게임인 L2R의 동남아 출시 이후 온기 반영과 일본 출시 영향으로 외형성장. '18년 상반기 출시 대형 신작 라인업 보유로 인한 기대감 상승. 대만 흥행으로 중국 기대감 높은 상황. 아직 공략해 나갈 시장이 많으며 수출을 통해 성장할 것.

현금 흐름 (단위 : 억원)

항목	2016	2017
영업활동	1,488	4,832
투자활동	-2,098	-14,205
재무활동	1,136	25,353
순현금흐름	567	16,351
기말현금	2,727	19,078

시장 대비 수익률

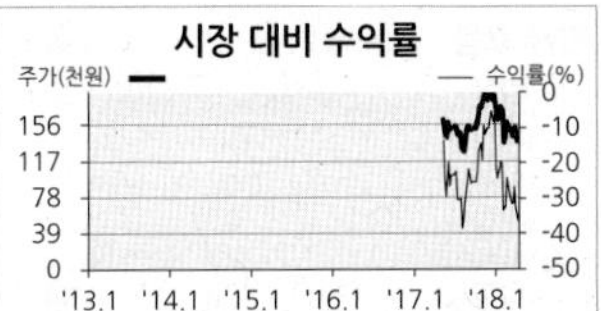

결산 실적 (단위 : 억원)

항목	2012	2013	2014	2015	2016	2017
매출액	673	1,333	3,624	10,729	15,000	24,248
영업이익	-110	177	888	2,253	2,947	5,098
당기순이익	-208	-66	422	1,686	2,092	3,609

분기 실적 (단위 : 억원)

항목	2016.3Q	2016.4Q	2017.1Q	2017.2Q	2017.3Q	2017.4Q
매출액	3,590	—	—	5,401	5,817	—
영업이익	646	—	—	1,051	1,118	—
당기순이익	413	—	—	781	842	—

재무 상태 (단위 : 억원)

항목	2012	2013	2014	2015	2016	2017
총자산	1,291	1,894	7,664	14,584	19,574	53,477
유형자산	39	169	230	257	1,229	1,454
무형자산	747	810	2,966	4,476	5,400	12,368
유가증권	87	47	28	4,825	6,038	10,822
총부채	450	1,148	1,534	2,777	6,471	8,824
총차입금	116	652	296	456	3,093	2,750
자본금	10	10	13	15	68	85
총자본	841	746	6,130	11,807	13,104	44,653
지배주주지분	670	615	5,660	10,592	12,163	43,295

기업가치 지표

항목	2012	2013	2014	2015	2016	2017
주가(최고/저)(천원)	#VALUE!	—/—	—/—	—/—	—/—	—/—
PER(최고/저)(배)	0.0/0.0	0.0/0.0	0.0/0.0	0.0/0.0	0.0/0.0	51.2/32.7
PBR(최고/저)(배)	0.0/0.0	0.0/0.0	0.0/0.0	0.0/0.0	0.0/0.0	3.9/2.5
EV/EBITDA(배)	—	1.4	—	—	—	24.2
EPS(원)	-439	-90	536	2,050	2,718	3,900
BPS(원)	336,103	308,760	2,105,586	71,076	17,949	50,922
CFPS(원)	-66,755	18,044	165,530	9,731	3,197	4,715
DPS(원)	—	—	—	—	—	360
EBITDAPS(원)	-34,647	124,845	445,990	16,853	5,082	7,233

재무 비율 (단위 : %)

연도	영업이익률	순이익률	부채비율	차입금비율	ROA	ROE	유보율	자기자본비율	EBITDA마진율
2017	21.0	14.9	19.8	6.2	9.9	11.2	50,821.9	83.5	23.7
2016	19.6	14.0	49.4	23.6	12.3	15.3	17,848.9	66.9	21.7
2015	21.0	15.7	23.5	3.9	15.2	14.8	70,976.2	81.0	23.1
2014	24.5	11.6	25.0	4.8	8.8	7.8	42,011.7	80.0	28.2

노루페인트 (A090350)
Noroo Paint & Coatings

업 종 : 건축자재 | 시 장 : 거래소
신용등급 : (Bond) A- (CP) — | 기업규모 : 시가총액 소형주
홈페이지 : www.noroopaint.com | 연 락 처 : 031)467-6114
본 사 : 경기도 안양시 만안구 박달로 351

설 립 일	2006.06.02	**종 업 원 수**	794명	**대 표 이 사**	김용기,진명호
상 장 일	2006.07.03	**감 사 의 견**	적정(안진)	**계 열**	
결 산 기	12월	**보 통 주**		**종속회사수**	6개사
액 면 가	500원	**우 선 주**		**구 상 호**	

주주구성 (지분율,%)		출자관계 (지분율,%)		주요경쟁사 (외형,%)	
노루홀딩스	50.5	노루코일코팅	100.0	노루페인트	100
국민연금공단	8.5	칼라메이트	100.0	노루홀딩스	140
(외국인)	4.2	NOROOPaint(Shanghai)Co.,	100.0	삼화페인트	89

매출구성		비용구성		수출비중	
건축도료	38.8	매출원가율	76.2	수출	—
공업도료	18.6	판관비율	18.8	내수	—
자보도료	16.7				

회사 개요

동사는 노루홀딩스에서 2006년 인적분할됨. 도료는 타 산업의 중간재로 건설, 철강, 금속, 선박, 자동차, 전기전자 등의 광범위한 마감소재로 사용됨. 동사의 시장점유율은 15%로 국내 시장 여건은 매출액 상위 5개사가 약 80%의 과점체제를 형성하고 있음. 국내 페인트 시장은 포화상태에서 꾸준히 4% 내외의 성장률을 기록함. 다양한 Supply Chain System을 구현하여, 효율적인 경영활동 중임.

실적 분석

동사의 2017년 매출액은 전년 대비 15.1% 증가함. 매출 구성은 건축용 도료 38.1%, 공업용 도료 15.6%, 자보용 도료 9.8%, PCM 강판용도료 15.2% 등임. 신축 및 재도장 등 건축시장 성장과 B2C 신규사업의 신장에 따른 시장점유율 확대에 힘입어 외형이 개선됨. 원가부담으로 영업이익은 11.0% 감소했으나 나루홀딩스의 지분법이익에 따른 비영업수지 개선으로 당기순이익은 큰 폭으로 개선됨.

현금 흐름 (단위 : 억원)

항목	2016	2017
영업활동	445	333
투자활동	-258	-172
재무활동	-139	-263
순현금흐름	48	-91
기말현금	179	88

시장 대비 수익률

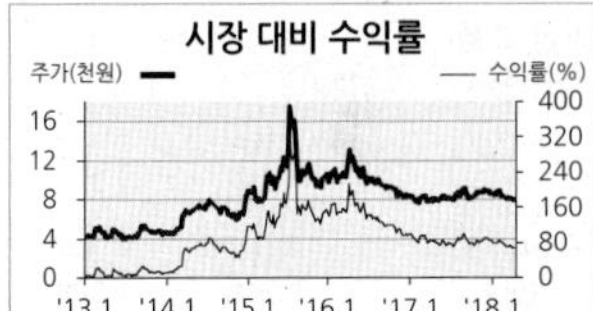

결산 실적 (단위 : 억원)

항목	2012	2013	2014	2015	2016	2017
매출액	4,186	4,335	4,581	4,616	4,789	5,514
영업이익	174	210	270	307	312	278
당기순이익	46	118	153	327	95	294

분기 실적 (단위 : 억원)

항목	2016.3Q	2016.4Q	2017.1Q	2017.2Q	2017.3Q	2017.4Q
매출액	1,216	1,207	1,148	1,546	1,448	1,372
영업이익	98	54	46	98	89	45
당기순이익	37	17	13	228	67	-13

재무 상태 (단위 : 억원)

항목	2012	2013	2014	2015	2016	2017
총자산	5,275	5,289	5,442	5,729	5,706	5,918
유형자산	2,596	2,636	2,686	2,687	2,725	2,848
무형자산	96	91	91	77	200	210
유가증권	12	11	4	2	1	1
총부채	3,048	2,982	3,030	3,017	2,941	2,928
총차입금	1,692	1,532	1,483	1,385	1,285	1,192
자본금	102	102	102	102	102	102
총자본	2,227	2,306	2,413	2,712	2,765	2,990
지배주주지분	2,227	2,306	2,413	2,712	2,765	2,990

기업가치 지표

항목	2012	2013	2014	2015	2016	2017
주가(최고/저)(천원)	7.8/2.5	5.6/3.8	8.5/4.4	18.7/7.8	13.0/8.0	9.3/7.7
PER(최고/저)(배)	41.2/13.0	11.0/7.6	12.1/6.4	12.5/5.2	29.5/18.2	6.7/5.5
PBR(최고/저)(배)	0.9/0.3	0.6/0.4	0.8/0.4	1.5/0.6	1.0/0.6	0.7/0.5
EV/EBITDA(배)	9.2	8.4	8.7	8.4	6.8	7.1
EPS(원)	225	577	750	1,600	464	1,439
BPS(원)	10,883	11,271	11,790	13,253	13,510	14,613
CFPS(원)	605	1,003	1,237	2,135	975	2,045
DPS(원)	200	200	200	200	200	250
EBITDAPS(원)	1,229	1,452	1,805	2,035	2,035	1,963

재무 비율 (단위 : %)

연도	영업이익률	순이익률	부채비율	차입금비율	ROA	ROE	유보율	자기자본비율	EBITDA마진율
2017	5.0	5.3	97.9	39.9	5.1	10.2	2,822.6	50.5	7.3
2016	6.5	2.0	106.4	46.5	1.7	3.5	2,602.0	48.5	8.7
2015	6.7	7.1	111.2	51.1	5.9	12.8	2,550.6	47.3	9.0
2014	5.9	3.4	125.6	61.5	2.9	6.5	2,258.0	44.3	8.1

노루홀딩스 (A000320)

NorooHoldings

업종 : 건축자재 | 시장 : 거래소
신용등급 : (Bond) — (CP) — | 기업규모 : 시가총액 소형주
홈페이지 : www.norooholdings.co.kr | 연락처 : 031)467-6114
본사 : 경기도 안양시 만안구 박달로 351

설립일	1945.11.01	종업원수	56명	대표이사	한영재,김용기
상장일	1973.08.10	감사의견	적정(안진)	계열	
결산기	12월	보통주		종속회사수	19개사
액면가	500원	우선주		구상호	

주주구성 (지분율,%)		출자관계 (지분율,%)		주요경쟁사 (외형,%)	
한영재	35.1	노루케미칼	100.0	노루홀딩스	100
국민연금공단	6.0	노루기반	100.0	삼화페인트	63
(외국인)	2.4	더기반	93.0	강남제비스코	44

매출구성		비용구성		수출비중	
공업용도료,건축용도료	79.5	매출원가율	74.7	수출	—
자동차도료	21.8	판관비율	23.1	내수	—
PCM 강판용도료	19.3				

회사 개요

동사는 사업지주회사로서 노루페인트, 노루케미칼, 아이피케이, 노루오토코팅 등의 자회사를 보유하고 있으며, 이들 자회사 및 기타 투자회사들로부터 배당금수익(지분법이익) 등을 주 수익원으로 하고 있음. 2017년 기준 매출액은 건축/공업용 도료 등(78.7%), 자동차용 도료(21.0%), PCM용 도료(18.4%), 기타 부문(6.8%) 등 4개 부문으로 구성되어 있음.

실적 분석

동사의 연결기준 2017년 매출액은 전년 동기 대비 11.8% 증가한 7,713.0억원을 기록하였음. 그러나 동기간 매출원가와 판관비가 각각 16.1%, 3.9% 증가함에 따라 영업이익은 전년 동기 대비 24.0% 감소한 172.6억원을 기록하였음. 그럼에도 일회성 이익인 관계기업투자처분이익이 전년 대비 크게 발생한 영향으로 순이익은 전년 동기 대비 197.1% 증가한 619.8억원을 기록하였음.

현금 흐름 〈단위 : 억원〉

항목	2016	2017
영업활동	364	-18
투자활동	-440	377
재무활동	-371	-327
순현금흐름	-431	-6
기말현금	1,094	1,088

시장 대비 수익률

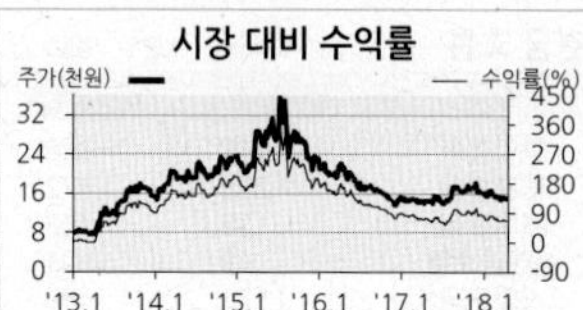

결산 실적 〈단위 : 억원〉

항목	2012	2013	2014	2015	2016	2017
매출액	5,856	6,132	6,700	6,835	6,901	7,713
영업이익	171	228	337	272	227	173
당기순이익	189	360	371	882	209	620

분기 실적 〈단위 : 억원〉

항목	2016.3Q	2016.4Q	2017.1Q	2017.2Q	2017.3Q	2017.4Q
매출액	1,693	1,793	1,726	2,056	2,010	1,921
영업이익	76	9	8	72	74	19
당기순이익	42	32	7	529	125	-42

재무 상태 〈단위 : 억원〉

항목	2012	2013	2014	2015	2016	2017
총자산	8,359	8,524	8,999	9,865	9,702	9,886
유형자산	3,797	3,834	3,841	3,894	3,995	4,134
무형자산	136	138	142	129	178	192
유가증권	21	41	21	19	33	55
총부채	4,640	4,500	4,600	4,651	4,367	4,111
총차입금	2,857	2,585	2,472	2,290	2,021	1,791
자본금	85	85	85	85	85	85
총자본	3,719	4,025	4,398	5,214	5,335	5,775
지배주주지분	2,434	2,672	2,811	3,422	3,492	3,812

기업가치 지표

항목	2012	2013	2014	2015	2016	2017
주가(최고/저)(천원)	8.2/5.6	17.9/7.6	23.8/14.5	37.7/20.3	22.3/13.3	18.5/13.8
PER(최고/저)(배)	8.7/5.9	10.4/4.4	14.7/9.0	8.5/4.6	29.2/17.4	6.0/4.5
PBR(최고/저)(배)	0.5/0.4	1.0/0.4	1.2/0.7	1.6/0.8	0.9/0.5	0.7/0.5
EV/EBITDA(배)	13.2	13.2	12.2	11.8	10.5	10.7
EPS(원)	1,098	1,932	1,765	4,780	809	3,162
BPS(원)	18,691	20,453	21,487	26,020	26,537	28,915
CFPS(원)	2,452	3,341	3,296	6,409	2,416	4,869
DPS(원)	350	400	400	400	450	450
EBITDAPS(원)	2,621	3,102	4,035	3,650	3,291	2,988

재무 비율 〈단위 : %〉

연도	영업이익률	순이익률	부채비율	차입금비율	ROA	ROE	유보율	자기자본비율	EBITDA마진율
2017	2.2	8.0	71.2	31.0	6.3	11.7	4,484.3	58.4	5.2
2016	3.3	3.0	81.9	37.9	2.1	3.2	4,107.2	55.0	6.4
2015	4.0	12.9	89.2	43.9	9.4	20.7	4,025.3	52.9	7.2
2014	5.0	5.5	104.6	56.2	4.2	8.7	3,306.7	48.9	8.1

노브메타파마 (A229500)

NovMetaPharma

업종 : 제약 | 시장 : KONEX
신용등급 : (Bond) — (CP) — | 기업규모 : —
홈페이지 : www.novmeta.com | 연락처 : 02)538-1893
본사 : 서울시 강남구 언주로 727 13층 (논현동, 트리스빌딩)

설립일	2010.11.04	종업원수	10명	대표이사	황선욱
상장일	2015.10.28	감사의견	적정(삼일)	계열	
결산기	12월	보통주		종속회사수	
액면가	—	우선주		구상호	

주주구성 (지분율,%)		출자관계 (지분율,%)		주요경쟁사 (외형,%)	
송문진 (ALBERT MOONJIN)	9.2			노브메타파마	100
황선욱	7.9			선바이오	270
				대봉엘에스	8,372

매출구성		비용구성		수출비중	
건강기능식품(상품)	100.0	매출원가율	74.8	수출	1.8
		판관비율	727.9	내수	98.2

회사 개요

동사는 포도당, 지방, 단백질 등의 대사 이상에 기인한 질병인 대사질환(Metabolic disease)과 관련한 신약 개발(인슐린, 당뇨치료제, 면역치료제, 비만치료제, 골다공증치료제, 알츠하이머 등) 및 건강기능식품의 개발과 판매를 영위하는 기업으로 2010년 11월에 설립되었음. 2015년 4월에 노브메타파마(구 피엔씨메타팜)로 사명을 변경하였으며 2015년 10월에 코넥스시장에 상장됨.

실적 분석

동사의 2017년 연간 매출액은 전년동기대비 73% 하락한 7.8억원을 기록하였음. 비용면에서 전년동기대비 매출원가는 크게 감소 하였으며 인건비는 증가 했고 광고선전비도 증가, 기타판매비와관리비는 크게 감소함. 주춤한 모습의 매출액에 의해 전년동기대비 영업손실은 55.1억원으로 적자지속 하였음. 최종적으로 전년동기대비 당기순손실은 적자지속하여 60.8억원을 기록함.

현금 흐름 *IFRS 별도 기준 〈단위 : 억원〉

항목	2016	2017
영업활동	-32	-52
투자활동	29	-33
재무활동	-0	123
순현금흐름	-2	37
기말현금	27	64

시장 대비 수익률

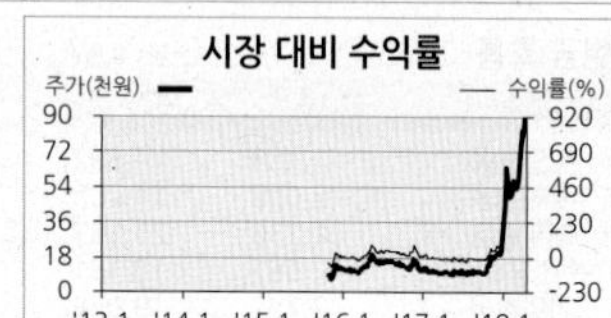

결산 실적 〈단위 : 억원〉

항목	2012	2013	2014	2015	2016	2017
매출액	4	13	13	16	29	8
영업이익	-3	0	-2	-6	-43	-55
당기순이익	-3	0	3	-5	-41	-61

분기 실적 *IFRS 별도 기준 〈단위 : 억원〉

항목	2016.3Q	2016.4Q	2017.1Q	2017.2Q	2017.3Q	2017.4Q
매출액	—	—	—	—	—	—
영업이익	—	—	—	—	—	—
당기순이익	—	—	—	—	—	—

재무 상태 *IFRS 별도 기준 〈단위 : 억원〉

항목	2012	2013	2014	2015	2016	2017
총자산	9	23	55	124	67	135
유형자산	0	0	1	2	2	1
무형자산	1	1	0	24	4	5
유가증권	—	—	—	6	5	—
총부채	1	1	2	4	6	7
총차입금	—	—	—	—	—	2
자본금	7	15	17	29	39	43
총자본	9	22	53	121	60	128
지배주주지분	9	22	53	121	60	128

기업가치 지표 *IFRS 별도 기준

항목	2012	2013	2014	2015	2016	2017
주가(최고/저)(천원)	—/—	—/—	—/—	—/—	—/—	—/—
PER(최고/저)(배)	0.0/0.0	0.0/0.0	0.0/0.0	—/—	—/—	—/—
PBR(최고/저)(배)	0.0/0.0	0.0/0.0	0.0/0.0	9.6/4.3	25.1/13.3	15.1/6.3
EV/EBITDA(배)	—	—	—	—	—	—
EPS(원)	-63	4	50	-73	-552	-756
BPS(원)	633	742	1,560	2,095	776	1,476
CFPS(원)	-213	18	109	-83	-542	-746
DPS(원)	—	—	—	—	—	—
EBITDAPS(원)	-209	28	-59	-94	-562	-678

재무 비율 〈단위 : %〉

연도	영업이익률	순이익률	부채비율	차입금비율	ROA	ROE	유보율	자기자본비율	EBITDA마진율
2017	-702.8	-774.8	5.4	1.2	-59.6	-63.8	196.5	94.9	-691.9
2016	-146.2	-141.9	11.0	0.0	-42.7	-45.2	59.5	90.1	-143.5
2015	-35.1	-31.6	3.2	0.0	-5.5	-5.7	319.0	96.9	-30.1
2014	-18.0	23.0	3.9	0.0	7.6	7.9	212.1	96.3	-14.3

녹십자 (A006280)
Green Cross

업 종 : 제약
신용등급 : (Bond) AA- (CP) —
홈페이지 : www.greencross.com
본 사 : 경기도 용인시 기흥구 이현로30번길 107 (보정동)
시 장 : 거래소
기업규모 : 시가총액 대형주
연 락 처 : 031)260-9300

설 립 일	1969.11.01	**종업원수**	1,964명	**대표이사**	허은철
상 장 일	1989.08.01	**감사의견**	적정(한영)	**계 열**	
결 산 기	12월	**보 통 주**		**종속회사수**	5개사
액 면 가	5,000원	**우 선 주**		**구 상 호**	

주주구성 (지분율,%)		출자관계 (지분율,%)		주요경쟁사 (외형,%)	
녹십자홀딩스	50.1	인백팜	92.5	녹십자	100
국민연금공단	9.9	녹십자지놈	53.7	녹십자홀딩스	114
(외국인)	25.4	메디진바이오	50.0	제일파마홀딩스	3

매출구성		비용구성		수출비중	
[제품]혈액제제류	28.5	매출원가율	71.5	수출	19.4
[상 품]일반제제류	23.7	판관비율	21.5	내수	80.6
[상 품]혈액제제류 외	20.8				

회사 개요

의약품을 제조 및 판매하는 업체로 혈액제제와 백신 제제에 특화된 사업을 영위하고 있음. 2008년말 전남 화순에 독감백신 생산 설비를 구축하고 계절독감백신이 2011년 세계보건기구 WHO의 PQ(Pre-Qualification) 승인을 받음. 현재 WHO 산하 기관 등의 공급계약 체결은 물론 향후 남미, 아시아, 중동 지역으로의 개별적 수출 확대 진행 중임.

실적 분석

동사의 2017년 결산 기준 누적 매출액은 전년동기 대비 7.5% 상승한 1조 2,879억원을 기록하였음. 외형성장과 더불어 효율적인 비용관리를 통해 전기 대비 15.1% 증가한 903억원의 영업이익 시현하며 수익성 개선세 시현. 이는 주력제제인 혈액제제와 백신제제의 실적 호조와 효율적인 판매관리비 집행으로 수익성이 대폭 개선된 결과임. 반면, 비영업손익의 악화 여파로 당기순이익은 지난해 같은 기간 대비 13% 감소한 상황.

현금 흐름 〈단위 : 억원〉

항목	2016	2017
영업활동	-17	579
투자활동	-1,111	148
재무활동	1,106	482
순현금흐름	-8	1,141
기말현금	569	1,710

시장 대비 수익률

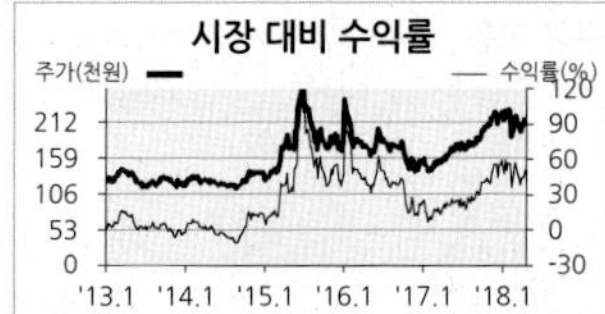

결산 실적 〈단위 : 억원〉

항목	2012	2013	2014	2015	2016	2017
매출액	8,118	8,882	9,753	10,478	11,979	12,879
영업이익	744	788	970	917	785	903
당기순이익	556	720	868	957	652	567

분기 실적 〈단위 : 억원〉

항목	2016.3Q	2016.4Q	2017.1Q	2017.2Q	2017.3Q	2017.4Q
매출액	3,276	3,210	2,754	3,302	3,561	3,263
영업이익	346	90	137	345	420	1
당기순이익	229	189	70	269	284	-56

재무 상태 〈단위 : 억원〉

항목	2012	2013	2014	2015	2016	2017
총자산	9,544	11,043	13,304	14,151	15,506	17,036
유형자산	3,008	3,681	4,089	5,004	5,540	5,520
무형자산	384	449	546	602	736	879
유가증권	1,248	1,025	683	260	261	403
총부채	2,691	2,649	4,097	4,174	4,916	5,949
총차입금	822	483	1,605	1,396	2,614	3,268
자본금	507	584	584	584	584	584
총자본	6,852	8,394	9,206	9,977	10,590	11,087
지배주주지분	6,718	8,231	8,927	9,568	9,931	10,402

기업가치 지표

항목	2012	2013	2014	2015	2016	2017
주가(최고/저)(천원)	156/103	144/112	140/114	264/125	246/132	238/137
PER(최고/저)(배)	33.0/21.7	24.2/18.8	20.2/16.4	33.2/15.7	46.3/24.9	52.5/30.3
PBR(최고/저)(배)	2.6/1.7	2.1/1.6	1.9/1.5	3.3/1.5	2.8/1.5	2.6/1.5
EV/EBITDA(배)	16.3	15.1	14.1	18.4	18.7	22.6
EPS(원)	4,970	6,201	7,183	8,126	5,388	4,556
BPS(원)	66,369	71,622	77,574	83,063	88,031	92,064
CFPS(원)	6,841	7,831	9,196	10,559	8,047	7,699
DPS(원)	1,250	1,250	1,250	1,750	1,250	1,250
EBITDAPS(원)	8,885	8,605	10,310	10,277	9,372	10,869

재무 비율 〈단위 : %〉

연도	영업이익률	순이익률	부채비율	차입금비율	ROA	ROE	유보율	자기자본비율	EBITDA마진율
2017	7.0	4.4	53.7	29.5	3.5	5.2	1,741.3	65.1	9.9
2016	6.6	5.4	46.4	24.7	4.4	6.5	1,660.6	68.3	9.1
2015	8.8	9.1	41.8	14.0	7.0	10.3	1,561.3	70.5	11.5
2014	9.9	8.9	44.5	17.4	7.1	9.8	1,451.5	69.2	12.4

녹십자랩셀 (A144510)
Green Cross Lab Cell

업 종 : 바이오
신용등급 : (Bond) — (CP) —
홈페이지 : www.gclabcell.com
본 사 : 경기도 용인시 기흥구 이현로30번길 107
시 장 : KOSDAQ
기업규모 : 중견
연 락 처 : 031)260-9300

설 립 일	2011.06.21	**종업원수**	386명	**대표이사**	박대우
상 장 일	2016.06.23	**감사의견**	적정(삼정)	**계 열**	
결 산 기	12월	**보 통 주**		**종속회사수**	
액 면 가	500원	**우 선 주**		**구 상 호**	

주주구성 (지분율,%)		출자관계 (지분율,%)		주요경쟁사 (외형,%)	
녹십자	38.7			녹십자랩셀	100
녹십자홀딩스	9.3			셀트리온	2,072
(외국인)	0.6			바이로메드	7

매출구성		비용구성		수출비중	
검체검사서비스	85.2	매출원가율	77.7	수출	0.9
기타	9.3	판관비율	18.7	내수	99.1
제대혈보관	5.4				

회사 개요

동사는 세포치료제 연구 및 개발사업 및 수탁검사를 위한 검체 운반 및 영업에 관한 사업을 목적으로 2011년 6월 21일에 설립된 법인으로 NK면역세포치료제를 연구개발하는 것을 주요사업으로 영위하고 있음. 그 외 목적사업으로는 세포치료제 연구 및 개발사업, 바이오신약 개발, 제조 및 판매업, 수탁검사를 위한 검체 운반 및 영업에 관한 사업, 진단검사중개업 등이 있음.

실적 분석

동사의 2017년 누적 매출액은 458억원으로 전년동기대비 8% 증가함. 영업이익은 16.5억원을 기록함(-17.4%). 세포치료제 부문에서 새롭게 매출이 일어났고, 검체검사 부문 외형 성장하였으나 제대혈보관 부문 소폭 축소. 간암에 대한 임상 2상을 진행중이며, 백혈병, 림프종, 소아암 등에 대하여 연구자 임상을 실시할 계획. MG4101 pipeline의 세계화에도 심혈을 기울이고 있음.

현금 흐름 *IFRS 별도 기준 〈단위 : 억원〉

항목	2016	2017
영업활동	-3	29
투자활동	-364	363
재무활동	368	-8
순현금흐름	1	384
기말현금	2	386

시장 대비 수익률

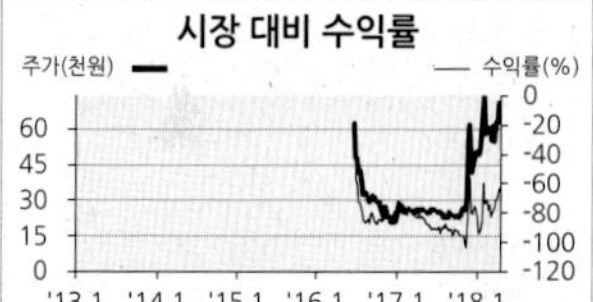

결산 실적 〈단위 : 억원〉

항목	2012	2013	2014	2015	2016	2017
매출액	—	276	309	345	424	458
영업이익	—	21	29	32	20	17
당기순이익	—	13	17	23	23	11

분기 실적 *IFRS 별도 기준 〈단위 : 억원〉

항목	2016.3Q	2016.4Q	2017.1Q	2017.2Q	2017.3Q	2017.4Q
매출액	112	120	104	120	116	118
영업이익	7	-4	9	6	3	-1
당기순이익	9	-1	8	6	3	-7

재무 상태 *IFRS 별도 기준 〈단위 : 억원〉

항목	2012	2013	2014	2015	2016	2017
총자산	—	120	142	169	545	554
유형자산	—	27	25	29	31	37
무형자산	—	22	23	24	19	16
유가증권	—	—	—	—	—	5
총부채	—	72	78	79	64	70
총차입금	—	—	—	—	—	—
자본금	—	40	40	43	53	53
총자본	—	47	64	90	481	483
지배주주지분	—	47	64	90	481	483

기업가치 지표 *IFRS 별도 기준

항목	2012	2013	2014	2015	2016	2017
주가(최고/저)(천원)	—/—	—/—	—/—	—/—	62.2/20.9	64.9/22.6
PER(최고/저)(배)	0.0/0.0	0.0/0.0	0.0/0.0	0.0/0.0	257.5/86.3	648.9/225.6
PBR(최고/저)(배)	0.0/0.0	0.0/0.0	0.0/0.0	0.0/0.0	13.7/4.6	14.2/4.9
EV/EBITDA(배)	0.0	—	—	—	86.0	207.6
EPS(원)	—	157	208	274	243	100
BPS(원)	—	592	796	1,054	4,557	4,579
CFPS(원)	—	207	265	339	306	167
DPS(원)	—	—	—	—	75	50
EBITDAPS(원)	—	308	416	455	272	223

재무 비율 〈단위 : %〉

연도	영업이익률	순이익률	부채비율	차입금비율	ROA	ROE	유보율	자기자본비율	EBITDA마진율
2017	3.6	2.3	14.6	0.0	1.9	2.2	815.7	87.3	5.1
2016	4.7	5.5	13.3	0.0	6.5	8.2	811.4	88.2	6.1
2015	9.3	6.6	88.2	0.0	14.6	29.5	110.8	53.1	10.9
2014	9.3	5.4	122.7	0.0	12.8	30.0	59.2	44.9	10.8

녹십자셀 (A031390)

GREEN CROSS CELL

업　　종 : 전자 장비 및 기기　　시　　장 : KOSDAQ
신용등급 : (Bond) —　(CP) —　　기업규모 : 중견
홈페이지 : www.greencrosscell.com　　연 락 처 : 02)2101-0600
본　　사 : 서울시 금천구 벚꽃로 278 (가산동, SJ테크노빌 6층)

설 립 일	1992.09.17	**종업원수**	125명	**대표이사**	이득주
상 장 일	1998.09.16	**감사의견**	적정(대성삼경)	**계 열**	
결 산 기	12월	**보 통 주**		**종속회사수**	4개사
액 면 가	500원	**우 선 주**		**구 상 호**	

주주구성 (지분율,%)		출자관계 (지분율,%)		주요경쟁사 (외형,%)	
녹십자	25.0	셀리드	7.9	녹십자셀	100
BlackRock Advisors (UK) Limited	6.0			아트라스BX	3,224
(외국인)	10.6	Lymphotec,	14.5	대덕전자	2,621

매출구성		비용구성		수출비중	
실리콘 외(기타)	58.1	매출원가율	52.7	수출	0.0
항암세포치료제(제품)	39.7	판관비율	31.0	내수	100.0
시험용역매출 외(용역)	2.1				

회사 개요

동사는1992년 수도권무선호출 사업자로 선정되며 IT 회사로 설립된 후, 2005년 2월에 비상장회사인 바이오메디칼홀딩스의 BT사업 영업권을 양수하였음. 2013년 3월 사명을 이노셀에서 녹십자셀로 변경하고, 현재는 BT사업 부문인 항암면역세포치료제사업, 면역세포은행사업, 제대혈은행 사업을 주로 영위하고 있으며, 종속회사를 통해 IT 사업을 영위하고 있음. 항암면역세포치료제 사업의 경우 간암치료제 이뮨셀-엘씨를 제조판매하고 있음.

실적 분석

동사의 2017년 연결기준 연간 누적 매출액은 195.4억원으로 전년 동기 대비 31.3% 감소함. 매출이 감소했지만 매출 감소율 대비 매출원가 감소율은 더욱 크고 판매비와 관리비도 줄어들면서 영업이익은 전년 동기 대비 313.1% 증가한 31.9억원을 시현함. 비영업부문에서도 흑자전환에 성공하면서 당기순이익은 7.2억원으로 전년 동기 대비 흑자전환에 성공함.

현금 흐름 〈단위 : 억원〉

항목	2016	2017
영업활동	29	85
투자활동	-59	-785
재무활동	-3	688
순현금흐름	-34	-14
기말현금	18	5

시장 대비 수익률

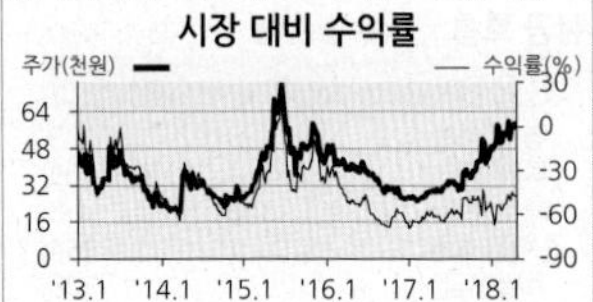

결산 실적 〈단위 : 억원〉

항목	2012	2013	2014	2015	2016	2017
매출액	460	299	438	298	285	195
영업이익	23	-41	11	19	8	32
당기순이익	-112	-77	-23	30	-1	7

분기 실적 〈단위 : 억원〉

항목	2016.3Q	2016.4Q	2017.1Q	2017.2Q	2017.3Q	2017.4Q
매출액	70	73	78	96	—	—
영업이익	1	-2	9	8	—	—
당기순이익	-1	-3	6	10	—	—

재무 상태 〈단위 : 억원〉

항목	2012	2013	2014	2015	2016	2017
총자산	725	543	557	517	517	1,204
유형자산	94	87	88	128	215	380
무형자산	61	26	10	12	39	115
유가증권	56	99	171	151	104	592
총부채	258	153	190	123	126	722
총차입금	100	89	110	85	83	610
자본금	577	58	58	58	58	58
총자본	467	390	367	394	392	482
지배주주지분	467	390	367	394	392	482

기업가치 지표

항목	2012	2013	2014	2015	2016	2017
주가(최고/저)(천원)	84.1/9.5	48.8/21.5	42.1/19.4	77.3/26.2	51.6/25.2	53.2/25.1
PER(최고/저)(배)	—/—	—/—	—/—	302.7/102.7	—/—	868.4/408.9
PBR(최고/저)(배)	20.8/2.4	14.5/6.4	13.4/6.2	22.9/7.8	15.3/7.5	12.9/6.1
EV/EBITDA(배)	114.3	—	156.9	190.4	193.3	133.5
EPS(원)	-1,160	-659	-193	256	-8	61
BPS(원)	406	3,366	3,161	3,387	3,370	4,137
CFPS(원)	-99	-569	-121	328	65	155
DPS(원)	—	—	—	—	50	50
EBITDAPS(원)	41	-262	166	232	139	366

재무 비율 〈단위 : %〉

연도	영업이익률	순이익률	부채비율	차입금비율	ROA	ROE	유보율	자기자본비율	EBITDA마진율
2017	16.3	3.7	150.0	126.7	0.8	1.6	727.5	40.0	21.9
2016	2.7	-0.3	32.1	21.3	-0.2	-0.2	574.0	75.7	5.7
2015	6.3	10.1	31.2	21.6	5.6	7.9	577.3	76.2	9.1
2014	2.5	-5.1	51.7	30.0	-4.1	-5.9	532.2	65.9	4.4

녹십자엠에스 (A142280)

Green Cross Medical Science

업　　종 : 바이오　　시　　장 : KOSDAQ
신용등급 : (Bond) —　(CP) —　　기업규모 : 중견
홈페이지 : www.greencrossms.com　　연 락 처 : 031)260-9300
본　　사 : 경기도 용인시 기흥구 이현로30번길 107

설 립 일	2003.12.30	**종업원수**	181명	**대표이사**	김영필
상 장 일	2014.12.17	**감사의견**	적정(한영)	**계 열**	
결 산 기	12월	**보 통 주**		**종속회사수**	
액 면 가	500원	**우 선 주**		**구 상 호**	

주주구성 (지분율,%)		출자관계 (지분율,%)		주요경쟁사 (외형,%)	
녹십자	42.1			녹십자엠에스	100
허일섭	17.2			바이오니아	24
(외국인)	0.5			이수앱지스	20

매출구성		비용구성		수출비중	
제상품 기타	43.4	매출원가율	84.3	수출	21.2
NAT	17.4	판관비율	15.5	내수	78.8
혈액백	15.8				

회사 개요

동사는 2003년 12월 29일 설립되어 체외진단용의약품, 의료기기의약품 및 의약부외품 제조판매를 주요사업으로 영위하고 있음. 최대주주는 녹십자로 전체 지분의 68.16%를 보유하고 있음. 2011년부터 녹십자의 진단시약 및 혈액백 영업부문을 인수하여 사업을 하고 있음. 동사의 사업부문은 크게 진단시약, 혈액백, 혈액투석액 3개 사업부문으로 매출비중은 각각 16%, 23%, 9%임.

실적 분석

동사의 2017년 결산기준 연결 매출액은 알제리 혈당 사업 관련 매출 및 보령제약 혈액투석액 신규 매출에 힘입어 전년동기 대비 14.2% 증가한 983.9억원을 시현함. 효율적인 판매관리비 및 연구개발비 집행에도 불구하고, 녹십자메디스 영업권 손상 인식 등으로 인하여 영업이익은 흑자 전환, 당기순손실은 23.4억원 시현. 전략 품목인 Flu-kit와 HbA1c 신제품의 글로벌 품목으로의 육성을 지속해 나갈 계획임.

현금 흐름 〈단위 : 억원〉

항목	2016	2017
영업활동	102	31
투자활동	-29	-5
재무활동	-69	-8
순현금흐름	5	18
기말현금	16	33

시장 대비 수익률

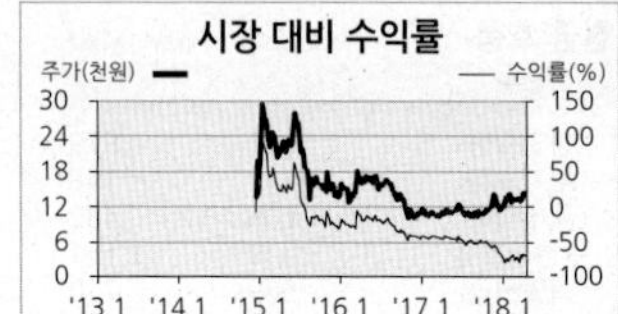

결산 실적 〈단위 : 억원〉

항목	2012	2013	2014	2015	2016	2017
매출액	651	620	813	893	862	984
영업이익	36	28	44	14	-19	1
당기순이익	27	22	37	6	-26	-23

분기 실적 〈단위 : 억원〉

항목	2016.3Q	2016.4Q	2017.1Q	2017.2Q	2017.3Q	2017.4Q
매출액	207	221	227	252	258	247
영업이익	-5	-18	18	5	0	-22
당기순이익	-11	-11	12	4	-1	-38

재무 상태 〈단위 : 억원〉

항목	2012	2013	2014	2015	2016	2017
총자산	336	430	521	726	636	616
유형자산	48	67	81	126	122	112
무형자산	10	25	29	79	75	55
유가증권	6	0	1	1	0	0
총부채	198	267	206	396	333	341
총차입금	92	111	34	215	148	148
자본금	38	38	48	48	48	48
총자본	138	163	315	330	303	274
지배주주지분	138	163	315	289	268	243

기업가치 지표

항목	2012	2013	2014	2015	2016	2017
주가(최고/저)(천원)	—/—	—/—	20.5/10.3	29.5/12.6	22.6/10.0	14.6/10.4
PER(최고/저)(배)	0.0/0.0	0.0/0.0	42.2/21.2	386.0/165.2	—/—	—/—
PBR(최고/저)(배)	0.0/0.0	0.0/0.0	6.3/3.1	9.8/4.2	8.1/3.5	5.6/4.0
EV/EBITDA(배)	1.8	2.6	28.4	45.9	169.7	44.4
EPS(원)	360	290	488	76	-198	-216
BPS(원)	1,836	2,167	3,295	3,020	2,808	2,593
CFPS(원)	446	399	666	296	79	71
DPS(원)	—	—	50	—	—	—
EBITDAPS(원)	564	482	763	367	74	301

재무 비율 〈단위 : %〉

연도	영업이익률	순이익률	부채비율	차입금비율	ROA	ROE	유보율	자기자본비율	EBITDA마진율
2017	0.1	-2.4	124.6	54.0	-3.8	-8.1	418.7	44.5	2.9
2016	-2.3	-3.0	109.9	48.7	-3.8	-6.8	461.7	47.7	0.8
2015	1.6	0.7	120.3	65.3	1.0	2.4	503.9	45.4	3.9
2014	5.5	4.6	65.4	10.9	7.8	15.6	559.1	60.5	7.1

녹십자홀딩스 (A005250)
Green Cross Holdings

업 종 : 제약
신용등급 : (Bond) — (CP) —
홈페이지 : www.greencross.com
본 사 : 경기도 용인시 기흥구 이현로30번길 107 (보정동)
시 장 : 거래소
기업규모 : 시가총액 중형주
연 락 처 : 031)260-9300

설 립 일 1967.10.05		**종업원수** 191명		**대표이사** 허일섭,허용준	
상 장 일 1978.08.28		**감사의견** 적정(한영)		**계 열**	
결 산 기 12월		**보 통 주**		**종속회사수** 19개사	
액 면 가 500원		**우 선 주**		**구 상 호**	

주주구성 (지분율,%)		출자관계 (지분율,%)		주요경쟁사 (외형,%)	
허일섭	11.8	녹십자이엠	100.0	녹십자홀딩스	100
목암생명공학연구소	9.8	부동산처분신탁	100.0	한미사이언스	45
(외국인)	7.4	GCHK	80.0	제일파마홀딩스	3

매출구성		비용구성		수출비중	
분양매출(기타)	49.0	매출원가율	71.9	수출	—
기타영업수익(기타)	29.7	판관비율	20.5	내수	—
배당금수익(기타)	11.5				

회사 개요

동사는 2001년 3월 정기주총에서 지주회사에 대한 사업목적을 승인 받아 생명공학 및 헬스케어 관련 기업을 사업자회사로 둔 지주회사 체제로 경영시스템을 전환하였음. 전체 경영전략 수립과 조정, 신규 전략사업의 진출, 출자자산의 포트폴리오 관리 등의 역할을 맡고 있으며, 의약품의 제조 판매 등 실제 사업은 각 자회사(녹십자, 녹십자헬스케어 등)가 수행하고 있음.

실적 분석

동사의 2017년도 연결기준 연간 매출액은 1조 4,654.9억원으로 전년 대비 8.2% 증가함. 매출액 증가에 힘입어 영업이익은 전년 대비 12.8% 증가했으나, 외환 관련 손실이 크게 증가하여 순이익은 감소함. 자회사인 녹십자는 혈액제제와 백신제제의 실적 호조와 효율적인 판매관리비 집행으로 수익성이 개선됨. 향후 추가적인 해외시장 진출을 목표하고 있으며, 이에 따른 지주회사의 수익성 개선도 기대됨.

현금 흐름 <단위 : 억원>

항목	2016	2017
영업활동	-8	1,445
투자활동	-1,995	-1,573
재무활동	1,438	1,835
순현금흐름	-497	1,553
기말현금	1,136	2,688

시장 대비 수익률

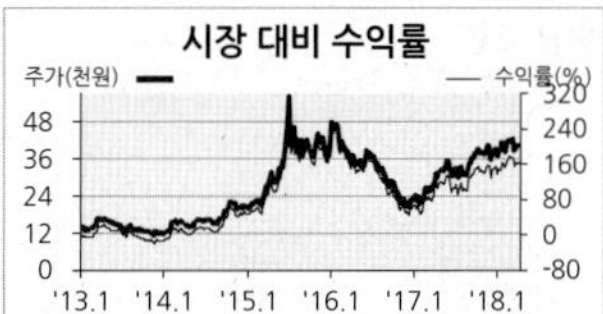

결산 실적 <단위 : 억원>

항목	2012	2013	2014	2015	2016	2017
매출액	8,566	9,383	10,448	11,329	13,545	14,655
영업이익	890	949	1,152	1,076	993	1,120
당기순이익	901	808	1,015	1,128	743	707

분기 실적 <단위 : 억원>

항목	2016.3Q	2016.4Q	2017.1Q	2017.2Q	2017.3Q	2017.4Q
매출액	3,554	3,827	3,160	3,790	4,016	3,689
영업이익	363	238	185	418	473	44
당기순이익	205	325	95	305	291	16

재무 상태 <단위 : 억원>

항목	2012	2013	2014	2015	2016	2017
총자산	14,463	16,241	17,909	20,587	22,493	25,607
유형자산	4,561	5,394	5,945	7,204	8,524	9,903
무형자산	413	479	586	667	809	1,132
유가증권	2,268	1,937	1,393	942	980	1,365
총부채	4,735	5,245	6,098	7,513	8,723	11,210
총차입금	1,651	1,966	2,550	3,449	4,982	6,990
자본금	266	266	266	266	266	266
총자본	9,728	10,997	11,811	13,074	13,770	14,397
지배주주지분	6,218	6,732	7,047	7,322	7,716	8,128

기업가치 지표

항목	2012	2013	2014	2015	2016	2017
주가(최고/저)(천원)	15.9/11.0	17.1/11.3	23.8/11.7	56.2/19.5	48.7/19.8	41.0/21.2
PER(최고/저)(배)	14.1/9.7	20.7/13.7	21.7/10.7	43.8/15.2	52.2/21.3	47.2/24.4
PBR(최고/저)(배)	1.3/0.9	1.3/0.9	1.7/0.8	3.8/1.3	3.1/1.3	2.5/1.3
EV/EBITDA(배)	11.6	10.1	11.6	19.6	15.5	19.1
EPS(원)	1,242	879	1,146	1,320	952	875
BPS(원)	12,976	13,883	14,525	15,148	15,944	16,775
CFPS(원)	1,586	1,292	1,671	1,956	1,661	1,708
DPS(원)	450	250	300	300	300	300
EBITDAPS(원)	2,140	2,328	2,851	2,808	2,712	3,093

재무 비율 <단위 : %>

연도	영업이익률	순이익률	부채비율	차입금비율	ROA	ROE	유보율	자기자본비율	EBITDA마진율
2017	7.6	4.8	77.9	48.6	2.9	5.5	3,026.9	56.2	10.5
2016	7.3	5.5	63.3	36.2	3.5	6.3	2,871.9	61.2	9.9
2015	9.5	10.0	57.5	26.4	5.9	9.1	2,723.5	63.5	12.3
2014	11.0	9.7	51.6	21.6	5.9	8.2	2,607.3	66.0	13.5

녹원씨아이 (A065560)
Nokwon CI

업 종 : 제약
신용등급 : (Bond) — (CP) —
홈페이지 : www.cubes.net
본 사 : 경기도 파주시 신촌2로 7-12
시 장 : KOSDAQ
기업규모 :
연 락 처 : 031)958-2500

설 립 일 1987.05.07	**종업원수** 21명	**대표이사** 정상훈,안성호
상 장 일 2003.06.28	**감사의견** 적정(삼덕)	**계 열**
결 산 기 12월	**보 통 주**	**종속회사수** 2개사
액 면 가 500원	**우 선 주**	**구 상 호** 녹원씨아이

주주구성 (지분율,%)		출자관계 (지분율,%)		주요경쟁사 (외형,%)	
모우	14.5	녹원씨엔아이	100.0	녹원씨엔아이	100
정상훈	8.9	푸른공간	100.0	KPX생명과학	193
(외국인)	1.5	루미앤	42.6	앱클론	16

매출구성		비용구성		수출비중	
유통 상품 필터	61.3	매출원가율	36.9	수출	9.7
유통 상품 제약(의약품)	16.6	판관비율	28.8	내수	90.3
LED 조명기기	11.8				

회사 개요

동사는 1987년 5월 캐드캠 시스템 사업을 주 사업목적으로 설립됨. 현재는 지리정보산업 및 시스템개발업, GIS S/W 판매 및 솔루션 구축, 인터넷 지도 서비스를 주요사업으로 영위하고 있음. 2003년 7월 코스닥 시장에 상장됨. 2015년 사업부문 구조조정을 통하여 유통 부문(제약), 솔루션 부문(GIS, 지리정보) 및 LED 부문으로 사업부로 재편함. 2016년 4월 신규사업으로 산업용 마이크로필터를 서브원에 공급하는 사업을 진행 중임.

실적 분석

동사의 2017년 누적 매출액은 220.8억원으로 전년대비 469.6% 증가함. 비용측면에서 매출원가와 판관비가 각각 156.5%, 108.2% 상승했음에도 불구하고 매출 확대에 힘입어 영업이익은 75.9억원으로 흑자전환함. 2018년 3월 스마트 가전 특수 인쇄용 잉크업체 녹원씨엔아이와 합병하면서 주요 사업이 특수 인쇄용 잉크 제조로 바뀔 전망. 해외 글로벌 업체와 계약을 협상 중이고, 국내외 수주량이 늘면서 실적 개선이 기대됨.

현금 흐름 <단위 : 억원>

항목	2016	2017
영업활동	-19	55
투자활동	-48	-773
재무활동	60	794
순현금흐름	-7	76
기말현금	3	79

시장 대비 수익률

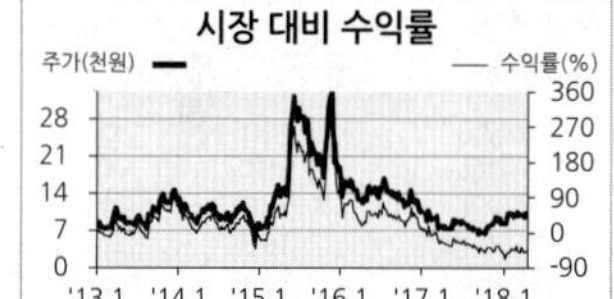

결산 실적 <단위 : 억원>

항목	2012	2013	2014	2015	2016	2017
매출액	277	151	33	73	39	221
영업이익	-16	-36	-34	5	-23	76
당기순이익	-47	-56	-50	-138	-110	4

분기 실적 <단위 : 억원>

항목	2016.3Q	2016.4Q	2017.1Q	2017.2Q	2017.3Q	2017.4Q
매출액	6	4	10	13	92	105
영업이익	-5	-10	-4	-5	33	53
당기순이익	-5	-85	-4	-17	13	13

재무 상태 <단위 : 억원>

항목	2012	2013	2014	2015	2016	2017
총자산	193	127	219	248	111	1,140
유형자산	44	34	31	130	1	115
무형자산	10	7	51	4	33	299
유가증권	9	8	10	12	12	42
총부채	109	68	93	65	14	654
총차입금	55	31	54	37	9	518
자본금	58	65	103	120	136	53
총자본	85	59	127	183	97	487
지배주주지분	79	59	121	121	97	487

기업가치 지표

항목	2012	2013	2014	2015	2016	2017
주가(최고/저)(천원)	4.0/1.4	3.5/1.6	3.2/1.1	7.9/1.6	4.3/2.5	10.8/6.2
PER(최고/저)(배)	—/—	—/—	—/—	—/—	—/—	230.5/131.7
PBR(최고/저)(배)	5.5/1.9	7.0/3.1	5.2/1.8	16.2/3.3	12.3/7.3	2.3/1.3
EV/EBITDA(배)	—	—	—	128.1	—	12.3
EPS(원)	-2,177	-1,885	-1,370	-2,417	-1,673	47
BPS(원)	753	524	635	508	362	4,609
CFPS(원)	-461	-425	-301	-585	-408	107
DPS(원)	—	—	—	—	—	—
EBITDAPS(원)	-87	-251	-209	40	-79	891

재무 비율 <단위 : %>

연도	영업이익률	순이익률	부채비율	차입금비율	ROA	ROE	유보율	자기자본비율	EBITDA마진율
2017	34.4	1.9	134.3	106.5	0.7	1.5	821.8	42.7	36.9
2016	-60.5	-284.6	일부잠식	일부잠식	-61.4	-101.0	-27.7	87.4	-53.6
2015	6.2	-188.7	35.8	20.2	-59.2	-112.9	1.6	73.6	12.3
2014	-105.2	-154.6	73.2	42.9	-29.1	-52.1	27.1	57.8	-87.7

농심 (A004370)
NongShim

업 종 : 식료품		시 장 : 거래소	
신용등급 : (Bond) —	(CP) —	기업규모 : 시가총액 중형주	
홈페이지 : www.nongshim.com		연 락 처 : 02)820-7114	
본 사 : 서울시 동작구 여의대방로 112 (신대방동)			

설 립 일	1965.09.18	**종 업 원 수**	4,951명	**대 표 이 사**	신동원,박준
상 장 일	1976.06.30	**감 사 의 견**	적정(한영)	**계 열**	
결 산 기	12월	**보 통 주**		**종속회사수**	12개사
액 면 가	5,000원	**우 선 주**		**구 상 호**	

주주구성 (지분율,%)		출자관계 (지분율,%)		주요경쟁사 (외형,%)	
농심홀딩스	32.7	농심기획	90.0	농심	100
국민연금공단	11.0	한국카레하우스	10.0	오뚜기	96
(외국인)	22.3	농심켈로그	8.3	농심홀딩스	22

매출구성		비용구성		수출비중	
라 면	74.6	매출원가율	66.7	수출	5.8
스 낵	15.9	판관비율	28.9	내수	94.2
기 타	10.8				

회사 개요

동사의 주력인 라면 사업은 원재료 비중이 차지하는 비율이 높아 환율이나 국제 곡물이나 팜유 시세 변동에 의한 원가변동 요인에 민감함. 2016년 동사의 라면류 시장점유율은 약 56%로 과반 이상 점유율을 보이고 있지만 경쟁사 신제품 영향으로 점유율 감소 추세임. 신성장 동력 확보를 위해 '태풍냉면', '육개장라면', '볶음쌀면', '우육탕면', '짜왕' 등 신제품을 지속적으로 출시 중임.

실적 분석

면류사업 매출액은 전기 대비 0.3% 감소한 1조 6,488억원을 기록하였으며, 스낵사업은 프레첼 등 신제품 출시와 새우깡, 포스틱 등 장수브랜드를 활용한 콜라보 마케팅 등으로 인해 0.6% 증가한 3,545억원을 달성함. 음료사업은 '카프리썬'과 '웰치'의 매출 증가에 따라 3.0% 증가한 1,555억을 기록하였으며, 상품 및 기타사업은 2.1% 증가함. 순이익은 공정위로부터 환수된 과징금 및 가산금의 영향으로 전기 대비 54.5% 감소함.

현금 흐름 〈단위 : 억원〉

항목	2016	2017
영업활동	2,210	1,034
투자활동	-1,357	-792
재무활동	-760	-470
순현금흐름	105	-240
기말현금	1,794	1,554

시장 대비 수익률

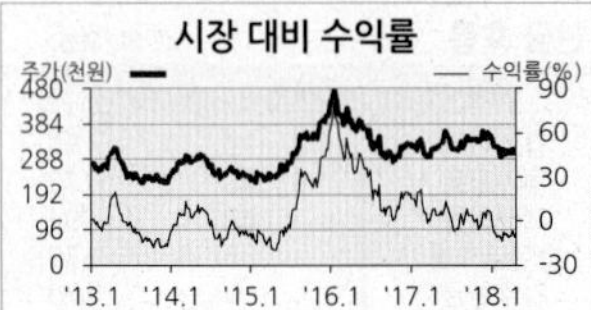

결산 실적 〈단위 : 억원〉

항목	2012	2013	2014	2015	2016	2017
매출액	21,757	20,867	20,417	21,816	22,170	22,083
영업이익	969	926	735	1,183	897	964
당기순이익	-92	869	645	1,174	1,992	907

분기 실적 〈단위 : 억원〉

항목	2016.3Q	2016.4Q	2017.1Q	2017.2Q	2017.3Q	2017.4Q
매출액	5,477	5,739	5,554	5,363	5,717	5,449
영업이익	228	221	325	182	313	143
당기순이익	231	176	298	158	290	161

재무 상태 〈단위 : 억원〉

항목	2012	2013	2014	2015	2016	2017
총자산	21,513	22,154	22,241	24,187	24,813	24,499
유형자산	10,722	10,590	10,881	11,330	10,925	11,223
무형자산	312	355	345	568	587	607
유가증권	221	68	70	333	580	468
총부채	6,920	6,987	6,707	7,722	6,789	6,088
총차입금	1,026	953	954	1,521	991	682
자본금	304	304	304	304	304	304
총자본	14,593	15,167	15,535	16,465	18,024	18,411
지배주주지분	14,408	14,991	15,347	16,350	17,899	18,284

기업가치 지표

항목	2012	2013	2014	2015	2016	2017
주가(최고/저)(천원)	263/189	336/219	301/235	429/221	522/277	372/287
PER(최고/저)(배)	—/—	24.6/16.0	29.6/23.1	22.8/11.9	16.3/8.7	25.2/19.5
PBR(최고/저)(배)	1.1/0.8	1.4/0.9	1.2/0.9	1.6/0.8	1.7/0.9	1.2/0.9
EV/EBITDA(배)	7.4	6.4	7.5	11.4	8.6	9.4
EPS(원)	-1,115	14,533	10,687	19,291	32,764	14,905
BPS(원)	250,158	259,740	265,581	282,078	307,539	313,880
CFPS(원)	12,145	28,180	24,008	32,431	46,812	28,565
DPS(원)	4,000	4,000	4,000	4,000	4,000	4,000
EBITDAPS(원)	29,189	28,872	25,412	32,587	28,796	29,506

재무 비율 〈단위 : %〉

연도	영업 이익률	순 이익률	부채 비율	차입금 비율	ROA	ROE	유보율	자기자본 비율	EBITDA 마진율
2017	4.4	4.1	33.1	3.7	3.7	5.0	6,177.6	75.2	8.1
2016	4.1	9.0	37.7	5.5	8.1	11.6	6,050.8	72.6	7.9
2015	5.4	5.4	46.9	9.2	5.1	7.4	5,541.6	68.1	9.1
2014	3.6	3.2	43.2	6.1	2.9	4.3	5,211.6	69.9	7.6

농심홀딩스 (A072710)
Nongshimholdings

업 종 : 식료품		시 장 : 거래소	
신용등급 : (Bond) AA	(CP) —	기업규모 : 시가총액 중형주	
홈페이지 : www.nongshimholdings.co.kr		연 락 처 : 02)820-7820	
본 사 : 서울시 동작구 여의대방로 112 (신대방동 370 농심빌딩)			

설 립 일	2003.07.01	**종 업 원 수**	6명	**대 표 이 사**	신동원
상 장 일	2003.07.30	**감 사 의 견**	적정(한영)	**계 열**	
결 산 기	12월	**보 통 주**		**종속회사수**	3개사
액 면 가	5,000원	**우 선 주**		**구 상 호**	

주주구성 (지분율,%)		출자관계 (지분율,%)		주요경쟁사 (외형,%)	
신동원	42.9	태경농산	100.0	농심홀딩스	100
신동윤	13.2	농심엔지니어링	100.0	오뚜기	428
(외국인)	5.6	농심개발	96.9	롯데푸드	366

매출구성		비용구성		수출비중	
지주회사투자(기타)	100.0	매출원가율	81.1	수출	—
		판관비율	9.4	내수	—

회사 개요

동사는 농심을 인적 분할하여 설립되었고 율촌화학, 태경농산 등 6개 회사를 자회사로 두고 있음. 자산총액 대부분을 자회사 주식가액의 합계액이 차지하는 등 자회사의 영업과 산업 특성에 영향을 크게 받음. 주요 자회사인 농심은 원재료 비중이 높아 환율이나 국제곡물 및 팜유 시세 변동에 의한 원가변동요인이 있음. 태경농산은 농수산물 가공 및 스프 제조를 주요 사업으로 매출의 90%가 농심으로부터 발생함.

실적 분석

동사의 2017년 결산 연결기준 매출액은 전년과 유사한 4,966.2억원을 기록함. 외형 성장이 정체된 가운데 원가율 상승으로 영업이익 470.6억원, 당기순이익 407.0억원에 그치며 전년대비 이익 축소 및 수익성이 큰 폭으로 하락함. 수익성 하락은 주로 관계기업에 대한 지분법평가이익 감소에 기인함. 부문별 매출비중은 태경농산 65.8%, 농심엔지니어링 24.3%, 농심홀딩스 3.8%, 농심개발 2.0%로 구성됨.

현금 흐름 〈단위 : 억원〉

항목	2016	2017
영업활동	171	588
투자활동	-125	4
재무활동	-1	-606
순현금흐름	45	-16
기말현금	104	88

시장 대비 수익률

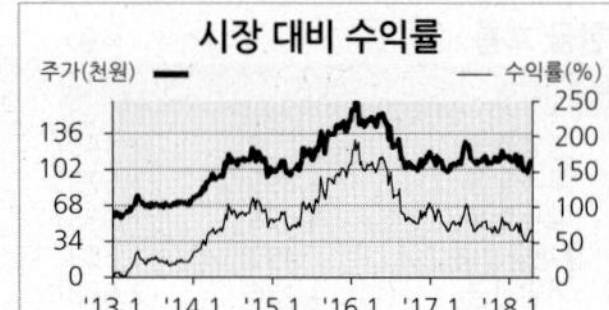

결산 실적 〈단위 : 억원〉

항목	2012	2013	2014	2015	2016	2017
매출액	2,889	3,570	3,874	4,491	4,978	4,966
영업이익	175	527	317	557	869	471
당기순이익	152	489	256	476	794	407

분기 실적 〈단위 : 억원〉

항목	2016.3Q	2016.4Q	2017.1Q	2017.2Q	2017.3Q	2017.4Q
매출액	1,112	1,182	1,031	1,197	1,385	1,353
영업이익	126	96	107	91	162	111
당기순이익	115	77	60	110	143	94

재무 상태 〈단위 : 억원〉

항목	2012	2013	2014	2015	2016	2017
총자산	9,683	10,273	10,345	10,847	11,719	11,453
유형자산	1,834	2,045	2,223	2,171	2,124	2,091
무형자산	12	12	55	53	44	33
유가증권	136	137	145	147	161	167
총부채	2,734	2,994	2,943	3,052	3,304	2,821
총차입금	906	1,244	1,260	1,356	1,449	937
자본금	232	232	232	232	232	232
총자본	6,949	7,280	7,402	7,795	8,415	8,633
지배주주지분	6,896	7,268	7,390	7,783	8,402	8,620

기업가치 지표

항목	2012	2013	2014	2015	2016	2017
주가(최고/저)(천원)	57.8/44.3	77.6/55.1	121/73.9	149/95.4	170/97.6	133/98.1
PER(최고/저)(배)	20.7/15.8	8.1/5.7	23.4/14.3	15.1/9.7	10.3/5.9	15.5/11.4
PBR(최고/저)(배)	0.4/0.3	0.5/0.4	0.8/0.5	0.9/0.6	1.0/0.6	0.7/0.5
EV/EBITDA(배)	14.8	8.0	14.6	12.6	7.0	10.3
EPS(원)	3,167	10,516	5,530	10,264	17,111	8,765
BPS(원)	148,700	156,712	159,349	167,826	181,174	185,858
CFPS(원)	4,720	12,163	7,580	12,719	19,572	11,253
DPS(원)	2,000	2,000	2,000	2,000	2,000	2,000
EBITDAPS(원)	5,335	13,008	8,885	14,461	21,188	12,635

재무 비율 〈단위 : %〉

연도	영업 이익률	순 이익률	부채 비율	차입금 비율	ROA	ROE	유보율	자기자본 비율	EBITDA 마진율
2017	9.5	8.2	32.7	10.9	3.5	4.8	3,617.2	75.4	11.8
2016	17.5	16.0	39.3	17.2	7.0	9.8	3,523.5	71.8	19.7
2015	12.4	10.6	39.2	17.4	4.5	6.3	3,256.5	71.9	14.9
2014	8.2	6.6	39.8	17.0	2.5	3.5	3,087.0	71.6	10.6

농우바이오 (A054050)
Nong Woo Bio

업 종	바이오	시 장	KOSDAQ
신용등급	(Bond) — (CP) —	기업규모	우량
홈페이지	www.nongwoobio.co.kr	연 락 처	031)218-1116
본 사	경기도 수원시 영통구 센트럴타운로 114-8 (이의동)		

설 립 일	1990.06.05	**종업원수**	444명	**대표이사**	최유현
상 장 일	2002.03.22	**감사의견**	적정(한영)	**계 열**	
결 산 기	12월	**보 통 주**		**종속회사수**	7개사
액 면 가	500원	**우 선 주**		**구 상 호**	

주주구성 (지분율,%)		출자관계 (지분율,%)		주요경쟁사 (외형,%)	
농협경제지주	52.8	상림	90.0	농우바이오	100
KB자산운용	4.5	에이씨피씨	13.9	셀트리온	909
(외국인)	2.9	남안동농협	4.9	바이로메드	3

매출구성		비용구성		수출비중	
미니찰토마토 외	37.6	매출원가율	46.3	수출	—
멋진맛동무 등	24.5	판관비율	44.2	내수	—
빅스타고추 등	21.0				

회사 개요

동사는 국내외 작물 재배자들을 대상으로 종자를 개발, 생산, 판매하는 사업을 영위하는 업체로 1981년에 설립됐고, 종자와 상토 사업을 영위하고 있음. 국내 종자 시장 규모는 약 1500억원, 상토 시장규모는 1400억원으로 추산됨. 국내 종자시장에는 총 50여개의 종자업체가 있으며 동사와 동부팜한농, 사카다, 신젠타, 코레곤 5개사가 전체 종자시장의 80%를 점유하고 있음. 동사는 국내 시장점유율 25%로 1위를 차지하고 있음.

실적 분석

동사의 2017년 연결기준 연간 매출액은 1,044.6억원으로 전년 대비 1.3% 증가함. 원가 및 판관비의 증가로 영업이익은 99.5억원으로 전년 대비 26.1% 감소함. 동사는 여주, 밀양 2곳의 육종연구소를 비롯해 중국, 인도네시아, 미국 등 해외법인을 보유한 유일한 국내자본 종묘회사임. 고기능성 채소작물 개발, 유전체 사업 및 DNA chip 개발 등 생명공학연구를 추진 중임.

현금 흐름 〈단위 : 억원〉

항목	2016	2017
영업활동	77	-171
투자활동	3	-97
재무활동	-69	262
순현금흐름	12	-16
기말현금	141	125

시장 대비 수익률

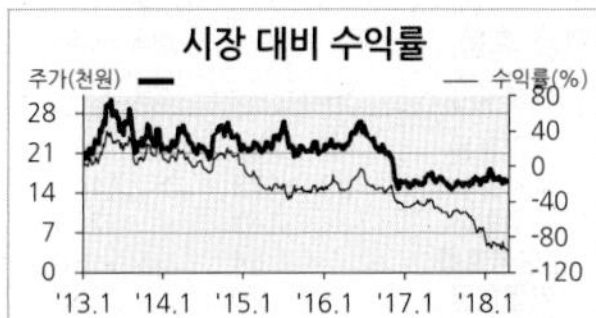

결산 실적 〈단위 : 억원〉

항목	2012	2013	2014	2015	2016	2017
매출액	778	817	893	968	1,031	1,045
영업이익	187	119	152	125	135	100
당기순이익	183	115	143	162	-75	92

분기 실적 〈단위 : 억원〉

항목	2016.3Q	2016.4Q	2017.1Q	2017.2Q	2017.3Q	2017.4Q
매출액	244	265	280	235	231	299
영업이익	40	11	58	30	-1	13
당기순이익	27	-170	41	30	6	16

재무 상태 〈단위 : 억원〉

항목	2012	2013	2014	2015	2016	2017
총자산	1,636	1,748	1,869	2,164	2,212	2,399
유형자산	614	675	740	657	616	652
무형자산	37	36	32	34	32	77
유가증권	24	22	22	22	21	17
총부채	150	196	221	358	534	652
총차입금	1	13	0	115	73	380
자본금	72	72	72	72	72	72
총자본	1,487	1,552	1,648	1,806	1,679	1,747
지배주주지분	1,486	1,551	1,648	1,805	1,678	1,738

기업가치 지표

항목	2012	2013	2014	2015	2016	2017
주가(최고/저)(천원)	19.3/11.4	31.1/19.0	26.2/19.5	26.4/20.3	26.9/14.6	17.3/14.5
PER(최고/저)(배)	15.7/9.4	40.4/24.6	27.1/20.2	23.9/18.4	—/—	27.0/22.5
PBR(최고/저)(배)	1.9/1.2	3.0/1.8	2.4/1.8	2.1/1.7	2.3/1.3	1.4/1.2
EV/EBITDA(배)	12.1	21.5	18.1	18.6	12.2	17.1
EPS(원)	1,279	804	1,000	1,130	-528	651
BPS(원)	10,394	10,845	11,523	12,623	11,735	12,154
CFPS(원)	1,491	1,043	1,274	1,435	-201	1,026
DPS(원)	250	250	250	250	—	200
EBITDAPS(원)	1,521	1,074	1,340	1,181	1,269	1,071

재무 비율 〈단위 : %〉

연도	영업이익률	순이익률	부채비율	차입금비율	ROA	ROE	유보율	자기자본비율	EBITDA마진율
2017	9.5	8.8	37.4	21.7	4.0	5.5	2,330.7	72.8	14.7
2016	13.1	-7.3	31.8	4.3	-3.5	-4.4	2,247.0	75.9	17.6
2015	12.9	16.7	19.8	6.4	8.0	9.4	2,424.7	83.5	17.4
2014	17.1	16.0	13.4	0.0	7.9	8.9	2,204.6	88.2	21.5

누리텔레콤 (A040160)
Nuri Telecom

업 종	일반 소프트웨어	시 장	KOSDAQ
신용등급	(Bond) — (CP) —	기업규모	벤처
홈페이지	www.nuritelecom.co.kr	연 락 처	02)781-0777
본 사	서울시 서초구 사평대로16 누리빌딩 (방배동)		

설 립 일	1994.04.18	**종업원수**	138명	**대표이사**	조송만,김영덕
상 장 일	2000.08.08	**감사의견**	적정(리안)	**계 열**	
결 산 기	12월	**보 통 주**		**종속회사수**	7개사
액 면 가	500원	**우 선 주**		**구 상 호**	

주주구성 (지분율,%)		출자관계 (지분율,%)		주요경쟁사 (외형,%)	
1105354 B.C.LTD	31.4	모임스톤	100.0	누리텔레콤	100
김영덕	5.2	누리비스타	100.0	한컴MDS	127
(외국인)	32.8	누리빌	100.0	이니텍	207

매출구성		비용구성		수출비중	
[제품]AMI(스마트그리드)	43.6	매출원가율	74.6	수출	65.9
[상품]AMI(스마트그리드)	26.3	판관비율	23.7	내수	34.1
RFID 제품군	17.4				

회사 개요

동사는 토탈 솔루션 소프트웨어 제공 업체로 1994년 4월 26일에 설립되었으며 2000년 8월 코스닥 시장에 상장됨. 주력제품은 IoT(사물인터넷) 기반의 AMI (지능형검침 인프라) 시스템으로 국내 및 해외사업을 중점적으로 추진하고 있음. 2000년부터 국내 AMI 사업을 시작한 이래 현재까지 국내 AMI 사업(전력 IoT 사업부)을 추진하고 있으며, 2017년부터 한전용 스마트전력량계 시장 신규 진출을 통해 국내 사업을 확대추진 중.

실적 분석

동사의 2017년 연간 매출액은 전년 대비 129.1% 증가한 1,175.6억원을 기록함. 매출원가 및 무형자산상각비 등이 크게 증가했으며 인건비와 광고선전비, 경상개발비 등의 비용도 증가함. 매출액 성장했음에도 불구하고 원가 상승으로 인해 영업이익은 전년 대비 73.6% 감소한 20.8억원을 기록함. 비용 증가의 영향으로 2017년 당기순손실은 58.4억원을 기록하며 전년 대비 적자전환함.

현금 흐름 〈단위 : 억원〉

항목	2016	2017
영업활동	173	-76
투자활동	-88	-228
재무활동	43	203
순현금흐름	133	-44
기말현금	190	147

시장 대비 수익률

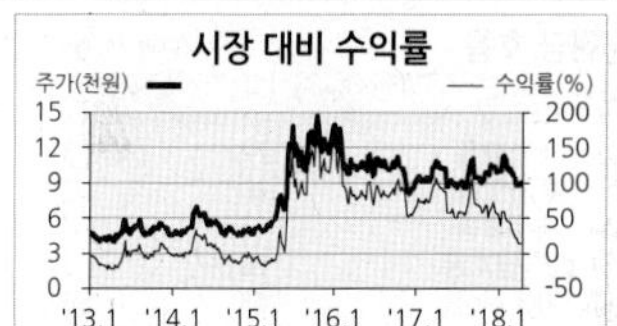

결산 실적 〈단위 : 억원〉

항목	2012	2013	2014	2015	2016	2017
매출액	296	374	389	584	513	1,176
영업이익	-56	21	13	88	79	21
당기순이익	-113	69	15	44	65	-58

분기 실적 〈단위 : 억원〉

항목	2016.3Q	2016.4Q	2017.1Q	2017.2Q	2017.3Q	2017.4Q
매출액	57	226	59	173	448	495
영업이익	-24	47	-34	1	39	14
당기순이익	-28	46	-50	9	37	-54

재무 상태 〈단위 : 억원〉

항목	2012	2013	2014	2015	2016	2017
총자산	831	622	633	688	815	1,400
유형자산	333	262	216	202	210	259
무형자산	68	75	91	80	86	166
유가증권	34	1	1	1	2	6
총부채	312	242	238	203	265	908
총차입금	201	144	172	112	139	401
자본금	57	60	60	60	60	60
총자본	518	381	395	484	550	492
지배주주지분	314	380	395	484	550	492

기업가치 지표

항목	2012	2013	2014	2015	2016	2017
주가(최고/저)(천원)	6.5/3.6	6.5/4.0	7.2/4.4	14.7/4.6	14.5/8.0	11.5/8.5
PER(최고/저)(배)	—/—	11.8/7.2	57.7/35.8	39.9/12.6	26.9/14.9	—/—
PBR(최고/저)(배)	2.2/1.2	1.9/1.1	2.0/1.2	3.5/1.1	3.1/1.7	2.7/2.0
EV/EBITDA(배)	—	10.1	17.6	15.8	10.5	22.8
EPS(원)	-1,151	553	124	368	538	-485
BPS(원)	2,961	3,517	3,636	4,204	4,747	4,265
CFPS(원)	-882	844	298	536	682	-127
DPS(원)	—	—	—	—	—	—
EBITDAPS(원)	-227	470	279	895	796	530

재무 비율 〈단위 : %〉

연도	영업이익률	순이익률	부채비율	차입금비율	ROA	ROE	유보율	자기자본비율	EBITDA마진율
2017	1.8	-5.0	184.6	81.6	-5.3	-11.2	753.1	35.1	5.4
2016	15.3	12.7	48.2	25.3	8.6	12.6	849.3	67.5	18.7
2015	15.0	7.6	42.0	23.1	6.7	10.1	740.8	70.4	18.5
2014	3.3	3.8	60.4	43.5	2.3	3.9	627.2	62.4	8.7

누리플랜 (A069140)

Nuriplan

업 종 : 상업서비스 | 시 장 : KOSDAQ
신용등급 : (Bond) — (CP) — | 기업규모 : 벤처
홈페이지 : www.nuriplan.com | 연 락 처 : 031)997-9097
본 사 : 경기도 김포시 대곶면 대곶로202번길 191

설 립 일	1994.03.04	**종업원수**	84명	**대표이사**	이규홍
상 장 일	2010.10.26	**감사의견**	적정(참)	**계 열**	
결 산 기	12월	**보 통 주**		**종속회사수**	1개사
액 면 가	500원	**우 선 주**		**구 상 호**	

주주구성 (지분율,%)		출자관계 (지분율,%)		주요경쟁사 (외형,%)	
이상우	41.0			누리플랜	100
누리플랜우리사주조합	6.4			아이씨케이	76
(외국인)	1.3			SCI평가정보	120

매출구성		비용구성		수출비중	
LED조명기구 외 (제품 및 상품)	69.7	매출원가율	79.5	수출	0.0
경관조명 외 (공사)	29.4	판관비율	19.2	내수	100.0
설계용역 (용역수입)	0.9				

회사 개요

동사는 조명 등 경관 시설 전문업체임. 주요 제품은 방음벽, 차량방호울타리, LED조명등기구, 난간휀스 등임. 업계에서 유일하게 디자인, 설계, 제작, 시공, 사후관리까지 제공하고 있음. 한편 사업다각화를 지속적으로 추진하고 있으며, 이미 군사 및 국가주요시설에 대한 항전자파 차단시설을 제작, 설치하는 EMP 방호사업과 전기저장장치사업 및 안개소산장치 사업도 영위 중임.

실적 분석

동사의 2017년 4분기 연결기준 누적 매출액은 전년 동기(344.1억원) 대비 3.5% 소폭 증가한 356.2억원을 기록함. 그러나 인건비 등 비용증가로 영업이익은 전년 7.3억원에서 소폭 줄어든 4.8억원을 실현함. 당기순손실은 0.1억원을 기록하며 전자전환하였음. 동사는 당분기 중 현대그린푸드 외 18인으로부터 현대엘이디 주식 100%를 80억에 양수를 마침.

현금 흐름 <단위 : 억원>

항목	2016	2017
영업활동	-21	3
투자활동	20	-2
재무활동	17	4
순현금흐름	16	7
기말현금	43	50

시장 대비 수익률

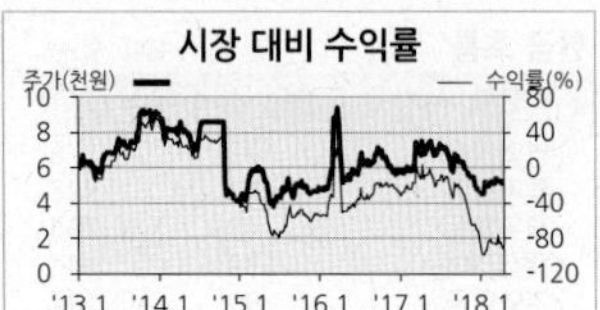

결산 실적 <단위 : 억원>

항목	2012	2013	2014	2015	2016	2017
매출액	451	394	306	321	344	356
영업이익	-18	-38	-74	12	7	5
당기순이익	-12	-32	-98	5	24	-0

분기 실적 <단위 : 억원>

항목	2016.3Q	2016.4Q	2017.1Q	2017.2Q	2017.3Q	2017.4Q
매출액	45	105	65	69	70	152
영업이익	-11	11	-1	-10	0	16
당기순이익	-14	-2	-2	-12	0	14

재무 상태 <단위 : 억원>

항목	2012	2013	2014	2015	2016	2017
총자산	554	523	336	326	354	391
유형자산	158	155	149	82	126	124
무형자산	10	9	5	10	9	16
유가증권	4	6	5	7	18	12
총부채	278	260	169	153	160	182
총차입금	171	170	93	74	87	73
자본금	22	23	23	23	23	24
총자본	276	263	167	173	194	209
지배주주지분	275	263	167	173	194	209

기업가치 지표

항목	2012	2013	2014	2015	2016	2017
주가(최고/저)(천원)	10.9/5.8	9.5/5.5	9.0/4.1	6.4/3.8	9.9/4.7	8.4/4.5
PER(최고/저)(배)	—/—	—/—	—/—	60.1/35.5	18.9/9.0	1,376.7/745.9
PBR(최고/저)(배)	1.7/0.9	1.6/0.9	2.3/1.1	1.6/1.0	2.2/1.1	1.8/1.0
EV/EBITDA(배)	—	—	—	15.5	25.2	24.9
EPS(원)	-269	-735	-2,164	107	522	6
BPS(원)	6,584	5,979	3,844	3,974	4,443	4,553
CFPS(원)	-156	-612	-2,053	203	614	98
DPS(원)	—	—	—	—	—	—
EBITDAPS(원)	-304	-744	-1,527	367	252	195

재무 비율 <단위 : %>

연도	영업이익률	순이익률	부채비율	차입금비율	ROA	ROE	유보율	자기자본비율	EBITDA마진율
2017	1.4	0.0	87.0	35.1	0.0	0.1	810.7	53.5	2.6
2016	2.1	6.9	82.5	45.0	7.0	12.9	788.7	54.8	3.3
2015	3.8	1.5	88.6	42.9	1.5	2.9	694.9	53.0	5.2
2014	-24.3	-32.1	101.4	55.6	-22.9	-45.7	668.8	49.7	-22.7

뉴로스 (A126870)

NEUROS

업 종 : 기계 | 시 장 : KOSDAQ
신용등급 : (Bond) — (CP) — | 기업규모 : 벤처
홈페이지 : www.neuros.co.kr | 연 락 처 : 042)865-7300
본 사 : 대전시 유성구 테크노2로 274 (탑립동)

설 립 일	2000.05.09	**종업원수**	155명	**대표이사**	김승우
상 장 일	2012.02.15	**감사의견**	적정(리안)	**계 열**	
결 산 기	12월	**보 통 주**		**종속회사수**	2개사
액 면 가	500원	**우 선 주**		**구 상 호**	

주주구성 (지분율,%)		출자관계 (지분율,%)		주요경쟁사 (외형,%)	
김승우	14.0	뉴로스정밀	100.0	뉴로스	100
한국증권금융	4.5	Nuerosturbomachinery	100.0	로보스타	461
(외국인)	1.5			스맥	360

매출구성		비용구성		수출비중	
터보블로워	91.3	매출원가율	68.1	수출	79.1
용역	7.1	판관비율	26.8	내수	20.9
상품	1.5				

회사 개요

동사는 블로워로 불리우는 오폐수 처리용 송풍기 전문 제조업체임. 블로워 산업은 설비투자 및 건설산업에 큰 영향을 받기 때문에 경기변동에 민감한 편임. 주요 판매처는 크게 국내, 미국, 유럽, 일본, 중국 시장으로 나눌 수 있음. 공기베어링 방식의 터보블로워가 우리나라에서 세계 최초로 개발된 이래 세계시장에서의 채택이 점차 증가하고 동사의 경우 수출이 전체 매출에서 차지하는 비중이 크게 높음.

실적 분석

동사의 2017년 결산 연결기준 매출액은 전년동기 대비 1.5% 증가한 447.8억원이며, 판관비 감소로 노력으로 인하여 영업이익은 38.5% 증가한 22.7억원을 시현함. 2017년도에는 다소 부진하였던 북미, 중국 제품 매출이 개선되었으며 탈황설비, 공정용 등 다양한 적용처 시장이 개발되어 매출 확대가 기대됨. 또한 2018년에는 신규산업에 대한 투자를 확대하고 북미, 중국, 인도 시장을 비롯한 해외 시장 매출 확대가 기대되고 있음.

현금 흐름 <단위 : 억원>

항목	2016	2017
영업활동	82	-57
투자활동	-173	-147
재무활동	143	219
순현금흐름	54	10
기말현금	70	80

시장 대비 수익률

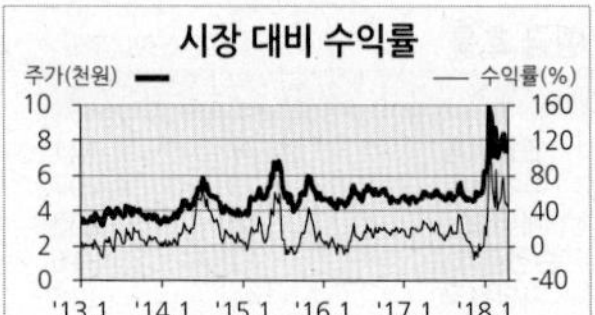

결산 실적 <단위 : 억원>

항목	2012	2013	2014	2015	2016	2017
매출액	321	369	350	423	441	448
영업이익	55	48	-1	5	16	23
당기순이익	27	29	3	6	11	-55

분기 실적 <단위 : 억원>

항목	2016.3Q	2016.4Q	2017.1Q	2017.2Q	2017.3Q	2017.4Q
매출액	113	119	105	103	141	99
영업이익	3	3	2	4	3	14
당기순이익	-9	15	-22	2	-5	-30

재무 상태 <단위 : 억원>

항목	2012	2013	2014	2015	2016	2017
총자산	565	664	800	803	1,032	1,236
유형자산	150	171	191	206	386	382
무형자산	9	8	10	11	12	46
유가증권	—	2	—	2	2	28
총부채	248	312	411	301	536	711
총차입금	171	222	311	212	405	532
자본금	25	25	28	36	71	80
총자본	317	352	389	502	497	525
지배주주지분	317	352	389	502	497	525

기업가치 지표

항목	2012	2013	2014	2015	2016	2017
주가(최고/저)(천원)	6.4/3.1	4.3/3.2	5.8/3.2	6.8/3.6	5.6/4.1	5.8/4.4
PER(최고/저)(배)	22.5/11.1	14.7/10.9	204.9/113.5	148.9/78.9	73.0/54.1	—/—
PBR(최고/저)(배)	1.9/1.0	1.2/0.9	1.7/0.9	1.8/1.0	1.5/1.1	1.6/1.2
EV/EBITDA(배)	7.0	9.2	72.1	48.3	29.8	28.4
EPS(원)	283	292	29	46	77	-351
BPS(원)	6,431	6,911	6,945	7,339	3,793	3,543
CFPS(원)	785	753	235	262	188	-220
DPS(원)	—	—	—	—	—	—
EBITDAPS(원)	1,347	1,123	169	255	227	275

재무 비율 <단위 : %>

연도	영업이익률	순이익률	부채비율	차입금비율	ROA	ROE	유보율	자기자본비율	EBITDA마진율
2017	5.1	-12.4	135.5	101.4	-4.9	-10.8	608.6	42.5	9.7
2016	3.7	2.5	107.9	81.5	1.2	2.2	658.7	48.1	7.3
2015	1.3	1.4	59.9	42.3	0.7	1.3	1,367.9	62.5	4.0
2014	-0.2	0.9	105.6	80.0	0.4	0.8	1,289.0	48.7	2.6

뉴보텍 (A060260)

Nuvotec

업 종 : 건축자재
신용등급 : (Bond) — (CP) —
홈페이지 : www.nuvotec.co.kr
본 사 : 강원도 원주시 태장공단길 42-6

시 장 : KOSDAQ
기업규모 : 벤처
연 락 처 : 033)734-6001

설 립 일	1990.11.01	**종업원수**	120명	**대 표 이 사**	한거희
상 장 일	2002.01.26	**감사의견**	적정(세일)	**계 열**	
결 산 기	12월	**보 통 주**		**종속회사수**	
액 면 가	500원	**우 선 주**		**구 상 호**	

주주구성 (지분율,%)		출자관계 (지분율,%)		주요경쟁사 (외형,%)	
한거희	7.5	디자인허브	49.0	뉴보텍	100
유환미디어	4.0			대림B&Co	568
(외국인)	2.0			정산애강	191

매출구성		비용구성		수출비중	
고강성 PVC 이중벽하수관	45.8	매출원가율	74.3	수출	0.5
기타 상하수도관 부속자재(제품)	16.8	판관비율	29.3	내수	99.5
수도관(HIVP수도관/ASA수도관)	16.7				

회사 개요

동사의 요사업은 '상하수도관 제조업'과 '화장품 마스크팩 및 마스크팩 시트 제조업'으로 구분됨. 동사는 1990년 창립 후 상수도관 · 하수도관 · 빗물저장시설 · 상하수도관 보수공법으로 대표되는 '상하수도사업부문'만을 영위하다가, 매출액 증대, 신규 수익원 확보 및 사업 분야의 다양화를 위하여 당기에 기존 '상하수도사업부문'과 별도로 '생활용품 사업부문'을 신설하여 '화장품 마스크팩 및 마스크팩 시트 제조업'에 신규로 진출함.

실적 분석

동사는 사급 대형 프로젝트의 수주 및 매출을 바탕으로 2017년 연간 매출액은 410.2 억원으로 전년동기 대비 14.3% 증가하면서 3년 연속 매출액 증가 및 사상 최고 매출실적 시현함. 그러나 주요 원재료 매입가격의 상승으로 14.8억원의 영업손실을 시현하였으며, 작년 신규사업 진출을 위해 설비투자 및 신규 직원 채용이 이루어져 고정비 부담이 증가한 반면, 사업초기 본격적인 매출이 발생하지 않아 신규사업에 대한 고정비 부담 반영됨.

현금 흐름 *IFRS 별도 기준 〈단위 : 억원〉

항목	2016	2017
영업활동	12	-25
투자활동	-13	-22
재무활동	8	-0
순현금흐름	7	-48
기말현금	60	12

시장 대비 수익률

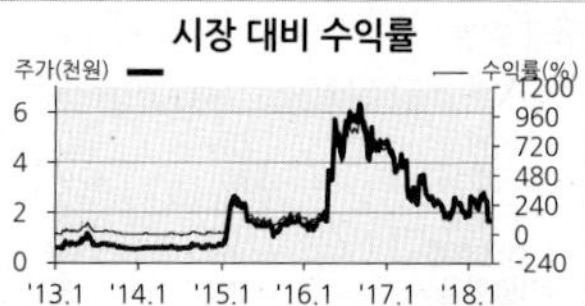

결산 실적 〈단위 : 억원〉

항목	2012	2013	2014	2015	2016	2017
매출액	347	349	307	351	359	410
영업이익	5	4	-6	11	8	-15
당기순이익	3	3	-7	7	6	-13

분기 실적 *IFRS 별도 기준 〈단위 : 억원〉

항목	2016.3Q	2016.4Q	2017.1Q	2017.2Q	2017.3Q	2017.4Q
매출액	83	100	80	116	94	121
영업이익	2	3	-6	-2	-2	-5
당기순이익	2	2	-6	0	-3	-5

재무 상태 *IFRS 별도 기준 〈단위 : 억원〉

항목	2012	2013	2014	2015	2016	2017
총자산	252	265	261	274	299	291
유형자산	94	86	82	82	79	81
무형자산	1	4	6	9	8	8
유가증권	3	2	2	1	1	1
총부채	104	114	109	116	135	136
총차입금	65	66	59	58	66	65
자본금	114	114	123	123	123	123
총자본	148	152	152	158	164	155
지배주주지분	148	152	152	158	164	155

기업가치 지표 *IFRS 별도 기준

항목	2012	2013	2014	2015	2016	2017
주가(최고/저)(천원)	0.9/0.4	1.2/0.5	0.8/0.6	2.8/0.7	6.7/1.3	4.9/1.7
PER(최고/저)(배)	61.1/26.5	93.7/41.7	—/—	104.5/26.5	272.0/53.8	—/—
PBR(최고/저)(배)	1.4/0.6	1.8/0.8	1.3/0.9	4.4/1.1	10.1/2.0	7.8/2.7
EV/EBITDA(배)	8.7	7.5	30.0	17.3	68.1	—
EPS(원)	15	13	-29	27	25	-54
BPS(원)	647	663	616	640	666	629
CFPS(원)	75	70	21	65	62	-14
DPS(원)	—	—	—	—	—	—
EBITDAPS(원)	82	75	25	82	69	-20

재무 비율 〈단위 : %〉

연도	영업이익률	순이익률	부채비율	차입금비율	ROA	ROE	유보율	자기자본비율	EBITDA마진율
2017	-3.6	-3.3	87.6	42.1	-4.5	-8.4	25.8	53.3	-1.2
2016	2.2	1.7	82.4	40.0	2.1	3.8	33.3	54.8	4.7
2015	3.1	1.9	73.6	36.6	2.5	4.3	28.1	57.6	5.8
2014	-1.9	-2.2	72.0	38.7	-2.5	-4.4	23.1	58.2	1.9

뉴인텍 (A012340)

NUINTEK

업 종 : 전기장비
신용등급 : (Bond) — (CP) —
홈페이지 : www.nuin.co.kr
본 사 : 충남 아산시 음봉면 음봉면로 243

시 장 : KOSDAQ
기업규모 : 중견
연 락 처 : 041)541-8100

설 립 일	1977.06.29	**종업원수**	148명	**대 표 이 사**	장기수
상 장 일	1997.02.12	**감사의견**	적정(삼일)	**계 열**	
결 산 기	12월	**보 통 주**		**종속회사수**	2개사
액 면 가	500원	**우 선 주**		**구 상 호**	

주주구성 (지분율,%)		출자관계 (지분율,%)		주요경쟁사 (외형,%)	
장기수	16.0			뉴인텍	100
뉴인텍우리사주조합	2.0			서울전자통신	183
(외국인)	1.6			비츠로테크	463

매출구성		비용구성		수출비중	
금속증착필름	47.6	매출원가율	91.9	수출	76.2
AC용 콘덴서	28.4	판관비율	11.3	내수	23.8
원부자재매출등	12.5				

회사 개요

동사는 생활가전, 전력용, 신재생에너지용 등 다양한 분야의 전기전자 제품에 사용되는 콘덴서 및 콘덴서의 원재료인 증착필름을 제조·판매하는 업체임. 축전기 부분의 매출액이 총 매출액의 24.4%, 축전기 원재료로 사용되는 증착필름부분이 51.7%를 차지함. 그 외에 미래형 자동차 및 태양광발전 시장이 새로이 열리면서 전력전자용 콘덴서의 매출 비중이 10% 수준임. 은성산업, 디지털텍 등과 시장에서 경쟁을 하고 있음.

실적 분석

동사의 2017년 연간 매출액은 전년동기대비 5% 상승한 503억원을 기록하였음. 비용절감에도 꾸준히 힘을 기울이고 있으나 전년동기대비 당기순손실은 적자지속하여 35.7억원을 기록함. AC용 CAPACITOR부문에서 절대적 시장점유율을 가지므로 꾸준한 매출이 기대되며 금속증착필름 부문 또한 꾸준히 해외 수요를 성장시키고 있음. 시장확대 및 친환경 자동차 콘덴서 등의 신규사업 성장으로 수익 개선이 기대됨.

현금 흐름 〈단위 : 억원〉

항목	2016	2017
영업활동	-18	14
투자활동	-25	-31
재무활동	50	15
순현금흐름	8	-2
기말현금	16	14

시장 대비 수익률

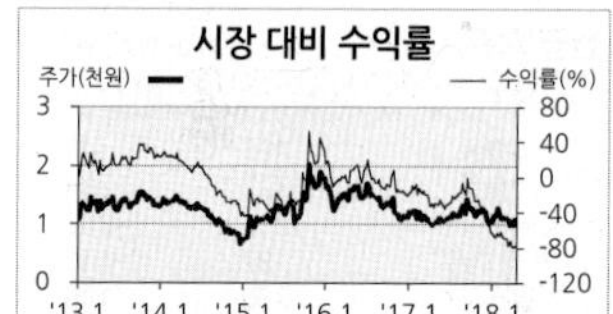

결산 실적 〈단위 : 억원〉

항목	2012	2013	2014	2015	2016	2017
매출액	520	559	574	501	479	503
영업이익	-59	-18	-44	-8	-93	-16
당기순이익	-91	-31	-33	-17	-97	-36

분기 실적 〈단위 : 억원〉

항목	2016.3Q	2016.4Q	2017.1Q	2017.2Q	2017.3Q	2017.4Q
매출액	105	112	118	132	131	121
영업이익	-18	-65	-0	-4	-6	-5
당기순이익	-23	-60	-7	-5	-9	-14

재무 상태 〈단위 : 억원〉

항목	2012	2013	2014	2015	2016	2017
총자산	598	587	552	515	446	439
유형자산	208	200	187	201	192	203
무형자산	22	19	15	13	12	7
유가증권	1	1	1	0	0	0
총부채	391	409	366	343	255	292
총차입금	293	274	247	224	153	168
자본금	173	173	191	191	246	246
총자본	207	179	187	172	191	147
지배주주지분	207	179	187	172	191	147

기업가치 지표

항목	2012	2013	2014	2015	2016	2017
주가(최고/저)(천원)	2.0/1.0	1.7/1.1	1.5/0.6	2.0/0.7	1.8/1.0	1.5/1.0
PER(최고/저)(배)	—/—	—/—	—/—	—/—	—/—	—/—
PBR(최고/저)(배)	3.6/1.8	3.4/2.2	3.2/1.4	4.8/1.7	4.7/2.6	4.9/3.3
EV/EBITDA(배)	—	73.0	—	57.3	—	76.6
EPS(원)	-250	-84	-85	-41	-219	-73
BPS(원)	598	516	490	452	389	301
CFPS(원)	-187	-10	-2	20	-162	-22
DPS(원)	—	—	—	—	—	—
EBITDAPS(원)	-93	27	-32	43	-154	18

재무 비율 〈단위 : %〉

연도	영업이익률	순이익률	부채비율	차입금비율	ROA	ROE	유보율	자기자본비율	EBITDA마진율
2017	-3.2	-7.1	일부잠식	일부잠식	-8.1	-21.1	-39.9	33.6	1.7
2016	-19.4	-20.2	일부잠식	일부잠식	-20.1	-53.2	-22.2	42.8	-14.2
2015	-1.6	-3.3	일부잠식	일부잠식	-3.1	-9.2	-9.7	33.4	3.3
2014	-7.7	-5.7	일부잠식	일부잠식	-5.8	-18.1	-2.0	33.8	-2.1

뉴트리바이오텍 (A222040)

NUTRIBIOTECH COLTD

업 종 : 식료품 | 시 장 : KOSDAQ
신용등급 : (Bond) — (CP) — | 기업규모 : 우량
홈페이지 : www.nutribiotech.co.kr | 연 락 처 : 02)3474-8527
본 사 : 서울시 강남구 테헤란로 145, 1001호(역삼동, 우신빌딩)

설 립 일	2002.01.02	종 업 원 수	400명	대 표 이 사	권진혁
상 장 일	2015.12.16	감 사 의 견	적정(삼덕)	계 열	
결 산 기	12월	보 통 주		종속회사수	6개사
액 면 가	500원	우 선 주		구 상 호	

주주구성 (지분율,%)		출자관계 (지분율,%)		주요경쟁사 (외형,%)	
코스맥스비티아이	38.2	뉴트리원	70.0	뉴트리바이오텍	100
권진혁	12.1	뉴트리사이언스	54.0	코스맥스비티아이	219
(외국인)	13.2	닥터디앤에이	40.6	넥스트BT	61

매출구성		비용구성		수출비중	
오메가외	53.1	매출원가율	72.8	수출	50.2
식사대용식외	46.3	판관비율	18.7	내수	49.8
기타매출	0.7				

회사 개요

동사는 건강기능식품 산업에서 기능성 원료 및 성분을 연구하는 연구개발 사업, 건강기능식품 및 건강지향식품을 생산하는 제조업, 건강기능식품을 판매하는 유통사업을 주요사업으로 하는 건강기능식품업을 영위할 목적으로 2002년 1월 2일 설립되었음. 화장품 ODM으로 유명한 코스맥스그룹 계열사 중 하나로 동일한 산업군의 코스맥스바이오과 함께 코스맥스비티아이의 자회사임.

실적 분석

동사의 2017년 연결 기준 누적 매출액은 1,363.5억원으로 전년 대비 12.9% 증가함. 매출은 증가했지만 매출 증가율 대비 매출원가 증가율이 높고 판매비와 관리비 또한 늘어나면서 영업이익은 전년 대비 38.6% 감소한 115.3억원을 기록함. 비영업 부문에서도 금융과 외환 손실이 발생하면서 당기순이익은 63.7억원으로 전년 대비 무려 62.8% 감소함.

현금 흐름 〈단위 : 억원〉

항목	2016	2017
영업활동	95	48
투자활동	-322	-384
재무활동	262	207
순현금흐름	32	-131
기말현금	280	149

시장 대비 수익률

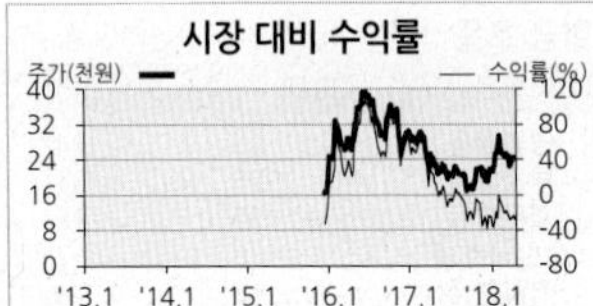

결산 실적 〈단위 : 억원〉

항목	2012	2013	2014	2015	2016	2017
매출액	308	392	469	775	1,208	1,364
영업이익	21	30	35	108	188	115
당기순이익	13	20	22	86	171	64

분기 실적 〈단위 : 억원〉

항목	2016.3Q	2016.4Q	2017.1Q	2017.2Q	2017.3Q	2017.4Q
매출액	347	262	275	316	387	385
영업이익	65	22	20	15	46	34
당기순이익	45	50	8	6	37	13

재무 상태 〈단위 : 억원〉

항목	2012	2013	2014	2015	2016	2017
총자산	220	334	453	1,144	1,830	1,994
유형자산	147	222	301	514	978	1,247
무형자산	0	3	0	1	8	20
유가증권	1	0	0	0	0	13
총부채	144	231	330	502	1,005	1,130
총차입금	84	146	214	306	572	758
자본금	41	41	41	52	52	103
총자본	76	103	124	642	825	864
지배주주지분	76	103	123	640	815	849

기업가치 지표

항목	2012	2013	2014	2015	2016	2017
주가(최고/저)(천원)	—/—	—/—	—/—	39.7/29.0	81.3/38.9	31.7/16.0
PER(최고/저)(배)	0.0/0.0	0.0/0.0	0.0/0.0	38.7/28.3	48.7/23.3	104.1/52.6
PBR(최고/저)(배)	0.0/0.0	0.0/0.0	0.0/0.0	6.4/4.7	10.3/4.9	7.7/3.9
EV/EBITDA(배)	2.3	3.0	3.6	29.1	35.4	44.6
EPS(원)	76	125	135	513	834	304
BPS(원)	1,845	2,494	2,994	6,203	7,904	4,116
CFPS(원)	612	872	1,039	1,372	1,669	304
DPS(원)	—	—	—	—	—	—
EBITDAPS(원)	825	1,109	1,341	1,635	1,820	559

재무 비율 〈단위 : %〉

연도	영업이익률	순이익률	부채비율	차입금비율	ROA	ROE	유보율	자기자본비율	EBITDA마진율
2017	8.5	4.7	130.8	87.7	3.3	7.5	723.3	43.3	8.5
2016	15.5	14.2	121.8	69.3	11.5	23.7	1,480.8	45.1	15.5
2015	13.9	11.1	78.3	47.6	10.7	22.5	1,140.6	56.1	17.6
2014	7.4	4.8	266.0	173.0	5.7	19.6	199.4	27.3	11.8

뉴파워프라즈마 (A144960)

New Power Plasma

업 종 : 반도체 및 관련장비 | 시 장 : KOSDAQ
신용등급 : (Bond) — (CP) — | 기업규모 : 벤처
홈페이지 : www.newpower.co.kr | 연 락 처 : 031)612-7600
본 사 : 경기도 수원시 영통구 신원로 176(신동)

설 립 일	1999.10.07	종 업 원 수	346명	대 표 이 사	위순임
상 장 일	2016.11.30	감 사 의 견	적정(대현)	계 열	
결 산 기	12월	보 통 주		종속회사수	4개사
액 면 가	500원	우 선 주		구 상 호	

주주구성 (지분율,%)		출자관계 (지분율,%)		주요경쟁사 (외형,%)	
최대규	24.6	조은샘교육	17.8	뉴파워프라즈마	100
위순임	10.5	플라스포	16.9	제우스	344
(외국인)	13.7	도우인시스	10.0	아이에이	58

매출구성		비용구성		수출비중	
[RPGRPG-05 외	48.0	매출원가율	50.7	수출	17.6
[RPG]RPG-01	16.1	판관비율	27.5	내수	82.4
기타	13.4				

회사 개요

동사는 1993년 12월 '뉴파워'로 설립하여 1999년 10월 뉴파워 프라즈마 법인으로 전환하였으며, 2002년 세계에서 2번째로 반도체 및 FPD의 CVD 공정에서 챔버 내에 잔류하는 이물질을 제거하는 Remote Plasma Generator를 개발한 회사임. 박막공정의 장비에 사용되는 RPG는 박막공정 진행 후 공정 내 잔존하는 부산물에 대한 Plasma Cleaning를 실시하는 핵심 모듈임.

실적 분석

동사의 2017년 결산 연결 기준 누적매출은 1,044.9억원으로 전년동기 대비 55% 성장. 영업이익과 당기순이익도 전년대비 81.3%, 68.7% 증가한 227.7억원과 185.7억원을 기록하며 이익 규모가 확대됨. 주 매출원인 Plasma 전원장치는 유기발광다이오드 등 디스플레이·반도체 공정 내 필수 부품으로 동사는 외국 기업이 독점하던 핵심부품의 국산화에 성공해 본격적인 매출에 반영되고 있음. 또한 해외시장으로 시장확대 진행하며 성장함.

현금 흐름 〈단위 : 억원〉

항목	2016	2017
영업활동	76	302
투자활동	-330	-298
재무활동	247	-53
순현금흐름	-6	-53
기말현금	90	37

시장 대비 수익률

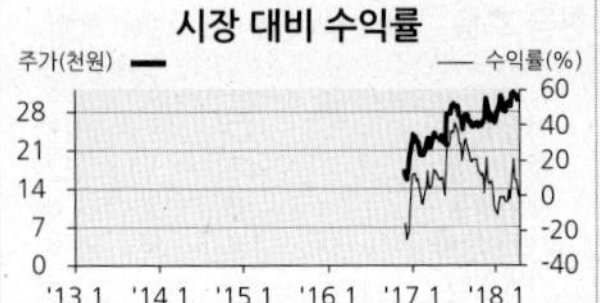

결산 실적 〈단위 : 억원〉

항목	2012	2013	2014	2015	2016	2017
매출액	243	321	358	505	674	1,045
영업이익	25	54	60	80	126	228
당기순이익	25	55	55	81	110	186

분기 실적 〈단위 : 억원〉

항목	2016.3Q	2016.4Q	2017.1Q	2017.2Q	2017.3Q	2017.4Q
매출액	200	230	311	293	272	168
영업이익	51	31	68	71	65	25
당기순이익	43	28	56	58	57	15

재무 상태 〈단위 : 억원〉

항목	2012	2013	2014	2015	2016	2017
총자산	574	623	670	816	1,273	1,405
유형자산	283	285	268	278	323	398
무형자산	2	4	10	11	31	28
유가증권	37	37	67	141	147	221
총부채	176	174	224	278	276	205
총차입금	128	107	119	167	102	40
자본금	32	33	30	31	41	41
총자본	398	449	446	538	997	1,200
지배주주지분	398	449	446	539	997	1,200

기업가치 지표

항목	2012	2013	2014	2015	2016	2017
주가(최고/저)(천원)	—/—	—/—	—/—	—/—	22.6/14.7	30.7/19.7
PER(최고/저)(배)	0.0/0.0	0.0/0.0	0.0/0.0	0.0/0.0	13.1/8.6	13.6/8.7
PBR(최고/저)(배)	0.0/0.0	0.0/0.0	0.0/0.0	0.0/0.0	1.9/1.2	2.1/1.4
EV/EBITDA(배)	—	—	0.4	—	9.4	6.3
EPS(원)	392	853	846	1,359	1,739	2,287
BPS(원)	6,144	6,902	7,014	8,762	12,298	14,699
CFPS(원)	583	1,058	1,042	1,578	2,053	2,527
DPS(원)	—	—	—	—	130	280
EBITDAPS(원)	576	1,037	1,128	1,521	2,297	3,043

재무 비율 〈단위 : %〉

연도	영업이익률	순이익률	부채비율	차입금비율	ROA	ROE	유보율	자기자본비율	EBITDA마진율
2017	21.8	17.8	17.1	3.3	13.9	16.9	2,839.9	85.4	23.7
2016	18.6	16.3	27.7	10.2	10.5	14.3	2,359.5	78.3	21.6
2015	15.8	16.1	51.7	31.0	10.9	16.9	1,652.4	65.9	18.4
2014	16.8	15.3	50.4	26.7	—	—	1,365.4	66.5	20.4

뉴프라이드 (A900100)
New Pride

업 종 : 자동차부품 | 시 장 : KOSDAQ
신용등급 : (Bond) — (CP) — | 기업규모 :
홈페이지 : www.newpridecorporation.com | 연 락 처 : +1-310-631-7000
본 사 : 2757 E. Del Amo Blvd. Rancho Dominguez, California, USA

설 립 일	1978.05.01	**종 업 원 수**	129명	**대 표 이 사**	노갑성
상 장 일	2010.04.21	**감 사 의 견**	적정(우리)	**계 열**	
결 산 기	12월	**보 통 주**		**종속회사수**	8개사
액 면 가	—	**우 선 주**		**구 상 호**	

주주구성 (지분율,%)		출자관계 (지분율,%)		주요경쟁사 (외형,%)	
골든키자산운용	4.4	뉴프라이드모터스	100.0	뉴프라이드	100
노갑성	2.3	뉴프라이드코리아	100.0	평화정공	1,708
		NewPrideHongKong	100.0	서연	4,723

매출구성		비용구성		수출비중	
		매출원가율	0.0	수출	—
		판관비율	0.0	내수	—

회사 개요
동사는 1978년 설립돼 2007년 뉴프라이드 코퍼레이션으로 사명 변경했으며, 자회사는 총 3개임. IMS와 SM은 미국에 위치한 자회사로 각각 100% 지분을 보유하고 있음. 동사는 컨테이너 선박과, 트레일러트럭 운송 간의 환적에 사용되는 차량과 장비의 운용과 관리에 요구되는 모든 서비스를 미국전역에 걸쳐 통합적으로 제공함. 신규사업인 화장품사업은 중국 정저우시 중원복탑의 면세점을 직접 운영함.

실적 분석
동사의 2017년 결산 매출액은 전년대비 39.1% 감소한 375.9억원을 기록함. 매출액 감소는 종속회사 매각 효과 및 타이어 시장의 경쟁 심화에 기인함. 외형 축소 및 원가 구조 악화로 영업손실 126.7억원, 당기순손실 212.0억원을 보이며 대규모 적자를 지속함. 동사는 당기 결산일 이후 제3자배정유상증자를 실행하였으며 공시불이행, 공시번복 등으로 불성실공시법인으로 지정됨.

현금 흐름 〈단위 : 억원〉

항목	2016	2017
영업활동	-165	—
투자활동	-110	—
재무활동	184	—
순현금흐름	-30	—
기말현금	14	—

시장 대비 수익률
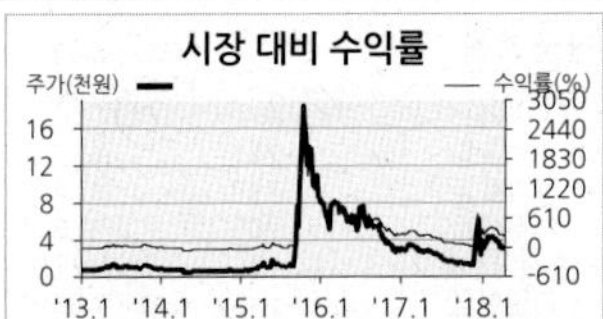

결산 실적 〈단위 : 억원〉

항목	2012	2013	2014	2015	2016	2017
매출액	930	700	662	725	617	—
영업이익	1	-28	1	-28	-157	—
당기순이익	-6	-126	24	-56	-181	—

분기 실적 〈단위 : 억원〉

항목	2016.3Q	2016.4Q	2017.1Q	2017.2Q	2017.3Q	2017.4Q
매출액	161	148	109	131	110	—
영업이익	-42	-65	-6	-36	-19	—
당기순이익	-52	-83	-14	-73	-35	—

재무 상태 〈단위 : 억원〉

항목	2012	2013	2014	2015	2016	2017
총자산	451	337	329	702	697	—
유형자산	91	81	74	191	186	—
무형자산	35	11	11	55	48	—
유가증권	—	—	—	28	61	—
총부채	326	330	289	541	446	—
총차입금	238	260	215	424	324	—
자본금	0	1	1	1	2	—
총자본	124	7	40	161	251	—
지배주주지분	125	7	40	157	262	—

기업가치 지표

항목	2012	2013	2014	2015	2016	2017
주가(최고/저)(천원)	#VALUE!	—/—	—/—	—/—	—/—	—/—
PER(최고/저)(배)	—/—	—/—	8.0/3.8	—/—	—/—	0.0/0.0
PBR(최고/저)(배)	1.9/1.0	46.2/20.3	4.8/2.2	41.3/1.2	17.5/4.7	0.0/0.0
EV/EBITDA(배)	17.6	—	16.5	—	—	0.0
EPS(원)	-29	-601	105	-178	-381	—
BPS(원)	1,786	35	177	447	555	—
CFPS(원)	151	-520	182	-120	-363	—
DPS(원)	—	—	—	—	—	—
EBITDAPS(원)	246	-51	79	-30	-330	—

재무 비율 〈단위 : %〉

연도	영업이익률	순이익률	부채비율	차입금비율	ROA	ROE	유보율	자기자본비율	EBITDA마진율
2017	0.0	0.0	0.0	0.0	0.0	0.0	0.0	0.0	0.0
2016	-25.4	-29.4	178.0	129.2	-25.9	-82.1	15,194.7	36.0	-24.1
2015	-3.9	-7.8	336.3	263.6	-10.9	-57.2	12,605.3	22.9	-1.3
2014	0.1	3.6	714.0	532.0	7.2	100.2	5,274.0	12.3	2.7

뉴프렉스 (A085670)
Newflex Technolgy

업 종 : 전자 장비 및 기기 | 시 장 : KOSDAQ
신용등급 : (Bond) — (CP) — | 기업규모 : 중견
홈페이지 : www.newflex.co.kr | 연 락 처 : 031)494-9325
본 사 : 경기도 안산시 단원구 만해로 181, 반월공단 603블럭 4로트

설 립 일	2000.06.22	**종 업 원 수**	429명	**대 표 이 사**	임우현
상 장 일	2006.01.13	**감 사 의 견**	적정(신우)	**계 열**	
결 산 기	12월	**보 통 주**		**종속회사수**	4개사
액 면 가	500원	**우 선 주**		**구 상 호**	

주주구성 (지분율,%)		출자관계 (지분율,%)		주요경쟁사 (외형,%)	
임우현	31.9	엔에프더블유	90.0	뉴프렉스	100
한국증권금융	3.3	뉴크리텍	60.0	로보쓰리	0
(외국인)	3.6	이엑스엔디	20.0	S&K폴리텍	117

매출구성		비용구성		수출비중	
FPCB(제품)	98.9	매출원가율	88.7	수출	68.7
기타매출(기타)	1.2	판관비율	6.7	내수	31.3

회사 개요
동사는 연성인쇄회로기판 제조, 전자부품 도매, 인쇄배전판 제조, 부동산 임대업, LCD MODULE 제조업, 소형 MOTOR 제조업, 각종 조명 제품 제조 및 판매를 주요 사업으로 영위하고 있음. 청도유로전자, 뉴크리텍, Newflex Technology HongKong LTD, Newflex Technology Vina CO.,LTD 등을 연결대상 종속회사로 보유하고 있음.

실적 분석
2017년 연결기준 동사의 매출액은 1,527.2억원을 시현하며 전년 대비 5.2% 증가함. 고객사 점유율 증가에 따른 실적 개선으로 영업이익이 대폭 증가한 70.7억원을 기록하였음. 비영업손실이 감소하여 당기순이익 흑자전환을 달성함. FPCB 시장은 고도로 정밀해져 가고 있으며, 이를 반영한 Multi FPCB, Rigid FPCB 등이 시장을 지배할 것으로 예상.

현금 흐름 〈단위 : 억원〉

항목	2016	2017
영업활동	146	98
투자활동	-73	-145
재무활동	-75	65
순현금흐름	-2	18
기말현금	23	41

시장 대비 수익률
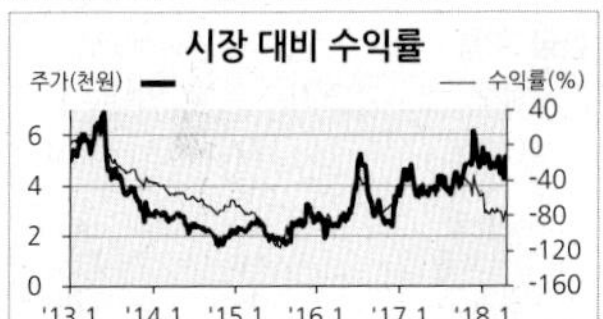

결산 실적 〈단위 : 억원〉

항목	2012	2013	2014	2015	2016	2017
매출액	1,152	1,353	1,378	1,206	1,452	1,527
영업이익	41	14	38	-12	9	71
당기순이익	22	-36	23	-16	-25	43

분기 실적 〈단위 : 억원〉

항목	2016.3Q	2016.4Q	2017.1Q	2017.2Q	2017.3Q	2017.4Q
매출액	454	292	352	357	423	396
영업이익	24	-11	18	14	21	18
당기순이익	5	-0	5	10	16	12

재무 상태 〈단위 : 억원〉

항목	2012	2013	2014	2015	2016	2017
총자산	946	1,016	1,013	1,203	1,071	1,189
유형자산	431	475	488	542	529	580
무형자산	34	33	30	40	33	24
유가증권	—	0	0	0	0	0
총부채	567	671	646	796	672	724
총차입금	254	398	400	473	386	420
자본금	61	61	61	61	61	68
총자본	379	345	367	408	399	465
지배주주지분	379	345	365	404	394	456

기업가치 지표

항목	2012	2013	2014	2015	2016	2017
주가(최고/저)(천원)	4.8/1.6	7.0/2.6	3.2/1.6	3.9/1.6	5.2/1.9	6.2/3.3
PER(최고/저)(배)	26.0/8.6	—/—	18.6/9.3	—/—	—/—	21.1/11.3
PBR(최고/저)(배)	1.5/0.5	2.5/0.9	1.1/0.5	1.2/0.5	1.6/0.6	1.9/1.0
EV/EBITDA(배)	9.7	11.6	6.4	14.6	9.7	6.8
EPS(원)	184	-295	171	-146	-214	295
BPS(원)	3,123	2,839	3,005	3,324	3,218	3,369
CFPS(원)	534	113	670	393	435	930
DPS(원)	—	—	—	—	—	—
EBITDAPS(원)	692	523	813	441	722	1,157

재무 비율 〈단위 : %〉

연도	영업이익률	순이익률	부채비율	차입금비율	ROA	ROE	유보율	자기자본비율	EBITDA마진율
2017	4.6	2.8	155.7	90.3	3.8	9.4	573.9	39.1	10.3
2016	0.6	-1.7	168.7	97.0	-2.2	-6.6	543.7	37.2	6.1
2015	-1.0	-1.4	195.1	116.0	-1.5	-4.6	564.9	33.9	4.4
2014	2.8	1.6	176.2	109.2	2.2	5.9	501.1	36.2	7.2

다나와 (A119860)
Danawa

업종 : 온라인쇼핑 | 시장 : KOSDAQ
신용등급 : (Bond) — (CP) — | 기업규모 : 벤처
홈페이지 : www.danawa.com | 연락처 : 02)1688-2450
본사 : 서울시 양천구 목동동로 233-1, 501호 (현대드림타워)

설립일	2002.06.21	**종업원수**	259명	**대표이사**	손윤환,안징현
상장일	2011.01.24	**감사의견**	적정(원지)	**계열**	
결산기	12월	**보통주**		**종속회사수**	2개사
액면가	500원	**우선주**		**구상호**	

주주구성 (지분율,%)		출자관계 (지분율,%)		주요경쟁사 (외형,%)	
성장현	30.1	다나와컴퓨터	100.0	다나와	100
손윤환	11.3	늑대와여우컴퓨터	99.2	인터파크	448
(외국인)	17.5			엔에스쇼핑	443

매출구성		비용구성		수출비중	
제품 등	49.7	매출원가율	0.0	수출	0.2
광고사업	16.3	판관비율	85.8	내수	99.8
제휴쇼핑	15.1				

회사 개요

동사는 컴퓨터와 디지털카메라 등 전자제품 가격비교서비스를 제공하며 이를 근간으로 한 거래연계 수수료, 온라인 사이트를 통한 광고 수익을 주사업으로 영위하고 있음. 컴퓨터 제조와 유통업을 하는 다나와컴퓨터와 늑대와여우컴퓨터를 연결대상 종속회사로 보유하고 있음. 가격비교 산업은 온라인쇼핑몰과 제휴를 통해 다양한 가격 정보를 제공받는 것이 중요한 산업으로 고객 충성도가 높음.

실적 분석

2017년 연결기준 동사 매출액은 1076.1억원을 기록함. 전년도 매출액인 644.1억원에 비해 67.1% 증가함. 판매비와 관리비가 67.1% 증가했으나 매출 증가폭이 이를 웃돌아 영업이익은 전년도 85.3억원에서 78.6% 증가한 152.5억원을 기록함. 비영업부문은 이익폭이 줄었으나 당기순이익은 전년도 89.4억원에 비해 51.3% 증가한 135.1억원을 기록함. 모바일쇼핑산업 성장이 실적 성장에 기여한 것으로 보임.

현금 흐름 〈단위 : 억원〉

항목	2016	2017
영업활동	87	171
투자활동	-52	-5
재무활동	-19	-41
순현금흐름	16	125
기말현금	49	174

시장 대비 수익률

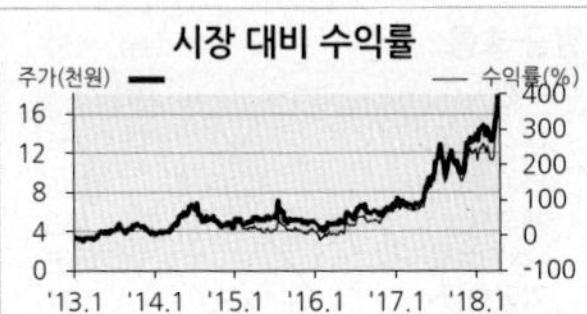

결산 실적 〈단위 : 억원〉

항목	2012	2013	2014	2015	2016	2017
매출액	254	266	352	455	644	1,076
영업이익	52	55	52	57	85	152
당기순이익	53	56	49	61	89	135

분기 실적 〈단위 : 억원〉

항목	2016.3Q	2016.4Q	2017.1Q	2017.2Q	2017.3Q	2017.4Q
매출액	150	164	304	172	260	340
영업이익	22	21	43	27	38	44
당기순이익	20	20	42	22	36	36

재무 상태 〈단위 : 억원〉

항목	2012	2013	2014	2015	2016	2017
총자산	523	581	605	640	731	928
유형자산	7	6	6	16	14	58
무형자산	26	27	27	30	29	25
유가증권	10	12	26	88	82	98
총부채	57	54	66	64	79	160
총차입금	10	10	8	5	2	12
자본금	33	33	33	33	33	65
총자본	465	527	539	576	652	769
지배주주지분	465	527	539	576	652	768

기업가치 지표

항목	2012	2013	2014	2015	2016	2017
주가(최고/저)(천원)	3.9/2.6	4.9/3.0	7.5/3.7	7.1/4.4	6.9/4.0	13.8/6.4
PER(최고/저)(배)	11.2/7.3	13.0/8.1	22.0/10.9	16.6/10.3	10.6/6.3	13.6/6.3
PBR(최고/저)(배)	1.2/0.8	1.4/0.9	2.0/1.0	1.7/1.1	1.4/0.8	2.3/1.1
EV/EBITDA(배)	2.3	2.2	3.4	4.9	5.4	8.1
EPS(원)	408	427	382	464	683	1,033
BPS(원)	7,278	7,984	8,434	8,993	10,137	6,029
CFPS(원)	892	943	858	1,016	1,434	1,084
DPS(원)	200	220	220	250	300	230
EBITDAPS(원)	872	927	889	963	1,374	1,216

재무 비율 〈단위 : %〉

연도	영업이익률	순이익률	부채비율	차입금비율	ROA	ROE	유보율	자기자본비율	EBITDA마진율
2017	14.2	12.6	20.8	1.5	16.3	19.0	1,105.8	82.8	14.8
2016	13.3	13.9	12.2	0.3	13.0	14.6	1,927.4	89.1	14.1
2015	12.6	13.3	11.1	0.9	9.7	10.9	1,698.6	90.0	14.0
2014	14.7	14.0	12.2	1.6	8.3	9.4	1,586.8	89.1	16.7

다날 (A064260)
Danal

업종 : 인터넷 서비스 | 시장 : KOSDAQ
신용등급 : (Bond) — (CP) — | 기업규모 : 벤처
홈페이지 : www.danal.co.kr | 연락처 : 031)697-1004
본사 : 경기도 성남시 분당구 분당로 55 퍼스트타워 9층

설립일	1997.07.04	**종업원수**	154명	**대표이사**	최병우
상장일	2004.07.23	**감사의견**	적정(삼일)	**계열**	
결산기	12월	**보통주**		**종속회사수**	5개사
액면가	500원	**우선주**		**구상호**	

주주구성 (지분율,%)		출자관계 (지분율,%)		주요경쟁사 (외형,%)	
박성찬	20.4	다날엔터테인먼트	54.7	다날	100
한국증권금융	3.4	바이오페이	50.0	KG이니시스	439
(외국인)	2.6	보이저제일호사모펀드	40.0	NHN한국사이버결제	204

매출구성		비용구성		수출비중	
유무선 결제 및 인증시스템	100.0	매출원가율	0.0	수출	—
		판관비율	90.0	내수	—

회사 개요

동사는 1997년에 설립된 휴대폰결제서비스 업체로 경쟁사인 KG모빌리언스와 함께 국내 시장의 90% 이상을 점유하고 있음. 동사의 사업모델은 온라인콘텐츠를 구매하거나, 전자상거래를 할 때 휴대폰으로 결제하고, 결제대금이 휴대폰요금에 합산되는 형태임. 최근 바코드 결제 어플리케이션 "바통"을 개발하여 서비스 하고 있으며, 카카오의 '카카오페이'와 중국 텐센트 그룹의 모바일 메신저 "WeChat"에도 국내 바코드 결제 솔루션 제공중임.

실적 분석

동사의 2017년도 결산 연결기준 누적 매출액은 1,728.8억원으로 전년동기 대비 29.5% 증가함. 영업이익도 전년동기 대비 230.2% 증가한 172.6억원을 기록. 당기순이익 또한 106.9억원으로 흑자전환함. 동사는 인증 관련 사업에 집중한 이후 17년 6월 오렌지텔레콤과 방콕은행에서 600만달러 투자유치를 성공시켰으며 우버를 비롯한 글로벌기업과 모바일 인증계약 체결. 앞으로도 휴대폰 결제시장의 지속적인 성장이 예상되어 호실적 기대.

현금 흐름 〈단위 : 억원〉

항목	2016	2017
영업활동	-241	-685
투자활동	-339	122
재무활동	705	538
순현금흐름	125	-27
기말현금	512	485

시장 대비 수익률

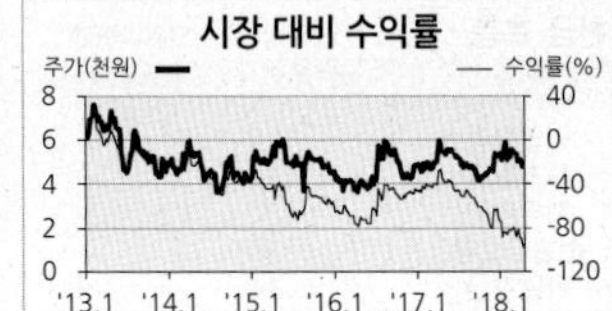

결산 실적 〈단위 : 억원〉

항목	2012	2013	2014	2015	2016	2017
매출액	1,017	1,181	985	1,129	1,335	1,729
영업이익	-21	45	41	9	52	173
당기순이익	-116	2	3	-26	-39	107

분기 실적 〈단위 : 억원〉

항목	2016.3Q	2016.4Q	2017.1Q	2017.2Q	2017.3Q	2017.4Q
매출액	363	367	390	378	412	549
영업이익	5	33	28	35	34	75
당기순이익	-6	-7	20	44	9	33

재무 상태 〈단위 : 억원〉

항목	2012	2013	2014	2015	2016	2017
총자산	2,614	2,857	2,686	3,005	3,878	4,695
유형자산	20	17	13	13	22	45
무형자산	372	310	285	212	102	208
유가증권	109	114	229	524	759	780
총부채	1,941	2,013	1,791	1,925	2,447	2,871
총차입금	1,234	1,201	924	793	1,121	1,550
자본금	92	102	105	108	212	245
총자본	673	843	895	1,080	1,431	1,824
지배주주지분	691	899	970	1,152	1,505	1,845

기업가치 지표

항목	2012	2013	2014	2015	2016	2017
주가(최고/저)(천원)	8.6/3.3	8.4/4.6	6.8/4.0	7.1/4.1	7.3/4.0	6.2/4.1
PER(최고/저)(배)	—/—	94.4/51.5	82.1/48.5	985.8/562.3	—/—	26.6/17.7
PBR(최고/저)(배)	3.5/1.4	3.0/1.6	2.3/1.4	2.2/1.3	2.2/1.2	1.8/1.2
EV/EBITDA(배)	164.0	27.9	28.7	49.4	38.9	18.5
EPS(원)	-252	81	75	7	-13	233
BPS(원)	4,102	4,709	4,899	5,313	3,547	3,769
CFPS(원)	-251	329	270	139	13	277
DPS(원)	—	—	—	—	35	50
EBITDAPS(원)	92	407	332	168	164	373

재무 비율 〈단위 : %〉

연도	영업이익률	순이익률	부채비율	차입금비율	ROA	ROE	유보율	자기자본비율	EBITDA마진율
2017	10.0	6.2	157.5	85.0	2.5	7.5	653.8	38.8	10.6
2016	3.9	-2.9	170.9	78.3	-1.1	-0.5	609.5	36.9	4.7
2015	0.8	-2.3	178.3	73.4	-0.9	0.2	962.6	35.9	3.2
2014	4.2	0.3	200.0	103.1	0.1	3.0	879.8	33.3	6.9

다믈멀티미디어 (A093640)
Tamul Multimedia

업　　종 : 반도체 및 관련장비　　시　　장 : KOSDAQ
신용등급 : (Bond) —　(CP) —　　기업규모 : 벤처
홈페이지 : www.tamulm.com　　연 락 처 : 031)380-6950
본　　사 : 경기도 안양시 동안구 시민대로 161, 안양무역센터 10층

설 립 일 1998.12.18		**종업원수** 67명		**대표이사** 정연홍	
상 장 일 2007.10.19		**감사의견** 적정(삼정)		**계　　열**	
결 산 기 12월		**보 통 주**		**종속회사수**	
액 면 가 500원		**우 선 주**		**구 상 호**	

주주구성 (지분율,%)		출자관계 (지분율,%)		주요경쟁사 (외형,%)	
정연홍	8.2	지투지솔루션	8.2	다믈멀티미디어	100
현윤종	8.0	글로벌트로닉스	5.9	에이디테크놀로지	176
(외국인)	1.1			제너셈	151

매출구성		비용구성		수출비중	
기타(DAB 등)	40.0	매출원가율	72.0	수출	86.9
Multimedia IC	37.4	판관비율	43.3	내수	13.1
Optical IC	18.0				

회사 개요
동사는 삼성전자 연구원들이 1998년에 설립한 기능형 반도체 설계전문회사로서 홈 멀티미디어기기 시장과 자동차용 멀티미디어 기기를 주요 목표시장으로 하고 있음. 반도체 업체들은 크게 칩 설계만 맡는 설계전문회사(팹리스업체), 설계대로 제조하는 파운드리업체, 완성된 웨이퍼를 받아 조립 및 테스트를 하는 후공정업체로 나뉘고, 이 모든 것을 하는 곳은 종합반도체업체임. 동사는 팹리스 업체로 제조시설을 보유하지 않고 설계만해서 아웃소싱하는 구조임.

실적 분석
동사의 2017년 매출액은 전년 대비 28.5% 감소한 183억원이며 당기순이익은 42억원으로 적자전환함. 자산은 전년 대비 25.6% 감소한 111억원으로 약 38억원이 감소함. 자본총계도 49.5% 감소함. 주요 요인은 영업실적의 적자전환에 따른 결손금의 증가 때문임. 동사는 2017년 큰 폭의 영업손실로 인하여 이연법인세자산의 미래실현가능성이 감소함. 부채비율은 2016년 대비 87.3% 증가한 172%로 급증함.

현금 흐름 *IFRS 별도 기준 〈단위 : 억원〉

항목	2016	2017
영업활동	13	-37
투자활동	-13	3
재무활동	1	15
순현금흐름	1	-19
기말현금	31	11

시장 대비 수익률
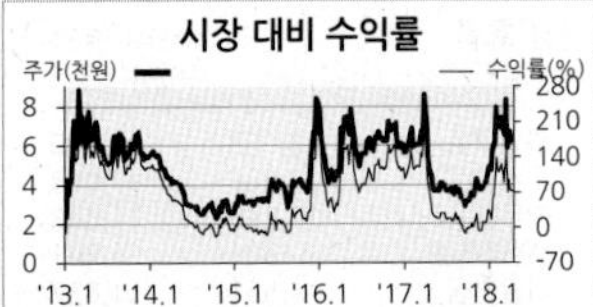

결산 실적 〈단위 : 억원〉

항목	2012	2013	2014	2015	2016	2017
매출액	284	245	265	242	257	183
영업이익	11	6	6	-11	2	-28
당기순이익	5	3	5	-14	1	-41

분기 실적 *IFRS 별도 기준 〈단위 : 억원〉

항목	2016.3Q	2016.4Q	2017.1Q	2017.2Q	2017.3Q	2017.4Q
매출액	63	74	41	50	49	43
영업이익	-1	5	-8	-7	-7	-6
당기순이익	-2	6	-11	-8	-7	-16

재무 상태 *IFRS 별도 기준 〈단위 : 억원〉

항목	2012	2013	2014	2015	2016	2017
총자산	117	111	116	139	149	111
유형자산	1	1	0	1	1	2
무형자산	14	6	11	5	10	12
유가증권	—	—	5	10	10	—
총부채	66	55	53	65	68	70
총차입금	21	12	10	33	30	43
자본금	31	32	32	32	33	33
총자본	51	56	63	74	81	41
지배주주지분	51	56	63	74	81	41

기업가치 지표 *IFRS 별도 기준

항목	2012	2013	2014	2015	2016	2017
주가(최고/저)(천원)	8.2/1.3	8.8/2.1	5.8/2.3	8.7/2.5	8.3/4.1	8.6/2.8
PER(최고/저)(배)	96.4/15.3	188.7/45.3	71.9/28.6	—/—	651.6/319.5	—/—
PBR(최고/저)(배)	8.5/1.3	8.5/2.0	5.1/2.0	7.5/2.2	6.7/3.3	13.9/4.4
EV/EBITDA(배)	4.6	21.3	18.6	—	90.4	—
EPS(원)	85	47	80	-216	13	-636
BPS(원)	972	1,037	1,132	1,152	1,240	623
CFPS(원)	308	177	103	-174	42	-585
DPS(원)	—	—	—	—	—	—
EBITDAPS(원)	396	231	111	-132	56	-379

재무 비율 〈단위 : %〉

연도	영업이익률	순이익률	부채비율	차입금비율	ROA	ROE	유보율	자기자본비율	EBITDA마진율
2017	-15.3	-22.6	171.6	105.7	-32.0	-68.4	24.6	36.8	-13.5
2016	0.7	0.3	84.3	36.9	0.6	1.1	148.1	54.3	1.4
2015	-4.6	-5.7	88.2	44.2	-10.9	-20.3	130.4	53.1	-3.5
2014	2.1	1.9	84.4	16.5	4.5	8.6	126.4	54.2	2.7

다산네트웍스 (A039560)
DASAN Networks

업　　종 : 통신장비　　시　　장 : KOSDAQ
신용등급 : (Bond) —　(CP) —　　기업규모 : 중견
홈페이지 : www.dasannetworks.com　　연 락 처 : 070)7010-1000
본　　사 : 경기도 성남시 분당구 대왕판교로644번길 49 다산타워 10층

설 립 일 1993.03.04		**종업원수** 59명		**대표이사** 남민우	
상 장 일 2000.06.22		**감사의견** 적정(삼일)		**계　　열**	
결 산 기 12월		**보 통 주**		**종속회사수** 15개사	
액 면 가 500원		**우 선 주**		**구 상 호**	

주주구성 (지분율,%)		출자관계 (지분율,%)		주요경쟁사 (외형,%)	
다산인베스트	24.7	팬더미디어	97.7	다산네트웍스	100
신영자산운용	7.5	에이블	94.6	텔콘	14
(외국인)	3.3	닥터아사한	50.0	디티앤씨	16

매출구성		비용구성		수출비중	
Ethernet Switch	39.7	매출원가율	65.8	수출	—
PON	36.8	판관비율	34.1	내수	—
Etc	23.5				

회사 개요
네트워크 통신장비를 개발 공급하는 기업으로 주요 제품은 이더넷 스위치, FTTx 솔루션, TPS 솔루션 등이 있고, 장비 매출과 용역 매출로 구성되어 있음. 장비 매출의 비중이 약 80%를 차지하며, 장비 매출 중에서는 FTTx와 이더넷 스위치가 메인 제품임. 2016년 글로벌 사업 본격 확대에 따른 그룹 구조개편을 위해 디엠씨 주식 전량을 처분하였으며, 890억원을 투자하여 미국 통신장비 기업이자 나스닥상장사인 존테크놀로지를 인수함.

실적 분석
다산존솔루션스의 인수로 미국에서의 네트워크 장비 및 솔루션 판매가 늘어남에 따라 2017년 매출액은 사상 최대의 실적을 달성함. 인건비, 지급수수료 등을 포함한 판매관리비와 연구개발비가 크게 증가하였으나, 원가율 개선으로 영업이익은 소폭의 흑자로 전환됨. 일본, 인도, 태국 등 아시아 신규 통신사 거래처를 확보했음. 5G시대에서의 초저지연 스위치 중요성이 부각됨에 따라 해당 분야에서 상당한 성과를 내고 있는 동사의 수혜가 기대됨.

현금 흐름 〈단위 : 억원〉

항목	2016	2017
영업활동	-156	27
투자활동	31	-368
재무활동	266	258
순현금흐름	152	-93
기말현금	397	304

시장 대비 수익률
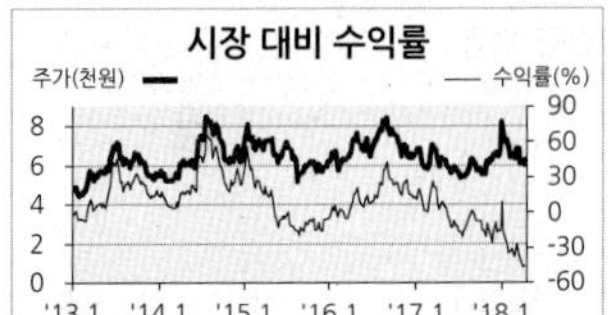

결산 실적 〈단위 : 억원〉

항목	2012	2013	2014	2015	2016	2017
매출액	1,339	1,427	1,640	1,806	1,889	3,071
영업이익	60	57	24	-41	-139	0
당기순이익	-115	32	-27	-33	-412	-25

분기 실적 〈단위 : 억원〉

항목	2016.3Q	2016.4Q	2017.1Q	2017.2Q	2017.3Q	2017.4Q
매출액	425	187	716	1,006	953	396
영업이익	-58	-53	-39	8	5	26
당기순이익	-83	-326	-52	-53	24	56

재무 상태 〈단위 : 억원〉

항목	2012	2013	2014	2015	2016	2017
총자산	2,136	2,410	2,590	3,555	3,713	3,456
유형자산	402	424	431	798	615	429
무형자산	147	135	119	150	172	116
유가증권	83	144	164	98	108	108
총부채	797	1,026	1,253	2,186	2,236	1,821
총차입금	460	640	778	1,434	1,412	1,023
자본금	105	105	105	112	120	139
총자본	1,339	1,385	1,337	1,370	1,477	1,635
지배주주지분	1,338	1,367	1,334	1,276	1,120	1,305

기업가치 지표

항목	2012	2013	2014	2015	2016	2017
주가(최고/저)(천원)	7.2/4.3	7.2/4.4	8.7/5.1	8.1/5.1	8.5/5.8	7.2/5.1
PER(최고/저)(배)	—/—	96.5/59.1	—/—	—/—	—/—	—/—
PBR(최고/저)(배)	1.0/0.6	0.9/0.6	1.2/0.7	1.1/0.7	1.4/1.0	1.3/0.9
EV/EBITDA(배)	6.8	10.8	24.2	73.1	—	30.0
EPS(원)	-533	74	-148	-266	-1,606	-62
BPS(원)	7,526	7,684	7,505	7,193	5,918	5,759
CFPS(원)	-189	309	73	116	-1,233	240
DPS(원)	—	—	—	—	—	—
EBITDAPS(원)	668	546	350	167	-270	303

재무 비율 〈단위 : %〉

연도	영업이익률	순이익률	부채비율	차입금비율	ROA	ROE	유보율	자기자본비율	EBITDA마진율
2017	0.0	-0.8	111.4	62.6	-0.7	-1.3	950.3	47.3	2.5
2016	-7.4	-21.8	151.4	95.6	-11.3	-29.0	963.0	39.8	-3.1
2015	-2.3	-1.8	159.6	104.7	-1.1	-3.9	1,181.0	38.5	1.8
2014	1.5	-1.7	93.8	58.2	-1.1	-2.0	1,224.8	51.6	3.9

다스코 (A058730)

Dang-A Steel Technology

업종 : 운송인프라 | 시장 : 거래소
신용등급 : (Bond) — (CP) — | 기업규모 : 시가총액 소형주
홈페이지 : www.dast.co.kr | 연락처 : 061)370-2114
본사 : 전남 화순군 동면 동농공길 26-2

설립일	1996.01.26	**종업원수**	259명	**대표이사**	한상원
상장일	2004.08.02	**감사의견**	적정(원지)	**계열**	
결산기	12월	**보통주**		**종속회사수**	1개사
액면가	500원	**우선주**		**구상호**	동아에스텍

주주구성 (지분율,%)		출자관계 (지분율,%)		주요경쟁사 (외형,%)	
한상원	29.9	세라코	47.7	다스코	100
박일선	10.4	Dong-ASteelTechnology(B)SdnBhd	99.9	현대로템	1,221
(외국인)	0.8			동방	227

매출구성		비용구성		수출비중	
일반가드레일 외	52.0	매출원가율	77.5	수출	—
방음벽	14.5	판관비율	13.1	내수	—
강성차등형가드레일	13.0				

회사 개요

동사는 도로안전시설 전문기업으로 도로와 교량의 가드레일 시공이 주요 사업영역임. 사업부문은 도로가드레일과 방음벽, 기타도로 안전시설을 시공하는 SOC 부문과 테크플레이트와 경질우레탄단열재 등을 생산하는 건축자재 부문, 태양광발전시설과 관련된 신재생에너지 부문으로 구분됨. 주력으로 영위하는 도로안전시설물 중 차량방호울타리 사업분야는 국가기간산업인 SOC사업과 밀접하게 관련되어 있어 SOC사업의 지속적인 성장에 비례하여 성장해 왔음.

실적 분석

주력사업인 SOC 부문의 해외수주 증가와 건축자재 및 신재생에너지 부문의 호조세에 힘입어 2017년 연결 기준 매출액은 전년 대비 42.0% 증가한 2,231.9억원을 달성함. 외형확대에 따른 고정비용 부담 완화로 영업이익도 33.0% 늘어남. 외환위험 헤지를 위한 통화선도거래에서 이익이 발생하여 영업외수지도 개선됨. 올해 국내 도로안전 매출액은 전년대비 60억원 가량 감소할 것으로 추정되나 해외매출은 200억원 가량 확대될 것으로 전망됨.

현금 흐름 〈단위 : 억원〉

항목	2016	2017
영업활동	130	-138
투자활동	-294	-100
재무활동	144	215
순현금흐름	-21	-24
기말현금	132	108

시장 대비 수익률

결산 실적 〈단위 : 억원〉

항목	2012	2013	2014	2015	2016	2017
매출액	1,018	1,082	1,115	1,354	1,571	2,232
영업이익	83	91	84	104	158	211
당기순이익	71	76	63	84	123	186

분기 실적 〈단위 : 억원〉

항목	2016.3Q	2016.4Q	2017.1Q	2017.2Q	2017.3Q	2017.4Q
매출액	424	546	393	523	589	726
영업이익	50	52	28	42	66	74
당기순이익	46	34	32	37	50	68

재무 상태 〈단위 : 억원〉

항목	2012	2013	2014	2015	2016	2017
총자산	894	1,078	1,062	1,288	1,571	2,259
유형자산	257	290	348	340	507	587
무형자산	35	37	37	40	26	29
유가증권	16	16	38	17	100	89
총부채	261	370	293	442	531	1,051
총차입금	145	170	136	147	221	446
자본금	64	65	67	67	80	80
총자본	634	707	769	845	1,040	1,208
지배주주지분	634	707	769	844	1,040	1,208

기업가치 지표

항목	2012	2013	2014	2015	2016	2017
주가(최고/저)(천원)	2.5/1.5	3.0/2.3	5.5/2.7	4.7/3.5	6.0/3.8	8.1/5.5
PER(최고/저)(배)	5.5/3.1	5.9/4.5	12.8/6.3	8.0/6.0	7.5/4.9	6.9/4.7
PBR(최고/저)(배)	0.6/0.4	0.6/0.5	1.1/0.5	0.8/0.6	0.9/0.6	1.1/0.7
EV/EBITDA(배)	4.7	4.2	5.7	4.6	5.1	5.2
EPS(원)	557	591	485	636	840	1,211
BPS(원)	5,256	5,784	6,123	6,683	6,835	7,846
CFPS(원)	706	793	715	910	1,078	1,473
DPS(원)	75	100	100	150	200	250
EBITDAPS(원)	803	917	879	1,062	1,318	1,629

재무 비율 〈단위 : %〉

연도	영업이익률	순이익률	부채비율	차입금비율	ROA	ROE	유보율	자기자본비율	EBITDA마진율
2017	9.4	8.4	87.0	37.0	9.7	16.6	1,410.3	53.5	11.2
2016	10.1	7.8	51.0	21.2	8.6	13.1	1,215.7	66.2	12.3
2015	7.7	6.2	52.4	17.4	7.2	10.5	1,176.6	65.6	10.0
2014	7.5	5.7	38.2	17.8	5.9	8.6	1,069.5	72.4	9.9

다우기술 (A023590)

DAOU TECHNOLOGY

업종 : 증권 | 시장 : 거래소
신용등급 : (Bond) A (CP) — | 기업규모 : 시가총액 중형주
홈페이지 : www.daou.co.kr | 연락처 : 070)8707-1000
본사 : 경기도 용인시 수지구 디지털벨리로 81 디지털스퀘어 6층

설립일	1986.01.09	**종업원수**	474명	**대표이사**	김윤덕
상장일	1997.08.08	**감사의견**	적정(한영)	**계열**	
결산기	12월	**보통주**		**종속회사수**	37개사
액면가	500원	**우선주**		**구상호**	

주주구성 (지분율,%)		출자관계 (지분율,%)		주요경쟁사 (외형,%)	
다우데이타시스템	38.1	키다리이엔티	100.0	다우기술	100
국민연금공단	9.1	한국에이에스피	100.0	다우데이타	119
(외국인)	26.7	키다리스타	100.0	유안타증권	26

매출구성		비용구성		수출비중	
증권 브로커리지	36.7	매출원가율	57.8	수출	—
SI, 인터넷 서비스	22.4	판관비율	18.4	내수	—
선물/옵션	16.9				

회사 개요

동사는 차별화된 기술력과 솔루션으로 국내를 대표하는 IT 서비스 전문기업임. 대형 SI업체와 차별화를 이루기 위해 전문 솔루션분야에 대한 System Integration, Solution integration 사업에 주력하고 있음. '다우데이타', '다우인큐브', '키움증권' 등 24개의 계열회사를 보유하고 있으며, 중점 추진 사업분야는 가상화, SaaS 솔루션(클라우드 컴퓨팅), 스마트프로세스, 전자결제 사업임.

실적 분석

동사는 지난해 영업이익 3,315억원으로 전년 동기 대비 30.8% 증가했음. 같은 기간 매출액은 13,911억원으로 전년 동기 대비 20.6% 증가했고, 당기순이익은 2,431.4억원으로 26.7% 늘었음. 2017년 3월 서버와 스토리지등의 IT자원을 빌려주는 서비스형인프라(IaaS)서비스인 '다우클라우드'를 출시. 서버가상화 사업 확대가 진행되고 있는 중으로 클라우드사업, O2O사업, 자체 솔루션 확대로 수익성 개선이 지속 중.

현금 흐름 〈단위 : 억원〉

항목	2016	2017
영업활동	2,153	570
투자활동	-19,683	-12,093
재무활동	17,210	11,843
순현금흐름	-301	261
기말현금	1,561	1,822

시장 대비 수익률

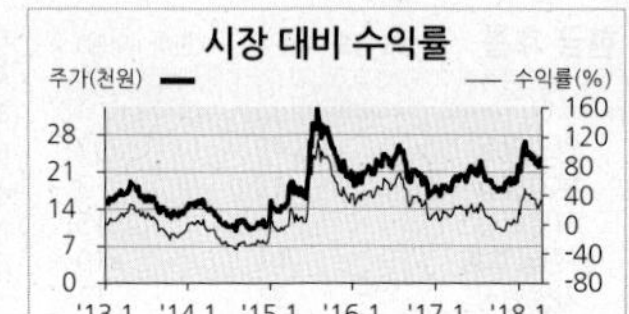

결산 실적 〈단위 : 억원〉

항목	2012	2013	2014	2015	2016	2017
매출액	7,592	7,522	7,830	10,385	11,534	13,911
영업이익	1,042	812	1,202	2,605	2,534	3,315
당기순이익	970	541	849	2,026	1,920	2,431

분기 실적 〈단위 : 억원〉

항목	2016.3Q	2016.4Q	2017.1Q	2017.2Q	2017.3Q	2017.4Q
매출액	2,582	3,399	3,313	3,062	3,165	4,372
영업이익	585	634	841	904	480	1,091
당기순이익	447	518	643	656	347	786

재무 상태 〈단위 : 억원〉

항목	2012	2013	2014	2015	2016	2017
총자산	48,485	48,495	53,385	68,347	95,446	122,981
유형자산	1,589	1,988	2,514	2,460	2,275	2,179
무형자산	363	874	931	985	991	1,074
유가증권	22,858	22,973	23,336	39,420	59,803	73,511
총부채	37,043	36,733	40,884	53,871	79,370	103,871
총차입금	10,282	9,047	9,261	14,443	30,812	43,079
자본금	224	224	224	224	224	224
총자본	11,442	11,761	12,501	14,476	16,076	19,110
지배주주지분	7,049	7,214	7,601	8,507	9,310	10,570

기업가치 지표

항목	2012	2013	2014	2015	2016	2017
주가(최고/저)(천원)	16.4/9.7	19.3/12.0	15.8/9.7	32.8/11.9	26.2/15.3	23.1/16.5
PER(최고/저)(배)	11.9/7.1	32.0/19.9	16.6/10.2	14.8/5.4	12.4/7.3	9.2/6.6
PBR(최고/저)(배)	1.1/0.7	1.3/0.8	1.0/0.6	1.8/0.6	1.3/0.8	1.0/0.7
EV/EBITDA(배)	—	—	—	—	—	—
EPS(원)	1,464	638	1,000	2,297	2,173	2,554
BPS(원)	15,916	16,284	17,145	19,164	20,954	23,764
CFPS(원)	1,912	1,189	1,707	3,054	2,942	3,572
DPS(원)	130	130	130	150	250	300
EBITDAPS(원)	2,769	2,361	3,387	6,563	6,417	8,406

재무 비율 〈단위 : %〉

연도	영업이익률	순이익률	부채비율	차입금비율	ROA	ROE	유보율	자기자본비율	EBITDA마진율
2017	23.8	17.5	543.5	225.4	2.2	11.5	4,652.8	15.5	27.1
2016	22.0	16.6	493.7	191.7	2.3	11.0	4,090.7	16.8	25.0
2015	25.1	19.5	372.2	99.8	3.3	12.8	3,732.7	21.2	28.4
2014	15.4	10.9	327.1	74.1	1.7	6.1	3,329.0	23.4	19.4

다우데이타 (A032190)
Daou Data

업 종	증권	시 장	KOSDAQ
신용등급	(Bond) — (CP) —	기업규모	우량
홈페이지	www.daoudata.co.kr	연 락 처	02)3410-5100
본 사	서울시 마포구 독막로 311 재화스퀘어 5층 & 11층		

설 립 일	1992.06.10	**종업원수**	139명	**대표이사**	김익래,이인복
상 장 일	1999.12.13	**감사의견**	적정(한영)	**계 열**	
결 산 기	12월	**보 통 주**		**종속회사수**	45개사
액 면 가	500원	**우 선 주**		**구 상 호**	

주주구성 (지분율,%)		출자관계 (지분율,%)		주요경쟁사 (외형,%)	
김익래	40.6	키다리스튜디오	55.2	다우데이타	100
이머니	20.9	다우기술	37.9	다우기술	84
(외국인)	4.2	미래테크놀로지	30.5	유안타증권	22

매출구성		비용구성		수출비중	
금융영업수익	68.5	매출원가율	58.9	수출	—
상품 및 용역매출	27.2	판관비율	19.7	내수	—
부가통신매출	3.5				

회사 개요

동사는 프로그램미디어 제조, 컴퓨터 조직 및 프로그램 개발, 컴퓨터 정보처리 관련 교육 및 자문, 전자기기 조립, 판매 및 용역업 등을 영위할 목적으로 1992년 6월 10일에 설립됨. 1999년 12월 21일자로 코스닥 시장에 상장되어 코스닥시장에서 매매가 개시됨. 한편 2013년 11월 30일 VAN 사업자인 스타밴스코리아를 흡수합병하여 VAN 사업을 시작하였음.

실적 분석

동사는 연결기준 2017년 영업이익이 3535.9억원으로 전년대비 35.2% 증가. 같은 기간 매출액은 16,542.8억원으로 20% 늘었고 당기순이익은 2,358.4억원으로 35.5% 증가. 이는 금융부문 종속회사의 실적 상승이 주원인. 모회사인 키움증권과 새로 편입된 키움예스 저축은행과의 연계로 영업 다변화, 다우키움그룹의 IT 기술을 기반으로 차별화된 서비스를 고객에게 제공하여 안정적인 고객확보와 수익성 및 건전성을 유지.

현금 흐름 〈단위 : 억원〉

항목	2016	2017
영업활동	2,483	1,101
투자활동	-20,250	-15,616
재무활동	17,818	14,977
순현금흐름	72	402
기말현금	2,211	2,613

시장 대비 수익률

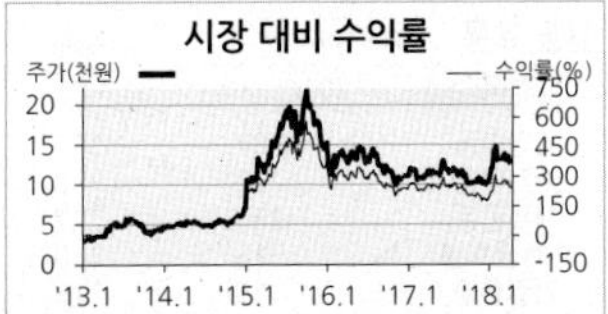

결산 실적 〈단위 : 억원〉

항목	2012	2013	2014	2015	2016	2017
매출액	9,149	9,742	10,371	12,868	13,784	16,543
영업이익	1,028	966	1,374	2,744	2,642	3,536
당기순이익	693	649	981	2,574	1,741	2,358

분기 실적 〈단위 : 억원〉

항목	2016.3Q	2016.4Q	2017.1Q	2017.2Q	2017.3Q	2017.4Q
매출액	3,182	3,942	3,925	3,629	3,834	5,155
영업이익	630	631	893	956	568	1,119
당기순이익	465	392	673	558	398	729

재무 상태 〈단위 : 억원〉

항목	2012	2013	2014	2015	2016	2017
총자산	50,509	50,775	55,931	71,334	99,012	127,335
유형자산	1,811	2,342	2,888	2,907	2,702	2,521
무형자산	749	1,244	1,323	1,260	1,242	2,005
유가증권	22,278	22,196	21,319	37,416	57,328	69,901
총부채	39,037	38,631	42,867	55,922	81,852	106,581
총차입금	28,052	31,859	35,094	48,935	75,056	95,308
자본금	179	179	179	179	192	192
총자본	11,472	12,143	13,065	15,412	17,160	20,754
지배주주지분	2,538	2,703	2,893	3,881	4,340	4,729

기업가치 지표

항목	2012	2013	2014	2015	2016	2017
주가(최고/저)(천원)	5.3/2.7	6.1/3.0	7.3/4.6	21.9/6.8	15.0/9.8	12.9/9.9
PER(최고/저)(배)	15.7/8.0	12.6/6.2	10.6/6.7	9.3/2.9	25.9/16.9	14.0/10.8
PBR(최고/저)(배)	0.8/0.4	0.8/0.4	0.9/0.6	2.1/0.6	1.4/0.9	1.1/0.8
EV/EBITDA(배)	4.5	5.1	4.1	3.4	4.5	3.8
EPS(원)	365	513	716	2,431	591	935
BPS(원)	7,208	7,670	8,202	10,871	11,332	12,347
CFPS(원)	1,045	1,490	1,994	3,745	1,948	2,483
DPS(원)	50	70	110	100	100	130
EBITDAPS(원)	3,560	3,684	5,127	9,000	8,711	10,781

재무 비율 〈단위 : %〉

연도	영업이익률	순이익률	부채비율	차입금비율	ROA	ROE	유보율	자기자본비율	EBITDA마진율
2017	21.4	14.3	513.6	459.2	2.1	7.9	2,369.4	16.3	25.0
2016	19.2	12.6	477.0	437.4	2.0	5.2	2,166.5	17.3	22.7
2015	21.3	20.0	362.9	317.5	4.1	25.6	2,074.1	21.6	25.0
2014	13.3	9.5	328.1	268.6	1.8	9.1	1,540.5	23.4	17.7

다원시스 (A068240)
DAWONSYS

업 종	전기장비	시 장	KOSDAQ
신용등급	(Bond) — (CP) —	기업규모	우량
홈페이지	www.dawonsys.com	연 락 처	031)8085-3012
본 사	경기도 안산시 단원구 시화호수로 485 (성곡동)		

설 립 일	1996.01.15	**종업원수**	356명	**대표이사**	박선순
상 장 일	2010.09.14	**감사의견**	적정(우리)	**계 열**	
결 산 기	12월	**보 통 주**		**종속회사수**	3개사
액 면 가	500원	**우 선 주**		**구 상 호**	

주주구성 (지분율,%)		출자관계 (지분율,%)		주요경쟁사 (외형,%)	
박선순	19.8	로윈에이치티엘	13.0	다원시스	100
미래에셋자산운용투자자문	8.4	마루투자자문	10.0	대한전선	1,424
(외국인)	3.6			LS	8,537

매출구성		비용구성		수출비중	
전동차(제품)	63.5	매출원가율	67.4	수출	9.0
정류기외 기타(제품)	12.4	판관비율	24.7	내수	91.0
핵융합(제품)	11.3				

회사 개요

동사는 특수전원장치사업과 전자유도가열사업 그리고 철도사업을 주요 사업으로 영위중임. 특수전원장치사업부문의 주요제품은 핵융합전원장치, 플라즈마전원장치, 태양광 CVD전원장치, 철도전원장치 등으로 구분될 수 있으며, 전자유도가열사업부문은 유도가열장치와 유도용해장치로 구분됨. 국내 핵융합발전소인 KStar 1호기에 동사의 전원공급장치가 적용되는 등 기술력을 인정받은 바 동사가 추진 중인 신규사업 시장 안착 가능성은 높을 것으로 판단됨.

실적 분석

동사의 연결기준 2017년 4분기 누적 매출액은 1114.6억원으로 전년동기(741.9억원) 대비 50.2% 증가함. 매출액 증가는 노후화된 전동차의 전장품 교체 수요 증대가 유효했으며 수출보다는 내수에 의한 매출이 증가하였음. 다만 판관비가 전년의 2배로 늘어나며 영업이익은 4.4% 감소한 88.3억원을 시현함. 당기순이익은 20.2% 감소한 54억원을 기록하였음.

현금 흐름 〈단위 : 억원〉

항목	2016	2017
영업활동	-252	-193
투자활동	16	-192
재무활동	269	381
순현금흐름	30	8
기말현금	185	192

시장 대비 수익률

결산 실적 〈단위 : 억원〉

항목	2012	2013	2014	2015	2016	2017
매출액	476	514	530	670	742	1,115
영업이익	71	72	70	79	92	88
당기순이익	53	56	60	82	68	54

분기 실적 〈단위 : 억원〉

항목	2016.3Q	2016.4Q	2017.1Q	2017.2Q	2017.3Q	2017.4Q
매출액	236	243	209	322	330	254
영업이익	30	34	21	33	31	3
당기순이익	18	26	17	28	26	-17

재무 상태 〈단위 : 억원〉

항목	2012	2013	2014	2015	2016	2017
총자산	838	880	1,230	1,990	2,380	3,509
유형자산	224	283	431	542	578	1,033
무형자산	83	92	99	139	285	602
유가증권	3	2	3	75	94	128
총부채	405	354	593	668	989	1,718
총차입금	316	272	451	540	778	1,302
자본금	50	54	60	79	120	121
총자본	433	525	637	1,322	1,391	1,791
지배주주지분	433	525	632	1,291	1,364	1,736

기업가치 지표

항목	2012	2013	2014	2015	2016	2017
주가(최고/저)(천원)	5.0/2.9	5.4/4.0	9.9/4.5	31.9/8.8	20.4/10.4	18.2/10.0
PER(최고/저)(배)	14.9/8.7	16.0/12.0	30.0/13.7	76.2/21.0	69.7/35.5	70.2/38.6
PBR(최고/저)(배)	1.8/1.1	1.7/1.3	2.9/1.3	5.9/1.6	3.6/1.8	2.5/1.4
EV/EBITDA(배)	8.9	10.4	19.1	44.2	27.7	30.4
EPS(원)	345	344	335	422	294	261
BPS(원)	4,357	4,881	5,318	8,185	5,705	7,305
CFPS(원)	703	696	683	797	418	555
DPS(원)	60	60	60	50	50	50
EBITDAPS(원)	884	844	779	756	509	658

재무 비율 〈단위 : %〉

연도	영업이익률	순이익률	부채비율	차입금비율	ROA	ROE	유보율	자기자본비율	EBITDA마진율
2017	7.9	4.8	95.9	72.7	1.8	4.1	1,361.0	51.1	14.3
2016	12.5	9.1	71.1	55.9	3.1	5.3	1,041.0	58.4	16.4
2015	11.9	12.3	50.6	40.9	5.1	8.8	1,537.0	66.4	15.2
2014	13.2	11.3	93.1	70.9	5.7	10.2	963.6	51.8	16.8

다이오진 (A271850)
DIOGENE CO

업　　종 : 의료 장비 및 서비스　　시　　장 : KONEX
신용등급 : (Bond) —　(CP) —　　기업규모 : —
홈페이지 : www.diogene.co.kr　　연 락 처 : 031)701-6488
본　　사 : 경기도 성남시 분당구 판교로 255번길 9-22, 302호(삼평동, 우림더블유시티)

설 립 일	2009.07.21	**종업원수**	명	**대표이사**	임성식
상 장 일	2017.06.19	**감사의견**	적정(신아)	**계　열**	
결 산 기	12월	**보 통 주**		**종속회사수**	
액 면 가	—	**우 선 주**		**구　상　호**	

주주구성 (지분율,%)		출자관계 (지분율,%)		주요경쟁사 (외형,%)	
임성식	54.1			다이오진	100
김연수	39.9			미코나노바이오시스	92
				엑세스바이오	1,007

매출구성		비용구성		수출비중	
분자진단서비스	53.0	매출원가율	27.3	수출	0.0
ISD ™C STD12 AES Detecti on Kit	35.0	판관비율	57.7	내수	100.0
기타 제품 매출	12.0				

회사 개요

동사는 2009년 7월 설립되어 2017년 6월 코넥스 시장에 상장한 분자진단 사업 전문 기업임. 동사의 분자진단 사업은 질병의 감염여부를 판정할 목적으로 감염물질과 원인물질의 유전정보를 담고 있는 유전자를 검사하는 것임. 체외진단 방법 중 유일하게 조기진단이 가능하고 예방의학 및 맞춤형 치료를 가능하게 하기 때문에 산업의 성장속도가 빠른 분야로 높은 부가가치를 보이고 있음.

실적 분석

동사의 2017년 매출액은 전년 대비 53.3% 증가한 32.3억원을 기록한 반면, 동기간 판관비는 전년 대비 43.4% 증가함에 따라 동사의 영업이익은 전년 대비 78.7% 상승한 4.8억원을 기록하였음. 한편, 금융자산처분손실 및 장기금융상품평가손실의 발생으로 비영업손실 규모는 전년 대비 확대되었음. 이에 따라 동사의 2017년 당기순이익은 40.5% 증가한 3.7억원을 기록하였음.

현금 흐름 *IFRS 별도 기준 〈단위 : 억원〉

항목	2016	2017
영업활동	-4	1
투자활동	-15	-2
재무활동	21	-1
순현금흐름	2	-3
기말현금	3	0

시장 대비 수익률

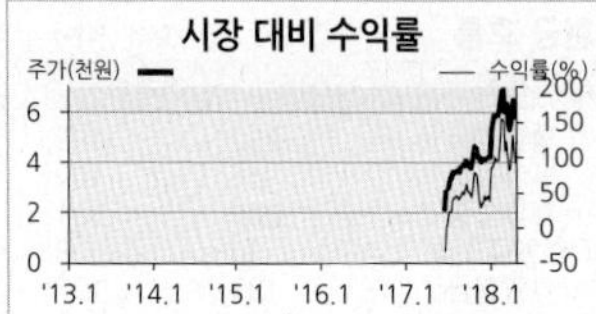

결산 실적 〈단위 : 억원〉

항목	2012	2013	2014	2015	2016	2017
매출액	—	—	16	18	21	32
영업이익	—	—	1	-2	3	5
당기순이익	—	—	2	-2	3	4

분기 실적 *IFRS 별도 기준 〈단위 : 억원〉

항목	2016.3Q	2016.4Q	2017.1Q	2017.2Q	2017.3Q	2017.4Q
매출액	—	—	7	—	—	—
영업이익	—	—	1	—	—	—
당기순이익	—	—	1	—	—	—

재무 상태 *IFRS 별도 기준 〈단위 : 억원〉

항목	2012	2013	2014	2015	2016	2017
총자산	—	—	10	12	37	44
유형자산	—	—	1	1	1	1
무형자산	—	—	0	0	0	1
유가증권	—	—	—	—	—	—
총부채	—	—	5	9	28	31
총차입금	—	—	—	2	20	19
자본금	—	—	1	1	3	3
총자본	—	—	5	4	10	13
지배주주지분	—	—	5	4	10	13

기업가치 지표 *IFRS 별도 기준

항목	2012	2013	2014	2015	2016	2017
주가(최고/저)(천원)	#VALUE!	—/—	—/—	—/—	—/—	—/—
PER(최고/저)(배)	0.0/0.0	0.0/0.0	0.0/0.0	0.0/0.0	0.0/0.0	37.8/10.0
PBR(최고/저)(배)	0.0/0.0	0.0/0.0	0.0/0.0	0.0/0.0	0.0/0.0	10.4/2.8
EV/EBITDA(배)	0.0	0.0	—	—	5.0	25.5
EPS(원)	—	—	158	-166	164	122
BPS(원)	—	—	26,138	1,786	1,610	2,222
CFPS(원)	—	—	11,229	-516	988	759
DPS(원)	—	—	—	—	—	—
EBITDAPS(원)	—	—	10,752	-656	1,012	950

재무 비율 〈단위 : %〉

연도	영업이익률	순이익률	부채비율	차입금비율	ROA	ROE	유보율	자기자본비율	EBITDA마진율
2017	15.0	11.4	231.0	145.0	9.0	32.0	344.3	30.2	17.7
2016	12.8	12.5	286.2	204.0	10.6	39.6	221.9	25.9	15.4
2015	-10.9	-9.3	245.1	48.1	-14.7	-37.6	257.2	29.0	-7.4
2014	9.1	9.7	94.1	0.0	0.0	0.0	422.8	51.5	13.2

대경기계기술 (A015590)
Daekyung Machinery & Engineering

업　　종 : 기계　　시　　장 : 거래소
신용등급 : (Bond) —　(CP) —　　기업규모 : 시가총액 소형주
홈페이지 : www.dkme.com　　연 락 처 : 052)278-9000
본　　사 : 울산시 남구 처용로 260-37 (부곡동 125-2)

설 립 일	1981.09.30	**종업원수**	285명	**대표이사**	서상훈
상 장 일	1989.05.27	**감사의견**	적정(대성삼경)	**계　열**	
결 산 기	12월	**보 통 주**		**종속회사수**	
액 면 가	500원	**우 선 주**		**구　상　호**	대경기계

주주구성 (지분율,%)		출자관계 (지분율,%)		주요경쟁사 (외형,%)	
큐로컴	17.6	국일인토트	4.3	큐로	100
권경훈	16.0			비에이치아이	208
(외국인)	1.5			TPC	65

매출구성		비용구성		수출비중	
열교환기,압력용기,TOWER 등	78.2	매출원가율	91.1	수출	86.8
HRSG 보일러	21.8	판관비율	4.5	내수	13.2

회사 개요

동사의 주요 사업부문은 크게 두 개로 나뉨. 석유화학산업 등에 필요한 열교환기, 압력용기, 저장탱크 등을 제작하는 화공기기 부문과 발전산업 등에 필요한 HRSG 및 보일러 등 기자재를 제작하는 에너지사업부문임. 매출은 에너지사업 부문 22.18%, 화공기기 부문 77.82%로 구성됨. 동종업계 기업 간 경쟁이 심해지고 원가가 오르는 등 영업환경이 좋지 않지만 구조조정 등으로 원가를 줄이려는 시도를 이어가고 있음.

실적 분석

2017년 연결기준 동사 매출은 1561.9억원을 기록함. 전년도 매출인 1913.6억원에 비해 18.4% 감소한 금액임. 매출은 줄었으나 매출원가가 23.5% 감소하고 판매비와 관리비가 57.6% 줄어 영업이익은 흑자전환함. 전년도엔 손실 115.1억원을 기록했으나 2017년엔 이익 67.4억원을 기록함. 비영업부문 적자가 지속되고 당기순손실도 흑자전환에 실패했으나 적자폭은 줄어들었음. 구조조정과 원가절감 노력이 흑자전환 요인으로 파악됨.

현금 흐름 *IFRS 별도 기준 〈단위 : 억원〉

항목	2016	2017
영업활동	287	-169
투자활동	-22	-58
재무활동	-283	227
순현금흐름	-15	-0
기말현금	15	15

시장 대비 수익률

결산 실적 〈단위 : 억원〉

항목	2012	2013	2014	2015	2016	2017
매출액	2,829	2,400	2,973	2,237	1,914	1,562
영업이익	201	165	50	-123	-115	67
당기순이익	68	95	3	-151	-193	-71

분기 실적 *IFRS 별도 기준 〈단위 : 억원〉

항목	2016.3Q	2016.4Q	2017.1Q	2017.2Q	2017.3Q	2017.4Q
매출액	480	482	522	418	365	256
영업이익	-42	-102	58	-18	25	2
당기순이익	-89	-128	-25	6	24	-76

재무 상태 *IFRS 별도 기준 〈단위 : 억원〉

항목	2012	2013	2014	2015	2016	2017
총자산	2,509	2,549	2,957	2,764	2,359	2,047
유형자산	938	911	983	886	811	774
무형자산	4	4	4	3	3	2
유가증권	16	16	16	17	17	17
총부채	1,828	1,774	2,177	2,122	1,793	1,289
총차입금	1,063	893	1,118	1,132	729	725
자본금	274	274	274	274	354	572
총자본	681	774	780	643	567	758
지배주주지분	681	774	780	643	567	758

기업가치 지표 *IFRS 별도 기준

항목	2012	2013	2014	2015	2016	2017
주가(최고/저)(천원)	2.5/1.5	1.9/1.4	1.8/1.3	1.7/1.0	1.5/0.8	1.0/0.5
PER(최고/저)(배)	23.9/14.6	14.2/10.9	383.2/270.1	—/—	—/—	—/—
PBR(최고/저)(배)	2.2/1.4	1.5/1.1	1.4/1.0	1.6/1.0	1.9/1.1	1.6/0.8
EV/EBITDA(배)	8.7	9.4	18.9	—	—	12.9
EPS(원)	103	132	5	-247	-269	-79
BPS(원)	1,244	1,415	1,425	1,174	801	662
CFPS(원)	192	225	96	-190	-222	-36
DPS(원)	—	—	—	—	—	—
EBITDAPS(원)	424	336	182	-140	-108	119

재무 비율 〈단위 : %〉

연도	영업이익률	순이익률	부채비율	차입금비율	ROA	ROE	유보율	자기자본비율	EBITDA마진율
2017	4.3	-4.5	170.0	95.7	-3.2	-10.7	32.5	37.0	6.8
2016	-6.0	-10.1	316.5	128.6	-7.5	-31.9	60.2	24.0	-3.9
2015	-5.5	-6.7	330.1	176.1	-5.3	-21.2	134.8	23.3	-3.4
2014	1.7	0.1	279.1	143.3	0.1	0.4	184.6	26.4	3.4

대교 (A019680)
Daekyo

업　　종 : 교육　　시　　장 : 거래소
신용등급 : (Bond) —　(CP) —　　기업규모 : 시가총액 중형주
홈페이지 : www.daekyo.com　　연 락 처 : 02)829-1114
본　　사 : 서울시 관악구 보라매로 3길 23(보라매동 729-21) 대교타워

설립일	1986.12.20	**종업원수**	2,554명	**대표이사**	박수완
상장일	2004.02.03	**감사의견**	적정(삼일)	**계열**	
결산기	12월	**보통주**		**종속회사수**	20개사
액면가	500원	**우선주**		**구상호**	

주주구성 (지분율,%)		출자관계 (지분율,%)		주요경쟁사 (외형,%)	
대교홀딩스	54.5	현대어드밴티지사모주식제5호	100.0	대교	100
강영중	6.4	트러스톤사모증권투자신탁제4호	100.0	웅진씽크빅	77
(외국인)	11.0	대교에듀캠프	99.9	멀티캠퍼스	25

매출구성		비용구성		수출비중	
국내교육서비스 및 출판사업	94.1	매출원가율	80.2	수출	—
교육기관사업	3.6	판관비율	14.2	내수	—
해외교육사업	2.6				

회사 개요
동사는 1976년 한국공문수학연구회로 설립되어, 1991년 1월 대교로 상호변경함. 주간 학습지 시장의 대표 브랜드인 '눈높이'를 주력으로 하는 교육문화기업으로 눈높이 학습지 사업을 비롯한 유아교육사업, 교육출판사업, 학원사업, 홈스쿨사업, 온라인교육, 방과후교실사업 등 다양한 제품과 교육서비스사업을 영위하고 있음. 대교에듀피아, 대교 CSA 등 연결대상 종속회사 총 20개사를 보유함.

실적 분석
동사의 2017년 결산 연결기준 매출액은 전년과 유사한 8,122.0 억원을 기록함. 외형성장이 정체된 상태이나 원가율 안정화에 힘입어 영업이익 454.9억원을 보이며 수익성이 개선됨. 비영업이익이 다소 축소되어 순이익은 전년도와 유사한 416.2억원을 보임. 당기 사업부문별 매출비중은 교육서비스및출판사업 93.7%, 교육기관사업 3.7%, 해외교육사업 2.6%로 구성됨.

현금 흐름 〈단위 : 억원〉

항목	2016	2017
영업활동	717	716
투자활동	-504	-810
재무활동	-255	-263
순현금흐름	-44	-366
기말현금	968	603

시장 대비 수익률
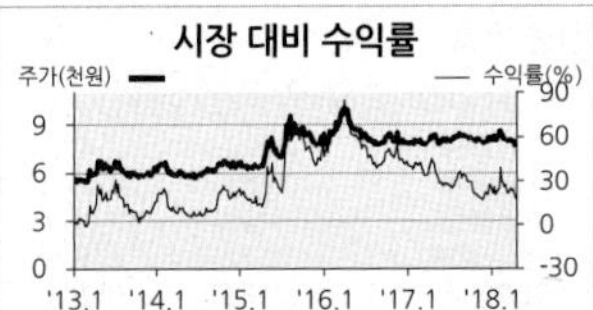

결산 실적 〈단위 : 억원〉

항목	2012	2013	2014	2015	2016	2017
매출액	8,695	8,396	8,106	8,132	8,207	8,122
영업이익	317	317	307	430	428	455
당기순이익	208	322	382	461	418	416

분기 실적 〈단위 : 억원〉

항목	2016.3Q	2016.4Q	2017.1Q	2017.2Q	2017.3Q	2017.4Q
매출액	2,037	2,036	2,104	2,047	2,013	1,958
영업이익	114	110	121	109	117	108
당기순이익	83	154	133	126	123	34

재무 상태 〈단위 : 억원〉

항목	2012	2013	2014	2015	2016	2017
총자산	8,141	8,423	8,422	8,206	8,481	8,571
유형자산	1,478	1,415	1,532	1,606	1,909	1,907
무형자산	836	755	607	505	402	359
유가증권	3,047	2,561	2,804	2,839	2,966	3,172
총부채	1,922	1,957	2,013	1,767	1,853	1,802
총차입금	242	286	357	286	293	283
자본금	521	521	521	521	521	521
총자본	6,219	6,465	6,408	6,440	6,628	6,769
지배주주지분	6,156	6,385	6,289	6,353	6,548	6,706

기업가치 지표

항목	2012	2013	2014	2015	2016	2017
주가(최고/저)(천원)	6.2/4.6	6.7/5.4	7.0/5.7	9.8/6.2	10.4/7.7	8.5/7.7
PER(최고/저)(배)	33.0/25.0	23.1/18.5	19.9/16.5	24.5/15.8	26.9/19.7	21.6/19.8
PBR(최고/저)(배)	1.1/0.9	1.2/0.9	1.2/1.0	1.6/1.0	1.6/1.2	1.2/1.1
EV/EBITDA(배)	5.5	6.8	6.7	7.9	7.3	7.4
EPS(원)	220	339	388	430	409	401
BPS(원)	6,443	6,717	6,683	6,813	7,017	7,222
CFPS(원)	712	807	812	814	746	727
DPS(원)	210	210	230	240	240	240
EBITDAPS(원)	796	773	718	797	748	763

재무 비율 〈단위 : %〉

연도	영업이익률	순이익률	부채비율	차입금비율	ROA	ROE	유보율	자기자본비율	EBITDA마진율
2017	5.6	5.1	26.6	4.2	4.9	6.3	1,344.4	79.0	9.8
2016	5.2	5.1	28.0	4.4	5.0	6.6	1,303.4	78.2	9.5
2015	5.3	5.7	27.4	4.4	5.5	7.1	1,262.7	78.5	10.2
2014	3.8	4.7	31.4	5.6	4.5	6.4	1,236.6	76.1	9.2

대구백화점 (A006370)
DAEGU DEPARTMENT STORE

업　　종 : 백화점　　시　　장 : 거래소
신용등급 : (Bond) —　(CP) —　　기업규모 : 시가총액 소형주
홈페이지 : www.debec.co.kr　　연 락 처 : 053)423-1234
본　　사 : 대구시 중구 동성로 30

설립일	1969.12.26	**종업원수**	291명	**대표이사**	구정모
상장일	1988.10.10	**감사의견**	적정(세일)	**계열**	
결산기	03월	**보통주**		**종속회사수**	2개사
액면가	5,000원	**우선주**		**구상호**	

주주구성 (지분율,%)		출자관계 (지분율,%)		주요경쟁사 (외형,%)	
구정모	13.2	이니컴	16.6	대구백화점	100
씨앤에이치캐피탈	9.3	티비씨	6.3	신세계	4,087
(외국인)	6.9	기업구조조정1호	3.7	광주신세계	221

매출구성		비용구성		수출비중	
의류잡화등의도소매외(상품)	84.6	매출원가율	36.2	수출	0.0
임대사업외(기타)	15.4	판관비율	69.9	내수	100.0

회사 개요
동사는 1969년 설립된 유통 전문기업으로 백화점 사업을 주력으로 하고 있음. 대백저축은행과 대백아울렛을 연결대상 종속회사로 보유함. 저성장과 내수침체로 인해 경영환경이 악화돼 경기변동에 상대적으로 영향을 덜 받는 고소득 계층과 소비성향이 높은 30~40대 고객을 겨냥한 상품을 선보이고 있음. 이밖에 VR체험관 컴앤플레이, 시니어숍 등을 오픈하는 등 새로운 트렌드를 반영하기 위해 노력을 기울이고 있음.

실적 분석
2017년 연결기준 동사 매출액은 947.2원으로 전년도 매출인 1372.9억원에서 31% 감소함. 매출원가가 39.7% 줄고 판매비와 관리비 역시 19% 감소했으나 매출 감소폭이 이를 웃돌아 영업손실 적자폭이 커졌음. 금융손익이 적자로 전환되며 비영업부문도 적자로 전환함. 이에 전년도 70.2억원의 손실을 기록한 당기순손실은 156.1억원의 손실을 기록하며 적자폭이 커짐.

현금 흐름 〈단위 : 억원〉

항목	2016	2017.3Q
영업활동	-223	—
투자활동	-406	—
재무활동	616	—
순현금흐름	-13	—
기말현금	22	—

시장 대비 수익률
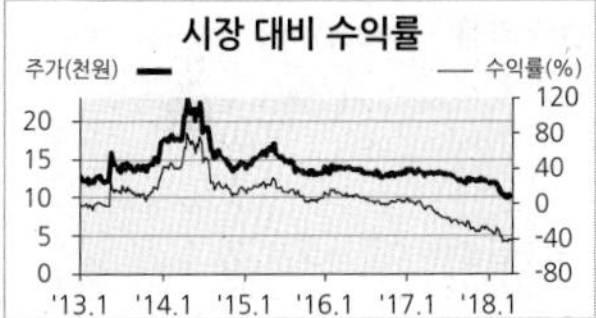

결산 실적 〈단위 : 억원〉

항목	2012	2013	2014	2015	2016	2017
매출액	1,730	1,711	1,582	1,583	1,373	947
영업이익	45	44	13	7	-84	-131
당기순이익	63	57	34	64	-70	-156

분기 실적 〈단위 : 억원〉

항목	2016.2Q	2016.3Q	2016.4Q	2017.1Q	2017.2Q	2017.3Q
매출액	355	358	298	414	360	—
영업이익	-25	-2	-51	-21	-70	—
당기순이익	-23	-5	-39	-14	-80	—

재무 상태 〈단위 : 억원〉

항목	2012	2013	2014	2015	2016	2017.3Q
총자산	6,687	6,401	6,231	6,260	6,841	—
유형자산	3,016	3,003	3,001	3,802	4,525	—
무형자산	15	9	8	14	12	—
유가증권	1,180	1,166	1,194	926	852	—
총부채	2,626	2,268	2,502	2,494	3,159	—
총차입금	—	1,344	1,531	1,531	2,356	—
자본금	541	541	541	541	541	—
총자본	4,061	4,133	3,728	3,766	3,682	—
지배주주지분	3,988	4,061	3,650	3,677	3,581	—

기업가치 지표

항목	2012	2013	2014	2015	2016	2017.3Q
주가(최고/저)(천원)	13.3/11.3	18.6/11.7	23.0/13.3	17.4/12.8	14.0/12.6	—/—
PER(최고/저)(배)	21.2/18.0	38.5/24.2	97.5/56.2	36.0/26.5	—/—	—/—
PBR(최고/저)(배)	0.4/0.3	0.5/0.3	0.7/0.4	0.5/0.4	0.4/0.4	0.0/0.0
EV/EBITDA(배)	4.2	13.0	16.7	19.3	—	—/—
EPS(원)	721	539	256	505	-756	—
BPS(원)	38,218	38,844	37,810	38,072	37,179	—
CFPS(원)	1,802	1,602	1,141	1,380	-7	—
DPS(원)	400	600	600	400	250	—
EBITDAPS(원)	1,499	1,465	1,004	936	-29	—

재무 비율 〈단위 : %〉

연도	영업이익률	순이익률	부채비율	차입금비율	ROA	ROE	유보율	자기자본비율	EBITDA마진율
2016	-6.1	-5.1	85.8	64.0	-1.1	-2.3	643.6	53.8	-0.2
2015	0.4	4.0	66.2	40.7	1.0	1.5	661.5	60.2	6.4
2014	0.8	2.2	67.1	41.1	0.5	0.7	656.2	59.8	6.9
2013	2.5	3.4	54.9	32.5	0.9	1.5	676.9	64.6	9.3

대덕전자 (A008060)

Daeduck Electronics

업　　종 : 전자 장비 및 기기
신용등급 : (Bond) —　　(CP) —
홈페이지 : www.daeduck.com
본　　사 : 경기도 시흥시 소망공원로 335 (정왕동)

시　　장 : 거래소
기업규모 : 시가총액 중형주
연 락 처 : 031)599-8800

설 립 일	1972.08.11	**종 업 원 수**	1,130명	**대 표 이 사**	김영재,장홍은
상 장 일	1989.01.26	**감 사 의 견**	적정(한영)	**계　　열**	
결 산 기	12월	**보 통 주**		**종속회사수**	
액 면 가	500원	**우 선 주**		**구 상 호**	

주주구성 (지분율,%)		출자관계 (지분율,%)		주요경쟁사 (외형,%)	
김영재	11.7	대덕지디에스	13.4	대덕전자	100
국민연금공단	9.2	삼성벤처투자(SVIC30호)	2.1		
(외국인)	21.0	삼성벤처투자(SVIC18호)	2.0		

매출구성		비용구성		수출비중	
PCB	99.9	매출원가율	89.4	수출	38.3
상품	0.1	판관비율	4.6	내수	61.7

회사 개요

동사는 1972년 설립돼 1989년 유가증권시장에 상장함. 전자부품에 들어가는 핵심부품인 인쇄회로기판(PCB)를 생산해 판매하는 기업임. 반도체 및 Mobile 통신기기 등 각 분야에 걸쳐서 첨단 PCB를 공급함. 삼성전자, 하이닉스반도체, SKYWORKS, MICRON, CIENA 등을 주요 거래처로 보유하고 있음. 주요 영업지역은 중국, 미국, 동남아임.

실적 분석

동사의 2017년 매출은 전년 보다 4.3% 증가한 5121억원, 영업이익은 전년보다 6.3% 증가한 122억원을 실현함. 당기순이익은 356억원으로 전년 대비 52.4% 증가하였는데, 이는 유형자산 처분으로 인한 영업외수익이 증가하였기 때문임. 동사는 고사양 비메모리 반도체 기판 신시장을 개척하여 매출 증대에 기여함. 전체 매출에서 비메모리 반도체 기판의 매출비중 상승으로, 매출구조가 전년대비 개선됨.

현금 흐름 *IFRS 별도 기준 〈단위 : 억원〉

항목	2016	2017
영업활동	447	699
투자활동	-479	-585
재무활동	-125	-62
순현금흐름	-150	35
기말현금	246	281

시장 대비 수익률

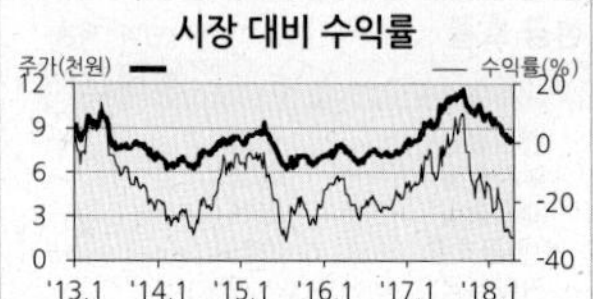

결산 실적 〈단위 : 억원〉

항목	2012	2013	2014	2015	2016	2017
매출액	7,511	7,372	6,909	5,126	4,909	5,121
영업이익	564	10	242	268	288	306
당기순이익	486	84	302	306	234	356

분기 실적 *IFRS 별도 기준 〈단위 : 억원〉

항목	2016.3Q	2016.4Q	2017.1Q	2017.2Q	2017.3Q	2017.4Q
매출액	1,286	1,418	1,235	1,214	1,364	1,309
영업이익	112	109	110	51	93	53
당기순이익	92	58	70	113	85	88

재무 상태 *IFRS 별도 기준 〈단위 : 억원〉

항목	2012	2013	2014	2015	2016	2017
총자산	5,427	5,306	5,473	5,254	5,577	6,071
유형자산	2,025	2,174	1,961	1,913	1,718	1,854
무형자산	90	79	63	40	39	34
유가증권	677	214	313	538	391	1,069
총부채	1,166	1,018	1,093	692	909	870
총차입금	—	2	-0	-0	—	63
자본금	244	244	244	244	244	244
총자본	4,261	4,288	4,380	4,562	4,669	5,201
지배주주지분	4,261	4,288	4,380	4,562	4,669	5,201

기업가치 지표 *IFRS 별도 기준

항목	2012	2013	2014	2015	2016	2017
주가(최고/저)(천원)	10.3/7.3	10.2/6.8	8.5/6.2	9.4/6.1	8.0/6.6	12.0/7.7
PER(최고/저)(배)	12.8/9.1	70.6/46.8	15.8/11.4	16.6/10.9	17.8/14.7	16.9/10.9
PBR(최고/저)(배)	1.3/0.9	1.3/0.8	1.0/0.7	1.0/0.7	0.8/0.7	1.1/0.7
EV/EBITDA(배)	3.9	4.3	4.2	2.2	3.6	4.1
EPS(원)	981	172	619	627	479	730
BPS(원)	9,638	9,692	9,881	10,254	10,472	11,563
CFPS(원)	2,115	1,520	1,887	1,724	1,385	1,560
DPS(원)	300	300	300	300	300	300
EBITDAPS(원)	2,335	1,369	1,764	1,646	1,495	1,457

재무 비율 〈단위 : %〉

연도	영업이익률	순이익률	부채비율	차입금비율	ROA	ROE	유보율	자기자본비율	EBITDA마진율
2017	6.0	7.0	16.7	1.2	6.1	7.2	2,212.6	85.7	13.9
2016	5.9	4.8	19.5	0.0	4.3	5.1	1,994.5	83.7	14.9
2015	5.2	6.0	15.2	0.0	5.7	6.8	1,950.8	86.8	15.7
2014	3.5	4.4	25.0	0.0	5.6	7.0	1,876.1	80.0	12.5

대덕지디에스 (A004130)

DAEDUCK GDS

업　　종 : 전자 장비 및 기기
신용등급 : (Bond) —　　(CP) —
홈페이지 : www.daeduckgds.com
본　　사 : 경기도 안산시 단원구 강촌로 230

시　　장 : 거래소
기업규모 : 시가총액 중형주
연 락 처 : 031)8040-8072

설 립 일	1965.01.13	**종 업 원 수**	888명	**대 표 이 사**	김영재,강경식
상 장 일	1987.08.10	**감 사 의 견**	적정(한영)	**계　　열**	
결 산 기	12월	**보 통 주**		**종속회사수**	3개사
액 면 가	500원	**우 선 주**		**구 상 호**	

주주구성 (지분율,%)		출자관계 (지분율,%)		주요경쟁사 (외형,%)	
대덕전자	14.9	와이솔	17.4	대덕GDS	100
김정식	9.2	TNP벤처투자조합	2.1	아트라스BX	131
(외국인)	21.1	대덕베트남	100.0	녹십자셀	4

매출구성		비용구성		수출비중	
인쇄회로기판	102.0	매출원가율	88.8	수출	57.8
기타	3.6	판관비율	5.0	내수	42.2
내부거래등	-5.6				

회사 개요

동사는 PCB를 주요제품으로 제조 및 판매하는 전자부품 전문회사이며 주요 사업으로 휴대폰, 카메라모듈, 웨어러블 기기, 자동차용 전장, 노트북, 셋톱박스, TV 등에 사용되는 PCB를 생산하는 사업을 영위하고 있음. 필리핀에 위치한 대덕필리핀, 중국에 위치한 천진대덕전자상무유한공사, 베트남에 위치한 대덕베트남을 연결대상 종속회사로 보유하고 있으며 이들은 PCB 제조와 판매업을 영위함.

실적 분석

동사의 2017년 결산 연결기준 매출액은 전년대비 4.1% 성장한 4,823.6억원을 기록함. 견조한 외형 성장과 매출원가율 개선으로 영업이익 300.4억원, 당기순이익 336.6억원을 보이며 수익성이 대폭 개선됨. 당기 공장 가동률은 FPCB 89%, MicroVia/MLB 72%를 기록하였고 출하량 증가는 MicroVia/MLB가 크게 나타남. 지역별 매출실적은 베트남향 매출 성장이 두드러짐.

현금 흐름 〈단위 : 억원〉

항목	2016	2017
영업활동	312	482
투자활동	-684	-270
재무활동	-158	-64
순현금흐름	-527	129
기말현금	163	291

시장 대비 수익률

결산 실적 〈단위 : 억원〉

항목	2012	2013	2014	2015	2016	2017
매출액	5,427	6,164	5,898	5,231	4,632	4,824
영업이익	425	623	179	76	49	300
당기순이익	359	518	213	210	96	337

분기 실적 〈단위 : 억원〉

항목	2016.3Q	2016.4Q	2017.1Q	2017.2Q	2017.3Q	2017.4Q
매출액	1,077	1,176	1,081	1,195	1,392	1,156
영업이익	71	-257	94	88	125	-7
당기순이익	32	-142	46	83	170	37

재무 상태 〈단위 : 억원〉

항목	2012	2013	2014	2015	2016	2017
총자산	4,778	5,382	5,366	5,263	5,131	5,687
유형자산	1,161	1,980	2,355	1,911	1,620	1,960
무형자산	24	27	40	26	31	32
유가증권	173	318	265	313	246	83
총부채	1,092	1,255	989	721	571	898
총차입금	181	130	149	105	66	63
자본금	114	114	114	114	114	114
총자본	3,686	4,127	4,377	4,543	4,560	4,789
지배주주지분	3,686	4,127	4,377	4,543	4,560	4,789

기업가치 지표

항목	2012	2013	2014	2015	2016	2017
주가(최고/저)(천원)	16.1/8.3	20.6/14.4	17.0/9.3	13.6/7.8	13.5/8.5	27.4/12.0
PER(최고/저)(배)	11.2/5.8	10.1/7.0	19.9/10.8	15.7/9.0	33.2/20.8	18.6/8.2
PBR(최고/저)(배)	1.1/0.6	1.2/0.9	1.0/0.5	0.7/0.4	0.7/0.4	1.3/0.6
EV/EBITDA(배)	3.5	2.9	4.2	1.8	4.8	8.0
EPS(원)	1,610	2,279	937	922	422	1,480
BPS(원)	16,644	18,583	19,345	20,074	20,373	21,378
CFPS(원)	2,669	3,511	2,633	2,681	1,890	2,765
DPS(원)	300	300	300	300	300	300
EBITDAPS(원)	2,928	3,971	2,483	2,094	1,682	2,606

재무 비율 〈단위 : %〉

연도	영업이익률	순이익률	부채비율	차입금비율	ROA	ROE	유보율	자기자본비율	EBITDA마진율
2017	6.2	7.0	18.8	1.3	6.2	7.2	4,175.6	84.2	12.3
2016	1.1	2.1	12.5	1.4	1.9	2.1	3,974.6	88.9	8.3
2015	1.5	4.0	15.9	2.3	3.9	4.7	3,914.7	86.3	9.1
2014	3.0	3.6	22.6	3.4	4.0	5.0	3,769.1	81.6	9.6

대동고려삼 (A178600)

DAEDONG KOREA GINSENG COLTD

업　　종 : 음료　　시　　장 : KONEX
신용등급 : (Bond) ─　　(CP) ─　　기업규모 : ─
홈페이지 : www.ddkorea.co.kr　　연 락 처 : 041)753-8803
본　　사 : 충남 금산군 군북면 군북로 586

설 립 일	2002.03.26	**종업원수**	138명	**대표이사**	최성근
상 장 일	2013.12.20	**감사의견**	적정(대현)	**계　열**	
결 산 기	06월	**보 통 주**		**종속회사수**	
액 면 가	─	**우 선 주**		**구　상　호**	

주주구성 (지분율,%)		출자관계 (지분율,%)		주요경쟁사 (외형,%)	
최성근	48.4			대동고려삼	100
최순	23.3			네이처셀	55
				흥국에프엔비	91

매출구성		비용구성		수출비중	
기타	44.6	매출원가율	83.0	수출	6.3
농축액	32.7	판관비율	9.3	내수	93.7
홍삼류	17.6				

회사 개요

동사는 2002년 인삼가공식품 전문제조기업으로 설립됨. 주로 홍삼가공제품과 중간원료를 제조해 홍삼가공완제품 업체에 납품하거나 '블로건'과 '더함'이라는 브랜드로 판매하고 있음. 동사가 제조하는 홍삼가공제품은 대표적인 건강기능식품으로 전체 건기식의 절반을 차지하고 있으며 매년 평균 6% 성장함. 태극삼 점유율은 3.1%, 홍삼 농축액과 홍삼류 점유율은 각각 0.8%, 0.6%임.

실적 분석

동사는 6월 결산법인으로 2017년 6월 실적(2016년 7월~2017년 6월)까지 공시됨. 2017년 연결 기준 연간 매출액은 493.4억원으로 전년 동기(488.1억원) 대비 소폭 증가함. 매출이 증가했지만 매출 원가 부담도 늘면서 영업이익은 전년 동기(37.4억원) 대비 소폭 감소한 31.1억원을 시현함. 영업이익이 줄면서 당기순이익도 전년 동기(20.1억원) 대비 소폭 감소한 19.8억원을 기록함.

현금 흐름 *IFRS 별도 기준 〈단위 : 억원〉

항목	2017	2018.2Q
영업활동	4	─
투자활동	-59	─
재무활동	32	─
순현금흐름	-23	─
기말현금	14	─

시장 대비 수익률

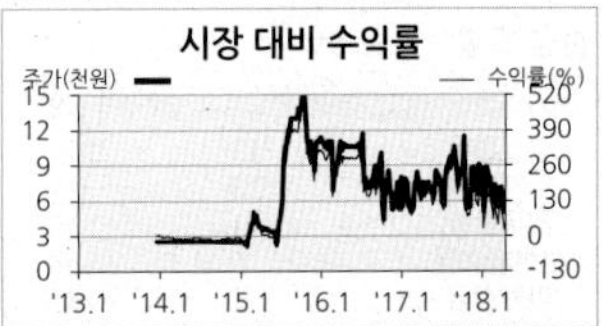

결산 실적 〈단위 : 억원〉

항목	2013	2014	2015	2016	2017	2018
매출액	229	260	362	488	493	─
영업이익	17	22	28	37	31	─
당기순이익	5	10	17	20	20	─

분기 실적 *IFRS 별도 기준 〈단위 : 억원〉

항목	2017.1Q	2017.2Q	2017.3Q	2017.4Q	2018.1Q	2018.2Q
매출액	─	─	─	─	─	─
영업이익	─	─	─	─	─	─
당기순이익	─	─	─	─	─	─

재무 상태 *IFRS 별도 기준 〈단위 : 억원〉

항목	2013	2014	2015	2016	2017	2018.2Q
총자산	211	246	356	413	490	─
유형자산	74	70	77	82	120	─
무형자산	13	11	10	9	8	─
유가증권	1	1	1	1	2	─
총부채	147	172	219	248	304	─
총차입금	120	143	166	180	214	─
자본금	22	22	29	29	29	─
총자본	63	74	137	165	186	─
지배주주지분	63	74	137	165	186	─

기업가치 지표 *IFRS 별도 기준

항목	2013	2014	2015	2016	2017	2018.2Q
주가(최고/저)(천원)	─/─	2.6/─	5.5/2.5	15.0/1.6	11.7/4.4	─/─
PER(최고/저)(배)	0.0/0.0	10.7/10.3	14.0/4.1	43.7/12.7	34.6/12.9	─/─
PBR(최고/저)(배)	0.0/0.0	1.5/1.5	1.8/0.5	5.4/1.6	3.7/1.4	0.0/0.0
EV/EBITDA(배)	4.8	8.3	7.7	12.9	12.3	─/─
EPS(원)	214	237	391	343	337	─
BPS(원)	14,401	1,677	3,122	2,800	3,156	─
CFPS(원)	4,963	438	681	577	560	─
DPS(원)	─	─	─	─	─	─
EBITDAPS(원)	9,524	694	922	871	754	─

재무 비율 〈단위 : %〉

연도	영업이익률	순이익률	부채비율	차입금비율	ROA	ROE	유보율	자기자본비율	EBITDA마진율
2017	6.3	4.0	163.7	115.3	4.4	11.3	531.2	37.9	9.0
2016	7.7	4.1	150.6	109.1	5.3	13.4	459.9	39.9	10.5
2015	7.7	4.8	159.4	120.9	5.7	16.3	380.9	38.6	11.2
2014	8.3	4.0	233.5	194.1	4.6	15.2	235.4	30.0	11.7

대동공업 (A000490)

Daedong Industrial

업　　종 : 기계　　시　　장 : 거래소
신용등급 : (Bond) ─　　(CP) A3　　기업규모 : 시가총액 소형주
홈페이지 : www.daedong.co.kr　　연 락 처 : 053)610-3000
본　　사 : 대구시 달성군 논공읍 논공중앙로 34길 35

설 립 일	1947.05.20	**종업원수**	788명	**대표이사**	김준식,하창욱
상 장 일	1975.06.27	**감사의견**	적정(안경)	**계　열**	
결 산 기	12월	**보 통 주**		**종속회사수**	6개사
액 면 가	1,000원	**우 선 주**		**구　상　호**	

주주구성 (지분율,%)		출자관계 (지분율,%)		주요경쟁사 (외형,%)	
김준식	22.9	제주대동	100.0	대동공업	100
박영옥	11.6	하이드로텍	100.0	와이지-원	63
(외국인)	3.2	대동서천	100.0	태광	30

매출구성		비용구성		수출비중	
트랙터외	75.3	매출원가율	79.3	수출	48.0
작업기외	14.4	판관비율	17.8	내수	52.0
실린더헤드외	10.3				

회사 개요

동사는 본사를 거점으로 한국, 미국, 중국, 유럽 등 제조 및 판매법인 7개의 동종업종을 영위하는 농기계를 전문으로 구성된 농기계 전문기업임. 기술제휴를 통한 다기통엔진개발 완료, 배기가스규제통과 및 전략형 중소형 트랙터의 개발 및 환경친화적인 엔진(Tier4) 개발 및 장착을 통한 수출 시장의 생산, 판매 증대를 기대함. 유럽현지법인을 통해 유럽시장에 진입했고 점차적인 매출신장이 예상됨.

실적 분석

동사의 2017년 연결기준 연간 매출액은 6,101.0억원으로 전년 동기 대비 4.2% 증가함. 매출이 증가하면서 매출원가는 전년 동기 대비 4.3% 늘었지만 판매비와 관리비는 감소해 영업이익은 171.8억원을 시현하며 흑자전환함. 관련기업투자 관련 이익은 증가하여 흑자를 달성하였으나 비영업 부문은 적자를 지속함. 당기순이익은 98.6억원을 기록하며 흑자전환에 성공함.

현금 흐름 〈단위 : 억원〉

항목	2016	2017
영업활동	3	106
투자활동	-114	-191
재무활동	70	102
순현금흐름	-40	18
기말현금	71	89

시장 대비 수익률

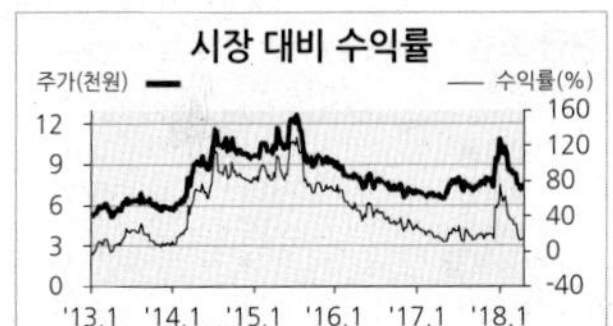

결산 실적 〈단위 : 억원〉

항목	2012	2013	2014	2015	2016	2017
매출액	5,635	5,812	6,032	5,835	5,854	6,101
영업이익	7	59	65	54	-130	172
당기순이익	-14	-10	50	35	-180	99

분기 실적 〈단위 : 억원〉

항목	2016.3Q	2016.4Q	2017.1Q	2017.2Q	2017.3Q	2017.4Q
매출액	1,355	1,197	1,777	1,744	1,373	1,208
영업이익	-55	-156	144	114	1	-87
당기순이익	-83	-139	119	85	-9	-97

재무 상태 〈단위 : 억원〉

항목	2012	2013	2014	2015	2016	2017
총자산	5,544	5,778	7,070	6,883	6,672	7,306
유형자산	2,523	2,462	2,517	2,474	2,370	2,388
무형자산	193	178	173	172	172	163
유가증권	24	22	23	23	22	30
총부채	3,240	3,519	4,766	4,552	4,521	5,117
총차입금	1,733	1,626	2,278	2,405	2,605	2,848
자본금	237	237	237	237	237	237
총자본	2,304	2,259	2,304	2,331	2,151	2,189
지배주주지분	2,252	2,207	2,251	2,278	2,100	2,133

기업가치 지표

항목	2012	2013	2014	2015	2016	2017
주가(최고/저)(천원)	6.6/3.5	6.9/5.0	11.8/5.6	13.6/8.7	9.2/6.5	10.1/6.5
PER(최고/저)(배)	─/─	─/─	58.2/27.9	98.2/62.6	─/─	25.0/16.2
PBR(최고/저)(배)	0.7/0.4	0.7/0.5	1.2/0.6	1.4/0.9	1.0/0.7	1.1/0.7
EV/EBITDA(배)	13.1	9.8	14.4	14.5	36.8	12.0
EPS(원)	-62	-46	207	141	-755	405
BPS(원)	9,737	9,547	9,735	9,847	9,096	9,238
CFPS(원)	901	983	1,263	1,225	282	1,461
DPS(원)	50	50	60	50	40	60
EBITDAPS(원)	991	1,279	1,328	1,314	491	1,779

재무 비율 〈단위 : %〉

연도	영업이익률	순이익률	부채비율	차입금비율	ROA	ROE	유보율	자기자본비율	EBITDA마진율
2017	2.8	1.6	233.8	130.1	1.4	4.5	823.8	30.0	6.9
2016	-2.2	-3.1	210.1	121.1	-2.7	-8.2	809.6	32.3	2.0
2015	0.9	0.6	195.3	103.2	0.5	1.5	884.7	33.9	5.3
2014	1.1	0.8	206.9	98.9	0.8	2.2	873.5	32.6	5.2

대동금속 (A020400)
Daedong Metals

업종 : 자동차부품
신용등급 : (Bond) — (CP) —
홈페이지 : www.daedongmetals.co.kr
본사 : 대구시 달성군 논공읍 논공로 602
시장 : KOSDAQ
기업규모 : 중견
연락처 : 053)610-5000

설립일	1987.12.29	종업원수	115명	대표이사	이성태
상장일	1993.07.30	감사의견	적정(안경)	계열	
결산기	12월	보통주		종속회사수	
액면가	5,000원	우선주		구상호	

주주구성 (지분율,%)		출자관계 (지분율,%)		주요경쟁사 (외형,%)	
대동공업	70.1			대동금속	100
김형국	6.3			태양기계	34
(외국인)	0.1			한중엔시에스	94

매출구성		비용구성		수출비중	
[제품]기타	55.8	매출원가율	91.6	수출	8.5
실린더헤드	29.6	판관비율	6.3	내수	91.5
실린더블록	13.7				

회사 개요

동사는 1987년 대동공업과 미국 Intermet사의 합작 계약 체결로 설립됐다가 1993년 독자 법인으로 전환함. 1993년 코스닥 시장에 상장됨. 동사는 연 4만톤의 주물생산능력을 보유하고 있는 주물 제품 생산업체임. 농기계용 주물 제품은 모기업인 대동공업과 가족사인 대동기어에 생산해 납품 중임. 자동차 엔진용 실린더 헤드류는 현대차에 납품하고 있음. 산업용 기계 등이 매출의 60% 넘게 차지하고, 상용차용 실린더헤드가 30% 이상을 차지함

실적 분석

동사는 개별 기준 지난해 영업이익이 약 16억원으로 전년대비 157.1% 증가했음. 이 기간 당기순이익은 8억4000만원으로 같은 기간 흑자전환. 매출액은 747억원으로 22.3% 증가했음. 산업용 건설기계의 핵심부품인 MCV와 관련 유압부품을 국내 저명 건설장비 업체에 납품 중에 있으며, 일반산업 분야에서도 글로벌 진공펌프 제조사 등에 납품하는 등 산업전반으로 매출 범위를 확대해 나가고 있음.

현금 흐름 *IFRS 별도 기준 〈단위 : 억원〉

항목	2016	2017
영업활동	21	14
투자활동	-11	-20
재무활동	-10	5
순현금흐름	1	-1
기말현금	1	0

시장 대비 수익률

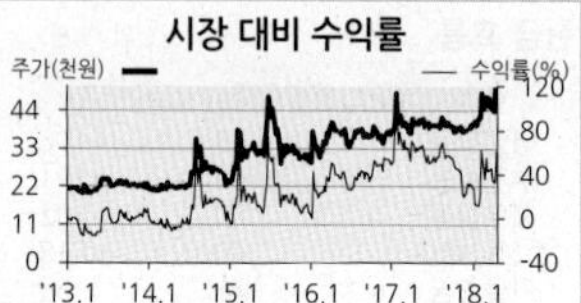

결산 실적 〈단위 : 억원〉

항목	2012	2013	2014	2015	2016	2017
매출액	603	590	605	598	611	747
영업이익	8	9	11	21	6	16
당기순이익	2	4	3	8	-3	8

분기 실적 *IFRS 별도 기준 〈단위 : 억원〉

항목	2016.3Q	2016.4Q	2017.1Q	2017.2Q	2017.3Q	2017.4Q
매출액	128	186	187	197	185	178
영업이익	-7	8	5	10	2	-1
당기순이익	-6	3	3	7	1	-2

재무 상태 *IFRS 별도 기준 〈단위 : 억원〉

항목	2012	2013	2014	2015	2016	2017
총자산	522	480	569	645	654	694
유형자산	337	334	373	486	471	464
무형자산	8	8	7	6	6	5
유가증권	0	—	—	—	—	—
총부채	348	303	392	375	390	418
총차입금	187	150	212	173	171	182
자본금	24	24	24	24	24	24
총자본	174	177	177	270	264	276
지배주주지분	174	177	177	270	264	276

기업가치 지표 *IFRS 별도 기준

항목	2012	2013	2014	2015	2016	2017
주가(최고/저)(천원)	26.7/21.1	24.4/20.0	35.6/20.6	52.7/23.1	43.9/28.9	49.2/37.0
PER(최고/저)(배)	60.8/48.1	31.3/25.7	55.2/31.9	34.5/15.1	—/—	28.4/21.4
PBR(최고/저)(배)	0.8/0.6	0.7/0.6	1.0/0.6	1.0/0.4	0.8/0.5	0.9/0.7
EV/EBITDA(배)	9.2	8.4	9.3	6.9	10.5	8.8
EPS(원)	468	818	669	1,568	-528	1,744
BPS(원)	36,285	36,853	36,950	56,168	54,896	57,522
CFPS(원)	5,417	5,555	5,666	6,924	5,083	7,242
DPS(원)	300	300	300	300	250	300
EBITDAPS(원)	6,663	6,557	7,345	9,672	6,914	8,846

재무 비율 〈단위 : %〉

연도	영업이익률	순이익률	부채비율	차입금비율	ROA	ROE	유보율	자기자본비율	EBITDA마진율
2017	2.2	1.1	151.3	65.9	1.2	3.1	1,050.4	39.8	5.7
2016	1.0	-0.4	148.1	64.8	-0.4	-1.0	997.9	40.3	5.4
2015	3.5	1.3	139.2	64.1	1.2	3.4	1,023.4	41.8	7.8
2014	1.9	0.5	220.8	119.3	0.6	1.8	639.0	31.2	5.8

대동기어 (A008830)
Dae Dong Gear

업종 : 기계
신용등급 : (Bond) — (CP) —
홈페이지 : www.daedonggear.com
본사 : 경남 사천시 사남면 공단1로 42
시장 : KOSDAQ
기업규모 : 중견
연락처 : 055)851-2300

설립일	1973.05.29	종업원수	154명	대표이사	이우태
상장일	1991.05.17	감사의견	적정(안경)	계열	
결산기	12월	보통주		종속회사수	
액면가	5,000원	우선주		구상호	

주주구성 (지분율,%)		출자관계 (지분율,%)		주요경쟁사 (외형,%)	
대동공업	31.7	카이오티골프	20.0	대동기어	100
득인기공	11.6	대동공업	0.6	수성	26
(외국인)	0.2	쌍용자동차	0.0	흥국	81

매출구성		비용구성		수출비중	
동력전달장치부품 및 조합품(농기계용)	53.2	매출원가율	92.7	수출	24.0
동력전달장치부품 및 조합품(자동차용)	39.8	판관비율	4.7	내수	76.0
동력전달장치부품 및 조합품(산업용)	7.1				

회사 개요

동사는 농업기계, 선박기, 원동기, 자동차, 공작기계기어 및 부품제조 및 판매를 목적으로 1973년 설립됨. 농기계용이 매출의 49.7%, 자동차용이 38.4%, 산업용이 12%를 차지함. 대동공업, 한국지엠, 현대다이모스 외 현대 계열사 등이 주요 매출처임. 2017년 설비투자에 약 81억원을 들일 계획임. 매출의 24.1%는 수출로 비중이 점차 증가하고 있으며, 75.9%는 내수 시장에서 거둬들임.

실적 분석

동사의 연결기준 2017년 매출액은 전년 대비 22.2% 증가한 1,134.9을 기록한 반면, 판관비는 대손상각비 및 인건비를 중심으로 전년동기 대비 8.5% 감소함에 따라 동기간 영업이익은 30억원을 기록하며 흑자전환함. 반면, 비영업손익은 금융손실 및 외환손실의 영향으로 적자지속함. 동사의 2017년 당기순이익은 0.7억원을 기록하며 흑자전환에 성공함.

현금 흐름 *IFRS 별도 기준 〈단위 : 억원〉

항목	2016	2017
영업활동	-13	109
투자활동	-58	-71
재무활동	71	55
순현금흐름	0	88
기말현금	1	89

시장 대비 수익률

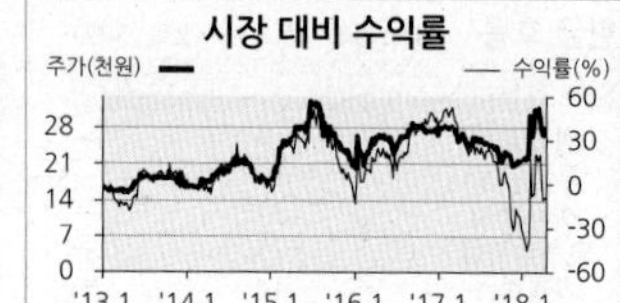

결산 실적 〈단위 : 억원〉

항목	2012	2013	2014	2015	2016	2017
매출액	1,151	1,180	1,275	1,149	929	1,135
영업이익	-34	4	3	3	-30	30
당기순이익	-29	1	1	9	-31	1

분기 실적 *IFRS 별도 기준 〈단위 : 억원〉

항목	2016.3Q	2016.4Q	2017.1Q	2017.2Q	2017.3Q	2017.4Q
매출액	185	211	303	291	248	294
영업이익	-10	-17	0	7	1	21
당기순이익	-8	-15	-6	2	-3	9

재무 상태 *IFRS 별도 기준 〈단위 : 억원〉

항목	2012	2013	2014	2015	2016	2017
총자산	1,112	1,340	1,445	1,666	1,646	1,835
유형자산	678	751	790	1,027	1,071	1,096
무형자산	2	—	—	—	—	—
유가증권	11	19	26	14	11	15
총부채	601	834	941	1,026	1,047	1,231
총차입금	325	471	480	506	599	678
자본금	45	45	45	45	45	45
총자본	511	506	504	639	598	603
지배주주지분	511	506	504	639	598	603

기업가치 지표 *IFRS 별도 기준

항목	2012	2013	2014	2015	2016	2017
주가(최고/저)(천원)	19.8/16.2	19.9/15.2	23.0/16.1	34.2/17.5	29.6/20.1	29.5/20.8
PER(최고/저)(배)	—/—	255.7/195.5	154.3/108.0	35.8/18.3	—/—	374.4/263.9
PBR(최고/저)(배)	0.4/0.3	0.4/0.3	0.4/0.3	0.5/0.3	0.5/0.3	0.4/0.3
EV/EBITDA(배)	—	18.8	17.6	16.3	62.7	10.4
EPS(원)	-3,209	83	157	987	-3,414	80
BPS(원)	56,842	56,310	56,072	71,153	66,574	67,125
CFPS(원)	10	3,353	3,937	5,279	1,373	5,180
DPS(원)	250	300	300	300	200	250
EBITDAPS(원)	-585	3,680	4,058	4,578	1,488	8,435

재무 비율 〈단위 : %〉

연도	영업이익률	순이익률	부채비율	차입금비율	ROA	ROE	유보율	자기자본비율	EBITDA마진율
2017	2.6	0.1	204.1	112.4	0.0	0.1	1,242.5	32.9	6.7
2016	-3.2	-3.3	175.1	100.1	-1.9	-5.0	1,231.5	36.4	1.4
2015	0.2	0.8	160.5	79.2	0.6	1.6	1,323.1	38.4	3.6
2014	0.2	0.1	186.8	95.2	0.1	0.3	1,021.4	34.9	2.9

대동스틸 (A048470)
DaeDongSteel

업 종 : 금속 및 광물 / 시 장 : KOSDAQ
신용등급 : (Bond) — (CP) — / 기업규모 : 중견
홈페이지 : www.daedongsteel.co.kr / 연 락 처 : 032)817-4448
본 사 : 인천시 남동구 앵고개로622번길 29 남동공단 165B-1L

설 립 일	1973.08.14	**종업원수**	53명	**대 표 이 사**	임형기임주희
상 장 일	2001.12.29	**감사의견**	적정(삼정)	**계 열**	
결 산 기	12월	**보 통 주**		**종속회사수**	
액 면 가	500원	**우 선 주**		**구 상 호**	

주주구성 (지분율,%)		출자관계 (지분율,%)		주요경쟁사 (외형,%)	
임형기	20.1			대동스틸	100
오수복	11.9				73
(외국인)	0.6			그린플러스	51

매출구성		비용구성		수출비중	
열연박판(제품)	53.9	매출원가율	89.7	수출	0.0
후 판(상품)	37.1	판관비율	4.2	내수	100.0
열연박판(상품)	3.8				

회사 개요

동사는 1973년에 설립되어 포스코에서 생산되는 열연제품을 판매하다가 1989년 포항공장에 Die Shear Line을 설치하면서 절단가공, 표면처리 강재 생산업체로 변모함. 동사는 POSCO의 8개 열연제품 지정판매점 중 가장 수요가 많은 지역인 서울을 비롯 경기도, 영남, 충청권을 주된 사업영역으로 하고 있음. 동사의 주요 매출구성은 열연박판이 62%를, 후판이 35%를, 무늬강판이 1%를 차지함.

실적 분석

동사의 2017년 매출액은 905억원으로 전년 682억원 대비 약 33% 증가함. 당기순이익은 62억원으로 전년 43억원 대비 약 42% 증가함. 이는 중국 철강업 구조조정에 따른 단가 상승에 기인한 것임. 2018년에는 자동차 및 조선업 부진이 지속될 것으로 예상되며, 전년도 호조세를 보였던 건설부문도 둔화가 예상됨. 중국 구조조정에 기인한 공급량 축소로 철강재 가격은 상당기간 기존가격을 유지 할 것으로 보임.

현금 흐름 *IFRS 별도 기준 〈단위 : 억원〉

항목	2016	2017
영업활동	-22	18
투자활동	9	9
재무활동	-5	-5
순현금흐름	-17	20
기말현금	55	75

시장 대비 수익률

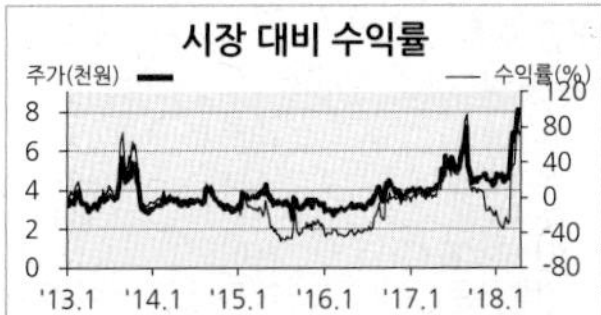

결산 실적 〈단위 : 억원〉

항목	2012	2013	2014	2015	2016	2017
매출액	1,886	1,306	1,096	923	682	905
영업이익	-18	22	9	-16	44	55
당기순이익	-4	6	4	-48	43	62

분기 실적 *IFRS 별도 기준 〈단위 : 억원〉

항목	2016.3Q	2016.4Q	2017.1Q	2017.2Q	2017.3Q	2017.4Q
매출액	140	185	220	225	217	243
영업이익	-0	7	39	1	15	1
당기순이익	-0	10	45	2	13	1

재무 상태 *IFRS 별도 기준 〈단위 : 억원〉

항목	2012	2013	2014	2015	2016	2017
총자산	964	778	892	581	627	794
유형자산	111	109	125	121	116	113
무형자산	12	12	9	9	9	8
유가증권	152	143	119	78	123	149
총부채	403	189	321	60	42	146
총차입금	228	96	189	—	—	0
자본금	50	50	50	50	50	50
총자본	561	589	570	520	585	648
지배주주지분	561	589	570	520	585	648

기업가치 지표 *IFRS 별도 기준

항목	2012	2013	2014	2015	2016	2017
주가(최고/저)(천원)	4.8/2.3	5.7/2.8	4.1/2.9	4.5/2.5	4.7/2.7	7.2/3.8
PER(최고/저)(배)	—/—	104.2/51.8	101.3/70.4	—/—	11.1/6.5	11.9/6.3
PBR(최고/저)(배)	0.9/0.4	1.0/0.5	0.8/0.5	0.9/0.5	0.8/0.5	1.1/0.6
EV/EBITDA(배)	—	10.7	31.7	—	6.7	5.5
EPS(원)	-39	58	43	-479	432	615
BPS(원)	5,771	5,889	5,704	5,207	5,875	6,504
CFPS(원)	59	154	93	-419	493	669
DPS(원)	30	30	30	30	50	70
EBITDAPS(원)	-83	318	136	-104	497	608

재무 비율 〈단위 : %〉

연도	영업이익률	순이익률	부채비율	차입금비율	ROA	ROE	유보율	자기자본비율	EBITDA마진율
2017	6.1	6.8	22.5	0.0	8.7	10.0	1,200.8	81.7	6.7
2016	6.4	6.3	7.2	0.0	7.2	7.8	1,075.1	93.3	7.3
2015	-1.8	-5.2	11.5	0.0	-6.5	-8.8	941.5	89.7	-1.1
2014	0.8	0.4	56.3	33.2	0.5	0.7	1,040.9	64.0	1.2

대동전자 (A008110)
Daidong Electronics

업 종 : 전자 장비 및 기기 / 시 장 : 거래소
신용등급 : (Bond) — (CP) — / 기업규모 : 시가총액 소형주
홈페이지 : www.daidong.com / 연 락 처 : 02)868-5121
본 사 : 서울시 금천구 가산디지털1로 33

설 립 일	1972.10.10	**종업원수**	104명	**대 표 이 사**	김명성
상 장 일	1990.06.05	**감사의견**	적정(삼일)	**계 열**	
결 산 기	03월	**보 통 주**		**종속회사수**	5개사
액 면 가	500원	**우 선 주**		**구 상 호**	

주주구성 (지분율,%)		출자관계 (지분율,%)		주요경쟁사 (외형,%)	
DAIMEI SHOUJI (SINGAPORE) PTE LTD.	29.9	DAIDONGELECTRONICSTHAILAND.	100.0	대동전자	100
강정우	28.1	P.TDAIDONGELECTRONICSINDONESIA	99.0	상신이디피	240
(외국인)	41.3	DAIDONGMOULD&PLASTICS(SHANGHAI)	68.6	크로바하이텍	138

매출구성		비용구성		수출비중	
금형(TV 및 소형 금형)	71.8	매출원가율	75.5	수출	66.0
성형(TV 및 소형 금형)	16.2	판관비율	21.4	내수	34.0
용역(TV 및 소형 금형)	9.5				

회사 개요

동사는 원유에서 추출된 RESIN을 사용하여 만든 PLASTIC제품에 도장, 인쇄등 후처리를 하여 각종 전자제품에 사용되는 내, 외장품을 만드는 제조업과 각종 제품의 디자인 및 설계가 주요 사업임. 디지털TV, 디지털 카메라, 오디오 드으이 가전 부품을 주로 생산함. DAIDONG ELECTRONICS THAILAND CO.,LTD., DAIDONG MOULD & PLASTICS(SHANGHAI) CO.,LTD 등을 연결대상 종속회사로 보유함.

실적 분석

동사의 2017년 매출액과 영업손실은 278억원, 1.6억원으로 전년 대비 매출은 10.7% 감소하고 적자 전환함. TV제품 매출의 감소와 가격 경쟁이 본격화되면서 동사 주력부분인 TV관련 금형 및 사출 매출이 크게 감소함. 동사는 이러한 불리한 영업환경을 극복하기 위하여 기술집약적인 소형, 정밀금형, Audio금형 등 신규 제품 영업활동을 경주하고 있음.

현금 흐름 〈단위 : 억원〉

항목	2016	2017.3Q
영업활동	35	17
투자활동	-73	-35
재무활동	-0	—
순현금흐름	-45	-13
기말현금	246	233

시장 대비 수익률

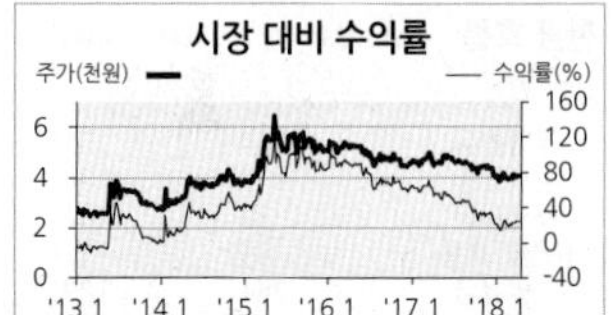

결산 실적 〈단위 : 억원〉

항목	2012	2013	2014	2015	2016	2017
매출액	471	410	423	380	416	—
영업이익	-10	-31	-29	-28	13	—
당기순이익	133	66	3	-21	22	—

분기 실적 〈단위 : 억원〉

항목	2016.2Q	2016.3Q	2016.4Q	2017.1Q	2017.2Q	2017.3Q
매출액	91	140	105	71	86	121
영업이익	-0	9	-2	-7	-3	8
당기순이익	-15	27	-5	-1	4	-7

재무 상태 〈단위 : 억원〉

항목	2012	2013	2014	2015	2016	2017.3Q
총자산	1,443	1,394	1,572	1,661	1,609	1,610
유형자산	268	236	435	470	456	449
무형자산	22	20	19	19	18	19
유가증권	4	3	3	3	3	3
총부채	278	290	256	373	321	334
총차입금	5	6	—	—	—	2
자본금	52	52	52	52	52	52
총자본	1,165	1,104	1,316	1,288	1,288	1,275
지배주주지분	1,094	1,049	1,255	1,224	1,218	1,204

기업가치 지표

항목	2012	2013	2014	2015	2016	2017.3Q
주가(최고/저)(천원)	2.9/2.0	3.9/2.5	5.4/3.1	7.3/4.9	5.3/4.4	4.9/4.0
PER(최고/저)(배)	2.8/1.9	7.7/4.9	—/—	—/—	31.2/25.9	—/—
PBR(최고/저)(배)	0.3/0.2	0.4/0.3	0.4/0.3	0.6/0.4	0.4/0.4	0.4/0.3
EV/EBITDA(배)	—	—	4.6	0.2	—	—/—
EPS(원)	1,111	540	-46	-218	171	-43
BPS(원)	10,611	10,621	12,583	12,288	12,237	12,095
CFPS(원)	1,685	927	297	124	516	183
DPS(원)	50	—	350	—	—	—
EBITDAPS(원)	479	95	70	77	470	211

재무 비율 〈단위 : %〉

연도	영업이익률	순이익률	부채비율	차입금비율	ROA	ROE	유보율	자기자본비율	EBITDA마진율
2016	3.2	5.3	24.9	0.0	1.3	1.5	2,347.4	80.1	11.9
2015	-7.3	-5.5	28.9	0.0	-1.3	-1.8	2,357.7	77.6	2.1
2014	-6.8	0.7	19.5	0.0	0.2	-0.4	2,416.7	83.7	1.7
2013	-7.5	16.0	26.3	0.5	4.6	5.3	2,024.1	79.2	2.4

대륙제관 (A004780)

DAERYUK CAN CO

업 종 : 용기 및 포장
신용등급 : (Bond) — (CP) —
홈페이지 : www.drcc.co.kr
본 사 : 서울시 강남구 역삼로 221 (역삼동)
시 장 : KOSDAQ
기업규모 : 우량
연 락 처 : 02)6003-0600

설 립 일	1966.12.24	**종업원수**	456명	**대표이사**	박봉국,박봉준
상 장 일	1994.12.29	**감사의견**	적정(성도)	**계 열**	
결 산 기	12월	**보 통 주**		**종속회사수**	
액 면 가	500원	**우 선 주**		**구 상 호**	

주주구성 (지분율,%)		출자관계 (지분율,%)		주요경쟁사 (외형,%)	
박영옥	11.2	대양코리아	19.0	대륙제관	100
박봉국	9.8	한국제관공업조합	11.0	락앤락	212
(외국인)	2.0	DAESUNVINA	49.0	연우	116

매출구성		비용구성		수출비중	
에어졸관	60.7	매출원가율	86.8	수출	—
일 반 관	36.7	판관비율	6.6	내수	—
기타	2.6				

회사 개요

동사는 1966년 대륙제관공업주식회사로 설립되었으며, 1989년 4월에 현재 상호인 주식회사 대륙제관으로 변경. 주요제품은 일반관과 연료관인 휴대용 부탄가스, 헤어스프레이관, 스프레이식 살충제관 등과 연료관에 부착되는캡 등의 사출물, 각종 제관 기계를 제작·판매하고 있음. 휴대용 부탄연료의 경우 1994년부터 자체브랜드로 생산·판매하고 있으며, 전기 전자부품을 제조 생산하는 주식회사 대양코리아를 인수하는 등 사업다각화를 추진 중임.

실적 분석

동사는 지난해 개별 기준 영업이익이 전년 대비 31.4% 감소한 130.0억원을 기록했음. 같은 기간 매출은 5.8% 늘어난 1,971.1억원, 당기순이익은 33.7% 감소한 96.2억원으로 집계됐음. 알루미늄 혹은 주석도금강판 등의 금속제 박판을 주재료로 하여 윤활유, 페인트, 식용유, 기능성 액체나 기체, 연료 등과 같은 각종 내용물을 충전하여 담거나 포장, 운반, 보관할 수 있는 금속포장용기가 주제품임.

현금 흐름 *IFRS 별도 기준 <단위 : 억원>

항목	2016	2017
영업활동	230	157
투자활동	-147	-104
재무활동	-35	-103
순현금흐름	49	-52
기말현금	241	189

시장 대비 수익률

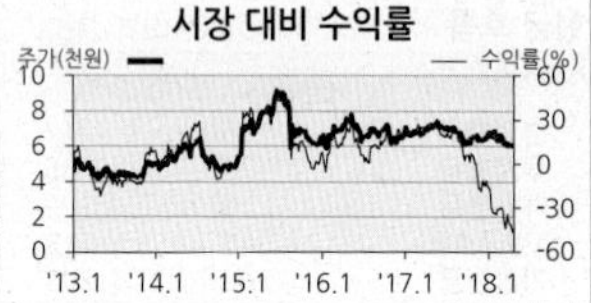

결산 실적 <단위 : 억원>

항목	2012	2013	2014	2015	2016	2017
매출액	1,879	2,011	2,053	2,051	1,862	1,971
영업이익	67	90	98	168	190	130
당기순이익	39	20	83	129	145	96

분기 실적 *IFRS 별도 기준 <단위 : 억원>

항목	2016.3Q	2016.4Q	2017.1Q	2017.2Q	2017.3Q	2017.4Q
매출액	445	470	462	537	479	493
영업이익	48	53	33	44	37	16
당기순이익	36	43	22	34	28	13

재무 상태 *IFRS 별도 기준 <단위 : 억원>

항목	2012	2013	2014	2015	2016	2017
총자산	1,233	1,290	1,309	1,362	1,485	1,544
유형자산	400	398	417	434	504	542
무형자산	17	17	12	17	19	19
유가증권	19	19	14	14	14	14
총부채	632	677	624	562	552	543
총차입금	322	348	331	260	246	167
자본금	80	80	80	80	80	80
총자본	601	613	686	800	933	1,001
지배주주지분	601	613	686	800	933	1,001

기업가치 지표 *IFRS 별도 기준

항목	2012	2013	2014	2015	2016	2017
주가(최고/저)(천원)	5.9/3.3	5.3/3.8	6.5/4.5	9.2/5.4	7.8/5.9	7.3/5.9
PER(최고/저)(배)	25.6/14.4	44.4/31.5	13.1/9.2	11.9/6.9	8.9/6.7	12.3/9.9
PBR(최고/저)(배)	1.7/0.9	1.5/1.1	1.6/1.1	1.9/1.1	1.4/1.0	1.2/1.0
EV/EBITDA(배)	9.2	7.4	7.0	5.2	4.3	5.2
EPS(원)	247	128	522	810	912	605
BPS(원)	3,781	3,856	4,310	5,029	5,864	6,292
CFPS(원)	557	467	848	1,144	1,306	1,039
DPS(원)	50	50	60	90	120	100
EBITDAPS(원)	733	907	941	1,388	1,586	1,251

재무 비율 <단위 : %>

연도	영업이익률	순이익률	부채비율	차입금비율	ROA	ROE	유보율	자기자본비율	EBITDA마진율
2017	6.6	4.9	54.3	16.7	6.4	10.0	1,158.3	64.8	10.1
2016	10.2	7.8	59.2	26.4	10.2	16.8	1,072.8	62.8	13.5
2015	8.2	6.3	70.3	32.5	9.6	17.3	905.9	58.7	10.8
2014	4.8	4.1	91.0	48.3	6.4	12.8	762.1	52.4	7.3

대림비앤코 (A005750)

DAELIM B&Co

업 종 : 건축자재
신용등급 : (Bond) — (CP) —
홈페이지 : www.daelimbath.com
본 사 : 경남 창원시 성산구 공단로 52 (양곡동)
시 장 : 거래소
기업규모 : 시가총액 소형주
연 락 처 : 055)280-8400

설 립 일	1968.09.20	**종업원수**	919명	**대표이사**	강태식
상 장 일	1992.12.04	**감사의견**	적정(안진)	**계 열**	
결 산 기	12월	**보 통 주**		**종속회사수**	4개사
액 면 가	1,000원	**우 선 주**		**구 상 호**	

주주구성 (지분율,%)		출자관계 (지분율,%)		주요경쟁사 (외형,%)	
이해영	33.4	대림수전	100.0	대림B&Co	100
이해서	9.8	대림케어	100.0	뉴보텍	18
(외국인)	3.4	아도바이오	59.0	정산애강	34

매출구성		비용구성		수출비중	
수전금구 제조, 욕실관련 상품 및 렌탈, 서비스	72.1	매출원가율	78.8	수출	2.6
위생도기	27.9	판관비율	16.0	내수	97.4

회사 개요

1968년 정부산하기관인 요업센터로 시작되어 44년 동안 대한민국의 욕실 문화를 선도하는 기업으로 위생도기, 기타 욕실 건자재 및 서비스 (비데, 수전금구, 타일본드, 부속,욕실리모델링, 욕실관련제품 랜탈 및 클린서비스) 등을 제조, 판매하는 사업을 영위하고 있음. 동사의 종속회사인 대림수전은 2011년 설립된 신설법인으로 수전금구 제조 및 판매를 영위하고 있음.

실적 분석

동사의 2017년 결산 연결기준 매출액은 전년대비 11.4% 성장한 2,328.9억원을 기록함. 매출 성장은 위생도기 이외에도 욕실 관련 제품 및 상품, 서비스판매 등의 호조에 기인함. 다만 외형 성장에도 원가율은 다소 악화된 결과 영업이익과 순이익은 각각 121.2억원과 67.4억원을 보이며 전년대비 감소함. 당기 결산 이후 동사는 시너지 창출과 경영 효율화를 위해 100% 자회사였던 대림수전데 대한 흡수합병을 공시함.

현금 흐름 <단위 : 억원>

항목	2016	2017
영업활동	108	125
투자활동	-55	-61
재무활동	56	-48
순현금흐름	110	15
기말현금	137	152

시장 대비 수익률

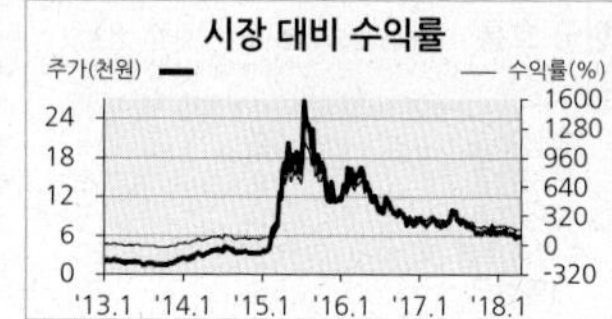

결산 실적 <단위 : 억원>

항목	2012	2013	2014	2015	2016	2017
매출액	1,015	1,163	1,475	1,809	2,091	2,329
영업이익	-36	14	80	121	143	121
당기순이익	-46	-30	33	79	74	67

분기 실적 <단위 : 억원>

항목	2016.3Q	2016.4Q	2017.1Q	2017.2Q	2017.3Q	2017.4Q
매출액	521	584	506	589	600	634
영업이익	39	50	31	28	35	26
당기순이익	26	17	21	17	16	14

재무 상태 <단위 : 억원>

항목	2012	2013	2014	2015	2016	2017
총자산	2,405	2,532	2,661	2,817	3,005	3,047
유형자산	1,154	1,162	1,182	1,214	1,230	1,223
무형자산	34	28	27	33	28	35
유가증권	5	6	14	15	5	27
총부채	986	1,147	1,263	1,359	1,461	1,454
총차입금	547	648	700	682	701	678
자본금	150	150	152	155	167	167
총자본	1,419	1,385	1,398	1,458	1,544	1,592
지배주주지분	1,419	1,385	1,398	1,455	1,545	1,596

기업가치 지표

항목	2012	2013	2014	2015	2016	2017
주가(최고/저)(천원)	4.1/1.5	2.4/1.4	4.4/2.2	27.6/3.4	16.9/7.2	9.9/6.0
PER(최고/저)(배)	—/—	—/—	21.9/10.8	54.8/6.7	35.2/15.0	24.0/14.5
PBR(최고/저)(배)	0.5/0.2	0.3/0.2	0.5/0.3	3.1/0.4	1.9/0.8	1.1/0.6
EV/EBITDA(배)	—	17.3	9.8	15.0	9.1	8.6
EPS(원)	-308	-197	216	530	499	422
BPS(원)	9,460	9,231	9,215	9,389	9,266	9,576
CFPS(원)	-70	62	499	852	870	794
DPS(원)	—	67	100	130	130	150
EBITDAPS(원)	-2	356	815	1,108	1,295	1,099

재무 비율 <단위 : %>

연도	영업이익률	순이익률	부채비율	차입금비율	ROA	ROE	유보율	자기자본비율	EBITDA마진율
2017	5.2	2.9	91.3	42.6	2.2	4.5	857.6	52.3	7.9
2016	6.9	3.5	94.7	45.4	2.5	5.2	826.6	51.4	9.6
2015	6.7	4.4	93.2	46.8	2.9	5.7	838.9	51.8	9.5
2014	5.4	2.2	90.4	50.1	1.3	2.3	821.5	52.5	8.3

대림산업 (A000210)

Daelim Industrial

업　　종 : 건설
신용등급 : (Bond) A+　　(CP) A2+
홈페이지 : www.daelim.co.kr
본　　사 : 서울시 종로구 종로1길 36 대림빌딩
시　　장 : 거래소
기업규모 : 시가총액 대형주
연 락 처 : 02)2011-7114

설 립 일	1939.10.10	**종업원수**	7,825명	**대표이사**	김상우,박상신
상 장 일	1976.02.02	**감사의견**	적정(안진)	**계　　열**	
결 산 기	12월	**보 통 주**		**종속회사수**	17개사
액 면 가	5,000원	**우 선 주**		**구 상 호**	

주주구성 (지분율,%)		출자관계 (지분율,%)		주요경쟁사 (외형,%)	
대림코퍼레이션	21.7	오라관광	100.0	대림산업	100
국민연금공단	13.9	송도파워	100.0	현대건설	137
(외국인)	32.0	에코술이홀	100.0	현대산업	43

매출구성		비용구성		수출비중	
건축공사 건설용역, 부동산 관련 서비스	45.0	매출원가율	90.3	수출	—
플랜트공사 건설용역	24.3	판관비율	5.3	내수	—
토목공사 건설용역, 철구조물 제작/설치 용역	14.8				

회사 개요

1939년 부림상회라는 상호로 설립, 1947년 대림산업으로 상호 변경하면서 법인 전환함(1976년 유가증권시장에 상장). 토목, 건축, 플랜트 등의 종합건설업을 영위하는 건설사업부와 석유화학제품을 생산하는 석유화학사업부로 구성됨. 이밖에 부동산임대업, 관광, 레저업을 일부 영위함. 중동지역 플랜트 발주에 따라 해외 매출이 달라지는데 최근 이라크, 리비아 내전, 서방국가와 러시아 관계 악화로 발주 및 수주 여건 불확실성이 고조되고 있는 상황임.

실적 분석

동사의 2017년 연결기준 결산매출액은 12조 3,355억원으로 전년동기 대비 25.2% 증가함. 견조한 성장과 함께 판관비 비중 축소로 같은 기간 영업이익은 30.2% 증가한 5,459억원을 시현함. 관련기업투자수익 확대로 비영업부문 또한 개선되어 당기순이익은 전년동기 대비 73.3% 증가한 모습. 다만 플랜트 부문의 해외 수주실적이 부진했으며, 최근 동사가 해외 비중을 높이고 있는 토목 부분도 눈에 띄는 실적 개선세를 시현하지 못함.

현금 흐름

〈단위 : 억원〉

항목	2016	2017
영업활동	1,470	4,376
투자활동	-6,994	-2,374
재무활동	-463	1,539
순현금흐름	-5,907	3,546
기말현금	15,772	19,318

시장 대비 수익률

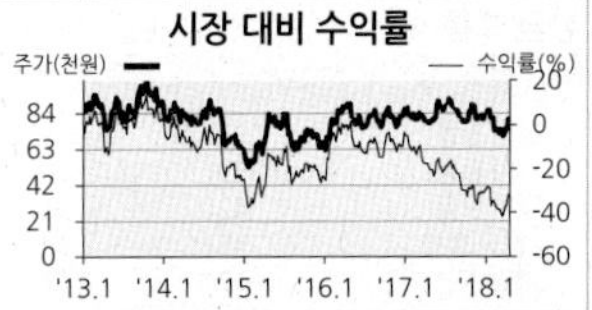

결산 실적

〈단위 : 억원〉

항목	2012	2013	2014	2015	2016	2017
매출액	102,533	98,469	92,947	95,137	98,538	123,355
영업이익	4,861	397	-2,702	2,718	4,194	5,459
당기순이익	4,008	-103	-4,405	2,170	2,932	5,080

분기 실적

〈단위 : 억원〉

항목	2016.3Q	2016.4Q	2017.1Q	2017.2Q	2017.3Q	2017.4Q
매출액	24,574	25,789	25,114	31,063	34,272	32,907
영업이익	1,307	618	1,140	1,430	1,973	916
당기순이익	1,091	333	1,493	1,045	2,959	-418

재무 상태

〈단위 : 억원〉

항목	2012	2013	2014	2015	2016	2017
총자산	110,065	107,830	105,967	120,649	123,915	134,025
유형자산	15,172	14,022	13,417	18,316	19,642	20,710
무형자산	792	806	778	658	614	702
유가증권	2,627	2,705	2,920	3,244	4,645	3,577
총부채	60,879	59,127	61,315	72,591	72,461	77,081
총차입금	15,663	19,015	20,084	30,618	29,066	32,612
자본금	2,185	2,185	2,185	2,185	2,185	2,185
총자본	49,185	48,703	44,653	48,058	51,454	56,943
지배주주지분	47,787	47,141	42,281	43,448	46,109	50,643

기업가치 지표

항목	2012	2013	2014	2015	2016	2017
주가(최고/저)(천원)	125/65.7	106/71.8	91.9/63.6	86.2/52.3	92.1/62.3	92.4/76.9
PER(최고/저)(배)	12.7/6.7	—/—	—/—	16.4/10.0	13.6/9.2	7.4/6.1
PBR(최고/저)(배)	1.0/0.6	0.9/0.6	0.9/0.6	0.8/0.5	0.8/0.5	0.7/0.6
EV/EBITDA(배)	5.2	30.1	—	9.0	8.5	6.6
EPS(원)	10,133	-643	-11,762	5,357	6,873	12,707
BPS(원)	123,800	122,126	109,537	112,559	119,454	131,198
CFPS(원)	11,748	1,225	-9,710	7,614	9,681	15,799
DPS(원)	500	100	100	300	300	1,000
EBITDAPS(원)	14,207	2,896	-4,949	9,298	13,673	17,234

재무 비율

〈단위 : %〉

연도	영업이익률	순이익률	부채비율	차입금비율	ROA	ROE	유보율	자기자본비율	EBITDA마진율
2017	4.4	4.1	135.4	57.3	3.9	10.1	2,217.7	42.5	5.4
2016	4.3	3.0	140.8	56.5	2.4	5.9	2,010.3	41.5	5.4
2015	2.9	2.3	151.1	63.7	1.9	4.8	1,888.5	39.8	3.8
2014	-2.9	-4.7	137.3	45.0	-4.1	-10.2	1,835.1	42.1	-2.1

대림씨엔에스 (A004440)

DAELIM C&S

업　　종 : 건축소재
신용등급 : (Bond) —　　(CP) —
홈페이지 : www.daelimcns.co.kr
본　　사 : 서울시 중구 을지로5길 16 (을지로2가, 삼화타워 5층)
시　　장 : 거래소
기업규모 : 시가총액 소형주
연 락 처 : 02)311-3300

설 립 일	1965.12.31	**종업원수**	289명	**대표이사**	배동호
상 장 일	2016.03.30	**감사의견**	적정(안진)	**계　　열**	
결 산 기	12월	**보 통 주**		**종속회사수**	
액 면 가	1,000원	**우 선 주**		**구 상 호**	

주주구성 (지분율,%)		출자관계 (지분율,%)		주요경쟁사 (외형,%)	
대림산업	50.8	한국피에이치씨파일협회	20.0	대림씨엔에스	100
신영자산운용	7.3	SG신성건설	0.1	쌍용양회	687
(외국인)	1.2	풍림산업	0.0	동양	219

매출구성		비용구성		수출비중	
PHC 파일 등	65.1	매출원가율	81.9	수출	0.0
철구조물	34.9	판관비율	12.3	내수	100.0

회사 개요

동사는 1965년 12월 31일 대림콩크리트공업으로설립되었으며, 2009년 11월 대림씨엔에스로 사명을 변경함. 동사는 건축, 플랜트 기반공사에 활용되는 콘크리트파일과 스틸(강교)사업을 영위하고 있으며, 두 사업부문 모두 시장 1위 점유율을 차지하고 있음. 동사는 대림산업, 삼호, 고려개발 등 대림그룹 내 계열사향 매출 비중이 30~40%를 차지하며 안정적인 매출을 기록하고 있으며 3월 30일에 신규상장함.

실적 분석

동사의 2017년 매출액은 2,209.4억원으로 전년 대비 22.2% 감소. 영업이익은 76.8% 감소한 129.3억원을 시현. 정부의 8·2부동산 대책 등 규제 영향으로 파일 사업부문은 2017년 하반기부터 조정 국면에 접어들었음. 동사의 파일 사업 매출액은 전년 대비 36% 감소한 1,183억원, 영업이익은 106억원을 실현함. 스틸 사업은 화공 플랜트 철수에 따른 구조개선비용 등의 지출로 영업이익 23억원을 실현함.

현금 흐름

*IFRS 별도 기준　〈단위 : 억원〉

항목	2016	2017
영업활동	537	67
투자활동	-120	-95
재무활동	177	-76
순현금흐름	593	-105
기말현금	692	587

시장 대비 수익률

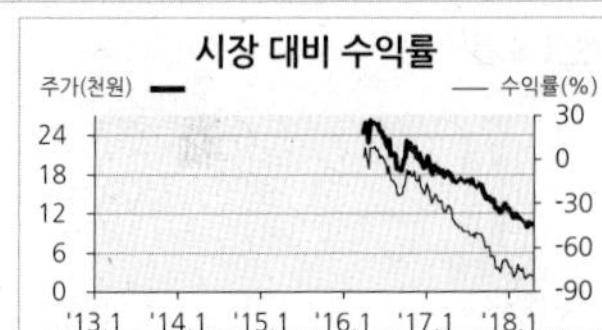

결산 실적

〈단위 : 억원〉

항목	2012	2013	2014	2015	2016	2017
매출액	2,442	2,550	2,579	2,955	2,841	2,209
영업이익	224	319	337	542	557	129
당기순이익	147	164	193	364	375	44

분기 실적

*IFRS 별도 기준　〈단위 : 억원〉

항목	2016.3Q	2016.4Q	2017.1Q	2017.2Q	2017.3Q	2017.4Q
매출액	682	735	572	655	480	502
영업이익	117	129	68	79	10	-28
당기순이익	91	71	53	62	18	-90

재무 상태

*IFRS 별도 기준　〈단위 : 억원〉

항목	2012	2013	2014	2015	2016	2017
총자산	3,322	3,235	3,050	3,386	3,789	3,613
유형자산	1,698	1,913	1,814	1,827	1,873	1,842
무형자산	403	357	307	262	222	140
유가증권	4	5	5	5	9	6
총부채	1,947	1,697	1,319	1,395	902	758
총차입금	788	890	682	433	90	90
자본금	129	129	129	129	127	127
총자본	1,375	1,538	1,730	1,991	2,887	2,855
지배주주지분	1,375	1,538	1,730	1,991	2,887	2,855

기업가치 지표

*IFRS 별도 기준

항목	2012	2013	2014	2015	2016	2017
주가(최고/저)(천원)	—/—	—/—	—/—	—/—	26.5/18.1	20.7/12.0
PER(최고/저)(배)	0.0/0.0	0.0/0.0	0.0/0.0	0.0/0.0	9.0/6.2	60.3/35.0
PBR(최고/저)(배)	0.0/0.0	0.0/0.0	0.0/0.0	0.0/0.0	1.2/0.8	0.9/0.5
EV/EBITDA(배)	2.8	2.3	1.7	0.6	3.0	5.2
EPS(원)	1,361	1,515	1,785	3,359	3,052	346
BPS(원)	53,195	62,832	66,954	80,347	22,677	22,424
CFPS(원)	6,991	8,010	9,664	16,413	3,633	951
DPS(원)	—	—	—	—	600	70
EBITDAPS(원)	9,968	14,013	15,213	23,316	5,111	1,621

재무 비율

〈단위 : %〉

연도	영업이익률	순이익률	부채비율	차입금비율	ROA	ROE	유보율	자기자본비율	EBITDA마진율
2017	5.9	2.0	26.6	3.2	1.2	1.5	2,142.4	79.0	9.3
2016	19.6	13.2	31.3	3.1	10.5	15.4	2,167.7	76.2	22.1
2015	18.3	12.3	70.0	21.8	11.3	19.5	1,506.9	58.8	20.4
2014	13.1	7.5	76.2	39.4	6.2	11.8	1,239.1	56.7	15.2

대림제지 (A017650)
Dae Lim Paper

업 종 : 종이 및 목재
신용등급 : (Bond) — (CP) —
홈페이지 : www.daelimpaper.co.kr
본 사 : 경기도 오산시 황새로 169

시 장 : KOSDAQ
기업규모 : 우량
연 락 처 : 031)373-7670

설 립 일	1984.03.04	**종업원수**	71명	**대 표 이 사**	유창승
상 장 일	1994.11.07	**감사의견**	적정(대성삼경)	**계 열**	
결 산 기	12월	**보 통 주**		**종속회사수**	1개사
액 면 가	100원	**우 선 주**		**구 상 호**	

주주구성 (지분율,%)		출자관계 (지분율,%)		주요경쟁사 (외형,%)	
유창승	22.5	동진판지	100.0	대림제지	100
유종우	15.4	고려제지	14.2	한창제지	170
(외국인)	3.1			영풍제지	89

매출구성		비용구성		수출비중	
골판지용 원지	100.0	매출원가율	88.3	수출	2.0
		판관비율	7.4	내수	98.0

회사 개요
동사는 1984년 설립된 골판지 원지생산업체임. 골판지시장은 IT, 운송경기에 민감하며, 원가측면에서는 주원료로 사용되는 고지가격이 주요한 수익성 변동요인임. 건실한 고정적 대규모 기업체인 삼보판지, 동진판지, 한청, 삼화, 한덕판지, 성일판지 등 여러 업체를 주요 거래처로 확보하고 있어 안정적인 시장을 유지하고 있음. 2017년도 기준 시장점유율은 3.65%임. 2017년 2분기중 동진판지를 연결대상회사로 신규 편입함.

실적 분석
동사의 연결기준 2017년 연간 누적 매출액은 1,180.2억원으로 전년동기 대비 75.0% 증가함. 이는 삼보판지 파주공장 영업양수도 및 동진판지 지분 100% 인수에 기인함. 하지만 매출원가와 판관비가 함께 증가하며 영업이익은 전년동기 대비 30.8% 감소한 49.8억원에 그침. 비영업손익은 적자전환하여 당기순이익은 전년동기 대비 80.8% 감소한 32.6억원을 기록함.

현금 흐름 〈단위 : 억원〉

항목	2016	2017
영업활동	37	52
투자활동	-60	-334
재무활동	44	316
순현금흐름	20	33
기말현금	109	141

시장 대비 수익률

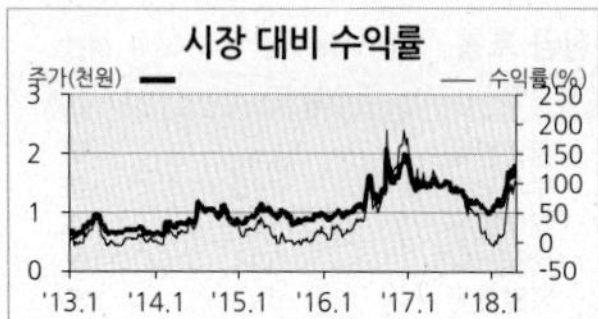

결산 실적 〈단위 : 억원〉

항목	2012	2013	2014	2015	2016	2017
매출액	769	613	574	547	674	1,180
영업이익	136	31	40	-16	72	50
당기순이익	126	71	65	-118	170	33

분기 실적 〈단위 : 억원〉

항목	2016.3Q	2016.4Q	2017.1Q	2017.2Q	2017.3Q	2017.4Q
매출액	187	—	—	198	385	—
영업이익	48	—	—	5	-1	—
당기순이익	72	—	—	-56	-5	—

재무 상태 〈단위 : 억원〉

항목	2012	2013	2014	2015	2016	2017
총자산	1,009	1,046	1,098	1,044	1,216	2,388
유형자산	252	224	214	278	261	1,634
무형자산	1	1	2	2	2	3
유가증권	0	0	0	—	—	212
총부채	197	168	159	227	231	1,085
총차입금	58	33	22	25	69	681
자본금	45	45	45	45	45	45
총자본	812	878	940	816	986	1,302
지배주주지분	812	878	940	816	986	1,302

기업가치 지표

항목	2012	2013	2014	2015	2016	2017
주가(최고/저)(천원)	0.6/0.4	1.0/0.6	1.2/0.6	1.1/0.8	2.2/0.9	2.0/1.0
PER(최고/저)(배)	2.4/1.3	6.2/3.8	8.4/4.3	—/—	5.7/2.3	27.0/13.4
PBR(최고/저)(배)	0.4/0.2	0.5/0.3	0.6/0.3	0.6/0.4	1.0/0.4	0.7/0.3
EV/EBITDA(배)	1.5	4.0	4.1	40.0	7.7	10.0
EPS(원)	280	158	144	-263	377	72
BPS(원)	9,017	9,761	10,440	9,070	2,190	2,914
CFPS(원)	1,647	1,029	954	-1,029	446	182
DPS(원)	50	—	50	—	—	—
EBITDAPS(원)	1,758	587	683	104	229	221

재무 비율 〈단위 : %〉

연도	영업이익률	순이익률	부채비율	차입금비율	ROA	ROE	유보율	자기자본비율	EBITDA마진율
2017	4.2	2.8	83.4	52.3	1.8	2.9	2,813.7	54.5	8.4
2016	10.7	25.2	23.4	7.0	15.0	18.9	2,090.3	81.0	15.3
2015	-3.0	-21.6	27.9	3.1	-11.1	-13.5	1,714.0	78.2	1.7
2014	7.0	11.3	16.9	2.3	6.0	7.1	1,988.1	85.6	10.7

대림통상 (A006570)
Daelim Trading

업 종 : 건축자재
신용등급 : (Bond) — (CP) —
홈페이지 : www.dltc.co.kr
본 사 : 서울시 서대문구 연희로 142 (연희동 87-9)

시 장 : 거래소
기업규모 : 시가총액 소형주
연 락 처 : 02)730-9811

설 립 일	1970.04.01	**종업원수**	326명	**대 표 이 사**	고은희,이재만
상 장 일	1975.11.20	**감사의견**	적정(삼일)	**계 열**	
결 산 기	12월	**보 통 주**		**종속회사수**	3개사
액 면 가	1,000원	**우 선 주**		**구 상 호**	

주주구성 (지분율,%)		출자관계 (지분율,%)		주요경쟁사 (외형,%)	
디앤디파트너스	38.9	PT.DLI	100.0	대림통상	100
고은희	26.3	D.B.M	100.0	대림B&Co	118
(외국인)	1.3	리빙스타	94.1	뉴보텍	21

매출구성		비용구성		수출비중	
수도꼭지,위생도기용,수전금구 등	49.2	매출원가율	85.1	수출	—
기타 잡화 등	22.4	판관비율	13.9	내수	—
비데,감지기,샤워부스 등	19.1				

회사 개요
수전금구, 비데, 감지기, 샤워부스, 기타 건자재 등을 생산하여 수출·내수판매하는 건자재 종합업체임. 종속회사로는 양식기를 생산하는 PT.DLI와 수전금구 등 건축자재를 생산하는 D.B.M, 주방용품 도소매업체인 리빙스타가 있음. 국내 거래처로는 한일상사, 진운하우징 등이 있음. 수출비중이 전체 매출의 30~40% 가량을 차지함. 수출은 중고가품 중심으로 OEM 방식, 내수는 건설사에 대한 직접 납품과 대리점을 통한 도소매 판매를 병행함.

실적 분석
동사의 2017년 연간 매출액은 전년동기대비 13.1% 상승한 1,972.5억원을 기록하였음. 비용면에서 전년동기대비 매출원가는 증가 했으며 인건비도 증가, 광고선전비도 증가, 기타판매비와관리비는 증가함. 이와 같이 상승한 매출액 대비 비용증가가 높아 매출액은 성장했지만 원가 증가로 인해 전년동기대비 영업이익은 19.9억원으로 53.9% 크게 하락하였음. 최종적으로 전년동기대비 당기순손실은 적자전환하여 43.1억원을 기록함.

현금 흐름 〈단위 : 억원〉

항목	2016	2017
영업활동	133	41
투자활동	-59	140
재무활동	-42	-138
순현금흐름	35	44
기말현금	77	121

시장 대비 수익률

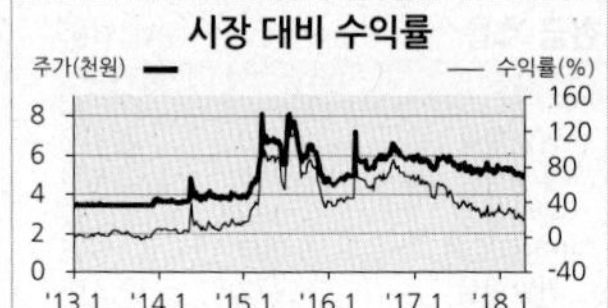

결산 실적 〈단위 : 억원〉

항목	2012	2013	2014	2015	2016	2017
매출액	1,648	1,608	1,664	1,677	1,744	1,972
영업이익	6	11	30	-23	43	20
당기순이익	-74	-73	-16	-37	3	-43

분기 실적 〈단위 : 억원〉

항목	2016.3Q	2016.4Q	2017.1Q	2017.2Q	2017.3Q	2017.4Q
매출액	435	474	445	489	524	514
영업이익	7	13	12	11	10	-12
당기순이익	-17	17	-17	5	0	-32

재무 상태 〈단위 : 억원〉

항목	2012	2013	2014	2015	2016	2017
총자산	2,544	2,542	2,554	2,335	2,307	2,293
유형자산	1,445	1,408	1,216	1,216	1,206	769
무형자산	24	23	23	22	22	21
유가증권	6	5	5	5	6	6
총부채	1,157	1,226	1,290	1,150	1,141	1,185
총차입금	826	871	928	790	767	640
자본금	164	164	164	164	164	164
총자본	1,386	1,316	1,263	1,186	1,166	1,107
지배주주지분	1,385	1,315	1,263	1,185	1,165	1,106

기업가치 지표

항목	2012	2013	2014	2015	2016	2017
주가(최고/저)(천원)	4.5/3.4	3.8/3.4	4.8/3.6	8.5/3.9	7.2/4.5	6.0/4.9
PER(최고/저)(배)	—/—	—/—	—/—	—/—	354.4/219.3	—/—
PBR(최고/저)(배)	0.6/0.4	0.5/0.5	0.7/0.5	1.2/0.5	1.0/0.6	0.9/0.7
EV/EBITDA(배)	23.2	24.0	20.7	54.7	15.6	16.0
EPS(원)	-485	-475	-104	-245	21	-285
BPS(원)	9,097	8,638	8,292	7,781	7,649	7,264
CFPS(원)	-121	-154	199	88	418	125
DPS(원)	100	150	150	150	150	150
EBITDAPS(원)	404	396	498	183	681	541

재무 비율 〈단위 : %〉

연도	영업이익률	순이익률	부채비율	차입금비율	ROA	ROE	유보율	자기자본비율	EBITDA마진율
2017	1.0	-2.2	107.0	57.8	-1.9	-3.8	573.3	48.3	4.2
2016	2.5	0.2	97.9	65.8	0.2	0.3	609.0	50.5	6.0
2015	-1.4	-2.2	97.0	66.6	-1.5	-3.0	621.2	50.8	1.7
2014	1.8	-1.0	102.1	73.4	-0.6	-1.2	668.7	49.5	4.6

대명 (A007720)

DAEMYUNG COLTD

업 종 : 도소매
신용등급 : (Bond) — (CP) —
홈페이지 : www.daemyungcorporation.com
본 사 : 강원도 홍천군 서면 한치골길 262
시 장 : KOSDAQ
기업규모 : 중견
연 락 처 : 02)2222-7500

설 립 일	1972.03.11	**종업원수**	278명	**대표이사**	김정훈,최주영
상 장 일	1994.01.06	**감사의견**	적정(대주)	**계 열**	
결 산 기	12월	**보 통 주**		**종속회사수**	3개사
액 면 가	500원	**우 선 주**		**구 상 호**	대명엔터프라이즈

주주구성 (지분율,%)		출자관계 (지분율,%)		주요경쟁사 (외형,%)	
대명홀딩스	34.3	대명문화공장	100.0	대명코퍼레이션	100
엔브이에자산펀드사모투자전문회사	4.9	대명레저	50.0	부방	163
(외국인)	2.0	대명레저제주	50.0	영현무역	4

매출구성		비용구성		수출비중	
기업소모성자재 구매 외(기타)	89.0	매출원가율	81.7	수출	1.6
영상보안장비(DVR 외)(기타)	5.8	판관비율	14.9	내수	98.4
결혼중개(기타)	3.7				

회사 개요

동사는 1972년 설립되어 기업소모성자재 구매대행업(도소매), 유통업, 영상보안장비 제조업, 여행업을 주요사업으로 영위하고 있으며 대명홀딩스그룹에 속한 21개 계열사 중에 유일한 상장회사임. 동사는 종속회사로 대명문화공장을 두고 있고, 2017년 6월 구천안리조트PFV인 대명레저의 경영권을 양수했음. 대명레저의 지분은 대명홀디스와 동사가 50%씩 보유함. 기존 종속회사인 대명본웨딩은 2017년 2분기 중에 보유지분 전량을 대명홀딩스에 매각함.

실적 분석

동사의 2017년 매출액은 전기대비 12.4% 증가한 2,355억원을 기록함. 당기 중 대명리조트 청송, 내린천휴게소 등 신규사업장이 추가됨에 따라 도소매업 및 제조업 매출이 증가함. 매출원가는 전기대비 11.2% 증가한 1,925억원임. 영업이익은 전기 대비 48억원 증가한 78억원을 기록함. 영업이익 증가와 비영업부문의 흑자전환에 힘입어 당기순이익도 176.3억원 흑자전환함.

현금 흐름 〈단위 : 억원〉

항목	2016	2017
영업활동	39	63
투자활동	-57	-379
재무활동	408	-141
순현금흐름	391	-459
기말현금	557	99

시장 대비 수익률

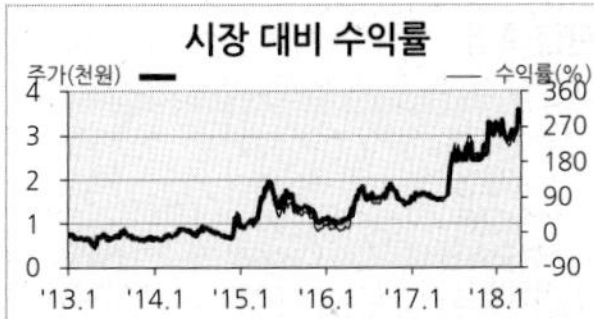

결산 실적 〈단위 : 억원〉

항목	2012	2013	2014	2015	2016	2017
매출액	137	1,706	1,790	2,055	2,095	2,355
영업이익	-48	57	72	-46	30	78
당기순이익	-171	55	119	-52	-16	176

분기 실적 〈단위 : 억원〉

항목	2016.3Q	2016.4Q	2017.1Q	2017.2Q	2017.3Q	2017.4Q
매출액	572	431	465	570	692	628
영업이익	17	5	4	17	52	5
당기순이익	3	-16	21	170	17	-32

재무 상태 〈단위 : 억원〉

항목	2012	2013	2014	2015	2016	2017
총자산	991	967	1,202	1,130	1,490	4,191
유형자산	135	53	44	37	40	3,119
무형자산	130	116	179	156	142	181
유가증권	71	9	35	45	93	81
총부채	280	201	312	294	518	2,821
총차입금	103	0	1	21	274	896
자본금	504	504	504	504	504	504
총자본	711	766	890	836	972	1,369
지배주주지분	717	771	888	836	973	1,064

기업가치 지표

항목	2012	2013	2014	2015	2016	2017
주가(최고/저)(천원)	1.0/0.5	0.9/0.5	1.2/0.6	2.0/0.9	1.9/1.0	3.5/1.5
PER(최고/저)(배)	—/—	17.4/9.9	10.5/5.3	—/—	—/—	31.3/13.4
PBR(최고/저)(배)	1.3/0.6	1.1/0.6	1.3/0.6	2.2/1.0	2.0/1.0	3.3/1.4
EV/EBITDA(배)	—	2.5	6.1	—	16.3	35.6
EPS(원)	-162	54	118	-50	-15	111
BPS(원)	4,035	861	977	926	965	1,056
CFPS(원)	-741	84	148	-16	19	153
DPS(원)	—	—	—	—	—	—
EBITDAPS(원)	-169	87	101	-12	64	119

재무 비율 〈단위 : %〉

연도	영업이익률	순이익률	부채비율	차입금비율	ROA	ROE	유보율	자기자본비율	EBITDA마진율
2017	3.3	7.5	206.0	65.4	6.2	11.0	111.2	32.7	5.1
2016	1.4	-0.8	53.3	28.2	-1.2	-1.7	93.1	65.2	3.1
2015	-2.2	-2.6	35.1	2.5	-4.5	-5.9	85.1	74.0	-0.6
2014	4.0	6.6	35.1	0.1	11.0	14.4	95.5	74.0	5.7

대봉엘에스 (A078140)

Deabongls

업 종 : 제약
신용등급 : (Bond) — (CP) —
홈페이지 : www.daebongls.co.kr
본 사 : 인천시 남동구 능허대로 649번길 123 (고잔동)
시 장 : KOSDAQ
기업규모 : 우량
연 락 처 : 032)712-8800

설 립 일	1986.07.08	**종업원수**	123명	**대표이사**	박종호,박진오
상 장 일	2005.12.23	**감사의견**	적정(한영)	**계 열**	
결 산 기	12월	**보 통 주**		**종속회사수**	2개사
액 면 가	500원	**우 선 주**		**구 상 호**	

주주구성 (지분율,%)		출자관계 (지분율,%)		주요경쟁사 (외형,%)	
박종호	24.1	피엔케이피부임상연구센타	83.3	대봉엘에스	100
박진오	18.1	코셀러코리아	75.3	선바이오	3
(외국인)	3.6	대봉엘에프영어조합법인	35.7	동성제약	125

매출구성		비용구성		수출비중	
Valsartan 외,생녹차수 외	49.7	매출원가율	70.3	수출	1.5
Acetaminophen 외,Luviskol-PVP/K30 외	41.2	판관비율	15.8	내수	98.5
용역매출	9.1				

회사 개요

동사는 1986년 설립 이래 32여년간 쌓아온 아미노산 제조관련 핵심기술을 바탕으로 원가 및 품질경쟁력을 갖춘 원료의약품, 화장품소재, 식품첨가물 원료등을 제조 공급하고 있음. 2010년 중앙대학교 의학연구소와 전략적 제휴를 통해피엔케이피부임상연구센타 설립. 2017년 상반기 수출 금액은 4.5억원으로 전체 매출의 1.3%임. 제품 매출은 154.8억원으로 매출에서 차지하는 비중은 45.4%임.

실적 분석

동사의 2017년 누적 매출액은 전년 동기 대비 7.6% 감소한 656.5억원을 기록. 영업이익은 18.4% 감소한 91.4억원을 기록함. 사드 영향에 따른 국내 화장품 고객사로의 공급 감소 등으로 부진한 실적을 이어가고 있음. 화장품 소재 부문은 국내 주요 고객사의 신제품 수주에 성공했으며 중국과의 관계 개선이 전망되면서 국내 화장품 고객사의 매출 회복 기대로 점진적인 실적 개선이 나타날 것으로 예상.

현금 흐름 〈단위 : 억원〉

항목	2016	2017
영업활동	75	84
투자활동	-64	7
재무활동	-4	-22
순현금흐름	8	65
기말현금	56	120

시장 대비 수익률

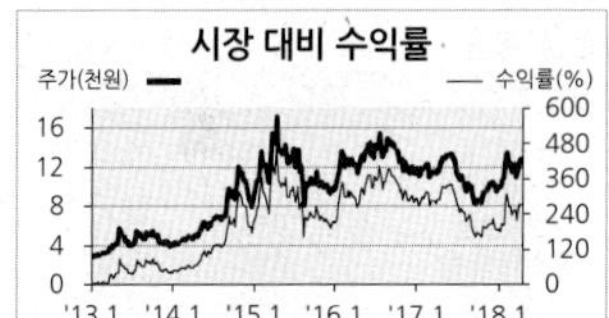

결산 실적 〈단위 : 억원〉

항목	2012	2013	2014	2015	2016	2017
매출액	444	438	522	586	710	657
영업이익	36	61	64	86	112	91
당기순이익	35	53	57	75	88	78

분기 실적 〈단위 : 억원〉

항목	2016.3Q	2016.4Q	2017.1Q	2017.2Q	2017.3Q	2017.4Q
매출액	173	172	183	158	155	161
영업이익	28	24	32	19	20	20
당기순이익	22	16	24	16	19	19

재무 상태 〈단위 : 억원〉

항목	2012	2013	2014	2015	2016	2017
총자산	465	510	566	655	754	804
유형자산	117	123	121	120	145	170
무형자산	6	6	5	5	4	4
유가증권	1	1	69	18	28	39
총부채	70	68	73	91	108	101
총차입금	3	2	3	7	9	6
자본금	55	55	55	55	55	55
총자본	395	442	494	563	646	703
지배주주지분	393	437	486	552	629	692

기업가치 지표

항목	2012	2013	2014	2015	2016	2017
주가(최고/저)(천원)	3.9/2.2	5.7/2.8	12.4/4.0	17.1/7.9	15.7/9.8	13.6/8.0
PER(최고/저)(배)	13.3/7.7	13.1/6.5	25.9/8.2	27.0/12.5	21.0/13.1	21.2/12.5
PBR(최고/저)(배)	1.1/0.7	1.5/0.7	2.9/0.9	3.5/1.6	2.8/1.7	2.2/1.3
EV/EBITDA(배)	6.5	5.6	12.5	10.3	9.4	8.5
EPS(원)	304	450	491	645	757	644
BPS(원)	3,541	3,941	4,383	4,978	5,676	6,245
CFPS(원)	358	520	572	726	858	778
DPS(원)	50	50	50	50	50	50
EBITDAPS(원)	374	621	654	853	1,111	958

재무 비율 〈단위 : %〉

연도	영업이익률	순이익률	부채비율	차입금비율	ROA	ROE	유보율	자기자본비율	EBITDA마진율
2017	13.9	11.8	14.4	0.9	10.0	10.8	1,148.9	87.4	16.2
2016	15.8	12.5	16.7	1.3	12.6	14.2	1,035.1	85.7	17.4
2015	14.6	12.8	16.2	1.3	12.3	13.8	895.6	86.0	16.1
2014	12.2	10.9	14.8	0.7	10.5	11.8	776.5	87.1	13.9

대상 (A001680)
Daesang

업 종 : 식료품 | 시 장 : 거래소
신용등급 : (Bond) A+ (CP) — | 기업규모 : 시가총액 중형주
홈페이지 : www.daesang.com | 연 락 처 : 02)2220-9500
본 사 : 서울시 동대문구 천호대로 26 대상빌딩 (신설동 96-48)

설 립 일	1956.01.31	**종업원수**	5,294명	**대 표 이 사**	임정배,정홍언
상 장 일	1970.04.01	**감사의견**	적정(한영)	**계 열**	
결 산 기	12월	**보 통 주**		**종속회사수**	15개사
액 면 가	1,000원	**우 선 주**		**구 상 호**	

주주구성 (지분율,%)		출자관계 (지분율,%)		주요경쟁사 (외형,%)	
대상홀딩스	39.3	정풍	100.0	대상	100
국민연금공단	13.7	대상베스트코	100.0	동서	19
(외국인)	12.6	복음자리	100.0	롯데푸드	61

매출구성		비용구성		수출비중	
조미료류,종합양념류, 냉동식품류, 해외MSG 외	86.6	매출원가율	73.2	수출	—
매출 조정	26.2	판관비율	23.5	내수	—
전분, 당, 라이신, 바이오류	-12.8				

회사 개요
식품과 소재사업을 영위하는 종합식품기업임. 식품으로는 종합식품 브랜드인 청정원을 중심으로 전통장류, 조미료류, 농수산식품, 육가공식품, 냉동식품 등과 2006년 두산으로부터 사업을 양수한 종가집김치를 생산, 판매함. 소재사업은 첨단 발효기술을 바탕으로 한 핵산, 글루타민 등의 바이오 제품과 국내 최대의 전분당 규모를 바탕으로 제빵, 제과의 원료로 사용되는 전분 및 전분당 제품을 생산함. 2015년 백광산업의 라이신사업부를 양수하였음.

실적 분석
동사의 2017년 연결기준 연간 누적 매출액은 2조9688.1억원으로 전년 동기 대비 4% 증가함. 매출 증가에 따라 매출원가와 판관비 등이 급증하면서 영업이익은 오히려 전년 동기 대비 12.9% 감소한 967.2억원을 시현함. 비영업손익 부문에서도 금융과 외환 손실이 지속되고 법인세 비용은 증가해 당기순이익은 전년 동기 대비 13.8% 감소한 517.7억원을 시현함.

현금 흐름 (단위 : 억원)

항목	2016	2017
영업활동	548	1,662
투자활동	-2,203	-677
재무활동	967	-1,094
순현금흐름	-695	-363
기말현금	1,842	1,479

시장 대비 수익률
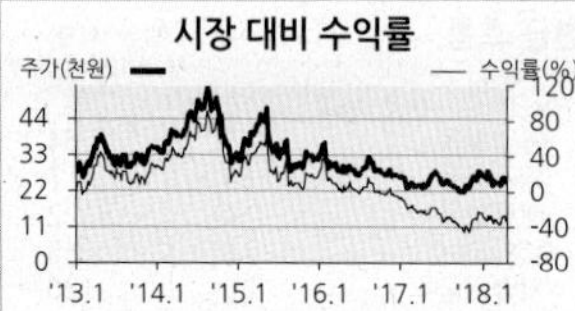

결산 실적 (단위 : 억원)

항목	2012	2013	2014	2015	2016	2017
매출액	24,518	25,423	25,888	26,350	28,550	29,688
영업이익	1,297	1,558	1,403	1,099	1,111	967
당기순이익	883	1,058	900	472	601	518

분기 실적 (단위 : 억원)

항목	2016.3Q	2016.4Q	2017.1Q	2017.2Q	2017.3Q	2017.4Q
매출액	7,508	7,093	7,142	7,241	8,193	7,112
영업이익	365	91	289	239	387	52
당기순이익	285	-84	235	121	244	-83

재무 상태 (단위 : 억원)

항목	2012	2013	2014	2015	2016	2017
총자산	16,213	17,389	18,148	21,046	23,085	22,524
유형자산	6,317	6,327	6,786	8,016	8,541	8,943
무형자산	1,028	1,154	1,131	1,131	1,395	1,374
유가증권	137	1,648	2,162	2,138	2,961	1,997
총부채	9,951	10,259	10,303	12,861	14,412	13,680
총차입금	6,487	6,586	6,229	8,242	9,576	8,511
자본금	360	360	360	360	360	360
총자본	6,262	7,130	7,845	8,185	8,673	8,844
지배주주지분	5,984	6,834	7,579	7,934	8,482	8,710

기업가치 지표

항목	2012	2013	2014	2015	2016	2017
주가(최고/저)(천원)	28.6/12.5	40.1/26.1	53.5/28.6	47.1/27.6	36.6/25.2	28.0/21.1
PER(최고/저)(배)	12.0/5.2	14.0/9.1	21.9/11.7	30.4/17.9	21.1/14.5	19.5/14.7
PBR(최고/저)(배)	1.8/0.8	2.2/1.5	2.7/1.4	2.2/1.3	1.6/1.1	1.2/0.9
EV/EBITDA(배)	7.1	7.8	7.2	8.8	7.8	8.5
EPS(원)	2,539	3,041	2,576	1,618	1,794	1,464
BPS(원)	16,613	18,974	21,042	22,027	23,549	24,181
CFPS(원)	4,243	4,694	4,324	3,496	3,917	3,681
DPS(원)	150	150	300	400	400	500
EBITDAPS(원)	5,304	5,979	5,643	4,928	5,206	4,902

재무 비율 (단위 : %)

연도	영업이익률	순이익률	부채비율	차입금비율	ROA	ROE	유보율	자기자본비율	EBITDA마진율
2017	3.3	1.7	154.7	96.2	2.3	6.1	2,318.1	39.3	6.0
2016	3.9	2.1	166.2	110.4	2.7	7.9	2,254.9	37.6	6.6
2015	4.2	1.8	157.1	100.7	2.4	7.5	2,102.7	38.9	6.7
2014	5.4	3.5	131.3	79.4	5.1	12.9	2,004.2	43.2	7.9

대상홀딩스 (A084690)
Daesang Holdings

업 종 : 식료품 | 시 장 : 거래소
신용등급 : (Bond) — (CP) — | 기업규모 : 시가총액 소형주
홈페이지 : 0 | 연 락 처 : 02)2211-6533
본 사 : 서울시 중구 세종대로9길 41 올리브타워 2층 (서소문동)

설 립 일	2005.08.01	**종업원수**	14명	**대 표 이 사**	임창욱,김훈식
상 장 일	2005.08.17	**감사의견**	적정(한영)	**계 열**	
결 산 기	12월	**보 통 주**		**종속회사수**	8개사
액 면 가	1,000원	**우 선 주**		**구 상 호**	

주주구성 (지분율,%)		출자관계 (지분율,%)		주요경쟁사 (외형,%)	
임상민	36.7	상암커뮤니케이션즈	100.0	대상홀딩스	100
임세령	20.4	동서건설	100.0	대상	88
(외국인)	5.5	대상정보기술	100.0	동서	17

매출구성		비용구성		수출비중	
식품부문-대상(주),대상베스트코 (주)등	76.8	매출원가율	73.0	수출	—
소재부문-대상(주)DAESANG EUROPE B.V.외	23.3	판관비율	23.6	내수	—

회사 개요
동사는 2005년 8월 대상으로부터 인적분할하여 사업부문은 대상에 존속시키고, 투자부문은 동사로 분리되어 설립된 순수 지주회사임. 동사는 지분법평가이익과 상표권 사용에 대한 대가로 얻는 로열티 수입이 수익의 원천으로 자회사들의 영업 및 산업의 특성에 큰 영향을 받는 구조임. 매출구성은 배당금수익 약 85%, 로열티수입 약 15% 등으로 구성됨. 그룹차원의 정책 및 전략을 개발하여 자회사간의 시너지효과와 경영효율을 극대화하는데 주력하고 있음.

실적 분석
동사의 2017년 연결 기준 연간 누적 매출액은 3조3,836.7억원으로 전년 대비 2.0% 증가함. 매출은 증가했지만 매출 증가율 대비 매출원가 증가율이 소폭 높고 판매비와 관리비 또한 큰 폭으로 늘어나면서 영업이익은 전년 대비 15.9% 감소한 1,144.7억원을 기록함. 비영업 부문에서 금융손실 등으로 적자가 지속되면서 당기순이익은 전년 동기 대비 11.7% 감소한 593.8억원을 기록함.

현금 흐름 (단위 : 억원)

항목	2016	2017
영업활동	782	1,853
투자활동	-2,150	-835
재무활동	903	-1,213
순현금흐름	-468	-456
기말현금	2,621	2,165

시장 대비 수익률
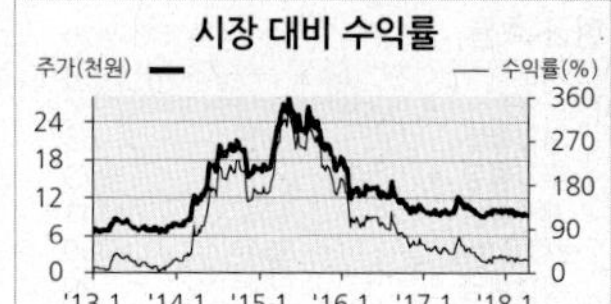

결산 실적 (단위 : 억원)

항목	2012	2013	2014	2015	2016	2017
매출액	27,309	28,419	29,591	30,517	33,181	33,837
영업이익	1,463	1,725	1,595	1,330	1,361	1,145
당기순이익	909	847	931	530	672	594

분기 실적 (단위 : 억원)

항목	2016.3Q	2016.4Q	2017.1Q	2017.2Q	2017.3Q	2017.4Q
매출액	8,572	8,328	7,985	8,341	9,166	8,345
영업이익	425	134	334	306	435	70
당기순이익	282	-80	247	152	269	-74

재무 상태 (단위 : 억원)

항목	2012	2013	2014	2015	2016	2017
총자산	19,782	20,895	21,801	24,804	26,893	26,511
유형자산	6,633	6,658	7,082	8,323	8,834	9,392
무형자산	1,239	1,393	1,418	1,426	1,679	1,685
유가증권	198	1,690	2,255	2,282	3,050	2,114
총부채	11,445	11,933	12,112	14,824	16,391	15,779
총차입금	7,808	7,394	7,073	9,113	10,407	9,352
자본금	371	371	371	371	371	371
총자본	8,338	8,962	9,690	9,980	10,502	10,733
지배주주지분	4,104	4,318	4,580	4,719	4,963	5,088

기업가치 지표

항목	2012	2013	2014	2015	2016	2017
주가(최고/저)(천원)	6.1/3.5	9.2/6.2	21.9/7.6	27.9/15.9	18.3/9.4	12.2/8.8
PER(최고/저)(배)	7.0/4.1	12.9/8.7	23.5/8.1	44.2/25.2	24.5/12.6	17.7/12.8
PBR(최고/저)(배)	0.6/0.4	0.9/0.6	1.9/0.7	2.3/1.3	1.4/0.7	0.9/0.7
EV/EBITDA(배)	5.1	4.4	5.9	7.6	6.4	7.0
EPS(원)	944	761	981	658	774	699
BPS(원)	11,056	11,631	12,335	12,712	13,368	13,705
CFPS(원)	2,732	2,517	2,860	2,699	3,045	3,035
DPS(원)	120	120	170	170	170	180
EBITDAPS(원)	5,729	6,403	6,175	5,625	5,936	5,420

재무 비율 (단위 : %)

연도	영업이익률	순이익률	부채비율	차입금비율	ROA	ROE	유보율	자기자본비율	EBITDA마진율
2017	3.4	1.8	147.0	87.1	2.2	5.2	1,270.5	40.5	6.0
2016	4.1	2.0	156.1	99.1	2.6	5.9	1,236.8	39.1	6.6
2015	4.4	1.7	148.5	91.3	2.3	5.3	1,171.2	40.2	6.8
2014	5.4	3.2	125.0	73.0	4.4	8.2	1,133.5	44.5	7.8

대성미생물연구소 (A036480)
DAESUNG MICROBIOLOGICAL LABS CO

업 종 : 제약 | 시 장 : KOSDAQ
신용등급 : (Bond) — (CP) — | 기업규모 : 중견
홈페이지 : www.dsmbio.com | 연 락 처 : 031)461-7103
본 사 : 경기도 의왕시 덕영대로 103

설 립 일	1966.02.04	**종업원수**	141명	**대표이사**	조항원
상 장 일	2000.03.22	**감사의견**	적정(우덕)	**계 열**	
결 산 기	12월	**보 통 주**		**종속회사수**	
액 면 가	5,000원	**우 선 주**		**구 상 호**	

주주구성 (지분율,%)		출자관계 (지분율,%)		주요경쟁사 (외형,%)	
이동규	32.0			대성미생물	100
조항원	6.6			한국비엔씨	62
(외국인)	1.3			이-글 벳	142

매출구성		비용구성		수출비중	
기타	60.6	매출원가율	69.9	수출	18.1
대성 에프엠디 백신	29.2	판관비율	21.8	내수	81.9
대성 지속성PPS주	6.2				

회사 개요
동사는 우리나라 축산업의 태동기인 1968년 5월에 설립되어 지난 50년간 '성공축산을 향한 신뢰의 선택' 이라는 믿음을 바탕으로 양질의 동물용의약품만을 생산하며 대한민국 축산업 발전에 공헌해 온 동물용의약품 전문 기업임. 2000년 3월 코스닥시장에 상장한 주권상장법인으로서 현재 아시아, 유럽 등 10여개 국에 동사의 제품을 수출하고 있음. 2017년 3/4 기준 내수 매출액은 150.19억원으로 전체 매출의 80.5%를 차지함.

실적 분석
동사의 연결기준 2017년 매출액은 전년 대비 21.9% 감소한 240.4억원을 기록한 반면, 판관비는 대손상각비 중심으로 전년 동기 대비 0.7% 감소함. 동기간 영업이익은 전년 대비 59.7% 감소한 19.9억원을 기록함. 비영업손익은 외환손실의 영향으로 적자전환함. 이에 따라 동사의 2017년 당기순이익은 법인세 감소에도 불구하고 전년 대비 65.4% 감소한 15.6억원을 기록함.

현금 흐름 *IFRS 별도 기준
〈단위 : 억원〉

항목	2016	2017
영업활동	35	17
투자활동	-47	1
재무활동	-10	-6
순현금흐름	-21	8
기말현금	44	52

시장 대비 수익률
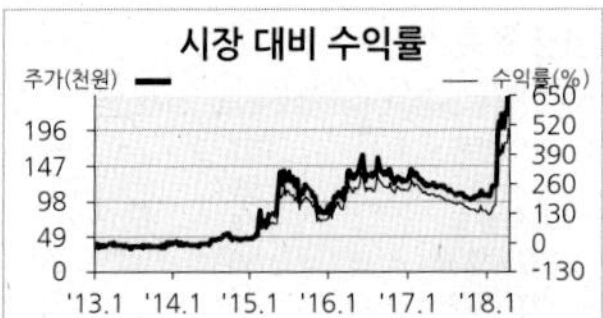

결산 실적
〈단위 : 억원〉

항목	2012	2013	2014	2015	2016	2017
매출액	163	216	253	310	308	240
영업이익	3	13	24	53	49	20
당기순이익	4	4	20	46	45	16

분기 실적 *IFRS 별도 기준
〈단위 : 억원〉

항목	2016.3Q	2016.4Q	2017.1Q	2017.2Q	2017.3Q	2017.4Q
매출액	76	74	56	68	63	54
영업이익	12	7	5	10	3	2
당기순이익	8	12	2	9	3	2

재무 상태 *IFRS 별도 기준
〈단위 : 억원〉

항목	2012	2013	2014	2015	2016	2017
총자산	255	289	278	324	356	348
유형자산	130	147	142	134	128	130
무형자산	8	8	8	10	12	13
유가증권	0	0	0	0	0	0
총부채	58	92	67	73	66	45
총차입금	40	54	30	20	14	12
자본금	19	19	19	19	19	19
총자본	197	197	211	251	290	303
지배주주지분	197	197	211	251	290	303

기업가치 지표 *IFRS 별도 기준

항목	2012	2013	2014	2015	2016	2017
주가(최고/저)(천원)	43.8/28.5	40.8/31.5	55.9/36.5	143/46.4	177/86.0	161/100
PER(최고/저)(배)	40.7/26.5	38.1/29.5	10.9/7.1	12.3/4.0	15.2/7.4	39.7/24.6
PBR(최고/저)(배)	0.9/0.6	0.8/0.7	1.1/0.7	2.2/0.7	2.4/1.1	2.0/1.3
EV/EBITDA(배)	10.1	7.1	5.1	4.0	6.4	10.9
EPS(원)	1,174	1,141	5,375	11,975	11,828	4,099
BPS(원)	51,926	51,884	55,625	66,035	76,346	79,728
CFPS(원)	4,606	4,582	8,954	15,630	15,418	6,690
DPS(원)	850	850	850	1,000	1,000	850
EBITDAPS(원)	4,146	6,826	9,834	17,699	16,607	7,838

재무 비율
〈단위 : %〉

연도	영업이익률	순이익률	부채비율	차입금비율	ROA	ROE	유보율	자기자본비율	EBITDA마진율
2017	8.3	6.5	14.8	4.0	4.4	5.3	1,494.6	87.1	12.4
2016	16.1	14.6	22.7	4.9	13.2	16.6	1,426.9	81.5	20.5
2015	17.2	14.7	29.2	8.0	15.1	19.7	1,220.7	77.4	21.7
2014	9.4	8.1	31.5	14.2	7.2	10.0	1,012.5	76.1	14.8

대성산업 (A128820)
DAESUNG INDUSTRIAL

업 종 : 석유 및 가스 | 시 장 : 거래소
신용등급 : (Bond) — (CP) — | 기업규모 : 시가총액 소형주
홈페이지 : www.daesung.co.kr | 연 락 처 : 02)2170-2160
본 사 : 서울시 구로구 경인로 662 디큐브시티

설 립 일	2010.06.30	**종업원수**	682명	**대표이사**	김영대,정광우
상 장 일	2010.07.30	**감사의견**	적정(한울)	**계 열**	
결 산 기	12월	**보 통 주**		**종속회사수**	10개사
액 면 가	5,000원	**우 선 주**		**구 상 호**	

주주구성 (지분율,%)		출자관계 (지분율,%)		주요경쟁사 (외형,%)	
김영대	31.6	대성쎌틱에너시스	100.0	대성산업	100
김영훈	1.1	대성계전	100.0	E1	490
(외국인)	1.1	대성씨앤에스	100.0	리드코프	49

매출구성		비용구성		수출비중	
석유가스부문	79.6	매출원가율	87.5	수출	—
기타	10.3	판관비율	13.8	내수	—
기계사업부문	6.4				

회사 개요
동사는 대성나찌유압공업 등 13개의 연결대상 종속회사를 거느린 지주회사로 2010년 6월에 설립됨. 석유가스 및 기계 판매, 해외자원개발을 주사업으로 영위하고 있으며, 주력 부문인 석유가스판매부문은 주유소 35개소와 가스충전소 19개소를 설치 운영중임. 기계부문은 세계 유명메이커로부터 유공압기기, 일반산업기기의 수입 판매와 계열사 생산 제품인 유공압 밸브류 및 자체 생산품인 기어드모터를 판매 중.

실적 분석
동사의 2017년 연결기준 결산 매출액은 국제유가상승에 따른 석유가스사업부문의 매출액 증가 및 자회사 인수 등으로 전년동기 대비 7.6% 증가한 9,003.2억원을 시현함. 영업손실은 매출액 증가 및 판매비와 관리비 절감 영향으로 2016년 영업손실 -212.5억원보다 손실폭이 줄어든 -120.2억원을 기록함. 당기순이익은 대성산업가스 주식 매각에 따른 처분이익 2,061억원 발생하여 흑자전환하며 2,231.4억원을 달성함.

현금 흐름
〈단위 : 억원〉

항목	2016	2017
영업활동	387	102
투자활동	469	3,655
재무활동	-823	-3,639
순현금흐름	33	129
기말현금	289	418

시장 대비 수익률
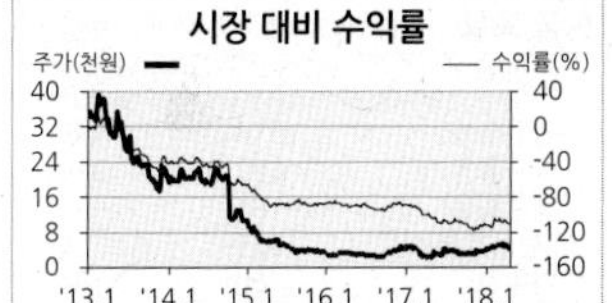

결산 실적
〈단위 : 억원〉

항목	2012	2013	2014	2015	2016	2017
매출액	13,204	11,779	11,202	8,527	8,370	9,003
영업이익	-106	-2,040	-165	-415	-213	-120
당기순이익	-1,218	-3,072	-4,127	-1,260	-1,349	2,231

분기 실적
〈단위 : 억원〉

항목	2016.3Q	2016.4Q	2017.1Q	2017.2Q	2017.3Q	2017.4Q
매출액	1,963	2,185	2,036	1,970	2,228	2,770
영업이익	-18	-114	8	-20	-7	-101
당기순이익	-71	-721	-122	-174	567	1,961

재무 상태
〈단위 : 억원〉

항목	2012	2013	2014	2015	2016	2017
총자산	26,681	22,687	18,708	10,763	11,086	11,141
유형자산	12,474	9,415	5,050	4,903	4,839	6,172
무형자산	586	520	505	592	237	141
유가증권	2,174	1,314	1,420	759	654	1,000
총부채	20,422	18,258	18,562	9,597	9,084	7,105
총차입금	17,902	15,514	15,187	6,854	5,990	3,390
자본금	289	1,431	204	2,124	90	2,262
총자본	6,259	4,429	146	1,166	2,002	4,036
지배주주지분	6,205	4,383	113	1,136	2,012	4,303

기업가치 지표

항목	2012	2013	2014	2015	2016	2017
주가(최고/저)(천원)	74.6/32.4	40.1/17.5	23.7/10.5	10.7/3.4	5.1/2.4	4.9/2.1
PER(최고/저)(배)	—/—	—/—	—/—	—/—	—/—	1.3/0.6
PBR(최고/저)(배)	0.2/0.1	0.4/0.2	9.9/4.4	3.7/1.2	1.2/0.6	0.5/0.2
EV/EBITDA(배)	57.5	—	390.9	—	—	96.6
EPS(원)	-84,263	-108,810	-85,897	-3,484	-2,365	3,762
BPS(원)	107,337	15,322	2,801	2,908	4,151	9,732
CFPS(원)	-15,073	-16,726	-95,808	-2,941	-1,888	4,024
DPS(원)	—	—	—	—	—	—
EBITDAPS(원)	4,740	-10,636	943	-606	-22	66

재무 비율
〈단위 : %〉

연도	영업이익률	순이익률	부채비율	차입금비율	ROA	ROE	유보율	자기자본비율	EBITDA마진율
2017	-1.3	24.8	176.0	84.0	20.1	73.0	94.7	36.2	0.5
2016	-2.5	-16.1	453.7	299.2	-12.4	-64.0	2,321.4	18.1	-0.1
2015	-4.9	-14.8	일부잠식	일부잠식	-8.6	-201.7	-41.8	10.8	-2.6
2014	-1.5	-36.8	일부잠식	일부잠식	-19.9	-183.3	-44.0	0.8	0.3

대성에너지 (A117580)
DAESUNG ENERGY

업　　종 : 가스　　시　　장 : 거래소
신용등급 : (Bond) A+　(CP) —　　기업규모 : 시가총액 소형주
홈페이지 : www.daesungenergy.com　　연 락 처 : 053)606-1000
본　　사 : 대구시 중구 명덕로 85(남산동)

설 립 일	2009.10.01	**종 업 원 수**	425명	**대 표 이 사**	김영훈강석기
상 장 일	2010.12.24	**감 사 의 견**	적정(삼일)	**계 열**	
결 산 기	12월	**보 통 주**		**종속회사수**	
액 면 가	1,000원	**우 선 주**		**구 상 호**	

주주구성 (지분율,%)		출자관계 (지분율,%)		주요경쟁사 (외형,%)	
대성홀딩스	71.3	대구청정에너지	23.5	대성에너지	100
대성에너지우리사주조합	4.4	비아이지	13.8	예스코	146
(외국인)	2.5	대성글로벌위너청년창업투자조합	5.3	대성홀딩스	118

매출구성		비용구성		수출비중	
도시가스	97.4	매출원가율	83.6	수출	0.0
기타매출	2.6	판관비율	13.8	내수	100.0

회사 개요
1983년 설립 후 도시가스 사업을 영위함. 1995년 기존 LPG와 공기혼합방식의 도시가스를 한국가스공사로부터 천연가스를 인수해 공급하는 방식으로 변경함. 2009년 대성홀딩스로부터 물적분할함. 도시가스 사업은 삼천리, 서울가스, 코원ES, 경동가스 외 대형업체들이 전국 공급량의 41.5%(2017년 기준)를 차지하고 있으며, 동사는 4.7%의 시장점유율을 기록함. 대구광역시, 경상북도 일대에서 가스 공급함.

실적 분석
2017년 기준 동사 매출액은 도시가스 부문이 97% 이상을 차지함. 도시가스부문 매출은 가스 도매요금 인하에도 불구하고 판매량 증가로 인하여 전년 대비 276.3억원, 3.8% 증가함. 이에 따라 매출은 전년 대비 274.2억원 3.7% 증가한 7,659.8억원을 기록하였으며, 매출 증가에 따라 영업이익과 당기순이익은 전년 대비 3.1%, 6.2% 증가한 198.9억원과 148.5억원을 각각 기록함.

현금 흐름 *IFRS 별도 기준 〈단위 : 억원〉

항목	2016	2017
영업활동	514	479
투자활동	-653	-380
재무활동	-188	-96
순현금흐름	-326	4
기말현금	80	84

시장 대비 수익률
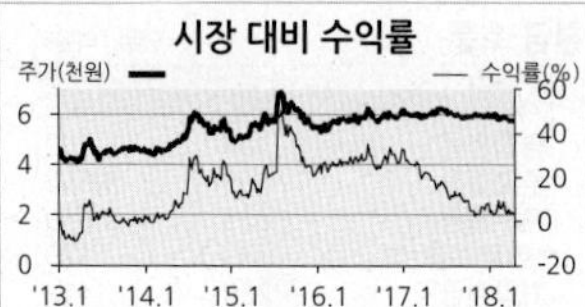

결산 실적 〈단위 : 억원〉

항목	2012	2013	2014	2015	2016	2017
매출액	9,797	10,195	10,669	8,754	7,386	7,660
영업이익	150	127	137	153	193	199
당기순이익	128	125	127	137	140	148

분기 실적 *IFRS 별도 기준 〈단위 : 억원〉

항목	2016.3Q	2016.4Q	2017.1Q	2017.2Q	2017.3Q	2017.4Q
매출액	905	2,173	2,965	1,326	1,018	2,351
영업이익	-84	117	213	-43	-85	114
당기순이익	-69	80	165	-37	-69	90

재무 상태 *IFRS 별도 기준 〈단위 : 억원〉

항목	2012	2013	2014	2015	2016	2017
총자산	6,446	6,530	6,838	6,274	6,223	6,458
유형자산	3,448	3,610	3,707	3,858	4,026	4,155
무형자산	43	40	36	31	27	23
유가증권	111	36	43	50	116	109
총부채	3,761	3,787	4,051	3,422	3,300	3,456
총차입금	882	923	898	973	859	837
자본금	275	275	275	275	275	275
총자본	2,685	2,743	2,788	2,852	2,923	3,002
지배주주지분	2,685	2,743	2,788	2,852	2,923	3,002

기업가치 지표 *IFRS 별도 기준

항목	2012	2013	2014	2015	2016	2017
주가(최고/저)(천원)	6.4/3.4	5.0/4.1	6.1/4.3	7.8/4.9	6.2/5.3	6.3/5.8
PER(최고/저)(배)	17.5/9.4	13.5/11.0	15.5/11.0	17.5/11.0	13.3/11.2	12.2/11.2
PBR(최고/저)(배)	0.8/0.5	0.6/0.5	0.7/0.5	0.8/0.5	0.6/0.5	0.6/0.6
EV/EBITDA(배)	4.9	5.0	5.1	5.0	4.5	4.1
EPS(원)	465	454	461	499	508	540
BPS(원)	9,763	9,976	10,137	10,370	10,629	10,916
CFPS(원)	1,242	1,311	1,363	1,469	1,551	1,659
DPS(원)	250	250	250	250	250	250
EBITDAPS(원)	1,323	1,320	1,399	1,525	1,744	1,842

재무 비율 〈단위 : %〉

연도	영업이익률	순이익률	부채비율	차입금비율	ROA	ROE	유보율	자기자본비율	EBITDA마진율
2017	2.6	1.9	115.1	27.9	2.3	5.0	991.6	46.5	6.6
2016	2.6	1.9	112.9	29.4	2.2	4.8	962.9	47.0	6.5
2015	1.7	1.6	120.0	34.1	2.1	4.9	937.1	45.5	4.8
2014	1.3	1.2	145.3	32.2	1.9	4.6	913.7	40.8	3.6

대성엘텍 (A025440)
DAESUNG ELTEC CO

업　　종 : 자동차부품　　시　　장 : KOSDAQ
신용등급 : (Bond) BB-　(CP) —　　기업규모 : 중견
홈페이지 : www.dseltec.co.kr　　연 락 처 : 02)2102-3000
본　　사 : 서울시 금천구 벚꽃로 278

설 립 일	1979.06.05	**종 업 원 수**	621명	**대 표 이 사**	박상규
상 장 일	1995.05.22	**감 사 의 견**	적정(삼정)	**계 열**	
결 산 기	12월	**보 통 주**		**종속회사수**	2개사
액 면 가	500원	**우 선 주**		**구 상 호**	

주주구성 (지분율,%)		출자관계 (지분율,%)		주요경쟁사 (외형,%)	
STIC Private Equity Fund Ⅲ L.P.	47.1	청도대성전자유한공사	100.0	대성엘텍	100
STIC Shariah Private Equity Fund Ⅲ L.P.	8.7	천진대성전자유한공사	100.0	우수AMS	65
(외국인)	59.0			KB오토시스	47

매출구성		비용구성		수출비중	
AVN , Audio, F/ P	85.9	매출원가율	95.7	수출	—
기타	9.4	판관비율	3.7	내수	—
AMP	4.7				

회사 개요
동사는 1979년 대성정밀로 설립됐다가 1999년 대성엘텍으로 상호변경함. 1995년 코스닥 시장에 상장됨. 카오디오, 앰프 등 자동차용 멀티미디어 제품을 주력으로 생산함. 현대모비스와 일본 알파인, 르노삼성, GM코리아, 쌍용차에 제품을 공급 중임. 현대모비스에 납품한 제품은 최종적으로 현대기아차에 장착됨. 일본 알파인 납품 제품은 토요타 등에 공급됨. STIC Private Equity Fund III L.P.외3인으로 최대주주 변경.

실적 분석
2017년 매출액은 전년동기 대비 4.1% 감소한 3,505.8억원을 시현함. 매출총이익은 30.1% 감소,영업이익은 전년 대비 72.9% 감소함. 비영업부분 적자지속으로 인해 당기순이익도 적자전환함. 중국 자회사 매출액 하락,신규 개발 비용 증가 등이 수익성 저하의 원인으로 분석됨. 2017년 기말 기준으로 매출총액의 22%가 직수출이고, LOCAL수출은 23%를 차지하며 원료매입액의 약 21%가 수입원료로 조달되기 때문에 외환변동에 민감함.

현금 흐름 〈단위 : 억원〉

항목	2016	2017
영업활동	101	106
투자활동	-91	-23
재무활동	-20	-73
순현금흐름	-9	8
기말현금	23	31

시장 대비 수익률
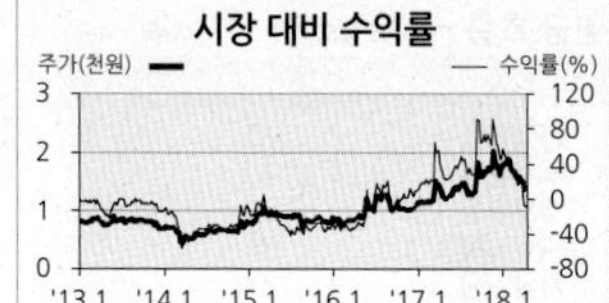

결산 실적 〈단위 : 억원〉

항목	2012	2013	2014	2015	2016	2017
매출액	2,657	3,187	3,926	3,552	3,655	3,506
영업이익	34	-20	70	41	76	21
당기순이익	-85	-240	20	14	15	-41

분기 실적 〈단위 : 억원〉

항목	2016.3Q	2016.4Q	2017.1Q	2017.2Q	2017.3Q	2017.4Q
매출액	867	905	868	905	927	806
영업이익	7	30	21	6	-7	-1
당기순이익	-9	7	12	2	-8	-47

재무 상태 〈단위 : 억원〉

항목	2012	2013	2014	2015	2016	2017
총자산	1,293	1,098	1,104	1,170	1,171	1,069
유형자산	554	491	491	451	455	430
무형자산	99	101	98	110	101	78
유가증권	3	3	0	0	3	3
총부채	1,030	836	835	890	679	601
총차입금	765	551	530	549	373	314
자본금	256	344	344	344	496	496
총자본	263	262	270	281	492	468
지배주주지분	263	262	270	281	492	468

기업가치 지표

항목	2012	2013	2014	2015	2016	2017
주가(최고/저)(천원)	1.3/0.7	0.9/0.6	0.8/0.4	1.1/0.7	1.4/0.7	2.1/1.1
PER(최고/저)(배)	—/—	—/—	28.0/13.2	53.0/35.5	88.0/47.7	—/—
PBR(최고/저)(배)	2.3/1.2	2.4/1.7	2.1/1.0	2.7/1.8	2.8/1.5	4.4/2.3
EV/EBITDA(배)	8.7	12.3	6.9	9.2	9.1	19.5
EPS(원)	-215	-432	29	20	16	-41
BPS(원)	513	382	392	408	496	471
CFPS(원)	16	-249	151	138	98	39
DPS(원)	—	—	—	—	—	—
EBITDAPS(원)	288	147	223	178	159	101

재무 비율 〈단위 : %〉

연도	영업이익률	순이익률	부채비율	차입금비율	ROA	ROE	유보율	자기자본비율	EBITDA마진율
2017	0.6	-1.2	일부잠식	일부잠식	-3.7	-8.5	-5.7	43.8	2.9
2016	2.1	0.4	일부잠식	일부잠식	1.3	4.0	-0.7	42.0	4.3
2015	1.2	0.4	일부잠식	일부잠식	1.2	5.1	-18.4	24.0	3.4
2014	1.8	0.5	일부잠식	일부잠식	1.8	7.6	-21.6	24.4	3.9

대성창업투자 (A027830)

Daesung Private Equity

업　　종 : 창업투자 및 종금　　시　　장 : KOSDAQ
신용등급 : (Bond) —　(CP) —　　기업규모 : 중견
홈페이지 : www.daesungpe.com　　연 락 처 : 02)559-2900
본　　사 : 서울시 강남구 역삼로 165 해성빌딩 4층

설 립 일	1987.08.22	**종업원수**	20명	**대표이사**	김영훈,박근진
상 장 일	1999.11.17	**감사의견**	적정(대주)	**계　열**	
결 산 기	12월	**보 통 주**		**종속회사수**	
액 면 가	500원	**우 선 주**		**구 상 호**	

주주구성 (지분율,%)		출자관계 (지분율,%)		주요경쟁사 (외형,%)	
대성홀딩스	47.2	대성글로벌위너청년창업투자조합	26.0	대성창투	100
김영훈	3.0	나라비전	15.2	우리종금	2,334
(외국인)	1.6	K-Innovation수산전문투자조합	15.0	글로본	90

수익구성		비용구성		수출비중	
창업투자 및 기업구조조정 수익	85.8	이자비용	0.0	수출	—
기타영업수익	11.8	투자및금융비	20.1	내수	—
이자수익	1.4	판관비	71.3		

회사 개요

벤처캐피탈 도입초기였던 1987년에 설립되어 중소기업창업자 및 벤처기업에 대한 투자와 창업투자조합의 결성 및 업무의 집행 등을 주업무로 하고 있음. 대성그룹 계열사로서의 브랜드를 대외에 확고히 구축하고 대성그룹과의 협업을 통한 시너지 창출을 목적으로 2010년 3월 사명을 현재 사명으로 변경함. 부품소재, 에너지, 환경, IT산업 및 문화콘텐츠 등에 특화된 창업투자회사로 도약하기 위한 노력중.

실적 분석

동사의 2017년 4분기 영업이익은 4.8억원으로 전년 동기 대비 23.4억원 감소함. 투자조합 수익이 전년보다 22억원 줄었고 투자주식 처분이익도 감소함. 영업비용은 전년 대비 1억원 감소. 일반관리비는 전기대비 6억원 감소했으나, 지분법손실이 6억원 증가함. 당기순이익은 5.3억원을 기록하며 전년보다 17.8억원 줄어듬. 동사에서 운용 중인 조합에서 투자한 펄어비스, 글로벌텍스프리가 2017년 코스닥 시장에 상장함.

현금 흐름 *IFRS 별도 기준

<단위 : 억원>

항목	2016	2017
영업활동	21	22
투자활동	-3	9
재무활동	-12	-12
순현금흐름	7	18
기말현금	65	83

시장 대비 수익률

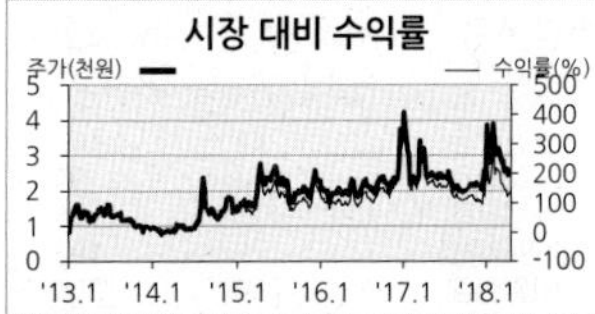

결산 실적

<단위 : 억원>

항목	2012	2013	2014	2015	2016	2017
영업수익	63	61	96	103	103	79
영업이익	14	-9	38	38	28	5
당기순이익	15	-6	33	35	23	5

분기 실적 *IFRS 별도 기준

<단위 : 억원>

항목	2016.3Q	2016.4Q	2017.1Q	2017.2Q	2017.3Q	2017.4Q
영업수익	35	18	25	20	16	17
영업이익	21	-12	5	-0	2	-2
당기순이익	22	-15	4	0	2	-1

재무 상태 *IFRS 별도 기준

<단위 : 억원>

항목	2012	2013	2014	2015	2016	2017
총자산	424	454	535	530	522	488
유형자산	2	2	2	7	6	4
무형자산	1	1	1	1	1	1
유가증권	—	—	—	—	—	—
총부채	6	8	16	14	18	9
총차입금	—	—	—	—	—	—
자본금	200	200	200	200	200	200
총자본	418	446	519	516	503	479
지배주주지분	418	446	519	516	503	479

기업가치 지표 *IFRS 별도 기준

항목	2012	2013	2014	2015	2016	2017
주가(최고/저)(천원)	2.2/0.5	1.7/0.8	2.4/0.8	2.9/1.4	3.9/1.7	4.3/2.0
PER(최고/저)(배)	61.3/13.0	—/—	30.1/9.8	34.8/17.3	67.9/29.4	326.5/149.1
PBR(최고/저)(배)	2.2/0.5	1.6/0.7	1.9/0.6	2.3/1.2	3.1/1.4	3.6/1.7
PSR(최고/저)(배)	15/3	12/5	10/3	12/6	15/7	22/10
EPS(원)	38	-16	83	86	58	13
BPS(원)	1,045	1,116	1,297	1,290	1,258	1,197
CFPS(원)	43	-12	85	90	63	18
DPS(원)	10	—	30	30	30	—
EBITDAPS(원)	35	-21	95	95	71	12

재무 비율

<단위 : %>

연도	계속사업 이익률	순 이익률	부채 비율	차입금 비율	ROA	ROE	유보율	자기자본 비율	총자산 증가율
2017	5.7	6.8	1.9	0.0	1.1	1.1	139.4	98.2	-6.5
2016	27.1	22.4	3.6	0.0	4.4	4.6	151.6	96.5	-1.7
2015	38.6	33.5	2.8	0.0	6.5	6.7	158.0	97.3	-0.8
2014	42.9	34.7	3.0	0.0	6.7	6.9	159.4	97.1	17.7

대성파인텍 (A104040)

DAESUNG FINETEC CO

업　　종 : 자동차부품　　시　　장 : KOSDAQ
신용등급 : (Bond) —　(CP) —　　기업규모 : 벤처
홈페이지 : www.dsfinetec.com　　연 락 처 : 055)289-4885
본　　사 : 경남 창원시 성산구 성산패총로24번길 16(성산동)

설 립 일	2000.01.04	**종업원수**	149명	**대표이사**	김병준
상 장 일	2009.01.23	**감사의견**	적정(태성)	**계　열**	
결 산 기	12월	**보 통 주**		**종속회사수**	1개사
액 면 가	100원	**우 선 주**		**구 상 호**	

주주구성 (지분율,%)		출자관계 (지분율,%)		주요경쟁사 (외형,%)	
티엠디네트웍스	10.3	태국대성파인텍	91.2	대성파인텍	100
대성엠텍	10.2	에스브이인베스트먼트	4.4	케이엔더블유	217
(외국인)	1.1			풍강	193

매출구성		비용구성		수출비중	
Door Lock	35.7	매출원가율	79.4	수출	24.0
Seat Recliner	27.5	판관비율	13.1	내수	76.0
Mission 외	16.5				

회사 개요

철판 프레스 가공 시 후공정을 최소화할 수 있도록 절단면을 정밀하게 만드는 기술인 파인블랭킹 핵심기술을 보유하고 있음. 내수시장 위주로 영업활동을 했으나 2005년부터 세계 4위 자동차 부품 기업인 마그나와의 거래를 통해 수출이 점차 증가하여 현재 16개 업체에 수출을 하고 있음. 내수시장 주요 매출처는 현대기아차, 르노삼성차 등임. 태양열을 이용한 사업에 신규 진출하기 위해 태양열 온수기 제조업체인 강남을 흡수합병함.

실적 분석

동사의 2017년 결산 누적 연결기준 매출액은 전년동기 대비 9.3% 감소한 432.3억원을 기록. 원가율 감소에도 불구하고 영업이익은 전년동기대비 33.5% 감소하였고, 당기순이익도 전년동기대비 45.9% 감소함. 주력 제품인 Fine Blanking 부품이 2004년까지는 내수시장 위주로 매출 발생하였으나 2017년 12월말 기준 현재 16업체로 수출중이며 향후 수출 비중 증가 전망.

현금 흐름

<단위 : 억원>

항목	2016	2017
영업활동	60	56
투자활동	-79	-197
재무활동	54	117
순현금흐름	38	-32
기말현금	144	112

시장 대비 수익률

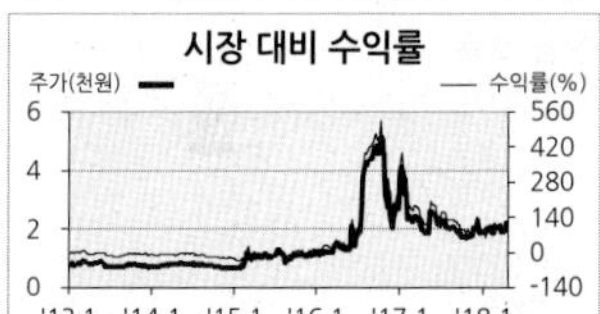

결산 실적

<단위 : 억원>

항목	2012	2013	2014	2015	2016	2017
매출액	351	356	389	443	477	432
영업이익	46	48	40	53	49	33
당기순이익	37	32	33	40	40	21

분기 실적

<단위 : 억원>

항목	2016.3Q	2016.4Q	2017.1Q	2017.2Q	2017.3Q	2017.4Q
매출액	109	134	118	100	107	108
영업이익	3	22	12	8	10	3
당기순이익	1	20	5	7	8	2

재무 상태

<단위 : 억원>

항목	2012	2013	2014	2015	2016	2017
총자산	392	418	525	591	678	876
유형자산	128	126	219	219	285	514
무형자산	4	5	5	3	3	1
유가증권	36	24	23	12	19	19
총부채	129	130	204	228	259	387
총차입금	57	59	120	135	177	289
자본금	26	26	27	27	28	31
총자본	263	288	320	363	419	488
지배주주지분	261	286	319	362	418	487

기업가치 지표

항목	2012	2013	2014	2015	2016	2017
주가(최고/저)(천원)	2.0/0.5	0.9/0.7	0.9/0.7	1.3/0.7	5.2/1.1	4.1/1.7
PER(최고/저)(배)	16.0/4.0	8.3/6.0	7.2/5.5	9.1/4.5	36.7/7.9	54.6/22.0
PBR(최고/저)(배)	2.2/0.5	0.9/0.6	0.7/0.6	1.0/0.5	3.5/0.7	2.6/1.1
EV/EBITDA(배)	3.6	2.5	3.8	4.5	11.5	14.5
EPS(원)	141	121	127	151	141	76
BPS(원)	5,207	5,691	6,167	6,905	1,494	1,568
CFPS(원)	1,007	884	972	1,080	205	145
DPS(원)	110	110	110	120	—	—
EBITDAPS(원)	1,178	1,190	1,109	1,329	239	184

재무 비율

<단위 : %>

연도	영업 이익률	순 이익률	부채 비율	차입금 비율	ROA	ROE	유보율	자기자본 비율	EBITDA 마진율
2017	7.6	4.9	79.4	59.2	2.8	4.8	1,467.6	55.8	12.1
2016	10.3	8.3	61.7	42.2	6.2	10.2	1,394.0	61.8	14.1
2015	12.1	9.1	62.9	37.2	7.2	11.8	1,281.0	61.4	16.0
2014	10.4	8.5	63.8	37.6	7.0	11.0	1,133.4	61.1	15.0

대성홀딩스 (A016710)
Daesung Holdings

업 종 : 가스　　시 장 : 거래소
신용등급 : (Bond) A+　(CP) —　　기업규모 : 시가총액 소형주
홈페이지 : www.daesung-holdings.com　　연 락 처 : 053)606-1300
본 사 : 대구시 중구 명덕로 85 (남산동)

설 립 일	1983.01.31	**종업원수**	62명	**대 표 이 사**	김영훈,김정주
상 장 일	1999.12.16	**감사의견**	적정(삼일)	**계 열**	
결 산 기	12월	**보 통 주**		**종속회사수**	10개사
액 면 가	1,000원	**우 선 주**		**구 상 호**	

주주구성 (지분율,%)		출자관계 (지분율,%)		주요경쟁사 (외형,%)	
김영훈	39.9	대성청정에너지	100.0	대성홀딩스	100
알앤알	32.8	대성글로벌네트웍	100.0	예스코	123
(외국인)	3.6	대성에너지제3서비스	100.0	서울가스	150

매출구성		비용구성		수출비중	
배당금수익(기타)	45.9	매출원가율	84.9	수출	—
전산용역및 유지보수(용역)	17.8	판관비율	12.4	내수	—
기타	13.9				

회사 개요

동사는 도시가스 제조 및 공급을 영위할 목적으로 1983년 설립하였으며, 2009년 물적분할 후 그룹 종속회사 및 계열사 경영 및 법무 컨설팅을 진행하고 있으며 자체 사업부인 IT사업부문과 교육컨텐츠사업부문을 보유. IT사업부문과 교육콘텐츠 사업부문을 통하여 시스템 통합, 소프트웨어 개발, 교육콘텐츠 개발 및 교육정보처리 사업을 영위하고 있음. 종속회사로는 대성에너지, 대성이앤씨 등 국내 9개사, 해외 1개사를 보유하고 있음.

실적 분석

동사의 2017년 연결기준 누적 매출액은 9,031.3억원으로 전년동기 대비 3.3% 증가함. 매출 증가에도 불구하고 판관비 및 도시가스 배관투자 증가로 인해 영업이익은 전년 동기 대비 9.0% 감소함. 금융수익의 적자가 지속되고 외환수익이 적자전환 되었음에도 대성청정에너지의 이익 증가, 기타 손익 및 지분법 손익 증가로 인해 연결기준 당기순이익은 전년대비 37.8% 증가함.

현금 흐름 〈단위 : 억원〉

항목	2016	2017
영업활동	599	576
투자활동	-859	106
재무활동	-293	-712
순현금흐름	-552	-33
기말현금	770	738

시장 대비 수익률

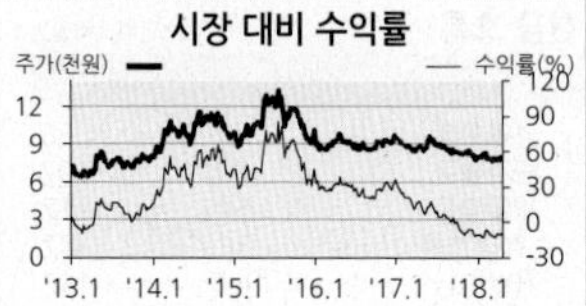

결산 실적 〈단위 : 억원〉

항목	2012	2013	2014	2015	2016	2017
매출액	11,842	12,739	12,694	10,560	8,747	9,031
영업이익	201	259	246	240	269	245
당기순이익	330	283	270	277	234	322

분기 실적 〈단위 : 억원〉

항목	2016.3Q	2016.4Q	2017.1Q	2017.2Q	2017.3Q	2017.4Q
매출액	1,211	2,417	3,392	1,623	1,277	2,740
영업이익	-71	123	274	-39	-87	97
당기순이익	-58	46	282	-29	-87	157

재무 상태 〈단위 : 억원〉

항목	2012	2013	2014	2015	2016	2017
총자산	10,578	11,392	11,902	11,394	11,284	11,062
유형자산	3,782	3,927	4,033	4,251	4,475	4,648
무형자산	82	78	66	60	54	49
유가증권	591	72	87	213	245	202
총부채	5,828	6,436	6,717	6,043	5,842	5,851
총차입금	2,398	2,777	2,763	2,785	2,600	2,418
자본금	161	161	161	161	161	161
총자본	4,750	4,956	5,185	5,351	5,443	5,211
지배주주지분	3,381	3,520	3,674	3,809	3,875	4,021

기업가치 지표

항목	2012	2013	2014	2015	2016	2017
주가(최고/저)(천원)	8.6/5.1	8.5/6.3	11.7/7.9	13.9/8.8	9.8/8.4	10.7/8.2
PER(최고/저)(배)	6.1/3.6	7.8/5.7	11.8/8.0	12.5/7.9	11.7/10.1	8.4/6.0
PBR(최고/저)(배)	0.5/0.3	0.4/0.3	0.6/0.4	0.6/0.4	0.4/0.4	0.4/0.3
EV/EBITDA(배)	7.2	6.3	7.0	7.0	6.3	5.8
EPS(원)	1,645	1,250	1,104	1,196	883	1,309
BPS(원)	21,016	21,878	22,836	23,671	24,082	24,992
CFPS(원)	3,180	2,983	2,899	3,131	2,881	3,430
DPS(원)	250	250	250	250	250	250
EBITDAPS(원)	2,785	3,345	3,325	3,430	3,673	3,645

재무 비율 〈단위 : %〉

연도	영업이익률	순이익률	부채비율	차입금비율	ROA	ROE	유보율	자기자본비율	EBITDA마진율
2017	2.7	3.6	112.3	46.4	2.9	5.3	2,399.2	47.1	6.5
2016	3.1	2.7	107.3	47.8	2.1	3.7	2,308.2	48.2	6.8
2015	2.3	2.6	112.9	52.1	2.4	5.2	2,267.1	47.0	5.2
2014	1.9	2.1	129.5	53.3	2.3	4.9	2,183.6	43.6	4.2

대신정보통신 (A020180)
Daishin Information & Communications

업 종 : IT 서비스　　시 장 : KOSDAQ
신용등급 : (Bond) —　(CP) —　　기업규모 : 중견
홈페이지 : www.dsic.co.kr　　연 락 처 : 02)2107-5000
본 사 : 광주시 서구 상무중앙로 110 (치평동, 우체국보험광주회관)

설 립 일	1987.08.28	**종업원수**	500명	**대 표 이 사**	이재원
상 장 일	1995.10.06	**감사의견**	적정(삼정)	**계 열**	
결 산 기	03월	**보 통 주**		**종속회사수**	
액 면 가	500원	**우 선 주**		**구 상 호**	

주주구성 (지분율,%)		출자관계 (지분율,%)		주요경쟁사 (외형,%)	
이재원	6.8			대신정보통신	100
최대승	4.8			동양네트웍스	54
(외국인)	5.6			오상자이엘	42

매출구성		비용구성		수출비중	
시스템구축	55.4	매출원가율	92.7	수출	3.5
기타IT서비스	18.3	판관비율	6.3	내수	96.5
H/W	15.6				

회사 개요

동사는 대신그룹 계열의 IT 전문기업으로서, 한국표준산업분류표상 컴퓨터 프로그래밍, 시스템 통합 및 관리업을 영위하고 있으며 주요제품으로는 공공분야, 금융분야, 물류분야의 시스템 통합, 네트워크 컨설팅, 모바일 솔루션, 프린팅 솔루션 등이 있음. SI산업은 지식과 기술 집약적인 고부가가치 산업으로 전세계적으로 연평균 10% 이상의 고도 성장을 거듭하고 있기 때문에 안정적인 시장이 형성되고 있음.

실적 분석

동사는 3월 결산 법인. 2017년 3분기 누적 매출액은 전년 대비 2.3% 감소한 1,298.5억원을 기록함. 매출이 감소하면서 매출원가도 줄었지만 매출 감소율이 매출원가 감소율을 상회하고 판매비와 관리비는 오히려 늘어나면서 영업이익은 전년 대비 83.3% 감소한 5.0억원을 시현함. 비영업손익 부문에서 큰 폭의 흑자를 기록했지만 영업이익 감소 폭이 커 당기순이익은 전년 대비 2.8% 감소한 23.7억원을 기록함.

현금 흐름 *IFRS 별도 기준 〈단위 : 억원〉

항목	2016	2017.3Q
영업활동	61	102
투자활동	-64	-94
재무활동	-5	98
순현금흐름	-8	105
기말현금	154	259

시장 대비 수익률

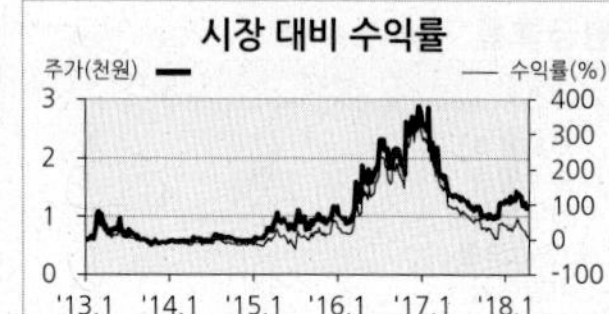

결산 실적 〈단위 : 억원〉

항목	2012	2013	2014	2015	2016	2017
매출액	1,007	1,079	1,411	1,504	1,604	—
영업이익	11	-8	13	13	17	—
당기순이익	10	-4	12	14	17	—

분기 실적 *IFRS 별도 기준 〈단위 : 억원〉

항목	2016.2Q	2016.3Q	2016.4Q	2017.1Q	2017.2Q	2017.3Q
매출액	323	752	276	232	372	695
영업이익	5	37	-13	-25	2	28
당기순이익	6	29	-8	-22	26	20

재무 상태 *IFRS 별도 기준 〈단위 : 억원〉

항목	2012	2013	2014	2015	2016	2017.3Q
총자산	338	338	404	455	534	854
유형자산	76	86	86	81	78	159
무형자산	7	6	4	3	4	6
유가증권	4	4	4	4	20	20
총부채	128	131	187	229	297	599
총차입금	—	—	—	—	—	100
자본금	192	192	192	192	192	192
총자본	210	206	218	226	237	255
지배주주지분	210	206	218	226	237	255

기업가치 지표 *IFRS 별도 기준

항목	2012	2013	2014	2015	2016	2017.3Q
주가(최고/저)(천원)	1.4/0.4	1.0/0.5	0.9/0.6	1.6/0.7	3.0/1.2	1.7/0.9
PER(최고/저)(배)	53.3/17.1	—/—	29.4/19.6	45.5/21.0	70.4/28.7	—/—
PBR(최고/저)(배)	2.6/0.9	1.9/1.0	1.6/1.1	2.8/1.3	4.9/2.0	2.7/1.4
EV/EBITDA(배)	12.0	34.3	8.5	16.0	19.7	—/—
EPS(원)	27	-10	31	36	43	62
BPS(원)	547	537	567	588	616	663
CFPS(원)	61	22	65	66	67	86
DPS(원)	—	—	15	15	15	—
EBITDAPS(원)	62	11	67	65	68	37

재무 비율 〈단위 : %〉

연도	영업이익률	순이익률	부채비율	차입금비율	ROA	ROE	유보율	자기자본비율	EBITDA마진율
2016	1.0	1.0	125.4	0.0	3.4	7.2	23.3	44.4	1.6
2015	0.9	0.9	101.5	0.0	3.2	6.2	17.6	49.6	1.7
2014	0.9	0.8	85.6	0.0	3.2	5.5	13.5	53.9	1.8
2013	-0.8	-0.4	63.8	0.0	-1.1	-1.9	7.4	61.1	0.4

대신증권 (A003540)
Daishin Securities

업 종 : 증권	시 장 : 거래소
신용등급 : (Bond) AA- (CP) A1	기업규모 : 시가총액 중형주
홈페이지 : www.daishin.com	연 락 처 : 02)769-2000
본 사 : 서울시 중구 삼일대로 343	

설 립 일 1962.07.27	**종업원수** 1,522명	**대표이사** 나재철
상 장 일 1975.10.01	**감사의견** 적정(삼일)	**계 열**
결 산 기 12월	**보 통 주**	**종속회사수** 102개사
액 면 가 5,000원	**우 선 주**	**구 상 호**

주주구성 (지분율,%)		출자관계 (지분율,%)		주요경쟁사 (외형,%)	
양홍석	7.0	대신에프앤아이	100.0	대신증권	100
대신생명보험	4.7	대신저축은행	100.0	키움증권	126
(외국인)	26.8	대신자산운용	100.0	유안타증권	77

수익구성		비용구성		수출비중	
금융상품 관련이익	78.8	이자비용	6.5	수출	—
이자수익	7.9	파생상품손실	0.0	내수	—
수수료수익	7.1	판관비	9.8		

회사 개요

동사는 금융투자업을 주요 사업으로 영위하고 있으며, 주요 자회사는 대신F&I, 대신저축은행, 대신자산운용, 대신프라이빗에쿼티, 대신경제연구소 등. 전통적으로 강했던 주식중개업과 자회사를 중심으로 양호한 수익구조를 보유하고 있음. 2015년 주식 위탁매매 시장점유율은 3.69%로 중위권, 전년 연간 3.19% 대비 시장점유율이 소폭 상승. 일본 및 동남아시아 증권사들과 전략적 제휴를 맺음으로써 영업기반 확대를 위한 노력을 지속 중임.

실적 분석

동사는 지난해 영업이익 1,329억원, 당기순이익 1,158억원을 각각 기록하였음. 영업이익은 전년 같은 기간에 비해 약 60% 증가했고 당기순이익은 50% 이상 늘었음. 동사는 대규모 지점망 및 인력, 우수한 온라인 거래시스템 등을 갖추고 있으며, 이를 바탕으로 위탁매매부문에서 업계 상위권의 경쟁 지위를 확보하고 있음. 증권,운용, 저축은행 등 각 분야별 고른 포트폴리오로 안정적인 수익 창출 기반을 보유 중이며 탄탄한 이익성장이 기대됨.

현금 흐름
〈단위 : 억원〉

항목	2016	2017
영업활동	-7,944	-6,436
투자활동	1,953	-1,866
재무활동	7,190	8,439
순현금흐름	1,217	72
기말현금	3,075	3,148

시장 대비 수익률

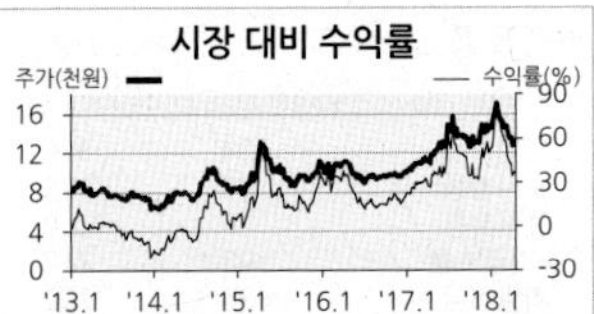

결산 실적
〈단위 : 억원〉

항목	2012	2013	2014	2015	2016	2017
순영업손익	3,620	2,447	4,107	5,268	4,463	4,686
영업이익	8	-117	478	1,701	833	1,330
당기순이익	32	151	437	1,362	740	1,159

분기 실적
〈단위 : 억원〉

항목	2016.3Q	2016.4Q	2017.1Q	2017.2Q	2017.3Q	2017.4Q
순영업손익	1,032	956	1,106	1,272	1,252	1,056
영업이익	176	53	269	469	439	153
당기순이익	194	107	244	415	352	147

재무 상태
〈단위 : 억원〉

항목	2012	2013	2014	2015	2016	2017
총자산	125,861	138,241	182,217	186,860	176,926	174,468
유형자산	4,164	3,808	3,694	3,892	2,763	3,603
무형자산	552	426	343	321	296	334
유가증권	73,052	82,815	87,785	89,125	83,004	74,091
총부채	109,280	121,895	165,788	169,545	159,145	155,789
총차입금	45,379	50,503	71,653	63,523	65,212	72,132
자본금	4,349	4,349	4,349	4,349	4,349	4,349
총자본	16,581	16,346	16,429	17,315	17,781	18,679
지배주주지분	16,581	16,345	16,428	17,314	17,780	18,677

기업가치 지표

항목	2012	2013	2014	2015	2016	2017
주가(최고/저)(천원)	9.3/6.5	8.4/6.3	10.5/6.3	13.6/7.7	11.5/9.0	15.9/9.9
PER(최고/저)(배)	305.9/214.1	56.9/42.5	24.3/14.7	9.9/5.6	14.8/11.6	12.4/7.8
PBR(최고/저)(배)	0.6/0.4	0.5/0.4	0.6/0.4	0.7/0.4	0.6/0.4	0.7/0.4
PSR(최고/저)(배)	3/2	4/3	3/2	3/1	2/2	3/2
EPS(원)	37	174	503	1,569	853	1,336
BPS(원)	20,904	20,535	20,824	22,097	22,589	23,588
CFPS(원)	465	475	796	1,803	1,060	1,592
DPS(원)	500	200	250	500	550	610
EBITDAPS(원)	9	-135	551	1,960	960	1,532

재무 비율
〈단위 : %〉

연도	계속사업 이익률	순 이익률	부채 비율	차입금 비율	ROA	ROE	유보율	자기자본 비율	총자산 증가율
2017	32.3	24.7	834.0	386.2	0.7	6.4	370.7	10.7	-1.4
2016	19.3	16.6	895.1	366.8	0.4	4.2	350.7	10.1	-5.3
2015	34.3	25.9	979.2	366.9	0.7	8.1	340.9	9.3	2.6
2014	12.7	10.6	1,009.1	436.1	0.3	2.7	315.5	9.0	44.8

대아티아이 (A045390)
Daea TI

업 종 : 운송인프라	시 장 : KOSDAQ
신용등급 : (Bond) — (CP) —	기업규모 : 우량
홈페이지 : www.daeati.co.kr	연 락 처 : 032)680-0800
본 사 : 경기도 부천시 오정구 수도로 139 (내동)	

설 립 일 1995.09.12	**종업원수** 276명	**대표이사** 최진우
상 장 일 2001.05.10	**감사의견** 적정(위드)	**계 열**
결 산 기 12월	**보 통 주**	**종속회사수** 4개사
액 면 가 100원	**우 선 주**	**구 상 호**

주주구성 (지분율,%)		출자관계 (지분율,%)		주요경쟁사 (외형,%)	
최진우	16.1	대아글로벌	100.0	대아티아이	100
경봉기술	7.0	코마스인터렉티브	70.0	현대로템	3,177
(외국인)	0.8	워터멜론	70.0	동방	590

매출구성		비용구성		수출비중	
철도신호장치	64.6	매출원가율	75.4	수출	0.3
광고	21.2	판관비율	16.3	내수	99.7
공사	6.6				

회사 개요

동사는 철도신호제어 시스템 개발 및 공급업을 주사업으로 영위하고 있음. 1995년 설립돼 2001년 코스닥증권시장에 상장함. 코마스인터렉티브, 대아글로벌, 워터멜론, 북경코마스광고유한공사 등 4개의 연결대상 종속회사를 보유하고 있음. 이들이 영위하는 사업으로는 온라인광고대행업, 철도신호관련 용역 등이 있음. 총 매출액의 4.03%는 철도에서, 15.97%는 광고에서 나옴.

실적 분석

동사의 2017년 결산 연결기준 매출액은 광고사업 실적부진으로 매출액이 74억 감소하였으며, 철도사업부문은 당기수주는 전년 대비 119억 증가하였으나, 진행매출 감소로 매출액이 58억 감소하여, 총 132억(13%)의 매출 감소가 있었음. 매출액 감소의 영향(고정비 부담 효과 등)으로 영업이익은 71.2억원으로 49.3% 감소했으며, 순이익은 66.8억원으로 38.4% 감소함.

현금 흐름
〈단위 : 억원〉

항목	2016	2017
영업활동	198	-0
투자활동	-121	-126
재무활동	-0	42
순현금흐름	76	-85
기말현금	126	42

시장 대비 수익률

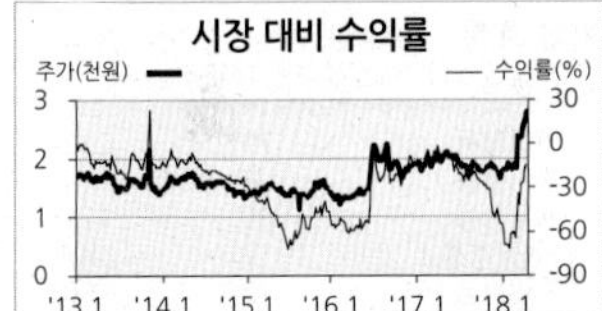

결산 실적
〈단위 : 억원〉

항목	2012	2013	2014	2015	2016	2017
매출액	562	641	849	826	990	858
영업이익	50	47	57	56	140	71
당기순이익	28	28	49	52	108	67

분기 실적
〈단위 : 억원〉

항목	2016.3Q	2016.4Q	2017.1Q	2017.2Q	2017.3Q	2017.4Q
매출액	249	329	204	250	197	207
영업이익	33	70	24	45	22	-20
당기순이익	28	45	22	40	19	-14

재무 상태
〈단위 : 억원〉

항목	2012	2013	2014	2015	2016	2017
총자산	902	952	925	1,022	1,146	1,271
유형자산	34	32	34	35	45	54
무형자산	84	70	122	118	120	125
유가증권	36	55	44	54	54	68
총부채	316	336	262	304	317	371
총차입금	112	57	1	0	0	42
자본금	70	70	71	71	71	71
총자본	586	616	663	718	830	899
지배주주지분	575	605	662	702	809	883

기업가치 지표

항목	2012	2013	2014	2015	2016	2017
주가(최고/저)(천원)	2.2/1.3	2.2/1.3	1.8/1.3	1.7/1.1	2.5/1.2	2.1/1.7
PER(최고/저)(배)	58.8/34.1	53.7/33.2	26.1/19.0	23.1/15.5	17.0/8.2	21.9/16.8
PBR(최고/저)(배)	2.8/1.6	2.5/1.6	1.9/1.4	1.7/1.2	2.2/1.1	1.8/1.4
EV/EBITDA(배)	17.3	13.6	11.1	12.9	7.3	12.7
EPS(원)	38	41	70	73	149	99
BPS(원)	816	859	935	987	1,138	1,240
CFPS(원)	59	63	96	100	175	120
DPS(원)	—	—	—	—	—	20
EBITDAPS(원)	92	90	107	107	223	121

재무 비율
〈단위 : %〉

연도	영업 이익률	순 이익률	부채 비율	차입금 비율	ROA	ROE	유보율	자기자본 비율	EBITDA 마진율
2017	8.3	7.8	41.3	4.7	5.5	8.3	1,140.4	70.8	10.0
2016	14.2	11.0	38.2	0.0	10.0	14.0	1,037.7	72.4	16.0
2015	6.8	6.3	42.3	0.1	5.3	7.6	887.3	70.3	9.1
2014	6.7	5.8	39.4	0.1	5.3	7.8	834.9	71.7	8.9

대양금속 (A009190)

DaiYang Metal

업　　종 : 금속 및 광물
신용등급 : (Bond) —　　(CP) —
홈페이지 : www.daiyangmetal.co.kr
본　　사 : 충남 예산군 신암면 추사로 146-8

시　　장 : 거래소
기업규모 : 시가총액 소형주
연 락 처 : 041)333-4675

설 립 일	1973.08.22	종업원수	209명	대표이사	송윤순
상 장 일	1994.03.30	감사의견	적정(한영)	계　　열	
결 산 기	12월	보 통 주		종속회사수	
액 면 가	500원	우 선 주		구　　상　호	

주주구성 (지분율,%)		출자관계 (지분율,%)	주요경쟁사 (외형,%)	
한국스탠다드차타드은행	23.1		대양금속	100
KEB 하나은행	12.3		SIMPAC Metal	133
(외국인)	0.0		원일특강	135

매출구성		비용구성		수출비중	
스테인리스 강판 제품	97.3	매출원가율	88.4	수출	45.1
스테인리스 강판 부산물	1.4	판관비율	4.1	내수	54.9
스테인리스 강판 상품	1.0				

회사 개요

동사는 1973년 설립되어 스테인리스 냉간압연 제품 제조와 판매 사업을 영위하고 있음. 세계시장에서 중국이 45%의 점유율을 차지하며, 그뒤를 일본, 한국, 인도 등의 순임. 국내 판매량 기준으로는 동사의 점유율은 5.0%로 업계 4위의 수준이고, 포스코가 수위를 차지한 가운데 BNG스틸, 현대제철, 대양금속 순임. 동사이 최대주주는 채권은행이던 스탠다드차타드은행으로 2014년 경영정상화를 위해 출자전환해 23.1% 지분 보유중임.

실적 분석

동사의 2017년 결산 매출액은 전년동기 대비 18.2% 증가한 1,729억원을 기록함. 스테인레스냉연강판의 수출이 증가하였고, 내수 또한 양호한 성장세를 시현함. 매출 증가와 함께 원가율 하락 및 판관비중 축소 영향으로 영업수익성 크게 확대. 지난해 대비 31.6% 증가한 129.5억원의 영업이익 시현. 비영업손익 개선으로 경상수지 역시 뚜렷한 개선세를 시현하며 113.1% 증가한 98.8억원의 순이익 시현하는등 양호한 수익성 과시.

현금 흐름 *IFRS 별도 기준 〈단위 : 억원〉

항목	2016	2017
영업활동	79	230
투자활동	-6	-11
재무활동	-80	-171
순현금흐름	-7	47
기말현금	33	80

시장 대비 수익률

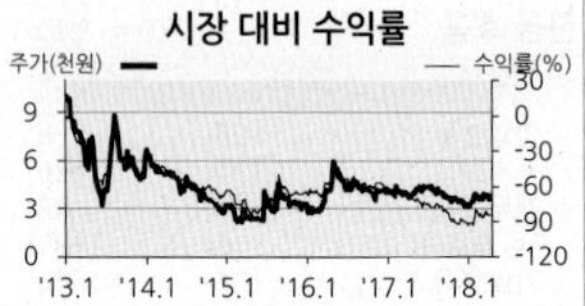

결산 실적 〈단위 : 억원〉

항목	2012	2013	2014	2015	2016	2017
매출액	1,051	1,137	1,223	1,216	1,462	1,729
영업이익	-292	-41	-105	-68	98	129
당기순이익	-714	-100	-181	-179	46	99

분기 실적 *IFRS 별도 기준 〈단위 : 억원〉

항목	2016.3Q	2016.4Q	2017.1Q	2017.2Q	2017.3Q	2017.4Q
매출액	364	391	428	469	425	406
영업이익	31	35	44	33	28	25
당기순이익	17	3	48	24	21	6

재무 상태 *IFRS 별도 기준 〈단위 : 억원〉

항목	2012	2013	2014	2015	2016	2017
총자산	1,048	1,018	1,049	985	1,001	959
유형자산	573	492	469	414	367	335
무형자산	—	—	—	0	0	0
유가증권	1	1	—	—	—	—
총부채	877	817	996	864	836	699
총차입금	720	636	752	721	683	551
자본금	229	308	338	131	131	131
총자본	170	200	53	121	165	260
지배주주지분	170	200	53	121	165	260

기업가치 지표 *IFRS 별도 기준

항목	2012	2013	2014	2015	2016	2017
주가(최고/저)(천원)	99.8/9.6	11.6/3.2	6.7/2.7	4.6/2.1	6.2/2.5	4.6/3.0
PER(최고/저)(배)	—/—	—/—	—/—	—/—	35.0/14.3	12.2/8.0
PBR(최고/저)(배)	53.8/5.2	7.1/2.0	17.2/6.9	9.9/4.6	9.8/4.0	4.6/3.1
EV/EBITDA(배)	—	74.0	—	—	8.2	5.1
EPS(원)	-68,247	-887	-1,469	-1,314	176	376
BPS(원)	371	325	78	462	630	990
CFPS(원)	-12,713	-79	-221	-995	336	525
DPS(원)	—	—	—	—	—	—
EBITDAPS(원)	-3,520	31	-98	-184	534	642

재무 비율 〈단위 : %〉

연도	영업이익률	순이익률	부채비율	차입금비율	ROA	ROE	유보율	자기자본비율	EBITDA마진율
2017	7.5	5.7	269.0	211.9	10.1	46.5	98.0	27.1	9.8
2016	6.7	3.2	505.8	413.6	4.7	32.3	25.9	16.5	9.6
2015	-5.6	-14.7	일부잠식	일부잠식	-17.6	-205.3	-7.5	12.3	-2.1
2014	-8.6	-14.8	일부잠식	일부잠식	-17.5	-144.7	-84.4	5.0	-4.9

대양전기공업 (A108380)

DAEYANG ELECTRIC

업　　종 : 조선
신용등급 : (Bond) —　　(CP) —
홈페이지 : www.daeyang.co.kr
본　　사 : 부산시 사하구 장평로 245

시　　장 : KOSDAQ
기업규모 : 우량
연 락 처 : 051)200-5331

설 립 일	1988.07.01	종업원수	360명	대표이사	서영우
상 장 일	2011.07.08	감사의견	적정(성도)	계　　열	
결 산 기	12월	보 통 주		종속회사수	1개사
액 면 가	500원	우 선 주		구　　상　호	

주주구성 (지분율,%)		출자관계 (지분율,%)	주요경쟁사 (외형,%)	
서영우	59.3		대양전기공업	100
신영자산운용	7.9		두산엔진	537
(외국인)	4.1		엔케이	85

매출구성		비용구성		수출비중	
[조명등기구]기 타	41.9	매출원가율	80.4	수출	48.3
[조명등기구]LED등 외	21.0	판관비율	9.3	내수	51.7
전자시스템	14.1				

회사 개요

1977년 설립된 동사는 초기 산업용 조명등기구, 배전반, 송풍기 등을 제조했으나, 현재는 조선, 해양, 방위산업 분야로 사업을 다각화하고 있고, LED조명, MEMS기술 등의 신사업을 추진 중임. 동사는 잠수함용 축전지를 제조하는 한국특수전지의 지분 100%를 소유해 종속회사로 두고 있음. 2017년 상반기 매출액은 조명등기구 64.8%, 전자시스템 8.6%, 전기기구 23.4%, 기타 3.2% 등으로 구성됨.

실적 분석

동사의 2017년 연간 매출액은 전년동기대비 18.2% 하락한 1,430.6억원을 기록하였음. 비용면에서 전년동기대비 매출원가는 감소하였으며 인건비도 감소, 광고선전비는 증가했고 기타판매비와관리비는 감소함. 주춤한 모습의 매출액에 의해 전년동기대비 영업이익은 147.5억원으로 19.5% 하락 하였음. 최종적으로 전년동기대비 당기순이익은 크게 하락하여 118.3억원을 기록함.

현금 흐름 〈단위 : 억원〉

항목	2016	2017
영업활동	304	336
투자활동	-98	-116
재무활동	-9	0
순현금흐름	198	217
기말현금	484	702

시장 대비 수익률

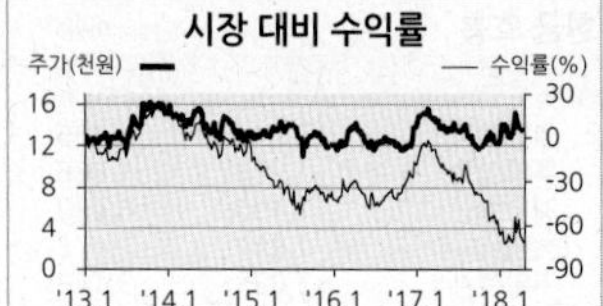

결산 실적 〈단위 : 억원〉

항목	2012	2013	2014	2015	2016	2017
매출액	1,391	1,456	1,399	1,542	1,749	1,431
영업이익	154	174	157	179	183	147
당기순이익	135	150	142	171	164	118

분기 실적 〈단위 : 억원〉

항목	2016.3Q	2016.4Q	2017.1Q	2017.2Q	2017.3Q	2017.4Q
매출액	373	462	361	394	368	308
영업이익	47	36	38	46	33	31
당기순이익	44	32	29	24	30	35

재무 상태 〈단위 : 억원〉

항목	2012	2013	2014	2015	2016	2017
총자산	1,526	1,664	1,907	2,051	2,276	2,456
유형자산	535	592	641	678	689	727
무형자산	117	122	131	145	150	135
유가증권	27	26	25	23	24	20
총부채	439	424	515	494	559	618
총차입금	1	7	7	5	2	—
자본금	47	47	48	48	48	48
총자본	1,087	1,240	1,392	1,556	1,717	1,837
지배주주지분	1,087	1,240	1,392	1,556	1,717	1,837

기업가치 지표

항목	2012	2013	2014	2015	2016	2017
주가(최고/저)(천원)	14.2/8.2	16.8/11.8	16.2/12.2	14.5/11.0	14.3/11.3	15.7/11.5
PER(최고/저)(배)	10.0/5.8	10.6/7.4	10.9/8.2	8.1/6.1	8.3/6.6	12.7/9.3
PBR(최고/저)(배)	1.2/0.7	1.3/0.9	1.1/0.8	0.9/0.7	0.8/0.6	0.8/0.6
EV/EBITDA(배)	4.7	4.5	3.3	2.6	2.3	0.3
EPS(원)	1,417	1,584	1,493	1,789	1,712	1,237
BPS(원)	11,515	13,127	14,612	16,398	18,115	19,353
CFPS(원)	1,634	1,884	1,783	2,067	2,009	1,654
DPS(원)	—	—	—	—	—	—
EBITDAPS(원)	1,842	2,132	1,937	2,151	2,211	1,958

재무 비율 〈단위 : %〉

연도	영업이익률	순이익률	부채비율	차입금비율	ROA	ROE	유보율	자기자본비율	EBITDA마진율
2017	10.3	8.3	33.7	0.0	5.0	6.7	3,770.6	74.8	13.1
2016	10.5	9.4	32.6	0.1	7.6	10.0	3,523.0	75.4	12.1
2015	11.6	11.1	31.8	0.3	8.7	11.6	3,179.5	75.9	13.3
2014	11.2	10.1	37.0	0.5	8.0	10.8	2,822.5	73.0	13.2

대양제지공업 (A006580)
DAEYANG PAPER MFG CO

업　　종 : 종이 및 목재　　시　　장 : KOSDAQ
신용등급 : (Bond) —　　(CP) —　　기업규모 : 중견
홈페이지 : www.dygroup.co.kr　　연 락 처 : 031)491-1641
본　　사 : 경기도 안산시 단원구 신원로 50 (신길동)

설 립 일	1970.02.01	**종업원수**	103명	**대표이사**	권영,권혁홍
상 장 일	1993.12.29	**감사의견**	적정(대주)	**계　　열**	
결 산 기	12월	**보 통 주**		**종속회사수**	1개사
액 면 가	500원	**우 선 주**		**구 상 호**	

주주구성 (지분율,%)		출자관계 (지분율,%)		주요경쟁사 (외형,%)	
신대양제지	46.5	대양판지	63.4	대양제지	100
김순철	4.9	광신판지	39.0	한창제지	76
(외국인)	0.9	대영포장	19.3	영풍제지	40

매출구성		비용구성		수출비중	
골판지용 원지	100.0	매출원가율	92.2	수출	—
		판관비율	6.9	내수	—

회사 개요
동사는 1970년 설립 이래 골판지 원지를 생산, 공급하고 있음. 1995년 안산공장에 2호기를 신설하였으며, 수차례의 증설을 통해 연간 34만톤의 생산체제를 유지하고 있음. 골판지 원지 시장에서는 관계회사인 신대양제지, 동일제지, 아세아제지가 10% 이상의 시장점유율을 차지하고 있으며, 동사(7.8%)를 비롯 고려제지 등이 7%대를 유지 중. 골판지 및 골판지상자제조업을 영위 중인 대양판지가 주요 계열사.

실적 분석
동사의 2017년 연결기준 연간 매출액은 2,629.2 억원으로 전년 대비 34.7% 증가함. 매출원가와 판관비 부담이 전년보다 늘어나 외형확대에도 불구하고 영업이익은 23.9억원으로 전년 대비 61.8% 감소함. 비영업손실이 적자전환되며 당기순손실은 또한 26.1억원을 기록하며 적자전환됨. 농산물의 골판지 포장화 정착과 택배산업 성장에 따른 2차 포장 수요의 증가가 성장세를 이끌 것으로 보임.

현금 흐름
〈단위 : 억원〉

항목	2016	2017
영업활동	-6	-7
투자활동	-153	-211
재무활동	186	196
순현금흐름	26	-22
기말현금	35	13

시장 대비 수익률
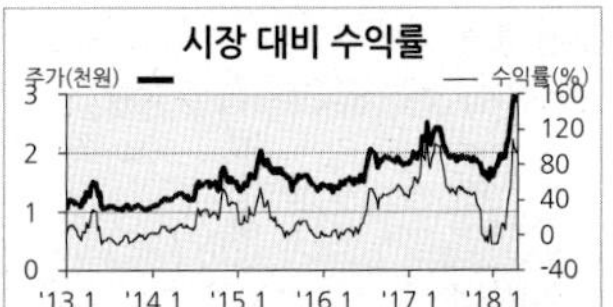

결산 실적
〈단위 : 억원〉

항목	2012	2013	2014	2015	2016	2017
매출액	1,929	1,849	1,770	1,740	1,951	2,629
영업이익	162	47	82	-14	63	24
당기순이익	117	41	61	-179	28	-26

분기 실적
〈단위 : 억원〉

항목	2016.3Q	2016.4Q	2017.1Q	2017.2Q	2017.3Q	2017.4Q
매출액	528	547	578	628	700	723
영업이익	58	-3	-8	9	-18	41
당기순이익	15	-2	-16	3	-27	14

재무 상태
〈단위 : 억원〉

항목	2012	2013	2014	2015	2016	2017
총자산	2,079	2,046	1,905	1,868	2,140	2,322
유형자산	1,237	1,212	1,126	1,132	1,240	1,359
무형자산	14	18	18	14	14	8
유가증권	10	13	13	10	2	1
총부채	1,014	952	769	921	1,147	1,369
총차입금	738	698	517	574	759	961
자본금	134	134	134	134	134	134
총자본	1,065	1,094	1,136	947	993	953
지배주주지분	929	943	995	810	859	846

기업가치 지표

항목	2012	2013	2014	2015	2016	2017
주가(최고/저)(천원)	1.2/0.7	1.5/1.0	1.7/1.1	2.1/1.3	2.1/1.3	2.5/1.5
PER(최고/저)(배)	3.1/1.8	11.3/7.3	7.7/4.8	—/—	17.3/11.2	—/—
PBR(최고/저)(배)	0.4/0.2	0.4/0.3	0.5/0.3	0.7/0.4	0.6/0.4	0.8/0.5
EV/EBITDA(배)	4.8	8.6	6.2	15.6	10.2	14.3
EPS(원)	446	142	233	-655	122	-8
BPS(원)	36,277	36,782	38,730	31,836	33,674	3,334
CFPS(원)	7,346	4,598	5,602	-3,414	3,821	288
DPS(원)	500	375	250	—	—	25
EBITDAPS(원)	8,913	4,937	6,316	2,630	4,932	385

재무 비율
〈단위 : %〉

연도	영업이익률	순이익률	부채비율	차입금비율	ROA	ROE	유보율	자기자본비율	EBITDA마진율
2017	0.9	-1.0	143.5	100.8	-1.2	-0.3	566.9	41.1	3.9
2016	3.2	1.4	115.5	76.4	1.4	3.9	573.5	46.4	6.8
2015	-0.8	-10.3	97.3	60.6	-9.5	-19.5	536.7	50.7	4.1
2014	4.6	3.5	67.7	45.5	3.1	6.5	674.6	59.6	9.6

대영포장 (A014160)
Dae Young Packaging

업　　종 : 용기 및 포장　　시　　장 : 거래소
신용등급 : (Bond) —　　(CP) —　　기업규모 : 시가총액 소형주
홈페이지 : www.dygroup.co.kr　　연 락 처 : 031)490-9300
본　　사 : 경기도 안산시 단원구 산단로 265 (원시동, 대영포장(주))

설 립 일	1979.06.01	**종업원수**	360명	**대표이사**	권혁홍,권택환
상 장 일	1990.03.06	**감사의견**	적정(대주)	**계　　열**	
결 산 기	12월	**보 통 주**		**종속회사수**	
액 면 가	500원	**우 선 주**		**구 상 호**	

주주구성 (지분율,%)		출자관계 (지분율,%)		주요경쟁사 (외형,%)	
신대양제지	26.3	대양판지	12.8	대영포장	100
대양제지공업	19.3			율촌화학	158
(외국인)	4.2			태림포장	181

매출구성		비용구성		수출비중	
[제품]골판지원단,상자	96.6	매출원가율	91.5	수출	3.2
[상품]골판지상자	1.8	판관비율	9.4	내수	96.8
[기타]부설물 외	1.6				

회사 개요
동사는 1979년 설립돼 전자제품, 섬유 및 의약품, 농수산물 등의 포장재로 사용되는 골판지상자를 생산하는 업체임. 표면지, 중질지, 이면지 등을 매입해 골판지 원단과 상자를 제조함. 동사는 계열회사로 유가증권시장에 상장된 신대양제지와 대영포장, 비상장사인 광신판지, 신대한판지, 대양판지 등 총 7개사를 두고 있음. 계열회사 모두 골판지 원단과 상자를 제조하는 업체임.

실적 분석
동사의 2017년 결산 매출액은 전년대비 16.8% 성장한 3,120.7억원을 기록함. 매출액 성장은 매출비중이 큰 골판지원단,상자의 실적 호조에 기인함. 외형 성장에도 제조원가 상승으로 원가율 100%를 상회하여 영업손실 27.5억원, 당기순손실 29.7억원을 시현함. 당기 유형별 매출비중은 골판지원단 등 95.16%, 골판지상자 2.98%, 부설물 등 1.86%로 구성됨.

현금 흐름 *IFRS 별도 기준
〈단위 : 억원〉

항목	2016	2017
영업활동	72	17
투자활동	36	-23
재무활동	-100	18
순현금흐름	8	12
기말현금	13	26

시장 대비 수익률
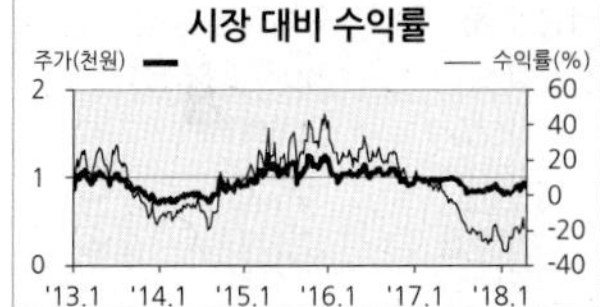

결산 실적
〈단위 : 억원〉

항목	2012	2013	2014	2015	2016	2017
매출액	2,342	2,236	2,466	2,442	2,671	3,121
영업이익	164	86	113	84	67	-27
당기순이익	123	67	60	-70	107	-30

분기 실적 *IFRS 별도 기준
〈단위 : 억원〉

항목	2016.3Q	2016.4Q	2017.1Q	2017.2Q	2017.3Q	2017.4Q
매출액	681	761	739	776	821	784
영업이익	2	7	-10	7	-19	-6
당기순이익	-7	-8	-11	6	-22	-3

재무 상태 *IFRS 별도 기준
〈단위 : 억원〉

항목	2012	2013	2014	2015	2016	2017
총자산	1,981	2,042	2,011	2,108	2,097	2,077
유형자산	1,406	1,378	1,448	1,489	1,430	1,367
무형자산	4	5	5	8	8	4
유가증권	15	15	15	15	14	12
총부채	862	842	755	860	716	784
총차입금	607	546	449	425	302	372
자본금	475	475	475	517	533	533
총자본	1,119	1,200	1,256	1,248	1,381	1,292
지배주주지분	1,119	1,200	1,256	1,248	1,381	1,292

기업가치 지표 *IFRS 별도 기준

항목	2012	2013	2014	2015	2016	2017
주가(최고/저)(천원)	1.4/0.4	1.1/0.7	1.0/0.7	1.3/0.9	1.2/0.9	1.0/0.8
PER(최고/저)(배)	10.6/2.9	16.1/10.1	16.2/11.0	—/—	11.8/8.7	—/—
PBR(최고/저)(배)	1.2/0.3	0.9/0.6	0.8/0.5	1.1/0.7	0.9/0.7	0.8/0.7
EV/EBITDA(배)	6.1	7.7	7.0	9.6	8.3	20.3
EPS(원)	130	70	64	-71	102	-28
BPS(원)	1,179	1,263	1,323	1,215	1,296	1,261
CFPS(원)	200	141	141	14	186	56
DPS(원)	—	—	—	—	—	—
EBITDAPS(원)	242	162	196	171	148	58

재무 비율
〈단위 : %〉

연도	영업이익률	순이익률	부채비율	차입금비율	ROA	ROE	유보율	자기자본비율	EBITDA마진율
2017	-0.9	-1.0	60.7	28.8	-1.4	-2.2	152.3	62.2	2.0
2016	2.5	4.0	51.8	21.9	5.1	8.2	159.2	65.9	5.8
2015	3.4	-2.9	69.0	34.1	-3.4	-5.6	143.1	59.2	6.9
2014	4.6	2.5	60.1	35.8	3.0	4.9	164.5	62.5	7.6

대우건설 (A047040)
Daewoo Engineering & Construction

업　　종 : 건설　　시　　장 : 거래소
신용등급 : (Bond) A-　(CP) A2-　　기업규모 : 시가총액 중형주
홈페이지 : www.daewooenc.co.kr　　연 락 처 : 02)2288-3114
본　　사 : 서울시 종로구 새문안로 75

설 립 일	2000.12.27	**종업원수**	5,910명	**대표이사**	송문선
상 장 일	2001.03.23	**감사의견**	적정(삼정)	**계　열**	
결 산 기	12월	**보 통 주**		**종속회사수**	12개사
액 면 가	5,000원	**우 선 주**		**구　상　호**	

주주구성 (지분율,%)		출자관계 (지분율,%)		주요경쟁사 (외형,%)	
케이디비밸류제6호유한회사	50.8	대우에스티	100.0	대우건설	100
국민연금공단	5.0	대우송도호텔	100.0	현대건설	144
(외국인)	11.2	푸르지오서비스	100.0	현대산업	46

매출구성		비용구성		수출비중	
주택공사(공사)	30.7	매출원가율	92.9	수출	21.5
플랜트공사(공사)	25.1	판관비율	3.4	내수	78.5
건축공사(공사)	20.4				

회사 개요

동사는 토목, 건축, 주택, 발전 등 다양한 사업을 영위하고 있는 국내 메이저 건설사 중 하나임. 알제리, 나이지리아, 리비아 등 아프리카 지역에서 풍부한 수주 경험을 보유하고 있으며, 발전 특히 원전 공사와 국내 아파트 사업에 강점을 보유함. 신규사업으로는 차세대 신성장사업인 민자발전사업을 추진하고자 포천복합민자발전사업을 채결 및 현재 공사 진행 중, 신재생에너지 사업 참여 확대를 추진함.

실적 분석

동사의 2017년 결산 연결기준 매출액은 전년대비 6.0% 성장한 11조 7,668.4억원을 기록함. 견조한 외형 성장과 원가율 하락으로 영업이익 4,290.3억원, 당기순이익 2,578.9억원을 보이며 전년대비 흑자 전환에 성공함. 다만 연초 제시했던 영업이익 전망치 대비 38.7% 하회하였는데 이는 해외사업에서 발생한 영업손실을 4분기에 인식하였기 때문임.

현금 흐름 〈단위 : 억원〉

항목	2016	2017
영업활동	3,588	2,370
투자활동	-2,618	1,853
재무활동	1,745	-7,211
순현금흐름	2,777	-2,997
기말현금	8,168	5,171

시장 대비 수익률

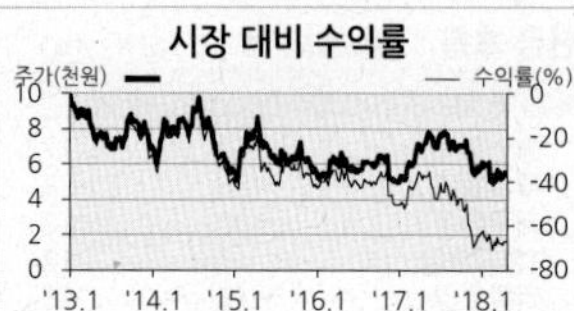

결산 실적 〈단위 : 억원〉

항목	2012	2013	2014	2015	2016	2017
매출액	82,234	87,822	99,950	98,900	111,059	117,668
영업이익	3,457	-2,447	4,270	1,689	-4,672	4,290
당기순이익	1,730	-7,180	1,297	1,046	-7,549	2,579

분기 실적 〈단위 : 억원〉

항목	2016.3Q	2016.4Q	2017.1Q	2017.2Q	2017.3Q	2017.4Q
매출액	28,061	27,124	26,401	31,141	30,980	29,146
영업이익	1,063	-7,678	2,211	2,458	1,136	-1,515
당기순이익	680	-8,692	1,919	1,306	892	-1,539

재무 상태 〈단위 : 억원〉

항목	2012	2013	2014	2015	2016	2017
총자산	98,593	101,223	102,602	100,637	99,702	87,763
유형자산	6,978	6,981	7,976	9,363	7,313	6,297
무형자산	1,136	1,104	1,152	1,203	867	807
유가증권	7,543	6,136	4,958	4,934	5,107	4,093
총부채	64,483	74,687	75,346	72,704	79,003	64,983
총차입금	28,534	31,209	28,894	26,222	28,108	20,253
자본금	20,781	20,781	20,781	20,781	20,781	20,781
총자본	34,110	26,536	27,256	27,933	20,699	22,781
지배주주지분	33,535	25,962	26,297	27,355	20,316	22,426

기업가치 지표

항목	2012	2013	2014	2015	2016	2017
주가(최고/저)(천원)	11.7/7.9	10.1/6.6	10.0/5.4	9.0/5.1	6.6/5.0	8.1/5.0
PER(최고/저)(배)	28.1/19.0	—/—	32.0/17.4	36.0/20.2	—/—	13.2/8.2
PBR(최고/저)(배)	1.4/1.0	1.6/1.0	1.6/0.8	1.3/0.8	1.3/1.0	1.5/0.9
EV/EBITDA(배)	16.5	—	10.0	17.5	—	7.3
EPS(원)	426	-1,727	319	255	-1,770	623
BPS(원)	8,313	6,491	6,572	6,827	5,133	5,640
CFPS(원)	549	-1,585	458	427	-1,538	846
DPS(원)	—	—	—	—	—	—
EBITDAPS(원)	955	-447	1,167	579	-892	1,255

재무 비율 〈단위 : %〉

연도	영업이익률	순이익률	부채비율	차입금비율	ROA	ROE	유보율	자기자본비율	EBITDA마진율
2017	3.7	2.2	285.3	88.9	2.8	12.1	12.8	26.0	4.4
2016	-4.2	-6.8	일부잠식	일부잠식	-7.5	-30.9	2.7	20.8	-3.3
2015	1.7	1.1	260.3	93.9	1.0	4.0	36.5	27.8	2.4
2014	4.3	1.3	276.4	106.0	1.3	5.1	31.4	26.6	4.9

대우전자부품 (A009320)
Daewoo Electronic Components

업　　종 : 자동차부품　　시　　장 : 거래소
신용등급 : (Bond) —　(CP) —　　기업규모 : 시가총액 소형주
홈페이지 : www.dwecc.com　　연 락 처 : 063)530-8171
본　　사 : 전북 정읍시 공단2길 3 (망제동)

설 립 일	1973.10.13	**종업원수**	171명	**대표이사**	서준교,서중호
상 장 일	1989.08.25	**감사의견**	적정(삼원)	**계　열**	
결 산 기	12월	**보 통 주**		**종속회사수**	2개사
액 면 가	500원	**우 선 주**		**구　상　호**	

주주구성 (지분율,%)		출자관계 (지분율,%)		주요경쟁사 (외형,%)	
우신산업	13.9	대우전장	100.0	대우부품	100
아진산업	9.7	대우D&C	100.0	오리엔트정공	167
(외국인)	1.3	대우부품홀딩스	100.0	화신정공	345

매출구성		비용구성		수출비중	
HIC,OBC,PWM, A/P등	85.9	매출원가율	79.7	수출	19.5
[자동차부문]상품	10.0	판관비율	15.2	내수	80.5
기타콘덴서	4.2				

회사 개요

1973년 설립되어 과거에는 콘덴서 등의 전자부품생산을 주로 영위하였지만, 현재는 자동차 전장부품 생산으로 주력사업을 변경함. 전장부품은 전자제어부품으로서 자동차의 운행유지 등과 관련된 각종동작을 전자제어방식으로 조정하는 데 사용됨. 전장부품 부문이 주요 매출을 차지함. 동사는 자동차 전기차 및 연비개선에 효과가 있는 전장부품을 개발 양산 중. 또한 전장부품시장은 차량의 안전성 및 고객의 편의욕구, 연비개선 등과 맞물려 지속적 성장 중임.

실적 분석

동사의 연결기준 2017년 매출액은 전년 대비 8.3% 증가한 580.2억원을 기록함. 판관비는 경상개발비를 중심으로 전년 동기 대비 19.0% 증가하였음. 동기간 영업이익은 전년대비 10.2% 증가한 29.8억원을 기록함. 반면, 비영업손익은 금융손실의 영향으로 적자를 지속함. 이에 따라 동사의 2017년 당기순이익은 전년 대비 18.2% 증가한 29.1억원을 기록함.

현금 흐름 〈단위 : 억원〉

항목	2016	2017
영업활동	50	64
투자활동	-27	-61
재무활동	-8	-16
순현금흐름	15	-13
기말현금	51	38

시장 대비 수익률

결산 실적 〈단위 : 억원〉

항목	2012	2013	2014	2015	2016	2017
매출액	242	238	318	485	536	580
영업이익	-34	-17	15	24	27	30
당기순이익	-33	-32	3	11	25	29

분기 실적 〈단위 : 억원〉

항목	2016.3Q	2016.4Q	2017.1Q	2017.2Q	2017.3Q	2017.4Q
매출액	118	143	147	155	139	139
영업이익	6	8	10	12	6	2
당기순이익	3	15	8	7	4	9

재무 상태 〈단위 : 억원〉

항목	2012	2013	2014	2015	2016	2017
총자산	420	445	559	639	667	677
유형자산	276	172	367	385	386	405
무형자산	11	19	19	18	14	18
유가증권	2	2	1	1	1	1
총부채	248	295	317	349	313	295
총차입금	148	205	236	228	197	184
자본금	190	190	190	216	238	238
총자본	172	150	243	290	354	381
지배주주지분	185	163	243	290	354	381

기업가치 지표

항목	2012	2013	2014	2015	2016	2017
주가(최고/저)(천원)	1.2/0.7	1.2/0.7	1.1/0.8	1.6/0.9	1.8/1.2	3.0/1.5
PER(최고/저)(배)	—/—	—/—	117.4/82.8	54.8/30.5	34.3/22.2	49.1/23.8
PBR(최고/저)(배)	2.5/1.4	2.7/1.5	1.7/1.2	2.3/1.3	2.5/1.6	3.8/1.8
EV/EBITDA(배)	—	—	13.7	14.9	15.0	22.6
EPS(원)	-85	-84	9	29	53	61
BPS(원)	489	431	641	672	743	800
CFPS(원)	-28	-44	75	96	124	130
DPS(원)	—	—	—	—	—	—
EBITDAPS(원)	-32	-5	106	129	129	131

재무 비율 〈단위 : %〉

연도	영업이익률	순이익률	부채비율	차입금비율	ROA	ROE	유보율	자기자본비율	EBITDA마진율
2017	5.1	5.0	77.5	48.3	4.3	7.9	60.0	56.4	10.8
2016	5.1	4.6	88.3	55.6	3.8	7.6	48.6	53.1	11.1
2015	5.0	2.3	120.2	78.8	1.9	4.2	34.3	45.4	10.5
2014	4.7	1.0	130.4	97.2	0.7	1.8	28.1	43.4	12.6

대우조선해양 (A042660)

Daewoo Shipbuilding & Marine Engineering

업 종 : 조선
신용등급 : (Bond) CC (CP) C
홈페이지 : www.dsme.co.kr
본 사 : 경남 거제시 거제대로 3370 (아주동)
시 장 : 거래소
기업규모 : 시가총액 중형주
연 락 처 : 055)735-2114

설 립 일	2000.10.23	**종 업 원 수**	10,269명	**대 표 이 사**	정성립
상 장 일	2001.02.02	**감 사 의 견**	적정(삼일)	**계 열**	
결 산 기	12월	**보 통 주**		**종속회사수**	16개사
액 면 가	5,000원	**우 선 주**		**구 상 호**	

주주구성 (지분율,%)		출자관계 (지분율,%)		주요경쟁사 (외형,%)	
한국산업은행	55.7	디에스엠이정보시스템	100.0	대우조선해양	100
KEB 하나은행	8.4	삼우중공업	100.0	현대중공업	139
(외국인)	4.3	신한중공업	89.2	삼성중공업	71

매출구성		비용구성		수출비중	
LNGC,LPGC,B/C 등	51.8	매출원가율	86.1	수출	—
FPSO,Fixed Platform,발전설비 등	39.2	판관비율	7.3	내수	—
서비스,해상 화물운송 등	5.6				

회사 개요

동사는 종합 조선·해양 전문회사로서 LNG선, 유조선, 컨테이너선, LPG선, 자동차운반선 등 각종 선박과 FPSO, RIG선, 고정식 플랫폼 등 해양제품과 잠수함, 구축함, 잠수함 구난함, 경비함 등 특수선을 건조함. 사업부문은 선박, 해양사업, 건설사업, 기타사업 등으로 구성되어 있음. 글로벌 금융위기 이후 찾아온 조선업의 장기 불황을 극복하지 못했고, 해양플랜트 사업 손실 등에 대한 분식회계 이슈까지 겹쳐 매우 어려운 상황임

실적 분석

동사의 2017년 연결기준 누적 매출액은 11조 1,018.2억원으로 전년대비 13.4% 감소했음에도 원가절감 등 자구노력이 본격화되면서 영업실적은 흑자전환함. 상반기 인도된 해양플랜트 관련 추가 공사대금을 확보, 인도지연 지체보상금 조정 성공 등이 수익 개선으로 이어짐. 구조조정 및 전사적인 원가절감 노력 등 자구계획 효과가 본격적으로 반영됐고, 고부가가치선박들의 생산성 향상 등도 실적 개선에 기여. 2017년 수주량 점유율은 20.2%임.

현금 흐름

<단위 : 억원>

항목	2016	2017
영업활동	-5,310	-10,199
투자활동	-2,827	227
재무활동	-2,009	9,879
순현금흐름	-10,117	-185
기말현금	2,243	2,058

시장 대비 수익률

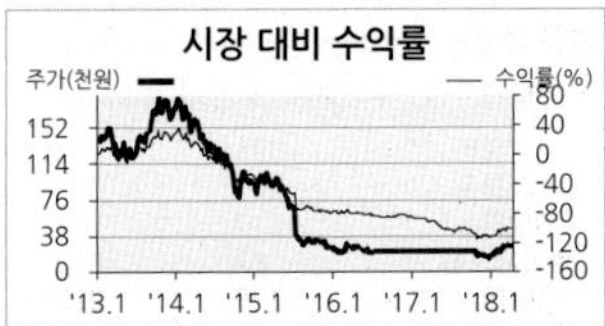

결산 실적

<단위 : 억원>

항목	2012	2013	2014	2015	2016	2017
매출액	135,435	145,848	155,616	154,436	128,192	111,018
영업이익	-721	-10,100	-5,651	-21,245	-15,308	7,330
당기순이익	-2,788	-9,204	-8,527	-22,092	-27,895	6,458

분기 실적

<단위 : 억원>

항목	2016.3Q	2016.4Q	2017.1Q	2017.2Q	2017.3Q	2017.4Q
매출액	30,196	26,852	27,305	34,576	24,206	24,931
영업이익	-1,869	-11,455	2,233	6,647	1,959	-3,510
당기순이익	-2,838	-15,450	2,336	12,547	749	-9,174

재무 상태

<단위 : 억원>

항목	2012	2013	2014	2015	2016	2017
총자산	155,113	167,764	177,358	188,803	150,648	114,468
유형자산	62,186	62,111	62,330	58,383	51,979	40,034
무형자산	1,333	1,387	1,214	819	733	373
유가증권	3,415	3,266	2,098	1,466	974	838
총부채	116,454	138,477	157,090	182,615	144,055	84,561
총차입금	58,262	72,707	79,728	99,167	72,048	38,597
자본금	9,620	9,620	9,620	13,721	3,329	5,383
총자본	38,659	29,287	20,268	6,189	6,594	29,907
지배주주지분	39,833	30,774	22,364	9,291	10,269	33,934

기업가치 지표

항목	2012	2013	2014	2015	2016	2017
주가(최고/저)(천원)	35.1/20.7	37.8/23.2	36.9/15.7	21.6/5.1	6.2/4.0	22.4/13.9
PER(최고/저)(배)	—/—	—/—	—/—	—/—	—/—	3.0/1.9
PBR(최고/저)(배)	0.7/0.4	0.9/0.6	1.2/0.5	2.5/0.6	2.0/1.3	0.7/0.4
EV/EBITDA(배)	—	—	—	—	—	5.1
EPS(원)	-15,598	-59,855	-51,837	-139,240	-126,806	7,457
BPS(원)	20,969	16,236	11,842	3,398	15,660	31,823
CFPS(원)	-1,216	-3,307	-2,705	-9,611	-117,315	9,286
DPS(원)	250	300	150	—	—	—
EBITDAPS(원)	-376	-3,917	-1,615	-9,751	-61,507	10,624

재무 비율

<단위 : %>

연도	영업 이익률	순 이익률	부채 비율	차입금 비율	ROA	ROE	유보율	자기자본 비율	EBITDA 마진율
2017	6.6	5.8	282.8	129.1	4.9	28.1	530.6	26.1	8.0
2016	-11.9	-21.8	2,184.7	1,092.7	-16.4	-279.6	208.5	4.4	-10.4
2015	-13.8	-14.3	일부잠식	일부잠식	-12.1	-132.5	-32.3	3.3	-12.2
2014	-3.6	-5.5	775.1	393.4	-4.9	-29.1	135.6	11.4	-2.0

대웅 (A003090)

Dae Woong

업 종 : 제약
신용등급 : (Bond) — (CP) —
홈페이지 : www.daewoongholdings.com
본 사 : 경기도 성남시 중원구 갈마치로 223-23 (상대원동)
시 장 : 거래소
기업규모 : 시가총액 중형주
연 락 처 : 031)741-7700~4

설 립 일	1945.08.15	**종 업 원 수**	296명	**대 표 이 사**	윤재승,윤재춘
상 장 일	1973.06.26	**감 사 의 견**	적정(삼정)	**계 열**	
결 산 기	12월	**보 통 주**		**종속회사수**	24개사
액 면 가	500원	**우 선 주**		**구 상 호**	

주주구성 (지분율,%)		출자관계 (지분율,%)		주요경쟁사 (외형,%)	
윤재승	11.6	대웅바이오	100.0	대웅	100
대웅재단	10.0	대웅개발	100.0	동아쏘시오홀딩스	61
(외국인)	6.4	산웅개발	100.0	JW중외제약	45

매출구성		비용구성		수출비중	
[의약품/제품]기 타	45.9	매출원가율	54.2	수출	—
알비스D 외	24.8	판관비율	38.3	내수	—
[의약품/상품]기 타	12.5				

회사 개요

동사는1961년 1월 대한비타민산업주식회사로 설립되어1973년 6월 유가증권시장에 상장함. 1978년 2월 상호를 주식회사 대웅제약으로 변경함. 2002년 10월 1일 회사분할을 통하여 지주회사로 전환됨. 주요 자회사로는 의약품 제조 및 판매를 영위하는 대웅제약(지분율 40.7%), 원료의약품 전문 업체인 대웅바이오(지분율 100.0%)가 있음. 식품 가공업 및 판매업체인 대웅생명과학(지분율 76.8%)도 주요 자회사임.

실적 분석

동사의 연결기준 2017년 결산 매출액은 전년대비 10.7% 증가한 1조 1,239.6억원을 기록함. 판관비는 대손상각비와 경상개발비를 중심으로 전년동기대비 7.7% 증가하였으며, 비영업손익은 전년과 같이 적자지속함. 반면 영업이익은 845.4억원을 기록하며 전년대비 38.6% 증가함. 법인세 비용의 감소로 인해 당기순이익은 857.1억원을 시현하며 전년동기대비 147.9% 증가함.

현금 흐름

<단위 : 억원>

항목	2016	2017
영업활동	188	1,478
투자활동	-1,818	-825
재무활동	1,687	-348
순현금흐름	52	289
기말현금	1,062	1,352

시장 대비 수익률

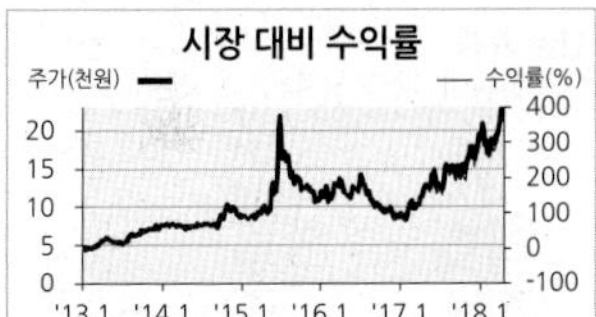

결산 실적

<단위 : 억원>

항목	2012	2013	2014	2015	2016	2017
매출액	8,226	8,433	8,940	9,968	10,150	11,240
영업이익	728	972	787	797	610	845
당기순이익	654	747	379	546	346	857

분기 실적

<단위 : 억원>

항목	2016.3Q	2016.4Q	2017.1Q	2017.2Q	2017.3Q	2017.4Q
매출액	2,565	2,706	2,628	2,862	2,941	2,809
영업이익	175	133	150	244	262	190
당기순이익	105	231	132	183	210	332

재무 상태

<단위 : 억원>

항목	2012	2013	2014	2015	2016	2017
총자산	8,035	8,985	10,107	12,423	14,673	15,492
유형자산	3,536	3,645	3,891	4,414	5,607	5,835
무형자산	493	456	400	1,431	1,594	1,802
유가증권	343	804	1,822	1,673	1,789	1,448
총부채	1,835	2,114	3,020	4,138	6,027	6,098
총차입금	549	732	1,684	2,420	4,135	3,854
자본금	291	291	291	291	291	291
총자본	6,200	6,871	7,087	8,285	8,646	9,393
지배주주지분	3,607	3,980	4,304	4,654	4,858	5,446

기업가치 지표

항목	2012	2013	2014	2015	2016	2017
주가(최고/저)(천원)	4.3/2.6	7.8/4.4	10.6/7.2	21.9/8.2	14.1/8.5	19.4/8.2
PER(최고/저)(배)	6.0/3.7	11.7/6.6	26.8/18.2	33.8/12.7	42.1/25.2	17.0/7.3
PBR(최고/저)(배)	0.7/0.4	1.1/0.6	1.3/0.9	2.5/1.0	1.6/0.9	1.9/0.8
EV/EBITDA(배)	4.6	5.2	6.7	8.7	10.4	12.2
EPS(원)	762	701	410	664	341	1,139
BPS(원)	35,264	38,350	41,132	44,147	45,747	10,160
CFPS(원)	6,447	6,108	4,640	6,483	5,041	2,003
DPS(원)	550	500	500	500	500	100
EBITDAPS(원)	8,901	10,961	9,358	10,012	8,581	2,318

재무 비율

<단위 : %>

연도	영업 이익률	순 이익률	부채 비율	차입금 비율	ROA	ROE	유보율	자기자본 비율	EBITDA 마진율
2017	7.5	7.6	64.9	41.0	5.7	12.9	1,932.1	60.6	12.0
2016	6.0	3.4	69.7	47.8	2.6	4.2	1,729.9	58.9	9.8
2015	8.0	5.5	50.0	29.2	4.9	8.6	1,665.9	66.7	11.7
2014	8.8	4.2	42.6	23.8	4.0	5.8	1,545.3	70.1	12.2

대웅제약 (A069620)
Daewoong Pharmaceutical

업 종 : 제약 | 시 장 : 거래소
신용등급 : (Bond) A+ (CP) — | 기업규모 : 시가총액 중형주
홈페이지 : www.daewoong.co.kr | 연 락 처 : 031)741-7700~4
본 사 : 경기도 성남시 중원구 갈마치로 244

설 립 일	2002.10.02	종업원수	1,501명	대표이사	전승호,윤재춘
상 장 일	2002.11.01	감사의견	적정(삼정)	계 열	
결 산 기	12월	보 통 주		종속회사수	14개사
액 면 가	2,500원	우 선 주		구 상 호	

주주구성 (지분율,%)		출자관계 (지분율,%)		주요경쟁사 (외형,%)	
대웅	40.7	힐리언스	76.0	대웅제약	100
대웅재단	8.6	엠디웰아이엔씨	50.0	에스티팜	21
(외국인)	5.6	한올바이오파마	30.0	종근당	92

매출구성		비용구성		수출비중	
[제품]기타	34.9	매출원가율	57.6	수출	11.9
세비카 외	26.5	판관비율	38.3	내수	88.1
[상품]기타	21.5				

회사 개요

동사는 2002년 10월 1일을 기준일로 주식회사 대웅(분할 전 상호: 주식회사 대웅제약)이 사업부문을 인적분할하여 2002년 10월 2일 자로 설립되었으며 지배기업은2002년 11월 1일자로 유가증권 시장에 상장하였음. 경기도 성남시와 화성군 향남공단 내에 정제의약품 생산 KGMP 기준에 부합하는 제조시설을 두고 의약품 생산 및 판매를 주요 사업으로 영위하고 있음.

실적 분석

동사의 2017년 누적매출액은 9,603.1억원으로 전년대비 8.6% 증가함. 비용측면에서 매출원가와 판관비가 각각 8.5%, 5.8% 상승했음에도 불구하고 매출 확대에 힘입어 영업이익이 전년보다 50.5% 늘어난 389.6억원을 기록함. ETC와 OTC, 수출 등 전 사업부문에서 실적 호조로 지속적인 성장세가 나타나고 있음. 오송 신공장 kGMP 인증으로 나보타 물량 공급 확대에 따라 국내 및 수출 증가로 매출 성장에 기여할 것으로 기대됨.

현금 흐름 〈단위 : 억원〉

항목	2016	2017
영업활동	154	1,039
투자활동	-1,558	-730
재무활동	1,592	-167
순현금흐름	183	128
기말현금	783	911

시장 대비 수익률

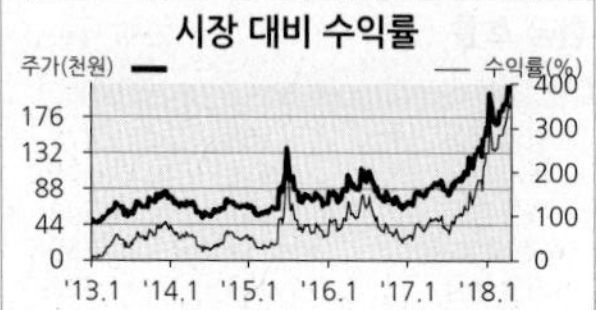

결산 실적 〈단위 : 억원〉

항목	2012	2013	2014	2015	2016	2017
매출액	6,690	6,825	7,359	8,397	8,839	9,603
영업이익	369	714	519	436	259	390
당기순이익	335	580	305	357	261	354

분기 실적 〈단위 : 억원〉

항목	2016.3Q	2016.4Q	2017.1Q	2017.2Q	2017.3Q	2017.4Q
매출액	2,205	2,362	2,259	2,453	2,522	2,369
영업이익	47	112	59	111	136	84
당기순이익	28	152	19	111	105	120

재무 상태 〈단위 : 억원〉

항목	2012	2013	2014	2015	2016	2017
총자산	4,823	5,790	6,943	9,445	11,447	12,135
유형자산	1,149	1,326	1,601	2,558	3,671	3,962
무형자산	297	278	314	1,367	1,510	1,740
유가증권	167	144	107	130	64	54
총부채	958	1,410	2,388	3,643	5,401	5,820
총차입금	29	429	1,444	2,369	3,969	3,851
자본금	282	290	290	290	290	290
총자본	3,866	4,380	4,555	5,802	6,046	6,315
지배주주지분	3,832	4,337	4,431	4,801	4,995	5,194

기업가치 지표

항목	2012	2013	2014	2015	2016	2017
주가(최고/저)(천원)	46.6/19.0	84.7/44.1	79.4/52.9	138/54.8	113/61.9	166/67.1
PER(최고/저)(배)	16.8/6.9	17.5/9.1	30.1/20.1	38.1/15.1	49.2/26.9	60.9/24.7
PBR(최고/저)(배)	1.3/0.6	2.1/1.1	2.0/1.3	3.1/1.2	2.4/1.3	3.4/1.4
EV/EBITDA(배)	9.3	9.2	10.8	15.1	21.2	28.5
EPS(원)	2,941	5,040	2,723	3,705	2,328	2,726
BPS(원)	37,937	41,305	42,117	45,310	46,986	48,708
CFPS(원)	4,610	6,609	4,239	5,699	4,728	6,188
DPS(원)	800	800	700	700	600	600
EBITDAPS(원)	4,859	7,729	6,000	5,754	4,635	6,824

재무 비율 〈단위 : %〉

연도	영업이익률	순이익률	부채비율	차입금비율	ROA	ROE	유보율	자기자본비율	EBITDA마진율
2017	4.1	3.7	92.2	61.0	3.0	6.2	1,848.3	52.0	8.2
2016	2.9	3.0	89.4	65.7	2.5	5.5	1,779.5	52.8	6.1
2015	5.2	4.3	62.8	40.8	4.4	9.3	1,712.4	61.4	7.9
2014	7.1	4.1	52.4	31.7	4.8	7.2	1,584.7	65.6	9.5

대원 (A007680)
DAEWON CO

업 종 : 건설 | 시 장 : KOSDAQ
신용등급 : (Bond) — (CP) — | 기업규모 : 중견
홈페이지 : www.daewon.co.kr | 연 락 처 : 043)264-1115
본 사 : 충북 청주시 흥덕구 직지대로435번길 15(송정동)

설 립 일	1972.02.01	종업원수	명	대표이사	전응식
상 장 일	2017.12.01	감사의견	적정(신한)	계 열	
결 산 기	12월	보 통 주		종속회사수	
액 면 가	500원	우 선 주		구 상 호	

주주구성 (지분율,%)		출자관계 (지분율,%)		주요경쟁사 (외형,%)	
대원지주회사	41.3	대원에듀	100.0	대원	100
전영우	30.6	대원모방	48.0	고려개발	229
(외국인)	0.9	그린에그	20.0	서희건설	356

매출구성		비용구성		수출비중	
분양	52.1	매출원가율	85.6	수출	—
도급공사(건축)	33.7	판관비율	6.1	내수	—
원단(모직물) 등	6.5				

회사 개요

동사는 모방제조업, 무역업을 위해 1972년 2월 21일 설립되었으며 1985년에 대원종합개발를 흡수합병한 이후 건설업을 주사업으로 영위하고 있음. 동사 및 종속회사는 주택분양 및 공공/민간 도급공사 등의 건설사업과 원사/원단 등을 생산하는 섬유사업을 영위 중임. 건설사업부문 원가절감 및 중장기 레미콘 수요확대에 따른 매출증대를 목적으로 2017년 레미콘사업에도 진출하였으나 전체 매출액에서 차지하는 비중이 미미함.

실적 분석

동사의 연결 기준 2017년 매출액 2,899.2억원(전년 대비 약 224억, 8.4% 증가)의 경영성과를 기록하였으며 매출구성은 분양 46.7%, 도급공사(건축) 36.7%, 도급공사(토목) 6.5%, 섬유 6.8%, 기타 3.4%의 비율로 이루어져 있음. 도급공사(건축)는 민간 아파트 시공이 주를 이루고 있음. 영업이익은 전년 대비 37.3% 증가한 240.0억원을 기록함. 당기순이익은 38.0% 감소한 236억원을 기록

현금 흐름 *IFRS 별도 기준 〈단위 : 억원〉

항목	2016	2017
영업활동	398	-15
투자활동	401	605
재무활동	-717	223
순현금흐름	82	812
기말현금	278	1,090

시장 대비 수익률

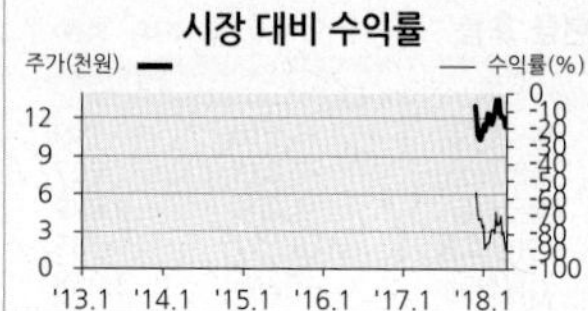

결산 실적 〈단위 : 억원〉

항목	2012	2013	2014	2015	2016	2017
매출액	6,185	3,104	4,213	2,941	2,675	2,899
영업이익	336	105	-281	107	175	240
당기순이익	296	45	-286	152	381	236

분기 실적 *IFRS 별도 기준 〈단위 : 억원〉

항목	2016.3Q	2016.4Q	2017.1Q	2017.2Q	2017.3Q	2017.4Q
매출액	—	—	—	—	—	—
영업이익	—	—	—	—	—	—
당기순이익	—	—	—	—	—	—

재무 상태 *IFRS 별도 기준 〈단위 : 억원〉

항목	2012	2013	2014	2015	2016	2017
총자산	5,012	5,696	5,290	3,403	3,681	3,926
유형자산	124	123	123	125	114	156
무형자산	—	—	—	5	7	27
유가증권	237	308	306	99	473	185
총부채	3,044	3,654	3,512	1,789	1,627	1,557
총차입금	2,329	2,661	2,361	1,003	283	356
자본금	50	50	50	50	50	55
총자본	1,967	2,042	1,778	1,615	2,054	2,369
지배주주지분	1,967	2,042	1,778	1,615	2,054	2,369

기업가치 지표 *IFRS 별도 기준

항목	2012	2013	2014	2015	2016	2017
주가(최고/저)(천원)	—/—	—/—	—/—	—/—	—/—	13.1/10.1
PER(최고/저)(배)	0.0/0.0	0.0/0.0	0.0/0.0	0.0/0.0	0.0/0.0	5.8/4.5
PBR(최고/저)(배)	0.0/0.0	0.0/0.0	0.0/0.0	0.0/0.0	0.0/0.0	0.6/0.5
EV/EBITDA(배)	30.5	26.9	—	11.0	—	1.2
EPS(원)	1,295	332	-2,870	269	3,689	2,302
BPS(원)	393,496	408,380	355,626	322,903	20,543	21,441
CFPS(원)	26,610	7,271	-56,636	6,016	3,735	2,384
DPS(원)	—	—	—	—	—	200
EBITDAPS(원)	9,330	13,478	-56,646	13,600	1,798	2,388

재무 비율 〈단위 : %〉

연도	영업이익률	순이익률	부채비율	차입금비율	ROA	ROE	유보율	자기자본비율	EBITDA마진율
2017	8.3	8.1	64.8	15.5	5.5	9.9	4,261.6	60.7	9.4
2016	6.5	14.2	79.9	15.2	9.1	19.3	4,249.7	55.6	7.3
2015	3.7	5.2	110.7	61.5	—	—	3,385.8	47.5	4.5
2014	-6.7	-6.8	196.6	130.1	-4.6	-15.0	3,465.1	33.7	-6.2

대원강업 (A000430)
Dae Won Kang Up

업　　종 : 자동차부품　　　시　　장 : 거래소
신용등급 : (Bond) —　　(CP) —　　　기업규모 : 시가총액 소형주
홈페이지 : www.daewonspring.com　　　연 락 처 : 041)520-7500
본　　사 : 충남 천안시 서북구 성거읍 오송1길 114-41

설 립 일	1946.09.20	**종업원수**	974명	**대 표 이 사**	허재철,허승호,성열각
상 장 일	1977.06.22	**감사의견**	적정(삼일)	**계　　열**	
결 산 기	12월	**보 통 주**		**종속회사수**	8개사
액 면 가	500원	**우 선 주**		**구 상 호**	

주주구성 (지분율,%)		출자관계 (지분율,%)		주요경쟁사 (외형,%)	
홍민철	12.6	삼원강재	50.0	대원강업	100
허재철	9.1	콘티테크대원에어스프링시스템즈	49.0	S&T홀딩스	147
(외국인)	1.8	대원제강	28.7	S&T중공업	42

매출구성		비용구성		수출비중	
스프링	80.1	매출원가율	88.9	수출	36.1
시트	14.2	판관비율	7.4	내수	63.9
기타	5.7				

회사 개요

동사는 차량용 스프링 및 시트를 주력제품으로 생산하는 자동차 부품업체. 매출비중은 스프링 제품이 대부분을 차지하고 있고 시트와 기타 제품이 약 20% 내외. 차량용 스프링 국내 시장점유율 1위 업체임. 국내 유일의 종합 스프링 메이커로 스프링 일괄 생산체제를 갖추고 있어 원가경쟁력에서도 경쟁사에 절대적인 우위를 갖추고 있음. 소재는 자회사인 삼원강재, 대원정밀 등에서 공급받고 있음.

실적 분석

2017년 연간 매출은 1조 281.7억원으로 전년 동기 대비 4.5% 감소함. 중국 내 현대기아 자동차의 매출 감소로 인한 중국법인인 북경대원 및 강소대원의 매출 감소 등이 주요 원인. 영업이익과 당기순이익 또한 36.1%, 43.2% 감소. 영업외손익이 전년 대비60.0억원 감소하였는데 이는 외환관련이익이 102억원 감소, 매도가능금융자산처분이익이 34억원 발생하였기 때문.

현금 흐름 〈단위 : 억원〉

항목	2016	2017
영업활동	906	933
투자활동	-875	-331
재무활동	200	-817
순현금흐름	240	-230
기말현금	582	352

시장 대비 수익률

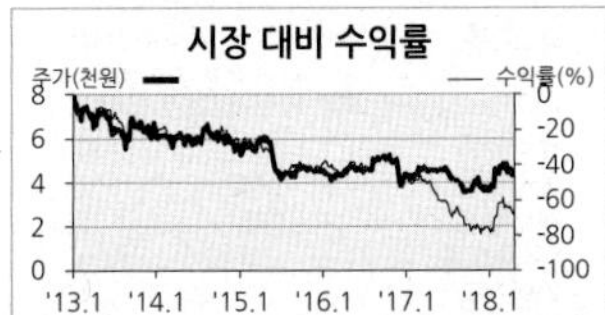

결산 실적 〈단위 : 억원〉

항목	2012	2013	2014	2015	2016	2017
매출액	10,004	10,106	10,294	10,130	10,761	10,282
영업이익	627	638	371	528	597	382
당기순이익	488	378	184	263	461	262

분기 실적 〈단위 : 억원〉

항목	2016.3Q	2016.4Q	2017.1Q	2017.2Q	2017.3Q	2017.4Q
매출액	2,457	2,928	2,596	2,490	2,563	2,633
영업이익	184	70	150	43	88	101
당기순이익	100	126	67	40	57	98

재무 상태 〈단위 : 억원〉

항목	2012	2013	2014	2015	2016	2017
총자산	9,887	11,682	11,484	11,575	12,884	11,664
유형자산	5,870	6,985	6,883	6,973	7,419	6,989
무형자산	94	100	131	118	113	116
유가증권	128	186	255	213	297	203
총부채	5,357	6,820	6,578	6,471	7,342	6,076
총차입금	2,581	3,673	3,896	3,470	3,818	3,023
자본금	310	310	310	310	310	310
총자본	4,530	4,862	4,906	5,104	5,542	5,587
지배주주지분	3,851	4,142	4,152	4,194	4,491	4,572

기업가치 지표

항목	2012	2013	2014	2015	2016	2017
주가(최고/저)(천원)	8.0/4.1	8.0/5.5	6.7/5.4	6.1/4.2	5.4/3.8	4.7/3.5
PER(최고/저)(배)	13.6/6.9	17.7/12.2	37.1/30.0	21.8/15.0	9.2/6.5	13.9/10.3
PBR(최고/저)(배)	1.5/0.7	1.3/0.9	1.1/0.9	1.0/0.7	0.8/0.6	0.7/0.5
EV/EBITDA(배)	9.3	8.9	10.1	7.1	6.4	6.1
EPS(원)	672	508	200	305	619	351
BPS(원)	6,211	6,680	6,698	6,764	7,279	7,408
CFPS(원)	1,109	1,053	876	1,034	1,411	1,224
DPS(원)	110	120	120	125	125	115
EBITDAPS(원)	1,447	1,574	1,274	1,581	1,755	1,488

재무 비율 〈단위 : %〉

연도	영업이익률	순이익률	부채비율	차입금비율	ROA	ROE	유보율	자기자본비율	EBITDA마진율
2017	3.7	2.6	108.8	54.1	2.1	4.8	1,381.7	47.9	9.0
2016	5.6	4.3	132.5	68.9	3.8	8.8	1,355.8	43.0	10.1
2015	5.2	2.6	126.8	68.0	2.3	4.5	1,252.9	44.1	9.7
2014	3.6	1.8	134.1	79.4	1.6	3.0	1,239.5	42.7	7.7

대원미디어 (A048910)
Daewon Media

업　　종 : 미디어　　　시　　장 : KOSDAQ
신용등급 : (Bond) —　　(CP) —　　　기업규모 : 중견
홈페이지 : www.daewonmedia.com　　　연 락 처 : 02)6373-3000
본　　사 : 서울시 용산구 한강대로15길 9-12 (한강로3가)

설 립 일	1977.12.06	**종업원수**	151명	**대 표 이 사**	정욱,정동훈
상 장 일	2001.07.21	**감사의견**	적정(지암)	**계　　열**	
결 산 기	12월	**보 통 주**		**종속회사수**	3개사
액 면 가	500원	**우 선 주**		**구 상 호**	

주주구성 (지분율,%)		출자관계 (지분율,%)		주요경쟁사 (외형,%)	
정욱	23.8	대원씨아이	100.0	대원미디어	100
안정교	6.0	대원방송	44.9	레드로버	30
(외국인)	2.0	도원씨엔피	12.0	SBS미디어홀딩스	349

매출구성		비용구성		수출비중	
[상품매출]게임기 등	54.1	매출원가율	76.0	수출	1.5
[제품매출]카드 등	45.9	판관비율	18.2	내수	98.5
[기타매출]기타	0.0				

회사 개요

동사는 만화영화의 제작 및 판매, 캐릭터 라이센싱 및 캐릭터 프랜차이즈업 등을 목적으로 1977년 12월 설립됐으며 2001년 7월 코스닥시장에 상장됨. 2001년, 2005년에 애니메이션 전문 위성 및 케이블 방송국을, 2007년에는 대원게임을 설립해 닌텐도DS 및 Wii를 판매하고 있음. 애니메이션 창작기획, 캐릭터 라이센스, 애니메이션 방송, DVD, 비디오, 잡지, 만화, 게임 등을 망라하는 사업의 수직 계열화를 달성함.

실적 분석

동사의 연결기준 2017년 결산 누적매출액은 1,207.4억원으로 전년동기 대비 27.1% 증가하였음. 매출총이익 또한 290억원으로 전년동기 대비 22.6% 증가하였음. 이에 영업이익은 전년동기 대비 193.6% 증가한 69.9억원, 당기순이익은 전년동기 대비 1,523% 증가한 78억원을 시현함. 동사는 풍부한 구매력을 갖춘 키덜트층을 타겟으로 한 캐릭터샵을 핫스팟을 중심으로 오픈해 캐릭터 유통사업에 따른 수익성을 키워나갈 계획임.

현금 흐름 〈단위 : 억원〉

항목	2016	2017
영업활동	62	77
투자활동	-124	-56
재무활동	20	-9
순현금흐름	-43	11
기말현금	110	121

시장 대비 수익률

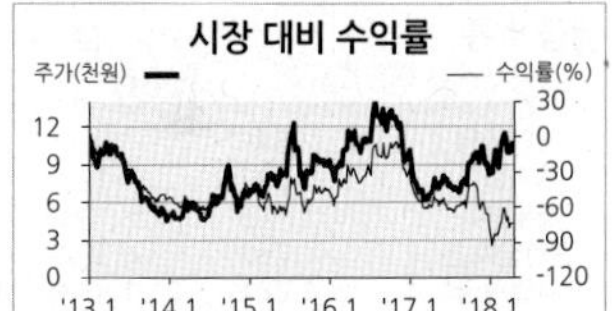

결산 실적 〈단위 : 억원〉

항목	2012	2013	2014	2015	2016	2017
매출액	750	770	802	914	950	1,207
영업이익	3	-51	17	43	24	70
당기순이익	-17	-136	7	50	5	78

분기 실적 〈단위 : 억원〉

항목	2016.3Q	2016.4Q	2017.1Q	2017.2Q	2017.3Q	2017.4Q
매출액	212	299	263	208	227	509
영업이익	8	1	36	10	0	24
당기순이익	5	-8	35	19	-1	25

재무 상태 〈단위 : 억원〉

항목	2012	2013	2014	2015	2016	2017
총자산	992	887	900	938	978	1,043
유형자산	157	157	154	159	168	191
무형자산	161	96	80	86	91	127
유가증권	34	139	77	41	37	50
총부채	340	377	352	275	234	234
총차입금	78	132	142	65	—	—
자본금	45	45	49	56	63	63
총자본	652	511	548	663	743	810
지배주주지분	524	387	412	512	581	637

기업가치 지표

항목	2012	2013	2014	2015	2016	2017
주가(최고/저)(천원)	12.1/6.5	11.1/4.5	9.0/4.6	12.4/6.5	15.5/7.2	11.0/6.0
PER(최고/저)(배)	—/—	—/—	—/—	41.6/21.7	—/—	22.2/12.1
PBR(최고/저)(배)	2.0/1.1	2.4/1.0	2.0/1.0	2.6/1.3	3.3/1.5	2.1/1.2
EV/EBITDA(배)	15.3	24.3	7.2	10.1	11.1	6.6
EPS(원)	-215	-1,620	-120	298	-86	496
BPS(원)	6,063	4,547	4,498	4,797	4,759	5,206
CFPS(원)	433	-853	496	731	543	1,095
DPS(원)	—	—	—	—	—	—
EBITDAPS(원)	681	197	798	825	823	1,155

재무 비율 〈단위 : %〉

연도	영업이익률	순이익률	부채비율	차입금비율	ROA	ROE	유보율	자기자본비율	EBITDA마진율
2017	5.8	6.5	28.9	0.0	7.7	10.3	936.2	77.6	12.0
2016	2.5	0.5	31.5	0.0	0.5	-1.9	847.2	76.0	10.6
2015	4.7	5.5	41.6	9.8	5.4	7.1	854.2	70.6	9.9
2014	2.2	0.9	64.1	25.9	0.8	-2.9	794.0	60.9	9.4

대원산업 (A005710)

DAE WON SAN UP CO

업　　종 : 자동차부품
신용등급 : (Bond) —　(CP) —
홈페이지 : www.dwsu.co.kr
본　　사 : 경기도 안산시 단원구 원시로 179
시　　장 : KOSDAQ
기업규모 : 우량
연 락 처 : 031)495-2301

설 립 일	1968.09.10	**종 업 원 수**	533명	**대 표 이 사**	허재건,허재명,김재덕
상 장 일	1993.06.21	**감 사 의 견**	적정(천지)	**계　　열**	
결 산 기	12월	**보 통 주**		**종속회사수**	3개사
액 면 가	500원	**우 선 주**		**구 상 호**	

주주구성 (지분율,%)		출자관계 (지분율,%)		주요경쟁사 (외형,%)	
허재건	16.0	대영정밀	24.0	대원산업	100
대원강업	9.8	옥천산업	19.9	대유에이텍	135
(외국인)	13.2	대원정밀	18.7	SG&G	153

매출구성		비용구성		수출비중	
자동차 시트(한국)	59.7	매출원가율	91.0	수출	29.4
자동차 시트(중국)	29.1	판관비율	3.7	내수	70.6
자동차 시트(러시아)	11.2				

회사 개요

동사는 각종 시트 제작 판매업을 영위할 목적으로 1968년 설립되어 1993년 코스닥시장에 상장됨. 기아차에 전문적으로 시트를 납품하고 있음. 기아차 포르테, 모닝, 레이, 카니발, 프라이드 등의 카시트를 제조하고 있으며, 기아차 현지 공장인 중국, 러시아에도 생산 공장을 두고 있음. 주문에 의한 생산 및 납품을 하고 있으며, 내수 및 수출 판매에 있어 자동차 생산업체로 직판을 하고 있음.

실적 분석

카니발 등의 판매 증가에 따라 국내 매출과 러시아 법인 매출은 증가하였으나, 중국 법인의 판매가 큰 폭으로 줄어들어 2017년 연결기준 전체 매출액은 전년 대비 3.2% 감소한 7,970.4억원을 기록하였음. 외형 축소에 따른 고정비용 부담과 보유 외화의 적용환율 변동에 따른 대규모 손실 발생으로 당기순이익은 20.7% 감소함. 보유하고 있는 순현금이 시가총액의 60% 가량을 차지하는 자산가치 우량 종목임.

현금 흐름 〈단위 : 억원〉

항목	2016	2017
영업활동	548	590
투자활동	-337	-123
재무활동	6	-35
순현금흐름	262	352
기말현금	1,081	1,433

시장 대비 수익률

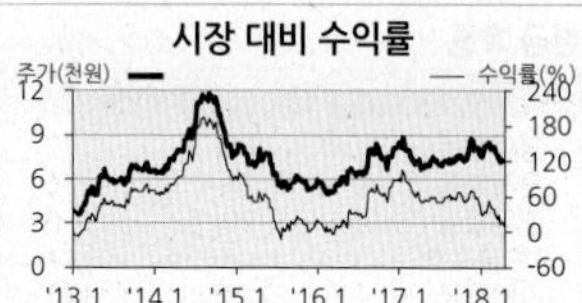

결산 실적 〈단위 : 억원〉

항목	2012	2013	2014	2015	2016	2017
매출액	6,467	6,713	7,130	7,735	8,236	7,970
영업이익	292	289	187	153	405	426
당기순이익	249	287	132	64	428	340

분기 실적 〈단위 : 억원〉

항목	2016.3Q	2016.4Q	2017.1Q	2017.2Q	2017.3Q	2017.4Q
매출액	1,869	2,390	2,067	1,947	2,179	1,778
영업이익	128	15	119	76	163	68
당기순이익	63	129	67	80	156	37

재무 상태 〈단위 : 억원〉

항목	2012	2013	2014	2015	2016	2017
총자산	3,073	3,240	3,663	3,071	4,375	4,238
유형자산	729	687	675	642	809	827
무형자산	8	9	17	18	17	16
유가증권	68	61	52	138	133	122
총부채	1,642	1,533	1,862	1,208	2,161	1,713
총차입금	305	211	299	238	274	247
자본금	72	83	91	91	91	100
총자본	1,431	1,707	1,801	1,863	2,214	2,524
지배주주지분	1,431	1,707	1,801	1,863	2,214	2,524

기업가치 지표

항목	2012	2013	2014	2015	2016	2017
주가(최고/저)(천원)	4.2/2.6	7.1/3.6	11.8/6.3	8.3/5.2	8.4/4.9	8.9/6.7
PER(최고/저)(배)	3.7/2.3	5.3/2.7	19.1/10.2	27.3/17.0	4.1/2.3	5.4/4.0
PBR(최고/저)(배)	0.6/0.4	0.9/0.5	1.4/0.8	0.9/0.6	0.8/0.5	0.7/0.5
EV/EBITDA(배)	1.1	1.3	2.0	1.8	1.4	0.7
EPS(원)	1,241	1,430	658	318	2,137	1,695
BPS(원)	9,935	10,306	9,887	10,227	12,157	12,599
CFPS(원)	3,114	2,954	2,013	1,305	3,441	2,151
DPS(원)	75	75	125	125	100	125
EBITDAPS(원)	3,415	2,968	2,317	1,796	3,313	2,582

재무 비율 〈단위 : %〉

연도	영업이익률	순이익률	부채비율	차입금비율	ROA	ROE	유보율	자기자본비율	EBITDA마진율
2017	5.3	4.3	67.9	9.8	7.9	14.3	2,419.7	59.6	6.5
2016	4.9	5.2	97.6	12.4	11.5	21.0	2,331.3	50.6	7.3
2015	2.0	0.8	64.8	12.8	1.9	3.5	1,945.3	60.7	4.2
2014	2.6	1.9	103.4	16.6	3.8	7.5	1,877.5	49.2	5.9

대원전선 (A006340)

Daewon Cable

업　　종 : 전기장비
신용등급 : (Bond) —　(CP) —
홈페이지 : www.daewoncable.co.kr
본　　사 : 충남 예산군 고덕면 호음덕령길 92
시　　장 : 거래소
기업규모 : 시가총액 소형주
연 락 처 : 041)339-3400

설 립 일	1969.11.29	**종 업 원 수**	185명	**대 표 이 사**	서명환
상 장 일	1988.05.04	**감 사 의 견**	적정(삼영)	**계　　열**	
결 산 기	12월	**보 통 주**		**종속회사수**	2개사
액 면 가	500원	**우 선 주**		**구 상 호**	

주주구성 (지분율,%)		출자관계 (지분율,%)		주요경쟁사 (외형,%)	
갑도물산	29.1	대명전선	100.0	대원전선	100
Uthalden AS	3.8	케이비즈사모투자전문회사	21.4	삼영전자	45
(외국인)	1.2	한국전선공업협동조합	5.5	일진전기	151

매출구성		비용구성		수출비중	
절연전선	44.9	매출원가율	97.3	수출	5.1
전력전선	36.6	판관비율	2.5	내수	94.9
나선	11.2				

회사 개요

동사는 전력 및 통신 케이블을 주력으로 각종 전선류를 제조는 업체임. 한국전력, 케이티의 안정적인 수요로 성장세를 유지해 왔으나 최근 중소 전선업체 증가 및 국내 생산량 증가로 경쟁이 치열해지고 있음. 국내시장은 LS전선, 대한전선 등 대형 3사가 높은 시장점유율을 차지하고 있으며, 동사를 포함한 중견업체들이 중상위권에서 경쟁 중임. 수출이 전체매출의 15%가량을 차지함. 최근 종속회사인 대명전선을 통해 89억원 규모의 전선생산 공장을 인수함.

실적 분석

동사의 2017년 연간 매출액은 전년동기대비 19.6% 상승한 5,050.5억원을 기록하였음. 비용면에서 전년동기대비 매출원가는 증가 했으며 인건비는 감소 하였고 광고선전비도 크게 감소, 기타판매비와관리비는 증가함. 매출액은 성장했지만 원가 증가로 인해 전년동기대비 영업이익은 9.8억원으로 86.5% 크게 하락 하였음. 최종적으로 전년동기대비 당기순이익은 크게 하락하여 15.6억원을 기록함.

현금 흐름 〈단위 : 억원〉

항목	2016	2017
영업활동	118	-40
투자활동	34	27
재무활동	-145	12
순현금흐름	7	-3
기말현금	13	10

시장 대비 수익률

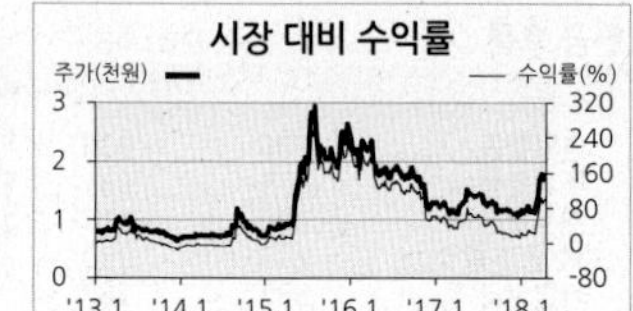

결산 실적 〈단위 : 억원〉

항목	2012	2013	2014	2015	2016	2017
매출액	4,489	4,792	4,147	4,437	4,224	5,051
영업이익	87	54	43	98	72	10
당기순이익	31	34	14	35	21	16

분기 실적 〈단위 : 억원〉

항목	2016.3Q	2016.4Q	2017.1Q	2017.2Q	2017.3Q	2017.4Q
매출액	1,028	1,163	1,324	1,293	1,194	1,240
영업이익	23	-8	22	21	-4	-29
당기순이익	8	-10	15	77	-14	-62

재무 상태 〈단위 : 억원〉

항목	2012	2013	2014	2015	2016	2017
총자산	2,155	2,227	2,109	2,145	2,232	2,219
유형자산	331	600	597	680	686	393
무형자산	14	14	14	14	20	13
유가증권	0	0	23	24	0	0
총부채	1,440	1,483	1,342	1,333	1,409	1,416
총차입금	577	696	663	671	527	400
자본금	354	354	354	354	354	354
총자본	715	744	767	812	823	803
지배주주지분	710	738	752	788	803	803

기업가치 지표

항목	2012	2013	2014	2015	2016	2017
주가(최고/저)(천원)	1.3/0.6	1.1/0.7	1.2/0.7	3.1/0.7	2.5/1.1	1.5/1.1
PER(최고/저)(배)	29.6/13.0	22.1/13.3	62.5/34.7	61.6/14.9	86.6/39.4	157.5/108.4
PBR(최고/저)(배)	1.3/0.6	1.0/0.6	1.2/0.6	2.8/0.7	2.2/1.0	1.3/0.9
EV/EBITDA(배)	9.0	12.6	14.8	16.8	12.6	24.5
EPS(원)	45	49	20	50	28	10
BPS(원)	1,003	1,044	1,063	1,114	1,135	1,136
CFPS(원)	75	84	65	105	86	51
DPS(원)	—	—	—	—	—	—
EBITDAPS(원)	153	111	106	194	159	55

재무 비율 〈단위 : %〉

연도	영업이익률	순이익률	부채비율	차입금비율	ROA	ROE	유보율	자기자본비율	EBITDA마진율
2017	0.2	0.3	176.3	49.8	0.7	0.9	127.2	36.2	0.8
2016	1.7	0.5	171.1	64.0	1.0	2.5	127.1	36.9	2.7
2015	2.2	0.8	164.1	82.6	1.7	4.6	122.8	37.9	3.1
2014	1.0	0.3	174.9	86.4	0.6	1.9	112.7	36.4	1.8

대원제약 (A003220)
Daewon Pharmaceutical

업　　종 : 제약		시　　장 : 거래소	
신용등급 : (Bond) —	(CP) —	기업규모 : 시가총액 중형주	
홈페이지 : www.daewonpharm.com		연 락 처 : 02)2204-7000	
본　　사 : 서울시 성동구 천호대로 386 (용답동 229-3)			

설 립 일 1961.08.09	**종업원수** 874명	**대표이사** 백승호,백승열
상 장 일 1999.12.08	**감사의견** 적정(삼정)	**계　　열**
결 산 기 12월	**보 통 주**	**종속회사수** 1개사
액 면 가 500원	**우 선 주**	**구 상 호**

주주구성 (지분율,%)		출자관계 (지분율,%)		주요경쟁사 (외형,%)	
백승호	15.6	딜라이트	64.4	대원제약	100
백승렬	14.3	대원바이오텍	20.0	삼진제약	92
(외국인)	22.4	라이프코어-이앤신기술사업투자조합1호	12.2	종근당홀딩스	170

매출구성		비용구성		수출비중	
기타	70.0	매출원가율	42.7	수출	3.4
호흡기감염치료제(의약품) 외	13.8	판관비율	47.7	내수	96.6
진해거담제(의약품)	6.6				

회사 개요

동사는 치료제 전문 제네릭 의약품 제조 및 판매를 사업으로 영위하고 있음. 주요 매출처는 신약 / 개량신약 / 제네릭 의약품을 국내 병의원을 대상으로 공급하고 있음. 또한 우수한 cGMP생산시설을 확보함으로써 국내 유수의 제약기업에 동사제품을 납품하는 수탁사업과 중국 등 세계시장에 완제전문의약품을 수출하고 있지만 매출의 대부분이 국내 판매로 내수 의존도가 높음.

실적 분석

동사의 2017년 매출액은 전년동기 대비 10.3% 증가한 2,654.6억원이며, 영업이익은 13.2% 감소한 252.9억원을 시현함. 매출증가는 해열 적응증이 추가된 국산 12호 신약 '펠루비정'과 국내 최초 스틱형파우치 제제인 진해거담제 '코대원포르테시럽'의 빠른 매출 성장에서 기인함. 또한 2015년 향남공장 증축 및 리모델링 후 대형제품의 전용 생산라인 가동이 안정화됨에 따라 제조 수량의 대폭 확대, 매출원가율이 지속적인 개선을 보임.

현금 흐름 〈단위 : 억원〉

항목	2016	2017
영업활동	208	43
투자활동	-202	-198
재무활동	-58	53
순현금흐름	-51	-103
기말현금	140	37

시장 대비 수익률

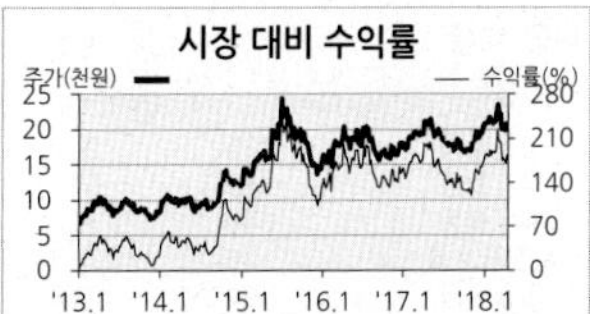

결산 실적 〈단위 : 억원〉

항목	2012	2013	2014	2015	2016	2017
매출액	1,382	1,589	1,820	2,162	2,407	2,655
영업이익	135	155	178	231	291	253
당기순이익	98	122	156	173	197	103

분기 실적 〈단위 : 억원〉

항목	2016.3Q	2016.4Q	2017.1Q	2017.2Q	2017.3Q	2017.4Q
매출액	552	657	629	645	652	729
영업이익	84	87	48	75	87	43
당기순이익	70	46	32	-23	86	7

재무 상태 〈단위 : 억원〉

항목	2012	2013	2014	2015	2016	2017
총자산	1,471	1,601	1,806	1,947	2,147	2,272
유형자산	574	639	762	903	1,009	1,081
무형자산	97	82	68	87	93	139
유가증권	18	15	4	4	7	30
총부채	342	369	461	461	527	591
총차입금	30	30	30	—	—	100
자본금	71	78	82	86	88	91
총자본	1,129	1,233	1,345	1,487	1,620	1,681
지배주주지분	1,124	1,225	1,339	1,482	1,614	1,680

기업가치 지표

항목	2012	2013	2014	2015	2016	2017
주가(최고/저)(천원)	8.2/3.2	10.5/6.8	14.4/8.5	25.9/12.0	20.5/14.8	22.0/16.3
PER(최고/저)(배)	17.4/6.7	17.1/11.1	18.4/10.8	29.0/13.5	19.8/14.4	39.6/29.4
PBR(최고/저)(배)	1.5/0.6	1.7/1.1	2.2/1.3	3.5/1.6	2.4/1.8	2.5/1.8
EV/EBITDA(배)	6.2	7.1	9.7	9.6	9.0	11.4
EPS(원)	503	645	824	927	1,060	562
BPS(원)	7,964	7,896	8,220	8,665	9,333	9,430
CFPS(원)	944	1,050	1,226	1,379	1,567	1,068
DPS(원)	50	75	150	200	260	260
EBITDAPS(원)	1,218	1,256	1,353	1,693	2,071	1,867

재무 비율 〈단위 : %〉

연도	영업이익률	순이익률	부채비율	차입금비율	ROA	ROE	유보율	자기자본비율	EBITDA마진율
2017	9.5	3.9	35.1	6.0	4.7	6.5	1,786.0	74.0	12.8
2016	12.1	8.2	32.5	0.0	9.6	13.1	1,766.7	75.5	15.2
2015	10.7	8.0	31.0	0.0	9.2	12.6	1,633.1	76.3	13.4
2014	9.8	8.6	34.3	2.2	9.2	12.3	1,544.1	74.5	12.2

대원화성 (A024890)
Daewon Chemical

업　　종 : 섬유 및 의복		시　　장 : 거래소	
신용등급 : (Bond) —	(CP) —	기업규모 : 시가총액 소형주	
홈페이지 : www.daewon21.co.kr		연 락 처 : 02)2141-3533	
본　　사 : 서울시 강남구 봉은사로 327 (논현동 278-19 궁도빌딩 13층)			

설 립 일 1974.05.23	**종업원수** 223명	**대표이사** 강동엽
상 장 일 1997.10.09	**감사의견** 적정(삼덕)	**계　　열**
결 산 기 12월	**보 통 주**	**종속회사수** 2개사
액 면 가 500원	**우 선 주**	**구 상 호**

주주구성 (지분율,%)		출자관계 (지분율,%)		주요경쟁사 (외형,%)	
강동엽	11.8	팜크린에너지	24.3	대원화성	100
강상엽	9.8	CMC	21.0	형지엘리트	147
(외국인)	2.8	DaewonChemicalVinaCO.,	100.0	LS네트웍스	375

매출구성		비용구성		수출비중	
습/습건식 外	70.4	매출원가율	77.2	수출	52.5
발포,실크,레자外	15.6	판관비율	14.3	내수	47.5
[상 품]원단	9.5				

회사 개요

동사는 합성피혁(PU), 벽지 및 정제(DMF) 사업을 영위함. 연결대상 종속회사인 Daewon Chemical Vina.Co., Ltd. 는 2006년 설립돼 합성피혁을 주요사업으로 영위하며 베트남 동나이성 롱탄공단 내에 공장이 있음. 연결대상 종속회사인 YANCHENG DAFENG DAE WON CHEMICAL AUTOMOTIVE CO.,LTD.은 2016년 설립돼 합성피혁을 사업으로 영위하고 있으며, 중국 염성시 대풍에 법인을 둠.

실적 분석

2017년 연결기준 동사 매출액은 1183.8억원을 기록함. 전년도 매출인 1243.6억원에서 4.8% 감소함. 영업이익도 전년도 124.4억원에서 19.4% 감소한 100.2억원을 기록하는 데 그침. 비영업부문도 적자폭이 커짐. 이에 당기순이익은 전년도 72.3억원에서 78.1% 감소한 15.9억원을 기록함. 매출채권 손상설정, 재고자산처분손실, 추징세액 등이 실적 악화 요인임.

현금 흐름 〈단위 : 억원〉

항목	2016	2017
영업활동	89	48
투자활동	2	-21
재무활동	-8	-53
순현금흐름	83	-29
기말현금	134	105

시장 대비 수익률

결산 실적 〈단위 : 억원〉

항목	2012	2013	2014	2015	2016	2017
매출액	1,205	1,082	1,316	1,446	1,244	1,184
영업이익	9	52	141	184	124	100
당기순이익	-50	-13	58	115	72	16

분기 실적 〈단위 : 억원〉

항목	2016.3Q	2016.4Q	2017.1Q	2017.2Q	2017.3Q	2017.4Q
매출액	277	337	287	288	303	305
영업이익	26	26	30	29	43	-2
당기순이익	16	17	11	14	3	-13

재무 상태 〈단위 : 억원〉

항목	2012	2013	2014	2015	2016	2017
총자산	1,096	1,092	1,177	1,268	1,349	1,235
유형자산	526	502	489	491	488	474
무형자산	31	25	21	19	12	13
유가증권	13	0	0	1	1	3
총부채	740	732	725	627	638	511
총차입금	503	478	453	387	386	316
자본금	156	161	181	206	206	206
총자본	356	360	452	642	711	724
지배주주지분	356	360	452	642	711	724

기업가치 지표

항목	2012	2013	2014	2015	2016	2017
주가(최고/저)(천원)	1.2/0.7	2.5/1.0	2.6/1.4	4.2/2.0	3.4/2.3	2.9/2.3
PER(최고/저)(배)	—/—	—/—	15.2/8.1	14.7/7.2	19.3/13.1	75.4/59.2
PBR(최고/저)(배)	1.0/0.6	2.0/0.8	1.9/1.0	2.7/1.3	2.0/1.3	1.7/1.3
EV/EBITDA(배)	18.5	11.5	7.0	7.1	8.6	10.2
EPS(원)	-160	-42	172	284	175	38
BPS(원)	1,258	1,228	1,349	1,563	1,732	1,762
CFPS(원)	-56	62	271	368	247	96
DPS(원)	—	—	—	—	—	—
EBITDAPS(원)	133	270	514	540	374	301

재무 비율 〈단위 : %〉

연도	영업이익률	순이익률	부채비율	차입금비율	ROA	ROE	유보율	자기자본비율	EBITDA마진율
2017	8.5	1.3	70.5	43.6	1.2	2.2	252.5	58.6	10.5
2016	10.0	5.8	89.7	54.2	5.5	10.7	246.3	52.7	12.4
2015	12.7	7.9	97.6	60.2	9.4	21.0	212.7	50.6	15.1
2014	10.7	4.4	160.3	100.2	5.1	14.4	169.8	38.4	13.2

대유에이텍 (A002880)
DAYOU A-TECH COLTD

업 종 : 자동차부품　　시 장 : 거래소
신용등급 : (Bond) — (CP) —　　기업규모 : 시가총액 소형주
홈페이지 : www.dayou.co.kr　　연 락 처 : 062)942-8611
본 사 : 광주시 광산구 소촌로 123번길 40-11(소촌동)

설 립 일	1960.01.16	**종업원수**	289명	**대표이사**	권의경,라현근
상 장 일	1977.02.18	**감사의견**	적정(동명)	**계 열**	
결 산 기	12월	**보 통 주**		**종속회사수**	11개사
액 면 가	500원	**우 선 주**		**구 상 호**	

주주구성 (지분율,%)		출자관계 (지분율,%)		주요경쟁사 (외형,%)	
대유홀딩스	24.5	대유합금	100.0	대유에이텍	100
박영우	14.0	염성대유	100.0	대원산업	74
(외국인)	2.3	스마트홀딩스	95.0	SG&G	113

매출구성		비용구성		수출비중	
차량용의자 완제품	99.5	매출원가율	83.1	수출	—
임대용역	0.5	판관비율	15.6	내수	—

회사 개요

동사는 1960년 설립되어 1977년에 유가증권시장에 상장함. 자동차 시트 제조, 도소매, 수출입업, 비철금속, 비철금속 합금소재, 가공품 제조, 판매업, 부동산 임대업이 주 사업임. 특히 자동차 시트 사업부문에서 강점을 보임. 자동차용 의자 완제품을 제조 가공해 기아차 및 쌍용차에 납품하고 있음. 그러던 중 2014년 김치냉장고 "딤채"를 선보인 위니아만도(구 만도기계)를 인수하며 사업을 다각화하고 있음.

실적 분석

동사의 2017년 연간 매출액은 1조 755.1억원을 기록. 고객사 파업에도 불구하고 화성시트사업부 증설, 해외 수요 증가 등으로 전년대비 5.3% 신장한 모습. 매출총이익 또한 7.0% 증가하였으나 지급수수료, 지급임차료 등의 증가로 판관비율이 급증하여 영업이익은 전년 대비 31.3%감소하였으며 금융비용 증가로 당기순이익 또한 전년 대비 54.7% 감소함.

현금 흐름 〈단위 : 억원〉

항목	2016	2017
영업활동	117	671
투자활동	-673	-605
재무활동	497	-64
순현금흐름	-60	1
기말현금	185	186

시장 대비 수익률

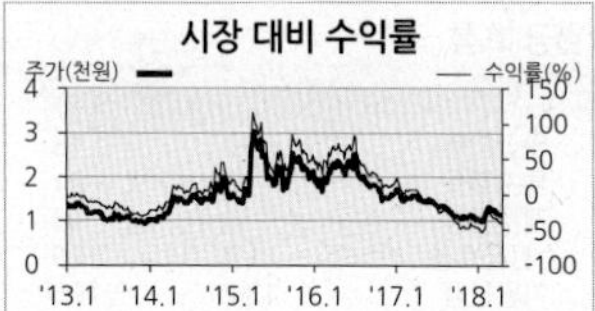

결산 실적 〈단위 : 억원〉

항목	2012	2013	2014	2015	2016	2017
매출액	5,055	5,552	7,375	10,311	10,213	10,755
영업이익	177	130	142	260	216	149
당기순이익	40	87	153	149	67	31

분기 실적 〈단위 : 억원〉

항목	2016.3Q	2016.4Q	2017.1Q	2017.2Q	2017.3Q	2017.4Q
매출액	2,401	3,698	2,118	2,542	2,953	3,141
영업이익	39	514	-143	-87	65	314
당기순이익	28	372	-147	-108	48	238

재무 상태 〈단위 : 억원〉

항목	2012	2013	2014	2015	2016	2017
총자산	3,857	4,387	7,493	7,642	8,486	8,962
유형자산	1,671	1,682	2,769	2,964	2,987	3,350
무형자산	270	249	825	857	875	873
유가증권	144	165	252	129	168	152
총부채	2,874	3,351	6,262	6,108	6,451	6,856
총차입금	1,137	1,326	2,363	2,265	2,461	2,669
자본금	422	422	433	496	496	497
총자본	983	1,036	1,232	1,534	2,035	2,106
지배주주지분	896	944	1,016	1,311	1,170	1,231

기업가치 지표

항목	2012	2013	2014	2015	2016	2017
주가(최고/저)(천원)	2.5/1.2	1.5/0.9	2.0/1.0	3.1/1.4	2.7/1.4	1.7/1.0
PER(최고/저)(배)	59.0/29.1	16.1/10.3	17.7/8.7	24.8/11.3	—/—	71.3/41.3
PBR(최고/저)(배)	2.7/1.3	1.4/0.9	1.9/0.9	2.6/1.2	2.5/1.4	1.5/0.9
EV/EBITDA(배)	8.5	8.5	12.7	7.7	9.1	9.6
EPS(원)	48	100	124	130	-0	25
BPS(원)	1,062	1,119	1,173	1,228	1,095	1,152
CFPS(원)	140	201	278	424	251	285
DPS(원)	30	30	50	40	15	20
EBITDAPS(원)	324	254	321	565	454	399

재무 비율 〈단위 : %〉

연도	영업이익률	순이익률	부채비율	차입금비율	ROA	ROE	유보율	자기자본비율	EBITDA마진율
2017	1.4	0.3	325.6	126.8	0.4	2.2	147.8	23.5	4.0
2016	2.1	0.7	317.0	120.9	0.8	0.0	135.7	24.0	4.8
2015	2.5	1.4	398.3	147.7	2.0	10.7	164.6	20.1	5.3
2014	1.9	2.1	508.4	191.8	2.6	10.8	134.7	16.4	3.7

대유위니아 (A071460)
DAYOU WINIA

업 종 : 내구소비재　　시 장 : KOSDAQ
신용등급 : (Bond) — (CP) —　　기업규모 : 중견
홈페이지 : www.dayou-winia.com　　연 락 처 : 1588-9588
본 사 : 광주시 광산구 하남산단9번로 110(안청동)

설 립 일	1999.10.06	**종업원수**	939명	**대표이사**	김재현
상 장 일	2016.07.14	**감사의견**	적정(동명)	**계 열**	
결 산 기	12월	**보 통 주**		**종속회사수**	2개사
액 면 가	500원	**우 선 주**		**구 상 호**	

주주구성 (지분율,%)		출자관계 (지분율,%)		주요경쟁사 (외형,%)	
위니아대유	47.4	대유위니아서비스	100.0	대유위니아	100
케이디에이치파트너스	10.1	상해위니아전자무역	100.0	코웨이	501
(외국인)	1.0	푸른산수목원	31.9	쿠쿠홀딩스	90

매출구성		비용구성		수출비중	
김치냉장고	71.9	매출원가율	72.5	수출	—
건강/생활가전	16.6	판관비율	25.5	내수	—
대유위니아서비스	12.9				

회사 개요

동사는 1999년 10월 충청남도 아산시에 설립된 가정용 기기 제조업체임. 주요제품으로는 김치냉장고, 에어컨, 냉장고 등이 있음. 자본금은 120억5,500만원임. 4년간 100만 포기가 넘는 김치로 수많은 시행착오를 거듭한 끝에 1995년 김치냉장고 '딤채'를 출시한 만도기계 아산사업부가 모태임. 2015년 3월에는 물류서비스 전문업체인 대유위니아서비스가 출범함. 2016년 7월 코스닥에 상장함.

실적 분석

동사의 2017년 결산 연결기준 매출액은 전년대비 12.5% 성장한 5,026.1억원을 기록함. 매출액 성장은 주로 에어컨 판매 증가에 기인함. 외형성장과 비용 통제로 영업이익 98.1억원, 당기순이익 46.4억원을 보이며 전년대비 수익성이 개선됨. 동사는 당기 결산일 이후 주주간 합의서에 대한 변경계약에 기인한 최대주주 변경을 수반하는 주식담보제공 계약 체결 관련 정정신고를 공시함.

현금 흐름 〈단위 : 억원〉

항목	2016	2017
영업활동	-235	227
투자활동	-380	-581
재무활동	640	358
순현금흐름	26	3
기말현금	64	67

시장 대비 수익률

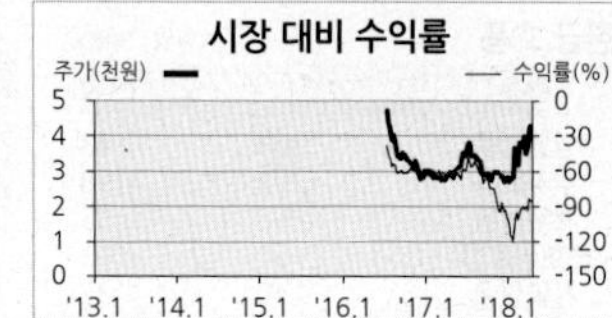

결산 실적 〈단위 : 억원〉

항목	2012	2013	2014	2015	2016	2017
매출액	3,395	4,127	3,825	4,345	4,467	5,026
영업이익	182	168	-196	164	78	98
당기순이익	130	111	-180	118	25	46

분기 실적 〈단위 : 억원〉

항목	2016.3Q	2016.4Q	2017.1Q	2017.2Q	2017.3Q	2017.4Q
매출액	1,204	2,092	619	1,041	1,393	1,974
영업이익	6	506	-173	-119	34	357
당기순이익	3	419	-188	-93	20	307

재무 상태 〈단위 : 억원〉

항목	2012	2013	2014	2015	2016	2017
총자산	2,345	2,784	2,317	2,100	2,965	3,533
유형자산	847	870	834	836	990	1,355
무형자산	20	38	38	60	96	96
유가증권	—	—	—	1	2	54
총부채	1,862	2,185	1,921	1,586	1,988	2,516
총차입금	350	343	283	150	356	736
자본금	84	84	84	87	121	180
총자본	483	599	396	514	978	1,017
지배주주지분	483	599	396	514	978	1,017

기업가치 지표

항목	2012	2013	2014	2015	2016	2017
주가(최고/저)(천원)	—/—	—/—	—/—	—/—	5.1/2.8	3.9/2.7
PER(최고/저)(배)	0.0/0.0	0.0/0.0	0.0/0.0	0.0/0.0	62.3/34.3	30.6/21.2
PBR(최고/저)(배)	0.0/0.0	0.0/0.0	0.0/0.0	0.0/0.0	1.9/1.0	1.4/1.0
EV/EBITDA(배)	—	—	—	0.4	5.9	6.3
EPS(원)	518	444	-718	471	83	129
BPS(원)	2,875	3,570	2,359	2,943	4,054	2,884
CFPS(원)	1,438	1,470	-196	1,579	888	600
DPS(원)	—	—	—	—	—	50
EBITDAPS(원)	1,749	1,810	-295	1,850	1,143	744

재무 비율 〈단위 : %〉

연도	영업이익률	순이익률	부채비율	차입금비율	ROA	ROE	유보율	자기자본비율	EBITDA마진율
2017	2.0	0.9	247.5	72.4	1.4	4.7	476.7	28.8	5.3
2016	1.8	0.6	203.3	36.5	1.0	3.4	710.8	33.0	5.3
2015	3.8	2.7	308.6	29.2	5.4	26.0	488.7	24.5	7.2
2014	-5.1	-4.7	485.0	71.4	-7.1	-36.1	371.8	17.1	-1.3

대유플러스 (A000300)
DAYOU PLUS CO

업 종 : 자동차부품 | 시 장 : 거래소
신용등급 : (Bond) — (CP) — | 기업규모 : 시가총액 소형주
홈페이지 : www.dayouplus.co.kr | 연 락 처 : 031)737-7000
본 사 : 광주시 서구 화운로230번길 28 (화정동)

설 립 일	1967.12.30	**종 업 원 수**	52명	**대 표 이 사**	남우준
상 장 일	1975.06.09	**감 사 의 견**	적정(대주)	**계 열**	
결 산 기	12월	**보 통 주**		**종속회사수**	4개사
액 면 가	500원	**우 선 주**		**구 상 호**	대유신소재

주주구성 (지분율,%)		출자관계 (지분율,%)		주요경쟁사 (외형,%)	
대유홀딩스	21.5	대유글로벌	88.9	대유플러스	100
박영우	8.2	대유에이피	59.4	아진산업	93
(외국인)	1.6	스마트저축은행	41.5	에이엔피	22

매출구성		비용구성		수출비중	
스티어링휠(기타)	61.0	매출원가율	90.8	수출	—
알루미늄휠(기타)	39.0	판관비율	7.6	내수	—

회사 개요

동사는 1967년 설립되었으며 자동차 알루미늄휠, 스티어링휠 생산을 주된 사업으로 하고 있음. 동사의 주요 사업은 네트워크 솔루션 및 통신장비 개발 등의 정보통신부문, 자동차 스티어링휠과 알루미늄휠을 생산하는 자동차부품 부문, 저축은행을 영위하는 금융부문으로 구성됨. 2017년 기준 매출액은 자동차부품업 73.2%, 정보통신업 8.1%, 금융업 18.7%로 구성되어 있음.

실적 분석

동사의 2017년 매출액은 전년 대비 5.4% 성장했으나 동일기간 매출원가 또한 7.1% 상승함에 따라 매출총이익은 전년 대비 8.4% 감소하였으며, 판관비의 소폭 감소에도 불구하고 동년 영업이익 또한 31.1% 감소하였음. 계열사 내 가장 큰 부문을 차지하고 있는 자동차부품업에서 동년 -123.95억원의 영업손실이 발생한 것이 실적 부진의 주요 요인으로 작용. 이에 따라 동년 순손실은 35.2억원을 기록하며 적자전환하였음.

현금 흐름 〈단위 : 억원〉

항목	2016	2017
영업활동	218	-70
투자활동	13	78
재무활동	-138	-120
순현금흐름	93	-113
기말현금	154	42

시장 대비 수익률

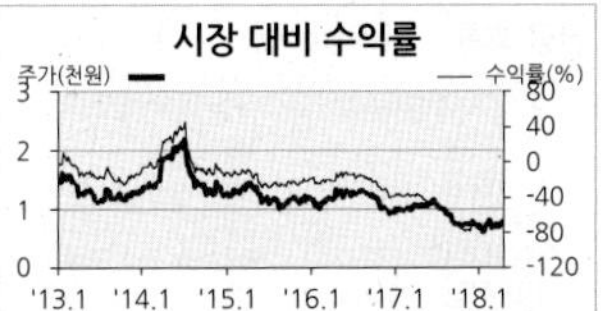

결산 실적 〈단위 : 억원〉

항목	2012	2013	2014	2015	2016	2017
매출액	3,794	4,236	5,017	4,958	4,341	4,577
영업이익	-182	93	6	15	104	71
당기순이익	-181	73	-39	-2	95	-35

분기 실적 〈단위 : 억원〉

항목	2016.3Q	2016.4Q	2017.1Q	2017.2Q	2017.3Q	2017.4Q
매출액	955	1,144	1,140	1,193	1,151	1,094
영업이익	-20	40	8	-3	13	53
당기순이익	-25	35	-13	-35	1	13

재무 상태 〈단위 : 억원〉

항목	2012	2013	2014	2015	2016	2017
총자산	6,094	6,392	7,067	7,845	9,452	9,463
유형자산	1,105	1,189	1,387	1,338	1,372	1,286
무형자산	323	321	323	325	356	343
유가증권	565	497	299	340	206	199
총부채	5,082	5,314	5,997	6,779	8,253	8,261
총차입금	4,086	4,058	4,356	5,350	6,954	6,869
자본금	436	436	441	441	441	441
총자본	1,012	1,078	1,069	1,066	1,199	1,202
지배주주지분	1,010	1,026	981	917	910	761

기업가치 지표

항목	2012	2013	2014	2015	2016	2017
주가(최고/저)(천원)	3.6/1.3	1.7/1.0	2.2/1.2	1.5/1.0	1.5/0.9	1.2/0.7
PER(최고/저)(배)	—/—	35.8/22.3	—/—	—/—	—/—	—/—
PBR(최고/저)(배)	3.1/1.1	1.4/0.9	2.0/1.1	1.4/1.0	1.4/0.9	1.3/0.8
EV/EBITDA(배)	—	14.6	25.8	27.5	21.5	21.9
EPS(원)	-193	46	-86	-90	-42	-151
BPS(원)	1,159	1,177	1,113	1,041	1,032	864
CFPS(원)	-45	186	82	92	132	22
DPS(원)	—	—	—	—	—	—
EBITDAPS(원)	-95	246	175	199	291	253

재무 비율 〈단위 : %〉

연도	영업 이익률	순 이익률	부채 비율	차입금 비율	ROA	ROE	유보율	자기자본 비율	EBITDA 마진율
2017	1.6	-0.8	687.3	571.4	-0.4	-15.9	72.8	12.7	4.9
2016	2.4	2.2	688.4	580.0	1.1	-4.1	106.5	12.7	5.9
2015	0.3	0.0	636.0	501.9	0.0	-8.4	108.2	13.6	3.5
2014	0.1	-0.8	560.7	407.3	-0.6	-7.5	122.6	15.1	3.1

대정화금 (A120240)
Daejung Chemicals & Metals

업 종 : 화학 | 시 장 : KOSDAQ
신용등급 : (Bond) — (CP) — | 기업규모 : 우량
홈페이지 : www.daejung.kr | 연 락 처 : 031)488-8822
본 사 : 경기도 시흥시 서해안로 186, 시화공단 1다 107호

설 립 일	1986.11.13	**종 업 원 수**	156명	**대 표 이 사**	송영준
상 장 일	2010.12.20	**감 사 의 견**	적정(대주)	**계 열**	
결 산 기	12월	**보 통 주**		**종속회사수**	
액 면 가	500원	**우 선 주**		**구 상 호**	

주주구성 (지분율,%)		출자관계 (지분율,%)		주요경쟁사 (외형,%)	
송기섭	30.0			대정화금	100
송영준	10.1			그린케미칼	381
(외국인)	1.9			세우글로벌	55

매출구성		비용구성		수출비중	
Acetone 18L(제품)	58.7	매출원가율	74.9	수출	2.9
Acetonitrile 4L(상품)	41.3	판관비율	11.5	내수	97.1
기타	0.0				

회사 개요

동사는 시험용약품 및 원료의약품을 생산하여 국내 및 해외에 수출하는 화학회사로 Alcohol, Hexane 등을 제조 및 판매하며, 약 2만여 품목의 재고를 보유함. 시약업종 시장은 동사를 포함한 3개사가 40여 년간 과점 형태로 시장을 형성하고 있음. 2차전지 소재를 생산하는 대정이엠을 계열회사로 보유함. 주로 화학산업에서 시약이 사용되고 있지만, 녹색뉴딜이 본격화 된다면 바이오산업 뿐 아니라 환경산업까지 그 수요가 확대될 것으로 기대됨.

실적 분석

동사의 2017년 누적매출액은 664.9억원으로 전년대비 9.1% 증가함. 비용면에서는 매출원가와 판관비가 각각 9.7%, 7.8% 상승했으나 매출 확대에 힘입어 영업이익은 전년보다 7.1% 늘어난 90.2억원을 기록함. 동사는 100% 수입이 이뤄지던 국내 상황에서 2007년 최초로 시약을 해외로 수출하는 성과를 달성함. 향후 신규사업인 증류탑의 신축이 완료된 후 HPLC 용매의 제조능력이 신장되면 수출이 늘어날 것으로 기대됨.

현금 흐름 *IFRS 별도 기준 〈단위 : 억원〉

항목	2016	2017
영업활동	74	89
투자활동	-64	-89
재무활동	-15	-0
순현금흐름	-4	-1
기말현금	23	22

시장 대비 수익률

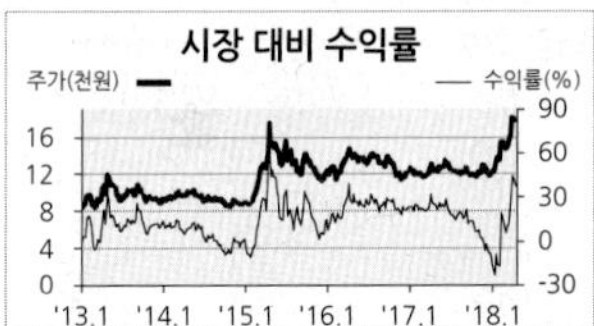

결산 실적 〈단위 : 억원〉

항목	2012	2013	2014	2015	2016	2017
매출액	553	577	606	579	609	665
영업이익	45	60	70	81	84	90
당기순이익	36	98	65	77	75	73

분기 실적 *IFRS 별도 기준 〈단위 : 억원〉

항목	2016.3Q	2016.4Q	2017.1Q	2017.2Q	2017.3Q	2017.4Q
매출액	147	164	163	168	167	166
영업이익	19	25	20	25	26	19
당기순이익	10	33	11	24	24	14

재무 상태 *IFRS 별도 기준 〈단위 : 억원〉

항목	2012	2013	2014	2015	2016	2017
총자산	682	894	987	1,002	1,122	1,123
유형자산	276	279	273	253	246	458
무형자산	6	6	9	9	8	8
유가증권	1	1	0	2	141	165
총부채	122	236	276	203	261	140
총차입금	22	112	116	2	2	2
자본금	29	29	29	30	30	31
총자본	560	658	711	799	861	982
지배주주지분	560	658	711	799	861	982

기업가치 지표 *IFRS 별도 기준

항목	2012	2013	2014	2015	2016	2017
주가(최고/저)(천원)	13.4/7.6	12.3/8.2	10.4/8.4	17.9/8.7	15.6/11.4	13.5/11.6
PER(최고/저)(배)	24.6/13.9	8.1/5.4	10.0/8.1	14.8/7.2	13.1/9.6	11.4/9.8
PBR(최고/저)(배)	1.6/0.9	1.2/0.8	0.9/0.7	1.4/0.7	1.1/0.8	0.9/0.8
EV/EBITDA(배)	6.3	4.9	5.4	6.0	5.8	5.2
EPS(원)	630	1,691	1,125	1,284	1,244	1,209
BPS(원)	9,673	11,365	12,274	13,216	14,239	15,837
CFPS(원)	898	1,913	1,318	1,463	1,382	1,329
DPS(원)	300	250	250	250	250	270
EBITDAPS(원)	1,047	1,259	1,396	1,543	1,530	1,607

재무 비율 〈단위 : %〉

연도	영업 이익률	순 이익률	부채 비율	차입금 비율	ROA	ROE	유보율	자기자본 비율	EBITDA 마진율
2017	13.6	11.0	14.3	0.2	6.5	8.0	3,067.3	87.5	14.7
2016	13.8	12.4	30.3	0.2	7.1	9.1	2,747.7	76.8	15.2
2015	14.0	13.2	25.4	0.3	7.7	10.1	2,543.1	79.8	15.9
2014	11.5	10.8	38.8	16.3	6.9	9.5	2,354.7	72.1	13.4

대주산업 (A003310)
DAEJOO COLTD

업　　종 : 식료품　　시　　장 : KOSDAQ
신용등급 : (Bond) —　(CP) —　　기업규모 : 중견
홈페이지 : www.daejooind.com　　연 락 처 : 02)2201-8108
본　　사 : 서울시 광진구 구의강변로 44, 남전빌딩

설 립 일	1962.01.16	**종 업 원 수**	129명	**대 표 이 사**	정은섭,김창종
상 장 일	1992.08.01	**감 사 의 견**	적정(우리)	**계　열**	
결 산 기	12월	**보　통　주**		**종속회사수**	
액 면 가	500원	**우　선　주**		**구　상　호**	

주주구성 (지분율,%)		출자관계 (지분율,%)		주요경쟁사 (외형,%)	
정은섭	31.6	녹색계란	4.0	대주산업	100
정석원	6.8	코리아로터리서비스	0.3	고려산업	204
(외국인)	3.0	KT	0.0	한탑	146

매출구성		비용구성		수출비중	
배합사료(코끼리표,도그랑등)	100.0	매출원가율	78.2	수출	0.0
		판관비율	17.6	내수	100.0

회사 개요

동사는 사료산업을 영위하며 업종의 성격상 축산업에 생산재를 공급하는 기초 산업으로서 시설면에서는 장치산업으로 분류되고 있음. 축산업 경기는 가축의 광우병, 콜레라, 조류독감 등의 질병으로 인한 축산물 소비 감소와 국내 경기 변동에 따른 영향을 받으며 한정된 시장 내에서 시장 점유율을 넓혀가는 대기업 사료업체간의 과다경쟁과 농.축협 통합에 따른 시장 점유율 확보로 시장 경쟁은 더욱 심화되고 있는 추세임.

실적 분석

동사의 2017년 연결기준 연간 매출액은 855.1억원으로 전년과 비슷한 수준의 실적을 시현함. 매출원가 및 판관비가 소폭 감소하여 영업이익은 전년 대비 10.9% 증가한 35.8억원을 기록함. 이는 pet제품(애견,애묘등)매출 증가에 따른 이익확대의 영향으로 볼 수 있음. 비영업손익 부문은 적자폭은 축소되어 당기순이익은 26.9억원을 전년 대비 39.8% 증가함.

현금 흐름

〈단위 : 억원〉

항목	2016	2017
영업활동	74	29
투자활동	-7	-72
재무활동	-73	65
순현금흐름	-7	22
기말현금	13	35

시장 대비 수익률

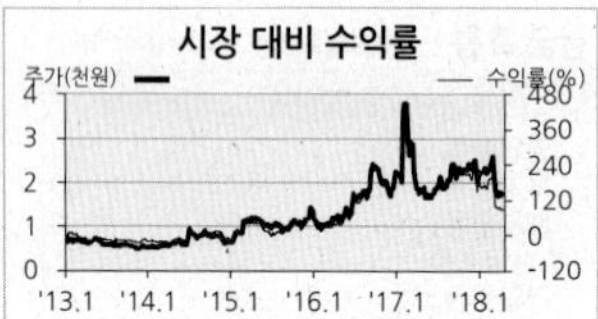

결산 실적

〈단위 : 억원〉

항목	2012	2013	2014	2015	2016	2017
매출액	899	894	776	844	851	855
영업이익	6	20	25	27	32	36
당기순이익	-1	12	15	14	19	27

분기 실적

〈단위 : 억원〉

항목	2016.3Q	2016.4Q	2017.1Q	2017.2Q	2017.3Q	2017.4Q
매출액	191	219	208	209	209	230
영업이익	8	9	6	11	7	13
당기순이익	6	3	3	8	5	11

재무 상태

〈단위 : 억원〉

항목	2012	2013	2014	2015	2016	2017
총자산	830	813	799	793	768	843
유형자산	453	450	449	450	453	508
무형자산	10	10	10	7	6	2
유가증권	7	7	7	7	7	5
총부채	385	356	329	314	283	338
총차입금	227	191	139	137	73	146
자본금	187	187	187	187	187	187
총자본	445	458	470	479	485	505
지배주주지분	445	458	470	479	485	505

기업가치 지표

항목	2012	2013	2014	2015	2016	2017
주가(최고/저)(천원)	1.7/0.5	0.8/0.5	0.9/0.5	1.4/0.6	2.7/0.9	3.9/1.7
PER(최고/저)(배)	—/—	24.5/15.5	22.6/12.5	38.2/17.1	50.0/17.4	52.3/22.0
PBR(최고/저)(배)	1.5/0.4	0.6/0.4	0.7/0.4	1.1/0.5	2.0/0.7	2.8/1.2
EV/EBITDA(배)	29.2	11.8	9.8	15.7	20.1	19.2
EPS(원)	-3	33	43	39	55	77
BPS(원)	1,258	1,293	1,328	1,352	1,370	1,427
CFPS(원)	21	58	69	66	83	104
DPS(원)	—	—	—	25	25	30
EBITDAPS(원)	42	80	97	105	119	129

재무 비율

〈단위 : %〉

연도	영업이익률	순이익률	부채비율	차입금비율	ROA	ROE	유보율	자기자본비율	EBITDA마진율
2017	4.2	3.2	66.9	29.0	3.3	5.5	170.1	59.9	5.3
2016	3.8	2.3	58.4	15.0	2.5	4.0	159.4	63.1	5.0
2015	3.3	1.6	65.7	28.6	1.7	2.9	155.9	60.4	4.4
2014	3.3	2.0	70.0	29.7	1.9	3.3	151.4	58.8	4.4

대주이엔티 (A114920)
Daejoo Energy INnovation Technology

업　　종 : 금속 및 광물　　시　　장 : KONEX
신용등급 : (Bond) —　(CP) —　　기업규모 : —
홈페이지 : www.daejooent.co.kr　　연 락 처 : 070)7015-1323
본　　사 : 인천시 중구 신포로 4 4층(사동)

설 립 일	1989.05.29	**종 업 원 수**	139명	**대 표 이 사**	황광수
상 장 일	2013.07.01	**감 사 의 견**	적정(삼덕)	**계　열**	
결 산 기	12월	**보　통　주**		**종속회사수**	
액 면 가	—	**우　선　주**		**구　상　호**	

주주구성 (지분율,%)		출자관계 (지분율,%)		주요경쟁사 (외형,%)	
박광수	23.1			대주이엔티	100
박주봉	21.3				51
				그린플러스	36

매출구성		비용구성		수출비중	
E/Rail(제품)	47.7	매출원가율	92.5	수출	1.9
E/Rail(기타)	17.6	판관비율	4.7	내수	98.1
배관공사(공사)	15.0				

회사 개요

동사는 1989년에 설립되어 단열 이중보온관 등을 제조 및 판매하고 있으며, 2002년 7월 1일에 관계회사인 대주중공업으로부터 엘리베이터 레일사업부를 인수하여 엘리베이터 레일의 제조 및 판매를 추가함. 2004년 신규사업으로 철골공사업이 추가했으며 2007년에는 ESCO사업과 승강기설치공사업, 2009년에는 토공사업외 5개 사업이 신규로 추가함. 매출구성은 이중보온관 19%, 엘리베이터가이드레일 32%, 배관공사 25%, 기타 24%임.

실적 분석

동사의 2017년 연결 기준 매출과 영업이익, 당기순손실은 1,300.8억원, 35.6억원, 16.8억원을 기록함. 금융손익, 외환손익 등 비영업손익에서 손실이 발생하였으나 큰 무리는 없어보임. 동사는 2017년 7월 12일 수원지방법원 성남지원으로부터 이중보온관 담합행위와 관련 1심 손해배상청구소송에서 패소해 동사를 포함한 4사가 119억원의 배상 의무가 생김. 항소를 진행 중임.

현금 흐름 *IFRS 별도 기준

〈단위 : 억원〉

항목	2016	2017
영업활동	69	50
투자활동	-164	159
재무활동	33	-188
순현금흐름	-62	21
기말현금	17	38

시장 대비 수익률

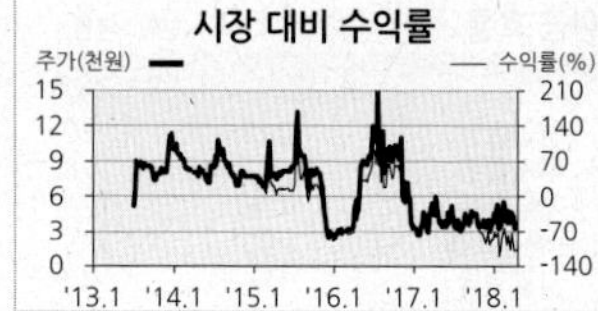

결산 실적

〈단위 : 억원〉

항목	2012	2013	2014	2015	2016	2017
매출액	1,193	1,230	1,447	1,183	1,185	1,301
영업이익	48	34	52	7	18	36
당기순이익	33	27	33	-8	11	-17

분기 실적 *IFRS 별도 기준

〈단위 : 억원〉

항목	2016.3Q	2016.4Q	2017.1Q	2017.2Q	2017.3Q	2017.4Q
매출액	—	—	—	—	—	—
영업이익	—	—	—	—	—	—
당기순이익	—	—	—	—	—	—

재무 상태 *IFRS 별도 기준

〈단위 : 억원〉

항목	2012	2013	2014	2015	2016	2017
총자산	581	696	755	1,032	1,158	976
유형자산	52	93	119	315	296	284
무형자산	5	4	4	3	2	1
유가증권	84	84	77	77	82	83
총부채	296	384	410	696	811	646
총차입금	145	218	204	507	602	417
자본금	17	17	17	17	17	17
총자본	285	311	345	337	348	331
지배주주지분	285	311	345	337	348	331

기업가치 지표 *IFRS 별도 기준

항목	2012	2013	2014	2015	2016	2017
주가(최고/저)(천원)	—/—	11.3/5.2	11.3/7.0	15.5/2.1	15.5/2.4	6.1/2.6
PER(최고/저)(배)	0.0/0.0	14.8/6.8	11.8/7.3	—/—	48.4/7.5	—/—
PBR(최고/저)(배)	0.0/0.0	1.3/0.6	1.1/0.7	1.6/0.2	1.6/0.2	0.6/0.3
EV/EBITDA(배)	1.5	11.7	4.8	11.6	11.2	8.3
EPS(원)	951	765	959	-227	320	-486
BPS(원)	8,216	8,975	9,933	9,706	10,026	9,539
CFPS(원)	1,182	1,071	1,609	586	928	-56
DPS(원)	25	—	—	—	—	—
EBITDAPS(원)	1,613	1,284	2,140	1,021	1,123	1,455

재무 비율

〈단위 : %〉

연도	영업이익률	순이익률	부채비율	차입금비율	ROA	ROE	유보율	자기자본비율	EBITDA마진율
2017	2.7	-1.3	195.1	126.1	-1.6	-5.0	1,807.7	33.9	3.9
2016	1.5	0.9	233.0	173.1	1.0	3.3	1,905.3	30.0	3.3
2015	0.6	-0.7	206.6	150.6	-0.9	-2.3	1,841.2	32.6	3.0
2014	3.6	2.3	119.0	59.2	4.6	10.1	1,886.7	45.7	5.1

대주전자재료 (A078600)
Daejoo Electronic Materials

업 종 : 전자 장비 및 기기
신용등급 : (Bond) — (CP) —
홈페이지 : www.daejoo.co.kr
본 사 : 경기도 시흥시 서해안로 148 (정왕동 시흥스마트 허브 1라 110)

시 장 : KOSDAQ
기업규모 : 벤처
연 락 처 : 031)498-2901

설 립 일	1981.07.06	**종업원수**	179명	**대표이사**	임일지,임중규
상 장 일	2004.12.10	**감사의견**	적정(성도)	**계 열**	
결 산 기	12월	**보 통 주**		**종속회사수**	3개사
액 면 가	500원	**우 선 주**		**구 상 호**	

주주구성 (지분율,%)		출자관계 (지분율,%)		주요경쟁사 (외형,%)	
임무현	8.4	청도대주전자재료	100.0	대주전자재료	100
임중규	8.3	동관대주전자재료	97.8	이엠티	11
(외국인)	2.5	대주USLLC	90.0	상신이디피	107

매출구성		비용구성		수출비중	
형광체	35.8	매출원가율	79.6	수출	69.9
전도성 페이스트	33.0	판관비율	17.2	내수	30.1
태양전지전극재료	12.2				

회사 개요

동사는 전자제품에 필수적으로 사용되는 전자부품용 소재를 종합적으로 개발, 제조, 양산할 수 있는 전자재료 전문기업임. 2016년 기준 주요 제품은 전도성페이스트(33%), 태양전지 전극재료(12.2%), 고분자재료(11.6%), LED용 형광체(35.8%) 등 임. 전극페이스트는 국내는 삼성전기를 필두로 하여 칩부품용 전극재료의 수요가 증가하고 있으며 중국, 대만에서의 시장이 크게 확대되고 있음.

실적 분석

동사의 2017년도 연결기준 연간 매출액은 933.9억원으로 전년도 대비 37.5% 증가함. MLCC 재료의 매출이 증가했으나, 무형자산(개발비)를 비용 처리하면서 순이익은 적자전환(-79.2억원). 향후 첨단 Solar Cell 전극 페이스트, LED재료, PIG, 이차전지 음극재료의 소재로 사업영역을 다각화할 것으로 기대되며 국내외 시장에서 판매시장을 확보할 전망.

현금 흐름

<단위 : 억원>

항목	2016	2017
영업활동	41	9
투자활동	-69	-49
재무활동	39	0
순현금흐름	10	-41
기말현금	109	68

시장 대비 수익률

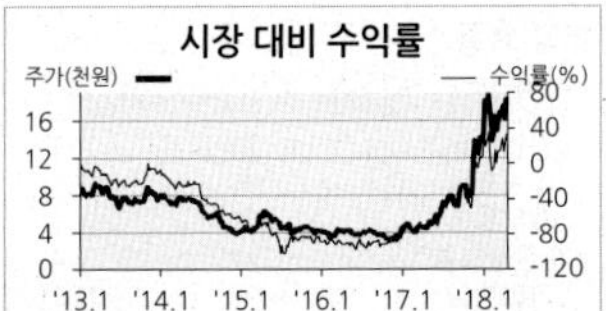

결산 실적

<단위 : 억원>

항목	2012	2013	2014	2015	2016	2017
매출액	1,052	796	706	575	679	934
영업이익	85	14	3	-23	40	30
당기순이익	45	-10	-64	-49	7	-79

분기 실적

<단위 : 억원>

항목	2016.3Q	2016.4Q	2017.1Q	2017.2Q	2017.3Q	2017.4Q
매출액	166	183	208	241	251	234
영업이익	11	17	9	9	5	7
당기순이익	4	3	2	4	1	-86

재무 상태

<단위 : 억원>

항목	2012	2013	2014	2015	2016	2017
총자산	1,161	1,171	1,152	1,349	1,412	1,339
유형자산	622	611	704	877	874	882
무형자산	105	116	88	95	99	27
유가증권	—	—	—	—	—	—
총부채	700	688	728	819	828	794
총차입금	573	570	633	725	708	643
자본금	42	46	46	47	66	73
총자본	461	483	424	530	585	545
지배주주지분	446	470	410	517	572	532

기업가치 지표

항목	2012	2013	2014	2015	2016	2017
주가(최고/저)(천원)	9.5/6.0	9.4/6.5	8.0/3.9	6.5/3.8	4.4/3.0	14.7/4.0
PER(최고/저)(배)	20.7/13.0	—/—	—/—	—/—	73.2/49.3	—/—
PBR(최고/저)(배)	2.1/1.3	2.0/1.4	2.0/0.9	1.3/0.8	1.0/0.7	3.8/1.0
EV/EBITDA(배)	10.5	21.5	18.7	44.7	14.7	35.3
EPS(원)	465	-76	-572	-431	61	-551
BPS(원)	5,605	5,685	5,022	6,055	4,594	3,897
CFPS(원)	1,162	483	-144	1	397	-233
DPS(원)	100	—	—	—	—	—
EBITDAPS(원)	1,621	735	590	272	683	522

재무 비율

<단위 : %>

연도	영업이익률	순이익률	부채비율	차입금비율	ROA	ROE	유보율	자기자본비율	EBITDA마진율
2017	3.2	-8.5	145.8	118.0	-5.8	-14.5	679.3	40.7	8.1
2016	5.9	1.0	141.5	121.1	0.5	1.3	818.8	41.4	11.7
2015	-4.0	-8.5	154.4	136.6	-3.9	-10.4	1,111.1	39.3	4.3
2014	0.5	-9.0	171.9	149.4	-5.5	-14.4	904.4	36.8	7.6

대진디엠피 (A065690)
DAEJINDMPCOLTD

업 종 : 컴퓨터 및 주변기기
신용등급 : (Bond) — (CP) —
홈페이지 : www.daejindmp.co.kr
본 사 : 충남 천안시 서북구 성거읍 천흥리 316-4

시 장 : KOSDAQ
기업규모 : 우량
연 락 처 : 041)522-5361

설 립 일	1987.06.23	**종업원수**	120명	**대표이사**	박창식
상 장 일	2002.06.27	**감사의견**	적정(인덕)	**계 열**	
결 산 기	12월	**보 통 주**		**종속회사수**	1개사
액 면 가	500원	**우 선 주**		**구 상 호**	

주주구성 (지분율,%)		출자관계 (지분율,%)		주요경쟁사 (외형,%)	
박창식	21.5	위해대진전자	100.0	대진디엠피	100
박영태	7.5	DAEJINDPS	92.5	엠젠플러스	84
(외국인)	1.8			아이리버	108

매출구성		비용구성		수출비중	
BLADE/ROLLER	52.3	매출원가율	84.2	수출	47.4
LED&LED LAMP	47.7	판관비율	17.1	내수	52.6

회사 개요

1970년 3월에 설립된 동사는 프린터 제품에 들어가는 핵심 고무 롤러류 및 블레이드류와 LED PKG, LAMP의 제조와 판매를 주 영업목적으로 하고 있음. 동사는 프린터 부품 부문이 전체 매출의 52% 가량을 차지하고, 주요 거래선은 삼성전자임. 매출의 47%를 차지하는 LED 조명 부문에선 핸드폰에 들어가는 발광 chip LED 및 할로겐램프 대체용 LED 램프를 생산 중임. 최근에는 피부미용기기를 개발하며 사업다각화 추진 중

실적 분석

동사의 2017년 매출은 645.3억원으로 전년대비 1.1% 증가. 영업이익은 -8.2억원으로 적자전환, 당기순이익은 -25.9억원으로 전년대비 적자전환. 외형 정체 속에 원가율 상승, 판매관리비 증가로 수익성은 부진. 동사는 2018년 HP의 A3복합기 시장 진출 추진로 새로운 외형 성장을 도모, 2017년 삼성전자향 카트리지를 생산하는 업체와 사용되는 부품을 생산하는 기업을 인수하여 2018년 이 회사들과 시너지를 기대

현금 흐름

<단위 : 억원>

항목	2016	2017
영업활동	114	-25
투자활동	-22	-113
재무활동	11	111
순현금흐름	112	-42
기말현금	272	230

시장 대비 수익률

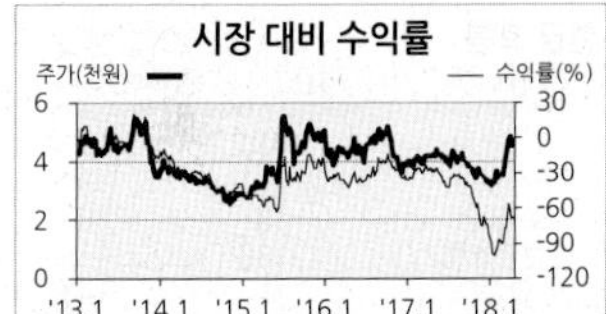

결산 실적

<단위 : 억원>

항목	2012	2013	2014	2015	2016	2017
매출액	890	753	659	699	639	645
영업이익	32	4	13	28	42	-8
당기순이익	7	-48	32	35	25	-26

분기 실적

<단위 : 억원>

항목	2016.3Q	2016.4Q	2017.1Q	2017.2Q	2017.3Q	2017.4Q
매출액	168	153	169	165	158	154
영업이익	7	11	6	-1	0	-13
당기순이익	-6	10	-11	7	6	-28

재무 상태

<단위 : 억원>

항목	2012	2013	2014	2015	2016	2017
총자산	971	937	923	933	1,008	1,189
유형자산	398	368	357	328	269	208
무형자산	7	7	16	14	6	15
유가증권	24	47	12	63	64	60
총부채	190	204	158	109	130	295
총차입금	106	94	80	76	56	135
자본금	59	59	59	63	68	69
총자본	780	733	765	824	878	893
지배주주지분	780	733	765	824	878	888

기업가치 지표

항목	2012	2013	2014	2015	2016	2017
주가(최고/저)(천원)	4.5/3.0	5.8/3.5	4.1/2.5	6.2/2.8	5.2/3.5	4.4/3.3
PER(최고/저)(배)	70.4/46.6	—/—	15.1/9.3	21.5/9.7	26.8/18.2	—/—
PBR(최고/저)(배)	0.6/0.4	0.9/0.5	0.6/0.4	0.9/0.4	0.8/0.5	0.7/0.5
EV/EBITDA(배)	4.7	5.9	2.6	5.2	1.2	4.4
EPS(원)	63	-409	272	287	194	-189
BPS(원)	7,055	6,649	6,924	6,920	6,768	6,735
CFPS(원)	504	-29	622	646	510	42
DPS(원)	—	—	—	—	—	—
EBITDAPS(원)	710	411	462	586	637	172

재무 비율

<단위 : %>

연도	영업이익률	순이익률	부채비율	차입금비율	ROA	ROE	유보율	자기자본비율	EBITDA마진율
2017	-1.3	-4.0	33.1	15.1	-2.4	-3.0	1,247.0	75.2	3.7
2016	6.6	4.0	14.8	6.4	2.6	3.0	1,253.7	87.1	13.0
2015	4.0	5.0	13.2	9.2	3.8	4.4	1,284.1	88.4	10.3
2014	2.0	4.8	20.7	10.5	3.4	4.3	1,284.8	82.9	8.2

대창 (A012800)
Daechang

업　　종 : 금속 및 광물　　시　　장 : 거래소
신용등급 : (Bond) —　(CP) —　　기업규모 : 시가총액 소형주
홈페이지 : www.brassone.com　　연 락 처 : 031)496-3000
본　　사 : 경기도 시흥시 공단1대로 391(정왕동), 시화공단4나 506호

설 립 일	1974.04.16	**종업원수**	377명	**대 표 이 사**	조시영,김옥렬
상 장 일	1989.12.05	**감사의견**	적정(대성삼경)	**계　　열**	
결 산 기	12월	**보 통 주**		**종속회사수**	7개사
액 면 가	500원	**우 선 주**		**구 상 호**	

주주구성 (지분율,%)		출자관계 (지분율,%)		주요경쟁사 (외형,%)	
서원	27.9	아이엔스틸	80.9	대창	100
조시영	4.4	태우	78.4	포스코엠텍	26
(외국인)	4.3	에쎈테크	34.0	동양철관	15

매출구성		비용구성		수출비중	
황동봉(제품)	80.4	매출원가율	92.7	수출	50.1
건설부품등 소재	19.6	판관비율	3.2	내수	49.9

회사 개요

동사는 1974년 동합금계열 비철금속 등의 제조 및 판매를 목적으로 설립됨. 동사의 종속회사는 전선소재인 동 Wirebar와 파이프 소재인 동 Billet 생산하는 태우, 황동 소재 부품을 생산하는 에쎈테크, 냉간압연 특수대강 및 포장용 대강을 생산하는 아이엔스틸 등 국내 3개사, 해외 판매거점인 해외 4개사임. 동사는 황동봉 국내 시장에서 2017년 기준 39.5%를 차지하는 국내 1위 업체이자 세계 시장에서도 5위권 이내임.

실적 분석

동사의 연결기준 2017년 연간 누적 매출액은 9,832.9억원으로 전년동기 대비 20.3% 증가함. 이는 원재료 가격 상승에 따른 판매단가 인상과 더불어, 매출의 절반 이상을 차지하는 수출 실적이 전년동기 대비 개선됐기 때문임. 영업이익은 406.2억원으로 전년동기 대비 34.3% 증가함. 금융손실 지속으로 인한 비영업손실 확대로 당기순이익은 142.7억원을 시현함.

현금 흐름 〈단위 : 억원〉

항목	2016	2017
영업활동	416	102
투자활동	-60	-30
재무활동	-623	-63
순현금흐름	-266	9
기말현금	134	142

시장 대비 수익률

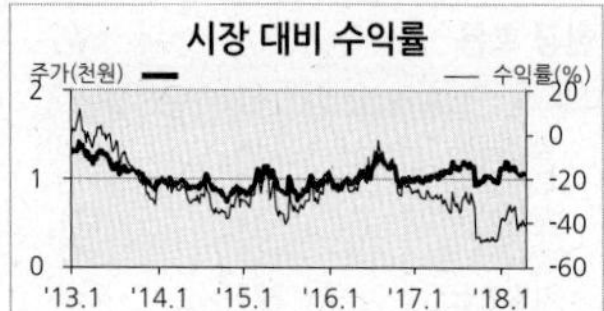

결산 실적 〈단위 : 억원〉

항목	2012	2013	2014	2015	2016	2017
매출액	7,813	7,549	13,237	10,167	8,177	9,833
영업이익	79	7	163	-320	302	406
당기순이익	88	-186	-80	-509	120	143

분기 실적 〈단위 : 억원〉

항목	2016.3Q	2016.4Q	2017.1Q	2017.2Q	2017.3Q	2017.4Q
매출액	1,680	1,882	2,341	2,432	2,691	2,369
영업이익	-6	135	107	80	151	68
당기순이익	-19	3	53	32	69	-12

재무 상태 〈단위 : 억원〉

항목	2012	2013	2014	2015	2016	2017
총자산	4,770	6,578	6,557	5,391	5,660	5,634
유형자산	1,447	1,988	1,968	2,081	2,162	2,153
무형자산	27	30	27	28	103	96
유가증권	58	34	2	0	16	71
총부채	2,877	4,724	4,877	3,900	3,867	3,689
총차입금	2,440	4,265	4,138	3,512	3,238	3,118
자본금	456	456	456	456	456	456
총자본	1,893	1,854	1,679	1,491	1,792	1,945
지배주주지분	1,870	1,662	1,579	1,427	1,473	1,610

기업가치 지표

항목	2012	2013	2014	2015	2016	2017
주가(최고/저)(천원)	1.7/1.0	1.4/0.9	1.1/0.7	1.2/0.8	1.3/0.9	1.3/0.9
PER(최고/저)(배)	18.3/10.7	—/—	—/—	—/—	13.2/8.9	9.2/6.7
PBR(최고/저)(배)	0.8/0.5	0.8/0.5	0.6/0.4	0.7/0.5	0.8/0.5	0.7/0.5
EV/EBITDA(배)	21.7	53.5	16.8	—	10.0	8.0
EPS(원)	95	-206	-60	-491	101	140
BPS(원)	2,112	1,885	1,837	1,671	1,721	1,871
CFPS(원)	186	-109	83	-351	242	275
DPS(원)	30	—	—	—	—	25
EBITDAPS(원)	177	106	321	-211	473	581

재무 비율 〈단위 : %〉

연도	영업 이익률	순 이익률	부채 비율	차입금 비율	ROA	ROE	유보율	자기자본 비율	EBITDA 마진율
2017	4.1	1.5	189.7	160.3	2.5	8.3	274.2	34.5	5.4
2016	3.7	1.5	215.8	180.6	2.2	6.3	244.2	31.7	5.3
2015	-3.2	-5.0	261.6	235.6	-8.5	-29.8	234.1	27.7	-1.9
2014	1.2	-0.6	290.5	246.5	-1.2	-3.4	267.4	25.6	2.2

대창단조 (A015230)
Daechang Forging

업　　종 : 기계　　시　　장 : 거래소
신용등급 : (Bond) —　(CP) —　　기업규모 : 시가총액 소형주
홈페이지 : www.dcf.co.kr　　연 락 처 : 055)329-3911
본　　사 : 경남 김해시 생림면 봉림로 115-92

설 립 일	1981.01.01	**종업원수**	135명	**대 표 이 사**	박권일
상 장 일	1989.07.25	**감사의견**	적정(성도)	**계　　열**	
결 산 기	12월	**보 통 주**		**종속회사수**	3개사
액 면 가	5,000원	**우 선 주**		**구 상 호**	

주주구성 (지분율,%)		출자관계 (지분율,%)		주요경쟁사 (외형,%)	
국민연금공단	12.9	나전금속	92.0	대창단조	100
박권일	12.3	대창중기	85.0	로보스타	80
(외국인)	4.1	Trek	70.0	스맥	63

매출구성		비용구성		수출비중	
링크아세이(제품)	31.5	매출원가율	85.8	수출	60.6
링크슈아세이(제품)	30.4	판관비율	6.9	내수	39.4
상품	23.2				

회사 개요

동사는 건설 및 토목용 장비 전문 업체로 50년 이상 자동차, 중장비 부품의 단조 및 가공사업을 전문적으로 영위해 옴. Trek Inc, 대층중기, 나전금속 등 총 3개의 연결대상 종속회사를 보유하고 있음. 매출의 약 25%는 내수, 약 75%는 수출에서 나옴. 내수는 볼보, 현대, 두산의 중장비 완성차 업체에 OEM 방식으로 납품해 매출을 거둬 들이고 수출 매출은 굴삭기 등 중장비용 글로벌 A/S시장과 해외 OEM 시장에서 나옴.

실적 분석

동사의 2017년 연결기준 연간 매출액은 2,576.5억원. 전기 대비 20.7% 증가. 매출 상승과 판관비율 하락으로 영업이익은 14.6% 상승함. 지급수수료, 운반비, 수출비용 등의 판관비 통제에는 성공하였으나 매출원가율은 다소 상승함. 비영업부문에서 8.1억원의 손실이 발생해 당기순이익은 9.0% 감소한 127.1억원을 기록함. 2018년도 매출목표는 2,500억원으로 해외 OEM 시장의 신규개척과 신모델 개발 및 판매에 주력하고 있음.

현금 흐름 〈단위 : 억원〉

항목	2016	2017
영업활동	24	-3
투자활동	95	61
재무활동	-109	-1
순현금흐름	11	54
기말현금	98	152

시장 대비 수익률

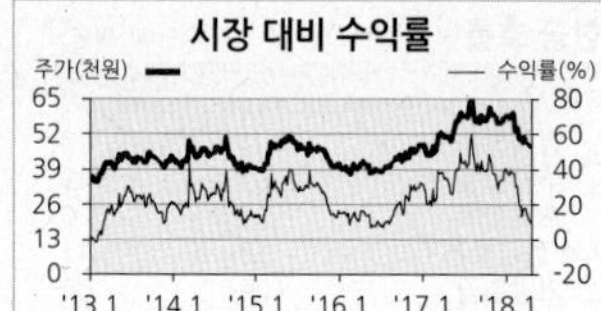

결산 실적 〈단위 : 억원〉

항목	2012	2013	2014	2015	2016	2017
매출액	3,123	2,583	2,451	2,313	2,134	2,576
영업이익	306	225	183	189	165	189
당기순이익	233	181	181	158	140	127

분기 실적 〈단위 : 억원〉

항목	2016.3Q	2016.4Q	2017.1Q	2017.2Q	2017.3Q	2017.4Q
매출액	505	643	604	631	649	693
영업이익	37	33	46	48	48	47
당기순이익	20	45	21	48	39	20

재무 상태 〈단위 : 억원〉

항목	2012	2013	2014	2015	2016	2017
총자산	1,440	1,551	1,840	1,953	2,024	2,170
유형자산	401	390	547	665	633	605
무형자산	7	8	9	9	12	17
유가증권	163	1	2	12	10	9
총부채	399	352	460	437	392	453
총차입금	80	50	100	116	34	57
자본금	100	100	100	100	100	100
총자본	1,041	1,199	1,380	1,516	1,632	1,717
지배주주지분	991	1,150	1,315	1,437	1,553	1,639

기업가치 지표

항목	2012	2013	2014	2015	2016	2017
주가(최고/저)(천원)	46.5/28.3	45.3/33.6	52.0/37.7	53.9/38.1	48.5/37.4	67.1/43.8
PER(최고/저)(배)	4.7/2.9	5.8/4.3	6.3/4.6	7.4/5.2	7.2/5.6	11.1/7.3
PBR(최고/저)(배)	1.1/0.7	0.9/0.7	0.9/0.6	0.8/0.6	0.7/0.5	0.8/0.5
EV/EBITDA(배)	2.1	2.5	2.7	2.1	3.1	3.8
EPS(원)	11,700	8,989	9,275	7,858	6,972	6,136
BPS(원)	49,573	57,482	65,771	71,848	77,662	81,948
CFPS(원)	13,161	10,329	10,734	10,199	8,962	8,162
DPS(원)	1,000	1,000	2,000	1,300	1,300	1,000
EBITDAPS(원)	16,747	12,608	10,634	11,809	10,224	11,459

재무 비율 〈단위 : %〉

연도	영업 이익률	순 이익률	부채 비율	차입금 비율	ROA	ROE	유보율	자기자본 비율	EBITDA 마진율
2017	7.3	4.9	26.4	3.3	6.1	7.7	1,539.0	79.1	8.9
2016	7.7	6.6	24.0	2.1	7.0	9.3	1,453.2	80.6	9.6
2015	8.2	6.8	28.9	7.6	8.3	11.4	1,337.0	77.6	10.2
2014	7.5	7.4	33.3	7.3	10.7	15.1	1,215.4	75.0	8.7

대창솔루션 (A096350)
Daechang Solution

업 종 : 조선 | 시 장 : KOSDAQ
신용등급 : (Bond) — (CP) — | 기업규모 : 중견
홈페이지 : www.dsol.co.kr | 연 락 처 : 051)899-5555
본 사 : 부산시 강서구 화전산단1로 155 (화전동)

설 립 일	1977.10.27	**종업원수**	127명	**대 표 이 사**	박정호,김대성
상 장 일	2007.12.17	**감사의견**	적정(공감)	**계 열**	
결 산 기	12월	**보 통 주**		**종속회사수**	1개사
액 면 가	500원	**우 선 주**		**구 상 호**	대창메탈

주주구성 (지분율,%)		출자관계 (지분율,%)		주요경쟁사 (외형,%)	
박정호	15.9	크리오스	98.7	대창솔루션	100
이진식	6.6			에스앤더블류	77
(외국인)	0.5			인화정공	242

매출구성		비용구성		수출비중	
에너지변환장치품	63.6	매출원가율	102.2	수출	38.3
수송 및 산업기기부품소재	17.4	판관비율	16.4	내수	61.7
초저온산업	15.7				

회사 개요

동사는 1953년 설립돼 선박용엔진부분품, 발전설비품, 플랜트등 산업기계 소재 등을 주로 생산하는 업체로서 동사의 제품은 현대중공업과 두산엔진, STX 등과 일본 등 해외시장에 납품하고 있음. 동사는 초저온 액화가스를 저장하는 탱크를 제조하는 크리오스의 지분 94%를 보유하며 계열회사로 두고 있음. 계열회사의 제품은 현대로템, 디섹 등에 납품하고 있음. 2015년 박정호, 김대성 각자대표 체제로 변경되었음

실적 분석

전방산업의 위축에 따른 자회사 매출 부진으로 동사의 연결기준 2017년 4분기 누적 매출액은 전년 동기 대비 13.3% 감소한 427.8억원을 시현하였음. 영업손실은 79.9억원을, 당기순손실은 113.3억원을 기록하며 전년에 이어 적자가 지속되고 있음. 동사는 공장 일원화 및 고부가가치 제품생산을 위한 진공정련설비(LF/VOD) 추가 도입을 위해 160억원을 투자하였음.

현금 흐름 〈단위 : 억원〉

항목	2016	2017
영업활동	-37	-15
투자활동	-51	-0
재무활동	60	15
순현금흐름	-28	-1
기말현금	8	7

시장 대비 수익률

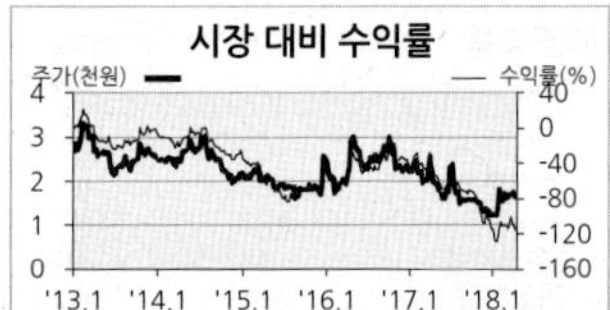

결산 실적 〈단위 : 억원〉

항목	2012	2013	2014	2015	2016	2017
매출액	689	952	827	597	493	428
영업이익	11	-34	-70	-2	-60	-80
당기순이익	-23	-7	-129	-22	-84	-113

분기 실적 〈단위 : 억원〉

항목	2016.3Q	2016.4Q	2017.1Q	2017.2Q	2017.3Q	2017.4Q
매출액	125	151	97	110	105	116
영업이익	13	-34	-2	4	-23	-59
당기순이익	47	-88	-8	-2	-23	-81

재무 상태 〈단위 : 억원〉

항목	2012	2013	2014	2015	2016	2017
총자산	1,708	1,677	1,537	1,540	1,465	1,373
유형자산	1,128	1,018	996	1,075	1,084	1,058
무형자산	126	113	62	58	53	48
유가증권	17	12	12	13	13	12
총부채	897	871	885	913	882	811
총차입금	616	617	672	695	730	657
자본금	56	56	56	56	56	91
총자본	811	806	652	627	583	562
지배주주지분	810	805	652	627	582	562

기업가치 지표

항목	2012	2013	2014	2015	2016	2017
주가(최고/저)(천원)	6.7/2.7	4.1/2.4	3.7/2.3	3.2/1.9	3.7/2.0	2.6/1.2
PER(최고/저)(배)	—/—	—/—	—/—	—/—	—/—	—/—
PBR(최고/저)(배)	0.9/0.4	0.5/0.3	0.6/0.4	0.5/0.3	0.6/0.4	0.8/0.4
EV/EBITDA(배)	22.0	249.4	—	28.9	—	—
EPS(원)	-186	-54	-1,007	-171	-675	-764
BPS(원)	7,321	7,274	6,086	5,861	5,466	3,250
CFPS(원)	49	268	-798	120	-443	-450
DPS(원)	50	30	30	30	—	—
EBITDAPS(원)	351	29	-304	296	-236	-225

재무 비율 〈단위 : %〉

연도	영업이익률	순이익률	부채비율	차입금비율	ROA	ROE	유보율	자기자본비율	EBITDA마진율
2017	-18.7	-26.5	144.3	116.9	-8.0	-19.8	549.9	40.9	-7.8
2016	-12.3	-17.0	151.4	125.2	-5.6	-13.9	993.1	39.8	-5.4
2015	-0.3	-3.7	145.6	110.9	-1.4	-3.3	1,072.2	40.7	5.6
2014	-8.4	-15.6	135.7	103.1	-8.0	-17.2	1,117.2	42.4	-4.1

대창스틸 (A140520)
DaeChang Steel CO

업 종 : 건축자재 | 시 장 : KOSDAQ
신용등급 : (Bond) — (CP) — | 기업규모 : 중견
홈페이지 : www.dcsteel.com | 연 락 처 : 032)816-7700
본 사 : 인천시 남동구 아암대로 1213 (고잔동)

설 립 일	1980.06.10	**종업원수**	104명	**대 표 이 사**	문창복,문경석
상 장 일	2014.12.05	**감사의견**	적정(삼일)	**계 열**	
결 산 기	12월	**보 통 주**		**종속회사수**	1개사
액 면 가	500원	**우 선 주**		**구 상 호**	

주주구성 (지분율,%)		출자관계 (지분율,%)		주요경쟁사 (외형,%)	
문창복	34.0	풍림산업	0.0	대창스틸	100
김복녀	21.8			스페코	22
(외국인)	0.8			원하이텍	22

매출구성		비용구성		수출비중	
[철강사업부]전기아연도금강판(EGI) 외	22.1	매출원가율	95.2	수출	2.4
[철강사업부]아연용융도금강판(GI)	21.5	판관비율	3.0	내수	97.6
[철강사업부]산세강판(PO)	21.2				

회사 개요

동사는 1980년 설립되어 철강재 및 건축자재의 가공, 제조 및 판매를 주 사업 목적으로 하고 있으며 2006년 7월 상호를 대창스틸로 변경하였음. 동사는 창업하여 현재에 이르기까지 포스코의 냉연강판 Steel Service Center로서 자동차, 가전, 건설 및 산업용기 등의 산업 원자재인 냉연코일을 자동화 기계설비를 통하여 수요자가 원하는 규격으로 절단 가공하여 공급하고 있는 전문 철강유통 서비스 회사임.

실적 분석

미국의 통상압박과 중국의 사드보복 조치등 여러 악재 속에서도 중국의 철강공급과잉 완화로 인한 반사이익과 철강재 가격인상 등에 힘입어 2017년 실적이 개선되었음. 매출액은 전년 대비 5.1% 증가하였으며, 대손상각비가 크게 줄어 영업이익과 당기순이익은 흑자로 전환됨. 2018년 3월 무역확정법 232조 철강수입규제 조치 발표에 따라 미국은 한국에 대한 철강관세는 면제했지만, 수입쿼터제의 타격을 받게 될 것으로 우려됨.

현금 흐름 〈단위 : 억원〉

항목	2016	2017
영업활동	2	-103
투자활동	-16	-41
재무활동	54	110
순현금흐름	40	-34
기말현금	47	13

시장 대비 수익률

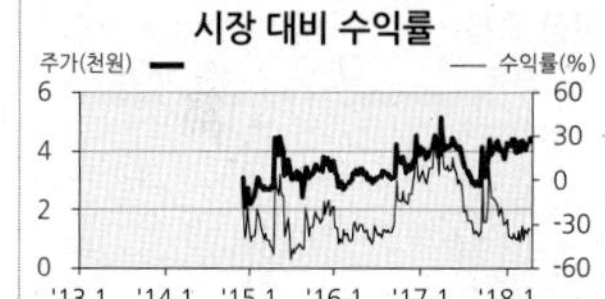

결산 실적 〈단위 : 억원〉

항목	2012	2013	2014	2015	2016	2017
매출액	3,693	3,343	2,661	2,601	3,027	3,181
영업이익	76	90	69	39	-14	56
당기순이익	39	37	15	46	-45	19

분기 실적 〈단위 : 억원〉

항목	2016.3Q	2016.4Q	2017.1Q	2017.2Q	2017.3Q	2017.4Q
매출액	699	867	859	804	1,659	-141
영업이익	13	-42	23	10	18	6
당기순이익	5	-45	8	4	-8	14

재무 상태 〈단위 : 억원〉

항목	2012	2013	2014	2015	2016	2017
총자산	2,855	2,449	2,243	2,945	2,949	3,072
유형자산	694	645	626	1,301	1,272	1,236
무형자산	26	26	17	20	19	9
유가증권	77	17	1	1	1	11
총부채	1,889	1,463	1,194	1,679	1,744	1,779
총차입금	1,278	946	823	1,204	1,275	1,321
자본금	60	60	73	73	73	100
총자본	966	986	1,049	1,267	1,205	1,293
지배주주지분	966	986	1,049	1,076	1,025	1,112

기업가치 지표

항목	2012	2013	2014	2015	2016	2017
주가(최고/저)(천원)	—/—	—/—	3.1/1.9	5.1/2.2	5.3/2.7	5.2/2.8
PER(최고/저)(배)	0.0/0.0	0.0/0.0	34.8/21.8	20.2/8.6	—/—	53.7/29.5
PBR(최고/저)(배)	0.0/0.0	0.0/0.0	0.6/0.4	0.9/0.4	0.9/0.5	1.0/0.5
EV/EBITDA(배)	13.0	8.3	13.4	27.1	55.9	21.0
EPS(원)	282	267	102	277	-203	99
BPS(원)	8,053	8,219	7,203	7,387	7,037	5,559
CFPS(원)	501	497	301	567	115	386
DPS(원)	—	—	150	150	150	100
EBITDAPS(원)	809	934	739	512	254	604

재무 비율 〈단위 : %〉

연도	영업이익률	순이익률	부채비율	차입금비율	ROA	ROE	유보율	자기자본비율	EBITDA마진율
2017	1.8	0.6	137.6	102.2	0.6	1.7	1,011.9	42.1	3.4
2016	-0.5	-1.5	144.8	105.8	-1.5	-3.3	1,307.5	40.9	1.2
2015	1.5	1.8	132.5	95.0	1.8	4.4	1,377.4	43.0	2.9
2014	2.6	0.6	113.8	78.5	0.6	1.4	1,340.5	46.8	3.4

대한과학 (A131220)

DAIHAN SCIENTIFIC

업종 : 의료 장비 및 서비스
시장 : KOSDAQ
신용등급 : (Bond) — (CP) —
기업규모 : 벤처
홈페이지 : www.daihan-sci.com
연락처 : 033)737-7500
본사 : 강원도 원주시 지정면 신평석화로 326

설립일	1993.06.19	**종업원수**	104명	**대표이사**	서정구
상장일	2011.10.11	**감사의견**	적정(삼일)	**계열**	
결산기	12월	**보통주**		**종속회사수**	4개사
액면가	500원	**우선주**		**구상호**	

주주구성 (지분율,%)		출자관계 (지분율,%)		주요경쟁사 (외형,%)	
서정구	9.2	올포랩	51.0	대한과학	100
서현정	5.1	대한분석기기	51.0	메디아나	127
(외국인)	2.0	싸이랩코리아	50.4	유비케어	198

매출구성		비용구성		수출비중	
연구용소모품	45.5	매출원가율	71.5	수출	14.6
건조/배양기(Oven / Incubators)	26.4	판관비율	23.9	내수	85.4
가열/혼합기(Heating & Mixing)	11.1				

회사 개요

동사는 과학기술분야 R&D의 필수과정인 연구, 실험에 사용되는 연구용 실험기기를 유통 및 제조하는 국내 최대의 실험기기 종합 서비스 기업임. 또한 바이오메디컬 연구용 실험장비를 개발 및 제조하는 기술벤처기업으로서 2009년 삼백만불수출탑, 2010년 오백만불수출탑, 2012년 수출천만불탑을 수상하는 등 세계시장을 무대로 빠르게 성장하고 있음. 기존 제품들의 업그레이드와 제품 라인업 강화로 성장성 견인 중.

실적 분석

동사의 2017년도 누적매출액은 413.7억원으로 전년대비 10.2% 감소함. 같은 기간 매출원가와 판관비가 각각 14.2%, 1% 줄면서 영업이익은 매출 감소에도 불구하고 17.8% 늘어난 19.3억원을 기록함. 동사는 해외에서도 산업 내 인지도를 높여가고 있으며, 이를 가속화 하기 위해 시장 성장율이 높은 신흥 국가들의 현지 영업파트너에 프랜차이즈대리점 형태로 DAIHAN Scientific의 상표권을 부여해 전략적 제휴를 늘려가는 중임.

현금 흐름 <단위 : 억원>

항목	2016	2017
영업활동	39	44
투자활동	8	-14
재무활동	-29	-48
순현금흐름	31	14
기말현금	31	14

시장 대비 수익률

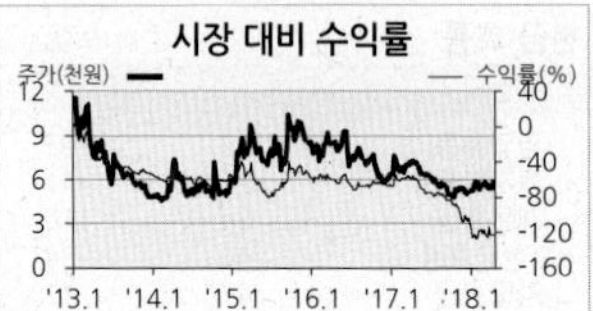

결산 실적 <단위 : 억원>

항목	2012	2013	2014	2015	2016	2017
매출액	392	397	391	416	461	414
영업이익	20	12	11	-2	16	19
당기순이익	13	7	9	-13	22	13

분기 실적 <단위 : 억원>

항목	2016.3Q	2016.4Q	2017.1Q	2017.2Q	2017.3Q	2017.4Q
매출액	106	129	92	98	95	128
영업이익	4	6	4	4	4	8
당기순이익	2	5	2	3	4	4

재무 상태 <단위 : 억원>

항목	2012	2013	2014	2015	2016	2017
총자산	325	377	408	406	408	369
유형자산	137	134	131	131	125	121
무형자산	10	17	14	14	12	7
유가증권	0	1	9	1	2	0
총부채	147	192	187	175	157	109
총차입금	86	121	112	92	63	14
자본금	28	30	32	36	36	36
총자본	178	186	221	231	251	260
지배주주지분	176	183	212	217	233	240

기업가치 지표

항목	2012	2013	2014	2015	2016	2017
주가(최고/저)(천원)	11.0/4.7	12.9/4.8	7.4/4.4	10.9/5.8	9.4/5.5	7.6/4.6
PER(최고/저)(배)	57.6/24.4	120.5/44.5	62.0/37.4	—/—	37.6/22.1	53.8/32.3
PBR(최고/저)(배)	4.1/1.7	4.6/1.7	2.4/1.5	3.7/1.9	2.9/1.7	2.3/1.4
EV/EBITDA(배)	26.2	18.1	19.7	55.7	16.1	11.6
EPS(원)	197	109	121	-217	255	142
BPS(원)	3,188	3,098	3,352	3,029	3,260	3,357
CFPS(원)	402	314	346	-14	466	338
DPS(원)	126	—	35	50	40	50
EBITDAPS(원)	533	397	393	181	440	465

재무 비율 <단위 : %>

연도	영업이익률	순이익률	부채비율	차입금비율	ROA	ROE	유보율	자기자본비율	EBITDA마진율
2017	4.7	3.3	41.8	5.4	3.5	4.3	571.4	70.6	8.1
2016	3.6	4.9	62.4	24.9	5.5	8.1	552.0	61.6	6.8
2015	-0.4	-3.0	76.0	40.0	-3.1	-7.1	505.8	56.8	3.1
2014	2.8	2.2	84.3	50.4	2.2	4.0	570.5	54.3	6.1

대한광통신 (A010170)

TAIHAN FIBER OPTICS CO

업종 : 통신장비
시장 : KOSDAQ
신용등급 : (Bond) BB+ (CP) —
기업규모 : 중견
홈페이지 : www.tfo.co.kr
연락처 : 031)489-5113
본사 : 경기도 안산시 단원구 장자골로 49

설립일	1974.09.02	**종업원수**	211명	**대표이사**	오치환
상장일	1994.11.07	**감사의견**	적정(정일)	**계열**	
결산기	12월	**보통주**		**종속회사수**	2개사
액면가	500원	**우선주**		**구상호**	

주주구성 (지분율,%)		출자관계 (지분율,%)		주요경쟁사 (외형,%)	
대청기업	18.6	티에프오네트웍스	57.1	대한광통신	100
설윤석	8.8	TaihanFiberopticsAmerica,	100.0	AP위성	22
(외국인)	2.0			쏠리드	186

매출구성		비용구성		수출비중	
광케이블 외	88.1	매출원가율	78.5	수출	53.5
OPGW 외	12.0	판관비율	10.8	내수	46.5

회사 개요

동사는 광섬유, 광케이블 사업부로 구성되어 있으며 광섬유사업부 매출 비중은 12%, 광케이블 사업부는 통신선과 전력선을 포함해서 88%를 차지하고 있음. 동사는 전합성 제조공법을 바탕으로 뛰어난 기술력과 품질 및 가격경쟁력을 보유하고 있음. 국내 고객은 SK텔레콤, KT, LG U플러스 등이 있음. 광섬유는 수출비중이 높고, 광케이블은 내수 비중이 높은 상황임.

실적 분석

동사의 2017년 전체 매출은 1,397억원으로 전년대비 19.9% 증가, 영업이익은 150.2억원으로 전년대비 흑자전환. 당기순이익은 132억원으로 전년대비 흑자전환. 해외부문에서 수출이 증가가운데 판매관리비 감소로 수익성 개선 폭은 높았던 것으로 분석. 2018년 광섬유의 수요 증가로 광케이블 매출 증가세는 지속 예상. 805억원 규모의 유상증자 추진. 회사측은 차세대 이동통신, 노후 인프라 교체 수요 증가에 대한 선제적인 대응으로 언급함.

현금 흐름 <단위 : 억원>

항목	2016	2017
영업활동	108	83
투자활동	130	-147
재무활동	-187	113
순현금흐름	48	46
기말현금	201	247

시장 대비 수익률

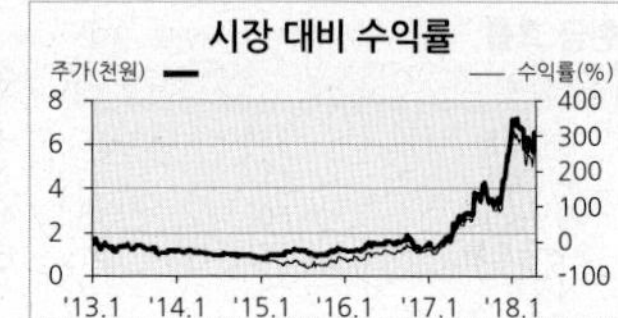

결산 실적 <단위 : 억원>

항목	2012	2013	2014	2015	2016	2017
매출액	1,017	1,064	1,060	1,090	1,165	1,397
영업이익	82	8	8	-44	-15	150
당기순이익	-45	-339	-273	-13	-126	132

분기 실적 <단위 : 억원>

항목	2016.3Q	2016.4Q	2017.1Q	2017.2Q	2017.3Q	2017.4Q
매출액	291	350	325	374	368	330
영업이익	-20	-15	32	50	28	40
당기순이익	-53	-24	30	42	23	36

재무 상태 <단위 : 억원>

항목	2012	2013	2014	2015	2016	2017
총자산	2,121	1,838	1,580	1,525	1,271	1,558
유형자산	1,038	976	909	875	566	639
무형자산	2	2	9	9	8	8
유가증권	450	288	60	2	11	0
총부채	1,011	821	837	793	667	593
총차입금	730	496	551	509	345	234
자본금	170	235	235	235	235	299
총자본	1,110	1,017	744	732	604	964
지배주주지분	1,110	1,017	744	732	604	966

기업가치 지표

항목	2012	2013	2014	2015	2016	2017
주가(최고/저)(천원)	2.8/1.5	1.8/1.0	1.3/0.9	1.4/0.9	2.0/1.2	6.6/1.3
PER(최고/저)(배)	—/—	—/—	—/—	—/—	—/—	24.6/4.7
PBR(최고/저)(배)	0.9/0.5	0.8/0.5	0.8/0.6	0.9/0.6	1.6/0.9	4.1/0.8
EV/EBITDA(배)	7.0	13.4	11.8	34.2	14.4	19.6
EPS(원)	-173	-739	-581	-29	-268	268
BPS(원)	3,269	2,165	1,584	1,558	1,286	1,617
CFPS(원)	117	-586	-430	125	-113	362
DPS(원)	—	—	—	—	—	—
EBITDAPS(원)	609	170	168	59	122	397

재무 비율 <단위 : %>

연도	영업이익률	순이익률	부채비율	차입금비율	ROA	ROE	유보율	자기자본비율	EBITDA마진율
2017	10.8	9.5	61.6	24.3	9.3	16.9	223.3	61.9	14.1
2016	-1.3	-10.8	110.4	57.1	-9.0	-18.9	157.3	47.5	4.9
2015	-4.1	-1.2	108.4	69.5	-0.9	-1.8	211.6	48.0	2.5
2014	0.8	-25.7	112.4	74.0	-16.0	-31.0	216.8	47.1	7.5

대한뉴팜 (A054670)

Daehan New Pharm

업 종 : 제약
신용등급 : (Bond) — (CP) —
홈페이지 : www.dhnp.co.kr
본 사 : 경기도 화성시 향남읍 제약공단1길 66

시 장 : KOSDAQ
기업규모 : 벤처
연 락 처 : 031)353-6141~5

설 립 일	1984.10.20	**종업원수**	340명	**대표이사**	이완진,이영섭
상 장 일	2002.02.08	**감사의견**	적정(대주)	**계 열**	
결 산 기	12월	**보 통 주**		**종속회사수**	
액 면 가	500원	**우 선 주**		**구 상 호**	

주주구성 (지분율,%)		출자관계 (지분율,%)		주요경쟁사 (외형,%)	
이완진	34.9			대한뉴팜	100
최성숙	2.5			메지온	4
(외국인)	0.4			비씨월드제약	38

매출구성		비용구성		수출비중	
페스틴경 외, 킹사이드 외(상품및제품)	100.0	매출원가율	46.5	수출	10.3
		판관비율	43.5	내수	89.7

회사 개요

동사는 1984년 10월 설립된 후 동물약품 사업을 영위하다 1995년에 건강보조식품, 인체의약품, 장업사업으로 사업 영역을 확장함. 2007년에는 해외자원개발투자사업에 진출함. 2012년 11월에는 미래성장동력이면서 기존사업과 시너지효과가 큰 바이오사업에 진출함. 2014년 3월에는 의료기기 사업에도 진출함. 제약사업 부문은 주로 특화된 전문의약품과 웰빙의약품을 판매하고 있음. 동물의약품 부문은 항생제 대체제, 면역증강제, 백신을 판매함.

실적 분석

동사의 2017년 누적매출액은 1,308.2억원으로 전년대비 19.6% 증가함. 비용측면에서 매출원가와 판관비가 각각 25.6%, 15.1% 상승했음에도 불구하고 영업이익은 전년보다 13.6% 늘어난 131.1억원을 기록함. 세무조사로 인한 법인세 추징금 부과로 당기순손실은 205.8억원으로 적자폭이 늘어남. 모태사업인 동물의약품부문에서 신제품개발과 조사료, 백신 부문으로 다각화가 성공적으로 추진되는 중으로 성장성은 긍정적임.

현금 흐름 *IFRS 별도 기준 〈단위 : 억원〉

항목	2016	2017
영업활동	88	-24
투자활동	-15	-5
재무활동	-9	-6
순현금흐름	63	-39
기말현금	82	44

시장 대비 수익률

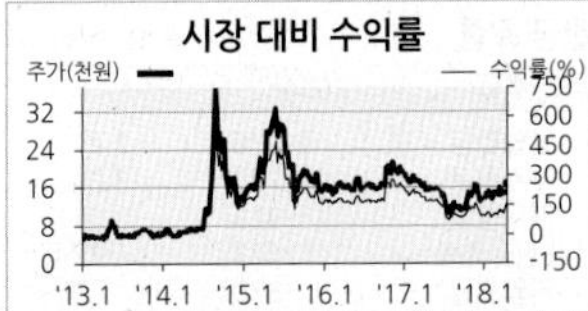

결산 실적 〈단위 : 억원〉

항목	2012	2013	2014	2015	2016	2017
매출액	480	567	719	902	1,094	1,308
영업이익	35	60	79	100	115	131
당기순이익	-55	-20	27	41	-57	-206

분기 실적 *IFRS 별도 기준 〈단위 : 억원〉

항목	2016.3Q	2016.4Q	2017.1Q	2017.2Q	2017.3Q	2017.4Q
매출액	272	297	308	343	345	313
영업이익	30	30	32	34	37	29
당기순이익	8	-94	17	-175	23	-71

재무 상태 *IFRS 별도 기준 〈단위 : 억원〉

항목	2012	2013	2014	2015	2016	2017
총자산	1,268	1,310	1,305	1,326	1,307	1,218
유형자산	153	175	219	233	254	240
무형자산	36	29	32	29	17	12
유가증권	458	458	458	73	27	18
총부채	587	593	566	554	595	701
총차입금	479	440	393	369	360	450
자본금	67	72	72	72	72	72
총자본	681	716	739	772	712	517
지배주주지분	681	716	739	772	712	517

기업가치 지표 *IFRS 별도 기준

항목	2012	2013	2014	2015	2016	2017
주가(최고/저)(천원)	8.0/5.1	10.1/5.0	41.7/5.9	33.8/13.3	21.6/14.5	20.2/9.8
PER(최고/저)(배)	—/—	—/—	226.5/31.8	117.8/46.4	—/—	—/—
PBR(최고/저)(배)	1.5/1.0	2.0/1.0	7.8/1.1	6.1/2.4	4.2/2.8	5.3/2.6
EV/EBITDA(배)	23.5	16.8	22.9	19.6	19.6	14.3
EPS(원)	-412	-141	185	289	-395	-1,434
BPS(원)	5,303	5,205	5,361	5,592	5,174	3,817
CFPS(원)	-307	-23	335	496	-125	-1,211
DPS(원)	—	—	—	—	50	—
EBITDAPS(원)	362	548	700	905	1,074	1,136

재무 비율 〈단위 : %〉

연도	영업이익률	순이익률	부채비율	차입금비율	ROA	ROE	유보율	자기자본비율	EBITDA마진율
2017	10.0	-15.7	135.5	87.1	-16.3	-33.5	663.4	42.5	12.5
2016	10.6	-5.2	83.6	50.5	-4.3	-7.6	934.9	54.5	14.1
2015	11.1	4.6	71.8	47.7	3.2	5.5	1,018.5	58.2	14.4
2014	11.0	3.7	76.6	53.3	2.0	3.7	972.3	56.6	14.0

대한방직 (A001070)

Taihan Textile

업 종 : 섬유 및 의복
신용등급 : (Bond) BB+ (CP) —
홈페이지 : www.thtc.co.kr
본 사 : 서울시 영등포구 국제금융로2길 17(여의도동)

시 장 : 거래소
기업규모 : 시가총액 소형주
연 락 처 : 02)368-0114

설 립 일	1953.08.10	**종업원수**	494명	**대표이사**	설범,김인호
상 장 일	1973.12.28	**감사의견**	적정(정동)	**계 열**	
결 산 기	12월	**보 통 주**		**종속회사수**	4개사
액 면 가	1,000원	**우 선 주**		**구 상 호**	

주주구성 (지분율,%)		출자관계 (지분율,%)		주요경쟁사 (외형,%)	
설범	19.9	대한방직(상해)유한공사	100.0	대한방직	100
신명철	7.0	PT.TAIHANINDONESIA	99.8	진도	61
(외국인)	0.6	청도대원방직유한공사	95.0	전방	87

매출구성		비용구성		수출비중	
사 · 포	51.5	매출원가율	96.9	수출	56.1
포류	38.9	판관비율	7.9	내수	43.9
사류	8.7				

회사 개요

동사는 원면 및 폴리에스테르 등의 단섬유를 원료로 하여 방적사를 제조하고, 방적사를 이용하여 직물을 제직하는 방직사업에 주력하고 있음. 주요 생산설비로 방적사를 제조하고, 직물을 제직하는 전주공장과 직물을 염색가공하여 2차 섬유제조업체에 공급하는 대구공장을 가동중임. 주로 계획생산을 통해 판매하고 있으나 염색 가공제품의 경우 거래처의 발주에 의한 주문생산 방식임. 내수 및 수출 매출액의 구성비는 약 4 대 6 수준임.

실적 분석

2017년 연결기준 매출액은 2,086억원으로 전년 대비 15.1% 감소하였으며, 영업이익은 99억원 손실 시현하며 적자전환함. 당기순이익은 비영업손익 또한 악화되며 96억원의 손실 시현하며 적자가 확대 지속. 사류 및 포류 등 전반적인 제품의 판매 부진, 특히 수출액의 감소 여파와 내수경기 침체에 따른 바이어의 재고 부담, 군관납 입찰 지연 등으로 매출원가 및 판관비 부담도 증가하여 영업수익성은 크게 하락함.

현금 흐름 〈단위 : 억원〉

항목	2016	2017
영업활동	-68	43
투자활동	162	196
재무활동	-97	-258
순현금흐름	11	1
기말현금	54	54

시장 대비 수익률

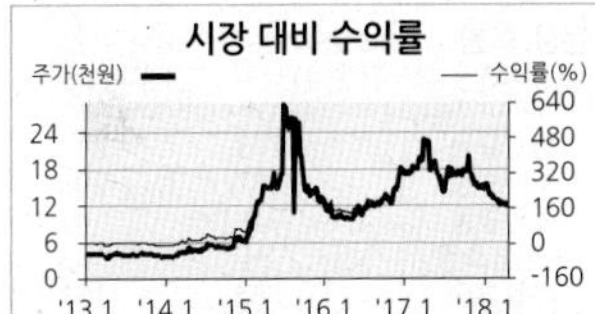

결산 실적 〈단위 : 억원〉

항목	2012	2013	2014	2015	2016	2017
매출액	2,751	2,854	2,444	2,444	2,456	2,086
영업이익	-102	0	-84	43	12	-99
당기순이익	-168	19	-115	-71	-41	-96

분기 실적 〈단위 : 억원〉

항목	2016.3Q	2016.4Q	2017.1Q	2017.2Q	2017.3Q	2017.4Q
매출액	629	600	501	518	564	503
영업이익	1	-2	-18	-18	-6	-57
당기순이익	34	-43	-6	-24	-12	-53

재무 상태 〈단위 : 억원〉

항목	2012	2013	2014	2015	2016	2017
총자산	2,411	2,552	3,644	3,705	3,716	3,560
유형자산	998	968	2,400	2,352	2,553	903
무형자산	6	6	5	5	5	3
유가증권	28	24	20	13	15	2
총부채	1,708	1,833	1,931	2,068	1,926	1,876
총차입금	1,423	1,543	1,434	1,525	1,427	1,169
자본금	53	53	53	53	53	53
총자본	703	719	1,713	1,638	1,790	1,683
지배주주지분	702	719	1,713	1,638	1,791	1,685

기업가치 지표

항목	2012	2013	2014	2015	2016	2017
주가(최고/저)(천원)	28.4/20.2	22.0/17.3	36.0/17.5	155/30.5	95.8/48.5	116/70.3
PER(최고/저)(배)	—/—	11.8/9.3	—/—	—/—	—/—	—/—
PBR(최고/저)(배)	0.4/0.3	0.3/0.3	0.2/0.1	1.0/0.2	0.6/0.3	0.7/0.4
EV/EBITDA(배)	—	31.4	—	22.1	41.1	—
EPS(원)	-3,144	371	-2,168	-1,325	-770	-1,808
BPS(원)	66,231	67,837	161,631	154,537	169,005	158,926
CFPS(원)	-10,512	6,919	-5,975	-1,614	350	-5,735
DPS(원)	—	—	—	—	—	—
EBITDAPS(원)	-4,414	5,103	-3,078	9,064	5,341	-6,065

재무 비율 〈단위 : %〉

연도	영업이익률	순이익률	부채비율	차입금비율	ROA	ROE	유보율	자기자본비율	EBITDA마진율
2017	-4.8	-4.6	111.4	69.5	-2.6	-5.5	3,078.5	47.3	-3.1
2016	0.5	-1.7	107.6	79.7	-1.1	-2.4	3,280.1	48.2	2.3
2015	1.8	-2.9	126.3	93.1	-1.9	-4.2	2,990.7	44.2	3.9
2014	-3.4	-4.7	112.7	83.7	-3.7	-9.5	3,132.6	47.0	-1.3

대한약품공업 (A023910)

Daihan Pharmaceutical

업　　종 : 제약　　시　　장 : KOSDAQ
신용등급 : (Bond) —　(CP) —　　기업규모 : 우량
홈페이지 : www.daihan.com　　연 락 처 : 02)2678-8443
본　　사 : 서울시 영등포구 선유로 45길 3

설 립 일	1963.05.11	**종업원수**	615명	**대표이사**	이윤우
상 장 일	1994.11.23	**감사의견**	적정(삼덕)	**계　열**	
결 산 기	12월	**보 통 주**		**종속회사수**	
액 면 가	500원	**우 선 주**		**구　상 호**	

주주구성 (지분율,%)		출자관계 (지분율,%)		주요경쟁사 (외형,%)	
이윤우	20.7			대한약품	100
브이아이피투자자문	7.7			테라젠이텍스	74
(외국인)	15.3			삼성제약	29

매출구성		비용구성		수출비중	
수액제품	80.4	매출원가율	62.1	수출	1.5
앰플및 바이알제품	14.7	판관비율	15.6	내수	98.5
기타제품	4.5				

회사 개요

동사는 1994년 코스닥 시장에 상장함. 주로 병원 및 의원에서 필요로 하는 기초의약품인 수액제 및 앰플제를 생산 판매하는 업체임. 영양 보급 및 치료용 수액제 매출 비중이 높은 편임. 또한 정부의 보험재정 건실화를 위한 약가 재평가 제도 및 지속적인 약가 사후관리, 한미 FTA협정에 따른 제네릭 제제 발매의 제한, 리베이트 투아웃제 등에 따른 외부환경 변화에 상당한 영향을 받을 것으로 예상됨.

실적 분석

동사의 2017년 누적매출액은 1,444.4억원으로 전년대비 3.6% 증가함. 비용 측면에서 매출원가가 958.2억원에서 896.5억원으로 6.4% 감소하면서 영업이익은 전년보다 48.5% 늘어난 322.5억원을 기록함. 동사는 매출비중이 병,의원급에 80% 이상을 공급하고 있는 안정적인 제품 포트폴리오와 유통망을 갖춤. 수액제 전문의약품 메이커로써 국내 대부분의 종합병원 및 일반병의원,약국 등을 주요 목표시장으로 하여 영업활동을 전개하고 있음

현금 흐름 *IFRS 별도 기준 〈단위 : 억원〉

항목	2016	2017
영업활동	279	205
투자활동	-237	-208
재무활동	-46	47
순현금흐름	-5	43
기말현금	88	131

시장 대비 수익률

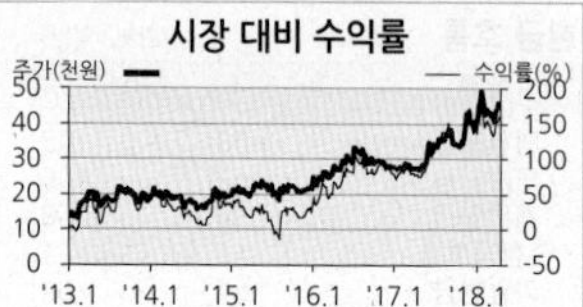

결산 실적 〈단위 : 억원〉

항목	2012	2013	2014	2015	2016	2017
매출액	966	1,068	1,117	1,243	1,394	1,444
영업이익	105	126	139	187	217	323
당기순이익	73	78	104	138	177	248

분기 실적 *IFRS 별도 기준 〈단위 : 억원〉

항목	2016.3Q	2016.4Q	2017.1Q	2017.2Q	2017.3Q	2017.4Q
매출액	343	359	348	357	389	350
영업이익	62	47	73	79	104	67
당기순이익	52	40	54	66	77	51

재무 상태 *IFRS 별도 기준 〈단위 : 억원〉

항목	2012	2013	2014	2015	2016	2017
총자산	1,011	1,187	1,316	1,388	1,603	1,844
유형자산	450	581	646	641	803	938
무형자산	2	4	4	4	4	4
유가증권	0	0	0	0	0	0
총부채	533	630	675	620	674	685
총차입금	150	235	259	181	146	206
자본금	30	30	30	30	30	30
총자본	478	557	641	768	929	1,159
지배주주지분	478	557	641	768	929	1,159

기업가치 지표 *IFRS 별도 기준

항목	2012	2013	2014	2015	2016	2017
주가(최고/저)(천원)	19.0/10.2	22.3/13.1	21.8/15.6	24.5/17.6	34.5/22.6	44.8/26.6
PER(최고/저)(배)	16.4/8.8	17.9/10.5	12.9/9.3	10.9/7.8	11.9/7.8	10.9/6.5
PBR(최고/저)(배)	2.5/1.3	2.5/1.5	2.1/1.5	2.0/1.4	2.3/1.5	2.3/1.4
EV/EBITDA(배)	6.8	8.4	7.7	6.0	6.3	6.3
EPS(원)	1,213	1,295	1,737	2,296	2,943	4,139
BPS(원)	8,088	9,277	10,683	12,806	15,491	19,313
CFPS(원)	1,694	1,883	2,401	3,045	3,788	5,403
DPS(원)	120	120	150	180	220	300
EBITDAPS(원)	2,224	2,685	2,988	3,863	4,466	6,640

재무 비율 〈단위 : %〉

연도	영업 이익률	순 이익률	부채 비율	차입금 비율	ROA	ROE	유보율	자기자본 비율	EBITDA 마진율
2017	22.3	17.2	59.1	17.8	14.4	23.8	3,762.7	62.8	27.6
2016	15.6	12.7	72.5	15.7	11.8	20.8	2,998.1	58.0	19.2
2015	15.0	11.1	80.7	23.6	10.2	19.6	2,461.3	55.4	18.7
2014	12.5	9.3	105.3	40.5	8.3	17.4	2,036.6	48.7	16.1

대한유화 (A006650)

KOREA PETROCHEMICAL IND CO

업　　종 : 화학　　시　　장 : 거래소
신용등급 : (Bond) —　(CP) —　　기업규모 : 시가총액 중형주
홈페이지 : www.kpic.co.kr　　연 락 처 : 02)2122-1424
본　　사 : 서울시 종로구 자하문로 77 (유남빌딩)

설 립 일	1970.06.02	**종업원수**	784명	**대표이사**	정영태
상 장 일	1999.07.29	**감사의견**	적정(대주)	**계　열**	
결 산 기	12월	**보 통 주**		**종속회사수**	1개사
액 면 가	5,000원	**우 선 주**		**구　상 호**	

주주구성 (지분율,%)		출자관계 (지분율,%)		주요경쟁사 (외형,%)	
케이피아이씨코포레이션	31.0	오드펠터미널코리아	43.6	대한유화	100
국민연금공단	13.1	한주	40.1	롯데케미칼	892
(외국인)	8.7	티씨에스원	11.4	태광산업	164

매출구성		비용구성		수출비중	
합성수지	63.1	매출원가율	81.2	수출	55.4
MC4등	31.2	판관비율	2.9	내수	44.6
기초유분	3.6				

회사 개요

동사는 에틸렌 등 기초 유분과 고밀도폴리에틸렌, 폴리프로필렌 등 합성수지 제품을 주력으로 생산하는 기업임. 동사의 제품별 매출 비중은 합성수지 63.54%, 합성수지 기초원재료 31.43%로 구성됨. 독립된 6개의 폴리머 공장을 운영하고 있어서 다품종 소량생산이 가능하며 시황에 따라 탄력적으로 생산량 조절이 가능함. 에틸렌, 프로필렌 생산능력은 각각 47만톤, 35만톤으로, 국내 시장점유율은 각각 6%, 5%대를 유지함

실적 분석

동사의 2017년 매출액은 유가 및 납사가격의 상승에 따른 제품가격의 상승과 NCC증설을 통한 모노머 판매량 확대로 전년 동기 대비 11.5% 증가한 1조 7,794억원을 기록함. 매출증가에도 불구하고 정기보수 및 NCC증설 기간의 영향으로 인해 영업이익은 전기대비 17.1% 감소한 2,842억원의 실적을 기록. 주력 화학제품시장에서 경쟁사 공급량 감소로 모노에틸렌글리콜(MEG)의 수요 늘면서 가격이 올라 실적개선이 기대됨.

현금 흐름 〈단위 : 억원〉

항목	2016	2017
영업활동	3,226	2,279
투자활동	-2,780	-3,063
재무활동	-919	11
순현금흐름	-473	-774
기말현금	870	97

시장 대비 수익률

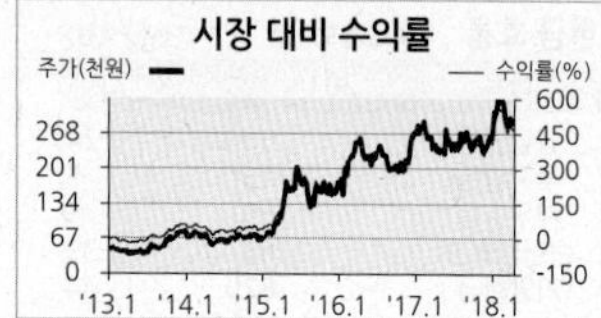

결산 실적 〈단위 : 억원〉

항목	2012	2013	2014	2015	2016	2017
매출액	20,829	19,660	20,534	17,270	15,964	17,794
영업이익	-48	179	699	2,712	3,430	2,842
당기순이익	-122	458	638	2,008	2,729	2,145

분기 실적 〈단위 : 억원〉

항목	2016.3Q	2016.4Q	2017.1Q	2017.2Q	2017.3Q	2017.4Q
매출액	3,606	4,367	4,346	2,238	5,258	5,952
영업이익	689	978	1,078	-116	838	1,041
당기순이익	559	775	769	-49	665	760

재무 상태 〈단위 : 억원〉

항목	2012	2013	2014	2015	2016	2017
총자산	12,781	13,545	14,404	15,291	17,636	19,706
유형자산	7,202	7,776	9,156	9,600	11,612	13,892
무형자산	70	61	61	50	53	57
유가증권	92	70	99	21	121	1
총부채	5,324	5,649	5,983	4,935	4,706	4,974
총차입금	3,156	2,999	3,856	2,603	1,865	2,215
자본금	410	410	410	410	410	410
총자본	7,457	7,896	8,421	10,356	12,931	14,732
지배주주지분	7,394	7,834	8,361	10,293	12,861	14,732

기업가치 지표

항목	2012	2013	2014	2015	2016	2017
주가(최고/저)(천원)	112/35.4	81.5/35.6	80.2/51.7	216/63.4	271/150	289/229
PER(최고/저)(배)	—/—	12.3/5.5	8.7/5.6	7.3/2.2	6.6/3.7	8.9/7.1
PBR(최고/저)(배)	1.1/0.3	0.7/0.3	0.7/0.4	1.4/0.4	1.4/0.8	1.3/1.0
EV/EBITDA(배)	14.0	14.2	7.4	3.7	4.6	5.1
EPS(원)	-1,902	7,071	9,864	30,846	41,867	32,972
BPS(원)	114,306	121,076	129,197	158,921	198,414	227,206
CFPS(원)	5,036	12,942	15,194	40,692	51,769	47,602
DPS(원)	—	1,000	1,500	3,000	4,000	4,000
EBITDAPS(원)	6,200	8,632	16,084	51,567	62,675	58,356

재무 비율 〈단위 : %〉

연도	영업 이익률	순 이익률	부채 비율	차입금 비율	ROA	ROE	유보율	자기자본 비율	EBITDA 마진율
2017	16.0	12.1	33.8	15.0	11.5	15.5	3,502.1	74.8	21.3
2016	21.5	17.1	36.4	14.4	16.6	23.5	3,045.6	73.3	25.5
2015	15.7	11.6	47.7	25.1	13.5	21.5	2,419.5	67.7	19.4
2014	3.4	3.1	71.1	45.8	4.6	7.9	1,948.3	58.5	5.1

대한전선 (A001440)

Taihan Electric Wire

업 종 : 전기장비　　시 장 : 거래소
신용등급 : (Bond) BB+ (CP) —　　기업규모 : 시가총액 중형주
홈페이지 : www.taihan.com　　연 락 처 : 02)316-9114
본 사 : 경기도 안양시 동안구 시민대로 317 대한스마트타워(관양동 1746-2)

설 립 일	1955.02.21	**종업원수**	855명	**대표이사**	최진용대표집행임원
상 장 일	1968.12.27	**감사의견**	적정(삼덕)	**계 열**	
결 산 기	12월	**보 통 주**		**종속회사수**	10개사
액 면 가	500원	**우 선 주**		**구 상 호**	

주주구성 (지분율,%)		출자관계 (지분율,%)		주요경쟁사 (외형,%)	
니케	70.1	티이씨파트너스	100.0	대한전선	100
KEB 하나은행	5.2	국민유선방송투자이호사모투자전문회사	99.5	LS	599
(외국인)	0.9	칸서스무주파인스톤사모부동산투자신탁	71.1	LS산전	148

매출구성		비용구성		수출비중	
나선 및 권선	45.9	매출원가율	91.6	수출	37.8
전력 및 절연선	36.6	판관비율	5.0	내수	62.2
상 품	8.3				

회사 개요

동사는 1955년 설립되어 통신 및 전력부문으로 구성됨. 전력부문은 시장이 수년간 정체 상태를 보이면서 매출이 감소해 왔으나 최근 교체 수요의 증가, 중동 지역의 개발투자, 개발도상국의 인프라투자 등으로 초고압선 수요가 증가하고 있음. 2016년 5월 2일 기준으로 티이씨앤코와 합병하기로 결의했고, 티이씨앤코와 합병 비율은 1대 1.07주임. 동사는 2016년 6월 고내열 고내화(950℃) 소방용 케이블을 개발함.

실적 분석

동사는 2017년에 400kV 이상급 초고압 케이블, 배전 해저케이블 등 고수익 제품의 매출 증가와 동(銅)가격의 상승으로 인하여 매출액(1조5876억원)과 영업이익(547억원)이 전년 대비 각각 15.6%, 12.4% 증가함. 당기순손익은 부실 계열회사를 매각하는 과정에서 손실이 생겼고, 파인스톤 골프장에 대한 투자자산 가치 하락 등을 반영했기에 손실금액이 전년보다 확대됨.

현금 흐름

<단위 : 억원>

항목	2016	2017
영업활동	-125	442
투자활동	1,363	-405
재무활동	-363	-490
순현금흐름	595	-465
기말현금	1,557	1,093

시장 대비 수익률

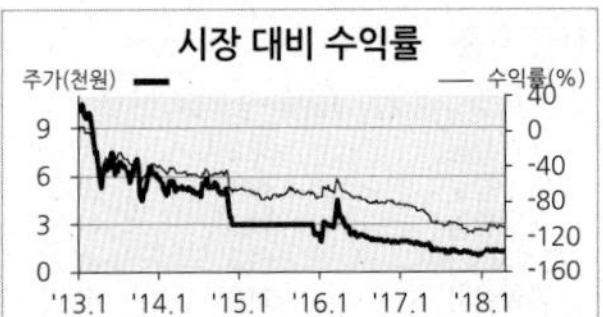

결산 실적

<단위 : 억원>

항목	2012	2013	2014	2015	2016	2017
매출액	25,272	25,135	21,179	16,887	13,740	15,876
영업이익	-646	-1,985	156	281	487	547
당기순이익	-5,781	-5,934	-2,211	-683	-159	-488

분기 실적

<단위 : 억원>

항목	2016.3Q	2016.4Q	2017.1Q	2017.2Q	2017.3Q	2017.4Q
매출액	3,206	4,000	3,439	4,163	3,696	4,578
영업이익	115	250	58	175	109	205
당기순이익	58	72	-5	-34	-122	-327

재무 상태

<단위 : 억원>

항목	2012	2013	2014	2015	2016	2017
총자산	28,803	22,550	18,735	15,528	13,642	13,356
유형자산	7,572	7,133	6,789	6,309	5,266	5,215
무형자산	396	225	257	195	171	142
유가증권	2,841	2,593	1,705	569	360	461
총부채	26,923	19,838	18,001	11,986	10,167	9,976
총차입금	19,986	12,634	11,598	7,864	6,095	5,798
자본금	2,628	4,916	5,196	4,195	4,282	4,282
총자본	1,881	2,711	734	3,542	3,476	3,380
지배주주지분	1,891	2,596	124	3,084	3,639	3,242

기업가치 지표

항목	2012	2013	2014	2015	2016	2017
주가(최고/저)(천원)	46.5/9.2	10.8/4.4	6.1/3.0	3.8/2.2	5.0/1.8	2.0/1.1
PER(최고/저)(배)	—/—	—/—	—/—	—/—	—/—	—/—
PBR(최고/저)(배)	4.0/0.8	2.6/1.0	7.1/3.4	10.3/5.9	11.7/4.2	5.2/2.8
EV/EBITDA(배)	—	—	28.0	41.8	26.2	18.2
EPS(원)	-65,103	-25,722	-2,837	-155	-21	-51
BPS(원)	2,312	1,595	319	368	431	385
CFPS(원)	-13,201	-5,092	-901	-41	12	-23
DPS(원)	—	—	—	—	—	—
EBITDAPS(원)	-940	-1,533	232	211	90	92

재무 비율

<단위 : %>

연도	영업이익률	순이익률	부채비율	차입금비율	ROA	ROE	유보율	자기자본비율	EBITDA마진율
2017	3.5	-3.1	일부잠식	일부잠식	-3.6	-12.6	-23.0	25.3	5.0
2016	3.5	-1.2	일부잠식	일부잠식	-1.1	-5.4	-13.7	25.5	5.6
2015	1.7	-4.1	일부잠식	일부잠식	-4.0	-27.9	-26.4	22.8	3.6
2014	0.7	-10.4	일부잠식	일부잠식	-10.7	-159.6	-87.2	3.9	2.3

대한제강 (A084010)

Daehan Steel

업 종 : 금속 및 광물　　시 장 : 거래소
신용등급 : (Bond) — (CP) —　　기업규모 : 시가총액 소형주
홈페이지 : www.idaehan.com　　연 락 처 : 1670-3300
본 사 : 부산시 사하구 하신번영로 69

설 립 일	1954.06.10	**종업원수**	536명	**대표이사**	오치훈
상 장 일	2005.10.31	**감사의견**	적정(삼일)	**계 열**	
결 산 기	12월	**보 통 주**		**종속회사수**	8개사
액 면 가	1,000원	**우 선 주**		**구 상 호**	

주주구성 (지분율,%)		출자관계 (지분율,%)		주요경쟁사 (외형,%)	
오치훈	18.4			대한제강	100
오완수	16.6			풍산홀딩스	26
(외국인)	15.1			한국주철관	32

매출구성		비용구성		수출비중	
철근	85.6	매출원가율	91.4	수출	1.5
Bar-in-Coil	9.9	판관비율	4.8	내수	98.5
기타	4.3				

회사 개요

동사는 1964년에 설립되어 철스크랩을 원재료로 하여 빌렛을 생산하는 제강사업과 반제품인 빌렛을 원재료로 하여 철근을 생산하는 압연사업을 영위하고 있음. 연결대상 종속기업으로는 화물운송 사업을 영위하는 대한네트웍스와 부동산 개발 및 임대업을 영위하는 센텀사이언스파크와 싱가폴, 미국 등에 현지법인 등 총 8개임. 동사는 전방산업인 건설경기의 영향을 받고, 매출에서 철근이 차지하는 비중이 2017년 기준 82%임.

실적 분석

동사의 2017년 매출과 영업이익은 1조2285억원, 471억원으로 전년 대비 매출는 36.8% 증가하고 영업이익은 16.3% 감소함. 당기순이익은 296억원으로 전년 대비 25.6% 감소함. 동사는 부채비율이 63.5%로 전기 52.1%에 비하여 높아졌으며, 이자보상배율 또한 20.3배로 전기 22.8배에 비해 낮아짐. 전반적으로 재무건전성은 전기에 비해 낮아졌으나 동종업계 대비 안정적이라는 판단임.

현금 흐름

<단위 : 억원>

항목	2016	2017
영업활동	409	933
투자활동	-129	-440
재무활동	-208	-153
순현금흐름	77	338
기말현금	846	1,184

시장 대비 수익률

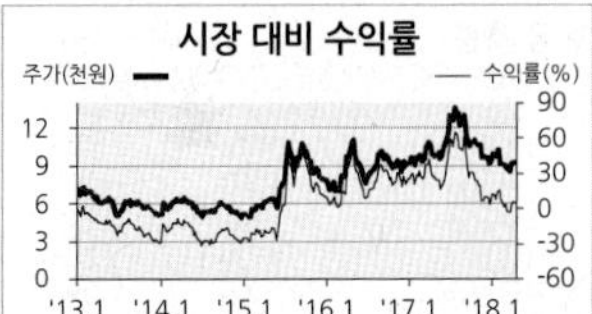

결산 실적

<단위 : 억원>

항목	2012	2013	2014	2015	2016	2017
매출액	10,492	10,423	10,441	8,897	8,979	12,285
영업이익	175	155	104	557	563	471
당기순이익	310	155	-8	359	398	296

분기 실적

<단위 : 억원>

항목	2016.3Q	2016.4Q	2017.1Q	2017.2Q	2017.3Q	2017.4Q
매출액	2,140	2,601	2,839	3,268	2,788	3,391
영업이익	105	94	102	206	50	113
당기순이익	61	76	73	144	36	44

재무 상태

<단위 : 억원>

항목	2012	2013	2014	2015	2016	2017
총자산	7,788	8,106	7,766	6,355	6,696	7,536
유형자산	2,831	2,780	2,665	2,416	2,180	2,083
무형자산	93	89	93	86	110	133
유가증권	174	162	131	81	121	425
총부채	4,146	4,359	4,041	2,309	2,294	2,930
총차입금	2,160	2,333	2,188	789	643	582
자본금	246	246	246	246	246	246
총자본	3,642	3,748	3,725	4,045	4,402	4,607
지배주주지분	3,642	3,748	3,725	4,045	4,386	4,602

기업가치 지표

항목	2012	2013	2014	2015	2016	2017
주가(최고/저)(천원)	13.4/5.4	7.3/4.9	6.5/4.8	11.8/4.9	11.1/7.0	13.9/9.0
PER(최고/저)(배)	12.3/4.9	13.2/8.8	—/—	8.9/3.7	7.3/4.6	11.5/7.4
PBR(최고/저)(배)	1.0/0.4	0.5/0.4	0.5/0.3	0.8/0.3	0.6/0.4	0.7/0.5
EV/EBITDA(배)	8.6	6.5	6.0	2.2	2.3	1.8
EPS(원)	1,273	630	-34	1,458	1,622	1,251
BPS(원)	15,597	16,040	15,949	17,247	18,674	19,549
CFPS(원)	2,349	1,714	1,066	2,547	2,633	2,255
DPS(원)	200	100	100	250	330	300
EBITDAPS(원)	1,793	1,710	1,522	3,350	3,294	2,916

재무 비율

<단위 : %>

연도	영업이익률	순이익률	부채비율	차입금비율	ROA	ROE	유보율	자기자본비율	EBITDA마진율
2017	3.8	2.4	63.6	12.6	4.2	6.9	1,854.9	61.1	5.9
2016	6.3	4.4	52.1	14.6	6.1	9.5	1,767.4	65.8	9.0
2015	6.3	4.0	57.1	19.5	5.1	9.3	1,624.7	63.7	9.3
2014	1.0	-0.1	108.5	58.7	-0.1	-0.2	1,494.9	48.0	3.6

대한제당 (A001790)

TS

업종 : 식료품
신용등급 : (Bond) A- (CP) —
홈페이지 : www.ts.co.kr
본사 : 인천시 중구 월미로 116 (북성동1가)
시장 : 거래소
기업규모 : 시가총액 소형주
연락처 : 032)770-1400

설립일	1956.07.06	**종업원수**	543명	**대표이사**	조현
상장일	1968.12.27	**감사의견**	적정(대주)	**계열**	
결산기	12월	**보통주**		**종속회사수**	14개사
액면가	2,500원	**우선주**		**구상호**	

주주구성 (지분율,%)		출자관계 (지분율,%)		주요경쟁사 (외형,%)	
설윤호	23.6	티에스개발	100.0	대한제당	100
박선영	14.4	티에스우인	100.0	팜스코	80
(외국인)	2.6	티에스신용투자대부	100.0	이지바이오	110

매출구성		비용구성		수출비중	
설탕	46.5	매출원가율	89.9	수출	29.5
배합사료	25.4	판관비율	8.8	내수	70.5
기타	23.2				

회사 개요

동사는 1956년 7월에 설립되어 설탕과 사료를 주제품으로 제조, 판매하는 음식료품 제조업체임. 사업부문은 설탕제품 및 배합사료의 제조판매하는 식품사업과 축산 및 축산물을 유통하는 축산유통, 레저 및 외식사업, 바이오, 임대 및 금융 등으로 구성되어 있음. 2017년 매출액은 식품사업(71.9%), 축산유통(23.0%), 서비스사업(4.1%), 기타사업(1.0%) 순을 보임.

실적 분석

동사의 연결기준 2017년 매출액은 1조 2,745.4억원으로 전년 대비 0.8% 신장되었으나 원당가격 상승에 따라 매출원가가 3.6% 증가하여 매출총이익은 전년 대비 18.9% 감소하였음. 그러나 외화환산이익이 전년 대비 크게 발생하여 비영업손실 규모가 축소된 것은 긍정적으로 작용하였음. 이에 따라 동사의 2017년 당기순이익은 전년 대비 52.2% 감소한 108.1억원을 기록하였음.

현금 흐름

〈단위 : 억원〉

항목	2016	2017
영업활동	995	91
투자활동	487	-118
재무활동	-802	-246
순현금흐름	674	-283
기말현금	1,377	1,094

시장 대비 수익률

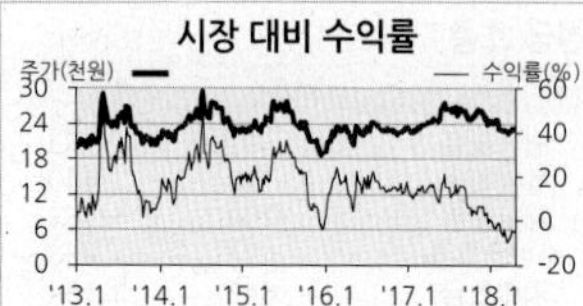

결산 실적

〈단위 : 억원〉

항목	2012	2013	2014	2015	2016	2017
매출액	15,139	13,897	13,459	12,458	12,642	12,745
영업이익	536	447	439	229	448	165
당기순이익	290	104	65	-176	226	108

분기 실적

〈단위 : 억원〉

항목	2016.3Q	2016.4Q	2017.1Q	2017.2Q	2017.3Q	2017.4Q
매출액	3,181	3,320	3,139	3,278	3,244	3,085
영업이익	163	97	44	19	52	50
당기순이익	127	15	64	0	18	26

재무 상태

〈단위 : 억원〉

항목	2012	2013	2014	2015	2016	2017
총자산	16,207	15,700	15,613	15,417	12,106	11,529
유형자산	4,522	4,464	4,532	4,489	4,253	4,242
무형자산	56	56	66	70	39	24
유가증권	652	546	351	363	540	435
총부채	11,865	11,261	11,138	11,168	7,608	7,011
총차입금	4,739	4,635	5,277	5,269	4,812	4,564
자본금	204	204	240	240	240	240
총자본	4,342	4,440	4,475	4,249	4,498	4,518
지배주주지분	4,337	4,438	4,473	4,246	4,495	4,513

기업가치 지표

항목	2012	2013	2014	2015	2016	2017
주가(최고/저)(천원)	21.8/14.3	29.3/19.4	29.5/20.5	28.1/18.7	24.4/19.0	28.5/22.2
PER(최고/저)(배)	8.3/5.5	29.8/19.7	48.6/33.8	—/—	10.9/8.5	26.4/20.6
PBR(최고/저)(배)	0.5/0.4	0.7/0.5	0.7/0.5	0.7/0.4	0.5/0.4	0.6/0.5
EV/EBITDA(배)	6.2	7.6	9.4	13.3	8.2	15.9
EPS(원)	2,986	1,099	667	-1,834	2,344	1,103
BPS(원)	54,887	56,125	47,964	45,602	47,733	47,915
CFPS(원)	5,560	3,265	2,379	-112	3,896	2,685
DPS(원)	625	500	550	450	650	550
EBITDAPS(원)	8,549	7,434	6,200	4,103	6,209	3,293

재무 비율

〈단위 : %〉

연도	영업이익률	순이익률	부채비율	차입금비율	ROA	ROE	유보율	자기자본비율	EBITDA마진율
2017	1.3	0.9	155.2	101.0	0.9	2.4	1,816.6	39.2	2.5
2016	3.5	1.8	169.1	107.0	1.6	5.2	1,809.3	37.2	4.7
2015	1.8	-1.4	262.9	124.0	-1.1	-4.1	1,724.1	27.6	3.2
2014	3.3	0.5	248.9	117.9	0.4	1.5	1,818.6	28.7	4.5

대한제분 (A001130)

Daehan Flour Mills

업종 : 식료품
신용등급 : (Bond) — (CP) —
홈페이지 : www.dhflour.co.kr
본사 : 서울시 중구 세종대로 39
시장 : 거래소
기업규모 : 시가총액 소형주
연락처 : 02)3455-0200

설립일	1953.11.28	**종업원수**	336명	**대표이사**	이건영,박현용
상장일	1970.11.25	**감사의견**	적정(한영)	**계열**	
결산기	12월	**보통주**		**종속회사수**	7개사
액면가	5,000원	**우선주**		**구상호**	

주주구성 (지분율,%)		출자관계 (지분율,%)		주요경쟁사 (외형,%)	
디앤비컴퍼니	27.7	보나비	100.0	대한제분	100
이건영	6.7	디비에스	100.0	오뚜기	262
(외국인)	12.8	대한사료	100.0	농심	272

매출구성		비용구성		수출비중	
소맥분 외 (제과, 빵, 라면, 사료용 등)	100.0	매출원가율	79.4	수출	0.4
		판관비율	16.2	내수	99.6

회사 개요

동사는 제분업 및 소맥분 판매업 등을 주요사업으로 영위하고 있음. 주요 제품영역으로 대표 브랜드인 '곰표' 밀가루와 튀김·부침가루 등이 있음. 한국제분협회에 등록돼 있는 제분회사는 8개사 총 10개 공장이 가동 중임. 원맥의 국내 생산량은 전체 소요량의 2% 미만으로 원자재의 대부분을 수입에 의존하기 때문에 국제가격 변동폭의 확대로 수입가격의 등락이 심하고, 원화 환율 또한 원재료 가격에 미치는 영향이 지대함.

실적 분석

동사의 2017년 연간 매출액은 전년동기대비 0.4% 소폭 변동한 8,108.4억원을 기록하였음. 비용면에서 전년동기대비 매출원가는 증가 했으며 인건비는 거의 동일 했고 광고선전비는 감소, 기타판매비와관리비는 증가함. 주춤한 모습의 매출액에 의해 전년동기대비 영업이익은 361.8억원으로 18.1% 하락 하였음. 그러나 비영업손익의 흑자전환으로 전년동기대비 당기순이익은 510.5억원을 기록하며 크게 증가함.

현금 흐름

〈단위 : 억원〉

항목	2016	2017
영업활동	888	428
투자활동	-307	-360
재무활동	-470	-485
순현금흐름	113	-422
기말현금	919	497

시장 대비 수익률

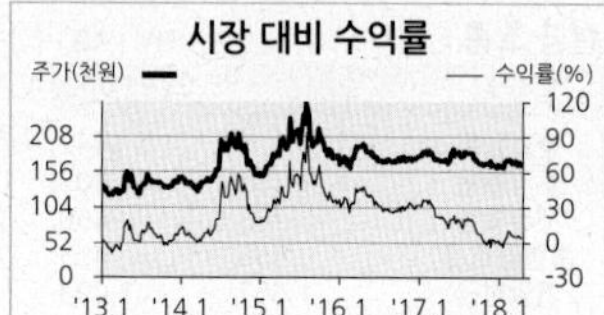

결산 실적

〈단위 : 억원〉

항목	2012	2013	2014	2015	2016	2017
매출액	8,901	8,647	8,697	8,258	8,075	8,108
영업이익	340	273	530	473	442	362
당기순이익	343	184	368	343	274	510

분기 실적

〈단위 : 억원〉

항목	2016.3Q	2016.4Q	2017.1Q	2017.2Q	2017.3Q	2017.4Q
매출액	2,025	2,040	1,964	2,051	2,080	2,013
영업이익	130	68	85	93	138	46
당기순이익	67	16	248	93	115	55

재무 상태

〈단위 : 억원〉

항목	2012	2013	2014	2015	2016	2017
총자산	8,997	8,973	9,004	8,954	8,675	8,735
유형자산	2,708	2,640	2,631	2,576	2,470	2,335
무형자산	223	220	209	201	190	199
유가증권	1,048	888	731	1,010	730	827
총부채	2,962	2,899	2,757	2,385	2,056	1,631
총차입금	1,796	1,769	1,620	1,380	1,030	570
자본금	85	85	85	85	85	85
총자본	6,035	6,074	6,247	6,569	6,619	7,104
지배주주지분	6,016	6,056	6,222	6,543	6,619	7,104

기업가치 지표

항목	2012	2013	2014	2015	2016	2017
주가(최고/저)(천원)	164/94.6	156/115	218/128	260/144	197/162	191/162
PER(최고/저)(배)	8.7/5.0	15.1/11.1	10.5/6.2	13.3/7.4	12.5/10.3	6.4/5.4
PBR(최고/저)(배)	0.5/0.3	0.5/0.3	0.6/0.4	0.7/0.4	0.5/0.4	0.5/0.4
EV/EBITDA(배)	4.2	4.6	2.5	3.3	2.3	2.4
EPS(원)	20,360	11,023	21,792	20,207	16,130	30,206
BPS(원)	356,562	359,019	368,857	387,971	394,270	422,652
CFPS(원)	34,126	25,781	36,343	34,772	30,171	43,926
DPS(원)	2,500	2,000	2,500	2,000	2,000	2,000
EBITDAPS(원)	33,898	30,887	45,893	42,545	40,173	35,127

재무 비율

〈단위 : %〉

연도	영업이익률	순이익률	부채비율	차입금비율	ROA	ROE	유보율	자기자본비율	EBITDA마진율
2017	4.5	6.3	23.0	8.0	5.9	7.4	8,353.0	81.3	7.3
2016	5.5	3.4	31.1	15.6	3.1	4.1	7,785.4	76.3	8.4
2015	5.7	4.2	36.3	21.0	3.8	5.4	7,659.4	73.4	8.7
2014	6.1	4.2	44.1	25.9	4.1	6.0	7,277.1	69.4	8.9

대한항공 (A003490)

Korean Air Lines

업 종 : 항공운수 | 시 장 : 거래소
신용등급 : (Bond) BBB (CP) — | 기업규모 : 시가총액 대형주
홈페이지 : www.koreanair.com | 연 락 처 : 02)2656-7114
본 사 : 서울시 강서구 하늘길 260

설 립 일	1962.06.19	**종업원수**	18,369명	**대 표 이 사**	조양호,조원태,우기홍
상 장 일	1966.03.18	**감사의견**	적정(안진)	**계 열**	
결 산 기	12월	**보 통 주**		**종속회사수**	27개사
액 면 가	5,000원	**우 선 주**		**구 상 호**	

주주구성 (지분율,%)		출자관계 (지분율,%)		주요경쟁사 (외형,%)	
한진칼	30.0	왕산레저개발	100.0	대한항공	100
국민연금공단	12.6	항공종합서비스	100.0	한진칼	10
(외국인)	17.0	싸이버스카이	100.0	아시아나항공	51

매출구성		비용구성		수출비중	
국제선 여객	56.3	매출원가율	82.6	수출	—
화물	21.2	판관비율	9.6	내수	—
기타	9.5				

회사 개요

동사는 항공운송사업을 주요 사업으로 영위하고 있음. 국내 13개 도시와 해외 42개국 110개 도시에 여객 및 화물 노선을 보유하고 있음. 이와 더불어 항공이 설계와 제작, 민항기 및 군용기 정비, 위성체 연구개발을 수행하는 항공우주사업, 기내식 제조 사업, 기내 면세품 판매 사업 등 연관 사업을 영위함. 한국공항, 한진정보통신, 항공종합서비스 등을 연결대상 종속회사로 보유함.

실적 분석

항공운송사업의 2017년 매출은 11조 4,642억원으로 전년대비 4.3% 증가하였으며, 영업이익은 9,869억원으로 231억원 증가함. 탄력적인 공급운영과 대체 목적지 판매 확대로 여객 매출 전년비 1.1% 증가하였으며, 글로벌 경기 활성화에 힘입은 화물사업 실적 호조세를 보임. 항공우주사업의 영업이익은 325억원의 적자를 기록함. 이는 민항기제조사업 및 군용기 성능개량사업의 생산 일정 순연 때문임. 호텔사업도 2017년 적자를 기록함.

현금 흐름

<단위 : 억원>

항목	2016	2017
영업활동	28,063	28,068
투자활동	-8,735	-20,412
재무활동	-18,293	-10,362
순현금흐름	1,224	-3,287
기말현금	10,899	7,612

시장 대비 수익률

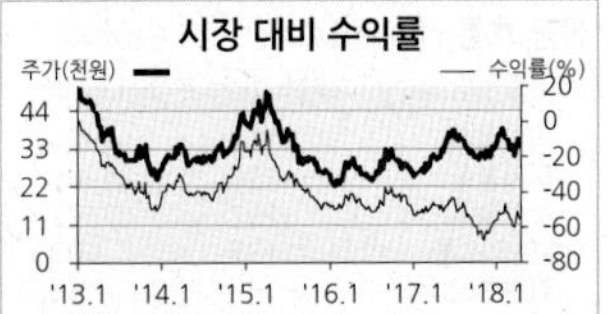

결산 실적

<단위 : 억원>

항목	2012	2013	2014	2015	2016	2017
매출액	123,418	118,487	119,097	115,448	117,319	120,922
영업이익	2,286	-196	3,953	8,831	11,208	9,398
당기순이익	2,564	-3,836	-6,129	-5,630	-5,568	8,019

분기 실적

<단위 : 억원>

항목	2016.3Q	2016.4Q	2017.1Q	2017.2Q	2017.3Q	2017.4Q
매출액	31,179	29,292	28,660	29,052	32,139	31,071
영업이익	4,600	1,783	1,915	1,728	3,555	2,200
당기순이익	5,108	-6,419	5,592	-2,003	616	3,814

재무 상태

<단위 : 억원>

항목	2012	2013	2014	2015	2016	2017
총자산	229,734	229,204	234,657	241,804	239,565	246,487
유형자산	148,801	155,039	157,781	178,507	178,733	189,073
무형자산	3,146	3,492	3,312	2,947	4,050	3,635
유가증권	1,786	2,266	2,085	1,731	2,206	2,032
총부채	200,690	201,802	212,646	216,813	220,822	208,976
총차입금	146,550	144,362	151,483	150,567	145,927	136,538
자본금	3,668	2,989	2,989	3,698	3,698	4,798
총자본	29,044	27,402	22,012	24,990	18,744	37,511
지배주주지분	26,216	26,470	20,909	23,871	17,607	36,294

기업가치 지표

항목	2012	2013	2014	2015	2016	2017
주가(최고/저)(천원)	61.2/44.7	51.0/24.2	44.3/27.3	49.6/25.4	33.3/21.6	38.5/24.3
PER(최고/저)(배)	20.8/15.2	—/—	—/—	—/—	—/—	4.6/2.9
PBR(최고/저)(배)	2.0/1.4	1.3/0.6	1.5/0.9	1.7/0.9	1.5/1.0	1.0/0.7
EV/EBITDA(배)	9.5	9.1	8.5	6.3	5.4	6.0
EPS(원)	2,965	-2,915	-9,372	-7,341	-7,106	8,516
BPS(원)	35,573	44,020	34,773	32,130	23,698	37,689
CFPS(원)	23,916	21,006	15,926	15,097	15,972	26,733
DPS(원)	—	—	—	—	—	250
EBITDAPS(원)	23,674	24,008	33,067	35,228	38,661	28,328

재무 비율

<단위 : %>

연도	영업이익률	순이익률	부채비율	차입금비율	ROA	ROE	유보율	자기자본비율	EBITDA마진율
2017	7.8	6.6	557.1	364.0	3.3	29.4	656.5	15.2	21.8
2016	9.6	-4.8	1,178.1	778.5	-2.3	-27.2	376.2	7.8	24.5
2015	7.7	-4.9	867.6	602.5	-2.4	-25.2	545.6	10.3	22.0
2014	3.3	-5.2	966.1	688.2	-2.6	-26.8	599.5	9.4	16.7

대한해운 (A005880)

Korea Line

업 종 : 해상운수 | 시 장 : 거래소
신용등급 : (Bond) BBB (CP) A3 | 기업규모 : 시가총액 중형주
홈페이지 : www.korealines.co.kr | 연 락 처 : 02)3701-0114
본 사 : 서울시 강서구 마곡중앙8로 78 에스엠알앤디센터

설 립 일	1968.12.12	**종업원수**	362명	**대 표 이 사**	김용완
상 장 일	1992.04.02	**감사의견**	적정(한울)	**계 열**	
결 산 기	12월	**보 통 주**		**종속회사수**	16개사
액 면 가	5,000원	**우 선 주**		**구 상 호**	

주주구성 (지분율,%)		출자관계 (지분율,%)		주요경쟁사 (외형,%)	
케이엘홀딩스	16.4	코리아엘엔지트레이딩	36.0	대한해운	100
케이엘홀딩스이호	16.2	창명해운	30.6	팬오션	150
(외국인)	6.6	신광	19.9	흥아해운	54

매출구성		비용구성		수출비중	
철광석 등	71.2	매출원가율	87.8	수출	—
천연가스	22.7	판관비율	5.8	내수	—
분양사업 등	5.0				

회사 개요

해운업은 식량, 에너지,원자재, 생필품 등을 수요와 공급의 원칙에 따라 원하는 시기에 필요한 장소로 수송하는 산업으로 생산의 모체인 선박을 확보하는데 대규모 자금이 투하되는 대표적인 자본집약적 산업이며 전세계를 상대로 산업 활동이 이루어지는 완전경쟁 산업임. 동사는 1968년 설립된 해운회사로서, 철광석, 천연가스, 원유 등의 원재료를 선박으로 운송하는 해상 화물운송 및 해운 대리점업을 주로 영위 중임.

실적 분석

동사의 2017년 연간 매출액은 전년동기대비 188.9% 이상 크게 상승한 15,607.4억원을 기록하였음. 안정적인 전용선 영업 위주의 사업을 지속하였고 화물운송계약 위주의 부정기선 사업을 추진함으로써 용선시장의 불확실성과 관련된 위험을 최소화한 결과 최종적으로 전년동기대비 당기순이익은 크게 상승하여 1,091.7억원을 기록함. 향후에도 안정적 영업으로 이익을 극대화 할 전망임.

현금 흐름

<단위 : 억원>

항목	2016	2017
영업활동	1,130	2,273
투자활동	-3,666	-7,767
재무활동	2,773	5,231
순현금흐름	280	-364
기말현금	844	480

시장 대비 수익률

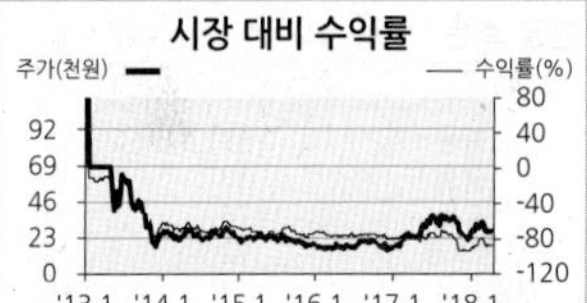

결산 실적

<단위 : 억원>

항목	2012	2013	2014	2015	2016	2017
매출액	5,956	5,355	5,803	5,317	5,403	15,607
영업이익	-1,096	1,014	983	860	441	1,009
당기순이익	-2,504	3,839	719	395	308	1,092

분기 실적

<단위 : 억원>

항목	2016.3Q	2016.4Q	2017.1Q	2017.2Q	2017.3Q	2017.4Q
매출액	1,324	1,595	3,101	4,017	4,008	4,481
영업이익	86	159	320	295	323	71
당기순이익	74	111	295	211	430	155

재무 상태

<단위 : 억원>

항목	2012	2013	2014	2015	2016	2017
총자산	14,194	12,224	13,007	15,179	22,045	25,868
유형자산	11,309	10,085	10,896	13,198	17,833	21,315
무형자산	73	53	46	33	131	152
유가증권	37	81	69	78	79	694
총부채	15,904	8,184	8,018	9,486	15,784	18,990
총차입금	13,820	7,523	7,035	8,823	14,026	17,028
자본금	916	1,198	1,221	1,221	1,221	1,221
총자본	-1,710	4,040	4,989	5,694	6,260	6,878
지배주주지분	-1,710	4,040	4,932	5,632	6,066	6,621

기업가치 지표

항목	2012	2013	2014	2015	2016	2017
주가(최고/저)(천원)	308/29.7	125/17.5	29.8/21.2	25.8/17.1	21.7/15.5	38.1/16.7
PER(최고/저)(배)	—/—	3.8/0.5	10.1/7.2	16.2/10.7	17.8/12.7	7.3/3.2
PBR(최고/저)(배)	-2.7/-0.3	7.4/1.0	1.5/1.1	1.1/0.7	0.9/0.6	1.4/0.6
EV/EBITDA(배)	—	6.7	6.7	7.6	13.5	10.7
EPS(원)	-209,537	32,554	2,958	1,594	1,220	5,186
BPS(원)	-7,592	16,866	20,210	23,067	24,845	27,104
CFPS(원)	-9,410	40,409	6,502	5,006	4,678	9,572
DPS(원)	—	—	—	—	—	—
EBITDAPS(원)	-1,608	16,454	7,597	6,934	5,262	8,516

재무 비율

<단위 : %>

연도	영업이익률	순이익률	부채비율	차입금비율	ROA	ROE	유보율	자기자본비율	EBITDA마진율
2017	6.5	7.0	276.1	247.6	4.6	20.0	442.1	26.6	13.3
2016	8.2	5.7	252.1	224.1	1.7	5.1	396.9	28.4	23.8
2015	16.2	7.4	166.6	155.0	2.8	7.4	361.3	37.5	31.9
2014	16.9	12.4	160.7	141.0	5.7	16.0	304.2	38.4	31.7

대한화섬 (A003830)

DaeHan Synthetic Fiber

업　　종 : 화학　　시　　장 : 거래소
신용등급 : (Bond) —　　(CP) —　　기업규모 : 시가총액 소형주
홈페이지 : www.daehansf.co.kr　　연 락 처 : 02)3406-0300
본　　사 : 서울시 중구 동호로 310

설 립 일	1963.10.22	**종업원수**	146명	**대표이사**	김형생
상 장 일	1985.12.23	**감사의견**	적정(삼정)	**계　　열**	
결 산 기	12월	**보 통 주**		**종속회사수**	
액 면 가	5,000원	**우 선 주**		**구 상 호**	

주주구성 (지분율,%)		출자관계 (지분율,%)		주요경쟁사 (외형,%)	
티알엔	33.5	태광관광개발	45.0	대한화섬	100
이호진	19.3	예가람저축은행	22.2	동성화인텍	208
(외국인)	0.1	고려저축은행	20.2	동성화학	184

매출구성		비용구성		수출비중	
Polyester	93.2	매출원가율	88.5	수출	68.4
임대수익	6.8	판관비율	6.3	내수	31.6

회사 개요

동사는 1963년 대한합성섬유주식회사로 설립된 태광산업 계열의 화학섬유 제조업체로 동사를 포함 총 27개의 계열사가 있음. 동사의 주력제품은 폴리에스터로 매출비중이 약 93%를 차지하고 있으며, 2016년 기준 FILAMENT 부문에서 8% 가량의 시장점유율을 보유하고 있음(효성, TK케미칼, 성안화섬, 도레이첨단소재에 이어 5위임). 원료인 PTA에서부터 원사, 직물생산까지 수직계열화를 이루어 경쟁력을 제고함.

실적 분석

폴리에스터 범용제품의 내수와 수출 가격이 모두 상승함에 따라 2017년 매출액은 전년동기 대비 5.9% 성장한 1108.4억원을 기록함. 제품가격 상승폭이 PTA 등 원재료의 가격 상승폭보다 크고, 차별화 제품에 대한 영업력 집중으로 원가율이 개선됨. 판관비도 일부 축소하여 영업이익은 57.5억원의 흑자로 전환됨. 영업외에서는 계열사로부터의 배당금 수입과 지분법평가이익 모두 감소하였으나, 법인세 효과로 당기순이익도 33.1% 증가함.

현금 흐름 *IFRS 별도 기준 〈단위 : 억원〉

항목	2016	2017
영업활동	157	55
투자활동	33	35
재무활동	-178	-94
순현금흐름	12	-4
기말현금	14	10

시장 대비 수익률

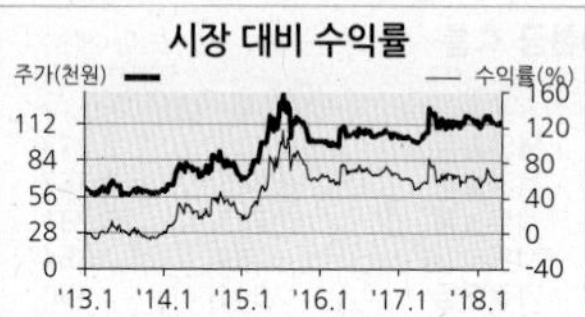

결산 실적 〈단위 : 억원〉

항목	2012	2013	2014	2015	2016	2017
매출액	3,449	2,164	1,431	1,354	1,046	1,108
영업이익	-78	-56	-243	-128	-20	57
당기순이익	45	50	-146	-156	153	204

분기 실적 *IFRS 별도 기준 〈단위 : 억원〉

항목	2016.3Q	2016.4Q	2017.1Q	2017.2Q	2017.3Q	2017.4Q
매출액	244	287	281	275	268	285
영업이익	-7	-12	8	17	5	28
당기순이익	25	12	59	64	30	50

재무 상태 *IFRS 별도 기준 〈단위 : 억원〉

항목	2012	2013	2014	2015	2016	2017
총자산	4,773	5,036	5,239	5,164	4,837	5,589
유형자산	1,036	908	756	497	476	454
무형자산	140	120	120	120	120	120
유가증권	1,429	1,627	1,947	2,137	1,844	2,359
총부채	1,151	1,056	1,109	1,027	833	901
총차입금	353	539	461	529	365	282
자본금	66	66	66	66	66	66
총자본	3,621	3,981	4,129	4,137	4,004	4,688
지배주주지분	3,621	3,981	4,129	4,137	4,004	4,688

기업가치 지표 *IFRS 별도 기준

항목	2012	2013	2014	2015	2016	2017
주가(최고/저)(천원)	88.3/50.8	68.6/56.2	91.3/59.5	136/68.6	112/94.3	125/96.2
PER(최고/저)(배)	26.6/15.3	18.5/15.1	—/—	—/—	9.7/8.2	8.2/6.3
PBR(최고/저)(배)	0.3/0.2	0.2/0.2	0.3/0.2	0.4/0.2	0.4/0.3	0.4/0.3
EV/EBITDA(배)	18.9	15.4	—	119.0	38.1	15.5
EPS(원)	3,424	3,785	-11,009	-11,765	11,549	15,370
BPS(원)	281,045	308,114	319,301	319,882	309,825	361,395
CFPS(원)	14,039	14,543	-226	-920	16,485	19,769
DPS(원)	750	750	—	—	—	825
EBITDAPS(원)	4,723	6,577	-7,530	1,173	3,440	8,728

재무 비율 〈단위 : %〉

연도	영업이익률	순이익률	부채비율	차입금비율	ROA	ROE	유보율	자기자본비율	EBITDA마진율
2017	5.2	18.4	19.2	6.0	3.9	4.7	7,127.9	83.9	10.5
2016	-1.9	14.7	20.8	9.1	3.1	3.8	6,096.5	82.8	4.4
2015	-9.5	-11.5	24.8	12.8	-3.0	-3.8	6,297.6	80.1	1.2
2014	-17.0	-10.2	26.9	11.2	-2.9	-3.6	6,286.0	78.8	-7.0

대현 (A016090)

DAEHYUN CO

업　　종 : 섬유 및 의복　　시　　장 : 거래소
신용등급 : (Bond) —　　(CP) —　　기업규모 : 시가총액 소형주
홈페이지 : www.daehyun.co.kr　　연 락 처 : 02)3485-7000
본　　사 : 서울시 강남구 언주로 619 대현그린타워

설 립 일	1982.05.25	**종업원수**	502명	**대표이사**	신현균신윤건
상 장 일	1990.09.20	**감사의견**	적정(안진)	**계　　열**	
결 산 기	12월	**보 통 주**		**종속회사수**	
액 면 가	500원	**우 선 주**		**구 상 호**	

주주구성 (지분율,%)		출자관계 (지분율,%)		주요경쟁사 (외형,%)	
신현균	26.5	한국패션유통물류	1.1	대현	100
신윤황	12.0	대신증권	0.1	TBH글로벌	245
(외국인)	7.0	CJ제일제당	0.0	F&F	198

매출구성		비용구성		수출비중	
주크	23.3	매출원가율	44.3	수출	1.4
듀엘	22.4	판관비율	50.8	내수	98.6
모조에스핀	21.9				

회사 개요

동사는 여성복을 제조 및 판매하는 기업임. 백화점과 대리점 등 전국 496개의 유통망을 확보하고 있으며 블루페페, 씨씨콜렉트, 주크, 모조에스핀, 듀엘, 엣플레이 등 6개 브랜드를 보유함. 모조에스핀과 주크는 중국 시장에 진출해있음. 한섬과 신세계인터내셔날 등이 주요 경쟁사임. 패션부문 중 블루페페와 주크 브랜드 리뉴얼로 인해 매출과 영업이익이 감소했으나 일시적인 요인에 의한 현상임.

실적 분석

2017년 연결기준 동사 매출은 2836.9억원을 기록함. 전년도 매출인 2801.7억원에 비해 1.3% 증가함. 매출이 늘었으나 매출원가가 2.7% 증가하고 판매비와 관리비가 1.7% 늘어 영업이익은 전년도에 비해 13.6% 감소한 138.8억원을 기록하는 데 그침. 비영업부문 이익도 454.9억원에서 12.8억원으로 감소해 당기순이익이 전년도 469.8억원에서 73.4% 감소한 124.8억원을 기록함.

현금 흐름 *IFRS 별도 기준 〈단위 : 억원〉

항목	2016	2017
영업활동	100	-24
투자활동	330	-46
재무활동	-292	-22
순현금흐름	137	-93
기말현금	147	55

시장 대비 수익률

결산 실적 〈단위 : 억원〉

항목	2012	2013	2014	2015	2016	2017
매출액	2,169	2,453	2,454	2,596	2,802	2,837
영업이익	91	125	74	101	161	139
당기순이익	68	88	47	83	469	125

분기 실적 *IFRS 별도 기준 〈단위 : 억원〉

항목	2016.3Q	2016.4Q	2017.1Q	2017.2Q	2017.3Q	2017.4Q
매출액	568	896	766	598	585	887
영업이익	7	84	50	11	8	70
당기순이익	7	58	41	13	8	63

재무 상태 *IFRS 별도 기준 〈단위 : 억원〉

항목	2012	2013	2014	2015	2016	2017
총자산	1,988	2,162	2,257	2,257	2,497	2,469
유형자산	291	316	300	277	140	473
무형자산	4	4	5	20	21	20
유가증권	6	6	6	2	39	45
총부채	989	1,087	1,159	1,084	871	739
총차입금	257	298	341	277	—	—
자본금	269	269	269	269	269	269
총자본	999	1,075	1,098	1,172	1,626	1,730
지배주주지분	999	1,075	1,098	1,172	1,626	1,730

기업가치 지표 *IFRS 별도 기준

항목	2012	2013	2014	2015	2016	2017
주가(최고/저)(천원)	1.7/1.0	2.8/1.0	3.7/1.8	3.6/1.9	4.1/2.7	4.2/2.6
PER(최고/저)(배)	11.8/7.1	15.1/5.7	38.0/18.0	20.5/11.1	4.0/2.7	15.7/9.5
PBR(최고/저)(배)	0.8/0.5	1.2/0.5	1.6/0.8	1.4/0.8	1.2/0.8	1.1/0.7
EV/EBITDA(배)	5.2	7.0	10.9	11.4	6.4	4.3
EPS(원)	151	194	103	183	1,035	276
BPS(원)	2,231	2,398	2,449	2,613	3,615	3,844
CFPS(원)	268	346	268	338	1,159	394
DPS(원)	16	23	17	35	50	50
EBITDAPS(원)	318	428	328	378	478	425

재무 비율 〈단위 : %〉

연도	영업이익률	순이익률	부채비율	차입금비율	ROA	ROE	유보율	자기자본비율	EBITDA마진율
2017	4.9	4.4	42.7	0.0	5.0	7.4	546.9	70.1	6.8
2016	5.7	16.7	53.6	0.0	19.7	33.5	508.4	65.1	7.7
2015	3.9	3.2	92.5	23.6	3.7	7.3	339.8	52.0	6.6
2014	3.0	1.9	105.6	31.1	2.1	4.3	312.2	48.7	6.1

대호에이엘 (A069460)

Daeho Al

업 종 : 금속 및 광물
신용등급 : (Bond) — (CP) —
홈페이지 : www.daeho-al.com
본 사 : 대구시 달성군 논공읍 논공중앙로 211
시 장 : 거래소
기업규모 : 시가총액 소형주
연 락 처 : 053)610-5400

설 립 일	2002.10.01	종업원수	172명	대 표 이 사	노영호
상 장 일	2002.11.11	감사의견	적정(한영)	계 열	
결 산 기	12월	보 통 주		종속회사수	
액 면 가	500원	우 선 주		구 상 호	

주주구성 (지분율,%)		출자관계 (지분율,%)		주요경쟁사 (외형,%)	
대호하이텍	33.0			대호에이엘	100
KB자산운용	4.8			삼아알미늄	108
(외국인)	0.4			피제이메탈	107

매출구성		비용구성		수출비중	
AL COIL	54.1	매출원가율	95.1	수출	31.8
AL CIRCLE	42.9	판관비율	3.5	내수	68.2
임가공	3.0				

회사 개요

동사는 2002년 남선알미늄의 판재사업부 분할로 설립되어, 알루미늄 판재의 제조 및 판매를 주요사업으로 영위하고 있음. 주로 알미늄 코일(Coil), 판재(Sheet) 및 고품질 환절판(Circle Sheet)을 전문 생산하고 있음. 철도차량사업은 국가, 지방자치단체 등 관급으로 수주가 이뤄지고 있으며, 동사는 현대로템의 1차협력업체로 임가공 수주로 수요가 점차적으로 증가하고 있음.

실적 분석

동사의 2017년 매출과 영업이익은 각각 1,263.2억원, 17.3억원으로 전년 대비 매출은 7.4% 증가하고 흑자전환함. 당기순이익은 49억원으로 흑자전환함. 매출증대로 인한 현금성자산 증가와 재고자산의 증가 등으로 자산이 증가함. 채권확보로 인한 현금유동성 유입과 차입금 상환함으로써 재무수치가 전년 대비 소폭 개선됨. 매출증대 및 원가절감 등으로 이익잉여금이 증대됨.

현금 흐름 *IFRS 별도 기준 〈단위 : 억원〉

항목	2016	2017
영업활동	40	71
투자활동	-20	-20
재무활동	-42	-29
순현금흐름	-23	21
기말현금	38	59

시장 대비 수익률

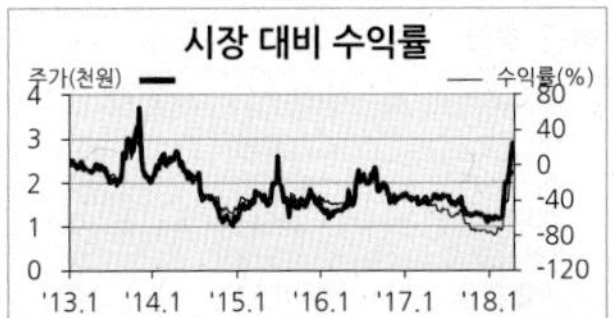

결산 실적 〈단위 : 억원〉

항목	2012	2013	2014	2015	2016	2017
매출액	1,510	1,391	1,317	1,216	1,176	1,263
영업이익	45	15	-11	26	-1	17
당기순이익	23	-26	-133	-10	-22	49

분기 실적 *IFRS 별도 기준 〈단위 : 억원〉

항목	2016.3Q	2016.4Q	2017.1Q	2017.2Q	2017.3Q	2017.4Q
매출액	297	309	308	318	329	309
영업이익	2	-1	13	11	2	-8
당기순이익	16	-36	36	7	-3	9

재무 상태 *IFRS 별도 기준 〈단위 : 억원〉

항목	2012	2013	2014	2015	2016	2017
총자산	1,265	1,266	1,103	900	870	883
유형자산	300	468	311	307	283	265
무형자산	6	3	3	2	0	0
유가증권	2	3	0	0	0	0
총부채	824	931	847	660	648	614
총차입금	740	798	749	553	527	482
자본금	136	136	136	136	136	136
총자본	441	336	256	240	222	269
지배주주지분	441	336	256	240	222	269

기업가치 지표 *IFRS 별도 기준

항목	2012	2013	2014	2015	2016	2017
주가(최고/저)(천원)	3.7/1.9	4.2/2.0	2.8/1.0	2.6/1.1	2.8/1.2	1.8/1.1
PER(최고/저)(배)	45.2/22.7	—/—	—/—	—/—	—/—	9.8/6.2
PBR(최고/저)(배)	2.2/1.1	3.4/1.6	2.8/1.0	2.8/1.2	3.2/1.4	1.7/1.1
EV/EBITDA(배)	19.4	17.9	31.5	14.7	23.7	13.1
EPS(원)	82	-94	-489	-36	-82	180
BPS(원)	1,660	1,241	977	920	854	1,028
CFPS(원)	211	95	-352	100	69	323
DPS(원)	—	—	—	—	—	—
EBITDAPS(원)	244	245	98	231	147	207

재무 비율 〈단위 : %〉

연도	영업이익률	순이익률	부채비율	차입금비율	ROA	ROE	유보율	자기자본비율	EBITDA마진율
2017	1.4	3.9	227.9	178.8	5.6	19.8	105.5	30.5	4.5
2016	-0.1	-1.9	291.5	237.0	-2.5	-9.6	70.9	25.6	3.4
2015	2.1	-0.8	274.7	230.3	-1.0	-3.9	84.0	26.7	5.2
2014	-0.8	-10.1	331.3	293.1	-11.2	-44.9	95.5	23.2	2.0

대호피앤씨 (A021040)

DAEHO P&C COLTD

업 종 : 금속 및 광물
신용등급 : (Bond) — (CP) —
홈페이지 : www.daehopnc.co.kr
본 사 : 경남 양산시 산막공단 북4길 13 (산막동)
시 장 : KOSDAQ
기업규모 : 중견
연 락 처 : 055)388-4001

설 립 일	1988.09.02	종업원수	243명	대 표 이 사	정경태,박창섭
상 장 일	1996.08.27	감사의견	적정(한영)	계 열	
결 산 기	12월	보 통 주		종속회사수	
액 면 가	500원	우 선 주		구 상 호	

주주구성 (지분율,%)		출자관계 (지분율,%)		주요경쟁사 (외형,%)	
디에스피	28.2	영구아트	2.4	대호피앤씨	100
대호	13.2	POSCO-MVWPC	30.0	NI스틸	73
(외국인)	4.6	HepaHope.	4.7	EG	80

매출구성		비용구성		수출비중	
CHQ	96.1	매출원가율	89.9	수출	15.8
STS Wire	2.8	판관비율	5.1	내수	84.2
CD-BAR	1.0				

회사 개요

동사는 1988년 냉간압조용 강선의 제조, 판매를 목적으로 설립되었음. 선재부문과 강관부문, 마봉강부문, 스테인레스 선재부문 사업을 영위하고 있음. 선재부문은 자동차부품, 일반산업 기계부품 및 전자부품인 볼트, 너트, 베아링볼, 스크류 등의 냉간압조용선을 생산함. 강관부문에서는 전 산업에 다양하게 분포되어있는 파이프 및 철강재를 생산하고 있음. 동사는 2012년 11월 30일을 합병기일로 동방금속공업을 흡수합병함.

실적 분석

동사의 2017년 결산 연결기준 매출액은 2,053.1억원으로 전년 동기 대비 10.6% 증가함. 매출원가가 전년대비 13% 증가하며 영업이익은 102.4억원을 기록하며 전년동기 대비 14% 감소. 당기순이익 또한 40.1억원을 기록하며 전년 동기 대비 28.4% 감소하며 수익성 악화. 이는 마봉강 시장에서 선두업체들의 생산물량 증대로 인한 공급물량 증대와 유통가격의 지속적인 하락으로 치열한 경쟁상황이 영향을 미친것으로 보임.

현금 흐름 *IFRS 별도 기준 〈단위 : 억원〉

항목	2016	2017
영업활동	155	98
투자활동	-14	-33
재무활동	-159	-61
순현금흐름	-19	3
기말현금	13	17

시장 대비 수익률

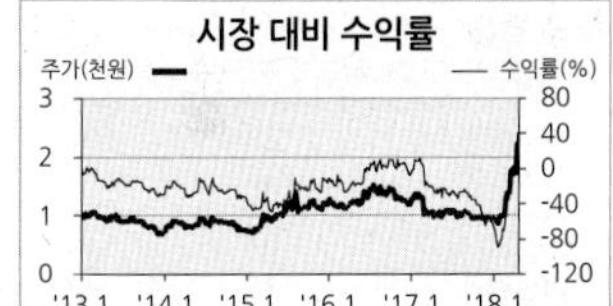

결산 실적 〈단위 : 억원〉

항목	2012	2013	2014	2015	2016	2017
매출액	2,204	2,487	2,221	2,009	1,857	2,053
영업이익	-14	84	105	87	119	102
당기순이익	-104	-84	-16	25	56	40

분기 실적 *IFRS 별도 기준 〈단위 : 억원〉

항목	2016.3Q	2016.4Q	2017.1Q	2017.2Q	2017.3Q	2017.4Q
매출액	443	470	517	524	515	497
영업이익	32	34	38	33	17	14
당기순이익	19	5	29	23	12	-24

재무 상태 *IFRS 별도 기준 〈단위 : 억원〉

항목	2012	2013	2014	2015	2016	2017
총자산	2,285	2,098	1,692	1,542	1,412	1,511
유형자산	521	497	440	457	436	488
무형자산	314	232	222	207	178	160
유가증권	6	6	3	2	2	2
총부채	1,834	1,735	1,349	1,182	1,002	820
총차입금	1,440	1,332	1,096	918	759	523
자본금	272	272	272	272	272	387
총자본	452	364	342	360	410	690
지배주주지분	452	364	342	360	410	690

기업가치 지표 *IFRS 별도 기준

항목	2012	2013	2014	2015	2016	2017
주가(최고/저)(천원)	2.0/1.0	1.2/0.8	1.1/0.8	1.6/0.8	1.7/1.2	1.4/0.9
PER(최고/저)(배)	—/—	—/—	—/—	33.4/16.6	16.5/11.7	25.1/16.2
PBR(최고/저)(배)	2.3/1.1	1.7/1.1	1.7/1.2	2.2/1.1	2.2/1.6	1.6/1.0
EV/EBITDA(배)	1,448.6	13.0	10.5	12.6	9.2	8.5
EPS(원)	-282	-142	-27	42	95	56
BPS(원)	857	695	656	689	779	911
CFPS(원)	-260	-72	40	121	186	123
DPS(원)	—	—	—	—	—	—
EBITDAPS(원)	4	237	264	235	302	210

재무 비율 〈단위 : %〉

연도	영업이익률	순이익률	부채비율	차입금비율	ROA	ROE	유보율	자기자본비율	EBITDA마진율
2017	5.0	2.0	118.8	75.8	2.8	7.3	82.1	45.7	7.3
2016	6.4	3.0	244.7	185.4	3.8	14.6	55.9	29.0	8.8
2015	4.4	1.2	328.0	254.7	1.5	7.1	37.8	23.4	6.4
2014	4.8	-0.7	394.0	319.9	-0.9	-4.6	31.2	20.2	6.5

대화제약 (A067080)
DAEHWA PHARM COLTD

업 종 : 제약 | 시 장 : KOSDAQ
신용등급 : (Bond) — (CP) — | 기업규모 : 중견
홈페이지 : www.dhpharm.co.kr | 연 락 처 : 033)342-5140
본 사 : 강원도 횡성군 횡성읍 한우로 495

설 립 일	1989.01.19	**종업원수**	349명	**대 표 이 사**	노병태,김은석
상 장 일	2003.02.11	**감사의견**	적정(새시대)	**계 열**	
결 산 기	12월	**보 통 주**		**종속회사수**	3개사
액 면 가	500원	**우 선 주**		**구 상 호**	

주주구성 (지분율,%)		출자관계 (지분율,%)		주요경쟁사 (외형,%)	
고준진	9.9	디에이치호림	63.9	대화제약	100
김수지	9.6	스페셜라이즈드메드	61.2	동아쏘시오홀딩스	565
(외국인)	6.1	리독스바이오	59.6	JW중외제약	412

매출구성		비용구성		수출비중	
유파딘 정 등	55.9	매출원가율	62.1	수출	7.9
OEM매출	20.3	판관비율	31.1	내수	92.1
아말리안 외	9.7				

회사 개요
동사는 1984년 1월 의약품 및 의약부외품 제조 및 판매업을 주 영업 목적으로 설립되었으며 2003년 2월 코스닥시장에 상장됨. 사업부문별로는 의약품 및 의약부외품을 제조 및 판매하는 의약품 제조 판매부문과 완제의약품을 공급받아 유통하는 의약품 도매업 부문으로 구성됨. 지속적인 R&D 투자로 2012년 6월 혁신형제약기업 인증을 받고 2015년 6월 재인증됨.

실적 분석
동사의 2017년 누적매출액은 1,222억원으로 전년대기 14.1% 감소함. 비용측면에서 매출원가와 판관비가 각각 22.4%, 3.2% 하락하면서 매출 감소에도 불구하고 영업이익이 전년보다 57% 늘어난 83.6억원을 기록함. 동사는 신규제품 개발 및 양질의 의약품을 공급하는데 중점을 두며, 매출의 다변화를 위하여 꾸준하게 해외시장 개척을 진행 중임. 경피흡수 패치제의 시장 점유율을 지속적으로 높여가고 있음.

현금 흐름 〈단위 : 억원〉

항목	2016	2017
영업활동	88	109
투자활동	-256	-150
재무활동	257	5
순현금흐름	90	-36
기말현금	118	82

시장 대비 수익률
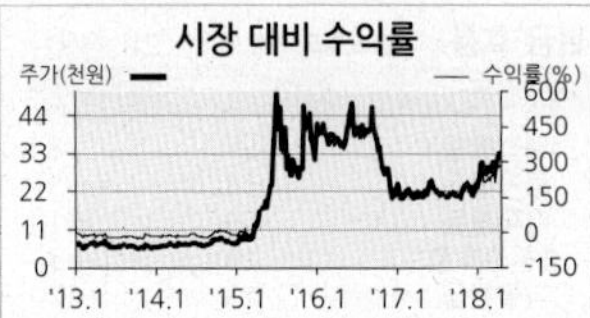

결산 실적 〈단위 : 억원〉

항목	2012	2013	2014	2015	2016	2017
매출액	1,432	1,280	1,349	1,391	1,423	1,222
영업이익	81	46	44	56	53	84
당기순이익	36	20	-11	41	38	121

분기 실적 〈단위 : 억원〉

항목	2016.3Q	2016.4Q	2017.1Q	2017.2Q	2017.3Q	2017.4Q
매출액	340	353	331	295	280	317
영업이익	5	20	18	6	16	44
당기순이익	-1	19	13	3	10	95

재무 상태 〈단위 : 억원〉

항목	2012	2013	2014	2015	2016	2017
총자산	1,302	1,219	1,241	1,246	1,538	1,655
유형자산	525	497	493	496	702	660
무형자산	24	53	69	77	80	141
유가증권	0	0	0	0	0	104
총부채	688	598	656	629	804	820
총차입금	408	330	329	336	496	492
자본금	91	91	91	91	91	91
총자본	614	620	585	617	734	835
지배주주지분	601	604	580	611	662	768

기업가치 지표

항목	2012	2013	2014	2015	2016	2017
주가(최고/저)(천원)	10.2/4.8	7.9/5.4	8.9/5.9	50.7/7.1	47.5/19.2	27.3/19.6
PER(최고/저)(배)	61.9/29.2	90.0/60.9	—/—	239.1/33.3	234.6/94.6	39.5/28.4
PBR(최고/저)(배)	3.1/1.5	2.4/1.6	2.8/1.8	14.8/2.1	12.8/5.2	6.4/4.6
EV/EBITDA(배)	14.4	17.7	19.8	77.2	50.8	39.3
EPS(원)	173	92	-6	215	205	694
BPS(원)	3,446	3,438	3,300	3,467	3,747	4,323
CFPS(원)	350	277	178	410	417	924
DPS(원)	80	100	100	100	100	150
EBITDAPS(원)	622	435	428	503	505	688

재무 비율 〈단위 : %〉

연도	영업이익률	순이익률	부채비율	차입금비율	ROA	ROE	유보율	자기자본비율	EBITDA마진율
2017	6.8	9.9	98.2	59.0	7.6	17.7	764.6	50.5	10.3
2016	3.7	2.6	109.6	67.6	2.7	5.9	649.4	47.7	6.5
2015	4.0	3.0	101.9	54.5	3.3	6.6	593.4	49.5	6.6
2014	3.3	-0.9	112.1	56.2	-0.9	-0.2	559.9	47.2	5.8

더블유게임즈 (A192080)
DoubleUGames

업 종 : 게임 소프트웨어 | 시 장 : KOSDAQ
신용등급 : (Bond) — (CP) — | 기업규모 : 우량
홈페이지 : www.doubleugames.com | 연 락 처 : 02)501-7216
본 사 : 서울시 강남구 테헤란로 152, 강남파이낸스센터 16층(역삼동)

설 립 일	2012.04.27	**종업원수**	191명	**대 표 이 사**	김가람
상 장 일	2015.11.04	**감사의견**	적정(한영)	**계 열**	
결 산 기	12월	**보 통 주**		**종속회사수**	6개사
액 면 가	500원	**우 선 주**		**구 상 호**	

주주구성 (지분율,%)		출자관계 (지분율,%)		주요경쟁사 (외형,%)	
김가람	42.1	디에이트게임즈	100.0	더블유게임즈	100
신영자산운용	5.0	디드래곤게임즈	100.0	엔씨소프트	551
(외국인)	9.5	애피타이저게임즈	20.3	컴투스	159

매출구성		비용구성		수출비중	
모바일게임	53.1	매출원가율	0.0	수출	100.0
PC게임	47.0	판관비율	74.6	내수	0.0

회사 개요
동사는 북미를 중심으로 한 소셜카지노 게임 업체임. 동사가 운영하고 있는 DoubleU Casino는 페이스북을 기반으로 하는 PC게임(2012년 5월 출시)과 모바일 게임(애플 2013년 9월 출시)으로 구성되어 있음. 소셜카지노 게임 시장은 연평균 10% 성장하여 2022년에는 65.7억달러 규모의 시장으로 성장할 것으로 전망됨. 동사는 2017년 말 기준 총 6개의 연결대상 종속회사를 보유하고 있음.

실적 분석
동사의 2017년 연간 매출액은 전년 대비 105.2% 증가한 3,193.5억원을 기록함. 영업이익은 매출 확대의 영향으로 전년 대비 80.6% 증가한 810.2억원을 기록하였음. 그러나 비영업부문이 적자전환하며 당기순이익은 전년 대비 26.8% 감소한 356.4억원에 그침. 동사의 성장전략은 마케팅을 통한 더블유카지노 매출 극대화에서 신규 슬롯게임 출시에 따른 포트폴리오 다양화로 변화되고 있는 상황임.

현금 흐름 〈단위 : 억원〉

항목	2016	2017
영업활동	543	824
투자활동	-1,059	-5,968
재무활동	-64	5,246
순현금흐름	-575	95
기말현금	153	248

시장 대비 수익률
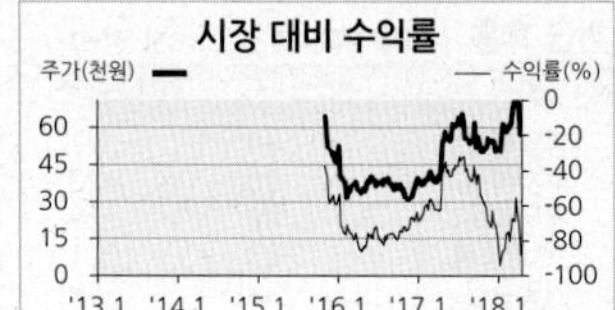

결산 실적 〈단위 : 억원〉

항목	2012	2013	2014	2015	2016	2017
매출액	—	453	713	1,224	1,556	3,193
영업이익	—	130	293	319	449	810
당기순이익	—	112	279	342	487	356

분기 실적 〈단위 : 억원〉

항목	2016.3Q	2016.4Q	2017.1Q	2017.2Q	2017.3Q	2017.4Q
매출액	376	422	414	604	1,072	1,104
영업이익	101	163	168	76	276	290
당기순이익	84	215	114	62	148	32

재무 상태 〈단위 : 억원〉

항목	2012	2013	2014	2015	2016	2017
총자산	—	187	508	3,825	4,370	9,972
유형자산	—	3	2	10	11	19
무형자산	—	0	1	2	2	8,654
유가증권	—	—	—	—	1,485	411
총부채	—	54	94	143	587	5,926
총차입금	—	—	—	—	435	5,492
자본금	—	1	1	85	86	88
총자본	—	133	414	3,682	3,782	4,046
지배주주지분	—	133	414	3,682	3,782	4,046

기업가치 지표

항목	2012	2013	2014	2015	2016	2017
주가(최고/저)(천원)	—/—	—/—	—/—	66.8/45.2	53.5/29.7	66.2/36.8
PER(최고/저)(배)	0.0/0.0	0.0/0.0	0.0/0.0	27.0/18.3	19.2/10.7	32.9/18.3
PBR(최고/저)(배)	0.0/0.0	0.0/0.0	0.0/0.0	3.2/2.1	2.2/1.2	2.6/1.4
EV/EBITDA(배)	0.0	—	—	15.9	9.4	13.9
EPS(원)	—	916	2,192	2,527	2,847	2,027
BPS(원)	—	77,268	240,570	21,546	24,914	25,835
CFPS(원)	—	67,996	162,583	2,538	2,865	3,155
DPS(원)	—	—	—	—	650	350
EBITDAPS(원)	—	78,783	170,774	2,371	2,633	5,772

재무 비율 〈단위 : %〉

연도	영업이익률	순이익률	부채비율	차입금비율	ROA	ROE	유보율	자기자본비율	EBITDA마진율
2017	25.4	11.2	146.5	135.8	5.0	9.0	5,066.9	40.6	31.5
2016	28.8	31.3	15.5	11.5	11.9	13.1	4,882.7	86.6	29.0
2015	26.1	27.9	3.9	0.0	15.8	16.7	4,209.3	96.3	26.2
2014	41.1	39.2	22.7	0.0	80.3	102.1	48,013.9	81.5	41.2

더블유에프엠 (A035290)

WFM

업　　종 : 교육　　시　　장 : KOSDAQ
신용등급 : (Bond) —　(CP) —　　기업규모 :
홈페이지 : www.a1n.co.kr　　연 락 처 : 02)565-4874
본　　사 : 서울시 금천구 가산디지털1로 131 BYC하이시티빌딩 B동 15층

설 립 일	1994.11.14	**종업원수**	48명	**대표이사**	이상훈
상 장 일	1999.11.24	**감사의견**	적정(삼일)	**계　열**	
결 산 기	12월	**보 통 주**		**종속회사수**	3개사
액 면 가	500원	**우 선 주**		**구 상 호**	에이원앤

주주구성 (지분율,%)		출자관계 (지분율,%)		주요경쟁사 (외형,%)	
코링크프라이빗에쿼티	9.6	하이컴퍼니	48.0	더블유에프엠	100
한국 배터리 원천기술 코어 밸류업 1호 사모투자 합자회사	8.0	상징그룹코리아	40.0	메가엠디	541
(외국인)	1.3	에이원이쌀눈	34.3	와이비엠넷	476

매출구성		비용구성		수출비중	
수강료 등, 교재 판매 등	89.8	매출원가율	62.5	수출	0.6
유통 등(쌀눈제품 등)	6.4	판관비율	66.3	내수	99.4
유통 등(의약품 유통 등)	3.8				

회사 개요

동사는 1994년 설립되어 초등학교 방과후 컴퓨터 및 영어교육, 교육용 소프트웨어 제작 및 판매, 도서제작, 온라인교육 그리고 영어학원 프랜차이즈사업과 식품(쌀눈)유통을 주요 사업으로 영위하고 있음. 미국과 필리핀에 현지법인을 두고 있음. 2017년 6월 프랜차이즈 외식 가맹사업을 영위하는 엠푸드에스엔시 지분을 100% 취득함. 매출의 86.3%는 교육사업에서, 13.7%는 비교육사업에서 거둬들임.

실적 분석

동사의 2017년도 연결기준 연간 매출액은 128.0억원으로 전년 대비 19.5% 감소함. 식품판매업의 매출은 증가했으나 주 수익원인 교육사업 등의 매출액이 감소함. 적자사업 철수 및 장기 미회수채권 등의 손상차손 인식으로 순손실은 79.8억원을 기록, 전년동기 대비 적자 폭이 확대됨. 신규사업으로 이차전지 음극소재 사업을 진행 중이며, 생산라인 증설을 통한 생산규모 확장 예정임.

현금 흐름

〈단위 : 억원〉

항목	2016	2017
영업활동	17	4
투자활동	1	-63
재무활동	-18	77
순현금흐름	-0	17
기말현금	5	21

시장 대비 수익률

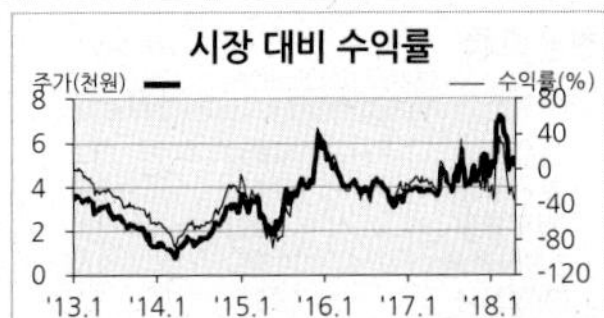

결산 실적

〈단위 : 억원〉

항목	2012	2013	2014	2015	2016	2017
매출액	439	393	294	222	159	128
영업이익	-23	-47	-23	11	-4	-37
당기순이익	-65	-168	-93	-95	-10	-80

분기 실적

〈단위 : 억원〉

항목	2016.3Q	2016.4Q	2017.1Q	2017.2Q	2017.3Q	2017.4Q
매출액	37	35	40	31	32	26
영업이익	1	-6	1	-5	-4	-29
당기순이익	1	-16	1	-6	-4	-70

재무 상태

〈단위 : 억원〉

항목	2012	2013	2014	2015	2016	2017
총자산	520	514	465	241	179	172
유형자산	10	236	228	3	2	3
무형자산	194	107	53	32	24	11
유가증권	1	4	21	81	10	6
총부채	264	383	344	89	44	38
총차입금	162	257	233	47	19	16
자본금	358	358	61	99	100	111
총자본	255	131	121	152	135	133
지배주주지분	256	101	89	152	135	133

기업가치 지표

항목	2012	2013	2014	2015	2016	2017
주가(최고/저)(천원)	8.3/3.1	3.7/1.3	3.6/0.8	6.4/1.8	6.1/3.1	6.2/3.5
PER(최고/저)(배)	—/—	—/—	—/—	—/—	—/—	—/—
PBR(최고/저)(배)	3.1/1.2	3.2/1.1	4.9/1.0	8.4/2.4	9.1/4.6	10.3/5.8
EV/EBITDA(배)	8.4	13.8	17.9	25.4	46.9	—
EPS(원)	-802	-1,510	-810	-523	-49	-379
BPS(원)	384	168	733	769	672	602
CFPS(원)	15	-112	-267	-328	53	-306
DPS(원)	—	—	—	—	—	—
EBITDAPS(원)	88	39	328	260	82	-102

재무 비율

〈단위 : %〉

연도	영업이익률	순이익률	부채비율	차입금비율	ROA	ROE	유보율	자기자본비율	EBITDA마진율
2017	-28.9	-62.3	28.7	11.6	-45.5	-59.5	20.4	77.7	-16.8
2016	-2.5	-6.1	32.7	14.0	-4.6	-6.8	34.4	75.4	10.1
2015	5.2	-42.8	59.0	30.8	-26.9	-76.1	53.8	62.9	20.5
2014	-7.8	-31.7	285.1	193.0	-19.0	-90.3	46.6	26.0	11.8

더블유홀딩컴퍼니 (A052300)

W Holding

업　　종 : 육상운수　　시　　장 : KOSDAQ
신용등급 : (Bond) —　(CP) —　　기업규모 : 중견
홈페이지 : www.wholdingcompany.co.kr　　연 락 처 : 02)6237-9780
본　　사 : 서울시 강남구 언주로148길 19 청호빌딩 4층

설 립 일	1995.08.17	**종업원수**	26명	**대표이사**	윤기태
상 장 일	2001.07.21	**감사의견**	적정(리안)	**계　열**	
결 산 기	12월	**보 통 주**		**종속회사수**	1개사
액 면 가	100원	**우 선 주**		**구 상 호**	SH홀딩스

주주구성 (지분율,%)		출자관계 (지분율,%)		주요경쟁사 (외형,%)	
오션인더블유	15.9	더블유투자금융	100.0	W홀딩컴퍼니	100
머스트자산운용	9.9	쿠쿠루자코리아	50.0	KCTC	1,124
(외국인)	2.0	썬라이트투자조합	31.0	동양고속	438

매출구성		비용구성		수출비중	
운송료(육상운송 등)	70.2	매출원가율	79.9	수출	—
방송프로그램 제작	11.5	판관비율	15.7	내수	—
할리스커피(커피/식음료)등	10.2				

회사 개요

동사는 1992년 설립돼 2001년 코스닥 증권시장에 상장됨. 유리사업, 물류사업, 부동산임대업 등을 주요 사업으로 영위하고 있으며 신기술사업에 투자하는 업체인 더블유투자금융을 연결대상 종속회사로 보유함. 물류운송사업을 주요 사업으로 영위하며 신규사업 진출을 모색하다 2017년 7월 에스에이치글라스 지분 100%를 취득함. 유류운송사업은 SK에너지, 한국석유공업 등을 고객사로 보유하고 있음.

실적 분석

2017년 연결기준 동사 매출액은 324.2억원을 기록함. 전년도 매출인 172.1억원에서 88.4% 증가. 매출이 증가했으나 매출원가가 110.9% 늘고 판매비와 관리비가 55% 증가해 영업이익은 13.5% 감소함. 전년도엔 16.3억원을 기록했으나 2017년엔 14.1억원을 시현하는데 그침. 비영업부문 이익도 78% 감소함. 이에 당기순이익은 전년도 78.8억원에서 60.3% 감소한 31.3억원을 시현함.

현금 흐름

〈단위 : 억원〉

항목	2016	2017
영업활동	1	31
투자활동	-481	-57
재무활동	347	-6
순현금흐름	-133	-33
기말현금	52	19

시장 대비 수익률

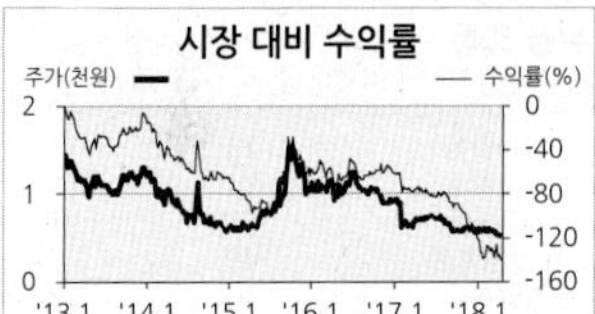

결산 실적

〈단위 : 억원〉

항목	2012	2013	2014	2015	2016	2017
매출액	261	633	467	154	172	324
영업이익	-4	28	-27	-35	16	14
당기순이익	-35	5	-49	41	79	31

분기 실적

〈단위 : 억원〉

항목	2016.3Q	2016.4Q	2017.1Q	2017.2Q	2017.3Q	2017.4Q
매출액	39	46	35	35	106	149
영업이익	3	4	9	2	4	-2
당기순이익	31	24	50	-36	-11	28

재무 상태

〈단위 : 억원〉

항목	2012	2013	2014	2015	2016	2017
총자산	504	547	387	583	1,086	1,181
유형자산	11	14	7	4	50	67
무형자산	304	269	56	23	25	71
유가증권	12	10	139	267	104	26
총부채	265	314	75	143	337	344
총차입금	120	159	24	118	298	277
자본금	232	273	343	399	105	119
총자본	239	234	313	441	748	837
지배주주지분	176	177	301	439	749	837

기업가치 지표

항목	2012	2013	2014	2015	2016	2017
주가(최고/저)(천원)	2.5/0.5	1.5/1.0	1.3/0.6	1.6/0.6	1.3/0.9	1.0/0.5
PER(최고/저)(배)	—/—	—/—	—/—	28.8/10.7	13.2/9.1	36.2/20.8
PBR(최고/저)(배)	6.5/1.2	4.5/3.0	2.9/1.3	2.9/1.1	1.8/1.2	1.4/0.8
EV/EBITDA(배)	13.2	3.3	7.9	—	52.2	53.1
EPS(원)	-94	-35	-100	55	96	26
BPS(원)	386	329	443	555	714	706
CFPS(원)	34	337	20	60	99	29
DPS(원)	—	—	—	—	—	—
EBITDAPS(원)	117	425	76	-42	22	14

재무 비율

〈단위 : %〉

연도	영업이익률	순이익률	부채비율	차입금비율	ROA	ROE	유보율	자기자본비율	EBITDA마진율
2017	4.4	9.7	41.1	33.1	2.8	4.0	605.9	70.9	5.2
2016	9.5	45.8	45.0	39.8	9.5	13.7	614.4	69.0	11.0
2015	-22.7	26.7	32.3	26.7	8.5	11.2	11.0	75.6	-20.4
2014	-5.7	-10.6	일부잠식	일부잠식	-10.6	-25.2	-11.4	80.8	9.8

더이앤엠 (A089230)

THE E&M

업　　종 : 인터넷 서비스 / 시　　장 : KOSDAQ
신용등급 : (Bond) —　(CP) — / 기업규모 :
홈페이지 : www.theenm.com / 연 락 처 : 02)2088-8222
본　　사 : 서울시 금천구 디지털로9길 68 9층(가산동, 대륭포스트타워 5차)

설 립 일	2002.07.08	종업원수	54명	대표이사	양성휘,남득현
상 장 일	2006.10.10	감사의견	적정(대성삼경)	계　열	
결 산 기	12월	보 통 주		종속회사수	1개사
액 면 가	100원	우 선 주		구 상 호	용현BM

주주구성 (지분율,%)		출자관계 (지분율,%)		주요경쟁사 (외형,%)	
룽투코리아	48.2	코리아티이	100.0	THE E&M	100
현진소재	16.7			아프리카TV	696
(외국인)	0.6			NAVER	34,425

매출구성		비용구성		수출비중	
인터넷사업부문 (팝콘티비 외)	50.5	매출원가율	40.3	수출	0.0
강관사업부문 (무계목강관 외)	49.5	판관비율	41.4	내수	100.0

회사 개요

동사는 2002년 설립돼 2006년 코스닥증권시장에 상장함. 유무선 통합 개인방송 플랫폼 사업을 영위하고 있으며 연결대상 종속회사인 코리아티이는 비상장사로 무계목강관 제품 제조업을 영위하고 있음.강관사업부문은 국제유가 하락과 저유가 지속으로 인해 수주물량이 줄고 판매가가 하락함. 이에 동사는 매출 규모보단 이익를 확보를 최우선순위로 상정하는 방식으로 대응하고 있음.

실적 분석

동사의 2017년 연간 매출액은 강관 사업 부문 불황의 영향으로 전년 대비 11.4% 감소한 135.9억원을 기록함. 외형 감소 불구하고 원가 부담 축소로 영업이익은 전년 대비 6.3% 증가한 24.9억원을 기록함. 그러나 비영업부문의 적자 전환으로 당기순손실 184.1억원을 기록하며 적자전환함. 동사는 향후 엔터테인먼트와 미디어를 주사업분야로서 집중 운영하며 재무적인 성과를 만들 예정임.

현금 흐름 〈단위 : 억원〉

항목	2016	2017
영업활동	23	11
투자활동	-82	-11
재무활동	10	-1
순현금흐름	-49	0
기말현금	18	18

시장 대비 수익률

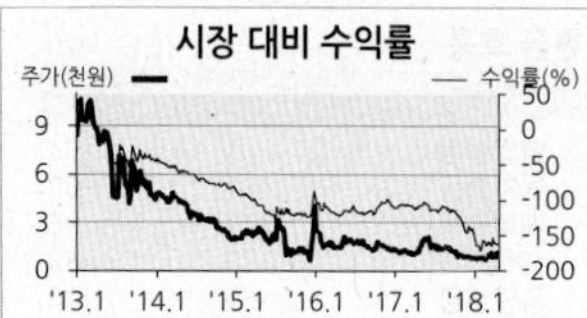

결산 실적 〈단위 : 억원〉

항목	2012	2013	2014	2015	2016	2017
매출액	1,383	628	676	247	153	136
영업이익	34	-215	-442	-136	23	25
당기순이익	-47	-280	-609	-247	38	-184

분기 실적 〈단위 : 억원〉

항목	2016.3Q	2016.4Q	2017.1Q	2017.2Q	2017.3Q	2017.4Q
매출액	44	21	35	35	31	36
영업이익	24	-9	6	3	5	11
당기순이익	28	7	4	-2	2	-187

재무 상태 〈단위 : 억원〉

항목	2012	2013	2014	2015	2016	2017
총자산	2,462	2,138	1,069	667	683	622
유형자산	1,546	1,372	721	330	362	7
무형자산	2	—	—	180	175	170
유가증권	7	2	—	—	30	27
총부채	1,822	1,585	911	160	139	263
총차입금	1,382	1,202	703	81	91	40
자본금	41	96	209	92	92	92
총자본	640	553	158	507	544	359
지배주주지분	640	553	158	507	544	359

기업가치 지표

항목	2012	2013	2014	2015	2016	2017
주가(최고/저)(천원)	9.5/3.9	5.1/2.0	2.4/0.9	20.0/3.2	16.5/6.3	2.1/0.8
PER(최고/저)(배)	—/—	—/—	—/—	—/—	80.5/30.8	—/—
PBR(최고/저)(배)	1.5/0.6	1.9/0.7	6.7/2.6	7.3/1.2	5.6/2.1	5.5/2.1
EV/EBITDA(배)	15.0	—	—	—	34.5	20.2
EPS(원)	-972	-4,867	-5,887	-1,116	41	-200
BPS(원)	7,769	2,898	377	2,763	2,965	391
CFPS(원)	377	-1,729	-2,597	-4,601	282	-186
DPS(원)	—	—	—	—	—	—
EBITDAPS(원)	1,362	-1,157	-1,791	-2,096	204	42

재무 비율 〈단위 : %〉

연도	영업이익률	순이익률	부채비율	차입금비율	ROA	ROE	유보율	자기자본비율	EBITDA마진율
2017	18.3	-135.5	73.3	11.1	-28.2	-40.8	291.0	57.7	28.2
2016	15.3	24.6	25.5	16.6	5.6	7.2	493.0	79.7	24.5
2015	-55.0	-99.7	31.5	16.0	-28.4	-74.2	452.5	76.0	-37.5
2014	-65.4	-90.0	일부잠식	일부잠식	-38.0	-171.2	-24.6	14.8	-54.8

더존비즈온 (A012510)

DuzonBizon

업　　종 : 일반 소프트웨어 / 시　　장 : 거래소
신용등급 : (Bond) —　(CP) — / 기업규모 : 시가총액 중형주
홈페이지 : www.douzone.com / 연 락 처 : 02)6233-3000
본　　사 : 강원도 춘천시 남산면 버들1길 130

설 립 일	1977.08.20	종업원수	1,202명	대표이사	김용우
상 장 일	1988.10.28	감사의견	적정(대주)	계　열	
결 산 기	12월	보 통 주		종속회사수	
액 면 가	500원	우 선 주		구 상 호	

주주구성 (지분율,%)		출자관계 (지분율,%)		주요경쟁사 (외형,%)	
더존다스	30.2	더존이엔에이치	75.7	더존비즈온	100
SMALLCAP World Fund, Inc.	6.0	키컴	71.7	안랩	73
(외국인)	39.1	모자이크넷	20.0	한컴MDS	72

매출구성		비용구성		수출비중	
ERP	56.8	매출원가율	40.9	수출	0.8
D클라우드사업	24.0	판관비율	34.0	내수	99.2
보안 및 그룹웨어, 기타	17.1				

회사 개요

동사는 1991년 설립된 기업용 IT솔루션 제공업체로, 2000년 12월 코스닥에 상장. 동사는 '전사적자원관리(ERP)' 시스템, 그룹웨어 등 기업정보화 분야에서 독보적인 시장지배력을 보유하고 있음. 최근 중견기업 시장의 대형 ERP 프로젝트를 연이어 수주하는 데 성공하면서 시장 지배력을 확장해 나가고 있음. 2017년 말 기준 고객사 수 기준으로 중소기업 11만곳, 중견 및 대기업 1만 9,000곳을 고객사로 확보함.

실적 분석

동사의 2017년 연간 매출액은 전년대비 16.3% 성장한 2,056.1억원, 영업이익은 전년대비 34.6% 성장한 516.9억원을 기록하였음. 신제품 출시 효과를 누린 그룹웨어 사업을 비롯해 보안, 전자금융 사업까지 전 사업분야 매출이 고르게 성장함. 특히 클라우드 사업에서 기존 전사적자원관리(ERP) 고객의 클라우드 전환이 증가한 것은 물론 신규 고객의 클라우드 ERP 도입이 늘면서 실적이 큰 폭으로 성장함.

현금 흐름 〈단위 : 억원〉

항목	2016	2017
영업활동	493	517
투자활동	-241	-250
재무활동	-99	-117
순현금흐름	155	146
기말현금	380	526

시장 대비 수익률

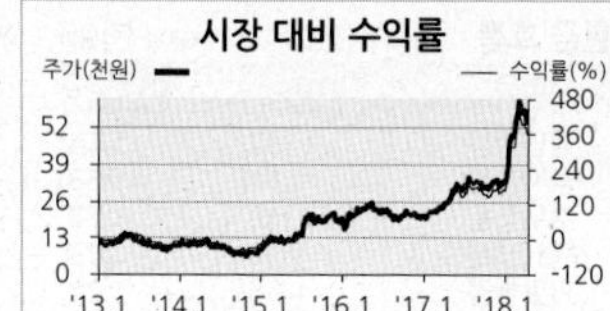

결산 실적 〈단위 : 억원〉

항목	2012	2013	2014	2015	2016	2017
매출액	1,249	1,296	1,364	1,577	1,768	2,056
영업이익	241	184	205	290	384	517
당기순이익	170	137	109	217	282	406

분기 실적 〈단위 : 억원〉

항목	2016.3Q	2016.4Q	2017.1Q	2017.2Q	2017.3Q	2017.4Q
매출액	404	519	467	485	464	639
영업이익	75	132	102	114	94	207
당기순이익	52	101	78	91	91	146

재무 상태 〈단위 : 억원〉

항목	2012	2013	2014	2015	2016	2017
총자산	1,923	1,934	2,106	2,135	2,365	2,734
유형자산	776	785	826	794	756	1,035
무형자산	220	240	407	361	310	290
유가증권	59	43	42	42	25	39
총부채	1,101	1,026	929	808	832	879
총차입금	765	676	507	353	317	289
자본금	148	148	148	148	148	148
총자본	822	907	1,177	1,328	1,533	1,855
지배주주지분	818	901	1,171	1,319	1,524	1,840

기업가치 지표

항목	2012	2013	2014	2015	2016	2017
주가(최고/저)(천원)	11.3/5.9	14.7/8.6	12.0/6.4	22.2/8.7	25.3/16.1	35.0/20.0
PER(최고/저)(배)	21.7/11.4	34.7/20.3	35.0/18.6	31.9/12.5	27.4/17.4	26.3/15.0
PBR(최고/저)(배)	3.5/1.8	4.1/2.4	3.2/1.7	5.2/2.0	5.1/3.2	5.7/3.3
EV/EBITDA(배)	11.2	11.8	8.4	13.5	11.1	14.0
EPS(원)	567	454	363	720	949	1,350
BPS(원)	3,542	3,823	3,947	4,445	5,135	6,203
CFPS(원)	944	905	869	1,255	1,466	1,879
DPS(원)	200	150	200	220	290	400
EBITDAPS(원)	1,189	1,070	1,197	1,512	1,812	2,271

재무 비율 〈단위 : %〉

연도	영업이익률	순이익률	부채비율	차입금비율	ROA	ROE	유보율	자기자본비율	EBITDA마진율
2017	25.1	19.7	47.4	15.6	15.9	23.8	1,140.5	67.9	32.8
2016	21.7	16.0	54.3	20.7	12.6	19.8	927.0	64.8	30.4
2015	18.4	13.8	60.8	26.6	10.2	17.2	788.9	62.2	28.4
2014	15.1	8.0	79.0	43.1	5.4	10.4	689.4	55.9	26.1

덕산네오룩스 (A213420)
DUK SAN NEOLUX COLTD

업 종 : 디스플레이 및 관련부품　　시 장 : KOSDAQ
신용등급 : (Bond) — (CP) —　　기업규모 : 중견
홈페이지 : www.dsneolux.co.kr　　연 락 처 : 041)590-5400
본 사 : 충남 천안시 서북구 입장면 쑥골길 21-32

설 립 일	2014.12.31	**종업원수**	137명	**대표이사**	이준호,김병희
상 장 일	2015.02.06	**감사의견**	적정(삼일)	**계 열**	
결 산 기	12월	**보 통 주**		**종속회사수**	
액 면 가	200원	**우 선 주**		**구 상 호**	

주주구성 (지분율,%)		출자관계 (지분율,%)		주요경쟁사 (외형,%)	
덕산하이메탈	37.9			덕산네오룩스	100
이준호	17.2			APS홀딩스	88
(외국인)	5.8			비아트론	100

매출구성		비용구성		수출비중	
AMOLED	100.0	매출원가율	67.9	수출	83.8
		판관비율	13.8	내수	16.2

회사 개요

동사는 2014년 12월 30일(분할기일)에 덕산하이메탈로 부터 인적분할해 신설된 법인으로 전자부품 제조업을 주업종으로 하고 있고, 2015년 2월 6일 코스닥시장에 상장됨. 동사의 주요사업은 AMOLED 유기물 재료 및 반도체 공정용 화학제품을 제조/판매하는 화학소재사업임. 동사가 사업을 영위하고 있는 OLED는 기존 디스플레이 시장에서 LCD와 경쟁하며 꾸준히 성장하고 있음.

실적 분석

동사의 2017년 연간 매출액은 전년동기대비 137.2% 이상 크게 상승한 1,004.1억원을 기록하였음. 비용면에서 전년동기대비 매출원가는 크게 증가 하였으며 인건비도 증가, 기타판매비와관리비는 크게 증가함. 이와 같이 상승한 매출액 만큼 비용증가도 있었으나 매출액의 더 큰 상승에 힘입어 최종적으로 전년동기대비 당기순이익은 크게 상승하여 167.7억원을 기록함.

현금 흐름 *IFRS 별도 기준 〈단위 : 억원〉

항목	2016	2017
영업활동	83	140
투자활동	-37	-8
재무활동	18	57
순현금흐름	65	184
기말현금	293	477

시장 대비 수익률

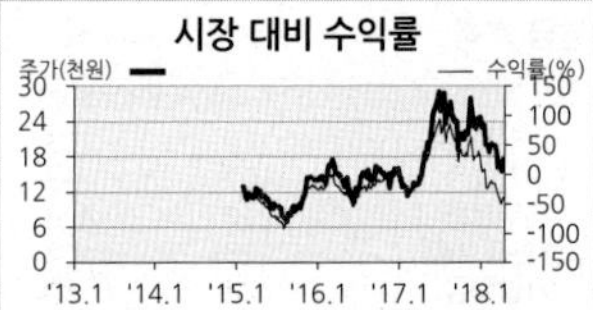

결산 실적 〈단위 : 억원〉

항목	2012	2013	2014	2015	2016	2017
매출액	—	—	—	403	423	1,004
영업이익	—	—	—	24	39	184
당기순이익	—	—	—	22	47	168

분기 실적 *IFRS 별도 기준 〈단위 : 억원〉

항목	2016.3Q	2016.4Q	2017.1Q	2017.2Q	2017.3Q	2017.4Q
매출액	89	103	196	268	278	262
영업이익	8	10	36	50	60	37
당기순이익	4	19	36	45	56	31

재무 상태 *IFRS 별도 기준 〈단위 : 억원〉

항목	2012	2013	2014	2015	2016	2017
총자산	—	—	1,084	1,142	1,181	1,492
유형자산	—	—	383	380	357	423
무형자산	—	—	290	291	293	295
유가증권	—	—	—	—	—	—
총부채	—	—	61	100	96	268
총차입금	—	—	—	—	10	10
자본금	—	—	24	24	24	48
총자본	—	—	1,023	1,043	1,085	1,225
지배주주지분	—	—	1,023	1,043	1,085	1,225

기업가치 지표 *IFRS 별도 기준

항목	2012	2013	2014	2015	2016	2017
주가(최고/저)(천원)	—/—	—/—	—/—	31.4/14.0	35.5/19.5	29.9/11.2
PER(최고/저)(배)	0.0/0.0	0.0/0.0	0.0/0.0	174.3/77.7	91.4/50.2	42.8/16.1
PBR(최고/저)(배)	0.0/0.0	0.0/0.0	0.0/0.0	3.6/1.6	3.9/2.2	5.9/2.2
EV/EBITDA(배)	0.0	0.0	0.0	53.4	46.6	25.0
EPS(원)	—	—	—	90	195	699
BPS(원)	—	—	—	8,695	9,050	5,107
CFPS(원)	—	—	—	456	672	837
DPS(원)	—	—	—	—	—	—
EBITDAPS(원)	—	—	—	479	609	904

재무 비율 〈단위 : %〉

연도	영업이익률	순이익률	부채비율	차입금비율	ROA	ROE	유보율	자기자본비율	EBITDA마진율
2017	18.3	16.7	21.9	0.8	12.6	14.5	2,453.6	82.1	21.6
2016	9.3	11.0	8.9	0.9	4.0	4.4	4,425.0	91.9	17.3
2015	6.0	5.4	9.6	0.0	2.0	2.1	4,247.3	91.3	14.3
2014	0.0	0.0	6.0	0.0	0.0	0.0	4,159.6	94.4	0.0

덕산하이메탈 (A077360)
DUKSAN HI METAL COLTD

업 종 : 반도체 및 관련장비　　시 장 : KOSDAQ
신용등급 : (Bond) — (CP) —　　기업규모 : 우량
홈페이지 : www.dshm.co.kr　　연 락 처 : 052)283-9000
본 사 : 울산시 북구 무룡1로 66(연암동)

설 립 일	1999.05.06	**종업원수**	167명	**대표이사**	이준호,김길연
상 장 일	2005.10.14	**감사의견**	적정(삼일)	**계 열**	
결 산 기	12월	**보 통 주**		**종속회사수**	1개사
액 면 가	200원	**우 선 주**		**구 상 호**	

주주구성 (지분율,%)		출자관계 (지분율,%)		주요경쟁사 (외형,%)	
덕산홀딩스	34.9			덕산하이메탈	100
이준호	16.5			피에스케이	611
(외국인)	2.4			미래산업	76

매출구성		비용구성		수출비중	
솔더볼/파우더 外	100.0	매출원가율	78.6	수출	—
		판관비율	15.4	내수	—

회사 개요

동사는 반도체 패키징 재료인 Solder Ball의 제조 및 판매와 AMOLED 유기물 재료 제조 및 판매사업을 주요사업으로 영위함. 세계 반도체용 솔더볼시장에서 점유율 약 40%를 차지함. 계열사로는 덕산유엠티, 덕산에스지가 있음. 3월 OLED 사업부를 인적분할을 통해 분리해 덕산네오룩스로 신규 상장하고 5월 공개매수를 통해 사업지주회사 체제로 재편, 기업지배구조의 투명성과 경영효율성 및 경영안정성이 증대될 것으로 예상.

실적 분석

2017년 연결기준 누적 매출액과 영업이익은 전년동기대비 각각 5.2% 증가, 49.9% 감소한 450.7억원, 26.8억원을 기록함. 덕산에스지는 지속적인 매출 부진으로 인하여 관련 영업에 대한 손익은 중단 영업부분에 편입. 당기순이익은 비영업손익 증가하며 전년대비 흑자전환한 79.7억원을 기록. 주 사업부 반도체용 솔더볼시장 과점체제로 안정적 성장을 달성 중.

현금 흐름 〈단위 : 억원〉

항목	2016	2017
영업활동	82	13
투자활동	-236	189
재무활동	-6	-86
순현금흐름	-153	101
기말현금	169	270

시장 대비 수익률

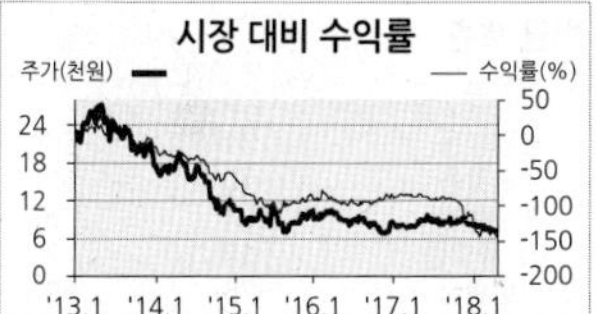

결산 실적 〈단위 : 억원〉

항목	2012	2013	2014	2015	2016	2017
매출액	1,438	686	582	514	428	451
영업이익	417	167	57	96	54	27
당기순이익	419	311	412	-171	-167	80

분기 실적 〈단위 : 억원〉

항목	2016.3Q	2016.4Q	2017.1Q	2017.2Q	2017.3Q	2017.4Q
매출액	117	109	107	107	122	114
영업이익	14	12	6	7	5	7
당기순이익	3	-45	5	30	29	16

재무 상태 〈단위 : 억원〉

항목	2012	2013	2014	2015	2016	2017
총자산	1,985	2,465	1,996	2,185	1,835	1,820
유형자산	648	714	387	632	334	219
무형자산	342	729	411	251	14	14
유가증권	517	571	163	22	89	63
총부채	159	215	517	359	166	64
총차입금	18	34	82	225	105	18
자본금	59	59	35	45	45	45
총자본	1,826	2,250	1,479	1,827	1,669	1,756
지배주주지분	1,826	2,156	1,387	1,773	1,714	1,802

기업가치 지표

항목	2012	2013	2014	2015	2016	2017
주가(최고/저)(천원)	25.9/16.2	27.5/17.4	19.4/9.2	11.5/6.5	10.8/6.6	10.1/7.7
PER(최고/저)(배)	18.2/11.4	26.3/16.7	13.8/6.5	—/—	—/—	28.1/21.6
PBR(최고/저)(배)	3.7/2.3	3.4/2.2	2.2/1.0	1.4/0.8	1.3/0.8	1.2/0.9
EV/EBITDA(배)	11.9	20.6	19.0	14.7	15.7	27.5
EPS(원)	1,426	1,044	1,411	-586	-328	357
BPS(원)	6,956	8,078	8,899	8,509	8,253	8,641
CFPS(원)	1,624	1,301	1,723	-289	-94	471
DPS(원)	—	—	—	—	—	—
EBITDAPS(원)	1,615	826	506	759	469	231

재무 비율 〈단위 : %〉

연도	영업이익률	순이익률	부채비율	차입금비율	ROA	ROE	유보율	자기자본비율	EBITDA마진율
2017	6.0	17.7	3.7	1.0	4.4	4.6	4,220.5	96.5	11.7
2016	12.5	-38.9	9.9	6.3	-8.3	-4.3	4,026.3	91.0	24.9
2015	18.6	-33.3	19.6	12.3	-8.2	-7.7	4,154.7	83.6	30.6
2014	9.7	70.7	34.9	5.5	18.5	23.4	4,349.6	74.1	25.5

덕성 (A004830)
Duksung

업　　종 : 섬유 및 의복　　시　　장 : 거래소
신용등급 : (Bond) —　(CP) —　　기업규모 : 시가총액 소형주
홈페이지 : www.duksung21.com　　연 락 처 : 031)204-0781
본　　사 : 경기도 수원시 영통구 신원로 25

설 립 일	1966.11.10	**종업원수**	194명	**대표이사**	이봉근
상 장 일	1987.09.25	**감사의견**	적정(삼덕)	**계　　열**	
결 산 기	12월	**보 통 주**		**종속회사수**	1개사
액 면 가	500원	**우 선 주**		**구 상 호**	

주주구성 (지분율,%)		출자관계 (지분율,%)		주요경쟁사 (외형,%)	
이봉근	13.0	덕성피엔티	48.7	덕성	100
이혁종	4.3	덕성인코	15.0	TBH글로벌	690
(외국인)	2.4	바이오베터바이오로직스	11.9	F&F	557

매출구성		비용구성		수출비중	
합성피혁	47.2	매출원가율	88.1	수출	61.1
합성피혁외	32.7	판관비율	10.2	내수	38.9
합성수지	13.6				

회사 개요

동사는 1966년 설립된 국내 최초 합성피혁 전문생산 업체임. 수원, 인천, 오산, 평택, 중국(광주)에서 생산공장을 가동 중임. 2002년 한일월드컵 공인구 피버노바, 2006년 독일월드컵 공인구인 팀가이스트, 2014년 브라질월드컵 공인구인 브라주카의 원단을 공급함은 물론 유로2004, 2008공인구의 원단도 아디다스에 독점공급함. IT 기기 관련 액세서리와 화장품용 소재 분첩도 공급함.

실적 분석

동사의 2017년 연간 매출액은 전년동기대비 3% 하락한 1,007.1억원을 기록하였음. 비용면에서 전년동기대비 매출원가는 감소 하였으며 인건비는 증가 했고 광고선전비는 감소, 기타판매비와관리비는 증가함. 주춤한 모습의 매출액에 의해 전년동기대비 영업이익은 17.7억원으로 47.6% 크게 하락 하였음. 최종적으로 전년동기대비 당기순이익은 크게 하락하여 5.2억원을 기록함.

현금 흐름 〈단위 : 억원〉

항목	2016	2017
영업활동	34	50
투자활동	-70	-61
재무활동	54	6
순현금흐름	18	-7
기말현금	76	69

시장 대비 수익률

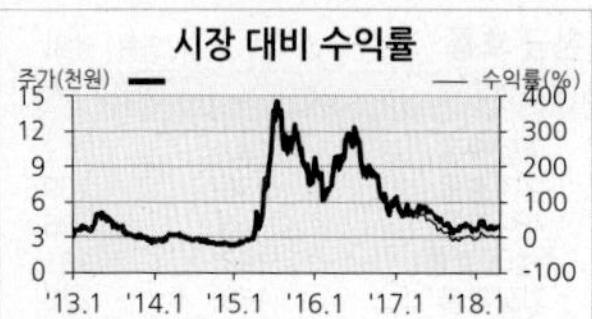

결산 실적 〈단위 : 억원〉

항목	2012	2013	2014	2015	2016	2017
매출액	915	974	823	769	1,038	1,007
영업이익	34	62	16	5	34	18
당기순이익	20	44	8	5	29	5

분기 실적 〈단위 : 억원〉

항목	2016.3Q	2016.4Q	2017.1Q	2017.2Q	2017.3Q	2017.4Q
매출액	270	259	289	258	246	214
영업이익	14	-4	16	-4	8	-3
당기순이익	7	9	6	-2	13	-12

재무 상태 〈단위 : 억원〉

항목	2012	2013	2014	2015	2016	2017
총자산	999	1,030	979	973	1,082	1,054
유형자산	228	240	242	237	270	302
무형자산	1	5	8	8	8	8
유가증권	59	78	69	93	99	126
총부채	413	403	353	338	423	401
총차입금	218	252	226	198	255	268
자본금	85	85	85	85	85	85
총자본	585	627	627	635	659	653
지배주주지분	585	627	627	635	659	653

기업가치 지표

항목	2012	2013	2014	2015	2016	2017
주가(최고/저)(천원)	3.3/1.7	5.1/2.5	3.3/2.3	15.0/2.4	12.5/4.8	6.5/3.4
PER(최고/저)(배)	30.2/15.4	20.8/10.3	76.4/53.8	498.4/78.1	73.4/27.9	213.8/112.6
PBR(최고/저)(배)	0.9/0.5	1.4/0.7	0.9/0.6	3.8/0.6	3.1/1.2	1.6/0.8
EV/EBITDA(배)	8.7	5.6	9.9	48.3	17.7	13.8
EPS(원)	116	257	45	31	172	31
BPS(원)	3,709	3,942	3,938	3,986	4,126	4,094
CFPS(원)	219	376	167	161	307	180
DPS(원)	45	45	45	20	45	20
EBITDAPS(원)	305	480	218	162	332	253

재무 비율 〈단위 : %〉

연도	영업이익률	순이익률	부채비율	차입금비율	ROA	ROE	유보율	자기자본비율	EBITDA마진율
2017	1.8	0.5	61.4	41.1	0.5	0.8	718.8	62.0	4.3
2016	3.3	2.8	64.2	38.8	2.9	4.6	725.2	60.9	5.5
2015	0.7	0.7	53.2	31.2	0.5	0.8	697.2	65.3	3.6
2014	2.0	0.9	56.3	36.0	0.8	1.2	687.6	64.0	4.5

덕신하우징 (A090410)
Duckshin housing

업　　종 : 건축자재　　시　　장 : KOSDAQ
신용등급 : (Bond) —　(CP) —　　기업규모 : 중견
홈페이지 : www.duckshin.com　　연 락 처 : 041)556-2600
본　　사 : 충남 천안시 동남구 수신면 수신로 485-34

설 립 일	1991.01.04	**종업원수**	310명	**대표이사**	김용회
상 장 일	2014.08.01	**감사의견**	적정(인덕)	**계　　열**	
결 산 기	12월	**보 통 주**		**종속회사수**	1개사
액 면 가	100원	**우 선 주**		**구 상 호**	

주주구성 (지분율,%)		출자관계 (지분율,%)		주요경쟁사 (외형,%)	
김명환	26.9	DUCKSHINHOUSINGVIETNAM	100.0	덕신하우징	100
허용순	6.0			이건홀딩스	164
(외국인)	0.9			코리아에스이	12

매출구성		비용구성		수출비중	
일체형데크	97.6	매출원가율	84.4	수출	4.6
폼데크	1.3	판관비율	9.1	내수	95.4
원재료	0.6				

회사 개요

1990년 11월에 설립된 동사는 건축용 자재인 데크플레이트 생산 및 시공을 주요 사업으로 영위하고 있음. 데크플레이트는 철골과 철골사이에 시공돼 평평한 바닥을 이루며 콘크리트 타설시 바닥 거푸집 역할을 하는 금속재료로 일반건물, 대형고층건물, 교량 등의 시공 시 H-Beam위에 첫 번째로 설치되는 바닥재료임. 동사의 2016년 매출 기준 데크플레이트 시장 점유율은 29%로 업계 1위를 차지하고 있음.

실적 분석

동사의 연결기준 2017년 매출액은 전년 대비 42억원(3.5%) 증가한 1,258.9억원을 기록하였으며, 매출원가가 9% 감소해 매출총이익이 크게 증가함. 영업이익과 당기순이익은 흑자전환하며 각각 81.3억원, 87.1억원을 기록함. 이러한 수익성 개선은 수익성 위주의 영업활동, 월가절감, 환리스크관리, 생산효율성 증가 등에 따른 것임.

현금 흐름 〈단위 : 억원〉

항목	2016	2017
영업활동	-129	153
투자활동	-107	-13
재무활동	210	-122
순현금흐름	-23	7
기말현금	23	30

시장 대비 수익률

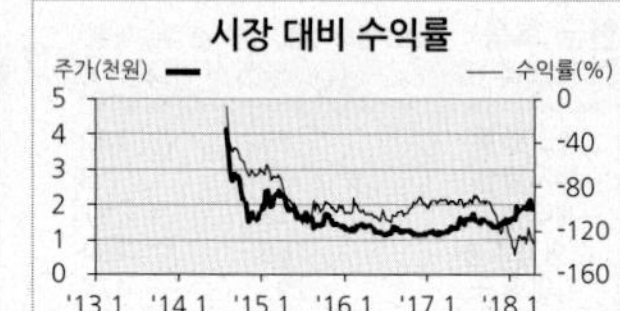

결산 실적 〈단위 : 억원〉

항목	2012	2013	2014	2015	2016	2017
매출액	953	1,044	906	1,049	1,216	1,259
영업이익	89	135	106	32	-106	81
당기순이익	65	117	70	11	-122	87

분기 실적 〈단위 : 억원〉

항목	2016.3Q	2016.4Q	2017.1Q	2017.2Q	2017.3Q	2017.4Q
매출액	251	338	274	301	324	360
영업이익	-37	5	3	25	15	39
당기순이익	-38	-28	14	18	13	42

재무 상태 〈단위 : 억원〉

항목	2012	2013	2014	2015	2016	2017
총자산	591	754	812	982	1,112	1,066
유형자산	159	280	331	389	489	475
무형자산	11	14	13	36	33	34
유가증권	3	4	4	17	17	5
총부채	325	374	117	299	568	443
총차입금	227	221	—	173	406	270
자본금	19	30	40	40	40	40
총자본	266	380	695	683	544	623
지배주주지분	266	380	695	683	544	623

기업가치 지표

항목	2012	2013	2014	2015	2016	2017
주가(최고/저)(천원)	—/—	—/—	20.7/7.2	12.2/6.3	7.3/5.4	1.8/1.1
PER(최고/저)(배)	0.0/0.0	0.0/0.0	20.6/7.2	86.5/44.4	—/—	8.1/5.3
PBR(최고/저)(배)	0.0/0.0	0.0/0.0	2.4/0.8	1.4/0.7	1.0/0.8	1.1/0.7
EV/EBITDA(배)	2.1	1.1	5.5	11.3	—	7.2
EPS(원)	218	394	204	28	-304	218
BPS(원)	7,160	6,384	8,674	8,670	7,105	1,618
CFPS(원)	2,219	2,310	1,342	466	-1,293	307
DPS(원)	—	—	120	—	—	—
EBITDAPS(원)	2,864	2,605	1,876	717	-1,100	292

재무 비율 〈단위 : %〉

연도	영업이익률	순이익률	부채비율	차입금비율	ROA	ROE	유보율	자기자본비율	EBITDA마진율
2017	6.5	6.9	71.1	43.3	8.0	14.9	1,518.3	58.5	9.3
2016	-8.8	-10.0	104.4	74.6	-11.6	-19.9	1,321.0	48.9	-7.3
2015	3.0	1.1	43.8	25.4	1.3	1.6	1,634.0	69.5	5.5
2014	11.7	7.7	16.9	0.0	8.9	13.0	1,634.8	85.6	14.1

덕양산업 (A024900)

Duckyang Ind

업 종 : 자동차부품
신용등급 : (Bond) — (CP) —
홈페이지 : www.dyauto.kr
본 사 : 울산시 북구 효암로 366 (연암동)
시 장 : 거래소
기업규모 : 시가총액 소형주
연 락 처 : 052)219-1114

설 립 일 1977.07.11 **종업원수** 730명 **대 표 이 사** 윤성회,이종숙
상 장 일 1997.06.10 **감사의견** 적정(삼정) **계 열**
결 산 기 12월 **보 통 주** **종속회사수** 2개사
액 면 가 500원 **우 선 주** **구 상 호**

주주구성 (지분율,%)		출자관계 (지분율,%)		주요경쟁사 (외형,%)	
윤성회	20.0	북경덕양중차기차영부건유한공사	60.0	덕양산업	100
이국진	13.0			넥센테크	8
(외국인)	2.3			동국실업	58

매출구성		비용구성		수출비중	
Crash Pad	71.0	매출원가율	98.0	수출	—
기타	19.4	판관비율	1.6	내수	—
Carrier	4.9				

회사 개요

동사는 자동차용 내장재인 Cockpit Module, Anti-Vibration Pad 등을 생산하는 자동차 부품 전문업체임. Cockpit Module은 속도계 계기판류와 오디오, 내비게이션 등 전장 부품류, 에어컨 등의 공조 부품류, 에어백 등 각종 안전보호 시스템류 등으로 구성됨. 동사의 주 거래처는 완성차 업체인 현대기아자동차로서, 한국지엠을 주거래처로 하는 대의테크 등과 함께 국내 시장을 과점 중임.

실적 분석

동사는 지난해 연결기준 영업이익이 43.6억원으로 전년대비 89.54% 증가. 이는 매출원가율관리와 판관미 관리에 기인. 같은 기간 매출액은 1조465.4억원으로 전년대비 소폭 감소. 당기순이익은 13.3억원으로 흑자전환함. 덕양산업 별도 실적은 영업이익과 순이익 모두 흑자전환한 22.8억원, 11.3억원을 기록.

현금 흐름 〈단위 : 억원〉

항목	2016	2017
영업활동	-46	381
투자활동	-217	-331
재무활동	-36	-6
순현금흐름	-304	39
기말현금	263	302

시장 대비 수익률

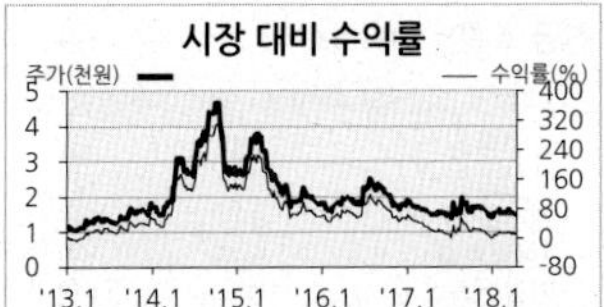

결산 실적 〈단위 : 억원〉

항목	2012	2013	2014	2015	2016	2017
매출액	9,063	8,366	8,119	9,567	10,502	10,465
영업이익	-16	-13	15	43	23	44
당기순이익	41	13	33	27	-9	13

분기 실적 〈단위 : 억원〉

항목	2016.3Q	2016.4Q	2017.1Q	2017.2Q	2017.3Q	2017.4Q
매출액	1,967	3,106	2,273	2,680	2,641	2,871
영업이익	-77	79	-26	3	-36	102
당기순이익	-85	73	-30	2	-37	78

재무 상태 〈단위 : 억원〉

항목	2012	2013	2014	2015	2016	2017
총자산	2,323	2,281	2,170	4,194	4,103	4,290
유형자산	476	500	784	1,033	1,074	1,332
무형자산	16	16	15	584	573	546
유가증권	1	1	1	1	1	0
총부채	1,775	1,722	1,562	3,282	3,260	3,458
총차입금	—	—	—	640	632	650
자본금	163	163	163	163	163	163
총자본	547	558	608	913	843	832
지배주주지분	547	558	608	612	561	594

기업가치 지표

항목	2012	2013	2014	2015	2016	2017
주가(최고/저)(천원)	1.6/1.0	1.8/1.0	4.7/1.5	4.0/1.6	2.5/1.6	2.0/1.3
PER(최고/저)(배)	16.8/10.0	51.3/31.4	47.0/14.8	171.3/70.5	—/—	86.3/57.4
PBR(최고/저)(배)	1.2/0.7	1.2/0.7	2.6/0.8	2.1/0.9	1.4/0.9	1.1/0.7
EV/EBITDA(배)	—	1.5	8.5	5.8	6.7	5.2
EPS(원)	126	40	102	23	-97	23
BPS(원)	16,949	17,291	1,881	1,893	1,737	1,839
CFPS(원)	2,835	2,147	286	404	395	506
DPS(원)	628	3,876	40	20	—	—
EBITDAPS(원)	1,083	1,352	230	513	563	617

재무 비율 〈단위 : %〉

연도	영업이익률	순이익률	부채비율	차입금비율	ROA	ROE	유보율	자기자본비율	EBITDA마진율
2017	0.4	0.1	415.6	78.1	0.3	1.3	267.8	19.4	1.9
2016	0.2	-0.1	386.7	75.0	-0.2	-5.4	247.4	20.6	1.7
2015	0.5	0.3	359.6	70.1	0.9	1.3	278.7	21.8	1.7
2014	0.2	0.4	256.9	0.0	1.5	5.7	276.3	28.0	0.9

덕우전자 (A263600)

DERKWOO ELECTRONICS COLTD

업 종 : 휴대폰 및 관련부품
신용등급 : (Bond) — (CP) —
홈페이지 : www.derkwoo.com
본 사 : 경북 구미시 산동면 첨단기업7로 98-23
시 장 : KOSDAQ
기업규모 : 중견
연 락 처 : 054)474-9661

설 립 일 1992.08.01 **종업원수** 158명 **대 표 이 사** 이준용
상 장 일 2017.08.28 **감사의견** 적정(대주) **계 열**
결 산 기 12월 **보 통 주** **종속회사수**
액 면 가 500원 **우 선 주** **구 상 호**

주주구성 (지분율,%)		출자관계 (지분율,%)		주요경쟁사 (외형,%)	
이준용	37.0	YantaiDerkwooElectronics.	100.0	덕우전자	100
이혜경	14.8	DerkwooElectronicsPolandSp.Zo.o.	100.0	아이엠텍	60
(외국인)	0.3	DerkwooElectronicsMexicoSDERLDECV	100.0	세코닉스	286

매출구성		비용구성		수출비중	
모바일부품	86.3	매출원가율	76.0	수출	92.8
기타 부품	12.8	판관비율	7.9	내수	7.2
부산물	0.9				

회사 개요

동사는 1992년 8월 설립되어 TV 기구 사업을 시작으로 2006년 휴대폰 힌지, 소형 BLU 샤시 생산, 2009년 전기차 배터리 케이스 생산 등의 사업확대로 성장한 스티프너, 브라켓 등 모바일 카메라모듈용 부품 및 TV 부품, ABS/EPS 모터 부품 등 차량용 전장부품 등을 개발/생산하는 기업임. 동사의 주요 고객사로는 카메라모듈 1차벤더인 LG이노텍, 소니, 샤프, Cowell, ASE group 등이 있음.

실적 분석

동사의 2017년 연간 매출액은 전년동기대비 49.7% 상승한 1,157.3억원을 기록하였음. 비용면에서 전년동기대비 매출원가는 증가 하였으며 인건비도 증가, 기타판매비와관리비는 증가함. 이와 같이 상승한 매출액 만큼 비용증가도 있었으나 매출액의 더 큰 상승에 힘입어 최종적으로 전년동기대비 당기순이익은 상승하여 146.1억원을 기록함. 금융손익의 흑자전환이 영향을 미친것으로 판단됨.

현금 흐름 〈단위 : 억원〉

항목	2016	2017
영업활동	253	126
투자활동	-191	-382
재무활동	-14	361
순현금흐름	55	101
기말현금	113	214

시장 대비 수익률

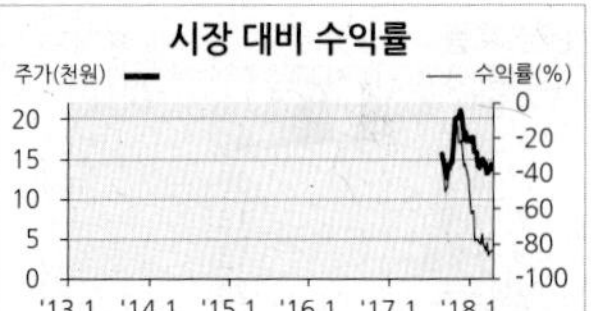

결산 실적 〈단위 : 억원〉

항목	2012	2013	2014	2015	2016	2017
매출액	462	457	723	880	773	1,157
영업이익	44	48	89	159	138	187
당기순이익	43	41	76	107	107	146

분기 실적 〈단위 : 억원〉

항목	2016.3Q	2016.4Q	2017.1Q	2017.2Q	2017.3Q	2017.4Q
매출액	204	—	204	—	321	—
영업이익	39	—	35	—	62	—
당기순이익	31	—	25	—	54	—

재무 상태 〈단위 : 억원〉

항목	2012	2013	2014	2015	2016	2017
총자산	177	199	348	447	615	1,158
유형자산	62	59	135	231	381	470
무형자산	—	1	1	4	4	11
유가증권	13	16	19	22	4	220
총부채	104	86	168	162	218	313
총차입금	24	19	17	32	2	54
자본금	6	6	6	6	6	41
총자본	73	114	180	285	397	845
지배주주지분	73	114	180	287	399	847

기업가치 지표

항목	2012	2013	2014	2015	2016	2017
주가(최고/저)(천원)	—/—	—/—	—/—	—/—	—/—	—/—
PER(최고/저)(배)	0.0/0.0	0.0/0.0	0.0/0.0	0.0/0.0	0.0/0.0	11.7/6.2
PBR(최고/저)(배)	0.0/0.0	0.0/0.0	0.0/0.0	0.0/0.0	0.0/0.0	2.3/1.2
EV/EBITDA(배)	—	—	—	—	—	4.4
EPS(원)	709	682	1,270	1,798	1,790	2,046
BPS(원)	60,609	94,725	149,891	240,072	332,656	10,440
CFPS(원)	45,776	47,420	79,790	109,514	119,878	2,774
DPS(원)	—	—	—	—	—	—
EBITDAPS(원)	46,658	52,984	90,408	152,041	145,577	3,370

재무 비율 〈단위 : %〉

연도	영업이익률	순이익률	부채비율	차입금비율	ROA	ROE	유보율	자기자본비율	EBITDA마진율
2017	16.2	12.6	37.0	6.4	16.5	23.3	1,987.9	73.0	20.6
2016	17.9	13.8	55.0	0.5	20.1	31.3	6,553.1	64.5	22.6
2015	18.1	12.1	56.9	11.2	—	—	4,701.4	63.7	20.7
2014	12.3	10.5	93.2	9.7	27.9	51.9	2,897.8	51.8	15.0

데브시스터즈 (A194480)
Devsisters

업　　종 : 게임 소프트웨어　　시　　장 : KOSDAQ
신용등급 : (Bond) —　(CP) —　　기업규모 : 벤처
홈페이지 : www.devsisters.com　　연 락 처 : 02)2148-0657
본　　사 : 서울시 강남구 도산대로 327 데브시스터즈(주)

설 립 일	2007.05.30	**종업원수**	151명	**대표이사**	이지훈,김종흔
상 장 일	2014.10.06	**감사의견**	적정(안진)	**계　열**	
결 산 기	12월	**보 통 주**		**종속회사수**	5개사
액 면 가	500원	**우 선 주**		**구　상　호**	

주주구성 (지분율,%)		출자관계 (지분율,%)		주요경쟁사 (외형,%)	
이지훈	23.7	데브시스터즈벤처스	100.0	데브시스터즈	100
엔에이치엔엔터테인먼트	16.0	데브시스터즈재팬	100.0	넥슨지티	280
(외국인)	0.9	데브시스터즈1호투자조합	100.0	위메이드	623

매출구성		비용구성		수출비중	
게임매출	92.2	매출원가율	0.0	수출	38.2
로열티매출	4.0	판관비율	181.7	내수	61.8
상품매출	2.6				

회사 개요
동사는 2007년도 설립된 모바일 게임 전문업체로 2009년 4월 소셜 파티 게임 'Obey!'의 출시를 시작으로 2013년 4월 '쿠키런 for Kakao'의 출시까지 10개 이상의 모바일 게임을 출시하였음. 3여년간의 모바일게임 개발 및 출시를 통해 성공과 실패를 반복하면서 습득된 노하우는 현재의 '쿠키런 시리즈'를 성공리에 서비스 중임. 동사는 현재까지 약 누적 8천만건 이상에 이르는 글로벌 다운로드 기반을 갖고 있음.

실적 분석
동사의 2017년 연간 매출액은 전년 대비 15.5% 증가한 175.8억원을 기록함. 외형 확대에도 불구하고 경상개발비와 인건비 등의 비용 증가로 인해 143.7억원의 영업손실과 160.3억의 당기순손실을 기록하며 적자 폭이 확대됨. 2018년 자사 인기 게임 '쿠키런' IP를 활용한 신작 모바일 게임 '쿠키워즈'의 출시가 예정되어 있어 실적 성장이 기대됨.

현금 흐름 〈단위 : 억원〉

항목	2016	2017
영업활동	-95	-111
투자활동	95	142
재무활동	13	-6
순현금흐름	13	25
기말현금	29	54

시장 대비 수익률
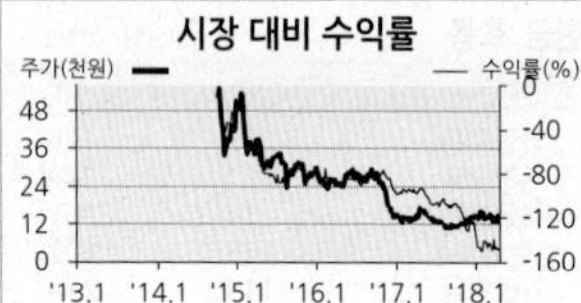

결산 실적 〈단위 : 억원〉

항목	2012	2013	2014	2015	2016	2017
매출액	8	613	695	195	152	176
영업이익	-25	241	330	-41	-121	-144
당기순이익	-29	223	313	-9	-98	-160

분기 실적 〈단위 : 억원〉

항목	2016.3Q	2016.4Q	2017.1Q	2017.2Q	2017.3Q	2017.4Q
매출액	20	80	41	32	28	75
영업이익	-31	-31	-38	-35	-41	-29
당기순이익	-29	-28	-32	-39	-35	-53

재무 상태 〈단위 : 억원〉

항목	2012	2013	2014	2015	2016	2017
총자산	11	303	2,035	1,579	1,497	1,426
유형자산	2	13	20	21	40	37
무형자산	0	1	6	21	22	22
유가증권	—	20	224	1,003	688	793
총부채	52	103	82	23	23	44
총차입금	46	30	—	—	—	—
자본금	3	3	54	55	55	56
총자본	-41	200	1,953	1,556	1,474	1,382
지배주주지분	-41	200	1,953	1,556	1,474	1,380

기업가치 지표

항목	2012	2013	2014	2015	2016	2017
주가(최고/저)(천원)	—/—	—/—	61.0/32.0	55.4/23.3	29.5/14.3	17.1/10.9
PER(최고/저)(배)	0.0/0.0	0.0/0.0	17.1/9.0	—/—	—/—	—/—
PBR(최고/저)(배)	0.0/0.0	0.0/0.0	3.4/1.8	3.1/1.3	1.8/0.9	1.1/0.7
EV/EBITDA(배)	—	—	9.7	—	—	—
EPS(원)	-356	2,756	3,562	-85	-893	-1,422
BPS(원)	-5,075	24,752	18,087	17,802	16,821	15,880
CFPS(원)	-3,468	27,685	3,601	-29	-821	-1,323
DPS(원)	—	—	—	—	—	—
EBITDAPS(원)	-3,008	29,866	3,797	-324	-1,027	-1,195

재무 비율 〈단위 : %〉

연도	영업 이익률	순 이익률	부채 비율	차입금 비율	ROA	ROE	유보율	자기자본 비율	EBITDA 마진율
2017	-81.7	-91.2	3.2	0.0	-11.0	-11.1	3,076.0	96.9	-75.5
2016	-79.6	-64.7	1.6	0.0	-6.4	-6.5	3,264.3	98.5	-74.4
2015	-21.2	-4.7	1.5	0.0	-0.5	-0.5	3,460.4	98.6	-18.1
2014	47.5	45.0	4.2	0.0	26.8	29.1	3,517.4	96.0	48.0

데이타솔루션 (A263800)
Datasolution

업　　종 : IT 서비스　　시　　장 : KOSDAQ
신용등급 : (Bond) —　(CP) —　　기업규모 : 벤처
홈페이지 : www.datasolution.kr　　연 락 처 : 02)3404-5656
본　　사 : 서울시 강남구 언주로 620, 10층(논현동, 현대인텔렉스)

설 립 일	2010.12.31	**종업원수**	217명	**대표이사**	배복태
상 장 일	2017.08.03	**감사의견**	적정(삼정)	**계　열**	
결 산 기	12월	**보 통 주**		**종속회사수**	
액 면 가	500원	**우 선 주**		**구　상　호**	

주주구성 (지분율,%)		출자관계 (지분율,%)		주요경쟁사 (외형,%)	
오픈베이스	69.2	이노렌딩랩대부	20.0	데이타솔루션	100
데이타솔루션 우리사주조합	4.9	소프트웨어공제조합	0.2	오픈베이스	152
(외국인)	0.3	청도풍유	23.8	신세계 I&C	356

매출구성		비용구성		수출비중	
H/W(Hardware)	42.4	매출원가율	84.9	수출	0.0
SI(System Integration)	30.6	판관비율	14.5	내수	100.0
S/W(Software)	16.1				

회사 개요
동사는 코스닥 등록기업인 오픈베이스로부터 2010년 12월 물적분할을 통해 설립된 법인으로 설립 당시 SI(System Integration) 사업(현 서비스 부문), 스토리지 제품 판매업(현 인프라 부문)과 검색솔루션 판매업(현 데이터 부문의 일부)을 영위. 2016년 7월에는 통계 분석소프트웨어(SPSS) 판매와 예측분석 컨설팅 사업을 영위해 온 (舊)데이타솔루션(데이터 부문)을 합병해 데이터 전문기업으로 활동 중.

실적 분석
동사의 연결기준 2017년 연간 누적 매출액은 전년동기 1,008.2억원 대비 10.7% 감소한 900.4억원을 기록함. 이는 하드웨어 부문과 유지보수 부문의 매출 감소 외에도 공공사업 발주지연 등으로 인한 공공SI사업 부문의 매출이 예상보다 부진한 것에 기인함. 매출 감소에도 판관비는 증가하며 영업이익은 전년동기 대비 85.9% 감소한 5.6억원을 기록함.

현금 흐름 *IFRS 별도 기준 〈단위 : 억원〉

항목	2016	2017
영업활동	23	-32
투자활동	-10	-74
재무활동	37	85
순현금흐름	50	-21
기말현금	132	111

시장 대비 수익률
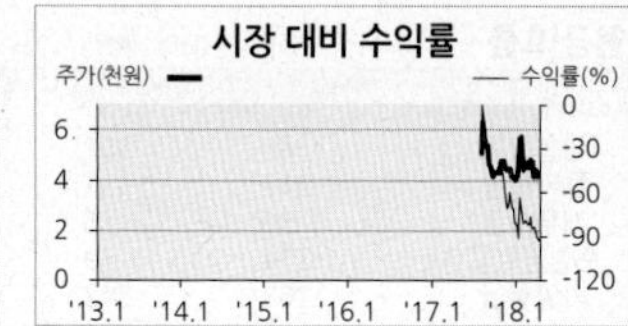

결산 실적 〈단위 : 억원〉

항목	2012	2013	2014	2015	2016	2017
매출액	578	578	552	541	1,008	900
영업이익	7	4	6	5	39	6
당기순이익	7	4	3	7	31	9

분기 실적 *IFRS 별도 기준 〈단위 : 억원〉

항목	2016.3Q	2016.4Q	2017.1Q	2017.2Q	2017.3Q	2017.4Q
매출액	243	—	118	—	140	—
영업이익	15	—	-7	—	-11	—
당기순이익	16	—	-4	—	-12	—

재무 상태 *IFRS 별도 기준 〈단위 : 억원〉

항목	2012	2013	2014	2015	2016	2017
총자산	133	170	185	219	396	620
유형자산	35	33	34	33	5	9
무형자산	0	0	0	9	34	29
유가증권	1	2	5	5	5	16
총부채	53	86	98	125	219	328
총차입금	8	47	58	63	109	86
자본금	35	35	35	35	60	77
총자본	80	85	88	94	177	293
지배주주지분	80	85	88	94	177	293

기업가치 지표 *IFRS 별도 기준

항목	2012	2013	2014	2015	2016	2017
주가(최고/저)(천원)	—/—	—/—	—/—	—/—	—/—	—/—
PER(최고/저)(배)	0.0/0.0	0.0/0.0	0.0/0.0	0.0/0.0	0.0/0.0	100.7/59.3
PBR(최고/저)(배)	0.0/0.0	0.0/0.0	0.0/0.0	0.0/0.0	0.0/0.0	3.5/2.1
EV/EBITDA(배)	—	—	2.2	—	—	16.3
EPS(원)	98	62	43	93	321	66
BPS(원)	11,470	12,094	12,521	13,449	1,476	1,906
CFPS(원)	1,241	882	677	1,174	454	269
DPS(원)	—	—	—	—	—	—
EBITDAPS(원)	1,286	843	1,147	993	547	244

재무 비율 〈단위 : %〉

연도	영업 이익률	순 이익률	부채 비율	차입금 비율	ROA	ROE	유보율	자기자본 비율	EBITDA 마진율
2017	0.6	1.0	112.0	29.2	1.7	3.8	281.1	47.2	3.7
2016	3.9	3.0	123.6	61.3	9.9	22.5	195.3	44.7	5.2
2015	1.0	1.2	133.1	67.4	—	—	169.0	42.9	1.3
2014	1.1	0.5	111.6	66.2	1.7	3.5	150.4	47.3	1.5

데이터스트림즈 (A199150)
Data Streams

업 종 : IT 서비스 　　시 장 : KONEX
신용등급 : (Bond) — 　(CP) — 　　기업규모 : —
홈페이지 : www.datastreams.co.kr 　　연 락 처 : 02)3473-9077
본 사 : 서울시 서초구 사임당로 28 6층(서초동, 청호나이스)

설 립 일	2001.09.13	**종업원수**	151명	**대 표 이 사**	이영상
상 장 일	2014.06.25	**감사의견**	적정(삼일)	**계 열**	
결 산 기	12월	**보 통 주**		**종속회사수**	
액 면 가	—	**우 선 주**		**구 상 호**	

주주구성 (지분율,%)		출자관계 (지분율,%)		주요경쟁사 (외형,%)	
이영상	31.7			데이터스트림즈	100
수성자산운용	20.6				

매출구성		비용구성		수출비중	
용역수입(용역)	60.5	매출원가율	67.5	수출	12.2
유지보수(용역)	16.3	판관비율	46.5	내수	87.8
TeraStream(제품)	14.1				

회사 개요

동사는 2001년 9월에 설립됐으며, 소프트웨어 개발 및 공급업을 주 사업으로 영위하고 있음. 금융, 공공, 의료 및 제조/서비스분야 등 업종별로 목표시장을 구분하고 세부 제품별 전략을 수립하여 합리적인 비용의 고품질 서비스를 제공함. 제품 매출 대부분은 내수를 통해 이루어지고 있으나, 일부분 수출이 발생하고 있음. 향후 매출 규모 증대를 위해 중국 해외법인 활용 및 기타 해외업체와의 총판계약 체결을 통해 해외진출을 계획하고 있음.

실적 분석

동사의 2017년 연결 기준 연간 누적 매출액은 151억원으로 전년 동기 대비 10.3% 감소함. 매출 감소에 따른 원가 부담이 가중되고 고정비 부담이 증가하면서 영업손실은 21.1억원으로 전년 동기(-12.1억원) 대비 적자 규모가 확대됨. 비영업 부문에서도 흑자 규모가 줄면서 당기순손실은 21.0억원으로 전년 동기(-16.8억원) 대비 적자규모가 확대됨.

현금 흐름 *IFRS 별도 기준 (단위 : 억원)

항목	2016	2017
영업활동	3	3
투자활동	-6	-3
재무활동	1	—
순현금흐름	-1	0
기말현금	17	17

시장 대비 수익률

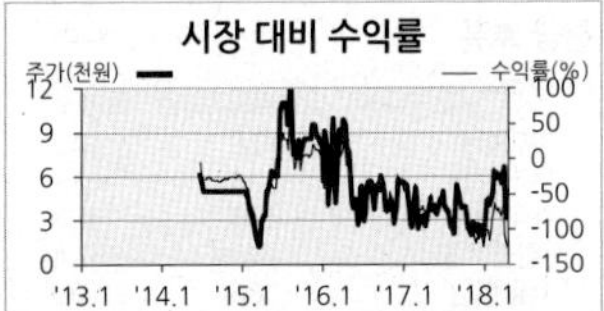

결산 실적 (단위 : 억원)

항목	2012	2013	2014	2015	2016	2017
매출액	128	189	183	143	168	151
영업이익	-0	-8	4	-19	-12	-21
당기순이익	1	-9	3	-25	-17	-21

분기 실적 *IFRS 별도 기준 (단위 : 억원)

항목	2016.3Q	2016.4Q	2017.1Q	2017.2Q	2017.3Q	2017.4Q
매출액	—	—	—	—	—	—
영업이익	—	—	—	—	—	—
당기순이익	—	—	—	—	—	—

재무 상태 *IFRS 별도 기준 (단위 : 억원)

항목	2012	2013	2014	2015	2016	2017
총자산	120	118	124	103	104	83
유형자산	3	19	17	17	20	19
무형자산	—	—	—	—	8	8
유가증권	7	5	4	4	6	7
총부채	29	37	34	37	52	50
총차입금	—	—	—	—	—	—
자본금	20	20	20	20	20	20
총자본	90	81	90	66	53	33
지배주주지분	90	81	90	66	53	33

기업가치 지표 *IFRS 별도 기준

항목	2012	2013	2014	2015	2016	2017
주가(최고/저)(천원)	—/—	—/—	8.0/5.0	12.0/1.3	11.3/2.6	5.8/1.8
PER(최고/저)(배)	0.0/0.0	0.0/0.0	117.1/73.2	—/—	—/—	—/—
PBR(최고/저)(배)	0.0/0.0	0.0/0.0	3.6/2.2	7.3/0.8	8.8/2.0	7.2/2.3
EV/EBITDA(배)	—	—	30.2	—	—	—
EPS(원)	36	-233	68	-617	-374	-535
BPS(원)	2,250	2,015	2,232	1,642	1,289	808
CFPS(원)	87	-170	114	-576	-329	-493
DPS(원)	—	—	—	—	—	—
EBITDAPS(원)	43	-127	147	-431	-212	-401

재무 비율 (단위 : %)

연도	영업이익률	순이익률	부채비율	차입금비율	ROA	ROE	유보율	자기자본비율	EBITDA마진율
2017	-14.0	-13.9	152.2	0.0	-22.2	-49.0	64.6	39.7	-12.8
2016	-7.2	-10.0	99.6	0.0	-16.2	-28.4	156.6	50.1	-6.1
2015	-13.3	-17.3	56.6	0.0	-21.9	-31.9	228.3	63.8	-12.1
2014	2.2	1.5	37.9	0.0	2.3	3.2	346.3	72.5	3.2

데일리블록체인 (A139050)
IGis System

업 종 : 운송인프라 　　시 장 : KOSDAQ
신용등급 : (Bond) — 　(CP) — 　　기업규모 : 벤처
홈페이지 : www.igissystem.co.kr 　　연 락 처 : 031)470-4800
본 사 : 경기도 안양시 만안구 예술공원로 153-32,3층

설 립 일	2006.02.20	**종업원수**	95명	**대 표 이 사**	신승현
상 장 일	2011.07.29	**감사의견**	적정(삼일)	**계 열**	
결 산 기	12월	**보 통 주**		**종속회사수**	3개사
액 면 가	500원	**우 선 주**		**구 상 호**	아이지스시스템

주주구성 (지분율,%)		출자관계 (지분율,%)		주요경쟁사 (외형,%)	
옐로모바일	37.9	경봉시스템즈	100.0	데일리블록체인	100
엘에이에치	8.0	아이지스	74.1	서호전기	91
(외국인)	4.4	알에스기전	71.8	동방	1,026

매출구성		비용구성		수출비중	
기타	43.1	매출원가율	89.4	수출	4.2
ATMS 외	18.9	판관비율	17.1	내수	95.8
U-CITY	14.2				

회사 개요

2006년 설립된 동사는 지능형교통시스템(ITS, Intelligent Transportation System)을 구축하는 용역사업을 주력으로 영위하고 있으며 큰 범주의 ITS 내에서 첨단교통신호제어시스템, 자동단속시스템, 도로교통관리시스템, 운전자정보시스템, 최적경로안내시스템, 여행서비스정보시스템, 대중교통정보제공과 대중교통관리시스템 분야를 주요 사업으로 삼고 있음. 18년 2월 아이지스시스템에서 데일리블록체인으로 사명 변경함.

실적 분석

동사의 2017년도 결산 연결기준 매출액은 전년동기 대비 31.5% 증가한 493.4억원을 시현함. 그러나 영업손실 32.1억원을 기록하여 적자지속. 비영업손익 부문에서도 적자지속하며 당기순손실도 93.5억원을 기록하며 적자지속. 동사는 4차산업혁명 시대 유력한 기술로 꼽히는 블록체인 관련 및 ICO 컨설팅 및 서비스와 관련된 사업을 추진하여 고부가가치 창출을 꾀하고 있음.

현금 흐름 (단위 : 억원)

항목	2016	2017
영업활동	-4	-15
투자활동	-76	-30
재무활동	4	141
순현금흐름	-76	96
기말현금	32	128

시장 대비 수익률

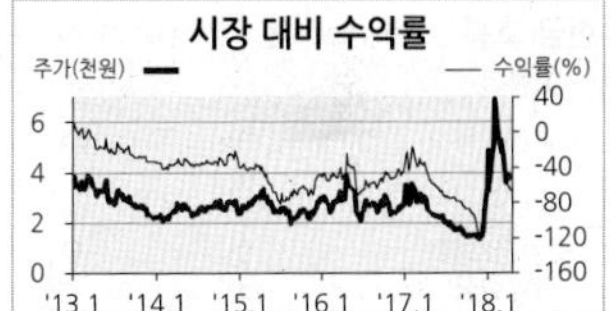

결산 실적 (단위 : 억원)

항목	2012	2013	2014	2015	2016	2017
매출액	428	477	661	445	375	493
영업이익	30	2	18	-10	-9	-32
당기순이익	9	4	17	-7	-27	-94

분기 실적 (단위 : 억원)

항목	2016.3Q	2016.4Q	2017.1Q	2017.2Q	2017.3Q	2017.4Q
매출액	94	128	126	117	126	124
영업이익	-3	2	2	-4	-4	-25
당기순이익	4	-17	4	-3	-1	-94

재무 상태 (단위 : 억원)

항목	2012	2013	2014	2015	2016	2017
총자산	300	321	353	429	452	546
유형자산	87	85	85	7	23	90
무형자산	7	8	7	7	87	25
유가증권	16	22	29	27	24	22
총부채	67	89	102	184	174	242
총차입금	—	—	—	101	72	96
자본금	53	79	79	79	90	121
총자본	233	232	251	245	279	304
지배주주지분	233	232	251	245	279	305

기업가치 지표

항목	2012	2013	2014	2015	2016	2017
주가(최고/저)(천원)	6.6/1.6	4.1/2.1	3.2/2.1	3.3/1.9	4.1/2.0	3.6/1.3
PER(최고/저)(배)	113.0/27.8	143.5/74.9	29.8/19.4	—/—	—/—	—/—
PBR(최고/저)(배)	4.3/1.1	2.7/1.4	1.9/1.2	2.1/1.2	2.6/1.3	2.9/1.0
EV/EBITDA(배)	13.6	46.8	10.0	—	—	—
EPS(원)	59	29	106	-46	-148	-429
BPS(원)	2,306	1,541	1,659	1,623	1,555	1,261
CFPS(원)	125	51	130	-23	-133	-389
DPS(원)	50	—	—	—	—	—
EBITDAPS(원)	318	33	139	-40	-37	-107

재무 비율 (단위 : %)

연도	영업이익률	순이익률	부채비율	차입금비율	ROA	ROE	유보율	자기자본비율	EBITDA마진율
2017	-6.5	-19.0	79.5	31.7	-18.7	-32.0	152.1	55.7	-4.7
2016	-2.5	-7.1	62.3	25.9	-6.0	-10.1	211.0	61.6	-1.8
2015	-2.2	-1.6	74.9	41.3	-1.8	-2.9	224.6	57.2	-1.4
2014	2.8	2.5	40.8	0.0	5.0	6.9	231.8	71.0	3.3

데카시스템 (A183410)

Deca System

업 종 : 레저용품
신용등급 : (Bond) — (CP) —
홈페이지 : www.decasystem.co.kr
본 사 : 경기도 성남시 분당구 야탑로 98, 신도리코빌딩 7,8층
시 장 : KONEX
기업규모 : —
연 락 처 : 1644-8481

설 립 일	2003.12.10	종업원수	17명	대표이사	정승욱
상 장 일	2013.11.12	감사의견	적정(이촌)	계 열	
결 산 기	12월	보 통 주		종속회사수	
액 면 가	—	우 선 주		구 상 호	

주주구성 (지분율,%)		출자관계 (지분율,%)		주요경쟁사 (외형,%)	
코비스스포츠	33.7	DecaInternational	100.0	데카시스템	100
정승욱	19.8	GolfBuddyEurope	99.9	삼익악기	2,156
				TJ미디어	687

매출구성		비용구성		수출비중	
Hand Held Type	52.3	매출원가율	74.6	수출	74.4
Voice Type	46.8	판관비율	49.5	내수	25.6
기타(상품 및 A/S 등)	0.9				

회사 개요

동사는 2003년 설립돼 GPS와 첨단 알고리즘을 이용해 골프장의 홀과 코스에 대한 거리 정보를 정확히 알려주는 휴대용 골프거리측정기를 연구개발, 판매하는 벤처기업임. 매출액은 수출 비중이 높으며 높은 시장 잠재력을 갖춘 중국 내에서 영업활동을 강화하고 있음. 또한 핵심 기술을 바탕으로 한 미국, 유럽, 호주, 일본 내 브랜드 인지도를 향상시키면서 지속적으로 수출 증대에 집중하고 있음.

실적 분석

동사의 2017년도 연간 매출액은 121.7억원으로 전년 대비 14.6% 감소함. 2017년 중 블루투스 업데이트, 터치스크린 방식 등 차별화된 기능을 갖춘 3개의 신제품 출시를 완료했으며 이에 따른 추가적인 매출이 발생할 가능성이 있음. 골프거리측정기는 최근 아마존 등의 온라인 매장을 통한 판매가 증가하고 있음. 이를 기반으로 새로운 수요층을 발굴하고 전체 시장 규모를 확장할 전망.

현금 흐름 *IFRS 별도 기준 〈단위 : 억원〉

항목	2016	2017
영업활동	0	-14
투자활동	9	0
재무활동	-10	12
순현금흐름	-0	-2
기말현금	3	1

시장 대비 수익률

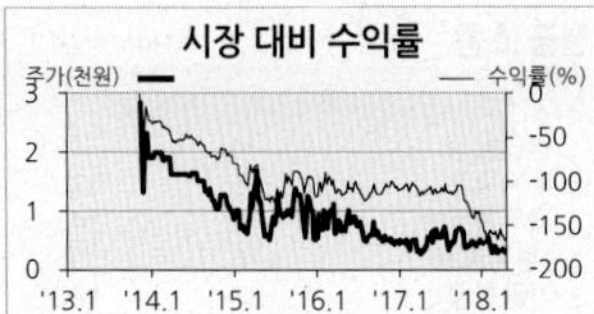

결산 실적 〈단위 : 억원〉

항목	2012	2013	2014	2015	2016	2017
매출액	237	218	211	204	143	122
영업이익	11	7	-13	-7	-25	-29
당기순이익	6	7	-18	-13	-29	-36

분기 실적 *IFRS 별도 기준 〈단위 : 억원〉

항목	2016.3Q	2016.4Q	2017.1Q	2017.2Q	2017.3Q	2017.4Q
매출액	—	—	—	—	—	—
영업이익	—	—	—	—	—	—
당기순이익	—	—	—	—	—	—

재무 상태 *IFRS 별도 기준 〈단위 : 억원〉

항목	2012	2013	2014	2015	2016	2017
총자산	156	167	177	176	100	71
유형자산	2	1	1	0	0	0
무형자산	0	0	0	0	0	0
유가증권	—	—	0	0	0	—
총부채	46	44	58	56	44	56
총차입금	30	30	38	45	35	26
자본금	23	23	23	23	23	23
총자본	110	124	119	120	56	15
지배주주지분	110	124	119	120	56	15

기업가치 지표 *IFRS 별도 기준

항목	2012	2013	2014	2015	2016	2017
주가(최고/저)(천원)	—/—	3.7/1.2	2.0/0.9	1.7/0.5	1.1/0.4	0.8/0.2
PER(최고/저)(배)	0.0/0.0	12.2/4.0	—/—	—/—	—/—	—/—
PBR(최고/저)(배)	0.0/0.0	1.4/0.4	0.8/0.3	0.7/0.2	0.9/0.3	2.6/0.8
EV/EBITDA(배)	0.3	5.6	11.8	—	—	—
EPS(원)	-353	303	-159	-17	-1,383	-868
BPS(원)	2,435	2,732	2,596	2,616	1,216	318
CFPS(원)	-311	331	-140	-4	-1,377	-865
DPS(원)	—	—	—	—	—	—
EBITDAPS(원)	597	324	108	-48	-279	-747

재무 비율 〈단위 : %〉

연도	영업이익률	순이익률	부채비율	차입금비율	ROA	ROE	유보율	자기자본비율	EBITDA마진율
2017	-24.1	-29.7	일부잠식	일부잠식	-38.4	-97.8	-21.9	23.2	-23.6
2016	-17.6	-20.3	97.3	66.6	-22.4	-41.2	140.5	50.7	-17.4
2015	-3.7	-6.5	75.3	52.9	-8.6	-14.6	268.2	57.0	-3.3
2014	-6.3	-8.3	65.2	39.8	-10.9	-16.9	320.2	60.5	-5.9

데코앤이 (A017680)

DECO&E COLTD

업 종 : 섬유 및 의복
신용등급 : (Bond) — (CP) —
홈페이지 : www.deco.co.kr
본 사 : 서울시 송파구 위례성대로 22길 32
시 장 : KOSDAQ
기업규모 : 중견
연 락 처 : 02)2145-1300

설 립 일	1984.04.01	종업원수	103명	대표이사	전제완
상 장 일	1993.09.03	감사의견	적정(삼일)	계 열	
결 산 기	12월	보 통 주		종속회사수	2개사
액 면 가	500원	우 선 주		구 상 호	데코네티션

주주구성 (지분율,%)		출자관계 (지분율,%)		주요경쟁사 (외형,%)	
전제완	6.0	쌈넷	20.4	데코앤이	100
제이피어드바이저	3.7	브라이트유니온	5.0	동일방직	1,808
(외국인)	2.5	포인트코드	1.7	신영와코루	389

매출구성		비용구성		수출비중	
DECO	67.5	매출원가율	52.8	수출	0.0
기타	32.6	판관비율	68.1	내수	100.0

회사 개요

동사는 1984년 설립된 회사로 국내 의류 제조 및 도소매업 등을 영위함. 'DECO'라는 브랜드의 여성의류를 생산, 판매함. 20대 중반부터 40대 중반의 여성을 타깃으로 함. 1992년 EnC, 1996년 96NY 브랜드를 론칭했으며, 2010년 데코를 합병함. 데코의 매출액 비중은 76.7%임. 숙녀복 시장은 경쟁자 증가와 소비자의 구매 패턴 다양화로 변화기를 맞이하고 있음.

실적 분석

동사의 2017년 결산 매출액은 전년동기대비 15.4% 하락한 468.5억원을 기록하였음. 비용면에서 전년동기대비 매출원가는 감소 하였으며 인건비는 증가 했고 광고선전비는 크게 감소, 기타판매비와관리비는 감소함. 주춤한 모습의 매출액에 의해 전년동기대비 영업손실은 97.8억원으로 적자지속 하였음. 최종적으로 전년동기대비 당기순손실은 적자지속하여 212.9억원을 기록함.

현금 흐름 〈단위 : 억원〉

항목	2016	2017
영업활동	-26	-40
투자활동	-24	-88
재무활동	90	132
순현금흐름	40	4
기말현금	86	90

시장 대비 수익률

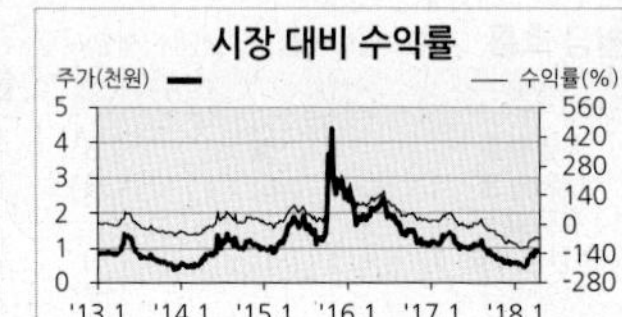

결산 실적 〈단위 : 억원〉

항목	2012	2013	2014	2015	2016	2017
매출액	1,660	1,326	1,071	637	554	468
영업이익	-33	-49	-81	-34	-81	-98
당기순이익	-18	140	-65	-44	-87	-213

분기 실적 〈단위 : 억원〉

항목	2016.3Q	2016.4Q	2017.1Q	2017.2Q	2017.3Q	2017.4Q
매출액	109	150	124	110	93	142
영업이익	-34	-23	-21	-45	-11	-21
당기순이익	-40	-19	-27	-48	-17	-121

재무 상태 〈단위 : 억원〉

항목	2012	2013	2014	2015	2016	2017
총자산	891	975	536	543	530	560
유형자산	54	32	14	14	23	16
무형자산	2	2	82	84	86	81
유가증권	3	3	3	3	18	75
총부채	715	659	276	223	186	272
총차입금	339	376	77	92	74	113
자본금	250	250	250	300	344	459
총자본	176	316	260	320	345	288
지배주주지분	176	316	260	320	345	288

기업가치 지표

항목	2012	2013	2014	2015	2016	2017
주가(최고/저)(천원)	2.0/0.8	1.5/0.4	1.6/0.5	4.7/0.9	2.9/1.1	1.5/0.5
PER(최고/저)(배)	—/—	5.2/1.4	—/—	—/—	—/—	—/—
PBR(최고/저)(배)	5.4/2.1	2.3/0.6	2.9/0.9	8.6/1.6	5.7/2.2	4.7/1.6
EV/EBITDA(배)	244.5	—	—	—	—	—
EPS(원)	-35	277	-129	-72	-124	-280
BPS(원)	352	633	521	532	501	314
CFPS(원)	35	346	-93	-58	-111	-266
DPS(원)	—	—	—	—	—	—
EBITDAPS(원)	5	-33	-125	-41	-103	-114

재무 비율 〈단위 : %〉

연도	영업이익률	순이익률	부채비율	차입금비율	ROA	ROE	유보율	자기자본비율	EBITDA마진율
2017	-20.9	-45.5	일부잠식	일부잠식	-39.0	-67.3	-37.2	51.5	-18.6
2016	-14.7	-15.7	53.9	21.6	-16.2	-26.1	0.2	65.0	-12.8
2015	-5.3	-6.8	69.7	28.9	-8.1	-15.0	6.5	58.9	-3.9
2014	-7.6	-6.1	106.0	29.5	-8.6	-22.6	4.2	48.6	-5.8

덱스터스튜디오 (A206560)
Dexter studios

업 종 : 미디어
시 장 : KOSDAQ
신용등급 : (Bond) — (CP) —
기업규모 : 기술성
홈페이지 : www.dexterstudios.com
연 락 처 : 02)6391-7000
본 사 : 서울시 마포구 매봉산로 75 1801호, 1901호(상암동,디디엠씨)

설 립 일	2011.12.29	**종 업 원 수**	366명	**대 표 이 사**	김용화
상 장 일	2015.12.22	**감 사 의 견**	적정(대주)	**계 열**	
결 산 기	12월	**보 통 주**		**종속회사수**	
액 면 가	500원	**우 선 주**		**구 상 호**	

주주구성 (지분율,%)		출자관계 (지분율,%)		주요경쟁사 (외형,%)	
김용화	26.3			덱스터	100
KTB 해외진출 Platform 펀드	3.7			키이스트	419
(외국인)	1.1			SBS콘텐츠허브	781

매출구성		비용구성		수출비중	
VFX 제작	88.6	매출원가율	140.5	수출	31.4
기타용역수익	11.4	판관비율	45.8	내수	68.6

회사 개요
동사는 '국가대표', '미스터 고' 등을 제작한 김용화 감독을 중심으로 2011년 12월 설립한 한국 최고의 영상제작물 시각특수효과(VFX) 전문기업으로 VFX의 디지털 사업 외에 광고 및 영화 관련 제작, 컨텐츠 개발 등 사업영역을 확장하기 위하여 덱스터디지털에서 덱스터스튜디오로 상호를 변경함. 자체 개발 소프트웨어를 활용하여 동물 크리쳐, 디지털 휴먼, 메카닉 등 다양한 분야에 적용 가능한 제작 능력 확보한 국내 유일 업체임.

실적 분석
매출의 약 70%가 중국에서 발생하는데, 사드 보복의 영향으로 2017년 매출액은 전년대비 20.3% 감소함. 외주비 등 원가율도 크게 높아져 영업이익은 218.7억원의 적자를 기록함. 상반기 중국 수주가 없었고, VFX 작업 및 투자에 참여한 '신과 함께'의 개봉이 7월에서 12월로 늦춰지면서 매출·비용 인식 시점이 엇갈려 부진한 실적을 기록함. 중국 수출 및 신과함께2 흥행 가능성이 높아지면서 올해 실적 턴어라운드가 유력함.

현금 흐름
〈단위 : 억원〉

항목	2016	2017
영업활동	-14	-138
투자활동	-358	-99
재무활동	23	284
순현금흐름	-350	47
기말현금	105	152

시장 대비 수익률
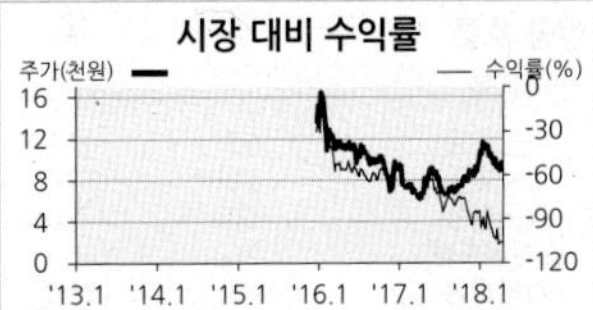

결산 실적
〈단위 : 억원〉

항목	2012	2013	2014	2015	2016	2017
매출액	—	136	187	261	318	253
영업이익	—	13	50	45	24	-219
당기순이익	—	5	31	41	51	-342

분기 실적
〈단위 : 억원〉

항목	2016.3Q	2016.4Q	2017.1Q	2017.2Q	2017.3Q	2017.4Q
매출액	85	89	—	—	68	—
영업이익	4	6	—	—	-28	—
당기순이익	12	24	—	—	-23	—

재무 상태
〈단위 : 억원〉

항목	2012	2013	2014	2015	2016	2017
총자산	—	133	184	801	857	895
유형자산	—	27	24	55	71	76
무형자산	—	14	13	11	11	14
유가증권	—	0	0	6	34	76
총부채	—	31	147	64	75	487
총차입금	—	20	120	26	—	342
자본금	—	11	7	54	108	112
총자본	—	101	37	737	782	409
지배주주지분	—	101	36	737	782	408

기업가치 지표

항목	2012	2013	2014	2015	2016	2017
주가(최고/저)(천원)	—/—	—/—	—/—	15.2/12.7	17.3/6.6	10.0/6.2
PER(최고/저)(배)	0.0/0.0	0.0/0.0	0.0/0.0	42.5/35.6	71.1/27.4	—/—
PBR(최고/저)(배)	0.0/0.0	0.0/0.0	0.0/0.0	4.4/3.7	4.7/1.8	5.0/3.1
EV/EBITDA(배)	0.0	—	1.5	35.1	29.4	—
EPS(원)	—	65	371	358	243	-1,552
BPS(원)	—	47,119	16,539	6,879	3,653	2,000
CFPS(원)	—	9,840	21,414	1,110	399	-1,400
DPS(원)	—	—	—	—	—	—
EBITDAPS(원)	—	14,627	30,697	1,187	268	-840

재무 비율
〈단위 : %〉

연도	영업이익률	순이익률	부채비율	차입금비율	ROA	ROE	유보율	자기자본비율	EBITDA마진율
2017	-86.3	-134.9	119.0	83.7	-39.0	-57.5	299.9	45.7	-73.0
2016	7.6	16.2	9.6	0.0	6.2	6.9	630.7	91.3	18.2
2015	17.4	15.8	8.7	3.5	8.4	10.6	1,275.9	92.0	26.2
2014	27.1	16.8	400.0	325.5	—	—	420.7	20.0	35.3

덴티움 (A145720)
Dentium

업 종 : 의료 장비 및 서비스
시 장 : 거래소
신용등급 : (Bond) — (CP) —
기업규모 : 시가총액 중형주
홈페이지 : www.dentium.com
연 락 처 : 070)7098-7535
본 사 : 서울시 강남구 테헤란로87길 21, 3층

설 립 일	2000.06.07	**종 업 원 수**	378명	**대 표 이 사**	강희택,김용근
상 장 일	2017.03.15	**감 사 의 견**	적정(삼덕)	**계 열**	
결 산 기	12월	**보 통 주**		**종속회사수**	17개사
액 면 가	500원	**우 선 주**		**구 상 호**	

주주구성 (지분율,%)		출자관계 (지분율,%)		주요경쟁사 (외형,%)	
정성민	17.3	Implantium	100.0	덴티움	100
정경숙	0.5	ImplantiumIndiaPvt..	100.0	오스템임플란트	264
(외국인)	19.4	ICTWORLDWIDEINDONESIA	100.0	디오	63

매출구성		비용구성		수출비중	
제품(기타)	92.5	매출원가율	29.2	수출	65.4
상품(기타)	7.1	판관비율	43.5	내수	34.6
서비스(기타)	0.4				

회사 개요
동사는 임플란트 제품을 주력으로 치과용 의료기기 및 생체재료를 개발, 생산, 판매하는 치과용 의료기기분야 전문업체임. 2017년 3월 유가증권시장에 상장함. 북경, 독일, 두바이 포함 17개의 해외법인과 현지 딜러 네트워크 영업망을 활용, 70여개 국가 내 판매 확대를 통한 사업성장 전략을 갖추고 있음. 국내 보험급여 적용연령 확대와 고령화 추세가 국내 임플란트 시장 규모확대에 있어 중요한 요인이 될 것임.

실적 분석
동사의 2017년 누적매출액은 1,506.5억원으로 전년대비 25.5% 증가함. 비용 측면에서 매출원가와 판관비가 각각 19.8%, 19.7% 상승했음에도 불구하고 영업이익은 전년보다 44% 늘어난 410.8억원을 기록함. 치과용임플란트, 치과용장비 제품 매출이 꾸준히 증가하고 있음. 중국 시장 내 덴탈 클리닉 1위 그룹인 바이보(Bibo)와 거래를 체결함.

현금 흐름
〈단위 : 억원〉

항목	2016	2017
영업활동	176	217
투자활동	-191	-739
재무활동	52	964
순현금흐름	37	441
기말현금	91	532

시장 대비 수익률
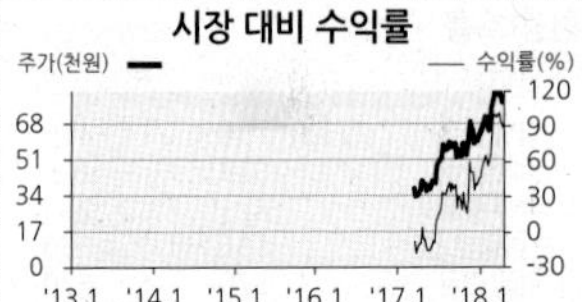

결산 실적
〈단위 : 억원〉

항목	2012	2013	2014	2015	2016	2017
매출액	629	738	824	955	1,200	1,506
영업이익	125	212	181	168	285	411
당기순이익	83	150	171	145	200	303

분기 실적
〈단위 : 억원〉

항목	2016.3Q	2016.4Q	2017.1Q	2017.2Q	2017.3Q	2017.4Q
매출액	312	325	320	402	388	396
영업이익	104	36	85	109	105	111
당기순이익	71	27	38	113	97	55

재무 상태
〈단위 : 억원〉

항목	2012	2013	2014	2015	2016	2017
총자산	784	855	1,138	1,506	1,874	3,109
유형자산	223	233	422	659	841	1,501
무형자산	7	31	26	29	22	18
유가증권	0	0	0	0	0	0
총부채	541	467	728	1,019	1,179	1,484
총차입금	333	241	542	698	779	976
자본금	61	61	62	62	62	62
총자본	243	388	410	488	694	1,625
지배주주지분	274	419	408	485	690	1,619

기업가치 지표

항목	2012	2013	2014	2015	2016	2017
주가(최고/저)(천원)	—/—	—/—	—/—	—/—	—/—	71.7/32.7
PER(최고/저)(배)	0.0/0.0	0.0/0.0	0.0/0.0	0.0/0.0	0.0/0.0	26.5/12.1
PBR(최고/저)(배)	0.0/0.0	0.0/0.0	0.0/0.0	0.0/0.0	0.0/0.0	4.4/2.0
EV/EBITDA(배)	1.7	0.7	2.4	3.1	2.1	15.9
EPS(원)	773	1,375	1,542	1,308	1,788	2,716
BPS(원)	4,472	5,786	7,200	7,897	9,747	16,343
CFPS(원)	967	1,571	1,777	1,627	2,146	3,158
DPS(원)	—	—	—	—	100	150
EBITDAPS(원)	1,418	2,136	1,875	1,834	2,935	4,153

재무 비율
〈단위 : %〉

연도	영업이익률	순이익률	부채비율	차입금비율	ROA	ROE	유보율	자기자본비율	EBITDA마진율
2017	27.3	20.1	91.4	60.1	12.2	26.1	2,825.1	52.3	30.5
2016	23.8	16.7	169.8	112.2	11.8	33.7	1,644.5	37.1	27.1
2015	17.6	15.2	208.9	143.1	11.0	32.4	1,313.3	32.4	21.3
2014	22.0	20.7	177.4	132.0	17.1	41.2	1,188.7	36.1	25.1

도이치모터스 (A067990)

DEUTSCH MOTORS

업　　종 : 자동차　　시　　장 : KOSDAQ
신용등급 : (Bond) —　(CP) —　　기업규모 : 중견
홈페이지 : www.deutschmotors.com　　연 락 처 : 1577-3456
본　　사 : 서울시 성동구 동일로 111 (성수동 2가)

설 립 일	2000.08.17	**종업원수**	884명	**대표이사**	권오수
상 장 일	2004.12.03	**감사의견**	적정(삼일)	**계　열**	
결 산 기	12월	**보 통 주**		**종속회사수**	5개사
액 면 가	500원	**우 선 주**		**구 상 호**	

주주구성 (지분율,%)		출자관계 (지분율,%)		주요경쟁사 (외형,%)	
권오수	27.7	디에이에프에스	100.0	도이치모터스	100
권혁민	3.6	도이치오토월드	100.0	현대차	10,143
(외국인)	2.7	지카	85.7	기아차	5,634

매출구성		비용구성		수출비중	
BMW3Series 외	34.1	매출원가율	92.2	수출	0.0
BMW5Series	25.2	판관비율	6.6	내수	100.0
MINI	15.5				

회사 개요

자동차 판매, 정비 및 수리업을 목적으로 2000년 설립된 BMW코리아의 딜러 회사임. BMW코리아가 수입차 1위를 달리면서 동사 규모도 점차 커지고 있음. BMW가 전기차 시장으로 영역을 확대하면서 동사도 친환경차 시장에 대비하고 있음. 매출구성은 BMW사업부 약 65%, 미니사업부 20%임. 연결 대상 자회사로는 도이치파이낸셜(할부, 리스), 디에이에프에스(금융알선, 중고차 수입판매), 지카(수입차 온라인 정보제공), 도이치파트 등이 있음.

실적 분석

동사는 지난해 연결기준 영업이익이 117.1억원으로 전년대비 흑자전환. 매출액은 같은 기간 41.1% 증가한 9,501.8억원으로 집계. 당기순이익은 42.5억원으로 전년대비 흑자전환. 동사는 자동차 판매업을 주요 사업으로 하며 수입자동차인 BMW, MINI 브랜드 자동차의 판매 및 수리 등의 사업을 영위하고 있음. 주요 종속회사인 도이치 파이낸셜은 자동차 할부, 리스를 영위 중.

현금 흐름 〈단위 : 억원〉

항목	2016	2017
영업활동	58	-129
투자활동	-523	-215
재무활동	621	294
순현금흐름	156	-50
기말현금	570	520

시장 대비 수익률

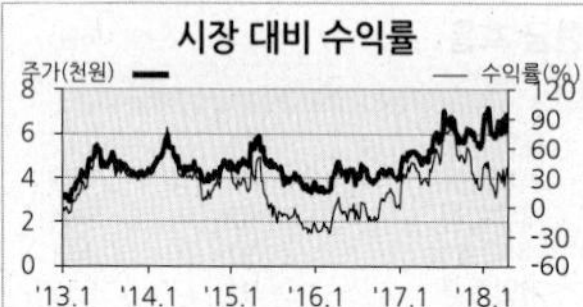

결산 실적 〈단위 : 억원〉

항목	2012	2013	2014	2015	2016	2017
매출액	3,947	4,370	5,348	6,623	6,734	9,502
영업이익	42	26	-4	49	-20	117
당기순이익	38	-13	-4	41	-26	43

분기 실적 〈단위 : 억원〉

항목	2016.3Q	2016.4Q	2017.1Q	2017.2Q	2017.3Q	2017.4Q
매출액	1,276	2,177	1,718	2,666	2,312	2,807
영업이익	0	29	8	40	43	26
당기순이익	-4	13	6	20	25	-9

재무 상태 〈단위 : 억원〉

항목	2012	2013	2014	2015	2016	2017
총자산	1,380	2,060	3,698	3,911	4,333	5,578
유형자산	626	715	783	896	1,420	2,775
무형자산	52	30	48	55	50	58
유가증권	—	5	29	103	119	113
총부채	1,041	1,517	3,120	3,310	3,365	3,918
총차입금	807	1,091	2,388	2,836	2,904	3,361
자본금	100	121	131	131	131	131
총자본	340	543	578	601	968	1,660
지배주주지분	337	475	543	566	656	1,466

기업가치 지표

항목	2012	2013	2014	2015	2016	2017
주가(최고/저)(천원)	6.2/3.1	5.5/2.9	6.0/3.7	6.0/3.2	4.7/3.3	7.0/4.0
PER(최고/저)(배)	33.1/16.4	—/—	489.8/303.3	36.5/19.2	—/—	50.1/28.1
PBR(최고/저)(배)	3.3/1.7	2.6/1.4	2.8/1.7	2.6/1.4	1.8/1.2	1.2/0.7
EV/EBITDA(배)	20.5	27.8	30.9	15.0	65.4	20.3
EPS(원)	187	-48	12	164	-62	140
BPS(원)	1,848	2,103	2,199	2,342	2,683	5,769
CFPS(원)	309	90	250	437	172	383
DPS(원)	—	—	—	—	—	—
EBITDAPS(원)	328	254	220	458	160	689

재무 비율 〈단위 : %〉

연도	영업이익률	순이익률	부채비율	차입금비율	ROA	ROE	유보율	자기자본비율	EBITDA마진율
2017	1.2	0.5	235.9	202.5	0.9	3.5	1,053.7	29.8	1.9
2016	-0.3	-0.4	347.7	300.1	-0.6	-2.7	436.6	22.3	0.6
2015	0.7	0.6	550.6	471.8	1.1	7.8	368.3	15.4	1.8
2014	-0.1	-0.1	539.9	413.3	-0.1	0.6	339.8	15.6	1.0

도화엔지니어링 (A002150)

DOHWA ENGINEERING

업　　종 : 건설　　시　　장 : 거래소
신용등급 : (Bond) —　(CP) —　　기업규모 : 시가총액 소형주
홈페이지 : www.dohwa.co.kr　　연 락 처 : 02)6323-3032
본　　사 : 서울시 강남구 삼성로 438 도화타워

설 립 일	1962.05.05	**종업원수**	1,967명	**대표이사**	오세항,박승우,노진명,곽준상
상 장 일	2010.08.12	**감사의견**	적정(대주)	**계　열**	
결 산 기	12월	**보 통 주**		**종속회사수**	
액 면 가	500원	**우 선 주**		**구 상 호**	

주주구성 (지분율,%)		출자관계 (지분율,%)		주요경쟁사 (외형,%)	
곽영필	19.5	우진에너지일호	100.0	도화엔지니어링	100
유재소	12.6	우진에너지삼호	100.0	서희건설	259
(외국인)	1.2	도화코데코홀딩스	60.9	고려개발	166

매출구성		비용구성		수출비중	
기타	24.5	매출원가율	0.0	수출	—
인프라(용역)	20.9	판관비율	95.9	내수	—
감리(용역)	19.7				

회사 개요

동사는 1962년 도화종합기술공사로 설립되어 2011년 도화엔지니어링으로 사명을 변경함. 상하수도, 수자원개발, 도시계획, 조경, 도로교통, 교량, 터널, 항만, 철도, 환경 등 엔지니어링 전 분야에서 기획, 타당성조사, 설계, 분석, 시험, 감리, 시운전, 평가, 자문 및 지도 업무를 수행하는 종합건설엔지니어링 업체임. 국내시장점유율은 2016년 공시 기준으로 토목엔지니어링 업계 상위 10개사 중 동사의 비중이 24.6%로 가장 큼.

실적 분석

동사의 2017년 연간 매출액은 전년동기대비 22.9% 상승한 3,989.5억원을 기록하였음. 인건비는 증가 하였고 광고선전비도 증가, 기타판매비와관리비는 증가함. 이와 같이 상승한 매출액 만큼 비용증가도 있었으나 매출액의 더 큰 상승에 힘입어 최종적으로 전년동기대비 당기순이익은 크게 상승하여 117.1억원을 기록함. 금융손익 등 비영업손익의 적자지속은 꾸준한 관찰이 필요해보임.

현금 흐름 〈단위 : 억원〉

항목	2016	2017
영업활동	93	112
투자활동	-20	-70
재무활동	-50	20
순현금흐름	26	54
기말현금	302	356

시장 대비 수익률

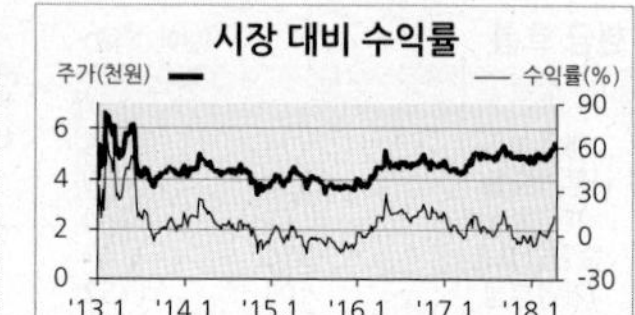

결산 실적 〈단위 : 억원〉

항목	2012	2013	2014	2015	2016	2017
매출액	2,827	2,702	2,296	2,750	3,247	3,990
영업이익	12	68	19	45	149	165
당기순이익	-87	55	31	178	13	117

분기 실적 〈단위 : 억원〉

항목	2016.3Q	2016.4Q	2017.1Q	2017.2Q	2017.3Q	2017.4Q
매출액	720	—	—	—	986	—
영업이익	-6	—	—	—	15	—
당기순이익	-114	—	—	—	11	—

재무 상태 〈단위 : 억원〉

항목	2012	2013	2014	2015	2016	2017
총자산	3,467	3,376	3,336	3,134	3,085	3,286
유형자산	1,717	1,686	1,679	1,663	1,643	1,679
무형자산	34	62	54	47	42	40
유가증권	316	313	289	311	311	303
총부채	1,302	1,189	1,197	835	825	928
총차입금	704	556	551	5	5	46
자본금	84	169	169	169	169	169
총자본	2,166	2,187	2,139	2,299	2,261	2,358
지배주주지분	2,166	2,187	2,139	2,299	2,261	2,358

기업가치 지표

항목	2012	2013	2014	2015	2016	2017
주가(최고/저)(천원)	6.1/3.9	6.9/3.7	5.0/3.4	4.5/3.4	5.1/3.7	5.4/4.2
PER(최고/저)(배)	—/—	49.0/26.1	62.3/42.5	9.5/7.3	147.1/106.8	16.0/12.6
PBR(최고/저)(배)	1.1/0.7	1.2/0.7	0.9/0.6	0.7/0.6	0.8/0.6	0.8/0.6
EV/EBITDA(배)	46.4	18.3	25.4	13.4	7.2	6.8
EPS(원)	-259	163	91	528	37	347
BPS(원)	12,845	6,547	6,437	6,913	6,801	6,992
CFPS(원)	-340	272	239	642	145	447
DPS(원)	150	100	100	150	170	190
EBITDAPS(원)	249	310	206	249	548	590

재무 비율 〈단위 : %〉

연도	영업이익률	순이익률	부채비율	차입금비율	ROA	ROE	유보율	자기자본비율	EBITDA마진율
2017	4.1	2.9	39.4	2.0	3.7	5.1	1,298.5	71.8	5.0
2016	4.6	0.4	36.5	0.2	0.4	0.6	1,260.2	73.3	5.7
2015	1.7	6.5	36.3	0.2	5.5	8.0	1,282.5	73.4	3.1
2014	0.8	1.3	56.0	25.8	0.9	1.4	1,187.5	64.1	3.0

동구바이오제약 (A006620)

DongKoo Bio & Pharma

업　　종 : 제약　　시　　장 : KOSDAQ
신용등급 : (Bond) —　(CP) —　　기업규모 : 벤처
홈페이지 : www.dongkoo.com　　연 락 처 : 02)2684-5421
본　　사 : 서울시 송파구 법원로 114 B동 14층 (문정동, 엠스테이트)

설 립 일	1983.06.23	**종업원수**	명	**대표이사**	조용준
상 장 일	2018.02.13	**감사의견**	적정(삼정)	**계　　열**	
결 산 기	12월	**보 통 주**		**종속회사수**	
액 면 가	500원	**우 선 주**		**구 상 호**	

주주구성 (지분율,%)		출자관계 (지분율,%)		주요경쟁사 (외형,%)	
조용준	27.7	노바셀테크놀로지	31.2	동구바이오제약	100
이경옥	11.2	DONGKOOBIO&PHARMAJAPAN.	100.0	JW신약	76
(외국인)	0.5			삼진제약	243

매출구성		비용구성		수출비중	
생동	23.2	매출원가율	39.8	수출	1.8
기타 의약제품	21.8	판관비율	47.0	내수	98.2
외피용약	9.5				

회사 개요

동사는 전문의약품 위주의 제약업체로 소화기계, 순환기계, 항생제 제품군을 비롯하여 피부과용 크림제형 피부과용약, 항진균제 및 비뇨생식기계용약, 알레르기용약 등 다양한 제품군을 보유하고 있으며 피부과 처방 1위임. 개량신약 및 연구에 일관적인 정책 및 투자를 통해 26개 특허권을 보유 중임. 동사의 CMO 생산 공장인 향남공장은 최신 자동화 설비를 보유하고 있으며, 자동 창고 제어 시스템, 유틸리티 통합시스템 및 체계적인 생산관리 시스템을 갖춤.

실적 분석

동사의 2017년 매출액은 1,011.2억원으로 전년대비 15.8% 증가함. 비용측면에서 매출원가와 판관비가 각각 15.5%, 13.3% 상승했음에도 불구하고 매출 확대에 힘입어 영업이익은 전년보다 26.1% 늘어난 133.3억원을 기록함. 최근 줄기세포 배양액 화장품인 셀블룸을 출시하여 코스메슈티컬 시장에 진출하였으며, 바이오 화장품 시장의 증대와 함께 피부과 1위의 인지도를 바탕으로 매출액 증대에 노력을 기울이고 있음.

현금 흐름 *IFRS 별도 기준 〈단위 : 억원〉

항목	2016	2017
영업활동	126	95
투자활동	-9	-18
재무활동	-71	-28
순현금흐름	46	50
기말현금	49	99

시장 대비 수익률

결산 실적 〈단위 : 억원〉

항목	2012	2013	2014	2015	2016	2017
매출액	708	738	839	804	874	1,011
영업이익	19	33	88	80	106	133
당기순이익	1	0	5	40	109	109

분기 실적 *IFRS 별도 기준 〈단위 : 억원〉

항목	2016.3Q	2016.4Q	2017.1Q	2017.2Q	2017.3Q	2017.4Q
매출액	—	—	—	—	—	—
영업이익	—	—	—	—	—	—
당기순이익	—	—	—	—	—	—

재무 상태 *IFRS 별도 기준 〈단위 : 억원〉

항목	2012	2013	2014	2015	2016	2017
총자산	718	724	699	608	653	756
유형자산	301	303	298	316	296	282
무형자산	9	9	7	13	10	10
유가증권	4	3	2	11	7	25
총부채	560	538	507	581	431	377
총차입금	367	380	314	422	229	152
자본금	32	35	35	24	34	38
총자본	158	186	192	27	222	379
지배주주지분	158	186	192	27	222	379

기업가치 지표 *IFRS 별도 기준

항목	2012	2013	2014	2015	2016	2017
주가(최고/저)(천원)	—/—	—/—	—/—	—/—	—/—	—/—
PER(최고/저)(배)	0.0/0.0	0.0/0.0	0.0/0.0	0.0/0.0	0.0/0.0	0.0/0.0
PBR(최고/저)(배)	0.0/0.0	0.0/0.0	0.0/0.0	0.0/0.0	0.0/0.0	0.0/0.0
EV/EBITDA(배)	10.1	6.3	2.4	4.0	1.4	0.3
EPS(원)	22	3	84	603	1,612	1,463
BPS(원)	2,672	2,876	2,963	424	3,102	4,982
CFPS(원)	385	381	415	880	1,929	1,758
DPS(원)	—	—	—	—	—	—
EBITDAPS(원)	789	901	1,692	1,482	1,879	2,075

재무 비율 〈단위 : %〉

연도	영업이익률	순이익률	부채비율	차입금비율	ROA	ROE	유보율	자기자본비율	EBITDA마진율
2017	13.2	10.8	100.3	40.3	15.5	36.6	892.1	49.9	15.4
2016	12.1	12.5	196.3	104.1	17.3	88.7	547.7	33.8	14.6
2015	9.9	5.0	2,283.0	1,655.0	—	—	8.6	4.2	12.3
2014	10.6	0.7	264.2	163.7	0.8	2.9	455.2	27.5	13.1

동국산업 (A005160)

DONGKUK INDUSTRIES CO

업　　종 : 금속 및 광물　　시　　장 : KOSDAQ
신용등급 : (Bond) BBB+　(CP) —　　기업규모 : 우량
홈페이지 : www.dkis.co.kr　　연 락 처 : 02)316-7500
본　　사 : 서울시 중구 다동길 46

설 립 일	1967.09.01	**종업원수**	407명	**대표이사**	장세희,안상철
상 장 일	1999.06.13	**감사의견**	적정(중앙)	**계　　열**	
결 산 기	12월	**보 통 주**		**종속회사수**	8개사
액 면 가	1,000원	**우 선 주**		**구 상 호**	

주주구성 (지분율,%)		출자관계 (지분율,%)		주요경쟁사 (외형,%)	
장세희	26.9	동국S&C	50.0	동국산업	100
장상건	7.0	불이	45.0	풍산홀딩스	40
(외국인)	5.1	디케이동신	20.0	한국주철관	49

매출구성		비용구성		수출비중	
철강부문(산세강판,냉연특수강)	49.3	매출원가율	88.5	수출	47.7
철강부문(칼라인쇄강판)	23.4	판관비율	6.6	내수	52.3
신재생에너지부문(WINDTOWER, 풍력발전)	20.3				

회사 개요

동사는 1967년 부동산, 산림업을 주사업으로 설립된 이래 1974년 주물사업, 1977년에 철구조물사업으로 사업영역을 확대했고, 1986년엔 동국건설 흡수합병하면서 건설업에도 참여함. 지속적 사업다각화로 1990년 냉연강판공장을 준공, 2000년대 들어 사업부문을 나눠 동국S&C, 동국R&S로 인적분할, 물적분할함. 동사의 주력제품인 냉연특수강의 80% 이상이 자동차 소재로 공급됨. 신안풍력발전 등 신재생에너지 사업이 매출의 20%를 차지함.

실적 분석

동사의 2017년 연간 매출액은 전년동기대비 3.9% 상승한 7,843.6억원을 기록하였음. 비용면에서 전년동기대비 매출원가 및 인건비는 증가하였음. 이런 상황에 따라 전년동기대비 영업이익은 383.8억원으로 24.1% 크게 하락 하였음. 최종적으로 전년동기대비 당기순이익은 크게 하락하여 228억원을 기록함. 업종 내부적으로 동종업체들의 설비 증설로 인하여 설비과잉이 예상되지만 자동차 산업 성장으로 시장이 확대될 것이라 기대함.

현금 흐름 〈단위 : 억원〉

항목	2016	2017
영업활동	420	699
투자활동	-44	-294
재무활동	-115	-252
순현금흐름	264	107
기말현금	408	514

시장 대비 수익률

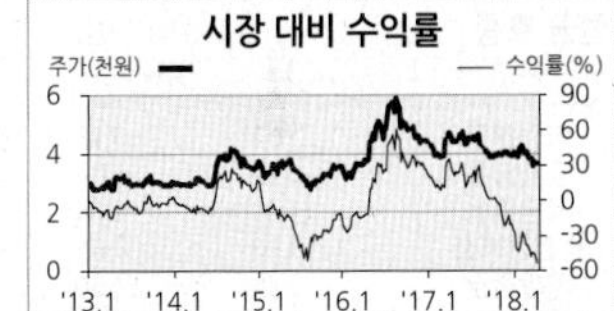

결산 실적 〈단위 : 억원〉

항목	2012	2013	2014	2015	2016	2017
매출액	5,019	4,898	6,790	7,361	7,549	7,844
영업이익	164	196	272	367	505	384
당기순이익	116	137	179	278	304	228

분기 실적 〈단위 : 억원〉

항목	2016.3Q	2016.4Q	2017.1Q	2017.2Q	2017.3Q	2017.4Q
매출액	1,892	1,881	2,060	2,020	2,064	1,701
영업이익	133	51	171	116	93	3
당기순이익	45	34	88	98	64	-21

재무 상태 〈단위 : 억원〉

항목	2012	2013	2014	2015	2016	2017
총자산	7,192	7,652	8,333	7,923	8,360	8,270
유형자산	2,938	3,063	3,437	3,371	3,398	3,302
무형자산	28	30	30	60	73	31
유가증권	218	213	161	170	177	109
총부채	3,083	3,574	4,026	3,402	3,215	3,020
총차입금	1,676	2,100	2,298	1,908	1,478	1,336
자본금	500	500	500	500	542	542
총자본	4,109	4,078	4,307	4,521	5,144	5,250
지배주주지분	3,095	3,168	3,231	3,337	3,586	3,700

기업가치 지표

항목	2012	2013	2014	2015	2016	2017
주가(최고/저)(천원)	4.1/2.4	3.3/2.7	4.3/2.9	3.8/2.7	6.0/3.1	4.8/3.7
PER(최고/저)(배)	26.0/15.6	18.8/15.6	16.0/10.8	11.4/7.9	15.3/7.9	13.6/10.7
PBR(최고/저)(배)	0.8/0.5	0.6/0.5	0.7/0.5	0.6/0.4	0.9/0.5	0.7/0.6
EV/EBITDA(배)	13.0	11.9	9.8	7.8	6.3	6.3
EPS(원)	190	205	305	376	419	364
BPS(원)	6,501	6,649	6,776	7,058	6,952	7,061
CFPS(원)	429	513	746	812	834	783
DPS(원)	120	120	120	140	150	150
EBITDAPS(원)	566	701	985	1,171	1,347	1,127

재무 비율 〈단위 : %〉

연도	영업이익률	순이익률	부채비율	차입금비율	ROA	ROE	유보율	자기자본비율	EBITDA마진율
2017	4.9	2.9	57.5	25.4	2.7	5.4	606.1	63.5	7.8
2016	6.7	4.0	62.5	28.7	3.7	6.6	595.2	61.5	9.7
2015	5.0	3.8	75.2	42.2	3.4	5.7	605.8	57.1	8.0
2014	4.0	2.6	93.5	53.4	2.2	4.8	577.6	51.7	7.3

동국실업 (A001620)
Dongkook Ind

업　　종 : 자동차부품　　시　　장 : 거래소
신용등급 : (Bond) —　(CP) —　　기업규모 : 시가총액 소형주
홈페이지 : www.dongkook-ind.co.kr　　연 락 처 : 02)754-2961
본　　사 : 서울시 용산구 한강대로 350

설 립 일	1955.12.29	**종업원수**	360명	**대표이사**	이근활
상 장 일	1990.09.15	**감사의견**	적정(한영)	**계　　열**	
결 산 기	12월	**보 통 주**		**종속회사수**	5개사
액 면 가	500원	**우 선 주**		**구 상 호**	

주주구성 (지분율,%)		출자관계 (지분율,%)		주요경쟁사 (외형,%)	
국인산업	7.9	에이스테크놀로지	98.3	동국실업	100
케이비텍	7.3	갑을산업개발	80.0	넥센테크	14
(외국인)	4.3	벨류라인벤처	34.5	디와이파워	54

매출구성		비용구성		수출비중	
자동차부품(제품)	93.6	매출원가율	97.0	수출	65.8
상품(상품)	6.1	판관비율	9.1	내수	34.2
임대(기타)	0.3				

회사 개요

동사는 1955년 설립됨. 유가증권시장에 1990년 상장함. 현대기아차 및 현대모비스 1차 부품 공급 협력사로 플라스틱 가스 사출성형, 콘솔, 크래쉬패드, 글로브박스 등 다양한 제품을 생산, 공급함. 동사는 갑을상사그룹에 속해 있음. 2013년 독일 ICT사를 인수해 유럽 자동차부품 시장에 진출, ICT사는 3년 연속 흑자달성. 중국 염성공장에 2만㎡ 부지를 추가 확보해 3공장을 신축함.

실적 분석

2017년 연결기준 결산 매출액은 6,120억원으로 전년동기 대비 3.8% 감소하였으며, 원가부담 증가로 영업이익은 전년동기 대비 적자전환하며 367.3억원의 손실을 시현하며 수익성 크게 악화된 모습. 동사 자동차부문의 제품 매출은 점진적으로 증가하고 있으나, 연결기업의 매출 부진에 따른 영향으로 판단되며, 원가율 관리에 보다 집중해야 할 듯. 기아차의 하이브리드 SUV인 니로에 센터콘솔을 공급하며 향후 매출 전망이 긍정적임.

현금 흐름 〈단위 : 억원〉

항목	2016	2017
영업활동	62	713
투자활동	-652	-504
재무활동	460	-274
순현금흐름	-130	-65
기말현금	224	160

시장 대비 수익률

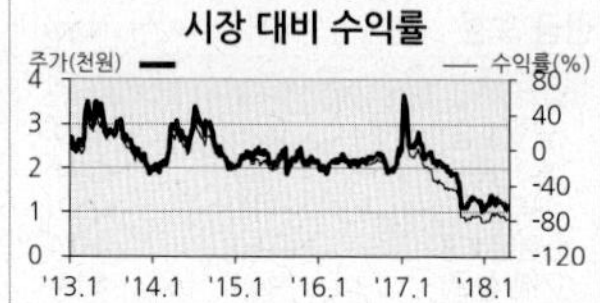

결산 실적 〈단위 : 억원〉

항목	2012	2013	2014	2015	2016	2017
매출액	3,934	4,652	6,723	6,223	6,260	6,020
영업이익	204	135	19	128	182	-367
당기순이익	123	223	-48	49	156	-411

분기 실적 〈단위 : 억원〉

항목	2016.3Q	2016.4Q	2017.1Q	2017.2Q	2017.3Q	2017.4Q
매출액	1,393	1,752	1,544	1,309	1,703	1,463
영업이익	13	81	-47	-109	-68	-143
당기순이익	47	47	-77	-120	-34	-180

재무 상태 〈단위 : 억원〉

항목	2012	2013	2014	2015	2016	2017
총자산	3,145	4,853	5,164	5,707	6,310	5,491
유형자산	1,057	1,934	2,104	2,448	2,606	2,741
무형자산	58	249	185	142	153	232
유가증권	104	91	68	155	362	293
총부채	1,574	3,046	3,430	3,883	4,393	3,674
총차입금	353	1,161	1,414	1,905	2,341	1,743
자본금	132	132	132	132	132	267
총자본	1,571	1,807	1,734	1,824	1,917	1,817
지배주주지분	1,568	1,719	1,639	1,702	1,790	1,758

기업가치 지표

항목	2012	2013	2014	2015	2016	2017
주가(최고/저)(천원)	3.4/1.8	4.2/2.2	4.2/2.3	3.0/2.2	3.0/2.1	3.8/1.0
PER(최고/저)(배)	6.9/3.7	5.0/2.6	—/—	16.3/12.1	5.0/3.6	—/—
PBR(최고/저)(배)	0.5/0.3	0.6/0.3	0.6/0.4	0.4/0.3	0.4/0.3	1.1/0.3
EV/EBITDA(배)	3.2	5.5	6.4	5.2	5.3	—
EPS(원)	413	715	-214	153	505	-988
BPS(원)	5,953	6,529	6,223	6,461	6,796	3,298
CFPS(원)	871	1,347	789	1,323	1,786	82
DPS(원)	—	—	—	—	—	—
EBITDAPS(원)	1,178	1,051	1,103	1,638	1,904	-5

재무 비율 〈단위 : %〉

연도	영업이익률	순이익률	부채비율	차입금비율	ROA	ROE	유보율	자기자본비율	EBITDA마진율
2017	-6.1	-6.8	202.2	95.9	-7.0	-19.0	559.6	33.1	0.0
2016	2.9	2.5	229.2	122.1	2.6	8.6	1,259.1	30.4	8.0
2015	2.1	0.8	212.9	104.5	0.9	2.7	1,192.3	32.0	6.9
2014	0.3	-0.7	197.7	81.5	-1.0	-3.8	1,144.6	33.6	4.3

동국알앤에스 (A075970)
DONGKUK REFRACTORIES & STEEL CO

업　　종 : 금속 및 광물　　시　　장 : KOSDAQ
신용등급 : (Bond) —　(CP) —　　기업규모 : 중견
홈페이지 : www.dkrns.co.kr　　연 락 처 : 055)323-6589
본　　사 : 경남 김해시 상동면 상동로 375번길 26-29

설 립 일	2004.01.01	**종업원수**	64명	**대표이사**	이강학
상 장 일	2004.02.13	**감사의견**	적정(신한)	**계　　열**	
결 산 기	12월	**보 통 주**		**종속회사수**	4개사
액 면 가	1,000원	**우 선 주**		**구 상 호**	

주주구성 (지분율,%)		출자관계 (지분율,%)		주요경쟁사 (외형,%)	
동국S&C	22.4	대한내화물공업협동조합	6.7	동국알앤에스	100
장세희	12.1	불이	5.0	에이프로젠 KIC	47
(외국인)	2.6	동국산업	3.7	대호에이엘	133

매출구성		비용구성		수출비중	
내화물(정형,부정형), 세라믹	78.6	매출원가율	82.4	수출	10.0
파이프(단관각관)HGI강외	21.4	판관비율	13.6	내수	90.0

회사 개요

동사는 동국산업으로부터 인적분할 후 설립된 동국산업 계열회사로 제철, 제강 및 기타 공업로용 내화물 제품을 생산, 판매하고 있으며 2004년 코스닥시장에 상장됨. 동사는 마산과 김해에 연간 7만1천톤 규모의 생산시설을 보유하고 제강용 내화물을 생산하여 국내외의 철강업체 등에 공급하고 있음. 동국산업의 계열회사로서 연결대상 종속회사로 동연에스텐티를 비롯한 4개회사가 있음.

실적 분석

동사의 2017년 매출액은 전년 대비 1% 증가한 952억원을 달성하였고, 영업이익은 전년 대비 5% 증가한 38억원을 시현함. 법인세차감전순이익은 34억원이며 당기순이익은 26억원임. 동사의 자산총계는 1266억원으로 전기 대비 1% 증가, 부채는 500억원으로 2% 증가, 자본 총계는 766억원으로 1% 증가함. 유동비율 172%(전년 대비 18% 감소), 부채비율 65%(1% 증가)로 재무 건전성을 우수함.

현금 흐름 〈단위 : 억원〉

항목	2016	2017
영업활동	72	-9
투자활동	126	-7
재무활동	-131	-37
순현금흐름	67	-54
기말현금	123	69

시장 대비 수익률

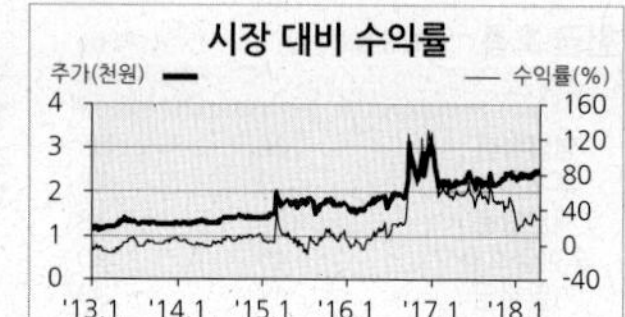

결산 실적 〈단위 : 억원〉

항목	2012	2013	2014	2015	2016	2017
매출액	1,299	1,173	1,093	989	945	952
영업이익	93	51	32	5	36	38
당기순이익	11	-8	18	-12	19	26

분기 실적 〈단위 : 억원〉

항목	2016.3Q	2016.4Q	2017.1Q	2017.2Q	2017.3Q	2017.4Q
매출액	225	220	226	243	241	242
영업이익	18	-5	10	14	11	3
당기순이익	9	-11	12	9	10	-5

재무 상태 〈단위 : 억원〉

항목	2012	2013	2014	2015	2016	2017
총자산	1,561	1,471	1,416	1,337	1,252	1,266
유형자산	677	673	674	489	463	457
무형자산	19	18	18	18	18	17
유가증권	4	11	11	14	11	10
총부채	772	700	642	592	490	500
총차입금	479	416	355	350	240	225
자본금	184	184	184	184	184	184
총자본	788	771	774	744	762	766
지배주주지분	751	734	735	702	720	727

기업가치 지표

항목	2012	2013	2014	2015	2016	2017
주가(최고/저)(천원)	1.9/1.1	1.4/1.1	1.5/1.3	2.2/1.4	3.5/1.5	3.1/2.0
PER(최고/저)(배)	49.4/27.0	—/—	17.0/14.4	—/—	37.3/16.5	23.5/15.4
PBR(최고/저)(배)	0.6/0.3	0.4/0.3	0.4/0.4	0.6/0.4	0.9/0.4	0.8/0.5
EV/EBITDA(배)	5.7	7.9	8.3	14.3	10.6	9.9
EPS(원)	49	-45	97	-80	98	137
BPS(원)	4,081	3,987	3,996	3,816	3,913	3,950
CFPS(원)	260	153	347	146	264	278
DPS(원)	80	80	80	—	80	80
EBITDAPS(원)	715	476	423	255	361	346

재무 비율 〈단위 : %〉

연도	영업이익률	순이익률	부채비율	차입금비율	ROA	ROE	유보율	자기자본비율	EBITDA마진율
2017	4.0	2.7	65.3	29.4	2.1	3.5	295.0	60.5	6.7
2016	3.8	2.0	64.3	31.5	1.5	2.5	291.3	60.9	7.0
2015	0.6	-1.2	79.6	47.0	-0.8	-2.0	281.6	55.7	4.8
2014	2.9	1.6	83.0	45.8	1.2	2.4	299.6	54.7	7.1

동국에스엔씨 (A100130)
DONGKUK STRUCTURES & CONSTRUCTION

업 종 : 에너지 시설 및 서비스　　시 장 : KOSDAQ
신용등급 : (Bond) — (CP) —　　기업규모 : 우량
홈페이지 : www.dongkuksnc.co.kr　　연 락 처 : 054)285-4500
본 사 : 경북 포항시 남구 대송로 62 (장흥동)

설 립 일	2001.07.02	**종업원수**	116명	**대표이사**	양승주
상 장 일	2009.08.31	**감사의견**	적정(천지)	**계 열**	
결 산 기	12월	**보 통 주**		**종속회사수**	3개사
액 면 가	500원	**우 선 주**		**구 상 호**	

주주구성 (지분율,%)		출자관계 (지분율,%)		주요경쟁사 (외형,%)	
동국산업	50.0	신안풍력발전	100.0	동국S&C	100
삼성자산운용	5.0	디케이동신	62.0	한전기술	133
(외국인)	3.3	남원태양광발전	45.0	씨에스윈드	85

매출구성		비용구성		수출비중	
컬러강판	45.9	매출원가율	90.3	수출	53.8
Wind Tower외	39.9	판관비율	6.6	내수	46.2
건설	14.2				

회사 개요

동사는 철강사업부문, 칼라강판부문, 풍력산업, 건설업등을 주요 사업으로 영위하고 있으며, 풍력발전기용 WIND-TOWER등이 주력 제품임. 풍력산업은 전력수요의 증가와 경제성, 저탄소배출에 따른 환경친화성의 부각으로 기대와 수요가 증가하고 있음. 풍력타워 전문에서 더 나아가 해상풍력 타워와 부품, 중대형 해상 구조물 사업으로 영역을 확대하고 육상 및 해상 풍력단지 개발에도 뛰어들 계획임.

실적 분석

동사의 2017년 연결기준 매출액은 3,679.2억원으로 전년 3,838.8억원보다 4.2% 감소하였음. 외형감소에도 매출원가는 전년 수준을 유지하면서 매출총이익이 전년대비 34.8% 감소하였음. 판관비가 감소했지만 이 중 인건비는 4.3% 증가했으며 영업이익은 같은 기간 56.1% 감소한 112.5억원을 기록하였으며 외환손실 등 비영업부문 손실이 지속되면서 최종적으로는 61.7억원의 당기순이익을 시현하였음.

현금 흐름 〈단위 : 억원〉

항목	2016	2017
영업활동	181	614
투자활동	18	-267
재무활동	-80	-58
순현금흐름	122	246
기말현금	181	427

시장 대비 수익률

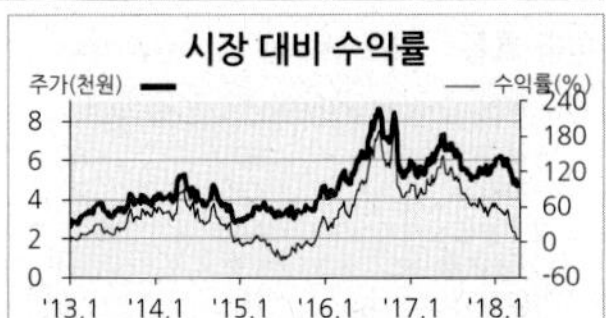

결산 실적 〈단위 : 억원〉

항목	2012	2013	2014	2015	2016	2017
매출액	1,396	1,409	2,031	2,113	3,839	3,679
영업이익	27	92	126	152	256	113
당기순이익	69	25	110	238	160	62

분기 실적 〈단위 : 억원〉

항목	2016.3Q	2016.4Q	2017.1Q	2017.2Q	2017.3Q	2017.4Q
매출액	990	900	1,051	994	1,012	622
영업이익	74	-10	88	41	32	-48
당기순이익	36	-38	42	50	21	-51

재무 상태 〈단위 : 억원〉

항목	2012	2013	2014	2015	2016	2017
총자산	2,821	3,004	3,058	4,019	4,346	4,386
유형자산	932	832	858	1,316	1,437	1,479
무형자산	3	2	2	65	69	29
유가증권	134	135	134	162	172	104
총부채	532	717	704	1,261	1,475	1,533
총차입금	48	35	17	504	481	490
자본금	286	286	286	286	286	286
총자본	2,289	2,286	2,353	2,758	2,871	2,853
지배주주지분	2,289	2,286	2,353	2,550	2,664	2,658

기업가치 지표

항목	2012	2013	2014	2015	2016	2017
주가(최고/저)(천원)	5.0/1.9	4.4/2.6	5.3/2.8	4.7/2.8	8.8/4.0	7.3/5.0
PER(최고/저)(배)	46.9/18.0	110.3/65.3	29.6/15.5	12.0/7.2	32.3/14.6	58.5/39.8
PBR(최고/저)(배)	1.3/0.5	1.2/0.7	1.3/0.7	1.1/0.6	1.9/0.8	1.5/1.0
EV/EBITDA(배)	17.6	16.5	8.1	16.7	10.7	16.4
EPS(원)	121	44	193	416	282	127
BPS(원)	4,236	4,231	4,348	4,692	4,892	4,881
CFPS(원)	166	94	252	476	389	237
DPS(원)	70	70	70	100	120	100
EBITDAPS(원)	92	212	279	327	555	306

재무 비율 〈단위 : %〉

연도	영업이익률	순이익률	부채비율	차입금비율	ROA	ROE	유보율	자기자본비율	EBITDA 마진율
2017	3.1	1.7	53.7	17.2	1.4	2.7	876.2	65.1	4.8
2016	6.7	4.2	51.4	16.7	3.8	6.2	878.4	66.1	8.3
2015	7.2	11.2	45.7	18.3	6.7	9.7	838.4	68.6	8.8
2014	6.2	5.4	29.9	0.7	3.6	4.8	769.6	77.0	7.9

동국제강 (A001230)
Dongkuk Steel Mill

업 종 : 금속 및 광물　　시 장 : 거래소
신용등급 : (Bond) BB+ (CP) —　　기업규모 : 시가총액 중형주
홈페이지 : www.dongkuk.co.kr　　연 락 처 : 02)317-1114
본 사 : 서울시 중구 을지로 5길 19 페럼타워

설 립 일	1954.07.07	**종업원수**	2,546명	**대표이사**	장세욱
상 장 일	1988.05.09	**감사의견**	적정(삼일)	**계 열**	
결 산 기	12월	**보 통 주**		**종속회사수**	24개사
액 면 가	5,000원	**우 선 주**		**구 상 호**	

주주구성 (지분율,%)		출자관계 (지분율,%)		주요경쟁사 (외형,%)	
JFE STEEL INTERNATIONAL EUROPE B.V.	14.1	디케이유엔씨	100.0	동국제강	100
장세주	13.8	동국(DKC)	95.9	POSCO	1,003
(외국인)	30.5	인터지스	48.3	현대제철	317

매출구성		비용구성		수출비중	
봉형강	46.8	매출원가율	89.8	수출	—
컬러강판	16.1	판관비율	6.2	내수	—
도금강판	14.8				

회사 개요

동사는 철강제조기업으로 1971년 국내 최초로 후판사업에 진출하며 판재류와 봉형강류로 재편되었음. 철강부문에는 유니온스틸, 무서장강박판유한공사, 유니온스틸차이나를 보유하고 있으며 농기계 제조 및 판매부문에 국제종합기계, 운송부문에는 인터지스 등을 보유함. 동사의 주요 사업부문인 봉강, 후판, 형강의 시장점유율은 2017년 기준 각각 24%, 13%, 31%로 추정됨.

실적 분석

동사는 2017년 매출액은 제품 판매단가 상승으로 인하여 크게 증가하였지만 높은 원가가 투입됨. 페럼 인프라 지분 유동화를 통해 300억원의 현금자산을 확보. 봉형강 제품과 컬러강판 제품의 수요 증가로 매출 규모가 확대됨. 후판생산량은 2017년에도 줄여가고 있으며 철근 가격 인상으로 이익의 질이 개선되었음. 전년 대비 지분법이익 감소 및 법인세 비용의 증가로 순이익이 감소함.

현금 흐름 〈단위 : 억원〉

항목	2016	2017
영업활동	8,883	902
투자활동	-1,012	-145
재무활동	-6,795	-1,831
순현금흐름	1,009	-1,143
기말현금	4,931	3,788

시장 대비 수익률

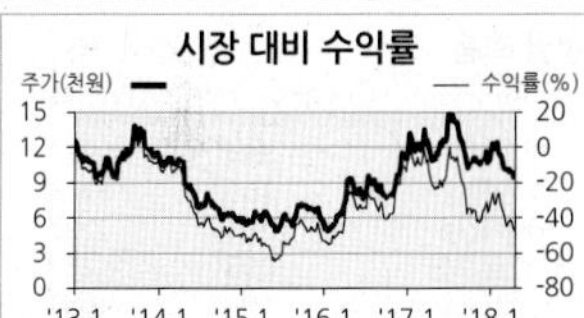

결산 실적 〈단위 : 억원〉

항목	2012	2013	2014	2015	2016	2017
매출액	76,791	66,909	60,685	52,663	50,066	60,493
영업이익	-693	811	-204	1,694	2,566	2,413
당기순이익	-2,351	-1,184	-2,925	-2,244	708	48

분기 실적 〈단위 : 억원〉

항목	2016.3Q	2016.4Q	2017.1Q	2017.2Q	2017.3Q	2017.4Q
매출액	12,692	13,125	15,136	15,101	15,544	14,713
영업이익	658	268	576	543	725	568
당기순이익	423	-1,860	420	-694	125	196

재무 상태 〈단위 : 억원〉

항목	2012	2013	2014	2015	2016	2017
총자산	93,207	91,098	88,537	68,959	63,247	60,910
유형자산	44,848	43,950	45,362	41,217	36,872	36,547
무형자산	1,178	1,364	1,009	1,010	972	951
유가증권	1,650	1,262	1,230	167	77	80
총부채	64,860	64,909	62,460	46,500	40,353	37,203
총차입금	50,607	52,201	52,185	37,444	31,069	28,827
자본금	4,212	4,212	5,562	5,889	5,892	5,892
총자본	28,347	26,189	26,078	22,459	22,893	23,707
지배주주지분	24,986	22,826	21,965	20,551	21,796	22,540

기업가치 지표

항목	2012	2013	2014	2015	2016	2017
주가(최고/저)(천원)	21.4/10.6	14.0/9.3	11.5/5.5	7.3/4.8	11.8/4.7	15.6/10.1
PER(최고/저)(배)	—/—	—/—	—/—	—/—	18.8/7.5	331.8/214.9
PBR(최고/저)(배)	0.6/0.3	0.4/0.3	0.5/0.2	0.3/0.2	0.5/0.2	0.7/0.4
EV/EBITDA(배)	22.7	14.2	21.9	9.0	7.3	7.6
EPS(원)	-3,351	-1,749	-3,533	-2,503	642	47
BPS(원)	40,762	37,267	24,970	21,821	23,123	23,900
CFPS(원)	1,008	2,659	-133	297	3,296	2,539
DPS(원)	500	150	—	—	150	100
EBITDAPS(원)	3,498	5,856	3,137	4,578	5,343	5,021

재무 비율 〈단위 : %〉

연도	영업이익률	순이익률	부채비율	차입금비율	ROA	ROE	유보율	자기자본비율	EBITDA 마진율
2017	4.0	0.1	156.9	121.6	0.1	0.2	287.1	38.9	7.9
2016	5.1	1.4	176.3	135.7	1.1	2.9	274.5	36.2	10.2
2015	3.2	-4.3	207.0	166.7	-2.9	-11.2	253.4	32.6	8.3
2014	-0.3	-4.8	239.5	200.1	-3.3	-12.3	298.8	29.5	4.0

동국제약 (A086450)
DongKook Pharmaceutical

업 종 : 제약
신용등급 : (Bond) — (CP) —
홈페이지 : www.dkpharm.co.kr
본 사 : 서울시 강남구 테헤란로 108길 7

시 장 : KOSDAQ
기업규모 : 우량
연 락 처 : 02)2191-9800

설 립 일	1968.10.15	종업원수	830명	대표이사	오흥주
상 장 일	2007.05.29	감사의견	적정(삼정)	계 열	
결 산 기	12월	보 통 주		종속회사수	2개사
액 면 가	2,500원	우 선 주		구 상 호	

주주구성 (지분율,%)		출자관계 (지분율,%)		주요경쟁사 (외형,%)	
권기범	20.2	동국생활과학	100.0	동국제약	100
동국정밀화학	19.9	동국생명과학	59.3	JW홀딩스	193
(외국인)	23.6	디티알비전사모투자합자회사	26.4	아미코젠	21

매출구성		비용구성		수출비중	
정제	28.9	매출원가율	41.0	수출	13.4
프리필드 외	22.2	판관비율	44.9	내수	86.6
수액제	20.0				

회사 개요
동사는 의약품 제조 및 판매 등을 영위할 목적으로 1968년 설립되어 2007년 5월 코스닥 시장에 상장됨. '인사돌', '오라메디', '마데카솔' 등 일반의약품과 조영제, 항암제 등의 전문의약품을 주력으로 하고 있음. 주력 제품인 잇몸질환치료제 '인사돌'은 높은 인지도를 바탕으로 고령화, 식습관 변화 등에 따른 복용 연령층이 확대로 안정적으로 성장하고 있음. CT, MRI 등이 보편화하면서 조영제 시장도 꾸준히 성장하고 있음.

실적 분석
동사의 2017년 누적매출액은 3,547.7억원으로 전년대비 14.6% 증가함. 비용측면에서 매출원가와 판관비가 각각 14.7%, 17.1% 상승했음에도 불구하고 매출 확대에 힘입어 영업이익이 전년보다 6.7% 늘어난 500.7억원을 기록함. 전 세계 50개국의 네트워크를 바탕으로 전체 매출에 대한 수출비중을 20% 이상 유지하고 있음. 우수한 브랜드 파워를 바탕으로 인사돌, 마데카솔, 오라메디의 시장 지배력은 매년 5~10% 성장 중임.

현금 흐름
<단위 : 억원>

항목	2016	2017
영업활동	394	287
투자활동	-156	-174
재무활동	-45	-33
순현금흐름	193	68
기말현금	564	631

시장 대비 수익률
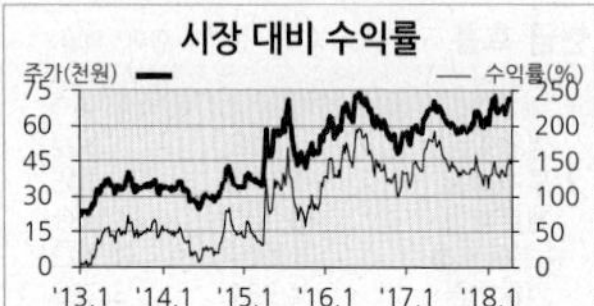

결산 실적
<단위 : 억원>

항목	2012	2013	2014	2015	2016	2017
매출액	1,803	2,131	2,260	2,599	3,097	3,548
영업이익	271	245	266	336	469	501
당기순이익	223	167	210	272	407	409

분기 실적
<단위 : 억원>

항목	2016.3Q	2016.4Q	2017.1Q	2017.2Q	2017.3Q	2017.4Q
매출액	784	801	806	915	901	926
영업이익	117	128	112	108	124	157
당기순이익	110	113	82	94	102	130

재무 상태
<단위 : 억원>

항목	2012	2013	2014	2015	2016	2017
총자산	1,921	2,183	2,442	2,748	3,251	3,733
유형자산	440	444	534	569	628	694
무형자산	40	56	50	52	53	43
유가증권	52	112	90	145	152	200
총부채	444	560	676	742	868	938
총차입금	19	36	61	84	56	99
자본금	222	222	222	222	222	222
총자본	1,477	1,622	1,766	2,006	2,383	2,795
지배주주지분	1,477	1,619	1,763	1,996	2,373	2,639

기업가치 지표

항목	2012	2013	2014	2015	2016	2017
주가(최고/저)(천원)	22.7/12.7	40.1/21.0	43.8/24.9	71.0/33.6	75.3/46.8	71.5/51.1
PER(최고/저)(배)	9.5/5.3	22.1/11.6	19.0/10.8	23.5/11.1	16.7/10.4	16.2/11.6
PBR(최고/저)(배)	1.4/0.8	2.3/1.2	2.2/1.3	3.2/1.5	2.8/1.8	2.4/1.7
EV/EBITDA(배)	5.4	9.3	8.5	11.8	8.1	8.4
EPS(원)	2,509	1,885	2,373	3,084	4,573	4,454
BPS(원)	16,724	18,225	20,165	22,802	27,042	30,036
CFPS(원)	3,118	2,469	2,863	3,720	5,219	5,280
DPS(원)	380	280	300	300	400	520
EBITDAPS(원)	3,651	3,342	3,477	4,416	5,924	6,457

재무 비율
<단위 : %>

연도	영업 이익률	순 이익률	부채 비율	차입금 비율	ROA	ROE	유보율	자기자본 비율	EBITDA 마진율
2017	14.1	11.5	33.6	3.5	11.7	15.8	1,101.4	74.9	16.2
2016	15.2	13.1	36.4	2.4	13.6	18.6	981.7	73.3	17.0
2015	12.9	10.5	37.0	4.2	10.5	14.6	812.1	73.0	15.1
2014	11.8	9.3	38.3	3.5	9.1	12.5	706.6	72.3	13.7

동남합성 (A023450)
Dongnam Chemical

업 종 : 화학
신용등급 : (Bond) — (CP) —
홈페이지 : www.dongnamchem.com
본 사 : 충남 공주시 탄천면 탄천산업단지길 80-61

시 장 : 거래소
기업규모 : 시가총액 소형주
연 락 처 : 041)840-3100

설 립 일	1965.10.01	종업원수	148명	대표이사	김정돈,손응주
상 장 일	1996.12.03	감사의견	적정(삼정)	계 열	
결 산 기	12월	보 통 주		종속회사수	
액 면 가	5,000원	우 선 주		구 상 호	

주주구성 (지분율,%)		출자관계 (지분율,%)		주요경쟁사 (외형,%)	
미원상사	44.8	한국계면활성제공업협동조합	8.6	동남합성	100
동남합성우리사주조합	9.3	미원상사	0.3	엔피케이	53
(외국인)	0.0	한농화성	0.1	HRS	49

매출구성		비용구성		수출비중	
계면활성제	92.0	매출원가율	92.9	수출	13.8
상품 등	8.0	판관비율	6.4	내수	86.2

회사 개요
동사는 계면활성제를 제조, 판매하는 회사임. 계면활성제는 용매(물 또는 기름)에 녹였을때 빨리 용매에 녹아 표면장력을 현저하게 저하시켜 물체 표면의 여러 성질을 크게 변화시키는 특징을 가진 물질임. 세정, 살균, 침투, 분산, 대전방지 등 다양한 기능과 작용으로 나타내고 있어 세제, 섬유, 제지, 금속, 농약, 페인트, 피혁 등 전 산업에 걸쳐서 사용되고 있음. 동사는 다품종 소량생산의 생산구조를 가지고 있음.

실적 분석
동사의 2017년 누적매출액은 1,374.4억원으로 전년대비 31.9% 증가함. 비용측면에서 매출원가와 판관비가 각각 44.6%, 12.7% 상승하면서 매출 확대에도 불구하고 영업이익이 전년보다 88.9% 줄어든 9억원을 기록함. 동사는 생분해성이 우수한 섬유용 유연제 등 환경친화성 에너지 절약형, 환경오염의 최소화 제품 같은 다양한 신제품 개발에 나서고 있음. 주주가치 제고를 위해 자사주를 지속적으로 매입하는 중임.

현금 흐름
*IFRS 별도 기준 <단위 : 억원>

항목	2016	2017
영업활동	90	88
투자활동	-44	-93
재무활동	-44	1
순현금흐름	3	-4
기말현금	10	6

시장 대비 수익률
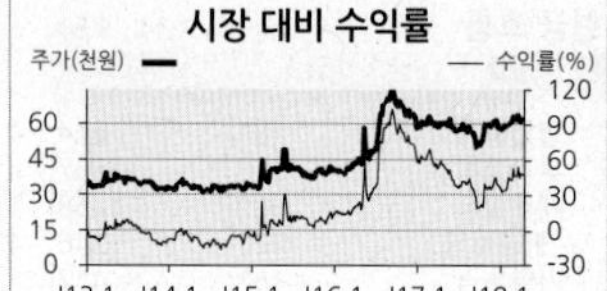

결산 실적
<단위 : 억원>

항목	2012	2013	2014	2015	2016	2017
매출액	620	606	761	765	1,042	1,374
영업이익	8	24	25	40	81	9
당기순이익	38	20	23	35	71	16

분기 실적
*IFRS 별도 기준 <단위 : 억원>

항목	2016.3Q	2016.4Q	2017.1Q	2017.2Q	2017.3Q	2017.4Q
매출액	270	344	384	320	345	325
영업이익	20	24	2	-10	13	4
당기순이익	18	21	-3	-3	11	10

재무 상태
*IFRS 별도 기준 <단위 : 억원>

항목	2012	2013	2014	2015	2016	2017
총자산	547	566	676	683	917	917
유형자산	298	303	423	423	556	561
무형자산	2	5	6	6	6	7
유가증권	0	24	24	24	25	5
총부채	69	73	172	146	252	405
총차입금	—	15	98	72	113	282
자본금	64	64	64	64	79	79
총자본	478	494	503	536	665	512
지배주주지분	478	494	503	536	665	512

기업가치 지표
*IFRS 별도 기준

항목	2012	2013	2014	2015	2016	2017
주가(최고/저)(천원)	79.8/32.1	38.9/31.7	36.8/30.9	49.0/32.4	73.8/38.4	63.3/50.0
PER(최고/저)(배)	27.6/11.1	25.6/20.9	20.9/17.5	18.4/12.1	14.4/7.5	58.3/46.1
PBR(최고/저)(배)	2.1/0.8	1.0/0.8	0.9/0.7	1.1/0.7	1.7/0.9	1.5/1.2
EV/EBITDA(배)	22.9	12.3	13.8	9.3	8.8	8.6
EPS(원)	2,980	1,556	1,796	2,704	5,158	1,089
BPS(원)	39,744	41,019	42,363	44,943	44,008	42,819
CFPS(원)	3,833	2,435	2,865	4,531	7,389	8,592
DPS(원)	200	200	200	200	200	200
EBITDAPS(원)	1,446	2,751	3,002	4,976	8,101	8,105

재무 비율
<단위 : %>

연도	영업 이익률	순 이익률	부채 비율	차입금 비율	ROA	ROE	유보율	자기자본 비율	EBITDA 마진율
2017	0.7	1.2	79.2	55.1	1.8	2.8	613.7	55.8	8.8
2016	7.7	6.8	38.0	17.1	8.9	11.8	744.9	72.5	10.7
2015	5.3	4.5	27.3	13.4	5.1	6.7	795.4	78.6	8.3
2014	3.3	3.0	34.2	19.6	3.7	4.6	747.3	74.5	5.0

동방 (A004140)
Dongbang Transport Logistics

업 종 : 운송인프라　　시 장 : 거래소
신용등급 : (Bond) BBB- (CP) —　　기업규모 : 시가총액 소형주
홈페이지 : www.dongbang.co.kr　　연 락 처 : 02)2190-8100
본 사 : 서울시 중구 남대문로 63 한진빌딩 23층

설립일	1965.01.14	**종업원수**	828명	**대표이사**	김형곤,이달근
상장일	1988.08.10	**감사의견**	적정(삼덕)	**계열**	
결산기	12월	**보통주**		**종속회사수**	10개사
액면가	1,000원	**우선주**		**구상호**	

주주구성 (지분율,%)		출자관계 (지분율,%)		주요경쟁사 (외형,%)	
김형곤	18.4	동방광양물류센터	90.0	동방	100
김용대	3.5	광양선박	76.0	서호전기	9
(외국인)	2.4	동방물류센터	76.0	데일리블록체인	10

매출구성		비용구성		수출비중	
수출입 및 일반화물하역창고보관업	41.6	매출원가율	87.9	수출	0.0
일반 및 중량화물 도로운송	38.0	판관비율	9.1	내수	100.0
일반 및 중량화물 해상운송	19.8				

회사 개요

1965년 설립된 동사는 전국의 주요 항만 및 물류거점을 통한 네트워크 시스템을 구축하고, 항만 하역 및 육상 · 해상운송사업을 근간으로 초중량물 운송 · 설치와 3자물류(3PL), 컨테이너터미널, 물류센터 운영 등의 물류사업을 영위하고 있음. 동방그룹에 속해 있으며 동방그룹엔 동사를 포함한 국내 계열사 14개와 해외계열사 2개가 소속되어 있음. 광양선박 등을 연결대상 종속회사로 보유하고 있음.

실적 분석

동사의 2017년 연결기준 연간 누적 매출액은 5061.4억원으로 전년 동기(5625.2억원)대비 10% 축소됨. 물류업계 전반에 걸친 치열한 요율경쟁과 동사 수요산업의 업황 불황에 따라 영업이익 감소. 전년 257.4억원에서 41.2% 줄어든 151.5억원을 달성. 종속기업 처분 손실 인식 등에 따라 비영업손실이 대폭 늘어나며 당기순이익 적자전환함. 93.5억원 순손실을 기록함.

현금 흐름
〈단위 : 억원〉

항목	2016	2017
영업활동	260	239
투자활동	235	-167
재무활동	-358	-142
순현금흐름	143	-84
기말현금	318	234

시장 대비 수익률

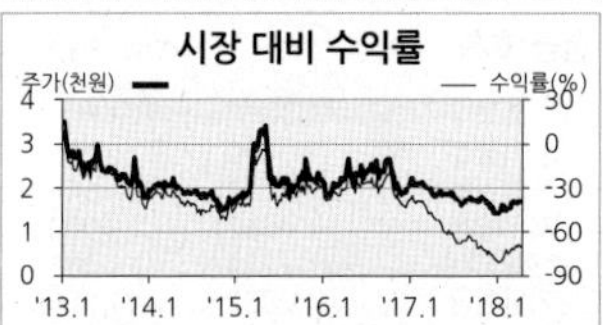

결산 실적
〈단위 : 억원〉

항목	2012	2013	2014	2015	2016	2017
매출액	6,194	6,354	6,163	6,298	5,626	5,061
영업이익	240	122	138	246	257	152
당기순이익	9	-192	-44	-172	146	-93

분기 실적
〈단위 : 억원〉

항목	2016.3Q	2016.4Q	2017.1Q	2017.2Q	2017.3Q	2017.4Q
매출액	1,440	1,243	1,312	1,292	1,218	1,239
영업이익	57	70	34	21	30	66
당기순이익	23	-78	-69	116	-15	-126

재무 상태
〈단위 : 억원〉

항목	2012	2013	2014	2015	2016	2017
총자산	7,051	6,562	6,518	6,309	5,885	5,425
유형자산	3,583	3,434	3,354	3,313	3,058	2,840
무형자산	308	302	301	297	203	196
유가증권	347	158	126	107	129	132
총부채	5,523	5,165	5,191	5,148	4,394	4,158
총차입금	4,143	3,878	3,831	3,580	3,055	3,047
자본금	242	242	242	268	378	378
총자본	1,528	1,397	1,327	1,160	1,491	1,267
지배주주지분	1,216	1,044	992	818	1,151	1,036

기업가치 지표

항목	2012	2013	2014	2015	2016	2017
주가(최고/저)(천원)	6.4/2.2	3.8/1.7	2.2/1.5	3.4/1.7	2.7/1.8	2.2/1.4
PER(최고/저)(배)	—/—	—/—	—/—	—/—	5.1/3.4	—/—
PBR(최고/저)(배)	1.4/0.5	0.9/0.4	0.6/0.4	1.1/0.5	0.8/0.5	0.7/0.5
EV/EBITDA(배)	9.5	11.0	10.1	8.2	7.2	8.5
EPS(원)	-4	-703	-112	-536	536	-288
BPS(원)	5,095	4,377	4,160	3,444	3,313	2,985
CFPS(원)	1,255	401	1,011	554	1,506	436
DPS(원)	30	10	10	10	10	10
EBITDAPS(원)	2,374	1,648	1,700	2,143	1,927	1,155

재무 비율
〈단위 : %〉

연도	영업이익률	순이익률	부채비율	차입금비율	ROA	ROE	유보율	자기자본비율	EBITDA마진율
2017	3.0	-1.9	328.3	240.6	-1.7	-9.3	177.5	23.4	8.0
2016	4.6	2.6	294.8	204.9	2.4	14.6	208.1	25.3	9.2
2015	3.9	-2.7	443.7	308.5	-2.7	-15.1	210.4	18.4	8.2
2014	2.2	-0.7	391.3	288.8	-0.7	-2.8	316.0	20.4	6.7

동방선기 (A099410)
Dongbang Ship Machinery

업 종 : 조선　　시 장 : KOSDAQ
신용등급 : (Bond) — (CP) —　　기업규모 : 중견
홈페이지 : www.dongbangsm.co.kr　　연 락 처 : 055)545-0882
본 사 : 경남 창원시 진해구 명제로 73 (죽곡동)

설립일	1994.07.06	**종업원수**	101명	**대표이사**	김성호
상장일	2009.11.10	**감사의견**	적정(성도)	**계열**	
결산기	12월	**보통주**		**종속회사수**	1개사
액면가	500원	**우선주**		**구상호**	

주주구성 (지분율,%)		출자관계 (지분율,%)		주요경쟁사 (외형,%)	
김성호	14.5			동방선기	100
김운하	6.7			에스앤더블류	170
				인화정공	536

매출구성		비용구성		수출비중	
PIPE PC'S SPOOL	92.8	매출원가율	93.6	수출	0.0
도장	7.2	판관비율	9.9	내수	100.0

회사 개요

동사는 선박용 배관 및 Module Unit과 육상 및 해양플랜트 제작 및 생산을 비롯한 수리조선업, 도장(금속표면처리)을 영위하고 있음. 그간 조선업계는 전 세계적인 해운 수요의 감소로 발주가 급감하였으나 동사는 이를 타개하기 위하여 주요매출처 관리강화 및 신규 매출처 확보에 중점을 둔 영업전략을 추진하고 있음. 중국 대련동방선기유한공사와 부산 동방조선을 종속회사로 두고 있음.

실적 분석

동사의 연결기준 2017년 매출액은 전년 대비 33.9% 감소한 193억원을 기록한 반면, 판관비는 인건비 및 감가상각비 감소의 영향으로 전년 동기 대비 16.7% 감소함. 동기간 영업손실은 6.7억원으로 적자전환함. 반면, 비영업손익은 외환손실에도 불구하고 금융이익의 영향으로 흑자전환함. 동사의 2017년 당기순손실은 전년 대비 36.9억원을 기록하여 적자를 지속함.

현금 흐름
〈단위 : 억원〉

항목	2016	2017
영업활동	1	8
투자활동	281	61
재무활동	-302	-10
순현금흐름	-20	57
기말현금	10	67

시장 대비 수익률

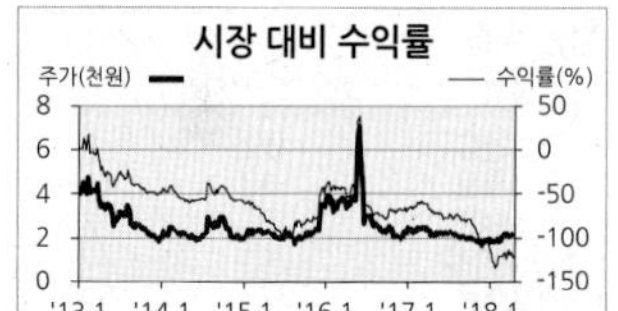

결산 실적
〈단위 : 억원〉

항목	2012	2013	2014	2015	2016	2017
매출액	386	242	355	451	292	193
영업이익	-40	-80	-18	13	18	-7
당기순이익	-87	-79	-16	-9	-23	-37

분기 실적
〈단위 : 억원〉

항목	2016.3Q	2016.4Q	2017.1Q	2017.2Q	2017.3Q	2017.4Q
매출액	77	62	57	42	—	—
영업이익	3	5	-5	-1	—	—
당기순이익	0	-16	-15	5	—	—

재무 상태
〈단위 : 억원〉

항목	2012	2013	2014	2015	2016	2017
총자산	864	871	772	758	422	351
유형자산	368	351	548	546	241	194
무형자산	29	22	16	18	11	1
유가증권	2	2	2	2	0	0
총부채	517	502	424	413	49	46
총차입금	470	452	363	346	—	—
자본금	30	55	55	55	68	68
총자본	347	369	348	346	374	304
지배주주지분	347	369	348	346	374	304

기업가치 지표

항목	2012	2013	2014	2015	2016	2017
주가(최고/저)(천원)	8.3/1.4	5.1/1.8	3.2/1.8	3.8/1.7	7.6/1.9	2.6/1.8
PER(최고/저)(배)	—/—	—/—	—/—	—/—	—/—	—/—
PBR(최고/저)(배)	1.7/0.3	1.5/0.5	1.0/0.6	1.2/0.6	2.7/0.7	1.1/0.8
EV/EBITDA(배)	—	—	—	23.4	7.5	151.0
EPS(원)	-1,229	-944	-143	-83	-206	-272
BPS(원)	5,784	3,381	3,214	3,159	2,758	2,322
CFPS(원)	-1,155	-747	2	64	-87	-213
DPS(원)	—	—	—	—	—	—
EBITDAPS(원)	-372	-755	-16	269	282	10

재무 비율
〈단위 : %〉

연도	영업이익률	순이익률	부채비율	차입금비율	ROA	ROE	유보율	자기자본비율	EBITDA마진율
2017	-3.5	-19.1	15.2	0.0	-9.5	-10.9	364.4	86.8	0.7
2016	6.2	-7.8	13.1	0.0	-3.9	-6.3	451.7	88.5	10.7
2015	3.0	-2.0	119.5	100.3	-1.2	-2.6	531.8	45.6	6.5
2014	-5.0	-4.4	121.8	104.3	-1.9	-4.4	542.9	45.1	-0.5

ㄷ

동방아그로 (A007590)

Dongbang Agro

업　　종 : 화학
신용등급 : (Bond) —　　　(CP) —
홈페이지 : www.dongbangagro.co.kr
본　　사 : 서울시 관악구 남부순환로 2028 남현동, 동방빌딩
시　　장 : 거래소
기업규모 : 시가총액 소형주
연 락 처 : 02)580-3600

설 립 일	1971.12.31	**종업원수**	230명	**대표이사**	염병만
상 장 일	1977.06.29	**감사의견**	적정(제원)	**계　　열**	
결 산 기	12월	**보 통 주**		**종속회사수**	1개사
액 면 가	500원	**우 선 주**		**구 상 호**	

주주구성 (지분율,%)		출자관계 (지분율,%)		주요경쟁사 (외형,%)	
염병만	13.5	나노바이오	65.1	동방아그로	100
스미토모상사주식회사	13.1			경농	172
(외국인)	28.7			효성오앤비	29

매출구성		비용구성		수출비중	
유액제	45.5	매출원가율	70.9	수출	1.8
입제	26.9	판관비율	23.5	내수	98.2
수화제	24.4				

회사 개요

동사는 1971년 설립되어 주움, 확시란, 베테랑, 일품 등의 농약과 비료를 생산 판매함. 주요 상표로 살림꾼, 일품, 싸이메트, 동방지오릭스, 스미렉스, 꼬꼬시 등을 보유하고 있음. 농약산업은 기후, 병해충 등 외부환경에 의해 실적이 좌우됨. 원제물질의 수입 의존도가 높아 환율에도 민감하게 반응함. 동사는 화학제품, 금속분말 제조 및 판매사업,수출입업, 도.소매업을 목적으로 하는 연결자회사 나노바이오의 지분 65.07%를 보유함.

실적 분석

동사의 2017년 연간 매출액은 1,202.5억원으로 전년 대비 3.8% 증가함. 매출원가와 판관비는 각각 2.6%, 6.3% 상승에 그쳐 영업이익은 전년보다 9.4% 늘어난 66.6억원을 기록함. 동사는 기술연구소 신축을 통해 GLP 설비를 완비하고, 사용이 편리한 최신의 선호제형 및 다양한 혼합제 등 고부가가치 제품, 다기능 친환경 비료로 사업을 다각화 하는 등 성장동력 확보를 위해 노력 중임.

현금 흐름

<단위 : 억원>

항목	2016	2017
영업활동	22	93
투자활동	-57	108
재무활동	-26	-29
순현금흐름	-61	172
기말현금	328	500

시장 대비 수익률

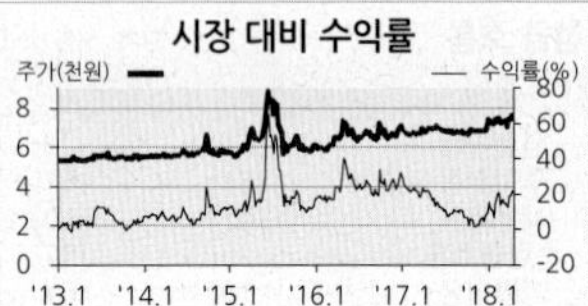

결산 실적

〈단위 : 억원〉

항목	2012	2013	2014	2015	2016	2017
매출액	1,054	1,092	1,146	1,158	1,158	1,202
영업이익	66	80	99	84	61	67
당기순이익	53	63	76	57	59	59

분기 실적

〈단위 : 억원〉

항목	2016.3Q	2016.4Q	2017.1Q	2017.2Q	2017.3Q	2017.4Q
매출액	109	90	670	321	122	90
영업이익	-43	-48	137	16	-28	-58
당기순이익	-33	-31	111	15	-23	-44

재무 상태

〈단위 : 억원〉

항목	2012	2013	2014	2015	2016	2017
총자산	1,524	1,534	1,615	1,701	1,698	1,799
유형자산	329	322	319	325	371	365
무형자산	26	22	20	19	16	16
유가증권	1	1	1	1	1	1
총부채	384	386	414	467	431	501
총차입금	—	—	—	—	—	—
자본금	68	68	68	68	68	68
총자본	1,140	1,148	1,200	1,234	1,267	1,297
지배주주지분	1,136	1,143	1,195	1,229	1,262	1,293

기업가치 지표

항목	2012	2013	2014	2015	2016	2017
주가(최고/저)(천원)	5.9/5.1	5.7/5.3	7.0/5.5	9.5/5.4	7.4/5.8	7.1/6.6
PER(최고/저)(배)	18.4/16.0	14.7/13.5	14.4/11.2	25.2/14.2	18.3/14.5	16.9/15.6
PBR(최고/저)(배)	0.8/0.7	0.7/0.7	0.9/0.7	1.1/0.6	0.8/0.6	0.7/0.7
EV/EBITDA(배)	5.4	3.6	2.8	3.4	6.4	5.0
EPS(원)	386	458	556	419	431	435
BPS(원)	8,752	9,045	9,431	9,680	9,923	10,145
CFPS(원)	547	628	722	587	608	622
DPS(원)	185	200	200	220	250	250
EBITDAPS(원)	649	757	894	788	624	676

재무 비율

〈단위 : %〉

연도	영업이익률	순이익률	부채비율	차입금비율	ROA	ROE	유보율	자기자본비율	EBITDA마진율
2017	5.5	4.9	38.6	0.0	3.4	4.6	1,929.0	72.1	7.7
2016	5.3	5.1	34.0	0.0	3.5	4.7	1,884.7	74.6	7.3
2015	7.3	4.9	37.8	0.0	3.5	4.7	1,835.9	72.6	9.3
2014	8.7	6.6	34.5	0.0	4.8	6.5	1,786.3	74.3	10.6

동부건설 (A005960)

Dongbu

업　　종 : 건설
신용등급 : (Bond) —　　　(CP) —
홈페이지 : dbcon.dongbu.co.kr
본　　사 : 서울시 용산구 한강대로 372 센트레빌아스테리움서울
시　　장 : 거래소
기업규모 : 시가총액 소형주
연 락 처 : 02)3484-2114

설 립 일	1969.01.24	**종업원수**	862명	**대표이사**	이중길
상 장 일	1978.10.30	**감사의견**	적정(대주)	**계　　열**	
결 산 기	12월	**보 통 주**		**종속회사수**	4개사
액 면 가	5,000원	**우 선 주**		**구 상 호**	

주주구성 (지분율,%)		출자관계 (지분율,%)		주요경쟁사 (외형,%)	
키스톤에코프라임	67.7	동부자산관리	100.0	동부건설	100
김준기	0.1	동부엔지니어링	100.0	KT서브마린	11
(외국인)	1.6	동부당진솔라	100.0	남광토건	16

매출구성		비용구성		수출비중	
국내도급(토목-관급)(공사)	46.5	매출원가율	91.0	수출	—
국내도급(건축-관급)(공사)	32.5	판관비율	5.4	내수	—
기타부대사업(공사)	9.0				

회사 개요

동사는 1969년에 미룡건설로 설립되어 1978년에 한국거래소의 유가증권시장에 상장된 법인으로서 1989년 상호를 동부건설 주식회사로 변경함. 동사는 크게 토목공사, 플랜트공사, 건물 및 아파트 신축공사 등의 건설부문과 택배사업을 하는 물류부문, 엔지니어링 및 발전업 등 기타부문의 사업을 영위하고 있음. 연결대상 종속회사는 4개사로 동부자산관리, 동부당진솔라가 추가로 당기 동사의 연결대상 종속회사에 포함되었음.

실적 분석

동사의 2017년 연간 매출액은 전년동기대비 19.8% 상승한 7,014.9억원을 기록하였음. 국제정치 불안정으로 인한 대외경제의 불확실성 확대와 국내 주택시장 과열에 따른 규제움직임으로 어려운 시기였으나 비용절감에도 힘을 기울여 최종적으로 전년동기대비 당기순이익은 상승하여 962.8억원을 기록함. 또한 사채상환 등을 통해 부채비율도 감소하여 건실한 재무 안전성을 보이고 있음.

현금 흐름

<단위 : 억원>

항목	2016	2017
영업활동	-100	-85
투자활동	172	604
재무활동	642	-900
순현금흐름	714	-381
기말현금	1,937	1,556

시장 대비 수익률

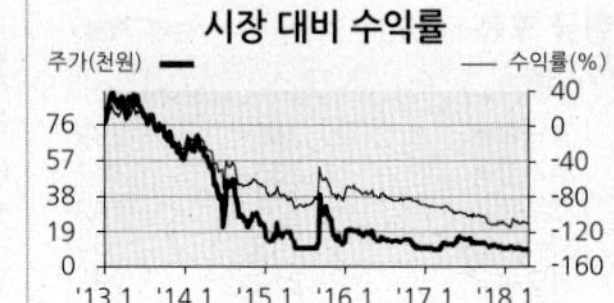

결산 실적

〈단위 : 억원〉

항목	2012	2013	2014	2015	2016	2017
매출액	24,847	10,643	8,929	6,982	5,855	7,015
영업이익	726	-1,342	-1,567	-356	161	256
당기순이익	-39	-1,781	-2,342	-715	537	963

분기 실적

〈단위 : 억원〉

항목	2016.3Q	2016.4Q	2017.1Q	2017.2Q	2017.3Q	2017.4Q
매출액	1,325	1,660	1,278	1,772	2,051	1,914
영업이익	28	22	11	165	50	30
당기순이익	255	195	34	809	44	75

재무 상태

〈단위 : 억원〉

항목	2012	2013	2014	2015	2016	2017
총자산	29,186	25,122	8,526	5,988	6,821	6,316
유형자산	4,385	3,689	504	422	449	423
무형자산	2,004	1,995	305	25	13	31
유가증권	3,353	3,667	1,770	1,937	1,879	1,115
총부채	24,091	21,621	8,282	5,284	4,291	3,275
총차입금	14,992	13,263	3,664	3,056	2,244	1,248
자본금	1,797	1,935	2,669	441	1,051	1,054
총자본	5,095	3,501	244	703	2,531	3,041
지배주주지분	4,607	3,023	244	703	2,531	3,041

기업가치 지표

항목	2012	2013	2014	2015	2016	2017
주가(최고/저)(천원)	118/66.8	96.4/56.0	73.2/21.3	39.6/8.9	22.1/9.9	17.0/9.2
PER(최고/저)(배)	—/—	—/—	—/—	—/—	3.5/1.6	3.7/2.0
PBR(최고/저)(배)	1.0/0.6	1.3/0.7	12.5/3.6	2.4/0.6	1.8/0.8	1.2/0.6
EV/EBITDA(배)	13.4	—	—	—	11.9	6.2
EPS(원)	-1,584	-44,714	-55,839	-12,600	6,261	4,571
BPS(원)	12,842	7,829	470	8,056	12,078	14,459
CFPS(원)	1,158	-3,817	-4,736	-8,209	6,692	4,744
DPS(원)	—	—	—	—	—	—
EBITDAPS(원)	3,892	-2,654	-3,148	-3,845	2,309	1,387

재무 비율

〈단위 : %〉

연도	영업이익률	순이익률	부채비율	차입금비율	ROA	ROE	유보율	자기자본비율	EBITDA마진율
2017	3.6	13.7	107.7	41.0	14.7	34.6	189.2	48.2	4.2
2016	2.8	9.2	169.5	88.7	8.4	33.2	141.6	37.1	3.4
2015	-5.1	-10.3	751.4	434.5	-9.9	-151.1	61.1	11.7	-4.5
2014	-17.6	-26.2	일부잠식	일부잠식	-13.9	-143.2	-90.6	2.9	-17.1

동부제철 (A016380)
DONGBU STEEL

업 종 : 금속 및 광물
시 장 : 거래소
신용등급 : (Bond) CCC (CP) —
기업규모 : 시가총액 소형주
홈페이지 : www.dongbusteel.co.kr
연 락 처 : 02)3450-8114
본 사 : 서울시 중구 후암로 98 LG서울역빌딩 22층

설 립 일	1982.10.27	**종업원수**	696명	**대표이사**	김창수
상 장 일	1986.02.03	**감사의견**	적정(삼정)	**계 열**	
결 산 기	12월	**보 통 주**		**종속회사수**	7개사
액 면 가	5,000원	**우 선 주**		**구 상 호**	

주주구성 (지분율,%)		출자관계 (지분율,%)		주요경쟁사 (외형,%)	
한국산업은행	39.4	동부인천스틸	100.0	동부제철	100
농협은행	15.0	동부당진항만운영	100.0	포스코엠텍	10
(외국인)	0.6	동부철구	42.9	동양철관	6

매출구성		비용구성		수출비중	
냉연강판,아연도강판,칼라강판,석도강판	92.2	매출원가율	93.6	수출	—
해외법인판매	17.4	판관비율	6.8	내수	—
상품, 부산물 등	3.3				

회사 개요

동사는 1982년 설립되어 강재 및 비철금속제조업을 영위 중이며 철강업 지속 불황과 유동성 위기에 따른 재무구조 악화로 2014년 10월 채권금융기관과 약정한 경영정상화 계획을 이행 중. 동사는 동부인천스틸, 동부당진항만주식회사 등 국내 3개, 해외 4개 종속회사를 두고 있음. 동사는 충남 당진에 전기로를 보유해 철광석을 투입해 중간재인 열연강판, 완제품인 냉연강판을 생산하는 일관제철소. 강판은 가전, 자동차, 건축, 조선업 등에 널리 사용됨.

실적 분석

동사의 2017년 매출과 영업손실은 2조5962억원, 117억원으로 전년 대비 매출은 11.5% 증가했으나 적자전환함. 2016년 하반기 이후 철광석, 원료탄 등의 원재료 가격 상승에 따른 철강제품의 가격 상승에 힘입어 매출액은 증대되었으나, 동사의 제품 판매가격의 상승 폭이 원재료인 열연 가격 상승분에 미치지 못함에 따라 수익성은 악화됨. 수요산업의 부진과 저가 수입재의 유입에 따른 가격 경쟁으로 원료가격 상승분을 가격에 충분히 반영치 못함

현금 흐름 〈단위 : 억원〉

항목	2016	2017
영업활동	3,175	1,831
투자활동	-289	97
재무활동	-2,163	-1,988
순현금흐름	723	-74
기말현금	1,475	1,401

시장 대비 수익률

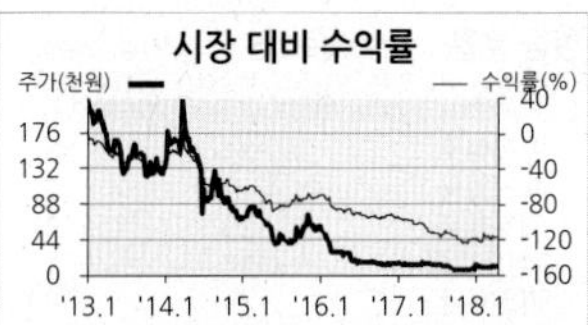

결산 실적 〈단위 : 억원〉

항목	2012	2013	2014	2015	2016	2017
매출액	39,441	33,647	30,244	23,208	23,280	25,962
영업이익	171	168	-1,601	786	1,436	-118
당기순이익	-1,101	-1,405	-12,812	-481	-727	-1,245

분기 실적 〈단위 : 억원〉

항목	2016.3Q	2016.4Q	2017.1Q	2017.2Q	2017.3Q	2017.4Q
매출액	6,022	6,084	6,662	6,720	6,641	5,938
영업이익	295	136	239	28	96	-480
당기순이익	139	-877	212	-402	-329	-726

재무 상태 〈단위 : 억원〉

항목	2012	2013	2014	2015	2016	2017
총자산	53,467	52,415	33,939	28,905	28,232	26,847
유형자산	36,327	35,405	20,657	20,498	19,574	17,869
무형자산	534	528	292	70	80	39
유가증권	1,352	855	349	310	233	107
총부채	38,740	39,148	33,244	28,871	26,970	25,191
총차입금	24,325	25,290	22,765	21,818	19,935	17,631
자본금	3,211	3,211	3,711	1,582	1,808	1,808
총자본	14,727	13,267	695	34	1,263	1,656
지배주주지분	13,739	12,239	515	16	1,244	1,637

기업가치 지표

항목	2012	2013	2014	2015	2016	2017
주가(최고/저)(천원)	356/160	219/116	216/65.9	87.2/35.5	60.6/12.0	15.7/6.0
PER(최고/저)(배)	—/—	—/—	—/—	—/—	—/—	—/—
PBR(최고/저)(배)	0.9/0.4	0.6/0.3	10.9/3.3	171.1/69.7	6.8/1.4	1.3/0.5
EV/EBITDA(배)	13.0	13.2	323.9	11.9	8.7	18.5
EPS(원)	-32,102	-41,618	-351,013	-9,244	-6,868	-8,863
BPS(원)	26,311	23,484	1,162	84	4,949	6,510
CFPS(원)	1,224	719	-18,530	2,865	1,987	-629
DPS(원)	—	—	—	—	—	—
EBITDAPS(원)	3,657	3,770	120	8,774	13,659	3,857

재무 비율 〈단위 : %〉

연도	영업이익률	순이익률	부채비율	차입금비율	ROA	ROE	유보율	자기자본비율	EBITDA마진율
2017	-0.5	-4.8	일부잠식	일부잠식	-4.5	-86.5	-9.4	6.2	3.7
2016	6.2	-3.1	일부잠식	일부잠식	-2.6	-115.4	-31.1	4.5	10.9
2015	3.4	-2.1	일부잠식	일부잠식	-1.5	-174.0	-98.9	0.1	8.0
2014	-5.3	-42.4	일부잠식	일부잠식	-29.7	-199.9	-80.3	2.1	0.2

동서 (A026960)
DongSuh Companies

업 종 : 식료품
시 장 : 거래소
신용등급 : (Bond) — (CP) —
기업규모 : 시가총액 대형주
홈페이지 : www.dongsuh.com
연 락 처 : 02)701-5050
본 사 : 서울시 마포구 독막로 324(도화동) 동서빌딩 10층

설 립 일	1975.05.16	**종업원수**	260명	**대표이사**	김종원
상 장 일	2016.07.15	**감사의견**	적정(삼일)	**계 열**	
결 산 기	12월	**보 통 주**		**종속회사수**	5개사
액 면 가	500원	**우 선 주**		**구 상 호**	

주주구성 (지분율,%)		출자관계 (지분율,%)		주요경쟁사 (외형,%)	
김석수	19.4	NH지역농축협정기예금리테일1호(3)	100.0	동서	100
김상헌	18.9	NH지역농축협정기예금리테일1호(4)	100.0	롯데푸드	325
(외국인)	10.8	NH지역농축협정기예금리테일1호(5)	100.0	대상	531

매출구성		비용구성		수출비중	
식자재 등	58.0	매출원가율	83.1	수출	15.3
포장재, 다류, 동서물산	27.6	판관비율	8.4	내수	84.7
수출 및 대행	13.9				

회사 개요

동사는 식품사업, 포장사업, 다류사업, 수출입 및 구매대행업 등을 주요 사업으로 영위하고 있으며, 2015년 말 기준으로 커피외 제조업 등을 영위하는 종속회사를 포함하여 총 8개 계열회사를 가지고 있음. 식품사업에서 전국에 걸친 안정적인 유통망 및 물류시스템, 품질관리, 브랜드 인지도 등의 강점을 지니고 있으며, 포장사업의 경우 고기능성 포장재 및 체계적인 품질관리 시스템 등에서 경쟁력을 지니고 있는 것으로 평가됨.

실적 분석

동사의 2017년 연결기준 매출액은 전년 대비 8.8% 증가한 5,590.8억원을 기록했으며, 외형확대의 영향으로 영업이익은 전년 대비 4.5% 증가한 476.7억원을 기록하였음. 한편, 이자수익 중심으로 금융수익이 소폭 상승했으며, 연결회사의 거래를 통해 발생한 관련손익은 전년 대비 5.2% 증가하였음. 당기순이익은 전년 대비 3.0% 증가한 1,260.7억원을 기록.

현금 흐름 〈단위 : 억원〉

항목	2016	2017
영업활동	1,065	1,114
투자활동	-437	-277
재무활동	-682	-786
순현금흐름	-54	51
기말현금	309	359

시장 대비 수익률

결산 실적 〈단위 : 억원〉

항목	2012	2013	2014	2015	2016	2017
매출액	4,597	4,704	5,027	5,094	5,138	5,591
영업이익	513	510	541	488	456	477
당기순이익	1,255	1,265	1,310	1,250	1,224	1,261

분기 실적 〈단위 : 억원〉

항목	2016.3Q	2016.4Q	2017.1Q	2017.2Q	2017.3Q	2017.4Q
매출액	1,194	1,406	1,366	1,358	1,395	1,472
영업이익	90	120	119	121	127	110
당기순이익	277	186	403	324	353	181

재무 상태 〈단위 : 억원〉

항목	2012	2013	2014	2015	2016	2017
총자산	10,270	11,128	11,758	12,564	13,270	13,877
유형자산	781	801	768	809	781	896
무형자산	31	25	24	21	18	42
유가증권	1,437	716	607	686	936	2,361
총부채	1,027	1,090	1,015	1,163	1,296	1,430
총차입금	—	0	—	—	0	1
자본금	296	499	499	499	499	499
총자본	9,243	10,038	10,743	11,401	11,974	12,447
지배주주지분	9,093	9,874	10,559	11,200	11,757	12,202

기업가치 지표

항목	2012	2013	2014	2015	2016	2017
주가(최고/저)(천원)	9.9/7.7	16.7/9.4	22.3/13.8	43.8/19.6	32.6/24.1	32.7/24.2
PER(최고/저)(배)	9.6/7.4	15.3/8.6	19.2/11.9	38.5/17.2	28.7/21.2	27.3/20.2
PBR(최고/저)(배)	1.3/1.0	1.9/1.1	2.3/1.4	4.2/1.9	2.9/2.1	2.7/2.0
EV/EBITDA(배)	11.9	21.6	29.4	47.1	41.9	42.7
EPS(원)	1,228	1,240	1,279	1,220	1,194	1,227
BPS(원)	15,383	9,914	10,601	11,244	11,802	12,335
CFPS(원)	2,191	1,305	1,340	1,282	1,263	1,298
DPS(원)	800	550	600	670	670	700
EBITDAPS(원)	989	576	604	552	527	549

재무 비율 〈단위 : %〉

연도	영업이익률	순이익률	부채비율	차입금비율	ROA	ROE	유보율	자기자본비율	EBITDA마진율
2017	8.5	22.6	11.5	0.0	9.3	10.2	2,367.0	89.7	9.8
2016	8.9	23.8	10.8	0.0	9.5	10.4	2,260.5	90.2	10.2
2015	9.6	24.5	10.2	0.0	10.3	11.2	2,148.8	90.7	10.8
2014	10.8	26.1	9.5	0.0	11.5	12.5	2,020.2	91.4	12.0

동성 (A102260)

Dongsung

업　　종 : 화학　　시　　장 : 거래소
신용등급 : (Bond) —　(CP) —　　기업규모 : 시가총액 소형주
홈페이지 : www.dongsungcorp.co.kr　　연 락 처 : 051)200-4500
본　　사 : 부산시 사하구 신산로 99

설 립 일	2008.05.14	종업원수	355명	대표이사	박충열
상 장 일	2008.06.23	감사의견	적정(한영)	계　　열	
결 산 기	12월	보 통 주		종속회사수	19개사
액 면 가	1,000원	우 선 주		구 상 호	동성홀딩스

주주구성 (지분율,%)		출자관계 (지분율,%)		주요경쟁사 (외형,%)	
디에스티아이	42.7	동성TCS	100.0	동성코퍼레이션	100
베어링자산운용	4.5	동성ACS	100.0	한국쉘석유	25
(외국인)	5.0	동성케멕스	100.0	남해화학	136

매출구성		비용구성		수출비중	
동성코퍼레이션(기타)	100.0	매출원가율	88.9	수출	—
		판관비율	10.7	내수	—

회사 개요

동사는 2008년 동성화학을 인적분할하여 설립된 지주회사로 2008년 유가증권시장에 상장됨. 2015년 7월에는 동성하이켐을 합병하고 상호를 동성코퍼레이션으로 변경함. 연결대상 종속회사의 사업으로는 동성화학, 동성화인텍 등 화학 부문, 중장비 및 항공부품 부문 및 바이오와 그린에너지 부문 등이 있음. 동사는 영업부문은 사업부문과 지주부문으로 구성되어 있으며 동성그룹 계열회사에 대한 경영자문활동 및 상표권 관리 등을 종합적으로 수행함.

실적 분석

동사의 2017년 연결기준 매출액은 8,273.4억원으로 전년 대비 3.0% 감소했으나 동기간 매출원가는 5.5% 증가하며 매출총이익율이 축소함에 따라 동사의 2017년 영업이익은 전년 대비 94.4% 감소한 36.6억원을 기록함. 한편, 외화환산손실과 유형자산손상차손이 전년 대비 크게 증가하면서 비영업손익은 적자전환되었음. 이에 따라 동사의 2017년 당기순이익은 -59.3억원을 기록하며 적자전환되었음.

현금 흐름

〈단위 : 억원〉

항목	2016	2017
영업활동	783	472
투자활동	-497	-353
재무활동	-178	-41
순현금흐름	104	83
기말현금	505	589

시장 대비 수익률

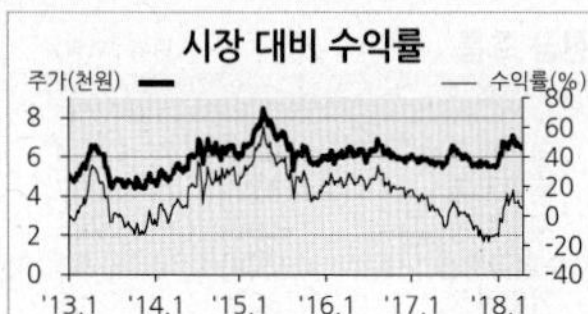

결산 실적

〈단위 : 억원〉

항목	2012	2013	2014	2015	2016	2017
매출액	6,540	8,234	9,054	8,712	8,529	8,273
영업이익	441	439	500	667	650	37
당기순이익	302	180	291	436	530	-59

분기 실적

〈단위 : 억원〉

항목	2016.3Q	2016.4Q	2017.1Q	2017.2Q	2017.3Q	2017.4Q
매출액	1,872	2,216	2,191	2,114	1,984	1,984
영업이익	144	60	76	5	17	-61
당기순이익	101	76	26	-1	35	-120

재무 상태

〈단위 : 억원〉

항목	2012	2013	2014	2015	2016	2017
총자산	7,240	7,356	8,092	8,017	8,721	8,547
유형자산	2,375	2,444	3,069	3,132	3,366	3,604
무형자산	421	428	498	455	424	453
유가증권	642	496	470	375	475	334
총부채	4,174	3,988	4,308	4,032	4,314	4,368
총차입금	2,848	2,348	2,388	2,424	2,402	2,652
자본금	274	351	362	454	454	454
총자본	3,066	3,367	3,783	3,985	4,406	4,178
지배주주지분	1,844	1,951	2,029	2,663	2,953	2,956

기업가치 지표

항목	2012	2013	2014	2015	2016	2017
주가(최고/저)(천원)	5.2/3.1	6.8/3.9	7.0/4.5	8.4/4.9	7.1/5.6	6.7/5.3
PER(최고/저)(배)	11.0/6.5	358.9/206.6	38.8/25.0	18.7/10.9	9.2/7.2	32.0/25.6
PBR(최고/저)(배)	0.9/0.5	1.4/0.8	1.4/0.9	1.5/0.9	1.1/0.9	1.0/0.8
EV/EBITDA(배)	8.2	6.8	8.4	6.8	6.5	21.0
EPS(원)	554	22	203	496	824	216
BPS(원)	6,764	5,593	5,664	6,217	6,838	6,809
CFPS(원)	1,137	643	715	1,021	1,290	704
DPS(원)	100	100	170	200	200	200
EBITDAPS(원)	2,231	2,213	1,909	2,157	1,897	569

재무 비율

〈단위 : %〉

연도	영업이익률	순이익률	부채비율	차입금비율	ROA	ROE	유보율	자기자본비율	EBITDA마진율
2017	0.4	-0.7	104.6	63.5	-0.7	3.3	580.9	48.9	3.1
2016	7.6	6.2	97.9	54.5	6.3	13.3	583.9	50.5	10.1
2015	7.7	5.0	101.2	60.8	5.4	8.7	521.7	49.7	10.1
2014	5.5	3.2	113.9	63.1	3.8	3.7	466.4	46.8	7.6

동성제약 (A002210)

Dong Sung Bio Pharm

업　　종 : 제약　　시　　장 : 거래소
신용등급 : (Bond) —　(CP) —　　기업규모 : 시가총액 소형주
홈페이지 : www.dongsung-pharm.co.kr　　연 락 처 : 02)6911-3600
본　　사 : 서울시 도봉구 도봉로 683 (방학동) 동성빌딩

설 립 일	1957.11.25	종업원수	330명	대표이사	이양구
상 장 일	1990.01.19	감사의견	적정(상록)	계　　열	
결 산 기	12월	보 통 주		종속회사수	
액 면 가	1,000원	우 선 주		구 상 호	

주주구성 (지분율,%)		출자관계 (지분율,%)		주요경쟁사 (외형,%)	
이양구	17.4	퀀트와이즈투자자문	4.0	동성제약	100
이경희	2.9			선바이오	3
(외국인)	2.0			대봉엘에스	80

매출구성		비용구성		수출비중	
의약품 등	87.8	매출원가율	56.2	수출	—
화장품 등	14.1	판관비율	42.7	내수	—
매출할인	-2.0				

회사 개요

동사는 1957년 11월에 설립되었으며, 1990년 1월 19일자로 유가증권시장에 상장되어 매매가 개시되었음. 의약품의 제조, 판매를 주요 사업으로 하고 있으며 수익을 창출하는 재화의 성격, 제품 및 제조공정의 특징, 시장 및 판매 방법의 특징, 사업부문 구분의 계속성을 고려하여 경영의 다각화에 반영할수 있도록 의약품 사업과 화장품 사업및 관계기업의 LED 사업으로 구분할 수 있음.

실적 분석

동사의 연결기준 2017년 결산 매출액은 823.9억원으로 전년동기 대비 3.3% 증가하였음. 반면, 매출원가가 8.6% 증가함에 따라 매출총이익은 2.7% 감소한 462.8억원에 그침. 대손상각비환입의 영향으로 판관비가 전년동기 대비 10.8% 감소함에 따라 영업이익은 전년동기 대비 흑자전환에 성공하며 9.6억원을 시현하였음. 당기순이익 또한 비록 적자지속중이나 손실규모는 크게 축소된 모습.

현금 흐름 *IFRS 별도 기준

〈단위 : 억원〉

항목	2016	2017
영업활동	-33	18
투자활동	-9	6
재무활동	25	-10
순현금흐름	-17	11
기말현금	29	40

시장 대비 수익률

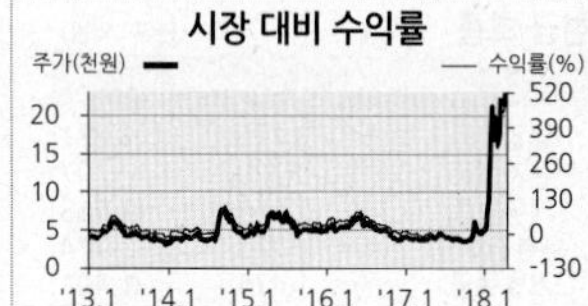

결산 실적

〈단위 : 억원〉

항목	2012	2013	2014	2015	2016	2017
매출액	846	752	732	747	797	824
영업이익	41	-20	-18	12	-23	10
당기순이익	32	-20	-109	5	-17	-2

분기 실적 *IFRS 별도 기준

〈단위 : 억원〉

항목	2016.3Q	2016.4Q	2017.1Q	2017.2Q	2017.3Q	2017.4Q
매출액	196	194	202	213	218	190
영업이익	-9	-15	6	7	6	-9
당기순이익	-7	1	3	2	4	-11

재무 상태 *IFRS 별도 기준

〈단위 : 억원〉

항목	2012	2013	2014	2015	2016	2017
총자산	1,336	1,271	1,343	1,241	1,254	1,242
유형자산	322	322	322	319	332	344
무형자산	8	8	5	11	10	12
유가증권	97	95	220	158	145	112
총부채	708	656	787	664	698	599
총차입금	382	394	401	395	409	312
자본금	211	218	218	224	224	248
총자본	629	615	556	577	556	643
지배주주지분	629	615	556	577	556	643

기업가치 지표 *IFRS 별도 기준

항목	2012	2013	2014	2015	2016	2017
주가(최고/저)(천원)	5.8/1.4	6.6/3.1	8.5/3.3	8.1/4.3	7.1/3.6	6.5/3.4
PER(최고/저)(배)	39.1/9.3	—/—	—/—	397.9/212.5	—/—	—/—
PBR(최고/저)(배)	1.9/0.4	2.2/1.1	3.2/1.2	3.0/1.6	2.7/1.4	2.4/1.2
EV/EBITDA(배)	17.1	—	—	45.4	—	49.2
EPS(원)	151	-92	-503	20	-74	-8
BPS(원)	3,170	3,013	2,689	2,707	2,613	2,714
CFPS(원)	226	-24	-432	92	-1	65
DPS(원)	30	30	—	—	—	—
EBITDAPS(원)	269	-23	-13	126	-29	112

재무 비율

〈단위 : %〉

연도	영업이익률	순이익률	부채비율	차입금비율	ROA	ROE	유보율	자기자본비율	EBITDA마진율
2017	1.2	-0.2	93.2	48.6	-0.2	-0.3	171.4	51.8	3.4
2016	-2.9	-2.1	125.4	73.6	-1.3	-2.9	161.3	44.4	-0.8
2015	1.6	0.6	115.0	68.5	0.4	0.8	170.7	46.5	3.8
2014	-2.5	-15.0	141.5	72.0	-8.4	-18.7	168.9	41.4	-0.4

동성화인텍 (A033500)
DONGSUNG FINETEC

업　　종 : 화학　　시　　장 : KOSDAQ
신용등급 : (Bond) —　　(CP) —　　기업규모 : 우량
홈페이지 : www.dsfinetec.co.kr　　연 락 처 : 031)677-7000
본　　사 : 경기도 안성시 미양면 협동단지길 120(보체리) 동성화인텍

설 립 일	1985.07.31	종업원수	409명	대표이사	류완수
상 장 일	1997.12.19	감사의견	적정(삼일)	계　　열	
결 산 기	12월	보 통 주		종속회사수	4개사
액 면 가	500원	우 선 주		구 상 호	

주주구성 (지분율,%)		출자관계 (지분율,%)		주요경쟁사 (외형,%)	
동성홀딩스	39.3	화인텍피앤씨	100.0	동성화인텍	100
베어링자산운용	7.2	캐파코리아	49.0	동성화학	88
(외국인)	5.7	DongsungFinetecVietnam	100.0	대한화섬	48

매출구성		비용구성		수출비중	
R-PUF 외	90.2	매출원가율	101.1	수출	2.4
HCFC-22 외	9.9	판관비율	9.8	내수	97.6

회사 개요

동사는 화공품 수입알선 및 판매를 목적으로 1985년 설립됨. 동사의 사업영역은 크게 PU단열재사업부문 및 가스사업부문으로 구성됨. PU단열재사업부문은 초저온보냉재, PU SYSTEM, 샌드위치판넬이며, 가스사업부문은 냉매, 방재시스템, SGC사업으로 구분됨. 매출구성은 PU단열재가 90% 이상을 차지함. LNG/LPG 수송선용 초저온보냉재 계약을 했으며, 미국 종합건축회사 등 해외 신규 수주 물량이 증가추세임

실적 분석

전방산업인 조선업의 침체와 화인텍피앤씨 구조조정으로 동사의 2017년 연간 매출액은 전기 대비 31.1% 감소한 2,309.7억을 기록함. PU단열재사업부문 적자전환으로 전체 영업이익 또한 전년 대비 385.4억원 감소한 -252.0억원으로 적자전환함. 초저온보냉재는 LNG 수요의 증가와 북미 셰일가스 등 전방산업 개선으로 2018년에는 발주 상황이 호전될 것으로 전망됨.

현금 흐름 〈단위 : 억원〉

항목	2016	2017
영업활동	118	203
투자활동	-48	-44
재무활동	-90	-43
순현금흐름	-21	111
기말현금	32	143

시장 대비 수익률

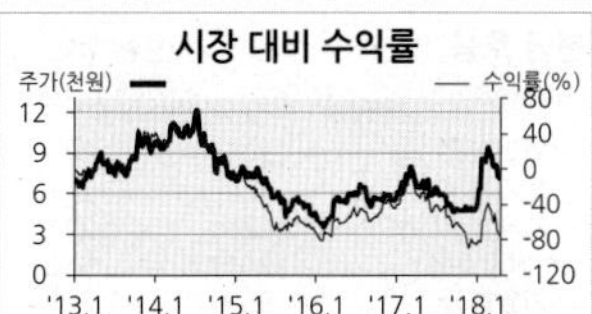

결산 실적 〈단위 : 억원〉

항목	2012	2013	2014	2015	2016	2017
매출액	2,394	4,095	4,208	3,471	3,350	2,310
영업이익	155	205	255	204	133	-252
당기순이익	101	98	235	141	87	-322

분기 실적 〈단위 : 억원〉

항목	2016.3Q	2016.4Q	2017.1Q	2017.2Q	2017.3Q	2017.4Q
매출액	655	826	687	642	492	489
영업이익	36	-27	-34	-91	-67	-60
당기순이익	15	-17	-63	-85	-64	-110

재무 상태 〈단위 : 억원〉

항목	2012	2013	2014	2015	2016	2017
총자산	2,967	2,984	2,806	2,824	2,800	2,240
유형자산	1,245	1,280	1,290	1,255	1,230	1,183
무형자산	19	19	21	21	12	10
유가증권	4	4	4	4	4	4
총부채	2,225	2,140	1,777	1,691	1,616	1,398
총차입금	1,652	1,276	1,125	1,116	1,061	1,050
자본금	138	138	138	138	138	138
총자본	741	845	1,030	1,133	1,185	841
지배주주지분	741	845	1,030	1,133	1,196	863

기업가치 지표

항목	2012	2013	2014	2015	2016	2017
주가(최고/저)(천원)	7.5/3.4	10.5/6.4	12.3/7.0	8.0/4.3	6.7/3.5	8.1/4.5
PER(최고/저)(배)	22.1/9.9	32.1/19.5	15.4/8.8	16.5/8.8	19.4/10.2	—/—
PBR(최고/저)(배)	3.0/1.4	3.7/2.3	3.4/2.0	2.0/1.1	1.6/0.8	2.5/1.4
EV/EBITDA(배)	15.5	14.5	9.8	8.8	12.8	—
EPS(원)	376	363	871	524	362	-1,147
BPS(원)	2,747	3,130	3,919	4,303	4,536	3,304
CFPS(원)	662	646	1,115	762	605	-907
DPS(원)	—	70	130	130	130	—
EBITDAPS(원)	861	1,044	1,188	994	738	-694

재무 비율 〈단위 : %〉

연도	영업이익률	순이익률	부채비율	차입금비율	ROA	ROE	유보율	자기자본비율	EBITDA마진율
2017	-10.9	-13.9	166.2	124.8	-12.8	-30.1	544.9	37.6	-8.1
2016	4.0	2.6	136.4	89.6	3.1	8.4	785.6	42.3	5.9
2015	5.9	4.1	149.3	98.5	5.0	13.1	740.1	40.1	7.7
2014	6.1	5.6	172.6	109.2	8.1	25.1	665.0	36.7	7.6

동성화학 (A005190)
Dong Sung Chemical

업　　종 : 화학　　시　　장 : 거래소
신용등급 : (Bond) —　　(CP) —　　기업규모 : 시가총액 소형주
홈페이지 : www.dschem.com　　연 락 처 : 051)200-4500
본　　사 : 부산시 사하구 신산로 99

설 립 일	1967.09.16	종업원수	219명	대표이사	이경석
상 장 일	1988.07.01	감사의견	적정(한영)	계　　열	
결 산 기	12월	보 통 주		종속회사수	4개사
액 면 가	1,000원	우 선 주		구 상 호	

주주구성 (지분율,%)		출자관계 (지분율,%)		주요경쟁사 (외형,%)	
동성홀딩스	51.2	VDS	100.0	동성화학	100
한국투자신탁운용	5.0	JDS	63.0	동성화인텍	113
(외국인)	2.2	GDJ(前GDS)(*)	50.0	대한화섬	54

매출구성		비용구성		수출비중	
원재료	42.4	매출원가율	84.3	수출	76.7
신발창용 PU	33.8	판관비율	11.7	내수	23.3
합성피혁용 PU	23.8				

회사 개요

1959년에 설립된 동사는 신발용 폴리우레탄 수지, 합성 피혁용 표면처리제 등의 신발용 및 산업용 소재와 의료용 Casting 및 산업용 흡수 PU폼을 생산하는 기업으로 1988년 유가증권시장에 상장됨. 2005년 투자사업부문을 인적분할 방식으로 분할해 신설법인인 동성홀딩스로 이전함. 3년간의 연구개발을 통해 최근 멜라민 폼의 국산화에 성공함으로서 자동차의 엔진커버와 철도차량 흡음재, 항공기 쿠션재와 같은 기존제품 대체 기반을 마련함.

실적 분석

2017년 연간 매출액은 2,042.5억원으로 전년 대비 15.5% 증가함. 매출원가와 판관비가 각각 28.4%, 7.2% 상승하여 매출 확대에도 불구하고 영업이익은 전년 보다 59.9% 줄어든 82.1억원을 기록함. 비영업손실이 25.5억원 발생해 당기순이익은 전년 대비 66.8% 감소한 50.7억원을 기록함. 최근 중동 등 신규시장을 발굴하여 수출물량을 늘리는 등 글로벌 PUS소재 시장 공략에 적극적으로 나서고 있음.

현금 흐름 〈단위 : 억원〉

항목	2016	2017
영업활동	262	78
투자활동	-302	61
재무활동	39	-179
순현금흐름	-8	1
기말현금	170	171

시장 대비 수익률

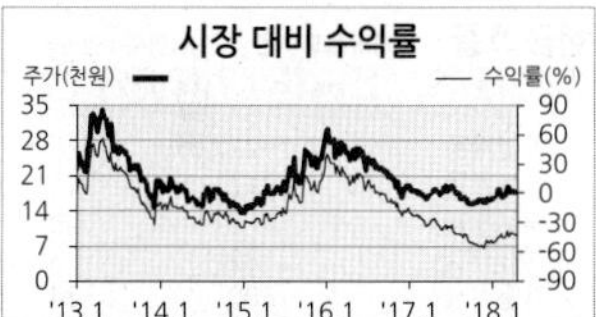

결산 실적 〈단위 : 억원〉

항목	2012	2013	2014	2015	2016	2017
매출액	1,259	1,469	1,760	1,808	1,768	2,043
영업이익	66	41	68	213	205	82
당기순이익	43	50	31	118	153	51

분기 실적 〈단위 : 억원〉

항목	2016.3Q	2016.4Q	2017.1Q	2017.2Q	2017.3Q	2017.4Q
매출액	414	483	548	514	526	456
영업이익	47	28	38	31	26	-13
당기순이익	18	41	11	38	21	-19

재무 상태 〈단위 : 억원〉

항목	2012	2013	2014	2015	2016	2017
총자산	1,102	1,353	1,416	1,588	1,972	1,902
유형자산	483	624	673	701	743	710
무형자산	53	61	59	53	45	38
유가증권	135	51	54	81	232	125
총부채	509	595	642	673	861	798
총차입금	210	248	292	325	396	299
자본금	40	51	51	53	55	55
총자본	593	758	774	915	1,111	1,104
지배주주지분	593	730	742	873	1,007	1,017

기업가치 지표

항목	2012	2013	2014	2015	2016	2017
주가(최고/저)(천원)	27.0/8.2	35.9/14.6	20.6/13.6	29.7/13.6	31.0/16.5	19.3/14.8
PER(최고/저)(배)	26.0/7.9	41.5/16.9	54.2/35.8	15.9/7.4	12.7/6.8	20.1/15.4
PBR(최고/저)(배)	1.9/0.6	2.6/1.1	1.5/1.0	1.8/0.9	1.7/0.9	1.0/0.8
EV/EBITDA(배)	10.5	15.9	8.3	6.7	4.0	6.1
EPS(원)	1,143	943	411	1,951	2,547	979
BPS(원)	15,642	14,967	15,222	16,947	19,211	19,292
CFPS(원)	1,711	1,640	1,276	2,845	3,432	1,927
DPS(원)	160	250	250	500	500	300
EBITDAPS(원)	2,309	1,604	2,251	5,186	4,750	2,494

재무 비율 〈단위 : %〉

연도	영업이익률	순이익률	부채비율	차입금비율	ROA	ROE	유보율	자기자본비율	EBITDA마진율
2017	4.0	2.5	72.3	27.1	2.6	5.1	1,760.9	58.0	6.5
2016	11.6	8.6	77.5	35.6	8.6	14.4	1,752.8	56.4	14.2
2015	11.8	6.6	73.6	35.6	7.9	12.0	1,532.7	57.6	14.2
2014	3.8	1.8	82.9	37.7	2.3	2.7	1,363.4	54.7	6.2

동신건설 (A025950)
DONGSHIN CONSTRUCTION INDUTSTRIAL CO

업 종 : 건설 / 시 장 : KOSDAQ
신용등급 : (Bond) — (CP) — / 기업규모 : 우량
홈페이지 : 0 / 연 락 처 : 054)858-7811
본 사 : 경북 안동시 서동문로 217

설 립 일	1958.10.08	**종업원수**	107명	**대표이사**	김근한,김동한
상 장 일	1995.08.07	**감사의견**	적정(성도)	**계 열**	
결 산 기	12월	**보 통 주**		**종속회사수**	
액 면 가	500원	**우 선 주**		**구 상 호**	

주주구성 (지분율,%)		출자관계 (지분율,%)		주요경쟁사 (외형,%)	
김근한	36.2	꿈나무	93.0	동신건설	100
김청한	31.1	인천김포간고속도로	7.8	삼일기업공사	107
(외국인)	0.9	갑을민자	6.5	신원종합개발	372

매출구성		비용구성		수출비중	
토목(공사)	77.9	매출원가율	71.7	수출	—
건축(공사)	18.6	판관비율	10.3	내수	—
기타	3.5				

회사 개요
동사는 사회간접자본 토목사업(도로, 항만, 상하수도, 택지개발, 댐, 전력구공사, 하수처리시설 가종 환경사업), 건축사업(관공서 건축, 주택사업, 대한주택공사 도급공사와 자체분양 아파트사업), 문화재공사, 전기, 환경, 소방공사 등을 영위하는 종합건설회사로 정부시책과 관련한 임대형 민자사업에 참여함. 수주환경 변화(최저가 낙찰제 확대), 원자재 비용에 따른 원가부담으로 부동산 경기가 전반적 위축상태에 있음.

실적 분석
동사의 2017년 연간 매출액은 전년동기대비 19.2% 하락한 526억원을 기록하였음. 비용면에서 전년동기대비 매출원가는 크게 감소하였으며 인건비는 증가 하였고 기타판매비와관리비는 크게 증가함. 이와 같이 매출액은 전년동기 크게 성장하지 않았으나 이에 비해서 전년동기대비 영업이익은 94.8억원으로 116% 크게 상승 하였음. 아마 매출원가의 감소효과가 달성한 매출액 대비 컸기 때문이라 판단됨.

현금 흐름 *IFRS 별도 기준 〈단위 : 억원〉

항목	2016	2017
영업활동	-22	25
투자활동	212	-14
재무활동	-8	-8
순현금흐름	182	3
기말현금	380	384

시장 대비 수익률
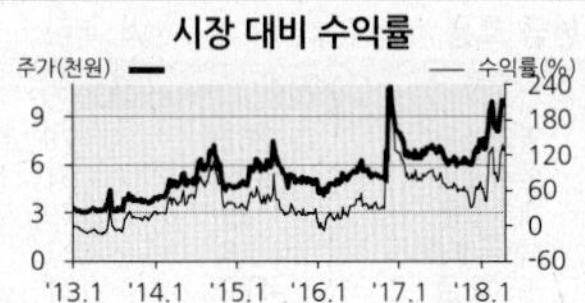

결산 실적 〈단위 : 억원〉

항목	2012	2013	2014	2015	2016	2017
매출액	421	872	505	698	651	526
영업이익	13	87	16	18	44	95
당기순이익	24	80	19	36	58	107

분기 실적 *IFRS 별도 기준 〈단위 : 억원〉

항목	2016.3Q	2016.4Q	2017.1Q	2017.2Q	2017.3Q	2017.4Q
매출액	157	222	193	108	90	135
영업이익	10	6	31	8	4	52
당기순이익	10	22	32	5	25	45

재무 상태 *IFRS 별도 기준 〈단위 : 억원〉

항목	2012	2013	2014	2015	2016	2017
총자산	839	844	832	905	979	1,005
유형자산	2	2	2	2	3	3
무형자산	7	6	5	5	5	5
유가증권	103	255	198	189	188	185
총부채	217	151	136	182	206	134
총차입금	7	7	7	7	7	7
자본금	42	42	42	42	42	42
총자본	622	693	696	723	773	871
지배주주지분	622	693	696	723	773	871

기업가치 지표 *IFRS 별도 기준

항목	2012	2013	2014	2015	2016	2017
주가(최고/저)(천원)	4.8/2.9	4.7/3.0	7.2/3.9	7.7/4.3	10.9/4.0	8.2/5.8
PER(최고/저)(배)	19.6/11.8	5.5/3.5	33.6/17.9	18.9/10.6	16.2/6.0	6.5/4.6
PBR(최고/저)(배)	0.7/0.5	0.6/0.4	0.9/0.5	0.9/0.5	1.2/0.5	0.8/0.6
EV/EBITDA(배)	—	—	—	—	5.9	2.1
EPS(원)	280	954	229	426	691	1,273
BPS(원)	7,400	8,254	8,283	8,610	9,200	10,373
CFPS(원)	295	969	246	440	703	1,302
DPS(원)	100	200	100	100	100	100
EBITDAPS(원)	168	1,046	211	231	535	1,158

재무 비율 〈단위 : %〉

연도	영업이익률	순이익률	부채비율	차입금비율	ROA	ROE	유보율	자기자본비율	EBITDA마진율
2017	18.0	20.3	15.3	0.8	10.8	13.0	1,974.7	86.7	18.5
2016	6.7	8.9	26.7	0.9	6.2	7.8	1,740.1	78.9	6.9
2015	2.6	5.1	25.2	0.9	4.1	5.1	1,621.9	79.9	2.8
2014	3.2	3.8	19.6	1.0	2.3	2.8	1,556.6	83.6	3.5

동아쏘시오홀딩스 (A000640)
Dong-A Socio Holdings

업 종 : 제약 / 시 장 : 거래소
신용등급 : (Bond) A (CP) — / 기업규모 : 시가총액 중형주
홈페이지 : www.donga.co.kr / 연 락 처 : 02)920-8114
본 사 : 서울시 동대문구 천호대로 64(용두동)

설 립 일	1949.08.09	**종업원수**	300명	**대표이사**	한종현
상 장 일	1970.02.10	**감사의견**	적정(삼정)	**계 열**	
결 산 기	12월	**보 통 주**		**종속회사수**	8개사
액 면 가	5,000원	**우 선 주**		**구 상 호**	

주주구성 (지분율,%)		출자관계 (지분율,%)		주요경쟁사 (외형,%)	
강경석	27.6	수석	100.0	동아쏘시오홀딩스	100
국민연금공단	12.4	동아제약	100.0	JW중외제약	73
(외국인)	18.2	용마로지스	100.0	한올바이오파마	12

매출구성		비용구성		수출비중	
용역 및 브랜드사용료	58.9	매출원가율	64.4	수출	—
배당금수익	39.1	판관비율	27.9	내수	—
기타	2.0				

회사 개요
의약품 업체인 동아에스티를 비롯해 포장용기제조를 영위하는 수석, 운송 사업을 영위하는 용마로지스, 원료의약품 업체인 에스티팜을 주요 자회사로 두고 있는 지주회사임. 박카스를 비롯한 일반의약품 사업부문은 계속 영위하고 있으며 바이오시밀러 사업도 추진하고 있음. 제약 사업 비중은 56.8%로 가장 높음. 최대 매출 품목은 박카스로 30.9%차지하고 있음. 운송서비스 사업 비중은 27%, 포장용기 사업부문은 14%를 차지하고 있음.

실적 분석
동사의 연결기준 2017년 연간 매출액은 6,902.7 억원으로 전년 대비 4.9% 감소함. 고정비 감소에도 불구하고 영업이익은 533.7억원으로 전년 대비 29.8% 감소됨. 비영업손익이 적자전환됨에따라 당기순이익 또한 325.4억원으로 전년 대비 81.5% 감소됨. 직전사업연도 연결종속회사가 당해사업연도 연결대상법인에서 제외됨으로써 보유지분에 대한 평가 방법의 변경이 손익에 영향을 미침.

현금 흐름 〈단위 : 억원〉

항목	2016	2017
영업활동	305	845
투자활동	-669	-263
재무활동	125	273
순현금흐름	-241	836
기말현금	959	1,795

시장 대비 수익률
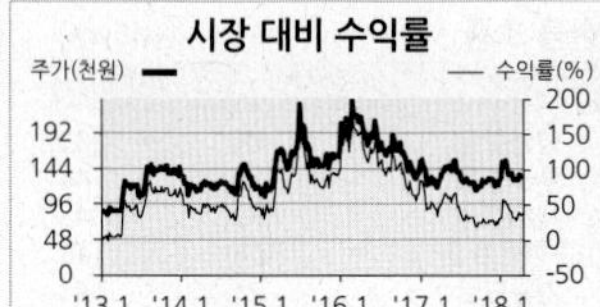

결산 실적 〈단위 : 억원〉

항목	2012	2013	2014	2015	2016	2017
매출액	4,848	5,709	6,306	7,047	7,262	6,903
영업이익	322	336	208	644	760	534
당기순이익	903	215	65	666	1,757	325

분기 실적 〈단위 : 억원〉

항목	2016.3Q	2016.4Q	2017.1Q	2017.2Q	2017.3Q	2017.4Q
매출액	1,694	1,542	1,514	1,827	1,938	1,623
영업이익	126	86	54	211	175	95
당기순이익	126	136	-11	233	143	-39

재무 상태 〈단위 : 억원〉

항목	2012	2013	2014	2015	2016	2017
총자산	17,231	9,883	10,811	12,235	14,022	14,594
유형자산	7,782	3,664	4,288	4,408	3,552	3,388
무형자산	180	123	139	225	184	265
유가증권	435	1,054	142	435	255	251
총부채	8,419	4,737	5,466	6,209	5,264	5,452
총차입금	6,059	3,428	4,206	4,300	3,614	3,986
자본금	557	217	224	233	303	307
총자본	8,812	5,146	5,345	6,026	8,759	9,142
지배주주지분	8,489	4,716	4,857	5,216	8,759	9,128

기업가치 지표

항목	2012	2013	2014	2015	2016	2017
주가(최고/저)(천원)	83.2/48.9	156/81.5	151/107	230/103	236/129	162/105
PER(최고/저)(배)	12.3/7.2	60.3/31.5	412.9/294.4	23.5/10.5	8.4/4.6	30.7/19.9
PBR(최고/저)(배)	1.2/0.7	1.6/0.8	1.5/1.1	2.2/1.0	1.7/0.9	1.1/0.7
EV/EBITDA(배)	21.0	14.8	20.7	13.0	11.7	13.1
EPS(원)	7,064	2,678	375	10,011	28,410	5,310
BPS(원)	72,907	103,808	104,039	107,667	144,762	148,700
CFPS(원)	10,173	6,464	5,092	15,511	33,631	9,084
DPS(원)	1,000	1,000	1,000	1,000	1,000	1,000
EBITDAPS(원)	5,759	9,573	9,272	18,956	19,707	12,483

재무 비율 〈단위 : %〉

연도	영업이익률	순이익률	부채비율	차입금비율	ROA	ROE	유보율	자기자본비율	EBITDA마진율
2017	7.7	4.7	59.6	43.6	2.3	3.6	2,874.0	62.6	11.1
2016	10.5	24.2	60.1	41.3	13.4	21.3	2,795.3	62.5	14.2
2015	9.1	9.5	103.0	71.3	5.8	9.5	2,144.4	49.3	12.9
2014	3.3	1.0	102.3	78.7	0.6	0.4	2,077.0	49.4	6.7

동아에스티 (A170900)

Dong-A ST

업 종 : 제약 | 시 장 : 거래소
신용등급 : (Bond) A+ (CP) — | 기업규모 : 시가총액 중형주
홈페이지 : www.donga-st.com | 연 락 처 : 02)920-8111
본 사 : 서울시 동대문구 천호대로 64 (용두동)

설 립 일	2013.03.04	**종업원수**	1,471명	**대표이사**	엄대식
상 장 일	2013.04.08	**감사의견**	적정(삼정)	**계 열**	
결 산 기	12월	**보 통 주**		**종속회사수**	4개사
액 면 가	5,000원	**우 선 주**		**구 상 호**	

주주구성 (지분율,%)		출자관계 (지분율,%)		주요경쟁사 (외형,%)	
동아쏘시오홀딩스	22.3	호유코리아	20.0	동아에스티	100
국민연금공단	11.8	사이언스메딕	10.0	녹십자	232
(외국인)	27.0	TG바이오텍	6.4	녹십자홀딩스	264

매출구성		비용구성		수출비중	
기타	67.4	매출원가율	49.6	수출	25.2
오팔몬 외	19.7	판관비율	46.1	내수	74.8
스티렌	4.8				

회사 개요

동사는 구 동아제약에서 2013년 3월 1일 인적분할되어 설립. 기존 동아제약에서 영위하던 전문의약품, 수출, 의료기기, 진단 사업부문을 영위하고 있음. 일반의약품 부문은 홀딩스 사업부로 편입됨. 총 매출에서 전문의약품 부문이 32.6%를 차지하고 있고 수출이 약 26.2%를 차지하고 있음. 최대 매출 품목인 스티렌, 미국으로 기술 수출된 수퍼항생제 등 자체 신약 개발 능력 보유함.

실적 분석

동사의 연결기준 2017년 매출액은 전년 대비 1% 감소한 5,550.3억원을 기록하였으나, 판관비는 인건비 및 무형자산상각비 감소의 영향으로 전년 동기 대비 2.2% 감소함에 따라 동기간 영업이익은 전년 대비 60.8% 증가한 238.7억원을 기록함. 반면, 비영업손익은 외환손실의 영향으로 적자를 지속함. 이에 따라 동사의 2017년 당기순손실은 54억원을 기록해 적자전환함.

현금 흐름 〈단위 : 억원〉

항목	2016	2017
영업활동	274	643
투자활동	203	-151
재무활동	-647	-1,253
순현금흐름	-103	-947
기말현금	2,859	1,912

시장 대비 수익률

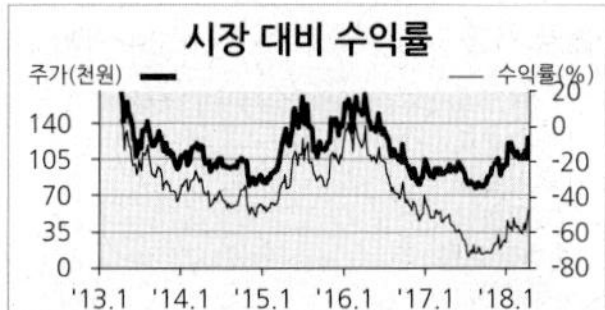

결산 실적 〈단위 : 억원〉

항목	2012	2013	2014	2015	2016	2017
매출액	—	5,010	5,786	5,679	5,605	5,550
영업이익	—	398	494	539	148	239
당기순이익	—	-657	375	486	106	-54

분기 실적 〈단위 : 억원〉

항목	2016.3Q	2016.4Q	2017.1Q	2017.2Q	2017.3Q	2017.4Q
매출액	1,364	1,244	1,331	1,327	1,439	1,453
영업이익	16	-65	48	37	159	-5
당기순이익	-4	94	-114	46	111	-96

재무 상태 〈단위 : 억원〉

항목	2012	2013	2014	2015	2016	2017
총자산	—	9,317	10,819	10,635	10,666	8,997
유형자산	—	4,450	4,611	4,115	3,662	3,358
무형자산	—	130	145	201	158	130
유가증권	—	264	231	169	174	254
총부채	—	4,924	5,935	5,098	4,774	3,185
총차입금	—	3,567	4,493	3,728	2,927	1,803
자본금	—	368	385	402	422	422
총자본	—	4,394	4,883	5,538	5,892	5,812
지배주주지분	—	4,388	4,881	5,536	5,892	5,812

기업가치 지표

항목	2012	2013	2014	2015	2016	2017
주가(최고/저)(천원)	—/—	173/96.1	122/78.6	169/80.9	173/79.8	106/75.6
PER(최고/저)(배)	0.0/0.0	—/—	25.8/16.6	27.8/13.3	138.1/63.6	—/—
PBR(최고/저)(배)	0.0/0.0	3.1/1.7	2.0/1.3	2.5/1.2	2.5/1.2	1.6/1.1
EV/EBITDA(배)	0.0	15.6	11.3	16.1	24.7	18.2
EPS(원)	—	-8,666	4,858	6,187	1,267	-639
BPS(원)	—	57,055	63,449	68,973	69,857	68,917
CFPS(원)	—	-5,976	8,093	9,242	3,832	1,934
DPS(원)	—	250	750	1,000	500	500
EBITDAPS(원)	—	7,937	9,645	9,917	4,334	5,399

재무 비율 〈단위 : %〉

연도	영업이익률	순이익률	부채비율	차입금비율	ROA	ROE	유보율	자기자본비율	EBITDA마진율
2017	4.3	-1.0	54.8	31.0	-0.6	-0.9	1,278.4	64.6	8.2
2016	2.7	1.9	81.0	49.7	1.0	1.9	1,297.1	55.2	6.5
2015	9.5	8.6	92.1	67.3	4.5	9.3	1,279.5	52.1	13.7
2014	8.5	6.5	121.5	92.0	3.7	8.1	1,169.0	45.1	12.8

동아엘텍 (A088130)

Dong A Eltek

업 종 : 디스플레이 및 관련부품 | 시 장 : KOSDAQ
신용등급 : (Bond) — (CP) — | 기업규모 : 우량
홈페이지 : www.dongaeltek.co.kr | 연 락 처 : 031)345-1500
본 사 : 경기도 안양시 동안구 시민대로327번길 12-24 (관양동) (주)동아엘텍 빌딩

설 립 일	1999.04.14	**종업원수**	115명	**대표이사**	박재규,김재평
상 장 일	2006.12.27	**감사의견**	적정(삼정)	**계 열**	
결 산 기	12월	**보 통 주**		**종속회사수**	2개사
액 면 가	500원	**우 선 주**		**구 상 호**	

주주구성 (지분율,%)		출자관계 (지분율,%)		주요경쟁사 (외형,%)	
박재규	29.6	디에이밸류인베스트먼트	100.0	동아엘텍	100
한국증권금융	4.9	디에이밸류업신기술투자조합1호	100.0	HB테크놀러지	114
(외국인)	4.3	선익시스템	50.1	DMS	107

매출구성		비용구성		수출비중	
[디스플레이 검사장비]검사기	55.5	매출원가율	76.9	수출	78.7
[디스플레이 검사장비]Part 및 기타	29.1	판관비율	12.1	내수	21.3
[디스플레이 검사장비]OLED 및 소형응용장비	15.4				

회사 개요

동사는 1990년에 법인전환되어 2007년에 코스닥시장에 상장하였으며 주요 사업목적은 LCD검사장비, OLED 검사장비 등 디스플레이 제조 공정상 주로 후공정의 검사장비 제조판매업임. 연결자회사인 선익시스템은 1990년에 창업되어 OLED 제조공정상 전공정의 증착장비 및 봉지장비를 제조판매하고 있음. 현재 전방산업은 중국 패널 업체들의 공격적인 투자 계획에 따라 중국 디스플레이 장비 시장이 급성장할 것으로 기대됨.

실적 분석

동사의 2017년 결산 연결기준 매출액은 전년대비 15.9% 성장한 2,505.1억원을 기록함. 외형 성장은 주로 신규 거래선 증가에 기인함. 외형 성장에도 업체간 경쟁 심화로 수주 가격 하락, 신규 거래처에 대한 초도 비용 발생으로 원가가 상승하여 영업이익 275.2억원, 당기순이익 150.5억원을 보이며 전년대비 이익 규모가 축소됨. 당기 부문별 매출비중은 OLED제조장비 49.78%, 디스플레이검사장비 50.22%로 구성됨.

현금 흐름 〈단위 : 억원〉

항목	2016	2017
영업활동	159	88
투자활동	-8	-94
재무활동	18	415
순현금흐름	170	374
기말현금	595	969

시장 대비 수익률

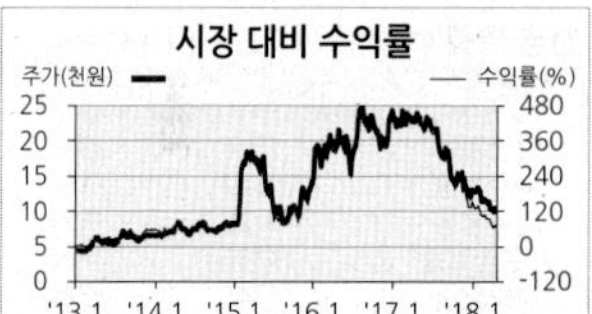

결산 실적 〈단위 : 억원〉

항목	2012	2013	2014	2015	2016	2017
매출액	674	912	1,190	1,197	2,162	2,505
영업이익	56	121	107	130	336	275
당기순이익	54	90	71	81	317	150

분기 실적 〈단위 : 억원〉

항목	2016.3Q	2016.4Q	2017.1Q	2017.2Q	2017.3Q	2017.4Q
매출액	536	644	707	849	467	482
영업이익	79	105	66	90	60	59
당기순이익	62	90	35	47	42	27

재무 상태 〈단위 : 억원〉

항목	2012	2013	2014	2015	2016	2017
총자산	899	1,257	1,356	1,260	2,016	2,469
유형자산	130	213	359	404	391	476
무형자산	77	61	35	24	16	14
유가증권	66	34	124	29	25	105
총부채	316	536	578	310	766	530
총차입금	140	279	259	142	174	23
자본금	35	40	42	56	56	56
총자본	583	721	778	949	1,250	1,939
지배주주지분	515	646	703	887	1,117	1,485

기업가치 지표

항목	2012	2013	2014	2015	2016	2017
주가(최고/저)(천원)	5.5/3.2	7.2/4.0	8.5/6.1	19.7/7.8	25.2/13.8	24.9/11.8
PER(최고/저)(배)	12.4/7.1	8.1/4.5	11.4/8.1	22.2/8.8	11.7/6.4	24.4/11.6
PBR(최고/저)(배)	0.9/0.5	1.0/0.6	1.1/0.8	2.5/1.0	2.5/1.4	1.9/0.9
EV/EBITDA(배)	2.4	3.1	5.5	9.6	6.9	3.0
EPS(원)	476	937	781	914	2,206	1,036
BPS(원)	7,430	8,112	8,450	8,138	10,204	13,525
CFPS(원)	803	1,224	1,072	1,095	2,395	1,210
DPS(원)	75	105	105	130	130	200
EBITDAPS(원)	1,059	1,746	1,511	1,424	3,205	2,641

재무 비율 〈단위 : %〉

연도	영업이익률	순이익률	부채비율	차입금비율	ROA	ROE	유보율	자기자본비율	EBITDA마진율
2017	11.0	6.0	27.4	1.2	6.7	8.9	2,605.0	78.5	11.8
2016	15.6	14.7	61.3	13.9	19.3	24.5	1,940.9	62.0	16.5
2015	10.8	6.8	32.7	15.0	6.2	12.0	1,527.5	75.4	12.4
2014	9.0	5.9	74.2	33.3	5.4	10.3	1,590.1	57.4	10.8

동아지질 (A028100)
Dong-Ah Geological Engineering

업　　종 : 건설　　시　　장 : 거래소
신용등급 : (Bond) —　(CP) —　　기업규모 : 시가총액 소형주
홈페이지 : www.dage.co.kr　　연 락 처 : 051)580-5550
본　　사 : 부산시 금정구 금샘로 347

설 립 일	1973.11.30	종업원수	352명	대 표 이 사	이정우,최재우
상 장 일	2009.06.12	감사의견	적정(안진)	계　　열	
결 산 기	12월	보 통 주		종속회사수	3개사
액 면 가	500원	우 선 주		구 상 호	

주주구성 (지분율,%)		출자관계 (지분율,%)		주요경쟁사 (외형,%)	
이정우	30.5	부산동서고속화도로	10.0	동아지질	100
동아지질우리사주조합	5.0	한국지질조사탐사협동조합	8.6	KT서브마린	22
(외국인)	10.4	경주엔바이로	7.8	남광토건	34

매출구성		비용구성		수출비중	
토목(공사)	98.4	매출원가율	90.7	수출	—
기타	1.6	판관비율	3.3	내수	—

회사 개요

동사는 건설업을 영위하고 있으며 주요 사업은 토목분야의 보링 그라우팅 공사, 수중공사, 상하수도설비 공사, 토공사, 비계 구조물 해체 공사, 미장 방수 조적 공사, 철근 콘크리트 공사 등임. 기계식 터널(TBM), 지반개량(DCM), 지하연속벽, 일반토목, 엔지니어링 부문으로 세부분류됨. 매출구성은 국내 토목 36.76%, 해외토목 57.40%, 기타 5.84%로 나뉨. 주요 매출처는 대우건설(14%), 삼성물산(12%) 등이 있음.

실적 분석

동사의 연결 기준 2017년 매출액은 3,397.2억원으로 전년 3,231.8억원 대비 5.1% 증가하였음. 외형확대와 원가 절감으로 인한 원가율 개선으로 매출총이익은 같은 기간 50.7% 증가한 316.6억원을 시현하였음. 판관비가 증가하기는 했지만 영업이익은 같은 기간 62.3% 증가, 203.3억원을 기록하였음. 최종적으로 동사는 171.1억원의 당기순이익을 기록, 전년 대비 50.5% 증가한 실적을 냄.

현금 흐름 (단위 : 억원)

항목	2016	2017
영업활동	516	381
투자활동	-347	-167
재무활동	28	-173
순현금흐름	196	40
기말현금	745	786

시장 대비 수익률

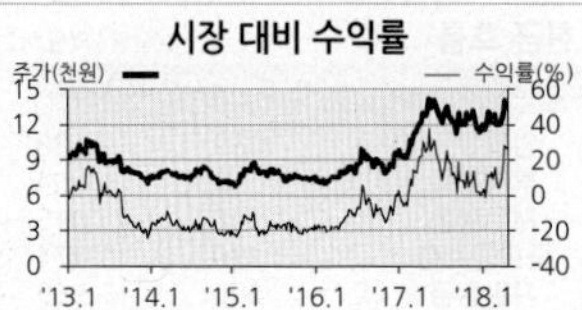

결산 실적 〈단위 : 억원〉

항목	2012	2013	2014	2015	2016	2017
매출액	2,834	3,299	3,057	2,967	3,232	3,397
영업이익	96	42	30	40	125	203
당기순이익	79	21	42	45	114	171

분기 실적 〈단위 : 억원〉

항목	2016.3Q	2016.4Q	2017.1Q	2017.2Q	2017.3Q	2017.4Q
매출액	722	1,054	863	822	875	838
영업이익	28	55	49	47	45	63
당기순이익	33	45	49	28	42	52

재무 상태 〈단위 : 억원〉

항목	2012	2013	2014	2015	2016	2017
총자산	2,262	2,253	2,327	2,594	2,989	2,576
유형자산	454	400	484	716	788	613
무형자산	15	18	14	14	12	12
유가증권	72	77	75	74	79	94
총부채	926	924	970	1,210	1,494	1,014
총차입금	225	351	337	412	461	310
자본금	58	58	58	58	58	58
총자본	1,336	1,329	1,357	1,384	1,494	1,562
지배주주지분	1,336	1,329	1,358	1,384	1,494	1,562

기업가치 지표

항목	2012	2013	2014	2015	2016	2017
주가(최고/저)(천원)	11.3/7.6	11.1/7.0	9.4/6.9	8.7/6.8	11.3/6.9	14.3/9.1
PER(최고/저)(배)	18.5/12.5	67.5/42.7	27.5/20.1	23.3/18.1	11.8/7.2	9.8/6.2
PBR(최고/저)(배)	1.1/0.7	1.0/0.7	0.9/0.6	0.8/0.6	0.9/0.5	1.1/0.7
EV/EBITDA(배)	3.5	3.9	3.8	4.4	1.8	1.6
EPS(원)	685	183	371	397	989	1,487
BPS(원)	11,885	11,819	12,070	12,298	13,258	13,850
CFPS(원)	2,135	1,499	1,515	1,500	3,698	4,036
DPS(원)	175	175	175	175	200	200
EBITDAPS(원)	2,283	1,679	1,402	1,449	3,798	4,317

재무 비율 〈단위 : %〉

연도	영업이익률	순이익률	부채비율	차입금비율	ROA	ROE	유보율	자기자본비율	EBITDA마진율
2017	6.0	5.0	64.9	19.8	6.2	11.2	2,670.0	60.6	14.6
2016	3.9	3.5	100.0	30.8	4.1	7.9	2,551.7	50.0	13.5
2015	1.3	1.5	87.5	29.8	1.8	3.3	2,359.6	53.3	5.6
2014	1.0	1.4	71.5	24.8	1.8	3.2	2,313.9	58.3	5.3

동아타이어공업 (A282690)
DONG AH TIRE & RUBBER COLTD

업　　종 : 자동차부품　　시　　장 : 거래소
신용등급 : (Bond) —　(CP) —　　기업규모 : 시가총액 소형주
홈페이지 : www.dongahtire.co.kr　　연 락 처 : 055)389-0011
본　　사 : 경남 양산시 유산공단11길 11

설 립 일	2017.11.02	종업원수	명	대 표 이 사	김만수,김상헌
상 장 일	2017.11.29	감사의견	적정(대영)	계　　열	
결 산 기	12월	보 통 주		종속회사수	
액 면 가	500원	우 선 주		구 상 호	

주주구성 (지분율,%)		출자관계 (지분율,%)		주요경쟁사 (외형,%)	
김만수	28.6			동아타이어	100
김상헌	22.8			한국타이어	24,034
(외국인)	3.5			한국타이어월드와이드	2,910

매출구성		비용구성		수출비중	
		매출원가율	88.7	수출	—
		판관비율	6.3	내수	—

회사 개요

동사는 인적분할로 설립된 신설회사로 2017년 11월 유가시장에 재상장하였으며 분할 전 회사인 디티알오토모티브가 영위하던 사업 중 고무사업부문을 영위하고 있음. 타이어시장에서 교체수요용 타이어(RE)에 주력하고 있으며 타이어 내 튜브 외에도 자동차 부품, 전자제품 부품, 신발outsole 등 전 산업부문에 사용되는 고무제품 중간재인 CMB를 생산하고 있음.

실적 분석

동사는 2017년 매출액 283억원, 영업이익 14억원을 각각 기록함. 자동차용 튜브 산업은 노동집약적 특성에 따라 저임금을 바탕으로 한 후발개도국과의 가격경쟁이 치열하며, 동사를 포함한 국내 3개 업체가 세계 시장 점유율의 50% 이상을 차지하고 있음. 주요생산품목인 자동차용튜브는 동사와 넥센이 경쟁관계에 있음. 후발개도국과의 경쟁에서는 기술력 및 산업입지도 측면에서 경쟁 우위.

현금 흐름 (단위 : 억원)

항목	2016	2017
영업활동	—	23
투자활동	—	-20
재무활동	—	23
순현금흐름	—	27
기말현금	—	172

시장 대비 수익률

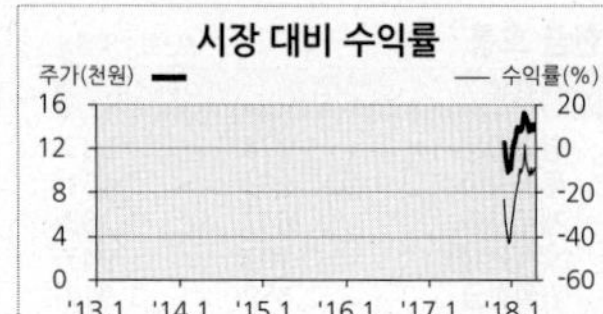

결산 실적 〈단위 : 억원〉

항목	2012	2013	2014	2015	2016	2017
매출액	—	—	—	—	—	283
영업이익	—	—	—	—	—	14
당기순이익	—	—	—	—	—	2

분기 실적 〈단위 : 억원〉

항목	2016.3Q	2016.4Q	2017.1Q	2017.2Q	2017.3Q	2017.4Q
매출액	—	—	—	—	—	283
영업이익	—	—	—	—	—	14
당기순이익	—	—	—	—	—	2

재무 상태 〈단위 : 억원〉

항목	2012	2013	2014	2015	2016	2017
총자산	—	—	—	—	—	3,486
유형자산	—	—	—	—	—	546
무형자산	—	—	—	—	—	11
유가증권	—	—	—	—	—	1,957
총부채	—	—	—	—	—	252
총차입금	—	—	—	—	—	69
자본금	—	—	—	—	—	69
총자본	—	—	—	—	—	3,234
지배주주지분	—	—	—	—	—	3,234

기업가치 지표

항목	2012	2013	2014	2015	2016	2017
주가(최고/저)(천원)	—/—	—/—	—/—	—/—	—/—	—/—
PER(최고/저)(배)	0.0/0.0	0.0/0.0	0.0/0.0	0.0/0.0	0.0/0.0	858.6/671.1
PBR(최고/저)(배)	0.0/0.0	0.0/0.0	0.0/0.0	0.0/0.0	0.0/0.0	0.5/0.4
EV/EBITDA(배)	0.0	0.0	0.0	0.0	0.0	50.7
EPS(원)	—	—	—	—	—	15
BPS(원)	—	—	—	—	—	23,551
CFPS(원)	—	—	—	—	—	95
DPS(원)	—	—	—	—	—	—
EBITDAPS(원)	—	—	—	—	—	185

재무 비율 〈단위 : %〉

연도	영업이익률	순이익률	부채비율	차입금비율	ROA	ROE	유보율	자기자본비율	EBITDA마진율
2017	5.0	0.7	7.8	2.1	0.0	0.0	4,610.1	92.8	8.9
2016	0.0	0.0	0.0	0.0	0.0	0.0	0.0	0.0	0.0
2015	0.0	0.0	0.0	0.0	0.0	0.0	0.0	0.0	0.0
2014	0.0	0.0	0.0	0.0	0.0	0.0	0.0	0.0	0.0

동아화성 (A041930)
Dong-A Hwa Sung

업 종 : 화학 | 시 장 : KOSDAQ
신용등급 : (Bond) — (CP) — | 기업규모 : 우량
홈페이지 : www.dacm.com | 연 락 처 : 055)313-1800
본 사 : 경남 김해시 유하로 154-9

설 립 일	1974.11.18	**종업원수**	362명	**대표이사**	임경식,성락제
상 장 일	2001.12.14	**감사의견**	적정(신우)	**계 열**	
결 산 기	12월	**보 통 주**		**종속회사수**	7개사
액 면 가	500원	**우 선 주**		**구 상 호**	

주주구성 (지분율,%)		출자관계 (지분율,%)		주요경쟁사 (외형,%)	
임경식	40.7	DONG-AINDIAAUTOMOTIVEPVT.	100.0	동아화성	100
케이머스원	10.0	DONG-AHWASUNGVINA.,	100.0	경농	81
(외국인)	2.8	D.ARUS	100.0	효성오앤비	13

매출구성		비용구성		수출비중	
자동차부문 GASKET, INTAKE HOSE 등	56.6	매출원가율	87.5	수출	32.1
가전부문 DOOR GASKET 등	43.4	판관비율	7.4	내수	67.9

회사 개요

동사의 주력제품은 자동차 엔진 및 각종 부품을 연결하는 인테크 호스와 드럼세탁기 도어의 누수방지 고무제품인 도어가스켓임. 동사의 경쟁력은 원재료인 합성고무에 카본, 충진제, 활성제 등 첨가제를 배합해 고무소재(CMB)를 직접 생산하는 것임. 주력 매출처는 삼성전자와 LG전자, 현대기아차 그룹으로 주요 매출처 내 점유율이 기업별로 70~90%에 달하고 있음.

실적 분석

동사는 자동차 및 가전 부문의 판매 증가로 외형이 성장함. 2017년 결산 매출액은 전년동기 대비 6.2% 증가한 2,550억원을 기록하였으나, 원가율 상승 및 판관비 증가 영향으로 영업이익은 전년동기 대비 10.6% 감소한 130.1억원에 그침. 향후 경기 회복시 소비심리 상승으로 가전제품 및 자동차 등의 수요 확대되어 자동차용 가스켓, 드럼세탁기용 가스켓 등의 판매가 늘어날 것으로 기대되며, 지속적으로 원가율 관리에 힘써야 할 듯.

현금 흐름 〈단위 : 억원〉

항목	2016	2017
영업활동	197	173
투자활동	-253	-95
재무활동	94	-62
순현금흐름	39	15
기말현금	110	124

시장 대비 수익률

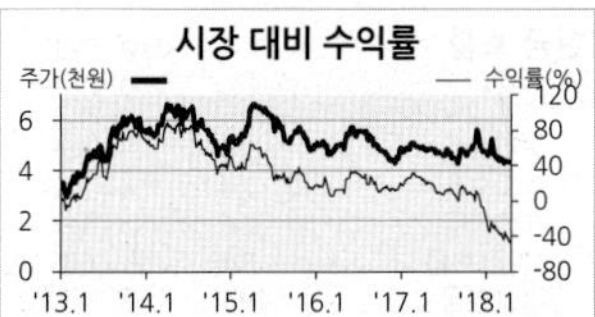

결산 실적 〈단위 : 억원〉

항목	2012	2013	2014	2015	2016	2017
매출액	1,807	1,951	1,941	2,114	2,401	2,550
영업이익	106	210	222	148	146	130
당기순이익	80	147	107	46	151	91

분기 실적 〈단위 : 억원〉

항목	2016.3Q	2016.4Q	2017.1Q	2017.2Q	2017.3Q	2017.4Q
매출액	565	718	613	583	672	682
영업이익	23	56	33	30	36	31
당기순이익	1	82	24	26	42	-1

재무 상태 〈단위 : 억원〉

항목	2012	2013	2014	2015	2016	2017
총자산	1,210	1,186	1,436	1,779	2,069	1,936
유형자산	456	427	507	570	811	794
무형자산	13	13	14	14	28	26
유가증권	0	0	0	28	48	27
총부채	712	529	677	973	1,140	954
총차입금	482	258	391	637	763	660
자본금	80	80	80	80	80	80
총자본	498	657	759	806	929	982
지배주주지분	480	637	738	783	905	959

기업가치 지표

항목	2012	2013	2014	2015	2016	2017
주가(최고/저)(천원)	4.2/2.7	6.4/3.0	6.7/4.4	6.6/4.7	5.8/4.2	5.7/4.3
PER(최고/저)(배)	9.1/5.8	7.5/3.5	10.6/7.0	24.5/17.5	6.3/4.5	10.0/7.6
PBR(최고/저)(배)	1.5/0.9	1.7/0.8	1.5/1.0	1.4/1.0	1.0/0.7	0.9/0.7
EV/EBITDA(배)	5.8	4.3	4.0	5.9	6.1	5.8
EPS(원)	500	914	670	283	949	576
BPS(원)	3,148	4,030	4,720	4,954	5,855	6,193
CFPS(원)	871	1,277	1,080	717	1,472	1,149
DPS(원)	60	80	80	60	100	50
EBITDAPS(원)	1,041	1,696	1,817	1,372	1,445	1,396

재무 비율 〈단위 : %〉

연도	영업이익률	순이익률	부채비율	차입금비율	ROA	ROE	유보율	자기자본비율	EBITDA마진율
2017	5.1	3.6	97.2	67.3	4.6	9.8	1,123.1	50.7	8.7
2016	6.1	6.3	122.6	82.1	7.9	17.8	1,056.4	44.9	9.5
2015	7.0	2.2	120.8	79.0	2.9	5.9	878.3	45.3	10.3
2014	11.5	5.5	89.1	51.6	8.2	15.4	832.2	52.9	14.8

동양 (A001520)
TONGYANG

업 종 : 건축소재 | 시 장 : 거래소
신용등급 : (Bond) BBB- (CP) — | 기업규모 : 시가총액 중형주
홈페이지 : www.tongyanginc.co.kr | 연 락 처 : 02)3770-3000
본 사 : 서울시 중구 청계천로 100, 서관(수표동, 시그니쳐타워)

설 립 일	1955.08.25	**종업원수**	463명	**대표이사**	정진학
상 장 일	1976.06.25	**감사의견**	적정(삼일)	**계 열**	
결 산 기	12월	**보 통 주**		**종속회사수**	12개사
액 면 가	500원	**우 선 주**		**구 상 호**	

주주구성 (지분율,%)		출자관계 (지분율,%)		주요경쟁사 (외형,%)	
유진기업	22.8	한성레미콘	100.0	동양	100
유진투자증권	4.8	티와이강원	100.0	쌍용양회	314
(외국인)	6.9	동양레미콘	100.0	한일시멘트	326

매출구성		비용구성		수출비중	
레미콘 외	60.5	매출원가율	88.3	수출	—
스판본드, 아크릴원사	31.8	판관비율	10.3	내수	—
건축공사, 토목공사	10.5				

회사 개요

동사는 2014년 회생계획의 승인에 따라 부채의 출자전환에 따른 채무조정이익 5,826억 동양매직처분이익 1,541억 동양파워 처분이익 734억 등으로 자본잠식을 벗어나 건전한 회사로 변모하였음. 2014년 동양매직과 동양파워를 회생계획에 따라 처분하여 동사 회생채권 현금변제액의 49.5%를 조기변제하였고 2015년 동양시멘트 매각에 따른 처분이익으로 회생채권을 전액 조기변제하였음. 유진기업이 인수하면서 시너지 효과 창출하며 영업익 회복 중.

실적 분석

동사의 연결기준 2017년 매출액은 4,830.9억원으로 전년 대비 9.8% 증가하였음. 다만 영업이익은 68.0억원으로 전년 대비 11.1% 감소함. 이는 매출원가와 판관비가 증가한 데 따른 것이며 당기순이익은 전년보다 35.5% 감소한 157.8억원을 기록함. 영업이익 감소 주요 원인은 건설사업부문의 영업손실 및 판관비 증가 등임. 하지만 건설사업부문 손실은 일회성 비용으로 향후 영업에 큰 영향을 주지 않을 것으로 판단됨.

현금 흐름 〈단위 : 억원〉

항목	2016	2017
영업활동	-522	-89
투자활동	-420	181
재무활동	-1,269	-219
순현금흐름	-2,208	-137
기말현금	297	159

시장 대비 수익률

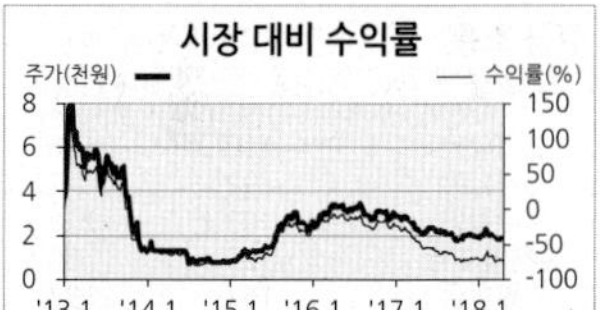

결산 실적 〈단위 : 억원〉

항목	2012	2013	2014	2015	2016	2017
매출액	8,498	5,676	3,812	3,927	4,399	4,831
영업이익	1,341	-141	242	351	77	68
당기순이익	-1,436	-6,753	6,320	6,073	245	158

분기 실적 〈단위 : 억원〉

항목	2016.3Q	2016.4Q	2017.1Q	2017.2Q	2017.3Q	2017.4Q
매출액	1,057	1,250	1,123	1,254	1,235	1,219
영업이익	51	-23	18	62	43	-55
당기순이익	48	8	18	106	51	-18

재무 상태 〈단위 : 억원〉

항목	2012	2013	2014	2015	2016	2017
총자산	34,014	11,246	8,304	11,842	10,047	9,804
유형자산	16,128	2,252	2,206	2,171	2,646	2,550
무형자산	3,929	153	112	106	99	96
유가증권	583	1,663	2,030	36	1,707	1,765
총부채	31,668	16,061	4,555	2,242	1,420	1,287
총차입금	26,500	11,850	2,683	49	22	23
자본금	1,277	1,277	1,183	1,196	1,199	1,199
총자본	2,346	-4,815	3,750	9,600	8,627	8,516
지배주주지분	1,348	-4,818	3,739	9,601	8,628	8,523

기업가치 지표

항목	2012	2013	2014	2015	2016	2017
주가(최고/저)(천원)	6.9/2.7	8.6/1.3	1.9/0.7	3.1/0.8	3.5/2.4	3.0/1.7
PER(최고/저)(배)	—/—	—/—	0.6/0.2	1.3/0.4	35.9/24.3	45.0/25.6
PBR(최고/저)(배)	0.9/0.4	-0.5/-0.1	1.1/0.4	0.8/0.2	0.9/0.6	0.8/0.4
EV/EBITDA(배)	10.2	9.7	12.8	1.3	23.8	14.5
EPS(원)	-5,634	-25,240	3,441	2,606	102	68
BPS(원)	758	-1,644	1,839	4,050	4,059	4,064
CFPS(원)	10	-1,848	3,480	2,631	129	108
DPS(원)	—	—	—	100	50	50
EBITDAPS(원)	1,064	464	169	173	59	69

재무 비율 〈단위 : %〉

연도	영업이익률	순이익률	부채비율	차입금비율	ROA	ROE	유보율	자기자본비율	EBITDA마진율
2017	1.4	3.3	15.1	0.3	1.6	1.9	712.8	86.9	3.4
2016	1.7	5.6	16.5	0.3	2.2	2.7	711.8	85.9	3.2
2015	9.0	154.7	23.4	0.5	60.3	93.4	711.6	81.1	10.5
2014	6.3	165.8	121.5	71.6	64.7	전기잠식	268.7	45.2	8.2

동양고속 (A084670)

Dongyang Express

업 종 : 육상운수　　　　　　　　시 장 : 거래소
신용등급 : (Bond) —　(CP) —　　기업규모 : 시가총액 소형주
홈페이지 : www.dyexpress.co.kr　　연 락 처 : 031)458-9201
본 사 : 경기도 안양시 동안구 흥안대로 67 (호계동)

설 립 일	2005.07.04	**종업원수**	775명	**대 표 이 사**	백남근
상 장 일	2005.07.25	**감사의견**	적정(대주)	**계 열**	
결 산 기	12월	**보 통 주**		**종속회사수**	3개사
액 면 가	5,000원	**우 선 주**		**구 상 호**	

주주구성 (지분율,%)		출자관계 (지분율,%)		주요경쟁사 (외형,%)	
최성원	28.9	동양고속산업	100.0	동양고속	100
이자영	16.6	서광	90.0	KCTC	257
(외국인)	1.8	미자리온	90.0	W홀딩컴퍼니	23

매출구성		비용구성		수출비중	
제품(제품)	86.6	매출원가율	84.8	수출	0.0
기타	13.4	판관비율	11.1	내수	100.0

회사 개요

동사는 1968년 설립돼 2005년 유가증권시장에 상장함. 여객자동차 운송사업(고속버스, 전세벗, 시외버스 운송 및 터미널 운영)을 주요 사업으로 영위하고 있음. 대구와 마산, 아산, 평택에 자가소유 터미널을 보유하고 있으며 안양과 아산에서 고속버스 정비를 위한 자가정비 공장을 운영하고 있음. 부동산개발업체인 동양고속산업, 출판업체 미자리온, 수익작물 재배 및 유통업체 서광을 연결대상 종속회사로 보유하고 있음.

실적 분석

2017년 연결기준 동사는 매출 1418.7억원을 기록함. 전년도 대비 8.8% 감소.외형축소와 판매비와 관리비는 증가로 영업이익은 전년도 177.5억원에서 67% 감소한 58.6억원을 시현하는데 그침. 비영업부문은 적자가 지속됐으며 전년도 69.9억원을 기록한 당기순이익은 17.7억원의 손실을 기록하며 적자전환함. 전국 고속버스노선을 무제한 사용하는 고속버스 프리패스 상품을 신규출시하는 등 서비스 개선에 노력하고 있음.

현금 흐름 〈단위 : 억원〉

항목	2016	2017
영업활동	160	106
투자활동	-92	42
재무활동	-93	-228
순현금흐름	-24	-80
기말현금	167	87

시장 대비 수익률

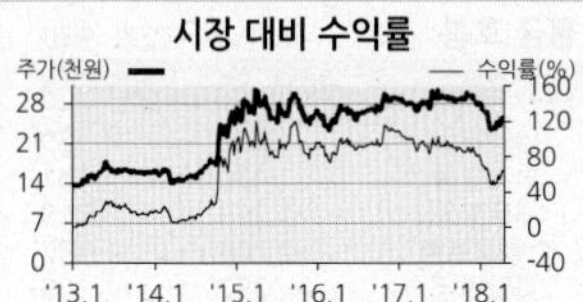

결산 실적 〈단위 : 억원〉

항목	2012	2013	2014	2015	2016	2017
매출액	1,155	1,271	1,363	1,358	1,555	1,419
영업이익	130	115	205	148	178	59
당기순이익	69	68	117	158	70	-18

분기 실적 〈단위 : 억원〉

항목	2016.3Q	2016.4Q	2017.1Q	2017.2Q	2017.3Q	2017.4Q
매출액	414	460	335	338	409	336
영업이익	53	48	16	27	3	12
당기순이익	-10	20	13	-36	-2	7

재무 상태 〈단위 : 억원〉

항목	2012	2013	2014	2015	2016	2017
총자산	2,091	2,148	2,241	2,404	2,379	2,117
유형자산	639	705	741	782	675	634
무형자산	79	126	126	126	126	126
유가증권	164	164	159	107	92	10
총부채	973	997	1,003	1,090	1,114	884
총차입금	700	650	653	666	691	547
자본금	133	133	133	133	133	138
총자본	1,119	1,150	1,238	1,314	1,265	1,232
지배주주지분	1,114	1,147	1,235	1,309	1,260	1,228

기업가치 지표

항목	2012	2013	2014	2015	2016	2017
주가(최고/저)(천원)	17.9/12.9	21.6/16.2	31.8/16.7	37.5/28.6	35.6/27.7	36.2/30.9
PER(최고/저)(배)	9.3/6.7	10.3/7.8	8.8/4.6	7.4/5.6	15.1/11.7	—/—
PBR(최고/저)(배)	0.6/0.4	0.6/0.5	0.8/0.4	0.9/0.7	0.8/0.6	0.8/0.7
EV/EBITDA(배)	5.6	6.5	5.0	6.1	5.7	9.5
EPS(원)	1,986	2,033	3,388	4,570	2,028	-522
BPS(원)	42,021	43,261	46,588	49,370	49,476	49,269
CFPS(원)	4,606	4,829	6,804	8,747	5,713	2,175
DPS(원)	1,250	1,000	1,250	1,750	400	1,050
EBITDAPS(원)	6,918	6,512	10,118	8,352	9,762	5,030

재무 비율 〈단위 : %〉

연도	영업이익률	순이익률	부채비율	차입금비율	ROA	ROE	유보율	자기자본비율	EBITDA마진율
2017	4.1	-1.3	71.8	44.4	-0.8	-1.4	827.9	58.2	9.4
2016	11.4	4.5	88.1	54.6	2.9	5.5	889.5	53.2	16.7
2015	10.9	11.6	82.9	50.7	6.8	12.4	887.4	54.7	16.3
2014	15.1	8.6	81.0	52.7	5.3	9.8	831.8	55.3	19.7

동양네트웍스 (A030790)

TONGYANG Networks

업 종 : IT 서비스　　　　　　　시 장 : 거래소
신용등급 : (Bond) B　(CP) —　　기업규모 : 시가총액 소형주
홈페이지 : www.tongyangnetworks.com　　연 락 처 : 02)405-7700
본 사 : 서울시 송파구 백제고분로 69 (잠실동, 애플타워)

설 립 일	1991.03.30	**종업원수**	328명	**대 표 이 사**	김대웅,강태덕
상 장 일	2000.12.15	**감사의견**	적정(신승)	**계 열**	
결 산 기	12월	**보 통 주**		**종속회사수**	5개사
액 면 가	500원	**우 선 주**		**구 상 호**	

주주구성 (지분율,%)		출자관계 (지분율,%)		주요경쟁사 (외형,%)	
메타헬스케어투자조합	15.0			동양네트웍스	100
브이씨컨소시엄1호	11.3			신세계 I&C	371
(외국인)	0.0			오픈베이스	158

매출구성		비용구성		수출비중	
SI 및 Outsourcing	62.1	매출원가율	93.2	수출	—
원부자재등	28.5	판관비율	15.9	내수	—
기타	5.2				

회사 개요

동사는 IT 전문기업으로서, 시스템통합, 아웃소싱, 컨설팅, 솔루션 등의 서비스 사업을 주로 영위함. 2015년 3월 기준으로 회생절차가 종결됨. 동양그룹 계열이었으나 최대주주 변경으로 계열관계 해소됨. 제2금융권을 고객으로 한 금융솔루션 부문에 특화된 경쟁력을 보유하고 있음. 2010년에는 KTFDS를 합병, 은행시장 진출의 기반을 마련하는데 성공하였고, 같은 해 11월 코스닥시장에서 유가증권시장으로 이전 상장함.

실적 분석

동사의 2017년 연간실적은 유통사업부문의 부진으로 전체 매출액이 전년 대비 8.3% 감소하며 862.6억원에 그침. 유통부문의 매출액이 100억원 가량 역성장함. 영업이익은 유통부문 영업적자 확대 및 IT부문 감익으로 -78.2억원을 기록함. 또한 전환사채 관련 기타비용으로 303억원이 계상되어 영업외손실이 121.6억원을 기록하면서 당기순손실 폭이 전년 대비 확대됨.

현금 흐름 〈단위 : 억원〉

항목	2016	2017
영업활동	-24	-66
투자활동	24	18
재무활동	84	185
순현금흐름	84	137
기말현금	493	631

시장 대비 수익률

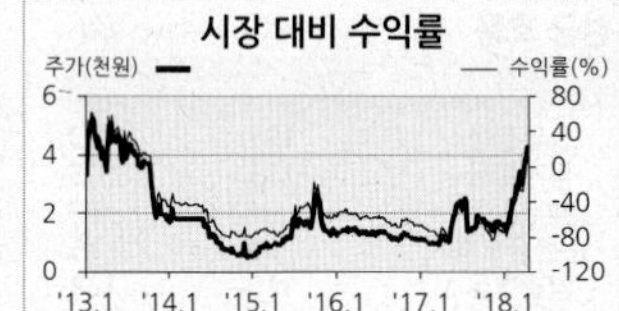

결산 실적 〈단위 : 억원〉

항목	2012	2013	2014	2015	2016	2017
매출액	3,220	4,917	1,430	1,123	941	863
영업이익	-74	-742	8	-65	-66	-78
당기순이익	-240	-1,661	1,435	-90	-40	-203

분기 실적 〈단위 : 억원〉

항목	2016.3Q	2016.4Q	2017.1Q	2017.2Q	2017.3Q	2017.4Q
매출액	230	237	202	226	232	203
영업이익	-10	-25	-9	-18	-8	-43
당기순이익	1	-35	-9	-441	81	167

재무 상태 〈단위 : 억원〉

항목	2012	2013	2014	2015	2016	2017
총자산	3,563	2,238	1,278	975	964	1,018
유형자산	1,194	297	65	39	28	21
무형자산	315	103	53	46	37	33
유가증권	15	101	148	229	153	151
총부채	3,338	3,562	925	478	548	230
총차입금	2,135	2,271	512	172	268	67
자본금	160	208	157	263	264	455
총자본	225	-1,324	353	497	416	788
지배주주지분	243	-1,311	350	494	407	781

기업가치 지표

항목	2012	2013	2014	2015	2016	2017
주가(최고/저)(천원)	5.5/2.7	5.7/1.7	2.6/0.5	2.6/0.6	1.6/1.1	2.5/1.0
PER(최고/저)(배)	—/—	—/—	0.6/0.1	—/—	—/—	—/—
PBR(최고/저)(배)	1.2/0.6	-0.3/-0.1	2.8/0.6	2.8/0.6	2.0/1.4	3.0/1.1
EV/EBITDA(배)	—	—	9.2	—	—	—
EPS(원)	-4,378	-22,498	4,703	-239	-77	-239
BPS(원)	814	-3,108	1,119	938	772	857
CFPS(원)	-663	-3,831	5,708	-189	-51	-223
DPS(원)	—	—	—	—	—	—
EBITDAPS(원)	-134	-1,653	173	-123	-100	-77

재무 비율 〈단위 : %〉

연도	영업이익률	순이익률	부채비율	차입금비율	ROA	ROE	유보율	자기자본비율	EBITDA마진율
2017	-9.1	-23.6	29.2	8.5	-20.5	-33.9	71.4	77.4	-7.5
2016	-7.1	-4.2	131.8	64.5	-4.1	-9.0	54.3	43.1	-5.6
2015	-5.8	-8.0	96.2	34.7	-8.0	-21.3	87.6	51.0	-4.1
2014	0.5	100.3	261.8	144.9	81.6	전기잠식	123.8	27.6	3.1

동양물산기업 (A002900)
Tong Yang Moolsan

업　　종 : 기계　　시　　장 : 거래소
신용등급 : (Bond) —　(CP) —　　기업규모 : 시가총액 소형주
홈페이지 : www.tym.co.kr　　연 락 처 : 02)3014-2800
본　　사 : 서울시 강남구 연주로133길 7, 대웅빌딩 2,3층

설 립 일	1960.02.01	**종업원수**	689명	**대표이사**	김희용
상 장 일	1973.06.26	**감사의견**	적정(새빛)	**계　열**	
결 산 기	12월	**보 통 주**		**종속회사수**	2개사
액 면 가	500원	**우 선 주**		**구 상 호**	

주주구성 (지분율,%)		출자관계 (지분율,%)		주요경쟁사 (외형,%)	
김희용	15.0	셀파씨엔씨	29.7	동양물산	100
김식	6.4	케이에이엠홀딩스	27.1	신진에스엠	15
(외국인)	9.2	세일공업	8.3	수산중공업	27

매출구성		비용구성		수출비중	
농기계사업부 - 트랙터, 콤바인, 이앙기 등	74.8	매출원가율	81.7	수출	53.1
필터 사업부 - 탄소복합필터, 아세테이트필터 등	20.8	판관비율	15.4	내수	46.9
문화사업부 - 신문, 서적 등	4.5				

회사 개요

동사는 1960년 설립돼 농기계사업과 담배필터 사업을 주요사업으로 영위하고 있음. 농기계 사업이 전체 매출액의 78.5%, 담배필터 사업 부문이 19.1%, 기타 사업 부문이 2.4%를 차지함. 미국 놀스캐롤라이나 윌슨에 위치한 농기계 판매사 TYM-USA를 연결대상 종속회사로 보유함. 농기계 부문은 해외 수출 증가로 성장세를 보이나 담배필터 부문은 궐련형 전자담배 시장잠식 영향으로 매출이 감소하고 있음.

실적 분석

전체 매출액의 79%를 차지하고 있는 동사의 주력사업인 농기계사업부문의 2017년 매출액은 해외시장 매출증가로 전년대비 5% 증가한 2,934억원, 필터사업부문의 매출액은 궐련형 전자담배시장의 일반담배시장 잠식으로 인하여 8% 감소한 714억원을 기록함. 수익성 향상 및 영업비용 감소에 따라, 영업이익은 전년대비 크게 증가하였으나, 지분법손실 및 외화환산손실 등의 영향과 중단영업손익을 반영한 당기순이익은 59.3% 감소한 15.0억원에 그침.

현금 흐름 〈단위 : 억원〉

항목	2016	2017
영업활동	85	235
투자활동	-266	-79
재무활동	99	-154
순현금흐름	-81	1
기말현금	216	217

시장 대비 수익률

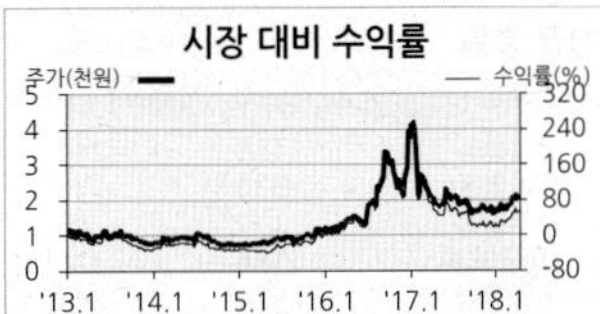

결산 실적 〈단위 : 억원〉

항목	2012	2013	2014	2015	2016	2017
매출액	3,667	3,736	3,274	3,575	3,755	3,738
영업이익	89	116	13	53	34	108
당기순이익	-13	-15	-89	27	37	15

분기 실적 〈단위 : 억원〉

항목	2016.3Q	2016.4Q	2017.1Q	2017.2Q	2017.3Q	2017.4Q
매출액	1,010	680	1,018	1,031	909	780
영업이익	28	-73	56	47	17	-13
당기순이익	12	-8	20	20	12	-36

재무 상태 〈단위 : 억원〉

항목	2012	2013	2014	2015	2016	2017
총자산	3,389	3,368	3,496	3,418	3,555	3,537
유형자산	1,077	1,034	1,006	986	997	985
무형자산	61	58	67	61	48	32
유가증권	26	24	22	30	31	32
총부채	1,961	1,967	2,207	2,117	2,228	2,210
총차입금	1,103	1,186	1,356	1,298	1,426	1,325
자본금	327	327	327	327	327	327
총자본	1,428	1,401	1,289	1,302	1,326	1,327
지배주주지분	1,428	1,401	1,289	1,302	1,326	1,327

기업가치 지표

항목	2012	2013	2014	2015	2016	2017
주가(최고/저)(천원)	2.6/1.0	1.2/0.8	1.1/0.7	1.2/0.7	4.0/1.1	4.8/1.6
PER(최고/저)(배)	—/—	—/—	—/—	30.7/17.8	72.1/19.0	211.6/69.4
PBR(최고/저)(배)	1.3/0.5	0.6/0.4	0.6/0.4	0.6/0.4	2.0/0.5	2.4/0.8
EV/EBITDA(배)	9.0	6.7	15.3	11.9	26.9	9.8
EPS(원)	-20	-22	-136	41	56	23
BPS(원)	21,844	21,432	19,706	19,906	2,029	2,029
CFPS(원)	1,078	1,123	-53	1,866	211	191
DPS(원)	150	150	100	150	10	15
EBITDAPS(원)	2,643	3,117	1,507	2,261	207	332

재무 비율 〈단위 : %〉

연도	영업이익률	순이익률	부채비율	차입금비율	ROA	ROE	유보율	자기자본비율	EBITDA마진율
2017	2.9	0.4	166.6	99.9	0.4	1.1	305.8	37.5	5.8
2016	0.9	1.0	168.0	107.5	1.1	2.8	305.7	37.3	3.6
2015	1.5	0.8	162.6	99.8	0.8	2.1	298.1	38.1	4.1
2014	0.4	-2.7	171.3	105.2	-2.6	-6.6	294.1	36.9	3.0

동양생명보험 (A082640)
TONG YANG LIFE INSURANCE

업　　종 : 보험　　시　　장 : 거래소
신용등급 : (Bond) —　(CP) —　　기업규모 : 시가총액 중형주
홈페이지 : www.myangel.co.kr　　연 락 처 : 02)1577-1004
본　　사 : 서울시 종로구 종로 33 (청진동)

설 립 일	1989.07.01	**종업원수**	1,010명	**대표이사**	뤄젠룽
상 장 일	2009.10.08	**감사의견**	적정(삼정)	**계　열**	
결 산 기	12월	**보 통 주**		**종속회사수**	5개사
액 면 가	5,000원	**우 선 주**		**구 상 호**	

주주구성 (지분율,%)		출자관계 (지분율,%)		주요경쟁사 (외형,%)	
Anbang Life Insurance Co., Ltd.	42.0	동양자산운용	73.0	동양생명	100
Anbang Group Holdings Co. Limited	33.3	유암코워크아웃제일차기업재무안정사모투자전문회사	20.0	메리츠화재	125
(외국인)	84.3	용인클린워터	15.0	코리안리	140

수익구성		비용구성		수출비중	
[생명보험]생사혼합	63.3	책임준비금전입	41.3	수출	—
[생명보험]사망	22.6	보험금비용	33.7	내수	—
[생명보험]특별계정	8.6	사업비	5.6		

회사 개요

동사는 생명보험업을 주업으로 1989년 한국의 동양과 미국의 Mutual Benefits Life Insurance가 공동출자하여 동양베네피트생명으로 설립된 후 외국인 지분이 정리됨에 따라 상호를 동양생명보험으로 변경함. 2000년 태평양생명보험을 흡수합병하였으며, 2013년 12월 동양그룹으로부터 계열 분리됨. 금융위의 대주주 승인으로 중국 안방보험이 동사를 인수하게 됨에 따라 최초로 중국 자본이 한국 보험사를 운영하게 됨.

실적 분석

동사는 지난해 연결재무제표 기준 1,928억원의 당기순이익을 기록. 매출액은 일시납 저축성보험 판매 축소의 영향으로 전년 대비 3.9% 줄어든 7조1397억원을 기록. 영업이익은 2,466억원으로 흑자 전환. 총자산은 전년 대비 13.6% 증가한 30조3,440억원을 나타내 창사 29년 만에 30조원을 달성함. 기존 방카슈랑스 영업채널을 통한 저축성보험 위주의 영업에서 탈피하여 보장성 보험을 강화 중.

현금 흐름 〈단위 : 억원〉

항목	2016	2017
영업활동	40,166	29,845
투자활동	-39,433	-35,261
재무활동	-641	5,056
순현금흐름	92	-362
기말현금	2,341	1,979

시장 대비 수익률

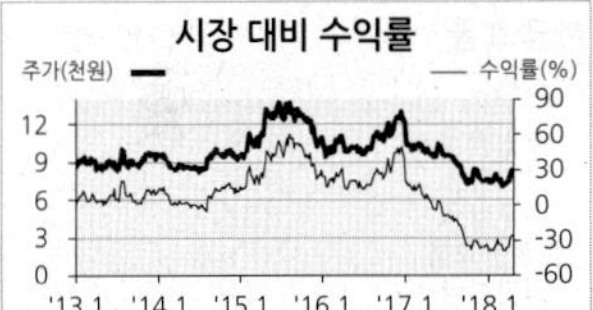

결산 실적 〈단위 : 억원〉

항목	2012	2013	2014	2015	2016	2017
보험료수익	40,427	26,193	32,625	35,631	61,019	51,369
영업이익	2,033	993	1,206	2,122	-298	2,466
당기순이익	1,580	761	1,670	1,605	148	1,928

분기 실적 〈단위 : 억원〉

항목	2016.3Q	2016.4Q	2017.1Q	2017.2Q	2017.3Q	2017.4Q
보험료수익	14,079	12,261	14,958	13,306	12,654	10,452
영업이익	600	-2,755	1,489	772	186	19
당기순이익	685	-2,092	1,193	587	162	-14

재무 상태 〈단위 : 억원〉

항목	2012	2013	2014	2015	2016	2017
총자산	176,627	180,635	204,257	226,209	267,208	303,439
유형자산	1,065	1,084	853	816	762	762
무형자산	401	189	180	154	131	123
유가증권	90,738	94,177	105,159	121,202	168,407	201,097
총부채	160,521	167,097	186,198	206,282	248,851	278,915
총차입금	—	—	—	—	—	—
자본금	5,379	5,379	5,379	5,379	5,379	8,068
총자본	16,106	13,538	18,060	19,927	18,357	24,524
지배주주지분	15,938	13,382	17,714	19,651	18,129	24,163

기업가치 지표

항목	2012	2013	2014	2015	2016	2017
주가(최고/저)(천원)	11.1/7.3	10.2/7.9	10.1/8.2	13.9/9.3	13.1/9.3	12.0/7.2
PER(최고/저)(배)	9.2/6.0	16.6/12.9	7.8/6.3	10.6/7.1	125.1/88.6	9.9/5.9
PBR(최고/저)(배)	0.9/0.6	0.9/0.7	0.7/0.6	0.8/0.6	0.8/0.6	0.8/0.5
PSR(최고/저)(배)	0/0	0/0	0/0	0/0	0/0	0/0
EPS(원)	1,460	720	1,529	1,468	112	1,278
BPS(원)	15,181	12,805	17,033	18,833	17,418	15,351
CFPS(원)	1,693	885	1,698	1,599	237	1,358
DPS(원)	350	200	550	620	200	360
EBITDAPS(원)	1,890	923	1,121	1,972	-277	1,658

재무 비율 〈단위 : %〉

연도	계속사업이익률	순이익률	부채비율	차입금비율	ROA	ROE	유보율	자기자본비율	총자산증가율
2017	4.9	3.8	1,137.3	0.0	0.7	9.0	207.0	8.1	13.6
2016	-0.5	0.2	1,355.6	0.0	0.1	0.6	248.4	6.9	18.1
2015	5.8	4.5	1,035.2	0.0	0.8	8.5	276.7	8.8	10.8
2014	6.5	5.1	1,031.0	0.0	0.9	10.6	240.7	8.8	15.6

동양에스텍 (A060380)
DONGYANG S·TEC

업 종 : 금속 및 광물 | 시 장 : KOSDAQ
신용등급 : (Bond) — (CP) — | 기업규모 : 중견
홈페이지 : www.dystec.co.kr | 연 락 처 : 042)221-6900
본 사 : 대전시 중구 중앙로 164번길 20(은행동)

설 립 일	1981.11.12	**종업원수**	76명	**대표이사**	조남욱
상 장 일	2002.01.19	**감사의견**	적정(예교)	**계 열**	
결 산 기	12월	**보 통 주**		**종속회사수**	3개사
액 면 가	500원	**우 선 주**		**구 상 호**	

주주구성 (지분율,%)		출자관계 (지분율,%)		주요경쟁사 (외형,%)	
조남욱	22.0	파워엠엔씨	4.3	동양에스텍	100
조은구	20.6	한국프랜지공업	1.0		35
(외국인)	0.4	아이에스동서	0.6	그린플러스	25

매출구성		비용구성		수출비중	
(도매)열연 외	57.7	매출원가율	93.5	수출	0.0
(제조)열연 외	31.2	판관비율	4.9	내수	100.0
코일 외	10.2				

회사 개요

동사는 철강제품 제조, 판매 등의 목적으로 동양철강으로 설립되었고 2001년 4월에 동양에스텍으로 상호를 변경하였음. 동사는 포스코의 가공센터로서 포스코가 생산하는 제품을 전·절단 및 가공하여 판매하는 회사임. 동사의 2016년 기준 점유율은 10.1%이며 동사의 계열회사는 건설폐기물 처리를 하는 동양에디 1곳이 있음. 동사는 국내 최초로 22mm shear line을 도입한 포항 제2공장을 준공해 운영하고 있음.

실적 분석

동사의 연결 기준 2017년 매출액은 전년 대비 22.55% 증가한 1862억원, 영업이익은 전년 대비 26.47% 감소한 29억원을 기록함. 연결회사가 보유한 매도가능금융자산의 처분으로 인해 금융수익이 60.75% 증가한 49억원을 기록하였지만, 매도가증권손상손실로 인해 금융비용도 52억원을 기록함. 당기순이익은 32억원으로 전년 대비 21.4% 감소함.

현금 흐름 〈단위 : 억원〉

항목	2016	2017
영업활동	8	-75
투자활동	-139	48
재무활동	122	39
순현금흐름	1	11
기말현금	21	32

시장 대비 수익률

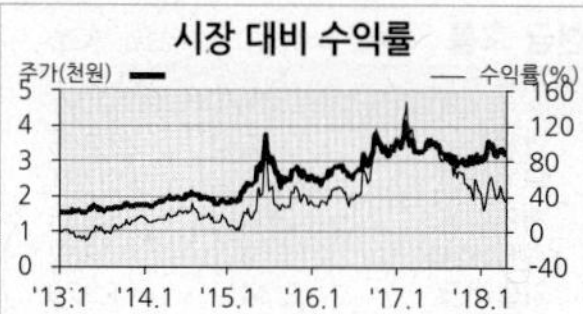

결산 실적 〈단위 : 억원〉

항목	2012	2013	2014	2015	2016	2017
매출액	2,055	2,243	1,742	1,338	1,520	1,862
영업이익	-16	44	21	17	39	29
당기순이익	-42	24	-35	-19	42	33

분기 실적 〈단위 : 억원〉

항목	2016.3Q	2016.4Q	2017.1Q	2017.2Q	2017.3Q	2017.4Q
매출액	351	469	427	446	532	458
영업이익	3	12	10	0	12	6
당기순이익	12	8	18	7	18	-11

재무 상태 〈단위 : 억원〉

항목	2012	2013	2014	2015	2016	2017
총자산	1,334	1,197	1,061	927	1,202	1,250
유형자산	231	215	221	242	380	369
무형자산	11	11	11	12	12	12
유가증권	244	225	193	129	208	159
총부채	835	693	570	466	681	706
총차입금	610	410	344	286	471	521
자본금	50	50	50	50	50	50
총자본	499	505	491	460	521	544
지배주주지분	499	505	491	459	503	525

기업가치 지표

항목	2012	2013	2014	2015	2016	2017
주가(최고/저)(천원)	2.0/1.3	1.8/1.5	2.2/1.7	3.8/1.8	4.0/2.3	4.5/2.8
PER(최고/저)(배)	—/—	9.3/7.8	—/—	—/—	10.0/5.8	14.9/9.4
PBR(최고/저)(배)	0.5/0.3	0.4/0.4	0.5/0.4	0.9/0.4	0.9/0.5	0.9/0.6
EV/EBITDA(배)	—	11.0	15.9	18.2	14.1	16.3
EPS(원)	-416	238	-353	-195	437	317
BPS(원)	5,018	5,070	4,937	4,614	5,057	5,303
CFPS(원)	-302	339	-233	-73	637	533
DPS(원)	100	100	100	100	100	150
EBITDAPS(원)	-42	544	330	297	590	503

재무 비율 〈단위 : %〉

연도	영업이익률	순이익률	부채비율	차입금비율	ROA	ROE	유보율	자기자본비율	EBITDA마진율
2017	1.5	1.8	129.9	95.9	2.7	6.2	960.6	43.5	2.7
2016	2.6	2.7	130.7	90.4	3.9	9.1	911.4	43.4	3.9
2015	1.3	-1.5	101.3	62.1	-2.0	-4.1	822.9	49.7	2.2
2014	1.2	-2.0	116.0	70.1	-3.1	-7.1	887.3	46.3	1.9

동양이엔피 (A079960)
DONGYANG E&P

업 종 : 전자 장비 및 기기 | 시 장 : KOSDAQ
신용등급 : (Bond) — (CP) — | 기업규모 : 우량
홈페이지 : www.dyenp.com | 연 락 처 : 031)370-6631
본 사 : 경기도 평택시 진위면 진위산단로 76, 진위산업단지

설 립 일	1987.03.27	**종업원수**	418명	**대표이사**	김재수,김재만
상 장 일	2005.02.01	**감사의견**	적정(대성삼경)	**계 열**	
결 산 기	12월	**보 통 주**		**종속회사수**	8개사
액 면 가	500원	**우 선 주**		**구 상 호**	

주주구성 (지분율,%)		출자관계 (지분율,%)		주요경쟁사 (외형,%)	
에스디와이	19.6			동양이엔피	100
신동양홀딩스	14.0			옵트론텍	36
(외국인)	18.2			에스씨디	34

매출구성		비용구성		수출비중	
(기타)	100.0	매출원가율	90.5	수출	—
		판관비율	6.1	내수	—

회사 개요

동사는 SMPS(Switching-Mode Power Supply), 충전기, 파워써플라이, 아답터등 전원공급장치 제조업을 영위하고 있음. 동사의 취급 품목은 크게 휴대폰용 충전기와 디지털 가전용 SMPS, O/A 및 통신장 비용 SMPS 로 구분되어 있으며 최근 태양열전지 등의 친환경제품과 LED 조명에 쓰이는 SMPS 등의 개발에도 주력을 다하며 빠르게 변화하는 시장에 신속히 대응하고자 노력하고 있음.

실적 분석

동사의 2017년 4분기 연결기준 누적 매출액은 4,247.2억원으로 전년동기(4,405.6억원) 대비 3.6% 감소하였음. 이에따라 영업이익은 전년 160억원보다 10.1% 감소한 143.8억원을 기록함. 외환손실이 급증하며 비영업손익이 적자전환함. 영업이익 감소와 비영업분야 손실로 당기순이익은 전년보다 64.4% 감소한 53.9억원을 기록. 태양열전지와 LED 조명 등으로 외연을 확대하는데 주력 중.

현금 흐름 〈단위 : 억원〉

항목	2016	2017
영업활동	155	248
투자활동	-335	75
재무활동	-1	25
순현금흐름	-184	320
기말현금	524	844

시장 대비 수익률

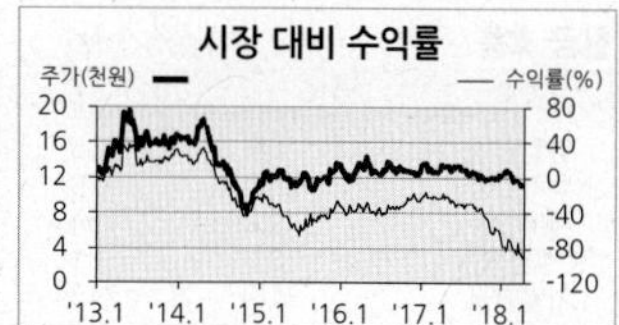

결산 실적 〈단위 : 억원〉

항목	2012	2013	2014	2015	2016	2017
매출액	5,523	5,958	4,774	4,641	4,406	4,247
영업이익	268	315	125	184	160	144
당기순이익	120	271	105	176	151	54

분기 실적 〈단위 : 억원〉

항목	2016.3Q	2016.4Q	2017.1Q	2017.2Q	2017.3Q	2017.4Q
매출액	1,249	1,011	929	1,118	1,188	1,013
영업이익	41	55	34	47	52	12
당기순이익	2	95	-17	63	45	-38

재무 상태 〈단위 : 억원〉

항목	2012	2013	2014	2015	2016	2017
총자산	2,151	2,542	2,322	2,564	2,611	2,662
유형자산	559	657	682	758	666	565
무형자산	22	47	48	46	39	41
유가증권	53	53	53	46	44	74
총부채	879	999	697	769	702	741
총차입금	70	73	20	48	46	39
자본금	39	39	39	39	39	39
총자본	1,271	1,543	1,625	1,794	1,909	1,921
지배주주지분	1,271	1,543	1,625	1,783	1,902	1,912

기업가치 지표

항목	2012	2013	2014	2015	2016	2017
주가(최고/저)(천원)	15.2/6.9	21.4/11.5	18.6/8.0	14.1/9.9	14.4/11.4	13.7/11.6
PER(최고/저)(배)	10.1/4.6	6.9/3.7	15.2/6.6	6.7/4.7	7.7/6.0	21.0/17.9
PBR(최고/저)(배)	1.0/0.5	1.2/0.6	1.0/0.4	0.7/0.5	0.6/0.5	0.6/0.5
EV/EBITDA(배)	2.2	2.5	1.1	1.4	0.8	—
EPS(원)	1,717	3,449	1,340	2,249	1,971	666
BPS(원)	16,891	19,910	20,949	22,967	24,475	24,607
CFPS(원)	3,036	4,472	2,561	3,617	3,277	1,899
DPS(원)	300	300	300	300	300	300
EBITDAPS(원)	4,734	5,031	2,807	3,705	3,342	3,063

재무 비율 〈단위 : %〉

연도	영업이익률	순이익률	부채비율	차입금비율	ROA	ROE	유보율	자기자본비율	EBITDA마진율
2017	3.4	1.3	38.6	2.1	2.1	2.8	4,821.4	72.2	5.7
2016	3.6	3.4	36.8	2.4	5.9	8.4	4,795.0	73.1	6.0
2015	4.0	3.8	42.9	2.7	7.2	10.4	4,493.4	70.0	6.3
2014	2.6	2.2	42.9	1.2	4.3	6.7	4,089.8	70.0	4.6

동양철관 (A008970)

Dong Yang Steel Pipe

업 종 : 금속 및 광물
신용등급 : (Bond) — (CP) —
홈페이지 : www.dysp.co.kr
본 사 : 충남 천안시 동남구 풍세면 풍세로 515
시 장 : 거래소
기업규모 : 시가총액 소형주
연 락 처 : 041)578-5511

설 립 일	1973.08.01	**종업원수**	165명	**대 표 이 사**	한홍수
상 장 일	1977.03.05	**감사의견**	적정(삼정)	**계 열**	
결 산 기	12월	**보 통 주**		**종속회사수**	1개사
액 면 가	500원	**우 선 주**		**구 상 호**	

주주구성 (지분율,%)		출자관계 (지분율,%)		주요경쟁사 (외형,%)	
동국실업	18.4	갑을알로이	100.0	동양철관	100
한국증권금융	3.6	제우피엔씨	0.5	포스코엠텍	175
(외국인)	0.5	KBREMICONL.L.C.,	8.3	휴스틸	469

매출구성		비용구성		수출비중	
[제품]나관, 도복관 외	79.0	매출원가율	96.2	수출	37.3
[상품]나관 외	19.3	판관비율	8.2	내수	62.7
[임가공]나관 외	1.2				

회사 개요

동사는 1973년에 설립되어, 수도용 강관 및 주물의 제조 및 판매 등을 주요 사업으로 영위하고 있음. 연결대상 종속기업으로 동특수합금을 생산 판매하는 갑을알로이를 보유하고 있음. 동사의 주요제품인 가스관, 강관말뚝, 각종 배관 등은 거시경제 변수에 많은 영향을 받고 있으며 특히, 건설경기 성장율 및 SOC 투자와 밀접한 관계를 가지고 있고 연결회사의 주요 제품인 동특수합금은 세계 자동차산업의 성장률과 밀접한 관계가 있음.

실적 분석

동사의 2017년 연결기준 연간 매출액은 전년동기대비 13.8% 증가한 1,471.4억원을 기록함. 반면 판관비의 감소에도 불구하고 영업손실은 64.9억원으로 적자지속중임. 공정거래위원회 부과 과징금 반영으로 당기순손실 또한 306.1억원으로 적자지속중임. 동사의 영업활동은 국 · 내외 플랜트 및 후육강관 시장 수주확대를 위해 노력하고 있으며, 생산제품의 고급화와 판매방식을 전환하여 유동성을 확보하려고 노력중임.

현금 흐름

〈단위 : 억원〉

항목	2016	2017
영업활동	59	-46
투자활동	0	9
재무활동	-84	58
순현금흐름	-25	20
기말현금	28	49

시장 대비 수익률

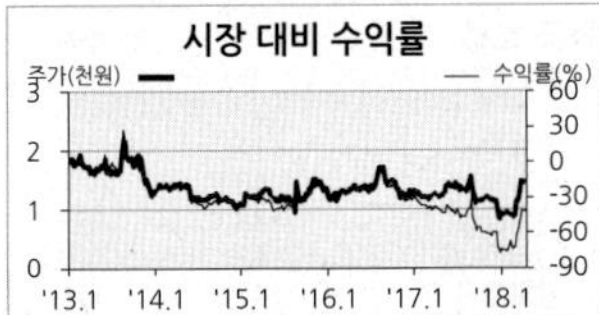

결산 실적

〈단위 : 억원〉

항목	2012	2013	2014	2015	2016	2017
매출액	2,564	2,226	1,998	1,713	1,293	1,471
영업이익	35	-61	-85	32	-120	-65
당기순이익	26	-88	-124	23	-147	-306

분기 실적

〈단위 : 억원〉

항목	2016.3Q	2016.4Q	2017.1Q	2017.2Q	2017.3Q	2017.4Q
매출액	291	442	422	338	291	420
영업이익	-25	-50	-2	-4	-16	-43
당기순이익	-48	-49	-13	-11	-18	-265

재무 상태

〈단위 : 억원〉

항목	2012	2013	2014	2015	2016	2017
총자산	2,123	2,167	1,858	1,775	1,598	1,504
유형자산	1,111	1,051	996	967	914	844
무형자산	11	10	9	7	6	6
유가증권	3	5	2	2	2	1
총부채	1,041	1,172	993	891	792	974
총차입금	590	559	631	587	448	482
자본금	407	407	407	407	428	436
총자본	1,082	995	865	884	805	530
지배주주지분	1,082	995	865	884	805	530

기업가치 지표

항목	2012	2013	2014	2015	2016	2017
주가(최고/저)(천원)	3.0/1.5	2.2/1.3	1.5/1.0	1.6/0.9	1.7/1.1	1.6/0.8
PER(최고/저)(배)	94.9/48.6	—/—	—/—	57.6/33.1	—/—	—/—
PBR(최고/저)(배)	2.3/1.2	1.8/1.0	1.4/1.0	1.5/0.9	1.8/1.2	2.6/1.3
EV/EBITDA(배)	19.3	88.4	—	14.9	—	193.2
EPS(원)	32	-108	-152	28	-171	-351
BPS(원)	1,328	1,221	1,062	1,085	941	607
CFPS(원)	116	-12	-59	119	-86	-270
DPS(원)	—	—	—	—	—	—
EBITDAPS(원)	127	20	-12	130	-54	7

재무 비율

〈단위 : %〉

연도	영업이익률	순이익률	부채비율	차입금비율	ROA	ROE	유보율	자기자본비율	EBITDA마진율
2017	-4.4	-20.8	183.9	91.0	-19.7	-45.9	21.4	35.2	0.4
2016	-9.3	-11.3	98.4	55.7	-8.7	-17.4	88.2	50.4	-3.6
2015	1.9	1.4	100.7	66.4	1.3	2.7	117.1	49.8	6.2
2014	-4.3	-6.2	114.8	73.0	-6.2	-13.3	112.4	46.6	-0.5

동양파일 (A228340)

TONGYANG PILE

업 종 : 건축소재
신용등급 : (Bond) — (CP) —
홈페이지 : www.tongyangphc.com
본 사 : 충남 아산시 염치읍 아산온천로 16-127
시 장 : KOSDAQ
기업규모 : 우량
연 락 처 : 02)3770-3157

설 립 일	2013.06.12	**종업원수**	35명	**대 표 이 사**	김시년,한웅걸
상 장 일	2016.04.06	**감사의견**	적정(호연)	**계 열**	
결 산 기	12월	**보 통 주**		**종속회사수**	
액 면 가	500원	**우 선 주**		**구 상 호**	

주주구성 (지분율,%)		출자관계 (지분율,%)		주요경쟁사 (외형,%)	
한림건설	40.0	동양	0.0	동양파일	100
케이에이치디	20.0			아세아시멘트	521
(외국인)	3.0			현대시멘트	394

매출구성		비용구성		수출비중	
PHC파일(제품)	99.7	매출원가율	69.2	수출	0.0
(용역)	0.3	판관비율	14.2	내수	100.0
PHC파일(상품)	0.0				

회사 개요

동사는 콘크리트관 및 기타구조용 콘크리트 제품 제조업을 목적사업으로 하며 2013년 6월 12일 설립되었으며 2014년 한림건설의 동양 지분 인수와 함께 대주주가 변경됨. 동사는 건축물 등의 지반 강화를 위한 필수품인 PHC파일 업계 2위 업체로 아산, 익산, 함안에 3개 공장을 가지고 있으며 연 생산능력은 92만톤가량임. 현재 초고강도 시장은 성장초입으로 시장확대가 기대됨. 동사는 4월 6일 코스닥시장에 상장됨.

실적 분석

동사의 2017년 연간 매출액 및 영업이익은 각각 885.8억원, 147.2억원으로 전년 대비 26.8%, 61.7% 감소함. 이는 건설경기 침체에 따른 콘크리트 파일 수요 감소와 판매단가 하락으로 인한 영향임. 당기순이익 또한 영업권 손상차손 반영으로 영업외비용 증가함에 따라 전년 대비 71% 감소하며 82.5억원을 시현함. 하반기부터 시작된 입주물량의 증가와 2018년 신규분양 물량의 감소 예상으로 전 건설부문의 실적은 감소함.

현금 흐름 *IFRS 별도 기준

〈단위 : 억원〉

항목	2016	2017
영업활동	328	228
투자활동	-18	-18
재무활동	-44	-300
순현금흐름	267	-90
기말현금	570	480

시장 대비 수익률

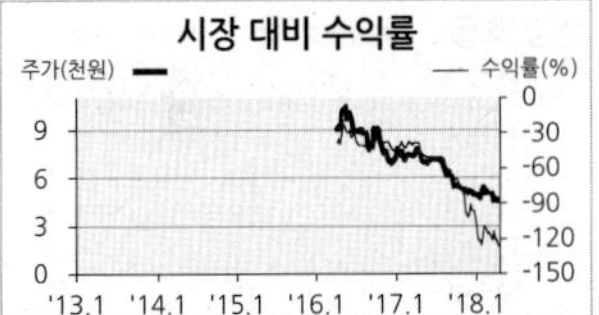

결산 실적

〈단위 : 억원〉

항목	2012	2013	2014	2015	2016	2017
매출액	—	333	1,052	1,156	1,209	886
영업이익	—	63	258	349	384	147
당기순이익	—	20	97	248	285	82

분기 실적 *IFRS 별도 기준

〈단위 : 억원〉

항목	2016.3Q	2016.4Q	2017.1Q	2017.2Q	2017.3Q	2017.4Q
매출액	257	318	296	265	144	181
영업이익	73	99	71	53	10	12
당기순이익	53	26	54	39	9	-20

재무 상태 *IFRS 별도 기준

〈단위 : 억원〉

항목	2012	2013	2014	2015	2016	2017
총자산	—	1,347	1,431	1,631	1,887	1,597
유형자산	—	655	637	641	578	561
무형자산	—	295	295	295	246	206
유가증권	—	—	1	2	2	1
총부채	—	938	923	875	451	128
총차입금	—	748	700	690	250	—
자본금	—	4	4	80	100	100
총자본	—	409	507	756	1,437	1,469
지배주주지분	—	409	507	756	1,437	1,469

기업가치 지표 *IFRS 별도 기준

항목	2012	2013	2014	2015	2016	2017
주가(최고/저)(천원)	—/—	—/—	—/—	—/—	—/—	—/—
PER(최고/저)(배)	0.0/0.0	0.0/0.0	0.0/0.0	0.0/0.0	7.6/4.7	19.9/12.1
PBR(최고/저)(배)	0.0/0.0	0.0/0.0	0.0/0.0	0.0/0.0	1.6/1.0	1.1/0.7
EV/EBITDA(배)	0.0	9.9	2.1	1.0	2.9	2.9
EPS(원)	—	282	607	1,548	1,498	412
BPS(원)	—	49,903	61,898	4,725	7,185	7,345
CFPS(원)	—	8,854	15,370	1,743	1,670	552
DPS(원)	—	—	—	—	250	150
EBITDAPS(원)	—	21,073	34,972	2,377	2,195	876

재무 비율

〈단위 : %〉

연도	영업이익률	순이익률	부채비율	차입금비율	ROA	ROE	유보율	자기자본비율	EBITDA마진율
2017	16.6	9.3	8.7	0.0	4.7	5.7	1,368.9	92.0	19.8
2016	31.8	23.5	31.4	17.4	16.2	26.0	1,336.9	76.1	34.5
2015	30.2	21.4	115.8	91.3	16.2	39.2	844.9	46.3	32.9
2014	24.5	9.2	182.0	138.0	7.0	21.2	12,279.7	35.5	27.3

동양피스톤 (A092780)
Dong Yang Piston

업종 : 자동차부품
신용등급 : (Bond) — (CP) —
홈페이지 : www.dypiston.co.kr
본사 : 경기도 안산시 단원구 해봉로255번길 16
시장 : 거래소
기업규모 : —
연락처 : 031)489-9056

설립일	1967.07.01	**종업원수**	명	**대표이사**	홍순겸
상장일	2017.12.08	**감사의견**	적정(삼정)	**계열**	
결산기	12월	**보통주**		**종속회사수**	
액면가	500원	**우선주**		**구상호**	

주주구성 (지분율,%)		출자관계 (지분율,%)		주요경쟁사 (외형,%)	
양준규	20.5			동양피스톤	100
홍순겸	15.7			디와이파워	110
(외국인)	0.3			넥센테크	28

매출구성		비용구성		수출비중	
제품 피스톤	71.2	매출원가율	85.8	수출	57.9
상품 피스톤	22.3	판관비율	7.7	내수	42.1
기타	6.5				

회사 개요
1977년 6월 설립된 동사는 연결실체 기준으로 내연기관용 엔진피스톤을 전문적으로 생산, 판매하는 피스톤 전문기업임. 계열사 오리엔스는 2001년 동사의 지분 인수 이후 지속적인 연구개발과 설비투자를 통해 생산능력 및 품목을 확대 중이며 주요 고객사는 현대기아차, 쌍용자동차 등이 있음. 동사가 보유하고 있는 불활성 가스주조기술 및 저온 주조기술은 피스톤 품질 및 강도향상에 큰 기여를 하며 세계 최고의 주조품질 확보를 통해 기술 경쟁력을 확보.

실적 분석
동사는 2017년 연결재무제표 기준 영업이익 191억원을 달성. 이는 전년보다 23% 증가한 수치. 이 기간 매출은 2,942억원으로 전년대비 1.3% 줄었고, 당기순이익은 94억원으로 전년대비 2% 증가. 매출과 영업이익, 순이익 모두 사상 최대치 기록. 실적 상승의 주된 요인은 글로벌 고객사향 수출 증가에 따른 원가율 하락으로 풀이됨. 전방산업의 침체를 이겨내고 수익성 강화를 통해 글로벌시장 변동성 확대 우려를 불식시켰다는 평가.

현금 흐름 *IFRS 별도 기준 (단위 : 억원)

항목	2016	2017
영업활동	-1	94
투자활동	-190	-192
재무활동	198	82
순현금흐름	7	-16
기말현금	16	0

시장 대비 수익률
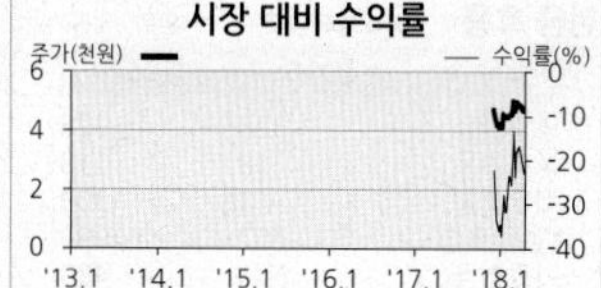

결산 실적 (단위 : 억원)

항목	2012	2013	2014	2015	2016	2017
매출액	2,040	2,368	2,510	2,778	2,980	2,942
영업이익	76	107	103	134	155	190
당기순이익	40	66	64	66	92	94

분기 실적 *IFRS 별도 기준 (단위 : 억원)

항목	2016.3Q	2016.4Q	2017.1Q	2017.2Q	2017.3Q	2017.4Q
매출액	—	—	—	—	—	—
영업이익	—	—	—	—	—	—
당기순이익	—	—	—	—	—	—

재무 상태 *IFRS 별도 기준 (단위 : 억원)

항목	2012	2013	2014	2015	2016	2017
총자산	1,399	1,467	1,743	2,040	2,310	2,455
유형자산	668	666	747	735	736	731
무형자산	3	3	4	7	9	8
유가증권	0	0	0	0	4	4
총부채	1,150	1,151	1,326	1,549	1,710	1,560
총차입금	590	624	687	888	1,086	985
자본금	49	49	49	49	49	66
총자본	249	317	417	491	600	895
지배주주지분	249	317	417	491	600	895

기업가치 지표 *IFRS 별도 기준

항목	2012	2013	2014	2015	2016	2017
주가(최고/저)(천원)	—/—	—/—	—/—	—/—	—/—	4.8/4.1
PER(최고/저)(배)	0.0/0.0	0.0/0.0	0.0/0.0	0.0/0.0	0.0/0.0	6.3/5.3
PBR(최고/저)(배)	0.0/0.0	0.0/0.0	0.0/0.0	0.0/0.0	0.0/0.0	0.7/0.6
EV/EBITDA(배)	3.5	3.3	3.8	4.0	4.7	6.3
EPS(원)	406	668	510	902	1,081	781
BPS(원)	25,274	32,089	42,227	49,711	6,079	6,797
CFPS(원)	11,160	14,900	13,831	17,507	1,959	1,562
DPS(원)	—	—	—	—	—	100
EBITDAPS(원)	14,891	16,096	16,340	20,776	2,226	2,160

재무 비율 (단위 : %)

연도	영업이익률	순이익률	부채비율	차입금비율	ROA	ROE	유보율	자기자본비율	EBITDA마진율
2017	6.5	3.2	246.0	158.7	3.2	12.7	1,187.2	28.9	11.3
2016	5.2	3.1	363.9	238.1	3.5	16.6	1,118.8	21.6	9.4
2015	4.8	2.4	388.4	232.9	3.0	14.0	922.6	20.5	8.8
2014	4.1	2.5	342.8	191.4	—	—	802.2	22.6	8.6

동양피엔에프 (A104460)
DONGYANG P&F

업종 : 기계
신용등급 : (Bond) — (CP) —
홈페이지 : www.dypnf.com
본사 : 서울시 금천구 가산디지털1로 88, 17층,18층(가산동, 아이티프리미어타워)
시장 : KOSDAQ
기업규모 : 중견
연락처 : 02)2106-8000

설립일	1999.07.01	**종업원수**	142명	**대표이사**	배효점
상장일	2009.12.22	**감사의견**	적정(삼정)	**계열**	
결산기	12월	**보통주**		**종속회사수**	3개사
액면가	500원	**우선주**		**구상호**	

주주구성 (지분율,%)		출자관계 (지분율,%)		주요경쟁사 (외형,%)	
조좌진	44.8	동양피엔에프자동화사업부	55.5	동양피엔에프	100
동양피엔에프글로벌서비스	4.7	더이한에스티이	28.2	아세아텍	107
(외국인)	0.3	자본재공제조합	0.4	나라엠앤디	148

매출구성		비용구성		수출비중	
뉴메틱 컨베잉시스템	45.7	매출원가율	88.7	수출	36.5
메카니컬 컨베잉시스템	45.6	판관비율	8.8	내수	63.5
기타	8.7				

회사 개요
동사는 1999년 설립돼 2002년 코스닥 시장에 상장됨. 분체이송시스템의 설계, 제작, 설치 및 시운전을 주 사업으로 하는 전문 엔지니어링업체임. 또한, 동사의 연결대상 종속회사 모두 분체이송시스템 관련 사업을 지역별, 기능별로 구분하여 운영하는 단일 사업부문으로 운영되고 있음. DY P&F USA Corp., 동양피엔에프 자동화사업부, 동양가복북경분체수송설비유한공사가 연결대상 종속회사임.

실적 분석
2017년 연결기준 동사 매출액은 954.1억원을 기록함. 전년도 매출액인 923.2억원에 비해 3.4% 증가한 금액임. 매출원가가 2.7% 증가하고 판매비와 관리비가 0.7% 증가했으나 매출 증가폭이 이를 웃돌아 영업이익은 전년도 16.2억원에서 49.8% 증가한 24.3억원을 시현함. 그러나 비영업부문이 적자를 지속했으며 손실폭이 커짐. 이에 당기순손실은 전년도 3.6억원에서 2017년 28.4억원으로 커짐.

현금 흐름 (단위 : 억원)

항목	2016	2017
영업활동	14	27
투자활동	40	3
재무활동	-38	-15
순현금흐름	18	9
기말현금	142	151

시장 대비 수익률
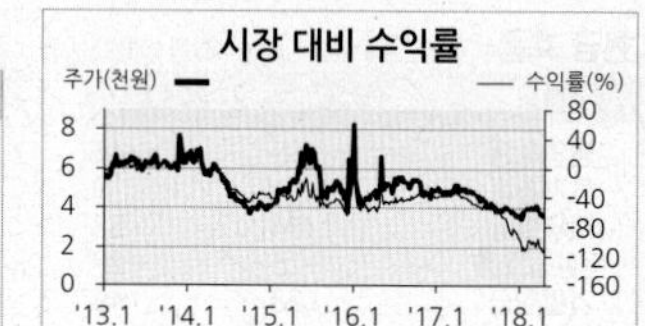

결산 실적 (단위 : 억원)

항목	2012	2013	2014	2015	2016	2017
매출액	558	713	767	802	923	954
영업이익	28	22	48	31	16	24
당기순이익	18	7	37	15	-4	-28

분기 실적 (단위 : 억원)

항목	2016.3Q	2016.4Q	2017.1Q	2017.2Q	2017.3Q	2017.4Q
매출액	180	328	205	238	190	321
영업이익	-7	20	-8	7	3	22
당기순이익	-8	4	-24	8	4	-16

재무 상태 (단위 : 억원)

항목	2012	2013	2014	2015	2016	2017
총자산	746	917	842	943	1,011	938
유형자산	134	109	116	102	199	132
무형자산	11	10	4	64	4	2
유가증권	27	29	29	44	26	32
총부채	219	389	274	370	445	411
총차입금	19	36	123	131	97	86
자본금	51	54	54	54	54	54
총자본	527	528	568	574	566	527
지배주주지분	527	528	562	573	579	535

기업가치 지표

항목	2012	2013	2014	2015	2016	2017
주가(최고/저)(천원)	7.8/5.1	7.9/5.4	7.6/3.7	7.7/3.7	8.2/4.1	5.3/3.6
PER(최고/저)(배)	52.2/34.3	135.3/93.5	23.6/11.5	35.4/17.1	233.4/115.9	—/—
PBR(최고/저)(배)	1.7/1.1	1.6/1.1	1.5/0.7	1.4/0.7	1.5/0.7	1.0/0.7
EV/EBITDA(배)	14.4	20.1	6.4	16.8	19.8	9.2
EPS(원)	165	64	353	233	37	-246
BPS(원)	5,458	5,319	5,634	5,744	5,795	5,389
CFPS(원)	232	121	407	293	89	-201
DPS(원)	25	50	120	120	100	—
EBITDAPS(원)	337	259	505	347	203	272

재무 비율 (단위 : %)

연도	영업이익률	순이익률	부채비율	차입금비율	ROA	ROE	유보율	자기자본비율	EBITDA마진율
2017	2.6	-3.0	77.8	16.4	-2.9	-4.7	977.9	56.2	3.1
2016	1.8	-0.4	78.6	17.1	-0.4	0.7	1,059.1	56.0	2.4
2015	3.8	1.9	64.4	22.8	1.7	4.4	1,048.7	60.8	4.6
2014	6.3	4.8	48.3	21.6	4.2	6.9	1,026.8	67.4	7.1

동우팜투테이블 (A088910)
DONGWOO FARM TO TABLE

업 종	식료품	시 장	KOSDAQ
신용등급	(Bond) — (CP) —	기업규모	우량
홈페이지	dongwoofarmtotable.com	연 락 처	063)450-2000
본 사	전북 군산시 서수면 동군산로 1095		

설 립 일	1993.02.17	**종 업 원 수**	462명	**대 표 이 사**	이계창
상 장 일	2006.06.23	**감 사 의 견**	적정(바른)	**계 열**	
결 산 기	12월	**보 통 주**		**종속회사수**	
액 면 가	500원	**우 선 주**		**구 상 호**	동우

주주구성 (지분율,%)		출자관계 (지분율,%)		주요경쟁사 (외형,%)	
군산도시가스	21.6	다농	47.5	동우팜투테이블	100
김동수	17.2	나농	45.0	하림	376
(외국인)	4.6	가농	45.0	마니커	110

매출구성		비용구성		수출비중	
도계육(육계)	44.9	매출원가율	86.3	수출	0.0
도계육(부분육)	17.2	판관비율	6.4	내수	100.0
생계	15.8				

회사 개요

동사는 1993년 설립됐으며, 2006년 6월 코스닥시장에 상장함. 동사가 영위하는 사업영역은 양계, 축산물의 제조 및 가공부문으로 해당 사업의 매출이 전체 매출액의 100%를 점하고 있음. 동사는 계열화사업본부의 기반시설을 통하여 병아리 및 생계를 생산하고 있고, 생산시설을 통하여 통닭(육계, 삼계, 토종닭), 염장육, 부분육, 부산물(닭발, 근위, 염통 등), 단미사료(도계과정 중 발생된 우모, 내장 등을 사료화한 제품)등을 생산함.

실적 분석

동사의 2017년 연결 기준 연간 누적 매출액은 2308.4억원으로 전년 동기 대비 2.1% 감소함. 매출은 감소했지만 매출 감소율 대비 매출원가 감소율이 크고 판매비와 관리비도 줄어들면서 영업이익은 전년 동기 대비 73.5% 증가한 168.4억원을 기록함. 비영업 부문에서도 관련기업 투자 손익 등이 발생하면서 당기순이익은 전년 동기 대비 35.2% 증가한 175.1억원을 기록함.

현금 흐름 *IFRS 별도 기준 〈단위 : 억원〉

항목	2016	2017
영업활동	151	198
투자활동	-89	-272
재무활동	16	79
순현금흐름	78	5
기말현금	151	156

시장 대비 수익률

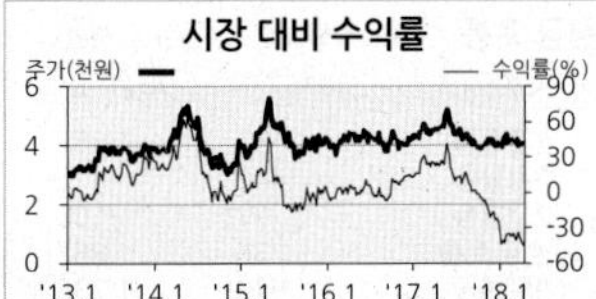

결산 실적 〈단위 : 억원〉

항목	2012	2013	2014	2015	2016	2017
매출액	2,143	2,517	2,198	2,397	2,358	2,308
영업이익	-13	125	65	59	97	168
당기순이익	24	105	17	83	129	175

분기 실적 *IFRS 별도 기준 〈단위 : 억원〉

항목	2016.3Q	2016.4Q	2017.1Q	2017.2Q	2017.3Q	2017.4Q
매출액	684	597	514	624	658	513
영업이익	56	49	37	84	36	11
당기순이익	88	43	55	81	45	-6

재무 상태 *IFRS 별도 기준 〈단위 : 억원〉

항목	2012	2013	2014	2015	2016	2017
총자산	1,496	1,523	1,581	1,627	1,736	2,005
유형자산	243	237	225	219	207	202
무형자산	0	0	0	0	0	3
유가증권	26	25	12	17	9	10
총부채	398	308	350	313	297	291
총차입금	132	117	141	49	73	56
자본금	114	114	114	114	115	129
총자본	1,097	1,215	1,231	1,314	1,439	1,714
지배주주지분	1,097	1,215	1,231	1,314	1,439	1,714

기업가치 지표 *IFRS 별도 기준

항목	2012	2013	2014	2015	2016	2017
주가(최고/저)(천원)	4.3/2.8	4.1/2.9	5.4/2.9	5.8/3.4	4.7/3.7	5.2/3.9
PER(최고/저)(배)	42.4/27.2	9.3/6.6	76.7/41.3	16.2/9.6	8.4/6.6	7.2/5.4
PBR(최고/저)(배)	0.9/0.6	0.8/0.6	1.0/0.6	1.0/0.6	0.8/0.6	0.8/0.6
EV/EBITDA(배)	21.6	4.2	6.8	7.8	4.6	1.7
EPS(원)	104	458	73	364	566	727
BPS(원)	4,802	5,316	5,387	5,750	6,272	6,637
CFPS(원)	212	576	180	458	653	801
DPS(원)	—	—	—	50	—	50
EBITDAPS(원)	51	664	392	352	511	774

재무 비율 〈단위 : %〉

연도	영업이익률	순이익률	부채비율	차입금비율	ROA	ROE	유보율	자기자본비율	EBITDA마진율
2017	7.3	7.6	17.0	3.3	9.4	11.1	1,227.3	85.5	8.1
2016	4.1	5.5	20.6	5.1	7.7	9.4	1,154.3	82.9	5.0
2015	2.5	3.5	23.8	3.8	5.2	6.5	1,050.0	80.8	3.4
2014	3.0	0.8	28.4	11.5	1.1	1.4	977.3	77.9	4.1

동운아나텍 (A094170)
DONGWOON ANATECH COLTD

업 종	반도체 및 관련장비	시 장	KOSDAQ
신용등급	(Bond) — (CP) —	기업규모	벤처
홈페이지	www.dwanatech.com	연 락 처	02)3465-8765
본 사	서울시 서초구 남부순환로 2351 (서초동, 아리랑타워 9층)		

설 립 일	2006.07.01	**종 업 원 수**	128명	**대 표 이 사**	김동철
상 장 일	2015.06.30	**감 사 의 견**	적정(한영)	**계 열**	
결 산 기	12월	**보 통 주**		**종속회사수**	
액 면 가	500원	**우 선 주**		**구 상 호**	

주주구성 (지분율,%)		출자관계 (지분율,%)		주요경쟁사 (외형,%)	
김동철	24.8			동운아나텍	100
스톤브릿지영상콘텐츠투자조합	4.6			SKC 솔믹스	241
(외국인)	2.1			프로텍	272

매출구성		비용구성		수출비중	
AF Driver IC	95.4	매출원가율	75.3	수출	73.8
Display Driver IC	3.2	판관비율	27.9	내수	26.2
LED 조명 Driver IC	1.5				

회사 개요

동사는 휴대폰, 태블릿, 기타 전자기기에 들어가는 아날로그(Analog) 반도체를 회로설계, 개발 및 일괄 외주생산 상용화하여 고객사에 판매하는 팹리스(Fabless) 아날로그 반도체 회사. Auto Focus Driver IC, 모바일 디스플레이 전원 IC, LED 조명 Driver IC 반도체 제품들을 국내외 IT제조사에 공급하고 있음. 주요 제품인 휴대용 카메라용 AF Driver IC는 시장점유율 세계 1위 제품임.

실적 분석

동사의 2017년 매출과 영업손실은 549.9억원, 18.0억원으로 전년 대비 매출은 0.6% 증가했으나 적자전환함. 당기순손실 또한 31.2억원으로 적자전환함. 고부가가치의 신규제품의 매출 미비, 기존 제품의 판가인하 등이 주요 원인으로 분석됨. 장/단기차입금의 증가로 인해 부채비율은 전년대비 31.2% 증가한 61.7%를, 자산총계 대비 차입금 비중을 나타내는 차입금 의존도는 19.8%를 기록함.

현금 흐름 *IFRS 별도 기준 〈단위 : 억원〉

항목	2016	2017
영업활동	-1	3
투자활동	-17	-43
재무활동	-8	24
순현금흐름	-29	-24
기말현금	76	53

시장 대비 수익률

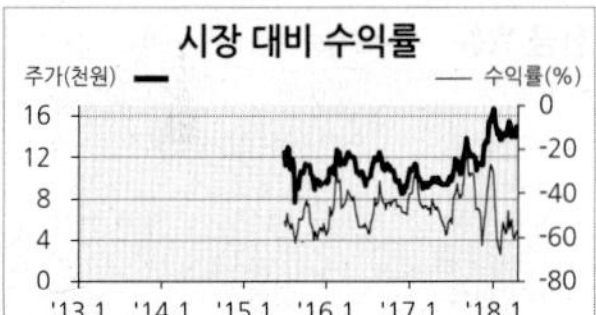

결산 실적 〈단위 : 억원〉

항목	2012	2013	2014	2015	2016	2017
매출액	304	465	445	569	547	550
영업이익	28	74	55	83	15	-18
당기순이익	14	53	57	80	13	-31

분기 실적 *IFRS 별도 기준 〈단위 : 억원〉

항목	2016.3Q	2016.4Q	2017.1Q	2017.2Q	2017.3Q	2017.4Q
매출액	130	146	107	149	160	135
영업이익	-6	5	-9	0	3	-13
당기순이익	-13	11	-17	2	5	-22

재무 상태 *IFRS 별도 기준 〈단위 : 억원〉

항목	2012	2013	2014	2015	2016	2017
총자산	263	262	329	434	428	429
유형자산	5	3	4	4	6	5
무형자산	53	36	39	44	64	68
유가증권	1	1	0	0	3	23
총부채	178	111	127	81	100	164
총차입금	128	65	62	—	30	85
자본금	24	25	25	30	30	30
총자본	85	151	202	354	328	265
지배주주지분	85	151	202	354	328	265

기업가치 지표 *IFRS 별도 기준

항목	2012	2013	2014	2015	2016	2017
주가(최고/저)(천원)	—/—	—/—	—/—	13.6/7.7	12.7/8.3	16.2/9.1
PER(최고/저)(배)	0.0/0.0	0.0/0.0	0.0/0.0	10.7/6.0	62.6/41.0	—/—
PBR(최고/저)(배)	0.0/0.0	0.0/0.0	0.0/0.0	2.6/1.4	2.3/1.5	3.3/1.8
EV/EBITDA(배)	2.1	0.2	0.0	5.2	22.7	—
EPS(원)	236	894	986	1,296	204	-477
BPS(원)	1,497	2,817	3,767	5,904	5,964	5,422
CFPS(원)	534	1,263	1,299	1,647	437	-296
DPS(원)	—	—	—	140	30	70
EBITDAPS(원)	770	1,649	1,248	1,695	460	-74

재무 비율 〈단위 : %〉

연도	영업이익률	순이익률	부채비율	차입금비율	ROA	ROE	유보율	자기자본비율	EBITDA마진율
2017	-3.3	-5.7	61.7	32.0	-7.3	-10.5	984.4	61.8	-0.8
2016	2.7	2.4	30.5	9.2	3.1	3.9	1,092.8	76.6	5.0
2015	14.6	14.1	22.8	0.0	21.0	28.9	1,080.9	81.4	16.9
2014	12.3	12.9	63.0	30.7	19.5	32.6	698.0	61.3	15.1

동원 (A003580)

Dong Won

업 종 : 건축소재		시 장 : 거래소	
신용등급 : (Bond) —	(CP) —	기업규모 : 시가총액 소형주	
홈페이지 : www.dongwoncorp.com		연 락 처 : 02)6925-4450	
본 사 : 강원도 정선군 사북읍 동탄길 38-13			

설 립 일 1962.09.24	**종업원수** 38명	**대표이사** 남올진	
상 장 일 1990.03.23	**감사의견** 적정(우리)	**계 열**	
결 산 기 12월	**보 통 주**	**종속회사수**	
액 면 가 500원	**우 선 주**	**구 상 호**	

주주구성 (지분율,%)		출자관계 (지분율,%)		주요경쟁사 (외형,%)	
스타감마투자조합	11.2	더블유투자금융주식형투자조합제10호	40.0	동원	100
이전배	8.6	썬라이트투자조합	37.9	유니온	1,155
(외국인)	0.3	동원리소스	19.8	서산	640

매출구성		비용구성		수출비중	
해사(제품등)	100.0	매출원가율	79.0	수출	0.0
		판관비율	24.0	내수	100.0

회사 개요

동사는 해사채취 전문 기업으로서, 해상의 허가된 광구에서 특수선박을 이용하여 해사를 채취, 육상으로 이송하여 특수 세척설비를 이용, 염분을 제거한 후 건축용 레미콘과 토목공사용 아스콘, 그리고 매립용으로 공급판매하는 사업을 영위하고 있음. 해사채취 부문은 2017년 인천항 내 기준 약 6.96% 점유로 업계 6위임. 태안군, 옹진군 허가물량 채취 및 EEZ 등 해사를 구매, 생산해 골재수요가 있는 레미콘업체에 직접 판매함.

실적 분석

매출액은 전년(182.6억원) 대비 14.1% 감소한 156.9억원이며, 영업손실은 4.7억원으로 전년(20.6억원 흑자)대비 적자로 전환하였음. 이는 적시에 골재허가가 나지 않아 골재 생산량이 줄어들어 매출액이 감소하였고, 선박을 신규 매입하면서 발생한 수리비로 인하여 일시적으로 원가가 증가함에 따라 발생한 손실임. 동사는 골재를 생산하는데 필요한 골재채취권을 확보하고 꾸준한 매출처관리를 통해 매출액을 늘리고 있음.

현금 흐름 *IFRS 별도 기준 〈단위 : 억원〉

항목	2016	2017
영업활동	-20	6
투자활동	-75	-187
재무활동	115	169
순현금흐름	21	-13
기말현금	47	34

시장 대비 수익률

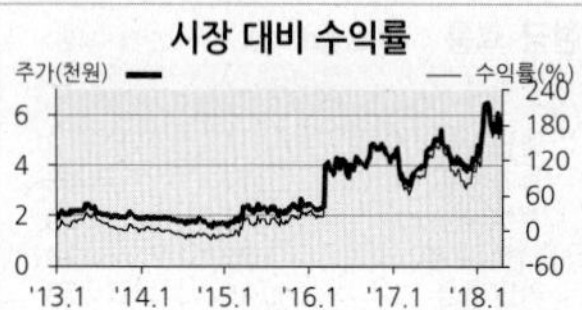

결산 실적 〈단위 : 억원〉

항목	2012	2013	2014	2015	2016	2017
매출액	216	196	229	153	183	157
영업이익	-38	-32	-2	12	21	-5
당기순이익	-49	-91	-12	2	-21	-4

분기 실적 *IFRS 별도 기준 〈단위 : 억원〉

항목	2016.3Q	2016.4Q	2017.1Q	2017.2Q	2017.3Q	2017.4Q
매출액	49	52	42	51	40	24
영업이익	9	9	5	4	-3	-11
당기순이익	6	-28	-1	6	-8	-1

재무 상태 *IFRS 별도 기준 〈단위 : 억원〉

항목	2012	2013	2014	2015	2016	2017
총자산	509	464	568	584	578	749
유형자산	37	30	108	17	14	49
무형자산	4	4	5	4	4	4
유가증권	33	34	35	22	162	182
총부채	171	199	307	208	143	128
총차입금	135	158	239	76	108	94
자본금	236	236	236	236	64	96
총자본	338	266	261	375	435	621
지배주주지분	338	266	261	375	435	621

기업가치 지표 *IFRS 별도 기준

항목	2012	2013	2014	2015	2016	2017
주가(최고/저)(천원)	29.6/18.8	24.9/18.8	20.4/15.2	28.2/16.1	48.2/22.4	5.5/3.0
PER(최고/저)(배)	—/—	—/—	—/—	122.8/70.1	—/—	—/—
PBR(최고/저)(배)	0.8/0.5	0.9/0.7	0.7/0.6	0.7/0.4	1.4/0.7	1.7/0.9
EV/EBITDA(배)	—	—	7.1	15.4	20.0	5,466.7
EPS(원)	-264	-767	-131	23	-178	-20
BPS(원)	7,173	5,635	5,540	7,959	34,037	3,239
CFPS(원)	-365	-1,374	632	170	-1,403	6
DPS(원)	—	—	—	—	—	—
EBITDAPS(원)	-231	-22	1,057	389	2,140	1

재무 비율 〈단위 : %〉

연도	영업이익률	순이익률	부채비율	차입금비율	ROA	ROE	유보율	자기자본비율	EBITDA마진율
2017	-3.0	-2.4	20.7	15.1	-0.6	-0.7	547.8	82.9	0.1
2016	11.3	-11.4	32.9	24.8	-3.6	-5.2	580.7	75.2	13.7
2015	8.2	1.4	55.5	20.2	0.4	0.7	59.2	64.3	12.0
2014	-0.8	-5.4	117.5	91.6	-2.1	-2.6	9.8	46.0	17.6

동원개발 (A013120)

DongWon Development

업 종 : 건설		시 장 : KOSDAQ	
신용등급 : (Bond) —	(CP) —	기업규모 : 우량	
홈페이지 : www.dongwonapt.co.kr		연 락 처 : 051)645-3113	
본 사 : 부산시 수영구 수영로 754 동원빌딩 (민락동,센텀비스타동원)			

설 립 일 1978.03.31	**종업원수** 186명	**대표이사** 장복만	
상 장 일 1994.12.29	**감사의견** 적정(안경)	**계 열**	
결 산 기 12월	**보 통 주**	**종속회사수**	
액 면 가 500원	**우 선 주**	**구 상 호**	

주주구성 (지분율,%)		출자관계 (지분율,%)		주요경쟁사 (외형,%)	
동원주택	32.5	동원관광개발	10.0	동원개발	100
장호익	15.5	주택도시보증공사	0.0	아이에스동서	326
(외국인)	18.2			태영건설	580

매출구성		비용구성		수출비중	
자체 공사	68.5	매출원가율	72.5	수출	—
건축공사 민간	28.2	판관비율	2.1	내수	—
토목공사 민간	1.4				

회사 개요

동사는 건설업 및 주택공급업 등을 영위할 목적으로 1978년에 설립되었으며, 1994년 코스닥시장에 상장됨. 주택전문 1군종합건설기업으로서 학교, 빌딩, 도로, 교량 등 토목,건축공사업 및 주택(APT)공급업을 영위하고 있음. 주요 영업지역은 부산, 경남, 수도권 지역이며, 자체 주택사업 및 재개발, 재건축시장이 주요 목표시장임. 2017년 동사의 시공능력평가액은 9,140억원으로 전국 38위 수준임.

실적 분석

동사의 연결기준 2017년 매출액은 전년 대비 5.4% 증가한 5,630.1억원을 실현하였음. 매출액 중 분양수익이 61.7%, 공사수익이 38.3%, 기타 0.0%의 비율로 구성되어 있으며, 공사수익 부문에서는 공공부문이 8.1%, 민간부문이 91.9%로 구성되어 있음. 판관비 등 감소 영향으로 영업이익은 9.1% 증가한 1,430.4억원을 기록하였으며 풍부한 수주잔고 확보하고 있어 실적 성장세가 지속될 전망임.

현금 흐름 *IFRS 별도 기준 〈단위 : 억원〉

항목	2016	2017
영업활동	554	1,388
투자활동	-441	-415
재무활동	-77	-105
순현금흐름	36	867
기말현금	870	1,738

시장 대비 수익률

결산 실적 〈단위 : 억원〉

항목	2012	2013	2014	2015	2016	2017
매출액	3,849	3,183	3,401	5,150	5,344	5,630
영업이익	418	443	772	1,171	1,311	1,430
당기순이익	345	328	590	902	980	1,006

분기 실적 *IFRS 별도 기준 〈단위 : 억원〉

항목	2016.3Q	2016.4Q	2017.1Q	2017.2Q	2017.3Q	2017.4Q
매출액	1,325	1,273	1,467	1,658	1,365	1,140
영업이익	350	343	375	449	373	233
당기순이익	260	244	223	328	282	172

재무 상태 *IFRS 별도 기준 〈단위 : 억원〉

항목	2012	2013	2014	2015	2016	2017
총자산	4,198	3,871	4,335	5,460	6,540	7,036
유형자산	9	10	10	9	10	14
무형자산	2	2	2	0	0	0
유가증권	33	31	32	33	162	193
총부채	1,774	1,149	1,055	1,325	1,497	1,088
총차입금	501	329	34	27	27	42
자본금	454	454	454	454	454	454
총자본	2,423	2,722	3,279	4,135	5,043	5,948
지배주주지분	2,423	2,722	3,279	4,135	5,043	5,948

기업가치 지표 *IFRS 별도 기준

항목	2012	2013	2014	2015	2016	2017
주가(최고/저)(천원)	1.3/0.6	1.7/1.0	3.1/1.3	5.9/2.7	4.8/3.4	5.6/3.8
PER(최고/저)(배)	4.0/1.7	5.3/3.1	5.4/2.3	6.6/2.9	4.7/3.4	5.2/3.5
PBR(최고/저)(배)	0.6/0.3	0.6/0.4	1.0/0.4	1.4/0.6	0.9/0.7	0.9/0.6
EV/EBITDA(배)	3.0	3.4	2.6	2.2	1.9	1.3
EPS(원)	380	362	650	993	1,079	1,108
BPS(원)	26,683	29,971	36,115	4,554	5,553	6,550
CFPS(원)	3,828	3,631	6,511	994	1,080	1,109
DPS(원)	400	450	650	100	140	160
EBITDAPS(원)	4,638	4,892	8,513	1,291	1,445	1,576

재무 비율 〈단위 : %〉

연도	영업이익률	순이익률	부채비율	차입금비율	ROA	ROE	유보율	자기자본비율	EBITDA마진율
2017	25.4	17.9	18.3	0.7	14.8	18.3	1,210.0	84.5	25.4
2016	24.5	18.3	29.7	0.5	16.3	21.4	1,010.6	77.1	24.6
2015	22.7	17.5	32.1	0.7	18.4	24.3	810.7	75.7	22.8
2014	22.7	17.4	32.2	1.0	14.4	19.7	622.3	75.7	22.7

동원금속 (A018500)
Dongwon Metal

업 종 : 자동차부품
신용등급 : (Bond) — (CP) —
홈페이지 : www.dwmic.com
본 사 : 경북 경산시 진량읍 북리 1길 69
시 장 : 거래소
기업규모 : 시가총액 소형주
연 락 처 : 053)859-2311

설 립 일	1985.12.14	종업원수	687명	대표이사	이은우,박승룡
상 장 일	1995.11.10	감사의견	적정(안경)	계 열	
결 산 기	03월	보 통 주		종속회사수	7개사
액 면 가	500원	우 선 주		구 상 호	

주주구성 (지분율,%)		출자관계 (지분율,%)		주요경쟁사 (외형,%)	
이은우	25.2	동원파이프	100.0	동원금속	100
손명완	1.4	디에이케이	80.0	유라테크	39
(외국인)	4.1	DONGWONCZ,s.r.o.	100.0	엔브이에이치코리아	112

매출구성		비용구성		수출비중	
제품-자동차부품(DOOR FRAME 외)	90.4	매출원가율	84.0	수출	75.9
제품-강관(산업용 강관 외)	7.8	판관비율	12.5	내수	24.1
상품-강관(산업용 강관 외)	0.8				

회사 개요
동사는 자동차 DOOR FRAME 류를 비롯한 각종 CHANNEL, IMPACT BEAM, BUMPER BEAM, COWL CROSS MEMBER등 자동차 부품 생산에만 전력을 기울여온 자동차 부품 전문기업임. 현대·기아자동차 및 한국지엠과 회사의 창립 초기부터 현재에 이르기까지 자동차 설계 단계부터 개발, 생산, A/S에 이르기까지 유기적인 협조체제로 참여하고 있으며 50PPM을 통해 제품의 품질 및 기술 경쟁력의 기반을 확고히 다졌음.

실적 분석
동사는 현대, 기아차 및 한국지엠과 회사의 창립 초기부터 현재에 이르기까지 자동차 설계 단계부터 개발, 생산, A/S에 이르기까지 유기적인 협조체제로 참여하고 있음. 연비 향상을 위하여 초고장력강을 이용한 롤포밍기술로 DOOR FRAME, CHANNEL, IMPACT BEAM, BUMPER BEAM, COWL CROSS MEMBER 제품 등을 개발. 동사는 지난해 30억원의 영업이익과 3,357억원의 매출액을 각각 기록.

현금 흐름
〈단위 : 억원〉

항목	2016	2017.3Q
영업활동	731	399
투자활동	-539	-453
재무활동	-233	-18
순현금흐름	-41	-73
기말현금	170	97

시장 대비 수익률

결산 실적
〈단위 : 억원〉

항목	2012	2013	2014	2015	2016	2017
매출액	4,214	4,197	4,087	4,609	4,929	—
영업이익	178	170	122	136	171	—
당기순이익	46	79	16	3	-21	—

분기 실적
〈단위 : 억원〉

항목	2016.2Q	2016.3Q	2016.4Q	2017.1Q	2017.2Q	2017.3Q
매출액	1,281	1,219	1,288	1,163	1,202	992
영업이익	77	43	-11	29	33	-31
당기순이익	9	23	-79	31	19	-60

재무 상태
〈단위 : 억원〉

항목	2012	2013	2014	2015	2016	2017.3Q
총자산	3,532	3,593	4,167	4,932	4,928	4,971
유형자산	1,835	1,916	2,227	2,998	3,057	3,131
무형자산	85	85	88	104	113	112
유가증권	25	24	24	23	20	20
총부채	3,050	3,070	3,629	4,294	4,339	4,367
총차입금	1,984	2,082	2,329	2,748	2,627	2,449
자본금	134	134	146	171	176	180
총자본	483	523	537	638	590	604
지배주주지분	483	523	537	638	590	604

기업가치 지표

항목	2012	2013	2014	2015	2016	2017.3Q
주가(최고/저)(천원)	1.7/1.3	1.7/1.3	1.9/1.6	2.7/1.8	4.2/2.6	3.9/1.4
PER(최고/저)(배)	11.0/8.3	6.1/4.8	33.7/28.8	314.1/204.4	—/—	—/—
PBR(최고/저)(배)	1.0/0.8	0.9/0.7	1.1/0.9	1.4/0.9	2.3/1.4	2.2/1.7
EV/EBITDA(배)	5.2	5.5	6.3	7.3	6.8	—/—
EPS(원)	170	294	57	8	-59	-27
BPS(원)	1,801	1,953	1,838	1,861	1,679	1,681
CFPS(원)	1,156	1,298	1,080	1,050	1,055	849
DPS(원)	50	50	100	100	—	—
EBITDAPS(원)	1,651	1,637	1,456	1,462	1,603	962

재무 비율
〈단위 : %〉

연도	영업이익률	순이익률	부채비율	차입금비율	ROA	ROE	유보율	자기자본비율	EBITDA마진율
2016	3.5	-0.4	736.0	445.6	-0.4	-3.4	235.8	12.0	11.4
2015	3.0	0.1	672.8	430.6	0.1	0.5	272.2	12.9	10.3
2014	3.0	0.4	675.6	433.5	0.4	3.0	267.7	12.9	10.0
2013	4.0	1.9	586.7	397.9	2.2	15.7	290.6	14.6	10.5

동원산업 (A006040)
Dongwon Industries

업 종 : 식료품
신용등급 : (Bond) AA- (CP) A1
홈페이지 : www.dwml.co.kr
본 사 : 서울시 서초구 마방로 68 (양재동)
시 장 : 거래소
기업규모 : 시가총액 중형주
연 락 처 : 02)589-3333

설 립 일	1969.04.16	종업원수	787명	대표이사	이명우
상 장 일	1989.03.07	감사의견	적정(삼일)	계 열	
결 산 기	12월	보 통 주		종속회사수	19개사
액 면 가	5,000원	우 선 주		구 상 호	

주주구성 (지분율,%)		출자관계 (지분율,%)		주요경쟁사 (외형,%)	
동원엔터프라이즈	59.2	동부익스프레스	100.0	동원산업	100
KB자산운용	9.4	동원로엑스	85.0	동원F&B	107
(외국인)	8.4	여수문화방송	29.0	신라교역	17

매출구성		비용구성		수출비중	
참치횟감외	60.6	매출원가율	82.8	수출	50.9
참치원어외	23.4	판관비율	7.7	내수	49.1
물류 보관 배송 (3PL 등)	15.3				

회사 개요
동사는 선박운용을 통한 원양어업과 참치 포함 수산물을 가공 판매하는 유통사업, 보관/배송 등 물류사업 등의 사업을 영위함. 선박의 조업능력 향상과 신규어장 개척에 집중하고 있음. 부산공장 내 연어공정라인을 신설, 기존 참치 유통과 연어 및 기타 수산물 유통업을 활성화시켜 해당 사업부분의 경쟁력을 강화시킴. 2017년 물류 역량 확대와 서비스 강화를 위해 동부익스프레스 지분 100%를 인수한 바 있음.

실적 분석
동사의 2017년도 연결기준 연간 매출액은 2조 3,810.7억원으로 전년 대비 51.1% 증가함. 해양수산 부문의 실적호조와 동부익스프레스 인수로 매출액이 크게 증가함. 물류사업부문의 동부익스프레스는 종합물류사업과 여객자동차 운수사업을 영위하고 있으며, 이를 통한 기존 물류사업부문의 외형 확대와 시너지 창출효과가 더욱 기대됨. StarKist 인수 후 영업안정화에 힘쓰고 있음.

현금 흐름
〈단위 : 억원〉

항목	2016	2017
영업활동	2,101	2,811
투자활동	-1,183	-4,175
재무활동	945	-169
순현금흐름	1,889	-1,447
기말현금	3,079	1,632

시장 대비 수익률
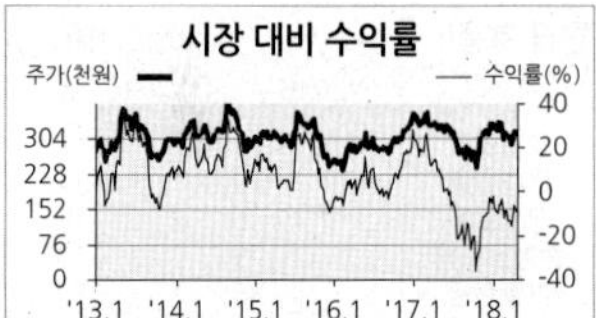

결산 실적
〈단위 : 억원〉

항목	2012	2013	2014	2015	2016	2017
매출액	15,436	14,438	13,839	13,597	15,764	23,811
영업이익	1,398	1,113	812	573	1,514	2,246
당기순이익	1,027	839	586	70	774	1,678

분기 실적
〈단위 : 억원〉

항목	2016.3Q	2016.4Q	2017.1Q	2017.2Q	2017.3Q	2017.4Q
매출액	3,980	3,986	5,546	5,872	6,176	6,217
영업이익	451	424	349	471	759	667
당기순이익	313	117	287	262	639	490

재무 상태
〈단위 : 억원〉

항목	2012	2013	2014	2015	2016	2017
총자산	13,807	12,780	14,649	16,180	19,003	25,603
유형자산	4,959	5,064	5,416	5,775	5,766	7,729
무형자산	731	702	714	744	753	2,029
유가증권	25	24	308	4	4	1,967
총부채	7,990	6,463	7,754	9,091	11,092	16,566
총차입금	5,845	4,735	5,795	6,932	8,232	11,428
자본금	168	168	168	168	168	168
총자본	5,817	6,316	6,895	7,089	7,911	9,037
지배주주지분	5,559	6,305	6,904	7,129	7,925	9,061

기업가치 지표

항목	2012	2013	2014	2015	2016	2017
주가(최고/저)(천원)	306/157	382/256	381/275	370/240	359/237	364/242
PER(최고/저)(배)	10.6/5.4	17.5/11.8	21.9/15.8	110.3/71.6	16.3/10.9	7.4/4.9
PBR(최고/저)(배)	2.0/1.0	2.1/1.4	1.9/1.4	1.8/1.2	1.5/1.0	1.4/0.9
EV/EBITDA(배)	6.7	8.3	10.6	11.7	7.6	6.5
EPS(원)	30,497	22,794	18,034	3,451	22,300	49,609
BPS(원)	165,295	187,471	205,268	211,974	235,636	269,402
CFPS(원)	49,155	41,577	35,986	22,375	42,657	76,536
DPS(원)	3,000	3,000	2,000	2,000	3,000	4,000
EBITDAPS(원)	60,214	51,889	42,087	35,975	65,387	93,705

재무 비율
〈단위 : %〉

연도	영업이익률	순이익률	부채비율	차입금비율	ROA	ROE	유보율	자기자본비율	EBITDA마진율
2017	9.4	7.1	183.3	126.5	7.5	19.7	5,288.0	35.3	13.2
2016	9.6	4.9	140.2	104.1	4.4	10.0	4,612.7	41.6	14.0
2015	4.2	0.5	128.2	97.8	0.5	1.7	4,139.5	43.8	8.9
2014	5.9	4.2	112.5	84.1	4.3	9.2	4,005.4	47.1	10.2

동원수산 (A030720)

Dong Won Fisheries

업　　종 : 식료품
신용등급 : (Bond) —　　(CP) —
홈페이지 : www.dongwonfish.co.kr
본　　사 : 서울시 강남구 테헤란로 8길 8 동주빌딩 6층
시　　장 : 거래소
기업규모 : 시가총액 소형주
연 락 처 : 02)528-8000

설 립 일	1970.05.05	**종업원수**	213명	**대표이사**	왕기철
상 장 일	1996.10.20	**감사의견**	적정(안진)	**계　　열**	
결 산 기	12월	**보 통 주**		**종속회사수**	5개사
액 면 가	5,000원	**우 선 주**		**구 상 호**	

주주구성 (지분율,%)		출자관계 (지분율,%)		주요경쟁사 (외형,%)	
왕기철	13.0	윤국식품	100.0	동원수산	100
박경임	3.2	와이케이푸드서비스	60.0	사조대림	611
(외국인)	1.9	유왕	43.8	사조씨푸드	234

매출구성		비용구성		수출비중	
수산물외	56.4	매출원가율	86.6	수출	52.6
트롤 및 참치연승	34.7	판관비율	9.4	내수	47.4
빵가루, 냉동냉장료,임대료외	8.9				

회사 개요

동사는 원양어업을 통한 어획물, 수산물 판매 전문 기업으로서, 참치 관련 매출이 주를 이룸. 중국 내 참치 소비 증가 및 경쟁국의 대규모 선박 감척에 의한 공급 부족으로 동사의 수요 전망은 양호한 편임. 식품사업 부문에서는 생산라인 증설 및 설비 현대화를 완료, 본격적으로 가동 중임. 수출이 전체 매출의 70% 가량을 차지함. 동시장은 수요처 집중에 따라 국내 경기보다는 미국, 일본 등 선진국의 경기변동에 큰 영향을 받는 특징이 있음.

실적 분석

수산물 사업부문은 전년 대비 54.6%인 252.0억 증가하였으며, 수산물 유통부문은 전년 대비 5.4%인 40.6억 증가. 전체 매출액은 21.5% 증가함. 수산물 사업 부문의 순이익은 흑자전환함. 현지법인 소속인 트롤선박의 오징어 매출 증가 및 어가상승, 본사소속의 투나선 어가상승 및 연료비 감소 등에 따른 효과. 어장별, 업종별 어획량은 편차가 심한 편이어서 안정적인 수익 창출에 변수로 작용 할 수 있음.

현금 흐름

<단위 : 억원>

항목	2016	2017
영업활동	27	144
투자활동	-29	-11
재무활동	6	-10
순현금흐름	5	119
기말현금	35	154

시장 대비 수익률

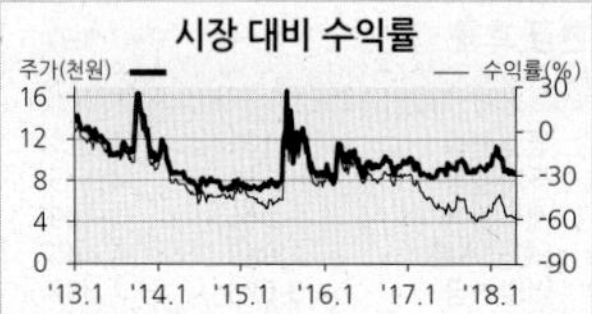

결산 실적

<단위 : 억원>

항목	2012	2013	2014	2015	2016	2017
매출액	1,181	1,170	1,102	1,185	1,331	1,617
영업이익	19	-107	-118	23	13	66
당기순이익	16	-79	-75	-7	5	51

분기 실적

<단위 : 억원>

항목	2016.3Q	2016.4Q	2017.1Q	2017.2Q	2017.3Q	2017.4Q
매출액	316	323	402	496	417	302
영업이익	13	-6	23	18	38	-13
당기순이익	16	-11	28	30	19	-26

재무 상태

<단위 : 억원>

항목	2012	2013	2014	2015	2016	2017
총자산	1,088	1,215	997	936	942	1,048
유형자산	216	323	295	273	305	261
무형자산	12	13	10	10	2	1
유가증권	86	99	5	5	6	6
총부채	636	775	655	600	606	655
총차입금	463	634	478	466	464	435
자본금	153	187	203	203	203	210
총자본	452	440	342	336	336	393
지배주주지분	421	404	341	337	336	395

기업가치 지표

항목	2012	2013	2014	2015	2016	2017
주가(최고/저)(천원)	23.5/10.4	18.9/10.0	13.7/6.8	16.6/7.1	11.7/7.7	10.2/8.3
PER(최고/저)(배)	36.2/16.0	—/—	—/—	—/—	55.1/36.4	8.0/6.5
PBR(최고/저)(배)	1.7/0.8	1.8/0.9	1.6/0.8	2.0/0.9	1.4/0.9	1.1/0.9
EV/EBITDA(배)	17.6	—	—	15.7	21.5	7.1
EPS(원)	660	-2,588	-1,910	-93	212	1,278
BPS(원)	13,750	10,789	8,395	8,312	8,284	9,421
CFPS(원)	1,538	-1,646	-1,111	507	784	1,824
DPS(원)	250	—	—	—	—	—
EBITDAPS(원)	1,485	-2,403	-2,289	1,155	902	2,123

재무 비율

<단위 : %>

연도	영업이익률	순이익률	부채비율	차입금비율	ROA	ROE	유보율	자기자본비율	EBITDA마진율
2017	4.1	3.2	166.5	110.6	5.1	14.7	88.4	37.5	5.5
2016	1.0	0.4	180.0	138.1	0.6	2.6	65.7	35.7	2.8
2015	1.9	-0.6	178.7	138.7	-0.7	-1.1	66.2	35.9	4.0
2014	-10.7	-6.8	191.3	139.7	-6.8	-19.5	67.9	34.3	-7.9

동원시스템즈 (A014820)

DONGWON SYSTEMS CORP

업　　종 : 용기 및 포장
신용등급 : (Bond) —　　(CP) A2
홈페이지 : www.dongwonsystems.com
본　　사 : 경기도 성남시 중원구 둔촌대로 541번길 46 (상대원동)
시　　장 : 거래소
기업규모 : 시가총액 중형주
연 락 처 : 02)589-4700

설 립 일	1980.05.10	**종업원수**	759명	**대표이사**	김영현,이필환,조점근
상 장 일	1994.03.01	**감사의견**	적정(한영)	**계　　열**	
결 산 기	12월	**보 통 주**		**종속회사수**	9개사
액 면 가	5,000원	**우 선 주**		**구 상 호**	

주주구성 (지분율,%)		출자관계 (지분율,%)		주요경쟁사 (외형,%)	
동원엔터프라이즈	80.4	동원건설산업	100.0	동원시스템즈	100
김호랑	0.3	TALOFASYSTEMS	100.0	락앤락	33
(외국인)	1.1	테크팩솔루션	56.0	연우	18

매출구성		비용구성		수출비중	
[제품]연포장재,유리병,PET, 제관(CAN),압연 등	60.4	매출원가율	86.7	수출	—
아파트 건축등	19.1	판관비율	5.3	내수	—
[상품]연포장재,유리병,PET, 제관(CAN),압연 등	13.7				

회사 개요

동사는 1980년 설립돼 동원건설산업 외 11개의 종속기업을 보유하고 있음. 주요 사업으로 각종 포장재와 알미늄을 제조, 가공 및 판매하고 있음. 포장사업 부문은 국내 최초로 식관용 DRD 캔을 개발했고, E.O.E를 국내 생산하여 수입을 대체하고, 수출 상품으로 육성하고 있음. 인쇄사업부는 전 공정 자동화 인쇄공장을 준공해 품질향상과 원가절감 효과를 가져옴. 높은 기술력을 바탕으로 안정적인 수익을 확보하고 있음.

실적 분석

동사의 2017년 매출액은 전년 1조 3,007.6억원 대비 1.4% 감소한 1조 2,831.9억원을 기록함. 외형축소에도 불구하고 매출원가가 전년동기 대비 0.8% 증가함에 따라 영업이익은 전년동기 대비 19.1% 감소한 1,026.5억원 시현에 그침. 그러나 비영업 부문에서 23.0억원의 이익을 기록함에 따라 당기순이익은 전년 대비 5.1% 증가한 846.7억원을 기록했음.

현금 흐름

<단위 : 억원>

항목	2016	2017
영업활동	1,100	421
투자활동	-32	78
재무활동	-1,067	-1,550
순현금흐름	2	-1,049
기말현금	1,589	540

시장 대비 수익률

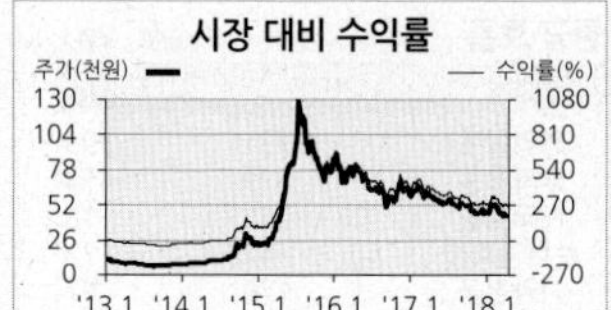

결산 실적

<단위 : 억원>

항목	2012	2013	2014	2015	2016	2017
매출액	4,181	5,493	7,546	12,183	13,008	12,832
영업이익	163	166	267	985	1,269	1,026
당기순이익	-11	94	4	461	806	847

분기 실적

<단위 : 억원>

항목	2016.3Q	2016.4Q	2017.1Q	2017.2Q	2017.3Q	2017.4Q
매출액	3,320	3,506	2,950	3,231	3,402	3,249
영업이익	377	314	238	311	301	178
당기순이익	285	134	228	241	199	178

재무 상태

<단위 : 억원>

항목	2012	2013	2014	2015	2016	2017
총자산	4,179	5,419	11,224	12,724	13,087	11,807
유형자산	393	736	3,460	4,007	3,974	3,962
무형자산	50	52	1,471	2,104	2,075	1,952
유가증권	139	148	205	168	229	290
총부채	3,286	3,362	8,768	9,609	9,222	6,904
총차입금	2,042	1,394	5,836	6,460	5,685	3,783
자본금	616	1,217	1,217	1,217	1,217	1,294
총자본	893	2,057	2,456	3,114	3,865	4,903
지배주주지분	851	2,025	1,755	2,188	2,709	3,866

기업가치 지표

항목	2012	2013	2014	2015	2016	2017
주가(최고/저)(천원)	13.1/9.0	11.6/6.4	30.9/8.1	130/21.8	93.4/51.1	67.1/43.7
PER(최고/저)(배)	—/—	27.8/15.3	349.0/91.6	103.6/17.4	39.9/21.8	24.6/16.1
PBR(최고/저)(배)	1.9/1.3	1.3/0.7	4.4/1.2	14.7/2.5	8.5/4.7	4.5/3.0
EV/EBITDA(배)	14.4	11.5	27.3	20.4	11.5	11.3
EPS(원)	-34	429	91	1,274	2,376	2,753
BPS(원)	695	8,868	7,210	8,989	11,127	14,935
CFPS(원)	49	786	758	2,656	4,096	4,408
DPS(원)	—	—	250	250	250	500
EBITDAPS(원)	184	1,040	1,763	5,428	6,931	5,788

재무 비율

<단위 : %>

연도	영업이익률	순이익률	부채비율	차입금비율	ROA	ROE	유보율	자기자본비율	EBITDA마진율
2017	8.0	6.6	140.8	77.2	6.8	20.8	198.7	41.5	11.2
2016	9.8	6.2	238.6	147.1	6.2	23.6	122.5	29.5	13.0
2015	8.1	3.8	308.6	207.4	3.9	15.7	79.8	24.5	10.9
2014	3.5	0.1	357.0	237.6	0.1	1.2	44.2	21.9	5.7

동원에프앤비 (A049770)

Dongwon F&B

업　　종 : 식료품　　시　　장 : 거래소
신용등급 : (Bond) A+　(CP) A1　　기업규모 : 시가총액 중형주
홈페이지 : www.dongwonfnb.com　　연 락 처 : 02)589-3000
본　　사 : 서울시 서초구 마방로 68 (양재동, 동원산업빌딩)

설 립 일	2000.11.01	**종업원수**	3,309명	**대표이사**	김재옥
상 장 일	2000.11.23	**감사의견**	적정(한영)	**계　　열**	
결 산 기	12월	**보 통 주**		**종속회사수**	9개사
액 면 가	5,000원	**우 선 주**		**구 상 호**	

주주구성 (지분율,%)		출자관계 (지분율,%)		주요경쟁사 (외형,%)	
동원엔터프라이즈	71.3	동원홈푸드	100.0	동원F&B	100
국민연금공단	6.0	동원팜스	100.0	동원산업	93
(외국인)	5.3	동원싸앤에스	100.0	신라교역	16

매출구성		비용구성		수출비중	
참치통조림외(국내)	63.0	매출원가율	75.8	수출	2.1
소스류 및 유통 사업 외(국내)	30.5	판관비율	21.4	내수	97.9
참치통조림외(해외)	2.3				

회사 개요

동사는 일반식품, 유통, 조미식품, 유제품, 사료 등을 주로 판매함. 일반식품(참치캔) 등에서는 시장점유율이 70%가 넘으며 1위 사업자 지위를 견고히 함. 김, 냉동만두, 캔 햄 등에서도 시장점유율이 10~30%를 기록함. 2015년 동사의 경영목표는 '기본으로 돌아가서 다시 기초를 튼튼히 하는 것'임. 1위 제품도 보유하고 있지만 경쟁이 치열해진 만큼 중국 시장 개척, 식자재 전용제품 개발, 온라인 채널 유통 확대를 위한 투자를 지속함.

실적 분석

동사의 2017년 연결 기준 연간 누적 매출액은 2조 5,526.2억원으로 전년 동기 대비 13.9% 증가함. 매출이 증가하면서 매출원가도 큰 폭으로 늘고 판매비와 관리비 또한 증가하면서 영업이익은 오히려 전년 동기 대비 1.3% 감소한 723.6억원을 시현함. 비영업손익 부문에서 적자가 지속됐지만 적자 규모가 감소하면서 당기순이익은 513.7억원으로 전년 동기 대비 1.9% 증가함.

현금 흐름

〈단위 : 억원〉

항목	2016	2017
영업활동	1,046	497
투자활동	-544	-2,329
재무활동	-174	1,801
순현금흐름	330	-34
기말현금	684	650

시장 대비 수익률

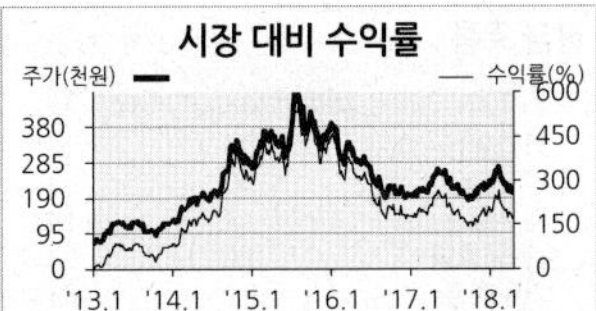

결산 실적

〈단위 : 억원〉

항목	2012	2013	2014	2015	2016	2017
매출액	16,628	16,886	17,949	19,310	22,413	25,526
영업이익	344	586	823	771	733	724
당기순이익	212	366	592	568	504	514

분기 실적

〈단위 : 억원〉

항목	2016.3Q	2016.4Q	2017.1Q	2017.2Q	2017.3Q	2017.4Q
매출액	6,350	5,322	6,327	5,888	7,323	5,988
영업이익	282	56	301	87	298	37
당기순이익	224	-4	237	26	209	41

재무 상태

〈단위 : 억원〉

항목	2012	2013	2014	2015	2016	2017
총자산	9,673	9,149	8,971	9,524	10,854	13,691
유형자산	3,468	3,597	3,653	3,815	3,880	4,842
무형자산	215	212	217	538	752	747
유가증권	87	84	76	153	146	142
총부채	5,697	4,879	4,185	4,302	5,335	7,759
총차입금	3,536	2,527	1,839	1,862	1,950	4,226
자본금	193	193	193	193	193	193
총자본	3,976	4,271	4,786	5,222	5,519	5,932
지배주주지분	3,973	4,267	4,784	5,221	5,517	5,931

기업가치 지표

항목	2012	2013	2014	2015	2016	2017
주가(최고/저)(천원)	71.3/54.7	134/69.2	350/123	544/260	390/190	269/175
PER(최고/저)(배)	14.0/10.7	14.9/7.7	23.7/8.3	38.0/18.2	30.6/14.9	20.4/13.3
PBR(최고/저)(배)	0.7/0.6	1.3/0.7	2.9/1.0	4.1/2.0	2.8/1.4	1.8/1.2
EV/EBITDA(배)	8.1	7.5	10.6	14.6	7.9	10.9
EPS(원)	5,484	9,471	15,350	14,731	13,044	13,313
BPS(원)	102,961	110,581	123,964	135,283	142,964	153,682
CFPS(원)	13,689	17,991	24,410	24,302	23,084	24,433
DPS(원)	1,500	2,000	3,000	2,500	2,500	2,500
EBITDAPS(원)	17,112	23,692	30,379	29,541	29,034	29,871

재무 비율

〈단위 : %〉

연도	영업이익률	순이익률	부채비율	차입금비율	ROA	ROE	유보율	자기자본비율	EBITDA마진율
2017	2.8	2.0	130.8	71.2	4.2	9.0	2,973.6	43.3	4.5
2016	3.3	2.3	96.7	35.3	5.0	9.4	2,759.3	50.9	5.0
2015	4.0	2.9	82.4	35.7	6.2	11.4	2,605.7	54.8	5.9
2014	4.6	3.3	87.4	38.4	6.5	13.1	2,379.3	53.4	6.5

동일고무벨트 (A163560)

DRB Industrial

업　　종 : 자동차부품　　시　　장 : 거래소
신용등급 : (Bond) —　(CP) —　　기업규모 : 시가총액 소형주
홈페이지 : www.drbworld.com　　연 락 처 : 051)520-9000
본　　사 : 부산시 금정구 공단동로 55번길 28

설 립 일	2012.10.05	**종업원수**	592명	**대표이사**	문승필
상 장 일	2012.10.19	**감사의견**	적정(이정)	**계　　열**	
결 산 기	12월	**보 통 주**		**종속회사수**	1개사
액 면 가	500원	**우 선 주**		**구 상 호**	

주주구성 (지분율,%)		출자관계 (지분율,%)		주요경쟁사 (외형,%)	
DRB동일	44.1	DRB유니온벨티노	100.0	동일고무벨트	100
김세연	15.8			삼원강재	106
(외국인)	2.2			코프라	52

매출구성		비용구성		수출비중	
전동벨트, 컨베어벨트	59.1	매출원가율	81.8	수출	53.5
크롤러, 언더캐리지외	40.9	판관비율	15.7	내수	46.5

회사 개요

동사는 2012년 동일고무벨트주식회사에서 인적분할돼 설립된 회사로, DRB동일에 속한 계열회사임. 동력 전달에 널리 쓰이는 전동벨트 및 운반라인의 효율성을 극대화하는 컨베이어 벨트를 생산하는 고무벨트 부문과 크롤러, 언더캐리지시스템 등을 제공하는 기타 고무제품 부문으로 구성됨. 동사는 주요 원재료의 가격 변화 위험에 노출돼 있음. 천연고무, 합성고무 가격은 경제, 기후, 유가에 민감하고 이로 인해 매출, 손익에 영향을 끼칠 수 있음.

실적 분석

고무벨트는 일반제조업, 조선업, 건설업, 자동차산업 등 다양한 산업과 연관을 가지며 연관산업의 발전과 함께 매출성장을 하는 분야임. 내수의 정체속에 지속적인 수출확장을 통한 성장에 노력하고 있음. 동사의 연결기준 2017년 결산 매출액은 전년동기 10.8% 증가한 2,597.9억원임. 매출 규모 증가에도 불구하고 원가 상승 및 판관비 증가로 영업이익 67.3억원으로 69.1% 감소함. 높은 원가율에 대한 개선 노력이 필요함.

현금 흐름

〈단위 : 억원〉

항목	2016	2017
영업활동	242	54
투자활동	-124	-87
재무활동	-7	-10
순현금흐름	112	-48
기말현금	402	354

시장 대비 수익률

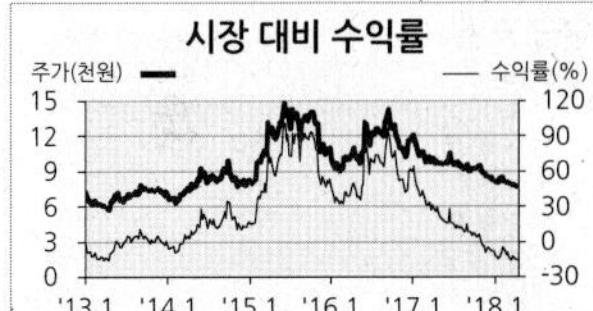

결산 실적

〈단위 : 억원〉

항목	2012	2013	2014	2015	2016	2017
매출액	565	2,234	2,491	2,544	2,344	2,598
영업이익	45	201	255	230	217	67
당기순이익	35	140	192	192	179	11

분기 실적

〈단위 : 억원〉

항목	2016.3Q	2016.4Q	2017.1Q	2017.2Q	2017.3Q	2017.4Q
매출액	578	592	654	699	627	618
영업이익	39	62	48	-62	40	42
당기순이익	11	66	15	-62	37	21

재무 상태

〈단위 : 억원〉

항목	2012	2013	2014	2015	2016	2017
총자산	1,994	2,143	2,367	2,486	2,769	2,716
유형자산	1,039	1,059	1,110	1,121	1,159	1,253
무형자산	2	4	3	3	3	3
유가증권	0	0	0	1	4	4
총부채	870	886	939	884	991	947
총차입금	343	340	348	361	368	343
자본금	54	56	58	59	61	63
총자본	1,124	1,257	1,428	1,602	1,778	1,768
지배주주지분	1,124	1,257	1,428	1,602	1,778	1,768

기업가치 지표

항목	2012	2013	2014	2015	2016	2017
주가(최고/저)(천원)	9.3/5.7	7.8/5.8	9.9/6.3	15.3/8.0	14.8/9.0	12.1/8.3
PER(최고/저)(배)	35.8/22.1	7.5/5.5	6.9/4.4	10.5/5.5	10.9/6.6	145.2/98.4
PBR(최고/저)(배)	1.1/0.7	0.8/0.6	0.9/0.6	1.3/0.7	1.1/0.7	0.9/0.6
EV/EBITDA(배)	23.6	5.0	4.5	5.8	5.8	10.0
EPS(원)	269	1,076	1,480	1,479	1,376	84
BPS(원)	10,502	11,320	12,421	13,478	14,492	13,991
CFPS(원)	372	1,422	1,874	1,867	1,719	393
DPS(원)	59	58	77	76	95	94
EBITDAPS(원)	462	1,976	2,421	2,187	2,033	839

재무 비율

〈단위 : %〉

연도	영업이익률	순이익률	부채비율	차입금비율	ROA	ROE	유보율	자기자본비율	EBITDA마진율
2017	2.6	0.4	53.6	19.4	0.4	0.6	2,698.1	65.1	4.1
2016	9.3	7.6	55.7	20.7	6.8	10.6	2,798.4	64.2	10.6
2015	9.1	7.6	55.1	22.5	7.9	12.7	2,595.5	64.5	10.2
2014	10.3	7.7	65.7	24.4	8.5	14.3	2,384.2	60.3	11.2

동일금속 (A109860)
DONGIL METAL

업 종 : 기계
신용등급 : (Bond) — (CP) —
홈페이지 : www.dongilmetal.co.kr
본 사 : 경북 영천시 금호읍 금호로 6

시 장 : KOSDAQ
기업규모 : 우량
연 락 처 : 054)333-5501

설 립 일	1984.12.20	**종 업 원 수**	62명	**대 표 이 사**	오길봉
상 장 일	2009.07.28	**감 사 의 견**	적정(안경)	**계 열**	
결 산 기	12월	**보 통 주**		**종속회사수**	2개사
액 면 가	500원	**우 선 주**		**구 상 호**	

주주구성 (지분율,%)		출자관계 (지분율,%)		주요경쟁사 (외형,%)	
오길봉	30.4	동일산업	4.5	동일금속	100
오순택	20.1			아세아텍	143
(외국인)	0.6			나라엠앤디	198

매출구성		비용구성		수출비중	
크로라크레인 SHOE, 가공품(제품)	55.1	매출원가율	89.8	수출	—
굴삭기용 아이들러, 트랙스프링 콘츄롤로드(제품	35.6	판관비율	6.2	내수	—
초대형 굴삭기용 트랙슈(제품)	4.9				

회사 개요
동사는 1984년 11월에 설립된 건설기계장비용 크롤러 크레인용 트랙슈 어셈블리, 텀블러, 아이들러와 굴삭기용 아이들러 어셈블리, 트랙스프링 어셈블리 등 주강제품을 생산하는 기업임. 동사는 품질, 가격, 적기공급에 있어서 비교우위를 확보하고 있어, 2013년 기준 전세계(중국 제외) 점유율 57.75%를 확보하고 있음. 생산제품은 전량 수출하며, 전세계 건설경기 및 SOC투자와 밀접한 관련이 있음.

실적 분석
동사의 2017년 연간 매출액은 전년동기대비 20.7% 상승한 712.5억원을 기록하였음. 비용면에서 전년동기대비 매출원가는 증가 하였으며 인건비는 거의 동일 하였고 기타판매비와관리비는 증가함. 이와 같이 상승한 매출액 만큼 비용증가도 있었으나 매출액의 더 큰 상승에 힘입어 최종적으로 전년동기대비 당기순이익은 상승하여 38.1억원을 기록함. 외환손익의 적자전환은 확인할 필요가 있음.

현금 흐름 〈단위 : 억원〉

항목	2016	2017
영업활동	50	46
투자활동	-41	-8
재무활동	-25	-19
순현금흐름	-16	18
기말현금	28	46

시장 대비 수익률
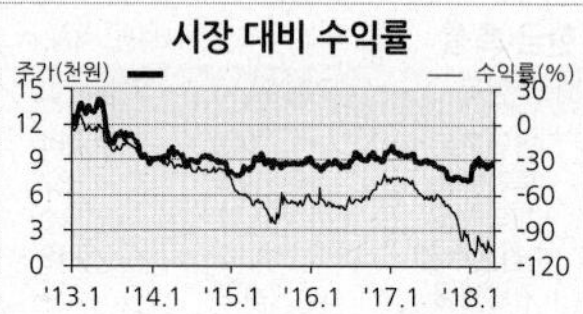

결산 실적 〈단위 : 억원〉

항목	2012	2013	2014	2015	2016	2017
매출액	1,090	872	733	757	590	712
영업이익	187	63	9	66	16	28
당기순이익	161	74	75	80	37	38

분기 실적 〈단위 : 억원〉

항목	2016.3Q	2016.4Q	2017.1Q	2017.2Q	2017.3Q	2017.4Q
매출액	135	136	161	179	177	195
영업이익	-1	-1	6	6	7	9
당기순이익	4	1	11	10	11	6

재무 상태 〈단위 : 억원〉

항목	2012	2013	2014	2015	2016	2017
총자산	1,082	1,035	1,161	1,189	1,204	1,220
유형자산	192	188	229	296	291	268
무형자산	38	29	29	28	51	45
유가증권	478	382	457	488	622	605
총부채	235	159	219	206	187	199
총차입금	63	41	78	85	90	73
자본금	35	35	35	35	35	35
총자본	847	875	943	983	1,016	1,021
지배주주지분	843	872	939	978	1,011	1,015

기업가치 지표

항목	2012	2013	2014	2015	2016	2017
주가(최고/저)(천원)	15.3/10.1	14.4/8.6	10.0/7.7	9.5/7.5	10.0/8.0	10.2/7.2
PER(최고/저)(배)	7.3/4.8	14.6/8.7	10.0/7.7	8.9/7.0	19.8/16.0	19.4/13.7
PBR(최고/저)(배)	1.4/0.9	1.2/0.7	0.8/0.6	0.7/0.6	0.7/0.5	0.7/0.5
EV/EBITDA(배)	3.3	5.9	15.1	4.6	16.9	8.1
EPS(원)	2,306	1,069	1,070	1,124	515	535
BPS(원)	12,061	12,547	13,516	14,350	15,099	15,232
CFPS(원)	2,482	1,285	1,327	1,396	921	917
DPS(원)	200	150	140	160	100	140
EBITDAPS(원)	2,854	1,114	386	1,215	631	781

재무 비율 〈단위 : %〉

연도	영업이익률	순이익률	부채비율	차입금비율	ROA	ROE	유보율	자기자본비율	EBITDA마진율
2017	3.9	5.3	19.5	7.2	3.1	3.7	2,946.4	83.7	7.7
2016	2.7	6.2	18.5	8.8	3.1	3.6	2,919.7	84.4	7.5
2015	8.7	10.6	21.0	8.6	6.8	8.2	2,770.1	82.7	11.2
2014	1.2	10.2	23.2	8.3	6.8	8.3	2,603.2	81.2	3.7

동일기연 (A032960)
DONGIL TECHNOLOGY

업 종 : 전자 장비 및 기기
신용등급 : (Bond) — (CP) —
홈페이지 : www.dongiltech.co.kr
본 사 : 경기도 화성시 남양읍 남양로 930번길 28 동일기연

시 장 : KOSDAQ
기업규모 : 벤처
연 락 처 : 031)299-5500

설 립 일	1986.03.10	**종 업 원 수**	151명	**대 표 이 사**	손동준,정수열
상 장 일	1997.07.18	**감 사 의 견**	적정(대주)	**계 열**	
결 산 기	12월	**보 통 주**		**종속회사수**	3개사
액 면 가	500원	**우 선 주**		**구 상 호**	

주주구성 (지분율,%)		출자관계 (지분율,%)		주요경쟁사 (외형,%)	
아침해	24.0	새한오존	84.3	동일기연	100
아침해의료기	14.0	동일비전	50.0	파크시스템스	96
(외국인)	0.1	위해동일기연전자유한공사	100.0	엔에스	122

매출구성		비용구성		수출비중	
전자부품(전자파 제거 등)	91.1	매출원가율	58.5	수출	47.5
산업용, 의료기	8.9	판관비율	34.6	내수	52.5
상품(전자부품)	0.0				

회사 개요
동사는 전자 제품 등에 사용되는 EMI필터 제조업을 영위하고 있음. 이는 전기·전자기기에서 발생하는 불필요한 유해전자파를 제거 또는 감쇄하여 제품의 전자파 장해(EMI)를 방지하고 전자파 적합성을 유지시켜주는 부품으로 모니터, 정보·통신기기, 산업용 기기 등 다양한 분야에 사용되고 있음. 전자부품 조립 사업을 영위하는 위해동일기연유한공사, 전자제품을 제조해 판매하는 새한오존, 센서 및 부품 사업을 영위하는 동일비전을 연결대상 종속회사로 보유함.

실적 분석
동사의 2017년 연결기준 연간 누적 매출액은 344.3억원으로 전년 동기 대비 21.7% 증가함. 매출이 증가하면서 매출원가와 판관비도 늘었지만 매출 증가에 따른 고정비용 감소효과로 영업이익은 전년 동기 대비 120.5% 증가한 23.9억원을 시현함. 비영업 부문에서도 금융이익 등으로 흑자 규모가 늘면서 당기순이익은 전년 동기 대비 36.7% 증가한 72.7억원을 기록함.

현금 흐름 〈단위 : 억원〉

항목	2016	2017
영업활동	37	27
투자활동	-30	-67
재무활동	2	-14
순현금흐름	10	-54
기말현금	87	33

시장 대비 수익률
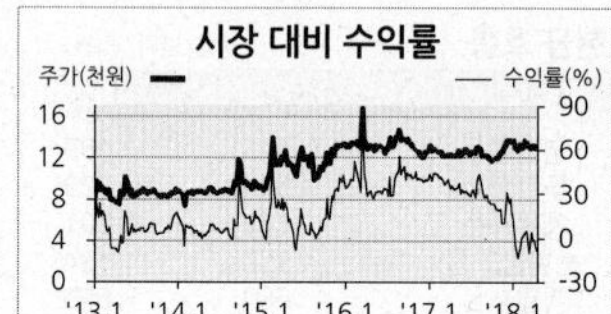

결산 실적 〈단위 : 억원〉

항목	2012	2013	2014	2015	2016	2017
매출액	355	320	331	285	283	344
영업이익	37	31	31	18	11	24
당기순이익	63	45	41	35	53	73

분기 실적 〈단위 : 억원〉

항목	2016.3Q	2016.4Q	2017.1Q	2017.2Q	2017.3Q	2017.4Q
매출액	73	72	90	87	92	76
영업이익	1	-6	13	11	4	-4
당기순이익	8	8	6	19	9	38

재무 상태 〈단위 : 억원〉

항목	2012	2013	2014	2015	2016	2017
총자산	595	635	667	599	658	720
유형자산	41	39	55	96	44	45
무형자산	5	5	5	6	11	16
유가증권	151	119	154	121	152	261
총부채	79	73	59	58	64	71
총차입금	1	—	—	—	2	—
자본금	43	43	44	45	46	47
총자본	517	562	608	541	594	649
지배주주지분	513	558	603	536	583	634

기업가치 지표

항목	2012	2013	2014	2015	2016	2017
주가(최고/저)(천원)	12.9/6.2	10.7/7.5	12.8/7.4	16.0/8.8	16.8/12.0	13.9/11.6
PER(최고/저)(배)	15.8/7.5	14.8/10.4	17.9/10.4	24.7/13.7	18.3/13.1	11.9/9.9
PBR(최고/저)(배)	1.3/0.6	1.0/0.7	1.1/0.6	1.3/0.7	1.3/0.9	1.0/0.8
EV/EBITDA(배)	11.8	4.3	4.6	22.4	24.6	12.2
EPS(원)	831	728	724	653	922	1,175
BPS(원)	12,702	13,126	13,471	13,700	14,279	14,869
CFPS(원)	1,092	939	910	812	1,107	1,410
DPS(원)	85	60	60	60	60	60
EBITDAPS(원)	677	678	663	413	312	598

재무 비율 〈단위 : %〉

연도	영업이익률	순이익률	부채비율	차입금비율	ROA	ROE	유보율	자기자본비율	EBITDA마진율
2017	6.9	21.1	10.9	0.0	10.6	11.9	1,773.7	90.2	10.4
2016	3.8	18.8	10.8	0.3	8.5	10.1	1,678.3	90.3	6.4
2015	6.3	12.3	10.7	0.0	5.5	7.1	1,585.9	90.3	8.1
2014	9.4	12.5	9.6	0.0	6.4	7.7	1,533.8	91.2	10.8

동일방직 (A001530)
DONG-IL

업 종 : 섬유 및 의복 / 시 장 : 거래소
신용등급 : (Bond) — (CP) — / 기업규모 : 시가총액 소형주
홈페이지 : www.dong-il.com / 연 락 처 : 02)2222-3071
본 사 : 서울시 강남구 테헤란로 516, 정헌빌딩 8층

설 립 일	1955.08.05	**종 업 원 수**	402명	**대 표 이 사**	서민석,김인환
상 장 일	1964.01.04	**감 사 의 견**	적정(신한)	**계 열**	
결 산 기	12월	**보 통 주**		**종속회사수**	11개사
액 면 가	5,000원	**우 선 주**		**구 상 호**	

주주구성 (지분율,%)		출자관계 (지분율,%)		주요경쟁사 (외형,%)	
정헌재단	10.5	디아이알	100.0	동일방직	100
서민석	6.1	동일씨앤이	100.0	데코앤이	6
(외국인)	3.6	디아이비즈	100.0	신영와코루	22

매출구성		비용구성		수출비중	
[동일방직(주)]상품류	69.3	매출원가율	75.0	수출	28.9
[동일방직(주)]사 류	16.0	판관비율	22.4	내수	71.1
[동일방직(주)]임대료,부산물등	7.1				

회사 개요

면사, 혼방사, 가공사, 편물, 직물 등 섬유소재 제품 및 상품 판매를 주요 사업으로 하고 있음. 라코스테와 아놀드파마, 까르뜨블랑슈 등 유명 브랜드를 다수 보유함. 디아이알, 동일알루미늄, 동일드방레, 동일씨앤이 등 10개 회사를 연결대상 종속회사로 보유함. 연결대상 종속회사 중 동일알루미늄과 동일드방레, DONG-IL VIETNAM 등이 매출 기여도가 높음.

실적 분석

2017년 연결기준 동사의 누적 매출액은 8471.2억원을 기록함. 전년도 매출액인 8224.1억원에서 3% 증가함. 매출원가와 판매비와 관리비가 늘었지만 매출 증가폭이 이를 웃돌아 영업이익은 전년도 대비 27.1% 증가한 219.6억원을 기록함. 그러나 비영업부문 손실이 전년도 83억원에서 227.9억원으로 증가함. 이에 10.9억원이었던 당기순이익이 41억원의 손실을 기록하며 적자로 전환함.

현금 흐름 〈단위 : 억원〉

항목	2016	2017
영업활동	86	355
투자활동	5	-129
재무활동	-87	-404
순현금흐름	6	-187
기말현금	449	262

시장 대비 수익률

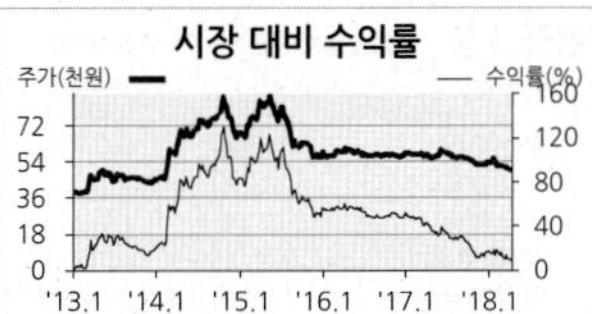

결산 실적 〈단위 : 억원〉

항목	2012	2013	2014	2015	2016	2017
매출액	7,523	7,731	7,646	7,741	8,224	8,471
영업이익	-12	280	141	104	173	220
당기순이익	-53	148	42	-75	11	-41

분기 실적 〈단위 : 억원〉

항목	2016.3Q	2016.4Q	2017.1Q	2017.2Q	2017.3Q	2017.4Q
매출액	1,991	2,005	2,078	2,302	2,026	2,066
영업이익	33	38	31	130	36	22
당기순이익	-1	4	-30	76	-47	-39

재무 상태 〈단위 : 억원〉

항목	2012	2013	2014	2015	2016	2017
총자산	9,200	9,942	9,848	9,787	9,869	9,311
유형자산	5,349	5,722	5,795	5,889	5,538	5,546
무형자산	55	90	153	122	185	172
유가증권	367	477	418	386	200	180
총부채	3,589	4,257	4,241	4,321	4,445	4,100
총차입금	2,000	2,430	2,680	2,958	2,984	2,635
자본금	111	111	111	113	115	117
총자본	5,611	5,685	5,608	5,466	5,424	5,212
지배주주지분	5,261	5,299	5,191	5,023	4,956	4,854

기업가치 지표

항목	2012	2013	2014	2015	2016	2017
주가(최고/저)(천원)	50.8/36.8	50.5/38.3	86.6/44.8	87.4/54.9	61.0/56.2	60.5/52.1
PER(최고/저)(배)	—/—	29.7/22.5	—/—	—/—	—/—	—/—
PBR(최고/저)(배)	0.2/0.2	0.2/0.2	0.4/0.2	0.4/0.3	0.3/0.3	0.3/0.2
EV/EBITDA(배)	14.3	6.9	11.9	12.4	10.8	9.3
EPS(원)	-6,996	1,794	-2,135	-6,204	-1,579	-2,652
BPS(원)	247,452	249,943	246,118	235,095	228,023	219,563
CFPS(원)	2,143	11,497	8,097	4,360	8,240	6,207
DPS(원)	750	1,000	625	625	625	625
EBITDAPS(원)	9,122	22,233	16,745	15,530	17,404	18,307

재무 비율 〈단위 : %〉

연도	영업이익률	순이익률	부채비율	차입금비율	ROA	ROE	유보율	자기자본비율	EBITDA마진율
2017	2.6	-0.5	78.7	50.6	-0.4	-1.3	4,291.3	56.0	5.1
2016	2.1	0.1	82.0	55.0	0.1	-0.8	4,460.5	55.0	4.9
2015	1.4	-1.0	79.1	54.1	-0.8	-2.9	4,601.9	55.9	4.5
2014	1.8	0.6	75.6	47.8	0.4	-1.0	4,822.4	56.9	4.9

동일산업 (A004890)
Dongil Industries

업 종 : 금속 및 광물 / 시 장 : 거래소
신용등급 : (Bond) — (CP) — / 기업규모 : 시가총액 소형주
홈페이지 : www.dongil.co.kr / 연 락 처 : 054)285-7251
본 사 : 경북 포항시 남구 괴동로 112 (장흥동)

설 립 일	1966.12.27	**종 업 원 수**	227명	**대 표 이 사**	오순택,오승민
상 장 일	2005.06.30	**감 사 의 견**	적정(안경)	**계 열**	
결 산 기	12월	**보 통 주**		**종속회사수**	
액 면 가	5,000원	**우 선 주**		**구 상 호**	

주주구성 (지분율,%)		출자관계 (지분율,%)		주요경쟁사 (외형,%)	
오순택	26.1	희망경제기업구조조정조합1호	6.2	동일산업	100
디씨엠	5.2	SVIC30호신기술사업투자조합	5.3	세아특수강	193
(외국인)	6.5	SVIC25호신기술사업투자	3.0	유성티엔에스	114

매출구성		비용구성		수출비중	
[제품]봉강 외	56.3	매출원가율	89.8	수출	8.2
[제품]훼로망간 외	21.5	판관비율	4.0	내수	91.8
[상품]훼로실리콘 외	11.9				

회사 개요

동사는 1966년 주강, 특수강 및 합금철 등의 제조를 목적으로 설립된 후 1987년 7월 동일전공을 흡수합병했고, 1997년 10월 동일철강을 흡수합병함. 동사는 봉강사업부, 합금철사업부, 주조사업부 등 크게 3가지 사업부문으로 나뉨. 환봉, 미환봉 및 특수강을 생산하는 봉강사업부는 네옹 등에 납품하며, 합금철사업부는 포스코, 현대제철 등 대기업을 고객사로 확보함. 주강 및 특수강을 생산하는 주조사업부는 두산인프라코어 등에 납품함.

실적 분석

동사의 2017년 연간 매출액은 전년동기대비 24.5% 상승한 3,790.6억원을 기록하였음. 비용면에서 전년동기대비 매출원가는 증가하였으며 인건비도 증가, 광고선전비는 크게 감소, 기타판매비와관리비는 증가함. 이처럼 매출액 상승과 더불어 비용절감에도 힘을 기울였음. 최종적으로 전년동기대비 당기순이익은 상승하여 233.5억원을 기록함. 금융손익 등 비영업손익의 꾸준한 증가가 영향을 준 것으로 보임.

현금 흐름 〈단위 : 억원〉

항목	2016	2017
영업활동	214	242
투자활동	-276	-70
재무활동	-14	-59
순현금흐름	-76	108
기말현금	242	350

시장 대비 수익률

결산 실적 〈단위 : 억원〉

항목	2012	2013	2014	2015	2016	2017
매출액	4,386	3,799	3,642	3,082	3,044	3,791
영업이익	275	62	104	20	123	235
당기순이익	289	93	112	42	134	233

분기 실적 〈단위 : 억원〉

항목	2016.3Q	2016.4Q	2017.1Q	2017.2Q	2017.3Q	2017.4Q
매출액	691	875	923	954	942	972
영업이익	32	32	65	55	59	56
당기순이익	33	27	66	57	63	47

재무 상태 〈단위 : 억원〉

항목	2012	2013	2014	2015	2016	2017
총자산	3,619	3,601	3,569	3,475	3,714	3,968
유형자산	981	966	923	843	757	725
무형자산	14	14	12	4	10	10
유가증권	360	1,016	1,076	1,277	1,544	1,522
총부채	530	535	410	318	449	520
총차입금	57	17	10	—	—	—
자본금	121	121	121	121	121	121
총자본	3,089	3,065	3,159	3,157	3,265	3,447
지배주주지분	3,089	3,065	3,159	3,157	3,265	3,447

기업가치 지표

항목	2012	2013	2014	2015	2016	2017
주가(최고/저)(천원)	61.2/39.5	58.8/43.3	62.6/45.4	77.8/45.9	82.6/48.2	84.5/59.1
PER(최고/저)(배)	5.7/3.7	16.6/12.2	14.4/10.5	47.2/27.8	15.5/9.0	9.0/6.3
PBR(최고/저)(배)	0.5/0.3	0.5/0.4	0.5/0.4	0.6/0.4	0.6/0.4	0.6/0.4
EV/EBITDA(배)	1.4	0.5	2.4	—	1.7	—
EPS(원)	11,914	3,834	4,623	1,733	5,539	9,627
BPS(원)	129,580	129,469	133,689	134,451	139,076	147,859
CFPS(원)	16,058	8,191	9,056	5,949	9,395	13,510
DPS(원)	1,250	750	1,000	600	1,200	1,700
EBITDAPS(원)	15,479	6,911	8,729	5,025	8,918	13,558

재무 비율 〈단위 : %〉

연도	영업이익률	순이익률	부채비율	차입금비율	ROA	ROE	유보율	자기자본비율	EBITDA마진율
2017	6.2	6.2	15.1	0.0	6.1	7.0	2,857.2	86.9	8.7
2016	4.0	4.4	13.8	0.0	3.7	4.2	2,681.5	87.9	7.1
2015	0.6	1.4	10.1	0.0	1.2	1.3	2,589.0	90.9	4.0
2014	2.9	3.1	13.0	0.3	3.1	3.6	2,573.8	88.5	5.8

동일제강 (A002690)

DONG IL STEEL MFG CO

업 종 : 금속 및 광물　　시 장 : 거래소
신용등급 : (Bond) — (CP) —　　기업규모 : 시가총액 소형주
홈페이지 : www.dongil-steel.com　　연 락 처 : 031)677-1234
본 사 : 경기도 안성시 미양면 안성맞춤대로 474-40

설 립 일	1959.07.13	종업원수	111명	대표이사	김익중,김우진,김준년
상 장 일	2015.09.24	감사의견	적정(광교)	계 열	
결 산 기	12월	보 통 주		종속회사수	
액 면 가	500원	우 선 주		구 상 호	

주주구성 (지분율,%)		출자관계 (지분율,%)		주요경쟁사 (외형,%)	
에스폼	34.4	삼목	30.0	동일제강	100
김준년	6.7	삼목에스폼	3.7	경남스틸	267
(외국인)	0.4			부국철강	136

매출구성		비용구성		수출비중	
CDB	29.2	매출원가율	93.9	수출	8.9
SUS CDB	28.2	판관비율	5.1	내수	91.1
PC강연선	23.0				

회사 개요

동사는 PC강선 및 강연선, 아연도 강선 및 강연선, 경강선, 마봉강 등을 제조, 판매 등을 영위할 목적으로 1959년에 설립됨. 동사는 철강사업과 관련한 선재와 마봉강을 생산하고 있으나, 중장기적 관점에서 성장동력을 높이기 위해 자동차부품용 소재인 알루미늄 세경봉 영업을 위한 준비를 하고 있음. 2017년 기준 동사의 국내시장 점유율은 주력제품인 스테인리스 마봉강이 36.0%, 선재 부문이 13.5%임.

실적 분석

마봉강 업계는 신규설비 및 증설 투자로 공급과잉 상황. 단가 인하 및 저가품 판매 경쟁 심화가 두드러지고 있어 동사는 SUS 마봉강, 이형재 등으로 품질우위 전략으로 대응하고 있음. 동사의 2017년 연간 매출액은 전년 대비 13.6% 상승한 1,075.8억원을 기록. 선재와 마봉 부문 모두 매출이 증가하였으나 원재료가 상승 등으로 매출원가율 또한 상승함. 이에 영업이익과 당기순이익은 각각 80.9%, 71.1% 하락함.

현금 흐름 *IFRS 별도 기준

〈단위 : 억원〉

항목	2016	2017
영업활동	92	6
투자활동	-204	-11
재무활동	5	10
순현금흐름	-107	5
기말현금	68	73

시장 대비 수익률

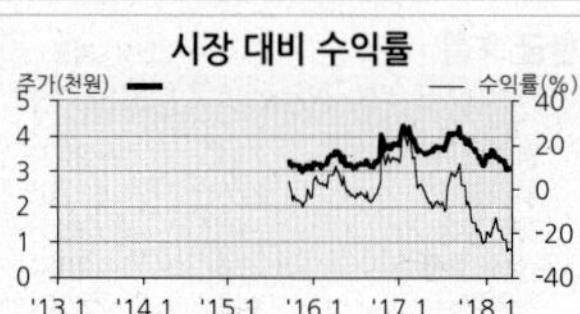

결산 실적

〈단위 : 억원〉

항목	2012	2013	2014	2015	2016	2017
매출액	1,530	1,243	1,222	1,068	947	1,076
영업이익	27	38	91	82	56	11
당기순이익	31	37	63	66	48	14

분기 실적 *IFRS 별도 기준

〈단위 : 억원〉

항목	2016.3Q	2016.4Q	2017.1Q	2017.2Q	2017.3Q	2017.4Q
매출액	227	236	281	260	265	270
영업이익	5	24	18	5	-6	-6
당기순이익	5	22	15	5	-3	-3

재무 상태 *IFRS 별도 기준

〈단위 : 억원〉

항목	2012	2013	2014	2015	2016	2017
총자산	1,327	1,219	1,375	1,446	1,468	1,502
유형자산	607	568	576	652	690	681
무형자산	2	2	2	1	1	1
유가증권	3	38	113	75	91	81
총부채	396	234	271	162	158	189
총차입금	217	59	65	3	7	18
자본금	25	25	50	75	75	75
총자본	931	985	1,104	1,284	1,310	1,313
지배주주지분	931	985	1,104	1,284	1,310	1,313

기업가치 지표 *IFRS 별도 기준

항목	2012	2013	2014	2015	2016	2017
주가(최고/저)(천원)	—/—	—/—	—/—	3.3/3.0	4.1/3.0	4.4/3.2
PER(최고/저)(배)	0.0/0.0	0.0/0.0	0.0/0.0	5.8/5.2	12.9/9.7	48.0/35.0
PBR(최고/저)(배)	0.0/0.0	0.0/0.0	0.0/0.0	0.4/0.4	0.5/0.4	0.5/0.4
EV/EBITDA(배)	2.0	0.5	—	2.8	4.7	7.2
EPS(원)	310	374	632	578	317	91
BPS(원)	186,165	196,971	110,375	8,562	8,734	8,754
CFPS(원)	22,116	17,743	8,529	766	521	350
DPS(원)	—	—	—	20	20	10
EBITDAPS(원)	21,304	17,913	11,351	908	575	329

재무 비율

〈단위 : %〉

연도	영업이익률	순이익률	부채비율	차입금비율	ROA	ROE	유보율	자기자본비율	EBITDA마진율
2017	1.0	1.3	14.4	1.3	0.9	1.1	1,650.7	87.4	4.6
2016	5.9	5.0	12.1	0.6	3.3	3.7	1,646.8	89.2	9.1
2015	7.7	6.2	12.6	0.2	4.7	5.5	1,612.4	88.8	9.7
2014	7.5	5.2	24.6	5.9	4.9	6.1	2,107.5	80.3	9.3

동일철강 (A023790)

DONGIL STEEL

업 종 : 금속 및 광물　　시 장 : KOSDAQ
신용등급 : (Bond) — (CP) —　　기업규모 : 중견
홈페이지 : www.dongilsteel.com　　연 락 처 : 051)316-5341
본 사 : 부산시 사상구 가야대로 46

설 립 일	1967.07.12	종업원수	107명	대표이사	장인화
상 장 일	1994.11.07	감사의견	적정(삼경)	계 열	
결 산 기	12월	보 통 주		종속회사수	
액 면 가	500원	우 선 주		구 상 호	

주주구성 (지분율,%)		출자관계 (지분율,%)		주요경쟁사 (외형,%)	
장인화	26.4	화인베스틸	16.2	동일철강	100
화인인터내셔널	24.4			하이스틸	383
(외국인)	0.3			한국주강	54

매출구성		비용구성		수출비중	
마봉강	29.7	매출원가율	91.3	수출	0.3
부등변 앵글	25.6	판관비율	8.1	내수	99.7
일반형강	20.2				

회사 개요

동사는 철강제품제조 및 판매를 주목적사업으로 1967년에 설립되었으며 주로 기계부품 소재로 사용되는 봉강과 형강을 원재료인 빌렛을 열간 압연하여 생산하는 업체임. 봉강은 자동차, 조선 및 기계산업을, 형강은 건설 및 토목공사를 전방산업으로 함. 한국철강협회 자료로 동사의 시장점유율은 봉강 압연업체 기준으로 0.9%이고, 1,2위는 세아베스틸(점유율 67.5%), 현대제철(11.6%)임.

실적 분석

동사는 2017년 매출액은 전년 동기 대비 소폭 감소함. 원재료 비용 상승에 따른 판매단가는 소폭 인상되었으나, 전체적인 철강시장의 매출중량이 감소함. 생산량 감소 및 비용 증가로 영업손실이 지속되고 있음. 지분법 손상차손을 반영하여 당기순손실이 확대됨. 세계 철강산업은 글로벌 공급과잉 심화로 자국 철강 산업 무역보호를 위한 수입규제 확대 추세 및 수요 둔화 등으로 어려움을 겪고 있음.

현금 흐름 *IFRS 별도 기준

〈단위 : 억원〉

항목	2016	2017
영업활동	-20	-17
투자활동	25	17
재무활동	-4	-5
순현금흐름	1	-5
기말현금	14	10

시장 대비 수익률

결산 실적

〈단위 : 억원〉

항목	2012	2013	2014	2015	2016	2017
매출액	827	368	395	541	582	553
영업이익	-48	-14	-74	-89	37	3
당기순이익	-48	4	-144	-106	-10	-39

분기 실적 *IFRS 별도 기준

〈단위 : 억원〉

항목	2016.3Q	2016.4Q	2017.1Q	2017.2Q	2017.3Q	2017.4Q
매출액	124	164	124	137	153	139
영업이익	1	4	7	0	-1	-3
당기순이익	-5	-32	-1	-4	-8	-26

재무 상태 *IFRS 별도 기준

〈단위 : 억원〉

항목	2012	2013	2014	2015	2016	2017
총자산	791	802	998	784	1,226	1,197
유형자산	175	388	397	331	744	732
무형자산	7	14	14	14	8	8
유가증권	62	29	11	10	6	6
총부채	406	414	757	649	770	784
총차입금	367	380	665	575	572	564
자본금	37	37	37	37	37	37
총자본	385	388	242	135	456	413
지배주주지분	385	388	242	135	456	413

기업가치 지표 *IFRS 별도 기준

항목	2012	2013	2014	2015	2016	2017
주가(최고/저)(천원)	10.5/4.3	6.5/3.8	6.7/4.2	5.2/3.6	7.0/2.2	6.4/3.8
PER(최고/저)(배)	—/—	134.5/79.3	—/—	—/—	—/—	—/—
PBR(최고/저)(배)	1.5/0.6	0.9/0.5	1.3/0.8	1.4/0.9	0.9/0.3	0.8/0.5
EV/EBITDA(배)	—	—	—	—	18.7	43.6
EPS(원)	-649	48	-1,954	-1,437	-141	-533
BPS(원)	7,217	7,260	5,270	3,813	8,180	7,606
CFPS(원)	-454	191	-1,658	-1,205	73	-320
DPS(원)	—	—	—	—	—	—
EBITDAPS(원)	-455	-52	-717	-973	713	259

재무 비율

〈단위 : %〉

연도	영업이익률	순이익률	부채비율	차입금비율	ROA	ROE	유보율	자기자본비율	EBITDA마진율
2017	0.6	-7.1	189.5	136.4	-3.2	-9.0	1,421.2	34.5	3.5
2016	6.3	-1.8	169.0	125.5	-1.0	-3.5	1,536.1	37.2	9.0
2015	-16.4	-19.5	481.7	426.5	-11.8	-56.1	662.6	17.2	-13.2
2014	-18.9	-36.3	312.9	274.9	-15.9	-45.6	953.9	24.2	-13.3

동진쎄미켐 (A005290)
Dongjin Semichem

업 종 : 반도체 및 관련장비
신용등급 : (Bond) — (CP) —
홈페이지 : www.dongjin.com
본 사 : 인천시 서구 백범로 644
시 장 : KOSDAQ
기업규모 : 우량
연 락 처 : 032)578-5091

설 립 일	1973.07.10	**종 업 원 수**	1,009명	**대 표 이 사**	이부섭,이준혁
상 장 일	1999.12.15	**감 사 의 견**	적정(정동)	**계 열**	
결 산 기	12월	**보 통 주**		**종속회사수**	13개사
액 면 가	500원	**우 선 주**		**구 상 호**	

주주구성 (지분율,%)		출자관계 (지분율,%)		주요경쟁사 (외형,%)	
동진홀딩스	27.3	신암정유	89.9	동진쎄미켐	100
하나대투증권	3.8	SGI퍼스트펭귄스타트업펀드	2.4	원익머트리얼즈	26
(외국인)	9.9	이엔에이치	0.1	유진테크	17

매출구성		비용구성		수출비중	
국내전자재료	74.6	매출원가율	81.2	수출	65.2
해외전자재료	25.1	판관비율	9.7	내수	34.8
국내정제유	0.3				

회사 개요

동사는 1973년 7월에 설립되어 반도체 및 TFT-LCD의 노광공정에 사용되는 Photoresist 관련 전자재료사업과 산업용 기초소재인 발포제사업을 주로 영위하고 있음. 2017년 기준 매출액은 감광액, Wet chemical, 발포제 등의 국내전자재료(71.0%), TFT LCD 화학제품 등의 해외전자재료(28.0%)로 대부분을 차지하고 있음. 또한 원재료 공급처별로 대량수입에 따른 할인으로 원자재 가격을 유지하고 있음.

실적 분석

동사는 연결기준 2017년 매출액은 전년동기대비 2.6% 증가한 7,851.6억원을 기록한 반면, 동기간 판관비는 전년동기 대비 2.7% 축소됨에 따라 영업이익은 전년동기 대비 58.4% 증가한 719.1억원을 기록함. 반면, 비영업손익은 여전히 적자가 나타났고 손실 규모 또한 유형자산손상차손 중심으로 확대되었음. 이에 따라 동사의 2017년 당기순이익은 전년 동기 대비 118.4% 증가한 129.6억원을 기록함.

현금 흐름 <단위 : 억원>

항목	2016	2017
영업활동	1,068	826
투자활동	-695	-480
재무활동	-307	-200
순현금흐름	59	112
기말현금	618	730

시장 대비 수익률

결산 실적 <단위 : 억원>

항목	2012	2013	2014	2015	2016	2017
매출액	5,712	6,544	6,696	7,093	7,650	7,852
영업이익	274	234	377	585	454	719
당기순이익	72	38	106	199	264	450

분기 실적 <단위 : 억원>

항목	2016.3Q	2016.4Q	2017.1Q	2017.2Q	2017.3Q	2017.4Q
매출액	1,926	1,930	1,952	1,955	2,081	1,864
영업이익	91	96	160	180	210	169
당기순이익	42	79	103	134	167	46

재무 상태 <단위 : 억원>

항목	2012	2013	2014	2015	2016	2017
총자산	5,947	6,211	6,277	6,557	6,576	6,672
유형자산	3,217	3,441	3,410	3,341	3,199	3,058
무형자산	265	267	238	210	195	173
유가증권	32	39	37	43	86	226
총부채	4,605	4,826	4,889	4,852	4,607	3,996
총차입금	3,973	4,148	4,141	4,084	3,732	3,175
자본금	210	210	210	234	237	257
총자본	1,341	1,385	1,388	1,705	1,969	2,676
지배주주지분	1,289	1,329	1,328	1,643	1,902	2,640

기업가치 지표

항목	2012	2013	2014	2015	2016	2017
주가(최고/저)(천원)	4.4/3.1	5.1/3.3	4.0/3.3	7.7/3.5	11.9/4.2	24.6/8.2
PER(최고/저)(배)	32.4/22.5	67.1/43.8	17.0/14.1	17.7/8.0	21.8/7.7	27.5/9.2
PBR(최고/저)(배)	1.6/1.1	1.7/1.1	1.3/1.1	2.2/1.0	3.0/1.1	4.8/1.6
EV/EBITDA(배)	9.9	9.9	7.5	6.6	6.6	12.0
EPS(원)	147	80	242	443	550	900
BPS(원)	3,066	3,161	3,160	3,514	4,010	5,135
CFPS(원)	835	842	1,060	1,240	2,110	1,732
DPS(원)	60	60	60	60	60	90
EBITDAPS(원)	1,339	1,320	1,715	2,106	2,522	2,276

재무 비율 <단위 : %>

연도	영업이익률	순이익률	부채비율	차입금비율	ROA	ROE	유보율	자기자본비율	EBITDA마진율
2017	9.2	5.7	149.3	118.7	6.8	19.7	927.1	40.1	14.4
2016	5.9	3.5	233.9	189.5	4.0	14.7	702.1	30.0	15.6
2015	8.2	2.8	284.6	239.6	3.1	13.3	602.7	26.0	13.3
2014	5.6	1.6	352.1	298.2	1.7	7.7	532.0	22.1	10.8

동화기업 (A025900)
DONGWHA ENTERPRISE

업 종 : 종이 및 목재
신용등급 : (Bond) A- (CP) —
홈페이지 : www.dongwha.co.kr
본 사 : 인천시 서구 가정로97번길 28(가좌동)
시 장 : KOSDAQ
기업규모 : 우량
연 락 처 : 032)585-0728

설 립 일	1948.04.02	**종 업 원 수**	686명	**대 표 이 사**	김홍진
상 장 일	1995.08.07	**감 사 의 견**	적정(삼정)	**계 열**	
결 산 기	12월	**보 통 주**		**종속회사수**	11개사
액 면 가	500원	**우 선 주**		**구 상 호**	동화홀딩스

주주구성 (지분율,%)		출자관계 (지분율,%)		주요경쟁사 (외형,%)	
Dongwha international	45.8	태양합성	100.0	동화기업	100
승은호	9.3	한국일보사	60.0	한솔제지	226
(외국인)	35.3	대성목재공업	58.0	깨끗한나라	85

매출구성		비용구성		수출비중	
[소재사업]PB(대성목재) 외 기타	49.7	매출원가율	72.6	수출	—
[소재사업]해외(베트남)	15.6	판관비율	15.7	내수	—
[소재사업]MDF	14.4				

회사 개요

동사는 1948년 설립, 2003년에 지주회사(동아홀딩스)로 전환되었다가, 2013년에 자회사였던 동화기업과 동화자연마루를 흡수합병하여 다시 지주회사에서 탈피함. 2013년 10월 1일을 기일로 인적분할의 방법으로 목재사업과 자동차사업 부문으로 구조 개편을 실시하였으며, 동사는 현재 국내와 베트남, 호주에서 MDF, PB, MFB, 화학, 건장재 등의 사업을 영위하고 있음. 자회사로는 대성목재공업(파티클보드), 한국일보 등이 있음.

실적 분석

동사의 2017년 연결기준 누적 매출액은 7,787.9억원으로 전년 대비 12.8% 증가함. 원재료 가격 상승으로 원가율이 악화되었지만 고정비용 부담 완화로 영업이익도 10.1% 증가함. 지분법손익과 외환손익이 흑자전환되면서 영업외수익도 흑자전환함. 마감재로 쓰이는 파티클보드, 중밀도섬유판 등 보드 제품의 국내 판매 호조와 베트남, 호주 등 해외법인의 실적 증가를 타고 성장세를 이어가고 있음.

현금 흐름 <단위 : 억원>

항목	2016	2017
영업활동	1,223	912
투자활동	-1,037	-762
재무활동	-92	-350
순현금흐름	99	-222
기말현금	485	264

시장 대비 수익률

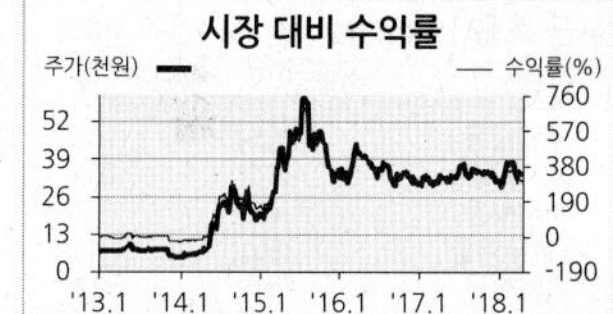

결산 실적 <단위 : 억원>

항목	2012	2013	2014	2015	2016	2017
매출액	4,021	4,236	5,652	6,747	6,907	7,788
영업이익	95	-22	562	787	828	911
당기순이익	8	-156	364	500	585	622

분기 실적 <단위 : 억원>

항목	2016.3Q	2016.4Q	2017.1Q	2017.2Q	2017.3Q	2017.4Q
매출액	1,737	1,783	1,675	1,954	2,020	2,139
영업이익	208	171	171	281	232	228
당기순이익	178	106	142	351	180	-50

재무 상태 <단위 : 억원>

항목	2012	2013	2014	2015	2016	2017
총자산	13,511	10,642	10,627	11,439	12,109	12,241
유형자산	9,754	7,444	7,187	7,012	7,577	7,623
무형자산	212	198	256	377	377	548
유가증권	49	24	70	108	141	153
총부채	7,012	6,118	5,691	5,734	5,814	5,636
총차입금	4,696	4,315	3,734	3,159	3,188	2,968
자본금	101	77	77	77	77	77
총자본	6,499	4,524	4,936	5,705	6,295	6,605
지배주주지분	5,756	3,531	3,788	4,245	4,604	4,824

기업가치 지표

항목	2012	2013	2014	2015	2016	2017
주가(최고/저)(천원)	8.0/6.0	9.5/5.0	30.3/5.3	64.9/17.6	44.5/29.4	38.4/29.6
PER(최고/저)(배)	99.8/74.5	—/—	21.5/3.7	38.7/10.5	19.1/12.6	16.3/12.5
PBR(최고/저)(배)	0.3/0.2	0.4/0.2	1.2/0.2	2.1/0.6	1.3/0.9	1.1/0.8
EV/EBITDA(배)	27.8	27.9	8.5	8.2	7.0	6.6
EPS(원)	82	-791	1,441	1,713	2,378	2,384
BPS(원)	30,548	24,923	26,599	31,417	33,918	35,449
CFPS(원)	832	459	3,600	4,014	4,797	5,055
DPS(원)	—	—	—	—	300	350
EBITDAPS(원)	1,221	1,132	5,819	7,640	8,183	9,020

재무 비율 <단위 : %>

연도	영업이익률	순이익률	부채비율	차입금비율	ROA	ROE	유보율	자기자본비율	EBITDA마진율
2017	11.7	8.0	85.3	44.9	5.1	7.3	6,528.2	54.0	16.6
2016	12.0	8.5	92.4	50.7	5.0	7.7	6,241.8	52.0	17.0
2015	11.7	7.4	100.5	55.4	4.5	6.3	5,774.3	49.9	16.7
2014	9.9	6.5	115.3	75.7	3.4	6.1	5,219.9	46.5	15.8

동화약품 (A000020)

Dong Wha Pharm

업 종 : 제약
신용등급 : (Bond) — (CP) —
홈페이지 : www.dong-wha.co.kr
본 사 : 서울시 중구 후암로 98, 19층(남대문로5가)
시 장 : 거래소
기업규모 : 시가총액 소형주
연 락 처 : 02)2021-9300

설 립 일	1897.09.25	**종 업 원 수**	708명	**대 표 이 사**	윤도준,유광렬
상 장 일	1976.03.24	**감 사 의 견**	적정(삼정)	**계 열**	
결 산 기	12월	**보 통 주**		**종속회사수**	
액 면 가	1,000원	**우 선 주**		**구 상 호**	

주주구성 (지분율,%)		출자관계 (지분율,%)		주요경쟁사 (외형,%)	
동화지앤피	15.2	디앤케이코퍼레이션	50.0	동화약품	100
가송재단	6.4	동화개발	33.8	알보젠코리아	73
(외국인)	10.8	흥진정공	29.6	유나이티드제약	76

매출구성		비용구성		수출비중	
상품	30.8	매출원가율	58.2	수출	1.0
후시딘연고 외	22.1	판관비율	37.5	내수	99.0
기타	21.3				

회사 개요

1897년 9월 설립된 국내 최초의 제약 업체로 1976년 3월 유가증권시장에 상장됨. 2017년 기준으로 제품 매출 비중은 65.8%, 상품 매출 비중은 34.2%임. 소화제인 활명수류가 전체 매출의 21.8%를 차지하는 최대 품목임. 피부질환제인 후시딘연고의 매출 비중은 7.4%, 종합감기약 판콜(에이,에스)의 매출 비중은 8.9%로 소비자 인지도가 높은 일반의약품을 다수 보유하고 있음.

실적 분석

2017년 결산 매출액은 2,589억원으로 전년동기 대비 9% 증가하였음. 반면, 견조한 매출 증가세와 판관비 비중 축소에도 불구하고 원가율 상승 여파로 전년동기 대비 2.4% 감소한 109.9억원의 영업이익 시현하는데 그침. 경상수지부문은 대규모 관련기업투자수익 발생으로 전년동기 대비 79.1% 증가한 470.1억원의 순이익을 시현함. 동사는 까스활명수, 후시딘, 판콜 등 대중 인지도를 바탕으로 시장지위를 유지하고 있음.

현금 흐름 *IFRS 별도 기준 (단위 : 억원)

항목	2016	2017
영업활동	255	-165
투자활동	-304	163
재무활동	-42	-39
순현금흐름	-92	-41
기말현금	357	316

시장 대비 수익률

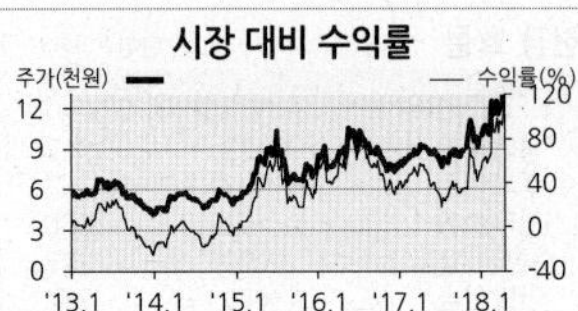

결산 실적 〈단위 : 억원〉

항목	2012	2013	2014	2015	2016	2017
매출액	2,234	2,202	2,135	2,232	2,375	2,589
영업이익	100	21	53	48	113	110
당기순이익	13	10	49	56	263	470

분기 실적 *IFRS 별도 기준 〈단위 : 억원〉

항목	2016.3Q	2016.4Q	2017.1Q	2017.2Q	2017.3Q	2017.4Q
매출액	574	584	606	670	644	669
영업이익	21	5	47	43	22	-1
당기순이익	14	191	34	32	8	396

재무 상태 *IFRS 별도 기준 〈단위 : 억원〉

항목	2012	2013	2014	2015	2016	2017
총자산	3,243	3,162	3,131	3,172	3,246	3,672
유형자산	1,839	1,719	1,619	1,518	1,422	1,037
무형자산	42	83	71	64	64	61
유가증권	51	54	61	76	69	122
총부채	973	889	833	871	717	703
총차입금	101	60	40	22	—	—
자본금	279	279	279	279	279	279
총자본	2,270	2,272	2,297	2,301	2,529	2,969
지배주주지분	2,270	2,272	2,297	2,301	2,529	2,969

기업가치 지표 *IFRS 별도 기준

항목	2012	2013	2014	2015	2016	2017
주가(최고/저)(천원)	6.2/3.8	6.8/4.2	6.2/4.2	10.8/5.3	11.2/7.1	11.3/7.7
PER(최고/저)(배)	144.0/87.0	201.5/121.2	36.8/25.1	55.8/27.2	12.3/7.8	6.8/4.7
PBR(최고/저)(배)	0.8/0.5	0.9/0.5	0.8/0.5	1.4/0.7	1.3/0.8	1.1/0.7
EV/EBITDA(배)	6.5	6.7	6.9	10.7	7.0	6.3
EPS(원)	47	36	177	201	940	1,683
BPS(원)	8,127	8,135	8,225	8,309	9,125	10,721
CFPS(원)	484	485	629	626	1,360	2,095
DPS(원)	80	70	80	80	110	150
EBITDAPS(원)	795	523	644	597	824	805

재무 비율 〈단위 : %〉

연도	영업이익률	순이익률	부채비율	차입금비율	ROA	ROE	유보율	자기자본비율	EBITDA마진율
2017	4.2	18.2	23.7	0.0	13.6	17.1	972.2	80.9	8.7
2016	4.7	11.1	28.3	0.0	8.2	10.9	812.5	77.9	9.7
2015	2.2	2.5	37.8	1.0	1.8	2.4	730.9	72.6	7.5
2014	2.5	2.3	36.3	1.7	1.6	2.2	722.5	73.4	8.4

두산 (A000150)

DOOSAN

업 종 : 복합 산업
신용등급 : (Bond) A- (CP) —
홈페이지 : www.doosan.com
본 사 : 서울시 중구 장충단로 275
시 장 : 거래소
기업규모 : 시가총액 중형주
연 락 처 : 02)3398-0114

설 립 일	1933.12.18	**종 업 원 수**	4,083명	**대 표 이 사**	박정원,동현수,김민철
상 장 일	1973.06.29	**감 사 의 견**	적정(한영)	**계 열**	
결 산 기	12월	**보 통 주**		**종속회사수**	147개사
액 면 가	5,000원	**우 선 주**		**구 상 호**	

주주구성 (지분율,%)		출자관계 (지분율,%)		주요경쟁사 (외형,%)	
박정원	7.0	두타몰	100.0	두산	100
국민연금기금	6.5	디아이피홀딩스	100.0	삼성물산	166
(외국인)	8.5	두산베어스	100.0	LG	67

매출구성		비용구성		수출비중	
원자력, 화력, 복합화력, 열병합,보일러 등	36.9	매출원가율	82.1	수출	—
건설기계, 엔진 등	34.6	판관비율	11.2	내수	—
CCL,OLED,동박 외	15.4				

회사 개요

동사는 1933년 12월 18일에 설립됐으며, 동사를 포함해 두산중공업 등 24개 계열사를 포함하는 두산그룹의 모회사임과 동시에 전자BG, 모트롤BG, 산업차량BG, 정보통신BU 등의 자체사업부문을 영위하는 사업형 지주회사임. 주요 연결대상종속회사로는 두산중공업, 두산인프라코어, 두산건설 및 두산엔진 등이 있음. 2017년 3분기 기준 매출액은 인프라코어 41.2%, 중공업 27.1%, 자체사업 14.0% 등으로 구성되어 있음.

실적 분석

동사의 2017년 연결기준 연간 누적 매출액은 17조5852.1억원으로 전년 동기 대비 6.8% 증가함. 매출이 증가하면서 매출원가도 늘었지만 매출원가 증가율 대비 매출액 증가율이 커지며 매출총이익률이 개선됨. 판매비와 관리비 또한 전년 동기 수준을 유지하면서 영업이익은 1조1799.2억원으로 전년 동기 대비 27.7% 증가함. 비영업손익 부문에서 금융손실 등이 증가하며 당기순이익은 전년 동기 대비 8.9% 감소한 459.5억원 시현함.

현금 흐름 (단위 : 억원)

항목	2016	2017
영업활동	9,250	6,770
투자활동	10,612	-5,560
재무활동	-22,538	2,899
순현금흐름	-3,133	3,253
기말현금	20,193	23,446

시장 대비 수익률

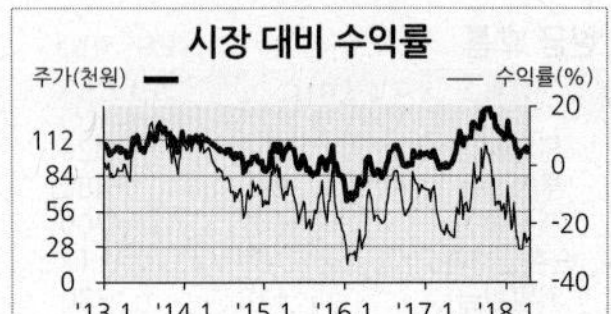

결산 실적 〈단위 : 억원〉

항목	2012	2013	2014	2015	2016	2017
매출액	243,523	216,161	203,124	169,024	164,703	175,852
영업이익	7,992	11,352	9,979	706	9,243	11,799
당기순이익	2,015	1,302	332	-17,008	504	459

분기 실적 〈단위 : 억원〉

항목	2016.3Q	2016.4Q	2017.1Q	2017.2Q	2017.3Q	2017.4Q
매출액	36,631	48,469	40,863	45,884	42,541	46,564
영업이익	1,889	1,775	2,658	3,890	2,614	2,636
당기순이익	946	-4,845	513	231	237	-522

재무 상태 〈단위 : 억원〉

항목	2012	2013	2014	2015	2016	2017
총자산	315,049	311,660	313,693	315,563	286,648	287,690
유형자산	75,126	86,600	85,835	87,961	79,092	81,988
무형자산	71,717	72,136	71,734	70,253	69,543	67,920
유가증권	4,477	3,706	4,318	5,842	5,316	3,399
총부채	244,270	221,081	224,670	231,628	207,639	211,656
총차입금	145,582	131,236	134,514	144,665	123,284	127,416
자본금	1,328	1,329	1,348	1,348	1,348	1,348
총자본	70,779	90,580	89,023	83,935	79,009	76,034
지배주주지분	27,078	30,385	28,894	25,770	23,915	24,741

기업가치 지표

항목	2012	2013	2014	2015	2016	2017
주가(최고/저)(천원)	140/97.2	125/98.7	117/86.8	110/79.7	109/64.2	139/89.5
PER(최고/저)(배)	50.7/35.2	32.3/25.6	56.3/41.6	—/—	16.2/9.5	91.0/58.6
PBR(최고/저)(배)	1.6/1.1	1.2/1.0	1.2/0.9	1.2/0.8	1.1/0.7	1.3/0.8
EV/EBITDA(배)	12.7	11.0	11.4	25.5	11.3	9.7
EPS(원)	3,451	4,703	2,478	-14,671	7,384	1,594
BPS(원)	110,851	124,714	119,600	110,105	106,038	111,245
CFPS(원)	24,827	28,803	27,728	11,152	31,447	26,382
DPS(원)	3,500	3,500	4,000	4,550	5,100	5,100
EBITDAPS(원)	50,281	67,311	63,084	28,471	58,782	71,151

재무 비율 〈단위 : %〉

연도	영업이익률	순이익률	부채비율	차입금비율	ROA	ROE	유보율	자기자본비율	EBITDA마진율
2017	6.7	0.3	278.4	167.6	0.2	1.7	1,929.0	26.4	10.3
2016	5.6	0.3	262.8	156.0	0.2	7.9	1,913.5	27.6	9.5
2015	0.4	-10.1	276.0	172.4	-5.4	-14.3	2,077.6	26.6	4.5
2014	4.9	0.2	252.4	151.1	0.1	2.2	2,265.4	28.4	8.2

두산건설 (A011160)

Doosan Engineering & Construction

업 종 : 건설
신용등급 : (Bond) BB+ (CP) B+
홈페이지 : www.doosanenc.com
본 사 : 서울시 강남구 언주로 726 (논현동)
시 장 : 거래소
기업규모 : 시가총액 소형주
연 락 처 : 02)510-3114

설 립 일	1976.04.07	**종 업 원 수**	1,216명	**대 표 이 사**	이병화,곽승환
상 장 일	1995.12.30	**감 사 의 견**	적정(삼정)	**계 열**	
결 산 기	12월	**보 통 주**		**종속회사수**	11개사
액 면 가	500원	**우 선 주**		**구 상 호**	

주주구성 (지분율,%)		출자관계 (지분율,%)		주요경쟁사 (외형,%)	
두산중공업	75.5	밸류웍스	60.9	두산건설	100
박정원	0.5	네오트랜스	42.9	아이에스동서	119
(외국인)	0.2	대전천변도시고속화도로	33.3	태영건설	213

매출구성		비용구성		수출비중	
건축(민간)	55.2	매출원가율	89.5	수출	—
토목(민간)	18.0	판관비율	6.7	내수	—
토목(관급)	16.3				

회사 개요

동사는 건설(토목/건축/주택) 사업을 주요사업으로 영위하고 있음. 동사는 그간 일부 사업부를 매각하고 타계열사의 지원으로 손실을 줄여옴. 또 재무건전성 강화와 효율적 자산관리를 위해 2017년 4월 28일 창원1공장 물적분할을 결정, 2017년 6월 30일 동사가 보유한 신설법인 밸류웍스 100% 지분 중 39.1%를 두산메카텍에 매각 완료하였음. 매출액 비중은 건축BG가 74.19%, 토목환경BG가 26.18%를 차지함.

실적 분석

동사의 2017년 연간 매출액은 전년동기대비 15.1% 상승한 15,358.6억원을 기록하였음. 신설회사의 지분 일부 매각을 통한 재무건전성 강화와 효율적 자산관리를 진행하고 있으나 비영업손익 적자지속으로 전년동기대비 당기순손실은 1,840.2억원을 기록함. 국내시장 성장 한계에 따라 신규사업 확장에 노력을 기울이고 있으며 그 성과로 광주 EIG연료전지 사업을 수주계약함.

현금 흐름 (단위 : 억원)

항목	2016	2017
영업활동	-1,005	553
투자활동	5,374	-423
재무활동	-4,653	183
순현금흐름	-283	309
기말현금	799	1,108

시장 대비 수익률

결산 실적 (단위 : 억원)

항목	2012	2013	2014	2015	2016	2017
매출액	23,772	23,552	22,080	11,853	13,342	15,359
영업이익	-4,491	574	1,328	-1,279	198	589
당기순이익	-6,541	-603	-686	-5,207	-3,570	-1,840

분기 실적 (단위 : 억원)

항목	2016.3Q	2016.4Q	2017.1Q	2017.2Q	2017.3Q	2017.4Q
매출액	3,362	4,114	3,266	3,995	3,760	4,338
영업이익	41	-106	112	194	82	201
당기순이익	-380	-2,159	-420	-23	-619	-778

재무 상태 (단위 : 억원)

항목	2012	2013	2014	2015	2016	2017
총자산	40,657	49,504	51,331	42,257	30,300	28,456
유형자산	8,786	10,662	10,622	7,986	3,003	4,669
무형자산	213	3,326	3,274	3,149	59	67
유가증권	2,299	1,476	1,456	1,313	1,411	1,396
총부채	34,580	29,350	31,705	28,114	19,654	18,802
총차입금	18,747	15,521	17,108	14,207	9,216	8,733
자본금	8,773	28,829	3,996	4,206	543	545
총자본	6,078	20,154	19,626	14,143	10,647	9,654
지배주주지분	6,078	20,154	19,626	14,143	10,647	8,850

기업가치 지표

항목	2012	2013	2014	2015	2016	2017
주가(최고/저)(천원)	32.4/18.1	28.2/13.1	16.6/8.9	13.1/4.8	6.1/3.5	3.9/2.9
PER(최고/저)(배)	—/—	—/—	—/—	—/—	—/—	—/—
PBR(최고/저)(배)	0.9/0.5	1.1/0.5	0.7/0.4	0.8/0.3	0.5/0.3	0.4/0.3
EV/EBITDA(배)	—	20.6	9.4	—	25.5	14.6
EPS(원)	-37,375	-1,338	-880	-6,342	-4,220	-2,078
BPS(원)	3,504	3,528	25,190	17,346	12,279	10,195
CFPS(원)	-3,638	-73	-457	-5,955	-4,007	-1,988
DPS(원)	—	—	100	—	—	—
EBITDAPS(원)	-2,457	193	2,128	-1,170	447	754

재무 비율 (단위 : %)

연도	영업이익률	순이익률	부채비율	차입금비율	ROA	ROE	유보율	자기자본비율	EBITDA마진율
2017	3.8	-12.0	194.8	90.5	-6.3	-18.9	1,564.9	33.9	4.4
2016	1.5	-26.8	184.6	86.6	-9.8	-28.8	1,903.2	35.1	2.8
2015	-10.8	-43.9	198.8	100.5	-11.1	-30.8	238.7	33.5	-8.1
2014	6.0	-3.1	161.6	87.2	-1.4	-3.5	391.2	38.2	7.5

두산밥캣 (A241560)

Doosan Bobcat

업 종 : 기계
신용등급 : (Bond) — (CP) —
홈페이지 : www.doosanbobcat.com
본 사 : 서울시 중구 장충단로 275 (을지로6가, 두산타워빌딩)
시 장 : 거래소
기업규모 : 시가총액 대형주
연 락 처 : 02)3398-0993

설 립 일	2014.04.25	**종 업 원 수**	63명	**대 표 이 사**	스캇성철박,박상현
상 장 일	2016.11.18	**감 사 의 견**	적정(삼일)	**계 열**	
결 산 기	12월	**보 통 주**		**종속회사수**	27개사
액 면 가	500원	**우 선 주**		**구 상 호**	

주주구성 (지분율,%)		출자관계 (지분율,%)		주요경쟁사 (외형,%)	
두산인프라코어	55.3	DoosanHoldingEurope.	100.0	두산밥캣	100
HSD엔진	10.6	ClarkEquipmentCo.	100.0	두산중공업	429
(외국인)	26.8	DoosanBobcatSingaporePte.	100.0	현대엘리베이	59

매출구성		비용구성		수출비중	
Compact 건설기계	75.4	매출원가율	76.2	수출	—
Heavy 건설기계	17.5	판관비율	12.2	내수	—
Portable Power	7.1				

회사 개요

동사는 지주회사로 연결실체 기준으로 건설기계 생산 및 판매를 영위하고 있으며 북미, 오세아니아, 유럽, 중동, 아프리카, 아시아, 라틴아메리카 지역 내 종속회사를 두고 있음. 종속회사들을 통하여 건설기계 및 Portable Power 장비 등을 생산, 판매함. Clark Equipment Co., Bobcat Equipment Ltd 등 총 25개 사를 연결대상 종속회사로 보유함.

실적 분석

동사의 2017년 결산 연결기준 매출액은 3조 3,892.1억원을 기록함. 전년도 매출액인 3조 2,872.9억원에 비해 3.1% 증가한 금액임. 매출이 늘었으나 매출원가가 4.1% 증가하고 판매비와 관리비가 0.9% 증가해 영업이익은 전년도 3,980.2억원에서 0.9% 감소한 3,945.2억원을 기록함. 비영업부문은 적자가 지속됐으나 손실폭은 줄어들었음. 당기순이익은 전년 대비 51.8% 증가한 2,737.6억원을 기록함.

현금 흐름 (단위 : 억원)

항목	2016	2017
영업활동	3,269	3,766
투자활동	-901	-1,147
재무활동	-3,028	-1,790
순현금흐름	-699	944
기말현금	3,636	4,168

시장 대비 수익률

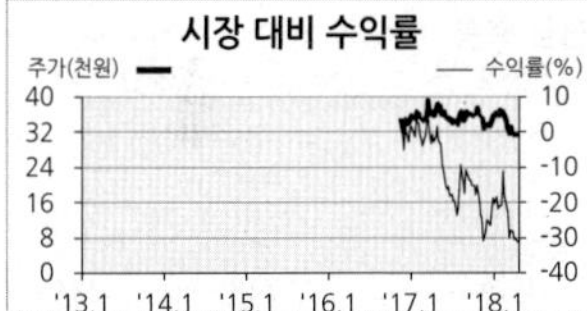

결산 실적 (단위 : 억원)

항목	2012	2013	2014	2015	2016	2017
매출액	—	—	29,303	40,408	32,873	33,892
영업이익	—	—	2,802	3,856	3,980	3,945
당기순이익	—	—	560	1,481	1,803	2,738

분기 실적 (단위 : 억원)

항목	2016.3Q	2016.4Q	2017.1Q	2017.2Q	2017.3Q	2017.4Q
매출액	9,190	2,029	9,299	10,851	10,194	3,549
영업이익	1,072	546	933	1,370	1,016	626
당기순이익	499	46	418	496	556	1,268

재무 상태 (단위 : 억원)

항목	2012	2013	2014	2015	2016	2017
총자산	—	—	62,563	63,649	63,261	61,838
유형자산	—	—	3,837	4,287	4,471	4,084
무형자산	—	—	42,135	41,589	42,302	39,834
유가증권	—	—	—	1	1	1
총부채	—	—	32,045	32,395	29,742	27,563
총차입금	—	—	17,243	18,546	16,126	13,465
자본금	—	—	1	1	521	462
총자본	—	—	30,519	31,255	33,518	34,275
지배주주지분	—	—	26,529	27,428	33,518	34,275

기업가치 지표

항목	2012	2013	2014	2015	2016	2017
주가(최고/저)(천원)	—/—	—/—	—/—	—/—	—/—	—/—
PER(최고/저)(배)	0.0/0.0	0.0/0.0	0.0/0.0	0.0/0.0	20.8/18.8	14.7/12.3
PBR(최고/저)(배)	0.0/0.0	0.0/0.0	0.0/0.0	0.0/0.0	1.1/1.0	1.2/1.0
EV/EBITDA(배)	0.0	0.0	5.5	3.7	9.5	9.0
EPS(원)	—	—	678	1,541	1,779	2,731
BPS(원)	—	—	265,292,421	271,992,670	33,435	34,190
CFPS(원)	—	—	13,581,135	24,157,470	2,963	3,780
DPS(원)	—	—	—	—	700	800
EBITDAPS(원)	—	—	35,672,506	48,671,652	5,376	4,985

재무 비율 (단위 : %)

연도	영업이익률	순이익률	부채비율	차입금비율	ROA	ROE	유보율	자기자본비율	EBITDA마진율
2017	11.6	8.1	80.4	39.3	4.4	8.1	7,323.3	55.4	14.7
2016	12.1	5.5	88.7	48.1	2.8	5.5	6,335.8	53.0	15.5
2015	9.5	3.7	103.7	59.3	2.4	5.1	4,963,747.8	49.1	12.2
2014	9.6	1.9	105.0	56.5	0.0	0.0	5,159,023.0	48.8	12.2

두산엔진 (A082740)

Doosan Engine

업 종 : 조선
신용등급 : (Bond) — (CP) —
홈페이지 : www.doosanengine.com
본 사 : 경남 창원시 성산구 공단로 21번길 18

시 장 : 거래소
기업규모 : 시가총액 소형주
연 락 처 : 055)260-6000

설 립 일	1999.12.30	**종업원수**	815명	**대표이사**	김동철,김일도
상 장 일	2011.01.04	**감사의견**	적정(한영)	**계 열**	
결 산 기	12월	**보 통 주**		**종속회사수**	2개사
액 면 가	1,000원	**우 선 주**		**구 상 호**	

주주구성 (지분율,%)		출자관계 (지분율,%)		주요경쟁사 (외형,%)	
두산중공업	42.7	두산건설	17.1	두산엔진	100
국민연금공단	6.1	두산밥캣	10.6	엔케이	16
(외국인)	3.5	한국조선기자재공업협동조합	8.1	세진중공업	33

매출구성		비용구성		수출비중	
선박용 디젤엔진	95.0	매출원가율	92.8	수출	—
육상용 디젤엔진	4.3	판관비율	5.4	내수	—
기타	0.7				

회사 개요

동사는 선박용 엔진 위주의 엔진 전문메이커로서 선박용 엔진 및 이에 부수되는 부품을 공급하고 있음. 세계 2위의 저속엔진은 약 20% 시장점유율을 유지하고 있으며, 한국 3개 엔진업체가 전세계 엔진의 평균 50% 이상을 생산하여 선박에 탑재하고 있음. 종속엔진은 2007년 사업을 시작하여, 세계 시장 점유율 10~15% 확보를 목표로 하고 있으며, 장기적으로 연간 1,000대 생산 물량 확보할 계획임.

실적 분석

동사의 2017년 연간 매출액은 7,688.7억원으로 전년 8,029.2억원 대비 4.2% 감소함. 원가율 개선에 힘입어 영업이익은 134.8억원을 시현. 전년 대비 218.1% 늘어남. 전년 1,812.3억원에 달했던 당기순손실을 103.4억원까지 줄여 수익성 개선. 동사는 저속엔진사업, SCR 사업 등 핵심사업의 경쟁력 강화를 최우선적으로 추진할 계획임.

현금 흐름 〈단위 : 억원〉

항목	2016	2017
영업활동	45	-694
투자활동	414	127
재무활동	-187	566
순현금흐름	273	-6
기말현금	728	722

시장 대비 수익률

결산 실적 〈단위 : 억원〉

항목	2012	2013	2014	2015	2016	2017
매출액	13,788	7,439	8,888	6,936	8,029	7,689
영업이익	698	7	-396	-638	42	135
당기순이익	1,904	-52	-422	-1,254	-1,812	-103

분기 실적 〈단위 : 억원〉

항목	2016.3Q	2016.4Q	2017.1Q	2017.2Q	2017.3Q	2017.4Q
매출액	1,907	2,372	2,071	2,362	1,962	1,294
영업이익	8	-0	70	72	28	-35
당기순이익	-2,713	-524	57	26	-17	-170

재무 상태 〈단위 : 억원〉

항목	2012	2013	2014	2015	2016	2017
총자산	17,862	16,626	15,403	14,060	13,564	12,313
유형자산	5,929	6,274	6,071	5,060	4,982	4,895
무형자산	188	250	417	285	78	65
유가증권	79	71	71	1	3,977	3,956
총부채	10,384	8,726	8,396	8,314	8,222	6,882
총차입금	3,702	3,734	3,590	3,895	3,565	3,986
자본금	695	695	695	695	695	695
총자본	7,478	7,900	7,007	5,747	5,343	5,432
지배주주지분	7,478	7,900	7,007	5,747	5,343	5,432

기업가치 지표

항목	2012	2013	2014	2015	2016	2017
주가(최고/저)(천원)	15.5/7.5	10.7/6.8	9.9/5.6	7.9/3.1	4.8/2.4	5.2/3.1
PER(최고/저)(배)	5.6/2.7	—/—	—/—	—/—	—/—	—/—
PBR(최고/저)(배)	1.4/0.7	0.9/0.6	1.0/0.6	1.0/0.4	0.6/0.3	0.7/0.4
EV/EBITDA(배)	6.6	26.9	—	—	19.7	17.6
EPS(원)	2,739	-75	-608	-1,805	-2,608	-149
BPS(원)	10,759	11,367	10,082	8,269	7,687	7,815
CFPS(원)	3,134	307	-234	-1,442	-2,323	105
DPS(원)	—	—	—	—	—	—
EBITDAPS(원)	1,398	392	-196	-555	345	448

재무 비율 〈단위 : %〉

연도	영업이익률	순이익률	부채비율	차입금비율	ROA	ROE	유보율	자기자본비율	EBITDA마진율
2017	1.8	-1.4	126.7	73.4	-0.8	-1.9	681.5	44.1	4.1
2016	0.5	-22.6	153.9	66.7	-13.1	-32.7	668.7	39.4	3.0
2015	-9.2	-18.1	144.7	67.8	-8.5	-19.7	726.9	40.9	-5.6
2014	-4.5	-4.8	119.8	51.2	-2.6	-5.7	908.2	45.5	-1.5

두산인프라코어 (A042670)

Doosan Infracore

업 종 : 기계
신용등급 : (Bond) BBB (CP) A3
홈페이지 : www.doosaninfracore.com
본 사 : 인천시 동구 인중로 489 (화수동)

시 장 : 거래소
기업규모 : 시가총액 중형주
연 락 처 : 032)211-1114

설 립 일	2000.10.23	**종업원수**	2,538명	**대표이사**	손동연,고석범
상 장 일	2001.02.02	**감사의견**	적정(삼일)	**계 열**	
결 산 기	12월	**보 통 주**		**종속회사수**	40개사
액 면 가	5,000원	**우 선 주**		**구 상 호**	

주주구성 (지분율,%)		출자관계 (지분율,%)		주요경쟁사 (외형,%)	
두산중공업	36.3	두산큐벡스	24.7	두산인프라코어	100
국민연금공단	7.3	캐스코드	19.4	두산중공업	221
(외국인)	12.5	디비씨	13.2	현대엘리베이	30

매출구성		비용구성		수출비중	
Compact,Portable Power,Heavy	67.7	매출원가율	76.5	수출	69.3
굴삭기, 휠로더 등	23.6	판관비율	13.4	내수	30.7
엔진, 발전기, A/S부품 등	8.7				

회사 개요

동사의 두산그룹에 속한 계열사로서 1937년 설립됨. 사업은 엔진, 동력전달장치, 유압장치 등 다양한 부품의 가공 조립산업인 건설기계사업, 자동차, 항공기, 선박을 포함한 기계류의 부품을 제작하는 공작기계사업, 차량용과 산업용 엔진을 생산하는 엔진사업으로 구성됨. 2017년 11월 엔진사업부가 중국 1위 농기계 업체 로볼과 소형엔진 조인트 벤처 계약을 맺음.

실적 분석

2017년 연결기준 동사 매출액은 6조5679억원을 기록함. 전년도 매출액인 5조7295.5억원에 비해 14.6% 증가한 금액임. 매출원가가 14.1% 증가하고 판매비와 관리비가 5.7% 증가했으나 매출 증가폭이 이를 웃돌아 영업이익은 전년도 4908.2억원에서 34.6% 증가한 6607.7억원을 기록함. 비영업부문은 적자가 지속됐으나 손실폭이 감소함. 이에 당기순이익은 전년도에 비해 155.8% 증가한 2966.4억원을 기록함.

현금 흐름 〈단위 : 억원〉

항목	2016	2017
영업활동	5,130	6,657
투자활동	9,096	-2,563
재무활동	-14,544	323
순현금흐름	-214	4,049
기말현금	5,386	9,435

시장 대비 수익률

결산 실적 〈단위 : 억원〉

항목	2012	2013	2014	2015	2016	2017
매출액	81,584	77,368	76,886	59,649	57,296	65,679
영업이익	3,624	3,695	4,530	-951	4,908	6,608
당기순이익	3,933	-1,009	240	-8,595	1,160	2,966

분기 실적 〈단위 : 억원〉

항목	2016.3Q	2016.4Q	2017.1Q	2017.2Q	2017.3Q	2017.4Q
매출액	13,021	13,755	15,616	17,734	15,845	16,484
영업이익	1,058	1,003	1,484	2,147	1,439	1,538
당기순이익	357	-2,272	743	836	772	615

재무 상태 〈단위 : 억원〉

항목	2012	2013	2014	2015	2016	2017
총자산	115,450	114,815	119,574	113,832	100,268	102,761
유형자산	20,237	22,566	22,826	22,541	18,231	17,869
무형자산	47,546	47,399	46,326	44,237	44,407	41,693
유가증권	92	92	953	983	1,512	1,279
총부채	85,362	79,325	86,691	82,802	65,784	71,029
총차입금	61,600	56,458	61,062	60,472	44,247	46,947
자본금	8,433	10,373	10,373	10,373	10,373	10,400
총자본	30,088	35,490	32,883	31,030	34,484	31,732
지배주주지분	24,572	29,869	27,991	20,214	20,605	15,937

기업가치 지표

항목	2012	2013	2014	2015	2016	2017
주가(최고/저)(천원)	23.9/15.0	17.3/10.1	14.1/9.3	13.1/4.6	9.5/3.4	10.0/7.6
PER(최고/저)(배)	12.0/7.6	—/—	70.9/46.7	—/—	31.8/11.2	14.2/10.8
PBR(최고/저)(배)	1.7/1.1	1.2/0.7	1.1/0.7	1.4/0.5	1.0/0.3	1.3/1.0
EV/EBITDA(배)	14.4	12.5	10.4	35.6	9.3	7.6
EPS(원)	2,018	-596	202	-3,948	305	716
BPS(원)	14,569	14,398	13,493	9,744	9,932	7,662
CFPS(원)	3,483	1,010	1,590	-2,520	1,545	1,944
DPS(원)	—	—	—	—	—	—
EBITDAPS(원)	3,614	3,771	3,571	970	3,606	4,412

재무 비율 〈단위 : %〉

연도	영업이익률	순이익률	부채비율	차입금비율	ROA	ROE	유보율	자기자본비율	EBITDA마진율
2017	10.1	4.5	223.8	148.0	2.9	8.1	53.2	30.9	13.9
2016	8.6	2.0	190.8	128.3	1.1	3.1	98.6	34.4	13.1
2015	-1.6	-14.4	266.9	194.9	-7.4	-34.0	94.9	27.3	3.4
2014	5.9	0.3	263.6	185.7	0.2	1.5	169.9	27.5	9.6

두산중공업 (A034020)
Doosan Heavy Industries & Construction

업　　종 : 기계　　시　　장 : 거래소
신용등급 : (Bond) BBB+　(CP) A3+　　기업규모 : 시가총액 중형주
홈페이지 : www.doosanheavy.com　　연 락 처 : 055)278-6114
본　　사 : 경남 창원시 성산구 두산볼보로 22 (귀곡동)

설 립 일	1962.09.20	**종업원수**	7,673명	**대표이사**	박지원,김명우,최형희
상 장 일	2000.10.25	**감사의견**	적정(삼정)	**계　열**	
결 산 기	12월	**보 통 주**		**종속회사수**	109개사
액 면 가	5,000원	**우 선 주**		**구 상 호**	

주주구성 (지분율,%)		출자관계 (지분율,%)		주요경쟁사 (외형,%)	
두산	41.3	두산에이엠씨	100.0	두산중공업	100
국민연금공단	9.4	두산건설상환전환우선주	82.9	현대엘리베이	14
(외국인)	10.5	두산건설보통주	75.5	두산인프라코어	45

매출구성		비용구성		수출비중	
건설기계, 엔진 등	41.2	매출원가율	82.8	수출	62.2
원자력, 화력, 복합화력, 열병합, 보일러 등	35.5	판관비율	10.9	내수	37.8
아파트, 주상복합, 상업용, 주거용건축물, 도로	9.0				

회사 개요
동사는 1962년 현대양행으로 설립됐으며 1980년 중화학공업 구조조정의 일환으로 정부에 귀속돼 공기업인 한국중공업으로 변경됨. 이후 정부의 민영화 방침에 따라 두산그룹에 인수돼 2001년 사명이 두산중공업으로 변경됨. 발전설비사업, 담수, 수처리, 산업설비사업, 주단사업, 건설사업, 건설중장비, 엔진제작업, 토목과 건축공사 등의 사업을 주요 사업으로 영위하고 있음. 두산에이엠씨, 등을 연결대상 종속회사로 보유함.

실적 분석
2017년 연결기준 동사는 매출액 14조 5235.5억원을 기록함. 전년도 매출인 13조 9522.8억원에 비해 4.1% 증가한 금액임. 매출원가가 4.3% 늘었으나 판매비와 관리비가 3% 감소하고 매출이 늘어나 영업이익은 전년도 7981.9억원에서 16% 증가한 9257.4억원을 기록함. 비영업부문은 적자가 지속됐으나 손실폭이 줄어들었음. 당기순이익 역시 적자는 지속됐으나 손실폭은 감소함.

현금 흐름 〈단위 : 억원〉

항목	2016	2017
영업활동	9,676	4,293
투자활동	8,048	-4,571
재무활동	-22,516	7,036
순현금흐름	-5,205	5,976
기말현금	13,725	19,701

시장 대비 수익률
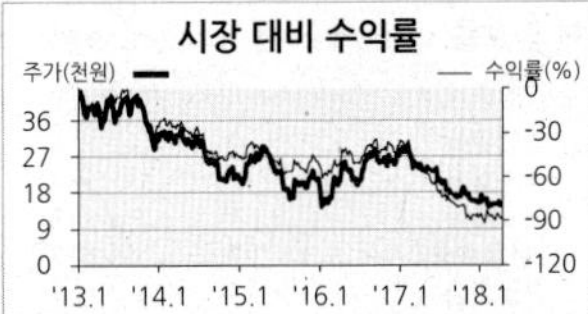

결산 실적 〈단위 : 억원〉

항목	2012	2013	2014	2015	2016	2017
매출액	212,741	192,082	179,716	144,705	139,523	145,236
영업이익	5,862	9,581	8,781	-273	7,982	9,257
당기순이익	975	187	-855	-17,509	-2,155	-1,097

분기 실적 〈단위 : 억원〉

항목	2016.3Q	2016.4Q	2017.1Q	2017.2Q	2017.3Q	2017.4Q
매출액	30,744	41,055	34,379	38,246	34,826	37,784
영업이익	1,562	1,590	2,368	3,059	1,960	1,869
당기순이익	743	-5,103	375	-261	-100	-1,110

재무 상태 〈단위 : 억원〉

항목	2012	2013	2014	2015	2016	2017
총자산	279,143	277,255	275,519	272,601	248,326	249,623
유형자산	61,557	72,318	71,901	72,066	63,880	69,049
무형자산	68,744	69,246	68,633	66,578	66,464	64,757
유가증권	2,909	2,121	2,193	1,909	4,277	3,330
총부채	219,278	198,137	198,749	202,340	180,097	183,964
총차입금	131,793	118,546	120,098	128,303	104,945	112,049
자본금	5,293	5,308	5,968	5,968	5,968	5,968
총자본	59,865	79,118	76,770	70,261	68,228	65,659
지배주주지분	38,187	47,266	46,594	35,807	34,757	33,868

기업가치 지표

항목	2012	2013	2014	2015	2016	2017
주가(최고/저)(천원)	67.9/35.3	44.0/28.6	33.9/20.0	30.3/16.0	29.2/14.2	30.4/15.4
PER(최고/저)(배)	191.7/99.8	75.3/49.0	—/—	—/—	—/—	—/—
PBR(최고/저)(배)	2.0/1.1	1.1/0.7	0.9/0.5	1.0/0.5	1.0/0.5	1.1/0.5
EV/EBITDA(배)	15.1	10.9	10.3	28.3	11.1	9.4
EPS(원)	402	653	-884	-8,701	-1,431	-2,447
BPS(원)	38,035	45,375	40,510	31,472	29,836	29,090
CFPS(원)	5,160	5,716	4,443	-3,796	3,029	1,852
DPS(원)	750	750	750	850	550	—
EBITDAPS(원)	10,296	14,104	13,526	4,676	11,146	12,054

재무 비율 〈단위 : %〉

연도	영업이익률	순이익률	부채비율	차입금비율	ROA	ROE	유보율	자기자본비율	EBITDA마진율
2017	6.4	-0.8	280.2	170.7	-0.4	-8.5	481.8	26.3	9.9
2016	5.7	-1.5	264.0	153.8	-0.8	-4.8	496.7	27.5	9.5
2015	-0.2	-12.1	288.0	182.6	-6.4	-25.2	529.4	25.8	3.9
2014	4.9	-0.5	258.9	156.4	-0.3	-2.0	710.2	27.9	8.1

두올 (A016740)
DUAL

업　　종 : 자동차부품　　시　　장 : 거래소
신용등급 : (Bond) —　(CP) —　　기업규모 : 시가총액 소형주
홈페이지 : www.idual.co.kr　　연 락 처 : 02)6922-7132
본　　사 : 서울시 강남구 영동대로96길 20 대화빌딩 2층

설 립 일	1983.02.11	**종업원수**	555명	**대표이사**	조인회
상 장 일	2016.07.29	**감사의견**	적정(한영)	**계　열**	
결 산 기	12월	**보 통 주**		**종속회사수**	9개사
액 면 가	2,500원	**우 선 주**		**구 상 호**	

주주구성 (지분율,%)		출자관계 (지분율,%)		주요경쟁사 (외형,%)	
아이에이치씨	30.9	강음두올과기유한공사	100.0	두올	100
조인회	12.0	북경두올차식유한공사	100.0	SG&G	353
(외국인)	4.2	강음두올방직품유한공사	100.0	대유에이텍	312

매출구성		비용구성		수출비중	
[시트]승용	42.4	매출원가율	82.1	수출	—
[시트]SUV	24.9	판관비율	11.5	내수	—
[원단]승용	17.1				

회사 개요
동사는 1983년 주식회사 두오올로 설립되어 2016년 상장한 자동차용 내장재(원단, 시트커버링, 에어백쿠션) 제조 사업 영위 업체임. 원단사업부문 생산을 담당하고 있는 강화공장을 1986년 준공하였으며, 1998년 시트원단 연관 사업인 시트커버링 사업을 영위하는 두올상사, 두올실업을 설립하였고 2012년 두올상사를 합병함. 주요 고객사는 현대기아자동차 및 Tier 1 부품업체임.

실적 분석
동사의 2017년 연결기준 매출액은 전년대비 16.6% 성장한 3,450.5억원을 기록함. 매출액 성장은 시트부문의 호조에 기인하며 이는 시트의 고급화와 SUV 판매 비중 증가 추세에 따른 것으로 분석됨. 외형 성장과 원가율 개선으로 영업이익은 19.9% 증가한 220.3억원, 당기순이익은 142억원을 기록하며 전년대비 이익 증가 및 수익성이 개선됨. 2017년 부문별 매출비중은 시트 72.2%, 원단 18.7%, 에어백 9.1%로 구성.

현금 흐름 〈단위 : 억원〉

항목	2016	2017
영업활동	118	621
투자활동	-75	-476
재무활동	-21	46
순현금흐름	18	175
기말현금	103	278

시장 대비 수익률
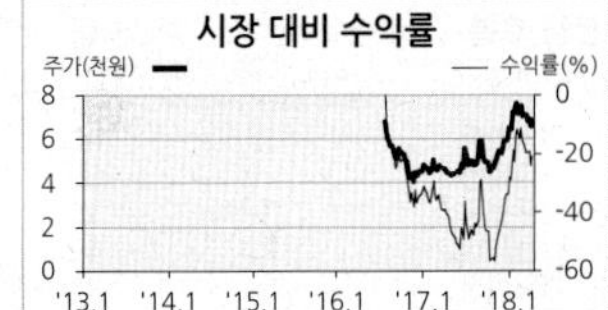

결산 실적 〈단위 : 억원〉

항목	2012	2013	2014	2015	2016	2017
매출액	901	1,701	3,168	3,663	2,959	3,450
영업이익	71	56	184	261	184	220
당기순이익	109	122	124	209	127	142

분기 실적 〈단위 : 억원〉

항목	2016.3Q	2016.4Q	2017.1Q	2017.2Q	2017.3Q	2017.4Q
매출액	613	848	705	727	859	1,160
영업이익	27	70	30	42	61	88
당기순이익	8	48	28	48	38	27

재무 상태 〈단위 : 억원〉

항목	2012	2013	2014	2015	2016	2017
총자산	1,226	1,437	2,090	2,303	2,206	3,263
유형자산	195	251	479	554	559	890
무형자산	2	1	106	110	107	512
유가증권	4	4	1	0	0	0
총부채	940	1,028	1,648	1,416	989	1,720
총차입금	602	710	878	600	369	575
자본금	279	279	279	383	456	556
총자본	286	409	442	887	1,217	1,542
지배주주지분	286	409	443	885	1,212	1,502

기업가치 지표

항목	2012	2013	2014	2015	2016	2017
주가(최고/저)(천원)	—/—	—/—	—/—	—/—	6.8/4.0	6.2/4.4
PER(최고/저)(배)	0.0/0.0	0.0/0.0	0.0/0.0	0.0/0.0	9.5/5.7	9.3/6.5
PBR(최고/저)(배)	0.0/0.0	0.0/0.0	0.0/0.0	0.0/0.0	1.1/0.6	0.9/0.7
EV/EBITDA(배)	7.4	9.4	3.1	1.5	4.4	4.6
EPS(원)	1,353	1,091	985	1,346	743	679
BPS(원)	539	760	599	1,176	6,733	6,826
CFPS(원)	289	247	265	347	1,097	1,129
DPS(원)	—	—	—	—	115	100
EBITDAPS(원)	193	130	361	418	1,461	1,565

재무 비율 〈단위 : %〉

연도	영업이익률	순이익률	부채비율	차입금비율	ROA	ROE	유보율	자기자본비율	EBITDA마진율
2017	6.4	4.1	111.5	37.3	5.2	9.9	173.0	47.3	9.0
2016	6.2	4.3	81.3	30.4	5.7	11.8	169.3	55.2	8.2
2015	7.1	5.7	159.7	67.7	9.5	31.0	135.2	38.5	8.7
2014	5.8	3.9	372.7	198.6	—	—	64.2	21.2	7.2

두올산업 (A078590)

DUAL INDUSTRIAL

업　　종 : 자동차부품　　시　　장 : KOSDAQ
신용등급 : (Bond) —　(CP) —　　기업규모 : 중견
홈페이지 : www.idual.co.kr　　연 락 처 : 055)352-4860
본　　사 : 경남 밀양시 산내면 산내로 670-21

설 립 일	1993.08.25	**종업원수**	110명	**대표이사**	박재진
상 장 일	2005.10.27	**감사의견**	적정(세림)	**계　　열**	
결 산 기	12월	**보 통 주**		**종속회사수**	
액 면 가	500원	**우 선 주**		**구 상 호**	

주주구성 (지분율,%)		출자관계 (지분율,%)		주요경쟁사 (외형,%)	
아이에이치씨	35.1			두올산업	100
금호종합금융	3.7			팬스타엔터프라이즈	84
(외국인)	5.5			체시스	140

매출구성		비용구성		수출비중	
자동차 내장CARPET 승용제품	49.3	매출원가율	81.0	수출	—
자동차 내장CARPET 승용상품	28.9	판관비율	13.3	내수	—
자동차 내장CARPET 상용 외 제품	26.3				

회사 개요

동사는 1993년 설립이래 자동차 내장 카페트 및 소재만을 개발, 생산하고 있는 전문기업임. 2005년 코스닥 시장에 상장됨. 동사는 현대기아차 1차 협력회사이며, 현대차 중대형 트럭에 친환경소재(TPO)를 납품 중임. 또한 동사는 일본 닛산자동차와 한국 르노삼성자동차 개발예정 모델인 SUV 차종 내장 카페트 공동개발을 진행하는 등 해외 완성차 업체와의 공동개발 진행으로 사업구조 다각화를 진행중임.

실적 분석

동사는 2017년 결산 영업이익은 전년동기대비 9.5% 증가한 22.9억원을 기록함. 같은기간 매출액은 2.3% 성장한 400.2억원, 당기순이익은 4.2% 증가한 26.0억원을 달성함. 현재 국내 자동차 부품업체들은 지속적인 구조조정으로 대형화, 전문화, 글로벌화가 진행되고 있는 추세이며 품질수준 향상과 원가절감 등을 통한 가격경쟁력 확보로 국내외에서 독자적 경쟁력 확보가 절실히 요구되고 있는 상황임.

현금 흐름 *IFRS 별도 기준 〈단위 : 억원〉

항목	2016	2017
영업활동	35	48
투자활동	-9	-55
재무활동	—	50
순현금흐름	27	42
기말현금	52	95

시장 대비 수익률

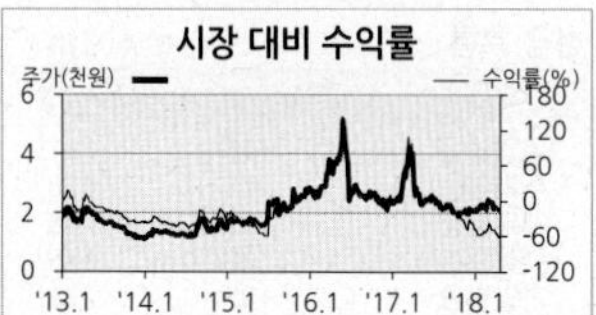

결산 실적 〈단위 : 억원〉

항목	2012	2013	2014	2015	2016	2017
매출액	335	313	367	396	391	400
영업이익	5	4	6	14	21	23
당기순이익	8	-7	7	13	25	26

분기 실적 *IFRS 별도 기준 〈단위 : 억원〉

항목	2016.3Q	2016.4Q	2017.1Q	2017.2Q	2017.3Q	2017.4Q
매출액	75	118	105	113	93	89
영업이익	-2	9	9	14	2	-3
당기순이익	1	7	12	14	3	-3

재무 상태 *IFRS 별도 기준 〈단위 : 억원〉

항목	2012	2013	2014	2015	2016	2017
총자산	168	152	167	189	216	275
유형자산	70	67	69	87	86	72
무형자산	8	8	8	6	6	12
유가증권	—	—	—	—	—	48
총부채	99	93	96	69	73	102
총차입금	37	23	23	—	—	51
자본금	48	48	50	64	64	64
총자본	69	60	71	120	143	173
지배주주지분	69	60	71	120	143	173

기업가치 지표 *IFRS 별도 기준

항목	2012	2013	2014	2015	2016	2017
주가(최고/저)(천원)	5.5/1.4	2.4/1.1	1.9/1.1	2.8/1.5	5.2/2.1	4.3/1.8
PER(최고/저)(배)	65.7/17.2	—/—	27.8/16.1	26.4/13.6	27.0/10.7	21.5/9.1
PBR(최고/저)(배)	7.6/2.0	3.8/1.8	2.7/1.6	3.1/1.6	4.7/1.9	3.2/1.4
EV/EBITDA(배)	18.2	11.9	12.2	15.2	7.7	6.3
EPS(원)	84	-76	70	108	194	202
BPS(원)	722	626	714	931	1,110	1,345
CFPS(원)	141	-14	141	175	282	299
DPS(원)	—	—	—	—	—	—
EBITDAPS(원)	109	107	130	183	251	274

재무 비율 〈단위 : %〉

연도	영업이익률	순이익률	부채비율	차입금비율	ROA	ROE	유보율	자기자본비율	EBITDA마진율
2017	5.7	6.5	59.0	29.2	10.6	16.4	169.0	62.9	8.8
2016	5.3	6.4	50.8	0.0	12.3	19.0	122.1	66.3	8.3
2015	3.6	3.3	57.5	0.0	7.4	13.8	86.1	63.5	5.7
2014	1.6	1.8	135.3	32.4	4.2	10.4	42.9	42.5	3.4

두원석재 (A270020)

Doowon stone

업　　종 : 건축소재　　시　　장 : KONEX
신용등급 : (Bond) —　(CP) —　　기업규모 : —
홈페이지 : www.21stone.co.kr　　연 락 처 : 033)761-8361
본　　사 : 강원도 원주시 귀래면 고청길 102-74

설 립 일	2012.06.07	**종업원수**	명	**대표이사**	강두원
상 장 일	2017.09.08	**감사의견**	적정(오성)	**계　　열**	
결 산 기	12월	**보 통 주**		**종속회사수**	
액 면 가	—	**우 선 주**		**구 상 호**	

주주구성 (지분율,%)		출자관계 (지분율,%)		주요경쟁사 (외형,%)	
강두원	41.1	동원석재	100.0	두원석재	100
박경화	16.2			미래SCI	104
				아세아시멘트	2,518

매출구성		비용구성		수출비중	
석골재(제품)	92.0	매출원가율	76.8	수출	0.0
석골재(상품)	5.5	판관비율	20.7	내수	100.0
규석	2.5				

회사 개요

동사는 2012년 6월 8일 석산 개발 및 광물생산을 영위하는 목적으로 회사를 설립하였으며,주요사업은 골재채취 및 생산, 석재(조경석) 생산 및 유통임. 2017년 신규사업으로 규석 생산업을 추가하였으며 강원 원주를 포함한 전국으로 제품을 납품하고 있음. 동사는 골재채취, 석산 생산을 주요사업으로 성장하였으며 2017년 09월 08일 한국거래소의 코넥스시장에 등록함.

실적 분석

골재채취는 골재를 캐거나 들어내는 등 자연상태로부터 분리하여 모래, 자갈과 같은 자재를 생산하는 사업임. 골재는 건설공사 용적의 70 ~ 80%를 점유하여 건설공사의 양과 질을 좌우하는 주요자재로서 공사원가에서 차지하는 비중은 약 4%임. 동사의 2017년 결산 매출액은 183.2억원, 영업이익은 4.7억원이며 당기순이익은 1.3억원을 기록함. 골재는 공공재적 성격이 강하고 , 천연자재이기 때문에 현재 대체재가 없는 상황임.

현금 흐름 *IFRS 별도 기준 〈단위 : 억원〉

항목	2016	2017
영업활동	9	15
투자활동	-2	-34
재무활동	1	13
순현금흐름	7	-7
기말현금	8	1

시장 대비 수익률

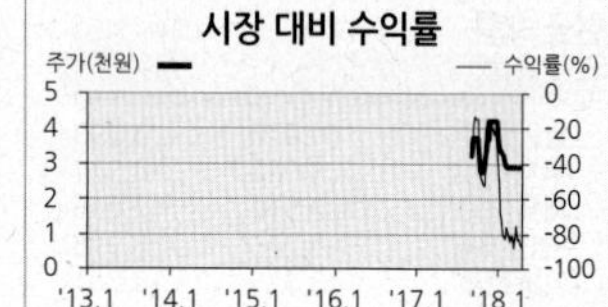

결산 실적 〈단위 : 억원〉

항목	2012	2013	2014	2015	2016	2017
매출액	—	—	92	133	168	183
영업이익	—	—	4	4	8	5
당기순이익	—	—	2	3	4	1

분기 실적 *IFRS 별도 기준 〈단위 : 억원〉

항목	2016.3Q	2016.4Q	2017.1Q	2017.2Q	2017.3Q	2017.4Q
매출액	—	—	—	—	—	—
영업이익	—	—	—	—	—	—
당기순이익	—	—	—	—	—	—

재무 상태 *IFRS 별도 기준 〈단위 : 억원〉

항목	2012	2013	2014	2015	2016	2017
총자산	—	—	39	64	77	89
유형자산	—	—	13	15	13	37
무형자산	—	—	1	1	1	3
유가증권	—	—	—	—	0	2
총부채	—	—	31	53	62	62
총차입금	—	—	3	21	30	30
자본금	—	—	4	7	10	12
총자본	—	—	8	11	15	27
지배주주지분	—	—	8	11	15	27

기업가치 지표 *IFRS 별도 기준

항목	2012	2013	2014	2015	2016	2017
주가(최고/저)(천원)	—/—	—/—	—/—	—/—	—/—	—/—
PER(최고/저)(배)	0.0/0.0	0.0/0.0	0.0/0.0	0.0/0.0	0.0/0.0	68.9/45.1
PBR(최고/저)(배)	0.0/0.0	0.0/0.0	0.0/0.0	0.0/0.0	0.0/0.0	3.7/2.4
EV/EBITDA(배)	0.0	0.0	0.3	2.2	1.7	12.4
EPS(원)	—	—	178	230	192	61
BPS(원)	—	—	9,650	8,175	7,421	1,132
CFPS(원)	—	—	7,599	6,011	4,486	337
DPS(원)	—	—	—	—	—	—
EBITDAPS(원)	—	—	9,527	7,024	6,702	499

재무 비율 〈단위 : %〉

연도	영업이익률	순이익률	부채비율	차입금비율	ROA	ROE	유보율	자기자본비율	EBITDA마진율
2017	2.5	0.7	227.0	108.6	1.5	6.0	126.4	30.6	5.7
2016	4.9	2.3	416.0	200.9	5.4	29.8	48.4	19.4	7.9
2015	3.3	2.3	494.9	193.3	5.9	32.3	63.5	16.8	6.9
2014	4.3	2.5	393.3	43.3	0.0	0.0	93.0	20.3	8.5

듀켐바이오 (A176750)
DUCHEMBIO

업 종 : 바이오 / 시 장 : KONEX
신용등급 : (Bond) — (CP) — / 기업규모 : —
홈페이지 : www.duchembio.com / 연 락 처 : 02)332-4868
본 사 : 서울시 서대문구 경기대로 47, 4층 (충정로2가 190-3)

설 립 일	2003.03.01	**종업원수**	52명	**대표이사**	김종우
상 장 일	2014.12.29	**감사의견**	적정(정현)	**계 열**	
결 산 기	12월	**보 통 주**		**종속회사수**	
액 면 가	—	**우 선 주**		**구 상 호**	

주주구성 (지분율,%)		출자관계 (지분율,%)		주요경쟁사 (외형,%)	
김종우	47.4	씨코헬스케어	100.0	듀켐바이오	100
키움성장12호일자리창출투자조합	11.6	듀켐바이오연구소	59.0	에이씨티	103
		케이헬스코리아	35.0	디엔에이링크	62

매출구성		비용구성		수출비중	
기타	44.3	매출원가율	85.0	수출	—
FDG(제품)	42.9	판관비율	29.8	내수	—
공동운영수익(기타)	7.3				

회사 개요

동사는 2002년 설립돼 초기에는 기능성 식품 등을 판매했으나, 2007년 이후부터는 방사성 의약품 및 관련 의료기기의 제조와 판매에 주력하고 있음. 방사성의약품 제조 및 핵의학 영상장비 운영사업, GMP 제조공정 컨설팅 등 방사성의약품 전반을 영위하는 벤처기업임. 신약 도입과 개발, 제조 기술 특허 확보, O-18 water 제조 신기술확보 등, 국내 최초 'NRDO' 기업으로 새롭게 변모함.

실적 분석

동사의 2017년도 연결기준 매출액은 234.6억원으로 전년대비 13.8% 감소함. 한국 내 Semi 임상진행, 관련 의학과 협진 유도 등을 통해 방사성의약품 신제품에 집중하고 있음. 가장 최근 연구개발실적으로는 암/치매 진단 의약품 원료인 산소-18 농축수의 농축도 측정 자동화 기술지원이 있음. 협력사를 통한 딜리버리 기능 강화 및 선점에 의한 프로토콜 확보에 집중할 전망.

현금 흐름 *IFRS 별도 기준 〈단위 : 억원〉

항목	2016	2017
영업활동	12	25
투자활동	-11	-21
재무활동	2	-3
순현금흐름	2	1
기말현금	4	5

시장 대비 수익률

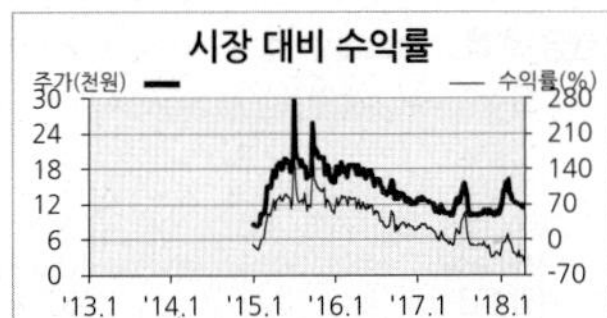

결산 실적 〈단위 : 억원〉

항목	2012	2013	2014	2015	2016	2017
매출액	121	128	280	238	263	235
영업이익	18	16	19	-51	-45	-35
당기순이익	8	7	2	-116	-88	-28

분기 실적 *IFRS 별도 기준 〈단위 : 억원〉

항목	2016.3Q	2016.4Q	2017.1Q	2017.2Q	2017.3Q	2017.4Q
매출액	—	—	—	—	—	—
영업이익	—	—	—	—	—	—
당기순이익	—	—	—	—	—	—

재무 상태 *IFRS 별도 기준 〈단위 : 억원〉

항목	2012	2013	2014	2015	2016	2017
총자산	349	442	461	349	291	237
유형자산	249	310	290	236	202	182
무형자산	0	5	4	3	2	1
유가증권	3	3	3	—	—	0
총부채	259	344	357	317	317	377
총차입금	244	280	338	297	270	229
자본금	26	26	29	34	35	33
총자본	91	98	104	32	-25	-140
지배주주지분	91	98	104	32	-25	-140

기업가치 지표 *IFRS 별도 기준

항목	2012	2013	2014	2015	2016	2017
주가(최고/저)(천원)	—/—	—/—	9.0/8.0	31.8/8.3	21.8/11.4	17.8/10.0
PER(최고/저)(배)	0.0/0.0	0.0/0.0	254.8/226.5	—/—	—/—	—/—
PBR(최고/저)(배)	0.0/0.0	0.0/0.0	4.3/3.8	59.0/15.4	-53.4/-28.0	-8.7/-4.9
EV/EBITDA(배)	5.6	6.1	13.2	466.1	—	78.0
EPS(원)	163	129	35	-1,946	-1,459	-411
BPS(원)	17,471	1,889	2,087	539	-407	-2,053
CFPS(원)	6,217	691	751	-1,286	-915	99
DPS(원)	—	—	—	—	—	—
EBITDAPS(원)	8,174	863	982	39	-199	167

재무 비율 〈단위 : %〉

연도	영업이익률	순이익률	부채비율	차입금비율	ROA	ROE	유보율	자기자본비율	EBITDA마진율
2017	-14.9	-12.0	완전잠식	완전잠식	-7.4	잠식지속	-529.3	-37.6	6.8
2016	-17.0	-33.6	완전잠식	완전잠식	-20.7	당기잠식	-172.7	-6.4	0.7
2015	-21.6	-48.7	일부잠식	일부잠식	-22.6	-171.0	-4.3	7.0	2.1
2014	6.9	0.6	410.2	370.7	0.4	1.8	262.5	19.6	25.4

드래곤플라이 (A030350)
Dragonfly GF

업 종 : 게임 소프트웨어 / 시 장 : KOSDAQ
신용등급 : (Bond) — (CP) — / 기업규모 : 중견
홈페이지 : www.dragonflygame.com / 연 락 처 : 02)2017-7800
본 사 : 서울시 서초구 서초대로 347, 서초D타워 10F

설 립 일	1990.03.22	**종업원수**	161명	**대표이사**	박철우
상 장 일	1997.11.10	**감사의견**	적정(삼정)	**계 열**	
결 산 기	12월	**보 통 주**		**종속회사수**	1개사
액 면 가	500원	**우 선 주**		**구 상 호**	

주주구성 (지분율,%)		출자관계 (지분율,%)		주요경쟁사 (외형,%)	
박철우	21.1	미디어웹	1.6	드래곤플라이	100
박철승	17.7			파티게임즈	404
(외국인)	0.3			한빛소프트	519

매출구성		비용구성		수출비중	
온라인게임	96.3	매출원가율	0.0	수출	39.6
모바일게임	2.4	판관비율	172.6	내수	60.4
기타매출	1.2				

회사 개요

동사는 인터넷이 연결된 PC상에서 접속하여 즐길 수 있는 게임을 개발하고 서비스함. 넷마블(CJ E&M 게임즈), 피망(네오위즈게임즈)과 일본, 중국, 대만, 태국, 유럽 등에 게임을 서비스하고 있음. 동사가 보유한 마케팅 채널 및 게임 개발력을 바탕으로 국내외 온라인게임을 배급하는 배급업으로 사업확장을 기획하고 있으며 전문 엔터테인먼트회사로 발전을 모색하고 있음.

실적 분석

동사의 2017년 연간 매출액은 전년동기대비 30.8% 하락한 75.7억원을 기록하였음. 주춤한 모습의 매출액에 의해 전년동기대비 영업손실은 55억원으로 적자전환 하였음. 국내 게임시장 규모는 상승세에 있으나 온라인 게임시장의 경우 전체적으로 하락세를 보임. 특정 게임이 높은 영향력을 발휘하고 있음. 모바일게임이 꾸준한 상승세를 보이므로 이에 따른 시장확대로 수익 개선을 기대중에 있음.

현금 흐름 〈단위 : 억원〉

항목	2016	2017
영업활동	17	-53
투자활동	-53	51
재무활동	78	-52
순현금흐름	41	-54
기말현금	63	9

시장 대비 수익률

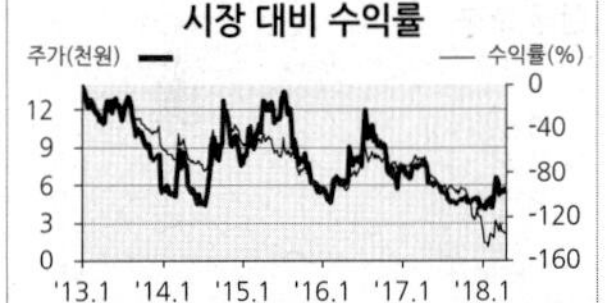

결산 실적 〈단위 : 억원〉

항목	2012	2013	2014	2015	2016	2017
매출액	340	230	196	165	109	76
영업이익	41	2	28	37	16	-55
당기순이익	-75	-334	-93	-78	-3	-97

분기 실적 〈단위 : 억원〉

항목	2016.3Q	2016.4Q	2017.1Q	2017.2Q	2017.3Q	2017.4Q
매출액	26	24	21	19	—	—
영업이익	3	-0	-3	-14	—	—
당기순이익	0	-19	-5	13	—	—

재무 상태 〈단위 : 억원〉

항목	2012	2013	2014	2015	2016	2017
총자산	1,206	893	769	628	673	503
유형자산	507	544	525	506	489	435
무형자산	294	151	124	44	82	29
유가증권	5	5	5	4	4	4
총부채	535	569	490	398	356	288
총차입금	330	362	343	306	299	253
자본금	70	70	70	70	74	74
총자본	671	324	279	229	317	215
지배주주지분	675	329	285	240	328	215

기업가치 지표

항목	2012	2013	2014	2015	2016	2017
주가(최고/저)(천원)	24.6/12.3	14.2/5.5	12.8/4.5	15.2/5.2	12.5/4.6	8.5/4.2
PER(최고/저)(배)	—/—	—/—	—/—	—/—	—/—	—/—
PBR(최고/저)(배)	4.2/2.1	4.0/1.6	5.1/1.8	6.9/2.4	5.6/2.1	5.9/2.9
EV/EBITDA(배)	22.2	15.7	14.7	14.3	37.0	—
EPS(원)	-536	-2,366	-653	-516	-20	-655
BPS(원)	5,958	3,514	2,519	2,201	2,221	1,449
CFPS(원)	-123	-1,884	-192	-257	111	-488
DPS(원)	100	—	—	—	—	—
EBITDAPS(원)	708	499	657	522	238	-202

재무 비율 〈단위 : %〉

연도	영업이익률	순이익률	부채비율	차입금비율	ROA	ROE	유보율	자기자본비율	EBITDA마진율
2017	-72.7	-128.6	133.8	117.6	-16.6	-35.8	189.8	42.8	-39.7
2016	14.4	-2.8	112.5	94.5	-0.5	-1.1	344.2	47.1	32.2
2015	22.4	-47.2	173.8	133.4	-11.2	-27.6	340.2	36.5	44.5
2014	14.1	-47.3	175.3	122.9	-11.2	-29.9	403.8	36.3	47.2

드림시큐리티 (A203650)
Dream Security

업 종 : 일반 소프트웨어 / 시 장 : KOSDAQ
신용등급 : (Bond) — (CP) — / 기업규모 : 벤처
홈페이지 : www.dreamsecurity.com / 연 락 처 : 02)2233-5533
본 사 : 서울시 송파구 중대로8길 8 서경빌딩 3,5,6,7층

설 립 일	2014.06.25	종 업 원 수	155명	대 표 이 사	범진규
상 장 일	2014.10.13	감 사 의 견	적정(세림)	계 열	
결 산 기	12월	보 통 주		종속회사수	
액 면 가	100원	우 선 주		구 상 호	신한제2호SPAC

주주구성 (지분율,%)		출자관계 (지분율,%)		주요경쟁사 (외형,%)	
범진규	48.5	시드코어	100.0	드림시큐리티	100
나명자	3.5			SGA솔루션즈	223
(외국인)	0.5			인프라웨어	61

매출구성		비용구성		수출비중	
		매출원가율	73.2	수출	0.2
		판관비율	22.5	내수	99.8

회사 개요
동사는 1998년 설립되어 최고의 정보화 인력과 기술력을 바탕으로 PKI기반의 보안/인증 솔루션 및 서비스를 제공하는 IT 인증보안 전문기업임. IT 환경, 스마트환경, 클라우드등 빠르고 다양하게 변화하는 IT 환경에서도 최고의 보안 솔루션 및 서비스를 안전하고 편리하게 제공하는 것을 목표로 하고 있음. 매출액의 대부분은 보안 소프트웨어의 판매로부터 발생함.

실적 분석
동사의 2017년 연간 매출액은 전년동기대비 20.3% 상승한 247.7억원을 기록하였음. 비용면에서 전년동기대비 매출원가는 증가 했으며 기타판매비와관리비는 증가함. 이와 같이 상승한 매출액 대비 비용증가가 높아 매출액은 성장했지만 원가 증가로 인해 전년동기대비 영업이익은 10.8억원으로 69.5% 크게 하락 하였음. 최종적으로 전년동기대비 당기순손실은 적자전환하여 16억원을 기록함.

현금 흐름
<단위 : 억원>

항목	2016	2017
영업활동	17	-6
투자활동	2	69
재무활동	7	-50
순현금흐름	26	13
기말현금	32	45

시장 대비 수익률
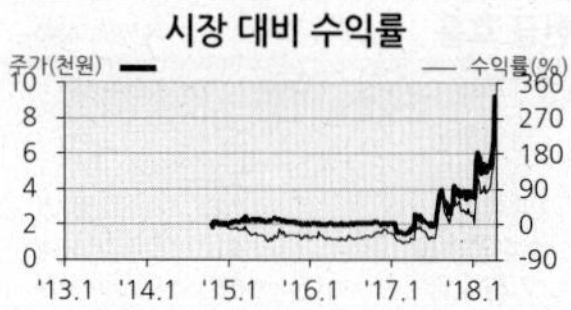

결산 실적
<단위 : 억원>

항목	2012	2013	2014	2015	2016	2017
매출액	—	—	143	144	206	248
영업이익	—	—	3	21	36	11
당기순이익	—	—	3	27	35	-16

분기 실적
<단위 : 억원>

항목	2016.3Q	2016.4Q	2017.1Q	2017.2Q	2017.3Q	2017.4Q
매출액	60	84	36	56	62	94
영업이익	7	34	-14	-2	-1	27
당기순이익	7	35	-37	-5	-2	28

재무 상태
<단위 : 억원>

항목	2012	2013	2014	2015	2016	2017
총자산	—	—	102	117	189	242
유형자산	—	—	6	6	20	22
무형자산	—	—	2	2	18	19
유가증권	—	—	2	31	6	45
총부채	—	—	65	52	90	44
총차입금	—	—	27	20	41	17
자본금	—	—	16	16	29	35
총자본	—	—	37	65	99	198
지배주주지분	—	—	37	65	99	198

기업가치 지표

항목	2012	2013	2014	2015	2016	2017
주가(최고/저)(천원)	—/—	—/—	2.2/2.0	2.4/2.0	2.1/2.0	4.3/1.4
PER(최고/저)(배)	0.0/0.0	0.0/0.0	144.7/131.2	30.1/25.0	20.9/19.2	—/—
PBR(최고/저)(배)	0.0/0.0	0.0/0.0	20.4/18.5	12.7/10.6	7.4/6.8	6.9/2.2
EV/EBITDA(배)	0.0	0.0	16.8	3.8	2.9	74.3
EPS(원)	—	—	15	80	102	-46
BPS(원)	—	—	1,182	2,065	3,164	621
CFPS(원)	—	—	341	973	1,244	-32
DPS(원)	—	—	—	—	—	—
EBITDAPS(원)	—	—	330	778	1,258	45

재무 비율
<단위 : %>

연도	영업이익률	순이익률	부채비율	차입금비율	ROA	ROE	유보율	자기자본비율	EBITDA마진율
2017	4.4	-6.4	22.3	8.6	-7.4	-10.7	520.7	81.8	6.3
2016	17.3	17.1	91.0	41.0	22.9	42.9	243.7	52.4	19.1
2015	14.8	19.0	80.8	31.6	25.0	53.9	313.0	55.3	16.9
2014	1.8	2.0	176.3	74.4	0.0	0.0	136.4	36.2	3.9

드림티엔터테인먼트 (A220110)
Dream T Entertainment

업 종 : 미디어 / 시 장 : KONEX
신용등급 : (Bond) — (CP) — / 기업규모 : —
홈페이지 : www.dreamteaent.co.kr / 연 락 처 : 02)3452-2525
본 사 : 서울시 용산구 녹사평대로26길 36 C&C빌딩 2층(이태원동)

설 립 일	2009.07.28	종 업 원 수	20명	대 표 이 사	박성엽
상 장 일	2015.06.24	감 사 의 견	적정(삼일)	계 열	
결 산 기	12월	보 통 주		종속회사수	
액 면 가	—	우 선 주		구 상 호	

주주구성 (지분율,%)		출자관계 (지분율,%)		주요경쟁사 (외형,%)	
제미니밸류2호조합	32.1	와이엠씨엔터테인먼트	80.0	드림티엔터테인먼트	100
이에스에이	22.3			래몽래인	65
				제이웨이	25

매출구성		비용구성		수출비중	
매니지먼트	100.0	매출원가율	83.1	수출	0.7
		판관비율	11.0	내수	99.3

회사 개요
동사는 2009년 설립돼, 음반 및 각종 영상 매체의 기획, 제작 및 유통, 연예인 매니지먼트 사업 등을 영위하고 있음. 대표적인 아티스트인 '걸스데이'는 국내 대표적인 걸그룹으로 성장하였으며, 매년 안정적인 성장을 이어가고 있음. 국내의 성공을 바탕으로 해외시장 진출을 준비하고 있음. 종합 엔터테인먼트사로의 도약을 위해 연기자를 영입함으로써 아티스트의 스펙트럼을 다양화하고 있음. 신규사업으로 드라마 제작 사업을 추가하여 진행할 계획임.

실적 분석
동사의 2017년 연결기준 연간 누적 매출액은 전년동기 182.5억원 대비 52.1% 증가한 277.6억원을 기록함. 매출성장에 힘입어 영업이익은 전년동기 9.3억원 대비 75.7% 증가한 16.4억원을 시현했으며, 당기순이익은 전년동기 대비 흑자전환에 성공하여 10.7억원을 시현함. 동사는 드라마 제작사업을 신규사업으로 진행중이며, 드라마 제작사업과의 시너지 효과를 위해 연기자 영입 등 아티스트 라인업을 보강함.

현금 흐름
*IFRS 별도 기준 <단위 : 억원>

항목	2016	2017
영업활동	4	-22
투자활동	59	-2
재무활동	-60	6
순현금흐름	3	-18
기말현금	21	3

시장 대비 수익률
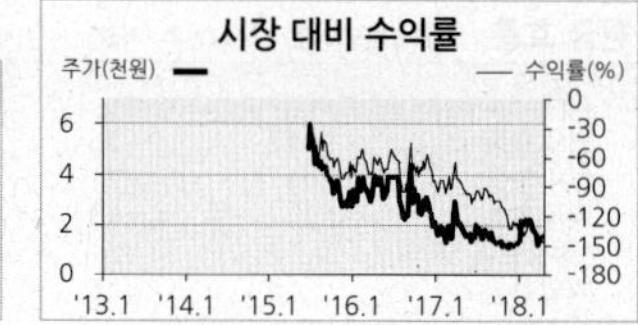

결산 실적
<단위 : 억원>

항목	2012	2013	2014	2015	2016	2017
매출액	9	32	63	106	182	278
영업이익	-7	9	21	12	9	16
당기순이익	-7	9	18	8	-5	11

분기 실적
*IFRS 별도 기준 <단위 : 억원>

항목	2016.3Q	2016.4Q	2017.1Q	2017.2Q	2017.3Q	2017.4Q
매출액	—	—	—	—	—	—
영업이익	—	—	—	—	—	—
당기순이익	—	—	—	—	—	—

재무 상태
*IFRS 별도 기준 <단위 : 억원>

항목	2012	2013	2014	2015	2016	2017
총자산	2	19	42	176	113	87
유형자산	0	1	0	13	2	2
무형자산	0	0	4	10	12	5
유가증권	—	—	0	15	—	—
총부채	11	19	25	138	36	20
총차입금	4	10	2	109	—	6
자본금	10	10	10	11	14	14
총자본	-9	-0	16	38	77	67
지배주주지분	-9	-0	16	38	77	67

기업가치 지표
*IFRS 별도 기준

항목	2012	2013	2014	2015	2016	2017
주가(최고/저)(천원)	—/—	—/—	—/—	6.1/2.4	4.3/2.0	3.0/1.0
PER(최고/저)(배)	0.0/0.0	0.0/0.0	0.0/0.0	60.7/23.8	—/—	—/—
PBR(최고/저)(배)	0.0/0.0	0.0/0.0	0.0/0.0	9.0/3.5	4.1/1.8	3.2/1.1
EV/EBITDA(배)	—	0.2	—	18.1	19.8	—
EPS(원)	-134	175	370	101	-156	-139
BPS(원)	-4,432	-48	8,235	681	1,069	930
CFPS(원)	-3,219	4,546	9,663	146	-57	-69
DPS(원)	—	—	—	—	—	—
EBITDAPS(원)	-3,207	4,593	10,734	235	101	-88

재무 비율
<단위 : %>

연도	영업이익률	순이익률	부채비율	차입금비율	ROA	ROE	유보율	자기자본비율	EBITDA마진율
2017	5.9	3.9	243.8	9.0	5.9	9.6	333.3	29.1	8.5
2016	5.1	-3.0	106.5	0.0	-2.9	-19.6	324.7	48.4	9.7
2015	11.4	7.7	824.5	414.9	5.6	37.1	106.6	10.8	14.7
2014	32.6	29.2	152.9	9.3	61.1	전기잠식	64.7	39.5	33.9

디딤 (A217620)
Didim

업 종 : 호텔 및 레저
신용등급 : (Bond) — (CP) —
홈페이지 : www.didimglobal.com
본 사 : 인천시 남동구 논현로46번길 39-24(논현동)
시 장 : KOSDAQ
기업규모 : 중견
연 락 처 : 032-456-8339

설 립 일	2015.03.30	**종업원수**	482명	**대표이사**	이범택
상 장 일	2015.06.10	**감사의견**	적정(삼일)	**계 열**	
결 산 기	12월	**보 통 주**		**종속회사수**	
액 면 가	100원	**우 선 주**		**구 상 호**	한화ACPC스팩

주주구성 (지분율,%)		출자관계 (지분율,%)		주요경쟁사 (외형,%)	
이범택	31.5	DIDIMFOODUSA	100.0	디딤	100
WESTPOINT INVESTMENT, LLC.	23.7	DidimBuenaPark,	100.0	MP그룹	211
(외국인)	22.8	DidimYESPLAZA,	100.0	현대그린푸드	3,683

매출구성		비용구성		수출비중	
		매출원가율	47.7	수출	—
		판관비율	50.0	내수	—

회사 개요

동사는 2006년 설립된 이래로 모태사업인 외식업(파인다이닝)은 물론, 식자재유통 및 제조 등으로 사업포트폴리오를 다변화하고 있는 2017년 8월 31일 스팩 합병을 통해 상장한 외식전문업체임. 대표 브랜드는 직영점 기준 한식부문 '백제원'과 일식부문 '도쿄하나', 양식부문 'POOLSIDE228'가 있으며, 프랜차이즈 기준 '마포갈매기', '미술관' 등이 있음. 2016년 기준 프랜차이즈 312개, 직영점 19개점을 보유 중.

실적 분석

동사의 2017년 연간 매출액은 전년동기대비 0.3% 소폭 변동한 688.1억원을 기록하였음. 비용면에서 전년동기대비 매출원가는 감소 하였으며 인건비는 증가 했고 광고선전비도 증가, 기타판매비와관리비는 증가함. 주춤한 모습의 매출액에 의해 전년동기대비 영업이익은 15.3억원으로 72.1% 크게 하락 하였음. 최종적으로 전년동기대비 당기순이익은 크게 하락하여 23.2억원을 기록함.

현금 흐름 〈단위 : 억원〉

항목	2016	2017
영업활동	63	22
투자활동	-41	158
재무활동	-25	-96
순현금흐름	-2	83
기말현금	38	121

시장 대비 수익률

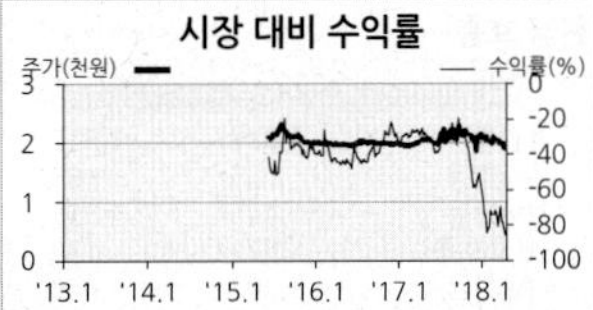

결산 실적 〈단위 : 억원〉

항목	2012	2013	2014	2015	2016	2017
매출액	—	—	585	621	690	688
영업이익	—	—	18	24	55	15
당기순이익	—	—	8	8	41	23

분기 실적 〈단위 : 억원〉

항목	2016.3Q	2016.4Q	2017.1Q	2017.2Q	2017.3Q	2017.4Q
매출액	170	—	—	—	166	—
영업이익	7	—	—	—	-7	—
당기순이익	3	—	—	—	-7	—

재무 상태 〈단위 : 억원〉

항목	2012	2013	2014	2015	2016	2017
총자산	—	—	421	422	442	541
유형자산	—	—	178	192	211	134
무형자산	—	—	10	4	10	11
유가증권	—	—	0	4	5	8
총부채	—	—	343	332	311	228
총차입금	—	—	294	273	248	142
자본금	—	—	5	5	28	35
총자본	—	—	78	89	131	313
지배주주지분	—	—	74	86	126	313

기업가치 지표

항목	2012	2013	2014	2015	2016	2017
주가(최고/저)(천원)	—/—	—/—	—/—	2.3/2.0	2.0/1.9	2.3/1.9
PER(최고/저)(배)	0.0/0.0	0.0/0.0	0.0/0.0	77.5/66.9	18.1/17.3	34.4/27.9
PBR(최고/저)(배)	0.0/0.0	0.0/0.0	0.0/0.0	9.4/8.1	5.7/5.4	2.5/2.1
EV/EBITDA(배)	0.0	0.0	7.5	8.7	4.6	17.9
EPS(원)	—	—	22	30	112	67
BPS(원)	—	—	82,442	95,924	139,878	904
CFPS(원)	—	—	24,201	33,137	68,612	141
DPS(원)	—	—	—	—	—	—
EBITDAPS(원)	—	—	35,830	48,387	85,581	118

재무 비율 〈단위 : %〉

연도	영업이익률	순이익률	부채비율	차입금비율	ROA	ROE	유보율	자기자본비율	EBITDA마진율
2017	2.2	3.4	72.8	45.4	4.7	10.7	804.2	57.9	6.0
2016	8.0	5.9	238.5	189.9	9.4	37.3	353.6	29.5	11.2
2015	3.9	1.4	371.5	305.2	2.0	13.1	1,818.5	21.2	7.0
2014	3.1	1.3	439.5	376.2	0.0	0.0	1,548.8	18.5	5.5

디바이스이엔지 (A187870)
Device ENG COLTD

업 종 : 디스플레이 및 관련부품
신용등급 : (Bond) — (CP) —
홈페이지 : www.deviceeng.co.kr
본 사 : 충남 아산시 음봉면 음봉로 169
시 장 : KOSDAQ
기업규모 : 벤처
연 락 처 : 041)629-5200

설 립 일	2002.10.01	**종업원수**	명	**대표이사**	최봉진
상 장 일	2017.12.20	**감사의견**	적정(대주)	**계 열**	
결 산 기	12월	**보 통 주**		**종속회사수**	
액 면 가	500원	**우 선 주**		**구 상 호**	

주주구성 (지분율,%)		출자관계 (지분율,%)		주요경쟁사 (외형,%)	
최봉진	29.8			디바이스이엔지	100
KB우수기술기업투자조합	5.3			폭스브레인	47
(외국인)	2.9			사파이어테크놀로지	17

매출구성		비용구성		수출비중	
OLED 제조장비 외	65.3	매출원가율	82.6	수출	—
반도체 약액공급장치	21.8	판관비율	7.9	내수	—
기타	7.8				

회사 개요

2002년 9월 설립된 동사는 반도체와 디스플레이 장비 제조 및 판매를 목적사업으로 영위하고 있으며 주요제품으로는 OLED 제조장비, 반도체 약액공급장치, 반도체 FOUP 세정장비 등이 있음. 동사는 세정공정의 핵심고유기술인 오염제어기술을 기반으로 Rigid, Flexible OLED 디스플레이, 메모리, 시스템 LSI 반도체용 제조공정에 사용되는 세정장비를 제작해 공급하고 있음.

실적 분석

동사의 2017년 연결 기준 연간 누적 매출액은 1152.9억원으로 전년 동기 대비 62.9% 증가함. 매출이 급격히 늘면서 매출원가와 판관비도 증가했지만 매출 증가에 다른 고정비용 감소효과로 영업이익은 전년 동기 대비 78.2% 증가한 109.2억원을 기록함. 비영업부문에서 외환손실이 발생하면서 적자 폭이 컸지만 영업이익 증가폭이 워낙 커 당기순이익은 전년 동기 대비 65.8% 증가한 75.3억원을 시현함.

현금 흐름 *IFRS 별도 기준 〈단위 : 억원〉

항목	2016	2017
영업활동	224	-75
투자활동	-47	-4
재무활동	-49	144
순현금흐름	130	61
기말현금	247	307

시장 대비 수익률

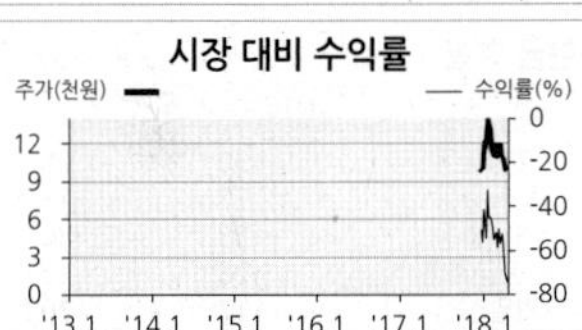

결산 실적 〈단위 : 억원〉

항목	2012	2013	2014	2015	2016	2017
매출액	421	384	460	510	708	1,153
영업이익	38	14	25	15	61	109
당기순이익	31	14	23	13	45	75

분기 실적 *IFRS 별도 기준 〈단위 : 억원〉

항목	2016.3Q	2016.4Q	2017.1Q	2017.2Q	2017.3Q	2017.4Q
매출액	188	—	—	—	310	—
영업이익	32	—	—	—	10	—
당기순이익	26	—	—	—	10	—

재무 상태 *IFRS 별도 기준 〈단위 : 억원〉

항목	2012	2013	2014	2015	2016	2017
총자산	379	421	469	469	835	798
유형자산	120	119	118	120	126	123
무형자산	11	14	12	25	15	15
유가증권	9	11	9	12	8	11
총부채	204	232	256	255	576	308
총차입금	118	139	133	130	76	58
자본금	14	14	14	14	14	34
총자본	175	189	213	215	259	489
지배주주지분	175	189	213	215	259	489

기업가치 지표 *IFRS 별도 기준

항목	2012	2013	2014	2015	2016	2017
주가(최고/저)(천원)	—/—	—/—	—/—	—/—	—/—	11.9/9.3
PER(최고/저)(배)	0.0/0.0	0.0/0.0	0.0/0.0	0.0/0.0	0.0/0.0	8.8/6.9
PBR(최고/저)(배)	0.0/0.0	0.0/0.0	0.0/0.0	0.0/0.0	0.0/0.0	1.7/1.3
EV/EBITDA(배)	—	—	0.5	—	—	3.2
EPS(원)	573	257	404	233	825	1,368
BPS(원)	6,133	6,635	7,459	7,525	9,521	7,212
CFPS(원)	1,461	833	1,119	816	1,967	1,519
DPS(원)	—	—	—	—	—	140
EBITDAPS(원)	1,694	820	1,193	879	2,538	2,137

재무 비율 〈단위 : %〉

연도	영업이익률	순이익률	부채비율	차입금비율	ROA	ROE	유보율	자기자본비율	EBITDA마진율
2017	9.5	6.5	63.1	11.8	9.2	20.1	1,342.5	61.3	10.2
2016	8.7	6.4	222.4	29.2	7.0	19.2	1,804.2	31.0	10.0
2015	2.9	2.6	118.7	60.5	—	—	1,478.7	45.7	4.9
2014	5.4	4.9	120.2	62.5	5.1	11.2	1,391.7	45.4	7.4

디비 (A012030)

DB

업 종 : IT 서비스
신 용 등 급 : (Bond) — (CP) —
홈 페 이 지 : www.dbinc.co.kr
본 사 : 서울시 강남구 삼성로 96길 23, 7층

시 장 : 거래소
기 업 규 모 : 시가총액 소형주
연 락 처 : 02)2136-6000

설 립 일	1977.03.15	**종 업 원 수**	365명	**대 표 이 사**	곽제동,강운식
상 장 일	1992.12.04	**감 사 의 견**	적정(안진)	**계 열**	
결 산 기	12월	**보 통 주**		**종속회사수**	1개사
액 면 가	500원	**우 선 주**		**구 상 호**	동부

주주구성 (지분율,%)		출자관계 (지분율,%)		주요경쟁사 (외형,%)	
김남호	17.1	DB하이텍	12.4	DB	100
김준기	11.4	DB라이텍	10.9	엑셈	17
(외국인)	2.3	DB메탈	7.8	링네트	74

매출구성		비용구성		수출비중	
[IT 사업부문]용역매출	48.1	매출원가율	87.6	수출	38.2
[글로벌(무역) 사업부문]상품매출	35.7	판관비율	10.3	내수	61.8
[IT 사업부문]상품매출	11.2				

회사 개요

동사는 1977년 설립, 2010년 8월 바이오/작물보호 사업부문을 물적분할하고, 2010년 11월 동부CNI와의 합병에 따라 전자재료 및 글로벌사업부문과 동부CNI의 사업을 영위하는 동부그룹사임. 영위하는 업종의 2017년 12월말 현재 매출구성은 IT사업이 56.23%, 글로벌(무역)부문이 38.33%, 기타(컨설팅사업등) 5.44%임. IT사업 부문만이 전년동기 대비 매출이 감소했을뿐 나머지 사업부문은 모두 매출이 증가함.

실적 분석

동사의 연결기준 2017년 4분기 누적 매출액은 전년동기 대비 2.6% 감소한 1,995.3억원을 기록하는데 그침. 매출원가는 전년동기 대비 1.3% 감소했으나 판관비가 외형축소에도 불구하고 22.5% 증가함에 따라 영업이익은 전년동기 대비 62.6% 감소했음. 한편 비영업부문에서 168.9억원의 손실을 기록함에 따라 이익폭이 축소되며 7.8억원의 당기순손실을 기록하며 적자를 지속했음.

현금 흐름

<단위 : 억원>

항목	2016	2017
영업활동	139	76
투자활동	71	18
재무활동	-183	-80
순현금흐름	28	13
기말현금	117	130

시장 대비 수익률

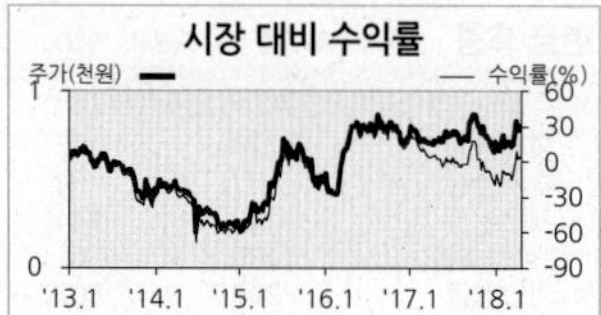

결산 실적

<단위 : 억원>

항목	2012	2013	2014	2015	2016	2017
매출액	5,445	4,429	2,542	2,037	2,048	1,995
영업이익	218	108	-134	98	109	41
당기순이익	30	-638	-1,245	132	-207	-8

분기 실적

<단위 : 억원>

항목	2016.3Q	2016.4Q	2017.1Q	2017.2Q	2017.3Q	2017.4Q
매출액	511	491	406	438	568	583
영업이익	21	9	15	17	17	-9
당기순이익	10	-13	7	-15	1	-1

재무 상태

<단위 : 억원>

항목	2012	2013	2014	2015	2016	2017
총자산	6,933	6,384	3,659	2,762	2,150	1,935
유형자산	654	660	606	36	38	51
무형자산	506	498	242	208	200	198
유가증권	1,091	1,146	922	436	1,112	738
총부채	3,974	3,921	2,556	1,104	634	540
총차입금	2,514	2,565	1,299	453	288	158
자본금	911	911	911	911	911	949
총자본	2,959	2,463	1,102	1,658	1,515	1,395
지배주주지분	2,959	2,463	1,102	1,658	1,515	1,395

기업가치 지표

항목	2012	2013	2014	2015	2016	2017
주가(최고/저)(천원)	1.1/0.6	0.7/0.4	0.5/0.2	0.7/0.2	0.9/0.4	0.9/0.7
PER(최고/저)(배)	55.7/29.1	—/—	—/—	10.1/2.9	—/—	—/—
PBR(최고/저)(배)	0.6/0.3	0.5/0.2	0.7/0.3	0.7/0.2	0.9/0.4	1.0/0.7
EV/EBITDA(배)	13.1	20.0	—	9.3	11.5	19.8
EPS(원)	20	-350	-684	72	-114	-4
BPS(원)	17,818	15,091	7,622	10,674	989	886
CFPS(원)	522	-3,215	-6,503	921	-102	6
DPS(원)	100	—	—	—	—	—
EBITDAPS(원)	1,816	882	-402	733	72	32

재무 비율

<단위 : %>

연도	영업 이익률	순 이익률	부채 비율	차입금 비율	ROA	ROE	유보율	자기자본 비율	EBITDA 마진율
2017	2.1	-0.4	38.7	11.4	-0.4	-0.5	77.1	72.1	3.0
2016	5.3	-10.1	41.9	19.0	-8.4	-13.1	97.8	70.5	6.4
2015	4.8	6.5	66.6	27.3	4.1	9.6	113.5	60.0	6.6
2014	-5.3	-49.0	231.8	117.8	-24.8	-69.9	52.4	30.1	-2.9

디비금융투자 (A016610)

DB Financial InvestmentLTD

업 종 : 증권
신 용 등 급 : (Bond) A (CP) A2+
홈 페 이 지 : www.db-fi.com
본 사 : 서울시 영등포구 국제금융로 8길 32 DB금융투자빌딩

시 장 : 거래소
기 업 규 모 : 시가총액 소형주
연 락 처 : 02)369-3000

설 립 일	1982.12.20	**종 업 원 수**	816명	**대 표 이 사**	고원종
상 장 일	1988.06.27	**감 사 의 견**	적정(안진)	**계 열**	
결 산 기	12월	**보 통 주**		**종속회사수**	26개사
액 면 가	5,000원	**우 선 주**		**구 상 호**	동부증권

주주구성 (지분율,%)		출자관계 (지분율,%)		주요경쟁사 (외형,%)	
DB손해보험	25.1	DB자산운용	55.3	DB금융투자	100
동부증권우리사주조합	10.4	DB저축은행	50.0	부국증권	59
(외국인)	7.0	청진이삼자산관리	19.4	유화증권	8

수익구성		비용구성		수출비중	
금융상품 관련이익	70.2	이자비용	8.1	수출	—
수수료수익	12.2	파생상품손실	0.0	내수	—
이자수익	10.5	판관비	22.5		

회사 개요

동사는 1982년 단기금융법에 따라 국민투자금융으로 설립돼 1988년 한국증권거래소에 상장됨. 1991년 동부증권으로 상호를 변경하였고, 2017년 11월 현재의 DB금융투자로 상호를 변경하였음. 2017년 12월 31일 현재 국내에 29개 지점을 설치 운영하고 있음. 금융투자업, 기업자문, 컨설팅 등의 사업을 영위하고 있으며 동사의 종속회사로는 DB자산운용, DB저축은행 등이 있음.

실적 분석

동사는 지난해 연결 재무제표 기준 영업이익이 223억5,403만원으로 전년 대비 128.3% 증가하였음. 같은 기간 당기순이익은 153억6,982만원으로 전년 대비 138.4% 증가하였고 매출액은 9,098억9,238만원으로 31.3% 하락하였음. 이는 업황 호조에 따라 수수료 수익이 증가했고 파생상품 운용 손실이 감소하였으며 자회사의 실적이 개선된 결과. 동사는 IB를 중심으로 수익원 다각화를 적극적으로 추진하는 중.

현금 흐름

<단위 : 억원>

항목	2016	2017
영업활동	3,077	-1,315
투자활동	35	68
재무활동	-1,445	1,395
순현금흐름	1,672	138
기말현금	3,302	3,440

시장 대비 수익률

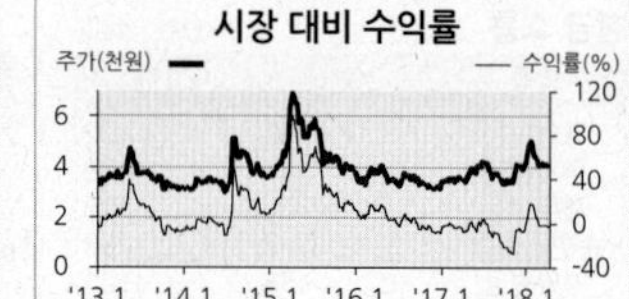

결산 실적

<단위 : 억원>

항목	2012	2013	2014	2015	2016	2017
순영업손익	2,939	1,302	2,113	2,110	2,059	2,220
영업이익	820	-87	213	104	98	224
당기순이익	585	-83	163	-85	64	154

분기 실적

<단위 : 억원>

항목	2016.3Q	2016.4Q	2017.1Q	2017.2Q	2017.3Q	2017.4Q
순영업손익	382	503	373	671	751	426
영업이익	-107	76	-129	154	282	-84
당기순이익	-104	74	-94	114	209	-75

재무 상태

<단위 : 억원>

항목	2012	2013	2014	2015	2016	2017
총자산	65,526	62,168	64,903	66,392	63,356	69,983
유형자산	1,101	1,067	1,029	1,048	1,041	1,025
무형자산	666	619	628	281	250	249
유가증권	38,651	35,707	36,001	34,106	30,542	32,527
총부채	58,487	55,366	57,953	59,541	56,396	62,907
총차입금	22,243	28,078	30,746	30,705	30,984	33,432
자본금	2,122	2,122	2,122	2,122	2,122	2,122
총자본	7,039	6,802	6,949	6,850	6,960	7,077
지배주주지분	6,187	5,971	6,110	6,027	6,081	6,096

기업가치 지표

항목	2012	2013	2014	2015	2016	2017
주가(최고/저)(천원)	4.4/2.8	4.8/3.0	5.4/3.0	7.2/3.6	4.1/3.1	4.3/3.2
PER(최고/저)(배)	3.5/2.2	—/—	16.0/9.0	—/—	1,690.2/1,264.1	42.2/31.5
PBR(최고/저)(배)	0.3/0.2	0.4/0.2	0.4/0.2	0.5/0.3	0.3/0.2	0.3/0.2
PSR(최고/저)(배)	1/1	1/1	1/1	1/1	1/1	1/1
EPS(원)	1,419	-161	352	-176	2	104
BPS(원)	14,754	14,245	14,573	14,376	14,504	14,538
CFPS(원)	1,756	68	639	107	194	259
DPS(원)	250	—	100	—	—	100
EBITDAPS(원)	1,931	-206	503	245	231	527

재무 비율

<단위 : %>

연도	계속사업 이익률	순 이익률	부채 비율	차입금 비율	ROA	ROE	유보율	자기자본 비율	총자산 증가율
2017	11.3	6.9	888.9	472.4	0.2	0.7	190.8	10.1	10.5
2016	6.1	3.1	810.3	445.2	0.1	0.0	190.1	11.0	-4.6
2015	-3.4	-4.0	869.2	448.2	-0.1	-1.2	187.5	10.3	2.3
2014	10.8	7.7	833.9	442.4	0.3	2.5	191.5	10.7	-1.0

디비라이텍 (A045890)

DB Lightec

업 종 : 디스플레이 및 관련부품 | 시 장 : KOSDAQ
신용등급 : (Bond) — (CP) — | 기업규모 : 중견
홈페이지 : www.dblightec.com | 연 락 처 : 032)670-3000
본 사 : 경기도 부천시 오정구 산업로 104번길 14(오정동)

설 립 일	1999.07.15	**종업원수**	205명	**대표이사**	이재형
상 장 일	2005.11.28	**감사의견**	적정(대주)	**계 열**	
결 산 기	12월	**보 통 주**		**종속회사수**	4개사
액 면 가	500원	**우 선 주**		**구 상 호**	동부라이텍

주주구성 (지분율,%)		출자관계 (지분율,%)		주요경쟁사 (외형,%)	
동부하이텍	15.1	에코센스	11.1	DB라이텍	100
동부CNI	10.9	동부대우전자	1.8	한국컴퓨터	304
(외국인)	1.4	동부월드	0.0	케이맥	123

매출구성		비용구성		수출비중	
LumiDas	61.6	매출원가율	74.1	수출	54.8
LumiSheet	21.8	판관비율	25.8	내수	45.2
CNC전용장비, 레이저조각기 등	16.6				

회사 개요

동사는 1999년 7월 15일 설립되어 CNC전용장비, CNC레이저장비, LED조명의 제조 및 판매업을 주요사업으로 영위하고 있음. 매출비중은 LED 조명사업부문이 대부분을 차지하고 나머지는 CNC사업부문으로 구성됨. LED 관련 국내외 60건의 특허 확보, 세계 60개국 250개의 판매 네트워크 보유. CNC 부문은 베트남, 중국 등에서 생산 및 판매를 확대해 나가는 중.

실적 분석

동사의 2017년 연간 매출액은 전년동기대비 3.6% 하락한 729억원을 기록하였음. 시장 침체 및 급변하는 환경에도 불구하고 다양한 라인업을 구축하고 신시장을 개척하여 매출액을 유지하고 있으나 원가 및 인건비 등이 크게 증가하여 이익을 저해하는 모습을 보임. 이런 상황에 의해 전년동기대비 영업이익은 0.6억원으로 98.6% 크게 하락 하였음. 최종적으로 전년동기대비 당기순손실은 적자전환하여 54억원을 기록함.

현금 흐름 〈단위 : 억원〉

항목	2016	2017
영업활동	71	-26
투자활동	-41	24
재무활동	-12	15
순현금흐름	18	13
기말현금	27	40

시장 대비 수익률

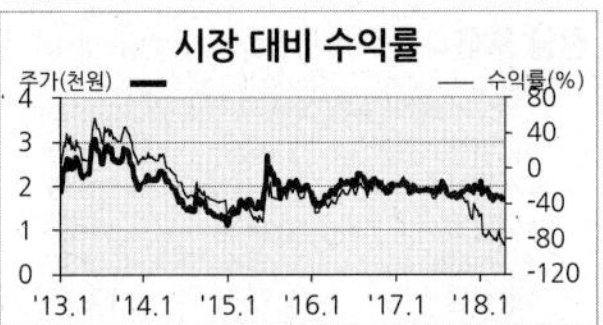

결산 실적 〈단위 : 억원〉

항목	2012	2013	2014	2015	2016	2017
매출액	719	884	827	848	757	729
영업이익	-43	54	57	43	42	1
당기순이익	-64	29	16	31	26	-54

분기 실적 〈단위 : 억원〉

항목	2016.3Q	2016.4Q	2017.1Q	2017.2Q	2017.3Q	2017.4Q
매출액	161	201	202	199	168	160
영업이익	3	15	3	7	-8	-2
당기순이익	0	7	2	-2	0	-54

재무 상태 〈단위 : 억원〉

항목	2012	2013	2014	2015	2016	2017
총자산	982	1,040	1,092	1,109	1,107	1,096
유형자산	433	422	423	422	411	400
무형자산	44	48	54	44	57	69
유가증권	7	7	88	82	84	80
총부채	571	605	640	623	578	648
총차입금	401	476	439	460	440	448
자본금	127	127	127	127	130	132
총자본	411	434	452	486	529	449
지배주주지분	410	433	452	486	529	449

기업가치 지표

항목	2012	2013	2014	2015	2016	2017
주가(최고/저)(천원)	3.2/1.7	3.3/1.9	2.3/1.2	2.7/1.1	2.3/1.5	2.1/1.7
PER(최고/저)(배)	—/—	28.8/16.5	36.5/19.4	22.4/9.4	22.8/15.0	—/—
PBR(최고/저)(배)	1.6/0.8	1.6/0.9	1.1/0.6	1.2/0.5	1.0/0.6	1.0/0.8
EV/EBITDA(배)	—	11.5	7.8	11.8	11.7	23.4
EPS(원)	-250	113	64	120	102	-205
BPS(원)	2,009	2,101	2,175	2,308	2,431	2,089
CFPS(원)	-157	224	190	239	222	-72
DPS(원)	—	—	—	—	—	—
EBITDAPS(원)	-76	322	351	287	281	135

재무 비율 〈단위 : %〉

연도	영업이익률	순이익률	부채비율	차입금비율	ROA	ROE	유보율	자기자본비율	EBITDA마진율
2017	0.1	-7.4	144.4	99.8	-4.9	-11.0	317.9	40.9	4.9
2016	5.5	3.5	109.2	83.1	2.4	5.2	386.2	47.8	9.6
2015	5.0	3.6	128.2	94.6	2.8	6.5	361.5	43.8	8.6
2014	6.9	2.0	141.5	97.0	1.5	3.7	335.0	41.4	10.8

디비손해보험 (A005830)

DB INSURANCE COLTD

업 종 : 보험 | 시 장 : 거래소
신용등급 : (Bond) — (CP) — | 기업규모 : 시가총액 대형주
홈페이지 : www.idbins.com | 연 락 처 : 1588-0100
본 사 : 서울시 강남구 테헤란로 432

설 립 일	1968.11.01	**종업원수**	4,497명	**대표이사**	김정남
상 장 일	1973.06.28	**감사의견**	적정(한영)	**계 열**	
결 산 기	12월	**보 통 주**		**종속회사수**	63개사
액 면 가	500원	**우 선 주**		**구 상 호**	동부화재

주주구성 (지분율,%)		출자관계 (지분율,%)		주요경쟁사 (외형,%)	
김남호	8.9	DBMnS	100.0	DB손해보험	100
국민연금공단	8.2	금호사옥PFV주식	100.0	삼성생명	123
(외국인)	48.3	DB손사우선	100.0	삼성화재	138

수익구성		비용구성		수출비중	
[손해보험]장기	63.6	책임준비금전입	15.1	수출	—
[손해보험]자동차	23.7	보험금비용	29.3	내수	—
[손해보험]특종	5.8	사업비	8.5		

회사 개요

1962년 '한국자동차보험공영사'로 설립된 동사는 1983년 동부그룹의 경영권 인수로 1995년 동부화재해상보험으로 사명을 변경함. 국내 손보업계는 현재 31개의 보험사가 영업 중이며 동사는 시장점유율 15.8%로 업계 3위의 업체임. 동사가 소속된 DB 기업집단에는 23개 국내 계열사를 두고 있음. 글로벌 보험사로의 도약을 위해 2017년 11월 DB 손해보험주식회사로 사명을 변경.

실적 분석

동사의 2017년 영업수익은 전년 대비 4.6% 증가한 17조 8,553억원, 영업이익은 19.5% 증가한 8,679억원을 기록했음. 당기순이익은 32.3% 늘어난 6,692억원으로, 사상 최대 실적을 기록함. 하반기 경쟁심화에도 자동차 보험손해율이 -1.0%p하락했고, 특히 장기위험손해율도 -4.1%p개선. 2018년 주력상품인 운전자 보험을 비롯하여 신상품 출시예정.

현금 흐름 〈단위 : 억원〉

항목	2016	2017
영업활동	31,026	-3,160
투자활동	-30,135	-6,042
재무활동	-940	5,011
순현금흐름	63	-4,281
기말현금	7,539	3,258

시장 대비 수익률

결산 실적 〈단위 : 억원〉

항목	2012	2013	2014	2015	2016	2017
보험료수익	96,273	85,476	118,371	126,359	132,422	135,717
영업이익	5,690	3,718	5,288	5,662	7,261	8,679
당기순이익	4,942	2,632	4,293	4,304	5,338	6,692

분기 실적 〈단위 : 억원〉

항목	2016.3Q	2016.4Q	2017.1Q	2017.2Q	2017.3Q	2017.4Q
보험료수익	32,755	34,209	33,759	34,273	33,661	34,024
영업이익	2,515	1,055	2,295	2,669	2,331	1,385
당기순이익	1,780	836	1,724	2,156	1,763	1,049

재무 상태 〈단위 : 억원〉

항목	2012	2013	2014	2015	2016	2017
총자산	282,500	303,135	349,321	400,184	448,634	483,756
유형자산	3,215	4,063	3,565	3,644	3,632	3,850
무형자산	4,639	4,137	5,091	3,838	3,188	2,574
유가증권	132,289	136,804	162,029	187,287	221,265	220,720
총부채	251,834	274,557	313,409	360,514	405,187	435,426
총차입금	2,166	2,836	2,478	3,897	3,937	9,890
자본금	354	354	354	354	354	354
총자본	30,666	28,578	35,912	39,669	43,447	48,330
지배주주지분	28,406	27,140	34,537	38,058	41,697	46,280

기업가치 지표

항목	2012	2013	2014	2015	2016	2017
주가(최고/저)(천원)	45.6/34.1	51.3/37.1	57.0/43.8	66.4/43.1	71.9/58.4	81.2/57.2
PER(최고/저)(배)	7.5/5.6	14.9/10.8	10.6/8.2	12.2/7.9	10.3/8.4	9.0/6.3
PBR(최고/저)(배)	1.3/1.0	1.5/1.1	1.3/1.0	1.3/0.9	1.3/1.0	1.3/0.9
PSR(최고/저)(배)	0/0	0/0	0/0	0/0	0/0	0/0
EPS(원)	6,981	3,814	5,961	5,915	7,396	9,338
BPS(원)	40,540	38,752	49,200	54,173	59,312	65,787
CFPS(원)	7,996	5,401	7,853	8,087	9,348	11,247
DPS(원)	1,250	1,000	1,450	1,550	1,650	2,300
EBITDAPS(원)	8,037	5,252	7,469	7,997	10,255	12,258

재무 비율 〈단위 : %〉

연도	계속사업이익률	순이익률	부채비율	차입금비율	ROA	ROE	유보율	자기자본비율	총자산증가율
2017	6.6	4.9	900.9	20.5	1.4	15.0	13,057.3	10.0	7.8
2016	5.3	4.0	932.6	9.1	1.3	13.1	11,762.5	9.7	12.1
2015	4.3	3.4	908.8	9.8	1.2	11.5	10,734.7	9.9	14.6
2014	4.5	3.6	872.7	6.9	1.3	13.7	9,739.9	10.3	23.7

디비케이 (A073190)

DBK

업 종 : 내구소비재 | 시 장 : KOSDAQ
신용등급 : (Bond) — (CP) — | 기업규모 : 중견
홈페이지 : www.duoback.co.kr | 연 락 처 : 032)816-4814
본 사 : 인천시 서구 가재울로 32번길 27 (가좌동)

설 립 일	1987.05.01	**종업원수**	166명	**대표이사**	정관영
상 장 일	2004.02.06	**감사의견**	적정(성도)	**계 열**	
결 산 기	12월	**보 통 주**		**종속회사수**	1개사
액 면 가	500원	**우 선 주**		**구 상 호**	디비케이

주주구성 (지분율,%)		출자관계 (지분율,%)		주요경쟁사 (외형,%)	
정관영	35.3	디비케이에듀케이션	79.0	듀오백	100
신영자산운용	4.1	디비케이라이트오피스	60.0	한국가구	141
(외국인)	0.5	디비케이스페이스랩	60.0	코아스	294

매출구성		비용구성		수출비중	
듀오백 의자(내수)	86.2	매출원가율	70.6	수출	18.6
듀오백 의자(수출)	13.8	판관비율	27.9	내수	81.4

회사 개요

듀오백이라는 가정 및 사무용 의자를 생산, 판매하는 전문기업으로 1995년 독일에서 Duoback 이론을 도입하여 한국인의 신체와 체형에 맞는 의자를 제조하고 있음. 2004년 Duoback 이론 의 특허권을 취득하여 국내뿐만 아니라 해외 시장에도 진출함. 일산과 합정, 분당 등에 직영매장을 열고 영업에 들어갔으며, 고객들이 손쉽게 제품을 만날 수 있도록 온라인 직영 쇼핑몰도 오픈함. DBK에듀케이션이라는 자회사를 설립해 교육사업에도 진출함.

실적 분석

동사의 2017년 매출과 영업이익은 389억원, 6억원으로 전년 대비 매출은 19.6% 증가하고 흑자전환함. 당기순이익은 13억원으로 흑자전환함. 매출액증가와 고정비감소 등으로 손익구조가 개선됨. 2017년 말 현금 및 현금성자산, 매도가능금융자산(장,단기), 장기금융상품 계정과목의 합은 약 80억원, 매출채권 및 기타 채권은 약 59억원임. 차입금이 없어 재무구조가 안정적임.

현금 흐름

〈단위 : 억원〉

항목	2016	2017
영업활동	-41	0
투자활동	31	21
재무활동	—	1
순현금흐름	-10	22
기말현금	21	43

시장 대비 수익률

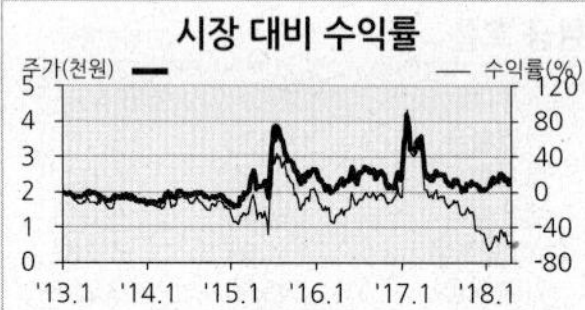

결산 실적

〈단위 : 억원〉

항목	2012	2013	2014	2015	2016	2017
매출액	387	404	417	348	325	389
영업이익	-14	1	-35	-39	-51	6
당기순이익	-1	-9	-42	-35	-55	13

분기 실적

〈단위 : 억원〉

항목	2016.3Q	2016.4Q	2017.1Q	2017.2Q	2017.3Q	2017.4Q
매출액	78	67	110	81	90	108
영업이익	-14	-13	7	0	2	-3
당기순이익	-18	-14	8	9	1	-4

재무 상태

〈단위 : 억원〉

항목	2012	2013	2014	2015	2016	2017
총자산	515	516	466	434	381	393
유형자산	101	102	97	92	95	90
무형자산	39	38	21	16	14	13
유가증권	115	136	109	86	35	25
총부채	49	65	55	64	62	58
총차입금	10	11	5	5	4	0
자본금	60	60	60	60	60	60
총자본	466	450	411	370	319	335
지배주주지분	455	443	408	370	319	334

기업가치 지표

항목	2012	2013	2014	2015	2016	2017
주가(최고/저)(천원)	2.4/1.8	2.0/1.7	2.1/1.7	4.1/1.6	2.7/2.0	4.3/2.0
PER(최고/저)(배)	—/—	—/—	—/—	—/—	—/—	39.2/18.0
PBR(최고/저)(배)	0.6/0.5	0.5/0.4	0.6/0.4	1.2/0.5	0.9/0.7	1.4/0.6
EV/EBITDA(배)	—	3.6	—	—	—	9.1
EPS(원)	-10	-65	-315	-283	-465	110
BPS(원)	8,206	8,016	7,425	3,398	2,971	3,097
CFPS(원)	214	158	-338	-152	-330	233
DPS(원)	150	—	—	—	—	—
EBITDAPS(원)	-4	302	-284	-193	-289	171

재무 비율

〈단위 : %〉

연도	영업 이익률	순 이익률	부채 비율	차입금 비율	ROA	ROE	유보율	자기자본 비율	EBITDA 마진율
2017	1.5	3.4	17.2	0.1	3.4	4.1	519.3	85.3	5.3
2016	-15.6	-17.0	19.3	1.4	-13.5	-16.1	494.3	83.8	-10.7
2015	-11.2	-9.9	17.2	1.3	-7.7	-8.7	579.6	85.3	-6.6
2014	-8.3	-10.0	13.4	1.2	-8.5	-8.9	642.5	88.2	-4.1

디비하이텍 (A000990)

DB HiTek

업 종 : 반도체 및 관련장비 | 시 장 : 거래소
신용등급 : (Bond) — (CP) — | 기업규모 : 시가총액 중형주
홈페이지 : www.dbhitek.co.kr | 연 락 처 : 02)3484-2888
본 사 : 서울시 강남구 테헤란로 432(대치동)

설 립 일	1953.04.28	**종업원수**	1,999명	**대표이사**	최창식
상 장 일	1975.12.12	**감사의견**	적정(삼정)	**계 열**	
결 산 기	12월	**보 통 주**		**종속회사수**	1개사
액 면 가	5,000원	**우 선 주**		**구 상 호**	

주주구성 (지분율,%)		출자관계 (지분율,%)		주요경쟁사 (외형,%)	
국민연금공단	13.3	동부철구	49.7	DB하이텍	100
동부CNI	12.4	디비메탈	24.8	SK하이닉스	4,430
(외국인)	18.7	부산정관에너지	24.3	이오테크닉스	59

매출구성		비용구성		수출비중	
Fab System-LSI Wafer 외	100.0	매출원가율	62.7	수출	69.1
		판관비율	16.2	내수	30.9

회사 개요

동사는 1953년에 설립되었으며, 2010년 농업사업부문을 동부팜한농으로 물적분할하고 반도체를 주사업부문으로 영위하고 있음. 동사의 주요 사업부문은 웨이퍼 수탁 생산 및 판매를 담당하는 Foundry 사업과 디스플레이 구동 및 Sensor IC 등 자사 제품을 설계, 판매하는 Brand 사업으로 구성되어 있음. 동사의 주요경쟁사로는 TSMC, UMC 등이 있음.

실적 분석

동사의 2017년 매출과 영업이익은 6797억원, 1432억원으로 전년 동기 대비 각각 12.1%, 17% 감소함. 글로벌 위탁생산시장에서 치열한 경쟁에 영향을 받아 실적이 감소함. 전 세계 위탁생산업체들의 공격적 시설투자로 업황이 침체기에 접어듦. 2017년 글로벌 반도체 위탁생산기업의 생산능력이 전년 대비 9% 늘어날 것으로 예상됨에 따라 수요 둔화 속도가 빨라 판매가격 하락폭도 커질 것으로 예상됨.

현금 흐름

〈단위 : 억원〉

항목	2016	2017
영업활동	2,483	1,831
투자활동	-1,210	-1,019
재무활동	-1,185	-858
순현금흐름	74	-81
기말현금	1,156	1,075

시장 대비 수익률

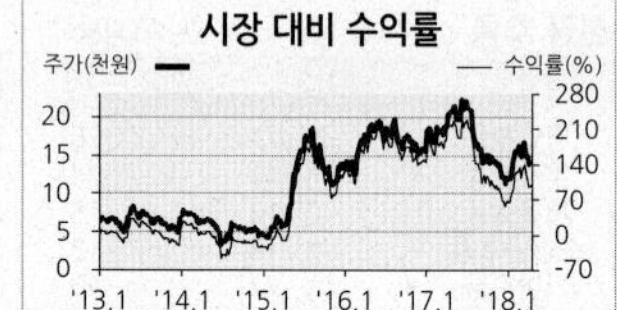

결산 실적

〈단위 : 억원〉

항목	2012	2013	2014	2015	2016	2017
매출액	5,908	4,938	5,677	6,666	7,731	6,797
영업이익	-156	-96	456	1,250	1,724	1,432
당기순이익	-313	-830	-770	1,267	883	1,102

분기 실적

〈단위 : 억원〉

항목	2016.3Q	2016.4Q	2017.1Q	2017.2Q	2017.3Q	2017.4Q
매출액	1,982	2,010	1,905	1,747	1,639	1,507
영업이익	458	417	517	451	330	133
당기순이익	289	124	281	261	101	459

재무 상태

〈단위 : 억원〉

항목	2012	2013	2014	2015	2016	2017
총자산	11,578	10,584	9,849	9,846	9,868	9,940
유형자산	6,854	6,360	5,918	5,331	5,477	5,556
무형자산	767	742	618	342	257	258
유가증권	913	51	55	165	323	352
총부채	8,669	8,536	8,642	7,306	6,449	5,382
총차입금	6,932	6,740	6,715	5,410	4,351	3,556
자본금	2,226	2,226	2,226	2,226	2,226	2,226
총자본	2,909	2,048	1,207	2,541	3,419	4,558
지배주주지분	2,909	2,048	1,207	2,541	3,419	4,558

기업가치 지표

항목	2012	2013	2014	2015	2016	2017
주가(최고/저)(천원)	10.7/6.0	8.6/4.9	8.1/3.3	18.6/4.3	20.3/12.4	22.3/11.1
PER(최고/저)(배)	—/—	—/—	—/—	6.7/1.5	10.4/6.4	9.2/4.6
PBR(최고/저)(배)	1.3/0.7	1.4/0.8	1.8/0.8	3.1/0.7	2.5/1.5	2.1/1.1
EV/EBITDA(배)	8.8	12.3	6.5	5.1	4.0	3.5
EPS(원)	-704	-1,866	-1,730	2,847	1,985	2,475
BPS(원)	8,341	6,406	4,492	6,238	8,212	10,771
CFPS(원)	1,788	104	114	4,709	3,767	4,054
DPS(원)	—	—	—	—	—	250
EBITDAPS(원)	2,142	1,754	2,867	4,670	5,656	4,796

재무 비율

〈단위 : %〉

연도	영업 이익률	순 이익률	부채 비율	차입금 비율	ROA	ROE	유보율	자기자본 비율	EBITDA 마진율
2017	21.1	16.2	118.1	78.0	11.1	27.6	115.4	45.9	31.4
2016	22.3	11.4	188.6	127.2	9.0	29.7	64.2	34.7	32.6
2015	18.8	19.0	287.6	213.0	12.9	67.6	24.8	25.8	31.2
2014	8.0	-13.6	일부잠식	일부잠식	-7.5	-47.3	-10.2	12.3	22.5

디스플레이테크 (A066670)

DISPLAYTECH

업　종 : 휴대폰 및 관련부품	시　장 : KOSDAQ
신용등급 : (Bond) —　(CP) —	기업규모 : 우량
홈페이지 : www.displaytech.co.kr	연 락 처 : 031)776-7502
본　사 : 경기도 안성시 공단1로 10	

설 립 일 1998.08.04	**종업원수** 40명	**대 표 이 사** 박윤민
상 장 일 2002.12.30	**감사의견** 적정(삼덕)	**계　열**
결 산 기 12월	**보 통 주**	**종속회사수**
액 면 가 500원	**우 선 주**	**구　상　호**

주주구성 (지분율,%)		출자관계 (지분율,%)		주요경쟁사 (외형,%)	
박윤민	25.9	한국전기차충전서비스	24.0	디스플레이텍	100
온셀텍	5.7	전자신문사	13.1	육일씨엔에쓰	179
(외국인)	2.4	스틱해외진출플랫폼펀드	3.1	이엘케이	303

매출구성		비용구성		수출비중	
LCD모듈	92.8	매출원가율	85.0	수출	89.6
용 역	6.7	판관비율	5.1	내수	10.4
원재료	0.5				

회사 개요

동사는 LCD모듈 등의 개발, 제조 및 판매를 주요 사업으로 영위함. 제품의 대부분은 이동통신단말기 제조사에 공급되고 있으며 기타 LCD 모듈이 장착되는 MP3, PDA, DMB폰, 네비게이션, 넷북, 게임기 등에도 공급 중임. 휴대폰 시장의 성장에 따라 이동통신단말기용 LCD 모듈에 주력하고 있음. 수출이 전체 매출의 80% 이상을 차지함. 환율 등 외부 요인에 의한 실적 변동이 큰 편임.

실적 분석

2017년 연간 매출액은 저가제품군 위주의 판매로 인하여 전년 대비 7.3% 감소한 827.1억원을 기록함. 매출 감소에도 불구하고 원재료 단가 인하 및 임대수익 호조로 인하여 영업이익률은 9.8%로 증가. 영업이익은 전년 대비 80.4% 증가한 81.3억원을 시현함. 손상차손반영으로 인하여 영업외비용 20.7억원이 발생하여 당기순이익은 47.1억원을 기록하며 소폭 상승에 그침.

현금 흐름 *IFRS 별도 기준 〈단위 : 억원〉

항목	2016	2017
영업활동	101	46
투자활동	-106	6
재무활동	-124	-108
순현금흐름	-127	-57
기말현금	77	20

시장 대비 수익률

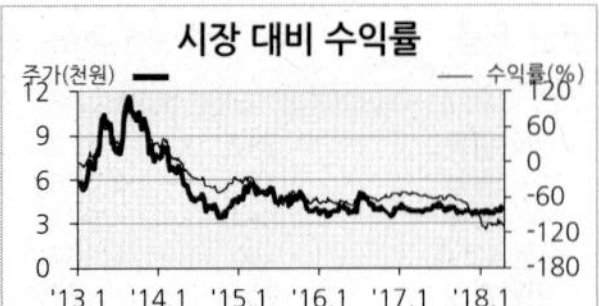

결산 실적 〈단위 : 억원〉

항목	2012	2013	2014	2015	2016	2017
매출액	2,937	5,353	4,296	3,180	892	827
영업이익	222	337	215	146	45	81
당기순이익	170	266	157	150	40	47

분기 실적 *IFRS 별도 기준 〈단위 : 억원〉

항목	2016.3Q	2016.4Q	2017.1Q	2017.2Q	2017.3Q	2017.4Q
매출액	210	229	194	220	250	162
영업이익	9	16	18	27	21	15
당기순이익	6	16	12	23	19	-8

재무 상태 *IFRS 별도 기준 〈단위 : 억원〉

항목	2012	2013	2014	2015	2016	2017
총자산	1,840	3,041	2,661	1,982	1,803	1,668
유형자산	,530	607	557	324	310	291
무형자산	0	1	4	3	2	1
유가증권	13	104	159	176	383	358
총부채	946	1,895	1,362	559	358	185
총차입금	412	799	525	271	169	67
자본금	88	88	93	93	93	93
총자본	894	1,146	1,299	1,423	1,445	1,484
지배주주지분	894	1,146	1,299	1,423	1,445	1,484

기업가치 지표 *IFRS 별도 기준

항목	2012	2013	2014	2015	2016	2017
주가(최고/저)(천원)	6.4/2.1	11.7/5.0	8.4/3.2	5.8/3.7	5.1/3.5	4.4/3.7
PER(최고/저)(배)	7.4/2.4	8.7/3.7	10.8/4.1	7.7/4.9	25.1/17.0	17.9/15.0
PBR(최고/저)(배)	1.3/0.4	1.9/0.8	1.3/0.5	0.8/0.5	0.7/0.5	0.6/0.5
EV/EBITDA(배)	4.1	5.5	3.7	2.0	3.9	2.4
EPS(원)	966	1,504	853	802	213	252
BPS(원)	5,318	6,745	7,189	7,852	7,968	8,177
CFPS(원)	1,088	1,678	1,074	1,038	431	457
DPS(원)	50	100	150	100	50	100
EBITDAPS(원)	1,382	2,081	1,387	1,018	460	640

재무 비율 〈단위 : %〉

연도	영업이익률	순이익률	부채비율	차입금비율	ROA	ROE	유보율	자기자본비율	EBITDA마진율
2017	9.8	5.7	12.5	4.5	2.7	3.2	1,535.3	88.9	14.5
2016	5.1	4.5	24.8	11.7	2.1	2.8	1,493.6	80.1	9.6
2015	4.6	4.7	39.3	19.0	6.5	11.0	1,470.3	71.8	6.0
2014	5.0	3.7	104.8	40.4	5.5	12.8	1,337.9	48.8	5.9

디씨엠 (A024090)

DCM

업　종 : 금속 및 광물	시　장 : 거래소
신용등급 : (Bond) —　(CP) —	기업규모 : 시가총액 소형주
홈페이지 : www.dcmcorp.co.kr	연 락 처 : 055)366-9991
본　사 : 경남 양산시 웅상농공단지길 55	

설 립 일 1972.03.04	**종업원수** 138명	**대 표 이 사** 정연택
상 장 일 1999.08.05	**감사의견** 적정(삼일)	**계　열**
결 산 기 12월	**보 통 주**	**종속회사수** 2개사
액 면 가 500원	**우 선 주**	**구　상　호**

주주구성 (지분율,%)		출자관계 (지분율,%)		주요경쟁사 (외형,%)	
정연택	17.7			디씨엠	100
정동우	9.7			세아특수강	546
(외국인)	1.5			유성티엔에스	324

매출구성		비용구성		수출비중	
LAMINATED 칼라강판(해외)	54.3	매출원가율	81.9	수출	67.4
LAMINATED 칼라강판(국내)	18.2	판관비율	5.8	내수	32.6
PET, 고광택, 메탈론 FILM(국내)	15.3				

회사 개요

동사는 1972년 설립돼, 주요 사업으로 칼라코팅강판과 산업용 필름 제조 및 판매, 칼라필름 생산을 주 영업목적으로 하고 있음. 주요 거래처는 삼성전자, LG전자, 동부대우전자 등이 있음. 라이네이팅 강판은 주로 냉장고, 세탁기, 에어컨, 김치냉장고 등 가전제품 외장강판 제조에 쓰이고, 산업제반 분야에서도 고급소재로 사용됨. ABS, PP 등 복합수지의 임가공매출과 농업용 필름 기능성 첨가제 생산판매 매출이 주를 이루고 있음.

실적 분석

동사의 2017년 연간 매출액은 전년동기대비 4% 상승한 1,336.2억원을 기록하였음. 비용면에서 전년동기대비 매출원가는 증가 했으며 인건비도 증가, 기타판매비와관리비는 감소함. 이와 같이 상승한 매출액 대비 비용증가가 높아 매출액은 성장했지만 원가 증가로 인해 전년동기대비 영업이익은 165.6억원으로 14.8% 하락 하였음. 최종적으로 전년동기대비 당기순이익은 크게 하락하여 140.6억원을 기록함.

현금 흐름 〈단위 : 억원〉

항목	2016	2017
영업활동	159	102
투자활동	-86	-62
재무활동	-66	-74
순현금흐름	8	-35
기말현금	140	105

시장 대비 수익률

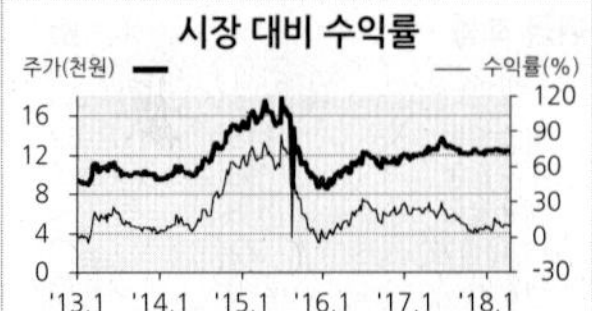

결산 실적 〈단위 : 억원〉

항목	2012	2013	2014	2015	2016	2017
매출액	1,582	1,267	1,122	1,062	1,285	1,336
영업이익	106	8	-10	63	194	166
당기순이익	113	28	2	45	208	141

분기 실적 〈단위 : 억원〉

항목	2016.3Q	2016.4Q	2017.1Q	2017.2Q	2017.3Q	2017.4Q
매출액	328	306	340	355	366	275
영업이익	44	44	60	44	40	20
당기순이익	52	64	61	45	28	7

재무 상태 〈단위 : 억원〉

항목	2012	2013	2014	2015	2016	2017
총자산	1,958	1,617	1,568	1,632	1,820	1,862
유형자산	307	297	278	313	309	317
무형자산	1	1	1	9	1	1
유가증권	326	328	373	441	428	372
총부채	529	230	212	246	275	251
총차입금	205	47	51	40	31	30
자본금	60	60	60	60	60	60
총자본	1,430	1,387	1,356	1,386	1,545	1,611
지배주주지분	1,382	1,340	1,312	1,337	1,483	1,546

기업가치 지표

항목	2012	2013	2014	2015	2016	2017
주가(최고/저)(천원)	10.0/7.5	11.3/8.9	15.3/9.5	18.5/8.7	12.5/8.5	13.8/11.5
PER(최고/저)(배)	11.8/8.9	49.1/38.7	491.2/306.1	59.8/28.1	8.0/5.5	12.9/10.7
PBR(최고/저)(배)	1.0/0.7	1.1/0.8	1.4/0.9	1.7/0.8	1.0/0.7	1.0/0.8
EV/EBITDA(배)	7.5	22.8	78.0	7.9	4.3	4.6
EPS(원)	1,005	259	34	337	1,672	1,113
BPS(원)	12,169	11,846	11,706	11,922	13,500	14,285
CFPS(원)	1,176	486	271	604	1,913	1,351
DPS(원)	600	200	200	200	400	460
EBITDAPS(원)	1,079	298	155	801	1,903	1,653

재무 비율 〈단위 : %〉

연도	영업이익률	순이익률	부채비율	차입금비율	ROA	ROE	유보율	자기자본비율	EBITDA마진율
2017	12.4	10.5	15.6	1.9	7.6	8.6	2,685.6	86.6	14.5
2016	15.1	16.2	17.8	2.0	12.1	13.9	2,532.4	84.9	17.3
2015	5.9	4.2	17.8	2.9	2.8	3.0	2,224.8	84.9	8.8
2014	-0.9	0.2	15.7	3.7	0.1	0.3	2,182.7	86.5	1.6

디아이 (A003160)

DI

업　　종 : 반도체 및 관련장비
신용등급 : (Bond) －　　(CP) －
홈페이지 : www.di.co.kr
본　　사 : 서울시 강남구 논현로 703

시　　장 : 거래소
기업규모 : 시가총액 소형주
연 락 처 : 02)546-5501

설 립 일	1961.03.16	**종업원수**	133명	**대표이사**	박원호,장일선
상 장 일	1996.06.30	**감사의견**	적정(태성)	**계　　열**	
결 산 기	12월	**보 통 주**		**종속회사수**	8개사
액 면 가	500원	**우 선 주**		**구 상 호**	

주주구성 (지분율,%)		출자관계 (지분율,%)		주요경쟁사 (외형,%)	
박원덕	10.9	두성산업	100.0	디아이	100
박원호	10.0	디아이씨	100.0	아이에이	40
(외국인)	5.6	디아이엔바이로	86.5	에스에이엠티	797

매출구성		비용구성		수출비중	
반도체검사장비	30.7	매출원가율	67.9	수출	34.7
반도체검사보드	25.0	판관비율	24.5	내수	65.3
전자파 차폐체	19.1				

회사 개요

동사는 1955년 과학기기 수입 판매업으로 출범하여 반도체 검사장비 등 초정밀 시험장비의 제조 및 수입업을 영위하고 있으며, 50년간 축적된 경험, 전문기술로 반도체 제조공정상 필수적인 전공정 장비, 조립장비 등 해외의 고부가 반도체장비 공급과 검사장비의 국산화에 매진하고 있음. 반도체 검사장비 제조 및 판매 등의 반도체 검사장비 사업부문, 전자파 차폐체(EMC) 등을 제조하는 전자부품 사업부문 및 기타 수(水)처리 관련 환경사업으로 구분함.

실적 분석

동사의 2017년 연간 매출액은 전년동기대비 38.7% 상승한 1,521.7억원을 기록하였음. 비용면에서 전년동기대비 매출원가는 증가하였으며 인건비도 증가, 광고선전비는 크게 감소, 기타판매비와관리비는 증가함. 이처럼 매출액 상승과 더불어 비용절감에도 힘을 기울였음. 최종적으로 전년동기대비 당기순이익은 크게 상승하여 194.5억원을 기록함. 비영업손익에서 흑자전환한 것이 영향을 미친 것으로 보임.

현금 흐름 〈단위 : 억원〉

항목	2016	2017
영업활동	115	62
투자활동	-98	278
재무활동	5	-125
순현금흐름	22	213
기말현금	260	473

시장 대비 수익률

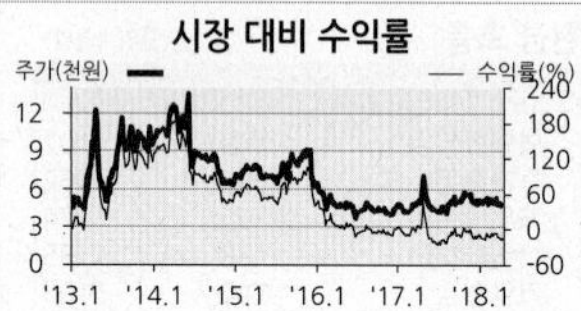

결산 실적 〈단위 : 억원〉

항목	2012	2013	2014	2015	2016	2017
매출액	939	1,069	1,340	1,055	1,097	1,522
영업이익	11	70	88	15	55	115
당기순이익	25	27	32	14	17	194

분기 실적 〈단위 : 억원〉

항목	2016.3Q	2016.4Q	2017.1Q	2017.2Q	2017.3Q	2017.4Q
매출액	347	334	227	310	534	451
영업이익	25	27	-8	27	77	19
당기순이익	19	1	-10	26	61	117

재무 상태 〈단위 : 억원〉

항목	2012	2013	2014	2015	2016	2017
총자산	1,880	1,845	1,794	1,717	1,796	2,016
유형자산	380	391	378	477	583	604
무형자산	184	163	132	146	141	121
유가증권	119	39	29	26	12	17
총부채	805	705	624	562	644	680
총차입금	567	426	355	369	395	275
자본금	172	172	172	172	172	172
총자본	1,075	1,140	1,171	1,155	1,152	1,335
지배주주지분	1,045	1,108	1,137	1,124	1,119	1,293

기업가치 지표

항목	2012	2013	2014	2015	2016	2017
주가(최고/저)(천원)	12.5/1.2	13.6/3.7	13.5/6.1	10.7/6.0	6.4/3.7	7.0/4.1
PER(최고/저)(배)	245.7/23.3	182.6/50.4	148.8/67.5	247.2/139.4	207.5/121.0	12.3/7.2
PBR(최고/저)(배)	3.7/0.4	3.8/1.1	3.7/1.7	2.9/1.7	1.8/1.0	1.7/1.0
EV/EBITDA(배)	38.9	32.4	16.8	42.9	15.6	8.9
EPS(원)	53	78	95	45	32	582
BPS(원)	3,547	3,734	3,826	3,785	3,769	4,321
CFPS(원)	123	157	184	150	176	726
DPS(원)	—	—	75	50	50	100
EBITDAPS(원)	105	303	368	154	318	510

재무 비율 〈단위 : %〉

연도	영업이익률	순이익률	부채비율	차입금비율	ROA	ROE	유보율	자기자본비율	EBITDA마진율
2017	7.6	12.8	51.0	20.6	10.2	15.2	689.1	66.2	10.6
2016	5.0	1.6	55.9	34.3	1.0	0.9	588.3	64.1	9.1
2015	1.5	1.4	48.6	32.0	0.8	1.3	591.1	67.3	4.6
2014	6.6	2.4	53.3	30.3	1.8	2.7	598.6	65.3	8.7

디아이씨 (A092200)

DAE-IL

업　　종 : 자동차부품
신용등급 : (Bond) －　　(CP) －
홈페이지 : www.dicorp.co.kr
본　　사 : 울산시 울주군 두동면 봉계농공길 8 (주)디아이씨

시　　장 : 거래소
기업규모 : 시가총액 소형주
연 락 처 : 052)255-0500

설 립 일	1976.08.03	**종업원수**	839명	**대표이사**	김성문,김정렬
상 장 일	2007.10.18	**감사의견**	적정(성도)	**계　　열**	
결 산 기	12월	**보 통 주**		**종속회사수**	7개사
액 면 가	500원	**우 선 주**		**구 상 호**	

주주구성 (지분율,%)		출자관계 (지분율,%)		주요경쟁사 (외형,%)	
김성문	20.4	디아이씨글로벌	100.0	디아이씨	100
중원기계공업	17.0	대호기계공업	47.9	우리산업홀딩스	53
(외국인)	1.8	대일이노텍	44.4	세종공업	164

매출구성		비용구성		수출비중	
Diff Case,경승용차 밋션 Ass'y,	85.4	매출원가율	87.6	수출	61.4
T/M, D/A ASS'Y 단품류	13.6	판관비율	7.4	내수	38.6
7DCT, 6단 Gear류 등	0.8				

회사 개요

동사는 자동차 부품, 중장비 부품 등의 기어 및 SHAFT, T/M ASS'Y 등 제작 및 판매 등을 영위함. 매출의 70%이상을 차지하는 자동차 부품은 현대자동차, 기아자동차, 한국GM 및 대형 부품 조립업체에 납품하고 미국, 호주 등 해외에 직접 수출하고 있으며 경승용차용 Transmission을 조립하여 공급함. 대표적 수출품인 Motorcycle용 6단 Transmission을 세계 최초로 자체 기술력으로 개발하여 기술력을 인정받고 있음.

실적 분석

동사는 연결 재무제표 기준 지난해 영업이익이 322억원으로 전년 대비 7.6% 감소. 매출액은 6,330억원으로 13.5% 늘었으나 당기순이익은 45억원으로 46.5% 감소함. 이는 환율하락으로 외화환산 손실이 증가한 결과. 또 전환사채 재평가에 따른 이자비용 등 금융비용 증가로 당기순이익이 감소. 동사는 미국 A사에 기어박스 공급을 2017년 230억원, 2018년 490억원, 이후 연간 490억원 내외로 공급계약을 수주.

현금 흐름 〈단위 : 억원〉

항목	2016	2017
영업활동	213	272
투자활동	-1,180	-1,306
재무활동	1,061	972
순현금흐름	92	-62
기말현금	154	92

시장 대비 수익률

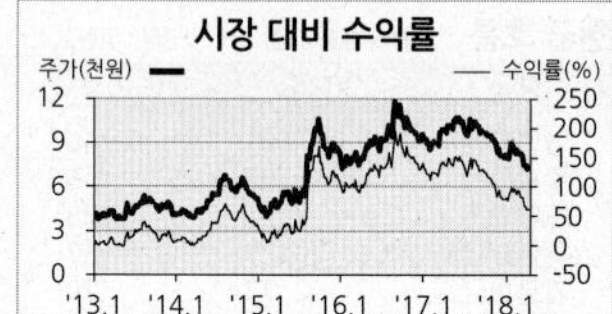

결산 실적 〈단위 : 억원〉

항목	2012	2013	2014	2015	2016	2017
매출액	5,049	5,036	5,020	5,194	5,575	6,330
영업이익	159	171	141	311	348	322
당기순이익	33	47	38	135	84	45

분기 실적 〈단위 : 억원〉

항목	2016.3Q	2016.4Q	2017.1Q	2017.2Q	2017.3Q	2017.4Q
매출액	1,328	1,610	1,565	1,634	1,535	1,596
영업이익	80	96	98	111	62	50
당기순이익	2	37	-19	86	75	-96

재무 상태 〈단위 : 억원〉

항목	2012	2013	2014	2015	2016	2017
총자산	5,468	5,536	5,635	5,858	7,315	8,293
유형자산	3,105	3,273	3,408	3,458	4,218	4,571
무형자산	46	51	56	60	77	82
유가증권	12	14	13	11	9	10
총부채	3,837	3,840	3,949	4,102	5,332	6,292
총차입금	2,758	2,780	2,935	2,990	3,911	4,901
자본금	109	109	109	109	109	112
총자본	1,631	1,697	1,686	1,756	1,983	2,001
지배주주지분	1,373	1,432	1,395	1,477	1,666	1,664

기업가치 지표

항목	2012	2013	2014	2015	2016	2017
주가(최고/저)(천원)	7.2/3.9	5.4/3.7	6.8/3.8	10.7/4.0	11.8/7.2	10.8/7.9
PER(최고/저)(배)	417.7/226.0	56.8/38.7	1,220.3/688.1	22.6/8.5	58.3/35.3	180.0/130.6
PBR(최고/저)(배)	1.2/0.6	0.8/0.6	1.1/0.6	1.6/0.6	1.5/0.9	1.5/1.1
EV/EBITDA(배)	10.0	8.9	10.2	8.2	9.1	9.4
EPS(원)	18	97	6	478	205	61
BPS(원)	6,337	6,620	6,451	6,902	7,771	7,496
CFPS(원)	1,072	1,308	1,291	1,852	1,692	1,740
DPS(원)	50	50	—	—	50	50
EBITDAPS(원)	1,788	1,999	1,935	2,807	3,093	3,112

재무 비율 〈단위 : %〉

연도	영업이익률	순이익률	부채비율	차입금비율	ROA	ROE	유보율	자기자본비율	EBITDA마진율
2017	5.1	0.7	314.5	244.9	0.6	0.8	1,399.2	24.1	11.1
2016	6.3	1.5	268.8	197.2	1.3	2.8	1,454.2	27.1	12.0
2015	6.0	2.6	233.7	170.3	2.4	7.2	1,280.4	30.0	11.7
2014	2.8	0.8	234.2	174.1	0.7	0.1	1,190.2	29.9	8.4

디알비동일 (A004840)

DRB Holding

업　　종 : 자동차부품　　시　　장 : 거래소
신용등급 : (Bond) —　　(CP) —　　기업규모 : 시가총액 소형주
홈페이지 : www.drbworld.com　　연 락 처 : 051)520-9000
본　　사 : 부산시 금정구 공단동로 55번길 28

설 립 일	1945.09.30	**종업원수**	371명	**대 표 이 사**	박진삼
상 장 일	1976.05.21	**감사의견**	적정(이정)	**계　　열**	
결 산 기	12월	**보 통 주**		**종속회사수**	16개사
액 면 가	500원	**우 선 주**		**구　상　호**	

주주구성 (지분율,%)		출자관계 (지분율,%)		주요경쟁사 (외형,%)	
김세연	47.7	DRB인터내셔널	100.0	DRB동일	100
김형수	14.2	세일기업	100.0	평화정공	193
(외국인)	2.5	DRB파텍	100.0	서연	533

매출구성		비용구성		수출비중	
전동벨트, 컨베어벨트 등	52.0	매출원가율	75.9	수출	—
자동차용고무부품, 토건 등	38.6	판관비율	17.9	내수	—
기타	9.4				

회사 개요

동사는 1945년 동일화학공업소로 창업. 1976년 동일고무벨트 주식회사로 상장됨. 자동차 고무 부품(창고무), 토목건축자재, 면진제진시스템 등을 제공하는 종합고무부품과 동력 전달에 널리 쓰이는 전동벨트, 운반라인의 효율성을 극대화시키는 컨베이어벨트를 생산하는 산업용 고무제품 부문으로 나뉨. 전동벨트, 컨베이어벨트 등 산업용고무제품 매출 비중이 50.0%로 높음. 2015년 7월 DRB Chongqing(중국)을 설립함.

실적 분석

동사의 2017년 결산 연결기준 매출액은 전년대비 10.3% 감소한 5,468.6억원을 기록함. 매출액 감소는 주요 결제통화약세, 자동차 산업 경기의 침체 등에 기인함. 외형 축소로 인한 원가율악화로 영업이익 339.1억원, 당기순이익 191.3억원을 시현하며 수익성이 대폭 하락함. 특히 연결자회사인 동일고무벨트는 원자재 가격 상승 및 공정거래위원회의 과징금 부과 등으로 전사 실적 악화 요인으로 작용함.

현금 흐름 〈단위 : 억원〉

항목	2016	2017
영업활동	623	221
투자활동	-664	-412
재무활동	107	-73
순현금흐름	60	-299
기말현금	1,221	922

시장 대비 수익률

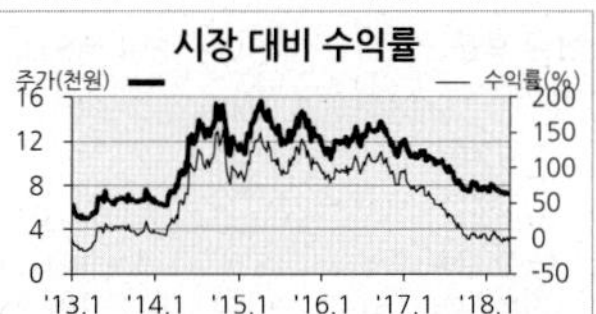

결산 실적 〈단위 : 억원〉

항목	2012	2013	2014	2015	2016	2017
매출액	3,361	4,211	5,851	6,796	6,095	5,469
영업이익	279	339	692	737	675	339
당기순이익	299	303	483	526	489	191

분기 실적 〈단위 : 억원〉

항목	2016.3Q	2016.4Q	2017.1Q	2017.2Q	2017.3Q	2017.4Q
매출액	1,212	2,111	1,401	1,389	1,270	1,408
영업이익	75	272	102	-28	69	196
당기순이익	29	212	42	-24	38	135

재무 상태 〈단위 : 억원〉

항목	2012	2013	2014	2015	2016	2017
총자산	3,690	5,671	6,172	6,391	7,012	6,774
유형자산	1,324	2,382	2,424	2,594	3,042	3,237
무형자산	47	56	52	59	73	85
유가증권	102	77	79	65	68	66
총부채	2,209	2,776	2,830	2,540	2,708	2,404
총차입금	1,251	1,570	1,567	1,433	1,542	1,423
자본금	61	85	88	90	93	95
총자본	1,481	2,895	3,343	3,851	4,304	4,371
지배주주지분	1,481	2,193	2,560	2,958	3,317	3,383

기업가치 지표

항목	2012	2013	2014	2015	2016	2017
주가(최고/저)(천원)	6.2/2.6	7.8/4.9	15.7/6.1	15.7/10.9	14.3/10.2	12.2/7.3
PER(최고/저)(배)	5.2/2.2	4.1/2.6	8.1/3.1	7.6/5.3	7.2/5.2	13.4/8.0
PBR(최고/저)(배)	0.6/0.3	0.7/0.4	1.2/0.5	1.1/0.7	0.9/0.6	0.7/0.4
EV/EBITDA(배)	3.9	6.0	4.3	3.9	4.2	5.5
EPS(원)	1,235	1,958	2,006	2,117	2,021	922
BPS(원)	12,232	13,059	14,763	16,551	18,045	17,929
CFPS(원)	1,979	3,039	2,998	3,139	3,058	1,997
DPS(원)	57	56	75	74	94	113
EBITDAPS(원)	1,882	3,359	4,722	4,943	4,576	2,837

재무 비율 〈단위 : %〉

연도	영업이익률	순이익률	부채비율	차입금비율	ROA	ROE	유보율	자기자본비율	EBITDA마진율
2017	6.2	3.5	55.0	32.6	2.8	5.4	3,485.9	64.5	9.9
2016	11.1	8.0	62.9	35.8	7.3	12.6	3,508.9	61.4	13.9
2015	10.9	7.7	65.9	37.2	8.4	15.0	3,210.2	60.3	13.1
2014	11.8	8.3	84.7	46.9	8.2	16.5	2,852.5	54.2	14.1

디알텍 (A214680)

DRTECH

업　　종 : 의료 장비 및 서비스　　시　　장 : KOSDAQ
신용등급 : (Bond) —　　(CP) —　　기업규모 : 벤처
홈페이지 : www.drtech.co.kr　　연 락 처 : 031)779-7426
본　　사 : 경기도 성남시 중원구 둔촌대로 541번길 29 상대원동 3층

설 립 일	2015.02.03	**종업원수**	169명	**대 표 이 사**	안성현
상 장 일	2015.04.20	**감사의견**	적정(삼일)	**계　　열**	
결 산 기	12월	**보 통 주**		**종속회사수**	3개사
액 면 가	100원	**우 선 주**		**구　상　호**	

주주구성 (지분율,%)		출자관계 (지분율,%)		주요경쟁사 (외형,%)	
윤정기	13.2	DRTECHShanghai.	100.0	디알텍	100
JW홀딩스	7.0	DRTECHNorthAmerica,	100.0	원익	173
(외국인)	0.9	DRTECHInChina	100.0	루트로닉	221

매출구성		비용구성		수출비중	
[제품]직접	37.1	매출원가율	59.0	수출	71.0
[제품]간접	31.2	판관비율	43.8	내수	29.0
맘모	16.6				

회사 개요

동사는 2000년 3월 29일 주식회사 디알텍으로 설립되었으며, 2016년 12월 5일 한국거래소 코스닥시장에 신규 상장(SPAC합병상장)되었음. 전세계 업계에서는 유일하게 직접·간접 방식 디텍터 기술을 동시에 제공하는 기업으로 X-ray 진단영상 시스템의 핵심 장비인 디지털 X-ray 디텍터의 개발 및 생산과 함께 영상처리 엔진과 소프트웨어를 Total 솔루션으로 개발하여 전세계에 판매하고 있음.

실적 분석

동사의 2017년 연결기준 결산 매출액은 전년동기 대비 5.9% 증가한 388.0억원 시현. 비용적인 측면에서 매출원가 19.2% 증가, 판관비 13.3% 증가하면서 영업손실 10.6억원 시현하며 적자전환함. 당기의 유동비율은 595%로 전기의 유동비율 323%에 비하여 대폭 증가함. 현금흐름 측면에서는 전환사채의 발행으로 전반적인 현금흐름이 증가하였음. 낮은 부채비율로 재무안전성 유지하고 있음.

현금 흐름 〈단위 : 억원〉

항목	2016	2017
영업활동	-68	-24
투자활동	60	-41
재무활동	8	72
순현금흐름	-1	6
기말현금	10	16

시장 대비 수익률

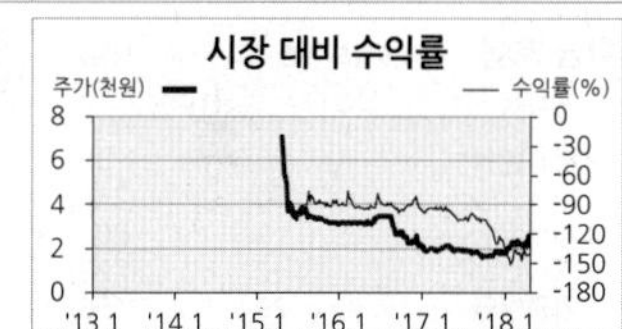

결산 실적 〈단위 : 억원〉

항목	2012	2013	2014	2015	2016	2017
매출액	264	236	242	302	366	388
영업이익	31	14	7	15	24	-11
당기순이익	16	7	10	26	-4	-18

분기 실적 〈단위 : 억원〉

항목	2016.3Q	2016.4Q	2017.1Q	2017.2Q	2017.3Q	2017.4Q
매출액	74	109	79	110	91	107
영업이익	-13	17	4	7	-6	-15
당기순이익	-17	-6	1	4	-7	-17

재무 상태 〈단위 : 억원〉

항목	2012	2013	2014	2015	2016	2017
총자산	186	266	210	237	376	435
유형자산	33	91	29	26	34	47
무형자산	8	7	6	6	12	14
유가증권	1	3	3	3	0	0
총부채	117	189	126	122	103	170
총차입금	41	120	84	87	60	125
자본금	23	23	21	26	40	41
총자본	69	78	84	115	273	265
지배주주지분	69	78	84	115	273	265

기업가치 지표

항목	2012	2013	2014	2015	2016	2017
주가(최고/저)(천원)	—/—	—/—	—/—	7.3/3.1	3.5/1.9	2.2/1.6
PER(최고/저)(배)	0.0/0.0	0.0/0.0	0.0/0.0	82.6/35.5	—/—	—/—
PBR(최고/저)(배)	0.0/0.0	0.0/0.0	0.0/0.0	18.8/8.1	5.2/2.8	3.4/2.5
EV/EBITDA(배)	0.2	4.3	3.9	6.2	23.9	144.5
EPS(원)	54	23	32	88	-12	-44
BPS(원)	1,348	1,535	1,743	2,536	678	641
CFPS(원)	475	341	432	818	26	-4
DPS(원)	—	—	—	—	—	—
EBITDAPS(원)	759	476	371	572	106	14

재무 비율 〈단위 : %〉

연도	영업이익률	순이익률	부채비율	차입금비율	ROA	ROE	유보율	자기자본비율	EBITDA마진율
2017	-2.7	-4.7	64.2	47.3	-4.5	-6.8	541.3	60.9	1.5
2016	6.7	-1.2	37.8	22.1	-1.4	-2.2	577.9	72.6	10.4
2015	4.9	8.7	105.9	75.6	11.8	26.4	341.5	48.6	8.8
2014	2.7	4.0	148.9	99.1	—	—	304.0	40.2	7.7

디앤씨미디어 (A263720)
D&C MEDIA COLTD

업 종 : 미디어
신용등급 : (Bond) — (CP) —
홈페이지 : www.dncmedia.co.kr
본 사 : 서울시 구로구 디지털로26길 111, 503호
시 장 : KOSDAQ
기업규모 : 중견
연 락 처 : 02)333-2513

설 립 일	2012.01.04	**종 업 원 수**	41명	**대 표 이 사**	신현호
상 장 일	2017.08.01	**감 사 의 견**	적정(대주)	**계 열**	
결 산 기	12월	**보 통 주**		**종속회사수**	
액 면 가	500원	**우 선 주**		**구 상 호**	

주주구성 (지분율,%)		출자관계 (지분율,%)	주요경쟁사 (외형,%)	
신현호	34.7		디앤씨미디어	100
포도트리	18.4		미스터블루	114
(외국인)	0.2		한국경제TV	244

매출구성		비용구성		수출비중	
전자책	59.4	매출원가율	0.0	수출	1.6
종이책	39.3	판관비율	79.5	내수	98.4
상품 및 기타	1.3				

회사 개요

동사는 웹소설 기업으로 2017년 8월 28일 코스닥 시장에 신규 상장됨. 동사는 이번 상장을 통해 노블코믹스(소설기반 웹툰), 애니메이션 제작 등 원소스멀티유즈(OSMU) 사업을 확대하고, 해외 시장 진출에 박차를 가할 예정이며 유망 작가를 발굴하고 자체 콘텐츠 경쟁력도 강화해 향후 글로벌 시장에서 한국을 대표하는 문화 아이콘으로 자리잡는다는 계획임. 현재 카카오페이지, 네이버 등 대형 콘텐츠 플랫폼의 메인 콘텐츠 공급자(CP)임.

실적 분석

동사의 2017년 연간 매출액은 265.4억원으로 전년동기 대비 40.5% 증가. 영업이익은 54.3억원으로 47.1% 증가하였음. 당기순이익 역시 45.4억원으로 50.6% 증가. 웹툰 비중이 계속 올라가는 구조로 레버리지 효과가 예상. 노블코믹스 선두주자로18년 노블코믹스 출시작은 약 20여개로 예정되어 있음. 컨텐츠 중국 수출에 대한 매출도 기대됨. 또한 IP를 게임화하는 사업 적극 추진 예정.

현금 흐름 *IFRS 별도 기준 〈단위 : 억원〉

항목	2016	2017
영업활동	26	35
투자활동	-30	-214
재무활동	1	206
순현금흐름	-2	28
기말현금	29	56

시장 대비 수익률

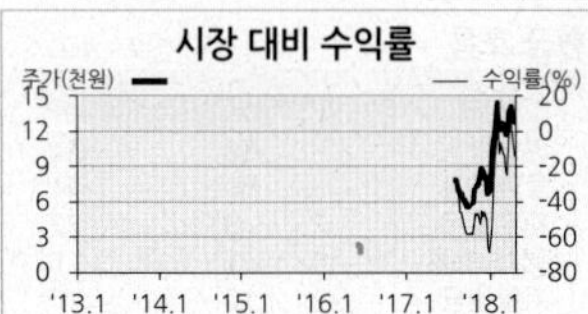

결산 실적 〈단위 : 억원〉

항목	2012	2013	2014	2015	2016	2017
매출액	—	—	—	144	189	265
영업이익	—	—	—	26	37	54
당기순이익	—	—	—	21	30	45

분기 실적 *IFRS 별도 기준 〈단위 : 억원〉

항목	2016.3Q	2016.4Q	2017.1Q	2017.2Q	2017.3Q	2017.4Q
매출액	50	—	64	—	66	—
영업이익	9	—	13	—	14	—
당기순이익	7	—	11	—	11	—

재무 상태 *IFRS 별도 기준 〈단위 : 억원〉

항목	2012	2013	2014	2015	2016	2017
총자산	—	—	—	62	96	357
유형자산	—	—	—	0	0	23
무형자산	—	—	—	0	1	1
유가증권	—	—	—	0	—	—
총부채	—	—	—	25	29	38
총차입금	—	—	—	2	—	—
자본금	—	—	—	1	1	60
총자본	—	—	—	37	68	320
지배주주지분	—	—	—	37	68	320

기업가치 지표 *IFRS 별도 기준

항목	2012	2013	2014	2015	2016	2017
주가(최고/저)(천원)	#VALUE!	—/—	—/—	—/—	—/—	—/—
PER(최고/저)(배)	0.0/0.0	0.0/0.0	0.0/0.0	0.0/0.0	0.0/0.0	20.7/11.4
PBR(최고/저)(배)	0.0/0.0	0.0/0.0	0.0/0.0	0.0/0.0	0.0/0.0	3.4/1.9
EV/EBITDA(배)	0.0	0.0	0.0	—	—	10.5
EPS(원)	—	—	—	254	360	442
BPS(원)	—	—	—	365,312	659,734	2,702
CFPS(원)	—	—	—	213,071	301,083	443
DPS(원)	—	—	—	—	—	—
EBITDAPS(원)	—	—	—	263,274	369,090	531

재무 비율 〈단위 : %〉

연도	영업 이익률	순 이익률	부채 비율	차입금 비율	ROA	ROE	유보율	자기자본 비율	EBITDA 마진율
2017	20.5	17.1	11.8	0.0	20.0	23.4	440.4	89.5	20.5
2016	19.6	15.9	42.3	0.0	38.1	57.8	6,497.3	70.3	19.6
2015	18.3	14.8	69.6	4.6	0.0	0.0	3,553.1	59.0	18.3
2014	0.0	0.0	0.0	0.0	0.0	0.0	0.0	0.0	0.0

디에스씨인베스트먼트 (A241520)
DSC Investment

업 종 : 창업투자 및 종금
신용등급 : (Bond) — (CP) —
홈페이지 : www.dscinvestment.com
본 사 : 서울시 강남구 역삼로 180, 4층(역삼동, 마루180)
시 장 : KOSDAQ
기업규모 : 중견
연 락 처 : 02)3453-3190

설 립 일	2012.01.18	**종 업 원 수**	11명	**대 표 이 사**	윤건수
상 장 일	2016.12.19	**감 사 의 견**	적정(신한)	**계 열**	
결 산 기	12월	**보 통 주**		**종속회사수**	1개사
액 면 가	500원	**우 선 주**		**구 상 호**	

주주구성 (지분율,%)		출자관계 (지분율,%)	주요경쟁사 (외형,%)	
윤건수	22.5		DSC인베스트먼트	100
하태훈	6.3		SBI인베스트먼트	267
(외국인)	0.7		우리종금	2,691

수익구성		비용구성		수출비중	
창업투자 및 기업구조조정 수익	99.4	이자비용	2.8	수출	—
이자수익	0.3	투자및금융비	0.0	내수	—
금융상품 관련이익	0.2	판관비	0.0		

회사 개요

동사는 중소·벤처기업에 대한 투자금융을 제공하는 벤처캐피탈(Venture Capital, VC)로 중소기업창업투자조합 등 조합결성을 통한 창업초기 기업 투자를 주력 사업으로 영위하고 있음. 1986년 제정된 '중소기업창업지원법'에 근거하여 설립되었으며, 2009년 2월 4일부터 시행된 '자본시장과 금융투자업에 관한 법률'을 따라 2012년 1월 18일 설립됨.

실적 분석

동사의 2017년 4분기 기준 영업수익은 67.6억원, 영업이익은 28.4억원으로 전년 대비 각각 56.8%, 34% 급증함. 영업수익 중 주요 수익은 투자조합의 관리보수, 성과보수 및 지분법이익으로 약 57억원임. 당기순이익은 전년보다 113% 늘어난 22억원을 달성하며 4년 연속 흑자 유지 중. 동사가 운영중인 조합은 총 10개로 운영자산(AUM)기준 2,691억원을 기록하고 있음.

현금 흐름 〈단위 : 억원〉

항목	2016	2017
영업활동	-21	-55
투자활동	-30	1
재무활동	58	194
순현금흐름	7	141
기말현금	15	156

시장 대비 수익률

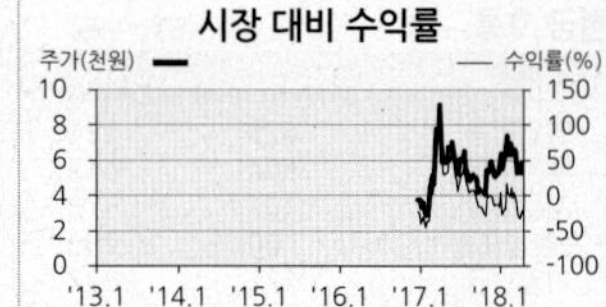

결산 실적 〈단위 : 억원〉

항목	2012	2013	2014	2015	2016	2017
영업수익	—	—	23	44	43	68
영업이익	—	—	5	16	14	28
당기순이익	—	—	3	13	10	22

분기 실적 〈단위 : 억원〉

항목	2016.3Q	2016.4Q	2017.1Q	2017.2Q	2017.3Q	2017.4Q
영업수익	13	—	—	19	18	—
영업이익	6	—	—	12	6	—
당기순이익	5	—	—	9	5	—

재무 상태 〈단위 : 억원〉

항목	2012	2013	2014	2015	2016	2017
총자산	—	—	65	111	169	403
유형자산	—	—	1	1	1	1
무형자산	—	—	—	—	—	5
유가증권	—	—	—	—	—	—
총부채	—	—	2	28	9	161
총차입금	—	—	—	—	—	—
자본금	—	—	65	65	88	88
총자본	—	—	63	83	160	242
지배주주지분	—	—	63	83	160	242

기업가치 지표

항목	2012	2013	2014	2015	2016	2017
주가(최고/저)(천원)	—/—	—/—	—/—	—/—	—/—	—/—
PER(최고/저)(배)	0.0/0.0	0.0/0.0	0.0/0.0	0.0/0.0	52.0/42.7	72.4/21.1
PBR(최고/저)(배)	0.0/0.0	0.0/0.0	0.0/0.0	0.0/0.0	4.5/3.7	6.6/1.9
PSR(최고/저)(배)	0/0	0/0	0/0	0/0	12/10	23/7
EPS(원)	—	—	24	100	78	126
BPS(원)	—	—	4,857	6,396	915	1,382
CFPS(원)	—	—	264	1,024	81	128
DPS(원)	—	—	—	—	—	—
EBITDAPS(원)	—	—	383	1,269	105	161

재무 비율 〈단위 : %〉

연도	계속사업 이익률	순 이익률	부채 비율	차입금 비율	ROA	ROE	유보율	자기자본 비율	총자산 증가율
2017	41.3	32.3	66.7	0.0	7.7	11.0	176.5	60.0	138.5
2016	31.8	24.0	5.6	0.0	7.4	8.5	82.9	94.7	52.0
2015	36.7	29.3	33.8	0.0	14.8	17.8	27.9	74.7	71.7
2014	16.8	13.0	일부잠식	0.0	0.0	0.0	-2.9	97.4	0.0

디에스알 (A155660)
DSR CORP

업종 : 금속 및 광물 | 시장 : 거래소
신용등급 : (Bond) — (CP) — | 기업규모 : 시가총액 소형주
홈페이지 : www.dsr.com | 연락처 : 051)979-0500
본사 : 부산시 강서구 녹산산업중로 192번길 7

설립일 1965.04.01	**종업원수** 171명	**대표이사** 홍석빈
상장일 2013.05.15	**감사의견** 적정(삼일)	**계열**
결산기 12월	**보통주**	**종속회사수** 3개사
액면가 500원	**우선주**	**구상호**

주주구성 (지분율,%)		출자관계 (지분율,%)		주요경쟁사 (외형,%)	
DSR제강	31.8	DSR제강	3.2	DSR	100
홍하종	8.6	DSRVINA	100.0	NI스틸	67
(외국인)	1.3	청도DSR제강유한공사	92.3	EG	72

매출구성		비용구성		수출비중	
스테인리스 와이어	31.2	매출원가율	85.0	수출	—
와이어로프 외(제품)	22.3	판관비율	8.9	내수	—
합성섬유로프 외(제품)	17.0				

회사 개요
동사는 1965년에 설립된 와이어로프 및 합성섬유로프, 스테인리스 와이어 등의 제조업체로 중국에 청도DSR제강유한공사 등을 비롯해 미국 뉴욕과 베트남에 해외 현지법인을 종속회사로 두고 있음. 동사의 사업구조는 합성섬유로프부문과 스테인리스와이어부문으로 구성되어 있음. 합성섬유용 로프는 조선업, 토목건축업, 해양구조물용, 농업목축용 등 다양한 분야에서 사용됨. 합성섬유로프의 재료들은 SK나 대한유화, LG화학 등에서 공급받고 있음.

실적 분석
동사의 2017년 매출과 영업이익, 당기순이익은 2264억원, 139억원, 110억원으로 전년대비 각각 12.6%, 4%, 2.7% 증가함. 매출원가는 1923억원, 매출총이익은 340억원, 법인세비용차감전순이익은 136억원, 법인세비용 26억원, 기타포괄손실은 29억원을 기록함. 유동비율은 135.2%, 부채비율은 62%, 차입금 의존도는 23.3%, 영업이익대비이자보상률은 14배를 기록함.

현금 흐름 〈단위 : 억원〉

항목	2016	2017
영업활동	105	64
투자활동	-125	-280
재무활동	48	183
순현금흐름	29	-36
기말현금	77	41

시장 대비 수익률
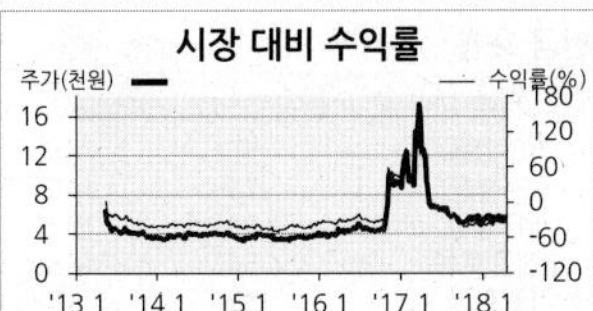

결산 실적 〈단위 : 억원〉

항목	2012	2013	2014	2015	2016	2017
매출액	2,044	2,011	2,198	2,148	2,011	2,264
영업이익	119	86	89	127	134	139
당기순이익	92	66	68	100	107	110

분기 실적 〈단위 : 억원〉

항목	2016.3Q	2016.4Q	2017.1Q	2017.2Q	2017.3Q	2017.4Q
매출액	498	508	557	559	577	571
영업이익	31	34	43	42	30	25
당기순이익	21	30	33	34	25	19

재무 상태 〈단위 : 억원〉

항목	2012	2013	2014	2015	2016	2017
총자산	1,449	1,680	1,838	1,773	1,957	2,283
유형자산	494	532	564	579	595	854
무형자산	—	—	—	—	—	—
유가증권	31	109	157	279	383	355
총부채	615	623	712	550	622	874
총차입금	387	367	434	324	359	534
자본금	60	80	80	80	80	80
총자본	834	1,057	1,126	1,223	1,335	1,409
지배주주지분	820	1,043	1,112	1,207	1,320	1,395

기업가치 지표

항목	2012	2013	2014	2015	2016	2017
주가(최고/저)(천원)	—/—	6.3/3.5	4.2/3.4	4.1/3.2	10.1/3.7	18.0/4.9
PER(최고/저)(배)	0.0/0.0	14.7/8.0	10.2/8.2	6.8/5.4	15.3/5.5	26.2/7.2
PBR(최고/저)(배)	0.0/0.0	1.0/0.6	0.6/0.5	0.6/0.4	1.3/0.5	2.1/0.6
EV/EBITDA(배)	2.3	6.2	6.3	4.2	8.4	6.1
EPS(원)	758	451	423	621	672	692
BPS(원)	6,837	6,520	6,948	7,546	8,252	8,721
CFPS(원)	1,086	739	698	913	969	1,031
DPS(원)	—	30	30	50	50	50
EBITDAPS(원)	1,316	879	832	1,088	1,132	1,207

재무 비율 〈단위 : %〉

연도	영업이익률	순이익률	부채비율	차입금비율	ROA	ROE	유보율	자기자본비율	EBITDA마진율
2017	6.1	4.9	62.0	37.9	5.2	8.2	1,644.2	61.7	8.5
2016	6.6	5.3	46.6	26.9	5.8	8.5	1,550.5	68.2	9.0
2015	5.9	4.7	45.0	26.5	5.5	8.6	1,409.2	69.0	8.1
2014	4.1	3.1	63.3	38.6	3.9	6.3	1,289.5	61.3	6.1

디에스알제강 (A069730)
DSR Wire

업종 : 금속 및 광물 | 시장 : 거래소
신용등급 : (Bond) — (CP) — | 기업규모 : 시가총액 소형주
홈페이지 : www.dsr.com | 연락처 : 061)729-3500
본사 : 전남 순천시 서면 산단1길 15

설립일 1971.09.01	**종업원수** 135명	**대표이사** 홍하종
상장일 2003.01.28	**감사의견** 적정(안진)	**계열**
결산기 12월	**보통주**	**종속회사수**
액면가 500원	**우선주**	**구상호**

주주구성 (지분율,%)		출자관계 (지분율,%)		주요경쟁사 (외형,%)	
홍하종	26.5	DSR	31.8	DSR제강	100
홍석빈	18.4	청도DSR제강유한공사	7.7	대양금속	97
(외국인)	2.0			SIMPAC Metal	129

매출구성		비용구성		수출비중	
경강선 외(제품)	49.0	매출원가율	90.1	수출	—
와이어로프(제품)	27.2	판관비율	8.5	내수	—
와이어로프 외(상품)	23.8				

회사 개요
동사는 와이어로프, 경강선 등 선재 전문 생산업체임. 선재는 자동차, 광산, 선박, 기계 등 이용범위가 매우 넓고 산업현장에 투입되는 중간재적 성격을 지니고 있어 수요가 매우 광범위함. 반면 조립금속산업 및 산업전반의 경기변동에 영향을 크게 받음. 동사의 국내 시장점유율은 2016년 3분기 실적 기준으로 28.9% 정도임. 동시장은 중국 등 후발국의 저가공세로 수출수요가 정체 내지는 감소하는 추세임.

실적 분석
2017년 연결기준 누적 매출액은 전년동기대비 증가한 1,775.5억원을 기록함(+2.9%). 영업이익은 전년동기대비 67.7% 감소한 24.8억원을 기록. 와이어로프, 경강선을 포함한 모든 사업부의 매출이 증가한 영향. 매출원가와 판관비 상승 영향으로 영업이익은 감소. 매출 비중은 수출 비중이 65%로 높아 해외 시장의 경기변동에 따라 판매 실적이 영향을 받는데 그 중 각각 30%를 차지하는 북미와 유럽 경기가 개선되면 이익이 개선되는 구조임.

현금 흐름 *IFRS 별도 기준 〈단위 : 억원〉

항목	2016	2017
영업활동	139	38
투자활동	-64	-104
재무활동	-68	53
순현금흐름	7	-13
기말현금	34	21

시장 대비 수익률
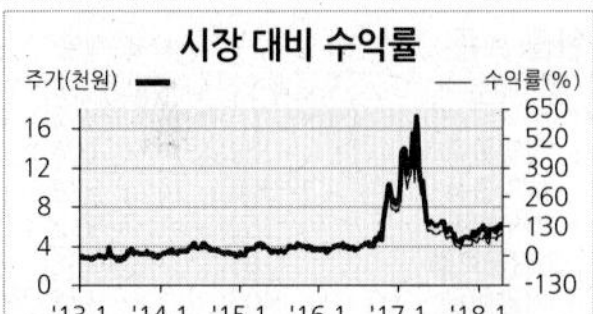

결산 실적 〈단위 : 억원〉

항목	2012	2013	2014	2015	2016	2017
매출액	1,691	1,795	2,018	1,827	1,725	1,775
영업이익	-14	46	93	101	77	25
당기순이익	12	18	73	99	87	50

분기 실적 *IFRS 별도 기준 〈단위 : 억원〉

항목	2016.3Q	2016.4Q	2017.1Q	2017.2Q	2017.3Q	2017.4Q
매출액	417	456	463	453	462	397
영업이익	16	20	15	8	6	-3
당기순이익	16	27	20	18	12	-0

재무 상태 *IFRS 별도 기준 〈단위 : 억원〉

항목	2012	2013	2014	2015	2016	2017
총자산	2,003	2,039	2,021	1,843	1,902	1,961
유형자산	809	808	746	707	642	620
무형자산	—	—	—	—	—	—
유가증권	2	2	1	1	14	16
총부채	1,000	1,025	933	662	638	660
총차입금	752	717	677	422	366	417
자본금	72	72	72	72	72	72
총자본	1,003	1,014	1,088	1,181	1,264	1,301
지배주주지분	1,003	1,014	1,088	1,181	1,264	1,301

기업가치 지표 *IFRS 별도 기준

항목	2012	2013	2014	2015	2016	2017
주가(최고/저)(천원)	4.7/2.6	3.9/2.5	4.5/3.0	4.4/3.1	10.5/3.3	17.3/4.2
PER(최고/저)(배)	57.8/31.4	32.0/20.5	9.1/6.1	6.5/4.6	17.6/5.6	50.0/12.2
PBR(최고/저)(배)	0.7/0.4	0.6/0.4	0.6/0.4	0.6/0.4	1.2/0.4	1.9/0.5
EV/EBITDA(배)	14.0	7.9	5.5	4.5	8.6	8.7
EPS(원)	86	126	507	685	603	348
BPS(원)	6,964	7,038	7,555	8,199	8,780	9,032
CFPS(원)	763	812	1,263	1,450	1,341	1,040
DPS(원)	30	30	30	40	40	40
EBITDAPS(원)	579	1,008	1,404	1,465	1,270	863

재무 비율 〈단위 : %〉

연도	영업이익률	순이익률	부채비율	차입금비율	ROA	ROE	유보율	자기자본비율	EBITDA마진율
2017	1.4	2.8	50.8	32.0	2.6	3.9	1,706.3	66.3	7.0
2016	4.4	5.0	50.4	29.0	4.6	7.1	1,656.0	66.5	10.6
2015	5.5	5.4	56.1	35.8	5.1	8.7	1,539.9	64.1	11.6
2014	4.6	3.6	85.8	62.2	3.6	7.0	1,411.0	53.8	10.0

디에스케이 (A109740)

DSK

업 종 : 디스플레이 및 관련부품 | 시 장 : KOSDAQ
신용등급 : (Bond) — (CP) — | 기업규모 :
홈페이지 : www.dsk.co.kr | 연 락 처 : 031)416-9100
본 사 : 경기도 안산시 상록구 안산테콤1길 21 (사사동)

설 립 일	1995.02.03	**종업원수**	114명	**대표이사**	김태구,김종원
상 장 일	2009.09.23	**감사의견**	거절(감사범위제한)(안진)	**계 열**	
결 산 기	12월	**보 통 주**		**종속회사수**	5개사
액 면 가	500원	**우 선 주**		**구 상 호**	

주주구성 (지분율,%)		출자관계 (지분율,%)		주요경쟁사 (외형,%)	
시너지바이오조합	10.6	알티하이테크	100.0	디에스케이	100
프로톡스1호조합	10.3	프로톡스	60.6	루멘스	246
(외국인)	0.6			넥스트아이	40

매출구성		비용구성		수출비중	
FPD용 Bonding System 및 In-line System	71.2	매출원가율	70.7	수출	24.8
Linear System & 기타	28.7	판관비율	22.1	내수	75.2
임대수익 외	0.1				

회사 개요

동사는 디스플레이 장비 및 메카트로닉스 관련 정밀 시스템 제조 사업 등을 영위할 목적으로 1995년 2월에 설립, 2009년 9월에 코스닥시장에 상장됨. 주요 사업은 FPD(Flat Panel Display 평판디스플레이)용 Bonding System 및 In-line System, 메카트로닉스 사업군으로 크게 구분하며 바이오사업 및 신재생 에너지 관련 신규 사업을 추진중에 있음.

실적 분석

동사의 2017년 연결기준 연간 누적 매출액은 전방산업인 디스플레이 산업의 설비투자 증대에 힘입어 전년동기 대비 147.0% 증가한 1,470.5억원을 기록함. 매출성장에 힘입어 영업이익은 전년동기 대비 77.9% 증가한 106.0억원을 시현함. 실적 확대에도 불구하고 현금을 수반하지 않는 자회사, 손자회사의 영업권, 전용실시권, 파생상품평가 손상차손 인식으로 인해 417.0억원의 비영업손실이 발생, 293.8억원의 당기순손실을 기록함.

현금 흐름 〈단위 : 억원〉

항목	2016	2017
영업활동	28	96
투자활동	-300	-78
재무활동	550	352
순현금흐름	285	368
기말현금	403	771

시장 대비 수익률

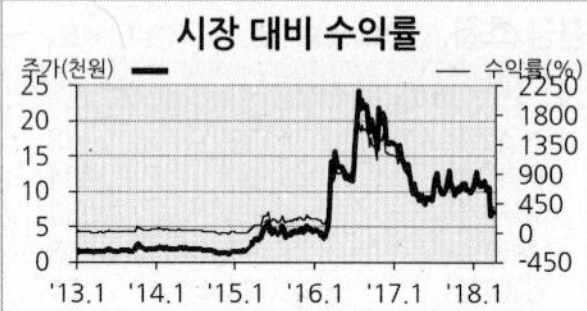

결산 실적 〈단위 : 억원〉

항목	2012	2013	2014	2015	2016	2017
매출액	196	320	350	565	595	1,471
영업이익	-7	21	30	105	60	106
당기순이익	-10	26	25	94	39	-294

분기 실적 〈단위 : 억원〉

항목	2016.3Q	2016.4Q	2017.1Q	2017.2Q	2017.3Q	2017.4Q
매출액	137	269	277	373	409	411
영업이익	6	21	9	14	59	25
당기순이익	-10	22	-7	-41	41	-287

재무 상태 〈단위 : 억원〉

항목	2012	2013	2014	2015	2016	2017
총자산	369	361	460	550	1,803	2,144
유형자산	85	78	75	74	284	354
무형자산	7	7	7	6	490	146
유가증권	1	1	1	0	55	117
총부채	98	60	139	138	894	988
총차입금	28	7	5	10	563	414
자본금	33	33	33	33	33	101
총자본	271	301	321	412	908	1,156
지배주주지분	271	301	321	412	564	823

기업가치 지표

항목	2012	2013	2014	2015	2016	2017
주가(최고/저)(천원)	2.1/1.1	2.7/1.3	2.3/1.2	6.6/1.4	24.3/3.3	17.0/8.1
PER(최고/저)(배)	—/—	14.2/6.7	11.9/6.4	9.2/2.0	57.8/7.8	—/—
PBR(최고/저)(배)	1.0/0.5	1.2/0.6	0.9/0.5	2.1/0.5	5.6/0.8	4.0/1.9
EV/EBITDA(배)	—	4.6	0.5	3.6	38.3	14.9
EPS(원)	-76	200	195	723	423	-1,721
BPS(원)	4,292	4,690	4,993	6,393	8,679	4,250
CFPS(원)	-66	487	477	1,524	983	-1,542
DPS(원)	—	50	50	100	50	25
EBITDAPS(원)	-29	418	542	1,692	1,054	807

재무 비율 〈단위 : %〉

연도	영업이익률	순이익률	부채비율	차입금비율	ROA	ROE	유보율	자기자본비율	EBITDA마진율
2017	7.2	-20.0	85.4	35.8	-14.9	-41.9	750.1	53.9	9.3
2016	10.0	6.5	98.4	61.9	3.3	11.3	1,635.8	50.4	11.5
2015	18.6	16.7	33.6	2.5	18.6	25.7	1,178.7	74.9	19.5
2014	8.4	7.2	43.4	1.7	6.2	8.1	898.6	69.8	10.1

디에스티 (A033430)

DST

업 종 : 자동차부품 | 시 장 : KOSDAQ
신용등급 : (Bond) — (CP) — | 기업규모 :
홈페이지 : www.korid.co.kr | 연 락 처 : 031)997-6181
본 사 : 경기도 김포시 대곶면 대명항로 403번길 109

설 립 일	1995.05.11	**종업원수**	97명	**대표이사**	김윤기,양성문
상 장 일	1998.05.13	**감사의견**	적정(삼덕)	**계 열**	
결 산 기	12월	**보 통 주**		**종속회사수**	6개사
액 면 가	500원	**우 선 주**		**구 상 호**	코리드

주주구성 (지분율,%)		출자관계 (지분율,%)		주요경쟁사 (외형,%)	
한강홀딩스	21.3	BHKResources(캐나다상장)	15.0	디에스티	100
제이앤케이엔터프라이즈	6.8	Proteanwaveenergy.	3.0	세원	137
				이원컴포텍	123

매출구성		비용구성		수출비중	
몰리브덴	57.5	매출원가율	58.7	수출	—
식품 등	22.4	판관비율	29.6	내수	—
자동차 등 공조기 제작 설비 제조업	17.8				

회사 개요

동사는 1995년 반도체 검사장비를 생산하는 유원전자공업으로 설립된 이후 인수합병으로 사업영역을 확대하면서 사명을 2015년 한국자원투자개발에서 코리드로, 2017년 코리드에서 디에스티로 변경함. 주요 사업은 자동차 공조기, 자원개발 등임. 종속회사로는 대산열병합발전, 자이온텍, Daewoo International Cameroon S.A, 코리드에너지 등 6개사임. 최대주주는 2016년 6월에 주식을 인수한 한강홀디스로 지분율 21.3%임.

실적 분석

동사는 지난해 매출액 331.6억원, 영업이익 38.8억원을 각각 기록하였음. 동사 자원개발 사업본부는 몰리브덴과 기타 희토류 유통사업을 영위하고 있음. 국내에서 주로 합금원료로 사용되는 몰리브덴은 몰리브덴 브리켓(Mo-Briquette)이나 페로-몰리(Fe-Mo)의 형태로 가공되어 공급. 몰리브덴 가격은 수요와 공급 이외에 비철금속을 대량으로 거래하는 트레이딩 물량의 영향을 받아 가격 변동폭이 심함.

현금 흐름 〈단위 : 억원〉

항목	2016	2017
영업활동	-55	-45
투자활동	-71	-140
재무활동	182	137
순현금흐름	54	-48
기말현금	58	10

시장 대비 수익률

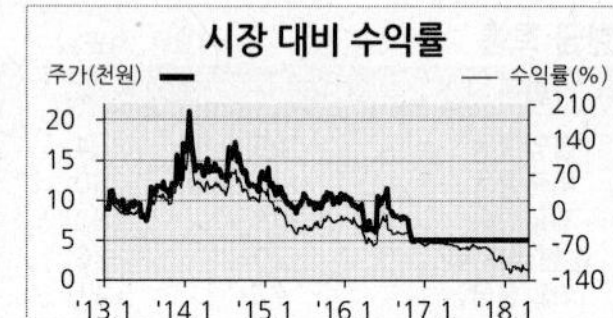

결산 실적 〈단위 : 억원〉

항목	2012	2013	2014	2015	2016	2017
매출액	83	68	346	291	311	332
영업이익	-28	-15	-74	-119	5	39
당기순이익	-65	-45	-192	-218	-463	32

분기 실적 〈단위 : 억원〉

항목	2016.3Q	2016.4Q	2017.1Q	2017.2Q	2017.3Q	2017.4Q
매출액	171	37	128	92	83	28
영업이익	-10	94	11	-7	16	18
당기순이익	-24	-255	25	-36	3	40

재무 상태 〈단위 : 억원〉

항목	2012	2013	2014	2015	2016	2017
총자산	327	435	1,811	1,743	786	597
유형자산	1	0	375	333	127	104
무형자산	0	—	391	581	65	36
유가증권	28	17	398	110	5	18
총부채	200	260	1,417	1,386	673	577
총차입금	118	198	1,172	604	282	238
자본금	208	285	591	708	462	46
총자본	127	175	394	357	113	20
지배주주지분	127	175	391	236	142	161

기업가치 지표

항목	2012	2013	2014	2015	2016	2017
주가(최고/저)(천원)	1.6/0.8	1.7/0.7	2.1/1.1	1.4/0.8	1.2/0.5	5.0/5.0
PER(최고/저)(배)	—/—	—/—	—/—	—/—	—/—	27.8/27.8
PBR(최고/저)(배)	2.3/1.2	2.6/1.1	3.1/1.6	4.0/2.4	6.9/2.9	2.7/2.7
EV/EBITDA(배)	—	—	—	—	25.6	8.7
EPS(원)	-3,346	-2,051	-3,612	-3,178	-2,804	181
BPS(원)	334	329	342	176	166	1,871
CFPS(원)	-155	-96	-178	-157	-261	373
DPS(원)	—	—	—	—	—	—
EBITDAPS(원)	-59	-28	-69	-90	25	612

재무 비율 〈단위 : %〉

연도	영업이익률	순이익률	부채비율	차입금비율	ROA	ROE	유보율	자기자본비율	EBITDA마진율
2017	11.7	9.7	일부잠식	일부잠식	4.7	11.1	274.3	3.4	17.1
2016	1.6	-148.9	일부잠식	일부잠식	-36.6	-122.1	-66.7	14.4	6.7
2015	-40.8	-74.9	일부잠식	일부잠식	-12.3	-65.4	-64.9	20.5	-39.9
2014	-21.5	-55.6	일부잠식	일부잠식	-17.1	-67.1	-31.7	21.8	-20.9

디에스티로봇 (A090710)
DST ROBOT

업　　종 : 기계　　시　　장 : KOSDAQ
신용등급 : (Bond) —　(CP) —　　기업규모 : 벤처
홈페이지 : www.dstrobot.com　　연 락 처 : 041)590-1700
본　　사 : 충남 천안시 서북구 직산읍 4산단6길 27

설 립 일	1998.11.29	**종업원수**	96명	**대표이사**	손영석
상 장 일	2006.12.05	**감사의견**	적정(한미)	**계　열**	
결 산 기	12월	**보 통 주**		**종속회사수**	3개사
액 면 가	200원	**우 선 주**		**구 상 호**	동부로봇

주주구성 (지분율,%)		출자관계 (지분율,%)		주요경쟁사 (외형,%)	
Beijing Linksun Technology Co., Ltd.	5.6	디에스티파트너즈	100.0	디에스티로봇	100
디신통컨소시엄	5.2	디에셋스테이	100.0	에이테크솔루션	298
(외국인)	19.8	삼부토건	15.4	부스타	110

매출구성		비용구성		수출비중	
직각좌표 로봇외(제품)	95.6	매출원가율	78.6	수출	—
로봇응용시스템외(제품)	2.8	판관비율	15.3	내수	—
서비스용로봇(제품)	1.6				

회사 개요

동사는 1999년 설립돼 2006년 코스닥시장에 직상장함. 제조업용(산업용) 로봇과 지능형 로봇 제조 및 판매업을 주요 사업으로 영위하고 있음. 디에스티파트너즈, 디에셋스테이 등을 연결대상 종속회사로 보유함. 제조업용 로봇과 서비스로봇은 수요가 빠르게 증가하고 있음. 동사는 경쟁력을 끌어올리기 위해 사업체질을 개선하고 고정비용을 줄이는 등 다방면으로 힘쓰고 있음.

실적 분석

2017년 연결기준 동사는 매출액 715억원을 기록함. 전년도에 비해 58.6% 증가함. 매출원가가 51.4% 증가하고 판매비와 관리비 또한 72.2% 늘었음에도 매출 증가폭이 이를 웃돌아 영업이익은 전년도 16.3억원 대비 168.9% 증가한 43.7억원을 시현함. 비영업부문은 적자폭이 늘었으나 당기순이익은 전년도 10.9억원에서 300.5% 증가한 43.7억원을 기록함. 제조업용 로봇 수요 증가가 실적 개선 요인으로 파악됨.

현금 흐름 〈단위 : 억원〉

항목	2016	2017
영업활동	-18	54
투자활동	0	-365
재무활동	39	364
순현금흐름	21	53
기말현금	30	83

시장 대비 수익률

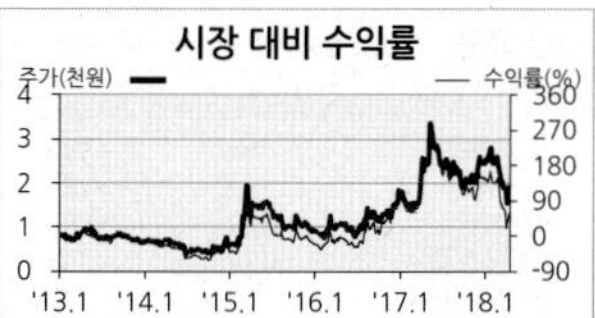

결산 실적 〈단위 : 억원〉

항목	2012	2013	2014	2015	2016	2017
매출액	311	424	315	272	451	715
영업이익	-43	-33	-75	14	16	44
당기순이익	-51	-54	-145	13	11	44

분기 실적 〈단위 : 억원〉

항목	2016.3Q	2016.4Q	2017.1Q	2017.2Q	2017.3Q	2017.4Q
매출액	75	193	240	251	180	44
영업이익	-9	19	16	33	-5	-0
당기순이익	-14	21	7	30	43	-36

재무 상태 〈단위 : 억원〉

항목	2012	2013	2014	2015	2016	2017
총자산	491	448	312	262	426	744
유형자산	97	95	87	76	73	73
무형자산	67	59	16	19	16	12
유가증권	1	31	19	0	0	0
총부채	251	259	264	159	292	472
총차입금	164	175	177	78	97	353
자본금	44	44	44	47	49	111
총자본	239	190	48	103	135	272
지배주주지분	239	190	48	103	135	272

기업가치 지표

항목	2012	2013	2014	2015	2016	2017
주가(최고/저)(천원)	3.1/1.5	2.5/1.6	1.9/1.0	5.1/1.4	4.6/1.9	3.4/1.4
PER(최고/저)(배)	—/—	—/—	—/—	73.2/20.4	81.7/34.5	41.6/17.5
PBR(최고/저)(배)	2.3/1.1	2.3/1.5	6.9/3.4	9.2/2.6	6.7/2.8	6.9/2.9
EV/EBITDA(배)	—	—	—	19.7	31.3	29.1
EPS(원)	-133	-124	-331	28	22	82
BPS(원)	2,752	2,181	560	1,095	1,372	493
CFPS(원)	-312	-256	-1,367	258	261	102
DPS(원)	—	—	—	—	—	—
EBITDAPS(원)	-204	-13	-566	276	316	102

재무 비율 〈단위 : %〉

연도	영업 이익률	순 이익률	부채 비율	차입금 비율	ROA	ROE	유보율	자기자본 비율	EBITDA 마진율
2017	6.1	6.1	173.2	129.7	7.5	21.5	146.5	36.6	7.6
2016	3.6	2.4	216.7	72.5	3.2	9.2	174.4	31.6	6.8
2015	5.3	4.7	154.5	76.0	4.5	17.0	119.0	39.3	9.4
2014	-23.7	-46.0	553.2	370.1	-38.1	-121.9	12.0	15.3	-15.7

디에이치피코리아 (A131030)
DHP KOREACo

업　　종 : 제약　　시　　장 : KOSDAQ
신용등급 : (Bond) —　(CP) —　　기업규모 : 중견
홈페이지 : www.dhpkorea.co.kr　　연 락 처 : 043)239-3303
본　　사 : 충북 청주시 흥덕구 오송읍 오송생명6로 50

설 립 일	2010.07.27	**종업원수**	170명	**대표이사**	여대훈
상 장 일	2010.12.03	**감사의견**	적정(선진)	**계　열**	
결 산 기	12월	**보 통 주**		**종속회사수**	
액 면 가	500원	**우 선 주**		**구 상 호**	하이제1호스팩

주주구성 (지분율,%)		출자관계 (지분율,%)		주요경쟁사 (외형,%)	
삼천당제약	38.4			디에이치피코리아	100
국민연금기금	4.8			대한뉴팜	263
(외국인)	2.6			메지온	11

매출구성		비용구성		수출비중	
티어린프리 외(제품)	93.9	매출원가율	44.4	수출	0.3
기타	3.7	판관비율	30.2	내수	99.7
히알 외(상품)	1.5				

회사 개요

동사는 점안제 및 안과용제 제조 전문기업으로 충청북도 청주시 흥덕구 오송읍 오송생명과학단지 내에 생산시설을 두고 있음. 오송공장에서는 일회용 점안제 및 안과용제 생산과 더불어 개발부내에 제품개발팀에서 품질개선과 연구개발을 함께 진행하고 있음. 연간 252백만관의 일회용 점안제 생산 능력을 보유하고 있음. 고령화에 따른 노인 인구의 증가와 스마트폰 등 IT 제품의 사용 확대로 인공 눈물 수요가 늘어 매출 증가세 이어질 전망.

실적 분석

동사의 2017년 연간 매출액은 전년동기대비 11.4% 상승한 498.1억원을 기록하였음. 비용면에서 전년동기대비 매출원가는 증가 하였으며 인건비도 증가, 광고선전비는 감소, 기타판매비와관리비는 증가함. 이와 같이 상승한 매출액 만큼 비용증가도 있었으나 매출액의 더 큰 상승에 힘입어 최종적으로 전년동기대비 당기순이익은 상승하여 128.8억원을 기록함. 미세먼지의 증가로 주력상품의 매출 증가가 기대됨.

현금 흐름 *IFRS 별도 기준 〈단위 : 억원〉

항목	2016	2017
영업활동	120	183
투자활동	34	-22
재무활동	-16	-36
순현금흐름	138	124
기말현금	420	544

시장 대비 수익률

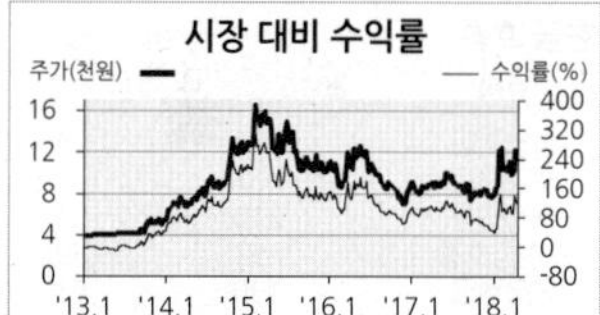

결산 실적 〈단위 : 억원〉

항목	2012	2013	2014	2015	2016	2017
매출액	219	268	326	386	447	498
영업이익	43	68	91	103	114	126
당기순이익	13	14	95	103	115	129

분기 실적 *IFRS 별도 기준 〈단위 : 억원〉

항목	2016.3Q	2016.4Q	2017.1Q	2017.2Q	2017.3Q	2017.4Q
매출액	118	121	125	124	133	116
영업이익	31	30	37	37	38	14
당기순이익	30	31	37	38	39	15

재무 상태 *IFRS 별도 기준 〈단위 : 억원〉

항목	2012	2013	2014	2015	2016	2017
총자산	302	539	674	731	838	946
유형자산	218	210	238	283	272	254
무형자산	1	3	3	—	—	—
유가증권	2	—	30	30	—	19
총부채	228	90	109	77	86	80
총차입금	188	57	27	20	20	—
자본금	13	76	82	83	83	83
총자본	75	449	565	655	753	866
지배주주지분	75	449	565	655	753	866

기업가치 지표 *IFRS 별도 기준

항목	2012	2013	2014	2015	2016	2017
주가(최고/저)(천원)	3.9/3.6	5.8/3.9	13.9/5.5	16.6/9.3	12.7/6.9	10.1/7.0
PER(최고/저)(배)	32.8/30.4	57.9/38.9	24.6/9.7	27.6/15.5	18.8/10.2	13.1/9.1
PBR(최고/저)(배)	5.7/5.3	2.0/1.3	4.1/1.6	4.3/2.4	2.8/1.5	1.9/1.3
EV/EBITDA(배)	8.1	8.3	17.7	12.4	7.6	4.9
EPS(원)	123	104	588	622	694	777
BPS(원)	2,141	3,027	3,525	4,017	4,606	5,288
CFPS(원)	780	226	692	763	863	955
DPS(원)	—	—	100	100	100	100
EBITDAPS(원)	1,605	616	668	764	856	939

재무 비율 〈단위 : %〉

연도	영업 이익률	순 이익률	부채 비율	차입금 비율	ROA	ROE	유보율	자기자본 비율	EBITDA 마진율
2017	25.3	25.9	9.3	0.0	14.4	15.9	957.7	91.5	31.2
2016	25.5	25.7	11.4	2.7	14.7	16.3	821.3	89.8	31.7
2015	26.8	26.7	11.7	3.1	14.7	16.9	703.3	89.5	32.8
2014	28.1	29.2	19.3	4.8	15.7	18.8	604.9	83.8	33.2

디에이테크놀로지 (A196490)

DA Technology

업 종 : 전자 장비 및 기기
신용등급 : (Bond) — (CP) —
홈페이지 : www.dat21.co.kr
본 사 : 경기도 화성시 비봉면 쌍학길 15(쌍학리 250-2)

시 장 : KOSDAQ
기업규모 : 벤처
연 락 처 : 031)369-8813

설 립 일	2000.05.03	**종업원수**	150명	**대표이사**	박명관,신영천
상 장 일	2014.11.19	**감사의견**	적정(길인)	**계 열**	
결 산 기	12월	**보 통 주**		**종속회사수**	1개사
액 면 가	500원	**우 선 주**		**구 상 호**	

주주구성 (지분율,%)		출자관계 (지분율,%)	주요경쟁사 (외형,%)	
제이엠와이	14.1		디에이테크놀로지	100
휴스틸	13.1		비에이치	682
(외국인)	0.1		액트	86

매출구성		비용구성		수출비중	
기타	68.4	매출원가율	88.5	수출	53.3
NOTCHING	12.8	판관비율	6.9	내수	46.7
FPD	10.6				

회사 개요

동사는 2000년 5월에 설립되어 2차전지 설비 제조 및 판매업을 주요 사업으로 영위하고 있음. 중국 난징에 위치해 2차전지 설비관련 영업을 영위하는 Nan Jing DA Trading Co., Ltd.를 연결대상 종속회사로 보유하고 있음. 매출은 2차전지 91.09%, FPD 7.04%, 기타 1.87%로 구성됨. 매출의 56.2%는 수출에서, 43.8%는 국내시장에서 거둬들임.

실적 분석

동사의 2017년 연간 매출액은 전년동기대비 35.3% 상승한 1,013.5억원을 기록하였음. 비용면에서 전년동기대비 매출원가는 증가 하였으며 인건비도 증가, 기타판매비와관리비는 증가함. 이와 같이 상승한 매출액 만큼 비용증가도 있었으나 매출액의 더 큰 상승에 힘입어 그러나 비영업손익의 적자지속으로 전년동기대비 당기순이익은 11.3억원을 기록함. 비영업손익의 적자지속은 관찰할 필요가 있어보임.

현금 흐름

<단위 : 억원>

항목	2016	2017
영업활동	-91	-24
투자활동	-67	-124
재무활동	210	80
순현금흐름	53	-69
기말현금	130	61

시장 대비 수익률

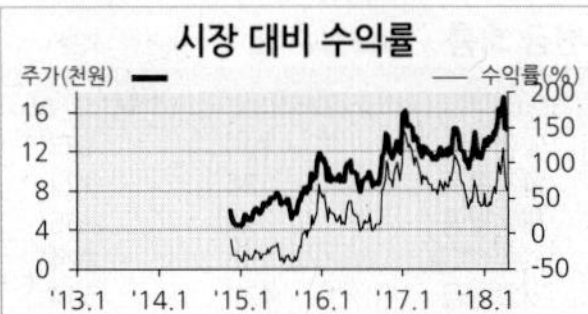

결산 실적

<단위 : 억원>

항목	2012	2013	2014	2015	2016	2017
매출액	200	289	403	605	749	1,013
영업이익	20	27	49	32	30	46
당기순이익	18	21	28	34	40	11

분기 실적

<단위 : 억원>

항목	2016.3Q	2016.4Q	2017.1Q	2017.2Q	2017.3Q	2017.4Q
매출액	237	175	256	242	264	251
영업이익	11	6	12	15	15	5
당기순이익	3	22	-5	17	8	-10

재무 상태

<단위 : 억원>

항목	2012	2013	2014	2015	2016	2017
총자산	177	224	345	468	736	921
유형자산	40	40	39	132	214	224
무형자산	13	10	15	18	26	29
유가증권	—	—	—	23	0	89
총부채	104	130	68	167	382	488
총차입금	57	63	10	51	244	275
자본금	9	9	30	30	30	33
총자본	73	94	277	301	353	433
지배주주지분	73	94	277	301	353	433

기업가치 지표

항목	2012	2013	2014	2015	2016	2017
주가(최고/저)(천원)	—/—	—/—	6.5/4.3	12.1/4.3	14.5/7.9	16.7/10.3
PER(최고/저)(배)	0.0/0.0	0.0/0.0	9.9/6.6	21.7/7.8	22.2/12.2	95.1/58.3
PBR(최고/저)(배)	0.0/0.0	0.0/0.0	1.5/1.0	2.4/0.9	2.4/1.3	2.5/1.6
EV/EBITDA(배)	0.8	1.1	2.2	17.4	24.7	16.6
EPS(원)	512	586	676	562	660	177
BPS(원)	35,988	46,144	4,586	5,089	6,010	6,615
CFPS(원)	12,888	12,834	802	660	780	385
DPS(원)	—	—	50	50	100	50
EBITDAPS(원)	14,074	16,055	1,302	628	619	935

재무 비율

<단위 : %>

연도	영업이익률	순이익률	부채비율	차입금비율	ROA	ROE	유보율	자기자본비율	EBITDA마진율
2017	4.6	1.1	112.6	63.4	1.4	2.9	1,223.0	47.0	5.9
2016	4.0	5.3	108.3	69.1	6.6	12.2	1,102.1	48.0	5.0
2015	5.3	5.6	55.7	17.0	8.4	11.8	917.9	64.2	6.3
2014	12.1	6.9	24.5	3.6	9.8	15.1	817.1	80.4	13.4

디에이피 (A066900)

DAP

업 종 : 휴대폰 및 관련부품
신용등급 : (Bond) — (CP) —
홈페이지 : www.dap.co.kr
본 사 : 경기도 안성시 미양면 안성맞춤대로 474-22

시 장 : KOSDAQ
기업규모 : 중견
연 락 처 : 031)677-0005

설 립 일	1987.11.28	**종업원수**	1,055명	**대표이사**	권오일,최봉윤
상 장 일	2004.05.14	**감사의견**	적정(신한)	**계 열**	
결 산 기	12월	**보 통 주**		**종속회사수**	
액 면 가	500원	**우 선 주**		**구 상 호**	

주주구성 (지분율,%)		출자관계 (지분율,%)	주요경쟁사 (외형,%)	
대명화학	45.5		디에이피	100
푸르덴셜 자산운용	1.9		이엠텍	65
(외국인)	0.6		우주일렉트로	70

매출구성		비용구성		수출비중	
PCB	97.4	매출원가율	93.8	수출	84.6
기타	2.6	판관비율	3.7	내수	15.4

회사 개요

동사는 이동통신단말기의 인쇄회로기판(PCB)를 주력으로 생산, 판매하고 있으며 이 외에도 캠코더, 시디롬, 디지털카메라, MP3 등의 다양한 전자제품용 PCB를 생산, 판매하고 있음. PCB가 동사의 매출에서 97% 가량을 차지함. PCB는 반도체, 디스플레이, 2차전지와 더불어 전자제품의 4대 부품으로 휴대폰용 PCB는 제품의 고성능화, 경박단소화, 부품의 패키지화 추세로 기술력을 요구하는 제품으로 분류됨.

실적 분석

동사의 2017년 전체 매출은 2,979억원으로 전년대비 20.2% 증가, 영업이익은 74.7억원으로 전년대비 51.3% 증가, 당기순이익은 52.8억원으로 전년대비 116% 증가. 국내 전략거래선내향 HDI 매출 증가 속에 판매관리비 부문의 개선으로 외형대비 수익성 개선이 높았음. 2018년 HDI 부문의 기술 변화 및 스마트폰 수요 약호에 대응하기 위한 전략거래선내 점유율 증가, 제품 믹스 변화에 주력 전망.

현금 흐름 *IFRS 별도 기준

<단위 : 억원>

항목	2016	2017
영업활동	166	356
투자활동	-52	-126
재무활동	-227	-183
순현금흐름	-113	47
기말현금	0	47

시장 대비 수익률

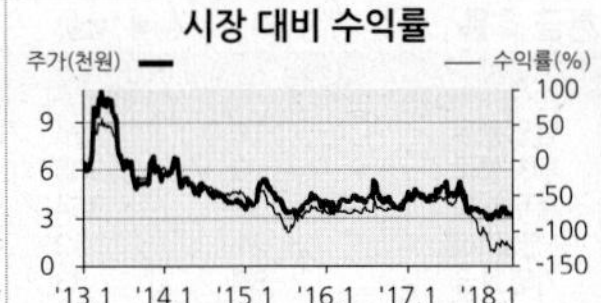

결산 실적

<단위 : 억원>

항목	2012	2013	2014	2015	2016	2017
매출액	3,096	3,044	2,167	2,561	2,478	2,979
영업이익	277	271	58	124	49	75
당기순이익	209	206	-17	76	24	53

분기 실적 *IFRS 별도 기준

<단위 : 억원>

항목	2016.3Q	2016.4Q	2017.1Q	2017.2Q	2017.3Q	2017.4Q
매출액	614	592	673	748	821	738
영업이익	3	-13	9	19	22	25
당기순이익	11	-14	9	23	14	8

재무 상태 *IFRS 별도 기준

<단위 : 억원>

항목	2012	2013	2014	2015	2016	2017
총자산	2,194	2,288	2,841	2,516	2,390	2,299
유형자산	1,640	1,685	2,025	1,830	1,688	1,575
무형자산	12	4	3	4	4	3
유가증권	—	—	30	30	—	—
총부채	1,508	1,454	2,044	1,642	1,494	1,347
총차입금	746	867	1,522	1,157	932	737
자본금	114	114	114	114	114	114
총자본	686	834	796	873	895	952
지배주주지분	686	834	796	873	895	952

기업가치 지표 *IFRS 별도 기준

항목	2012	2013	2014	2015	2016	2017
주가(최고/저)(천원)	6.7/2.3	11.6/4.9	6.9/3.7	5.7/3.1	5.4/3.5	5.4/2.8
PER(최고/저)(배)	7.3/2.5	12.8/5.4	—/—	16.8/9.2	50.6/32.2	23.2/12.2
PBR(최고/저)(배)	1.9/0.7	2.7/1.1	1.6/0.9	1.2/0.7	1.2/0.7	1.1/0.6
EV/EBITDA(배)	4.3	4.0	6.5	4.8	5.8	4.2
EPS(원)	920	906	-75	336	107	232
BPS(원)	3,446	4,350	4,235	4,574	4,653	4,904
CFPS(원)	1,935	2,092	1,282	1,607	1,325	1,318
DPS(원)	—	—	—	—	—	—
EBITDAPS(원)	2,231	2,379	1,610	1,819	1,434	1,415

재무 비율

<단위 : %>

연도	영업이익률	순이익률	부채비율	차입금비율	ROA	ROE	유보율	자기자본비율	EBITDA마진율
2017	2.5	1.8	141.4	77.4	2.3	5.7	880.9	41.4	10.8
2016	2.0	1.0	166.9	104.1	1.0	2.8	830.6	37.5	13.2
2015	4.9	3.0	188.0	132.5	2.9	9.2	814.9	34.7	16.2
2014	2.7	-0.8	256.8	191.2	-0.7	-2.1	746.9	28.0	16.9

디엔에이링크 (A127120)

DNA LINK

업 종 : 바이오
신용등급 : (Bond) — (CP) —
홈페이지 : www.dnalink.com
본 사 : 서울시 서대문구 북아현로150 산학협력관 2층 DNA Link,Inc.

시 장 : KOSDAQ
기업규모 : 기술성
연 락 처 : 02)3153-1500

설 립 일	2000.03.15	종업원수	59명	대표이사	이종은
상 장 일	2011.12.26	감사의견	적정(이촌)	계 열	
결 산 기	12월	보 통 주		종속회사수	1개사
액 면 가	500원	우 선 주		구 상 호	

주주구성 (지분율,%)		출자관계 (지분율,%)		주요경쟁사 (외형,%)	
에이티넘고성장기업투자조합	17.0	LinkUSA,	100.0	디엔에이링크	100
이종은	6.4			에이씨티	166
(외국인)	1.2			듀켐바이오	162

매출구성		비용구성		수출비중	
유전체분석(EGIS)	95.2	매출원가율	56.9	수출	8.7
DNAGPS	4.8	판관비율	36.6	내수	91.3
기타	0.0				

회사 개요

동사는 2000년 3월 설립돼 유전체 분석을 통한 고품질 데이터 생성 및 결과 해석을 포함하는 유전체 분석사업과 유전자 분자진단용 키트, 개인유전체 분석서비스를 포함하는 맞춤의학사업 등을 영위하고 있음. 동사 매출의 대부분을 차지하고 있는 것은 유전체분석 사업이며, 향후 동사의 주요 성장동력이 될 개인유전체 분석서비스는 4만건의 한국인 데이타베이스 보유 및 가격 경쟁력, 국책사업으로 맺어진 종합병원과의 관계가 강점임.

실적 분석

동사의 2017년 누적매출액은 144.8억원으로 전년대비 26.1% 증가함. 같은 기간 매출원가와 판관비가 각각 25.5%, 21.7% 줄면서 영업이익이 9.4억원으로 흑자전환함. 개인 유전체 분석 서비스는 기본적으로 의료기관의 의뢰를 통해 서비스를 시행하나 2016년 6월 30일 고시된 12개 항목에 대해서는 소비자 직접 서비스가 가능해지면서 제품 인지도 상승을 위한 마케팅 활동을 활발하게 진행 중임.

현금 흐름

〈단위 : 억원〉

항목	2016	2017
영업활동	-38	-25
투자활동	-8	62
재무활동	16	-16
순현금흐름	-30	21
기말현금	30	50

시장 대비 수익률

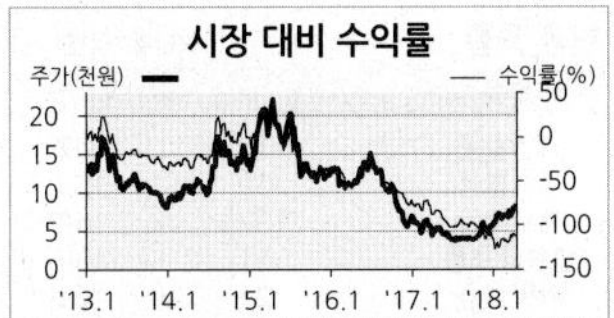

결산 실적

〈단위 : 억원〉

항목	2012	2013	2014	2015	2016	2017
매출액	100	67	87	94	115	145
영업이익	5	-63	-43	-80	-63	9
당기순이익	4	-72	-45	-91	-98	3

분기 실적

〈단위 : 억원〉

항목	2016.3Q	2016.4Q	2017.1Q	2017.2Q	2017.3Q	2017.4Q
매출액	32	40	32	39	35	39
영업이익	-21	1	-0	3	4	2
당기순이익	-26	-20	0	-5	1	7

재무 상태

〈단위 : 억원〉

항목	2012	2013	2014	2015	2016	2017
총자산	301	224	205	327	259	251
유형자산	90	87	66	73	47	32
무형자산	0	1	16	15	19	29
유가증권	—	—	2	42	40	1
총부채	125	114	127	215	240	14
총차입금	107	102	97	187	217	—
자본금	25	25	25	31	31	54
총자본	175	110	77	112	18	237
지배주주지분	175	110	77	112	18	237

기업가치 지표

항목	2012	2013	2014	2015	2016	2017
주가(최고/저)(천원)	22.3/7.5	17.3/8.1	17.4/8.0	23.5/10.8	15.9/5.5	6.8/3.4
PER(최고/저)(배)	258.2/86.5	—/—	—/—	—/—	—/—	215.6/109.1
PBR(최고/저)(배)	6.5/2.2	8.0/3.8	11.4/5.3	13.1/6.0	54.8/19.2	3.1/1.6
EV/EBITDA(배)	30.1	—	—	—	—	20.5
EPS(원)	86	-1,418	-877	-1,529	-1,563	31
BPS(원)	3,449	2,155	1,521	1,784	289	2,203
CFPS(원)	366	-1,035	-370	-1,023	-1,074	199
DPS(원)	—	—	—	—	—	—
EBITDAPS(원)	382	-865	-329	-839	-522	255

재무 비율

〈단위 : %〉

연도	영업이익률	순이익률	부채비율	차입금비율	ROA	ROE	유보율	자기자본비율	EBITDA마진율
2017	6.5	2.3	6.0	0.0	1.3	2.7	340.6	94.4	18.9
2016	-55.2	-85.4	일부잠식	일부잠식	-33.5	-150.8	-42.2	7.0	-28.5
2015	-84.6	-96.1	192.2	166.6	-34.0	-95.6	256.8	34.2	-52.7
2014	-48.7	-51.1	164.8	125.7	-20.8	-47.7	204.1	37.8	-19.2

디엔에프 (A092070)

DNF

업 종 : 반도체 및 관련장비
신용등급 : (Bond) — (CP) —
홈페이지 : www.dnfsolution.com
본 사 : 대전시 대덕구 대화로 132번길 142 (대화동)

시 장 : KOSDAQ
기업규모 : 우량
연 락 처 : 042)932-7939

설 립 일	2001.01.05	종업원수	221명	대표이사	김명운
상 장 일	2007.11.16	감사의견	적정(현대)	계 열	
결 산 기	12월	보 통 주		종속회사수	
액 면 가	500원	우 선 주		구 상 호	

주주구성 (지분율,%)		출자관계 (지분율,%)		주요경쟁사 (외형,%)	
김명운	18.3	켐이	21.5	디엔에프	100
KB자산운용	11.6			유니테스트	227
(외국인)	7.9			에스앤에스텍	72

매출구성		비용구성		수출비중	
DPT 제품	44.8	매출원가율	61.2	수출	4.7
High-k 제품	22.3	판관비율	18.6	내수	95.3
HCDS 제품	17.6				

회사 개요

동사는 2001년에 설립되어 반도체 및 디스플레이 산업의 핵심소재로 사용되는 유기금속 화합물의 개발 등 반도체화학소재 사업을 주로 영위함. 주력 제품은 반도체 박막 재료임. 반도체 칩 메이커인 삼성전자, 하이닉스, TSMC 등의 업체에 납품 중이며, 수출이 전체 매출의 20% 이상을 차지함. 동사는 2017년 4~5월에 자기주식 20만주를 취득해 자사주 30만주(지분율 2.78%)를 보유하고 있음.

실적 분석

동사는 2017년 연간 매출액과 영업이익이 전년 보다 각각 27.8%, 24.9% 증가한 743.8억원과 150.9억원을 기록함. 전방산업인 반도체 업황 호조로 인해 동사의 주력 제품인 반도체 전극 배선재료, 하드마스크재료 등의 내수 수요가 증가해 매출이 신장됨. 비영업부문에선 12.3억원의 이익을 기록했고, 당기순이익은 또한 132.3억원으로 전년 대비 26.8% 증가함.

현금 흐름 *IFRS 별도 기준

〈단위 : 억원〉

항목	2016	2017
영업활동	127	208
투자활동	-202	-120
재무활동	65	-60
순현금흐름	-9	29
기말현금	69	98

시장 대비 수익률

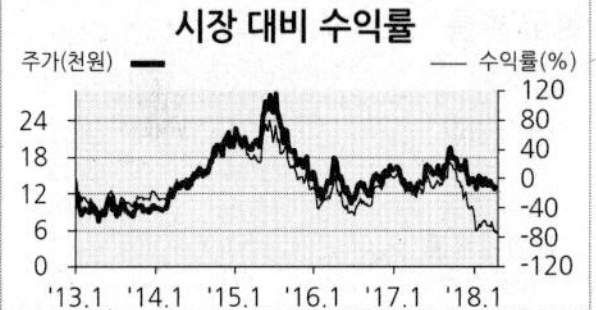

결산 실적

〈단위 : 억원〉

항목	2012	2013	2014	2015	2016	2017
매출액	272	206	616	715	582	744
영업이익	10	-88	150	196	121	151
당기순이익	5	-134	102	173	104	132

분기 실적 *IFRS 별도 기준

〈단위 : 억원〉

항목	2016.3Q	2016.4Q	2017.1Q	2017.2Q	2017.3Q	2017.4Q
매출액	149	155	163	171	207	204
영업이익	29	39	29	34	41	47
당기순이익	22	30	36	21	36	39

재무 상태 *IFRS 별도 기준

〈단위 : 억원〉

항목	2012	2013	2014	2015	2016	2017
총자산	683	578	677	794	939	1,022
유형자산	415	384	374	431	540	514
무형자산	43	30	27	22	8	7
유가증권	0	0	0	0	0	0
총부채	378	405	250	187	227	207
총차입금	334	365	157	110	176	145
자본금	47	47	54	54	54	54
총자본	305	173	427	607	711	815
지배주주지분	305	173	427	607	711	815

기업가치 지표 *IFRS 별도 기준

항목	2012	2013	2014	2015	2016	2017
주가(최고/저)(천원)	13.6/3.8	12.9/7.6	22.8/8.9	28.7/13.9	17.8/10.4	19.6/12.1
PER(최고/저)(배)	279.8/78.7	—/—	24.6/9.6	18.3/8.9	18.8/10.9	16.3/10.1
PBR(최고/저)(배)	4.3/1.2	6.8/4.0	5.7/2.2	5.1/2.5	2.7/1.6	2.5/1.6
EV/EBITDA(배)	37.1	—	12.2	7.1	10.5	7.7
EPS(원)	50	-1,424	945	1,605	970	1,230
BPS(원)	3,250	1,950	4,062	5,802	6,771	8,000
CFPS(원)	380	-1,009	1,342	2,050	1,469	1,615
DPS(원)	—	—	—	—	—	300
EBITDAPS(원)	437	-521	1,791	2,262	1,622	1,788

재무 비율

〈단위 : %〉

연도	영업이익률	순이익률	부채비율	차입금비율	ROA	ROE	유보율	자기자본비율	EBITDA마진율
2017	20.3	17.8	25.4	17.8	13.5	17.3	1,500.1	79.7	25.9
2016	20.8	17.9	31.9	24.7	12.0	15.8	1,254.2	75.8	30.0
2015	27.4	24.2	30.9	18.2	23.5	33.4	1,060.3	76.4	34.0
2014	24.3	16.5	58.5	36.7	16.2	33.9	712.5	63.1	31.3

디엠씨 (A101000)
Dongnam Marine Crane

업종 : 조선 | 시장 : KOSDAQ
신용등급 : (Bond) — (CP) — | 기업규모 : 중견
홈페이지 : www.dongnam-crane.co.kr | 연락처 : 055)720-3000
본사 : 경남 김해시 한림면 김해대로 1102-171

설립일	2004.06.03	종업원수	131명	대표이사	김영채,김영식
상장일	2009.11.06	감사의견	적정(대주)	계열	
결산기	12월	보통주		종속회사수	3개사
액면가	500원	우선주		구상호	

주주구성 (지분율,%)		출자관계 (지분율,%)		주요경쟁사 (외형,%)	
박정민	3.0	큐테크	100.0	디엠씨	100
배영달	2.4	디엠씨인베스트먼트	100.0	STX중공업	264
(외국인)	0.8	제이피엘	79.9	삼영이엔씨	40

매출구성		비용구성		수출비중	
MARINE CRANES	49.6	매출원가율	90.8	수출	82.1
ENGINE CASING& FUNNEL	26.9	판관비율	13.8	내수	17.9
DECK MACHINERY	19.8				

회사 개요

2004년에 설립된 동사는 선박용 크레인, 선박구성부품 및 선박의장품 등의 제조 및 판매를 주요사업으로 영위하고 있음. 지배회사인 세진중공업은 선박용과 해양플랜트용 크레인, 데크머시너리 등의 전문 제조사임. 종속회사 큐테크는 엔진케이싱(Engine Casing), 펀넬(Funnel), 윙브릿지(Wing Bridge) 등의 전문 제조사임. 동사의 제품은 매출액 기준으로 80% 이상이 현대삼호중공업, 현대미포조선, 현대중공업에 판매되고 있음.

실적 분석

2017년 연간 매출액은 전방산업 부진으로 957.0억원을 기록하며 전년 대비 25.5% 외형이 축소됨. 매출원가율, 판관비율 상승으로 영업이익은 적자전환하며 44.0억원의 손실을 기록함. 판관비는 인건비 증가와 더불어 전기 대손충당금환입으로 인한 대손상각비 차감 효과가 사라졌기 때문. 동사는 신조선 발주 급감, 중국 조선소의 약진 등 어려운 시황을 원가절감, 매출 포트폴리오 다양화 등으로 돌파하고 있음.

현금 흐름 〈단위 : 억원〉

항목	2016	2017
영업활동	155	135
투자활동	-214	-399
재무활동	9	284
순현금흐름	-51	21
기말현금	50	71

시장 대비 수익률

결산 실적 〈단위 : 억원〉

항목	2012	2013	2014	2015	2016	2017
매출액	510	674	1,302	1,224	1,284	957
영업이익	-71	33	45	73	151	-44
당기순이익	-71	60	38	57	95	-110

분기 실적 〈단위 : 억원〉

항목	2016.3Q	2016.4Q	2017.1Q	2017.2Q	2017.3Q	2017.4Q
매출액	233	310	276	254	198	229
영업이익	32	33	9	-7	-16	-30
당기순이익	16	15	-0	-106	48	-52

재무 상태 〈단위 : 억원〉

항목	2012	2013	2014	2015	2016	2017
총자산	867	976	1,138	1,114	1,321	1,683
유형자산	486	554	573	588	807	1,175
무형자산	4	4	5	9	7	36
유가증권	4	14	1	0	0	1
총부채	729	703	831	756	872	1,109
총차입금	502	502	593	614	703	874
자본금	50	64	64	64	128	181
총자본	138	273	307	358	449	574
지배주주지분	140	271	305	345	449	579

기업가치 지표

항목	2012	2013	2014	2015	2016	2017
주가(최고/저)(천원)	3.4/2.1	2.9/1.7	2.9/1.8	2.3/1.4	3.2/1.7	4.1/2.0
PER(최고/저)(배)	—/—	11.3/6.8	20.9/12.5	11.7/7.1	9.2/4.8	—/—
PBR(최고/저)(배)	5.4/3.3	2.8/1.7	2.5/1.5	1.7/1.1	1.9/1.0	2.6/1.2
EV/EBITDA(배)	—	17.0	15.0	11.6	7.1	—
EPS(원)	-317	263	145	205	358	-284
BPS(원)	1,389	2,125	2,386	2,752	1,757	1,602
CFPS(원)	-471	723	451	578	446	-161
DPS(원)	—	—	25	30	20	—
EBITDAPS(원)	-499	504	514	737	679	-4

재무 비율 〈단위 : %〉

연도	영업이익률	순이익률	부채비율	차입금비율	ROA	ROE	유보율	자기자본비율	EBITDA마진율
2017	-4.6	-11.5	193.2	152.3	-7.3	-19.1	220.4	34.1	-0.1
2016	11.8	7.4	194.4	156.8	7.8	23.0	251.5	34.0	13.5
2015	5.9	4.7	211.2	171.7	5.1	16.1	450.4	32.1	7.7
2014	3.5	2.9	270.4	193.1	3.6	12.9	377.2	27.0	5.0

디엠에스 (A068790)
DMS

업종 : 디스플레이 및 관련부품 | 시장 : KOSDAQ
신용등급 : (Bond) — (CP) — | 기업규모 : 우량
홈페이지 : www.dms21.co.kr | 연락처 : 031)8031-1133
본사 : 경기도 용인시 기흥구 흥덕중앙로 120 흥덕유타워6층 (영덕동)

설립일	1999.07.08	종업원수	195명	대표이사	박용석
상장일	2004.10.01	감사의견	적정(안진)	계열	
결산기	12월	보통주		종속회사수	10개사
액면가	500원	우선주		구상호	

주주구성 (지분율,%)		출자관계 (지분율,%)		주요경쟁사 (외형,%)	
박용석	22.1	김천풍력발전	100.0	DMS	100
한국투자신탁운용	3.7	영천풍력발전	100.0	HB테크놀러지	106
(외국인)	2.6	오이티	100.0	동아엘텍	93

매출구성		비용구성		수출비중	
제조(FPD설비 제조)	99.5	매출원가율	77.2	수출	74.4
기타	0.5	판관비율	16.6	내수	25.6

회사 개요

동사의 주력제품은 TFT-LCD 패널 제조용 핵심 공정장비인 고집적 세정장비, 습식 식각장비, 감광액 박리장비 등임. 주요 종속회사인 디엠에스플렉스는 스마트폰 및 각종 소형 가전제품 등에 사용되는 FCCL 기판용 부품을 생산 중임. 반도체 및 디스플레이 업황 개선 추세에 따라 제품 수요가 점차 확대될 전망임. 최근 수출 비중이 빠른 속도로 확대되는 양상을 보이며 전체 매출의 절반 가량을 차지함. 태양전지 제조장비 사업 등 사업영역 확대 중임.

실적 분석

동사의 2017년 연결 기준 연간 누적 매출액은 2687.3억원으로 전년 동기 대비 8% 증가함. 매출은 증가했지만 매출 증가율 대비 매출원가 증가율이 높고 판매비와 관리비도 크게 늘어나면서 영업이익은 전년 동기 대비 50.3% 감소한 166.2억원을 기록함. 비영업부문에서 외환 손실 등으로 막대한 적자가 발생하면서 당기순이익은 전년 동기 대비 89.3% 감소한 38.6억원을 시현함.

현금 흐름 〈단위 : 억원〉

항목	2016	2017
영업활동	116	147
투자활동	-30	-153
재무활동	-137	140
순현금흐름	-51	134
기말현금	27	161

시장 대비 수익률

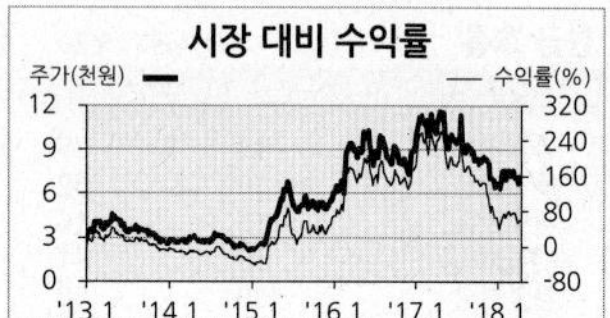

결산 실적 〈단위 : 억원〉

항목	2012	2013	2014	2015	2016	2017
매출액	915	1,093	1,044	1,809	2,488	2,687
영업이익	-123	-19	-81	162	334	166
당기순이익	-437	-105	-361	117	361	39

분기 실적 〈단위 : 억원〉

항목	2016.3Q	2016.4Q	2017.1Q	2017.2Q	2017.3Q	2017.4Q
매출액	652	803	540	630	657	860
영업이익	90	103	59	60	2	45
당기순이익	20	231	-19	80	1	-23

재무 상태 〈단위 : 억원〉

항목	2012	2013	2014	2015	2016	2017
총자산	2,823	2,748	2,198	2,320	2,683	2,985
유형자산	790	723	652	662	544	550
무형자산	278	250	103	39	41	29
유가증권	113	59	65	9	38	34
총부채	1,671	1,705	1,505	1,408	1,366	1,633
총차입금	1,208	1,202	1,219	846	695	833
자본금	99	99	99	112	113	115
총자본	1,151	1,043	693	912	1,317	1,352
지배주주지분	1,127	1,036	692	912	1,317	1,352

기업가치 지표

항목	2012	2013	2014	2015	2016	2017
주가(최고/저)(천원)	6.2/2.6	4.6/2.5	3.4/2.1	6.8/2.1	10.3/5.5	11.7/6.2
PER(최고/저)(배)	—/—	—/—	—/—	13.2/4.2	6.5/3.5	69.2/36.9
PBR(최고/저)(배)	1.0/0.4	0.8/0.4	0.9/0.6	1.7/0.5	1.8/1.0	2.0/1.1
EV/EBITDA(배)	—	15.1	36.5	8.6	7.6	10.6
EPS(원)	-2,237	-496	-1,809	524	1,608	171
BPS(원)	6,199	5,743	3,900	4,093	5,842	5,901
CFPS(원)	-1,759	110	-1,203	894	1,732	285
DPS(원)	—	—	—	—	50	50
EBITDAPS(원)	-140	512	201	1,094	1,613	844

재무 비율 〈단위 : %〉

연도	영업이익률	순이익률	부채비율	차입금비율	ROA	ROE	유보율	자기자본비율	EBITDA마진율
2017	6.2	1.4	120.8	61.6	1.4	2.9	1,080.2	45.3	7.2
2016	13.4	14.5	103.7	52.8	14.4	32.4	1,068.3	49.1	14.5
2015	8.9	6.5	154.3	92.7	5.2	14.6	718.6	39.3	13.5
2014	-7.7	-34.5	217.2	175.9	-14.6	-41.6	679.9	31.5	3.8

디엠티 (A134580)
Digital Multimedia Technology

업　　종 : 셋톱 박스　　시　　장 : KOSDAQ
신용등급 : (Bond) —　(CP) —　　기업규모 : 중견
홈페이지 : www.dmt.kr　　연 락 처 : 02)3400-4600
본　　사 : 서울시 강남구 언주로 710 성암빌딩 8층

설립일	2007.02.01	**종업원수**	57명	**대표이사**	권영철
상장일	2013.11.26	**감사의견**	적정(삼화)	**계열**	
결산기	12월	**보통주**		**종속회사수**	1개사
액면가	500원	**우선주**		**구상호**	

주주구성 (지분율,%)		출자관계 (지분율,%)		주요경쟁사 (외형,%)	
이희기	31.7	캐비지스튜디오	39.5	디엠티	100
홈캐스트	29.6			휴맥스	3,425
(외국인)	10.2			토필드	34

매출구성		비용구성		수출비중	
디지털 셋톱박스	96.6	매출원가율	83.6	수출	51.2
상품	3.3	판관비율	39.5	내수	48.8
기타	0.1				

회사 개요
동사는 2008년 설립돼 위성방송 수신기개발, 방송장비 개발, 디지털 비디오 레코딩 시스템 소프트웨어개발 및 제조판매를 목적사업으로 영위하고 있음. 동사의 주요 영업전략은 목표 시장에 진입해 동사의 기술력과 제품의 안정성에 대해 인정받은 후, 고객사의 니즈를 파악 니즈에 맞는 제품을 개발하는 전략임. 국내 위성방송사업자인 KT스카이라이프를 매출처로 확보하여 안정적 성장의 기반을 다져왔으며, 미국, 아시아 및 유럽 시장 확대를 위해 노력하고 있음.

실적 분석
동사의 2017년 결산 연결기준 매출액은 470.5억원으로 전년 동기 대비 38.9% 감소. 영업손실 또한 108.5억원으로 전년동기 대비 적자 지속됨. 비영업손익 부문에서 흑자전환 하였지만 영업손실 영향으로 당기순손실은 105.1억원으로 적자 지속. 동사는 지속적인 매출성장을 위해 미국시장에서 주요 케이블 방송사에 새롭게 진입하여 방송사 다변화에 박차를 가하는 한편, UHD TV와 방송보급 확대 관련 신제품 개발에 집중중임.

현금 흐름 〈단위 : 억원〉

항목	2016	2017
영업활동	-66	-47
투자활동	-5	5
재무활동	-13	2
순현금흐름	-86	-41
기말현금	118	77

시장 대비 수익률
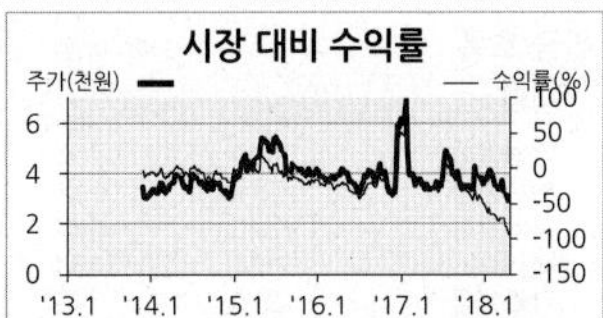

결산 실적 〈단위 : 억원〉

항목	2012	2013	2014	2015	2016	2017
매출액	903	709	926	1,078	770	470
영업이익	96	53	43	46	-86	-108
당기순이익	84	49	39	54	-85	-105

분기 실적 〈단위 : 억원〉

항목	2016.3Q	2016.4Q	2017.1Q	2017.2Q	2017.3Q	2017.4Q
매출액	238	212	175	121	100	74
영업이익	-7	-61	-8	-8	-37	-56
당기순이익	-19	-52	-13	-2	-32	-58

재무 상태 〈단위 : 억원〉

항목	2012	2013	2014	2015	2016	2017
총자산	469	537	683	615	569	373
유형자산	6	4	5	44	46	41
무형자산	5	8	14	25	21	7
유가증권	18	10	8	7	3	—
총부채	149	112	224	114	213	98
총차입금	5	5	—	—	—	—
자본금	32	38	38	56	56	56
총자본	319	425	460	501	356	275
지배주주지분	319	425	460	501	355	275

기업가치 지표

항목	2012	2013	2014	2015	2016	2017
주가(최고/저)(천원)	—/—	3.8/2.9	4.1/3.0	5.5/3.7	6.5/3.1	7.1/3.2
PER(최고/저)(배)	0.0/0.0	8.0/6.0	12.3/9.0	11.7/7.8	—/—	—/—
PBR(최고/저)(배)	0.0/0.0	1.1/0.8	1.0/0.8	1.2/0.8	2.0/0.9	2.8/1.2
EV/EBITDA(배)	—	2.2	6.7	4.5	—	—
EPS(원)	874	500	347	480	-750	-931
BPS(원)	4,963	5,671	6,127	4,509	3,284	2,574
CFPS(원)	1,553	840	620	571	-657	-797
DPS(원)	—	100	70	65	—	—
EBITDAPS(원)	1,743	893	679	501	-673	-830

재무 비율 〈단위 : %〉

연도	영업이익률	순이익률	부채비율	차입금비율	ROA	ROE	유보율	자기자본비율	EBITDA마진율
2017	-23.1	-22.3	35.6	0.0	-22.3	-33.2	414.9	73.8	-19.9
2016	-11.2	-11.1	59.8	0.0	-14.4	-19.7	556.7	62.6	-9.8
2015	4.3	5.0	22.8	0.0	8.3	11.3	801.9	81.4	5.2
2014	4.7	4.2	48.7	0.0	6.4	8.8	1,125.4	67.3	5.5

디오 (A039840)
DIO

업　　종 : 의료 장비 및 서비스　　시　　장 : KOSDAQ
신용등급 : (Bond) —　(CP) —　　기업규모 : 우량
홈페이지 : www.dio.co.kr　　연 락 처 : 051)745-7777
본　　사 : 부산시 해운대구 센텀서로 66

설립일	1988.01.25	**종업원수**	359명	**대표이사**	김진철,김진백
상장일	2000.06.21	**감사의견**	적정(대주)	**계열**	
결산기	12월	**보통주**		**종속회사수**	15개사
액면가	500원	**우선주**		**구상호**	

주주구성 (지분율,%)		출자관계 (지분율,%)		주요경쟁사 (외형,%)	
디오홀딩스	19.3			디오	100
디오 우리사주조합	6.2			오스템임플란트	421
(외국인)	20.0			바텍	231

매출구성		비용구성		수출비중	
임플란트,치약	74.3	매출원가율	31.4	수출	54.8
의료기기외	25.7	판관비율	43.5	내수	45.2

회사 개요
동사는 자동포장기계의 생산을 영위할 목적으로 1988년 설립됨. 현재는 인공치아용 임플란트 및 치과용 장비 등을 주로 생산하고 있음. 2014년 7월부터 75세 이상 치아 임플란트 2개 보험 적용이 시행되어 내수 시장의 성장이 예상됨. 최근 국내 임플란트 업체 최초로 중국에 합작법인을 설립한 데 이어 일본에서도 합작법인을 설립함으로써 아시아 시장에서 확실한 주도권을 잡을 것으로 기대됨.

실적 분석
동사의 2017년 누적매출액은 945.4억원으로 전년대비 7.4% 증가함. 비용측면에서 판관비가 317억원에서 411억원으로 상승하면서 영업이익은 전년보다 10.7% 줄어든 237.6억원을 기록함. 비영업손실의 적자폭이 크게 늘면서 당기순이익도 전년대비 47.1% 감소한 110.8억원을 기록함. 동사는 3D 프린트 브라켓에 부착된 와이어를 이용해 교정기간을 단축시켜 높은 소비자 만족도를 내면서 향후 수익성 개선에 기여할 것으로 기대됨.

현금 흐름 〈단위 : 억원〉

항목	2016	2017
영업활동	115	58
투자활동	-90	-158
재무활동	24	113
순현금흐름	48	14
기말현금	69	83

시장 대비 수익률
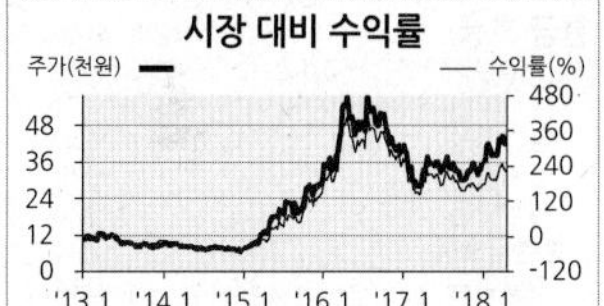

결산 실적 〈단위 : 억원〉

항목	2012	2013	2014	2015	2016	2017
매출액	479	628	616	719	880	945
영업이익	67	-25	34	201	266	238
당기순이익	-41	-84	-37	91	209	111

분기 실적 〈단위 : 억원〉

항목	2016.3Q	2016.4Q	2017.1Q	2017.2Q	2017.3Q	2017.4Q
매출액	241	224	209	237	247	252
영업이익	82	26	65	63	72	38
당기순이익	51	51	32	62	63	-47

재무 상태 〈단위 : 억원〉

항목	2012	2013	2014	2015	2016	2017
총자산	1,026	1,081	1,192	1,223	1,503	1,757
유형자산	375	381	440	440	515	742
무형자산	30	13	9	6	5	15
유가증권	42	35	37	36	19	1
총부채	570	702	794	448	401	547
총차입금	443	507	590	198	117	290
자본금	60	60	60	76	76	76
총자본	456	379	398	776	1,102	1,210
지배주주지분	456	378	398	777	1,068	1,165

기업가치 지표

항목	2012	2013	2014	2015	2016	2017
주가(최고/저)(천원)	20.1/7.1	13.2/7.9	9.4/6.7	30.3/7.3	59.7/32.0	42.3/27.5
PER(최고/저)(배)	—/—	—/—	—/—	47.3/11.4	44.2/23.7	64.2/41.8
PBR(최고/저)(배)	4.7/1.7	3.7/2.2	2.5/1.8	5.4/1.3	7.5/4.0	4.7/3.1
EV/EBITDA(배)	19.3	—	24.7	21.0	20.6	20.2
EPS(원)	-345	-694	-303	639	1,352	658
BPS(원)	4,257	3,597	3,764	5,647	7,913	8,924
CFPS(원)	-207	-536	-108	793	1,542	924
DPS(원)	—	—	—	—	—	—
EBITDAPS(원)	696	-50	478	1,542	1,943	1,832

재무 비율 〈단위 : %〉

연도	영업이익률	순이익률	부채비율	차입금비율	ROA	ROE	유보율	자기자본비율	EBITDA마진율
2017	25.1	11.7	45.2	24.0	6.8	8.9	1,684.8	68.9	29.4
2016	30.2	23.8	36.4	10.6	15.4	22.2	1,482.7	73.3	33.5
2015	27.9	12.6	57.8	25.5	7.5	15.8	1,029.4	63.4	31.0
2014	5.5	-6.0	199.5	148.3	-3.3	-9.3	652.8	33.4	9.3

디와이 (A013570)

DY

업　　종 : 기계　　　시　　장 : 거래소
신용등급 : (Bond) —　(CP) —　　기업규모 : 시가총액 소형주
홈페이지 : www.dy.co.kr　　연 락 처 : 032)810-4100
본　　사 : 인천시 남동구 남동서로 362번길 36(남촌동)

설 립 일	1978.10.05	**종 업 원 수**	307명	**대 표 이 사**	조병호,김용진
상 장 일	2000.11.16	**감 사 의 견**	적정(안진)	**계 열**	
결 산 기	12월	**보 통 주**		**종속회사수**	12개사
액 면 가	500원	**우 선 주**		**구 상 호**	동양기전

주주구성 (지분율,%)		출자관계 (지분율,%)		주요경쟁사 (외형,%)	
조병호	39.4	디와이오토	100.0	디와이	100
국민연금공단	13.5	에이치에스테크놀로지	98.9	유지인트	6
(외국인)	13.0	나누리	75.0	기신정기	13

매출구성		비용구성		수출비중	
[제품]크레인, 세차기, C.P.T., 골프카 외	79.2	매출원가율	85.5	수출	—
[지주사업]	10.3	판관비율	9.0	내수	—
[상품]P/TUBE 외	7.4				

회사 개요

동사는 자동차용 전장부품, 유압기기, 산업기계 등의 생산을 주력으로 하는 업체임. 건설업자, 주유소 등이 주요 고객임. 디와이오토주식회사, 디와이파워주식회사, Dongyang Mechatronics, DY AUTO MEXICO, S.A DE C.V. 등을 연결대상 종속회사로 보유하고 있음. 꾸준한 신차 출시로 세차기 부문은 현재 규모 유지가 어렵지 않을 전망이나 골프카 부문은 시장정체가 예상됨.

실적 분석

2017년 연결기준 동사 매출액은 8,223.1억원을 기록함. 전년도 매출인 7,233.7억원에 비해 13.7% 증가한 금액임. 매출원가가 14.9% 늘었음에도 매출 증가폭이 이를 웃돌아 영업이익은 전년도 대비 25% 늘어난 454.3억원을 기록함. 비영업부문은 적자가 지속됐으나 적자폭이 줄어들었음. 당기순이익은 86.2% 증가한 408.8억원을 기록함.

현금 흐름 〈단위 : 억원〉

항목	2016	2017
영업활동	621	250
투자활동	-370	-388
재무활동	-102	-120
순현금흐름	150	-294
기말현금	1,238	944

시장 대비 수익률

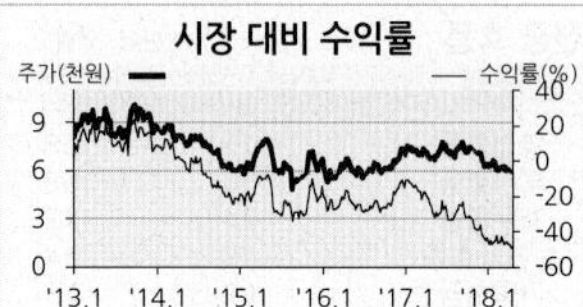

결산 실적 〈단위 : 억원〉

항목	2012	2013	2014	2015	2016	2017
매출액	7,329	6,120	6,035	6,424	7,234	8,223
영업이익	462	230	185	252	363	454
당기순이익	415	319	520	162	220	409

분기 실적 〈단위 : 억원〉

항목	2016.3Q	2016.4Q	2017.1Q	2017.2Q	2017.3Q	2017.4Q
매출액	1,656	1,925	2,034	2,132	1,994	2,064
영업이익	44	68	101	136	117	100
당기순이익	33	27	124	137	89	58

재무 상태 〈단위 : 억원〉

항목	2012	2013	2014	2015	2016	2017
총자산	5,735	6,157	4,833	7,004	7,224	7,399
유형자산	2,256	2,410	1,651	2,976	3,001	2,998
무형자산	76	75	55	91	103	106
유가증권	46	37	99	4	3	5
총부채	2,592	2,758	2,059	3,082	3,183	3,074
총차입금	1,724	1,781	1,095	2,011	1,919	1,726
자본금	158	158	103	132	132	132
총자본	3,142	3,399	2,774	3,922	4,041	4,325
지배주주지분	3,142	3,399	2,774	3,242	3,308	3,410

기업가치 지표

항목	2012	2013	2014	2015	2016	2017
주가(최고/저)(천원)	12.6/6.3	10.4/7.7	8.9/6.0	8.0/4.7	7.4/5.3	7.9/6.1
PER(최고/저)(배)	10.8/5.4	11.4/8.4	5.7/3.9	10.4/6.1	13.7/9.8	10.2/7.9
PBR(최고/저)(배)	1.4/0.7	1.0/0.8	0.7/0.5	0.7/0.4	0.6/0.4	0.6/0.5
EV/EBITDA(배)	6.2	9.9	6.6	7.5	5.2	4.6
EPS(원)	1,311	1,008	1,689	815	565	790
BPS(원)	10,366	11,177	13,894	12,666	12,917	13,303
CFPS(원)	1,961	1,684	2,355	1,699	1,509	1,749
DPS(원)	200	150	230	110	140	120
EBITDAPS(원)	2,109	1,403	1,266	2,038	2,325	2,685

재무 비율 〈단위 : %〉

연도	영업이익률	순이익률	부채비율	차입금비율	ROA	ROE	유보율	자기자본비율	EBITDA마진율
2017	5.5	5.0	71.1	39.9	5.6	6.2	2,560.6	58.5	8.6
2016	5.0	3.0	78.8	47.5	3.1	4.5	2,483.4	55.9	8.5
2015	3.9	2.5	78.6	51.3	2.7	5.9	2,433.1	56.0	6.9
2014	3.1	8.6	74.2	39.5	9.5	16.9	2,678.8	57.4	6.5

디와이파워 (A210540)

DY POWER

업　　종 : 자동차부품　　　시　　장 : 거래소
신용등급 : (Bond) —　(CP) —　　기업규모 : 시가총액 소형주
홈페이지 : power.dy.co.kr　　연 락 처 : 055)278-0800
본　　사 : 경남 창원시 성산구 웅남로 812 (성주동)

설 립 일	2014.12.03	**종 업 원 수**	373명	**대 표 이 사**	김지현
상 장 일	2015.01.15	**감 사 의 견**	적정(안진)	**계 열**	
결 산 기	12월	**보 통 주**		**종속회사수**	2개사
액 면 가	500원	**우 선 주**		**구 상 호**	

주주구성 (지분율,%)		출자관계 (지분율,%)		주요경쟁사 (외형,%)	
디와이	37.7	DongyangMechatronicsJiangyin	100.0	디와이파워	100
국민연금공단	5.2	DYPOWERINDIAPvt	100.0	넥센테크	25
(외국인)	6.0			동국실업	186

매출구성		비용구성		수출비중	
유압실린더 외(제품)	97.4	매출원가율	82.3	수출	74.6
유압실린더 외(상품)	2.2	판관비율	7.3	내수	25.4
유압실린더 외(기타)	0.4				

회사 개요

동사는 건설기계장비에 적용되는 유압실린더에 대한 제조 및 판매를 영위하는 회사로, 2014년 12월 동양기전 유압기기사업부에서 인적분할을 통해 설립되어, 2015년 유가증권시장에 주식을 상장하였음. 주요거래처로는 두산인프라코어, 현대중공업, GENIE 등이 있음. 연결대상 종속회사로 유압기기 제조업 등을 영위하는 중국 소재의 Dongyang Mechatronics Jiangyin 및 인도 소재의 DY POWER INDIA를 보유하고 있음.

실적 분석

전방산업인 건설업의 턴어라운드, 산업차량 수요 증가로 동사의 2017년 연간 매출액은 전년 대비 41.6% 증가한 3,244.9억원을 시현함. 내수와 수출 모두 신장. 매출증가와 판관비 통제에 힘입어 영업이익은 139.8% 증가한 336.0억원을 달성함. 법인세 비용은 34.5억원이 계상되어 당기순이익은 305.4억원을 기록. 전년 순이익 96.0억원에서 큰 폭의 증가세를 보임.

현금 흐름 〈단위 : 억원〉

항목	2016	2017
영업활동	324	108
투자활동	-119	-111
재무활동	-225	-124
순현금흐름	-21	-134
기말현금	379	245

시장 대비 수익률

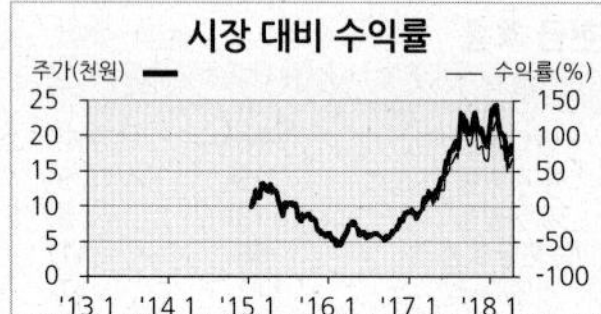

결산 실적 〈단위 : 억원〉

항목	2012	2013	2014	2015	2016	2017
매출액	—	—	248	2,485	2,291	3,245
영업이익	—	—	13	101	140	336
당기순이익	—	—	10	15	96	305

분기 실적 〈단위 : 억원〉

항목	2016.3Q	2016.4Q	2017.1Q	2017.2Q	2017.3Q	2017.4Q
매출액	512	586	757	872	798	818
영업이익	29	32	79	103	80	74
당기순이익	32	19	68	93	65	80

재무 상태 〈단위 : 억원〉

항목	2012	2013	2014	2015	2016	2017
총자산	—	—	2,231	2,224	2,282	2,551
유형자산	—	—	908	961	1,001	994
무형자산	—	—	19	17	17	35
유가증권	—	—	—	—	—	—
총부채	—	—	1,326	1,298	1,277	1,270
총차입금	—	—	908	1,086	837	668
자본금	—	—	55	55	55	55
총자본	—	—	905	926	1,005	1,281
지배주주지분	—	—	900	926	1,005	1,281

기업가치 지표

항목	2012	2013	2014	2015	2016	2017
주가(최고/저)(천원)	—/—	—/—	—/—	13.5/5.8	9.2/4.4	24.6/8.3
PER(최고/저)(배)	0.0/0.0	0.0/0.0	0.0/0.0	91.9/39.4	10.8/5.1	9.0/3.0
PBR(최고/저)(배)	0.0/0.0	0.0/0.0	0.0/0.0	1.7/0.7	1.0/0.5	2.1/0.7
EV/EBITDA(배)	0.0	0.0	41.1	7.9	6.9	6.0
EPS(원)	—	—	92	152	870	2,765
BPS(원)	—	—	8,159	8,390	9,108	11,612
CFPS(원)	—	—	145	795	1,509	3,479
DPS(원)	—	—	—	100	120	180
EBITDAPS(원)	—	—	170	1,556	1,908	3,757

재무 비율 〈단위 : %〉

연도	영업이익률	순이익률	부채비율	차입금비율	ROA	ROE	유보율	자기자본비율	EBITDA마진율
2017	10.4	9.4	99.1	52.1	12.6	26.7	2,222.4	50.2	12.8
2016	6.1	4.2	127.0	83.3	4.3	10.0	1,721.7	44.1	9.2
2015	4.1	0.6	140.2	117.3	0.7	1.8	1,578.0	41.6	6.9
2014	5.2	3.9	146.6	100.4	0.0	0.0	1,531.8	40.6	7.6

디이엔티 (A079810)

DE&T

업 종 : 디스플레이 및 관련부품
시 장 : KOSDAQ
신용등급 : (Bond) — (CP) —
기업규모 : 중견
홈페이지 : www.i-det.com
연 락 처 : 041)529-3456
본 사 : 충남 천안시 동남구 수신면 장산동길 32

설 립 일	2001.08.01	종업원수	290명	대표이사	김영길
상 장 일	2005.01.26	감사의견	적정(태성)	계 열	
결 산 기	12월	보 통 주		종속회사수	3개사
액 면 가	500원	우 선 주		구 상 호	

주주구성 (지분율,%)		출자관계 (지분율,%)		주요경쟁사 (외형,%)	
APS홀딩스	26.2	코닉이앤씨	100.0	디이엔티	100
심상균	16.2			이엘피	25
(외국인)	2.6			세진티에스	13

매출구성		비용구성		수출비중	
GrossTester	39.7	매출원가율	92.0	수출	69.1
MAC/MIC	22.2	판관비율	6.5	내수	30.9
설비개조 및 부품 등	18.3				

회사 개요

동사는 2001년 설립되어 2005년에 코스닥 시장에 상장한 회사로 FPD(Flat Panel Display) 장비 및 관련 장치 제조 판매 등을 영위하는 업체임. 현재 LCD, PDP, OLED 제조용 검사 장비를 전문적으로 제조 및 판매하고 있음. OLED 시장이 늘면서 관련 제조장비의 수요가 지속적으로 증가해 신규사업 확대를 위한 시설투자를 늘리고 있음.

실적 분석

동사의 2017년 연결 기준 연간 누적 매출액은 1804.3억원으로 전년 동기 대비 296.4% 증가함. 매출이 증가하면서 매출원가와 판관비도 늘었지만 매출 증가에 따른 고정비용 감소 효과로 인해 영업이익은 25.8억원을 기록해 전년 동기 대비 흑자전환함. 비영업 부문에서 금융 등에서 이익이 발생하면서 당기순이익은 30.8억원으로 전년 동기 대비 흑자전환함.

현금 흐름 〈단위 : 억원〉

항목	2016	2017
영업활동	-161	71
투자활동	-24	-134
재무활동	145	137
순현금흐름	-40	73
기말현금	35	108

시장 대비 수익률

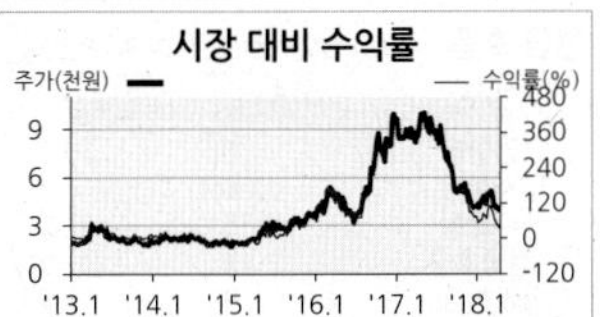

결산 실적 〈단위 : 억원〉

항목	2012	2013	2014	2015	2016	2017
매출액	304	408	251	480	455	1,804
영업이익	1	-3	-26	28	-60	26
당기순이익	10	-15	-22	37	-60	31

분기 실적 〈단위 : 억원〉

항목	2016.3Q	2016.4Q	2017.1Q	2017.2Q	2017.3Q	2017.4Q
매출액	94	196	366	927	274	237
영업이익	-14	-7	22	86	-62	-20
당기순이익	-17	-4	7	73	-27	-22

재무 상태 〈단위 : 억원〉

항목	2012	2013	2014	2015	2016	2017
총자산	320	289	254	412	606	745
유형자산	46	49	52	41	141	295
무형자산	9	10	10	30	46	35
유가증권	75	80	87	89	11	29
총부채	56	43	30	153	397	462
총차입금	—	—	—	68	217	313
자본금	42	42	42	42	42	45
총자본	264	247	223	259	209	282
지배주주지분	264	247	223	259	209	282

기업가치 지표

항목	2012	2013	2014	2015	2016	2017
주가(최고/저)(천원)	3.3/1.6	3.2/1.8	2.5/1.7	3.8/1.8	9.9/3.0	10.1/4.0
PER(최고/저)(배)	27.1/13.6	—/—	—/—	8.5/4.0	—/—	29.5/11.7
PBR(최고/저)(배)	1.0/0.5	1.0/0.6	0.9/0.6	1.2/0.6	3.8/1.2	3.1/1.2
EV/EBITDA(배)	—	9.4	—	5.2	—	14.9
EPS(원)	121	-181	-264	446	-718	343
BPS(원)	3,272	3,066	2,783	3,210	2,606	3,230
CFPS(원)	188	-119	-206	513	-630	473
DPS(원)	—	—	—	—	—	—
EBITDAPS(원)	85	23	-260	409	-634	417

재무 비율 〈단위 : %〉

연도	영업이익률	순이익률	부채비율	차입금비율	ROA	ROE	유보율	자기자본비율	EBITDA마진율
2017	1.4	1.7	163.7	110.8	4.6	12.5	546.0	37.9	2.1
2016	-13.2	-13.1	190.3	104.1	-11.7	-25.5	421.3	34.5	-11.6
2015	5.9	7.7	59.3	26.3	11.1	15.4	542.0	62.8	7.1
2014	-10.5	-8.7	13.6	0.0	-8.1	-9.3	456.5	88.0	-8.6

디젠스 (A113810)

Dgenx

업 종 : 자동차부품
시 장 : KOSDAQ
신용등급 : (Bond) — (CP) —
기업규모 : 중견
홈페이지 : www.dgenx.com
연 락 처 : 041)906-2133
본 사 : 충남 아산시 음봉면 연암율금로 288-7

설 립 일	2006.02.01	종업원수	221명	대표이사	이석우
상 장 일	2012.11.22	감사의견	적정(삼덕)	계 열	
결 산 기	12월	보 통 주		종속회사수	4개사
액 면 가	500원	우 선 주		구 상 호	

주주구성 (지분율,%)		출자관계 (지분율,%)		주요경쟁사 (외형,%)	
디에이치코리아	40.8	DHHONGKONG	100.0	디젠스	100
한국산업은행	2.3	DONGWONTECHINDIAPRIVATE	100.0	광진원텍	90
(외국인)	4.3	Dgenx(shanghai)Technology	100.0	에스제이케이	8

매출구성		비용구성		수출비중	
Muffler(제품)	100.0	매출원가율	87.7	수출	—
		판관비율	13.6	내수	—

회사 개요

동사는 자동차용 소음기(머플러)를 제조, 판매하는 회사로 2006년 디에이치코리아에서 물적분할됨. 소음기는 자동차 환경 유해 배기가스를 정화하고 소음, 진동을 줄이는 배기계 시스템의 주요 구성품임. 주요 거래처는 한국GM, 상하이GM 등 임. 동사 매출은 수주를 기반으로 하되 1개 차종별 평균 5개년간 확정 매출이 발생하기 때문에 시장 변동에 큰 영향을 받지 않음. 배기계시스템의 경우 자동차부품 중 진입장벽이 높은 분야임.

실적 분석

동사는 지난해 연결기준 영업손실 14.4억원의을 기록해 전년대비 적자전환. 같은 기간 매출액은 1,076.9억원으로 10.2% 줄어든 것으로 나타나 당기순이익 역시 65.1억원의 손실을 기록해 적자전환. 동사는 한국지엠, 르노삼성, 한국닛산 등을 주요 매출처로 두고 있음. 완성차업체의 신차종 개발 단계와 동시에 개발이 이루어짐. 동사는 경기침체에 따라 수익성 부진이 지속되고 있음.

현금 흐름 〈단위 : 억원〉

항목	2016	2017
영업활동	110	74
투자활동	-64	-49
재무활동	-47	-1
순현금흐름	0	6
기말현금	80	87

시장 대비 수익률

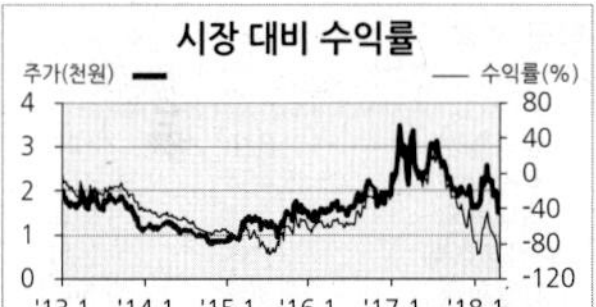

결산 실적 〈단위 : 억원〉

항목	2012	2013	2014	2015	2016	2017
매출액	1,050	799	663	1,032	1,199	1,077
영업이익	41	-28	-64	38	47	-14
당기순이익	30	-21	-59	18	22	-65

분기 실적 〈단위 : 억원〉

항목	2016.3Q	2016.4Q	2017.1Q	2017.2Q	2017.3Q	2017.4Q
매출액	297	314	290	284	272	230
영업이익	24	1	6	-12	5	-14
당기순이익	11	1	-2	-18	-2	-43

재무 상태 〈단위 : 억원〉

항목	2012	2013	2014	2015	2016	2017
총자산	788	808	930	963	1,015	940
유형자산	358	358	359	365	398	421
무형자산	8	8	30	21	32	32
유가증권	0	—	0	—	—	—
총부채	453	497	667	680	684	672
총차입금	245	304	403	432	353	345
자본금	91	96	96	97	108	108
총자본	335	311	262	284	330	267
지배주주지분	335	311	262	284	330	263

기업가치 지표

항목	2012	2013	2014	2015	2016	2017
주가(최고/저)(천원)	2.3/1.7	2.1/1.1	1.3/0.8	1.8/0.9	2.4/1.3	3.9/1.6
PER(최고/저)(배)	10.6/7.8	—/—	—/—	19.5/9.2	23.1/11.9	—/—
PBR(최고/저)(배)	1.3/1.0	1.3/0.7	1.0/0.6	1.3/0.6	1.6/0.8	3.2/1.3
EV/EBITDA(배)	7.6	96.7	—	9.1	8.0	20.5
EPS(원)	225	-115	-306	95	105	-298
BPS(원)	1,836	1,621	1,365	1,458	1,528	1,214
CFPS(원)	445	60	-139	271	293	-94
DPS(원)	75	—	—	25	—	—
EBITDAPS(원)	530	27	-168	372	418	138

재무 비율 〈단위 : %〉

연도	영업이익률	순이익률	부채비율	차입금비율	ROA	ROE	유보율	자기자본비율	EBITDA마진율
2017	-1.3	-6.1	251.5	129.0	-6.7	-21.8	142.8	28.5	2.8
2016	4.0	1.8	207.2	106.8	2.2	7.0	205.5	32.6	7.2
2015	3.7	1.8	239.8	152.3	1.9	6.7	191.5	29.4	6.9
2014	-9.7	-8.9	254.5	153.6	-6.8	-20.5	173.1	28.2	-4.9

디지비금융지주 (A139130)

DGB Financial Group

업 종 : 상업은행
시 장 : 거래소
신용등급 : (Bond) AAA (CP) —
기업규모 : 시가총액 중형주
홈페이지 : www.dgbfg.co.kr
연 락 처 : 053)740-7900
본 사 : 대구시 북구 옥산로 111 대구은행 제2본점 9층

설 립 일	2011.05.17	종업원수	78명	대 표 이 사	김경룡
상 장 일	2011.06.07	감사의견	적정(삼정)	계 열	
결 산 기	12월	보 통 주		종속회사수	24개사
액 면 가	5,000원	우 선 주		구 상 호	

주주구성 (지분율,%)		출자관계 (지분율,%)		주요경쟁사 (외형,%)	
삼성생명보험	7.0	대구은행	100.0	DGB금융지주	100
Harris Associates, L.P.	6.3	DGB캐피탈	100.0	BNK금융지주	184
(외국인)	62.8	DGB생명보험	100.0	JB금융지주	97

수익구성		비용구성		수출비중	
		이자비용	16.5	수출	—
		파생상품손실	0.2	내수	—
		판관비	20.9		

회사 개요

동사는 2011년 5월 17일에 대구은행, DGB신용정보, 카드넷을 자회사로 하는 주식의 포괄적 이전 방식에 의해 설립되었음. 그리고 2012년에 DGB캐피탈과 DGB데이터시스템을 자회사에 추가하였으며, 2013년 카드넷과 DGB유페이의 합병, 2015년 1월 DGB생명보험을 자회사로 편입하였으며, 2016년 10월 6일 DGB자산운용을 자회사로 편입하음.

실적 분석

동사의 2017년 4분기 연결기준 누적 영업수익은 3조6,418억원으로 전년(3조6,550억원) 대비 소폭 감소함. 그러나 영업비용 감소로 당기순이익은 전년보다 145억원 오른 3,022억원을 달성함. 순이자마진(NIM)이 2.21%로 전년(2.14%) 대비 개선됨. 자본적정성 지표인 BIS 총자본비율은 전년대비 0.34%p 하락한 12.59%를 기록했지만 보통주자본비율은 전년대비 0.01%p 상승했음.

현금 흐름 〈단위 : 억원〉

항목	2016	2017
영업활동	326	16
투자활동	-5,454	-5,469
재무활동	5,253	5,866
순현금흐름	205	239
기말현금	9,302	9,541

시장 대비 수익률

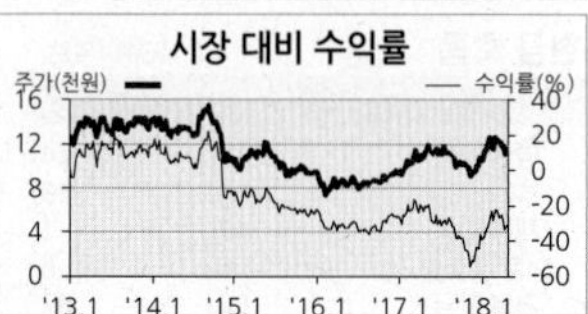

결산 실적 〈단위 : 억원〉

항목	2012	2013	2014	2015	2016	2017
이자수익	17,162	16,826	17,113	17,767	17,390	18,239
영업이익	3,730	3,390	3,239	3,430	3,869	4,092
당기순이익	2,741	2,445	2,438	3,083	3,019	3,163

분기 실적 〈단위 : 억원〉

항목	2016.3Q	2016.4Q	2017.1Q	2017.2Q	2017.3Q	2017.4Q
이자수익	4,324	4,391	4,382	4,538	4,622	4,696
영업이익	946	476	1,212	1,183	1,200	498
당기순이익	739	378	944	940	938	342

재무 상태 〈단위 : 억원〉

항목	2012	2013	2014	2015	2016	2017
총자산	344,627	375,778	410,097	511,444	534,624	567,338
유형자산	3,114	3,179	3,360	3,767	4,290	4,755
무형자산	737	829	855	996	1,114	1,263
유가증권	68,070	73,565	73,388	121,929	123,968	129,864
총부채	319,313	345,793	377,982	473,673	494,901	525,380
총차입금	53,155	54,915	56,460	64,753	72,823	77,510
자본금	6,703	6,703	6,703	8,453	8,453	8,457
총자본	25,314	29,985	32,115	37,772	39,723	41,958
지배주주지분	25,314	27,090	29,220	34,866	36,807	39,052

기업가치 지표

항목	2012	2013	2014	2015	2016	2017
주가(최고/저)(천원)	14.2/9.9	14.4/11.8	15.5/10.3	12.3/8.8	9.6/7.4	12.2/8.9
PER(최고/저)(배)	8.4/5.9	9.6/7.9	10.5/6.8	7.6/5.5	6.0/4.6	7.0/5.2
PBR(최고/저)(배)	0.9/0.6	0.8/0.7	0.8/0.5	0.7/0.5	0.5/0.4	0.5/0.4
PSR(최고/저)(배)	1/1	1/1	1/1	1/1	1/1	1/1
EPS(원)	1,976	1,718	1,656	1,757	1,702	1,787
BPS(원)	18,883	20,208	21,797	20,624	21,773	23,088
CFPS(원)	2,423	2,175	2,145	2,174	2,056	2,137
DPS(원)	330	280	320	280	300	340
EBITDAPS(원)	2,782	2,529	2,416	2,049	2,289	2,419

재무 비율 〈단위 : %〉

연도	계속사업이익률	순이익률	부채비율	차입금비율	ROA	ROE	유보율	자기자본비율	총자산증가율
2017	22.5	17.3	1,252.2	184.7	0.6	8.0	361.8	7.4	6.1
2016	22.3	17.4	1,245.9	183.3	0.6	8.0	335.5	7.4	4.5
2015	19.3	17.4	1,254.1	171.4	0.7	9.2	312.5	7.4	24.7
2014	18.5	14.3	1,176.9	175.8	0.6	8.2	335.9	7.8	9.1

디지아이 (A043360)

DIGITAL GRAPHICSORPORATION

업 종 : 컴퓨터 및 주변기기
시 장 : KOSDAQ
신용등급 : (Bond) — (CP) —
기업규모 : 벤처
홈페이지 : www.dgi-net.com
연 락 처 : 031)820-8900
본 사 : 경기도 양주시 청담로 52 (고읍동)

설 립 일	1991.11.28	종업원수	79명	대 표 이 사	최동호
상 장 일	2001.07.06	감사의견	적정(한미)	계 열	
결 산 기	12월	보 통 주		종속회사수	
액 면 가	500원	우 선 주		구 상 호	

주주구성 (지분율,%)		출자관계 (지분율,%)		주요경쟁사 (외형,%)	
최관수	26.6	팜테크놀로지	9.1	디지아이	100
최동호	13.9	딜리	2.0	잉크테크	233
(외국인)	1.1	쏘닉스	0.3	미래테크놀로지	90

매출구성		비용구성		수출비중	
INK	37.6	매출원가율	73.9	수출	78.2
TEXTILE PRINTER	30.2	판관비율	24.0	내수	21.8
INKJET PLOTTER	19.7				

회사 개요

동사는 1985년 설립되어 커팅플로터와 잉크젯플로터를 자체 기술로 자체 브랜드를 개발하여 상품화에 성공한 이후, 내수 시장뿐만 아니라 세계 60여개국에 수출하는 기업임. 섬유소재 프린팅이 가능한 Textile Printer 출시로 확대 성장하고 있는 Digital Printing 시장에 새롭게 진입함. 또한, FABRIJET 및 잉크젯기술을 접목 시켜 도로표지판용으로 활용하는 조명용 LED Module 사업도 영위하고 있음.

실적 분석

동사의 2017년 연결기준 결산 매출액은 전년동기 대비 30.4% 증가한 247.5억원임. 이는 텍스일 관련 매출이 전년대비 51억(63.2%) 증가한 영향임. 특히 텍스타일 프린터의 매출비중이 처음으로 50%를 넘기면서 회사의 주력 사업으로 자리 잡았으며, 향후 세계적으로 연간 20%의 성장세가 기대되고 있음. 이에 따라 업이익은 5.4억원으로 흑자전환함.

현금 흐름 *IFRS 별도 기준 〈단위 : 억원〉

항목	2016	2017
영업활동	0	13
투자활동	-6	-8
재무활동	-5	-5
순현금흐름	-11	-0
기말현금	4	4

시장 대비 수익률

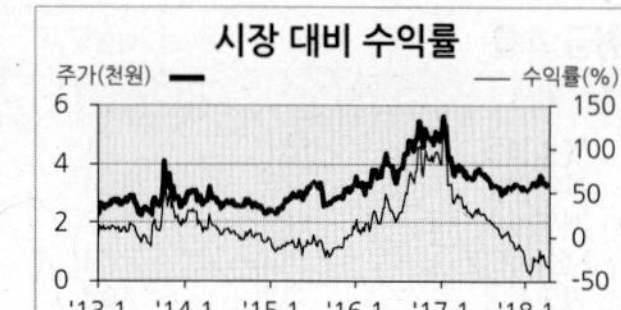

결산 실적 〈단위 : 억원〉

항목	2012	2013	2014	2015	2016	2017
매출액	308	245	259	223	190	248
영업이익	0	-27	0	-21	-17	5
당기순이익	9	-14	16	-2	-22	5

분기 실적 *IFRS 별도 기준 〈단위 : 억원〉

항목	2016.3Q	2016.4Q	2017.1Q	2017.2Q	2017.3Q	2017.4Q
매출액	54	31	66	63	58	61
영업이익	-0	-16	3	3	2	-3
당기순이익	-4	-18	-2	6	4	-3

재무 상태 *IFRS 별도 기준 〈단위 : 억원〉

항목	2012	2013	2014	2015	2016	2017
총자산	602	569	565	563	526	526
유형자산	103	98	105	139	128	129
무형자산	11	8	6	5	5	5
유가증권	0	0	0	0	0	15
총부채	76	61	46	51	40	39
총차입금	13	8	8	4	4	3
자본금	45	45	45	45	45	45
총자본	526	508	519	512	486	487
지배주주지분	526	508	519	512	486	487

기업가치 지표 *IFRS 별도 기준

항목	2012	2013	2014	2015	2016	2017
주가(최고/저)(천원)	3.7/1.8	4.1/2.2	3.2/2.3	3.4/2.3	5.9/2.9	5.7/2.9
PER(최고/저)(배)	42.3/20.0	—/—	19.7/14.0	—/—	—/—	96.2/49.1
PBR(최고/저)(배)	0.7/0.3	0.8/0.4	0.6/0.4	0.6/0.4	1.1/0.6	1.1/0.5
EV/EBITDA(배)	2.9	—	9.7	—	—	11.8
EPS(원)	96	-150	173	-27	-248	60
BPS(원)	5,904	5,705	5,829	5,759	5,461	5,476
CFPS(원)	174	-77	245	39	-188	120
DPS(원)	50	50	50	50	50	50
EBITDAPS(원)	81	-222	74	-169	-125	120

재무 비율 〈단위 : %〉

연도	영업이익률	순이익률	부채비율	차입금비율	ROA	ROE	유보율	자기자본비율	EBITDA마진율
2017	2.2	2.2	8.0	0.7	1.0	1.1	995.1	92.6	4.4
2016	-8.8	-11.8	8.3	0.8	-4.1	-4.5	992.3	92.4	-5.9
2015	-9.5	-1.1	9.9	0.8	-0.4	-0.5	1,051.7	91.0	-6.8
2014	0.1	6.0	8.9	1.6	2.8	3.1	1,066.6	91.9	2.6

디지캡 (A197140)

DigiCAP

업 종 : 일반 소프트웨어
시 장 : KONEX
신용등급 : (Bond) — (CP) —
기업규모 : —
홈페이지 : www.digicaps.com
연 락 처 : 02)3477-2101
본 사 : 서울시 마포구 매봉산로 37 DMC 산학협력연구센터 8층

설 립 일	2000.04.01	**종업원수**	92명	**대 표 이 사**	한승우
상 장 일	2014.05.30	**감사의견**	적정(삼정)	**계 열**	
결 산 기	12월	**보 통 주**		**종속회사수**	
액 면 가	—	**우 선 주**		**구 상 호**	

주주구성 (지분율,%)		출자관계 (지분율,%)		주요경쟁사 (외형,%)	
신용태	22.6			디지캡	100
엘비인베스트먼트	5.5				

매출구성		비용구성		수출비중	
N-스크린 솔루션	35.9	매출원가율	65.4	수출	1.5
콘텐츠보호 솔루션	33.9	판관비율	19.4	내수	98.5
방송서비스 솔루션	25.2				

회사 개요

동사는 보호 솔루션, 방송서비스 솔루션, N-스크린 솔루션, UHD 솔루션 등의 사업을 영위할 목적으로 2000년 4월 1일 설립되어 2014년 5월 코넥스 시장에 상장함. 국내 최초로 CAS 제품 상용화에 성공하며 500만명의 이용자를 확보하였음. SK텔레콤의 BTV의 다시보기 및 실시간 방송 보기, 주문형비디오(VOD) 등을 개발한 바 있음. 2010년에는 유럽연합 DMB 기구인 IDAG의 CAS 사업자로 선정되기도 하였음.

실적 분석

동사의 연결기준 2017년 연간 누적 매출액은 N-스크린솔루션 부문을 제외한 전 부문에서 매출 성장으로 보이며 전년동기 112.1억원 대비 45.5% 증가한 163.1억원을 기록함. 매출성장에 힘입어 영업이익과 당기순이익은 전년동기 대비 각각 313.0%, 170.5% 증가한 24.8억원, 20.5억원을 시현함. 동사는 DRM 솔루션, VOD 솔루션, UHD 솔루션 부문에서 해외진출 프로젝트 참여 또는 제안을 진행 중에 있음.

현금 흐름 *IFRS 별도 기준 〈단위 : 억원〉

항목	2016	2017
영업활동	9	34
투자활동	-44	-77
재무활동	33	55
순현금흐름	-2	13
기말현금	26	39

시장 대비 수익률

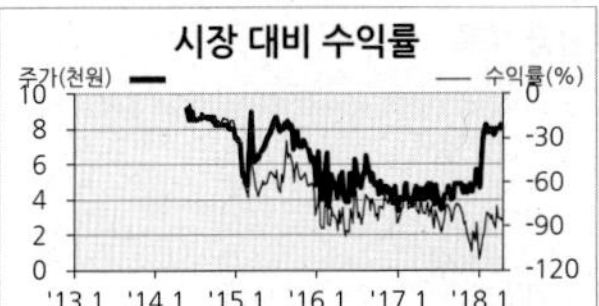

결산 실적 〈단위 : 억원〉

항목	2012	2013	2014	2015	2016	2017
매출액	82	109	97	110	112	163
영업이익	10	17	8	12	6	25
당기순이익	10	19	5	10	8	20

분기 실적 *IFRS 별도 기준 〈단위 : 억원〉

항목	2016.3Q	2016.4Q	2017.1Q	2017.2Q	2017.3Q	2017.4Q
매출액	—	—	—	—	—	—
영업이익	—	—	—	—	—	—
당기순이익	—	—	—	—	—	—

재무 상태 *IFRS 별도 기준 〈단위 : 억원〉

항목	2012	2013	2014	2015	2016	2017
총자산	123	157	158	124	171	294
유형자산	1	2	1	9	56	178
무형자산	6	11	10	9	14	13
유가증권	3	5	10	—	—	—
총부채	41	48	45	37	76	134
총차입금	—	—	—	—	33	89
자본금	15	15	16	16	16	16
총자본	82	109	113	87	95	160
지배주주지분	82	109	113	87	95	160

기업가치 지표 *IFRS 별도 기준

항목	2012	2013	2014	2015	2016	2017
주가(최고/저)(천원)	—/—	—/—	9.1/7.6	9.0/4.4	7.7/3.4	5.7/2.8
PER(최고/저)(배)	0.0/0.0	0.0/0.0	60.4/50.4	28.3/13.8	32.3/14.0	8.9/4.3
PBR(최고/저)(배)	0.0/0.0	0.0/0.0	2.5/2.1	2.3/1.1	1.8/0.8	0.9/0.5
EV/EBITDA(배)	—	—	13.6	6.6	9.9	5.8
EPS(원)	325	609	151	317	240	648
BPS(원)	2,651	3,524	3,581	3,922	4,191	6,253
CFPS(원)	379	690	226	397	316	844
DPS(원)	—	—	—	—	—	—
EBITDAPS(원)	380	643	335	446	266	981

재무 비율 〈단위 : %〉

연도	영업이익률	순이익률	부채비율	차입금비율	ROA	ROE	유보율	자기자본비율	EBITDA마진율
2017	15.2	12.5	83.2	55.4	8.8	16.0	1,150.7	54.6	19.0
2016	5.4	6.8	79.7	35.0	5.1	8.3	738.1	55.7	7.5
2015	10.5	9.1	43.0	0.0	7.1	10.0	684.4	70.0	12.8
2014	8.4	4.9	39.6	0.0	3.0	4.3	616.2	71.6	10.8

디지탈옵틱 (A106520)

DIGITAL OPTICS

업 종 : 휴대폰 및 관련부품
시 장 : KOSDAQ
신용등급 : (Bond) — (CP) —
기업규모 : 중견
홈페이지 : www.digitaloptics.co.kr
연 락 처 : 031)365-5650
본 사 : 경기도 화성시 동탄면 동탄산단2길 47 4층

설 립 일	2000.03.14	**종업원수**	199명	**대 표 이 사**	문석중,정광용
상 장 일	2012.07.13	**감사의견**	적정(신한)	**계 열**	
결 산 기	12월	**보 통 주**		**종속회사수**	5개사
액 면 가	500원	**우 선 주**		**구 상 호**	

주주구성 (지분율,%)		출자관계 (지분율,%)		주요경쟁사 (외형,%)	
케이피엠인베스트먼트	8.5	씨아이비엔케이	72.7	디지탈옵틱	100
계신국제그룹	6.0	함박재바이오팜	64.7	바이오로그디바이스	116
(외국인)	7.0	퓨처로봇	50.0	텔루스	24

매출구성		비용구성		수출비중	
광학렌즈 및 광학요소(제품)	84.5	매출원가율	102.5	수출	21.1
광학렌즈 및 광학요소(상품)	13.7	판관비율	24.4	내수	78.9
광학렌즈 및 광학요소(용역)	1.8				

회사 개요

동사는 2000년 설립되어 휴대폰용 카메라렌즈 등에 적용되는 이미지용 광학계, 프로젝션 TV나 프로젝터에 적용되는 투사용 광학계, CD 및 DVD 등에 적용되는 Laser(LED) 시스템 광학계 등 모든 광 응용 시스템의 광학 설계가 가능한 광학전문 업체임. 또한 비구면 광학 렌즈 원천 설계 및 양산기술을 동시 보유한 전문회사로서 주력 제품인 휴대폰용 카메라 렌즈를 개발 및 판매하고 있음.

실적 분석

동사의 2017년도 연간 매출액은 603.2억원으로 전년대비 5.3% 감소, 영업손실은 161.9억원으로 적자지속함. 국내 전략거래선의 스마트폰 출하량은 증가하고 있으나 공급업체간의 경쟁 심화로 수익성은 부진 지속. 동사는 2017년 8월 유상증자를 결정하여 운영자금, 시설자금 용도로 활용할 예정임. 2018년 글로벌 휴대폰 시장은 듀얼카메라 성장에 따른 반사이익이 기대됨.

현금 흐름 〈단위 : 억원〉

항목	2016	2017
영업활동	-130	-183
투자활동	-153	-47
재무활동	200	210
순현금흐름	-59	34
기말현금	15	49

시장 대비 수익률

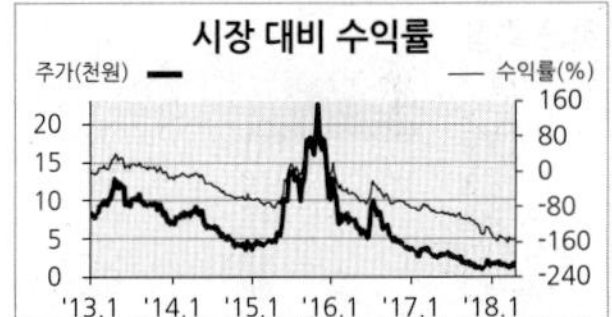

결산 실적 〈단위 : 억원〉

항목	2012	2013	2014	2015	2016	2017
매출액	856	1,538	772	707	637	603
영업이익	109	225	20	-132	-228	-162
당기순이익	79	172	-47	-108	-504	-259

분기 실적 〈단위 : 억원〉

항목	2016.3Q	2016.4Q	2017.1Q	2017.2Q	2017.3Q	2017.4Q
매출액	160	144	142	130	176	155
영업이익	-52	-109	-44	-40	-30	-48
당기순이익	-47	-309	-49	-114	-46	-50

재무 상태 〈단위 : 억원〉

항목	2012	2013	2014	2015	2016	2017
총자산	912	1,295	1,042	1,618	1,241	1,162
유형자산	314	448	411	487	407	377
무형자산	44	41	20	110	30	80
유가증권	15	14	213	255	231	169
총부채	485	685	491	751	561	531
총차입금	245	404	349	528	398	390
자본금	27	27	28	86	103	172
총자본	428	609	550	867	680	631
지배주주지분	428	609	550	799	614	597

기업가치 지표

항목	2012	2013	2014	2015	2016	2017
주가(최고/저)(천원)	17.3/11.0	25.0/13.2	18.1/7.0	22.5/3.6	13.2/3.6	4.0/1.1
PER(최고/저)(배)	10.5/6.7	8.0/4.2	—/—	—/—	—/—	—/—
PBR(최고/저)(배)	2.3/1.4	2.3/1.2	1.8/0.7	4.7/0.8	4.4/1.2	2.3/0.6
EV/EBITDA(배)	6.1	2.7	7.6	—	—	—
EPS(원)	862	1,614	-433	-665	-2,416	-865
BPS(원)	7,841	11,146	10,297	4,803	2,969	1,737
CFPS(원)	2,525	4,219	277	-226	-2,094	-596
DPS(원)	100	150	—	—	—	—
EBITDAPS(원)	3,159	5,189	1,483	-393	-790	-314

재무 비율 〈단위 : %〉

연도	영업이익률	순이익률	부채비율	차입금비율	ROA	ROE	유보율	자기자본비율	EBITDA마진율
2017	-26.8	-43.0	84.2	61.9	-21.6	-39.7	247.5	54.3	-14.5
2016	-35.9	-79.1	82.5	58.5	-35.2	-70.2	493.8	54.8	-25.5
2015	-18.7	-15.2	86.6	60.8	-8.1	-15.6	860.6	53.6	-8.8
2014	2.6	-6.1	89.3	63.5	-4.0	-8.1	1,959.4	52.8	10.7

디지털대성 (A068930)

Digital Daesung

업 종 : 교육 | 시 장 : KOSDAQ
신용등급 : (Bond) — (CP) — | 기업규모 : 중견
홈페이지 : www.digitaldaesung.com | 연 락 처 : 02)2104-8600
본 사 : 서울시 서초구 방배로 181, 단우빌딩 6층~8층

설 립 일	2000.03.11	**종업원수**	223명	**대표이사**	김희선
상 장 일	2003.10.17	**감사의견**	적정(삼정)	**계 열**	
결 산 기	12월	**보 통 주**		**종속회사수**	2개사
액 면 가	500원	**우 선 주**		**구 상 호**	

주주구성 (지분율,%)		출자관계 (지분율,%)		주요경쟁사 (외형,%)	
대성출판	11.0	한우리열린교육	68.9	디지털대성	100
강남대성학원	9.7	이감	50.0	더블유에프엠	14
(외국인)	1.4			메가엠디	77

매출구성		비용구성		수출비중	
온라인 교육서비스	43.8	매출원가율	50.1	수출	0.0
교육 프랜차이즈 제품공급	35.4	판관비율	38.7	내수	100.0
학원	13.2				

회사 개요

직영학원 및 '대성N스쿨' 등 교육프랜차이즈 사업을 영위하는 업체로 2000년 설립되었으며, 2003년 코스닥시장에 상장됨. 독서논술 교육서비스를 제공하는 한우리열린교육과 국어 콘텐츠 개발 사업을 영위하는 이감을 연결대상 종속회사로 보유하고 있음. 대학입시자료집, 배치기준표 등 교육정보를 제공하는 서비스에서 경쟁력을 보유함. 2017년 말 기준 전국 70여개 대학, 대형학원과 거래하고 있음.

실적 분석

2017년 연결기준 동사는 매출액 898.4억원을 시현함. 전년도 대비 7.6% 증가한 금액임. 매출원가가 6% 증가하고 판매비와 관리비가 5.1% 늘었으나 매출 증가폭이 이를 웃돌아 영업이익은 전년도 79억원에서 26.7% 증가한 100.1억원을 기록함. 비영업부문 이익이 감소했음에도 당기순이익은 3.5% 증가한 82.6억원을 시현함. 인수합병(M&A) 등을 통해 교육콘텐츠를 강화한 것이 실적 개선 요인으로 분석됨.

현금 흐름 <단위 : 억원>

항목	2016	2017
영업활동	141	118
투자활동	-50	-65
재무활동	-45	-57
순현금흐름	46	-4
기말현금	96	92

시장 대비 수익률

결산 실적 <단위 : 억원>

항목	2012	2013	2014	2015	2016	2017
매출액	525	580	575	602	835	898
영업이익	40	60	56	60	79	100
당기순이익	32	47	50	54	80	83

분기 실적 <단위 : 억원>

항목	2016.3Q	2016.4Q	2017.1Q	2017.2Q	2017.3Q	2017.4Q
매출액	249	223	206	229	266	198
영업이익	55	16	0	38	57	5
당기순이익	53	16	1	31	49	1

재무 상태 <단위 : 억원>

항목	2012	2013	2014	2015	2016	2017
총자산	595	606	674	923	946	1,046
유형자산	16	18	21	149	142	136
무형자산	224	207	182	361	338	394
유가증권	106	78	132	138	141	144
총부채	84	60	92	300	271	304
총차입금	—	—	—	86	70	40
자본금	108	109	110	111	111	112
총자본	512	546	582	624	675	742
지배주주지분	512	546	582	610	646	694

기업가치 지표

항목	2012	2013	2014	2015	2016	2017
주가(최고/저)(천원)	2.7/1.5	3.4/1.9	4.4/2.4	3.8/2.7	3.8/2.6	4.1/3.5
PER(최고/저)(배)	23.9/13.3	19.3/10.6	22.9/12.3	18.7/12.9	13.1/9.2	13.2/11.4
PBR(최고/저)(배)	1.4/0.8	1.6/0.9	1.9/1.0	1.5/1.1	1.4/1.0	1.3/1.2
EV/EBITDA(배)	7.3	5.8	8.0	7.1	6.7	5.5
EPS(원)	148	217	230	236	316	325
BPS(원)	2,499	2,637	2,770	2,873	3,025	3,216
CFPS(원)	233	351	380	399	489	510
DPS(원)	100	120	160	160	160	200
EBITDAPS(원)	275	412	408	434	529	635

재무 비율 <단위 : %>

연도	영업이익률	순이익률	부채비율	차입금비율	ROA	ROE	유보율	자기자본비율	EBITDA마진율
2017	11.1	9.2	41.0	5.4	8.3	10.8	543.3	70.9	15.7
2016	9.5	9.6	40.1	10.4	8.5	11.1	505.0	71.4	14.1
2015	9.9	8.9	48.1	13.9	6.7	8.7	474.6	67.5	15.9
2014	9.8	8.7	15.8	0.0	7.8	8.9	454.1	86.4	15.5

디지틀조선일보 (A033130)

DIGITAL CHOSUN

업 종 : 미디어 | 시 장 : KOSDAQ
신용등급 : (Bond) — (CP) — | 기업규모 : 중견
홈페이지 : www.chosun.com, pr.dizzo.com | 연 락 처 : 02)3701-2114
본 사 : 서울시 중구 세종대로21길 52 (태평로1가)

설 립 일	1995.10.02	**종업원수**	240명	**대표이사**	김영수
상 장 일	1997.08.06	**감사의견**	적정(안진)	**계 열**	
결 산 기	12월	**보 통 주**		**종속회사수**	2개사
액 면 가	500원	**우 선 주**		**구 상 호**	

주주구성 (지분율,%)		출자관계 (지분율,%)		주요경쟁사 (외형,%)	
스포츠조선	9.0	조선일보일본어판	70.0	디지틀조선	100
에스케이텔레콤	7.8	골프조선	40.0	지투알	1,269
(외국인)	4.0	한미에셋	28.1	비덴트	61

매출구성		비용구성		수출비중	
인터넷사업부문	35.3	매출원가율	72.5	수출	—
SI 사업 부문	25.7	판관비율	13.8	내수	—
네트워크서비스부문	25.4				

회사 개요

동사는 인터넷 신문인 chosun.com, 케이블 방송인 Business& TV, 그리고 시티비전(옥외전광판)을 운영하고 있으며, CTS/SI사업, 온/오프라인 교육(캐나다문화어학원, 조선닷컴 교육센터)과 토플 TPO 사업 등의 교육서비스를 제공하고 있음. 최근 모바일조선서비스 정착돼 웹과 모바일 아우르는 다양한 뉴스전달 수단 확충. 조선닷컴은 최근 트래픽 증가로 광고 매출 및 다양한 사업제휴로 인한 인터넷 비즈니스 확대 기대.

실적 분석

동사의 결산 영업수익은 기업들의 추가 비용 집행 억제에도 불구하고 활발한 영업활동을 전개하여 전년동기 대비 1% 증가한 395.1억원을 기록함. 또한 원가율 하락으로 전년동기 대비 17.2% 증가한 54.4억원의 영업이익 시현. 당기순이익 또한 전년동기 대비 13.8% 증가한 53억원을 시현하는 등 수익성 개선된 모습. 국내경기의 점진적 회복세 이어질 것으로 기대하며, 추가적인 실적 개선 기대함.

현금 흐름 <단위 : 억원>

항목	2016	2017
영업활동	71	69
투자활동	-56	-39
재무활동	-15	-15
순현금흐름	0	16
기말현금	48	63

시장 대비 수익률

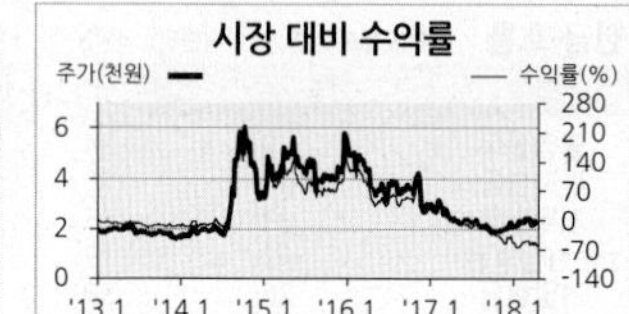

결산 실적 <단위 : 억원>

항목	2012	2013	2014	2015	2016	2017
매출액	422	363	341	351	391	395
영업이익	55	39	34	37	46	54
당기순이익	64	42	36	50	47	53

분기 실적 <단위 : 억원>

항목	2016.3Q	2016.4Q	2017.1Q	2017.2Q	2017.3Q	2017.4Q
매출액	97	123	99	88	98	111
영업이익	14	12	17	5	19	13
당기순이익	12	12	16	7	16	14

재무 상태 <단위 : 억원>

항목	2012	2013	2014	2015	2016	2017
총자산	589	621	649	697	718	772
유형자산	31	41	42	47	38	29
무형자산	16	36	23	12	12	12
유가증권	59	30	32	30	30	30
총부채	49	54	60	73	63	75
총차입금	—	—	—	—	—	—
자본금	186	186	186	186	186	186
총자본	540	567	588	623	655	696
지배주주지분	540	567	588	623	655	693

기업가치 지표

항목	2012	2013	2014	2015	2016	2017
주가(최고/저)(천원)	2.3/1.8	2.2/1.6	6.6/1.7	5.8/3.2	5.6/2.5	3.1/1.8
PER(최고/저)(배)	14.8/11.4	20.9/15.1	72.0/18.2	44.8/24.7	46.1/20.3	22.3/13.0
PBR(최고/저)(배)	1.8/1.4	1.6/1.1	4.4/1.1	3.6/2.0	3.3/1.4	1.7/1.0
EV/EBITDA(배)	7.5	6.4	16.0	31.1	12.9	5.5
EPS(원)	173	114	97	135	125	142
BPS(원)	1,454	1,527	1,584	1,678	1,764	1,866
CFPS(원)	236	204	189	193	158	174
DPS(원)	40	40	40	40	40	40
EBITDAPS(원)	212	197	184	158	158	178

재무 비율 <단위 : %>

연도	영업이익률	순이익률	부채비율	차입금비율	ROA	ROE	유보율	자기자본비율	EBITDA마진율
2017	13.8	13.4	10.8	0.0	7.1	7.9	273.2	90.3	16.7
2016	11.9	11.9	9.6	0.0	6.6	7.3	252.8	91.2	15.0
2015	10.6	14.3	11.7	0.0	7.4	8.3	235.7	89.5	16.7
2014	10.0	10.5	10.3	0.0	5.7	6.2	216.8	90.7	20.0

디케이디앤아이 (A033310)

DK D&I

업　　종 : 용기 및 포장　　시　　장 : KOSDAQ
신용등급 : (Bond) —　(CP) —　　기업규모 : 중견
홈페이지 : www.dkdni.co.kr　　연 락 처 : 02)2636-2431
본　　사 : 서울시 영등포구 여의대로 14 16층,(여의도동,KT빌딩)

설 립 일	1965.12.15	**종업원수**	67명	**대표이사**	서홍민
상 장 일	1997.11.10	**감사의견**	적정(우리)	**계 열**	
결 산 기	12월	**보 통 주**		**종속회사수**	1개사
액 면 가	500원	**우 선 주**		**구 상 호**	

주주구성 (지분율,%)		출자관계 (지분율,%)		주요경쟁사 (외형,%)	
디케이마린	27.6	리드코프	13.0	디케이디앤아이	100
서홍민	16.6	디케이씨에스	10.9	금비	363
(외국인)	0.9	디케이씨	4.6	승일	265

매출구성		비용구성		수출비중	
드럼, 자동차부품 外	97.5	매출원가율	84.9	수출	—
드럼, 철강재 外	1.3	판관비율	11.5	내수	—
기타	1.2				

회사 개요

동사는 석유화학제품을 포장하는 철강제 포장용기인 스틸드럼을 주로 생산하는 업체임. 열연강판 생산 등 철강산업도 영위함. 드럼부문이 전체 매출의 98%를 차지하며, 국내 시장 2위권의 시장점유율을 보유 중임(점유율 23%). 드럼부문은 2010년 이후 석유화학산업 성장에 힘입어 꾸준한 판매량을 유지함. 매출 주요 시장은 전남지역 82%를 차지함. 곤산대경기차배건유한공사를 계열회사로 보유하고 있음.

실적 분석

동사는 지난해 연결기준 영업이익이 18.5억원으로 전년대비 41.33% 감소. 같은 기간 매출액은 511.7억원으로 2.9% 늘어난 것으로 나타났음. 당기순이익은 43.9억원으로 17.61% 감소한 것으로 집계. 주 거래처인 전남지역 외에 경남지역 추가물량 확보로 지역별 매출비율 편차 최소화를 통한 향후 물량증대 효과를 기대. 아연소재의 특수드럼이 올해부터 본격적으로 생산됨에 따라 매출과 원가부담 개선이 기대됨.

현금 흐름 〈단위 : 억원〉

항목	2016	2017
영업활동	53	18
투자활동	-12	-9
재무활동	-3	-7
순현금흐름	34	-1
기말현금	73	73

시장 대비 수익률

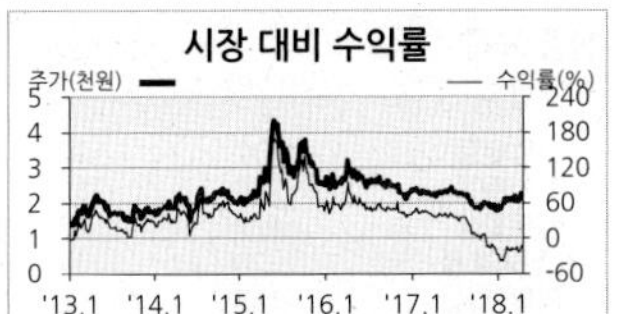

결산 실적 〈단위 : 억원〉

항목	2012	2013	2014	2015	2016	2017
매출액	432	393	390	510	497	512
영업이익	42	64	54	40	32	18
당기순이익	50	67	74	64	53	44

분기 실적 〈단위 : 억원〉

항목	2016.3Q	2016.4Q	2017.1Q	2017.2Q	2017.3Q	2017.4Q
매출액	130	123	133	127	130	121
영업이익	9	4	7	5	6	1
당기순이익	14	6	14	13	12	5

재무 상태 〈단위 : 억원〉

항목	2012	2013	2014	2015	2016	2017
총자산	557	553	726	785	856	891
유형자산	93	96	120	120	122	118
무형자산	2	2	9	8	7	6
유가증권	5	5	56	56	56	59
총부채	333	268	336	331	361	358
총차입금	294	213	216	201	209	205
자본금	110	110	110	110	110	110
총자본	224	285	389	454	495	534
지배주주지분	224	285	355	412	448	485

기업가치 지표

항목	2012	2013	2014	2015	2016	2017
주가(최고/저)(천원)	4.9/1.2	2.3/1.3	2.5/1.5	4.7/1.9	3.2/2.0	2.5/1.7
PER(최고/저)(배)	22.1/5.5	7.6/4.3	7.6/4.5	18.4/7.6	15.2/9.6	14.1/9.8
PBR(최고/저)(배)	3.3/0.8	1.3/0.7	1.2/0.7	2.0/0.8	1.3/0.8	0.9/0.6
EV/EBITDA(배)	11.1	8.5	10.4	13.7	15.8	18.8
EPS(원)	226	303	337	260	212	176
BPS(원)	1,502	1,796	2,112	2,375	2,535	2,706
CFPS(원)	259	334	374	321	263	229
DPS(원)	—	—	—	50	—	—
EBITDAPS(원)	226	323	285	244	194	137

재무 비율 〈단위 : %〉

연도	영업이익률	순이익률	부채비율	차입금비율	ROA	ROE	유보율	자기자본비율	EBITDA마진율
2017	3.6	8.6	67.1	38.4	5.0	8.3	441.2	59.9	5.9
2016	6.3	10.7	73.1	42.3	6.5	10.8	407.1	57.8	8.6
2015	7.9	12.6	72.9	44.3	8.5	14.9	375.0	57.8	10.5
2014	14.0	19.1	86.4	55.4	11.7	23.1	322.5	53.6	16.1

디케이락 (A105740)

DK-Lok

업　　종 : 기계　　시　　장 : KOSDAQ
신용등급 : (Bond) —　(CP) —　　기업규모 : 우량
홈페이지 : www.dklok.com　　연 락 처 : 055)338-0114
본　　사 : 경남 김해시 주촌면 골든루트로 129번길 7

설 립 일	1992.01.20	**종업원수**	251명	**대표이사**	노은식
상 장 일	2010.11.12	**감사의견**	적정(남경)	**계 열**	
결 산 기	12월	**보 통 주**		**종속회사수**	
액 면 가	500원	**우 선 주**		**구 상 호**	

주주구성 (지분율,%)		출자관계 (지분율,%)		주요경쟁사 (외형,%)	
노은식	35.7			디케이락	100
에이티넘팬아시아조합	11.6			서암기계공업	76
(외국인)	1.1			에이치케이	107

매출구성		비용구성		수출비중	
DK-LOK	37.5	매출원가율	78.5	수출	62.2
D-Pro	23.2	판관비율	18.2	내수	37.8
상 품	18.7				

회사 개요

동사의 주요 제품인 계장용 Fittings&Valve는 조선, 해양 플랜트, 원자력, 화력, 수력 발전설비, CNG 및 수소용 자동차 산업, 해외 정유시설의 대형 플랜트 등에 주요 사용됨. 계장용 Fitting & Valve는 모든 산업 기반에 없어서는 안 될 요소이며 산업 규모 역시 성장하고 있음. Exxon Mobil, 현대중공업, 두산엔진 등 300여개 거래처에 자체 브랜드로 제품을 공급하고 있음.

실적 분석

동사의 2017년도 연간 매출액은 535.6억원으로 전년대비 3% 증가함. 국내 매출은 감소했으나 아시아, 유럽 지역의 매출이 증가함. 그러나 글로벌 경기침체 및 전방산업 불황과 환율 변동의 영향으로 영업이익은 32.7% 감소한 17.9억원을 시현함. 국내 및 해외 영업망을 지속적으로 확대하는 판매 전략을 수립하고 있으며, 고객의 사양에 맞는 제품 설계 및 제작으로 고객 확보에 힘쓰고 있음.

현금 흐름 *IFRS 별도 기준 〈단위 : 억원〉

항목	2016	2017
영업활동	87	31
투자활동	-10	-33
재무활동	-16	14
순현금흐름	62	9
기말현금	79	88

시장 대비 수익률

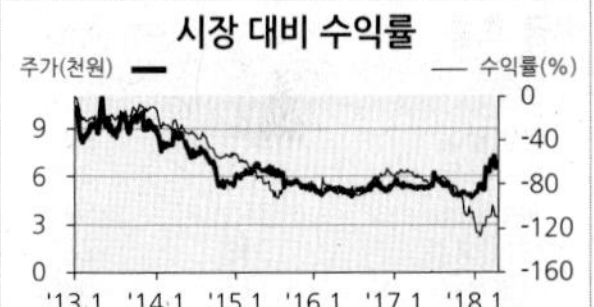

결산 실적 〈단위 : 억원〉

항목	2012	2013	2014	2015	2016	2017
매출액	469	546	591	543	520	536
영업이익	100	69	69	45	27	18
당기순이익	75	54	57	40	26	5

분기 실적 *IFRS 별도 기준 〈단위 : 억원〉

항목	2016.3Q	2016.4Q	2017.1Q	2017.2Q	2017.3Q	2017.4Q
매출액	125	138	127	133	137	139
영업이익	9	-2	4	6	4	4
당기순이익	1	9	-7	11	6	-6

재무 상태 *IFRS 별도 기준 〈단위 : 억원〉

항목	2012	2013	2014	2015	2016	2017
총자산	823	884	984	971	977	995
유형자산	341	424	424	425	420	422
무형자산	5	11	21	23	19	18
유가증권	0	0	0	0	11	16
총부채	186	205	245	210	202	224
총차입금	36	80	95	72	72	94
자본금	39	39	39	39	39	39
총자본	637	679	739	761	775	771
지배주주지분	637	679	739	761	775	771

기업가치 지표 *IFRS 별도 기준

항목	2012	2013	2014	2015	2016	2017
주가(최고/저)(천원)	12.6/5.9	11.0/8.0	9.1/5.2	7.0/5.1	5.9/4.8	6.2/4.7
PER(최고/저)(배)	14.5/6.8	17.8/12.9	13.8/7.9	14.6/10.7	18.6/14.9	102.7/76.8
PBR(최고/저)(배)	1.7/0.8	1.4/1.0	1.1/0.6	0.8/0.6	0.6/0.5	0.7/0.5
EV/EBITDA(배)	7.3	9.3	5.3	7.4	9.0	9.6
EPS(원)	979	687	725	512	332	62
BPS(원)	8,231	8,766	9,403	9,684	9,863	9,820
CFPS(원)	1,077	856	936	732	565	313
DPS(원)	100	100	200	150	100	100
EBITDAPS(원)	1,398	1,049	1,088	795	573	479

재무 비율 〈단위 : %〉

연도	영업이익률	순이익률	부채비율	차입금비율	ROA	ROE	유보율	자기자본비율	EBITDA마진율
2017	3.4	0.9	29.0	12.2	0.5	0.6	1,864.0	77.5	7.0
2016	5.1	5.0	26.1	9.3	2.7	3.4	1,872.7	79.3	8.7
2015	8.3	7.4	27.6	9.5	4.1	5.4	1,836.8	78.4	11.5
2014	11.7	9.6	33.2	12.8	6.1	8.0	1,780.6	75.1	14.5

디티알오토모티브 (A007340)
DTR AUTOMOTIVE

업　　종 : 자동차부품　　　　　시　　장 : 거래소
신용등급 : (Bond) ─　(CP) ─　　기업규모 : 시가총액 소형주
홈페이지 : www.dongahtire.co.kr　　연 락 처 : 055)389-0011
본　　사 : 경남 양산시 유산공단11길 11

설 립 일	1971.06.23	**종업원수**	845명	**대표이사**	김상헌
상 장 일	1988.09.24	**감사의견**	적정(안진)	**계　열**	
결 산 기	12월	**보 통 주**		**종속회사수**	9개사
액 면 가	500원	**우 선 주**		**구 상 호**	동아타이어

주주구성 (지분율,%)		출자관계 (지분율,%)		주요경쟁사 (외형,%)	
김상헌	49.4	디티알	100.0	디티알오토모티브	100
한국투자밸류자산운용	15.2	동아전지	100.0	한국타이어	776
(외국인)	7.1	동남주택	76.6	한국타이어월드와이드	94

매출구성		비용구성		수출비중	
자동차용 부품	64.8	매출원가율	85.1	수출	─
자동차용 고무제품	19.6	판관비율	8.1	내수	─
자동차용 축전지	15.0				

회사 개요

동사는 자동차용 고무제품, 자동차용 부품, 자동차용 축전지 등의 사업을 영위함. 자동차용 부품이 매출의 절반을 차지하고 있으며 자동차용 고무제품과 자동차용 축전지(배터리)도 각각 10~20%대를 차지하고 있음. 자동차용 부품, 고무제품은 과점적 성격이 강한데 동사는 자동차용 튜브 시장에서 넥센과 경쟁관계를 이루며 성장하고 있음. 국내 충전지 시장은 2조 5,000억원 규모에 달함.

실적 분석

동사의 2017년 연간 매출액은 전년동기대비 10.3% 상승한 8,778.6억원을 기록하였음. 비용면에서 전년동기대비 매출원가는 증가했으며 인건비도 증가, 광고선전비는 감소, 기타판매비와관리비는 증가함. 이와 같이 상승한 매출액 대비 비용증가가 높아 매출액은 성장했지만 원가 증가로 인해 전년동기대비 영업이익은 594.7억원으로 8.8% 하락 하였음. 최종적으로 전년동기대비 당기순이익은 크게 하락하여 534.8억원을 기록함.

현금 흐름 〈단위 : 억원〉

항목	2016	2017
영업활동	1,386	891
투자활동	-743	-460
재무활동	-251	-594
순현금흐름	398	-289
기말현금	1,175	885

시장 대비 수익률

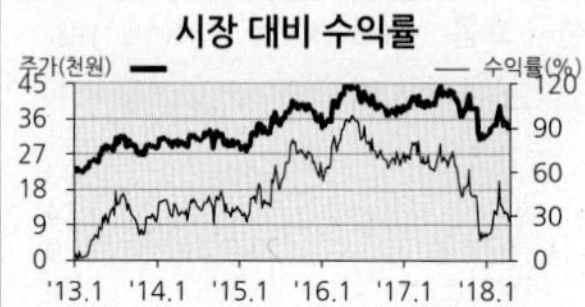

결산 실적 〈단위 : 억원〉

항목	2012	2013	2014	2015	2016	2017
매출액	6,328	6,665	7,220	9,105	7,957	8,779
영업이익	413	520	453	849	652	595
당기순이익	580	485	448	747	840	535

분기 실적 〈단위 : 억원〉

항목	2016.3Q	2016.4Q	2017.1Q	2017.2Q	2017.3Q	2017.4Q
매출액	1,836	1,162	2,518	2,593	2,221	1,447
영업이익	135	-24	216	176	152	50
당기순이익	161	165	205	136	160	33

재무 상태 〈단위 : 억원〉

항목	2012	2013	2014	2015	2016	2017
총자산	7,306	7,983	9,716	10,645	11,155	7,786
유형자산	2,104	2,461	3,362	3,410	3,443	2,809
무형자산	109	134	268	272	265	233
유가증권	1,447	1,545	1,450	2,371	2,701	838
총부채	1,711	2,002	3,213	3,391	3,251	2,658
총차입금	691	985	1,649	1,614	1,474	923
자본금	119	119	119	119	119	50
총자본	5,595	5,981	6,503	7,254	7,905	5,128
지배주주지분	5,535	5,972	6,415	7,150	7,767	4,941

기업가치 지표

항목	2012	2013	2014	2015	2016	2017
주가(최고/저)(천원)	24.5/16.3	32.0/21.5	33.4/28.5	41.1/27.9	44.9/33.2	46.0/30.1
PER(최고/저)(배)	10.7/7.1	16.6/11.2	18.4/15.7	14.1/9.5	13.8/10.2	20.5/13.4
PBR(최고/저)(배)	1.1/0.7	1.3/0.9	1.3/1.1	1.4/1.0	1.4/1.0	0.9/0.6
EV/EBITDA(배)	6.1	6.4	7.2	5.2	6.1	3.6
EPS(원)	2,448	2,046	1,915	3,066	3,372	2,299
BPS(원)	23,727	25,565	27,427	30,527	33,125	49,828
CFPS(원)	3,214	2,946	3,032	4,578	4,937	3,951
DPS(원)	75	100	150	250	350	700
EBITDAPS(원)	2,506	3,093	3,025	5,093	4,313	4,422

재무 비율 〈단위 : %〉

연도	영업이익률	순이익률	부채비율	차입금비율	ROA	ROE	유보율	자기자본비율	EBITDA마진율
2017	6.8	6.1	51.8	18.0	5.7	7.8	9,865.6	65.9	10.8
2016	8.2	10.6	41.1	18.7	7.7	10.7	6,525.0	70.9	12.9
2015	9.3	8.2	46.7	22.2	7.3	10.7	6,005.4	68.2	13.3
2014	6.3	6.2	49.4	25.4	5.1	7.3	5,385.5	66.9	9.9

디티앤씨 (A187220)
DT&C

업　　종 : 통신장비　　　　　시　　장 : KOSDAQ
신용등급 : (Bond) ─　(CP) ─　　기업규모 : 벤처
홈페이지 : www.dtnc.co.kr　　연 락 처 : 031)321-2664
본　　사 : 경기도 용인시 처인구 유림로154번길 42 (유방동)

설 립 일	2000.10.18	**종업원수**	270명	**대표이사**	박채규
상 장 일	2014.12.17	**감사의견**	적정(한미)	**계　열**	
결 산 기	12월	**보 통 주**		**종속회사수**	6개사
액 면 가	500원	**우 선 주**		**구 상 호**	

주주구성 (지분율,%)		출자관계 (지분율,%)		주요경쟁사 (외형,%)	
박채규	45.3	디티앤인베스트먼트	100.0	디티앤씨	100
트러스톤자산운용	4.5	디티앤싸노메딕스	100.0	텔콘	84
(외국인)	1.9	디티앤씨알오	100.0	다산네트웍스	616

매출구성		비용구성		수출비중	
정보통신기기	44.6	매출원가율	57.9	수출	─
기간산업	20.8	판관비율	31.0	내수	─
자동차전장기기	18.5				

회사 개요

동사는 2000년 10월 전자파 시험인증 사업을 영위할 목적으로 설립되었으며, 시험인증 사업을 전문적으로 하는 기업으로 정보통신기기, 의료기기, 자동차 전장기기를 비롯한 다양한 분야내 인증 서비스를 제공하고 있음. 동사는 주력인 정보통신, 의료기기 및 자동차 전장 외 우주항공, 원자력, 선급 등의 사업 영역 확장을 추진 중에 있으며, 이 분야 진출에 필수적인 신뢰성 및 환경 시험을 전담하는 시험센터를 설립함.

실적 분석

동사의 2017년 전체 매출은 498억원으로 전년대비 23.3% 증가, 영업이익은 55.7억원으로 81.8% 증가. 당기순이익은 40.9억원으로 전년대비 70% 증가, 전방산업인 IT 산업내 프리미엄 제품 수요 증가, 사업 다각화에 힘입어 높은 매출 증가 및 수익성 개선을 시현. 자회사인 디티앤씨알오는 식약처로부터 생물학적동등성시험 실시기관에 지정.동사는 기존 IT중심의 사업분야를 원자력과, 항공/우주, 방위산업 등으로 확장해나갈 것으로 전망

현금 흐름 〈단위 : 억원〉

항목	2016	2017
영업활동	37	82
투자활동	-180	-156
재무활동	122	67
순현금흐름	-20	-11
기말현금	113	102

시장 대비 수익률

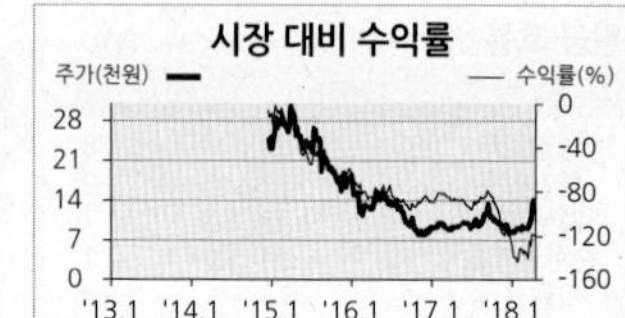

결산 실적 〈단위 : 억원〉

항목	2012	2013	2014	2015	2016	2017
매출액	134	202	275	318	404	498
영업이익	27	53	93	28	31	56
당기순이익	22	43	72	36	24	41

분기 실적 〈단위 : 억원〉

항목	2016.3Q	2016.4Q	2017.1Q	2017.2Q	2017.3Q	2017.4Q
매출액	102	119	113	125	122	138
영업이익	11	11	12	15	11	17
당기순이익	5	17	10	11	8	11

재무 상태 〈단위 : 억원〉

항목	2012	2013	2014	2015	2016	2017
총자산	155	318	812	935	1,107	1,226
유형자산	117	198	380	574	656	761
무형자산	1	2	3	16	24	18
유가증권	─	─	─	67	105	120
총부채	106	207	173	259	399	478
총차입금	89	179	136	203	315	387
자본금	7	30	49	49	49	49
총자본	49	112	639	677	708	748
지배주주지분	49	112	639	675	705	742

기업가치 지표

항목	2012	2013	2014	2015	2016	2017
주가(최고/저)(천원)	─/─	─/─	26.6/21.5	30.6/15.5	18.1/7.9	13.5/8.2
PER(최고/저)(배)	0.0/0.0	0.0/0.0	28.5/23.1	82.8/41.8	74.9/32.7	34.9/21.3
PBR(최고/저)(배)	0.0/0.0	0.0/0.0	4.1/3.3	4.5/2.3	2.5/1.1	1.8/1.1
EV/EBITDA(배)	2.0	1.5	18.4	25.6	11.5	8.3
EPS(원)	459	600	930	370	242	387
BPS(원)	34,956	1,461	6,482	6,845	7,158	7,531
CFPS(원)	28,953	824	1,243	817	867	1,152
DPS(원)	─	─	─	─	─	─
EBITDAPS(원)	33,070	969	1,506	733	936	1,330

재무 비율 〈단위 : %〉

연도	영업이익률	순이익률	부채비율	차입금비율	ROA	ROE	유보율	자기자본비율	EBITDA마진율
2017	11.2	8.2	63.9	51.8	3.5	5.3	1,406.1	61.0	26.3
2016	7.6	6.0	56.3	44.5	2.4	3.5	1,331.7	64.0	22.8
2015	8.9	11.3	38.2	30.1	4.1	5.6	1,269.0	72.4	22.7
2014	33.8	26.4	27.2	21.2	12.8	19.3	1,196.3	78.6	42.7

디피씨 (A026890)

Digital Power Communications

업　　종 : 내구소비재 | 시　　장 : 거래소
신용등급 : (Bond) —　　(CP) — | 기업규모 : 시가총액 소형주
홈페이지 : www.dpc.co.kr | 연 락 처 : 031)599-0100
본　　사 : 경기도 안산시 단원구 산단로 19번길 145(목내동)

설 립 일	1982.06.25	**종업원수**	50명	**대표이사**	도용환
상 장 일	1997.11.06	**감사의견**	적정(삼일)	**계　　열**	
결 산 기	12월	**보 통 주**		**종속회사수**	5개사
액 면 가	500원	**우 선 주**		**구 상 호**	

주주구성 (지분율,%)		출자관계 (지분율,%)		주요경쟁사 (외형,%)	
도용환	13.2	스틱인베스트먼트	100.0	디피씨	100
SC제일은행	5.8	알티에스	4.9	코웨이	1,626
(외국인)	3.1	불산디피씨전자유한공사	100.0	쿠쿠홀딩스	291

매출구성		비용구성		수출비중	
[파워]HVT외	99.5	매출원가율	74.3	수출	—
[파워]임대료외	0.5	판관비율	17.8	내수	—

회사 개요

동사의 사업부문은 제조부문과 투자부문으로 나누어져 있음. 제조 부문은 전자렌지용 고압변성기 등을 중국 현지법인과 말레이시아 현지법인을 통해 납품하고 있으며, 투자부문은 창업투자가 주력임. 제조부문은 파워부문이 주력이며, 전자레인지의 주요 부품인 HVT를 생산함. 전자레인지가 성숙기 산업임에도 불구하고 중국 및 동남아 시장의 확대로 중국 및 말레이시아 해외생산기지 구축을 완료함. 매출비중은 파워 86.99%, 창업투자 13.01% 등으로 구성됨.

실적 분석

동사의 2017년 4/4분기 연결기준 누적 매출액은 1,548.0억원으로 전년동기 대비 15.8% 증가했음. 외형성장에도 불구하고 매출원가가 전년동기 대비 29.2% 증가함에 따라 영업이익은 전년동기 대비 20.7% 감소한 122.0억원을 시현했음. 이로 인해 비영업부문에서 1.4억원의 이익을 시현했음에도 당기순이익은 전년동기 대비 42.0% 감소한 72.7억원을 시현하는데 그침.

현금 흐름 〈단위 : 억원〉

항목	2016	2017
영업활동	25	3
투자활동	-20	-75
재무활동	-2	32
순현금흐름	5	-47
기말현금	170	123

시장 대비 수익률

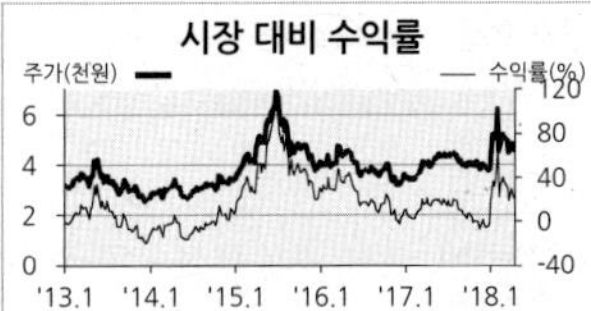

결산 실적 〈단위 : 억원〉

항목	2012	2013	2014	2015	2016	2017
매출액	1,722	1,587	1,452	1,334	1,337	1,548
영업이익	209	61	120	120	154	122
당기순이익	157	15	91	142	125	73

분기 실적 〈단위 : 억원〉

항목	2016.3Q	2016.4Q	2017.1Q	2017.2Q	2017.3Q	2017.4Q
매출액	323	323	365	397	385	402
영업이익	41	14	28	12	37	45
당기순이익	28	17	24	17	11	21

재무 상태 〈단위 : 억원〉

항목	2012	2013	2014	2015	2016	2017
총자산	1,552	1,634	1,678	1,755	1,878	1,900
유형자산	230	213	196	177	159	133
무형자산	86	61	62	58	60	64
유가증권	79	36	31	1	8	20
총부채	520	554	528	458	518	513
총차입금	275	258	271	237	254	261
자본금	208	208	208	208	208	208
총자본	1,032	1,079	1,150	1,296	1,360	1,387
지배주주지분	1,010	1,058	1,129	1,275	1,338	1,366

기업가치 지표

항목	2012	2013	2014	2015	2016	2017
주가(최고/저)(천원)	3.1/1.3	4.5/2.4	3.7/2.6	7.0/3.4	4.8/3.1	4.6/3.4
PER(최고/저)(배)	9.4/3.9	207.5/113.6	18.8/13.3	22.0/10.8	17.3/11.1	28.2/20.6
PBR(최고/저)(배)	1.2/0.5	1.7/1.0	1.3/1.0	2.2/1.1	1.4/0.9	1.3/1.0
EV/EBITDA(배)	5.4	12.0	8.7	10.0	6.1	9.2
EPS(원)	360	23	210	332	287	168
BPS(원)	2,760	2,793	2,962	3,311	3,455	3,520
CFPS(원)	436	94	277	397	347	212
DPS(원)	50	50	50	50	70	70
EBITDAPS(원)	578	217	354	353	429	337

재무 비율 〈단위 : %〉

연도	영업이익률	순이익률	부채비율	차입금비율	ROA	ROE	유보율	자기자본비율	EBITDA마진율
2017	7.9	4.7	37.0	18.9	3.9	5.2	604.0	73.0	9.1
2016	11.5	9.4	38.1	18.6	6.9	9.2	591.0	72.4	13.4
2015	9.0	10.6	35.4	18.3	8.3	11.5	562.3	73.9	11.0
2014	8.2	6.3	45.9	23.6	5.5	8.0	492.4	68.5	10.2

딜리 (A131180)

DILLI ILLUSTRATE

업　　종 : 컴퓨터 및 주변기기 | 시　　장 : KOSDAQ
신용등급 : (Bond) —　　(CP) — | 기업규모 : 벤처
홈페이지 : www.dilli.co.kr | 연 락 처 : 031)860-5500
본　　사 : 경기도 동두천시 강변로 702번길 30

설 립 일	1996.02.15	**종업원수**	106명	**대표이사**	최근수
상 장 일	2011.01.28	**감사의견**	적정(한영)	**계　　열**	
결 산 기	12월	**보 통 주**		**종속회사수**	3개사
액 면 가	100원	**우 선 주**		**구 상 호**	

주주구성 (지분율,%)		출자관계 (지분율,%)		주요경쟁사 (외형,%)	
최근수	35.5	딜리과기(상해)유한공사	100.0	딜리	100
Agfa Graphics NV	15.0	DILLIS.A.	99.0	빅솔론	176
(외국인)	16.0	DILLIMEXICOS.AdeC.V	97.0	메디프론	41

매출구성		비용구성		수출비중	
UV프린터[직판]	42.4	매출원가율	71.5	수출	85.1
UV프린터[ODM]	36.0	판관비율	23.6	내수	14.9
INK등[직판]	12.3				

회사 개요

1996년 일리정공으로 설립된 동사는 2010년 사명을 딜리로 바꾸고, 2011년 코스닥시장에 상장됨. 동사가 생산하는 디지털 잉크젯 UV프린터는 주로 산업용으로 사용되며 자외선을 통해 순간경화로 잉크가 번지지 않고, 유리, 목재, 플라스틱, 금속, 캔버스 등 소재를 가리지 않고 출력이 가능함. 또한 잉크에서 발생하는 유해물질을 차단해주는 장점이 있음. 디지털 UV프린터 세계시장에서 동사의 제품이 차지하는 점유율이 업계 추산으로 10% 정도임.

실적 분석

UV프린터의 국내 판매는 줄었으나, 유럽 등에 대한 수출은 달러 기준으로 59% 이상 증가함. UV잉크의 국내외 판매도 회복됨에 따라 2017년 매출액은 전년 대비 31.7% 증가함. 급격한 원달러 환율 하락 및 연구개발 비용 증가로 영업이익은 34.1% 줄어듦. 외환관련손실이 크게 늘어나 영업외수지도 악화됨. UV프린터의 장점인 인쇄 매체의 범용성으로 인해 유리, 가구, 인테리 등 응용분야가 확대됨에 따라 수요 증가세가 지속될 전망임.

현금 흐름 〈단위 : 억원〉

항목	2016	2017
영업활동	11	52
투자활동	34	-51
재무활동	-53	-15
순현금흐름	-6	-16
기말현금	80	63

시장 대비 수익률

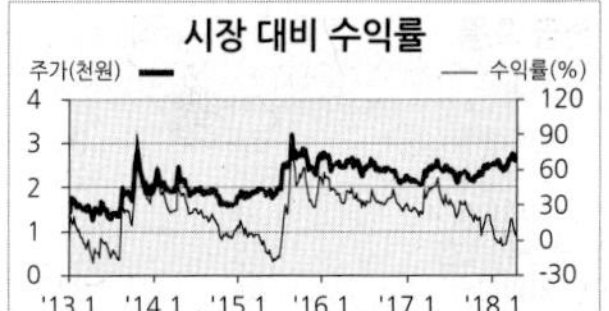

결산 실적 〈단위 : 억원〉

항목	2012	2013	2014	2015	2016	2017
매출액	329	328	340	425	386	509
영업이익	29	25	25	51	37	25
당기순이익	35	32	34	56	41	25

분기 실적 〈단위 : 억원〉

항목	2016.3Q	2016.4Q	2017.1Q	2017.2Q	2017.3Q	2017.4Q
매출액	93	99	123	175	105	106
영업이익	10	2	19	14	8	-16
당기순이익	6	12	9	18	12	-13

재무 상태 〈단위 : 억원〉

항목	2012	2013	2014	2015	2016	2017
총자산	481	500	522	606	583	614
유형자산	89	92	94	98	104	108
무형자산	8	13	12	12	12	11
유가증권	5	1	1	1	2	3
총부채	33	32	33	75	28	47
총차입금	5	4	1	36	0	—
자본금	29	29	29	29	29	29
총자본	448	468	489	531	555	566
지배주주지분	448	468	489	531	555	567

기업가치 지표

항목	2012	2013	2014	2015	2016	2017
주가(최고/저)(천원)	1.4/0.8	3.0/1.2	2.5/1.6	3.2/1.7	3.0/2.0	2.7/2.0
PER(최고/저)(배)	12.8/8.1	30.9/12.5	23.4/14.6	17.7/9.6	21.9/15.0	32.1/24.0
PBR(최고/저)(배)	1.0/0.6	2.1/0.9	1.6/1.0	1.9/1.0	1.6/1.1	1.4/1.1
EV/EBITDA(배)	6.7	14.5	10.6	11.0	11.0	16.7
EPS(원)	118	109	116	192	141	87
BPS(원)	1,541	1,609	1,681	1,823	1,904	1,944
CFPS(원)	128	121	128	204	155	103
DPS(원)	42	45	50	60	50	50
EBITDAPS(원)	109	98	95	187	142	100

재무 비율 〈단위 : %〉

연도	영업이익률	순이익률	부채비율	차입금비율	ROA	ROE	유보율	자기자본비율	EBITDA마진율
2017	4.9	5.0	8.3	0.0	4.3	4.6	1,844.4	92.3	5.8
2016	9.7	10.7	5.0	0.1	7.0	7.6	1,804.4	95.2	10.8
2015	12.1	13.3	14.2	6.7	10.0	11.1	1,722.8	87.6	12.9
2014	7.3	10.1	6.7	0.3	6.7	7.1	1,580.7	93.7	8.2

라온시큐어 (A042510)
RaonSecure

업　　종 : 일반 소프트웨어　　시　　장 : KOSDAQ
신용등급 : (Bond) —　(CP) —　　기업규모 : 벤처
홈페이지 : www.raonsecure.com　　연 락 처 : 02)561-4545
본　　사 : 서울시 강남구 테헤란로 145, 11,12,13층(역삼동, 우신빌딩)

설 립 일	1998.04.16	**종업원수**	150명	**대 표 이 사**	이순형
상 장 일	2000.12.15	**감사의견**	적정(한길)	**계　열**	
결 산 기	12월	**보 통 주**		**종속회사수**	2개사
액 면 가	500원	**우 선 주**		**구 상 호**	

주주구성 (지분율,%)		출자관계 (지분율,%)		주요경쟁사 (외형,%)	
이순형	21.2	라온화이트햇	50.0	라온시큐어	100
장만호	4.2	RaonsecureUSA	100.0	알서포트	109
(외국인)	1.0			SGA	462

매출구성		비용구성		수출비중	
TouchEn onepass 등	48.4	매출원가율	38.5	수출	0.5
TouchEn Key 등	23.4	판관비율	45.8	내수	99.5
모비싸인, 컨설팅,연구과제 등	21.5				

회사 개요

동사는 1998년 설립된 유무선 접속 장비 개발 업체임. 국내에서는 유일하게 모바일 보안 분야의 필수 보안솔루션(모바일단말관리, 암호인증, 모바일백신, 가상키패드)을 모두 보유하며, 모바일 보안 위협에 따른 핵심 솔루션 시장에서 국내 보안기술 및 시장을 선도. 연결대상 종속회사로는 지분 50%를 보유한 교육기업 라온화이트햇과 지분 100%를 보유한 미국 법인 Raonsecure USA Inc. 가 있음.

실적 분석

동사의 2017년 연간 매출액은 전년 대비 27.2% 증가한 212.4억원을 기록함. 2017년 연간 영업이익은 전년 대비 73.6% 증가한 33.2억원을 기록함. 동사는 카카오페이에 지문인증 등 생체인증 서비스를 공급하고 있음. 금융기관, 공공기관을 비롯하여 포털, 오픈마켓, 핀테크, 게임, 통신, 교육 분야 등 다양한 산업군의 500여 기업을 고객으로 확보하고 있음. 올해 해외 사업 진출을 본격화하며 신규 수익을 창출할 계획임.

현금 흐름 〈단위 : 억원〉

항목	2016	2017
영업활동	34	28
투자활동	-16	-38
재무활동	-4	-12
순현금흐름	13	-22
기말현금	59	37

시장 대비 수익률

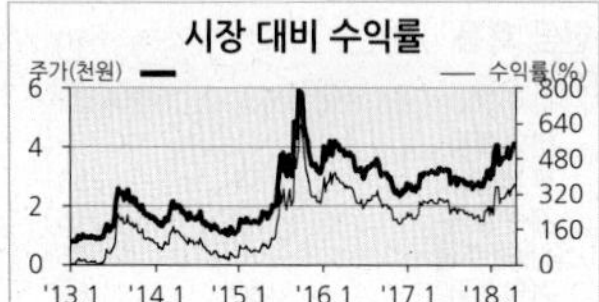

결산 실적 〈단위 : 억원〉

항목	2012	2013	2014	2015	2016	2017
매출액	139	165	112	125	167	212
영업이익	17	-17	-27	8	19	33
당기순이익	24	-4	-15	7	17	34

분기 실적 〈단위 : 억원〉

항목	2016.3Q	2016.4Q	2017.1Q	2017.2Q	2017.3Q	2017.4Q
매출액	39	58	42	43	45	82
영업이익	6	15	3	6	-5	29
당기순이익	6	13	3	6	-4	30

재무 상태 〈단위 : 억원〉

항목	2012	2013	2014	2015	2016	2017
총자산	295	164	149	162	166	203
유형자산	4	4	3	2	7	7
무형자산	15	20	21	24	23	23
유가증권	—	1	1	1	1	1
총부채	185	52	49	55	42	44
총차입금	125	15	18	18	17	4
자본금	152	157	159	159	159	159
총자본	110	112	100	107	124	160
지배주주지분	110	112	100	107	124	158

기업가치 지표

항목	2012	2013	2014	2015	2016	2017
주가(최고/저)(천원)	1.0/0.6	2.7/0.8	2.2/1.0	5.9/1.1	4.3/2.1	3.5/2.5
PER(최고/저)(배)	5.4/3.0	—/—	—/—	271.5/51.9	79.9/40.0	33.1/23.5
PBR(최고/저)(배)	2.9/1.6	7.5/2.1	7.0/3.2	17.5/3.3	11.0/5.5	7.0/5.0
EV/EBITDA(배)	18.1	—	—	79.8	30.3	21.0
EPS(원)	194	-14	-46	22	54	106
BPS(원)	361	357	315	336	390	497
CFPS(원)	213	-1	-30	39	74	129
DPS(원)	—	—	—	—	—	—
EBITDAPS(원)	157	-42	-71	41	81	128

재무 비율 〈단위 : %〉

연도	영업이익률	순이익률	부채비율	차입금비율	ROA	ROE	유보율	자기자본비율	EBITDA마진율
2017	15.6	16.2	27.3	2.3	18.6	23.8	-0.7	78.5	19.1
2016	11.5	10.2	일부잠식	일부잠식	10.4	14.8	-22.0	74.7	15.4
2015	6.1	5.5	일부잠식	일부잠식	4.5	6.7	-32.7	66.2	10.5
2014	-24.4	-13.0	일부잠식	일부잠식	-9.3	-13.7	-37.1	67.3	-19.9

라온테크 (A232680)
RAONTECH

업　　종 : 기계　　시　　장 : KONEX
신용등급 : (Bond) —　(CP) —　　기업규모 : —
홈페이지 : www.naontec.com　　연 락 처 : 031)201-0000
본　　사 : 경기도 수원시 권선구 산업로156번길 88-4

설 립 일	2000.03.14	**종업원수**	63명	**대 표 이 사**	김원경
상 장 일	2015.12.15	**감사의견**	적정(신정)	**계　열**	
결 산 기	12월	**보 통 주**		**종속회사수**	
액 면 가	—	**우 선 주**		**구 상 호**	나온테크

주주구성 (지분율,%)		출자관계 (지분율,%)		주요경쟁사 (외형,%)	
김원경	24.6			라온테크	100
최정윤	11.7			이에스산업	39
				태경피엔에스	14

매출구성		비용구성		수출비중	
Platform	81.5	매출원가율	80.1	수출	0.0
Delta Robot	7.6	판관비율	16.1	내수	100.0
기타	7.1				

회사 개요

동사는 2000년 3월 설립하여 제조업용 로봇(Robot)과 자동화 시스템(FA)을 개발 공급하고 있는 기업임. 동사의 주요 사업은 반도체 제조라인에서 Wafer를 이송하는 반도체 로봇 및 자동화 모듈, LCD와 OLED 제조라인에서 Glass를 이송하는 FPD 로봇 및 자동화, 식품, 화장품, 의약품 제조라인에서 사용되는 제조업용 로봇 및 자동화 시스템임.

실적 분석

동사는 코넥스 상장 기업임. 2017년 연결기준 동사 매출액은 287억원을 기록함. 전년도 매출액 187.9억원 대비 52.7% 증가한 금액임. 영업이익은 11억원을 시현함. 전년도 영업이익인 8억원에 비해 37.5% 증가한 금액임. 비영업부문은 16.5억원의 손실을 기록함. 당기순손실은 6.1억원을 시현함. 전년도엔 15.8억원을 기록했으나 적자로 돌아섰음.

현금 흐름 *IFRS 별도 기준 〈단위 : 억원〉

항목	2016	2017
영업활동	-8	-28
투자활동	-17	-26
재무활동	27	59
순현금흐름	3	5
기말현금	4	9

시장 대비 수익률

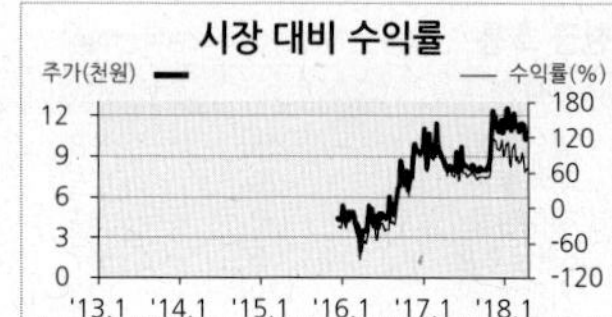

결산 실적 〈단위 : 억원〉

항목	2012	2013	2014	2015	2016	2017
매출액	105	45	60	141	188	287
영업이익	2	-3	5	9	8	11
당기순이익	5	1	5	-3	16	-6

분기 실적 *IFRS 별도 기준 〈단위 : 억원〉

항목	2016.3Q	2016.4Q	2017.1Q	2017.2Q	2017.3Q	2017.4Q
매출액	—	—	—	—	—	—
영업이익	—	—	—	—	—	—
당기순이익	—	—	—	—	—	—

재무 상태 *IFRS 별도 기준 〈단위 : 억원〉

항목	2012	2013	2014	2015	2016	2017
총자산	105	110	111	181	260	285
유형자산	36	35	35	87	106	103
무형자산	31	32	20	20	20	28
유가증권	—	—	—	—	—	—
총부채	61	66	80	154	216	192
총차입금	47	49	43	114	137	131
자본금	11	11	11	11	11	21
총자본	44	45	31	28	44	93
지배주주지분	44	45	31	28	44	93

기업가치 지표 *IFRS 별도 기준

항목	2012	2013	2014	2015	2016	2017
주가(최고/저)(천원)	—/—	—/—	—/—	—/—	—/—	—/—
PER(최고/저)(배)	0.0/0.0	0.0/0.0	0.0/0.0	—/—	20.6/3.9	—/—
PBR(최고/저)(배)	0.0/0.0	0.0/0.0	0.0/0.0	4.9/3.2	8.3/1.6	5.6/3.3
EV/EBITDA(배)	6.3	24.0	5.4	18.6	37.9	31.6
EPS(원)	212	34	175	-111	512	-160
BPS(원)	1,985	2,030	1,407	1,261	1,895	2,204
CFPS(원)	543	280	303	-67	869	32
DPS(원)	—	—	—	—	—	—
EBITDAPS(원)	363	85	291	494	519	479

재무 비율 〈단위 : %〉

연도	영업이익률	순이익률	부채비율	차입금비율	ROA	ROE	유보율	자기자본비율	EBITDA마진율
2017	3.8	-2.1	206.2	140.3	-2.2	-8.9	340.8	32.7	6.4
2016	4.2	8.4	495.8	315.3	7.2	44.3	279.0	16.8	6.2
2015	6.5	-2.3	555.2	411.9	-2.2	-10.9	152.3	15.3	7.7
2014	8.0	8.4	258.5	139.8	4.6	13.4	181.4	27.9	10.7

라이브플렉스 (A050120)

LIVEPLEX

업 종 : 레저용품
시 장 : KOSDAQ
신용등급 : (Bond) — (CP) —
기업규모 : 중견
홈페이지 : www.liveplex.co.kr
연 락 처 : 02)3446-4872
본 사 : 서울시 강남구 언주로 702 8층 (논현동)

설 립 일	1977.06.20	**종업원수**	32명	**대표이사**	김병진
상 장 일	2002.04.25	**감사의견**	적정(대현)	**계 열**	
결 산 기	12월	**보 통 주**		**종속회사수**	5개사
액 면 가	500원	**우 선 주**		**구 상 호**	

주주구성 (지분율,%)		출자관계 (지분율,%)		주요경쟁사 (외형,%)	
김병진	16.1	플렉스인베스트먼트	100.0	라이브플렉스	100
씨티엘	3.1	소셜큐브네트웍스	100.0	손오공	291
(외국인)	0.7	청도경조여유용품유한공사	100.0	오로라	402

매출구성		비용구성		수출비중	
텐트사업(제품)	96.2	매출원가율	72.9	수출	—
게임매출(기타)	1.9	판관비율	20.8	내수	—
임대매출(기타)	0.9				

회사 개요

동사는 1977년에 설립, 2002년에 코스닥 시장에 상장된 기업으로 현재 6개의 연결대상 종속법인을 보유하고 있음. 종속법인인 중국의 청도경조여유용품, 고밀화신여유용품, 위방진호야외용품, 베트남의 LIVE OUTDOOR를 통해 레저 및 기능성 텐트를 생산하여 Snowpeak, Cabela's 등에 수출하는 ODM 사업을 영위하고 있음. 또한 소셜큐브네트웍스를 통한 온라인 게임사업과 플렉스인베스트먼트를 통한 축산 관련 사업도 영위하고 있음.

실적 분석

동사의 2017년 연간 매출액은 전년동기 342.9억원 대비 4.3% 상승한 357.5억원을 기록하였음. 비용면에서 전년동기대비 매출원가는 증가 하였으며 인건비는 감소 하였고 광고선전비는 크게 증가, 기타판매비와관리비는 크게 감소함. 이처럼 매출액 상승과 더불어 비용절감에도 힘을 기울였음. 그러나 비영업손익의 적자지속으로 전년동기대비 당기순이익은 17.4억원을 기록함.

현금 흐름 <단위 : 억원>

항목	2016	2017
영업활동	12	23
투자활동	-230	-69
재무활동	378	-13
순현금흐름	48	-70
기말현금	313	243

시장 대비 수익률

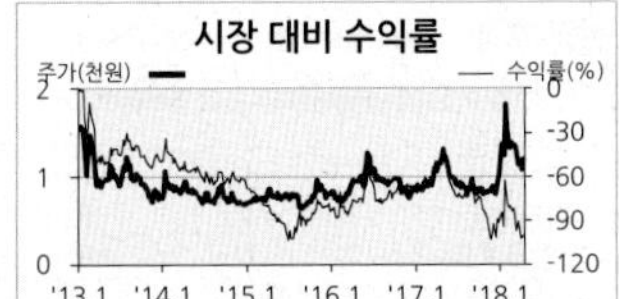

결산 실적 <단위 : 억원>

항목	2012	2013	2014	2015	2016	2017
매출액	560	586	445	422	343	357
영업이익	1	-12	2	-41	22	22
당기순이익	-4	-165	-6	-23	215	17

분기 실적 <단위 : 억원>

항목	2016.3Q	2016.4Q	2017.1Q	2017.2Q	2017.3Q	2017.4Q
매출액	71	44	119	126	71	41
영업이익	4	1	13	9	6	-6
당기순이익	1	7	7	11	4	-5

재무 상태 <단위 : 억원>

항목	2012	2013	2014	2015	2016	2017
총자산	463	471	566	556	1,052	1,059
유형자산	32	22	23	20	71	116
무형자산	193	46	54	55	1	7
유가증권	37	45	31	48	62	95
총부채	64	48	70	60	335	331
총차입금	2	2	27	19	298	286
자본금	117	182	182	182	208	416
총자본	399	424	496	497	717	728
지배주주지분	392	417	418	425	717	728

기업가치 지표

항목	2012	2013	2014	2015	2016	2017
주가(최고/저)(천원)	5.1/1.9	3.2/1.4	2.2/1.4	2.2/1.2	2.6/1.4	1.3/0.8
PER(최고/저)(배)	1,148.6/416.8	—/—	164.6/102.9	122.6/66.0	4.8/2.6	62.8/37.4
PBR(최고/저)(배)	3.4/1.2	2.8/1.2	1.9/1.2	1.9/1.0	1.5/0.8	1.5/0.9
EV/EBITDA(배)	13.1	10.1	13.8	—	22.1	22.3
EPS(원)	2	-253	7	9	273	21
BPS(원)	1,676	1,143	1,145	1,166	1,723	875
CFPS(원)	234	-375	62	44	563	35
DPS(원)	—	—	—	—	—	—
EBITDAPS(원)	233	95	54	-85	71	41

재무 비율 <단위 : %>

연도	영업이익률	순이익률	부채비율	차입금비율	ROA	ROE	유보율	자기자본비율	EBITDA마진율
2017	6.3	4.9	45.4	39.3	1.7	2.4	75.0	68.8	9.5
2016	6.3	62.8	46.7	41.6	26.8	38.1	244.5	68.2	8.2
2015	-9.6	-5.5	12.0	3.9	-4.1	1.6	133.2	89.3	-7.4
2014	0.4	-1.4	14.1	5.4	-1.2	1.2	128.9	87.7	4.4

라이온켐텍 (A171120)

Lion Chemtech

업 종 : 건축소재
시 장 : KOSDAQ
신용등급 : (Bond) — (CP) —
기업규모 : 우량
홈페이지 : www.lctkorea.com
연 락 처 : 042)930-3300
본 사 : 대전시 대덕구 대덕대로1277번길 36

설 립 일	1982.11.24	**종업원수**	216명	**대표이사**	박희원,박서영
상 장 일	2013.11.19	**감사의견**	적정(신우)	**계 열**	
결 산 기	12월	**보 통 주**		**종속회사수**	
액 면 가	500원	**우 선 주**		**구 상 호**	

주주구성 (지분율,%)		출자관계 (지분율,%)		주요경쟁사 (외형,%)	
박희원	47.6			라이온켐텍	100
신영자산운용	6.0			아세아시멘트	351
(외국인)	3.1			현대시멘트	265

매출구성		비용구성		수출비중	
인조대리석	76.2	매출원가율	83.7	수출	—
합성왁스	19.3	판관비율	10.2	내수	—
기타	4.5				

회사 개요

동사는 1973년 3월 새한화학공업사로 설립되어 1982년 11월 24일 화학물질 및 화학제품 제조 기업으로 법인전환되었으며, 건축 내외장재로 사용되는 인조대리석 및 플라스틱의 물성 개선을 위해 첨가되는 합성왁스를 생산하고 있음. 국내 인조대리석 시장에서 동사의 경쟁사는 LG하우시스, 제일모직, 한화L&C, 듀폰 총 4개 업체가 있으며, 2015년 동사의 매출액의 25.6%가 왁스사업부에서, 74.4%가 대리석사업부에서 발생함.

실적 분석

동사의 2017년 연간 매출액은 전년동기대비 8.9% 상승한 1,313.7억원을 기록하였음. 비용면에서 전년동기대비 매출원가는 증가 했으며 인건비도 증가, 광고선전비는 감소, 기타판매비와관리비는 크게 감소함. 매출액은 성장했지만 원가 증가로 인해 전년동기대비 영업이익은 80.4억원으로 57.1% 크게 하락하였음. 최종적으로 전년동기대비 당기순이익은 크게 하락하여 37.9억원을 기록함.

현금 흐름 *IFRS 별도 기준 <단위 : 억원>

항목	2016	2017
영업활동	194	89
투자활동	-47	-26
재무활동	-39	-39
순현금흐름	109	6
기말현금	264	270

시장 대비 수익률

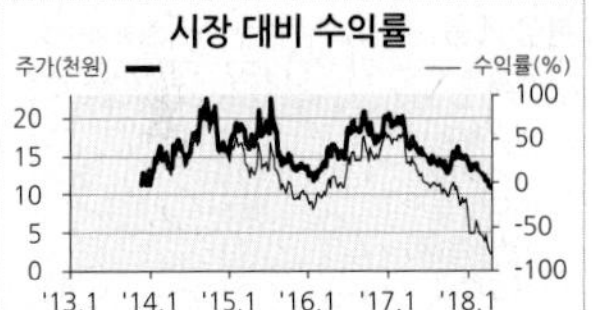

결산 실적 <단위 : 억원>

항목	2012	2013	2014	2015	2016	2017
매출액	933	1,031	1,140	1,151	1,207	1,314
영업이익	201	184	182	212	187	80
당기순이익	148	146	100	179	165	38

분기 실적 *IFRS 별도 기준 <단위 : 억원>

항목	2016.3Q	2016.4Q	2017.1Q	2017.2Q	2017.3Q	2017.4Q
매출액	299	328	303	335	351	324
영업이익	44	33	33	26	15	7
당기순이익	23	56	9	27	13	-12

재무 상태 *IFRS 별도 기준 <단위 : 억원>

항목	2012	2013	2014	2015	2016	2017
총자산	548	836	879	1,114	1,275	1,253
유형자산	310	338	432	591	551	524
무형자산	6	9	8	13	13	14
유가증권	0	0	1	3	30	27
총부채	184	90	87	182	208	177
총차입금	116	5	11	68	66	57
자본금	41	51	51	77	77	77
총자본	363	747	792	932	1,067	1,076
지배주주지분	363	747	792	932	1,067	1,076

기업가치 지표 *IFRS 별도 기준

항목	2012	2013	2014	2015	2016	2017
주가(최고/저)(천원)	—/—	13.3/10.0	22.7/11.4	22.6/12.4	20.9/11.4	20.7/12.6
PER(최고/저)(배)	0.0/0.0	12.4/9.3	36.8/18.4	20.5/11.3	20.1/10.9	85.7/52.4
PBR(최고/저)(배)	0.0/0.0	2.9/2.2	4.5/2.3	3.7/2.0	2.9/1.6	2.9/1.8
EV/EBITDA(배)	0.3	9.7	11.5	8.4	13.1	16.5
EPS(원)	1,196	1,138	648	1,153	1,075	246
BPS(원)	4,461	7,346	8,098	6,448	7,325	7,384
CFPS(원)	1,888	1,850	1,204	1,342	1,311	523
DPS(원)	—	200	110	200	200	300
EBITDAPS(원)	2,541	2,305	2,010	1,556	1,454	799

재무 비율 <단위 : %>

연도	영업이익률	순이익률	부채비율	차입금비율	ROA	ROE	유보율	자기자본비율	EBITDA마진율
2017	6.1	2.9	16.4	5.3	3.0	3.5	1,376.8	85.9	9.4
2016	15.5	13.7	19.5	6.2	13.8	16.5	1,365.1	83.7	18.5
2015	18.4	15.5	19.6	7.3	17.9	20.7	1,189.5	83.6	20.9
2014	16.0	8.8	11.0	1.4	11.7	13.1	1,519.7	90.1	17.9

라이트론 (A069540)
LIGHTRON

업　　종 : 통신장비
신용등급 : (Bond) —　　(CP) —
홈페이지 : www.lightron.co.kr
본　　사 : 대전시 대덕구 문평동로 68
시　　장 : KOSDAQ
기업규모 : 벤처
연 락 처 : 042)930-7700

설 립 일 1998.10.27	**종업원수** 158명	**대 표 이 사** 오중건,최병훈
상 장 일 2004.02.11	**감사의견** 적정(성운)	**계 열**
결 산 기 12월	**보 통 주**	**종속회사수** 7개사
액 면 가 500원	**우 선 주**	**구 상 호** 빛과전자

주주구성 (지분율,%)		출자관계 (지분율,%)		주요경쟁사 (외형,%)	
오중건	13.6	라이트론씨앤디	100.0	라이트론	100
에이수스에쿼티	11.9	울프만브라더스	100.0	스카이문스테크놀로지	16
		세영기술	90.0	빛샘전자	69

매출구성		비용구성		수출비중	
SFP,SFP,GBIC 등	44.5	매출원가율	86.7	수출	—
PON용 ONU/OLT BI-Directonal	38.7	판관비율	13.1	내수	—
상품	14.0				

회사 개요
동사는 광송수신용 모듈 및 광소자부품 등을 제조 및 판매하는 업체임. RFoG 광 모듈 시장에서는 약 30% 정도의 시장 점유율이 추정되고, Video 전송 광 모듈은 10% 수준의 시장점유율이 예상됨. 광 통신 전송 장비에 사용되는 Telecom/Datacom용 광 모듈은 전세계 시장규모인 2010년 약 US$30억 달러에 이르러 동사가 차지하는 비율은 미미함.

실적 분석
동사의 2017년 연간 매출액은 전년동기대비 98.4% 상승한 823.4억원을 기록하였음. 비용면에서 전년동기대비 매출원가는 크게 증가 했으며 인건비도 증가, 광고선전비도 크게 증가, 기타판매비와관리비는 크게 증가함. 매출액은 성장했지만 원가 증가로 인해 전년동기대비 영업이익은 1.2억원으로 78.5% 크게 하락 하였음. 최종적으로 전년동기대비 당기순손실은 적자전환하여 30.4억원을 기록함.

현금 흐름 〈단위 : 억원〉

항목	2016	2017
영업활동	-72	19
투자활동	-20	-208
재무활동	105	184
순현금흐름	11	-8
기말현금	51	43

시장 대비 수익률

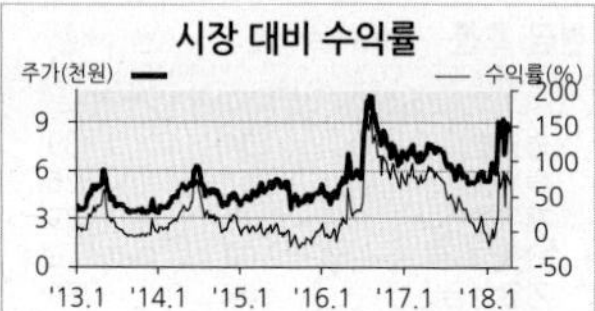

결산 실적 〈단위 : 억원〉

항목	2012	2013	2014	2015	2016	2017
매출액	440	437	517	297	415	823
영업이익	37	16	25	-50	6	1
당기순이익	53	25	32	-44	5	-30

분기 실적 〈단위 : 억원〉

항목	2016.3Q	2016.4Q	2017.1Q	2017.2Q	2017.3Q	2017.4Q
매출액	119	198	217	206	247	155
영업이익	9	27	-6	3	20	-15
당기순이익	5	22	-11	-4	7	-23

재무 상태 〈단위 : 억원〉

항목	2012	2013	2014	2015	2016	2017
총자산	484	522	542	459	609	755
유형자산	121	125	125	118	114	113
무형자산	2	5	5	4	7	5
유가증권	15	11	10	10	66	81
총부채	146	159	144	99	194	344
총차입금	46	58	65	50	100	275
자본금	32	32	32	32	36	37
총자본	338	363	399	359	415	410
지배주주지분	337	362	398	358	415	410

기업가치 지표

항목	2012	2013	2014	2015	2016	2017
주가(최고/저)(천원)	5.0/2.7	6.3/3.3	6.4/3.4	5.5/3.6	10.9/3.9	7.7/5.1
PER(최고/저)(배)	5.9/3.2	15.5/8.2	12.5/6.7	—/—	119.5/43.2	—/—
PBR(최고/저)(배)	0.9/0.5	1.1/0.6	1.0/0.5	0.9/0.6	1.8/0.7	1.3/0.9
EV/EBITDA(배)	3.5	6.8	3.6	—	25.4	33.4
EPS(원)	842	402	511	-693	91	-412
BPS(원)	5,508	5,909	6,471	5,848	5,938	5,786
CFPS(원)	1,010	622	768	-425	318	-210
DPS(원)	—	—	—	—	—	—
EBITDAPS(원)	761	479	658	-531	315	218

재무 비율 〈단위 : %〉

연도	영업 이익률	순 이익률	부채 비율	차입금 비율	ROA	ROE	유보율	자기자본 비율	EBITDA 마진율
2017	0.2	-3.7	83.9	67.0	-4.5	-7.4	1,057.1	54.4	2.0
2016	1.4	1.3	46.8	24.2	1.0	1.5	1,087.7	68.1	5.0
2015	-17.0	-14.8	27.6	13.8	-8.8	-11.6	1,069.6	78.4	-11.3
2014	4.9	6.2	36.0	16.4	6.1	8.5	1,194.3	73.5	8.0

라이프사이언스테크놀로지 (A285770)
Life Science Technology

업　　종 : 의료 장비 및 서비스
신용등급 : (Bond) —　　(CP) —
홈페이지 : www.lstgrp.com
본　　사 : 서울시 강서구 양천로 401 B-1207(가양동, 강서한강자이타워)
시　　장 : KONEX
기업규모 : —
연 락 처 : 070)8620-8020

설 립 일 2007.07.01	**종업원수** 명	**대 표 이 사** 김정환
상 장 일 2017.12.21	**감사의견** 적정(오성)	**계 열**
결 산 기 12월	**보 통 주**	**종속회사수**
액 면 가 —	**우 선 주**	**구 상 호**

주주구성 (지분율,%)		출자관계 (지분율,%)		주요경쟁사 (외형,%)	
김정환	42.1	아이쿱	5.4	라이프사이언스테크놀로지	100
최규진	0.8			바이오프로테크	2,892
				원익	10,810

매출구성		비용구성		수출비중	
기타 제품	56.3	매출원가율	20.7	수출	0.0
생체신호모듈	43.8	판관비율	262.9	내수	100.0

회사 개요
동사는 시스템 소프트웨어 개발 및 공급업을 주요 사업으로 영위함. 헬스케어에 필요한 생체신호의 계측 및 분석이 가능한 국내 최고 수준의 다양한 알고리즘 개발 기술을 보유하고 있으며 ECG(심전도), PPG(맥파) 등 주요 생체신호의 계측/분석을 위한 헬스케어 장비와 의료기기 및 동 디바이스의 효율적 활용을 위한 어플리케이션 개발에 역량을 집중하고 있음. 종합병원용 정밀 의료장비 수준의 생체신호 측정/분석이 가능한 의료기기 개발 기술을 보유함.

실적 분석
동사의 2017년 연간 매출액은 6.2억원, 판관비가 16.4억원으로 영업손실 11.4억원을 기록함. 비영업손실 8.1억원이 발생해 당기순손실은 19.6억원으로 적자를 기록함. 2016년 이후 신규제품의 자체개발 및 관련 인증절차 진행에 역량을 집중하여 매출이 감소하였으나 지속적인 연구개발의 성과로 웨어러블 헬스케어 기기(패치형 체온계)를 개발 완료하였으며, 신성장동력으로 기대되는 Bio-processor 관련 사업도 진행 중임.

현금 흐름 *IFRS 별도 기준 〈단위 : 억원〉

항목	2016	2017
영업활동	4	-16
투자활동	-10	-8
재무활동	14	13
순현금흐름	7	-11
기말현금	11	1

시장 대비 수익률

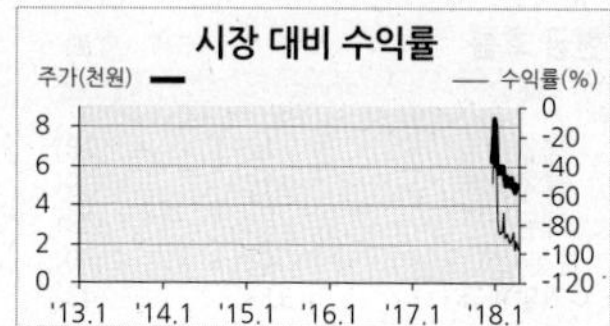

결산 실적 〈단위 : 억원〉

항목	2012	2013	2014	2015	2016	2017
매출액	—	—	11	21	9	6
영업이익	—	—	0	5	-2	-11
당기순이익	—	—	-1	4	-3	-20

분기 실적 *IFRS 별도 기준 〈단위 : 억원〉

항목	2016.3Q	2016.4Q	2017.1Q	2017.2Q	2017.3Q	2017.4Q
매출액	—	—	—	—	—	—
영업이익	—	—	—	—	—	—
당기순이익	—	—	—	—	—	—

재무 상태 *IFRS 별도 기준 〈단위 : 억원〉

항목	2012	2013	2014	2015	2016	2017
총자산	—	—	38	50	58	52
유형자산	—	—	17	19	18	18
무형자산	—	—	11	17	24	21
유가증권	—	—	—	1	0	0
총부채	—	—	31	38	39	35
총차입금	—	—	25	28	31	28
자본금	—	—	5	5	7	15
총자본	—	—	8	11	20	17
지배주주지분	—	—	8	11	20	17

기업가치 지표 *IFRS 별도 기준

항목	2012	2013	2014	2015	2016	2017
주가(최고/저)(천원)	—/—	—/—	—/—	—/—	—/—	—/—
PER(최고/저)(배)	0.0/0.0	0.0/0.0	0.0/0.0	0.0/0.0	0.0/0.0	—/—
PBR(최고/저)(배)	0.0/0.0	0.0/0.0	0.0/0.0	0.0/0.0	0.0/0.0	15.3/9.9
EV/EBITDA(배)	0.0	0.0	36.5	4.1	45.3	—
EPS(원)	—	—	-92	197	-149	-697
BPS(원)	—	—	7,525	11,472	14,684	553
CFPS(원)	—	—	-615	5,123	-470	-598
DPS(원)	—	—	—	—	—	—
EBITDAPS(원)	—	—	1,249	6,429	444	-308

재무 비율 〈단위 : %〉

연도	영업 이익률	순 이익률	부채 비율	차입금 비율	ROA	ROE	유보율	자기자본 비율	EBITDA 마진율
2017	-183.6	-314.6	212.0	166.1	-35.5	-108.1	10.7	32.1	-139.1
2016	-22.5	-32.4	198.2	156.7	-5.7	-19.8	193.7	33.5	4.8
2015	25.1	18.9	334.2	247.0	9.0	41.6	129.4	23.0	30.7
2014	0.1	-9.1	408.2	335.1	0.0	0.0	50.5	19.7	6.2

락앤락 (A115390)
LOCK&LOCK

업 종 : 용기 및 포장 — 시 장 : 거래소
신용등급 : (Bond) — (CP) — — 기업규모 : 시가총액 중형주
홈페이지 : www.locknlock.com — 연 락 처 : 041)538-2300
본 사 : 충남 아산시 선장면 삽교천로 104

설 립 일	2005.12.29	**종업원수**	460명	**대표이사**	김성훈
상 장 일	2010.01.28	**감사의견**	적정(삼정)	**계 열**	
결 산 기	12월	**보 통 주**		**종속회사수**	18개사
액 면 가	500원	**우 선 주**		**구 상 호**	

주주구성 (지분율,%)		출자관계 (지분율,%)		주요경쟁사 (외형,%)	
Consumer Strength Limited	63.6	LIVING&LIFEVINA	100.0	락앤락	100
국민연금기금	6.1	LOCK&LOCKVINA.	100.0	연우	55
(외국인)	73.4	LOCK&LOCKHOUSEWARE(SUZHOU).	100.0	삼광글라스	77

매출구성		비용구성		수출비중	
저장용품(밀폐용기 등)	55.5	매출원가율	51.9	수출	—
기타(생활, 리빙용품 등)	27.9	판관비율	35.8	내수	—
아웃도어(아쿠아,핫앤쿨 등)	17.5				

회사 개요

동사는 밀폐용기와 기타 주방용품을 생산 중이며 한국, 중국과 동남아의 해외법인 등 19개의 동종업종을 영위하는 종속회사로 구성된 글로벌 주방생활용품 업체임. 1998년 업계 최초 4면 결착 방식의 Lock Type 제품을 출시하여 밀폐용기 시장에서 혁신적인 제품으로 인정받으며, 밀폐용기 시장에서 해외 유수의 대기업들과 어깨를 나란히 하게 되었음. 2013년 중국에서 유아용품 전문 브랜드 '헬로베베' 출시 등 사업영역을 넓혀가고 있음.

실적 분석

동사의 연결기준 2017년 매출액은 전년 대비 1.8% 감소한 4,174.1억원을 기록한 반면, 판관비는 인건비 및 기타판관비 증가의 영향으로 전년 동기 대비 3.6% 증가함에 따라 동기간 영업이익은 전년 대비 14.4% 감소한 515.6억원을 기록함. 반면, 비영업손익은 금융손실의 영향으로 적자전환함. 이에 따라 동사의 2017년 당기순이익은 전년동기대비 25.6% 감소한 349.3억원을 기록함.

현금 흐름

<단위 : 억원>

항목	2016	2017
영업활동	830	351
투자활동	-21	-431
재무활동	-629	-107
순현금흐름	181	-279
기말현금	1,360	1,081

시장 대비 수익률

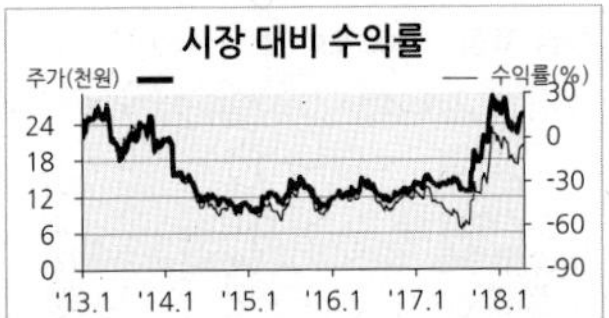

결산 실적

<단위 : 억원>

항목	2012	2013	2014	2015	2016	2017
매출액	5,084	5,017	4,216	4,071	4,251	4,174
영업이익	721	709	273	353	602	516
당기순이익	598	450	150	125	470	349

분기 실적

<단위 : 억원>

항목	2016.3Q	2016.4Q	2017.1Q	2017.2Q	2017.3Q	2017.4Q
매출액	994	1,199	931	981	1,071	1,191
영업이익	137	183	107	139	142	127
당기순이익	62	224	84	128	107	31

재무 상태

<단위 : 억원>

항목	2012	2013	2014	2015	2016	2017
총자산	7,579	7,970	7,957	7,565	7,509	7,247
유형자산	2,869	2,956	2,999	2,898	2,814	2,699
무형자산	142	93	102	101	92	87
유가증권	330	467	160	135	141	99
총부채	1,729	1,817	1,654	1,165	789	858
총차입금	1,158	1,109	1,111	736	217	355
자본금	275	275	275	275	275	275
총자본	5,850	6,153	6,304	6,399	6,720	6,389
지배주주지분	5,848	6,152	6,303	6,398	6,716	6,385

기업가치 지표

항목	2012	2013	2014	2015	2016	2017
주가(최고/저)(천원)	35.1/18.8	27.4/17.0	22.7/9.6	16.0/9.5	15.1/11.1	30.9/12.7
PER(최고/저)(배)	34.8/18.6	35.9/22.3	88.9/37.6	74.2/43.9	18.4/13.5	48.9/20.2
PBR(최고/저)(배)	3.5/1.9	2.5/1.6	2.0/0.9	1.4/0.8	1.2/0.9	2.6/1.1
EV/EBITDA(배)	12.4	12.6	10.9	9.5	7.5	19.0
EPS(원)	1,089	820	273	228	854	635
BPS(원)	10,979	11,604	11,880	12,053	12,630	12,029
CFPS(원)	1,531	1,280	738	718	1,295	1,025
DPS(원)	80	100	150	200	500	130
EBITDAPS(원)	1,754	1,750	962	1,132	1,537	1,328

재무 비율

<단위 : %>

연도	영업이익률	순이익률	부채비율	차입금비율	ROA	ROE	유보율	자기자본비율	EBITDA마진율
2017	12.4	8.4	13.4	5.6	4.7	5.3	2,305.7	88.2	17.5
2016	14.2	11.1	11.7	3.2	6.2	7.2	2,426.0	89.5	19.9
2015	8.7	3.1	18.2	11.5	1.6	2.0	2,310.6	84.6	15.3
2014	6.5	3.6	26.2	17.6	1.9	2.4	2,275.9	79.2	12.6

래몽래인 (A200350)
Raemong Raein

업 종 : 미디어 — 시 장 : KONEX
신용등급 : (Bond) — (CP) — — 기업규모 : —
홈페이지 : www.raemongraein.co.kr — 연 락 처 : 02)761-9978
본 사 : 서울시 강남구 봉은사로 214레드페이스 빌딩 5층

설 립 일	2007.03.02	**종업원수**	15명	**대표이사**	김동래
상 장 일	2014.12.24	**감사의견**	적정(한영)	**계 열**	
결 산 기	12월	**보 통 주**		**종속회사수**	
액 면 가	—	**우 선 주**		**구 상 호**	

주주구성 (지분율,%)		출자관계 (지분율,%)		주요경쟁사 (외형,%)	
김동래	44.4	래몽래인재팬	100.0	래몽래인	100
센트럴융합콘텐츠기술투자조합	6.8	아경꾼일지문화산업전문회사	100.0	제이웨이	38
		래몽래인씨앤씨	61.3	세기상사	31

매출구성		비용구성		수출비중	
콘텐츠제작	94.9	매출원가율	128.0	수출	35.5
매니지먼트	5.1	판관비율	17.6	내수	64.5

회사 개요

동사는 2007년 3월에 설립된 드라마 제작사로 기존의 드라마 제작사업과 함께 음반 및 매니지먼트 사업을 신사업으로 영위하고 있음. 동사의 매출은 공중파 및 종편, 케이블TV를 통해 방영되는 드라마를 제작하는 드라마 제작사업과 동사 소속 연예인의 매니지먼트를 담당하는 매니지먼트사업으로 구분됨. 동사 소속 가수로는 남성 3인조 밴드인 'EDEN'이 있음. 동사의 작품 중 하나인 '성균관 스캔들'의 경우 해외 18개국에 수출됨.

실적 분석

코넥스 상장 기업인 동사의 2017년 매출액은 181.2억원으로 전년대비 27.7% 증가하였음. 매출원가가 두 배 이상 증가해 원가부담이 크게 늘었고 인건비 등 판관비가 늘어난 탓에 82.6억원의 영업손실을 기록, 적자전환하였음. 비영업부문 역시 21.9억원의 손실을 기록, 적자전환하였으며 102.1억원의 당기순손실을 기록함. 동사는 한류 흐름을 타고 해외 매출이 증가하고 있음.

현금 흐름 *IFRS 별도 기준

<단위 : 억원>

항목	2016	2017
영업활동	-41	-18
투자활동	-9	0
재무활동	43	-1
순현금흐름	-7	-19
기말현금	20	1

시장 대비 수익률

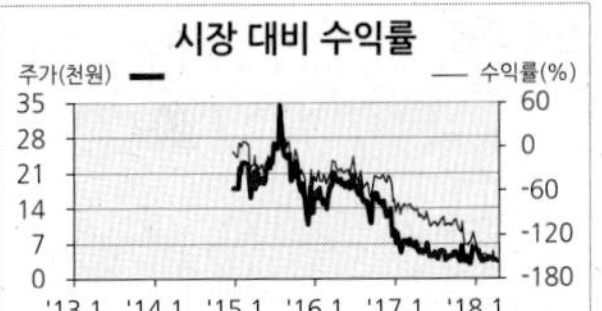

결산 실적

<단위 : 억원>

항목	2012	2013	2014	2015	2016	2017
매출액	65	52	148	154	142	181
영업이익	-5	1	19	7	5	-83
당기순이익	-18	9	15	3	6	-102

분기 실적 *IFRS 별도 기준

<단위 : 억원>

항목	2016.3Q	2016.4Q	2017.1Q	2017.2Q	2017.3Q	2017.4Q
매출액	—	—	—	—	—	—
영업이익	—	—	—	—	—	—
당기순이익	—	—	—	—	—	—

재무 상태 *IFRS 별도 기준

<단위 : 억원>

항목	2012	2013	2014	2015	2016	2017
총자산	26	35	81	125	240	123
유형자산	0	0	0	0	0	0
무형자산	0	1	1	2	5	3
유가증권	—	2	2	2	3	8
총부채	27	27	39	32	130	113
총차입금	16	23	26	13	41	42
자본금	5	5	6	9	9	9
총자본	-1	8	42	94	110	10
지배주주지분	-1	8	42	94	110	10

기업가치 지표 *IFRS 별도 기준

항목	2012	2013	2014	2015	2016	2017
주가(최고/저)(천원)	—/—	—/—	18.0/18.0	34.5/10.9	22.3/8.5	10.5/3.0
PER(최고/저)(배)	0.0/0.0	0.0/0.0	12.1/12.1	193.3/60.8	39.9/15.1	—/—
PBR(최고/저)(배)	0.0/0.0	0.0/0.0	5.2/5.2	6.9/2.2	4.1/1.6	20.5/5.9
EV/EBITDA(배)	—	5.8	8.8	32.7	18.6	—
EPS(원)	-4,380	904	1,488	179	559	-5,249
BPS(원)	-1,342	7,701	3,442	4,999	5,437	513
CFPS(원)	-43,293	9,325	1,560	219	624	-5,190
DPS(원)	—	—	—	—	—	—
EBITDAPS(원)	-10,779	1,515	1,992	449	547	-4,585

재무 비율

<단위 : %>

연도	영업이익률	순이익률	부채비율	차입금비율	ROA	ROE	유보율	자기자본비율	EBITDA마진율
2017	-45.6	-56.4	953.7	349.5	-56.2	-171.6	19.8	9.5	-44.3
2016	3.7	4.6	121.4	38.5	3.6	6.6	979.3	45.2	4.6
2015	4.8	2.1	33.7	13.9	3.1	4.8	899.7	74.8	5.3
2014	13.1	10.2	93.3	61.2	26.0	60.6	588.3	51.7	13.6

램테크놀러지 (A171010)

RAM TECHNOLOGY CO

업　　종 : 반도체 및 관련장비　　시　　장 : KOSDAQ
신용등급 : (Bond) —　　(CP) —　　기업규모 : 벤처
홈페이지 : www.ramtech.co.kr　　연 락 처 : 031)323-1119
본　　사 : 경기도 용인시 처인구 양지면 주북로 285

설 립 일 2001.10.25	**종업원수** 50명	**대표이사** 길준잉	
상 장 일 2013.11.18	**감사의견** 적정(삼영)	**계　　열**	
결 산 기 12월	**보 통 주**	**종속회사수** 1개사	
액 면 가 500원	**우 선 주**	**구 상 호**	

주주구성 (지분율,%)		출자관계 (지분율,%)		주요경쟁사 (외형,%)	
길준잉	35.6			램테크놀러지	100
엘엔에스신성장동력알앤비디사모투자전문회사	15.2			아진엑스텍	126
(외국인)	0.4			하이셈	93

매출구성		비용구성		수출비중	
식각액	53.1	매출원가율	85.0	수출	80.4
세정액	15.6	판관비율	10.1	내수	19.6
박리액	15.1				

회사 개요

동사는 반도체 공정용 화학 소재 & 산화막 절연체, 디스플레이 공정용 화학 소재 및 기타시장 등의 IT 산업 핵심 유무기 케미컬을 제조하는 회사임. 동사는 Package 기술의 한축인 TSV(Through Silicone Via)공정용 박리액 및 세정액을 SK하이닉스와 공동 개발 중에 있으며, 차세대 적층 기술을 위한 BSI(Back Side Illumination) 용 박리액 및 세정액을 또한 개발 중임.

실적 분석

동사의 2017년 연간 매출액은 전년동기대비 1.8% 소폭 변동한 244.3억원을 기록하였음. 비용면에서 전년동기대비 매출원가는 감소 하였으며 인건비도 크게 감소, 광고선전비도 크게 감소, 기타판매비와관리비도 마찬가지로 크게 감소함. 이와 같이 매출액은 전년동기 크게 성장하지 않았으나 이에 비해서 전년동기대비 영업이익은 12억원으로 흑자전환 하였음. 아마 매출원가의 감소효과가 달성한 매출액 대비 컸기 때문이라 판단됨.

현금 흐름

〈단위 : 억원〉

항목	2016	2017
영업활동	33	19
투자활동	5	-1
재무활동	-33	-19
순현금흐름	5	-1
기말현금	14	13

시장 대비 수익률

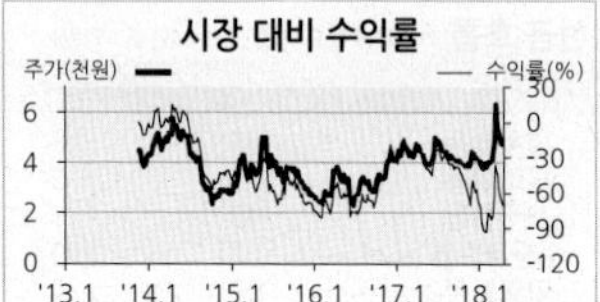

결산 실적

〈단위 : 억원〉

항목	2012	2013	2014	2015	2016	2017
매출액	423	430	238	264	249	244
영업이익	36	35	-28	-9	-22	12
당기순이익	27	21	-36	-21	-33	9

분기 실적

〈단위 : 억원〉

항목	2016.3Q	2016.4Q	2017.1Q	2017.2Q	2017.3Q	2017.4Q
매출액	55	58	53	57	65	69
영업이익	-5	-9	1	5	3	3
당기순이익	-9	-12	1	2	2	3

재무 상태

〈단위 : 억원〉

항목	2012	2013	2014	2015	2016	2017
총자산	444	519	579	567	495	484
유형자산	258	334	427	413	384	352
무형자산	15	17	19	18	14	13
유가증권	5	3	3	5	3	4
총부채	275	266	360	365	324	307
총차입금	228	245	338	335	304	283
자본금	19	44	44	57	57	57
총자본	169	254	219	202	171	176
지배주주지분	169	254	219	202	171	176

기업가치 지표

항목	2012	2013	2014	2015	2016	2017
주가(최고/저)(천원)	—/—	4.5/3.6	5.7/2.3	5.2/2.7	4.4/2.3	5.0/3.8
PER(최고/저)(배)	0.0/0.0	17.9/14.5	—/—	—/—	—/—	61.5/47.3
PBR(최고/저)(배)	0.0/0.0	2.0/1.6	3.0/1.2	2.9/1.5	3.0/1.5	3.2/2.5
EV/EBITDA(배)	3.3	11.4	176.2	22.9	66.0	17.3
EPS(원)	354	250	-320	-181	-286	81
BPS(원)	4,036	2,897	2,503	1,776	1,499	1,550
CFPS(원)	1,305	726	-53	137	7	351
DPS(원)	—	—	—	—	—	—
EBITDAPS(원)	1,540	942	41	242	101	375

재무 비율

〈단위 : %〉

연도	영업이익률	순이익률	부채비율	차입금비율	ROA	ROE	유보율	자기자본비율	EBITDA마진율
2017	4.9	3.8	174.1	160.6	1.9	5.3	210.0	36.5	17.5
2016	-8.8	-13.1	189.8	178.1	-6.1	-17.5	199.8	34.5	4.7
2015	-3.3	-7.8	180.7	165.8	-3.6	-9.8	255.1	35.6	10.4
2014	-11.8	-15.3	164.3	154.1	-6.6	-15.4	400.5	37.8	1.5

랩지노믹스 (A084650)

LabGenomics

업　　종 : 바이오　　시　　장 : KOSDAQ
신용등급 : (Bond) —　　(CP) —　　기업규모 : 벤처
홈페이지 : www.labgenomics.co.kr　　연 락 처 : 031)628-0702
본　　사 : 경기도 성남시 분당구 대왕판교로 700, 코리아바이오파크 B동 6층

설 립 일 2002.03.29	**종업원수** 236명	**대표이사** 진승현	
상 장 일 2013.07.01	**감사의견** 적정(대현)	**계　　열**	
결 산 기 12월	**보 통 주**	**종속회사수**	
액 면 가 500원	**우 선 주**	**구 상 호**	

주주구성 (지분율,%)		출자관계 (지분율,%)		주요경쟁사 (외형,%)	
진승현	13.7	비브로스	6.2	랩지노믹스	100
케이메이드	4.4			팬젠	10
(외국인)	1.4			툴젠	13

매출구성		비용구성		수출비중	
일반진단 검체분석 등 용역	48.3	매출원가율	61.9	수출	0.0
분자진단검사 서비스	29.9	판관비율	43.9	내수	100.0
유전자분석 서비스	21.8				

회사 개요

동사는 체외진단서비스 및 체외진단제품의 개발 및 공급업을 영위할 목적으로 2002년 3월 29일 설립. 2013년 7월 1일 코넥스 시장에 상장됨. 동사의 체외진단검사 서비스는 인체 내 각종 건강지표를 측정하는 일반진단검사는 물론 암 유전자 검사, 염색체 이상 검사, 산전기형 검사 등 다양한 분자진단검사를 포함하고 있음. DNA칩 바이오센서, POCT, 진단 키트 등 다양한 분자진단 제품을 출시함.

실적 분석

동사의 2017년 매출액은 248.1억원으로 전년 동기 대비 3.1% 증가함. 신규 제품 및 서비스에 대한 연구개발 및 사업화 관련 비용 증가, 인건비 상승에 따른 판관비가 증가하여 영업손실을 기록함. 무형자산의 손상차손 반영으로 당기순손실이 확대됨. 신규사업으로 추진중인 차세대 염기서열분석 기술을 활용한 진단 키트의 개발이 완료되고 상용화가 시작되면 추후 동사의 새로운 성장동력으로 작용할 것으로 기대됨.

현금 흐름 *IFRS 별도 기준

〈단위 : 억원〉

항목	2016	2017
영업활동	25	-11
투자활동	-53	-84
재무활동	111	2
순현금흐름	84	-92
기말현금	97	5

시장 대비 수익률

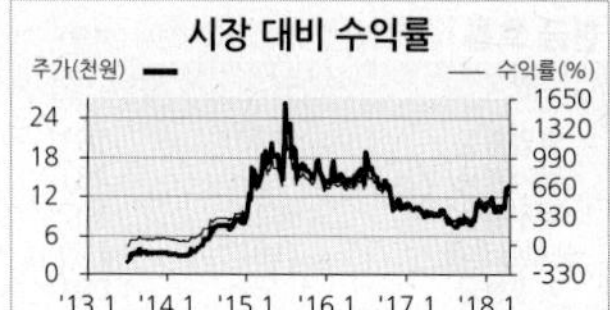

결산 실적

〈단위 : 억원〉

항목	2012	2013	2014	2015	2016	2017
매출액	150	170	232	236	241	248
영업이익	11	16	26	10	2	-14
당기순이익	10	13	24	16	7	-34

분기 실적 *IFRS 별도 기준

〈단위 : 억원〉

항목	2016.3Q	2016.4Q	2017.1Q	2017.2Q	2017.3Q	2017.4Q
매출액	56	63	53	61	67	67
영업이익	-2	-2	0	-7	-2	-6
당기순이익	0	-2	2	-6	-0	-30

재무 상태 *IFRS 별도 기준

〈단위 : 억원〉

항목	2012	2013	2014	2015	2016	2017
총자산	184	227	311	317	432	399
유형자산	59	63	67	64	64	66
무형자산	27	28	39	62	82	66
유가증권	0	—	—	20	30	6
총부채	71	95	99	95	182	175
총차입금	26	43	35	26	122	115
자본금	17	17	21	21	43	43
총자본	113	132	212	222	250	223
지배주주지분	113	132	212	222	250	223

기업가치 지표 *IFRS 별도 기준

항목	2012	2013	2014	2015	2016	2017
주가(최고/저)(천원)	—/—	3.8/1.7	9.0/2.8	26.3/8.5	19.2/9.8	12.5/7.2
PER(최고/저)(배)	0.0/0.0	20.4/9.2	27.7/8.6	137.4/44.4	225.9/115.5	—/—
PBR(최고/저)(배)	0.0/0.0	2.0/0.9	3.5/1.1	9.3/3.0	6.3/3.2	4.6/2.7
EV/EBITDA(배)	0.9	9.3	15.0	39.8	35.6	66.6
EPS(원)	143	185	326	192	85	-398
BPS(원)	3,370	3,667	5,155	5,642	3,041	2,695
CFPS(원)	648	773	1,077	868	352	-71
DPS(원)	—	—	—	—	—	—
EBITDAPS(원)	683	861	1,128	728	293	163

재무 비율

〈단위 : %〉

연도	영업이익률	순이익률	부채비율	차입금비율	ROA	ROE	유보율	자기자본비율	EBITDA마진율
2017	-5.7	-13.9	78.4	51.6	-8.3	-14.5	439.1	56.1	5.7
2016	0.9	3.0	72.6	48.7	1.9	3.1	508.1	57.9	10.4
2015	4.4	6.9	43.1	11.9	5.2	7.5	1,028.4	69.9	13.1
2014	11.3	10.4	46.4	16.7	9.0	14.1	931.0	68.3	18.5

럭스피아 (A092590)
Luxpia

업 종 : 디스플레이 및 관련부품
신용등급 : (Bond) — (CP) —
홈페이지 : www.luxpialed.com
본 사 : 경기도 수원시 영통구 광교로 109

시 장 : KONEX
기업규모 :
연 락 처 : 070)8671-2400

설 립 일	2000.04.11	**종업원수**	72명	**대표이사**	성석종
상 장 일	2015.10.30	**감사의견**	적정(대성)	**계 열**	
결 산 기	12월	**보 통 주**		**종속회사수**	
액 면 가	—	**우 선 주**		**구 상 호**	

주주구성 (지분율,%)		출자관계 (지분율,%)		주요경쟁사 (외형,%)	
성석종	48.6	엠더스	28.6	럭스피아	100
미래나노텍	11.8			세진티에스	204
				파인디앤씨	1,427

매출구성		비용구성		수출비중	
LED Package	86.8	매출원가율	75.5	수출	21.6
LED Module	9.9	판관비율	19.1	내수	78.4
상품	3.3				

회사 개요

동사는 2000년 4월 11일에 설립된 이후 LED가 적용되는 모든 제품의 핵심부품인 LED Chip과 Phosphor를 사용하여 LED Package를 개발하고 제조하는 전문 기업임. TV, 조명, Display, 자동차 등 LED 광원이 사용되는 관련 산업에 대한 사업 영역을 확장하고 있음. 사물인터넷(IoT) 개발, 생산, 판매에 관한 사업관련. 전자상거래 사업. 전기, 전자 하드웨어 제조 및 도/소매업 등을 영위 함.

실적 분석

동사의 2017년 연결 기준 연간 누적 매출액은 111.6억원으로 전년 동기(103.3억원) 대비 8% 증가함. 매출이 증가하면서 매출원가와 판관비도 증가했지만 매출 증가에 따른 고정 비용 감소효과로 인해 영업이익은 전년 동기 대비 5.9% 증가한 6.1억원을 시현함. 비영업 부문에서도 흑자가 계속되면서 당기순이익은 전년 동기 대비 40.4% 증가한 5.9억원을 기록함.

현금 흐름 *IFRS 별도 기준 〈단위 : 억원〉

항목	2016	2017
영업활동	16	13
투자활동	-9	-18
재무활동	—	—
순현금흐름	7	-5
기말현금	19	14

시장 대비 수익률

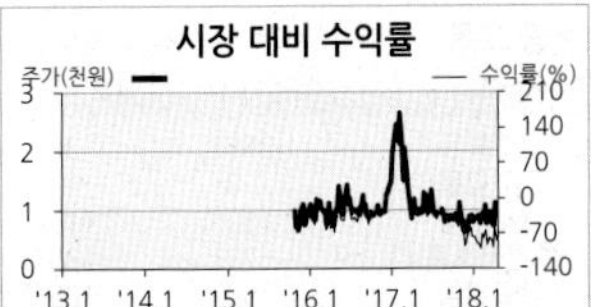

결산 실적 〈단위 : 억원〉

항목	2012	2013	2014	2015	2016	2017
매출액	88	101	101	94	103	112
영업이익	-10	-5	4	6	6	6
당기순이익	-11	-9	5	6	4	6

분기 실적 *IFRS 별도 기준 〈단위 : 억원〉

항목	2016.3Q	2016.4Q	2017.1Q	2017.2Q	2017.3Q	2017.4Q
매출액	—	—	—	—	—	—
영업이익	—	—	—	—	—	—
당기순이익	—	—	—	—	—	—

재무 상태 *IFRS 별도 기준 〈단위 : 억원〉

항목	2012	2013	2014	2015	2016	2017
총자산	143	111	98	89	93	101
유형자산	27	24	24	26	27	37
무형자산	0	0	0	0	1	1
유가증권	2	1	—	—	—	—
총부채	66	43	24	8	8	10
총차입금	42	24	8	—	—	—
자본금	36	36	36	36	36	36
총자본	77	69	74	81	85	91
지배주주지분	77	69	74	81	85	91

기업가치 지표 *IFRS 별도 기준

항목	2012	2013	2014	2015	2016	2017
주가(최고/저)(천원)	—/—	—/—	—/—	1.2/0.6	1.5/0.7	2.9/0.6
PER(최고/저)(배)	0.0/0.0	0.0/0.0	0.0/0.0	14.0/6.9	25.9/12.4	35.6/7.3
PBR(최고/저)(배)	0.0/0.0	0.0/0.0	0.0/0.0	1.1/0.5	1.3/0.6	2.3/0.5
EV/EBITDA(배)	—	4.6	—	5.3	6.6	2.9
EPS(원)	-151	-121	72	87	58	81
BPS(원)	1,063	942	1,013	1,105	1,169	1,250
CFPS(원)	-47	-38	133	159	165	208
DPS(원)	—	—	—	—	—	—
EBITDAPS(원)	-34	8	118	156	186	211

재무 비율 〈단위 : %〉

연도	영업이익률	순이익률	부채비율	차입금비율	ROA	ROE	유보율	자기자본비율	EBITDA마진율
2017	5.5	5.3	10.7	0.0	6.1	6.7	150.0	90.3	13.8
2016	5.6	4.1	9.5	0.0	4.6	5.1	133.8	91.3	13.1
2015	6.5	6.8	10.3	0.0	6.8	8.2	121.0	90.6	12.1
2014	4.0	5.2	32.2	10.5	5.0	7.3	102.7	75.6	8.5

레고켐바이오사이언스 (A141080)
LegoChem Biosciences

업 종 : 바이오
신용등급 : (Bond) — (CP) —
홈페이지 : www.legochembio.com
본 사 : 대전시 대덕구 문평서로 8-26 (문평동)

시 장 : KOSDAQ
기업규모 : 기술성
연 락 처 : 042)861-0688

설 립 일	2006.05.02	**종업원수**	84명	**대표이사**	김용주
상 장 일	2013.05.10	**감사의견**	적정(한울)	**계 열**	
결 산 기	12월	**보 통 주**		**종속회사수**	1개사
액 면 가	500원	**우 선 주**		**구 상 호**	

주주구성 (지분율,%)		출자관계 (지분율,%)		주요경쟁사 (외형,%)	
김용주	11.7			레고켐바이오	100
장일태	5.2			테고사이언스	39
(외국인)	1.9			파미셀	114

매출구성		비용구성		수출비중	
[의약사업부문]의료기기	45.7	매출원가율	69.5	수출	38.2
[의약사업부문]의료소모품	42.9	판관비율	75.1	내수	61.8
[의약사업부문]전문의약품	4.5				

회사 개요

동사는 합성신약 연구개발 목적으로 2006년 5월 2일에 설립되었으며 2013년 5월 10일 코스닥시장에 상장됨. 의약화학 기술(LegoChemistry)과 신약평가 기술(early ADME/T)을 축으로 항생제, 항응혈제, 항암제 3개 분야에 집중하고 있으며, 차세대 신약개발 원천기술로 기대되는 ADC(Antibody-Drug onjugate: 항체-약물 복합체)기술을 개발 중에 있음.

실적 분석

동사의 2017년 연결기준 매출액은 220.6억원으로 전년 동기 대비 32.4% 증가함. 이는 중국 Fosun, RMX사와의 기술이전 upfront 수령 및 칸메드와의 합병으로 신규사업인 의약사업부문매출이 추가된 결과임. 매출 확대에도 불구하고 비용 측면에서 매출원가 상승과 합병으로 인한 의약사업부문의 인원증가에 따른 판관비가 늘면서 영업손실 및 순손실을 기록 중이지만 적자폭은 감소함.

현금 흐름 〈단위 : 억원〉

항목	2016	2017
영업활동	-131	-84
투자활동	-204	121
재무활동	340	19
순현금흐름	5	57
기말현금	30	86

시장 대비 수익률

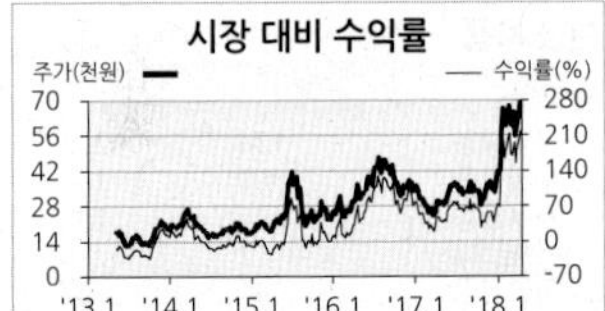

결산 실적 〈단위 : 억원〉

항목	2012	2013	2014	2015	2016	2017
매출액	7	8	9	18	167	221
영업이익	-33	-63	-85	-80	-102	-98
당기순이익	-27	-58	-87	-82	-147	-129

분기 실적 〈단위 : 억원〉

항목	2016.3Q	2016.4Q	2017.1Q	2017.2Q	2017.3Q	2017.4Q
매출액	36	42	55	55	56	55
영업이익	-24	-28	-30	-24	-18	-27
당기순이익	-21	-82	-32	-24	-19	-54

재무 상태 〈단위 : 억원〉

항목	2012	2013	2014	2015	2016	2017
총자산	69	232	338	684	896	822
유형자산	2	12	12	35	69	78
무형자산	0	1	1	329	268	228
유가증권	—	—	—	10	39	50
총부채	36	51	137	253	295	328
총차입금	0	11	91	116	140	152
자본금	28	36	38	45	50	50
총자본	34	181	200	432	601	495
지배주주지분	34	181	200	432	601	482

기업가치 지표

항목	2012	2013	2014	2015	2016	2017
주가(최고/저)(천원)	—/—	22.4/11.7	26.7/14.7	42.7/17.5	49.0/22.7	40.6/23.5
PER(최고/저)(배)	0.0/0.0	—/—	—/—	—/—	—/—	—/—
PBR(최고/저)(배)	0.0/0.0	8.8/4.6	10.2/5.6	8.9/3.7	8.1/3.8	8.4/4.9
EV/EBITDA(배)	—	—	—	—	—	—
EPS(원)	-497	-890	-1,192	-1,067	-1,550	-1,300
BPS(원)	607	2,535	2,618	4,774	6,042	4,843
CFPS(원)	-483	-856	-1,145	-1,016	-1,324	-1,034
DPS(원)	—	—	—	—	—	—
EBITDAPS(원)	-590	-921	-1,113	-992	-844	-724

재무 비율 〈단위 : %〉

연도	영업이익률	순이익률	부채비율	차입금비율	ROA	ROE	유보율	자기자본비율	EBITDA마진율
2017	-44.6	-58.6	66.3	30.8	-15.1	-23.9	868.5	60.2	-32.7
2016	-61.1	-88.4	49.1	23.4	-18.6	-28.5	1,108.3	67.1	-48.2
2015	-450.0	-460.6	58.5	26.9	-16.1	-26.1	854.8	63.1	-428.0
2014	-972.0	-998.3	68.4	45.3	-30.5	-45.6	423.6	59.4	-932.5

레드로버 (A060300)
Redrover

업 종	미디어	시 장	KOSDAQ
신용등급	(Bond) — (CP) —	기업규모	중견
홈페이지	www.redrover.co.kr	연 락 처	031)5171-3800
본 사	경기도 성남시 분당구 판교역로146번길 20 현대백화점 판교오피스 12-13층		

설 립 일	1996.06.15	**종업원수**	132명	**대표이사**	가삼
상 장 일	2001.12.29	**감사의견**	적정(정일)	**계 열**	
결 산 기	12월	**보 통 주**		**종속회사수**	1개사
액 면 가	500원	**우 선 주**		**구 상 호**	

주주구성 (지분율,%)		출자관계 (지분율,%)		주요경쟁사 (외형,%)	
Suning Universal Media Co., Ltd.	15.0	스튜디오레드우드	100.0	레드로버	100
하회진	4.1	IBK캐피탈콘텐츠투자조합	25.0	SBS미디어홀딩스	1,183
(외국인)	1.0	SBI디지털콘텐츠글로벌익스페이션투자조합	10.0	현대에이치씨엔	814

매출구성		비용구성		수출비중	
콘텐츠제작 외(제품)	100.0	매출원가율	97.7	수출	32.5
		판관비율	13.6	내수	67.5

회사 개요

동사는 애니메이션 및 영상콘텐츠의 제작, 판매, 캐릭터 라이선스 및 상품화 사업을 영위중임. 특수영상관 제작 및 전시문화 사업도 영위함. 2010년 인크루트와 합병을 통해 코스닥시장에 상장되었으며 이후 인크루트의 사업부문인 HR사업부문을 물적분할 방식으로 분할하여 전량 매각하였음. 동사는 10여 년간의 3D입체 기술 개발 노하우를 바탕으로 특수영상관 및 4D영상관, 전시관·홍보관·박물관 등의 공간을 기획하고 직접 설계, 구축함.

실적 분석

동사의 연결기준 2017년 매출액은 356.5억원으로 전년대비 14.9% 감소함. 매출비중 대부분은 콘텐츠사업이 차지함. 매출원가 상승에 따라 40.0억원의 영업손실이 발생하였으며 최종적으로 106.1억원의 당기순손실이 발생하였음. 2018년은 넛잡2 중국 개봉 및 스파크 국내 개봉, 부가판권 시장에서 수익을 확보하고 애니메이션 프로젝트의 진행율을 높임으로써 2017년대비 실적의 향상을 보일 것이라 보고 있음.

현금 흐름 〈단위 : 억원〉

항목	2016	2017
영업활동	-134	-222
투자활동	-309	135
재무활동	445	105
순현금흐름	2	16
기말현금	41	57

시장 대비 수익률

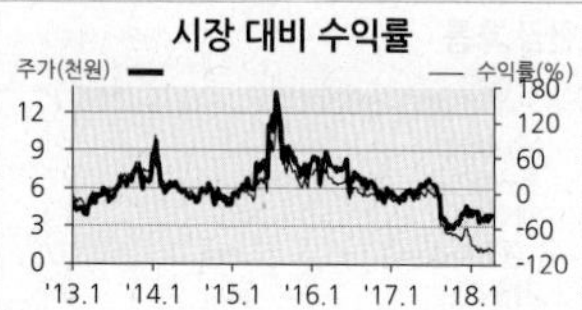

결산 실적 〈단위 : 억원〉

항목	2012	2013	2014	2015	2016	2017
매출액	177	331	555	386	419	357
영업이익	-51	55	90	-26	19	-40
당기순이익	-105	22	22	-89	7	-106

분기 실적 〈단위 : 억원〉

항목	2016.3Q	2016.4Q	2017.1Q	2017.2Q	2017.3Q	2017.4Q
매출액	95	119	126	82	123	25
영업이익	6	3	4	-2	7	-50
당기순이익	3	1	0	-7	8	-107

재무 상태 〈단위 : 억원〉

항목	2012	2013	2014	2015	2016	2017
총자산	635	963	915	1,182	1,650	1,633
유형자산	20	29	21	12	22	12
무형자산	13	15	13	24	22	15
유가증권	69	77	92	147	202	236
총부채	150	318	236	176	203	196
총차입금	138	302	223	164	179	192
자본금	111	123	124	170	213	222
총자본	486	645	678	1,006	1,448	1,437
지배주주지분	486	645	678	1,006	1,448	1,437

기업가치 지표

항목	2012	2013	2014	2015	2016	2017
주가(최고/저)(천원)	5.9/3.2	7.9/3.8	9.7/4.5	13.5/4.9	9.1/4.6	6.8/2.9
PER(최고/저)(배)	—/—	96.7/46.4	123.3/56.9	—/—	489.0/248.7	—/—
PBR(최고/저)(배)	3.2/1.7	3.5/1.7	4.1/1.9	4.8/1.7	2.7/1.4	2.1/0.9
EV/EBITDA(배)	—	34.0	14.4	—	62.4	—
EPS(원)	-495	81	79	-279	19	-239
BPS(원)	2,179	2,628	2,739	2,959	3,396	3,249
CFPS(원)	-498	170	170	-242	68	-198
DPS(원)	—	—	—	—	—	—
EBITDAPS(원)	-203	311	443	-34	98	-49

재무 비율 〈단위 : %〉

연도	영업이익률	순이익률	부채비율	차입금비율	ROA	ROE	유보율	자기자본비율	EBITDA마진율
2017	-11.2	-29.8	13.7	13.4	-6.5	-7.4	549.9	88.0	-6.1
2016	4.4	1.7	14.0	12.4	0.5	0.6	579.1	87.7	9.0
2015	-6.7	-23.2	17.4	16.3	-8.5	-10.6	491.8	85.2	-2.7
2014	16.2	4.1	34.8	32.8	2.4	3.4	447.8	74.2	19.6

레드캡투어 (A038390)
RedcapTour

업 종	호텔 및 레저	시 장	KOSDAQ
신용등급	(Bond) — (CP) A3+	기업규모	우량
홈페이지	ir.redcaptour.com	연 락 처	02)2001-4563
본 사	서울시 중구 을지로 100 파인에비뉴 비동 19층		

설 립 일	1996.07.30	**종업원수**	499명	**대표이사**	표영수
상 장 일	2000.02.01	**감사의견**	적정(삼일)	**계 열**	
결 산 기	12월	**보 통 주**		**종속회사수**	1개사
액 면 가	500원	**우 선 주**		**구 상 호**	

주주구성 (지분율,%)		출자관계 (지분율,%)		주요경쟁사 (외형,%)	
구본호	38.4	PT.REDCAPINDONESIA	100.0	레드캡투어	100
조원희	36.0			골프존뉴딘홀딩스	82
(외국인)	13.2			이월드	13

매출구성		비용구성		수출비중	
차량대여	59.5	매출원가율	0.0	수출	0.0
계약만기차량 매각	24.1	판관비율	92.5	내수	100.0
항공권, 여행상품 등	16.3				

회사 개요

동사는 일반여행알선, 항공운송대리점과 관련된 여행사업과 자동차대여, 중고차매매와 관련된 렌터카사업을 영위 중임. 법인비즈니스에 강점을 보유한 회사로, 사업부문별 매출 비중은 렌터카사업 82.6%, 여행사업 17.4%임. 동사의 렌터카 사업부문은 주로 법인대상의 장기 대여를 위주로 차량보유대수 기준 업계 6위를 기록하고 있음. 여행사업 부문은 BSP 발권 판매금액 기준으로 업계 8위.

실적 분석

동사의 2017년도 4분기 연결기준 누적 매출액은 2604.5억원으로 전년 동기(2339.6억원) 대비 11.3% 증가함. 렌터카사업과 여행사업 부문의 수익이 고루 늘어남. 단 판관비 증가로 영업이익은 전년동기 대비 4.9% 감소한 196.1억원을 시현함. 향후 사업 활성화를 위해 차량매입 등의 설비투자를 지속적으로 확대할 예정. 여행사업은 항공권, 패키지, 호텔 등의 상품군과 AMEX 제휴, 신한카드 올댓트래블 등의 판매채널 수익원을 확보함.

현금 흐름 〈단위 : 억원〉

항목	2016	2017
영업활동	-255	30
투자활동	3	-9
재무활동	180	113
순현금흐름	-73	135
기말현금	50	185

시장 대비 수익률

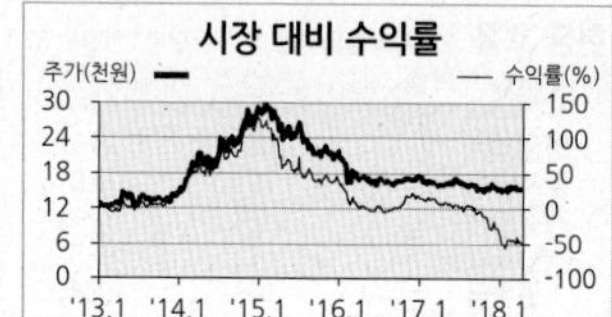

결산 실적 〈단위 : 억원〉

항목	2012	2013	2014	2015	2016	2017
매출액	1,564	1,763	1,937	2,058	2,340	2,604
영업이익	239	241	265	230	206	196
당기순이익	151	159	169	138	114	86

분기 실적 〈단위 : 억원〉

항목	2016.3Q	2016.4Q	2017.1Q	2017.2Q	2017.3Q	2017.4Q
매출액	561	588	662	666	644	632
영업이익	52	30	52	59	56	30
당기순이익	33	10	28	31	27	-0

재무 상태 〈단위 : 억원〉

항목	2012	2013	2014	2015	2016	2017
총자산	2,251	2,549	3,195	3,786	4,188	4,485
유형자산	1,860	2,161	2,750	3,254	3,595	3,762
무형자산	18	38	32	46	35	34
유가증권	81	83	72	10	10	10
총부채	1,212	1,402	1,928	2,472	2,830	3,088
총차입금	791	942	1,427	2,070	2,319	2,484
자본금	43	43	43	43	43	43
총자본	1,039	1,147	1,267	1,315	1,358	1,397
지배주주지분	1,039	1,147	1,267	1,315	1,358	1,397

기업가치 지표

항목	2012	2013	2014	2015	2016	2017
주가(최고/저)(천원)	14.4/9.9	14.9/11.9	29.2/14.4	30.5/20.0	21.7/16.0	17.5/14.9
PER(최고/저)(배)	9.9/6.8	9.4/7.5	16.6/8.2	20.8/13.7	17.6/13.0	18.2/15.6
PBR(최고/저)(배)	1.4/1.0	1.3/1.0	2.2/1.1	2.1/1.4	1.4/1.0	1.1/0.9
EV/EBITDA(배)	2.2	2.4	3.9	3.4	3.0	2.6
EPS(원)	1,761	1,846	1,966	1,611	1,327	996
BPS(원)	12,558	13,828	15,149	16,140	16,872	17,366
CFPS(원)	8,745	9,615	10,884	12,496	13,620	14,857
DPS(원)	550	600	600	600	600	600
EBITDAPS(원)	9,765	10,571	12,005	13,567	14,693	16,144

재무 비율 〈단위 : %〉

연도	영업이익률	순이익률	부채비율	차입금비율	ROA	ROE	유보율	자기자본비율	EBITDA마진율
2017	7.5	3.3	221.0	177.8	2.0	6.2	3,373.3	31.2	53.2
2016	8.8	4.9	208.5	170.9	2.9	8.5	3,274.3	32.4	53.9
2015	11.2	6.7	188.0	157.4	4.0	10.7	3,127.9	34.7	56.6
2014	13.7	8.7	152.1	112.6	5.9	14.0	2,929.8	39.7	53.2

*관리종목

레이언스 (A228850)

RAYENCE COLTD

업종 : 의료 장비 및 서비스
신용등급 : (Bond) — (CP) —
홈페이지 : www.rayence.com
본사 : 경기도 화성시 삼성1로1길 14 (석우동)
시장 : KOSDAQ
기업규모 : 우량
연락처 : 031)8015-6420

설립일 2011.05.02 **종업원수** 216명 **대표이사** 김태우
상장일 2016.04.11 **감사의견** 적정(한영) **계열**
결산기 12월 **보통주** **종속회사수** 3개사
액면가 500원 **우선주** **구상호**

주주구성 (지분율,%)		출자관계 (지분율,%)		주요경쟁사 (외형,%)	
바텍이우홀딩스	31.6	Rayence	100.0	레이언스	100
바텍	28.7	OSKO	80.7	차바이오텍	393
(외국인)	3.6	OSKOMEXS.A.DECV	50.0	인바디	88

매출구성		비용구성		수출비중	
1012WCA, 17SCC/SGC 등	43.6	매출원가율	61.9	수출	—
1215CF, 1501CF,0712CF 등	34.0	판관비율	21.8	내수	—
Ez1.0, Ez1.5 등	16.5				

회사 개요

동사는 2011년 5월 2일 바텍의 DR(Digital Radiography) 사업본부가 물적분할하여 설립된 회사로, 현재까지 X-ray Detector를 연구개발, 설계, 제조, 판매하는 의료용 장비 제조회사임. 동사는 Inter-Oral 센서(2~4개의 치아를 촬영하기 위한 구강내 X-Ray 영상센서) 시장에서 세계 1위로 국내 유일업체며 중국, 인도 등 신흥국 시장의 수요가 증가하고 있음. 2016년 4월 11일 코스닥 시장에 상장함.

실적 분석

동사의 2017년 누적매출액은 1,065.2억원으로 전년대비 8.2% 증가함. 영업이익은 전년보다 3.8% 줄어든 173.0억원을 기록함. 동사는 지난해 맘모그래피(유방암 검사 촬영) 부문이 GE헬스케어와 5년간 230억원 규모의 공급 계약을 체결하며 포트폴리오 다각화에 성공함. 글로벌 시장 점유율 1위(23%)인 소프트 I/O 센서는 해외업체와 ODM 계약을 진행 중이며 향후 산업용 및 동물용으로 시장 진입을 확대할 계획임.

현금 흐름 〈단위 : 억원〉

항목	2016	2017
영업활동	84	206
투자활동	-950	-29
재무활동	800	-57
순현금흐름	-67	116
기말현금	91	207

시장 대비 수익률

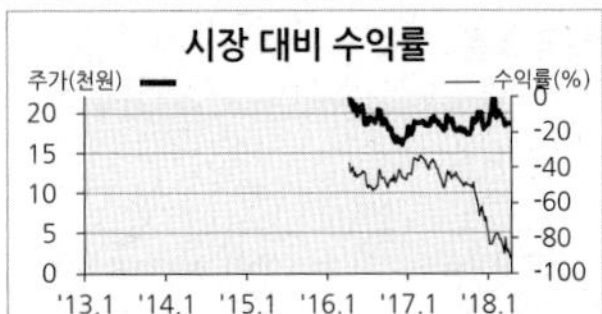

결산 실적 〈단위 : 억원〉

항목	2012	2013	2014	2015	2016	2017
매출액	477	692	779	866	985	1,065
영업이익	43	71	111	197	180	173
당기순이익	20	184	32	145	147	144

분기 실적 〈단위 : 억원〉

항목	2016.3Q	2016.4Q	2017.1Q	2017.2Q	2017.3Q	2017.4Q
매출액	238	279	246	266	293	259
영업이익	50	38	43	40	53	37
당기순이익	36	47	28	35	42	39

재무 상태 〈단위 : 억원〉

항목	2012	2013	2014	2015	2016	2017
총자산	483	779	797	941	1,904	1,965
유형자산	75	228	245	283	345	344
무형자산	47	66	45	96	183	204
유가증권	6	—	—	—	—	—
총부채	239	348	336	341	243	195
총차입금	107	184	178	197	79	58
자본금	63	63	63	63	83	83
총자본	244	431	461	600	1,660	1,770
지배주주지분	244	431	461	600	1,654	1,766

기업가치 지표

항목	2012	2013	2014	2015	2016	2017
주가(최고/저)(천원)	#VALUE!	—/—	—/—	—/—	—/—	—/—
PER(최고/저)(배)	0.0/0.0	0.0/0.0	0.0/0.0	0.0/0.0	25.2/16.7	23.0/19.4
PBR(최고/저)(배)	0.0/0.0	0.0/0.0	0.0/0.0	0.0/0.0	2.3/1.5	1.8/1.5
EV/EBITDA(배)	1.1	0.7	0.4	0.2	9.0	9.5
EPS(원)	294	1,464	256	1,150	948	881
BPS(원)	1,938	3,423	3,662	4,767	10,271	11,086
CFPS(원)	468	1,659	565	1,447	1,281	1,257
DPS(원)	—	—	—	—	300	100
EBITDAPS(원)	806	761	1,188	1,865	1,489	1,418

재무 비율 〈단위 : %〉

연도	영업이익률	순이익률	부채비율	차입금비율	ROA	ROE	유보율	자기자본비율	EBITDA마진율
2017	16.2	13.5	11.0	3.3	7.4	8.6	2,117.1	90.1	22.1
2016	18.3	14.9	14.6	4.8	10.3	13.1	1,954.2	87.2	23.5
2015	22.8	16.7	56.8	32.8	16.7	27.3	853.4	63.8	27.1
2014	14.2	4.1	73.0	38.6	4.1	7.2	632.4	57.8	19.2

레이젠 (A047440)

Raygen

업종 : 디스플레이 및 관련부품
신용등급 : (Bond) — (CP) —
홈페이지 : www.raygen.co.kr
본사 : 경북 칠곡군 왜관읍 공단로5길 18-24
시장 : KOSDAQ
기업규모 :
연락처 : 054)979-5000

설립일 1994.04.26 **종업원수** 187명 **대표이사** 정준기
상장일 2001.11.07 **감사의견** 거절(불확실성)(가율) **계열**
결산기 12월 **보통주** **종속회사수** 6개사
액면가 500원 **우선주** **구상호**

주주구성 (지분율,%)		출자관계 (지분율,%)		주요경쟁사 (외형,%)	
픽솔1호 투자조합	9.7	에스티투자조합	100.0	레이젠	100
전형규	3.4	H&RGSCIENCES	100.0	신화인터텍	220
(외국인)	1.2	비즈바이오젠	100.0	에스엔유	145

매출구성		비용구성		수출비중	
Mobile BLU	45.0	매출원가율	102.9	수출	—
압출원판	20.1	판관비율	16.2	내수	—
상품매출	15.5				

회사 개요

동사는 1981년 금형 제작 전문 현대전주로 설립되어 2000년 레이젠으로 상호변경하였음. 동사는 TV나 모니터, 노트북 PC등에 들어가는 BLU를 주로 생산하고 있으며, LG디스플레이, LG전자 등을 거래처로 함. 전자부품 부문은 압출 및 사출 도광판을 삼성전자 등에 납품 중임. 연결대상 종속회사로 4개의 홍콩, 중국 등 현지법인과 비즈바이오젠 및 에스티투자조합을 보유함.

실적 분석

동사의 2017년 연결 기준 연간 누적 매출액은 802.8억원으로 전년 동기 대비 19.6% 감소함. 매출 감소에 따른 고정 비용 감소 효과가 사라지면서 영업손실은 153.1억원으로 전년 동기 대비 적자 규모가 늘어남. 막대한 영업손실로 인해 당기순손실도 전년 동기 대비 늘어난 276.9억원을 기록함. 모바일 시장 악화에 따른 매출 부진과 관계회사 투자 손실로 적자 규모가 확대됨.

현금 흐름 〈단위 : 억원〉

항목	2016	2017
영업활동	-45	-69
투자활동	15	-220
재무활동	-9	214
순현금흐름	-55	-78
기말현금	101	23

시장 대비 수익률

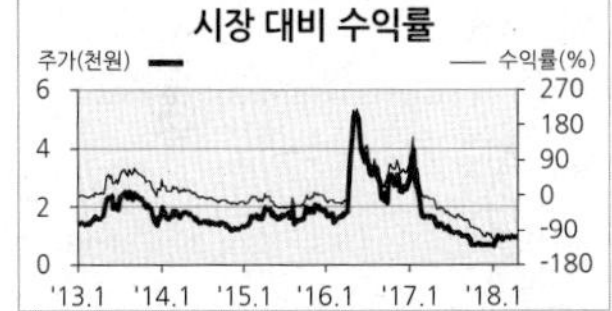

결산 실적 〈단위 : 억원〉

항목	2012	2013	2014	2015	2016	2017
매출액	1,205	1,064	1,398	1,337	998	803
영업이익	-15	-23	37	-21	-116	-153
당기순이익	-29	-32	16	-23	-177	-277

분기 실적 〈단위 : 억원〉

항목	2016.3Q	2016.4Q	2017.1Q	2017.2Q	2017.3Q	2017.4Q
매출액	232	221	251	247	163	142
영업이익	-39	-29	-31	-25	-37	-60
당기순이익	-73	-36	-48	-27	-53	-150

재무 상태 〈단위 : 억원〉

항목	2012	2013	2014	2015	2016	2017
총자산	1,131	1,212	1,392	1,276	851	668
유형자산	580	661	626	602	410	335
무형자산	34	32	26	22	7	7
유가증권	0	0	0	0	1	35
총부채	537	604	765	631	446	444
총차입금	340	444	512	469	333	330
자본금	83	83	83	83	83	140
총자본	594	609	627	644	405	224
지배주주지분	594	540	558	584	405	224

기업가치 지표

항목	2012	2013	2014	2015	2016	2017
주가(최고/저)(천원)	1.9/1.1	2.5/1.2	1.9/1.1	2.1/1.2	5.0/1.4	3.7/0.6
PER(최고/저)(배)	—/—	—/—	24.0/14.7	—/—	—/—	—/—
PBR(최고/저)(배)	0.6/0.3	0.8/0.4	0.6/0.4	0.7/0.4	2.4/0.7	4.9/0.8
EV/EBITDA(배)	8.5	16.3	6.2	13.6	—	—
EPS(원)	-157	-152	83	-79	-967	-1,031
BPS(원)	3,999	3,579	3,690	3,521	2,442	807
CFPS(원)	220	244	527	365	-674	-846
DPS(원)	—	—	—	—	—	—
EBITDAPS(원)	303	271	659	324	-307	-385

재무 비율 〈단위 : %〉

연도	영업이익률	순이익률	부채비율	차입금비율	ROA	ROE	유보율	자기자본비율	EBITDA마진율
2017	-19.1	-34.5	198.1	147.1	-36.5	-88.1	61.4	33.6	-12.9
2016	-11.6	-17.7	110.3	82.3	-16.7	-35.8	388.4	47.6	-5.1
2015	-1.6	-1.7	98.0	72.8	-1.7	-2.5	604.3	50.5	4.0
2014	2.7	1.2	122.1	81.6	1.3	2.8	638.0	45.0	7.8

로고스바이오시스템스 (A238120)
Logos Biosystems

업종 : 의료 장비 및 서비스 | 시장 : KOSDAQ
신용등급 : (Bond) — (CP) — | 기업규모 : 기술성
홈페이지 : www.logosbio.com | 연락처 : 031)478-4185
본사 : 경기도 안양시 동안구 시민대로327번길 28, 2층,3층(관양동)

설립일	2008.10.02	**종업원수**	50명	**대표이사**	정연철
상장일	2016.11.03	**감사의견**	적정(삼정)	**계열**	
결산기	12월	**보통주**		**종속회사수**	2개사
액면가	500원	**우선주**		**구상호**	

주주구성 (지분율,%)		출자관계 (지분율,%)		주요경쟁사 (외형,%)	
정연철	19.1			로고스바이오	100
스트라타컨설팅	10.0			지노믹트리	8
(외국인)	0.8			미코나노바이오시스	52

매출구성		비용구성		수출비중	
자동 세포 카운팅 시스템	53.8	매출원가율	36.1	수출	84.8
생체조직 투명화 시스템	27.2	판관비율	91.2	내수	15.2
디지털 세포 이미징 시스템	19.0				

회사 개요

동사는 2008년 10월 생명과학 및 진단장비(Life Science Tools & Diagnostics)를 개발, 제조, 판매하는 회사로 안양에 위치함. 해외 수출을 확대하기 위하여 미국 Virginia주 Annandale에 현지 법인으로서 자회사를 운영하고 있음. 주요 품목으로는 자동 세포 카운팅 시스템, 생체조직 투명화 시스템, 디지털 세포 이미징 시스템으로 분류됨. 자동 세포 카운팅 시스템분야의 시장점유율은 30%로 추정됨.

실적 분석

동사의 2017년 연결기준 연간 매출액은 56.4억원으로 전년 대비 19.6% 증가함. R&D 및 해외 마케팅 역량강화를 위한 인력충원 및 투자비용 증가로 영업손실은 15.4억원으로 적자지속중임. 동사는 자동세포카운팅장치에 사용되는 마이크로칩에 관한 유럽 특허를 취득함. 이 특허를 자동세포카운팅 장치에 사용되는 일회용 마이크로칩을 제조하는데 활용할 계획임.

현금 흐름
<단위 : 억원>

항목	2016	2017
영업활동	-11	-9
투자활동	-128	-11
재무활동	200	2
순현금흐름	61	-19
기말현금	93	74

시장 대비 수익률

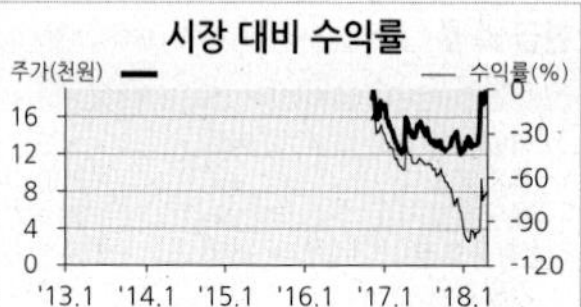

결산 실적
<단위 : 억원>

항목	2012	2013	2014	2015	2016	2017
매출액	—	—	23	41	47	56
영업이익	—	—	-9	-4	-16	-15
당기순이익	—	—	-8	-3	-16	-18

분기 실적
<단위 : 억원>

항목	2016.3Q	2016.4Q	2017.1Q	2017.2Q	2017.3Q	2017.4Q
매출액	12	13	12	14	16	15
영업이익	-5	-3	-4	-5	-2	-4
당기순이익	-6	-2	-5	-3	-1	-8

재무 상태
<단위 : 억원>

항목	2012	2013	2014	2015	2016	2017
총자산	—	—	70	69	259	243
유형자산	—	—	3	5	5	7
무형자산	—	—	5	6	10	7
유가증권	—	—	—	—	—	—
총부채	—	—	16	8	17	17
총차입금	—	—	10	—	—	—
자본금	—	—	13	14	18	18
총자본	—	—	54	61	242	226
지배주주지분	—	—	54	61	242	226

기업가치 지표

항목	2012	2013	2014	2015	2016	2017
주가(최고/저)(천원)	#VALUE!	—/—	—/—	—/—	—/—	—/—
PER(최고/저)(배)	0.0/0.0	0.0/0.0	0.0/0.0	0.0/0.0	—/—	—/—
PBR(최고/저)(배)	0.0/0.0	0.0/0.0	0.0/0.0	0.0/0.0	3.1/2.2	2.8/1.9
EV/EBITDA(배)	0.0	0.0	—	—	—	—
EPS(원)	—	—	-334	-97	-537	-490
BPS(원)	—	—	2,074	2,245	6,790	6,298
CFPS(원)	—	—	-274	-9	-431	-373
DPS(원)	—	—	—	—	—	—
EBITDAPS(원)	—	—	-292	-44	-445	-313

재무 비율
<단위 : %>

연도	영업이익률	순이익률	부채비율	차입금비율	ROA	ROE	유보율	자기자본비율	EBITDA마진율
2017	-27.3	-31.1	7.4	0.0	-7.0	-7.5	1,159.6	93.1	-19.9
2016	-33.9	-33.0	6.9	0.0	-9.5	-10.3	1,257.9	93.5	-27.4
2015	-8.7	-6.4	13.1	0.0	-3.8	-4.6	349.1	88.4	-2.9
2014	-36.7	-34.8	29.4	18.5	0.0	0.0	314.8	77.3	-30.5

로보로보 (A215100)
RoboRobo

업종 : 교육 | 시장 : KOSDAQ
신용등급 : (Bond) — (CP) — | 기업규모 : 벤처
홈페이지 : 0 | 연락처 : 02)3771-3642
본사 : 서울시 영등포구 의사당대로 82

설립일	2015.02.09	**종업원수**	1명	**대표이사**	장창남
상장일	2015.04.22	**감사의견**	적정(신우)	**계열**	
결산기	12월	**보통주**		**종속회사수**	
액면가	100원	**우선주**		**구상호**	하나머스트4호스팩

주주구성 (지분율,%)		출자관계 (지분율,%)		주요경쟁사 (외형,%)	
최영석	42.3	과학샘	100.0	로보로보	100
HONGKONG SHENGTONG TRADING LIMITED	14.9	로보로보(북경)	49.0	이디	28
(외국인)	17.0	Kids2GLOW,PBC	12.5	메가스터디교육	1,755

매출구성		비용구성		수출비중	
		매출원가율	59.5	수출	54.5
		판관비율	28.3	내수	45.5

회사 개요

동사는 2000년 설립돼 2017년 하나머스트4호기업인수목적 주식회사와 합병을 완료한 후 사명을 주식회사 로보로보로 변경함. 초등학생 및 유아를 위한 교육용 로봇을 생산·판매하고 있음. 주요 제품은 교육용로봇, 로봇용 학습소프트웨어, 관련 교재 등 교육에 사용되는 로봇 및 부수제품임. 초중고 방과후 학교 과학관련 교재개발 및 공급을 주요 사업으로 영위하는 과학샘 주식회사를 연결대상 종속회사로 보유함.

실적 분석

2017년 연결기준 동사 매출액은 143.7억원을 기록함. 전년도 매출액인 123.6억원에 비해 16.3% 증가한 금액임. 매출원가가 20.0% 늘고 판매비와 관리비도 15.8% 증가했으나 매출 증가폭이 이를 상회함. 이에 영업이익은 전년도 17.2억원에서 소폭 증가한 17.5억원을 기록함. 비영업부문은 27.4억원의 손실을 기록하며 적자로 돌아섰음. 당기순이익 역시 11.1억원의 손실을 기록하며 적자로 전환됨.

현금 흐름
<단위 : 억원>

항목	2016	2017
영업활동	19	-11
투자활동	-45	6
재무활동	21	-1
순현금흐름	-4	-6
기말현금	28	22

시장 대비 수익률

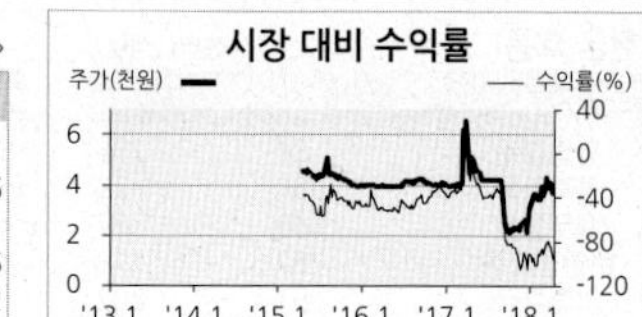

결산 실적
<단위 : 억원>

항목	2012	2013	2014	2015	2016	2017
매출액	—	—	—	114	124	144
영업이익	—	—	—	18	17	18
당기순이익	—	—	—	17	17	-11

분기 실적
<단위 : 억원>

항목	2016.3Q	2016.4Q	2017.1Q	2017.2Q	2017.3Q	2017.4Q
매출액	—	—	—	50	—	—
영업이익	—	—	—	12	—	—
당기순이익	—	—	—	12	—	—

재무 상태
<단위 : 억원>

항목	2012	2013	2014	2015	2016	2017
총자산	—	—	—	127	160	245
유형자산	—	—	—	28	30	28
무형자산	—	—	—	2	2	1
유가증권	—	—	—	0	0	2
총부채	—	—	—	17	16	27
총차입금	—	—	—	7	5	12
자본금	—	—	—	8	14	16
총자본	—	—	—	110	145	217
지배주주지분	—	—	—	110	145	217

기업가치 지표

항목	2012	2013	2014	2015	2016	2017
주가(최고/저)(천원)	—/—	—/—	—/—	5.1/4.0	4.3/3.9	7.5/2.1
PER(최고/저)(배)	0.0/0.0	0.0/0.0	0.0/0.0	39.6/30.8	34.6/31.5	—/—
PBR(최고/저)(배)	0.0/0.0	0.0/0.0	0.0/0.0	6.3/4.9	4.9/4.5	5.8/1.6
EV/EBITDA(배)	0.0	0.0	0.0	0.1	0.0	21.7
EPS(원)	—	—	—	129	125	-68
BPS(원)	—	—	—	67,222	72,394	1,322
CFPS(원)	—	—	—	11,532	11,253	-58
DPS(원)	—	—	—	—	—	23
EBITDAPS(원)	—	—	—	12,039	11,245	117

재무 비율
<단위 : %>

연도	영업이익률	순이익률	부채비율	차입금비율	ROA	ROE	유보율	자기자본비율	EBITDA마진율
2017	12.2	-7.8	12.5	5.7	-5.5	-6.2	1,222.0	88.9	13.4
2016	14.0	14.0	10.8	3.6	12.0	13.5	960.8	90.3	15.3
2015	16.0	15.2	15.3	6.2	0.0	0.0	1,244.5	86.8	17.2
2014	0.0	0.0	0.0	0.0	0.0	0.0	0.0	0.0	0.0

로보스타 (A090360)

ROBOSTAR

업　　종 : 기계　　시　　장 : KOSDAQ
신용등급 : (Bond) —　　(CP) —　　기업규모 : 우량
홈페이지 : www.robostar.co.kr　　연 락 처 : 031)400-3600
본　　사 : 경기도 안산시 상록구 수인로 700 (사사동119-38)

설립일	1999.02.26	종업원수	285명	대표이사	김정호
상장일	2011.10.17	감사의견	적정(한울)	계열	
결산기	12월	보통주		종속회사수	2개사
액면가	500원	우선주		구상호	

주주구성 (지분율,%)		출자관계 (지분율,%)		주요경쟁사 (외형,%)	
김정호	12.5	로보메디	80.0	로보스타	100
강귀덕	7.9	키스타	49.0	스맥	78
(외국인)	7.9	지엔비	25.0	뉴로스	22

매출구성		비용구성		수출비중	
직각좌표 로봇 외	66.0	매출원가율	85.5	수출	15.5
정밀Stage	19.8	판관비율	9.4	내수	84.5
전자부품장비	12.3				

회사 개요

동사는 1999년 2월 26일에 산업용 로봇 제조업 등을 주 목적으로 설립된 기업임. 동사는 자동화 작업을 수행하기 위해 활용되는 제조용로봇과 초정밀 생산 및 검사 등 다양한 공정장비의 기초장비인 FPD장비, 그리고 시스템장비 성격인 IT부품 제조장비 등을 제조 및 판매를 주요 사업으로 하고 있음. 계열회사인 로보스타(상해)법인과 로보스타 충청지사는 산업용 로봇 및 전자전기 제품의 제품의 제조, 도매업을 주요사업으로 영위하고 있음.

실적 분석

2017년 연결기준 동사 매출액은 2,065.2억원을 기록함. 전년도 매출액인 1,517.3억원에 비해 36.1% 증가한 금액임. 매출원가가 41.1% 증가했으나 매출이 늘고 판매비와 관리비는 1.6% 감소해 영업이익은 전년도 67.5억원에서 54.9% 증가한 104.6억원을 기록함. 비영업부문은 외환손실로 인해 적자로 전환함. 당기순이익은 전년도에 비해 10.2% 증가한 74.8억원을 시현함.

현금 흐름

〈단위 : 억원〉

항목	2016	2017
영업활동	61	54
투자활동	-27	-26
재무활동	-24	-29
순현금흐름	7	-3
기말현금	160	157

시장 대비 수익률

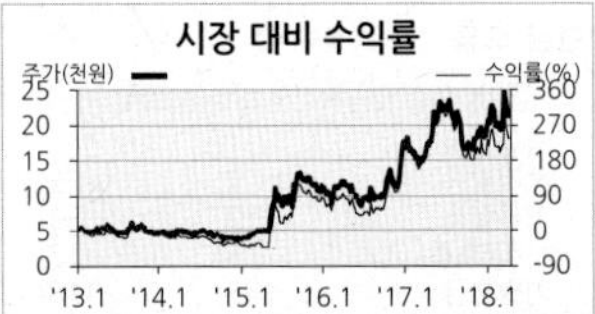

결산 실적

〈단위 : 억원〉

항목	2012	2013	2014	2015	2016	2017
매출액	716	1,034	970	1,306	1,517	2,065
영업이익	-27	21	20	103	68	105
당기순이익	-34	11	19	93	68	75

분기 실적

〈단위 : 억원〉

항목	2016.3Q	2016.4Q	2017.1Q	2017.2Q	2017.3Q	2017.4Q
매출액	366	595	565	568	503	430
영업이익	20	21	47	28	20	9
당기순이익	11	35	30	26	20	-1

재무 상태

〈단위 : 억원〉

항목	2012	2013	2014	2015	2016	2017
총자산	674	828	787	1,033	1,340	1,302
유형자산	159	167	161	250	257	253
무형자산	25	35	33	31	29	29
유가증권	10	10	11	8	3	0
총부채	414	556	492	648	901	800
총차입금	192	212	191	203	183	150
자본금	39	39	39	39	39	39
총자본	261	272	294	385	439	503
지배주주지분	256	267	292	384	438	503

기업가치 지표

항목	2012	2013	2014	2015	2016	2017
주가(최고/저)(천원)	10.1/4.4	6.5/4.5	5.4/3.4	13.8/3.7	17.8/8.7	24.4/14.3
PER(최고/저)(배)	—/—	46.5/32.2	19.9/12.5	11.4/3.1	20.6/10.1	25.1/14.7
PBR(최고/저)(배)	3.1/1.4	1.9/1.3	1.5/0.9	2.8/0.8	3.2/1.6	3.8/2.2
EV/EBITDA(배)	—	10.8	8.2	7.6	15.4	10.9
EPS(원)	-454	140	276	1,229	864	973
BPS(원)	3,280	3,426	3,744	4,921	5,612	6,445
CFPS(원)	-235	434	568	1,492	1,174	1,302
DPS(원)	—	—	—	70	50	50
EBITDAPS(원)	-131	557	549	1,588	1,176	1,670

재무 비율

〈단위 : %〉

연도	영업이익률	순이익률	부채비율	차입금비율	ROA	ROE	유보율	자기자본비율	EBITDA마진율
2017	5.1	3.6	159.1	29.8	5.7	16.1	1,189.0	38.6	6.3
2016	4.5	4.5	205.3	41.6	5.7	16.4	1,022.5	32.8	6.0
2015	7.9	7.2	168.1	52.6	10.3	28.4	884.2	37.3	9.5
2014	2.1	2.0	167.2	65.0	2.3	7.7	648.9	37.4	4.4

로보쓰리 (A238500)

Robo3

업　　종 : 전자 장비 및 기기　　시　　장 : KONEX
신용등급 : (Bond) —　　(CP) —　　기업규모 : —
홈페이지 : www.robo3.com　　연 락 처 : 02)544-9145
본　　사 : 서울시 강남구 논현로 605, 5층

설립일	2003.09.17	종업원수	12명	대표이사	김준형
상장일	2016.04.20	감사의견	적정(대주)	계열	
결산기	12월	보통주		종속회사수	
액면가	—	우선주		구상호	

주주구성 (지분율,%)		출자관계 (지분율,%)		주요경쟁사 (외형,%)	
김준형	22.3			로보쓰리	100
김명호	10.8			S&K폴리텍	630,359
				뉴프렉스	539,041

매출구성		비용구성		수출비중	
전동스쿠터	91.5	매출원가율	130.2	수출	0.0
기타	8.5	판관비율	2960.2	내수	100.0

회사 개요

동사는 2003년 설립돼 산업용 로봇제작 및 판매, 컴퓨터에 의한 통합 자동화시스템, 교육용로봇, 완구용로봇 등의 사업을 영위함. 기존 산업용 이외의 분야인 의료용 로봇, 개인용 및 가정용 서비스 로봇 시장이 지속적으로 성장할 것으로 예상되면서 동사의 사업도 높은 성장세가 기대됨. 국내 로봇제작업체 중 유일하게 2 wheel balancing 관련 원천기술을 보유하고 있음.

실적 분석

동사의 2017년도 매출액은 0.3억원으로 전년도 대비 49.8% 감소함. 영업손실은 8.5억원으로 전년도와 비슷한 수준 유지. 최우선적인 목표시장은 국내 및 해외 퍼스널 모빌리티 시장이며, 무빙체어, 트위스터 등의 제품이 순차적으로 출시될 예정. 퍼스널 모빌리티의 경우 금년부터 미국과 유럽시장에 본격 진출하여 매출처 다변화와 매출 신장을 위해 노력중임.

현금 흐름 *IFRS 별도 기준

〈단위 : 억원〉

항목	2016	2017
영업활동	-6	-9
투자활동	-23	5
재무활동	28	0
순현금흐름	-1	-4
기말현금	14	10

시장 대비 수익률

결산 실적

〈단위 : 억원〉

항목	2012	2013	2014	2015	2016	2017
매출액	—	5	5	9	1	0
영업이익	—	0	0	1	-8	-8
당기순이익	—	0	0	1	-7	-7

분기 실적 *IFRS 별도 기준

〈단위 : 억원〉

항목	2016.3Q	2016.4Q	2017.1Q	2017.2Q	2017.3Q	2017.4Q
매출액	—	—	—	—	—	—
영업이익	—	—	—	—	—	—
당기순이익	—	—	—	—	—	—

재무 상태 *IFRS 별도 기준

〈단위 : 억원〉

항목	2012	2013	2014	2015	2016	2017
총자산	—	15	14	32	53	46
유형자산	—	0	0	1	2	2
무형자산	—	6	6	6	12	19
유가증권	—	—	—	—	12	—
총부채	—	7	6	3	2	2
총차입금	—	4	5	1	1	1
자본금	—	10	10	20	22	22
총자본	—	8	8	30	51	44
지배주주지분	—	8	8	30	51	44

기업가치 지표 *IFRS 별도 기준

항목	2012	2013	2014	2015	2016	2017
주가(최고/저)(천원)	—/—	—/—	—/—	—/—	—/—	—/—
PER(최고/저)(배)	0.0/0.0	0.0/0.0	0.0/0.0	0.0/0.0	—/—	—/—
PBR(최고/저)(배)	0.0/0.0	0.0/0.0	0.0/0.0	0.0/0.0	8.5/4.4	9.3/4.4
EV/EBITDA(배)	0.0	16.6	39.8			
EPS(원)	—	8	4	21	-155	-158
BPS(원)	—	3,767	3,810	7,566	1,142	988
CFPS(원)	—	103	62	288	-146	-145
DPS(원)	—	—	—	—	—	—
EBITDAPS(원)	—	115	56	291	-172	-178

재무 비율

〈단위 : %〉

연도	영업이익률	순이익률	부채비율	차입금비율	ROA	ROE	유보율	자기자본비율	EBITDA마진율
2017	-2,990.4	-2,478.6	4.6	3.0	-14.2	-14.8	97.6	95.6	-2,791.9
2016	-1,386.6	-1,187.5	4.1	2.6	-15.7	-16.7	128.5	96.1	-1,317.0
2015	6.4	6.3	9.7	4.4	2.4	3.0	51.3	91.2	8.8
2014	1.4	1.7	일부잠식	일부잠식	0.6	1.1	-23.8	56.1	2.1

로스웰 (A900260)
Rothwell International

업　　종 : 자동차부품　　시　　장 : KOSDAQ
신용등급 : (Bond) —　(CP) —　　기업규모 :
홈페이지 : www.rothwell.com.cn　　연 락 처 : 86-514-876338757
본　　사 : Unit 402, 4th Floor, Fairmont House, No. 8 Cotton Tree Drive, Admiralty Hong Kong

설 립 일	2014.02.05	**종업원수**	492명	**대표이사**	저우샹동
상 장 일	2016.06.30	**감사의견**	적정(신한)	**계　열**	
결 산 기	12월	**보 통 주**		**종속회사수**	4개사
액 면 가	—	**우 선 주**		**구 상 호**	

주주구성 (지분율,%)		출자관계 (지분율,%)		주요경쟁사 (외형,%)	
ZHOU XIANG DONG	35.2			로스웰	100
ZHONG JIA HONG	18.0			동국실업	373
(외국인)	66.2			넥센테크	51

매출구성		비용구성		수출비중	
		매출원가율	0.0	수출	—
		판관비율	0.0	내수	—

회사 개요

동사는 2014년 2월 홍콩에 설립된 기업으로 2016년 6월 코스닥시장에 상장됨. 동사가 생산하고 있는 자동차 부품은 크게 CAN 제어시스템을 기반으로 한 전자제품과 차량용 공조설비로 구분됨. CAN(Controller Area Network)은 1986년 독일 BOSCH사에 의해 개발되었고 자동차의 각종 계측제어 장비들 간의 디지털 직렬 통신을 제공하기 위한 차량용 네트워크 시스템, 자동차 공조설비는 자동차 쾌적성을 결정짓는 중요한 부품임.

실적 분석

지난 3분기 연결기준 매출액은 지난해 동기와 비교해 2.1% 증가했으며, 영업이익은 5% 감소함. 커넥티드카 관련 제품의 매출 규모가 증가하면서 성장이 예상됐으나, 중국 전기버스 판매량이 해당 분기 동안 전년보다 5% 증가하는 데 그침. 영업이익률 21%를 달성하며 고수익 기조를 이어나가고 있고, 연말까지 중국 전기차 시장의 정책적 환경에 따라 수요가 늘어날 것으로 기대돼 온기 기준으로는 보다 좋은 모습을 보일 수 있을 것으로 기대됨.

현금 흐름
〈단위 : 억원〉

항목	2016	2017
영업활동	-182	—
투자활동	-117	—
재무활동	837	—
순현금흐름	553	—
기말현금	641	—

시장 대비 수익률

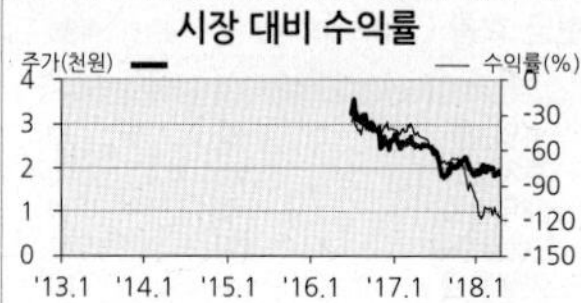

결산 실적
〈단위 : 억원〉

항목	2012	2013	2014	2015	2016	2017
매출액	—	—	822	960	1,612	—
영업이익	—	—	204	226	360	—
당기순이익	—	—	161	178	312	—

분기 실적
〈단위 : 억원〉

항목	2016.3Q	2016.4Q	2017.1Q	2017.2Q	2017.3Q	2017.4Q
매출액	493	504	253	417	478	—
영업이익	111	111	40	90	100	—
당기순이익	92	106	33	80	82	—

재무 상태
〈단위 : 억원〉

항목	2012	2013	2014	2015	2016	2017
총자산	—	—	845	1,064	2,292	—
유형자산	—	—	113	105	205	—
무형자산	—	—	2	2	2	—
유가증권	—	—	—	—	—	—
총부채	—	—	379	407	418	—
총차입금	—	—	227	261	169	—
자본금	—	—	0	262	1,170	—
총자본	—	—	466	657	1,874	—
지배주주지분	—	—	466	657	1,874	—

기업가치 지표

항목	2012	2013	2014	2015	2016	2017
주가(최고/저)(천원)	#VALUE!	—/—	—/—	—/—	—/—	—/—
PER(최고/저)(배)	0.0/0.0	0.0/0.0	0.0/0.0	0.0/0.0	9.2/5.9	0.0/0.0
PBR(최고/저)(배)	0.0/0.0	0.0/0.0	0.0/0.0	0.0/0.0	1.8/1.2	0.0/0.0
EV/EBITDA(배)	0.0	0.0	0.6	0.7	5.4	0.0
EPS(원)	—	—	1,246,289	529	410	—
BPS(원)	—	—	465,945	1,095	2,064	—
CFPS(원)	—	—	1,354,228	563	425	—
DPS(원)	—	—	—	—	—	—
EBITDAPS(원)	—	—	1,687,187	704	488	—

재무 비율
〈단위 : %〉

연도	영업이익률	순이익률	부채비율	차입금비율	ROA	ROE	유보율	자기자본비율	EBITDA마진율
2017	0.0	0.0	0.0	0.0	0.0	0.0	0.0	0.0	0.0
2016	22.3	19.4	22.3	9.0	18.6	24.7	60.2	81.8	23.1
2015	23.6	18.6	62.0	39.8	18.7	31.8	150.9	61.7	24.8
2014	24.9	19.6	81.4	48.8	0.0	0.0	329,679.0	55.1	26.6

로지시스 (A067730)
LOGISYS

업　　종 : 통신장비　　시　　장 : KOSDAQ
신용등급 : (Bond) —　(CP) —　　기업규모 : 중견
홈페이지 : www.logisys.co.kr　　연 락 처 : 02)2125-6300
본　　사 : 서울시 마포구 독막로 281

설 립 일	1996.07.04	**종업원수**	432명	**대표이사**	이규현
상 장 일	2015.07.29	**감사의견**	적정(삼일)	**계　열**	
결 산 기	12월	**보 통 주**		**종속회사수**	
액 면 가	500원	**우 선 주**		**구 상 호**	

주주구성 (지분율,%)		출자관계 (지분율,%)		주요경쟁사 (외형,%)	
한국컴퓨터지주	64.5	정보통신공제조합	0.0	로지시스	100
				기산텔레콤	155
(외국인)	0.2			백금T&A	250

매출구성		비용구성		수출비중	
전산장비 유지보수	45.6	매출원가율	90.1	수출	0.0
전산장비	29.8	판관비율	8.4	내수	100.0
VAN 대행관리	23.9				

회사 개요

동사는 1996년 7월 4일 컴퓨터 및 주변기기 제조 및 판매, 임대 및 서비스, 소프트웨어, 프로그램의 개발 및 제조판매, 수출입업, 유무선 통신장비 및 부대장비의 제조판매 및 임대서비스업, 전기통신공사업 등을 사업목적으로 설립. 현재 영위하는 사업을 대분류로 구분하면, 1.전산장비 유지보수 용역, 2.전산장비 판매, 3.VAN서비스 대행용역 사업임. 향후 10년 이상의 장기적인 비전을 위하여 무인경비 서비스 사업에 진출할 계획임.

실적 분석

동사의 2017년 연간 매출액은 전년동기대비 13.7% 상승한 408.6억원을 기록하였음. 비용면에서 전년동기대비 매출원가는 증가 하였으며 인건비도 증가, 기타판매비와관리비는 증가함. 이와 같이 상승한 매출액 만큼 비용증가도 있었으나 매출액의 더 큰 상승에 힘입어 최종적으로 전년동기대비 당기순이익은 상승하여 6.7억원을 기록함. 대부분의 지표가 호전된 점은 긍정적인 요인.

현금 흐름
*IFRS 별도 기준　〈단위 : 억원〉

항목	2016	2017
영업활동	-1	-9
투자활동	7	-5
재무활동	-3	-3
순현금흐름	3	-17
기말현금	135	118

시장 대비 수익률

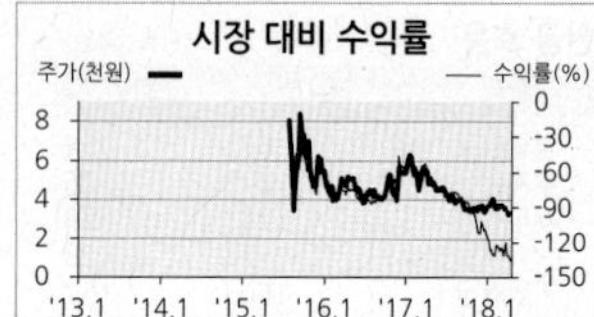

결산 실적
〈단위 : 억원〉

항목	2012	2013	2014	2015	2016	2017
매출액	215	320	320	346	359	409
영업이익	16	19	19	5	5	6
당기순이익	12	17	17	6	6	7

분기 실적
*IFRS 별도 기준　〈단위 : 억원〉

항목	2016.3Q	2016.4Q	2017.1Q	2017.2Q	2017.3Q	2017.4Q
매출액	107	115	82	86	78	163
영업이익	3	2	3	5	-1	-1
당기순이익	3	2	3	4	-0	-0

재무 상태
*IFRS 별도 기준　〈단위 : 억원〉

항목	2012	2013	2014	2015	2016	2017
총자산	143	166	167	218	241	262
유형자산	27	12	11	10	9	10
무형자산	1	3	3	2	2	2
유가증권	6	6	0	0	0	0
총부채	29	51	52	60	78	99
총차입금	—	—	—	—	—	—
자본금	36	36	36	47	47	47
총자본	113	115	115	158	163	162
지배주주지분	113	115	115	158	163	162

기업가치 지표
*IFRS 별도 기준

항목	2012	2013	2014	2015	2016	2017
주가(최고/저)(천원)	—/—	—/—	—/—	9.3/3.2	5.9/3.7	6.5/3.3
PER(최고/저)(배)	0.0/0.0	0.0/0.0	0.0/0.0	131.2/45.1	97.3/62.0	93.3/47.8
PBR(최고/저)(배)	0.0/0.0	0.0/0.0	0.0/0.0	5.8/2.0	3.5/2.2	3.8/2.0
EV/EBITDA(배)	—	—	—	47.4	48.0	24.6
EPS(원)	174	233	244	74	62	71
BPS(원)	15,840	16,094	16,101	1,693	1,750	1,738
CFPS(원)	2,322	2,884	2,931	113	92	100
DPS(원)	—	—	—	60	60	80
EBITDAPS(원)	2,793	3,262	3,168	101	84	96

재무 비율
〈단위 : %〉

연도	영업이익률	순이익률	부채비율	차입금비율	ROA	ROE	유보율	자기자본비율	EBITDA마진율
2017	1.5	1.6	61.2	0.0	2.6	4.1	247.7	62.0	2.2
2016	1.4	1.6	47.5	0.0	2.5	3.6	250.0	67.8	2.2
2015	1.5	1.7	38.1	0.0	3.1	4.4	238.6	72.4	2.4
2014	6.0	5.5	44.8	0.0	10.5	15.1	222.0	69.1	7.1

로체시스템즈 (A071280)

Rorze Systems

업 종 : 반도체 및 관련장비 | 시 장 : KOSDAQ
신용등급 : (Bond) — (CP) — | 기업규모 : 벤처
홈페이지 : www.rorze.co.kr | 연 락 처 : 031)335-9100
본 사 : 경기도 용인시 처인구 경안천로 364

설 립 일	1997.11.01	**종업원수**	255명	**대표이사**	박기환
상 장 일	2003.11.14	**감사의견**	적정(안진)	**계 열**	
결 산 기	12월	**보 통 주**		**종속회사수**	
액 면 가	500원	**우 선 주**		**구 상 호**	

주주구성 (지분율,%)		출자관계 (지분율,%)		주요경쟁사 (외형,%)	
Rorze International Pte. Ltd.	40.1	윈텔	18.2	로체시스템즈	100
김영민	3.9	에이마크	14.2	아진엑스텍	9
(외국인)	41.6	RORZESYSTEMSVINA	100.0	하이셈	7

매출구성		비용구성		수출비중	
FPD	66.1	매출원가율	93.1	수출	71.5
GCM	15.5	판관비율	6.3	내수	28.5
반도체(EFEM, Sorter, Stocker)	13.8				

회사 개요

동사는 TFT-LCD 및 반도체 제조업체에 반도체용 Clean Robot을 비롯하여 LCD용 Clean Robot, Indexer, EFEM, Laser를 이용한 Glass Cutting System 등의 최첨단 고기능의 장비를 개발, 공급하고 있음. 태양광사업과 관련하여 레이저를 이용해 태양전지를 일정한 크기로 자르는 절단장비를 개발하고, 일본업체와 PCB 검사장비도 개발 중에 있음.

실적 분석

동사의 2017년 4분기 연결기준 누적 매출액은 전년동기 대비 240.9% 증가한 3,370.0억원을 시현하였음. 매출성장에도 불구하고 매출원가와 판관비가 전년동기 대비 큰 폭으로 상승함에 따라 영업이익은 전년동기 대비 54.5% 감소한 20.7억원을 기록했음. 그러나 비영업이익이 전년동기 3.8억원에서 16.8억원으로 증가해 당기순이익의 감소폭은 영업이익 감소폭에 비해 작았음.

현금 흐름 *IFRS 별도 기준 〈단위 : 억원〉

항목	2016	2017
영업활동	-0	26
투자활동	-42	-30
재무활동	41	116
순현금흐름	-1	111
기말현금	84	196

시장 대비 수익률

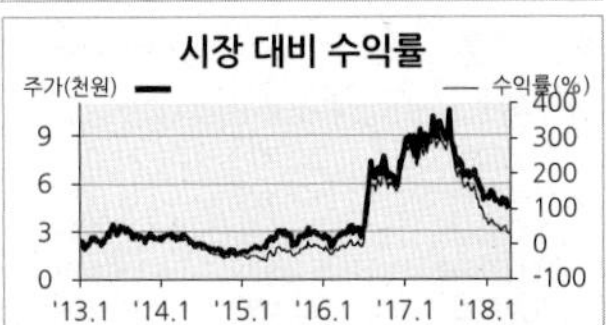

결산 실적 〈단위 : 억원〉

항목	2012	2013	2014	2015	2016	2017
매출액	410	661	352	749	989	3,370
영업이익	3	52	-38	35	46	21
당기순이익	8	40	-27	17	41	33

분기 실적 *IFRS 별도 기준 〈단위 : 억원〉

항목	2016.3Q	2016.4Q	2017.1Q	2017.2Q	2017.3Q	2017.4Q
매출액	394	432	725	1,999	285	360
영업이익	25	50	22	87	-23	-65
당기순이익	18	46	35	51	-11	-42

재무 상태 *IFRS 별도 기준 〈단위 : 억원〉

항목	2012	2013	2014	2015	2016	2017
총자산	526	642	514	566	886	852
유형자산	240	251	242	243	247	254
무형자산	9	5	8	7	8	7
유가증권	6	1	1	1	1	1
총부채	115	185	95	130	403	178
총차입금	54	41	30	60	90	40
자본금	40	41	41	41	41	76
총자본	410	457	420	435	484	673
지배주주지분	410	457	420	435	484	673

기업가치 지표 *IFRS 별도 기준

항목	2012	2013	2014	2015	2016	2017
주가(최고/저)(천원)	3.6/1.9	3.5/1.9	3.0/1.5	3.5/1.7	7.9/2.0	10.6/4.8
PER(최고/저)(배)	53.0/27.8	11.2/6.2	—/—	25.8/12.4	24.6/6.3	46.9/21.4
PBR(최고/저)(배)	1.1/0.6	1.0/0.5	0.9/0.4	1.0/0.5	2.1/0.5	2.4/1.1
EV/EBITDA(배)	15.4	5.1	—	7.4	18.1	16.6
EPS(원)	70	321	-217	138	325	226
BPS(원)	5,164	5,590	5,181	5,372	5,917	4,421
CFPS(원)	255	644	-192	336	640	320
DPS(원)	—	50	—	—	50	20
EBITDAPS(원)	183	784	-322	546	701	236

재무 비율 〈단위 : %〉

연도	영업이익률	순이익률	부채비율	차입금비율	ROA	ROE	유보율	자기자본비율	EBITDA마진율
2017	0.6	1.0	26.5	5.9	3.8	5.7	783.6	79.1	1.0
2016	4.6	4.1	83.2	18.5	5.6	8.8	1,083.4	54.6	5.8
2015	4.6	2.3	29.9	13.8	3.2	4.0	974.4	77.0	6.0
2014	-10.7	-7.7	22.6	7.2	-4.7	-6.2	936.3	81.6	-7.5

롯데관광개발 (A032350)

Lotte Tour Development

업 종 : 호텔 및 레저 | 시 장 : 거래소
신용등급 : (Bond) — (CP) — | 기업규모 : 시가총액 중형주
홈페이지 : www.lottetour.com | 연 락 처 : 1577-3000
본 사 : 서울시 종로구 세종대로 149 광화문빌딩 (세종로)

설 립 일	1971.05.24	**종업원수**	325명	**대표이사**	김기병,백현
상 장 일	2006.06.08	**감사의견**	적정(삼덕)	**계 열**	
결 산 기	12월	**보 통 주**		**종속회사수**	3개사
액 면 가	500원	**우 선 주**		**구 상 호**	

주주구성 (지분율,%)		출자관계 (지분율,%)		주요경쟁사 (외형,%)	
김기병	43.6	LT크루즈홀리데이	100.0	롯데관광개발	100
동화투자개발	34.2	용산역세권개발	70.1	하나투어	971
(외국인)	0.3	마이데일리	58.5	모두투어	414

매출구성		비용구성		수출비중	
여행수입	70.3	매출원가율	54.3	수출	0.0
수수료수입	15.3	판관비율	38.3	내수	100.0
운수수입	6.4				

회사 개요

동사는 일반 및 국제 여행사업을 영위하는 업체임. 여행업은 다른 산업과 비교해 볼 때 투자자본이 적고, 생산과 동시에 소비가 이루어지는 상품의 특성 상 재고자산이 발생하지 않으며, 현금의 유동성이 좋고 외상거래의 빈도가 낮아 위험부담이 상대적으로 적은 산업임. 동사는 지자체와 협업하여 특화된 상품 출시로 재래시장 및 지역경제 활성화에 동참하고 있으며 철도권 판매, 직영 전세버스 등 영업을 전개하고 있음.

실적 분석

동사의 2017년 4분기 누적 매출액은 702.9억원으로 전년 동기(503.8억원) 대비 39.5% 증가함. 영업이익은 52.5억원을 달성하며 전년 32.9억원에 비해 58.5% 늘어남. 동사는 해외여행 시장이 성숙기에 들어선 것으로 판단하고 있음. 향후 제주도에서 복합리조트 사업을 영위할 계획. 월드클래스로 조성되는 드림타워 복합리조트에는 관광·일반호텔, 외국인전용카지노, 쇼핑몰 등이 들어서며 2019년 9월 오픈할 예정임.

현금 흐름 〈단위 : 억원〉

항목	2016	2017
영업활동	31	65
투자활동	-87	-32
재무활동	109	299
순현금흐름	53	332
기말현금	123	455

시장 대비 수익률

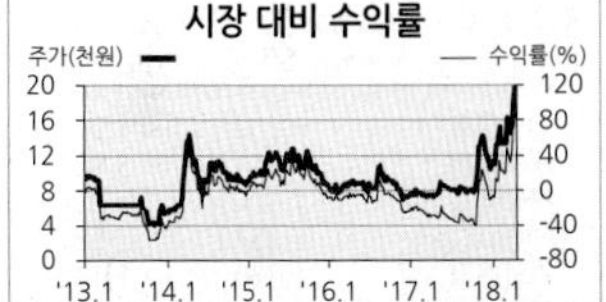

결산 실적 〈단위 : 억원〉

항목	2012	2013	2014	2015	2016	2017
매출액	573	451	423	447	504	703
영업이익	12	16	-5	15	33	52
당기순이익	-805	-38	8	-499	15	34

분기 실적 〈단위 : 억원〉

항목	2016.3Q	2016.4Q	2017.1Q	2017.2Q	2017.3Q	2017.4Q
매출액	139	120	128	227	171	178
영업이익	14	3	4	31	13	4
당기순이익	12	-11	3	34	10	-14

재무 상태 〈단위 : 억원〉

항목	2012	2013	2014	2015	2016	2017
총자산	1,428	1,388	1,453	2,490	3,622	4,018
유형자산	22	15	11	1,021	2,017	1,994
무형자산	56	41	44	45	44	45
유가증권	1,023	1,009	1,023	1,023	1,013	1,013
총부채	1,342	243	302	838	1,961	2,293
총차입금	1,083	5	8	17	127	447
자본금	55	123	123	151	227	227
총자본	86	1,145	1,151	1,652	1,661	1,725
지배주주지분	72	1,129	1,135	1,635	1,645	1,707

기업가치 지표

항목	2012	2013	2014	2015	2016	2017
주가(최고/저)(천원)	12.7/7.7	10.0/4.0	14.3/5.5	13.3/7.7	11.0/6.8	14.5/7.2
PER(최고/저)(배)	—/—	—/—	682.6/259.7	—/—	324.9/201.5	196.9/97.9
PBR(최고/저)(배)	29.4/17.9	3.3/1.3	4.7/1.8	3.7/2.1	3.0/1.9	3.9/1.9
EV/EBITDA(배)	96.1	72.3	988.7	164.3	79.4	80.5
EPS(원)	-4,885	-144	21	-1,296	34	74
BPS(원)	650	4,588	4,610	5,404	3,623	3,761
CFPS(원)	-7,216	-155	66	-1,914	54	92
DPS(원)	—	—	—	—	—	—
EBITDAPS(원)	219	147	14	90	93	133

재무 비율 〈단위 : %〉

연도	영업이익률	순이익률	부채비율	차입금비율	ROA	ROE	유보율	자기자본비율	EBITDA마진율
2017	7.4	4.8	133.0	25.9	0.9	2.0	652.3	42.9	8.6
2016	6.5	3.0	118.0	7.6	0.5	0.9	624.6	45.9	8.4
2015	3.4	-111.7	50.7	1.0	-25.3	-36.1	980.8	66.4	5.2
2014	-1.2	2.0	26.2	0.7	0.6	0.7	822.0	79.2	0.8

롯데손해보험 (A000400)

Lotte Non-Life Insurance

업 종 : 보험 | 시 장 : 거래소
신용등급 : (Bond) — (CP) — | 기업규모 : 시가총액 중형주
홈페이지 : www.lotteins.co.kr | 연 락 처 : 1588-3344
본 사 : 서울시 중구 소월로 3 (남창동) 롯데손해보험빌딩

설 립 일	1946.05.20	**종업원수**	1,656명	**대표이사**	김현수
상 장 일	1971.04.16	**감사의견**	적정(삼정)	**계 열**	
결 산 기	12월	**보 통 주**		**종속회사수**	
액 면 가	1,000원	**우 선 주**		**구 상 호**	

주주구성 (지분율,%)		출자관계 (지분율,%)		주요경쟁사 (외형,%)	
호텔롯데	23.7	퀀테사제일호사모투자전문회사	14.9	롯데손해보험	100
부산롯데호텔	21.7	유니슨캐피탈사모투자전문회사	9.8	메리츠화재	282
(외국인)	9.8	롯데렌탈	4.9	코리안리	316

수익구성		비용구성		수출비중	
[손해보험]장기	66.3	책임준비금전입	17.6	수출	—
[손해보험]자동차	21.0	보험금비용	25.2	내수	—
[손해보험]특종	8.1	사업비	8.1		

회사 개요

손해보험업을 영위할 목적으로 1946년 대한화재해상보험으로 설립되었으며, 2008년에 최대주주가 호텔롯데로 변경됨. 손해보험업과 겸영 가능한 자산운용 등을 주요 사업으로 하고 있음. 점포 현황은 지역단 17개, 지점 103개, 보상지원단 6개의 조직을 운영하고 있음. 새로운 계열사로 편입된 롯데렌탈과의 시너지 극대화를 통해 매출 증대 및 손익개선에서 성과를 시현하고자 노력하고 있음. 원수보험료 기준 시장점유율은 약 3% 수준임.

실적 분석

동사는 2017년 개별기준 당기순이익이 746억원으로 전년 대비 156.9% 증가하였음. 이 기간 매출액과 영업이익도 각각 2조2,800억원과 1,011억원(+182.2%)을 기록. 주요 수익원인 보험료수익과 이자수익, 특별계정수익이 안정적으로 늘었음. 주식시장 호전으로 금융상품평가및처분이익이 증가함. 영업수익이 늘어남에 따라 비용구조가 개선되어 영업이익 역시 큰 폭 증가하였음.

현금 흐름 *IFRS 별도 기준 〈단위 : 억원〉

항목	2016	2017
영업활동	8,352	1,981
투자활동	-11,811	-3,421
재무활동	1,197	856
순현금흐름	-2,257	-585
기말현금	1,730	1,145

시장 대비 수익률

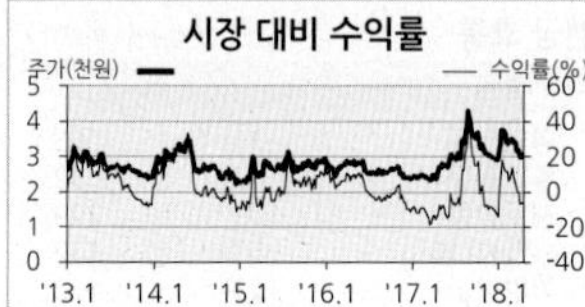

결산 실적 〈단위 : 억원〉

항목	2012	2013	2014	2015	2016	2017
보험료수익	19,481	14,939	20,367	21,803	22,432	22,800
영업이익	-172	-8	70	116	358	1,011
당기순이익	-138	-1	25	99	291	746

분기 실적 *IFRS 별도 기준 〈단위 : 억원〉

항목	2016.3Q	2016.4Q	2017.1Q	2017.2Q	2017.3Q	2017.4Q
보험료수익	5,752	5,682	5,610	5,759	5,851	5,579
영업이익	-160	194	233	316	234	228
당기순이익	-124	160	184	245	143	175

재무 상태 *IFRS 별도 기준 〈단위 : 억원〉

항목	2012	2013	2014	2015	2016	2017
총자산	44,853	52,450	67,278	87,783	110,975	128,022
유형자산	627	628	619	649	680	799
무형자산	166	212	200	188	175	150
유가증권	18,088	20,614	22,359	27,644	38,170	39,741
총부채	41,899	49,803	64,233	83,353	105,961	122,549
총차입금	498	896	897	897	1,576	2,473
자본금	673	673	673	1,343	1,343	1,343
총자본	2,954	2,648	3,045	4,430	5,014	5,473
지배주주지분	2,954	2,648	3,045	4,430	5,014	5,473

기업가치 지표 *IFRS 별도 기준

항목	2012	2013	2014	2015	2016	2017
주가(최고/저)(천원)	4.6/2.5	3.1/2.4	3.9/2.2	3.2/2.3	3.0/2.3	4.4/2.3
PER(최고/저)(배)	—/—	—/—	113.3/65.3	35.5/24.8	13.9/11.0	8.1/4.2
PBR(최고/저)(배)	1.2/0.6	0.9/0.7	1.0/0.5	1.0/0.7	0.8/0.6	1.1/0.6
PSR(최고/저)(배)	0/0	0/0	0/0	0/0	0/0	0/0
EPS(원)	-245	-1	35	92	216	556
BPS(원)	4,421	3,952	4,542	3,308	3,742	4,084
CFPS(원)	-105	91	170	170	282	622
DPS(원)	—	—	—	—	10	20
EBITDAPS(원)	-334	-11	104	108	267	753

재무 비율 〈단위 : %〉

연도	계속사업 이익률	순 이익률	부채 비율	차입금 비율	ROA	ROE	유보율	자기자본 비율	총자산 증가율
2017	4.4	3.3	2,239.4	45.2	0.6	14.2	308.4	4.3	15.4
2016	1.6	1.3	2,113.4	31.4	0.3	6.2	274.2	4.5	26.4
2015	0.6	0.5	1,881.5	20.3	0.1	2.6	230.8	5.1	30.5
2014	0.4	0.1	2,109.7	29.5	0.0	0.9	354.2	4.5	50.0

롯데쇼핑 (A023530)

Lotte Shopping

업 종 : 백화점 | 시 장 : 거래소
신용등급 : (Bond) — (CP) — | 기업규모 : 시가총액 대형주
홈페이지 : www.lotteshopping.com | 연 락 처 : 02)771-2500
본 사 : 서울시 중구 남대문로 81 (소공동)

설 립 일	1970.07.02	**종업원수**	26,014명	**대표이사**	이원준,강희태
상 장 일	2006.02.09	**감사의견**	적정(삼일)	**계 열**	
결 산 기	12월	**보 통 주**		**종속회사수**	76개사
액 면 가	5,000원	**우 선 주**		**구 상 호**	

주주구성 (지분율,%)		출자관계 (지분율,%)		주요경쟁사 (외형,%)	
롯데지주	38.5	롯데백화점마산	100.0	롯데쇼핑	100
신동빈	9.9	롯데시네마	100.0	현대백화점	10
(외국인)	20.4	롯데김해개발	100.0	신세계	21

매출구성		비용구성		수출비중	
기타	25.9	매출원가율	58.0	수출	0.0
식품外(상품)	25.9	판관비율	39.1	내수	100.0
의류外(상품)	23.2				

회사 개요

동사는 지배회사로서 백화점, 마트, 슈퍼 등 종합 유통업을 영위하는 법인임. 롯데제과, 롯데푸드, 롯데칠성음료 등 9개 상장사를 계열회사로 보유하고 있음. 롯데리아, 호텔롯데, 한국후지필름 등 81개 비상장사도 계열회사로 보유함. 백화점 사업부문, 할인점 사업부문, 금융 사업부문, 전자제품전문점 사업부문, 편의점 사업부문, 기타 사업부문 등을 영위하고 있음.

실적 분석

동사의 2017년 연간 매출액은 전년동기대비 24.6% 하락한 181,798.7억원을 기록하였음. 미국과 일본 등의 글로벌 백화점 업계와 마찬가지로 국내 백화점 산업 또한 성장률이 둔화되고 있음. 주춤한 모습의 매출액은 이런 영향에 따른 것으로 보이며 이에 따라 전년동기대비 영업이익은 5,298.6억원으로 30.6% 크게 하락 하였음. 복합쇼핑몰, 프리미엄아울렛, 온라인 채널 확대 등으로 활로를 꾀하고 있어 향후 개선이 기대됨.

현금 흐름 〈단위 : 억원〉

항목	2016	2017
영업활동	22,273	21,805
투자활동	-17,320	-18,793
재무활동	219	798
순현금흐름	5,179	3,571
기말현금	22,692	26,262

시장 대비 수익률

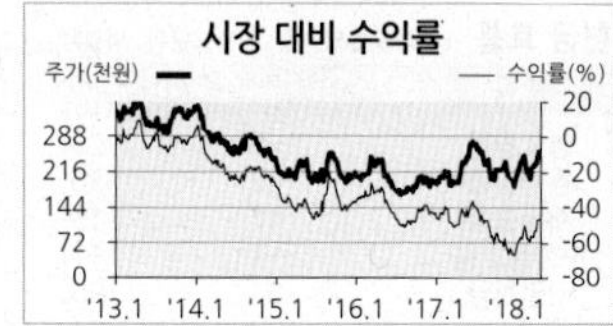

결산 실적 〈단위 : 억원〉

항목	2012	2013	2014	2015	2016	2017
매출액	250,437	282,117	280,996	291,277	241,143	181,799
영업이익	14,675	14,853	11,884	8,537	7,633	5,299
당기순이익	11,576	8,806	6,157	-3,455	2,469	-206

분기 실적 〈단위 : 억원〉

항목	2016.3Q	2016.4Q	2017.1Q	2017.2Q	2017.3Q	2017.4Q
매출액	60,966	36,085	70,594	69,228	56,469	-14,493
영업이익	1,341	2,501	2,074	873	631	1,721
당기순이익	782	203	1,115	42	-5,332	3,970

재무 상태 〈단위 : 억원〉

항목	2012	2013	2014	2015	2016	2017
총자산	368,570	389,726	400,723	406,934	419,159	279,485
유형자산	148,259	157,885	159,010	157,591	159,322	149,183
무형자산	44,084	43,414	41,561	35,784	33,567	24,262
유가증권	77,864	81,113	82,110	87,410	94,805	4,850
총부채	211,387	220,473	225,284	236,055	246,519	145,971
총차입금	122,968	129,019	128,523	141,745	145,877	78,229
자본금	1,452	1,575	1,575	1,575	1,575	1,406
총자본	157,183	169,252	175,439	170,878	172,640	133,514
지배주주지분	148,784	162,237	167,258	162,475	163,045	126,586

기업가치 지표

항목	2012	2013	2014	2015	2016	2017
주가(최고/저)(천원)	336/239	360/292	357/240	257/180	246/171	287/187
PER(최고/저)(배)	9.6/6.8	15.2/12.3	22.5/15.0	—/—	47.6/33.1	—/—
PBR(최고/저)(배)	0.7/0.5	0.7/0.6	0.7/0.5	0.5/0.4	0.5/0.3	0.7/0.4
EV/EBITDA(배)	7.0	7.3	5.8	6.0	6.0	7.2
EPS(원)	37,195	25,048	16,724	-12,164	5,341	-4,437
BPS(원)	512,281	515,186	531,131	515,941	517,811	450,265
CFPS(원)	62,132	51,127	45,284	19,152	36,244	24,993
DPS(원)	1,500	1,500	2,000	2,000	2,000	5,200
EBITDAPS(원)	75,464	73,263	66,297	58,427	55,143	46,665

재무 비율 〈단위 : %〉

연도	영업 이익률	순 이익률	부채 비율	차입금 비율	ROA	ROE	유보율	자기자본 비율	EBITDA 마진율
2017	2.9	-0.1	109.3	58.6	-0.1	-0.9	8,905.3	47.8	7.9
2016	3.2	1.0	142.8	84.5	0.6	1.0	10,256.2	41.2	7.2
2015	2.9	-1.2	138.1	83.0	-0.9	-2.3	10,218.8	42.0	6.3
2014	4.2	2.2	128.4	73.3	1.6	3.2	10,522.6	43.8	7.4

롯데정밀화학 (A004000)

LOTTE Fine Chemical

업　종 : 화학　　시　장 : 거래소
신용등급 : (Bond) A+　(CP) —　　기업규모 : 시가총액 중형주
홈페이지 : www.lottefinechem.com　　연 락 처 : 052)270-6114
본　사 : 울산시 남구 여천로 217번길 19 (여천동)

설 립 일	1964.08.27	**종업원수**	818명	**대표이사**	이홍열
상 장 일	1976.04.15	**감사의견**	적정(한영)	**계　열**	
결 산 기	12월	**보 통 주**		**종속회사수**	3개사
액 면 가	5,000원	**우 선 주**		**구　상　호**	삼성정밀화학

주주구성 (지분율,%)		출자관계 (지분율,%)		주요경쟁사 (외형,%)	
롯데케미칼	31.1	한덕화학	50.0	롯데정밀화학	100
국민연금공단	13.8	롯데비피화학	49.1	롯데케미칼	1,369
(외국인)	21.5	피피지에스에스씨	20.0	대한유화	153

매출구성		비용구성		수출비중	
메셀로스, AnyCoat, ECH 등	40.5	매출원가율	81.9	수출	54.5
암모니아 등	30.6	판관비율	8.5	내수	45.5
가성소다, 유록스, 염화메탄 등	18.9				

회사 개요

동사는 2016년 2월 롯데케미칼에 매각돼 삼성정밀화학에서 롯데정밀화학으로 사명이 변경됨. 동사의 사업부는 정밀화학부문, 일반화학부문, 전자재료부문 등 크게 3가지 제품군으로 나뉨. 정밀화학제품은 경쟁력 있는 고부가 제품을 주로 생산함. 생분해성 수지와 2차전지 활물질을 신규 사업으로 개발 중임. 동사의 제품 중 메셀로스의 시장점유율은 67%로 관련 시장 1위를 차지함. ECH, 염화메탄 원료도 각각 48%, 50%등 높은 시장점유율을 기록함.

실적 분석

동사의 2017년 4분기 기준 누적 매출액은 전년동기 1조 1,107.0억원 대비 4.4% 상승한 1조 1,595.1억원을 기록하였음. 비용면에서 매출원가는 전년동기 소폭증가에 그쳤으며 판관비는 전년동기 대비 25.5% 감소했음. 이와 같이 매출액은 상승하고 비용은 감소함에 따라 영업이익은 전년동기 297.5억원에서 1,111.3억원으로 상승했으며 892.3억원의 당기순이익을 시현하며 흑자전환했음.

현금 흐름

<단위 : 억원>

항목	2016	2017
영업활동	1,026	1,778
투자활동	-476	-2,420
재무활동	-641	-141
순현금흐름	-92	-784
기말현금	2,101	1,317

시장 대비 수익률

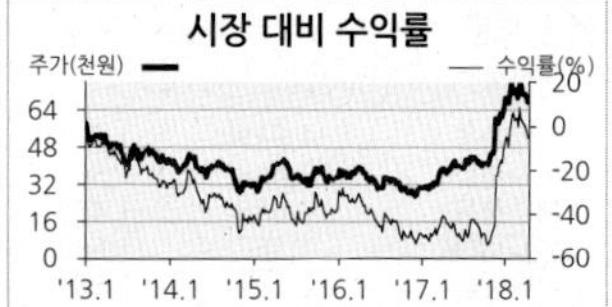

결산 실적

<단위 : 억원>

항목	2012	2013	2014	2015	2016	2017
매출액	14,312	13,141	12,105	11,619	11,107	11,595
영업이익	556	-203	-244	26	297	1,111
당기순이익	733	33	587	900	-435	892

분기 실적

<단위 : 억원>

항목	2016.3Q	2016.4Q	2017.1Q	2017.2Q	2017.3Q	2017.4Q
매출액	2,849	2,476	2,866	3,230	3,093	2,405
영업이익	100	164	221	336	294	261
당기순이익	87	26	195	305	317	76

재무 상태

<단위 : 억원>

항목	2012	2013	2014	2015	2016	2017
총자산	16,079	19,001	18,460	16,842	15,309	16,413
유형자산	6,774	9,290	9,274	7,609	7,171	7,081
무형자산	433	426	377	336	241	151
유가증권	2,568	2,351	2,447	1,084	264	237
총부채	4,545	7,736	6,502	5,206	4,193	4,486
총차입금	1,427	4,922	4,300	3,171	3,014	2,810
자본금	1,290	1,290	1,290	1,290	1,290	1,290
총자본	11,534	11,265	11,958	11,636	11,117	11,927
지배주주지분	11,533	11,265	11,867	11,636	11,117	11,927

기업가치 지표

항목	2012	2013	2014	2015	2016	2017
주가(최고/저)(천원)	66.4/47.5	58.8/39.1	46.7/27.7	42.7/28.7	40.5/26.5	64.9/29.6
PER(최고/저)(배)	24.9/17.8	478.8/317.8	20.6/12.2	12.2/8.2	—/—	18.8/8.7
PBR(최고/저)(배)	1.6/1.1	1.4/0.9	1.1/0.6	1.0/0.7	1.0/0.6	1.4/0.6
EV/EBITDA(배)	13.7	40.2	25.8	13.4	7.7	8.6
EPS(원)	2,840	129	2,371	3,638	-1,688	3,459
BPS(원)	45,068	44,027	46,358	45,463	43,451	46,592
CFPS(원)	5,406	2,419	5,096	6,479	1,476	6,390
DPS(원)	650	300	300	500	300	800
EBITDAPS(원)	4,720	1,501	1,780	2,939	4,317	7,239

재무 비율

<단위 : %>

연도	영업이익률	순이익률	부채비율	차입금비율	ROA	ROE	유보율	자기자본비율	EBITDA마진율
2017	9.6	7.7	37.6	23.6	5.6	7.7	831.8	72.7	16.1
2016	2.7	-3.9	37.7	27.1	-2.7	-3.8	769.0	72.6	10.0
2015	0.2	7.7	44.8	27.3	5.1	8.0	809.3	69.1	6.5
2014	-2.0	4.9	54.4	36.0	3.1	5.3	827.2	64.8	3.8

롯데제과 (A280360)

LOTTE CONFECTIONERY COLTD

업　종 : 식료품　　시　장 : 거래소
신용등급 : (Bond) AA+　(CP) A1　　기업규모 : 시가총액 중형주
홈페이지 : www.lotteconf.co.kr　　연 락 처 : 02)2670-6614
본　사 : 서울시 영등포구 양평로21길 10

설 립 일	2017.10.12	**종업원수**	명	**대표이사**	신동빈,이재혁,민명기
상 장 일	2017.10.30	**감사의견**	적정(한울)	**계　열**	
결 산 기	12월	**보 통 주**		**종속회사수**	
액 면 가	500원	**우 선 주**		**구　상　호**	

주주구성 (지분율,%)		출자관계 (지분율,%)		주요경쟁사 (외형,%)	
롯데알미늄	15.3	HAVMORICECREAM	100.0	롯데제과	100
롯데지주	11.5	LotteConfectionery(S.E.A)Pte.,	100.0	CJ	6,645
(외국인)	25.9	LOTTEQINGDAOFOODS	90.0	오리온홀딩스	28

매출구성		비용구성		수출비중	
		매출원가율	60.7	수출	5.6
		판관비율	37.3	내수	94.4

회사 개요

롯데제과는 1967년 설립되어 과자와 빙과류 제조 및 판매업을 주요 영업으로 하는 기업임. 1974년 2월 16일 한국거래소에 상장하여 2017년 9월 30일 기준 자본금은 7,107백만원임. 2017년 10월 1일 인적분할의 방법으로 롯데제과 주식회사가 신설됨. 해외 주요 수출국으로 중국, 인도, 카자흐스탄, 라하트, 파키스탄 등이 있음. 중국 법인의 영업적자 규모는 전년대비 유사한 수준.

실적 분석

동사의 연결기준 2017년 매출액은 4,047.9억원을 기록한 반면 매출원가는 2,455.5억원임. 판관비는 1,508.3억원 중 인건비가 412.5억원으로 276%, 광고선전비가 101.6억원으로 7%를 차지함. 동기간 영업이익은 84.1억원, 비영업손실은 51억원의 적자를 기록함. 당기 유형별 매출비중은 껌,캔디 등 제품 79.6%, 빙과 등 상품 및 기타 20.4%로 구성됨.

현금 흐름

<단위 : 억원>

항목	2016	2017
영업활동	—	325
투자활동	—	-1,405
재무활동	—	945
순현금흐름	—	-137
기말현금	—	661

시장 대비 수익률

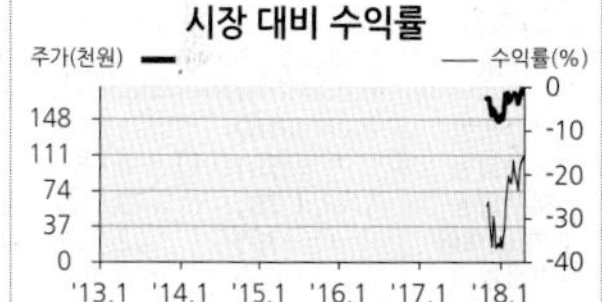

결산 실적

<단위 : 억원>

항목	2012	2013	2014	2015	2016	2017
매출액	—	—	—	—	—	4,048
영업이익	—	—	—	—	—	84
당기순이익	—	—	—	—	—	19

분기 실적

<단위 : 억원>

항목	2016.3Q	2016.4Q	2017.1Q	2017.2Q	2017.3Q	2017.4Q
매출액	—	—	—	—	—	4,048
영업이익	—	—	—	—	—	84
당기순이익	—	—	—	—	—	19

재무 상태

<단위 : 억원>

항목	2012	2013	2014	2015	2016	2017
총자산	—	—	—	—	—	19,070
유형자산	—	—	—	—	—	11,211
무형자산	—	—	—	—	—	1,978
유가증권	—	—	—	—	—	8
총부채	—	—	—	—	—	10,798
총차입금	—	—	—	—	—	6,845
자본금	—	—	—	—	—	21
총자본	—	—	—	—	—	8,272
지배주주지분	—	—	—	—	—	8,247

기업가치 지표

항목	2012	2013	2014	2015	2016	2017
주가(최고/저)(천원)	—/—	—/—	—/—	—/—	—/—	—/—
PER(최고/저)(배)	0.0/0.0	0.0/0.0	0.0/0.0	0.0/0.0	0.0/0.0	394.5/301.1
PBR(최고/저)(배)	0.0/0.0	0.0/0.0	0.0/0.0	0.0/0.0	0.0/0.0	1.0/0.7
EV/EBITDA(배)	0.0	0.0	0.0	0.0	0.0	44.4
EPS(원)	—	—	—	—	—	482
BPS(원)	—	—	—	—	—	196,150
CFPS(원)	—	—	—	—	—	4,932
DPS(원)	—	—	—	—	—	280
EBITDAPS(원)	—	—	—	—	—	6,449

재무 비율

<단위 : %>

연도	영업이익률	순이익률	부채비율	차입금비율	ROA	ROE	유보율	자기자본비율	EBITDA마진율
2017	2.1	0.5	130.5	82.8	0.0	0.0	39,130.0	43.4	6.7
2016	0.0	0.0	0.0	0.0	0.0	0.0	0.0	0.0	0.0
2015	0.0	0.0	0.0	0.0	0.0	0.0	0.0	0.0	0.0
2014	0.0	0.0	0.0	0.0	0.0	0.0	0.0	0.0	0.0

롯데지주 (A004990)
Lotte

업　　종 : 식료품
신용등급 : (Bond) AA+　　(CP) A1
홈페이지 : www.lotteconf.co.kr
본　　사 : 서울시 영등포구 양평로21길 10 (양평동5가)
시　　장 : 거래소
기업규모 : 시가총액 대형주
연 락 처 : 02)2670-6114

설립일	1967.03.24	**종업원수**	178명	**대표이사**	신동빈,황각규
상장일	1974.02.16	**감사의견**	적정(한울)	**계열**	
결산기	12월	**보통주**		**종속회사수**	28개사
액면가	200원	**우선주**		**구상호**	

주주구성 (지분율,%)		출자관계 (지분율,%)		주요경쟁사 (외형,%)	
호텔롯데	8.9	씨에이치음료	100.0	롯데지주	100
신동빈	8.6	충북소주	100.0	CJ	1,132
(외국인)	13.2	롯데미래전략연구소	100.0	오리온홀딩스	5

매출구성		비용구성		수출비중	
비스켓, 쵸코렛	34.2	매출원가율	70.8	수출	—
빙과, 기타	33.6	판관비율	28.8	내수	—
기타	15.4				

회사 개요
동사는 식품 제조, 가공, 판매 및 수입 판매업 등을 영위할 목적으로 1967년 설립됨. 껌, 캔디, 초콜릿, 비스킷 분야에서 강점을 갖고 있음. 매년 신제품을 운영해 라인 기계설비 신규 투자가 이뤄지고, 건과, 빙과 시설 등 노후 설비 보수를 통해 생산성 향상과 원가 절감을 하고 있음. 국내 소비자의 기호에 맞춘 제품 연구와 설비 투자, 영업력의 강점을 기반으로 대형 4사가 시장을 주도하고 있음.

실적 분석
동사의 2017년 결산 매출액은 2조 3,760억원, 영업이익은 102억원, 당기순이익은 4,953억원임 동사는 2017년 10월 1일을 분할합병 기일로 하여 롯데쇼핑주식회사, 롯데칠성음료 주식회사 및 롯데푸드 주식회사의 투자부문을 흡수합병하였음. 중국사업의 경우 사드보복으로 큰 타격을 입음. 총 99개의 롯데마트 중국 점포 중 87개의 영업이 중단되고 나머지 12개 점포도 매출이 급감함. 1년 동안 중국에서 손실 규모만 2조 5000억원임.

현금 흐름 (단위 : 억원)

항목	2016	2017
영업활동	1,162	1,353
투자활동	-591	4,661
재무활동	-1,386	-3,069
순현금흐름	-805	2,881
기말현금	1,665	10,416

시장 대비 수익률
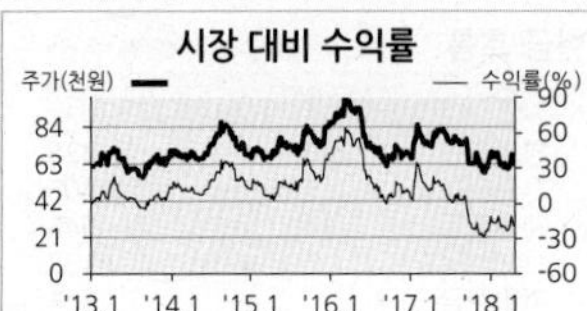

결산 실적 〈단위 : 억원〉

항목	2012	2013	2014	2015	2016	2017
매출액	18,645	19,764	22,248	22,579	22,483	23,760
영업이익	1,154	915	1,148	1,445	1,278	102
당기순이익	898	552	17	792	752	4,953

분기 실적 〈단위 : 억원〉

항목	2016.3Q	2016.4Q	2017.1Q	2017.2Q	2017.3Q	2017.4Q
매출액	1,235	10,436	5,515	5,545	1,345	11,355
영업이익	104	605	300	271	88	-557
당기순이익	431	-52	320	110	-234	4,757

재무 상태 〈단위 : 억원〉

항목	2012	2013	2014	2015	2016	2017
총자산	40,244	44,322	39,979	43,259	39,918	218,971
유형자산	12,245	13,525	13,875	14,022	13,934	14,719
무형자산	1,108	1,320	1,242	1,084	1,032	16,647
유가증권	16,721	18,781	15,748	16,593	14,453	6,085
총부채	12,228	14,657	13,777	16,233	14,298	144,072
총차입금	3,337	5,129	5,373	7,404	6,308	103,986
자본금	71	71	71	71	71	149
총자본	28,016	29,665	26,202	27,025	25,621	74,898
지배주주지분	27,056	28,124	24,829	25,872	24,426	61,148

기업가치 지표

항목	2012	2013	2014	2015	2016	2017
주가(최고/저)(천원)	69.1/53.3	75.5/55.3	87.6/64.0	86.7/64.9	107/61.6	87.1/58.4
PER(최고/저)(배)	27.5/21.2	54.2/39.7	—/—	41.5/31.3	55.1/31.8	8.3/5.6
PBR(최고/저)(배)	0.9/0.7	1.0/0.7	1.3/0.9	1.2/0.9	1.6/0.9	0.9/0.6
EV/EBITDA(배)	13.2	17.5	15.0	15.4	13.7	164.0
EPS(원)	2,578	1,428	-80	2,117	1,965	10,602
BPS(원)	1,907,881	1,982,995	1,751,163	1,820,200	171,843	99,961
CFPS(원)	116,923	97,312	61,985	120,270	11,679	12,363
DPS(원)	4,000	4,000	5,200	11,270	1,130	—
EBITDAPS(원)	133,646	126,023	144,735	168,976	15,756	1,992

재무 비율 〈단위 : %〉

연도	영업이익률	순이익률	부채비율	차입금비율	ROA	ROE	유보율	자기자본비율	EBITDA마진율
2017	0.4	20.8	192.4	138.8	3.8	11.0	49,880.7	34.2	3.7
2016	5.7	3.4	55.8	24.6	1.8	2.8	34,268.7	64.2	10.0
2015	6.4	3.5	60.1	27.4	1.9	3.0	36,304.0	62.5	10.6
2014	5.2	0.1	52.6	20.5	0.0	-0.1	34,923.3	65.5	9.3

롯데칠성음료 (A005300)
Lotte Chilsung Beverage

업　　종 : 음료
신용등급 : (Bond) AA+　　(CP) A1
홈페이지 : company.lottechilsung.co.kr
본　　사 : 서울시 서초구 서초대로70길 15
시　　장 : 거래소
기업규모 : 시가총액 중형주
연 락 처 : 02)3479-9114

설립일	1967.11.29	**종업원수**	5,972명	**대표이사**	이영구,이종훈
상장일	1973.06.21	**감사의견**	적정(삼일)	**계열**	
결산기	12월	**보통주**		**종속회사수**	12개사
액면가	5,000원	**우선주**		**구상호**	

주주구성 (지분율,%)		출자관계 (지분율,%)		주요경쟁사 (외형,%)	
롯데지주	19.3	산수음료	100.0	롯데칠성	100
국민연금공단	10.0	롯데아사히주류	50.0	하이트진로	83
(외국인)	21.1	서안주정	8.7	무학	11

매출구성		비용구성		수출비중	
소주, 맥주外	32.4	매출원가율	58.9	수출	5.1
탄산음료	27.4	판관비율	37.8	내수	94.9
먹는샘물 외	17.0				

회사 개요
동사는 1950년 설립된 롯데그룹의 주요 계열사로 탄산음료 및 주스 등 음료 제품 및 소주 등 주류 제품을 보유한 종합 음료회사임. 동사의 제품은 대형할인매장 및 편의점뿐 아니라 소매점 등에서 판매됨. 지난해 맥주 '클라우드'를 선보여 돌풍을 일으킨 동사는 소주 '순하리 처음처럼'으로 후발주자인 소주 시장에서도 점유율 확보에 나서는 중임. 술시장 수요 감소로 새로운 시장 확대 모색 중.

실적 분석
동사의 2017년 연결기준 연간 누적 매출액은 2조2,792.8억원으로 전년 대비 0.7% 증가함. 매출은 증가했지만 매출 증가율 대비 매출원가 증가율이 높고 판매비와 관리비 또한 늘어나면서 영업이익은 전년 대비 48.5% 감소한 753.8억원을 시현함. 비영업손익 부문에서 흑자전환에 성공하고 법인세비용이 대폭 감소하면서 당기순이익은 전년 대비 75.8% 증가한 1,215.4억원을 기록함.

현금 흐름 (단위 : 억원)

항목	2016	2017
영업활동	1,913	1,416
투자활동	-3,413	-1,569
재무활동	2,656	-1,499
순현금흐름	1,163	-1,662
기말현금	3,197	1,534

시장 대비 수익률
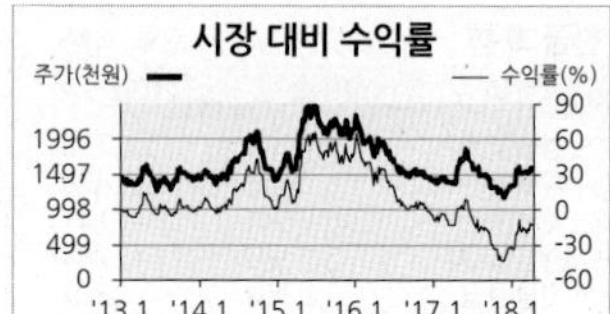

결산 실적 〈단위 : 억원〉

항목	2012	2013	2014	2015	2016	2017
매출액	21,986	22,159	21,841	22,992	22,642	22,793
영업이익	1,500	1,724	930	1,429	1,463	754
당기순이익	830	1,035	206	1,003	691	1,215

분기 실적 〈단위 : 억원〉

항목	2016.3Q	2016.4Q	2017.1Q	2017.2Q	2017.3Q	2017.4Q
매출액	6,417	4,512	5,465	6,422	6,684	4,222
영업이익	538	39	267	230	365	-109
당기순이익	393	-254	83	-297	-2,097	3,526

재무 상태 〈단위 : 억원〉

항목	2012	2013	2014	2015	2016	2017
총자산	37,505	39,585	41,000	43,820	46,505	34,869
유형자산	15,073	16,299	18,539	19,881	22,186	22,453
무형자산	3,771	3,558	4,110	3,776	3,515	1,651
유가증권	7,963	8,543	6,513	6,471	6,191	524
총부채	14,820	15,326	17,834	20,194	22,778	21,741
총차입금	6,924	7,101	9,786	11,491	14,313	13,617
자본금	68	68	68	68	68	44
총자본	22,684	24,259	23,166	23,626	23,727	13,128
지배주주지분	22,643	24,149	22,737	23,361	23,467	13,128

기업가치 지표

항목	2012	2013	2014	2015	2016	2017
주가(최고/저)(천원)	1,450/1,148	1,648/1,259	2,153/1,355	2,650/1,406	2,345/1,384	1,856/1,176
PER(최고/저)(배)	24.7/19.6	23.1/17.6	162.7/102.4	37.4/19.9	47.4/28.0	17.7/11.2
PBR(최고/저)(배)	0.9/0.7	1.0/0.7	1.3/0.8	1.6/0.9	1.4/0.8	1.2/0.8
EV/EBITDA(배)	9.3	8.7	12.5	13.2	10.2	10.1
EPS(원)	61,201	74,438	13,763	73,398	51,074	107,655
BPS(원)	1,668,321	1,779,294	1,675,276	1,721,282	1,729,103	1,575,391
CFPS(원)	139,572	153,989	104,025	171,560	152,311	226,967
DPS(원)	3,500	3,750	4,900	9,200	10,000	33,000
EBITDAPS(원)	188,920	206,566	158,784	203,435	209,052	179,590

재무 비율 〈단위 : %〉

연도	영업이익률	순이익률	부채비율	차입금비율	ROA	ROE	유보율	자기자본비율	EBITDA마진율
2017	3.3	5.3	165.6	103.7	3.0	7.4	31,407.8	37.7	9.9
2016	6.5	3.1	96.0	60.3	1.5	3.0	34,482.1	51.0	12.5
2015	6.2	4.4	85.5	48.6	2.4	4.3	34,325.7	53.9	12.0
2014	4.3	0.9	77.0	42.2	0.5	0.8	33,405.5	56.5	9.9

롯데케미칼 (A011170)

LOTTE CHEMICAL

업 종 : 화학
시 장 : 거래소
신용등급 : (Bond) AA+ (CP) A1
기업규모 : 시가총액 대형주
홈페이지 : www.lottechem.com
연 락 처 : 02)829-4114
본 사 : 서울시 송파구 올림픽로 300(신천동)

설 립 일	1976.03.16	**종업원수**	3,102명	**대 표 이 사**	김교현
상 장 일	1991.05.30	**감사의견**	적정(한영)	**계 열**	
결 산 기	12월	**보 통 주**		**종속회사수**	15개사
액 면 가	5,000원	**우 선 주**		**구 상 호**	

주주구성 (지분율,%)		출자관계 (지분율,%)		주요경쟁사 (외형,%)	
롯데물산	31.3	롯데첨단소재	100.0	롯데케미칼	100
호텔롯데	12.7	케이피켐텍	100.0	대한유화	11
(외국인)	33.2	삼박엘에프티	99.5	태광산업	18

매출구성		비용구성		수출비중	
고밀도 폴리에틸렌,LFT, EPP 등	66.2	매출원가율	76.1	수출	—
스타이렌모노머,에틸렌옥사이드어덕트 등	26.8	판관비율	5.4	내수	—
에틸렌, 프로필렌, 벤젠, 파라자일렌,올소자일렌	11.5				

회사 개요

동사는 1976년 3월 16일 석유화학제품의 제조/판매업을 영위할 목적으로 설립됨. 2009년 1월 1일 롯데대산유화, 2012년 12월 27일 케이피케미칼을 흡수합병하고 사명을 호남석유화학에서 롯데케미칼로 변경함. 벤젠, 톨루엔, 자일렌 등의 방향족계 제품 및 이들 기초유분을 원료로 하여 합성수지, 합성원료, 합성고무 등을 생산함. 주요 자회사로 말레이시아 타이탄케미칼(지분율 76.01%), 케이피엠텍(100%) 등이 있음.

실적 분석

동사의 2017년 결산 연결기준 매출액은 전년대비 20.1% 성장한 15조 8,745.1억원을 기록함. 매출액 증가는 주로 모노머와 폴리머 부문의 실적 호조에 기인함. 매출액 증가와 원가율 안정으로 영업이익과 당기순이익은 각각 2조 9,297.2억원과 2조 2,845.8억원을 보이며 높은 수익성을 유지함. 수익성 개선은 외형 성장 및 제품 마진 스프레드 개선에 기인함. 동사는 고부가가치 제품의 개발을 통한 수익성 개선을 추진하고 있음.

현금 흐름 (단위 : 억원)

항목	2016	2017
영업활동	26,821	30,975
투자활동	-35,787	-47,309
재무활동	11,331	11,594
순현금흐름	2,607	-5,177
기말현금	22,029	16,852

시장 대비 수익률

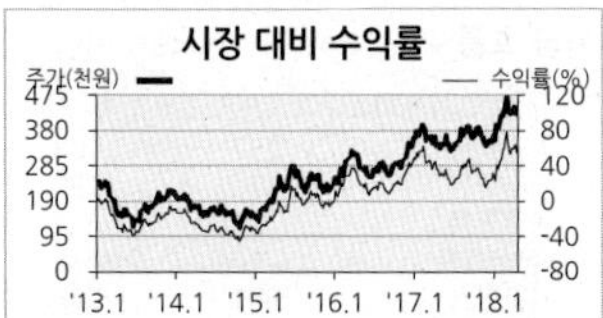

결산 실적 (단위 : 억원)

항목	2012	2013	2014	2015	2016	2017
매출액	159,028	164,389	148,590	117,133	132,235	158,745
영업이익	3,717	4,874	3,509	16,111	25,443	29,297
당기순이익	3,161	2,858	1,437	9,907	18,372	22,846

분기 실적 (단위 : 억원)

항목	2016.3Q	2016.4Q	2017.1Q	2017.2Q	2017.3Q	2017.4Q
매출액	34,266	36,714	39,960	38,533	39,902	40,350
영업이익	6,432	7,335	8,148	6,322	7,662	7,165
당기순이익	4,514	5,798	6,414	5,155	6,310	4,967

재무 상태 (단위 : 억원)

항목	2012	2013	2014	2015	2016	2017
총자산	103,723	106,877	103,227	114,678	158,668	195,510
유형자산	44,209	41,865	39,758	39,649	55,467	67,162
무형자산	330	238	236	376	17,924	17,106
유가증권	1,136	1,054	1,878	2,560	3,315	3,577
총부채	42,882	43,932	38,537	39,122	64,660	72,962
총차입금	19,756	25,128	26,282	24,153	41,920	42,671
자본금	1,714	1,714	1,714	1,714	1,714	1,714
총자본	60,841	62,945	64,690	75,556	94,008	122,548
지배주주지분	60,434	62,561	64,371	75,248	93,631	114,896

기업가치 지표

항목	2012	2013	2014	2015	2016	2017
주가(최고/저)(천원)	370/179	246/121	214/116	286/135	359/233	405/316
PER(최고/저)(배)	40.1/19.4	31.1/15.2	52.9/28.7	10.4/4.9	6.9/4.5	6.4/5.0
PBR(최고/저)(배)	2.2/1.1	1.4/0.7	1.2/0.7	1.4/0.7	1.4/0.9	1.2/1.0
EV/EBITDA(배)	10.7	9.3	8.1	3.8	4.5	3.5
EPS(원)	9,862	8,400	4,285	28,957	53,561	65,466
BPS(원)	176,320	182,525	187,805	219,538	273,173	335,215
CFPS(원)	24,285	23,193	18,628	43,185	71,916	85,631
DPS(원)	1,000	1,000	1,000	2,500	4,000	10,500
EBITDAPS(원)	26,079	29,014	24,582	61,233	92,585	105,641

재무 비율 (단위 : %)

연도	영업이익률	순이익률	부채비율	차입금비율	ROA	ROE	유보율	자기자본비율	EBITDA 마진율
2017	18.5	14.4	59.5	34.8	12.9	21.5	6,604.3	62.7	22.8
2016	19.2	13.9	68.8	44.6	13.4	21.7	5,363.5	59.3	24.0
2015	13.8	8.5	51.8	32.0	9.1	14.2	4,290.8	65.9	17.9
2014	2.4	1.0	59.6	40.6	1.4	2.3	3,656.1	62.7	5.7

롯데푸드 (A002270)

LOTTE FOODS COLTD

업 종 : 식료품
시 장 : 거래소
신용등급 : (Bond) AA (CP) A1
기업규모 : 시가총액 중형주
홈페이지 : www.lottefoods.co.kr
연 락 처 : 02)3469-3114
본 사 : 서울시 영등포구 양평로21길 10

설 립 일	1958.01.10	**종업원수**	2,128명	**대 표 이 사**	이영호
상 장 일	1973.05.09	**감사의견**	적정(삼일)	**계 열**	
결 산 기	12월	**보 통 주**		**종속회사수**	
액 면 가	5,000원	**우 선 주**		**구 상 호**	롯데삼강

주주구성 (지분율,%)		출자관계 (지분율,%)		주요경쟁사 (외형,%)	
롯데지주	22.1	엘티케이비문래제4호뉴스테이위탁관리부동산투자회사	15.2	롯데푸드	100
호텔롯데	8.9	롯데글로벌로지스	3.3	동서	31
(외국인)	11.2	대신증권(보)	0.2	대상	163

매출구성		비용구성		수출비중	
유지식품	43.6	매출원가율	82.1	수출	1.4
육가공 등	30.3	판관비율	14.3	내수	98.6
빙과 등	26.0				

회사 개요

롯데삼강에서 상호를 변경한 동사는 유지식품, 빙과류, 육가공식품 등을 생산, 판매함. 식품가공 산업은 원재료의 수입 의존도가 높아 환율변동과 국제 원자재가의 변동에 많은 영향을 받고 있으며, 제품원가에 큰 비중을 차지하고 있는 주원료인 원유, 설탕 등의 가격변동은 수익성에 직접적인 영향을 줌. 주요 제품으로는 빠삐코, 돼지바, 롯데햄 로스팜, 후레쉬우유 930, 전주비빔삼각김밥 등이 있음. 현재 종합식품기업으로 변화하는 과정에 있음.

실적 분석

유지식품, 빙과류, 육가공식품 등 전사업 부문의 고른 성장으로 2017년 매출액은 1조 8,185.6억원으로 전년동기 대비 3.2% 신장되었으나, 영업이익은 662.3억원으로 전년동기 대비 17.0% 감소함. 이는 평택공장의 식자재 설비 증설에 따른 감가상각비 부담 및 유지 사업의 재료비 증가 등에 따른 것임. 롯데그룹의 지주사 전환 과정에서 투자부문을 롯데제과에 분할합병하면서 정산이익이 발생하여 당기순이익은 63.4% 증가함.

현금 흐름 *IFRS 별도 기준 (단위 : 억원)

항목	2016	2017
영업활동	898	908
투자활동	-1,277	-558
재무활동	-397	269
순현금흐름	-776	618
기말현금	367	984

시장 대비 수익률

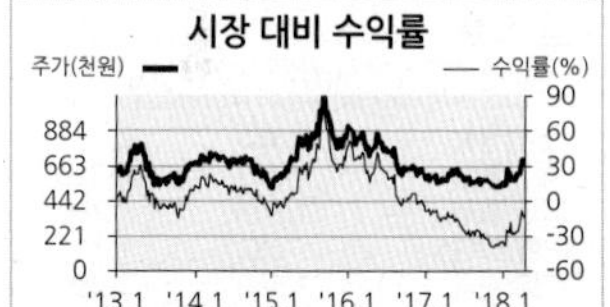

결산 실적 (단위 : 억원)

항목	2012	2013	2014	2015	2016	2017
매출액	10,072	15,683	16,330	17,062	17,624	18,186
영업이익	594	738	659	692	798	662
당기순이익	614	1,139	599	503	582	951

분기 실적 *IFRS 별도 기준 (단위 : 억원)

항목	2016.3Q	2016.4Q	2017.1Q	2017.2Q	2017.3Q	2017.4Q
매출액	4,796	4,078	4,372	4,762	5,176	3,876
영업이익	335	24	141	196	275	50
당기순이익	228	44	107	112	75	656

재무 상태 *IFRS 별도 기준 (단위 : 억원)

항목	2012	2013	2014	2015	2016	2017
총자산	8,979	11,286	11,932	12,876	13,362	12,218
유형자산	3,883	5,070	5,139	5,016	5,651	5,374
무형자산	520	554	595	565	526	504
유가증권	841	1,318	1,301	1,478	1,728	266
총부채	2,885	3,563	3,612	3,950	3,935	5,563
총차입금	1,074	1,113	1,295	1,544	1,212	3,028
자본금	65	68	68	68	68	57
총자본	6,094	7,724	8,320	8,926	9,426	6,654
지배주주지분	6,094	7,724	8,320	8,926	9,426	6,654

기업가치 지표 *IFRS 별도 기준

항목	2012	2013	2014	2015	2016	2017
주가(최고/저)(천원)	698/345	811/539	753/538	1,103/519	928/605	647/520
PER(최고/저)(배)	15.4/7.6	10.4/6.9	18.2/13.0	31.7/14.9	22.9/15.0	9.3/7.5
PBR(최고/저)(배)	1.6/0.8	1.5/1.0	1.3/0.9	1.8/0.8	1.4/0.9	0.9/0.8
EV/EBITDA(배)	9.7	9.1	8.1	11.3	7.5	7.2
EPS(원)	48,326	83,216	43,721	36,712	42,479	72,204
BPS(원)	467,329	564,019	607,536	651,806	688,336	711,821
CFPS(원)	75,193	114,505	77,166	71,632	78,408	108,406
DPS(원)	1,250	1,500	2,500	4,780	6,000	22,000
EBITDAPS(원)	73,607	85,153	81,600	85,472	94,223	86,502

재무 비율 (단위 : %)

연도	영업이익률	순이익률	부채비율	차입금비율	ROA	ROE	유보율	자기자본비율	EBITDA 마진율
2017	3.6	5.2	83.6	45.5	7.4	11.8	14,136.4	54.5	6.3
2016	4.5	3.3	41.8	12.9	4.4	6.3	13,666.7	70.6	7.3
2015	4.1	3.0	44.3	17.3	4.1	5.8	12,936.1	69.3	6.9
2014	4.0	3.7	43.4	15.6	5.2	7.5	12,050.7	69.7	6.8

롯데하이마트 (A071840)
LOTTE Himart

업　　종 : 도소매
신용등급 : (Bond) AA-　(CP) A1
홈페이지 : www.himart.co.kr/index.jsp
본　　사 : 서울시 강남구 삼성로 156 롯데하이마트빌딩
시　　장 : 거래소
기업규모 : 시가총액 중형주
연 락 처 : 02)1588-0070

설 립 일	1987.07.01	**종업원수**	3,752명	**대표이사**	이동우
상 장 일	2011.06.29	**감사의견**	적정(삼정)	**계　　열**	
결 산 기	12월	**보 통 주**		**종속회사수**	
액 면 가	5,000원	**우 선 주**		**구　　상 호**	

주주구성 (지분율,%)		출자관계 (지분율,%)		주요경쟁사 (외형,%)	
롯데쇼핑	61.0	롯데렌탈	4.9	롯데하이마트	100
국민연금공단	5.0	오마이뉴스	2.9	BGF	3
(외국인)	18.5			이마트	387

매출구성		비용구성		수출비중	
상품	99.6	매출원가율	74.1	수출	0.0
상품외	0.4	판관비율	20.8	내수	100.0

회사 개요
동사는 가전제품 도 · 소매업을 영위할 목적으로 1987년에 설립되어 2017년 6월말 기준 458개 점포와 12개의 물류센터를 운영 중임. 2012년 롯데쇼핑으로 최대주주가 바뀌면서 롯데그룹에 편입됐고, 그 해 사명이 하이마트에서 롯데하이마트로 바뀜. 동사의 종속회사는 하이마트로지텍, 하이마트쇼핑몰 등 두 개임. 동사는 국내 전자제품 및 가전제품 유통업 총 매출의 약 47%를 차지하는 1위 유통업체임.

실적 분석
동사의 2017년 영업실적은 매출액 4조 993.4억원, 영업이익 2,074.6억원, 당기순이익 1,484.4억원을 기록함. 이는 전년대비 매출액은 4.1% 증가한 실적이며, 영업이익과 당기순이익은 각각 18.9%, 22.2% 증가한 실적임. 마진율이 높은 프리미엄 가전제품의 판매가 늘면서 상대적으로 매출원가 증가율이 낮아지면서 수익성이 개선됨.

현금 흐름 *IFRS 별도 기준 〈단위 : 억원〉

항목	2016	2017
영업활동	2,368	2,523
투자활동	-779	-528
재무활동	-1,308	-280
순현금흐름	282	1,714
기말현금	1,580	3,294

시장 대비 수익률
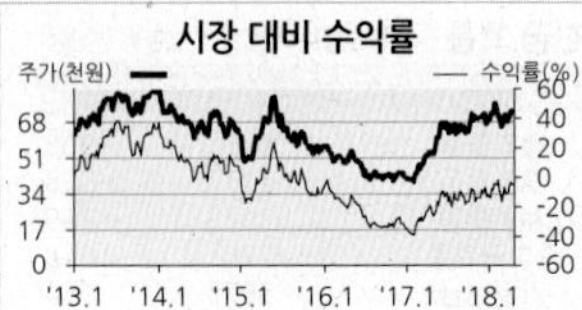

결산 실적 〈단위 : 억원〉

항목	2012	2013	2014	2015	2016	2017
매출액	32,211	35,191	37,543	38,961	39,394	40,993
영업이익	1,615	1,848	1,444	1,602	1,745	2,075
당기순이익	696	1,291	964	1,066	1,214	1,484

분기 실적 *IFRS 별도 기준 〈단위 : 억원〉

항목	2016.3Q	2016.4Q	2017.1Q	2017.2Q	2017.3Q	2017.4Q
매출액	11,215	9,796	8,970	10,638	11,821	9,566
영업이익	664	393	364	613	809	289
당기순이익	457	279	255	452	602	175

재무 상태 *IFRS 별도 기준 〈단위 : 억원〉

항목	2012	2013	2014	2015	2016	2017
총자산	26,047	27,554	27,746	29,052	30,049	32,046
유형자산	3,903	4,207	4,345	4,217	4,130	4,028
무형자산	16,902	16,918	16,936	17,046	17,039	17,080
유가증권	5	5	4	519	603	484
총부채	11,281	11,604	10,895	11,224	11,092	11,788
총차입금	8,592	8,013	7,325	7,540	6,490	6,494
자본금	1,180	1,180	1,180	1,180	1,180	1,180
총자본	14,766	15,950	16,851	17,828	18,957	20,258
지배주주지분	14,766	15,950	16,851	17,828	18,957	20,258

기업가치 지표 *IFRS 별도 기준

항목	2012	2013	2014	2015	2016	2017
주가(최고/저)(천원)	78.3/44.3	85.7/60.6	85.1/60.6	80.2/49.2	58.1/40.4	74.4/39.8
PER(최고/저)(배)	27.5/15.5	16.6/11.7	21.9/15.6	18.6/11.4	11.7/8.2	12.2/6.5
PBR(최고/저)(배)	1.3/0.8	1.3/1.0	1.3/0.9	1.1/0.7	0.8/0.5	0.9/0.5
EV/EBITDA(배)	11.7	12.1	11.2	9.5	6.5	7.5
EPS(원)	3,023	5,469	4,085	4,515	5,144	6,288
BPS(원)	62,547	67,564	71,381	75,519	80,298	85,810
CFPS(원)	4,873	7,433	6,334	6,734	7,364	8,371
DPS(원)	250	250	330	430	500	1,850
EBITDAPS(원)	8,719	9,792	8,366	9,004	9,613	10,872

재무 비율 〈단위 : %〉

연도	영업이익률	순이익률	부채비율	차입금비율	ROA	ROE	유보율	자기자본비율	EBITDA마진율
2017	5.1	3.6	58.2	32.1	4.8	7.6	1,616.2	63.2	6.3
2016	4.4	3.1	58.5	34.2	4.1	6.6	1,506.0	63.1	5.8
2015	4.1	2.7	63.0	42.3	3.8	6.2	1,410.4	61.4	5.5
2014	3.9	2.6	64.7	43.5	3.5	5.9	1,327.6	60.7	5.3

루멘스 (A038060)
Lumens

업　　종 : 디스플레이 및 관련부품
신용등급 : (Bond) —　(CP) —
홈페이지 : www.lumensleds.com
본　　사 : 경기도 용인시 기흥구 원고매로 12
시　　장 : KOSDAQ
기업규모 : 중견
연 락 처 : 031)8033-1200

설 립 일	1996.06.17	**종업원수**	244명	**대표이사**	유태경
상 장 일	2006.08.08	**감사의견**	적정(대주)	**계　　열**	
결 산 기	12월	**보 통 주**		**종속회사수**	7개사
액 면 가	500원	**우 선 주**		**구　　상 호**	

주주구성 (지분율,%)		출자관계 (지분율,%)		주요경쟁사 (외형,%)	
루멘스홀딩스	10.1	골든바우	100.0	루멘스	100
알리안츠글로벌인베스터스자산운용	4.6	엘이디라이텍	42.7	넥스트아이	16
(외국인)	14.6	엘아이씨티	35.4	상아프론테크	42

매출구성		비용구성		수출비중	
LED모듈 외	78.6	매출원가율	86.1	수출	72.8
LGP 외	12.0	판관비율	16.4	내수	27.2
LED	6.5				

회사 개요
동사는 LED소자를 비롯하여, LED소자를 이용한 모듈 제품 군, 일반 조명 군 등의 각종 어플리케이션에 이르는 제품 군을 생산, 판매하고 있음. 자동차의 내, 외장조명 및 기존의 산업분야에 사용되는 공장등 및 가로등과 일반 형광등 및 백열전구를 대체하는 LED 형광등까지 LED를 이용한 모든 광원분야 뿐만 아니라 모바일용 LED부터 LCD TV용 LED BLU, 노트북용 LED BLU에서의 폭넓은 제품포트폴리오를 보유하고 있음

실적 분석
동사의 2017년 연결 기준 연간 누적 매출액은 전년 동기 대비 10.3% 감소한 3615.7억원을 기록함. 매출이 감소하면서 매출원가와 판관비도 줄었지만 매출 감소에 따른 고정비용 증가효과로 인해 영업손실은 92.1억원으로 전년 동기 대비 적자전환함. 비영업손익 부문에서도 적자가 지속됐지만 적자 규모는 크게 줄고 법인세비용 대폭 감소하며 당기순이익은 11.7억원으로 전년 동기 대비 흑자전환에 성공함.

현금 흐름 〈단위 : 억원〉

항목	2016	2017
영업활동	257	103
투자활동	-374	-189
재무활동	117	-23
순현금흐름	10	-126
기말현금	681	555

시장 대비 수익률
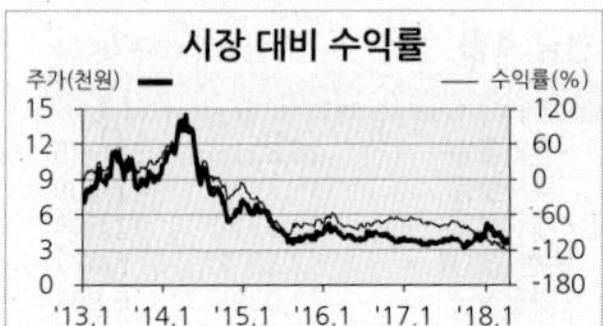

결산 실적 〈단위 : 억원〉

항목	2012	2013	2014	2015	2016	2017
매출액	4,950	6,142	5,245	4,256	4,028	3,616
영업이익	316	525	201	61	52	-92
당기순이익	195	324	117	-79	-62	12

분기 실적 〈단위 : 억원〉

항목	2016.3Q	2016.4Q	2017.1Q	2017.2Q	2017.3Q	2017.4Q
매출액	1,042	1,117	1,024	724	884	985
영업이익	-27	42	31	-21	1	-103
당기순이익	-60	-33	2	14	113	-116

재무 상태 〈단위 : 억원〉

항목	2012	2013	2014	2015	2016	2017
총자산	3,042	3,343	3,525	3,400	3,499	3,455
유형자산	806	739	680	769	873	1,003
무형자산	85	64	64	41	44	91
유가증권	3	52	195	143	147	124
총부채	1,538	1,270	1,231	1,207	1,360	1,234
총차입금	740	255	327	441	582	719
자본금	204	225	236	236	236	236
총자본	1,504	2,073	2,293	2,193	2,139	2,221
지배주주지분	1,500	2,073	2,273	2,216	2,169	2,100

기업가치 지표

항목	2012	2013	2014	2015	2016	2017
주가(최고/저)(천원)	8.4/4.9	12.2/6.8	14.5/5.2	7.3/3.5	5.2/3.6	4.4/3.1
PER(최고/저)(배)	17.0/9.9	16.6/9.2	57.8/20.6	—/—	—/—	66.4/46.5
PBR(최고/저)(배)	2.2/1.3	2.6/1.5	2.9/1.0	1.5/0.7	1.1/0.8	1.0/0.7
EV/EBITDA(배)	6.4	4.9	6.6	6.1	5.9	21.7
EPS(원)	494	737	251	-129	-113	66
BPS(원)	3,757	4,680	4,999	4,878	4,780	4,633
CFPS(원)	957	1,396	746	257	317	475
DPS(원)	—	—	25	—	—	—
EBITDAPS(원)	1,246	1,846	924	516	541	213

재무 비율 〈단위 : %〉

연도	영업이익률	순이익률	부채비율	차입금비율	ROA	ROE	유보율	자기자본비율	EBITDA마진율
2017	-2.6	0.3	55.6	32.4	0.3	1.5	826.6	64.3	2.8
2016	1.3	-1.6	63.6	27.2	-1.8	-2.4	856.0	61.1	6.4
2015	1.4	-1.9	55.0	20.1	-2.3	-2.7	875.6	64.5	5.7
2014	3.8	2.2	53.7	14.3	3.4	5.4	899.8	65.1	8.2

루미마이크로 (A082800)

LUMIMICRO CO

업　　종 : 디스플레이 및 관련부품　　시　　장 : KOSDAQ
신용등급 : (Bond) B　　(CP) —　　기업규모 : 중견
홈페이지 : www.lumimicro.com　　연 락 처 : 031)210-1917
본　　사 : 경기도 용인시 처인구 남사면 봉무로 309

설 립 일	2002.08.22	**종업원수**	93명	**대표이사**	이진수
상 장 일	2005.11.18	**감사의견**	적정(안진)	**계　열**	
결 산 기	12월	**보　통　주**		**종속회사수**	
액 면 가	500원	**우　선　주**		**구　상　호**	

주주구성 (지분율,%)		출자관계 (지분율,%)		주요경쟁사 (외형,%)	
금호전기	38.2	금호에이엠티	26.8	루미마이크로	100
알에프텍	14.7	세타품	15.0	사파이어테크놀로지	32
(외국인)	0.6	KUMHOLCD(DONGGUAN)	49.0	쎄미시스코	41

매출구성		비용구성		수출비중	
Module&기타	79.1	매출원가율	98.8	수출	79.6
LED PKG	20.9	판관비율	9.4	내수	20.4

회사 개요

동사는 화합물 반도체 제조 및 판매업 등을 영위할 목적으로 2002년 8월 설립, 2005년 11월 코스닥 시장에 상장함. 동사는 LED 사업 및 부동산임대업을 영위하고 있음. 수직계열화 형성에 따른 시너지 효과 창출의 결과로 동사의 최대 주주이자 주요 고객인 금호전기에 TV용 LED 및 조명용 LED를 납품하게 되면 금호전기가 완성품을 판매하는 협력을 통한 영업 경쟁력 강화 전략을 추구함.

실적 분석

동사의 2017년 매출액은 610.2억원으로 전년동기 대비 10.5% 감소하였음. LED 조명제품 판가하락에 따라 매출액은 감소하였지만 고정비용 증가로 영업이익이 적자전환함. 선진국에서는 에너지 및 환경문제를 해결하기 위하여 국가적 과제로 LED 조명기술을 개발하고 있으며, 에너지절약정책의 일환으로 LED조명 사용을 권장하고 있음. 국내는 2020년까지 국내 조명 60%를 LED조명으로 대체하는 LED 조명 2060정책이 있음.

현금 흐름 *IFRS 별도 기준 〈단위 : 억원〉

항목	2016	2017
영업활동	59	-10
투자활동	-8	-8
재무활동	-46	17
순현금흐름	5	-1
기말현금	17	16

시장 대비 수익률

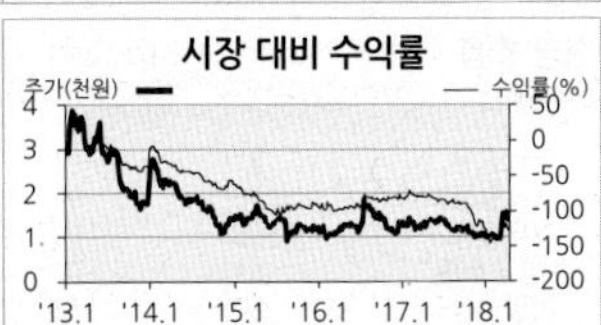

결산 실적 〈단위 : 억원〉

항목	2012	2013	2014	2015	2016	2017
매출액	1,177	1,339	1,200	897	682	610
영업이익	87	41	-30	-85	5	-50
당기순이익	11	-25	-13	-97	-18	-67

분기 실적 *IFRS 별도 기준 〈단위 : 억원〉

항목	2016.3Q	2016.4Q	2017.1Q	2017.2Q	2017.3Q	2017.4Q
매출액	168	169	160	149	160	141
영업이익	-1	3	1	-13	-10	-28
당기순이익	-2	1	-1	-14	-10	-41

재무 상태 *IFRS 별도 기준 〈단위 : 억원〉

항목	2012	2013	2014	2015	2016	2017
총자산	678	789	535	487	420	364
유형자산	139	153	100	65	56	35
무형자산	6	25	45	42	31	23
유가증권	6	7	14	13	10	7
총부채	399	435	196	241	192	203
총차입금	268	210	123	140	94	111
자본금	165	190	190	190	190	190
총자본	279	354	339	247	227	161
지배주주지분	279	354	339	247	227	161

기업가치 지표 *IFRS 별도 기준

항목	2012	2013	2014	2015	2016	2017
주가(최고/저)(천원)	3.3/1.1	4.0/1.6	3.0/1.0	1.7/0.9	1.9/0.9	1.5/1.0
PER(최고/저)(배)	104.6/34.6	—/—	—/—	—/—	—/—	—/—
PBR(최고/저)(배)	4.1/1.3	4.3/1.7	3.3/1.2	2.6/1.4	3.2/1.6	3.6/2.4
EV/EBITDA(배)	7.5	10.0	24.0	—	13.6	—
EPS(원)	32	-71	-34	-256	-47	-176
BPS(원)	844	933	894	650	599	424
CFPS(원)	208	62	114	-113	45	-88
DPS(원)	—	—	—	—	—	—
EBITDAPS(원)	438	249	70	-81	105	-44

재무 비율 〈단위 : %〉

연도	영업이익률	순이익률	부채비율	차입금비율	ROA	ROE	유보율	자기자본비율	EBITDA마진율
2017	-8.2	-10.9	일부잠식	일부잠식	-17.0	-34.3	-15.1	44.2	-2.8
2016	0.7	-2.6	84.5	41.4	-3.9	-7.5	19.9	54.2	5.8
2015	-9.5	-10.8	97.6	56.6	-19.0	-33.1	30.0	50.6	-3.4
2014	-2.5	-1.1	57.9	36.4	-2.0	-3.8	78.7	63.3	2.2

루켄테크놀러지스 (A162120)

LUKEN Technologies

업　　종 : 디스플레이 및 관련부품　　시　　장 : KONEX
신용등급 : (Bond) —　　(CP) —　　기업규모 : —
홈페이지 : www.luken.co.kr　　연 락 처 : 070)8633-8009
본　　사 : 경기도 이천시 마장면 중부대로2670번길 94

설 립 일	2007.10.02	**종업원수**	명	**대표이사**	안윤태
상 장 일	2017.07.25	**감사의견**	적정(위드)	**계　열**	
결 산 기	12월	**보　통　주**		**종속회사수**	
액 면 가	—	**우　선　주**		**구　상　호**	

주주구성 (지분율,%)		출자관계 (지분율,%)		주요경쟁사 (외형,%)	
안윤태	91.0	루켄엔지니어링	51.0	루켄테크놀러지스	100
이현애	8.8			HB테크놀러지	788
				동아엘텍	692

매출구성		비용구성		수출비중	
검사장비	80.3	매출원가율	76.9	수출	24.6
검사부품	9.8	판관비율	18.0	내수	75.4
용역	7.7				

회사 개요

동사는 LCD, OLED 디스플레이 검사장비 및 Probe unit 등 디스플레이 패널과 반도체 검사용 부품 전문기업. 원장(Mother Glass) 공정, 셀공정, 모듈 공정에서 LCD, OLED Vision검사 및 Aging 장비 등의 검사장비 라인업을 갖추고 있으며 검사에 필요한 핵심부품을 MEMS 공정을 이용하여 자체적으로 제조. 동사는 Contact 기술을 바탕으로 모든 디스플레이 제품을 검사할 수 있는 검사관련 전문기업.

실적 분석

동사의 2017년 연결 기준 연간 누적 매출액은 362억원으로 전년 동기(272.7억원) 대비 32.7% 증가함. 매출이 큰 폭으로 증가하면서 매출원가도 늘었지만 매출 증가에 따른 고정비용 감소효과로 영업이익은 전년 동기(0.9억원) 대비 대폭 개선된 18.5억원을 시현함. 비영업 부문에서 금융과 외환손실이 크게 발생하면서 영업이익이 크게 늘었음에도 불구하고 당기순이익은 전년 동기(6.3억원) 대비 다소 줄어든 5.2억원을 기록함.

현금 흐름 *IFRS 별도 기준 〈단위 : 억원〉

항목	2016	2017
영업활동	-10	29
투자활동	14	-6
재무활동	-2	-18
순현금흐름	2	6
기말현금	2	8

시장 대비 수익률

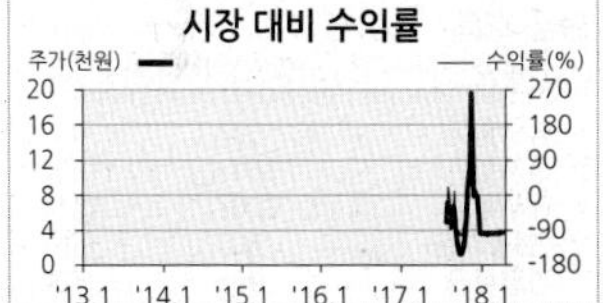

결산 실적 〈단위 : 억원〉

항목	2012	2013	2014	2015	2016	2017
매출액	64	207	496	381	273	362
영업이익	-33	14	9	17	1	18
당기순이익	-36	8	-13	1	6	5

분기 실적 *IFRS 별도 기준 〈단위 : 억원〉

항목	2016.3Q	2016.4Q	2017.1Q	2017.2Q	2017.3Q	2017.4Q
매출액	—	—	—	—	—	—
영업이익	—	—	—	—	—	—
당기순이익	—	—	—	—	—	—

재무 상태 *IFRS 별도 기준 〈단위 : 억원〉

항목	2012	2013	2014	2015	2016	2017
총자산	95	181	305	349	375	308
유형자산	52	60	96	138	107	110
무형자산	1	2	4	23	24	14
유가증권	0	0	0	0	6	6
총부채	74	137	250	276	291	208
총차입금	60	73	125	131	129	111
자본금	13	13	14	15	15	15
총자본	21	43	55	72	84	100
지배주주지분	21	43	55	72	84	100

기업가치 지표 *IFRS 별도 기준

항목	2012	2013	2014	2015	2016	2017
주가(최고/저)(천원)	—/—	—/—	—/—	—/—	—/—	22.5/1.1
PER(최고/저)(배)	0.0/0.0	0.0/0.0	0.0/0.0	0.0/0.0	0.0/0.0	130.5/6.4
PBR(최고/저)(배)	0.0/0.0	0.0/0.0	0.0/0.0	0.0/0.0	0.0/0.0	6.8/0.3
EV/EBITDA(배)	—	3.0	4.8	2.5	3.7	3.6
EPS(원)	-1,403	315	-503	47	188	172
BPS(원)	819	1,671	1,917	2,390	2,758	3,296
CFPS(원)	-1,024	711	145	1,172	1,257	1,010
DPS(원)	—	—	—	—	—	—
EBITDAPS(원)	-894	931	968	1,726	1,099	1,447

재무 비율 〈단위 : %〉

연도	영업이익률	순이익률	부채비율	차입금비율	ROA	ROE	유보율	자기자본비율	EBITDA마진율
2017	5.1	1.4	208.0	111.2	1.5	5.7	559.2	32.5	12.1
2016	0.3	2.1	348.0	154.1	1.6	7.3	451.6	22.3	12.2
2015	4.6	0.4	381.3	181.2	0.4	2.1	378.0	20.8	13.1
2014	1.7	-2.7	455.5	228.6	-5.5	-27.4	283.4	18.0	5.2

루트로닉 (A085370)
Lutronic

업 종 : 의료 장비 및 서비스 / 시 장 : KOSDAQ
신용등급 : (Bond) — (CP) — / 기업규모 : 우량
홈페이지 : www.lutronic.com / 연 락 처 : 070)4714-6013
본 사 : 경기도 고양시 덕양구 소원로 219 루트로닉센터

설 립 일	1997.07.08	**종 업 원 수**	289명	**대 표 이 사**	황해령
상 장 일	2006.07.04	**감 사 의 견**	적정(일신)	**계 열**	
결 산 기	12월	**보 통 주**		**종속회사수**	7개사
액 면 가	500원	**우 선 주**		**구 상 호**	

주주구성 (지분율,%)		출자관계 (지분율,%)		주요경쟁사 (외형,%)	
황해령	22.0	강스템바이오텍	8.4	루트로닉	100
디와이홀딩스	2.7	LUTRONICAesthetics,	100.0	인피니트헬스케어	85
(외국인)	5.1	Lutronic,LLC	100.0	솔본	86

매출구성		비용구성		수출비중	
레이저 의료기기 外	86.0	매출원가율	48.1	수출	71.7
기타	14.0	판관비율	55.2	내수	28.3

회사 개요

레이저의료기기사업 등을 영위할 목적으로 1997년 7월 설립되어 코스닥 시장에는 2006년 7월 상장됨. Lutronic Vision, INC 안과사업을, Lutronic Shanghai, LTD은 의료기기 및 화장품 판매, Lutronic Aesthetics, INC와 Lutronic Japan Co., LTD는 레이저 의료기기를 영위하고 있어 미국 및 상하이, 일본 등에 해외 현지 법인 지분을 취득하여 사업을 영위하고 있음.

실적 분석

동사의 2017년 연결기준 매출액은 전년 대비 1.5% 증가한 857.7억원을 기록. 매출액은 소폭 증가했으나 매출원가와 판관비가 큰 폭 늘면서 영업손실은 28.3억원을 기록하며 적자전환했고 당기순이익 역시 70.0억원의 손실을 기록하며 적자전환함. 이는 인건비, 무형자산상각비 등의 고정비 증가와 환율하락에 따른 외화관련손실 증가, 안과사업 관련 비용으로 인한 마진 악화등에서 기인함.

현금 흐름 <단위 : 억원>

항목	2016	2017
영업활동	56	-44
투자활동	-661	-135
재무활동	620	121
순현금흐름	68	-36
기말현금	96	60

시장 대비 수익률

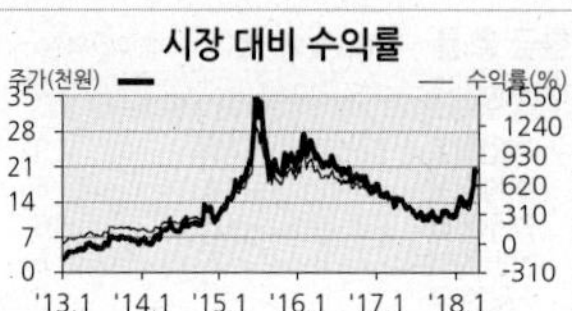

결산 실적 <단위 : 억원>

항목	2012	2013	2014	2015	2016	2017
매출액	461	522	651	721	845	858
영업이익	0	11	28	53	67	-28
당기순이익	0	-7	9	53	53	-70

분기 실적 <단위 : 억원>

항목	2016.3Q	2016.4Q	2017.1Q	2017.2Q	2017.3Q	2017.4Q
매출액	188	231	197	225	207	228
영업이익	11	10	1	-14	-11	-4
당기순이익	4	-14	-15	-15	-18	-23

재무 상태 <단위 : 억원>

항목	2012	2013	2014	2015	2016	2017
총자산	680	728	805	1,295	1,917	1,967
유형자산	212	218	230	239	260	281
무형자산	143	203	232	300	332	353
유가증권	1	1	1	181	161	184
총부채	364	400	479	546	563	636
총차입금	272	278	323	282	317	409
자본금	51	52	52	54	65	129
총자본	316	328	325	749	1,354	1,331
지배주주지분	316	334	338	768	1,372	1,343

기업가치 지표

항목	2012	2013	2014	2015	2016	2017
주가(최고/저)(천원)	2.8/1.9	7.5/2.4	13.5/5.4	35.6/11.6	27.6/16.0	17.7/10.1
PER(최고/저)(배)	1,375.2/923.0	—/—	185.4/74.6	128.7/41.8	106.8/61.7	—/—
PBR(최고/저)(배)	1.7/1.1	4.3/1.4	7.8/3.1	9.8/3.2	5.0/2.9	3.3/1.9
EV/EBITDA(배)	15.1	30.0	35.9	50.8	34.7	63.5
EPS(원)	2	-25	73	278	260	-285
BPS(원)	3,346	3,442	3,466	7,213	10,960	5,379
CFPS(원)	469	354	551	941	923	-5
DPS(원)	—	—	25	50	75	15
EBITDAPS(원)	468	506	674	884	1,018	169

재무 비율 <단위 : %>

연도	영업이익률	순이익률	부채비율	차입금비율	ROA	ROE	유보율	자기자본비율	EBITDA마진율
2017	-3.3	-8.2	47.8	30.7	-3.6	-5.4	975.8	67.7	5.1
2016	7.9	6.3	41.6	23.4	3.3	5.3	2,092.0	70.6	13.3
2015	7.3	7.3	73.0	37.7	5.0	10.6	1,342.7	57.8	13.1
2014	4.3	1.3	147.4	99.3	1.1	4.5	593.3	40.4	10.8

룽투코리아 (A060240)
LONGTU KOREA

업 종 : 게임 소프트웨어 / 시 장 : KOSDAQ
신용등급 : (Bond) — (CP) — / 기업규모 : 벤처
홈페이지 : www.longtukorea.com / 연 락 처 : 02)2640-3557
본 사 : 서울시 금천구 가산디지털1로 137(아이티캐슬2차 13층)

설 립 일	1993.07.15	**종 업 원 수**	52명	**대 표 이 사**	양성휘
상 장 일	2001.12.22	**감 사 의 견**	적정(대성삼경)	**계 열**	
결 산 기	12월	**보 통 주**		**종속회사수**	5개사
액 면 가	500원	**우 선 주**		**구 상 호**	아이넷스쿨

주주구성 (지분율,%)		출자관계 (지분율,%)		주요경쟁사 (외형,%)	
LONGTUGAME HK LIMITED	38.6	더이엔엠	48.0	룽투코리아	100
케이엘앤파트너스룽투코리아사모투자합자회사	10.7	타이곤모바일	45.0	선데이토즈	139
(외국인)	49.2			넥슨지티	94

매출구성		비용구성		수출비중	
모바일게임	64.7	매출원가율	39.2	수출	16.2
미디어 플랫폼	15.2	판관비율	60.9	내수	83.8
온라인 강의	14.2				

회사 개요

동사는 1999년 CTI(컴퓨터 통신 통합) 관련 솔루션 회사로 설립되었으며 현재는 온라인 교육서비스를 주 사업으로 영위하는 기업으로, 초/중/고등학생을 대상으로 교육 컨텐츠를 제공하고 있음. 2009년 디지털온넷과의 인수합병을 통해 코스닥 시장에 상장하였으며, 현재 최대주주는 LONGTUGAME HK LIMITED(38.58%)임. 2015년 4월 상호를 아이넷스쿨에서 룽투코리아로 변경함.

실적 분석

동사의 2017년 연간 매출액은 전년동기대비 14.5% 하락한 524.3억원을 기록하였음. 비용면에서 전년동기대비 매출원가는 증가 했으며 인건비도 크게 증가, 광고선전비는 크게 감소, 기타판매비와관리비는 크게 감소함. 주춤한 모습의 매출액에 의해 전년동기대비 영업손실은 0.4억원으로 적자전환 하였음. 최종적으로 전년동기대비 당기순손실은 적자전환하여 366.4억원을 기록함.

현금 흐름 <단위 : 억원>

항목	2016	2017
영업활동	27	-71
투자활동	-266	-88
재무활동	198	193
순현금흐름	-41	23
기말현금	50	73

시장 대비 수익률

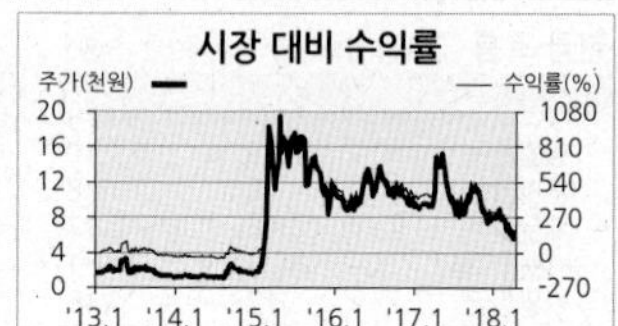

결산 실적 <단위 : 억원>

항목	2012	2013	2014	2015	2016	2017
매출액	247	185	129	154	613	524
영업이익	10	-11	-22	-26	70	-0
당기순이익	8	-14	-30	8	19	-366

분기 실적 <단위 : 억원>

항목	2016.3Q	2016.4Q	2017.1Q	2017.2Q	2017.3Q	2017.4Q
매출액	261	109	134	87	115	189
영업이익	46	-1	-6	-26	-1	33
당기순이익	43	-17	-30	-45	-54	-237

재무 상태 <단위 : 억원>

항목	2012	2013	2014	2015	2016	2017
총자산	244	184	183	986	1,256	1,207
유형자산	29	20	18	349	420	28
무형자산	34	20	13	189	364	310
유가증권	11	0	—	—	38	30
총부채	162	111	104	455	553	391
총차입금	22	5	2	243	377	45
자본금	32	33	45	95	97	124
총자본	82	73	79	531	704	816
지배주주지분	82	73	80	309	414	597

기업가치 지표

항목	2012	2013	2014	2015	2016	2017
주가(최고/저)(천원)	12.4/1.6	3.5/1.2	2.7/1.1	20.5/1.8	15.2/8.8	16.1/7.3
PER(최고/저)(배)	59.3/7.6	—/—	—/—	410.6/35.2	420.5/242.9	—/—
PBR(최고/저)(배)	5.8/0.8	2.9/0.9	2.6/1.1	11.9/1.0	6.9/4.0	6.5/3.0
EV/EBITDA(배)	3.1	8.2	—	—	25.2	49.5
EPS(원)	209	-242	-424	50	36	-1,108
BPS(원)	2,139	1,231	1,017	1,721	2,203	2,469
CFPS(원)	586	34	-217	103	142	-937
DPS(원)	—	—	—	—	—	—
EBITDAPS(원)	620	76	-102	-104	482	169

재무 비율 <단위 : %>

연도	영업이익률	순이익률	부채비율	차입금비율	ROA	ROE	유보율	자기자본비율	EBITDA마진율
2017	-0.1	-69.9	48.0	5.5	-29.8	-50.9	380.0	67.6	7.5
2016	11.4	3.1	78.5	53.6	1.7	1.9	324.8	56.0	14.6
2015	-16.7	5.3	85.7	45.7	1.4	4.2	231.6	53.9	-11.0
2014	-16.9	-23.2	131.5	2.9	-16.4	-39.2	87.7	43.2	-5.6

리노공업 (A058470)

Leeno Industrial

업　　종 : 반도체 및 관련장비　　시　　장 : KOSDAQ
신용등급 : (Bond) —　(CP) —　　기업규모 : 우량
홈페이지 : www.leeno.co.kr　　연 락 처 : 051)831-3232
본　　사 : 부산시 강서구 미음산단로 105번길 10

설 립 일	1996.12.20	**종업원수**	405명	**대표이사**	이채윤
상 장 일	2001.12.08	**감사의견**	적정(성도)	**계 열**	
결 산 기	12월	**보 통 주**		**종속회사수**	
액 면 가	500원	**우 선 주**		**구 상 호**	

주주구성 (지분율,%)		출자관계 (지분율,%)		주요경쟁사 (외형,%)	
이채윤	34.7	브리지	14.2	리노공업	100
국민연금공단	10.4	엠투엔	10.7	SK하이닉스	21,277
(외국인)	31.4			이오테크닉스	286

매출구성		비용구성		수출비중	
LEENO PIN 류	51.2	매출원가율	57.9	수출	61.2
IC TEST SOCKET 류	43.3	판관비율	7.4	내수	38.8
기타	5.6				

회사 개요

동사는 1978년 설립된 반도체 검사장비 전문업체로 전량 수입에 의존하던 PCB회로기판 검사용 PROBE와 반도체 검사용 소켓을 자체 브랜드로 개발하여 제조 판매 중임. 반도체를 생산하기 위해서는 칩디자인, 웨이퍼가공, 패키징, 테스트의 공정을 거치며, 동사의 제품 LEENO PIN과 IC TEST SOCKET은 테스트장비가 다양한 반도체 칩과 호환될 수 있도록 어댑터 역할을 수행하는 소모성부품으로 다품종, 주문생산하는 제품임.

실적 분석

동사는 2017년 누적 매출액과 영업이익은 전년 동기에 비해 각각 25.5%, 25% 증가한 1,415.1억원, 491.6억원을 기록함. 국내 대형고객사 및 계열사로 비메모리 IC Test소켓 공급이 확대되며 국내 부문 매출이 성장한 영향으로 외형 성장함. 전방업체가 생산하는 반도체 칩의 수량보다는 칩의 종류가 많아질수록 좋아지는 구조. IoT, 차량 전장화 등은 동사에 매우 유리한 영업환경이 조성되고 있음.

현금 흐름 *IFRS 별도 기준 〈단위 : 억원〉

항목	2016	2017
영업활동	414	442
투자활동	-24	-192
재무활동	-121	-136
순현금흐름	283	99
기말현금	502	600

시장 대비 수익률

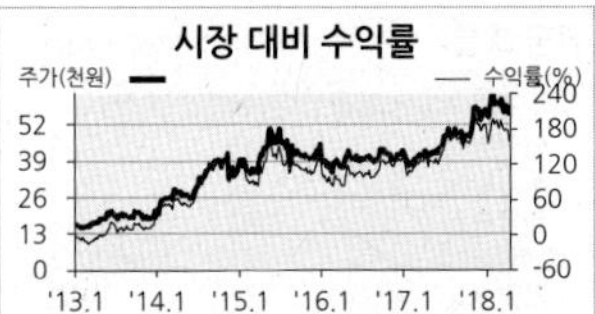

결산 실적 〈단위 : 억원〉

항목	2012	2013	2014	2015	2016	2017
매출액	752	806	934	995	1,128	1,415
영업이익	277	288	327	360	393	492
당기순이익	249	262	309	326	354	404

분기 실적 *IFRS 별도 기준 〈단위 : 억원〉

항목	2016.3Q	2016.4Q	2017.1Q	2017.2Q	2017.3Q	2017.4Q
매출액	312	233	327	405	372	311
영업이익	105	69	117	156	138	81
당기순이익	71	85	66	150	119	68

재무 상태 *IFRS 별도 기준 〈단위 : 억원〉

항목	2012	2013	2014	2015	2016	2017
총자산	1,303	1,479	1,666	1,883	2,167	2,465
유형자산	346	460	563	637	686	686
무형자산	10	10	15	15	16	17
유가증권	117	165	168	198	202	244
총부채	87	84	103	102	158	185
총차입금	—	—	—	—	—	—
자본금	40	76	76	76	76	76
총자본	1,216	1,394	1,563	1,781	2,009	2,279
지배주주지분	1,216	1,394	1,563	1,781	2,009	2,279

기업가치 지표 *IFRS 별도 기준

항목	2012	2013	2014	2015	2016	2017
주가(최고/저)(천원)	17.1/9.3	21.7/15.1	42.9/20.7	51.1/33.8	44.1/35.1	60.7/37.2
PER(최고/저)(배)	11.8/6.4	13.8/9.7	22.8/11.0	25.2/16.7	19.7/15.7	23.3/14.3
PBR(최고/저)(배)	2.4/1.3	2.6/1.8	4.4/2.1	4.5/3.0	3.4/2.7	4.0/2.5
EV/EBITDA(배)	7.1	8.7	13.4	15.1	11.9	13.1
EPS(원)	1,631	1,718	2,025	2,141	2,322	2,648
BPS(원)	15,157	9,148	10,568	12,016	13,510	15,283
CFPS(원)	3,553	1,972	2,357	2,516	2,757	3,139
DPS(원)	1,000	550	700	800	900	1,000
EBITDAPS(원)	3,912	2,146	2,478	2,737	3,014	3,716

재무 비율 〈단위 : %〉

연도	영업이익률	순이익률	부채비율	차입금비율	ROA	ROE	유보율	자기자본비율	EBITDA마진율
2017	34.7	28.5	8.1	0.0	17.4	18.8	2,956.6	92.5	40.0
2016	34.9	31.4	7.9	0.0	17.5	18.7	2,602.0	92.7	40.7
2015	36.2	32.8	5.7	0.0	18.4	19.5	2,303.2	94.6	41.9
2014	35.0	33.0	6.6	0.0	19.6	20.9	2,013.6	93.8	40.4

리노스 (A039980)

Leenos

업　　종 : 섬유 및 의복　　시　　장 : KOSDAQ
신용등급 : (Bond) —　(CP) —　　기업규모 : 우량
홈페이지 : www.leenos.co.kr　　연 락 처 : 02)3489-6800
본　　사 : 서울시 서초구 효령로 317 대한건축사협회 5~6층

설 립 일	1991.02.01	**종업원수**	277명	**대표이사**	김웅,박병근
상 장 일	2002.08.01	**감사의견**	적정(삼정)	**계 열**	
결 산 기	12월	**보 통 주**		**종속회사수**	1개사
액 면 가	500원	**우 선 주**		**구 상 호**	

주주구성 (지분율,%)		출자관계 (지분율,%)		주요경쟁사 (외형,%)	
오디텍	15.2	에스유알코리아	66.7	리노스	100
노학영	4.7	이관희프로덕션	30.0	TBH글로벌	684
(외국인)	1.6			F&F	552

매출구성		비용구성		수출비중	
FnB사업부문 (리노스)	71.4	매출원가율	58.9	수출	—
IT사업부문 (리노스)	28.5	판관비율	37.3	내수	—
기 타 (리노스)	0.1				

회사 개요

동사는 1991년 컴퓨터 하드웨어 제조 및 판매를 목적으로 설립되었으며 2002년 8월 코스닥 시장에 상장됨. 동사는 키플링, 이스트팩의 국내유통및 라이선스 사업을 전개하는 FnB 사업부문과 무선통신 및 SI 기술력을 바탕으로 최적의 정보통신기술을 공급하는 IT 사업부문의 두 가지 사업을 영위중. 종속회사인 에스유알코리아는 직매입 방식을 통한 홈쇼핑 및 오프라인에 화장품 유통 채널을 확보, 전국 450여개의 드러그스토어에 입점중임.

실적 분석

동사의 2017년 매출액은 전년 대비 1.2% 증가한 1,014.9억원을 기록했으나, 동기간 매출원가는 4.1% 증가한 것으로 나타나면서 동사의 2017년 영업이익은 전년 대비 6.6% 감소한 38.4억원을 기록하였음. 한편, 일회성인 투자부동산처분이익과 외환차익의 발생으로 회계상 비영업이익이 발생하였음. 이에 따라 동사의 2017년 당기순이익은 전년 대비 76.1% 증가한 49.8억원을 기록함.

현금 흐름 〈단위 : 억원〉

항목	2016	2017
영업활동	-12	40
투자활동	114	-6
재무활동	-25	-128
순현금흐름	80	-93
기말현금	192	99

시장 대비 수익률

결산 실적 〈단위 : 억원〉

항목	2012	2013	2014	2015	2016	2017
매출액	1,039	811	1,050	939	1,003	1,015
영업이익	78	43	86	71	41	38
당기순이익	64	28	58	151	28	50

분기 실적 〈단위 : 억원〉

항목	2016.3Q	2016.4Q	2017.1Q	2017.2Q	2017.3Q	2017.4Q
매출액	244	199	278	309	248	180
영업이익	2	-4	20	13	7	-1
당기순이익	7	-14	30	9	6	5

재무 상태 〈단위 : 억원〉

항목	2012	2013	2014	2015	2016	2017
총자산	763	640	859	988	1,051	965
유형자산	12	18	33	30	28	22
무형자산	23	26	103	21	43	30
유가증권	59	46	31	53	41	122
총부채	307	190	290	314	360	235
총차입금	—	85	167	187	201	82
자본금	180	180	180	180	180	180
총자본	456	450	569	674	690	730
지배주주지분	456	450	538	674	687	725

기업가치 지표

항목	2012	2013	2014	2015	2016	2017
주가(최고/저)(천원)	2.5/1.4	2.3/1.6	3.4/1.7	4.1/2.2	5.1/2.6	4.0/2.2
PER(최고/저)(배)	16.1/9.1	32.7/22.0	25.7/12.5	10.5/5.7	67.7/35.0	31.8/17.1
PBR(최고/저)(배)	2.0/1.2	1.8/1.2	2.4/1.2	2.3/1.2	2.8/1.4	2.1/1.1
EV/EBITDA(배)	5.1	12.4	10.5	12.4	22.9	11.6
EPS(원)	169	74	141	404	76	129
BPS(원)	1,414	1,398	1,559	1,935	1,971	2,078
CFPS(원)	188	97	184	464	120	176
DPS(원)	100	—	50	50	30	25
EBITDAPS(원)	228	139	276	238	154	148

재무 비율 〈단위 : %〉

연도	영업이익률	순이익률	부채비율	차입금비율	ROA	ROE	유보율	자기자본비율	EBITDA마진율
2017	3.8	4.9	32.2	11.3	4.9	6.9	315.5	75.6	5.3
2016	4.1	2.8	52.2	29.1	2.8	4.2	294.2	65.7	5.5
2015	7.6	16.1	46.6	27.8	16.4	25.2	286.9	68.2	9.1
2014	8.2	5.6	51.0	29.3	7.8	10.8	211.8	66.2	9.5

리더스코스메틱 (A016100)
LEADERS COSMETICS CO

업 종 : 개인생활용품　　시 장 : KOSDAQ
신용등급 : (Bond) — (CP) —　　기업규모 : 중견
홈페이지 : www.leaderscosmetics.com　　연 락 처 : 02)3453-8768
본 사 : 서울시 광진구 능동로 90 더클래식 500 씨 404호

설 립 일	1986.12.24	종업원수	162명	대 표 이 사	김진구
상 장 일	2003.01.14	감사의견	적정(천지)	계 열	
결 산 기	12월	보 통 주		종속회사수	8개사
액 면 가	500원	우 선 주		구 상 호	산성앨엔에스

주주구성 (지분율,%)		출자관계 (지분율,%)		주요경쟁사 (외형,%)	
김판길	22.5	산성피앤씨	100.0	리더스코스메틱	100
에프씨비파미셀	4.1	리더스솔루션	50.0	케어젠	41
(외국인)	3.1	리딩프로스	40.0	콜마비앤에이치	300

매출구성		비용구성		수출비중	
[화장품사업부문]제품(제품)	55.8	매출원가율	69.0	수출	23.5
[골판지사업부문]제품(제품)	26.1	판관비율	31.2	내수	76.5
[화장품사업부문]상품(상품)	12.0				

회사 개요

동사는 1986년 골판지 및 골판지 박스의 제조와 판매, 인쇄업을 주요 사업목적으로 설립되었으며 2002년 사명을 산성에서 산성앨엔에스로 변경하고 2003년 코스닥 시장에 상장함. 동사는 골판지 이외 마스크팩, 기초화장품 등 화장품사업을 영위하고 있음. 매출 비중은 골판지가 39%, 화장품이 61% 정도임. 동사가 골판지 시장에서 차지하는 점유율은 2.6% 가량임. 동사의 계열회사는 줄기세포 전문회사인 프로스테믹스와 한산취국제미용유한공사임.

실적 분석

동사의 2017년 연결기준 결산 매출액은 전년동기 대비 22.8% 감소한 1,399억원을 기록함. 외형축소와 더불어 원가율이 증가하고 판관비 비중 또한 증가하면서 영업이익은 전년동기 대비 적자전환하며 2.6억원의 영업손실 시현하는데 그침. 영업외손익 또한 크게 악화되면서 당기순이익은 지난해 같은 기간 대비 적자전환하며 79.2억원의 순손실 시현함. 수익성 급격히 악화되는 모습, 매출 확대 및 원가구조 개선 시급한 상황.

현금 흐름 〈단위 : 억원〉

항목	2016	2017
영업활동	270	53
투자활동	-265	29
재무활동	-53	80
순현금흐름	-46	168
기말현금	176	344

시장 대비 수익률

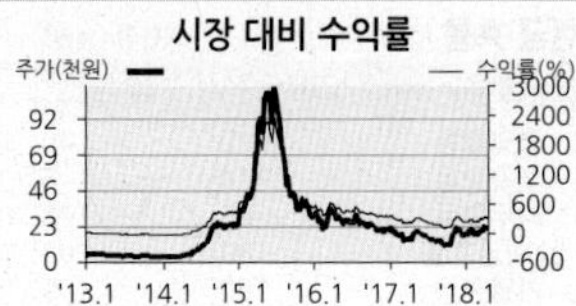

결산 실적 〈단위 : 억원〉

항목	2012	2013	2014	2015	2016	2017
매출액	589	731	1,200	1,728	1,813	1,399
영업이익	9	-22	221	344	194	-3
당기순이익	-51	-22	171	89	77	-79

분기 실적 〈단위 : 억원〉

항목	2016.3Q	2016.4Q	2017.1Q	2017.2Q	2017.3Q	2017.4Q
매출액	479	426	336	282	377	404
영업이익	75	-7	-6	-18	16	5
당기순이익	63	-18	-12	-9	7	-65

재무 상태 〈단위 : 억원〉

항목	2012	2013	2014	2015	2016	2017
총자산	744	752	970	1,809	1,906	1,929
유형자산	412	408	471	650	698	751
무형자산	14	13	14	17	26	29
유가증권	110	60	20	218	27	18
총부채	296	289	330	723	705	838
총차입금	223	185	135	508	419	629
자본금	90	90	90	90	90	90
총자본	448	462	640	1,085	1,202	1,092
지배주주지분	428	429	588	830	896	810

기업가치 지표

항목	2012	2013	2014	2015	2016	2017
주가(최고/저)(천원)	8.7/3.9	5.3/3.1	26.3/3.3	117/24.4	36.1/19.5	23.0/10.1
PER(최고/저)(배)	—/—	—/—	30.3/3.8	139.5/29.0	139.4/75.3	—/—
PBR(최고/저)(배)	3.5/1.6	2.1/1.2	7.7/1.0	24.7/5.1	7.1/3.8	5.0/2.2
EV/EBITDA(배)	27.9	12.6	16.4	14.6	16.8	67.7
EPS(원)	-270	-191	866	840	259	-328
BPS(원)	2,508	2,516	3,401	4,749	5,118	4,639
CFPS(원)	-135	-10	1,075	1,088	548	-19
DPS(원)	—	—	—	—	—	—
EBITDAPS(원)	183	303	1,443	2,167	1,373	295

재무 비율 〈단위 : %〉

연도	영업 이익률	순 이익률	부채 비율	차입금 비율	ROA	ROE	유보율	자기자본 비율	EBITDA 마진율
2017	-0.2	-5.7	76.8	57.6	-4.1	-6.9	827.9	56.6	3.8
2016	10.7	4.3	58.6	34.9	4.2	5.4	923.5	63.0	13.6
2015	19.9	5.2	66.7	46.8	6.4	21.3	849.9	60.0	22.5
2014	18.5	14.2	51.6	21.2	19.8	30.6	580.2	66.0	21.6

리드 (A197210)
LEED

업 종 : 디스플레이 및 관련부품　　시 장 : KOSDAQ
신용등급 : (Bond) — (CP) —　　기업규모 : 중견
홈페이지 : www.leed1.com　　연 락 처 : 031)324-0200
본 사 : 경기도 화성시 향남읍 발안공단로4길 118

설 립 일	2000.03.23	종업원수	74명	대 표 이 사	구명준,서승완
상 장 일	2014.09.26	감사의견	적정(신한)	계 열	
결 산 기	12월	보 통 주		종속회사수	1개사
액 면 가	100원	우 선 주		구 상 호	

주주구성 (지분율,%)		출자관계 (지분율,%)		주요경쟁사 (외형,%)	
아스팩투자조합	17.3			리드	100
정영재	4.8			상보	342
(외국인)	0.7			제이엠아이	315

매출구성		비용구성		수출비중	
Inline System(제품)	76.8	매출원가율	101.9	수출	—
T.C.U(제품)	13.3	판관비율	25.9	내수	—
T.R.U(제품)	6.0				

회사 개요

동사는 2000년 3월 설립된 LCD 및 OLED 등 디스플레이 패널 제조관련 솔루션 공급 기업임. 구체적으로 자동화 설비 운영인 PLC S/W 및 CIM S/W를 공급하는 공장 자동화 토탈 솔루션을 제조함. 2015년 11월 코넥스 시장에서 코스닥시장으로 이전 상장함. 주요 매출처인 BOE 및 LG디스플레이의 설비투자 계획에 따라 동사의 실적이 연동되며, 95% 이상을 수출하기 때문에 결제통화인 달러의 가치 변화에도 영향을 받음.

실적 분석

동사의 2017년 연결 기준 연간 누적 매출액은 373.6억원으로 전년 동기 대비 5.6% 증가함. 매출이 증가했지만 매출 증가율 대비 매출원가 증가율이 높고 판매비와 관리비도 큰 폭으로 늘어나면서 영업손실은 103.9억원으로 전년 동기 대비 적자전환함. 비영업 부문에서도 금융과 외환 분야에서 막대한 손실이 발생하면서 당기순손실은 225억원으로 전년 동기 대비 적자전환함.

현금 흐름 〈단위 : 억원〉

항목	2016	2017
영업활동	-12	23
투자활동	-52	-241
재무활동	92	213
순현금흐름	27	-5
기말현금	36	31

시장 대비 수익률

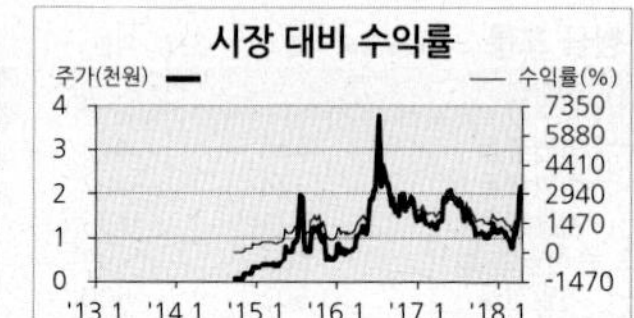

결산 실적 〈단위 : 억원〉

항목	2012	2013	2014	2015	2016	2017
매출액	38	366	405	426	354	374
영업이익	-40	33	17	17	6	-104
당기순이익	-44	10	19	15	4	-225

분기 실적 〈단위 : 억원〉

항목	2016.3Q	2016.4Q	2017.1Q	2017.2Q	2017.3Q	2017.4Q
매출액	18	261	258	105	38	-27
영업이익	-16	37	37	-26	-28	-87
당기순이익	-24	43	14	-34	-30	-176

재무 상태 〈단위 : 억원〉

항목	2012	2013	2014	2015	2016	2017
총자산	70	119	293	272	516	427
유형자산	7	7	6	9	7	5
무형자산	2	2	1	2	8	8
유가증권	2	—	—	—	3	—
총부채	88	174	273	174	378	349
총차입금	37	121	161	62	119	171
자본금	14	8	14	23	27	51
총자본	-18	-56	20	98	138	78
지배주주지분	-18	-56	20	98	138	78

기업가치 지표

항목	2012	2013	2014	2015	2016	2017
주가(최고/저)(천원)	—/—	—/—	3.7/0.7	14.7/2.5	29.3/4.6	2.1/1.0
PER(최고/저)(배)	0.0/0.0	0.0/0.0	5.1/0.9	37.8/6.4	411.5/64.2	—/—
PBR(최고/저)(배)	0.0/0.0	0.0/0.0	4.9/0.9	7.0/1.2	11.3/1.8	14.1/6.5
EV/EBITDA(배)	—	3.1	13.2	12.9	56.1	—
EPS(원)	-211	37	68	52	10	-452
BPS(원)	-6,392	-14,523	523	2,120	2,591	151
CFPS(원)	-14,841	3,538	568	462	154	-444
DPS(원)	—	—	—	—	—	—
EBITDAPS(원)	-13,139	9,517	496	499	210	-201

재무 비율 〈단위 : %〉

연도	영업 이익률	순 이익률	부채 비율	차입금 비율	ROA	ROE	유보율	자기자본 비율	EBITDA 마진율
2017	-27.8	-60.2	449.0	219.6	-47.7	-208.8	51.4	18.2	-26.8
2016	1.8	1.0	274.7	86.4	0.9	3.1	418.2	26.7	3.0
2015	3.9	3.6	177.6	63.8	5.4	25.9	324.0	36.0	4.6
2014	4.1	4.8	1,374.9	812.0	9.4	전기잠식	41.7	6.8	4.7

리드코프 (A012700)

The Leadcorp

업　종 : 석유 및 가스　　시　장 : KOSDAQ
신용등급 : (Bond) BBB-　(CP) A3　　기업규모 : 우량
홈페이지 : www.leadcorp.co.kr　　연 락 처 : 02)2126-5000
본　사 : 서울시 영등포구 은행로 25, 안원빌딩 6층

설 립 일	1977.09.19	**종업원수**	395명	**대표이사**	김철우
상 장 일	1996.01.19	**감사의견**	적정(삼일)	**계　열**	
결 산 기	12월	**보 통 주**		**종속회사수**	3개사
액 면 가	500원	**우 선 주**		**구 상 호**	

주주구성 (지분율,%)		출자관계 (지분율,%)		주요경쟁사 (외형,%)	
KB자산운용	21.0	앤알캐피탈대부	100.0	리드코프	100
디케이디앤아이(05130)	13.0	채권추심전문엘씨대부	100.0	E1	996
(외국인)	3.1	리드컴	100.0	에이치엘비파워	8

매출구성		비용구성		수출비중	
소비자금융	51.8	매출원가율	51.2	수출	—
유류	45.2	판관비율	38.1	내수	—
기타	1.6				

회사 개요

동사는 1977년 설립되어 석유, 휴게소, 소비자금융 사업 등 총 3가지 부문을 영위 중임. 석유사업은 S-OIL과 석유류 공급계약을 체결하여 대리점 사업 등을 영위 중이며, 휴게소사업으로는 경부고속도로 하행선 천안휴게소의 위탁운영권을 획득하여 운영 중임. 소비자금융사업은 2003년 대부업 등록 및 자금 조달 이후 인지도를 높여가며 현재 업계 상위권의 점유율을 시현함. 앤알캐피탈대부, 채권추심전문 엘씨대부가 연결대상 종속회사로 편입되어 있음.

실적 분석

동사의 2017년 연결기준 연간 매출액은 4,424.7억원으로 전년 동기 4,384.7억원에서 소폭 증가함. 그러나 인건비를 비롯한 판매비와 관리비가 전년보다 9.9% 늘어나며 영업이익은 지난해보다 소폭 감소한 473.1억원을 기록하였음. 법인세비용이 38.2% 감소한데 힘입어 당기순이익은 362.2억원으로 전년 329.9억원 대비 9.8% 증가함.

현금 흐름

〈단위 : 억원〉

항목	2016	2017
영업활동	-1,185	-1,327
투자활동	-29	-115
재무활동	1,301	1,400
순현금흐름	88	-42
기말현금	256	214

시장 대비 수익률

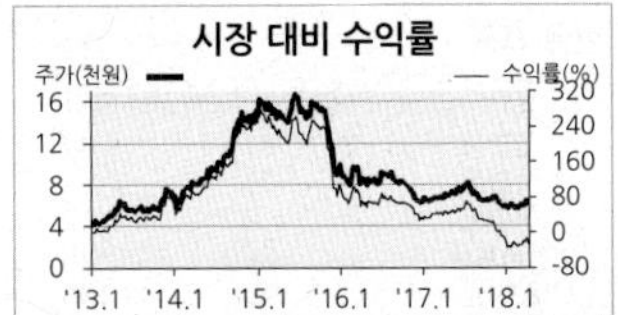

결산 실적

〈단위 : 억원〉

항목	2012	2013	2014	2015	2016	2017
매출액	2,649	2,843	3,492	3,719	4,385	4,425
영업이익	360	453	499	531	511	473
당기순이익	253	349	390	408	330	362

분기 실적

〈단위 : 억원〉

항목	2016.3Q	2016.4Q	2017.1Q	2017.2Q	2017.3Q	2017.4Q
매출액	1,082	1,169	1,222	1,071	1,039	1,092
영업이익	120	106	113	116	117	127
당기순이익	68	45	93	91	92	86

재무 상태

〈단위 : 억원〉

항목	2012	2013	2014	2015	2016	2017
총자산	4,655	5,112	6,397	7,794	9,461	11,148
유형자산	103	97	77	84	74	66
무형자산	57	56	61	62	66	61
유가증권	21	21	17	15	14	15
총부채	3,182	3,318	4,238	5,244	6,614	7,975
총차입금	2,990	3,097	3,978	4,939	6,291	7,684
자본금	138	138	138	138	138	138
총자본	1,473	1,794	2,159	2,550	2,847	3,173
지배주주지분	1,473	1,794	2,159	2,550	2,847	3,173

기업가치 지표

항목	2012	2013	2014	2015	2016	2017
주가(최고/저)(천원)	4.9/3.2	7.6/4.0	15.8/5.8	17.0/8.8	10.0/6.1	8.2/5.8
PER(최고/저)(배)	5.7/3.7	6.3/3.3	11.6/4.3	11.9/6.2	8.6/5.2	6.2/4.4
PBR(최고/저)(배)	1.0/0.6	1.2/0.7	2.1/0.8	1.9/1.0	1.0/0.6	0.7/0.5
EV/EBITDA(배)	0.3	1.2	4.6	1.3	—	—
EPS(원)	946	1,304	1,457	1,527	1,233	1,354
BPS(원)	5,511	6,713	8,076	9,539	10,650	11,868
CFPS(원)	997	1,355	1,513	1,590	1,301	1,419
DPS(원)	100	100	100	150	150	200
EBITDAPS(원)	1,396	1,767	1,922	2,047	1,978	1,834

재무 비율

〈단위 : %〉

연도	영업이익률	순이익률	부채비율	차입금비율	ROA	ROE	유보율	자기자본비율	EBITDA마진율
2017	10.7	8.2	251.3	242.2	3.5	12.0	2,204.1	28.5	11.1
2016	11.7	7.5	232.3	221.0	3.8	12.2	1,967.6	30.1	12.1
2015	14.3	11.0	205.6	193.7	5.8	17.3	1,752.1	32.7	14.7
2014	14.3	11.2	196.3	184.3	6.8	19.7	1,467.9	33.8	14.7

리켐 (A131100)

Lichem

업　종 : 화학　　시　장 : KOSDAQ
신용등급 : (Bond) —　(CP) —　　기업규모 :
홈페이지 : www.leechem.net　　연 락 처 : 041)751-8630
본　사 : 충남 금산군 추부면 금산로 2423-16 (추정리271-4)

설 립 일	2007.03.14	**종업원수**	75명	**대표이사**	김우
상 장 일	2011.06.14	**감사의견**	적정(삼화)	**계　열**	
결 산 기	12월	**보 통 주**		**종속회사수**	1개사
액 면 가	500원	**우 선 주**		**구 상 호**	

주주구성 (지분율,%)		출자관계 (지분율,%)		주요경쟁사 (외형,%)	
뉴원글로벌조합	3.4	와이즈플래닛	93.3	리켐	100
손정이앤씨	1.2	비비마스크	26.0	세우글로벌	152
		비케이	17.9	웹스	128

매출구성		비용구성		수출비중	
상품	32.1	매출원가율	99.5	수출	10.0
기타	29.1	판관비율	19.0	내수	90.0
전해액 소재	23.2				

회사 개요

동사는 1999년에 설립되어 2011년에 코스닥에 상장된 기업으로, 연결실체는 기초화합물과 첨단 디스플레이 검사장비 제조 · 판매업 및 외식 및 음료서비스업, 자동차검사정비업을 주목적사업으로 하고 있음. 동사의 2016년 기준 연결대상 종속회사는 OLED 플랙시블 검사장비 제조기업인 와이즈플래닛와 외식 및 음료 서비스업을 영위하는 퍼슨앤네이쳐와 자동차 정비업을 영위하는 새한현대서비스 등 3개사임.

실적 분석

동사의 2017년 누적매출액은 240억원으로 전년대비 27.8% 감소함. 같은 기간 매출원가와 판관비는 각각 26.8%, 39.5% 줄어 영업손실은 44.3억원으로 전년보다 적자폭이 축소됨. 전방산업 경기 침체와 납품단가 인하로 인해 와이즈플래닛 매출이 크게 줄면서 실적이 악화됨. 최근 정관 변경을 통해 화장품 제조 및 판매업, 전자화폐 환전 및 중개업 등을 사업 목적으로 추가해 성장성 높은 신사업에 대한 기대감이 높아지고 있음.

현금 흐름

〈단위 : 억원〉

항목	2016	2017
영업활동	-24	-32
투자활동	44	139
재무활동	-21	-103
순현금흐름	-2	4
기말현금	3	8

시장 대비 수익률

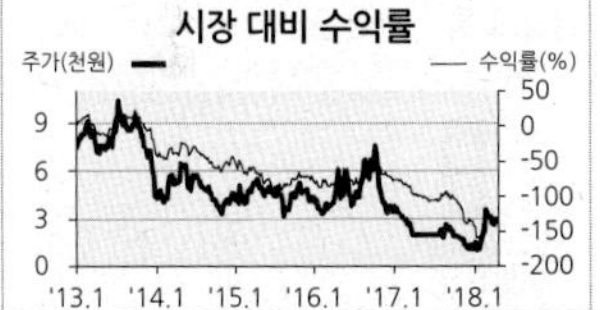

결산 실적

〈단위 : 억원〉

항목	2012	2013	2014	2015	2016	2017
매출액	519	541	546	509	333	240
영업이익	3	-19	-49	-90	-69	-44
당기순이익	-6	-19	-64	-108	-356	-96

분기 실적

〈단위 : 억원〉

항목	2016.3Q	2016.4Q	2017.1Q	2017.2Q	2017.3Q	2017.4Q
매출액	84	55	52	59	65	64
영업이익	-17	-22	-11	-11	-10	-13
당기순이익	-30	-280	-21	-26	-30	-17

재무 상태

〈단위 : 억원〉

항목	2012	2013	2014	2015	2016	2017
총자산	867	1,013	1,235	1,024	518	303
유형자산	512	647	664	558	321	210
무형자산	32	32	68	62	1	1
유가증권	9	18	—	6	2	2
총부채	424	578	799	677	403	249
총차입금	375	534	696	591	357	217
자본금	29	29	39	63	83	95
총자본	443	435	436	346	115	54
지배주주지분	443	435	434	346	115	54

기업가치 지표

항목	2012	2013	2014	2015	2016	2017
주가(최고/저)(천원)	10.2/3.6	6.5/2.7	4.0/2.0	3.4/1.9	4.6/1.8	3.8/1.1
PER(최고/저)(배)	—/—	—/—	—/—	—/—	—/—	—/—
PBR(최고/저)(배)	0.4/0.1	0.2/0.1	0.2/0.1	0.2/0.1	1.1/0.4	1.3/0.4
EV/EBITDA(배)	14.2	24.7	121.4	—	—	—
EPS(원)	-624	-2,005	-5,371	-8,445	-24,370	-5,568
BPS(원)	7,638	7,492	5,564	2,790	695	283
CFPS(원)	631	501	-49	-307	-2,005	-374
DPS(원)	—	—	—	—	—	—
EBITDAPS(원)	786	502	107	-175	-40	-75

재무 비율

〈단위 : %〉

연도	영업이익률	순이익률	부채비율	차입금비율	ROA	ROE	유보율	자기자본비율	EBITDA마진율
2017	-18.5	-39.9	일부잠식	일부잠식	-23.3	-113.2	-43.4	17.8	-5.4
2016	-20.7	-106.9	350.2	310.8	-46.1	-154.1	39.1	22.2	-1.8
2015	-17.7	-21.3	195.5	170.6	-9.6	-27.3	457.9	33.8	-4.3
2014	-9.0	-11.7	183.4	159.6	-5.7	-14.1	1,012.9	35.3	1.5

린드먼아시아 (A277070)

Lindeman Asia Investment

업　　종 : 창업투자 및 종금　　시　　장 : KOSDAQ
신용등급 : (Bond) ―　(CP) ―　　기업규모 : 중견
홈페이지 : www.laic.kr　　연 락 처 : 070)7019-4001
본　　사 : 서울시 강남구 테헤란로 234 삼익빌딩 4층

설 립 일	2006.07.05	**종업원수**	명	**대표이사**	김진하
상 장 일	2018.03.14	**감사의견**	적정(한울)	**계　　열**	
결 산 기	12월	**보 통 주**		**종속회사수**	
액 면 가	500원	**우 선 주**		**구 상 호**	

주주구성 (지분율,%)		출자관계 (지분율,%)		주요경쟁사 (외형,%)	
김진하	61.9			린드먼아시아	100
이인숙	12.2			엠벤처투자	135
(외국인)	0.7			대성창투	114

수익구성		비용구성		수출비중	
		이자비용	0.0	수출	―
		투자및금융비	35.5	내수	―
		판관비	64.5		

회사 개요

동사는 2006년 07월 '린드먼아시아창업투자'라는 사명으로 중소기업창업지원법에 따른 중소기업 창업자에 대한 투자, 창업투자조합의 결성 및 업무의 집행, 벤처기업에 대한 투자등의 사업을 영위할 목적으로 설립되었음. 2010년 3월 '린드먼아시아인베스트먼트'로 사명을 변경한 동사는 벤처캐피탈인 중소기업창업투자회사로 투자조합 및 경영참여형 사모집합투자기구(PEF)의 결성을 통하여 업무집행조합원(GP)으로서 운용 및 관리를 담당하고 있음.

실적 분석

2017년말 기준, 동사는 4개 한국벤처 투자조합 2,470억원 및 3개 경영참여형 사모펀드 4,411억원 등 총 6,881억원의 자산을 운용중임. 주요투자대상은 중소·벤처기업 중 해외진출기업 및 해외법인 또는 해외기업임. 이중 일정단계 이상 성숙하여 확장단계에 있는 기업을 대상으로 투자를 집중하며, 국·내외에서 일정 매출성장률을 가지고 확실한 사업모델을 바탕으로 수익성이 확보된 기업에 투자함.

현금 흐름 *IFRS 별도 기준 〈단위 : 억원〉

항목	2016	2017
영업활동	2	3
투자활동	9	-4
재무활동	-14	-2
순현금흐름	-3	-3
기말현금	4	0

시장 대비 수익률

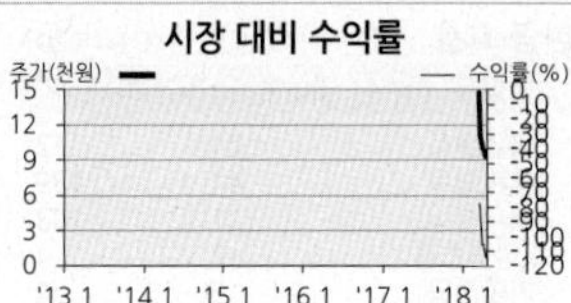

결산 실적 〈단위 : 억원〉

항목	2012	2013	2014	2015	2016	2017
영업수익	―	―	―	49	63	69
영업이익	―	―	―	27	36	29
당기순이익	―	―	―	21	28	23

분기 실적 *IFRS 별도 기준 〈단위 : 억원〉

항목	2016.3Q	2016.4Q	2017.1Q	2017.2Q	2017.3Q	2017.4Q
영업수익	―	―	―	―	―	―
영업이익	―	―	―	―	―	―
당기순이익	―	―	―	―	―	―

재무 상태 *IFRS 별도 기준 〈단위 : 억원〉

항목	2012	2013	2014	2015	2016	2017
총자산	―	―	―	130	161	179
유형자산	―	―	―	1	1	2
무형자산	―	―	―	1	1	1
유가증권	―	―	―	―	―	―
총부채	―	―	―	16	18	16
총차입금	―	―	―	―	―	―
자본금	―	―	―	50	50	50
총자본	―	―	―	114	144	163
지배주주지분	―	―	―	114	144	163

기업가치 지표 *IFRS 별도 기준

항목	2012	2013	2014	2015	2016	2017
주가(최고/저)(천원)	#VALUE!	―/―	―/―	―/―	―/―	―/―
PER(최고/저)(배)	0.0/0.0	0.0/0.0	0.0/0.0	0.0/0.0	0.0/0.0	0.0/0.0
PBR(최고/저)(배)	0.0/0.0	0.0/0.0	0.0/0.0	0.0/0.0	0.0/0.0	0.0/0.0
PSR(최고/저)(배)	0/0	0/0	0/0	0/0	0/0	0/0
EPS(원)	―	―	―	207	280	232
BPS(원)	―	―	―	11,409	14,373	1,628
CFPS(원)	―	―	―	2,084	2,825	238
DPS(원)	―	―	―	―	―	―
EBITDAPS(원)	―	―	―	2,733	3,563	295

재무 비율 〈단위 : %〉

연도	계속사업이익률	순이익률	부채비율	차입금비율	ROA	ROE	유보율	자기자본비율	총자산증가율
2017	42.6	33.5	9.9	0.0	13.6	15.1	225.7	91.0	10.8
2016	56.3	44.2	12.3	0.0	19.2	21.7	187.5	89.0	24.3
2015	54.6	42.5	13.8	0.0	0.0	0.0	128.2	87.9	0.0
2014	0.0	0.0	0.0	0.0	0.0	0.0	0.0	0.0	0.0

링네트 (A042500)

RingNet

업　　종 : IT 서비스　　시　　장 : KOSDAQ
신용등급 : (Bond) ―　(CP) ―　　기업규모 : 중견
홈페이지 : www.ringnet.co.kr　　연 락 처 : 02)6675-1500
본　　사 : 서울시 구로구 디지털로 306, 418호 (구로동, 대륭포스트타워2차 4층)

설 립 일	2000.04.01	**종업원수**	286명	**대표이사**	이주석
상 장 일	2001.12.29	**감사의견**	적정(삼덕)	**계　　열**	
결 산 기	12월	**보 통 주**		**종속회사수**	3개사
액 면 가	500원	**우 선 주**		**구 상 호**	

주주구성 (지분율,%)		출자관계 (지분율,%)		주요경쟁사 (외형,%)	
이주석	10.7	링네트플러스	100.0	링네트	100
민병숙	7.4	RINGNETVINA	100.0	DB	134
(외국인)	1.9	GuangzhouRINGNETChina	100.0	엑셈	23

매출구성		비용구성		수출비중	
네트워구축용역,네트워유지보수-일반기업	58.9	매출원가율	90.1	수출	1.8
네트워구축용역,네트워유지보수-공공	35.6	판관비율	6.4	내수	98.2
네트워구축용역,네트워유지보수-교육기관	5.5				

회사 개요

동사는 2000년에 설립되어 컴퓨터 네트워크의 설계, 통신 장비공급, 설치 및 유지보수를 포함하는 NI사업과 화상회의시스템, Storage 시스템(저장장치), IP Telephony(인터넷전화)등의 사업을 주력으로 하고 있음. 무선 LAN의 고객 환경에 최적인 제품을 제안하고 자체 솔루션을 개발 및 발굴하고 있음. 매출구성은 일반 기업 부문이 상당 부분을 차지하는 가운데 공공과 교육 기관 부문에서도 매출 발생

실적 분석

동사의 연결기준 2017년 매출액은 전년 대비 15.2% 증가한 1,485.1억원을 기록한 반면, 판관비는 인건비와 광고선전비 증가의 영향으로 전년 동기 대비 5.8% 증가함. 동기간 영업이익은 전년 대비 11.1% 증가한 52억원을 기록함. 비영업손익은 외환이익 증가에 따라 흑자전환에 성공함. 이에 따라 동사의 2017년 당기순이익은 전년 대비 43.7% 증가한 47.1억원을 기록함.

현금 흐름 〈단위 : 억원〉

항목	2016	2017
영업활동	-61	47
투자활동	-35	-3
재무활동	9	2
순현금흐름	-86	45
기말현금	110	155

시장 대비 수익률

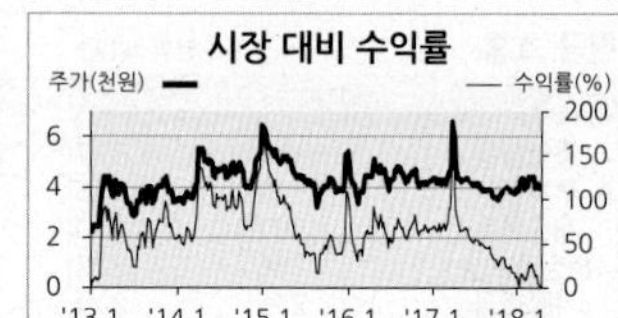

결산 실적 〈단위 : 억원〉

항목	2012	2013	2014	2015	2016	2017
매출액	788	971	1,147	1,002	1,289	1,485
영업이익	41	57	61	41	47	52
당기순이익	41	56	51	39	33	47

분기 실적 〈단위 : 억원〉

항목	2016.3Q	2016.4Q	2017.1Q	2017.2Q	2017.3Q	2017.4Q
매출액	307	411	224	384	413	464
영업이익	6	27	-2	11	26	17
당기순이익	4	15	-3	13	17	21

재무 상태 〈단위 : 억원〉

항목	2012	2013	2014	2015	2016	2017
총자산	618	684	762	797	873	853
유형자산	7	7	7	9	8	7
무형자산	3	3	5	6	5	6
유가증권	95	93	119	189	216	245
총부채	331	340	331	328	366	303
총차입금	121	45	39	5	7	19
자본금	66	66	73	73	74	75
총자본	287	344	431	468	507	549
지배주주지분	287	344	429	467	507	549

기업가치 지표

항목	2012	2013	2014	2015	2016	2017
주가(최고/저)(천원)	6.5/1.7	5.1/2.2	6.2/3.2	6.7/3.0	5.2/3.4	6.6/3.4
PER(최고/저)(배)	19.7/5.3	12.2/5.2	18.2/9.4	25.9/11.5	22.6/14.6	20.9/10.6
PBR(최고/저)(배)	2.9/0.8	1.9/0.8	2.1/1.1	2.0/0.9	1.5/1.0	1.7/0.9
EV/EBITDA(배)	1.3	4.3	9.9	8.0	5.6	3.5
EPS(원)	330	417	343	259	231	317
BPS(원)	2,285	2,715	3,038	3,295	3,523	3,872
CFPS(원)	357	445	363	280	251	335
DPS(원)	―	―	―	―	―	―
EBITDAPS(원)	354	448	446	300	340	369

재무 비율 〈단위 : %〉

연도	영업이익률	순이익률	부채비율	차입금비율	ROA	ROE	유보율	자기자본비율	EBITDA마진율
2017	3.5	3.2	55.2	3.4	5.5	8.9	674.4	64.4	3.7
2016	3.6	2.5	72.1	1.4	3.9	7.0	604.6	58.1	3.9
2015	4.1	3.9	70.1	1.0	5.1	8.4	559.1	58.8	4.4
2014	5.3	4.5	76.7	9.0	7.1	12.7	507.6	56.6	5.6

링크제니시스 (A219420)

Linkgenesis

업 종 : 일반 소프트웨어
신용등급 : (Bond) — (CP) —
홈페이지 : www.linkgenesis.co.kr
본 사 : 경기도 안양시 동안구 시민대로 401 319호(관양동, 대륭테크노타운15차)

시 장 : KOSDAQ
기업규모 : 기술성
연 락 처 : 031)422-3581

설 립 일	2003.12.12	종업원수	90명	대표이사	정성우
상 장 일	2016.07.29	감사의견	적정(대주)	계 열	
결 산 기	12월	보 통 주		종속회사수	
액 면 가	100원	우 선 주		구 상 호	

주주구성 (지분율,%)		출자관계 (지분율,%)		주요경쟁사 (외형,%)	
정성우	25.0	큐렉스	100.0	링크제니시스	100
백인혁	5.6	세이프소프트	50.0	시큐브	185
(외국인)	0.5	힐러리어스	35.0	포시에스	109

매출구성		비용구성		수출비중	
S/W 자동화 Test	48.1	매출원가율	58.4	수출	4.1
큐렉스 외	18.1	판관비율	11.7	내수	95.9
XCom	12.7				

회사 개요

2003년 설립된 소프트웨어(SW) 개발 및 공급업체임. SW 테스트 자동화 솔루션인 'MAT' 등을 개발함. 2016년 7월 코넥스 시장에 신규 상장함. 최대주주인 정성우 대표가 지분 23.03%을 보유하고 있음. 사업의 세부 내용으로는 테스트 자동화 솔루션(MAT™) 개발, 테스트 자동화 컨설팅, 임베디드 소프트웨어 R&D, 반도체, LCD, LED, Solar 생산정보 자동화 시스템 제품 개발 및 판매 등이 있음.

실적 분석

동사의 2017년 연간 매출액은 전년 대비 15.7% 증가한 117.9억원을 기록함. 매출원가는 전년대비 6.9% 감소했으며, 영업이익은 매출 확대와 원가 부담 축소의 영향으로 전년대비 112.9% 증가한 35.2억원을 기록함. 당기순이익 역시 전년 대비 54.3% 증가한 27.1억원을 기록함. 향후 인공지능 신사업과 주력 사업인 검증 자동화 기술 개발 등에 투자할 계획임.

현금 흐름 *IFRS 별도 기준 〈단위 : 억원〉

항목	2016	2017
영업활동	28	26
투자활동	-35	-37
재무활동	18	5
순현금흐름	11	-6
기말현금	25	19

시장 대비 수익률

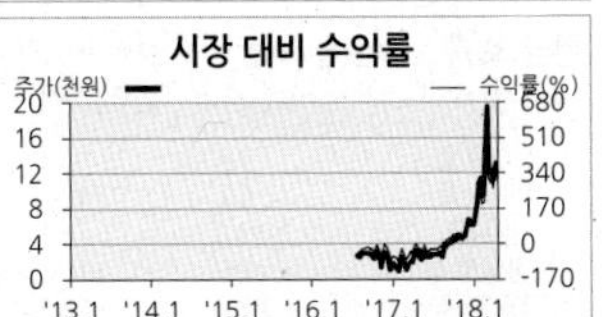

결산 실적 〈단위 : 억원〉

항목	2012	2013	2014	2015	2016	2017
매출액	—	52	61	90	102	118
영업이익	—	4	7	10	17	35
당기순이익	—	6	14	10	18	27

분기 실적 *IFRS 별도 기준 〈단위 : 억원〉

항목	2016.3Q	2016.4Q	2017.1Q	2017.2Q	2017.3Q	2017.4Q
매출액	—	—	—	—	—	—
영업이익	—	—	—	—	—	—
당기순이익	—	—	—	—	—	—

재무 상태 *IFRS 별도 기준 〈단위 : 억원〉

항목	2012	2013	2014	2015	2016	2017
총자산	—	31	82	86	121	152
유형자산	—	8	19	18	22	22
무형자산	—	0	0	0	0	0
유가증권	—	0	0	2	34	73
총부채	—	11	22	11	26	20
총차입금	—	4	14	—	9	7
자본금	—	1	2	2	2	2
총자본	—	20	60	76	95	132
지배주주지분	—	20	60	76	95	132

기업가치 지표 *IFRS 별도 기준

항목	2012	2013	2014	2015	2016	2017
주가(최고/저)(천원)	—/—	—/—	—/—	—/—	17.0/4.3	28.9/3.9
PER(최고/저)(배)	0.0/0.0	0.0/0.0	0.0/0.0	0.0/0.0	19.7/5.0	24.1/3.2
PBR(최고/저)(배)	0.0/0.0	0.0/0.0	0.0/0.0	0.0/0.0	3.1/0.8	4.2/0.6
EV/EBITDA(배)	0.0	—	—	—	4.0	13.0
EPS(원)	—	121	264	115	200	277
BPS(원)	—	101,273	222,075	261,575	5,797	7,518
CFPS(원)	—	34,060	63,651	29,303	1,007	1,348
DPS(원)	—	—	—	—	—	—
EBITDAPS(원)	—	25,844	35,383	29,567	934	1,746

재무 비율 〈단위 : %〉

연도	영업이익률	순이익률	부채비율	차입금비율	ROA	ROE	유보율	자기자본비율	EBITDA마진율
2017	29.8	23.0	14.6	5.4	19.8	23.6	7,503.5	87.3	31.2
2016	16.2	17.3	24.7	9.1	17.0	20.4	6,070.1	80.2	17.7
2015	11.4	11.3	14.3	0.0	12.1	15.0	5,131.5	87.5	13.0
2014	11.8	22.2	36.7	23.9	24.2	34.1	4,341.5	73.2	13.1

마니커 (A027740)

Maniker

업 종 : 식료품
신용등급 : (Bond) BB (CP) —
홈페이지 : www.maniker.co.kr
본 사 : 경기도 용인시 기흥구 용구대로 2219번길 3(신갈동)

시 장 : 거래소
기업규모 : 시가총액 소형주
연 락 처 : 031)281-5300

설 립 일	1985.09.27	종업원수	658명	대표이사	이창우
상 장 일	2000.11.29	감사의견	적정(광교)	계 열	
결 산 기	12월	보 통 주		종속회사수	2개사
액 면 가	500원	우 선 주		구 상 호	

주주구성 (지분율,%)		출자관계 (지분율,%)		주요경쟁사 (외형,%)	
이지바이오	22.8	에스앤마니커	55.0	마니커	100
금호영농조합법인	13.5	마니커농산	51.0	하림	341
(외국인)	1.4	삼화육종	10.0	동우팜투테이블	91

매출구성		비용구성		수출비중	
닭고기(통닭)	35.9	매출원가율	88.5	수출	0.0
닭고기(부분육)	22.2	판관비율	8.8	내수	100.0
염장육	17.8				

회사 개요

동사는 도계 및 제조 부문과 축산 부문으로 크게 나뉨. 1985년 대연식품으로 설립돼 1998년 대상마니커를 인수하면서 지금의 상호로 변경됨. 2008년 마니커 육가공 사업 전문 마니커F&G를 출범시킴. 2011년 배합사료제조업과 양돈업을 영위하는 이지바이오그룹에 매각됨. 국내 닭고기 시장은 40여개의 업체가 경쟁 상태를 이룸. 소규모 업체들도 난립함. 동사는 용인 및 동두천에 기반을 두고 있어 대량 소비처에 대한 접근성에서 우위.

실적 분석

동사의 2017년 연결기준 연간 누적 매출액은 2546.2억원으로 전년 동기 대비 10.8% 증가함. 매출이 증가하면서 매출원가와 판관비가 함께 증가했지만 매출 증가에 따른 고정비용 감소효과로 인해 영업이익은 전년 동기 대비 흑자전환하며 69.4억원을 시현함. 비영업손익 부문에서 대규모 적자를 기록하고 법인세비용 또한 늘어나면서 당기순손실은 103.3억원으javascript:goSave('C');로 전년 동기 대비 적자전환함.

현금 흐름 〈단위 : 억원〉

항목	2016	2017
영업활동	19	101
투자활동	36	-135
재무활동	-200	26
순현금흐름	-146	-7
기말현금	33	26

시장 대비 수익률

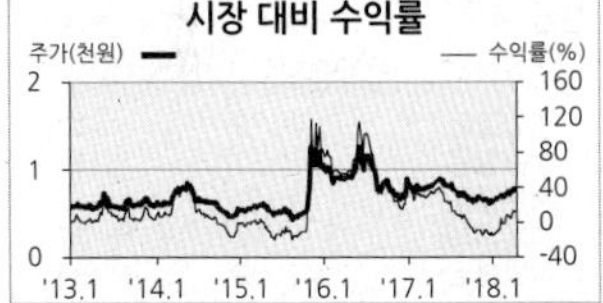

결산 실적 〈단위 : 억원〉

항목	2012	2013	2014	2015	2016	2017
매출액	3,650	3,518	3,399	2,745	2,298	2,546
영업이익	-147	-2	-90	-97	-35	69
당기순이익	-221	-25	-185	-139	11	-103

분기 실적 〈단위 : 억원〉

항목	2016.3Q	2016.4Q	2017.1Q	2017.2Q	2017.3Q	2017.4Q
매출액	600	539	558	724	652	612
영업이익	23	-0	3	51	5	11
당기순이익	13	77	-9	39	-11	-123

재무 상태 〈단위 : 억원〉

항목	2012	2013	2014	2015	2016	2017
총자산	3,019	2,913	2,261	2,228	2,120	2,517
유형자산	1,245	1,488	1,263	1,338	1,324	1,750
무형자산	22	21	12	9	103	102
유가증권	37	37	35	33	33	30
총부채	2,180	2,099	1,436	1,425	1,147	1,550
총차입금	1,611	1,508	1,127	1,110	891	1,265
자본금	360	360	360	417	584	584
총자본	839	814	825	803	973	967
지배주주지분	786	769	720	710	877	866

기업가치 지표

항목	2012	2013	2014	2015	2016	2017
주가(최고/저)(천원)	1.1/0.5	0.7/0.5	0.9/0.5	1.4/0.4	1.4/0.7	0.9/0.6
PER(최고/저)(배)	—/—	—/—	—/—	—/—	159.3/76.2	—/—
PBR(최고/저)(배)	1.1/0.5	0.7/0.5	0.9/0.5	1.7/0.5	1.8/0.9	1.2/0.8
EV/EBITDA(배)	—	21.4	—	265.8	41.5	12.4
EPS(원)	-344	-21	-236	-173	9	-93
BPS(원)	1,119	1,095	1,027	876	768	759
CFPS(원)	-229	96	-137	-40	97	-9
DPS(원)	—	—	—	—	—	—
EBITDAPS(원)	-122	116	-11	9	51	143

재무 비율 〈단위 : %〉

연도	영업이익률	순이익률	부채비율	차입금비율	ROA	ROE	유보율	자기자본비율	EBITDA마진율
2017	2.7	-4.1	160.2	130.8	-4.5	-12.5	51.8	38.4	6.6
2016	-1.5	0.5	117.9	91.6	0.5	1.0	53.7	45.9	2.1
2015	-3.5	-5.1	177.4	138.2	-6.2	-18.6	75.2	36.1	0.3
2014	-2.7	-5.4	174.1	136.6	-7.2	-24.4	105.5	36.5	-0.2

마이크로컨텍솔루션 (A098120)
Micro Contact Solution

업　　종 : 반도체 및 관련장비　　시　　장 : KOSDAQ
신용등급 : (Bond) —　(CP) —　　기업규모 : 벤처
홈페이지 : www.mcsgroup.co.kr　　연 락 처 : 041)621-4331
본　　사 : 충남 천안시 서북구 성거읍 오송2길 15-21

설 립 일	1999.12.28	**종업원수**	107명	**대표이사**	양승은
상 장 일	2008.09.23	**감사의견**	적정(신한)	**계　　열**	
결 산 기	12월	**보 통 주**		**종속회사수**	4개사
액 면 가	500원	**우 선 주**		**구　　상　호**	

주주구성 (지분율,%)		출자관계 (지분율,%)	주요경쟁사 (외형,%)	
양승은	18.1		마이크로컨텍솔	100
KYOUEI CO.,LTD.	10.6		매커스	323
(외국인)	12.7		엑시콘	249

매출구성		비용구성		수출비중	
[제품]Burn-in Socket,Module Socket,SSD 등	90.2	매출원가율	91.8	수출	14.9
[상품]IC Socket외	9.8	판관비율	14.8	내수	85.1

회사 개요

동사는 1999년에 설립되어 2008년에 코스닥 시장에 상장된 제조기업으로, 반도체 검사용 소모품인 IC소켓을 위주로 각종 반도체 및 통신기기 접촉부품을 제조하는 단일 사업부문을 영위하고 있음. 연결대상 종속법인으로는 중국 소재의 반도체 검사용 커넥터 부품 수리업체인 Suzhou Micro Contact Solution과 국내 소재의 전기회로장치 제조업인 비티케이, 반도체 부품기업 에이케이이노텍, 일본 소재의 Shotoku Kohsan가 있음.

실적 분석

동사의 2017년 연간 매출액은 전년동기대비 0.8% 소폭 변동한 270.1억원을 기록하였음. 비용면에서 전년동기대비 매출원가는 증가 했으며 인건비도 증가, 기타판매비와관리비는 증가함. 주춤한 모습의 매출액에 의해 전년동기대비 영업손실은 17.9억원으로 적자지속 하였음. 최종적으로 전년동기대비 당기순손실은 적자지속하여 38.6억원을 기록함. 꾸준한 관찰 필요할 듯.

현금 흐름 〈단위 : 억원〉

항목	2016	2017
영업활동	-2	17
투자활동	2	-16
재무활동	-10	-2
순현금흐름	-10	-1
기말현금	39	38

시장 대비 수익률

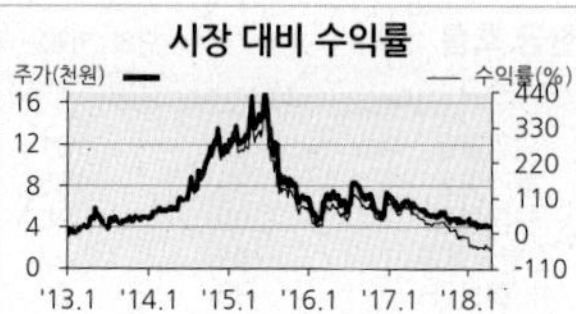

결산 실적 〈단위 : 억원〉

항목	2012	2013	2014	2015	2016	2017
매출액	281	312	457	358	272	270
영업이익	58	59	104	41	-6	-18
당기순이익	54	54	83	33	-2	-39

분기 실적 〈단위 : 억원〉

항목	2016.3Q	2016.4Q	2017.1Q	2017.2Q	2017.3Q	2017.4Q
매출액	71	70	53	81	65	72
영업이익	1	-9	-10	10	-9	-10
당기순이익	-4	-3	-14	-0	-8	-16

재무 상태 〈단위 : 억원〉

항목	2012	2013	2014	2015	2016	2017
총자산	313	381	487	481	447	413
유형자산	104	126	135	140	142	141
무형자산	6	23	24	24	23	20
유가증권	1	4	8	8	12	5
총부채	41	60	89	60	37	44
총차입금	2	16	13	11	7	6
자본금	42	42	42	42	42	42
총자본	272	321	397	421	410	369
지배주주지분	272	319	394	414	406	367

기업가치 지표

항목	2012	2013	2014	2015	2016	2017
주가(최고/저)(천원)	4.5/2.7	5.9/3.1	14.5/4.8	18.7/6.2	9.0/4.5	7.2/4.3
PER(최고/저)(배)	7.5/4.6	9.5/5.1	14.9/5.0	45.4/15.0	—/—	—/—
PBR(최고/저)(배)	1.5/0.9	1.6/0.9	3.2/1.1	3.8/1.3	1.9/0.9	1.6/1.0
EV/EBITDA(배)	2.9	5.1	7.9	8.6	81.2	—
EPS(원)	644	653	1,008	421	-20	-430
BPS(원)	3,276	3,840	4,735	4,984	4,885	4,414
CFPS(원)	708	733	1,123	555	125	-267
DPS(원)	85	100	160	80	20	—
EBITDAPS(원)	756	795	1,372	623	68	-52

재무 비율 〈단위 : %〉

연도	영업이익률	순이익률	부채비율	차입금비율	ROA	ROE	유보율	자기자본비율	EBITDA마진율
2017	-6.6	-14.3	11.8	1.5	-9.0	-9.2	782.8	89.5	-1.6
2016	-2.4	-0.9	9.1	1.6	-0.5	-0.4	877.0	91.7	2.1
2015	11.3	9.3	14.2	2.5	6.9	8.7	896.8	87.6	14.5
2014	22.8	18.2	22.5	3.4	19.1	23.5	847.0	81.7	24.9

마이크로프랜드 (A147760)
Micro Friend

업　　종 : 반도체 및 관련장비　　시　　장 : KOSDAQ
신용등급 : (Bond) —　(CP) —　　기업규모 : 벤처
홈페이지 : www.microfriend.co.kr　　연 락 처 : 02)944-6400
본　　사 : 서울시 노원구 공릉로 232, 10층(공릉동, 서울테크노파크)

설 립 일	2004.05.12	**종업원수**	179명	**대표이사**	조병호
상 장 일	2016.12.12	**감사의견**	적정(한울)	**계　　열**	
결 산 기	12월	**보 통 주**		**종속회사수**	
액 면 가	500원	**우 선 주**		**구　　상　호**	

주주구성 (지분율,%)		출자관계 (지분율,%)	주요경쟁사 (외형,%)	
임동준	6.5		마이크로프랜드	100
조병호	6.3		테크윙	444
(외국인)	6.0		이엔에프테크놀로지	771

매출구성		비용구성		수출비중	
반도체 검사용 프로브 카드	99.5	매출원가율	75.6	수출	6.2
기타	0.5	판관비율	11.8	내수	93.8

회사 개요

2004년 5월 설립한 동사는 반도체 검사관련 마이크로시스템 기술을 연구하고 개발 및 제조하는 사업을 영위하고 있음. 메모리반도체 웨이퍼테스트에 필요한 프로브 카드 제작업체. 서버용 SSD 등은 물론 4차산업혁명이 진행되면서 낸드플래시 시장은 크게 성장할 전망. 최근 동사의 주력 고객사의 낸드 생산량이 증가하고 있으며 신규 고객 확보 등으로 인해 향후 성장 가능성이 높아. 낸드 시장 확대에 따른 수혜 예상됨.

실적 분석

2017년도 동사의 결산 연결기준 매출은 삼성전자 제품 납품 증가로 전년대비 12.1% 증가하여 502억원을 시현하였고, 영업이익은 63억원으로 전년대비 16.5% 증가함. 또한 당기순이익은 55억원을 실현함. 신공장 준공에 이어 2018년 1분기 본격 양산으로 생산량이 70% 이상 증가할 것으로 기대됨. 최근 공장 건축 및 신규 시설 투자에 160억원을 투자하기로 공시함. 자기자본대비 37.9%에 해당하는 규모임.

현금 흐름 *IFRS 별도 기준 〈단위 : 억원〉

항목	2016	2017
영업활동	76	8
투자활동	17	-107
재무활동	131	-4
순현금흐름	225	-104
기말현금	271	167

시장 대비 수익률

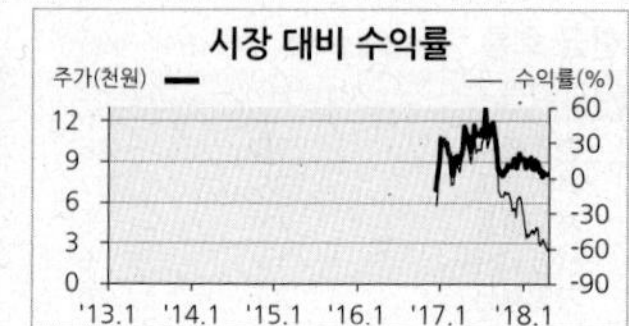

결산 실적 〈단위 : 억원〉

항목	2012	2013	2014	2015	2016	2017
매출액	138	497	534	366	448	502
영업이익	-97	53	76	25	54	63
당기순이익	-97	10	49	23	47	55

분기 실적 *IFRS 별도 기준 〈단위 : 억원〉

항목	2016.3Q	2016.4Q	2017.1Q	2017.2Q	2017.3Q	2017.4Q
매출액	156	86	95	154	155	98
영업이익	36	-4	10	33	31	-10
당기순이익	29	-2	9	27	25	-6

재무 상태 *IFRS 별도 기준 〈단위 : 억원〉

항목	2012	2013	2014	2015	2016	2017
총자산	218	270	328	353	552	561
유형자산	60	48	65	65	63	146
무형자산	5	5	6	26	26	23
유가증권	—	—	—	—	—	—
총부채	156	416	124	124	131	81
총차입금	83	352	48	45	33	21
자본금	41	21	42	42	53	54
총자본	62	-146	204	229	422	480
지배주주지분	62	-146	204	229	422	480

기업가치 지표 *IFRS 별도 기준

항목	2012	2013	2014	2015	2016	2017
주가(최고/저)(천원)	—/—	—/—	—/—	—/—	9.2/6.0	12.9/8.0
PER(최고/저)(배)	0.0/0.0	0.0/0.0	0.0/0.0	0.0/0.0	17.1/11.1	25.1/15.6
PBR(최고/저)(배)	0.0/0.0	0.0/0.0	0.0/0.0	0.0/0.0	2.3/1.5	2.9/1.8
EV/EBITDA(배)	—	3.8	—	—	9.4	9.2
EPS(원)	-1,178	124	588	268	535	514
BPS(원)	755	-1,764	2,413	2,705	3,963	4,440
CFPS(원)	-857	441	819	556	814	791
DPS(원)	—	—	—	—	—	—
EBITDAPS(원)	-851	957	1,145	584	901	865

재무 비율 〈단위 : %〉

연도	영업이익률	순이익률	부채비율	차입금비율	ROA	ROE	유보율	자기자본비율	EBITDA마진율
2017	12.6	11.0	16.8	4.5	9.9	12.2	788.0	85.6	18.5
2016	12.1	10.4	31.0	7.8	10.3	14.3	692.6	76.3	17.5
2015	6.8	6.2	54.3	19.7	6.7	10.5	440.9	64.8	13.5
2014	14.2	9.1	60.6	23.7	16.3	전기잠식	382.7	62.3	17.8

마제스타 (A035480)

Majestar

업 종 : 호텔 및 레저 / 시 장 : KOSDAQ
신용등급 : (Bond) — (CP) — / 기업규모 :
홈페이지 : www.majestar.asia / 연 락 처 : 064)730-1100
본 사 : 제주도 서귀포시 중문관광로72번길 75

설 립 일	1998.04.15	**종 업 원 수**	112명	**대 표 이 사**	윤덕태
상 장 일	1999.11.06	**감 사 의 견**	적정(참)	**계 열**	
결 산 기	12월	**보 통 주**		**종속회사수**	
액 면 가	500원	**우 선 주**		**구 상 호**	제이비어뮤즈먼트

주주구성 (지분율,%)		출자관계 (지분율,%)		주요경쟁사 (외형,%)	
NHT컨소시엄	25.1	[illegible]	100.0	마제스타	100
서준성	4.0	갤럭시인베스트먼트	49.5	강원랜드	19,769
(외국인)	0.2	마제스타투어	15.0	호텔신라	49,426

매출구성		비용구성		수출비중	
카지노	99.0	매출원가율	154.5	수출	—
디지탈방송장비	1.0	판관비율	101.4	내수	—

회사 개요

동사는 1998년에 설립되어 1999년 11월에 코스닥시장에 상장되었음. 카지노업을 중심으로 디지털방송장비 제조 및 판매업을 영위했으나 2016년 5월에 카지노사업에 주력하기 위해 STB사업을 중단함. 제주 지역 카지노 중 가장 큰 영업장 면적(약 873평)을 자랑하며, 3개 층으로 외국인 전용 카지노를 운영중.동남아 VIP에 대한 마케팅 및 현재 국내 거주하고 있는 중국인들에게 지속적인 마케팅 전략을 활용하고 있음.

실적 분석

동사는 공시를 수 차례 번복해 불성실공시법인으로 지정됨. 2016년 10월 18일부터 2018년 1월 25일까지 제3자배정 유상증자 결정을 2건, 전환사채권 발행결정을 5건 철회하였음. 벌점 9점과 공시위반 제재금 3600만원이 부과됨. 또한 사업보고서 법정제출기한 내 사업보고서 제출하지 아니함. 법정제출기한의 다음날부터 10일이내(2018.04.12한)에 사업보고서를 제출하지 아니하는 경우 상장폐지절차가 진행될 예정.

현금 흐름 *IFRS 별도 기준

〈단위 : 억원〉

항목	2016	2017
영업활동	-71	-147
투자활동	-415	-108
재무활동	464	178
순현금흐름	-22	-77
기말현금	80	3

시장 대비 수익률

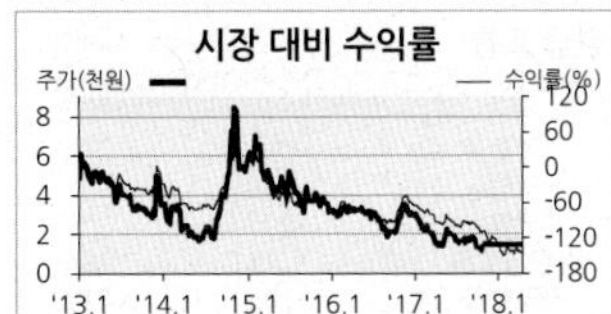

결산 실적

〈단위 : 억원〉

항목	2012	2013	2014	2015	2016	2017
매출액	454	477	461	352	244	81
영업이익	-75	-66	84	23	-189	-127
당기순이익	-98	-224	17	-32	-223	-201

분기 실적 *IFRS 별도 기준

〈단위 : 억원〉

항목	2016.3Q	2016.4Q	2017.1Q	2017.2Q	2017.3Q	2017.4Q
매출액	65	45	66	5	24	-14
영업이익	-38	-52	-42	-59	-25	-0
당기순이익	-41	-70	-56	-104	-4	-35

재무 상태 *IFRS 별도 기준

〈단위 : 억원〉

항목	2012	2013	2014	2015	2016	2017
총자산	817	407	543	533	790	652
유형자산	10	12	46	55	37	37
무형자산	5	3	176	181	168	167
유가증권	5	10	10	1	226	6
총부채	582	332	192	114	232	275
총차입금	458	249	84	3	103	114
자본금	72	97	129	155	227	228
총자본	235	75	351	419	558	377
지배주주지분	235	75	351	419	558	377

기업가치 지표 *IFRS 별도 기준

항목	2012	2013	2014	2015	2016	2017
주가(최고/저)(천원)	8.0/1.1	6.1/2.7	8.5/1.6	7.0/3.0	3.7/1.8	3.1/1.1
PER(최고/저)(배)	—/—	—/—	107.6/20.5	—/—	—/—	—/—
PBR(최고/저)(배)	4.9/0.7	15.8/6.9	6.3/1.2	5.2/2.2	3.0/1.5	3.7/1.3
EV/EBITDA(배)	—	—	14.0	22.6	—	—
EPS(원)	-539	-1,627	79	-108	-689	-439
BPS(원)	1,636	386	1,362	1,351	1,229	829
CFPS(원)	-498	-1,596	161	-55	-618	-411
DPS(원)	—	—	—	—	—	—
EBITDAPS(원)	-374	-535	478	133	-513	-250

재무 비율

〈단위 : %〉

연도	영업이익률	순이익률	부채비율	차입금비율	ROA	ROE	유보율	자기자본비율	EBITDA마진율
2017	-155.9	-247.4	71.5	29.6	-27.7	-42.7	65.7	58.3	-140.2
2016	-77.3	-91.1	41.5	18.4	-33.7	-45.6	145.8	70.7	-67.9
2015	6.6	-9.0	27.2	0.8	-5.9	-8.2	170.2	78.6	11.0
2014	18.2	3.6	54.5	23.9	2.7	6.5	172.4	64.7	21.9

마크로젠 (A038290)

Macrogen

업 종 : 바이오 / 시 장 : KOSDAQ
신용등급 : (Bond) — (CP) — / 기업규모 : 우량
홈페이지 : www.macrogen.co.kr / 연 락 처 : 02)2113-7000
본 사 : 서울시 금천구 벚꽃로 254, 10층 (가산동, 월드메르디앙벤처센터)

설 립 일	1997.06.05	**종 업 원 수**	356명	**대 표 이 사**	정현용
상 장 일	2000.02.22	**감 사 의 견**	적정(삼일)	**계 열**	
결 산 기	12월	**보 통 주**		**종속회사수**	2개사
액 면 가	500원	**우 선 주**		**구 상 호**	

ㅁ

주주구성 (지분율,%)		출자관계 (지분율,%)		주요경쟁사 (외형,%)	
서정선	8.6	미젠스토리	50.0	마크로젠	100
엔에이치아주아이비중소중견그로쓰2013사모투자전문회사	4.8	쓰리빌리언	19.5	테고사이언스	8
(외국인)	3.8	헬스브리즈	18.3	파미셀	25

매출구성		비용구성		수출비중	
DNA Sequencing 등	88.4	매출원가율	66.9	수출	67.2
Oligo / PCR	5.8	판관비율	30.1	내수	32.8
Microarray 등	3.6				

회사 개요

동사는 1997년 유전자 이식과 유전자 적중동물 개발과 판매를 주요 사업목적으로 설립되어 2000년 코스닥시장에 상장함. DNA 염기서열 분석 서비스, DNA chip 개발 및 판매, 유전자 이식 및 적중 마우스 공급 서비스, 유전자합성, 올리고 DNA 제작 분야를 대상으로 사업을 영위하고 있음. 바이오에서 유전자 분석 전문업체로 사업 범위를 확장하고 있으며, 엠지메드, MCL 등을 포함하여 6개의 계열회사를 두고 있음.

실적 분석

동사의 2017년 누적매출액은 1,017.9억원으로 전년대비 11.7% 증가함. 비용측면에서 매출원가와 판관비가 각각 11.2%, 14.7% 상승하면서 영업이익은 전년보다 3.9% 줄어든 30.2억원을 기록함. 동사는 전 세계 5위 수준의 유전자 분석 capacity 및 장비를 보유하고 있으며 국내 시장점유율만 60%를 확보하고 있음. 미국에서 2013년 CLIA 인증을 획득, 진단서비스와 유전자 분석 서비스의 미주 법인 성장세가 기대됨.

현금 흐름

〈단위 : 억원〉

항목	2016	2017
영업활동	190	103
투자활동	-127	48
재무활동	128	16
순현금흐름	192	166
기말현금	271	436

시장 대비 수익률

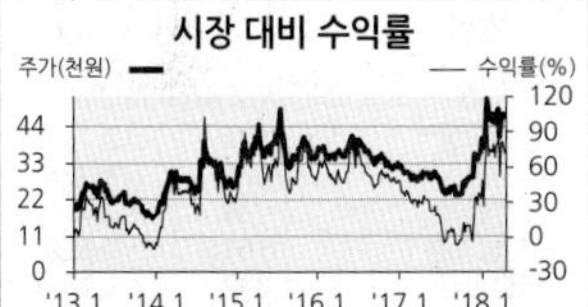

결산 실적

〈단위 : 억원〉

항목	2012	2013	2014	2015	2016	2017
매출액	441	481	541	795	911	1,018
영업이익	52	36	26	42	31	30
당기순이익	34	65	30	101	44	93

분기 실적

〈단위 : 억원〉

항목	2016.3Q	2016.4Q	2017.1Q	2017.2Q	2017.3Q	2017.4Q
매출액	205	263	242	237	242	297
영업이익	3	8	10	-1	2	19
당기순이익	-35	44	-31	13	-6	117

재무 상태

〈단위 : 억원〉

항목	2012	2013	2014	2015	2016	2017
총자산	821	877	1,162	1,343	1,595	1,787
유형자산	270	241	393	389	433	405
무형자산	0	1	2	6	5	7
유가증권	280	272	1	8	14	7
총부채	304	277	490	569	757	835
총차입금	136	131	295	307	422	436
자본금	28	29	29	45	45	47
총자본	517	600	671	775	839	952
지배주주지분	514	598	668	761	826	943

기업가치 지표

항목	2012	2013	2014	2015	2016	2017
주가(최고/저)(천원)	28.0/12.9	28.7/16.0	39.7/17.4	49.4/26.4	41.1/30.7	40.4/22.3
PER(최고/저)(배)	68.0/31.2	38.4/21.4	117.3/51.4	43.1/23.1	85.2/63.6	39.7/21.9
PBR(최고/저)(배)	4.6/2.1	4.2/2.3	5.2/2.3	5.5/3.0	4.3/3.2	3.6/2.0
EV/EBITDA(배)	14.3	13.9	21.3	22.3	19.5	19.7
EPS(원)	412	746	339	1,145	482	1,017
BPS(원)	9,045	10,281	11,448	8,915	9,577	11,088
CFPS(원)	1,492	2,035	1,750	2,169	1,740	2,338
DPS(원)	—	—	—	—	—	—
EBITDAPS(원)	1,798	1,538	1,684	1,493	1,611	1,643

재무 비율

〈단위 : %〉

연도	영업이익률	순이익률	부채비율	차입금비율	ROA	ROE	유보율	자기자본비율	EBITDA마진율
2017	3.0	9.1	87.8	45.8	5.5	10.8	2,117.6	53.3	15.1
2016	3.5	4.9	90.2	50.4	3.0	5.4	1,815.5	52.6	15.8
2015	5.2	12.7	73.4	39.6	8.1	14.2	1,683.1	57.7	16.7
2014	4.8	5.6	73.1	43.9	3.0	4.7	2,189.6	57.8	18.3

만도 (A204320)

Mando

업종	자동차부품	시장	거래소
신용등급	(Bond) AA- (CP) —	기업규모	시가총액 대형주
홈페이지	www.mando.com	연락처	031)680-6114
본사	경기도 평택시 포승읍 하만호길 32		

설립일	2014.09.02	**종업원수**	4,311명	**대표이사**	정몽원,송범석
상장일	2014.10.06	**감사의견**	적정(삼일)	**계열**	
결산기	12월	**보통주**		**종속회사수**	18개사
액면가	5,000원	**우선주**		**구상호**	

주주구성 (지분율,%)		출자관계 (지분율,%)		주요경쟁사 (외형,%)	
한라홀딩스	30.3	만도차이나홀딩스	100.0	만도	100
국민연금공단	11.3	만도브로제주식회사	50.0	현대모비스	618
(외국인)	38.2	한라에스브이사모투자전문회사	50.0	한온시스템	98

매출구성		비용구성		수출비중	
[자동차 부품 및 기타]한국	54.3	매출원가율	88.2	수출	—
[자동차 부품 및 기타]중국	30.2	판관비율	10.4	내수	—
[자동차 부품 및 기타]미국	19.3				

회사 개요

동사는 2014년 한라홀딩스의 제조업 부문이 인적분할되면서 설립됨. 자동차 제동장치, 조향장치, 현가장치 등을 생산하는 자동차 샤시 부품 전문 제조회사임. 현대차 부품업체와 함께 세계적인 부품 회사로 커나가고 있음. 2014년 미국 Automotive News 기준으로 동사는 45위를 기록함. 주요 매출처는 현대차, 기아차 및 현대모비스, 현대위아임. 현대차그룹이 전체 매출액의 약 60%를 차지함. GM은 약 20%의 비중임.

실적 분석

동사는 지난해 매출액 5조 6,847억원, 영업이익 835억원, 당기순이익 182억원을 각각 기록. 자동차부품의 매출유형은 OEM용, 보수용, 수출용 세가지로 대별되며, 수출부문이 큰 폭으로 성장하고 있으나 대수기준으로 수출비중이 70%에 가까운 국내 OEM에 비해 자동차부품 산업은 내수의존적 모습을 보이고 있음. M&A, J/V, T/A 등을 통한 자동차부품 다각화 및 자동차부품 내에서의 신규사업(DAS, Motor 등)을 추진하고 있음.

현금 흐름 <단위 : 억원>

항목	2016	2017
영업활동	3,502	2,769
투자활동	-3,662	-3,774
재무활동	39	410
순현금흐름	-151	-659
기말현금	1,847	1,188

시장 대비 수익률

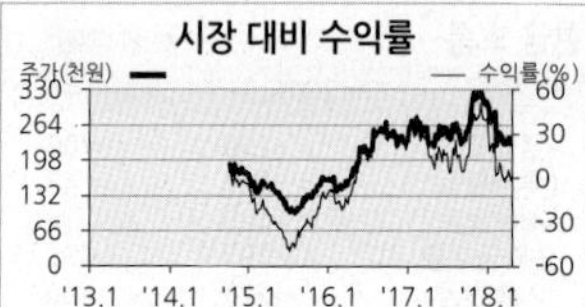

결산 실적 <단위 : 억원>

항목	2012	2013	2014	2015	2016	2017
매출액	—	—	17,214	52,992	58,664	56,847
영업이익	—	—	793	2,656	3,050	835
당기순이익	—	—	479	1,296	2,101	183

분기 실적 <단위 : 억원>

항목	2016.3Q	2016.4Q	2017.1Q	2017.2Q	2017.3Q	2017.4Q
매출액	13,568	17,032	14,304	13,933	13,509	15,101
영업이익	749	1,094	604	553	-956	635
당기순이익	450	785	352	360	-916	386

재무 상태 <단위 : 억원>

항목	2012	2013	2014	2015	2016	2017
총자산	—	—	38,465	41,598	44,644	44,510
유형자산	—	—	17,104	17,842	19,004	19,053
무형자산	—	—	1,276	1,571	1,966	2,227
유가증권	—	—	307	266	254	248
총부채	—	—	27,483	27,941	29,493	30,388
총차입금	—	—	13,171	12,493	12,984	13,399
자본금	—	—	470	470	470	470
총자본	—	—	10,981	13,658	15,151	14,123
지배주주지분	—	—	10,578	13,219	14,647	13,517

기업가치 지표

항목	2012	2013	2014	2015	2016	2017
주가(최고/저)(천원)	—/—	—/168.0	191/168	173/96.8	280/139	338/220
PER(최고/저)(배)	0.0/0.0	0.0/0.0	40.2/35.4	13.6/7.6	13.5/6.7	666.7/434.0
PBR(최고/저)(배)	0.0/0.0	0.0/0.0	1.8/1.6	1.3/0.7	1.8/0.9	2.4/1.5
EV/EBITDA(배)	0.0	0.0	18.4	5.3	6.3	12.6
EPS(원)	—	—	5,061	13,395	21,243	509
BPS(원)	—	—	113,193	141,318	156,515	144,489
CFPS(원)	—	—	12,713	37,321	45,584	26,600
DPS(원)	—	—	2,000	4,800	5,000	1,000
EBITDAPS(원)	—	—	16,091	52,212	56,818	34,985

재무 비율 <단위 : %>

연도	영업이익률	순이익률	부채비율	차입금비율	ROA	ROE	유보율	자기자본비율	EBITDA마진율
2017	1.5	0.3	215.2	94.9	0.4	0.3	2,789.8	31.7	5.8
2016	5.2	3.6	194.7	85.7	4.9	14.3	3,030.3	33.9	9.1
2015	5.0	2.5	204.6	91.5	3.2	10.6	2,726.4	32.8	9.3
2014	4.6	2.8	250.3	119.9	0.0	0.0	2,163.9	28.6	8.8

만호제강 (A001080)

Manho Rope & Wire

업종	금속 및 광물	시장	거래소
신용등급	(Bond) — (CP) —	기업규모	시가총액 소형주
홈페이지	www.manhorope.com	연락처	051)601-0351
본사	부산시 강서구 녹산화전로 71(송정동)		

설립일	1953.09.04	**종업원수**	190명	**대표이사**	김상환
상장일	1977.06.18	**감사의견**	적정(신한)	**계열**	
결산기	06월	**보통주**		**종속회사수**	
액면가	1,000원	**우선주**		**구상호**	

주주구성 (지분율,%)		출자관계 (지분율,%)		주요경쟁사 (외형,%)	
하나유비에스자산운용	13.3	동대금속	100.0	만호제강	100
만호제강우리사주조합	7.1			황금에스티	105
(외국인)	2.6			GMR 머티리얼즈	54

매출구성		비용구성		수출비중	
와이어로프,경강선,PC강선,스프링와샤 등	83.6	매출원가율	89.4	수출	—
섬유로프	15.5	판관비율	8.1	내수	—
기타	0.9				

회사 개요

동사는 와이어로프, 섬유로프를 생산하는 철강선 제조업체로, 동아제강이 전신이었으며 1984년 부국제강을 흡수하며 현재에 이름. 주요 품목으로는 와이어로프, 경강선, PC강선, 섬유로프 등이 있음. 와이어로프 및 섬유로프는 수산, 조선, 건설업종에서 주로 사용되고, PC강선, 하이본 등은 건설 및 사회간접자본시설 확충에 사용되고 있으며, 경강선, 스텐레스강선 등은 자동차산업, 전자산업 등에서 다양하게 사용됨.

실적 분석

동사의 연결기준 2017년 매출과 영업이익은 1,057억원, 22억원으로 전년 동기 대비 각각 2%, 92.5% 증가함. 당기순이익은 14억원으로 전년 동기 대비 51.3% 증가함. 국내 시장점유율은 철강제품 약 25%, 섬유제품 약 28% 수준임. 동사는 국내외 경기불황에 따른 자구책으로 수출의 경우 제품의 우수성을 바탕으로 수출시장 다변화에 주력하고 있음. 국내시장은 기존거래선에 대한 영업력을 강화하고, 부실채권 방지에 주력하고 있음.

현금 흐름 <단위 : 억원>

항목	2017	2018.2Q
영업활동	51	74
투자활동	170	20
재무활동	-207	-8
순현금흐름	14	84
기말현금	45	129

시장 대비 수익률

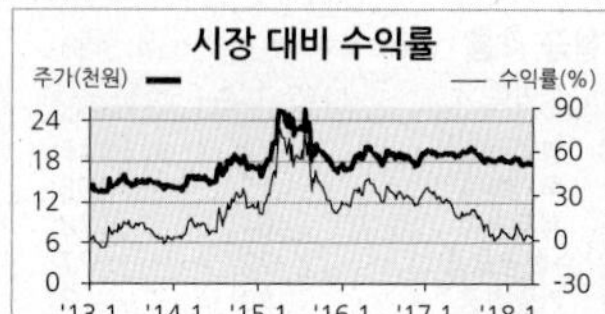

결산 실적 <단위 : 억원>

항목	2013	2014	2015	2016	2017	2018
매출액	2,455	2,557	2,321	2,149	2,142	—
영업이익	35	41	68	54	29	—
당기순이익	52	53	71	40	42	—

분기 실적 <단위 : 억원>

항목	2017.1Q	2017.2Q	2017.3Q	2017.4Q	2018.1Q	2018.2Q
매출액	508	528	551	555	524	533
영업이익	8	3	6	11	20	3
당기순이익	9	1	2	30	18	-4

재무 상태 <단위 : 억원>

항목	2013	2014	2015	2016	2017	2018.2Q
총자산	2,694	2,637	2,723	2,700	2,494	2,521
유형자산	835	776	718	663	627	625
무형자산	11	11	10	10	10	10
유가증권	404	45	69	67	44	38
총부채	569	459	479	437	206	224
총차입금	300	253	237	209	7	4
자본금	42	42	42	42	42	42
총자본	2,125	2,178	2,244	2,264	2,288	2,297
지배주주지분	2,125	2,178	2,244	2,264	2,288	2,297

기업가치 지표

항목	2013	2014	2015	2016	2017	2018.2Q
주가(최고/저)(천원)	16.0/13.3	15.9/13.6	25.8/15.0	25.6/16.1	20.1/17.3	—/—
PER(최고/저)(배)	13.3/11.0	12.9/11.1	15.5/9.0	26.9/17.0	20.1/17.3	—/—
PBR(최고/저)(배)	0.3/0.3	0.3/0.3	0.5/0.3	0.4/0.3	0.3/0.3	0.3/0.3
EV/EBITDA(배)	4.2	3.8	3.4	1.0	1.5	—/—
EPS(원)	1,259	1,271	1,703	967	1,007	347
BPS(원)	54,919	56,224	59,244	59,156	60,015	59,966
CFPS(원)	3,086	3,035	3,422	2,625	2,591	1,084
DPS(원)	150	150	150	150	150	—
EBITDAPS(원)	2,677	2,744	3,365	2,952	2,280	1,274

재무 비율 <단위 : %>

연도	영업이익률	순이익률	부채비율	차입금비율	ROA	ROE	유보율	자기자본비율	EBITDA마진율
2017	1.4	2.0	9.0	0.3	1.6	1.8	5,901.5	91.7	4.4
2016	2.5	1.9	19.3	9.3	1.5	1.8	5,815.6	83.8	5.7
2015	2.9	3.0	21.3	10.6	2.6	3.2	5,824.4	82.4	6.0
2014	1.6	2.1	21.1	11.6	2.0	2.5	5,522.4	82.6	4.5

매일유업 (A267980)

Maeil Dairies

업 종 : 식료품 / 시 장 : KOSDAQ
신용등급 : (Bond) — (CP) A2+ / 기업규모 : 중견
홈페이지 : www.maeil.com / 연 락 처 : 02)2117-2113
본 사 : 서울시 종로구 종로1길 50

설 립 일	2017.05.01	**종업원수**	2,003명	**대표이사**	김선희
상 장 일	2017.06.05	**감사의견**	적정(삼일)	**계 열**	
결 산 기	12월	**보 통 주**		**종속회사수**	
액 면 가	500원	**우 선 주**		**구 상 호**	

주주구성 (지분율,%)		출자관계 (지분율,%)		주요경쟁사 (외형,%)	
매일홀딩스	32.0			매일유업	100
진암복지법인	9.3			빙그레	97
(외국인)	10.4			남양유업	132

매출구성		비용구성		수출비중	
		매출원가율	68.4	수출	3.4
		판관비율	25.8	내수	96.6

회사 개요

동사는 2017년 5월1일(분할기준일)자로 존속회사인 매일홀딩스 주식회사와 신설회사 매일유업 주식회사로 분할돼 2017년 5월1일 설립됨. 동사는 낙농품을 비롯해 음료 제조판매수출입 등을 주요 사업으로 영위하고 있으며 2017년 06월 05일자로 코스닥시장에 재상장 됨. 동사의 영업부문은 생산하는 제품의 형태에 따라 유가공부문, 기타부문으로 분류함.

실적 분석

동사의 2017년 연간 매출액은 8,811.8억원을 기록함. 매출원가와 판관비 부담이 커졌지만 영업이익은 511.5억원으로 비교적 양호. 비영업 부문에서 금융과 외환 등 막대한 손실이 발생했으며 법인세 비용 부담도 있어 당기순이익은 347.5억원을 시현함. 국내 1, 2위를 다투는 우유 업체로 국내 우유 시장 규모가 점점 감소하고 있어 다양한 사업 다각화가 요구되는 시점.

현금 흐름

<단위 : 억원>

항목	2016	2017
영업활동	—	975
투자활동	—	-575
재무활동	—	-486
순현금흐름	—	-93
기말현금	—	368

시장 대비 수익률

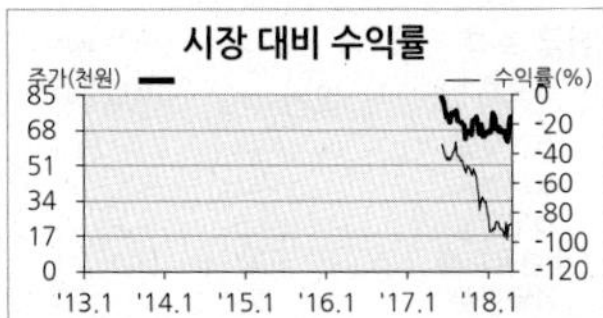

결산 실적

<단위 : 억원>

항목	2012	2013	2014	2015	2016	2017
매출액	—	—	—	—	—	8,812
영업이익	—	—	—	—	—	512
당기순이익	—	—	—	—	—	347

분기 실적

<단위 : 억원>

항목	2016.3Q	2016.4Q	2017.1Q	2017.2Q	2017.3Q	2017.4Q
매출액	—	—	—	—	—	8,812
영업이익	—	—	—	—	—	512
당기순이익	—	—	—	—	—	347

재무 상태

<단위 : 억원>

항목	2012	2013	2014	2015	2016	2017
총자산	—	—	—	—	—	5,910
유형자산	—	—	—	—	—	2,199
무형자산	—	—	—	—	—	81
유가증권	—	—	—	—	—	121
총부채	—	—	—	—	—	3,035
총차입금	—	—	—	—	—	1,036
자본금	—	—	—	—	—	38
총자본	—	—	—	—	—	2,875
지배주주지분	—	—	—	—	—	2,875

기업가치 지표

항목	2012	2013	2014	2015	2016	2017
주가(최고/저)(천원)	#VALUE!	—/—	—/—	—/—	—/—	—/—
PER(최고/저)(배)	0.0/0.0	0.0/0.0	0.0/0.0	0.0/0.0	0.0/0.0	18.1/13.4
PBR(최고/저)(배)	0.0/0.0	0.0/0.0	0.0/0.0	0.0/0.0	0.0/0.0	2.3/1.7
EV/EBITDA(배)	0.0	0.0	0.0	0.0	0.0	8.3
EPS(원)	—	—	—	—	—	4,710
BPS(원)	—	—	—	—	—	37,820
CFPS(원)	—	—	—	—	—	6,877
DPS(원)	—	—	—	—	—	450
EBITDAPS(원)	—	—	—	—	—	9,100

재무 비율

<단위 : %>

연도	영업이익률	순이익률	부채비율	차입금비율	ROA	ROE	유보율	자기자본비율	EBITDA마진율
2017	5.8	3.9	105.6	36.1	0.0	0.0	7,464.0	48.7	7.6
2016	0.0	0.0	0.0	0.0	0.0	0.0	0.0	0.0	0.0
2015	0.0	0.0	0.0	0.0	0.0	0.0	0.0	0.0	0.0
2014	0.0	0.0	0.0	0.0	0.0	0.0	0.0	0.0	0.0

매일홀딩스 (A005990)

Maeil Holdings

업 종 : 식료품 / 시 장 : KOSDAQ
신용등급 : (Bond) A+ (CP) A2+ / 기업규모 : 우량
홈페이지 : www.maeil.com / 연 락 처 : 02)2127-2113
본 사 : 서울시 종로구 종로1길 50 더 케이 트윈타워 A동

설 립 일	1969.02.14	**종업원수**	17명	**대표이사**	김정완
상 장 일	1999.05.05	**감사의견**	적정(삼일)	**계 열**	
결 산 기	12월	**보 통 주**		**종속회사수**	15개사
액 면 가	500원	**우 선 주**		**구 상 호**	

주주구성 (지분율,%)		출자관계 (지분율,%)		주요경쟁사 (외형,%)	
김정완	38.3	엠즈푸드시스템	100.0	매일홀딩스	100
김인순	14.2	엠즈씨드	100.0	빙그레	52
(외국인)	7.5	레뱅드매일	100.0	남양유업	71

매출구성		비용구성		수출비중	
매일우유, 퓨어, 까페라떼 등	64.4	매출원가율	64.9	수출	—
페레로, 플로리다 등	25.5	판관비율	31.4	내수	—
알로앤루, 알퐁소, 궁중비책 등	10.1				

회사 개요

1969년 한국낙농가공주식회사로 설립돼 1999년 코스닥 시장에 상장됨. 지주회사 체제 전환을 위해 2017년 5월 1일 자회사 지분의 관리 및 투자를 목적으로 하는 지주사업부문(매일홀딩스)과 기존의 유가공 제조 및 판매를 담당하는 유가공사업부문(매일유업)으로 인적 분할함. 매일유업 주식 189만여 주를 공개 매수하여 지분율을 59.59%로 끌어올림. 매일유업을 자회사로 편입시키고 자회사 지분율 요건을 충족함.

실적 분석

연결대상 종속기업은 2017년 12월말 현재 매일유업, 제로투세븐 등 총 15개사임. 2017년 연결기준 매출액은 전년동기 수준이며, 원가율 개선으로 영업이익은 1.6% 증가한 605.8억원을 달성함. 외환손실과 파생상품평가손실, 금융부채충당부채전입 등으로 영업외수지는 악화됨. 지주사 요건 충족을 위해 매일유업 주식 200만주를 일반 공모 방식으로 2017년 9월 20일부터 10월 10일까지 청약을 받아 주당 76,600원에 공개 매수함.

현금 흐름

<단위 : 억원>

항목	2016	2017
영업활동	672	924
투자활동	-693	-925
재무활동	12	-296
순현금흐름	-4	-315
기말현금	1,028	714

시장 대비 수익률

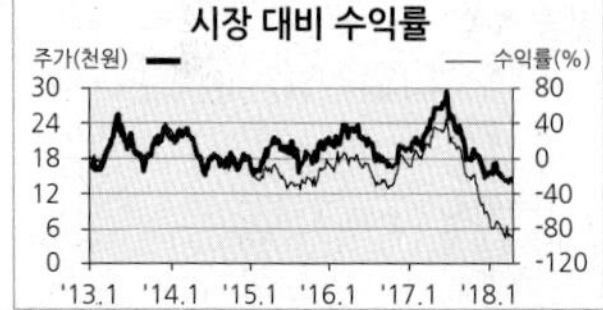

결산 실적

<단위 : 억원>

항목	2012	2013	2014	2015	2016	2017
매출액	10,723	13,644	14,479	15,422	16,222	16,382
영업이익	266	347	287	364	596	606
당기순이익	206	230	239	261	337	196

분기 실적

<단위 : 억원>

항목	2016.3Q	2016.4Q	2017.1Q	2017.2Q	2017.3Q	2017.4Q
매출액	4,170	6,939	922	4,048	4,193	7,218
영업이익	192	373	-60	149	228	290
당기순이익	101	144	7	112	175	-98

재무 상태

<단위 : 억원>

항목	2012	2013	2014	2015	2016	2017
총자산	6,277	7,242	7,751	8,355	8,856	8,871
유형자산	2,190	2,129	2,223	2,473	2,497	2,855
무형자산	59	101	123	135	171	178
유가증권	87	28	50	54	37	299
총부채	3,216	3,549	3,874	4,304	4,512	4,166
총차입금	1,445	1,412	1,678	1,956	1,981	1,597
자본금	67	67	67	67	68	69
총자본	3,061	3,694	3,877	4,051	4,344	4,704
지배주주지분	3,042	3,320	3,465	3,644	3,996	2,525

기업가치 지표

항목	2012	2013	2014	2015	2016	2017
주가(최고/저)(천원)	18.2/6.7	26.8/15.1	23.6/15.3	21.8/15.2	24.2/16.2	32.3/14.8
PER(최고/저)(배)	11.7/4.3	16.9/9.6	13.3/8.7	11.0/7.7	8.3/5.6	561.6/256.6
PBR(최고/저)(배)	0.8/0.3	1.1/0.6	0.9/0.6	0.8/0.5	0.8/0.5	1.7/0.8
EV/EBITDA(배)	8.9	10.1	9.6	9.7	6.3	4.8
EPS(원)	1,593	1,619	1,805	2,001	2,964	58
BPS(원)	23,329	25,351	26,735	28,280	30,988	19,183
CFPS(원)	3,982	4,173	4,440	4,712	5,980	3,794
DPS(원)	125	125	125	125	250	100
EBITDAPS(원)	4,372	5,141	4,775	5,426	7,419	9,551

재무 비율

<단위 : %>

연도	영업이익률	순이익률	부채비율	차입금비율	ROA	ROE	유보율	자기자본비율	EBITDA마진율
2017	3.7	1.2	88.6	33.9	2.2	0.2	3,736.6	53.0	6.1
2016	3.7	2.1	103.9	45.6	3.9	10.5	6,097.5	49.1	6.2
2015	2.4	1.7	106.3	48.3	3.2	7.5	5,556.0	48.5	4.7
2014	2.0	1.7	99.9	43.3	3.2	7.1	5,247.1	50.0	4.4

매직마이크로 (A127160)
MAGICMICRO CO

업 종 : 반도체 및 관련장비
신용등급 : (Bond) — (CP) —
홈페이지 : www.magicmicro.co.kr
본 사 : 부산시 해운대구 센텀중앙로 48, 에이스하이테크21 1404호

시 장 : KOSDAQ
기업규모 : 중견
연 락 처 : 070)8680-3792

설 립 일	2006.08.11	종업원수	103명	대표이사	양경철,장원
상 장 일	2013.12.20	감사의견	적정(현대)	계 열	
결 산 기	12월	보 통 주		종속회사수	2개사
액 면 가	100원	우 선 주		구 상 호	

주주구성 (지분율,%)		출자관계 (지분율,%)		주요경쟁사 (외형,%)	
퓨처테크원	10.4	매직비나	100.0	매직마이크로	100
한승민	6.4	매직엘앤피	51.0	네패스신소재	21
(외국인)	0.7	이티엘	34.7	피에스엠씨	14

매출구성		비용구성		수출비중	
LED PKG	52.9	매출원가율	96.4	수출	37.7
리드프레임	43.0	판관비율	7.9	내수	62.3
기타	4.1				

회사 개요

동사는 LED용 및 반도체용 리드프레임 등의 전자제품 및 부분품 제조판매업 등을 영위할 목적으로 2006년 8월 11일 설립되었음. 2008년 4월 LS전선의 리드프레임 사업부를 양수하며 사업을 진행하였고, 2009년부터 본격적으로 LED 리드프레임을 생산하기 시작하였음. SK하이닉스, 하나마이크론 등 꾸준한 고객관리로 안정적 매출 창출에 노력하고 있음. 동사의 관계회사는 매직엘이디를 비롯하여 총 6개사가 있음.

실적 분석

동사의 2017년 연결기준 매출액은 777억원으로 전년 648억원 대비 19.79% 증가함. 영업손실은 34억원으로 지난해보다 27억원 감소했으며, 당기순손실도 19억원 줄었음. 2017년 4분기로 한정해서 보면 4억원의 영업이익과 6억원의 당기순이익을 기록함. 이는 종속회사 매직비나의 SMT 신규 사업 진출에 따른 매출액 증가와 실적개선, LED Package 사업의 거래처 다변화에 따른 매출액 증가와 매출원가율 감소에 기인함.

현금 흐름

<단위 : 억원>

항목	2016	2017
영업활동	-25	107
투자활동	-31	-125
재무활동	107	-64
순현금흐름	50	-83
기말현금	87	5

시장 대비 수익률

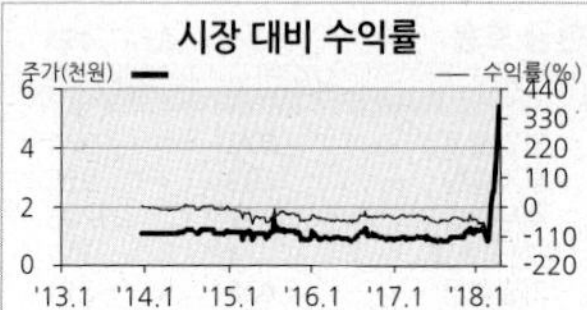

결산 실적

<단위 : 억원>

항목	2012	2013	2014	2015	2016	2017
매출액	575	584	533	653	648	777
영업이익	24	46	27	-12	-61	-34
당기순이익	15	37	34	-24	-65	-46

분기 실적

<단위 : 억원>

항목	2016.3Q	2016.4Q	2017.1Q	2017.2Q	2017.3Q	2017.4Q
매출액	154	164	154	154	236	233
영업이익	-30	-8	-14	-17	-7	4
당기순이익	-38	-6	-20	-19	-13	6

재무 상태

<단위 : 억원>

항목	2012	2013	2014	2015	2016	2017
총자산	418	432	461	941	952	927
유형자산	231	229	278	533	520	602
무형자산	4	2	8	25	21	37
유가증권	3	—	—	27	20	20
총부채	309	269	215	559	621	588
총차입금	154	200	142	381	474	399
자본금	4	20	20	31	31	32
총자본	110	163	245	382	332	339
지배주주지분	110	163	245	382	332	341

기업가치 지표

항목	2012	2013	2014	2015	2016	2017
주가(최고/저)(천원)	—/—	10.0/10.0	11.5/9.7	8.1/3.7	6.5/4.0	1.3/0.8
PER(최고/저)(배)	0.0/0.0	5.8/5.8	7.4/6.2	—/—	—/—	—/—
PBR(최고/저)(배)	0.0/0.0	1.3/1.3	1.0/0.9	1.3/0.6	1.2/0.8	1.2/0.7
EV/EBITDA(배)	1.7	4.5	5.4	9.3	40.1	18.9
EPS(원)	77	186	170	-105	-206	-140
BPS(원)	2,723	4,050	6,092	6,137	5,343	1,078
CFPS(원)	1,980	2,543	2,615	1,227	217	97
DPS(원)	—	—	—	—	—	—
EBITDAPS(원)	2,185	2,766	2,432	1,492	266	130

재무 비율

<단위 : %>

연도	영업이익률	순이익률	부채비율	차입금비율	ROA	ROE	유보율	자기자본비율	EBITDA마진율
2017	-4.4	-5.9	173.4	117.7	-4.9	-13.2	977.6	36.6	5.3
2016	-9.4	-10.0	187.1	142.7	-6.9	-18.0	968.6	34.8	2.6
2015	-1.8	-3.6	146.4	99.8	-3.4	-7.6	1,127.5	40.6	10.3
2014	5.0	6.4	87.8	57.9	—	—	1,118.3	53.2	18.4

매커스 (A093520)
Makus

업 종 : 반도체 및 관련장비
신용등급 : (Bond) — (CP) —
홈페이지 : www.makus.co.kr
본 사 : 서울시 강남구 봉은사로 44길 73

시 장 : KOSDAQ
기업규모 : 중견
연 락 처 : 02)3490-9500

설 립 일	2006.12.14	종업원수	35명	대표이사	신동철,성종률
상 장 일	2007.02.12	감사의견	적정(대영)	계 열	
결 산 기	12월	보 통 주		종속회사수	2개사
액 면 가	500원	우 선 주		구 상 호	

주주구성 (지분율,%)		출자관계 (지분율,%)		주요경쟁사 (외형,%)	
신동철	5.1	매커스인베스트먼트	100.0	매커스	100
한국증권금융	4.0	매커스시스템즈	79.8	엑시콘	77
(외국인)	13.4	세찬파워	41.4	테스나	54

매출구성		비용구성		수출비중	
비메모리 반도체 등(상품)	100.0	매출원가율	77.3	수출	0.0
기타매출(기타)	0.1	판관비율	10.1	내수	100.0

회사 개요

동사는 분할회사인 코아크로스(구 '매커스')의 2006년 9월 이사회결의 및 2006년 11월 임시주주총회 승인에 의거 2006년 12월 인적분할방식으로 설립되어 비메모리반도체인 PLD(Programmable Logic Device) 반도체와 아날로그 반도체 등을 판매하는 비메모리 반도체 솔루션 사업을 영위하고 있음. 종속회사로는 구조조정 대상 기업에 투자하는 매커스인베스트먼트, 스토리지 및 서버 유통업체인 매커스시스템즈 등이 있음.

실적 분석

동사의 2017년 연간 매출액은 전년동기대비 29% 상승한 873.7억원을 기록하였음. 비용면에서 전년동기대비 매출원가는 증가 하였으며 인건비도 증가, 광고선전비는 거의 동일, 기타판매비와관리비는 거의 동일함. 이와 같이 상승한 매출액 만큼 비용증가도 있었으나 매출액의 더 큰 상승에 힘입어 최종적으로 전년동기대비 당기순이익은 크게 상승하여 90.7억원을 기록함.

현금 흐름

<단위 : 억원>

항목	2016	2017
영업활동	-34	119
투자활동	-44	-5
재무활동	5	-38
순현금흐름	-72	76
기말현금	94	170

시장 대비 수익률

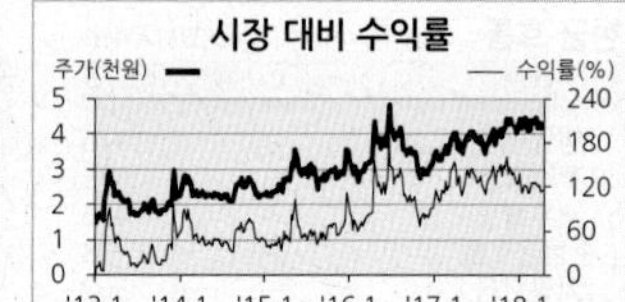

결산 실적

<단위 : 억원>

항목	2012	2013	2014	2015	2016	2017
매출액	501	646	635	735	677	874
영업이익	42	59	72	67	35	110
당기순이익	42	45	51	48	16	91

분기 실적

<단위 : 억원>

항목	2016.3Q	2016.4Q	2017.1Q	2017.2Q	2017.3Q	2017.4Q
매출액	171	209	255	210	179	230
영업이익	15	9	32	21	21	36
당기순이익	14	-5	15	16	9	51

재무 상태

<단위 : 억원>

항목	2012	2013	2014	2015	2016	2017
총자산	513	605	621	790	803	849
유형자산	48	50	45	44	71	42
무형자산	0	1	1	1	1	1
유가증권	16	14	36	42	60	90
총부채	234	274	241	385	393	379
총차입금	77	17	82	17	32	27
자본금	79	81	81	81	81	81
총자본	279	332	380	406	411	470
지배주주지분	279	332	380	406	414	474

기업가치 지표

항목	2012	2013	2014	2015	2016	2017
주가(최고/저)(천원)	3.8/1.0	3.2/1.4	3.0/2.0	3.6/2.2	4.8/2.6	5.2/3.1
PER(최고/저)(배)	15.3/3.9	12.5/5.5	10.4/7.0	13.2/8.1	49.3/26.9	9.4/5.7
PBR(최고/저)(배)	2.2/0.6	1.7/0.7	1.4/0.9	1.4/0.9	1.9/1.0	1.7/1.0
EV/EBITDA(배)	3.0	1.2	3.0	5.5	10.2	3.9
EPS(원)	267	281	316	295	104	566
BPS(원)	1,835	2,119	2,418	2,703	2,749	3,236
CFPS(원)	272	286	326	305	113	575
DPS(원)	—	—	—	80	100	120
EBITDAPS(원)	272	372	456	427	226	688

재무 비율

<단위 : %>

연도	영업이익률	순이익률	부채비율	차입금비율	ROA	ROE	유보율	자기자본비율	EBITDA마진율
2017	12.6	10.4	80.8	5.9	11.0	20.6	547.2	55.3	12.7
2016	5.2	2.3	95.6	7.9	2.0	4.1	449.7	51.1	5.4
2015	9.2	6.5	94.8	4.2	6.8	12.1	440.6	51.3	9.4
2014	11.4	8.0	63.6	21.6	8.3	14.4	383.6	61.1	11.6

맥스로텍 (A141070)
MAXROTEC

업 종 : 기계 | 시 장 : KOSDAQ
신용등급 : (Bond) — (CP) — | 기업규모 : 벤처
홈페이지 : www.maxrotec.com | 연 락 처 : 053)584-6540
본 사 : 대구시 달서구 성서로71길 40(이곡동)

설 립 일	1995.08.03	**종업원수**	123명	**대 표 이 사**	김인환
상 장 일	2012.11.16	**감사의견**	적정(대영)	**계 열**	
결 산 기	12월	**보 통 주**		**종속회사수**	
액 면 가	500원	**우 선 주**		**구 상 호**	

주주구성 (지분율,%)		출자관계 (지분율,%)		주요경쟁사 (외형,%)	
김인환	20.9	아이마트	49.0	맥스로텍	100
원익 2015 Hidden Opportunity 투자조합	5.5			카스	361
(외국인)	3.1			에너토크	63

매출구성		비용구성		수출비중	
자동화시스템	76.4	매출원가율	87.1	수출	33.7
실린더 블록&헤드	23.6	판관비율	9.7	내수	66.3

회사 개요
동사는 1995년에 금속 공작기계 전문 기업으로 설립되었으며, 현재는 갠트리로봇을 포함한 공장자동화시스템 제조와 자동차용 엔진 실린더블록 임가공을 주요 사업으로 영위함. 갠트리로봇 시스템은 자동차 엔진, 미션 부품 또는 차체 부품 등에서 가공 공정간 물류 이송을 담당하는 로봇이며, 무선 갠트리로봇 시스템은 일본의 Giken사와 동사 2개사만이 생산함. 2012년 11월 코스닥 시장에 상장됨.

실적 분석
동사의 2017년 연간 매출액은 전년동기대비 3.6% 하락한 386.5억원을 기록하였음. 비용면에서 전년동기대비 매출원가는 감소 하였으며 인건비도 감소, 광고선전비는 증가, 기타판매비와관리비는 감소함. 이와 같이 매출액은 전년동기 크게 성장하지 않았으나 이에 비해서 전년동기대비 영업이익은 12.7억원으로 흑자전환 하였음. 아마 매출원가의 감소효과가 달성한 매출액 대비 컸기 때문이라 판단됨.

현금 흐름 *IFRS 별도 기준 〈단위 : 억원〉

항목	2016	2017
영업활동	38	-9
투자활동	-67	8
재무활동	38	30
순현금흐름	10	28
기말현금	35	63

시장 대비 수익률

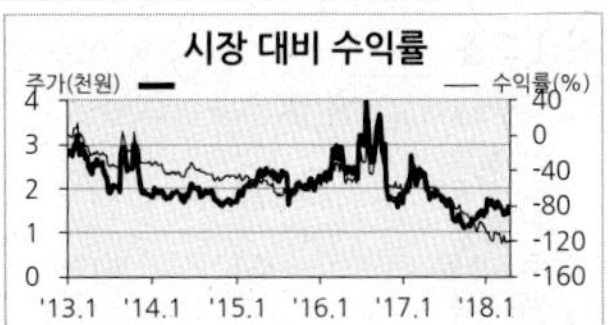

결산 실적 〈단위 : 억원〉

항목	2012	2013	2014	2015	2016	2017
매출액	409	226	370	354	401	387
영업이익	45	-8	32	-56	-35	13
당기순이익	32	-31	2	-59	-88	-23

분기 실적 *IFRS 별도 기준 〈단위 : 억원〉

항목	2016.3Q	2016.4Q	2017.1Q	2017.2Q	2017.3Q	2017.4Q
매출액	92	36	64	55	109	159
영업이익	-16	-28	-9	-18	14	27
당기순이익	-18	-72	-14	-24	8	7

재무 상태 *IFRS 별도 기준 〈단위 : 억원〉

항목	2012	2013	2014	2015	2016	2017
총자산	697	645	741	865	794	836
유형자산	357	355	397	544	548	462
무형자산	26	29	31	26	22	21
유가증권	5	6	6	5	2	2
총부채	423	414	499	597	450	499
총차입금	322	347	344	439	319	329
자본금	29	29	29	66	127	129
총자본	274	231	242	268	343	337
지배주주지분	274	231	242	268	343	337

기업가치 지표 *IFRS 별도 기준

항목	2012	2013	2014	2015	2016	2017
주가(최고/저)(천원)	3.8/2.5	3.3/1.8	2.1/1.6	2.5/1.6	4.1/1.5	2.8/1.1
PER(최고/저)(배)	13.8/9.1	—/—	129.2/98.1	—/—	—/—	—/—
PBR(최고/저)(배)	1.9/1.2	1.8/1.0	1.1/0.9	1.4/0.9	3.1/1.1	2.1/0.8
EV/EBITDA(배)	8.8	24.8	8.3	—	40.4	9.6
EPS(원)	283	-237	17	-447	-483	-89
BPS(원)	4,794	4,157	4,403	2,021	1,356	1,306
CFPS(원)	1,238	3	616	-135	-199	115
DPS(원)	60	—	30	—	—	—
EBITDAPS(원)	1,517	412	1,135	-110	91	253

재무 비율 〈단위 : %〉

연도	영업이익률	순이익률	부채비율	차입금비율	ROA	ROE	유보율	자기자본비율	EBITDA마진율
2017	3.3	-5.9	148.1	97.5	-2.8	-6.7	161.1	40.3	16.8
2016	-8.8	-21.9	131.1	92.7	-10.6	-28.7	171.2	43.3	4.1
2015	-15.9	-16.7	222.8	163.7	-7.4	-23.2	304.1	31.0	-3.6
2014	8.6	0.6	206.5	142.3	0.3	0.9	780.5	32.6	17.5

멀티캠퍼스 (A067280)
Multicampus

업 종 : 교육 | 시 장 : KOSDAQ
신용등급 : (Bond) — (CP) — | 기업규모 : 우량
홈페이지 : www.multicampus.com | 연 락 처 : 02)6262-9114
본 사 : 서울시 강남구 언주로 508 서울상록회관 17층

설 립 일	2000.05.04	**종업원수**	708명	**대 표 이 사**	유연호
상 장 일	2006.11.16	**감사의견**	적정(안진)	**계 열**	
결 산 기	12월	**보 통 주**		**종속회사수**	1개사
액 면 가	500원	**우 선 주**		**구 상 호**	크레듀

주주구성 (지분율,%)		출자관계 (지분율,%)		주요경쟁사 (외형,%)	
삼성에스디에스	47.2	LTI	82.4	멀티캠퍼스	100
삼성경제연구소	15.2			대교	404
(외국인)	2.8			웅진씽크빅	310

매출구성		비용구성		수출비중	
HRD BPO, 금융교육 BPO,러닝플랫폼 , HRD 컨설팅	67.4	매출원가율	70.6	수출	—
OPIc 평가, 외국어교육 BPO 등	21.3	판관비율	21.9	내수	—
지식 컨텐츠 등	11.3				

회사 개요
동사는 2000년 설립돼 기업, 공공기관을 대상으로 한 HR 컨설팅, 컨텐츠 개발 및 교육 운영, 교육 플랫폼 구축 등 기업교육서비스를 제공하고 있음. 외국어 평가와 교육을 제공하는 지식서비스를 제공하고 있으며, 연결종속회사인 LTI는 세계 최대 외국어 교육 연구기관인 ACTFL과 독점 사업대행 계약을 체결해 미국, 일본 등 글로벌 시장에서 OPIc 등 외국어 평가 시행 및 채점 서비스를 수행하고 있음.

실적 분석
동사의 2017년 연결기준 연간 매출액은 2,012.3억원으로 전년 대비 7.9% 증가함. 외국어서비스 확대에 따른 외형성장. 반면 신사업 확대 위한 인력 확충 및 인프라 투자 확대로 영업이익은 151.1억원으로 전년 대비 15.3% 감소함. 비영업부문의 흑자전환에도 불구하고 당기순이익은 124.4억원을 시현하며 3.6% 감소함. 동사는 바일러닝, 집합교육 등 기업교육부문의 서비스 다각화를 추진하며 경쟁력을 확보해나가고 있음.

현금 흐름 〈단위 : 억원〉

항목	2016	2017
영업활동	175	259
투자활동	-143	-197
재무활동	-15	-15
순현금흐름	18	45
기말현금	174	219

시장 대비 수익률

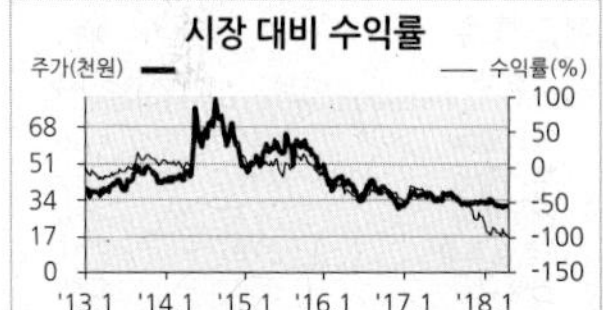

결산 실적 〈단위 : 억원〉

항목	2012	2013	2014	2015	2016	2017
매출액	804	1,086	1,286	1,356	1,865	2,012
영업이익	47	61	117	119	178	151
당기순이익	90	63	104	105	129	124

분기 실적 〈단위 : 억원〉

항목	2016.3Q	2016.4Q	2017.1Q	2017.2Q	2017.3Q	2017.4Q
매출액	450	523	435	536	529	512
영업이익	34	66	24	55	38	34
당기순이익	28	47	19	42	31	32

재무 상태 〈단위 : 억원〉

항목	2012	2013	2014	2015	2016	2017
총자산	1,009	1,319	1,406	909	1,084	1,169
유형자산	21	30	25	25	54	46
무형자산	169	268	227	208	229	226
유가증권	35	35	2	2	2	2
총부채	106	222	223	258	303	309
총차입금	—	—	—	—	—	—
자본금	28	30	30	30	30	30
총자본	903	1,096	1,183	651	780	861
지배주주지분	888	1,081	1,166	633	761	841

기업가치 지표

항목	2012	2013	2014	2015	2016	2017
주가(최고/저)(천원)	50.5/32.1	51.1/35.9	83.2/42.9	66.5/46.1	50.0/30.3	38.7/31.1
PER(최고/저)(배)	32.8/20.9	48.6/34.1	48.9/25.2	39.0/27.0	23.7/14.3	19.0/15.3
PBR(최고/저)(배)	3.3/2.1	2.9/2.0	4.4/2.3	6.2/4.3	3.9/2.4	2.7/2.2
EV/EBITDA(배)	23.8	19.8	12.1	17.5	7.3	7.7
EPS(원)	1,604	1,091	1,759	1,754	2,162	2,066
BPS(원)	15,773	18,233	19,682	11,050	13,210	14,572
CFPS(원)	2,034	1,745	2,673	2,532	2,942	2,848
DPS(원)	200	200	250	250	250	500
EBITDAPS(원)	1,259	1,722	2,894	2,792	3,789	3,331

재무 비율 〈단위 : %〉

연도	영업이익률	순이익률	부채비율	차입금비율	ROA	ROE	유보율	자기자본비율	EBITDA마진율
2017	7.5	6.2	35.9	0.0	11.0	15.3	2,814.4	73.6	9.8
2016	9.6	6.9	38.9	0.0	13.0	18.4	2,541.9	72.0	12.0
2015	8.8	7.7	39.6	0.0	9.1	11.6	2,110.0	71.6	12.2
2014	9.1	8.1	18.9	0.0	7.6	9.3	3,836.4	84.1	13.3

메가스터디 (A072870)

Megastudy

업 종 : 교육 | 시 장 : KOSDAQ
신용등급 : (Bond) — (CP) — | 기업규모 : 우량
홈페이지 : www.megastudy.co.kr | 연 락 처 : 02)6350-8400
본 사 : 서울시 마포구 상암산로 34, 15층(상암동, 디지털큐브)

설 립 일	2000.07.12	**종 업 원 수**	109명	**대 표 이 사**	구우진
상 장 일	2004.12.21	**감 사 의 견**	적정(삼정)	**계 열**	
결 산 기	12월	**보 통 주**		**종속회사수**	11개사
액 면 가	500원	**우 선 주**		**구 상 호**	

주주구성 (지분율,%)		출자관계 (지분율,%)		주요경쟁사 (외형,%)	
손주은	27.8	메가푸드앤서비스	100.0	메가스터디	100
신영자산운용	15.0	메가씨앤에스	100.0	대교	615
(외국인)	36.1	성북메가스터디	100.0	웅진씽크빅	473

매출구성		비용구성		수출비중	
기타 외	39.5	매출원가율	53.3	수출	0.0
교재	24.0	판관비율	56.8	내수	100.0
온라인강의	14.4				

회사 개요

동사는 2000년 7월 온라인 교육정보 제공업 및 학원사업 등을 영위할 목적으로 설립함. 2004년 코스닥 시장에 상장된 후 2015년 인적분할 해 변경상장함. 메가엠디, 성북메가스터디, 메가푸드앤서비스, 메가인베스트먼트, 엠디엔피, 지케이에듀, 메가비엠씨 등 총 13개 기업을 연결대상 종속회사로 보유하고 있음. 이중 12개 회사는 비상장, 1개 회사는 상장기업임. 베트남 시장에도 진출해있음.

실적 분석

2017년 연결기준 동사 매출은 1,320.9억원을 기록함. 전년도에 비해 12.1% 감소함. 매출원가가 3.5% 줄어들고 판매비와 관리비도 6.1% 감소했으나 매출 감소폭이 이를 웃돌아 영업손실은 전년도에 비해 적자폭이 커진 133.2억원을 기록함. 이에 비영업부문 이익이 증가했음에도 당기순손실을 적자를 지속했으며 손실폭이 커짐. 투자비 증가, 교과과정 개정 등으로 인한 비용 증가가 실적 부진 원인으로 분석됨.

현금 흐름

<단위 : 억원>

항목	2016	2017
영업활동	145	66
투자활동	-376	29
재무활동	13	-48
순현금흐름	-218	47
기말현금	568	615

시장 대비 수익률

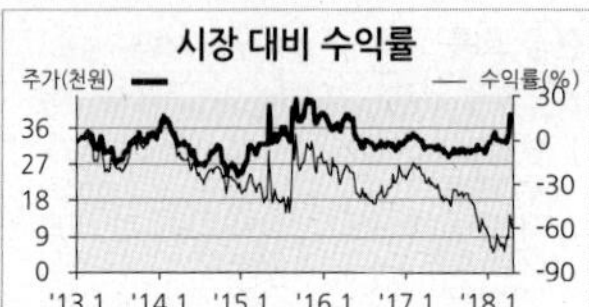

결산 실적

<단위 : 억원>

항목	2012	2013	2014	2015	2016	2017
매출액	3,279	3,168	1,367	2,494	1,502	1,321
영업이익	592	502	103	286	-27	-133
당기순이익	537	412	401	1,206	-17	-35

분기 실적

<단위 : 억원>

항목	2016.3Q	2016.4Q	2017.1Q	2017.2Q	2017.3Q	2017.4Q
매출액	415	320	407	361	319	234
영업이익	19	-82	-27	6	-13	-100
당기순이익	21	-74	-4	30	19	-80

재무 상태

<단위 : 억원>

항목	2012	2013	2014	2015	2016	2017
총자산	4,653	4,867	5,747	3,544	3,601	3,376
유형자산	1,295	1,482	1,123	253	270	300
무형자산	311	290	429	179	275	151
유가증권	422	896	1,014	552	591	487
총부채	951	940	1,518	667	785	661
총차입금	—	25	568	122	180	108
자본금	32	32	32	20	20	20
총자본	3,701	3,927	4,228	2,877	2,816	2,715
지배주주지분	3,586	3,755	4,024	2,502	2,426	2,392

기업가치 지표

항목	2012	2013	2014	2015	2016	2017
주가(최고/저)(천원)	52.5/26.6	35.7/25.5	39.1/24.1	45.8/24.7	39.7/30.1	34.9/28.9
PER(최고/저)(배)	7.7/3.9	6.7/4.8	7.1/4.4	2.0/1.1	—/—	—/—
PBR(최고/저)(배)	1.0/0.5	0.7/0.5	0.7/0.4	0.7/0.4	0.7/0.5	0.6/0.5
EV/EBITDA(배)	4.6	5.7	10.9	2.1	9.1	—
EPS(원)	8,008	5,999	6,064	24,593	-290	-410
BPS(원)	59,708	62,375	66,603	65,460	63,572	62,725
CFPS(원)	10,043	8,093	8,451	26,885	2,431	2,264
DPS(원)	3,000	2,000	2,200	600	700	700
EBITDAPS(원)	11,379	10,009	4,019	8,516	2,057	-642

재무 비율

<단위 : %>

연도	영업이익률	순이익률	부채비율	차입금비율	ROA	ROE	유보율	자기자본비율	EBITDA마진율
2017	-10.1	-2.7	24.3	4.0	-1.0	-0.7	12,445.1	80.4	-2.0
2016	-1.8	-1.1	27.9	6.4	-0.5	-0.5	12,614.3	78.2	5.5
2015	11.5	48.3	23.2	4.2	26.0	34.6	12,991.9	81.2	15.7
2014	7.6	29.3	35.9	13.4	7.6	9.9	13,220.6	73.6	18.6

메가스터디교육 (A215200)

MegaStudyEdu

업 종 : 교육 | 시 장 : KOSDAQ
신용등급 : (Bond) — (CP) — | 기업규모 : 우량
홈페이지 : corp.megastudy.net | 연 락 처 : 02)3489-8200
본 사 : 서울시 서초구 효령로 321 (서초동, 덕원빌딩)

설 립 일	2015.04.03	**종 업 원 수**	1,059명	**대 표 이 사**	손성은
상 장 일	2015.05.04	**감 사 의 견**	적정(삼정)	**계 열**	
결 산 기	12월	**보 통 주**		**종속회사수**	5개사
액 면 가	500원	**우 선 주**		**구 상 호**	

주주구성 (지분율,%)		출자관계 (지분율,%)		주요경쟁사 (외형,%)	
손주은	13.8	메가씨에스티주식회사	100.0	메가스터디교육	100
손성은	13.8	아이비김영	68.1	정상제이엘에스	33
(외국인)	31.4			영인프런티어	14

매출구성		비용구성		수출비중	
[고등사업부문]온라인강의/학원강의	72.6	매출원가율	41.2	수출	0.0
[초중등사업부문]온라인강의/학원강의	14.7	판관비율	53.1	내수	100.0
[고등사업부문]교재	6.1				

회사 개요

동사는 2000년 7월에 설립되었으며, 메가스터디 주식회사의 인적분할로 인해 2015년 5월 4일 코스닥시장에 재상장됨. 주요 사업은 초중등 및 고등학생을 대상으로 한 학원과 온라인 교육컨텐츠 제공임. 온라인교육 컨텐츠 제공에 있어서는 민간사업자 중 동사의 매출액이 가장 큰 것으로 파악하고 있으며, 전문적인 입시 분석 능력, 입시 상담, 강사 확보, 철저한 학생 관리 시스템 등의 경쟁력이 확보되어야 함

실적 분석

동사의 2017년 연간 매출액은 2,521.5억원을 시현하며 44.5%의 외형 성장을 기록함. 영업이익과 당기순이익은 각각 143.9억원, 108.3억원을 달성함. 전 사업부문 매출증가. 원가율 감소로 수익성이 개선됨. 고등사업부문과 초중등사업부문은 각각 73.6억원 9.4억원 영업이익을 시현함. 2017년 4월 인수한 일반성인사업부문은 초중등, 고등사업부문의 합산 매출액을 훨씬 뛰어넘는 매출액을 기록하며 42.2억원의 영업이익을 시현함.

현금 흐름

<단위 : 억원>

항목	2016	2017
영업활동	113	472
투자활동	-129	-267
재무활동	3	-79
순현금흐름	-13	126
기말현금	9	135

시장 대비 수익률

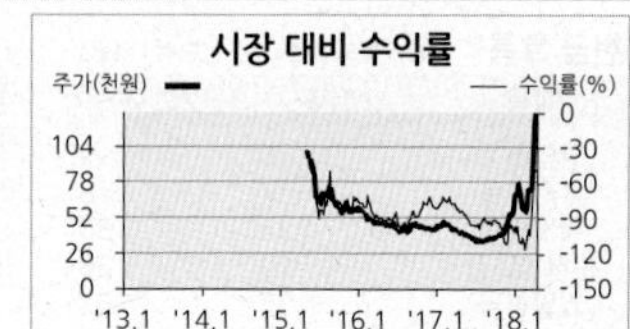

결산 실적

<단위 : 억원>

항목	2012	2013	2014	2015	2016	2017
매출액	—	—	—	1,252	1,745	2,521
영업이익	—	—	—	84	35	144
당기순이익	—	—	—	80	30	108

분기 실적

<단위 : 억원>

항목	2016.3Q	2016.4Q	2017.1Q	2017.2Q	2017.3Q	2017.4Q
매출액	531	351	473	651	811	586
영업이익	90	-68	-64	61	167	-20
당기순이익	72	-56	-54	47	138	-22

재무 상태

<단위 : 억원>

항목	2012	2013	2014	2015	2016	2017
총자산	—	—	—	2,287	2,318	2,844
유형자산	—	—	—	1,407	1,265	1,261
무형자산	—	—	—	216	164	291
유가증권	—	—	—	39	13	18
총부채	—	—	—	569	601	1,066
총차입금	—	—	—	—	28	60
자본금	—	—	—	12	12	12
총자본	—	—	—	1,718	1,717	1,778
지배주주지분	—	—	—	1,718	1,715	1,786

기업가치 지표

항목	2012	2013	2014	2015	2016	2017
주가(최고/저)(천원)	—/—	—/—	—/—	108/55.7	58.6/40.0	58.6/34.5
PER(최고/저)(배)	0.0/0.0	0.0/0.0	0.0/0.0	33.3/17.3	45.2/30.8	14.4/8.5
PBR(최고/저)(배)	0.0/0.0	0.0/0.0	0.0/0.0	1.6/0.8	0.8/0.6	0.8/0.5
EV/EBITDA(배)	0.0	0.0	0.0	7.0	5.7	4.2
EPS(원)	—	—	—	3,444	1,357	4,156
BPS(원)	—	—	—	74,040	73,893	76,936
CFPS(원)	—	—	—	8,028	7,745	10,594
DPS(원)	—	—	—	1,200	1,000	1,300
EBITDAPS(원)	—	—	—	8,216	7,872	12,627

재무 비율

<단위 : %>

연도	영업이익률	순이익률	부채비율	차입금비율	ROA	ROE	유보율	자기자본비율	EBITDA마진율
2017	5.7	4.3	60.0	3.4	4.2	5.5	15,287.1	62.5	11.6
2016	2.0	1.7	35.0	1.6	1.3	1.8	14,678.7	74.1	10.5
2015	6.7	6.4	33.1	0.0	0.0	0.0	14,708.0	75.1	15.3
2014	0.0	0.0	0.0	0.0	0.0	0.0	0.0	0.0	0.0

메가엠디 (A133750)
MegaMD

업　　종 : 교육　　시　　장 : KOSDAQ
신용등급 : (Bond) —　　(CP) —　　기업규모 : 우량
홈페이지 : www.megamd.co.kr　　연 락 처 : 02)3489-8346
본　　사 : 서울시 서초구 효령로 321(서초동)

설 립 일	2004.01.19	**종업원수**	339명	**대표이사**	임수아
상 장 일	2015.12.18	**감사의견**	적정(삼정)	**계　열**	
결 산 기	12월	**보 통 주**		**종속회사수**	2개사
액 면 가	500원	**우 선 주**		**구　상　호**	

주주구성 (지분율,%)		출자관계 (지분율,%)		주요경쟁사 (외형,%)	
메가스터디	45.2	지케이에듀	80.0	메가엠디	100
손성은	4.9	엠디엔피	50.0	더블유에프엠	18
(외국인)	2.2	SV일자리창출펀드2호	8.5	와이비엠넷	88

매출구성		비용구성		수출비중	
M/DEET,PEET(학원/온라인강의)	66.4	매출원가율	41.5	수출	0.0
기타(학원/온라인강의)	13.5	판관비율	61.5	내수	100.0
LEET 등(학원/온라인강의)	11.8				

회사 개요

동사는 메가스터디의 계열회사로 2004년 '온라인교육 정보 제공업 및 학원사업'을 주요 사업목적으로 설립된 전문대학원(약학/의학/치의학/법학) 입시교육시장 1위 사업자임. 현재 5개의 온라인 교육 사이트(M/DEET&PEET, LEET, 변호사 시험, 원격평생교육원, 엠디엔피)와 23개 직영 학원을 운영하고 있으며, 원격평생교육원 영업양수를 통해 일반 자격 시장까지 사업 영역을 확대, 강화하고 있음.

실적 분석

M/DEET, PEET 등 기존 사업 및 변호사시험, 원격평생교육 등 신규사업의 판매 증가로 동사의 연결기준 2017년 연간 누적 매출액은 전년동기 대비 15.2% 증가한 692.0억원을 기록함. 하지만 충당부채 등 영업비용 증가로 인해 영업이익은 전년동기 대비 적자전환하여 21.1억원의 영업손실을 기록함. 중단사업 손실 증가로 인해 당기순이익 또한 적자전환하여 32.5억원의 당기순손실을 기록함.

현금 흐름 (단위 : 억원)

항목	2016	2017
영업활동	52	60
투자활동	-210	83
재무활동	-6	-5
순현금흐름	-163	138
기말현금	98	237

시장 대비 수익률

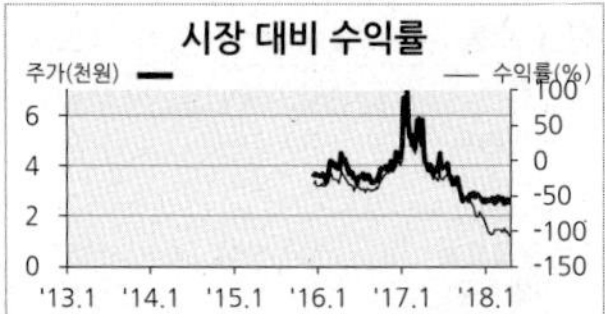

결산 실적 〈단위 : 억원〉

항목	2012	2013	2014	2015	2016	2017
매출액	489	617	648	669	601	692
영업이익	101	95	72	104	21	-21
당기순이익	82	80	42	83	12	-32

분기 실적 〈단위 : 억원〉

항목	2016.3Q	2016.4Q	2017.1Q	2017.2Q	2017.3Q	2017.4Q
매출액	179	62	203	212	198	79
영업이익	10	-45	0	5	-4	-21
당기순이익	10	-45	2	5	-2	-38

재무 상태 〈단위 : 억원〉

항목	2012	2013	2014	2015	2016	2017
총자산	397	545	615	897	918	923
유형자산	68	84	92	118	128	112
무형자산	4	17	27	25	119	104
유가증권	4	11	17	54	43	50
총부채	160	178	202	283	292	352
총차입금	—	—	—	19	—	—
자본금	78	84	84	102	112	112
총자본	237	368	413	614	626	572
지배주주지분	235	352	403	608	630	581

기업가치 지표

항목	2012	2013	2014	2015	2016	2017
주가(최고/저)(천원)	—/—	—/—	—/—	3.7/3.5	4.7/3.3	7.0/2.5
PER(최고/저)(배)	0.0/0.0	0.0/0.0	0.0/0.0	7.5/7.1	54.4/37.7	—/—
PBR(최고/저)(배)	0.0/0.0	0.0/0.0	0.0/0.0	1.3/1.2	1.7/1.2	2.7/1.0
EV/EBITDA(배)	—	—	—	3.4	14.6	12.0
EPS(원)	521	535	265	516	90	-126
BPS(원)	15,049	21,024	23,974	2,980	2,819	2,596
CFPS(원)	5,909	6,258	3,836	640	248	87
DPS(원)	—	—	—	—	100	50
EBITDAPS(원)	7,170	6,791	5,446	735	258	119

재무 비율 〈단위 : %〉

연도	영업이익률	순이익률	부채비율	차입금비율	ROA	ROE	유보율	자기자본비율	EBITDA마진율
2017	-3.1	-4.7	61.5	0.0	-3.5	-4.7	419.3	61.9	3.8
2016	3.5	2.0	46.7	0.0	1.3	3.0	463.7	68.2	9.0
2015	15.5	12.4	46.1	3.1	11.0	17.3	496.1	68.5	18.6
2014	11.0	6.4	48.9	0.0	7.2	11.8	379.5	67.2	14.1

메디쎄이 (A200580)
MEDYSSEY

업　　종 : 의료 장비 및 서비스　　시　　장 : KONEX
신용등급 : (Bond) —　　(CP) —　　기업규모 : —
홈페이지 : www.medyssey.co.kr　　연 락 처 : 043)716-1014
본　　사 : 충북 제천시 한방엑스포로 129 (왕암동)

설 립 일	2003.10.14	**종업원수**	93명	**대표이사**	장종욱
상 장 일	2015.10.20	**감사의견**	적정(삼일)	**계　열**	
결 산 기	12월	**보 통 주**		**종속회사수**	
액 면 가	—	**우 선 주**		**구　상　호**	

주주구성 (지분율,%)		출자관계 (지분율,%)		주요경쟁사 (외형,%)	
장종욱	46.0	MEDYSSEYDOBRASILCOMERCIO	100.0	메디쎄이	100
김호정	12.2	MedysseyUSA	100.0	엘앤케이바이오	203
		MedysseySPA	100.0	셀루메드	118

매출구성		비용구성		수출비중	
정형외과용 임플란트(제품)	92.3	매출원가율	49.7	수출	58.4
기타	6.6	판관비율	57.4	내수	41.6
임대(기타)	1.1				

회사 개요

동사는 척추 임플란트 제조회사로 국내에서 유일하게 3D장비를 이용한 환자 맞춤형 인공뼈 개발을 영위하고 있음. 현재 척추관련 국내 실용신안 3건과 미국 외 특허 7건을 보유하고 있으며 식품의약품안전처(MFDS)로부터 추간체고정보형체 등 다양한 품목의 정형/신경외과용 인체삽입의료기기의 제조품목허가를 받아 자체 생산하여 국내 및 해외에 수출하고 있음. 지난 2015년 10월 20일에 코넥스시장에 상장함.

실적 분석

동사의 2017년 매출액은 183.0억원으로 전년 대비 18.5% 증가함. 원가율 상승과 판관비 증가로 같은 기간 영업손실은 13.0억원을 기록해 전년 0.1억원 손실에서 적자폭이 늘어남. 최근 추간체 유합 복합 보형재에 대한 특허를 취득해 동사의 주력 제품인 척추 임플란트 제품의 경쟁력 강화에 활용될 전망임. 해외 진출을 위해 북미/남미 지역과 중국에 현지법인을 설립하고 독자적인 영업 및 자사 브랜드 이미지를 구축 중임.

현금 흐름 *IFRS 별도 기준 (단위 : 억원)

항목	2016	2017
영업활동	-15	-11
투자활동	-92	-15
재무활동	77	23
순현금흐름	-30	-3
기말현금	7	4

시장 대비 수익률

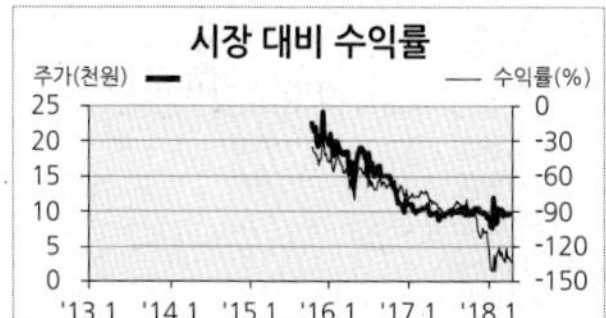

결산 실적 〈단위 : 억원〉

항목	2012	2013	2014	2015	2016	2017
매출액	111	71	106	113	115	183
영업이익	5	3	21	1	2	-13
당기순이익	2	9	19	2	2	-6

분기 실적 *IFRS 별도 기준 〈단위 : 억원〉

항목	2016.3Q	2016.4Q	2017.1Q	2017.2Q	2017.3Q	2017.4Q
매출액	—	—	—	—	—	—
영업이익	—	—	—	—	—	—
당기순이익	—	—	—	—	—	—

재무 상태 *IFRS 별도 기준 〈단위 : 억원〉

항목	2012	2013	2014	2015	2016	2017
총자산	99	119	177	227	309	327
유형자산	33	29	36	70	97	113
무형자산	1	0	0	0	2	3
유가증권	—	3	3	4	29	—
총부채	33	45	46	65	104	185
총차입금	20	28	30	30	68	109
자본금	7	7	9	19	20	17
총자본	66	75	131	162	205	142
지배주주지분	66	75	131	162	205	142

기업가치 지표 *IFRS 별도 기준

항목	2012	2013	2014	2015	2016	2017
주가(최고/저)(천원)	—/—	—/—	—/—	26.9/18.6	22.7/10.0	11.9/8.7
PER(최고/저)(배)	0.0/0.0	0.0/0.0	0.0/0.0	412.2/284.8	370.9/163.4	—/—
PBR(최고/저)(배)	0.0/0.0	0.0/0.0	0.0/0.0	6.2/4.3	4.4/1.9	3.3/2.4
EV/EBITDA(배)	1.0	1.7	—	94.8	29.7	90.4
EPS(원)	80	316	651	65	61	-17
BPS(원)	4,653	5,285	7,531	4,361	5,196	3,612
CFPS(원)	1,107	1,189	1,770	250	391	249
DPS(원)	—	—	—	—	—	—
EBITDAPS(원)	1,516	779	1,900	211	384	119

재무 비율 〈단위 : %〉

연도	영업이익률	순이익률	부채비율	차입금비율	ROA	ROE	유보율	자기자본비율	EBITDA마진율
2017	-7.1	-3.3	145.0	83.5	-1.9	-3.6	653.6	40.8	-1.2
2016	1.8	2.1	50.8	33.1	0.9	1.3	939.2	66.3	12.9
2015	0.8	2.0	39.9	18.7	1.1	1.5	772.2	71.5	6.4
2014	19.4	17.6	35.4	23.0	12.6	18.2	1,406.2	73.9	26.0

메디아나 (A041920)
MEDIANA

업 종 : 의료 장비 및 서비스　　시 장 : KOSDAQ
신 용 등 급 : (Bond) — (CP) —　　기 업 규 모 : 벤처
홈 페 이 지 : www.mediana.co.kr　　연 락 처 : 033)742-5400
본 사 : 강원도 원주시 문막읍 동화공단로 132

설 립 일	1995.06.19	**종 업 원 수**	243명	**대 표 이 사**	김응석
상 장 일	2013.07.01	**감 사 의 견**	적정(삼정)	**계 열**	
결 산 기	12월	**보 통 주**		**종속회사수**	2개사
액 면 가	500원	**우 선 주**		**구 상 호**	

주주구성 (지분율,%)		출자관계 (지분율,%)		주요경쟁사 (외형,%)	
길문종	40.6	메디게이트	100.0	메디아나	100
김응석	5.5	루시드코리아	18.1	유비케어	157
(외국인)	1.8	김포빅데이터	8.9	대한과학	79

매출구성		비용구성		수출비중	
Pulse Oximeter	40.3	매출원가율	66.1	수출	73.3
상품 및 기타	21.6	판관비율	22.1	내수	26.7
Patient Monitor	15.5				

회사 개요

동사는 핵심 브랜드 사업인 환자감시장치 및 제세동기를 제조, 판매하는 사업을 영위함. 상품영업, ODM 사업, 자사 브랜드 영업을 통해 구축한 내부 인프라를 바탕으로 제품 개발에서 판매까지 구축함. 미국 Covidien 사의 사업을 통해 ODM 거래선을 확보하여 사업기반의 안정화를 이룸. 세계적인 의료기기 회사인 Covidien, Omron 등과의 수출계약 및 해외 대리점 계약 등을 통해 해외 수출을 지속적으로 확대하고 있음.

실적 분석

동사의 2017년도 연결기준 연간 매출액은 523.6억원으로 전년 대비 소폭 감소함. 고정비 증가에 따라 영업이익은 61.8억원으로 전년 대비 27.9% 감소함. 기존 사업군의 연구개발을 지속하여 새로운 신제품 모델을 개발하고 있으며, 이와 별도로 PICC 사업(카테터), 체성분분석기 사업영역에서 제품 개발을 진행 중임. ODM 방식의 사업구조를 통해 안정적 사업기반을 유지하면서 해외진출에 적극적으로 나설 계획임.

현금 흐름 〈단위 : 억원〉

항목	2016	2017
영업활동	74	17
투자활동	-63	-35
재무활동	6	-1
순현금흐름	19	-23
기말현금	113	90

시장 대비 수익률

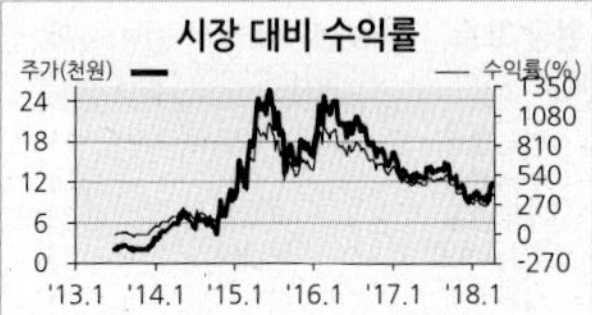

결산 실적 〈단위 : 억원〉

항목	2012	2013	2014	2015	2016	2017
매출액	295	337	384	467	534	524
영업이익	7	37	43	79	86	62
당기순이익	12	32	36	71	80	40

분기 실적 〈단위 : 억원〉

항목	2016.3Q	2016.4Q	2017.1Q	2017.2Q	2017.3Q	2017.4Q
매출액	121	152	140	151	110	122
영업이익	17	26	19	27	10	6
당기순이익	10	31	8	26	9	-4

재무 상태 〈단위 : 억원〉

항목	2012	2013	2014	2015	2016	2017
총자산	286	273	370	444	543	559
유형자산	53	51	51	87	117	142
무형자산	38	33	32	37	58	63
유가증권	5	6	5	6	6	6
총부채	166	119	97	95	115	91
총차입금	96	54	31	2	12	11
자본금	29	29	36	36	43	43
총자본	120	154	273	349	427	468
지배주주지분	120	154	273	349	427	468

기업가치 지표

항목	2012	2013	2014	2015	2016	2017
주가(최고/저)(천원)	—/—	3.5/1.7	11.5/3.3	26.5/9.3	25.4/13.6	16.3/9.1
PER(최고/저)(배)	0.0/0.0	7.6/3.6	23.4/6.8	32.5/11.4	27.8/14.9	35.4/19.8
PBR(최고/저)(배)	0.0/0.0	1.6/0.8	3.6/1.1	6.5/2.3	5.1/2.8	3.0/1.7
EV/EBITDA(배)	2.3	5.5	13.9	13.6	12.7	9.9
EPS(원)	184	467	495	819	920	463
BPS(원)	2,090	2,688	3,834	4,888	4,989	5,463
CFPS(원)	481	818	823	1,169	1,115	648
DPS(원)	235	—	—	—	—	50
EBITDAPS(원)	391	905	929	1,285	1,186	900

재무 비율 〈단위 : %〉

연도	영업이익률	순이익률	부채비율	차입금비율	ROA	ROE	유보율	자기자본비율	EBITDA마진율
2017	11.8	7.7	19.3	2.3	7.3	8.9	992.5	83.8	14.9
2016	16.1	14.9	27.0	2.8	16.1	20.5	897.9	78.8	19.2
2015	17.0	15.2	27.3	0.6	17.4	22.8	877.7	78.5	19.9
2014	11.2	9.5	35.6	11.2	11.3	17.0	666.9	73.7	14.8

메디안디노스틱 (A233250)
Median Diagnostics

업 종 : 의료 장비 및 서비스　　시 장 : KONEX
신 용 등 급 : (Bond) — (CP) —　　기 업 규 모 : —
홈 페 이 지 : www.mediandiagnostics.com　　연 락 처 : 033)244-0100
본 사 : 강원도 춘천시 동내면 순환대로 878

설 립 일	1999.10.18	**종 업 원 수**	명	**대 표 이 사**	오진식
상 장 일	2017.06.26	**감 사 의 견**	적정(삼일)	**계 열**	
결 산 기	12월	**보 통 주**		**종속회사수**	
액 면 가	—	**우 선 주**		**구 상 호**	

주주구성 (지분율,%)		출자관계 (지분율,%)		주요경쟁사 (외형,%)	
STIC Private Equity Fund III L.P.	60.8	MedianLifeScienceLLC	100.0	메디안디노스틱	100
STIC Shariah Private Equity Fund III L.P.	10.9			수젠텍	35
				티씨엠생명과학	26

매출구성		비용구성		수출비중	
ELI SA	65.8	매출원가율	41.9	수출	40.4
상품	11.9	판관비율	48.6	내수	59.6
제품 원 료	11.5				

회사 개요

동사는 1999년 설립돼 동물 질병 진단용 체외진단키트 및 인체 질병진단용 원료 물질을 개발, 생산하고 있음. 2001년 국내 최초로 동물진단용 의약품 제조업을 허가받아 국내 동물용 체외진단 산업을 선고하고 있음. 제품은 주로 항원-항체반응을 이용한 면역진단키트, 진단시약, 현장신속 진단키트, 유전자 진단키트 등임. 2015년 미국법인을 설립 운영 중이며, 2017년 6월 코넥스 시장에 상장함.

실적 분석

동사의 2017년 누적매출액은 95.3억원으로 전년대비 21.2% 증가함. 비용면에서 원가율 상승과 판관비 증가로 영업이익은 전년보다 22.3% 줄어든 9.1억원을 기록함. 비영업이익 5.7억원이 발생하면서 당기순이익은 15.0억원으로 흑자전환함. 향후 Rapid Kit 런칭과 POCT PCR Machine 플랫폼을 중심으로 중국 시장을 더욱 확대하고 일본 및 동남아시아, 중국, 미국, 유럽 등 다양한 지역에 판매활동을 강화할 예정임.

현금 흐름 *IFRS 별도 기준 〈단위 : 억원〉

항목	2016	2017
영업활동	-0	8
투자활동	-24	1
재무활동	-30	-2
순현금흐름	-54	7
기말현금	5	12

시장 대비 수익률

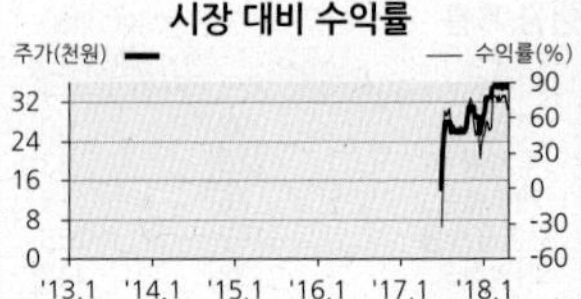

결산 실적 〈단위 : 억원〉

항목	2012	2013	2014	2015	2016	2017
매출액	—	52	54	56	79	95
영업이익	—	6	8	9	12	9
당기순이익	—	8	8	8	-6	15

분기 실적 *IFRS 별도 기준 〈단위 : 억원〉

항목	2016.3Q	2016.4Q	2017.1Q	2017.2Q	2017.3Q	2017.4Q
매출액	—	—	—	—	—	—
영업이익	—	—	—	—	—	—
당기순이익	—	—	—	—	—	—

재무 상태 *IFRS 별도 기준 〈단위 : 억원〉

항목	2012	2013	2014	2015	2016	2017
총자산	—	113	105	160	150	155
유형자산	—	67	59	62	70	75
무형자산	—	6	4	2	4	4
유가증권	—	0	0	0	0	0
총부채	—	52	35	82	89	15
총차입금	—	34	34	78	82	3
자본금	—	8	8	8	8	11
총자본	—	61	70	78	62	141
지배주주지분	—	61	70	78	62	141

기업가치 지표 *IFRS 별도 기준

항목	2012	2013	2014	2015	2016	2017
주가(최고/저)(천원)	—/—	—/—	—/—	—/—	—/—	—/—
PER(최고/저)(배)	0.0/0.0	0.0/0.0	0.0/0.0	0.0/0.0	0.0/0.0	36.3/14.6
PBR(최고/저)(배)	0.0/0.0	0.0/0.0	0.0/0.0	0.0/0.0	0.0/0.0	3.6/1.5
EV/EBITDA(배)	0.0	1.4	1.9	0.1	2.8	31.3
EPS(원)	—	509	669	686	-494	854
BPS(원)	—	5,107	5,776	6,461	5,967	8,598
CFPS(원)	—	741	669	1,000	-149	1,171
DPS(원)	—	—	—	—	—	—
EBITDAPS(원)	—	583	657	1,077	1,407	872

재무 비율 〈단위 : %〉

연도	영업이익률	순이익률	부채비율	차입금비율	ROA	ROE	유보율	자기자본비율	EBITDA마진율
2017	9.5	15.7	10.5	2.1	9.8	14.8	1,285.3	90.5	15.4
2016	14.9	-7.2	145.3	133.2	-3.7	-8.2	784.2	40.8	20.3
2015	15.4	13.8	105.5	100.5	5.8	10.5	853.7	48.7	22.2
2014	14.6	14.9	50.9	49.4	7.4	12.3	755.9	66.3	14.6

메디젠휴먼케어 (A236340)

Medizen Humancare

업 종 : 바이오 | 시 장 : KONEX
신용등급 : (Bond) — (CP) — | 기업규모 : —
홈페이지 : www.medizencare.com | 연 락 처 : 02)555-9808
본 사 : 서울시 강남구 테헤란로 223(역삼동, 큰길타워) 20층

설 립 일	2012.07.20	**종업원수**	26명	**대표이사**	신동직
상 장 일	2016.01.26	**감사의견**	적정(우리)	**계 열**	
결 산 기	12월	**보 통 주**		**종속회사수**	
액 면 가	—	**우 선 주**		**구 상 호**	

주주구성 (지분율,%)		출자관계 (지분율,%)		주요경쟁사 (외형,%)	
신동직	36.7			메디젠휴먼케어	100
케이투유동화전문투자조합	12.4			진매트릭스	172
				네추럴FNP	1,608

매출구성		비용구성		수출비중	
M-CHECK	99.2	매출원가율	47.9	수출	0.0
기타(연구과제)	0.7	판관비율	89.4	내수	100.0
타액키트	0.1				

회사 개요

동사는 유전정보 분석기반 헬스케어 기업으로 2016년 1월 26일 코넥스 시장에 상장됨. 개인별 맞춤형 질병예측 서비스인 '엠체크(M-Check)' 등 다양한 서비스를 제공하고 있음. 국내 최다의 한국인과 동양인 DB 및 시료를 보유하고 있으며 분석의 정확성을 위해 한 질병 당 분석 유전자수를 최대로 활용함. 건강검진용을 비롯해 약 200여 종류의 분석 패키지를 시장에 선보이고 있음.

실적 분석

동사의 2017년도 연간 매출액은 30.1억원으로 전년도 대비 85.6% 증가함. 영업손실은 11.2억원으로 전년도 13.4억원보다 적자 폭은 감소함. 국내 대형 피부과, 화장품 기업 및 제약회사 등과 협력해 화장품 사업을 위한 기초 연구가 진행 중에 있음. 향후 다양한 유전체분석 노하우 및 결과를 IT 기업과의 협업을 통해 개인별 맞춤 스마트 헬스케어(웨어러블 디바이스)에 필요한 콘텐츠 제공 사업으로 확장해나갈 계획.

현금 흐름 *IFRS 별도 기준 〈단위 : 억원〉

항목	2016	2017
영업활동	-12	-14
투자활동	-1	-7
재무활동	-1	34
순현금흐름	-14	13
기말현금	7	21

시장 대비 수익률

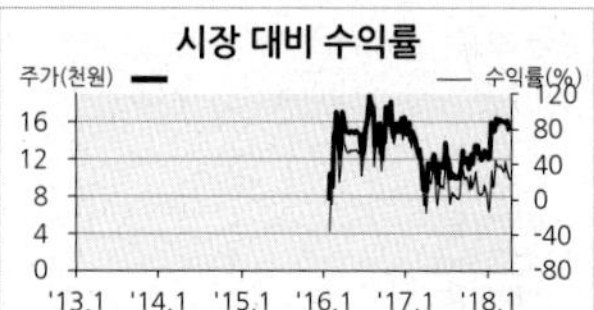

결산 실적 〈단위 : 억원〉

항목	2012	2013	2014	2015	2016	2017
매출액	0	1	6	10	16	30
영업이익	-3	-11	-16	-14	-13	-11
당기순이익	-3	-12	-17	-19	-16	-13

분기 실적 *IFRS 별도 기준 〈단위 : 억원〉

항목	2016.3Q	2016.4Q	2017.1Q	2017.2Q	2017.3Q	2017.4Q
매출액	—	—	—	—	—	—
영업이익	—	—	—	—	—	—
당기순이익	—	—	—	—	—	—

재무 상태 *IFRS 별도 기준 〈단위 : 억원〉

항목	2012	2013	2014	2015	2016	2017
총자산	11	15	38	41	26	52
유형자산	5	3	11	7	5	5
무형자산	—	—	—	—	0	3
유가증권	—	—	—	—	1	1
총부채	5	18	14	25	26	31
총차입금	5	18	13	22	22	22
자본금	7	8	12	12	12	13
총자본	6	-3	24	16	-1	21
지배주주지분	6	-3	24	16	-1	21

기업가치 지표 *IFRS 별도 기준

항목	2012	2013	2014	2015	2016	2017
주가(최고/저)(천원)	#VALUE!	—/—	—/—	—/—	—/—	—/—
PER(최고/저)(배)	0.0/0.0	0.0/0.0	0.0/0.0	0.0/0.0	—/—	—/—
PBR(최고/저)(배)	0.0/0.0	0.0/0.0	0.0/0.0	0.0/0.0	-931.0/-347.1	20.3/10.5
EV/EBITDA(배)	—	—	—	—	—	—
EPS(원)	-272	-769	-794	-820	-652	-514
BPS(원)	418	-180	1,021	670	-21	812
CFPS(원)	-187	-613	-535	-650	-519	-368
DPS(원)	—	—	—	—	—	—
EBITDAPS(원)	-187	-589	-517	-414	-424	-286

재무 비율 〈단위 : %〉

연도	영업이익률	순이익률	부채비율	차입금비율	ROA	ROE	유보율	자기자본비율	EBITDA마진율
2017	-37.4	-44.5	144.7	104.0	-34.4	전기잠식	62.5	40.9	-24.7
2016	-82.2	-96.1	완전잠식	완전잠식	-46.7	당기잠식	-104.2	-1.9	-62.5
2015	-132.6	-186.3	156.2	134.7	-48.4	-96.2	34.0	39.0	-94.0
2014	-282.3	-288.8	59.4	54.7	-64.1	전기잠식	104.2	62.7	-188.1

메디톡스 (A086900)

Medy-Tox

업 종 : 제약 | 시 장 : KOSDAQ
신용등급 : (Bond) — (CP) — | 기업규모 : 우량
홈페이지 : www.medy-tox.co.kr | 연 락 처 : 043)217-1555
본 사 : 충북 청주시 청원구 오창읍 각리1길 78

설 립 일	2000.05.02	**종업원수**	423명	**대표이사**	정현호
상 장 일	2009.01.16	**감사의견**	적정(한영)	**계 열**	
결 산 기	12월	**보 통 주**		**종속회사수**	3개사
액 면 가	500원	**우 선 주**		**구 상 호**	

주주구성 (지분율,%)		출자관계 (지분율,%)		주요경쟁사 (외형,%)	
정현호	18.5	메디톡스코리아	100.0	메디톡스	100
Wasatch Advisors, Inc.	5.0	벙커엠	100.0	한미사이언스	360
(외국인)	46.6	메디톡스벤처투자	50.6	한미약품	506

매출구성		비용구성		수출비중	
메디톡신, Neuronox, Siax, 뉴라미스	91.2	매출원가율	19.1	수출	—
기술이전 계약금 등	8.5	판관비율	31.2	내수	—
뉴라젯, 뉴라펜	0.3				

회사 개요

동사는 의약품 관련 기술 및 제품의 제조업, 보툴리눔 독소단백질 치료제 제조업 등을 영위할 목적으로 2000년 5월 설립됨. 2009년 1월 코스닥시장에 상장됨. 주력 제품인 보툴리눔 A형 독소 의약품 메디톡신주®(Neuronox®)는 동사가 세계 4번째 독자적인 원천기술로 개발한 제품임. 기존의 메디톡신과 함께 미용시장에서 경쟁력을 가질 수 있는 HA 필러를 개발하여 국내외매출을 확대하고 있음.

실적 분석

동사의 2017년 연결기준 누적 매출액은 외형확대로 인해 전년대비 36% 증가한 1,812.4억원을 기록함. 메디톡신, 이노톡스 등 보툴리눔 톡신 제제와 함께 히알루론산 필러 '뉴라미스'가 매출 호조세를 보였기 때문임. 판매비와 관리비는 경상개발비 증가 등으로 전년동기 대비 66.1% 증가함. 영업이익은 901.6억원으로 전년대비 19.9%증가하였고, 당기순이익은 23.5% 증가한 731.7억원을 시현함.

현금 흐름 〈단위 : 억원〉

항목	2016	2017
영업활동	541	597
투자활동	-1,143	-413
재무활동	492	-74
순현금흐름	-114	106
기말현금	158	264

시장 대비 수익률

결산 실적 〈단위 : 억원〉

항목	2012	2013	2014	2015	2016	2017
매출액	363	391	759	885	1,333	1,812
영업이익	170	168	500	517	752	902
당기순이익	154	143	436	423	592	732

분기 실적 〈단위 : 억원〉

항목	2016.3Q	2016.4Q	2017.1Q	2017.2Q	2017.3Q	2017.4Q
매출액	330	400	405	475	403	530
영업이익	178	221	212	264	169	257
당기순이익	146	151	170	205	132	225

재무 상태 〈단위 : 억원〉

항목	2012	2013	2014	2015	2016	2017
총자산	705	794	1,685	2,036	3,240	3,891
유형자산	206	358	510	810	1,506	1,844
무형자산	85	78	99	103	193	284
유가증권	1	2	1	2	137	21
총부채	153	187	869	901	1,764	1,844
총차입금	78	85	84	251	1,015	1,161
자본금	28	28	28	28	28	28
총자본	552	607	816	1,135	1,477	2,047
지배주주지분	552	607	816	1,135	1,477	1,998

기업가치 지표

항목	2012	2013	2014	2015	2016	2017
주가(최고/저)(천원)	94.1/23.3	181/78.8	316/117	592/305	552/314	637/343
PER(최고/저)(배)	35.5/8.8	73.3/32.0	41.5/15.4	80.3/41.3	53.2/30.2	49.4/26.6
PBR(최고/저)(배)	9.1/2.3	14.7/6.4	17.0/6.3	24.1/12.4	16.5/9.4	14.1/7.6
EV/EBITDA(배)	24.8	51.0	32.8	51.3	26.1	28.8
EPS(원)	2,729	2,529	7,713	7,477	10,471	12,955
BPS(원)	10,684	12,601	18,843	24,870	33,713	45,493
CFPS(원)	3,040	2,859	8,218	8,157	11,311	14,407
DPS(원)	500	1,000	1,500	1,700	2,000	2,200
EBITDAPS(원)	3,323	3,293	9,337	9,813	14,129	17,391

재무 비율 〈단위 : %〉

연도	영업이익률	순이익률	부채비율	차입금비율	ROA	ROE	유보율	자기자본비율	EBITDA마진율
2017	49.8	40.4	90.1	56.7	20.5	42.2	8,998.6	52.6	54.3
2016	56.4	44.5	119.4	68.7	22.5	45.4	6,642.6	45.6	60.0
2015	58.4	47.8	79.4	22.1	22.7	43.4	4,874.0	55.8	62.7
2014	65.8	57.5	106.5	10.4	35.2	61.3	3,668.6	48.4	69.6

메디포스트 (A078160)

Medipost

업 종 : 바이오 | 시 장 : KOSDAQ
신용등급 : (Bond) — (CP) — | 기업규모 : 벤처
홈페이지 : www.medi-post.co.kr | 연 락 처 : 02)3465-6677
본 사 : 경기도 성남시 분당구 대왕판교로 644번길 21(삼평동)

설 립 일	2000.06.26	**종업원수**	205명	**대표이사**	양윤선
상 장 일	2005.07.29	**감사의견**	적정(다산)	**계 열**	
결 산 기	12월	**보 통 주**		**종속회사수**	2개사
액 면 가	500원	**우 선 주**		**구 상 호**	

주주구성 (지분율,%)		출자관계 (지분율,%)		주요경쟁사 (외형,%)	
양윤선	6.4	에임메드	33.4	메디포스트	100
국민연금공단	5.1	랩지노믹스	1.4	셀트리온	2,246
(외국인)	7.8	SHANGDONGORLIFEPHARMACEUTICAL	50.0	바이로메드	7

매출구성		비용구성		수출비중	
제대혈 보관 및 조혈모세포 이식 등	55.4	매출원가율	41.5	수출	0.8
동종줄기세포치료제	19.7	판관비율	58.5	내수	99.2
멀티 비타민, 미네랄 건강기능식품	14.8				

회사 개요

동사는 줄기세포치료제 개발, 제대혈 보관, 조혈모세포이식 및 건강기능식품 판매 등의 사업을 영위함. 매출의 60% 이상을 차지하는 제대혈보관사업은 주로 병원에서 산모를 대상으로 한 계약에 의해 이루어짐. 동종줄기세포치료제인 카티스템은 2012년에 세계최초로 국내에서 품목허가를 받았고 동아에스티에 국내 독점판매권을 부여함. 건강기능식품사업은 임산부의 건강관리에 필요한 영양보충제품을 산부인과를 통하여 임산부에게 판매하고 있음.

실적 분석

동사의 연결기준 2017년 매출액은 전년 대비 47.5% 증가한 422.5억원을 기록한 반면, 판관비는 대손상각비 및 경상개발비 감소의 영향으로 전년 동기 대비 1.2% 감소함. 동기간 영업손실은 0.1억원을 기록하며 적자지속함. 반면, 비영업손익은 금융이익 감소와 외환손실의 영향으로 적자전환함. 이에 따라 동사의 2017년 당기순손실은 14.5억원을 기록하며 적자지속함.

현금 흐름 〈단위 : 억원〉

항목	2016	2017
영업활동	-44	-9
투자활동	-190	-28
재무활동	80	27
순현금흐름	-153	-10
기말현금	101	91

시장 대비 수익률

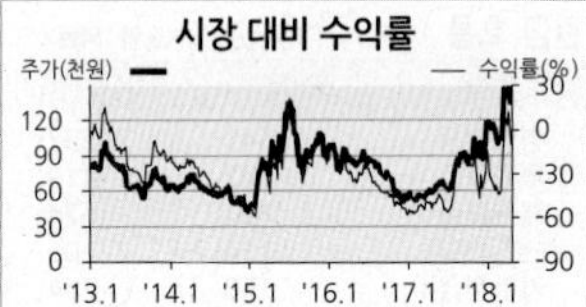

결산 실적 〈단위 : 억원〉

항목	2012	2013	2014	2015	2016	2017
매출액	408	415	414	376	287	422
영업이익	-12	-2	-18	-2	-93	-0
당기순이익	19	11	-18	27	-54	-14

분기 실적 〈단위 : 억원〉

항목	2016.3Q	2016.4Q	2017.1Q	2017.2Q	2017.3Q	2017.4Q
매출액	66	68	97	121	93	112
영업이익	-25	-32	-6	10	-10	5
당기순이익	-14	-12	14	11	-12	-27

재무 상태 〈단위 : 억원〉

항목	2012	2013	2014	2015	2016	2017
총자산	1,374	1,458	1,860	1,829	1,793	1,817
유형자산	176	386	476	459	442	426
무형자산	355	409	458	456	511	493
유가증권	98	69	127	116	119	122
총부채	202	283	686	365	360	402
총차입금	6	78	447	179	157	156
자본금	36	36	36	39	39	39
총자본	1,172	1,174	1,173	1,465	1,433	1,415
지배주주지분	1,164	1,164	1,166	1,465	1,433	1,415

기업가치 지표

항목	2012	2013	2014	2015	2016	2017
주가(최고/저)(천원)	210/74.0	101/53.9	73.9/42.0	166/46.2	103/49.9	117/52.1
PER(최고/저)(배)	887.6/312.6	726.9/387.9	—/—	466.3/129.3	—/—	—/—
PBR(최고/저)(배)	12.8/4.5	6.1/3.2	4.5/2.5	8.7/2.4	5.5/2.7	6.4/2.8
EV/EBITDA(배)	1,110.4	166.4	238.5	163.5	—	193.3
EPS(원)	237	139	-257	357	-683	-184
BPS(원)	16,435	16,612	16,542	19,149	18,570	18,336
CFPS(원)	471	529	181	967	-82	418
DPS(원)	—	—	—	—	—	—
EBITDAPS(원)	67	362	192	583	-585	601

재무 비율 〈단위 : %〉

연도	영업이익률	순이익률	부채비율	차입금비율	ROA	ROE	유보율	자기자본비율	EBITDA마진율
2017	0.0	-3.4	28.4	11.0	-0.8	-1.0	3,567.2	77.9	11.2
2016	-32.5	-18.7	25.1	10.9	-3.0	-3.7	3,614.1	79.9	-16.0
2015	-0.6	7.2	24.9	12.3	1.5	2.1	3,729.7	80.1	12.1
2014	-4.3	-4.4	58.5	38.1	-1.1	-1.6	3,208.3	63.1	3.3

메디프론디비티 (A065650)

Medifron DBT

업 종 : 컴퓨터 및 주변기기 | 시 장 : KOSDAQ
신용등급 : (Bond) — (CP) — | 기업규모 : 중견
홈페이지 : www.medifron.com | 연 락 처 : 02)545-9277
본 사 : 서울시 강서구 양천로 583, A동 1401호(염창동, 우림블루나인비즈니스센터)

설 립 일	1997.03.18	**종업원수**	23명	**대표이사**	김영호
상 장 일	2003.01.16	**감사의견**	적정(삼덕)	**계 열**	
결 산 기	12월	**보 통 주**		**종속회사수**	
액 면 가	500원	**우 선 주**		**구 상 호**	

주주구성 (지분율,%)		출자관계 (지분율,%)		주요경쟁사 (외형,%)	
묵인희	2.5	브레인케어	42.0	메디프론	100
이림테크	2.1			빅솔론	428
(외국인)	1.4			제이스테판	175

매출구성		비용구성		수출비중	
LCD모니터, 공유기,마우스,게임기기 외	91.1	매출원가율	88.3	수출	0.0
정보제공수수료	8.1	판관비율	9.4	내수	100.0
비마약성 강력진통제 등	0.8				

회사 개요

동사의 사업부문은 3가지로서, 유무선 통신사 및 포탈사이트, 커뮤니티 사이트 등에 컨텐츠를 제공하는 부문과, LCD모니터 및 마우스, 외장하드 등의 유통 부문, 알츠하이머성 치매치료제, 비마약성 강력진통제 등 중추신경계 질병치료 신약을 개발하는 부문 등임. IT기기 유통부문이 전체 매출의 대부분을 차지함. 2006년 의약품 연구개발, 2007년 IT 기기 유통 등 사업목적 추가하며 사업 다각화 노력 지속 중임.

실적 분석

동사의 2017년 매출액은 209.1억원으로 전년 동기 대비 59.7% 증가함. IT유통부문의 매출확대로 외형이 확대되었고 영업이익 흑자전환에 성공. 다만, 무형자산 손상차손 반영으로 당기순손실이 확대됨. 신규 벤조퓨란계 유도체 인지기능장애로 인한 알츠하이머 치료제 물질에 대한 특허를 취득하는 등 신약부문의 R&D 강화, 신규 거래선 개척으로 성장 확보에 주력하고 있음.

현금 흐름 *IFRS 별도 기준 〈단위 : 억원〉

항목	2016	2017
영업활동	-12	-12
투자활동	16	-83
재무활동	—	108
순현금흐름	4	13
기말현금	22	35

시장 대비 수익률

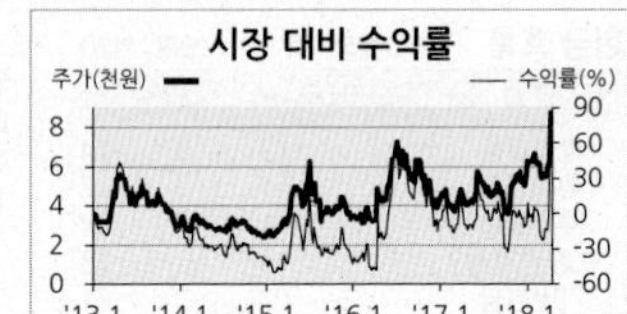

결산 실적 〈단위 : 억원〉

항목	2012	2013	2014	2015	2016	2017
매출액	88	113	54	82	131	209
영업이익	-22	-16	-26	3	-5	5
당기순이익	-21	-20	-85	-17	-40	-115

분기 실적 *IFRS 별도 기준 〈단위 : 억원〉

항목	2016.3Q	2016.4Q	2017.1Q	2017.2Q	2017.3Q	2017.4Q
매출액	35	46	47	50	57	55
영업이익	-2	1	0	1	1	2
당기순이익	-3	-31	-1	2	2	-117

재무 상태 *IFRS 별도 기준 〈단위 : 억원〉

항목	2012	2013	2014	2015	2016	2017
총자산	365	347	265	308	278	262
유형자산	2	1	0	0	0	0
무형자산	275	275	212	196	165	46
유가증권	0	0	0	36	16	5
총부채	10	12	15	70	22	15
총차입금	—	—	—	57	—	—
자본금	123	123	123	123	133	147
총자본	355	335	249	238	256	247
지배주주지분	355	335	249	238	256	247

기업가치 지표 *IFRS 별도 기준

항목	2012	2013	2014	2015	2016	2017
주가(최고/저)(천원)	10.1/3.0	6.0/3.0	3.7/2.5	6.5/2.5	7.7/3.2	6.5/3.5
PER(최고/저)(배)	—/—	—/—	—/—	—/—	—/—	—/—
PBR(최고/저)(배)	7.0/2.1	4.4/2.2	3.6/2.4	6.7/2.6	7.9/3.3	7.7/4.2
EV/EBITDA(배)	—	—	—	304.0	—	291.1
EPS(원)	-85	-80	-337	-68	-146	-420
BPS(원)	1,437	1,357	1,011	965	962	841
CFPS(원)	-82	-77	-339	-68	-148	-420
DPS(원)	—	—	—	—	—	—
EBITDAPS(원)	-84	-61	-101	12	-18	18

재무 비율 〈단위 : %〉

연도	영업이익률	순이익률	부채비율	차입금비율	ROA	ROE	유보율	자기자본비율	EBITDA마진율
2017	2.3	-54.8	6.0	0.0	-42.4	-45.5	68.1	94.3	2.4
2016	-3.8	-30.3	8.5	0.0	-13.5	-16.1	92.4	92.2	-3.7
2015	3.1	-20.8	29.6	24.2	-6.0	-7.0	92.9	77.2	3.5
2014	-48.7	-157.2	6.2	0.0	-27.8	-29.1	102.2	94.2	-45.9

메디플란트 (A015540)
Mediplant

업　　종 : 도소매　　시　　장 : 거래소
신용등급 : (Bond) —　(CP) —　　기업규모 : 시가총액 소형주
홈페이지 : www.medi-plant.co.kr　　연 락 처 : 02)3404-3222
본　　사 : 서울시 강남구 언주로 725 동관 8층(논현동, 보전빌딩)

설 립 일	1981.09.02	**종업원수**	63명	**대표이사**	조재진,문정호
상 장 일	1989.09.02	**감사의견**	적정(안경)	**계　열**	
결 산 기	12월	**보 통 주**		**종속회사수**	4개사
액 면 가	500원	**우 선 주**		**구 상 호**	핫텍

주주구성 (지분율,%)		출자관계 (지분율,%)		주요경쟁사 (외형,%)	
메디파트너	24.7	티켓나라	100.0	메디플란트	100
유니온투자조합	1.8	알벌비이십일	100.0	부방	576
(외국인)	1.7	한셋글로벌	30.0	대명코퍼레이션	354

매출구성		비용구성		수출비중	
상품권	100.0	매출원가율	99.1	수출	0.0
관리수수료	0.0	판관비율	9.7	내수	100.0

회사 개요
동사는 1981년 설립되어 1989년 9월에 유가증권 시장에 상장하였고 2017년 사명을 핫텍에서 메디플란트로 변경함. 주요 사업 영역은 상품권 유통, 치과재료 및 장비 판매, 건설기계 임대 등이며 연결대상 종속회사로는 티켓나라, 알트비이십일, JUNE SKY 이 있음. 동사는 당기중 100% 자회사였던 미덴탈을 합병하여 종속기업에서 제외하였으며 연결대상자회사는 당기에 모두 순손실을 기록함.

실적 분석
동사의 2017년 결산 연결기준 매출액은 전년대비 4.3% 감소한 665.8억원을 기록함. 외형 축소에도 여전히 원가율은 100%를 상회하였으며 특히 신규사업에 따른 판관비 증가로 영업손실이 확대됨. 관련기업투자손실 등이 감액되며 비영업손실은 축소됐으나 여전히 적자를 보여 당기순손실 73.1억원을 시현함. 당기 사업부문별 매출비중은 상품권 등 95.37%, 치과재료 4.62% 및 기타로 구성됨.

현금 흐름
<단위 : 억원>

항목	2016	2017
영업활동	-29	-53
투자활동	74	-63
재무활동	-54	63
순현금흐름	6	-28
기말현금	31	3

시장 대비 수익률
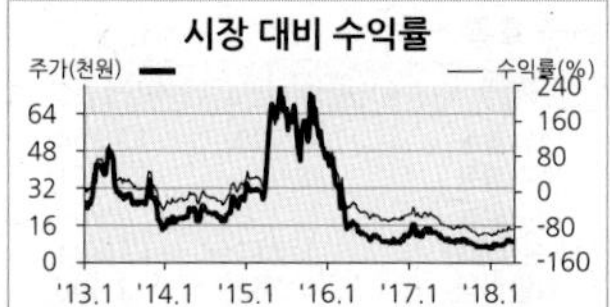

결산 실적
<단위 : 억원>

항목	2012	2013	2014	2015	2016	2017
매출액	1,033	872	995	982	696	666
영업이익	-25	-27	-43	-90	-42	-58
당기순이익	-86	-35	-128	-277	-108	-73

분기 실적
<단위 : 억원>

항목	2016.3Q	2016.4Q	2017.1Q	2017.2Q	2017.3Q	2017.4Q
매출액	182	175	202	205	164	95
영업이익	-10	-12	-12	-16	-18	-12
당기순이익	-14	-37	-13	-17	-19	-24

재무 상태
<단위 : 억원>

항목	2012	2013	2014	2015	2016	2017
총자산	138	124	120	284	131	173
유형자산	23	21	7	4	2	9
무형자산	5	5	33	42	9	7
유가증권	3	3	7	39	4	11
총부채	16	13	26	223	73	99
총차입금	14	3	7	192	68	75
자본금	193	209	103	145	17	22
총자본	121	111	93	61	58	74
지배주주지분	121	111	94	59	58	74

기업가치 지표

항목	2012	2013	2014	2015	2016	2017
주가(최고/저)(천원)	43.9/9.3	51.4/14.1	32.3/14.3	85.9/26.6	45.5/8.1	16.7/6.5
PER(최고/저)(배)	—/—	—/—	—/—	—/—	—/—	—/—
PBR(최고/저)(배)	4.6/1.0	6.5/1.8	7.0/3.1	41.7/12.9	27.0/4.8	9.8/3.8
EV/EBITDA(배)	—	—	—	—	—	—
EPS(원)	-9,181	-2,535	-6,885	-9,071	-3,148	-1,773
BPS(원)	315	266	460	206	1,686	1,709
CFPS(원)	-294	-76	-665	-898	-3,116	-1,742
DPS(원)	—	—	—	—	—	—
EBITDAPS(원)	-79	-58	-205	-318	-1,193	-1,385

재무 비율
<단위 : %>

연도	영업이익률	순이익률	부채비율	차입금비율	ROA	ROE	유보율	자기자본비율	EBITDA마진율
2017	-8.8	-11.0	133.9	101.3	-48.0	-110.6	241.8	42.8	-8.6
2016	-6.1	-15.6	125.6	117.3	-52.1	-184.1	237.2	44.3	-5.9
2015	-9.1	-28.2	일부잠식	일부잠식	-136.8	-324.5	-58.8	21.6	-8.9
2014	-4.3	-12.9	일부잠식	일부잠식	-105.1	-125.1	-8.0	77.9	-3.8

메리츠금융지주 (A138040)
Meritz Financial Group

업　　종 : 보험　　시　　장 : 거래소
신용등급 : (Bond) AA　(CP) A1　　기업규모 : 시가총액 중형주
홈페이지 : www.meritzgroup.com　　연 락 처 : 02)2018-6868
본　　사 : 서울시 강남구 강남대로 382(역삼동)

설 립 일	2011.03.28	**종업원수**	16명	**대표이사**	김용범
상 장 일	2011.05.13	**감사의견**	적정(한영)	**계　열**	
결 산 기	12월	**보 통 주**		**종속회사수**	154개사
액 면 가	500원	**우 선 주**		**구 상 호**	

주주구성 (지분율,%)		출자관계 (지분율,%)		주요경쟁사 (외형,%)	
조정호	69.0			메리츠금융지주	100
KB자산운용	6.5			코리안리	583
(외국인)	7.2			동양생명	416

수익구성		비용구성		수출비중	
		이자비용	2.7	수출	—
		파생상품손실	0.0	내수	—
		판관비	10.2		

회사 개요
동사는 2011년 금융지주회사의 설립을 목적으로 메리츠화재와 메리츠금융지주로 회사 인적분할에 따라 설립됨. 국내 최초의 보험지주회사로 설립된 이래 유럽 재정위기, 글로벌 금융시장의 불확실성 확대로 어려운 경영환경이 지속되고 있지만 지주체제를 통해 그룹 리스크 및 대응 프로세스를 보다 견고히 하고 비상경영체제를 통해 강도 높은 비용 절감을 추진하고 있음. 동사는 금융 자회사 경영 관리를 주 목적으로 함.

실적 분석
동사는 지난해 연결기준 영업이익이 전년대비 45.8% 증가한 1조37억원으로 집계. 같은 기간 매출액은 13조5021억원으로 9.3% 증가했고, 당기순이익은 7557억3514만원으로 44.8% 증가. 아울러 보통주 1주당 520원의 현금배당을 결정. 메리츠화재의 장기보장성 신계약은 업계 최고 수준의 장기상품 경쟁력으로 상위 수준의 성장률을 유지하고 있으나, 상위사 대비 판매채널의 수적 열세에 있어 채널 경쟁력 강화 노력을 지속하고 있음.

현금 흐름
<단위 : 억원>

항목	2016	2017
영업활동	-3,025	-13,865
투자활동	-17,444	-17,792
재무활동	22,633	35,765
순현금흐름	2,171	4,096
기말현금	10,087	14,183

시장 대비 수익률

결산 실적
<단위 : 억원>

항목	2012	2013	2014	2015	2016	2017
이자수익	5,549	4,628	7,948	9,366	11,137	12,356
영업이익	1,883	2,001	2,726	6,168	6,884	10,037
당기순이익	1,372	1,531	2,377	4,421	5,220	7,557

분기 실적
<단위 : 억원>

항목	2016.3Q	2016.4Q	2017.1Q	2017.2Q	2017.3Q	2017.4Q
이자수익	2,882	2,855	3,015	3,009	3,130	3,201
영업이익	1,978	1,381	2,696	3,077	2,134	2,131
당기순이익	1,476	1,078	2,117	2,342	1,636	1,462

재무 상태
<단위 : 억원>

항목	2012	2013	2014	2015	2016	2017
총자산	195,640	211,075	267,625	320,263	375,437	420,528
유형자산	5,673	5,742	5,967	6,005	5,604	5,478
무형자산	16,120	14,655	12,523	10,632	8,945	7,517
유가증권	91,699	92,362	132,449	154,572	181,266	205,151
총부채	173,866	189,509	237,629	283,969	335,571	372,209
총차입금	35,230	43,620	70,195	97,641	121,868	145,225
자본금	574	574	714	714	714	714
총자본	21,774	21,566	29,997	36,293	39,866	48,319
지배주주지분	9,564	9,425	13,636	15,566	17,587	20,576

기업가치 지표

항목	2012	2013	2014	2015	2016	2017
주가(최고/저)(천원)	3.9/2.0	5.9/3.4	8.7/5.9	15.5/8.5	12.1/9.8	16.2/10.5
PER(최고/저)(배)	9.0/4.6	10.9/6.3	10.4/7.1	11.7/6.4	7.3/5.9	6.5/4.2
PBR(최고/저)(배)	0.5/0.3	0.8/0.5	1.0/0.7	1.5/0.8	1.0/0.8	1.1/0.7
PSR(최고/저)(배)	1/0	2/1	2/1	3/1	2/1	2/1
EPS(원)	477	590	912	1,426	1,769	2,590
BPS(원)	8,634	8,364	9,664	11,015	12,429	14,767
CFPS(원)	3,062	2,541	3,043	3,296	3,185	3,853
DPS(원)	75	90	85	155	300	520
EBITDAPS(원)	1,641	1,744	2,138	4,317	4,818	7,025

재무 비율
<단위 : %>

연도	계속사업이익률	순이익률	부채비율	차입금비율	ROA	ROE	유보율	자기자본비율	총자산증가율
2017	82.9	61.2	770.3	300.6	1.9	19.4	2,853.4	11.5	12.0
2016	61.7	46.9	841.8	305.7	1.5	15.3	2,385.8	10.6	17.2
2015	65.5	47.2	782.4	269.0	1.5	14.0	2,102.9	11.3	19.7
2014	38.6	29.9	792.2	234.0	1.0	10.1	1,832.8	11.2	36.8

메리츠종합금융증권 (A008560)

Meritz Securities

업 종 : 증권 | 시 장 : 거래소
신용등급 : (Bond) AA- (CP) A1 | 기업규모 : 시가총액 대형주
홈페이지 : home.imeritz.com | 연 락 처 : 02)785-6611
본 사 : 서울시 영등포구 국제금융로6길 15 (여의도동)

설 립 일	1973.02.24	**종업원수**	1,416명	**대표이사**	최희문
상 장 일	1991.12.24	**감사의견**	적정(한영)	**계 열**	
결 산 기	12월	**보 통 주**		**종속회사수**	111개사
액 면 가	1,000원	**우 선 주**		**구 상 호**	

주주구성 (지분율,%)		출자관계 (지분율,%)		주요경쟁사 (외형,%)	
메리츠금융지주	44.5	메리츠캐피탈	100.0	메리츠종금증권	100
국민연금공단	9.1	오라클1호합자조합	37.7	미래에셋대우	202
(외국인)	9.2	프렌드프라이빗에쿼티PEF	20.0	삼성증권	114

수익구성		비용구성		수출비중	
금융상품 관련이익	62.6	이자비용	6.2	수출	—
외환거래이익	20.7	파생상품손실	0.0	내수	—
이자수익	7.9	판관비	8.3		

회사 개요

동사는 2010년 4월 메리츠종합금융과의 합병으로 2020년 3월까지 유일하게 종합금융업을 영위할 수 있음. 이에 따라 기존 증권업 외에 종금대출업 등으로 사업포트폴리오를 다각화 했으며, 아울러 메리츠자산운용, 메리츠금융서비스, 메리츠캐피탈 등 계열회사와의 시너지 창출에 성공하고 있는 것으로 판단. 아울러 동사는 6월 아이엠투자증권과의 합병을 완료하였으며, 최근 4,100억원 규모의 유상증자를 성공적으로 완료하였음.

실적 분석

동사는 2017년 연결 기준 전년보다 40%가량 증가한 3,552억원의 당기순이익을 기록했음. 핵심 재무지표인 자기자본이익률(ROE) 역시 2015년 증권사 최초로 20%를 넘긴 뒤 꾸준히 두 자릿수를 유지 중. 동사는 2010년 4월 메리츠종금과의 합병 이후 2020년 3월까지 종합금융업 라이선스를 활용한 종금의 단기금융, 국제금융 및 리스업무까지 가능해지면서 다양한 수익구조 창출을 모색 중.

현금 흐름 〈단위 : 억원〉

항목	2016	2017
영업활동	-3,989	-36,507
투자활동	-9,962	7,361
재무활동	15,052	32,848
순현금흐름	1,110	3,692
기말현금	6,572	10,263

시장 대비 수익률

결산 실적 〈단위 : 억원〉

항목	2012	2013	2014	2015	2016	2017
순영업손익	2,725	2,186	3,919	8,003	6,465	8,484
영업이익	764	682	1,443	4,051	3,269	4,436
당기순이익	586	516	1,447	2,873	2,538	3,552

분기 실적 〈단위 : 억원〉

항목	2016.3Q	2016.4Q	2017.1Q	2017.2Q	2017.3Q	2017.4Q
순영업손익	1,615	1,486	1,852	2,482	2,064	2,086
영업이익	814	682	978	1,251	1,143	1,064
당기순이익	630	575	809	981	898	865

재무 상태 〈단위 : 억원〉

항목	2012	2013	2014	2015	2016	2017
총자산	84,658	86,837	117,838	144,287	172,678	234,506
유형자산	730	697	1,040	1,013	996	982
무형자산	506	459	484	405	357	350
유가증권	40,006	36,860	64,687	77,067	90,435	105,392
총부채	77,584	79,693	107,066	127,101	153,895	201,380
총차입금	32,311	33,788	53,688	73,650	89,746	136,765
자본금	3,092	3,095	3,118	4,966	4,966	7,175
총자본	7,073	7,145	10,771	17,186	18,783	33,126
지배주주지분	7,073	7,145	8,998	17,186	18,783	32,129

기업가치 지표

항목	2012	2013	2014	2015	2016	2017
주가(최고/저)(천원)	1.1/0.5	1.4/1.0	3.6/1.3	5.7/2.9	3.6/2.8	5.2/3.3
PER(최고/저)(배)	7.8/3.8	10.9/8.0	9.9/3.5	9.1/4.7	7.7/6.0	9.7/6.2
PBR(최고/저)(배)	0.7/0.3	0.8/0.6	1.6/0.6	1.9/1.0	1.0/0.8	1.2/0.8
PSR(최고/저)(배)	2/1	3/2	4/1	3/2	3/2	4/3
EPS(원)	177	156	434	726	511	559
BPS(원)	2,288	2,340	2,917	3,480	3,802	4,491
CFPS(원)	256	216	510	760	538	600
DPS(원)	85	70	145	230	200	200
EBITDAPS(원)	247	221	464	993	658	707

재무 비율 〈단위 : %〉

연도	계속사업 이익률	순 이익률	부채 비율	차입금 비율	ROA	ROE	유보율	자기자본 비율	총자산 증가율
2017	55.0	41.9	607.9	412.9	1.7	13.8	349.2	14.1	35.8
2016	51.5	39.3	819.3	477.8	1.6	14.1	280.2	10.9	19.7
2015	50.8	35.9	739.6	428.6	2.2	22.6	248.0	11.9	22.5
2014	45.6	36.9	994.0	498.4	1.4	17.9	191.7	9.1	39.2

메리츠화재해상보험 (A000060)

Meritz Fire & Marine Insurance

업 종 : 보험 | 시 장 : 거래소
신용등급 : (Bond) AA (CP) — | 기업규모 : 시가총액 대형주
홈페이지 : www.meritzfire.com | 연 락 처 : 02)1566-7711
본 사 : 서울시 강남구 강남대로 382 메리츠타워

설 립 일	1922.10.01	**종업원수**	1,702명	**대표이사**	김용범
상 장 일	1956.07.02	**감사의견**	적정(한영)	**계 열**	
결 산 기	12월	**보 통 주**		**종속회사수**	28개사
액 면 가	500원	**우 선 주**		**구 상 호**	

주주구성 (지분율,%)		출자관계 (지분율,%)		주요경쟁사 (외형,%)	
메리츠금융지주	52.0	메리츠코린도	51.0	메리츠화재	100
메리츠화재해상보험우리사주조합	5.0	마포애경타운	14.0	코리안리	112
(외국인)	20.0	신한인프라포트폴리오	10.4	동양생명	80

수익구성		비용구성		수출비중	
장기	78.5	책임준비금전입	21.5	수출	—
자동차	12.0	보험금비용	30.5	내수	—
특종	6.0	사업비	9.7		

회사 개요

동사는 1922년 10월 조선화재해상보험주식회사라는 상호로 설립된 후 1950년에 동양화재해상보험으로 사명을 변경했고, 2005년 메리츠화재해상보험이 됨. 동사가 소속된 메리츠금융지주엔 동사와 지주사, 메리츠종금증권 등 상장 금융사 3개, 메리츠자산운용, 메리츠부동산자산운용, 메리츠캐피탈, 메리츠금융서비스 등 비상장 금융사 4개, 해외법인과 기타법인 3개 등 9개 계열회사가 있음. 동사는 손해보험업계에서 약 8%의 점유율을 기록하고 있음.

실적 분석

동사의 2017년 영업수익은 7조 9,335.0으로 전년 대비 10.9% 증가. 당기순이익은 3,846.0억원로 62.1% 증가하였음. 손해율이 꾸준히 개선되고 보험료 수입 및 운용수익금도 증가하는 등 보험산업의 성장 정체 속에서도 성장세를 시현하였음. 보험료 자율화에 따른 손해율 개선과 구조조정 효과 등이 맞물려 양호한 실적을 이어갈 것으로 보임.

현금 흐름 〈단위 : 억원〉

항목	2016	2017
영업활동	8,700	22,754
투자활동	-8,430	-20,061
재무활동	0	-960
순현금흐름	271	1,734
기말현금	1,762	3,496

시장 대비 수익률

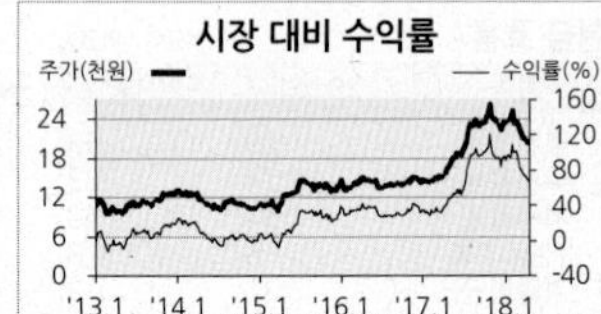

결산 실적 〈단위 : 억원〉

항목	2012	2013	2014	2015	2016	2017
보험료수익	47,687	37,178	51,967	56,658	60,019	64,287
영업이익	1,813	1,748	1,566	2,247	3,143	5,136
당기순이익	1,356	1,337	1,149	1,690	2,372	3,846

분기 실적 〈단위 : 억원〉

항목	2016.3Q	2016.4Q	2017.1Q	2017.2Q	2017.3Q	2017.4Q
보험료수익	14,847	15,396	15,562	16,203	16,000	16,521
영업이익	1,012	583	1,397	1,748	990	1,001
당기순이익	748	434	1,056	1,324	758	708

재무 상태 〈단위 : 억원〉

항목	2012	2013	2014	2015	2016	2017
총자산	101,728	110,526	130,474	148,325	165,737	181,524
유형자산	4,550	4,607	4,776	4,617	4,419	4,384
무형자산	1,198	1,241	1,031	805	539	342
유가증권	50,695	55,970	65,046	75,884	88,146	99,188
총부채	90,832	100,098	116,452	133,513	149,351	163,732
총차입금	—	2,451	2,452	2,852	2,853	2,855
자본금	484	507	530	530	552	552
총자본	10,895	10,428	14,022	14,811	16,385	17,793
지배주주지분	10,862	10,393	13,976	14,762	16,326	17,732

기업가치 지표

항목	2012	2013	2014	2015	2016	2017
주가(최고/저)(천원)	13.0/8.2	13.4/9.5	13.2/10.1	14.9/9.9	15.3/12.6	26.2/14.2
PER(최고/저)(배)	11.2/7.1	12.0/8.6	13.9/10.6	10.7/7.1	7.8/6.4	7.9/4.3
PBR(최고/저)(배)	1.4/0.9	1.5/1.1	1.2/0.9	1.2/0.8	1.1/0.9	1.7/0.9
PSR(최고/저)(배)	0/0	0/0	0/0	0/0	0/0	0/0
EPS(원)	1,404	1,311	1,119	1,590	2,175	3,479
BPS(원)	11,234	10,381	13,303	13,989	14,895	16,234
CFPS(원)	1,726	1,657	1,665	2,108	2,643	3,905
DPS(원)	300	320	380	570	830	1,140
EBITDAPS(원)	1,875	1,727	1,530	2,121	2,891	4,655

재무 비율 〈단위 : %〉

연도	계속사업 이익률	순 이익률	부채 비율	차입금 비율	ROA	ROE	유보율	자기자본 비율	총자산 증가율
2017	8.0	6.0	920.2	16.0	2.2	22.5	3,146.9	9.8	9.5
2016	5.2	4.0	911.5	17.4	1.5	15.2	2,878.9	9.9	11.7
2015	3.9	3.0	901.4	19.3	1.2	11.7	2,697.7	10.0	13.7
2014	3.0	2.2	830.5	17.5	1.0	9.4	2,560.6	10.8	28.3

메이슨캐피탈 (A021880)
MASON CAPITAL

업　　종 : 소비자 금융　　시　　장 : KOSDAQ
신용등급 : (Bond) —　(CP) —　　기업규모 : 중견
홈페이지 : www.mason-capital.co.kr　　연 락 처 : 063)287-5305
본　　사 : 전북 전주시 완산구 기린대로 213, 전주대우빌딩 13층

설립일 1989.09.01	종업원수 15명	대표이사 강승태
상장일 1996.09.02	감사의견 적정(유진)	계열
결산기 03월	보통주	종속회사수 1개사
액면가 500원	우선주	구상호 씨엑스씨종합캐피탈

주주구성 (지분율,%)		출자관계 (지분율,%)		주요경쟁사 (외형,%)	
제이디글로벌에셋조합	16.5	코아신용정보	40.4	메이슨캐피탈	100
디케이알인베스트먼트	14.1	도부라이프텍	19.4	삼성카드	115,591
(외국인)	1.0	온다컴	19.0	텍셀네트컴	15,263

수익구성		비용구성		수출비중	
이자수익	80.4	이자비용	17.9	수출	—
대출채권 등 평가 및 처분이익	9.1	파생상품손실	0.0	내수	—
금융상품 관련이익	8.6	판관비	31.5		

회사 개요

동사는 1989년에 설립되어 1996년 9월에 코스닥시장에 상장한 업체임. 여신전문금융법에 근거해 시설대여업, 신기술사업금융업, 여신성금융업, 기업구조조정 업무 등을 영위하고 있으며 신용조사 및 추심대행업을 영위하는 코아신용정보를 종속회사로 두고 있음. 동사는 2015년 유상증자로 최대주주가 기존 씨엑스씨에서 디케이알인베스트먼트로 바뀌었고, 2016년 4월엔 최대주주가 제이디글로벌에셋조합으로 바뀜.

실적 분석

동사의 2017년 4월 1일부터 2017년 말까지 3분기 누적 매출과 영업이익은 251억원, 5,690만원으로 전년 동기 대비 매출은 47% 증가하고 흑자전환함. 사업 부문별로는 자금대출 43억원, 채권추심 80억원, 기타 121억원, 유가증권 투자 6억원 등의 매출을 올림. 자산총계는 841억원으로 전년 1,020억원 대비 감소함. 부채총계는 399억원으로 전년 639억원 대비 감소함.

현금 흐름 〈단위 : 억원〉

항목	2016	2017.3Q
영업활동	-493	-37
투자활동	-106	317
재무활동	553	-226
순현금흐름	-46	55
기말현금	37	91

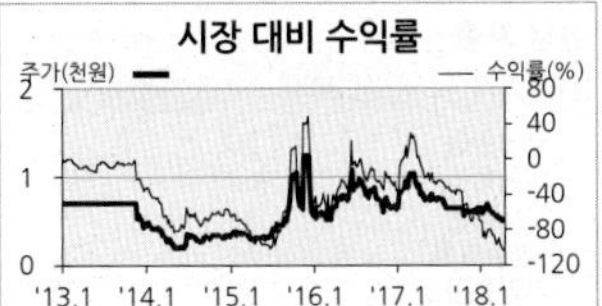

결산 실적 〈단위 : 억원〉

항목	2012	2013	2014	2015	2016	2017
순영업손익	-122	19	29	114	26	—
영업이익	-172	-96	-83	23	-67	—
당기순이익	-258	-114	-90	25	-69	—

분기 실적 〈단위 : 억원〉

항목	2016.2Q	2016.3Q	2016.4Q	2017.1Q	2017.2Q	2017.3Q
순영업손익	2	9	-9	0	6	69
영업이익	-18	-21	-30	-22	-19	41
당기순이익	-18	-21	-31	-22	-18	41

재무 상태 〈단위 : 억원〉

항목	2012	2013	2014	2015	2016	2017.3Q
총자산	449	438	364	532	1,020	841
유형자산	7	6	3	3	4	4
무형자산	1	18	15	10	7	7
유가증권	10	5	6	39	57	59
총부채	111	159	176	211	639	399
총차입금	96	100	100	118	544	263
자본금	615	206	206	286	402	465
총자본	338	279	188	321	381	442
지배주주지분	337	243	152	278	343	406

기업가치 지표

항목	2012	2013	2014	2015	2016	2017.3Q
주가(최고/저)(천원)	1.0/0.5	0.5/0.2	0.3/0.2	1.0/0.2	0.9/0.5	0.9/0.5
PER(최고/저)(배)	—/—	—/—	—/—	31.8/7.2	—/—	—/—
PBR(최고/저)(배)	1.1/0.5	0.9/0.3	0.7/0.3	2.6/0.6	2.8/1.4	2.1/1.3
PSR(최고/저)(배)	0/0	14/5	6/3	5/1	33/17	—/—
EPS(원)	-691	-286	-219	39	-88	2
BPS(원)	686	1,586	1,146	486	426	437
CFPS(원)	-416	-556	-425	44	-85	4
DPS(원)	—	—	—	—	—	—
EBITDAPS(원)	-279	-496	-404	47	-92	1

재무 비율 〈단위 : %〉

연도	계속사업 이익률	순 이익률	부채 비율	차입금 비율	ROA	ROE	유보율	자기자본 비율	총자산 증가율
2016	-262.8	-263.8	일부잠식	일부잠식	-8.9	-20.6	-14.7	37.4	91.7
2015	23.7	22.2	65.8	36.7	5.6	8.8	-2.9	60.3	46.2
2014	-312.4	-312.8	일부잠식	일부잠식	-22.5	-45.9	14.6	51.8	-16.8
2013	-502.2	-603.3	57.0	35.9	-25.7	-38.4	58.6	63.7	-2.5

메지온 (A140410)
Mezzion Pharma

업　　종 : 제약　　시　　장 : KOSDAQ
신용등급 : (Bond) —　(CP) —　　기업규모 : 중견
홈페이지 : www.mezzion.co.kr　　연 락 처 : 02)560-8000
본　　사 : 서울시 강남구 테헤란로 87길 35 C&H빌딩 3층

설립일 2002.09.25	종업원수 22명	대표이사 박동현
상장일 2012.01.20	감사의견 적정(삼영)	계열
결산기 12월	보통주	종속회사수 1개사
액면가 500원	우선주	구상호 동아팜텍

주주구성 (지분율,%)		출자관계 (지분율,%)		주요경쟁사 (외형,%)	
CCE Investment Inc	11.4			메지온	100
박동현	9.7			대한뉴팜	2,342
(외국인)	20.5			비씨월드제약	899

매출구성		비용구성		수출비중	
[발기부전증치료제]Milestone	41.0	매출원가율	83.9	수출	0.0
[국내 의료기기]Stent	41.0	판관비율	317.7	내수	100.0
[발기부전증치료제]상품매출	8.2				

회사 개요

동사는 의약품제조업과 판매업을 주사업목적으로 설립된 글로벌 신약개발 전문기업임. 발기부전치료제로 개발한 신약물질 Udenafil을 미국, 캐나다, 멕시코, 러시아에 발기부전 및 전립선비대증에 대한 치료제 개발을 진행하고 있음. 폰탄수술환자 치료제의 미국 임상 3상 직접 수행과 최종허가를 현지에서 직접 수행하고, 향후 상용화와 판매 마케팅을 위해 자회사를 설립함. 전립선암치료제, 치매치료제를 신규후보물질로 도입 검토 중임.

실적 분석

동사의 2017년 누적매출액은 55.9억원으로 전년대비 36.2% 감소함. 비용측면에서 매출원가와 판관비가 각각 23.8%, 45.6% 상승하면서 영업손실은 168.5억원으로 적자폭이 확대됨. 폰탄임상 3상 진행에 따른 연구개발비 증가로 인해 실적이 악화됨. 현재 발기부전치료제 위탁생산기관인 인도 닥터레디사가 미국 의약품 품질관리기준을 충족하지 못하여 손해배상소송을 제기한 상태임.

현금 흐름 〈단위 : 억원〉

항목	2016	2017
영업활동	-64	-162
투자활동	-368	364
재무활동	-15	-82
순현금흐름	-447	115
기말현금	206	321

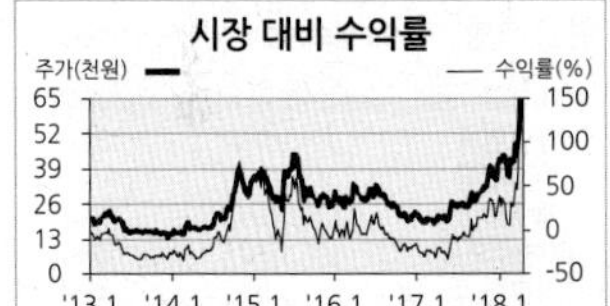

결산 실적 〈단위 : 억원〉

항목	2012	2013	2014	2015	2016	2017
매출액	86	44	49	149	88	56
영업이익	17	-25	-49	-27	-72	-168
당기순이익	24	-8	-26	42	-130	-149

분기 실적 〈단위 : 억원〉

항목	2016.3Q	2016.4Q	2017.1Q	2017.2Q	2017.3Q	2017.4Q
매출액	13	40	13	12	11	20
영업이익	-16	-4	-37	-25	-34	-73
당기순이익	-47	-6	-49	-5	-17	-78

재무 상태 〈단위 : 억원〉

항목	2012	2013	2014	2015	2016	2017
총자산	673	633	779	1,031	959	740
유형자산	2	1	3	7	2	9
무형자산	11	11	30	25	3	16
유가증권	108	49	19	67	270	126
총부채	40	12	117	405	431	209
총차입금	6	—	—	356	383	120
자본금	40	40	41	41	41	42
총자본	633	622	662	625	528	532
지배주주지분	633	622	662	625	528	532

기업가치 지표

항목	2012	2013	2014	2015	2016	2017
주가(최고/저)(천원)	29.7/14.2	23.4/13.7	40.3/14.8	46.6/23.2	34.2/19.6	40.3/18.8
PER(최고/저)(배)	99.8/47.8	—/—	—/—	89.8/44.7	—/—	—/—
PBR(최고/저)(배)	3.1/1.5	2.5/1.5	4.4/1.6	4.8/2.4	4.0/2.3	5.4/2.5
EV/EBITDA(배)	59.9	—	—	—	—	—
EPS(원)	298	-103	-317	519	-1,592	-1,819
BPS(원)	9,572	9,429	9,228	9,727	8,535	7,417
CFPS(원)	304	-97	-299	561	-1,541	-1,812
DPS(원)	25	—	—	—	—	—
EBITDAPS(원)	216	-300	-589	-294	-834	-2,052

재무 비율 〈단위 : %〉

연도	영업 이익률	순 이익률	부채 비율	차입금 비율	ROA	ROE	유보율	자기자본 비율	EBITDA 마진율
2017	-301.6	-266.4	39.3	22.6	-17.5	-28.1	1,383.5	71.8	-300.5
2016	-82.5	-148.4	81.6	72.5	-13.1	-22.5	1,606.9	55.1	-77.8
2015	-18.3	28.3	64.8	56.9	4.7	6.6	1,845.4	60.7	-16.0
2014	-101.2	-52.9	17.7	0.0	-3.6	-4.0	1,745.6	84.9	-98.1

메카로 (A241770)

MECARO CO

업 종 : 반도체 및 관련장비
신용등급 : (Bond) — (CP) —
홈페이지 : www.mecaro.com
본 사 : 경기도 평택시 산단로 103-14
시 장 : KOSDAQ
기업규모 : 벤처
연 락 처 : 031)646-4400

설 립 일	2000.11.01	**종업원수**	명	**대표이사**	이재정
상 장 일	2017.12.06	**감사의견**	적정(삼정)	**계 열**	
결 산 기	12월	**보 통 주**		**종속회사수**	
액 면 가	500원	**우 선 주**		**구 상 호**	

주주구성 (지분율,%)		출자관계 (지분율,%)		주요경쟁사 (외형,%)	
이재정	28.2			메카로	100
이재홍	19.7			디엔에프	70
(외국인)	1.0			유니테스트	159

매출구성		비용구성		수출비중	
ZM40	69.8	매출원가율	47.2	수출	17.2
기타(제품)	18.0	판관비율	11.9	내수	82.8
Pedestal 12"	6.9				

회사 개요

2000년 11월 설립된 동사는 반도체 제조공정의 원재료인 전구체와 반도체 장비의 챔버 내에서 웨이퍼를 흡착하고 가열해주는 히터블럭을 주력으로 생산하고 있음. 공정이 진행되는 챔버 내에서 함께 사용되는 전구체와 히터블럭 두 부분 모두에 대한 사업을 영위하고 있어 챔버 이상이 발생시 신속한 문제해결이 가능한 게 장점. 매출구성은 ZM40 69.82%, 기타 18.02%, Pedestal 12" 6.87%, CpZr 5.13%, 상품 0.17%.

실적 분석

반도체 전방시장의 호황과 특허물질인 전구체 제품이 안정적으로 시장에 진입하였고, 생산수율 또한 개선되어 전년대비 상당한 매출과 이익의 증가를 이루었음. 매출액은 전년대비 120.3% 증가한 1,060.4억원, 영업이익은 전년대비 1,300.2% 증가한 433.9억원, 당기순이익은 전년대비 999.7% 증가한 321.8억원을 기록함. 자기자본비율은 35% 증가한 86.2%, 부채비율은 전기대비 78.9% 감소한 16.3%로 재무구조가 건실함.

현금 흐름 *IFRS 별도 기준 〈단위 : 억원〉

항목	2016	2017
영업활동	-13	384
투자활동	-39	-41
재무활동	20	502
순현금흐름	-32	836
기말현금	55	892

시장 대비 수익률

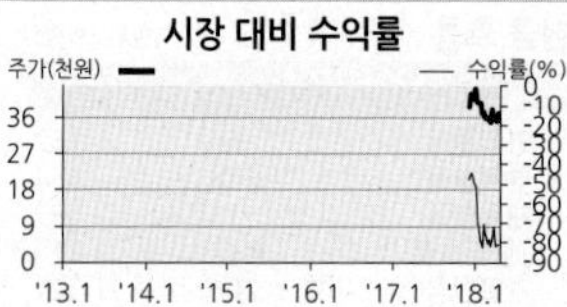

결산 실적 〈단위 : 억원〉

항목	2012	2013	2014	2015	2016	2017
매출액	214	220	235	352	481	1,060
영업이익	19	10	6	56	31	434
당기순이익	11	7	3	41	29	322

분기 실적 *IFRS 별도 기준 〈단위 : 억원〉

항목	2016.3Q	2016.4Q	2017.1Q	2017.2Q	2017.3Q	2017.4Q
매출액	—	—	—	—	—	—
영업이익	—	—	—	—	—	—
당기순이익	—	—	—	—	—	—

재무 상태 *IFRS 별도 기준 〈단위 : 억원〉

항목	2012	2013	2014	2015	2016	2017
총자산	251	262	335	410	464	1,396
유형자산	129	136	145	195	214	228
무형자산	0	0	3	4	5	7
유가증권	5	11	—	—	—	—
총부채	126	131	219	201	226	196
총차입금	92	87	158	125	144	5
자본금	38	38	34	39	39	50
총자본	125	132	115	209	238	1,200
지배주주지분	125	132	115	209	238	1,200

기업가치 지표 *IFRS 별도 기준

항목	2012	2013	2014	2015	2016	2017
주가(최고/저)(천원)	#VALUE!	—/—	—/—	—/—	—/—	—/—
PER(최고/저)(배)	0.0/0.0	0.0/0.0	0.0/0.0	0.0/0.0	0.0/0.0	11.1/9.2
PBR(최고/저)(배)	0.0/0.0	0.0/0.0	0.0/0.0	0.0/0.0	0.0/0.0	3.7/3.1
EV/EBITDA(배)	1.8	1.6	3.6	0.4	1.6	7.2
EPS(원)	166	96	51	596	373	4,017
BPS(원)	16,601	17,476	15,273	26,668	3,034	12,082
CFPS(원)	2,966	2,851	2,660	7,754	696	4,372
DPS(원)	—	—	—	—	—	610
EBITDAPS(원)	3,922	3,327	3,012	9,672	718	5,771

재무 비율 〈단위 : %〉

연도	영업이익률	순이익률	부채비율	차입금비율	ROA	ROE	유보율	자기자본비율	EBITDA 마진율
2017	40.9	30.3	16.3	0.4	34.6	44.8	2,316.4	86.0	43.6
2016	6.4	6.1	95.2	60.7	6.7	13.1	506.7	51.2	11.7
2015	15.9	11.7	96.0	59.6	11.1	25.4	433.4	51.0	21.1
2014	2.6	1.5	190.7	137.2	—	—	239.2	34.4	9.7

메타바이오메드 (A059210)

Metabiomed

업 종 : 의료 장비 및 서비스
신용등급 : (Bond) — (CP) —
홈페이지 : www.meta-biomed.com
본 사 : 충북 청주시 흥덕구 오송읍 오송생명1로 270
시 장 : KOSDAQ
기업규모 : 벤처
연 락 처 : 043)218-1981

설 립 일	1999.07.01	**종업원수**	200명	**대표이사**	오석송
상 장 일	2008.04.15	**감사의견**	적정(안진)	**계 열**	
결 산 기	12월	**보 통 주**		**종속회사수**	8개사
액 면 가	500원	**우 선 주**		**구 상 호**	

주주구성 (지분율,%)		출자관계 (지분율,%)		주요경쟁사 (외형,%)	
오석송	19.8	한국디지털병원수출사업협동조합	2.6	메타바이오메드	100
한국증권금융	2.9	매일방송	0.0	오스템임플란트	609
(외국인)	1.2	채널에이	0.0	디오	145

매출구성		비용구성		수출비중	
디지털 도어록 외	32.5	매출원가율	68.3	수출	61.3
Mepfil 외	28.4	판관비율	28.1	내수	38.7
GP 외 기타	17.6				

회사 개요

동사는 1990년 설립돼 치과용제품 및 기기, 봉합원사, 골수복재 제품을 생산하여 판매하고 있음. 매출은 덴탈 부문 약 40%, 통신장비 30%, 수술용 봉합원사 28%로 구성되어 있음. 주요 수익원인 덴탈부문은 수명연장과 치아에 대한 관심이 증대되면서 시장이 함께 확대되고 있음. 이미 해외 100여국의 250여 판매조직을 구축하고 있어 지속적인 매출 성장이 이루어질 것으로 기대됨.

실적 분석

동사의 2017년도 연결기준 연간 매출액은 653.4억원, 영업이익은 23.3억원으로 전년대비 0.7%, 42.0% 감소했고, 순손실은 적자전환함. 이는 개발비무형자산의 손상처리와 실적이 부진했던 자회사 메타네트웍스의 사업부문 정리로 인한 한시적 상황으로 봄. 향후 치과용기기 뿐만 아니라 초음파장비, 내시경카테타 등 의료기기 분야로도 사업을 확대할 예정.

현금 흐름 〈단위 : 억원〉

항목	2016	2017
영업활동	50	-2
투자활동	-62	-52
재무활동	31	75
순현금흐름	21	20
기말현금	35	55

시장 대비 수익률

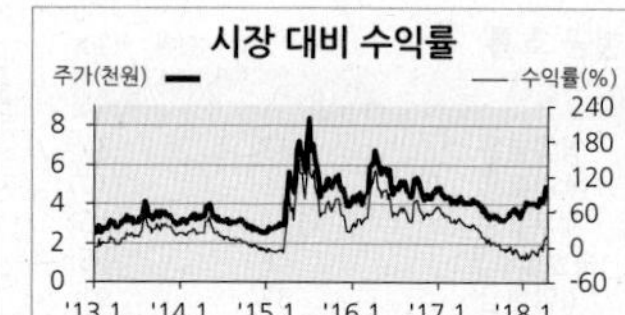

결산 실적 〈단위 : 억원〉

항목	2012	2013	2014	2015	2016	2017
매출액	442	635	614	686	658	653
영업이익	47	45	-2	72	40	23
당기순이익	22	22	-48	10	7	-40

분기 실적 〈단위 : 억원〉

항목	2016.3Q	2016.4Q	2017.1Q	2017.2Q	2017.3Q	2017.4Q
매출액	137	186	151	170	159	174
영업이익	18	1	8	10	21	-16
당기순이익	11	-20	6	-2	20	-64

재무 상태 〈단위 : 억원〉

항목	2012	2013	2014	2015	2016	2017
총자산	1,034	1,168	1,151	1,138	1,201	1,197
유형자산	517	516	524	529	464	480
무형자산	91	95	77	85	87	61
유가증권	3	3	3	2	2	5
총부채	625	722	709	618	672	724
총차입금	507	612	594	494	535	600
자본금	86	86	95	108	109	109
총자본	409	445	442	520	528	473
지배주주지분	398	435	429	509	516	460

기업가치 지표

항목	2012	2013	2014	2015	2016	2017
주가(최고/저)(천원)	4.7/2.1	4.1/2.4	4.1/2.5	8.4/2.6	6.8/4.0	5.1/3.1
PER(최고/저)(배)	35.1/15.9	32.8/19.3	—/—	215.6/65.6	234.2/135.3	—/—
PBR(최고/저)(배)	2.0/0.9	1.6/1.0	1.8/1.1	3.5/1.1	2.8/1.6	2.3/1.4
EV/EBITDA(배)	11.9	13.2	31.5	12.6	19.6	23.1
EPS(원)	136	127	-283	39	29	-188
BPS(원)	2,358	2,572	2,294	2,387	2,419	2,171
CFPS(원)	303	316	-88	216	200	-34
DPS(원)	15	15	10	10	10	10
EBITDAPS(원)	441	452	186	524	355	260

재무 비율 〈단위 : %〉

연도	영업이익률	순이익률	부채비율	차입금비율	ROA	ROE	유보율	자기자본비율	EBITDA 마진율
2017	3.6	-6.1	153.1	126.9	-3.3	-8.4	334.3	39.5	8.7
2016	6.1	1.1	127.3	101.2	0.6	1.3	383.8	44.0	11.8
2015	10.4	1.4	118.8	95.0	0.9	1.7	377.4	45.7	15.7
2014	-0.3	-7.8	160.3	134.4	-4.1	-11.5	358.8	38.4	5.3

멕아이씨에스 (A058110)

MEKICS

업종 : 의료 장비 및 서비스	시장 : KOSDAQ
신용등급 : (Bond) — (CP) —	기업규모 : 기술성
홈페이지 : www.mek-ics.com	연락처 : 070)7119-2500
본사 : 경기도 파주시 상지석길 21	

설립일 1998.11.26	종업원수 61명	대표이사 김종철
상장일 2015.12.14	감사의견 적정(리안)	계열
결산기 12월	보통주	종속회사수 2개사
액면가 500원	우선주	구상호

주주구성 (지분율,%)		출자관계 (지분율,%)		주요경쟁사 (외형,%)	
김종철	24.8	멕헬스케어	96.3	멕아이씨에스	100
엔에이치엔인베스트먼트	5.0	연대세종의료기계유한공사	100.0	메디아나	609
(외국인)	1.3			유비케어	954

매출구성		비용구성		수출비중	
인공호흡기	48.6	매출원가율	58.6	수출	60.9
상품 및 기타	22.8	판관비율	53.3	내수	39.1
환자감시장치	20.6				

회사 개요

동사는 1998년 11월 설립된 응급실 및 중환자실에 필수적으로 사용되는 인공호흡기 및 환자감시장치를 설계, 제조, 판매하는 중환자용 의료기기 전문 제조업체로서 국내에서 유일하게 인공호흡기 자체 생산이 가능함. 동사의 기술을 기반으로 제조된 인공호흡기 및 호흡치료기는 국내의 요양병원, 로컬병원 및 대형 종합병원에 공급되고 있으며 BRICs를 중심으로 한 이머징 마켓을 포함해 전세계 20개국에 수출되고 있음.

실적 분석

2017년 연간 매출액은 전년 대비 8.6% 증가, 영업이익은 -10.2억원을 기록하였으나 전년대비 소폭 개선됨. 영업적자는 주 거래처인 터키, 이란 및 콜롬비아의 경기침체 지속으로 매출 성장속도가 둔화되었고 신사업 관련 R&D 비용의 증가와 연결회사들의 초기 투자에 따른 손실이 발생했기 때문. 그러나 국내매출이 안정적 성장을 유지하고 있고, 특히 인공호흡기 사업이 지속적으로 성장할 것으로 전망되어 향후 외형성장에 따른 수익성 개선이 기대됨.

현금 흐름 〈단위 : 억원〉

항목	2016	2017
영업활동	-22	-9
투자활동	-3	-3
재무활동	50	-6
순현금흐름	25	-18
기말현금	54	36

시장 대비 수익률

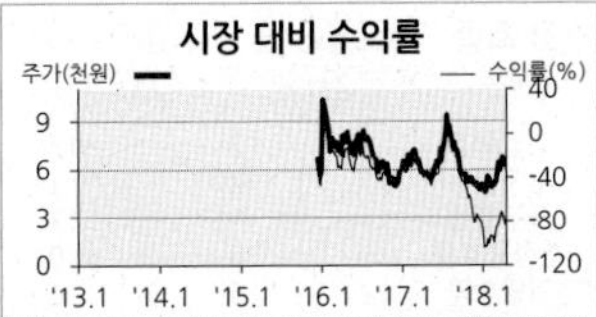

결산 실적 〈단위 : 억원〉

항목	2012	2013	2014	2015	2016	2017
매출액	—	97	85	90	79	86
영업이익	—	9	3	-4	-15	-10
당기순이익	—	5	-0	26	-18	-20

분기 실적 〈단위 : 억원〉

항목	2016.3Q	2016.4Q	2017.1Q	2017.2Q	2017.3Q	2017.4Q
매출액	14	28	31	23	13	19
영업이익	-5	1	4	-3	-7	-6
당기순이익	-6	-1	2	-2	-6	-13

재무 상태 〈단위 : 억원〉

항목	2012	2013	2014	2015	2016	2017
총자산	—	113	202	217	250	227
유형자산	—	34	121	122	121	121
무형자산	—	0	0	1	1	1
유가증권	—	0	0	0	0	0
총부채	—	94	184	114	152	148
총차입금	—	78	159	105	138	137
자본금	—	15	15	27	27	27
총자본	—	19	18	103	99	79
지배주주지분	—	19	18	103	98	79

기업가치 지표

항목	2012	2013	2014	2015	2016	2017
주가(최고/저)(천원)	—/—	—/—	—/—	7.1/5.6	11.7/4.7	9.3/4.5
PER(최고/저)(배)	0.0/0.0	0.0/0.0	0.0/0.0	12.8/10.2	—/—	—/—
PBR(최고/저)(배)	0.0/0.0	0.0/0.0	0.0/0.0	3.7/2.9	6.4/2.6	6.4/3.1
EV/EBITDA(배)	0.0	4.1	24.8	—	—	—
EPS(원)	—	108	-7	551	-333	-363
BPS(원)	—	408	398	1,912	1,836	1,468
CFPS(원)	—	164	48	629	-251	-275
DPS(원)	—	—	—	—	—	—
EBITDAPS(원)	—	243	119	-15	-194	-103

재무 비율 〈단위 : %〉

연도	영업이익률	순이익률	부채비율	차입금비율	ROA	ROE	유보율	자기자본비율	EBITDA마진율
2017	-11.9	-22.8	188.0	174.0	-8.2	-22.0	193.6	34.7	-6.4
2016	-18.7	-22.9	153.8	139.6	-7.8	-17.8	267.1	39.4	-13.2
2015	-4.8	28.9	111.6	102.5	12.4	43.0	282.5	47.3	-0.8
2014	3.5	-0.4	1,008.5	873.7	-0.2	-1.7	21.9	9.0	6.4

멜파스 (A096640)

Melfas

업종 : 휴대폰 및 관련부품	시장 : KOSDAQ
신용등급 : (Bond) — (CP) —	기업규모 : 중견
홈페이지 : www.melfas.com	연락처 : 031)707-2280
본사 : 경기도 성남시 분당구 판교역로 225-14 멜파스 빌딩	

설립일 2000.02.02	종업원수 156명	대표이사 민동진
상장일 2009.12.18	감사의견 적정(세림)	계열
결산기 12월	보통주	종속회사수
액면가 500원	우선주	구상호

주주구성 (지분율,%)		출자관계 (지분율,%)		주요경쟁사 (외형,%)	
강서연창규곡투자유한공사	15.4	엠알씨랩	81.8	멜파스	100
민동진	9.2	시이오파트너스	35.1	에스맥	301
(외국인)	2.6	플라웍스	26.9	에너전트	64

매출구성		비용구성		수출비중	
Touch Control IC	81.4	매출원가율	119.7	수출	90.5
Touch Screen Module	18.1	판관비율	29.9	내수	9.5
기타	0.5				

회사 개요

정전용량방식 터치센싱기술을 바탕으로 터치스크린 모듈 및 터치키 모듈을 공급하는 터치솔루션 기업임. 동사의 제품은 크게 터치센서칩과 이를 장착하여 제조한 터치키 모듈 및 터치스크린 모듈의 3가지로 구분됨. 최근 중국기업을 대상으로 180억원의 3자배정 증자를 실시하여 최대주주가 변경됨. 중국 지방정부 및 민간기업과 공동으로 아날로그 반도체를 생산을 전문으로 하는 합자기업(동사 지분 20%)을 설립함.

실적 분석

동사의 2017년 매출은 558.4억원으로 전년대비 33% 감소, 영업이익은 -277억원으로 전년대비 적자전환. 당기순이익은 -315억원으로 전년대비 적자전환. 전방산업인 스마트폰이 프리미엄 중심으로 성장 가운데 전체 시장은 가격경쟁, 정체를 보임. 경쟁심화로 외형 감소로 고정비 부담이 증가하여 수익성은 부진. 중국 합작법인인 셀프라스가 무선충전 송신칩(Tx)에 Qi 인증을 획득, 고속 무선충전 칩 라인업을 확대하여 신규 사업 확대에 주력 전망.

현금 흐름 *IFRS 별도 기준 〈단위 : 억원〉

항목	2016	2017
영업활동	36	-66
투자활동	-75	93
재무활동	-9	-41
순현금흐름	-46	-16
기말현금	30	13

시장 대비 수익률

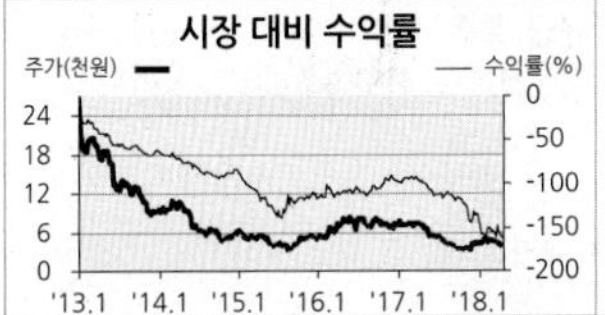

결산 실적 〈단위 : 억원〉

항목	2012	2013	2014	2015	2016	2017
매출액	3,833	7,943	2,719	1,438	833	558
영업이익	238	32	-215	-123	10	-277
당기순이익	139	-161	-275	-399	13	-315

분기 실적 *IFRS 별도 기준 〈단위 : 억원〉

항목	2016.3Q	2016.4Q	2017.1Q	2017.2Q	2017.3Q	2017.4Q
매출액	209	173	156	131	144	127
영업이익	7	-2	-20	-41	-13	-203
당기순이익	8	3	-26	-98	-14	-178

재무 상태 *IFRS 별도 기준 〈단위 : 억원〉

항목	2012	2013	2014	2015	2016	2017
총자산	3,376	3,231	2,182	1,541	1,524	1,204
유형자산	1,095	1,112	758	569	501	262
무형자산	11	11	15	14	12	10
유가증권	22	4	21	28	30	0
총부채	1,775	1,769	996	779	575	513
총차입금	772	983	804	670	481	440
자본금	89	90	90	90	106	106
총자본	1,601	1,462	1,186	762	948	691
지배주주지분	1,601	1,462	1,186	762	948	691

기업가치 지표 *IFRS 별도 기준

항목	2012	2013	2014	2015	2016	2017
주가(최고/저)(천원)	28.8/16.6	27.4/8.8	11.4/4.6	6.5/3.0	8.9/4.9	7.8/3.2
PER(최고/저)(배)	36.7/21.1	—/—	—/—	—/—	132.1/73.1	—/—
PBR(최고/저)(배)	3.1/1.8	3.3/1.1	1.7/0.7	1.4/0.6	1.9/1.0	2.2/0.9
EV/EBITDA(배)	14.8	12.7	—	—	35.5	—
EPS(원)	788	-895	-1,532	-2,217	67	-1,484
BPS(원)	9,292	8,393	6,858	4,668	4,823	3,614
CFPS(원)	1,429	-68	-858	-2,012	290	-1,342
DPS(원)	100	—	—	—	—	—
EBITDAPS(원)	1,993	1,004	-519	-479	271	-1,161

재무 비율 〈단위 : %〉

연도	영업이익률	순이익률	부채비율	차입금비율	ROA	ROE	유보율	자기자본비율	EBITDA마진율
2017	-49.6	-56.5	74.1	63.6	-23.1	-38.5	622.7	57.4	-44.2
2016	1.2	1.6	60.7	50.7	0.9	1.6	864.6	62.2	6.5
2015	-8.5	-27.7	102.2	87.8	-21.4	-40.9	833.6	49.5	-6.0
2014	-7.9	-10.1	84.0	67.8	-10.2	-20.8	1,271.5	54.4	-3.4

명문제약 (A017180)

MYUNGMOON PHARM

업　　종 : 제약　　　시　　장 : 거래소
신용등급 : (Bond) —　(CP) —　　기업규모 : 시가총액 소형주
홈페이지 : www.mmpharm.co.kr　　연 락 처 : 031)350-4000
본　　사 : 경기도 화성시 향남읍 제약공단2길 26

설 립 일	1983.09.01	**종업원수**	511명	**대표이사**	박춘식
상 장 일	2008.07.10	**감사의견**	적정(도원)	**계　　열**	
결 산 기	12월	**보 통 주**		**종속회사수**	1개사
액 면 가	500원	**우 선 주**		**구 상 호**	

주주구성 (지분율,%)		출자관계 (지분율,%)		주요경쟁사 (외형,%)	
우석민	23.7	바이오알앤디	23.1	명문제약	100
박방홍	2.9	한국제약협동조합	6.6	유유제약	45
(외국인)	4.7			씨트리	15

매출구성		비용구성		수출비중	
기타	80.0	매출원가율	43.5	수출	3.0
프로바이브주사(상품) 외	8.6	판관비율	51.2	내수	97.0
씨앤유캡슐(제품)	4.9				

회사 개요

동사는 의약품 제조 및 판매 등을 영위할 목적으로 1983년 설립되어 2008년 7월 한국거래소 유가증권시장에 상장됨. Surgery, 마취, 소화기 약물을 중심으로 성장을 하였으나 시장의 변화에 맞추어 순환기 및 소화기 약물의 시장에 집중하고 있음. 또한 일반의약품으로 특화된 멀미약과 성기능개선제는 꾸준한 시장점유율을 기록함. 종속회사로는 경기도 이천의 9홀 규모의 대중 골프장을 운영하는 명문투자개발을 두고 있음.

실적 분석

동사의 2017년 누적매출액은 1,401.4억원으로 전년대비 1.4% 감소함. 비용측면에서는 매출원가가 7.7% 하락했고 판관비가 8.5% 상승함. 영업이익은 전년보다 25.7% 줄어든 74.7억원을 기록함. 제품 구성과 매출 비중, 향후 고부가가치 제품군 발굴과 매출 기여 등을 고려하여, 최종 내용고형제(정제)시설을 cGMP 수준으로 신축함. 신축 공장의 규모는 연면적 7,355 ㎡으로 2018년 4월완공 예정임.

현금 흐름 <단위 : 억원>

항목	2016	2017
영업활동	56	80
투자활동	-47	-276
재무활동	142	23
순현금흐름	151	-162
기말현금	176	14

시장 대비 수익률

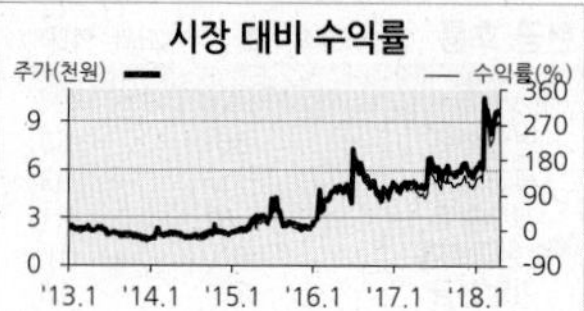

결산 실적 <단위 : 억원>

항목	2012	2013	2014	2015	2016	2017
매출액	1,005	1,037	1,054	1,251	1,422	1,401
영업이익	-37	41	37	-25	101	75
당기순이익	-127	2	-0	-179	65	81

분기 실적 <단위 : 억원>

항목	2016.3Q	2016.4Q	2017.1Q	2017.2Q	2017.3Q	2017.4Q
매출액	372	359	321	368	347	366
영업이익	21	20	10	35	11	19
당기순이익	11	8	5	64	3	9

재무 상태 <단위 : 억원>

항목	2012	2013	2014	2015	2016	2017
총자산	1,883	1,924	1,907	1,994	2,211	2,351
유형자산	753	779	780	981	1,058	1,254
무형자산	104	103	87	33	18	17
유가증권	19	23	26	31	1	1
총부채	1,155	1,192	1,175	1,323	1,264	1,334
총차입금	875	912	874	916	837	872
자본금	85	85	88	91	116	120
총자본	729	732	732	671	947	1,017
지배주주지분	673	685	690	632	910	977

기업가치 지표

항목	2012	2013	2014	2015	2016	2017
주가(최고/저)(천원)	4.6/2.2	2.6/1.6	2.6/1.7	4.6/2.0	7.5/2.4	7.3/4.6
PER(최고/저)(배)	—/—	54.6/34.3	73.1/48.1	—/—	25.7/8.4	23.4/14.8
PBR(최고/저)(배)	1.5/0.7	0.8/0.5	0.8/0.5	1.6/0.7	2.1/0.7	1.9/1.2
EV/EBITDA(배)	—	19.0	20.4	—	16.1	23.8
EPS(원)	-587	49	36	-771	299	318
BPS(원)	3,982	4,054	3,965	3,514	3,939	4,085
CFPS(원)	-589	193	175	-779	409	409
DPS(원)	—	31	35	35	68	100
EBITDAPS(원)	-87	374	344	-25	564	395

재무 비율 <단위 : %>

연도	영업이익률	순이익률	부채비율	차입금비율	ROA	ROE	유보율	자기자본비율	EBITDA마진율
2017	5.3	5.8	131.1	85.7	3.6	8.3	717.0	43.3	6.8
2016	7.1	4.6	133.5	88.4	3.1	8.8	687.7	42.8	8.5
2015	-2.0	-14.3	197.1	136.4	-9.2	-24.4	602.9	33.7	-0.4
2014	3.5	0.0	160.6	119.4	0.0	1.1	692.9	38.4	5.7

명진홀딩스 (A267060)

Myungjin HoldingsCorp

업　　종 : 식료품　　　시　　장 : KONEX
신용등급 : (Bond) —　(CP) —　　기업규모 : —
홈페이지 : www.salmonkorea.com　　연 락 처 : 070)7561-9468
본　　사 : 서울시 서초구 매헌로 16 제리빙관 15층 1515호(양재동, 하이브랜드)

설 립 일	2012.04.01	**종업원수**	명	**대표이사**	정상익
상 장 일	2017.08.24	**감사의견**	적정(현대)	**계　　열**	
결 산 기	12월	**보 통 주**		**종속회사수**	
액 면 가	—	**우 선 주**		**구 상 호**	

주주구성 (지분율,%)		출자관계 (지분율,%)		주요경쟁사 (외형,%)	
하현선	22.6			명진홀딩스	100
정명철	7.3			한성기업	5,054
				사조대림	15,461

매출구성		비용구성		수출비중	
연어필렛	64.7	매출원가율	79.6	수출	—
생연어	35.2	판관비율	14.4	내수	—
연어 HMR제품군	0.1				

회사 개요

동사는 2012년 3월에 설립된 수입 연어를 기반으로 한 생연어, 연어 필렛(Ready To Serve) 완제품 등의 유통과 연어 및 해산물 기반의 HMR(Home Meal Replacement) 제품 생산과 판매를 주요 사업으로 하는 업체임. 동사의 유통망은 B2B 거래처와 B2C 거래처로 구성되어 있으며 특히 B2C거래에 있어서 제품 판매 활성화 및 홍보를 위해 모바일 어플리케이션을 개발하여 운영하고 있음.

실적 분석

동사는 업력이 5년이 된 비교적 신생 법인이나, 재직 임원들의 과거 수산물 유통 경험과 시장에 대한 노하우를 바탕으로 영업망을 꾸준히 확대하고 있으며 2014년에는 연 매출 50억원을 돌파함. 동사의 제품은 내수시장 100%로 판매되고 있으며, 판매경로별 분포는 프랜차이즈 레스토랑 등 거래처가 약 60%, 직배송 약 30%, 온라인 판매 10%로 이루어져 있음. 2017년 매출액 63.9억원, 영업이익 3.8억원을 시현함.

현금 흐름 *IFRS 별도 기준 <단위 : 억원>

항목	2016	2017
영업활동	2	-18
투자활동	-2	1
재무활동	-0	17
순현금흐름	-0	0
기말현금	0	0

시장 대비 수익률

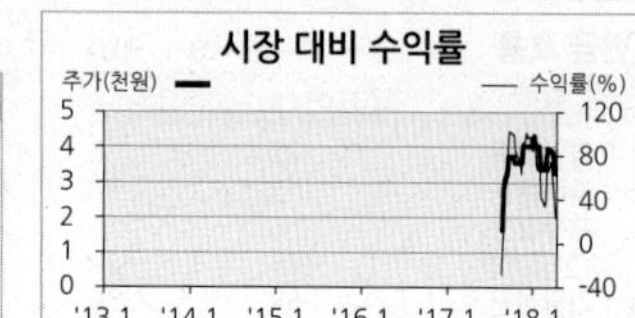

결산 실적 <단위 : 억원>

항목	2012	2013	2014	2015	2016	2017
매출액	—	—	—	45	39	64
영업이익	—	—	—	1	4	4
당기순이익	—	—	—	0	0	2

분기 실적 *IFRS 별도 기준 <단위 : 억원>

항목	2016.3Q	2016.4Q	2017.1Q	2017.2Q	2017.3Q	2017.4Q
매출액	—	—	—	—	—	—
영업이익	—	—	—	—	—	—
당기순이익	—	—	—	—	—	—

재무 상태 *IFRS 별도 기준 <단위 : 억원>

항목	2012	2013	2014	2015	2016	2017
총자산	—	—	—	13	10	32
유형자산	—	—	—	0	0	0
무형자산	—	—	—	—	—	—
유가증권	—	—	—	—	—	—
총부채	—	—	—	11	8	9
총차입금	—	—	—	7	7	6
자본금	—	—	—	1	1	21
총자본	—	—	—	2	2	23
지배주주지분	—	—	—	2	2	23

기업가치 지표 *IFRS 별도 기준

항목	2012	2013	2014	2015	2016	2017
주가(최고/저)(천원)	—/—	—/—	—/—	—/—	—/—	—/—
PER(최고/저)(배)	0.0/0.0	0.0/0.0	0.0/0.0	0.0/0.0	0.0/0.0	97.1/34.0
PBR(최고/저)(배)	0.0/0.0	0.0/0.0	0.0/0.0	0.0/0.0	0.0/0.0	11.6/4.0
EV/EBITDA(배)	0.0	0.0	0.0	7.1	1.4	68.8
EPS(원)	—	—	—	6	10	42
BPS(원)	—	—	—	18,173	22,947	558
CFPS(원)	—	—	—	11,933	5,945	70
DPS(원)	—	—	—	—	—	—
EBITDAPS(원)	—	—	—	41,472	39,586	109

재무 비율 <단위 : %>

연도	영업이익률	순이익률	부채비율	차입금비율	ROA	ROE	유보율	자기자본비율	EBITDA마진율
2017	6.0	3.7	41.3	24.4	11.2	18.9	11.6	70.8	6.2
2016	9.8	1.2	342.4	296.6	4.1	23.2	358.9	22.6	10.1
2015	1.7	0.2	611.1	390.9	0.0	0.0	263.5	14.1	2.2
2014	0.0	0.0	0.0	0.0	0.0	0.0	0.0	0.0	0.0

모나리자 (A012690)
Monalisa

업　　종 : 가정생활용품　　시　　장 : 거래소
신용등급 : (Bond) —　　(CP) —　　기업규모 : 시가총액 소형주
홈페이지 : www.monalisa.co.kr　　연 락 처 : 02)829-8800
본　　사 : 서울시 동작구 보라매로5길 15, 전문건설회관 21층

설 립 일	1977.11.01	**종 업 원 수**	173명	**대 표 이 사**	노유호
상 장 일	1988.10.14	**감 사 의 견**	적정(삼정)	**계　　열**	
결 산 기	12월	**보　통　주**		**종속회사수**	
액 면 가	500원	**우　선　주**		**구　상　호**	

주주구성 (지분율,%)		출자관계 (지분율,%)		주요경쟁사 (외형,%)	
엠에스에스홀딩스	66.0			모나리자	100
KTB13호03-4기업구조조정조합	4.9			LG생활건강	5,343
(외국인)	1.4			KCI	41

매출구성		비용구성		수출비중	
두루마리류 화장지외(제품)	70.0	매출원가율	75.2	수출	1.1
두루마리류 화장지외(상품)	17.7	판관비율	20.5	내수	98.9
원 지	11.9				

회사 개요

제지산업은 인쇄용지, 산업용지, 골판지, 위생용지로 분류되며, 동사는 위생용지 중 화장지 제조업을 영위하고 있음. 위생용지산업은 국민소득 증가에 따라 수요량이 증가하고 고급제품 비중이 높아지고 있으며, 초기 투자비용 부담이 커 후발업체의 진입이 용이하지 못한 특징이 있음. 펄프와 고지가격이 수익성을 결정하는 주요요소이며, 생산시설을 확대시킨 동사는 규모의 경제를 유지할 수 있어 외부변수에 대한 노출도가 낮게 이어질 전망임.

실적 분석

동사의 2017년 연간 매출액은 전년동기대비 3.3% 하락한 1,173.6억원을 기록하였음. 비용면에서 전년동기대비 매출원가는 감소 하였으며 인건비는 증가 했고 광고선전비는 감소, 기타판매비와관리비는 증가함. 추춤한 모습의 매출액에 의해 전년동기대비 영업이익은 49.5억원으로 34.6% 크게 하락 하였음. 최종적으로 전년동기대비 당기순이익은 크게 하락하여 41.2억원을 기록함.

현금 흐름 *IFRS 별도 기준

〈단위 : 억원〉

항목	2016	2017
영업활동	64	79
투자활동	8	-106
재무활동	-18	-27
순현금흐름	54	-54
기말현금	149	94

시장 대비 수익률

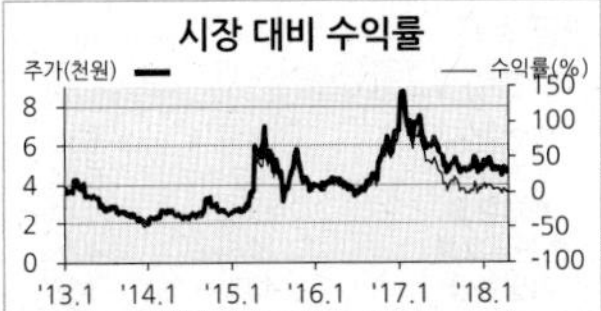

결산 실적

〈단위 : 억원〉

항목	2012	2013	2014	2015	2016	2017
매출액	1,328	1,260	1,248	1,250	1,214	1,174
영업이익	114	92	84	62	76	50
당기순이익	94	59	57	49	54	41

분기 실적 *IFRS 별도 기준

〈단위 : 억원〉

항목	2016.3Q	2016.4Q	2017.1Q	2017.2Q	2017.3Q	2017.4Q
매출액	278	303	342	285	291	255
영업이익	18	19	18	22	8	1
당기순이익	15	10	15	18	6	2

재무 상태 *IFRS 별도 기준

〈단위 : 억원〉

항목	2012	2013	2014	2015	2016	2017
총자산	640	695	750	787	806	826
유형자산	344	389	369	374	374	369
무형자산	0	1	1	2	2	2
유가증권	0	37	0	20	0	50
총부채	151	150	148	137	119	126
총차입금	25	5	5	5	5	5
자본금	189	189	189	189	189	189
총자본	488	545	602	650	686	700
지배주주지분	488	545	602	650	686	700

기업가치 지표 *IFRS 별도 기준

항목	2012	2013	2014	2015	2016	2017
주가(최고/저)(천원)	6.1/2.6	4.4/1.9	3.5/2.0	7.0/2.5	6.8/3.4	8.9/4.4
PER(최고/저)(배)	25.2/10.6	28.6/12.3	23.8/13.2	55.3/19.8	47.3/23.5	80.4/39.8
PBR(최고/저)(배)	4.8/2.0	3.1/1.3	2.3/1.3	4.1/1.5	3.8/1.9	4.7/2.3
EV/EBITDA(배)	9.3	6.0	7.1	13.8	20.6	18.1
EPS(원)	257	162	156	133	149	113
BPS(원)	1,336	1,490	1,645	1,778	1,877	1,915
CFPS(원)	320	226	235	224	248	217
DPS(원)	25	—	—	50	75	100
EBITDAPS(원)	375	315	310	262	306	240

재무 비율

〈단위 : %〉

연도	영업 이익률	순 이익률	부채 비율	차입금 비율	ROA	ROE	유보율	자기자본 비율	EBITDA 마진율
2017	4.2	3.5	18.0	0.7	5.1	6.0	270.8	84.7	7.5
2016	6.2	4.5	17.4	0.7	6.8	8.1	263.5	85.2	9.2
2015	5.0	3.9	21.1	0.8	6.3	7.8	244.4	82.6	7.7
2014	6.8	4.6	24.7	0.8	7.9	9.9	218.6	80.2	9.1

모나미 (A005360)
Monami

업　　종 : 상업서비스　　시　　장 : 거래소
신용등급 : (Bond) —　　(CP) —　　기업규모 : 시가총액 소형주
홈페이지 : www.monami.com　　연 락 처 : 031)216-0153
본　　사 : 경기도 용인시 수지구 손곡로 17(동천동)

설 립 일	1967.12.28	**종 업 원 수**	174명	**대 표 이 사**	송하경
상 장 일	1974.06.26	**감 사 의 견**	적정(정동)	**계　　열**	
결 산 기	12월	**보　통　주**		**종속회사수**	
액 면 가	1,000원	**우　선　주**		**구　상　호**	

주주구성 (지분율,%)		출자관계 (지분율,%)		주요경쟁사 (외형,%)	
송하경	13.8	모나미이미징솔루션즈	100.0	모나미	100
송하윤	4.2	항소	94.5	양지사	37
(외국인)	3.5	플라맥스	21.5	KTcs	703

매출구성		비용구성		수출비중	
문구류(기타)	84.4	매출원가율	62.0	수출	—
컴퓨터소모품류(기타)	21.9	판관비율	32.5	내수	—
기타	-6.2				

회사 개요

동사는 사무필기구류 '모나미'와 팬시문구류 '에버그린' 브랜드를 운영함. 문서 자동화 및 인구 감소로 필기 수요가 감소하고 있지만 디자인 및 품질 강화를 통한 제품 고부가가치화로 위기 극복에 나섬. 고급 필기류, 생활마카, 산업마카와 같은 특성화된 제품 개발에도 나섬. 시장 확대를 위해 해외 시장 진출에도 적극 나서고 있음. 동사의 2016년 기준 시장 점유율은 42%로 1위 자리를 유지함.

실적 분석

동사의 2017년 4분기 연결기준 누적 매출액은 1376.6억원으로 전년 (1401.7) 대비 소폭 감소함. 원가율이 개선됐지만 판관비가 5.4% 증가하면서 영업이익과 순이익은 각각 24.7%, 49.7% 줄어들어. 2017년 연간 누적 영업이익은 76억원, 당기순이익은 28.8억원임. 글로벌 시장 확대를 위한 마켓리더 상품군의 라인업과 프리미엄 제품 강화를 통해 수익을 제고하고 있음. 문재인 정부의 고교 무상교육 전면시행의 수혜도 기대됨.

현금 흐름

〈단위 : 억원〉

항목	2016	2017
영업활동	76	117
투자활동	-41	-129
재무활동	-34	25
순현금흐름	0	12
기말현금	47	59

시장 대비 수익률

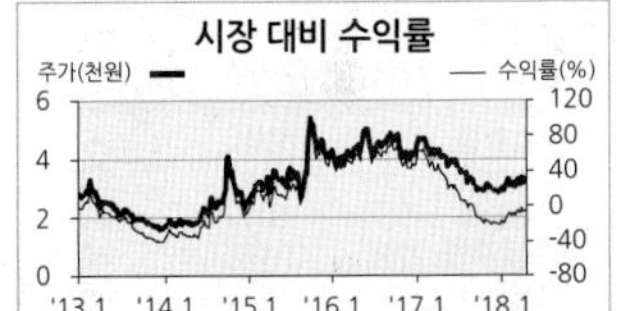

결산 실적

〈단위 : 억원〉

항목	2012	2013	2014	2015	2016	2017
매출액	2,625	1,676	1,501	1,429	1,402	1,377
영업이익	95	-12	93	97	101	76
당기순이익	-25	-48	32	51	57	29

분기 실적

〈단위 : 억원〉

항목	2016.3Q	2016.4Q	2017.1Q	2017.2Q	2017.3Q	2017.4Q
매출액	324	351	375	310	319	374
영업이익	10	24	38	6	6	26
당기순이익	6	8	23	-2	1	7

재무 상태

〈단위 : 억원〉

항목	2012	2013	2014	2015	2016	2017
총자산	1,978	1,734	1,683	1,623	1,662	1,679
유형자산	732	375	341	404	406	461
무형자산	39	27	25	23	21	27
유가증권	3	2	6	7	5	5
총부채	1,371	1,185	1,109	905	908	925
총차입금	1,064	946	858	706	693	734
자본금	139	139	139	189	189	189
총자본	607	549	574	718	753	754
지배주주지분	577	515	537	695	729	732

기업가치 지표

항목	2012	2013	2014	2015	2016	2017
주가(최고/저)(천원)	6.9/2.0	3.5/1.6	4.5/1.7	5.4/2.6	5.2/3.7	4.7/2.8
PER(최고/저)(배)	—/—	—/—	25.4/9.6	20.9/9.9	18.3/13.1	34.1/20.0
PBR(최고/저)(배)	2.0/0.6	1.1/0.5	1.3/0.5	1.6/0.7	1.4/1.0	1.2/0.7
EV/EBITDA(배)	9.0	36.7	8.4	10.6	9.8	8.6
EPS(원)	-168	-344	188	275	297	143
BPS(원)	4,193	3,752	3,908	3,709	3,943	3,984
CFPS(원)	133	-82	475	478	482	406
DPS(원)	50	50	50	60	70	70
EBITDAPS(원)	999	204	945	764	719	666

재무 비율

〈단위 : %〉

연도	영업 이익률	순 이익률	부채 비율	차입금 비율	ROA	ROE	유보율	자기자본 비율	EBITDA 마진율
2017	5.5	2.1	122.7	97.4	1.7	3.7	298.4	44.9	9.1
2016	7.2	4.1	120.6	92.0	3.5	7.9	294.3	45.3	9.7
2015	6.8	3.6	126.1	98.3	3.1	7.7	270.9	44.2	9.2
2014	6.2	2.1	193.1	149.4	1.9	5.3	290.8	34.1	8.8

*관리종목

모다 (A149940)
Moda

업 종 : 통신장비
신용등급 : (Bond) — (CP) —
홈페이지 : www.modacom.co.kr
본 사 : 서울시 강남구 테헤란로 501 브이플렉스 17층
시 장 : KOSDAQ
기업규모 :
연 락 처 : 02)523-7677

설 립 일	1991.12.02	**종 업 원 수**	128명	**대 표 이 사**	김정식
상 장 일	2012.09.25	**감 사 의 견**	거절(감사범위제한)(대현)	**계 열**	
결 산 기	12월	**보 통 주**		**종속회사수**	18개사
액 면 가	500원	**우 선 주**		**구 상 호**	모다정보통신

주주구성 (지분율,%)		출자관계 (지분율,%)		주요경쟁사 (외형,%)	
대신에셋파트너스	7.6	니즈텔레콤	100.0	모다	100
세종상호저축은행	5.3	코코아비전	100.0	유비쿼스홀딩스	7
(외국인)	1.4	나임	100.0	웨이브일렉트로	47

매출구성		비용구성		수출비중	
모바일라우터	77.4	매출원가율	31.5	수출	4.3
지분법이익	10.7	판관비율	72.1	내수	95.7
M2M Gateway	6.3				

회사 개요

동사는 1991년 설립된 소프트웨어 개발전문기업으로 무선데이터 통신단말기를 주력제품으로 하고 있으며 2012년 9월 코스닥시장에 상장함. 2006년부터 국내 모바일 와이맥스 사업자로 선정된 KT와 모바일 와이맥스 단말기 개발관련 협정을 체결하여 2007년도 세계 최초로 모바일 와이맥스 단말기 개발에 성공하였음. 2009년에는 일본시장에 진출하였고 중국, 서남아 등의 시장에도 진출해 있음.

실적 분석

동사의 2017년 연결기준 연간 매출액은 1,185.2억원으로 전년 대비 26.2% 증가함. 반면 판관비중에서 감가상각비의 큰폭의 증가로 영업손실은 42.8억원으로 적자전환됨. 비영업손실폭도 큰폭으로 확대되며 당기순손실 또한 433.9억원으로 적자전환됨. 2017년 감사보고서 공시에서 최근 사업연도의 재무제표에 대한 감사인의 감사의견이 감사범위 제한으로 인한 '의견거절'임을 공시함. 이는 상장폐지사유에 해당되나, 동사는 이의신청서를 제출하였음.

현금 흐름
〈단위 : 억원〉

항목	2016	2017
영업활동	134	-59
투자활동	-624	-939
재무활동	600	1,217
순현금흐름	111	217
기말현금	131	347

시장 대비 수익률

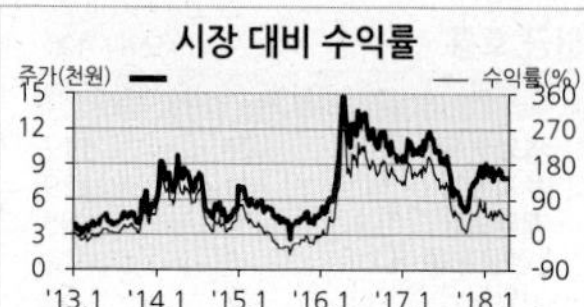

결산 실적
〈단위 : 억원〉

항목	2012	2013	2014	2015	2016	2017
매출액	374	340	193	222	939	1,185
영업이익	12	9	-69	-35	53	-43
당기순이익	12	7	-64	-31	32	-434

분기 실적
〈단위 : 억원〉

항목	2016.3Q	2016.4Q	2017.1Q	2017.2Q	2017.3Q	2017.4Q
매출액	353	397	266	236	324	359
영업이익	49	1	20	-20	-1	-43
당기순이익	28	4	-7	-101	-90	-236

재무 상태
〈단위 : 억원〉

항목	2012	2013	2014	2015	2016	2017
총자산	243	243	270	290	2,248	3,850
유형자산	29	29	28	26	123	131
무형자산	25	26	41	40	825	1,082
유가증권	1	1	1	1	1	1,284
총부채	34	27	98	138	1,544	2,796
총차입금	—	—	58	110	725	1,998
자본금	25	49	49	49	62	95
총자본	209	216	172	152	704	1,054
지배주주지분	209	216	172	152	298	80

기업가치 지표

항목	2012	2013	2014	2015	2016	2017
주가(최고/저)(천원)	6.0/3.2	6.8/3.1	10.0/4.1	7.5/2.6	15.0/4.7	12.3/5.1
PER(최고/저)(배)	43.5/23.6	93.0/42.7	—/—	—/—	—/—	—/—
PBR(최고/저)(배)	2.8/1.5	3.1/1.4	5.7/2.4	4.7/1.6	6.2/1.9	27.8/11.5
EV/EBITDA(배)	10.3	19.9	—	—	19.6	180.5
EPS(원)	137	73	-653	-320	-30	-2,222
BPS(원)	4,257	2,203	1,750	1,595	2,429	443
CFPS(원)	623	234	-455	-89	297	-1,883
DPS(원)	—	—	—	—	—	—
EBITDAPS(원)	623	255	-509	-124	771	92

재무 비율
〈단위 : %〉

연도	영업이익률	순이익률	부채비율	차입금비율	ROA	ROE	유보율	자기자본비율	EBITDA마진율
2017	-3.6	-36.6	265.4	189.7	-14.2	-203.5	-11.4	27.4	1.3
2016	5.6	3.4	219.3	103.0	2.5	-1.6	385.8	31.3	9.8
2015	-15.7	-14.2	91.2	72.2	-11.3	-19.5	219.0	52.3	-5.5
2014	-36.0	-33.3	56.9	34.0	-25.0	-33.1	250.0	63.7	-25.9

모다이노칩 (A080420)
Moda-InnoChips

업 종 : 전자 장비 및 기기
신용등급 : (Bond) — (CP) —
홈페이지 : www.moda-innochips.com
본 사 : 경기도 안산시 단원구 동산로 27번길 42-7 (원시동)
시 장 : KOSDAQ
기업규모 : 우량
연 락 처 : 031)8040-0014

설 립 일	2000.04.24	**종 업 원 수**	629명	**대 표 이 사**	박인길,권오일
상 장 일	2005.12.02	**감 사 의 견**	적정(신한)	**계 열**	
결 산 기	12월	**보 통 주**		**종속회사수**	6개사
액 면 가	500원	**우 선 주**		**구 상 호**	이노칩

주주구성 (지분율,%)		출자관계 (지분율,%)		주요경쟁사 (외형,%)	
대명화학	75.1	모다	100.0	모다이노칩	100
박인길	3.6	에코유통	100.0	에코프로	106
(외국인)	0.7	모다아울렛	100.0	자화전자	143

매출구성		비용구성		수출비중	
전자 부문(기타)	56.5	매출원가율	36.1	수출	85.9
유통 부문(기타)	43.5	판관비율	47.6	내수	14.1

회사 개요

동사는 세라믹 소재를 기반으로 한 전자기기 부품 제조, 판매를 주사업으로 하고 있고 도심 외곽형 아울렛 사업인 유통무문이 2016년 7월 1일 흡수합병으로 목적사업에 추가됨. 전자 부문 전자기기에 적용되어 정전기(ESD) 및 전자파(EMI)를 방지하는 부품을 제조,판매하고 있고 매출의 85%를 차지하고 있음. 스마트 기기 시장의 확대로 CMF/CMEF 물량이 빠르게 성장하고 있으며 최근 중국 스마트폰 업체로 공급량이 증가하고 있는 추세임.

실적 분석

2016년 7월 1일 지배기업이 의료제조 및 판매업을 주요사업으로 하는 주식회사 모다를 흡수합병함에 따라 전자부문과 유통부문으로 사업분야 분리됨. 신사업 추가로 인해 2017년 연결기준 누적매출액은 전년동기대비 70.3% 증가한 3,117.6억원을 기록하였으며, 영업이익 또한 전년대비 폭발적으로 증가한 509억원을 기록. 전자부문 외형성장과 더불어 유통부문의 합세로 향후 성장이 예상됨.

현금 흐름
〈단위 : 억원〉

항목	2016	2017
영업활동	668	538
투자활동	-352	-564
재무활동	-119	137
순현금흐름	276	126
기말현금	433	560

시장 대비 수익률

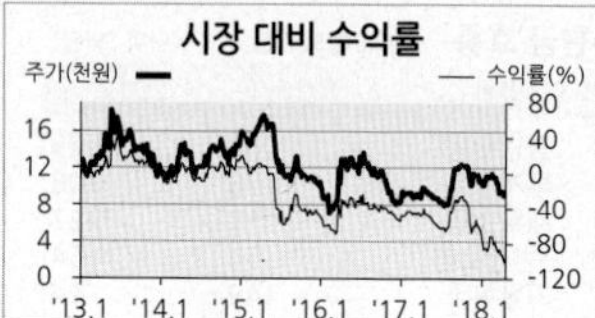

결산 실적
〈단위 : 억원〉

항목	2012	2013	2014	2015	2016	2017
매출액	722	952	1,077	896	1,830	3,118
영업이익	187	212	209	117	248	509
당기순이익	143	186	184	112	217	389

분기 실적
〈단위 : 억원〉

항목	2016.3Q	2016.4Q	2017.1Q	2017.2Q	2017.3Q	2017.4Q
매출액	646	865	739	733	680	965
영업이익	55	157	107	142	57	203
당기순이익	65	119	82	120	20	168

재무 상태
〈단위 : 억원〉

항목	2012	2013	2014	2015	2016	2017
총자산	1,056	1,147	1,291	1,245	5,879	6,551
유형자산	369	444	523	477	2,315	2,871
무형자산	4	8	7	6	66	93
유가증권	—	15	30	31	665	371
총부채	231	129	208	106	3,372	3,640
총차입금	146	40	65	30	2,023	2,032
자본금	75	75	75	75	199	199
총자본	824	1,018	1,083	1,139	2,506	2,911
지배주주지분	824	1,018	1,083	1,139	2,478	2,846

기업가치 지표

항목	2012	2013	2014	2015	2016	2017
주가(최고/저)(천원)	14.4/8.7	18.6/10.8	15.0/10.6	17.7/10.0	13.8/7.2	13.4/8.0
PER(최고/저)(배)	15.7/9.4	15.5/9.0	12.5/8.8	23.8/13.4	17.2/8.9	14.3/8.6
PBR(최고/저)(배)	2.1/1.3	2.4/1.4	1.7/1.2	1.8/1.0	2.0/1.0	1.7/1.0
EV/EBITDA(배)	6.8	4.9	5.9	4.2	11.2	7.8
EPS(원)	960	1,246	1,233	752	804	937
BPS(원)	7,151	8,199	9,285	9,883	7,056	7,980
CFPS(원)	1,443	1,893	2,042	1,771	1,326	1,384
DPS(원)	150	150	200	100	—	—
EBITDAPS(원)	1,734	2,071	2,209	1,801	1,432	1,724

재무 비율
〈단위 : %〉

연도	영업이익률	순이익률	부채비율	차입금비율	ROA	ROE	유보율	자기자본비율	EBITDA마진율
2017	16.3	12.5	125.1	69.8	6.3	14.0	1,496.0	44.4	22.0
2016	13.6	11.9	134.6	80.7	6.1	12.1	1,311.2	42.6	21.3
2015	13.0	12.5	9.3	2.6	8.8	10.1	1,876.7	91.5	30.0
2014	19.4	17.1	19.2	6.0	15.1	17.5	1,757.0	83.9	30.6

모두투어네트워크 (A080160)
ModetournetworkInc

업 종 : 호텔 및 레저 | 시 장 : KOSDAQ
신용등급 : (Bond) — (CP) — | 기업규모 : 우량
홈페이지 : www.modetour.com | 연 락 처 : 02)728-8000
본 사 : 서울시 중구 을지로 16 백남빌딩 5층

설 립 일	1989.02.14	**종 업 원 수**	1,240명	**대 표 이 사**	우종웅
상 장 일	2005.07.26	**감 사 의 견**	적정(이촌)	**계 열**	
결 산 기	12월	**보 통 주**		**종속회사수**	7개사
액 면 가	500원	**우 선 주**		**구 상 호**	

주주구성 (지분율,%)		출자관계 (지분율,%)		주요경쟁사 (외형,%)	
우종웅	10.9	모두스테이	100.0	모두투어	100
국민연금공단	7.4	모두관광개발	100.0	하나투어	235
(외국인)	44.0	서울호텔관광전문학교	100.0	롯데관광개발	24

매출구성		비용구성		수출비중	
여행알선 서비스	92.6	매출원가율	3.8	수출	—
호텔위탁운영 및 대행서비스	5.9	판관비율	85.2	내수	—
교육서비스	1.5				

회사 개요

동사는 1989년 해외 여행 자유화가 시작된 직후 해외여행상품을 기획해 전국의 여행 대리점에 유통시키는 국내 최초의 여행 도매업체로 출범함. 충성도가 높고 거래실적이나 영업능력이 우수한 소매 여행사들을 대상으로 모두투어 전문판매 베스트 파트너 대리점 자격을 주어 모두 CRS, 모두 플래너 등의 프로그램을 제공하며 우량 고객을 확보하고 있음. 저가 항공사들이 좌석 공급을 확대하고 있어 우호적인 사업환경이 펼쳐지고 있음.

실적 분석

동사의 2017년 4분기 기준 누적 매출액은 2909.5억원으로 전년동기(2370.8억원) 대비 22.7% 증가했음. 인건비를 비롯한 관리비와 판매비가 전년보다 20.5% 상승했음에도 불구하고 원가율 개선으로 영업이익 개선, 전년 대비 23.5억원 증가한 321.2억원을 기록함. 외환손익이 적자전환하며 비영업이익이 소폭 감소함. 당기순이익은 242억원으로 전년보다 52.4% 개선됨.

현금 흐름

〈단위 : 억원〉

항목	2016	2017
영업활동	317	382
투자활동	-61	-538
재무활동	-119	113
순현금흐름	137	-52
기말현금	583	531

시장 대비 수익률

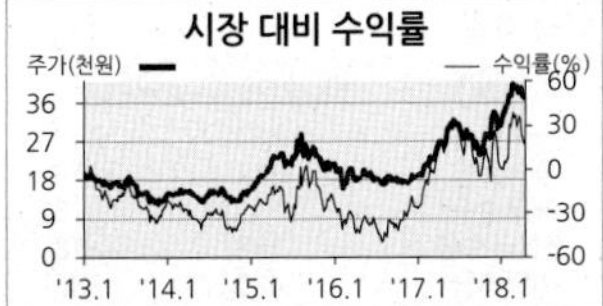

결산 실적

〈단위 : 억원〉

항목	2012	2013	2014	2015	2016	2017
매출액	1,379	1,470	1,647	2,043	2,371	2,909
영업이익	213	158	166	165	201	321
당기순이익	176	153	140	128	159	242

분기 실적

〈단위 : 억원〉

항목	2016.3Q	2016.4Q	2017.1Q	2017.2Q	2017.3Q	2017.4Q
매출액	642	591	740	673	727	770
영업이익	83	38	110	73	81	56
당기순이익	68	25	81	60	58	43

재무 상태

〈단위 : 억원〉

항목	2012	2013	2014	2015	2016	2017
총자산	1,488	1,523	2,243	1,825	2,104	3,382
유형자산	102	100	134	147	219	225
무형자산	12	13	43	49	56	26
유가증권	27	27	23	31	8	13
총부채	646	626	1,152	828	1,077	1,752
총차입금	3	14	351	51	55	455
자본금	63	63	63	63	63	95
총자본	842	898	1,091	997	1,027	1,630
지배주주지분	830	894	987	996	1,034	1,348

기업가치 지표

항목	2012	2013	2014	2015	2016	2017
주가(최고/저)(천원)	19.8/9.4	19.5/12.3	16.5/11.9	28.7/15.9	21.6/16.1	35.7/18.1
PER(최고/저)(배)	23.6/11.2	25.1/15.7	21.8/15.7	42.9/23.8	25.3/18.8	28.3/14.4
PBR(최고/저)(배)	4.4/2.1	3.9/2.4	3.0/2.1	4.7/2.6	3.2/2.4	4.5/2.3
EV/EBITDA(배)	13.3	12.2	13.5	18.4	11.7	14.4
EPS(원)	930	852	812	701	887	1,279
BPS(원)	7,438	8,274	8,962	9,539	10,475	8,121
CFPS(원)	1,501	1,382	1,387	1,295	1,553	1,440
DPS(원)	450	500	510	390	600	450
EBITDAPS(원)	1,794	1,357	1,488	1,550	1,820	1,860

재무 비율

〈단위 : %〉

연도	영업이익률	순이익률	부채비율	차입금비율	ROA	ROE	유보율	자기자본비율	EBITDA마진율
2017	11.0	8.3	107.5	27.9	8.8	20.3	1,524.3	48.2	12.1
2016	8.5	6.7	104.9	5.3	8.1	16.5	1,995.0	48.8	9.7
2015	8.1	6.3	83.1	5.1	6.3	13.4	1,807.7	54.6	9.6
2014	10.1	8.5	105.7	32.1	7.5	16.3	1,692.5	48.6	11.4

모바일리더 (A100030)
Mobileleader

업 종 : IT 서비스 | 시 장 : KOSDAQ
신용등급 : (Bond) — (CP) — | 기업규모 : 중견
홈페이지 : www.mobileleader.com | 연 락 처 : 02)523-4151
본 사 : 서울시 강남구 강남대로 330 (역삼동, 우덕빌딩 5층)

설 립 일	2000.02.23	**종 업 원 수**	78명	**대 표 이 사**	정정기
상 장 일	2010.05.25	**감 사 의 견**	적정(서우)	**계 열**	
결 산 기	12월	**보 통 주**		**종속회사수**	2개사
액 면 가	500원	**우 선 주**		**구 상 호**	

주주구성 (지분율,%)		출자관계 (지분율,%)		주요경쟁사 (외형,%)	
정정기	33.1	인지소프트	94.2	모바일리더	100
이성균	5.0	케이뱅크은행	2.7	케이사인	199
(외국인)	3.4			유엔젤	239

매출구성		비용구성		수출비중	
[(주)인지소프트]SW솔루션(제품)	70.9	매출원가율	61.3	수출	—
SW솔루션, IT서비스(제품)	46.8	판관비율	34.3	내수	—
[(주)이그램]SW솔루션(제품)	3.4				

회사 개요

동사는 자체 개발한 이미지 프로세싱 기술을 바탕으로 금융권, 민간 및 공공기관에 솔루션 공급을 주사업으로 하고 있음. 주요 솔루션으로는 이미지 처리, 인식, 보안, 관리서버, 전자서식 등이 있으며, 솔루션 공급 사업과 함께 솔루션 기반 시스템 구축 사업도 수행함. 2016년 1월 인터넷전문은행 K뱅크 준비법인의 지분을 취득하였으며, 이를 기반으로 솔루션 기반의 ITO 사업을 추진 중임. 자회사로는 인지소프트와 이그램이 있음.

실적 분석

동사의 2017년 연결 기준 연간 매출액은 133.4억원으로 전년 동기 대비 0.6% 감소함. 매출이 감소하면서 매출원가는 줄었지만 판매비와 관리비는 오히려 증가해 영업이익은 전년 동기 대비 29.6% 감소한 5.8억원을 시현함. 비영업 부문에서 금융 이익이 발생하고 법인세비용 부담이 줄어들면서 당기순이익은 전년 동기 대비 577.8% 증가한 9.8억원을 기록함.

현금 흐름

〈단위 : 억원〉

항목	2016	2017
영업활동	27	16
투자활동	-46	-19
재무활동	0	—
순현금흐름	-19	-3
기말현금	22	19

시장 대비 수익률

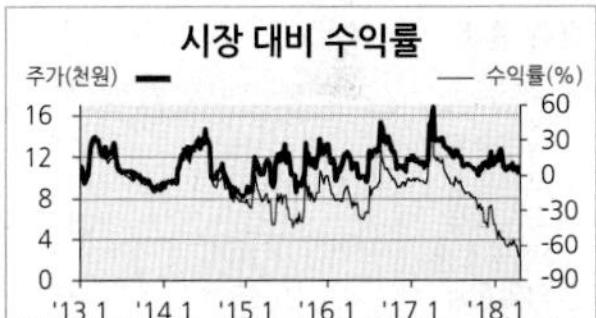

결산 실적

〈단위 : 억원〉

항목	2012	2013	2014	2015	2016	2017
매출액	101	166	136	143	134	133
영업이익	14	31	1	-9	8	6
당기순이익	19	39	12	1	1	10

분기 실적

〈단위 : 억원〉

항목	2016.3Q	2016.4Q	2017.1Q	2017.2Q	2017.3Q	2017.4Q
매출액	34	45	27	31	32	43
영업이익	3	13	-5	2	4	5
당기순이익	3	2	-3	2	4	6

재무 상태

〈단위 : 억원〉

항목	2012	2013	2014	2015	2016	2017
총자산	340	354	348	341	340	320
유형자산	3	3	2	2	2	2
무형자산	33	38	61	57	41	39
유가증권	187	202	187	183	229	215
총부채	48	36	22	26	22	21
총차입금	15	7	—	—	—	—
자본금	16	16	16	16	16	16
총자본	292	319	326	315	318	299
지배주주지분	272	299	304	295	298	296

기업가치 지표

항목	2012	2013	2014	2015	2016	2017
주가(최고/저)(천원)	13.8/6.6	14.5/8.5	14.9/8.0	16.1/8.2	15.5/9.6	16.8/10.2
PER(최고/저)(배)	23.8/11.3	12.6/7.4	39.1/20.9	1,219.8/623.2	688.5/426.5	60.2/36.4
PBR(최고/저)(배)	1.6/0.7	1.5/0.9	1.4/0.8	1.5/0.8	1.5/0.9	1.6/1.0
EV/EBITDA(배)	12.8	5.0	32.3	—	20.1	28.9
EPS(원)	593	1,176	381	13	22	279
BPS(원)	9,057	10,135	10,422	10,458	10,513	10,455
CFPS(원)	685	1,274	506	205	197	403
DPS(원)	—	170	—	—	—	—
EBITDAPS(원)	510	1,040	155	-79	426	301

재무 비율

〈단위 : %〉

연도	영업이익률	순이익률	부채비율	차입금비율	ROA	ROE	유보율	자기자본비율	EBITDA마진율
2017	4.4	7.3	7.2	0.0	3.0	3.1	1,990.9	93.3	7.4
2016	6.2	1.1	7.0	0.0	0.4	0.3	2,002.6	93.5	10.4
2015	-6.2	0.5	8.3	0.0	0.2	0.1	1,991.5	92.3	-1.8
2014	0.7	9.2	6.7	0.0	3.6	4.2	1,984.4	93.7	3.7

모바일어플라이언스 (A087260)

MOBILE APPLIANCE

업　　종 : 자동차부품　　시　　장 : KOSDAQ
신용등급 : (Bond) —　(CP) —　　기업규모 : 벤처
홈페이지 : www.mobileappliance.co.kr　　연 락 처 : 031)421-8071
본　　사 : 경기도 안양시 동안구 시민대로 401, 1701~1706호

설 립 일	2004.04.16	**종업원수**	57명	**대표이사**	이재신
상 장 일	2017.02.24	**감사의견**	적정(대주)	**계　　열**	
결 산 기	12월	**보 통 주**		**종속회사수**	1개사
액 면 가	500원	**우 선 주**		**구 상 호**	

주주구성 (지분율,%)		출자관계 (지분율,%)		주요경쟁사 (외형,%)	
이재신	17.3	텔레컨스	26.8	모바일어플라이언스	100
엔투원	7.8	엠피온	16.7	파인디지털	139
(외국인)	1.2	제이엑스	8.0	미동앤씨네마	52

매출구성		비용구성		수출비중	
블랙박스, 네비게이션, HUD, ADAS외 제품	87.6	매출원가율	81.1	수출	34.0
블랙박스, 네비게이션, HUD, ADAS외 상품	9.4	판관비율	15.3	내수	66.0
기타	3.0				

회사 개요

지난 2004년 설립된 모바일어플라이언스는 내비게이션, 블랙박스 등 운전 보조장치와 스마트/자율주행차 관련 솔루션 전문기업. 내비게이션으로 시작해 2009년 블랙박스 시장에 진출. 2013년부터는 헤드업디스플레이(HUD), 운전자보조시스템(ADAS) 등 스마트/자율주행차 관련 제품을 생산 중. 주요 고객은 현대모비스와 함께 BMW, 아우디 등 글로벌 완성차 업체들.

실적 분석

동사의 2017년 연간 매출액은 전년동기대비 12.3% 하락한 545.5억원을 기록하였음. 비용면에서 전년동기대비 매출원가는 감소 하였으며 인건비는 증가 했고 광고선전비도 크게 증가, 기타판매비와관리비는 감소함. 주춤한 모습의 매출액에 의해 전년동기대비 영업이익은 19.7억원으로 60.4% 크게 하락 하였음. 최종적으로 전년동기대비 당기순이익은 크게 하락하여 15.2억원을 기록함.

현금 흐름 〈단위 : 억원〉

항목	2016	2017
영업활동	25	-81
투자활동	-29	-67
재무활동	-27	162
순현금흐름	-30	13
기말현금	23	36

시장 대비 수익률

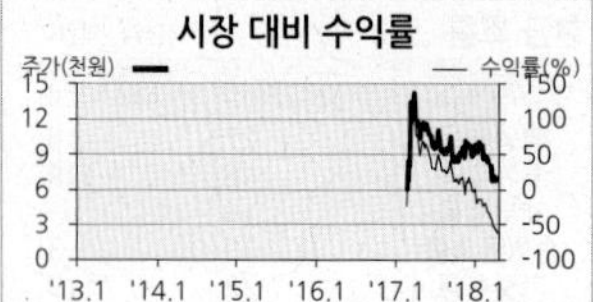

결산 실적 〈단위 : 억원〉

항목	2012	2013	2014	2015	2016	2017
매출액	302	517	528	537	622	545
영업이익	4	50	46	19	50	20
당기순이익	-33	40	1	17	47	15

분기 실적 〈단위 : 억원〉

항목	2016.3Q	2016.4Q	2017.1Q	2017.2Q	2017.3Q	2017.4Q
매출액	132	147	114	179	111	142
영업이익	9	9	3	17	1	-1
당기순이익	5	11	0	22	1	-7

재무 상태 〈단위 : 억원〉

항목	2012	2013	2014	2015	2016	2017
총자산	163	194	279	341	364	538
유형자산	11	11	9	54	56	62
무형자산	37	40	34	44	49	55
유가증권	—	—	—	5	7	15
총부채	224	214	282	261	161	274
총차입금	139	137	223	202	98	216
자본금	40	40	39	53	69	75
총자본	-61	-20	-3	80	203	264
지배주주지분	-61	-20	-3	80	203	264

기업가치 지표

항목	2012	2013	2014	2015	2016	2017
주가(최고/저)(천원)	—/—	—/—	—/—	—/—	—/—	14.3/6.0
PER(최고/저)(배)	0.0/0.0	0.0/0.0	0.0/0.0	0.0/0.0	0.0/0.0	139.3/58.5
PBR(최고/저)(배)	0.0/0.0	0.0/0.0	0.0/0.0	0.0/0.0	0.0/0.0	8.1/3.4
EV/EBITDA(배)	7.9	1.8	2.5	3.6	1.1	39.0
EPS(원)	-413	508	15	163	343	102
BPS(원)	-763	-255	-28	580	1,466	1,758
CFPS(원)	-254	745	268	369	459	237
DPS(원)	—	—	—	—	—	—
EBITDAPS(원)	208	863	805	390	475	267

재무 비율 〈단위 : %〉

연도	영업이익률	순이익률	부채비율	차입금비율	ROA	ROE	유보율	자기자본비율	EBITDA마진율
2017	3.6	2.8	104.0	82.0	3.4	6.5	251.6	49.0	7.3
2016	8.0	7.6	79.4	48.4	13.5	33.5	193.2	55.8	10.6
2015	3.5	3.1	325.3	251.4	5.4	전기잠식	52.7	23.5	7.5
2014	8.7	0.2	완전잠식	완전잠식	—	—	-107.2	-1.0	12.7

모베이스 (A101330)

MOBASE

업　　종 : 휴대폰 및 관련부품　　시　　장 : KOSDAQ
신용등급 : (Bond) —　(CP) —　　기업규모 : 우량
홈페이지 : www.mobase.com　　연 락 처 : 032)529-4200
본　　사 : 경기도 화성시 동탄첨단산업1로 73 (영천동)

설 립 일	1999.03.17	**종업원수**	213명	**대표이사**	손병준,김낙순
상 장 일	2010.02.04	**감사의견**	적정(태성)	**계　　열**	
결 산 기	12월	**보 통 주**		**종속회사수**	9개사
액 면 가	500원	**우 선 주**		**구 상 호**	

주주구성 (지분율,%)		출자관계 (지분율,%)		주요경쟁사 (외형,%)	
손병준	30.8	썬스타	88.6	모베이스	100
조해숙	14.0	소프트모션앤로보틱스	26.3	슈피겐코리아	70
(외국인)	8.3	MOBASEINDIA	100.0	이랜텍	184

매출구성		비용구성		수출비중	
휴대폰 케이스	82.2	매출원가율	83.7	수출	—
기타	15.8	판관비율	9.0	내수	—
산업용 재봉기 및 자수기	2.0				

회사 개요

동사는 1999년 설립되어, 2010년에 코스닥 시장에 상장한 휴대폰용케이스 및 넷북케이스 등 전자부품의 제작 및 판매회사임. 연결대상 종속회사로 중국(쑤저우) 소재의 모베이스전자유한공사와 태국(방콕)의 Son&Arrk Electronics Thailand, 베트남 박닌성 이엔풍공단의 Mobase Vietnam Joint Stock Company가 있으며, 연간 3,600백만대 휴대폰 케이스 생산규모를 보유함.

실적 분석

동사의 2017년 연간 매출액은 전년동기대비 12.4% 상승한 3,207.7억원을 기록하였음. 비용면에서 전년동기대비 매출원가는 증가했으며 인건비도 증가, 광고선전비도 크게 증가, 기타판매비와관리비는 감소함. 이와 같이 상승한 매출액 대비 비용증가가 높아 매출액은 성장했지만 원가 증가로 인해 전년동기대비 영업이익은 234억원으로 31.9% 크게 하락 하였음. 최종적으로 전년동기대비 당기순이익은 크게 하락하여 153.9억원을 기록함.

현금 흐름 〈단위 : 억원〉

항목	2016	2017
영업활동	384	233
투자활동	-211	-235
재무활동	-13	-28
순현금흐름	183	-48
기말현금	435	386

시장 대비 수익률

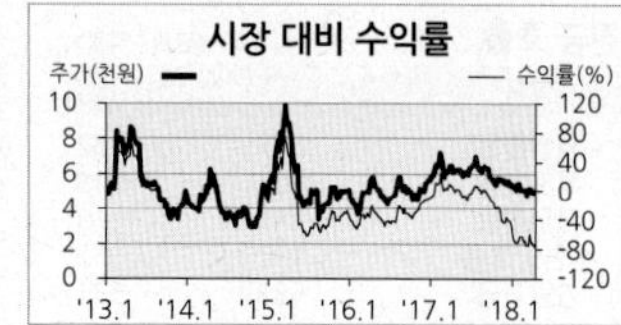

결산 실적 〈단위 : 억원〉

항목	2012	2013	2014	2015	2016	2017
매출액	2,017	2,760	3,731	2,550	2,854	3,208
영업이익	211	319	463	201	344	234
당기순이익	185	243	346	295	315	154

분기 실적 〈단위 : 억원〉

항목	2016.3Q	2016.4Q	2017.1Q	2017.2Q	2017.3Q	2017.4Q
매출액	879	785	683	667	1,062	795
영업이익	111	139	47	37	100	51
당기순이익	87	144	30	32	78	13

재무 상태 〈단위 : 억원〉

항목	2012	2013	2014	2015	2016	2017
총자산	1,318	1,677	1,809	2,000	2,477	2,504
유형자산	532	844	899	905	1,191	1,084
무형자산	4	13	16	19	19	24
유가증권	5	2	1	1	0	0
총부채	480	607	389	269	406	435
총차입금	170	225	27	4	15	23
자본금	45	45	54	78	78	100
총자본	838	1,070	1,419	1,731	2,072	2,070
지배주주지분	838	1,070	1,419	1,717	2,051	2,054

기업가치 지표

항목	2012	2013	2014	2015	2016	2017
주가(최고/저)(천원)	6.0/1.4	10.8/4.0	7.8/3.5	11.9/4.1	7.1/4.4	8.7/6.3
PER(최고/저)(배)	6.9/1.6	9.4/3.5	4.7/2.1	8.5/2.9	4.7/2.9	11.2/8.1
PBR(최고/저)(배)	1.5/0.4	2.1/0.8	1.2/0.5	1.4/0.5	0.7/0.4	0.9/0.6
EV/EBITDA(배)	3.9	2.8	1.2	2.3	1.9	2.4
EPS(원)	771	1,016	1,443	1,223	1,314	662
BPS(원)	9,312	11,884	13,176	11,066	13,214	10,331
CFPS(원)	2,805	3,477	4,300	2,579	2,769	1,386
DPS(원)	—	200	100	—	200	100
EBITDAPS(원)	3,095	4,321	5,385	1,984	2,953	1,764

재무 비율 〈단위 : %〉

연도	영업이익률	순이익률	부채비율	차입금비율	ROA	ROE	유보율	자기자본비율	EBITDA마진율
2017	7.3	4.8	21.0	1.1	6.2	7.7	1,966.2	82.6	11.0
2016	12.0	11.1	19.6	0.8	14.1	16.7	2,542.8	83.6	16.1
2015	7.9	11.6	15.5	0.2	15.5	18.7	2,113.3	86.6	12.1
2014	12.4	9.3	27.4	1.9	19.8	27.8	2,535.2	78.5	15.6

모비스 (A250060)
Mobiis

업 종 : IT 서비스
신용등급 : (Bond) — (CP) —
홈페이지 : www.mobiis.com
본 사 : 서울시 서초구 남부순환로356길 100 윤화빌딩 3층
시 장 : KOSDAQ
기업규모 : 기술성
연 락 처 : 02)3463-1900

설 립 일	2016.07.01	**종업원수**	24명	**대표이사**	김지헌
상 장 일	2016.09.08	**감사의견**	적정(위드)	**계 열**	
결 산 기	12월	**보 통 주**		**종속회사수**	
액 면 가	100원	**우 선 주**		**구 상 호**	하나금융8호스팩

주주구성 (지분율,%)		출자관계 (지분율,%)		주요경쟁사 (외형,%)	
김지헌	29.7	휴네시온	13.0	모비스	100
김형기	9.3	노아에이티에스	5.1	유엔젤	1,335
(외국인)	0.7			케이사인	1,109

매출구성		비용구성		수출비중	
		매출원가율	64.2	수출	4.6
		판관비율	104.7	내수	95.4

회사 개요
동사는 2000년 4월 설립되었으며, 설립초기에는 우수 인력을 바탕으로 삼성전자 등 대기업 IT솔루션 제공업체로서 멀티미디어 통신단말기 등을 공급하였음. 2008년 국내 최초로 영상단말기 10만대를 KT에 공급하는 등 IT분야에서 지속적인 성과를 달성함. 2010년에 기존의 IT 사업에서 기초과학 기반 빅사이언스 분야의 특수 정밀제어 분야로 주력 업종을 확장하였음.

실적 분석
동사의 2017년 연간 매출액은 전년동기대비 47.5% 하락한 23.9억원을 기록하였음. 비용면에서 전년동기대비 매출원가는 크게 감소 하였으며 인건비는 크게 증가 했고 기타판매비와관리비는 크게 증가함. 주춤한 모습의 매출액에 의해 전년동기대비 영업손실은 16.5억원으로 적자전환 하였음. 최종적으로 전년동기대비 당기순손실은 적자전환하여 27.3억원을 기록함.

현금 흐름 *IFRS 별도 기준
〈단위 : 억원〉

항목	2016	2017
영업활동	-8	-8
투자활동	9	-19
재무활동	-3	6
순현금흐름	-2	-21
기말현금	40	19

시장 대비 수익률
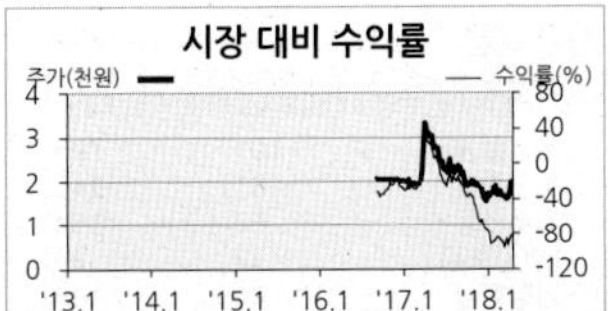

결산 실적
〈단위 : 억원〉

항목	2012	2013	2014	2015	2016	2017
매출액	—	18	31	54	46	24
영업이익	—	-2	8	9	7	-16
당기순이익	—	-2	10	12	7	-27

분기 실적 *IFRS 별도 기준
〈단위 : 억원〉

항목	2016.3Q	2016.4Q	2017.1Q	2017.2Q	2017.3Q	2017.4Q
매출액	5	15	11	3	4	6
영업이익	-1	4	2	-5	-5	-8
당기순이익	-2	2	-16	-3	-3	-4

재무 상태 *IFRS 별도 기준
〈단위 : 억원〉

항목	2012	2013	2014	2015	2016	2017
총자산	—	18	27	92	82	180
유형자산	—	1	1	1	0	2
무형자산	—	0	0	0	0	0
유가증권	—	—	2	0	—	112
총부채	—	7	7	42	21	10
총차입금	—	3	3	12	11	—
자본금	—	6	6	7	20	28
총자본	—	11	21	50	62	170
지배주주지분	—	11	21	50	62	170

기업가치 지표 *IFRS 별도 기준

항목	2012	2013	2014	2015	2016	2017
주가(최고/저)(천원)	#VALUE!	—/—	—/—	—/—	—/—	—/—
PER(최고/저)(배)	0.0/0.0	0.0/0.0	0.0/0.0	0.0/0.0	73.9/71.4	—/—
PBR(최고/저)(배)	0.0/0.0	0.0/0.0	0.0/0.0	0.0/0.0	8.6/8.3	5.1/2.3
EV/EBITDA(배)	0.0	—	0.1	—	12.4	—
EPS(원)	—	-8	47	50	28	-98
BPS(원)	—	8,901	16,964	3,281	4,047	672
CFPS(원)	—	-702	8,407	925	487	-95
DPS(원)	—	—	—	—	—	—
EBITDAPS(원)	—	-801	7,270	739	519	-57

재무 비율
〈단위 : %〉

연도	영업이익률	순이익률	부채비율	차입금비율	ROA	ROE	유보율	자기자본비율	EBITDA마진율
2017	-68.9	-114.2	5.8	0.0	-20.8	-23.5	571.6	94.5	-66.1
2016	16.4	15.3	33.4	18.6	8.0	12.5	214.1	75.0	17.4
2015	17.2	21.8	84.9	23.8	—	—	634.4	54.1	18.1
2014	27.1	31.5	32.2	14.5	43.4	62.4	239.3	75.6	28.4

모아텍 (A033200)
Moatech

업 종 : 전자 장비 및 기기
신용등급 : (Bond) — (CP) —
홈페이지 : www.moatech.com
본 사 : 인천시 남동구 인주대로 698 (구월동)
시 장 : KOSDAQ
기업규모 : 중견
연 락 처 : 032)810-9000

설 립 일	1989.03.06	**종업원수**	103명	**대표이사**	유석권
상 장 일	1997.10.13	**감사의견**	적정(삼정)	**계 열**	
결 산 기	03월	**보 통 주**		**종속회사수**	2개사
액 면 가	500원	**우 선 주**		**구 상 호**	

주주구성 (지분율,%)		출자관계 (지분율,%)		주요경쟁사 (외형,%)	
Minebea Co., Ltd.	50.9	세피스	19.8	모아텍	100
국민연금공단	3.8	MOATECHMANUFACTURINGPHILIPPINES.	100.0	S&K폴리텍	1,305
(외국인)	50.9	MOATECHREALTY,	39.0	대동전자	304

매출구성		비용구성		수출비중	
STEPPINGMOTOR(상품)	61.2	매출원가율	83.4	수출	35.0
STEPPINGMOTOR(제품)	35.0	판관비율	16.7	내수	65.0
개발용역 외	2.7				

회사 개요
동사의 주력 제품은 Stepping Motor임. Stepping Motor는 주로 CD-ROM/DVD에 주로 사용되는데, PC용 Stepping Motor는 세계 시장 점유율 1위임. PC업황 부진으로 산업 성장은 주춤하지만 Slim형 개발 등 자구책으로 성장세는 유지 중에 있음. 자회사 하이소닉은 AF 액츄애이터를 생산하고 있음. 최근 AF 액츄애이터 시장 내 공급업체가 늘어나고 있음.

실적 분석
동사의 2017년 연결기준 연간 누적 매출액은 354.8억원으로 전년 동기 대비 18.5% 감소함. 매출이 감소했지만 매출 감소율 대비 매출원가 감소율이 더 크고 판매비와 관리비 또한 큰 폭으로 줄어들면서 영업이익은 18.5억원으로 전년 동기 대비 흑자전환에 성공함. 비영업부문에서 흑자폭이 크게 줄면서 당기순이익은 15.7억원으로 전년 동기 대비 39.6% 감소함.

현금 흐름
〈단위 : 억원〉

항목	2016	2017.3Q
영업활동	31	20
투자활동	373	-8
재무활동	-122	-0
순현금흐름	290	6
기말현금	499	178

시장 대비 수익률
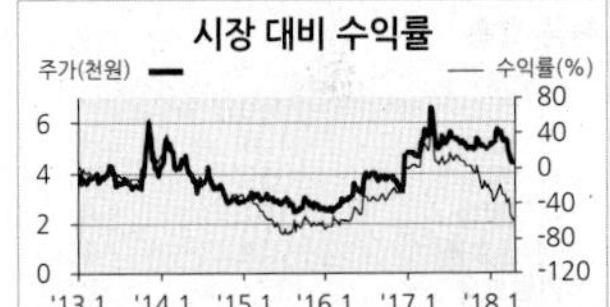

결산 실적
〈단위 : 억원〉

항목	2012	2013	2014	2015	2016	2017
매출액	1,476	936	807	638	566	—
영업이익	-16	-56	-53	-37	-1	—
당기순이익	-43	-113	-74	-18	29	—

분기 실적
〈단위 : 억원〉

항목	2016.2Q	2016.3Q	2016.4Q	2017.1Q	2017.2Q	2017.3Q
매출액	146	115	131	146	119	90
영업이익	-22	3	10	11	5	2
당기순이익	-15	25	2	12	3	1

재무 상태
〈단위 : 억원〉

항목	2012	2013	2014	2015	2016	2017.3Q
총자산	1,732	1,638	1,197	1,262	1,132	815
유형자산	523	517	271	293	160	156
무형자산	51	42	6	6	6	5
유가증권	12	34	61	69	1	1
총부채	314	356	163	241	81	62
총차입금	109	153	65	122	—	—
자본금	77	77	77	77	77	77
총자본	1,418	1,282	1,034	1,020	1,051	752
지배주주지분	1,188	1,100	1,032	1,018	1,043	745

기업가치 지표

항목	2012	2013	2014	2015	2016	2017.3Q
주가(최고/저)(천원)	6.4/3.5	6.8/3.4	5.7/2.8	3.3/2.3	4.8/2.5	6.1/4.7
PER(최고/저)(배)	—/—	—/—	—/—	—/—	29.8/15.4	—/—
PBR(최고/저)(배)	0.8/0.4	0.9/0.4	0.8/0.4	0.5/0.3	0.7/0.3	1.0/0.7
EV/EBITDA(배)	4.7	13.9	—	—	2.7	—/—
EPS(원)	-496	-516	-492	-126	161	107
BPS(원)	8,287	7,674	7,202	7,104	7,280	6,959
CFPS(원)	-3	82	-301	1	232	128
DPS(원)	—	—	—	—	—	—
EBITDAPS(원)	378	209	-177	-132	65	150

재무 비율
〈단위 : %〉

연도	영업이익률	순이익률	부채비율	차입금비율	ROA	ROE	유보율	자기자본비율	EBITDA마진율
2016	-0.1	5.0	7.7	0.0	2.4	2.2	1,261.0	92.9	1.7
2015	-5.8	-2.8	23.7	12.0	-1.5	-1.8	1,228.1	80.9	-3.0
2014	-6.6	-9.2	15.8	6.3	-5.2	-6.6	1,246.4	86.4	-3.2
2013	-5.9	-12.0	27.7	11.9	-6.7	-6.5	1,334.7	78.3	3.2

모토닉 (A009680)

Motonic

업 종 : 자동차부품 | 시 장 : 거래소
신용등급 : (Bond) — (CP) — | 기업규모 : 시가총액 소형주
홈페이지 : www.motonic.co.kr | 연 락 처 : 02)730-8711
본 사 : 서울시 종로구 종로1길 50 에이동 10층(중학동, 중학오피스 빌딩)

설 립 일	1974.03.07	**종 업 원 수**	293명	**대 표 이 사**	김영봉,신현돈
상 장 일	1993.12.16	**감 사 의 견**	적정(한영)	**계 열**	
결 산 기	12월	**보 통 주**		**종속회사수**	2개사
액 면 가	500원	**우 선 주**		**구 상 호**	

주주구성 (지분율,%)		출자관계 (지분율,%)		주요경쟁사 (외형,%)	
김영봉	25.1	NIKKI	2.0	모토닉	100
김영목	14.9	채널에이	0.3	S&T홀딩스	713
(외국인)	16.1	북경모토닉	100.0	S&T중공업	206

매출구성		비용구성		수출비중	
P/CLUTCH 외	38.6	매출원가율	87.0	수출	27.0
LPI SYSTEM	20.5	판관비율	7.0	내수	73.0
기타	18.1				

회사 개요

동사는 1974년 자동차용 기화기 제조 판매를 영업목적으로 설립됨. 1974년 유가증권 시장에 상장됨. 자동차 엔진에 LPG 연료를 분사하는 LPI 시스템과 엔진 부하 등 조건에 따라 실린더 밸브 열림량을 조절하는 장치인 CVVL, 변속기에 장착되는 피스톤 클러치 등을 생산하는 자동차 엔진 및 변속기 주요 부품 전문 생산업체임. 현대차, 기아차에 공급 중임. 중국 북경과 인도에 현지 공장을 두고 있음.

실적 분석

동사의 2017년 영업이익은 127.5억원으로 전년 대비 438.4% 증가함. 매출액은 2,115.3억원으로 8.3% 증가했고 당기순이익은 127.0억원으로 41.6% 감소했음. 매출 증가와 원가율 하락으로 수익성이 개선됨. 직전 사업연도에 대구 1공장 매각이익으로 일시적 영업 외 수익이 있어 당해 사업연도 당기순이익은 감소한 것으로 풀이됨.

현금 흐름 <단위 : 억원>

항목	2016	2017
영업활동	138	238
투자활동	-53	-231
재무활동	-103	-81
순현금흐름	-18	-76
기말현금	357	281

시장 대비 수익률

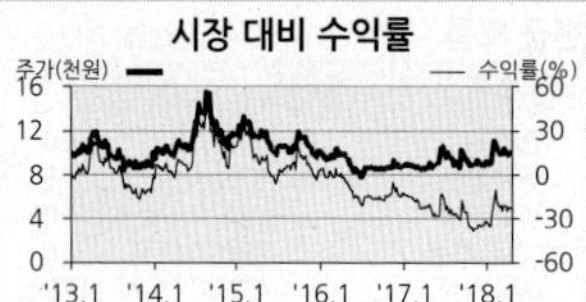

결산 실적 <단위 : 억원>

항목	2012	2013	2014	2015	2016	2017
매출액	2,404	2,182	2,172	2,033	1,953	2,115
영업이익	261	193	135	63	24	128
당기순이익	279	202	175	92	217	127

분기 실적 <단위 : 억원>

항목	2016.3Q	2016.4Q	2017.1Q	2017.2Q	2017.3Q	2017.4Q
매출액	457	508	555	572	512	477
영업이익	8	2	25	51	32	20
당기순이익	13	66	25	52	36	15

재무 상태 <단위 : 억원>

항목	2012	2013	2014	2015	2016	2017
총자산	4,506	4,561	4,294	4,293	4,331	4,315
유형자산	535	582	736	941	966	903
무형자산	17	16	14	13	14	12
유가증권	142	17	73	125	118	223
총부채	760	662	541	497	414	358
총차입금	45	45	11	5	—	—
자본금	165	165	165	165	165	165
총자본	3,746	3,899	3,753	3,796	3,917	3,957
지배주주지분	3,497	3,642	3,753	3,796	3,917	3,957

기업가치 지표

항목	2012	2013	2014	2015	2016	2017
주가(최고/저)(천원)	11.2/5.9	12.4/8.3	16.2/9.5	13.3/9.4	10.4/7.8	10.9/8.5
PER(최고/저)(배)	16.5/8.6	24.2/16.3	35.3/20.7	52.3/36.9	16.8/12.6	29.4/22.9
PBR(최고/저)(배)	1.2/0.6	1.2/0.8	1.5/0.9	1.2/0.9	0.9/0.7	0.9/0.7
EV/EBITDA(배)	4.2	2.4	6.4	6.7	1.8	0.6
EPS(원)	791	582	513	279	659	385
BPS(원)	10,951	11,390	11,724	11,853	12,323	12,520
CFPS(원)	1,014	823	765	476	951	679
DPS(원)	250	250	250	280	250	350
EBITDAPS(원)	1,014	826	663	386	363	681

재무 비율 <단위 : %>

연도	영업이익률	순이익률	부채비율	차입금비율	ROA	ROE	유보율	자기자본비율	EBITDA마진율
2017	6.0	6.0	9.1	0.0	2.9	3.2	2,404.1	91.7	10.6
2016	1.2	11.1	10.6	0.0	5.0	5.6	2,364.6	90.4	6.1
2015	3.1	4.5	13.1	0.1	2.2	2.4	2,270.7	88.4	6.3
2014	6.2	8.1	14.4	0.3	4.0	4.6	2,244.8	87.4	10.1

모트렉스 (A118990)

MOTREX COLTD

업 종 : 자동차부품 | 시 장 : KOSDAQ
신용등급 : (Bond) — (CP) — | 기업규모 : 중견
홈페이지 : www.motrex.co.kr | 연 락 처 : 070)4892-6100
본 사 : 서울시 영등포구 경인로 775 1동 1103호(문래동3가, 에이스하이테크시티)

설 립 일	2001.10.01	**종 업 원 수**	259명	**대 표 이 사**	이형환
상 장 일	2017.08.04	**감 사 의 견**	적정(한영)	**계 열**	
결 산 기	12월	**보 통 주**		**종속회사수**	
액 면 가	500원	**우 선 주**		**구 상 호**	

주주구성 (지분율,%)		출자관계 (지분율,%)		주요경쟁사 (외형,%)	
이형환	39.8	3KSOFTWAREUSA	11.1	모트렉스	100
송은희	14.0			파인디지털	30
(외국인)	0.8			미동앤씨네마	11

매출구성		비용구성		수출비중	
AVN	55.0	매출원가율	75.2	수출	97.8
AV	25.2	판관비율	14.4	내수	2.2
상품 기타	7.7				

회사 개요

동사는 자동차 및 공조기기 A/S 부품 판매업을 영위하는 회사로 2001년 10월 1일 설립됐음. 설립 후 AVN 등 카인포테인먼트 시스템 전문 기업으로 도약해 현재 현대기아차의 신흥시장 AVN을 독점적으로 공급 중. 공급방식은 자동차 선적 전 제품 장착(PIO)으로 이는 자동차 제조사의 제품 단가 인하에서 자유롭다는 이점이 있음. 지난 8월 코스닥 시장에 상장함.

실적 분석

동사의 2017년 연간 매출액은 전년동기대비 8.4% 상승한 2,548.7억원을 기록하였음. 동사의 주요매출품목인 PIO IVI의 경우 차량 인도전 장착되는 시장으로 자동차시장 경기에 영향을 받고 있음. 그러나 미리 물량 계약이 되어있으므로 해당 리스크가 적고 스마트카에 대한 요구가 증가하고 있으므로 향후 큰 수요가 기대중인 사업임. 비영업손익의 적자지속으로 당기순이익은 전년동기대비 2.1% 감소한 201억원을 기록함.

현금 흐름 <단위 : 억원>

항목	2016	2017
영업활동	101	296
투자활동	-105	-645
재무활동	62	354
순현금흐름	37	29
기말현금	79	108

시장 대비 수익률

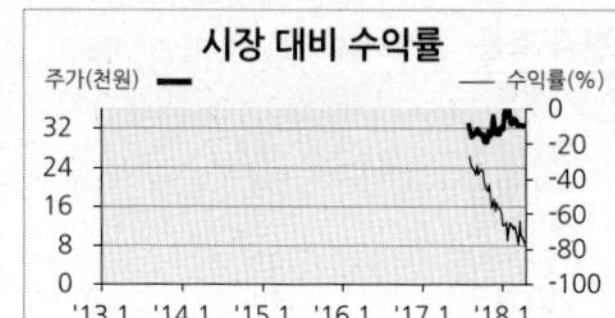

결산 실적 <단위 : 억원>

항목	2012	2013	2014	2015	2016	2017
매출액	1,017	1,390	1,457	1,650	2,352	2,549
영업이익	122	234	265	31	212	266
당기순이익	108	207	168	-41	205	201

분기 실적 <단위 : 억원>

항목	2016.3Q	2016.4Q	2017.1Q	2017.2Q	2017.3Q	2017.4Q
매출액	534	—	612	—	688	—
영업이익	33	—	58	—	80	—
당기순이익	-3	—	47	—	92	—

재무 상태 <단위 : 억원>

항목	2012	2013	2014	2015	2016	2017
총자산	347	644	838	1,050	1,366	2,015
유형자산	35	111	150	170	182	187
무형자산	24	26	37	143	206	270
유가증권	4	22	22	5	5	270
총부채	191	308	358	617	742	647
총차입금	56	122	103	287	344	180
자본금	5	5	5	5	5	27
총자본	156	335	480	433	624	1,368
지배주주지분	156	335	481	430	619	1,362

기업가치 지표

항목	2012	2013	2014	2015	2016	2017
주가(최고/저)(천원)	—/—	—/—	—/—	—/—	—/—	34.5/28.6
PER(최고/저)(배)	0.0/0.0	0.0/0.0	0.0/0.0	0.0/0.0	0.0/0.0	8.0/6.6
PBR(최고/저)(배)	0.0/0.0	0.0/0.0	0.0/0.0	0.0/0.0	0.0/0.0	1.4/1.1
EV/EBITDA(배)	0.1	—	0.0	4.5	1.0	4.0
EPS(원)	6,945	5,607	4,570	-1,181	5,415	4,440
BPS(원)	160,983	345,874	488,970	43,742	59,309	25,834
CFPS(원)	286,998	226,832	184,584	-2,139	24,672	5,696
DPS(원)	—	—	—	—	—	713
EBITDAPS(원)	322,880	255,273	283,706	5,540	25,605	7,183

재무 비율 <단위 : %>

연도	영업이익률	순이익률	부채비율	차입금비율	ROA	ROE	유보율	자기자본비율	EBITDA마진율
2017	10.4	7.9	47.3	13.2	11.9	20.1	5,175.6	67.9	12.6
2016	9.0	8.7	119.0	55.2	17.0	38.7	12,358.4	45.7	10.8
2015	1.9	-2.5	142.4	66.4	-4.4	-9.7	8,648.3	41.3	3.3
2014	18.2	11.5	74.5	21.5	22.7	41.3	9,679.4	57.3	18.9

모헨즈 (A006920)
Mohenz

업 종 : 건축소재
신용등급 : (Bond) — (CP) —
홈페이지 : www.imohenz.com
본 사 : 충남 천안시 동남구 풍세면 남관리 195

시 장 : KOSDAQ
기업규모 : 중견
연 락 처 : 041)578-7202

설 립 일	1970.11.24	**종 업 원 수**	76명	**대 표 이 사**	이기명
상 장 일	1989.01.05	**감 사 의 견**	적정(성신)	**계 열**	
결 산 기	12월	**보 통 주**		**종속회사수**	1개사
액 면 가	500원	**우 선 주**		**구 상 호**	

주주구성 (지분율,%)		출자관계 (지분율,%)		주요경쟁사 (외형,%)	
김기수	32.0	덕원산업	63.5	모헨즈	100
한국증권금융	5.1	코모텍	44.3	유니온	154
(외국인)	2.2			서산	86

매출구성		비용구성		수출비중	
레 미 콘	97.4	매출원가율	92.8	수출	0.0
시멘트외	2.6	판관비율	4.9	내수	100.0

회사 개요

동사는 레미콘 제조 및 판매 등을 주요 목적사업으로 하여 1970년 11월 24일 설립되어 1989년 1월 5일 한국거래소가 개설하는 코스닥시장에 주식을 상장하였음. 또한 동사는 2000년 9월 8일자로 한일흥업 주식회사에서 주식회사 모헨즈로 상호를 변경하였음. 현재 레미콘 제조 및 판매업, 용접사업을 주사업으로 하는 덕원산업과 자동차부품 제조 및 판매업을 영위하는 코모텍을 계열회사로 두고 있음.

실적 분석

동사의 2017년 연결기준 누적매출액은 전년동기 대비 4.6% 증가한 1,173.4억원을 시현함. 레미콘사업 부문은 매출 감소하였으나, 레미콘 외 부문의 성장에 기인. 외형확대에도 레미콘사업부문의 대손충당금 증가 및 종속회사의 재고자산평가충당금의 증가로 영업이익은 27.7% 감소한 26.9억원에 그침. 비영업수지 개선과 법인세비용 감소로 당기순이익은 전년동기대비 33% 증가한 24.5억원 시현.

현금 흐름

<단위 : 억원>

항목	2016	2017
영업활동	26	56
투자활동	-45	-22
재무활동	-12	-0
순현금흐름	-30	34
기말현금	50	84

시장 대비 수익률

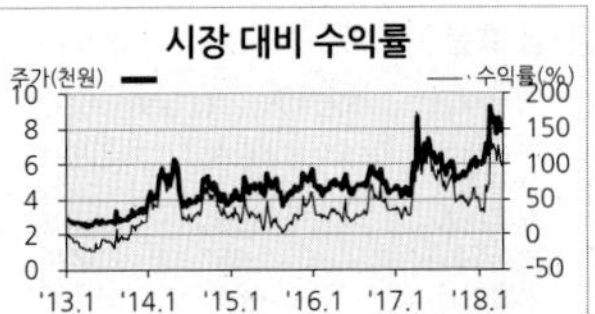

결산 실적

<단위 : 억원>

항목	2012	2013	2014	2015	2016	2017
매출액	702	789	985	1,050	1,122	1,173
영업이익	24	38	49	45	37	27
당기순이익	21	28	39	36	18	24

분기 실적

<단위 : 억원>

항목	2016.3Q	2016.4Q	2017.1Q	2017.2Q	2017.3Q	2017.4Q
매출액	270	328	245	332	295	301
영업이익	12	10	-5	17	12	2
당기순이익	7	1	-4	16	12	0

재무 상태

<단위 : 억원>

항목	2012	2013	2014	2015	2016	2017
총자산	552	608	718	759	797	833
유형자산	250	267	278	270	286	291
무형자산	8	8	13	15	14	13
유가증권	4	3	3	4	5	4
총부채	380	407	482	492	511	521
총차입금	115	92	102	81	70	72
자본금	55	55	55	55	55	55
총자본	173	200	236	267	286	312
지배주주지분	112	131	156	175	188	206

기업가치 지표

항목	2012	2013	2014	2015	2016	2017
주가(최고/저)(천원)	4.4/2.4	3.6/2.4	6.3/3.6	5.9/3.7	6.2/4.1	9.6/4.2
PER(최고/저)(배)	35.7/19.3	19.5/13.1	25.2/14.3	27.0/16.8	54.3/36.1	61.4/26.8
PBR(최고/저)(배)	4.3/2.3	3.0/2.0	4.4/2.5	3.7/2.3	3.6/2.4	5.1/2.2
EV/EBITDA(배)	11.2	9.2	8.2	10.3	10.1	14.2
EPS(원)	122	184	248	217	114	156
BPS(원)	1,022	1,202	1,426	1,604	1,724	1,883
CFPS(원)	273	348	434	417	322	387
DPS(원)	—	—	—	—	—	—
EBITDAPS(원)	374	513	637	611	548	477

재무 비율

<단위 : %>

연도	영업 이익률	순 이익률	부채 비율	차입금 비율	ROA	ROE	유보율	자기자본 비율	EBITDA 마진율
2017	2.3	2.1	167.1	23.0	3.0	8.6	276.6	37.5	4.4
2016	3.3	1.6	178.4	24.3	2.4	6.9	244.8	35.9	5.3
2015	4.3	3.4	184.5	30.5	4.9	14.3	220.8	35.2	6.4
2014	5.0	4.0	204.3	43.1	5.9	18.9	185.2	32.9	7.1

무림에스피 (A001810)
Moorim SP

업 종 : 종이 및 목재
신용등급 : (Bond) A- (CP) —
홈페이지 : www.moorim.co.kr
본 사 : 서울시 강남구 강남대로 656

시 장 : KOSDAQ
기업규모 : 중견
연 락 처 : 02)512-3672

설 립 일	1956.07.26	**종 업 원 수**	208명	**대 표 이 사**	김석만
상 장 일	1999.12.18	**감 사 의 견**	적정(한영)	**계 열**	
결 산 기	12월	**보 통 주**		**종속회사수**	
액 면 가	500원	**우 선 주**		**구 상 호**	

주주구성 (지분율,%)		출자관계 (지분율,%)		주요경쟁사 (외형,%)	
이도균	21.4	무림로지텍	94.9	무림SP	100
이동욱	20.8	무림켐텍	90.0	무림페이퍼	510
(외국인)	2.1	무림오피스웨이	78.2	페이퍼코리아	274

매출구성		비용구성		수출비중	
기 타 지	45.9	매출원가율	86.3	수출	14.3
C.C.P지	33.6	판관비율	10.0	내수	85.7
L.W.C,컴퓨터지,신문용지 등	14.1				

회사 개요

동사는 산업활동 및 문화생활을 위해 필수불가결한 제품인 아트지, 백상지, 기타 특수지 등의 인쇄용지를 전문적으로 생산하여 국내외에 판매하고 있음. 특히 카탈로그, 화장품케이스 등에 사용되는 C.C.P지의 시장점유율은 78.4%이며 종속회사로는 무림오피스웨이와 무림켐텍이 있음. 제지업종의 특성상 완전경쟁체제이며 막대한 시설자금의 소요로 시장진입은 매우 어려운 상태임.

실적 분석

동사의 2017년 연간 매출액은 전년동기대비 2% 소폭 변동한 2,030.4억원을 기록하였음. 비용면에서 전년동기대비 매출원가는 거의 동일 했으나 인건비가 증가하였음. 주춤한 모습의 매출액과 증가한 비용으로 전년동기대비 영업이익은 75.4억원으로 23.6% 크게 하락 하였음. 그러나 비영업손익의 흑자전환으로 전년동기대비 당기순이익은 105.9억원을 기록함. 다양한 기능지 출현으로 향후 성장이 기대됨.

현금 흐름

<단위 : 억원>

항목	2016	2017
영업활동	190	83
투자활동	-31	-124
재무활동	-176	75
순현금흐름	-16	34
기말현금	256	290

시장 대비 수익률

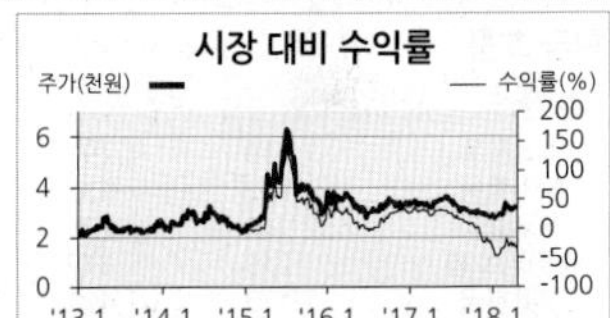

결산 실적

<단위 : 억원>

항목	2012	2013	2014	2015	2016	2017
매출액	1,506	2,238	2,142	2,114	2,071	2,030
영업이익	83	107	124	96	99	75
당기순이익	61	95	-12	18	26	106

분기 실적

<단위 : 억원>

항목	2016.3Q	2016.4Q	2017.1Q	2017.2Q	2017.3Q	2017.4Q
매출액	496	539	508	506	510	506
영업이익	36	20	19	33	9	14
당기순이익	32	-25	33	25	7	41

재무 상태

<단위 : 억원>

항목	2012	2013	2014	2015	2016	2017
총자산	2,687	2,781	2,982	2,958	2,838	3,051
유형자산	617	629	782	796	782	698
무형자산	23	25	79	77	77	75
유가증권	34	37	29	20	20	130
총부채	1,047	1,034	1,144	1,140	996	1,103
총차입금	582	570	630	617	461	533
자본금	111	111	111	111	111	111
총자본	1,641	1,747	1,838	1,818	1,842	1,948
지배주주지분	1,640	1,747	1,803	1,810	1,830	1,934

기업가치 지표

항목	2012	2013	2014	2015	2016	2017
주가(최고/저)(천원)	2.8/1.6	2.8/2.1	3.3/2.2	6.5/2.3	3.8/2.8	3.8/2.8
PER(최고/저)(배)	11.1/6.4	6.9/5.1	—/—	88.9/30.9	33.7/24.4	8.1/6.0
PBR(최고/저)(배)	0.4/0.2	0.4/0.3	0.4/0.3	0.8/0.3	0.5/0.3	0.4/0.3
EV/EBITDA(배)	8.0	7.2	5.8	8.3	7.1	8.2
EPS(원)	276	437	-55	76	117	472
BPS(원)	7,407	7,892	8,143	8,175	8,266	8,738
CFPS(원)	387	568	92	232	269	615
DPS(원)	80	50	35	35	30	35
EBITDAPS(원)	487	612	707	590	598	483

재무 비율

<단위 : %>

연도	영업 이익률	순 이익률	부채 비율	차입금 비율	ROA	ROE	유보율	자기자본 비율	EBITDA 마진율
2017	3.7	5.2	56.7	27.4	3.6	5.6	1,647.5	63.8	5.3
2016	4.8	1.3	54.1	25.1	0.9	1.4	1,553.2	64.9	6.4
2015	4.5	0.9	62.7	33.9	0.6	0.9	1,534.9	61.5	6.2
2014	5.8	-0.5	62.2	34.3	-0.4	-0.7	1,528.7	61.6	7.3

무림페이퍼 (A009200)
Moorim Paper

업　　종 : 종이 및 목재
신용등급 : (Bond) A-　　(CP) —
홈페이지 : www.moorim.co.kr
본　　사 : 경남 진주시 남강로 1003
시　　장 : 거래소
기업규모 : 시가총액 소형주
연 락 처 : 055)751-1234

설립일	1973.08.29	**종업원수**	430명	**대표이사**	김석만
상장일	1990.06.09	**감사의견**	적정(삼일)	**계　열**	
결산기	12월	**보통주**		**종속회사수**	7개사
액면가	2,500원	**우선주**		**구　상　호**	

주주구성 (지분율,%)		출자관계 (지분율,%)		주요경쟁사 (외형,%)	
무림에스피	19.7	무림파워텍	85.6	무림페이퍼	100
이동욱	18.9	무림P&P	67.3	페이퍼코리아	54
(외국인)	6.8	무림오피스웨이	11.8	이건산업	29

매출구성		비용구성		수출비중	
백상지,아트지,기타지	97.6	매출원가율	82.8	수출	52.2
원료매출	1.2	판관비율	10.4	내수	47.8
LWC 외	1.2				

회사 개요

동사는 1973년 설립되어 백상지, 아트지 등 인쇄용지를 전문적으로 생산해 국내외에 판매하는 사업을 영위하고 있음. 2008년 무림동해펄프를 인수해 무림P&P로 사명을 바꿈. 2011년 무림P&P 울산공장 옆에 제지공장을 완공해 목재칩-펄프-제지로 이어지는 국내 유일의 일관화 공장을 설립함. 무림P&P를 통해 필요한 펄프의 36%를 조달하며, 인쇄용지 시장점유율은 2017년 반기 기준 30.6%로 국내 제지업계 선두권을 형성.

실적 분석

동사의 2017년 연간 매출액은 전년동기대비 8.6% 하락한 10,346.3억원을 기록하였음. 매출액은 소폭 하락했으나 영업이익은 697.9억원으로 65.9% 상승 하였음. 매출원가 감소 영향으로 판단됨. 전년동기대비 당기순이익은 흑자전환하여 408.7억원을 기록함. 주요 수출처는 북미지역 등 선진국이 30% 이상이며, 최근 인쇄용지 설비의 타 지종 전환 및 신흥국 경제 성장에 따른 1인당 종이소비 증가로 성장성이 기대되고 있음.

현금 흐름 〈단위 : 억원〉

항목	2016	2017
영업활동	1,719	1,298
투자활동	102	-433
재무활동	-2,042	-525
순현금흐름	-213	317
기말현금	1,173	1,491

시장 대비 수익률

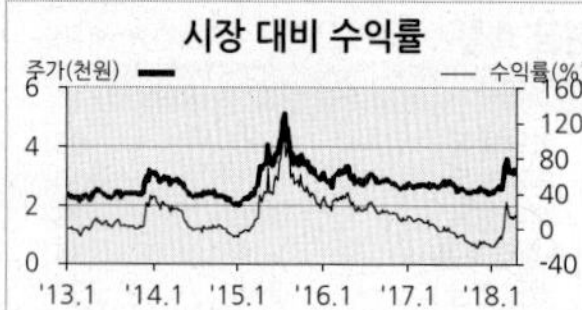

결산 실적 〈단위 : 억원〉

항목	2012	2013	2014	2015	2016	2017
매출액	10,793	11,363	11,780	11,568	11,315	10,346
영업이익	447	759	294	724	421	698
당기순이익	47	249	-412	1	-14	409

분기 실적 〈단위 : 억원〉

항목	2016.3Q	2016.4Q	2017.1Q	2017.2Q	2017.3Q	2017.4Q
매출액	2,822	2,425	2,382	2,544	2,606	2,815
영업이익	-17	103	93	194	168	243
당기순이익	40	-131	121	50	56	182

재무 상태 〈단위 : 억원〉

항목	2012	2013	2014	2015	2016	2017
총자산	22,249	22,796	21,579	21,703	19,045	19,157
유형자산	12,414	12,121	11,530	11,514	10,977	10,546
무형자산	645	636	691	679	666	637
유가증권	580	591	863	1,610	1,766	1,725
총부채	15,902	16,162	15,584	15,741	13,130	12,701
총차입금	13,905	13,810	13,322	12,745	10,872	10,126
자본금	1,040	1,040	1,040	1,040	1,040	1,040
총자본	6,347	6,635	5,995	5,961	5,915	6,456
지배주주지분	3,304	3,537	3,712	3,831	3,848	4,105

기업가치 지표

항목	2012	2013	2014	2015	2016	2017
주가(최고/저)(천원)	3.0/2.3	3.2/2.2	3.2/2.0	5.3/2.0	3.3/2.5	2.9/2.4
PER(최고/저)(배)	—/—	15.9/10.7	—/—	—/—	616.1/466.9	4.5/3.7
PBR(최고/저)(배)	0.4/0.3	0.4/0.3	0.4/0.2	0.6/0.2	0.4/0.3	0.3/0.2
EV/EBITDA(배)	13.2	11.3	12.5	8.3	10.0	7.7
EPS(원)	-284	206	-943	-107	5	641
BPS(원)	7,941	8,500	8,920	9,207	9,248	9,866
CFPS(원)	1,352	1,959	916	1,758	1,845	2,419
DPS(원)	—	25	—	—	—	25
EBITDAPS(원)	2,711	3,576	2,565	3,605	2,851	3,456

재무 비율 〈단위 : %〉

연도	영업이익률	순이익률	부채비율	차입금비율	ROA	ROE	유보율	자기자본비율	EBITDA마진율
2017	6.8	4.0	196.7	156.8	2.1	6.7	294.6	33.7	13.9
2016	3.7	-0.1	222.0	183.8	-0.1	0.1	269.9	31.1	10.5
2015	6.3	0.0	264.1	213.8	0.0	-1.2	268.3	27.5	13.0
2014	2.5	-3.5	260.0	222.2	-1.9	-10.8	256.8	27.8	9.1

무림피앤피 (A009580)
Moorim P&P

업　　종 : 종이 및 목재
신용등급 : (Bond) A-　　(CP) —
홈페이지 : www.moorim.co.kr
본　　사 : 울산시 울주군 온산읍 우봉길 3-36
시　　장 : 거래소
기업규모 : 시가총액 소형주
연 락 처 : 052)231-7031

설립일	1974.01.14	**종업원수**	631명	**대표이사**	김석만
상장일	1989.06.20	**감사의견**	적정(삼일)	**계　열**	
결산기	12월	**보통주**		**종속회사수**	
액면가	2,500원	**우선주**		**구　상　호**	

주주구성 (지분율,%)		출자관계 (지분율,%)		주요경쟁사 (외형,%)	
무림페이퍼	67.3	대승케미칼	100.0	무림P&P	100
KB자산운용	4.2	무림캐피탈	32.6	동화기업	128
(외국인)	10.3	울산방송	2.0	한솔제지	289

매출구성		비용구성		수출비중	
아트지(제지부문-인쇄용지)	75.2	매출원가율	84.4	수출	39.4
활엽수표백화학펄프	24.3	판관비율	8.2	내수	60.6
펠릿, 톱밥 등	0.6				

회사 개요

동사는 1974년 설립된 국내 유일의 표백화학펄프 제조업체로서 표백화학펄프 단일종목을 생산하고 있음. 아트지, 백상지 등 인쇄용지를 주로 생산하는 제지 사업과 표백화학펄프를 생산하는 펄프 사업, 수산화마그네슘의 제조하는 기타 부문을 영위함. 1993년 제2공장을 건설해 연간 생산능력을 종전 16만톤에서 45만톤으로 증대함. 2011년엔 펄프-제지 일관화공장을 완공함. 인도네시아 65,000ha 규모 조림지에 펄프생산용 조림 투자 진행 중임.

실적 분석

동사의 2017년 매출액은 전년 동기(5,986.2억원) 대비 소폭 증가한 6,079.2억원임. 매출증대에도 불구 매출원가가 오히려 감소하며 매출총이익이 대폭 증가. 이에 힘입어 영업이익이 전년 대비 229.2% 급증한 447.3억원을 달성함. 환율효과에 따라 외환수익이 141.2억원 늘어남. 2017년 연간 당기순이익은 364.8억원을 기록하며 대규모 흑자 전환에 성공함. 펄프부문의 판매가격 상승 및 매출원가율 하락이 손익개선의 주원인임.

현금 흐름 〈단위 : 억원〉

항목	2016	2017
영업활동	883	1,051
투자활동	-112	-309
재무활동	-868	-463
순현금흐름	-95	276
기말현금	489	765

시장 대비 수익률

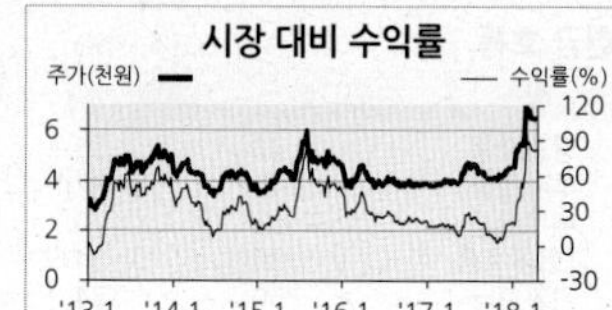

결산 실적 〈단위 : 억원〉

항목	2012	2013	2014	2015	2016	2017
매출액	5,968	6,459	6,394	6,285	5,986	6,079
영업이익	328	517	131	366	136	447
당기순이익	292	302	-103	116	-8	365

분기 실적 〈단위 : 억원〉

항목	2016.3Q	2016.4Q	2017.1Q	2017.2Q	2017.3Q	2017.4Q
매출액	1,426	1,501	1,452	1,496	1,511	1,620
영업이익	-4	62	44	77	117	210
당기순이익	52	-85	98	22	55	190

재무 상태 〈단위 : 억원〉

항목	2012	2013	2014	2015	2016	2017
총자산	12,376	12,311	11,497	11,680	10,953	11,024
유형자산	8,948	8,770	8,380	8,346	7,988	7,746
무형자산	80	75	139	134	131	108
유가증권	—	—	—	6	6	—
총부채	6,782	6,564	6,028	6,217	5,612	5,392
총차입금	5,456	5,082	4,748	4,905	4,227	3,786
자본금	1,559	1,559	1,559	1,559	1,559	1,559
총자본	5,594	5,747	5,469	5,463	5,341	5,632
지배주주지분	5,594	5,747	5,469	5,463	5,339	5,631

기업가치 지표

항목	2012	2013	2014	2015	2016	2017
주가(최고/저)(천원)	4.8/2.6	5.4/2.8	4.9/3.4	6.1/3.5	4.6/3.6	4.7/3.8
PER(최고/저)(배)	13.0/7.1	13.4/6.9	—/—	36.0/20.7	—/—	8.4/6.7
PBR(최고/저)(배)	0.7/0.4	0.7/0.4	0.6/0.5	0.8/0.4	0.6/0.5	0.5/0.4
EV/EBITDA(배)	9.6	8.2	10.2	8.4	9.6	6.2
EPS(원)	468	484	-156	186	-13	585
BPS(원)	8,970	9,215	8,770	8,759	8,562	9,029
CFPS(원)	1,183	1,264	694	1,025	813	1,373
DPS(원)	250	250	175	200	125	150
EBITDAPS(원)	1,242	1,608	1,061	1,425	1,043	1,505

재무 비율 〈단위 : %〉

연도	영업이익률	순이익률	부채비율	차입금비율	ROA	ROE	유보율	자기자본비율	EBITDA마진율
2017	7.4	6.0	95.7	67.2	3.3	6.7	261.2	51.1	15.4
2016	2.3	-0.1	105.1	79.1	-0.1	-0.2	242.5	48.8	10.9
2015	5.8	1.9	113.8	89.8	1.0	2.1	250.4	46.8	14.1
2014	2.1	-1.6	110.2	86.8	-0.9	-1.7	250.8	47.6	10.4

무학 (A033920)
Muhak

업　　종 : 음료　　시　　장 : 거래소
신용등급 : (Bond) —　　(CP) —　　기업규모 : 시가총액 중형주
홈페이지 : www.muhak.co.kr, www.joeunday　　연 락 처 : 070)7576-2045
본　　사 : 경남 창원시 마산회원구 봉암공단2길 6

설 립 일	1973.10.01	**종업원수**	616명	**대표이사**	이수능
상 장 일	1998.07.14	**감사의견**	적정(대주)	**계　　열**	
결 산 기	12월	**보 통 주**		**종속회사수**	6개사
액 면 가	200원	**우 선 주**		**구 상 호**	

주주구성 (지분율,%)		출자관계 (지분율,%)		주요경쟁사 (외형,%)	
최재호	49.8	무학스틸	100.0	무학	100
FID Low Priced Stock Fund	9.5	좋은데이디엔에프	100.0	롯데칠성	910
(외국인)	18.6	무학위드	100.0	하이트진로	754

매출구성		비용구성		수출비중	
희석식소주외	100.0	매출원가율	54.6	수출	1.6
		판관비율	33.9	내수	98.4

회사 개요

동사는 동남권을 대표하는 주류제조 및 판매기업으로 주력상품인 "좋은데이" 및 "화이트소주"로 소주시장에서 확고한 위치를 차지하고 있음. 소주시장에서 파란을 일으키고 있는 16.9도 초저도소주 '좋은데이' 판매신장과 더불어 소주시장 점유비가 2010년 10%, 2011년 12.9%, 2012년 14.0%, 2013년(1~2월) 15.1%로 총 판매량은 소주업계에서 3위를 유지하고 있음.

실적 분석

동사의 2017년 연간 매출액은 전년동기대비 7.3% 하락한 2,505억원을 기록하였음. 비용면에서 전년동기대비 매출원가는 감소 하였으며 인건비도 감소, 광고선전비는 증가 했고 기타판매비와관리비는 증가함. 주춤한 모습의 매출액에 의해 전년동기대비 영업이익은 287.1억원으로 44.8% 크게 하락 하였음. 최종적으로 전년동기대비 당기순이익은 하락하여 515.1억원을 기록함.

현금 흐름 〈단위 : 억원〉

항목	2016	2017
영업활동	528	196
투자활동	-257	-342
재무활동	-116	202
순현금흐름	155	55
기말현금	439	494

시장 대비 수익률

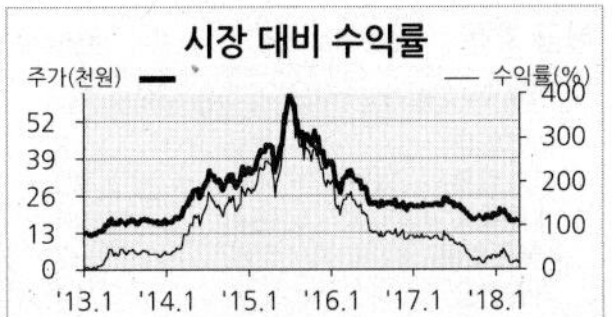

결산 실적 〈단위 : 억원〉

항목	2012	2013	2014	2015	2016	2017
매출액	2,181	2,401	2,901	2,958	2,702	2,505
영업이익	463	598	814	657	520	287
당기순이익	345	550	829	288	615	515

분기 실적 〈단위 : 억원〉

항목	2016.3Q	2016.4Q	2017.1Q	2017.2Q	2017.3Q	2017.4Q
매출액	642	700	705	658	608	534
영업이익	124	133	148	75	63	1
당기순이익	349	67	316	162	100	-64

재무 상태 〈단위 : 억원〉

항목	2012	2013	2014	2015	2016	2017
총자산	3,766	4,413	5,342	5,568	6,037	6,701
유형자산	1,588	1,747	1,905	2,070	2,078	2,068
무형자산	6	6	6	6	4	29
유가증권	1,188	1,604	2,600	2,684	3,024	3,385
총부채	821	949	1,192	1,209	1,128	1,343
총차입금	2	2	—	—	—	300
자본금	53	54	55	56	57	57
총자본	2,945	3,464	4,151	4,359	4,910	5,358
지배주주지분	2,945	3,464	4,151	4,359	4,910	5,358

기업가치 지표

항목	2012	2013	2014	2015	2016	2017
주가(최고/저)(천원)	12.7/9.3	18.4/12.3	37.1/16.5	62.3/34.0	39.1/20.7	26.0/17.0
PER(최고/저)(배)	10.9/8.0	9.9/6.6	13.3/5.9	64.1/35.0	18.7/9.9	14.6/9.6
PBR(최고/저)(배)	1.3/0.9	1.6/1.1	2.6/1.2	4.1/2.3	2.3/1.2	1.4/0.9
EV/EBITDA(배)	5.6	5.8	9.9	11.4	7.3	8.7
EPS(원)	1,210	1,928	2,908	1,011	2,157	1,807
BPS(원)	11,111	12,870	15,233	15,934	17,640	19,052
CFPS(원)	1,863	2,750	3,862	1,992	3,180	2,843
DPS(원)	53	4	4	253	350	350
EBITDAPS(원)	2,307	2,929	3,811	3,304	2,846	2,043

재무 비율 〈단위 : %〉

연도	영업이익률	순이익률	부채비율	차입금비율	ROA	ROE	유보율	자기자본비율	EBITDA마진율
2017	11.5	20.6	25.1	5.6	8.1	10.0	9,425.8	80.0	23.3
2016	19.2	22.8	23.0	0.0	10.6	13.3	8,719.8	81.3	30.0
2015	22.2	9.7	27.7	0.0	5.3	6.8	7,867.1	78.3	31.4
2014	28.1	28.6	28.7	0.0	17.0	21.8	7,516.3	77.7	36.1

문배철강 (A008420)
Moon Bae Steel

업　　종 : 금속 및 광물　　시　　장 : 거래소
신용등급 : (Bond) —　　(CP) —　　기업규모 : 시가총액 소형주
홈페이지 : www.moonbaesteel.co.kr　　연 락 처 : 02)758-6600
본　　사 : 서울시 중구 세종대로 23 창화빌딩 9층

설 립 일	1973.01.22	**종업원수**	67명	**대표이사**	배종민
상 장 일	1994.10.05	**감사의견**	적정(한영)	**계　　열**	
결 산 기	12월	**보 통 주**		**종속회사수**	
액 면 가	500원	**우 선 주**		**구 상 호**	

주주구성 (지분율,%)		출자관계 (지분율,%)		주요경쟁사 (외형,%)	
배종민	15.1	NI스틸	38.2	문배철강	100
배승준	14.3	창화철강	22.6	대양금속	111
(외국인)	2.7			SIMPAC Metal	147

매출구성		비용구성		수출비중	
제품	66.8	매출원가율	91.3	수출	—
상품	31.9	판관비율	4.6	내수	—
임가공	1.3				

회사 개요

동사는 1973년 설립되어 40여년간 포스코 지정 판매점을 영위하고 있으며, 1994년 한국거래소에 상장됨. 포스코의 판매점 운영체제와 동사의 영업력을 기반으로 다수의 고정 거래처를 확보하고 있으며, 지속적인 성장을 통해 철강유통업계의 선두주자로 위치하고 있음. 동사는 1차금속 부문의 철강제품제조 및 판매업만을 영위하는 단일사업 구조임. 주요구매처인 포스코의 원재료 수급정책에 큰 영향을 받음.

실적 분석

동사의 2017년 4분기 누적매출액은 전년동기 대비 20.1% 증가한 1,560.3억원을 기록함. 매출신장에 힘입어 영업이익은 전년동기대비 18.9% 증가한 64.8억원을 시현함. 2017년 4분기 각 부문별 매출비중은 철강제조가 62.7%, 철강도매가 35.6%, 서비스 1.7%로 구성됨. 동사는 중국산 저가제품에 대응하여 원가부담을 개선하기 위한 설비자동화로 생산성 향상을 지향하고, 품질개발과 판매망 확충을 꾀하고 있음.

현금 흐름 *IFRS 별도 기준 〈단위 : 억원〉

항목	2016	2017
영업활동	85	-27
투자활동	23	-413
재무활동	-15	306
순현금흐름	94	-134
기말현금	144	10

시장 대비 수익률

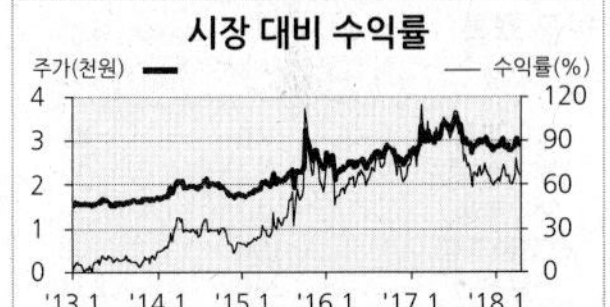

결산 실적 〈단위 : 억원〉

항목	2012	2013	2014	2015	2016	2017
매출액	1,575	1,476	1,323	1,152	1,299	1,560
영업이익	14	31	30	11	54	65
당기순이익	26	47	27	57	74	101

분기 실적 *IFRS 별도 기준 〈단위 : 억원〉

항목	2016.3Q	2016.4Q	2017.1Q	2017.2Q	2017.3Q	2017.4Q
매출액	300	384	408	347	433	372
영업이익	2	27	40	1	17	7
당기순이익	10	32	47	9	21	24

재무 상태 *IFRS 별도 기준 〈단위 : 억원〉

항목	2012	2013	2014	2015	2016	2017
총자산	1,258	1,198	1,126	1,042	1,165	1,577
유형자산	72	71	69	70	67	66
무형자산	13	14	15	15	16	16
유가증권	161	112	92	31	19	39
총부채	443	359	291	197	250	559
총차입금	269	208	102	62	61	362
자본금	103	103	103	103	103	103
총자본	814	839	835	845	915	1,018
지배주주지분	814	839	835	845	915	1,018

기업가치 지표 *IFRS 별도 기준

항목	2012	2013	2014	2015	2016	2017
주가(최고/저)(천원)	2.1/1.4	1.7/1.5	2.1/1.7	3.3/1.7	3.0/2.1	3.6/2.6
PER(최고/저)(배)	19.0/12.6	8.3/7.2	17.4/13.6	12.3/6.5	8.6/6.0	7.3/5.4
PBR(최고/저)(배)	0.6/0.4	0.5/0.4	0.6/0.4	0.8/0.4	0.7/0.5	0.7/0.5
EV/EBITDA(배)	33.9	16.5	13.8	33.6	7.7	12.5
EPS(원)	125	228	133	280	362	494
BPS(원)	4,020	4,139	4,122	4,303	4,643	5,144
CFPS(원)	143	248	153	300	383	519
DPS(원)	50	50	50	50	50	50
EBITDAPS(원)	89	171	167	73	287	341

재무 비율 〈단위 : %〉

연도	영업이익률	순이익률	부채비율	차입금비율	ROA	ROE	유보율	자기자본비율	EBITDA마진율
2017	4.2	6.5	55.0	35.6	7.4	10.5	928.8	64.5	4.5
2016	4.2	5.7	27.3	6.6	6.7	8.4	828.7	78.6	4.5
2015	0.9	5.0	23.3	7.3	5.3	6.8	760.6	81.1	1.3
2014	2.3	2.1	34.9	12.2	2.4	3.3	724.4	74.2	2.6

미동앤씨네마 (A161570)
Midong & Cinema

업종 : 자동차부품
신용등급 : (Bond) — (CP) —
홈페이지 : www.mdncinema.com
본사 : 서울시 서초구 동산로 23, 베델회관 702호

시장 : KOSDAQ
기업규모 : 중견
연락처 : 070)7425-0614

설립일	2009.06.24	**종업원수**	24명	**대표이사**	후성양
상장일	2013.11.13	**감사의견**	적정(선진)	**계열**	
결산기	12월	**보통주**		**종속회사수**	2개사
액면가	500원	**우선주**		**구상호**	

주주구성 (지분율,%)		출자관계 (지분율,%)		주요경쟁사 (외형,%)	
상해 유평 인베스트먼트	18.8	미동씨네마리미티드	100.0	미동앤씨네마	100
엠디아이	14.2	유라이브서비스	100.0	팅크웨어	703
(외국인)	10.0	채널브라더스	26.5	이에스브이	54

매출구성		비용구성		수출비중	
제품	69.6	매출원가율	90.9	수출	6.4
상품 외	30.4	판관비율	22.8	내수	93.6

회사 개요
동사는 2009년 전자, 정보통신기기 관련 제조, 판매업을 목적으로 설립됨. 차량용 영상저장장치(블랙박스)가 주력 제품임. 동사는 자체 브랜드인 유라이브 모델과 ODM 방식을 통해 판매가 이뤄지는 ODM 브랜드가 있음. 2012년 이후 자체 브랜드 매출이 급격히 증가해 자체 브랜드 매출 비중이 90% 이상을 차지하고 있음. 2015년 10월 최대주주가 중국계 펀드인 상해유평 인베스트먼트로 변경되었음.

실적 분석
동사는 지난해 매출액 281억원, 영업손실 38억원으로 적자를 이어갔음. 동사가 보유한 영상저장 및 처리 기술을 통해 동사가 제품을 개발해 내면 외주 생산업체를 통해 제품을 생산, 판매 총판 등 오프라인 및 온라인 쇼핑몰을 이용한 온라인 판매를 통해 소비자에 판매하는 구조. 자체 브랜드인 프리미엄 블랙박스 유라이브를 통해 블랙박스 시장 트렌드 및 기술 트렌드를 지속적으로 선도.

현금 흐름 〈단위 : 억원〉

항목	2016	2017
영업활동	-40	-41
투자활동	252	33
재무활동	-17	—
순현금흐름	194	-8
기말현금	240	231

시장 대비 수익률
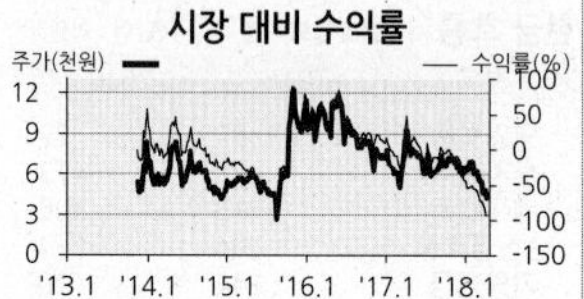

결산 실적 〈단위 : 억원〉

항목	2012	2013	2014	2015	2016	2017
매출액	423	419	368	407	289	282
영업이익	55	33	7	1	-62	-39
당기순이익	75	37	18	6	-31	-36

분기 실적 〈단위 : 억원〉

항목	2016.3Q	2016.4Q	2017.1Q	2017.2Q	2017.3Q	2017.4Q
매출액	67	82	79	78	67	57
영업이익	-12	-36	-2	1	-5	-33
당기순이익	-10	-21	-3	1	1	-34

재무 상태 〈단위 : 억원〉

항목	2012	2013	2014	2015	2016	2017
총자산	216	362	381	584	535	471
유형자산	2	2	4	3	3	1
무형자산	0	0	0	0	0	0
유가증권	11	16	21	20	116	122
총부채	65	41	45	137	41	26
총차입금	—	—	0	100	—	—
자본금	1	45	45	64	69	69
총자본	151	321	336	447	494	444
지배주주지분	151	321	336	447	494	444

기업가치 지표

항목	2012	2013	2014	2015	2016	2017
주가(최고/저)(천원)	—/—	8.3/4.1	8.3/4.1	15.8/2.7	12.5/6.2	9.3/4.9
PER(최고/저)(배)	0.0/0.0	16.3/8.1	42.5/21.2	257.3/43.3	—/—	—/—
PBR(최고/저)(배)	0.0/0.0	2.4/1.2	2.2/1.1	4.4/0.7	3.4/1.7	2.8/1.5
EV/EBITDA(배)	—	13.5	21.1	474.4	—	—
EPS(원)	1,242	518	198	61	-238	-260
BPS(원)	65,822	3,570	3,750	3,571	3,654	3,293
CFPS(원)	37,394	525	209	74	-230	-252
DPS(원)	—	—	50	—	—	—
EBITDAPS(원)	27,822	468	89	27	-473	-272

재무 비율 〈단위 : %〉

연도	영업 이익률	순 이익률	부채 비율	차입금 비율	ROA	ROE	유보율	자기자본 비율	EBITDA 마진율
2017	-13.7	-12.7	5.9	0.0	-7.1	-7.6	558.7	94.4	-13.3
2016	-21.6	-10.7	8.2	0.0	-5.5	-6.6	630.7	92.4	-21.3
2015	0.4	1.5	30.6	22.4	1.2	1.5	614.2	76.6	0.7
2014	1.9	4.8	13.4	0.1	4.8	5.4	650.0	88.2	2.2

미디어젠 (A279600)
MediaZen

업종 : IT 서비스
신용등급 : (Bond) — (CP) —
홈페이지 : www.mediazen.co.kr
본사 : 경기도 성남시 분당구 성남대로925번길 41, 4층

시장 : KONEX
기업규모 : —
연락처 : 02)6429-7100

설립일	2000.06.20	**종업원수**	명	**대표이사**	고훈
상장일	2017.11.10	**감사의견**	적정(삼덕)	**계열**	
결산기	12월	**보통주**		**종속회사수**	
액면가	—	**우선주**		**구상호**	

주주구성 (지분율,%)		출자관계 (지분율,%)		주요경쟁사 (외형,%)	
고훈	33.2			미디어젠	100
블루콤	19.3			브리지텍	328
				민앤지	874

매출구성		비용구성		수출비중	
로열티	49.1	매출원가율	0.0	수출	3.0
음성인식용역	37.2	판관비율	95.6	내수	97.0
SI	13.7				

회사 개요
동사는 2000년 6월 설립된 음성인식 소프트웨어 기업으로 현재 음성인식 플랫폼 개발 및 관련 개발 용역을 수주하여 사업을 영위하고 있음. 국내의 경우 차량용 음식인식 기술 개발 용역을 통해 성장해왔음. 해외의 경우 미국 현지법인을 설립하여 해외 법인의 개발 용역을 수주하기 위한 노력 중임. 안정적인 매출 시현과 꾸준한 기술 개발, 신사업 진출을 통해 글로벌 음성인식 기술 기업으로 성장하려 함.

실적 분석
동사의 2017년 연결기준 연간 매출액은 음성인식용역과 기타 부문에서 매출이 모두 증가하며 전년동기 대비 9.3% 증가한 92.1억원을 기록함. 하지만 인건비 등 판관비의 증가로 영업이익은 전년동기 대비 3.5% 감소한 4.0억원을 시현함. 당기중 자산손상차손이 크게 발생하며 비영업손실이 35.8억원을 기록, 당기순이익은 전년동기 대비 적자 전환하여 31.8억원의 손실을 기록함.

현금 흐름 *IFRS 별도 기준 〈단위 : 억원〉

항목	2016	2017
영업활동	21	8
투자활동	-69	-29
재무활동	54	28
순현금흐름	6	7
기말현금	7	14

시장 대비 수익률
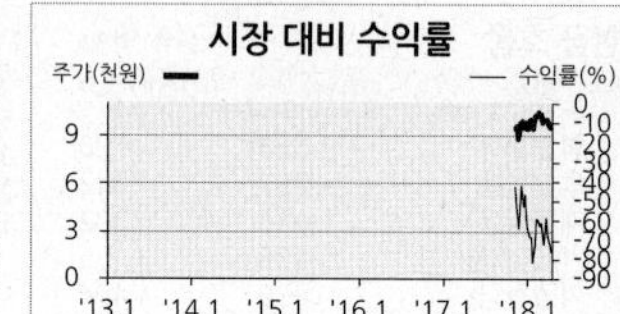

결산 실적 〈단위 : 억원〉

항목	2012	2013	2014	2015	2016	2017
매출액	—	—	72	84	84	92
영업이익	—	—	3	3	4	4
당기순이익	—	—	3	3	2	-32

분기 실적 *IFRS 별도 기준 〈단위 : 억원〉

항목	2016.3Q	2016.4Q	2017.1Q	2017.2Q	2017.3Q	2017.4Q
매출액	—	—	—	—	—	—
영업이익	—	—	—	—	—	—
당기순이익	—	—	—	—	—	—

재무 상태 *IFRS 별도 기준 〈단위 : 억원〉

항목	2012	2013	2014	2015	2016	2017
총자산	—	—	72	77	145	165
유형자산	—	—	1	2	2	37
무형자산	—	—	33	31	32	6
유가증권	—	—	—	3	0	1
총부채	—	—	19	21	25	77
총차입금	—	—	9	7	7	35
자본금	—	—	15	15	18	18
총자본	—	—	53	56	120	89
지배주주지분	—	—	53	56	120	89

기업가치 지표 *IFRS 별도 기준

항목	2012	2013	2014	2015	2016	2017
주가(최고/저)(천원)	—/—	—/—	—/—	—/—	—/—	—/—
PER(최고/저)(배)	0.0/0.0	0.0/0.0	0.0/0.0	0.0/0.0	0.0/0.0	—/—
PBR(최고/저)(배)	0.0/0.0	0.0/0.0	0.0/0.0	0.0/0.0	0.0/0.0	4.7/3.3
EV/EBITDA(배)	0.0	0.0	0.3	0.5	—	41.3
EPS(원)	—	—	97	110	55	-881
BPS(원)	—	—	1,829	1,939	3,337	2,453
CFPS(원)	—	—	370	421	365	-819
DPS(원)	—	—	—	—	—	—
EBITDAPS(원)	—	—	367	421	453	173

재무 비율 〈단위 : %〉

연도	영업 이익률	순 이익률	부채 비율	차입금 비율	ROA	ROE	유보율	자기자본 비율	EBITDA 마진율
2017	4.4	-34.5	87.0	39.5	-20.5	-30.4	390.5	53.5	6.8
2016	5.0	1.9	20.6	5.8	1.4	1.8	567.3	82.9	15.8
2015	3.8	3.8	36.6	12.5	4.3	5.8	287.8	73.2	14.6
2014	3.8	3.9	35.6	17.0	0.0	0.0	265.8	73.8	14.9

미래나노텍 (A095500)

MNtech

업 종 : 디스플레이 및 관련부품
신용등급 : (Bond) — (CP) —
홈페이지 : www.mntech.co.kr
본 사 : 충북 청주시 청원군 옥산면 과학산업1로 16
시 장 : KOSDAQ
기업규모 : 중견
연 락 처 : 043)710-1100

설 립 일	2002.08.01	**종 업 원 수**	304명	**대 표 이 사**	김철영
상 장 일	2007.10.01	**감 사 의 견**	적정(삼일)	**계 열**	
결 산 기	12월	**보 통 주**		**종속회사수**	13개사
액 면 가	500원	**우 선 주**		**구 상 호**	

주주구성 (지분율,%)		출자관계 (지분율,%)		주요경쟁사 (외형,%)	
김철영	22.5	미래에쿼티파트너스	100.0	미래나노텍	100
현대기술투자	4.1	미래솔레어	100.0	신화인터텍	63
(외국인)	5.1	미래티엔에스	100.0	에스엔유	41

매출구성		비용구성		수출비중	
광학필름	59.4	매출원가율	83.3	수출	60.4
노이즈필터	22.9	판관비율	14.8	내수	39.6
WF	9.6				

회사 개요

동사는 한국 본사를 거점으로 중화권 계열회사 포함 13개의 계열회사로 구성된 IT 디스플레이 소재 전문기업임. 동사는 2002년 8월에 설립되어, 2007년 10월에 코스닥시장에 상장함. 사업부문은 광학필름을 생산 및 판매하는 디스플레이 부문, 터치패널 부문, 윈도우필름 부문, 재귀반사필름 부문, 멀티코팅필름부문, 백색가전과 반도체를 생산 및 판매하는 전자부품 부문으로 구성됨.

실적 분석

동사의 연결기준 2017년 연간 누적 매출액은 주력사업 경쟁 심화로 인해 전년동기 대비 10.8% 감소한 2,806.0억원을 기록함. 터치패널과 백색가전 및 기타 부문을 제외한 모든 부문에서 전년동기 대비 매출이 감소함에 따라 영업이익 또한 전년동기 대비 56.9% 감소한 55.0억원을 기록함. 하지만 비경상 영업외비용 감소로 인해 당기순이익은 전년동기 대비 흑자전환하여 103.0억원을 시현함.

현금 흐름 <단위 : 억원>

항목	2016	2017
영업활동	363	69
투자활동	-207	-60
재무활동	-3	-26
순현금흐름	155	-30
기말현금	639	609

시장 대비 수익률

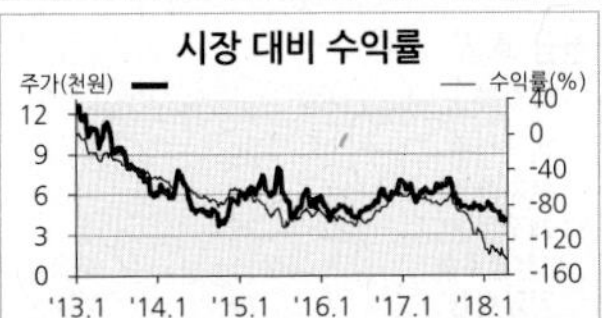

결산 실적 〈단위 : 억원〉

항목	2012	2013	2014	2015	2016	2017
매출액	3,337	2,789	2,231	2,331	3,145	2,806
영업이익	340	-92	-322	-14	128	55
당기순이익	254	-54	-429	-1	-9	103

분기 실적 〈단위 : 억원〉

항목	2016.3Q	2016.4Q	2017.1Q	2017.2Q	2017.3Q	2017.4Q
매출액	983	700	837	606	768	596
영업이익	112	-21	27	11	40	-22
당기순이익	83	-114	21	68	52	-38

재무 상태 〈단위 : 억원〉

항목	2012	2013	2014	2015	2016	2017
총자산	3,450	3,417	2,739	2,867	2,984	2,842
유형자산	1,058	1,065	941	1,000	609	489
무형자산	169	163	97	180	168	73
유가증권	167	212	179	296	355	449
총부채	1,443	1,601	1,346	1,329	1,476	1,196
총차입금	854	1,214	1,088	887	1,030	836
자본금	116	116	116	116	116	116
총자본	2,007	1,816	1,393	1,538	1,509	1,646
지배주주지분	1,932	1,772	1,373	1,367	1,357	1,450

기업가치 지표

항목	2012	2013	2014	2015	2016	2017
주가(최고/저)(천원)	13.7/5.4	12.8/5.7	7.8/3.8	8.0/4.3	7.2/4.1	7.3/4.7
PER(최고/저)(배)	12.1/4.8	—/—	—/—	297.8/160.0	162.2/93.0	17.2/11.0
PBR(최고/저)(배)	1.6/0.6	1.5/0.7	1.2/0.6	1.2/0.6	1.0/0.6	1.0/0.6
EV/EBITDA(배)	5.7	18.0	—	11.0	6.7	6.6
EPS(원)	1,145	-112	-1,709	27	44	426
BPS(원)	8,783	8,461	6,774	6,938	6,891	7,294
CFPS(원)	1,799	691	-839	762	765	1,056
DPS(원)	110	—	—	—	—	—
EBITDAPS(원)	2,103	407	-513	675	1,270	867

재무 비율 〈단위 : %〉

연도	영업이익률	순이익률	부채비율	차입금비율	ROA	ROE	유보율	자기자본비율	EBITDA마진율
2017	2.0	3.7	72.7	50.8	3.5	7.1	1,358.8	57.9	7.2
2016	4.1	-0.3	97.8	68.2	-0.3	0.8	1,278.3	50.6	9.4
2015	-0.6	0.0	86.4	57.7	0.0	0.5	1,287.5	53.7	6.7
2014	-14.4	-19.3	96.6	78.1	-14.0	-25.3	1,254.9	50.9	-5.4

미래산업 (A025560)

Mirae

업 종 : 반도체 및 관련장비
신용등급 : (Bond) — (CP) —
홈페이지 : www.mirae.co.kr
본 사 : 충남 천안시 서북구 백석공단7로 65 (백석동)
시 장 : 거래소
기업규모 : 시가총액 소형주
연 락 처 : 041)621-5070

설 립 일	1991.01.01	**종 업 원 수**	191명	**대 표 이 사**	이권휴
상 장 일	1996.10.20	**감 사 의 견**	적정(삼화)	**계 열**	
결 산 기	12월	**보 통 주**		**종속회사수**	3개사
액 면 가	100원	**우 선 주**		**구 상 호**	

주주구성 (지분율,%)		출자관계 (지분율,%)		주요경쟁사 (외형,%)	
에이세븐1호조합	2.8	인피니티텔레콤	16.7	미래산업	100
미래산업우리사주조합	2.8	나라비전	15.0	피에스케이	799
(외국인)	2.7	넷스루	9.9	덕산하이메탈	131

매출구성		비용구성		수출비중	
Chip Mounter	63.0	매출원가율	87.7	수출	50.3
Test Handler	37.1	판관비율	39.7	내수	49.7

회사 개요

동사는 1983년에 설립되고 1996년 11월 한국거래소에 상장하여 반도체 검사장비 및 Chip Mounter의 제조, 판매를 주요사업으로 영위하고 있음. 동사는 2016년 8월 유상증자로 최대주주가 우리사주조합으로 바뀌었다가 2017년 2월 우리사주조합원의 퇴사로 인한 인출로 인해 에이세븐1호조합이 지분율 2.83%로 최대주주가 됨. 동사는 연결대상 종속기업으로 아론테크 등 2개사를 보유함.

실적 분석

동사의 2017년 결산 연결기준 매출액은 전년대비 47.9% 성장한 344.8억원을 기록함. 외형 성장은 주로 테스트 핸들러 등 반도체검사장비 부문의 호조에 기인함. 다만 외형 성장에도 여전히 100%를 상회하는 원가율을 보이고 있어 영업손실 94.6억원, 당기순손실 136.6억원을 보이며 적자폭이 확대됨. 당기 제품별 매출비중은 ATE 45.91%, SMT 54.09%로 구성됨.

현금 흐름 <단위 : 억원>

항목	2016	2017
영업활동	-86	-9
투자활동	-42	-172
재무활동	237	95
순현금흐름	109	-87
기말현금	134	47

시장 대비 수익률

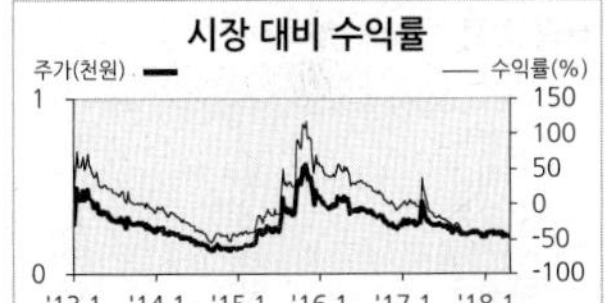

결산 실적 〈단위 : 억원〉

항목	2012	2013	2014	2015	2016	2017
매출액	338	348	241	255	233	345
영업이익	-138	-14	-91	-24	-86	-95
당기순이익	-286	-74	-130	22	-95	-137

분기 실적 〈단위 : 억원〉

항목	2016.3Q	2016.4Q	2017.1Q	2017.2Q	2017.3Q	2017.4Q
매출액	60	70	60	110	91	84
영업이익	-21	-23	-5	-9	-8	-73
당기순이익	-28	-23	-18	-1	-5	-112

재무 상태 〈단위 : 억원〉

항목	2012	2013	2014	2015	2016	2017
총자산	962	760	648	701	845	845
유형자산	377	218	209	207	203	200
무형자산	141	139	101	86	65	46
유가증권	6	6	7	16	0	161
총부채	582	454	269	219	114	238
총차입금	384	242	112	110	5	101
자본금	301	301	445	501	631	631
총자본	380	306	379	483	731	606
지배주주지분	380	306	379	482	731	606

기업가치 지표

항목	2012	2013	2014	2015	2016	2017
주가(최고/저)(천원)	1.7/0.2	0.5/0.2	0.3/0.1	0.7/0.1	0.5/0.3	0.4/0.2
PER(최고/저)(배)	—/—	—/—	—/—	162.9/35.8	—/—	—/—
PBR(최고/저)(배)	15.0/1.9	5.4/2.6	3.0/1.5	6.9/1.5	3.8/2.1	4.3/2.1
EV/EBITDA(배)	—	88.6	—	—	—	—
EPS(원)	-90	-21	-33	4	-17	-22
BPS(원)	134	109	90	101	120	100
CFPS(원)	-93	-15	-25	8	-14	-19
DPS(원)	—	—	—	—	—	—
EBITDAPS(원)	-40	5	-15	-1	-13	-12

재무 비율 〈단위 : %〉

연도	영업이익률	순이익률	부채비율	차입금비율	ROA	ROE	유보율	자기자본비율	EBITDA마진율
2017	-27.4	-39.6	일부잠식	일부잠식	-16.2	-20.4	-0.1	71.8	-22.5
2016	-36.7	-40.7	15.6	0.7	-12.3	-15.7	19.6	86.5	-30.6
2015	-9.6	8.4	일부잠식	일부잠식	3.2	4.9	0.9	68.8	-2.6
2014	-37.6	-54.0	일부잠식	일부잠식	-18.5	-38.0	-9.6	58.5	-23.8

미래생명자원 (A218150)
MILAE BIORESOURCES CO

업 종 : 식료품 | 시 장 : KOSDAQ
신용등급 : (Bond) — (CP) — | 기업규모 : 벤처
홈페이지 : 0 | 연 락 처 : 02)3771-3423
본 사 : 서울시 영등포구 의사당대로 82 (여의도동)

설 립 일	2015.04.06	**종 업 원 수**	1명	**대 표 이 사**	김성진
상 장 일	2015.06.18	**감 사 의 견**	적정(신성)	**계 열**	
결 산 기	12월	**보 통 주**		**종속회사수**	
액 면 가	100원	**우 선 주**		**구 상 호**	하나머스트5호스팩

주주구성 (지분율,%)		출자관계 (지분율,%)	주요경쟁사 (외형,%)	
김성진	61.5		미래생명자원	100
미래생명자원	6.3		케이씨피드	195
(외국인)	0.5		고려산업	426

매출구성	비용구성		수출비중	
	매출원가율	85.1	수출	0.1
	판관비율	11.2	내수	99.9

회사 개요

1998년 2월 설립된 동사는 사료제조 사업, 식품유통 사업을 영위하고 있으며 주요제품으로는 특수가공원료(EP), 기능성 원료인 SLP(오징어간장분말), 기능성 계란인 오렌지에그 등이 있음. 동사가 판매중인 보조사료, 기능성 사료첨가제 제품 대부분은 특허를 받아 국내 프리미엄급 사료에 주로 사용되고 있으며 중국, 필리핀, 베트남 등 해외 시장 진출을 위해 각국에 제품등록과 현지 에이전트 발굴을 진행 중.

실적 분석

동사의 2017년 연결 기준 연간 누적 매출액은 409.3억원으로 전년 동기 대비 0.7% 감소함. 매출은 감소했지만 매출원가는 오히려 늘었고 판매비와 관리비도 증가하면서 영업이익은 전년 동기 대비 41% 감소한 15.2억원을 시현함. 비영업 부문에서도 막대한 손실이 발생했고 법인세 비용 부담 또한 늘어나면서 당기순손실은 20억원으로 전년 동기 대비 적자전환함.

현금 흐름 *IFRS 별도 기준 (단위 : 억원)

항목	2016	2017
영업활동	7	51
투자활동	0	65
재무활동	6	-30
순현금흐름	13	86
기말현금	61	147

시장 대비 수익률

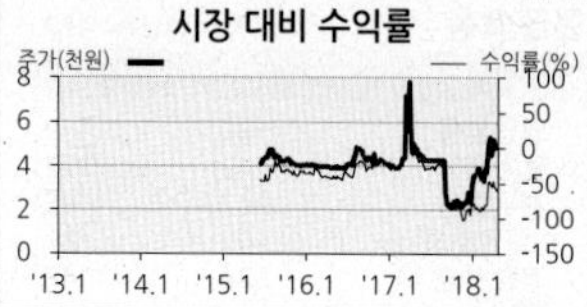

결산 실적 (단위 : 억원)

항목	2012	2013	2014	2015	2016	2017
매출액	297	256	—	355	412	409
영업이익	21	18	—	5	26	15
당기순이익	19	14	—	6	17	-20

분기 실적 *IFRS 별도 기준 (단위 : 억원)

항목	2016.3Q	2016.4Q	2017.1Q	2017.2Q	2017.3Q	2017.4Q
매출액	—	—	—	—	—	—
영업이익	—	—	—	—	—	—
당기순이익	—	—	—	—	—	—

재무 상태 *IFRS 별도 기준 (단위 : 억원)

항목	2012	2013	2014	2015	2016	2017
총자산	203	165	—	196	214	287
유형자산	11	11	—	23	30	54
무형자산	—	—	—	—	—	—
유가증권	3	3	—	5	—	—
총부채	83	32	—	53	54	40
총차입금	61	7	—	30	35	20
자본금	3	3	—	3	3	17
총자본	120	134	—	143	160	246
지배주주지분	120	134	—	143	160	246

기업가치 지표 *IFRS 별도 기준

항목	2012	2013	2014	2015	2016	2017
주가(최고/저)(천원)	—/—	—/—	—/—	2.4/2.0	2.7/1.9	7.8/2.1
PER(최고/저)(배)	0.0/0.0	0.0/0.0	0.0/0.0	127.2/106.4	54.5/39.0	—/—
PBR(최고/저)(배)	0.0/0.0	0.0/0.0	0.0/0.0	5.3/4.4	5.4/3.8	5.2/1.4
EV/EBITDA(배)	1.8	—	0.0	6.8	1.2	20.3
EPS(원)	114	81	—	37	99	-105
BPS(원)	199,727	222,672	—	5,174	5,734	1,495
CFPS(원)	34,385	24,096	—	245	610	-95
DPS(원)	—	—	—	—	—	—
EBITDAPS(원)	36,171	30,727	—	207	906	117

재무 비율 (단위 : %)

연도	영업이익률	순이익률	부채비율	차입금비율	ROA	ROE	유보율	자기자본비율	EBITDA마진율
2017	3.7	-4.9	25.5	16.5	-7.4	-9.8	1,397.1	79.7	4.1
2016	6.2	4.1	42.7	29.8	7.8	11.0	5,727.4	70.1	6.6
2015	1.4	1.6	36.9	20.4	0.0	0.0	5,159.2	73.1	1.7
2014	0.0	0.0	0.0	0.0	0.0	0.0	0.0	0.0	0.0

미래아이앤지 (A007120)
MiraeINGCo

업 종 : IT 서비스 | 시 장 : 거래소
신용등급 : (Bond) — (CP) — | 기업규모 : 시가총액 소형주
홈페이지 : www.miraeing.co.kr | 연 락 처 : 02)3470-4400
본 사 : 서울시 강남구 도산대로 509(청담동)

설 립 일	1971.03.01	**종 업 원 수**	40명	**대 표 이 사**	김학수
상 장 일	1999.11.17	**감 사 의 견**	적정(제원)	**계 열**	
결 산 기	12월	**보 통 주**		**종속회사수**	1개사
액 면 가	500원	**우 선 주**		**구 상 호**	디올메디바이오

주주구성 (지분율,%)		출자관계 (지분율,%)	주요경쟁사 (외형,%)	
엔케이물산	24.8		미래아이앤지	100
박성균	3.1		신세계 I&C	4,154
(외국인)	0.2		오픈베이스	1,772

매출구성		비용구성		수출비중	
SWIFT	63.8	매출원가율	69.2	수출	11.2
기타	32.4	판관비율	68.9	내수	88.8
자주포부품류,DVR	3.7				

회사 개요

동사는 솔루션사업, 방산보안사업, 바이오사업을 주요 사업으로 영위. 솔루션사업은 동사 매출의 약 60%를 차지하는데 은행권의 외환업무와 관련된 IT 제품의 구축 및 유지보수가 사업영역임. 방산사업으로는 2010년에 보급형, 실속형, 고급형 9기종에 이르는 다양한 H.264 DVR 모델을 출시했고 2013년 상반기부터 HD급의 DVR을 출시하며 고해상도를 요구하는 고속도로관제시스템, 카지노, 은행 등의 CCTV 수요에 대응하여 왔음.

실적 분석

동사의 2017년 결산 연결기준 매출액은 전년대비 21.6% 감소한 77.1억원을 기록함. 매출액 감소는 주로 솔루션사업부문의 부진에 기인함. 외형 축소와 더불어 신규사업으로 인한 판매관리비가 증가함. 이에 원가율은 138.1%를 보여 영업손실 29.4억원, 당기순손실 27.0억원으로 적자를 지속함. 동사는 당기 결산일 이후 경영권 분쟁 소송과 관련한 의결권행사금지가처분 신청 기각 판결 등을 공시함.

현금 흐름 (단위 : 억원)

항목	2016	2017
영업활동	-35	-13
투자활동	-249	-29
재무활동	73	195
순현금흐름	-211	151
기말현금	72	223

시장 대비 수익률

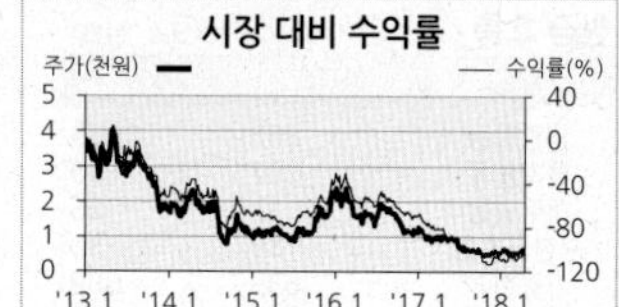

결산 실적 (단위 : 억원)

항목	2012	2013	2014	2015	2016	2017
매출액	350	268	188	92	98	77
영업이익	14	-44	-60	-15	-16	-29
당기순이익	4	-122	-187	12	-23	-27

분기 실적 (단위 : 억원)

항목	2016.3Q	2016.4Q	2017.1Q	2017.2Q	2017.3Q	2017.4Q
매출액	22	29	15	18	15	29
영업이익	-5	-8	-8	-5	-4	-13
당기순이익	-5	-19	-8	-3	1	-17

재무 상태 (단위 : 억원)

항목	2012	2013	2014	2015	2016	2017
총자산	374	333	488	480	521	688
유형자산	86	59	40	42	41	63
무형자산	99	50	27	25	25	31
유가증권	13	18	15	33	43	42
총부채	122	150	110	30	29	31
총차입금	70	116	83	—	—	—
자본금	115	118	268	291	318	518
총자본	252	182	378	450	492	657
지배주주지분	251	182	378	450	491	656

기업가치 지표

항목	2012	2013	2014	2015	2016	2017
주가(최고/저)(천원)	4.9/0.6	5.0/1.8	2.9/0.9	2.8/1.0	2.9/1.2	1.3/0.5
PER(최고/저)(배)	257.9/31.4	—/—	—/—	122.3/44.3	—/—	—/—
PBR(최고/저)(배)	3.5/0.4	4.8/1.8	3.6/1.2	3.2/1.2	3.2/1.4	2.0/0.7
EV/EBITDA(배)	63.7	—	—	—	—	—
EPS(원)	16	-484	-638	19	-37	-34
BPS(원)	1,243	911	723	789	797	648
CFPS(원)	29	-480	-650	25	-35	-29
DPS(원)	—	—	—	—	—	—
EBITDAPS(원)	72	-150	-187	-21	-23	-32

재무 비율 (단위 : %)

연도	영업이익률	순이익률	부채비율	차입금비율	ROA	ROE	유보율	자기자본비율	EBITDA마진율
2017	-38.1	-35.0	4.8	0.0	-4.5	-4.6	29.7	95.5	-32.4
2016	-16.7	-23.9	5.8	0.0	-4.7	-5.0	59.3	94.5	-13.9
2015	-16.0	12.9	6.6	0.0	2.4	2.9	57.8	93.8	-12.9
2014	-31.9	-99.5	29.2	21.9	-45.5	-66.7	44.6	77.4	-27.2

미래에셋대우 (A006800)
MIRAE ASSET DAEWOO COLTD

업 종 : 증권 | 시 장 : 거래소
신용등급 : (Bond) AA (CP) A1 | 기업규모 : 시가총액 대형주
홈페이지 : www.miraeassetdaewoo.com | 연 락 처 : 02)3774-1700
본 사 : 서울시 중구 을지로5길 26(수하동, 미래에셋센터원빌딩 이스트타워)

설 립 일	1970.09.23	**종업원수**	4,670명	**대표이사**	최현만,조웅기
상 장 일	1975.09.30	**감사의견**	적정(삼정)	**계 열**	
결 산 기	12월	**보 통 주**		**종속회사수**	74개사
액 면 가	5,000원	**우 선 주**		**구 상 호**	대우증권

주주구성 (지분율,%)		출자관계 (지분율,%)		주요경쟁사 (외형,%)	
미래에셋캐피탈	18.6	DSIT원터치	100.0	미래에셋대우	100
국민연금공단	10.4	미래에셋글로벌바이오투자조합제1호	96.5	유안타증권	21
(외국인)	11.9	미래에셋벤처투자	77.5	삼성증권	56

수익구성		비용구성		수출비중	
금융상품 관련이익	73.7	이자비용	6.0	수출	—
이자수익	12.0	파생상품손실	0.1	내수	—
수수료수익	7.3	판관비	11.2		

회사 개요

동사는 전통적으로 브로커리지 수익은 물론 종합자산관리 잔고, 자산유동화증권(ABS) 및 주가연계증권(ELS) 발행시장 점유율, 세일즈앤트레이딩 손익 등 거의 전 사업부문에 걸쳐 업계 리딩 증권사임. 수익증권, 주식, 신탁, 랩어카운트, 파생결합증권·사채, 개인연금, 방카슈랑스 등 다양한 포트폴리오를 통해 종합적 자산관리서비스를 제공중임. 2017년 3월말 현재 167개 영업점, 7개 IWC, 3개 해외사무소, 11개 주요 해외법인 운영 중임.

실적 분석

동사는 지난해 당기순이익 5,049억원을 기록했는데 이는 2006년(4461억원) 이후 10여년 만에 사상 최대 규모임. 영업이익과 세전이익 또한 각각 6,278억원, 6,647억원으로 호실적을 달성했음. 7조3,000억여 원에 달하는 자기자본을 활용한 IB 부문 수익 증가와 트레이딩 증가 등이 실적 개선을 이끌었음. 또 245조원 규모로 커진 고객자산 증대를 통해 브로커리지와 WM 부문에서도 균형 잡힌 실적을 냈음.

현금 흐름
(단위 : 억원)

항목	2016	2017
영업활동	50,146	-41,446
투자활동	-540	-4,586
재무활동	-33,635	40,500
순현금흐름	16,150	-6,316
기말현금	20,060	13,744

시장 대비 수익률

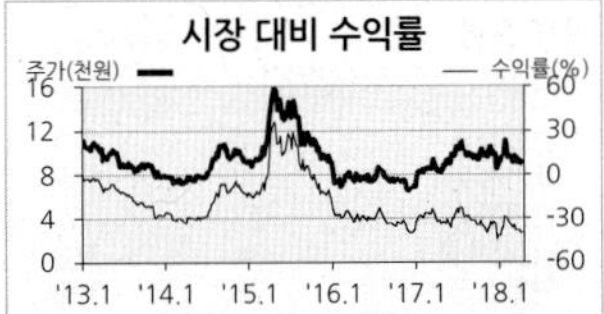

결산 실적
(단위 : 억원)

항목	2012	2013	2014	2015	2016	2017
순영업손익	7,111	3,629	7,987	4,769	7,960	17,119
영업이익	1,634	-354	2,708	1,485	32	6,278
당기순이익	1,437	-287	2,058	1,746	157	5,049

분기 실적
(단위 : 억원)

항목	2016.3Q	2016.4Q	2017.1Q	2017.2Q	2017.3Q	2017.4Q
순영업손익	3,187	460	3,925	4,436	4,455	4,303
영업이익	938	-2,104	1,435	1,748	1,688	1,407
당기순이익	667	-1,567	1,102	1,636	1,343	969

재무 상태
(단위 : 억원)

항목	2012	2013	2014	2015	2016	2017
총자산	254,374	260,050	306,133	284,160	572,678	906,266
유형자산	2,496	2,446	2,491	109	3,478	1,986
무형자산	785	752	619	266	2,581	2,523
유가증권	155,384	165,921	196,029	195,875	351,674	331,167
총부채	213,858	220,905	264,390	249,640	506,020	832,421
총차입금	97,848	100,416	110,818	114,508	216,725	524,757
자본금	17,039	17,039	17,039	16,981	34,020	34,020
총자본	40,517	39,145	41,743	34,520	66,658	73,845
지배주주지분	40,517	39,080	41,671	34,287	66,389	73,567

기업가치 지표

항목	2012	2013	2014	2015	2016	2017
주가(최고/저)(천원)	12.0/8.7	10.3/7.8	10.8/7.2	16.5/8.6	8.6/6.3	11.0/7.1
PER(최고/저)(배)	31.4/22.8	—/—	19.6/13.0	35.2/18.5	77.8/56.9	15.2/9.8
PBR(최고/저)(배)	1.1/0.8	1.0/0.7	0.9/0.6	1.7/0.9	0.9/0.7	1.0/0.7
PSR(최고/저)(배)	6/5	11/8	5/3	13/7	4/3	4/3
EPS(원)	422	-86	602	498	115	740
BPS(원)	12,260	11,826	12,571	10,195	9,889	10,904
CFPS(원)	510	-18	657	536	262	879
DPS(원)	120	—	250	330	50	220
EBITDAPS(원)	479	-104	795	436	9	923

재무 비율
(단위 : %)

연도	계속사업 이익률	순 이익률	부채 비율	차입금 비율	ROA	ROE	유보율	자기자본 비율	총자산 증가율
2017	38.8	29.5	1,127.3	710.6	0.7	7.2	118.1	8.2	58.3
2016	2.6	2.0	759.1	325.1	0.0	0.8	97.8	11.6	101.5
2015	47.4	36.6	723.2	331.7	0.6	4.5	104.6	12.2	-7.2
2014	34.3	25.8	633.4	265.5	0.7	5.1	151.4	13.6	20.4

미래에셋생명보험 (A085620)
Mirae Asset Life Insurance

업 종 : 보험 | 시 장 : 거래소
신용등급 : (Bond) — (CP) — | 기업규모 : 시가총액 중형주
홈페이지 : life.miraeasset.com | 연 락 처 : 1588-0220
본 사 : 서울시 영등포구 국제금융로 56 (미래에셋대우빌딩)

설 립 일	1988.03.07	**종업원수**	1,002명	**대표이사**	하만덕,김재식
상 장 일	2015.07.08	**감사의견**	적정(삼정)	**계 열**	
결 산 기	12월	**보 통 주**		**종속회사수**	12개사
액 면 가	5,000원	**우 선 주**		**구 상 호**	

주주구성 (지분율,%)		출자관계 (지분율,%)		주요경쟁사 (외형,%)	
미래에셋대우	20.8	피씨에이생명보험	100.0	미래에셋생명	100
미래에셋캐피탈	11.1	미래에셋금융서비스	100.0	메리츠화재	281
(외국인)	6.5	미래에셋모바일	100.0	코리안리	316

수익구성		비용구성		수출비중	
[생명보험]특별계정	61.2	책임준비금전입	21.7	수출	—
[생명보험]사망	16.5	보험금비용	37.8	내수	—
[생명보험]생존	15.2	사업비	9.0		

회사 개요

동사는 보험상품과 더불어 펀드, 신탁, 퇴직연금 등 상품을 제공하고 있음. 동사는 펀드를 판매하는 8개 생명보험사 중 하나이며, 퇴직연금을 판매하는 15개 생명보험사 중 하나임. 신탁상품은 단 5개 회사만 판매하고 있음. 동사는 전통적인 보험상품과 함께 다양한 금융상품과 서비스를 고객들에게 원스탑으로 제공할 수 있는 장점을 가지고 있는 선두권 보험사 중 하나로 평가됨.

실적 분석

동사는 지난해 순이익 2,211억원을 기록. 이는 2016년보다 183.01% 늘어난 수치. 이 기간 매출은 4조 3,220억원, 영업이익은 640억원을 거둬. 1년 전보다 매출은 늘었지만 영업이익은 줄어.순이익이 급증한 것은 PCA생명을 인수하는 과정에서 발생한 염가매수차익 1,812억 원이 지난해 실적에 반영됐기 때문. 미래에셋생명은 2016년 11월 PCA생명을 합병해 통합 미래에셋생명으로 새롭게 출범.

현금 흐름
(단위 : 억원)

항목	2016	2017
영업활동	13,503	9,896
투자활동	-14,664	-9,252
재무활동	712	-1,301
순현금흐름	-448	-658
기말현금	2,926	2,269

시장 대비 수익률

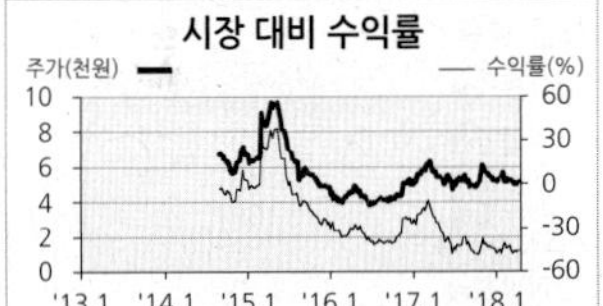

결산 실적
(단위 : 억원)

항목	2012	2013	2014	2015	2016	2017
보험료수익	28,003	18,910	25,025	26,259	22,868	22,844
영업이익	869	420	1,517	1,228	1,168	640
당기순이익	637	287	1,210	1,224	780	2,211

분기 실적
(단위 : 억원)

항목	2016.3Q	2016.4Q	2017.1Q	2017.2Q	2017.3Q	2017.4Q
보험료수익	5,611	5,576	5,404	5,777	5,945	5,718
영업이익	-9	523	-28	333	100	236
당기순이익	14	264	7	2,017	119	68

재무 상태
(단위 : 억원)

항목	2012	2013	2014	2015	2016	2017
총자산	201,607	215,195	246,811	272,203	286,441	355,208
유형자산	1,441	1,401	668	941	488	633
무형자산	211	267	218	232	165	1,725
유가증권	94,873	100,535	125,201	137,500	144,498	158,673
총부채	189,113	205,505	231,830	253,630	267,639	334,692
총차입금	2,815	3,074	1,728	1,606	1,360	1,290
자본금	6,315	6,315	6,315	8,315	8,315	8,315
총자본	12,494	9,689	14,981	18,573	18,802	20,516
지배주주지분	12,490	9,687	14,978	18,570	18,802	20,516

기업가치 지표

항목	2012	2013	2014	2015	2016	2017
주가(최고/저)(천원)	—/—	—/—	7.5/5.6	9.9/4.8	5.3/3.8	6.3/4.7
PER(최고/저)(배)	0.0/0.0	0.0/0.0	8.7/6.5	13.1/6.3	12.0/8.6	4.9/3.7
PBR(최고/저)(배)	0.0/0.0	0.0/0.0	0.7/0.5	1.0/0.5	0.5/0.4	0.5/0.4
PSR(최고/저)(배)	0/0	0/0	0/0	1/0	0/0	0/0
EPS(원)	478	216	907	798	459	1,330
BPS(원)	9,366	7,264	11,232	10,771	11,367	12,398
CFPS(원)	652	338	1,018	918	609	1,774
DPS(원)	—	—	—	55	55	170
EBITDAPS(원)	652	315	1,137	801	688	385

재무 비율
(단위 : %)

연도	계속사업 이익률	순 이익률	부채 비율	차입금 비율	ROA	ROE	유보율	자기자본 비율	총자산 증가율
2017	10.2	9.7	1,631.4	6.3	0.7	11.3	148.0	5.8	24.0
2016	5.4	3.4	1,423.5	7.2	0.3	4.2	127.3	6.6	5.2
2015	4.8	4.7	1,365.6	8.7	0.5	7.3	124.6	6.8	10.3
2014	6.3	4.8	1,547.5	11.5	0.5	9.8	137.2	6.1	22.4

미래에스씨아이 (A028040)

SPEROGLOBAL

업 종 : 건축소재
신용등급 : (Bond) — (CP) —
홈페이지 : www.miraesci.com
본 사 : 충북 청주시 흥덕구 옥산면 과학산업4로 141

시 장 : KOSDAQ
기업규모 : 중견
연 락 처 : 043)710-0112

설 립 일	1984.10.10	**종업원수**	23명	**대표이사**	박정수
상 장 일	1996.07.27	**감사의견**	적정(서린)	**계 열**	
결 산 기	12월	**보 통 주**		**종속회사수**	2개사
액 면 가	500원	**우 선 주**		**구 상 호**	파캔OPC

주주구성 (지분율,%)		출자관계 (지분율,%)		주요경쟁사 (외형,%)	
씨트러스컨설팅	10.4	플러스페이퍼	100.0	미래SCI	100
글로벌성장1호조합	6.1			아세아시멘트	2,413
(외국인)	1.9			현대시멘트	1,825

매출구성		비용구성		수출비중	
규사 및 석재	99.7	매출원가율	97.8	수출	22.5
유아용품등	0.2	판관비율	24.7	내수	77.5
기타	0.1				

회사 개요

동사는 1984년 대원기공의 상호로 설립되었고, 삼성전기로부터 영업양수한 OPC사업부문을 2005년 분할하여 파캔오피씨라는 이름으로 사업을 영위하다 2016년 6월 상호를 스페로 글로벌로 변경함. 복사기·프린터의 핵심부품인 OPC DRUM 관련 사업을 영위하였으나 2016년 9월 관련 사업을 중단하고, 바다모래를 세척하여 건설자재로 판매하는 건재사업을 주요사업으로 영위하고 있음. 동년 8월 유통사업을 추가하며 유아용품 사업도 영위함.

실적 분석

동사의 2017년 연간 매출액은 전년동기대비 15.8% 상승한 191.1억원을 기록하였음. 비용면에서 전년동기대비 매출원가는 증가 했으며 인건비도 증가, 광고선전비는 크게 감소, 기타판매비와관리비는 증가함. 매출액은 성장했지만 원가 증가로 인해 전년동기대비 영업손실은 42.9억원으로 적자전환 하였음. 최종적으로 전년동기대비 당기순손실은 적자 지속하여 66.7억원을 기록함.

현금 흐름

<단위 : 억원>

항목	2016	2017
영업활동	-20	-18
투자활동	-88	-5
재무활동	109	26
순현금흐름	0	3
기말현금	0	3

시장 대비 수익률

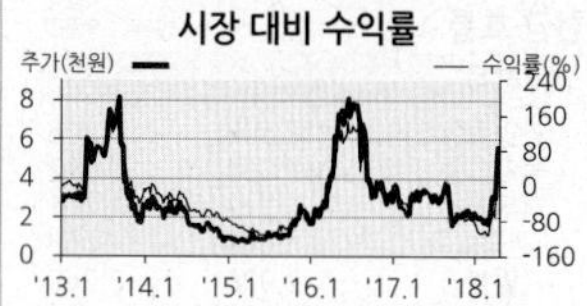

결산 실적

<단위 : 억원>

항목	2012	2013	2014	2015	2016	2017
매출액	210	113	77	93	165	191
영업이익	-68	-55	-47	27	20	-43
당기순이익	-158	-55	-109	-43	-59	-67

분기 실적

<단위 : 억원>

항목	2016.3Q	2016.4Q	2017.1Q	2017.2Q	2017.3Q	2017.4Q
매출액	27	30	41	39	117	-7
영업이익	-7	-7	-8	-14	-5	-16
당기순이익	-18	-46	-12	-40	-10	-5

재무 상태

<단위 : 억원>

항목	2012	2013	2014	2015	2016	2017
총자산	459	454	396	438	454	524
유형자산	376	372	322	275	26	28
무형자산	6	10	1	0	16	71
유가증권	—	—	—	—	15	16
총부채	389	305	284	319	277	341
총차입금	319	243	235	213	227	251
자본금	40	85	187	78	92	104
총자본	70	149	112	120	177	183
지배주주지분	70	149	112	120	177	183

기업가치 지표

항목	2012	2013	2014	2015	2016	2017
주가(최고/저)(천원)	6.3/2.7	8.1/1.6	3.0/0.8	2.9/0.7	8.2/1.5	4.0/1.4
PER(최고/저)(배)	—/—	—/—	—/—	—/—	—/—	—/—
PBR(최고/저)(배)	2.3/1.0	3.6/0.7	3.4/0.9	3.8/1.0	8.5/1.6	4.6/1.6
EV/EBITDA(배)	—	—	—	11.7	25.8	—
EPS(원)	-5,223	-1,607	-1,498	-324	-345	-348
BPS(원)	1,056	874	301	763	963	882
CFPS(원)	-1,744	-442	-448	-250	-298	-338
DPS(원)	—	—	—	—	—	—
EBITDAPS(원)	-608	-448	-164	274	165	-214

재무 비율

<단위 : %>

연도	영업이익률	순이익률	부채비율	차입금비율	ROA	ROE	유보율	자기자본비율	EBITDA마진율
2017	-22.4	-34.9	186.0	137.2	-13.6	-37.0	76.3	35.0	-21.4
2016	12.3	-36.0	156.2	127.8	-13.3	-40.0	92.6	39.0	17.3
2015	28.5	-46.2	266.3	178.1	-10.3	-37.0	52.6	27.3	39.1
2014	-61.3	-142.2	일부잠식	일부잠식	-25.6	-83.5	-39.9	28.4	-46.7

미래컴퍼니 (A049950)

MeereCompany

업 종 : 디스플레이 및 관련부품
신용등급 : (Bond) — (CP) —
홈페이지 : www.meerecompany.com
본 사 : 경기도 화성시 양감면 정문송산로 69-12

시 장 : KOSDAQ
기업규모 : 벤처
연 락 처 : 031)350-9997

설 립 일	1992.12.30	**종업원수**	307명	**대표이사**	김준홍
상 장 일	2005.01.04	**감사의견**	적정(삼일)	**계 열**	
결 산 기	12월	**보 통 주**		**종속회사수**	1개사
액 면 가	500원	**우 선 주**		**구 상 호**	

주주구성 (지분율,%)		출자관계 (지분율,%)		주요경쟁사 (외형,%)	
김준구	21.6	미래디피	100.0	미래컴퍼니	100
김준홍	20.8	익스톨	35.7	오성첨단소재	25
(외국인)	9.2			제이스텍	315

매출구성		비용구성		수출비중	
디스플레이 제조장비	89.1	매출원가율	65.0	수출	44.8
부품(Touch Panel)	7.6	판관비율	14.4	내수	55.2
부품(Display 제조장비)	3.3				

회사 개요

동사는 1984년 미래엔지니어링으로 설립된 후 2004년 미래컴퍼니로 사명을 변경하였으며, 2005년 1월 코스닥증권시장에 주권을 상장하였음. 동사는 디스플레이 제조장비를 생산하는 사업을 주력으로 영위하고 있고, 신규사업으로 3D 센서모듈 및 복강경 수술로봇 사업을 추진하고 있음. 연결대상 종속법인으로는 터치패널 제조 및 판매업을 영위하는 미래디피가 있음.

실적 분석

동사의 2017년 연간 매출액은 전년동기대비 125.6% 이상 크게 상승한 1,814.5억원을 기록하였음. 비용면에서 전년동기대비 매출원가는 크게 증가 하였으며 인건비도 증가, 기타판매비와관리비는 증가함. 이와 같이 상승한 매출액 만큼 비용증가도 있었으나 매출액의 더 큰 상승에 힘입어 최종적으로 전년동기대비 당기순이익은 크게 상승하여 281.7억원을 기록함.

현금 흐름

<단위 : 억원>

항목	2016	2017
영업활동	-0	374
투자활동	-7	-108
재무활동	-27	67
순현금흐름	-34	318
기말현금	75	393

시장 대비 수익률

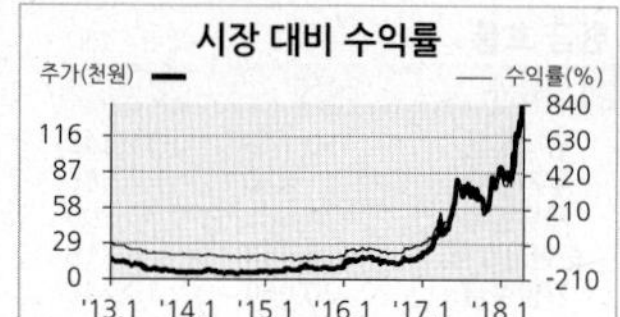

결산 실적

<단위 : 억원>

항목	2012	2013	2014	2015	2016	2017
매출액	964	637	448	624	804	1,815
영업이익	157	-27	-66	34	57	372
당기순이익	128	-12	-73	33	73	282

분기 실적

<단위 : 억원>

항목	2016.3Q	2016.4Q	2017.1Q	2017.2Q	2017.3Q	2017.4Q
매출액	169	238	487	539	389	399
영업이익	10	8	83	144	96	50
당기순이익	13	28	49	136	90	7

재무 상태

<단위 : 억원>

항목	2012	2013	2014	2015	2016	2017
총자산	1,115	886	832	894	996	1,646
유형자산	312	294	286	287	291	288
무형자산	13	12	28	55	52	58
유가증권	4	4	9	2	2	5
총부채	405	195	216	247	282	658
총차입금	247	46	85	83	60	100
자본금	38	38	38	38	38	38
총자본	709	691	616	647	713	988
지배주주지분	709	691	616	647	713	988

기업가치 지표

항목	2012	2013	2014	2015	2016	2017
주가(최고/저)(천원)	24.4/8.7	16.3/5.2	7.9/4.9	11.7/6.0	19.2/10.2	89.5/19.9
PER(최고/저)(배)	15.1/5.4	—/—	—/—	27.7/14.1	20.4/10.8	24.3/5.4
PBR(최고/저)(배)	2.5/0.9	1.7/0.5	0.9/0.6	1.3/0.7	1.9/1.0	6.5/1.4
EV/EBITDA(배)	7.5	—	—	17.1	22.3	17.3
EPS(원)	1,673	-150	-956	433	955	3,677
BPS(원)	10,162	9,918	9,005	9,405	10,274	13,856
CFPS(원)	1,909	52	-801	579	1,071	3,868
DPS(원)	150	—	—	100	170	415
EBITDAPS(원)	2,280	-156	-701	590	861	5,052

재무 비율

<단위 : %>

연도	영업이익률	순이익률	부채비율	차입금비율	ROA	ROE	유보율	자기자본비율	EBITDA마진율
2017	20.5	15.5	66.6	10.2	21.3	33.1	2,671.3	60.0	21.3
2016	7.1	9.1	39.6	8.4	7.8	10.8	1,954.8	71.6	8.2
2015	5.5	5.3	38.3	12.8	3.8	5.3	1,781.0	72.3	7.2
2014	-14.7	-16.4	35.1	13.9	-8.5	-11.2	1,701.0	74.0	-12.0

미래테크놀로지 (A213090)
MIRAE TECHNOLOGY CO

업 종 : 컴퓨터 및 주변기기
신용등급 : (Bond) — (CP) —
홈페이지 : www.mirae-tech.co.kr
본 사 : 서울시 구로구 디지털로27길 36 (구로동, 이스페이스 813호)
시 장 : KOSDAQ
기업규모 : 중견
연 락 처 : 02)830-4474

설 립 일	1997.06.25	**종업원수**	25명	**대표이사**	정균태
상 장 일	2015.12.01	**감사의견**	적정(한영)	**계 열**	
결 산 기	12월	**보 통 주**		**종속회사수**	
액 면 가	500원	**우 선 주**		**구 상 호**	

주주구성 (지분율,%)		출자관계 (지분율,%)		주요경쟁사 (외형,%)	
다우데이타시스템	30.5	와이즈버즈	32.6	미래테크놀로지	100
다우기술	26.7	키움프라이빗에쿼티	20.0	엠젠플러스	242
(외국인)	0.8	미래창조다우키움시너지M&A세컨더리투자조합	8.0	아이리버	311

매출구성		비용구성		수출비중	
H/W OTP	92.4	매출원가율	65.2	수출	1.6
소프트OTP	5.7	판관비율	14.2	내수	98.4
유지보수	1.8				

회사 개요
동사는 1997년 6월 25일 설립되어 OTP(One Time Password : 일회용 비밀번호)제품을 주요사업으로 영위하고 있음. 2015년 10월 20일 기준 동사를 포함하여 상장 6개사, 비상장 19개사 등 총 25개의 계열회사가 있으며 금융권에서 "스마트OTP" 도입방침에 따라 우리은행, 기업은행 등 금융권과 "스마트OTP" 개발을 진행하고 있음. 동사는 2015년 8월 4일 주당 10,000원에서 500원으로 액면분할을 실시함.

실적 분석
동사의 2017년 전체 매출은 223.6억원으로 전년대비 1.9% 증가, 영업이익은 46.1억원으로 전년대비 7.9% 증가. 당기순이익은 49억원으로 전년대비 20.8% 증가. OTP 관련 매출 증가 속에 원가 개선으로 수익성은 외형대비 호조 시현. 회사측은 2018년 사업다각화에 주력 언급. 2017년 인수한 인공지능(AI) 기술 기반 광고업체 와이즈버즈를 통해 새로운 매출처 확보 노력 가중 예상. 카드형 가상화폐 사업 추진

현금 흐름 *IFRS 별도 기준 <단위 : 억원>

항목	2016	2017
영업활동	43	33
투자활동	-67	-161
재무활동	-14	64
순현금흐름	-38	-64
기말현금	136	72

시장 대비 수익률
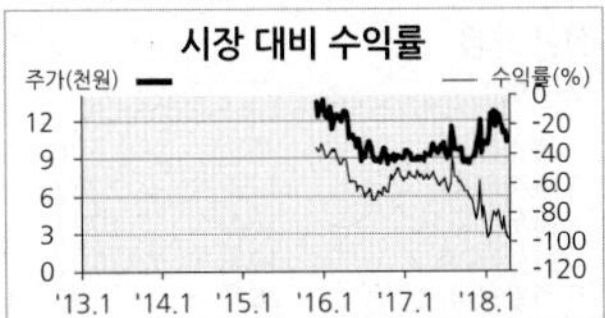

결산 실적 <단위 : 억원>

항목	2012	2013	2014	2015	2016	2017
매출액	—	119	174	220	220	224
영업이익	—	34	47	52	43	46
당기순이익	—	29	39	43	41	49

분기 실적 *IFRS 별도 기준 <단위 : 억원>

항목	2016.3Q	2016.4Q	2017.1Q	2017.2Q	2017.3Q	2017.4Q
매출액	52	55	57	54	61	52
영업이익	11	12	11	12	13	10
당기순이익	10	13	10	14	12	9

재무 상태 *IFRS 별도 기준 <단위 : 억원>

항목	2012	2013	2014	2015	2016	2017
총자산	—	115	170	450	476	586
유형자산	—	4	4	4	3	3
무형자산	—	3	3	4	4	4
유가증권	—	0	4	10	43	28
총부채	—	12	16	20	16	19
총차입금	—	—	—	—	—	—
자본금	—	3	20	28	28	31
총자본	—	103	154	429	460	567
지배주주지분	—	103	154	429	460	567

기업가치 지표 *IFRS 별도 기준

항목	2012	2013	2014	2015	2016	2017
주가(최고/저)(천원)	—/—	—/—	—/—	13.7/11.6	14.0/8.5	12.3/8.5
PER(최고/저)(배)	0.0/0.0	0.0/0.0	0.0/0.0	13.5/11.4	19.4/11.8	15.5/10.8
PBR(최고/저)(배)	0.0/0.0	0.0/0.0	0.0/0.0	1.8/1.5	1.7/1.0	1.3/0.9
EV/EBITDA(배)	0.0		—	7.4	2.3	9.7
EPS(원)	—	840	1,138	1,044	737	801
BPS(원)	—	342,556	76,970	7,809	8,498	9,430
CFPS(원)	—	97,908	23,246	1,074	761	826
DPS(원)	—	—	—	80	100	120
EBITDAPS(원)	—	115,445	27,695	1,277	801	862

재무 비율 <단위 : %>

연도	영업이익률	순이익률	부채비율	차입금비율	ROA	ROE	유보율	자기자본비율	EBITDA마진율
2017	20.6	21.9	34.2	2.7	6.6	9.5	1,797.5	74.5	21.2
2016	19.5	18.5	3.6	0.0	8.8	9.1	1,599.6	96.6	20.1
2015	23.5	19.7	4.7	0.0	14.0	14.9	1,461.7	95.5	24.1
2014	26.8	22.4	10.5	0.0	27.4	30.4	669.7	90.5	27.3

미스터블루 (A207760)
Mr Blue

업 종 : 미디어
신용등급 : (Bond) — (CP) —
홈페이지 : www.mrbluecorp.com
본 사 : 서울시 마포구 월드컵북로6길 18 (동교동, 미스터블루빌딩)
시 장 : KOSDAQ
기업규모 : 벤처
연 락 처 : 02)337-0610

설 립 일	2014.10.10	**종업원수**	115명	**대표이사**	조승진
상 장 일	2014.12.12	**감사의견**	적정(이촌)	**계 열**	
결 산 기	12월	**보 통 주**		**종속회사수**	3개사
액 면 가	100원	**우 선 주**		**구 상 호**	동부스팩2호

주주구성 (지분율,%)		출자관계 (지분율,%)		주요경쟁사 (외형,%)	
조승진	56.8			미스터블루	100
최진아	3.6			한국경제TV	215
(외국인)	0.7			투윈글로벌	53

매출구성		비용구성		수출비중	
온라인만화 제작유통	76.9	매출원가율	0.0	수출	4.5
온라인게임	10.8	판관비율	88.0	내수	95.5
만화출판	9.6				

회사 개요
동사는 2002년에 설립되어 온라인 만화 콘텐츠 서비스 제공 및 만화 출판 등의 사업을 영위하는 회사임. 2014년 기준 전체 온라인만화 매출은 네이버, 다음 등의 포털과 카카오톡, 투니버스의 뒤를 이은 5위를 기록 중. 2015년 5월기준 동사의 플랫폼 가입자는 약 225만명에 이르고 있으며, 이중 약 5만여명이 유료회원으로 활동하고 있음. 동사는 동부스팩2호와의 합병을 통해 2015년 11월 스팩합병을 통해 코스닥 시장에 신규 상장함.

실적 분석
동사의 2017년 연결기준 매출액은 전년대비 25.5% 증가한 301.6억원을 시현하였음. 매출액 비중은 미스터블루, 에오스 등 온라인 콘텐츠 서비스가 전체의 86.7%를 차지하며 미스터블루 만화 출판 매출은 10.7%를 차지함. 판관비가 증가하며 영업이익은 전년대비 23.3% 감소한 36.2억원에 그침. 최종적으로 동사의 당기순이익은 전년보다 22.3% 감소한 31.1억원을 기록함.

현금 흐름 <단위 : 억원>

항목	2016	2017
영업활동	19	27
투자활동	-108	-13
재무활동	-15	1
순현금흐름	-105	16
기말현금	34	49

시장 대비 수익률
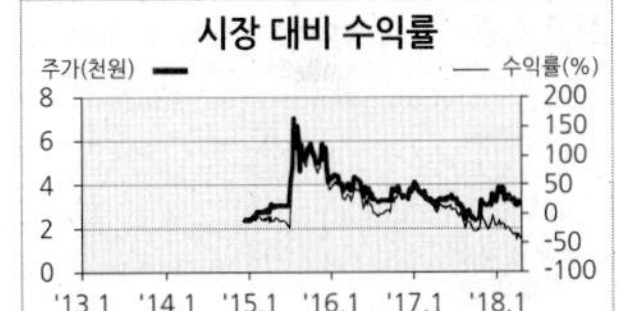

결산 실적 <단위 : 억원>

항목	2012	2013	2014	2015	2016	2017
매출액	—	107	137	171	240	302
영업이익	—	27	35	37	47	36
당기순이익	—	22	30	-61	40	31

분기 실적 <단위 : 억원>

항목	2016.3Q	2016.4Q	2017.1Q	2017.2Q	2017.3Q	2017.4Q
매출액	59	80	76	73	72	81
영업이익	9	18	14	10	8	4
당기순이익	8	15	12	9	6	4

재무 상태 <단위 : 억원>

항목	2012	2013	2014	2015	2016	2017
총자산	—	75	102	300	345	380
유형자산	—	2	1	69	73	78
무형자산	—	3	19	41	122	132
유가증권	—	9	11	7	9	9
총부채	—	21	18	86	79	87
총차입금	—	1	—	55	31	30
자본금	—	15	15	23	24	24
총자본	—	55	84	214	266	293
지배주주지분	—	55	84	214	266	288

기업가치 지표

항목	2012	2013	2014	2015	2016	2017
주가(최고/저)(천원)	—/—	—/—	2.4/2.4	7.0/2.4	4.6/3.2	4.1/2.3
PER(최고/저)(배)	0.0/0.0	0.0/0.0	18.5/18.2	—/—	28.6/20.1	35.8/19.7
PBR(최고/저)(배)	0.0/0.0	0.0/0.0	6.5/6.4	7.5/2.5	4.1/2.9	3.4/1.9
EV/EBITDA(배)	0.0	—	2.0	22.9	16.9	16.4
EPS(원)	—	751	131	-267	162	116
BPS(원)	—	18,241	28,036	944	1,120	1,214
CFPS(원)	—	58,237	10,110	-260	189	158
DPS(원)	—	—	—	—	25	15
EBITDAPS(원)	—	70,988	12,028	170	222	192

재무 비율 <단위 : %>

연도	영업이익률	순이익률	부채비율	차입금비율	ROA	ROE	유보율	자기자본비율	EBITDA마진율
2017	12.0	10.3	29.9	10.3	8.6	10.1	1,114.2	77.0	15.4
2016	19.6	16.7	29.6	11.5	12.4	16.3	1,019.7	77.2	22.3
2015	21.6	-35.4	40.3	25.5	-30.1	-40.6	844.5	71.3	22.5
2014	25.8	21.6	20.9	0.0	33.6	42.8	460.7	82.7	26.3

미애부 (A225850)
Miev

업　　종 : 개인생활용품　　　　시　　장 : KONEX
신 용 등 급 : (Bond) —　　(CP) —　　기 업 규 모 : —
홈 페 이 지 : www.miev.co.kr　　연　락　처 : 1577-1401
본　　사 : 경기도 성남시 중원구 갈마치로 215, 금강펜테리움IT타워 에이동-808 (상대원동)

설 립 일	2003.10.06	**종 업 원 수**	100명	**대 표 이 사**	김기수
상 장 일	2015.12.08	**감 사 의 견**	적정(삼화)	**계　　열**	
결 산 기	12월	**보　통　주**		**종속회사수**	
액 면 가	—	**우　선　주**		**구　상　호**	

주주구성 (지분율,%)		출자관계 (지분율,%)		주요경쟁사 (외형,%)	
미애부생명과학	57.9	MievJapan	92.5	미애부	100
김규종	5.4			한국화장품	275
				한국화장품제조	122

매출구성		비용구성		수출비중	
기초화장품	45.0	매출원가율	22.9	수출	0.0
건강기능식품	28.2	판관비율	72.6	내수	100.0
자외선차단제품 외	16.9				

회사 개요

동사는 2003년 설립돼 화장품업을 영위하고 있음. 2003년 국내 화장품 시장에 최초로 발효화장품을 출시함. 이후 친환경, 발효, 무합성이라는 개발 근간 아래 제품을 기획, 생산, 출시함으로써 친환경 화장품 시장을 선도하고 있음. 자연의 원료에 생명공학기술을 더한 생장품을 통해 새로운 변화를 주도하고 있음. 현재는 2012년 인적분할 후 ㈜엠앤씨생명과학의 발효화장품 및 건강기능식품을 유통하는 자회사임.

실적 분석

동사의 2017년도 연간 매출액은 550.1억원으로 전년도 대비 7.8% 감소함. 매출 비중은 건강기능식품이 41.5%, 기초화장품 35.3%로 가장 높으며, 그 외 헤어/바디샤워 등의 제품이 구성하고 있음. 다양한 기술을 기반으로 천연 식물성 화장품의 단점들은 개선하고 합성화학 성분은 함유하지 않은 우수한 화장품을 개발하고 있음. 판매전략 다양화와 인재관리를 통해서 매출 증가를 꾀하고 있음.

현금 흐름 *IFRS 별도 기준 〈단위 : 억원〉

항목	2016	2017
영업활동	-62	-45
투자활동	-18	-4
재무활동	12	30
순현금흐름	-69	-19
기말현금	23	4

시장 대비 수익률

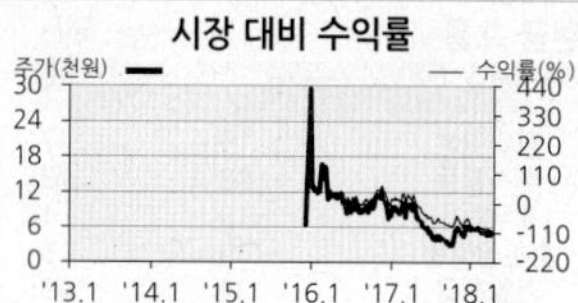

결산 실적 〈단위 : 억원〉

항목	2012	2013	2014	2015	2016	2017
매출액	796	679	717	706	597	550
영업이익	-0	3	7	14	34	25
당기순이익	1	2	1	4	21	10

분기 실적 *IFRS 별도 기준 〈단위 : 억원〉

항목	2016.3Q	2016.4Q	2017.1Q	2017.2Q	2017.3Q	2017.4Q
매출액	—	—	—	—	—	—
영업이익	—	—	—	—	—	—
당기순이익	—	—	—	—	—	—

재무 상태 *IFRS 별도 기준 〈단위 : 억원〉

항목	2012	2013	2014	2015	2016	2017
총자산	375	415	439	517	368	256
유형자산	15	19	42	114	109	103
무형자산	4	3	3	25	23	22
유가증권	10	41	34	—	10	8
총부채	371	403	424	481	311	189
총차입금	4	6	4	13	34	62
자본금	3	9	9	15	15	15
총자본	4	12	14	36	57	68
지배주주지분	4	12	14	36	57	68

기업가치 지표 *IFRS 별도 기준

항목	2012	2013	2014	2015	2016	2017
주가(최고/저)(천원)	#VALUE!	—/—	—/—	—/—	—/—	—/—
PER(최고/저)(배)	0.0/0.0	0.0/0.0	0.0/0.0	170.8/27.8	36.7/10.7	32.4/7.3
PBR(최고/저)(배)	0.0/0.0	0.0/0.0	0.0/0.0	24.9/4.1	13.4/3.9	5.0/1.1
EV/EBITDA(배)	—	—	—	33.2	5.3	7.1
EPS(원)	208	309	79	172	681	341
BPS(원)	7,634	7,024	8,212	1,181	1,863	2,214
CFPS(원)	16,021	13,695	5,625	575	1,006	590
DPS(원)	—	—	—	—	—	—
EBITDAPS(원)	13,770	15,238	8,740	996	1,436	1,054

재무 비율 〈단위 : %〉

연도	영업이익률	순이익률	부채비율	차입금비율	ROA	ROE	유보율	자기자본비율	EBITDA마진율
2017	4.5	1.9	279.6	92.4	3.3	16.7	342.8	26.3	5.8
2016	5.7	3.5	548.2	59.8	4.7	44.8	272.5	15.4	7.3
2015	2.0	0.6	1,335.4	35.3	0.9	16.6	136.3	7.0	3.4
2014	1.0	0.2	2,972.0	28.0	0.3	10.4	64.3	3.3	2.1

미원상사 (A002840)
Miwon Commercial

업　　종 : 화학　　　　시　　장 : 거래소
신 용 등 급 : (Bond) —　　(CP) —　　기 업 규 모 : 시가총액 소형주
홈 페 이 지 : www.mwc.co.kr　　연　락　처 : 031)8084-8300
본　　사 : 경기도 안산시 단원구 원시로 49 (목내동)

설 립 일	1959.11.03	**종 업 원 수**	409명	**대 표 이 사**	조진욱,홍창식
상 장 일	1989.09.25	**감 사 의 견**	적정(삼정)	**계　　열**	
결 산 기	12월	**보　통　주**		**종속회사수**	2개사
액 면 가	5,000원	**우　선　주**		**구　상　호**	

주주구성 (지분율,%)		출자관계 (지분율,%)		주요경쟁사 (외형,%)	
김정돈	19.9	계동청운	100.0	미원상사	100
미원상사우리사주조합	18.0	동남합성	46.1	한국카본	75
(외국인)	4.5	아시아첨가제	35.0	NPC	121

매출구성		비용구성		수출비중	
계면활성제	49.6	매출원가율	87.9	수출	29.9
기타 제품	21.7	판관비율	8.7	내수	70.1
전자재료	19.2				

회사 개요

동사는 황산 및 분말유황을 주축으로 하는 기초화학회사로 출발하여 현재는 계면활성제, 자외선안정제, 산화방지제, 고무첨가제, 전자재료 등 첨단화학제품을 생산하는 회사로 성장함. 동사의 연결대상 종속회사들은 계면활성제와 도료첨가제의 중간체 제조/판매업(계동청운정세화공유한공사), EO/PO 부가물 제조업(미원EOD), 화공약품 제조/판매업(동남합성) 등의 사업을 영위하고 있음.

실적 분석

동사의 2017년 누적매출액은 3,186.6억원으로 전년대비 31.2% 증가함. 비용측면에서 매출원가와 판관비가 각각 38.3%, 16.2% 상승하면서 매출 확대에도 불구하고 영업이익은 전년보다 34.2% 줄어든 110억원을 기록함. 동사의 종속회사인 동남합성이 기계장치의 내용연수를 변경하면서 감가상각비가 전년 대비 22배 수준으로 증가함. 2017년 연결 매출의 20%가량을 차지하던 태광정밀화학 지분을 전량 매각한 것도 수익성 악화의 원인임.

현금 흐름 〈단위 : 억원〉

항목	2016	2017
영업활동	305	306
투자활동	-133	-233
재무활동	-64	-221
순현금흐름	108	-152
기말현금	201	48

시장 대비 수익률

결산 실적 〈단위 : 억원〉

항목	2012	2013	2014	2015	2016	2017
매출액	2,337	2,352	2,472	2,394	2,430	3,187
영업이익	258	181	177	185	167	110
당기순이익	215	161	117	170	264	299

분기 실적 〈단위 : 억원〉

항목	2016.3Q	2016.4Q	2017.1Q	2017.2Q	2017.3Q	2017.4Q
매출액	777	462	985	759	837	605
영업이익	61	-10	30	23	52	6
당기순이익	56	84	19	227	55	-3

재무 상태 〈단위 : 억원〉

항목	2012	2013	2014	2015	2016	2017
총자산	2,106	2,264	2,286	2,312	3,296	2,901
유형자산	874	961	978	879	1,343	1,184
무형자산	20	21	20	20	23	21
유가증권	229	274	245	269	306	70
총부채	926	904	834	676	904	829
총차입금	560	474	468	266	318	291
자본금	77	78	78	79	79	80
총자본	1,180	1,361	1,453	1,636	2,392	2,072
지배주주지분	1,059	1,222	1,297	1,461	1,835	1,811

기업가치 지표

항목	2012	2013	2014	2015	2016	2017
주가(최고/저)(천원)	147/89.9	215/141	189/156	198/158	248/175	240/206
PER(최고/저)(배)	7.1/4.4	13.8/9.1	17.2/14.2	12.4/9.9	10.0/7.1	7.6/6.5
PBR(최고/저)(배)	1.2/0.8	1.5/1.0	1.3/1.1	1.2/1.0	1.2/0.8	1.0/0.9
EV/EBITDA(배)	5.2	7.2	6.2	6.0	7.8	7.0
EPS(원)	20,822	15,512	10,997	15,949	24,740	31,692
BPS(원)	122,383	139,703	147,955	166,153	211,688	232,173
CFPS(원)	33,019	29,272	26,554	31,367	42,095	56,490
DPS(원)	1,800	—	—	—	—	—
EBITDAPS(원)	41,774	34,250	35,386	36,015	36,258	37,602

재무 비율 〈단위 : %〉

연도	영업이익률	순이익률	부채비율	차입금비율	ROA	ROE	유보율	자기자본비율	EBITDA마진율
2017	3.5	9.4	40.0	14.0	9.7	14.9	2,210.3	71.4	10.1
2016	6.9	10.9	37.8	13.3	9.4	13.3	2,246.2	72.6	13.2
2015	7.7	7.1	41.3	16.2	7.4	10.4	1,789.8	70.8	13.5
2014	7.2	4.7	57.4	32.2	5.1	7.8	1,604.1	63.5	12.8

미원스 (A268280)

Miwon Specialty Chemical

업　　종 : 화학　　　　시　　장 : 거래소
신용등급 : (Bond) —　(CP) —　　기업규모 : 시가총액 소형주
홈페이지 : www.miramer.co.kr　　연 락 처 : 063)260-1500
본　　사 : 전북 완주군 봉동읍 완주산단1로 167

설 립 일	2017.05.01	**종업원수**	339명	**대표이사**	임한순
상 장 일	2017.05.22	**감사의견**	적정(대주)	**계　　열**	
결 산 기	12월	**보 통 주**		**종속회사수**	
액 면 가	500원	**우 선 주**		**구 상 호**	

주주구성 (지분율,%)		출자관계 (지분율,%)		주요경쟁사 (외형,%)	
미원홀딩스	26.1			미원에스씨	100
김정돈	13.4			후성	119
(외국인)	1.9			유니드	366

매출구성		비용구성		수출비중	
		매출원가율	81.5	수출	74.4
		판관비율	8.1	내수	25.6

회사 개요

동사는 2017년 5월, 에너지 경화수지 제조 및 판매사업을 영위하던 미원스페셜티케미칼이 분할신설한 기업으로 기존 사업을 그대로 영위해 사업경쟁력을 강화할 예정임. 분할존속회사는 미원홀딩스로 지주회사의 역할을 수행하고, 주주가치를 극대화할 예정임. 기존의 에너지경화수지 사업부문 역시 2009년 미원상사로부터 인적분할하여 설립됨. 동사의 최대주주는 김정돈(지분율 15.61%)으로 분할이전과 동일함.

실적 분석

동사의 2017년도 4분기 누적 매출액은 2,083.4억원으로 5월 분할 이후부터 발생한 매출액임. UV경화에 사용되는 핵심 원료를 생산, 판매한 이래로 UV 전통 사업인 PVC 상재용, 목공용의 시장의 기반 위에 출발함. 이어 Mobile Phone의 외장 Coating, 디스플레이의 핵심 소재인 BLU의 각종 필름 등의 Coating용 등 다양한 용도의 고객 요구에 부응하며, 전 세계 시장을 대상으로 에너지경화수지 사업을 추진 중임.

현금 흐름 〈단위 : 억원〉

항목	2016	2017
영업활동	—	330
투자활동	—	-221
재무활동	—	11
순현금흐름	—	114
기말현금	—	165

시장 대비 수익률

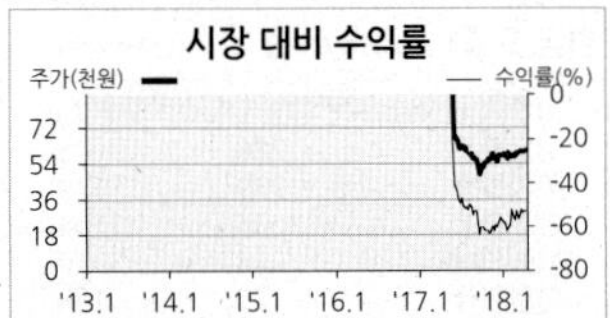

결산 실적 〈단위 : 억원〉

항목	2012	2013	2014	2015	2016	2017
매출액	—	—	—	—	—	2,083
영업이익	—	—	—	—	—	218
당기순이익	—	—	—	—	—	172

분기 실적 〈단위 : 억원〉

항목	2016.3Q	2016.4Q	2017.1Q	2017.2Q	2017.3Q	2017.4Q
매출액	—	—	—	—	—	2,083
영업이익	—	—	—	—	—	218
당기순이익	—	—	—	—	—	172

재무 상태 〈단위 : 억원〉

항목	2012	2013	2014	2015	2016	2017
총자산	—	—	—	—	—	2,202
유형자산	—	—	—	—	—	762
무형자산	—	—	—	—	—	22
유가증권	—	—	—	—	—	1
총부채	—	—	—	—	—	349
총차입금	—	—	—	—	—	16
자본금	—	—	—	—	—	26
총자본	—	—	—	—	—	1,853
지배주주지분	—	—	—	—	—	1,853

기업가치 지표

항목	2012	2013	2014	2015	2016	2017
주가(최고/저)(천원)	#VALUE!	—/—	—/—	—/—	—/—	—/—
PER(최고/저)(배)	0.0/0.0	0.0/0.0	0.0/0.0	0.0/0.0	0.0/0.0	27.0/14.3
PBR(최고/저)(배)	0.0/0.0	0.0/0.0	0.0/0.0	0.0/0.0	0.0/0.0	2.5/1.3
EV/EBITDA(배)	0.0	0.0	0.0	0.0	0.0	9.6
EPS(원)	—	—	—	—	—	3,320
BPS(원)	—	—	—	—	—	35,770
CFPS(원)	—	—	—	—	—	4,786
DPS(원)	—	—	—	—	—	500
EBITDAPS(원)	—	—	—	—	—	5,678

재무 비율 〈단위 : %〉

연도	영업이익률	순이익률	부채비율	차입금비율	ROA	ROE	유보율	자기자본비율	EBITDA마진율
2017	10.5	8.3	18.9	0.9	0.0	0.0	7,054.0	84.1	14.1
2016	0.0	0.0	0.0	0.0	0.0	0.0	0.0	0.0	0.0
2015	0.0	0.0	0.0	0.0	0.0	0.0	0.0	0.0	0.0
2014	0.0	0.0	0.0	0.0	0.0	0.0	0.0	0.0	0.0

미원홀딩스 (A107590)

Miwon Holdings

업　　종 : 화학　　　　시　　장 : 거래소
신용등급 : (Bond) —　(CP) —　　기업규모 : 시가총액 소형주
홈페이지 : www.miramer.co.kr　　연 락 처 : 031)479-9313
본　　사 : 경기도 용인시 수지구 포은대로 59번길 20

설 립 일	2009.02.02	**종업원수**	9명	**대표이사**	김정돈,이선복
상 장 일	2009.03.02	**감사의견**	적정(삼정)	**계　　열**	
결 산 기	12월	**보 통 주**		**종속회사수**	6개사
액 면 가	500원	**우 선 주**		**구 상 호**	

주주구성 (지분율,%)		출자관계 (지분율,%)		주요경쟁사 (외형,%)	
미원상사	14.4	미원스페셜티케미칼	24.2	미원홀딩스	100
김태준	14.3	동남합성	0.2	후성	212
(외국인)	2.5	MiwonSpainS.L.U.	100.0	유니드	648

매출구성		비용구성		수출비중	
에너지경화수지 및 기타(MIRAMER 외)	100.0	매출원가율	81.1	수출	—
		판관비율	11.1	내수	—

회사 개요

2009년 미원상사로부터 인적분할된 동사는 UV경화에 사용되는 핵심원료를 생산하였음. 2017년 5월 에너지경화수지 사업부문을 인적분할하여 미원에스씨를 신설하고, 동사는 투자사업을 중심으로 하는 미원홀딩스로 사명을 변경함. 2017년 6월 지주회사로 전환을 승인 받음. 미원에스씨의 주력제품인 에너지경화수지는 솔벤트 시스템의 대체재로서 에너지 효율 증대 등의 장점을 바탕으로 건설, 자동차, 핸드폰 등의 다양한 산업분야에서 사용됨.

실적 분석

2017년 에너지경화수지(중단사업) 부문을 제외한 종속회사들의 매출은 23.6% 증가하였으며, 영업이익도 큰 폭으로 늘어남. 중단사업손익을 포함한 당기순이익은 127.3억원으로 전년동기의 절반 이하로 줄어듦. 미원홀딩스 회장인 김정돈이 장남에게 지분을 매각하여 경영권 승계 작업을 진행 중이며, 장남인 김태준은 추가적인 지분 확대를 통해 최대주주에 오를 전망임. 이후 동사도 계열사 주식을 매수하여 지배력 강화에 나설 것으로 예상됨.

현금 흐름 〈단위 : 억원〉

항목	2016	2017
영업활동	554	-90
투자활동	-248	-246
재무활동	-118	-12
순현금흐름	188	-349
기말현금	458	109

시장 대비 수익률

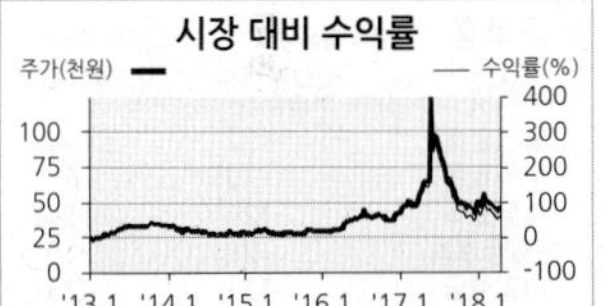

결산 실적 〈단위 : 억원〉

항목	2012	2013	2014	2015	2016	2017
매출액	2,388	2,633	2,739	2,704	951	1,176
영업이익	355	382	334	369	26	92
당기순이익	279	310	261	306	345	127

분기 실적 〈단위 : 억원〉

항목	2016.3Q	2016.4Q	2017.1Q	2017.2Q	2017.3Q	2017.4Q
매출액	232	203	280	291	337	267
영업이익	15	4	17	63	15	-3
당기순이익	54	94	68	42	21	-3

재무 상태 〈단위 : 억원〉

항목	2012	2013	2014	2015	2016	2017
총자산	1,479	1,825	2,035	2,243	2,548	1,638
유형자산	515	633	684	777	923	326
무형자산	21	20	19	18	36	13
유가증권	—	—	—	21	4	1
총부채	289	312	311	319	383	415
총차입금	8	6	7	10	13	50
자본금	36	36	36	36	37	13
총자본	1,190	1,513	1,725	1,924	2,165	1,224
지배주주지분	1,190	1,513	1,724	1,924	2,165	1,223

기업가치 지표

항목	2012	2013	2014	2015	2016	2017
주가(최고/저)(천원)	26.0/11.8	35.9/23.0	33.8/26.7	31.0/26.8	45.1/28.5	124/42.4
PER(최고/저)(배)	6.9/3.1	8.6/5.5	9.7/7.6	7.6/6.5	9.5/6.0	37.5/12.9
PBR(최고/저)(배)	1.6/0.7	1.8/1.1	1.5/1.1	1.1/1.0	1.4/0.9	2.4/0.8
EV/EBITDA(배)	4.7	5.3	4.6	4.1	20.4	7.6
EPS(원)	3,928	4,329	3,627	4,227	4,842	3,332
BPS(원)	166,110	210,065	242,722	284,671	328,827	53,140
CFPS(원)	46,521	54,447	49,811	56,311	63,511	4,642
DPS(원)	—	—	2,500	2,500	5,500	—
EBITDAPS(원)	57,122	64,515	59,885	64,962	18,716	3,715

재무 비율 〈단위 : %〉

연도	영업이익률	순이익률	부채비율	차입금비율	ROA	ROE	유보율	자기자본비율	EBITDA마진율
2017	7.8	10.8	33.9	4.1	6.1	7.5	9,316.5	74.7	12.1
2016	2.7	36.3	17.7	0.6	14.4	16.9	6,208.0	85.0	14.0
2015	13.6	11.3	16.6	0.5	14.3	16.8	5,593.4	85.8	17.4
2014	12.2	9.5	18.0	0.4	13.5	16.1	4,754.5	84.7	15.8

미원화학 (A134380)
Miwon Chemicals

업 종 : 화학
신용등급 : (Bond) — (CP) —
홈페이지 : www.miwonchemicals.com
본 사 : 울산시 남구 장생포로 247

시 장 : 거래소
기업규모 : 시가총액 소형주
연 락 처 : 052)261-7988

설 립 일	2011.01.03	**종업원수**	166명	**대표이사**	정규식
상 장 일	2011.02.15	**감사의견**	적정(삼정)	**계 열**	
결 산 기	12월	**보 통 주**		**종속회사수**	
액 면 가	1,000원	**우 선 주**		**구 상 호**	

주주구성 (지분율,%)		출자관계 (지분율,%)		주요경쟁사 (외형,%)	
미성통상	29.4	동남합성	3.1	미원화학	100
미원상사우리사주조합	6.5	선광	2.4	동성화인텍	153
(외국인)	5.4	유니온	0.5	동성화학	135

매출구성		비용구성		수출비중	
계면활성제	64.9	매출원가율	80.8	수출	60.7
분황및황산	25.9	판관비율	10.2	내수	39.3
상품등	9.2				

회사 개요

동사는 2011년 2월 미원상사에서 인적분할을 통해 유가증권시장에 신규상장한 기업임. 각종 기능성 화학제품인 고무가황, PCB, 도금약품 등에 사용되는 유황 관련 제품(구황, 분황, 황산, 발연황산, 정제황산), 세제원료인 설폰산, 알코올설페이트 제품, 에탄올아민 등 각종 화학상품류를 생산, 판매하고 있음. 국내시장에서 계면활성제 중 설폰산은 20%, 분황 및 황산 중 분말유황은 60%, 정제황산은 70%의 시장점유율을 차지하고 있음.

실적 분석

동사의 2017년 연간 매출액은 1,510.6억원으로 전년 대비 8.0% 증가함. 내수 593.0억원, 917.6억원을 기록함. 매출원가와 판관비가 각각 10.8%, 12.3% 상승하면서 매출 확대에도 불구하고 영업이익은 전년보다 15.4% 줄어든 135.7억원을 기록함. 동사는 2개의 공장과 1개의 사무소에서 해외거래처와 국내실수요자에게 직접 판매하고 있으며, 그 외는 중간도매상 등을 통해 실수요자에게 판매됨.

현금 흐름 *IFRS 별도 기준 〈단위 : 억원〉

항목	2016	2017
영업활동	122	144
투자활동	-30	-45
재무활동	-121	-156
순현금흐름	-28	-59
기말현금	131	73

시장 대비 수익률

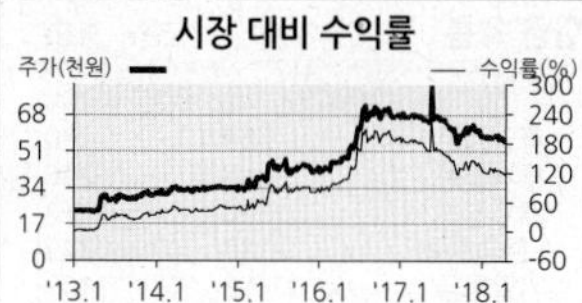

결산 실적 〈단위 : 억원〉

항목	2012	2013	2014	2015	2016	2017
매출액	1,213	1,442	1,518	1,457	1,399	1,511
영업이익	89	131	108	137	160	136
당기순이익	78	105	89	118	137	136

분기 실적 *IFRS 별도 기준 〈단위 : 억원〉

항목	2016.3Q	2016.4Q	2017.1Q	2017.2Q	2017.3Q	2017.4Q
매출액	345	340	374	381	399	357
영업이익	46	16	39	37	41	18
당기순이익	38	18	31	31	34	39

재무 상태 *IFRS 별도 기준 〈단위 : 억원〉

항목	2012	2013	2014	2015	2016	2017
총자산	739	821	909	964	982	957
유형자산	278	289	330	371	382	487
무형자산	5	6	6	5	4	7
유가증권	139	126	126	145	174	61
총부채	223	207	211	136	99	123
총차입금	74	30	19	10	9	10
자본금	23	23	23	24	24	24
총자본	515	614	698	828	884	833
지배주주지분	515	614	698	828	884	833

기업가치 지표 *IFRS 별도 기준

항목	2012	2013	2014	2015	2016	2017
주가(최고/저)(천원)	24.2/20.0	32.4/22.7	35.9/30.5	47.3/32.5	75.3/41.3	81.7/54.9
PER(최고/저)(배)	7.7/6.4	7.7/5.4	10.0/8.5	10.0/6.9	13.0/7.1	13.4/9.0
PBR(최고/저)(배)	1.2/1.0	1.3/0.9	1.3/1.1	1.4/1.0	2.0/1.1	1.9/1.3
EV/EBITDA(배)	4.6	4.0	4.8	4.8	6.6	6.6
EPS(원)	3,364	4,526	3,826	5,016	5,993	6,204
BPS(원)	22,239	26,331	29,715	35,341	39,838	43,259
CFPS(원)	4,888	6,168	5,512	6,762	8,106	8,391
DPS(원)	—	—	400	1,250	1,000	1,000
EBITDAPS(원)	5,371	7,301	6,302	7,576	9,106	8,384

재무 비율 〈단위 : %〉

연도	영업이익률	순이익률	부채비율	차입금비율	ROA	ROE	유보율	자기자본비율	EBITDA마진율
2017	9.0	9.0	14.8	1.2	14.0	15.8	3,855.2	87.1	12.2
2016	11.5	9.8	11.2	1.0	14.1	16.1	3,605.1	90.0	14.9
2015	9.4	8.1	16.4	1.2	12.6	15.4	3,399.0	85.9	12.2
2014	7.1	5.9	30.3	2.8	10.3	13.6	2,871.5	76.8	9.7

미창석유공업 (A003650)
Michang Oil Ind

업 종 : 화학
신용등급 : (Bond) — (CP) —
홈페이지 : www.michang.co.kr
본 사 : 부산시 영도구 해양로 241 (동삼동)

시 장 : 거래소
기업규모 : 시가총액 소형주
연 락 처 : 051)403-6441

설 립 일	1962.12.27	**종업원수**	87명	**대표이사**	유재순
상 장 일	1989.09.27	**감사의견**	적정(삼정)	**계 열**	
결 산 기	12월	**보 통 주**		**종속회사수**	
액 면 가	5,000원	**우 선 주**		**구 상 호**	

주주구성 (지분율,%)		출자관계 (지분율,%)		주요경쟁사 (외형,%)	
유재순	28.6	스타자동차	30.1	미창석유	100
최명희	10.5	울산방송	2.0	경인양행	96
(외국인)	34.3	에스엘	0.1	한국알콜	68

매출구성		비용구성		수출비중	
윤 활 유(제품)	71.2	매출원가율	90.0	수출	54.4
고무배합유	17.3	판관비율	5.6	내수	45.6
윤 활 유(상품)	4.2				

회사 개요

동사는 자동차용, 선박용, 산업용 윤활유와 전기절연유, 고무배합유, 유동파라핀 등을 주력으로 생산하며, 일본석유와의 제휴를 통해 향상된 기술력을 보유하고 있음. 생산능력은 총 27만3,600 리터로 국내 윤활유 시장의 8.6%를 점유하고 있음. 소품종 대규모 윤활유를 생산하는 정유사 대비 다품종 소량 생산 형태의 사업 구조를 보유해 안정적인 이익 창출이 가능함. 사업 특성상 국제유가 및 환율의 변동에 따라 수익이 유동적임.

실적 분석

동사의 2017년 결산 매출액은 전년대비 11.6% 성장한 3,131.6억원을 기록함. 외형 성장에도 원가율은 소폭 악화되어 영업이익 136.0억원 보이며 수익성이 하락함. 당기순이익은 124.8억원을 보이며 전기대비 크게 감소했으나 전기에 반영된 일회성 요인인 유형자산처분이익 185억원을 감안하면 유사한 수준임. 동사는 국내윤활유 시장의 경쟁 심화에 따라 특수유 생산에 주력하여 제품의 고급화 및 신제품 개발을 진행하고 있음.

현금 흐름 *IFRS 별도 기준 〈단위 : 억원〉

항목	2016	2017
영업활동	286	-45
투자활동	-239	149
재무활동	-36	-94
순현금흐름	14	10
기말현금	178	188

시장 대비 수익률

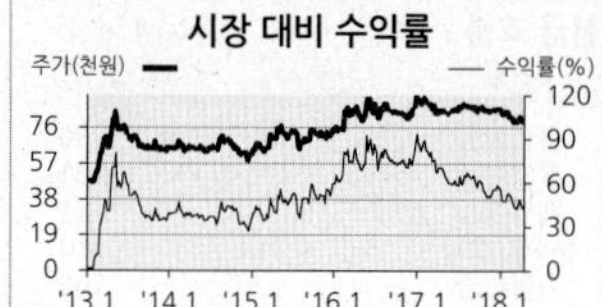

결산 실적 〈단위 : 억원〉

항목	2012	2013	2014	2015	2016	2017
매출액	4,106	3,703	3,557	3,093	2,806	3,132
영업이익	314	233	185	221	167	136
당기순이익	247	174	160	251	307	125

분기 실적 *IFRS 별도 기준 〈단위 : 억원〉

항목	2016.3Q	2016.4Q	2017.1Q	2017.2Q	2017.3Q	2017.4Q
매출액	660	729	819	762	769	782
영업이익	32	45	38	37	32	29
당기순이익	32	45	25	33	39	28

재무 상태 *IFRS 별도 기준 〈단위 : 억원〉

항목	2012	2013	2014	2015	2016	2017
총자산	2,031	2,069	2,157	2,517	2,796	2,808
유형자산	405	444	455	477	289	311
무형자산	—	—	—	—	—	—
유가증권	92	81	259	66	185	446
총부채	351	252	214	358	358	329
총차입금	34	16	—	—	—	—
자본금	87	87	87	87	87	87
총자본	1,680	1,817	1,943	2,159	2,438	2,479
지배주주지분	1,680	1,817	1,943	2,159	2,438	2,479

기업가치 지표 *IFRS 별도 기준

항목	2012	2013	2014	2015	2016	2017
주가(최고/저)(천원)	48.8/38.6	85.5/46.7	71.8/58.9	78.3/62.1	92.8/72.7	92.0/83.0
PER(최고/저)(배)	4.1/3.2	9.6/5.3	8.6/7.1	5.8/4.6	5.4/4.3	13.1/11.8
PBR(최고/저)(배)	0.6/0.5	0.9/0.5	0.7/0.6	0.7/0.5	0.7/0.5	0.7/0.6
EV/EBITDA(배)	2.6	4.4	4.0	2.7	1.9	2.4
EPS(원)	14,183	10,025	9,188	14,431	17,665	7,171
BPS(원)	96,665	104,559	111,792	124,212	140,278	142,513
CFPS(원)	14,747	10,800	10,399	15,747	19,049	8,568
DPS(원)	2,300	1,900	1,800	2,100	2,200	1,700
EBITDAPS(원)	18,616	14,145	11,826	14,039	10,971	9,212

재무 비율 〈단위 : %〉

연도	영업이익률	순이익률	부채비율	차입금비율	ROA	ROE	유보율	자기자본비율	EBITDA마진율
2017	4.3	4.0	13.3	0.0	4.5	5.1	2,750.3	88.3	5.1
2016	5.9	11.0	14.7	0.0	11.6	13.4	2,705.6	87.2	6.8
2015	7.2	8.1	16.6	0.0	10.7	12.2	2,384.2	85.8	7.9
2014	5.2	4.5	11.0	0.0	7.6	8.5	2,135.8	90.1	5.8

미코 (A059090)
MiCo

업 종 : 반도체 및 관련장비 | 시 장 : KOSDAQ
신용등급 : (Bond) BB- (CP) — | 기업규모 : 중견
홈페이지 : www.mico.kr | 연 락 처 : 031)8056-5500
본 사 : 경기도 안성시 공단로 100

설 립 일	1999.07.16	**종업원수**	312명	**대 표 이 사**	최성학
상 장 일	2001.12.29	**감사의견**	적정(다산)	**계 열**	
결 산 기	12월	**보 통 주**		**종속회사수**	9개사
액 면 가	500원	**우 선 주**		**구 상 호**	코미코

주주구성 (지분율,%)		출자관계 (지분율,%)		주요경쟁사 (외형,%)	
전선규	16.1	미코로지스	100.0	미코	100
정소영	2.1	미코에스앤피	100.0	오디텍	27
(외국인)	7.7	KoMiCo	39.9	원팩	26

매출구성		비용구성		수출비중	
Heater, ESC 및 세라믹 부품 외	100.0	매출원가율	54.4	수출	—
		판관비율	29.8	내수	—

회사 개요
1999년 7월에 설립된 동사는 종속회사 10개사를 포함하여 주요 사업으로 부품사업과 세정사업 등을 영위하고 있음. 반도체 및 LCD 장비를 구성하는 부품을 제작하는 부품사업부문과 반도체 및 엘씨디 장비를 구성하는 부품의 세정과 코팅을 영위하는 세정사업부문, 기타사업부문으로는 프로브카드와 센서, 복합진단기, 빈혈측정기 등 의료기기 제작함. 반도체 공정 중 발생하는 미세오염을 제어하는 정밀 세정 사업을 주로 영위함.

실적 분석
동사의 2017년 매출과 영업이익은 1839억원, 291억원으로 전년 대비 각각 30.5%, 56.2% 증가함. 당기순이익은 191억원으로 전년 대비 240% 증가함. 모회사인 미코의 세라믹 소재 반도체 장비용 소재, 부품의 수요증대와 고객사 다변화 등으로 매출이 크게 증가함. 종속회사인 코미코 또한 주력 사업분야인 반도체 소재, 부품 세정, 코팅 부분의 매출이 증가함.

현금 흐름
〈단위 : 억원〉

항목	2016	2017
영업활동	107	365
투자활동	-82	-386
재무활동	-37	255
순현금흐름	-10	218
기말현금	287	506

시장 대비 수익률
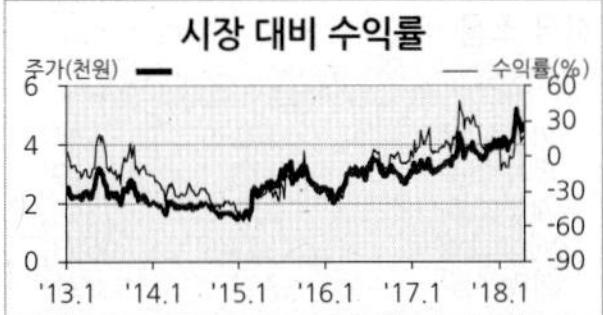

결산 실적
〈단위 : 억원〉

항목	2012	2013	2014	2015	2016	2017
매출액	1,304	1,236	1,360	1,215	1,410	1,839
영업이익	104	-141	53	115	186	291
당기순이익	41	-270	4	66	56	191

분기 실적
〈단위 : 억원〉

항목	2016.3Q	2016.4Q	2017.1Q	2017.2Q	2017.3Q	2017.4Q
매출액	315	418	399	462	489	489
영업이익	28	74	54	74	91	73
당기순이익	-5	22	29	52	63	47

재무 상태
〈단위 : 억원〉

항목	2012	2013	2014	2015	2016	2017
총자산	1,555	1,629	1,531	1,597	1,670	2,021
유형자산	896	919	839	820	822	961
무형자산	134	46	46	42	42	34
유가증권	5	3	55	63	51	33
총부채	1,054	1,195	979	947	881	852
총차입금	834	917	703	668	573	457
자본금	120	120	120	130	140	157
총자본	501	434	552	650	789	1,169
지배주주지분	495	397	478	510	603	637

기업가치 지표

항목	2012	2013	2014	2015	2016	2017
주가(최고/저)(천원)	3.3/1.8	3.2/1.9	2.1/1.5	3.5/1.4	3.8/2.0	4.4/3.0
PER(최고/저)(배)	22.5/12.4	—/—	—/—	37.9/15.1	78.1/41.8	14.9/10.1
PBR(최고/저)(배)	1.4/0.8	1.9/1.1	1.0/0.7	1.8/0.7	1.7/0.9	2.1/1.5
EV/EBITDA(배)	6.8	—	6.3	5.5	4.8	4.4
EPS(원)	148	-1,026	-0	93	48	296
BPS(원)	2,361	1,661	2,042	2,003	2,184	2,067
CFPS(원)	491	-585	417	458	361	617
DPS(원)	—	—	—	—	—	—
EBITDAPS(원)	780	-147	639	821	992	1,263

재무 비율
〈단위 : %〉

연도	영업이익률	순이익률	부채비율	차입금비율	ROA	ROE	유보율	자기자본비율	EBITDA마진율
2017	15.8	10.4	72.9	39.1	10.3	14.7	313.4	57.8	21.2
2016	13.2	4.0	111.7	72.6	3.4	2.4	336.8	47.2	19.3
2015	9.5	5.4	145.7	102.7	4.2	4.8	300.6	40.7	17.1
2014	3.9	0.3	177.2	127.2	0.2	0.0	308.5	36.1	11.2

미코바이오메드 (A214610)
MiCo NanoBioSys

업 종 : 의료 장비 및 서비스 | 시 장 : KONEX
신용등급 : (Bond) — (CP) — | 기업규모 : —
홈페이지 : www.nanobiosys.co.kr | 연 락 처 : 02)2025-3019
본 사 : 서울시 금천구 디지털로9길 47, 9층(가산동, 한신IT타워2차)

설 립 일	2009.03.06	**종업원수**	57명	**대 표 이 사**	김성우
상 장 일	2015.06.22	**감사의견**	적정(신우)	**계 열**	
결 산 기	12월	**보 통 주**		**종속회사수**	
액 면 가	—	**우 선 주**		**구 상 호**	나노바이오시스

주주구성 (지분율,%)		출자관계 (지분율,%)		주요경쟁사 (외형,%)	
미코	28.0			미코나노바이오시스	100
김성우	10.5			엑세스바이오	1,098
				나노엔텍	805

매출구성		비용구성		수출비중	
유전자 증폭장치	52.2	매출원가율	129.9	수출	80.1
핵산 추출기구	29.3	판관비율	119.8	내수	19.9
진단시약	15.7				

회사 개요
동사는 2009년 3월 설립돼 체외진단 의료기기 및 진단시약류 제조 및 판매를 주요 사업으로 영위하고 있음. 2015년 6월 22일 코넥스 시장에 상장됨. 소형화 (Hand-held), 다중진단 (Multiplex diagnosis), 무선통신 의료서비스 (U-healthcare), 유전자증폭장치 및 핵산추출기구의 통합형 (Integration) 분자 진단 시스템 개발을 목표로 하고 있음.

실적 분석
동사의 2017년 누적매출액은 29.6억원으로 전년 대비 67.3% 감소함. 외형이 큰 폭으로 축소한 영향으로 44.3억원의 영업손실이 발생하며 적자폭이 확대됨. 비영업손익이 적자지속하면서 당기순손실은 130억원으로 적자지속함. 글로벌 분자진단회사, 유통회사, 병원 검진센터에 기술이전, ODM, OEM 제품 공급, 전략적 제휴 등의 다양한 글로벌 파트너링을 추진 중임.

현금 흐름 *IFRS 별도 기준
〈단위 : 억원〉

항목	2016	2017
영업활동	-29	-29
투자활동	-15	-16
재무활동	15	69
순현금흐름	-30	24
기말현금	10	33

시장 대비 수익률
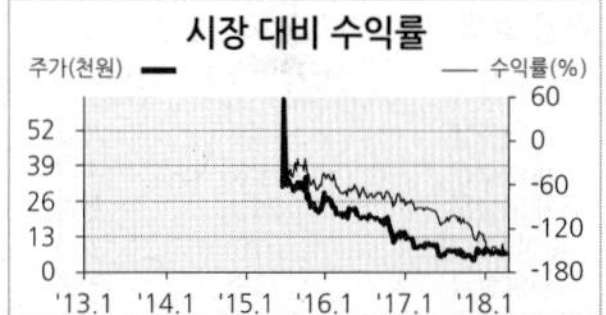

결산 실적
〈단위 : 억원〉

항목	2012	2013	2014	2015	2016	2017
매출액	6	6	11	20	90	30
영업이익	-10	-17	-25	-34	-12	-44
당기순이익	-12	-17	-53	-67	-30	-130

분기 실적 *IFRS 별도 기준
〈단위 : 억원〉

항목	2016.3Q	2016.4Q	2017.1Q	2017.2Q	2017.3Q	2017.4Q
매출액	—	—	—	—	—	—
영업이익	—	—	—	—	—	—
당기순이익	—	—	—	—	—	—

재무 상태 *IFRS 별도 기준
〈단위 : 억원〉

항목	2012	2013	2014	2015	2016	2017
총자산	64	98	74	105	82	164
유형자산	5	39	42	44	13	61
무형자산	12	23	1	1	17	9
유가증권	—	—	0	0	0	0
총부채	23	50	180	56	34	130
총차입금	11	36	164	33	15	97
자본금	14	16	14	19	24	46
총자본	41	48	-106	49	48	34
지배주주지분	41	48	-106	49	48	34

기업가치 지표 *IFRS 별도 기준

항목	2012	2013	2014	2015	2016	2017
주가(최고/저)(천원)	—/—	—/—	—/—	63.1/18.0	28.2/10.8	14.6/4.3
PER(최고/저)(배)	0.0/0.0	0.0/0.0	0.0/0.0	—/—	—/—	—/—
PBR(최고/저)(배)	0.0/0.0	0.0/0.0	0.0/0.0	49.6/14.2	23.6/9.0	38.7/11.4
EV/EBITDA(배)	—	—	—	—	—	—
EPS(원)	-487	-584	-1,577	-1,808	-756	-2,756
BPS(원)	1,445	1,530	-3,093	1,271	1,195	378
CFPS(원)	-403	-463	-1,465	-1,696	-602	-2,628
DPS(원)	—	—	—	—	—	—
EBITDAPS(원)	-319	-462	-641	-806	-141	-811

재무 비율
〈단위 : %〉

연도	영업이익률	순이익률	부채비율	차입금비율	ROA	ROE	유보율	자기자본비율	EBITDA마진율
2017	-149.7	-439.4	일부잠식	일부잠식	-105.5	-316.6	-24.5	20.8	-129.4
2016	-12.9	-33.1	71.3	31.3	-32.0	-61.8	96.7	58.4	-6.2
2015	-168.1	-330.9	114.5	66.4	-74.4	전기잠식	154.2	46.6	-147.6
2014	-237.8	-497.7	완전잠식	완전잠식	—	—	-831.9	-142.0	-202.4

미투온 (A201490)
ME2ON CO

업종 : 게임 소프트웨어　　시장 : KOSDAQ
신용등급 : (Bond) —　(CP) —　　기업규모 : 벤처
홈페이지 : www.me2on.com　　연락처 : 02)515-2864
본사 : 서울시 강남구 학동로31길 12 2층(논현동, 벤쳐캐슬빌딩)

설립일	2010.05.26	**종업원수**	59명	**대표이사**	손창욱
상장일	2016.10.10	**감사의견**	적정(우리)	**계열**	
결산기	12월	**보통주**		**종속회사수**	1개사
액면가	500원	**우선주**		**구상호**	

주주구성 (지분율,%)		출자관계 (지분율,%)		주요경쟁사 (외형,%)	
손창욱	20.8	퍼플캣	62.9	미투온	100
이혜숙	4.5	아이플레이엔터테인먼트	50.0	파티게임즈	112
		레이월드	39.5	한빛소프트	144

매출구성		비용구성		수출비중	
게임매출(기타)	100.0	매출원가율	44.5	수출	97.3
		판관비율	44.8	내수	2.7

회사 개요
동사는 소프트웨어 개발과 공급서비스를 주요 목적사업으로 하고 있으며 단일 영업부문으로 구성되어 있음. 주식회사 미투온은 웹/모바일 게임 개발 및 서비스를, Memoriki Limited는 게임서비스를 수행하고 있음. 2017년 말 기준 총 6개의 연결대상 종속회사를 보유하고 있음. 당기 중 아이두커뮤니케이션즈와 ME2ZEN Limited를 연결대상 법인으로 신규 편입했음.

실적 분석
동사의 2017년 연간 매출액은 전년 대비 59.7% 증가한 272.1억원을 기록함. 외형 확대에도 불구하고 인건비와 광고선전비가 전년 대비 각각 22.9%, 177.1% 증가하는 등 판매비와관리비가 큰 폭으로 증가함에 따라 영업이익은 전년 대비 3.9% 감소한 29.2억원을 기록했음. 당기순이익 역시 비용 증가의 영향으로 전년 대비 1.3% 감소한 30.6억원을 시현하는 데에 그침.

현금 흐름 〈단위 : 억원〉

항목	2016	2017
영업활동	18	22
투자활동	-298	-37
재무활동	262	363
순현금흐름	-18	339
기말현금	19	358

시장 대비 수익률
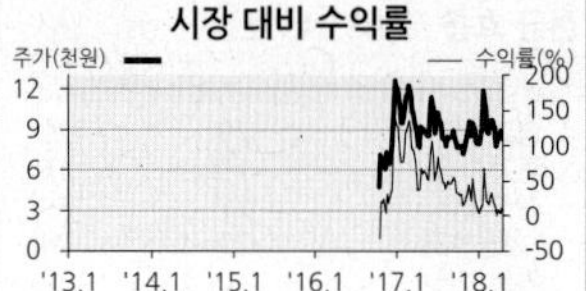

결산 실적 〈단위 : 억원〉

항목	2012	2013	2014	2015	2016	2017
매출액	26	33	84	168	170	272
영업이익	7	12	11	56	30	29
당기순이익	-230	11	2	51	31	31

분기 실적 〈단위 : 억원〉

항목	2016.3Q	2016.4Q	2017.1Q	2017.2Q	2017.3Q	2017.4Q
매출액	43	39	45	63	57	107
영업이익	2	3	8	7	2	12
당기순이익	1	3	8	11	3	10

재무 상태 〈단위 : 억원〉

항목	2012	2013	2014	2015	2016	2017
총자산	36	48	116	186	473	1,494
유형자산	1	1	2	3	2	3
무형자산	0	0	35	32	28	923
유가증권	3	10	—	3	223	26
총부채	5	5	104	31	18	839
총차입금	2	2	82	2	—	462
자본금	7	38	31	114	151	155
총자본	32	42	12	155	455	655
지배주주지분	32	42	14	155	455	564

기업가치 지표

항목	2012	2013	2014	2015	2016	2017
주가(최고/저)(천원)	—/—	—/—	—/—	—/—	13.3/4.4	12.5/7.0
PER(최고/저)(배)	0.0/0.0	0.0/0.0	0.0/0.0	0.0/0.0	105.4/35.4	152.8/85.6
PBR(최고/저)(배)	0.0/0.0	0.0/0.0	0.0/0.0	0.0/0.0	8.8/2.9	6.9/3.9
EV/EBITDA(배)	—	—	1.8	—	93.5	74.8
EPS(원)	-2,097	59	11	229	126	82
BPS(원)	2,565	618	247	136	1,510	1,819
CFPS(원)	-30,767	179	82	50	144	101
DPS(원)	—	—	—	—	—	—
EBITDAPS(원)	1,021	194	204	55	142	115

재무 비율 〈단위 : %〉

연도	영업이익률	순이익률	부채비율	차입금비율	ROA	ROE	유보율	자기자본비율	EBITDA마진율
2017	10.7	11.2	128.1	70.5	3.1	4.9	263.7	43.9	12.9
2016	17.8	18.2	4.0	0.0	9.4	10.2	202.1	96.1	20.5
2015	33.5	30.2	20.3	1.3	33.6	60.3	36.1	83.1	36.1
2014	13.5	2.0	일부잠식	일부잠식	—	—	-39.8	10.5	18.4

민앤지 (A214180)
Minwise

업종 : IT 서비스　　시장 : KOSDAQ
신용등급 : (Bond) —　(CP) —　　기업규모 : 벤처
홈페이지 : www.minwise.co.kr　　연락처 : 02)929-4463
본사 : 서울시 강남구 테헤란로34길 6 태광타워 13층

설립일	2009.03.25	**종업원수**	85명	**대표이사**	이경민,이현철
상장일	2015.06.30	**감사의견**	적정(삼일)	**계열**	
결산기	12월	**보통주**		**종속회사수**	2개사
액면가	500원	**우선주**		**구상호**	

주주구성 (지분율,%)		출자관계 (지분율,%)		주요경쟁사 (외형,%)	
이경민	26.9	블록체인컴퍼니	100.0	민앤지	100
LAZ EMSCTR	5.8	더넥스트씨	55.1	인성정보	318
(외국인)	19.6	코리아오메가프로젝트1호조합	50.0	브리지텍	38

매출구성		비용구성		수출비중	
휴대폰번호 도용방지서비스(기타)	64.8	매출원가율	0.0	수출	0.0
간편결제매니저(기타)	17.2	판관비율	73.4	내수	100.0
로그인플러스(기타)	13.9				

회사 개요
동사는 2009년 3월 설립되어 개인정보보안 중심의 2차 본인인증서비스를 개발 및 운영하는 것을 주된 사업으로 하고 있으며 이동통신사 부가서비스 형태로 주된 매출이 발생함. 2009년 휴대폰번호도용방지 서비스를 시작으로 로그인플러스, 휴대폰간편로그인(간편결제매니저) 등의 다양한 2차 본인인증서비스를 제공하고 있으며 최근 주식투자노트, 미뮤(MEmu) 등을 서비스하며 생활플랫폼으로 사업영역을 확대중임.

실적 분석
동사의 2017년 결산 연결기준 매출액은 804.8억원으로 전년대비 97.8% 증가함. 매출 증가에 따라 판관비도 전년대비 138% 증가. 영업이익은 전년 동기 대비 34.9% 증가한 214억원을 시현. 당기순이익 또한 전년 동기 대비 51% 증가한 173억원을 기록. 스마트폰 등 모바일 디바이스를 이용한 본인인증 이용률이 전체의 90% 이상이며 인증건수 역시 지속적으로 증가. 따라서 2차 본인인증을 제공하는 동사의 성장도 기대됨.

현금 흐름 〈단위 : 억원〉

항목	2016	2017
영업활동	143	544
투자활동	-375	119
재무활동	275	-10
순현금흐름	43	653
기말현금	339	991

시장 대비 수익률
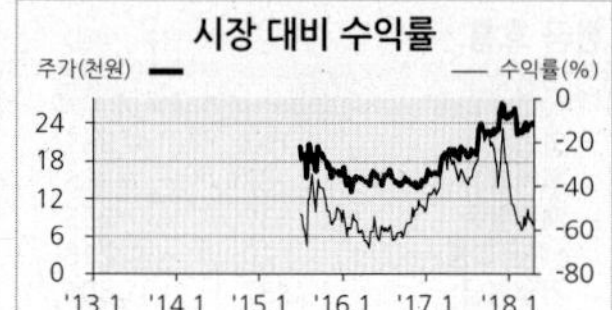

결산 실적 〈단위 : 억원〉

항목	2012	2013	2014	2015	2016	2017
매출액	—	102	177	266	407	805
영업이익	—	23	60	110	159	214
당기순이익	—	20	53	88	115	173

분기 실적 〈단위 : 억원〉

항목	2016.3Q	2016.4Q	2017.1Q	2017.2Q	2017.3Q	2017.4Q
매출액	91	149	176	185	209	235
영업이익	39	49	52	52	55	55
당기순이익	31	24	48	52	47	26

재무 상태 〈단위 : 억원〉

항목	2012	2013	2014	2015	2016	2017
총자산	—	114	183	509	1,608	2,151
유형자산	—	2	5	6	84	23
무형자산	—	5	16	50	727	678
유가증권	—	1	1	4	147	74
총부채	—	59	74	39	436	765
총차입금	—	50	55	—	51	1
자본금	—	3	20	29	34	67
총자본	—	56	109	470	1,172	1,386
지배주주지분	—	56	109	470	770	939

기업가치 지표

항목	2012	2013	2014	2015	2016	2017
주가(최고/저)(천원)	—/—	—/—	—/—	21.7/15.0	17.0/13.1	27.6/14.6
PER(최고/저)(배)	0.0/0.0	0.0/0.0	0.0/0.0	26.9/18.6	19.1/14.7	26.3/13.9
PBR(최고/저)(배)	0.0/0.0	0.0/0.0	0.0/0.0	5.2/3.6	2.8/2.2	4.0/2.1
EV/EBITDA(배)	0.0	—	—	12.9	9.9	8.7
EPS(원)	—	232	550	835	916	1,060
BPS(원)	—	9,261	2,276	8,581	12,504	6,964
CFPS(원)	—	3,915	1,156	1,770	2,102	1,454
DPS(원)	—	—	—	350	450	250
EBITDAPS(원)	—	4,381	1,311	2,188	2,903	1,981

재무 비율 〈단위 : %〉

연도	영업이익률	순이익률	부채비율	차입금비율	ROA	ROE	유보율	자기자본비율	EBITDA마진율
2017	26.6	21.5	55.2	0.1	9.2	16.7	1,292.8	64.5	33.2
2016	39.0	28.2	37.2	4.4	10.8	17.8	2,400.8	72.9	43.0
2015	41.3	33.1	8.3	0.0	25.5	30.4	1,616.1	92.3	43.3
2014	34.1	29.9	67.5	50.0	35.6	64.1	446.2	59.7	35.6

바디텍메드 (A206640)
Boditech Med

업 종 : 의료 장비 및 서비스 | 시 장 : KOSDAQ
신용등급 : (Bond) — (CP) — | 기업규모 : 벤처
홈페이지 : www.boditech.co.kr | 연 락 처 : 033)243-1400
본 사 : 강원도 춘천시 동내면 거두단지 1길 43

설 립 일	2014.09.30	**종업원수**	284명	**대표이사**	최의열
상 장 일	2014.12.29	**감사의견**	적정(안진)	**계 열**	
결 산 기	12월	**보 통 주**		**종속회사수**	5개사
액 면 가	1,000원	**우 선 주**		**구 상 호**	엔에이치스팩2호

주주구성 (지분율,%)		출자관계 (지분율,%)		주요경쟁사 (외형,%)	
최의열	21.3	팍스젠바이오	15.4	바디텍메드	100
김재학	7.7	라메디텍	13.8	차바이오텍	796
(외국인)	2.8	강원-세종강소기업육성상생투자조합	2.8	인바디	177

매출구성		비용구성		수출비중	
면역진단카트리지	85.6	매출원가율	44.0	수출	94.9
면역진단기기	12.0	판관비율	50.6	내수	5.1
기타매출	2.1				

회사 개요

1998년 설립된 동사는 체외진단 중 현장진단검사(POCT) 분야에 특화된 제조 및 판매사로 5종의 체외진단기기와 29종의 진단시약을 제조, 판매 중. 전체 매출의 60% 이상을 중국 시장에서 올리고 있는 동사는 2012년 이후 중국 반응성 단백질(CRP) 시장에서 점유율 1위를 유지하고 있음. 후발 주자와의 격차를 벌이기 위하여 연구개발 경쟁력과 영업력을 갖춘 중국 기업을 인수합병할 계획을 가지고 있음.

실적 분석

동사의 2017년 매출액은 525.9억원으로 전년 대비 4.3% 감소함. 같은 기간 영업이익은 전년보다 76.8% 줄어든 28.7억원을 기록함. 중국 광서법인과 미국 이뮤노스틱스의 신규설비 가동으로 고정비가 증가한 것이 실적 악화의 원인임. 중국지역의 의존도가 축소되며 매출안정성이 높아질 것으로 예상되고, 동물용 진단시약을 공급하는 애니벳, 실시간 PCR 전문업체인 유진셀 등 자회사의 매출성장이 가시화되면서 실적 개선이 기대됨.

현금 흐름 〈단위 : 억원〉

항목	2016	2017
영업활동	118	9
투자활동	-166	-144
재무활동	14	231
순현금흐름	-34	97
기말현금	130	228

시장 대비 수익률

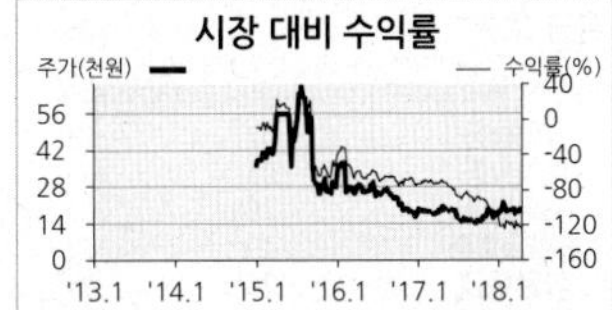

결산 실적 〈단위 : 억원〉

항목	2012	2013	2014	2015	2016	2017
매출액	181	230	307	398	550	526
영업이익	56	55	89	124	124	29
당기순이익	55	54	86	-20	123	-31

분기 실적 〈단위 : 억원〉

항목	2016.3Q	2016.4Q	2017.1Q	2017.2Q	2017.3Q	2017.4Q
매출액	149	142	133	133	118	141
영업이익	40	16	26	16	2	-16
당기순이익	34	21	20	15	1	-68

재무 상태 〈단위 : 억원〉

항목	2012	2013	2014	2015	2016	2017
총자산	201	418	485	717	908	1,082
유형자산	39	97	117	197	254	277
무형자산	5	13	18	27	207	152
유가증권	6	—	0	15	16	76
총부채	23	111	77	122	133	378
총차입금	—	78	24	56	33	284
자본금	35	36	205	210	212	233
총자본	178	307	408	595	775	703
지배주주지분	178	306	406	594	752	679

기업가치 지표

항목	2012	2013	2014	2015	2016	2017
주가(최고/저)(천원)	—/—	—/—	36.2/36.2	69.3/24.1	37.1/16.7	20.6/13.4
PER(최고/저)(배)	0.0/0.0	0.0/0.0	95.2/95.2	—/—	68.8/31.0	—/—
PBR(최고/저)(배)	0.0/0.0	0.0/0.0	20.2/20.2	26.7/9.3	11.1/5.0	6.7/4.4
EV/EBITDA(배)	—	—	—	54.4	28.9	64.1
EPS(원)	266	253	383	-85	543	-92
BPS(원)	2,558	4,143	5,537	288	3,696	3,077
CFPS(원)	942	894	1,330	-2	712	64
DPS(원)	—	—	—	—	100	50
EBITDAPS(원)	960	905	1,370	67	701	279

재무 비율 〈단위 : %〉

연도	영업이익률	순이익률	부채비율	차입금비율	ROA	ROE	유보율	자기자본비율	EBITDA마진율
2017	5.5	-6.0	53.8	40.4	-3.2	-3.0	207.7	65.0	12.4
2016	22.5	22.4	17.2	4.3	15.2	18.8	269.6	85.4	27.0
2015	31.1	-5.0	20.5	9.4	-3.3	-3.9	187.8	83.0	35.1
2014	29.1	28.0	19.0	5.8	19.0	24.3	102.8	84.1	33.1

바른손 (A018700)
Barunson

업 종 : 호텔 및 레저 | 시 장 : KOSDAQ
신용등급 : (Bond) — (CP) — | 기업규모 : 중견
홈페이지 : www.barunson.co.kr | 연 락 처 : 02)585-0771
본 사 : 경기도 성남시 분당구 판교로 253, 201호(삼평동, 이노밸리A동)

설 립 일	1985.12.27	**종업원수**	91명	**대표이사**	강신범,안은미
상 장 일	1994.03.18	**감사의견**	적정(선진)	**계 열**	
결 산 기	03월	**보 통 주**		**종속회사수**	4개사
액 면 가	1,000원	**우 선 주**		**구 상 호**	

주주구성 (지분율,%)		출자관계 (지분율,%)		주요경쟁사 (외형,%)	
바른손이앤에이	20.2	바른손누보	85.2	바른손	100
다날	4.0	바른손홈쿡	57.3	현대그린푸드	54,939
		시오필름	56.7	MP그룹	3,148

매출구성		비용구성		수출비중	
외식사업부문(음식 등)	48.2	매출원가율	51.3	수출	0.0
영화사업부문(영화제작 외)	43.2	판관비율	98.7	내수	100.0
기타사업부문(게임개발 및 투자 외)	8.7				

회사 개요

동사는 지난 28년간 다품종의 문구 및 생활제품을 생산하여 온오프라인으로 판매하고 있으며 각종 캐릭터 제품의 개발, 엔터테인먼트, 영화사업을 통해 복합문화 콘텐츠 사업을 영위하고 있음. 지난 2010년 와이즈온을 합병하여 베니건스의 브랜드로 서양식 레스토랑 사업에 진출함. 각 사업부별 매출비중은 2017년 3분기 기준 외식 18.6%, 영화 66.6%, 게임사업부문이 14.8%를 차지함. 2016년보다 외식사업 비중이 줄고 영화사업이 확대됨.

실적 분석

3월 결산법인인 동사의 2017년 3분기 누적 매출액은 67.3억원으로 전년 동기 35억원 대비 92.1% 증가함. 영화 사업 제작 부문 매출이 크게 늘었고 VR매장 매출도 증가세. 단 매출원가가 전년 동기보다 195.2% 급증하며 영업이익은 적자지속 중. 3분기 누적 영업손실은 20억원임. 동사는 외식사업부문 규모 축소로 VR게임과 VR관련 콘텐츠를 개발하고 있으며, VR 테마파크 사업을 진행 중임.

현금 흐름 〈단위 : 억원〉

항목	2016	2017.3Q
영업활동	-65	-3
투자활동	74	-61
재무활동	142	-4
순현금흐름	154	-68
기말현금	162	94

시장 대비 수익률

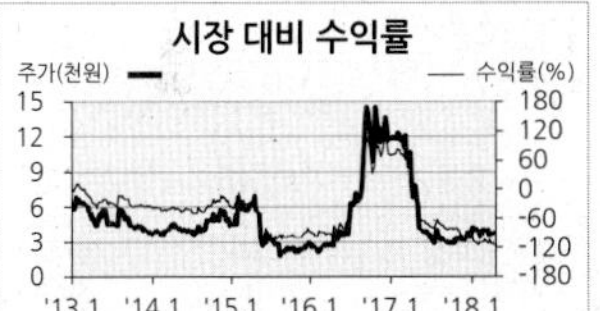

결산 실적 〈단위 : 억원〉

항목	2012	2013	2014	2015	2016	2017
매출액	642	367	293	46	46	—
영업이익	-129	-74	-103	-5	-23	—
당기순이익	-158	-113	-203	83	-13	—

분기 실적 〈단위 : 억원〉

항목	2016.2Q	2016.3Q	2016.4Q	2017.1Q	2017.2Q	2017.3Q
매출액	8	13	1	9	6	52
영업이익	-12	-8	0	-8	-9	-3
당기순이익	-11	-19	-9	-11	-16	-2

재무 상태 〈단위 : 억원〉

항목	2012	2013	2014	2015	2016	2017.3Q
총자산	602	552	267	290	409	390
유형자산	106	88	46	17	12	9
무형자산	13	8	6	1	25	25
유가증권	60	57	22	188	143	166
총부채	310	301	184	103	46	45
총차입금	166	100	56	32	13	10
자본금	255	317	334	115	139	139
총자본	292	252	83	188	363	345
지배주주지분	307	270	104	210	387	373

기업가치 지표

항목	2012	2013	2014	2015	2016	2017.3Q
주가(최고/저)(천원)	27.8/4.8	6.8/3.7	6.9/3.7	7.9/1.8	15.1/2.6	10.2/2.8
PER(최고/저)(배)	—/—	—/—	—/—	10.8/2.5	—/—	—/—
PBR(최고/저)(배)	7.9/1.3	2.7/1.5	7.4/4.0	4.4/1.0	5.4/0.9	3.8/1.0
EV/EBITDA(배)	—	—	—	53.7	—	—/—
EPS(원)	-1,751	-1,165	-1,769	729	-34	-170
BPS(원)	1,213	857	317	1,843	2,797	2,698
CFPS(원)	-467	-283	-524	846	27	-132
DPS(원)	—	—	—	—	—	—
EBITDAPS(원)	-384	-146	-236	56	-119	-106

재무 비율 〈단위 : %〉

연도	영업이익률	순이익률	부채비율	차입금비율	ROA	ROE	유보율	자기자본비율	EBITDA마진율
2016	-50.1	-27.9	12.5	3.6	-3.7	-1.5	179.7	88.9	-33.1
2015	-10.2	182.4	54.8	17.1	29.9	54.0	84.4	64.6	13.9
2014	-35.3	-69.5	일부잠식	일부잠식	-49.7	-105.7	-68.3	31.0	-26.3
2013	-20.1	-30.8	일부잠식	일부잠식	-19.6	-39.0	-14.3	45.6	-11.2

바른손이앤에이 (A035620)
Barunson Entertainment & Arts

업 종 : 게임 소프트웨어 | 시 장 : KOSDAQ
신용등급 : (Bond) — (CP) — | 기업규모 : 중견
홈페이지 : www.barunsonena.com | 연 락 처 : 070)7609-1404
본 사 : 서울시 강남구 봉은사로 509 수당빌딩4층

설 립 일	1996.12.20	**종 업 원 수**	28명	**대 표 이 사**	윤용기,곽신애
상 장 일	1999.07.29	**감 사 의 견**	적정(대주)	**계 열**	
결 산 기	12월	**보 통 주**		**종속회사수**	3개사
액 면 가	500원	**우 선 주**		**구 상 호**	바른손게임즈

주주구성 (지분율,%)		출자관계 (지분율,%)		주요경쟁사 (외형,%)	
문양권	20.4	스튜디오8	59.8	바른손이앤에이	100
다날	5.7	엔엑스게임즈	51.3	액토즈소프트	176
(외국인)	2.0	영화사버들	40.0	액션스퀘어	30

매출구성		비용구성		수출비중	
히트 등	91.0	매출원가율	0.0	수출	71.0
가려진시간	5.3	판관비율	104.0	내수	29.0
라스트카오스	1.7				

회사 개요

동사의 사업부문은 게임부문과 영화부문으로 구성되어 있음. 매출 구성은 모바일 게임 매출이 99.5%, 영화 및 기타 매출이 0.5%를 차지하고 있음. 주요 게임으로는 '히트', '라그하임', '오버히트' 등이 있으며 제작 중인 영화로는 '기억을만나다'와 '기생충'이 있음. 게임 개발사인 스튜디오8, 넷게임즈, 엔엑스게임즈 등 총 3개의 종속회사를 보유하고 있음. 자회사 엔엑스게임즈를 통해 신규 모바일 게임 '프로젝트 EX' 개발 중임.

실적 분석

동사의 2017년 연결기준 연간 매출액은 전년대비 24.5% 감소한 314.3억원을 기록함. 12.7억원의 영업손실을 기록, 적자전환하였음. 당기순손실 역시 314억원을 기록하며 적자전환함. 신규 모바일 게임 및 영화 제작과 관련하여 인건비가 전년 대비 77.9% 크게 증가한 251.3억원을 기록함. 2018년 PC온라인 게임 '아스텔리아', 모바일 게임 '프로젝트 EX', '멀티히트' 등 신작 게임 출시가 예정되어 있어 실적 개선이 기대됨.

현금 흐름

〈단위 : 억원〉

항목	2016	2017
영업활동	173	148
투자활동	-146	33
재무활동	137	68
순현금흐름	147	246
기말현금	153	399

시장 대비 수익률

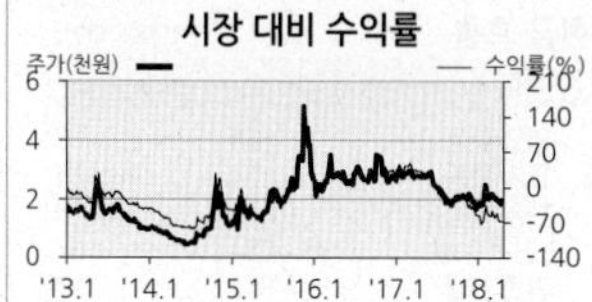

결산 실적

〈단위 : 억원〉

항목	2012	2013	2014	2015	2016	2017
매출액	65	41	21	157	417	314
영업이익	-27	-51	-68	38	150	-13
당기순이익	64	-82	-240	-5	334	-314

분기 실적

〈단위 : 억원〉

항목	2016.3Q	2016.4Q	2017.1Q	2017.2Q	2017.3Q	2017.4Q
매출액	100	125	108	70	41	94
영업이익	43	60	50	-23	-41	1
당기순이익	55	9	64	-37	-15	-326

재무 상태

〈단위 : 억원〉

항목	2012	2013	2014	2015	2016	2017
총자산	415	437	344	478	688	721
유형자산	31	50	35	20	26	18
무형자산	180	191	138	253	262	86
유가증권	30	26	30	3	5	6
총부채	99	177	137	183	235	348
총차입금	19	91	69	110	145	168
자본금	166	171	304	330	335	339
총자본	316	261	207	295	452	373
지배주주지분	286	235	187	246	327	198

기업가치 지표

항목	2012	2013	2014	2015	2016	2017
주가(최고/저)(천원)	4.0/1.4	2.5/0.9	2.5/0.4	5.2/1.0	3.9/2.1	3.1/1.7
PER(최고/저)(배)	32.2/11.6	—/—	—/—	—/—	9.0/4.9	—/—
PBR(최고/저)(배)	4.9/1.8	3.8/1.4	6.8/1.2	12.3/2.3	7.2/3.9	9.2/5.0
EV/EBITDA(배)	—	—	—	43.9	11.8	—
EPS(원)	123	-194	-497	-48	426	-323
BPS(원)	958	779	359	419	535	338
CFPS(원)	176	-177	-476	-39	442	-308
DPS(원)	—	—	—	—	—	—
EBITDAPS(원)	-54	-100	-124	67	241	-4

재무 비율

〈단위 : %〉

연도	영업 이익률	순 이익률	부채 비율	차입금 비율	ROA	ROE	유보율	자기자본 비율	EBITDA 마진율
2017	-4.0	-99.9	93.3	45.0	-44.6	-82.9	-32.4	51.7	-0.9
2016	36.0	80.3	52.1	32.1	57.3	99.0	7.0	65.8	38.5
2015	24.2	-2.9	일부잠식	일부잠식	-1.1	-14.5	-16.2	61.7	27.9
2014	-325.3	-1,141.3	일부잠식	일부잠식	-61.5	-111.0	-28.3	60.1	-277.8

바른전자 (A064520)
Barun Electronics

업 종 : 반도체 및 관련장비 | 시 장 : KOSDAQ
신용등급 : (Bond) — (CP) — | 기업규모 : 중견
홈페이지 : www.bec.co.kr | 연 락 처 : 031)8020-6000
본 사 : 경기도 화성시 동탄면 경기동로 548

설 립 일	1998.02.17	**종 업 원 수**	351명	**대 표 이 사**	김태섭
상 장 일	2002.11.30	**감 사 의 견**	적정(현대)	**계 열**	
결 산 기	12월	**보 통 주**		**종속회사수**	1개사
액 면 가	500원	**우 선 주**		**구 상 호**	

주주구성 (지분율,%)		출자관계 (지분율,%)		주요경쟁사 (외형,%)	
김태섭	5.4	바른테크놀로지	9.5	바른전자	100
케이디씨	4.1	바른전자강소유한공사	100.0	피에스케이	163
(외국인)	2.9			덕산하이메탈	27

매출구성		비용구성		수출비중	
반도체 Sensor,메모리카드,COB USB	98.3	매출원가율	104.3	수출	73.7
WiFi, Bluetooth, BLE 관련 Module	1.8	판관비율	7.3	내수	26.3

회사 개요

동사는 1998년 설립된 종합반도체 전문업체로 반도체 후공정 제조부문인 SIP(system in a package)사업과 사물인터넷 장비 제조업을 영위하고 있음. 동사는 반도체 후공정 제조로 SD메모리카드, USB메모리, SSD 등을 제조하고 있고, 근거리/장거리 무선통신 장비를 생산함. 동사는 2015년부터 사물인터넷 분야에서 미아방지용, 피트니스용 스마트밴드, 스마트슈즈 등 웨어러블 디바이스를 출시해 판매하고 있음.

실적 분석

동사의 2017년 매출과 영업손실은 1,685억원, 196억원으로 전년 대비 매출은 30% 감소하고 적자전환함. 당기순손실도 238억원으로 전년 대비 적자전환함. 판매비와 관리비는 전년 153억원에서 123억원으로 19.4% 감소함. 동사는 IoT 시장에 진출하였으며, 매출에 차지하는 비중은 미비하나, 향후 IoT 시장 성장성에 따라 매출 및 이익에 기여할 것으로 예상됨.

현금 흐름

〈단위 : 억원〉

항목	2016	2017
영업활동	-107	-13
투자활동	-21	-55
재무활동	78	7
순현금흐름	-49	-62
기말현금	96	34

시장 대비 수익률

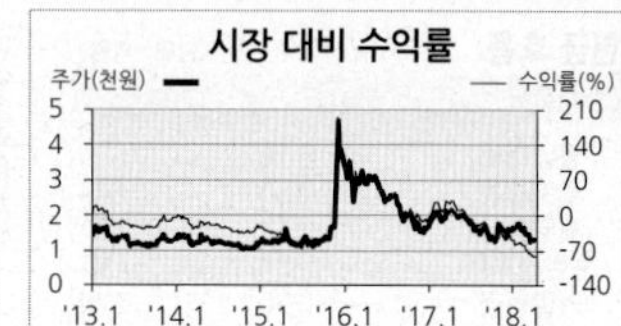

결산 실적

〈단위 : 억원〉

항목	2012	2013	2014	2015	2016	2017
매출액	2,091	2,320	1,986	2,255	2,416	1,685
영업이익	101	75	95	56	24	-195
당기순이익	-73	30	11	43	17	-238

분기 실적

〈단위 : 억원〉

항목	2016.3Q	2016.4Q	2017.1Q	2017.2Q	2017.3Q	2017.4Q
매출액	616	586	620	432	332	302
영업이익	6	-3	6	-9	-72	-120
당기순이익	-6	15	-9	-6	-79	-144

재무 상태

〈단위 : 억원〉

항목	2012	2013	2014	2015	2016	2017
총자산	905	1,005	1,061	1,224	1,241	953
유형자산	352	368	399	396	384	361
무형자산	14	15	20	21	27	15
유가증권	25	24	11	22	17	5
총부채	715	785	743	654	602	536
총차입금	529	548	483	404	420	413
자본금	178	178	199	291	324	332
총자본	190	220	318	570	639	417
지배주주지분	190	220	318	570	639	417

기업가치 지표

항목	2012	2013	2014	2015	2016	2017
주가(최고/저)(천원)	1.7/0.9	1.8/1.1	1.5/1.0	5.2/1.1	3.9/1.4	2.2/1.2
PER(최고/저)(배)	—/—	21.1/12.9	50.1/33.2	60.9/13.1	152.5/56.1	—/—
PBR(최고/저)(배)	3.2/1.7	2.9/1.8	1.9/1.3	5.3/1.1	4.0/1.5	3.5/2.0
EV/EBITDA(배)	6.1	7.1	5.4	16.9	15.6	—
EPS(원)	-204	84	30	85	26	-358
BPS(원)	534	620	799	980	984	627
CFPS(원)	-60	249	203	217	121	-279
DPS(원)	—	—	—	—	—	—
EBITDAPS(원)	428	375	425	243	133	-216

재무 비율

〈단위 : %〉

연도	영업 이익률	순 이익률	부채 비율	차입금 비율	ROA	ROE	유보율	자기자본 비율	EBITDA 마진율
2017	-11.6	-14.1	128.7	99.1	-21.7	-45.0	25.5	43.7	-8.5
2016	1.0	0.7	94.3	65.8	1.4	2.8	96.9	51.5	3.5
2015	2.5	1.9	114.7	70.8	3.8	9.7	96.1	46.6	5.5
2014	4.8	0.6	233.5	151.9	1.1	4.3	59.8	30.0	8.1

바른테크놀로지 (A029480)
BARUN Technology

업　　종 : IT 서비스　　시　　장 : KOSDAQ
신용등급 : (Bond) —　(CP) —　　기업규모 : 중견
홈페이지 : www.baruntechnology.co.kr　　연 락 처 : 02)3459-0500
본　　사 : 서울시 강남구 강남대로 262, 18층(도곡동, 캠코양재타워)

설 립 일	1972.07.25	종업원수	112명	대표이사	김동섭
상 장 일	1996.08.27	감사의견	적정(광교)	계　　열	
결 산 기	12월	보 통 주		종속회사수	
액 면 가	500원	우 선 주		구 상 호	케이디씨

주주구성 (지분율,%)		출자관계 (지분율,%)		주요경쟁사 (외형,%)	
바른전자	8.8	아이스테이션	21.0	바른테크놀로지	100
엘에이에치	6.5	칸텔코리아	8.6	쌍용정보통신	678
(외국인)	1.1	디지프렌즈	8.3	케이엘넷	169

매출구성		비용구성		수출비중	
제품매출	64.1	매출원가율	81.3	수출	0.0
유지보수	21.0	판관비율	17.8	내수	100.0
장비임대	14.1				

회사 개요
동사는 3D 입체영상사업을 영위하는 업체로 극장용 디지털입체영상시스템 및 편광안경, 무안경식 3D 패널, 디지털스페이스사업 등을 주요 사업으로 하고 있으며, NI(Network Integration)/ SI(System Integration) 사업의 Network Consulting, 기획, 설계, 구축, 감리, 유지보수 등을 제공하고 있음. 리어스코프를 연결대상 종속회사로 보유 중임.

실적 분석
동사의 2017년 연간 매출액은 전년 대비 18.5% 감소한 215.4억원. 네트워크 부문 매출이 큰 폭으로 감소한 탓. 매출원가 또한 19.5% 줄었으나 외형축소 및 판관비 증가로 영업이익은 84.6% 감소한 2.0억원에 그침. 당기순손실은 33.5억원으로 수주감소에 따른 매출 감소와 투자주식평가손실 발생에서 기인함. 매출이 큰 폭으로 감소하면서 수익성 또한 악화되고 있음.

현금 흐름 *IFRS 별도 기준 〈단위 : 억원〉

항목	2016	2017
영업활동	2	2
투자활동	-30	-72
재무활동	71	25
순현금흐름	42	-44
기말현금	54	10

시장 대비 수익률
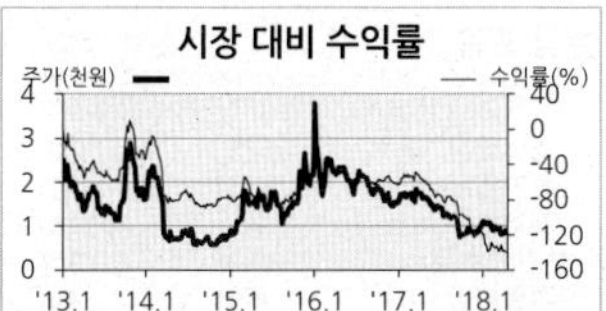

결산 실적 〈단위 : 억원〉

항목	2012	2013	2014	2015	2016	2017
매출액	412	205	384	176	264	215
영업이익	-58	-139	14	-6	13	2
당기순이익	-107	-287	-9	-27	1	-34

분기 실적 *IFRS 별도 기준 〈단위 : 억원〉

항목	2016.3Q	2016.4Q	2017.1Q	2017.2Q	2017.3Q	2017.4Q
매출액	67	77	50	33	64	68
영업이익	3	4	-2	-1	4	1
당기순이익	0	-3	-5	-2	-6	-20

재무 상태 *IFRS 별도 기준 〈단위 : 억원〉

항목	2012	2013	2014	2015	2016	2017
총자산	602	354	279	211	291	290
유형자산	123	110	87	81	81	78
무형자산	8	2	2	2	1	1
유가증권	133	53	37	23	15	6
총부채	236	266	194	134	210	154
총차입금	170	150	117	75	144	82
자본금	65	94	94	113	113	160
총자본	365	88	85	77	81	136
지배주주지분	365	88	85	77	81	136

기업가치 지표 *IFRS 별도 기준

항목	2012	2013	2014	2015	2016	2017
주가(최고/저)(천원)	15.7/1.7	3.2/1.1	2.6/0.6	2.8/0.8	4.0/1.4	1.8/0.7
PER(최고/저)(배)	—/—	—/—	—/—	—/—	948.3/330.3	—/—
PBR(최고/저)(배)	5.3/0.6	5.7/2.0	5.5/1.2	7.9/2.2	11.0/3.8	4.3/1.7
EV/EBITDA(배)	—	—	8.3	282.9	23.0	34.3
EPS(원)	-1,178	-1,853	-46	-121	4	-123
BPS(원)	2,960	560	461	352	365	431
CFPS(원)	-963	-1,710	31	-85	30	-103
DPS(원)	—	—	—	—	—	—
EBITDAPS(원)	-223	-754	152	9	84	28

재무 비율 〈단위 : %〉

연도	영업이익률	순이익률	부채비율	차입금비율	ROA	ROE	유보율	자기자본비율	EBITDA마진율
2017	0.9	-15.6	일부잠식	일부잠식	-11.6	-31.0	-13.9	46.8	3.5
2016	4.9	0.4	일부잠식	일부잠식	0.4	1.2	-26.9	27.7	7.1
2015	-3.5	-15.5	일부잠식	일부잠식	-11.1	-33.6	-29.7	36.7	1.1
2014	3.7	-2.2	일부잠식	일부잠식	-2.7	-9.9	-7.8	30.5	7.5

바이넥스 (A053030)
BinexCo

업　　종 : 제약　　시　　장 : KOSDAQ
신용등급 : (Bond) —　(CP) —　　기업규모 : 중견
홈페이지 : www.bi-nex.com　　연 락 처 : 051)261-6611
본　　사 : 부산시 사하구 다대로 368-3

설 립 일	1985.06.05	종업원수	390명	대표이사	이혁종
상 장 일	2001.07.25	감사의견	적정(삼덕)	계　　열	
결 산 기	12월	보 통 주		종속회사수	1개사
액 면 가	500원	우 선 주		구 상 호	

주주구성 (지분율,%)		출자관계 (지분율,%)		주요경쟁사 (외형,%)	
바이넥스홀딩스	9.0	바이젠	70.0	바이넥스	100
[illegible]	3.8	제넨메드	23.4	JW홀딩스	877
(외국인)	4.6	라이노스자산운용	20.1	아미코젠	94

매출구성		비용구성		수출비중	
소화정장 생균제 외	34.6	매출원가율	63.6	수출	1.5
바이오의약품 위탁생산	25.6	판관비율	46.1	내수	98.5
점 안 제	18.1				

회사 개요
동사는 의약품 생산 및 생산품의 판매, 최근 제약산업의 신성장동력으로 주목을 받고 있는 바이오의약품의 연구개발, 바이오의약품 생산대행을 하는 CDMO 사업을 주된 목적사업으로 영위. 따라서 동사의 사업영역은 의약품 제조 및 판매 사업부문과 바이오의약품의 위탁생산 및 연구개발 위탁 사업, 세포조직공학연구소를 기반으로한 셀뱅크 사업의 세 부문으로 구분할 수 있으며, 의약품 제조 및 판매 사업부문의 매출이 약 70%를 차지함.

실적 분석
2017년 결산 매출액은 주력 사업부문에서 뚜렷한 성장세를 시현하지 못하며 전년동기 대비 3.6% 감소한 780.3억원을 기록하였으며, 판관비 증가 여파로 75.5억원의 영업손실 시현하며 적자 폭 확대된 모습. 비영업수지 또한 악화되어 당기순이익 또한 전년동기 대비 손실폭 확대된 115.2억원의 순손실 시현함. 바이오부문의 시장 확대를 위해 바이오시밀러 시장 진출 및 바이오 의약품 기술 개발에 역량을 집중하고 있음.

현금 흐름 〈단위 : 억원〉

항목	2016	2017
영업활동	47	76
투자활동	-124	-47
재무활동	20	19
순현금흐름	-56	48
기말현금	65	113

시장 대비 수익률
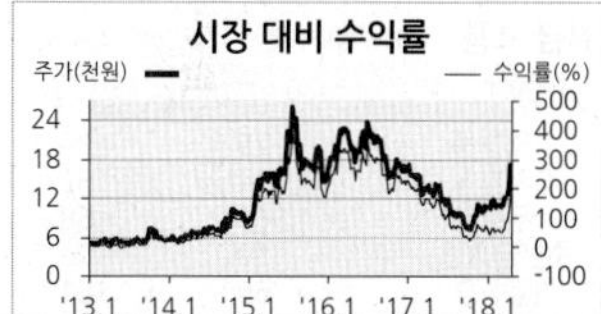

결산 실적 〈단위 : 억원〉

항목	2012	2013	2014	2015	2016	2017
매출액	551	573	576	665	809	780
영업이익	2	-60	18	31	-20	-75
당기순이익	-78	-42	99	-93	-29	-115

분기 실적 〈단위 : 억원〉

항목	2016.3Q	2016.4Q	2017.1Q	2017.2Q	2017.3Q	2017.4Q
매출액	215	191	212	194	—	—
영업이익	-5	-25	3	-37	—	—
당기순이익	-6	-23	3	-55	—	—

재무 상태 〈단위 : 억원〉

항목	2012	2013	2014	2015	2016	2017
총자산	1,438	1,223	1,287	1,761	1,771	1,678
유형자산	302	305	310	933	939	911
무형자산	328	293	253	174	123	88
유가증권	140	124	36	12	119	79
총부채	519	248	176	320	353	347
총차입금	417	166	104	240	266	258
자본금	119	128	133	155	156	157
총자본	919	974	1,111	1,441	1,418	1,331
지배주주지분	900	968	1,111	1,441	1,405	1,301

기업가치 지표

항목	2012	2013	2014	2015	2016	2017
주가(최고/저)(천원)	10.6/4.5	8.4/4.6	10.8/5.4	26.1/8.4	24.0/15.1	17.2/6.8
PER(최고/저)(배)	—/—	—/—	28.0/14.1	—/—	—/—	—/—
PBR(최고/저)(배)	2.8/1.2	2.2/1.2	2.5/1.3	5.6/1.8	5.2/3.3	4.0/1.6
EV/EBITDA(배)	32.9	—	26.3	54.2	89.8	240.1
EPS(원)	-338	-167	384	-311	-96	-361
BPS(원)	3,847	3,841	4,265	4,702	4,630	4,295
CFPS(원)	-162	77	624	-99	163	-74
DPS(원)	—	—	—	—	—	—
EBITDAPS(원)	185	-2	309	316	196	46

재무 비율 〈단위 : %〉

연도	영업이익률	순이익률	부채비율	차입금비율	ROA	ROE	유보율	자기자본비율	EBITDA마진율
2017	-9.7	-14.8	26.1	19.4	-6.7	-8.4	759.0	79.3	1.8
2016	-2.5	-3.6	24.9	18.8	-1.7	-2.1	826.0	80.1	7.5
2015	4.6	-14.0	22.2	16.6	-6.1	-7.3	840.3	81.9	14.2
2014	3.1	17.2	15.8	9.4	7.9	9.5	752.9	86.3	13.9

바이로메드 (A084990)

ViroMed

업 종 : 바이오
신용등급 : (Bond) — (CP) —
홈페이지 : www.viromed.co.kr
본 사 : 서울시 관악구 관악로1 서울대학교 자연과학대학 기초과학연구동 203동
시 장 : KOSDAQ
기업규모 : 기술성
연 락 처 : 02)2102-7200

설 립 일	1996.11.21	**종업원수**	72명	**대표이사**	김용수
상 장 일	2005.12.29	**감사의견**	적정(이정)	**계 열**	
결 산 기	12월	**보 통 주**		**종속회사수**	
액 면 가	500원	**우 선 주**		**구 상 호**	

주주구성 (지분율,%)

김선영	10.3
미래에셋자산운용투자자문	4.4
(외국인)	8.6

출자관계 (지분율,%)

주요경쟁사 (외형,%)

바이로메드	100
셀트리온	30,054
제넥신	901

매출구성

VM202	51.0
PG201	25.2
천연물	19.2

비용구성

매출원가율	18.0
판관비율	301.8

수출비중

수출	9.0
내수	91.0

회사 개요

1996년 서울대학교 최초 학내 벤처 기업으로 설립된 동사는 유전자 기반 바이오의약품과 천연물 신약 개발을 목표로 하고 있음. 현재까지 건강기능식품 매출과 신약 후보 물질의 조기 기술 수출을 통하여 신약 개발 관련 비용을 충당해 오고 있음. 현재 임상 2상을 진행 중인 VM202 등의 임상 결과가 올해는 가시화되어 기술이전 논의가 활발히 이루어질 것으로 보여짐. 그외 바이오베터, 천연물신약도 다양한 파이프라인을 보유하고 있음.

실적 분석

동사의 2017년 누적매출액은 31.6억원으로 전년대비 53.9% 감소함. 매출 부진에 비용 측면에서는 매출원가와 판관비가 각각 4.8%, 15% 상승하면서 영업손실 69.4억원을 기록하며 적자폭이 확대됨. 바이오의약품 사업의 경우 출시된 제품은 없으나 혈소판 감소증 치료제, 항암 유전자 치료제 등 다수의 임상개발단계 제품을 보유하고 있으며, 향후 기술료 수입과 연구용역 수입으로 실적 개선이 기대됨.

현금 흐름 *IFRS 별도 기준 〈단위 : 억원〉

항목	2016	2017
영업활동	-25	-26
투자활동	-1,494	62
재무활동	1,566	68
순현금흐름	50	92
기말현금	60	151

시장 대비 수익률

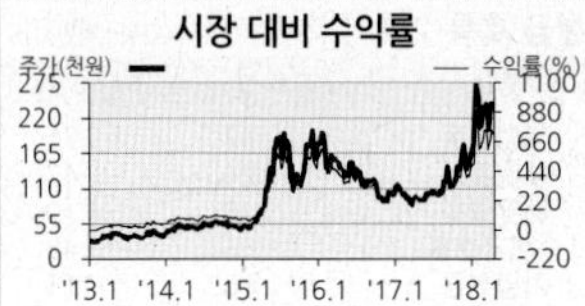

결산 실적 〈단위 : 억원〉

항목	2012	2013	2014	2015	2016	2017
매출액	39	57	61	77	68	32
영업이익	-17	4	2	11	-20	-69
당기순이익	-46	3	2	3	-7	-65

분기 실적 *IFRS 별도 기준 〈단위 : 억원〉

항목	2016.3Q	2016.4Q	2017.1Q	2017.2Q	2017.3Q	2017.4Q
매출액	17	16	4	10	8	9
영업이익	1	-24	-13	-6	-10	-40
당기순이익	2	-17	-11	2	-2	-54

재무 상태 *IFRS 별도 기준 〈단위 : 억원〉

항목	2012	2013	2014	2015	2016	2017
총자산	680	696	704	706	1,780	1,794
유형자산	6	6	5	5	78	161
무형자산	450	491	533	600	253	525
유가증권	91	65	52	24	362	239
총부채	35	27	33	34	71	149
총차입금	21	10	12	10	47	114
자본금	69	71	71	71	80	80
총자본	644	670	671	672	1,709	1,645
지배주주지분	644	670	671	672	1,709	1,645

기업가치 지표 *IFRS 별도 기준

항목	2012	2013	2014	2015	2016	2017
주가(최고/저)(천원)	34.3/12.1	43.7/24.6	60.5/38.5	212/47.1	207/87.5	179/84.7
PER(최고/저)(배)	—/—	2,351.3/1,325.2	5,484.7/3,494.3	11,879.0/2,636.7	—/—	—/—
PBR(최고/저)(배)	7.5/2.7	9.4/5.3	13.0/8.3	45.4/10.1	19.3/8.2	17.3/8.2
EV/EBITDA(배)	—	576.9	917.2	1,620.6	—	—
EPS(원)	-335	19	11	18	-49	-407
BPS(원)	4,638	4,717	4,724	4,733	10,712	10,307
CFPS(원)	-280	59	51	56	-21	-378
DPS(원)	—	—	—	—	—	—
EBITDAPS(원)	-63	67	57	113	-107	-406

재무 비율 〈단위 : %〉

연도	영업이익률	순이익률	부채비율	차입금비율	ROA	ROE	유보율	자기자본비율	EBITDA마진율
2017	-219.8	-205.7	9.1	6.9	-3.6	-3.9	1,961.3	91.7	-205.2
2016	-29.0	-10.4	4.2	2.7	-0.6	-0.6	2,042.5	96.0	-23.1
2015	13.9	3.3	5.1	1.5	0.4	0.4	846.6	95.2	20.9
2014	4.0	2.6	4.9	1.8	0.2	0.2	844.7	95.3	13.1

바이오니아 (A064550)

BIONEER

업 종 : 바이오
신용등급 : (Bond) — (CP) —
홈페이지 : www.bioneer.co.kr
본 사 : 대전시 대덕구 문평서로 8-11
시 장 : KOSDAQ
기업규모 : 기술성
연 락 처 : 042)936-8500

설 립 일	1992.08.28	**종업원수**	352명	**대표이사**	박한오
상 장 일	2005.12.29	**감사의견**	적정(태성)	**계 열**	
결 산 기	12월	**보 통 주**		**종속회사수**	3개사
액 면 가	500원	**우 선 주**		**구 상 호**	

주주구성 (지분율,%)

박한오	17.1
유한양행	4.9
(외국인)	3.7

출자관계 (지분율,%)

주요경쟁사 (외형,%)

바이오니아	100
이수앱지스	84
녹십자엠에스	423

매출구성

올리고DNA/RNA 및 유전자 시약(제품)	80.1
생명공학연구용 장비 및 소모품(상품)	16.7
유전자분석 및 진단 장비(제품)	3.2

비용구성

매출원가율	41.5
판관비율	83.7

수출비중

수출	24.0
내수	76.0

회사 개요

동사는 1992년 국내 바이오벤처1호로 창업한 이래 연매출액의 30% 이상을 연구개발비로 투자한 유전자 기술전문기업임. 국내 최초로 올리고DNA/RNA와 PCR용 효소를 국산화했음. 올리고DNA/RNA 및 유전자 시약, 분자진단키트가 매출의 84.4%를 차지하고, 유전자 분석 및 진단장비가 2.7%, 생명공학연구용 장비가 12.9%임. DNA 합성 분야에서 기초원료로부터 초고속 DNA자동합성 시스템 장비까지 자체 개발해 프로세스를 운영 중임.

실적 분석

동사의 2017년 결산 매출액은 전년동기대비 7.2% 상승한 232.7억원을 기록하였음. 비용면에서 전년동기대비 매출원가는 감소 하였으며 인건비는 증가 했고 광고선전비도 증가, 기타판매비와관리비는 감소함. 이처럼 매출액 상승과 더불어 비용절감에도 힘을 기울였음. 최종적으로 전년동기대비 당기순손실은 적자지속하여 122.4억원을 기록함. 금융손익과 외환손익 등 비영업손익의 적자지속이 영향을 미친것으로 판단됨.

현금 흐름 〈단위 : 억원〉

항목	2016	2017
영업활동	-25	-26
투자활동	-83	-71
재무활동	45	114
순현금흐름	-62	15
기말현금	29	44

시장 대비 수익률

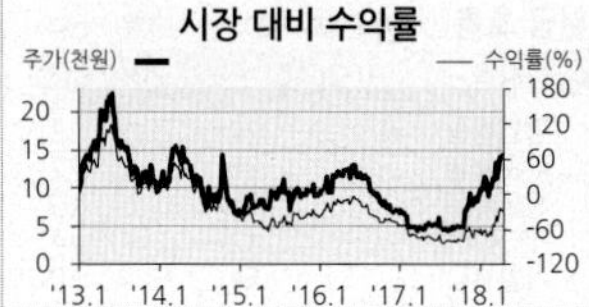

결산 실적 〈단위 : 억원〉

항목	2012	2013	2014	2015	2016	2017
매출액	205	239	179	208	217	233
영업이익	-43	-36	-86	-37	-120	-59
당기순이익	-80	-72	-136	-54	-144	-122

분기 실적 〈단위 : 억원〉

항목	2016.3Q	2016.4Q	2017.1Q	2017.2Q	2017.3Q	2017.4Q
매출액	51	65	59	56	61	58
영업이익	-39	-27	-8	-16	-15	-20
당기순이익	-59	-17	-25	-13	-15	-69

재무 상태 〈단위 : 억원〉

항목	2012	2013	2014	2015	2016	2017
총자산	681	699	674	720	637	639
유형자산	239	216	201	189	198	195
무형자산	173	176	191	200	198	162
유가증권	1	1	1	1	1	1
총부채	367	404	372	375	376	315
총차입금	276	297	264	257	249	189
자본금	63	65	70	77	81	103
총자본	314	295	302	345	261	324
지배주주지분	314	295	302	345	261	324

기업가치 지표

항목	2012	2013	2014	2015	2016	2017
주가(최고/저)(천원)	9.7/4.0	24.6/9.8	17.0/7.0	13.7/7.0	14.3/7.4	10.5/4.4
PER(최고/저)(배)	—/—	—/—	—/—	—/—	—/—	—/—
PBR(최고/저)(배)	3.8/1.6	10.7/4.3	7.8/3.2	6.0/3.1	8.7/4.5	6.7/2.8
EV/EBITDA(배)	—	289.6	—	—	—	—
EPS(원)	-603	-532	-935	-352	-874	-647
BPS(원)	2,506	2,271	2,155	2,251	1,620	1,571
CFPS(원)	-300	-230	-750	-149	-640	-396
DPS(원)	—	—	—	—	—	—
EBITDAPS(원)	-7	46	-390	-29	-488	-59

재무 비율 〈단위 : %〉

연도	영업이익률	순이익률	부채비율	차입금비율	ROA	ROE	유보율	자기자본비율	EBITDA마진율
2017	-25.2	-52.6	97.4	58.3	-19.2	-41.8	214.1	50.7	-4.8
2016	-55.5	-66.4	144.0	95.3	-21.3	-47.6	223.9	41.0	-34.9
2015	-17.5	-25.8	108.5	74.5	-7.7	-16.6	350.2	48.0	-2.0
2014	-48.4	-76.0	123.0	87.3	-19.8	-45.4	331.1	44.8	-29.9

바이오닉스진 (A222810)

NICSTECH

업 종	일반 소프트웨어	시 장	KOSDAQ
신용등급	(Bond) — (CP) —	기업규모	벤처
홈페이지	www.nicstech.com	연 락 처	02)3497-8900
본 사	서울시 성동구 왕십리로 58, 10층 1001호~1012호(성수동 1가, 포휴)		

설 립 일	2015.06.08	종업원수	124명	대표이사	이용진,한일주
상 장 일	2015.08.13	감사의견	적정(한울)	계 열	
결 산 기	12월	보 통 주		종속회사수	
액 면 가	100원	우 선 주		구 상 호	닉스테크

주주구성 (지분율,%)		출자관계 (지분율,%)		주요경쟁사 (외형,%)	
서울생명공학	14.9			바이오닉스진	100
미래투자조합	8.7			포시에스	86
(외국인)	1.2			한컴시큐어	110

매출구성		비용구성		수출비중	
[정보보안 제품]SafePC	41.0	매출원가율	73.6	수출	1.0
[네트워크보안제품]Fortigate	34.3	판관비율	32.8	내수	99.0
[보안제품]유지보수	16.8				

회사 개요

동사는 1995년 설립하여 소프트웨어 자문 개발 및 공급업, 소프트웨어 제조 및 도·소매업, 정보처리 기술 컨설팅 서비스업 등을 주요 사업으로 영위하고 있음. 동사의 대표 주력상품으로는 PC보안 솔루션 SafePC Enterpirse가 있음. 2016년 교보4호스팩과 합병을 통하여 코스닥 시장으로 이전 상장했으며, 2017년 이상징후탐지 및 대응 시스템 'ADS플러스'를 보유한 시큐플러스와 합병함.

실적 분석

동사의 2017년 연결기준 누적 매출액은 전년동기 대비 1.0% 증가한 149.1억원을 기록함. 매출원가와 판관비가 각각 전년동기 대비 11.8%, 10.5% 감소하는 등 절감 노력에도 불구하고 영업이익은 적자를 지속하여 9.5억원의 손실을 기록함. 무형자산(영업권, 개발비)의 손상차손에 따른 영업외 비용 증가와, 이연법인세 자산의 손실처리에 따른 법인세 비용 증가로 인해 당기순손실은 53.1억원을 기록, 적자폭이 확대됨.

현금 흐름 *IFRS 별도 기준 〈단위 : 억원〉

항목	2016	2017
영업활동	-10	-11
투자활동	7	14
재무활동	10	-17
순현금흐름	7	-14
기말현금	31	17

시장 대비 수익률

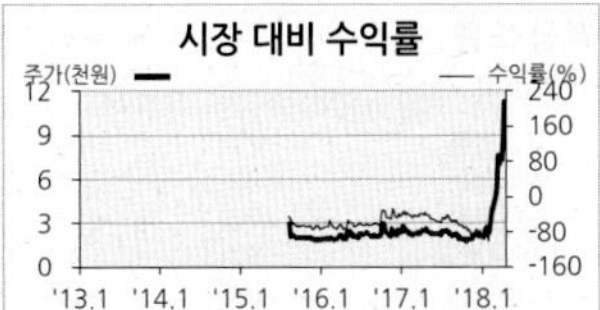

결산 실적 〈단위 : 억원〉

항목	2012	2013	2014	2015	2016	2017
매출액	139	157	151	164	148	149
영업이익	9	16	14	14	-31	-10
당기순이익	8	14	10	22	-36	-53

분기 실적 *IFRS 별도 기준 〈단위 : 억원〉

항목	2016.3Q	2016.4Q	2017.1Q	2017.2Q	2017.3Q	2017.4Q
매출액	22	79	25	31	42	51
영업이익	-8	-4	-9	-3	2	0
당기순이익	-8	6	-9	-6	2	-40

재무 상태 *IFRS 별도 기준 〈단위 : 억원〉

항목	2012	2013	2014	2015	2016	2017
총자산	127	146	169	211	255	188
유형자산	24	22	39	35	89	87
무형자산	26	24	15	19	14	10
유가증권	2	3	2	1	11	11
총부채	55	61	75	96	113	89
총차입금	34	32	31	35	40	40
자본금	28	28	28	28	15	16
총자본	71	85	94	116	142	99
지배주주지분	71	85	94	116	142	99

기업가치 지표 *IFRS 별도 기준

항목	2012	2013	2014	2015	2016	2017
주가(최고/저)(천원)	#VALUE!	—/—	—/—	—/—	—/—	—/—
PER(최고/저)(배)	0.0/0.0	14.8/5.9	47.3/22.3	19.7/12.3	—/—	—/—
PBR(최고/저)(배)	0.0/0.0	2.5/1.0	5.0/2.3	3.6/2.3	3.0/1.8	3.8/2.3
EV/EBITDA(배)	0.5	3.9	6.4	1.8	—	—
EPS(원)	54	101	70	151	-239	-342
BPS(원)	1,274	1,538	1,705	2,103	1,052	751
CFPS(원)	280	395	317	513	-177	-286
DPS(원)	—	—	—	—	—	—
EBITDAPS(원)	302	417	385	375	-144	-6

재무 비율 〈단위 : %〉

연도	영업이익률	순이익률	부채비율	차입금비율	ROA	ROE	유보율	자기자본비율	EBITDA마진율
2017	-6.4	-35.6	89.3	40.3	-24.0	-44.0	650.7	52.8	-0.6
2016	-21.3	-24.6	79.4	28.2	-15.6	-28.2	951.6	55.8	-14.9
2015	8.4	13.1	82.5	30.2	11.4	20.6	320.5	54.8	12.8
2014	9.2	6.6	80.1	33.4	—	—	241.0	55.5	14.3

바이오로그디바이스 (A208710)

BIOLOG DEVICE

업 종	휴대폰 및 관련부품	시 장	KOSDAQ
신용등급	(Bond) — (CP) —	기업규모	벤처
홈페이지	www.biologdevice.com	연 락 처	031)831-3696
본 사	경기도 화성시 동탄면 동탄기흥로 64-10,3층		

설 립 일	2014.10.23	종업원수	45명	대표이사	이재선,윤형진
상 장 일	2014.12.24	감사의견	적정(대주)	계 열	
결 산 기	12월	보 통 주		종속회사수	4개사
액 면 가	100원	우 선 주		구 상 호	교보3호스팩

주주구성 (지분율,%)		출자관계 (지분율,%)		주요경쟁사 (외형,%)	
이재선	14.9	비엘디	100.0	바이오로그디바이스	100
이승희	6.6	오이지소프트	77.9	디지탈옵틱	86
(외국인)	2.6	비앤에스코리아	50.0	텔루스	20

매출구성		비용구성		수출비중	
OIS	50.8	매출원가율	78.5	수출	99.2
AF	33.3	판관비율	12.0	내수	0.8
기타매출	8.0				

회사 개요

동사는 스마트폰 카메라 모듈 부품 중 AF/OIS FPCB Assy를 연구개발하여 공급하는 것을 주요 사업으로 영위하고 있음. ISM 임가공과 VCM 제조 등 카메라 모듈 제품의 풍부한 양산 경험을 바탕으로 신사업 분야 발굴 및 신제품 개발에 투자를 진행 중임. 또한 지문인식센서 개발에도 회사 연구 역량을 집중하고 있으며, 지문인식 USB 메모리 등 관련 응용 제품 출시를 준비 중임.

실적 분석

동사의 2017년도 연결기준 연간 매출액은 700.2억원으로 전년도 대비 2.1% 증가했으나, 영업이익은 15% 감소한 66.6억원을 시현함. 수익성 약화는 외화자산의 원달러 환율 하락에 따른 외화환산손실 증가, 베트남 신규투자에 따른 감가상각비용 증가, 전환사채 발행에 따른 이자비용 증가 때문. 향후 매출 증대전략으로 중국천진법인을 활용한 영업활동 강화 전략을 세우고 있음.

현금 흐름 〈단위 : 억원〉

항목	2016	2017
영업활동	16	85
투자활동	-98	-109
재무활동	-15	127
순현금흐름	-90	101
기말현금	24	125

시장 대비 수익률

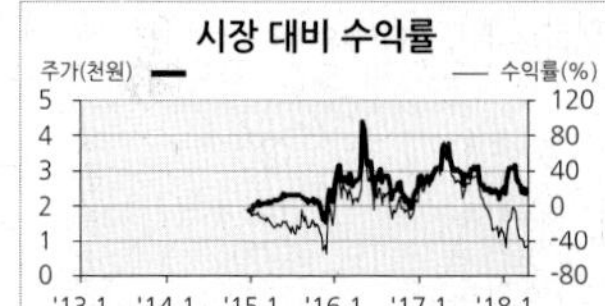

결산 실적 〈단위 : 억원〉

항목	2012	2013	2014	2015	2016	2017
매출액	83	401	397	449	686	700
영업이익	17	64	74	57	78	67
당기순이익	14	57	55	35	65	34

분기 실적 〈단위 : 억원〉

항목	2016.3Q	2016.4Q	2017.1Q	2017.2Q	2017.3Q	2017.4Q
매출액	153	213	160	193	189	159
영업이익	13	14	16	21	23	6
당기순이익	1	23	1	20	23	-10

재무 상태 〈단위 : 억원〉

항목	2012	2013	2014	2015	2016	2017
총자산	55	125	316	424	526	639
유형자산	—	23	106	173	230	249
무형자산	—	2	2	11	11	26
유가증권	—	—	—	—	—	10
총부채	40	48	185	135	160	220
총차입금	7	5	87	74	65	150
자본금	1	1	1	26	27	27
총자본	15	77	131	289	366	419
지배주주지분	15	72	131	289	366	423

기업가치 지표

항목	2012	2013	2014	2015	2016	2017
주가(최고/저)(천원)	—/—	—/—	1.9/1.9	3.0/1.5	4.5/1.9	4.0/2.2
PER(최고/저)(배)	0.0/0.0	0.0/0.0	2.8/2.8	15.1/7.6	18.8/8.0	31.4/17.4
PBR(최고/저)(배)	0.0/0.0	0.0/0.0	1.2/1.2	2.6/1.3	3.3/1.4	2.6/1.4
EV/EBITDA(배)	0.4	—	2.0	6.0	5.7	5.5
EPS(원)	168	677	671	198	237	126
BPS(원)	75,016	362,251	654,837	1,145	1,349	1,545
CFPS(원)	70,016	314,720	370,533	351	407	338
DPS(원)	—	—	—	—	—	—
EBITDAPS(원)	85,368	353,035	460,308	473	455	454

재무 비율 〈단위 : %〉

연도	영업이익률	순이익률	부채비율	차입금비율	ROA	ROE	유보율	자기자본비율	EBITDA마진율
2017	9.5	4.9	52.4	35.9	5.9	8.8	1,445.1	65.6	17.8
2016	11.4	9.5	43.8	17.8	13.7	19.9	1,248.6	69.6	18.2
2015	12.8	7.9	46.8	25.6	9.6	16.9	1,044.5	68.1	18.9
2014	18.6	14.0	141.5	66.5	25.1	54.9	12,996.7	41.4	23.2

바이오리더스 (A142760)
Bioleaders

업 종 : 바이오 | 시 장 : KOSDAQ
신용등급 : (Bond) — (CP) — | 기업규모 : 기술성
홈페이지 : www.bioleaders.co.kr | 연 락 처 : 042)934-7671
본 사 : 대전시 유성구 테크노8로 13

설 립 일	1999.12.30	**종업원수**	48명	**대표이사**	박영철
상 장 일	2014.11.26	**감사의견**	적정(세림)	**계 열**	
결 산 기	12월	**보 통 주**		**종속회사수**	
액 면 가	500원	**우 선 주**		**구 상 호**	

주주구성 (지분율,%)		출자관계 (지분율,%)		주요경쟁사 (외형,%)	
한국티씨엠	10.4	다인바이오	1.8	바이오리더스	100
성문희	7.5			씨젠	1,152
				내츄럴엔도텍	121

매출구성		비용구성		수출비중	
건강기능식품(완제품)(제품)	40.1	매출원가율	88.2	수출	11.1
폴리감마글루탐산 원료(제품)	35.7	판관비율	101.5	내수	88.9
화장품외(완제품)(제품)	17.5				

회사 개요

동사는 백신디스플레이 기술과 γ-PGA 면역기술에 대한 세계적 원천특허를 근간으로 1999년 12월 설립됨. 2014년 11월 코넥스 시장을 거쳐 2016년 7월 코스닥에 상장됨. 동사는 바이오신약, 바이오소재, 바이러스연구 사업을 영위함. 바이오신약 사업으로 비임상 단계의 백신 아쥬반트와 근육질환 치료백신 등이 있고, 바이오소재 사업은 항바이러스제, 건강기능식품 등이 있음. 최근 자궁경부전암 치료제에 대한 임상(1/2a)을 성공적으로 종료함.

실적 분석

동사의 2017년 누적매출액은 76.1억원으로 전년대비 204.2% 증가함. 비용 측면에서 매출원가와 판관비가 각각 288.9%, 14% 상승하면서 매출 확대에도 불구하고 영업손실 68.3억원을 기록하면서 적자폭이 커짐. 동사는 유산균을 활용한 플랫폼 기술을 기반으로 한 면역치료 바이오신약을 개발 중이며, 건강기능식품사업과 화장품 사업으로도 사업분야를 확장 중임.

현금 흐름 *IFRS 별도 기준 〈단위 : 억원〉

항목	2016	2017
영업활동	-62	-85
투자활동	-77	-72
재무활동	168	241
순현금흐름	29	84
기말현금	54	138

시장 대비 수익률

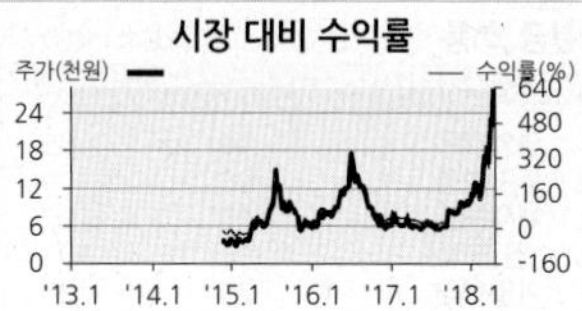

결산 실적 〈단위 : 억원〉

항목	2012	2013	2014	2015	2016	2017
매출액	21	16	12	15	25	76
영업이익	-26	-27	-35	-50	-60	-68
당기순이익	-27	-32	-78	-186	-59	-66

분기 실적 *IFRS 별도 기준 〈단위 : 억원〉

항목	2016.3Q	2016.4Q	2017.1Q	2017.2Q	2017.3Q	2017.4Q
매출액	4	13	7	21	7	42
영업이익	-19	-12	-20	-14	-15	-19
당기순이익	-19	-12	-20	-13	-14	-19

재무 상태 *IFRS 별도 기준 〈단위 : 억원〉

항목	2012	2013	2014	2015	2016	2017
총자산	114	101	108	95	216	376
유형자산	59	56	4	5	15	39
무형자산	28	20	16	7	8	5
유가증권	0	0	5	5	20	0
총부채	71	89	209	40	42	24
총차입금	41	58	185	7	—	—
자본금	38	38	32	56	62	80
총자본	43	12	-102	56	175	352
지배주주지분	43	12	-102	56	175	352

기업가치 지표 *IFRS 별도 기준

항목	2012	2013	2014	2015	2016	2017
주가(최고/저)(천원)	—/—	—/—	3.9/2.9	14.9/2.9	17.7/4.8	12.0/5.4
PER(최고/저)(배)	0.0/0.0	0.0/0.0	—/—	—/—	—/—	—/—
PBR(최고/저)(배)	0.0/0.0	0.0/0.0	-3.8/-2.8	29.9/5.9	12.5/3.4	5.4/2.5
EV/EBITDA(배)	—	—	—	—	—	—
EPS(원)	-369	-421	-938	-1,767	-502	-439
BPS(원)	556	151	-1,048	499	1,413	2,212
CFPS(원)	-266	-323	-866	-1,720	-466	-399
DPS(원)	—	—	—	—	—	—
EBITDAPS(원)	-245	-258	-354	-430	-475	-411

재무 비율 〈단위 : %〉

연도	영업이익률	순이익률	부채비율	차입금비율	ROA	ROE	유보율	자기자본비율	EBITDA마진율
2017	-89.7	-87.4	6.8	0.0	-22.5	-25.3	342.2	93.7	-81.6
2016	-240.0	-235.8	23.8	0.0	-37.9	-51.2	182.7	80.8	-222.9
2015	-341.1	-1,261.0	일부잠식	일부잠식	-183.7	전기잠식	-0.1	58.2	-307.1
2014	-302.7	-666.6	완전잠식	완전잠식	—	—	-413.0	-94.4	-251.7

바이오빌 (A065940)
BIOVILL

업 종 : 화학 | 시 장 : KOSDAQ
신용등급 : (Bond) — (CP) — | 기업규모 : 중견
홈페이지 : www.biovill.co.kr | 연 락 처 : 055)383-7890
본 사 : 경남 양산시 두전길 94

설 립 일	1986.11.24	**종업원수**	86명	**대표이사**	강호경
상 장 일	2003.01.04	**감사의견**	적정(지암)	**계 열**	
결 산 기	12월	**보 통 주**		**종속회사수**	12개사
액 면 가	500원	**우 선 주**		**구 상 호**	케이에스씨비

주주구성 (지분율,%)		출자관계 (지분율,%)		주요경쟁사 (외형,%)	
폴루스1호조합	9.2	포쉬텔제주	100.0	바이오빌	100
오형석	6.9	미즈앤코	100.0	경농	410
		케이디알플러스	100.0	효성오앤비	68

매출구성		비용구성		수출비중	
보관수익	29.3	매출원가율	60.1	수출	—
표면처리제	23.0	판관비율	59.6	내수	—
착 색 제	19.5				

회사 개요

동사는 1976년에 설립되고 2002년에 코스닥 시장에 증권을 상장함. 2011년에 사명을 풍경정화에서 케이에스비씨로 변경하였다가 2017년 바이오빌로 다시 변경함. 연결실체는 화학사업, 자동차 대여업, 헬스케어, 컨설팅, 면세, 수출입업업 등을 영위하고 있으며, 연결대상 종속회사로 한국줄기세포뱅크 외 11개 회사를 보유하고 있으며 포쉬텔제주, 티바이오텍, 케이에스씨비, 미즈앤코, 네이처빌 등은 당기중 신규 연결사로 편입됨.

실적 분석

동사의 2017년 연간 매출액은 전년동기대비 54.1% 상승한 503.5억원을 기록하였음. 비용면에서 전년동기대비 매출원가는 증가 했으며 인건비도 크게 증가, 광고선전비도 크게 증가, 기타판매비와관리비는 증가함. 이와 같이 상승한 매출액 대비 비용증가가 높아 매출액은 성장했지만 원가 증가로 인해 전년동기대비 영업손실은 99.4억원으로 적자지속 하였음. 최종적으로 전년동기대비 당기순손실은 적자지속하여 251.8억원을 기록함.

현금 흐름 〈단위 : 억원〉

항목	2016	2017
영업활동	-27	-112
투자활동	-192	-560
재무활동	272	631
순현금흐름	52	-42
기말현금	104	62

시장 대비 수익률

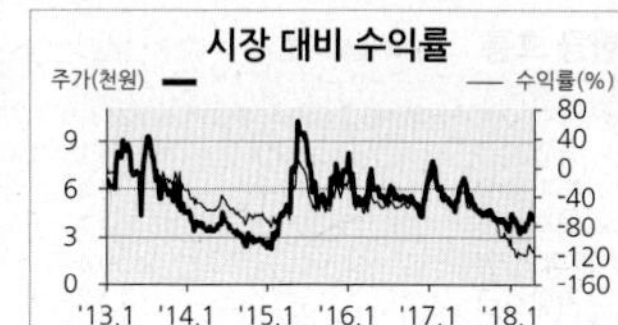

결산 실적 〈단위 : 억원〉

항목	2012	2013	2014	2015	2016	2017
매출액	260	264	244	303	327	504
영업이익	-15	-40	-7	-20	-16	-99
당기순이익	-44	-72	36	43	-105	-252

분기 실적 〈단위 : 억원〉

항목	2016.3Q	2016.4Q	2017.1Q	2017.2Q	2017.3Q	2017.4Q
매출액	83	85	138	78	103	185
영업이익	-2	-7	-13	-21	-17	-48
당기순이익	-14	-83	-17	-23	-26	-186

재무 상태 〈단위 : 억원〉

항목	2012	2013	2014	2015	2016	2017
총자산	712	646	725	910	1,078	2,032
유형자산	129	191	204	145	175	359
무형자산	53	55	63	103	63	280
유가증권	3	1	135	230	148	391
총부채	506	225	264	339	376	1,258
총차입금	412	150	186	190	245	1,022
자본금	50	70	70	76	104	118
총자본	206	421	461	571	702	773
지배주주지분	202	417	458	567	700	678

기업가치 지표

항목	2012	2013	2014	2015	2016	2017
주가(최고/저)(천원)	12.6/6.5	9.3/4.4	4.7/2.3	10.4/2.3	8.5/4.2	7.9/3.2
PER(최고/저)(배)	—/—	—/—	18.6/9.1	35.6/7.8	—/—	—/—
PBR(최고/저)(배)	6.2/3.2	3.1/1.5	1.4/0.7	2.8/0.6	2.5/1.3	2.7/1.1
EV/EBITDA(배)	—	—	57.8	—	—	—
EPS(원)	-442	-508	252	293	-534	-1,105
BPS(원)	2,021	2,969	3,256	3,749	3,352	2,880
CFPS(원)	-364	-442	342	392	-468	-1,017
DPS(원)	—	—	—	—	—	—
EBITDAPS(원)	-68	-216	42	-37	-20	-345

재무 비율 〈단위 : %〉

연도	영업이익률	순이익률	부채비율	차입금비율	ROA	ROE	유보율	자기자본비율	EBITDA마진율
2017	-19.7	-50.0	162.8	132.2	-16.2	-36.8	476.0	38.1	-15.7
2016	-5.0	-32.2	53.6	34.9	-10.6	-16.3	570.4	65.1	-1.2
2015	-6.6	14.1	59.4	33.2	5.2	8.4	649.9	62.7	-1.8
2014	-2.8	14.9	57.4	40.5	5.3	8.1	551.2	63.6	2.4

바이오스마트 (A038460)

BioSmart

업 종 : 전자 장비 및 기기 | 시 장 : KOSDAQ
신용등급 : (Bond) — (CP) — | 기업규모 : 벤처
홈페이지 : www.bio-smart.com | 연 락 처 : 02)3218-9000
본 사 : 서울시 성동구 광나루로 172 (성수동1가) 린하우스

설 립 일	1985.12.30	종업원수	161명	대 표 이 사	윤호권
상 장 일	2000.06.14	감사의견	적정(한경)	계 열	
결 산 기	12월	보 통 주		종속회사수	6개사
액 면 가	500원	우 선 주		구 상 호	

주주구성 (지분율,%)		출자관계 (지분율,%)		주요경쟁사 (외형,%)	
박혜린	15.3			바이오스마트	100
한국증권금융	5.7			써니전자	23
(외국인)	1.0			광전자	221

매출구성		비용구성		수출비중	
카드등	87.5	매출원가율	73.2	수출	13.1
신용카드관련 기자재(발급장비등)	12.2	판관비율	21.4	내수	86.9
서비스수입 및 기타	0.4				

회사 개요

동사는 신용카드 제조, 카드발급기, 카드발급 용역, Mailing System 등의 서비스를 제공하는 업체임. 신용카드 시장은 최근 IC형 카드로 빠르게 전환되고 있으며, 대기업, 학교, 각 정부 기관단체 등에서 스마트카드를 도입하면서 사원증, 출입패스, 개인인증, 근태관리, 구내식당, 주차 쿠폰까지 전 영역에 걸쳐 확대되고 있어 수요는 지속적으로 증가될 것으로 예상됨. 자회사로 한생, 라미화장품 등이 있음.

실적 분석

2017년 연결기준 동사의 매출은 804.3억원으로 전년 동기 대비 27.7% 성장함. 매출원가 및 판관비가 증가했으나 매출성장률이 이를 상회함. 계열회사(비즈니스온커뮤니케이션) 코스닥 상장시 평가이익 반영 등에 따른 법인세비용 차감 전 계속사업이익이 증가함. IC카드 시장 규모 성장이 실적 개선 요인으로 꼽힘. 최근에는 친환경 소재를 이용한 카드나 카드에 보석 등을 입힌 하이컨셉카드가 출시되며 새로운 동력으로 활용하고자 함.

현금 흐름

〈단위 : 억원〉

항목	2016	2017
영업활동	-31	-18
투자활동	-162	80
재무활동	226	-49
순현금흐름	33	-29
기말현금	85	56

시장 대비 수익률

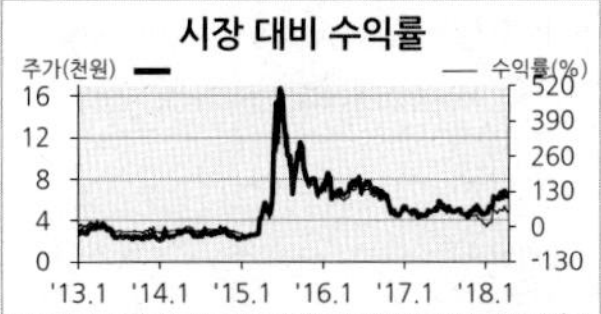

결산 실적

〈단위 : 억원〉

항목	2012	2013	2014	2015	2016	2017
매출액	424	403	415	542	630	804
영업이익	78	25	16	18	10	43
당기순이익	22	33	2	23	-5	41

분기 실적

〈단위 : 억원〉

항목	2016.3Q	2016.4Q	2017.1Q	2017.2Q	2017.3Q	2017.4Q
매출액	167	187	173	221	215	196
영업이익	-3	6	8	20	18	-3
당기순이익	1	-6	1	15	14	12

재무 상태

〈단위 : 억원〉

항목	2012	2013	2014	2015	2016	2017
총자산	690	721	678	746	1,122	1,127
유형자산	218	214	126	141	232	188
무형자산	44	52	54	46	137	165
유가증권	47	20	41	35	81	39
총부채	307	256	173	173	548	492
총차입금	220	181	95	89	369	322
자본금	57	64	72	83	87	88
총자본	383	465	505	573	573	636
지배주주지분	381	467	511	588	592	648

기업가치 지표

항목	2012	2013	2014	2015	2016	2017
주가(최고/저)(천원)	2.9/1.6	3.7/2.1	3.4/2.1	18.7/2.4	9.4/4.2	5.9/4.3
PER(최고/저)(배)	11.3/6.3	11.5/6.5	63.1/38.5	94.2/11.9	259.2/116.2	21.6/15.8
PBR(최고/저)(배)	0.9/0.5	1.0/0.6	1.0/0.6	5.3/0.7	2.8/1.2	1.6/1.2
EV/EBITDA(배)	4.0	10.4	14.7	44.7	52.2	18.3
EPS(원)	260	318	54	199	36	273
BPS(원)	3,361	3,650	3,557	3,541	3,396	3,660
CFPS(원)	415	430	121	256	108	353
DPS(원)	—	—	—	—	—	—
EBITDAPS(원)	863	315	181	171	132	326

재무 비율

〈단위 : %〉

연도	영업이익률	순이익률	부채비율	차입금비율	ROA	ROE	유보율	자기자본비율	EBITDA 마진율
2017	5.4	5.1	77.4	50.6	3.7	7.8	632.0	56.4	7.2
2016	1.6	-0.8	95.6	64.4	-0.5	1.1	579.2	51.1	3.6
2015	3.3	4.2	30.2	15.6	3.2	5.7	608.1	76.8	5.0
2014	3.8	0.5	34.3	18.8	0.3	1.5	611.5	74.5	6.0

바이오시네틱스 (A281310)

Bio-Synectics

업 종 : 화학 | 시 장 : KONEX
신용등급 : (Bond) — (CP) — | 기업규모 : —
홈페이지 : www.bio-synectics.com | 연 락 처 : 02)2113-1285
본 사 : 서울시 금천구 가산디지털2로 184, 708호(가산동, 벽산디지털밸리 2차)

설 립 일	2014.01.29	종업원수	명	대 표 이 사	김갑식
상 장 일	2017.12.15	감사의견	적정(태성)	계 열	
결 산 기	12월	보 통 주		종속회사수	
액 면 가	—	우 선 주		구 상 호	

주주구성 (지분율,%)		출자관계 (지분율,%)		주요경쟁사 (외형,%)	
김갑식	29.6			바이오시네틱스	100
대웅제약	25.0			진양폴리	16,820
				케이피엠테크	20,656

매출구성		비용구성		수출비중	
화장품 소재	77.8	매출원가율	97.3	수출	83.0
식품 소재	12.2	판관비율	637.0	내수	17.0

회사 개요

동사는 2004년 설립된 바이오벤처기업으로 나노의약품 및 소재, 약물전달시스템 (DDS) 등을 주요 사업으로 영위하고 있음. 물에서 거의 녹지 않는 난용성 물질을 물에서 잘 풀리는 (분산되는) 물질로 변형시키는 특허화된 원천 나노기술을 보유하고 있으며, 이를 활용하여 자체 개발한 나노 분말을 제조, 판매하거나 나노기술 자체를 기술 이전하는 사업을 영위하고 있음.

실적 분석

동사의 2017년 누적매출액은 1.4억원, 영업손실은 8.9억원으로 적자 상태임. 아직까지는 제대로 된 실적을 내지 못하고 있음. 현재 동사의 주 사업은 난용성 약물을 나노입자화하여 나노의약품 신약, 개량신약, 복제약을 제조하고 이를 국내외 대형 제약사에 기술 이전하는 것이며, 그 외에 화장품 및 식품 분야의 난용성 물질을 나노입자화한 나노 분말을 제조, 판매하며 수익을 창출하고 있음.

현금 흐름 *IFRS 별도 기준

〈단위 : 억원〉

항목	2016	2017
영업활동	-6	-6
투자활동	-5	-7
재무활동	0	33
순현금흐름	-10	20
기말현금	24	44

시장 대비 수익률

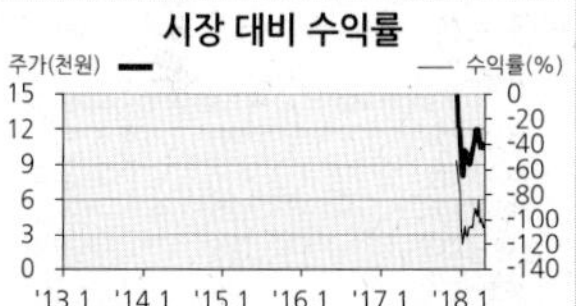

결산 실적

〈단위 : 억원〉

항목	2012	2013	2014	2015	2016	2017
매출액	—	—	0	5	1	1
영업이익	—	—	-3	-4	-6	-9
당기순이익	—	—	-3	-4	-9	-12

분기 실적 *IFRS 별도 기준

〈단위 : 억원〉

항목	2016.3Q	2016.4Q	2017.1Q	2017.2Q	2017.3Q	2017.4Q
매출액	—	—	—	—	—	—
영업이익	—	—	—	—	—	—
당기순이익	—	—	—	—	—	—

재무 상태 *IFRS 별도 기준

〈단위 : 억원〉

항목	2012	2013	2014	2015	2016	2017
총자산	—	—	20	44	35	55
유형자산	—	—	2	1	2	3
무형자산	—	—	6	7	5	4
유가증권	—	—	6	—	—	—
총부채	—	—	3	2	1	3
총차입금	—	—	1	1	—	—
자본금	—	—	13	15	15	18
총자본	—	—	16	42	33	52
지배주주지분	—	—	16	42	33	52

기업가치 지표 *IFRS 별도 기준

항목	2012	2013	2014	2015	2016	2017
주가(최고/저)(천원)	—/—	—/—	—/—	—/—	—/—	—/—
PER(최고/저)(배)	0.0/0.0	0.0/0.0	0.0/0.0	0.0/0.0	0.0/0.0	—/—
PBR(최고/저)(배)	0.0/0.0	0.0/0.0	0.0/0.0	0.0/0.0	0.0/0.0	10.1/7.2
EV/EBITDA(배)	0.0	0.0	—	—	—	—
EPS(원)	—	—	-109	-149	-342	-430
BPS(원)	—	—	6,299	13,683	10,779	1,473
CFPS(원)	—	—	-710	-1,036	-2,507	-388
DPS(원)	—	—	—	—	—	—
EBITDAPS(원)	—	—	-824	-1,096	-1,694	-291

재무 비율

〈단위 : %〉

연도	영업이익률	순이익률	부채비율	차입금비율	ROA	ROE	유보율	자기자본비율	EBITDA 마진율
2017	-634.3	-820.6	6.3	0.0	-25.7	-27.1	194.6	94.1	-554.7
2016	-626.3	-869.4	3.6	0.0	-22.9	-23.7	115.6	96.5	-507.3
2015	-82.5	-79.3	4.2	2.4	-12.1	-13.1	173.7	96.0	-58.8
2014	-795.2	-720.0	21.3	6.2	0.0	0.0	26.0	82.4	-545.9

바이오씨앤디 (A217950)

BIOCND

업　　종 : 바이오　　시　　장 : KONEX
신용등급 : (Bond) —　(CP) —　기업규모 : —
홈페이지 : www.biocnd.com　연 락 처 : 031)628-4300
본　　사 : 경기도 성남시 분당구 대왕판교로 660, 유스페이스1, B동 1201호

설 립 일	2009.10.28	**종 업 원 수**	32명	**대 표 이 사**	정상수
상 장 일	2015.11.05	**감 사 의 견**	적정(한경)	**계 열**	
결 산 기	12월	**보 통 주**		**종속회사수**	
액 면 가	—	**우 선 주**		**구 상 호**	

주주구성 (지분율,%)		출자관계 (지분율,%)	주요경쟁사 (외형,%)	
파마리서치프로덕트	55.0		바이오씨앤디	100
민홍기	7.3		유바이오로직스	342,545
			팬젠	70,264

매출구성		비용구성		수출비중	
컨설팅 L/O(용역)	100.0	매출원가율	62.7	수출	100.0
		판관비율	180864.9	내수	0.0

회사 개요

동사는 2009년 10월 설립되어 주로 바이오시밀러 제품을 연구, 개발하는 의약품 개발 전문회사임. 2015년 11월 코넥스시장에 상장하였음. 컨설팅을 통한 매출과 라이센싱 아웃을 통한 매출로 사업을 영위하고 있음. 류마티스 관절염 치료제 휴미라의 바이오시밀러인 BCD100은 현재 임상 1상이 완료되었음. 2016년 12월 황반변성 치료제루센티스의 바이오시밀러인 BCD300은 임상 1상 IND 승인 및 임상1상 진행 중임.

실적 분석

동사는 당기 사업보고서 종료일 기준 컨설팅을 통한 매출과 라이센싱 아웃을 통한 매출로 사업을 영위하고 있음. 동사의 2017년 연결기준 연간 매출액은 전년동기 1.5억원 대비 97.7% 감소한 0.0억원을 기록함. 영업손실은 61.1억원, 당기순손실은 63.1억원을 기록함. 현재 동사가 보유중인 파이프라인의 진행상 2018년 이후부터는 본격적으로 라이센싱 아웃 매출이 발생될 것으로 판단됨.

현금 흐름 *IFRS 별도 기준 〈단위 : 억원〉

항목	2016	2017
영업활동	-25	-45
투자활동	7	-46
재무활동	34	68
순현금흐름	16	-23
기말현금	34	10

시장 대비 수익률

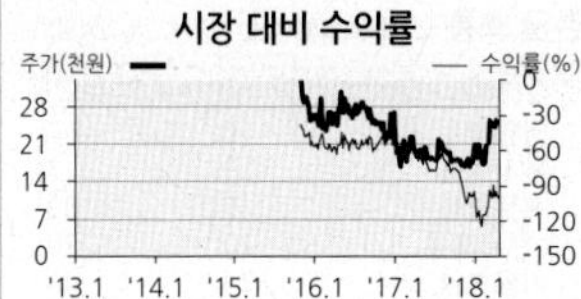

결산 실적 〈단위 : 억원〉

항목	2012	2013	2014	2015	2016	2017
매출액	5	3	1	21	1	0
영업이익	-1	-2	-6	2	-53	-61
당기순이익	-1	-2	-7	-8	-45	-63

분기 실적 *IFRS 별도 기준 〈단위 : 억원〉

항목	2016.3Q	2016.4Q	2017.1Q	2017.2Q	2017.3Q	2017.4Q
매출액	—	—	—	—	—	—
영업이익	—	—	—	—	—	—
당기순이익	—	—	—	—	—	—

재무 상태 *IFRS 별도 기준 〈단위 : 억원〉

항목	2012	2013	2014	2015	2016	2017
총자산	1	9	5	128	108	137
유형자산	0	0	0	4	36	113
무형자산	0	—	—	0	0	1
유가증권	—	—	—	—	—	—
총부채	2	11	14	6	26	97
총차입금	1	10	10	—	19	82
자본금	1	2	2	16	16	17
총자본	-1	-2	-8	122	82	39
지배주주지분	-1	-2	-8	122	82	39

기업가치 지표 *IFRS 별도 기준

항목	2012	2013	2014	2015	2016	2017
주가(최고/저)(천원)	—/—	—/—	—/—	35.5/24.0	31.2/19.6	26.9/16.1
PER(최고/저)(배)	0.0/0.0	0.0/0.0	0.0/0.0	—/—	—/—	—/—
PBR(최고/저)(배)	0.0/0.0	0.0/0.0	0.0/0.0	9.3/6.3	12.2/7.7	23.3/14.0
EV/EBITDA(배)	—	—	—	307.6	—	—
EPS(원)	-55	-129	-317	-267	-1,387	-1,840
BPS(원)	-5,791	-4,539	-21,105	3,799	2,554	1,154
CFPS(원)	-2,979	-7,148	-17,766	-257	-1,353	-1,745
DPS(원)	—	—	—	—	—	—
EBITDAPS(원)	-2,994	-6,119	-15,445	79	-1,620	-1,687

재무 비율 〈단위 : %〉

연도	영업이익률	순이익률	부채비율	차입금비율	ROA	ROE	유보율	자기자본비율	EBITDA마진율
2017	-180,827.6	-186,721.1	247.0	208.4	-51.5	-103.8	130.9	28.8	-171,236.5
2016	-3,572.2	-2,996.7	31.6	23.1	-37.7	-43.7	410.9	76.0	-3,499.5
2015	10.2	-38.8	5.0	0.0	-12.4	전기잠식	659.8	95.2	11.6
2014	-464.9	-534.4	완전잠식	완전잠식	-100.6	잠식지속	-522.1	-163.8	-462.3

바이오코아 (A216400)

BIOCORE CO

업　　종 : 바이오　　시　　장 : KONEX
신용등급 : (Bond) —　(CP) —　기업규모 : —
홈페이지 : www.bio-core.com　연 락 처 : 02)2027-6200
본　　사 : 서울시 금천구 디지털로9길 33, IT미래타워 8층

설 립 일	2001.05.30	**종 업 원 수**	108명	**대 표 이 사**	황승용
상 장 일	2015.06.29	**감 사 의 견**	적정(우리)	**계 열**	
결 산 기	12월	**보 통 주**		**종속회사수**	
액 면 가	—	**우 선 주**		**구 상 호**	

주주구성 (지분율,%)		출자관계 (지분율,%)	주요경쟁사 (외형,%)	
HONGKONG DIAN BIOTECHNOLOGY CO., LIMITED	20.1		바이오코아	100
SBI-성장사다리 코넥스 활성화펀드	13.4		팬젠	10
			랩지노믹스	101

매출구성		비용구성		수출비중	
CRO 용역	56.8	매출원가율	80.0	수출	1.2
유전체분석	19.4	판관비율	14.2	내수	98.8
기타	19.0				

회사 개요

동사는 신약개발 과정 중 주요 단계인 생체시료 중의 약물분석과 초기임상 시험을 지원하는 CRO(시험수탁 기관)로, 주요 고객층은 신약 및 제네릭 약물 등을 개발하는 제약회사임. 세계적으로 제약계의 R&D 생산성이 저하되면서 아웃소싱의 중요성이 높아지고 있음. 과거와 달리 훨씬 강화된 절차 및 신뢰성 확보로 인해 임상시험조건을 통과하기가 어려워져 전문적 CRO의 역할에 대한 필요성 부각되고 있음.

실적 분석

동사는 동종업계 최고 수준의 설비를 갖추고 있음. 신약개발지원사업부문이 전체 매출의 약 60%를 차지하고 있으며 그 외 생명공학사업부문 매출이 약 37%정도를 차지하고 있음. 각각 전년대비 5.9%, 12.1% 매출이 상승하였으며 이는 전반적 거래처 다변화와 지속적인 연구개발로 기반을 다졌기 때문이라 보고 있음. 2017년 누적매출액은 246.5억원이며 이에 따른 영업이익은 14.1억원, 당기순이익은 1.3억원을 각각 기록하였음.

현금 흐름 *IFRS 별도 기준 〈단위 : 억원〉

항목	2016	2017
영업활동	10	22
투자활동	-11	-5
재무활동	-4	-16
순현금흐름	-6	1
기말현금	33	34

시장 대비 수익률

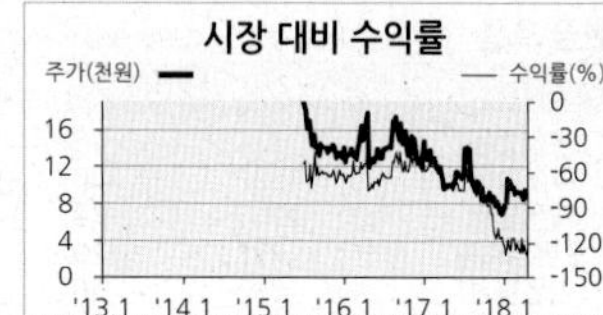

결산 실적 〈단위 : 억원〉

항목	2012	2013	2014	2015	2016	2017
매출액	—	131	170	212	244	246
영업이익	—	10	12	8	18	14
당기순이익	—	8	7	8	26	1

분기 실적 *IFRS 별도 기준 〈단위 : 억원〉

항목	2016.3Q	2016.4Q	2017.1Q	2017.2Q	2017.3Q	2017.4Q
매출액	—	—	—	—	—	—
영업이익	—	—	—	—	—	—
당기순이익	—	—	—	—	—	—

재무 상태 *IFRS 별도 기준 〈단위 : 억원〉

항목	2012	2013	2014	2015	2016	2017
총자산	—	61	117	238	280	258
유형자산	—	10	7	26	32	29
무형자산	—	0	27	56	63	53
유가증권	—	0	0	5	0	7
총부채	—	77	95	99	114	88
총차입금	—	28	26	21	17	—
자본금	—	12	22	34	34	34
총자본	—	-17	23	139	166	171
지배주주지분	—	-17	23	139	166	171

기업가치 지표 *IFRS 별도 기준

항목	2012	2013	2014	2015	2016	2017
주가(최고/저)(천원)	—/—	—/—	—/—	20.0/11.0	18.7/11.7	14.5/6.4
PER(최고/저)(배)	0.0/0.0	0.0/0.0	0.0/0.0	148.5/81.3	50.0/31.3	794.0/350.5
PBR(최고/저)(배)	0.0/0.0	0.0/0.0	0.0/0.0	9.3/5.1	7.4/4.6	5.6/2.5
EV/EBITDA(배)	0.0	1.4	—	41.4	31.2	14.2
EPS(원)	—	336	262	135	374	18
BPS(원)	—	-689	520	2,145	2,530	2,581
CFPS(원)	—	499	470	361	563	269
DPS(원)	—	—	—	—	—	—
EBITDAPS(원)	—	579	680	366	457	455

재무 비율 〈단위 : %〉

연도	영업이익률	순이익률	부채비율	차입금비율	ROA	ROE	유보율	자기자본비율	EBITDA마진율
2017	5.7	0.5	51.5	0.0	0.5	0.8	416.3	66.0	12.7
2016	7.5	10.5	68.8	10.5	9.9	16.7	406.1	59.2	12.8
2015	4.0	3.8	70.8	14.8	4.6	10.1	328.9	58.5	10.4
2014	7.1	3.9	421.4	115.9	7.5	전기잠식	4.0	19.2	10.2

바이오톡스텍 (A086040)

Biotoxtech

업 종 : 바이오 | 시 장 : KOSDAQ
신용등급 : (Bond) — (CP) — | 기업규모 : 벤처
홈페이지 : www.biotoxtech.com | 연 락 처 : 043)210-7777
본 사 : 충북 청주시 청원구 오창읍 연구단지로53

설 립 일	2000.08.23	**종업원수**	172명	**대 표 이 사**	강종구
상 장 일	2007.09.21	**감사의견**	적정(송강)	**계 열**	
결 산 기	12월	**보 통 주**		**종속회사수**	2개사
액 면 가	500원	**우 선 주**		**구 상 호**	

주주구성 (지분율,%)		출자관계 (지분율,%)		주요경쟁사 (외형,%)	
강종구	14.0	세종벤처파트너스	100.0	바이오톡스텍	100
셀트리온	11.2	스카스비티티바이오애널리시스	51.0	팬젠	9
(외국인)	1.5	바이오믹스	40.0	랩지노믹스	97

매출구성		비용구성		수출비중	
안전성 평가(용역)	91.5	매출원가율	64.3	수출	19.6
유효성 평가 등(용역)	5.1	판관비율	27.1	내수	80.4
공시료 판매/임대료(기타)	3.4				

회사 개요

동사는 의약품, 농약, 식품, 화장품, 생활용품 및 화학물질의 안전성 및 유효성 평가할 목적으로 2000년 8월에 설립됐고, 세종벤처파트너스를 종속회사로 두고 있음. 주요 종속회사였던 스카스비티티 바이오애널리시스는 자산총액이 연결 기준으로 전체 100분의 5 미만에 해당돼 주요 종속회사에서 탈퇴함. 동사는 스카스비티티의 지분 51%를 그대로 보유하고 있음. 동사가 영위하는 비임상CRO 분야 경쟁자는 정부출연기관 1곳, 민간CRO 2곳임.

실적 분석

동사의 2017년 누적매출액은 255.7억원으로 전년대비 14.9% 증가함. 화평법 본격 시행에 따른 시장 확대로 수주가 늘면서 매출이 확대됨. 비용측면에서 매출원가와 판관비가 각각 10.5%, 34.1% 상승하면서 매출 확대에도 불구하고 영업이익은 전년보다 0.8% 줄어든 21.9억원을 기록함. 2017년 미국 FDA로부터 국내 민간기업 최초로 비임상시험기준에 대한 적격승인 평가를 획득함.

현금 흐름 〈단위 : 억원〉

항목	2016	2017
영업활동	53	60
투자활동	-4	-115
재무활동	-2	22
순현금흐름	47	-35
기말현금	106	71

시장 대비 수익률

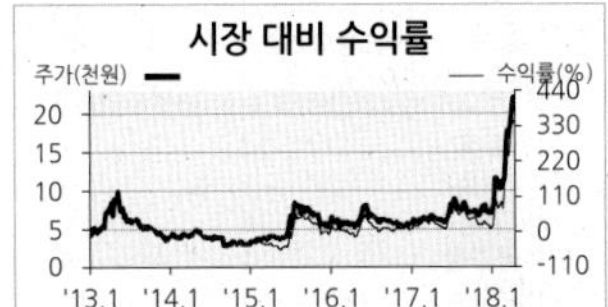

결산 실적 〈단위 : 억원〉

항목	2012	2013	2014	2015	2016	2017
매출액	177	173	151	167	223	256
영업이익	3	-18	-46	-37	22	22
당기순이익	11	-6	-49	-37	12	12

분기 실적 〈단위 : 억원〉

항목	2016.3Q	2016.4Q	2017.1Q	2017.2Q	2017.3Q	2017.4Q
매출액	58	67	55	60	62	79
영업이익	7	13	6	7	6	2
당기순이익	5	5	2	7	5	-3

재무 상태 〈단위 : 억원〉

항목	2012	2013	2014	2015	2016	2017
총자산	447	463	478	454	480	598
유형자산	233	226	216	208	201	223
무형자산	38	36	32	22	18	136
유가증권	9	18	13	18	17	15
총부채	188	207	212	218	224	285
총차입금	122	142	147	141	135	153
자본금	56	56	72	72	72	73
총자본	259	256	267	236	256	312
지배주주지분	244	240	260	227	245	266

기업가치 지표

항목	2012	2013	2014	2015	2016	2017
주가(최고/저)(천원)	7.6/3.9	10.0/3.5	5.0/2.9	8.8/3.1	8.2/5.1	9.2/5.6
PER(최고/저)(배)	66.3/34.1	—/—	—/—	—/—	112.5/70.4	95.7/57.7
PBR(최고/저)(배)	3.6/1.9	4.8/1.7	2.7/1.5	5.4/1.9	4.8/3.0	5.0/3.0
EV/EBITDA(배)	29.9	1,305.9	—	—	22.6	27.8
EPS(원)	114	-7	-365	-271	72	96
BPS(원)	2,260	2,228	1,869	1,641	1,713	1,844
CFPS(원)	274	159	-223	-156	178	227
DPS(원)	—	—	—	—	—	—
EBITDAPS(원)	174	3	-233	-142	258	282

재무 비율 〈단위 : %〉

연도	영업이익률	순이익률	부채비율	차입금비율	ROA	ROE	유보율	자기자본비율	EBITDA마진율
2017	8.6	4.6	91.3	49.0	2.2	5.4	268.9	52.3	16.0
2016	9.9	5.2	87.8	52.8	2.5	4.4	242.6	53.3	16.7
2015	-22.2	-22.3	92.4	59.8	-8.0	-16.1	228.2	52.0	-12.3
2014	-30.8	-32.4	79.3	55.0	-10.4	-18.1	273.8	55.8	-19.1

바이오프로테크 (A199290)

BIO PROTECH

업 종 : 의료 장비 및 서비스 | 시 장 : KONEX
신용등급 : (Bond) — (CP) — | 기업규모 : —
홈페이지 : www.protechsite.com | 연 락 처 : 033)735-7720
본 사 : 강원도 원주시 문막읍 동화공단로 151-3(동화첨단의료기기산업단지)

설 립 일	2000.05.19	**종업원수**	125명	**대 표 이 사**	박익로
상 장 일	2016.12.08	**감사의견**	적정(현대)	**계 열**	
결 산 기	12월	**보 통 주**		**종속회사수**	
액 면 가	—	**우 선 주**		**구 상 호**	

주주구성 (지분율,%)		출자관계 (지분율,%)		주요경쟁사 (외형,%)	
박익로	36.7	BIOPROTECHYANTAI	100.0	바이오프로테크	100
한국산업은행	10.9	GuangzhouBoChangYiLiaoQixieCo	100.0	원익	374
		MEDIMAXTECHUKLTMITED	100.0	루트로닉	477

매출구성		비용구성		수출비중	
심전도 전극	43.1	매출원가율	83.2	수출	87.3
기타	34.2	판관비율	22.0	내수	12.7
전기자극기용 전극	14.7				

회사 개요

동사는 의료용 전극제품을 전문으로 제조 판매하는 벤처기업임. 동사는 심전도 전극, 저주파 자극전극, 고주파 수술칼, 고주파 접지전극, 혈중 산소포화도 측정센서, 근전도전극, 뇌전도전극 등 주요 제품과 관련하여 원자재부터 완제품까지 생산라인을 구축함으로써 시장경쟁력을 확보하고 있으며, GE Healthcare, Cardinal Health, Medline 등 해외 굴지의 고객들을 확보하여 고품질의 제품을 안정적으로 판매하고 있음.

실적 분석

동사의 연결기준 2017년 매출액은 전년 대비 15.3% 감소한 179.9억원을 기록함. 매출원가는 149.8억원으로 10.5% 감소하였으며, 판관비는 연구개발비와 인건비 감소의 영향으로 35.1% 감소한 39.6억원을 기록함. 동기간 영업손실은 9.4억원을 기록하며 적자를 지속함. 이에 따라 동사의 2017년 당기순손실은 52.0억원을 기록하며 적자를 지속함.

현금 흐름 *IFRS 별도 기준 〈단위 : 억원〉

항목	2016	2017
영업활동	1	5
투자활동	-22	4
재무활동	26	-13
순현금흐름	4	-3
기말현금	4	1

시장 대비 수익률

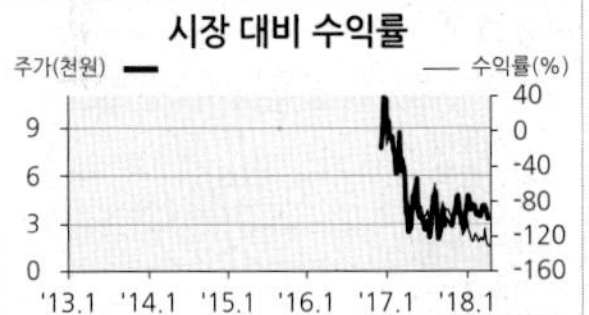

결산 실적 〈단위 : 억원〉

항목	2012	2013	2014	2015	2016	2017
매출액	180	181	186	206	212	180
영업이익	21	-6	9	13	-16	-9
당기순이익	11	-14	1	6	-26	-52

분기 실적 *IFRS 별도 기준 〈단위 : 억원〉

항목	2016.3Q	2016.4Q	2017.1Q	2017.2Q	2017.3Q	2017.4Q
매출액	—	—	—	—	—	—
영업이익	—	—	—	—	—	—
당기순이익	—	—	—	—	—	—

재무 상태 *IFRS 별도 기준 〈단위 : 억원〉

항목	2012	2013	2014	2015	2016	2017
총자산	318	324	353	392	365	294
유형자산	105	113	114	116	107	98
무형자산	25	29	34	34	33	0
유가증권	22	29	33	39	—	—
총부채	177	203	209	238	238	216
총차입금	123	156	171	179	180	165
자본금	19	19	21	21	23	23
총자본	141	121	143	154	127	78
지배주주지분	141	121	143	154	127	78

기업가치 지표 *IFRS 별도 기준

항목	2012	2013	2014	2015	2016	2017
주가(최고/저)(천원)	—/—	—/—	—/—	—/—	11.2/6.8	10.5/1.7
PER(최고/저)(배)	0.0/0.0	0.0/0.0	0.0/0.0	0.0/0.0	—/—	—/—
PBR(최고/저)(배)	0.0/0.0	0.0/0.0	0.0/0.0	0.0/0.0	3.7/2.3	5.7/0.9
EV/EBITDA(배)	4.0	18.0	8.2	7.2	—	66.2
EPS(원)	384	-412	42	145	-669	-1,224
BPS(원)	4,566	3,782	3,931	4,030	2,993	1,829
CFPS(원)	647	-4	343	457	-339	-911
DPS(원)	—	—	—	—	—	—
EBITDAPS(원)	981	238	560	646	-77	92

재무 비율 〈단위 : %〉

연도	영업이익률	순이익률	부채비율	차입금비율	ROA	ROE	유보율	자기자본비율	EBITDA마진율
2017	-5.2	-28.9	278.0	212.1	-15.8	-50.8	234.0	26.5	2.2
2016	-7.5	-12.3	187.2	141.5	-6.9	-18.7	446.5	34.8	-1.4
2015	6.2	2.7	154.9	116.7	1.5	3.7	628.7	39.2	11.9
2014	4.8	0.8	145.9	119.3	0.4	1.1	610.4	40.7	10.4

바이온 (A032980)

BYON

업 종 : 바이오　　시 장 : KOSDAQ
신용등급 : (Bond) B-　(CP) —　　기업규모 : 중견
홈페이지 : www.by-on.co.kr　　연 락 처 : 043)213-2722
본 사 : 충북 청원군 북이면 신대석성로 144

설 립 일	1983.11.01	**종업원수**	25명	**대표이사**	김병준
상 장 일	1997.08.06	**감사의견**	적정(한길)	**계 열**	
결 산 기	12월	**보 통 주**		**종속회사수**	4개사
액 면 가	500원	**우 선 주**		**구 상 호**	폴리비전

주주구성 (지분율,%)		출자관계 (지분율,%)		주요경쟁사 (외형,%)	
더블유글로벌1호조합	15.4	로엘비케이	100.0	바이온	100
엠아이1호조합	2.0	바이온아이앤씨	100.0	카테아	63
(외국인)	1.4	폴리플로어	81.4	바이오니아	122

매출구성		비용구성		수출비중	
건강식품등 원료(상품)	41.0	매출원가율	87.6	수출	22.0
타포린, 배너플렉스(제품)	24.6	판관비율	26.8	내수	78.0
사출류, 시트원단 등(상품)	19.8				

회사 개요

줄기세포치료제 제품개발 및 건강기능식품의 원료, 화장품 및 부자재, 자동차부품 등을 주요 사업으로 영위하고 있음. 2015년 충남 금산의 백년F&G와 전략적 제휴를 통해 초고압 인삼원료사업을 시작함. 인삼군 원재료는 주로 화장품 원료 및 의약품 치료제, 건강보조식품의 원료로 사용됨. 스킨에이지라는 싱표로 기초화장품부터 색조화장품까지 약 60여종을 외주 생산함. 자동차 내/외장 플라스틱 사출부품 및 시트류 원단을 중국 자회사에 공급함.

실적 분석

바이오의료와 화장품 부문은 선방하였으나, 자동차 부품의 국내판매가 급감함에 따라 2017년 매출액은 전년 대비 17.8% 감소함. 타포린, 배너플렉 등을 생산하던 산업재 부문은 중단사업으로 분류됨. 원가율 악화와 고정비용 부담으로 영업이익은 27.3억원의 적자로 전환되었음. 이자비용부담과 중단사업손실 발생으로 당기순이익의 적자규모는 크게 확대됨. 최대주주인 더블유글로벌1호조합이 제3자배정 유상증자와 CB 인수로 지분을 확대함.

현금 흐름 (단위 : 억원)

항목	2016	2017
영업활동	13	-26
투자활동	-208	-102
재무활동	204	163
순현금흐름	5	36
기말현금	15	50

시장 대비 수익률

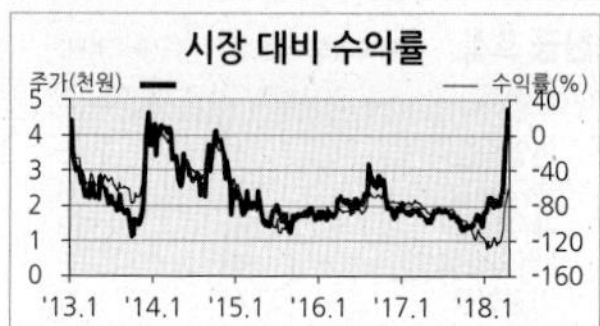

결산 실적 (단위 : 억원)

항목	2012	2013	2014	2015	2016	2017
매출액	140	139	130	167	232	191
영업이익	-12	-29	-21	5	14	-27
당기순이익	1	-118	-90	-22	-20	-67

분기 실적 (단위 : 억원)

항목	2016.3Q	2016.4Q	2017.1Q	2017.2Q	2017.3Q	2017.4Q
매출액	58	72	62	43	55	31
영업이익	4	5	-1	-7	-4	-16
당기순이익	-1	-9	-2	-18	-9	-38

재무 상태 (단위 : 억원)

항목	2012	2013	2014	2015	2016	2017
총자산	215	137	251	265	457	551
유형자산	101	84	79	74	74	97
무형자산	2	0	12	14	37	37
유가증권	11	3	6	22	29	75
총부채	82	41	53	81	215	219
총차입금	73	23	37	53	183	189
자본금	72	111	88	104	118	167
총자본	133	95	198	184	242	333
지배주주지분	131	94	190	189	240	331

기업가치 지표

항목	2012	2013	2014	2015	2016	2017
주가(최고/저)(천원)	9.6/3.7	5.8/2.0	5.1/1.1	2.6/1.1	3.2/1.6	2.1/1.3
PER(최고/저)(배)	541.9/210.9	—/—	—/—	—/—	—/—	—/—
PBR(최고/저)(배)	3.5/1.4	4.5/1.6	4.7/1.0	2.9/1.3	3.1/1.6	2.1/1.3
EV/EBITDA(배)	—	—	—	39.4	30.9	—
EPS(원)	18	-1,926	-653	-87	-88	-211
BPS(원)	909	424	1,078	910	1,016	991
CFPS(원)	47	-610	-620	-65	-69	-195
DPS(원)	—	—	—	—	—	—
EBITDAPS(원)	-40	-129	-123	50	80	-71

재무 비율 (단위 : %)

연도	영업이익률	순이익률	부채비율	차입금비율	ROA	ROE	유보율	자기자본비율	EBITDA마진율
2017	-14.3	-35.1	65.8	56.9	-13.3	-23.2	98.2	60.3	-11.7
2016	6.1	-8.6	88.9	75.5	-5.5	-9.5	103.3	53.0	8.0
2015	3.1	-13.1	43.7	28.6	-8.0	-9.5	82.1	69.6	5.7
2014	-16.0	-69.8	26.9	18.9	-46.7	-61.3	115.5	78.8	-12.6

바이옵트로 (A222160)

Bioptro

업 종 : 반도체 및 관련장비　　시 장 : KONEX
신용등급 : (Bond) —　(CP) —　　기업규모 : —
홈페이지 : www.bioptro.co.kr　　연 락 처 : 031)8005-5155
본 사 : 경기도 용인시 기흥구 탑실로58번길 14(공세동)

설 립 일	2000.07.06	**종업원수**	39명	**대표이사**	김완수
상 장 일	2016.03.10	**감사의견**	적정(신아)	**계 열**	
결 산 기	03월	**보 통 주**		**종속회사수**	
액 면 가	—	**우 선 주**		**구 상 호**	

주주구성 (지분율,%)		출자관계 (지분율,%)		주요경쟁사 (외형,%)	
김완수	39.0			바이옵트로	100
한국산업은행	8.3			제이티	665
				성우테크론	789

매출구성		비용구성		수출비중	
PCB전기검사기	65.4	매출원가율	88.4	수출	58.5
기타(Screw자동 체결기)	16.6	판관비율	97.1	내수	41.5
기타(PCB전기 검사기)	12.4				

회사 개요

동사는 광부품제조장비와 측정장비 및 Vision 기술을 이용한 검사장비 등 공장자동화 (FA)장비에 대한 Total Solution의 제공을 목적으로 2000년 07월 06일 설립됨. 2016년 3월 10일 코넥스 시장에 상장됨. 주요 사업은 산업처리 자동측정 및 제어장비 제조업, 소프트웨어 자문, 개발 및 공급업, 전기전자 및 통신관련 엔지니어링 서비스업 등을 영위함. 공장은 경기도 용인 기흥에 있고 바이옵트로자동화설비(유)가 계열사임.

실적 분석

동사는 3월 결산법인임. 2017년 9월 기준(반기) 매출은 약 50억원을 기록함. 관련업계 불황으로 인한 2016~2017년의 부진한 실적을 2017~2018년 상반기부터 만회하기 시작함. 2016년 말부터 PCB 업계가 불황기에서 회복기로 들어서게 되어, 바이옵트로의주수익원인 BBT 장비의 판매가 증가함. 미국 애플의 OLED 대량 주문으로 국내 FPC 업체가 호황을 맞을 것으로 기대됨.

현금 흐름 *IFRS 별도 기준 (단위 : 억원)

항목	2016	2017.3Q
영업활동	-24	—
투자활동	7	—
재무활동	16	—
순현금흐름	-1	—
기말현금	1	—

시장 대비 수익률

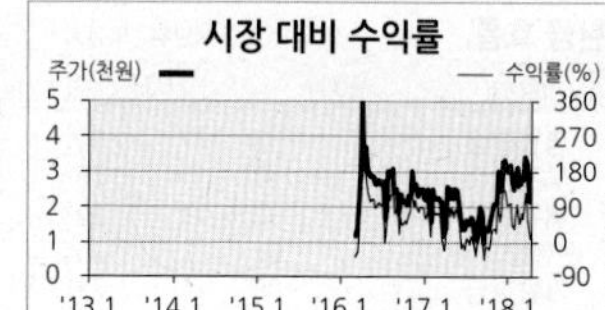

결산 실적 (단위 : 억원)

항목	2012	2013	2014	2015	2016	2017
매출액	94	158	95	116	48	—
영업이익	—	53	5	5	-41	—
당기순이익	6	33	4	8	-43	—

분기 실적 *IFRS 별도 기준 (단위 : 억원)

항목	2016.2Q	2016.3Q	2016.4Q	2017.1Q	2017.2Q	2017.3Q
매출액	—	—	—	—	—	—
영업이익	—	—	—	—	—	—
당기순이익	—	—	—	—	—	—

재무 상태 *IFRS 별도 기준 (단위 : 억원)

항목	2012	2013	2014	2015	2016	2017.3Q
총자산	98	126	152	175	158	—
유형자산	28	28	52	54	54	—
무형자산	4	2	2	1	1	—
유가증권	—	—	—	—	—	—
총부채	82	79	101	114	118	—
총차입금	57	69	83	100	93	—
자본금	12	12	25	25	27	—
총자본	16	48	51	61	40	—
지배주주지분	16	48	51	61	40	—

기업가치 지표 *IFRS 별도 기준

항목	2012	2013	2014	2015	2016	2017.3Q
주가(최고/저)(천원)	—/—	—/—	—/—	—/—	—/—	—/—
PER(최고/저)(배)	0.0/0.0	0.0/0.0	0.0/0.0	19.7/6.5	—/—	—/—
PBR(최고/저)(배)	0.0/0.0	0.0/0.0	0.0/0.0	3.2/1.1	7.9/1.9	0.0/0.0
EV/EBITDA(배)	6.0	0.6	9.3	35.4	—	—/—
EPS(원)	116	644	80	158	-679	—
BPS(원)	5,156	15,162	8,135	967	636	—
CFPS(원)	1,846	11,244	914	187	-652	—
DPS(원)	—	—	—	—	—	—
EBITDAPS(원)	2,128	18,072	1,136	130	-630	—

재무 비율 (단위 : %)

연도	영업이익률	순이익률	부채비율	차입금비율	ROA	ROE	유보율	자기자본비율	EBITDA마진율
2016	-85.5	-88.4	295.9	232.2	-25.7	-84.7	47.8	25.3	-82.0
2015	4.6	6.9	187.4	164.3	4.9	14.3	145.8	34.8	5.9
2014	5.5	4.2	196.4	162.5	2.9	8.0	106.8	33.7	6.7
2013	33.5	20.6	164.2	144.9	29.1	101.8	285.8	37.9	35.4

바텍 (A043150)
Value Added Technology

업　　종 : 의료 장비 및 서비스　　시　　장 : KOSDAQ
신용등급 : (Bond) —　(CP) —　　기업규모 : 우량
홈페이지 : www.vatechcorp.co.kr　　연 락 처 : 031)679-2000
본　　사 : 경기도 화성시 삼성1로 2길 13(석우동)

설 립 일	1992.04.04	**종업원수**	351명	**대표이사**	노창준,현정훈
상 장 일	2006.09.29	**감사의견**	적정(한영)	**계　열**	
결 산 기	12월	**보 통 주**		**종속회사수**	13개사
액 면 가	500원	**우 선 주**		**구 상 호**	

주주구성 (지분율,%)		출자관계 (지분율,%)		주요경쟁사 (외형,%)	
바텍이우홀딩스	46.4	바텍코리아	100.0	바텍	100
노창준	6.3	레이언스	28.7	오스템임플란트	182
(외국인)	22.4	VatechDentalManufacturing	100.0	디오	43

매출구성		비용구성		수출비중	
덴탈 이미징 사업부문(기타)	75.5	매출원가율	52.0	수출	81.5
디렉터 사업부문(기타)	24.5	판관비율	30.1	내수	18.5

회사 개요
치과용 디지털 엑스레이 및 CT를 제조하여 자회사인 바텍코리아와 바텍글로벌을 통해 국내외에 판매하는 업체임. 치과용 디지털 엑스레이 시장의 경우 북미, 유럽, 일본 등 선진국 시장이 전체 시장의 80%를 차지하고 있으나, 소득 증대에 따라 중국, 브라질, 러시아 등 이머징 마켓의 규모가 점차 커지고 있음. 국내 덴탈 이미징 시장의 78% 점유율을 차지하고 있어 사실상 독점적인 지위에 올라 있음. 글로벌 시장에서는 약 10%의 점유율을 차지함.

실적 분석
동사의 2017년 누적 매출액은 전년동기 대비 22.5% 증가한 2,188.1억원, 영업이익은 30.9% 증가한 390.8억원을 기록. 덴탈 사업부가 역대 최대 매출액 달성한 것에 기인. 매출 비중이 가장 큰 북미지역뿐만 아니라 남아메리카, 오세아니아 등에서도 매출 증대. 미국 PaX-i3D Smart 및 Green 제품 수출 확대가 지속될 것으로 전망. 신흥국 중심의 신규시장도 확대 중.

현금 흐름
〈단위 : 억원〉

항목	2016	2017
영업활동	322	510
투자활동	-1,145	-366
재무활동	742	-191
순현금흐름	-78	-50
기말현금	255	205

시장 대비 수익률
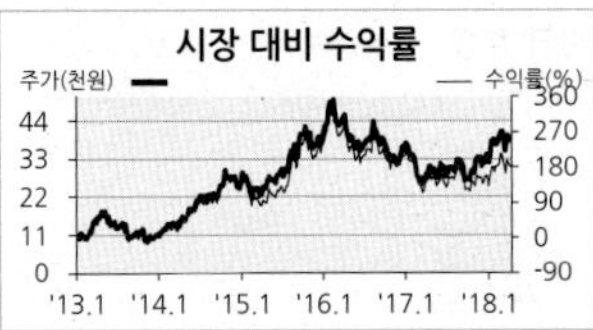

결산 실적
〈단위 : 억원〉

항목	2012	2013	2014	2015	2016	2017
매출액	1,758	1,715	1,948	2,174	1,786	2,188
영업이익	124	153	316	410	299	391
당기순이익	53	141	116	287	333	837

분기 실적
〈단위 : 억원〉

항목	2016.3Q	2016.4Q	2017.1Q	2017.2Q	2017.3Q	2017.4Q
매출액	403	511	442	569	555	621
영업이익	62	81	83	123	79	106
당기순이익	50	116	606	132	91	8

재무 상태
〈단위 : 억원〉

항목	2012	2013	2014	2015	2016	2017
총자산	2,000	2,277	2,400	2,702	3,902	3,215
유형자산	423	480	564	759	907	692
무형자산	111	149	117	192	304	116
유가증권	11	11	3	3	3	3
총부채	1,133	1,230	1,269	1,362	1,331	1,229
총차입금	663	692	719	890	725	546
자본금	74	74	74	74	74	74
총자본	867	1,047	1,130	1,340	2,570	1,986
지배주주지분	758	829	876	1,015	1,468	1,960

기업가치 지표

항목	2012	2013	2014	2015	2016	2017
주가(최고/저)(천원)	13.6/8.6	19.0/11.0	30.7/21.7	42.3/30.8	50.0/25.1	37.7/31.5
PER(최고/저)(배)	34.6/14.7	50.7/23.0	47.5/17.0	29.8/15.3	30.2/18.6	7.1/4.7
PBR(최고/저)(배)	2.7/1.1	3.4/1.5	5.3/1.9	6.2/3.2	5.1/3.1	2.9/1.9
EV/EBITDA(배)	12.2	9.8	11.4	13.5	14.8	11.5
EPS(원)	405	382	653	1,433	1,667	5,324
BPS(원)	5,290	5,732	5,895	6,831	9,884	13,196
CFPS(원)	765	863	1,178	1,986	2,421	5,817
DPS(원)	100	100	100	100	100	100
EBITDAPS(원)	1,196	1,511	2,655	3,312	2,763	3,123

재무 비율
〈단위 : %〉

연도	영업이익률	순이익률	부채비율	차입금비율	ROA	ROE	유보율	자기자본비율	EBITDA마진율
2017	17.9	38.3	61.9	27.5	23.5	46.1	2,539.3	61.8	21.2
2016	16.7	18.7	51.8	28.2	10.1	20.0	1,876.8	65.9	23.0
2015	18.9	13.2	101.6	66.4	11.3	22.5	1,266.1	49.6	22.6
2014	16.3	6.0	112.3	63.6	5.0	11.4	1,078.9	47.1	20.3

방림 (A003610)
Pangrim

업　　종 : 섬유 및 의복　　시　　장 : 거래소
신용등급 : (Bond) —　(CP) —　　기업규모 : 시가총액 소형주
홈페이지 : www.pangrim.com　　연 락 처 : 02)2085-2114
본　　사 : 서울시 마포구 월드컵북로 402 KGIT상암센터 18층

설 립 일	1962.12.05	**종업원수**	265명	**대표이사**	서재희대표집행임원
상 장 일	1989.05.30	**감사의견**	적정(신한)	**계　열**	
결 산 기	09월	**보 통 주**		**종속회사수**	1개사
액 면 가	5,000원	**우 선 주**		**구 상 호**	

주주구성 (지분율,%)		출자관계 (지분율,%)		주요경쟁사 (외형,%)	
서재희	37.0			방림	100
조문원	5.6			형지I&C	77
(외국인)	1.0			에스마크	12

매출구성		비용구성		수출비중	
면방(제품)	71.1	매출원가율	86.7	수출	67.2
면방(기타)	26.5	판관비율	8.1	내수	32.8
면방(상품)	2.4				

회사 개요
1962년 설립돼 1989년 유가증권시장에 상장된 동사는 원면,생지,원사를 가공한 면직물,염색원단 등을 전문으로 생산하는 면방제조업체임. 베트남에 위치한 방림네오텍스를 연결대상 종속회사로 보유하고 있음. 내수 시장 매출 비율이 40%로 국내 경기 침체로 인해 영업 환경이 악화되고 있음. 제조원가 중 인건비가 가장 큰 비중을 차지하는데 최저임금 인상으로 인해 영업환경이 더욱 악화될 것으로 예상.

실적 분석
동사는 9월 결산 법인임. 2017-2018년 1분기 연결기준 매출액은 원사, 생지, 트레이딩 가공지 등 단순대행 상품의 판매 감소 등으로 전년동기 대비 8.5% 감소한 367.1억원을 기록함. 판매비와 관리비는 5.6% 증가함. 매출은 줄고 판매비와 관리비는 늘어난 결과 영업이익은 전년 동기 29.3억원에서 93% 감소한 2.1억원을 기록하는 데 그침. 당기순이익 역시 전년 동기 23.3억원에서 59.5% 감소한 9.4억원을 기록함.

현금 흐름
〈단위 : 억원〉

항목	2017	2018.1Q
영업활동	116	53
투자활동	88	-40
재무활동	-73	-42
순현금흐름	131	-29
기말현금	217	188

시장 대비 수익률

결산 실적
〈단위 : 억원〉

항목	2013	2014	2015	2016	2017	2018
매출액	1,938	1,614	1,615	1,507	1,481	—
영업이익	36	44	65	79	63	—
당기순이익	15	34	67	50	70	—

분기 실적
〈단위 : 억원〉

항목	2016.4Q	2017.1Q	2017.2Q	2017.3Q	2017.4Q	2018.1Q
매출액	359	401	374	331	375	367
영업이익	7	29	14	3	17	2
당기순이익	13	23	12	23	12	9

재무 상태
〈단위 : 억원〉

항목	2013	2014	2015	2016	2017	2018.1Q
총자산	2,808	2,610	2,592	2,495	2,526	2,432
유형자산	748	738	745	587	588	545
무형자산	10	13	13	11	11	10
유가증권	471	396	565	685	646	669
총부채	1,095	880	805	670	678	600
총차입금	875	676	602	481	467	401
자본금	212	212	212	212	212	212
총자본	1,713	1,730	1,787	1,825	1,848	1,832
지배주주지분	1,713	1,730	1,787	1,825	1,848	1,832

기업가치 지표

항목	2013	2014	2015	2016	2017	2018.1Q
주가(최고/저)(천원)	12.0/10.0	21.0/10.7	34.8/18.9	29.4/20.8	24.0/19.4	21.4/20.0
PER(최고/저)(배)	37.6/31.4	27.9/14.3	23.3/12.6	25.8/18.3	14.9/12.0	—/—
PBR(최고/저)(배)	0.3/0.3	0.5/0.3	0.9/0.5	0.7/0.5	0.6/0.4	0.5/0.5
EV/EBITDA(배)	8.2	10.8	9.4	5.5	4.2	—/—
EPS(원)	347	792	1,577	1,188	1,655	223
BPS(원)	41,093	41,499	42,831	43,736	45,067	44,686
CFPS(원)	949	1,649	2,605	2,294	2,778	493
DPS(원)	250	250	300	380	520	—
EBITDAPS(원)	1,443	1,888	2,564	2,965	2,621	318

재무 비율
〈단위 : %〉

연도	영업이익률	순이익률	부채비율	차입금비율	ROA	ROE	유보율	자기자본비율	EBITDA마진율
2017	4.3	4.7	36.7	25.2	2.8	3.8	801.4	73.2	7.5
2016	5.2	3.3	36.7	26.3	2.0	2.8	774.7	73.2	8.3
2015	4.0	4.1	45.1	33.7	2.6	3.8	756.6	68.9	6.7
2014	2.7	2.1	50.9	39.1	1.2	2.0	730.0	66.3	5.0

배럴 (A267790)
BARREL

업　　종 : 섬유 및 의복　　시　　장 : KOSDAQ
신용등급 : (Bond) —　(CP) —　　기업규모 : 중견
홈페이지 : www.getbarrel.com　　연 락 처 : 02)335-3176
본　　사 : 서울시 강남구 논현로 709

설 립 일	2010.01.07	**종업원수**	명	**대표이사**	이상훈,서종환
상 장 일	2018.02.01	**감사의견**	적정(삼덕)	**계　열**	
결 산 기	12월	**보 통 주**		**종속회사수**	
액 면 가	500원	**우 선 주**		**구 상 호**	

주주구성 (지분율,%)		출자관계 (지분율,%)	주요경쟁사 (외형,%)	
젠앤벤처스	31.0		배럴	100
서종환	21.2			
(외국인)	0.5		국동	543

매출구성		비용구성		수출비중	
워터스포츠	95.8	매출원가율	29.5	수출	2.3
애슬레저	3.7	판관비율	54.4	내수	97.7
기타	0.6				

회사 개요

동사는 2010년 각종 스포츠의류, 케주얼의류 및 스포츠용품 등의 제조 및 유통업을 주사업 목적으로 하여 '주식회사 엑스엑스엘'이라는 상호로 설립하였으며, 이후 2017년 '주식회사 배럴'로 상호를 변경함. 디자인과 기획력, 기술력, 마케팅력, 브랜드 인지도가 동사 경쟁력임. 주요 경쟁사로는 나이키, 아디다스, 언더아머 등이 있음. 중국과 동남아 진출 방안을 모색 중임.

실적 분석

2017년 연결기준 동사 매출액은 352.9억원을 기록함. 전년대비 45.5% 증가한 금액. 영업이익은 전년도 45.5억원에서 24.4% 증가한 56.6억원을 기록함.당기순이익은 전년도 대비 7.6% 증가한 40억원을 기록함. 워터스포츠 전문브랜드로서의 확고한 입지를 기반으로 애슬레저 라인을 확대하며 전문 브랜드로 영역을 확대 중. 국내 약 100여개 기업이 래쉬가드 브랜드 중 동사의 시장점유율이 16.0%(2016년 기준)수준.

현금 흐름 *IFRS 별도 기준 〈단위 : 억원〉

항목	2016	2017
영업활동	3	40
투자활동	-13	-9
재무활동	31	-10
순현금흐름	21	20
기말현금	53	73

시장 대비 수익률

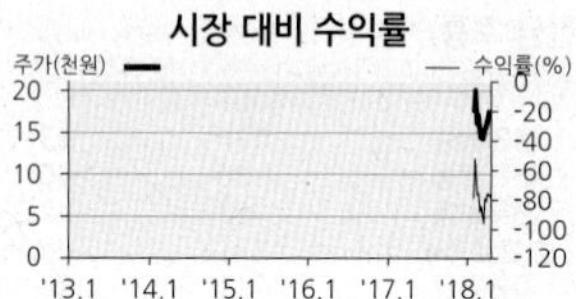

결산 실적 〈단위 : 억원〉

항목	2012	2013	2014	2015	2016	2017
매출액	—	—	—	158	242	353
영업이익	—	—	—	52	46	57
당기순이익	—	—	—	39	37	40

분기 실적 *IFRS 별도 기준 〈단위 : 억원〉

항목	2016.3Q	2016.4Q	2017.1Q	2017.2Q	2017.3Q	2017.4Q
매출액	—	—	—	—	—	—
영업이익	—	—	—	—	—	—
당기순이익	—	—	—	—	—	—

재무 상태 *IFRS 별도 기준 〈단위 : 억원〉

항목	2012	2013	2014	2015	2016	2017
총자산	—	—	—	77	140	180
유형자산	—	—	—	3	9	11
무형자산	—	—	—	1	1	1
유가증권	—	—	—	0	—	—
총부채	—	—	—	28	54	54
총차입금	—	—	—	15	45	40
자본금	—	—	—	1	27	27
총자본	—	—	—	48	85	126
지배주주지분	—	—	—	48	85	126

기업가치 지표 *IFRS 별도 기준

항목	2012	2013	2014	2015	2016	2017
주가(최고/저)(천원)	#VALUE!	—/—	—/—	—/—	—/—	—/—
PER(최고/저)(배)	0.0/0.0	0.0/0.0	0.0/0.0	0.0/0.0	0.0/0.0	0.0/0.0
PBR(최고/저)(배)	0.0/0.0	0.0/0.0	0.0/0.0	0.0/0.0	0.0/0.0	0.0/0.0
EV/EBITDA(배)	0.0	0.0	0.0	—	—	—
EPS(원)	—	—	—	723	588	666
BPS(원)	—	—	—	23,697	1,423	2,106
CFPS(원)	—	—	—	19,581	614	715
DPS(원)	—	—	—	—	—	—
EBITDAPS(원)	—	—	—	25,720	747	993

재무 비율 〈단위 : %〉

연도	영업이익률	순이익률	부채비율	차입금비율	ROA	ROE	유보율	자기자본비율	EBITDA마진율
2017	16.0	11.3	42.7	31.4	25.0	37.7	363.4	70.1	16.9
2016	18.8	15.3	63.5	52.9	34.3	55.5	213.0	61.2	19.4
2015	32.9	25.0	58.6	31.0	0.0	0.0	4,639.5	63.1	33.3
2014	0.0	0.0	0.0	0.0	0.0	0.0	0.0	0.0	0.0

백광산업 (A001340)
Paik Kwang Industiral

업　　종 : 화학　　시　　장 : 거래소
신용등급 : (Bond) —　(CP) —　　기업규모 : 시가총액 소형주
홈페이지 : www.pkic.co.kr　　연 락 처 : 063)450-1700
본　　사 : 전북 군산시 임해로 494-16

설 립 일	1954.11.25	**종업원수**	125명	**대표이사**	김성훈
상 장 일	1976.06.10	**감사의견**	적정(인덕)	**계　열**	
결 산 기	12월	**보 통 주**		**종속회사수**	
액 면 가	500원	**우 선 주**		**구 상 호**	

주주구성 (지분율,%)		출자관계 (지분율,%)	주요경쟁사 (외형,%)	
김성훈	22.3		백광산업	100
상원상공	7.1		경농	142
(외국인)	1.6		효성오앤비	24

매출구성		비용구성		수출비중	
기타	58.1	매출원가율	76.9	수출	3.3
가성소다(화공사업)	41.9	판관비율	16.6	내수	96.7

회사 개요

동사는 전해조 설비를 통해 가성소다, 염산, 액체염소등의 무기화학제품과 솔비톨을 제조하는 업체임. 가성소다가 전체 매출의 절반 가량을 차지함. 라이신사업은 가격하락으로 적자가 계속되어 2015년 11월에 대상에 매각함(매각대금 1,207억원). 2009년 현물출자로 매수한 반도체 세정업체인 나노원의 지분도 2016년 1월 전량 매각함. 고척동 서울공장에 골프연습장과 아이스링크장을 건설하여 2013년 11월에 영업을 개시함.

실적 분석

동사의 매출에서 큰 비중을 차지하는 가성소다와 염산의 국제가격이 오르면서 2017년 매출액과 이익이 크게 늘어남. 국제 가성소다 가격은 2016년 1월 톤당 338달러에서 2017년 평균 463달러로 37.0% 상승함. 중국 화학기업이 석탄을 원료로 PVC와 부산물인 가성소다를 생산하는데 석탄가격이 오르면서 경제성을 상실하여 가성소다 공급이 위축됨. 업계 1위인 유니드의 인천공장 이전으로 염산 20만톤을 생산하지 못해 염산가격도 강세를 나타냄.

현금 흐름 *IFRS 별도 기준 〈단위 : 억원〉

항목	2016	2017
영업활동	181	159
투자활동	180	-154
재무활동	-346	-13
순현금흐름	15	-8
기말현금	38	30

시장 대비 수익률

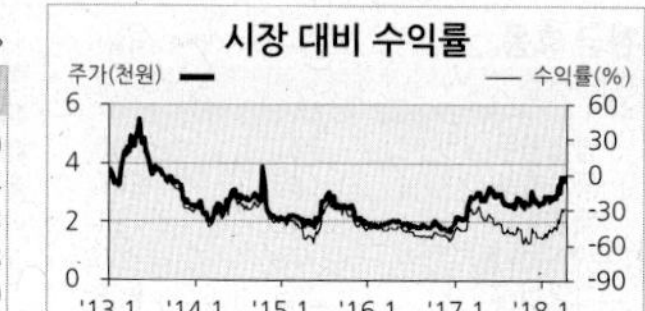

결산 실적 〈단위 : 억원〉

항목	2012	2013	2014	2015	2016	2017
매출액	4,040	3,841	1,426	1,292	1,347	1,450
영업이익	130	-382	66	33	54	95
당기순이익	12	-394	-340	-165	24	68

분기 실적 *IFRS 별도 기준 〈단위 : 억원〉

항목	2016.3Q	2016.4Q	2017.1Q	2017.2Q	2017.3Q	2017.4Q
매출액	352	264	356	375	372	347
영업이익	3	17	15	32	21	26
당기순이익	-6	34	10	29	9	21

재무 상태 *IFRS 별도 기준 〈단위 : 억원〉

항목	2012	2013	2014	2015	2016	2017
총자산	4,857	5,026	4,492	3,073	2,688	2,667
유형자산	3,430	3,596	3,350	2,428	2,338	2,314
무형자산	14	11	9	1	0	0
유가증권	18	22	22	25	6	6
총부채	2,828	3,394	3,207	1,909	1,483	1,360
총차입금	2,109	2,659	2,585	1,434	1,071	896
자본금	149	156	156	225	225	225
총자본	2,029	1,632	1,285	1,164	1,205	1,307
지배주주지분	2,029	1,632	1,285	1,164	1,205	1,307

기업가치 지표 *IFRS 별도 기준

항목	2012	2013	2014	2015	2016	2017
주가(최고/저)(천원)	4.4/2.9	5.5/2.5	4.4/2.0	3.0/1.8	2.1/1.7	3.2/2.0
PER(최고/저)(배)	132.8/86.7	—/—	—/—	—/—	39.6/32.0	21.6/13.6
PBR(최고/저)(배)	0.8/0.5	1.2/0.5	1.2/0.5	1.0/0.6	0.7/0.6	1.1/0.7
EV/EBITDA(배)	8.5	—	8.4	9.8	10.8	9.6
EPS(원)	34	-1,153	-993	-408	53	151
BPS(원)	6,842	5,256	4,145	2,927	2,961	3,071
CFPS(원)	875	-269	-60	87	327	413
DPS(원)	40	—	—	—	—	25
EBITDAPS(원)	1,271	-228	1,240	577	394	473

재무 비율 〈단위 : %〉

연도	영업이익률	순이익률	부채비율	차입금비율	ROA	ROE	유보율	자기자본비율	EBITDA마진율
2017	6.6	4.7	104.1	68.6	2.5	5.4	514.1	49.0	14.7
2016	4.0	1.8	123.1	88.9	0.8	2.0	492.1	44.8	13.1
2015	2.6	-12.8	164.1	123.2	-4.4	-13.5	485.4	37.9	18.0
2014	4.6	-23.8	249.4	201.1	-7.1	-23.3	728.9	28.6	27.1

백광소재 (A014580)
Baek Kwang Mineral Products

업 종 : 건축소재 | 시 장 : 거래소
신용등급 : (Bond) — (CP) — | 기업규모 : 시가총액 소형주
홈페이지 : www.bkmp.co.kr | 연 락 처 : 02)3661-8018
본 사 : 서울시 강서구 공항대로 467(등촌동) 송원빌딩 6층

설 립 일	1980.01.22	**종업원수**	310명	**대표이사**	문희철
상 장 일	1991.03.07	**감사의견**	적정(삼덕)	**계 열**	
결 산 기	12월	**보 통 주**		**종속회사수**	3개사
액 면 가	500원	**우 선 주**		**구 상 호**	

주주구성 (지분율,%)		출자관계 (지분율,%)		주요경쟁사 (외형,%)	
태경산업	49.5	태경화학	40.0	백광소재	100
태경화학	5.9	남영전구	31.9	보광산업	20
(외국인)	0.5	에스비씨	17.5	일신석재	25

매출구성		비용구성		수출비중	
(상품)일반가스外 외	42.8	매출원가율	80.2	수출	2.0
생석회분말	18.7	판관비율	16.4	내수	98.0
담배, 유류 외	16.0				

회사 개요
동사는 1980년에 설립되어 1991년에 한국거래소에 주식을 상장한 석회석 전문 제조 업체로서, 석회석을 가공하여 생석회, 소석회, 수산화칼슘 등의 각종 석회 제품을 생산 중임. 이외에도 2005년부터 휴게소 운영업을 영위하고 있으며, 2016년에 탄산가스 판매업을 영위하는 태경화학의 지분 추가매입으로 탄산가스 사업부문이 추가되었고, 연결대상 종속회사로 태경화학, 태경가스기술, 태경그린가스 등 3개사가 편입되어 있음.

실적 분석
동사의 2017년 연간 매출액은 전년동기대비 23.7% 상승한 2,121.6억원을 기록하였음. 비용면에서 전년동기대비 매출원가는 증가 했으며 인건비도 증가, 광고선전비는 크게 감소, 기타판매비와관리비는 증가함. 매출액은 성장했지만 원가 증가로 인해 전년동기대비 영업이익은 73.5억원으로 13.3% 하락 하였음. 그러나 비영업손익의 흑자전환으로 전년동기대비 당기순이익은 66.7억원을 기록함.

현금 흐름
〈단위 : 억원〉

항목	2016	2017
영업활동	47	273
투자활동	-117	-75
재무활동	204	-248
순현금흐름	134	-50
기말현금	170	120

시장 대비 수익률
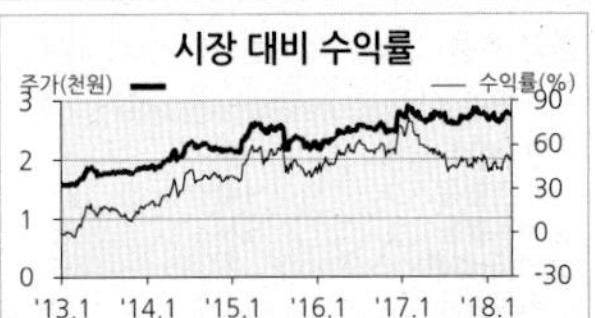

결산 실적
〈단위 : 억원〉

항목	2012	2013	2014	2015	2016	2017
매출액	1,262	1,252	1,218	1,135	1,715	2,122
영업이익	59	85	65	51	85	74
당기순이익	87	64	46	28	53	67

분기 실적
〈단위 : 억원〉

항목	2016.3Q	2016.4Q	2017.1Q	2017.2Q	2017.3Q	2017.4Q
매출액	464	543	515	582	545	480
영업이익	30	24	12	34	22	6
당기순이익	16	12	21	26	19	2

재무 상태
〈단위 : 억원〉

항목	2012	2013	2014	2015	2016	2017
총자산	1,698	1,790	1,785	1,825	2,788	2,635
유형자산	558	623	639	696	1,210	1,159
무형자산	136	133	148	135	136	143
유가증권	35	50	60	84	340	366
총부채	665	668	640	673	1,124	926
총차입금	281	266	283	331	632	428
자본금	138	138	138	138	138	138
총자본	1,033	1,122	1,144	1,152	1,665	1,710
지배주주지분	1,033	1,122	1,144	1,152	1,115	1,148

기업가치 지표

항목	2012	2013	2014	2015	2016	2017
주가(최고/저)(천원)	1.6/1.4	1.9/1.6	2.3/1.8	2.6/2.1	2.9/2.1	2.9/2.6
PER(최고/저)(배)	6.6/5.8	10.0/8.2	16.3/12.9	29.2/23.2	20.8/15.5	14.8/13.0
PBR(최고/저)(배)	0.6/0.5	0.6/0.5	0.7/0.5	0.7/0.6	0.8/0.6	0.7/0.6
EV/EBITDA(배)	5.1	4.9	5.9	7.6	9.2	8.8
EPS(원)	316	231	166	100	149	206
BPS(원)	37,457	40,674	41,485	4,175	4,066	4,186
CFPS(원)	5,703	4,966	4,596	374	551	609
DPS(원)	1,000	1,000	1,000	100	100	100
EBITDAPS(원)	4,687	5,724	5,303	461	710	670

재무 비율
〈단위 : %〉

연도	영업이익률	순이익률	부채비율	차입금비율	ROA	ROE	유보율	자기자본비율	EBITDA마진율
2017	3.5	3.1	54.2	25.0	2.5	5.0	737.1	64.9	8.7
2016	4.9	3.1	67.5	37.9	2.3	3.6	713.2	59.7	11.4
2015	4.5	2.4	58.5	28.7	1.5	2.4	735.0	63.1	11.2
2014	5.4	3.8	56.0	24.7	2.6	4.0	729.7	64.1	12.0

백금티앤에이 (A046310)
BG T&A

업 종 : 통신장비 | 시 장 : KOSDAQ
신용등급 : (Bond) — (CP) — | 기업규모 : 중견
홈페이지 : www.bgtna.com | 연 락 처 : 031)488-7900
본 사 : 경기도 군포시 엘에스로 153-18, L&C타워 5~6층

설 립 일	1996.12.17	**종업원수**	43명	**대표이사**	임학규
상 장 일	2002.02.05	**감사의견**	적정(삼덕)	**계 열**	
결 산 기	12월	**보 통 주**		**종속회사수**	4개사
액 면 가	500원	**우 선 주**		**구 상 호**	

주주구성 (지분율,%)		출자관계 (지분율,%)		주요경쟁사 (외형,%)	
임학규	25.6	엠티오메가	81.8	백금T&A	100
박태신	2.3	넥스커뮤니케이션	71.8	기산텔레콤	62
(외국인)	3.1	BGTECHInternational	100.0	스카이문스테크놀로지	13

매출구성		비용구성		수출비중	
Navi 블랙박스(RDVR콤보)(상품및제품)	38.7	매출원가율	76.5	수출	88.6
TWR(무전기)(상품및제품)	38.2	판관비율	17.9	내수	11.4
RD(레이더디텍터)(상품및제품)	19.8				

회사 개요
동사는 1997년 6월 25일 설립되어 OTP(One Time Password : 일회용 비밀번호)제품을 주요사업으로 영위하고 있음. 2015년 10월 20일 기준 동사를 포함하여 상장 6개사, 비상장 19개사 등 총 25개의 계열회사가 있으며 금융권에서 "스마트OTP" 도입방침에 따라 우리은행, 기업은행 등 금융권과 "스마트OTP" 개발을 진행하고 있음. 동사는 2015년 8월 4일 주당 10,000원에서 500원으로 액면분할을 실시함.

실적 분석
동사의 2017년 전체 매출은 1,020억원으로 전년대비 69.4% 증가, 영업이익은 57.5억원으로 흑자전환. 당기순이익은 31.6억원으로 흑자전환 시현. 주요 매출인 레이더디텍터(RD) 매출 증가한 가운데 원가 관리 노력으로 수익성은 흑자전환 시현. 미국의 Cobra / Escort 등 제1의 유통업체를 확보함에 따라 시장에서의 지배력을 보유함. 자회사인 엠티오메가의 러시아 수출 호조로 새로운 매출 확보에 주력.

현금 흐름
〈단위 : 억원〉

항목	2016	2017
영업활동	41	-87
투자활동	-132	27
재무활동	87	43
순현금흐름	-6	-13
기말현금	65	53

시장 대비 수익률
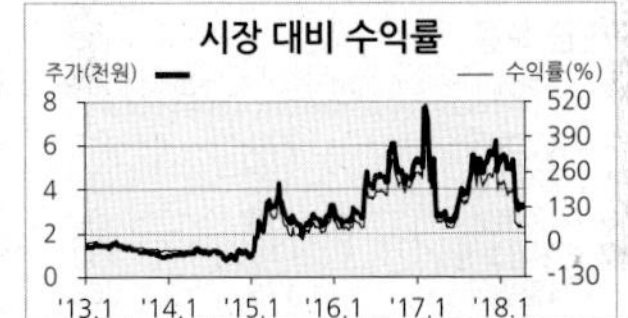

결산 실적
〈단위 : 억원〉

항목	2012	2013	2014	2015	2016	2017
매출액	1,060	811	943	926	602	1,020
영업이익	22	-41	7	11	-22	57
당기순이익	21	-53	3	1	-20	32

분기 실적
〈단위 : 억원〉

항목	2016.3Q	2016.4Q	2017.1Q	2017.2Q	2017.3Q	2017.4Q
매출액	134	179	175	216	259	370
영업이익	-7	-7	4	9	16	28
당기순이익	-9	-8	-9	11	12	17

재무 상태
〈단위 : 억원〉

항목	2012	2013	2014	2015	2016	2017
총자산	775	729	745	554	650	745
유형자산	60	67	64	31	30	25
무형자산	53	64	72	82	100	95
유가증권	—	—	—	—	—	—
총부채	437	449	439	323	348	392
총차입금	296	320	299	241	232	273
자본금	35	35	57	57	72	72
총자본	338	280	306	231	301	354
지배주주지분	278	212	226	222	292	342

기업가치 지표

항목	2012	2013	2014	2015	2016	2017
주가(최고/저)(천원)	1.8/1.2	1.6/0.9	1.4/0.7	4.3/1.0	6.6/2.4	8.1/2.4
PER(최고/저)(배)	—/—	—/—	—/—	—/—	—/—	40.1/12.1
PBR(최고/저)(배)	0.5/0.4	0.6/0.4	0.7/0.4	2.4/0.5	3.2/1.2	3.4/1.0
EV/EBITDA(배)	5.1	—	9.4	11.9	86.0	10.2
EPS(원)	-75	-707	-141	-174	-151	202
BPS(원)	4,284	3,334	2,145	1,936	2,043	2,389
CFPS(원)	337	-437	248	126	104	471
DPS(원)	—	—	—	—	—	—
EBITDAPS(원)	746	-109	474	411	78	670

재무 비율
〈단위 : %〉

연도	영업이익률	순이익률	부채비율	차입금비율	ROA	ROE	유보율	자기자본비율	EBITDA마진율
2017	5.6	3.1	110.7	77.3	4.5	9.1	377.8	47.5	9.4
2016	-3.7	-3.2	115.6	77.1	-3.3	-7.5	308.6	46.4	1.7
2015	1.2	0.1	139.8	104.1	0.1	-9.5	287.2	41.7	5.1
2014	0.7	0.3	143.1	97.6	0.3	-6.1	329.1	41.1	4.4

백산 (A035150)
Baiksan

업 종 : 섬유 및 의복
신용등급 : (Bond) — (CP) —
홈페이지 : www.baiksan.co.kr
본 사 : 경기도 시흥시 공단1대로27번길 47 (정왕동)
시 장 : 거래소
기업규모 : 시가총액 소형주
연 락 처 : 031)499-0044

설 립 일	1986.08.16	**종 업 원 수**	260명	**대 표 이 사**	김상화,김한준
상 장 일	1999.08.11	**감 사 의 견**	적정(한영)	**계 열**	
결 산 기	12월	**보 통 주**		**종속회사수**	6개사
액 면 가	500원	**우 선 주**		**구 상 호**	

주주구성 (지분율,%)		출자관계 (지분율,%)		주요경쟁사 (외형,%)	
김한준	16.4	BSK인베스트먼트	100.0	백산	100
김상화	13.2	와이비아이	100.0	TBH글로벌	329
(외국인)	4.8	백산티엔에스	9.0	F&F	265

매출구성		비용구성		수출비중	
제품	79.1	매출원가율	78.9	수출	81.1
상품	11.1	판관비율	9.9	내수	18.9
임가공매출	8.7				

회사 개요

동사는 1986년 10월 6일 백산화성으로 설립된 후, 1994년 4월 백산으로 상호를 변경하였음. 1999년 8월 11일 유가증권 시장에 상장됨. 2012년부터 중소기업기본법 제2조에 의거 중소기업에 해당하지 않게 됨. 폴리우레탄 합성수지와 부직포 등의 기포제를 사용하여 합성피혁을 제조 및 판매 하고 있음. 세계적인 브랜드인 나이키, 아디다스, 리복의 합성피혁 사용량 25%를 차지함.

실적 분석

동사의 2017년 연결기준 누적 매출액은 2,114억원으로 전년 대비 5.3% 증가함. 영업이익은 매출원가율 상승으로 전년 대비 14.3% 감소하며 237억에 그침. 환율하락에 따른 환차손 및 관계회사에 대한 충당부채 비용으로 인하여 당기순이익이 87.2억원으로 전년 대비 59.7%감소함. 최근 차량내장재 분야에서 폴리우레탄 계열의 시장이 확대되면서 차량내장재 부문이 장기적으로 백산의 성장축이 될 전망임.

현금 흐름 <단위 : 억원>

항목	2016	2017
영업활동	220	212
투자활동	-70	-51
재무활동	-138	-23
순현금흐름	10	132
기말현금	136	268

시장 대비 수익률

결산 실적 <단위 : 억원>

항목	2012	2013	2014	2015	2016	2017
매출액	1,840	1,772	1,698	1,721	2,008	2,114
영업이익	210	132	112	178	276	237
당기순이익	103	77	-26	154	216	87

분기 실적 <단위 : 억원>

항목	2016.3Q	2016.4Q	2017.1Q	2017.2Q	2017.3Q	2017.4Q
매출액	501	530	524	478	579	533
영업이익	81	61	84	28	83	41
당기순이익	64	43	55	20	64	-52

재무 상태 <단위 : 억원>

항목	2012	2013	2014	2015	2016	2017
총자산	1,564	1,526	1,630	1,706	1,868	1,918
유형자산	625	592	465	456	493	458
무형자산	10	21	20	40	46	57
유가증권	62	50	56	48	26	0
총부채	682	571	710	670	637	668
총차입금	465	382	423	442	305	308
자본금	140	140	140	140	140	140
총자본	882	954	920	1,036	1,231	1,250
지배주주지분	882	954	920	1,036	1,221	1,250

기업가치 지표

항목	2012	2013	2014	2015	2016	2017
주가(최고/저)(천원)	4.3/2.0	7.4/4.2	6.2/3.8	6.1/3.5	9.7/4.4	10.0/6.6
PER(최고/저)(배)	10.9/5.1	24.7/13.8	—/—	10.0/5.7	11.1/4.9	27.3/18.0
PBR(최고/저)(배)	1.3/0.6	2.0/1.1	1.7/1.1	1.5/0.8	1.9/0.9	1.9/1.3
EV/EBITDA(배)	5.1	10.4	8.2	6.0	7.1	5.8
EPS(원)	425	320	-106	638	903	371
BPS(원)	3,680	3,944	3,802	4,318	5,156	5,271
CFPS(원)	581	476	48	782	1,064	501
DPS(원)	60	80	60	60	90	100
EBITDAPS(원)	1,024	702	616	880	1,302	1,108

재무 비율 <단위 : %>

연도	영업이익률	순이익률	부채비율	차입금비율	ROA	ROE	유보율	자기자본비율	EBITDA마진율
2017	11.2	4.1	53.4	24.6	4.6	7.3	811.1	65.2	12.7
2016	13.8	10.8	51.8	24.8	12.1	19.4	791.3	65.9	15.7
2015	10.4	9.0	64.7	42.6	9.3	15.8	646.4	60.7	12.4
2014	6.6	-1.5	77.1	46.0	-1.6	-2.7	557.3	56.5	8.8

버추얼텍 (A036620)
Virtualtek

업 종 : 종이 및 목재
신용등급 : (Bond) B- (CP) —
홈페이지 : www.virtualtek.co.kr
본 사 : 서울시 마포구 마포대로 25 신한DM빌딩 12층
시 장 : KOSDAQ
기업규모 : 중견
연 락 처 : 02)3140-1000

설 립 일	1994.07.28	**종 업 원 수**	8명	**대 표 이 사**	서지현
상 장 일	1999.12.30	**감 사 의 견**	적정(우리)	**계 열**	
결 산 기	12월	**보 통 주**		**종속회사수**	
액 면 가	500원	**우 선 주**		**구 상 호**	

주주구성 (지분율,%)		출자관계 (지분율,%)		주요경쟁사 (외형,%)	
진선기업	13.8	나투라금속	47.0	버추얼텍	100
서지현	11.7	코인통	30.0	한솔PNS	1,509
(외국인)	3.0			세하	1,109

매출구성		비용구성		수출비중	
고지(상품)	88.7	매출원가율	87.9	수출	0.0
전기(제품)	8.8	판관비율	12.1	내수	100.0
시스템통합(용역)	2.5				

회사 개요

동사의 주요 사업은 고지의 수입 판매로, 해외에서 신문 폐품을 수입해 국내 신문 용지 제조사에 납품함. 그 외 SI 사업으로서 SAP ERP의 유지보수 사업을 영위 중이며, 신규 사업의 일환으로 보조 배터리 판매, 연료 전지를 통한 발전 사업 등도 영위함. 고지 판매 매출이 전체 매출의 대부분을 차지하나, 보조배터리 부문과 나투라파워 합병을 통해 본격화한 연료전지 발전 부문에서도 매출이 본격적으로 발생하고 있음.

실적 분석

동사의 결산 매출액은 주력제품인 고지부문에서 실적 개선을 이루어냄으로써 전년동기대비 35.5% 증가한 148.3억원을 기록함. 원가율 상승에도 불구하고 매출액 증가 및 판관비중 축소 영향으로 수익성 또한 개선 모습. 영업이익은 0.2억원을 시현하며 지난해 대비 흑자 전환. 반면, 지난해 대규모 관련기업투자수익 발생에 따른 기저효과로 당기순이익은 큰 폭으로 감소하여 30.6억원의 순손실 시현하는데 그침.

현금 흐름 *IFRS 별도 기준 <단위 : 억원>

항목	2016	2017
영업활동	-9	-7
투자활동	-14	-28
재무활동	25	33
순현금흐름	2	-1
기말현금	14	13

시장 대비 수익률

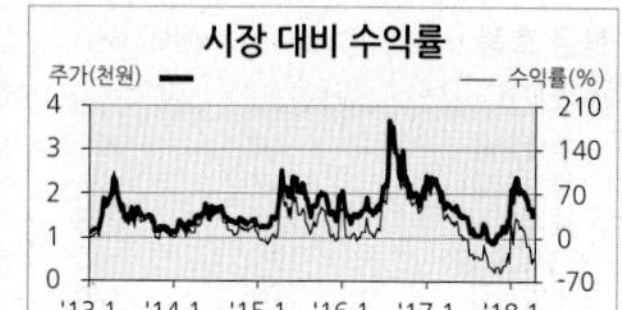

결산 실적 <단위 : 억원>

항목	2012	2013	2014	2015	2016	2017
매출액	85	84	115	170	109	148
영업이익	-15	-19	3	2	-8	0
당기순이익	-12	-69	-110	-140	90	-31

분기 실적 *IFRS 별도 기준 <단위 : 억원>

항목	2016.3Q	2016.4Q	2017.1Q	2017.2Q	2017.3Q	2017.4Q
매출액	26	33	37	23	38	51
영업이익	-3	-4	-1	-0	-0	1
당기순이익	0	-25	-2	-6	3	-26

재무 상태 *IFRS 별도 기준 <단위 : 억원>

항목	2012	2013	2014	2015	2016	2017
총자산	461	398	558	406	340	204
유형자산	0	0	67	64	61	1
무형자산	10	7	19	17	5	5
유가증권	4	4	4	4	192	50
총부채	115	123	227	221	217	108
총차입금	94	99	197	193	179	33
자본금	65	65	71	74	87	139
총자본	346	275	331	185	123	96
지배주주지분	346	275	331	185	123	96

기업가치 지표 *IFRS 별도 기준

항목	2012	2013	2014	2015	2016	2017
주가(최고/저)(천원)	2.4/0.9	2.9/1.2	2.1/1.2	3.2/1.3	4.8/1.5	2.5/0.9
PER(최고/저)(배)	—/—	—/—	—/—	—/—	8.2/2.5	—/—
PBR(최고/저)(배)	0.9/0.3	1.3/0.5	0.8/0.5	2.3/1.0	5.9/1.8	7.1/2.6
EV/EBITDA(배)	—	—	71.0	78.4	—	255.1
EPS(원)	-88	-489	-749	-895	531	-132
BPS(원)	2,761	2,213	2,441	1,347	796	348
CFPS(원)	-91	-521	-784	-932	594	-127
DPS(원)	—	—	—	—	—	—
EBITDAPS(원)	-110	-139	40	44	-24	6

재무 비율 <단위 : %>

연도	영업이익률	순이익률	부채비율	차입금비율	ROA	ROE	유보율	자기자본비율	EBITDA마진율
2017	0.1	-20.6	일부잠식	일부잠식	-11.3	-27.9	-30.5	47.2	0.9
2016	-7.1	82.5	175.7	144.9	24.2	58.5	59.3	36.3	-3.5
2015	1.3	-82.4	119.4	104.4	-29.1	-54.3	169.5	45.6	3.8
2014	2.6	-95.2	68.4	59.4	-22.9	-36.2	388.2	59.4	4.8

범양건영 (A002410)

BUMYANG CONSTRUCTION COLTD

업　　종 : 건설　　시　　장 : 거래소
신용등급 : (Bond) —　(CP) —　　기업규모 : 시가총액 소형주
홈페이지 : www.iby.co.kr　　연 락 처 : 041)573-5631
본　　사 : 충남 천안시 서북구 검은들1길 7, 4층(불당동, 포인트프라자)

설 립 일	1958.08.21	**종업원수**	142명	**대표이사**	강병주
상 장 일	1988.05.25	**감사의견**	적정(한울)	**계　　열**	
결 산 기	12월	**보 통 주**		**종속회사수**	1개사
액 면 가	1,000원	**우 선 주**		**구 상 호**	

주주구성 (지분율,%)		출자관계 (지분율,%)		주요경쟁사 (외형,%)	
플라스코앤비	26.8	범양케이원제7호천안두정기업형임대	22.8	범양건영	100
플라스코에스	20.4	키스톤에코프라임PEF	12.5	한국종합기술	146
(외국인)	0.9	충북참교육	10.3	까뮤이앤씨	126

매출구성		비용구성		수출비중	
건축(공사)	49.3	매출원가율	94.1	수출	—
토목(공사)	46.8	판관비율	4.0	내수	—
물류부문(기타)	3.5				

회사 개요

1958년 설립된 건설회사로 2011년 10월 서울지방법원에 회생절차 개시 신청을 하여 11월 개시 결정을 받은 이후 정상화 노력 이어옴. 2011년 시공능력 기준으로 50위권에 있었으나 점차 하락하여 2015년에는 200위권 밖에 자리. 2017년 기준 188위. 침체된 국내 시장 상황을 타개하기 위해 해외 공공 사업 공사 수주라는 신시장 개척으로 활로를 모색하고 있으며 신성장 동력의 일환으로 2010년부터 해외 자원 재생사업에 진출함.

실적 분석

동사의 연결기준 2017년 연간 매출액은 1,368.4억원으로 전년 대비 25.6% 급증함. 양호한 외형확대와 함께 판관비율 하락으로 영업이익은 26.2억원 시현함. 영업이익은 여전히 미미한 수준이나 전년 12.0억원에 비하면 수익성이 다소 개선된 모습. 2017년 시공능력평가순위는 전년대비 다섯 단계 하락한 188위.자본금의 변동은 일부 회생채권의 출자전환에 따른 것임.

현금 흐름

<단위 : 억원>

항목	2016	2017
영업활동	-48	35
투자활동	-215	17
재무활동	304	-7
순현금흐름	41	44
기말현금	64	108

시장 대비 수익률

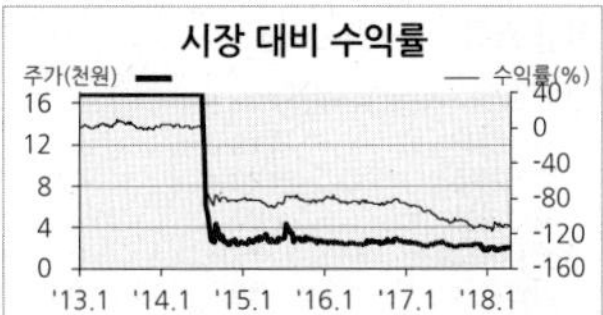

결산 실적

<단위 : 억원>

항목	2012	2013	2014	2015	2016	2017
매출액	701	492	484	655	1,090	1,368
영업이익	-254	-89	-24	1	12	26
당기순이익	-824	-489	-46	87	-11	11

분기 실적

<단위 : 억원>

항목	2016.3Q	2016.4Q	2017.1Q	2017.2Q	2017.3Q	2017.4Q
매출액	285	391	233	298	306	530
영업이익	2	5	8	6	8	4
당기순이익	-1	-12	1	1	8	1

재무 상태

<단위 : 억원>

항목	2012	2013	2014	2015	2016	2017
총자산	1,801	337	281	792	1,219	1,240
유형자산	340	2	2	333	333	331
무형자산	2	1	9	8	8	6
유가증권	695	22	58	60	179	183
총부채	1,711	149	146	357	794	808
총차입금	1	10	38	141	446	452
자본금	51	131	133	238	238	238
총자본	90	188	134	435	426	432
지배주주지분	109	188	134	435	426	432

기업가치 지표

항목	2012	2013	2014	2015	2016	2017
주가(최고/저)(천원)	424/84.5	84.5/84.5	97.0/10.9	22.7/11.8	15.6/10.9	2.7/1.7
PER(최고/저)(배)	—/—	—/—	—/—	8.6/4.5	—/—	57.8/36.2
PBR(최고/저)(배)	3.2/0.6	13.1/13.1	21.3/2.4	2.5/1.3	1.7/1.2	1.5/0.9
EV/EBITDA(배)	—	—	—	228.7	44.7	18.6
EPS(원)	-709,220	-51,700	-316	529	-46	46
BPS(원)	10,553	7,176	5,046	9,147	8,958	1,819
CFPS(원)	-275,569	-284,951	-1,725	2,717	-87	77
DPS(원)	—	—	—	—	—	—
EBITDAPS(원)	-83,516	-50,109	-894	88	393	141

재무 비율

<단위 : %>

연도	영업이익률	순이익률	부채비율	차입금비율	ROA	ROE	유보율	자기자본비율	EBITDA마진율
2017	1.9	0.8	186.8	104.6	0.9	2.6	81.9	34.9	2.4
2016	1.1	-1.0	186.4	104.7	-1.1	-2.5	79.2	34.9	1.7
2015	0.1	13.3	82.2	32.5	16.3	30.6	83.0	54.9	0.4
2014	-5.0	-9.6	108.7	27.9	-15.0	-28.7	0.9	47.9	-4.9

베셀 (A177350)

Vessel

업　　종 : 디스플레이 및 관련부품　　시　　장 : KOSDAQ
신용등급 : (Bond) —　(CP) —　　기업규모 : 벤처
홈페이지 : www.vessel21.com　　연 락 처 : 031)683-3953
본　　사 : 경기도 수원시 권선구 산업로155번길 281

설 립 일	2004.06.17	**종업원수**	194명	**대표이사**	서기만
상 장 일	2013.07.01	**감사의견**	적정(한울)	**계　　열**	
결 산 기	12월	**보 통 주**		**종속회사수**	1개사
액 면 가	500원	**우 선 주**		**구 상 호**	

주주구성 (지분율,%)		출자관계 (지분율,%)		주요경쟁사 (외형,%)	
서기만	22.9			베셀	100
양인석	5.5			사파이어테크놀로지	24
(외국인)	2.6			쎄미시스코	31

매출구성		비용구성		수출비중	
LCD In-Line 장비 외	81.0	매출원가율	71.6	수출	—
OLED In-Line 장비 외	12.5	판관비율	15.6	내수	—
부품 및 개조등	3.8				

회사 개요

동사는 코스닥 상장기업으로 2004년 LCD용 장비 등의 개발 및 국산화를 목표로 설립된 후 LCD용 자동제어장치 설비 및 관련 하드웨어/소프트웨어 자체 개발에 성공하였으며 LGD에 장비를 납품하며 기술력 인정받음. 주요 제품으로는 LCD In-line시스템, Bake Oven, OLED In-line 시스템, TSP Direct Bonding 등으로 전방산업인 디스플레이 산업의 환경 변화에 맞추어 다양한 제품을 개발 및 판매하고 있음.

실적 분석

동사의 2017년 연결기준 결산 매출액은 전년동기대비 83.3% 증가한 806.4억원이며, 매출조조로 인하여 영업이익은 373.7% 큰 폭으로 증가한 103.2억원을 시현함. 동사는 최근 중국기업 장시 인핀테크(JIANGXI INFINTECH)와 105억원 규모의 디스플레이 제조장비 수주 계약을 체결. 이는 지난해 매출의 13%에 이르는 금액임. 신규 고객사 확보로 매출처 다변화를 이뤄 성장성을 확장해가고 있음.

현금 흐름

<단위 : 억원>

항목	2016	2017
영업활동	-57	147
투자활동	-108	-145
재무활동	63	81
순현금흐름	-101	81
기말현금	7	88

시장 대비 수익률

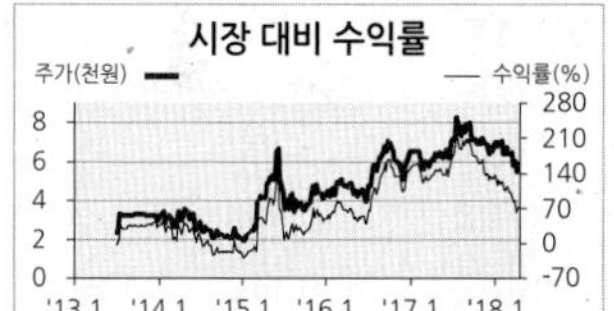

결산 실적

<단위 : 억원>

항목	2012	2013	2014	2015	2016	2017
매출액	380	514	572	528	440	806
영업이익	15	37	75	79	22	103
당기순이익	-1	10	61	72	42	50

분기 실적

<단위 : 억원>

항목	2016.3Q	2016.4Q	2017.1Q	2017.2Q	2017.3Q	2017.4Q
매출액	69	188	171	209	212	215
영업이익	-3	25	34	26	31	13
당기순이익	-21	58	4	29	30	-13

재무 상태

<단위 : 억원>

항목	2012	2013	2014	2015	2016	2017
총자산	306	380	502	673	762	977
유형자산	63	85	84	151	119	123
무형자산	12	16	25	36	50	75
유가증권	1	—	—	—	1	7
총부채	175	307	368	296	338	524
총차입금	132	188	178	104	159	261
자본금	19	14	14	27	56	56
총자본	131	73	134	376	424	453
지배주주지분	131	73	134	376	424	453

기업가치 지표

항목	2012	2013	2014	2015	2016	2017
주가(최고/저)(천원)	—/—	3.3/2.3	3.6/1.9	6.8/1.9	7.7/3.9	8.5/5.6
PER(최고/저)(배)	0.0/0.0	23.6/16.4	4.1/2.2	9.4/2.7	21.1/10.8	19.4/12.8
PBR(최고/저)(배)	0.0/0.0	3.1/2.2	1.9/1.0	2.1/0.6	2.1/1.1	2.1/1.4
EV/EBITDA(배)	4.3	7.6	2.6	5.8	29.5	7.4
EPS(원)	-16	147	914	753	379	448
BPS(원)	3,409	1,912	3,501	6,892	3,787	4,134
CFPS(원)	62	381	1,736	1,545	446	518
DPS(원)	—	—	—	—	100	150
EBITDAPS(원)	482	1,103	2,119	1,699	265	991

재무 비율

<단위 : %>

연도	영업이익률	순이익률	부채비율	차입금비율	ROA	ROE	유보율	자기자본비율	EBITDA마진율
2017	12.8	6.2	115.8	57.7	5.8	11.4	726.7	46.4	13.8
2016	5.0	9.5	79.8	37.5	5.8	10.5	657.4	55.6	6.7
2015	15.1	13.6	78.8	27.6	12.2	28.2	1,278.4	55.9	15.9
2014	13.2	10.6	274.1	133.1	13.7	58.5	858.0	26.7	14.2

벽산 (A007210)
BYUCK SAN

업　　종 : 건축자재　　　시　　장 : 거래소
신 용 등 급 : (Bond) —　　(CP) —　　　기 업 규 모 : 시가총액 소형주
홈 페 이 지 : www.byucksan.com　　　연 락 처 : 02)2260-6114
본　　사 : 서울시 중구 퇴계로 307, 광희빌딩 (광희동1가)

설 립 일	1971.04.09	**종 업 원 수**	336명	**대 표 이 사**	김성식
상 장 일	1972.01.04	**감 사 의 견**	적정(대영)	**계　　열**	
결 산 기	12월	**보 통 주**		**종속회사수**	2개사
액 면 가	500원	**우 선 주**		**구 상 호**	

주주구성 (지분율,%)		출자관계 (지분율,%)		주요경쟁사 (외형,%)	
김희철	8.8	벽산페인트	90.3	벽산	100
벽산엘티씨엔터프라이즈	5.0	하츠	46.3	KCC	932
(외국인)	12.1	인스타워즈	36.2	LG하우시스	785

매출구성		비용구성		수출비중	
[제품]내화단열재, 천장재 등	55.0	매출원가율	79.9	수출	0.6
[상품등]내장재, 바닥재 등	45.0	판관비율	14.9	내수	99.4

회사 개요

동사는 1971년 설립되어 이듬해에 한국거래소에 상장된 기업으로서 단열재, 외장재, 천장재 등 건축자재와 도료의 제조 및 판매 사업을 영위하고 있으며, 익산공장을 비롯한 6개 공장에서 다양한 종류의 천장재, 단열재, 외장재 등 양질의 건축자재를 생산하며 본사를 비롯한 부산, 대구, 대전, 광주의 전국 4개 지점과 영업소를 통해 전국의 유통망을 확보하고 있음. 벽산페인트와 하츠를 연결대상 종속회사로 보유중임.

실적 분석

동사의 결산 매출액은 4,147억원으로 전년동기 대비 6.6% 감소하였음. 하츠(주방기기/환기부문)의 상승세가 건재부문 및 도료부문의 부진을 만회하는 모습이나, 건재부문의 부진이 커 외형 축소된 상황. 동기간 중 영업이익은 216.4억원으로 전년동기 대비 38.5% 감소하였으며, 당기순이익 또한 전년동기 대비 45.3% 줄어든 133.6억원을 기록하는데 그침. 원가율 상승 및 비영업손익 악화에 기인함.

현금 흐름 〈단위 : 억원〉

항목	2016	2017
영업활동	386	169
투자활동	-220	-166
재무활동	-94	-96
순현금흐름	98	-101
기말현금	1,108	1,007

시장 대비 수익률

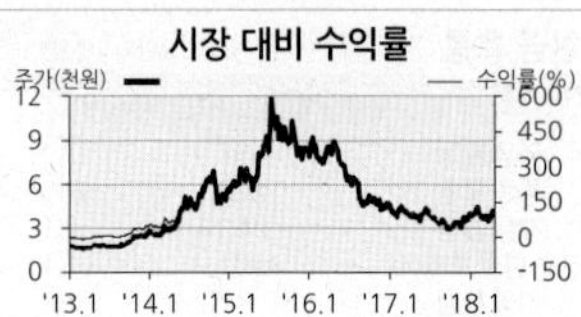

결산 실적 〈단위 : 억원〉

항목	2012	2013	2014	2015	2016	2017
매출액	3,903	3,994	4,284	4,428	4,438	4,147
영업이익	127	204	316	399	352	216
당기순이익	31	104	214	303	244	134

분기 실적 〈단위 : 억원〉

항목	2016.3Q	2016.4Q	2017.1Q	2017.2Q	2017.3Q	2017.4Q
매출액	1,127	1,251	971	985	1,111	1,081
영업이익	95	78	63	62	64	27
당기순이익	68	65	27	33	40	34

재무 상태 〈단위 : 억원〉

항목	2012	2013	2014	2015	2016	2017
총자산	3,865	3,984	4,000	4,295	4,584	4,516
유형자산	1,413	1,412	1,429	1,423	1,720	1,867
무형자산	58	49	47	52	46	50
유가증권	316	231	187	291	215	136
총부채	1,664	1,711	1,568	1,621	1,781	1,598
총차입금	767	669	578	567	562	487
자본금	343	343	343	343	343	343
총자본	2,201	2,273	2,432	2,674	2,803	2,918
지배주주지분	1,673	1,755	1,899	2,121	2,235	2,327

기업가치 지표

항목	2012	2013	2014	2015	2016	2017
주가(최고/저)(천원)	3.1/1.6	2.7/1.6	6.9/2.5	12.4/5.5	9.2/4.2	4.6/2.9
PER(최고/저)(배)	48.5/25.2	17.3/10.5	25.0/9.0	31.1/13.8	28.4/13.1	29.1/18.3
PBR(최고/저)(배)	1.3/0.7	1.0/0.6	2.4/0.9	3.8/1.7	2.6/1.2	1.2/0.8
EV/EBITDA(배)	8.7	7.8	10.4	12.3	7.4	9.7
EPS(원)	72	163	284	407	328	158
BPS(원)	2,677	2,796	3,005	3,329	3,570	3,702
CFPS(원)	204	256	379	499	414	246
DPS(원)	130	56	68	65	35	25
EBITDAPS(원)	316	392	555	674	599	404

재무 비율 〈단위 : %〉

연도	영업이익률	순이익률	부채비율	차입금비율	ROA	ROE	유보율	자기자본비율	EBITDA마진율
2017	5.2	3.2	54.8	16.7	2.9	4.7	640.5	64.6	6.7
2016	7.9	5.5	63.6	20.1	5.5	10.3	613.9	61.1	9.3
2015	9.0	6.8	60.6	21.2	7.3	13.9	565.8	62.3	10.4
2014	7.4	5.0	64.5	23.8	5.4	10.7	501.0	60.8	8.9

보광산업 (A225530)
BoKwang Industry

업　　종 : 건축소재　　　시　　장 : KOSDAQ
신 용 등 급 : (Bond) —　　(CP) —　　　기 업 규 모 : 벤처
홈 페 이 지 : www.bokwangindustry.co.kr　　　연 락 처 : 053)384-0883
본　　사 : 대구시 북구 유통단지로3길 40

설 립 일	2004.08.27	**종 업 원 수**	75명	**대 표 이 사**	김윤수
상 장 일	2015.12.17	**감 사 의 견**	적정(안경)	**계　　열**	
결 산 기	12월	**보 통 주**		**종속회사수**	
액 면 가	500원	**우 선 주**		**구 상 호**	

주주구성 (지분율,%)		출자관계 (지분율,%)		주요경쟁사 (외형,%)	
홈센타홀딩스	41.2	홈센타홀딩스	6.2	보광산업	100
박병준	7.9			일신석재	125
(외국인)	0.8			쎄니트	300

매출구성		비용구성		수출비중	
골재(제품)	44.7	매출원가율	68.5	수출	0.0
레미콘	40.4	판관비율	9.4	내수	100.0
아스콘 재생(제품)	6.8				

회사 개요

2004년 8월 설립된 동사는 대구, 경북지역에서 골재 사업, 아스콘 사업, 레미콘 사업을 영위하고 있음. 산업의 특성상 제품의 생산과 소비가 거의 동시에 일어나기 때문에 타 지역 경쟁사가 진입하기 힘든 사업 환경에 노출되어 있으며 동사의 매출은 골재 사업(46%), 아스콘 사업(11%), 레미콘 사업(41%)으로 구성되어 있으며 골재 산업의 환경 변화로 인해 골재 사업의 높은 수익성은 유지될 가능성이 큼.

실적 분석

동사의 2017년 연결기준 결산 매출액은 주택공급 과잉우려, 내수침체 및 금리인상 등 영향으로 전년동기 대비 11.9% 감소한 420.4억원을 시현함. 매출원가 감소 및 판관비 축소에도 불구하고 매출감소의 영향으로 영업이익은 20.0% 감소한 92.7억원을 보임. 동사는 대구지방조달청과 레미콘판매계약을 체결하였으며 계약금은 총 70억원 규모로 최근 매출액 대비 14.7%에 해당함.

현금 흐름 *IFRS 별도 기준 〈단위 : 억원〉

항목	2016	2017
영업활동	116	138
투자활동	-100	-32
재무활동	-92	-42
순현금흐름	-75	64
기말현금	30	94

시장 대비 수익률

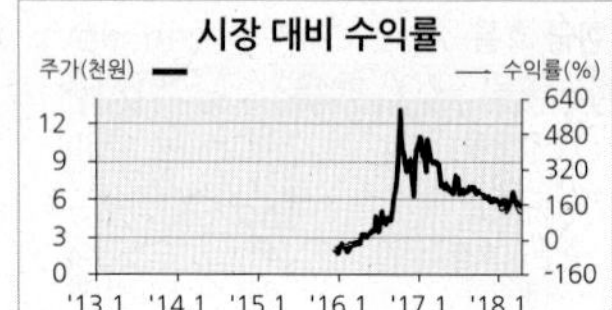

결산 실적 〈단위 : 억원〉

항목	2012	2013	2014	2015	2016	2017
매출액	423	421	315	403	477	420
영업이익	22	69	100	132	116	93
당기순이익	12	49	39	101	102	91

분기 실적 *IFRS 별도 기준 〈단위 : 억원〉

항목	2016.3Q	2016.4Q	2017.1Q	2017.2Q	2017.3Q	2017.4Q
매출액	112	131	83	123	115	100
영업이익	18	39	9	31	31	22
당기순이익	20	32	7	26	24	33

재무 상태 *IFRS 별도 기준 〈단위 : 억원〉

항목	2012	2013	2014	2015	2016	2017
총자산	264	473	464	848	878	904
유형자산	155	259	245	463	489	471
무형자산	10	—	—	—	—	—
유가증권	23	110	117	151	127	96
총부채	216	401	272	409	333	319
총차입금	148	273	154	261	192	175
자본금	11	11	14	57	115	172
총자본	48	72	192	439	545	585
지배주주지분	48	72	192	439	545	585

기업가치 지표 *IFRS 별도 기준

항목	2012	2013	2014	2015	2016	2017
주가(최고/저)(천원)	—/—	—/—	—/—	—/—	—/—	—/—
PER(최고/저)(배)	0.0/0.0	0.0/0.0	0.0/0.0	5.2/3.9	46.2/5.8	44.4/22.3
PBR(최고/저)(배)	0.0/0.0	0.0/0.0	0.0/0.0	1.7/1.2	8.7/1.1	6.9/3.5
EV/EBITDA(배)	4.0	2.8	1.1	4.5	24.5	15.3
EPS(원)	66	263	201	406	296	265
BPS(원)	43,497	65,453	135,138	3,821	2,370	1,698
CFPS(원)	24,585	67,894	57,707	1,590	602	378
DPS(원)	—	—	—	—	300	165
EBITDAPS(원)	33,708	85,936	110,529	1,962	663	383

재무 비율 〈단위 : %〉

연도	영업이익률	순이익률	부채비율	차입금비율	ROA	ROE	유보율	자기자본비율	EBITDA마진율
2017	22.1	21.7	54.5	29.9	10.2	16.1	239.6	64.7	31.4
2016	24.3	21.4	61.1	35.3	11.8	20.8	374.1	62.1	31.9
2015	32.8	25.1	93.2	59.4	15.4	32.0	664.3	51.8	40.4
2014	31.9	12.5	141.3	80.1	8.4	29.7	1,251.4	41.4	40.6

보라티알 (A250000)

BORATR CO

업종 : 식료품 | 시장 : KOSDAQ
신용등급 : (Bond) — (CP) — | 기업규모 : 중견
홈페이지 : www.boratr.co.kr | 연락처 : 02)538-3373
본사 : 서울시 강남구 학동로 506 4층(삼성동, 성일빌딩)

설립일	2015.11.02	**종업원수**	82명	**대표이사**	김대영
상장일	2017.06.08	**감사의견**	적정(세림)	**계열**	
결산기	12월	**보통주**		**종속회사수**	
액면가	500원	**우선주**		**구상호**	

주주구성 (지분율,%)		출자관계 (지분율,%)		주요경쟁사 (외형,%)	
김대영	43.4	씨이십일	100.0	보라티알	100
나현진	29.4	보라리커	100.0	엠에스씨	337
(외국인)	0.6			동원F&B	6,068

매출구성		비용구성		수출비중	
유가공품	27.0	매출원가율	57.0	수출	0.0
소스류	20.8	판관비율	21.2	내수	100.0
파스타류	16.3				

회사 개요

동사는 2015년 11월 2일 설립됐으며, 주요 사업은 식품 식자재 수입, 도소매 유통 업을 영위. 파스타, 올리브오일, 토마토소스 등 가공식품을 수입해 유통하는 기업으로 우수한 브랜드를 발굴하여 호텔, 레스토랑, 백화점, 대형마트 등을 통해 제품을 소비자에게 전달. 동사의 매출의 구성은 파스타, 토마토홀, 휘핑크림, 올리브오일 등 수입가공식품에 대한 상품매출과 토마토소스나 크림소스 등 제조를 통해 발생함.

실적 분석

동사의 2017년 연결 기준 연간 매출액은 420.7억원으로 전년 동기 대비 9.7% 증가함. 매출이 증가하면서 매출원가와 판관비도 늘었지만 매출 증가율이 매출원가 증가율을 상회해 영업이익은 전년 동기 대비 7.8% 증가한 91.7억원을 기록함. 비영업 부문에서 흑자 규모가 줄었고 법인세 비용 부담도 늘었지만 영업이익 증가폭이 커 당기순이익은 전년 동기 대비 3% 증가한 76.3억원을 시현함.

현금 흐름

〈단위 : 억원〉

항목	2016	2017
영업활동	87	64
투자활동	-8	-322
재무활동	-81	262
순현금흐름	-1	4
기말현금	2	6

시장 대비 수익률

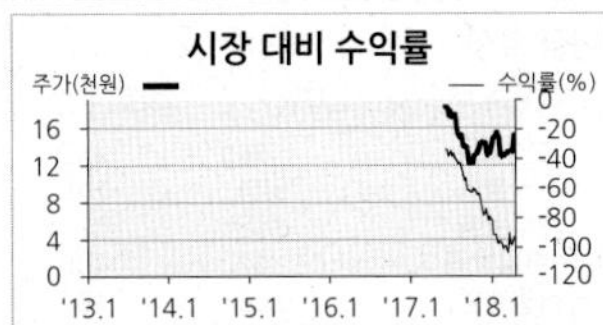

결산 실적

〈단위 : 억원〉

항목	2012	2013	2014	2015	2016	2017
매출액	—	—	—	70	384	421
영업이익	—	—	—	17	85	92
당기순이익	—	—	—	10	74	76

분기 실적

〈단위 : 억원〉

항목	2016.3Q	2016.4Q	2017.1Q	2017.2Q	2017.3Q	2017.4Q
매출액	97	—	—	103	110	—
영업이익	17	—	—	19	27	—
당기순이익	16	—	—	14	19	—

재무 상태

〈단위 : 억원〉

항목	2012	2013	2014	2015	2016	2017
총자산	—	—	—	269	271	609
유형자산	—	—	—	100	94	98
무형자산	—	—	—	3	3	5
유가증권	—	—	—	—	—	—
총부채	—	—	—	212	117	136
총차입금	—	—	—	165	61	82
자본금	—	—	—	2	25	34
총자본	—	—	—	57	154	472
지배주주지분	—	—	—	57	154	472

기업가치 지표

항목	2012	2013	2014	2015	2016	2017
주가(최고/저)(천원)	#VALUE!	—/—	—/—	—/—	—/—	—/—
PER(최고/저)(배)	0.0/0.0	0.0/0.0	0.0/0.0	0.0/0.0	0.0/0.0	14.5/9.1
PBR(최고/저)(배)	0.0/0.0	0.0/0.0	0.0/0.0	0.0/0.0	0.0/0.0	2.6/1.7
EV/EBITDA(배)	0.0	0.0	0.0	8.5	0.4	7.4
EPS(원)	—	—	—	223	1,544	1,265
BPS(원)	—	—	—	186,214	3,078	6,997
CFPS(원)	—	—	—	36,192	1,598	1,311
DPS(원)	—	—	—	—	—	—
EBITDAPS(원)	—	—	—	58,511	1,826	1,566

재무 비율

〈단위 : %〉

연도	영업이익률	순이익률	부채비율	차입금비율	ROA	ROE	유보율	자기자본비율	EBITDA마진율
2017	21.8	18.1	28.8	17.4	17.3	24.3	1,299.3	77.6	22.4
2016	22.2	19.3	75.6	39.8	27.4	70.2	515.6	57.0	22.8
2015	24.8	15.0	374.4	291.1	0.0	0.0	3,624.3	21.1	25.6
2014	0.0	0.0	0.0	0.0	0.0	0.0	0.0	0.0	0.0

보락 (A002760)

Bolak

업종 : 화학 | 시장 : 거래소
신용등급 : (Bond) — (CP) — | 기업규모 : 시가총액 소형주
홈페이지 : www.bolak.co.kr | 연락처 : 031)352-6455
본사 : 경기도 화성시 양감면 초록로 720-37

설립일	1959.08.08	**종업원수**	130명	**대표이사**	정기련
상장일	1989.11.30	**감사의견**	적정(한울)	**계열**	
결산기	12월	**보통주**		**종속회사수**	
액면가	200원	**우선주**		**구상호**	

주주구성 (지분율,%)		출자관계 (지분율,%)		주요경쟁사 (외형,%)	
정기련	26.2	해태제과식품	0.1	보락	100
최경애	7.9	웅진	0.0	코오롱머티리얼	1,059
(외국인)	0.6	신한지주	0.0	씨큐브	120

매출구성		비용구성		수출비중	
파인애플 엣센스	64.9	매출원가율	83.7	수출	4.9
보락애엽95%에탄올연조엑스	20.0	판관비율	12.5	내수	95.1
삭카린 나트륨	12.9				

회사 개요

1959년 설립된 동사는 식품첨가물 및 원료의약품사업 등을 영위하고 있음. 매출비중은 식품첨가물이 약 70%, 원료의약품이 20%를 보이고 있음. 엘지생활건강, 에스트라, 해태제과, 동아오츠카, 동아제약 등이 주요 매출처로 안정적 외형을 보이고 있으며, 소비자 기호에 영향을 받는 제품의 특성상 제품의 수명이 대체로 짧은 편이므로 소비자의 기호와 욕구에 맞는 다양하고 기능성 식품의 개발이 관건임.

실적 분석

부가가치가 높은 원료의약품의 판매 부진으로 매출액과 영업이익은 전년 대비 각각 6.3%와 37.0% 감소한 부진한 실적을 나타냄. 매도가능금융자산처분이익이 발생했던 전년에 비해 당기순이익은 절반 이하로 감소함. 원료의약품 GMP 공장의 리모델링을 위해 일부 공사가 진행 중이며, 공장의 리모델링이 완료되면 감가상각비 등이 증가할 것으로 보여짐. 공장 완료 시점은 2019년 2분기로 예상하고 있음.

현금 흐름 *IFRS 별도 기준

〈단위 : 억원〉

항목	2016	2017
영업활동	55	7
투자활동	-3	-17
재무활동	-11	-11
순현금흐름	41	-21
기말현금	53	32

시장 대비 수익률

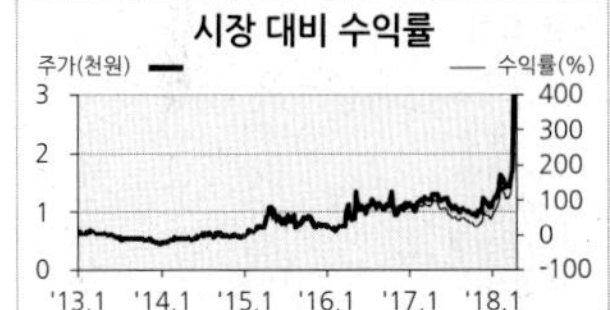

결산 실적

〈단위 : 억원〉

항목	2012	2013	2014	2015	2016	2017
매출액	314	307	312	311	357	335
영업이익	20	8	8	13	20	13
당기순이익	19	7	21	-2	30	12

분기 실적 *IFRS 별도 기준

〈단위 : 억원〉

항목	2016.3Q	2016.4Q	2017.1Q	2017.2Q	2017.3Q	2017.4Q
매출액	86	83	81	87	94	72
영업이익	5	-2	3	6	5	-1
당기순이익	4	-2	2	6	6	-1

재무 상태 *IFRS 별도 기준

〈단위 : 억원〉

항목	2012	2013	2014	2015	2016	2017
총자산	494	497	515	495	531	518
유형자산	243	242	252	258	309	304
무형자산	2	2	2	2	1	1
유가증권	8	8	8	8	3	3
총부채	109	104	104	95	104	86
총차입금	26	37	25	24	17	14
자본금	120	120	120	120	120	120
총자본	385	393	411	400	427	432
지배주주지분	385	393	411	400	427	432

기업가치 지표 *IFRS 별도 기준

항목	2012	2013	2014	2015	2016	2017
주가(최고/저)(천원)	0.7/0.5	0.7/0.4	0.6/0.5	1.2/0.6	1.4/0.7	1.4/0.9
PER(최고/저)(배)	22.9/15.8	61.1/39.4	19.6/14.0	—/—	29.1/13.7	67.2/45.5
PBR(최고/저)(배)	1.1/0.8	1.1/0.7	1.0/0.7	1.9/0.9	2.1/1.0	1.9/1.3
EV/EBITDA(배)	11.1	12.6	14.2	16.2	18.4	22.5
EPS(원)	32	12	35	-3	51	21
BPS(원)	3,215	3,276	3,434	3,340	3,568	722
CFPS(원)	283	188	314	126	382	46
DPS(원)	40	20	70	30	70	7
EBITDAPS(원)	293	190	208	247	299	47

재무 비율

〈단위 : %〉

연도	영업이익률	순이익률	부채비율	차입금비율	ROA	ROE	유보율	자기자본비율	EBITDA마진율
2017	3.8	3.7	19.9	3.2	2.4	2.9	260.8	83.4	8.4
2016	5.7	8.5	24.3	3.9	5.9	7.3	256.8	80.5	10.0
2015	4.1	-0.6	23.8	6.0	-0.3	-0.4	234.0	80.8	9.5
2014	2.6	6.7	25.2	6.0	4.1	5.2	243.4	79.9	8.0

보령메디앙스 (A014100)
Boryung Medience

업 종 : 개인생활용품 | 시 장 : KOSDAQ
신용등급 : (Bond) — (CP) — | 기업규모 : 우량
홈페이지 : www.medience.co.kr | 연 락 처 : 02)708-8357
본 사 : 서울시 종로구 창경궁로 136 (원남동 66-21 보령빌딩)

설 립 일	1979.04.28	**종 업 원 수**	182명	**대 표 이 사**	김은정,이훈규
상 장 일	1995.01.03	**감 사 의 견**	적정(대주)	**계 열**	
결 산 기	12월	**보 통 주**		**종속회사수**	1개사
액 면 가	500원	**우 선 주**		**구 상 호**	

주주구성 (지분율,%)		출자관계 (지분율,%)		주요경쟁사 (외형,%)	
김은정	29.8	비알엠로지스틱스	20.0	보령메디앙스	100
보령홀딩스	13.0	보령제약	5.4	코리아나	93
(외국인)	1.7	보령메디앙스천진상무유한공사	100.0	네오팜	44

매출구성		비용구성		수출비중	
B & B 등	38.2	매출원가율	46.7	수출	21.3
I - MOM 외 다수	25.8	판관비율	48.4	내수	78.7
쇼콜라, 뮤아 외	16.7				

회사 개요

동사는 스킨케어, 수유용품, 완구발육용품에서 패션에 이르기까지 육아에 필요한 제품을 만드는 회사임. 주요 제품으로는 아동 스킨케어 제품인 퓨어가닉, 닥터아토, 누크, 수유용품인 유피스, 누크수유용품, 생활건강 제품인 닥터아토, B&B, 완구제품 피셔프라이스, 아동패션브랜드 쇼콜라 등이 있음. 2009년에는 친환경 제품에 관심을 보이는 소비자 니즈에 부응하기 위해 대표적인 친환경 브랜드인 '오가닉코튼' 브랜드를 인수함.

실적 분석

동사의 2017년 결산 연결기준 매출액은 전년대비 11.2% 감소한 1,207.1억원을 기록함. 매출액 감소는 전 사업부문에서 발생했으며 특히 I-MOM 등 상품 매출 감소가 두드러짐. 외형 축소에도 원가율은 유지되며 영업이익은 58.8억원으로 수익성을 유지함. 다만 관련 기업투자이익이 반영된 당기순이익은 전년대비 122.4% 증가한 59.9억원을 시현함. 동사는 성인 여성용 기초 스킨케어를 출시하는 등 사업 영역을 확장하고 있음.

현금 흐름 〈단위 : 억원〉

항목	2016	2017
영업활동	107	58
투자활동	-60	-44
재무활동	12	-12
순현금흐름	55	-5
기말현금	98	93

시장 대비 수익률

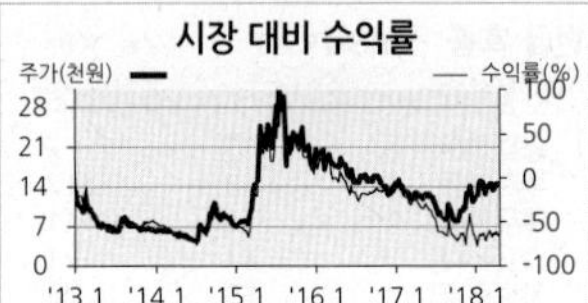

결산 실적 〈단위 : 억원〉

항목	2012	2013	2014	2015	2016	2017
매출액	1,778	1,543	1,453	1,367	1,359	1,207
영업이익	6	-39	57	65	67	59
당기순이익	7	-38	53	56	27	60

분기 실적 〈단위 : 억원〉

항목	2016.3Q	2016.4Q	2017.1Q	2017.2Q	2017.3Q	2017.4Q
매출액	330	338	306	304	291	306
영업이익	18	1	9	10	9	30
당기순이익	12	-26	7	3	9	41

재무 상태 〈단위 : 억원〉

항목	2012	2013	2014	2015	2016	2017
총자산	905	860	879	918	976	991
유형자산	101	135	135	228	217	222
무형자산	16	11	9	12	21	18
유가증권	3	3	3	3	4	5
총부채	555	545	511	493	560	519
총차입금	189	243	201	188	240	233
자본금	51	52	53	54	55	57
총자본	350	314	368	425	416	472
지배주주지분	350	314	368	425	416	472

기업가치 지표

항목	2012	2013	2014	2015	2016	2017
주가(최고/저)(천원)	22.0/6.7	13.5/6.2	11.9/4.5	35.3/7.3	21.4/12.7	15.4/7.6
PER(최고/저)(배)	352.6/106.7	—/—	25.6/9.6	72.1/14.9	90.6/53.9	30.3/14.9
PBR(최고/저)(배)	7.2/2.2	4.9/2.3	3.7/1.4	9.4/1.9	5.4/3.2	3.6/1.8
EV/EBITDA(배)	42.6	—	11.9	29.8	19.9	18.5
EPS(원)	60	-321	450	474	228	507
BPS(원)	3,438	3,039	3,493	3,954	4,091	4,445
CFPS(원)	329	-118	701	713	469	733
DPS(원)	—	—	—	10	—	—
EBITDAPS(원)	316	-129	734	796	838	724

재무 비율 〈단위 : %〉

연도	영업 이익률	순 이익률	부채 비율	차입금 비율	ROA	ROE	유보율	자기자본 비율	EBITDA 마진율
2017	4.9	5.0	110.1	49.3	6.1	13.5	789.0	47.6	6.8
2016	5.0	2.0	134.6	57.7	2.8	6.4	718.2	42.6	6.8
2015	4.7	4.1	116.2	44.3	6.2	14.1	690.7	46.3	6.3
2014	3.9	3.7	138.7	54.5	6.1	15.6	598.5	41.9	5.4

보령제약 (A003850)
Boryung Pharmaceutical

업 종 : 제약 | 시 장 : 거래소
신용등급 : (Bond) — (CP) — | 기업규모 : 시가총액 중형주
홈페이지 : www.boryung.co.kr | 연 락 처 : 02)708-8000
본 사 : 서울시 종로구 창경궁로 136 보령빌딩

설 립 일	1963.11.11	**종 업 원 수**	1,065명	**대 표 이 사**	김은선,최태홍
상 장 일	1988.10.24	**감 사 의 견**	적정(안진)	**계 열**	
결 산 기	12월	**보 통 주**		**종속회사수**	2개사
액 면 가	2,500원	**우 선 주**		**구 상 호**	

주주구성 (지분율,%)		출자관계 (지분율,%)		주요경쟁사 (외형,%)	
보령홀딩스	33.8	보령바이젠셀	41.3	보령제약	100
김은선	12.2	금정프로젝트금융투자	10.0	신풍제약	44
(외국인)	4.5	BORYUNGHONGKONG	100.0	광동제약	270

매출구성		비용구성		수출비중	
[제품]기타	37.2	매출원가율	60.3	수출	7.0
[상품]기타	24.9	판관비율	39.5	내수	93.0
겔포스 외	15.0				

회사 개요

동사는 1963년 11월에 설립되어 의약품의 제조, 매매 및 소분업, 무역업, 무역대리업, 부동산 매매 및 임대업 등을 영위하고 있으며, 2017년말 현재 총 24개의 계열회사로 구성. 주요 국내 제약사 중 시장점유율은 10위에 위치하고 있으며, 2017년 매출액은 카나브 패밀리, 겔포스, 맥스핌, 스토가 등의 제품(52.5%), 젬자, 젤로다, 제넥솔 등의 상품(35.5%), 기타(12.0%)로 구성됨.

실적 분석

동사의 연결기준 2017년 누적 매출액은 4,227.2억원으로 전년 동기 대비 3.3% 증가했으나 동기간 매출원가 및 판관비가 각각 9.6%, 7.9% 증가함에 따라 영업이익은 전년 동기 대비 95.4% 감소한 10.2억원을 기록함. 반면, 일회성 수익인 관련기업투자등 관련수익이 발생함에 따라 비영업손익은 흑자전환하였음. 이에 따라 동사의 2017년 당기순이익은 전년 동기 대비 906.0% 증가한 564.8억원을 기록함.

현금 흐름 〈단위 : 억원〉

항목	2016	2017
영업활동	94	-243
투자활동	324	-245
재무활동	-385	391
순현금흐름	42	-100
기말현금	263	164

시장 대비 수익률

결산 실적 〈단위 : 억원〉

항목	2012	2013	2014	2015	2016	2017
매출액	3,121	3,273	3,595	4,014	4,091	4,227
영업이익	34	191	244	276	220	10
당기순이익	94	141	216	203	56	565

분기 실적 〈단위 : 억원〉

항목	2016.3Q	2016.4Q	2017.1Q	2017.2Q	2017.3Q	2017.4Q
매출액	1,173	977	999	1,089	1,201	939
영업이익	65	12	49	8	12	-59
당기순이익	32	-95	26	7	30	502

재무 상태 〈단위 : 억원〉

항목	2012	2013	2014	2015	2016	2017
총자산	2,730	2,676	2,824	3,309	3,979	4,025
유형자산	678	644	681	800	893	1,445
무형자산	166	175	167	185	178	175
유가증권	5	5	5	5	21	5
총부채	1,272	1,076	1,051	1,350	2,026	1,529
총차입금	522	317	370	573	255	663
자본금	174	183	192	201	211	221
총자본	1,458	1,600	1,774	1,959	1,953	2,497
지배주주지분	1,458	1,600	1,774	1,959	1,953	2,497

기업가치 지표

항목	2012	2013	2014	2015	2016	2017
주가(최고/저)(천원)	20.3/9.1	31.5/18.5	40.2/26.5	69.8/33.5	66.9/48.6	59.7/37.8
PER(최고/저)(배)	19.9/8.9	20.4/12.0	16.9/11.2	31.1/14.9	107.6/78.2	9.5/6.0
PBR(최고/저)(배)	1.3/0.6	1.8/1.0	2.0/1.3	3.2/1.5	2.9/2.1	2.1/1.3
EV/EBITDA(배)	15.4	9.4	10.0	12.7	14.7	27.4
EPS(원)	1,063	1,598	2,442	2,297	635	6,414
BPS(원)	21,484	22,426	23,797	24,994	24,377	29,406
CFPS(원)	2,851	3,375	4,267	4,115	2,483	8,253
DPS(원)	150	150	200	200	200	800
EBITDAPS(원)	1,986	4,060	4,638	5,017	4,429	1,954

재무 비율 〈단위 : %〉

연도	영업 이익률	순 이익률	부채 비율	차입금 비율	ROA	ROE	유보율	자기자본 비율	EBITDA 마진율
2017	0.2	13.4	61.2	26.6	14.1	25.5	1,076.2	62.0	4.1
2016	5.4	1.4	103.7	13.1	1.5	2.9	875.1	49.1	9.1
2015	6.9	5.1	68.9	29.3	6.6	10.9	899.8	59.2	10.1
2014	6.8	6.0	59.2	20.9	7.9	12.8	851.9	62.8	9.9

보성파워텍 (A006910)
Bosung Power Technology

업　　종 : 전기장비
신용등급 : (Bond) —　　(CP) —
홈페이지 : www.bosungpower.co.kr
본　　사 : 충북 충주시 주덕읍 대창길 70
시　　장 : KOSDAQ
기업규모 : 벤처
연 락 처 : 043)857-0311

설 립 일	1970.11.21	**종 업 원 수**	166명	**대 표 이 사**	임재황
상 장 일	1994.09.07	**감 사 의 견**	적정(대주)	**계　　열**	
결 산 기	12월	**보 통 주**		**종속회사수**	1개사
액 면 가	500원	**우 선 주**		**구　상　호**	

주주구성 (지분율,%)		출자관계 (지분율,%)		주요경쟁사 (외형,%)	
임도수	6.7	보성갈바텍	20.0	보성파워텍	100
임재황	6.3	비에스피건설	16.0	대한전선	2,091
(외국인)	2.4	토러스투자증권	1.0	LS	12,533

매출구성		비용구성		수출비중	
가스개폐기 외	32.2	매출원가율	100.1	수출	5.4
철구조물	24.5	판관비율	8.3	내수	94.6
상품	17.6				

회사 개요
동사는 전력산업 기자재생산 전문업체로 중전기기류, 송배전자재류, 철구조물 등을 개발, 생산 및 판매사업을 영위하고 있음. 전력산업은 국가 기간산업으로서 국내외의 경기동향에 많은 영향을 받는 등 산업연관효과가 큼. 정부의 육성정책과 내수시장 보호정책으로 고도의 성장을 해왔으며, 이로 인해 안정적인 사업분야로 인식되어 점차 경쟁업체가 증가하고 있음. 경제성장에 따른 설비투자증가 및 전력수요증가 요인과 연계됨.

실적 분석
동사의 매출액은 전년 대비 5.4% 증가한 759억원, 영업손실은 64억원으로 적자를 지속함. 주력제품인 철탑, 관형지지물 등의 판매 감소와 수익구조 악화가 주원인으로 분석됨. 2018년에는 에너지신사업분야의 전문인력 충원과 나주공장 시설투자 완료 및 대기업과의 긴밀한 유대관계를 통하여 새로운 제품을 개발, 에너지신사업분야 강화와 미얀마, 필리핀, 방글라데시 등 동남아 전력시장 개척을 꾀하고 있음.

현금 흐름 <단위 : 억원>

항목	2016	2017
영업활동	-49	-144
투자활동	22	-132
재무활동	331	24
순현금흐름	304	-253
기말현금	341	88

시장 대비 수익률

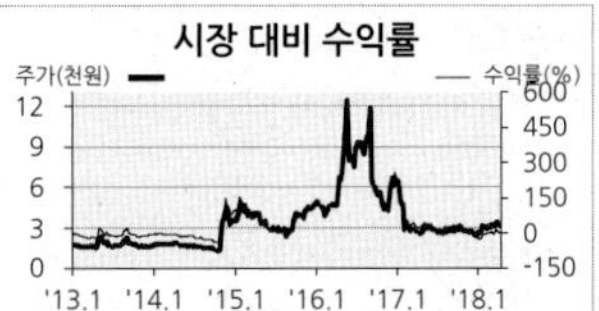

결산 실적 <단위 : 억원>

항목	2012	2013	2014	2015	2016	2017
매출액	1,050	1,032	896	765	720	759
영업이익	31	11	-43	18	-38	-64
당기순이익	9	-19	-48	7	5	-94

분기 실적 <단위 : 억원>

항목	2016.3Q	2016.4Q	2017.1Q	2017.2Q	2017.3Q	2017.4Q
매출액	142	280	123	196	149	291
영업이익	-9	-28	-11	-6	-11	-35
당기순이익	-11	21	-13	-7	-13	-61

재무 상태 <단위 : 억원>

항목	2012	2013	2014	2015	2016	2017
총자산	976	925	845	935	1,287	1,236
유형자산	349	345	337	361	381	413
무형자산	24	22	19	17	17	22
유가증권	47	48	51	59	93	86
총부채	598	568	500	455	348	393
총차입금	317	324	318	232	111	135
자본금	154	154	159	189	229	229
총자본	378	357	345	480	939	843
지배주주지분	377	356	344	478	937	842

기업가치 지표

항목	2012	2013	2014	2015	2016	2017
주가(최고/저)(천원)	3.2/1.5	2.4/1.5	4.6/1.2	5.5/2.4	13.8/3.9	6.6/2.4
PER(최고/저)(배)	114.5/52.1	—/—	—/—	343.6/147.2	1,268.5/363.0	—/—
PBR(최고/저)(배)	2.8/1.3	2.2/1.4	4.5/1.2	4.6/2.0	6.7/1.9	3.6/1.3
EV/EBITDA(배)	16.6	25.9	—	56.8	—	—
EPS(원)	28	-58	-146	16	11	-205
BPS(원)	1,237	1,167	1,089	1,272	2,051	1,842
CFPS(원)	89	5	-88	67	58	-157
DPS(원)	—	—	—	—	—	—
EBITDAPS(원)	159	103	-71	97	-42	-91

재무 비율 <단위 : %>

연도	영업이익률	순이익률	부채비율	차입금비율	ROA	ROE	유보율	자기자본비율	EBITDA마진율
2017	-8.4	-12.4	46.6	16.0	-7.5	-10.6	268.4	68.2	-5.5
2016	-5.3	0.7	37.1	11.9	0.4	0.7	310.1	72.9	-2.5
2015	2.3	0.9	94.8	48.3	0.8	1.6	154.4	51.3	4.8
2014	-4.8	-5.4	145.1	92.3	-5.4	-13.7	117.8	40.8	-2.4

보해양조 (A000890)
BOHAE BREWERY

업　　종 : 음료
신용등급 : (Bond) —　　(CP) —
홈페이지 : www.bohae.co.kr
본　　사 : 전남 목포시 호남로68번길 36
시　　장 : 거래소
기업규모 : 시가총액 소형주
연 락 처 : 061)240-5700

설 립 일	1952.11.11	**종 업 원 수**	358명	**대 표 이 사**	임지선
상 장 일	1988.09.23	**감 사 의 견**	적정(승일)	**계　　열**	
결 산 기	12월	**보 통 주**		**종속회사수**	3개사
액 면 가	500원	**우 선 주**		**구　상　호**	

주주구성 (지분율,%)		출자관계 (지분율,%)		주요경쟁사 (외형,%)	
창해에탄올	31.0	님과함께	100.0	보해양조	100
임성우	1.8	상해순보해	100.0	롯데칠성	2,289
(외국인)	4.6	보해매실농원	90.0	하이트진로	1,898

매출구성		비용구성		수출비중	
소주	54.3	매출원가율	64.0	수출	—
과실주	34.0	판관비율	33.9	내수	—
기타	5.9				

회사 개요
동사는 천년의 아침, 잎새주 등 브랜드로 광주/전남에서 소주 시장의 약75% 점유율을 유지하고 있음. 보해복분자주, 매취순, 순희 등은 전국적인 판매망을 확보해 유통하고 있음. 최근 출시한 저도주 소주 시장점유율 확대를 위한 마케팅비용 지출 증가, 주류업체들간의 과당경쟁이 영업비용 상승으로 이어져 영업환경에 어려움이 있음. 2001년 일본 아사히맥주와 공동개발한 소주 보해(寶海)를 일본에 수출하고 있음.

실적 분석
동사의 2017년 연간 매출액은 전년동기대비 13.8% 하락한 995.7억원을 기록하였음. 비용면에서 전년동기대비 매출원가는 감소 하였으며 인건비, 광고선전비, 기타판관비도 크게 감소함. 매출액은 전년동기 감소하였지만 전년동기대비 영업이익은 20.8억원으로 흑자전환 하였음. 매출원가의 감소효과가 달성한 매출액 대비 컸기 때문이라 판단됨. 향후 해외수출을 통한 성장이 기대됨.

현금 흐름 <단위 : 억원>

항목	2016	2017
영업활동	-100	7
투자활동	-152	-112
재무활동	237	101
순현금흐름	-15	-3
기말현금	9	6

시장 대비 수익률

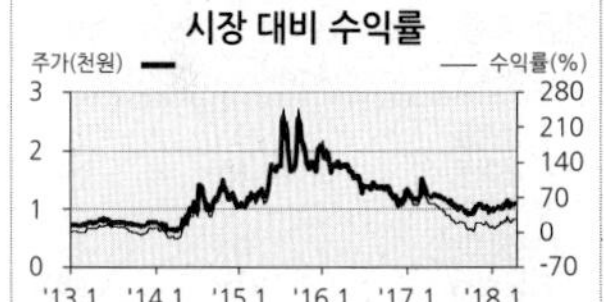

결산 실적 <단위 : 억원>

항목	2012	2013	2014	2015	2016	2017
매출액	1,209	1,197	1,224	1,238	1,155	996
영업이익	87	87	93	82	-60	21
당기순이익	-48	24	49	88	-73	107

분기 실적 <단위 : 억원>

항목	2016.3Q	2016.4Q	2017.1Q	2017.2Q	2017.3Q	2017.4Q
매출액	295	226	261	244	240	251
영업이익	-11	-30	12	2	-6	13
당기순이익	-15	-36	8	1	-2	101

재무 상태 <단위 : 억원>

항목	2012	2013	2014	2015	2016	2017
총자산	2,357	2,130	2,099	2,185	2,039	2,178
유형자산	1,001	995	1,032	1,100	1,234	1,240
무형자산	20	17	14	13	14	9
유가증권	97	94	115	74	82	88
총부채	1,902	1,614	1,298	1,150	1,162	1,182
총차입금	1,206	1,030	720	436	659	755
자본금	220	239	414	469	479	483
총자본	456	515	801	1,035	877	996
지배주주지분	456	516	799	1,033	877	996

기업가치 지표

항목	2012	2013	2014	2015	2016	2017
주가(최고/저)(천원)	1.4/0.7	0.8/0.7	1.5/0.6	2.7/1.0	2.1/1.1	1.6/0.9
PER(최고/저)(배)	—/—	16.5/13.8	21.2/8.7	28.3/11.0	—/—	14.2/8.2
PBR(최고/저)(배)	1.2/0.6	0.7/0.6	1.6/0.7	2.5/1.0	2.3/1.2	1.5/0.9
EV/EBITDA(배)	8.1	7.4	7.9	11.4	34.0	11.3
EPS(원)	-104	51	72	95	-75	111
BPS(원)	1,172	1,201	965	1,102	915	1,032
CFPS(원)	104	269	216	211	46	243
DPS(원)	—	—	—	—	—	—
EBITDAPS(원)	409	406	278	204	58	153

재무 비율 <단위 : %>

연도	영업이익률	순이익률	부채비율	차입금비율	ROA	ROE	유보율	자기자본비율	EBITDA마진율
2017	2.1	10.8	118.7	75.8	5.1	11.5	106.3	45.7	14.9
2016	-5.2	-6.3	132.5	75.1	-3.4	-7.6	83.0	43.0	4.8
2015	6.6	7.1	111.2	42.1	4.1	9.6	120.3	47.4	15.2
2014	7.6	4.0	162.0	89.9	2.3	7.6	93.1	38.2	15.9

본느 (A242420)
Bonne

업　　종 : 개인생활용품　　시　　장 : KONEX
신용등급 : (Bond) —　　(CP) —　　기업규모 : —
홈페이지 : www.bonne.co.kr　　연 락 처 : 031)707-4111
본　　사 : 경기도 성남시 분당구 대왕판교로 670, A동 5층 504호(삼평동, 유스페이스2)

설 립 일	2009.03.09	**종업원수**	23명	**대표이사**	임성기
상 장 일	2016.05.16	**감사의견**	적정(한서)	**계　　열**	
결 산 기	12월	**보 통 주**		**종속회사수**	
액 면 가	—	**우 선 주**		**구 상 호**	

주주구성 (지분율,%)		출자관계 (지분율,%)		주요경쟁사 (외형,%)	
임성기	40.9	터치인솔	100.0	본느	100
임예원	10.2	뷰티플애비뉴케이	100.0	한국화장품	640
		본느화장품(상해)	100.0	한국화장품제조	284

매출구성		비용구성		수출비중	
기초화장용 제품류(제품)	54.4	매출원가율	58.2	수출	85.4
색조화장용 제품류(제품)	25.7	판관비율	24.5	내수	14.6
눈 화장용 제품류(제품)	14.0				

회사 개요
2009년 3월 설립된 화장품 개발 및 제조기업으로 현재 OEM 및 ODM 사업과 자체 BRAND를 통한 화장품 제조업을 영위함. 설립 이후 해외 Retail PB브랜드 및 색조화장품 Brand ODM(OEM) 사업을 통해 성장했고 그동안의 경험으로 제품의 기획 및 생산에 대한 노하우를 축적함. 동사는 이러한 경험을 바탕으로 2012년부터 자체브랜드사업을 개시해 현재 관계사로 100% 지분을 보유한 터치인솔 외 메디솔, 컬러비킷 지분 보유.

실적 분석
동사의 2017년 누적매출액은 236.4억원으로 전년대비 42.9% 증가함. 같은 기간 영업이익은 40.8억원으로 전년보다 183.8% 크게 늘었고, 당기순이익도 190.2% 증가한 28.4억원을 기록함. 자체 브랜드 국내영업을 위해 2018년 내 Pop-up Store를 시험 운영한 후, Flag Shop을 오픈하여 브랜드 인지도 및 역량 강화를 준비 중임. 해외영업 부문에서는 북미 이외에 유럽 및 중동 영업 확대를 목표로 하고 있음.

현금 흐름 *IFRS 별도 기준 〈단위 : 억원〉

항목	2016	2017
영업활동	-0	26
투자활동	-6	-4
재무활동	-3	3
순현금흐름	-9	24
기말현금	21	40

시장 대비 수익률
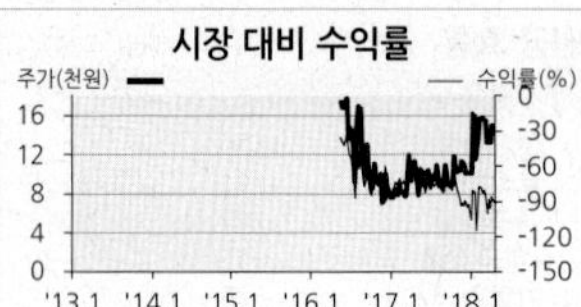

결산 실적 〈단위 : 억원〉

항목	2012	2013	2014	2015	2016	2017
매출액	—	52	59	112	150	236
영업이익	—	1	4	14	24	41
당기순이익	—	1	3	18	10	28

분기 실적 *IFRS 별도 기준 〈단위 : 억원〉

항목	2016.3Q	2016.4Q	2017.1Q	2017.2Q	2017.3Q	2017.4Q
매출액	—	—	—	—	—	—
영업이익	—	—	—	—	—	—
당기순이익	—	—	—	—	—	—

재무 상태 *IFRS 별도 기준 〈단위 : 억원〉

항목	2012	2013	2014	2015	2016	2017
총자산	—	20	21	81	93	122
유형자산	—	1	0	1	1	1
무형자산	—	0	0	0	0	0
유가증권	—	—	—	—	—	—
총부채	—	20	17	29	31	35
총차입금	—	12	5	8	6	9
자본금	—	1	4	5	16	16
총자본	—	-1	3	52	62	86
지배주주지분	—	-1	3	52	62	86

기업가치 지표 *IFRS 별도 기준

항목	2012	2013	2014	2015	2016	2017
주가(최고/저)(천원)	#VALUE!	—/—	—/—	—/—	—/—	—/—
PER(최고/저)(배)	0.0/0.0	0.0/0.0	0.0/0.0	0.0/0.0	46.7/16.0	19.5/10.3
PBR(최고/저)(배)	0.0/0.0	0.0/0.0	0.0/0.0	0.0/0.0	9.9/3.4	5.0/2.6
EV/EBITDA(배)	0.0	20.3	0.7	—	6.7	8.4
EPS(원)	—	187	143	711	407	682
BPS(원)	—	-5,721	4,038	47,744	1,915	2,665
CFPS(원)	—	5,613	5,611	21,420	426	696
DPS(원)	—	—	—	—	—	—
EBITDAPS(원)	—	5,640	8,376	16,179	952	1,006

재무 비율 〈단위 : %〉

연도	영업이익률	순이익률	부채비율	차입금비율	ROA	ROE	유보율	자기자본비율	EBITDA마진율
2017	17.3	12.0	43.3	10.2	25.1	36.7	470.2	69.8	17.8
2016	16.0	7.0	50.6	9.2	12.0	18.4	282.9	66.4	16.3
2015	12.1	16.2	56.6	16.0	35.9	66.0	854.9	63.9	12.6
2014	7.6	4.6	일부잠식	일부잠식	13.6	전기잠식	-19.2	16.7	9.0

볼빅 (A206950)
VolvikInc

업　　종 : 레저용품　　시　　장 : KONEX
신용등급 : (Bond) —　　(CP) —　　기업규모 : —
홈페이지 : www.volvik.co.kr　　연 락 처 : 043)877-1916
본　　사 : 충북 음성군 대소면 대금로 628

설 립 일	2008.12.01	**종업원수**	188명	**대표이사**	문경안
상 장 일	2015.12.30	**감사의견**	적정(안진)	**계　　열**	
결 산 기	12월	**보 통 주**		**종속회사수**	
액 면 가	—	**우 선 주**		**구 상 호**	

주주구성 (지분율,%)		출자관계 (지분율,%)		주요경쟁사 (외형,%)	
엠스하이	33.2	아이진	3.7	볼빅	100
문경안	20.8			삼익악기	620
				TJ미디어	198

매출구성		비용구성		수출비중	
VIVID	73.8	매출원가율	50.5	수출	41.7
MAGMA	7.9	판관비율	47.2	내수	58.3
CRYSTAL	7.0				

회사 개요
동사는 2008년 12월 3일 설립된 회사로 골프공 제조업을 주요 사업으로 영위하는 중소기업임. 소득 수준 증가와 주 5일제 도입으로 레저 스포츠에 대한 관심이 크게 증가하면서 자연스럽게 골프에 대한 관심도 높아지고 있음. 2016년 기준 골프공 매출은 동사 전체 매출의 78.7%를 차지. 골프공업계 1위인 타이틀리스트 (점유율 48%)에 이어 시장 점유율 28%를 기록하며 양강구도를 형성함.

실적 분석
동사의 연결기준 2017년 매출액은 전년 대비 134.7% 증가한 423.3억원을 기록한 반면, 판관비는 인건비, 연구개발비 증가의 영향으로 전년 동기 대비 31.1% 증가한 199.6억원을 기록함. 동기간 영업이익은 전년 대비 25.4% 증가한 9.9억원을 기록함. 법인세용의 감소에도 불구하고, 동사의 2017년 당기순손실은 20.1억원을 기록하며 적자로 전환됨.

현금 흐름 *IFRS 별도 기준 〈단위 : 억원〉

항목	2016	2017
영업활동	-44	22
투자활동	-9	-45
재무활동	51	29
순현금흐름	-2	6
기말현금	19	25

시장 대비 수익률
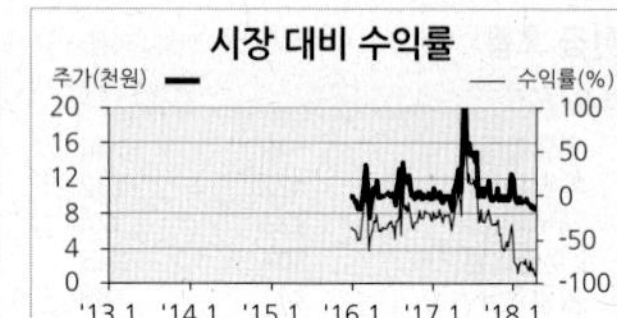

결산 실적 〈단위 : 억원〉

항목	2012	2013	2014	2015	2016	2017
매출액	267	303	322	288	314	423
영업이익	-11	17	25	13	8	10
당기순이익	-8	10	16	1	8	-20

분기 실적 *IFRS 별도 기준 〈단위 : 억원〉

항목	2016.3Q	2016.4Q	2017.1Q	2017.2Q	2017.3Q	2017.4Q
매출액	—	—	—	—	—	—
영업이익	—	—	—	—	—	—
당기순이익	—	—	—	—	—	—

재무 상태 *IFRS 별도 기준 〈단위 : 억원〉

항목	2012	2013	2014	2015	2016	2017
총자산	288	367	450	537	589	649
유형자산	77	81	79	78	82	85
무형자산	6	8	13	18	21	24
유가증권	4	25	43	63	43	73
총부채	160	210	263	284	277	339
총차입금	106	143	186	191	180	216
자본금	23	23	23	25	29	31
총자본	127	156	186	253	311	311
지배주주지분	127	156	186	253	311	311

기업가치 지표 *IFRS 별도 기준

항목	2012	2013	2014	2015	2016	2017
주가(최고/저)(천원)	—/—	—/—	—/—	10.0/10.0	15.7/6.4	22.8/8.3
PER(최고/저)(배)	0.0/0.0	0.0/0.0	0.0/0.0	289.3/289.3	108.0/44.2	—/—
PBR(최고/저)(배)	0.0/0.0	0.0/0.0	0.0/0.0	2.0/2.0	2.9/1.2	3.9/1.4
EV/EBITDA(배)	438.1	3.7	4.3	22.3	27.0	26.1
EPS(원)	-203	252	386	35	145	-347
BPS(원)	27,946	34,288	40,917	4,993	5,420	5,775
CFPS(원)	750	5,107	6,328	324	371	-64
DPS(원)	—	—	—	—	—	—
EBITDAPS(원)	31	6,619	8,326	617	369	454

재무 비율 〈단위 : %〉

연도	영업이익률	순이익률	부채비율	차입금비율	ROA	ROE	유보율	자기자본비율	EBITDA마진율
2017	2.3	-4.8	108.9	69.6	-3.3	-6.5	1,055.1	47.9	6.2
2016	2.5	2.6	89.1	57.7	1.4	2.8	984.1	52.9	6.5
2015	4.7	0.5	111.9	75.5	0.3	0.7	898.6	47.2	8.8
2014	7.7	4.9	141.2	100.0	3.8	9.2	718.4	41.5	11.8

부광약품 (A003000)

Bukwang PharmCo

업　　종 : 제약　　시　　장 : 거래소
신용등급 : (Bond) —　　(CP) —　　기업규모 : 시가총액 중형주
홈페이지 : www.bukwang.co.kr　　연 락 처 : 02)828-8114
본　　사 : 서울시 동작구 상도로 7(대방동)

설 립 일	1960.10.17	**종 업 원 수**	615명	**대 표 이 사**	유희원
상 장 일	1988.08.05	**감 사 의 견**	적정(삼일)	**계　　열**	
결 산 기	12월	**보 통 주**		**종속회사수**	3개사
액 면 가	500원	**우 선 주**		**구 상 호**	

주주구성 (지분율,%)		출자관계 (지분율,%)		주요경쟁사 (외형,%)	
정창수	12.1	안트로젠보통주	20.1	부광약품	100
김동연	9.6	AcerTherapeutics보통주	7.3	녹십자	854
(외국인)	5.7			녹십자홀딩스	972

매출구성		비용구성		수출비중	
기 타(제품)	37.3	매출원가율	46.5	수출	—
덱시드 외	36.2	판관비율	48.4	내수	—
레가론	10.0				

회사 개요

동사는 1960년 10월 설립된 전문의약품 전문 제조 업체로 1988년 8월 한국거래소에 상장됨. 전문의약품과 일반의약품을 판매하고 있음. 대표 품목으로는 치옥타시드, 레가론, 아젭틴 등을 보유하고 있음. B형 간염치료제 레보비르를 개발하는 등 꾸준히 신약 개발에도 도전하고 있음. 현재는 표적항암제 아파티닙 메실레이트를 개발하고 있음. 연구개발이 강화되고 있어 R&D 투자도 증가가 예상됨. 대부분의 매출은 내수시장에서 발생하고 있음.

실적 분석

동사의 2017년 연간 매출액은 전년동기대비 8.8% 상승한 1,507.4억원을 기록하였음. 비용면에서 전년동기대비 매출원가는 증가 했으며 인건비도 증가, 광고선전비는 크게 감소, 기타판매비와관리비는 감소함. 이처럼 매출액 상승과 더불어 비용절감에도 힘을 기울였음. 매출액은 성장했지만 원가 증가로 인해 전년동기대비 영업이익은 76.8억원으로 10.1% 하락 하였음. 최종적으로 전년동기대비 당기순이익은 크게 하락하여 110.9억원을 기록.

현금 흐름 〈단위 : 억원〉

항목	2016	2017
영업활동	-80	66
투자활동	41	-68
재무활동	-226	-167
순현금흐름	-264	-169
기말현금	411	242

시장 대비 수익률

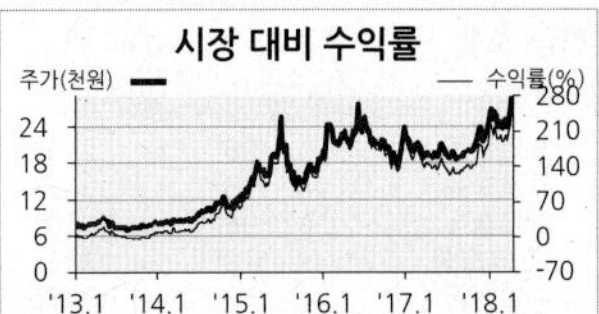

결산 실적 〈단위 : 억원〉

항목	2012	2013	2014	2015	2016	2017
매출액	1,475	1,308	1,417	1,421	1,386	1,507
영업이익	214	230	284	233	85	77
당기순이익	165	195	236	251	158	111

분기 실적 〈단위 : 억원〉

항목	2016.3Q	2016.4Q	2017.1Q	2017.2Q	2017.3Q	2017.4Q
매출액	347	332	339	389	384	396
영업이익	-4	7	29	3	37	8
당기순이익	-8	-27	57	19	32	3

재무 상태 〈단위 : 억원〉

항목	2012	2013	2014	2015	2016	2017
총자산	2,479	2,282	2,368	2,537	2,376	2,362
유형자산	682	645	627	618	609	602
무형자산	110	86	119	108	120	133
유가증권	38	44	62	227	211	262
총부채	517	271	268	285	230	249
총차입금	277	—	—	—	—	—
자본금	142	148	155	170	187	223
총자본	1,962	2,011	2,100	2,252	2,146	2,113
지배주주지분	1,962	2,011	2,100	2,252	2,146	2,113

기업가치 지표

항목	2012	2013	2014	2015	2016	2017
주가(최고/저)(천원)	8.9/5.4	9.3/6.9	13.5/8.0	25.5/11.8	30.3/17.5	24.3/18.6
PER(최고/저)(배)	30.5/18.4	26.0/19.4	30.2/17.9	52.3/24.1	96.3/55.6	107.8/82.5
PBR(최고/저)(배)	2.2/1.4	2.2/1.7	3.0/1.8	5.2/2.4	6.2/3.6	5.0/3.8
EV/EBITDA(배)	12.8	12.0	15.4	31.1	79.8	82.0
EPS(원)	339	400	484	515	324	227
BPS(원)	7,957	7,762	7,699	7,470	6,532	5,407
CFPS(원)	843	915	942	889	576	386
DPS(원)	525	525	550	750	600	250
EBITDAPS(원)	1,017	1,032	1,094	834	381	309

재무 비율 〈단위 : %〉

연도	영업이익률	순이익률	부채비율	차입금비율	ROA	ROE	유보율	자기자본비율	EBITDA마진율
2017	5.1	7.4	11.8	0.0	4.7	5.2	981.4	89.5	9.1
2016	6.2	11.4	10.7	0.0	6.4	7.2	1,206.3	90.3	10.3
2015	16.4	17.7	12.7	0.0	10.3	11.6	1,393.9	88.8	20.0
2014	20.0	16.7	12.8	0.0	10.2	11.5	1,439.7	88.7	24.0

부국증권 (A001270)

BOOKOOK SECURITIES

업　　종 : 증권　　시　　장 : 거래소
신용등급 : (Bond) —　　(CP) A2+　　기업규모 : 시가총액 소형주
홈페이지 : www.bookook.co.kr　　연 락 처 : 02)368-9200
본　　사 : 서울시 영등포구 국제금융로 6길 17

설 립 일	1954.08.25	**종 업 원 수**	232명	**대 표 이 사**	전평
상 장 일	1988.07.19	**감 사 의 견**	적정(대성삼경)	**계　　열**	
결 산 기	12월	**보 통 주**		**종속회사수**	2개사
액 면 가	5,000원	**우 선 주**		**구 상 호**	

주주구성 (지분율,%)		출자관계 (지분율,%)		주요경쟁사 (외형,%)	
김중건	12.2	용인시상갈피에프브이(비상장2종종류주)	100.0	부국증권	100
김중광	11.8	용인시상갈피에프브이(비상장1종종류주)	100.0	SK증권	157
(외국인)	1.5	인천글로벌캠퍼스	100.0	현대차투자증권	161

수익구성		비용구성		수출비중	
자기매매부문	91.2	이자비용	2.4	수출	—
기타부문	7.1	파생상품손실	41.5	내수	—
위탁매매부문	1.7	판관비	16.3		

회사 개요

1954년 설립된 동사는 유가증권, 수익증권 등을 취급하는 중소형 증권사로 1988년 증권거래소에 상장됨. 연결대상 종속회사로 자산규모가 2,864억원인 유리자산운용이 있음. 금융투자업은 경기와 금융시장 동향에 민감함. 금융투자업의 시장 진입장벽은 갈수록 낮아지고, 위탁매매 수수료 경쟁이 치열해져 경쟁상황은 치열해지고 있음. 동사는 중소형 증권사로서, 전문화 특성화를 통해서 브로커리지 기반의 수익구조에서 다변화된 수익구조로 다변화하고 있음.

실적 분석

동사는 지난해 연결 기준 당기순이익이 전년대비 35.6% 늘어난 376억3200만원을 기록하였음. 같은 기간 매출은 24.9% 감소한 5,663억2500만원, 영업이익은 34.1% 늘어난 472억9900만원으 집계됐음.동사는 주식형, 인덱스, 채권형 등 전통형 펀드의 꾸준한 성과 향상 및 유지를 통해서 기관 자금을 유치할 계획이며 신성장동력으로 리테일 절대수익추구 펀드와 베트남 및 글로벌거래소 관련 해외비과세 펀드의 마케팅을 강화할 예정.

현금 흐름 〈단위 : 억원〉

항목	2016	2017
영업활동	1,383	-2,592
투자활동	-169	-34
재무활동	-724	2,514
순현금흐름	490	-112
기말현금	840	728

시장 대비 수익률

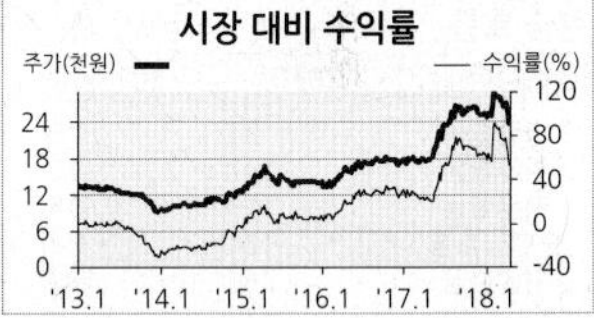

결산 실적 〈단위 : 억원〉

항목	2012	2013	2014	2015	2016	2017
순영업손익	821	752	757	1,065	1,070	1,319
영업이익	105	65	207	302	353	473
당기순이익	59	45	154	248	278	376

분기 실적 〈단위 : 억원〉

항목	2016.3Q	2016.4Q	2017.1Q	2017.2Q	2017.3Q	2017.4Q
순영업손익	235	214	389	406	284	240
영업이익	81	12	180	169	103	21
당기순이익	68	1	143	138	76	20

재무 상태 〈단위 : 억원〉

항목	2012	2013	2014	2015	2016	2017
총자산	6,479	6,557	8,958	12,078	14,334	13,888
유형자산	369	339	315	292	612	606
무형자산	183	162	150	163	172	173
유가증권	2,639	2,643	5,336	7,279	9,127	8,409
총부채	2,648	2,792	4,985	7,837	9,751	9,095
총차입금	649	221	2,375	3,296	2,691	5,324
자본금	668	668	668	668	668	668
총자본	3,831	3,765	3,973	4,240	4,583	4,793
지배주주지분	3,804	3,763	3,971	4,226	4,570	4,780

기업가치 지표

항목	2012	2013	2014	2015	2016	2017
주가(최고/저)(천원)	14.8/13.1	13.6/9.2	13.3/10.1	17.8/12.5	18.5/13.0	26.7/17.3
PER(최고/저)(배)	42.6/37.3	49.6/33.7	13.8/10.5	11.5/8.1	9.9/7.0	10.0/6.5
PBR(최고/저)(배)	0.6/0.5	0.6/0.4	0.5/0.4	0.6/0.4	0.6/0.4	0.7/0.5
PSR(최고/저)(배)	3/3	3/2	3/2	3/2	3/2	3/2
EPS(원)	441	336	1,150	1,855	2,077	2,797
BPS(원)	30,911	30,606	32,163	34,068	36,645	38,215
CFPS(원)	723	699	1,485	2,191	2,201	2,934
DPS(원)	500	350	1,000	1,200	1,200	1,200
EBITDAPS(원)	785	486	1,545	2,260	2,639	3,538

재무 비율 〈단위 : %〉

연도	계속사업이익률	순이익률	부채비율	차입금비율	ROA	ROE	유보율	자기자본비율	총자산증가율
2017	37.8	28.5	189.8	111.1	2.7	8.0	664.3	34.5	-3.1
2016	34.9	25.9	212.8	58.7	2.1	6.3	632.9	32.0	18.7
2015	30.8	23.3	184.8	77.7	2.4	6.1	581.4	35.1	84.2
2014	27.3	20.3	125.5	59.8	2.0	4.0	543.3	44.4	36.6

부국철강 (A026940)

Bookook Steel

업 종 : 금속 및 광물
신용등급 : (Bond) — (CP) —
홈페이지 : www.bks.co.kr
본 사 : 광주시 광산구 하남산단9번로 90 (안청동)

시 장 : 거래소
기업규모 : 시가총액 소형주
연 락 처 : 062)950-7757

설 립 일	1976.08.23	**종업원수**	64명	**대표이사**	남상규,손일호
상 장 일	2008.10.14	**감사의견**	적정(삼정)	**계 열**	
결 산 기	12월	**보 통 주**		**종속회사수**	
액 면 가	500원	**우 선 주**		**구 상 호**	

주주구성 (지분율,%)		출자관계 (지분율,%)		주요경쟁사 (외형,%)	
남상규	24.1	부국개발	35.2	부국철강	100
남상오	17.7			경남스틸	196
(외국인)	6.3			스틸플라워	36

매출구성		비용구성		수출비중	
[원재료]코 일	30.5	매출원가율	95.7	수출	0.0
[제 품]강 판	23.3	판관비율	3.4	내수	100.0
[제 품]스켈프	18.2				

회사 개요

동사는 포스코로부터 원재료(열연코일, 냉연코 일 등)를 공급받아 1차 가공하여 호남지역 철강재 소요처(자동차, 가전, 농협 등)에 납품하는 업체임. 포스코의 열연 및 냉연판매대리점들의 2015년 시장 점유율 기준 12.3%(4위)를 차지하고 있으며, 포스코의 원재료 수급정책에 따라 매출의 변동성이 큼. 사업부문별 1차금속제조업에서 제품 60.7%, 상품 9.1%, 원재료 29.7% 차지함.

실적 분석

동사의 2017년 연간 매출액은 1,461.2억원으로 전년 대비 4.2% 증가함. 반면 영업이익은 13억원으로 전년 대비 49.6% 감소함. 이는 철강시황 부진에 따른 판매중량 감소로 인한 매출원가 상승의 영향임. 비영업부문은 14.3% 증가했으나, 영업이익 감소로 당기순이익 또한 23.2억원으로 전년 대비 26.8% 감소됨. 전방산업 경기 침체 및 철강 판매단가의 지속적인 하락으로 당분간 성장 정체가 예상됨.

현금 흐름 *IFRS 별도 기준 〈단위 : 억원〉

항목	2016	2017
영업활동	38	-79
투자활동	-147	10
재무활동	-15	-15
순현금흐름	-124	-84
기말현금	266	182

시장 대비 수익률

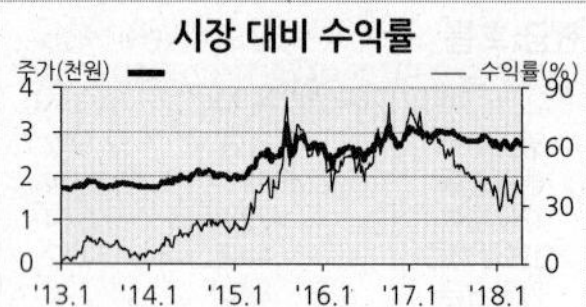

결산 실적 〈단위 : 억원〉

항목	2012	2013	2014	2015	2016	2017
매출액	2,987	2,449	1,842	1,656	1,402	1,461
영업이익	61	25	21	30	26	13
당기순이익	61	35	31	1	32	23

분기 실적 *IFRS 별도 기준 〈단위 : 억원〉

항목	2016.3Q	2016.4Q	2017.1Q	2017.2Q	2017.3Q	2017.4Q
매출액	314	362	337	365	395	364
영업이익	2	3	6	5	7	-5
당기순이익	5	3	8	9	7	0

재무 상태 *IFRS 별도 기준 〈단위 : 억원〉

항목	2012	2013	2014	2015	2016	2017
총자산	1,401	1,378	1,259	1,202	1,215	1,297
유형자산	108	103	109	103	99	95
무형자산	1	1	1	1	1	1
유가증권	82	65	57	90	156	162
총부채	356	311	186	129	114	172
총차입금	—	—	—	—	—	—
자본금	100	100	100	100	100	100
총자본	1,045	1,067	1,073	1,073	1,101	1,125
지배주주지분	1,045	1,067	1,073	1,073	1,101	1,125

기업가치 지표 *IFRS 별도 기준

항목	2012	2013	2014	2015	2016	2017
주가(최고/저)(천원)	2.0/1.5	1.9/1.7	2.2/1.7	3.5/1.9	3.2/2.2	3.1/2.7
PER(최고/저)(배)	7.7/5.7	12.7/11.3	15.6/12.5	714.2/389.9	21.0/14.6	27.9/23.8
PBR(최고/저)(배)	0.5/0.3	0.4/0.4	0.5/0.4	0.7/0.4	0.6/0.4	0.6/0.5
EV/EBITDA(배)	3.8	5.5	2.8	4.8	6.7	13.3
EPS(원)	305	173	154	5	158	116
BPS(원)	5,227	5,334	5,365	5,367	5,507	5,626
CFPS(원)	333	197	181	39	184	140
DPS(원)	75	75	75	75	75	75
EBITDAPS(원)	332	149	133	186	155	89

재무 비율 〈단위 : %〉

연도	영업 이익률	순 이익률	부채 비율	차입금 비율	ROA	ROE	유보율	자기자본 비율	EBITDA 마진율
2017	0.9	1.6	15.3	0.0	1.9	2.1	1,025.2	86.8	1.2
2016	1.8	2.3	10.4	0.0	2.6	2.9	1,001.4	90.6	2.2
2015	1.8	0.1	12.0	0.0	0.1	0.1	973.4	89.3	2.2
2014	1.2	1.7	17.3	0.0	2.3	2.9	972.9	85.3	1.4

부방 (A014470)

Bubang COLTD

업 종 : 도소매
신용등급 : (Bond) — (CP) —
홈페이지 : www.bubang.com
본 사 : 서울시 강남구 삼성로 528 (삼성동, 부방빌딩)

시 장 : KOSDAQ
기업규모 : 우량
연 락 처 : 02)2008-7272

설 립 일	1976.04.15	**종업원수**	50명	**대표이사**	박주원
상 장 일	1994.02.25	**감사의견**	적정(삼정)	**계 열**	
결 산 기	12월	**보 통 주**		**종속회사수**	5개사
액 면 가	500원	**우 선 주**		**구 상 호**	리홈쿠첸

주주구성 (지분율,%)		출자관계 (지분율,%)		주요경쟁사 (외형,%)	
이대희	34.9			부방	100
제이원인베스트먼트	6.8			BGF	32
(외국인)	1.1			이마트	4,142

매출구성		비용구성		수출비중	
밥솥,전기렌지 등	45.8	매출원가율	67.1	수출	—
유 통	43.4	판관비율	33.9	내수	—
서비스	4.9				

회사 개요

동사는 1979년 12월 설립됐으며, 생활가전 제조 및 판매, 종합 도소매업, 전자부품 제조 판매업을 주요사업으로 영위하고 있음. 쿠첸으로 알려진 전기밥솥 제조 및 판매하는 리빙사업부는 전기밥솥시장의 약 40%의 점유율을 기록함으로써 국내 밥솥시장에서 중요한 위치를 차지하고 있음. 동사는 부방이라는 이름으로 지주사로 전환하였으며, 리빙사업부는 분할하여 쿠첸으로 재상장함.

실적 분석

동사의 2017년 결산 매출액은 전기 대비 49.2% 증가한 3,833원을 기록. 밥솥, 전기렌지 등 가전부문의 괄목할만한 성장과 기타부문의 안정적 성장에 힘입음. 반면, 외형 성장과 원가율 하락등에도 불구하고 인건비, 광고선전비 등 판관비의 급증으로 인하여 수익성은 악화된 모습. 지난해 대비 적자전환하며 38.5억원의 영업손실 시현하는데 그침. 비영업부문에서도 개선세를 나타내지 못하여 당기순이익 또한 적자전환하며 18.1억원의 순손실 시현.

현금 흐름 〈단위 : 억원〉

항목	2016	2017
영업활동	96	254
투자활동	-18	-55
재무활동	-96	-60
순현금흐름	-18	138
기말현금	77	215

시장 대비 수익률

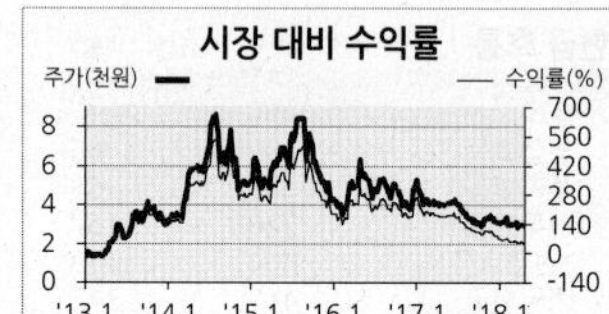

결산 실적 〈단위 : 억원〉

항목	2012	2013	2014	2015	2016	2017
매출액	3,290	3,721	1,237	1,220	2,570	3,833
영업이익	119	200	16	30	116	-38
당기순이익	107	180	150	2,670	100	-18

분기 실적 〈단위 : 억원〉

항목	2016.3Q	2016.4Q	2017.1Q	2017.2Q	2017.3Q	2017.4Q
매출액	850	1,060	1,013	881	991	948
영업이익	26	70	11	-41	13	-21
당기순이익	22	56	8	-37	9	1

재무 상태 〈단위 : 억원〉

항목	2012	2013	2014	2015	2016	2017
총자산	2,157	2,219	2,346	2,267	2,751	2,741
유형자산	1,242	1,204	1,174	742	1,252	1,218
무형자산	17	28	37	37	57	85
유가증권	11	9	9	89	191	184
총부채	761	653	650	321	809	807
총차입금	159	—	—	1	109	51
자본금	175	175	175	181	236	236
총자본	1,396	1,566	1,697	1,946	1,942	1,934
지배주주지분	1,390	1,566	1,697	1,945	1,570	1,598

기업가치 지표

항목	2012	2013	2014	2015	2016	2017
주가(최고/저)(천원)	1.5/0.7	4.2/1.3	8.8/3.0	8.6/4.2	6.4/3.5	5.3/2.9
PER(최고/저)(배)	5.1/2.5	8.1/2.6	20.5/7.0	1.0/0.5	33.6/18.4	122.1/66.6
PBR(최고/저)(배)	0.4/0.2	0.9/0.3	1.8/0.6	1.6/0.8	1.7/1.0	1.4/0.8
EV/EBITDA(배)	5.5	8.0	38.7	16.0	16.1	34.6
EPS(원)	295	512	429	8,559	189	43
BPS(원)	4,154	4,657	5,028	5,494	3,658	3,717
CFPS(원)	487	707	636	8,728	304	220
DPS(원)	—	—	—	—	—	—
EBITDAPS(원)	531	766	252	265	400	95

재무 비율 〈단위 : %〉

연도	영업 이익률	순 이익률	부채 비율	차입금 비율	ROA	ROE	유보율	자기자본 비율	EBITDA 마진율
2017	-1.0	-0.5	41.8	2.7	-0.7	1.3	643.3	70.6	1.2
2016	4.5	3.9	41.7	5.6	4.0	4.4	631.6	70.6	6.4
2015	2.5	218.9	16.5	0.1	115.8	146.7	998.8	85.8	6.8
2014	1.3	12.1	38.3	0.0	6.6	9.2	905.6	72.3	7.1

부산도시가스 (A015350)
Busan City Gas

업 종 : 가스 | 시 장 : 거래소
신용등급 : (Bond) — (CP) — | 기업규모 : 시가총액 중형주
홈페이지 : www.busangas.co.kr | 연 락 처 : 051)607-1178
본 사 : 부산시 수영구 황령대로 513(남천동)

설 립 일 1981.03.04	종업원수 293명	대표이사 김영광
상 장 일 1997.06.23	감사의견 적정(삼일)	계 열
결 산 기 12월	보 통 주	종속회사수
액 면 가 5,000원	우 선 주	구 상 호

주주구성 (지분율,%)		출자관계 (지분율,%)		주요경쟁사 (외형,%)	
에스케이이엔에스	67.3	부산그린에너지	28.5	부산가스	100
동일고무벨트	4.8	세정21	1.0	한국가스공사	2,371
(외국인)	1.8	SKE&SHK	50.0	서울가스	144

매출구성		비용구성		수출비중	
LNG(상품)	98.6	매출원가율	85.3	수출	0.0
기타	0.7	판관비율	10.6	내수	100.0
임대등(기타)	0.7				

회사 개요
동사는 1981년 도시가스 제조, 배관공급업을 목적으로 설립됐으며, 부산광역시 전역에 도시가스를 공급하고 있음. 도시가스 판매가 매출의 대부분을 차지함. 2017년 6월말 기준 공급실적은 1,351천 세대이며, 총 매출량은 전년동기 대비 1% 증가한 33,707백만MJ을 기록함. 롯데백화점, 현대백화점, 노보텔호텔 등 주요 영업점에 공급하고 있음. 도시가스는 경기변동의 영향이 적으며, 단가가 정부 및 자치단체의 통제 하에 있음.

실적 분석
동사의 2017년도 연간 매출액은 9,352.4억원으로 전년대비 5.5% 증가함. LNG 매출이 전체 매출의 99%를 차지하고 있으며, 내수 100% 매출로 구성됨. 비용 측면에서 매출원가와 판관비가 각각 5.7%, 3.7% 상승했음에도 불구하고 매출 확대에 힘입어 영업이익은 전년보다 5.2% 늘어난 377.6억원을 기록함. 에너지다소비사업자를 대상으로 에너지 이용효율향상에 기여하는 에너지 집단사업을 신규 추진 중에 있음.

현금 흐름 *IFRS 별도 기준 〈단위 : 억원〉

항목	2016	2017
영업활동	462	557
투자활동	-361	-110
재무활동	-50	-50
순현금흐름	50	396
기말현금	1,330	1,726

시장 대비 수익률
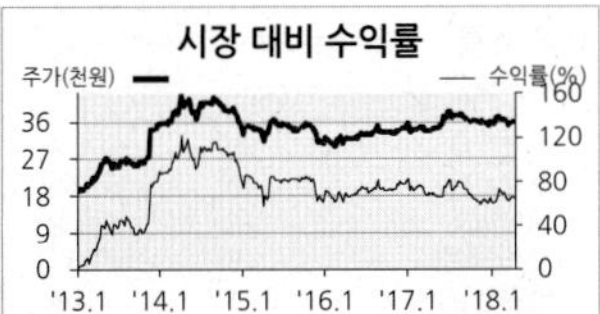

결산 실적 〈단위 : 억원〉

항목	2012	2013	2014	2015	2016	2017
매출액	11,882	12,099	12,778	10,542	8,869	9,352
영업이익	449	374	382	310	359	378
당기순이익	373	368	351	416	497	450

분기 실적 *IFRS 별도 기준 〈단위 : 억원〉

항목	2016.3Q	2016.4Q	2017.1Q	2017.2Q	2017.3Q	2017.4Q
매출액	1,190	2,405	3,504	1,774	1,412	2,662
영업이익	10	71	242	79	-11	67
당기순이익	198	1	212	102	13	124

재무 상태 *IFRS 별도 기준 〈단위 : 억원〉

항목	2012	2013	2014	2015	2016	2017
총자산	7,648	7,926	7,527	8,042	8,406	9,085
유형자산	3,102	3,116	3,231	3,485	3,724	3,777
무형자산	20	22	23	22	21	20
유가증권	9	56	56	31	4	0
총부채	3,544	3,561	2,931	3,041	2,962	3,276
총차입금	127	130	19	—	—	—
자본금	550	550	550	550	550	550
총자본	4,104	4,366	4,596	5,001	5,444	5,809
지배주주지분	4,104	4,366	4,596	5,001	5,444	5,809

기업가치 지표 *IFRS 별도 기준

항목	2012	2013	2014	2015	2016	2017
주가(최고/저)(천원)	19.9/15.8	36.1/18.9	43.0/33.5	37.0/30.6	35.2/30.0	38.7/33.7
PER(최고/저)(배)	6.7/5.3	11.4/6.1	14.3/11.0	10.2/8.4	8.0/6.8	9.6/8.4
PBR(최고/저)(배)	0.6/0.5	0.9/0.5	1.0/0.8	0.8/0.7	0.7/0.6	0.7/0.6
EV/EBITDA(배)	1.7	4.6	5.2	3.8	4.1	3.4
EPS(원)	3,388	3,346	3,187	3,778	4,517	4,092
BPS(원)	39,310	41,690	43,786	47,466	51,495	54,812
CFPS(원)	5,606	5,677	5,526	6,215	6,945	6,716
DPS(원)	1,000	1,000	500	500	500	500
EBITDAPS(원)	6,303	5,733	5,814	5,256	5,691	6,057

재무 비율 〈단위 : %〉

연도	영업이익률	순이익률	부채비율	차입금비율	ROA	ROE	유보율	자기자본비율	EBITDA마진율
2017	4.0	4.8	56.4	0.0	5.2	8.0	996.3	63.9	7.1
2016	4.1	5.6	54.4	0.0	6.0	9.5	929.9	64.8	7.1
2015	2.9	3.9	60.8	0.0	5.3	8.7	849.3	62.2	5.5
2014	3.0	2.7	63.8	0.4	4.5	7.8	775.7	61.1	5.0

부산산업 (A011390)
Busan Industrial

업 종 : 건축소재 | 시 장 : 거래소
신용등급 : (Bond) — (CP) — | 기업규모 : 시가총액 소형주
홈페이지 : www.busanind.co.kr | 연 락 처 : 051)315-8331
본 사 : 부산시 사상구 장인로 35 (감전동)

설 립 일 1976.05.15	종업원수 42명	대표이사 이종산
상 장 일 1990.09.14	감사의견 적정(신우)	계 열
결 산 기 12월	보 통 주	종속회사수 2개사
액 면 가 5,000원	우 선 주	구 상 호

주주구성 (지분율,%)		출자관계 (지분율,%)		주요경쟁사 (외형,%)	
김영일	51.8	태명실업	58.7	부산산업	100
한강엠앤에이인베스트먼트	6.1	오페론아이앤씨	29.0	유니온	154
(외국인)	0.4	KNN	0.2	서산	85

매출구성		비용구성		수출비중	
레미콘(제품)	99.7	매출원가율	84.8	수출	0.0
레미콘(상품)	0.4	판관비율	9.4	내수	100.0

회사 개요
동사는 레미콘 제조 및 판매를 영위함. 주요 사업부분인 레미콘제품은 시멘트, 모래, 자갈 등의 원재료를 이용하여 제조공정을 거친 후 레미콘 트럭으로 제한된 시간 내에 건설현장까지 운송해야 하는 지역형 산업의 특성을 지님. 경쟁우위 요소로써 최신식 전자동 시스템을 갖추고 있으며, 특수레미콘 생산인증 획득 등으로 최고의 품질과 공급능력을 꼽을 수 있어 부산 · 경남지역에서 신뢰성을 바탕으로 동종업계 우위를 지속적으로 점유하고 있음.

실적 분석
2017년 동사 및 연결대상 종속회사의 매출액은 전년 대비 4.2% 감소한 1,177.9억원이며 영업이익은 47.8% 감소한 67.6억원을 기록함. 당기순이익은 전년 대비 48.1% 감소한 47.8억원을 나타냄. 매출액 대비 영업이익율은 약 4.8% 감소한 5.7% 매출액 순이익율은 약 3.4% 감소한 4.1%를 시현함. 콘크리트침목(고속철도) 부문은 호남고속철도 이후 대규모 프로젝트가 없어서 제작용 설비 임대를 통해 수익을 창출하고 있음.

현금 흐름 〈단위 : 억원〉

항목	2016	2017
영업활동	139	-23
투자활동	-80	-71
재무활동	-50	40
순현금흐름	9	-54
기말현금	89	35

시장 대비 수익률
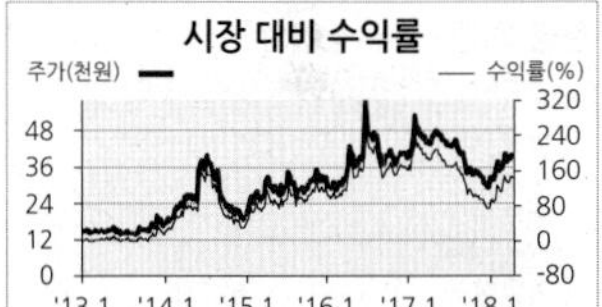

결산 실적 〈단위 : 억원〉

항목	2012	2013	2014	2015	2016	2017
매출액	601	1,092	906	1,093	1,229	1,178
영업이익	-12	94	65	111	130	68
당기순이익	-23	77	47	81	92	48

분기 실적 〈단위 : 억원〉

항목	2016.3Q	2016.4Q	2017.1Q	2017.2Q	2017.3Q	2017.4Q
매출액	357	352	273	319	311	274
영업이익	44	33	15	6	23	23
당기순이익	33	22	13	6	15	14

재무 상태 〈단위 : 억원〉

항목	2012	2013	2014	2015	2016	2017
총자산	1,032	1,142	1,140	1,142	1,226	1,254
유형자산	659	663	668	664	666	674
무형자산	5	7	6	6	6	6
유가증권	3	4	4	4	5	5
총부채	648	687	645	576	576	565
총차입금	357	282	258	158	118	166
자본금	53	53	53	53	53	53
총자본	384	455	494	566	650	689
지배주주지분	303	343	374	419	473	500

기업가치 지표

항목	2012	2013	2014	2015	2016	2017
주가(최고/저)(천원)	33.2/12.7	20.2/12.6	41.5/17.0	36.2/20.4	65.8/28.1	57.6/28.8
PER(최고/저)(배)	—/—	5.1/3.2	15.7/6.4	8.1/4.5	12.5/5.4	19.6/9.8
PBR(최고/저)(배)	1.2/0.5	0.6/0.4	1.2/0.5	0.9/0.5	1.5/0.6	1.2/0.6
EV/EBITDA(배)	39.2	3.4	4.8	3.1	2.9	4.7
EPS(원)	-884	4,121	2,740	4,604	5,326	2,962
BPS(원)	28,739	32,507	35,432	39,680	44,757	47,358
CFPS(원)	1,605	7,691	6,830	11,362	13,332	9,097
DPS(원)	—	—	250	250	250	250
EBITDAPS(원)	1,369	12,438	10,247	17,316	20,281	12,539

재무 비율 〈단위 : %〉

연도	영업이익률	순이익률	부채비율	차입금비율	ROA	ROE	유보율	자기자본비율	EBITDA마진율
2017	5.7	4.1	82.1	24.1	3.9	6.4	847.2	54.9	11.2
2016	10.5	7.5	88.6	18.2	7.8	12.6	795.1	53.0	17.4
2015	10.2	7.4	101.9	27.9	7.1	12.3	693.6	49.5	16.7
2014	7.2	5.2	130.7	52.2	4.1	8.1	608.6	43.4	12.0

부산주공 (A005030)
Pusan Cast Iron

업 종 : 자동차부품 　 시 장 : 거래소
신용등급 : (Bond) BB- (CP) — 　 기업규모 : 시가총액 소형주
홈페이지 : www.pci21c.com 　 연 락 처 : 052)231-3880
본 사 : 울산시 울주군 온산읍 회학1길 54

설 립 일	1967.04.27	**종업원수**	358명	**대표이사**	장세훈
상 장 일	1975.12.26	**감사의견**	적정(삼덕)	**계 열**	
결 산 기	12월	**보 통 주**		**종속회사수**	
액 면 가	500원	**우 선 주**		**구 상 호**	

주주구성 (지분율,%)		출자관계 (지분율,%)		주요경쟁사 (외형,%)	
세연아이엠	11.3			부산주공	100
세연문화재단	7.3			팬스타엔터프라이즈	18
(외국인)	1.5			두올산업	21

매출구성		비용구성		수출비중	
자동차부품	90.5	매출원가율	92.7	수출	52.9
자동차부품외	8.7	판관비율	8.5	내수	47.1
원자재외	0.9				

회사 개요

동사는 1967년 4월 자동차부품 제조 및 가공업을 주사업목적으로 설립되었고, 완성차업체를 최종 수요처로 하여 1차, 2차 납품업체 등 다단계적 수급체계를 가지고 있음. 제품의 품목 및 사양이 다양하여 다품종 소량생산의 특성을 가지며, 다단계적 수급체계로 인해 각 단계별 적기 생산 및 공급하는 특성을 지님. 동사는 안정적인 경영을 위해 내수 50%, 수출 50%의 비율로 수출을 확대하고 있으며, 가공설비의 확충 및 신기술 개발에 주력함.

실적 분석

동사의 2017년 매출액은 1,907.0억원으로 전년 동기 대비 6.2% 증가한 반면, 동기간 매출원가는 전년 동기 대비 3.9% 증가하는데 그쳐 매출총이익율은 전년 대비 개선되었으나, 동기간 판관비가 전년 대비 6.7% 증가한 것이 부담으로 작용하면서 동기간 영업이익은 적자지속함. 또한 금융손익을 중심으로 비영업손실 규모는 전년 대비 확대됨에 따라 동사의 2017년 당기순손실은 100.8억원을 기록하며 적자폭이 확대되었음.

현금 흐름 *IFRS 별도 기준 <단위 : 억원>

항목	2016	2017
영업활동	175	-3
투자활동	-262	-121
재무활동	92	118
순현금흐름	6	-6
기말현금	6	0

시장 대비 수익률

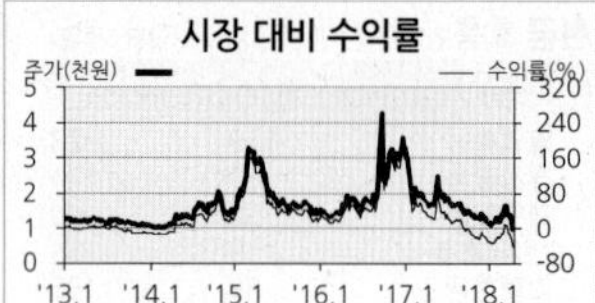

결산 실적 <단위 : 억원>

항목	2012	2013	2014	2015	2016	2017
매출액	1,980	1,942	2,024	1,921	1,796	1,907
영업이익	39	-3	71	39	-59	-23
당기순이익	-20	-43	10	-5	-91	-101

분기 실적 *IFRS 별도 기준 <단위 : 억원>

항목	2016.3Q	2016.4Q	2017.1Q	2017.2Q	2017.3Q	2017.4Q
매출액	395	454	486	501	462	458
영업이익	-16	-41	0	7	3	-34
당기순이익	-23	-57	-9	-8	-8	-75

재무 상태 *IFRS 별도 기준 <단위 : 억원>

항목	2012	2013	2014	2015	2016	2017
총자산	2,227	2,351	2,560	2,602	2,760	3,010
유형자산	1,319	1,358	1,614	1,731	1,968	2,241
무형자산	10	9	10	8	7	6
유가증권	21	3	10	25	24	23
총부채	1,725	1,893	2,094	2,069	2,283	2,343
총차입금	1,302	1,440	1,614	1,555	1,619	1,664
자본금	66	66	66	113	113	134
총자본	502	458	466	533	477	667
지배주주지분	502	458	466	533	477	667

기업가치 지표 *IFRS 별도 기준

항목	2012	2013	2014	2015	2016	2017
주가(최고/저)(천원)	1.9/1.2	1.3/1.1	2.1/1.0	3.3/1.4	4.6/1.3	3.3/1.1
PER(최고/저)(배)	—/—	—/—	33.7/16.2	—/—	—/—	—/—
PBR(최고/저)(배)	0.6/0.4	0.4/0.4	0.7/0.3	1.4/0.6	2.2/0.6	1.3/0.5
EV/EBITDA(배)	9.8	13.0	9.4	11.7	57.0	24.7
EPS(원)	-131	-281	64	-31	-404	-377
BPS(원)	3,923	3,584	3,650	2,414	2,111	2,488
CFPS(원)	683	543	941	704	35	2
DPS(원)	40	—	50	—	—	—
EBITDAPS(원)	1,131	848	1,409	987	179	292

재무 비율 <단위 : %>

연도	영업이익률	순이익률	부채비율	차입금비율	ROA	ROE	유보율	자기자본비율	EBITDA마진율
2017	-1.2	-5.3	351.0	249.2	-3.5	-17.6	397.7	22.2	4.1
2016	-3.3	-5.1	478.4	339.3	-3.4	-18.1	322.2	17.3	2.3
2015	2.1	-0.3	388.2	291.8	-0.2	-1.0	382.7	20.5	8.0
2014	3.5	0.5	448.9	346.2	0.4	2.1	630.0	18.2	9.1

부-스타 (A008470)
BOOSTER

업 종 : 기계 　 시 장 : KOSDAQ
신용등급 : (Bond) — (CP) — 　 기업규모 : 벤처
홈페이지 : www.booster.co.kr 　 연 락 처 : 043)536-9107
본 사 : 충북 진천군 이월면 고등2길 18

설 립 일	1973.01.26	**종업원수**	190명	**대표이사**	유승협
상 장 일	2011.02.23	**감사의견**	적정(지율)	**계 열**	
결 산 기	12월	**보 통 주**		**종속회사수**	
액 면 가	500원	**우 선 주**		**구 상 호**	

주주구성 (지분율,%)		출자관계 (지분율,%)		주요경쟁사 (외형,%)	
유동근	27.6	북경부스타	45.4	부스타	100
부스타우리사주조합	10.4			에이테크솔루션	270
(외국인)	2.1			디에스티로봇	91

매출구성		비용구성		수출비중	
히트펌프,펠릿	42.1	매출원가율	82.0	수출	2.9
무압보일러 외	32.5	판관비율	13.8	내수	97.1
관류보일러	15.9				

회사 개요

동사는 1973년 보일러제조 및 난방기판매를 목적으로 설립되어 산업용 보일러를 생산 및 판매하는 업체임. 한국미우라공업 등과 경쟁업체로 꼽히며 중국, 러시아, 미국 등에도 제품을 수출하지만 수출비중은 2% 수준으로 국내 매출이 대부분임. 2016년 기준 동사의 국내시장 점유율은 25%로 추산됨. 산업용 보일러 산업은 경기에 민감하고 여름에 비해 겨울에 수요가 증가하는 계절성을 띔. 그러나 수요층이 넓고 대체 수요도 꾸준히 발생함.

실적 분석

조달청의 입찰제한으로 신규판매 수량이 감소하고, 판매단가도 하락하여 2017년 전체 매출액은 전년 대비 8.5% 감소함. 그러나 기존 판매 보일러에 대한 유지보수 수요는 꾸준히 증가하고 있음. 원가율 상승과 세금과공과, 지급수수료 등 판관비 증가로 영업이익은 전년의 절반 수준으로 급감함. 중국법인에 대한 지분법이익이 늘어나 영업외수지는 개선됨. 산업용보일러 시장은 정체이지만 친환경과 고효율을 선호하는 고객들을 중심으로 신규 수요 창출에 주력함.

현금 흐름 *IFRS 별도 기준 <단위 : 억원>

항목	2016	2017
영업활동	70	-8
투자활동	-20	-20
재무활동	-6	-8
순현금흐름	45	-37
기말현금	201	164

시장 대비 수익률

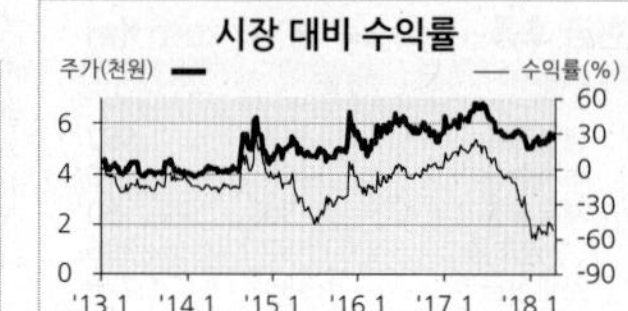

결산 실적 <단위 : 억원>

항목	2012	2013	2014	2015	2016	2017
매출액	670	680	722	770	863	789
영업이익	33	39	33	47	65	33
당기순이익	36	42	38	50	63	46

분기 실적 *IFRS 별도 기준 <단위 : 억원>

항목	2016.3Q	2016.4Q	2017.1Q	2017.2Q	2017.3Q	2017.4Q
매출액	222	242	227	193	185	184
영업이익	14	21	12	-0	10	11
당기순이익	11	26	10	6	8	23

재무 상태 *IFRS 별도 기준 <단위 : 억원>

항목	2012	2013	2014	2015	2016	2017
총자산	615	649	699	758	829	845
유형자산	125	120	119	124	119	113
무형자산	5	4	5	5	4	4
유가증권	55	59	71	133	126	142
총부채	133	124	138	155	169	153
총차입금	—	—	—	—	—	—
자본금	41	41	42	42	42	42
총자본	482	526	561	603	659	692
지배주주지분	482	526	561	603	659	692

기업가치 지표 *IFRS 별도 기준

항목	2012	2013	2014	2015	2016	2017
주가(최고/저)(천원)	5.3/3.5	4.7/3.9	6.2/3.8	6.6/4.5	6.5/4.7	6.9/4.9
PER(최고/저)(배)	13.3/8.8	10.1/8.3	14.3/8.7	11.5/7.8	9.0/6.6	12.8/9.1
PBR(최고/저)(배)	1.0/0.7	0.8/0.7	1.0/0.6	1.0/0.7	0.9/0.6	0.9/0.6
EV/EBITDA(배)	3.7	2.1	2.6	4.7	3.0	5.3
EPS(원)	447	512	469	601	746	552
BPS(원)	5,903	6,441	6,730	7,229	7,846	8,238
CFPS(원)	581	644	590	716	860	667
DPS(원)	100	100	90	100	100	90
EBITDAPS(원)	544	608	520	682	887	509

재무 비율 <단위 : %>

연도	영업이익률	순이익률	부채비율	차입금비율	ROA	ROE	유보율	자기자본비율	EBITDA마진율
2017	4.2	5.9	22.1	0.0	5.5	6.9	1,547.5	81.9	5.4
2016	7.5	7.3	25.7	0.0	7.9	9.9	1,469.2	79.6	8.6
2015	6.1	6.5	25.6	0.0	6.9	8.6	1,345.9	79.6	7.4
2014	4.5	5.3	24.6	0.0	5.7	7.1	1,246.0	80.3	5.9

뷰웍스 (A100120)
Vieworks

업 종 : 의료 장비 및 서비스
시 장 : KOSDAQ
신용등급 : (Bond) — (CP) —
기업규모 : 우량
홈페이지 : www.vieworks.com
연 락 처 : 070)7011-6161
본 사 : 경기도 안양시 동안구 부림로 170번길 41-3(관양동)

설 립 일	1999.09.18	**종업원수**	264명	**대표이사**	김후식
상 장 일	2009.04.10	**감사의견**	적정(중앙)	**계 열**	
결 산 기	12월	**보 통 주**		**종속회사수**	7개사
액 면 가	500원	**우 선 주**		**구 상 호**	

주주구성 (지분율,%)		출자관계 (지분율,%)		주요경쟁사 (외형,%)	
김후식	14.6	센소허브	100.0	뷰웍스	100
Templeton Asian Smaller Companies Fund	7.6	원솔루션	30.0	차바이오텍	339
(외국인)	34.9			인바디	76

매출구성		비용구성		수출비중	
FP-DR디텍터	61.0	매출원가율	49.7	수출	61.8
산업용 이미징 솔루션	32.9	판관비율	27.1	내수	38.2
R/F Table용디텍터	4.1				

회사 개요

동사는 삼성테크윈에서 디지털 카메라분야에 종사하던 핵심 인력들이 국내 의료기기 시장의 디지털화를 선도하고자 하는 목적으로 1999년에 설립함. 2009년 하반기부터 패널 검사 장비 업체들을 통해 국내 주요 디스플레이 회사에 패널 검사용 카메라 공급 중임. 2011년 세계 최초로 2억6,000만 화소급 산업용 카메라 개발 성공했고 후공정에 주로 사용되는 고해상도 VNP 시리즈가 주력 제품으로, 국내 산업용 카메라 시장의 25%를 점유하고 있음.

실적 분석

동사의 2017년 연간 매출액은 전년동기대비 5.3% 상승한 1,234.6억원을 기록하였음. 비용면에서 전년동기대비 매출원가는 증가 했으며 인건비도 증가, 광고선전비도 증가, 기타판매비와관리비는 증가함. 매출액은 성장했지만 원가 증가로 인해 전년동기대비 영업이익은 286.4억원으로 6% 하락 하였음. 최종적으로 전년동기대비 당기순이익은 크게 하락하여 196.2억원을 기록함.

현금 흐름 〈단위 : 억원〉

항목	2016	2017
영업활동	199	189
투자활동	-87	-84
재무활동	-25	-55
순현금흐름	98	25
기말현금	348	373

시장 대비 수익률

결산 실적 〈단위 : 억원〉

항목	2012	2013	2014	2015	2016	2017
매출액	468	665	708	934	1,173	1,235
영업이익	75	128	133	184	305	286
당기순이익	55	94	106	158	269	196

분기 실적 〈단위 : 억원〉

항목	2016.3Q	2016.4Q	2017.1Q	2017.2Q	2017.3Q	2017.4Q
매출액	322	377	322	317	278	317
영업이익	78	123	76	75	67	68
당기순이익	47	129	31	72	53	40

재무 상태 〈단위 : 억원〉

항목	2012	2013	2014	2015	2016	2017
총자산	583	764	843	970	1,299	1,376
유형자산	89	195	298	295	315	322
무형자산	116	98	72	48	30	31
유가증권	48	0	0	0	0	0
총부채	47	145	134	123	196	116
총차입금	1	72	72	27	17	4
자본금	50	50	50	50	50	50
총자본	536	620	709	847	1,104	1,261
지배주주지분	533	619	707	846	1,103	1,262

기업가치 지표

항목	2012	2013	2014	2015	2016	2017
주가(최고/저)(천원)	22.3/7.1	27.4/13.5	37.8/23.9	44.6/26.9	67.5/41.1	71.7/36.2
PER(최고/저)(배)	40.3/12.9	29.5/14.5	36.6/23.1	28.3/17.1	25.3/15.4	36.7/18.5
PBR(최고/저)(배)	4.3/1.4	4.5/2.2	5.4/3.4	5.3/3.2	6.1/3.7	5.6/2.8
EV/EBITDA(배)	18.5	14.7	19.9	19.1	16.4	11.2
EPS(원)	566	946	1,048	1,589	2,697	1,963
BPS(원)	5,332	6,184	7,068	8,508	11,138	12,924
CFPS(원)	834	1,252	1,393	1,952	3,049	2,335
DPS(원)	100	100	100	100	200	200
EBITDAPS(원)	1,018	1,587	1,671	2,200	3,397	3,236

재무 비율 〈단위 : %〉

연도	영업이익률	순이익률	부채비율	차입금비율	ROA	ROE	유보율	자기자본비율	EBITDA마진율
2017	23.2	15.9	9.2	0.3	14.7	16.6	2,484.8	91.6	26.2
2016	26.0	22.9	17.7	1.6	23.7	27.7	2,127.7	84.9	29.0
2015	19.7	16.9	14.5	3.2	17.4	20.5	1,601.6	87.3	23.6
2014	18.7	15.0	19.0	10.2	13.2	15.8	1,313.7	84.1	23.6

브레인콘텐츠 (A066980)
Brain Contents CO

업 종 : 인터넷 서비스
시 장 : KOSDAQ
신용등급 : (Bond) — (CP) —
기업규모 : 중견
홈페이지 : www.braincontents.kr
연 락 처 : 02)2017-7993
본 사 : 서울시 강남구 테헤란로 325 어반벤치빌딩 12층

설 립 일	1998.09.24	**종업원수**	74명	**대표이사**	장대용
상 장 일	2003.01.17	**감사의견**	적정(대주)	**계 열**	
결 산 기	12월	**보 통 주**		**종속회사수**	7개사
액 면 가	500원	**우 선 주**		**구 상 호**	

주주구성 (지분율,%)		출자관계 (지분율,%)		주요경쟁사 (외형,%)	
문양근	27.0	넷크루즈	100.0	브레인콘텐츠	100
김하경	3.9	글로벌텍스프리	33.2	갤럭시아컴즈	91
(외국인)	2.7	CONGTYTNHHHICELVINA	100.0	KG이니시스	995

매출구성		비용구성		수출비중	
콘텐츠사업부문	100.0	매출원가율	0.0	수출	21.9
		판관비율	93.8	내수	78.1

회사 개요

1998년 하이산업로 설립되었으며, Digital Media기기 부품 제조 전문회사로 도약하기 위하여 2002년 하이쎌로 상호를 변경함. 이후 2016년 리치커뮤니케이션즈와 합병을 통하여 콘텐츠 전문기업으로 도약하고자 상호를 브레인콘텐츠로 변경함. 연결실체는 LCD 제조업, 터치스크린 모듈 제조업, 세금환급 서비스업, 소프트웨어 개발, 포털서비스 등을 영위하며 종속기업은 국내외 7개사가 있음.

실적 분석

동사의 2017년 연간 매출액은 전년동기대비 224.6% 이상 크게 상승한 762억원을 기록하였음. 인건비는 크게 증가 했고 광고선전비는 감소, 기타판매비와관리비는 크게 증가함. 최종적으로 전년동기대비 당기순손실은 적자전환하여 53.4억원을 기록함. 금융손익이 큰 폭으로 증가하며 흑자전환했으나 반대로 비영업손익이 적자폭을 늘렸음. 영업외적익 부분에 꾸준한 관찰이 필요해보임.

현금 흐름 〈단위 : 억원〉

항목	2016	2017
영업활동	87	-31
투자활동	-30	53
재무활동	1	-30
순현금흐름	627	-9
기말현금	638	629

시장 대비 수익률

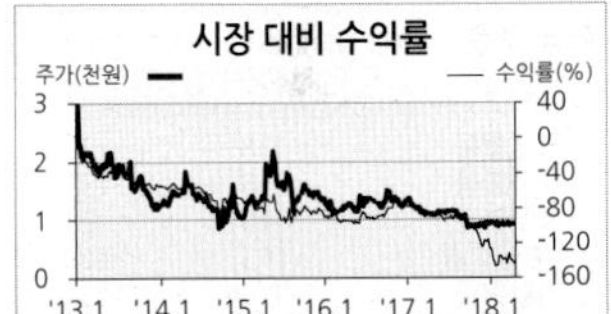

결산 실적 〈단위 : 억원〉

항목	2012	2013	2014	2015	2016	2017
매출액	430	590	507	151	235	762
영업이익	-59	15	-137	20	49	47
당기순이익	-76	26	-256	21	16	-53

분기 실적 〈단위 : 억원〉

항목	2016.3Q	2016.4Q	2017.1Q	2017.2Q	2017.3Q	2017.4Q
매출액	52	88	206	173	184	198
영업이익	9	29	9	7	12	20
당기순이익	7	4	2	0	-16	-40

재무 상태 〈단위 : 억원〉

항목	2012	2013	2014	2015	2016	2017
총자산	396	689	674	187	2,008	1,918
유형자산	187	221	263	2	201	186
무형자산	3	71	84	2	820	746
유가증권	—	10	1	6	23	63
총부채	228	296	232	122	611	401
총차입금	156	216	112	7	312	139
자본금	139	194	351	304	752	758
총자본	168	393	442	66	1,397	1,518
지배주주지분	168	393	406	66	1,043	1,076

기업가치 지표

항목	2012	2013	2014	2015	2016	2017
주가(최고/저)(천원)	3.4/0.9	3.0/1.2	1.9/0.8	2.3/1.1	1.7/1.1	1.4/0.8
PER(최고/저)(배)	—/—	39.6/15.9	—/—	83.9/37.8	149.6/97.4	—/—
PBR(최고/저)(배)	6.6/1.7	3.3/1.3	3.2/1.5	29.5/13.3	2.2/1.4	1.8/1.1
EV/EBITDA(배)	—	21.2	—	53.6	23.4	16.1
EPS(원)	-238	75	-552	28	11	-18
BPS(원)	608	1,012	580	79	772	787
CFPS(원)	-234	125	-517	29	13	6
DPS(원)	—	—	—	—	—	—
EBITDAPS(원)	-169	87	-249	27	57	56

재무 비율 〈단위 : %〉

연도	영업이익률	순이익률	부채비율	차입금비율	ROA	ROE	유보율	자기자본비율	EBITDA마진율
2017	6.2	-7.0	26.4	9.2	-2.7	-2.6	57.4	79.1	11.1
2016	20.8	6.9	43.7	22.3	1.5	1.8	54.4	69.6	21.2
2015	13.2	14.2	일부잠식	일부잠식	5.0	9.1	-78.4	35.1	13.8
2014	-27.1	-50.4	52.6	25.4	-37.6	-66.7	16.0	65.5	-23.7

브리지텍 (A064480)

BRIDGETEC

업　　종 : IT 서비스　　시　　장 : KOSDAQ
신용등급 : (Bond) —　(CP) —　　기업규모 : 벤처
홈페이지 : www.bridgetec.co.kr　　연 락 처 : 02)3430-4114
본　　사 : 서울시 영등포구 여의나루로 27 사학연금회관 14,15층

설 립 일	1995.03.31	종업원수	167명	대표이사	이상호
상 장 일	2008.06.04	감사의견	적정(한울)	계　　열	
결 산 기	12월	보 통 주		종속회사수	
액 면 가	500원	우 선 주		구 상 호	

주주구성 (지분율,%)		출자관계 (지분율,%)		주요경쟁사 (외형,%)	
이상호	34.2	케이스카이비	9.3	브리지텍	100
김영민	5.2	케이뱅크은행	5.0	민앤지	266
(외국인)	3.8			인성정보	847

매출구성		비용구성		수출비중	
콜센터솔루션	80.7	매출원가율	101.0	수출	5.6
클라우드콜센터, 유지보수	13.1	판관비율	14.7	내수	94.4
IP기반 유무선 멀티미디어 서비스	6.1				

회사 개요

동사는 콜센터와 인터넷전화 멀티미디어 부가서비스 장비 관련 소프트웨어를 개발하고, 어플리케이션 임대서비스를 제공하는 업체임. 금융, 통신, 공공기관, 지방자치단체 등을 대상으로 콜센터 구축 및 운영업무를 제공함. 콜센터의 유지보수 및 ASP사업과 법인고객을 대상으로 전화통화관리 프로그램 임대사업 등을 제공하고 있음. 일정 규모 이상 콜센터 구축 솔루션으로는 동사가 독보적임.

실적 분석

동사의 2017년 연간 매출액은 302.1억원으로 전년 대비 45.3% 감소함. 영업손실은 47.5억원으로 적자전환함. 이와 같이 매출 감소 및 적자전환에도 불구하고, 국민건강보험공단 콜센터 고도화사업을 수주하여 아이프론으로 2,000석 규모의 대용량 2개 센터를 이중화로 완벽하게 구성함. 또한 금번 평창 동계올림픽과 패럴림픽에 경기일정과 교통정보 등을 음성으로 물어보면 스스로 답을 해주는 AI 무인상담 콜센터 솔루션을 최초로 선보임.

현금 흐름 *IFRS 별도 기준

〈단위 : 억원〉

항목	2016	2017
영업활동	188	-29
투자활동	-55	-131
재무활동	-19	-21
순현금흐름	115	-184
기말현금	316	131

시장 대비 수익률

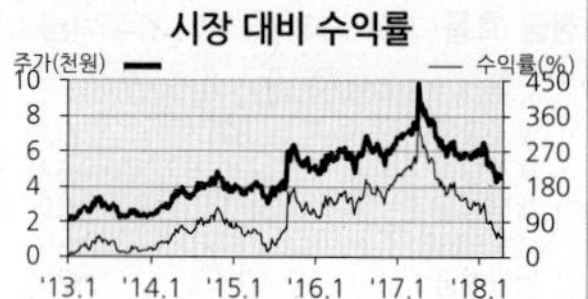

결산 실적

〈단위 : 억원〉

항목	2012	2013	2014	2015	2016	2017
매출액	354	423	402	525	552	302
영업이익	57	65	30	62	82	-47
당기순이익	55	62	38	63	79	-36

분기 실적 *IFRS 별도 기준

〈단위 : 억원〉

항목	2016.3Q	2016.4Q	2017.1Q	2017.2Q	2017.3Q	2017.4Q
매출액	128	194	41	74	104	84
영업이익	15	40	-28	-8	-2	-10
당기순이익	15	36	-26	-3	2	-8

재무 상태 *IFRS 별도 기준

〈단위 : 억원〉

항목	2012	2013	2014	2015	2016	2017
총자산	370	468	515	619	626	519
유형자산	4	3	3	5	5	3
무형자산	55	58	65	69	67	65
유가증권	2	2	2	2	53	156
총부채	88	107	133	188	135	88
총차입금	—	—	—	—	—	—
자본금	45	62	62	62	62	62
총자본	281	362	382	431	491	431
지배주주지분	281	362	382	431	491	431

기업가치 지표 *IFRS 별도 기준

항목	2012	2013	2014	2015	2016	2017
주가(최고/저)(천원)	2.6/1.4	3.4/2.0	4.8/2.4	6.6/3.1	7.0/4.6	10.1/5.5
PER(최고/저)(배)	6.8/3.9	7.6/4.4	16.8/8.3	13.3/6.2	11.1/7.3	—/—
PBR(최고/저)(배)	1.3/0.7	1.3/0.8	1.7/0.8	2.0/0.9	1.8/1.2	2.9/1.6
EV/EBITDA(배)	2.1	1.6	4.6	5.4	4.9	—
EPS(원)	460	519	319	530	664	-304
BPS(원)	3,519	3,026	3,195	3,605	4,109	3,605
CFPS(원)	769	614	439	638	814	-142
DPS(원)	180	150	120	160	200	100
EBITDAPS(원)	791	635	374	630	833	-235

재무 비율

〈단위 : %〉

연도	영업이익률	순이익률	부채비율	차입금비율	ROA	ROE	유보율	자기자본비율	EBITDA마진율
2017	-15.7	-12.0	20.5	0.0	-6.4	-7.9	597.6	83.0	-9.3
2016	14.8	14.4	27.5	0.0	12.7	17.2	695.2	78.5	18.0
2015	11.9	12.1	43.6	0.0	11.2	15.6	597.7	69.6	14.4
2014	7.6	9.5	34.8	0.0	7.8	10.3	518.4	74.2	11.1

브이원텍 (A251630)

V-ONE TECH CO

업　　종 : 디스플레이 및 관련부품　　시　　장 : KOSDAQ
신용등급 : (Bond) —　(CP) —　　기업규모 : 벤처
홈페이지 : www.v-one.co.kr　　연 락 처 : 031)607-5540
본　　사 : 경기도 성남시 분당구 대왕판교로 660, A-710 (삼평동, 유스페이스1)

설 립 일	2006.06.08	종업원수	44명	대표이사	김선중
상 장 일	2017.07.13	감사의견	적정(대주)	계　　열	
결 산 기	12월	보 통 주		종속회사수	
액 면 가	500원	우 선 주		구 상 호	

주주구성 (지분율,%)		출자관계 (지분율,%)		주요경쟁사 (외형,%)	
김선중	25.7	스마틀리글로벌	21.8	브이원텍	100
정희선	15.3	TMSEuropeB.V	70.0	이엘피	118
(외국인)	5.4			디이엔티	466

매출구성		비용구성		수출비중	
LCD/OLED 압흔검사기	77.3	매출원가율	49.8	수출	56.0
OLED Mask 관련 S/W 및 검사장비	17.9	판관비율	10.4	내수	44.0
2차전지, Solar 검사장비 등	4.0				

회사 개요

2006년 설립한 동사는 압흔검사기를 주력 상품으로 2017년 코스닥시장에 상장함. 압흔검사기는 디스플레이 부품이 회로기판에 제대로 접합됐는지를 검사하는 장비임. 스마트폰과 스마트패드 등에 사용되는 디스플레이 기판에는 이방도전성필름(ACF), 칩온글라스(COG), 연성회로기판(FPCB) 등 전류 부품이 압착으로 탑재. 압흔검사기는 국내 주요 디스플레이 업체는 물론 중국 톈마, BOE, CSOT, 샤프 등 20여개사가 사용함.

실적 분석

동사의 2017년 연결기준 연간 누적 매출액은 압흔검사기 등 주요 제품군의 국내외 수요 확대에 힘입어 전년동기 대비 58.3% 증가한 387.2억원을 기록함. 매출 성장에 따른 고정비 부담 완화로 이익 레버리지 효과가 일어나며 영업이익은 전년동기 대비 72.3% 증가한 154.2억원을 시현함. 동사는 Solar Cell Alignment, 미세먼지 측정장치 사업분야에 신규투자를 진행하기 위해 기술개발을 진행하고 있음.

현금 흐름

〈단위 : 억원〉

항목	2016	2017
영업활동	64	157
투자활동	-50	-373
재무활동	34	254
순현금흐름	49	32
기말현금	77	109

시장 대비 수익률

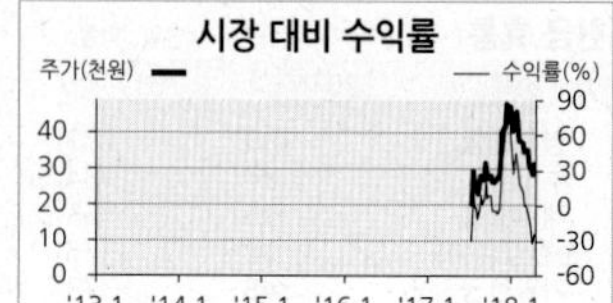

결산 실적

〈단위 : 억원〉

항목	2012	2013	2014	2015	2016	2017
매출액	—	89	103	118	245	387
영업이익	—	19	15	25	89	154
당기순이익	—	14	15	23	80	110

분기 실적

〈단위 : 억원〉

항목	2016.3Q	2016.4Q	2017.1Q	2017.2Q	2017.3Q	2017.4Q
매출액	31	—	97	—	97	—
영업이익	3	—	43	—	43	—
당기순이익	-1	—	26	—	37	—

재무 상태

〈단위 : 억원〉

항목	2012	2013	2014	2015	2016	2017
총자산	—	112	127	165	319	881
유형자산	—	8	7	7	7	15
무형자산	—	—	—	—	0	0
유가증권	—	—	5	45	87	439
총부채	—	32	32	41	77	267
총차입금	—	10	7	7	11	4
자본금	—	5	5	7	29	37
총자본	—	81	95	125	243	614
지배주주지분	—	81	95	124	242	613

기업가치 지표

항목	2012	2013	2014	2015	2016	2017
주가(최고/저)(천원)	—/—	—/—	—/—	—/—	—/—	—/—
PER(최고/저)(배)	0.0/0.0	0.0/0.0	0.0/0.0	0.0/0.0	0.0/0.0	31.7/11.4
PBR(최고/저)(배)	0.0/0.0	0.0/0.0	0.0/0.0	0.0/0.0	0.0/0.0	6.3/2.3
EV/EBITDA(배)	0.0	—	—	—	—	19.2
EPS(원)	—	253	274	417	1,434	1,665
BPS(원)	—	89,546	105,970	91,635	4,130	8,322
CFPS(원)	—	15,428	17,049	17,003	1,442	1,673
DPS(원)	—	—	—	—	—	—
EBITDAPS(원)	—	20,978	16,941	18,527	1,624	2,349

재무 비율

〈단위 : %〉

연도	영업이익률	순이익률	부채비율	차입금비율	ROA	ROE	유보율	자기자본비율	EBITDA마진율
2017	39.8	28.4	43.4	0.7	18.3	25.7	1,564.4	69.7	40.0
2016	36.6	32.6	31.7	4.5	32.9	43.5	726.0	75.9	36.8
2015	20.8	19.2	32.8	5.8	—	—	1,732.7	75.3	21.2
2014	14.2	14.3	33.4	7.9	12.3	16.8	2,019.4	74.9	14.8

블루콤 (A033560)
BLUECOM

업 종 : 휴대폰 및 관련부품
신용등급 : (Bond) — (CP) —
홈페이지 : www.bluec.co.kr
본 사 : 인천시 연수구 벤처로 116 (송도동)
시 장 : KOSDAQ
기업규모 : 우량
연 락 처 : 032)810-0500

설 립 일	1991.10.07	**종 업 원 수**	190명	**대 표 이 사**	김종규
상 장 일	2011.01.26	**감 사 의 견**	적정(신한)	**계 열**	
결 산 기	12월	**보 통 주**		**종속회사수**	2개사
액 면 가	500원	**우 선 주**		**구 상 호**	

주주구성 (지분율,%)		출자관계 (지분율,%)		주요경쟁사 (외형,%)	
김종규	40.3	미디어젠	19.3	블루콤	100
베어링자산운용	6.7	BLUECOMVINA	100.0	KH바텍	301
(외국인)	10.7	TIANJINBLUECOM	100.0	서원인텍	244

매출구성		비용구성		수출비중	
제품	96.6	매출원가율	76.3	수출	—
기타	3.4	판관비율	13.7	내수	—

회사 개요
동사는 휴대폰용 마이크로 스피커와 리니어 진동모터, 블루투스 헤드셋 등 휴대폰 부품 및 엑세서리를 제조, 판매하고 있음. 동사는 제품 개발과 마케팅을 담당하고 있으며, 종속회사인 천진부록통신기술유한공사는 제품의 생산 및 중국 내수판매의 역할을 담당하고 있음. 휴대폰 부품 및 엑세서리 산업은 휴대폰의 내외장형 부품과 관련된 제품으로서, 전방산업인 휴대폰 제조업의 경기와 연동, 기술적인 진입장벽이 높은 특성을 가지고 있음.

실적 분석
동사의 2017년 전체 매출은 1,166억원으로 전년대비 51.2% 감소, 영업이익은 116.1억원으로 전년대비 57% 감소, 당기순이익은 31.4억원으로 전년대비 86.6% 감소. 전방산업인 스마트폰이 전년대비 역성장세 시현, 전략거래선의 판매량 정체로 관련 매출 약화. 외형 감소로 원강율 상승으로 이익규모도 감소. 2018년 스마트폰 수요 둔화 지속 및 업체간의 경쟁심화로 부품업체의 단가인하 압력이 가중될 전망

현금 흐름
<단위 : 억원>

항목	2016	2017
영업활동	260	102
투자활동	-29	-182
재무활동	-126	-72
순현금흐름	124	-177
기말현금	681	503

시장 대비 수익률
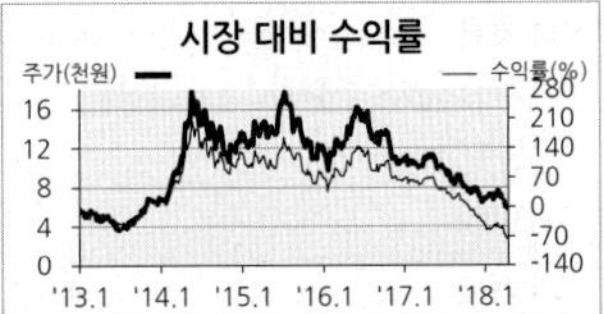

결산 실적
<단위 : 억원>

항목	2012	2013	2014	2015	2016	2017
매출액	568	855	1,965	2,171	2,388	1,166
영업이익	63	136	335	323	270	116
당기순이익	37	123	285	310	234	31

분기 실적
<단위 : 억원>

항목	2016.3Q	2016.4Q	2017.1Q	2017.2Q	2017.3Q	2017.4Q
매출액	645	504	410	348	186	221
영업이익	74	58	51	35	17	14
당기순이익	34	89	15	32	12	-28

재무 상태
<단위 : 억원>

항목	2012	2013	2014	2015	2016	2017
총자산	1,040	1,199	1,618	1,859	1,978	1,800
유형자산	282	262	504	572	551	562
무형자산	25	24	66	82	82	81
유가증권	28	28	28	28	102	43
총부채	58	90	257	259	251	147
총차입금	—	—	0	23	0	0
자본금	48	48	96	96	96	96
총자본	982	1,108	1,362	1,600	1,726	1,652
지배주주지분	982	1,108	1,362	1,600	1,726	1,652

기업가치 지표

항목	2012	2013	2014	2015	2016	2017
주가(최고/저)(천원)	6.5/3.8	7.0/3.3	19.1/6.4	18.2/10.6	16.6/9.5	11.6/6.5
PER(최고/저)(배)	37.5/21.9	11.7/5.6	13.8/4.6	11.8/6.9	13.8/7.9	71.1/39.7
PBR(최고/저)(배)	1.4/0.8	1.3/0.6	2.9/1.0	2.3/1.3	1.8/1.0	1.3/0.7
EV/EBITDA(배)	5.4	5.2	5.8	3.8	3.2	2.6
EPS(원)	194	642	1,485	1,615	1,217	164
BPS(원)	10,450	11,596	7,196	8,439	9,235	9,134
CFPS(원)	800	1,645	1,658	1,882	1,663	393
DPS(원)	200	300	400	400	50	50
EBITDAPS(원)	1,068	1,774	1,919	1,952	1,853	835

재무 비율
<단위 : %>

연도	영업이익률	순이익률	부채비율	차입금비율	ROA	ROE	유보율	자기자본비율	EBITDA마진율
2017	10.0	2.7	8.9	0.0	1.7	1.9	1,620.9	91.8	13.7
2016	11.3	9.8	14.6	0.0	12.2	14.1	1,747.0	87.3	14.9
2015	14.9	14.3	16.2	1.5	17.8	20.9	1,587.7	86.1	17.3
2014	17.1	14.5	18.9	0.0	20.2	23.1	1,339.2	84.1	18.8

비나텍 (A126340)
VINA TECH

업 종 : 전기장비
신용등급 : (Bond) — (CP) —
홈페이지 : www.vina.co.kr
본 사 : 전북 전주시 덕진구 운암로 15 (팔복동2가)
시 장 : KONEX
기업규모 : —
연 락 처 : 063)715-3020

설 립 일	1999.07.26	**종 업 원 수**	120명	**대 표 이 사**	성도경
상 장 일	2013.07.01	**감 사 의 견**	적정(상록)	**계 열**	
결 산 기	12월	**보 통 주**		**종속회사수**	
액 면 가	—	**우 선 주**		**구 상 호**	

주주구성 (지분율,%)		출자관계 (지분율,%)		주요경쟁사 (외형,%)	
성도경	40.0			비나텍	100
에이티넘뉴패러다임투자조합	10.6			선도전기	465
				서전기전	215

매출구성		비용구성		수출비중	
초고용량 커패시터	85.2	매출원가율	73.2	수출	76.9
커패시터 등	9.7	판관비율	22.0	내수	23.1
MEA 등	3.2				

회사 개요
동사는 초고용량 커패시터를 제조, 탄탈커패시터 및 IT 상품을 판매하는 회사임. 동사의 제품은 휴대폰, 오디오 등 전자제품뿐만 아니라 산업용 로봇, 하이브리드 자동차 등 다양한 산업군에서 사용됨. 세계 최초로 기존 최고 사양이던 2.7V보다 11% 용량을 향상시킨 3V 제품을 2010년 11월에 개발하여 판매를 개시하였음. 2017년말 현재 연구개발을 통한 특허출원 70건이 등록되어 있으며, 146건의 지적재산권을 보유중임.

실적 분석
동사의 2017년 연결기준 연간 누적 매출액은 전년동기 201.6억원 대비 15.8% 증가한 233.4억원을 기록함. 이는 상품 매출이 전년동기 대비 감소했음에도 불구하고, 초고용량 커패시터 등의 제품 매출이 크게 증가했기 때문임. 하지만 매출원가와 판관비의 증가로 영업이익은 전년동기 16.1억원 대비 30.8% 감소한 11.2억원을 기록함. 당기순이익은 65.5억원의 비영업손실로 인해 54.3억원의 손실을 기록, 적자전환함.

현금 흐름 *IFRS 별도 기준
<단위 : 억원>

항목	2016	2017
영업활동	55	22
투자활동	-48	-34
재무활동	-4	10
순현금흐름	3	-1
기말현금	5	3

시장 대비 수익률
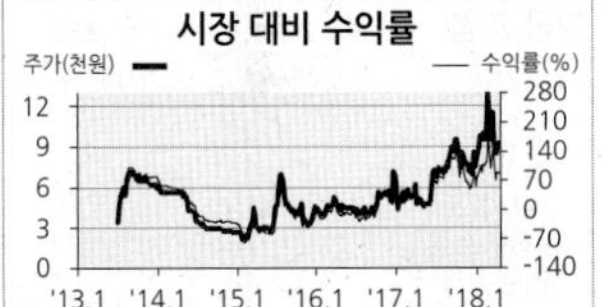

결산 실적
<단위 : 억원>

항목	2012	2013	2014	2015	2016	2017
매출액	186	210	220	202	202	233
영업이익	8	-4	8	11	16	11
당기순이익	5	-9	4	5	4	-54

분기 실적 *IFRS 별도 기준
<단위 : 억원>

항목	2016.3Q	2016.4Q	2017.1Q	2017.2Q	2017.3Q	2017.4Q
매출액	—	—	—	—	—	—
영업이익	—	—	—	—	—	—
당기순이익	—	—	—	—	—	—

재무 상태 *IFRS 별도 기준
<단위 : 억원>

항목	2012	2013	2014	2015	2016	2017
총자산	236	245	273	263	272	219
유형자산	92	84	83	71	86	78
무형자산	51	60	77	82	81	38
유가증권	0	0	—	—	—	—
총부채	158	177	181	184	193	155
총차입금	131	147	156	153	156	128
자본금	16	16	18	18	18	21
총자본	78	68	91	79	80	64
지배주주지분	78	68	91	79	80	64

기업가치 지표 *IFRS 별도 기준

항목	2012	2013	2014	2015	2016	2017
주가(최고/저)(천원)	—/—	7.2/3.5	6.0/2.7	7.6/1.9	7.3/3.8	9.7/4.1
PER(최고/저)(배)	0.0/0.0	—/—	49.1/22.2	58.4/14.6	59.6/30.9	—/—
PBR(최고/저)(배)	0.0/0.0	3.4/1.7	2.3/1.0	3.2/0.8	3.0/1.6	5.8/2.4
EV/EBITDA(배)	7.2	13.1	7.7	8.4	9.2	11.4
EPS(원)	139	-287	122	130	123	-1,588
BPS(원)	24,100	2,110	2,593	2,398	2,440	1,687
CFPS(원)	4,202	496	708	733	769	-953
DPS(원)	418	—	—	—	—	—
EBITDAPS(원)	5,286	654	816	901	1,141	961

재무 비율
<단위 : %>

연도	영업이익률	순이익률	부채비율	차입금비율	ROA	ROE	유보율	자기자본비율	EBITDA마진율
2017	4.8	-23.3	240.2	199.3	-22.1	-75.4	209.3	29.4	14.1
2016	8.0	2.0	241.8	195.7	1.5	5.1	341.3	29.3	18.4
2015	5.3	2.3	234.4	195.3	1.7	5.4	342.2	29.9	15.9
2014	3.4	1.8	198.2	170.5	1.6	5.1	418.7	33.5	12.3

비덴트 (A121800)

Vidente

업　　종 : 미디어
신용등급 : (Bond) —　　(CP) —
홈페이지 : www.tvlogic.co.kr
본　　사 : 서울시 금천구 가산디지털1로 84, 에이스하이엔드8차 12층

시　　장 : KOSDAQ
기업규모 :
연 락 처 : 070)8668-6611

설 립 일	2002.03.20	**종 업 원 수**	106명	**대 표 이 사**	김재욱
상 장 일	2011.12.01	**감 사 의 견**	적정(한영)	**계　　열**	
결 산 기	12월	**보 통 주**		**종속회사수**	6개사
액 면 가	500원	**우 선 주**		**구 상 호**	세븐스타웍스

주주구성 (지분율,%)		출자관계 (지분율,%)		주요경쟁사 (외형,%)	
비트갤럭시아 1호 투자조합	14.5	에픽브이알	100.0	비덴트	100
그로우스앤밸류5호 투자조합	4.5	코인스닥	33.3	지투알	2,095
(외국인)	2.1	비티씨코리아닷컴	10.6	디지틀조선	165

매출구성		비용구성		수출비중	
LVM Series	39.4	매출원가율	72.5	수출	81.8
기타	24.9	판관비율	54.4	내수	18.2
RKM Series 외	16.9				

회사 개요

동사는 HD디지털 방송장비의 개발, 제조 및 판매를 주사업으로 영위하는 기업으로 2011년 신규 상장함. 동사 제품을 구입하여 사용하고 있는 세계 주요 방송국으로는 영국의 BBC, 미국의 CNN, NBC, ABC, Disney, FOX TV, ESPN, HBO, 이탈리아의 RAI, 독일의 ZDF 등 다수임. 세계 시장점유율은 소니, JVC, 파나소닉에 이어 4위를 차지하고 있음.

실적 분석

동사의 연결기준 2017년 매출액은 전년 대비 0.3% 감소한 239.3억원을 기록한 반면, 판관비는 대손상각비 및 인건비 증가의 영향으로 전년 동기 대비 2.3% 증가함에 따라 동기간 영업손실은 64.5을 기록하며 적자지속함. 반면, 비영업손익은 관련기업투자등 관련손익의 증가의 영향으로 762.7억원의 흑자를 기록함. 이에 따라 동사의 2017년 당기순이익은 657.8억원을 기록함.

현금 흐름 〈단위 : 억원〉

항목	2016	2017
영업활동	-78	16
투자활동	-361	53
재무활동	418	18
순현금흐름	-26	84
기말현금	80	164

시장 대비 수익률

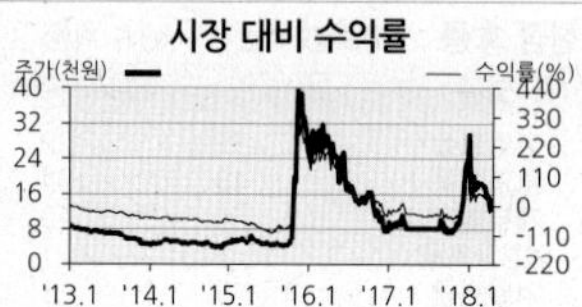

결산 실적 〈단위 : 억원〉

항목	2012	2013	2014	2015	2016	2017
매출액	311	263	290	227	240	239
영업이익	82	4	8	-22	-58	-64
당기순이익	69	7	11	-42	-219	658

분기 실적 〈단위 : 억원〉

항목	2016.3Q	2016.4Q	2017.1Q	2017.2Q	2017.3Q	2017.4Q
매출액	54	50	68	59	64	48
영업이익	-16	-34	-19	-27	-4	-15
당기순이익	-23	-210	-57	74	115	526

재무 상태 〈단위 : 억원〉

항목	2012	2013	2014	2015	2016	2017
총자산	526	545	543	704	933	1,637
유형자산	155	155	154	154	93	79
무형자산	39	54	56	43	33	10
유가증권	18	24	23	62	126	287
총부채	86	119	109	194	422	238
총차입금	53	89	83	163	371	156
자본금	53	53	53	64	86	106
총자본	440	426	434	510	510	1,399
지배주주지분	440	426	434	510	510	1,399

기업가치 지표

항목	2012	2013	2014	2015	2016	2017
주가(최고/저)(천원)	5.2/3.8	4.4/2.3	2.8/1.9	21.8/2.1	17.5/3.6	29.1/7.0
PER(최고/저)(배)	14.9/11.0	125.3/64.0	57.1/37.5	—/—	—/—	9.1/2.2
PBR(최고/저)(배)	2.5/1.9	2.1/1.1	1.3/0.9	11.0/1.1	11.8/2.4	4.4/1.1
EV/EBITDA(배)	3.6	9.8	8.0	—	—	—
EPS(원)	710	71	100	-389	-1,425	3,202
BPS(원)	4,170	4,295	4,391	3,965	2,961	6,605
CFPS(원)	837	282	303	-204	-1,320	3,285
DPS(원)	100	—	—	—	—	—
EBITDAPS(원)	971	248	278	-17	-271	-230

재무 비율 〈단위 : %〉

연도	영업이익률	순이익률	부채비율	차입금비율	ROA	ROE	유보율	자기자본비율	EBITDA마진율
2017	-26.9	274.9	17.0	11.1	51.2	68.9	1,221.1	85.4	-19.8
2016	-24.1	-91.2	82.7	72.7	-26.7	-42.9	492.3	54.7	-17.3
2015	-9.5	-18.3	38.0	32.0	-6.7	-8.8	693.0	72.5	-0.8
2014	2.7	3.7	25.0	19.1	2.0	2.5	778.3	80.0	10.2

비디아이 (A148140)

BDI CO

업　　종 : 에너지 시설 및 서비스
신용등급 : (Bond) —　　(CP) —
홈페이지 : www.bdindustry.co.kr
본　　사 : 경기도 화성시 팔탄면 서해로 1155

시　　장 : KOSDAQ
기업규모 : 벤처
연 락 처 : 031)352-7365

설 립 일	1992.06.18	**종 업 원 수**	62명	**대 표 이 사**	예경남
상 장 일	2017.01.16	**감 사 의 견**	적정(송강)	**계　　열**	
결 산 기	12월	**보 통 주**		**종속회사수**	
액 면 가	500원	**우 선 주**		**구 상 호**	

주주구성 (지분율,%)		출자관계 (지분율,%)		주요경쟁사 (외형,%)	
안승만	42.6			비디아이	100
엘비인베스트먼트	10.1			한솔신텍	134
(외국인)	0.2			S&TC	194

매출구성		비용구성		수출비중	
기타	74.2	매출원가율	89.6	수출	21.9
회처리설비	24.5	판관비율	4.5	내수	78.1
회정제설비	1.4				

회사 개요

동사는 1992년 설립돼 2017년 12월, 코넥스에서 코스닥 시장으로 이전 상장한 회사임. 동사는 화력 발전소 플랜트 보조기기를 설계하고 제작 및 시공 그리고 시운전을 주사업으로 영위하고 있음. 동사의 주요 제품은 회처리설비, 회정제 설비, 석탄이송설비, 석회석 이송설비 등임. 동사의 주요 매출처는 신규 발전소를 설립하는 한국전력 자회사와 민간 EPC 사업자임.

실적 분석

동사의 2017년도 연결기준 연간 매출액은 949.0억원으로 전년대비 5.6% 감소함. 주요 사업분야는 화력발전설비의 설계 및 시공이며, 특히 친환경설비 분야에 집중하고 있음. 최근 환경이슈, 친환경설비의 효율성 증대 수요가 증가 추세에 따른 친환경설비 분야의 수주 확보가 기대됨. 관련 환경설비시장은 공개입찰방식이며 설계데이터 누적에 따른 원가경쟁력을 확보한 안정적인 수주를 유지하고 있음.

현금 흐름 *IFRS 별도 기준 〈단위 : 억원〉

항목	2016	2017
영업활동	-188	23
투자활동	-5	-43
재무활동	204	55
순현금흐름	11	33
기말현금	15	49

시장 대비 수익률

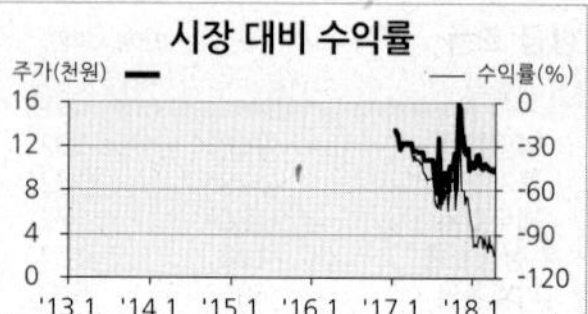

결산 실적 〈단위 : 억원〉

항목	2012	2013	2014	2015	2016	2017
매출액	293	674	768	932	1,006	949
영업이익	49	-11	14	108	68	56
당기순이익	3	-53	-28	82	40	36

분기 실적 *IFRS 별도 기준 〈단위 : 억원〉

항목	2016.3Q	2016.4Q	2017.1Q	2017.2Q	2017.3Q	2017.4Q
매출액	—	—	—	—	—	—
영업이익	—	—	—	—	—	—
당기순이익	—	—	—	—	—	—

재무 상태 *IFRS 별도 기준 〈단위 : 억원〉

항목	2012	2013	2014	2015	2016	2017
총자산	372	342	424	468	734	968
유형자산	102	114	134	135	133	131
무형자산	1	0	0	0	5	5
유가증권	78	49	27	22	24	25
총부채	258	340	452	334	561	651
총차입금	219	267	256	187	257	340
자본금	16	16	16	21	21	26
총자본	115	1	-28	133	173	317
지배주주지분	115	1	-28	133	173	317

기업가치 지표 *IFRS 별도 기준

항목	2012	2013	2014	2015	2016	2017
주가(최고/저)(천원)	—/—	—/—	—/—	—/—	—/—	17.4/6.0
PER(최고/저)(배)	0.0/0.0	0.0/0.0	0.0/0.0	0.0/0.0	0.0/0.0	21.1/7.3
PBR(최고/저)(배)	0.0/0.0	0.0/0.0	0.0/0.0	0.0/0.0	0.0/0.0	2.9/1.0
EV/EBITDA(배)	4.2	—	9.6	1.6	3.3	12.9
EPS(원)	81	-1,664	-875	2,498	949	834
BPS(원)	71,745	880	-14,334	62,947	4,069	5,998
CFPS(원)	3,448	-31,213	-14,292	44,007	1,049	932
DPS(원)	—	—	—	—	—	130
EBITDAPS(원)	32,172	-4,869	10,045	57,451	1,736	1,399

재무 비율 〈단위 : %〉

연도	영업이익률	순이익률	부채비율	차입금비율	ROA	ROE	유보율	자기자본비율	EBITDA마진율
2017	5.9	3.8	205.2	107.2	4.2	14.8	1,099.2	32.8	6.4
2016	6.8	3.9	325.4	149.0	6.6	25.8	729.5	23.5	7.2
2015	11.6	8.8	250.5	139.9	18.5	전기잠식	541.6	28.5	12.0
2014	1.9	-3.7	완전잠식	완전잠식	-7.4	당기잠식	-273.8	-6.6	2.3

비상교육 (A100220)

Visang Education

업　　종 : 교육　　시　　장 : 거래소
신용등급 : (Bond) —　　(CP) —　　기업규모 : 시가총액 소형주
홈페이지 : company.visang.com　　연 락 처 : 02)6970-6012
본　　사 : 서울시 구로구 디지털로33길 48 (구로동, 대륭포스트타워 7차 19층)

설 립 일	2002.01.21	**종업원수**	617명	**대표이사**	양태회
상 장 일	2008.06.30	**감사의견**	적정(삼정)	**계　　열**	
결 산 기	12월	**보 통 주**		**종속회사수**	4개사
액 면 가	500원	**우 선 주**		**구 상 호**	

주주구성 (지분율,%)		출자관계 (지분율,%)		주요경쟁사 (외형,%)	
양태회	45.2	비상캠퍼스	100.0	비상교육	100
비유와상징우리사주조합	3.1	티스쿨이앤씨	100.0	대교	558
(외국인)	8.9	비상키즈	98.9	웅진씽크빅	429

매출구성		비용구성		수출비중	
출판 사업	86.4	매출원가율	48.2	수출	0.0
온라인 사업	9.6	판관비율	34.2	내수	100.0
오프라인 학원사업	3.0				

회사 개요

동사는 학습교재 출판, 온오프라인 교육 서비스 사업 등을 영위할 목적으로 1997년 설립됨. 2002년 법인으로 전환하면서 2008년 유가증권시장에 상장함. 초등, 중등, 고등학교 교과서 발행사업, 학습교재 출판, 학력평가, 컨설팅업을 주요 사업으로 영위함. 2016년 5월 경희대 국제교육원과 업무협약을 통해 한국어 교육 사이트인 마스터코리안을 오픈하는 등 성인교육 시장에도 진출함. 최근에는 초등 온라인 학습업체 '와이즈캠프'를 인수함.

실적 분석

온라인 교육사업과 유아교육사업 부문의 꾸준한 성장과 3분기 들어 주력인 출판사업 부문이 회복되면서 2017년 매출액은 전년 대비 소폭 증가하여 최대 기록을 갱신함. 출판부문의 제품가격 인상과 광고선전비 억제 등의 노력에도 불구하고 인건비를 포함한 고정비용 부담으로 영업이익은 27.4% 감소함. 중국 1위 교육 그룹인 신동방그룹과 손잡고 중국 유아 영어교육 시장에 진출하였으며, 초등학교 국정교과서를 납품을 시작함에 따라 안정적인 성장이 예상됨.

현금 흐름 〈단위 : 억원〉

항목	2016	2017
영업활동	512	146
투자활동	-209	-141
재무활동	-224	-42
순현금흐름	79	-38
기말현금	215	178

시장 대비 수익률

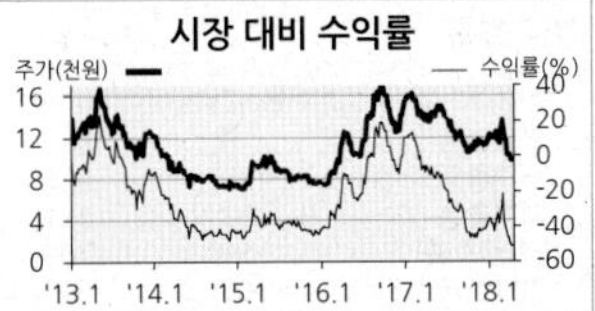

결산 실적 〈단위 : 억원〉

항목	2012	2013	2014	2015	2016	2017
매출액	1,446	1,349	1,369	1,438	1,439	1,456
영업이익	214	190	167	284	355	258
당기순이익	169	134	105	169	256	181

분기 실적 〈단위 : 억원〉

항목	2016.3Q	2016.4Q	2017.1Q	2017.2Q	2017.3Q	2017.4Q
매출액	231	616	309	254	289	605
영업이익	13	283	23	27	19	189
당기순이익	13	210	5	22	16	138

재무 상태 〈단위 : 억원〉

항목	2012	2013	2014	2015	2016	2017
총자산	2,128	2,459	2,457	2,352	2,397	2,563
유형자산	409	443	436	444	431	430
무형자산	334	400	323	312	434	502
유가증권	48	60	32	20	18	39
총부채	742	945	899	630	449	472
총차입금	320	548	490	230	30	28
자본금	65	65	65	65	65	65
총자본	1,386	1,514	1,558	1,722	1,948	2,091
지배주주지분	1,386	1,524	1,561	1,725	1,951	2,092

기업가치 지표

항목	2012	2013	2014	2015	2016	2017
주가(최고/저)(천원)	13.4/5.6	16.7/9.9	12.3/7.0	10.2/6.9	17.1/7.4	16.5/10.1
PER(최고/저)(배)	11.4/4.7	17.5/10.4	16.0/9.1	8.5/5.7	9.1/3.9	12.2/7.5
PBR(최고/저)(배)	1.3/0.5	1.5/0.9	1.0/0.6	0.8/0.5	1.1/0.5	1.0/0.6
EV/EBITDA(배)	6.7	7.7	4.9	2.8	4.0	3.7
EPS(원)	1,309	1,057	842	1,294	1,970	1,391
BPS(원)	11,459	12,492	13,012	14,270	16,007	17,097
CFPS(원)	1,914	1,693	1,749	2,218	2,817	2,224
DPS(원)	110	130	130	200	330	350
EBITDAPS(원)	2,258	2,096	2,191	3,112	3,576	2,815

재무 비율 〈단위 : %〉

연도	영업이익률	순이익률	부채비율	차입금비율	ROA	ROE	유보율	자기자본비율	EBITDA마진율
2017	17.7	12.4	22.6	1.3	7.3	9.0	3,319.3	81.6	25.1
2016	24.7	17.8	23.1	1.5	10.8	13.9	3,101.4	81.3	32.3
2015	19.8	11.7	36.6	13.4	7.0	10.2	2,754.0	73.2	28.1
2014	12.2	7.7	57.7	31.5	4.3	7.1	2,502.4	63.4	20.8

비씨월드제약 (A200780)

BCWORLD PHARM COLTD

업　　종 : 제약　　시　　장 : KOSDAQ
신용등급 : (Bond) —　　(CP) —　　기업규모 : 벤처
홈페이지 : www.bcwp.co.kr　　연 락 처 : 031)881-6800
본　　사 : 경기도 여주시 가남읍 여주남로 872-23

설 립 일	1980.03.19	**종업원수**	281명	**대표이사**	홍성한
상 장 일	2014.12.15	**감사의견**	적정(대현)	**계　　열**	
결 산 기	12월	**보 통 주**		**종속회사수**	
액 면 가	200원	**우 선 주**		**구 상 호**	

주주구성 (지분율,%)		출자관계 (지분율,%)		주요경쟁사 (외형,%)	
홍성한	30.9	비씨월드헬스케어	50.0	비씨월드제약	100
최헌두	2.5	에스비이앤베스트먼트	2.4	대한뉴팜	261
(외국인)	1.8			메지온	11

매출구성		비용구성		수출비중	
마취통증약(제품)	27.3	매출원가율	51.7	수출	9.2
항생제	26.8	판관비율	30.6	내수	90.8
기타처방약	24.9				

회사 개요

동사는 1980년 3월 의약품의 제조 및 판매, 의약품 수출입업 등을 주 영업 목적으로 하여 설립되었으며 2014년 12월 코스닥시장에 상장됨. 2007년 회사의 명칭을 극동제약에서 비씨월드제약으로 변경함. 의약품 제조 및 판매, 국내 CMO사업, 해외수출(해외 CMO포함), 라이센싱아웃 사업 등을 영위하고 있음. 특히 의약품 제조 및 판매 분야에선 R&D 개발력을 기반으로 마취통증약, 순환계약물, 항생제 등에 강점이 있음

실적 분석

2017년 매출액은 CMO 매출 증가와 신제품 매출 등의 증가로 인하여 전년 대비 10.0% 증가한 502.1억원임. 연구개발비 투자 증대와 신공장 가동에 따른 감가상각비의 계상 등으로 영업이익은 28.4% 증가한 88.7억원이며, 순이익은 24.6% 증가한 80.7억원임. 부채는 공장증설 투자금의 차입금 및 국책과제 수행을 위하여 상환전환우선주(비유동부채)로 인하여 전기대비 63.5%가 증가하였고 총자산은 22.7% 증가함.

현금 흐름 *IFRS 별도 기준 〈단위 : 억원〉

항목	2016	2017
영업활동	2	79
투자활동	-128	-168
재무활동	95	115
순현금흐름	-30	26
기말현금	12	38

시장 대비 수익률

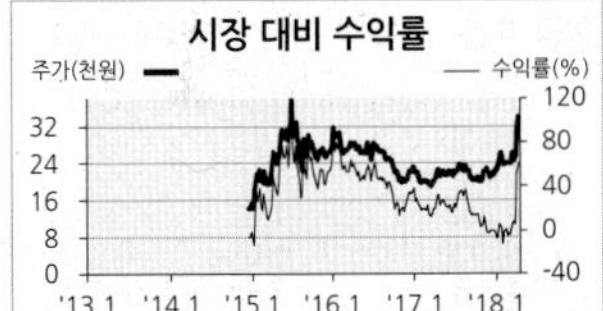

결산 실적 〈단위 : 억원〉

항목	2012	2013	2014	2015	2016	2017
매출액	255	304	357	414	457	502
영업이익	29	40	53	66	69	89
당기순이익	35	33	37	63	65	81

분기 실적 *IFRS 별도 기준 〈단위 : 억원〉

항목	2016.3Q	2016.4Q	2017.1Q	2017.2Q	2017.3Q	2017.4Q
매출액	114	123	121	121	128	132
영업이익	18	19	21	22	23	23
당기순이익	19	13	20	20	22	19

재무 상태 *IFRS 별도 기준 〈단위 : 억원〉

항목	2012	2013	2014	2015	2016	2017
총자산	386	424	748	794	964	1,158
유형자산	108	129	216	454	561	701
무형자산	12	13	13	13	14	14
유가증권	0	0	0	5	5	4
총부채	159	165	131	120	225	345
총차입금	121	115	60	32	127	248
자본금	8	8	13	13	13	15
총자본	227	259	617	674	739	812
지배주주지분	227	259	617	674	739	812

기업가치 지표 *IFRS 별도 기준

항목	2012	2013	2014	2015	2016	2017
주가(최고/저)(천원)	—/—	—/—	14.7/12.5	37.8/14.0	31.7/18.9	24.6/18.3
PER(최고/저)(배)	0.0/0.0	0.0/0.0	23.7/20.2	48.3/17.9	39.7/23.6	24.6/18.4
PBR(최고/저)(배)	0.0/0.0	0.0/0.0	1.9/1.7	4.5/1.7	3.5/2.1	2.4/1.8
EV/EBITDA(배)	1.4	1.4	14.0	27.6	22.8	17.3
EPS(원)	605	575	631	790	806	1,001
BPS(원)	114,074	130,437	9,280	10,132	11,000	11,052
CFPS(원)	23,793	22,996	1,083	1,154	1,225	1,451
DPS(원)	—	—	100	—	120	120
EBITDAPS(원)	20,522	26,587	1,382	1,198	1,291	1,559

재무 비율 〈단위 : %〉

연도	영업이익률	순이익률	부채비율	차입금비율	ROA	ROE	유보율	자기자본비율	EBITDA마진율
2017	17.7	16.1	45.3	33.4	7.5	10.4	5,472.9	68.8	22.9
2016	15.1	14.2	30.5	17.2	7.4	9.2	5,451.2	76.6	18.9
2015	16.0	15.3	17.7	4.7	8.2	9.8	4,966.1	84.9	19.3
2014	14.7	10.5	21.3	9.7	6.4	8.5	4,539.8	82.5	19.6

비아트론 (A141000)
Viatron Technologies

업　　종 : 디스플레이 및 관련부품　　시　　장 : KOSDAQ
신용등급 : (Bond) —　(CP) —　　기업규모 : 우량
홈페이지 : www.viatrontech.com　　연 락 처 : 070)4016-3200
본　　사 : 경기도 수원시 권선구 산업로 155번길 139(고색동)

설 립 일	2001.12.26	종업원수	150명	대표이사	김형준
상 장 일	2012.05.04	감사의견	적정(신한)	계　　열	
결 산 기	12월	보 통 주		종속회사수	1개사
액 면 가	500원	우 선 주		구 상 호	

주주구성 (지분율,%)		출자관계 (지분율,%)		주요경쟁사 (외형,%)	
김형준	14.0	인터밸류파트너스	100.0	비아트론	100
LAZ EMSCTR	6.5	인터밸류고급기술인력창업1호투자조합	16.0	APS홀딩스	87
(외국인)	19.1	서울투자청년창업벤처조합	10.0	덕산네오룩스	100

매출구성		비용구성		수출비중	
Flexible Display 열처리장비	44.2	매출원가율	70.7	수출	66.4
LTPS LCD 열처리장비	27.2	판관비율	8.7	내수	33.6
AMOLED 열처리장비	22.6				

회사 개요

동사는 2001년 반도체 및 평판디스플레이 제조용 기계제조업 등을 목적으로 설립됨. AMOLED, LTPS LCD, Oxide TFT, Flexible Display 등 디스플레이 패널 제작을 위한 장비 중 전 공정 장비에 속하는 backplane 제조 관련 열처리장비가 주요 제품임. 각종 국책과제 및 삼성전자, 삼성모바일디스플레이, LG 디스플레이 등과의 연구과제 수행을 통해 꾸준히 열처리 장비 기술개발을 진행하여 우수한 경쟁력을 확보함.

실적 분석

중국 BOE 폴리이미드큐어링 장비에 대한 수주가 이월되면서 2분기 실적이 주춤하였으나, LG디스플레이, 중국 에버디스플레이과 로열향 PIC장비와 열처리 장비 추가 수주가 이어져 2017년 매출액이 전년동기 대비 31.9% 증가한 사상 최대치를 달성함. 외형 급증에 따른 고정비용 부담 완화로 영업이익도 48.5% 증가한 208.2억원을 달성함. 환율 하락으로 외환 관련 손실이 급증하여 당기순이익은 7.9% 감소함.

현금 흐름 〈단위 : 억원〉

항목	2016	2017
영업활동	97	113
투자활동	-113	-31
재무활동	155	-32
순현금흐름	147	26
기말현금	390	417

시장 대비 수익률

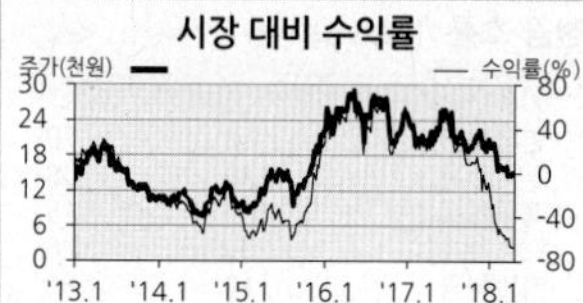

결산 실적 〈단위 : 억원〉

항목	2012	2013	2014	2015	2016	2017
매출액	532	327	328	451	764	1,008
영업이익	104	40	8	83	140	208
당기순이익	102	39	20	70	132	122

분기 실적 〈단위 : 억원〉

항목	2016.3Q	2016.4Q	2017.1Q	2017.2Q	2017.3Q	2017.4Q
매출액	224	258	230	134	375	270
영업이익	41	44	31	17	98	62
당기순이익	19	64	2	25	75	20

재무 상태 〈단위 : 억원〉

항목	2012	2013	2014	2015	2016	2017
총자산	706	852	803	813	1,284	1,392
유형자산	97	200	196	190	188	186
무형자산	28	32	22	11	7	7
유가증권	49	336	219	122	153	28
총부채	194	287	223	109	293	307
총차입금	2	211	186	4	5	—
자본금	51	53	54	56	61	61
총자본	512	565	580	703	991	1,085
지배주주지분	512	565	580	703	991	1,085

기업가치 지표

항목	2012	2013	2014	2015	2016	2017
주가(최고/저)(천원)	21.4/10.1	20.0/9.7	13.6/7.4	22.0/8.1	30.2/18.4	26.6/16.9
PER(최고/저)(배)	20.9/9.8	54.3/26.3	74.7/40.7	34.6/12.7	27.3/16.7	26.6/16.9
PBR(최고/저)(배)	4.2/2.0	3.7/1.8	2.4/1.3	3.4/1.3	3.7/2.3	3.0/1.9
EV/EBITDA(배)	11.2	22.0	30.3	21.3	16.5	8.7
EPS(원)	1,038	374	184	643	1,114	1,005
BPS(원)	5,120	5,487	5,668	6,518	8,178	8,955
CFPS(원)	1,102	510	355	815	1,201	1,060
DPS(원)	—	—	—	100	100	100
EBITDAPS(원)	1,125	518	248	937	1,269	1,774

재무 비율 〈단위 : %〉

연도	영업이익률	순이익률	부채비율	차입금비율	ROA	ROE	유보율	자기자본비율	EBITDA마진율
2017	20.7	12.1	28.3	0.0	9.1	11.7	1,690.9	78.0	21.3
2016	18.4	17.3	29.6	0.6	12.6	15.6	1,535.7	77.2	19.7
2015	18.5	15.5	15.5	0.6	8.7	10.9	1,203.6	86.6	22.6
2014	2.5	6.0	38.4	32.1	2.4	3.5	1,033.6	72.2	8.1

비에이치 (A090460)
Bh

업　　종 : 전자 장비 및 기기　　시　　장 : KOSDAQ
신용등급 : (Bond) —　(CP) —　　기업규모 : 중견
홈페이지 : www.bhe.co.kr　　연 락 처 : 032)510-2644
본　　사 : 인천시 부평구 평천로 199번길 25

설 립 일	1999.03.10	종업원수	1,359명	대표이사	이경환
상 장 일	2007.01.26	감사의견	적정(안진)	계　　열	
결 산 기	12월	보 통 주		종속회사수	5개사
액 면 가	500원	우 선 주		구 상 호	

주주구성 (지분율,%)		출자관계 (지분율,%)		주요경쟁사 (외형,%)	
이경환	23.1	대경전자	100.0	비에이치	100
알리안츠글로벌인베스터스자산운용	4.6	디케이티	42.0	액트	13
(외국인)	14.3	비에이치디스플레이	39.0	남성	13

매출구성		비용구성		수출비중	
[FPCB]다층	37.0	매출원가율	84.0	수출	94.0
[FPCB]양면	29.8	판관비율	5.0	내수	6.0
[FPCB]RF, BU	29.0				

회사 개요

동사는 1999년 설립되었으며, 2007년부터 코스닥시장에 상장되어 거래되고 있음. 첨단 IT산업의 핵심부품인 FPCB와 그 응용부품을 전문적으로 제조, 공급하는 회사로서 전문 FPCB 벤처 중견기업으로 성장하고 있음. FPCB는 스마트폰, 태블릿 PC 및 휴대폰, LCD, PDP TV 등의 부품으로 들어감. 삼성전자와 LG전자 등이 주요 고객이며 국내 및 해외 신규업체 확보를 위해 노력 중임.

실적 분석

동사의 2017년도 연결기준 연간 매출액은 매출처 다변화의 영향으로 전년대비 85.9% 증가한 6,913.4억원을 기록함. 중국 지역 매출은 전년 대비 절반 가량 감소했으나, 베트남 지역 매출액이 국내 수준 이상으로 증가함. 이에 순이익은 463.8억원으로 흑자전환함. 생산능력향상을 위한 신규건설과 증설을 계획 중임. 향후 Local 수출 형태를 기반으로 한 해외부문 매출 증대가 기대됨.

현금 흐름 〈단위 : 억원〉

항목	2016	2017
영업활동	6	590
투자활동	-123	-378
재무활동	53	531
순현금흐름	-59	729
기말현금	105	833

시장 대비 수익률

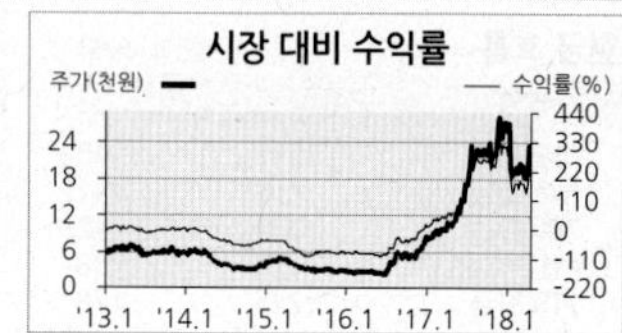

결산 실적 〈단위 : 억원〉

항목	2012	2013	2014	2015	2016	2017
매출액	2,298	3,791	3,159	3,646	3,720	6,913
영업이익	247	314	190	94	-258	757
당기순이익	141	221	127	87	-245	464

분기 실적 〈단위 : 억원〉

항목	2016.3Q	2016.4Q	2017.1Q	2017.2Q	2017.3Q	2017.4Q
매출액	949	790	1,026	1,184	1,901	2,802
영업이익	-25	-131	22	100	232	403
당기순이익	-53	-89	-12	99	241	137

재무 상태 〈단위 : 억원〉

항목	2012	2013	2014	2015	2016	2017
총자산	1,816	2,310	2,639	3,319	3,106	5,198
유형자산	762	1,156	1,367	1,425	1,453	1,638
무형자산	26	35	24	38	29	43
유가증권	8	25	29	32	27	22
총부채	1,109	1,419	1,623	2,244	2,046	3,670
총차입금	790	1,018	1,203	1,604	1,504	2,033
자본금	75	78	78	78	78	156
총자본	707	891	1,016	1,076	1,060	1,528
지배주주지분	707	891	1,016	1,076	1,060	1,528

기업가치 지표

항목	2012	2013	2014	2015	2016	2017
주가(최고/저)(천원)	12.2/5.6	14.6/9.5	12.9/5.7	10.3/5.2	17.0/4.4	29.4/7.9
PER(최고/저)(배)	12.8/5.9	10.1/6.6	15.8/7.0	18.4/9.4	—/—	19.8/5.3
PBR(최고/저)(배)	2.4/1.1	2.3/1.5	1.8/0.8	1.3/0.7	2.5/0.6	6.0/1.6
EV/EBITDA(배)	7.8	5.0	5.5	7.7	—	9.9
EPS(원)	477	720	407	278	-783	1,483
BPS(원)	5,017	6,377	7,325	7,717	6,888	4,885
CFPS(원)	1,458	2,855	2,133	1,798	-364	2,194
DPS(원)	—	—	—	—	—	—
EBITDAPS(원)	2,178	3,460	2,535	1,846	-446	3,133

재무 비율 〈단위 : %〉

연도	영업이익률	순이익률	부채비율	차입금비율	ROA	ROE	유보율	자기자본비율	EBITDA마진율
2017	11.0	6.7	240.3	133.1	11.2	35.8	877.0	29.4	14.2
2016	-6.9	-6.6	193.0	141.9	-7.6	-22.9	1,277.6	34.1	-1.9
2015	2.6	2.4	208.6	149.2	2.9	8.3	1,443.5	32.4	7.9
2014	6.0	4.0	159.7	118.3	5.1	13.3	1,365.0	38.5	12.6

비에이치아이 (A083650)

BHI

업 종 : 기계
신 용 등 급 : (Bond) — (CP) —
홈 페 이 지 : www.bhi.co.kr
본 사 : 경남 함안군 군북면 장백로 122
시 장 : KOSDAQ
기 업 규 모 : 중견
연 락 처 : 055)585-3800

설 립 일	1998.06.12	**종 업 원 수**	487명	**대 표 이 사**	우종인,조원래
상 장 일	2005.12.02	**감 사 의 견**	적정(삼정)	**계 열**	
결 산 기	12월	**보 통 주**		**종속회사수**	2개사
액 면 가	500원	**우 선 주**		**구 상 호**	

주주구성 (지분율,%)		출자관계 (지분율,%)		주요경쟁사 (외형,%)	
우종인	22.8	케이씨써멀	20.0	비에이치아이	100
박은미	21.3	스톤헨지코리아	20.0	큐로	48
(외국인)	1.1	남인	19.6	TPC	31

매출구성		비용구성		수출비중	
HRSG	48.3	매출원가율	87.1	수출	59.1
B.O.P	19.6	판관비율	7.0	내수	40.9
보일러	17.5				

회사 개요

1998년 설립돼 2005년 코스닥증권 시장에 상장한 동사는 발전용 설비를 전문으로 설계·생산하는 사업을 영위하고 있음. 주된 고객으로는 한전을 비롯한 전력회사 및 발전사업자, 대형건설사, 포스코를 포함한 제철회사 등이 있음. 비에이치아이건설, PT Bum Woo Heavy Industry INDONESIA, BHI (Thailand) Co., Ltd.를 계열사로 보유하고 있으며 이들은 모두 비상장사임.

실적 분석

동사의 2017년 연결기준 매출액은 전년 대비 3.8% 증가한 3,251.7억원을 기록한 반면, 판관비는 대손상각비와 보상비 등을 크게 절감하며 28.3% 감소. 2017년 영업이익은 전년 대비 28.1% 증가한 191.4억원을 기록함. 반면, 외환환산손실이 급증한 영향으로 비용손실규모는 전년대비 확대되었음.당기순이익은 81.5억원으로 전년대비 19.6% 감소하였음.

현금 흐름 <단위 : 억원>

항목	2016	2017
영업활동	147	249
투자활동	24	-129
재무활동	-199	-78
순현금흐름	-27	39
기말현금	99	138

시장 대비 수익률

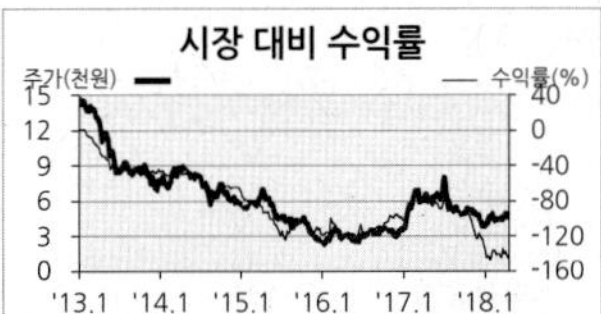

결산 실적 <단위 : 억원>

항목	2012	2013	2014	2015	2016	2017
매출액	5,021	6,213	4,970	3,564	3,132	3,252
영업이익	251	247	-6	-411	149	191
당기순이익	240	178	-192	-672	101	81

분기 실적 <단위 : 억원>

항목	2016.3Q	2016.4Q	2017.1Q	2017.2Q	2017.3Q	2017.4Q
매출액	660	893	903	932	766	651
영업이익	32	47	56	76	57	2
당기순이익	21	28	30	75	22	-46

재무 상태 <단위 : 억원>

항목	2012	2013	2014	2015	2016	2017
총자산	5,863	5,700	5,353	4,554	4,464	4,234
유형자산	1,683	1,658	1,709	2,072	2,048	1,988
무형자산	275	256	240	218	191	245
유가증권	127	204	213	232	143	145
총부채	4,487	4,140	4,036	3,665	3,467	3,115
총차입금	2,850	2,921	2,590	2,553	2,205	2,053
자본금	65	65	65	130	130	130
총자본	1,375	1,560	1,318	890	997	1,119
지배주주지분	1,364	1,553	1,310	888	997	1,119

기업가치 지표

항목	2012	2013	2014	2015	2016	2017
주가(최고/저)(천원)	16.4/10.5	15.2/6.7	9.2/5.7	7.0/2.4	3.7/2.3	8.4/3.6
PER(최고/저)(배)	17.8/11.4	21.9/9.7	—/—	—/—	9.5/6.0	26.8/11.4
PBR(최고/저)(배)	3.1/2.0	2.6/1.1	1.8/1.1	1.9/0.7	0.9/0.6	2.0/0.8
EV/EBITDA(배)	18.4	14.6	48.2	—	12.7	10.3
EPS(원)	937	701	-740	-2,609	392	313
BPS(원)	10,734	11,949	10,396	3,647	4,064	4,304
CFPS(원)	2,377	2,037	-787	-2,263	731	652
DPS(원)	210	140	—	—	—	—
EBITDAPS(원)	2,431	2,532	635	-1,233	914	1,075

재무 비율 <단위 : %>

연도	영업이익률	순이익률	부채비율	차입금비율	ROA	ROE	유보율	자기자본비율	EBITDA마진율
2017	5.9	2.5	278.4	183.5	1.9	7.7	760.9	26.4	8.6
2016	4.8	3.2	347.8	221.2	2.3	10.8	712.9	22.3	7.6
2015	-11.5	-18.9	411.9	286.9	-13.6	-61.7	629.3	19.5	-9.0
2014	-0.1	-3.9	306.3	196.5	-3.5	-13.4	1,979.2	24.6	1.7

비엔디생활건강 (A215050)

B&D Life Health COLTD

업 종 : 가정생활용품
신 용 등 급 : (Bond) — (CP) —
홈 페 이 지 : www.e-seje.com
본 사 : 인천시 부평구 서달로 298번길 73
시 장 : KONEX
기 업 규 모 : —
연 락 처 : 02)552-8481

설 립 일	2012.01.05	**종 업 원 수**	22명	**대 표 이 사**	이다니엘
상 장 일	2015.03.30	**감 사 의 견**	적정(지성)	**계 열**	
결 산 기	12월	**보 통 주**		**종속회사수**	
액 면 가	—	**우 선 주**		**구 상 호**	

주주구성 (지분율,%)		출자관계 (지분율,%)		주요경쟁사 (외형,%)	
이다니엘	44.0	비엔디통상	40.0	비엔디생활건강	100
장경아	21.2	B&DLIFEHEALTHUSA,	100.0	LG생활건강	36,748
				모나리자	688

매출구성		비용구성		수출비중	
세제혁명	48.6	매출원가율	36.4	수출	3.6
세제혁명 지엘	39.3	판관비율	57.5	내수	96.4
이젠드라이	8.5				

회사 개요

동사는 2012년 설립, 2015년 코넥스 시장에 상장됨. 친환경 세탁용 세제 전문제조업체로써, 다목적분말세제인 세제혁명, 홈드라이세제인 이젠드라이, 일반세탁세제인 세제혁명 지엘 등의 제품 Portfolio를 갖추고 있음. 세제제품의 트렌드가 되고 있는 친환경세제가 주요 제품이며, 시장은 성숙기 특성을 갖고 있지만 관련 프리미엄 시장은 지속적으로 성장하고 있음.

실적 분석

동사의 2017년도 연간 매출액은 170.6억원으로 전년도 대비 30.9% 감소함. 러시아 및 미국 등의 해외매출이 증가했으나, 주요 시장인 국내에서 매출액이 감소함. 최근 한국소비제에 대한 수요가 급증하고 있는 중국시장 개척에 역량을 집중하고 있으며, 미국시장에도 친환경 세탁세제 시장 진출을 위해 제품을 개발 중임. 향후 해외부문에서 매출이 증가할 것으로 기대됨.

현금 흐름 *IFRS 별도 기준 <단위 : 억원>

항목	2016	2017
영업활동	8	6
투자활동	2	-29
재무활동	-2	19
순현금흐름	9	-4
기말현금	9	5

시장 대비 수익률

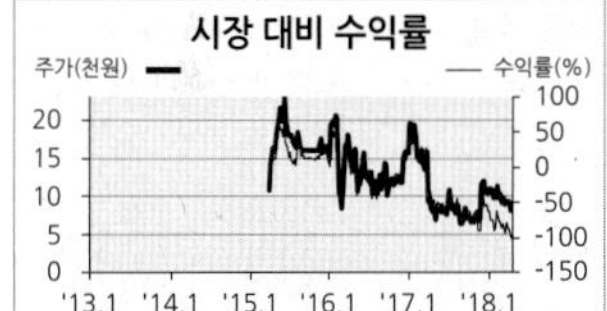

결산 실적 <단위 : 억원>

항목	2012	2013	2014	2015	2016	2017
매출액	—	168	177	224	247	171
영업이익	—	23	18	-6	15	10
당기순이익	—	20	13	-8	12	8

분기 실적 *IFRS 별도 기준 <단위 : 억원>

항목	2016.3Q	2016.4Q	2017.1Q	2017.2Q	2017.3Q	2017.4Q
매출액	—	—	—	—	—	—
영업이익	—	—	—	—	—	—
당기순이익	—	—	—	—	—	—

재무 상태 *IFRS 별도 기준 <단위 : 억원>

항목	2012	2013	2014	2015	2016	2017
총자산	—	48	41	95	103	128
유형자산	—	8	11	53	56	70
무형자산	—	—	—	—	—	—
유가증권	—	—	—	—	—	—
총부채	—	27	25	68	60	76
총차입금	—	0	6	51	46	64
자본금	—	2	2	2	2	2
총자본	—	21	15	27	43	52
지배주주지분	—	21	15	27	43	52

기업가치 지표 *IFRS 별도 기준

항목	2012	2013	2014	2015	2016	2017
주가(최고/저)(천원)	—/—	—/—	—/—	25.8/9.0	25.0/8.5	19.6/6.0
PER(최고/저)(배)	0.0/0.0	0.0/0.0	0.0/0.0	—/—	48.7/16.6	54.8/16.9
PBR(최고/저)(배)	0.0/0.0	0.0/0.0	0.0/0.0	22.0/7.7	13.5/4.6	8.8/2.7
EV/EBITDA(배)	0.0	—	—	—	20.3	19.7
EPS(원)	—	1,318	672	-350	513	358
BPS(원)	—	1,037	1,524	1,174	1,848	2,221
CFPS(원)	—	1,359	714	-282	636	510
DPS(원)	—	—	200	—	—	—
EBITDAPS(원)	—	1,594	944	-214	763	599

재무 비율 <단위 : %>

연도	영업이익률	순이익률	부채비율	차입금비율	ROA	ROE	유보율	자기자본비율	EBITDA마진율
2017	6.1	4.9	146.6	124.2	7.2	17.6	2,342.7	40.6	8.2
2016	6.0	4.8	139.3	106.9	12.0	33.9	1,932.8	41.8	7.2
2015	-2.9	-3.6	248.3	187.2	-11.8	-37.5	1,216.4	28.7	-2.2
2014	10.2	7.6	163.0	39.1	—	—	1,423.8	38.0	10.7

비엔케이금융지주 (A138930)
BNK Financial Group

업종 : 상업은행 | 시장 : 거래소
신용등급 : (Bond) AAA (CP) — | 기업규모 : 시가총액 대형주
홈페이지 : www.bnkfg.com | 연락처 : 051)620-3000
본사 : 부산시 남구 문현금융로 30 (문현동)

설립일	2011.03.15	**종업원수**	95명	**대표이사**	김지완
상장일	2011.03.30	**감사의견**	적정(삼일)	**계열**	
결산기	12월	**보통주**		**종속회사수**	38개사
액면가	5,000원	**우선주**		**구상호**	BS금융지주

주주구성 (지분율,%)		출자관계 (지분율,%)		주요경쟁사 (외형,%)	
국민연금공단	11.2	부산은행	100.0	BNK금융지주	100
파크랜드	5.1	경남은행	100.0	DGB금융지주	54
(외국인)	53.6	BNK캐피탈	100.0	JB금융지주	53

수익구성	비용구성		수출비중	
	이자비용	25.4	수출	—
	파생상품손실	11.8	내수	—
	판관비	26.9		

회사 개요
동사는 2011년 부산은행, BNK투자증권, BNK신용정보, BNK캐피탈이 공동으로 주식의 포괄적 이전 방식에 의해 설립한 지주회사임. 같은 해 BNK정보시스템과 BNK저축은행을 설립해 자회사로 편입함. 자회사에 대한 경영관리업무와 자금지원 등을 위한 자금 조달업무 등을 주요 사업으로 하고 있음. 자회사는 은행업과 금융투자업, 여신전문업, 상호저축은행업으로 구분됨.

실적 분석
동사의 2017년 4분기 누적 영업이익은 5,943억원으로 전년 동기(7,123억원) 대비 16.6% 감소함. 당기순이익도 18% 떨어진 4,250억원을 기록함. 순이자마진(NIM)이 3bp 상승했지만 기타 영업부문 이익이 전년 대비 2,049억원 감소함. 지역경기 저하로 충당금 전입액이 전년대비 1,388억원 증가했고 대출채권매각익은 464억원 줄어듬. 고정이하여신비율이 1.32%까지 상승하며 자산건전성 악화된 모습.

현금 흐름 〈단위 : 억원〉

항목	2016	2017
영업활동	-11,258	15,303
투자활동	-3,719	-4,273
재무활동	11,978	-9,320
순현금흐름	-2,853	1,560
기말현금	8,586	10,146

시장 대비 수익률
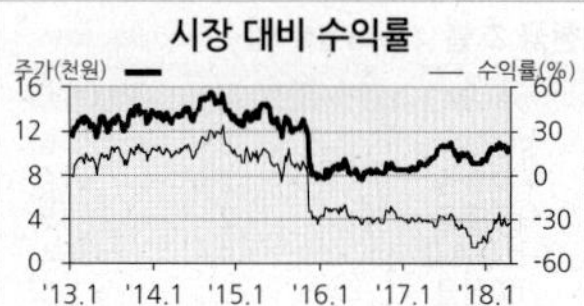

결산 실적 〈단위 : 억원〉

항목	2012	2013	2014	2015	2016	2017
이자수익	21,654	21,176	24,958	33,192	32,565	33,534
영업이익	4,936	4,127	9,411	6,962	7,123	5,943
당기순이익	3,659	3,055	8,197	5,305	5,181	4,250

분기 실적 〈단위 : 억원〉

항목	2016.3Q	2016.4Q	2017.1Q	2017.2Q	2017.3Q	2017.4Q
이자수익	8,158	8,202	8,199	8,428	8,463	8,444
영업이익	2,023	890	2,291	2,226	2,192	-765
당기순이익	1,498	486	1,725	1,667	1,614	-756

재무 상태 〈단위 : 억원〉

항목	2012	2013	2014	2015	2016	2017
총자산	431,633	469,169	840,501	902,795	934,822	943,500
유형자산	4,164	5,087	7,934	7,959	8,010	8,556
무형자산	772	918	3,720	3,241	2,989	2,867
유가증권	79,998	78,338	122,264	131,031	140,099	138,934
총부채	399,017	433,160	785,861	840,889	863,950	866,940
총차입금	82,669	90,398	139,427	141,682	148,951	139,090
자본금	9,669	9,669	11,719	12,797	16,297	16,297
총자본	32,616	36,009	54,639	61,907	70,872	76,560
지배주주지분	32,616	35,010	47,657	58,862	67,826	70,576

기업가치 지표

항목	2012	2013	2014	2015	2016	2017
주가(최고/저)(천원)	12.1/8.8	14.4/11.2	15.7/12.7	14.7/7.7	9.4/7.4	11.3/8.3
PER(최고/저)(배)	7.8/5.6	10.8/8.4	4.7/3.8	8.3/4.3	6.4/5.0	9.3/6.9
PBR(최고/저)(배)	0.9/0.6	0.9/0.7	0.9/0.7	0.7/0.4	0.5/0.4	0.5/0.4
PSR(최고/저)(배)	1/1	2/1	2/1	1/1	1/1	1/1
EPS(원)	1,766	1,470	3,618	1,898	1,556	1,237
BPS(원)	16,875	18,104	20,333	23,000	20,810	21,654
CFPS(원)	2,267	1,767	4,103	2,512	1,989	1,658
DPS(원)	330	280	200	150	230	230
EBITDAPS(원)	2,553	2,134	4,357	2,820	2,210	1,823

재무 비율 〈단위 : %〉

연도	계속사업 이익률	순 이익률	부채 비율	차입금 비율	ROA	ROE	유보율	자기자본 비율	총자산 증가율
2017	16.6	12.7	1,132.4	181.7	0.5	5.8	333.1	8.1	0.9
2016	21.1	15.9	1,219.0	210.2	0.6	7.9	316.2	7.6	3.6
2015	21.1	16.0	1,358.3	228.9	0.6	9.1	360.0	6.9	7.4
2014	36.8	32.8	1,438.3	255.2	1.3	19.6	306.7	6.5	79.2

비엠티 (A086670)
BMT

업종 : 기계 | 시장 : KOSDAQ
신용등급 : (Bond) — (CP) — | 기업규모 : 벤처
홈페이지 : www.superlok.com | 연락처 : 055)783-1000
본사 : 경남 양산시 산막공단남 11길 35

설립일	2000.07.26	**종업원수**	267명	**대표이사**	윤종찬
상장일	2007.11.02	**감사의견**	적정(신정)	**계열**	
결산기	12월	**보통주**		**종속회사수**	1개사
액면가	500원	**우선주**		**구상호**	

주주구성 (지분율,%)		출자관계 (지분율,%)		주요경쟁사 (외형,%)	
윤종찬	50.0	파워쿨	70.4	비엠티	100
비엠티우리사주조합	4.8			맥스로텍	61
(외국인)	4.3			카스	219

매출구성		비용구성		수출비중	
FITTING	61.3	매출원가율	70.4	수출	31.2
VALVE	19.7	판관비율	20.2	내수	68.8
차단기외	11.2				

회사 개요
동사는 1988년 경풍기계공업사로 설립하여 2000년에 비엠티로 법인전환 후 2007년 코스닥시장에 상장함. 주요 사업은 산업용 정밀 Fitting 및 Valve와 전기분전반을 생산판매하는 사업임. 배관자재는 국내외 조선·해양플랜트, 원자력 발전, 석유가스, 반도체 플랜트 건설 설비에 공급되고 있으며, 전기자재는 원자력/화력 발전소로 주로 공급되고 있음. 하이닉스, 삼성전자, 현대중공업, 두산중공업 등이 주요 거래처이며 해외 수출도 증가중임.

실적 분석
동사의 2017년 연간 매출액은 전년동기대비 54.7% 상승한 636.4억원을 기록하였음. 비용면에서 전년동기대비 매출원가는 증가 하였으며 인건비도 증가, 광고선전비도 증가, 기타판매비와관리비는 증가함. 이와 같이 상승한 매출액 만큼 비용증가도 있었으나 매출액의 더 큰 상승에 힘입어 최종적으로 전년동기대비 당기순이익은 흑자전환하여 30.6억원을 기록함. 비영업손익부분의 적자지속은 꾸준한 관심이 필요.

현금 흐름 〈단위 : 억원〉

항목	2016	2017
영업활동	68	84
투자활동	-18	-150
재무활동	-7	-15
순현금흐름	43	-81
기말현금	128	47

시장 대비 수익률
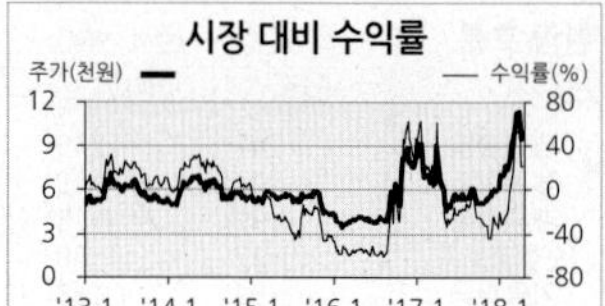

결산 실적 〈단위 : 억원〉

항목	2012	2013	2014	2015	2016	2017
매출액	422	512	600	551	411	636
영업이익	47	69	57	22	-12	60
당기순이익	12	33	41	24	-12	31

분기 실적 〈단위 : 억원〉

항목	2016.3Q	2016.4Q	2017.1Q	2017.2Q	2017.3Q	2017.4Q
매출액	87	128	157	168	154	156
영업이익	-7	3	16	17	10	18
당기순이익	-15	13	2	17	8	5

재무 상태 〈단위 : 억원〉

항목	2012	2013	2014	2015	2016	2017
총자산	725	932	966	944	943	973
유형자산	320	362	388	381	375	398
무형자산	14	11	8	6	8	12
유가증권	—	—	1	4	2	28
총부채	309	404	399	372	390	397
총차입금	244	312	307	326	326	316
자본금	32	41	41	41	41	41
총자본	416	527	567	573	553	576
지배주주지분	415	531	572	580	564	587

기업가치 지표

항목	2012	2013	2014	2015	2016	2017
주가(최고/저)(천원)	5.2/3.6	7.1/4.8	7.1/4.9	6.2/4.3	9.3/3.4	9.4/4.6
PER(최고/저)(배)	23.0/15.8	16.4/11.1	14.4/9.9	21.0/14.5	—/—	25.0/12.1
PBR(최고/저)(배)	0.9/0.6	1.2/0.8	1.1/0.7	0.9/0.6	1.3/0.5	1.3/0.6
EV/EBITDA(배)	8.0	7.5	8.8	13.2	94.1	7.8
EPS(원)	250	472	527	309	-124	385
BPS(원)	6,673	6,634	7,083	7,293	7,099	7,387
CFPS(원)	565	729	797	582	132	675
DPS(원)	100	100	100	100	100	100
EBITDAPS(원)	1,065	1,153	971	547	115	1,025

재무 비율 〈단위 : %〉

연도	영업 이익률	순 이익률	부채 비율	차입금 비율	ROA	ROE	유보율	자기자본 비율	EBITDA 마진율
2017	9.4	4.8	68.9	54.9	3.2	5.4	1,377.3	59.2	13.1
2016	-2.8	-2.9	70.6	59.0	-1.3	-1.8	1,319.8	58.6	2.3
2015	4.1	4.3	64.9	56.8	2.5	4.4	1,358.6	60.7	8.1
2014	9.5	6.8	70.4	54.2	4.3	7.8	1,316.6	58.7	13.2

비와이씨 (A001460)
BYC

업 종 : 섬유 및 의복 | 시 장 : 거래소
신용등급 : (Bond) — (CP) — | 기업규모 : 시가총액 소형주
홈페이지 : www.byc.co.kr | 연 락 처 : 02)840-3114
본 사 : 서울시 영등포구 도림천로21길 3

설 립 일	1955.05.13	**종 업 원 수**	764명	**대 표 이 사**	유중화
상 장 일	1975.06.02	**감 사 의 견**	적정(제원)	**계 열**	
결 산 기	12월	**보 통 주**		**종속회사수**	4개사
액 면 가	5,000원	**우 선 주**		**구 상 호**	

주주구성 (지분율,%)		출자관계 (지분율,%)		주요경쟁사 (외형,%)	
남호섬유	13.4	바이콤광고	100.0	BYC	100
신한방	12.3	신한봉제	18.3	일신방직	251
(외국인)	1.5	전주방송	5.5	에프티이앤이	35

매출구성		비용구성		수출비중	
봉제품(제품)	47.7	매출원가율	64.6	수출	4.3
양품류(상품)	17.2	판관비율	26.6	내수	95.7
임대(기타)	14.6				

회사 개요

동사는 제조업(도소매 포함), 건설, 임대사업을 영위하고 있으며, 이중 제조업 분야의 매출이 전체 매출의 대부분을 차지하고 있음. 제조업은 내의 제품을 주로 제조하여 판매하고 있으며, BYC, 스콜피오, 르송, 쎌핑크 등의 속옷 제품 및 상품 매출의 구조로 이루어짐. 국내 내의시장의 규모는 2조 4천억원으로 추정되며 동사의 점유율은 약 5.4%의 시장점유율을 보이고 있음.

실적 분석

2017년 결산 매출액은 전년대비 7.57% 감소한 1,958억원, 영업이익은 전년대비 6.52%가 증가한 172억원, 당기순이익은 전년대비 64.71% 감소한 62억원을 시현함. 2017년 상품매출 1,370억원(69.95%), 공사매출 213억원(10.90%), 임대매출 363억원(18.55%), 기타매출 12억원(0.60%)의 비율로 구성되어 있음. 신규업체 해외저가 제품 등 으로 경쟁이 치열하여 내수시장 확대를 위한 다각화가 필요함.

현금 흐름
<단위 : 억원>

항목	2016	2017
영업활동	439	235
투자활동	-379	-309
재무활동	181	88
순현금흐름	240	-88
기말현금	293	204

시장 대비 수익률

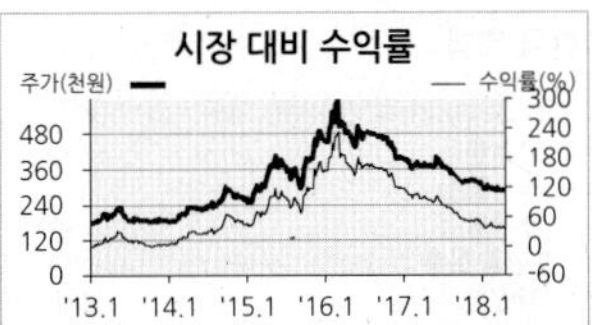

결산 실적
<단위 : 억원>

항목	2012	2013	2014	2015	2016	2017
매출액	2,170	1,824	1,769	1,822	2,119	1,958
영업이익	334	251	279	211	162	172
당기순이익	247	155	191	132	175	62

분기 실적
<단위 : 억원>

항목	2016.3Q	2016.4Q	2017.1Q	2017.2Q	2017.3Q	2017.4Q
매출액	473	539	460	452	486	560
영업이익	18	47	54	46	31	41
당기순이익	4	77	27	25	10	-0

재무 상태
<단위 : 억원>

항목	2012	2013	2014	2015	2016	2017
총자산	5,055	5,252	6,084	6,915	7,330	7,458
유형자산	579	694	873	659	667	676
무형자산	10	8	11	11	3	3
유가증권	16	16	16	16	16	16
총부채	1,721	1,772	2,430	3,133	3,392	3,465
총차입금	852	832	1,418	2,014	2,205	2,285
자본금	42	42	42	42	42	42
총자본	3,333	3,479	3,654	3,781	3,939	3,993
지배주주지분	3,332	3,479	3,654	3,781	3,938	3,994

기업가치 지표

항목	2012	2013	2014	2015	2016	2017
주가(최고/저)(천원)	204/146	238/175	300/183	497/244	605/394	404/306
PER(최고/저)(배)	7.1/5.1	13.0/9.5	13.4/8.1	31.9/15.7	29.1/19.0	55.0/41.5
PBR(최고/저)(배)	0.5/0.4	0.6/0.4	0.7/0.4	1.1/0.6	1.3/0.8	0.9/0.6
EV/EBITDA(배)	5.2	6.3	9.4	16.7	17.2	14.7
EPS(원)	29,352	18,564	22,685	15,694	20,872	7,379
BPS(원)	397,103	414,562	435,396	450,529	469,264	475,849
CFPS(원)	38,304	28,724	32,573	27,915	34,666	21,819
DPS(원)	850	750	800	850	800	850
EBITDAPS(원)	48,716	40,062	43,104	37,377	33,025	34,926

재무 비율
<단위 : %>

연도	영업이익률	순이익률	부채비율	차입금비율	ROA	ROE	유보율	자기자본비율	EBITDA마진율
2017	8.8	3.2	86.8	57.2	0.8	1.6	9,417.0	53.5	15.0
2016	7.6	8.3	86.1	56.0	2.5	4.5	9,285.3	53.7	13.1
2015	11.6	7.2	82.9	53.3	2.0	3.6	8,910.6	54.7	17.2
2014	15.8	10.8	66.5	38.8	3.4	5.3	8,607.9	60.1	20.5

비즈니스온커뮤니케이션 (A138580)
BusinessOn Communication

업 종 : IT 서비스 | 시 장 : KOSDAQ
신용등급 : (Bond) — (CP) — | 기업규모 : 벤처
홈페이지 : www.businesson.co.kr | 연 락 처 : 02)559-0800
본 사 : 서울시 성동구 광나루로 172 3층

설 립 일	2007.12.13	**종 업 원 수**	명	**대 표 이 사**	이병두
상 장 일	2017.11.30	**감 사 의 견**	적정(삼일)	**계 열**	
결 산 기	12월	**보 통 주**		**종속회사수**	
액 면 가	500원	**우 선 주**		**구 상 호**	

주주구성 (지분율,%)		출자관계 (지분율,%)		주요경쟁사 (외형,%)	
옴니시스템	20.6			비즈니스온	100
바이오스마트	15.3			씨아이테크	161
(외국인)	0.6			쌍용정보통신	1,086

매출구성		비용구성		수출비중	
전자문서(서비스)	71.2	매출원가율	0.0	수출	0.0
전자문서(구축)	12.4	판관비율	57.6	내수	100.0
유지보수	8.5				

회사 개요

2007년 12월 설립한 동사는 2017년 11월 30일자로 코스닥 시장에 상장해 주식시장에서 거래 시작. 동사는 전자세금계산서 발급 서비스를 기반으로 전자계약, 매입통합, 지능형 빅데이터 등 서비스를 주요 사업으로 영위. 정부에서는 전자문서 안정성과 신뢰성을 뒷받침하기 위해 관련 전자문서와 전자서명에 관한 법률 개정. 국내 전자세금계산서 업계는 ASP 사업자가 약 120여개, 대용량연계사업자가 130개로 구성됨.

실적 분석

동사의 2017년 연결 기준 연간 누적 매출액은 134.6억원으로 전년 동기 대비 14.9% 증가함. 매출이 증가하면서 판매비와 관리비도 늘었지만 매출 증가에 따른 고정비용 감소효과로 영업이익은 전년 동기 대비 20.3% 증가한 57억원을 시현함. 비영업 부문에서도 흑자전환에 성공하면서 당기순이익은 전년 동기 대비 무려 101.7% 증가한 53억원을 기록함.

현금 흐름 *IFRS 별도 기준
<단위 : 억원>

항목	2016	2017
영업활동	46	24
투자활동	-20	-198
재무활동	2	171
순현금흐름	28	-2
기말현금	47	45

시장 대비 수익률

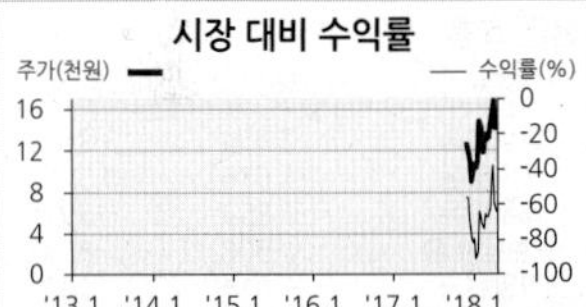

결산 실적
<단위 : 억원>

항목	2012	2013	2014	2015	2016	2017
매출액	—	93	100	116	117	135
영업이익	—	43	38	41	47	57
당기순이익	—	-57	31	38	26	53

분기 실적 *IFRS 별도 기준
<단위 : 억원>

항목	2016.3Q	2016.4Q	2017.1Q	2017.2Q	2017.3Q	2017.4Q
매출액	—	—	—	34	—	—
영업이익	—	—	—	12	—	—
당기순이익	—	—	—	14	—	—

재무 상태 *IFRS 별도 기준
<단위 : 억원>

항목	2012	2013	2014	2015	2016	2017
총자산	—	84	65	122	168	359
유형자산	—	1	1	1	1	2
무형자산	—	10	11	14	13	14
유가증권	—	11	0	3	3	10
총부채	—	75	25	50	70	39
총차입금	—	23	—	—	—	—
자본금	—	38	38	38	38	48
총자본	—	9	41	72	98	320
지배주주지분	—	9	41	72	98	320

기업가치 지표 *IFRS 별도 기준

항목	2012	2013	2014	2015	2016	2017
주가(최고/저)(천원)	—/—	—/—	—/—	—/—	—/—	13.7/9.0
PER(최고/저)(배)	0.0/0.0	0.0/0.0	0.0/0.0	0.0/0.0	0.0/0.0	20.6/13.5
PBR(최고/저)(배)	0.0/0.0	0.0/0.0	0.0/0.0	0.0/0.0	0.0/0.0	4.2/2.7
EV/EBITDA(배)	0.0	0.0	—	—	—	10.2
EPS(원)	—	-897	414	505	346	680
BPS(원)	—	124	538	944	1,286	3,354
CFPS(원)	—	-848	459	565	399	715
DPS(원)	—	—	—	—	—	180
EBITDAPS(원)	—	725	545	598	678	768

재무 비율
<단위 : %>

연도	영업이익률	순이익률	부채비율	차입금비율	ROA	ROE	유보율	자기자본비율	EBITDA마진율
2017	42.4	39.4	12.2	0.0	20.1	25.4	570.8	89.2	44.4
2016	40.5	22.4	71.7	0.0	18.1	31.0	157.3	58.2	43.9
2015	35.2	33.1	70.4	0.0	—	—	88.7	58.7	39.2
2014	37.9	31.4	60.2	0.0	42.0	125.1	7.5	62.4	41.4

비지에프 (A027410)

BGF

업 종 : 도소매
신용등급 : (Bond) — (CP) —
홈페이지 : www.bgfretail.com
본 사 : 서울시 강남구 테헤란로 405(삼성동)
시 장 : 거래소
기업규모 : 시가총액 중형주
연 락 처 : 1577-3663

설 립 일 1994.12.01		**종업원수** 2,867명		**대표이사** 이건준	
상 장 일 2014.05.19		**감사의견** 적정(삼정)		**계 열**	
결 산 기 12월		**보 통 주**		**종속회사수** 9개사	
액 면 가 1,000원		**우 선 주**		**구 상 호** BGF리테일	

주주구성 (지분율,%)		출자관계 (지분율,%)		주요경쟁사 (외형,%)	
홍석조	62.5	비지에프네트웍스	100.0	BGF	100
Government of Singapore Investment Corporation Pte Ltd	5.7	비지에프휴먼넷	100.0	이마트	12,820
(외국인)	14.1	비지에프보험서비스	100.0	GS리테일	6,675

매출구성		비용구성		수출비중	
직영/가맹점 상품 판매(상품)	86.1	매출원가율	36.5	수출	—
용역 (가맹점),임대료, 기타수수료(용역)	13.9	판관비율	55.1	내수	—

회사 개요

동사는 1990년 가락시영점을 오픈하여 편의점 체인화사업을 시작했으며, 물류, POS시스템, 서비스상품 등 편의점 체인화사업을 위한 네트워크를 확립함. 수익성 위주의 점포 확장 정책에 따라 점포수 증가폭은 둔화되었으나, 수익성 중심의 점포 개발과 가맹점 수익성 향상을 목표로 내실경영 체계를 공고히 할 예정임. 종속기업인 비지에프캐시넷을 통해 현금영수증 사업을 추진하고, 사업 다각화로 수익 안정성을 확보할 예정임.

실적 분석

동사의 2017년 매출과 영업이익은 1,238억원, 105억원으로 전년 대비 각각 43.9%, 30.3% 증가함. 브랜드 사용수익은 BGF상표에 대한 상표권사용료 수익으로, 매출액의 0.2%를 상표권사용료로 지급받고 있음. 당기 브랜드 사용수익은 19억원임. 업무위탁 용역수익은 18억원임. 종속회사 등으로부터 수취한 배당금 수익은 약 10억원임. 임대수익은 리스기간에 걸쳐 정액기준으로 인식하고 있으며 당기 임대수익은 약 10억원임.

현금 흐름

<단위 : 억원>

항목	2016	2017
영업활동	2,954	3,253
투자활동	-1,610	-3,516
재무활동	-1,853	-591
순현금흐름	-508	-854
기말현금	1,014	160

시장 대비 수익률

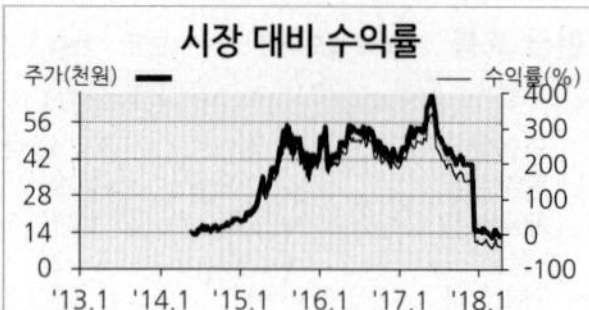

결산 실적

<단위 : 억원>

항목	2012	2013	2014	2015	2016	2017
매출액	29,122	31,300	33,680	43,343	861	1,238
영업이익	638	1,050	1,241	1,836	80	104
당기순이익	355	700	1,015	1,528	1,846	34,979

분기 실적

<단위 : 억원>

항목	2016.3Q	2016.4Q	2017.1Q	2017.2Q	2017.3Q	2017.4Q
매출액	217	-22,884	12,156	14,130	276	-25,324
영업이익	28	-830	396	741	29	-1,062
당기순이익	569	453	321	612	936	33,110

재무 상태

<단위 : 억원>

항목	2012	2013	2014	2015	2016	2017
총자산	10,542	11,599	13,385	16,216	19,176	8,581
유형자산	4,070	3,880	3,692	3,743	5,774	2,153
무형자산	598	504	470	515	858	176
유가증권	64	60	645	1,249	1,017	1,176
총부채	8,934	9,569	7,664	8,479	9,754	1,329
총차입금	3,571	3,794	1,129	678	563	243
자본금	246	246	246	248	495	323
총자본	1,608	2,030	5,721	7,737	9,422	7,252
지배주주지분	1,495	1,937	5,590	7,732	9,240	7,082

기업가치 지표

항목	2012	2013	2014	2015	2016	2017
주가(최고/저)(천원)	—/—	—/—	19.6/13.2	57.9/17.8	57.0/38.3	70.9/14.0
PER(최고/저)(배)	0.0/0.0	0.0/0.0	9.9/6.7	19.4/6.0	15.8/10.6	1.0/0.2
PBR(최고/저)(배)	0.0/0.0	0.0/0.0	1.8/1.2	3.8/1.2	3.1/2.1	3.3/0.6
EV/EBITDA(배)	1.4	0.5	6.7	12.4	28.4	1.1
EPS(원)	726	1,398	2,063	3,072	3,704	74,962
BPS(원)	30,331	7,860	23,190	31,213	18,650	21,960
CFPS(원)	27,803	7,194	8,384	10,509	5,996	77,140
DPS(원)	—	—	600	1,200	800	200
EBITDAPS(원)	33,721	8,660	9,296	11,803	2,454	2,402

재무 비율

<단위 : %>

연도	영업 이익률	순 이익률	부채 비율	차입금 비율	ROA	ROE	유보율	자기자본 비율	EBITDA 마진율
2017	8.4	2,824.5	18.3	3.4	252.0	428.6	2,096.0	84.5	90.5
2016	9.3	214.5	103.5	6.0	10.4	21.6	1,765.0	49.1	141.3
2015	4.2	3.5	109.6	8.8	10.3	22.8	3,021.3	47.7	6.7
2014	3.7	3.0	134.0	19.7	8.1	27.0	2,219.0	42.7	6.8

비지에프리테일 (A282330)

BGF Retail

업 종 : 도소매
신용등급 : (Bond) — (CP) —
홈페이지 : www.bgfretail.com
본 사 : 서울시 강남구 테헤란로 405, BGF
시 장 : 거래소
기업규모 : 시가총액 대형주
연 락 처 : 02)528-6829

설 립 일 2017.11.01		**종업원수** 명		**대표이사** 박재구	
상 장 일 2017.12.08		**감사의견** 적정(삼정)		**계 열**	
결 산 기 12월		**보 통 주**		**종속회사수**	
액 면 가 1,000원		**우 선 주**		**구 상 호**	

주주구성 (지분율,%)		출자관계 (지분율,%)		주요경쟁사 (외형,%)	
비지에프	25.6	비지에프로지스	100.0	BGF리테일	100
홍석조	11.8	비지에프푸드	100.0	GS리테일	881
(외국인)	33.5			지어소프트	11

매출구성	비용구성		수출비중	
	매출원가율	82.0	수출	—
	판관비율	15.2	내수	—

회사 개요

동사는 인적분할로 설립된 신설회사로 2017년 12월 코스피 시장에 재상장하였으며 분할 전 회사인 BGF가 영위하던 사업 중 편의점 연쇄화 사업부문 등 투자사업부문을 제외한 나머지 사업부문을 영위하고 있음. 종속회사인 ㈜비지에프푸드는 삼각김밥, 도시락 등 간편식을 제조하고 있으며 ㈜비지에프로지스는 편의점 체인화 사업의 물류서비스를 담당하고 있음. 가맹점포에 공급하는 식품류를 자회사인 ㈜비지에프푸드 및 외주생산·가공을 통하여 공급받고 있음.

실적 분석

동사는 기업분할로 인해 2017년 11월 1일 신설된 법인으로 제1기는 2017년 11월 1일부터 2017년 12월 31일간의 매출임. 이 기간 매출은 9387억원, 영업이익 265억원, 당기순이익 280억원을 기록함. 지속적인 점포수 확대로 인해 매출은 견고하게 성장하고 있으며, 분할로 인해 분할존속법인인 비지에프에 지급하는 주요 비용으로는 브랜드 사용료, 업무용역제공에 대한 경영지원용역료, 배당금 및 임대료 등이 있음.

현금 흐름

<단위 : 억원>

항목	2016	2017
영업활동	—	-250
투자활동	—	321
재무활동	—	-17
순현금흐름	—	54
기말현금	—	288

시장 대비 수익률

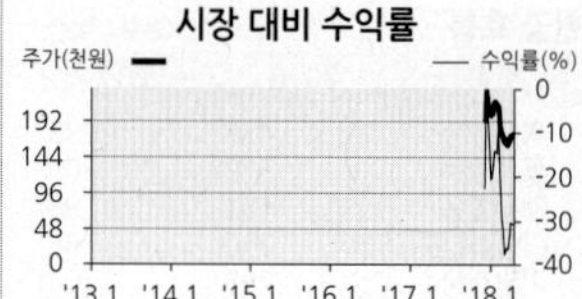

결산 실적

<단위 : 억원>

항목	2012	2013	2014	2015	2016	2017
매출액	—	—	—	—	—	9,387
영업이익	—	—	—	—	—	265
당기순이익	—	—	—	—	—	280

분기 실적

<단위 : 억원>

항목	2016.3Q	2016.4Q	2017.1Q	2017.2Q	2017.3Q	2017.4Q
매출액	—	—	—	—	—	9,387
영업이익	—	—	—	—	—	265
당기순이익	—	—	—	—	—	280

재무 상태

<단위 : 억원>

항목	2012	2013	2014	2015	2016	2017
총자산	—	—	—	—	—	12,773
유형자산	—	—	—	—	—	4,022
무형자산	—	—	—	—	—	544
유가증권	—	—	—	—	—	311
총부채	—	—	—	—	—	8,887
총차입금	—	—	—	—	—	28
자본금	—	—	—	—	—	173
총자본	—	—	—	—	—	3,886
지배주주지분	—	—	—	—	—	3,886

기업가치 지표

항목	2012	2013	2014	2015	2016	2017
주가(최고/저)(천원)	—/—	—/—	—/—	—/—	—/—	247/193
PER(최고/저)(배)	0.0/0.0	0.0/0.0	0.0/0.0	0.0/0.0	0.0/0.0	153.5/119.8
PBR(최고/저)(배)	0.0/0.0	0.0/0.0	0.0/0.0	0.0/0.0	0.0/0.0	11.0/8.6
EV/EBITDA(배)	0.0	0.0	0.0	0.0	0.0	75.0
EPS(원)	—	—	—	—	—	1,619
BPS(원)	—	—	—	—	—	22,586
CFPS(원)	—	—	—	—	—	2,697
DPS(원)	—	—	—	—	—	1,000
EBITDAPS(원)	—	—	—	—	—	2,612

재무 비율

<단위 : %>

연도	영업 이익률	순 이익률	부채 비율	차입금 비율	ROA	ROE	유보율	자기자본 비율	EBITDA 마진율
2017	2.8	3.0	228.7	0.7	0.0	0.0	2,158.6	30.4	4.8
2016	0.0	0.0	0.0	0.0	0.0	0.0	0.0	0.0	0.0
2015	0.0	0.0	0.0	0.0	0.0	0.0	0.0	0.0	0.0
2014	0.0	0.0	0.0	0.0	0.0	0.0	0.0	0.0	0.0

비츠로셀 (A082920)
VITZROCELL

업　　종 : 전자 장비 및 기기　　시　　장 : KOSDAQ
신용등급 : (Bond) —　(CP) —　　기업규모 : 벤처
홈페이지 : www.vitzrocell.com　　연 락 처 : 041)330-0236
본　　사 : 충남 예산군 신암면 추사로 235-35

설 립 일	1987.10.31	**종 업 원 수**	372명	**대 표 이 사**	장승국,장순상
상 장 일	2009.10.28	**감 사 의 견**	적정(한울)	**계　　열**	
결 산 기	06월	**보 통 주**		**종속회사수**	
액 면 가	500원	**우 선 주**		**구 상 호**	

주주구성 (지분율,%)		출자관계 (지분율,%)		주요경쟁사 (외형,%)	
비츠로테크	35.1			비츠로셀	100
하이자산운용	4.4			엘앤에프	1,598
(외국인)	19.1	VITZROCELLUSA	100.0	에스티큐브	34

매출구성		비용구성		수출비중	
Li/SOCl2 Bobbin(제품)	58.6	매출원가율	68.8	수출	78.3
Li/SOCl2 Wound(제품)	27.6	판관비율	13.5	내수	21.7
기타제품 외	9.8				

회사 개요
동사는 1987년 설립, 88년 미국 Greatbatch 사로부터 기술제휴를 한 이후로 20년 이상 리튬일차전지만을 연구, 개발해왔으며 1991년 이후로 양산을 시작해 현재까지 양산설비를 자체개발, 그 기간동안 전지 제조 및 품질 관리의 기술을 축적함. Energy 산업, Security 산업, Mobile Data/Active RFID 산업, Electronics 산업 분야 등 4개 시장을 주요 목표시장으로 하고 있음.

실적 분석
동사의 2017년 연결기준 매출액은 252.2억원을 기록함. 결산기 변경(이전 6월 결산)에 따른 회계 기간차이(전기 12개월, 당기 6개월)로 매출액, 영업이익 등 실적에 변동이 있음. 생산공장 화재로 인한 일시적 매출/손익 감소가 발생되었음. 당진 합덕 통합공장 신축과정 중 동절기 한파로 인하여 공정이 계획 대비 지연됨에 따른 투자기간이 2개월 연장됨.

현금 흐름
〈단위 : 억원〉

항목	2017	2018.2Q
영업활동	232	—
투자활동	-69	—
재무활동	-5	—
순현금흐름	160	—
기말현금	232	—

시장 대비 수익률
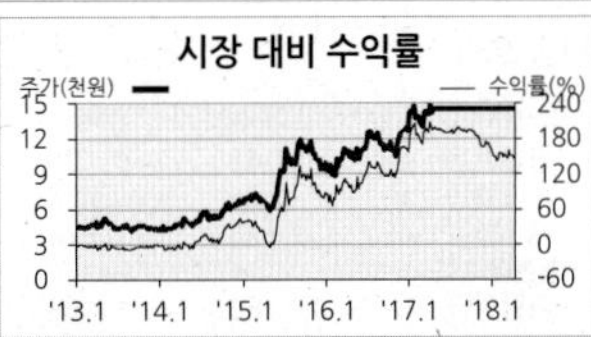

결산 실적
〈단위 : 억원〉

항목	2013	2014	2015	2016	2017	2018
매출액	706	140	822	910	1,054	—
영업이익	73	16	108	161	180	—
당기순이익	62	9	101	141	165	—

분기 실적
〈단위 : 억원〉

항목	2017.1Q	2017.2Q	2017.3Q	2017.4Q	2018.1Q	2018.2Q
매출액	250	321	291	191	—	—
영업이익	49	67	65	-0	—	—
당기순이익	35	73	36	21	—	—

재무 상태
〈단위 : 억원〉

항목	2013	2014	2015	2016	2017	2018.2Q
총자산	763	751	980	1,139	1,208	—
유형자산	311	325	379	413	184	—
무형자산	77	80	88	94	88	—
유가증권	21	21	16	19	4	—
총부채	124	113	225	235	140	—
총차입금	27	19	24	16	16	—
자본금	64	64	64	74	82	—
총자본	639	639	754	904	1,069	—
지배주주지분	639	639	754	904	1,069	—

기업가치 지표

항목	2013	2014	2015	2016	2017	2018.2Q
주가(최고/저)(천원)	5.3/3.5	5.4/4.1	9.6/4.4	12.5/5.1	15.2/8.8	—/—
PER(최고/저)(배)	16.9/13.0	117.4/97.0	18.8/9.9	17.4/12.2	18.0/11.8	—/—
PBR(최고/저)(배)	1.6/1.2	1.6/1.3	2.5/1.3	2.7/1.9	2.8/1.8	0.0/0.0
EV/EBITDA(배)	6.7	34.0	9.9	8.6	11.0	—/—
EPS(원)	321	46	514	722	843	—
BPS(원)	5,146	5,146	5,961	6,094	5,456	—
CFPS(원)	705	125	1,058	1,274	1,113	—
DPS(원)	60	—	45	75	—	—
EBITDAPS(원)	790	182	1,116	1,406	1,191	—

재무 비율
〈단위 : %〉

연도	영업이익률	순이익률	부채비율	차입금비율	ROA	ROE	유보율	자기자본비율	EBITDA마진율
2017	17.1	15.7	13.1	1.5	14.1	16.8	1,209.4	88.4	22.1
2016	17.7	15.5	25.9	1.8	13.3	17.0	1,118.9	79.4	22.9
2015	13.2	12.3	29.9	3.1	11.6	14.5	1,092.1	77.0	17.5
2014	11.6	6.4	17.6	3.0	1.2	1.4	929.2	85.0	16.7

비츠로시스 (A054220)
VitzroSys

업　　종 : 상업서비스　　시　　장 : KOSDAQ
신용등급 : (Bond) —　(CP) —　　기업규모 : 벤처
홈페이지 : www.vitzrosys.com　　연 락 처 : 02)460-2000
본　　사 : 서울시 성동구 성덕정길 151 (성수동 2가)

설 립 일	1989.11.04	**종 업 원 수**	185명	**대 표 이 사**	이상호,김형진
상 장 일	2001.12.17	**감 사 의 견**	적정(한울)	**계　　열**	
결 산 기	03월	**보 통 주**		**종속회사수**	
액 면 가	500원	**우 선 주**		**구 상 호**	

주주구성 (지분율,%)		출자관계 (지분율,%)		주요경쟁사 (외형,%)	
장태수	18.0	비츠로미디어	19.0	비츠로시스	100
비츠로씨앤씨	8.1			양지사	71
(외국인)	1.2			KTcs	1,343

매출구성		비용구성		수출비중	
DCS,ITS,SCADA,UV	100.0	매출원가율	81.7	수출	—
		판관비율	15.5	내수	—

회사 개요
동사는 1989년 11월 프랑스 클레메시(CLEMESSY)와 기술협력을 맺고 한불자동화 주식회사로 출범해 1991년 1월 주식회사 광명제어, 2000년 7월 주식회사 비츠로시스로 상호를 변경함. 2001년 12월 코스닥 시장에 상장함. 관련 사업으로는 IT융복합, 신재생에너지, 첨단그린도시, 해외 사업 등이 있음. 대부분의 매출은 스마트 인프라 사업부문에서 발생함.

실적 분석
4월 결산인 동사의 2017년 3분기 누적 매출액은 587.9억원으로 전년동기(504.7억원) 대비 16.5% 늘어남. 단 매출원가 상승폭이 매출 증가를 상회했고 판관비가 9.5% 늘어남에 따라 영업이익은 5.5% 소폭 감소한 17억원을 기록하였음. 61.5억원의 금융손실이 발생해 당기순손실 42.3억원을 기록하며 적자전환함. 전력자동화시스템, 스마트그리드 등 IT융복합사업 부문의 수주가 회복되고 있음.

현금 흐름 *IFRS 별도 기준
〈단위 : 억원〉

항목	2016	2017.3Q
영업활동	86	-7
투자활동	-21	-48
재무활동	-38	104
순현금흐름	27	50
기말현금	31	81

시장 대비 수익률
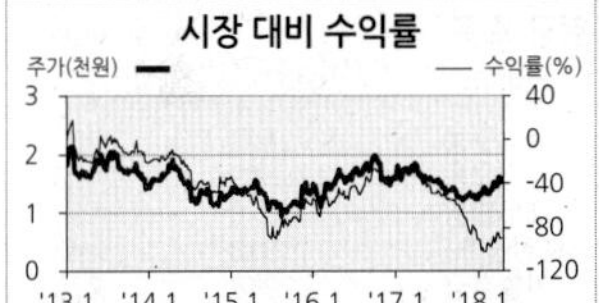

결산 실적
〈단위 : 억원〉

항목	2012	2013	2014	2015	2016	2017
매출액	1,343	973	855	635	721	—
영업이익	59	-16	-160	24	20	—
당기순이익	9	-69	-147	13	11	—

분기 실적 *IFRS 별도 기준
〈단위 : 억원〉

항목	2016.2Q	2016.3Q	2016.4Q	2017.1Q	2017.2Q	2017.3Q
매출액	158	179	216	196	202	190
영업이익	9	3	2	6	7	4
당기순이익	-4	2	6	3	-41	-3

재무 상태 *IFRS 별도 기준
〈단위 : 억원〉

항목	2012	2013	2014	2015	2016	2017.3Q
총자산	1,369	1,405	1,433	1,147	1,232	1,232
유형자산	168	167	177	162	189	190
무형자산	58	75	92	95	97	108
유가증권	224	224	219	96	84	85
총부채	684	771	831	529	549	566
총차입금	244	434	348	356	268	347
자본금	110	111	201	201	214	218
총자본	685	634	602	618	684	666
지배주주지분	685	634	602	618	684	666

기업가치 지표 *IFRS 별도 기준

항목	2012	2013	2014	2015	2016	2017.3Q
주가(최고/저)(천원)	3.2/1.5	2.4/1.4	1.9/1.1	1.7/1.0	2.1/1.4	1.9/1.2
PER(최고/저)(배)	55.7/25.8	—/—	—/—	52.9/30.5	83.6/56.3	—/—
PBR(최고/저)(배)	1.3/0.6	1.1/0.6	1.3/0.7	1.1/0.6	1.3/0.9	1.2/0.8
EV/EBITDA(배)	10.0	105.0	—	22.8	29.2	—/—
EPS(원)	58	-205	-438	31	26	-97
BPS(원)	3,122	2,853	1,494	1,535	1,600	1,525
CFPS(원)	107	-198	-393	67	59	-61
DPS(원)	—	—	—	—	—	—
EBITDAPS(원)	361	40	-407	95	80	75

재무 비율
〈단위 : %〉

연도	영업이익률	순이익률	부채비율	차입금비율	ROA	ROE	유보율	자기자본비율	EBITDA마진율
2016	2.8	1.5	80.3	39.2	0.9	1.7	219.9	55.5	4.8
2015	3.8	2.0	85.5	57.6	1.0	2.1	206.9	53.9	6.1
2014	-18.7	-17.2	138.1	57.8	-10.4	-24.1	198.5	42.0	-17.0
2013	-1.6	-7.1	125.3	70.4	-5.0	-10.7	455.1	44.4	-0.2

비츠로테크 (A042370)
VITZRO TECH

업 종 : 전기장비
신용등급 : (Bond) — (CP) —
홈페이지 : www.vitzrotech.com
본 사 : 경기도 안산시 단원구 별망로 327

시 장 : KOSDAQ
기업규모 : 중견
연 락 처 : 031)489-2000

설 립 일	1968.01.30	**종업원수**	806명	**대표이사**	장순상,유병언,이상권
상 장 일	2000.08.03	**감사의견**	적정(한울)	**계 열**	
결 산 기	06월	**보 통 주**		**종속회사수**	
액 면 가	500원	**우 선 주**		**구 상 호**	

주주구성 (지분율,%)		출자관계 (지분율,%)		주요경쟁사 (외형,%)	
장순상	48.5			비츠로테크	100
장택수	8.4			서울전자통신	39
(외국인)	1.7			뉴인텍	22

매출구성		비용구성		수출비중	
고압개폐기외	58.9	매출원가율	91.6	수출	—
우주항공 외	21.6	판관비율	15.3	내수	—
저압개폐기	6.7				

회사 개요
동사는 1968년 01월 30일 설립되어 2000년 8월 3일 코스닥증권시장에 등록한 법인으로서 전기제어장치제조 및 판매를 주요사업으로 영위하고 있음. 고전압 차단기 및 개폐기, 플라즈마 응용, 진공상태 초정밀접합을 하는 특수사업으로 구분할 수 있으며, 차단기 및 개폐기, 수배전반을 판매하는 전력기기사업을 주된 사업으로 영위. 매출비중은 플라즈마폐액처리 및 초정밀 접합 비중이 가장 높음.

실적 분석
동사의 2017년 연결 기준 연간 누적 매출액은 1,031.4억원으로 전년 동기 대비 9% 감소함. 매출이 감소하면서 매출원가도 소폭 줄었지만 판매비와 관리비는 오히려 증가하면서 영업이익은 전년 동기 대비 무려 70.8% 감소한 35.9억원을 시현함. 비영업 부문에서도 흑자 규모가 대폭 줄면서 당기순이익은 33.3억원으로 전년 동기 대비 무려 91% 감소함.

현금 흐름
〈단위 : 억원〉

항목	2017	2018.2Q
영업활동	627	-81
투자활동	-69	3
재무활동	3	-23
순현금흐름	313	-42
기말현금	317	275

시장 대비 수익률
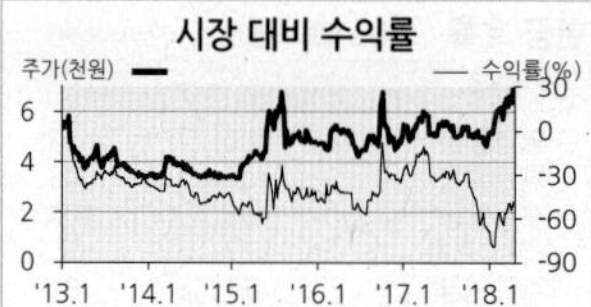

결산 실적
〈단위 : 억원〉

항목	2013	2014	2015	2016	2017	2018
매출액	979	218	1,199	1,032	2,328	—
영업이익	19	6	10	-71	210	—
당기순이익	22	4	22	-55	439	—

분기 실적
〈단위 : 억원〉

항목	2017.1Q	2017.2Q	2017.3Q	2017.4Q	2018.1Q	2018.2Q
매출액	391	742	623	571	453	579
영업이익	23	100	87	-0	12	23
당기순이익	185	183	52	18	13	20

재무 상태
〈단위 : 억원〉

항목	2013	2014	2015	2016	2017	2018.2Q
총자산	893	881	1,043	1,025	2,797	2,947
유형자산	243	262	286	290	577	972
무형자산	10	14	24	25	544	520
유가증권	7	6	8	8	21	24
총부채	361	346	488	526	849	970
총차입금	114	112	175	166	241	217
자본금	67	67	67	67	112	112
총자본	532	535	555	499	1,949	1,977
지배주주지분	532	535	555	499	1,256	1,275

기업가치 지표

항목	2013	2014	2015	2016	2017	2018.2Q
주가(최고/저)(천원)	4.9/4.0	4.2/3.4	6.5/3.7	6.8/3.3	6.8/4.3	—/—
PER(최고/저)(배)	30.3/20.8	142.5/124.1	39.0/20.1	—/—	4.1/2.5	—/—
PBR(최고/저)(배)	1.2/0.9	1.1/0.9	1.6/0.8	1.8/1.2	1.2/0.8	1.0/0.8
EV/EBITDA(배)	15.9	55.6	25.2	—	6.1	—/—
EPS(원)	161	29	166	-409	1,666	108
BPS(원)	3,946	3,969	4,117	3,703	5,617	5,704
CFPS(원)	321	66	338	-220	2,042	294
DPS(원)	—	—	—	—	—	—
EBITDAPS(원)	299	80	249	-340	1,383	347

재무 비율
〈단위 : %〉

연도	영업 이익률	순 이익률	부채 비율	차입금 비율	ROA	ROE	유보율	자기자본 비율	EBITDA 마진율
2017	9.0	18.8	43.5	12.4	23.0	39.5	1,023.3	69.7	12.4
2016	-6.9	-5.3	105.3	33.3	-5.3	-10.5	640.6	48.7	-4.4
2015	0.9	1.9	87.9	31.5	2.3	4.1	723.5	53.2	2.8
2014	2.6	1.8	64.7	20.9	0.5	0.7	693.7	60.7	4.9

비트컴퓨터 (A032850)
Bit Computer

업 종 : 의료 장비 및 서비스
신용등급 : (Bond) — (CP) —
홈페이지 : www.bit.kr
본 사 : 서울시 서초구 서초대로74길 33 (서초동)

시 장 : KOSDAQ
기업규모 : 벤처
연 락 처 : 02)3486-1234

설 립 일	1988.08.15	**종업원수**	127명	**대표이사**	전진옥,조현정
상 장 일	1997.07.04	**감사의견**	적정(삼일)	**계 열**	
결 산 기	12월	**보 통 주**		**종속회사수**	2개사
액 면 가	500원	**우 선 주**		**구 상 호**	

주주구성 (지분율,%)		출자관계 (지분율,%)		주요경쟁사 (외형,%)	
조현정	25.2	비트인테크	100.0	비트컴퓨터	100
한화자산운용	4.8	비타임	100.0	하이로닉	57
(외국인)	2.4	코펠비트	50.0	메디안디노스틱	30

매출구성		비용구성		수출비중	
의료정보시스템	67.6	매출원가율	72.6	수출	3.4
교육사업	16.6	판관비율	13.8	내수	96.6
U-Healthcare사업	13.4				

회사 개요
동사는 의료정보소프트웨어 개발, U-Healthcare 사업 및 IT교육사업을 영위하는 업체임. 의료정보소프트웨어 분야에서는 병원급 의료기관에 통합의료정보솔루션인 bitnixHIS를 판매하고 있음. 헬스케어 분야에서는 노인 및 만성 질환자의 건강관리 서비스인 드림케어TV 등을 운영하고 있음. 비트인테크, 코펠비트, 비트플렉스, BIT Healthcare, Inc 등 4개의 계열사를 보유하고 있음.

실적 분석
동사의 2017년 연결기준 매출액은 319.1억원으로 전년동기 대비 8.3% 감소함. 원가율 감소 및 판관비 절감을 통하여 영업이익은 43.5억원으로 24.4% 증가함. 정부는 의료보험청구SW 인증제에 이어 2019년부터 시행을 목표로 EMR인증제를 준비 중. EMR인증제는 시장에 난립한 저가, 저신뢰 의료정보 솔루션을 퇴출할 것으로 예상돼, 시장점유율이 높은 기업들에게 기회가 될 것으로 기대.

현금 흐름
〈단위 : 억원〉

항목	2016	2017
영업활동	47	45
투자활동	-26	4
재무활동	-25	-38
순현금흐름	-4	11
기말현금	52	63

시장 대비 수익률
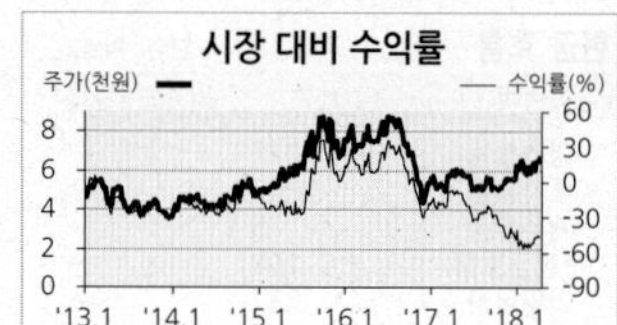

결산 실적
〈단위 : 억원〉

항목	2012	2013	2014	2015	2016	2017
매출액	328	354	347	373	348	319
영업이익	13	13	26	50	35	43
당기순이익	4	-5	13	46	42	36

분기 실적
〈단위 : 억원〉

항목	2016.3Q	2016.4Q	2017.1Q	2017.2Q	2017.3Q	2017.4Q
매출액	89	78	73	69	70	107
영업이익	13	-6	2	-1	12	31
당기순이익	12	5	3	1	12	20

재무 상태
〈단위 : 억원〉

항목	2012	2013	2014	2015	2016	2017
총자산	540	548	514	500	522	536
유형자산	154	150	147	177	154	155
무형자산	22	15	11	11	11	18
유가증권	21	13	11	7	27	28
총부채	237	248	202	141	123	113
총차입금	132	113	101	79	53	34
자본금	83	83	83	83	83	83
총자본	303	300	313	359	399	424
지배주주지분	303	300	313	359	399	424

기업가치 지표

항목	2012	2013	2014	2015	2016	2017
주가(최고/저)(천원)	9.7/3.9	5.8/3.5	5.8/3.6	8.8/4.7	9.2/4.4	6.1/4.9
PER(최고/저)(배)	464.0/185.9	—/—	75.3/46.5	32.5/17.5	37.6/17.9	28.6/23.0
PBR(최고/저)(배)	5.2/2.1	3.2/1.9	3.1/1.9	4.1/2.2	3.8/1.8	2.4/1.9
EV/EBITDA(배)	41.3	33.5	26.3	22.4	20.9	16.8
EPS(원)	21	-27	79	279	250	216
BPS(원)	1,900	1,881	1,957	2,237	2,477	2,626
CFPS(원)	60	7	110	310	279	249
DPS(원)	—	—	—	—	73	—
EBITDAPS(원)	119	114	185	332	239	295

재무 비율
〈단위 : %〉

연도	영업 이익률	순 이익률	부채 비율	차입금 비율	ROA	ROE	유보율	자기자본 비율	EBITDA 마진율
2017	13.6	11.2	26.6	8.1	6.8	8.7	425.2	79.0	15.4
2016	10.0	12.0	30.9	13.3	8.1	11.0	395.4	76.4	11.4
2015	13.4	12.4	39.3	22.0	9.1	13.8	347.5	71.8	14.8
2014	7.4	3.8	64.5	32.3	2.5	4.3	291.3	60.8	8.9

비플라이소프트 (A148780)

BFLYSOFT COLTD

업　　종 : IT 서비스　　　시　　장 : KONEX
신용등급 : (Bond) —　(CP) —　　기업규모 : —
홈페이지 : www.bflysoft.co.kr　　연 락 처 : 02)3487-0215
본　　사 : 서울시 광진구 강변역로 2, 6층(구의동, 광진우체국)

설 립 일	1998.08.25	**종 업 원 수**	105명	**대 표 이 사**	임경환
상 장 일	2016.11.16	**감 사 의 견**	적정(성산)	**계　　열**	
결 산 기	12월	**보 통 주**		**종속회사수**	
액 면 가	—	**우 선 주**		**구 상 호**	

주주구성 (지분율,%)		출자관계 (지분율,%)		주요경쟁사 (외형,%)	
임경환	46.2	비링크	70.0	비플라이소프트	100
한세희	16.0			모바일리더	70
				케이사인	138

매출구성		비용구성		수출비중	
서비스 외(아이서퍼)	84.4	매출원가율	38.1	수출	0.0
서비스 외(기타(파오인 외))	12.6	판관비율	43.3	내수	100.0
서비스 외(e-NIE)	3.1				

회사 개요

동사는 1998년에 설립됐으며 미디어 빅데이터 및 소프트웨어개발을 기반으로 뉴스 미디어 정보 서비스업을 영위하고 있음. 뉴스저작권 신탁기관인 한국언론진흥재단의 뉴스저작권 공식 유통사. 미디어 빅데이터 서비스 플랫폼 기반 기술을 개발 구축하여 뉴스 컨텐츠 유통 사업을 주력 사업으로 신문 지면PDF 스크랩 서비스 및 관련 솔루션 등을 제공함. 전 매출이 국내에서 발생하며 80% 이상이 B2B 서비스임.

실적 분석

동사의 2017년 연결기준 매출액은 전년 대비 59.9% 증가한 191.6억원을 기록한 반면, 동기간 매출원가는 8.2% 감소함에 따라 매출총이익율은 전년 대비 증가하는 모습을 보였고, 영업이익 또한 전년 대비 244.9% 증가한 35.6억원을 기록함. 한편, 전년과는 다르게 매도가능증권손상차손이 발생하지 않음에 따라 비영업손익이 흑자전환하였음. 이에 따라 동사의 2017년 당기순이익은 36.0억원을 기록하며 흑자전환하였음.

현금 흐름 *IFRS 별도 기준

〈단위 : 억원〉

항목	2016	2017
영업활동	5	10
투자활동	-3	-3
재무활동	1	0
순현금흐름	4	8
기말현금	26	34

시장 대비 수익률

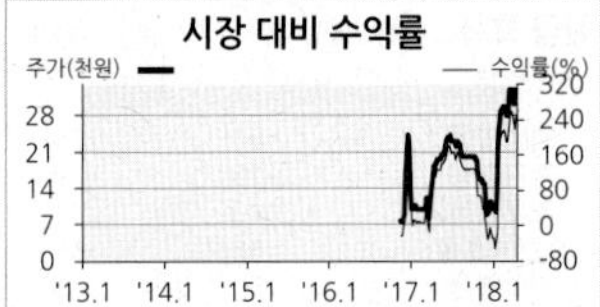

결산 실적

〈단위 : 억원〉

항목	2012	2013	2014	2015	2016	2017
매출액	—	80	103	95	120	192
영업이익	—	-14	4	-2	10	36
당기순이익	—	-15	3	-18	8	36

분기 실적 *IFRS 별도 기준

〈단위 : 억원〉

항목	2016.3Q	2016.4Q	2017.1Q	2017.2Q	2017.3Q	2017.4Q
매출액	—	—	—	—	—	—
영업이익	—	—	—	—	—	—
당기순이익	—	—	—	—	—	—

재무 상태 *IFRS 별도 기준

〈단위 : 억원〉

항목	2012	2013	2014	2015	2016	2017
총자산	—	61	73	52	55	103
유형자산	—	1	2	1	1	2
무형자산	—	26	19	9	8	8
유가증권	—	0	1	0	—	0
총부채	—	34	43	40	30	39
총차입금	—	27	22	21	18	19
자본금	—	25	25	29	5	5
총자본	—	27	30	12	24	64
지배주주지분	—	27	30	12	24	64

기업가치 지표 *IFRS 별도 기준

항목	2012	2013	2014	2015	2016	2017
주가(최고/저)(천원)	—/—	—/—	—/—	—/—	30.0/6.6	24.5/8.1
PER(최고/저)(배)	0.0/0.0	0.0/0.0	0.0/0.0	0.0/0.0	30.6/6.8	6.4/2.1
PBR(최고/저)(배)	0.0/0.0	0.0/0.0	0.0/0.0	0.0/0.0	11.6/2.6	3.6/1.2
EV/EBITDA(배)	0.0	—	—	—	9.3	1.8
EPS(원)	—	-643	128	-1,711	978	3,833
BPS(원)	—	551	602	210	2,578	6,735
CFPS(원)	—	-149	222	-143	1,137	4,062
DPS(원)	—	—	—	—	—	—
EBITDAPS(원)	—	-124	247	128	1,358	4,021

재무 비율

〈단위 : %〉

연도	영업이익률	순이익률	부채비율	차입금비율	ROA	ROE	유보율	자기자본비율	EBITDA마진율
2017	18.6	18.8	61.2	29.5	45.8	82.2	1,239.6	62.0	19.7
2016	8.7	7.1	123.3	75.3	15.9	46.2	415.6	44.8	9.8
2015	-2.4	-18.7	일부잠식	일부잠식	-28.3	-83.9	-58.1	23.4	7.7
2014	4.0	2.8	143.3	71.7	4.3	10.1	20.3	41.1	11.8

빅솔론 (A093190)

Bixolon

업　　종 : 컴퓨터 및 주변기기　　　시　　장 : KOSDAQ
신용등급 : (Bond) —　(CP) —　　기업규모 : 우량
홈페이지 : www.bixolon.com　　연 락 처 : 031)218-5500
본　　사 : 경기도 성남시 분당구 판교역로241번길 20, 7층, 8층(삼평동, 미래에셋벤처타워)

설 립 일	2002.11.14	**종 업 원 수**	87명	**대 표 이 사**	노현철,김장환
상 장 일	2007.08.20	**감 사 의 견**	적정(세진)	**계　　열**	
결 산 기	12월	**보 통 주**		**종속회사수**	6개사
액 면 가	500원	**우 선 주**		**구 상 호**	

주주구성 (지분율,%)		출자관계 (지분율,%)		주요경쟁사 (외형,%)	
아이디스홀딩스	40.7	메타-빅솔론조합2호	100.0	빅솔론	100
한국투자밸류자산운용	4.2	에버린트	100.0	메디프론	23
(외국인)	7.8	메타-빅솔론조합1호	75.0	제이스테판	41

매출구성		비용구성		수출비중	
POS프린터	43.0	매출원가율	65.5	수출	—
Mobile프린터	20.2	판관비율	18.7	내수	—
Label프린터	13.6				

회사 개요

POS용 영수증 프린터, 라벨, 모바일 프린터 등을 생산하는 미니 프린터 전문회사임. 공장자동화, 배달 서비스 사업 등의 발전으로 수익성이 높은 라벨프린팅 및 모바일 프린팅 수요의 지속적인 증대가 기대됨. 국내 POS프린터 시장 점유율 40%, 프린팅 메카니즘 시장점유율 60%로 국내 1위이며, 수출 비중이 약 70%임. 2017년 10월 주식매매를 통해 최대주주가 아이디스홀딩스로 변경됨. 솔론인베스트 지분을 223억원에 양도함.

실적 분석

POS프린터의 수출이 감소하였으나, 모바일 프린터, 라벨프린터 등의 판매가 증가하여 2017년 연결 기준 매출액은 전년 수준을 유지함. 제품가격 하락으로 원가율이 악화되었으나, 판관비 축소로 영업이익은 6.2% 늘어남. 여유자금 운용을 통한 단기금융자산의 평가 및 처분이익의 크게 증가함. 태블릿 기반 POS프린터와 IT기기를 활용한 모바일프린터에 대한 수요 증가, 공장자동화, 택배 등에 사용되는 스티커 발급용 라벨프린터의 추세적인 성장이 예상됨.

현금 흐름

〈단위 : 억원〉

항목	2016	2017
영업활동	108	62
투자활동	-82	524
재무활동	-55	-27
순현금흐름	-28	558
기말현금	45	603

시장 대비 수익률

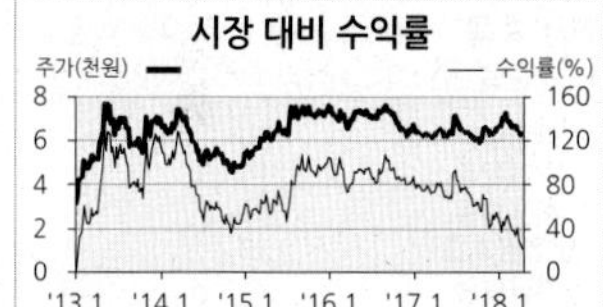

결산 실적

〈단위 : 억원〉

항목	2012	2013	2014	2015	2016	2017
매출액	749	840	789	839	876	894
영업이익	105	151	130	150	133	141
당기순이익	120	170	129	194	144	206

분기 실적

〈단위 : 억원〉

항목	2016.3Q	2016.4Q	2017.1Q	2017.2Q	2017.3Q	2017.4Q
매출액	215	220	215	214	232	234
영업이익	36	20	27	46	30	38
당기순이익	42	29	30	59	33	84

재무 상태

〈단위 : 억원〉

항목	2012	2013	2014	2015	2016	2017
총자산	819	1,002	1,112	1,279	1,373	1,616
유형자산	95	105	94	93	112	114
무형자산	7	11	12	12	10	10
유가증권	361	495	580	680	757	334
총부채	111	144	149	160	172	231
총차입금	7	0	0	—	0	—
자본금	51	51	51	51	51	96
총자본	708	858	963	1,119	1,202	1,385
지배주주지분	708	858	963	1,119	1,193	1,379

기업가치 지표

항목	2012	2013	2014	2015	2016	2017
주가(최고/저)(천원)	3.4/2.3	7.8/3.2	7.5/4.5	8.1/5.2	7.7/6.2	7.2/5.9
PER(최고/저)(배)	6.2/4.2	9.8/4.0	12.2/7.3	8.6/5.6	10.9/8.8	6.8/5.6
PBR(최고/저)(배)	1.0/0.7	1.9/0.8	1.6/0.9	1.4/0.9	1.2/1.0	1.0/0.8
EV/EBITDA(배)	2.9	5.8	3.7	5.9	5.7	3.2
EPS(원)	624	884	672	1,010	741	1,085
BPS(원)	7,332	8,804	9,832	11,610	12,583	7,638
CFPS(원)	1,346	1,871	1,480	2,101	1,609	1,207
DPS(원)	170	200	200	400	300	150
EBITDAPS(원)	1,196	1,680	1,483	1,671	1,516	857

재무 비율

〈단위 : %〉

연도	영업이익률	순이익률	부채비율	차입금비율	ROA	ROE	유보율	자기자본비율	EBITDA마진율
2017	15.8	23.1	16.7	0.0	13.8	16.2	1,427.5	85.7	18.4
2016	15.2	16.4	14.3	0.0	10.8	12.3	2,416.5	87.5	17.7
2015	17.9	23.2	14.3	0.0	16.3	18.7	2,221.9	87.5	20.3
2014	16.4	16.4	15.5	0.0	12.2	14.2	1,866.3	86.6	19.2

빅텍 (A065450)
Victek

업 종 : 상업서비스 | 시 장 : KOSDAQ
신용등급 : (Bond) — (CP) — | 기업규모 : 중견
홈페이지 : www.victek.co.kr | 연 락 처 : 031)631-7301
본 사 : 경기도 이천시 마장면 덕이로 180-31

설 립 일	1996.01.09	**종업원수**	184명	**대 표 이 사**	박승운,이용국
상 장 일	2003.02.05	**감사의견**	적정(중앙)	**계 열**	
결 산 기	12월	**보 통 주**		**종속회사수**	
액 면 가	200원	**우 선 주**		**구 상 호**	

주주구성 (지분율,%)		출자관계 (지분율,%)		주요경쟁사 (외형,%)	
박승운	33.1	피알에프	40.0	빅텍	100
한국증권금융	3.8	멘토스	10.0	퍼스텍	397
(외국인)	4.2			KC그린홀딩스	863

매출구성		비용구성		수출비중	
전원공급기, 기타방산제품(기타)	46.7	매출원가율	94.6	수출	—
전자전시스템 방향탐지장치(기타)	21.2	판관비율	9.3	내수	—
태양광인버터, U-Bike 외(기타)	16.2				

회사 개요

동사는 전원공급·제어장치 개발 및 유·무선 통신기기 제조 및 판매 등을 영위함. 주요 사업은 전자전시스템, 전원공급장치 및 RFID, USN, 신재생에너지사업을 하고 있음. 특히 21년간의 방산 기술 개발 및 생산을 통하여 자주국방실현에 기여해 왔으며, 진행 사업에 있어 경쟁우위를 확보하고 있음. 미국 현지법인이 국내 중소·벤처 기업 중에서는 처음으로 미국의 SBIR(중소기업 혁신연구) 프로그램 지원 대상으로 선정됨.

실적 분석

동사의 2017년 연간 매출액은 전년 동기(383.5억원) 대비 6.5% 늘어난 408.3억원을 기록하였음. 그러나 매출원가와 판관비가 전년보다 각각 6.7%, 24.2% 증가하면서 15.8억원의 영업손실을 기록함. 당기순손실도 10.9억원으로 전년에 이어 적자가 지속되고 있음. 동사는 공공자전거 무인대여시스템 사업에 대한 연구개발 투자를 통해 다수의 특허를 보유하고 있음. 다만 아직까지 수익 창출로 이어지지 않고 있음.

현금 흐름 *IFRS 별도 기준 〈단위 : 억원〉

항목	2016	2017
영업활동	-59	69
투자활동	-15	-50
재무활동	43	-19
순현금흐름	-30	-1
기말현금	25	24

시장 대비 수익률

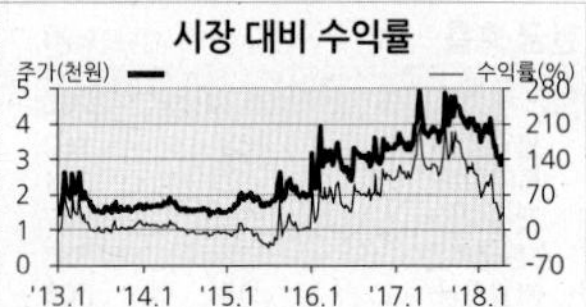

결산 실적 〈단위 : 억원〉

항목	2012	2013	2014	2015	2016	2017
매출액	278	325	345	406	384	408
영업이익	-44	11	16	15	-9	-16
당기순이익	-52	12	18	15	-8	-11

분기 실적 *IFRS 별도 기준 〈단위 : 억원〉

항목	2016.3Q	2016.4Q	2017.1Q	2017.2Q	2017.3Q	2017.4Q
매출액	94	118	75	122	102	109
영업이익	-2	2	-9	0	-5	-2
당기순이익	0	-1	-3	-1	-5	-2

재무 상태 *IFRS 별도 기준 〈단위 : 억원〉

항목	2012	2013	2014	2015	2016	2017
총자산	416	462	507	588	618	619
유형자산	93	82	97	191	184	171
무형자산	33	55	75	75	73	89
유가증권	8	20	26	29	21	25
총부채	128	152	188	260	266	277
총차입금	25	23	28	126	134	114
자본금	49	49	49	49	49	49
총자본	288	310	320	329	353	341
지배주주지분	288	310	320	329	353	341

기업가치 지표 *IFRS 별도 기준

항목	2012	2013	2014	2015	2016	2017
주가(최고/저)(천원)	3.5/1.3	3.0/1.5	2.1/1.4	2.6/1.5	4.0/2.0	5.3/3.3
PER(최고/저)(배)	—/—	63.4/30.8	28.3/19.5	44.0/25.3	—/—	—/—
PBR(최고/저)(배)	2.8/1.1	2.3/1.1	1.5/1.1	1.8/1.1	2.8/1.4	3.8/2.3
EV/EBITDA(배)	—	12.1	9.2	16.8	37.9	51.7
EPS(원)	-213	47	73	59	-34	-44
BPS(원)	1,239	1,302	1,366	1,423	1,439	1,393
CFPS(원)	-123	120	143	130	100	102
DPS(원)	—	—	—	—	—	—
EBITDAPS(원)	-88	117	133	134	98	82

재무 비율 〈단위 : %〉

연도	영업이익률	순이익률	부채비율	차입금비율	ROA	ROE	유보율	자기자본비율	EBITDA마진율
2017	-3.9	-2.7	81.3	33.4	-1.8	-3.1	596.4	55.2	4.9
2016	-2.3	-2.1	75.4	37.9	-1.4	-2.4	619.5	57.0	6.2
2015	3.8	3.6	78.9	38.4	2.7	4.5	611.7	55.9	8.1
2014	4.5	5.2	58.7	8.8	3.7	5.7	582.9	63.0	9.5

빅텐츠 (A210120)
Victory Contents

업 종 : 미디어 | 시 장 : KONEX
신용등급 : (Bond) — (CP) — | 기업규모 : —
홈페이지 : www.vicpd.co.kr | 연 락 처 : 02)786-2245
본 사 : 서울시 영등포구 국제금융로 70 1205호(여의도동, 미원빌딩)

설 립 일	2003.04.04	**종업원수**	12명	**대 표 이 사**	조윤정,유성식
상 장 일	2014.12.16	**감사의견**	적정(삼일)	**계 열**	
결 산 기	12월	**보 통 주**		**종속회사수**	
액 면 가	—	**우 선 주**		**구 상 호**	이김프로덕션

주주구성 (지분율,%)		출자관계 (지분율,%)		주요경쟁사 (외형,%)	
조윤정	36.7	한국시니어티브이	100.0	빅텐츠	100
PROMETHEUS CAPITAL (INTERNATIONAL) CO., LTD	15.5	디어썸엔터테인먼트	100.0	팬엔터테인먼트	199
				에프엔씨애드컬쳐	156

매출구성		비용구성		수출비중	
드라마(제품)	91.7	매출원가율	81.0	수출	17.0
광고(제품)	4.1	판관비율	15.4	내수	83.0
홈쇼핑(상품)	3.6				

회사 개요

동사는 다수의 방송프로그램(드라마)를 제작하여 방송국 및 해외시장에 공급하는 방송프로그램제작 및 공급업을 영위하는 회사로, 2003년 4월 4일 설립됨. 동사의 주요 작품으로는 설립작품인 2004년 '발리에서 생긴 일'을 비롯하여 '편의 전쟁', '대물', '기황후' 등 20% 이상의 시청률을 기록한 화제작이 있음. 동사는 기업 이미지 제고를 위해 2016년 7월 29일 상호를 '이김프로덕션'에서 '빅토리콘텐츠'로 변경함.

실적 분석

동사는 매년 2~3편의 드라마를 제작하며 꾸준한 성장세를 시현해왔으나 2017년 매출액은 212.8억원으로 전년 동기 대비 43.1% 감소함. 판관비 부담이 늘면서 영업이익 및 당기순이익이 크게 감소함. 수익 안정성이 높은 산업의 특성으로 진입장벽이 상대적으로 낮음. 대형제작사 위주로 방송국 편성의 집중화가 나타나고 있으며, 연예기획사와 연계된 대형제작사까지 가세하며 경쟁이 가속화되고 있음.

현금 흐름 *IFRS 별도 기준 〈단위 : 억원〉

항목	2016	2017
영업활동	31	-74
투자활동	-15	-19
재무활동	40	38
순현금흐름	56	-55
기말현금	61	6

시장 대비 수익률

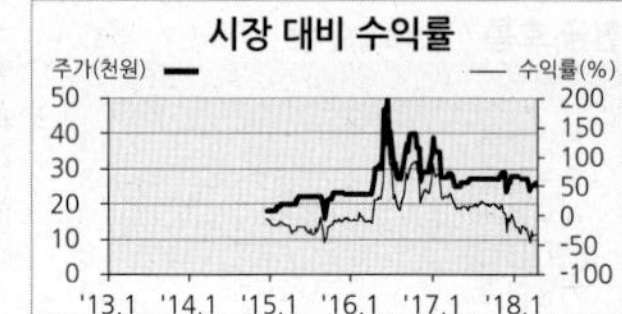

결산 실적 〈단위 : 억원〉

항목	2012	2013	2014	2015	2016	2017
매출액	216	295	357	85	374	213
영업이익	33	21	29	20	33	8
당기순이익	27	18	20	16	27	9

분기 실적 *IFRS 별도 기준 〈단위 : 억원〉

항목	2016.3Q	2016.4Q	2017.1Q	2017.2Q	2017.3Q	2017.4Q
매출액	—	—	—	—	—	—
영업이익	—	—	—	—	—	—
당기순이익	—	—	—	—	—	—

재무 상태 *IFRS 별도 기준 〈단위 : 억원〉

항목	2012	2013	2014	2015	2016	2017
총자산	128	153	136	175	191	245
유형자산	0	1	1	2	4	3
무형자산	0	0	0	0	0	0
유가증권	—	—	—	—	6	7
총부채	96	103	68	91	32	75
총차입금	—	—	—	—	—	31
자본금	1	1	9	9	9	9
총자본	33	50	68	85	158	170
지배주주지분	33	50	68	85	158	170

기업가치 지표 *IFRS 별도 기준

항목	2012	2013	2014	2015	2016	2017
주가(최고/저)(천원)	—/—	—/—	18.1/15.8	23.0/13.8	50.0/22.9	41.0/20.0
PER(최고/저)(배)	0.0/0.0	0.0/0.0	15.2/13.2	24.2/14.5	33.9/15.5	68.6/33.5
PBR(최고/저)(배)	0.0/0.0	0.0/0.0	4.5/3.9	4.6/2.8	6.0/2.7	4.6/2.2
EV/EBITDA(배)	—	—	9.9	18.3	17.0	46.4
EPS(원)	1,640	1,075	1,193	949	1,477	598
BPS(원)	32,519	50,344	4,006	4,987	8,360	8,977
CFPS(원)	27,236	17,864	1,208	978	1,515	650
DPS(원)	—	—	—	—	—	—
EBITDAPS(원)	33,219	21,516	1,763	1,234	1,866	626

재무 비율 〈단위 : %〉

연도	영업이익률	순이익률	부채비율	차입금비율	ROA	ROE	유보율	자기자본비율	EBITDA마진율
2017	3.6	4.1	45.3	18.2	4.0	5.4	1,668.2	68.9	4.2
2016	8.9	7.2	20.5	0.0	14.7	22.2	1,572.0	83.0	9.1
2015	24.1	19.0	106.9	0.0	10.4	21.1	897.4	48.3	24.7
2014	8.1	5.5	100.0	0.0	13.7	33.4	701.2	50.0	8.2

빙그레 (A005180)

Binggrae

업 종 : 식료품
신용등급 : (Bond) AA- (CP) —
홈페이지 : www.bing.co.kr
본 사 : 경기도 남양주시 다산순환로 45 (도농동)

시 장 : 거래소
기업규모 : 시가총액 중형주
연 락 처 : 02)2022-6000

설 립 일	1967.09.13	**종 업 원 수**	1,617명	**대 표 이 사**	박영준
상 장 일	1978.08.31	**감 사 의 견**	적정(한영)	**계 열**	
결 산 기	12월	**보 통 주**		**종속회사수**	3개사
액 면 가	5,000원	**우 선 주**		**구 상 호**	

주주구성 (지분율,%)		출자관계 (지분율,%)		주요경쟁사 (외형,%)	
김호연	36.8	크라운해태홀딩스	7.7	빙그레	100
Brandes Investment Partners, LLC	7.1	크라운제과	0.5	매일홀딩스	191
(외국인)	28.0	BCF&BUSACorp.	100.0	남양유업	136

매출구성		비용구성		수출비중	
우유 및 유음료 외	61.3	매출원가율	71.4	수출	5.4
아이스크림 기 타	38.7	판관비율	24.6	내수	94.6

회사 개요

동사는 1967년 대일양행으로 출발해 1982년 빙그레로 상호를 변경함. 우유처리 가공 및 동제품 판매업을 주된 영업목적으로 함. 아이스크림 부문에서는 롯데제과, 롯데푸드, 해태제과와 경쟁하고 있으며, 우유 부문은 서울우유, 매일유업, 남양유업 등과 경쟁하고 있음. 동사의 주력 품목은 바나나맛우유와 요플레, 아카페라 등이 있음. 우유 부문의 매출액이 전체 매출액의 56.7%를 차지함.

실적 분석

동사의 2017년 연결기준 연간 누적 매출액은 8574.5억원으로 전년 동기 대비 5.5% 증가함. 매출은 증가했지만 매출 증가율 보다 매출원가 증가율이 높고 판매비와 관리비 또한 늘어나면서 영업이익은 전년 동기 대비 6.8% 감소한 347.1억원을 시현함. 비영업손익 부문에서 흑자전환에 성공함에 따라 법인세 비용이 늘어났음에도 불구하고 당기순이익은 전년 동기 대비 3.1% 증가한 296.2억원을 기록함.

현금 흐름 〈단위 : 억원〉

항목	2016	2017
영업활동	656	419
투자활동	-500	-284
재무활동	-112	-111
순현금흐름	45	18
기말현금	211	230

시장 대비 수익률

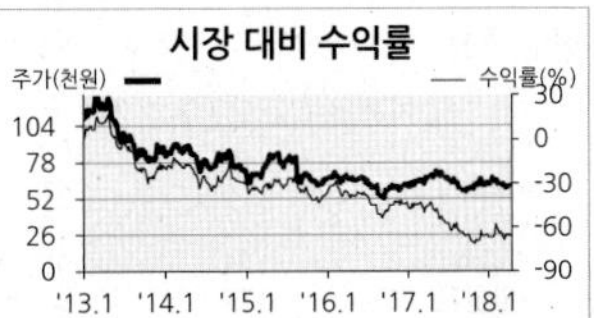

결산 실적 〈단위 : 억원〉

항목	2012	2013	2014	2015	2016	2017
매출액	7,900	8,060	8,200	7,996	8,132	8,575
영업이익	666	507	417	317	372	347
당기순이익	507	379	376	247	287	296

분기 실적 〈단위 : 억원〉

항목	2016.3Q	2016.4Q	2017.1Q	2017.2Q	2017.3Q	2017.4Q
매출액	2,486	1,642	1,748	2,459	2,684	1,684
영업이익	248	-23	37	121	204	-15
당기순이익	189	-28	41	24	163	68

재무 상태 〈단위 : 억원〉

항목	2012	2013	2014	2015	2016	2017
총자산	5,456	5,643	5,789	6,170	6,238	6,356
유형자산	2,032	2,183	2,297	2,277	2,264	2,208
무형자산	22	22	21	25	26	54
유가증권	173	230	165	459	265	237
총부채	1,071	967	948	998	1,020	1,068
총차입금	97	39	28	1	—	—
자본금	498	498	498	498	498	498
총자본	4,385	4,676	4,840	5,172	5,218	5,288
지배주주지분	4,357	4,647	4,840	5,172	5,218	5,288

기업가치 지표

항목	2012	2013	2014	2015	2016	2017
주가(최고/저)(천원)	119/49.7	127/77.6	91.6/71.2	91.1/60.7	70.8/52.1	71.6/56.9
PER(최고/저)(배)	25.5/10.7	36.0/22.0	25.6/19.6	38.4/25.6	25.2/18.6	24.3/19.3
PBR(최고/저)(배)	2.8/1.2	2.8/1.7	1.9/1.5	1.8/1.2	1.3/1.0	1.3/1.0
EV/EBITDA(배)	10.9	10.9	8.9	8.5	6.6	6.6
EPS(원)	5,156	3,846	3,843	2,512	2,916	3,006
BPS(원)	46,507	49,457	51,414	54,779	55,245	55,965
CFPS(원)	7,305	6,161	6,325	5,157	5,514	5,558
DPS(원)	1,400	1,250	1,250	1,250	1,250	1,250
EBITDAPS(원)	8,908	7,465	6,715	5,863	6,378	6,075

재무 비율 〈단위 : %〉

연도	영업이익률	순이익률	부채비율	차입금비율	ROA	ROE	유보율	자기자본비율	EBITDA마진율
2017	4.1	3.5	20.2	0.0	4.7	5.6	1,008.1	83.2	7.0
2016	4.6	3.5	19.6	0.0	4.6	5.5	993.8	83.7	7.7
2015	4.0	3.1	19.3	0.0	4.1	4.9	984.6	83.8	7.2
2014	5.1	4.6	19.6	0.6	6.6	8.0	918.0	83.6	8.1

빛샘전자 (A072950)

Vissem Electronics

업 종 : 통신장비
신용등급 : (Bond) — (CP) —
홈페이지 : www.vissem.com
본 사 : 경기도 용인시 기흥구 언동로53-11 (청덕동)

시 장 : KOSDAQ
기업규모 : 벤처
연 락 처 : 031)288-3420

설 립 일	1998.11.03	**종 업 원 수**	90명	**대 표 이 사**	강만준
상 장 일	2012.03.21	**감 사 의 견**	적정(안세)	**계 열**	
결 산 기	12월	**보 통 주**		**종속회사수**	1개사
액 면 가	500원	**우 선 주**		**구 상 호**	

주주구성 (지분율,%)		출자관계 (지분율,%)		주요경쟁사 (외형,%)	
강만준	22.2	동양텔레콤	90.9	빛샘전자	100
강명구	9.0			라이트론	146
(외국인)	3.0			스카이문스테크놀로지	24

매출구성		비용구성		수출비중	
통신기기 등	31.9	매출원가율	79.2	수출	5.4
LED 디스플레이 및 경관조명,LED 소자 및 모듈	26.3	판관비율	13.7	내수	94.6
광접속 함체 및 분배반 등	23.8				

회사 개요

1998년 11월 3일에 LED표시모듈의 제조 및 판매 등을 목적으로 설립되었으며, 2012년 3월 21일 코스닥시장에 상장됨. 현재 LED 소자 및 디스플레이 연관 사업, 광통신 부품사업, 경부고속철도차량(K-TGV)관련 산업전자 부품사업 등의 3가지 사업을 영위하고 있음. LED시장은 연평균 20%이상으로 성장을 거듭하고 있으며, 초고속 광통신망 시장이 증가함에 따라 광선로 부품 시장 또한 크게 성장할 것으로 기대됨.

실적 분석

동사의 2017년 4/4분기 연결기준 누적매출액은 564.1억원으로 전년동기 대비 3.7% 감소했음. 외형축소와 판관비의 증가에도 영업이익은 전년동기 대비 42.1% 증가한 39.9억원을 기록했음. 동사의 2017년 4/4분기 매출구성은 통신사업부문 60.1%, LED사업부문 27.1%, PCB사업부문 12.7%이며 통신사업부문의 비중이 커지고 있음.

현금 흐름 〈단위 : 억원〉

항목	2016	2017
영업활동	48	52
투자활동	24	-90
재무활동	-12	-17
순현금흐름	60	-55
기말현금	122	67

시장 대비 수익률

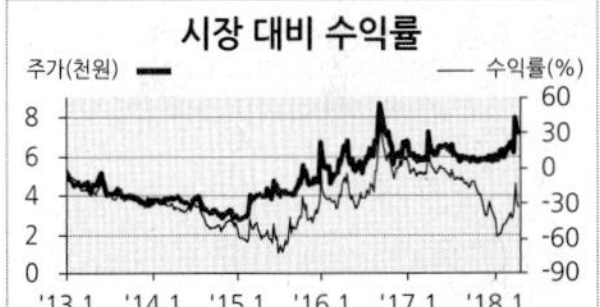

결산 실적 〈단위 : 억원〉

항목	2012	2013	2014	2015	2016	2017
매출액	313	290	282	539	586	564
영업이익	33	15	10	23	28	40
당기순이익	30	13	63	28	30	37

분기 실적 〈단위 : 억원〉

항목	2016.3Q	2016.4Q	2017.1Q	2017.2Q	2017.3Q	2017.4Q
매출액	162	168	125	138	144	157
영업이익	9	9	6	12	8	14
당기순이익	8	10	5	13	7	12

재무 상태 〈단위 : 억원〉

항목	2012	2013	2014	2015	2016	2017
총자산	383	392	576	628	630	649
유형자산	123	129	268	251	255	245
무형자산	0	0	1	1	1	2
유가증권	2	2	7	6	6	3
총부채	41	44	102	134	109	97
총차입금	1	—	10	10	10	—
자본금	25	25	30	30	30	30
총자본	343	348	474	494	521	552
지배주주지분	343	348	456	479	505	534

기업가치 지표

항목	2012	2013	2014	2015	2016	2017
주가(최고/저)(천원)	11.9/4.3	5.2/3.5	4.2/2.9	6.8/2.7	8.7/4.7	7.3/5.7
PER(최고/저)(배)	25.6/9.3	25.5/16.9	4.3/2.9	15.4/6.3	18.6/10.0	12.7/9.8
PBR(최고/저)(배)	2.3/0.8	1.0/0.6	0.6/0.4	0.9/0.4	1.0/0.6	0.8/0.6
EV/EBITDA(배)	3.8	3.0	5.5	8.1	6.2	3.5
EPS(원)	519	224	1,046	462	482	585
BPS(원)	6,852	7,040	7,773	8,152	8,593	9,146
CFPS(원)	829	491	1,230	694	780	807
DPS(원)	100	100	—	200	100	100
EBITDAPS(원)	879	513	355	619	766	887

재무 비율 〈단위 : %〉

연도	영업이익률	순이익률	부채비율	차입금비율	ROA	ROE	유보율	자기자본비율	EBITDA마진율
2017	7.1	6.6	17.6	0.0	5.8	6.8	1,729.1	85.0	9.4
2016	4.8	5.1	20.8	1.9	4.7	5.9	1,618.6	82.8	7.8
2015	4.3	5.2	27.1	2.0	4.6	5.9	1,530.4	78.7	6.9
2014	3.7	22.5	21.5	2.1	13.1	15.6	1,454.5	82.3	7.6

뿌리깊은나무들 (A266170)
Redwoods

업　종 : 미디어　　　시　장 : KONEX
신용등급 : (Bond) —　(CP) —　　　기업규모 : —
홈페이지 : www.redwoods.co.kr　　　연 락 처 : 02)565-1676
본　사 : 서울시 영등포구 의사당대로 38, 101동 1314호 (여의도동, 여의도더샵아일랜드파크)

설 립 일	2010.04.28	**종업원수**	명	**대표이사**	이재원
상 장 일	2017.06.09	**감사의견**	적정(세정)	**계 열**	
결 산 기	12월	**보 통 주**		**종속회사수**	
액 면 가	—	**우 선 주**		**구 상 호**	

주주구성 (지분율,%)		출자관계 (지분율,%)		주요경쟁사 (외형,%)	
이재원	37.2	매니지먼트에이엔디	51.0	뿌리깊은나무들	100
Pastoral Investment Limited	31.5			래몽래인	1,019
				빅텐츠	1,196

매출구성		비용구성		수출비중	
육룡이나르샤	84.4	매출원가율	8.6	수출	75.8
손의 흔적	14.7	판관비율	116.9	내수	24.2
우주의 크리스마스	0.9				

회사 개요

동사는 TV 드라마 제작을 중심으로 콘텐츠 제작·사업을 영위하고 있음. 케이블채널, IPTV, 웹포털로의 콘텐츠 유통 사업 역시 주요 사업으로 운영 중이며 추가로 연예기획사, 드라마 세트장 개발 및 운영 사업 역시 미래의 수입원으로 기획·개발 중임. 2015년 본격적으로 드라마 제작 사업을 시작했으며 대표작은 드라마 '육룡이나르샤', 영화 '우주의 크리스마스' 등임. 2010년 4월 28일에 설립되어 2017년 6월 9일 코넥스 시장에 상장됨.

실적 분석

코넥스 상장 기업인 동사의 2017년 매출액은 17.8억원으로 전년 123.9억원에 비해 외형이 크게 축소됨. 드라마 매출 비중이 84.39%, 기타 부문(영화, 웹드라마)가 전체 매출의 15.61%를 차지함. 이에 따라 매출총이익이 17.6% 감소했으며 인건비가 크게 늘어 4.5억원의 영업손실을 기록, 적자전환하였음. 영업 외 이익과 영업외수익이 늘었으며 이에 따라 동사는 1.5억원의 당기순이익을 시현함.

현금 흐름 *IFRS 별도 기준

〈단위 : 억원〉

항목	2016	2017
영업활동	-6	-6
투자활동	18	-12
재무활동	-18	12
순현금흐름	-6	-6
기말현금	7	0

시장 대비 수익률

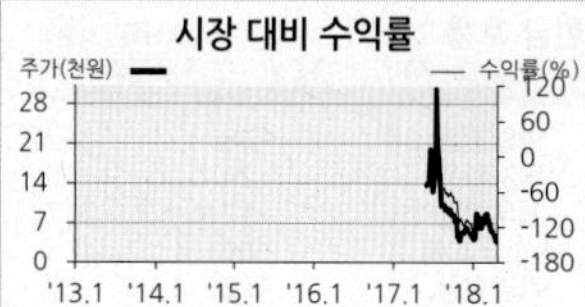

결산 실적

〈단위 : 억원〉

항목	2012	2013	2014	2015	2016	2017
매출액	1	—	8	140	109	18
영업이익	0	-6	-1	0	2	-5
당기순이익	1	-5	-1	0	3	1

분기 실적 *IFRS 별도 기준

〈단위 : 억원〉

항목	2016.3Q	2016.4Q	2017.1Q	2017.2Q	2017.3Q	2017.4Q
매출액	—	—	—	—	—	—
영업이익	—	—	—	—	—	—
당기순이익	—	—	—	—	—	—

재무 상태 *IFRS 별도 기준

〈단위 : 억원〉

항목	2012	2013	2014	2015	2016	2017
총자산	5	30	75	113	53	59
유형자산	0	0	1	5	17	34
무형자산	—	—	0	3	4	10
유가증권	—	0	0	0	1	1
총부채	5	29	74	112	35	48
총차입금	5	1	21	36	14	29
자본금	1	6	7	7	11	10
총자본	0	0	1	1	18	11
지배주주지분	0	0	1	1	18	11

기업가치 지표 *IFRS 별도 기준

항목	2012	2013	2014	2015	2016	2017
주가(최고/저)(천원)	#VALUE!	—/—	—/—	—/—	—/—	—/—
PER(최고/저)(배)	0.0/0.0	0.0/0.0	0.0/0.0	0.0/0.0	0.0/0.0	633.5/67.2
PBR(최고/저)(배)	0.0/0.0	0.0/0.0	0.0/0.0	0.0/0.0	0.0/0.0	69.4/7.4
EV/EBITDA(배)	—	—	—	—	—	—
EPS(원)	1,156	-1,649	-90	12	143	54
BPS(원)	674	413	706	84	824	489
CFPS(원)	12,925	-18,343	-969	20	184	96
DPS(원)	—	—	—	—	—	—
EBITDAPS(원)	2,821	-22,148	-1,021	8	148	-182

재무 비율

〈단위 : %〉

연도	영업이익률	순이익률	부채비율	차입금비율	ROA	ROE	유보율	자기자본비율	EBITDA마진율
2017	-25.5	8.4	354.8	210.3	2.6	9.1	19.8	22.0	-20.1
2016	1.9	2.6	201.3	81.6	3.4	30.1	64.8	33.2	2.7
2015	0.0	0.1	일부잠식	일부잠식	0.2	17.6	-83.2	1.0	0.1
2014	-18.6	-17.6	일부잠식	일부잠식	-2.6	-188.3	-85.9	1.3	-17.9

사람인에이치알 (A143240)
SaraminHR

업　종 : 상업서비스　　　시　장 : KOSDAQ
신용등급 : (Bond) —　(CP) —　　　기업규모 : 우량
홈페이지 : www.saraminhr.co.kr　　　연 락 처 : 02)2025-4733
본　사 : 서울시 구로구 디지털로34길 43 201(코오롱싸이언스밸리 1차, 201호)

설 립 일	2005.10.07	**종업원수**	380명	**대표이사**	김용환
상 장 일	2012.02.21	**감사의견**	적정(한영)	**계 열**	
결 산 기	12월	**보 통 주**		**종속회사수**	1개사
액 면 가	500원	**우 선 주**		**구 상 호**	

주주구성 (지분율,%)		출자관계 (지분율,%)		주요경쟁사 (외형,%)	
다우기술	32.2	사람인에이치에스	100.0	사람인에이치알	100
국민연금공단	8.7	키움코어랜드사모부동산투자신탁제1호	50.0	아이마켓코리아	3,787
(외국인)	10.9	미래창조펀드	12.0	NICE평가정보	443

매출구성		비용구성		수출비중	
플래티넘 스페셜 으뜸 등용문2.0	61.1	매출원가율	35.3	수출	0.0
인력파견	37.8	판관비율	45.7	내수	100.0
인재알선 평판조회	1.1				

회사 개요

동사는 2005년에 설립된 HR서비스 기업으로, 2012년 2월에 코스닥시장에 상장됨. 다우기술을 모회사로 두고 있으며, 온라인 기반의 취업포탈 사업과 오프라인 기반의 HR사업을 영위하고 있음. 주요 사업인 취업포털 사업부문은 잡코리아, 인크루트, 커리어 등과 함께 국내시장의 약 70%를 점유하는 과점 시장을 형성함. 2016년 동사는 시장점유율 25%로 2위를 차지함. 순방문자수 기준으로는 업계 1위임.

실적 분석

동사의 2017년 4분기 기준 누적 매출액은 813.5억원으로 전년 동기(737억원) 대비 10.4% 증가함. 영업이익은 154.6억원으로 전년보다 15.4% 늘어남. 당기순이익은 전년 동기대비 67.3% 감소한 34.1억원을 기록함. 잡코리아와의 소송관련 합의에 의한 손해배상손실에 의해 기타비용이 급증한 탓. 모바일 매출의 증가에 기반한 매칭플랫폼의 성장세가 지속될 전망임.

현금 흐름

〈단위 : 억원〉

항목	2016	2017
영업활동	132	159
투자활동	-0	-241
재무활동	-10	-13
순현금흐름	121	-95
기말현금	177	81

시장 대비 수익률

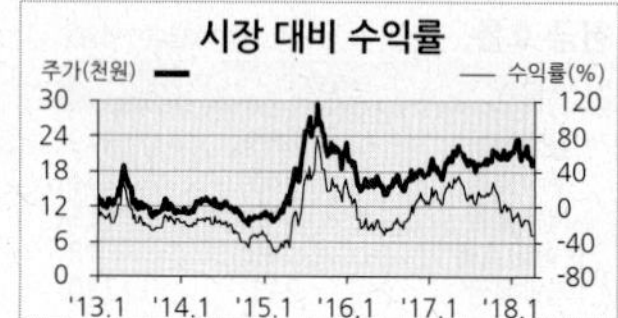

결산 실적

〈단위 : 억원〉

항목	2012	2013	2014	2015	2016	2017
매출액	488	522	553	685	737	813
영업이익	56	62	42	103	134	155
당기순이익	48	49	33	87	104	34

분기 실적

〈단위 : 억원〉

항목	2016.3Q	2016.4Q	2017.1Q	2017.2Q	2017.3Q	2017.4Q
매출액	174	206	196	206	194	218
영업이익	29	48	28	49	38	39
당기순이익	22	41	26	40	37	-70

재무 상태

〈단위 : 억원〉

항목	2012	2013	2014	2015	2016	2017
총자산	374	667	660	722	830	978
유형자산	70	78	76	79	98	96
무형자산	13	16	19	39	63	39
유가증권	—	70	86	13	21	41
총부채	81	54	63	80	92	220
총차입금	9	—	4	—	—	—
자본금	44	58	58	58	58	58
총자본	294	612	598	642	737	757
지배주주지분	294	612	598	642	737	757

기업가치 지표

항목	2012	2013	2014	2015	2016	2017
주가(최고/저)(천원)	25.6/10.2	19.3/10.0	13.6/8.7	29.7/9.6	22.2/14.0	22.6/16.8
PER(최고/저)(배)	51.0/20.4	44.0/22.8	49.6/31.9	40.4/13.0	25.0/15.8	77.3/57.3
PBR(최고/저)(배)	8.7/3.5	3.8/2.0	2.6/1.6	5.0/1.6	3.2/2.1	3.2/2.4
EV/EBITDA(배)	16.8	11.3	16.1	21.8	12.0	12.2
EPS(원)	516	452	279	747	896	293
BPS(원)	3,304	5,262	5,442	6,097	6,909	7,059
CFPS(원)	674	542	378	856	1,041	482
DPS(원)	—	100	80	90	120	60
EBITDAPS(원)	762	666	464	992	1,297	1,518

재무 비율

〈단위 : %〉

연도	영업이익률	순이익률	부채비율	차입금비율	ROA	ROE	유보율	자기자본비율	EBITDA마진율
2017	19.0	4.2	29.1	0.0	3.8	4.6	1,311.7	77.4	21.7
2016	18.2	14.1	12.5	0.0	13.4	15.1	1,281.7	88.9	20.5
2015	15.0	12.7	12.5	0.0	12.6	14.0	1,119.3	88.9	16.8
2014	7.7	5.9	10.5	0.7	4.9	5.4	988.4	90.5	9.8

사조대림 (A003960)

SAJODAERIM

업　　종	식료품	시　　장	거래소
신용등급	(Bond) —　　(CP) —	기업규모	시가총액 소형주
홈페이지	www.sajodr.co.kr	연 락 처	02)3470-6000
본　　사	서울시 서초구 남부순환로 2159		

설 립 일	1964.05.01	**종업원수**	598명	**대표이사**	김일식
상 장 일	1976.09.16	**감사의견**	적정(삼일)	**계　　열**	
결 산 기	12월	**보 통 주**		**종속회사수**	7개사
액 면 가	5,000원	**우 선 주**		**구 상 호**	

주주구성 (지분율,%)		출자관계 (지분율,%)		주요경쟁사 (외형,%)	
사조해표	23.7	사조에프에스	100.0	사조대림	100
사조산업	22.5	사조오양	54.9	사조씨푸드	38
(외국인)	1.6	사조C&C	50.0	한성기업	33

매출구성		비용구성		수출비중	
OEM, 명태, 대구 등	37.0	매출원가율	80.8	수출	3.8
육계 등	25.0	판관비율	13.6	내수	96.2
햄소시지류	17.0				

회사 개요

동사는 1964년에 설립되어 어묵, 맛살 및 햄, 소세지 등의 가공식품 제조업 및 수산업과 도매업을 영위하는 업체임. 사조남부햄, 사조농산, 제일푸드서비스, 중일종합식품의 4개 종속법인이 있음. 매출구성은 상품(OEM, 명태, 대구)과 식품 제조가 약 80% 차지하고 있음. 냉장식품의 카테고리 강화 및 신선식품의 전문브랜드화를 통한 동사의 신규 성장동력을 개발하는 신규사업을 전개하고 있음.

실적 분석

동사의 2017년 연간 매출액은 전년동기대비 3.6% 상승한 9,874.4억원을 기록하였음. 비용면에서 전년동기대비 매출원가는 증가 하였으며 인건비도 증가, 광고선전비는 크게 감소, 기타판매비와관리비는 증가함. 이처럼 매출액 상승과 더불어 비용절감에도 힘을 기울였음. 최종적으로 전년동기대비 당기순이익은 크게 상승하여 423.3억원을 기록함. 외환손익의 흑자전환 등 비영업손익의 흑자전환이 영향을 미친것으로 판단됨.

현금 흐름

〈단위 : 억원〉

항목	2016	2017
영업활동	605	518
투자활동	-373	-235
재무활동	-183	-279
순현금흐름	50	4
기말현금	117	121

시장 대비 수익률

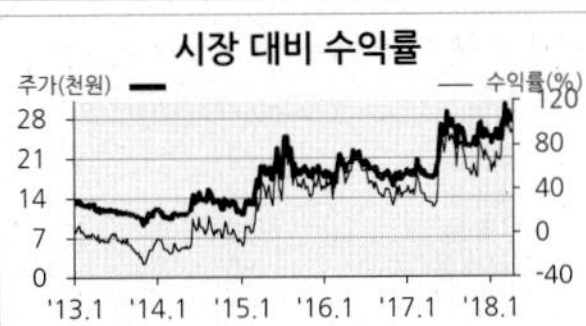

결산 실적

〈단위 : 억원〉

항목	2012	2013	2014	2015	2016	2017
매출액	4,542	5,081	5,436	7,151	9,535	9,874
영업이익	85	148	119	178	364	554
당기순이익	-10	-4	66	141	100	423

분기 실적

〈단위 : 억원〉

항목	2016.3Q	2016.4Q	2017.1Q	2017.2Q	2017.3Q	2017.4Q
매출액	2,411	2,434	2,334	2,446	2,565	2,530
영업이익	154	110	103	112	197	143
당기순이익	81	-36	89	91	153	91

재무 상태

〈단위 : 억원〉

항목	2012	2013	2014	2015	2016	2017
총자산	3,623	3,537	3,633	6,570	6,717	6,801
유형자산	1,148	1,156	1,163	2,461	2,417	2,578
무형자산	202	202	211	346	302	334
유가증권	143	92	102	114	116	114
총부채	2,191	2,128	2,162	4,078	4,126	3,783
총차입금	1,228	1,243	1,266	2,552	2,356	2,039
자본금	298	298	298	298	298	298
총자본	1,432	1,409	1,472	2,493	2,592	3,018
지배주주지분	1,420	1,392	1,451	1,757	1,829	2,123

기업가치 지표

항목	2012	2013	2014	2015	2016	2017
주가(최고/저)(천원)	17.9/12.5	13.8/8.9	15.4/10.3	25.5/11.0	22.3/15.8	29.5/17.0
PER(최고/저)(배)	—/—	—/—	15.1/10.1	12.6/5.4	19.7/14.0	6.2/3.6
PBR(최고/저)(배)	0.8/0.5	0.6/0.4	0.7/0.4	0.9/0.4	0.7/0.5	0.8/0.5
EV/EBITDA(배)	11.5	7.9	9.1	14.1	7.6	5.8
EPS(원)	-194	-144	1,048	2,052	1,147	4,813
BPS(원)	23,800	23,341	24,329	29,465	30,659	35,596
CFPS(원)	962	1,014	2,243	3,929	3,877	7,795
DPS(원)	—	—	200	—	100	150
EBITDAPS(원)	2,580	3,642	3,186	4,862	8,840	12,266

재무 비율

〈단위 : %〉

연도	영업이익률	순이익률	부채비율	차입금비율	ROA	ROE	유보율	자기자본비율	EBITDA마진율
2017	5.6	4.3	125.4	67.6	6.3	14.5	611.9	44.4	7.4
2016	3.8	1.1	159.2	90.9	1.5	3.8	513.2	38.6	5.5
2015	2.5	2.0	163.6	102.4	2.8	7.6	489.3	37.9	4.1
2014	2.2	1.2	146.9	86.1	1.9	4.4	386.6	40.5	3.5

사조동아원 (A008040)

SAJODONGAONE

업　　종	식료품	시　　장	거래소
신용등급	(Bond) BBB-　　(CP) —	기업규모	시가총액 소형주
홈페이지	www.dongaone.com	연 락 처	02)789-9556
본　　사	서울시 서초구 방배천로2길 12 사조빌딩		

설 립 일	1972.07.26	**종업원수**	342명	**대표이사**	이인우,노동환
상 장 일	1989.06.24	**감사의견**	적정(서우)	**계　　열**	
결 산 기	12월	**보 통 주**		**종속회사수**	5개사
액 면 가	500원	**우 선 주**		**구 상 호**	동아원

주주구성 (지분율,%)		출자관계 (지분율,%)		주요경쟁사 (외형,%)	
사조씨푸드	23.8	한국산업	99.0	사조동아원	100
사조대림	14.4	농업회사법인천안팜	85.0	팜스코	259
(외국인)	0.8	하나에너지	84.0	이지바이오	354

매출구성		비용구성		수출비중	
고급건면용 등	42.4	매출원가율	85.2	수출	—
배합사료(제품)	28.8	판관비율	7.4	내수	—
소맥분상품 등	11.5				

회사 개요

동사는 1972년 설립돼 배합사료 제조 및 판매사업을 영위하고 있음. 2008년 소맥분 제조 및 판매사업을 영위할 목적으로 설립된 동아제분과 합병함. 현재 원맥을 수입 가공해 판매하는 제분사업과 가축 및 양식 어류의 사료를 제조 판매하는 생물자원사업으로 나뉨. 제분 부문은 대기업이 주요 수요처로 시장 규모가 일정하게 유지됨. 모기업 자금난으로 워크아웃에 들어갔다가 2016년 사조그룹에 인수됨. 2017년 8월 최대주주인 한국제분을 흡수합병함.

실적 분석

한국제분을 흡수합병하여 제분사업 부문을 통합함으로써 재무구조가 개선되고 기업경쟁력 향상 등 재무 및 영업 전반에 걸쳐 긍정적인 영향을 주었으며, 지속적인 성장을 위한 발판을 마련함. 합병효과로 인해 2017년 매출액은 전년 대비 3.5% 증가하였으며, 영업이익은 국제곡물가격 및 환율 안정화와 제분 및 생물자원부문의 제조비, 판관비 등 전체적인 원가절감과 조직구조 개편을 통하여 전년 대비 13.2% 증가한 292.8억원을 달성함.

현금 흐름

〈단위 : 억원〉

항목	2016	2017
영업활동	461	281
투자활동	301	300
재무활동	-769	-567
순현금흐름	-37	13
기말현금	41	54

시장 대비 수익률

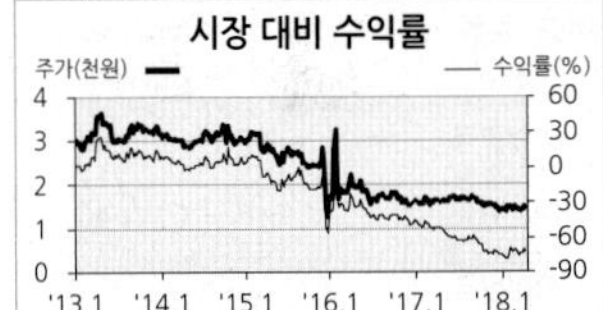

결산 실적

〈단위 : 억원〉

항목	2012	2013	2014	2015	2016	2017
매출액	6,110	6,375	5,069	4,914	3,818	3,951
영업이익	76	9	-214	31	259	293
당기순이익	10	-136	-744	-346	48	292

분기 실적

〈단위 : 억원〉

항목	2016.3Q	2016.4Q	2017.1Q	2017.2Q	2017.3Q	2017.4Q
매출액	1,021	919	912	961	1,066	1,013
영업이익	59	94	30	71	82	110
당기순이익	48	-13	24	6	18	244

재무 상태

〈단위 : 억원〉

항목	2012	2013	2014	2015	2016	2017
총자산	7,205	7,227	7,262	5,393	4,675	4,898
유형자산	3,284	3,629	3,820	2,732	2,568	2,910
무형자산	439	438	443	413	323	301
유가증권	160	138	97	65	40	53
총부채	5,390	5,676	6,445	4,780	3,956	3,278
총차입금	4,656	4,795	5,645	4,094	3,301	2,738
자본금	326	326	326	326	326	706
총자본	1,815	1,551	817	613	719	1,621
지배주주지분	1,673	1,422	697	497	592	1,627

기업가치 지표

항목	2012	2013	2014	2015	2016	2017
주가(최고/저)(천원)	5.0/2.6	3.8/2.7	3.5/2.8	3.3/1.0	3.4/1.5	1.8/1.4
PER(최고/저)(배)	97.7/50.4	—/—	—/—	—/—	51.0/22.4	5.5/4.3
PBR(최고/저)(배)	1.9/1.0	1.6/1.2	2.8/2.2	4.0/1.2	3.7/1.6	1.4/1.1
EV/EBITDA(배)	32.1	46.3	—	30.3	11.9	11.2
EPS(원)	52	-176	-1,124	-508	67	323
BPS(원)	2,644	2,385	1,268	812	911	1,275
CFPS(원)	239	31	-892	-297	245	458
DPS(원)	30	30	—	—	—	—
EBITDAPS(원)	309	220	-96	259	575	457

재무 비율

〈단위 : %〉

연도	영업이익률	순이익률	부채비율	차입금비율	ROA	ROE	유보율	자기자본비율	EBITDA마진율
2017	7.4	7.4	202.3	168.9	6.1	26.4	154.9	33.1	10.5
2016	6.8	1.3	550.3	459.2	1.0	8.0	82.1	15.4	9.8
2015	0.6	-7.0	779.5	667.5	-5.5	-55.5	62.4	11.4	3.4
2014	-4.2	-14.7	788.5	690.6	-10.3	-69.2	153.6	11.3	-1.2

사조산업 (A007160)
Sajo Industries

업　　종 : 식료품　　　시　　장 : 거래소
신용등급 : (Bond) —　(CP) A1　　　기업규모 : 시가총액 소형주
홈페이지 : ind.sajo.co.kr　　　연 락 처 : 02)3277-1600
본　　사 : 서울시 서대문구 통일로 107-39 사조산업빌딩 5층

설 립 일	1971.03.19	**종업원수**	774명	**대표이사**	김정수
상 장 일	1989.07.25	**감사의견**	적정(삼일)	**계　　열**	
결 산 기	12월	**보 통 주**		**종속회사수**	10개사
액 면 가	5,000원	**우 선 주**		**구 상 호**	

주주구성 (지분율,%)		출자관계 (지분율,%)		주요경쟁사 (외형,%)	
사조시스템즈	23.8	동화농산	100.0	사조산업	100
주진우	14.9	캐슬렉스서울	79.5	CJ프레시웨이	307
(외국인)	5.6	사조씨푸드	62.1	신세계푸드	148

매출구성		비용구성		수출비중	
수산물 가공	32.7	매출원가율	86.6	수출	30.7
참치, 명태 등	30.2	판관비율	6.1	내수	69.3
수산물캔	14.7				

회사 개요
사조그룹 계열사로 도축업, 식육가공업, 식품제조업, 도소매업 등으로 사업영역을 확장하고 있음. 그룹 계열사를 통해 원양, 수산, 축산업 등 1차 산업의 수평 계열화로 영업력을 강화했으며 골프장 운영을 통한 레저산업까지 사업영역을 확장해 새로운 성장을 모색하고 있음. 연결대상 종속회사에는 원양어업, 식품, 양돈, 레져부문 등 총 10개 법인이 포함됨. 참치와 장류 등에서 가격경쟁력 향상과 트렌드에 맞춘 신제품 개발에 열을 올리고 있음.

실적 분석
신규 선박의 추가 투입으로 하반기 이후 어획량이 크게 늘어나고, 선망 및 연승 참치의 가격이 지난 2013년 이래 최고치를 기록하면서 2017년 연결 기준 매출액은 전년 대비 16.2% 증가함. 외형확대에 따른 고정비용 부담의 완화로 영업이익은 20.1% 증가하였으며, 자회사인 사조화인코리아와 사조대림의 실적이 개선되어 지분법이익도 294.0억원으로 크게 늘어남. 참치 수요증가와 어획량 회복으로 실적 모멘텀을 이어나갈 전망임.

현금 흐름
〈단위 : 억원〉

항목	2016	2017
영업활동	463	674
투자활동	-1,152	-175
재무활동	646	-460
순현금흐름	-44	37
기말현금	50	87

시장 대비 수익률
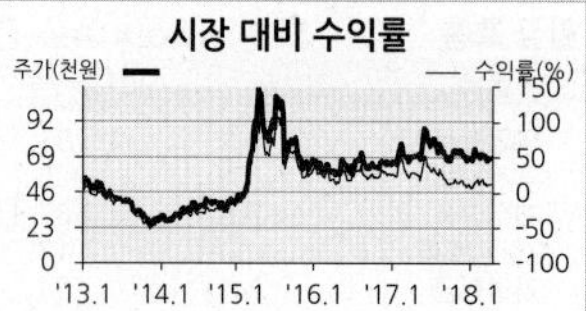

결산 실적
〈단위 : 억원〉

항목	2012	2013	2014	2015	2016	2017
매출액	15,544	15,670	13,050	9,052	7,021	8,160
영업이익	487	286	578	341	492	591
당기순이익	158	-118	317	244	301	541

분기 실적
〈단위 : 억원〉

항목	2016.3Q	2016.4Q	2017.1Q	2017.2Q	2017.3Q	2017.4Q
매출액	1,816	2,066	1,750	1,960	2,001	2,450
영업이익	206	85	121	146	176	147
당기순이익	162	27	117	123	170	131

재무 상태
〈단위 : 억원〉

항목	2012	2013	2014	2015	2016	2017
총자산	14,602	14,588	12,125	9,031	10,107	10,573
유형자산	5,579	5,661	4,903	3,903	4,110	4,303
무형자산	612	633	592	51	47	51
유가증권	107	21	21	82	193	87
총부채	10,166	10,227	7,820	5,253	6,030	5,917
총차입금	6,678	6,954	5,139	3,273	3,927	3,589
자본금	250	250	250	250	250	250
총자본	4,436	4,360	4,304	3,778	4,077	4,656
지배주주지분	2,576	2,533	2,844	3,096	3,361	3,823

기업가치 지표

항목	2012	2013	2014	2015	2016	2017
주가(최고/저)(천원)	64.1/46.8	55.3/24.4	42.5/26.4	113/40.4	71.7/57.4	87.0/63.6
PER(최고/저)(배)	33.3/24.4	—/—	9.8/6.1	29.8/10.6	13.7/10.9	10.0/7.3
PBR(최고/저)(배)	1.2/0.9	1.1/0.5	0.7/0.5	1.8/0.7	1.1/0.9	1.1/0.8
EV/EBITDA(배)	13.8	17.2	9.8	13.3	11.8	9.8
EPS(원)	1,934	-855	4,348	3,821	5,282	8,750
BPS(원)	52,994	52,134	57,531	61,951	67,257	76,501
CFPS(원)	6,792	4,180	9,107	7,419	8,241	12,123
DPS(원)	—	—	—	—	150	200
EBITDAPS(원)	14,593	10,749	16,318	10,414	12,808	15,197

재무 비율
〈단위 : %〉

연도	영업이익률	순이익률	부채비율	차입금비율	ROA	ROE	유보율	자기자본비율	EBITDA마진율
2017	7.2	6.6	127.1	77.1	5.2	12.2	1,430.0	44.0	9.3
2016	7.0	4.3	147.9	96.3	3.1	8.2	1,245.1	40.3	9.1
2015	3.8	2.7	139.1	86.7	2.3	6.4	1,139.0	41.8	5.8
2014	4.4	2.4	181.7	119.4	2.4	8.1	1,050.6	35.5	6.3

사조씨푸드 (A014710)
SAJO SEA FOOD

업　　종 : 식료품　　　시　　장 : 거래소
신용등급 : (Bond) —　(CP) —　　　기업규모 : 시가총액 소형주
홈페이지 : www.sajosf.co.kr　　　연 락 처 : 02)721-6555
본　　사 : 서울시 서대문구 통일로 107-39 사조산업빌딩 5층

설 립 일	1980.03.27	**종업원수**	300명	**대표이사**	최창욱
상 장 일	2012.06.29	**감사의견**	적정(삼정)	**계　　열**	
결 산 기	12월	**보 통 주**		**종속회사수**	
액 면 가	1,000원	**우 선 주**		**구 상 호**	

주주구성 (지분율,%)		출자관계 (지분율,%)		주요경쟁사 (외형,%)	
사조산업	62.1	사조동아원	28.5	사조씨푸드	100
트러스톤자산운용	4.9	사조화인코리아	21.9	사조대림	261
(외국인)	1.6	캐슬렉스서울	20.0	한성기업	85

매출구성		비용구성		수출비중	
횟감용참치	36.1	매출원가율	91.7	수출	26.5
일반수산물	34.9	판관비율	4.1	내수	73.5
김, 팝콘	19.7				

회사 개요
동사는 1980년에 수산물 도소매업을 영위하는 사조냉장으로 설립되어, 현재는 참치 어획에서부터 유통, 수출, 부가식품 개발, 판매까지 하는 수산물 가공유통 전문기업임. 참치시장에서 일본으로의 진출을 위해 2010년 일본 소재의 신사조를 인수하였으나 2016년중 청산됨. 사업분야는 크게 횟감용 참치를 다루는 수산물가공유통, 김 등 식품사업, 원양어업을 하는 수산부문, 임대업 등 기타분야로 구분됨.

실적 분석
동사의 2017년 연간 매출액은 전년동기대비 17% 상승한 3,782.2억원을 기록하였음. 비용면에서 전년동기대비 매출원가는 증가 하였으며 인건비도 증가, 광고선전비는 크게 감소, 기타판매비와관리비는 증가함. 이처럼 매출액 상승과 더불어 비용절감에도 힘을 기울였음. 최종적으로 전년동기대비 당기순이익은 크게 상승하여 193.6억원을 기록함. 외환손익의 흑자전환 등 비영업손익의 흑자전환이 영향을 미친것으로 보임.

현금 흐름
*IFRS 별도 기준 〈단위 : 억원〉

항목	2016	2017
영업활동	22	-22
투자활동	-603	53
재무활동	580	-10
순현금흐름	-0	21
기말현금	5	26

시장 대비 수익률
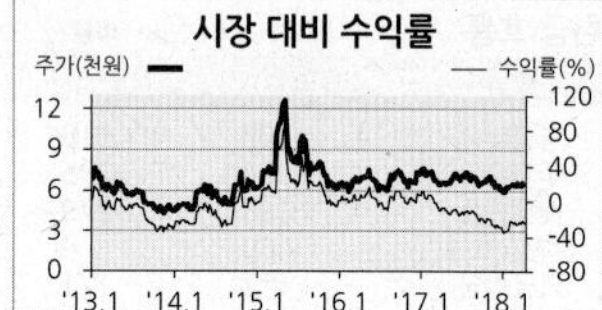

결산 실적
〈단위 : 억원〉

항목	2012	2013	2014	2015	2016	2017
매출액	2,820	2,537	2,632	2,826	3,234	3,782
영업이익	208	95	119	95	155	158
당기순이익	112	51	93	60	76	194

분기 실적
*IFRS 별도 기준 〈단위 : 억원〉

항목	2016.3Q	2016.4Q	2017.1Q	2017.2Q	2017.3Q	2017.4Q
매출액	837	817	880	914	952	1,036
영업이익	45	30	47	33	26	52
당기순이익	52	-21	51	31	9	102

재무 상태
*IFRS 별도 기준 〈단위 : 억원〉

항목	2012	2013	2014	2015	2016	2017
총자산	2,891	2,743	2,423	2,548	3,229	3,594
유형자산	938	924	889	878	857	836
무형자산	21	21	21	24	22	21
유가증권	176	149	160	240	328	277
총부채	1,357	1,179	777	761	1,394	1,498
총차입금	1,045	904	453	457	1,047	1,036
자본금	172	172	172	172	172	172
총자본	1,533	1,565	1,646	1,787	1,835	2,095
지배주주지분	1,533	1,565	1,646	1,787	1,835	2,095

기업가치 지표
*IFRS 별도 기준

항목	2012	2013	2014	2015	2016	2017
주가(최고/저)(천원)	10.2/5.7	7.8/4.3	7.3/4.5	13.0/5.8	8.0/6.0	7.7/6.1
PER(최고/저)(배)	14.6/8.1	28.4/15.7	16.7/10.2	37.8/16.8	18.5/13.8	6.9/5.4
PBR(최고/저)(배)	1.2/0.7	0.9/0.5	0.8/0.5	1.3/0.6	0.8/0.6	0.6/0.5
EV/EBITDA(배)	6.7	9.4	9.2	10.5	11.7	10.1
EPS(원)	711	279	446	351	439	1,124
BPS(원)	8,906	9,086	9,560	10,381	10,656	12,168
CFPS(원)	1,003	535	683	587	656	1,353
DPS(원)	—	—	—	—	50	70
EBITDAPS(원)	1,664	812	930	787	1,115	1,146

재무 비율
〈단위 : %〉

연도	영업이익률	순이익률	부채비율	차입금비율	ROA	ROE	유보율	자기자본비율	EBITDA마진율
2017	4.2	5.1	71.5	49.4	5.7	9.9	1,116.8	58.3	5.2
2016	4.8	2.3	76.0	57.1	2.6	4.2	965.6	56.8	5.9
2015	3.4	2.1	42.8	25.6	2.4	3.5	938.1	70.0	4.8
2014	4.5	3.5	48.1	29.3	3.6	5.8	865.0	67.5	6.1

사조오양 (A006090)
Oyang

업 종 : 식료품
신용등급 : (Bond) — (CP) —
홈페이지 : www.sajooy.com
본 사 : 서울시 서초구 남부순환로 2159(방배동)
시 장 : 거래소
기업규모 : 시가총액 소형주
연 락 처 : 02)3470-6030

설립일	1969.06.09	종업원수	729명	대표이사	김일식
상장일	1986.12.24	감사의견	적정(삼정)	계열	
결산기	12월	보통주		종속회사수	
액면가	5,000원	우선주		구상호	

주주구성 (지분율,%)		출자관계 (지분율,%)		주요경쟁사 (외형,%)	
사조대림	54.9	사조바이오피드	50.0	사조오양	100
프랭클린템플턴투자신탁운용	6.2	사조화인코리아	44.5	동원F&B	823
(외국인)	1.9	한러어업	19.0	동원산업	768

매출구성		비용구성		수출비중	
맛살 등 식품가공	72.4	매출원가율	85.8	수출	6.4
참치,명태 등 수산물 어획 및 판매	25.9	판관비율	6.4	내수	93.6
임대수익 등	1.8				

회사 개요

동사의 사업영역은 크게 수산, 식품제조, 기타로 나뉨. 매출액 구성비는 TUNA, 명태 등 수산물 어획 및 판매하는 수산부분이 약 23%, 맛살 등 식품가공부문이 약 75%, 임대사업 등 기타가 약 2%로 구성. 식품제조부문은 맛살 및 젓갈 부문에 대한 브랜드우위를 수년간 유지하고 있으며 연육 제품시장 점유율 1위인 관계회사 사조대림의 다양한 영업전략을 접목시킴으로써 부문내 유일하게 매출 증가세를 기록함.

실적 분석

동사의 2017년 연결 기준 연간 매출액은 3,101.9억원으로 전년 동기 대비 11.1% 증가함. 매출이 증가하면서 매출원가도 늘었고 판매비와 관리비도 증가했지만 고정비용 감소 효과 등으로 인해 영업이익은 전년 동기 대비 8.1% 증가한 241.7억원을 기록함. 비영업손익 부문에서도 금융과 외환 분야에서 흑자전환에 성공하면서 당기순이익은 전년 동기 대비 111.4% 증가한 239.9억원을 기록함.

현금 흐름 *IFRS 별도 기준 <단위 : 억원>

항목	2016	2017
영업활동	271	260
투자활동	-61	-149
재무활동	-203	-117
순현금흐름	7	-7
기말현금	24	18

시장 대비 수익률

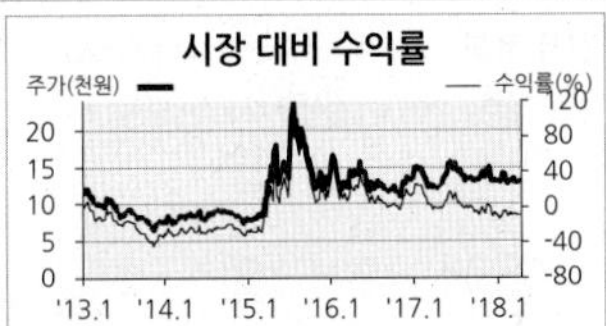

결산 실적 < 단위 : 억원 >

항목	2012	2013	2014	2015	2016	2017
매출액	1,272	1,098	1,118	1,949	2,791	3,102
영업이익	115	10	-58	109	224	242
당기순이익	6	42	-30	94	113	240

분기 실적 *IFRS 별도 기준 < 단위 : 억원 >

항목	2016.3Q	2016.4Q	2017.1Q	2017.2Q	2017.3Q	2017.4Q
매출액	738	831	680	723	898	802
영업이익	93	34	51	53	105	32
당기순이익	73	-22	44	49	92	55

재무 상태 *IFRS 별도 기준 < 단위 : 억원 >

항목	2012	2013	2014	2015	2016	2017
총자산	1,742	1,726	1,733	2,825	2,924	3,024
유형자산	467	493	569	1,100	1,120	1,133
무형자산	3	3	3	119	119	137
유가증권	62	53	51	55	56	55
총부채	1,022	966	994	1,653	1;641	1,537
총차입금	821	739	808	1,221	1,058	982
자본금	218	218	218	471	471	471
총자본	720	760	739	1,172	1,283	1,487
지배주주지분	720	760	739	1,172	1,283	1,487

기업가치 지표 *IFRS 별도 기준

항목	2012	2013	2014	2015	2016	2017
주가(최고/저)(천원)	15.5/10.5	12.2/6.5	9.7/7.3	24.0/7.8	16.7/10.6	16.3/11.9
PER(최고/저)(배)	119.7/80.7	12.8/6.8	—/—	18.1/5.9	14.1/9.0	6.4/4.7
PBR(최고/저)(배)	1.0/0.6	0.7/0.4	0.6/0.4	2.0/0.6	1.2/0.8	1.0/0.8
EV/EBITDA(배)	7.0	26.6	—	15.5	7.6	6.6
EPS(원)	132	962	-684	1,342	1,204	2,546
BPS(원)	16,514	17,420	16,952	12,441	13,616	15,779
CFPS(원)	773	1,617	1	2,093	2,048	3,500
DPS(원)	—	—	—	—	100	120
EBITDAPS(원)	3,290	895	-647	2,294	3,217	3,520

재무 비율 < 단위 : % >

연도	영업이익률	순이익률	부채비율	차입금비율	ROA	ROE	유보율	자기자본비율	EBITDA마진율
2017	7.8	7.7	103.4	66.0	8.1	17.3	215.6	49.2	10.7
2016	8.0	4.1	127.9	82.5	4.0	9.2	172.3	43.9	10.9
2015	5.6	4.9	141.0	104.2	4.1	9.9	148.8	41.5	8.3
2014	-5.2	-2.7	134.5	109.3	-1.7	-4.0	239.1	42.6	-2.5

사조해표 (A079660)
SAJOHAEPYO

업 종 : 식료품
신용등급 : (Bond) — (CP) —
홈페이지 : www.sajohp.co.kr
본 사 : 서울시 서초구 남부순환로 2159 (방배동, 3층)
시 장 : 거래소
기업규모 : 시가총액 소형주
연 락 처 : 02)2007-3000

설립일	2004.09.01	종업원수	362명	대표이사	김상훈
상장일	2004.09.21	감사의견	적정(우리)	계열	
결산기	12월	보통주		종속회사수	1개사
액면가	5,000원	우선주		구상호	

주주구성 (지분율,%)		출자관계 (지분율,%)		주요경쟁사 (외형,%)	
사조산업	23.9	삼아벤처	100.0	사조해표	100
씨제이올리브영	12.6	사조씨앤씨	50.0	신송홀딩스	45
(외국인)	1.6	사조대림	25.3	아시아종묘	3

매출구성		비용구성		수출비중	
장류 외	27.5	매출원가율	86.9	수출	11.0
기타식품	25.4	판관비율	13.3	내수	89.0
대두박	21.5				

회사 개요

동사는 2004년 9월 (구)신동방에서 인적분할을 통해 설립되어 대두 및 식물성 유지를 수입, 가공, 정제해 식용유와 포도씨유, 올리브유등의 유지를 생산하는 업체. 대두에서 식용유를 정제하고 남은 대두박은 전량 사료업체들에게 판매하며 그외 기타사업부문은 사조그룹내의 참치캔, 김등에 대한 판매를 맡고 있음. 원재료 수입의존도가 높아 수입국의 작물현황 및 환율에 민감한 구조임. 매출비중은 식용유 약 30%, 대두박 약 17% 수준임.

실적 분석

동사의 2017년 연결 기준 연간 누적 매출액은 6533.9억원으로 전년 동기 대비 3.1% 감소함. 매출이 감소하면서 매출원가와 판관비도 줄었지만 매출 감소에 따른 고정비용 증가효과로 영업손실은 16.5억원을 기록해 전년동기 대비 적자전환함. 비영업 무문에서 관련기업 투자 수익 등으로 큰 폭의 흑자를 거두며 당기순이익은 140.9억원으로 전년 동기 대비 1089.6% 증가함.

현금 흐름 <단위 : 억원>

항목	2016	2017
영업활동	-3	213
투자활동	-295	-110
재무활동	300	-20
순현금흐름	1	84
기말현금	18	102

시장 대비 수익률

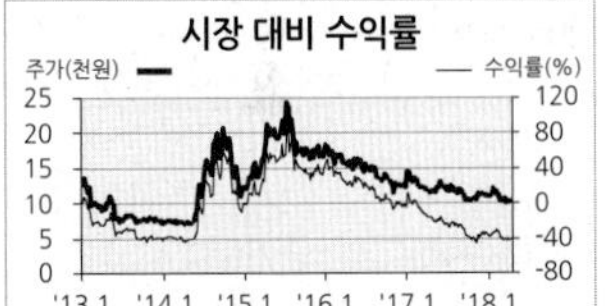

결산 실적 < 단위 : 억원 >

항목	2012	2013	2014	2015	2016	2017
매출액	5,980	6,218	6,448	6,645	6,739	6,534
영업이익	18	-100	158	183	47	-16
당기순이익	30	-168	114	203	12	141

분기 실적 < 단위 : 억원 >

항목	2016.3Q	2016.4Q	2017.1Q	2017.2Q	2017.3Q	2017.4Q
매출액	1,944	1,510	1,877	1,535	1,965	1,157
영업이익	61	-45	-17	-24	92	-67
당기순이익	93	-110	75	-22	73	16

재무 상태 < 단위 : 억원 >

항목	2012	2013	2014	2015	2016	2017
총자산	3,245	2,984	3,031	3,294	3,695	3,803
유형자산	821	803	871	910	904	955
무형자산	14	7	6	10	10	43
유가증권	251	147	198	284	243	251
총부채	2,042	2,026	1,920	1,948	2,356	2,315
총차입금	1,181	1,150	1,045	818	1,125	1,101
자본금	358	358	358	358	358	358
총자본	1,203	958	1,111	1,346	1,339	1,488
지배주주지분	1,203	958	1,111	1,346	1,339	1,488

기업가치 지표

항목	2012	2013	2014	2015	2016	2017
주가(최고/저)(천원)	14.6/7.0	13.7/7.3	22.1/6.9	25.7/11.6	18.8/11.4	14.5/10.1
PER(최고/저)(배)	37.9/18.2	—/—	13.9/4.3	9.0/4.1	113.7/68.9	7.3/5.1
PBR(최고/저)(배)	0.9/0.4	1.0/0.5	1.4/0.4	1.4/0.6	1.0/0.6	0.7/0.5
EV/EBITDA(배)	36.4	—	9.8	9.0	22.1	61.3
EPS(원)	384	-2,340	1,588	2,837	165	1,967
BPS(원)	16,806	13,389	15,519	18,803	18,705	20,791
CFPS(원)	882	-1,881	2,028	3,366	746	2,594
DPS(원)	—	—	—	—	—	—
EBITDAPS(원)	755	-932	2,647	3,091	1,234	397

재무 비율 < 단위 : % >

연도	영업이익률	순이익률	부채비율	차입금비율	ROA	ROE	유보율	자기자본비율	EBITDA마진율
2017	-0.3	2.2	155.5	74.0	3.8	10.0	315.8	39.1	0.4
2016	0.7	0.2	176.0	84.0	0.3	0.9	274.1	36.2	1.3
2015	2.8	3.1	144.7	60.8	6.4	16.5	276.1	40.9	3.3
2014	2.5	1.8	172.8	94.0	3.8	11.0	210.4	36.7	2.9

사파이어테크놀로지 (A123260)

Sapphire Technology

업 종 : 디스플레이 및 관련부품
신용등급 : (Bond) — (CP) —
홈페이지 : www.sapphiretek.com
본 사 : 경기도 화성시 향남읍 발안공단로4길 65
시 장 : KOSDAQ
기업규모 : 중견
연 락 처 : 031)297-3551

설 립 일	2000.07.03	**종 업 원 수**	50명	**대 표 이 사**	이희춘,김용석
상 장 일	2011.12.05	**감 사 의 견**	적정(신우)	**계 열**	
결 산 기	12월	**보 통 주**		**종속회사수**	1개사
액 면 가	500원	**우 선 주**		**구 상 호**	

주주구성 (지분율,%)		출자관계 (지분율,%)		주요경쟁사 (외형,%)	
넥스지	13.7	에스티에이	81.5	사파이어테크놀로지	100
이희춘	6.5			쎄미시스코	130
(외국인)	1.7			에이치엔에스하이텍	211

매출구성		비용구성		수출비중	
기타(사파이어부품 및 기판등)(제품)	76.6	매출원가율	127.8	수출	22.5
LED용 기판용 사파이어 단결정(제품)	19.2	판관비율	12.9	내수	77.5
임대수익 등(기타)	4.2				

회사 개요

2000년 설립이후 2011년 코스닥시장에 상장함. 동사는 공업용 사파이어 단결정 및 기판을 생산하는 회사임. 최근 LED가 고효율, 친환경 광원으로 각광받으며 전통적인 광원을 대체해감에 따라 LED 기판용 사파이어에 대한 수요가 급증하고 있음. 동사는 현재 자체적인 추산으로는 전세계 사파이어 시장의 최소 25%이상(Open Market 기준)을 점유하고 있을 것으로 예상. 종속회사인 에스티에이를 통해 LED용 사파이어 기판 사업에 진출함.

실적 분석

동사의 2017년 연결 기준 연간 누적 매출액은 193억원으로 전년 동기 대비 37.6% 증가함. 매출이 큰 폭으로 증가한 반면 매출원가는 오히려 감소하며 원가 절감에 노력했지만 그럼에도 영업손실은 78.5억원으로 전년 동기대비 적자 지속됨. 다만 적자 규모는 큰 폭으로 감소함. 비영업 부문에서도 적자가 지속됐지만 적자가 줄어들면서 당기순손실은 141.2억원으로 전년동기대비 적자규모가 감소함.

현금 흐름 〈단위 : 억원〉

항목	2016	2017
영업활동	-4	-35
투자활동	74	-54
재무활동	-107	106
순현금흐름	-36	16
기말현금	8	24

시장 대비 수익률

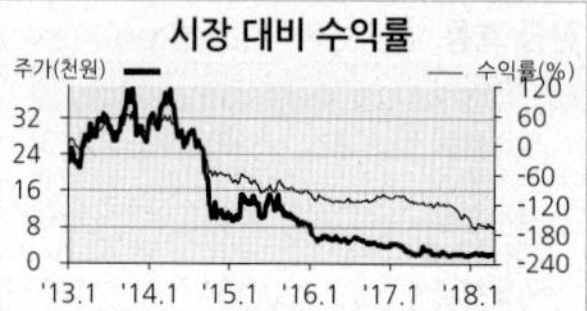

결산 실적 〈단위 : 억원〉

항목	2012	2013	2014	2015	2016	2017
매출액	315	536	517	319	140	193
영업이익	-252	-275	-265	-59	-290	-79
당기순이익	-270	-255	-290	-306	-487	-141

분기 실적 〈단위 : 억원〉

항목	2016.3Q	2016.4Q	2017.1Q	2017.2Q	2017.3Q	2017.4Q
매출액	38	43	54	44	47	48
영업이익	-45	-152	-13	-23	-19	-23
당기순이익	-57	-220	-25	-86	-30	-1

재무 상태 〈단위 : 억원〉

항목	2012	2013	2014	2015	2016	2017
총자산	1,769	1,757	1,470	1,198	618	606
유형자산	869	836	689	579	328	247
무형자산	45	74	90	55	19	10
유가증권	26	37	55	42	17	1
총부채	663	848	782	599	509	383
총차입금	542	746	692	549	451	321
자본금	40	41	41	42	42	102
총자본	1,107	909	688	599	109	223
지배주주지분	1,102	923	725	666	213	358

기업가치 지표

항목	2012	2013	2014	2015	2016	2017
주가(최고/저)(천원)	65.8/25.8	49.0/25.9	48.5/12.2	21.2/10.1	10.6/4.5	4.6/1.7
PER(최고/저)(배)	—/—	—/—	—/—	—/—	—/—	—/—
PBR(최고/저)(배)	4.3/1.7	3.8/2.0	5.1/1.3	2.5/1.2	3.9/1.6	2.6/1.0
EV/EBITDA(배)	—	—	—	16.7	—	—
EPS(원)	-2,921	-2,476	-2,793	-2,848	-4,593	-732
BPS(원)	14,321	12,024	8,863	7,994	2,558	1,763
CFPS(원)	-1,987	-1,273	-1,369	-1,672	-4,240	-299
DPS(원)	—	—	—	—	—	—
EBITDAPS(원)	-1,913	-1,749	-1,339	962	-2,337	-90

재무 비율 〈단위 : %〉

연도	영업이익률	순이익률	부채비율	차입금비율	ROA	ROE	유보율	자기자본비율	EBITDA마진율
2017	-40.7	-73.1	172.2	144.3	-23.1	-38.4	252.7	36.7	-7.0
2016	-206.7	-346.8	469.4	415.9	-53.6	-102.1	411.6	17.6	-138.7
2015	-18.3	-95.9	99.9	91.6	-23.0	-39.8	1,498.8	50.0	25.0
2014	-51.4	-56.2	113.7	100.6	-18.0	-32.5	1,672.6	46.8	-21.2

삼강엠앤티 (A100090)

SAMKANG M&T

업 종 : 금속 및 광물
신용등급 : (Bond) — (CP) —
홈페이지 : www.sam-kang.com
본 사 : 경남 고성군 동해면 내산3길 51-1
시 장 : KOSDAQ
기업규모 : 우량
연 락 처 : 055)673-7014

설 립 일	1996.11.01	**종 업 원 수**	311명	**대 표 이 사**	송무석
상 장 일	2008.08.01	**감 사 의 견**	적정(이촌)	**계 열**	
결 산 기	12월	**보 통 주**		**종속회사수**	
액 면 가	500원	**우 선 주**		**구 상 호**	

주주구성 (지분율,%)		출자관계 (지분율,%)		주요경쟁사 (외형,%)	
송무석	21.7	삼강에스앤씨	62.4	삼강엠앤티	100
송정석	20.5	고성홀딩스	100.0	황금에스티	183
(외국인)	1.7			GMR 머티리얼즈	93

매출구성		비용구성		수출비중	
BLOCK 외	85.0	매출원가율	105.4	수출	67.8
해양구조용 파이프, 송유관 파이프 등	14.1	판관비율	11.6	내수	32.2
기타	0.5				

회사 개요

동사는 1996년 설립되어 해양구조용 파이프, 송유관용 파이프, 건축토목용 파이프를 제조 판매하는 업체임. 국내에서 후육강관을 최초 국산화했고, 세계 최장의 18m 길이의 파이프를 이음매 없이 한번에 생산할수 있는 기술력과 설비를 보유하고 있음. 동사는 2017년 기준 전체 매출의 67.0%가 수출 물량이며 주요 내수 판머채는 삼성중공업, 대우조선해양 등임. 동사는 2017년 8월 고성홀딩스(유)에 172.9억원을 출자했다고 공시함.

실적 분석

동사의 2017년 매출과 영업손실은 1,231억원, 210억원으로 전년 대비 매출은 28.9% 감소하고 적자전환함. 당기순이익은 963억원으로 전년 대비 2,947% 급증함. 전방산업 부진이 원인으로 분석됨. 연결회사의 2017년 자산총계는 5,305억원이며, 이중 유동자산은 598억원, 비유동 자산은 4,707억원임. 부채총계는 2,811억원이며, 자본총계는 투자회사의 염가매수 차익 발생 등으로 인하여 2,494억원을 기록함.

현금 흐름 〈단위 : 억원〉

항목	2016	2017
영업활동	116	-164
투자활동	-22	-93
재무활동	-50	429
순현금흐름	45	171
기말현금	57	229

시장 대비 수익률

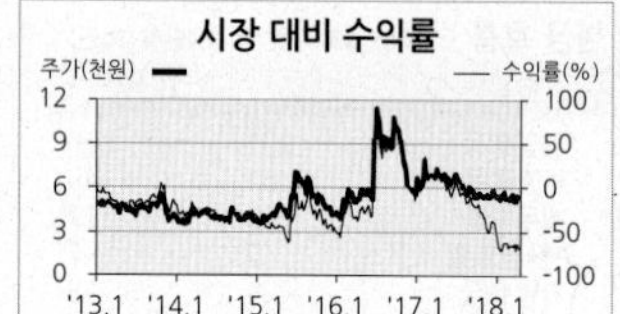

결산 실적 〈단위 : 억원〉

항목	2012	2013	2014	2015	2016	2017
매출액	2,064	1,462	1,717	1,924	1,731	1,231
영업이익	80	-62	104	150	105	-210
당기순이익	-6	-145	37	78	32	963

분기 실적 〈단위 : 억원〉

항목	2016.3Q	2016.4Q	2017.1Q	2017.2Q	2017.3Q	2017.4Q
매출액	288	—	—	—	355	—
영업이익	2	—	—	—	-29	—
당기순이익	-11	—	—	—	973	—

재무 상태 〈단위 : 억원〉

항목	2012	2013	2014	2015	2016	2017
총자산	2,569	2,550	2,464	2,639	2,383	5,305
유형자산	2,146	2,108	2,123	2,053	1,989	4,650
무형자산	8	8	7	16	13	11
유가증권	1	1	—	—	—	—
총부채	2,008	2,133	2,013	2,075	1,653	2,811
총차입금	1,399	1,416	1,396	1,332	1,152	2,234
자본금	64	64	64	68	84	84
총자본	561	417	452	564	730	2,494
지배주주지분	561	417	452	564	730	1,615

기업가치 지표

항목	2012	2013	2014	2015	2016	2017
주가(최고/저)(천원)	9.7/4.5	5.5/3.5	4.7/3.4	7.1/3.6	11.5/3.9	8.5/5.1
PER(최고/저)(배)	—/—	—/—	16.4/11.8	11.9/6.1	53.3/18.1	1.5/0.9
PBR(최고/저)(배)	2.2/1.0	1.7/1.1	1.3/1.0	1.7/0.9	2.6/0.9	0.9/0.5
EV/EBITDA(배)	12.2	61.0	9.6	8.0	10.8	—
EPS(원)	-49	-1,131	287	592	215	5,766
BPS(원)	4,383	3,260	3,529	4,130	4,331	9,581
CFPS(원)	617	-405	994	1,262	783	6,450
DPS(원)	—	—	—	—	—	—
EBITDAPS(원)	1,292	241	1,522	1,806	1,281	-561

재무 비율 〈단위 : %〉

연도	영업이익률	순이익률	부채비율	차입금비율	ROA	ROE	유보율	자기자본비율	EBITDA마진율
2017	-17.0	78.2	112.7	89.6	25.0	82.9	1,816.2	47.0	-7.7
2016	6.1	1.8	226.4	157.9	1.3	4.9	766.3	30.6	10.9
2015	7.8	4.1	367.7	236.1	3.1	15.4	726.1	21.4	12.4
2014	6.1	2.1	445.6	309.0	1.5	8.5	605.8	18.3	11.4

*관리종목

삼광글라스 (A005090)
Sam Kwang Glass CO

업　　종 : 용기 및 포장　　시　　장 : 거래소
신용등급 : (Bond) —　　(CP) —　　기업규모 : 시가총액 소형주
홈페이지 : www.glasslock.co.kr　　연 락 처 : 02)489-8000
본　　사 : 서울시 서초구 양재대로 246 (염곡동, 송암빌딩 2.3층), 한국소비자원

설 립 일	1967.07.01	**종 업 원 수**	490명	**대 표 이 사**	이복영,이정희
상 장 일	1993.01.06	**감 사 의 견**	한정(감사범위제한)(안진)	**계　　열**	
결 산 기	12월	**보 통 주**		**종속회사수**	3개사
액 면 가	5,000원	**우 선 주**		**구 상 호**	

주주구성 (지분율,%)		출자관계 (지분율,%)		주요경쟁사 (외형,%)	
이복영	22.2	에스지개발	46.0	삼광글라스	100
이원준	8.8	이테크건설	31.0	락앤락	130
(외국인)	2.7	군장에너지	25.0	연우	72

매출구성		비용구성		수출비중	
[제품]일반병	36.3	매출원가율	95.7	수출	17.0
[제품]식기 등	28.8	판관비율	9.9	내수	83.0
[제품]2PC캔	21.8				

회사 개요

동사는 1967년에 설립되어 유리병, 유리식기, 알루미늄캔 등을 제조, 판매하고 있으며 1993년 상장됨. 공정거래법상 OCI 기업집단에 속해 있는 21개 계열사 중 하나. 주요 사업부문은 2017년 3분기 기준으로 유리사업(57.4%), 캔사업(27.6%), 기타사업(15.0%)으로 구성되며 동 기간 중 수출비중은 20.3%. 동사는 '내열강화유리 제조기술'을 바탕으로 글라스락 유리밀폐용기를 출시하여 현재 80여 개 국에 수출하고 있음

실적 분석

동사의 2017년 연결기준 매출액은 결산 매출액은 전년동기 대비 11.2% 증가한 3,199.6억원임. 매출증가에도 불구하고 재고평가 충당금 설정과 재고 폐기 증가로 매출원가가 상승하여 영업손실은 180.1억원으로 적자전환하였음. 이는 창사 후 첫 적자임. 이는 최근 수입 맥주 공세로 국내 맥주 인기가 떨어지자 병과 캔 판매가 부진했기 때문임. 유리밀폐용기 '글라스락' 판매도 최근 플라스틱 등으로 소재가 다양해지고 경쟁이 치열해져 판매줄어듬.

현금 흐름

<단위 : 억원>

항목	2016	2017
영업활동	143	-19
투자활동	-220	389
재무활동	52	-309
순현금흐름	-25	60
기말현금	51	111

시장 대비 수익률

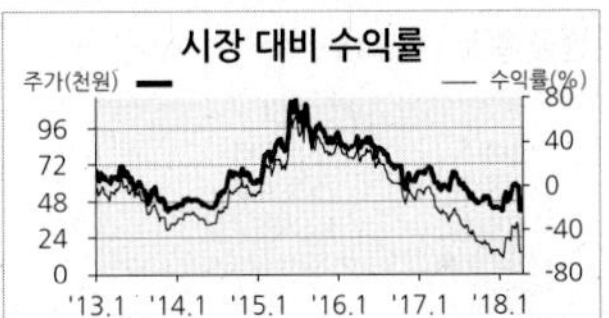

결산 실적

<단위 : 억원>

항목	2012	2013	2014	2015	2016	2017
매출액	2,852	2,900	2,978	3,103	2,878	3,200
영업이익	116	147	89	150	62	-180
당기순이익	152	89	184	193	144	25

분기 실적

<단위 : 억원>

항목	2016.3Q	2016.4Q	2017.1Q	2017.2Q	2017.3Q	2017.4Q
매출액	734	674	657	799	895	848
영업이익	28	-29	-11	-30	20	-158
당기순이익	6	33	87	-37	70	-95

재무 상태

<단위 : 억원>

항목	2012	2013	2014	2015	2016	2017
총자산	6,297	7,667	8,133	8,412	8,543	8,079
유형자산	2,894	2,699	2,632	2,504	2,455	2,167
무형자산	7	15	15	16	18	1
유가증권	80	66	70	73	70	78
총부채	3,896	5,023	5,264	5,228	5,244	4,765
총차입금	3,109	4,279	4,487	4,393	4,481	3,983
자본금	243	243	243	243	243	243
총자본	2,400	2,644	2,869	3,184	3,299	3,315
지배주주지분	2,400	2,402	2,587	2,844	2,986	2,996

기업가치 지표

항목	2012	2013	2014	2015	2016	2017
주가(최고/저)(천원)	69.4/44.9	72.7/39.5	69.8/41.6	116/58.9	92.9/54.7	71.0/41.6
PER(최고/저)(배)	23.6/15.3	39.8/21.6	16.4/9.8	25.4/12.9	24.3/14.3	96.3/56.4
PBR(최고/저)(배)	1.5/1.0	1.5/0.8	1.3/0.8	2.0/1.0	1.5/0.9	1.2/0.7
EV/EBITDA(배)	20.5	16.5	20.2	20.3	21.6	47.9
EPS(원)	3,138	1,930	4,421	4,699	3,893	744
BPS(원)	49,445	50,143	53,981	58,580	61,520	61,724
CFPS(원)	7,109	7,133	10,395	10,996	10,254	7,167
DPS(원)	750	750	750	750	750	350
EBITDAPS(원)	6,363	8,226	7,817	9,381	7,642	2,713

재무 비율

<단위 : %>

연도	영업 이익률	순 이익률	부채 비율	차입금 비율	ROA	ROE	유보율	자기자본 비율	EBITDA 마진율
2017	-5.6	0.8	143.8	120.2	0.3	1.2	1,134.5	41.0	4.1
2016	2.2	5.0	159.0	135.8	1.7	6.5	1,130.4	38.6	12.9
2015	4.8	6.2	164.2	138.0	2.3	8.4	1,071.6	37.9	14.7
2014	3.0	6.2	183.5	156.4	2.3	8.6	979.6	35.3	12.7

삼기오토모티브 (A122350)
SAMKEE AUTOMOTIVE

업　　종 : 자동차부품　　시　　장 : KOSDAQ
신용등급 : (Bond) —　　(CP) —　　기업규모 : 우량
홈페이지 : www.samkee.com　　연 락 처 : 031)491-0341
본　　사 : 경기도 평택시 포승읍 평택항로 268번길 147

설 립 일	2009.12.24	**종 업 원 수**	540명	**대 표 이 사**	김남곤,김치환
상 장 일	2010.03.19	**감 사 의 견**	적정(신우)	**계　　열**	
결 산 기	12월	**보 통 주**		**종속회사수**	1개사
액 면 가	100원	**우 선 주**		**구 상 호**	

주주구성 (지분율,%)		출자관계 (지분율,%)		주요경쟁사 (외형,%)	
김치환	37.4	산동삼기기차배건유한공사	100.0	삼기오토모티브	100
미래에셋자산운용투자자문	4.9			삼원강재	94
(외국인)	3.0			코프라	46

매출구성		비용구성		수출비중	
변속기부품	57.7	매출원가율	86.0	수출	—
엔진부품	27.3	판관비율	9.4	내수	—
합금	11.7				

회사 개요

1984년 2월에 설립하여 2008년 6월 현재의 주식회사 삼기오토모티브로 상호를 변경. 자동차 부품의 제조 및 판매 등을 주 영업목적으로 하며, 2012년 3월 28일 현대드림투게더 기업인수목적와 합병하여 4월 12일 한국거래소 코스닥시장에 상장됨. Timing Chain Cover, Ladder Frame 등의 엔진부품과 변속기 Valve Body 등 변속기 부품을 생산하여 현대/기아차, 쌍용차 등 완성차 업체와 계열사에 납품하는 회사.

실적 분석

동사의 2017년 연결기준 연간 매출액은 전년대비 3.9% 증가한 2,925.6억원을 기록함. 이는 중국지역 완성차 판매수량 감소에 따른 관련부품 매출 감소 영향임. 반면 신규 개발 아이템 수주에 따른 연구개발비 증가와 그에 따른 감가상각비 증가로 영업이익은 133억원으로 전년 대비 37.7% 감소함. 동사는 LG그룹을 포함 폭스바겐그룹 중국 및 독일 사업부에서 전기차 관련 부품 수주 증가를 기대함.

현금 흐름

<단위 : 억원>

항목	2016	2017
영업활동	534	291
투자활동	-553	-396
재무활동	37	193
순현금흐름	17	84
기말현금	26	110

시장 대비 수익률

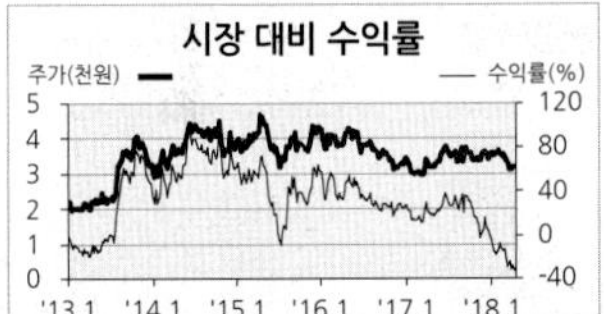

결산 실적

<단위 : 억원>

항목	2012	2013	2014	2015	2016	2017
매출액	1,875	2,042	2,439	2,761	3,045	2,926
영업이익	181	170	196	237	214	133
당기순이익	108	126	142	161	125	109

분기 실적

<단위 : 억원>

항목	2016.3Q	2016.4Q	2017.1Q	2017.2Q	2017.3Q	2017.4Q
매출액	701	825	821	743	688	673
영업이익	39	63	60	44	26	2
당기순이익	32	35	40	39	44	-14

재무 상태

<단위 : 억원>

항목	2012	2013	2014	2015	2016	2017
총자산	1,686	2,061	2,471	2,857	3,083	3,373
유형자산	1,326	1,558	1,867	2,167	2,357	2,464
무형자산	12	12	14	52	50	48
유가증권	1	1	1	1	0	0
총부채	1,049	1,294	1,586	1,830	1,966	2,184
총차입금	781	964	1,318	1,505	1,577	1,772
자본금	15	15	31	31	31	31
총자본	638	766	886	1,027	1,117	1,189
지배주주지분	638	749	886	1,027	1,117	1,189

기업가치 지표

항목	2012	2013	2014	2015	2016	2017
주가(최고/저)(천원)	3.0/1.9	4.1/1.9	4.5/2.9	4.8/3.0	4.4/3.1	3.8/3.0
PER(최고/저)(배)	9.4/6.0	11.7/5.4	10.7/6.8	9.9/6.2	11.3/8.1	11.0/8.6
PBR(최고/저)(배)	1.5/0.9	1.8/0.8	1.7/1.1	1.6/1.0	1.3/0.9	1.0/0.8
EV/EBITDA(배)	5.4	5.9	6.3	6.2	5.2	6.4
EPS(원)	353	389	462	522	407	354
BPS(원)	4,546	5,052	2,873	3,332	3,624	3,857
CFPS(원)	1,390	1,977	1,110	1,271	1,347	1,316
DPS(원)	50	70	70	90	90	90
EBITDAPS(원)	1,858	2,306	1,285	1,518	1,633	1,395

재무 비율

<단위 : %>

연도	영업 이익률	순 이익률	부채 비율	차입금 비율	ROA	ROE	유보율	자기자본 비율	EBITDA 마진율
2017	4.6	3.7	183.7	149.0	3.4	9.5	3,757.2	35.3	14.7
2016	7.0	4.1	175.9	141.1	4.2	11.7	3,524.4	36.2	16.5
2015	8.6	5.8	178.1	146.5	6.1	16.8	3,231.5	36.0	16.9
2014	8.1	5.8	179.0	148.8	6.3	17.4	2,772.7	35.8	16.2

삼륭물산 (A014970)
SAMRYOONG

업　　종 : 용기 및 포장		시　　장 : KOSDAQ	
신용등급 : (Bond) —	(CP) —	기업규모 : 중견	
홈페이지 : www.srpack.com		연 락 처 : 032)321-0091	
본　　사 : 경기도 파주시 월롱면 통일로 644번길 35			

설 립 일 1980.08.25	**종업원수** 84명	**대표이사** 조홍로
상 장 일 1992.12.29	**감사의견** 적정(한영)	**계　　열**
결 산 기 12월	**보 통 주**	**종속회사수** 2개사
액 면 가 500원	**우 선 주**	**구 상 호**

주주구성 (지분율,%)		출자관계 (지분율,%)		주요경쟁사 (외형,%)	
조낙교	37.6	에스알테크노팩	100.0	삼륭물산	100
조홍로	27.2	에스알케미칼	40.0	율촌화학	544
(외국인)	0.2			태림포장	625

매출구성		비용구성		수출비중	
제품(우유팩)	92.4	매출원가율	86.8	수출	—
임대(물류창고외)	7.6	판관비율	6.4	내수	—

회사 개요

동사는 액체음료 용기로 사용되는 위생용포장용기 전문 제조업체로 주요제품은 카톤팩임. 카톤팩은 우유나 주스 또는 청량음료를 담을 수 있는 포장용기의 일종으로서 수요면에서 특히 우유 소비량과 밀접한 관계에 있음. 국내 우유 업계가 낮은 수익성에 직면함에 따라 동시장 영업환경도 다소 부정적인 상황임. 국내 카톤팩 시장은 동사와 더불어 에버그린 패키징코리아, 한국팩키지 등 4사가 점유하고 있으며 동사는 1~2위권의 시장점유율을 보유 중임.

실적 분석

동사의 2017년 연간 매출액은 전년동기대비 10.5% 하락한 905.2억원을 기록하였음. 국내 우유시장의 큰 영향을 받는 사업으로 우유소비는 비교적 꾸준하고 안정적 수익을 확보하였으나, 최근 세계 경제 침체와 국제금융위기에 따른 경기회복 지연으로 판매량이 감소하고 원재료 가격도 상승하여 전년동기대비 영업이익은 61.1억원으로 53.4% 크게 하락하였음. 원가절감을 통한 수익개선을 기대중임.

현금 흐름 〈단위 : 억원〉

항목	2016	2017
영업활동	175	118
투자활동	-102	-86
재무활동	-21	15
순현금흐름	56	43
기말현금	150	193

시장 대비 수익률

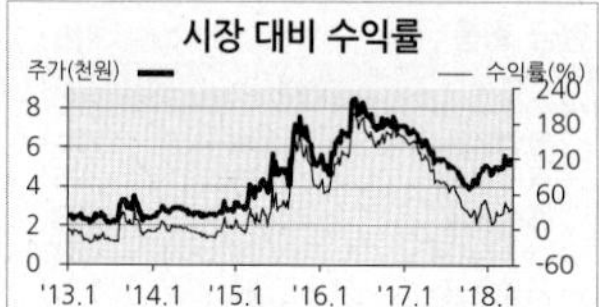

결산 실적 〈단위 : 억원〉

항목	2012	2013	2014	2015	2016	2017
매출액	918	876	878	925	1,011	905
영업이익	82	74	51	101	131	61
당기순이익	45	42	16	65	92	40

분기 실적 〈단위 : 억원〉

항목	2016.3Q	2016.4Q	2017.1Q	2017.2Q	2017.3Q	2017.4Q
매출액	266	237	235	241	220	210
영업이익	37	23	21	16	17	7
당기순이익	29	10	15	12	12	1

재무 상태 〈단위 : 억원〉

항목	2012	2013	2014	2015	2016	2017
총자산	1,098	1,099	1,158	1,191	1,280	1,313
유형자산	391	434	519	516	561	578
무형자산	89	75	61	58	51	39
유가증권	1	1	1	1	1	1
총부채	607	572	631	608	624	615
총차입금	456	421	480	447	430	463
자본금	76	76	76	76	76	76
총자본	491	527	528	583	656	698
지배주주지분	489	527	528	585	660	701

기업가치 지표

항목	2012	2013	2014	2015	2016	2017
주가(최고/저)(천원)	2.4/1.4	3.6/2.1	3.3/2.4	7.8/2.8	8.9/4.6	7.1/3.9
PER(최고/저)(배)	8.4/5.1	13.0/7.6	28.6/20.4	18.0/6.5	14.7/7.7	27.1/14.8
PBR(최고/저)(배)	0.8/0.5	1.1/0.6	1.0/0.7	2.0/0.7	2.1/1.1	1.5/0.8
EV/EBITDA(배)	6.0	5.8	8.4	7.6	7.1	8.6
EPS(원)	310	292	121	445	616	267
BPS(원)	3,233	3,482	3,540	3,925	4,420	4,695
CFPS(원)	600	592	442	775	1,003	628
DPS(원)	50	50	50	50	50	75
EBITDAPS(원)	834	789	658	995	1,255	765

재무 비율 〈단위 : %〉

연도	영업이익률	순이익률	부채비율	차입금비율	ROA	ROE	유보율	자기자본비율	EBITDA마진율
2017	6.8	4.4	88.2	66.3	3.1	5.9	838.9	53.1	12.8
2016	13.0	9.1	95.0	65.5	7.5	15.0	784.0	51.3	18.8
2015	10.9	7.1	104.4	76.8	5.6	12.1	685.1	48.9	16.3
2014	5.8	1.8	119.6	91.0	1.4	3.5	607.9	45.5	11.3

삼목에스폼 (A018310)
SAMMOK S-FORM

업　　종 : 건축자재		시　　장 : KOSDAQ	
신용등급 : (Bond) —	(CP) —	기업규모 : 우량	
홈페이지 : www.sammok.co.kr		연 락 처 : 02)561-0941	
본　　사 : 경기도 안성시 미양면 안성맞춤대로 474-40			

설 립 일 1985.06.07	**종업원수** 300명	**대표이사** 김준년,엄석호
상 장 일 1996.05.03	**감사의견** 적정(광교)	**계　　열**
결 산 기 12월	**보 통 주**	**종속회사수**
액 면 가 500원	**우 선 주**	**구 상 호**

주주구성 (지분율,%)		출자관계 (지분율,%)		주요경쟁사 (외형,%)	
에스폼	30.3	코그니티브조합	5.0	삼목에스폼	100
김준년	12.8	웅진홀딩스	0.0	KCC	1,266
(외국인)	4.1			LG하우시스	1,067

매출구성		비용구성		수출비중	
알루미늄폼	79.8	매출원가율	76.1	수출	0.0
갱 폼	16.8	판관비율	9.4	내수	100.0
특수폼外	3.2				

회사 개요

동사는 건축용 거푸집류인 알루미늄폼, 갱폼, 유로폼류 등의 제조를 주요 사업으로 영위함. 알루미늄 거푸집(알폼)업체로 국내 시장점유율 35%를 차지함. 주요 제품인 알폼(매출 비중 80%)은 15층 이상의 아파트 시공시 기존 합판 거푸집 및 유로폼을 대체하고 있음. 이는 시공의 편리성과 공기 단축, 품질 향상, 원가절감이 가능하기 때문임. 하이테크시스템 및 거푸집자동인양시스템을 개발하여 수입 대체 효과와 건설현장의 정밀시공에 크게 기여하였음.

실적 분석

동사의 2017년 연간 매출액은 전년동기대비 13.8% 상승한 3,051억원을 기록하였음. 비용면에서 전년동기대비 매출원가는 증가 했으며 인건비도 증가, 기타판매비와관리비는 증가함. 매출액은 성장했지만 원가 증가로 인해 전년동기대비 영업이익은 442.6억원으로 4.2% 하락 하였음. 최종적으로 전년동기대비 당기순이익은 7.1% 하락하여 351.2억원을 기록함.

현금 흐름 *IFRS 별도 기준 〈단위 : 억원〉

항목	2016	2017
영업활동	731	628
투자활동	-1,389	-562
재무활동	634	-10
순현금흐름	-24	56
기말현금	248	304

시장 대비 수익률

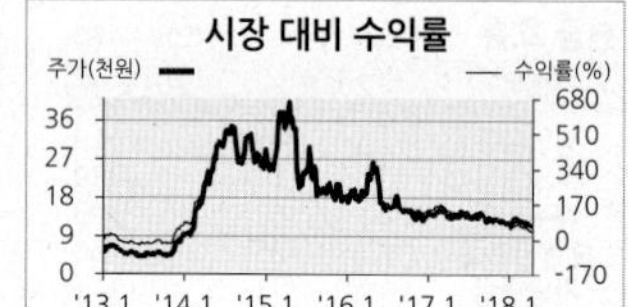

결산 실적 〈단위 : 억원〉

항목	2012	2013	2014	2015	2016	2017
매출액	1,460	2,179	2,515	2,604	2,680	3,051
영업이익	68	257	498	412	462	443
당기순이익	50	212	403	333	378	351

분기 실적 *IFRS 별도 기준 〈단위 : 억원〉

항목	2016.3Q	2016.4Q	2017.1Q	2017.2Q	2017.3Q	2017.4Q
매출액	674	674	737	816	782	717
영업이익	143	120	94	152	133	64
당기순이익	114	101	82	91	114	63

재무 상태 *IFRS 별도 기준 〈단위 : 억원〉

항목	2012	2013	2014	2015	2016	2017
총자산	1,511	1,919	2,122	2,426	3,499	3,756
유형자산	1,034	1,478	1,497	1,704	2,283	2,517
무형자산	1	1	1	1	2	2
유가증권	0	1	1	1	21	23
총부채	555	738	543	527	607	533
총차입금	203	250	—	—	—	—
자본금	49	49	49	49	74	74
총자본	956	1,181	1,579	1,899	2,892	3,222
지배주주지분	956	1,181	1,579	1,899	2,892	3,222

기업가치 지표 *IFRS 별도 기준

항목	2012	2013	2014	2015	2016	2017
주가(최고/저)(천원)	5.8/2.8	9.2/4.1	34.7/9.0	41.9/16.7	26.1/12.2	15.5/12.0
PER(최고/저)(배)	12.9/6.1	4.7/2.1	9.4/2.4	13.7/5.5	8.6/4.0	6.5/5.0
PBR(최고/저)(배)	0.7/0.3	0.9/0.4	2.4/0.6	2.4/1.0	1.4/0.6	0.7/0.6
EV/EBITDA(배)	3.2	2.9	4.4	2.9	1.8	1.3
EPS(원)	468	1,994	3,782	3,122	3,094	2,389
BPS(원)	9,864	12,052	16,111	19,375	19,672	21,921
CFPS(원)	2,262	3,981	5,676	5,355	5,151	4,324
DPS(원)	50	50	100	100	100	100
EBITDAPS(원)	2,449	4,438	6,647	6,163	5,836	4,945

재무 비율 〈단위 : %〉

연도	영업이익률	순이익률	부채비율	차입금비율	ROA	ROE	유보율	자기자본비율	EBITDA마진율
2017	14.5	11.5	16.6	0.0	9.7	11.5	4,284.2	85.8	23.8
2016	17.2	14.1	21.0	0.0	12.8	15.8	3,834.5	82.7	26.6
2015	15.8	12.8	27.8	0.0	14.6	19.1	3,775.0	78.3	23.2
2014	19.8	16.0	34.4	0.0	20.0	29.2	3,122.3	74.4	25.9

삼보모터스 (A053700)

Sambo Motos

업 종 : 자동차부품
신용등급 : (Bond) — (CP) —
홈페이지 : www.sambomotors.com
본 사 : 대구시 달서구 성서동로 142 (월암동)
시 장 : KOSDAQ
기업규모 : 우량
연 락 처 : 053)582-9230

설립일	1987.09.25	종업원수	467명	대표이사	이재하
상장일	2001.10.19	감사의견	적정(삼정)	계열	
결산기	12월	보통주		종속회사수	6개사
액면가	500원	우선주		구상호	

주주구성 (지분율,%)		출자관계 (지분율,%)		주요경쟁사 (외형,%)	
이재하	11.1	프라코	94.7	삼보모터스	100
이연성	10.6	나전	43.2	트루윈	4
		대경창투	7.5	인지컨트롤스	58

매출구성		비용구성		수출비중	
BUMPER,I/P,PILLAR 등	62.1	매출원가율	90.6	수출	38.4
Water/Heater 등	22.3	판관비율	6.8	내수	61.6
Plate	9.1				

회사 개요

동사는 자동차 자동변속기를 구성하는 부품 및 자동차 내부의 air, water, oil 등이 이동하는 통로가 되는 파이프류 제품을 생산, 판매하고 있음. 동사의 주력제품은 현대자동차뿐 아니라, 일본의 닛산, 도요다, 혼다 계열의 오토미션 제조업체인 JATCO, DYNAX, NSK WARNER 등으로, 미국완성차업체인 GM, CHRYSLER, 자동차부품 회사인 EATON에 수출되고 있음. 2013년 2월 삼보홀딩스 설립 후 프라코 외 2개사 인수.

실적 분석

동사의 2017년 연결기준 누적 매출액은 수출과 내수 물량 확대로 9.9% 증가한 9,386.9억원을 기록함. 특히 Pipe와 플라스틱 부문의 매출 신장이 두드러짐. 매출 증가에도 불구하고 매출원가 증가와 비용 증가로 영업이익은 전년 동기와 비슷한 수준임. 환율하락에 따른 외환차손, 외화환산손실 증가로 인해 당기순이익은 68.8%감소함. 하반기 단가를 인상하고 비용절감에 나섬에 따라 관련 부담이 완화되면서 2018년 실적은 개선될 것으로 예상.

현금 흐름 〈단위 : 억원〉

항목	2016	2017
영업활동	195	423
투자활동	-687	-485
재무활동	200	319
순현금흐름	-295	251
기말현금	354	605

시장 대비 수익률

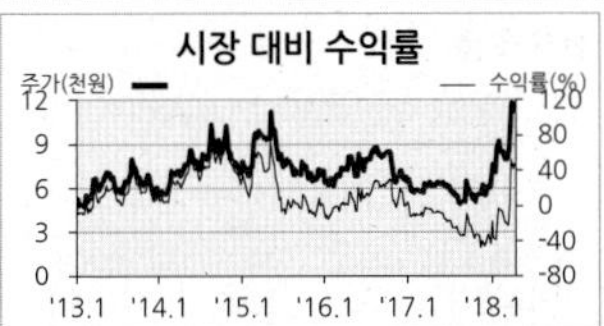

결산 실적 〈단위 : 억원〉

항목	2012	2013	2014	2015	2016	2017
매출액	2,220	6,560	7,496	8,198	8,539	9,387
영업이익	120	260	334	302	243	236
당기순이익	39	412	242	221	213	66

분기 실적 〈단위 : 억원〉

항목	2016.3Q	2016.4Q	2017.1Q	2017.2Q	2017.3Q	2017.4Q
매출액	1,812	2,412	2,287	2,297	2,395	2,408
영업이익	-5	102	56	-6	63	123
당기순이익	-49	174	-37	-9	47	65

재무 상태 〈단위 : 억원〉

항목	2012	2013	2014	2015	2016	2017
총자산	1,596	5,339	5,606	6,215	6,664	7,001
유형자산	535	2,759	2,863	3,371	3,658	3,674
무형자산	16	54	54	53	59	55
유가증권	47	85	82	104	75	44
총부채	1,096	3,740	3,880	4,262	4,845	5,010
총차입금	733	2,365	2,385	2,562	3,106	3,339
자본금	48	49	54	61	61	71
총자본	500	1,599	1,726	1,953	1,820	1,991
지배주주지분	500	960	1,192	1,386	1,740	1,916

기업가치 지표

항목	2012	2013	2014	2015	2016	2017
주가(최고/저)(천원)	5.8/3.7	7.9/4.8	10.9/5.5	11.2/6.3	8.8/6.1	7.0/4.9
PER(최고/저)(배)	15.6/9.9	2.4/1.4	7.2/3.6	8.4/4.8	7.1/5.0	15.8/11.2
PBR(최고/저)(배)	1.0/0.7	0.8/0.5	1.0/0.5	1.0/0.6	0.6/0.4	0.5/0.4
EV/EBITDA(배)	3.3	4.8	4.7	4.9	5.6	5.5
EPS(원)	394	3,470	1,566	1,366	1,258	446
BPS(원)	6,213	10,449	11,555	11,813	14,725	13,819
CFPS(원)	1,200	7,029	4,962	4,748	4,726	3,558
DPS(원)	50	50	50	50	70	70
EBITDAPS(원)	2,048	6,060	6,515	5,963	5,415	4,809

재무 비율 〈단위 : %〉

연도	영업이익률	순이익률	부채비율	차입금비율	ROA	ROE	유보율	자기자본비율	EBITDA마진율
2017	2.5	0.7	251.7	167.7	1.0	3.4	2,663.8	28.4	7.1
2016	2.9	2.5	266.3	170.7	3.3	10.2	2,845.0	27.3	7.7
2015	3.7	2.7	218.2	131.2	3.7	12.7	2,262.6	31.4	8.3
2014	4.5	3.2	224.8	138.2	4.4	15.9	2,210.9	30.8	9.1

삼보산업 (A009620)

Sambo Industrial

업 종 : 금속 및 광물
신용등급 : (Bond) — (CP) —
홈페이지 : www.samboind.kr
본 사 : 경남 창원시 진해구 남의로 21번길 36 (남양동)
시 장 : KOSDAQ
기업규모 : 중견
연 락 처 : 055)552-7130

설립일	1974.02.08	종업원수	444명	대표이사	최찬규,이태용
상장일	1993.12.07	감사의견	적정(삼일)	계열	
결산기	12월	보통주		종속회사수	1개사
액면가	500원	우선주		구상호	

주주구성 (지분율,%)		출자관계 (지분율,%)		주요경쟁사 (외형,%)	
이태용	33.8	씨맥스커뮤니케이션즈	27.5	삼보산업	100
이정용	11.1				19
(외국인)	0.4			그린플러스	13

매출구성		비용구성		수출비중	
알미늄합금괴(용역)	98.5	매출원가율	97.3	수출	21.3
가공료수익(용역)	0.7	판관비율	4.0	내수	78.7
부산물(용역)	0.5				

회사 개요

동사는 1974년 설립돼 알루미늄합금괴 및 자동차 부품의 제조 판매하는 업체임. 알루미늄합금산업은 대표적인 재활용 산업으로, 재용해를 통해 생산된 합금제품은 대부분 자동차부품 소재용으로 사용되고 있으며, 그 외 전자 및 철강업계 등으로 생산 제품을 공급하고 있음. 알루미늄 합금 제조 원재료는 국내 공급부족으로 수입에 많이 의존하고 있음. 종속회사인 삼토오토주식회사를 통해 자동차부품 중 다이캐스팅 분야를 영위함.

실적 분석

동사의 2017년 매출액은 전년대비 1.7% 증가한 3456억원이며 영업손실 43억원, 당기순손실 105억원을 기록함. 매출증가의 주요 원인은 원자재가격 상승으로 인한 판매가격 상승임. 2017년 하반기 알루미늄 비철 가격은 상승하였으나 시장의 경쟁 과열로 판매가격이 원재료상승분을 따라가지 못해 원자재 상승 대비 판매가격 하락과 원가부담이 지속돼 손실폭이 컸음.

현금 흐름 〈단위 : 억원〉

항목	2016	2017
영업활동	235	97
투자활동	-173	-118
재무활동	-66	5
순현금흐름	-4	-16
기말현금	19	4

시장 대비 수익률

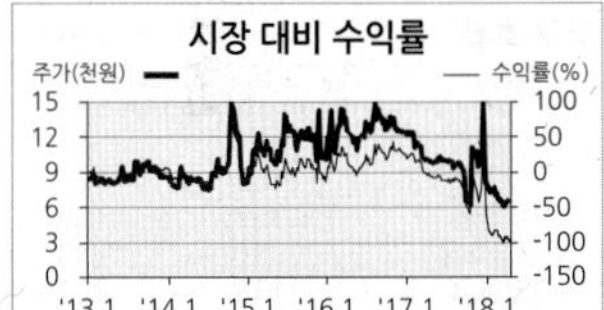

결산 실적 〈단위 : 억원〉

항목	2012	2013	2014	2015	2016	2017
매출액	2,984	3,111	3,730	3,633	3,399	3,457
영업이익	56	10	23	84	-17	-43
당기순이익	24	65	-34	7	-73	-105

분기 실적 〈단위 : 억원〉

항목	2016.3Q	2016.4Q	2017.1Q	2017.2Q	2017.3Q	2017.4Q
매출액	756	1,014	947	865	848	796
영업이익	-4	-28	8	21	-41	-31
당기순이익	-17	-39	-2	-11	-46	-46

재무 상태 〈단위 : 억원〉

항목	2012	2013	2014	2015	2016	2017
총자산	1,366	2,175	2,680	2,587	2,764	2,815
유형자산	448	1,161	1,153	1,272	1,456	1,357
무형자산	6	6	6	10	9	8
유가증권	34	5	5	7	2	2
총부채	1,096	1,688	2,232	2,134	2,387	2,376
총차입금	984	1,467	2,032	1,931	1,952	1,777
자본금	7	7	7	7	7	21
총자본	271	487	448	453	377	439
지배주주지분	271	321	283	286	223	286

기업가치 지표

항목	2012	2013	2014	2015	2016	2017
주가(최고/저)(천원)	25.4/15.2	23.0/15.9	30.5/15.0	33.3/16.6	30.3/20.0	14.9/6.1
PER(최고/저)(배)	13.3/7.9	5.4/3.8	—/—	97.9/48.9	—/—	—/—
PBR(최고/저)(배)	1.2/0.7	0.9/0.6	1.3/0.7	1.4/0.7	1.7/1.1	2.2/0.9
EV/EBITDA(배)	15.9	27.6	24.1	13.4	24.7	31.4
EPS(원)	945	2,096	-1,317	168	-2,395	-3,943
BPS(원)	19,322	22,964	20,248	20,455	15,945	6,924
CFPS(원)	2,972	7,793	3,127	6,778	3,957	505
DPS(원)	—	—	—	—	—	—
EBITDAPS(원)	5,294	4,711	7,125	12,481	7,015	2,777

재무 비율 〈단위 : %〉

연도	영업이익률	순이익률	부채비율	차입금비율	ROA	ROE	유보율	자기자본비율	EBITDA마진율
2017	-1.3	-3.0	540.7	404.6	-3.8	-40.1	1,284.9	15.6	2.1
2016	-0.5	-2.2	633.3	518.0	-2.7	-23.6	3,089.1	13.6	2.9
2015	2.3	0.2	470.6	425.9	0.3	1.5	3,991.0	17.5	4.8
2014	0.6	-0.9	498.3	453.6	-1.4	-11.0	3,949.5	16.7	2.7

삼보판지 (A023600)

SAMBO CORRUGATED BOARD

업 종 : 용기 및 포장 | 시 장 : KOSDAQ
신용등급 : (Bond) — (CP) — | 기업규모 : 우량
홈페이지 : www.isambo.com | 연 락 처 : 031)319-6523
본 사 : 경기도 시흥시 공단1대로28번길 120 (정왕동)

설 립 일	1981.07.23	**종업원수**	225명	**대표이사**	류진호
상 장 일	1996.05.29	**감사의견**	적정(대성삼경)	**계 열**	
결 산 기	12월	**보 통 주**		**종속회사수**	3개사
액 면 가	500원	**우 선 주**		**구 상 호**	

주주구성 (지분율,%)		출자관계 (지분율,%)		주요경쟁사 (외형,%)	
류진호	23.0	한청판지	100.0	삼보판지	100
유동원	15.9	삼화판지	100.0	율촌화학	152
(외국인)	1.9	고려제지	85.8	태림포장	175

매출구성		비용구성		수출비중	
골판지 및 원지	98.4	매출원가율	86.5	수출	—
기타	1.6	판관비율	11.1	내수	—

회사 개요

동사는 공산품, 식품, 의약품 및 농수산물 등 각종 제품의 외부포장에 사용되는 골판지 및 골판지 상자만을 전량 주문에 의한 생산, 판매하고 있는 업체임. 원재료의 98% 정도를 국내에서 조달하고 있으며 매입처 중 고려제지와 대림제지는 계열회사 및 관계회사로써 총 매입액의 약 90%를 차지하고 있음. 골판지 시장에서 약 4.6%의 시장점유율을 차지하고 있으며, 고려제지 등 4개의 연결대상 종속회사를 보유 중임.

실적 분석

골판지 원지의 수출이 확대되고 임대료 수입 등 기타 매출이 증가하면서 동사의 2017년 연간 매출액은 전년 대비 26.1% 증가한 3,238.6억원을 시현함. 외형 확대에도 불구하고 원가부담이 가중되면서 영업이익은 76.6억원으로 전년 대비 53.8% 감소함. 영업실적의 부진에 더해 비영업수지도 악화되면서 당기순이익은 전년 대비 77.3% 감소한 91.6억원으로 부진하였음.

현금 흐름 〈단위 : 억원〉

항목	2016	2017
영업활동	91	-12
투자활동	-409	-105
재무활동	367	100
순현금흐름	51	-18
기말현금	139	121

시장 대비 수익률

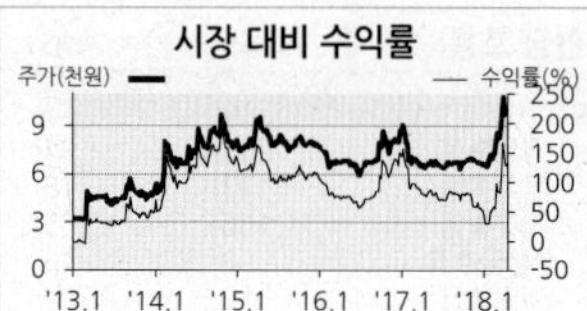

결산 실적 〈단위 : 억원〉

항목	2012	2013	2014	2015	2016	2017
매출액	2,916	3,019	3,032	3,025	2,569	3,239
영업이익	236	173	202	123	166	77
당기순이익	157	139	154	-325	403	92

분기 실적 〈단위 : 억원〉

항목	2016.3Q	2016.4Q	2017.1Q	2017.2Q	2017.3Q	2017.4Q
매출액	655	559	826	745	938	729
영업이익	74	31	-9	20	6	59
당기순이익	63	23	25	12	14	41

재무 상태 〈단위 : 억원〉

항목	2012	2013	2014	2015	2016	2017
총자산	5,184	5,130	5,440	5,316	5,749	5,118
유형자산	3,407	3,389	3,825	3,548	3,956	3,344
무형자산	35	34	33	32	31	30
유가증권	2	2	2	81	53	1
총부채	2,207	2,020	2,189	2,409	2,449	2,122
총차입금	1,473	1,254	1,406	1,188	1,568	1,375
자본금	70	70	70	70	70	70
총자본	2,977	3,110	3,252	2,908	3,299	2,997
지배주주지분	2,435	2,548	2,653	2,358	2,658	2,748

기업가치 지표

항목	2012	2013	2014	2015	2016	2017
주가(최고/저)(천원)	3.4/2.2	5.7/3.1	11.0/4.8	10.2/7.4	9.1/5.9	9.1/6.3
PER(최고/저)(배)	3.6/2.3	7.3/4.0	14.1/6.2	—/—	4.4/2.8	18.8/13.1
PBR(최고/저)(배)	0.2/0.1	0.3/0.2	0.6/0.3	0.7/0.5	0.5/0.3	0.5/0.3
EV/EBITDA(배)	5.5	6.5	8.5	9.9	10.2	11.0
EPS(원)	957	800	796	-1,881	2,106	486
BPS(원)	173,926	18,197	18,952	16,841	18,985	19,657
CFPS(원)	22,682	2,224	1,983	-894	3,300	1,580
DPS(원)	—	—	50	50	50	50
EBITDAPS(원)	29,477	2,623	2,589	1,963	2,274	1,617

재무 비율 〈단위 : %〉

연도	영업이익률	순이익률	부채비율	차입금비율	ROA	ROE	유보율	자기자본비율	EBITDA마진율
2017	2.4	2.8	70.8	45.9	1.7	2.7	3,831.4	58.6	7.0
2016	6.5	15.7	74.2	47.5	7.3	12.3	3,696.9	57.4	12.4
2015	4.1	-10.7	82.8	40.9	-6.0	-11.0	3,268.3	54.7	9.1
2014	6.7	5.1	67.3	43.3	2.9	4.5	3,690.5	59.8	12.0

삼본정밀전자 (A111870)

SAMBON PRECISION & ELECTRONICS

업 종 : 내구소비재 | 시 장 : KOSDAQ
신용등급 : (Bond) — (CP) — | 기업규모 : 우량
홈페이지 : www.esambon.com | 연 락 처 : 032)683-7300
본 사 : 경기도 부천시 오정구 삼작로 107번길 52(삼정동)

설 립 일	1988.02.22	**종업원수**	44명	**대표이사**	장준택
상 장 일	2010.11.05	**감사의견**	적정(삼일)	**계 열**	
결 산 기	12월	**보 통 주**		**종속회사수**	3개사
액 면 가	500원	**우 선 주**		**구 상 호**	

주주구성 (지분율,%)		출자관계 (지분율,%)		주요경쟁사 (외형,%)	
삼본정밀전자홀딩스투자목적회사	58.6	진앤튠	50.0	삼본정밀전자	100
KB자산운용	3.2	래드손	14.3	에스텍	634
(외국인)	1.1	삼본(홍콩)전자유한공사	100.0	아남전자	372

매출구성		비용구성		수출비중	
이어폰,헤드폰외	98.9	매출원가율	70.7	수출	99.7
샘플	1.1	판관비율	20.9	내수	0.3

회사 개요

이어폰을 비롯 헤드폰과 블루투스 등을 제조하는 음향기기 전문 제조업체로 1988년 설립됨. 2008년에는 새롬아이티를 인수, 합병해 휴대폰용 키패드 제조사업에 진출함. 2010년 10월부터 홍채인식 알고리즘을 개발하는 미국 아이리테크와 기술제휴를 맺고 휴대용 홍채인식기를 개발함. 음향기기 사업부문은 고사양 헤드폰과 이어폰을 생산하여 주로 일본 JVC에 ODM 형태로 납품함. 스마트폰의 확대에 따른 수요감소로 키패드사업 영업정지를 결정함.

실적 분석

동사의 2017년 결산 연결 기준 누적 매출액은 473.6억원으로 전년대비 17.3% 감소함. 이는 JKC 내부의 vender간 점유율 조정에 따른 신기종 수주 감소와 구기종의 Discon 여파로 보임. 매출원가와 판관비가 개선되었지만 영업이익은 전년대비 19% 감소한 39.5억원을 기록. 당기순이익도 34.8억원을 기록하여 전년동기 대비 50.4% 감소함.최근 매출액 또는 손익구조 30%이상 변동 지연공시로 인한 불성실공시법인으로 지정되었음.

현금 흐름 〈단위 : 억원〉

항목	2016	2017
영업활동	120	-24
투자활동	-15	36
재무활동	-33	-44
순현금흐름	73	-38
기말현금	232	194

시장 대비 수익률

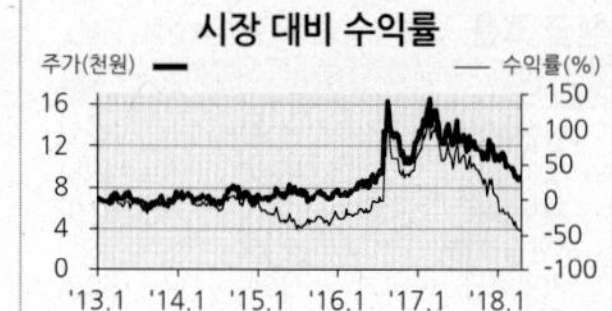

결산 실적 〈단위 : 억원〉

항목	2012	2013	2014	2015	2016	2017
매출액	623	673	534	600	572	474
영업이익	101	82	30	54	49	39
당기순이익	68	56	16	62	70	35

분기 실적 〈단위 : 억원〉

항목	2016.3Q	2016.4Q	2017.1Q	2017.2Q	2017.3Q	2017.4Q
매출액	153	142	81	118	134	141
영업이익	14	17	1	15	10	13
당기순이익	11	25	-7	25	9	8

재무 상태 〈단위 : 억원〉

항목	2012	2013	2014	2015	2016	2017
총자산	853	913	899	940	943	917
유형자산	101	44	46	57	68	64
무형자산	10	10	9	10	9	8
유가증권	52	85	281	333	297	228
총부채	79	106	103	109	91	76
총차입금	—	—	—	8	16	12
자본금	48	48	48	48	48	48
총자본	774	807	796	831	852	841
지배주주지분	774	807	796	831	852	841

기업가치 지표

항목	2012	2013	2014	2015	2016	2017
주가(최고/저)(천원)	8.0/4.5	7.6/5.8	8.1/6.3	8.2/6.6	16.8/7.1	18.6/10.0
PER(최고/저)(배)	13.8/7.8	15.3/11.8	55.6/42.9	14.1/11.3	24.0/10.1	51.9/28.0
PBR(최고/저)(배)	1.2/0.7	1.0/0.8	1.1/0.8	1.0/0.8	1.9/0.8	2.1/1.1
EV/EBITDA(배)	2.5	3.1	5.6	3.6	11.1	11.0
EPS(원)	717	589	170	653	737	366
BPS(원)	8,462	8,807	8,696	9,062	9,283	9,168
CFPS(원)	830	671	244	729	822	449
DPS(원)	250	250	300	500	400	250
EBITDAPS(원)	1,171	946	385	645	597	499

재무 비율 〈단위 : %〉

연도	영업이익률	순이익률	부채비율	차입금비율	ROA	ROE	유보율	자기자본비율	EBITDA마진율
2017	8.3	7.3	9.0	1.4	3.7	4.1	1,733.6	91.7	10.0
2016	8.5	12.2	10.6	1.9	7.4	8.3	1,756.5	90.4	9.9
2015	9.0	10.4	13.1	1.0	6.8	7.6	1,712.3	88.4	10.2
2014	5.5	3.0	12.9	0.0	1.8	2.0	1,639.1	88.6	6.8

삼부토건 (A001470)

Sambu Construction

업　　종 : 건설
신용등급 : (Bond) —　　(CP) —
홈페이지 : www.sambu.co.kr
본　　사 : 서울시 중구 퇴계로 63 삼부빌딩
시　　장 : 거래소
기업규모 : 시가총액 소형주
연 락 처 : 02)3706-2114

설 립 일	1955.05.14	**종업원수**	349명	**대표이사**	이응근,이용재
상 장 일	1976.06.26	**감사의견**	적정(삼덕)	**계　　열**	
결 산 기	12월	**보 통 주**		**종속회사수**	11개사
액 면 가	5,000원	**우 선 주**		**구 상 호**	

주주구성 (지분율,%)		출자관계 (지분율,%)		주요경쟁사 (외형,%)	
디에스티로봇	15.4	신라밀레니엄	100.0	삼부토건	100
디에스티글로벌투자파트너즈사모투자합자회사	7.7	남우관광	100.0	국보디자인	97
(외국인)	0.4	보문관광	100.0	한라	685

매출구성		비용구성		수출비중	
국내사업부문(기타)	77.0	매출원가율	100.1	수출	—
해외사업부문(기타)	18.9	판관비율	6.8	내수	—
기타사업부문(기타)	3.2				

회사 개요

동사는 1948년 설립하여 1976년 유가증권 시장에 상장함. 60여년간의 토목시공 경험을 바탕으로 항만, 댐, 도로, 지하철, 발전소 공사 및 리조트 건설을 주요 사업으로 영위하고 있음. PF 대출원리금 연체 및 르네상스호텔 매각에 실패하며 법정관리를 신청함. 이후 기업회생절차가 개시됨. 벨레상스 서울호텔 및 삼부오피스빌딩에 대해 공개매각을 진행해, 매각이 완료됨.

실적 분석

2017년 결산 매출액은 2,804억원으로 전년동기 대비 28.2% 감소한 반면, 원가율 하락 및 큰폭의 판관비 축소 영향으로 영업이익은 비록 적자가 지속되고 있으나 손실 폭이 크게 줄어들었음. 당기순이익은 지난해의 채무면제이익 발생에 따른 기저효과로 큰 폭으로 감소한 모습. 출자전환 및 주요 자산매각 등을 통한 회생채무 변제로 재무구조개선을 진행하고 있음. 추가적인 정상화 및 매출 확대 노력 지속 진행하고 있어 실적개선 가능성 상존함.

현금 흐름

〈단위 : 억원〉

항목	2016	2017
영업활동	979	37
투자활동	979	-399
재무활동	-1,300	254
순현금흐름	657	-116
기말현금	936	820

시장 대비 수익률

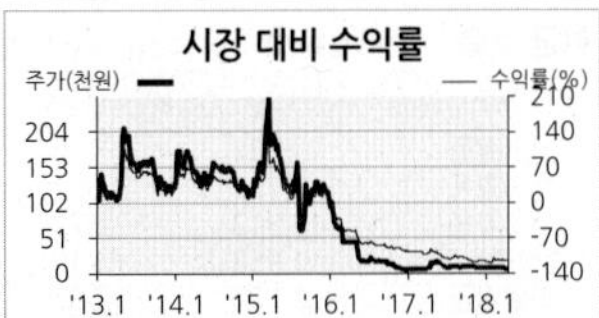

결산 실적

〈단위 : 억원〉

항목	2012	2013	2014	2015	2016	2017
매출액	6,138	5,984	5,955	4,468	3,903	2,804
영업이익	-283	-247	-672	-726	-351	-194
당기순이익	-283	-1,766	-2,826	-6,330	2,614	-404

분기 실적

〈단위 : 억원〉

항목	2016.3Q	2016.4Q	2017.1Q	2017.2Q	2017.3Q	2017.4Q
매출액	800	1,121	929	846	490	538
영업이익	-170	-45	-12	-13	-92	-76
당기순이익	-451	-1,520	2	-64	-207	-134

재무 상태

〈단위 : 억원〉

항목	2012	2013	2014	2015	2016	2017
총자산	16,294	23,908	22,171	17,861	4,257	3,904
유형자산	3,029	12,413	3,438	3,136	174	154
무형자산	39	44	36	29	17	12
유가증권	557	588	595	641	548	523
총부채	14,971	17,426	18,434	20,458	3,191	2,647
총차입금	10,782	11,434	11,392	10,936	1,196	1,294
자본금	400	400	400	440	488	938
총자본	1,323	6,482	3,737	-2,596	1,066	1,257
지배주주지분	2,006	7,117	4,441	-1,746	2,191	2,361

기업가치 지표

항목	2012	2013	2014	2015	2016	2017
주가(최고/저)(천원)	207/85.0	228/102	200/106	254/61.3	101/4.7	21.7/5.2
PER(최고/저)(배)	—/—	—/—	—/—	—/—	2.1/0.1	—/—
PBR(최고/저)(배)	0.1/0.1	0.0/0.0	0.1/0.0	-0.2/-0.1	4.5/0.2	1.7/0.4
EV/EBITDA(배)	—	—	—	—	—	—
EPS(원)	-198,067	-1,251,698	-1,989,842	-4,223,500	49,432	-2,665
BPS(원)	25,418	88,979	55,495	-19,832	22,474	12,594
CFPS(원)	-1,031	-19,603	-32,477	-71,068	49,814	-2,597
DPS(원)	—	—	—	—	—	—
EBITDAPS(원)	-1,169	-1,197	-6,704	-7,031	-6,160	-1,493

재무 비율

〈단위 : %〉

연도	영업이익률	순이익률	부채비율	차입금비율	ROA	ROE	유보율	자기자본비율	EBITDA마진율
2017	-6.9	-14.4	210.6	103.0	-9.9	-14.5	151.9	32.2	-6.6
2016	-9.0	67.0	299.3	112.2	23.6	전기잠식	349.5	25.0	-8.5
2015	-16.3	-141.7	완전잠식	완전잠식	-31.6	당기잠식	-496.6	-14.5	-13.5
2014	-11.3	-47.5	493.3	304.8	-12.3	-47.3	1,009.9	16.9	-9.0

삼성공조 (A006660)

Samsung Climate Control

업　　종 : 자동차부품
신용등급 : (Bond) —　　(CP) —
홈페이지 : www.samsungcc.co.kr
본　　사 : 경남 창원시 성산구 연덕로 176
시　　장 : 거래소
기업규모 : 시가총액 소형주
연 락 처 : 055)280-2733

설 립 일	1970.06.11	**종업원수**	235명	**대표이사**	고호곤
상 장 일	1987.11.28	**감사의견**	적정(안경)	**계　　열**	
결 산 기	12월	**보 통 주**		**종속회사수**	9개사
액 면 가	500원	**우 선 주**		**구 상 호**	

주주구성 (지분율,%)		출자관계 (지분율,%)		주요경쟁사 (외형,%)	
고호곤	34.7	이송	100.0	삼성공조	100
고태일	9.0	고산전자	100.0	현대공업	192
(외국인)	14.1	태일테크	70.0	에코플라스틱	1,136

매출구성		비용구성		수출비중	
라디에터	57.5	매출원가율	87.2	수출	22.6
오일쿨러	18.9	판관비율	8.1	내수	77.4
변속기	14.0				

회사 개요

동사는 1970년 설립돼 내연기관 방열기, 자동차부속품 제조 판매업, 부동산임대업, 수출입업, 기타 부대사업을 영위함. 주요 제품으로는 라디에터, 오일쿨러, 변속기 등이 있음. 이들 제품을 생산하여 국내 자동차, 중장비, 농기계 제조업체와 A/S업체 등에 직접 공급하고 있으며, 일부는 미국, 유럽, 동남아 등 해외시장으로 직접 수출하고 있음. 영천 고속도로 휴게소및주유소 사업은 2015년에 중단함.

실적 분석

동사의 2017년 연결기준 누적 매출액은 917.6억원으로 전년 동기 대비 8.4% 증가함. 영업이익은 42.7억으로 전년대비 128.9% 증가했음. 당기순이익 또한 109.9억원으로 41.8% 증가함. 다기능화, 고급화, 고성능화를 실현한 차세대 제품개발에 힘쓰고 있으며, 최적설계를 위해 해석 SOFT WARE를 이용한 선행연구를 통해 시작품을 제작 및 평가하고 있음.

현금 흐름

〈단위 : 억원〉

항목	2016	2017
영업활동	92	151
투자활동	-6	-216
재무활동	-15	-22
순현금흐름	73	-96
기말현금	179	83

시장 대비 수익률

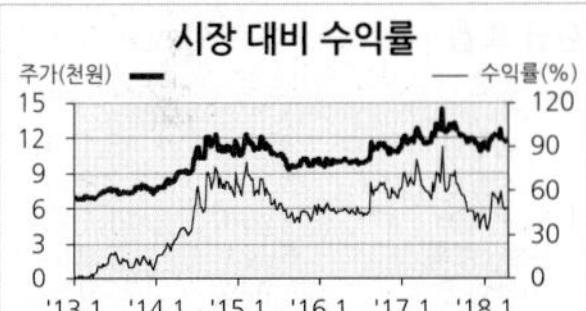

결산 실적

〈단위 : 억원〉

항목	2012	2013	2014	2015	2016	2017
매출액	1,283	1,071	1,006	924	847	918
영업이익	54	36	8	31	19	43
당기순이익	33	135	97	84	78	110

분기 실적

〈단위 : 억원〉

항목	2016.3Q	2016.4Q	2017.1Q	2017.2Q	2017.3Q	2017.4Q
매출액	194	232	233	243	232	209
영업이익	-0	8	27	8	8	0
당기순이익	8	20	41	31	27	11

재무 상태

〈단위 : 억원〉

항목	2012	2013	2014	2015	2016	2017
총자산	2,491	2,506	2,527	2,441	2,527	2,631
유형자산	321	332	315	304	276	299
무형자산	24	24	24	—	—	—
유가증권	105	728	1,087	943	277	661
총부채	836	725	684	519	540	549
총차입금	387	140	125	119	112	94
자본금	41	41	41	41	41	41
총자본	1,655	1,781	1,843	1,922	1,987	2,082
지배주주지분	1,636	1,759	1,827	1,909	1,973	2,069

기업가치 지표

항목	2012	2013	2014	2015	2016	2017
주가(최고/저)(천원)	8.6/6.8	8.1/6.8	13.2/7.6	12.3/9.1	11.9/9.5	14.5/10.9
PER(최고/저)(배)	18.7/14.8	5.5/4.6	10.8/6.2	11.9/8.8	12.8/10.1	10.6/8.0
PBR(최고/저)(배)	0.5/0.4	0.4/0.3	0.6/0.4	0.5/0.4	0.5/0.4	0.6/0.4
EV/EBITDA(배)	—	—	—	—	—	—
EPS(원)	483	1,540	1,269	1,061	948	1,379
BPS(원)	20,195	21,711	22,539	23,551	24,340	25,525
CFPS(원)	1,180	2,040	1,780	1,539	1,389	1,790
DPS(원)	60	50	80	100	90	100
EBITDAPS(원)	1,368	946	610	862	670	935

재무 비율

〈단위 : %〉

연도	영업이익률	순이익률	부채비율	차입금비율	ROA	ROE	유보율	자기자본비율	EBITDA마진율
2017	4.7	12.0	26.4	4.5	4.3	5.6	5,005.0	79.1	8.3
2016	2.2	9.2	27.2	5.6	3.1	4.0	4,768.0	78.6	6.4
2015	3.4	9.1	27.0	6.2	3.4	4.6	4,610.1	78.7	7.6
2014	0.8	9.6	37.1	6.8	3.8	5.8	4,407.7	72.9	4.9

삼성물산 (A028260)

SAMSUNG C&T

업 종 : 복합 산업 시 장 : 거래소
신용등급 : (Bond) — (CP) — 기업규모 : 시가총액 대형주
홈페이지 : www.samsungcnt.com 연 락 처 : 02)2145-5114
본 사 : 서울시 송파구 올림픽로35길 123

설 립 일	1963.12.23	**종업원수**	9,775명	**대표이사**	이영호,고정석,정금용
상 장 일	2014.12.18	**감사의견**	적정(삼일)	**계 열**	
결 산 기	12월	**보 통 주**		**종속회사수**	120개사
액 면 가	100원	**우 선 주**		**구 상 호**	제일모직

주주구성 (지분율,%)		출자관계 (지분율,%)		주요경쟁사 (외형,%)	
이재용	17.2	삼성웰스토리	100.0	삼성물산	100
케이씨씨	9.0	서울레이크사이드	100.0	LG	40
(외국인)	11.1	제일패션리테일	100.0	효성	43

매출구성		비용구성		수출비중	
건설,주택사업	46.1	매출원가율	87.5	수출	—
에너지 · 환경,산업소재, 자원	37.2	판관비율	9.5	내수	—
의류/직물	6.6				

회사 개요

동사는 1963년 동화부동산주식회사로 시작하여, 2014년 제일모직주식회사로 사명을 변경함. 또한 삼성물산주식회사와의 합병을 통하여 2015년 9월 2일 삼성물산주식회사로 사명을 변경함. 사업부문별로 건축 · 토목 · 소방 · 조경공사 및 ESCO사업을 하는 건설사업부문과 전문급식 및 식자재유통사업을 영위하는 급식 · 식자재유통 사업부문(삼성웰스토리)과 테마파크 · 골프장을 운영하는 레져사업부문 그리고 의류제품 제조 및 판매사업 등을 패션사업부문으로 구성됨.

실적 분석

동사의 2017년 연결 기준 연간 누적 매출액은 29조2,790.5억원으로 전년 동기 대비 4.2% 증가함. 매출이 증가하면서 매출원가도 늘었지만 매출 증가율 대비 매출원가 증가율이 낮고 판매비와 관리비는 오히려 감소하면서 영업이익은 전년 동기 대비 531.6% 증가한 8,812.7억원을 기록함. 비영업손익 부문에서 적자가 지속됐지만 영업이익 증가폭이 워낙 커 당기순이익은 전년 동기 대비 2,208.4% 증가한 4,811억원을 시현함.

현금 흐름 〈단위 : 억원〉

항목	2016	2017
영업활동	13,554	13,124
투자활동	-8,121	2,799
재무활동	1,224	-11,167
순현금흐름	6,321	2,946
기말현금	26,985	29,932

시장 대비 수익률

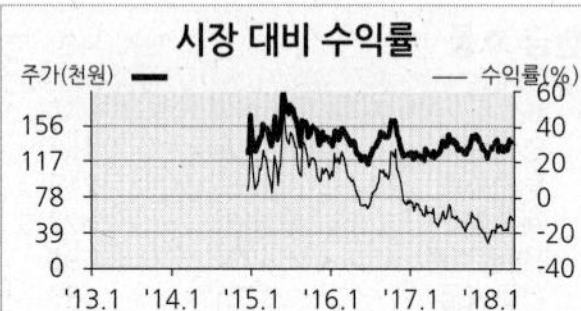

결산 실적 〈단위 : 억원〉

항목	2012	2013	2014	2015	2016	2017
매출액	27,026	32,261	51,296	133,447	281,027	292,790
영업이익	692	1,111	2,134	371	1,395	8,813
당기순이익	1,406	452	4,551	26,857	208	4,811

분기 실적 〈단위 : 억원〉

항목	2016.3Q	2016.4Q	2017.1Q	2017.2Q	2017.3Q	2017.4Q
매출액	66,215	79,434	67,023	73,192	74,926	77,649
영업이익	1,867	2,108	1,370	2,554	2,202	2,686
당기순이익	1,446	2,583	1,855	1,116	1,390	450

재무 상태 〈단위 : 억원〉

항목	2012	2013	2014	2015	2016	2017
총자산	66,423	85,539	95,114	423,614	444,585	490,489
유형자산	17,442	21,177	21,318	51,343	52,812	49,859
무형자산	1,594	2,377	2,748	18,402	16,013	13,115
유가증권	37,065	40,858	45,690	159,767	174,992	232,292
총부채	28,371	46,048	42,261	240,475	233,528	238,977
총차입금	9,105	23,300	17,599	80,547	90,732	80,278
자본금	125	125	135	191	191	191
총자본	38,052	39,491	52,853	183,139	211,057	251,513
지배주주지분	38,043	39,464	52,831	165,017	183,016	225,568

기업가치 지표

항목	2012	2013	2014	2015	2016	2017
주가(최고/저)(천원)	—/—	—/—	154/110	192/121	166/112	147/118
PER(최고/저)(배)	0.0/0.0	0.0/0.0	43.5/31.1	11.0/6.9	301.2/203.2	44.7/35.7
PBR(최고/저)(배)	0.0/0.0	0.0/0.0	3.6/2.6	2.1/1.3	1.6/1.1	1.2/0.9
EV/EBITDA(배)	12.7	10.3	63.6	107.9	49.9	23.0
EPS(원)	1,127	362	3,632	17,875	561	3,344
BPS(원)	1,721,592	1,855,672	44,266	93,863	105,657	127,899
CFPS(원)	56,358	57,813	4,780	19,704	3,173	5,853
DPS(원)	—	—	—	500	550	2,000
EBITDAPS(원)	27,698	84,164	2,849	2,071	3,341	7,115

재무 비율 〈단위 : %〉

연도	영업이익률	순이익률	부채비율	차입금비율	ROA	ROE	유보율	자기자본비율	EBITDA마진율
2017	3.0	1.6	95.0	31.9	1.0	3.1	127,798.6	51.3	4.7
2016	0.5	0.1	110.7	43.0	0.1	0.6	105,557.3	47.5	2.3
2015	0.3	20.1	131.3	44.0	10.4	25.2	93,762.6	43.2	2.4
2014	4.2	8.9	80.0	33.3	5.0	9.9	44,165.9	55.6	7.0

삼성바이오로직스 (A207940)

SAMSUNG BIOLOGICS

업 종 : 바이오 시 장 : 거래소
신용등급 : (Bond) — (CP) — 기업규모 : 시가총액 대형주
홈페이지 : www.samsungbiologics.com 연 락 처 : 032)455-3114
본 사 : 인천시 연수구 송도바이오대로 300

설 립 일	2011.04.22	**종업원수**	2,064명	**대표이사**	김태한
상 장 일	2016.11.10	**감사의견**	적정(삼정)	**계 열**	
결 산 기	12월	**보 통 주**		**종속회사수**	
액 면 가	2,500원	**우 선 주**		**구 상 호**	

주주구성 (지분율,%)		출자관계 (지분율,%)		주요경쟁사 (외형,%)	
삼성물산	43.4	삼성바이오에피스	94.6	삼성바이오로직스	100
삼성전자	31.5	ArchigenBiotech	50.0	셀트리온	204
(외국인)	10.3			바이로메드	1

매출구성		비용구성		수출비중	
항체의약품	81.7	매출원가율	71.6	수출	—
기타	18.3	판관비율	14.2	내수	—

회사 개요

2011년에 설립된 삼성그룹 계열사로 삼성물산과 삼성전자가 주요주주임. 국내외 제약회사의 첨단 바이오의약품을 위탁 생산하는 CMO(Contract Manufacturing Organization) 사업을 영위하고 있으며, 동사의 주요 자회사인 삼성바이오에피스는 바이오시밀러 의약품을 연구개발 및 상업화하는 사업을 진행 중임. 송도에 세계 최대 규모의 3공장을 완공하여 기존의 두 배 수준인 36.2만리터 규모의 동물세포 배양 설비를 확보함.

실적 분석

동사의 2017년 누적매출액은 4,646.3억원으로 전년 대비 57.7% 증가함. 같은 기간 영업이익은 659.8억원으로 흑자전환함. 삼성바이오에피스의 지분법 손실로 당기순손실은 969.7억원 적자지속함. 1공장 가동률이 100%를 기록하고 2공장 가동률도 40%에서 60%까지 상승해 출하량이 증가하면서 실적이 크게 개선됨. 2018년말 상업생산에 들어갈 예정인 3공장이 완전가동되면 매출 성장세는 더욱 가팔라질 전망임.

현금 흐름 *IFRS 별도 기준 〈단위 : 억원〉

항목	2016	2017
영업활동	-627	1,498
투자활동	-13,728	2,652
재무활동	16,313	-2,872
순현금흐름	1,958	1,278
기말현금	2,303	3,581

시장 대비 수익률

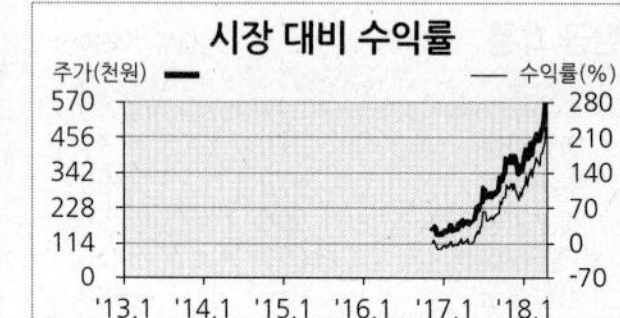

결산 실적 〈단위 : 억원〉

항목	2012	2013	2014	2015	2016	2017
매출액	—	437	1,054	913	2,946	4,646
영업이익	-834	-1,464	-1,052	-2,036	-304	660
당기순이익	-744	-1,408	-839	19,049	-1,768	-970

분기 실적 *IFRS 별도 기준 〈단위 : 억원〉

항목	2016.3Q	2016.4Q	2017.1Q	2017.2Q	2017.3Q	2017.4Q
매출액	528	1,056	1,076	632	1,275	1,663
영업이익	-129	-7	34	-85	205	506
당기순이익	-441	-570	-331	-221	-317	-101

재무 상태 *IFRS 별도 기준 〈단위 : 억원〉

항목	2012	2013	2014	2015	2016	2017
총자산	5,387	6,777	13,557	59,605	75,330	71,831
유형자산	2,501	3,405	7,613	8,903	10,910	15,133
무형자산	47	50	3,122	143	140	190
유가증권	—	—	—	—	—	—
총부채	786	2,085	7,250	31,857	34,506	32,066
총차입금	442	1,230	4,757	25,123	27,175	24,795
자본금	514	594	1,018	1,378	1,654	1,654
총자본	4,602	4,692	6,307	27,748	40,824	39,765
지배주주지분	4,602	4,692	6,307	27,748	40,824	39,765

기업가치 지표 *IFRS 별도 기준

항목	2012	2013	2014	2015	2016	2017
주가(최고/저)(천원)	—/—	—/—	—/—	—/—	176/142	406/151
PER(최고/저)(배)	0.0/0.0	0.0/0.0	0.0/0.0	0.0/0.0	—/—	—/—
PBR(최고/저)(배)	0.0/0.0	0.0/0.0	0.0/0.0	0.0/0.0	2.8/2.3	6.8/2.5
EV/EBITDA(배)	—	—	—	—	387.1	196.2
EPS(원)	-2,063	-2,763	-2,921	38,520	-3,115	-1,466
BPS(원)	44,795	39,472	30,969	100,652	61,700	60,099
CFPS(원)	-3,977	-4,884	-4,298	78,723	-2,055	-409
DPS(원)	—	—	—	—	—	—
EBITDAPS(원)	-4,540	-5,102	-5,462	-6,552	524	2,054

재무 비율 〈단위 : %〉

연도	영업이익률	순이익률	부채비율	차입금비율	ROA	ROE	유보율	자기자본비율	EBITDA마진율
2017	14.2	-20.9	80.6	62.4	-1.3	-2.4	2,304.0	55.4	29.3
2016	-10.3	-60.0	84.5	66.6	-2.6	-5.2	2,368.0	54.2	10.1
2015	-223.1	2,087.0	114.8	90.5	52.1	112.0	1,913.0	46.6	-177.5
2014	-99.8	-79.6	105.0	71.9	-8.4	-16.5	515.2	48.8	-74.8

삼성생명보험 (A032830)
Samsung Life Insurance

업 종 : 보험 | 시 장 : 거래소
신용등급 : (Bond) — (CP) — | 기업규모 : 시가총액 대형주
홈페이지 : www.samsunglife.com | 연 락 처 : 1588-3114
본 사 : 서울시 서초구 서초대로74길 11 (서초동)

설 립 일	1957.04.24	**종 업 원 수**	5,302명	**대 표 이 사**	현성철
상 장 일	2010.05.12	**감 사 의 견**	적정(삼일)	**계 열**	
결 산 기	12월	**보 통 주**		**종속회사수**	96개사
액 면 가	500원	**우 선 주**		**구 상 호**	

주주구성 (지분율,%)		출자관계 (지분율,%)		주요경쟁사 (외형,%)	
이건희	20.8	삼성자산운용	100.0	삼성생명	100
삼성물산	19.3	삼성생명금융서비스보험대리점	100.0	삼성화재	112
(외국인)	16.0	삼성SRA자산운용	100.0	한화생명	90

수익구성		비용구성		수출비중	
[생명보험]특별계정	40.2	책임준비금전입	25.2	수출	—
[생명보험]사망	33.1	보험금비용	39.3	내수	—
[생명보험]생존	17.9	사업비	5.8		

회사 개요

1957년에 설립된 동사는 국내 최대규모의 개인연금과 퇴직연금 적립금을 보유하고 있음. 시장점유율 약 25%로 국내 생보업계 선두위치를 견지하는 중. 동사는 부유층 시장을 공략하기 위해 FP센터, 수익증권영업부, 패밀리오피스를 통합한 WM사업부를 신설함. 또 부유층을 대상으로 한 'WM보드'를 출범해 맞춤형 재무설계를 돕고 있음. 동사는 꾸준히 신용평가사로부터 좋은 평가를 얻고 있음

실적 분석

동사는 2017년 연결기준 영업수익은 31조 9,590억원전년 대비 5.0% 증가. 영업이익은 29조 4,421억원으로 2.8% 증가하였음. 보장성 중심의 영업이 계속 호조를 보이면서 신계약 가치도 함께 증가한 것에 기인. 전년도 삼성카드와 삼성증권 주식 추가 취득으로 일회성 이익이 발생한 영향으로 지난해 순이익이 감소. 일회성 비용을 제외하면 전년과 비슷한 수준.

현금 흐름

〈단위 : 억원〉

항목	2016	2017
영업활동	48,344	16,082
투자활동	-29,341	-38,353
재무활동	5,529	15,582
순현금흐름	24,469	-6,680
기말현금	47,235	40,556

시장 대비 수익률

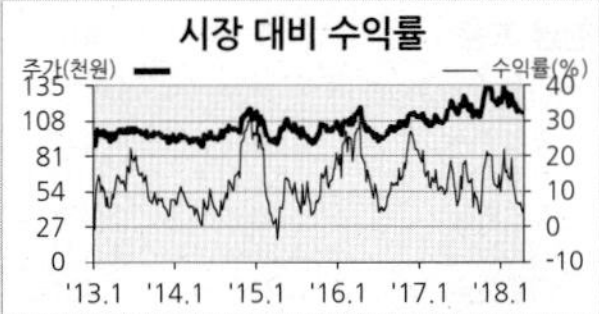

결산 실적

〈단위 : 억원〉

항목	2012	2013	2014	2015	2016	2017
보험료수익	220,513	125,674	174,616	173,541	167,683	166,458
영업이익	12,346	5,426	14,055	11,485	9,865	16,906
당기순이익	10,062	5,844	13,370	12,096	21,500	12,632

분기 실적

〈단위 : 억원〉

항목	2016.3Q	2016.4Q	2017.1Q	2017.2Q	2017.3Q	2017.4Q
보험료수익	42,199	41,707	43,947	41,158	41,524	39,829
영업이익	3,971	-4,074	7,990	5,431	3,976	-491
당기순이익	5,143	147	5,948	4,061	3,430	-806

재무 상태

〈단위 : 억원〉

항목	2012	2013	2014	2015	2016	2017
총자산	1,861,489	1,929,394	2,144,337	2,303,629	2,646,538	2,827,138
유형자산	16,960	17,835	18,007	17,569	14,541	10,658
무형자산	1,852	1,938	4,514	5,208	8,765	10,043
유가증권	1,130,095	1,140,090	1,272,504	1,346,242	1,405,804	1,491,332
총부채	1,643,679	1,739,090	1,921,490	2,066,412	2,363,454	2,515,922
총차입금	—	10,280	18,406	25,467	141,876	155,954
자본금	1,000	1,000	1,000	1,000	1,000	1,000
총자본	217,810	190,304	222,847	237,217	283,084	311,216
지배주주지분	216,688	189,702	222,049	236,458	266,442	293,589

기업가치 지표

항목	2012	2013	2014	2015	2016	2017
주가(최고/저)(천원)	102/84.6	104/90.7	120/86.9	115/88.3	118/92.3	135/103
PER(최고/저)(배)	21.9/18.1	37.5/32.7	19.0/13.8	19.9/15.2	11.8/9.2	23.6/18.0
PBR(최고/저)(배)	1.0/0.8	1.1/1.0	1.1/0.8	1.0/0.7	0.8/0.7	0.9/0.7
PSR(최고/저)(배)	1/1	2/2	1/1	1/1	1/1	2/1
EPS(원)	5,034	2,935	6,687	6,056	10,271	5,831
BPS(원)	111,125	99,245	116,426	126,071	143,773	157,347
CFPS(원)	5,828	3,587	7,652	7,108	11,786	7,380
DPS(원)	1,500	850	1,800	1,800	1,200	2,000
EBITDAPS(원)	6,173	2,713	7,028	5,742	4,933	8,453

재무 비율

〈단위 : %〉

연도	계속사업 이익률	순 이익률	부채 비율	차입금 비율	ROA	ROE	유보율	자기자본 비율	총자산 증가율
2017	10.1	7.6	808.4	50.1	0.5	4.2	31,369.3	11.0	6.8
2016	15.6	12.8	834.9	50.1	0.9	8.2	28,654.6	10.7	14.9
2015	7.9	7.0	871.1	10.7	0.5	5.3	25,114.2	10.3	7.4
2014	9.2	7.7	862.2	8.3	0.7	6.5	23,185.2	10.4	15.2

삼성에스디아이 (A006400)
SAMSUNG SDI

업 종 : 전자 장비 및 기기 | 시 장 : 거래소
신용등급 : (Bond) AA (CP) — | 기업규모 : 시가총액 대형주
홈페이지 : www.samsungsdi.co.kr | 연 락 처 : 031)8006-3100
본 사 : 경기도 용인시 기흥구 공세로 150-20

설 립 일	1970.01.20	**종 업 원 수**	9,356명	**대 표 이 사**	전영현
상 장 일	1979.02.27	**감 사 의 견**	적정(삼정)	**계 열**	
결 산 기	12월	**보 통 주**		**종속회사수**	24개사
액 면 가	5,000원	**우 선 주**		**구 상 호**	

주주구성 (지분율,%)		출자관계 (지분율,%)		주요경쟁사 (외형,%)	
삼성전자	19.6	에스티엠	100.0	삼성에스디아이	100
국민연금기금	9.2	신기술투자조합24호	99.0		
(외국인)	40.4	신기술투자조합15호	99.0		

매출구성		비용구성		수출비중	
소형전지 등	66.0	매출원가율	81.5	수출	81.7
EMC 등	34.1	판관비율	16.6	내수	18.3

회사 개요

동사는 소형전지, 자동차전지 등을 생산/판매하는 에너지솔루션 사업부문과, 반도체 및 디스플레이 소재 등을 생산/판매하는 전자재료 사업부문을 영위하고 있음. 동사의 기존 케미칼 사업부문은 물적분할하여 분할신설회사를 설립 (2016년 2월1일)하고, 분할신설회사의 주식 90%를 롯데케미칼 주식회사에 처분하였음(2016년 4월 29일). 사업부 매각으로 충분한 현금을 보유 중이며 이를 전지 사업 확대에 집중.

실적 분석

동사의 2017년 매출액은 전기 대비 1조 1207억원 증가한 6조3216억원, 영업이익은 전기 대비 1조432억원 증가한 1169억원으로 3년만에 흑자 전환함. 품질 안정, 고객 수요 증가 등으로 전 사업부문의 매출액이 증가했고 전년도 비용 충당에 따른 당기 비용 감소 영향으로 이익이 증가함. 사업부문별로는 에너지솔루션이 전기 대비 25% 증가한 4조 3041억원이며, 전자재료는 14% 증가한 2조174억원임.

현금 흐름

〈단위 : 억원〉

항목	2016	2017
영업활동	-13,095	-2,501
투자활동	18,543	893
재무활동	-8,187	3,534
순현금흐름	-2,763	1,973
기말현금	10,117	12,090

시장 대비 수익률

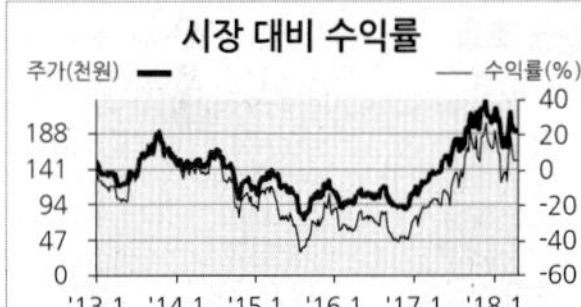

결산 실적

〈단위 : 억원〉

항목	2012	2013	2014	2015	2016	2017
매출액	57,712	34,285	54,742	49,549	52,008	63,216
영업이익	1,869	-113	708	-2,675	-9,263	1,169
당기순이익	14,868	1,479	-803	257	2,111	6,432

분기 실적

〈단위 : 억원〉

항목	2016.3Q	2016.4Q	2017.1Q	2017.2Q	2017.3Q	2017.4Q
매출액	12,900	13,029	13,048	14,543	17,080	18,545
영업이익	-1,104	-580	-673	55	602	1,186
당기순이익	-352	77	817	1,866	1,350	2,400

재무 상태

〈단위 : 억원〉

항목	2012	2013	2014	2015	2016	2017
총자산	108,951	105,557	159,685	162,253	149,003	157,515
유형자산	19,711	17,880	33,249	32,290	25,038	29,303
무형자산	1,710	1,671	12,789	12,776	9,417	8,974
유가증권	19,796	16,089	24,485	11,997	14,979	16,769
총부채	33,306	30,133	41,416	49,721	39,362	42,995
총차입금	11,331	11,842	17,778	17,496	9,698	15,562
자본금	2,407	2,407	3,567	3,567	3,567	3,567
총자본	75,645	75,424	118,269	112,532	109,641	114,520
지배주주지분	73,732	73,781	115,864	110,120	107,221	112,573

기업가치 지표

항목	2012	2013	2014	2015	2016	2017
주가(최고/저)(천원)	160/122	191/118	168/100	142/75.1	122/86.2	231/105
PER(최고/저)(배)	5.4/4.1	71.7/44.3	—/—	189.5/100.4	39.8/28.0	24.9/11.3
PBR(최고/저)(배)	1.1/0.8	1.2/0.8	1.1/0.6	0.9/0.5	0.8/0.6	1.4/0.6
EV/EBITDA(배)	11.4	19.3	14.0	20.5	—	25.5
EPS(원)	31,192	2,768	-1,426	765	3,117	9,338
BPS(원)	159,857	159,933	164,775	156,614	155,915	164,848
CFPS(원)	40,827	11,895	7,632	10,191	9,582	15,872
DPS(원)	1,500	1,500	1,000	1,000	1,000	1,000
EBITDAPS(원)	13,596	8,887	10,262	5,626	-6,697	8,195

재무 비율

〈단위 : %〉

연도	영업 이익률	순 이익률	부채 비율	차입금 비율	ROA	ROE	유보율	자기자본 비율	EBITDA 마진율
2017	1.9	10.2	37.5	13.6	4.2	6.0	3,152.6	72.7	9.1
2016	-17.8	4.1	35.9	8.8	1.4	2.0	2,976.3	73.6	-9.1
2015	-5.4	0.5	44.2	15.6	0.2	0.5	2,990.1	69.4	8.0
2014	1.3	-1.5	35.0	15.0	-0.6	-0.9	3,151.2	74.1	11.0

삼성에스디에스 (A018260)

SAMSUNG SDS COLTD

업　　종 : IT 서비스　　시　　장 : 거래소
신용등급 : (Bond) —　(CP) —　　기업규모 : 시가총액 대형주
홈페이지 : www.samsungsds.com　　연 락 처 : 02)6155-3114
본　　사 : 서울시 송파구 올림픽로 35길 125 (신천동)

설 립 일	1985.05.01	**종 업 원 수**	13,060명	**대 표 이 사**	홍원표
상 장 일	2014.11.14	**감 사 의 견**	적정(안진)	**계　　열**	
결 산 기	12월	**보 통 주**		**종속회사수**	55개사
액 면 가	500원	**우 선 주**		**구 상 호**	삼성SDS

주주구성 (지분율,%)		출자관계 (지분율,%)		주요경쟁사 (외형,%)	
삼성전자	22.6	오픈핸즈	100.0	삼성에스디에스	100
삼성물산	17.1	SVIC31호신기술사업투자조합	99.0	포스코 ICT	10
(외국인)	11.2	미라콤아이앤씨	83.6	큐로컴	0

매출구성		비용구성		수출비중	
물류BPO 서비스	42.0	매출원가율	83.9	수출	52.8
애플리케이션아웃소싱/인프라서비스	41.7	판관비율	8.2	내수	47.2
컨설팅/SI 서비스	16.3				

회사 개요

동사는 시스템통합구축서비스와 소프트웨어의 개발 및 정보처리기술에 관한 전문적인 서비스와 교육훈련 등을 사업목적으로 하여 1985년 설립된 회사임. 2014년 11월 14일 유가증권 시장에 상장됨. 동사의 사업은 IT서비스 부문과 물류BPO 부문으로 구성되어 있으며 동사가 제공하는 IT서비스는 크게 컨설팅/SI와 아웃소싱 서비스로 구분됨. 물류BPO 사업은 글로벌 통합 물류를 실행하는 제4자 물류(4PL) 사업임.

실적 분석

동사의 2017년 연결 기준 연간 누적 매출액은 전년 동기 대비 13.7% 증가한 9조 2,992.1억원을 기록함. 매출이 증가하면서 매출 원가도 증가했지만 판매비와 관리비는 오히려 감소하면서 영업이익은 전년 동기 대비 16.7% 증가한 7,315.6억원을 시현함. 비영업손익 부문에서 흑자 규모가 감소했음에도 불구하고 영업이익 증가폭이 커 당기순이익은 전년 동기 대비 5.3% 증가한 5,417.7억원을 기록함.

현금 흐름 〈단위 : 억원〉

항목	2016	2017
영업활동	6,228	8,348
투자활동	-2,539	-9,704
재무활동	-443	-676
순현금흐름	3,334	-2,588
기말현금	11,902	9,315

시장 대비 수익률

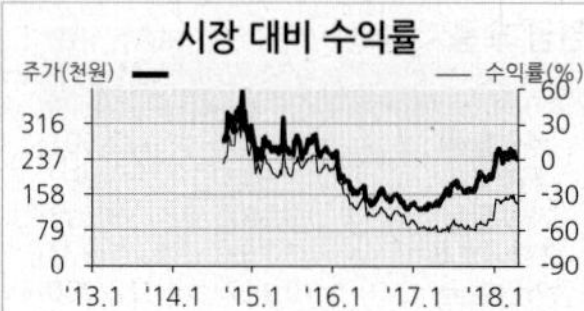

결산 실적 〈단위 : 억원〉

항목	2012	2013	2014	2015	2016	2017
매출액	61,059	70,468	78,977	78,535	81,802	92,992
영업이익	5,580	5,056	5,934	5,883	6,271	7,316
당기순이익	4,072	3,260	4,343	4,698	5,143	5,418

분기 실적 〈단위 : 억원〉

항목	2016.3Q	2016.4Q	2017.1Q	2017.2Q	2017.3Q	2017.4Q
매출액	20,012	23,819	21,495	23,741	23,089	24,666
영업이익	1,706	1,636	1,470	1,858	1,923	2,065
당기순이익	1,101	1,320	907	1,435	1,491	1,585

재무 상태 〈단위 : 억원〉

항목	2012	2013	2014	2015	2016	2017
총자산	44,654	53,001	55,460	63,317	68,420	72,778
유형자산	9,997	10,587	11,377	12,289	10,520	10,286
무형자산	9,072	10,575	10,099	11,006	10,414	9,349
유가증권	1,038	877	114	36	75	127
총부채	12,205	14,167	13,320	15,548	15,509	15,583
총차입금	424	533	202	108	67	8
자본금	361	387	387	387	387	387
총자본	32,449	38,834	42,140	47,769	52,911	57,194
지배주주지분	31,840	38,027	41,123	45,888	51,407	55,583

기업가치 지표

항목	2012	2013	2014	2015	2016	2017
주가(최고/저)(천원)	—/—	—/—	420/235	329/224	257/123	210/125
PER(최고/저)(배)	0.0/0.0	0.0/0.0	80.2/44.9	59.0/40.1	43.5/20.9	30.9/18.4
PBR(최고/저)(배)	0.0/0.0	0.0/0.0	8.1/4.5	5.7/3.8	3.9/1.9	3.0/1.8
EV/EBITDA(배)	—	—	21.4	18.3	8.6	11.9
EPS(원)	5,478	4,312	5,336	5,674	5,995	6,854
BPS(원)	44,086	49,166	53,166	59,324	66,457	71,854
CFPS(원)	9,741	9,856	10,461	10,695	10,711	11,153
DPS(원)	—	—	500	500	750	2,000
EBITDAPS(원)	11,986	12,524	12,794	12,624	12,820	13,754

재무 비율 〈단위 : %〉

연도	영업이익률	순이익률	부채비율	차입금비율	ROA	ROE	유보율	자기자본비율	EBITDA마진율
2017	7.9	5.8	27.3	0.0	7.7	9.9	14,270.7	78.6	11.4
2016	7.7	6.3	29.3	0.1	7.8	9.5	13,191.4	77.3	12.1
2015	7.5	6.0	32.6	0.2	7.9	10.1	11,764.8	75.4	12.4
2014	7.5	5.5	31.6	0.5	8.0	10.4	10,533.2	76.0	12.5

삼성엔지니어링 (A028050)

Samsung Engineering (SECL)

업　　종 : 건설　　시　　장 : 거래소
신용등급 : (Bond) BBB+　(CP) —　　기업규모 : 시가총액 대형주
홈페이지 : www.samsungengineering.co.kr　　연 락 처 : 02)2053-3000
본　　사 : 서울시 강동구 상일로6길 26

설 립 일	1978.10.19	**종 업 원 수**	4,950명	**대 표 이 사**	최성안
상 장 일	1996.12.03	**감 사 의 견**	적정(삼일)	**계　　열**	
결 산 기	12월	**보 통 주**		**종속회사수**	22개사
액 면 가	5,000원	**우 선 주**		**구 상 호**	

주주구성 (지분율,%)		출자관계 (지분율,%)		주요경쟁사 (외형,%)	
삼성에스디아이	11.7	천안환경에너지	29.0	삼성엔지니어링	100
국민연금공단	10.8	삼성베올리아인천환경	20.0	현대건설	305
(외국인)	25.6	용인클린워터	20.0	현대산업	97

매출구성		비용구성		수출비중	
플랜트공사(공사)	100.0	매출원가율	93.5	수출	48.6
		판관비율	5.7	내수	51.4

회사 개요

동사는 파이낸싱, 설계, 구매, 시공, 시운전, O&M에 이르는 엔지니어링 전 분야에서 종합 솔루션을 제공할 수 있는 삼성그룹의 글로벌 엔지니어링 전문기업으로, 특히 석유화학플랜트에 강점을 보유하고 있음. 엔지니어링 상품 부문에 따라 에너지 사업부, 화공 사업부, I&I사업부를 보유하고 있음. 2017년 기준 지역별 매출 비중은 국내 51%, 해외 49%이며 국내를 제외하면 중동 및 아시아의 지역 비중이 높음.

실적 분석

동사의 연결 기준 2017년 매출액은 전년 대비 21% 감소한 55,362.3억원을 기록함. 외형 축소에 따라 매출원가와 판관비가 함께 감소하였지만 영업이익 역시 33.1% 감소한 469.0억원을 시현하였음. 2017년 521.5억원의 당기순손실이 발생, 적자전환함. 동사의 수주잔고는 2017년 상반기까지만 해도 꾸준한 감소세를 보였지만 중동지역 발주가 연말을 기점으로 가시화되어 수주 상황이 호전되었음.

현금 흐름 〈단위 : 억원〉

항목	2016	2017
영업활동	1,879	-1,340
투자활동	944	-152
재무활동	-1,019	381
순현금흐름	1,864	-1,371
기말현금	8,822	7,451

시장 대비 수익률

결산 실적 〈단위 : 억원〉

항목	2012	2013	2014	2015	2016	2017
매출액	114,402	98,063	89,115	64,413	70,094	55,362
영업이익	7,368	-10,280	1,618	-14,543	701	469
당기순이익	5,245	-7,087	564	-13,043	94	-521

분기 실적 〈단위 : 억원〉

항목	2016.3Q	2016.4Q	2017.1Q	2017.2Q	2017.3Q	2017.4Q
매출액	16,309	20,244	16,189	13,560	12,942	12,671
영업이익	532	-133	124	124	153	68
당기순이익	21	-33	-469	315	70	-437

재무 상태 〈단위 : 억원〉

항목	2012	2013	2014	2015	2016	2017
총자산	56,736	59,288	61,519	56,308	55,201	50,838
유형자산	7,333	7,154	6,899	6,865	6,568	4,268
무형자산	398	525	592	503	957	711
유가증권	1,248	778	789	504	597	566
총부채	39,848	50,231	51,985	59,437	45,239	40,792
총차입금	3,826	16,323	15,994	28,749	14,858	14,602
자본금	2,000	2,000	2,000	2,000	9,800	9,800
총자본	16,888	9,057	9,533	-3,129	9,962	10,047
지배주주지분	16,882	9,065	9,527	-3,145	10,109	10,262

기업가치 지표

항목	2012	2013	2014	2015	2016	2017
주가(최고/저)(천원)	156/87.2	108/34.6	53.8/23.6	29.0/8.0	13.6/9.2	14.3/9.8
PER(최고/저)(배)	15.2/8.5	—/—	49.3/21.7	—/—	93.4/62.8	—/—
PBR(최고/저)(배)	4.1/2.3	4.6/1.5	2.2/1.0	-49.0/-13.5	2.6/1.8	2.7/1.9
EV/EBITDA(배)	8.2	—	10.2	—	16.6	25.0
EPS(원)	10,459	-14,028	1,091	-25,896	146	-231
BPS(원)	49,324	29,779	30,934	-746	5,158	5,236
CFPS(원)	14,681	-15,870	3,393	-30,531	590	138
DPS(원)	3,000	—	—	—	—	—
EBITDAPS(원)	19,920	-23,894	6,065	-34,258	840	609

재무 비율 〈단위 : %〉

연도	영업이익률	순이익률	부채비율	차입금비율	ROA	ROE	유보율	자기자본비율	EBITDA마진율
2017	0.9	-0.9	406.0	145.3	-1.0	-4.5	4.7	19.8	2.2
2016	1.0	0.1	454.1	149.1	0.2	전기잠식	3.2	18.1	2.1
2015	-22.6	-20.3	완전잠식	완전잠식	-22.1	당기잠식	-114.9	-5.6	-21.3
2014	1.8	0.6	545.3	167.8	0.9	5.9	518.7	15.5	2.7

삼성전기 (A009150)
Samsung Electro-Mechanics

업 종 : 전자 장비 및 기기　　　　시 장 : 거래소
신용등급 : (Bond) — (CP) —　　　　기업규모 : 시가총액 대형주
홈페이지 : www.samsungsem.co.kr　　　　연 락 처 : 031)210-5114
본 사 : 경기도 수원시 영통구 매영로 150 (매탄동)

설 립 일	1973.08.08	**종 업 원 수**	10,572명	**대 표 이 사**	이윤태
상 장 일	1979.02.27	**감 사 의 견**	적정(한영)	**계 열**	
결 산 기	12월	**보 통 주**		**종속회사수**	15개사
액 면 가	5,000원	**우 선 주**		**구 상 호**	

주주구성 (지분율,%)		출자관계 (지분율,%)		주요경쟁사 (외형,%)	
삼성전자	23.7	삼성벤처투자조합(SVIC19호)	99.0	삼성전기	100
국민연금공단	10.8	스템코	30.0	삼성SDI	92
(외국인)	24.5	삼성경제연구소	23.8	LG이노텍	112

매출구성		비용구성		수출비중	
카메라모듈, 통신모듈	46.3	매출원가율	79.4	수출	93.1
수동소자(MLCC, Inductor, Chip Resistor 등)	31.7	판관비율	16.1	내수	6.9
반도체패키지기판, 고밀도다층기판	22.0				

회사 개요

동사는 1973년 설립돼 1979년 한국거래소에 상장했음. 각종 전자부품의 제조/판매업을 영위함. 동사의 사업부문은 크게 DM(카메라모듈, 통신모듈), LCR(MLCC, inductor, chip resistor 등 수동소자), ACI(반도체패키지기판, 고밀도다층기판)로 구성됨. 국내사업장은 수원, 세종, 부산, 울산, 천안사업장 5곳이며 해외사업장은 중국, 태국, 필리핀, 베트남 등 4개국 7개 생산법인과 미주, 유럽 등지의 5개 판매법인임.

실적 분석

동사의 2017년 매출과 영업이익은 6조8384억원, 3062억원으로 전년 대비 13.4%, 1155% 증가함. 모듈솔루션 사업부문 매출과 영업이익은 3조120억원, 856억원으로 전년대비 8%, 514억원 증가함. 컴포넌트솔루션 사업부문 매출은 2조3571억으로 23% 증가하였고, 영업이익은 2904억원으로 전년대비 1653억 증가함. 기판솔루션 사업부문 매출은 1조4694억으로 11% 증가하였고 영업손실은 698억원으로 651억 증가함.

현금 흐름 〈단위 : 억원〉

항목	2016	2017
영업활동	6,776	7,116
투자활동	-11,866	-12,312
재무활동	2,835	2,011
순현금흐름	-2,394	-3,512
기말현금	7,958	4,446

시장 대비 수익률

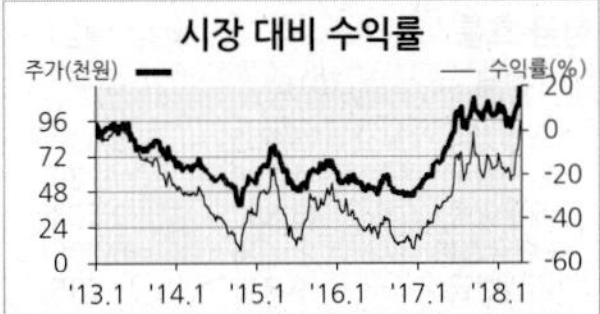

결산 실적 〈단위 : 억원〉

항목	2012	2013	2014	2015	2016	2017
매출액	79,128	82,566	61,004	61,763	60,330	68,385
영업이익	5,805	4,640	649	3,013	244	3,062
당기순이익	4,520	3,457	5,089	206	229	1,773

분기 실적 〈단위 : 억원〉

항목	2016.3Q	2016.4Q	2017.1Q	2017.2Q	2017.3Q	2017.4Q
매출액	14,673	13,451	15,705	17,099	18,411	17,170
영업이익	128	-465	255	707	1,032	1,068
당기순이익	39	-369	44	379	745	605

재무 상태 〈단위 : 억원〉

항목	2012	2013	2014	2015	2016	2017
총자산	68,915	71,853	77,186	72,695	76,626	77,674
유형자산	25,862	29,498	29,259	32,984	37,144	41,547
무형자산	2,454	2,247	1,039	912	922	1,495
유가증권	13,330	12,261	9,402	7,999	7,454	7,257
총부채	29,258	29,273	30,758	29,541	33,250	34,359
총차입금	15,211	16,059	17,131	20,416	24,436	25,689
자본금	3,880	3,880	3,880	3,880	3,880	3,880
총자본	39,656	42,580	46,428	43,154	43,376	43,315
지배주주지분	38,944	41,741	45,534	42,221	42,401	42,316

기업가치 지표

항목	2012	2013	2014	2015	2016	2017
주가(최고/저)(천원)	105/74.8	96.2/68.6	71.1/38.5	79.8/48.4	60.5/44.6	111/50.1
PER(최고/저)(배)	19.5/14.0	23.7/16.9	11.4/6.2	567.4/344.4	325.0/239.3	53.7/24.2
PBR(최고/저)(배)	2.2/1.6	1.9/1.3	1.3/0.7	1.5/0.9	1.1/0.8	2.0/0.9
EV/EBITDA(배)	7.6	6.0	6.2	7.3	8.4	10.4
EPS(원)	5,680	4,256	6,478	144	190	2,084
BPS(원)	50,214	53,812	58,690	56,299	56,531	56,421
CFPS(원)	12,367	12,236	14,986	6,512	8,029	10,211
DPS(원)	1,000	750	750	500	500	750
EBITDAPS(원)	14,167	13,959	9,345	10,251	8,154	12,072

재무 비율 〈단위 : %〉

연도	영업이익률	순이익률	부채비율	차입금비율	ROA	ROE	유보율	자기자본비율	EBITDA마진율
2017	4.5	2.6	79.3	59.3	2.3	3.8	1,028.4	55.8	13.7
2016	0.4	0.4	76.7	56.3	0.3	0.4	1,030.6	56.6	10.5
2015	4.9	0.3	68.5	47.3	0.3	0.3	1,026.0	59.4	12.9
2014	1.1	8.3	66.3	36.9	6.8	11.5	1,073.8	60.2	11.9

삼성전자 (A005930)
Samsung Electronics

업 종 : 휴대폰 및 관련부품　　　　시 장 : 거래소
신용등급 : (Bond) — (CP) —　　　　기업규모 : 시가총액 대형주
홈페이지 : www.samsung.com/sec　　　　연 락 처 : 031)200-1114
본 사 : 경기도 수원시 영통구 삼성로 129 (매탄동)

설 립 일	1969.01.13	**종 업 원 수**	99,836명	**대 표 이 사**	김기남,김현석,고동진
상 장 일	1975.06.11	**감 사 의 견**	적정(삼일)	**계 열**	
결 산 기	12월	**보 통 주**		**종속회사수**	276개사
액 면 가	5,000원	**우 선 주**		**구 상 호**	

주주구성 (지분율,%)		출자관계 (지분율,%)		주요경쟁사 (외형,%)	
국민연금공단	9.9	삼성전자판매	100.0	삼성전자	100
삼성생명보험	8.6	삼성전자로지텍	100.0	LG전자	26
(외국인)	52.3	삼성전자서비스	99.3	SK하이닉스	13

매출구성		비용구성		수출비중	
HHP, 네트워크시스템, 컴퓨터 등	49.7	매출원가율	54.0	수출	89.8
DRAM, NAND Flash, 모바일AP 등	25.3	판관비율	23.6	내수	10.2
TV, 모니터, 냉장고, 세탁기, 에어컨, 의료기기	23.3				

회사 개요

동사는 1969년 1월에 설립되어 본사를 거점으로 한국 및 CE, IM 부문 산하 해외 9개 지역총괄과 DS 부문 산하 해외 5개 지역총괄의 생산/판매법인, Harman 산하 종속회사 등 270개의 동종업종을 영위하는 종속기업으로 구성된 글로벌 전자 기업임. 제품의 특성에 따라 TV 등의 CE, HHP 등의 IM, DRAM 등의 DS 3개 부문과 전장부품사업의 Harman 부문으로 나누어 독립 경영을 하고 있음.

실적 분석

동사의 연결기준 2017년 매출액은 전년 대비 18.7% 증가한 239조 5,753.8억원을 기록한 반면, 동기간 매출원가 및 판관비는 각각 7.5%, 8.2% 증가에 그침에 따라 2017년 영업이익은 전년 대비 83.5% 증가한 53조 6,450.4억원을 기록하였음. 한편, 외환관련 금융손실이 축소되면서 비영업이익이 전년 대비 확대되었음. 이에 따라 동사의 2017년 당기순이익은 전년 대비 85.6% 증가한 42조 1,867.5억원을 기록함.

현금 흐름 〈단위 : 억원〉

항목	2016	2017
영업활동	473,856	621,620
투자활동	-296,587	-493,852
재무활동	-86,695	-125,609
순현금흐름	94,747	-15,663
기말현금	321,114	305,451

시장 대비 수익률

결산 실적 〈단위 : 억원〉

항목	2012	2013	2014	2015	2016	2017
매출액	2,011,036	2,286,927	2,062,060	2,006,535	2,018,667	2,395,754
영업이익	290,493	367,850	250,251	264,134	292,407	536,450
당기순이익	238,453	304,748	233,944	190,601	227,261	421,867

분기 실적 〈단위 : 억원〉

항목	2016.3Q	2016.4Q	2017.1Q	2017.2Q	2017.3Q	2017.4Q
매출액	478,156	533,317	505,475	610,005	620,489	659,784
영업이익	52,001	92,208	98,984	140,665	145,332	151,470
당기순이익	45,379	70,880	76,844	110,539	111,934	122,551

재무 상태 〈단위 : 억원〉

항목	2012	2013	2014	2015	2016	2017
총자산	1,810,716	2,140,750	2,304,230	2,421,795	2,621,743	3,017,521
유형자산	684,847	754,964	808,730	864,771	914,730	1,116,656
무형자산	37,297	39,806	47,855	53,963	53,440	147,605
유가증권	64,880	77,269	159,543	129,600	104,427	110,503
총부채	595,914	640,590	623,348	631,197	692,113	872,607
총차입금	148,952	111,605	112,655	128,740	152,824	188,140
자본금	8,975	8,975	8,975	8,975	8,975	8,975
총자본	1,214,802	1,500,160	1,680,882	1,790,598	1,929,630	2,144,914
지배주주지분	1,170,941	1,444,426	1,621,817	1,728,768	1,864,243	2,072,134

기업가치 지표

항목	2012	2013	2014	2015	2016	2017
주가(최고/저)(천원)	1,415/937	1,462/1,129	1,377/1,015	1,429/1,016	1,770/1,089	2,836/1,747
PER(최고/저)(배)	11.3/7.5	9.0/6.9	10.8/8.0	13.7/9.7	13.3/8.2	10.6/6.6
PBR(최고/저)(배)	2.1/1.4	1.8/1.4	1.5/1.1	1.4/1.0	1.5/0.9	2.0/1.2
EV/EBITDA(배)	5.1	3.5	4.1	3.3	4.3	4.1
EPS(원)	136,278	175,282	135,673	109,883	136,760	271,061
BPS(원)	731,458	892,045	1,002,811	1,095,140	1,217,019	1,448,544
CFPS(원)	228,101	271,944	241,787	232,909	263,133	416,067
DPS(원)	8,000	14,300	20,000	21,000	28,500	42,500
EBITDAPS(원)	262,568	312,876	253,205	278,279	304,773	496,710

재무 비율 〈단위 : %〉

연도	영업이익률	순이익률	부채비율	차입금비율	ROA	ROE	유보율	자기자본비율	EBITDA마진율
2017	22.4	17.6	40.7	8.8	15.0	21.0	23,681.4	71.1	31.6
2016	14.5	11.3	35.9	7.9	9.0	12.5	21,757.6	73.6	24.8
2015	13.2	9.5	35.3	7.2	8.1	11.2	20,659.5	73.9	23.6
2014	12.1	11.4	37.1	6.7	10.5	15.1	18,909.3	73.0	20.9

삼성제약 (A001360)

SAMSUNG PHARM

업 종	제약	시 장	거래소
신용등급	(Bond) — (CP) —	기업규모	시가총액 소형주
홈페이지	www.sspharm.co.kr	연 락 처	031)353-6681
본 사	경기도 화성시 향남읍 제약공단2길 35		

설 립 일	1929.08.15	**종업원수**	223명	**대표이사**	김상재,김기호
상 장 일	1975.07.04	**감사의견**	적정(정일)	**계 열**	
결 산 기	12월	**보 통 주**		**종속회사수**	2개사
액 면 가	500원	**우 선 주**		**구 상 호**	

주주구성 (지분율,%)		출자관계 (지분율,%)		주요경쟁사 (외형,%)	
젬백스앤카엘	7.8	삼성제약헬스케어	100.0	삼성제약	100
젬백스테크놀러지	5.3	젬백스앤카엘	0.9	테라젠이텍스	257
(외국인)	1.9	젬백스테크놀러지	0.1	대한약품	345

매출구성		비용구성		수출비중	
의약품및의약외품판매업-상품	34.2	매출원가율	87.9	수출	7.8
기 타	22.7	판관비율	28.5	내수	92.2
항생제 외	19.1				

회사 개요

동사는 까스명수, 쓸기담, 우황청심원현탁액 등을 중심으로 비교적 안정적인 매출기반을 구축한 가운데 신제품 개발과 신규 전문의약품 출시도 꾸준히 추진하고 있음. 2015년도 이후 연결자회사를 통하여 건강식품(삼성제약헬스케어) 제조 판매업으로 사업 다각화를 추진함. 2017년 10월에 기존 연결자회사였던 삼성메디코스 지분 100%를 매각하여 화장품 제조 사업에서 철수함.

실적 분석

동사의 2017년 결산 연결기준 매출액은 전년대비 11.2% 감소한 419.2억원을 기록함. 매출액 감소는 삼성메디코스(화장품) 연결 제외에 기인함. 외형 축소로 원가율은 더욱 악화되어 영업손실 68.8억원을 시현함. 다만 금융원가와 기타비용 등 비경상비용 축소로 75.4억원의 당기순손실을 보이며 전년대비 적자규모를 대폭 축소함. 당기 사업부문별 매출비중은 의약품 등 84.74%와 건강식품 제조 및 판매 15.26%로 구성됨.

현금 흐름

〈단위 : 억원〉

항목	2016	2017
영업활동	-101	56
투자활동	-282	-224
재무활동	241	194
순현금흐름	-142	-25
기말현금	54	29

시장 대비 수익률

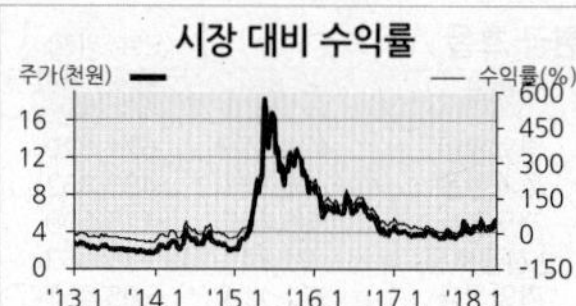

결산 실적

〈단위 : 억원〉

항목	2012	2013	2014	2015	2016	2017
매출액	473	469	303	422	472	419
영업이익	5	-114	-198	-19	-63	-69
당기순이익	-31	-185	-237	-10	-216	-75

분기 실적

〈단위 : 억원〉

항목	2016.3Q	2016.4Q	2017.1Q	2017.2Q	2017.3Q	2017.4Q
매출액	128	115	126	123	109	61
영업이익	-29	-9	-15	-11	-12	-31
당기순이익	-45	-113	-24	-19	-25	-7

재무 상태

〈단위 : 억원〉

항목	2012	2013	2014	2015	2016	2017
총자산	1,030	802	574	1,302	1,383	1,542
유형자산	322	328	305	424	724	750
무형자산	1	4	3	91	42	22
유가증권	13	13	4	199	58	225
총부채	683	614	341	840	559	603
총차입금	478	384	260	747	442	454
자본금	50	58	114	138	199	207
총자본	347	187	233	462	824	939
지배주주지분	347	187	233	462	824	939

기업가치 지표

항목	2012	2013	2014	2015	2016	2017
주가(최고/저)(천원)	4.6/1.7	2.8/1.6	4.2/1.7	19.2/2.2	8.9/3.5	6.0/3.3
PER(최고/저)(배)	—/—	—/—	—/—	—/—	—/—	—/—
PBR(최고/저)(배)	1.4/0.5	1.8/1.0	4.2/1.7	12.0/1.3	4.3/1.7	2.6/1.5
EV/EBITDA(배)	39.9	—	—	458.2	—	—
EPS(원)	-352	-1,571	-1,244	-37	-622	-182
BPS(원)	3,512	1,623	1,034	1,682	2,078	2,270
CFPS(원)	-238	-1,525	-1,224	58	-500	-87
DPS(원)	—	—	—	—	—	—
EBITDAPS(원)	194	-895	-1,008	24	-59	-72

재무 비율

〈단위 : %〉

연도	영업 이익률	순 이익률	부채 비율	차입금 비율	ROA	ROE	유보율	자기자본 비율	EBITDA 마진율
2017	-16.4	-18.0	64.3	48.3	-5.2	-8.6	353.9	60.9	-7.1
2016	-13.4	-45.8	67.9	53.6	-16.1	-33.6	315.6	59.6	-4.4
2015	-4.4	-2.4	181.6	161.5	-1.1	-2.9	236.4	35.5	1.4
2014	-65.4	-78.4	146.5	111.8	-34.5	-113.0	105.1	40.6	-60.6

삼성중공업 (A010140)

Samsung Heavy Industries

업 종	조선	시 장	거래소
신용등급	(Bond) BBB+ (CP) A3+	기업규모	시가총액 대형주
홈페이지	www.samsungshi.com	연 락 처	031-5171-7000
본 사	경기도 성남시 분당구 판교로227번길 23 삼성중공업 판교R&D센터		

설 립 일	1974.08.05	**종업원수**	11,263명	**대표이사**	남준우
상 장 일	1993.12.31	**감사의견**	적정(삼일)	**계 열**	
결 산 기	12월	**보 통 주**		**종속회사수**	11개사
액 면 가	5,000원	**우 선 주**		**구 상 호**	

주주구성 (지분율,%)		출자관계 (지분율,%)		주요경쟁사 (외형,%)	
삼성전자	16.9	SVIC13호신기술투자조합	99.0	삼성중공업	100
국민연금공단	5.1	에스엔시스	19.0	현대중공업	196
(외국인)	16.2	삼성벤처투자	17.0	현대미포조선	31

매출구성		비용구성		수출비중	
LNG선, 드릴쉽, 초대형컨테이너선 등	99.3	매출원가율	101.9	수출	—
토목,건축 등	0.7	판관비율	4.7	내수	—

회사 개요

동사는 삼성그룹 계열회사로 1974년 설립되었으며 조선해양부문과 E&I부문 사업을 영위하고 있음. 사업부문은 선박, 해양플랜트 등의 판매업을 영위하는 조선해양 부문과 건축 및 토목공사를 영위하는 E&I 사업부문으로 구분됨. 조선부문은 세계경제 및 해운 경기에 직접적인 영향을 받음. E&I 부문은 건설업체 급증으로 업체당 평균수주액이 격감하고 있고, 공공부문의 턴키시장에 중견업체 참여가 많아져 업체간 수주경쟁이 더욱 치열해지고 있음.

실적 분석

동사의 2017년 4분기 기준 누적 매출액은 전년 동기(10조4141.9억원) 대비 24.1% 하락한 7조9012.4억원을 기록함. 영업손실은 5241.6억원으로 전년 1472억원에 비해 적자폭이 커짐. 고정비 부담효과 및 시추설비 등 예상손실액 반영에 따른 결과, 3407.5억원의 당기순손실을 기록해 전년에 이어 적자가 지속되고 있음. 동사는 경쟁력 우위 있는 초대형 컨테이너선, LNG선, 해양설비 수주에 집중할 계획임.

현금 흐름

〈단위 : 억원〉

항목	2016	2017
영업활동	-15,505	5,430
투자활동	1,288	-789
재무활동	13,881	-9,553
순현금흐름	6	-6,305
기말현금	9,841	3,535

시장 대비 수익률

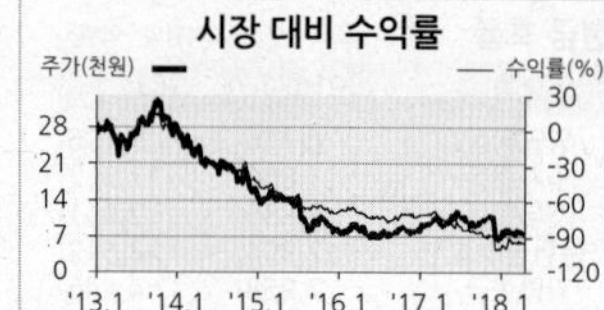

결산 실적

〈단위 : 억원〉

항목	2012	2013	2014	2015	2016	2017
매출액	144,895	148,345	128,791	97,144	104,142	79,012
영업이익	12,057	9,142	1,830	-15,019	-1,472	-5,242
당기순이익	7,964	6,322	1,473	-12,121	-1,388	-3,407

분기 실적

〈단위 : 억원〉

항목	2016.3Q	2016.4Q	2017.1Q	2017.2Q	2017.3Q	2017.4Q
매출액	27,778	23,855	24,370	22,997	17,519	14,126
영업이익	841	464	274	206	236	-5,959
당기순이익	1,286	-709	587	227	234	-4,456

재무 상태

〈단위 : 억원〉

항목	2012	2013	2014	2015	2016	2017
총자산	166,350	174,271	171,222	173,016	172,175	138,181
유형자산	52,780	52,538	52,730	55,828	64,424	61,629
무형자산	380	1,368	1,285	1,017	961	916
유가증권	1,494	1,453	978	611	853	858
총부채	113,520	115,814	115,491	130,358	109,422	80,207
총차입금	46,512	46,621	49,199	63,465	64,711	46,658
자본금	11,550	11,550	11,550	11,550	19,506	19,506
총자본	52,829	58,458	55,732	42,657	62,753	57,975
지배주주지분	52,826	58,458	55,375	42,374	62,643	57,896

기업가치 지표

항목	2012	2013	2014	2015	2016	2017
주가(최고/저)(천원)	35.0/23.5	38.5/25.5	32.7/17.3	17.9/8.7	11.2/7.2	13.6/7.0
PER(최고/저)(배)	11.6/7.8	15.9/10.5	56.4/29.4	—/—	—/—	—/—
PBR(최고/저)(배)	1.6/1.0	1.5/1.0	1.3/0.7	0.9/0.4	0.6/0.4	0.8/0.4
EV/EBITDA(배)	7.1	9.2	16.9	—	44.6	—
EPS(원)	3,139	2,492	588	-4,751	-448	-868
BPS(원)	25,714	28,146	28,173	22,545	18,545	17,328
CFPS(원)	4,753	3,958	1,876	-3,904	722	-63
DPS(원)	500	500	250	—	—	—
EBITDAPS(원)	6,525	5,179	2,023	-5,187	626	-538

재무 비율

〈단위 : %〉

연도	영업 이익률	순 이익률	부채 비율	차입금 비율	ROA	ROE	유보율	자기자본 비율	EBITDA 마진율
2017	-6.6	-4.3	138.4	80.5	-2.2	-5.6	246.6	42.0	-2.7
2016	-1.4	-1.3	174.4	103.1	-0.8	-2.3	270.9	36.5	1.6
2015	-15.5	-12.5	305.6	148.8	-7.0	-24.7	350.9	24.7	-12.3
2014	1.4	1.1	207.2	88.3	0.9	2.6	463.5	32.6	3.6

삼성증권 (A016360)

Samsung Securities

업　　종 : 증권　　시　　장 : 거래소
신용등급 : (Bond) AA+　(CP) A1　　기업규모 : 시가총액 대형주
홈페이지 : www.samsungpop.com　　연 락 처 : 02)2020 - 8000
본　　사 : 서울시 서초구 서초대로 74길 11 (삼성전자빌딩)

설립일	1982.10.19	**종업원수**	2,253명	**대표이사**	구성훈
상장일	1988.03.28	**감사의견**	적정(안진)	**계　　열**	
결산기	12월	**보통주**		**종속회사수**	12개사
액면가	5,000원	**우선주**		**구　상　호**	

주주구성 (지분율,%)		출자관계 (지분율,%)		주요경쟁사 (외형,%)	
삼성생명보험	29.5	삼성선물	100.0	삼성증권	100
국민연금공단	12.4	마스턴제칠호리츠	24.4	미래에셋대우	177
(외국인)	23.5	싸이로드	16.8	유안타증권	37

수익구성		비용구성		수출비중	
금융상품 관련이익	68.5	이자비용	5.0	수출	—
이자수익	13.6	파생상품손실	0.0	내수	—
수수료수익	11.4	판관비	14.7		

회사 개요

동사는 업계 최대 고객기반과 차별화된 자산관리 역량 및 인프라를 바탕으로 자산관리 시장의 패러다임을 선도하는 리딩 증권사임. 포트폴리오 영업 및 Fee 기반의 금융상품 판매 확대와 더불어, 트레이딩 및 IB 부문에서도 금융상품 공급을 통해 안정적이고 다각화된 수익구조를 확보함. 위탁매매, 기업금융, 자기매매, 기업영업, 자산운용, 선물중개업 그리고 해외영업의 7개 영업부문으로 구성되어 있음.

실적 분석

지난해 동사의 연간 순이익은 2,714억원(지배주주지분 기준)으로 2016년 대비 55.8% 늘어났음. 파생결합증권을 제외한 금융상품 판매수익이 12.3% 줄었음에도 불구, IB수수료수익이 118.4% 늘어나며 이를 만회하였음. 차별화된 부유층 고객기반, 업계 최고의 자산관리 역량과 인프라를 바탕으로 고객 니즈에 적합한 맞춤형 상품 및 서비스를 선제적으로 제공하는 등 업계 리더의 위상을 확고히 유지.홀세일, IB 부문의 사업역량 강화도 지속 중.

현금 흐름

〈단위 : 억원〉

항목	2016	2017
영업활동	14,669	-7,891
투자활동	-25,339	-11,665
재무활동	15,222	20,891
순현금흐름	4,578	1,226
기말현금	10,345	11,571

시장 대비 수익률

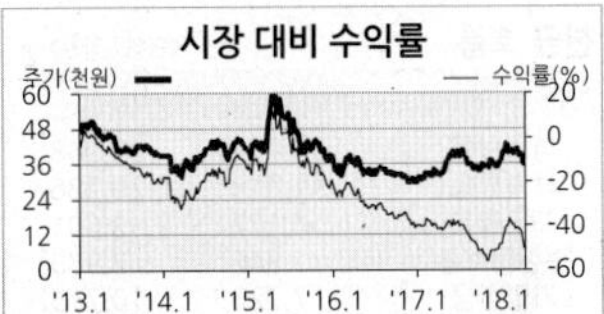

결산 실적

〈단위 : 억원〉

항목	2012	2013	2014	2015	2016	2017
순영업손익	9,678	4,545	7,685	9,959	7,942	9,670
영업이익	2,375	-4	1,670	3,767	2,117	3,603
당기순이익	1,807	240	2,366	2,750	1,742	2,710

분기 실적

〈단위 : 억원〉

항목	2016.3Q	2016.4Q	2017.1Q	2017.2Q	2017.3Q	2017.4Q
순영업손익	2,055	1,628	2,178	2,369	2,713	2,410
영업이익	654	161	747	881	1,157	819
당기순이익	500	255	558	667	874	611

재무 상태

〈단위 : 억원〉

항목	2012	2013	2014	2015	2016	2017
총자산	194,809	205,356	257,747	309,944	332,299	379,483
유형자산	817	668	582	576	512	491
무형자산	1,277	1,303	1,147	1,006	1,010	902
유가증권	121,139	137,847	173,230	202,527	220,379	235,898
총부채	159,984	170,984	223,479	274,706	294,030	335,366
총차입금	56,257	73,490	94,983	120,675	134,542	152,527
자본금	3,942	3,942	3,942	3,942	3,942	4,585
총자본	34,825	34,372	34,268	35,238	38,270	44,116
지배주주지분	33,427	32,958	34,268	35,238	38,269	44,096

기업가치 지표

항목	2012	2013	2014	2015	2016	2017
주가(최고/저)(천원)	51.7/40.0	48.1/38.9	46.4/31.5	60.0/36.7	38.9/29.2	40.8/29.7
PER(최고/저)(배)	27.6/21.4	376.1/304.4	17.5/11.9	18.6/11.4	18.6/13.9	13.5/9.8
PBR(최고/저)(배)	1.3/1.0	1.2/1.0	1.1/0.8	1.3/0.8	0.8/0.6	0.9/0.6
PSR(최고/저)(배)	5/4	9/7	5/4	5/3	4/3	4/3
EPS(원)	2,066	139	2,896	3,471	2,199	3,114
BPS(원)	45,120	44,505	47,220	50,123	50,068	49,380
CFPS(원)	2,778	632	3,589	4,143	2,816	3,567
DPS(원)	650	100	650	1,000	650	1,000
EBITDAPS(원)	3,108	-5	2,185	4,928	2,769	4,131

재무 비율

〈단위 : %〉

연도	계속사업 이익률	순 이익률	부채 비율	차입금 비율	ROA	ROE	유보율	자기자본 비율	총자산 증가율
2017	36.8	28.0	760.2	345.7	0.8	6.6	861.8	11.6	14.2
2016	28.9	21.9	768.3	351.6	0.5	4.7	870.9	11.5	7.2
2015	36.6	27.6	779.6	342.5	1.0	7.9	872.0	11.4	20.3
2014	21.2	30.8	652.1	277.2	1.0	6.8	815.7	13.3	32.3

삼성출판사 (A068290)

Samsung Publishing

업　　종 : 레저용품　　시　　장 : 거래소
신용등급 : (Bond) —　(CP) —　　기업규모 : 시가총액 소형주
홈페이지 : www.samsungbooks.com　　연 락 처 : 02)3470-6800
본　　사 : 서울시 서초구 명달로 94(서초동)

설립일	2002.07.03	**종업원수**	215명	**대표이사**	김진용
상장일	2002.08.05	**감사의견**	적정(대성삼경)	**계　　열**	
결산기	12월	**보통주**		**종속회사수**	2개사
액면가	500원	**우선주**		**구　상　호**	

주주구성 (지분율,%)		출자관계 (지분율,%)		주요경쟁사 (외형,%)	
김진용	47.4	스마트앤미디어	95.3	삼성출판사	100
김민석	6.5	아트박스	46.5	손오공	59
(외국인)	1.1	스마트스터디	25.2	오로라	81

매출구성		비용구성		수출비중	
문구 및 패션디자인제품 제조 및 유통	71.3	매출원가율	49.4	수출	—
유아동 도서,성인교양물 등	15.3	판관비율	44.4	내수	—
국밥,호도과자,커피 등	6.6				

회사 개요

출판업을 주업으로 하고 고속도로휴게소업, 임대업을 영위하고 있으며 종속회사는 초등 온라인 교육 서비스사업 등을 운영하고 있음. 주로 서점과 할인점 서적코너를 통해 판매되며, 유/아동 단행본 시장에서 독보적인 위치를 점하고 있음. 이외에 홈쇼핑 및 인터넷서점 등을 통한 다양한 매출채널 확보에 활발한 투자가 이루어지고 있음. 출판 및 문구 사업이 전체 매출의 80%가량이며, 온라인교육, 휴게소, 임대사업 순으로 매출비중이 차지하고 있음.

실적 분석

동사의 2017년 결산 누적 매출액은 1,765.8억원으로 전년 동기(1,633억원) 대비 8.1% 증가함. 하지만 매출원가와 판관비도 전년 동기 대비 각각 3.7%, 17.1% 늘어남. 이에따라 영업이익은 전년 대비 10% 감소한 110.1억원을 기록함. 당기순이익은 영업이익 부진과 법인세 비용 증가등으로 전년 대비 40.8% 줄어든 58.6억원을 시현함. 문구 및 팬시 전문자회사 아트박스 성장세는 지속 중.

현금 흐름

〈단위 : 억원〉

항목	2016	2017
영업활동	114	59
투자활동	-214	-95
재무활동	64	26
순현금흐름	-36	-10
기말현금	87	76

시장 대비 수익률

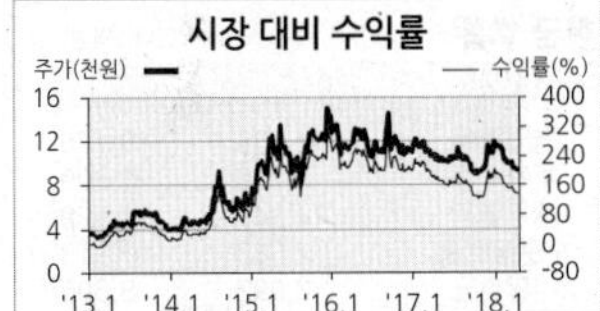

결산 실적

〈단위 : 억원〉

항목	2012	2013	2014	2015	2016	2017
매출액	1,331	1,390	1,388	1,455	1,633	1,766
영업이익	67	68	95	80	122	110
당기순이익	55	56	69	67	99	59

분기 실적

〈단위 : 억원〉

항목	2016.3Q	2016.4Q	2017.1Q	2017.2Q	2017.3Q	2017.4Q
매출액	395	439	461	385	445	475
영업이익	25	44	41	4	22	43
당기순이익	26	30	27	-15	19	28

재무 상태

〈단위 : 억원〉

항목	2012	2013	2014	2015	2016	2017
총자산	1,236	1,305	1,557	1,551	1,765	1,846
유형자산	191	187	314	351	385	427
무형자산	81	75	66	34	32	30
유가증권	53	49	47	19	19	20
총부채	359	378	577	537	667	680
총차입금	179	196	338	340	420	441
자본금	50	50	50	50	50	50
총자본	878	927	980	1,014	1,098	1,166
지배주주지분	714	742	774	801	844	877

기업가치 지표

항목	2012	2013	2014	2015	2016	2017
주가(최고/저)(천원)	7.6/3.4	5.9/3.3	9.4/3.9	15.0/6.5	14.6/10.3	12.3/8.8
PER(최고/저)(배)	22.7/10.1	20.7/11.7	21.8/9.1	41.9/18.1	26.6/18.8	37.0/26.5
PBR(최고/저)(배)	1.2/0.5	0.9/0.5	1.3/0.5	1.9/0.8	1.8/1.2	1.4/1.0
EV/EBITDA(배)	5.6	5.6	7.1	12.8	8.5	9.2
EPS(원)	370	304	453	370	560	338
BPS(원)	7,162	7,421	7,735	8,009	8,443	8,770
CFPS(원)	872	878	1,023	1,050	1,320	1,216
DPS(원)	100	100	100	130	110	150
EBITDAPS(원)	1,175	1,255	1,519	1,477	1,983	1,979

재무 비율

〈단위 : %〉

연도	영업 이익률	순 이익률	부채 비율	차입금 비율	ROA	ROE	유보율	자기자본 비율	EBITDA 마진율
2017	6.2	3.3	58.3	37.8	3.3	3.9	1,654.0	63.2	11.2
2016	7.5	6.1	60.7	38.2	6.0	6.8	1,588.6	62.2	12.1
2015	5.5	4.6	53.0	33.6	4.3	4.7	1,501.9	65.4	10.2
2014	6.8	5.0	58.9	34.4	4.9	6.0	1,447.1	63.0	10.9

삼성카드 (A029780)
Samsung Card

업　　종 : 소비자 금융 | 시　　장 : 거래소
신 용 등 급 : (Bond) AA+　(CP) A1 | 기 업 규 모 : 시가총액 대형주
홈 페 이 지 : www.samsungcard.com | 연 락 처 : 1588-8700
본　　사 : 서울시 중구 세종대로 67

설 립 일	1983.03.24	**종 업 원 수**	2,079명	**대 표 이 사**	원기찬
상 장 일	2007.06.27	**감 사 의 견**	적정(삼일)	**계 열**	
결 산 기	12월	**보 통 주**		**종속회사수**	9개사
액 면 가	5,000원	**우 선 주**		**구 상 호**	

주주구성 (지분율,%)		출자관계 (지분율,%)		주요경쟁사 (외형,%)	
삼성생명보험	71.9	삼성카드고객서비스	100.0	삼성카드	100
한국투자신탁운용	4.9	르노삼성자동차	19.9	텍셀네트컴	13
(외국인)	12.6	에스지아이신용정보	15.0	아주캐피탈	7

수익구성		비용구성		수출비중	
기타 금융자산 관련이익	85.8	이자비용	0.0	수출	—
리스 및 렌탈관련수익	8.1	파생상품손실	8.4	내수	—
수수료수익	3.6	판관비	73.8		

회사 개요

동사는 1983년 설립돼 여신전문금융업(신용카드업 · 시설대여업 · 할부금융업 등)을 영위하는 여신전문금융회사임. 동사는 최대주주가 삼성전자에서 2016년에 삼성생명으로 바뀜. 2017년 2분기말 기준 동사는 1,027만의 개인 및 법인 회원, 228만개의 가맹점을 보유함. 신용카드 시장은 꾸준히 성장세에 있으며 2017년 3분기 누적 승인실적이 568조원에 달하며 동사는 이 중 52.3조원을 차지하며 업계 3위임.

실적 분석

동사의 2017년 영업수익은 전년 대비 2,025억원 증가한 3조113억원을 기록함. 4분기 상품채권은 전년동기대비 5.7% 증가. 카드사업과 할부리스사업 잔고는 각각 3.3%, 22.2% 성장함.시장점유율 상승과 효과적인 비용관리를 통한 증익 기조 2018년에도 유효할 것. 취급고 증가와 비용 효율화를 통해 정부 규제 강화에 대응할 계획.

현금 흐름 〈단위 : 억원〉

항목	2016	2017
영업활동	-11,038	-10,176
투자활동	-720	-1,309
재무활동	14,341	11,999
순현금흐름	2,583	513
기말현금	8,092	8,606

시장 대비 수익률

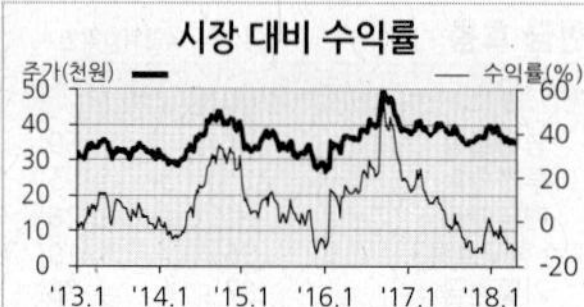

결산 실적 〈단위 : 억원〉

항목	2012	2013	2014	2015	2016	2017
순영업손익	30,103	21,867	28,075	26,390	28,088	30,113
영업이익	9,889	3,610	8,654	3,842	4,309	5,056
당기순이익	7,499	2,732	6,560	3,337	3,494	3,867

분기 실적 〈단위 : 억원〉

항목	2016.3Q	2016.4Q	2017.1Q	2017.2Q	2017.3Q	2017.4Q
순영업손익	7,110	7,202	7,569	7,581	7,511	7,452
영업이익	1,204	673	1,528	1,313	1,193	1,022
당기순이익	980	657	1,130	1,006	918	813

재무 상태 〈단위 : 억원〉

항목	2012	2013	2014	2015	2016	2017
총자산	162,878	165,609	177,366	190,710	219,045	230,766
유형자산	587	506	813	901	729	599
무형자산	1,138	1,482	2,112	2,541	2,351	2,077
유가증권	8,571	8,906	3,397	4,540	5,001	5,647
총부채	103,573	103,583	113,463	123,827	152,888	161,536
총차입금	83,275	80,298	90,957	98,254	118,061	129,149
자본금	6,148	6,148	6,148	6,148	6,148	6,148
총자본	59,306	62,027	63,903	66,883	66,157	69,229
지배주주지분	59,306	62,027	63,903	66,883	66,157	69,229

기업가치 지표

항목	2012	2013	2014	2015	2016	2017
주가(최고/저)(천원)	37.2/25.2	36.1/30.1	45.5/28.2	38.8/27.2	50.5/26.7	41.2/34.2
PER(최고/저)(배)	7.3/4.9	18.0/15.0	9.3/5.7	15.2/10.6	18.0/9.5	12.8/10.7
PBR(최고/저)(배)	0.9/0.6	0.8/0.7	1.0/0.6	0.8/0.5	0.9/0.5	0.7/0.6
PSR(최고/저)(배)	2/1	2/2	2/1	2/1	2/1	2/1
EPS(원)	6,127	2,358	5,662	2,880	3,016	3,338
BPS(원)	51,241	53,590	55,210	57,782	59,681	62,333
CFPS(원)	6,867	3,178	6,656	4,412	4,863	5,363
DPS(원)	700	700	1,000	1,500	1,500	1,500
EBITDAPS(원)	8,079	3,116	7,469	3,316	3,719	4,364

재무 비율 〈단위 : %〉

연도	계속사업 이익률	순 이익률	부채 비율	차입금 비율	ROA	ROE	유보율	자기자본 비율	총자산 증가율
2017	16.7	12.8	233.3	186.6	1.7	5.7	1,074.7	30.0	5.4
2016	16.2	12.4	231.1	178.5	1.7	5.3	1,024.7	30.2	14.9
2015	16.1	12.7	185.1	146.9	1.8	5.1	988.9	35.1	7.5
2014	30.8	23.4	177.6	142.3	3.8	10.4	940.4	36.0	7.1

삼성화재해상보험 (A000810)
Samsung Fire & Marine Insurance

업　　종 : 보험 | 시　　장 : 거래소
신 용 등 급 : (Bond) —　(CP) — | 기 업 규 모 : 시가총액 대형주
홈 페 이 지 : www.samsungfire.com | 연 락 처 : 1588-5114
본　　사 : 서울시 서초구 서초대로74길 14

설 립 일	1952.01.26	**종 업 원 수**	5,838명	**대 표 이 사**	최영무
상 장 일	1975.06.30	**감 사 의 견**	적정(삼정)	**계 열**	
결 산 기	12월	**보 통 주**		**종속회사수**	15개사
액 면 가	500원	**우 선 주**		**구 상 호**	

주주구성 (지분율,%)		출자관계 (지분율,%)		주요경쟁사 (외형,%)	
삼성생명보험	15.0	삼성화재금융서비스보험대리점	100.0	삼성화재	100
국민연금공단	8.1	삼성화재애니카손해사정	100.0	삼성생명	89
(외국인)	51.2	삼성화재서비스손해사정	100.0	한화생명	80

수익구성		비용구성		수출비중	
장기	54.6	책임준비금전입	17.0	수출	—
자동차	25.0	보험금비용	31.3	내수	—
개인연금	10.9	사업비	11.7		

회사 개요

1952년 한국안보화재해상재보험주식회사로 설립된 동사는 국내에서 가장 규모가 큰 손해보험사임. 시장점유율은 2016년도 1분기 기준 23.5%로 2위 업체에 비해 7.2%포인트 가까이 높음. 동사는 손해보험업과 관계법령에 의거해 개인연금, 퇴직연금 등 다양한 금융상품을 판매하고 있으며 자본시장과 금융투자업에 관한 법률에서 허용하는 사업도 영위하고 있음. 2015년 7월 손해보험사로는 최초로 신탁업 인가를 취득함.

실적 분석

동사는 지난해 당기순이익이 9,564억원으로 전년보다 13.7% 증가하였음. 원수보험료(매출)는 18조 2,303억원으로 전년보다 0.3% 증가. 보험종목별로 자동차보험이 보험료 인하에도 전년 수준을 유지했고, 장기보험은 전년 대비로 0.2%, 일반보험은 2.0% 각각 증가하였음. 보험영업효율을 판단하는 합산비율(손해율+사업비율)은 전년보다 0.6%포인트 상승한 103.6%를 기록. 자동차보험은 합산비율 98.7%로 2년 연속 흑자를 달성함.

현금 흐름 〈단위 : 억원〉

항목	2016	2017
영업활동	16,462	25,948
투자활동	-11,416	-20,286
재무활동	-4,177	-2,601
순현금흐름	846	2,989
기말현금	7,725	10,715

시장 대비 수익률

결산 실적 〈단위 : 억원〉

항목	2012	2013	2014	2015	2016	2017
보험료수익	169,163	132,445	179,063	183,464	186,652	186,684
영업이익	10,324	6,812	11,166	10,851	10,712	11,388
당기순이익	7,906	5,151	8,382	8,138	8,606	9,689

분기 실적 〈단위 : 억원〉

항목	2016.3Q	2016.4Q	2017.1Q	2017.2Q	2017.3Q	2017.4Q
보험료수익	47,425	46,185	46,391	47,527	47,768	44,997
영업이익	3,038	1,415	4,285	3,947	3,018	138
당기순이익	2,432	952	5,005	2,909	2,259	-484

재무 상태 〈단위 : 억원〉

항목	2012	2013	2014	2015	2016	2017
총자산	461,486	494,420	581,836	632,336	682,175	759,077
유형자산	8,773	9,202	9,238	9,303	7,539	6,132
무형자산	1,684	1,704	1,724	1,635	1,407	5,745
유가증권	269,224	282,676	327,767	355,755	376,155	401,943
총부채	371,796	415,535	486,448	531,483	572,093	639,797
총차입금	40	—	—	600	—	—
자본금	265	265	265	265	265	265
총자본	89,690	78,885	95,388	100,853	110,082	119,280
지배주주지분	89,458	78,675	95,254	100,701	109,908	119,109

기업가치 지표

항목	2012	2013	2014	2015	2016	2017
주가(최고/저)(천원)	217/177	238/188	285/204	304/226	301/240	294/243
PER(최고/저)(배)	15.5/12.7	25.8/20.4	18.9/13.6	20.5/15.2	18.8/15.0	16.0/13.2
PBR(최고/저)(배)	1.3/1.1	1.5/1.2	1.5/1.1	1.5/1.1	1.3/1.0	1.2/1.0
PSR(최고/저)(배)	1/1	1/1	1/1	1/1	1/1	1/1
EPS(원)	15,553	10,124	16,530	16,043	16,967	19,109
BPS(원)	185,093	170,920	207,503	225,804	246,689	264,886
CFPS(원)	17,434	11,693	18,835	18,686	19,476	21,848
DPS(원)	3,750	2,750	4,500	5,150	6,100	10,000
EBITDAPS(원)	20,416	13,471	22,082	21,459	21,183	22,521

재무 비율 〈단위 : %〉

연도	계속사업 이익률	순 이익률	부채 비율	차입금 비율	ROA	ROE	유보율	자기자본 비율	총자산 증가율
2017	7.0	5.2	536.4	0.0	1.3	8.4	50,495.8	15.7	11.3
2016	6.0	4.6	519.7	0.0	1.3	8.2	47,020.0	16.1	7.9
2015	5.8	4.4	527.0	0.6	1.3	8.3	43,030.8	16.0	8.7
2014	6.2	4.7	510.0	0.0	1.6	9.6	39,535.1	16.4	26.1

삼아알미늄 (A006110)
Sam-A Aluminium

업 종 : 금속 및 광물　　시 장 : 거래소
신용등급 : (Bond) — (CP) —　　기업규모 : 시가총액 소형주
홈페이지 : www.sama-al.com　　연 락 처 : 031)467-6800
본 사 : 경기도 평택시 포승읍 평택항로 92 삼아알미늄 주식회사

설 립 일	1969.06.25	**종업원수**	266명	**대표이사**	한남희,하상용
상 장 일	1980.12.05	**감사의견**	적정(안진)	**계 열**	
결 산 기	12월	**보 통 주**		**종속회사수**	
액 면 가	500원	**우 선 주**		**구 상 호**	

주주구성 (지분율,%)		출자관계 (지분율,%)		주요경쟁사 (외형,%)	
TOYO ALUMINIUM K. K.	33.4	퀀텀인더스트리	33.0	삼아알미늄	100
한남희	9.9	JTBC	0.1	에이프로젠 KIC	33
(외국인)	32.7			대호에이엘	92

매출구성		비용구성		수출비중	
AL-FOIL 외	57.5	매출원가율	91.9	수출	50.7
접착박지 외	42.5	판관비율	5.6	내수	49.3

회사 개요
동사는 1969년 설립되어 일반포장재용, 전지용, 콘덴서용, 음극박재용 및 산업용인 자동차용, 에어컨용, 전선용박의 알미늄 압연제품과 알미늄 박을 포함한 필름, 종이, 기타 소재로 만들어진 포장재를 생산, 판매하고 있음. 국내 박업계는 선발 3사(삼아알미늄, 롯데알미늄, 동원시스템즈)로 유지되어 왔으나 1990년대부터 동일알루미늄과 한국알루미늄이 참여했고, 최근엔 중국 업체들의 참여로 공급과잉이 심화되고 있음.

실적 분석
동사의 2017년 매출액은 전년대비 약 6% 정도 증가한 1,369억원, 영업이익은 3.7% 감소한 35억원을 기록함. 주요 원자재인 LME 평균 가격이 전년 평균보다 약 23% 상승하고 달러 대비 원화가 절상되는 등 외부 환경 요인이 작용함. 매출액 대비 금융비용은 1.8%에서 1.67%로 감소하였으며 현재 83.4%의 부채비율로 건전한 재무구조를 유지하고 있음.

현금 흐름 *IFRS 별도 기준 〈단위 : 억원〉

항목	2016	2017
영업활동	67	43
투자활동	-41	-22
재무활동	-24	12
순현금흐름	3	31
기말현금	44	75

시장 대비 수익률
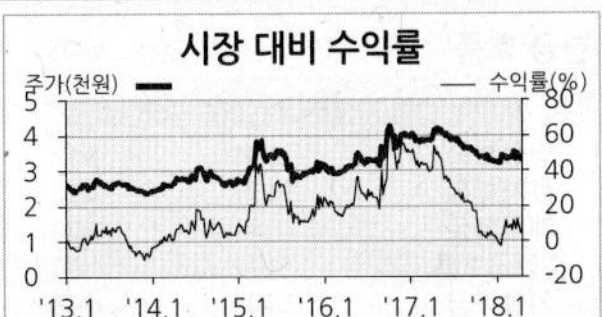

결산 실적 〈단위 : 억원〉

항목	2012	2013	2014	2015	2016	2017
매출액	1,501	1,289	1,250	1,243	1,293	1,369
영업이익	50	12	2	-18	36	35
당기순이익	28	4	9	-33	10	1

분기 실적 *IFRS 별도 기준 〈단위 : 억원〉

항목	2016.3Q	2016.4Q	2017.1Q	2017.2Q	2017.3Q	2017.4Q
매출액	318	323	322	334	365	348
영업이익	5	15	12	4	7	12
당기순이익	-7	15	-1	-0	3	-0

재무 상태 *IFRS 별도 기준 〈단위 : 억원〉

항목	2012	2013	2014	2015	2016	2017
총자산	1,735	1,907	1,941	1,886	1,876	1,912
유형자산	823	1,055	1,191	1,197	1,182	1,131
무형자산	1	1	1	1	1	0
유가증권	5	8	5	4	1	0
총부채	640	814	854	839	826	869
총차입금	362	543	589	625	609	634
자본금	55	55	55	55	55	55
총자본	1,095	1,093	1,087	1,047	1,050	1,043
지배주주지분	1,095	1,093	1,087	1,047	1,050	1,043

기업가치 지표 *IFRS 별도 기준

항목	2012	2013	2014	2015	2016	2017
주가(최고/저)(천원)	3.0/2.2	2.8/2.3	3.1/2.4	3.9/2.7	4.6/2.9	4.3/3.2
PER(최고/저)(배)	13.5/9.8	92.1/76.1	42.1/32.6	—/—	51.4/32.3	386.5/287.3
PBR(최고/저)(배)	0.3/0.3	0.3/0.3	0.3/0.3	0.4/0.3	0.5/0.3	0.5/0.3
EV/EBITDA(배)	5.9	11.4	17.4	21.7	9.8	8.8
EPS(원)	251	34	80	-303	92	11
BPS(원)	9,953	9,940	9,886	9,522	9,543	9,478
CFPS(원)	766	575	516	257	702	642
DPS(원)	75	75	75	55	75	55
EBITDAPS(원)	972	646	454	397	936	945

재무 비율 〈단위 : %〉

연도	영업이익률	순이익률	부채비율	차입금비율	ROA	ROE	유보율	자기자본비율	EBITDA마진율
2017	2.5	0.1	83.4	60.9	0.1	0.1	1,795.7	54.5	7.6
2016	2.8	0.8	78.7	58.0	0.5	1.0	1,808.7	56.0	8.0
2015	-1.4	-2.7	80.1	59.7	-1.7	-3.1	1,804.3	55.5	3.5
2014	0.2	0.7	78.5	54.1	0.5	0.8	1,877.2	56.0	4.0

삼아제약 (A009300)
Sam-A Pharm

업 종 : 제약　　시 장 : KOSDAQ
신용등급 : (Bond) — (CP) —　　기업규모 : 우량
홈페이지 : www.samapharm.co.kr　　연 락 처 : 033)769-8400
본 사 : 강원도 원주시 문막읍 동화공단로 49(동화리 1676)

설 립 일	1973.10.04	**종업원수**	309명	**대표이사**	허준,허미애
상 장 일	2000.07.07	**감사의견**	적정(삼일)	**계 열**	
결 산 기	12월	**보 통 주**		**종속회사수**	
액 면 가	1,000원	**우 선 주**		**구 상 호**	

주주구성 (지분율,%)		출자관계 (지분율,%)		주요경쟁사 (외형,%)	
허준	44.4			삼아제약	100
허미애	13.1			선바이오	3
(외국인)	1.4			대봉엘에스	106

매출구성		비용구성		수출비중	
호흡기계	53.2	매출원가율	38.1	수출	0.0
해열진통소염	15.4	판관비율	49.6	내수	100.0
항생제	11.9				

회사 개요
동사는 의약품의 제조를 목적으로 1945년 10월 보건제약소로 창립되어 1973년 10월 삼아약품공업주식회사로 법인화됨. 2000년 7월 코스닥시장에 상장되었으며 2007년 3월 삼아제약주식회사로 상호변경됨. 도매상을 통한 거래와 직거래방식을 통한 유통구조를 가지고 있음. 노마골드, 노마에프, 노마츄정 등과 같은 어린이 영양제품과 전문의약품에서는 호흡기 계통의 진해거담제인 아토크정과 코네날정이 있음.

실적 분석
동사의 2017년 누적매출액은 617.9억원으로 전년대비 6.2% 감소함. 비용측면에서 매출원가와 판관비는 각각 7.4%, 0.8% 하락함. 영업이익은 전년보다 20.5% 줄어든 76.1억원을 기록함. 매출은 호흡기계 품목 56.9%, 해열진통소염 13.9, 피부기계 9.5% 등임. 의약품 시장의 수요 증가에 따라 기존 소아과 위주의 제약사라는 이미지를 탈피하고, 정형외과, 내과 및 비뇨기과 약물 등을 출시함으로써 지속적인 성장을 꾀하고 있음.

현금 흐름 *IFRS 별도 기준 〈단위 : 억원〉

항목	2016	2017
영업활동	105	51
투자활동	-50	-155
재무활동	-13	-15
순현금흐름	42	-120
기말현금	217	98

시장 대비 수익률
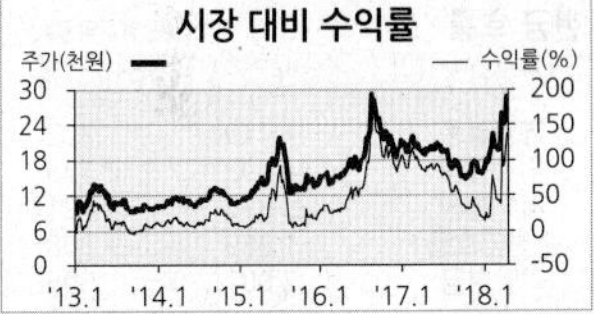

결산 실적 〈단위 : 억원〉

항목	2012	2013	2014	2015	2016	2017
매출액	566	546	568	597	659	618
영업이익	93	61	58	61	96	76
당기순이익	120	72	81	72	99	58

분기 실적 *IFRS 별도 기준 〈단위 : 억원〉

항목	2016.3Q	2016.4Q	2017.1Q	2017.2Q	2017.3Q	2017.4Q
매출액	142	181	157	157	144	160
영업이익	13	24	21	24	15	16
당기순이익	15	25	18	22	2	16

재무 상태 *IFRS 별도 기준 〈단위 : 억원〉

항목	2012	2013	2014	2015	2016	2017
총자산	1,448	1,470	1,459	1,529	1,623	1,680
유형자산	420	426	424	438	420	424
무형자산	48	71	79	78	73	82
유가증권	480	393	342	399	368	488
총부채	235	197	117	128	134	119
총차입금	125	89	3	1	—	—
자본금	64	64	64	64	64	64
총자본	1,213	1,273	1,342	1,401	1,489	1,561
지배주주지분	1,213	1,273	1,342	1,401	1,489	1,561

기업가치 지표 *IFRS 별도 기준

항목	2012	2013	2014	2015	2016	2017
주가(최고/저)(천원)	10.4/5.2	14.0/9.1	13.4/9.9	22.0/10.7	29.3/13.5	22.0/14.3
PER(최고/저)(배)	6.1/3.1	13.4/8.7	11.2/8.3	20.4/9.9	19.4/9.0	24.5/16.0
PBR(최고/저)(배)	0.6/0.3	0.8/0.5	0.7/0.5	1.0/0.5	1.3/0.6	0.9/0.6
EV/EBITDA(배)	3.4	6.3	4.5	6.3	8.2	5.5
EPS(원)	1,876	1,128	1,267	1,124	1,549	911
BPS(원)	19,284	20,225	21,297	22,228	23,615	24,744
CFPS(원)	2,187	1,459	1,594	1,467	1,927	1,301
DPS(원)	200	200	200	200	250	250
EBITDAPS(원)	1,766	1,281	1,240	1,293	1,881	1,585

재무 비율 〈단위 : %〉

연도	영업이익률	순이익률	부채비율	차입금비율	ROA	ROE	유보율	자기자본비율	EBITDA마진율
2017	12.3	9.4	7.6	0.0	3.5	3.8	2,374.4	92.9	16.3
2016	14.5	15.0	9.0	0.0	6.3	6.8	2,261.5	91.8	18.2
2015	10.1	12.0	9.2	0.1	4.8	5.2	2,122.8	91.6	13.8
2014	10.2	14.2	8.7	0.2	5.5	6.2	2,029.7	92.0	13.9

삼양사 (A145990)

Samyang

업 종 : 식료품 | 시 장 : 거래소
신용등급 : (Bond) AA- (CP) — | 기업규모 : 시가총액 중형주
홈페이지 : www.samyangcorp.com | 연 락 처 : 02)740-7114
본 사 : 서울시 종로구 종로33길 31

설 립 일	2011.11.03	종업원수	1,267명	대표이사	김정,문성환
상 장 일	2011.12.05	감사의견	적정(한영)	계 열	
결 산 기	12월	보 통 주		종속회사수	5개사
액 면 가	5,000원	우 선 주		구 상 호	

주주구성 (지분율,%)		출자관계 (지분율,%)		주요경쟁사 (외형,%)	
삼양홀딩스	62.0	크리켐	100.0	삼양사	100
신영자산운용	7.2	삼양패키징	51.0	CJ	1,318
(외국인)	4.2	삼양화인테크놀로지	50.0	오리온홀딩스	6

매출구성		비용구성		수출비중	
설탕, 밀가루, 유지, 전분당,홈메이드 제품 등	55.3	매출원가율	82.6	수출	26.1
엔지니어링 플라스틱,산업자재용섬유 등	46.7	판관비율	13.1	내수	73.9
기타(임대수익 등)	0.1				

회사 개요

동사의 사업부문은 크게 식품 및 화학부문이 있음. 식품부문의 주요 제품으로 설탕, 밀가루, 유지, 전분당 등의 있으며, 원료를 대부분 해외에서 수입, 가공하여 판매하기 때문 국제 곡물가격의 영향을 많이 받음. 화학부문의 엔지니어링 플라스틱은 투명성, 내열성 및 기계적 특성이 우수해 전기전자, 자동차, 기계부품 소재로 사용되고 있으며, 역시 국제원유가격의 영향을 많이 받음. 연결대상 종속회사는 삼양공정소료(상해) 등 5개사가 있음.

실적 분석

동사의 2017년 연결 기준 연간 누적 매출액은 2조 411.8억원으로 전년 동기 대비 2% 증가함. 매출은 늘었지만 매출 증가율 대비 매출원가 증가율이 높고 판매비와 관리비도 늘어나면서 영업이익은 전년 동기 대비 39.7% 감소한 888.9억원을 시현함. 비영업 부문에서도 금융 손실 등으로 인해 적자가 지속되면서 당기순이익은 전년 동기 대비 51.4% 감소한 491.9억원을 기록함.

현금 흐름

〈단위 : 억원〉

항목	2016	2017
영업활동	1,719	702
투자활동	-93	-2,123
재무활동	-364	121
순현금흐름	1,289	-1,308
기말현금	2,002	695

시장 대비 수익률

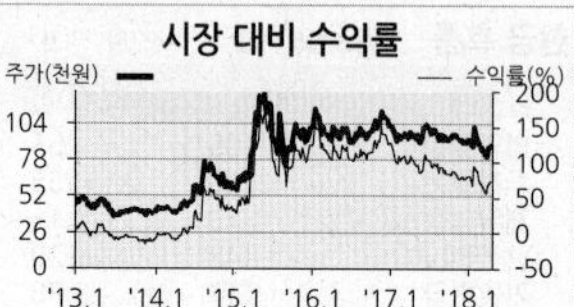

결산 실적

〈단위 : 억원〉

항목	2012	2013	2014	2015	2016	2017
매출액	13,667	13,453	13,551	14,389	20,009	20,412
영업이익	162	209	372	758	1,473	889
당기순이익	261	190	305	510	1,012	492

분기 실적

〈단위 : 억원〉

항목	2016.3Q	2016.4Q	2017.1Q	2017.2Q	2017.3Q	2017.4Q
매출액	5,129	4,809	4,791	5,228	5,514	4,879
영업이익	537	-16	141	274	350	123
당기순이익	373	-30	94	190	247	-39

재무 상태

〈단위 : 억원〉

항목	2012	2013	2014	2015	2016	2017
총자산	8,269	7,809	10,814	14,378	20,638	21,282
유형자산	3,718	3,835	4,871	6,872	8,484	9,082
무형자산	48	53	79	1,927	2,043	2,422
유가증권	1,020	567	747	588	2,851	3,594
총부채	4,168	3,502	5,060	7,345	8,977	8,917
총차입금	1,887	1,279	2,625	4,638	5,314	5,680
자본금	221	236	315	315	533	533
총자본	4,101	4,307	5,754	7,034	11,660	12,365
지배주주지분	4,101	4,307	5,754	6,078	10,592	10,825

기업가치 지표

항목	2012	2013	2014	2015	2016	2017
주가(최고/저)(천원)	54.5/38.0	51.1/36.2	77.3/40.1	130/55.8	124/90.0	105/88.3
PER(최고/저)(배)	10.2/7.1	13.4/9.5	14.4/7.5	18.0/7.7	15.1/10.9	32.0/26.9
PBR(최고/저)(배)	0.6/0.4	0.6/0.4	0.9/0.5	1.4/0.6	1.3/0.9	1.1/0.9
EV/EBITDA(배)	9.1	6.2	8.8	10.0	6.4	9.8
EPS(원)	5,903	4,152	5,727	7,544	8,456	3,330
BPS(원)	95,140	93,455	91,553	96,693	99,371	101,556
CFPS(원)	9,415	7,800	9,420	13,317	14,362	8,890
DPS(원)	500	1,000	1,500	1,500	1,500	1,250
EBITDAPS(원)	7,177	8,212	10,691	17,802	19,774	13,898

재무 비율

〈단위 : %〉

연도	영업 이익률	순 이익률	부채 비율	차입금 비율	ROA	ROE	유보율	자기자본 비율	EBITDA 마진율
2017	4.4	2.4	72.1	45.9	2.4	3.3	1,931.1	58.1	7.3
2016	7.4	5.1	77.0	45.6	5.8	10.8	1,887.4	56.5	10.5
2015	5.3	3.6	104.4	65.9	4.1	8.0	1,833.9	48.9	7.8
2014	2.8	2.3	87.9	45.6	3.3	6.1	1,731.1	53.2	4.2

삼양식품 (A003230)

Samyang Foods

업 종 : 식료품 | 시 장 : 거래소
신용등급 : (Bond) — (CP) — | 기업규모 : 시가총액 중형주
홈페이지 : www.samyangfood.co.kr | 연 락 처 : 02)940-3000
본 사 : 서울시 성북구 오패산로3길 104(하월곡동)

설 립 일	1961.09.15	종업원수	1,371명	대표이사	김정수,정태운
상 장 일	1975.06.30	감사의견	적정(삼일)	계 열	
결 산 기	12월	보 통 주		종속회사수	4개사
액 면 가	5,000원	우 선 주		구 상 호	

주주구성 (지분율,%)		출자관계 (지분율,%)		주요경쟁사 (외형,%)	
삼양농수산	33.3	삼양티에이치에스	100.0	삼양식품	100
현대산업개발	17.0	삼양프루웰	79.9	오뚜기	464
(외국인)	6.5	삼양로지스틱스	72.3	농심	482

매출구성		비용구성		수출비중	
면(제품)	86.2	매출원가율	74.3	수출	44.8
유제품(제품)	4.3	판관비율	16.3	내수	55.2
스낵(제품)	3.6				

회사 개요

동사는 1961년 유지공업과 식품도매업을 영위하기 위해 설립됨. 1963년 국내최초로 '삼양라면'이란 브랜드를 선보임. 원주, 문막, 익산 등의 공장에서 면류, 스낵류, 유제품, 조미소재류 등을 제조, 판매이며, 계열회사는 에코그린캠퍼스, 프루웰, 호면당, 제주우유 등을 포함 총 8개사임. 2015년에는 무슬림 시장 공략을 위해 할랄 인증을 획득하고, 동남아권 수출을 확대해가며 해외 시장 진출에 집중하고 있음.

실적 분석

동사의 2017년 연결기준 연간 누적 매출액은 4,584.8억원으로 전년 동기 대비 27.6% 증가함. 매출이 늘어나면서 매출원가와 판관비도 늘었지만 매출 증가에 따른 고정 비용 감소 효과로 인해 영업이익은 전년 동기 대비 71.4% 증가한 433.2억원을 시현함. 비영업 손익 부문에서 외환 손실이 증가했지만 영업이익 증가폭이 커 당기순이익은 291억원으로 전년 동기 대비 54.9% 증가함.

현금 흐름

〈단위 : 억원〉

항목	2016	2017
영업활동	381	347
투자활동	-173	-454
재무활동	-41	209
순현금흐름	172	88
기말현금	405	493

시장 대비 수익률

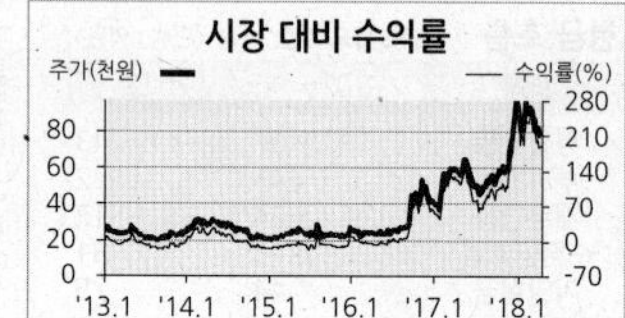

결산 실적

〈단위 : 억원〉

항목	2012	2013	2014	2015	2016	2017
매출액	3,258	3,027	3,146	2,909	3,593	4,585
영업이익	76	102	97	71	253	433
당기순이익	53	34	41	-34	188	291

분기 실적

〈단위 : 억원〉

항목	2016.3Q	2016.4Q	2017.1Q	2017.2Q	2017.3Q	2017.4Q
매출액	962	1,047	1,168	1,016	1,120	1,281
영업이익	73	98	131	73	109	120
당기순이익	37	90	100	68	87	37

재무 상태

〈단위 : 억원〉

항목	2012	2013	2014	2015	2016	2017
총자산	2,905	2,986	2,996	2,965	3,267	3,982
유형자산	1,667	1,650	1,650	1,664	1,799	2,253
무형자산	23	44	54	50	41	38
유가증권	82	86	84	108	76	62
총부채	1,293	1,347	1,335	1,340	1,492	1,951
총차입금	538	534	535	534	522	667
자본금	377	377	377	377	377	377
총자본	1,612	1,639	1,661	1,625	1,775	2,031
지배주주지분	1,588	1,619	1,641	1,607	1,753	2,001

기업가치 지표

항목	2012	2013	2014	2015	2016	2017
주가(최고/저)(천원)	41.6/19.5	28.6/19.8	31.5/20.8	30.1/20.4	53.2/22.7	98.4/37.5
PER(최고/저)(배)	58.1/27.2	59.7/41.3	59.2/39.1	—/—	22.0/9.4	25.8/9.9
PBR(최고/저)(배)	2.0/0.9	1.4/0.9	1.5/1.0	1.4/1.0	2.3/1.0	3.7/1.4
EV/EBITDA(배)	15.7	12.8	12.0	17.5	10.0	14.8
EPS(원)	729	486	539	-418	2,431	3,807
BPS(원)	21,083	21,486	21,780	21,338	23,269	26,560
CFPS(원)	1,453	1,255	1,344	403	3,206	4,682
DPS(원)	—	100	100	50	150	250
EBITDAPS(원)	1,732	2,122	2,094	1,770	4,130	6,625

재무 비율

〈단위 : %〉

연도	영업 이익률	순 이익률	부채 비율	차입금 비율	ROA	ROE	유보율	자기자본 비율	EBITDA 마진율
2017	9.5	6.4	96.0	32.8	8.0	15.3	431.2	51.0	10.9
2016	7.0	5.2	84.0	29.4	6.0	10.9	365.4	54.3	8.7
2015	2.5	-1.2	82.5	32.9	-1.1	-1.9	326.8	54.8	4.6
2014	3.1	1.3	80.4	32.2	1.4	2.5	335.6	55.4	5.0

삼양옵틱스 (A225190)

SAMYANG OPTICS CO

업 종 : 내구소비재
시 장 : KOSDAQ
신용등급 : (Bond) — (CP) —
기업규모 : 중견
홈페이지 : www.syopt.co.kr
연 락 처 : 055)250-5600
본 사 : 경남 창원시 마산회원구 자유무역6길 123 (봉암동)

설 립 일	2013.08.02	**종업원수**	136명	**대표이사**	황충현
상 장 일	2017.06.02	**감사의견**	적정(삼정)	**계 열**	
결 산 기	12월	**보 통 주**		**종속회사수**	2개사
액 면 가	500원	**우 선 주**		**구 상 호**	

주주구성 (지분율,%)		출자관계 (지분율,%)		주요경쟁사 (외형,%)	
에스와이오투자목적회사	60.0	남경광학	100.0	삼양옵틱스	100
미래에셋대우	8.8	옵트라움	100.0	아남전자	266
(외국인)	1.6			에스텍	453

매출구성		비용구성		수출비중	
Photo	59.2	매출원가율	50.0	수출	—
Cine	29.6	판관비율	19.6	내수	—
XEEN	10.4				

회사 개요

동사는 2013년 설립된 기업으로 카메라 교환렌즈 전문회사로 디지털카메라에 장착하는 렌즈를 생산하는 회사임. 2017년 6월 초 KOSDAQ에 상장하였음. 2016년 12월 기준 주요제품 매출구성은 Photo 59.19%, Cine 29.6%, XEEN 10.35%, T-Lens 0.57%임. 매출 중 95%가 수출이 차지하며, 독일의 'iF 디자인 어워드 2017'를 수상한 바 있음.

실적 분석

동사의 연결기준 2017년 매출액은 전년 대비 5.6% 증가한 662.7억원을 기록한 반면, 판관비는 인건비와 경상개발비를 중심으로 전년 동기 대비 3% 증가함. 동기간 영업이익은 전년 대비 2.9% 증가한 201.3억원을 기록함. 반면, 비영업이익은 금융이익을 중심으로 14.4억원의 흑자를 달성함. 이에 따라 동사의 2017년 당기순이익은 전년 대비 11.7% 증가한 178.4억원을 기록함.

현금 흐름

<단위 : 억원>

항목	2016	2017
영업활동	205	198
투자활동	-53	-39
재무활동	-100	-170
순현금흐름	52	-12
기말현금	119	107

시장 대비 수익률

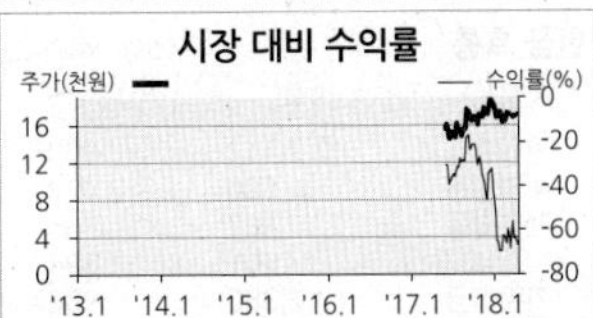

결산 실적

〈단위 : 억원〉

항목	2012	2013	2014	2015	2016	2017
매출액	—	224	516	572	628	663
영업이익	—	50	148	176	196	201
당기순이익	—	38	125	131	160	178

분기 실적

〈단위 : 억원〉

항목	2016.3Q	2016.4Q	2017.1Q	2017.2Q	2017.3Q	2017.4Q
매출액	160	—	—	156	175	—
영업이익	43	—	—	47	50	—
당기순이익	32	—	—	54	34	—

재무 상태

〈단위 : 억원〉

항목	2012	2013	2014	2015	2016	2017
총자산	—	267	298	340	426	442
유형자산	—	74	75	111	141	158
무형자산	—	1	15	12	13	11
유가증권	—	1	—	—	—	—
총부채	—	32	89	63	87	85
총차입금	—	—	11	—	8	—
자본금	—	5	4	50	50	50
총자본	—	235	209	277	339	357
지배주주지분	—	235	209	277	339	357

기업가치 지표

항목	2012	2013	2014	2015	2016	2017
주가(최고/저)(천원)	#VALUE!	—/—	—/—	—/—	—/—	—/—
PER(최고/저)(배)	0.0/0.0	0.0/0.0	0.0/0.0	0.0/0.0	0.0/0.0	11.2/8.4
PBR(최고/저)(배)	0.0/0.0	0.0/0.0	0.0/0.0	0.0/0.0	0.0/0.0	5.6/4.2
EV/EBITDA(배)	0.0	—	—	—	—	7.6
EPS(원)	—	316	1,094	1,310	1,597	1,784
BPS(원)	—	23,492	24,871	2,771	3,395	3,573
CFPS(원)	—	4,309	14,425	1,464	1,786	2,030
DPS(원)	—	—	—	—	—	1,300
EBITDAPS(원)	—	5,564	16,850	1,915	2,145	2,259

재무 비율

〈단위 : %〉

연도	영업이익률	순이익률	부채비율	차입금비율	ROA	ROE	유보율	자기자본비율	EBITDA마진율
2017	30.4	26.9	23.7	0.0	41.1	51.2	614.5	80.9	34.1
2016	31.2	25.4	25.6	2.3	41.7	51.8	579.0	79.6	34.2
2015	30.8	22.9	22.7	0.0	41.1	53.9	454.1	81.5	33.5
2014	28.7	24.2	42.5	5.1	—	—	4,874.3	70.2	31.4

삼양통상 (A002170)

SAMYANG TONGSANG

업 종 : 섬유 및 의복
시 장 : 거래소
신용등급 : (Bond) — (CP) —
기업규모 : 시가총액 소형주
홈페이지 : www.samyangts.com
연 락 처 : 02)3453-3961
본 사 : 서울시 강남구 테헤란로 301(역삼동) 삼정개발빌딩 6층

설 립 일	1957.10.12	**종업원수**	282명	**대표이사**	허남각
상 장 일	1989.11.10	**감사의견**	적정(삼덕)	**계 열**	
결 산 기	12월	**보 통 주**		**종속회사수**	1개사
액 면 가	5,000원	**우 선 주**		**구 상 호**	

주주구성 (지분율,%)		출자관계 (지분율,%)		주요경쟁사 (외형,%)	
허준홍	21.5	경원건설	14.9	삼양통상	100
허남각	20.0	청도삼양피혁유한공사	100.0	데코앤이	27
(외국인)	5.4			동일방직	497

매출구성		비용구성		수출비중	
우피혁등 (가죽부문 제품)	97.5	매출원가율	79.3	수출	26.3
기타 (잡매출 등)	2.5	판관비율	3.0	내수	73.7

회사 개요

가죽 원단 제품을 주력으로 생산하는 동사는 가죽사업과 야구글러브 등 운동용구 사업으로 대별됨. 가죽부문 매출이 약 98.4% 가량이며, 최근 자동차 시트, 가구용 가죽 등 고부가가치 제품 생산에 집중하고 있음 동사는 축적된 기술력을 바탕으로 고부가가치제품을 개발하고 거래선 다변화 전략을 추구하여 수익성개선에 노력하고 있음. 또한 Car Seat 부문은 경쟁이 치열하여 수익성 확보에 주력하고 있음.

실적 분석

동사의 2017년 결산 연결기준 누적 매출액은 1,705.9억원으로 전년동기 대비 12.9% 감소함. 그러나 원가율 개선과 판관비 감소에도 불구하고 영업이익은 301.8억원을 기록하며 3.0% 감소. 비영업손익이 흑자전환 하면서 당기순이익은 9.1% 증가한 249.3억원을 달성. 피혁 부문에서 중국 및 동남아 국가를 상대로 시장개척을 추진 중임. 카시트용 가죽 부문은 중국 청도 현지법인을 통해 고객 네트워크 기반을 넓혀 나가고 있음.

현금 흐름

<단위 : 억원>

항목	2016	2017
영업활동	435	327
투자활동	83	-274
재무활동	-451	-36
순현금흐름	67	17
기말현금	78	94

시장 대비 수익률

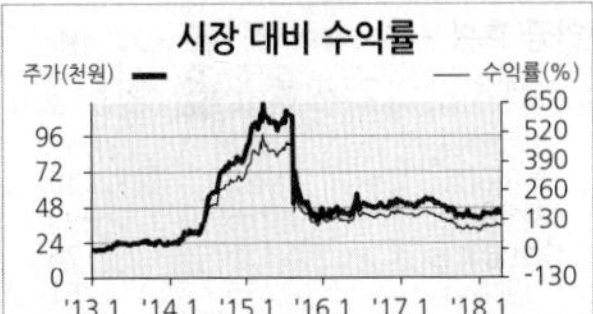

결산 실적

〈단위 : 억원〉

항목	2012	2013	2014	2015	2016	2017
매출액	1,625	1,664	1,991	2,150	1,958	1,706
영업이익	54	18	96	120	311	302
당기순이익	60	34	102	105	229	249

분기 실적

〈단위 : 억원〉

항목	2016.3Q	2016.4Q	2017.1Q	2017.2Q	2017.3Q	2017.4Q
매출액	489	473	429	453	430	393
영업이익	87	103	83	83	72	63
당기순이익	69	69	71	66	62	51

재무 상태

〈단위 : 억원〉

항목	2012	2013	2014	2015	2016	2017
총자산	2,586	2,735	2,990	3,137	2,892	3,108
유형자산	412	430	454	481	470	463
무형자산	10	10	10	10	10	9
유가증권	39	42	12	12	12	1
총부채	456	591	765	831	393	392
총차입금	246	377	489	583	156	140
자본금	150	150	150	150	150	150
총자본	2,129	2,144	2,225	2,306	2,499	2,716
지배주주지분	2,129	2,144	2,225	2,306	2,499	2,716

기업가치 지표

항목	2012	2013	2014	2015	2016	2017
주가(최고/저)(천원)	26.3/17.4	25.6/19.1	83.2/23.8	119/37.7	56.9/41.5	54.5/40.8
PER(최고/저)(배)	14.9/9.8	24.6/18.4	25.9/7.4	35.5/11.3	7.7/5.6	6.7/5.0
PBR(최고/저)(배)	0.4/0.3	0.4/0.3	1.2/0.3	1.6/0.5	0.7/0.5	0.6/0.5
EV/EBITDA(배)	0.3	8.3	17.3	7.8	2.8	0.9
EPS(원)	1,998	1,130	3,405	3,509	7,618	8,310
BPS(원)	70,979	71,450	74,181	76,858	83,299	90,524
CFPS(원)	2,884	2,057	4,491	4,689	8,865	9,553
DPS(원)	750	750	750	825	750	750
EBITDAPS(원)	2,672	1,528	4,273	5,192	11,617	11,301

재무 비율

〈단위 : %〉

연도	영업이익률	순이익률	부채비율	차입금비율	ROA	ROE	유보율	자기자본비율	EBITDA마진율
2017	17.7	14.6	14.4	5.1	8.3	9.6	1,710.5	87.4	19.9
2016	15.9	11.7	15.7	6.2	7.6	9.5	1,566.0	86.4	17.8
2015	5.6	4.9	36.1	25.3	3.4	4.7	1,437.2	73.5	7.2
2014	4.8	5.1	34.4	22.0	3.6	4.7	1,383.6	74.4	6.4

삼양패키징 (A272550)
SAMYANG PACKAGING

업　　종 : 용기 및 포장
신용등급 : (Bond) —　　(CP) —
홈페이지 : www.samyangpackaging.co.kr
본　　사 : 서울시 종로구 종로33길 31

시　　장 : 거래소
기업규모 : 시가총액 소형주
연 락 처 : 02)740-7827

설 립 일	2014.11.01	**종업원수**	명	**대표이사**	이경섭
상 장 일	2017.11.29	**감사의견**	적정(한영)	**계　열**	
결 산 기	12월	**보 통 주**		**종속회사수**	
액 면 가	5,000원	**우 선 주**		**구 상 호**	

주주구성 (지분율,%)		출자관계 (지분율,%)		주요경쟁사 (외형,%)	
삼양사	51.0			삼양패키징	100
스탠다드차타드프라이빗에쿼티코리아제3호 사모투자전문회사	9.2			동원시스템즈	385
(외국인)	12.0			락앤락	125

매출구성		비용구성		수출비중	
PET용기 등 제품	99.1	매출원가율	77.4	수출	2.6
PET용기 등 상품	0.9	판관비율	9.8	내수	97.4

회사 개요
동사는 2014년 11월 삼양사로부터 물적분할로 설립되었으며 PET용기의 제조, 가공, 판매와 PET병에 차류, 커피 등 내용물을 무균상태에서 상온 충전하는 아셉틱 OEM 충전 사업을 영위하고 있음. PET용기 사업부문은 국내에서는 1979년 최초로 생산하여 샘표식품에 간장병을 공급한 것이 시작이며 지난 38년대형 아셉틱 설비 3개 Line에서 연간 4.5억개의 압도적인 아셉틱 공급력을 확보.

실적 분석
동사는 지난해 매출액 3,334.4억원, 영업이익 426.5억원, 당기순이익 279.4억원을 각각 기록. 동사는 대형 아셉틱 설비 3개 Line에서 연간 4.5억개의 압도적인 아셉틱 공급력을 확보하고 있으며 지속적인 시장 영역 확대를 통해 경쟁요소를 갖추고 있음. 매출구성은 제품 99.11%, 상품 0.75%, 기타 0.14% 으로 구분. 동사는 지속적인 시장 영역 확대를 통해 경쟁요소를 확보해나갈 계획임.

현금 흐름 *IFRS 별도 기준 〈단위 : 억원〉

항목	2016	2017
영업활동	523	541
투자활동	-82	-166
재무활동	-286	-299
순현금흐름	155	76
기말현금	175	251

시장 대비 수익률
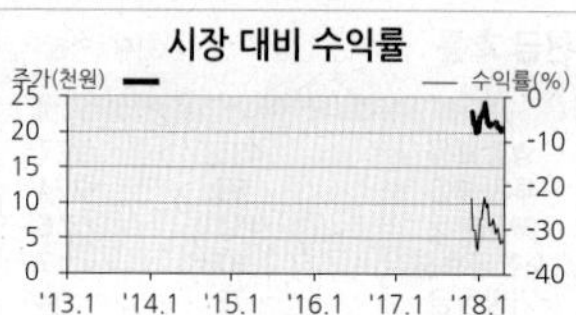

결산 실적 〈단위 : 억원〉

항목	2012	2013	2014	2015	2016	2017
매출액	—	—	97	1,849	3,101	3,334
영업이익	—	—	-2	156	410	427
당기순이익	—	—	1	87	242	279

분기 실적 *IFRS 별도 기준 〈단위 : 억원〉

항목	2016.3Q	2016.4Q	2017.1Q	2017.2Q	2017.3Q	2017.4Q
매출액	—	—	—	—	—	—
영업이익	—	—	—	—	—	—
당기순이익	—	—	—	—	—	—

재무 상태 *IFRS 별도 기준 〈단위 : 억원〉

항목	2012	2013	2014	2015	2016	2017
총자산	—	—	1,083	4,853	4,920	4,974
유형자산	—	—	550	2,193	2,033	1,975
무형자산	—	—	1	1,853	1,833	1,811
유가증권	—	—	0	0	0	0
총부채	—	—	127	2,914	2,739	2,516
총차입금	—	—	23	2,531	2,256	1,966
자본금	—	—	362	710	710	710
총자본	—	—	956	1,939	2,180	2,458
지배주주지분	—	—	956	1,939	2,180	2,458

기업가치 지표 *IFRS 별도 기준

항목	2012	2013	2014	2015	2016	2017
주가(최고/저)(천원)	#VALUE!	—/—	—/—	—/—	—/—	—/—
PER(최고/저)(배)	0.0/0.0	0.0/0.0	0.0/0.0	0.0/0.0	0.0/0.0	12.1/10.1
PBR(최고/저)(배)	0.0/0.0	0.0/0.0	0.0/0.0	0.0/0.0	0.0/0.0	1.4/1.2
EV/EBITDA(배)	0.0	0.0	7.5	8.2	3.1	6.8
EPS(원)	—	—	51	809	1,704	1,966
BPS(원)	—	—	13,193	13,645	15,343	17,296
CFPS(원)	—	—	222	2,192	3,526	3,684
DPS(원)	—	—	—	—	—	—
EBITDAPS(원)	—	—	97	2,835	4,703	4,720

재무 비율 〈단위 : %〉

연도	영업이익률	순이익률	부채비율	차입금비율	ROA	ROE	유보율	자기자본비율	EBITDA마진율
2017	12.8	8.4	102.4	80.0	5.7	12.1	245.9	49.4	20.1
2016	13.2	7.8	125.7	103.5	5.0	11.8	206.9	44.3	21.6
2015	8.4	4.7	150.3	130.5	—	—	172.9	40.0	16.5
2014	-1.8	1.3	13.3	2.4	0.0	0.0	163.9	88.3	2.4

삼양홀딩스 (A000070)
Samyang Holdings

업　　종 : 식료품
신용등급 : (Bond) AA-　　(CP) —
홈페이지 : www.samyang.com
본　　사 : 서울시 종로구 종로33길 31(연지동)

시　　장 : 거래소
기업규모 : 시가총액 중형주
연 락 처 : 02)740-7111

설 립 일	1924.10.01	**종업원수**	144명	**대표이사**	김윤
상 장 일	1968.12.27	**감사의견**	적정(한영)	**계　열**	
결 산 기	12월	**보 통 주**		**종속회사수**	11개사
액 면 가	5,000원	**우 선 주**		**구 상 호**	

주주구성 (지분율,%)		출자관계 (지분율,%)		주요경쟁사 (외형,%)	
국민연금공단	10.0	삼양바이오팜	100.0	삼양홀딩스	100
신영자산운용	7.0	삼양데이타시스템	100.0	CJ	1,123
(외국인)	7.0	삼양에프앤비	100.0	오리온홀딩스	5

매출구성		비용구성		수출비중	
설탕, 밀가루, 식용유 등	53.0	매출원가율	82.4	수출	—
엔지니어링 플라스틱, PET Bottle, 이온교환수지	48.2	판관비율	13.5	내수	—
봉합사, 항암주사제, 패취, 제지기계 등	7.0				

회사 개요
동사는 삼양그룹의 지주회사로서 지주사업과 무역 및 임대사업을 영위하고 있음. 지주회사의 일반적인 수입 원천인 배당금수익, 상표권 사용수익, 임대수익뿐만 아니라 상품무역 사업 영위를 통해 안정적인 수익 원천을 확보하고 있음. 동사에 소속된 자회사는 식품부문, 화학부문, 의약부문 이외 기타부문으로 구성되어 있으며, 대표적인 자회사로는 삼양사, 삼양제넥스, 삼남석유화학 등이 있음.

실적 분석
동사의 2017년 연간 누적 매출액은 전년 동기 대비 3.7% 증가한 2조3962.9억원을 기록함. 매출은 증가했지만 매출원가 상승과 함께 판매비와 관리비가 증가하면서 영업이익은 전년 동기 대비 29.9% 감소한 988.3억원을 시현함. 영업이익은 감소했지만 비영업손익 부문에서 금융손실이 줄고 외환부문에서 흑자 전환에 성공하면서 당기순이익은 전년 동기 대비 3.2% 증가한 671.9억원을 기록함.

현금 흐름 〈단위 : 억원〉

항목	2016	2017
영업활동	2,113	979
투자활동	-680	-2,422
재무활동	-567	60
순현금흐름	901	-1,394
기말현금	2,380	986

시장 대비 수익률
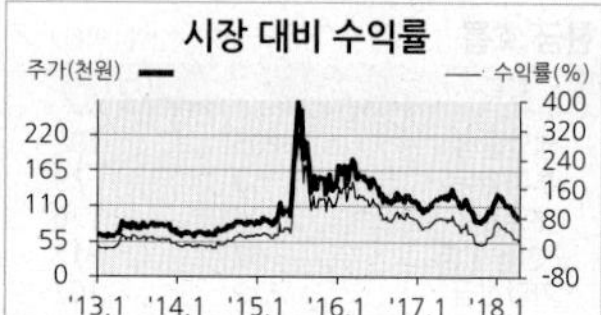

결산 실적 〈단위 : 억원〉

항목	2012	2013	2014	2015	2016	2017
매출액	18,641	23,291	22,134	21,696	23,115	23,963
영업이익	199	25	638	1,067	1,410	988
당기순이익	1,297	-262	210	780	651	672

분기 실적 〈단위 : 억원〉

항목	2016.3Q	2016.4Q	2017.1Q	2017.2Q	2017.3Q	2017.4Q
매출액	5,986	5,626	5,666	6,092	6,355	5,851
영업이익	514	-59	180	306	401	101
당기순이익	323	-294	145	227	309	-9

재무 상태 〈단위 : 억원〉

항목	2012	2013	2014	2015	2016	2017
총자산	27,484	25,951	27,959	30,714	31,694	32,611
유형자산	9,376	9,562	9,646	11,731	11,558	12,126
무형자산	537	505	489	2,310	2,327	2,730
유가증권	1,510	1,811	6,431	2,256	2,246	2,312
총부채	10,854	9,369	11,416	12,751	13,188	13,310
총차입금	6,463	5,138	6,930	8,102	7,835	8,246
자본금	396	424	443	443	443	443
총자본	16,630	16,582	16,544	17,964	18,506	19,300
지배주주지분	12,163	12,936	13,151	13,421	13,526	13,735

기업가치 지표

항목	2012	2013	2014	2015	2016	2017
주가(최고/저)(천원)	82.4/44.1	86.9/60.7	87.0/62.1	288/79.2	185/114	136/83.5
PER(최고/저)(배)	5.4/2.9	—/—	311.8/222.6	57.2/15.8	74.9/46.1	32.6/20.0
PBR(최고/저)(배)	0.6/0.3	0.6/0.4	0.6/0.4	2.0/0.5	1.2/0.8	0.9/0.5
EV/EBITDA(배)	17.1	16.5	10.2	12.1	7.7	10.8
EPS(원)	16,766	-3,896	296	5,242	2,550	4,248
BPS(원)	154,663	153,828	149,417	152,461	153,653	156,008
CFPS(원)	22,929	3,018	6,667	13,136	11,873	12,881
DPS(원)	1,500	1,250	1,500	1,500	2,000	2,000
EBITDAPS(원)	9,046	7,209	13,870	19,928	25,224	19,777

재무 비율 〈단위 : %〉

연도	영업이익률	순이익률	부채비율	차입금비율	ROA	ROE	유보율	자기자본비율	EBITDA마진율
2017	4.1	2.8	69.0	42.7	2.1	2.8	3,020.2	59.2	7.3
2016	6.1	2.8	71.3	42.3	2.1	1.7	2,973.1	58.4	9.7
2015	4.9	3.6	71.0	45.1	2.7	3.5	2,949.2	58.5	8.2
2014	2.9	1.0	69.0	41.9	0.8	0.2	2,888.3	59.2	5.3

삼영무역 (A002810)

Samyung Trading

업 종 : 화학
신용등급 : (Bond) — (CP) —
홈페이지 : www.samyung.co.kr
본 사 : 서울시 마포구 양화로 111

시 장 : 거래소
기업규모 : 시가총액 소형주
연 락 처 : 02)320-4114

설 립 일 1959.10.16 **종업원수** 67명 **대표이사** 이승용
상 장 일 1988.03.28 **감사의견** 적정(신한) **계 열**
결 산 기 12월 **보 통 주** **종속회사수** 5개사
액 면 가 500원 **우 선 주** **구 상 호**

주주구성 (지분율,%)		출자관계 (지분율,%)		주요경쟁사 (외형,%)	
이승용	20.9	삼명경밀	100.0	삼영무역	100
한국투자밸류자산운용	6.4	삼한산업	100.0	휴켐스	276
(외국인)	18.0	에스와이티에탄올	100.0	송원산업	279

매출구성		비용구성		수출비중	
MEK 외	80.0	매출원가율	90.5	수출	19.0
안경렌즈	15.9	판관비율	5.7	내수	81.0
전자부품외	4.1				

회사 개요

동사는 기초석유화학의 유도체인 MEK 등 화공약품을 국내외 제조업체에 공급하는 화공약품 판매사업과 관계사인 케미글라스에서 생산한 플라스틱렌즈를 일본, 중국, 동남아, 유럽 등 해외시장에 수출하는 안경렌즈 판매 사업을 주력으로 함. 매출 비중은 화공부문 81%, 렌즈부문 14%, 기타 5%임. 관계사에서 대량생산하는 고굴절렌즈 제품은 각 지역별 판매가 늘고 있어 해외 시장에서의 안정적인 성장이 기대됨.

실적 분석

동사의 2017년 누적매출액은 2,594.1억원으로 전년대비 15.8% 증가함. 비용측면에서 매출원가와 판관비가 각각 14.9%, 1.7% 상승했음에도 불구하고 매출 확대에 힘입어 영업이익은 전년보다 90.3% 늘어난 99.2억원을 기록함. 주요 품목단가 상승이 수익성 개선의 원인임. 안경렌즈 부문은 엔화 약세로 인하여 판매량과 매출액이 증가함. 특히 신흥국 시장의 매출이 많은 렌즈관련 계열사들이 양호한 실적을 나타내고 있음.

현금 흐름

<단위 : 억원>

항목	2016	2017
영업활동	40	13
투자활동	137	-212
재무활동	5	-45
순현금흐름	180	-248
기말현금	573	325

시장 대비 수익률

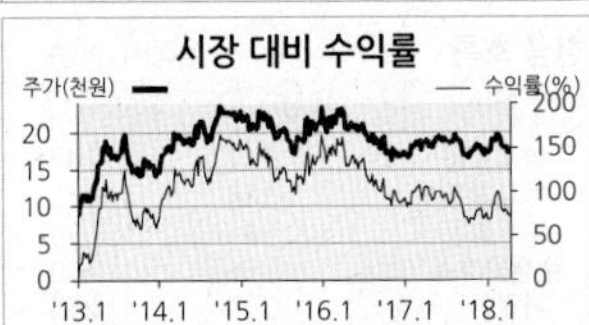

결산 실적

<단위 : 억원>

항목	2012	2013	2014	2015	2016	2017
매출액	2,745	2,664	2,646	2,250	2,240	2,594
영업이익	52	43	50	29	52	99
당기순이익	220	201	215	190	245	286

분기 실적

<단위 : 억원>

항목	2016.3Q	2016.4Q	2017.1Q	2017.2Q	2017.3Q	2017.4Q
매출액	548	605	643	642	652	656
영업이익	9	19	25	21	27	26
당기순이익	50	67	79	75	78	54

재무 상태

<단위 : 억원>

항목	2012	2013	2014	2015	2016	2017
총자산	2,502	2,744	2,963	3,029	3,351	3,626
유형자산	291	285	279	281	278	272
무형자산	11	21	21	20	20	24
유가증권	304	337	387	507	400	453
총부채	432	488	511	413	484	530
총차입금	10	—	—	—	—	—
자본금	82	82	82	82	82	82
총자본	2,070	2,256	2,452	2,616	2,867	3,096
지배주주지분	2,065	2,250	2,446	2,610	2,861	3,090

기업가치 지표

항목	2012	2013	2014	2015	2016	2017
주가(최고/저)(천원)	10.9/5.3	20.2/8.7	23.5/14.6	23.4/17.1	23.6/16.3	19.8/16.3
PER(최고/저)(배)	8.8/4.2	17.5/7.6	19.0/11.8	21.2/15.5	16.4/11.3	11.6/9.6
PBR(최고/저)(배)	0.9/0.5	1.6/0.7	1.7/1.0	1.5/1.1	1.4/1.0	1.1/0.9
EV/EBITDA(배)	19.9	40.5	55.2	82.3	31.7	17.0
EPS(원)	1,337	1,221	1,306	1,152	1,487	1,731
BPS(원)	12,605	13,731	14,919	15,913	17,387	18,778
CFPS(원)	1,390	1,275	1,358	1,200	1,535	1,778
DPS(원)	125	125	200	275	275	275
EBITDAPS(원)	368	313	355	227	365	649

재무 비율

<단위 : %>

연도	영업이익률	순이익률	부채비율	차입금비율	ROA	ROE	유보율	자기자본비율	EBITDA마진율
2017	3.8	11.0	17.1	0.0	8.2	9.6	3,655.7	85.4	4.1
2016	2.3	11.0	16.9	0.0	7.7	9.0	3,377.4	85.6	2.7
2015	1.3	8.5	15.8	0.0	6.4	7.5	3,082.7	86.4	1.7
2014	1.9	8.1	20.8	0.0	7.5	9.2	2,883.9	82.8	2.2

삼영엠텍 (A054540)

Samyoung M-Tek

업 종 : 기계
신용등급 : (Bond) — (CP) —
홈페이지 : www.symtek.co.kr
본 사 : 경남 함안군 칠서면 삼칠로 631-35

시 장 : KOSDAQ
기업규모 : 중견
연 락 처 : 055)589-7700

설 립 일 1997.01.29 **종업원수** 124명 **대표이사** 강문식
상 장 일 2001.11.01 **감사의견** 적정(대주) **계 열**
결 산 기 12월 **보 통 주** **종속회사수** 2개사
액 면 가 500원 **우 선 주** **구 상 호**

주주구성 (지분율,%)		출자관계 (지분율,%)		주요경쟁사 (외형,%)	
강문식	7.2	삼영영농	89.7	삼영엠텍	100
FID SRS INTRINSIC OPP FND	4.6	대련삼영두산금속제품	89.2	우진플라임	362
(외국인)	6.0			파라텍	409

매출구성		비용구성		수출비중	
선박엔진 구조재	36.1	매출원가율	85.4	수출	—
플랜트 기자재	36.0	판관비율	13.9	내수	—
구조물 구조재	19.8				

회사 개요

동사는 플랜트 기자재 및 선박엔진 구조재 등 산업에 필요한 철강소재와 구조물 구조재 등 교량건설에 필요한 교좌장치를 생산 및 판매하고 있으며, 국내외 주요 선박용 엔진제조사와 발전 및 철강 PLANT 제조사 그리고 건설회사 등에 제품을 공급하고 있음. 금속제조와 가공업을 영위하는 대련삼영두산금속제품유한공사와 농업을 영위하는 삼영영농 등 비상장 계열사 두 개를 보유하고 있음.

실적 분석

2017년 4/4분기 연결기준 동사의 매출액은 634.7억원을 시현하며 전년 동기 대비 11.6% 축소됨. 외형축소로 인해 매출원가와 판관비가 전년동기 대비 각각 8.5%, 5.9% 감소했음에도 전년도 같은 기간 32.4억원을 기록한 영업이익은 4.9억원으로 대폭 감소했음. 이로 인해 비영업부문에서 11.0억원의 이익을 기록했음에도 당기순이익은 전년동기 대비 33.5% 감소한 17.0억원에 그쳤음.

현금 흐름

<단위 : 억원>

항목	2016	2017
영업활동	172	37
투자활동	-84	-2
재무활동	-116	-87
순현금흐름	-30	-57
기말현금	227	170

시장 대비 수익률

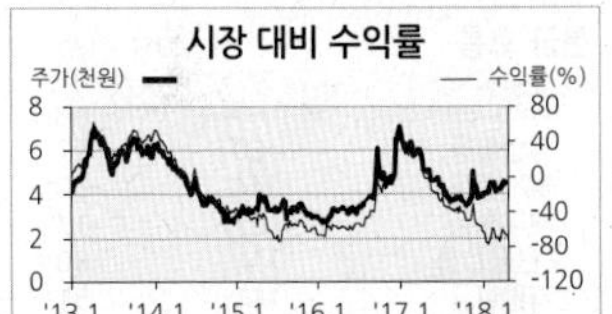

결산 실적

<단위 : 억원>

항목	2012	2013	2014	2015	2016	2017
매출액	1,158	1,032	1,070	972	718	635
영업이익	71	60	29	51	32	5
당기순이익	48	20	4	7	26	17

분기 실적

<단위 : 억원>

항목	2016.3Q	2016.4Q	2017.1Q	2017.2Q	2017.3Q	2017.4Q
매출액	213	197	124	150	142	220
영업이익	20	-2	-12	5	-0	12
당기순이익	17	-2	-9	9	2	15

재무 상태

<단위 : 억원>

항목	2012	2013	2014	2015	2016	2017
총자산	1,490	1,581	1,561	1,431	1,267	1,153
유형자산	566	583	561	490	451	430
무형자산	31	31	27	14	14	11
유가증권	17	20	104	81	167	159
총부채	760	803	799	678	511	380
총차입금	565	615	617	496	394	282
자본금	68	68	68	68	68	68
총자본	730	778	762	753	756	773
지배주주지분	700	749	731	723	730	748

기업가치 지표

항목	2012	2013	2014	2015	2016	2017
주가(최고/저)(천원)	4.5/3.1	7.1/4.1	6.4/2.7	4.0/2.9	7.1/2.7	7.0/3.3
PER(최고/저)(배)	12.4/8.5	50.0/29.1	296.1/123.7	57.7/41.0	34.4/13.5	53.2/25.1
PBR(최고/저)(배)	0.9/0.6	1.4/0.8	1.2/0.5	0.8/0.5	1.2/0.5	1.2/0.6
EV/EBITDA(배)	8.3	12.7	11.6	6.5	13.8	15.0
EPS(원)	395	151	23	73	208	134
BPS(원)	5,459	5,583	5,517	5,585	5,748	5,801
CFPS(원)	677	462	326	369	482	347
DPS(원)	120	80	—	80	90	50
EBITDAPS(원)	803	755	516	670	516	251

재무 비율

<단위 : %>

연도	영업이익률	순이익률	부채비율	차입금비율	ROA	ROE	유보율	자기자본비율	EBITDA마진율
2017	0.8	2.7	49.2	36.5	1.4	2.4	1,013.5	67.0	5.1
2016	4.5	3.6	67.6	52.2	1.9	3.8	1,003.4	59.7	9.6
2015	5.2	0.7	90.1	66.0	0.5	1.4	1,017.0	52.6	9.3
2014	2.7	0.4	104.8	81.0	0.3	0.4	1,003.3	48.8	6.5

삼영이엔씨 (A065570)
SAMYUNG ENC

업　　종 : 조선　　시　　장 : KOSDAQ
신용등급 : (Bond) —　(CP) —　　기업규모 : 중견
홈페이지 : www.samyungenc.com　　연 락 처 : 051)601-6666
본　　사 : 부산시 영도구 상리로 69

설립일 1995.02.06	종업원수 279명	대표이사 황원
상장일 2003.01.16	감사의견 적정(동원)	계열
결산기 12월	보통주	종속회사수 1개사
액면가 500원	우선주	구상호

주주구성 (지분율,%)		출자관계 (지분율,%)		주요경쟁사 (외형,%)	
황원	31.0			삼영이엔씨	100
신영자산운용	10.2			STX중공업	664
(외국인)	2.3			디엠씨	252

매출구성		비용구성		수출비중	
GMDSS 외	51.9	매출원가율	57.5	수출	35.0
GPS플로터	13.1	판관비율	29.2	내수	65.0
GPS 플로터 + 어군탐지기	13.0				

회사 개요
동사는 국내 해양전자 통신장비 1위 업체로 상선, 어선, 특수선, 레저보트 등과 관련된 선박의 조난, 통신, 항해 및 어로에 사용되는 통신 및 항해장비를 생산하고 있음. 매출구성은 선박통신장비 36.8%, 항해장비 29.5%, 기타장비외 25.8%, 방산장비 7.9%으로 구성됨. 전반적으로 수익성이 높고 안정적인 제품 포트폴리오를 구성함. 국내뿐만 아니라 해외 시장에서 제품다각화, 시장다변화 및 판매서비스망 확충을 통해 사업기반을 확대함.

실적 분석
동사의 2017년 4분기 누적 매출액은 380.2억원으로 전년 동기(358.4억원) 대비 6.1% 증가함. 영업이익은 50.5억원을 기록하며 전년보다 28.6억원 감소함. 당기순이익 역시 55.8% 감소하며 30.2억원을 시현함. 전자장비 탑재 비중확대와 더불어 안전설비 의무탑재 규제 강화로 산업의 성장 가능성 확대. e-Navigation 국제표준화에 따른 미래 성장동력 또한 확보된 상황으로 점차 실적 모멘텀 강화가 예상됨.

현금 흐름
〈단위 : 억원〉

항목	2016	2017
영업활동	60	17
투자활동	-44	-60
재무활동	-27	-17
순현금흐름	-11	-60
기말현금	111	51

시장 대비 수익률
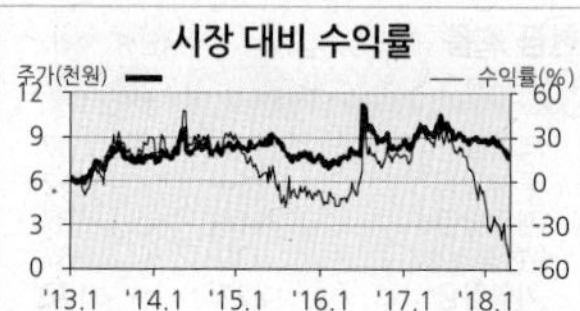

결산 실적
〈단위 : 억원〉

항목	2012	2013	2014	2015	2016	2017
매출액	434	449	428	347	358	380
영업이익	105	94	73	60	71	51
당기순이익	82	77	68	61	68	30

분기 실적
〈단위 : 억원〉

항목	2016.3Q	2016.4Q	2017.1Q	2017.2Q	2017.3Q	2017.4Q
매출액	92	—	—	95	108	—
영업이익	14	—	—	17	12	—
당기순이익	6	—	—	17	12	—

재무 상태
〈단위 : 억원〉

항목	2012	2013	2014	2015	2016	2017
총자산	722	790	884	900	936	928
유형자산	92	132	182	176	169	177
무형자산	83	87	92	101	115	134
유가증권	3	3	3	3	3	3
총부채	112	81	126	99	90	74
총차입금	49	33	54	46	36	35
자본금	44	44	44	44	44	44
총자본	610	709	759	801	846	854
지배주주지분	610	709	759	801	846	854

기업가치 지표

항목	2012	2013	2014	2015	2016	2017
주가(최고/저)(천원)	6.4/4.9	8.7/5.8	10.2/7.3	9.3/7.1	11.8/6.9	10.5/8.1
PER(최고/저)(배)	8.1/6.2	11.5/7.6	14.7/10.5	14.7/11.2	16.2/9.4	31.4/24.4
PBR(최고/저)(배)	1.0/0.8	1.2/0.8	1.3/0.9	1.1/0.9	1.3/0.8	1.1/0.9
EV/EBITDA(배)	5.0	6.4	8.4	7.8	7.5	10.2
EPS(원)	929	873	772	690	777	343
BPS(원)	7,228	8,060	8,622	9,102	9,614	9,702
CFPS(원)	1,175	1,129	1,038	957	1,048	615
DPS(원)	210	210	210	231	255	281
EBITDAPS(원)	1,445	1,320	1,095	945	1,075	846

재무 비율
〈단위 : %〉

연도	영업이익률	순이익률	부채비율	차입금비율	ROA	ROE	유보율	자기자본비율	EBITDA마진율
2017	13.3	8.0	8.7	4.1	3.2	3.6	1,840.5	92.0	19.6
2016	19.7	19.1	10.6	4.2	7.5	8.3	1,822.8	90.4	26.4
2015	17.2	17.5	12.4	5.8	6.8	7.8	1,720.5	89.0	24.0
2014	17.1	15.9	16.6	7.2	8.1	9.3	1,624.4	85.8	22.5

삼영전자공업 (A005680)
SAMYOUNG ELECTRONICS

업　　종 : 전기장비　　시　　장 : 거래소
신용등급 : (Bond) —　(CP) —　　기업규모 : 시가총액 소형주
홈페이지 : www.samyoung.co.kr　　연 락 처 : 031)743-6701
본　　사 : 경기도 성남시 중원구 사기막골로 47 (상대원동)

설립일 1968.08.20	종업원수 668명	대표이사 변동준,김대호
상장일 1976.12.28	감사의견 적정(삼화)	계열
결산기 12월	보통주	종속회사수 3개사
액면가 500원	우선주	구상호

주주구성 (지분율,%)		출자관계 (지분율,%)		주요경쟁사 (외형,%)	
일본케미콘	33.4	성남전기공업	40.9	삼영전자	100
변동준	14.7	일렉트로피아	8.1	일진전기	332
(외국인)	48.5	엠에스이	5.9	삼화콘덴서	87

매출구성		비용구성		수출비중	
콘덴서	105.3	매출원가율	86.5	수출	—
콘덴서자재	22.0	판관비율	9.6	내수	—
기타	0.1				

회사 개요
동사는 본사 및 청도삼영전자유한공사에서 콘덴서 및 콘덴서자재 등을 생산하여 판매하고 있음. 신규사업으로 녹색기술산업의 기초부품인 태양광 에너지용 초고압 콘덴서와 LED 조명용 장수명 콘덴서에 주력 중임. 원자재 수급불균형에 따른 원자재가격 변동, 환율변동, 전반적인 경기침체 등 국내외의 불안요인에도 불구하고 재료사업의 기술개발 및 매출증대, 원가 절감 등의 노력을 통해 수익성 개선에 노력하고 있음.

실적 분석
동사의 2017년 매출액은 전기 대비 144억원(6.7%) 증가한 2293억원, 영업이익 7억원(-7.5%) 감소한 89억원, 당기순이익은 전기대비 26억원(-19.9%) 감소한 105억원으로 전체적으로 다소 감소함. 자산 및 자본은 소폭 증가함. 증가 원인은 2018년 이후의 불확실한 환경변화에 대응하기 위하여 현금 등 유동자산 확보를 추진할 결과임. 부채비율은 5.69%로 견고한 재무구조를 유지하고 있음.

현금 흐름
〈단위 : 억원〉

항목	2016	2017
영업활동	217	147
투자활동	-114	-148
재무활동	-41	-39
순현금흐름	56	-50
기말현금	304	255

시장 대비 수익률
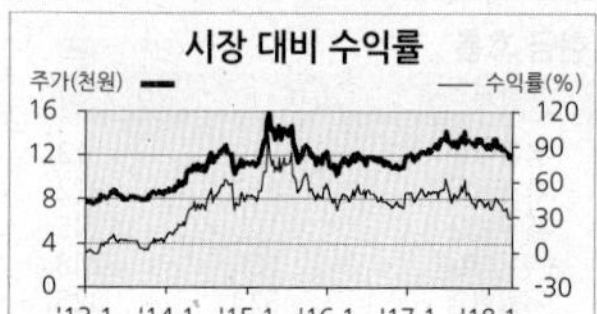

결산 실적
〈단위 : 억원〉

항목	2012	2013	2014	2015	2016	2017
매출액	2,871	2,714	2,510	2,213	2,149	2,294
영업이익	115	108	142	117	97	89
당기순이익	86	129	185	138	132	106

분기 실적
〈단위 : 억원〉

항목	2016.3Q	2016.4Q	2017.1Q	2017.2Q	2017.3Q	2017.4Q
매출액	555	526	535	574	604	581
영업이익	23	3	21	41	26	2
당기순이익	28	24	18	48	42	-2

재무 상태
〈단위 : 억원〉

항목	2012	2013	2014	2015	2016	2017
총자산	4,562	4,670	4,815	4,868	4,926	4,976
유형자산	1,898	1,751	1,637	1,567	1,542	1,499
무형자산	9	9	9	8	8	7
유가증권	38	59	64	55	55	57
총부채	299	298	286	235	239	268
총차입금	—	6	1	3	1	3
자본금	100	100	100	100	100	100
총자본	4,263	4,372	4,529	4,633	4,686	4,708
지배주주지분	4,263	4,372	4,529	4,633	4,686	4,708

기업가치 지표

항목	2012	2013	2014	2015	2016	2017
주가(최고/저)(천원)	9.8/7.1	8.8/7.5	12.8/8.6	16.0/10.9	12.2/10.1	14.3/11.3
PER(최고/저)(배)	25.5/18.3	14.9/12.8	14.9/9.9	24.3/16.6	19.2/15.9	27.5/21.8
PBR(최고/저)(배)	0.5/0.4	0.4/0.4	0.6/0.4	0.7/0.5	0.5/0.5	0.6/0.5
EV/EBITDA(배)	1.3	0.9	1.6	1.8	1.1	1.7
EPS(원)	431	644	925	691	660	529
BPS(원)	21,315	21,858	22,646	23,164	23,431	23,542
CFPS(원)	1,449	1,536	1,668	1,272	961	852
DPS(원)	200	200	200	200	200	250
EBITDAPS(원)	1,594	1,434	1,455	1,164	783	769

재무 비율
〈단위 : %〉

연도	영업이익률	순이익률	부채비율	차입금비율	ROA	ROE	유보율	자기자본비율	EBITDA마진율
2017	3.9	4.6	5.7	0.1	2.1	2.3	4,608.3	94.6	6.7
2016	4.5	6.2	5.1	0.0	2.7	2.8	4,586.3	95.1	7.3
2015	5.3	6.3	5.1	0.1	2.9	3.0	4,532.7	95.2	10.5
2014	5.7	7.4	6.3	0.0	3.9	4.2	4,429.2	94.1	11.6

삼영화학공업 (A003720)

SAMYOUNG CHEMICAL

업　　종 : 용기 및 포장
신 용 등 급 : (Bond) —　　(CP) —
홈 페 이 지 : www.sycc.co.kr
본　　사 : 서울시 종로구 청계천로 35 관정빌딩 13층

시　　장 : 거래소
기 업 규 모 : 시가총액 소형주
연 락 처 : 02)771-7670

설 립 일	1959.04.10	**종 업 원 수**	220명	**대 표 이 사**	이석준
상 장 일	1976.06.30	**감 사 의 견**	적정(바른)	**계　　열**	
결 산 기	12월	**보 통 주**		**종속회사수**	2개사
액 면 가	500원	**우 선 주**		**구　　상　　호**	

주주구성 (지분율,%)		출자관계 (지분율,%)		주요경쟁사 (외형,%)	
이석준	21.0	삼영중공업	37.5	삼영화학	100
관정이종환재단	4.1			수출포장	244
(외국인)	1.1			한국팩키지	57

매출구성		비용구성		수출비중	
PLANT(중공업) 외	28.1	매출원가율	100.9	수출	25.8
캐파시타필름(PPC)	22.6	판관비율	12.8	내수	74.2
이축연신필름(BOPP)	20.2				

회사 개요

동사는 필름형 박막 콘덴서(전류안정화장치, 축전기) 소재인 캐파시타 필름을 국내에서 유일하게 생산하는 업체임. 주력제품인 캐파시타 필름의 국내시장을 90%가량을 점유하고 있고, BOPP와 PVC는 국내 시장에서 20% 내외의 점유율을 차지함. 이 외에도 WRAP, PE WRAP, 합성지 등을 생산하고 있음. 동사는 삼영중공업과 대련삼영화학(유)을 계열회사로 두고 있음.

실적 분석

동사의 2017년 연간 매출액은 전년동기대비 11.7% 하락한 1,003.6억원을 기록하였음. 포장재필름업계가 현재 공급과잉에 있는 것이 하락 사유로 보임. 인건비 및 원가절약이 이루어졌지만 크게 떨어진 매출액에 의해 전년동기대비 영업손실은 137.9억원으로 적자지속 하였음. 최종적으로 전년동기대비 당기순손실은 적자지속하여 318.1억원을 기록함.

현금 흐름 〈단위 : 억원〉

항목	2016	2017
영업활동	85	-56
투자활동	-20	77
재무활동	-51	45
순현금흐름	14	65
기말현금	27	92

시장 대비 수익률

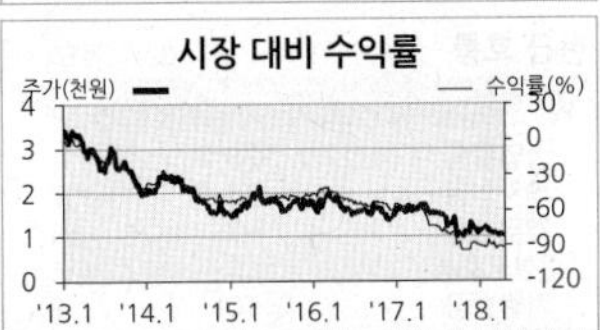

결산 실적 〈단위 : 억원〉

항목	2012	2013	2014	2015	2016	2017
매출액	2,157	1,838	1,594	1,261	1,136	1,004
영업이익	69	-76	-109	-125	-64	-138
당기순이익	51	-85	-172	-128	-107	-318

분기 실적 〈단위 : 억원〉

항목	2016.3Q	2016.4Q	2017.1Q	2017.2Q	2017.3Q	2017.4Q
매출액	223	304	279	274	253	198
영업이익	-7	-51	-20	-28	-31	-59
당기순이익	-8	-79	-28	-35	-36	-220

재무 상태 〈단위 : 억원〉

항목	2012	2013	2014	2015	2016	2017
총자산	2,079	1,987	1,865	1,702	1,566	1,127
유형자산	1,170	1,257	1,231	1,133	1,035	625
무형자산	20	18	18	19	18	1
유가증권	0	0	1	1	1	1
총부채	715	619	663	626	603	582
총차입금	378	258	369	364	313	350
자본금	170	170	170	170	170	170
총자본	1,364	1,368	1,202	1,077	963	545
지배주주지분	1,258	1,152	997	884	845	531

기업가치 지표

항목	2012	2013	2014	2015	2016	2017
주가(최고/저)(천원)	6.2/3.0	3.5/2.0	2.5/1.5	2.2/1.4	2.1/1.4	1.7/1.0
PER(최고/저)(배)	35.1/17.2	—/—	—/—	—/—	—/—	—/—
PBR(최고/저)(배)	1.7/0.8	1.0/0.6	0.8/0.5	0.8/0.6	0.9/0.6	1.1/0.6
EV/EBITDA(배)	11.6	36.2	201.1	48.2	16.8	—
EPS(원)	180	-202	-473	-340	-206	-631
BPS(원)	3,701	3,388	2,933	2,601	2,487	1,562
CFPS(원)	332	107	-136	97	145	-301
DPS(원)	50	—	—	—	—	—
EBITDAPS(원)	354	87	16	70	164	-76

재무 비율 〈단위 : %〉

연도	영업이익률	순이익률	부채비율	차입금비율	ROA	ROE	유보율	자기자본비율	EBITDA마진율
2017	-13.7	-31.7	106.8	64.2	-23.6	-31.2	212.5	48.4	-2.6
2016	-5.6	-9.5	62.7	32.5	-6.6	-8.1	397.4	61.5	4.9
2015	-9.9	-10.2	58.1	33.8	-7.2	-12.3	420.2	63.2	1.9
2014	-6.9	-10.8	55.1	30.7	-8.9	-15.0	486.6	64.5	0.3

삼우엠스 (A082660)

SamwooEms

업　　종 : 휴대폰 및 관련부품
신 용 등 급 : (Bond) —　　(CP) —
홈 페 이 지 : www.samwooems.com
본　　사 : 대구시 달서구 성서공단북로 77-20

시　　장 : KOSDAQ
기 업 규 모 : 중견
연 락 처 : 053)605-8500

설 립 일	2001.06.20	**종 업 원 수**	92명	**대 표 이 사**	안건준,임승혁
상 장 일	2005.10.05	**감 사 의 견**	적정(세영)	**계　　열**	
결 산 기	12월	**보 통 주**		**종속회사수**	3개사
액 면 가	500원	**우 선 주**		**구　　상　　호**	크루셜엠스

주주구성 (지분율,%)		출자관계 (지분율,%)		주요경쟁사 (외형,%)	
크루셜텍	21.8	천진삼우엠스	100.0	삼우엠스	100
아이디어브릿지자산운용	2.3	SamwooemsVina.	100.0	알에프세미	34
(외국인)	2.1			인포마크	31

매출구성		비용구성		수출비중	
생체인식 모듈	45.2	매출원가율	100.1	수출	89.6
모바일 케이스(ASS'Y)	37.9	판관비율	7.5	내수	10.4
제품 기타	16.5				

회사 개요

동사는 모바일 케이스 제조, 판매를 주요 사업으로 하고 있는 기업으로 최근 생체인식 모듈 패키징과 베젤 제조 등 신규 사업에도 진출하여 매출이 발생되고 있음. 제품매출 중 휴대폰 케이스 부문은 주로 삼성전자 갤럭시 시리즈를 대상으로 하며 전체 매출의 42.4%를 차지하며 모바일용 지문인식 트랙패드는 매출의 27.6%임. 동사는 삼성전자 중국공장에 원활한 납품을 위해 중국 천진에 천진크루셜엠스유한공사를 설립해 계열회사로 두고 있음.

실적 분석

동사의 연결기준 2017년 매출액은 전년 대비 11.0% 감소한 1,844.2억원을 기록한 반면, 동기간 판관비는 대손상각비 급증에 영향으로 15.9% 증가함에 따라 동사의 2017년 영업이익은 -140.1억원으로 적자전환하였음. 또한 외환환산손실과 유형자산손상차손 등이 발생하면서 비영업손실 규모는 전년 대비 확대되었음. 따라서 동사의 2017년 당기순이익은 -296.1억원으로 적자상태가 지속되었음.

현금 흐름 〈단위 : 억원〉

항목	2016	2017
영업활동	86	-37
투자활동	-50	2
재무활동	17	-76
순현금흐름	52	-111
기말현금	131	20

시장 대비 수익률

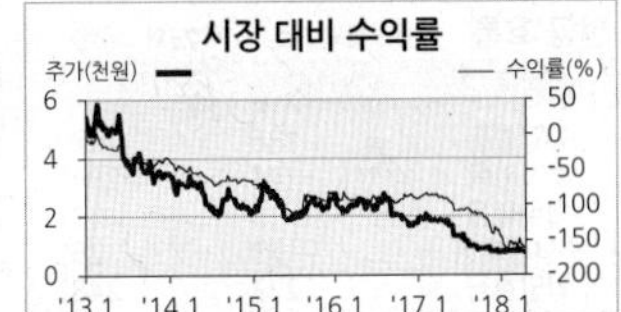

결산 실적 〈단위 : 억원〉

항목	2012	2013	2014	2015	2016	2017
매출액	1,446	3,296	3,402	2,636	2,073	1,844
영업이익	39	87	112	53	24	-140
당기순이익	7	67	59	9	-65	-296

분기 실적 〈단위 : 억원〉

항목	2016.3Q	2016.4Q	2017.1Q	2017.2Q	2017.3Q	2017.4Q
매출액	504	470	445	421	514	464
영업이익	11	-17	-22	-18	-5	-96
당기순이익	3	-67	-71	-21	-20	-183

재무 상태 〈단위 : 억원〉

항목	2012	2013	2014	2015	2016	2017
총자산	1,139	1,832	1,797	1,935	1,972	1,814
유형자산	621	788	903	964	908	665
무형자산	6	9	7	19	118	78
유가증권	1	—	5	—	—	—
총부채	831	1,412	1,266	1,336	1,280	1,201
총차입금	529	773	702	782	698	489
자본금	45	54	55	58	100	202
총자본	308	420	531	599	693	613
지배주주지분	308	420	531	592	693	613

기업가치 지표

항목	2012	2013	2014	2015	2016	2017
주가(최고/저)(천원)	7.1/2.0	7.1/3.6	4.2/2.5	3.8/2.2	3.4/1.9	2.1/0.8
PER(최고/저)(배)	72.3/20.1	10.5/5.3	7.3/4.3	327.5/194.8	—/—	—/—
PBR(최고/저)(배)	1.9/0.5	1.7/0.9	0.8/0.5	0.7/0.4	0.8/0.5	1.3/0.5
EV/EBITDA(배)	14.9	9.4	5.5	8.0	9.0	—
EPS(원)	81	561	475	10	-451	-1,021
BPS(원)	3,451	3,880	4,898	5,236	3,524	1,557
CFPS(원)	566	1,101	1,101	689	114	-757
DPS(원)	—	—	—	—	—	—
EBITDAPS(원)	960	1,297	1,599	1,133	762	-219

재무 비율 〈단위 : %〉

연도	영업이익률	순이익률	부채비율	차입금비율	ROA	ROE	유보율	자기자본비율	EBITDA마진율
2017	-7.6	-16.1	195.8	79.7	-15.6	-45.3	211.4	33.8	-3.4
2016	1.1	-3.1	184.7	100.8	-3.3	-10.1	604.9	35.1	5.0
2015	2.0	0.4	223.2	130.6	0.5	0.2	947.2	30.9	5.0
2014	3.3	1.7	238.6	132.2	3.2	12.3	879.6	29.5	5.1

*관리종목

삼원강재 (A023000)
SAMWONSTEEL

업　　종 : 자동차부품　　시　　장 : 거래소
신용등급 : (Bond) —　(CP) —　　기업규모 : 시가총액 소형주
홈페이지 : www.samwon-steel.co.kr　　연 락 처 : 054)289-1983
본　　사 : 경북 포항시 남구 대송면 철강산단로66번길 40

설립일	1992.07.21	**종업원수**	276명	**대표이사**	허재철,장범석
상장일	2011.07.22	**감사의견**	적정(원)	**계열**	
결산기	12월	**보통주**		**종속회사수**	
액면가	500원	**우선주**		**구상호**	

주주구성 (지분율,%)		출자관계 (지분율,%)		주요경쟁사 (외형,%)	
대원강업	50.0	대원제강	13.3	삼원강재	100
포스코	14.3	대원강업	0.1	코프라	49
(외국인)	0.8	DAEWONAMERICA	18.0	유니온머티리얼 *	40

매출구성		비용구성		수출비중	
소재가공 제품	57.8	매출원가율	91.7	수출	38.1
스프링 제품	40.5	판관비율	3.7	내수	61.9
기타	1.7				

회사 개요

동사는 1992년 평강 및 자동차용 판스프링의 제조, 판매를 목적으로 설립됨. 완제품인 판스프링과 스프링 제품의 중간재인 소재를 생산하는 회사로서 목표시장은 스프링부문과 소재가공부문임. 국내 스프링 소재시장에서 열간압연제품을 독점 유지하고 있음. 소개가공부문과 판스프링 부문은 동사와 더불어 대원강업, 삼목강업 3개사의 과점체제로 유지됨. 해외에서도 일본 기업과 경쟁하고 있으나 생산 측면에서 3배 수준의 우위를 점함.

실적 분석

동사의 2017년 누적 매출액은 전년동기대비 2.9% 상승한 2,761.7억원을 기록하였음. 비용면에서 전년동기대비 매출원가는 증가 했으며 판매비와관리비는 103억원으로 전년대비 6.8% 감소함. 매출액은 성장했지만 가격 인하와 원가 증가로 인해 전년동기대비 영업이익은 125.6억원으로 -21.2% 크게 하락하였음. 전년 동기 대비 당기순이익은 크게 하락하여 110억원을 기록함.

현금 흐름 *IFRS 별도 기준 〈단위 : 억원〉

항목	2016	2017
영업활동	126	297
투자활동	-146	-264
재무활동	-3	-53
순현금흐름	-23	-25
기말현금	273	248

시장 대비 수익률

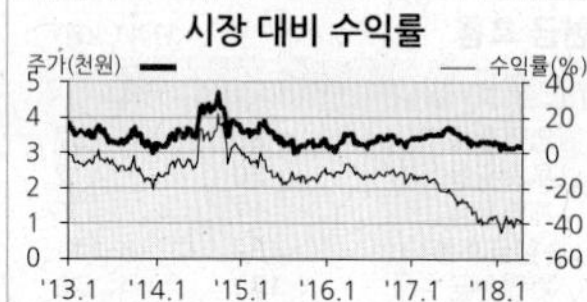

결산 실적 〈단위 : 억원〉

항목	2012	2013	2014	2015	2016	2017
매출액	3,494	3,134	2,829	2,723	2,684	2,762
영업이익	246	187	159	187	159	126
당기순이익	186	150	145	158	142	110

분기 실적 *IFRS 별도 기준 〈단위 : 억원〉

항목	2016.3Q	2016.4Q	2017.1Q	2017.2Q	2017.3Q	2017.4Q
매출액	620	705	687	709	704	661
영업이익	33	40	29	33	25	38
당기순이익	27	38	26	32	24	29

재무 상태 *IFRS 별도 기준 〈단위 : 억원〉

항목	2012	2013	2014	2015	2016	2017
총자산	2,058	2,039	2,112	2,235	2,343	2,456
유형자산	774	884	990	1,013	1,079	1,048
무형자산	7	7	6	6	6	6
유가증권	1	1	3	3	20	19
총부채	557	432	417	443	451	507
총차입금	15	15	15	12	59	56
자본금	200	200	200	200	200	200
총자본	1,501	1,607	1,695	1,791	1,892	1,950
지배주주지분	1,501	1,607	1,695	1,791	1,892	1,950

기업가치 지표 *IFRS 별도 기준

항목	2012	2013	2014	2015	2016	2017
주가(최고/저)(천원)	5.3/3.2	3.9/3.0	4.7/3.1	3.9/2.9	3.6/3.0	3.7/3.2
PER(최고/저)(배)	13.7/8.2	12.4/9.3	14.8/9.7	10.9/8.2	10.8/9.2	14.0/12.0
PBR(최고/저)(배)	1.7/1.0	1.2/0.9	1.3/0.8	1.0/0.7	0.8/0.7	0.8/0.7
EV/EBITDA(배)	6.0	5.4	7.1	4.9	5.4	4.8
EPS(원)	466	375	363	396	355	275
BPS(원)	3,753	4,019	4,238	4,478	4,730	4,874
CFPS(원)	570	493	485	524	511	434
DPS(원)	110	120	120	125	125	115
EBITDAPS(원)	720	585	521	596	554	473

재무 비율 〈단위 : %〉

연도	영업이익률	순이익률	부채비율	차입금비율	ROA	ROE	유보율	자기자본비율	EBITDA마진율
2017	4.6	4.0	26.0	2.9	4.6	5.7	874.8	79.4	6.9
2016	5.9	5.3	23.8	3.1	6.2	7.7	846.0	80.8	8.3
2015	6.9	5.8	24.8	0.7	7.3	9.1	795.7	80.2	8.8
2014	5.6	5.1	24.6	0.9	7.0	8.8	747.6	80.3	7.4

삼원테크 (A073640)
SAM WON TECHCo

업　　종 : 기계　　시　　장 : KOSDAQ
신용등급 : (Bond) —　(CP) —　　기업규모 :
홈페이지 : www.samwon-tech.com　　연 락 처 : 055)213-7000
본　　사 : 경남 창원시 성산구 창원대로 1144번길 78(성주동)

설립일	1993.10.19	**종업원수**	24명	**대표이사**	이종석
상장일	2004.01.06	**감사의견**	적정(이촌)	**계열**	
결산기	12월	**보통주**		**종속회사수**	1개사
액면가	100원	**우선주**		**구상호**	

주주구성 (지분율,%)		출자관계 (지분율,%)		주요경쟁사 (외형,%)	
이택우	13.3	삼원테크에너지	72.7	삼원테크	100
엘에이케이앤와이파트너스	12.5			맥스로텍	161
(외국인)	4.8			카스	580

매출구성		비용구성		수출비중	
[유압용 관이음쇠]37º	29.0	매출원가율	83.9	수출	75.0
[유압용 관이음쇠]ORFS	26.3	판관비율	16.8	내수	25.0
[유압용 관이음쇠]30º	25.5				

회사 개요

동사는 1993년 '삼원금속 주식회사'라는 상호로 설립되어 2000년 '삼원테크 주식회사'로 상호를 변경하였으며, 2004년 1월 한국거래소가 개설한 KRX 코스닥시장에 주식을 상장함. 유압용 관이음쇠 등 산업용 기계부품의 제조 · 판매등을 영업 목적으로 하고 있음단조품 및 유압용관이음쇠 제조 및 판매업을 하는 삼원테크에너지를 연결대상 종속회사로 보유하고 있음.

실적 분석

2017년 연결기준 동사 매출액은 240.3억원을 기록함. 전년도 매출액인 226.7억원에서 6% 증가한 금액임. 매출은 늘고 매출원가는 7.4%, 판매비와 관리비는 21.9% 감소함. 이에 영업이익은 적자를 지속했지만 손실폭이 42.8억원에서 1.6억원으로 감소함. 비영업부문도 흑자전환에는 실패했으나 적자폭이 36.8억원에서 22.3억원으로 감소함. 이에 당기순손실도 적자폭이 83.1억원에서 23.3억원으로 줄어들었음.

현금 흐름 〈단위 : 억원〉

항목	2016	2017
영업활동	-26	1
투자활동	36	-57
재무활동	-7	54
순현금흐름	3	-1
기말현금	10	8

시장 대비 수익률

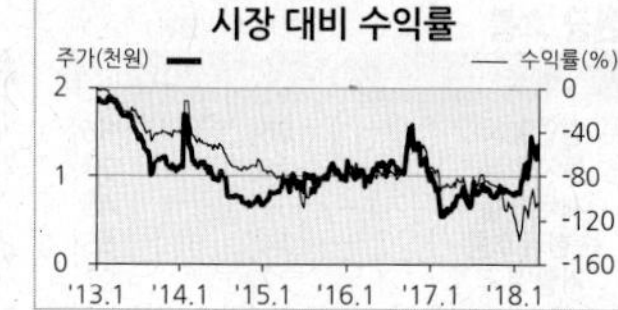

결산 실적 〈단위 : 억원〉

항목	2012	2013	2014	2015	2016	2017
매출액	469	324	341	289	227	240
영업이익	40	-44	-61	-95	-43	-2
당기순이익	29	-54	-117	-291	-83	-23

분기 실적 〈단위 : 억원〉

항목	2016.3Q	2016.4Q	2017.1Q	2017.2Q	2017.3Q	2017.4Q
매출액	65	23	—	51	72	—
영업이익	-2	-24	—	1	-0	—
당기순이익	-11	-32	—	-3	-4	—

재무 상태 〈단위 : 억원〉

항목	2012	2013	2014	2015	2016	2017
총자산	1,404	1,449	1,401	590	460	510
유형자산	727	822	811	260	144	189
무형자산	1	1	1	1	1	1
유가증권	11	1	1	1	—	28
총부채	812	904	971	452	389	404
총차입금	682	757	754	363	315	335
자본금	90	90	135	135	142	36
총자본	592	545	430	138	70	106
지배주주지분	592	545	430	138	70	106

기업가치 지표

항목	2012	2013	2014	2015	2016	2017
주가(최고/저)(천원)	2.4/1.5	2.0/1.0	1.8/0.7	1.3/0.7	1.7/0.9	1.1/0.5
PER(최고/저)(배)	21.2/13.5	—/—	—/—	—/—	—/—	—/—
PBR(최고/저)(배)	1.0/0.6	0.9/0.5	1.0/0.4	2.0/1.1	6.6/3.6	3.6/1.8
EV/EBITDA(배)	20.2	—	—	—	—	285.9
EPS(원)	108	-201	-436	-1,080	-297	-73
BPS(원)	3,425	3,162	1,689	604	248	299
CFPS(원)	251	-208	-376	-1,034	-286	-61
DPS(원)	—	—	—	—	—	—
EBITDAPS(원)	312	-149	-167	-307	-142	7

재무 비율 〈단위 : %〉

연도	영업이익률	순이익률	부채비율	차입금비율	ROA	ROE	유보율	자기자본비율	EBITDA마진율
2017	-0.7	-9.7	380.6	315.0	-4.8	-24.7	198.9	20.8	0.9
2016	-18.9	-36.6	일부잠식	일부잠식	-15.8	-79.7	-50.5	15.3	-17.5
2015	-32.9	-100.4	326.9	262.8	-29.2	-102.3	20.9	23.4	-28.6
2014	-18.0	-34.4	225.8	175.3	-8.2	-24.1	237.8	30.7	-13.2

삼익악기 (A002450)
Samick Musical Instruments

업 종 : 레저용품 | 시 장 : 거래소
신용등급 : (Bond) — (CP) — | 기업규모 : 시가총액 소형주
홈페이지 : www.samick.co.kr | 연 락 처 : 043)1688-3151
본 사 : 충북 음성군 소이면 소이로 313

설 립 일	1958.09.01	**종 업 원 수**	111명	**대 표 이 사**	김종섭,이형국
상 장 일	1988.09.30	**감 사 의 견**	적정(삼일)	**계 열**	
결 산 기	12월	**보 통 주**		**종속회사수**	17개사
액 면 가	500원	**우 선 주**		**구 상 호**	

주주구성 (지분율,%)		출자관계 (지분율,%)		주요경쟁사 (외형,%)	
김종섭	18.5	삼익생활건강	100.0	삼익악기	100
스페코	13.0	삼익뮤직스쿨	100.0	TJ미디어	32
(외국인)	3.5	삼송캐스터	99.4	볼빅	16

매출구성		비용구성		수출비중	
업라이트피아노(상품)	57.7	매출원가율	69.2	수출	—
일반기타(상품)	33.2	판관비율	28.6	내수	—
그랜드피아노(상품)	8.5				

회사 개요

동사는 1958년 9월에 설립된 국내 최대의 종합악기회사로 주요 사업부별 매출 품목군은 Piano, Guitar, 현악기, 일반악기 등으로 구성. 동사의 생산거점기지인 인도네시아현지법인에서 생산한 제품을 본사에서 상품으로 매입하여 제3국으로 수출하는 중계무역 매출 비중이 높으며, 미국판매법인, 중국상해판매법인, 독일판매법인 등의 판매영업망을 통하여 미국, 중국, 유럽 등에 대하여 안정적인 판로를 확보하고 있음.

실적 분석

동사의 연결기준 2017년 누적 매출액은 전년대비 25.8% 증가한 2,624.1억원을 기록하였으나 동기간 매출액 중 기타항목이 급격하게 증가하며 34.9% 증가했고, 판관비 또한 손실충당부채전입액이 발생한 탓에 영업이익은 전년 동기 대비 157.2% 감소한 57.2억원을 시현함. 또한 외화환산손실 등 비영업손실이 크게 증가하여 2017년 순이익은 -55.2억원을 기록하며 적자 전환함.

현금 흐름 〈단위 : 억원〉

항목	2016	2017
영업활동	-118	41
투자활동	-159	-376
재무활동	83	122
순현금흐름	-186	-222
기말현금	554	332

시장 대비 수익률

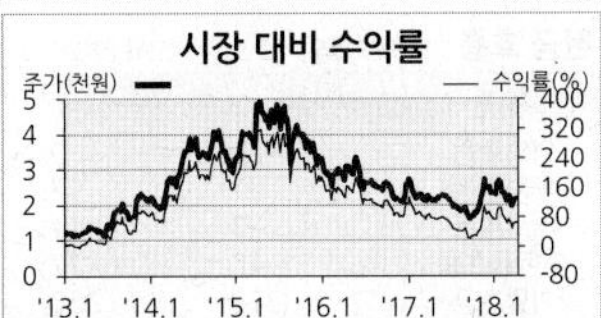

결산 실적 〈단위 : 억원〉

항목	2012	2013	2014	2015	2016	2017
매출액	1,556	1,584	1,551	1,607	2,086	2,624
영업이익	122	175	189	148	134	57
당기순이익	76	461	106	81	62	-55

분기 실적 〈단위 : 억원〉

항목	2016.3Q	2016.4Q	2017.1Q	2017.2Q	2017.3Q	2017.4Q
매출액	554	461	773	613	628	610
영업이익	33	47	61	8	33	-44
당기순이익	-3	23	-13	6	26	-74

재무 상태 〈단위 : 억원〉

항목	2012	2013	2014	2015	2016	2017
총자산	3,230	3,448	3,788	4,085	4,140	5,998
유형자산	579	515	552	629	689	2,153
무형자산	25	22	32	36	35	541
유가증권	121	35	127	257	269	179
총부채	1,790	1,631	1,663	1,904	1,896	3,932
총차입금	1,410	1,118	1,061	1,305	1,502	2,992
자본금	353	353	419	419	419	453
총자본	1,440	1,817	2,125	2,181	2,244	2,066
지배주주지분	1,438	1,815	2,117	2,175	2,239	2,145

기업가치 지표

항목	2012	2013	2014	2015	2016	2017
주가(최고/저)(천원)	1.9/1.1	2.4/1.0	4.3/1.8	5.2/3.0	3.4/2.0	2.8/1.6
PER(최고/저)(배)	19.5/11.1	4.0/1.7	35.2/15.0	55.5/32.0	47.3/27.8	—/—
PBR(최고/저)(배)	1.0/0.6	1.0/0.4	1.8/0.8	2.0/1.2	1.3/0.8	1.2/0.7
EV/EBITDA(배)	12.3	5.9	12.8	17.9	16.3	28.6
EPS(원)	109	654	132	99	75	-59
BPS(원)	2,039	2,715	2,644	2,712	2,789	2,479
CFPS(원)	172	715	181	147	132	60
DPS(원)	—	50	50	50	50	50
EBITDAPS(원)	236	309	282	225	216	183

재무 비율 〈단위 : %〉

연도	영업이익률	순이익률	부채비율	차입금비율	ROA	ROE	유보율	자기자본비율	EBITDA 마진율
2017	2.2	-2.1	190.3	144.8	-1.1	-2.4	395.8	34.5	6.2
2016	6.4	3.0	84.5	66.9	1.5	2.9	457.8	54.2	8.7
2015	9.2	5.1	87.3	59.8	2.1	3.9	442.4	53.4	11.8
2014	12.2	6.8	78.3	49.9	2.9	5.4	428.7	56.1	14.8

삼익티에이치케이 (A004380)
Samick THK

업 종 : 기계 | 시 장 : 거래소
신용등급 : (Bond) — (CP) — | 기업규모 : 시가총액 중형주
홈페이지 : www.samickthk.co.kr | 연 락 처 : 053)665-7000
본 사 : 대구시 달서구 성서동로 163 (월암동)

설 립 일	1960.05.10	**종 업 원 수**	588명	**대 표 이 사**	진영환,전영배
상 장 일	1989.09.26	**감 사 의 견**	적정(하나로)	**계 열**	
결 산 기	12월	**보 통 주**		**종속회사수**	
액 면 가	500원	**우 선 주**		**구 상 호**	

주주구성 (지분율,%)		출자관계 (지분율,%)		주요경쟁사 (외형,%)	
T.H.K	33.3	삼익키리우	37.4	삼익THK	100
진영환	7.5	삼익SDT	18.0	와이지-원	104
(외국인)	36.1	기업구조조정조합1호	3.7	태광	50

매출구성		비용구성		수출비중	
LM시스템	54.8	매출원가율	82.1	수출	1.8
메카트로시스템	29.4	판관비율	8.5	내수	98.2
기 타	13.8				

회사 개요

동사는 수공용 줄을 생산, 판매할 목적으로 1965년 설립돼 1989년 유가증권시장에 상장됨. 산업설비 자동화, 반도체 제조장비 및 시험장비, 정밀 의료기기, 공작기계 등에 필수요소부품인 LM시스템과 LM가이드, 볼스크류, 서브모터, 감속기 등을 조합한 메카트로시스템 사업을 영위함. 최근 매출 성장은 주로 IT대기업의 반도체 및 OLED 생산설비 확충에 기인함.

실적 분석

동사의 2017년 결산 매출액은 전년대비 47.8% 급증한 3,711.1억원을 기록함. 전 제품의 출하량이 증가했으며 특히 메카트로시스템이 매출액 성장을 견인함. 외형 성장에 따른 영업 레버리지 효과로 영업이익 349.4억원, 당기순이익 282.4억원을 보이며 이익 규모 증가와 수익성 개선이 동반됨. 당기 제품별 매출비중은 LM시스템 45.0% 메카트로시스템 39.0% 및 기타 등으로 구성됨.

현금 흐름 *IFRS 별도 기준 〈단위 : 억원〉

항목	2016	2017
영업활동	-68	413
투자활동	-78	-462
재무활동	104	175
순현금흐름	-41	126
기말현금	165	291

시장 대비 수익률

결산 실적 〈단위 : 억원〉

항목	2012	2013	2014	2015	2016	2017
매출액	1,868	1,967	1,885	2,300	2,511	3,711
영업이익	46	184	169	246	217	349
당기순이익	95	173	176	178	165	282

분기 실적 *IFRS 별도 기준 〈단위 : 억원〉

항목	2016.3Q	2016.4Q	2017.1Q	2017.2Q	2017.3Q	2017.4Q
매출액	655	855	929	1,092	908	782
영업이익	33	103	103	120	76	50
당기순이익	32	86	86	90	59	48

재무 상태 *IFRS 별도 기준 〈단위 : 억원〉

항목	2012	2013	2014	2015	2016	2017
총자산	2,011	2,057	2,162	2,193	2,625	3,066
유형자산	1,060	1,001	990	1,004	990	1,383
무형자산	12	12	12	13	13	13
유가증권	—	23	18	11	10	12
총부채	832	753	771	688	1,028	1,253
총차입금	579	337	308	199	365	618
자본금	105	105	105	105	105	105
총자본	1,180	1,304	1,391	1,505	1,598	1,813
지배주주지분	1,180	1,304	1,391	1,505	1,598	1,813

기업가치 지표 *IFRS 별도 기준

항목	2012	2013	2014	2015	2016	2017
주가(최고/저)(천원)	7.4/4.2	7.0/4.7	8.7/6.7	8.5/7.2	12.3/7.8	23.0/9.9
PER(최고/저)(배)	20.0/11.3	9.9/6.7	11.7/9.0	10.9/9.2	16.4/10.4	17.4/7.5
PBR(최고/저)(배)	1.6/0.9	1.3/0.9	1.5/1.1	1.3/1.1	1.7/1.1	2.7/1.2
EV/EBITDA(배)	11.4	6.6	7.1	5.5	8.0	10.9
EPS(원)	452	824	840	848	787	1,345
BPS(원)	5,662	6,255	6,669	7,211	7,653	8,678
CFPS(원)	893	1,267	1,263	1,232	1,214	1,819
DPS(원)	250	300	300	300	330	400
EBITDAPS(원)	661	1,320	1,229	1,554	1,458	2,138

재무 비율 〈단위 : %〉

연도	영업이익률	순이익률	부채비율	차입금비율	ROA	ROE	유보율	자기자본비율	EBITDA 마진율
2017	9.4	7.6	69.1	34.1	9.9	16.6	1,635.6	59.1	12.1
2016	8.6	6.6	64.3	22.8	6.9	10.7	1,430.6	60.9	12.2
2015	10.7	7.7	45.7	13.2	8.2	12.3	1,342.2	68.6	14.2
2014	9.0	9.4	55.5	22.1	8.4	13.1	1,233.7	64.3	13.7

삼일 (A032280)
SAMIL

업　　종 : 육상운수　　시　　장 : KOSDAQ
신용등급 : (Bond) —　(CP) —　　기업규모 : 중견
홈페이지 : www.samil31.co.kr　　연 락 처 : 054)289-1062
본　　사 : 경북 포항시 남구 대송면 송덕로 125-15(옥명리)

설 립 일	1965.12.08	**종업원수**	115명	**대표이사**	이정식,안인수
상 장 일	1997.03.15	**감사의견**	적정(성문)	**계　열**	
결 산 기	12월	**보 통 주**		**종속회사수**	
액 면 가	1,000원	**우 선 주**		**구 상 호**	

주주구성 (지분율,%)		출자관계 (지분율,%)		주요경쟁사 (외형,%)	
티디홀딩스	9.3	제7부두운영	27.0	삼일	100
(학)벽산학원	7.3	에스엘와이	19.0	KCTC	401
(외국인)	1.7	포항스틸러스	16.7	동양고속	156

매출구성		비용구성		수출비중	
사업수익(용역)	62.0	매출원가율	88.8	수출	—
하역수익(용역)	32.6	판관비율	8.0	내수	—
유류수익(상품)	5.4				

회사 개요

동사는 1965년 설립된 육상 화물 운송 전문 기업임. 포스코 설립시부터 내수 제품의 최대 물류 협력 업체로 거래 중임. 포항지역 최대 화물터미널과 포항항 7, 8번 부두의 운영, 건설, 하역 등의 부대사업도 영위함. 자동화 창고 등 화물보관시설도 갖추고 있음. 포스코와 당진 제철소 등에서 생산되는 철강제품을 전국 각지 수요처로 운송하는 것이 주력 사업임. 매출 구성은 운송, 터미널 사업 62%, 하역 33%, 유류 5%로 구성됨.

실적 분석

동사의 2017년 연간 매출액은 전년동기대비 1.8% 소폭 변동한 908.8억원을 기록하였음. 비용면에서 전년동기대비 매출원가는 감소 하였으며 인건비도 감소, 광고선전비도 크게 감소, 기타판매비와관리비도 마찬가지로 감소함. 이와 같이 매출액은 전년동기 크게 성장하지 않았으나 이에 비해서 전년동기대비 영업이익은 28.7억원으로 3.4% 상승 하였음. 아마 매출원가의 감소효과가 달성한 매출액 대비 컸기 때문이라 판단됨.

현금 흐름 *IFRS 별도 기준 〈단위 : 억원〉

항목	2016	2017
영업활동	-102	26
투자활동	78	2
재무활동	8	-28
순현금흐름	-15	0
기말현금	8	8

시장 대비 수익률

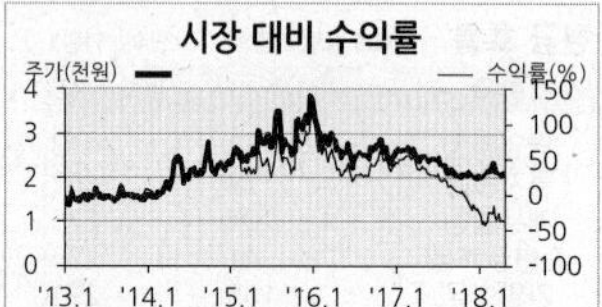

결산 실적 〈단위 : 억원〉

항목	2012	2013	2014	2015	2016	2017
매출액	857	929	999	951	925	909
영업이익	33	45	29	5	28	29
당기순이익	2	48	28	205	25	20

분기 실적 *IFRS 별도 기준 〈단위 : 억원〉

항목	2016.3Q	2016.4Q	2017.1Q	2017.2Q	2017.3Q	2017.4Q
매출액	223	229	222	223	233	231
영업이익	7	3	9	8	8	4
당기순이익	5	2	6	6	5	3

재무 상태 *IFRS 별도 기준 〈단위 : 억원〉

항목	2012	2013	2014	2015	2016	2017
총자산	1,060	1,105	1,083	955	869	844
유형자산	821	820	643	653	662	648
무형자산	5	5	5	5	5	5
유가증권	4	4	5	5	4	4
총부채	784	781	735	372	272	237
총차입금	592	479	498	115	137	120
자본금	147	147	147	162	162	162
총자본	275	324	349	583	597	607
지배주주지분	275	324	349	583	597	607

기업가치 지표 *IFRS 별도 기준

항목	2012	2013	2014	2015	2016	2017
주가(최고/저)(천원)	2.8/1.3	1.8/1.4	2.9/1.5	3.9/2.3	3.6/2.2	2.7/2.0
PER(최고/저)(배)	212.3/99.0	5.8/4.4	16.1/8.6	3.2/1.9	23.7/14.9	23.1/16.4
PBR(최고/저)(배)	1.6/0.7	0.9/0.6	1.3/0.7	1.1/0.7	1.0/0.6	0.7/0.5
EV/EBITDA(배)	19.4	12.1	19.4	30.1	12.7	9.6
EPS(원)	14	329	190	1,267	157	122
BPS(원)	1,921	2,251	2,419	3,639	3,726	3,789
CFPS(원)	80	424	295	1,363	256	229
DPS(원)	—	—	—	70	50	50
EBITDAPS(원)	288	399	301	127	270	284

재무 비율 〈단위 : %〉

연도	영업 이익률	순 이익률	부채 비율	차입금 비율	ROA	ROE	유보율	자기자본 비율	EBITDA 마진율
2017	3.2	2.2	39.0	19.8	2.3	3.3	278.9	72.0	5.1
2016	3.0	2.8	45.5	22.9	2.8	4.3	272.6	68.7	4.7
2015	0.5	21.6	63.8	19.7	20.2	44.1	263.9	61.1	2.2
2014	2.9	2.8	210.7	142.8	2.6	8.3	141.9	32.2	4.4

삼일기업공사 (A002290)
SAMIL ENTERPRISE

업　　종 : 건설　　시　　장 : KOSDAQ
신용등급 : (Bond) —　(CP) —　　기업규모 : 중견
홈페이지 : www.samilenter.com　　연 락 처 : 02)564-3131
본　　사 : 서울시 강남구 언주로 329

설 립 일	1958.02.05	**종업원수**	49명	**대표이사**	박종웅
상 장 일	1992.11.30	**감사의견**	적정(대주)	**계　열**	
결 산 기	12월	**보 통 주**		**종속회사수**	
액 면 가	500원	**우 선 주**		**구 상 호**	

주주구성 (지분율,%)		출자관계 (지분율,%)		주요경쟁사 (외형,%)	
박종웅	41.0			삼일기업공사	100
동양종합금융증권	5.7			신원종합개발	347
(외국인)	2.3			동신건설	93

매출구성		비용구성		수출비중	
건축(공사)	95.1	매출원가율	90.1	수출	0.0
토목(공사)	3.3	판관비율	5.3	내수	100.0
임대수입(기타)	1.5				

회사 개요

1958년 설립 이후 꾸준히 미육군 극동공병단(F.E.D) 발주공사를 수주해 오고 있는 종합건설업체로 2013년 기준 도급순위 148위임. 국내 건축공사 비중이 전체 매출의 약 95.06%, 토목공사가 3.34%, 임대수입 등이 0.15%를 차지하고 있음. 건축공사의 경우 민간부문이 대부분이며, 토목공사는 관급공사의 비중이 민간공사에 비해 훨씬 큼. 2017년 누적 부채비율 18.1%, 유보율 775.9%로 재무건전성은 매우 안정적인 수준임

실적 분석

동사의 연결기준 2017년 결산 매출액은 전년대비 99.7% 증가한 564.0억원을 기록한 반면, 판관비는 기타판관비 및 감가삼각비 감소 영향으로 전년 동기 대비 3.8% 감소함에 따라 동기간 영업이익은 전년 대비 4,029.1% 증가한 26.0억원을 기록함. 비영업손익은 전년 대비 2.5% 감소한 7.8억원을 기록하였음. 동사의 2017년 당기순이익은 전년 대비 232.9% 증가한 26.5억원을 기록함.

현금 흐름 *IFRS 별도 기준 〈단위 : 억원〉

항목	2016	2017
영업활동	20	-9
투자활동	-7	97
재무활동	-3	-11
순현금흐름	10	77
기말현금	273	350

시장 대비 수익률

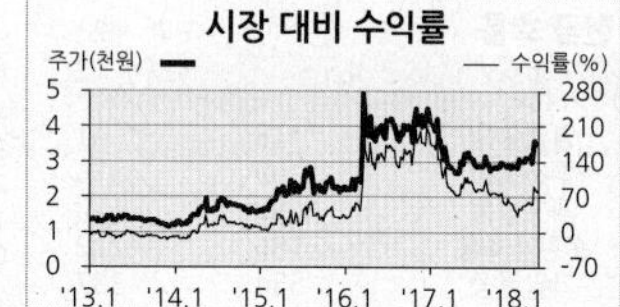

결산 실적 〈단위 : 억원〉

항목	2012	2013	2014	2015	2016	2017
매출액	529	314	650	733	282	564
영업이익	26	6	10	32	1	26
당기순이익	30	14	16	32	7	27

분기 실적 *IFRS 별도 기준 〈단위 : 억원〉

항목	2016.3Q	2016.4Q	2017.1Q	2017.2Q	2017.3Q	2017.4Q
매출액	38	86	103	128	132	201
영업이익	-3	2	1	5	6	14
당기순이익	-1	3	3	5	6	13

재무 상태 *IFRS 별도 기준 〈단위 : 억원〉

항목	2012	2013	2014	2015	2016	2017
총자산	550	531	617	625	625	641
유형자산	40	40	40	40	43	42
무형자산	1	1	1	1	1	1
유가증권	18	17	19	19	22	20
총부채	80	50	122	101	97	98
총차입금	14	14	—	—	—	—
자본금	62	62	62	62	62	62
총자본	470	481	495	524	528	543
지배주주지분	470	481	495	524	528	543

기업가치 지표 *IFRS 별도 기준

항목	2012	2013	2014	2015	2016	2017
주가(최고/저)(천원)	1.6/1.1	1.6/1.2	2.0/1.2	2.9/1.6	4.9/2.1	4.4/2.6
PER(최고/저)(배)	7.3/5.2	15.3/11.0	16.5/10.1	12.1/6.5	93.1/40.5	21.4/12.8
PBR(최고/저)(배)	0.5/0.3	0.5/0.3	0.5/0.3	0.7/0.4	1.2/0.5	1.1/0.6
EV/EBITDA(배)	—	—	—	—	41.4	—
EPS(원)	245	114	129	257	56	214
BPS(원)	37,898	38,791	3,993	4,225	4,256	4,380
CFPS(원)	2,541	1,228	138	266	67	225
DPS(원)	250	150	25	25	90	90
EBITDAPS(원)	2,147	574	87	271	16	220

재무 비율 〈단위 : %〉

연도	영업 이익률	순 이익률	부채 비율	차입금 비율	ROA	ROE	유보율	자기자본 비율	EBITDA 마진율
2017	4.6	4.7	18.1	0.0	4.2	5.0	775.9	84.7	4.9
2016	0.2	2.5	18.4	0.0	1.1	1.3	751.2	84.5	0.7
2015	4.4	4.4	19.2	0.0	5.1	6.3	745.0	83.9	4.6
2014	1.5	2.5	24.7	0.0	2.8	3.3	698.6	80.2	1.7

삼일제약 (A000520)
Samil Pharmaceutical

업　　종 : 제약　　시　　장 : 거래소
신용등급 : (Bond) —　(CP) —　　기업규모 : 시가총액 소형주
홈페이지 : www.samil-pharm.com　　연 락 처 : 02)520-0300
본　　사 : 서울시 서초구 효령로 155(방배동,삼일제약 사옥)

설 립 일	1947.10.07	**종업원수**	412명	**대표이사**	허강,허승범
상 장 일	1985.05.29	**감사의견**	적정(한영)	**계　　열**	
결 산 기	12월	**보 통 주**		**종속회사수**	1개사
액 면 가	1,000원	**우 선 주**		**구 상 호**	

주주구성 (지분율,%)		출자관계 (지분율,%)		주요경쟁사 (외형,%)	
허강	11.8	삼일메디칼	100.0	삼일제약	100
허승범	11.3	MonSamil	49.9	한국비엔씨	16
(외국인)	4.2			이-글 벳	37

매출구성		비용구성		수출비중	
기타(상품) 외	34.2	매출원가율	55.6	수출	1.1
기타(제품)	32.0	판관비율	43.0	내수	98.9
글립타이드	12.6				

회사 개요
동사는 의약품 제조 및 판매를 주요사업으로 영위할 목적으로 1947년 10월 설립되어 1985년 5월 유가증권시장에 상장됨. 계열회사로는 의료기기 도소매업을 영위하는 삼일메디칼이 있음. 동사는 전문의약품 제조회사로서 병의원용 치료제 품목 및 일반의약품을 주로 생산 판매함. 어린이부루펜시럽, 티어실원스 제품이 일반의약품의 대표적인 품목이며, 처방의약품은 포리부틴, 글립타이드 등의 소화기 관련 제품과 리박트와 같은 내과용 의약품 등이 있음.

실적 분석
동사의 2017년 결산 연결기준 매출액은 920.4억원으로 전년대비 4.9% 외형 감소. 상품매출 감소로 전체 매출은 감소하였으나 원가율 개선 및 위수탁 제품 매출 증대를 위한 노력으로 영업이익 13.1억을 기록하였으나 영업이익 감소 및 금융비용 증가로 당기순손실 12.7억으로 적자전환함. 동사는 내과 분야 신규 제품 론칭을 지속적으로 추구중이며 베트남 안과 시장 개척 등 해외 사업 부문을 통한 균형 성장을 추구중임.

현금 흐름 〈단위 : 억원〉

항목	2016	2017
영업활동	56	38
투자활동	-29	-375
재무활동	-1	285
순현금흐름	28	-52
기말현금	62	10

시장 대비 수익률
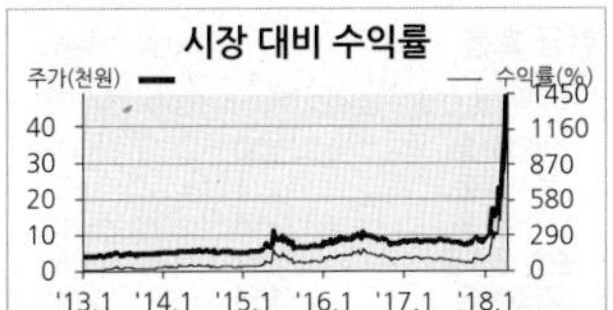

결산 실적 〈단위 : 억원〉

항목	2012	2013	2014	2015	2016	2017
매출액	914	892	855	881	968	920
영업이익	-16	-20	-86	16	39	13
당기순이익	-29	79	-112	6	9	-13

분기 실적 〈단위 : 억원〉

항목	2016.3Q	2016.4Q	2017.1Q	2017.2Q	2017.3Q	2017.4Q
매출액	233	243	220	226	218	257
영업이익	6	17	14	6	-17	10
당기순이익	3	2	6	-3	-20	4

재무 상태 〈단위 : 억원〉

항목	2012	2013	2014	2015	2016	2017
총자산	1,110	1,157	1,083	993	1,010	1,355
유형자산	361	353	394	384	392	719
무형자산	64	51	20	20	21	16
유가증권	0	0	27	11	11	9
총부채	481	457	529	449	481	843
총차입금	300	260	362	282	302	612
자본금	55	55	55	55	55	55
총자본	629	700	554	544	529	512
지배주주지분	629	700	554	544	529	512

기업가치 지표

항목	2012	2013	2014	2015	2016	2017
주가(최고/저)(천원)	4.8/3.4	5.2/3.9	5.9/4.9	11.4/5.1	10.8/6.8	9.8/7.0
PER(최고/저)(배)	—/—	4.1/3.1	—/—	113.1/50.3	69.2/43.4	—/—
PBR(최고/저)(배)	0.5/0.3	0.5/0.3	0.6/0.5	1.2/0.5	1.1/0.7	1.0/0.7
EV/EBITDA(배)	19.9	21.3	—	13.5	9.8	21.7
EPS(원)	-527	1,442	-2,034	107	161	-230
BPS(원)	11,773	13,074	10,542	10,359	10,079	9,770
CFPS(원)	135	2,083	-1,414	660	733	432
DPS(원)	150	150	200	200	150	150
EBITDAPS(원)	376	282	-946	844	1,273	900

재무 비율 〈단위 : %〉

연도	영업이익률	순이익률	부채비율	차입금비율	ROA	ROE	유보율	자기자본비율	EBITDA마진율
2017	1.4	-1.4	164.8	119.7	-1.1	-2.4	877.0	37.8	5.4
2016	4.0	0.9	91.0	57.1	0.9	1.7	907.9	52.4	7.2
2015	1.8	0.7	82.5	51.8	0.6	1.1	935.9	54.8	5.3
2014	-10.1	-13.1	95.4	65.3	-10.0	-17.8	954.2	51.2	-6.1

삼정펄프 (A009770)
Sam Jung Pulp

업　　종 : 가정생활용품　　시　　장 : 거래소
신용등급 : (Bond) —　(CP) —　　기업규모 : 시가총액 소형주
홈페이지 : www.sjpulp.com　　연 락 처 : 031)664-5377
본　　사 : 경기도 평택시 고덕면 고덕로 85

설 립 일	1974.04.09	**종업원수**	305명	**대표이사**	전성오
상 장 일	2006.10.17	**감사의견**	적정(삼덕)	**계　　열**	
결 산 기	12월	**보 통 주**		**종속회사수**	1개사
액 면 가	5,000원	**우 선 주**		**구 상 호**	

주주구성 (지분율,%)		출자관계 (지분율,%)		주요경쟁사 (외형,%)	
전성오	24.5	SamjungPulpVietnam	100.0	삼정펄프	100
전성주	13.1			LG생활건강	4,373
(외국인)	3.3			모나리자	82

매출구성		비용구성		수출비중	
원지	70.5	매출원가율	88.8	수출	0.5
완제품	20.7	판관비율	5.9	내수	99.5
키친타올,물티슈 등	8.8				

회사 개요
동사는 1974년 설립돼 2006년 유가증권시장에 상장함. 화장지 원지 및 두루마리, 티슈 등의 제조, 판매를 주요 사업으로 영위함. 베트남에 위치한 위생용 종이제품 유통업체 Samjung Pulp Vietnam을 연결대상 종속회사로 보유하고 있음. 유한킴벌리, 깨끗한나라 등이 주요 경쟁업체임. 경쟁사 증설로 인한 공급증가로 판매단가가 하락세에 있어 경영환경이 악화되고 있음.

실적 분석
2017년 연결기준 동사 매출은 1433.9억원을 기록함. 전년도 매출인 1520.7억원에서 5.7% 감소한 금액임. 매출원가가 3% 감소하고 판매비와 관리비가 5.7% 줄었으나 매출 감소폭이 이를 웃돌아 영업이익은 35.5% 줄어든 76.5억원을 기록함. 외환부문이 적자를 기록하며 비영업부문 이익도 56.2% 감소함. 이에 당기순이익은 193.2억원에서 104.3억원으로 줄어듦. 판매단가 하락이 실적 부진 원인으로 분석됨.

현금 흐름 〈단위 : 억원〉

항목	2016	2017
영업활동	252	73
투자활동	-221	-20
재무활동	-30	-92
순현금흐름	0	-39
기말현금	145	105

시장 대비 수익률
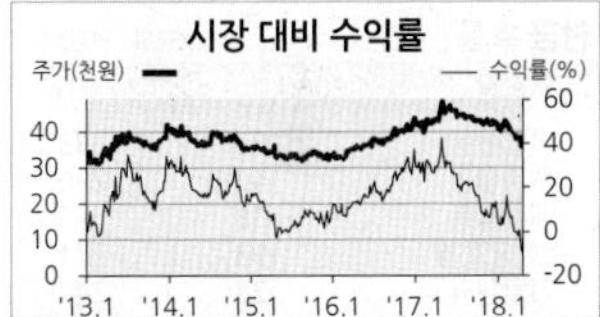

결산 실적 〈단위 : 억원〉

항목	2012	2013	2014	2015	2016	2017
매출액	1,612	1,450	1,454	1,520	1,521	1,434
영업이익	171	133	69	76	119	77
당기순이익	169	132	66	79	193	104

분기 실적 〈단위 : 억원〉

항목	2016.3Q	2016.4Q	2017.1Q	2017.2Q	2017.3Q	2017.4Q
매출액	366	392	368	361	361	345
영업이익	31	26	32	31	11	3
당기순이익	114	27	37	41	28	-2

재무 상태 〈단위 : 억원〉

항목	2012	2013	2014	2015	2016	2017
총자산	1,677	1,813	1,807	1,904	2,116	2,064
유형자산	601	757	716	636	533	474
무형자산	0	7	5	4	3	7
유가증권	256	271	287	294	559	788
총부채	256	289	243	285	338	230
총차입금	33	71	44	75	77	25
자본금	100	125	125	125	125	125
총자본	1,420	1,525	1,564	1,619	1,778	1,834
지배주주지분	1,420	1,525	1,564	1,619	1,778	1,834

기업가치 지표

항목	2012	2013	2014	2015	2016	2017
주가(최고/저)(천원)	30.6/18.5	42.8/30.0	41.8/34.5	37.5/31.1	43.9/32.0	48.3/40.0
PER(최고/저)(배)	5.3/3.2	9.3/6.5	17.9/14.8	13.0/10.8	5.9/4.4	11.8/9.8
PBR(최고/저)(배)	0.6/0.4	0.8/0.6	0.8/0.6	0.6/0.5	0.6/0.5	0.7/0.6
EV/EBITDA(배)	1.3	2.9	3.0	0.7	0.7	0.8
EPS(원)	6,746	5,293	2,626	3,172	7,729	4,172
BPS(원)	71,019	60,996	62,556	64,750	71,120	73,362
CFPS(원)	11,088	7,985	6,243	6,557	11,060	7,388
DPS(원)	800	1,000	1,000	1,250	1,650	1,000
EBITDAPS(원)	11,191	8,012	6,377	6,417	8,078	6,277

재무 비율 〈단위 : %〉

연도	영업이익률	순이익률	부채비율	차입금비율	ROA	ROE	유보율	자기자본비율	EBITDA마진율
2017	5.3	7.3	12.6	1.4	5.0	5.8	1,367.2	88.9	10.9
2016	7.8	12.7	19.0	4.3	9.6	11.4	1,322.4	84.0	13.3
2015	5.0	5.2	17.6	4.6	4.3	5.0	1,195.0	85.0	10.6
2014	4.8	4.5	15.6	2.8	3.6	4.3	1,151.1	86.5	11.0

삼지전자 (A037460)
Samji Electronics

업 종 : 통신장비
신용등급 : (Bond) — (CP) —
홈페이지 : www.samji.com
본 사 : 서울시 금천구 가산디지털2로 169-21
시 장 : KOSDAQ
기업규모 : 벤처
연 락 처 : 02)850-8000

설 립 일	1981.07.24	**종업원수**	135명	**대표이사**	박두진,주동익
상 장 일	1999.12.10	**감사의견**	적정(삼일)	**계 열**	
결 산 기	12월	**보 통 주**		**종속회사수**	1개사
액 면 가	500원	**우 선 주**		**구 상 호**	

주주구성 (지분율,%)		출자관계 (지분율,%)		주요경쟁사 (외형,%)	
이기남	22.1	뉴파워프라즈마	4.4	삼지전자	100
이용준	9.2	큐렉소	2.8	AP위성	2
(외국인)	3.0	삼보개발	0.1	쏠리드	20

매출구성		비용구성		수출비중	
통신,네트워크장비/복권단말기/전자부품유통 등	95.7	매출원가율	93.8	수출	0.8
통신 장비 등	3.2	판관비율	2.2	내수	99.2
통신부문 설치공사 및 유지보수	1.0				

회사 개요
무선통신용 중계장치와 네트워크 장비, 운영정보표시장치를 제조하는 통신사업과 중계기 설치 및 정보통신공사, 전기공사, 2차전지용 충방전시스템, ESS, 부동산 임대업을 하는 기타사업으로 구성됨. 멀티밴드 CPRI 중계기를 개발하여 상용화 진행중이며, 차세대 4G 이동 통신에 대응하기 위한 중계 기능을 지원하는 GTTH 장비를 개발 중임. 매출구성은 전자부품 유통부문이 92.9%, 기계설비 건설부문이 4.7%, 통신부문이 1.6%임.

실적 분석
동사의 2017년 연결기준 누적 매출액은 1조 3,046억원으로 전년 대비 18.4% 성장했고 영업이익은 524억원으로 72.7% 증가함. 금융손익부문이 흑자전환되고 비영업부문에서도 95.4억원의 이익을 시현함에 따라 당기순이익은 전년 대비 13.5% 증가했음. 새로운 연결법인의 취득과 양호한 영업실적으로 매출 및 이익은 큰 폭으로 증가하였으나 연결자회사의 자회사인 SaMT.HK의 중단사업손실이 발생하여 당기순이익은 소폭 상승함.

현금 흐름 〈단위 : 억원〉

항목	2016	2017
영업활동	182	33
투자활동	-47	286
재무활동	-168	-98
순현금흐름	-33	221
기말현금	27	247

시장 대비 수익률

결산 실적 〈단위 : 억원〉

항목	2012	2013	2014	2015	2016	2017
매출액	715	592	343	8,318	11,016	13,046
영업이익	24	40	-38	257	303	524
당기순이익	39	-34	-25	273	385	437

분기 실적 〈단위 : 억원〉

항목	2016.3Q	2016.4Q	2017.1Q	2017.2Q	2017.3Q	2017.4Q
매출액	2,937	2,604	2,851	3,188	3,327	3,680
영업이익	95	44	102	101	84	236
당기순이익	32	204	51	105	101	179

재무 상태 〈단위 : 억원〉

항목	2012	2013	2014	2015	2016	2017
총자산	879	836	944	3,323	3,761	4,681
유형자산	57	54	44	282	277	393
무형자산	19	25	19	172	182	195
유가증권	471	473	515	316	323	357
총부채	220	179	243	1,775	1,634	1,988
총차입금	75	94	165	1,082	789	815
자본금	63	65	66	71	73	83
총자본	658	657	701	1,548	2,127	2,692
지배주주지분	658	657	701	1,019	1,279	1,647

기업가치 지표

항목	2012	2013	2014	2015	2016	2017
주가(최고/저)(천원)	3.6/2.8	5.2/3.0	4.3/2.3	5.8/2.6	12.8/4.5	11.5/7.0
PER(최고/저)(배)	12.3/9.6	—/—	—/—	5.7/2.5	9.4/3.3	7.0/4.3
PBR(최고/저)(배)	0.7/0.5	0.9/0.6	0.8/0.4	0.8/0.4	1.4/0.5	1.1/0.7
EV/EBITDA(배)	3.3	1.7	—	8.0	9.8	5.3
EPS(원)	312	-269	-196	1,048	1,387	1,659
BPS(원)	5,786	5,658	5,661	7,529	9,108	10,260
CFPS(원)	381	-174	-88	1,163	1,496	1,752
DPS(원)	100	50	—	—	—	120
EBITDAPS(원)	265	414	-189	1,991	2,256	3,531

재무 비율 〈단위 : %〉

연도	영업이익률	순이익률	부채비율	차입금비율	ROA	ROE	유보율	자기자본비율	EBITDA마진율
2017	4.0	3.4	73.9	30.3	10.3	17.3	1,915.0	57.5	4.1
2016	2.8	3.5	76.8	37.1	10.9	17.1	1,684.2	56.6	2.9
2015	3.1	3.3	114.7	69.9	12.8	16.7	1,374.0	46.6	3.3
2014	-11.1	-7.3	34.7	23.6	-2.8	-3.7	1,006.3	74.2	-7.1

삼진 (A032750)
Sam Jin

업 종 : 내구소비재
신용등급 : (Bond) — (CP) —
홈페이지 : www.samjin.com
본 사 : 경기도 안양시 만안구 안양천서로 81(안양동)
시 장 : KOSDAQ
기업규모 : 중견
연 락 처 : 031)467-5848

설 립 일	1976.07.15	**종업원수**	81명	**대표이사**	김승철
상 장 일	1997.07.14	**감사의견**	적정(서일)	**계 열**	
결 산 기	12월	**보 통 주**		**종속회사수**	2개사
액 면 가	500원	**우 선 주**		**구 상 호**	

주주구성 (지분율,%)		출자관계 (지분율,%)		주요경쟁사 (외형,%)	
김승철	34.0	QingdaoSamjinElectronics	100.0	삼진	100
박병서	4.9	PT.SAMJIN	99.0	LG전자	56,439
(외국인)	3.9	SSDPlastic	33.3	위닉스	240

매출구성		비용구성		수출비중	
REMOCON	60.2	매출원가율	84.4	수출	95.6
기타	17.8	판관비율	11.2	내수	4.4
OCM	12.2				

회사 개요
동사는1976년에 설립되어 TV에 사용되는 REMOCON, OCM 및 스마트홈에 사용되는 Hub, Sensor등을 ODM 또는 OEM방식으로 생산하여 삼성전자 등에 납품하고 있음. 종속회사로 인도네시아와 중국에 해외 제조사를 하나씩 두고 있음. 삼성전자의 스마트-TV용, 쿼티리모콘, 음성인식기능 리모콘을 생산하여 공급하고 있으며, 휴대폰 키패드 형태의 리모콘, 고광택 사출적용 리모콘, 빽라이팅 기능 리모콘 등을 개발함.

실적 분석
동사의 2017년 연간 매출액은 전년동기대비 10.8% 상승한 1,87.8억원을 기록하였음. 비용면에서 전년동기대비 매출원가는 증가 하였으며 인건비도 증가, 기타판매비와관리비는 증가함. 이와 같이 상승한 매출액 만큼 비용증가도 있었으나 매출액의 더 큰 상승에 힘입어 영업이익은 8.2% 증가함. 그러나 외환손익 등 비영업손익의 적자전환으로 전년동기대비 당기순이익은 27.7억원을 기록함.

현금 흐름 〈단위 : 억원〉

항목	2016	2017
영업활동	100	41
투자활동	1	-5
재무활동	-16	-20
순현금흐름	91	6
기말현금	168	174

시장 대비 수익률
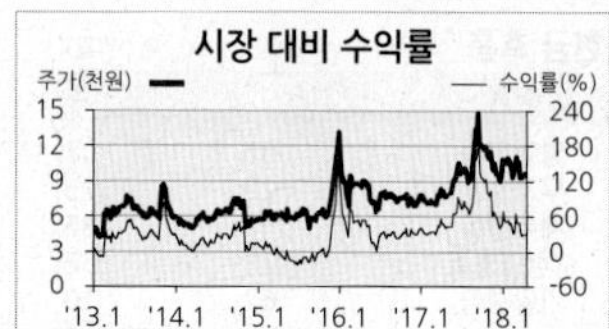

결산 실적 〈단위 : 억원〉

항목	2012	2013	2014	2015	2016	2017
매출액	1,373	1,463	1,374	1,157	982	1,088
영업이익	73	58	59	42	42	48
당기순이익	35	36	67	51	58	28

분기 실적 〈단위 : 억원〉

항목	2016.3Q	2016.4Q	2017.1Q	2017.2Q	2017.3Q	2017.4Q
매출액	321	225	282	292	294	220
영업이익	32	10	14	22	20	-7
당기순이익	17	30	0	25	21	-18

재무 상태 〈단위 : 억원〉

항목	2012	2013	2014	2015	2016	2017
총자산	765	727	833	784	838	797
유형자산	423	396	418	400	362	337
무형자산	20	18	18	30	24	19
유가증권	19	16	12	16	19	22
총부채	339	256	299	202	210	164
총차입금	185	95	94	39	33	20
자본금	30	30	30	30	30	30
총자본	426	471	534	582	629	633
지배주주지분	427	471	534	582	628	633

기업가치 지표

항목	2012	2013	2014	2015	2016	2017
주가(최고/저)(천원)	5.6/2.5	8.9/4.1	7.7/4.9	13.2/4.7	12.9/6.4	15.3/7.0
PER(최고/저)(배)	10.5/4.6	16.0/7.4	7.4/4.7	16.0/5.8	13.8/6.8	33.6/15.5
PBR(최고/저)(배)	0.9/0.4	1.2/0.6	0.9/0.6	1.4/0.5	1.3/0.6	1.5/0.7
EV/EBITDA(배)	4.0	4.8	4.8	10.0	4.3	5.6
EPS(원)	583	601	1,110	854	965	461
BPS(원)	7,110	7,851	8,904	9,695	10,471	10,543
CFPS(원)	1,168	1,186	1,574	1,448	1,571	909
DPS(원)	100	100	100	120	120	150
EBITDAPS(원)	1,798	1,554	1,446	1,303	1,312	1,254

재무 비율 〈단위 : %〉

연도	영업이익률	순이익률	부채비율	차입금비율	ROA	ROE	유보율	자기자본비율	EBITDA마진율
2017	4.4	2.6	25.9	3.2	3.4	4.4	2,008.6	79.4	6.9
2016	4.3	5.9	33.3	5.3	7.2	9.6	1,994.1	75.0	8.0
2015	3.7	4.4	34.7	6.8	6.4	9.2	1,838.9	74.3	6.8
2014	4.3	4.9	55.9	17.7	8.6	13.3	1,680.9	64.1	6.3

삼진엘앤디 (A054090)

Samjin LND

업 종 : 디스플레이 및 관련부품
신용등급 : (Bond) — (CP) —
홈페이지 : www.samjin.co.kr
본 사 : 경기도 화성시 동탄면 동탄기흥로 64-17

시 장 : KOSDAQ
기업규모 : 벤처
연 락 처 : 031)379-2000

설 립 일	1987.01.06	**종 업 원 수**	210명	**대 표 이 사**	이경재,이명종
상 장 일	2004.02.06	**감 사 의 견**	적정(한영)	**계 열**	
결 산 기	12월	**보 통 주**		**종속회사수**	5개사
액 면 가	500원	**우 선 주**		**구 상 호**	

주주구성 (지분율,%)		출자관계 (지분율,%)		주요경쟁사 (외형,%)	
이경재	10.4	삼진광전	100.0	삼진엘앤디	100
이명종	5.7	SAMJINLNDVINA	100.0	탑엔지니어링	80
(외국인)	1.3	TRIMEK	96.0	DB라이텍	33

매출구성		비용구성		수출비중	
Mold Frame, Gasket, Ppcase	67.6	매출원가율	90.1	수출	—
FINISHER	20.2	판관비율	11.6	내수	—
LED조명	8.4				

회사 개요

동사는 1987년 1월에 설립되어 2004년 2월에 코스닥시장에 상장한 전기, 전자기기 부품 및 정밀사출부품을 제조, 판매하는 업체임. 주력제품은 LCD 백라이트에 적용되는 몰드 프레임이며 주요 거래선은 삼성전자로 거래선내 점유율은 2016년 기준 65~70%를 보이고 있음. 성장성 확보를 위해 LED 조명사업도 전개하고 있으며 중국 현지법인 등 총 5개의 연결자회사를 두고 있음.

실적 분석

동사의 2017년 연결 기준 연간 누적 매출액은 2206.5억원으로 전년 동기 대비 14% 감소함. 매출이 감소하면서 매출원가와 판관비 등이 감소했지만 매출 감소에 따른 고정 비용 확대 효과로 영업손실은 38.1억원을 기록해 전년 동기 대비 적자전환함. 비영업손익 부문에서도 외환과 금융 손실 등이 확대되면서 당기순손실은 127.2억원으로 적자 폭이 확대됨.

현금 흐름

〈단위 : 억원〉

항목	2016	2017
영업활동	48	72
투자활동	-132	-99
재무활동	18	-22
순현금흐름	-67	-44
기말현금	157	113

시장 대비 수익률

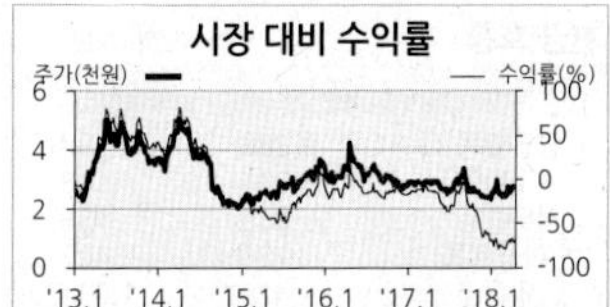

결산 실적

〈단위 : 억원〉

항목	2012	2013	2014	2015	2016	2017
매출액	2,691	2,479	2,300	2,815	2,566	2,206
영업이익	58	67	-19	127	5	-38
당기순이익	76	20	-80	96	-22	-127

분기 실적

〈단위 : 억원〉

항목	2016.3Q	2016.4Q	2017.1Q	2017.2Q	2017.3Q	2017.4Q
매출액	692	670	630	437	557	582
영업이익	26	17	2	-17	3	-26
당기순이익	-18	42	-34	-3	19	-109

재무 상태

〈단위 : 억원〉

항목	2012	2013	2014	2015	2016	2017
총자산	1,840	1,840	1,729	2,013	1,980	1,622
유형자산	744	698	685	697	665	577
무형자산	65	64	53	55	77	69
유가증권	4	0	0	0	0	0
총부채	1,017	913	844	992	992	734
총차입금	565	502	443	468	499	410
자본금	80	94	108	114	114	125
총자본	823	927	885	1,020	988	888
지배주주지분	818	920	878	1,013	981	884

기업가치 지표

항목	2012	2013	2014	2015	2016	2017
주가(최고/저)(천원)	3.7/1.5	5.5/2.3	5.1/2.0	3.8/2.1	4.2/2.5	3.5/2.3
PER(최고/저)(배)	8.3/3.4	56.7/23.5	—/—	8.8/4.9	—/—	—/—
PBR(최고/저)(배)	0.8/0.3	1.2/0.5	1.3/0.5	0.9/0.5	1.0/0.6	1.0/0.6
EV/EBITDA(배)	4.2	6.0	7.3	4.3	8.0	15.2
EPS(원)	463	99	-404	440	-93	-531
BPS(원)	5,232	4,930	4,109	4,501	4,347	3,633
CFPS(원)	1,278	686	191	938	409	-144
DPS(원)	70	50	—	50	—	—
EBITDAPS(원)	1,165	944	501	1,083	524	225

재무 비율

〈단위 : %〉

연도	영업이익률	순이익률	부채비율	차입금비율	ROA	ROE	유보율	자기자본비율	EBITDA마진율
2017	-1.7	-5.8	82.7	46.2	-7.1	-13.4	626.7	54.7	2.4
2016	0.2	-0.9	100.4	50.5	-1.1	-2.1	769.4	49.9	4.7
2015	4.5	3.4	97.2	45.9	5.1	10.1	800.2	50.7	8.3
2014	-0.8	-3.5	95.4	50.0	-4.5	-8.9	721.8	51.2	4.3

삼진제약 (A005500)

Samjin Pharamaceutical

업 종 : 제약
신용등급 : (Bond) — (CP) —
홈페이지 : www.samjinpharm.co.kr
본 사 : 서울시 마포구 와우산로 121

시 장 : 거래소
기업규모 : 시가총액 중형주
연 락 처 : 02)3140-0700

설 립 일	1968.04.18	**종 업 원 수**	653명	**대 표 이 사**	최승주,조의환,이성우
상 장 일	1988.06.18	**감 사 의 견**	적정(대주)	**계 열**	
결 산 기	12월	**보 통 주**		**종속회사수**	
액 면 가	1,000원	**우 선 주**		**구 상 호**	

주주구성 (지분율,%)		출자관계 (지분율,%)		주요경쟁사 (외형,%)	
조의환	12.2	한국제약협동조합	4.2	삼진제약	100
최승주	8.8	제이티비씨	0.6	종근당홀딩스	184
(외국인)	34.0			이연제약	51

매출구성		비용구성		수출비중	
정제(플래리스,게보린 등)	67.9	매출원가율	44.6	수출	1.3
캅셀제(오스테민,타이록신 등)	14.6	판관비율	36.3	내수	98.7
주사제(제티암,세포라탐 등)	11.7				

회사 개요

동사는 의약품 제조 및 판매의 단일사업부문으로 전문의약품과 일반의약품의 매출이 주를 이루고 있음. 해열진통제 '게보린'과 식욕촉진제 '트레스탄' 등은 꾸준한 매출세를 이어가고 있음. 정부 정책에 영향은 받겠지만 의약품 수요 확대로 인하여 향후 매출 증대가 예상되며 수출 및 오송 첨단 의약품원료(API) 합성공장 완공으로 원료의약품 매출 확대를 추진하고 있음.

실적 분석

동사의 2017년 누적매출액은 2,452.7억원으로 전년대비 2.5% 증가함. 비용측면에서 매출원가는 0.6% 하락했고 판관비는 2% 상승함. 영업이익은 전년보다 11.6% 늘어난 469.5억원을 기록함. 기존 제품의 고른 성장으로 매출이 확대되었고, 이중 가장 매출 비중이 높은 품목은 사노피 항혈전제 플라빅스의 제네릭 제품으로 영업이익률이 20%전후로 활발한 영업활동을 진행하고 있음.

현금 흐름

*IFRS 별도 기준 〈단위 : 억원〉

항목	2016	2017
영업활동	487	373
투자활동	-106	-86
재무활동	-270	-187
순현금흐름	110	100
기말현금	119	219

시장 대비 수익률

결산 실적

〈단위 : 억원〉

항목	2012	2013	2014	2015	2016	2017
매출액	1,857	1,920	2,013	2,165	2,393	2,453
영업이익	173	301	316	360	421	469
당기순이익	106	79	207	270	302	358

분기 실적

*IFRS 별도 기준 〈단위 : 억원〉

항목	2016.3Q	2016.4Q	2017.1Q	2017.2Q	2017.3Q	2017.4Q
매출액	611	600	601	627	645	580
영업이익	119	86	112	125	140	93
당기순이익	91	47	86	97	105	70

재무 상태

*IFRS 별도 기준 〈단위 : 억원〉

항목	2012	2013	2014	2015	2016	2017
총자산	2,042	2,039	2,093	2,207	2,276	2,418
유형자산	614	629	700	711	724	749
무형자산	22	21	29	39	39	40
유가증권	27	37	37	32	7	3
총부채	914	910	833	727	579	484
총차입금	430	475	330	290	90	40
자본금	139	139	139	139	139	139
총자본	1,127	1,130	1,260	1,481	1,697	1,935
지배주주지분	1,127	1,130	1,260	1,481	1,697	1,935

기업가치 지표

*IFRS 별도 기준

항목	2012	2013	2014	2015	2016	2017
주가(최고/저)(천원)	11.2/6.6	14.6/9.0	25.8/12.8	29.4/19.5	34.7/21.6	37.0/30.5
PER(최고/저)(배)	17.0/10.0	28.9/17.8	19.0/9.4	16.2/10.7	16.7/10.4	14.7/12.1
PBR(최고/저)(배)	1.4/0.8	1.7/1.0	2.7/1.3	2.6/1.7	2.6/1.6	2.4/2.0
EV/EBITDA(배)	8.5	6.8	8.6	8.2	9.7	8.8
EPS(원)	765	567	1,490	1,946	2,171	2,575
BPS(원)	9,488	9,712	10,642	12,218	13,772	15,834
CFPS(원)	1,059	952	1,930	2,416	2,669	3,053
DPS(원)	300	400	500	600	700	800
EBITDAPS(원)	1,539	2,551	2,711	3,058	3,524	3,855

재무 비율

〈단위 : %〉

연도	영업이익률	순이익률	부채비율	차입금비율	ROA	ROE	유보율	자기자본비율	EBITDA마진율
2017	19.1	14.6	25.0	2.1	15.3	19.7	1,483.4	80.0	21.9
2016	17.6	12.6	34.1	5.3	13.5	19.0	1,277.2	74.6	20.5
2015	16.6	12.5	49.1	19.6	12.6	19.7	1,121.8	67.1	19.6
2014	15.7	10.3	66.1	26.2	10.0	17.3	964.2	60.2	18.7

삼천당제약 (A000250)

SAM CHUN DANG PHARM

업종 : 제약　　시장 : KOSDAQ
신용등급 : (Bond) —　(CP) —　　기업규모 : 우량
홈페이지 : www.scd.co.kr　　연락처 : 031)350-7300
본사 : 경기도 화성시 향남읍 제약공단2길 71

설립일	1943.12.29	**종업원수**	390명	**대표이사**	윤대인,전인석
상장일	2000.09.20	**감사의견**	적정(선진)	**계열**	
결산기	12월	**보통주**		**종속회사수**	1개사
액면가	500원	**우선주**		**구상호**	

주주구성 (지분율,%)		출자관계 (지분율,%)		주요경쟁사 (외형,%)	
소화	31.0	디에이치피코리아	38.4	삼천당제약	100
윤대인	7.2	조선방송	0.5	대한뉴팜	81
(외국인)	2.9			메지온	3

매출구성		비용구성		수출비중	
순환기질환치료제 기타 외	41.3	매출원가율	47.1	수출	3.7
안과용제 기타	25.9	판관비율	36.5	내수	96.3
하메론	13.9				

회사 개요

동사는 의약용 약제품 제조 판매를 영위할 목적으로 1943년 12월 29일에 설립됨. 또한 2000년 10월 04일에 한국거래소가 개설하는 코스닥시장에 상장되어 매매가 개시됨. 2013년 국내 일회용 점안제 생산 1위 업체 디에이치피코리아를 인수하여 안과용 치료제 전문 업체로의 입지를 구축함. 2016년 12월 미국 Breckenridge Pharmaceutical Inc.(BPI)사와 안과용 제네릭 7품목 수출을 위한 계약을 체결함.

실적 분석

동사의 2017년 연결 기준 결산 누적 매출액은 전년동기대비 9.3% 증가한 1,611억원을 시현함. 원가율 상승에도 불구하고 견조한 외형확대와 함께 판관비 비중 축소로 영업이익은 전년동기대비 8.8% 증가한 265.1억원을 시현함. 당기순이익 또한 전년동기대비 47.5% 증가한 230.3억원을 기록하는 등 수익성 한층 강화된 모습. 순환기계 치료제 및 안과용제 부문이 동사의 실적 상승을 견인함.

현금 흐름 〈단위 : 억원〉

항목	2016	2017
영업활동	178	286
투자활동	-72	-119
재무활동	32	-33
순현금흐름	138	133
기말현금	486	619

시장 대비 수익률

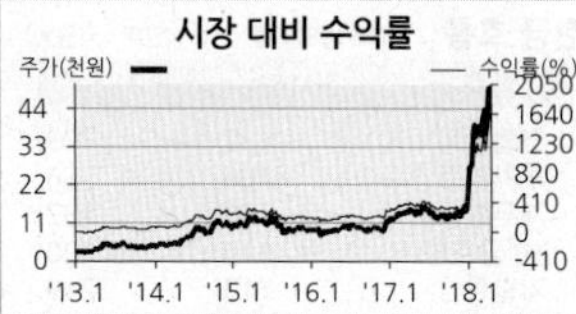

결산 실적 〈단위 : 억원〉

항목	2012	2013	2014	2015	2016	2017
매출액	767	1,045	1,189	1,321	1,474	1,611
영업이익	60	159	189	208	244	265
당기순이익	13	76	173	179	156	230

분기 실적 〈단위 : 억원〉

항목	2016.3Q	2016.4Q	2017.1Q	2017.2Q	2017.3Q	2017.4Q
매출액	369	393	391	399	439	382
영업이익	63	61	71	65	83	46
당기순이익	53	-1	59	58	74	40

재무 상태 〈단위 : 억원〉

항목	2012	2013	2014	2015	2016	2017
총자산	1,221	1,554	1,725	1,843	2,051	2,351
유형자산	497	496	546	593	579	552
무형자산	54	52	69	86	131	200
유가증권	118	150	208	229	212	311
총부채	354	361	328	299	341	364
총차입금	179	172	51	46	70	53
자본금	100	100	105	106	110	111
총자본	866	1,192	1,397	1,543	1,710	1,988
지배주주지분	821	931	1,054	1,143	1,252	1,463

기업가치 지표

항목	2012	2013	2014	2015	2016	2017
주가(최고/저)(천원)	3.0/1.8	5.2/2.4	12.7/4.3	13.1/8.1	12.1/7.5	16.2/11.5
PER(최고/저)(배)	47.8/28.3	12.3/5.8	22.6/7.6	24.1/14.8	29.8/18.5	23.9/16.9
PBR(최고/저)(배)	0.8/0.5	1.1/0.5	2.5/0.9	2.4/1.5	2.1/1.3	2.4/1.7
EV/EBITDA(배)	8.0	4.8	8.8	7.7	8.5	10.1
EPS(원)	67	436	574	551	408	681
BPS(원)	4,207	4,756	5,103	5,476	5,780	6,710
CFPS(원)	183	642	771	751	658	964
DPS(원)	50	50	75	50	50	50
EBITDAPS(원)	414	999	1,115	1,183	1,391	1,483

재무 비율 〈단위 : %〉

연도	영업이익률	순이익률	부채비율	차입금비율	ROA	ROE	유보율	자기자본비율	EBITDA마진율
2017	16.5	14.3	18.3	2.7	10.5	11.1	1,242.0	84.5	20.3
2016	16.5	10.6	20.0	4.1	8.0	7.3	1,055.9	83.4	20.2
2015	15.7	13.5	19.4	3.0	10.0	10.6	995.3	83.8	18.9
2014	15.9	14.5	23.5	3.7	10.5	11.9	920.6	81.0	19.4

삼천리 (A004690)

Samchully

업종 : 가스　　시장 : 거래소
신용등급 : (Bond) AA+　(CP) A1　　기업규모 : 시가총액 중형주
홈페이지 : www.samchully.co.kr　　연락처 : 02)368-3300
본사 : 서울시 영등포구 국제금융로6길 42(여의도동, 삼천리빌딩)

설립일	1966.07.07	**종업원수**	757명	**대표이사**	이찬의,유재권
상장일	1976.12.23	**감사의견**	적정(안진)	**계열**	
결산기	12월	**보통주**		**종속회사수**	14개사
액면가	5,000원	**우선주**		**구상호**	

주주구성 (지분율,%)		출자관계 (지분율,%)		주요경쟁사 (외형,%)	
유상덕	12.3	삼천리이엔지	100.0	삼천리	100
신영자산운용	9.8	삼천리이에스	100.0	한국가스공사	673
(외국인)	25.1	삼천리자산운용	100.0	서울가스	41

매출구성		비용구성		수출비중	
삼천리,삼천리이엔지(상품)	77.0	매출원가율	90.3	수출	0.0
에스파워(제품)	14.9	판관비율	7.8	내수	100.0
삼천리,삼천리이엔지,삼천리이에스(기타)	5.2				

회사 개요

동사는 도시가스공급업을 주요 사업으로 영위하고 있으며, 이 외에 지배회사와 종속회사를 통하여 집단에너지사업, 자원개발사업, 플랜트사업, 신재생에너지사업, 자산운용업 및 물 사업 등 다양한 사업을 영위하고 있음. 동사는 경기도 서남부지역과 인천광역시 일부 지역에 도시가스를 공급하고 있으며, 택지개발 및 산업단지 조성이 활발한 수도권 공급권역을 기반으로 단일 도시가스 회사로서 최대의 공급량을 확보하고 있음.

실적 분석

2017년 결산 매출액은 전년동기 대비 7.7% 증가한 3조 2,951억원을 기록함. 영업이익은 원가율 정체 및 판관비 비중 상승 영향으로 전년동기 대비 소폭 감소한 611.4억원 시현함. 당기순이익은 금융손실 확대 여파로 74.4% 감소한 51.3억원에 그침. 동사의 주요 사업인 도시가스업의 안정적인 수익성 유지되고 있으나, 영업외적인 부분에 대한 관리도 필요한 상황. 새로운 성장동력을 찾기 위해 사업다각화 노력 지속 추진중.

현금 흐름 〈단위 : 억원〉

항목	2016	2017
영업활동	3,288	998
투자활동	-1,944	-108
재무활동	-639	-456
순현금흐름	735	402
기말현금	1,429	1,831

시장 대비 수익률

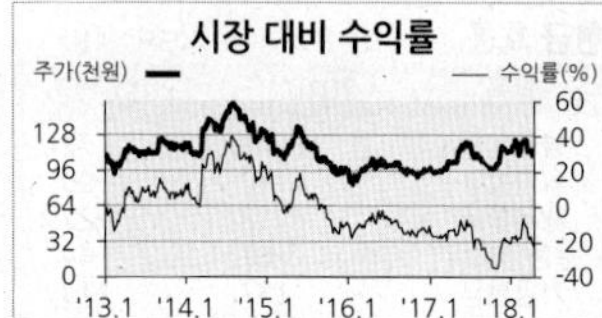

결산 실적 〈단위 : 억원〉

항목	2012	2013	2014	2015	2016	2017
매출액	34,554	36,581	37,363	36,679	30,601	32,951
영업이익	430	525	273	891	615	611
당기순이익	357	403	116	372	201	51

분기 실적 〈단위 : 억원〉

항목	2016.3Q	2016.4Q	2017.1Q	2017.2Q	2017.3Q	2017.4Q
매출액	4,578	8,957	11,748	6,444	5,240	9,518
영업이익	-129	146	616	34	-61	22
당기순이익	-173	28	462	-54	-114	-242

재무 상태 〈단위 : 억원〉

항목	2012	2013	2014	2015	2016	2017
총자산	27,753	27,477	36,598	35,435	36,902	37,043
유형자산	13,333	13,572	22,204	22,550	22,195	22,269
무형자산	721	626	578	257	276	273
유가증권	1,991	1,497	3,093	4,477	5,679	4,361
총부채	16,115	15,524	23,416	21,945	23,272	23,484
총차입금	3,190	5,649	11,837	12,349	12,131	12,038
자본금	203	203	203	203	203	203
총자본	11,638	11,952	13,182	13,491	13,630	13,558
지배주주지분	11,466	11,822	11,788	12,104	12,388	12,396

기업가치 지표

항목	2012	2013	2014	2015	2016	2017
주가(최고/저)(천원)	122/76.6	126/93.1	160/108	137/91.8	107/82.0	122/94.3
PER(최고/저)(배)	14.3/9.0	12.8/9.5	42.9/28.9	16.2/10.8	13.2/10.1	38.4/29.7
PBR(최고/저)(배)	0.5/0.3	0.5/0.3	0.6/0.4	0.5/0.3	0.4/0.3	0.4/0.3
EV/EBITDA(배)	3.6	5.6	14.1	6.4	6.0	6.6
EPS(원)	9,790	10,949	4,069	9,150	8,519	3,259
BPS(원)	295,152	303,922	303,094	310,873	317,890	318,096
CFPS(원)	26,154	29,910	23,424	37,026	36,424	31,886
DPS(원)	3,000	3,000	2,000	2,500	2,500	3,000
EBITDAPS(원)	26,961	31,912	26,094	49,853	43,074	43,704

재무 비율 〈단위 : %〉

연도	영업이익률	순이익률	부채비율	차입금비율	ROA	ROE	유보율	자기자본비율	EBITDA마진율
2017	1.9	0.2	173.2	88.8	0.1	1.1	6,261.9	36.6	5.4
2016	2.0	0.7	170.7	89.0	0.6	2.8	6,257.8	36.9	5.7
2015	2.4	1.0	162.7	91.5	1.0	3.1	6,117.5	38.1	5.5
2014	0.7	0.3	177.6	89.8	0.4	1.4	5,961.9	36.0	2.8

삼천리자전거 (A024950)

Samchuly Bicycle

업 종 : 레저용품 | 시 장 : KOSDAQ
신용등급 : (Bond) — (CP) — | 기업규모 : 우량
홈페이지 : www.samchuly.co.kr | 연 락 처 : 02)2194-3020
본 사 : 서울시 서초구 서초대로 274 (서초동, 3000타워)

설 립 일	1979.03.23	**종업원수**	150명	**대표이사**	신동호
상 장 일	1995.01.04	**감사의견**	적정(중앙)	**계 열**	
결 산 기	12월	**보 통 주**		**종속회사수**	3개사
액 면 가	500원	**우 선 주**		**구 상 호**	

주주구성 (지분율,%)		출자관계 (지분율,%)		주요경쟁사 (외형,%)	
참좋은레저	32.6	에이치케이코퍼레이션	100.0	삼천리자전거	100
박영옥	5.8	스마트	100.0	엔에스엔	5
(외국인)	12.1	에스앤씨애셋	100.0	참좋은여행	51

매출구성		비용구성		수출비중	
자전거, 유모차(상품)	99.7	매출원가율	66.5	수출	0.1
자전거(용역)	0.3	판관비율	33.3	내수	99.9

회사 개요

동사는 일반 자전거를 제조하여 국내 대리점 및 유통점에 공급하는 업체임. 국내 완성자전거 시장은 삼천리자전거와 참좋은레저, 알톤스포츠 3개 사가 과점구조를 이루고 있으며, 동사는 약 1,400개의 대리점과 유통점을 보유하고 있음. 디자인과 기술개발 능력, Brand 인지도 등을 보유한 업체를 중심으로 공급 시장이 재편되고 있는 완성자전거 업계에서 동사는 선두적인 위치를 차지하고 있음.

실적 분석

동사의 2017년 4분기 연결기준 누적 매출액은 1110.6억원으로 전년 동기(1427.7억원) 대비 22.2% 감소함. 수년 동안 이어진 국내 자전거 산업과 레저 수요의 폭발적 증가가 안정기로 접어들었기 때문으로 보여짐. 매출 감소에 따라 영업이익과 당기순이익은 각각 2.5억원, 33.4억원을 기록하며 감소세. 상승기였던 전년 동기 대비 각각 95.6%, 48.3% 하락한 수치임.

현금 흐름 〈단위 : 억원〉

항목	2016	2017
영업활동	-53	45
투자활동	-3	-71
재무활동	89	54
순현금흐름	32	28
기말현금	37	65

시장 대비 수익률

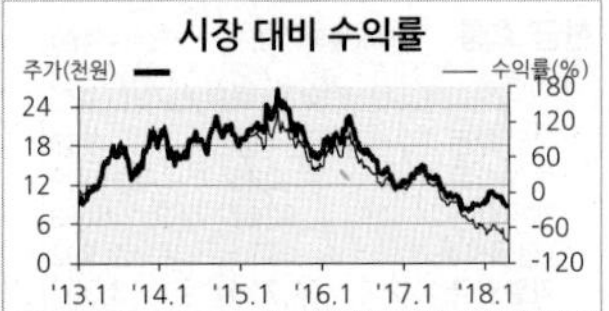

결산 실적 〈단위 : 억원〉

항목	2012	2013	2014	2015	2016	2017
매출액	1,090	1,108	1,219	1,267	1,428	1,111
영업이익	80	86	140	150	58	3
당기순이익	77	88	101	125	65	33

분기 실적 〈단위 : 억원〉

항목	2016.3Q	2016.4Q	2017.1Q	2017.2Q	2017.3Q	2017.4Q
매출액	314	148	307	436	252	116
영업이익	10	-49	7	46	-10	-41
당기순이익	20	-49	15	41	-1	-22

재무 상태 〈단위 : 억원〉

항목	2012	2013	2014	2015	2016	2017
총자산	946	1,000	1,188	1,294	1,608	1,671
유형자산	304	345	422	400	420	465
무형자산	17	12	23	18	90	97
유가증권	9	6	6	6	9	8
총부채	178	168	278	306	573	631
총차입금	82	56	150	166	423	501
자본금	66	66	66	66	66	66
총자본	768	832	910	987	1,035	1,040
지배주주지분	768	832	910	987	1,018	1,026

기업가치 지표

항목	2012	2013	2014	2015	2016	2017
주가(최고/저)(천원)	10.7/6.3	20.0/9.2	23.1/14.7	27.2/15.2	22.3/10.9	15.1/7.7
PER(최고/저)(배)	19.9/11.7	32.1/14.6	31.9/20.3	30.0/16.8	40.0/19.5	54.9/28.0
PBR(최고/저)(배)	1.9/1.1	3.3/1.5	3.4/2.2	3.6/2.0	2.8/1.4	1.9/1.0
EV/EBITDA(배)	15.1	27.4	16.9	14.9	30.1	100.7
EPS(원)	577	661	761	943	573	278
BPS(원)	5,993	6,477	7,064	7,766	8,186	8,244
CFPS(원)	632	720	829	1,019	660	382
DPS(원)	150	150	200	200	200	100
EBITDAPS(원)	660	704	1,121	1,203	524	123

재무 비율 〈단위 : %〉

연도	영업이익률	순이익률	부채비율	차입금비율	ROA	ROE	유보율	자기자본비율	EBITDA마진율
2017	0.2	3.0	60.7	48.1	2.0	3.6	1,548.9	62.2	1.5
2016	4.1	4.5	55.4	40.8	4.5	7.6	1,537.1	64.4	4.9
2015	11.8	9.9	31.0	16.8	10.1	13.2	1,453.3	76.3	12.6
2014	11.5	8.3	30.5	16.5	9.2	11.6	1,312.9	76.6	12.2

삼표시멘트 (A038500)

SAMPYO Cement

업 종 : 건축소재 | 시 장 : KOSDAQ
신용등급 : (Bond) — (CP) — | 기업규모 : 우량
홈페이지 : www.tycement.co.kr | 연 락 처 : 033)571-7000
본 사 : 강원도 삼척시 동양길 20 (사직동 114)

설 립 일	1990.12.22	**종업원수**	898명	**대표이사**	정대현,이성연,최돈창
상 장 일	2001.01.20	**감사의견**	적정(삼일)	**계 열**	
결 산 기	12월	**보 통 주**		**종속회사수**	8개사
액 면 가	500원	**우 선 주**		**구 상 호**	동양시멘트

주주구성 (지분율,%)		출자관계 (지분율,%)		주요경쟁사 (외형,%)	
삼표	45.1	삼표자원개발	100.0	삼표시멘트	100
케이머스원	10.0	삼척에너지	100.0	쌍용양회	226
(외국인)	1.0	삼표해운	100.0	동양	72

매출구성		비용구성		수출비중	
시멘트, 석회석, 플랜트(시멘트 사업)	108.0	매출원가율	78.6	수출	2.3
연결조정금액	-8.0	판관비율	10.3	내수	97.7

회사 개요

동사는 2010년 7월 동양시멘트를 흡수 합병 후 사명을 골든오일에서 동양시멘트로 변경함. 주요 사업은 시멘트 제품의 제조, 연구 및 개발이며, 에너지 사업 부문에서는 석유자원 개발을 주로 영위함. 2017년 9월부로 삼표에스씨로 최대주주가 변경됨에 따라 삼표그룹으로 계열 편입되었음. 2017년말 현재 국내 계열 회사는 29개사로 구성되어있음. 매출은 2017년말 현재 시멘트, 석회석 등 시멘트 사업에서 100% 발생하고 있음.

실적 분석

동사의 연결기준 2017년 매출액은 전년 동기 대비 9.0% 증가한 6,713.1억원은 기록했고, 동기간 매출원가 및 판관비는 각각 9.5%, 5.9% 증가함에 따라 동사의 2017년 영업이익은 전년 대비 8.5% 증가한 743.6억원을 기록하였음. 한편, 일회성인 유형자산처분손실 및 소송충당부채전입이 발생하면서 비영업손익은 적자상태가 지속되었음. 이에 따라 동사의 2017년 당기순이익은 전년 대비 27.9% 감소한 362.9억원을 기록함.

현금 흐름 〈단위 : 억원〉

항목	2016	2017
영업활동	1,030	871
투자활동	-1,671	-669
재무활동	712	-488
순현금흐름	72	-285
기말현금*	670	384

시장 대비 수익률

결산 실적 〈단위 : 억원〉

항목	2012	2013	2014	2015	2016	2017
매출액	6,354	6,097	5,536	5,638	6,159	6,713
영업이익	303	-47	643	469	685	744
당기순이익	-669	-2,555	3,270	-108	503	363

분기 실적 〈단위 : 억원〉

항목	2016.3Q	2016.4Q	2017.1Q	2017.2Q	2017.3Q	2017.4Q
매출액	1,490	1,812	1,598	1,836	1,671	1,608
영업이익	196	200	63	354	188	139
당기순이익	90	326	18	167	89	89

재무 상태 〈단위 : 억원〉

항목	2012	2013	2014	2015	2016	2017
총자산	14,758	13,800	13,122	11,077	12,634	12,653
유형자산	9,057	8,466	7,630	6,924	7,642	8,035
무형자산	2,546	2,130	2,117	2,102	2,229	2,265
유가증권	21	15	82	46	29	32
총부채	10,138	11,226	7,422	5,585	6,666	6,330
총차입금	8,337	8,064	5,658	4,091	4,957	4,569
자본금	639	671	537	537	537	537
총자본	4,620	2,574	5,701	5,492	5,967	6,323
지배주주지분	4,610	2,481	5,701	5,492	5,967	6,323

기업가치 지표

항목	2012	2013	2014	2015	2016	2017
주가(최고/저)(천원)	7.0/2.5	7.4/2.0	3.7/2.2	7.4/3.1	4.9/3.0	4.0/3.0
PER(최고/저)(배)	—/—	—/—	1.2/0.7	—/—	10.6/6.5	12.0/9.0
PBR(최고/저)(배)	1.6/0.6	3.2/0.9	0.7/0.4	1.5/0.6	0.9/0.6	0.7/0.5
EV/EBITDA(배)	9.9	13.9	5.2	6.6	5.6	5.9
EPS(원)	-653	-2,279	3,045	-101	468	338
BPS(원)	3,607	1,849	5,310	5,116	5,558	5,890
CFPS(원)	94	-1,256	3,730	585	1,058	832
DPS(원)	—	—	—	—	—	50
EBITDAPS(원)	853	532	1,284	1,123	1,228	1,187

재무 비율 〈단위 : %〉

연도	영업이익률	순이익률	부채비율	차입금비율	ROA	ROE	유보율	자기자본비율	EBITDA마진율
2017	11.1	5.4	100.1	72.3	2.9	5.9	1,078.0	50.0	19.0
2016	11.1	8.2	111.7	83.1	4.2	8.8	1,011.7	47.2	21.4
2015	8.3	-1.9	101.7	74.5	-0.9	-1.9	923.1	49.6	21.4
2014	11.6	59.1	130.2	99.3	24.3	79.9	962.1	43.4	24.9

삼현철강 (A017480)

Samhyun Steel

업　　종 : 금속 및 광물　　시　　장 : KOSDAQ
신용등급 : (Bond) —　(CP) —　　기업규모 : 우량
홈페이지 : www.samsteel.co.kr　　연 락 처 : 055)252-6060
본　　사 : 경남 창원시 의창구 평산로 70번길 36

설 립 일	1984.01.24	**종업원수**	98명	**대표이사**	조윤선
상 장 일	2000.12.23	**감사의견**	적정(대신)	**계　　열**	
결 산 기	12월	**보 통 주**		**종속회사수**	
액 면 가	500원	**우 선 주**		**구 상 호**	

주주구성 (지분율,%)		출자관계 (지분율,%)		주요경쟁사 (외형,%)	
조수익	16.9	세정이십일	0.7	삼현철강	100
조윤선	15.9	창원컨트리클럽	0.1	NI스틸	89
(외국인)	0.9			EG	97

매출구성		비용구성		수출비중	
제품(철구조물제작, 강교구조물 등)	53.3	매출원가율	90.2	수출	0.0
상품(일반 철 구조물 제작용)	45.6	판관비율	4.4	내수	100.0
임가공	1.1				

회사 개요

동사는 코일 전·절단 가공업 및 판매업, 철판류 가공업 및 판매업, 형강류 가공업 및 판매업, 부동산 임대업 사업을 영위하고 있음. 포스코에서 생산하는 열연제품과 후판 등을 매입하여 가공 및 판매하고, 현대제철에서 생산되는 형강제품을 매입하여 판매함. 2013년에 광양2공장을 설치하였으며, 향후 건설중장비, 강교, 조선 등의 가공품을 생산할 예정으로 가공분야의 경쟁력 강화를 모색하고 있음.

실적 분석

2017년 국내 철강시장은 조선, 자동차 등 대표적인 수요산업의 부진으로 어려움을 겪었음. 동사는 거래처 다변화와 철근 등 건설자재 부분의 신규사업 추진, 제품 및 상품의 판매단가 인상을 통해 전년 대비 20.4% 증가한 매출액을 기록함. 원가율이 다소 악화되었으나, 외형 확대에 따른 고정비용 부담 완화로 영업이익도 16.4% 늘어남. 약 38억원의 매도가능금융자산처분이익이 발생했던 전년에 비해 당기순이익은 35.1% 감소함.

현금 흐름 *IFRS 별도 기준 〈단위 : 억원〉

항목	2016	2017
영업활동	52	-52
투자활동	148	-2
재무활동	-23	-23
순현금흐름	177	-78
기말현금	540	463

시장 대비 수익률

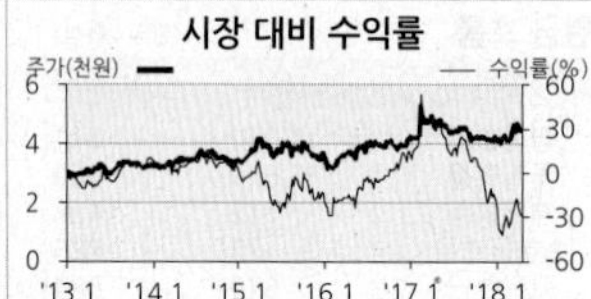

결산 실적 〈단위 : 억원〉

항목	2012	2013	2014	2015	2016	2017
매출액	2,473	2,451	2,231	1,709	1,406	1,692
영업이익	106	95	92	73	78	91
당기순이익	85	75	127	-9	97	63

분기 실적 *IFRS 별도 기준 〈단위 : 억원〉

항목	2016.3Q	2016.4Q	2017.1Q	2017.2Q	2017.3Q	2017.4Q
매출액	328	424	387	432	428	445
영업이익	9	27	17	9	27	38
당기순이익	17	32	13	7	17	26

재무 상태 *IFRS 별도 기준 〈단위 : 억원〉

항목	2012	2013	2014	2015	2016	2017
총자산	1,687	1,727	1,644	1,417	1,532	1,564
유형자산	523	454	462	457	472	420
무형자산	18	12	11	9	8	8
유가증권	205	235	173	102	12	6
총부채	522	513	346	126	168	161
총차입금	170	170	70	—	—	—
자본금	86	86	86	86	86	86
총자본	1,164	1,215	1,297	1,291	1,364	1,403
지배주주지분	1,164	1,215	1,297	1,291	1,364	1,403

기업가치 지표 *IFRS 별도 기준

항목	2012	2013	2014	2015	2016	2017
주가(최고/저)(천원)	3.9/2.7	3.4/2.9	3.8/3.1	4.3/3.3	4.2/3.1	5.6/4.1
PER(최고/저)(배)	9.0/6.3	8.7/7.3	5.4/4.5	—/—	7.3/5.4	14.6/10.5
PBR(최고/저)(배)	0.7/0.5	0.5/0.5	0.5/0.4	0.6/0.5	0.5/0.4	0.7/0.5
EV/EBITDA(배)	4.5	4.2	3.8	2.4	1.3	1.7
EPS(원)	540	475	809	-55	617	400
BPS(원)	7,470	7,791	8,316	8,276	8,743	8,988
CFPS(원)	636	639	982	124	819	574
DPS(원)	125	150	150	150	150	150
EBITDAPS(원)	773	771	756	644	701	754

재무 비율 〈단위 : %〉

연도	영업이익률	순이익률	부채비율	차입금비율	ROA	ROE	유보율	자기자본비율	EBITDA마진율
2017	5.4	3.7	11.5	0.0	4.1	4.5	1,550.5	89.7	7.0
2016	5.6	6.9	12.3	0.0	6.6	7.3	1,505.5	89.1	7.8
2015	4.3	-0.5	9.8	0.0	-0.6	-0.7	1,419.7	91.1	5.9
2014	4.1	5.7	26.7	5.4	7.5	10.1	1,427.1	78.9	5.3

삼호 (A001880)

Samho International

업　　종 : 건설　　시　　장 : 거래소
신용등급 : (Bond) —　(CP) —　　기업규모 : 시가총액 소형주
홈페이지 : www.samho.co.kr　　연 락 처 : 032)518-3535
본　　사 : 인천시 남동구 미래로 14 (구월동)

설 립 일	1974.04.09	**종업원수**	394명	**대표이사**	조남창
상 장 일	1977.12.22	**감사의견**	적정(삼정)	**계　　열**	
결 산 기	12월	**보 통 주**		**종속회사수**	
액 면 가	5,000원	**우 선 주**		**구 상 호**	

주주구성 (지분율,%)		출자관계 (지분율,%)		주요경쟁사 (외형,%)	
대림산업	72.9	김해동서터널	39.0	삼호	100
KB자산운용	11.4	걸포2산단	20.0	이테크건설	171
(외국인)	1.1	수도권외곽순환고속도로	14.1	아이콘트롤스	31

매출구성		비용구성		수출비중	
건축공사,건설용역[민간]	74.5	매출원가율	86.4	수출	0.0
토목공사,건설용역[관급]	15.3	판관비율	3.9	내수	100.0
토목공사,건설용역[민간]	3.5				

회사 개요

동사는 1956년 천광사라는 명칭으로 설립된 후 건설업 진출을 위해 1974년 삼호주택으로 상호를 변경함. 1981년 종합건설업체로 발돋움하면서 삼호로 바뀜. 무리한 회사 성장으로 우발채무가 늘면서 채권단과 경영정상화계획 이행을 위한 약정을 체결함. 비주택부문 역량 강화에 나서는 중임. 최근 한국토지주택공사로부터 477억 규모의 주택 건설 수주 및 한국토지신탁과 1205억대 E편한세상 시티 신축 공사 수주 계약을 체결하였음.

실적 분석

동사의 연결기준 2017년 매출액은 8,586.3억원으로 전년 대비 5.8% 감소함. 매출액 감소에도 판관비가 증가하면서 영업이익은 전년보다 9.1% 감소한 837.8억원을 기록하는데 그침. LH, 공공임대주택 계약 등으로 매출이 소폭 성장하였으며, 지속적으로 호텔 및 재건축 사업과 같은 대형 계약을 수주 중임. 구조조정과 비용 절감에 따른 건축 부문 원가율 개선에 따라 이익률이 상향되고 있음.

현금 흐름 *IFRS 별도 기준 〈단위 : 억원〉

항목	2016	2017
영업활동	401	583
투자활동	-225	1,009
재무활동	-297	-0
순현금흐름	-121	1,592
기말현금	1,714	3,307

시장 대비 수익률

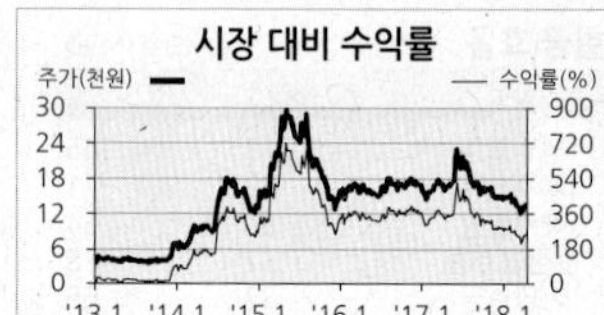

결산 실적 〈단위 : 억원〉

항목	2012	2013	2014	2015	2016	2017
매출액	5,062	6,469	8,609	8,929	9,113	8,586
영업이익	132	317	675	897	921	838
당기순이익	-352	84	288	401	749	646

분기 실적 *IFRS 별도 기준 〈단위 : 억원〉

항목	2016.3Q	2016.4Q	2017.1Q	2017.2Q	2017.3Q	2017.4Q
매출액	2,309	2,662	2,009	2,190	2,138	2,249
영업이익	213	271	218	261	174	185
당기순이익	141	296	175	195	111	165

재무 상태 *IFRS 별도 기준 〈단위 : 억원〉

항목	2012	2013	2014	2015	2016	2017
총자산	5,984	6,800	6,542	7,068	7,394	7,718
유형자산	15	16	16	15	19	53
무형자산	22	22	17	12	21	16
유가증권	339	325	360	348	367	336
총부채	5,575	5,656	5,118	5,237	4,811	4,492
총차입금	3,022	2,789	2,675	2,437	2,029	2,012
자본금	720	759	759	759	759	759
총자본	408	1,144	1,424	1,832	2,584	3,226
지배주주지분	408	1,144	1,424	1,832	2,584	3,226

기업가치 지표 *IFRS 별도 기준

항목	2012	2013	2014	2015	2016	2017
주가(최고/저)(천원)	5.7/3.1	7.0/3.4	18.3/6.0	30.2/12.5	18.5/14.7	23.0/14.6
PER(최고/저)(배)	—/—	4.5/2.2	9.6/3.2	11.4/4.7	3.8/3.0	5.4/3.4
PBR(최고/저)(배)	0.7/0.4	0.9/0.5	2.0/0.6	2.5/1.0	1.1/0.9	1.1/0.7
EV/EBITDA(배)	15.6	3.5	3.6	1.1	1.0	0.3
EPS(원)	-6,795	1,564	1,898	2,639	4,935	4,256
BPS(원)	2,836	7,536	9,380	12,066	17,020	21,250
CFPS(원)	-2,427	1,614	1,919	2,665	4,964	4,299
DPS(원)	—	—	—	—	—	—
EBITDAPS(원)	932	5,961	4,468	5,937	6,098	5,562

재무 비율 〈단위 : %〉

연도	영업이익률	순이익률	부채비율	차입금비율	ROA	ROE	유보율	자기자본비율	EBITDA마진율
2017	9.8	7.5	139.3	62.4	8.6	22.2	325.0	41.8	9.8
2016	10.1	8.2	186.2	78.5	10.4	33.9	240.4	34.9	10.2
2015	10.1	4.5	285.9	133.1	5.9	24.6	141.3	25.9	10.1
2014	7.8	3.4	359.5	187.9	4.3	22.4	87.6	21.8	7.9

삼호개발 (A010960)

Samho Development

업　　종 : 건설　　시　　장 : 거래소
신용등급 : (Bond) —　(CP) —　　기업규모 : 시가총액 소형주
홈페이지 : www.samhodev.co.kr　　연 락 처 : 041)356-4588
본　　사 : 충남 당진시 면천면 면천로 183

설 립 일	1976.01.15	**종업원수**	1,800명	**대표이사**	김락중
상 장 일	2002.07.16	**감사의견**	적정(대주)	**계　열**	
결 산 기	12월	**보 통 주**		**종속회사수**	3개사
액 면 가	500원	**우 선 주**		**구 상 호**	

주주구성 (지분율,%)		출자관계 (지분율,%)		주요경쟁사 (외형,%)	
이종호	27.7	삼호그린인베스트먼트	100.0	삼호개발	100
Korea Value Opportunity Fund, LP	3.9	SGI-신성장메짜닌펀드	80.0	KT서브마린	28
(외국인)	18.9	삼호코넨	54.5	남광토건	44

매출구성		비용구성		수출비중	
토공사 및 터널 공사 등(공사)	95.6	매출원가율	86.2	수출	0.0
골재매출, 부동산임대수익 등(기타)	3.2	판관비율	4.7	내수	100.0
조합관리보수 등(공사)	0.6				

회사 개요

동사는 1976년 설립되고 2002년 코스닥에 상장된 전문건설 업체로서 삼호씨앤엠, 삼호코넨 등 8개의 계열회사를 보유중임. 전문건설업 이외에도 일반건설업 면허를 취득하여 건축 및 토목공사업으로 사업분야를 넓혀가고 있으며, 사업의 확장 및 다각화를 위해 강구조물공사업 면허를 새로운 사업목적으로 추가하였음. 연결대상 종속법인으로는 창업투자회사인 삼호그린인베스트먼트, 건설업을 영위하는 삼호코넨, 창업투자조합인 SGI 신성장메짜닌펀드가 있음.

실적 분석

동사의 2017년 결산 연결기준 매출액은 전년대비 3.2% 감소한 2,657.2억원을 기록함. 외형 축소에도 원가율 개선으로 영업이익 242.0억원, 당기순이익 214.3억원을 보이며 전년대비 수익성이 개선됨. 수익성 개선은 활성화 현장 및 수주 물량 증가 등에 기인함. 당기 부문별 매출 비중은 건설이 96.3%를 보이고 있으며 결산일 기준 수주잔고는 6,582.5억원임.

현금 흐름

〈단위 : 억원〉

항목	2016	2017
영업활동	168	55
투자활동	-348	-35
재무활동	72	-19
순현금흐름	-109	1
기말현금	195	196

시장 대비 수익률

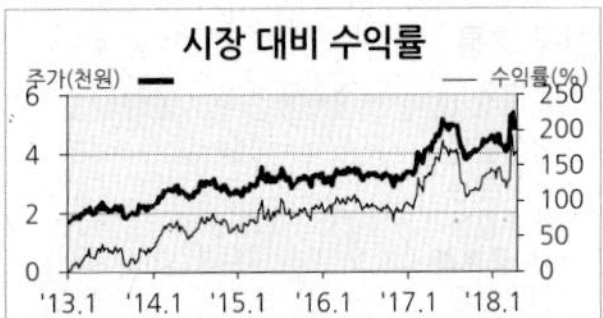

결산 실적

〈단위 : 억원〉

항목	2012	2013	2014	2015	2016	2017
매출액	2,131	2,370	2,108	2,669	2,745	2,657
영업이익	104	63	56	123	222	242
당기순이익	84	52	36	82	160	214

분기 실적

〈단위 : 억원〉

항목	2016.3Q	2016.4Q	2017.1Q	2017.2Q	2017.3Q	2017.4Q
매출액	654	786	640	638	652	727
영업이익	69	102	122	22	83	15
당기순이익	52	53	92	20	53	49

재무 상태

〈단위 : 억원〉

항목	2012	2013	2014	2015	2016	2017
총자산	2,073	2,030	1,984	2,347	2,454	2,564
유형자산	369	336	269	254	245	242
무형자산	19	19	18	10	11	9
유가증권	220	276	290	429	791	867
총부채	878	809	765	1,101	976	887
총차입금	156	176	95	76	75	75
자본금	125	125	125	125	125	125
총자본	1,195	1,221	1,218	1,246	1,478	1,677
지배주주지분	1,191	1,217	1,215	1,244	1,475	1,645

기업가치 지표

항목	2012	2013	2014	2015	2016	2017
주가(최고/저)(천원)	2.5/1.5	2.4/1.7	3.2/2.2	3.8/2.6	3.7/2.8	5.3/3.2
PER(최고/저)(배)	8.9/5.4	13.3/9.4	24.6/16.8	12.5/8.5	6.1/4.7	6.3/3.8
PBR(최고/저)(배)	0.6/0.4	0.6/0.4	0.7/0.5	0.8/0.5	0.7/0.5	0.8/0.5
EV/EBITDA(배)	1.3	5.0	5.9	1.8	0.6	1.8
EPS(원)	343	213	146	334	642	859
BPS(원)	4,863	4,952	5,023	5,242	5,898	6,640
CFPS(원)	451	328	249	409	715	907
DPS(원)	90	90	100	100	130	160
EBITDAPS(원)	525	365	325	567	959	1,016

재무 비율

〈단위 : %〉

연도	영업이익률	순이익률	부채비율	차입금비율	ROA	ROE	유보율	자기자본비율	EBITDA마진율
2017	9.1	8.1	52.9	4.5	8.5	13.8	1,228.0	65.4	9.6
2016	8.1	5.8	66.0	5.1	6.7	11.8	1,079.7	60.2	8.7
2015	4.6	3.1	88.4	6.1	3.8	6.8	948.4	53.1	5.3
2014	2.6	1.7	62.8	7.8	1.8	3.0	904.6	61.4	3.9

삼화네트웍스 (A046390)

SAMHWA NETWORKS

업　　종 : 미디어　　시　　장 : KOSDAQ
신용등급 : (Bond) —　(CP) —　　기업규모 : 중견
홈페이지 : www.shnetworks.co.kr　　연 락 처 : 02)3454-1500
본　　사 : 서울시 강남구 선릉로91길 8, 신아트스페이스빌딩 5층

설 립 일	1991.10.12	**종업원수**	36명	**대표이사**	안제현,신상윤
상 장 일	2000.12.28	**감사의견**	적정(대주)	**계　열**	
결 산 기	12월	**보 통 주**		**종속회사수**	1개사
액 면 가	200원	**우 선 주**		**구 상 호**	

주주구성 (지분율,%)		출자관계 (지분율,%)		주요경쟁사 (외형,%)	
신상윤	18.0	더블유에스엔터테인먼트	99.9	삼화네트웍스	100
남숙자	12.9	한류웍스	18.8	한국경제TV	309
(외국인)	1.7	삼화픽쳐스	7.2	투윈글로벌	77

매출구성		비용구성		수출비중	
프로그램매출(드라마)	68.0	매출원가율	90.9	수출	—
판권매출(드라마)	29.3	판관비율	9.9	내수	—
연기자매출(방송출연 외)	2.4				

회사 개요

동사는 연기자매출수익을 제외한 프로그램매출과 판권 및 음반매출 수익은 감소하는 등 외형 규모 전년대비 34.8% 감소함. 프로그램 매출원가와 연기자원가가 상승하는 등 원가구조 악화로 판관비 절감에도 영업손실의 폭이 확대되는 등 적자가 지속됨. 비영업이익의 감소로 순이익 적자폭도 커짐. 종합편성채널 등 방송시장 경쟁체제 심화로 컨텐츠 조달 경쟁 등 자체 및 외주제작 수요 증가, 이에 수주 확대로 성장을 도모할 전망임.

실적 분석

동사는 2017년 연결기준 210.0억원의 매출액을 기록, 전년보다 54.1% 증가한 실적을 기록. 원가율이 개선되었음에도 외형 축소에 따라 1.8억원의 영업손실을 기록, 적자전환 하였음. 외형축소의 주된 사유는 전년 대비 드라마 제작편수가 감소했기 때문임. 중국발 한한령(限韓令), 금한령(禁韓令)으로 인한 한류 위기로 매출 급감 및 수익성 악화됨. 최종적으로 동사는 7.1억원의 당기순이익을 기록했으나 이 역시 전년의 10분의 1 수준.

현금 흐름

〈단위 : 억원〉

항목	2016	2017
영업활동	143	43
투자활동	-138	1
재무활동	-5	-10
순현금흐름	1	27
기말현금	40	67

시장 대비 수익률

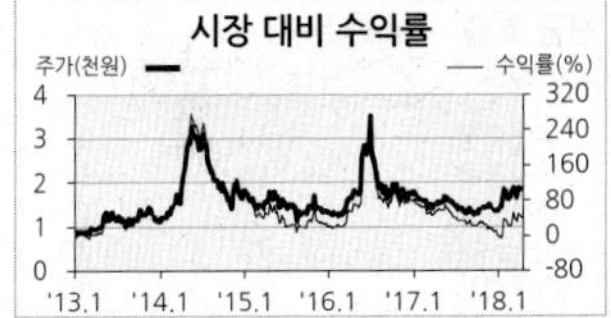

결산 실적

〈단위 : 억원〉

항목	2012	2013	2014	2015	2016	2017
매출액	168	438	328	198	457	210
영업이익	-8	29	-25	-26	70	-2
당기순이익	-43	34	-17	-21	77	7

분기 실적

〈단위 : 억원〉

항목	2016.3Q	2016.4Q	2017.1Q	2017.2Q	2017.3Q	2017.4Q
매출액	196	96	84	31	9	86
영업이익	58	10	10	-5	-10	3
당기순이익	58	15	9	7	-9	-0

재무 상태

〈단위 : 억원〉

항목	2012	2013	2014	2015	2016	2017
총자산	317	404	407	359	449	441
유형자산	5	4	2	1	9	11
무형자산	39	31	39	42	11	6
유가증권	51	46	62	65	62	42
총부채	42	72	65	37	57	54
총차입금	—	—	—	—	—	—
자본금	75	84	86	86	86	86
총자본	275	331	342	322	393	386
지배주주지분	275	332	343	323	395	386

기업가치 지표

항목	2012	2013	2014	2015	2016	2017
주가(최고/저)(천원)	1.2/0.7	1.6/0.8	3.3/1.1	2.0/1.0	3.5/1.2	1.9/1.2
PER(최고/저)(배)	—/—	17.7/9.6	—/—	—/—	19.4/6.8	103.1/66.9
PBR(최고/저)(배)	1.6/1.0	1.8/1.0	4.0/1.3	2.5/1.3	3.6/1.3	1.9/1.2
EV/EBITDA(배)	18.1	2.9	27.4	—	3.9	23.4
EPS(원)	-108	87	-41	-48	181	18
BPS(원)	757	854	840	795	971	978
CFPS(원)	-46	267	65	-23	303	50
DPS(원)	—	—	—	—	—	—
EBITDAPS(원)	39	252	48	-35	286	28

재무 비율

〈단위 : %〉

연도	영업이익률	순이익률	부채비율	차입금비율	ROA	ROE	유보율	자기자본비율	EBITDA마진율
2017	-0.9	3.4	14.0	0.0	1.6	2.0	388.8	87.7	5.7
2016	15.4	16.8	14.4	0.0	19.0	21.6	385.3	87.4	26.8
2015	-12.9	-10.8	11.6	0.0	-5.6	-6.1	297.3	89.6	-7.7
2014	-7.6	-5.2	19.0	0.0	-4.2	-5.2	320.0	84.0	6.2

삼화왕관 (A004450)

Samhwa Crown & Closure

업　　종 : 용기 및 포장
신용등급 : (Bond) —　　(CP) —
홈페이지 : www.samhwacrown.com
본　　사 : 경기도 안산시 단원구 강촌로 140

시　　장 : 거래소
기업규모 : 시가총액 소형주
연 락 처 : 031)490-8400

설 립 일	1965.05.02	**종업원수**	188명	**대 표 이 사**	고병헌,고기영
상 장 일	1976.05.28	**감사의견**	적정(한영)	**계　　열**	
결 산 기	12월	**보 통 주**		**종속회사수**	
액 면 가	5,000원	**우 선 주**		**구 상 호**	

주주구성 (지분율,%)		출자관계 (지분율,%)		주요경쟁사 (외형,%)	
금비	50.4	우천개발	35.0	삼화왕관	100
TCC동양	10.0	진로발효	6.0	락앤락	398
(외국인)	7.6	남영비비안	1.0	연우	219

매출구성		비용구성		수출비중	
Cap(제품)-주류, 음료, 식품드링크 외	92.5	매출원가율	79.9	수출	5.7
금속인쇄-인쇄판	5.4	판관비율	9.6	내수	94.3
Cap(상품)	1.8				

회사 개요

1965년 삼화왕관 공업사로 출범하여, 1976년 거래소에 상장되었으며 병마개 제조 및 판매업과 금속인쇄 및 제관업, 합성수지제품 제조 및 판매를 주요 사업으로 영위하는 기업임. 병마개 업체들 중 유일하게 비금속 Cap과 금속 Cap을 공급하는 종합 병마개 업체로 납세용 병마개는 국세청에서 지정된 제조자만이 생산 가능함. 매출구성은 CAP 94.5, 인쇄판 5.2%, 부품 외 0.3% 등으로 구성되어 있음.

실적 분석

동사의 2017년 연간 매출액은 1,048.9억원으로 전년 대비 3.2% 증가하였으며, 영업이익은 109.9억원으로 전년 대비 18.7%로 감소함. 비영업부문 감소폭이 커지며 당기순이익 또한 15.5% 감소하여 83.8억원을 시현함. 동사는 납세병마개 제조, 공급업체로 재지정 되어 2023년 2월까지 납세병마개를 제조할 수 있음. 식음료 전방시장의 장기적인 경기 침체로 2018년도에도 병마개 수요는 저성장 추세가 지속 될 것으로 판단됨.

현금 흐름 *IFRS 별도 기준

〈단위 : 억원〉

항목	2016	2017
영업활동	144	84
투자활동	-66	-37
재무활동	-6	-28
순현금흐름	72	20
기말현금	273	292

시장 대비 수익률

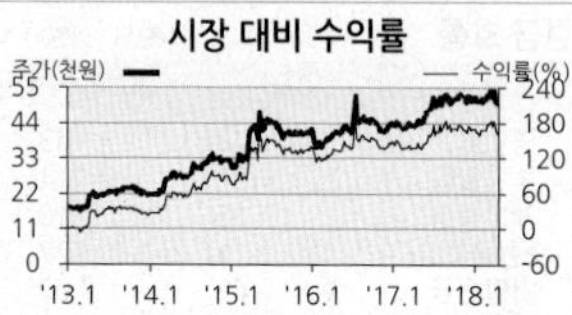

결산 실적

〈단위 : 억원〉

항목	2012	2013	2014	2015	2016	2017
매출액	931	936	963	970	1,016	1,049
영업이익	96	100	97	125	135	110
당기순이익	76	74	79	97	99	84

분기 실적 *IFRS 별도 기준

〈단위 : 억원〉

항목	2016.3Q	2016.4Q	2017.1Q	2017.2Q	2017.3Q	2017.4Q
매출액	266	254	245	275	277	251
영업이익	34	29	28	29	29	24
당기순이익	25	15	26	20	20	18

재무 상태 *IFRS 별도 기준

〈단위 : 억원〉

항목	2012	2013	2014	2015	2016	2017
총자산	1,260	1,350	1,421	1,516	1,622	1,662
유형자산	777	784	753	740	733	741
무형자산	56	56	57	49	50	51
유가증권	1	28	79	135	141	176
총부채	238	275	271	287	333	320
총차입금	39	73	64	69	86	91
자본금	108	108	108	108	108	108
총자본	1,022	1,075	1,150	1,229	1,289	1,342
지배주주지분	1,022	1,075	1,150	1,229	1,289	1,342

기업가치 지표 *IFRS 별도 기준

항목	2012	2013	2014	2015	2016	2017
주가(최고/저)(천원)	17.9/14.9	24.5/16.6	34.4/21.6	49.7/28.7	52.3/36.4	54.2/42.2
PER(최고/저)(배)	6.2/5.3	8.3/5.7	10.5/6.7	12.0/6.9	11.9/8.4	14.2/11.2
PBR(최고/저)(배)	0.4/0.4	0.5/0.4	0.7/0.4	0.9/0.5	0.9/0.6	0.8/0.7
EV/EBITDA(배)	2.8	3.4	4.1	4.6	4.1	5.7
EPS(원)	3,530	3,421	3,665	4,510	4,603	3,892
BPS(원)	50,502	52,968	56,469	60,118	62,887	65,687
CFPS(원)	4,975	5,479	6,089	6,680	6,787	6,102
DPS(원)	1,150	1,200	1,250	1,300	1,350	1,400
EBITDAPS(원)	5,899	6,696	6,905	7,961	8,458	7,313

재무 비율

〈단위 : %〉

연도	영업이익률	순이익률	부채비율	차입금비율	ROA	ROE	유보율	자기자본비율	EBITDA마진율
2017	10.5	8.0	23.8	6.8	5.1	6.4	1,213.8	80.8	15.0
2016	13.3	9.8	25.9	6.7	6.3	7.9	1,157.8	79.5	17.9
2015	12.9	10.0	23.3	5.6	6.6	8.2	1,102.4	81.1	17.7
2014	10.0	8.2	23.5	5.5	5.7	7.1	1,029.4	81.0	15.5

삼화전기 (A009470)

Samwha Electric

업　　종 : 전기장비
신용등급 : (Bond) —　　(CP) —
홈페이지 : www.samwha.co.kr/electric
본　　사 : 충북 청주시 흥덕구 봉명로 3 (복대동)

시　　장 : 거래소
기업규모 : 시가총액 소형주
연 락 처 : 043)261-0200

설 립 일	1973.12.10	**종업원수**	430명	**대 표 이 사**	오영주,박종온
상 장 일	1986.11.24	**감사의견**	적정(삼정)	**계　　열**	
결 산 기	12월	**보 통 주**		**종속회사수**	3개사
액 면 가	1,000원	**우 선 주**		**구 상 호**	

주주구성 (지분율,%)		출자관계 (지분율,%)		주요경쟁사 (외형,%)	
니찌콘	22.8	삼화텍콤	22.6	삼화전기	100
오영주	20.5	한국JCC	11.5	선도전기	52
(외국인)	26.4	삼화콘덴서공업	2.2	서전기전	24

매출구성		비용구성		수출비중	
전해콘덴서	64.6	매출원가율	84.0	수출	61.4
콘덴서및 자재외	23.9	판관비율	11.9	내수	38.6
전해콘덴서(칩형)	5.9				

회사 개요

동사는 콘덴서 제조 판매 전문의 삼화콘덴서 그룹의 계열사로 1973년 설립되어 1986년 유가증권시장에 상장함. 가전 및 정보통신 분야를 주요 거래처로 전체 생산량의 약 60%를 수출함. 콘덴서는 전기를 저장(충전)하고 사용(방전)하는 부품으로, 배터리보다 규모가 훨씬 작은 규모의 전기 저장장치임. TV, 디지털카메라, 자동차, PC 등 대부분의 전기 제품에 사용됨. 천진삼화전기유한공사 등 3개의 연결대상 종속회사를 보유함.

실적 분석

동사의 2017년 결산 연결기준 매출액은 전년대비 3.7% 성장한 2,070.4억원을 기록함. 외형 성장은 정체된 상태이나 제품 믹스 개선에 따른 매출원가율 하락으로 영업이익과 당기순이익은 각각 85.8억원과 100.9억원을 보이며 전년대비 수익성이 크게 개선됨. 최근 친환경 자동차와 하이브리드카의 수요가 증가하면서 자동차분야 매출이 확대되고 있어 향후 실적 개선을 위한 긍정적인 요인으로 작용함.

현금 흐름

〈단위 : 억원〉

항목	2016	2017
영업활동	75	137
투자활동	5	-21
재무활동	-79	-72
순현금흐름	-1	41
기말현금	62	103

시장 대비 수익률

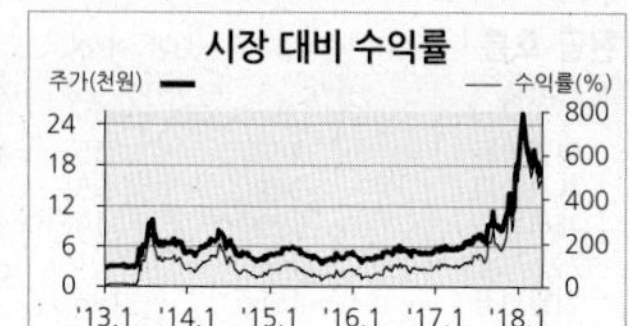

결산 실적

〈단위 : 억원〉

항목	2012	2013	2014	2015	2016	2017
매출액	1,815	1,863	1,686	1,713	1,996	2,070
영업이익	21	28	20	-37	38	86
당기순이익	20	-9	0	-48	21	101

분기 실적

〈단위 : 억원〉

항목	2016.3Q	2016.4Q	2017.1Q	2017.2Q	2017.3Q	2017.4Q
매출액	561	441	516	546	542	467
영업이익	8	-4	25	30	28	3
당기순이익	10	-19	33	28	20	20

재무 상태

〈단위 : 억원〉

항목	2012	2013	2014	2015	2016	2017
총자산	1,432	1,336	1,266	1,282	1,295	1,341
유형자산	526	490	468	430	407	382
무형자산	16	16	17	10	8	8
유가증권	45	44	42	61	62	153
총부채	1,044	968	899	932	938	830
총차입금	556	484	432	403	337	265
자본금	66	66	66	66	66	66
총자본	388	367	367	350	357	511
지배주주지분	267	245	242	210	209	358

기업가치 지표

항목	2012	2013	2014	2015	2016	2017
주가(최고/저)(천원)	4.4/2.7	10.4/2.8	8.5/3.9	6.0/3.5	6.2/3.7	18.4/5.4
PER(최고/저)(배)	19.9/12.3	—/—	—/—	—/—	56.3/33.2	14.2/4.2
PBR(최고/저)(배)	1.1/0.7	2.9/0.8	2.4/1.1	1.9/1.1	2.0/1.2	3.4/1.0
EV/EBITDA(배)	9.1	10.0	12.2	32.8	10.7	13.0
EPS(원)	233	-147	-14	-659	111	1,293
BPS(원)	4,044	3,702	3,652	3,173	3,164	5,410
CFPS(원)	1,274	768	696	268	642	1,740
DPS(원)	50	50	50	30	50	70
EBITDAPS(원)	1,355	1,334	1,009	370	1,098	1,743

재무 비율

〈단위 : %〉

연도	영업이익률	순이익률	부채비율	차입금비율	ROA	ROE	유보율	자기자본비율	EBITDA마진율
2017	4.1	4.9	162.3	51.8	7.7	30.2	441.0	38.1	5.6
2016	1.9	1.1	262.8	94.4	1.7	3.5	216.4	27.6	3.6
2015	-2.2	-2.8	266.1	115.0	-3.7	-19.3	217.3	27.3	1.4
2014	1.2	0.0	244.8	117.8	0.0	-0.4	265.2	29.0	4.0

삼화전자공업 (A011230)
Samwha Electronics

업　　종 : 전기장비　　시　　장 : 거래소
신용등급 : (Bond) —　(CP) —　　기업규모 : 시가총액 소형주
홈페이지 : www.samwha.co.kr/electronics　　연 락 처 : 031)374-5501
본　　사 : 경기도 용인시 처인구 남사면 경기동로 215

설 립 일	1976.04.01	**종업원수**	122명	**대표이사**	오영주,송정권
상 장 일	1987.05.25	**감사의견**	적정(대명)	**계　　열**	
결 산 기	12월	**보 통 주**		**종속회사수**	1개사
액 면 가	1,000원	**우 선 주**		**구　상　호**	

주주구성 (지분율,%)		출자관계 (지분율,%)		주요경쟁사 (외형,%)	
오영주	13.0	삼화기업	45.1	삼화전자	100
삼화콘덴서공업	9.7	동양텔레콤	0.8	선도전기	245
(외국인)	5.2	청도삼화유한공사	100.0	서전기전	114

매출구성		비용구성		수출비중	
TV,모니터, 기타	86.8	매출원가율	88.6	수출	—
자재,부속품	13.2	판관비율	14.3	내수	—

회사 개요

동사는 1976년 설립된 페라이트 코어 전문 제조업체로, 전자기기의 핵심 소재 부품인 페라이트 및 Magnetic Powder 코어는 LCD/LED, 통신기기뿐만 아니라, 반도체 장비, 태양광 모듈 등 모든 산업용 기기의 주요 부품이 됨. 최근 자동차 스마트키용 페라이트 코어 수요가 확대되는 추세이며, 아이폰 등 무접점 충전기기에 사용되는 부품이 시제품으로 개발 완료되어 향후 수요가 늘 것으로 기대됨. MPC 수요도 증가할 전망.

실적 분석

동사의 2017년 매출액은 442억원으로 전년대비 54억원(13.8%) 증가함. 원자재가격 증가로 매출원가는 391억원(17.9%) 증가함. 매출총이익과 영업손실은 전년 대비 6억원(10.4%) 감소한 50억원, 12.7억원임. 금융비용은 차입금 상환으로 전년보다 10% 감소한 15억원을 기록함. 유동부채 중 단기차입금은 전년 대비 10억원 감소함. 부채비율은 전년 786.1%에서 1530%로 증가함. 자기자본비율은 82.9%로 증가함.

현금 흐름 〈단위 : 억원〉

항목	2016	2017
영업활동	20	32
투자활동	-21	-16
재무활동	-6	-13
순현금흐름	-7	2
기말현금	0	2

시장 대비 수익률

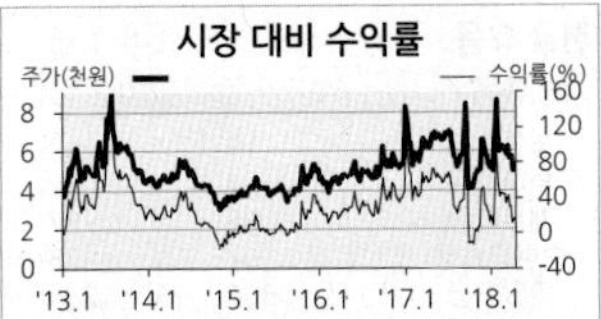

결산 실적 〈단위 : 억원〉

항목	2012	2013	2014	2015	2016	2017
매출액	483	442	439	361	388	442
영업이익	-56	-6	-22	-74	-1	-13
당기순이익	-124	-25	-38	-80	-4	-32

분기 실적 〈단위 : 억원〉

항목	2016.3Q	2016.4Q	2017.1Q	2017.2Q	2017.3Q	2017.4Q
매출액	104	92	103	117	111	111
영업이익	-6	11	-2	-2	-3	-5
당기순이익	-15	27	-8	-3	-2	-19

재무 상태 〈단위 : 억원〉

항목	2012	2013	2014	2015	2016	2017
총자산	691	680	771	693	682	643
유형자산	433	416	481	449	420	391
무형자산	1	1	1	21	20	18
유가증권	12	13	10	8	7	2
총부채	607	617	676	609	605	604
총차입금	445	441	461	401	394	378
자본금	116	116	116	143	143	48
총자본	84	63	94	83	77	39
지배주주지분	84	63	94	83	77	39

기업가치 지표

항목	2012	2013	2014	2015	2016	2017
주가(최고/저)(천원)	1.9/1.2	3.2/1.3	2.0/1.1	2.0/1.2	2.3/1.4	8.5/3.9
PER(최고/저)(배)	—/—	—/—	—/—	—/—	—/—	—/—
PBR(최고/저)(배)	3.1/1.9	7.0/2.8	3.0/1.6	4.0/2.4	5.1/3.0	12.9/5.9
EV/EBITDA(배)	—	14.9	24.0	—	15.3	29.7
EPS(원)	-2,542	-520	-771	-1,572	-60	-527
BPS(원)	727	539	812	585	539	831
CFPS(원)	-598	193	86	-267	290	249
DPS(원)	—	—	—	—	—	—
EBITDAPS(원)	-10	360	218	-216	311	645

재무 비율 〈단위 : %〉

연도	영업이익률	순이익률	부채비율	차입금비율	ROA	ROE	유보율	자기자본비율	EBITDA마진율
2017	-2.9	-7.1	일부잠식	일부잠식	-4.8	-54.2	-16.9	6.1	7.0
2016	-0.2	-0.9	일부잠식	일부잠식	-0.5	-4.5	-46.1	11.3	11.5
2015	-20.6	-22.3	일부잠식	일부잠식	-11.0	-90.6	-41.5	12.1	-7.3
2014	-5.1	-8.6	일부잠식	일부잠식	-5.2	-47.9	-18.8	12.2	5.8

삼화콘덴서공업 (A001820)
Samwha Capacitor

업　　종 : 전기장비　　시　　장 : 거래소
신용등급 : (Bond) —　(CP) —　　기업규모 : 시가총액 중형주
홈페이지 : www.samwha.co.kr/capacitor　　연 락 처 : 031)332-6441
본　　사 : 경기도 용인시 처인구 남사면 경기동로 227

설 립 일	1956.08.14	**종업원수**	359명	**대표이사**	황호진
상 장 일	1976.06.26	**감사의견**	적정(지평)	**계　　열**	
결 산 기	12월	**보 통 주**		**종속회사수**	3개사
액 면 가	1,000원	**우 선 주**		**구　상　호**	

주주구성 (지분율,%)		출자관계 (지분율,%)		주요경쟁사 (외형,%)	
오영주	16.2	삼화전자	12.4	삼화콘덴서	100
국민연금공단	8.6	한국JCC	9.9	삼영전자	115
(외국인)	4.8	삼화전기	2.5	일진전기	382

매출구성		비용구성		수출비중	
MLCC	41.8	매출원가율	79.6	수출	61.4
기 타	20.0	판관비율	9.3	내수	38.6
F C	14.6				

회사 개요

동사는 1956년 설립된 국내 유일의 콘덴서 종합 메이커로서 관계사인 삼화전기가 생산중인 전해 콘덴서를 제외한 거의 모든 콘덴서를 생산 중임. 전력용 콘덴서, 세라믹 콘덴서, 적층 콘덴서 등이 주력 제품임. 국내 시장은 동사와 삼성전기, 동일전자 등이 경쟁 중임. 콘덴서는 핵심적이고 필수적인 전자부품의 일종으로서 가전시장 및 컴퓨터, 인터넷, 휴대폰 등의 정보통신산업을 전방산업으로 함. 수출이 전체 매출의 61.4%를 차지함.

실적 분석

동사의 2017년 연간 매출액은 전년동기대비 15.6% 상승한 1,993.2억원을 기록하였음. 비용면에서 전년동기대비 매출원가는 증가하였으며 인건비는 거의 동일 하였고 기타판매비와관리비는 증가함. 이와 같이 상승한 매출액 만큼 비용증가도 있었으나 매출액의 더 큰 상승에 힘입어 최종적으로 전년동기대비 당기순이익은 크게 상승하여 155.5억원을 기록함. 동사는 신규사업 진출을 도모하고 있어 장래 매출성장에 긍정적일 것으로 보임.

현금 흐름 〈단위 : 억원〉

항목	2016	2017
영업활동	127	207
투자활동	-53	-112
재무활동	-53	-60
순현금흐름	21	35
기말현금	65	101

시장 대비 수익률

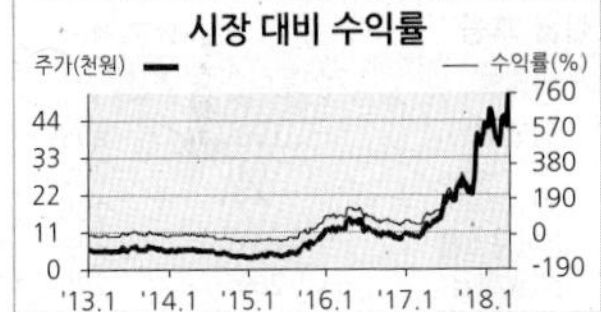

결산 실적 〈단위 : 억원〉

항목	2012	2013	2014	2015	2016	2017
매출액	1,696	1,758	1,621	1,588	1,725	1,993
영업이익	60	42	-38	54	95	220
당기순이익	28	4	-60	29	57	155

분기 실적 〈단위 : 억원〉

항목	2016.3Q	2016.4Q	2017.1Q	2017.2Q	2017.3Q	2017.4Q
매출액	463	460	468	474	524	527
영업이익	33	24	43	46	79	52
당기순이익	25	11	34	31	56	34

재무 상태 〈단위 : 억원〉

항목	2012	2013	2014	2015	2016	2017
총자산	1,302	1,238	1,088	1,129	1,217	1,377
유형자산	631	573	486	428	391	439
무형자산	2	2	2	2	3	4
유가증권	53	59	56	84	87	101
총부채	756	700	629	657	683	687
총차입금	381	349	322	293	311	205
자본금	104	104	104	104	104	104
총자본	546	538	460	473	534	690
지배주주지분	533	526	447	465	526	681

기업가치 지표

항목	2012	2013	2014	2015	2016	2017
주가(최고/저)(천원)	7.4/5.1	7.9/5.1	6.2/3.6	11.7/3.7	15.4/8.0	43.1/9.3
PER(최고/저)(배)	31.3/21.8	328.0/211.0	—/—	45.8/14.4	28.9/15.0	28.8/6.3
PBR(최고/저)(배)	1.5/1.0	1.6/1.0	1.4/0.8	2.6/0.8	3.0/1.6	6.4/1.4
EV/EBITDA(배)	5.6	5.6	8.7	10.2	8.0	16.6
EPS(원)	245	25	-598	257	539	1,493
BPS(원)	5,265	5,197	4,433	4,603	5,190	6,688
CFPS(원)	1,365	1,185	510	1,134	1,244	2,022
DPS(원)	50	50	50	50	50	150
EBITDAPS(원)	1,701	1,567	738	1,397	1,617	2,650

재무 비율 〈단위 : %〉

연도	영업이익률	순이익률	부채비율	차입금비율	ROA	ROE	유보율	자기자본비율	EBITDA마진율
2017	11.1	7.8	99.6	29.7	12.0	25.7	568.8	50.1	13.8
2016	5.5	3.3	128.0	58.2	4.8	11.3	419.0	43.9	9.7
2015	3.4	1.8	139.0	62.0	2.6	5.9	360.3	41.8	9.1
2014	-2.4	-3.7	136.7	70.0	-5.2	-12.8	343.3	42.3	4.7

삼화페인트공업 (A000390)

SamHwa Paints Industrial

업　　종 : 건축자재　　　　　　　　시　　장 : 거래소
신용등급 : (Bond) A-　　(CP) —　　기업규모 : 시가총액 소형주
홈페이지 : www.spi.co.kr　　　　　연 락 처 : 031)499-0394
본　　사 : 경기도 안산시 단원구 별망로 178(성곡동)

설 립 일	1946.04.09	**종 업 원 수**	891명	**대 표 이 사**	김장연,오진수
상 장 일	1993.08.11	**감 사 의 견**	적정(안진)	**계　　열**	
결 산 기	12월	**보 통 주**		**종속회사수**	11개사
액 면 가	500원	**우 선 주**		**구 상 호**	

주주구성 (지분율,%)		출자관계 (지분율,%)		주요경쟁사 (외형,%)	
김장연	31.1	홈앤톤즈	100.0	삼화페인트	100
Chugoku Marine Paints, Ltd	8.5	에스엠투네트웍스	100.0	노루홀딩스	158
(외국인)	10.7	삼화로지텍	100.0	강남제비스코	70

매출구성		비용구성		수출비중	
페인트(제품)	73.9	매출원가율	82.0	수출	13.8
페인트(상품)	25.3	판관비율	16.2	내수	86.2
IT용역	0.4				

회사 개요

동사는 건축용 도료, 공업용 도료, 기타 도료 등 종합도료 제조사로서 국내 900여개 대리점 유통망과 B2B 영업을 통해 고품질의 제품을 공급함. 특히 건축용 내화도료인 플레임체크 시리즈는 연간 100억원 이상의 매출을 기록, 유기질 내화도료 판매 1위 업체임. 증가하고 있는 프리미엄 및 DIY 시장에 우수한 기술력과 경험을 바탕으로 제품을 판매하고 있음.

실적 분석

동사의 2017년 연결기준 연간 매출액은 4,881.2억원으로 전년 대비 1.2% 증가함. 반면 고정비 증가와 비영업손익의 적자전환 등으로 순이익은 전년 대비 85.6% 감소한 19.7억원임. 베트남, 인도 등 해외 신규 투자에 대한 기대가 있었으나 전방산업의 침체 및 경쟁 심화와 원재료비 상승이 이익 감소의 원인. B2C 유통채널 전문화를 위해 설립된 홈앤톤즈의 성장이 기대됨.

현금 흐름 〈단위 : 억원〉

항목	2016	2017
영업활동	108	293
투자활동	-263	-209
재무활동	12	-105
순현금흐름	-143	-23
기말현금	269	246

시장 대비 수익률

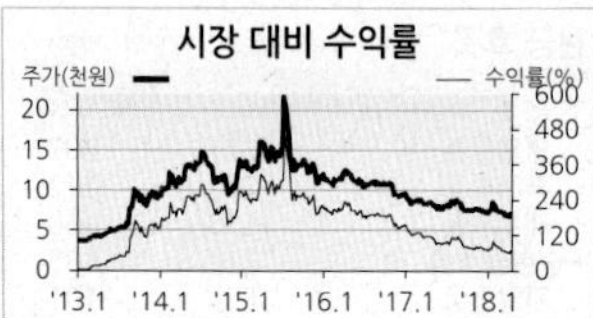

결산 실적 〈단위 : 억원〉

항목	2012	2013	2014	2015	2016	2017
매출액	4,349	4,991	5,267	5,072	4,822	4,881
영업이익	226	435	458	317	189	88
당기순이익	160	292	355	248	137	20

분기 실적 〈단위 : 억원〉

항목	2016.3Q	2016.4Q	2017.1Q	2017.2Q	2017.3Q	2017.4Q
매출액	1,185	1,211	1,055	1,398	1,240	1,189
영업이익	29	27	-32	47	34	39
당기순이익	22	14	-36	41	11	4

재무 상태 〈단위 : 억원〉

항목	2012	2013	2014	2015	2016	2017
총자산	4,247	4,756	5,051	5,119	5,263	5,423
유형자산	1,677	1,875	2,048	2,238	2,335	2,343
무형자산	70	62	79	73	82	79
유가증권	8	8	5	6	7	6
총부채	2,030	2,247	2,254	2,241	2,306	2,499
총차입금	1,034	1,078	1,067	1,153	1,234	1,148
자본금	112	112	112	113	127	131
총자본	2,217	2,509	2,797	2,878	2,957	2,924
지배주주지분	2,217	2,507	2,795	2,875	2,950	2,918

기업가치 지표

항목	2012	2013	2014	2015	2016	2017
주가(최고/저)(천원)	3.8/2.7	10.3/3.7	15.0/9.0	21.9/10.4	12.9/9.1	9.7/7.3
PER(최고/저)(배)	6.4/4.7	9.2/3.3	10.7/6.4	21.7/10.3	23.3/16.3	131.6/97.6
PBR(최고/저)(배)	0.5/0.3	1.1/0.4	1.3/0.8	1.8/0.9	1.1/0.8	0.8/0.6
EV/EBITDA(배)	5.7	5.8	6.9	8.4	10.8	11.9
EPS(원)	713	1,300	1,586	1,108	587	75
BPS(원)	10,080	11,298	12,582	13,246	12,442	11,934
CFPS(원)	998	1,642	2,034	1,583	1,137	636
DPS(원)	250	300	400	500	300	175
EBITDAPS(원)	1,293	2,283	2,493	1,889	1,357	901

재무 비율 〈단위 : %〉

연도	영업이익률	순이익률	부채비율	차입금비율	ROA	ROE	유보율	자기자본비율	EBITDA마진율
2017	1.8	0.4	85.5	39.3	0.4	0.7	2,286.9	53.9	4.8
2016	3.9	2.8	78.0	41.7	2.6	4.7	2,388.4	56.2	6.6
2015	6.3	4.9	77.9	40.1	4.9	8.8	2,549.2	56.2	8.4
2014	8.7	6.8	80.6	38.2	7.3	13.4	2,416.5	55.4	10.6

상보 (A027580)

SANG BO

업　　종 : 디스플레이 및 관련부품　　시　　장 : KOSDAQ
신용등급 : (Bond) B　　(CP) —　　기업규모 : 중견
홈페이지 : www.sangbogroup.com　　연 락 처 : 031)987-9900
본　　사 : 경기도 김포시 통진읍 대서명로 50

설 립 일	1989.04.01	**종 업 원 수**	220명	**대 표 이 사**	김상근
상 장 일	2007.10.01	**감 사 의 견**	적정(삼덕)	**계　　열**	
결 산 기	12월	**보 통 주**		**종속회사수**	2개사
액 면 가	500원	**우 선 주**		**구 상 호**	

주주구성 (지분율,%)		출자관계 (지분율,%)		주요경쟁사 (외형,%)	
김상근	20.7	상보신재료(소주)유한공사	100.0	상보	100
김현철	0.5	SANGBOUSA	100.0	베셀	63
(외국인)	2.7			휘닉스소재	30

매출구성		비용구성		수출비중	
광학필름/소재	81.6	매출원가율	93.5	수출	79.1
윈도우 필름	14.7	판관비율	9.9	내수	20.9
산업재 필름, 기타상품	2.9				

회사 개요

동사는1977년 7월에 설립되어 디스플레이 소재 필름인 광학필름, 차량 및 건축용 윈도우 필름, 미디어 필름, PP Sheet 필름, 산업재 특수 필름 사업 등을 영위하고 있음. 동사가 자체적으로 개발한 광학필름은 동사 매출의 대부분을 차지하며, 국내 및 대만, 중국, 일본에 LED/LCD TV, 모니터, 노트북 제조사에 공급하고 있으며 최근 경쟁 심화로 매출이 감소하는 추세임.

실적 분석

동사의 2017년 연결 기준 연간 누적 매출액은 전년 동기 대비 15.8% 감소한 1277.9억원을 시현함. 매출이 감소하면서 매출 원가도 큰 폭으로 줄고 판매비와 관리비 또한 매출 감소율 대비 크게 감소하면서 영업손실은 44.2억원으로 전년 동기 대비 적자 폭이 감소함. 비영업손익 부문에서도 적자가 지속됐지만 적자 폭이 줄어 당기순손실은 76.1억원으로 적자가 지속됐지만 적자 규모는 감소함.

현금 흐름 〈단위 : 억원〉

항목	2016	2017
영업활동	19	-104
투자활동	-57	12
재무활동	85	87
순현금흐름	61	-23
기말현금	308	285

시장 대비 수익률

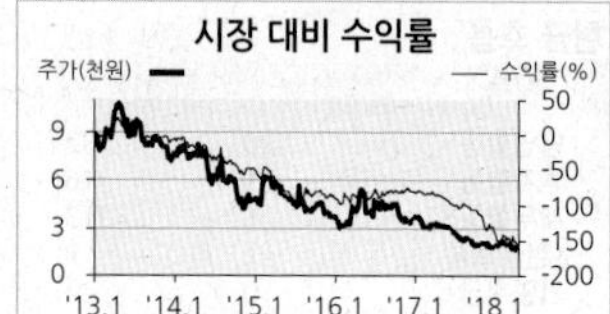

결산 실적 〈단위 : 억원〉

항목	2012	2013	2014	2015	2016	2017
매출액	2,533	2,208	2,269	1,786	1,517	1,278
영업이익	222	93	10	-16	-108	-44
당기순이익	80	88	-105	-52	-203	-76

분기 실적 〈단위 : 억원〉

항목	2016.3Q	2016.4Q	2017.1Q	2017.2Q	2017.3Q	2017.4Q
매출액	410	323	295	335	381	267
영업이익	-23	-36	-18	-5	2	-24
당기순이익	-48	-85	-41	-18	-4	-13

재무 상태 〈단위 : 억원〉

항목	2012	2013	2014	2015	2016	2017
총자산	1,763	1,815	1,747	1,766	1,644	1,624
유형자산	610	759	699	699	652	576
무형자산	94	117	111	128	58	78
유가증권	12	1	0	0	0	0
총부채	1,117	1,094	1,142	1,222	1,108	1,146
총차입금	717	697	815	971	823	864
자본금	71	72	72	108	136	136
총자본	646	721	605	544	536	478
지배주주지분	646	721	605	544	536	478

기업가치 지표

항목	2012	2013	2014	2015	2016	2017
주가(최고/저)(천원)	9.2/6.3	11.1/7.1	8.2/3.9	6.4/3.5	5.6/3.0	3.9/1.8
PER(최고/저)(배)	23.1/15.6	27.9/17.8	—/—	—/—	—/—	—/—
PBR(최고/저)(배)	3.2/2.1	3.4/2.2	2.9/1.4	2.5/1.4	2.7/1.4	2.1/1.0
EV/EBITDA(배)	6.6	12.7	19.4	27.0	—	34.0
EPS(원)	405	399	-472	-234	-827	-280
BPS(원)	4,579	5,102	4,366	2,628	2,066	1,852
CFPS(원)	1,237	1,129	-234	101	-510	-2
DPS(원)	150	—	—	—	—	—
EBITDAPS(원)	2,342	1,167	561	269	-124	116

재무 비율 〈단위 : %〉

연도	영업이익률	순이익률	부채비율	차입금비율	ROA	ROE	유보율	자기자본비율	EBITDA마진율
2017	-3.5	-6.0	239.8	180.7	-4.7	-15.0	270.4	29.4	2.5
2016	-7.1	-13.4	206.7	153.5	-11.9	-37.5	313.2	32.6	-2.0
2015	-0.9	-2.9	224.6	178.4	-3.0	-9.1	425.6	30.8	3.3
2014	0.4	-4.6	188.6	134.6	-5.9	-15.8	773.2	34.7	3.6

상상인 (A038540)
Texcell-Netcom

업 종 : 소비자 금융 | 시 장 : KOSDAQ
신용등급 : (Bond) — (CP) — | 기업규모 : 우량
홈페이지 : www.texcell-netcom.co.kr | 연 락 처 : 02)2167-8500
본 사 : 서울시 금천구 가산디지털2로 123, 월드메르디앙벤처센터2차 13층

설 립 일	1989.02.23	**종업원수**	235명	**대표이사**	유준원
상 장 일	2000.08.18	**감사의견**	적정(중앙)	**계 열**	
결 산 기	12월	**보 통 주**		**종속회사수**	9개사
액 면 가	1,000원	**우 선 주**		**구 상 호**	

주주구성 (지분율,%)		출자관계 (지분율,%)		주요경쟁사 (외형,%)	
유준원	22.4	세종저축은행	100.0	텍셀네트컴	100
김수경	6.3	공평저축은행	100.0	아주캐피탈	53
(외국인)	12.4	샤인스탁	100.0	삼성카드	757

매출구성		비용구성		수출비중	
금융서비스	60.4	매출원가율	62.6	수출	—
네트워크통합솔루션	19.3	판관비율	6.8	내수	—
통신공사등 외	9.1				

회사 개요
동사는 계전기, 전자부품 등의 제조 및 판매할 목적으로 1989년 청원전자 상호로 설립된 후 텍셀에서 텍셀네트컴으로 상호가 변경됨. 연결대상 종속회사로는 세종상호저축은행, 공평저축은행, 한중선박기계 등 9개가 있음. 동사는 금융업(저축은행), 네트워크시스템 설계 및 유지보수, 조선 자동화 설비 등의 사업을 영위하며 매출 비중은 각각 78.7%, 21.0%, 0.3%임.

실적 분석
동사의 2017년 연결기준 매출액은 3,976억으로 전년대비 40% 증가함. 영업이익 및 당기순이익은 1,219억원, 1,002억원으로 전년대비 각각 74%, 49% 증가함. 매출액와 영업이익이 증가한 주요원인은 금융 사업부문의 외형 성장에 따른 이익규모 확대로 분석됨. 동사의 유동자산은 1조 4,762억원으로 전년대비 6,095억원(70%) 증가함. 비유동자산은 5,675억원으로 전년 대비 17억원(0.3%) 감소함.

현금 흐름
<단위 : 억원>

항목	2016	2017
영업활동	-3,177	-5,339
투자활동	1,169	-182
재무활동	2,678	5,045
순현금흐름	670	-477
기말현금	1,165	688

시장 대비 수익률
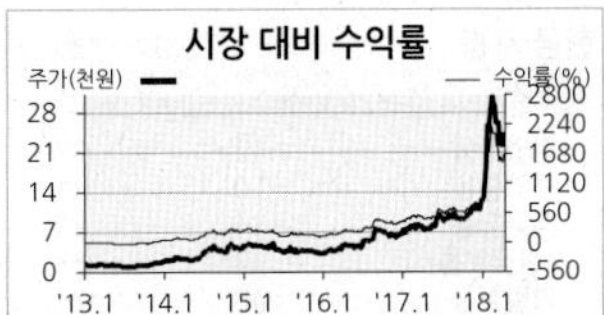

결산 실적
<단위 : 억원>

항목	2012	2013	2014	2015	2016	2017
매출액	842	980	2,031	1,714	2,839	3,976
영업이익	22	68	238	271	702	1,219
당기순이익	26	103	207	316	673	1,002

분기 실적
<단위 : 억원>

항목	2016.3Q	2016.4Q	2017.1Q	2017.2Q	2017.3Q	2017.4Q
매출액	516	1,195	838	1,333	821	985
영업이익	168	246	218	349	262	389
당기순이익	204	208	174	291	220	316

재무 상태
<단위 : 억원>

항목	2012	2013	2014	2015	2016	2017
총자산	4,042	4,220	4,675	7,634	14,359	20,437
유형자산	82	82	112	355	280	272
무형자산	407	412	458	362	516	481
유가증권	281	473	63	78	186	213
총부채	3,385	3,442	3,697	6,109	12,414	17,494
총차입금	255	214	28	173	25	10
자본금	464	464	464	468	468	477
총자본	657	778	978	1,526	1,945	2,942
지배주주지분	660	778	979	1,311	1,945	2,942

기업가치 지표

항목	2012	2013	2014	2015	2016	2017
주가(최고/저)(천원)	2.2/1.0	1.8/0.9	5.1/1.8	5.3/3.0	7.7/3.2	12.3/6.7
PER(최고/저)(배)	26.5/12.0	7.9/4.2	11.4/4.0	7.8/4.5	5.3/2.2	5.8/3.2
PBR(최고/저)(배)	1.5/0.7	1.1/0.6	2.4/0.8	1.9/1.1	1.8/0.7	1.9/1.1
EV/EBITDA(배)	8.0	4.8	6.5	4.5	2.6	4.1
EPS(원)	84	225	447	678	1,452	2,098
BPS(원)	721	838	1,054	1,401	4,256	6,349
CFPS(원)	53	124	241	370	1,538	2,153
DPS(원)	—	—	—	—	—	—
EBITDAPS(원)	45	85	274	321	1,587	2,607

재무 비율
<단위 : %>

연도	영업이익률	순이익률	부채비율	차입금비율	ROA	ROE	유보율	자기자본비율	EBITDA마진율
2017	30.7	25.2	594.6	0.3	5.8	41.0	534.9	14.4	31.3
2016	24.7	23.7	638.2	1.3	6.1	41.7	325.6	13.6	26.2
2015	15.8	18.4	400.4	11.3	5.1	27.7	180.2	20.0	17.5
2014	11.7	10.2	378.1	2.9	4.7	23.6	110.7	20.9	12.5

상신브레이크 (A041650)
Sangsin Brake

업 종 : 자동차부품 | 시 장 : 거래소
신용등급 : (Bond) — (CP) — | 기업규모 : 시가총액 소형주
홈페이지 : www.sangsin.com | 연 락 처 : 053)616-9555
본 사 : 대구시 달성군 논공읍 논공중앙로 33길 10

설 립 일	1975.08.13	**종업원수**	658명	**대표이사**	김효일,박세종
상 장 일	2001.11.02	**감사의견**	적정(삼정)	**계 열**	
결 산 기	12월	**보 통 주**		**종속회사수**	9개사
액 면 가	500원	**우 선 주**		**구 상 호**	

주주구성 (지분율,%)		출자관계 (지분율,%)		주요경쟁사 (외형,%)	
신영자산운용	16.7	에이비테크	86.3	상신브레이크	100
정성한	12.3	산도브레이크	85.0	우리산업홀딩스	87
(외국인)	3.4	산도테크	78.2	디아이씨	165

매출구성		비용구성		수출비중	
PAD	51.2	매출원가율	74.6	수출	52.1
LINING 외	20.5	판관비율	16.0	내수	47.9
기타(부산물 및 세탁기외)	11.0				

회사 개요
동사는 승용 및 상용차량용 브레이크 PAD, LINING, SHOE 및 BRAKE ASSEMLY 등을 주력제품으로 하는 브레이크 마찰재업체로서, 새론오토모티브, KB오토시스와 경쟁하고 있으며, 국내 시장점유율 44%의 1위 업체임. 매출구성은 OEM(신차 장착용), OES(A/S 순정부품용), 시중판매(대리점을 통한 직거래), 수출시장으로 구성되며, 주요 매출처는 현대자동차, 타타대우자동차, 다이모스, 현대모비스, 한국델파이, 만도 등이 있음.

실적 분석
동사는 지난해 매출액 3,845억원, 영업이익 359억원을 각각 기록하였음. 주요 매출처는 현대자동차, 다이모스, 현대모비스, 만도, 이래오토모티브, 한국GM, 중국 OEM 로컬 업체 등으로, 자동차 제조사 및 SUB-ASSEMBLY업체의 매출은 OEM 및 OES형태로 이루어짐. 전방 산업 부진에도 호실적을 기록 중. 향후 해외시장 성장이 예견되면서 수익 개선이 기대되고 있음.

현금 흐름
<단위 : 억원>

항목	2016	2017
영업활동	324	298
투자활동	-151	-499
재무활동	-131	374
순현금흐름	43	153
기말현금	137	291

시장 대비 수익률
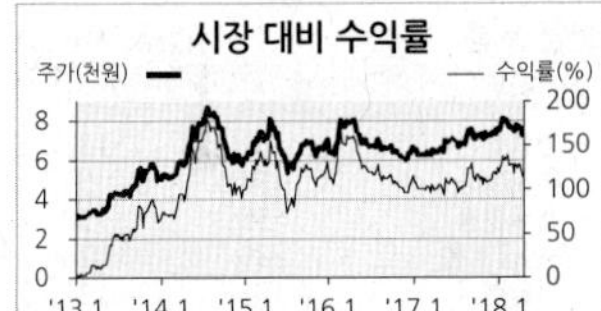

결산 실적
<단위 : 억원>

항목	2012	2013	2014	2015	2016	2017
매출액	2,863	3,053	3,365	3,630	3,796	3,845
영업이익	188	261	266	360	309	359
당기순이익	106	178	189	274	202	241

분기 실적
<단위 : 억원>

항목	2016.3Q	2016.4Q	2017.1Q	2017.2Q	2017.3Q	2017.4Q
매출액	907	1,073	946	960	974	965
영업이익	64	119	98	82	81	98
당기순이익	25	99	46	75	66	55

재무 상태
<단위 : 억원>

항목	2012	2013	2014	2015	2016	2017
총자산	2,339	2,677	3,013	3,344	3,531	3,980
유형자산	1,072	1,184	1,410	1,573	1,571	1,732
무형자산	47	44	52	68	58	84
유가증권	8	7	7	9	10	8
총부채	1,496	1,676	1,877	1,950	1,973	2,266
총차입금	1,016	1,038	1,202	1,279	1,186	1,516
자본금	107	107	107	107	107	107
총자본	843	1,001	1,136	1,393	1,558	1,714
지배주주지분	810	961	1,106	1,354	1,514	1,663

기업가치 지표

항목	2012	2013	2014	2015	2016	2017
주가(최고/저)(천원)	4.5/2.7	5.9/3.0	8.8/4.9	8.2/5.4	8.2/5.9	7.6/6.2
PER(최고/저)(배)	12.0/7.1	8.4/4.3	10.5/5.9	7.2/4.7	9.4/6.9	7.3/5.9
PBR(최고/저)(배)	1.2/0.7	1.3/0.7	1.7/1.0	1.3/0.9	1.1/0.8	1.0/0.8
EV/EBITDA(배)	5.4	5.3	6.0	5.2	5.2	5.3
EPS(원)	437	789	926	1,220	906	1,073
BPS(원)	4,237	4,940	5,618	6,771	7,519	8,209
CFPS(원)	1,047	1,464	1,647	2,041	1,739	1,883
DPS(원)	130	140	160	170	160	170
EBITDAPS(원)	1,486	1,890	1,961	2,495	2,272	2,483

재무 비율
<단위 : %>

연도	영업이익률	순이익률	부채비율	차입금비율	ROA	ROE	유보율	자기자본비율	EBITDA마진율
2017	9.4	6.3	132.2	88.4	6.4	14.5	1,541.7	43.1	13.9
2016	8.1	5.3	126.6	76.1	5.9	13.6	1,403.8	44.1	12.9
2015	9.9	7.5	140.0	91.8	8.6	21.3	1,254.1	41.7	14.8
2014	7.9	5.6	165.3	105.8	6.7	19.2	1,023.7	37.7	12.5

상신이디피 (A091580)
SANGSIN ENERGY DISPLAY PRECISION

업　　종 : 전자 장비 및 기기　　　시　　장 : KOSDAQ
신용등급 : (Bond) —　(CP) —　　　기업규모 : 벤처
홈페이지 : www.ssedp.co.kr　　　연 락 처 : 031)205-9242
본　　사 : 경기도 수원시 영통구 덕영대로1483번길 36(망포동)

설 립 일	1992.01.28	**종업원수**	172명	**대표이사**	김일부
상 장 일	2007.05.23	**감사의견**	적정(이촌)	**계　　열**	
결 산 기	12월	**보 통 주**		**종속회사수**	4개사
액 면 가	500원	**우 선 주**		**구 상 호**	

주주구성 (지분율,%)		출자관계 (지분율,%)		주요경쟁사 (외형,%)	
김일부	16.2			상신이디피	100
장태선	8.1			대주전자재료	94
(외국인)	5.1			이엠티	10

매출구성		비용구성		수출비중	
CAN(각+원형)	49.9	매출원가율	85.2	수출	—
상품	23.7	판관비율	8.7	내수	—
기타	20.0				

회사 개요
리튬이온 방식의 2차전지 중 휴대폰 배터리용 부품으로 사용되는 각형 CAN,원형 CAN, CAP ASS'Y 및 관련부품과 노트북 PC의 2차전지에 사용되는 부품 등을 주력 제품으로 생산하며 자동차부품사업에도 진출했음. 2차전지 생산과 판매업을 영위하는 천진대신전자유한공사, 상신에너텍, 상신하이텍, 자동차부품 생산, 판매를 영위하는 태화프라텍을 연결대상 종속회사로 보유하고 있음.

실적 분석
2017년 결산 연결기준 누적 매출은 998.3억원으로 전년 동기 대비 29.9% 증가함. 영업이익은 61.3억원을 기록하며 흑자전환. 비영업손실도 37.6억원을 기록하며 적자지속하였으나 당기순이익은 24.4억원을 시현하며 흑자전환함. 이는 동사의 주요 고객사가 소형원형 전지 및 전기차, 에너지저장장치(ESS) 중대형 전지의 투자를 확대한 것이 긍정적 영향을 미친것으로 보임.

현금 흐름
〈단위 : 억원〉

항목	2016	2017
영업활동	52	131
투자활동	-138	-57
재무활동	55	-50
순현금흐름	-35	26
기말현금	105	131

시장 대비 수익률
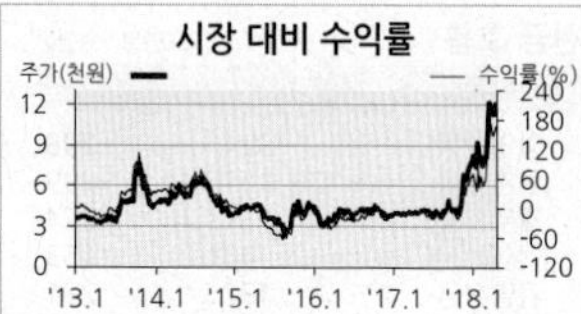

결산 실적
〈단위 : 억원〉

항목	2012	2013	2014	2015	2016	2017
매출액	1,145	1,161	991	778	768	998
영업이익	33	37	42	-11	-4	61
당기순이익	5	5	25	-24	-10	24

분기 실적
〈단위 : 억원〉

항목	2016.3Q	2016.4Q	2017.1Q	2017.2Q	2017.3Q	2017.4Q
매출액	193	170	195	241	279	283
영업이익	-8	-5	-3	11	25	28
당기순이익	-16	-2	-11	15	23	-2

재무 상태
〈단위 : 억원〉

항목	2012	2013	2014	2015	2016	2017
총자산	889	955	944	994	1,009	1,033
유형자산	545	549	531	593	644	622
무형자산	9	8	7	24	21	10
유가증권	5	3	2	1	—	—
총부채	478	545	517	607	642	652
총차입금	325	406	392	501	560	516
자본금	56	56	56	56	56	56
총자본	411	410	427	387	367	382
지배주주지분	411	410	427	387	367	382

기업가치 지표

항목	2012	2013	2014	2015	2016	2017
주가(최고/저)(천원)	4.6/3.2	7.8/3.2	6.5/3.8	5.0/2.4	4.6/3.0	7.9/3.7
PER(최고/저)(배)	108.0/75.6	183.8/76.5	31.3/18.2	—/—	—/—	36.6/17.2
PBR(최고/저)(배)	1.4/1.0	2.3/0.9	1.8/1.0	1.5/0.7	1.4/0.9	2.3/1.1
EV/EBITDA(배)	7.7	7.7	5.7	14.7	13.3	9.1
EPS(원)	46	45	217	-211	-91	216
BPS(원)	3,640	3,626	3,780	3,428	3,254	3,378
CFPS(원)	535	620	837	404	539	897
DPS(원)	50	50	50	50	50	50
EBITDAPS(원)	779	906	990	520	594	1,224

재무 비율
〈단위 : %〉

연도	영업이익률	순이익률	부채비율	차입금비율	ROA	ROE	유보율	자기자본비율	EBITDA마진율
2017	6.1	2.4	170.8	135.2	2.4	6.5	575.6	36.9	13.9
2016	-0.5	-1.3	174.6	152.5	-1.0	-2.7	550.7	36.4	8.7
2015	-1.4	-3.1	156.7	129.4	-2.5	-5.9	585.6	39.0	7.5
2014	4.2	2.5	121.0	91.8	2.6	5.9	656.1	45.3	11.3

상신전자 (A263810)
SANGSHIN ELECTRONICS CO

업　　종 : 내구소비재　　　시　　장 : KOSDAQ
신용등급 : (Bond) —　(CP) —　　　기업규모 : 중견
홈페이지 : www.sangshin-e.com　　　연 락 처 : 055)343-3826
본　　사 : 경남 김해시 진영읍 본산로269번길 16-34

설 립 일	1988.07.01	**종업원수**	94명	**대표이사**	김승천
상 장 일	2017.10.16	**감사의견**	적정(삼일)	**계　　열**	
결 산 기	12월	**보 통 주**		**종속회사수**	
액 면 가	500원	**우 선 주**		**구 상 호**	

주주구성 (지분율,%)		출자관계 (지분율,%)		주요경쟁사 (외형,%)	
미래나노텍	24.5	엠에스이	1.4	상신전자	100
미래에쿼티파트너스	16.3	베트남상신전자유한회사	100.0	신성델타테크	547
(외국인)	3.2	덕주상신전자유한공사	100.0	LG전자	72,257

매출구성		비용구성		수출비중	
노이즈필터	68.7	매출원가율	85.5	수출	23.1
코일	18.1	판관비율	7.3	내수	76.9
리액터	10.0				

회사 개요
동사는 1988년 7월 설립되었으며, 2017년 10월 코스닥시장에 상장되었음. 동사는 세탁기, 냉장고, 에어컨 등 주로 가전제품에 적용되는 EMI(Electro Magnetic Interference) 필터를 주력 제품으로 사업을 영위하고 있음. 동사의 계열사는 11개 사이며, 매출은 노이즈필터 65.8%, 코일 18.3%, 리액터 12.3%, 기타 3.6%로 구성됨. 업계 특성상 고정된 수주는 없음.

실적 분석
동사의 연결기준 2017년 매출액은 전년 대비 17.9% 증가한 849.7억원을 기록한 반면, 판관비는 인건비와 감가상각비를 중심으로 전년 동기 대비 5% 감소한 61.7억원을 기록함. 동기간 영업이익은 전년 대비 7.9% 감소한 61.2억원을 기록함. 반면, 비영업손익은 외환손실을 중심으로 적자를 지속함. 이에 따라 당기순이익은 전년 대비 11.1% 감소한 46.4억원을 시현하는데 그침.

현금 흐름
〈단위 : 억원〉

항목	2016	2017
영업활동	-12	37
투자활동	-10	-41
재무활동	34	29
순현금흐름	12	23
기말현금	48	71

시장 대비 수익률
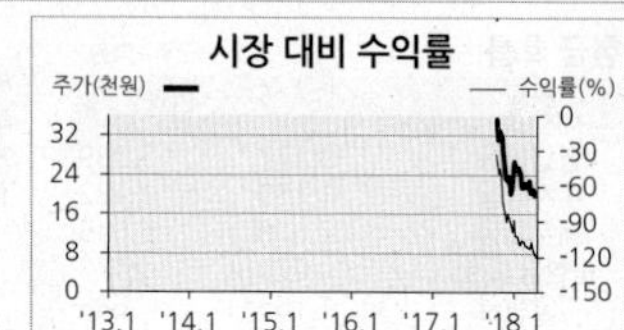

결산 실적
〈단위 : 억원〉

항목	2012	2013	2014	2015	2016	2017
매출액	411	547	595	670	721	850
영업이익	12	25	34	53	66	61
당기순이익	9	17	27	32	52	46

분기 실적
〈단위 : 억원〉

항목	2016.3Q	2016.4Q	2017.1Q	2017.2Q	2017.3Q	2017.4Q
매출액	188	—	—	212	229	—
영업이익	23	—	—	17	17	—
당기순이익	19	—	—	14	14	—

재무 상태
〈단위 : 억원〉

항목	2012	2013	2014	2015	2016	2017
총자산	204	212	277	374	408	535
유형자산	65	65	92	53	52	58
무형자산	—	—	—	0	0	0
유가증권	7	14	18	0	1	1
총부채	136	128	138	214	228	226
총차입금	70	64	69	58	125	75
자본금	3	3	3	3	3	20
총자본	68	85	139	160	180	309
지배주주지분	68	85	139	160	180	309

기업가치 지표

항목	2012	2013	2014	2015	2016	2017
주가(최고/저)(천원)	—/—	—/—	—/—	—/—	—/—	—/—
PER(최고/저)(배)	0.0/0.0	0.0/0.0	0.0/0.0	0.0/0.0	0.0/0.0	32.8/14.9
PBR(최고/저)(배)	0.0/0.0	0.0/0.0	0.0/0.0	0.0/0.0	0.0/0.0	5.7/2.6
EV/EBITDA(배)	3.6	1.8	1.1	—	0.7	11.8
EPS(원)	272	525	857	1,014	1,629	1,370
BPS(원)	105,948	132,178	217,442	249,896	28,157	7,887
CFPS(원)	17,362	31,357	48,719	57,122	8,829	1,496
DPS(원)	—	—	—	—	—	520
EBITDAPS(원)	22,955	43,717	59,724	89,876	11,073	1,936

재무 비율
〈단위 : %〉

연도	영업이익률	순이익률	부채비율	차입금비율	ROA	ROE	유보율	자기자본비율	EBITDA마진율
2017	7.2	5.5	73.0	24.2	9.8	18.9	1,477.4	57.8	7.7
2016	9.2	7.2	126.6	69.6	13.3	30.7	5,531.4	44.1	9.8
2015	8.0	4.8	133.8	36.5	—	—	4,897.9	42.8	8.6
2014	5.8	4.6	99.3	49.9	11.2	24.5	4,248.9	50.2	6.4

상아프론테크 (A089980)
SANG-A FLONTEC

업 종 : 디스플레이 및 관련부품 　 시 장 : KOSDAQ
신용등급 : (Bond) — 　 (CP) — 　 기업규모 : 우량
홈페이지 : www.sftc.co.kr 　 연 락 처 : 032)451-7781
본 사 : 인천시 남동구 남동대로369번길 18, 남동공단 7블럭 4로트

설 립 일	1986.03.21	**종업원수**	546명	**대 표 이 사**	이상원
상 장 일	2011.07.21	**감사의견**	적정(삼일)	**계 열**	
결 산 기	12월	**보 통 주**		**종속회사수**	5개사
액 면 가	500원	**우 선 주**		**구 상 호**	

주주구성 (지분율,%)		출자관계 (지분율,%)		주요경쟁사 (외형,%)	
이상원	21.5			상아프론테크	100
이상열	8.1			루멘스	236
(외국인)	1.9			넥스트아이	39

매출구성		비용구성		수출비중	
FPD CASSETTE, PTFE SHEET	27.1	매출원가율	78.2	수출	41.1
PISTON RING, PTFE TUBE 외	25.3	판관비율	14.7	내수	58.9
CAP ASS'Y, GASKET	19.2				

회사 개요
동사는 LCD 공정 중 패널의 적재 및 이송용 장비인 LCD카세트, 컬러레이저 프린터/복합기의 중요부품인 전사벨트와 정착벨트, 2차전지용 부품, 반도체 웨이퍼의 공정간 이송장비, PCB 기판 Drilling용 부자재인 Entry sheet, 자동차 부품 등 엔지니어링 플라스틱 소재를 이용한 전자부품 및 자동차.부품 제조업을 영위하고 있음. 종속회사는 OA기기용 소형 성형제품의 생산 및 코팅과 전사벨트의 후공정을 담당하고 있음.

실적 분석
동사의 2017년 연간 매출액은 전년동기대비 2% 소폭 변동한 1,532.4억원을 기록하였음. 비용면에서 전년동기대비 매출원가는 감소 하였으며 인건비는 거의 동일 하였고 광고선전비는 감소, 기타판매비와관리비는 감소 함. 이와 같이 매출액은 전년동기 크게 성장하지 않았으나 이에 비해서 전년동기대비 영업이익은 108억원으로 18.7% 상승 하였음. 아마 매출원가의 감소효과가 달성한 매출액 대비 컸기 때문이라 판단됨.

현금 흐름 〈단위 : 억원〉

항목	2016	2017
영업활동	5	231
투자활동	-182	-167
재무활동	139	55
순현금흐름	-39	117
기말현금	78	196

시장 대비 수익률
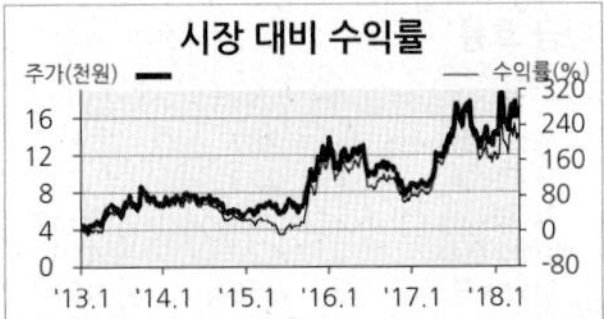

결산 실적 〈단위 : 억원〉

항목	2012	2013	2014	2015	2016	2017
매출액	940	1,078	1,284	1,437	1,563	1,532
영업이익	53	78	58	101	91	108
당기순이익	44	70	40	79	55	75

분기 실적 〈단위 : 억원〉

항목	2016.3Q	2016.4Q	2017.1Q	2017.2Q	2017.3Q	2017.4Q
매출액	365	350	373	430	411	319
영업이익	31	15	27	43	36	2
당기순이익	8	32	9	41	24	0

재무 상태 〈단위 : 억원〉

항목	2012	2013	2014	2015	2016	2017
총자산	1,200	1,436	1,548	1,808	2,020	2,199
유형자산	696	787	862	1,018	1,024	1,052
무형자산	6	7	15	16	15	14
유가증권	0	0	0	0	2	2
총부채	455	631	705	882	1,036	1,104
총차입금	302	402	488	634	778	795
자본금	61	61	63	65	67	71
총자본	744	805	843	926	984	1,095
지배주주지분	744	805	843	926	984	1,095

기업가치 지표

항목	2012	2013	2014	2015	2016	2017
주가(최고/저)(천원)	5.4/3.3	8.7/3.7	8.0/5.2	12.9/5.6	13.8/7.3	18.7/8.4
PER(최고/저)(배)	16.7/10.3	16.4/7.0	25.7/16.8	21.4/9.2	34.1/18.0	34.7/15.5
PBR(최고/저)(배)	1.0/0.6	1.4/0.6	1.2/0.8	1.9/0.8	1.9/1.0	2.5/1.1
EV/EBITDA(배)	6.6	7.7	8.2	11.8	10.7	12.4
EPS(원)	354	568	327	623	415	544
BPS(원)	6,139	6,637	6,805	7,225	7,437	7,713
CFPS(원)	817	1,087	903	1,220	1,010	1,172
DPS(원)	75	115	107	140	140	140
EBITDAPS(원)	894	1,150	1,042	1,395	1,285	1,415

재무 비율 〈단위 : %〉

연도	영업이익률	순이익률	부채비율	차입금비율	ROA	ROE	유보율	자기자본비율	EBITDA마진율
2017	7.1	4.9	100.9	72.6	3.5	7.2	1,442.6	49.8	12.7
2016	5.8	3.5	105.3	79.0	2.9	5.7	1,387.5	48.7	10.8
2015	7.0	5.5	95.3	68.5	4.7	8.9	1,345.0	51.2	12.2
2014	4.5	3.2	83.6	57.8	2.7	4.9	1,261.0	54.5	10.0

상지카일룸 (A042940)
Forward Companies

업 종 : 건설 　 시 장 : KOSDAQ
신용등급 : (Bond) — 　 (CP) — 　 기업규모 : 중견
홈페이지 : www.forwardcompanies.co.kr 　 연 락 처 : 031)995-7800
본 사 : 경기도 파주시 조리읍 정문로 1

설 립 일	1979.06.21	**종업원수**	25명	**대 표 이 사**	한종희
상 장 일	2000.10.06	**감사의견**	적정(삼도)	**계 열**	
결 산 기	12월	**보 통 주**		**종속회사수**	1개사
액 면 가	500원	**우 선 주**		**구 상 호**	포워드컴퍼니스

주주구성 (지분율,%)		출자관계 (지분율,%)		주요경쟁사 (외형,%)	
씨지아이홀딩스	16.7			상지카일룸	100
스카디홀딩스	12.4			엄지하우스	718
(외국인)	0.7			청광종건	

매출구성		비용구성		수출비중	
건축(민간)	96.6	매출원가율	91.5	수출	—
건축(관급)	3.4	판관비율	40.7	내수	—

회사 개요
동사는 ITS, 전기, 기계설비, 홈네트워크, 정보통신망구축업을 주요사업으로 하며, 국내 주요 건설사 및 각 지방경찰청 등을 대상으로 영업활동을 진행하고 있음. ITS 구축은 대부분 국가주도로 이루어지기 때문에 안정적인 사업이 가능하다는 특징이 있음. 2016년도까지는 전기/통신공사부문의 매출이 대부분이었으나, 2017년말 현재 건설분야의 비중이 매출의 약 85%를 차지하고 있음.

실적 분석
동사의 연결 기준 2017년 결산 매출액은 하반기 이후 수주 증가로 전년동기 대비 127.7% 증가한 134.6억원을 기록함. 외형 확대와 더불어 원가율 하락 및 판관비 증가 억제 노력 등으로 전년동기 대비 적자 축소된 43.4억원의 영업손실을 시현함. 반면, 당기순이익은 금융손실 확대 여파로 손실 폭이 소폭 증가한 상황. 단기간내 급격한 실적회복 어려울 전망. 원가부담 완화 및 비용구조 개선 시급한 상황.

현금 흐름 〈단위 : 억원〉

항목	2016	2017
영업활동	7	-126
투자활동	-51	-13
재무활동	117	82
순현금흐름	72	-57
기말현금	75	17

시장 대비 수익률
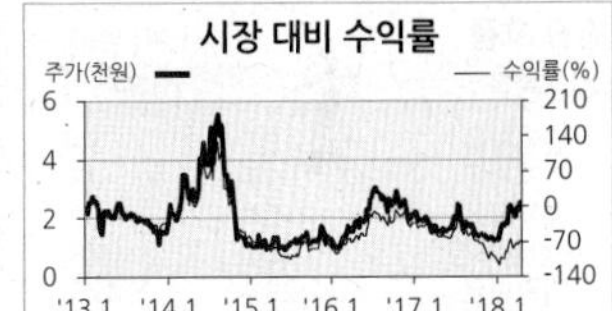

결산 실적 〈단위 : 억원〉

항목	2012	2013	2014	2015	2016	2017
매출액	212	167	223	255	59	135
영업이익	-89	-69	-45	1	-58	-43
당기순이익	-215	7	-66	-29	-76	-79

분기 실적 〈단위 : 억원〉

항목	2016.3Q	2016.4Q	2017.1Q	2017.2Q	2017.3Q	2017.4Q
매출액	11	9	10	26	28	71
영업이익	-8	-27	-10	-5	-8	-21
당기순이익	-9	-30	-7	-11	-4	-57

재무 상태 〈단위 : 억원〉

항목	2012	2013	2014	2015	2016	2017
총자산	304	279	221	146	206	404
유형자산	15	13	12	12	13	3
무형자산	1	5	0	0	0	4
유가증권	10	10	14	11	11	36
총부채	212	153	151	75	181	137
총차입금	142	72	39	46	132	21
자본금	76	91	101	65	73	161
총자본	91	126	69	71	26	268
지배주주지분	91	126	69	71	26	268

기업가치 지표

항목	2012	2013	2014	2015	2016	2017
주가(최고/저)(천원)	8.9/2.3	2.9/1.1	5.8/1.0	2.2/0.9	3.2/1.0	2.6/1.2
PER(최고/저)(배)	—/—	36.3/13.5	—/—	—/—	—/—	—/—
PBR(최고/저)(배)	6.6/1.7	1.9/0.7	8.4/1.5	4.1/1.6	18.4/5.4	3.1/1.5
EV/EBITDA(배)	—	—	—	112.7	—	—
EPS(원)	-4,256	79	-720	-248	-588	-300
BPS(원)	669	743	344	551	176	830
CFPS(원)	-2,112	47	-354	-242	-580	-292
DPS(원)	—	—	—	—	—	—
EBITDAPS(원)	-867	-398	-239	16	-443	-157

재무 비율 〈단위 : %〉

연도	영업이익률	순이익률	부채비율	차입금비율	ROA	ROE	유보율	자기자본비율	EBITDA마진율
2017	-32.2	-58.9	51.0	7.8	-25.9	-53.7	65.9	66.2	-30.6
2016	-98.6	-128.5	일부잠식	일부잠식	-43.2	-156.7	-64.8	12.5	-96.8
2015	0.5	-11.5	104.9	64.3	-16.0	-41.6	10.2	48.8	0.7
2014	-20.3	-29.8	일부잠식	일부잠식	-26.6	-68.1	-31.1	31.4	-19.8

새로닉스 (A042600)

Seronics

업종 : 디스플레이 및 관련부품 | 시장 : KOSDAQ
신용등급 : (Bond) — (CP) — | 기업규모 : 중견
홈페이지 : www.seronics.co.kr | 연락처 : 054)463-7945
본사 : 경북 구미시 수출대로 9길 36

설립일	1968.12.21	**종업원수**	99명	**대표이사**	허제홍
상장일	2002.09.14	**감사의견**	적정(세영)	**계열**	
결산기	12월	**보통주**		**종속회사수**	2개사
액면가	500원	**우선주**		**구상호**	

주주구성 (지분율,%)		출자관계 (지분율,%)		주요경쟁사 (외형,%)	
허제홍	21.0	산코코리아	53.8	새로닉스	100
광성전자	19.6	제이에이치화학공업	27.7	한국컴퓨터	175
(외국인)	1.3	엘앤에프	16.4	케이맥	71

매출구성		비용구성		수출비중	
[(주)새로닉스]Plastic Injection Molding 등	62.6	매출원가율	89.3	수출	—
[(주)산코코리아]Photovoltaic Ribbon	12.9	판관비율	10.6	내수	—
[(주)새로닉스]디바이스	11.2				

회사 개요

동사의 사업은 전자부품부문과 태양전지부품부문으로 구분됨. LCD 백라이트 유닛(BLU)에 사용되는 광학시트 및 TV용 디바이스를 주로 생산, 판매하고 있음. 최근 LCD업계는 CCFL 방식의 광원을 쓰는 방식에서 LED광원을 쓰는 방식으로 빠르게 전환이 되고 있으며, 다기능 모니터와 노트북, TV제품 등 대형화가 빠르게 진행되고 있음. 매출 대부분이 LCD 패널과 LCD TV 업체와 관련 있으므로 고객과 지속적 관계구축이 중요함.

실적 분석

동사의 2017년 연결 기준 연간 누적 매출액은 전년 동기 대비 7.1% 증가한 1,262.2억원을 기록함. 매출은 증가했지만 매출 증가율 대비 매출원가 증가율이 더 높아 영업이익은 전년 동기 대비 96.5% 감소한 1.6억원을 기록하는데 그침. 비영업손익 부문에서도 흑자 규모가 대폭 감소하면서 당기순이익은 전년 동기 대비 무려 89.1% 감소한 12.8억원을 시현함.

현금 흐름 <단위 : 억원>

항목	2016	2017
영업활동	62	-31
투자활동	-99	-73
재무활동	-54	39
순현금흐름	-86	-78
기말현금	203	125

시장 대비 수익률

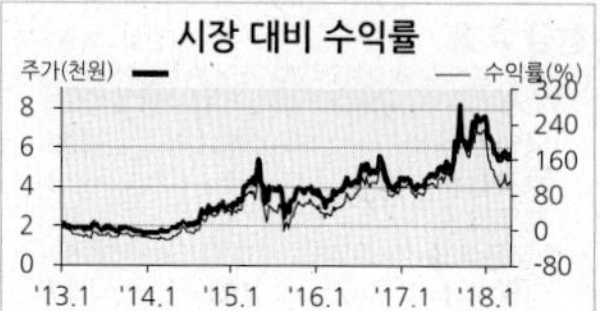

결산 실적 <단위 : 억원>

항목	2012	2013	2014	2015	2016	2017
매출액	1,231	1,172	1,348	1,306	1,179	1,262
영업이익	34	42	106	93	45	2
당기순이익	-6	-9	91	63	117	13

분기 실적 <단위 : 억원>

항목	2016.3Q	2016.4Q	2017.1Q	2017.2Q	2017.3Q	2017.4Q
매출액	328	302	269	270	365	359
영업이익	19	15	-2	-11	4	11
당기순이익	15	23	-5	-4	11	10

재무 상태 <단위 : 억원>

항목	2012	2013	2014	2015	2016	2017
총자산	847	839	899	994	1,120	1,166
유형자산	406	385	360	327	300	306
무형자산	7	6	6	6	7	4
유가증권	12	8	8	7	13	1
총부채	376	360	324	344	351	451
총차입금	234	204	160	191	142	223
자본금	62	62	62	62	62	62
총자본	471	479	575	650	769	716
지배주주지분	445	440	529	589	699	705

기업가치 지표

항목	2012	2013	2014	2015	2016	2017
주가(최고/저)(천원)	4.2/1.7	2.4/1.6	3.3/1.6	5.5/2.4	5.8/3.0	8.5/3.8
PER(최고/저)(배)	—/—	—/—	5.2/2.6	12.6/5.4	6.7/3.4	36.2/16.3
PBR(최고/저)(배)	1.2/0.5	0.7/0.5	0.8/0.4	1.2/0.5	1.0/0.5	1.5/0.7
EV/EBITDA(배)	4.6	3.4	2.7	3.0	6.0	22.6
EPS(원)	-38	-102	661	445	882	237
BPS(원)	3,705	3,569	4,283	4,770	5,659	5,700
CFPS(원)	326	267	1,006	834	1,265	590
DPS(원)	—	—	40	40	40	40
EBITDAPS(원)	637	706	1,199	1,135	744	366

재무 비율 <단위 : %>

연도	영업이익률	순이익률	부채비율	차입금비율	ROA	ROE	유보율	자기자본비율	EBITDA마진율
2017	0.1	1.0	63.0	31.2	1.1	4.2	1,040.0	61.4	3.6
2016	3.8	9.9	45.7	18.5	11.1	17.0	1,031.7	68.6	7.8
2015	7.1	4.8	52.9	29.4	6.6	9.9	854.0	65.4	10.8
2014	7.9	6.7	56.4	27.9	10.5	17.0	756.6	63.9	11.1

새론오토모티브 (A075180)

Saeron Automotive

업종 : 자동차부품 | 시장 : 거래소
신용등급 : (Bond) — (CP) — | 기업규모 : 시가총액 소형주
홈페이지 : www.saeronauto.co.kr | 연락처 : 041)560-4114
본사 : 충남 천안시 동남구 병천면 가전5길 133

설립일	1999.03.31	**종업원수**	374명	**대표이사**	서인석,이시이야스지
상장일	2005.10.21	**감사의견**	적정(삼일)	**계열**	
결산기	12월	**보통주**		**종속회사수**	1개사
액면가	500원	**우선주**		**구상호**	

주주구성 (지분율,%)		출자관계 (지분율,%)		주요경쟁사 (외형,%)	
Nisshinbo Industries, INC.	65.0			새론오토모티브	100
새론오토모티브우리사주조합	6.0			우리산업홀딩스	181
(외국인)	69.6			디아이씨	345

매출구성		비용구성		수출비중	
Brake Pad	91.5	매출원가율	82.9	수출	1.2
Brake Lining	4.9	판관비율	8.0	내수	98.8
Rotor Facing	2.7				

회사 개요

동사는 자동차용 브레이크 패드, 라이닝을 주력으로 생산하는 국내 OE시장 1위의 마찰재 업체로서 만도, 현대모비스 등 브레이크시스템 업체를 통해 현대, 기아 등의 국내외 완성차 업체에 납품하고 있으며, 상대적으로 수익성이 우수한 OE시장에 주력하고 있음. 주요 경쟁사로는 KB오토시스, 상신브레이크가 있고, 특히 중국법인은 중국내의 1, 2, 3위 완성차업체에 마찰재를 납품하고 있음.

실적 분석

동사의 2017년 결산 연결기준 매출액은 전년대비 7.1% 감소한 1,834.6억원을 기록함. 매출액 감소는 주로 완성차 물량 감소 등 전방산업 부진에 기인함. 외형 축소와 더불어 주요 원재료 가격 인상에 따른 원가율 악화로 영업이익 166.9억원, 당기순이익 132.7억원을 보이며 전년대비 수익성이 큰폭으로 하락함. 당기 품목별 매출비중은 브레이크패드 92.9%, 브레이크라이닝 4.3%, 로터페이싱 2.3% 및 기타 등으로 구성됨.

현금 흐름 <단위 : 억원>

항목	2016	2017
영업활동	387	87
투자활동	-223	88
재무활동	-38	-36
순현금흐름	120	119
기말현금	358	477

시장 대비 수익률

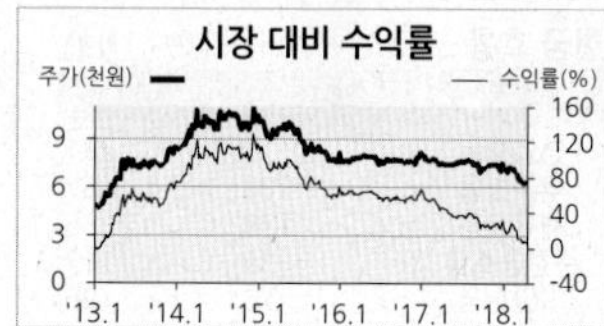

결산 실적 <단위 : 억원>

항목	2012	2013	2014	2015	2016	2017
매출액	1,763	1,928	1,991	2,027	1,975	1,835
영업이익	188	312	324	297	280	167
당기순이익	112	212	238	248	226	133

분기 실적 <단위 : 억원>

항목	2016.3Q	2016.4Q	2017.1Q	2017.2Q	2017.3Q	2017.4Q
매출액	455	536	459	440	459	476
영업이익	58	76	39	42	29	57
당기순이익	41	68	28	43	24	38

재무 상태 <단위 : 억원>

항목	2012	2013	2014	2015	2016	2017
총자산	1,807	2,028	2,194	2,460	2,637	2,666
유형자산	645	642	686	714	690	698
무형자산	32	41	32	31	27	47
유가증권	33	10	48	48	49	49
총부채	444	465	428	482	496	470
총차입금	69	36	1	1	1	1
자본금	96	96	96	96	96	96
총자본	1,363	1,563	1,766	1,978	2,141	2,196
지배주주지분	1,363	1,563	1,766	1,978	2,141	2,196

기업가치 지표

항목	2012	2013	2014	2015	2016	2017
주가(최고/저)(천원)	5.1/3.6	8.5/4.7	11.0/8.2	10.4/7.5	8.2/7.4	8.1/6.9
PER(최고/저)(배)	10.1/7.0	8.6/4.7	9.6/7.2	8.6/6.2	7.2/6.6	12.0/10.2
PBR(최고/저)(배)	0.8/0.6	1.2/0.6	1.3/1.0	1.1/0.8	0.8/0.7	0.7/0.6
EV/EBITDA(배)	3.1	3.2	3.6	2.2	1.7	2.0
EPS(원)	586	1,105	1,241	1,291	1,175	691
BPS(원)	7,184	8,138	9,198	10,301	11,153	11,439
CFPS(원)	1,066	1,619	1,781	1,841	1,734	1,284
DPS(원)	180	200	200	200	190	150
EBITDAPS(원)	1,458	2,140	2,230	2,100	2,019	1,463

재무 비율 <단위 : %>

연도	영업이익률	순이익률	부채비율	차입금비율	ROA	ROE	유보율	자기자본비율	EBITDA마진율
2017	9.1	7.2	21.4	0.1	5.0	6.1	2,187.8	82.4	15.3
2016	14.2	11.4	23.2	0.1	8.9	11.0	2,130.6	81.2	19.6
2015	14.7	12.2	24.4	0.1	10.7	13.2	1,960.2	80.4	19.9
2014	16.3	12.0	24.2	0.1	11.3	14.3	1,739.7	80.5	21.5

샘코 (A263540)
SACHEON AEROSPACE MANUFACTURING IND CO

업종 : 기계 | 시장 : KOSDAQ
신용등급 : (Bond) — (CP) — | 기업규모 : 기술성
홈페이지 : www.samcokorea.com | 연락처 : 055)850-7700
본사 : 경남 사천시 사남면 해안산업로 381

설립일	2002.01.08	**종업원수**	195명	**대표이사**	이창우
상장일	2017.09.15	**감사의견**	적정(삼일)	**계열**	
결산기	12월	**보통주**		**종속회사수**	
액면가	500원	**우선주**		**구상호**	

주주구성 (지분율,%)		출자관계 (지분율,%)		주요경쟁사 (외형,%)	
이창우	25.2	한국표면처리	7.8	샘코	100
안병혁	15.1			아스트	323
(외국인)	5.8			와이지-원	1,285

매출구성		비용구성		수출비중	
도어시스템 외	88.7	매출원가율	78.2	수출	87.8
항공기부품 외	10.6	판관비율	11.2	내수	12.2
기타	0.6				

회사 개요

동사는 고도의 기술력과 안정성이 요구되는 항공기 도어시스템, 구동구조물 등 항공기부품 개발/생산 전문 기업임. 특히 동사의 주력 제품인 도어시스템은 전세계 5개사(국내 유일)만 제작가능한 높은 기술력이 필요한 분야로 알려져 있으며, 도어시스템의 핵심장치인 비상동력장치(EPAS)를 세계 두 번째로 양산에 성공한 기술력을 보유하여 기술성평가 특례로 코스닥시장에 상장함.

실적 분석

동사의 2017년 결산 연결기준 매출액은 300.9억원을 기록함. 전년도 매출액인 288.1억원에 비해 4.4% 증가한 금액임. 매출원가가 2% 늘고 판매비와 관리비가 1.9% 증가했음에도 매출 증가폭이 이를 상회해 전년도 24.4억원이었던 영업이익은 30.8% 증가한 31.9억원을 기록함. 그러나 비영업부문 손실폭이 커져 당기순이익은 전년도 20.4억원에서 63.4% 감소한 7.5억원을 시현하는데 그침.

현금 흐름 *IFRS 별도 기준 〈단위 : 억원〉

항목	2016	2017
영업활동	-7	-66
투자활동	-23	-132
재무활동	15	229
순현금흐름	-15	31
기말현금	4	35

시장 대비 수익률

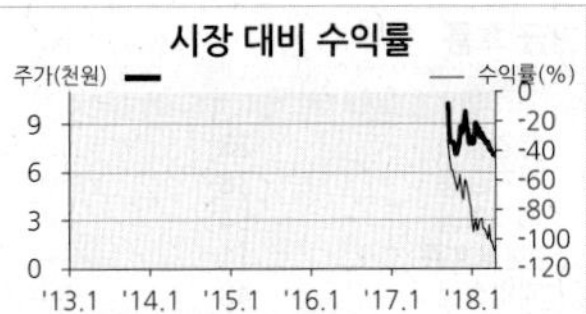

결산 실적 〈단위 : 억원〉

항목	2012	2013	2014	2015	2016	2017
매출액	144	217	313	275	288	301
영업이익	14	17	17	17	24	32
당기순이익	10	7	10	14	20	7

분기 실적 *IFRS 별도 기준 〈단위 : 억원〉

항목	2016.3Q	2016.4Q	2017.1Q	2017.2Q	2017.3Q	2017.4Q
매출액	56	—	—	71	66	—
영업이익	5	—	—	4	2	—
당기순이익	2	—	—	5	2	—

재무 상태 *IFRS 별도 기준 〈단위 : 억원〉

항목	2012	2013	2014	2015	2016	2017
총자산	187	282	269	314	364	615
유형자산	79	125	133	172	175	273
무형자산	3	2	2	3	4	4
유가증권	0	0	1	5	5	5
총부채	153	235	204	165	163	197
총차입금	111	185	162	134	107	140
자본금	11	15	16	26	28	40
총자본	34	47	64	149	201	417
지배주주지분	34	47	64	149	201	417

기업가치 지표 *IFRS 별도 기준

항목	2012	2013	2014	2015	2016	2017
주가(최고/저)(천원)	#VALUE!	—/—	—/—	—/—	—/—	—/—
PER(최고/저)(배)	0.0/0.0	0.0/0.0	0.0/0.0	0.0/0.0	0.0/0.0	93.1/64.3
PBR(최고/저)(배)	0.0/0.0	0.0/0.0	0.0/0.0	0.0/0.0	0.0/0.0	2.0/1.4
EV/EBITDA(배)	5.0	6.6	5.3	3.4	2.3	14.1
EPS(원)	419	210	257	326	354	110
BPS(원)	15,433	15,644	20,527	27,424	3,466	5,259
CFPS(원)	9,668	6,676	7,652	6,902	671	400
DPS(원)	—	—	—	—	—	—
EBITDAPS(원)	11,918	10,242	10,073	7,585	740	760

재무 비율 〈단위 : %〉

연도	영업이익률	순이익률	부채비율	차입금비율	ROA	ROE	유보율	자기자본비율	EBITDA마진율
2017	10.6	2.5	47.3	33.4	1.5	2.4	951.8	67.9	17.2
2016	8.5	7.1	80.9	53.1	6.0	11.7	613.3	55.3	14.8
2015	6.3	5.2	110.3	89.7	—	—	465.5	47.6	12.2
2014	5.6	3.3	318.7	252.9	3.7	18.4	310.5	23.9	9.7

샘표 (A007540)
SEMPIO

업종 : 식료품 | 시장 : 거래소
신용등급 : (Bond) — (CP) — | 기업규모 : 시가총액 소형주
홈페이지 : www.sempio.com | 연락처 : 02)3393-5500
본사 : 서울시 중구 충무로2 (필동1가 51-9)

설립일	1971.12.09	**종업원수**	2명	**대표이사**	박진선
상장일	1976.06.29	**감사의견**	적정(대성삼경)	**계열**	
결산기	12월	**보통주**		**종속회사수**	2개사
액면가	1,000원	**우선주**		**구상호**	샘표식품

주주구성 (지분율,%)		출자관계 (지분율,%)		주요경쟁사 (외형,%)	
박진선	34.1	샘표아이에스피	100.0	샘표	100
박용학	4.8	조치원식품	96.3	동서	203
(외국인)	3.3	양포식품	87.5	롯데푸드	662

매출구성		비용구성		수출비중	
장류, 장류외	86.0	매출원가율	53.2	수출	—
판촉용역	6.4	판관비율	40.3	내수	—
통조림	5.9				

회사 개요

2016년 7월 식품사업 부분을 분할 신설하고, 동사에는 투자사업 부문만 남아 지주회사로 전환함. 계열사로는 샘표식품, 조치원식품, 양포식품, 샘표ISP 등 10개사가 있음. 샘표식품은 1946년에 설립된 식품회사로 간장을 비롯 된장과 고추장 같은 전통 장류제품부터 소금, 식초, 물엿 등의 조미식품과 국수, 차, 통조림(깻잎 등) 등 가공식품, 프리미엄 서구식 식품 폰타나, 웰빙스낵 질러, 건강발효흑초 백년동안 등 다양한 제품을 생산했음.

실적 분석

식품사업 부문과 지주회사 부문으로 분할한 다음 사업부문은 샘표식품으로 재상장하고, 투자부문은 샘표로 변경 상장함. 창업주인 박승복 회장의 별세에 따라 샘표와 샘표식품 모두 2세인 박진선 사장이 대표를 맡음. 인적분할과 지주사 전환 과정에서 연결대상 종속회사의 변동이 생기면서 전년동기와의 실적 비교가 힘들어졌으나, 대체로 외형과 수익성 모두 좋아진 것으로 판단됨. 전년동기에 중단영업이익이 포함된 순이익의 경우 큰 폭의 흑자로 전환됨.

현금 흐름 〈단위 : 억원〉

항목	2016	2017
영업활동	51	328
투자활동	-120	-436
재무활동	7	116
순현금흐름	-140	92
기말현금	49	141

시장 대비 수익률

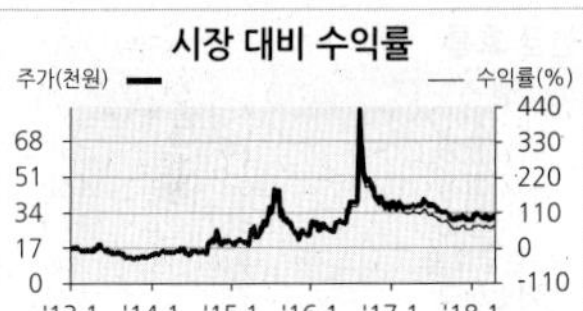

결산 실적 〈단위 : 억원〉

항목	2012	2013	2014	2015	2016	2017
매출액	2,394	2,498	2,502	4	203	2,748
영업이익	113	81	92	-7	14	180
당기순이익	84	73	70	140	16	128

분기 실적 〈단위 : 억원〉

항목	2016.3Q	2016.4Q	2017.1Q	2017.2Q	2017.3Q	2017.4Q
매출액	80	64	674	669	757	648
영업이익	9	5	58	24	102	-4
당기순이익	-27	33	48	64	54	-38

재무 상태 〈단위 : 억원〉

항목	2012	2013	2014	2015	2016	2017
총자산	2,341	2,438	2,352	2,573	1,186	3,116
유형자산	1,030	1,096	1,086	1,074	141	1,236
무형자산	4	6	5	11	2	407
유가증권	206	239	176	234	195	291
총부채	970	1,008	873	992	102	948
총차입금	489	542	351	580	18	380
자본금	44	44	44	44	22	29
총자본	1,371	1,430	1,479	1,581	1,084	2,168
지배주주지분	1,371	1,430	1,479	1,581	1,070	1,415

기업가치 지표

항목	2012	2013	2014	2015	2016	2017
주가(최고/저)(천원)	16.9/9.9	19.4/11.6	25.3/13.6	45.9/18.8	83.2/24.7	40.8/30.0
PER(최고/저)(배)	9.4/5.5	12.2/7.3	16.5/8.9	14.9/6.1	217.5/64.7	14.7/10.8
PBR(최고/저)(배)	0.5/0.3	0.5/0.3	0.6/0.3	1.1/0.5	1.5/0.4	0.8/0.6
EV/EBITDA(배)	8.1	7.2	8.6	22.8	9.6	4.9
EPS(원)	1,900	1,648	1,577	3,143	387	2,789
BPS(원)	38,357	39,691	40,803	43,089	57,091	54,879
CFPS(원)	3,691	3,743	3,648	5,274	1,707	7,557
DPS(원)	300	300	300	300	200	200
EBITDAPS(원)	4,339	3,920	4,134	1,977	1,743	11,103

재무 비율 〈단위 : %〉

연도	영업이익률	순이익률	부채비율	차입금비율	ROA	ROE	유보율	자기자본비율	EBITDA마진율
2017	6.5	4.7	43.7	17.6	6.0	6.4	5,387.9	69.6	11.5
2016	6.9	8.0	9.4	1.7	0.9	1.0	5,609.2	91.4	28.4
2015	-191.6	3,923.3	62.8	36.7	5.7	9.1	4,208.9	61.4	2,467.8
2014	3.7	2.8	59.0	23.7	2.9	4.8	3,980.3	62.9	7.3

샘표식품 (A248170)
SEMPIO FOODS

업　　종 : 식료품
신용등급 : (Bond) —　(CP) —
홈페이지 : www.sempio.com
본　　사 : 서울시 중구 충무로 2
시　　장 : 거래소
기업규모 : 시가총액 소형주
연 락 처 : 02)3393-5500

설 립 일	2016.07.04	종업원수	710명	대표이사	박진선
상 장 일	2016.08.09	감사의견	적정(대성삼경)	계　열	
결 산 기	12월	보 통 주		종속회사수	2개사
액 면 가	500원	우 선 주		구　상　호	

주주구성 (지분율,%)		출자관계 (지분율,%)		주요경쟁사 (외형,%)	
샘표	49.4	SFS	100.0	샘표식품	100
이정윤	9.8	선부(상해)상무	100.0	동서	204
(외국인)	1.7			롯데푸드	662

매출구성		비용구성		수출비중	
장류	57.7	매출원가율	53.5	수출	10.6
장류 외	42.3	판관비율	39.1	내수	89.4

회사 개요

1946년에 설립된 식품회사로 간장을 비롯 된 장과 고추장 같은 전통 장류제품부터 가공식품, 프리미엄 서구식 식품 폰타나, 웰빙스낵 질러, 건강발효흑초 백년동안 등 다양한 제품를 생산했음. 2016년 8월 식품사업 부분을 분할 신설하고, 식품사업 부문과 지주회사 부문으로 분할한 다음 사업부문은 샘표식품으로 재상장하고, 투자부문은 샘표로 변경 상장함. 샘표식품은 오너 3세인 박진선 사장이 이끌고 있음.

실적 분석

동사의 2017년 연결 기준 연간 매출액은 2,746.7억원으로 전년 동기 대비 103.4% 증가함. 매출이 증가했지만 매출 증가율이 매출원가 증가율보다 높아 영업이익은 전년 동기 대비 235.2% 증가한 202.6억원을 기록함. 비영업 부문에서 외환손실이 발생했고 법인세 비용이 늘었지만 영업이익 증가폭이 커 당기순이익은 전년 동기 대비 99.9% 증가한 115억원을 시현함.

현금 흐름 〈단위 : 억원〉

항목	2016	2017
영업활동	126	335
투자활동	-102	-162
재무활동	-66	-119
순현금흐름	-47	64
기말현금	73	137

시장 대비 수익률

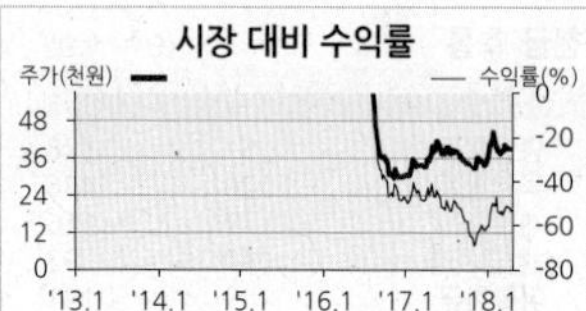

결산 실적 〈단위 : 억원〉

항목	2012	2013	2014	2015	2016	2017
매출액	—	—	—	—	1,351	2,747
영업이익	—	—	—	—	60	203
당기순이익	—	—	—	—	58	115

분기 실적 〈단위 : 억원〉

항목	2016.3Q	2016.4Q	2017.1Q	2017.2Q	2017.3Q	2017.4Q
매출액	701	650	673	669	757	648
영업이익	46	14	60	34	107	2
당기순이익	21	36	30	28	85	-28

재무 상태 〈단위 : 억원〉

항목	2012	2013	2014	2015	2016	2017
총자산	—	—	—	—	1,915	1,960
유형자산	—	—	—	—	1,037	1,027
무형자산	—	—	—	—	13	12
유가증권	—	—	—	—	—	—
총부채	—	—	—	—	878	809
총차입금	—	—	—	—	513	402
자본금	—	—	—	—	23	23
총자본	—	—	—	—	1,037	1,151
지배주주지분	—	—	—	—	1,037	1,151

기업가치 지표

항목	2012	2013	2014	2015	2016	2017
주가(최고/저)(천원)	#VALUE!	—/—	—/—	—/—	—/—	—/—
PER(최고/저)(배)	0.0/0.0	0.0/0.0	0.0/0.0	0.0/0.0	50.2/23.3	16.9/11.9
PBR(최고/저)(배)	0.0/0.0	0.0/0.0	0.0/0.0	0.0/0.0	2.8/1.3	1.7/1.2
EV/EBITDA(배)	0.0	0.0	0.0	0.0	16.6	5.9
EPS(원)	—	—	—	—	1,259	2,517
BPS(원)	—	—	—	—	22,718	25,205
CFPS(원)	—	—	—	—	2,355	4,901
DPS(원)	—	—	—	—	200	200
EBITDAPS(원)	—	—	—	—	2,419	6,818

재무 비율 〈단위 : %〉

연도	영업이익률	순이익률	부채비율	차입금비율	ROA	ROE	유보율	자기자본비율	EBITDA마진율
2017	7.4	4.2	70.3	35.0	5.9	10.5	4,940.9	58.7	11.3
2016	4.5	4.3	84.7	49.5	0.0	0.0	4,443.6	54.1	8.2
2015	0.0	0.0	0.0	0.0	0.0	0.0	0.0	0.0	0.0
2014	0.0	0.0	0.0	0.0	0.0	0.0	0.0	0.0	0.0

서린바이오사이언스 (A038070)
Seoulin Bioscience

업　　종 : 바이오
신용등급 : (Bond) —　(CP) —
홈페이지 : www.seoulin.co.kr
본　　사 : 경기도 성남시 분당구 대왕판교로 700(삼평동), 코리아바이오파크 A동 4층
시　　장 : KOSDAQ
기업규모 : 중견
연 락 처 : 031)628-3000

설 립 일	1993.12.29	종업원수	90명	대표이사	황을문
상 장 일	2005.10.25	감사의견	적정(대명)	계　열	
결 산 기	12월	보 통 주		종속회사수	2개사
액 면 가	500원	우 선 주		구　상　호	

주주구성 (지분율,%)		출자관계 (지분율,%)		주요경쟁사 (외형,%)	
황을문	27.4	에코트리메디칼	90.0	서린바이오	100
비전투자자문	3.6	제노자임	55.1	유바이오로직스	27
(외국인)	3.2	서린메디케어	51.2	팬젠	6

매출구성		비용구성		수출비중	
시약	62.8	매출원가율	70.0	수출	7.0
기기	14.6	판관비율	27.3	내수	93.0
소모품	14.2				

회사 개요

1984년에 설립된 바이오 인프라 기업으로, 바이오시밀러·줄기세포 등 바이오 관련 연구개발 및 생산 관련 기자재와 시약을 제공함. 독일 Sarstedt사 등 해외 50여개 기업과 판매제휴를 통해 바이오 연구개발용품을 수입, 판매하고 있음. 자회사로는 피부미용기기 제조업체인 서린메디케어와 2015년에 인수한 발효화장품 전문회사인 제노자임 등이 있음. 메디컬 에스메틱과 코스메틱 사업의 제조시설 확장을 위해 동탄 첨단산업단지에 글로벌센터를 개소함.

실적 분석

피부미용 의료기기 등 제품 매출이 증가하였으나, 주력인 시약(상품) 판매가 부진하여 2017년 연결 기준 매출액은 전년 대비 5.1% 감소한 426.2억원에 그침. 서린글로벌센터 완공에 따라 일시적으로 제조 및 R&D 비용이 증가하여 영업이익과 당기순이익은 전년의 절반 수준으로 줄어듦. 친환경 바이오장비인 에코트리와 플라즈마 중심의 메디컬 에스테틱 제품의 제조를 위한 생산시설을 구축함. 치매조기진단을 중심으로 하는 분자진단사업을 본격 추진함.

현금 흐름 〈단위 : 억원〉

항목	2016	2017
영업활동	28	13
투자활동	38	-50
재무활동	-54	24
순현금흐름	11	-14
기말현금	48	34

시장 대비 수익률

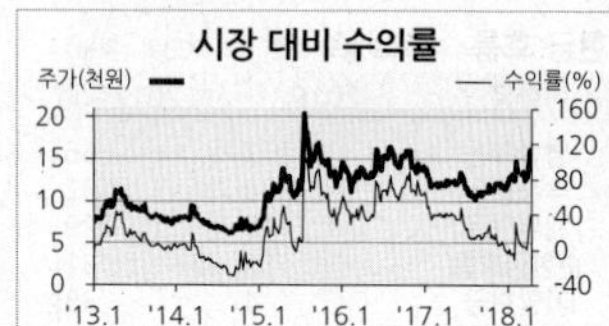

결산 실적 〈단위 : 억원〉

항목	2012	2013	2014	2015	2016	2017
매출액	534	422	377	416	449	426
영업이익	55	43	27	18	22	12
당기순이익	48	42	27	18	42	23

분기 실적 〈단위 : 억원〉

항목	2016.3Q	2016.4Q	2017.1Q	2017.2Q	2017.3Q	2017.4Q
매출액	105	123	115	107	100	105
영업이익	1	13	8	7	2	-5
당기순이익	3	12	9	7	3	3

재무 상태 〈단위 : 억원〉

항목	2012	2013	2014	2015	2016	2017
총자산	566	604	607	661	665	710
유형자산	112	133	132	160	200	272
무형자산	8	13	16	22	37	40
유가증권	158	206	197	4	4	4
총부채	193	188	176	198	168	182
총차입금	65	95	78	83	42	58
자본금	23	25	26	28	30	32
총자본	373	416	431	463	497	528
지배주주지분	373	411	427	453	486	515

기업가치 지표

항목	2012	2013	2014	2015	2016	2017
주가(최고/저)(천원)	8.2/4.0	12.3/7.2	9.4/6.2	20.4/6.9	18.6/11.1	14.2/10.2
PER(최고/저)(배)	11.7/5.7	20.1/11.9	23.8/15.7	75.6/25.3	30.9/18.5	47.1/33.8
PBR(최고/저)(배)	1.5/0.7	2.0/1.2	1.5/1.0	3.1/1.0	2.6/1.6	1.9/1.4
EV/EBITDA(배)	6.5	8.1	9.1	30.5	28.5	32.1
EPS(원)	745	644	413	277	611	304
BPS(원)	8,109	8,222	8,208	7,991	8,150	7,999
CFPS(원)	1,200	961	668	473	812	515
DPS(원)	173	150	159	156	155	131
EBITDAPS(원)	1,361	984	674	461	495	373

재무 비율 〈단위 : %〉

연도	영업이익률	순이익률	부채비율	차입금비율	ROA	ROE	유보율	자기자본비율	EBITDA마진율
2017	2.7	5.3	34.5	10.9	3.3	4.1	1,499.7	74.3	5.6
2016	4.8	9.3	33.8	8.5	6.3	8.7	1,530.0	74.8	6.6
2015	4.2	4.2	42.7	17.9	2.8	4.2	1,498.2	70.1	6.2
2014	7.2	7.1	40.7	18.2	4.4	6.4	1,541.6	71.1	9.3

서부티엔디 (A006730)
Seobu T&D

업 종 : 백화점 | 시 장 : KOSDAQ
신용등급 : (Bond) — (CP) — | 기업규모 : 중견
홈페이지 : www.seobutnd.com | 연 락 처 : 02)2689-0035
본 사 : 서울시 양천구 신정로 167(신정동)

설 립 일	1979.07.12	종업원수	421명	대표이사	승만호
상 장 일	1995.10.06	감사의견	적정(삼일)	계 열	
결 산 기	12월	보 통 주		종속회사수	
액 면 가	500원	우 선 주		구 상 호	

주주구성 (지분율,%)		출자관계 (지분율,%)		주요경쟁사 (외형,%)	
엠와이에이치	21.8	오진교역	48.0	서부T&D	100
승만호	14.8	오진상사	2.8	광주신세계	364
(외국인)	15.3			롯데쇼핑	31,594

매출구성		비용구성		수출비중	
판매수수료수입(기타)	73.8	매출원가율	84.7	수출	—
유류판매수입(상품)	14.5	판관비율	39.7	내수	—
임대관리수입외(기타)	11.1				

회사 개요

1979년 설립된 동사의 사업은 쇼핑몰 운영업, 물류시설 운영업, 관광호텔업, 석유류 판매업, 임대 및 기타사업 5개 부문으로 나뉨. 2017년 10월 서울 용산에 오픈한 서울드래곤시티호텔은 객실 1700개 규모로 국내 최대 규모임. 매출은 쇼핑몰 운영 56.68%, 물류시설운영 11.12%, 고나광호텔업 16.42%, 석유류판매 15.22%, 임대 및 기타사업 0.57%로 구성됨.

실적 분석

호텔사업부문의 신규 매출 발생으로 2017년 연결기준 매출액은 575.4억원으로 전년대비 23.2% 증가함. 호텔사업부문에서의 영업실적이 없는 상태하에서의 초기투입비용(인건비55억원, 지급수수료63억원, 소모품비86억원 등) 인하여 영업손실 140억원이 발생함. 금융부문 손실이 커지며 비영업손실도 적자폭이 커짐. 이에 당기순손실 265.6억원을 기록하며 적자 전환함. 물류사업부문, 쇼핑몰사업부문 등은 전년과 유사한 실적을 나타냄.

현금 흐름 *IFRS 별도 기준 〈단위 : 억원〉

항목	2016	2017
영업활동	156	99
투자활동	-1,554	-2,571
재무활동	1,378	2,776
순현금흐름	-21	304
기말현금	37	341

시장 대비 수익률

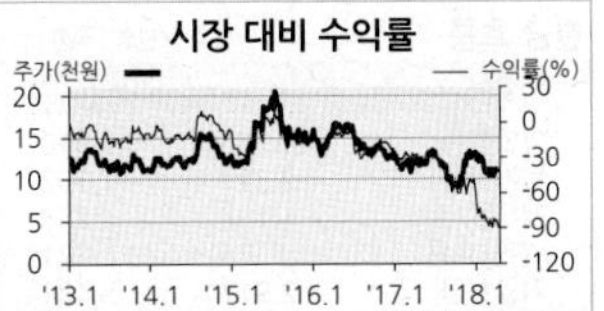

결산 실적 〈단위 : 억원〉

항목	2012	2013	2014	2015	2016	2017
매출액	283	508	546	550	467	575
영업이익	32	96	105	121	110	-140
당기순이익	3	-205	2	-132	28	-266

분기 실적 *IFRS 별도 기준 〈단위 : 억원〉

항목	2016.3Q	2016.4Q	2017.1Q	2017.2Q	2017.3Q	2017.4Q
매출액	116	84	139	135	115	186
영업이익	25	20	38	-3	-10	-165
당기순이익	10	5	15	-23	-24	-234

재무 상태 *IFRS 별도 기준 〈단위 : 억원〉

항목	2012	2013	2014	2015	2016	2017
총자산	8,438	8,164	8,580	8,786	11,099	15,026
유형자산	157	221	430	992	5,795	8,821
무형자산	3	6	5	4	3	20
유가증권	49	48	49	47	24	31
총부채	4,112	4,040	4,454	4,898	6,574	10,190
총차입금	2,130	2,240	2,434	3,300	4,878	7,547
자본금	131	143	157	172	172	236
총자본	4,326	4,125	4,127	3,888	4,525	4,836
지배주주지분	4,326	4,125	4,127	3,888	4,525	4,836

기업가치 지표 *IFRS 별도 기준

항목	2012	2013	2014	2015	2016	2017
주가(최고/저)(천원)	16.3/11.2	14.1/10.5	15.6/10.9	21.1/11.7	16.8/12.2	13.9/8.7
PER(최고/저)(배)	2,419.0/1,665.1	—/—	2,901.8/2,034.7	—/—	266.8/193.6	—/—
PBR(최고/저)(배)	1.6/1.1	1.5/1.1	1.6/1.1	2.3/1.3	1.6/1.1	1.4/0.9
EV/EBITDA(배)	132.6	43.9	48.4	55.6	60.2	—
EPS(원)	7	-464	5	-299	64	-595
BPS(원)	17,402	15,179	13,865	11,959	13,895	10,305
CFPS(원)	130	-465	211	-193	277	-361
DPS(원)	50	50	50	—	100	50
EBITDAPS(원)	240	585	540	545	515	-80

재무 비율 〈단위 : %〉

연도	영업이익률	순이익률	부채비율	차입금비율	ROA	ROE	유보율	자기자본비율	EBITDA마진율
2017	-24.4	-46.2	210.7	156.1	-2.0	-5.7	1,961.0	32.2	-6.2
2016	23.5	6.0	145.3	107.8	0.3	0.7	2,679.1	40.8	37.9
2015	22.1	-24.0	126.0	84.9	-1.5	-3.3	2,291.7	44.3	34.0
2014	19.3	0.5	107.9	59.0	0.0	0.1	2,674.1	48.1	31.0

서산 (A079650)
SeoSanCo

업 종 : 건축소재 | 시 장 : KOSDAQ
신용등급 : (Bond) — (CP) — | 기업규모 : 중견
홈페이지 : www.seo-san.co.kr | 연 락 처 : 062)950-5000
본 사 : 광주시 광산구 하남산단4번로 143 (장덕동)

설 립 일	1974.02.16	종업원수	121명	대표이사	염홍섭
상 장 일	2005.01.21	감사의견	적정(성지)	계 열	
결 산 기	12월	보 통 주		종속회사수	1개사
액 면 가	100원	우 선 주		구 상 호	

주주구성 (지분율,%)		출자관계 (지분율,%)		주요경쟁사 (외형,%)	
염종학	60.0	성암	45.0	서산	100
김수아	5.0	광주방송	6.4	유니온	180
(외국인)	0.6			동원	16

매출구성		비용구성		수출비중	
레미콘, 흄관, 파일, 전주등	100.0	매출원가율	79.3	수출	0.0
		판관비율	13.4	내수	100.0

회사 개요

동사는 시멘트를 주요 원재료로 사용하여 콘크리트 제품 생산(제조)을 하는 회사임. 사업부문은 콘크리트제품 제조 단일사업부문으로 구성되어 있고 주요품목으로는 레미콘, 2차제품(흄관, 고강도파일, 한전주, 통신주)등이 있음. 100% 내수 위주의 매출 구조이며, 2016년 기준 레미콘과 고강도파일의 시장점유율은 각각 5.6%, 7.1%임. 레미콘 시장은 다수의 공급자가 별다른 진입장벽 없이 지역별로 치열한 경쟁을 벌이고 있음.

실적 분석

2017년 누적 매출액과 영업이익은 전년동기대비 각각 10.8%, 66.75% 감소한 1,003.7억원, 73.3억원을 기록함. 매출의 90% 이상을 차지하는 레미콘/파일/전주/흄관 매출액이 줄면서 외형 축소됨. 고무링 외 상품 부문의 매출 또한 감소. 품질제고와 원가 절감을 위해 노력하고 있음. 고강도파일 및 흄관 시장의 경우 파일 매출은 좋을 것으로 예상되지만, 원거리로 인한 물류비용의 상승으로 이익감소가 우려됨.

현금 흐름 〈단위 : 억원〉

항목	2016	2017
영업활동	182	69
투자활동	-93	-408
재무활동	-7	-8
순현금흐름	82	-346
기말현금	451	105

시장 대비 수익률

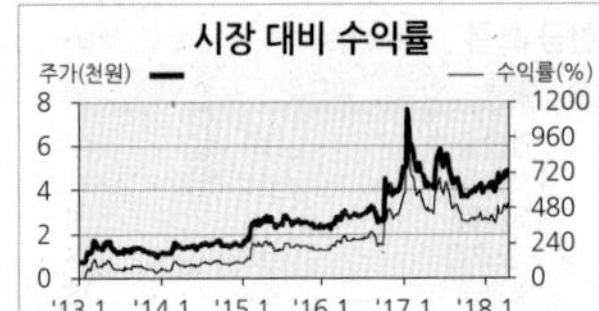

결산 실적 〈단위 : 억원〉

항목	2012	2013	2014	2015	2016	2017
매출액	839	900	996	1,130	1,126	1,004
영업이익	141	130	156	213	220	73
당기순이익	118	102	135	179	169	61

분기 실적 〈단위 : 억원〉

항목	2016.3Q	2016.4Q	2017.1Q	2017.2Q	2017.3Q	2017.4Q
매출액	225	242	260	297	257	191
영업이익	24	42	39	41	14	-20
당기순이익	24	25	33	37	13	-23

재무 상태 〈단위 : 억원〉

항목	2012	2013	2014	2015	2016	2017
총자산	649	730	885	1,104	1,230	1,266
유형자산	222	227	249	273	372	364
무형자산	8	11	11	10	7	7
유가증권	80	103	0	9	23	413
총부채	102	85	106	150	114	97
총차입금	—	—	—	—	—	—
자본금	20	20	20	20	20	20
총자본	547	646	779	954	1,116	1,169
지배주주지분	407	459	529	617	700	734

기업가치 지표

항목	2012	2013	2014	2015	2016	2017
주가(최고/저)(천원)	0.8/0.5	1.8/0.7	1.8/1.1	3.0/1.5	4.8/2.3	8.7/3.5
PER(최고/저)(배)	2.2/1.4	6.8/2.7	5.2/3.1	6.7/3.4	11.0/5.2	45.0/18.1
PBR(최고/저)(배)	0.4/0.3	0.8/0.3	0.7/0.4	1.0/0.5	1.4/0.7	2.4/1.0
EV/EBITDA(배)	1.1	1.9	1.7	1.7	3.4	6.0
EPS(원)	376	275	357	450	439	195
BPS(원)	101,851	114,816	132,144	154,128	175,057	3,671
CFPS(원)	21,681	19,151	24,166	28,921	29,762	382
DPS(원)	750	500	500	1,000	25	25
EBITDAPS(원)	38,001	37,929	45,367	59,611	62,744	554

재무 비율 〈단위 : %〉

연도	영업이익률	순이익률	부채비율	차입금비율	ROA	ROE	유보율	자기자본비율	EBITDA마진율
2017	7.3	6.1	8.3	0.0	4.9	5.4	3,570.8	92.3	11.0
2016	19.5	15.0	10.2	0.0	14.5	13.3	3,401.2	90.8	22.3
2015	18.8	15.8	15.7	0.0	18.0	15.7	2,982.6	86.4	21.1
2014	15.7	13.6	13.7	0.0	16.7	14.4	2,542.9	88.0	18.2

서암기계공업 (A100660)
SEOAM MACHINERY INDUSTRY

업　　종 : 기계　　시　　장 : KOSDAQ
신용등급 : (Bond) —　(CP) —　　기업규모 : 중견
홈페이지 : www.smiltd.co.kr　　연 락 처 : 062)960-5000
본　　사 : 광주시 광산구 하남산단 8번로 127-15(안청동)

설 립 일	1978.02.15	**종업원수**	134명	**대 표 이 사**	권영호,권영열
상 장 일	2011.12.19	**감사의견**	적정(승일)	**계　　열**	
결 산 기	12월	**보 통 주**		**종속회사수**	
액 면 가	500원	**우 선 주**		**구　상　호**	

주주구성 (지분율,%)		출자관계 (지분율,%)		주요경쟁사 (외형,%)	
화천기공	32.2	화천기계	0.7	서암기계공업	100
권영열	14.2			디케이락	131
(외국인)	1.9			에이치케이	140

매출구성		비용구성		수출비중	
기어	46.0	매출원가율	84.3	수출	20.5
척&실린더	40.9	판관비율	10.1	내수	79.5
커빅 커플링	10.9				

회사 개요
동사는 1978년 설립된 공작기계 전문 회사로서 기어, 척, 실린더, 커빅커플링 등 공작기계에 사용되는 부품을 주로 생산함. 화천기계, 화천기공 등과 함께 화천기계그룹에 속함. 2004년이후 선박용엔진 기어, 풍력발전용 기어, 터보컴프레셔 기어 등으로 비공작기계 부품군을 확대중이며, 터보컴프레셔 분야는 독점적 지위 유지. 화천기공, 화천기계 뿐만 아니라 두산인프라코아, 현대위아, 삼성테크윈 등 국내 주요 공작기계 업체를 모두 고객사로 확보함.

실적 분석
동사의 2017년 결산 매출액은 전년동기 대비 28.5% 증가한 408.5억원을 기록하며 양호한 모습을 보임. 원가율 하락 및 판관비 비중 감소 영향으로 영업이익은 전년동기 대비 큰 폭으로 증가한 23.2억원 시현. 주문생산에 의존하는 수주형 산업으로 경기 의존적이나 제품의 기계적 기능적 향상에 따라 수입에 의존하던 품목의 국산화 지속 시도중임. 전량 수입품에 의존하던 철도차량 동력 전달장치용 기어 국산화 완료되어 향후 매출증대 기대됨.

현금 흐름 *IFRS 별도 기준 〈단위 : 억원〉

항목	2016	2017
영업활동	36	42
투자활동	-11	-11
재무활동	-6	-6
순현금흐름	18	23
기말현금	52	75

시장 대비 수익률
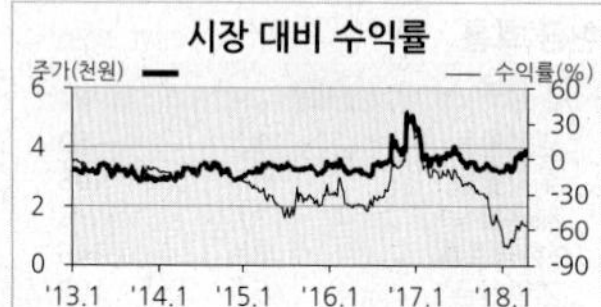

결산 실적 〈단위 : 억원〉

항목	2012	2013	2014	2015	2016	2017
매출액	409	319	326	344	318	408
영업이익	64	21	10	7	0	23
당기순이익	55	25	17	14	9	23

분기 실적 *IFRS 별도 기준 〈단위 : 억원〉

항목	2016.3Q	2016.4Q	2017.1Q	2017.2Q	2017.3Q	2017.4Q
매출액	75	80	93	102	107	107
영업이익	-0	-4	4	9	6	5
당기순이익	1	0	5	10	7	1

재무 상태 *IFRS 별도 기준 〈단위 : 억원〉

항목	2012	2013	2014	2015	2016	2017
총자산	609	613	636	630	642	686
유형자산	185	169	163	167	159	158
무형자산	3	3	3	3	3	3
유가증권	3	4	4	4	3	3
총부채	84	72	87	77	86	114
총차입금	10	—	—	—	—	—
자본금	63	63	63	63	63	63
총자본	525	541	549	553	555	572
지배주주지분	525	541	549	553	555	572

기업가치 지표 *IFRS 별도 기준

항목	2012	2013	2014	2015	2016	2017
주가(최고/저)(천원)	3.7/2.7	3.5/2.8	3.5/2.9	3.6/2.9	5.9/3.0	5.2/3.1
PER(최고/저)(배)	9.5/7.1	19.1/15.4	28.5/23.2	33.4/27.6	81.3/41.6	28.7/17.0
PBR(최고/저)(배)	1.0/0.7	0.9/0.7	0.9/0.7	0.8/0.7	1.4/0.7	1.2/0.7
EV/EBITDA(배)	1.7	1.5	1.3	3.8	11.3	1.1
EPS(원)	434	200	131	111	74	182
BPS(원)	4,169	4,296	4,356	4,388	4,408	4,540
CFPS(원)	594	371	306	288	243	351
DPS(원)	75	75	75	50	50	50
EBITDAPS(원)	666	336	252	231	172	353

재무 비율 〈단위 : %〉

연도	영업 이익률	순 이익률	부채 비율	차입금 비율	ROA	ROE	유보율	자기자본 비율	EBITDA 마진율
2017	5.7	5.6	19.9	0.0	3.5	4.1	808.1	83.4	10.9
2016	0.1	2.9	15.5	0.0	1.5	1.7	781.6	86.6	6.8
2015	2.0	4.1	14.0	0.0	2.2	2.5	777.6	87.7	8.5
2014	3.0	5.1	15.9	0.0	2.6	3.0	771.2	86.3	9.8

서연 (A007860)
SEOYON

업　　종 : 자동차부품　　시　　장 : 거래소
신용등급 : (Bond) —　(CP) —　　기업규모 : 시가총액 소형주
홈페이지 : www.seo-yon.com　　연 락 처 : 031)420-3000
본　　사 : 경기도 안양시 동안구 부림로170번길 41-22

설 립 일	1972.04.21	**종업원수**	18명	**대 표 이 사**	유양석
상 장 일	1989.09.09	**감사의견**	적정(삼정)	**계　　열**	
결 산 기	12월	**보 통 주**		**종속회사수**	40개사
액 면 가	500원	**우 선 주**		**구　상　호**	한일이화

주주구성 (지분율,%)		출자관계 (지분율,%)		주요경쟁사 (외형,%)	
유양석	44.4	서연씨엔에프	100.0	서연	100
신영자산운용	8.6	서연인테크	84.0	평화정공	36
(외국인)	4.7	서연이화	48.7	DRB동일	19

매출구성		비용구성		수출비중	
한 국(자동차부품)	37.1	매출원가율	92.7	수출	—
중 국(자동차부품)	30.1	판관비율	8.2	내수	—
북 미(자동차부품)	13.6				

회사 개요
2014년 7월 1일(분할기일)을 기준으로 자회사의 주식을 소유, 지주사업을 영위하고 있음. 현재 자회사로부터 경영자문료, 배당금 등으로 수익을 창출하고 있으며, 2015년 정관상의 사업목적을 추가하여 자체사업을 다각화하기 위한 노력 중임. 주요 자회사인 서연이화(분할신설회사)는 자동차 부품 제조업을 영위하고 있음. 그 외 서연전자, 서연탑메탈 등 8개의 지주회사를 보유 중임.

실적 분석
동사의 2017년 연결기준 연간 매출액은 2조 9,132.4억원으로 전년 대비 8.6% 감소함. 중국 등 해외시장 판매 감소로 인해 매출이 감소했으나 고정비는 오히려 증가함. 이로 인해 순손실은 221.7억원을 기록, 전년동기 대비 적자전환함. 주요 자회사인 서연이화는 세계 자동차시장 성장률 둔화 등으로 수출 감소 예상, 국내 소비심리 위축 등으로 전년도 수준의 내수를 예상하고 있음.

현금 흐름 〈단위 : 억원〉

항목	2016	2017
영업활동	1,266	1,910
투자활동	-2,327	-1,352
재무활동	1,188	253
순현금흐름	76	521
기말현금	2,917	3,481

시장 대비 수익률
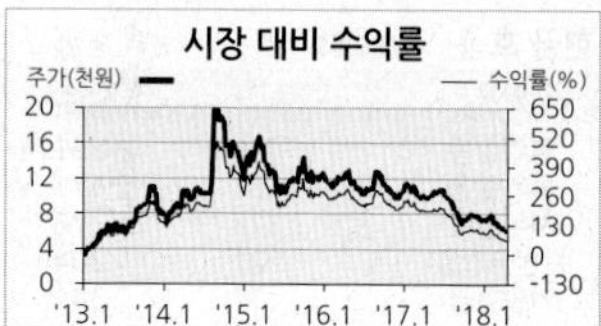

결산 실적 〈단위 : 억원〉

항목	2012	2013	2014	2015	2016	2017
매출액	21,677	27,151	19,702	30,658	31,883	29,132
영업이익	951	2,048	1,337	1,372	1,268	-258
당기순이익	579	1,003	2,563	942	1,324	-222

분기 실적 〈단위 : 억원〉

항목	2016.3Q	2016.4Q	2017.1Q	2017.2Q	2017.3Q	2017.4Q
매출액	7,110	8,908	7,999	7,156	7,351	6,626
영업이익	115	236	355	18	-223	-406
당기순이익	-88	612	144	-178	766	-954

재무 상태 〈단위 : 억원〉

항목	2012	2013	2014	2015	2016	2017
총자산	14,431	19,096	22,666	25,955	29,335	27,677
유형자산	5,197	6,991	8,242	10,407	11,375	11,127
무형자산	405	646	969	967	1,322	861
유가증권	638	41	46	373	476	403
총부채	9,112	12,363	13,807	16,147	18,615	17,677
총차입금	3,744	4,633	5,382	7,868	9,969	9,457
자본금	197	197	112	112	117	117
총자본	5,319	6,733	8,859	9,808	10,720	10,000
지배주주지분	4,141	5,416	4,296	4,724	5,445	5,070

기업가치 지표

항목	2012	2013	2014	2015	2016	2017
주가(최고/저)(천원)	5.3/3.0	11.0/3.2	20.9/7.1	17.7/10.2	12.9/9.5	11.8/6.8
PER(최고/저)(배)	4.8/2.7	6.2/1.8	2.7/0.9	10.2/5.9	3.9/2.9	—/—
PBR(최고/저)(배)	0.5/0.3	0.8/0.2	1.1/0.4	0.9/0.5	0.6/0.4	0.6/0.3
EV/EBITDA(배)	3.7	3.1	4.1	4.8	5.3	10.6
EPS(원)	1,190	1,897	8,153	1,805	3,394	-623
BPS(원)	10,812	14,048	19,278	21,183	23,370	21,773
CFPS(원)	3,008	4,436	10,633	6,985	9,455	5,220
DPS(원)	150	150	150	150	150	100
EBITDAPS(원)	4,230	7,733	7,578	11,284	11,689	4,746

재무 비율 〈단위 : %〉

연도	영업 이익률	순 이익률	부채 비율	차입금 비율	ROA	ROE	유보율	자기자본 비율	EBITDA 마진율
2017	-0.9	-0.8	176.8	94.6	-0.8	-2.8	4,254.5	36.1	3.8
2016	4.0	4.2	173.6	93.0	4.8	15.0	4,574.0	36.5	8.3
2015	4.5	3.1	164.6	80.2	3.9	9.0	4,136.0	37.8	8.3
2014	6.8	13.0	155.8	60.8	12.3	44.0	3,755.6	39.1	10.1

서연이화 (A200880)

SEOYON E-HWA COLTD

업　　종 : 자동차부품　　　　　　　　　시　　장 : 거래소
신용등급 : (Bond) —　　(CP) —　　　　기업규모 : 시가총액 소형주
홈페이지 : www.seoyoneh.com　　　　　연 락 처 : 02)3484-4100
본　　사 : 서울시 강남구 테헤란로 208, 11층(역삼동, 안제타워)

설 립 일	2014.07.01	**종 업 원 수**	1,023명	**대 표 이 사**	김근식
상 장 일	2014.08.08	**감 사 의 견**	적정(삼일)	**계 열**	
결 산 기	12월	**보 통 주**		**종속회사수**	19개사
액 면 가	500원	**우 선 주**		**구 상 호**	한일이화

주주구성 (지분율,%)		출자관계 (지분율,%)		주요경쟁사 (외형,%)	
서연	48.7	서연오토비전	100.0	서연이화	100
유양석	5.5	서연인더스트리	100.0	한라홀딩스	46
(외국인)	19.5	SEOYONE-HWAAUTOMOTIVEINDIAPRIVATE	100.0	세방전지	55

매출구성		비용구성		수출비중	
중국(자동차부품)	32.0	매출원가율	93.4	수출	65.6
한국(자동차부품)	30.0	판관비율	7.3	내수	34.4
북미(자동차부품)	15.3				

회사 개요

한일이화는 인적분할 방식을 통해 지주회사 격인 존속법인 서연(대동, 한일C&F, 탑금속 등)과 신설법인인 사업회사 한일이화(도어, 시트사업부)로 분할 상장되었음. 자동차용 내장제품 및 상용차 시트 전문생산. 현대/기아차의 부품 협력업체로 생산품의 대부분을 현대/기아차에 공급하고 있음. 주요 생산품은 자동차용 도어트림, 소형상용차 SEAT가 있음. 현재 생산품 대부분은 현대 및 기아차에 납품 중임.

실적 분석

동사는 지난해 매출액 2조74억원, 영업손실 121억원을 각각 기록하였음. 현대자동차 및 기아자동차의 부품 협력업체로서 생산부품의 대부분을 현대자동차 및 기아자동차에 공급하고 있으며 주요 생산품은 자동차 DOOR 내측의 DOOR TRIM, 상용차 SEAT등으로 구분. 자동차부품산업은 완성차업체와 분업적 산업체계로, 부품업체의 제품 기술력 및 가격이 완성차 업체의 경쟁력에 주요한 영향을 미치고 있음.

현금 흐름

<단위 : 억원>

항목	2016	2017
영업활동	1,165	1,409
투자활동	-1,459	-914
재무활동	261	482
순현금흐름	-81	738
기말현금	2,317	3,054

시장 대비 수익률

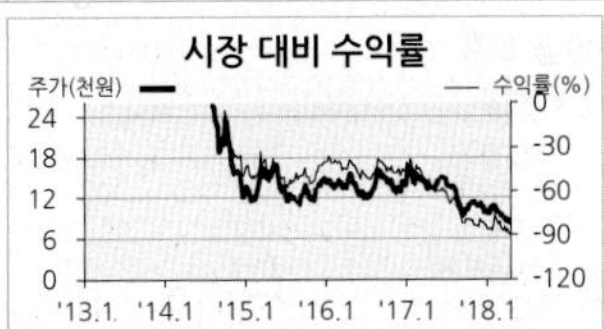

결산 실적

< 단위 : 억원 >

항목	2012	2013	2014	2015	2016	2017
매출액	—	—	11,250	22,894	24,029	20,075
영업이익	—	—	603	1,185	1,078	-122
당기순이익	—	—	535	813	939	304

분기 실적

< 단위 : 억원 >

항목	2016.3Q	2016.4Q	2017.1Q	2017.2Q	2017.3Q	2017.4Q
매출액	5,330	6,733	5,600	4,845	4,919	4,710
영업이익	152	178	307	44	-124	-349
당기순이익	9	248	144	-181	907	-566

재무 상태

< 단위 : 억원 >

항목	2012	2013	2014	2015	2016	2017
총자산	—	—	14,654	17,040	18,018	17,648
유형자산	—	—	4,858	6,175	6,390	6,152
무형자산	—	—	357	371	299	248
유가증권	—	—	12	348	452	379
총부채	—	—	9,427	10,924	11,222	10,922
총차입금	—	—	3,470	4,956	5,259	5,100
자본금	—	—	135	135	135	135
총자본	—	—	5,227	6,115	6,796	6,727
지배주주지분	—	—	5,094	6,010	6,684	6,669

기업가치 지표

항목	2012	2013	2014	2015	2016	2017
주가(최고/저)(천원)	—/—	—/—	25.5/11.9	17.1/10.9	16.2/11.9	16.9/9.2
PER(최고/저)(배)	0.0/0.0	0.0/0.0	14.0/6.5	6.0/3.8	4.9/3.6	13.6/7.4
PBR(최고/저)(배)	0.0/0.0	0.0/0.0	1.4/0.7	0.8/0.5	0.7/0.5	0.7/0.4
EV/EBITDA(배)	0.0	0.0	4.9	3.3	3.3	6.7
EPS(원)	—	—	1,915	2,945	3,382	1,263
BPS(원)	—	—	18,853	22,242	24,734	24,679
CFPS(원)	—	—	3,140	5,342	6,331	4,049
DPS(원)	—	—	150	150	150	150
EBITDAPS(원)	—	—	3,455	6,780	6,938	2,335

재무 비율

< 단위 : % >

연도	영업이익률	순이익률	부채비율	차입금비율	ROA	ROE	유보율	자기자본비율	EBITDA마진율
2017	-0.6	1.5	162.4	75.8	1.7	5.1	4,835.7	38.1	3.1
2016	4.5	3.9	165.1	77.4	5.4	14.4	4,846.9	37.7	7.8
2015	5.2	3.6	178.6	81.0	5.1	14.3	4,348.5	35.9	8.0
2014	5.4	4.8	180.4	66.4	0.0	0.0	3,670.6	35.7	8.3

서연전자 (A012860)

SEOYON ELECTRONICS CO

업　　종 : 자동차부품　　　　　　　　　시　　장 : KOSDAQ
신용등급 : (Bond) —　　(CP) —　　　　기업규모 : 우량
홈페이지 : www.seoyonelec.com　　　　연 락 처 : 031)5174-3000
본　　사 : 경기도 수원시 권선구 산업로 156번길 100(고색동)

설 립 일	1978.01.07	**종 업 원 수**	1,310명	**대 표 이 사**	김상기
상 장 일	1994.10.26	**감 사 의 견**	적정(삼일)	**계 열**	
결 산 기	12월	**보 통 주**		**종속회사수**	5개사
액 면 가	500원	**우 선 주**		**구 상 호**	대동

주주구성 (지분율,%)		출자관계 (지분율,%)		주요경쟁사 (외형,%)	
한일이화	50.1	우창정기	100.0	서연전자	100
東海理化電機製作所 (동해이화전기제작소)	4.2	신창코넥타	50.0	동원금속	69
(외국인)	0.7	SeoyonElectronicsPoland	100.0	유라테크	27

매출구성		비용구성		수출비중	
자동차부품 등(제품)	100.0	매출원가율	95.0	수출	37.5
		판관비율	7.0	내수	62.5

회사 개요

동사는 자동차용 스마트 키 시스템, 키 세트, 파워 윈도우 스위치, 다기능 스위치, SRC, 안테나 등 각종 자동차용 전자 부품 및 전장 부품을 생산 공급함. 또한 휴대폰 케이스, 기타 전자제품 케이스 및 자동차용 마그네슘 부품도 생산함. 스위치 매출 비중이 약 60%로 가장 많고 키 세트도 35%로 2위를 차지함. 대부분 매출은 주문자 상표부착(OEM) 등에 의해 이뤄짐. 주요 고객은 현대와 기아차임.

실적 분석

동사의 2017년 매출액은 전년 대비 2.9% 하락한 7,102.4억원을 기록했으나, 동기간 매출원가와 인건비가 각각 1.9%, 3.0% 증가함에 따라 영업이익은 -142.7억원으로 적자전환하였음. 또한 이자비용이 전년 대비 크게 증가한 영향으로 비영업손실 규모는 전년대비 크게 확대되었음. 이에 따라 동사의 2017년 당기순이익은 -435.6억원을 기록함으로써 적자전환하였음.

현금 흐름

<단위 : 억원>

항목	2016	2017
영업활동	112	579
투자활동	-803	-328
재무활동	727	-207
순현금흐름	34	41
기말현금	89	130

시장 대비 수익률

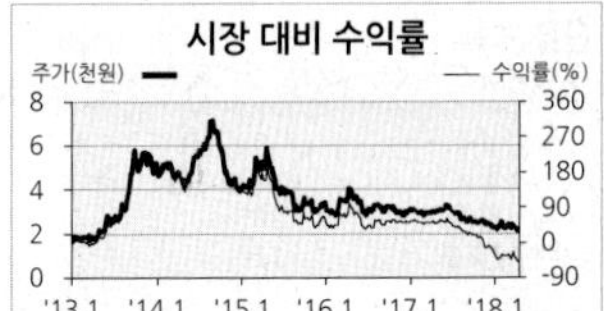

결산 실적

< 단위 : 억원 >

항목	2012	2013	2014	2015	2016	2017
매출액	5,745	6,756	7,050	7,180	7,312	7,102
영업이익	119	322	381	254	162	-143
당기순이익	41	213	325	213	174	-436

분기 실적

< 단위 : 억원 >

항목	2016.3Q	2016.4Q	2017.1Q	2017.2Q	2017.3Q	2017.4Q
매출액	1,618	2,067	1,784	1,694	1,709	1,916
영업이익	34	29	-23	-21	-15	-84
당기순이익	-0	87	-39	-8	-20	-368

재무 상태

< 단위 : 억원 >

항목	2012	2013	2014	2015	2016	2017
총자산	4,222	4,510	4,961	5,831	6,459	5,762
유형자산	1,455	1,656	1,798	2,323	2,410	2,456
무형자산	313	328	392	443	482	234
유가증권	10	2	2	2	0	—
총부채	3,036	3,168	3,340	4,057	4,576	4,382
총차입금	1,633	1,533	1,588	2,154	2,907	2,751
자본금	135	135	135	135	135	135
총자본	1,186	1,342	1,621	1,774	1,883	1,379
지배주주지분	1,047	1,175	1,413	1,569	1,713	1,266

기업가치 지표

항목	2012	2013	2014	2015	2016	2017
주가(최고/저)(천원)	4.1/1.7	5.8/1.6	7.2/4.0	5.9/2.7	4.0/2.8	3.3/2.2
PER(최고/저)(배)	—/—	12.6/3.6	8.5/4.7	10.5/4.9	7.0/4.9	—/—
PBR(최고/저)(배)	1.1/0.5	1.4/0.4	1.4/0.8	1.1/0.5	0.7/0.5	0.7/0.5
EV/EBITDA(배)	5.9	5.1	4.1	5.5	7.2	13.2
EPS(원)	-100	491	894	586	592	-1,497
BPS(원)	3,896	4,368	5,252	5,830	6,363	4,706
CFPS(원)	773	1,483	1,995	1,823	1,937	-29
DPS(원)	30	30	50	50	50	30
EBITDAPS(원)	1,312	2,184	2,510	2,177	1,946	939

재무 비율

< 단위 : % >

연도	영업이익률	순이익률	부채비율	차입금비율	ROA	ROE	유보율	자기자본비율	EBITDA마진율
2017	-2.0	-6.1	317.8	199.5	-7.1	-27.1	841.2	23.9	3.6
2016	2.2	2.4	243.0	154.4	2.8	9.7	1,172.6	29.2	7.2
2015	3.5	3.0	228.6	121.4	4.0	10.6	1,066.1	30.4	8.2
2014	5.4	4.6	206.1	98.0	6.9	18.7	950.3	32.7	9.6

서연탑메탈 (A019770)

SEOYON TOPMETAL CO

업 종 : 자동차부품
신용등급 : (Bond) — (CP) —
홈페이지 : www.seoyontop.com
본 사 : 인천시 남동구 청능대로410번길 40

시 장 : KOSDAQ
기업규모 : 우량
연 락 처 : 032)820-3200

설립일	1987.02.05	종업원수	250명	대표이사	최원재,류병완
상장일	2011.06.24	감사의견	적정(선진)	계 열	
결산기	12월	보통주		종속회사수	3개사
액면가	500원	우선주		구상호	탑금속

주주구성 (지분율,%)		출자관계 (지분율,%)		주요경쟁사 (외형,%)	
서연	37.5	SanheSeoyonTopMetal	100.0	서연탑메탈	100
유경내	9.8	SeoyonTopMetalMexicoS.A.deC.V.	99.9	팬스타엔터프라이즈	16
(외국인)	0.9	HuanghuaSeoyonTopMetalWorks	70.0	두올산업	19

매출구성		비용구성		수출비중	
MAIN PNL ASSY	44.4	매출원가율	94.0	수출	54.5
사출금형	20.1	판관비율	3.3	내수	45.5
CABIN류	17.8				

회사 개요

동사는 자동차용 금형 사업과 건설용 중장비 부품 사업을 영위하고 있음. 프레스금형은 자동차 차체의 대량생산을 위한 장비이며, 사출금형은 내장재의 대량생산을 위한 설비로 현대/기아차의 협력업체인 한일이화로 대부분 납품 중임. 건설용 중장비 부품인 Cabin 등을 두산인프라코어, 볼보코리아 등에 납품하고 있음. 삼하탑금속 기차부건 유한공사를 연결대상 종속회사로 두고 있음.

실적 분석

동사의 2017년 매출액은 전년 대비 2.0% 증가한 2,099.5억원을 기록했으나 동기간 매출원가는 2.8% 증가함에 따라 매출총이익율은 감소했으며, 동기간 영업이익은 57.4억원을 기록하며 전년 대비 1.3% 하락하였음. 한편, 비영업손익은 외화환산이익이 크게 증가하면서 손실규모를 전년 대비 축소했으나 여전히 적자상태가 지속되었음. 그러나 일시적차이 변동에 따른 법인세 감면효과로 인해 동사의 2017년 당기순이익은 흑자전환되었음.

현금 흐름

〈단위 : 억원〉

항목	2016	2017
영업활동	-93	21
투자활동	-227	-109
재무활동	205	71
순현금흐름	-120	-27
기말현금	112	85

시장 대비 수익률

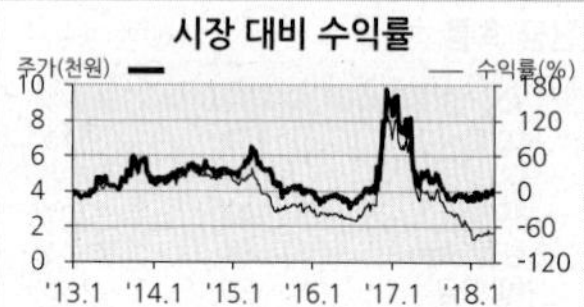

결산 실적

〈단위 : 억원〉

항목	2012	2013	2014	2015	2016	2017
매출액	1,315	1,673	1,782	1,633	2,058	2,100
영업이익	116	91	136	37	58	57
당기순이익	82	76	104	2	-10	43

분기 실적

〈단위 : 억원〉

항목	2016.3Q	2016.4Q	2017.1Q	2017.2Q	2017.3Q	2017.4Q
매출액	470	573	554	533	464	548
영업이익	-2	24	33	-5	-0	30
당기순이익	-11	18	60	9	-10	-17

재무 상태

〈단위 : 억원〉

항목	2012	2013	2014	2015	2016	2017
총자산	952	1,127	1,311	1,784	2,049	2,063
유형자산	303	357	504	803	935	931
무형자산	18	17	14	27	24	23
유가증권	1	1	1	1	2	2
총부채	311	415	501	951	1,270	1,268
총차입금	103	104	180	637	865	895
자본금	58	58	58	58	58	58
총자본	641	713	810	833	778	795
지배주주지분	641	713	810	794	753	774

기업가치 지표

항목	2012	2013	2014	2015	2016	2017
주가(최고/저)(천원)	5.6/3.7	6.0/3.6	5.7/4.4	6.6/3.5	10.0/3.1	9.4/3.4
PER(최고/저)(배)	8.6/5.6	9.8/5.8	6.7/5.1	118.2/63.4	—/—	24.1/8.6
PBR(최고/저)(배)	1.1/0.7	1.0/0.6	0.9/0.7	1.0/0.5	1.6/0.5	1.4/0.5
EV/EBITDA(배)	4.0	5.2	4.2	11.4	16.2	9.4
EPS(원)	703	656	893	57	-66	396
BPS(원)	5,502	6,118	6,949	6,815	6,465	6,645
CFPS(원)	884	931	1,214	435	397	1,041
DPS(원)	75	75	80	40	40	—
EBITDAPS(원)	1,179	1,053	1,487	692	962	1,138

재무 비율

〈단위 : %〉

연도	영업이익률	순이익률	부채비율	차입금비율	ROA	ROE	유보율	자기자본비율	EBITDA 마진율
2017	2.7	2.0	159.6	112.6	2.1	6.0	1,229.1	38.5	6.3
2016	2.8	-0.5	163.2	111.2	-0.5	-1.0	1,193.0	38.0	5.4
2015	2.2	0.1	114.2	76.4	0.1	0.8	1,263.1	46.7	4.9
2014	7.6	5.8	62.0	22.3	8.5	13.7	1,289.7	61.8	9.7

서울도시가스 (A017390)

Seoul City Gas

업 종 : 가스
신용등급 : (Bond) — (CP) —
홈페이지 : www.seoulgas.co.kr
본 사 : 서울시 강서구 공항대로 607(염창동)

시 장 : 거래소
기업규모 : 시가총액 중형주
연 락 처 : 1588-5788

설립일	1983.11.28	종업원수	533명	대표이사	박근원김진철
상장일	1995.08.18	감사의견	적정(안진)	계 열	
결산기	12월	보통주		종속회사수	19개사
액면가	5,000원	우선주		구상호	

주주구성 (지분율,%)		출자관계 (지분율,%)		주요경쟁사 (외형,%)	
서울도시개발	26.3	지알엠	100.0	서울가스	100
대구도시가스	22.6	DER	100.0	한국가스공사	1,642
(외국인)	6.9	지알이에스	100.0	삼천리	244

매출구성		비용구성		수출비중	
도시가스(상품)	98.7	매출원가율	88.1	수출	0.3
기타매출(기타)	1.1	판관비율	11.2	내수	99.7
해외유전(기타)	0.2				

회사 개요

동사는 대성그룹 계열사로 1983년에 설립되었으며, 한국가스공사에서 LNG를 공급받아 일반 수요자들에게 배관을 통해 도시가스를 공급하는 사업을 영위하고 있음. 또한 해외유전 콘소시움에 참여해 지분율에 의거 배당받는 형태의 사업도 전개 중임. 도시가스 시장은 영업용과 산업용을 제외하면 경기변동과 연관은 낮은 편이며 난방용의 경우 계절적 편차가 심함. 서울 강서, 동작, 은평 등 11개구 및 경기 고양시 등 3개시에 도시가스를 공급하고 있음.

실적 분석

도시가스 판매량이 전년 대비 6.8% 증가하여 매출액은 6.2% 증가한 1조 3,504.2억원을 시현함. 영업이익은 도시가스 판매량 증가, 판관비 통제 등의 영향으로 101.3억원으로 흑자전환하였음. 노을그린에너지 지분법이익 급증으로 비영업손익이 376.0억원 발생하여 당기순이익은 전년대비 55.7% 증가한 365.7억원을 달성함. 동사는 해외자원개발 사업부문에 꾸준한 투자를 진행하고 있음.

현금 흐름

〈단위 : 억원〉

항목	2016	2017
영업활동	768	448
투자활동	-986	-273
재무활동	-59	-77
순현금흐름	-265	80
기말현금	1,036	1,116

시장 대비 수익률

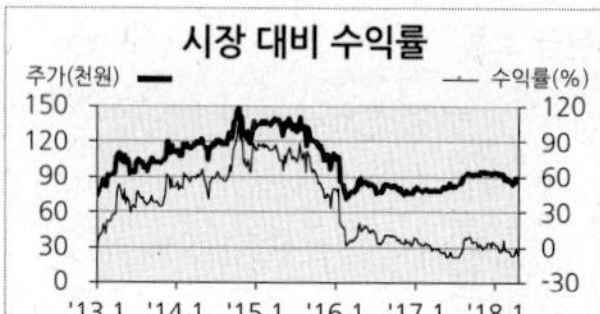

결산 실적

〈단위 : 억원〉

항목	2012	2013	2014	2015	2016	2017
매출액	19,283	21,397	20,329	15,403	12,720	13,504
영업이익	151	148	74	-25	-67	101
당기순이익	648	693	622	448	235	366

분기 실적

〈단위 : 억원〉

항목	2016.3Q	2016.4Q	2017.1Q	2017.2Q	2017.3Q	2017.4Q
매출액	1,248	3,789	5,531	2,017	1,501	4,456
영업이익	-150	-73	174	-74	-157	157
당기순이익	-37	-7	220	33	-57	170

재무 상태

〈단위 : 억원〉

항목	2012	2013	2014	2015	2016	2017
총자산	15,195	15,329	16,267	14,366	14,666	15,459
유형자산	5,618	5,945	6,270	6,430	6,537	6,504
무형자산	538	413	249	136	126	113
유가증권	103	87	1,744	1,602	2,488	2,823
총부채	7,917	7,337	7,669	5,625	5,761	6,293
총차입금	573	444	377	126	138	133
자본금	350	350	350	350	350	350
총자본	7,278	7,992	8,598	8,741	8,905	9,165
지배주주지분	7,187	7,791	8,366	8,694	8,863	9,124

기업가치 지표

항목	2012	2013	2014	2015	2016	2017
주가(최고/저)(천원)	74.4/39.1	120/73.5	149/103	141/94.3	108/72.2	96.9/76.0
PER(최고/저)(배)	6.2/3.3	9.7/5.9	13.1/9.0	16.7/11.2	24.1/16.2	13.6/10.7
PBR(최고/저)(배)	0.5/0.3	0.8/0.5	0.9/0.6	0.8/0.5	0.6/0.4	0.5/0.4
EV/EBITDA(배)	3.8	6.2	9.4	8.0	—	0.3
EPS(원)	13,021	13,423	12,145	8,900	4,640	7,265
BPS(원)	152,789	164,867	176,372	182,924	186,315	191,540
CFPS(원)	20,080	21,323	19,728	14,952	10,802	13,803
DPS(원)	1,250	1,250	1,500	1,750	1,750	1,750
EBITDAPS(원)	10,074	10,866	9,068	5,557	4,822	8,564

재무 비율

〈단위 : %〉

연도	영업이익률	순이익률	부채비율	차입금비율	ROA	ROE	유보율	자기자본비율	EBITDA 마진율
2017	0.8	2.7	68.7	1.5	2.4	4.0	2,636.3	59.3	3.2
2016	-0.5	1.9	64.7	1.6	1.6	2.6	2,561.6	60.7	1.9
2015	-0.2	2.9	64.4	1.4	2.9	5.2	2,513.2	60.8	1.8
2014	0.4	3.1	89.2	4.4	3.9	7.5	2,419.6	52.9	2.2

서울리거 (A043710)

SEOULEAGUER

업　　종 : 의료 장비 및 서비스　　시　　장 : KOSDAQ
신용등급 : (Bond) —　(CP) —　　기업규모 : 중견
홈페이지 : www.seouleaguer.net　　연 락 처 : 02)2138-5281
본　　사 : 서울시 강남구 논현로 163길 10, 4층(신사동, 베드로빌딩)

설 립 일	1991.03.02	**종업원수**	38명	**대표이사**	하은환
상 장 일	2002.06.28	**감사의견**	적정(세림)	**계　　열**	
결 산 기	12월	**보 통 주**		**종속회사수**	2개사
액 면 가	500원	**우 선 주**		**구　　상　　호**	로켓모바일

주주구성 (지분율,%)		출자관계 (지분율,%)		주요경쟁사 (외형,%)	
아이엠라인	5.9	브랜드	1.2	서울리거	100
에이치에스비컴퍼니	4.1	대한특수금속	0.4	차바이오텍	2,914
(외국인)	1.8			인바디	649

매출구성		비용구성		수출비중	
블루투스, 보호필름등	37.0	매출원가율	88.5	수출	0.0
전산장비	26.6	판관비율	22.0	내수	100.0
용역 등	20.8				

회사 개요

동사는 1991년에 설립되어 2002년 코스닥 시장에 상장된 모바일 액세서리 제조기업으로, 휴대폰 외장 보호용 케이스 및 거치대 등에 PLEOMAX, MOB;C, FEELOOK 등의 상표를 부착하여 대형유통업체를 통해 최종소비자에게 판매하고 있음. 2015년 회사명을 플레이텍에서 로켓모바일로 변경하고, 2016년 6월에 다시 서울리거로 변경함. 2017.3월 이후 최대주주는 에이치에스비컴퍼니외 3인임.

실적 분석

동사의 2017년 연간 매출액은 전년동기대비 22.2% 하락한 143.7억원을 기록하였음. 비용면에서 전년동기대비 매출원가는 크게 감소 하였으며 인건비는 크게 증가 했고 기타판매비와관리비는 증가함. 주춤한 모습의 매출액에 의해 전년동기대비 영업손실은 15.2억원으로 적자지속 하였음. 최종적으로 전년동기대비 당기순손실은 적자지속하여 14.1억원을 기록함. 당기순손실의 폭이 줄어든것은 긍정적임.

현금 흐름

〈단위 : 억원〉

항목	2016	2017
영업활동	-83	12
투자활동	18	-65
재무활동	233	1
순현금흐름	54	-53
기말현금	123	70

시장 대비 수익률

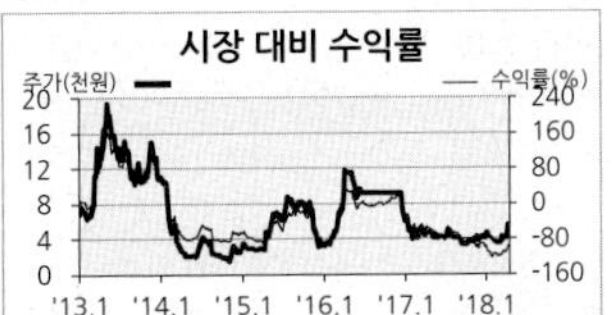

결산 실적

〈단위 : 억원〉

항목	2012	2013	2014	2015	2016	2017
매출액	414	370	78	7	185	144
영업이익	11	-65	-70	-31	-3	-15
당기순이익	12	-116	-74	-60	-25	-14

분기 실적

〈단위 : 억원〉

항목	2016.3Q	2016.4Q	2017.1Q	2017.2Q	2017.3Q	2017.4Q
매출액	61	102	46	37	33	28
영업이익	-1	2	-10	-0	3	-8
당기순이익	-15	-7	-22	14	3	-9

재무 상태

〈단위 : 억원〉

항목	2012	2013	2014	2015	2016	2017
총자산	180	88	207	174	433	382
유형자산	23	7	4	2	25	28
무형자산	1	2	1	7	90	88
유가증권	20	6	4	46	56	53
총부채	70	78	37	32	37	14
총차입금	26	23	26	19	0	—
자본금	84	93	82	90	106	106
총자본	111	10	170	142	395	368
지배주주지분	111	10	170	142	395	366

기업가치 지표

항목	2012	2013	2014	2015	2016	2017
주가(최고/저)(천원)	13.2/6.0	20.6/6.2	11.2/1.5	8.8/2.7	12.8/3.0	6.6/3.4
PER(최고/저)(배)	35.8/16.4	—/—	—/—	—/—	—/—	—/—
PBR(최고/저)(배)	3.6/1.6	33.5/10.0	10.8/1.4	11.2/3.4	6.8/1.6	3.8/2.0
EV/EBITDA(배)	6.9	—	—	—	417.2	—
EPS(원)	368	-3,449	-1,069	-334	-124	-67
BPS(원)	736	123	1,036	787	1,872	1,735
CFPS(원)	160	-572	-1,029	-321	-98	-41
DPS(원)	—	—	—	—	—	—
EBITDAPS(원)	153	-269	-977	-160	14	-46

재무 비율

〈단위 : %〉

연도	영업이익률	순이익률	부채비율	차입금비율	ROA	ROE	유보율	자기자본비율	EBITDA마진율
2017	-10.5	-9.8	3.9	0.0	-3.5	-3.7	247.0	96.2	-6.8
2016	-1.4	-13.4	9.5	0.1	-8.2	-9.2	274.3	91.4	1.5
2015	-432.4	-836.4	22.6	13.6	-31.4	-38.4	57.4	81.6	-399.4
2014	-90.4	-95.0	22.0	15.2	-50.0	-82.1	107.2	82.0	-86.8

서울반도체 (A046890)

Seoul Semiconductor

업　　종 : 디스플레이 및 관련부품　　시　　장 : KOSDAQ
신용등급 : (Bond) —　(CP) —　　기업규모 : 우량
홈페이지 : www.seoulsemicon.com　　연 락 처 : 1566-2771
본　　사 : 경기도 안산시 단원구 산단로 163번길 97-11

설 립 일	1987.03.05	**종업원수**	1,112명	**대표이사**	이정훈,이병학
상 장 일	2002.01.05	**감사의견**	적정(삼정)	**계　　열**	
결 산 기	12월	**보 통 주**		**종속회사수**	8개사
액 면 가	500원	**우 선 주**		**구　　상　　호**	

주주구성 (지분율,%)		출자관계 (지분율,%)		주요경쟁사 (외형,%)	
이정훈	16.7	서울바이오시스	40.2	서울반도체	100
이민규	8.7	광명반도체유한공사	100.0	LG디스플레이	2,503
(외국인)	9.1	SeoulSemiconductorVina	100.0	에스에프에이	173

매출구성		비용구성		수출비중	
LED(제품)	88.7	매출원가율	74.4	수출	—
LED(상품)	10.1	판관비율	16.8	내수	—
기타수익(기타)	0.9				

회사 개요

동사는 광범위한 분야에 적용되는 LED 제품을 생산 및 판매하는 종합 LED 기업. 2015년 LED inside 발표 자료에 따르면 글로벌 시장점유율 기준 글로벌 5위 업체임. 각국 에너지효율 정책과 환경정책이 맞물려 가시화됨에 따라 LED 조명에 대한 수요가 꾸준히 증가하고 있음. 빠른 교체수요와 이를 통한 주거용 LED조명 수요 촉진되고 있지만 중국 발 공급과잉도 우려되는 상황임

실적 분석

동사의 2017년 연결 기준 연간 누적 매출액은 1조1104.1억원으로 전년 동기 대비 16.4% 증가함. 매출이 증가하면서 매출원가와 판관비도 늘어났지만 매출 증가에 따른 고정비용 감소 효과로 영업이익은 전년 동기 대비 70.8% 증가한 982.5억원을 기록함. 비영업손익 부문에서 외환 손실 등으로 적자 규모가 늘었지만 영업이익이 크게 늘면서 당기순이익은 전년 동기 대비 23.5% 증가한 463.8억원을 기록함.

현금 흐름

〈단위 : 억원〉

항목	2016	2017
영업활동	947	1,673
투자활동	-332	-1,682
재무활동	-700	175
순현금흐름	-88	147
기말현금	324	472

시장 대비 수익률

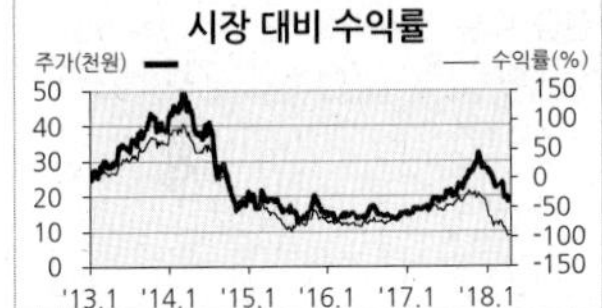

결산 실적

〈단위 : 억원〉

항목	2012	2013	2014	2015	2016	2017
매출액	8,587	10,321	9,393	10,112	9,538	11,104
영업이익	333	965	26	456	575	983
당기순이익	69	426	7	268	375	464

분기 실적

〈단위 : 억원〉

항목	2016.3Q	2016.4Q	2017.1Q	2017.2Q	2017.3Q	2017.4Q
매출액	2,455	2,415	2,562	2,670	3,045	2,827
영업이익	199	205	234	241	306	202
당기순이익	81	193	58	238	219	-52

재무 상태

〈단위 : 억원〉

항목	2012	2013	2014	2015	2016	2017
총자산	11,434	11,087	11,803	11,360	10,906	12,273
유형자산	4,760	4,642	5,600	5,479	4,801	5,406
무형자산	447	406	484	442	489	615
유가증권	475	493	487	401	315	329
총부채	5,649	4,895	5,706	5,110	4,387	5,514
총차입금	4,471	3,204	4,231	2,580	2,031	2,329
자본금	292	292	292	292	292	292
총자본	5,785	6,192	6,097	6,250	6,519	6,759
지배주주지분	5,704	5,721	5,580	5,744	6,031	5,945

기업가치 지표

항목	2012	2013	2014	2015	2016	2017
주가(최고/저)(천원)	28.0/19.9	43.7/23.8	49.2/15.1	21.8/12.5	17.7/12.8	32.9/14.7
PER(최고/저)(배)	300.9/213.8	72.0/39.2	—/—	76.4/43.7	28.8/20.9	47.9/21.3
PBR(최고/저)(배)	2.9/2.1	4.6/2.5	5.2/1.6	2.2/1.3	1.7/1.2	3.2/1.4
EV/EBITDA(배)	13.7	13.6	14.3	7.0	6.4	8.7
EPS(원)	95	619	-118	291	621	692
BPS(원)	9,782	9,811	9,571	10,023	10,515	10,505
CFPS(원)	1,625	2,208	1,686	2,265	2,562	2,656
DPS(원)	31	146	—	75	81	183
EBITDAPS(원)	2,101	3,243	1,848	2,756	2,928	3,649

재무 비율

〈단위 : %〉

연도	영업이익률	순이익률	부채비율	차입금비율	ROA	ROE	유보율	자기자본비율	EBITDA마진율
2017	8.9	4.2	81.6	34.5	4.0	6.7	2,001.1	55.1	19.2
2016	6.0	3.9	67.3	31.2	3.4	6.2	2,003.0	59.8	17.9
2015	4.5	2.7	81.8	41.3	2.3	3.0	1,904.6	55.0	15.9
2014	0.3	0.1	93.6	69.4	0.1	-1.2	1,814.1	51.7	11.5

서울식품공업 (A004410)
Seoul Food Industrial

업　　종 : 식료품
신용등급 : (Bond) —　(CP) —
홈페이지 : www.seoul-food.co.kr
본　　사 : 충북 충주시 충원대로 862
시　　장 : 거래소
기업규모 : 시가총액 소형주
연 락 처 : 043)720-7000

설 립 일	1965.12.11	**종업원수**	250명	**대표이사**	서성훈
상 장 일	1973.12.28	**감사의견**	적정(신아)	**계　열**	
결 산 기	12월	**보 통 주**		**종속회사수**	
액 면 가	100원	**우 선 주**		**구 상 호**	

주주구성 (지분율,%)		출자관계 (지분율,%)		주요경쟁사 (외형,%)	
서성훈	11.5	띵크커피코리아	19.3	서울식품	100
크리에이티브테크놀로지	6.1			SPC삼립	3,657
(외국인)	1.7			조흥	287

매출구성		비용구성		수출비중	
(제품)냉동생지	46.5	매출원가율	79.7	수출	1.7
(상품)빵,스낵,빵가루	41.0	판관비율	18.7	내수	98.3
건조기외 (위탁운영)	12.5				

회사 개요

서울식품은 냉동생지, 대형 할인업체 PB 스낵류, 음식물 쓰레기 플랜트 시공 및 운영 사업을 하는데 적자사업부인 양산빵 사업을 2011년 하반기 중단하고 냉동생지(얼린 반죽) 매출에 집중. 냉동생지는 국내 대형 호텔 및 체인점, 대형 할인마트인 코스트코에 독점 공급중임. 환경사업은 음식물쓰레기를 처리하는 건조기 제작 및 동 시설의 위탁관리 업무를 영위하며 지자체를 대상으로 계약이 이루어 지고 있음.

실적 분석

동사의 2017년 연간 매출액은 전년동기대비 28.7% 상승한 564.8억원을 기록하였음. 비용면에서 전년동기대비 매출원가는 증가 하였으며 인건비도 증가, 광고선전비도 크게 증가, 기타판매비와관리비는 증가함. 이와 같이 상승한 매출액 만큼 비용증가도 있었으나 매출액의 더 큰 상승에 힘입어 영업이익도 증가함. 그러나 비영업손익의 적자지속으로 전년동기대비 당기순이익은 1.9억원을 기록함.

현금 흐름 *IFRS 별도 기준 (단위 : 억원)

항목	2016	2017
영업활동	11	37
투자활동	-70	-100
재무활동	54	107
순현금흐름	-6	43
기말현금	1	45

시장 대비 수익률

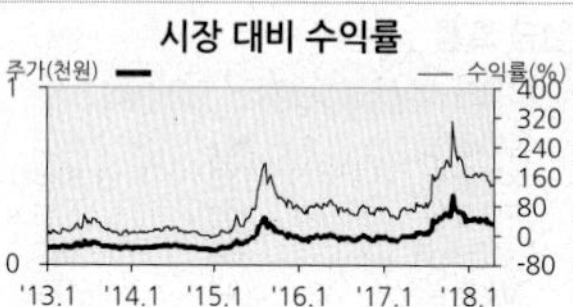

결산 실적 (단위 : 억원)

항목	2012	2013	2014	2015	2016	2017
매출액	394	430	435	499	439	565
영업이익	17	16	12	17	7	9
당기순이익	8	7	2	11	3	2

분기 실적 *IFRS 별도 기준 (단위 : 억원)

항목	2016.3Q	2016.4Q	2017.1Q	2017.2Q	2017.3Q	2017.4Q
매출액	106	112	124	134	158	148
영업이익	-1	4	5	1	4	-1
당기순이익	-2	2	4	-1	3	-4

재무 상태 *IFRS 별도 기준 (단위 : 억원)

항목	2012	2013	2014	2015	2016	2017
총자산	500	491	505	584	626	769
유형자산	308	322	334	406	423	494
무형자산	3	3	3	6	3	6
유가증권	2	3	3	8	9	10
총부채	257	239	258	325	358	502
총차입금	180	176	189	232	266	373
자본금	333	333	333	333	340	340
총자본	243	252	247	259	269	267
지배주주지분	243	252	247	259	269	267

기업가치 지표 *IFRS 별도 기준

항목	2012	2013	2014	2015	2016	2017
주가(최고/저)(천원)	2.8/1.8	3.3/2.2	2.9/2.0	7.7/2.1	4.7/3.4	0.4/0.1
PER(최고/저)(배)	28.3/17.9	40.2/26.3	92.7/65.3	89.2/23.8	213.6/153.4	767.1/236.7
PBR(최고/저)(배)	1.5/1.0	1.8/1.1	1.5/1.1	3.9/1.1	2.4/1.7	5.5/1.7
EV/EBITDA(배)	13.2	15.0	14.6	18.7	28.2	35.1
EPS(원)	4	3	1	3	1	1
BPS(원)	1,823	1,892	1,854	1,946	1,977	79
CFPS(원)	200	186	143	241	184	9
DPS(원)	—	—	—	—	—	—
EBITDAPS(원)	265	246	233	307	211	11

재무 비율 (단위 : %)

연도	영업이익률	순이익률	부채비율	차입금비율	ROA	ROE	유보율	자기자본비율	EBITDA마진율
2017	1.6	0.3	일부잠식	일부잠식	0.3	0.7	-21.4	34.7	6.5
2016	1.5	0.7	일부잠식	일부잠식	0.5	1.1	-20.9	42.9	6.4
2015	3.5	2.3	일부잠식	일부잠식	2.1	5.5	-22.3	44.3	7.6
2014	2.7	0.6	일부잠식	일부잠식	0.5	1.7	-25.8	47.9	6.8

서울옥션 (A063170)
Seoul Auction

업　　종 : 도소매
신용등급 : (Bond) —　(CP) —
홈페이지 : www.seoulauction.com
본　　사 : 서울시 종로구 평창30길 24 (평창동)
시　　장 : KOSDAQ
기업규모 : 벤처
연 락 처 : 02)395-0330

설 립 일	1998.12.30	**종업원수**	137명	**대표이사**	이옥경
상 장 일	2008.07.01	**감사의견**	적정(천지)	**계　열**	
결 산 기	12월	**보 통 주**		**종속회사수**	2개사
액 면 가	500원	**우 선 주**		**구 상 호**	

주주구성 (지분율,%)		출자관계 (지분율,%)		주요경쟁사 (외형,%)	
이호재	13.6	서울옥션블루	50.0	서울옥션	100
이정용	7.3	프린트베이커리	50.0	BGF	229
(외국인)	6.3	조선방송	0.1	이마트	29,310

매출구성		비용구성		수출비중	
미술품 판매	66.3	매출원가율	66.6	수출	24.8
기타	12.1	판관비율	21.7	내수	75.2
미술품 경매	11.1				

회사 개요

동사는 소장자로부터 위탁받은 회화, 조각, 도자기 등 미술품을 경매나 중개를 통해 판매하거나, 직접 취득한 미술품을 개별 판매하는 사업을 영위함. 연회비, 미술품 전시 대행과 같은 기획 사업 및 소장자의 미술품을 보관해 주는 대가로 수수료를 수취하는 보관고 사업도 영위함. '가나아트갤러리', '아트인아트' 등 11개의 계열회사를 보유하고 있음. 국내 미술품 경매시장은 시장점유율 1위인 동사와 2위인 K옥션 위주의 과점체제를 유지하고 있음.

실적 분석

불안정한 정치환경과 위작이슈 등으로 인한 거래 위축으로 국내법인의 매출이 감소하였으나, 홍콩 등 해외법인의 경매와 미술품 판매가 호조세를 보이면서 2017년 매출액은 전년대비 6.5% 증가함. 인건비와 미술품 구입비 등 원가가 크게 증가하여 영업이익과 당기순이익도 큰 폭으로 줄어듦. 홍콩 상설전시장인 SA+의 홍콩 시장 진출 본격화, 서울옥션 블루와 프린트베이커리의 사업 활성화, 신사옥을 통한 강남권 진출 등으로 성장 모멘텀 회복이 기대됨.

현금 흐름 (단위 : 억원)

항목	2016	2017
영업활동	19	145
투자활동	-32	-290
재무활동	28	227
순현금흐름	17	78
기말현금	71	150

시장 대비 수익률

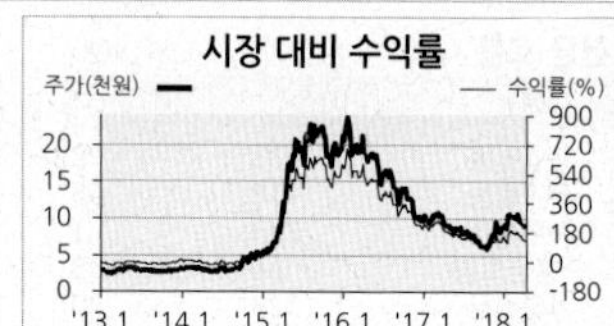

결산 실적 (단위 : 억원)

항목	2012	2013	2014	2015	2016	2017
매출액	194	149	238	548	509	542
영업이익	21	30	51	151	96	64
당기순이익	21	21	36	129	66	31

분기 실적 (단위 : 억원)

항목	2016.3Q	2016.4Q	2017.1Q	2017.2Q	2017.3Q	2017.4Q
매출액	94	154	104	122	143	172
영업이익	13	11	5	20	7	32
당기순이익	8	5	2	14	1	14

재무 상태 (단위 : 억원)

항목	2012	2013	2014	2015	2016	2017
총자산	685	702	816	1,256	1,316	1,543
유형자산	82	79	82	136	139	383
무형자산	14	14	10	12	18	14
유가증권	3	3	3	3	3	33
총부채	165	168	258	584	590	821
총차입금	112	85	90	252	301	555
자본금	85	85	85	85	85	85
총자본	520	534	558	673	726	723
지배주주지분	520	534	558	673	715	704

기업가치 지표

항목	2012	2013	2014	2015	2016	2017
주가(최고/저)(천원)	3.5/2.5	3.4/2.4	5.5/2.7	23.7/5.0	24.5/9.6	11.0/5.9
PER(최고/저)(배)	29.9/21.5	28.3/20.3	27.0/13.3	31.7/6.7	68.7/26.6	60.5/32.2
PBR(최고/저)(배)	1.2/0.8	1.1/0.8	1.7/0.8	5.9/1.2	5.6/2.2	2.5/1.3
EV/EBITDA(배)	19.7	15.0	14.3	24.8	18.4	26.4
EPS(원)	125	127	212	764	363	184
BPS(원)	3,243	3,321	3,467	4,145	4,454	4,492
CFPS(원)	156	150	228	784	392	229
DPS(원)	50	60	80	100	100	80
EBITDAPS(원)	154	204	318	911	599	422

재무 비율 (단위 : %)

연도	영업이익률	순이익률	부채비율	차입금비율	ROA	ROE	유보율	자기자본비율	EBITDA마진율
2017	11.8	5.6	113.5	76.7	2.1	4.4	798.4	46.8	13.2
2016	19.0	13.0	81.2	41.4	5.2	8.9	790.7	55.2	19.9
2015	27.6	23.6	86.7	37.4	12.5	21.0	728.9	53.6	28.2
2014	21.5	15.1	46.2	16.1	4.7	6.6	593.5	68.4	22.6

서울전자통신 (A027040)
SEOUL ELECTRONICS & TELECOM

업 종 : 전기장비 · 시 장 : KOSDAQ
신용등급 : (Bond) — (CP) — · 기업규모 : 중견
홈페이지 : www.seoulset.co.kr · 연 락 처 : 032)723-4111
본 사 : 인천시 부평구 새벌로 4사무동 4층 (청천동)

설 립 일	1983.06.17	**종업원수**	97명	**대표이사**	손종만
상 장 일	1999.11.24	**감사의견**	적정(삼정)	**계 열**	
결 산 기	12월	**보 통 주**		**종속회사수**	3개사
액 면 가	500원	**우 선 주**		**구 상 호**	

주주구성 (지분율,%)		출자관계 (지분율,%)		주요경쟁사 (외형,%)	
김택	4.6			서울전자통신	100
Asia Pacific Venture Invest L.P.	4.4			비츠로테크	253
(외국인)	0.9			뉴인텍	55

매출구성		비용구성		수출비중	
Transformer 외	74.8	매출원가율	93.6	수출	41.6
Transformer 자재	19.2	판관비율	5.6	내수	58.4
설계, 경영자문 용역	6.0				

회사 개요

동사는 1983년 설립된 전자변성기(Transformer) 제조업체임. 전자변성기는 TV, 냉장고, 세탁기, 휴대전화, 의료기기 등 전압변경이 필요한 모든 전자기기에 사용되는 부품이며, 동사 매출의 90% 이상을 차지하고 있음. 동사는 나이스그룹의 기업집단에 소속되어 있으며, 전자부품 제조, 이미지센서 제조, 터치스크린 제조 사업부문의 자회사가 있음. 지속적인 A/S 문제 등으로 인해 진입장벽이 상대적으로 높은 편임.

실적 분석

2017년 연간 매출액은 918.3억원으로 전년대비 3.0% 증가. 판관비는 19.5% 절감했으나 매출원가가 7.4% 상승하면서 영업이익은 전년보다 72.0% 줄어든 7.6억원을 기록함. 말레이시아, 베트남 지역의 매출 성장률이 높음. 전원용 Power supply는 전압변경을 요하는 모든 전원기기에 사용되는데, 가전제품이 생활필수품으로 자리잡아 꾸준한 수요가 확보됨. 건조기, 스타일러 등 새로운 가전제품의 전원부도 지속적으로 개발하고 있음.

현금 흐름 〈단위 : 억원〉

항목	2016	2017
영업활동	-49	-30
투자활동	-30	-34
재무활동	42	54
순현금흐름	-34	-8
기말현금	65	57

시장 대비 수익률

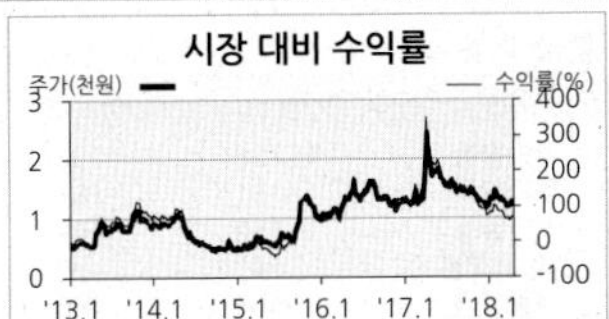

결산 실적 〈단위 : 억원〉

항목	2012	2013	2014	2015	2016	2017
매출액	1,145	520	450	468	891	918
영업이익	-20	-7	-7	-11	27	8
당기순이익	-84	13	-337	-54	84	-16

분기 실적 〈단위 : 억원〉

항목	2016.3Q	2016.4Q	2017.1Q	2017.2Q	2017.3Q	2017.4Q
매출액	246	198	191	296	285	147
영업이익	11	-2	6	9	7	-14
당기순이익	46	-36	-4	5	10	-27

재무 상태 〈단위 : 억원〉

항목	2012	2013	2014	2015	2016	2017
총자산	1,230	1,447	638	618	770	753
유형자산	346	442	116	90	91	104
무형자산	24	40	1	1	2	2
유가증권	41	52	191	198	264	245
총부채	691	905	334	347	396	378
총차입금	403	663	207	217	234	249
자본금	303	303	303	303	303	324
총자본	539	542	304	271	374	375
지배주주지분	497	358	309	279	374	375

기업가치 지표

항목	2012	2013	2014	2015	2016	2017
주가(최고/저)(천원)	0.7/0.5	1.2/0.5	1.1/0.4	1.6/0.5	1.7/1.0	2.5/1.1
PER(최고/저)(배)	—/—	98.5/42.1	—/—	—/—	12.0/7.1	—/—
PBR(최고/저)(배)	0.8/0.6	2.0/0.9	2.2/0.9	3.5/1.0	2.7/1.6	4.3/2.0
EV/EBITDA(배)	16.2	22.8	6.3	92.5	19.8	37.2
EPS(원)	-96	12	-342	-84	139	-24
BPS(원)	821	592	510	461	618	580
CFPS(원)	-6	105	-243	-54	171	4
DPS(원)	—	—	—	—	—	—
EBITDAPS(원)	56	81	87	12	76	40

재무 비율 〈단위 : %〉

연도	영업이익률	순이익률	부채비율	차입금비율	ROA	ROE	유보율	자기자본비율	EBITDA마진율
2017	0.8	-1.7	100.6	66.2	-2.1	-4.2	15.9	49.9	2.8
2016	3.1	9.5	105.8	62.5	12.1	25.8	23.6	48.6	5.2
2015	-2.3	-11.5	일부잠식	일부잠식	-8.6	-17.3	-7.9	43.9	1.6
2014	-1.6	-75.0	109.7	68.1	-32.4	-62.1	2.1	47.7	11.8

서울제약 (A018680)
SEOUL PHARMA

업 종 : 제약 · 시 장 : KOSDAQ
신용등급 : (Bond) BB- (CP) — · 기업규모 : 벤처
홈페이지 : www.seoulpharma.com · 연 락 처 : 043)715-5800
본 사 : 충북 청주시 흥덕구 오송읍 오송생명6로 124-31

설 립 일	1985.12.23	**종업원수**	190명	**대표이사**	김정호
상 장 일	2000.08.05	**감사의견**	적정(삼도)	**계 열**	
결 산 기	12월	**보 통 주**		**종속회사수**	
액 면 가	500원	**우 선 주**		**구 상 호**	

주주구성 (지분율,%)		출자관계 (지분율,%)		주요경쟁사 (외형,%)	
황우성	20.6			서울제약	100
전윤주	7.7			하이텍팜	142
(외국인)	1.0			우리들제약	171

매출구성		비용구성		수출비중	
기타	78.4	매출원가율	44.0	수출	—
아토르정	6.8	판관비율	47.2	내수	—
크레스틴정	6.7				

회사 개요

동사는 1985년 12월 의약품 제조 및 판매를 목적으로 설립되어 2000년 7월에 한국거래소 코스닥시장에 상장됨. 우수의약품 제조관리기준(KGMP) 적격업체로서 제약업체로서의 전문성 제고와 우수 의약품 개발에 주력하고 있음. 구강붕해필름(Orally Disintegrating Film: ODF)을 생산하기 위한 신규 Platform technology (SmartFilm® Technology)를 확보하여 2012년부터 상업화하고 있음.

실적 분석

동사의 2017년 누적매출액은 466.5억원으로 전년대비 1.6% 증가함. 비용측면에서 매출원가가 212.5억원에서 205.3억원으로 3.4% 하락하면서 영업이익은 전년보다 38.6% 늘어난 41.2억원을 기록함. 신규거래선 확대를 통해 약가 인하로 인한 손실을 만회하고자 노력 중임. 오송에 새로운 cGMP/EU-GMP 대응 가능한 공장을 건설, 20여개 SmartFilm® 제품을 미국 등 선진시장에 출시 예정임.

현금 흐름 *IFRS 별도 기준 〈단위 : 억원〉

항목	2016	2017
영업활동	-19	-11
투자활동	-66	54
재무활동	89	-95
순현금흐름	4	-53
기말현금	97	44

시장 대비 수익률

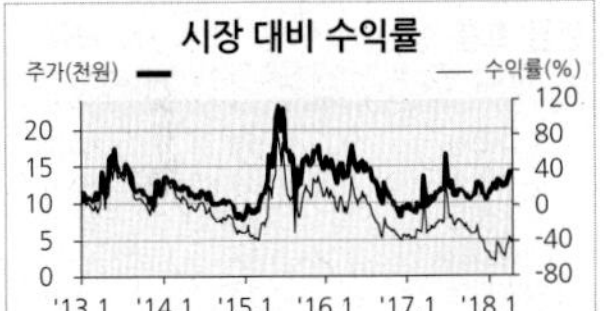

결산 실적 〈단위 : 억원〉

항목	2012	2013	2014	2015	2016	2017
매출액	464	420	438	447	459	467
영업이익	61	13	7	7	30	41
당기순이익	51	6	-7	-8	8	9

분기 실적 *IFRS 별도 기준 〈단위 : 억원〉

항목	2016.3Q	2016.4Q	2017.1Q	2017.2Q	2017.3Q	2017.4Q
매출액	98	139	95	105	111	155
영업이익	6	19	10	9	-12	35
당기순이익	5	12	5	-9	-14	27

재무 상태 *IFRS 별도 기준 〈단위 : 억원〉

항목	2012	2013	2014	2015	2016	2017
총자산	607	714	790	827	925	869
유형자산	367	456	479	475	514	428
무형자산	43	45	45	29	16	13
유가증권	3	3	3	3	3	—
총부채	353	392	479	491	505	331
총차입금	270	293	356	378	402	220
자본금	32	34	34	36	37	42
총자본	254	323	311	335	421	539
지배주주지분	254	323	311	335	421	539

기업가치 지표 *IFRS 별도 기준

항목	2012	2013	2014	2015	2016	2017
주가(최고/저)(천원)	13.3/3.6	17.4/9.6	13.8/7.7	26.2/8.3	18.0/7.8	16.5/8.5
PER(최고/저)(배)	16.8/4.5	189.6/104.7	—/—	—/—	164.0/71.3	157.4/81.2
PBR(최고/저)(배)	3.4/0.9	3.8/2.1	3.1/1.7	5.6/1.8	3.2/1.4	2.6/1.3
EV/EBITDA(배)	10.7	28.8	28.1	30.6	16.7	16.4
EPS(원)	812	93	-101	-111	110	105
BPS(원)	4,029	4,703	4,535	4,710	5,685	6,423
CFPS(원)	1,124	467	260	427	513	408
DPS(원)	60	50	35	25	15	15
EBITDAPS(원)	1,283	575	460	634	805	794

재무 비율 〈단위 : %〉

연도	영업이익률	순이익률	부채비율	차입금비율	ROA	ROE	유보율	자기자본비율	EBITDA마진율
2017	8.8	1.9	61.4	40.8	1.0	1.8	1,184.7	62.0	14.3
2016	6.5	1.8	120.0	95.5	0.9	2.2	1,036.9	45.5	13.0
2015	1.5	-1.8	146.6	112.7	-1.0	-2.4	842.1	40.6	10.0
2014	1.6	-1.6	154.0	114.6	-0.9	-2.2	807.0	39.4	7.2

서원 (A021050)
Seowon

업종 : 금속 및 광물 | 시장 : 거래소
신용등급 : (Bond) — (CP) — | 기업규모 : 시가총액 소형주
홈페이지 : www.swbrass.co.kr | 연락처 : 031)365-8700
본사 : 경기도 안산시 단원구 산단로67번길 94(목내동)

설립일	1988.09.07	종업원수	133명	대표이사	조시영,조경호
상장일	1995.12.30	감사의견	적정(대성삼경)	계열	
결산기	12월	보통주		종속회사수	1개사
액면가	500원	우선주		구상호	

주주구성 (지분율,%)		출자관계 (지분율,%)		주요경쟁사 (외형,%)	
조시영	30.8	대창	27.9	서원	100
조경호	6.6	태우	13.1	일진다이아	48
(외국인)	2.5	개평대창동재유한공사	61.1	CS홀딩스	47

매출구성		비용구성		수출비중	
동합금(잉고트,빌레트)	90.7	매출원가율	89.8	수출	59.8
가공료 및 기타	6.0	판관비율	5.2	내수	40.2
동스크랩,아연	3.4				

회사 개요
동사는 1988년에 설립된 기업으로 전 산업분야에 필수적 기초 소재인 황동빌레트, 잉고트 및 동합금 제품을 생산·공급하고 있음. 국내 유일의 KS마크 제품인 황동 잉고트를 필두로 내수시장에서 안정된 판매처를 확보하고 있으며, 2016년 연결누적 매출액 기준으로 동사는 동가공업체중에서 시장점유율로 업계 3위의 업체임. 2017년 9월말 기준 총 1개의 종속회사와 3개의 계열회사를 보유하고 있음.

실적 분석
동사의 2017년 매출과 영업이익은 2,572억원, 128억원으로 전년 대비 각각 3.8%, 1.7% 증가함. 당기순이익은 20억원으로 전년 대비 64.6% 감소함. 매출중량은 감소하였으나 판매단가의 상승으로 인해 매출액이 증가했고, 마진율의 증가로 원가율이 89%로 감소하게 되어 매출총이익이 10% 증가함. 2017년 당진 공장 매각으로 인한 손실 때문에 당기순이익률이 65% 감소함.

현금 흐름
〈단위 : 억원〉

항목	2016	2017
영업활동	66	63
투자활동	83	120
재무활동	-196	-151
순현금흐름	-47	31
기말현금	43	74

시장 대비 수익률
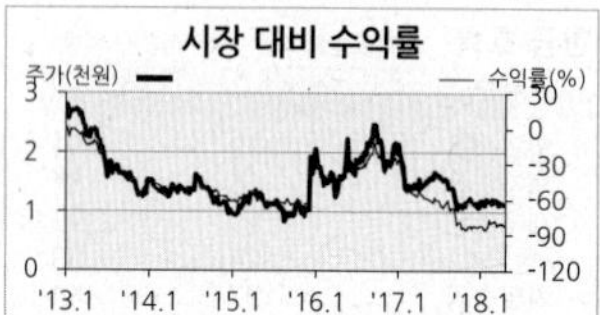

결산 실적
〈단위 : 억원〉

항목	2012	2013	2014	2015	2016	2017
매출액	7,892	9,161	3,286	2,562	2,478	2,572
영업이익	74	-48	68	-110	126	128
당기순이익	89	-231	-114	-567	55	20

분기 실적
〈단위 : 억원〉

항목	2016.3Q	2016.4Q	2017.1Q	2017.2Q	2017.3Q	2017.4Q
매출액	575	761	635	585	664	687
영업이익	21	53	47	11	28	42
당기순이익	1	1	34	-41	29	-2

재무 상태
〈단위 : 억원〉

항목	2012	2013	2014	2015	2016	2017
총자산	4,566	2,982	2,875	2,450	2,236	2,123
유형자산	1,255	692	770	552	533	522
무형자산	15	15	15	15	15	15
유가증권	62	50	24	1	—	57
총부채	3,104	1,872	1,886	1,783	1,310	1,191
총차입금	2,718	1,703	1,734	1,644	1,233	1,060
자본금	140	140	140	140	237	237
총자본	1,462	1,110	989	667	926	932
지배주주지분	1,175	1,033	909	620	877	881

기업가치 지표

항목	2012	2013	2014	2015	2016	2017
주가(최고/저)(천원)	3.7/2.1	2.9/1.2	1.8/1.0	2.2/0.8	2.8/1.2	2.1/1.0
PER(최고/저)(배)	12.9/7.4	—/—	—/—	—/—	22.7/9.8	55.7/27.0
PBR(최고/저)(배)	1.0/0.6	0.9/0.4	0.6/0.3	1.1/0.4	1.5/0.7	1.1/0.5
EV/EBITDA(배)	28.8	109.5	21.7	—	14.5	10.2
EPS(원)	297	-404	-359	-1,644	127	39
BPS(원)	4,285	3,800	3,357	2,322	1,909	1,919
CFPS(원)	548	-222	-311	-1,784	187	87
DPS(원)	50	—	—	—	10	—
EBITDAPS(원)	470	73	346	-275	370	319

재무 비율
〈단위 : %〉

연도	영업이익률	순이익률	부채비율	차입금비율	ROA	ROE	유보율	자기자본비율	EBITDA마진율
2017	5.0	0.8	127.8	113.8	0.9	2.1	283.8	43.9	5.9
2016	5.1	2.2	141.6	133.3	2.4	6.9	281.9	41.4	6.1
2015	-4.3	-22.1	267.3	246.5	-21.3	-69.6	364.4	27.2	-3.0
2014	2.1	-3.5	190.7	175.4	-3.9	-12.0	571.3	34.4	3.0

서원인텍 (A093920)
SEOWONINTECH

업종 : 휴대폰 및 관련부품 | 시장 : KOSDAQ
신용등급 : (Bond) — (CP) — | 기업규모 : 우량
홈페이지 : www.seowonintech.co.kr | 연락처 : 031)428-9500
본사 : 경기도 군포시 엘에스로115번길 69 (금정동)

설립일	1983.08.15	종업원수	480명	대표이사	김재윤
상장일	2007.12.20	감사의견	적정(천지)	계열	
결산기	12월	보통주		종속회사수	3개사
액면가	500원	우선주		구상호	

주주구성 (지분율,%)		출자관계 (지분율,%)		주요경쟁사 (외형,%)	
김재윤	30.9	서원(남경)전자	100.0	서원인텍	100
김영환	13.0	서원(천진)전자유한공사	100.0	블루콤	41
(외국인)	6.5	하노이서원인텍	99.0	KH바텍	124

매출구성		비용구성		수출비중	
RUBBER SPONGE등	58.7	매출원가율	91.0	수출	48.0
KEY-PAD	27.2	판관비율	5.8	내수	52.0
SCM	10.8				

회사 개요
동사는 1985년에 설립되어 전자 IT부품을 생산, 공급하고 있음. 삼성전자에 휴대폰 부품 및 악세사리 부품을 공급하고, LG화학에 SCM, PCM 등 보호회로를 공급하고 있으며, 신규사업으로 와이브로 단말 관련 사업을 영위중임. 최근 풀터치폰이 강세를 보임에 따라 키패드 매출 의존도를 낮추고 와이브로 단말과 2차전지 보호회로 등으로 수익구조를 다변화함. 연결기준 종속회사로는 중국과 베트남, 남경에 있는 3개의 현지법인이 있음.

실적 분석
동사의 2017년 연간 매출액은 전년동기대비 20.5% 하락한 2,841.4억원을 기록하였음. 비용면에서 전년동기대비 매출원가는 감소 하였으며 인건비는 증가 했고 광고선전비는 크게 감소, 기타판매비와관리비는 감소함. 주춤한 모습의 매출액에 의해 전년동기대비 영업이익은 90.3억원으로 40.4% 크게 하락 하였음. 최종적으로 전년동기대비 당기순이익은 크게 하락하여 31.4억원을 기록함.

현금 흐름
〈단위 : 억원〉

항목	2016	2017
영업활동	128	152
투자활동	-31	-83
재무활동	-150	-48
순현금흐름	-41	-8
기말현금	464	456

시장 대비 수익률
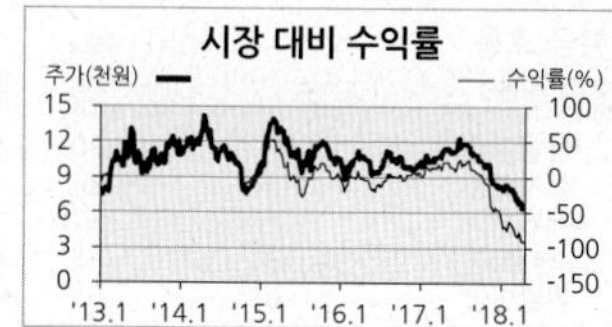

결산 실적
〈단위 : 억원〉

항목	2012	2013	2014	2015	2016	2017
매출액	2,392	3,580	3,939	3,696	3,576	2,841
영업이익	146	334	257	209	152	90
당기순이익	105	268	309	248	193	31

분기 실적
〈단위 : 억원〉

항목	2016.3Q	2016.4Q	2017.1Q	2017.2Q	2017.3Q	2017.4Q
매출액	936	683	843	937	572	489
영업이익	21	27	26	73	2	-10
당기순이익	38	40	19	56	3	-47

재무 상태
〈단위 : 억원〉

항목	2012	2013	2014	2015	2016	2017
총자산	1,341	1,764	2,009	2,222	2,272	1,969
유형자산	305	558	489	536	597	526
무형자산	22	22	9	10	9	8
유가증권	14	—	—	—	—	40
총부채	388	578	591	646	623	432
총차입금	89	165	113	252	183	243
자본금	93	93	93	93	93	93
총자본	952	1,187	1,418	1,576	1,649	1,537
지배주주지분	952	1,186	1,418	1,575	1,648	1,536

기업가치 지표

항목	2012	2013	2014	2015	2016	2017
주가(최고/저)(천원)	7.7/2.7	13.2/7.4	14.3/7.4	14.2/9.3	11.3/8.8	12.3/8.1
PER(최고/저)(배)	16.8/6.0	11.4/6.3	10.4/5.4	12.4/8.1	12.1/9.5	77.6/50.0
PBR(최고/저)(배)	1.9/0.7	2.6/1.4	2.3/1.2	1.9/1.3	1.4/1.1	1.5/1.0
EV/EBITDA(배)	6.8	5.9	4.0	5.1	6.1	5.8
EPS(원)	564	1,439	1,659	1,327	1,028	164
BPS(원)	5,117	6,376	7,623	8,467	8,861	8,260
CFPS(원)	982	1,882	2,388	1,882	1,528	586
DPS(원)	200	400	500	600	660	300
EBITDAPS(원)	1,203	2,239	2,113	1,678	1,315	908

재무 비율
〈단위 : %〉

연도	영업이익률	순이익률	부채비율	차입금비율	ROA	ROE	유보율	자기자본비율	EBITDA마진율
2017	3.2	1.1	28.1	15.8	1.5	1.9	1,552.0	78.0	5.9
2016	4.2	5.4	37.8	11.1	8.6	11.9	1,672.3	72.6	6.8
2015	5.7	6.7	41.0	16.0	11.7	16.5	1,593.4	70.9	8.5
2014	6.5	7.8	41.7	8.0	16.4	23.7	1,424.7	70.6	10.0

서전기전 (A189860)

SEOJEON ELECTRIC MACHINERY COLTD

업 종 : 전기장비
신용등급 : (Bond) — (CP) —
홈페이지 : www.sjem.co.kr
본 사 : 경기도 이천시 대월면 대월로 667번길 38-19 (이천대월 일반산업단지 내)

시 장 : KOSDAQ
기업규모 : 벤처
연 락 처 : 031)426-5506

설 립 일	2011.11.18	**종 업 원 수**	92명	**대 표 이 사**	김한수
상 장 일	2014.12.24	**감 사 의 견**	적정(우리)	**계 열**	
결 산 기	12월	**보 통 주**		**종속회사수**	
액 면 가	500원	**우 선 주**		**구 상 호**	

주주구성 (지분율,%)		출자관계 (지분율,%)		주요경쟁사 (외형,%)	
홍춘근	45.3			서전기전	100
한국증권금융	5.1			선도전기	216
(외국인)	1.5			삼화전기	413

매출구성		비용구성		수출비중	
고압 배전반(Maxi HV)	43.1	매출원가율	74.0	수출	0.0
저압 배전반(Maxi LV)	25.8	판관비율	21.5	내수	100.0
MCC(전동기제어반), 분전반 외	22.4				

회사 개요

동사는 1988년 9월 15일 유진전기로 설립된 이후, 1991년 11월 18일 주식회사 서전기전으로 법인 전환되었으며, 주요 목적사업은 고/저압 수배전반 및 자동제어반 제조 및 판매임. 동사는 중소기업의 판매전략인 중소기업청 성능인증, 조달청 우수제품지정, 기술표준원의 신제품인증을 획득하였고, 초고압개폐장치, DC배전반, 정류기 등 진일보한 개폐기/차단기분야로 기술력입증과 해외사업 진출 다각화 노력.

실적 분석

동사의 2017년 연간 매출액은 501.7억원을 기록하였음. 전년동기대비 거의 동일한 수준을 유지하고 있으며 이는 수배전반산업이 내수시장을 중심으로 교체수요가 꾸준히 발생하기 때문으로 보임. 매출은 거의 그대로이나 비용이 감소하여 전년동기대비 영업이익은 22.6억원으로 13.1% 상승 하였음. 해당 산업은 성숙기에 접어든 산업이나 추가적인 건물 및 설비 투자 수요가 발생되면 매출성장을 기대할 수 있음.

현금 흐름 *IFRS 별도 기준

<단위 : 억원>

항목	2016	2017
영업활동	30	-5
투자활동	-36	-49
재무활동	-4	11
순현금흐름	-6	-48
기말현금	51	3

시장 대비 수익률

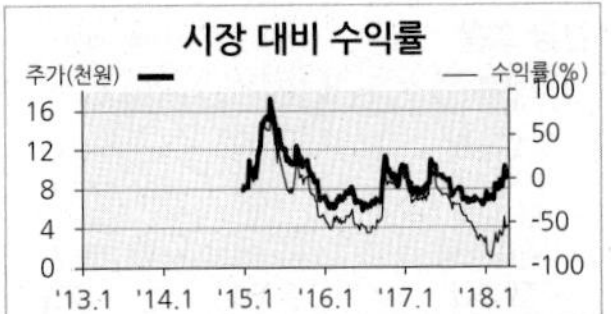

결산 실적

<단위 : 억원>

항목	2012	2013	2014	2015	2016	2017
매출액	462	548	563	420	502	502
영업이익	82	69	83	-4	20	23
당기순이익	66	57	98	2	14	28

분기 실적 *IFRS 별도 기준

<단위 : 억원>

항목	2016.3Q	2016.4Q	2017.1Q	2017.2Q	2017.3Q	2017.4Q
매출액	100	199	64	143	103	193
영업이익	-0	20	-21	22	1	20
당기순이익	-1	11	-16	24	1	19

재무 상태 *IFRS 별도 기준

<단위 : 억원>

항목	2012	2013	2014	2015	2016	2017
총자산	218	271	399	363	407	436
유형자산	120	111	118	172	190	226
무형자산	2	3	2	2	2	4
유가증권	1	1	1	1	1	1
총부채	91	123	77	59	93	99
총차입금	1	7	—	—	—	17
자본금	18	18	24	24	24	24
총자본	127	148	322	304	314	337
지배주주지분	127	148	322	304	314	337

기업가치 지표 *IFRS 별도 기준

항목	2012	2013	2014	2015	2016	2017
주가(최고/저)(천원)	—/—	—/—	8.4/7.9	17.1/6.6	12.6/5.9	11.3/6.2
PER(최고/저)(배)	0.0/0.0	0.0/0.0	3.5/3.2	2,256.8/874.8	45.3/21.0	20.0/11.0
PBR(최고/저)(배)	0.0/0.0	0.0/0.0	1.4/1.3	2.8/1.1	2.0/0.9	1.7/0.9
EV/EBITDA(배)	0.0	0.1	3.7	31.3	13.9	11.3
EPS(원)	1,824	1,584	2,631	8	286	576
BPS(원)	35,259	41,095	6,640	6,264	6,473	6,939
CFPS(원)	19,395	16,959	2,732	128	431	727
DPS(원)	—	—	455	75	110	—
EBITDAPS(원)	23,795	20,377	2,336	198	638	618

재무 비율

<단위 : %>

연도	영업이익률	순이익률	부채비율	차입금비율	ROA	ROE	유보율	자기자본비율	EBITDA마진율
2017	4.5	5.6	29.5	5.0	6.6	8.6	1,287.8	77.2	6.0
2016	4.0	2.8	29.8	0.0	3.6	4.5	1,194.7	77.1	5.4
2015	-0.9	0.4	20.3	0.0	0.4	0.5	1,152.5	83.1	0.6
2014	14.7	17.4	24.4	0.0	29.1	41.6	1,237.0	80.4	15.3

서진시스템 (A178320)

SEOJIN SYSTEM COLTD

업 종 : 통신장비
신용등급 : (Bond) — (CP) —
홈페이지 : www.seojinsystem.net
본 사 : 경기도 부천시 오정구 산업로 20-22

시 장 : KOSDAQ
기업규모 : 벤처
연 락 처 : 032)506-2760

설 립 일	2007.10.30	**종 업 원 수**	156명	**대 표 이 사**	전동규
상 장 일	2017.03.27	**감 사 의 견**	적정(현대)	**계 열**	
결 산 기	12월	**보 통 주**		**종속회사수**	10개사
액 면 가	500원	**우 선 주**		**구 상 호**	

주주구성 (지분율,%)		출자관계 (지분율,%)		주요경쟁사 (외형,%)	
전동규	41.3	텍슨	99.8	서진시스템	100
프레스토제3호사모투자전문회사	4.9	SEOJINVINA	100.0	삼지전자	548
(외국인)	2.8	SEOJINSYSTEMVINA	100.0	AP위성	13

매출구성		비용구성		수출비중	
통신장비 부품	0.6	매출원가율	81.7	수출	44.0
핸드폰 부품	0.2	판관비율	10.8	내수	56.0
반도체장비 ? 부품	0.1				

회사 개요

동사는 금속가공 기술 및 시스템 설계 역량을 바탕으로 각종 통신장비, 핸드폰, 반도체장비 등의 함체, 구조물, 전기구동장치 등을 제조, 판매하고 있으며 2007년 10월 30일 주식회사 서진시스템으로 설립되었음. 동사는 현재 영위하고 있는 통신장비 함체 제조와 더불어 2015년 텍슨 인수와 함께 통신장비, 반도체, ESS 제품에도 진출하였으며, 2016년 상반기 삼성전자 스마트폰 SUB ASSEMBLE등의 추가적인 사업을 영위중임.

실적 분석

동사의 2017년 연간 매출액은 전년동기대비 43.5% 상승한 2,379.5억원을 기록하였음. 비용면에서 전년동기대비 매출원가는 증가했으며 인건비도 증가, 기타판매비와관리비는 증가함. 이와 같이 상승한 매출액 대비 비용증가가 높아 매출액은 성장했지만 원가 증가로 인해 전년동기대비 영업이익은 178.5억원으로 26.8% 크게 하락 하였음. 최종적으로 전년동기대비 당기순이익은 크게 하락하여 63.1억원을 기록함.

현금 흐름

<단위 : 억원>

항목	2016	2017
영업활동	384	-80
투자활동	-406	-356
재무활동	119	500
순현금흐름	98	63
기말현금	133	197

시장 대비 수익률

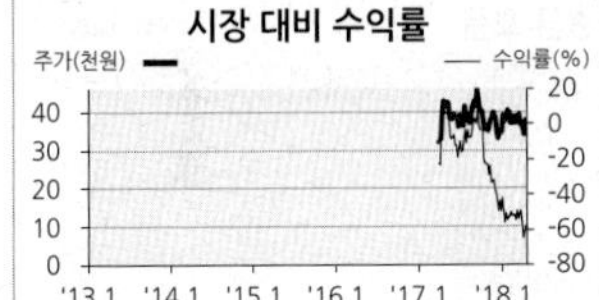

결산 실적

<단위 : 억원>

항목	2012	2013	2014	2015	2016	2017
매출액	329	348	492	777	1,659	2,379
영업이익	34	4	47	224	244	178
당기순이익	23	-3	10	182	196	63

분기 실적

<단위 : 억원>

항목	2016.3Q	2016.4Q	2017.1Q	2017.2Q	2017.3Q	2017.4Q
매출액	309	778	632	638	509	600
영업이익	43	144	68	19	38	53
당기순이익	11	149	24	30	36	-27

재무 상태

<단위 : 억원>

항목	2012	2013	2014	2015	2016	2017
총자산	321	384	686	1,461	2,263	2,592
유형자산	133	166	384	917	1,198	1,292
무형자산	—	0	8	45	61	165
유가증권	23	23	—	0	0	0
총부채	226	283	637	1,124	1,538	1,379
총차입금	154	235	434	863	843	916
자본금	17	17	15	15	22	31
총자본	96	102	49	337	725	1,213
지배주주지분	96	102	49	337	725	1,187

기업가치 지표

항목	2012	2013	2014	2015	2016	2017
주가(최고/저)(천원)	—/—	—/—	—/—	—/—	—/—	45.9/31.9
PER(최고/저)(배)	0.0/0.0	0.0/0.0	0.0/0.0	0.0/0.0	0.0/0.0	50.9/35.4
PBR(최고/저)(배)	0.0/0.0	0.0/0.0	0.0/0.0	0.0/0.0	0.0/0.0	2.4/1.7
EV/EBITDA(배)	2.9	9.0	4.9	2.9	2.1	9.3
EPS(원)	1,204	-100	320	6,016	4,573	905
BPS(원)	28,657	30,559	14,751	101,216	15,641	18,998
CFPS(원)	19,184	5,104	11,951	73,887	6,962	3,205
DPS(원)	—	—	—	—	—	100
EBITDAPS(원)	24,845	7,143	23,261	86,492	8,072	5,297

재무 비율

<단위 : %>

연도	영업이익률	순이익률	부채비율	차입금비율	ROA	ROE	유보율	자기자본비율	EBITDA마진율
2017	7.5	2.7	113.7	75.5	2.6	5.6	3,699.6	46.8	13.3
2016	14.7	11.8	212.2	116.3	10.5	37.0	3,270.6	32.0	20.9
2015	28.9	23.5	333.0	255.9	17.0	94.4	2,149.2	23.1	37.1
2014	9.7	2.0	1,296.1	883.4	—	—	227.8	7.2	15.8

서진오토모티브 (A122690)

Seojin Automotive

업　　종 : 자동차부품	시　　장 : KOSDAQ
신용등급 : (Bond) —　　(CP) —	기업규모 : 우량
홈페이지 : www.secoautomotive.com	연 락 처 : 031)496-1500
본　　사 : 경기도 시흥시 공단1대로 313	

설 립 일 2010.01.19	**종 업 원 수** 294명	**대 표 이 사** 서영종,이명구
상 장 일 2010.05.25	**감 사 의 견** 적정(삼정)	**계　　열**
결 산 기 12월	**보 통 주**	**종속회사수** 10개사
액 면 가 500원	**우 선 주**	**구 상 호**

주주구성 (지분율,%)		출자관계 (지분율,%)		주요경쟁사 (외형,%)	
배석두	25.6	세코글로벌	100.0	서진오토모티브	100
서진캠	21.9	서진에프씨씨	50.0	영화금속	15
(외국인)	0.5	에코플라스틱	33.0	엠에스오토텍	57

매출구성		비용구성		수출비중	
CLUTCH(제품)	51.9	매출원가율	96.0	수출	54.5
A/T PARTS(제품)	20.7	판관비율	4.6	내수	45.5
기 타(상품)	10.6				

회사 개요

동사는 1990년 설립되었으며 2012년에 신한스팩1호와 합병하여 코스닥시장에 상장함. 주요사업은 자동차부품사업으로 차량용 구동품(Clutch, Flywheel,Drive plate, Auto Parts)등을 생산판매하고 있음. 주 거래처는 현대/기아자동차를 비롯하여 국내 완성차업체와 현대모비스, 국내시판, 해외수출 등 국내외 다양한 거래선과 거래하고 있음. 경쟁사는 국내 평화발레오, 해외는 LUK, SACHS, VALEO 등임.

실적 분석

동사는 지난해 연결기준 실적이 매출 1조 2,383.4억원, 영업손실 77.4억원으로 집계됨. 전년 대비 매출은 4.2% 감소했고, 영업이익은 적자로 돌아섬. 이는 전방산업 경기 악화로 인한 매출감소와 원가 상승에 따라 영업이익이 감소한 결과. 동사는 지속적인 연구개발과 설비투자로 글로벌 경쟁력을 확보함과 동시에 해외시장의 확대를 통한 시장장악력을 높이기 위해 해외 영업활동을 강화하고 있음.

현금 흐름

〈단위 : 억원〉

항목	2016	2017
영업활동	489	677
투자활동	-746	-817
재무활동	226	189
순현금흐름	-29	46
기말현금	83	128

시장 대비 수익률

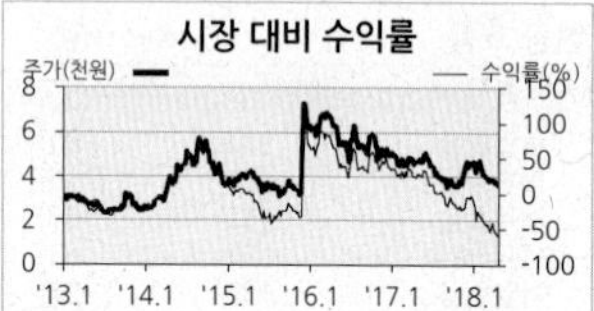

결산 실적

〈단위 : 억원〉

항목	2012	2013	2014	2015	2016	2017
매출액	10,239	11,618	12,751	13,372	12,925	12,383
영업이익	118	162	200	158	124	-77
당기순이익	50	66	105	60	41	-177

분기 실적

〈단위 : 억원〉

항목	2016.3Q	2016.4Q	2017.1Q	2017.2Q	2017.3Q	2017.4Q
매출액	2,674	3,661	3,206	3,330	2,857	2,990
영업이익	-94	172	6	-8	-40	-35
당기순이익	-107	138	-30	-11	-64	-73

재무 상태

〈단위 : 억원〉

항목	2012	2013	2014	2015	2016	2017
총자산	6,119	6,555	7,291	8,134	8,206	8,286
유형자산	3,710	4,027	4,459	4,850	5,067	5,013
무형자산	66	84	84	104	145	148
유가증권	7	7	7	3	14	15
총부채	4,230	4,565	5,263	6,064	6,081	6,332
총차입금	1,491	1,780	2,146	2,798	3,015	3,191
자본금	89	95	95	95	95	101
총자본	1,890	1,990	2,027	2,071	2,125	1,954
지배주주지분	1,150	1,234	1,208	1,215	1,228	1,108

기업가치 지표

항목	2012	2013	2014	2015	2016	2017
주가(최고/저)(천원)	4.6/2.4	3.3/2.1	5.7/2.5	9.5/3.0	7.5/4.7	5.4/3.4
PER(최고/저)(배)	8.8/4.5	11.0/7.2	13.9/6.0	45.0/14.1	64.8/40.4	—/—
PBR(최고/저)(배)	0.8/0.4	0.5/0.4	0.9/0.4	1.5/0.5	1.1/0.7	1.0/0.6
EV/EBITDA(배)	5.7	5.0	5.2	6.2	6.4	8.3
EPS(원)	567	315	428	215	117	-562
BPS(원)	6,541	6,549	6,641	6,682	6,748	5,783
CFPS(원)	5,213	2,569	2,817	2,954	3,106	2,556
DPS(원)	50	60	60	60	30	—
EBITDAPS(원)	6,257	3,145	3,441	3,569	3,638	2,712

재무 비율

〈단위 : %〉

연도	영업이익률	순이익률	부채비율	차입금비율	ROA	ROE	유보율	자기자본비율	EBITDA마진율
2017	-0.6	-1.4	324.0	163.3	-2.2	-9.2	1,056.6	23.6	4.2
2016	1.0	0.3	286.1	141.8	0.5	1.8	1,249.6	25.9	5.4
2015	1.2	0.5	292.9	135.2	0.8	3.4	1,236.5	25.5	5.1
2014	1.6	0.8	259.6	105.9	1.5	6.7	1,228.1	27.8	5.1

서플러스글로벌 (A140070)

SurplusGLOBAL

업　　종 : 반도체 및 관련장비	시　　장 : KOSDAQ
신용등급 : (Bond) —　　(CP) —	기업규모 : 중견
홈페이지 : www.surplusglobal.com	연 락 처 : 031)615-6800
본　　사 : 경기도 오산시 경기대로 78-26	

설 립 일 2000.03.27	**종 업 원 수** 47명	**대 표 이 사** 김정웅
상 장 일 2017.01.25	**감 사 의 견** 적정(한영)	**계　　열**
결 산 기 12월	**보 통 주**	**종속회사수** 3개사
액 면 가 100원	**우 선 주**	**구 상 호**

주주구성 (지분율,%)		출자관계 (지분율,%)		주요경쟁사 (외형,%)	
김정웅	34.7	이큐글로벌	67.0	서플러스글로벌	100
박병도	13.6	SurplusGLOBALTaiwan,	100.0	에스에이엠티	1,085
(외국인)	1.7	SurplusGLOBALChina,	100.0	아이에이	54

매출구성		비용구성		수출비중	
전공정	67.9	매출원가율	66.0	수출	—
후공정	15.3	판관비율	10.1	내수	—
제 품	8.3				

회사 개요

동사는 2011년에 설립한 반도체 전공정, 후공정 중고장비의 매입매각 전문업체로서, 전 세계적인 네트워크를 기반으로 연간 수 천대의 중고 장비를 거래하는 플랫폼 비즈니스를 수행하고 있음. 단순히 중고장비의 매입과 매각의 범위를 넘어서, 매각 대행서비스, 글로벌 소싱 서비스, 물류서비스 등을 제공할 뿐 아니라 장비 가동 테스트, 보상판매, Reconfiguration, Refurbishment 등 제조 및A/S서비스도 제공함.

실적 분석

동사의 2017년 연간 매출액은 전년동기대비 11.6% 상승한 1,117.3억원을 기록하였음. 비용면에서 전년동기대비 매출원가는 증가 하였으며 인건비도 증가, 광고선전비는 크게 감소, 기타판매비와관리비는 거의 동일함. 이처럼 매출액 상승과 더불어 비용절감에도 힘을 기울였음. 최종적으로 전년동기대비 당기순이익은 상승하여 198.7억원을 기록함. 영업이익 증가외에 비영업손익의 적자부분은 확인할 필요가 있어보임.

현금 흐름

〈단위 : 억원〉

항목	2016	2017
영업활동	109	-140
투자활동	-29	-160
재무활동	-11	317
순현금흐름	69	17
기말현금	80	97

시장 대비 수익률

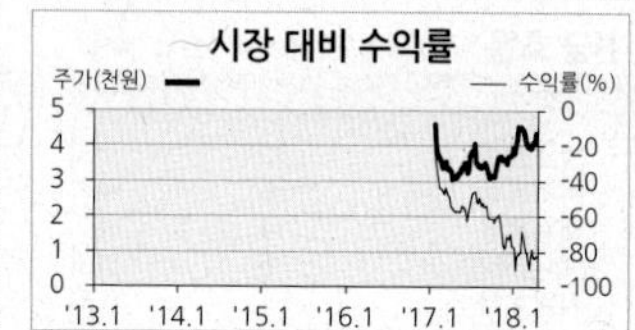

결산 실적

〈단위 : 억원〉

항목	2012	2013	2014	2015	2016	2017
매출액	539	701	574	954	1,001	1,117
영업이익	91	59	78	142	196	267
당기순이익	59	35	44	97	142	199

분기 실적

〈단위 : 억원〉

항목	2016.3Q	2016.4Q	2017.1Q	2017.2Q	2017.3Q	2017.4Q
매출액	282	268	241	211	294	371
영업이익	69	58	51	32	75	110
당기순이익	50	45	36	25	58	79

재무 상태

〈단위 : 억원〉

항목	2012	2013	2014	2015	2016	2017
총자산	536	629	762	834	932	1,553
유형자산	130	129	141	124	121	298
무형자산	0	0	5	4	12	30
유가증권	6	8	7	12	17	17
총부채	292	349	445	421	378	452
총차입금	253	297	352	291	280	296
자본금	2	2	2	2	14	18
총자본	245	280	317	413	555	1,101
지배주주지분	245	280	317	413	555	1,081

기업가치 지표

항목	2012	2013	2014	2015	2016	2017
주가(최고/저)(천원)	—/—	—/—	—/—	—/—	—/—	4.7/3.0
PER(최고/저)(배)	0.0/0.0	0.0/0.0	0.0/0.0	0.0/0.0	0.0/0.0	8.8/5.6
PBR(최고/저)(배)	0.0/0.0	0.0/0.0	0.0/0.0	0.0/0.0	0.0/0.0	1.6/1.0
EV/EBITDA(배)	2.6	4.7	4.1	1.8	1.0	5.5
EPS(원)	209	123	154	342	502	541
BPS(원)	607,154	693,229	786,499	1,023,956	3,928	5,843
CFPS(원)	156,255	94,049	121,293	255,018	1,043	1,147
DPS(원)	—	—	—	—	70	75
EBITDAPS(원)	235,433	154,092	206,294	368,357	1,428	1,527

재무 비율

〈단위 : %〉

연도	영업이익률	순이익률	부채비율	차입금비율	ROA	ROE	유보율	자기자본비율	EBITDA마진율
2017	23.9	17.8	41.1	26.9	16.0	24.2	5,743.1	70.9	25.0
2016	19.6	14.2	68.1	50.5	16.1	29.3	3,827.7	59.5	20.1
2015	14.9	10.1	101.9	70.4	12.1	26.4	20,379.1	49.5	15.6
2014	13.6	7.6	140.3	111.1	—	—	15,630.0	41.6	14.5

서한 (A011370)

SEOHAN Const & Eng

업 종 : 건설
신용등급 : (Bond) BBB- (CP) —
홈페이지 : www.seo-han.co.kr
본 사 : 대구시 수성구 명덕로 415 서한빌딩

시 장 : KOSDAQ
기업규모 : 우량
연 락 처 : 053)741-9980

설 립 일	1976.05.12	**종 업 원 수**	251명	**대 표 이 사**	조종수
상 장 일	1994.05.24	**감 사 의 견**	적정(서일)	**계 열**	
결 산 기	12월	**보 통 주**		**종속회사수**	
액 면 가	500원	**우 선 주**		**구 상 호**	

주주구성 (지분율,%)		출자관계 (지분율,%)		주요경쟁사 (외형,%)	
서한장학문화재단	10.0	제네콘	50.0	서한	100
정병양	9.5	대경문화관광개발	39.0	서희건설	195
(외국인)	15.2	서한카이트제11호기업형임대위탁관리부동산투자회사	37.0	고려개발	125

매출구성		비용구성		수출비중	
분양공사	59.4	매출원가율	77.2	수출	—
건축공사	29.6	판관비율	3.3	내수	—
토목공사	10.8				

회사 개요

동사는 대구광역시 수성구에 본사를 두고 있는 종합건설업체로서 1971년 대구주택공사로 설립되어 주택건설, 토목, 건축 공사업, 부동산임대업을 주요사업으로 영위하고 있음. 1994년에 코스닥시장에 상장되었으며, 정부 및 정부 투자기관이 발주하는 사회간접자본 시설공사(SOC)등의 관급공사를 주력사업으로 하고 있음. LH로부터 부산명지지구, 청라국제도시, 세종행복도시 등 총 460억원 규모의 대행개발사업을 하고 있음.

실적 분석

동사의 2017년 누적 매출액과 영업이익은 각각 전년 대비 5.8%, 15.2% 증가한 5,286.9억원과 1,031.1억원을 기록. 당기순이익 또한 774.7억원을 기록(+19.8%). 2014년 이후 분양된 자체사업장이 준공되며 이익 개선을 견인함. 2017년 공시기준 수주 7,370억원, 2018년 1조원 수주 목표로 지속 성장 중. 풍부한 현금을 통한 재투자에 나설 것으로 보여 향후 사업 확장이 기대됨.

현금 흐름 *IFRS 별도 기준

〈단위 : 억원〉

항목	2016	2017
영업활동	868	131
투자활동	95	-450
재무활동	-502	-311
순현금흐름	462	-630
기말현금	1,094	465

시장 대비 수익률

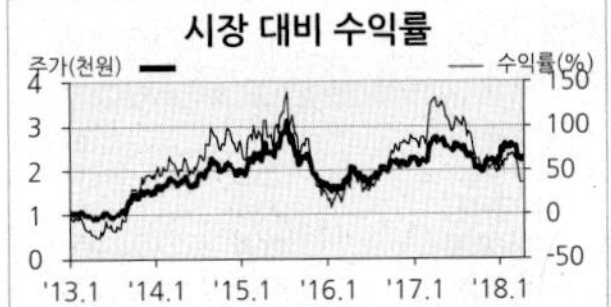

결산 실적

〈단위 : 억원〉

항목	2012	2013	2014	2015	2016	2017
매출액	1,481	2,959	4,735	4,481	4,996	5,287
영업이익	56	146	351	396	895	1,031
당기순이익	40	148	301	323	647	775

분기 실적 *IFRS 별도 기준

〈단위 : 억원〉

항목	2016.3Q	2016.4Q	2017.1Q	2017.2Q	2017.3Q	2017.4Q
매출액	1,304	1,321	1,027	1,245	1,593	1,422
영업이익	238	295	188	207	367	269
당기순이익	181	203	151	177	282	164

재무 상태 *IFRS 별도 기준

〈단위 : 억원〉

항목	2012	2013	2014	2015	2016	2017
총자산	1,523	2,049	3,260	4,000	4,127	3,919
유형자산	36	31	90	88	76	85
무형자산	17	17	10	10	10	9
유가증권	228	245	263	269	274	306
총부채	744	1,132	2,061	2,499	2,003	1,054
총차입금	259	341	783	919	445	163
자본금	504	504	504	504	504	504
총자본	778	917	1,199	1,501	2,124	2,864
지배주주지분	778	917	1,199	1,501	2,124	2,864

기업가치 지표 *IFRS 별도 기준

항목	2012	2013	2014	2015	2016	2017
주가(최고/저)(천원)	1.7/0.9	1.6/0.9	2.3/1.5	3.1/1.6	2.3/1.5	2.8/2.0
PER(최고/저)(배)	45.7/23.6	11.5/6.5	8.1/5.3	10.3/5.2	3.6/2.4	3.7/2.6
PBR(최고/저)(배)	2.4/1.2	1.9/1.1	2.0/1.3	2.2/1.1	1.1/0.7	1.0/0.7
EV/EBITDA(배)	19.3	10.2	7.4	4.3	1.7	1.7
EPS(원)	40	146	299	320	641	768
BPS(원)	772	909	1,188	1,488	2,105	2,839
CFPS(원)	42	148	300	322	643	770
DPS(원)	5	15	20	25	30	40
EBITDAPS(원)	57	146	349	394	889	1,024

재무 비율

〈단위 : %〉

연도	영업이익률	순이익률	부채비율	차입금비율	ROA	ROE	유보율	자기자본비율	EBITDA마진율
2017	19.5	14.7	36.8	5.7	19.3	31.1	467.8	73.1	19.5
2016	17.9	13.0	94.3	21.0	15.9	35.7	321.1	51.5	18.0
2015	8.8	7.2	166.5	61.2	8.9	23.9	197.6	37.5	8.9
2014	7.4	6.4	171.9	65.3	11.4	28.5	137.7	36.8	7.5

서호전기 (A065710)

Seoho Electric

업 종 : 운송인프라
신용등급 : (Bond) — (CP) —
홈페이지 : www.seoho.com
본 사 : 경기도 안양시 동안구 귀인로 9 (호계동)

시 장 : KOSDAQ
기업규모 : 벤처
연 락 처 : 031)468-6611

설 립 일	1988.09.23	**종 업 원 수**	110명	**대 표 이 사**	김승남
상 장 일	2002.07.06	**감 사 의 견**	적정(서일)	**계 열**	
결 산 기	12월	**보 통 주**		**종속회사수**	1개사
액 면 가	500원	**우 선 주**		**구 상 호**	

주주구성 (지분율,%)		출자관계 (지분율,%)		주요경쟁사 (외형,%)	
이상호	55.3	청도서호전기유한공사	73.8	서호전기	100
한국투자신탁운용	5.1	싱가폴서호	70.0	데일리블록체인	110
(외국인)	3.1			동방	1,133

매출구성		비용구성		수출비중	
항만크레인제어시스템,인버터, 컨버터	100.0	매출원가율	46.5	수출	68.3
		판관비율	24.4	내수	31.7

회사 개요

동사는 항만 크레인 및 조선소의 크레인을 구동 제어 하는 전기제어시스템을 제조 판매하고 있으며, AC 모터 및 DC 모터를 구동제어하는 AC인버터, DC컨버터를 단품으로 제조해 판매함. AC인버터의 중국시장을 진출을 목적으로 2003년 12월 11일 중국청도에 현지출자해 연결대상 종속회사 청도서호전기유한공사를 설립함. 현재 지분 73.8%를 보유하고 있음.

실적 분석

동사의 2017년 연결기준 연간 매출액 446.7억원으로 전년 대비 24.8% 감소됨. 매출원가가 50% 감소됨에 따라 영업이익은 129.9억원으로 전년동기 대비 65.1% 증가함. 수주감소에 따라 매출은 감소되었으나 원가절감 등으로 수익성은 향상됨. 향후 진행될 부산 신항만의 신규 수주 및 싱가폴 지역의 추가적인 항만크레인 시스템 공급여부로 실적개선을 기대해봄.

현금 흐름

〈단위 : 억원〉

항목	2016	2017
영업활동	133	12
투자활동	-147	81
재무활동	-20	9
순현금흐름	-28	73
기말현금	106	179

시장 대비 수익률

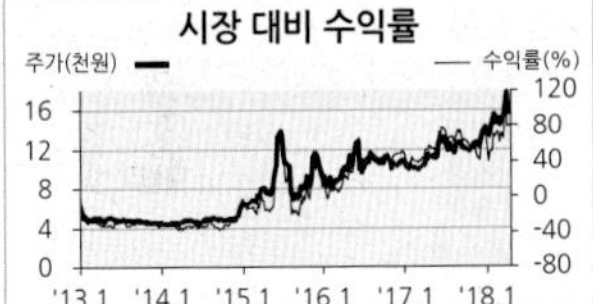

결산 실적

〈단위 : 억원〉

항목	2012	2013	2014	2015	2016	2017
매출액	265	273	346	528	594	447
영업이익	4	12	24	33	79	130
당기순이익	9	16	24	29	88	62

분기 실적

〈단위 : 억원〉

항목	2016.3Q	2016.4Q	2017.1Q	2017.2Q	2017.3Q	2017.4Q
매출액	140	141	87	99	128	133
영업이익	36	8	39	25	43	24
당기순이익	13	48	3	29	39	-9

재무 상태

〈단위 : 억원〉

항목	2012	2013	2014	2015	2016	2017
총자산	511	517	588	643	786	767
유형자산	148	149	148	149	147	146
무형자산	2	2	1	2	2	2
유가증권	3	3	2	2	2	178
총부채	42	37	90	134	211	166
총차입금	—	—	—	2	3	40
자본금	26	26	26	26	26	26
총자본	470	480	499	509	575	601
지배주주지분	466	477	496	507	574	599

기업가치 지표

항목	2012	2013	2014	2015	2016	2017
주가(최고/저)(천원)	9.7/4.3	6.3/4.3	7.2/4.3	14.6/6.3	12.8/7.9	14.5/9.9
PER(최고/저)(배)	72.2/32.0	26.2/17.7	17.8/11.0	30.6/13.1	8.5/5.2	12.8/8.8
PBR(최고/저)(배)	1.3/0.6	0.8/0.6	0.9/0.5	1.7/0.7	1.3/0.8	1.3/0.9
EV/EBITDA(배)	25.5	4.3	5.1	5.3	1.7	2.6
EPS(원)	170	301	478	565	1,715	1,192
BPS(원)	9,454	9,654	10,000	10,204	11,213	11,647
CFPS(원)	206	341	523	611	1,761	1,239
DPS(원)	100	100	300	500	700	900
EBITDAPS(원)	112	274	515	696	1,573	2,568

재무 비율

〈단위 : %〉

연도	영업이익률	순이익률	부채비율	차입금비율	ROA	ROE	유보율	자기자본비율	EBITDA마진율
2017	29.1	13.9	27.7	6.7	8.0	10.5	2,229.4	78.3	29.6
2016	13.3	14.8	36.6	0.6	12.3	16.4	2,142.6	73.2	13.7
2015	6.3	5.4	26.4	0.3	4.6	5.8	1,940.8	79.1	6.8
2014	7.0	6.9	18.0	0.0	4.3	5.1	1,900.0	84.7	7.7

서흥 (A008490)
SUHEUNG

업　　종 : 제약
신용등급 : (Bond) —　　(CP) —
홈페이지 : www.suheung.com
본　　사 : 충북 청주시 흥덕구 오송읍 오송생명로 61

시　　장 : 거래소
기업규모 : 시가총액 소형주
연 락 처 : 043)249-4100

설 립 일	1973.01.30	**종업원수**	758명	**대표이사**	양주환
상 장 일	1990.03.27	**감사의견**	적정(삼덕)	**계　　열**	
결 산 기	12월	**보 통 주**		**종속회사수**	7개사
액 면 가	500원	**우 선 주**		**구 상 호**	서흥캅셀

주주구성 (지분율,%)		출자관계 (지분율,%)		주요경쟁사 (외형,%)	
양주환	32.8	위너웰	100.0	서흥	100
국민연금공단	12.6	젤텍	42.8	JW홀딩스	195
(외국인)	5.3	엔도더마	9.9	아미코젠	21

매출구성		비용구성		수출비중	
하드캡슐	36.4	매출원가율	79.3	수출	40.0
건강기능식품	32.5	판관비율	10.1	내수	60.0
의약품	18.8				

회사 개요

동사는 1973년 1월 의약품 및 건강기능식품 등의 제조·판매를 영위할 목적으로 설립되어 1990년 3월 상장됨. 주요 사업은 캡슐부문과 젤라틴부문임. 캡슐부문에서는 하드공캡슐 제조와 함께 의약품 위수탁 수행 및 건강기능식품, 페인트볼 등을 생산함. 젤라틴부문에서는 캡슐의 주원료인 젤라틴과 콜라겐 제품을 생산. 해외로 제캡슐, 젤라틴 및 페인트볼 등을 수출하고 있음. 최근 베트남 공장 증설함으로써 매출액 향상을 꾀함.

실적 분석

동사의 2017년 매출액은 3,500.1억원으로 전년대비 2.8% 증가함. 비용 측면에서 매출원가와 판관비가 각각 3.6%, 8.9% 상승하면서 매출 확대에도 불구하고 영업이익은 전년보다 7.1% 줄어든 372.9억원을 기록함. 국내외 젤라틴 수요가 점차 증가하는 상황에서 동사는 우수한 자체 제품 생산능력을 보유하고 있어 향후 매출 신장이 기대됨. 원료 부문의 젤텍은 국내 의약용 젤라틴 시장에서 독보적인 위치를 확보하고 있음.

현금 흐름
〈단위 : 억원〉

항목	2016	2017
영업활동	530	457
투자활동	-431	-435
재무활동	-68	-72
순현금흐름	33	-60
기말현금	173	114

시장 대비 수익률

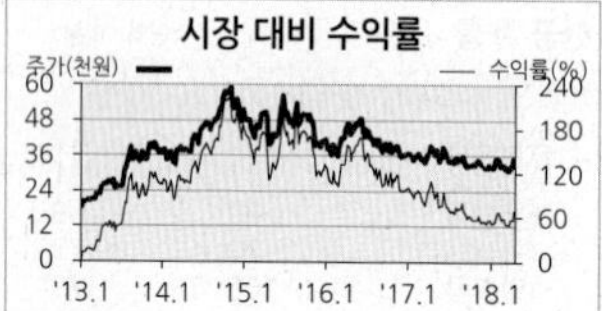

결산 실적
〈단위 : 억원〉

항목	2012	2013	2014	2015	2016	2017
매출액	2,070	2,700	2,911	3,041	3,404	3,500
영업이익	144	252	291	338	401	373
당기순이익	-24	138	222	252	307	264

분기 실적
〈단위 : 억원〉

항목	2016.3Q	2016.4Q	2017.1Q	2017.2Q	2017.3Q	2017.4Q
매출액	901	813	900	916	894	790
영업이익	108	82	100	107	93	73
당기순이익	72	71	61	100	75	28

재무 상태
〈단위 : 억원〉

항목	2012	2013	2014	2015	2016	2017
총자산	4,665	4,665	4,912	5,568	5,859	5,953
유형자산	2,781	2,839	2,981	3,173	3,295	3,449
무형자산	66	64	70	69	80	75
유가증권	4	4	0	176	199	272
총부채	2,665	2,483	2,539	2,937	2,975	2,944
총차입금	2,293	2,143	2,214	2,532	2,515	2,460
자본금	61	61	61	61	61	61
총자본	2,000	2,182	2,373	2,630	2,884	3,008
지배주주지분	1,772	1,941	2,130	2,365	2,589	2,699

기업가치 지표

항목	2012	2013	2014	2015	2016	2017
주가(최고/저)(천원)	19.3/11.1	40.6/17.8	59.6/33.0	56.5/37.9	49.1/35.2	40.4/31.6
PER(최고/저)(배)	—/—	39.7/17.4	33.3/18.4	29.3/19.7	21.2/15.2	20.5/16.0
PBR(최고/저)(배)	1.3/0.8	2.5/1.1	3.3/1.9	2.8/1.9	2.2/1.6	1.7/1.3
EV/EBITDA(배)	15.7	15.3	16.9	13.8	10.8	10.3
EPS(원)	-375	1,058	1,846	1,974	2,360	1,995
BPS(원)	15,435	16,781	18,410	20,444	22,378	23,752
CFPS(원)	907	2,659	3,475	3,766	4,403	4,155
DPS(원)	150	200	250	250	330	300
EBITDAPS(원)	2,529	3,775	4,147	4,717	5,510	5,384

재무 비율
〈단위 : %〉

연도	영업이익률	순이익률	부채비율	차입금비율	ROA	ROE	유보율	자기자본비율	EBITDA마진율
2017	10.7	7.5	97.9	81.8	4.5	8.7	4,416.2	50.5	17.8
2016	11.8	9.0	103.1	87.2	5.4	11.0	4,154.9	49.2	18.7
2015	11.1	8.3	111.7	96.2	4.8	10.2	3,787.1	47.3	17.9
2014	10.0	7.6	107.0	93.3	4.6	10.5	3,400.5	48.3	16.5

서희건설 (A035890)
Seohee Construction

업　　종 : 건설
신용등급 : (Bond) BBB-　　(CP) —
홈페이지 : www.seohee.co.kr
본　　사 : 경기도 성남시 분당구 수내로46번길 4, 경동빌딩 8층

시　　장 : KOSDAQ
기업규모 : 우량
연 락 처 : 031)781-4242

설 립 일	1982.10.22	**종업원수**	933명	**대표이사**	곽선기,김팔수
상 장 일	1999.12.16	**감사의견**	적정(대주)	**계　　열**	
결 산 기	12월	**보 통 주**		**종속회사수**	6개사
액 면 가	500원	**우 선 주**		**구 상 호**	

주주구성 (지분율,%)		출자관계 (지분율,%)		주요경쟁사 (외형,%)	
유성티엔에스	19.2	칼라스퀘어	100.0	서희건설	100
이봉관	5.9	경기라이프	100.0	고려개발	64
(외국인)	16.8	비금풍력발전	80.0	서한	51

매출구성		비용구성		수출비중	
민간(건축)	56.5	매출원가율	84.5	수출	—
관급(건축)	25.2	판관비율	7.0	내수	—
기타	12.2				

회사 개요

동사는 1982년 설립되어 운송업을 영위하다 1994년 건설업으로 전환하였음. 동사는 수주안정성에 초점을 맞추고 있어 조달청, 한국토지주택공사 등이 발주하는 관급공사와 학교, 병원, 교회등 민간공사 수주에 주력하고 있고, SOC 민간투자사업 발주 시장에서도 꾸준한 수주 활동을 벌이고 있음. 국내 음식물, 폐기물 처리사업의 수행경험과 수주 경쟁력을 기반으로 중국 등 개발도상국을 대상으로 해외사업으로 진출을 모색중.

실적 분석

동사의 2017년 연결기준 누적 매출액은 전년동기대비 3.8% 감소한 1조 332.7억원을 기록함. 플랜트 매출이 폭발적으로 증가하였으나 주 사업인 국내 건축 매출이 감소하였고 기전 매출이 없었던 영향. 영업이익은 881.2억원을 달성(+7%)하였으며 순이익 311.1억원(+9.1%)을 시현. 부산 사상지역주택조합과 1858억7700만원 규모의 사상지역주택조합 아파트 신축공사 계약을 맺었음.

현금 흐름
〈단위 : 억원〉

항목	2016	2017
영업활동	1,077	364
투자활동	-732	-1,219
재무활동	224	156
순현금흐름	569	-702
기말현금	1,433	731

시장 대비 수익률

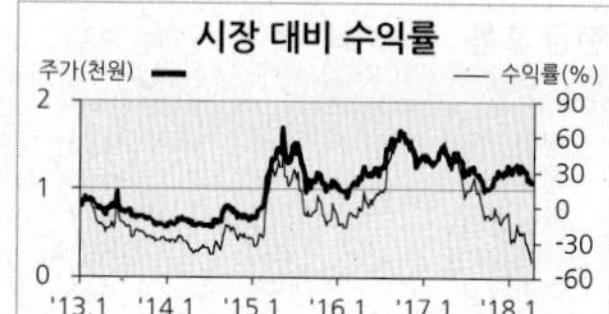

결산 실적
〈단위 : 억원〉

항목	2012	2013	2014	2015	2016	2017
매출액	9,151	8,326	9,418	10,539	10,737	10,333
영업이익	55	189	406	346	823	881
당기순이익	-168	-659	62	151	285	311

분기 실적
〈단위 : 억원〉

항목	2016.3Q	2016.4Q	2017.1Q	2017.2Q	2017.3Q	2017.4Q
매출액	2,577	2,712	2,430	2,593	2,610	2,700
영업이익	238	244	128	214	356	184
당기순이익	65	69	71	77	172	-9

재무 상태
〈단위 : 억원〉

항목	2012	2013	2014	2015	2016	2017
총자산	7,899	7,479	7,344	7,219	7,665	8,070
유형자산	482	76	73	67	29	23
무형자산	509	1,426	1,335	1,350	1,196	1,037
유가증권	546	397	539	610	561	636
총부채	5,446	5,679	5,487	5,207	5,371	5,374
총차입금	2,233	2,288	2,022	1,699	1,797	1,895
자본금	800	800	800	800	800	867
총자본	2,453	1,799	1,858	2,013	2,294	2,696
지배주주지분	2,414	1,759	1,826	1,925	2,189	2,541

기업가치 지표

항목	2012	2013	2014	2015	2016	2017
주가(최고/저)(천원)	2.2/0.7	1.0/0.6	0.8/0.6	1.8/0.7	1.7/0.9	1.5/1.0
PER(최고/저)(배)	—/—	—/—	18.9/13.2	24.6/9.2	10.5/5.6	8.5/5.6
PBR(최고/저)(배)	1.5/0.5	0.9/0.5	0.7/0.5	1.5/0.6	1.3/0.7	1.0/0.7
EV/EBITDA(배)	29.3	7.8	4.4	5.0	2.1	1.6
EPS(원)	-114	-410	44	74	167	180
BPS(원)	1,509	1,104	1,145	1,219	1,382	1,468
CFPS(원)	-87	-339	112	147	236	271
DPS(원)	—	—	—	—	10	15
EBITDAPS(원)	65	187	318	288	578	594

재무 비율
〈단위 : %〉

연도	영업이익률	순이익률	부채비율	차입금비율	ROA	ROE	유보율	자기자본비율	EBITDA마진율
2017	8.5	3.0	199.3	70.3	4.0	13.4	196.7	33.4	10.1
2016	7.7	2.7	234.1	78.3	3.8	13.1	179.5	29.9	8.7
2015	3.3	1.4	258.7	84.4	2.1	6.4	146.4	27.9	4.4
2014	4.3	0.7	295.4	108.8	0.8	4.0	131.6	25.3	5.5

선광 (A003100)
SUN KWANG

업　　종 : 운송인프라　　시　　장 : KOSDAQ
신용등급 : (Bond) —　(CP) —　　기업규모 : 중견
홈페이지 : www.sun-kwang.co.kr　　연 락 처 : 032)880-6500
본　　사 : 인천시 중구 항동 7가 34-2

설 립 일	1961.01.25	**종 업 원 수**	259명	**대 표 이 사**	심충식
상 장 일	1999.12.21	**감 사 의 견**	적정(삼일)	**계　　열**	
결 산 기	12월	**보 통 주**		**종속회사수**	3개사
액 면 가	1,000원	**우 선 주**		**구　상　호**	

주주구성 (지분율,%)		출자관계 (지분율,%)		주요경쟁사 (외형,%)	
심충식	13.4	선광신컨테이너터미널	100.0	선광	100
심장식	8.8	선광종합물류	100.0	현대로템	1,898
(외국인)	2.4	인천북항다목적부두	75.4	동방	352

매출구성		비용구성		수출비중	
컨테이너 하역	33.3	매출원가율	77.3	수출	0.0
싸이로 하역	31.7	판관비율	8.1	내수	100.0
일반 하역	29.7				

회사 개요
1948년 설립된 동사는 인천과 군산항에서 컨테이너 전용터미널, 75만톤 규모의 곡물싸이로 시설을 갖추고 항만하역, 운송, 보관업을 주요사업으로 하고 있으며 동종업종을 영위하는 3개의 종속회사를 지배하는 종합물류기업임. 계열사는 20개가 있음. 매출 비중은 일반 하역 27.9%, 싸이로 하역 33.3%, 컨테이너 하역 36.7%, 기타 사업부문 2.1%로 구성됨.

실적 분석
동사의 2017년 결산기준 누적 매출액은 싸이로 및 컨테이너하역 부문의 실적 호조로 전년동기대비 12.2% 상승한 1,436억원을 기록하였음. 외형성장과 함께 원가율 하락 및 판관비 절감 영향으로 영업수익성 크게 개선된 모습. 영업이익은 전기 대비 57% 증가한 209.4억원을 시현함. 반면, 금융손실 및 관련기업투자손실 확대 여파로 당기순이익은 지난해 같은기간 대비 70.4% 감소한 61.7억원을 시현하는데 그침.

현금 흐름
<단위 : 억원>

항목	2016	2017
영업활동	230	257
투자활동	-774	-543
재무활동	192	264
순현금흐름	-352	-21
기말현금	63	42

시장 대비 수익률
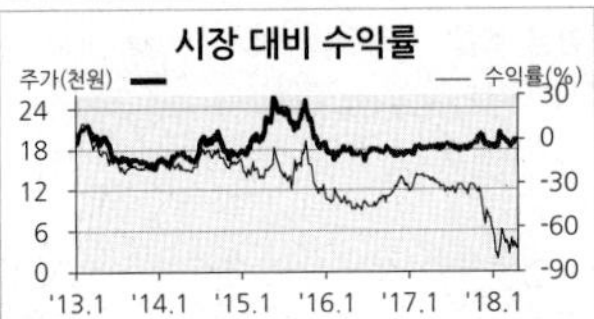

결산 실적
<단위 : 억원>

항목	2012	2013	2014	2015	2016	2017
매출액	1,310	1,126	841	1,018	1,280	1,436
영업이익	200	189	97	83	133	209
당기순이익	131	106	-467	55	208	62

분기 실적
<단위 : 억원>

항목	2016.3Q	2016.4Q	2017.1Q	2017.2Q	2017.3Q	2017.4Q
매출액	313	334	327	350	362	398
영업이익	26	54	34	41	48	86
당기순이익	9	73	10	29	25	-3

재무 상태
<단위 : 억원>

항목	2012	2013	2014	2015	2016	2017
총자산	4,317	4,567	5,139	5,893	5,203	5,413
유형자산	1,625	2,042	2,906	3,285	3,830	4,083
무형자산	14	14	14	14	36	35
유가증권	108	112	435	430	309	384
총부채	1,100	1,298	2,296	3,025	2,198	2,373
총차입금	480	708	1,592	1,558	1,771	2,063
자본금	66	66	66	66	66	66
총자본	3,217	3,269	2,843	2,868	3,005	3,040
지배주주지분	3,181	3,250	2,832	2,856	2,990	3,022

기업가치 지표

항목	2012	2013	2014	2015	2016	2017
주가(최고/저)(천원)	20.6/14.0	21.8/15.1	20.6/15.9	26.4/17.3	18.7/16.4	20.5/17.3
PER(최고/저)(배)	11.7/8.0	15.2/10.5	—/—	34.1/22.3	6.3/5.5	23.3/19.6
PBR(최고/저)(배)	0.5/0.3	0.5/0.3	0.5/0.4	0.7/0.4	0.4/0.4	0.5/0.4
EV/EBITDA(배)	4.7	5.3	11.6	8.3	7.4	6.3
EPS(원)	1,985	1,597	-7,101	822	3,114	897
BPS(원)	48,332	49,372	43,041	43,401	45,438	45,920
CFPS(원)	3,692	3,367	-5,239	3,528	6,406	4,833
DPS(원)	400	400	500	350	400	350
EBITDAPS(원)	4,731	4,631	3,338	3,962	5,313	7,108

재무 비율
<단위 : %>

연도	영업이익률	순이익률	부채비율	차입금비율	ROA	ROE	유보율	자기자본비율	EBITDA마진율
2017	14.6	4.3	78.1	67.9	1.2	2.0	4,492.1	56.2	32.7
2016	10.4	16.3	73.2	58.9	3.8	7.0	4,443.8	57.8	27.4
2015	8.1	5.4	105.5	54.3	1.0	1.9	4,240.1	48.7	25.7
2014	11.6	-55.6	80.8	56.0	-9.6	-15.4	4,204.1	55.3	26.2

선데이토즈 (A123420)
SundayToz

업　　종 : 게임 소프트웨어　　시　　장 : KOSDAQ
신용등급 : (Bond) —　(CP) —　　기업규모 : 우량
홈페이지 : corp.sundaytoz.com　　연 락 처 : 1833-9782
본　　사 : 경기도 성남시 분당구 황새울로 360번길 42

설 립 일	2010.02.25	**종 업 원 수**	189명	**대 표 이 사**	김정섭
상 장 일	2010.11.10	**감 사 의 견**	적정(안세)	**계　　열**	
결 산 기	12월	**보 통 주**		**종속회사수**	1개사
액 면 가	500원	**우 선 주**		**구　상　호**	하나그린스팩

주주구성 (지분율,%)		출자관계 (지분율,%)		주요경쟁사 (외형,%)	
스마일게이트홀딩스	35.5	애니팡플러스	100.0	선데이토즈	100
아이퍼시픽2009초기기업전문투자조합	5.0	애니팡미래콘텐츠투자조합	30.0	넥슨지티	68
(외국인)	7.7			위메이드	151

매출구성		비용구성		수출비중	
모바일게임	98.3	매출원가율	0.0	수출	1.8
기타	1.7	판관비율	82.8	내수	98.2

회사 개요
2009년 1월 설립된 소셜게임 전문개발회사. 2013년 10월 하나그린기업인수목적회사와의 합병을 통해 상장. 2014년 3월 최대주주의 지분 20.7%를 스마일게이트홀딩스에 매각하여 계열사로 편입됨. 2012년 애니팡, 2013년 애니팡 사천성, 2014년 애니팡2를 출시하며 라인업 확충. 대한민국 애플 iOS 및 구글 플레이 게임 매출 합산 상위 기업 순위에서 6위, 동사의 애니팡2는 국내 게임 매출 합산 7위를 기록함.

실적 분석
동사의 2017년 매출액은 전년 동기 수준을 유지함. 신작 게임인 '위베어베어스 더 퍼즐(이하 위베베)'이 국내 런칭 2개월이 경과한 시점에서 게임 카테고리 수익 랭킹에서 안드로이드 20위권, iOS 10위권에 안착. 퍼즐 게임 카테고리에서는 수익 랭킹 1~2위를 기록중. 향후 지속적인 해외 유명 IP 도입으로 연간 약 2개의 신작을 글로벌 런칭하면서 역대 최고치였던 2014년 매출액의 갱신에 도전할 전망.

현금 흐름
<단위 : 억원>

항목	2016	2017
영업활동	166	99
투자활동	-152	46
재무활동	-2	—
순현금흐름	12	145
기말현금	52	197

시장 대비 수익률
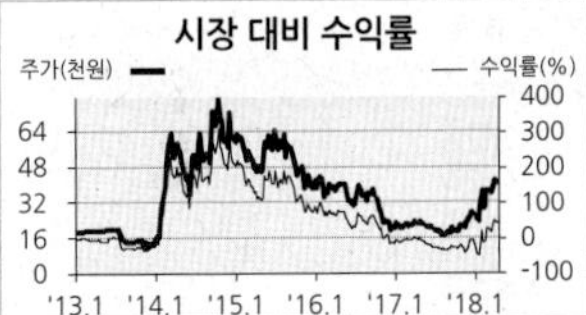

결산 실적
<단위 : 억원>

항목	2012	2013	2014	2015	2016	2017
매출액	238	476	1,441	797	773	727
영업이익	87	173	610	255	174	125
당기순이익	76	140	483	206	156	141

분기 실적
<단위 : 억원>

항목	2016.3Q	2016.4Q	2017.1Q	2017.2Q	2017.3Q	2017.4Q
매출액	212	238	207	177	169	173
영업이익	54	43	50	38	33	5
당기순이익	49	35	53	40	28	20

재무 상태
<단위 : 억원>

항목	2012	2013	2014	2015	2016	2017
총자산	155	494	1,096	1,153	1,340	1,376
유형자산	1	2	4	9	11	17
무형자산	0	1	1	2	3	4
유가증권	—	50	487	603	1,072	940
총부채	78	73	243	104	139	103
총차입금	33	—	—	—	—	—
자본금	7	32	32	32	48	48
총자본	76	421	853	1,050	1,201	1,273
지배주주지분	76	421	853	1,047	1,192	1,273

기업가치 지표

항목	2012	2013	2014	2015	2016	2017
주가(최고/저)(천원)	18.8/17.0	20.0/12.0	78.4/14.7	64.7/36.1	44.0/18.7	27.5/17.1
PER(최고/저)(배)	17.6/15.8	11.1/6.7	15.5/2.9	30.4/16.9	28.0/11.9	19.2/11.9
PBR(최고/저)(배)	17.4/15.7	4.6/2.8	8.4/1.6	5.7/3.2	3.4/1.5	2.0/1.2
EV/EBITDA(배)	1.5	5.3	7.5	11.6	4.9	12.6
EPS(원)	1,085	1,822	5,054	2,131	1,570	1,432
BPS(원)	71,103	1,306	2,757	3,359	12,856	13,708
CFPS(원)	70,659	573	1,506	640	1,609	1,485
DPS(원)	—	50	—	—	—	—
EBITDAPS(원)	81,372	711	1,898	799	1,860	1,361

재무 비율
<단위 : %>

연도	영업이익률	순이익률	부채비율	차입금비율	ROA	ROE	유보율	자기자본비율	EBITDA마진율
2017	17.2	19.5	8.1	0.0	10.4	11.1	2,641.6	92.5	17.9
2016	22.5	20.2	11.6	0.0	12.5	13.4	2,471.2	89.6	23.0
2015	32.0	25.9	9.9	0.0	18.3	21.5	3,259.4	91.0	32.4
2014	42.3	33.5	28.5	0.0	60.8	75.9	2,656.7	77.8	42.5

선도전기 (A007610)
Seondo Electric

업　　종 : 전기장비　　　　시　　장 : 거래소
신용등급 : (Bond) —　(CP) —　　　기업규모 : 시가총액 소형주
홈페이지 : www.seondo.co.kr　　　연 락 처 : 031)491-2284
본　　사 : 경기도 안산시 단원구 원시로 86

설 립 일	1972.01.22	**종업원수**	193명	**대표이사**	전동균
상 장 일	1989.11.30	**감사의견**	적정(선진)	**계 열**	
결 산 기	12월	**보 통 주**		**종속회사수**	1개사
액 면 가	500원	**우 선 주**		**구 상 호**	

주주구성 (지분율,%)		출자관계 (지분율,%)	주요경쟁사 (외형,%)	
전동균	23.1		선도전기	100
마진산업	7.4		서전기전	46
(외국인)	0.4		삼화전기	191

매출구성		비용구성		수출비중	
수배전반	64.6	매출원가율	90.2	수출	4.2
RelayPanel 외	13.7	판관비율	8.5	내수	95.8
태양광	9.2				

회사 개요

동사는 중전기기 전문업체로 발전, 송변전, 배전설비등 제반 산업용 플랜트의 전력설비에 공급되는 각종 전력변환기기류를 생산 · 판매하는 사업부문과 종속회사인 SD벤처캐피탈는 창업자 및 벤처기업에 금융투자하는 사업부문으로 구성된 중견기업임. 중전기기 산업은 설비산업 투자 축소 및 지연, 건설경기 부진에 따른 물량감소 등 민수 부문의 침체와 한전 신규투자 및 대규모 민자 사업 지연 등 정부 부문 위축의 영향을 받고 있음.

실적 분석

2017년 매출액은 GIS,RELAYPANEL, 태양광의 매출 증가로 전년 대비 15.37% 증가한 1,084억원, 영업이익은 34.8% 감소한 15억원, 당기순이익은 22.4% 감소한 17억원을 시현함. 전기변환기기 부문의 원자재가격, 고정비 증가 등 매출원가의 상승으로 인하여 영업실적이 전년대비 대폭 감소함. 영업실적 중 주요종속회사인 SD벤처캐피탈의 매출액은 전년 대비 96.7% 증가한 18억원, 세전이익은 35% 증가한 3억원임.

현금 흐름 (단위 : 억원)

항목	2016	2017
영업활동	-70	35
투자활동	-45	-65
재무활동	69	37
순현금흐름	-46	7
기말현금	8	15

시장 대비 수익률

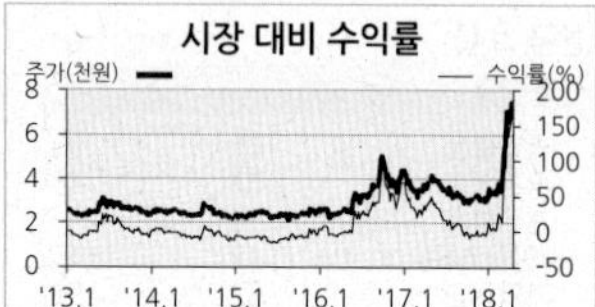

결산 실적 〈단위 : 억원〉

항목	2012	2013	2014	2015	2016	2017
매출액	572	1,101	910	940	939	1,084
영업이익	10	20	18	57	23	15
당기순이익	12	14	16	43	22	17

분기 실적 〈단위 : 억원〉

항목	2016.3Q	2016.4Q	2017.1Q	2017.2Q	2017.3Q	2017.4Q
매출액	246	279	260	291	286	247
영업이익	2	8	2	9	2	1
당기순이익	-0	7	0	12	1	4

재무 상태 〈단위 : 억원〉

항목	2012	2013	2014	2015	2016	2017
총자산	990	1,286	1,328	1,359	1,466	1,582
유형자산	197	222	359	354	352	396
무형자산	30	37	48	54	53	54
유가증권	451	484	446	435	483	580
총부채	251	512	559	573	651	680
총차입금	29	136	252	238	310	351
자본금	90	90	90	90	90	90
총자본	739	774	769	786	815	902
지배주주지분	737	773	768	785	813	900

기업가치 지표

항목	2012	2013	2014	2015	2016	2017
주가(최고/저)(천원)	3.9/2.1	3.3/2.3	2.8/2.2	2.7/2.1	5.6/2.2	4.5/2.8
PER(최고/저)(배)	58.8/32.0	43.6/30.1	33.5/25.6	11.5/9.0	46.8/18.6	48.6/30.4
PBR(최고/저)(배)	1.0/0.5	0.8/0.6	0.7/0.5	0.6/0.5	1.2/0.5	0.9/0.6
EV/EBITDA(배)	19.0	15.1	17.3	7.2	22.5	22.0
EPS(원)	68	79	87	235	120	92
BPS(원)	4,127	4,324	4,294	4,390	4,549	5,029
CFPS(원)	127	144	168	356	244	212
DPS(원)	10	10	10	20	20	20
EBITDAPS(원)	116	176	180	435	249	202

재무 비율 〈단위 : %〉

연도	영업이익률	순이익률	부채비율	차입금비율	ROA	ROE	유보율	자기자본비율	EBITDA마진율
2017	1.4	1.5	75.4	39.0	1.1	1.9	905.7	57.0	3.4
2016	2.4	2.3	79.9	38.1	1.5	2.7	809.8	55.6	4.8
2015	6.0	4.5	72.9	30.2	3.2	5.5	778.0	57.8	8.3
2014	2.0	1.7	72.8	32.8	1.2	2.0	758.8	57.9	3.6

선바이오 (A067370)
SunBio

업　　종 : 제약　　　　시　　장 : KONEX
신용등급 : (Bond) —　(CP) —　　　기업규모 : —
홈페이지 : www.sunbio.com　　　연 락 처 : 031)423-5467
본　　사 : 경기도 군포시 산본로 95

설 립 일	1997.06.10	**종업원수**	20명	**대표이사**	노광
상 장 일	2016.01.22	**감사의견**	적정(삼정)	**계 열**	
결 산 기	12월	**보 통 주**		**종속회사수**	
액 면 가	—	**우 선 주**		**구 상 호**	

주주구성 (지분율,%)		출자관계 (지분율,%)	주요경쟁사 (외형,%)	
노광	30.5		선바이오	100
이수화학	6.5		대봉엘에스	3,098
			동성제약	3,887

매출구성		비용구성		수출비중	
P1PAL-20	46.7	매출원가율	68.3	수출	97.5
P1PA-5	27.0	판관비율	105.2	내수	2.5
기타	11.5				

회사 개요

동사는 1997년 7월 설립되었으며 PEGylation 기술 및 PEG 유도체를 이용한 의약품 연구 개발 과 PEG 유도체를 생산 판매하는 업체임. 2016년 1월 코넥스 시장에 상장됨.사업 영역은 두 가지로 연구 개발을 통한 PEG 유도체 및 PEGylation 기술의 라이센싱 아웃에 의한 로열티 및 기술 이전 사업과 PEG 유도체 합성 및 생산기술을 통한 PEG 유도체 사업임.

실적 분석

동사의 2017년 매출액은 전년 동기 대비 86.2% 감소한 21.2억원에 그침. 매출은 크게 증가하였지만 원가율이 악화되었음. 매출액을 상회하는 판관비용으로 영업손실은 15.6억원을 기록함. 비영업손실로 18억원의 당기순손실이 발생함. 동사의 PEG유도체를 사용하는 업체의 임상이 성공적으로 완료되고 시장에 제품을 출시하게 되면 동사의 매출도 더불어 증가할 것으로 예상. 산소운반체, 인공혈액, 연골 활액 충진제 등 개발에 집중하고 있음.

현금 흐름 *IFRS 별도 기준 (단위 : 억원)

항목	2016	2017
영업활동	-7	-10
투자활동	15	4
재무활동	-3	—
순현금흐름	5	-6
기말현금	7	1

시장 대비 수익률

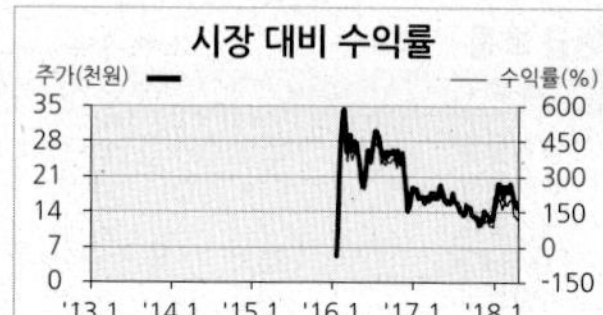

결산 실적 〈단위 : 억원〉

항목	2012	2013	2014	2015	2016	2017
매출액	21	21	22	17	11	21
영업이익	3	6	3	-9	-17	-16
당기순이익	5	6	14	-11	-16	-18

분기 실적 *IFRS 별도 기준 〈단위 : 억원〉

항목	2016.3Q	2016.4Q	2017.1Q	2017.2Q	2017.3Q	2017.4Q
매출액	—	—	—	—	—	—
영업이익	—	—	—	—	—	—
당기순이익	—	—	—	—	—	—

재무 상태 *IFRS 별도 기준 〈단위 : 억원〉

항목	2012	2013	2014	2015	2016	2017
총자산	42	45	49	79	70	59
유형자산	19	18	2	3	30	38
무형자산	0	0	0	0	0	—
유가증권	—	—	10	—	—	—
총부채	13	11	4	3	7	7
총차입금	13	10	—	0	—	—
자본금	19	19	19	38	38	38
총자본	28	33	45	77	63	52
지배주주지분	28	33	45	77	63	52

기업가치 지표 *IFRS 별도 기준

항목	2012	2013	2014	2015	2016	2017
주가(최고/저)(천원)	—/—	—/—	—/—	—/—	37.0/5.2	19.8/10.5
PER(최고/저)(배)	0.0/0.0	0.0/0.0	0.0/0.0	0.0/0.0	—/—	—/—
PBR(최고/저)(배)	0.0/0.0	0.0/0.0	0.0/0.0	0.0/0.0	43.4/6.1	28.0/14.9
EV/EBITDA(배)	—	—	—	—	—	—
EPS(원)	63	87	187	-145	-211	-235
BPS(원)	759	895	1,219	1,002	851	707
CFPS(원)	150	198	389	-137	-198	-199
DPS(원)	—	—	—	—	—	—
EBITDAPS(원)	117	187	108	-112	-209	-168

재무 비율 〈단위 : %〉

연도	영업이익률	순이익률	부채비율	차입금비율	ROA	ROE	유보율	자기자본비율	EBITDA마진율
2017	-73.5	-84.8	13.5	0.0	-28.0	-31.3	41.3	88.1	-60.6
2016	-149.5	-141.6	10.8	0.0	-21.6	-23.1	70.3	90.2	-140.7
2015	-53.6	-64.7	3.5	0.4	-16.9	-17.8	100.3	96.6	-50.0
2014	16.1	64.2	8.4	0.0	29.6	35.4	143.9	92.2	18.6

선익시스템 (A171090)

Sunic System

업 종 : 디스플레이 및 관련부품 | 시 장 : KOSDAQ
신용등급 : (Bond) — (CP) — | 기업규모 : 벤처
홈페이지 : www.sunic.co.kr | 연 락 처 : 031)8012-1600
본 사 : 경기도 수원시 권선구 산업로155번길 293(고색동)

설 립 일	1990.05.24	**종 업 원 수**	175명	**대 표 이 사**	박재규,이영종
상 장 일	2017.09.20	**감 사 의 견**	적정(삼정)	**계 열**	
결 산 기	12월	**보 통 주**		**종속회사수**	
액 면 가	500원	**우 선 주**		**구 상 호**	

주주구성 (지분율,%)		출자관계 (지분율,%)		주요경쟁사 (외형,%)	
동아엘텍	50.1	디에이밸류업신기술투자조합1호	92.0	선익시스템	100
강순석	0.1			인베니아	147
(외국인)	0.5			신화인터텍	143

매출구성		비용구성		수출비중	
증착장비	95.8	매출원가율	74.1	수출	68.8
상품/서비스	4.2	판관비율	14.1	내수	31.2

회사 개요

동사는 OLED 디스플레이 생산을 위한 증착장비(Cluster/Inline Type) 개발/생산 전문기업으로 LCD/OLED 검사장비 등 디스플레이 후공정 검사장비 제조/판매 기업 동아엘텍의 계열회사임. 주요 제품군은 OLED 유기물 증착 공정에 사용되는 증착 장비인데, 소형, 중형, 대형 포함 Cluster 및 Inline Type까지 다양한 제품 구성 보유. 국내를 비롯해 중국 및 아시아, 북미/유럽 등 전세계에 총 141개 장비를 납품중

실적 분석

동사의 2017년 연간 매출액은 전년동기대비 14% 하락한 1,236억원을 기록하였음. 비용면에서 전년동기대비 매출원가는 감소 하였으며 인건비는 증가 했고 기타판매비와관리비는 증가함. 주춤한 모습의 매출액에 의해 전년동기대비 영업이익은 145.4억원으로 37.8% 크게 하락 하였음. 최종적으로 전년동기대비 당기순이익은 크게 하락하여 97.7억원을 기록함. 비영업손익의 적자전환은 체크할 필요 있음.

현금 흐름 *IFRS 별도 기준 〈단위 : 억원〉

항목	2016	2017
영업활동	26	177
투자활동	-14	-127
재무활동	—	233
순현금흐름	13	270
기말현금	83	353

시장 대비 수익률

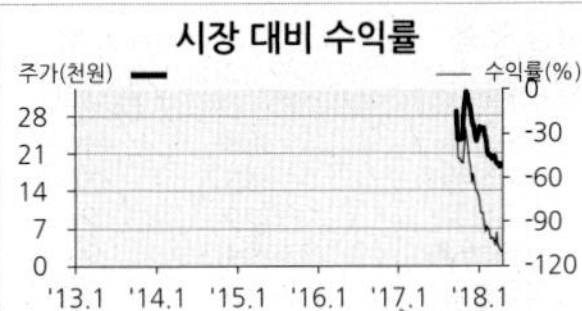

결산 실적 〈단위 : 억원〉

항목	2012	2013	2014	2015	2016	2017
매출액	407	385	461	289	1,437	1,236
영업이익	50	46	17	-49	234	145
당기순이익	52	31	4	-47	236	98

분기 실적 *IFRS 별도 기준 〈단위 : 억원〉

항목	2016.3Q	2016.4Q	2017.1Q	2017.2Q	2017.3Q	2017.4Q
매출액	444	—	—	355	213	—
영업이익	73	—	—	49	20	—
당기순이익	69	—	—	33	22	—

재무 상태 *IFRS 별도 기준 〈단위 : 억원〉

항목	2012	2013	2014	2015	2016	2017
총자산	369	429	517	400	842	1,176
유형자산	50	124	160	164	161	259
무형자산	73	59	33	22	13	11
유가증권	—	4	4	4	—	—
총부채	149	178	264	191	399	268
총차입금	39	97	124	127	127	2
자본금	25	25	25	25	25	30
총자본	219	251	253	208	443	909
지배주주지분	219	251	253	208	443	909

기업가치 지표 *IFRS 별도 기준

항목	2012	2013	2014	2015	2016	2017
주가(최고/저)(천원)	—/—	—/—	—/—	—/—	—/—	32.9/23.3
PER(최고/저)(배)	0.0/0.0	0.0/0.0	0.0/0.0	0.0/0.0	0.0/0.0	17.8/12.6
PBR(최고/저)(배)	0.0/0.0	0.0/0.0	0.0/0.0	0.0/0.0	0.0/0.0	2.2/1.5
EV/EBITDA(배)	—	0.5	1.5	—	0.2	7.3
EPS(원)	1,035	620	83	-943	4,722	1,847
BPS(원)	4,388	5,018	5,052	4,169	8,863	15,143
CFPS(원)	1,330	868	469	-651	5,039	2,083
DPS(원)	—	—	—	—	—	—
EBITDAPS(원)	1,290	1,161	730	-698	4,994	2,984

재무 비율 〈단위 : %〉

연도	영업이익률	순이익률	부채비율	차입금비율	ROA	ROE	유보율	자기자본비율	EBITDA마진율
2017	11.8	7.9	29.7	0.3	9.7	14.5	2,928.1	77.1	12.8
2016	16.3	16.4	90.1	28.7	38.0	72.5	1,672.7	52.6	17.4
2015	-17.1	-16.3	91.7	60.9	-10.3	-20.5	733.8	52.2	-12.1
2014	3.7	0.9	104.6	49.1	0.9	1.7	910.3	48.9	7.9

선진 (A136490)

Sunjin

업 종 : 식료품 | 시 장 : 거래소
신용등급 : (Bond) — (CP) — | 기업규모 : 시가총액 소형주
홈페이지 : www.sj.co.kr | 연 락 처 : 031)637-1180
본 사 : 경기도 이천시 대월면 사동로 76

설 립 일	2011.01.04	**종 업 원 수**	319명	**대 표 이 사**	이범권
상 장 일	2011.02.16	**감 사 의 견**	적정(한영)	**계 열**	
결 산 기	12월	**보 통 주**		**종속회사수**	9개사
액 면 가	500원	**우 선 주**		**구 상 호**	

주주구성 (지분율,%)		출자관계 (지분율,%)		주요경쟁사 (외형,%)	
제일홀딩스	50.0	대성축산영농조합	47.5	선진	100
한국투자밸류자산운용	17.6	맥키코리아	20.0	CJ프레시웨이	307
(외국인)	12.6	여수문화방송	8.8	신세계푸드	148

매출구성		비용구성		수출비중	
식육사업	39.9	매출원가율	80.9	수출	0.0
사료사업	39.8	판관비율	12.4	내수	100.0
양돈사업	20.3				

회사 개요

동사는 배합사료 및 축산물 제조, 판매를 주사업으로 하고 있으며 2011년 1월 인적분할되었음. 배합사료 사업부문이 총 매출액의 58.8%를 차지하고 있음. 총 매출의 약 60%를 점유하고 있는 배합사료부문은 전국 5개소에 물류센터를 운용하여 효과적인 판매체계 구축에 힘쓰고 있으며, 1992년 식육사업에 진출하며 선진포크라는 브랜드를 탄생시켜 현재 돈육브랜드육의 시장점유율 약 3~4% 내외로 추정됨.

실적 분석

동사의 2017년도 연결기준 연간 매출액은 8,167.1억원으로 전년 대비 26.6% 증가함. 영업이익과 당기순이익은 각각 547.1억원, 556.5 억원을 시현하며, 전년 대비 각각 29.3%, 70.2% 증가함. 이는 양돈부문의 수익성 개선 및 환율하락으로 인한 금융손익의 증가 영향으로 볼 수 있음. 현재 중국과 필리핀, 베트남, 미얀마 등에서 배합사료 사업을 펼치고 있음.

현금 흐름 〈단위 : 억원〉

항목	2016	2017
영업활동	505	760
투자활동	-1,077	-1,103
재무활동	68	489
순현금흐름	-444	141
기말현금	197	339

시장 대비 수익률

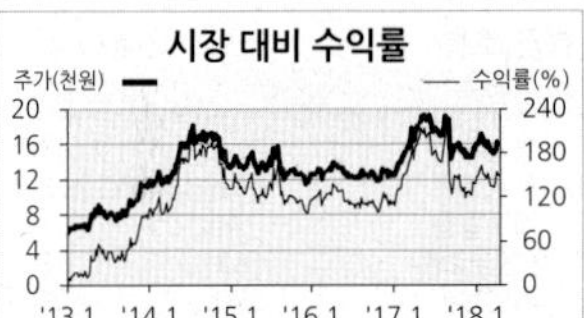

결산 실적 〈단위 : 억원〉

항목	2012	2013	2014	2015	2016	2017
매출액	4,355	5,221	5,954	6,034	6,453	8,167
영업이익	259	282	267	279	423	547
당기순이익	302	293	234	191	327	556

분기 실적 〈단위 : 억원〉

항목	2016.3Q	2016.4Q	2017.1Q	2017.2Q	2017.3Q	2017.4Q
매출액	1,538	1,744	1,710	2,061	2,221	2,175
영업이익	130	126	98	241	138	70
당기순이익	153	2	171	186	110	90

재무 상태 〈단위 : 억원〉

항목	2012	2013	2014	2015	2016	2017
총자산	2,697	2,835	3,831	4,373	5,437	6,868
유형자산	405	591	841	894	1,969	2,658
무형자산	26	26	32	35	61	70
유가증권	139	153	163	300	282	288
총부채	1,535	1,381	2,156	2,476	3,488	3,520
총차입금	1,109	806	1,644	1,975	2,805	2,623
자본금	41	41	41	41	41	119
총자본	1,162	1,454	1,674	1,897	1,948	3,348
지배주주지분	1,162	1,452	1,671	1,894	1,862	3,227

기업가치 지표

항목	2012	2013	2014	2015	2016	2017
주가(최고/저)(천원)	6.4/3.0	11.8/5.9	18.7/11.2	15.9/11.4	14.0/11.7	19.8/12.2
PER(최고/저)(배)	3.8/1.8	7.1/3.5	13.9/8.3	14.4/10.3	7.7/6.4	6.7/4.1
PBR(최고/저)(배)	1.0/0.5	1.4/0.7	2.0/1.2	1.5/1.1	1.3/1.1	1.5/0.9
EV/EBITDA(배)	5.7	7.7	10.3	9.7	8.8	8.3
EPS(원)	1,758	1,706	1,369	1,119	1,836	2,966
BPS(원)	14,277	17,835	20,525	23,267	22,877	13,569
CFPS(원)	3,831	3,782	3,179	2,850	5,147	3,801
DPS(원)	100	100	100	100	100	—
EBITDAPS(원)	3,308	3,645	3,568	3,913	6,469	3,875

재무 비율 〈단위 : %〉

연도	영업이익률	순이익률	부채비율	차입금비율	ROA	ROE	유보율	자기자본비율	EBITDA마진율
2017	6.7	6.8	105.1	78.4	9.0	21.0	2,613.7	48.8	8.5
2016	6.6	5.1	179.1	144.0	6.7	16.8	4,475.4	35.8	8.2
2015	4.6	3.2	130.5	104.1	4.7	10.8	4,553.3	43.4	5.3
2014	4.5	3.9	128.8	98.2	7.0	15.1	4,005.1	43.7	4.9

선창산업 (A002820)

Sunchang

업 종 : 종이 및 목재
시 장 : 거래소
신용등급 : (Bond) — (CP) —
기업규모 : 시가총액 소형주
홈페이지 : www.sunwood.co.kr
연 락 처 : 032)770-3000
본 사 : 인천시 중구 월미로 96 (북성동 1가)

설립일	1959.10.17	**종업원수**	574명	**대표이사**	김영환
상장일	1976.05.22	**감사의견**	적정(삼일)	**계열**	
결산기	12월	**보통주**		**종속회사수**	14개사
액면가	1,000원	**우선주**		**구상호**	

주주구성 (지분율,%)		출자관계 (지분율,%)		주요경쟁사 (외형,%)	
정연준	23.2	다린	100.0	선창산업	100
신한비엔피파리바자산운용	6.0	선창ITS	100.0	깨끗한나라	106
(외국인)	2.2	SCFNZ	100.0	한국제지	109

매출구성		비용구성		수출비중	
목창호 외	39.5	매출원가율	91.2	수출	5.9
MDF	20.3	판관비율	8.4	내수	94.1
합판	17.5				

회사 개요

동사는 합판, MDF, 제재목, PB, 빌트인 가구, 주방가구 등을 제조, 생산, 유통, 판매하는 종합목재 기업임. 합판의 경우 국내 업체들 가운데 1위를 유지하고 있음. 주력제품으로 건설용재, 건축용재, 인테리어용재, 창호목재 등으로 쓰이는 다양한 두께의 합판과 건축과 가구자재, 마루판재, 벽판넬재 등으로 쓰이는 MDF를 생산함. 현재 선창ITS, 동부흥산 등을 계열사로 두고 있음.

실적 분석

동사의 2017년 연간 매출액은 전년동기대비 12.8% 상승한 6,218.4억원을 기록하였음. 비용면에서 전년동기대비 매출원가는 증가했으며 인건비도 증가, 광고선전비는 크게 감소, 기타판매비와관리비는 증가함. 매출액은 성장했지만 원가 증가로 인해 전년동기대비 영업이익은 24.6억원으로 82.3% 크게 하락하였음. 최종적으로 전년동기대비 당기순손실은 적자전환하여41.4억원을 기록함.

현금 흐름 〈단위 : 억원〉

항목	2016	2017
영업활동	314	44
투자활동	-218	-278
재무활동	-34	307
순현금흐름	63	67
기말현금	590	657

시장 대비 수익률

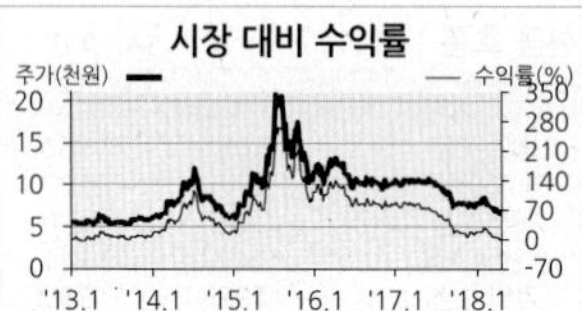

결산 실적 〈단위 : 억원〉

항목	2012	2013	2014	2015	2016	2017
매출액	3,336	4,035	4,804	5,514	5,512	6,218
영업이익	-44	45	25	116	139	25
당기순이익	-36	25	-17	50	80	-41

분기 실적 〈단위 : 억원〉

항목	2016.3Q	2016.4Q	2017.1Q	2017.2Q	2017.3Q	2017.4Q
매출액	1,418	1,479	1,479	1,571	1,590	1,578
영업이익	54	11	6	33	6	-21
당기순이익	34	-2	6	23	-24	-47

재무 상태 〈단위 : 억원〉

항목	2012	2013	2014	2015	2016	2017
총자산	4,541	5,192	5,240	5,636	5,779	6,173
유형자산	2,312	2,330	2,263	2,429	2,457	2,603
무형자산	18	35	40	174	181	159
유가증권	42	51	44	49	58	57
총부채	1,884	2,547	2,557	2,906	2,954	3,472
총차입금	1,138	1,604	1,511	1,769	1,797	2,143
자본금	104	105	123	124	126	126
총자본	2,657	2,646	2,683	2,729	2,825	2,701
지배주주지분	2,657	2,653	2,686	2,682	2,776	2,665

기업가치 지표

항목	2012	2013	2014	2015	2016	2017
주가(최고/저)(천원)	7.6/5.1	6.4/5.2	11.9/5.8	21.4/6.0	13.3/9.5	10.9/7.3
PER(최고/저)(배)	—/—	32.1/26.2	—/—	67.5/18.9	20.4/14.5	—/—
PBR(최고/저)(배)	0.4/0.2	0.3/0.2	0.6/0.3	1.1/0.3	0.6/0.5	0.5/0.4
EV/EBITDA(배)	14.9	10.0	11.0	10.6	8.5	12.4
EPS(원)	-330	219	-191	336	683	-283
BPS(원)	25,891	25,506	22,140	21,791	22,232	21,348
CFPS(원)	1,014	1,496	1,046	1,524	1,974	1,080
DPS(원)	110	115	165	182	205	—
EBITDAPS(원)	942	1,694	1,457	2,114	2,394	1,558

재무 비율 〈단위 : %〉

연도	영업이익률	순이익률	부채비율	차입금비율	ROA	ROE	유보율	자기자본비율	EBITDA마진율
2017	0.4	-0.7	128.6	79.3	-0.7	-1.3	2,034.8	43.8	3.2
2016	2.5	1.5	104.5	63.6	1.4	3.2	2,123.2	48.9	5.5
2015	2.1	0.9	106.5	64.8	0.9	1.6	2,079.2	48.4	4.8
2014	0.5	-0.4	95.3	56.3	-0.3	-0.9	2,114.0	51.2	3.5

성광벤드 (A014620)

SUNG KWANG BEND

업 종 : 기계
시 장 : KOSDAQ
신용등급 : (Bond) — (CP) —
기업규모 : 우량
홈페이지 : www.skbend.com
연 락 처 : 051)3300-200
본 사 : 부산시 강서구 녹산산단 262로 26

설립일	1980.02.23	**종업원수**	346명	**대표이사**	안재일
상장일	2000.12.29	**감사의견**	적정(안경)	**계열**	
결산기	12월	**보통주**		**종속회사수**	1개사
액면가	500원	**우선주**		**구상호**	

주주구성 (지분율,%)		출자관계 (지분율,%)		주요경쟁사 (외형,%)	
안재일	26.6	화진피에프	100.0	성광벤드	100
안갑원	10.5	세정이십일	0.9	두산중공업	9,965
(외국인)	16.6			현대엘리베이	1,368

매출구성		비용구성		수출비중	
ELBOW, TEE, REDUCER, 기타(제품)	81.1	매출원가율	96.2	수출	58.4
ELBOW, TEE, REDUCER, 기타(상품)	14.5	판관비율	16.6	내수	41.6
ELBOW, TEE, REDUCER, 기타(기타매출)	4.4				

회사 개요

동사는 금속관 이음쇠 전문 기업임. 주력제품은 석유화학, 발전설비, 조선 등의 전방산업에 다양하게 사용되고 있음. 중동을 비롯한 주요 플랜트 발주 국가로의 수출이 전체매출의 절반 이상을 차지함. 글로벌 선두 주자로서 앞으로도 시장 지배력을 확대할 전망임. 국내 시장은 동사와 태광의 독과점적 상태가 계속 유지될 전망이며, 해외시장에서도 가장 큰 경쟁자인 이탈리아 업체들의 경영 악화로 인한 수혜가 예상됨.

실적 분석

동사의 2017년 연결기준 결산 매출액은 1,458억원으로 전년동기 대비 28.2% 감소함. 매출 감소 및 고정비 부담 확대로 영업이익은 전년동기 대비 적자 전환하며 186.4억원의 영업손실 시현하는데 그침. 비영업손익 또한 악화되어 당기순이익 역시 적자 전환하며 163.2억원의 순손실 시현하는 등 수익성 악화. 그동안 탄탄한 영업이익률을 바탕으로 성장해 왔으나, 전방산업의 침체로 외형 및 수익성의 급격한 회복은 쉽지 않을 전망.

현금 흐름 〈단위 : 억원〉

항목	2016	2017
영업활동	388	107
투자활동	-49	-254
재무활동	-129	-44
순현금흐름	204	-216
기말현금	591	375

시장 대비 수익률

결산 실적 〈단위 : 억원〉

항목	2012	2013	2014	2015	2016	2017
매출액	3,759	4,035	2,920	2,499	2,031	1,457
영업이익	763	903	537	228	29	-186
당기순이익	555	687	441	195	46	-163

분기 실적 〈단위 : 억원〉

항목	2016.3Q	2016.4Q	2017.1Q	2017.2Q	2017.3Q	2017.4Q
매출액	480	471	350	404	387	316
영업이익	0	-16	-11	-20	-43	-112
당기순이익	-19	31	-39	-3	-26	-95

재무 상태 〈단위 : 억원〉

항목	2012	2013	2014	2015	2016	2017
총자산	5,107	5,329	5,534	5,458	5,322	5,025
유형자산	1,821	2,338	2,436	2,678	2,523	2,496
무형자산	13	14	10	7	8	7
유가증권	0	6	12	11	10	5
총부채	1,389	982	1,014	802	632	521
총차입금	594	286	433	274	192	193
자본금	143	143	143	143	143	143
총자본	3,719	4,347	4,521	4,655	4,691	4,504
지배주주지분	3,609	4,234	4,521	4,655	4,691	4,504

기업가치 지표

항목	2012	2013	2014	2015	2016	2017
주가(최고/저)(천원)	25.7/16.0	29.6/20.4	25.4/12.4	15.1/7.1	12.8/7.5	11.5/8.8
PER(최고/저)(배)	14.5/9.0	13.2/9.1	17.5/8.6	23.2/11.0	82.5/48.0	—/—
PBR(최고/저)(배)	2.2/1.4	2.1/1.5	1.7/0.8	1.0/0.5	0.8/0.5	0.7/0.6
EV/EBITDA(배)	9.0	8.2	6.5	8.7	28.8	—
EPS(원)	1,901	2,386	1,533	680	160	-571
BPS(원)	12,618	14,804	16,062	16,625	16,749	16,095
CFPS(원)	2,005	2,498	1,656	807	289	-444
DPS(원)	150	150	150	150	150	100
EBITDAPS(원)	2,770	3,270	2,001	922	231	-525

재무 비율 〈단위 : %〉

연도	영업이익률	순이익률	부채비율	차입금비율	ROA	ROE	유보율	자기자본비율	EBITDA마진율
2017	-12.8	-11.2	11.6	4.3	-3.2	-3.6	3,119.0	89.6	-10.3
2016	1.4	2.3	13.5	4.1	0.9	1.0	3,249.8	88.1	3.3
2015	9.1	7.8	17.2	5.9	3.5	4.2	3,225.0	85.3	10.6
2014	18.4	15.1	22.4	9.6	8.1	10.0	3,112.4	81.7	19.6

성도이엔지 (A037350)
SUNGDO ENGINEERING & CONSTRUCTION CO

업 종 : 건설
신용등급 : (Bond) — (CP) —
홈페이지 : www.sungdokorea.com
본 사 : 서울시 강남구 영동대로 106길 42
시 장 : KOSDAQ
기업규모 : 우량
연 락 처 : 02)6244-5200

설 립 일	1988.05.13	**종 업 원 수**	270명	**대 표 이 사**	서인수,강창열
상 장 일	2000.01.11	**감 사 의 견**	적정(대주)	**계 열**	
결 산 기	12월	**보 통 주**		**종속회사수**	8개사
액 면 가	500원	**우 선 주**		**구 상 호**	

주주구성 (지분율,%)		출자관계 (지분율,%)		주요경쟁사 (외형,%)	
서인수	34.0	성도엘앤디	100.0	성도이엔지	100
Evolution Master Fund Ltd. SPC, Class "M" Shares	4.4	케이파트너스	32.0	희림	41
(외국인)	9.0	에스티아이	19.9	세보엠이씨	154

매출구성		비용구성		수출비중	
하이테크산업설비	55.0	매출원가율	89.5	수출	20.1
플랜트	28.0	판관비율	4.2	내수	79.9
종합건설시공	12.0				

회사 개요
동사는 하이테크산업설비 사업분야에서 엔지니어링, 구매, 시공, 시운전, 유지보수 및 사후관리까지 Total Turn-Key Service를 제공하고 있으며, 국내외 발전, 화공 플랜트 분야의 전문 시공사업을 주요사업으로 하고 있음. 수익을 창출하는 주된 사업내용에 따라 하이테크산업 설비부문과 플랜트사업부문, 종합건설시공부문, 부동산개발부문 그리고 중개무역 등을 포함하는 기타사업부문으로 연결실체를 세분화 할 수 있음.

실적 분석
동사의 2017년 연간 매출액은 전년동기대비 8.1% 하락한 3,913.4억원을 기록하였음. 비용면에서 전년동기대비 매출원가는 감소 하였으며 인건비는 증가 했고 광고선전비는 크게 감소, 기타판매비와관리비는 감소함. 주춤한 모습의 매출액에 의해 전년동기대비 영업이익은 248.6억원으로 5.5% 하락 하였음. 최종적으로 전년동기대비 당기순이익은 하락하여 212.4억원을 기록함.

현금 흐름
〈단위 : 억원〉

항목	2016	2017
영업활동	310	175
투자활동	-326	-35
재무활동	-140	-45
순현금흐름	-196	68
기말현금	235	303

시장 대비 수익률
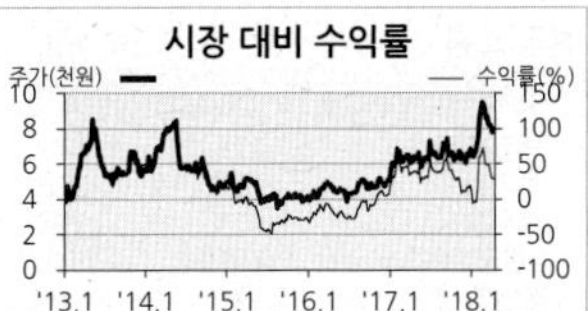

결산 실적
〈단위 : 억원〉

항목	2012	2013	2014	2015	2016	2017
매출액	4,130	4,581	3,573	3,292	4,256	3,913
영업이익	627	361	146	77	263	249
당기순이익	408	221	108	82	234	212

분기 실적
〈단위 : 억원〉

항목	2016.3Q	2016.4Q	2017.1Q	2017.2Q	2017.3Q	2017.4Q
매출액	1,053	1,393	978	1,079	893	963
영업이익	54	137	32	86	46	85
당기순이익	43	115	32	92	45	44

재무 상태
〈단위 : 억원〉

항목	2012	2013	2014	2015	2016	2017
총자산	3,697	3,680	2,896	3,053	3,497	3,285
유형자산	183	294	221	221	229	210
무형자산	43	51	49	50	59	57
유가증권	12	13	14	9	12	12
총부채	2,436	2,189	1,277	1,348	1,623	1,416
총차입금	573	464	329	270	185	250
자본금	75	75	77	77	77	77
총자본	1,261	1,491	1,620	1,705	1,874	1,870
지배주주지분	1,117	1,331	1,454	1,537	1,711	1,857

기업가치 지표

항목	2012	2013	2014	2015	2016	2017
주가(최고/저)(천원)	4.1/2.7	8.6/3.8	8.7/4.3	5.5/3.4	5.4/3.9	7.7/5.2
PER(최고/저)(배)	2.0/1.3	6.7/3.0	12.8/6.2	11.0/6.8	3.8/2.7	5.5/3.7
PBR(최고/저)(배)	0.6/0.4	1.0/0.5	1.0/0.5	0.6/0.4	0.5/0.4	0.7/0.4
EV/EBITDA(배)	1.4	2.7	4.8	5.3	1.6	2.0
EPS(원)	2,297	1,379	728	525	1,502	1,430
BPS(원)	7,456	8,884	9,586	10,175	11,316	12,137
CFPS(원)	2,376	1,492	845	628	1,629	1,560
DPS(원)	50	70	50	50	100	150
EBITDAPS(원)	4,258	2,523	1,085	605	1,834	1,737

재무 비율
〈단위 : %〉

연도	영업이익률	순이익률	부채비율	차입금비율	ROA	ROE	유보율	자기자본비율	EBITDA 마진율
2017	6.4	5.4	75.7	13.4	6.3	12.4	2,327.4	56.9	6.9
2016	6.2	5.5	86.6	9.9	7.2	14.3	2,163.2	53.6	6.6
2015	2.4	2.5	79.1	15.8	2.8	5.4	1,935.1	55.8	2.8
2014	4.1	3.0	78.8	20.3	3.3	7.9	1,817.2	55.9	4.6

성문전자 (A014910)
SUNGMOON ELECTRONICS

업 종 : 전기장비
신용등급 : (Bond) — (CP) —
홈페이지 : www.smec-korea.co.kr
본 사 : 경기도 평택시 세교산단로 61
시 장 : 거래소
기업규모 : 시가총액 소형주
연 락 처 : 031)650-2872

설 립 일	1980.07.11	**종 업 원 수**	124명	**대 표 이 사**	신동열
상 장 일	1990.03.24	**감 사 의 견**	적정(한울)	**계 열**	
결 산 기	12월	**보 통 주**		**종속회사수**	2개사
액 면 가	500원	**우 선 주**		**구 상 호**	

주주구성 (지분율,%)		출자관계 (지분율,%)		주요경쟁사 (외형,%)	
신동열	15.2	성문디엠	99.0	성문전자	100
신준섭	5.7	SMA	39.9	가온전선	1,817
(외국인)	1.1	그린스타	4.0	광명전기	220

매출구성		비용구성		수출비중	
ZN증착 FILM	56.1	매출원가율	86.8	수출	—
Al증착FILM	22.0	판관비율	14.2	내수	—
기타	21.9				

회사 개요
동사는 1980년에 설립되어 '90년에 상장한 콘덴서용 금속증착필름 생산 전문 업체임. 콘덴서는 전자회로의 기본적인 필수부품 중 하나로 동사의 필름은 국내외 콘덴서 제조업체에 납품되며 연간 필름 생산량은 4,000여톤으로서 증가 추세에 있음. 세계시장 20%, 국내시장은 70% 가량의 시장 점유율을 확보함. 전체 매출의 90% 이상을 대만, 중국, 미국 등지에 직수출(Local 포함)하는 등 해외수요가 대부분임.

실적 분석
동사의 2017년 매출액은 전년 대비 1.45% 증가한 460.7억원, 매출총이익은 전기 대비 7.01% 증가한 606억원을 시현함. 영업손실은 전년 대비 2.5억원 감소하였으나, 당기순손실은 전년대비 20억원 증가함. 당기순손실 증가 주원인은 환율하락에 의한 환차손 등과 이연법인세자산의 감액 때문임.

현금 흐름
〈단위 : 억원〉

항목	2016	2017
영업활동	25	24
투자활동	4	-27
재무활동	-19	22
순현금흐름	10	18
기말현금	41	59

시장 대비 수익률
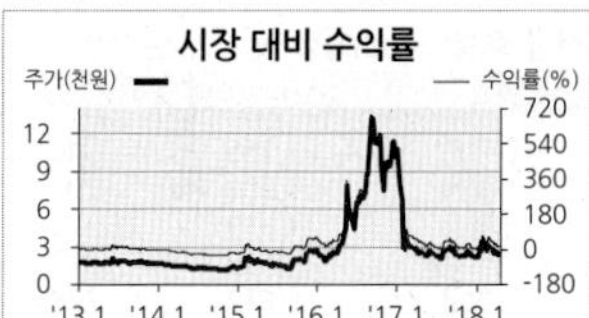

결산 실적
〈단위 : 억원〉

항목	2012	2013	2014	2015	2016	2017
매출액	544	548	539	482	454	461
영업이익	-18	-35	-21	-13	-7	-5
당기순이익	-23	-45	-20	-17	-11	-27

분기 실적
〈단위 : 억원〉

항목	2016.3Q	2016.4Q	2017.1Q	2017.2Q	2017.3Q	2017.4Q
매출액	104	114	118	119	116	108
영업이익	-8	-2	1	1	0	-8
당기순이익	-12	0	-4	3	1	-26

재무 상태
〈단위 : 억원〉

항목	2012	2013	2014	2015	2016	2017
총자산	432	498	516	453	441	430
유형자산	117	104	108	121	110	109
무형자산	11	10	10	7	7	6
유가증권	7	2	2	2	2	2
총부채	97	197	244	167	161	137
총차입금	48	126	168	97	69	47
자본금	71	71	71	82	86	100
총자본	335	301	272	286	280	293
지배주주지분	332	299	270	283	278	291

기업가치 지표

항목	2012	2013	2014	2015	2016	2017
주가(최고/저)(천원)	2.8/1.6	2.2/1.6	1.7/1.1	3.1/1.2	14.1/1.9	10.9/2.0
PER(최고/저)(배)	—/—	—/—	—/—	—/—	—/—	—/—
PBR(최고/저)(배)	1.2/0.7	1.0/0.7	0.9/0.6	1.7/0.7	8.3/1.1	7.3/1.3
EV/EBITDA(배)	50.9	—	197.1	178.6	165.1	30.7
EPS(원)	-162	-309	-138	-108	-62	-154
BPS(원)	2,413	2,176	1,972	1,785	1,687	1,504
CFPS(원)	-0	-141	17	-2	47	-49
DPS(원)	5	5	—	—	—	—
EBITDAPS(원)	34	-79	9	19	67	79

재무 비율
〈단위 : %〉

연도	영업이익률	순이익률	부채비율	차입금비율	ROA	ROE	유보율	자기자본비율	EBITDA 마진율
2017	-1.0	-5.8	46.7	16.1	-6.1	-9.4	200.8	68.2	3.0
2016	-1.6	-2.4	57.4	24.7	-2.4	-3.7	237.4	63.5	2.5
2015	-2.8	-3.5	58.5	33.8	-3.5	-6.1	257.0	63.1	0.6
2014	-3.8	-3.7	89.7	62.0	-3.9	-6.9	294.4	52.7	0.2

성보화학 (A003080)
Sung Bo Chemicals

업 종 : 화학 | 시 장 : 거래소
신용등급 : (Bond) — (CP) — | 기업규모 : 시가총액 소형주
홈페이지 : www.sbcc.kr | 연 락 처 : 031)493-1041
본 사 : 경기도 안산시 단원구 산단로19번길 168(목내동)

설 립 일	1961.01.06	**종 업 원 수**	138명	**대 표 이 사**	윤정선
상 장 일	1976.12.23	**감 사 의 견**	적정(신정)	**계 열**	
결 산 기	12월	**보 통 주**		**종속회사수**	
액 면 가	500원	**우 선 주**		**구 상 호**	

주주구성 (지분율,%)		출자관계 (지분율,%)		주요경쟁사 (외형,%)	
윤정선	33.8			성보화학	100
윤태현	9.1			동성화인텍	396
(외국인)	1.2			동성화학	350

매출구성		비용구성		수출비중	
살충제(강타자외)	30.9	매출원가율	79.3	수출	0.0
살균제(카스텔란외)	30.7	판관비율	25.4	내수	100.0
제초제(반벨외)	29.6				

회사 개요

동사는 1961년 설립되어 작물보호제 제조 및 판매를 영위하는 회사임. 1976년 유가증권시장에 상장됨. 동사는 작물보호제 제조에만 전념해오다 2006년 제2공장에 임대공장을 준공해 임대 사업을 병행하고 있음. 주요 매출대상은 농민을 상대로 하는 도소매상임. 봄과 여름철 매출이 집중되는 계절적 특수성을 가짐. 2017년 3월 윤장섭 명예회장의 장손녀인 윤정선 부사장이 사장에 취임함.

실적 분석

동사의 2017년 연간 매출액은 전년동기대비 0.6% 소폭 증가한 583.7억원을 기록하였음. 비용면에서 전년동기대비 매출원가는 증가 했으며 인건비도 증가, 광고선전비는 감소, 기타판매비와관리비는 거의 동일함. 주춤한 모습의 매출액에 의해 전년동기대비 영업손실은 27.5억원으로 적자전환 하였음. 최종적으로 전년동기대비 당기순이익은 크게 하락하여 92.7억원을 기록함.

현금 흐름 *IFRS 별도 기준 〈단위 : 억원〉

항목	2016	2017
영업활동	-1,365	46
투자활동	1,998	-292
재무활동	-39	-88
순현금흐름	593	-334
기말현금	612	278

시장 대비 수익률

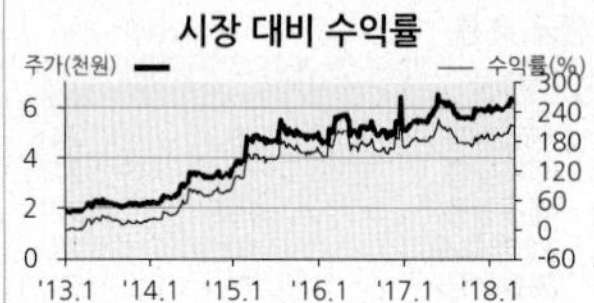

결산 실적 〈단위 : 억원〉

항목	2012	2013	2014	2015	2016	2017
매출액	453	497	545	560	580	584
영업이익	28	38	53	55	13	-28
당기순이익	30	35	46	33	750	93

분기 실적 *IFRS 별도 기준 〈단위 : 억원〉

항목	2016.3Q	2016.4Q	2017.1Q	2017.2Q	2017.3Q	2017.4Q
매출액	107	14	404	82	82	15
영업이익	-5	-46	67	-21	-20	-54
당기순이익	778	-78	71	11	36	-26

재무 상태 *IFRS 별도 기준 〈단위 : 억원〉

항목	2012	2013	2014	2015	2016	2017
총자산	1,016	1,020	1,064	1,076	1,945	1,856
유형자산	389	387	383	381	242	455
무형자산	0	1	2	2	2	1
유가증권	18	18	23	23	233	184
총부채	141	130	155	179	340	242
총차입금	—	—	—	—	—	—
자본금	100	100	100	100	100	100
총자본	875	889	909	897	1,605	1,614
지배주주지분	875	889	909	897	1,605	1,614

기업가치 지표 *IFRS 별도 기준

항목	2012	2013	2014	2015	2016	2017
주가(최고/저)(천원)	2.0/1.5	2.4/1.9	3.6/2.2	5.6/3.5	6.4/4.6	6.5/5.0
PER(최고/저)(배)	18.5/14.5	18.4/14.3	19.1/12.1	42.2/26.1	2.0/1.4	15.4/11.8
PBR(최고/저)(배)	0.6/0.5	0.7/0.6	1.0/0.6	1.5/1.0	0.9/0.7	0.9/0.7
EV/EBITDA(배)	9.5	9.0	12.3	17.6	14.6	—
EPS(원)	149	174	231	163	3,748	463
BPS(원)	43,725	44,428	45,407	44,795	8,019	8,063
CFPS(원)	2,112	2,386	2,897	2,203	3,796	567
DPS(원)	1,000	1,500	2,000	2,200	440	572
EBITDAPS(원)	2,018	2,535	3,237	3,295	112	-33

재무 비율 〈단위 : %〉

연도	영업이익률	순이익률	부채비율	차입금비율	ROA	ROE	유보율	자기자본비율	EBITDA마진율
2017	-4.7	15.9	15.0	0.0	4.9	5.8	1,512.5	87.0	-1.1
2016	2.2	129.4	21.2	0.0	49.7	60.0	1,503.9	82.5	3.9
2015	9.7	5.8	19.9	0.0	3.1	3.6	795.9	83.4	11.8
2014	9.7	8.5	17.0	0.0	4.4	5.1	808.1	85.4	11.9

성신양회 (A004980)
Sungshin Cement

업 종 : 건축소재 | 시 장 : 거래소
신용등급 : (Bond) — (CP) — | 기업규모 : 시가총액 소형주
홈페이지 : www.sungshincement.co.kr | 연 락 처 : 02)3782-7000
본 사 : 서울시 종로구 인사동5길 29

설 립 일	1967.03.16	**종 업 원 수**	706명	**대 표 이 사**	김영준,김영찬,김상규
상 장 일	1976.06.30	**감 사 의 견**	적정(신우)	**계 열**	
결 산 기	12월	**보 통 주**		**종속회사수**	5개사
액 면 가	5,000원	**우 선 주**		**구 상 호**	

주주구성 (지분율,%)		출자관계 (지분율,%)		주요경쟁사 (외형,%)	
김태현	12.7	금호산업	0.5	성신양회	100
김영준	11.6	SungShinVINA	100.0	아세아시멘트	71
(외국인)	9.8	JinSungInternational	100.0	현대시멘트	54

매출구성		비용구성		수출비중	
[시 멘 트]제 품	75.6	매출원가율	78.9	수출	0.0
[레 미 콘]제 품	24.0	판관비율	16.1	내수	100.0
[기타]제품, 상품(유류 외)	0.4				

회사 개요

동사는 1967년 설립되어 현재 단양과 부강에 크링커, 시멘트 생산공장을 보유하고 있으며, 전국 6개(수색, 의왕, 논산, 춘천, 안동, 김해) 시멘트 출하공장, 4개(구리, 파주, 대전, 용인) 레미콘 생산공장을 운영하고 있음. 칼슘용석회석 판매업 및 부산물 재활용업 등을 시멘트사업부문으로 재편성함. 동사는 하노이 지역을 중심으로 베트남 사업을 추진하고 있으며 영업역량 강화, 사회공헌 활동 등을 통해 베트남 시장에서의 경쟁력 확보 중에 있음.

실적 분석

동사는 2017년 전년보다 5.7% 감소한 6,471.8억원의 매출액을 기록하였음. 영업이익은 전년보다 10.9% 감소한 328.2억원을, 당기순이익은 전년보다 2.3% 감소한 121.2억원을 기록함. 시멘트 산업 2018년도 건설경기 위축과 함께 감소세를 유지할 것으로 예상되지만 기존 누적 착공실적을 바탕으로 약 5,100만톤 규모의 실적을 기록할 전망. 레미콘 사업은 기존 건설투자 실현물량이 양호하여 수요가 전년 수준과 대등할 전망.

현금 흐름 〈단위 : 억원〉

항목	2016	2017
영업활동	1,121	647
투자활동	-181	-308
재무활동	-1,075	-298
순현금흐름	-135	40
기말현금	26	66

시장 대비 수익률

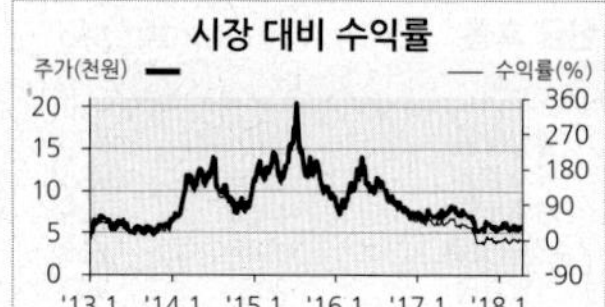

결산 실적 〈단위 : 억원〉

항목	2012	2013	2014	2015	2016	2017
매출액	5,465	6,017	6,137	6,787	6,866	6,472
영업이익	160	449	444	353	368	328
당기순이익	31	34	82	-340	124	121

분기 실적 〈단위 : 억원〉

항목	2016.3Q	2016.4Q	2017.1Q	2017.2Q	2017.3Q	2017.4Q
매출액	1,535	1,971	1,450	1,813	1,597	1,611
영업이익	106	28	22	216	9	81
당기순이익	-23	-162	20	116	-28	12

재무 상태 〈단위 : 억원〉

항목	2012	2013	2014	2015	2016	2017
총자산	11,225	11,443	11,157	10,728	10,163	10,234
유형자산	6,839	6,966	6,787	6,514	6,250	6,566
무형자산	335	273	253	238	225	202
유가증권	34	108	125	38	32	32
총부채	7,937	7,961	7,690	7,675	6,985	6,496
총차입금	5,716	5,788	5,405	4,660	3,572	3,278
자본금	1,042	1,261	1,261	1,261	1,285	1,285
총자본	3,288	3,482	3,466	3,053	3,177	3,738
지배주주지분	3,288	3,486	3,464	3,052	3,178	3,737

기업가치 지표

항목	2012	2013	2014	2015	2016	2017
주가(최고/저)(천원)	5.0/2.3	7.2/4.6	14.1/6.5	20.7/9.0	14.0/6.9	8.2/5.2
PER(최고/저)(배)	29.8/13.7	43.0/27.2	41.1/19.0	—/—	27.9/13.7	17.0/10.7
PBR(최고/저)(배)	0.3/0.1	0.5/0.3	1.0/0.5	1.7/0.7	1.1/0.5	0.6/0.4
EV/EBITDA(배)	9.5	7.2	8.2	7.6	5.9	5.4
EPS(원)	168	168	343	-1,366	502	484
BPS(원)	16,161	14,098	14,010	12,347	12,611	14,826
CFPS(원)	2,782	2,587	2,423	735	2,611	2,621
DPS(원)	—	—	—	—	—	—
EBITDAPS(원)	3,399	4,502	3,873	3,524	3,573	3,437

재무 비율 〈단위 : %〉

연도	영업이익률	순이익률	부채비율	차입금비율	ROA	ROE	유보율	자기자본비율	EBITDA마진율
2017	5.1	1.9	173.8	87.7	1.2	3.5	191.3	36.5	13.4
2016	5.4	1.8	219.8	112.4	1.2	4.1	147.8	31.3	13.1
2015	5.2	-5.0	251.4	152.6	-3.1	-10.4	142.5	28.5	12.9
2014	7.2	1.3	221.9	155.9	0.7	2.5	175.2	31.1	15.6

성안 (A011300)

Seong An

업 종 : 섬유 및 의복
신용등급 : (Bond) — (CP) —
홈페이지 : www.startex.co.kr
본 사 : 대구시 북구 검단동로 35

시 장 : 거래소
기업규모 : 시가총액 소형주
연 락 처 : 053)382-4772

설 립 일	1976.04.20	**종 업 원 수**	111명	**대 표 이 사**	박상태
상 장 일	1995.10.11	**감 사 의 견**	적정(안경)	**계 열**	
결 산 기	12월	**보 통 주**		**종속회사수**	2개사
액 면 가	500원	**우 선 주**		**구 상 호**	

주주구성 (지분율,%)		출자관계 (지분율,%)		주요경쟁사 (외형,%)	
박상태	10.6	성안합섬	62.9	성안	100
박상원	7.6	성안이집트	68.0	우노앤컴퍼니	19
(외국인)	1.5			좋은사람들	59

매출구성		비용구성		수출비중	
가공단	86.2	매출원가율	93.2	수출	97.5
원단 염료	10.4	판관비율	9.2	내수	2.5
임대료 및 관리비	3.4				

회사 개요

동사는 1976년 설립돼 1995년 유가증권시장에 상장함. 섬유제품 제조,가공, 판매업, 수출입업, 부동산 임대업 등을 영위함. 이중 섬유제조, 판매, 수출입업이 매출의 90% 이상을 차지함. 매출액의 96% 이상을 수출로부터 거둬들이며 주요 수출지역은 중동, 유럽, 아니아, 중남미, 북미 등임. 섬유제품을 제조하는 성안합섬과 성안섬유 이집트를 연결대상 종속회사로 보유함.

실적 분석

2017년 연결기준 동사 매출은 전년도 대비 3.8% 증가한 2,031.1억원을 기록함. 영업이익은 적자가 지속됐으나 적자폭은 줄어듦. 전년도엔 67.1억원의 비영업손실을 기록했으나 2017년엔 손실이 43.7억원으로 줄임. 다만 비영업부문 적자폭이 증가해 당기순손실 적자폭은 커짐. 전년도엔 손실 35.4억원을 기록했으나 2017년엔 손실 87.2억원을 기록함. 유럽, 중동 시장 섬유경기 침체와 원자재 가격 상승이 수익성 악화 원인으로 보임.

현금 흐름 <단위 : 억원>

항목	2016	2017
영업활동	-6	-129
투자활동	-3	-58
재무활동	-6	83
순현금흐름	-13	-112
기말현금	184	72

시장 대비 수익률

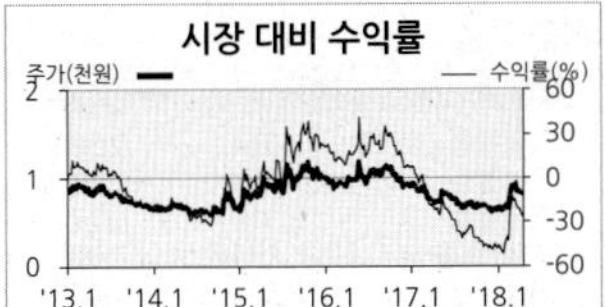

결산 실적 <단위 : 억원>

항목	2012	2013	2014	2015	2016	2017
매출액	2,718	2,629	2,265	1,969	1,957	2,031
영업이익	83	32	-0	-3	-67	-50
당기순이익	56	43	-38	-55	-35	-87

분기 실적 <단위 : 억원>

항목	2016.3Q	2016.4Q	2017.1Q	2017.2Q	2017.3Q	2017.4Q
매출액	416	514	514	542	473	502
영업이익	-21	-21	-15	5	-41	1
당기순이익	-38	-37	-27	-0	-9	-51

재무 상태 <단위 : 억원>

항목	2012	2013	2014	2015	2016	2017
총자산	2,982	2,883	2,629	2,599	2,567	2,934
유형자산	1,253	1,142	1,068	1,059	1,012	1,360
무형자산	4	5	4	3	3	2
유가증권	15	17	23	15	15	7
총부채	1,935	1,800	1,593	1,625	1,690	1,856
총차입금	1,440	1,332	1,150	1,083	1,131	1,250
자본금	284	284	284	284	284	284
총자본	1,047	1,083	1,036	975	876	1,078
지배주주지분	813	843	801	755	688	856

기업가치 지표

항목	2012	2013	2014	2015	2016	2017
주가(최고/저)(천원)	1.8/0.7	1.0/0.7	0.9/0.6	1.2/0.6	1.2/0.9	0.9/0.6
PER(최고/저)(배)	25.8/10.3	14.3/9.6	—/—	—/—	—/—	—/—
PBR(최고/저)(배)	1.3/0.5	0.6/0.4	0.6/0.4	0.9/0.5	1.0/0.7	0.6/0.4
EV/EBITDA(배)	7.3	7.8	14.1	13.4	27.0	20.9
EPS(원)	71	69	-68	-68	-11	-157
BPS(원)	1,455	1,526	1,452	1,371	1,252	1,549
CFPS(원)	352	355	113	142	206	69
DPS(원)	—	—	—	10	—	—
EBITDAPS(원)	428	344	180	205	98	138

재무 비율 <단위 : %>

연도	영업이익률	순이익률	부채비율	차입금비율	ROA	ROE	유보율	자기자본비율	EBITDA마진율
2017	-2.4	-4.3	172.2	116.0	-3.2	-11.6	209.8	36.7	3.9
2016	-3.4	-1.8	192.9	129.1	-1.4	-0.9	150.4	34.1	2.9
2015	-0.1	-2.8	166.7	111.1	-2.1	-4.9	174.2	37.5	5.9
2014	0.0	-1.7	153.8	111.1	-1.4	-4.7	190.4	39.4	4.5

성우전자 (A081580)

SUNGWOO ELECTRONICS

업 종 : 휴대폰 및 관련부품
신용등급 : (Bond) — (CP) —
홈페이지 : www.swei.co.kr
본 사 : 경기도 안산시 단원구 번영로 68 (성곡동 715-8 시화공단 4마 606)

시 장 : KOSDAQ
기업규모 : 우량
연 락 처 : 031)362-3127

설 립 일	1987.08.26	**종 업 원 수**	159명	**대 표 이 사**	조성면
상 장 일	2007.10.12	**감 사 의 견**	적정(도원)	**계 열**	
결 산 기	12월	**보 통 주**		**종속회사수**	3개사
액 면 가	500원	**우 선 주**		**구 상 호**	

주주구성 (지분율,%)		출자관계 (지분율,%)		주요경쟁사 (외형,%)	
조성면	31.8	이에스텍주식회사	67.9	성우전자	100
조일현	7.0	위해고신성우전자유한공사	100.0	제주반도체	64
(외국인)	1.1	성우비나유한책임회사	100.0	한일진공	12

매출구성		비용구성		수출비중	
이동통신단말기 부문	76.3	매출원가율	87.0	수출	—
광학기기 부문	20.2	판관비율	8.3	내수	—
기타 부문	3.6				

회사 개요

동사는 현재 이동통신단말기 부문, 광학기기 부문, 기타 부문으로 총 3개 사업부문으로 구성되어 있음. 동사는 현재 쉴드캔 점유율 1위 업체로 이동통신 단말기 사용시 전자파를 차폐하는 기능의 부품으로 사용되고 있음. 각 사업부문별로 휴대폰용 SHIELD CAN 류, 프레스 물, Heat Sink, Shutter 등의 주요 부품을 제조하고 있으며 주요 거래처로는 삼성전자 및 LG이노텍등이 있음.

실적 분석

동사의 연결기준 2017년 매출액은 전년 대비 6.2% 증가한 1,835.2억원을 기록한 반면, 판관비는 감가상각비 및 인건비 증가의 영향으로 전년 동기 대비 3.3% 증가함. 동기간 영업이익은 전년 대비 3.4% 증가한 85.9억원을 기록함. 반면, 비영업손익은 외환손실의 영향으로 전년 대비 81.3% 감소한 12.3억원을 기록함. 이에 따라 동사의 2017년 당기순이익은 전년 대비 41.9% 감소한 72.9억원을 기록함.

현금 흐름 <단위 : 억원>

항목	2016	2017
영업활동	159	142
투자활동	-242	-122
재무활동	61	-21
순현금흐름	-21	9
기말현금	99	108

시장 대비 수익률

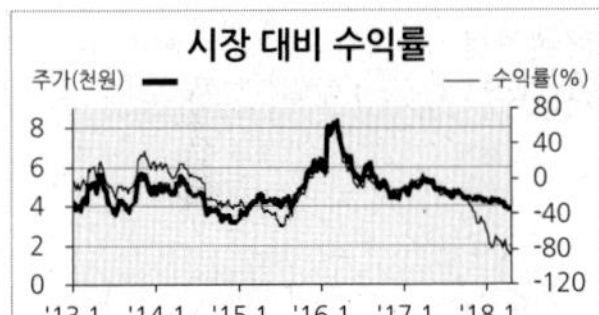

결산 실적 <단위 : 억원>

항목	2012	2013	2014	2015	2016	2017
매출액	1,033	1,480	1,555	1,663	1,727	1,835
영업이익	38	100	103	85	83	86
당기순이익	44	71	101	109	125	73

분기 실적 <단위 : 억원>

항목	2016.3Q	2016.4Q	2017.1Q	2017.2Q	2017.3Q	2017.4Q
매출액	391	394	468	471	475	421
영업이익	15	19	18	24	26	18
당기순이익	27	23	26	27	24	-4

재무 상태 <단위 : 억원>

항목	2012	2013	2014	2015	2016	2017
총자산	904	1,017	1,053	1,264	1,422	1,398
유형자산	288	329	327	493	600	520
무형자산	120	81	53	59	59	49
유가증권	15	11	6	5	1	1
총부채	312	374	323	376	419	369
총차입금	151	123	101	146	225	203
자본금	73	73	73	78	78	78
총자본	591	644	729	888	1,002	1,029
지배주주지분	589	643	732	892	1,007	1,033

기업가치 지표

항목	2012	2013	2014	2015	2016	2017
주가(최고/저)(천원)	4.7/1.7	6.0/3.4	5.5/3.1	6.4/3.4	8.7/4.3	5.5/4.2
PER(최고/저)(배)	17.6/6.2	13.1/7.5	8.4/4.8	9.0/4.8	10.8/5.4	11.9/9.3
PBR(최고/저)(배)	1.3/0.5	1.5/0.8	1.2/0.7	1.2/0.6	1.4/0.7	0.8/0.7
EV/EBITDA(배)	9.2	4.5	1.6	5.7	3.2	2.0
EPS(원)	298	503	712	742	830	467
BPS(원)	4,033	4,474	5,150	5,755	6,491	6,661
CFPS(원)	462	758	1,010	1,068	1,417	1,117
DPS(원)	50	70	100	120	100	80
EBITDAPS(원)	424	940	1,004	897	1,122	1,203

재무 비율 <단위 : %>

연도	영업이익률	순이익률	부채비율	차입금비율	ROA	ROE	유보율	자기자본비율	EBITDA마진율
2017	4.7	4.0	35.9	19.7	5.2	7.1	1,232.2	73.6	10.2
2016	4.8	7.3	41.8	22.4	9.3	13.6	1,198.1	70.5	10.1
2015	5.1	6.5	42.4	16.5	9.4	13.5	1,051.0	70.2	8.0
2014	6.6	6.5	44.3	13.9	9.7	15.1	930.1	69.3	9.4

성우테크론 (A045300)
Sungwoo Techron

업　　종 : 반도체 및 관련장비
신용등급 : (Bond) —　(CP) —
홈페이지 : www.swmv.co.kr
본　　사 : 경남 창원시 성산구 창원대로 1144번길 55
시　　장 : KOSDAQ
기업규모 : 중견
연 락 처 : 055)279-8400

설 립 일	1997.04.01	**종업원수**	254명	**대표이사**	박찬홍
상 장 일	2001.12.18	**감사의견**	적정(보명)	**계　　열**	
결 산 기	12월	**보 통 주**		**종속회사수**	1개사
액 면 가	500원	**우 선 주**		**구 상 호**	

주주구성 (지분율,%)		출자관계 (지분율,%)		주요경쟁사 (외형,%)	
박찬홍	19.7	성우세미텍	86.8	성우테크론	100
하명주	6.5	성우미크론	35.0	네패스신소재	43
(외국인)	3.0			피에스엠씨	28

매출구성		비용구성		수출비중	
LOC임가공	43.0	매출원가율	79.5	수출	17.8
PCB최종검사	30.8	판관비율	6.5	내수	82.2
반도체관련장비	23.1				

회사 개요

동사의 주요사업 내용은 LOC사업부문, PCB사업부문, 장비사업부문으로 구성되어 있음. LOC사업부문은 반도체 구성 재료인 리드프레임 후공정가공 및 최종검사하는 사업부문으로 LOC, IC, FFC 등의 제품을 제조하고 있음. 리드프레임은 Chip과 외부회로와의 접속, 발열, 외부로부터의 보호역할을 하는 구조재료로 반도체 패키지의 내부와 외부회로를 연결해 주는 전기도선의 역할과 반도체를 지지해 주는 버팀대의 역할을 함.

실적 분석

동사의 2017년 실적은 종속기업을 포함하여 매출액 382억원, 영업이익 54억원, 당기순이익 59억원을 달성함. 매출액은 전년 대비 31% 신장되었고 당기순이익은 71% 증가함. 사업부문별로 보면 장비사업부의 매출액은 전년대비 74억원이 증가함. 2017년 삼성전기의 수주를 받아 매출이 실현됨. 엘지화학의 소형 바우처와 엘지 이노텍의 AOI 수주 등 2017년 수주 잔고 약 80억원은 2018년 매출로 인식될 예정임.

현금 흐름 (단위 : 억원)

항목	2016	2017
영업활동	57	69
투자활동	-7	-61
재무활동	-5	-0
순현금흐름	45	7
기말현금	70	77

결산 실적 (단위 : 억원)

항목	2012	2013	2014	2015	2016	2017
매출액	220	246	232	278	292	382
영업이익	-1	6	6	13	27	54
당기순이익	1	7	-11	0	34	59

분기 실적 (단위 : 억원)

항목	2016.3Q	2016.4Q	2017.1Q	2017.2Q	2017.3Q	2017.4Q
매출액	78	74	81	97	100	104
영업이익	8	4	9	13	16	16
당기순이익	23	3	15	12	15	17

재무 상태 (단위 : 억원)

항목	2012	2013	2014	2015	2016	2017
총자산	519	603	581	563	623	719
유형자산	294	396	394	378	365	360
무형자산	1	1	1	1	1	1
유가증권	115	128	111	108	127	179
총부채	271	256	249	237	261	293
총차입금	218	174	169	160	159	159
자본금	35	36	38	40	42	44
총자본	249	346	332	326	363	426
지배주주지분	245	343	329	323	360	422

기업가치 지표

항목	2012	2013	2014	2015	2016	2017
주가(최고/저)(천원)	2.3/1.1	3.3/1.4	2.4/1.5	3.0/1.6	3.8/2.4	4.5/3.2
PER(최고/저)(배)	167.5/81.3	44.8/19.5	—/—	1,599.1/829.8	10.0/6.4	7.1/5.1
PBR(최고/저)(배)	0.9/0.4	0.9/0.4	0.6/0.4	0.8/0.4	0.9/0.6	1.0/0.7
EV/EBITDA(배)	9.6	8.1	6.3	7.8	6.6	4.3
EPS(원)	14	74	-128	2	380	641
BPS(원)	3,611	4,794	4,391	4,115	4,368	4,857
CFPS(원)	372	415	155	305	663	863
DPS(원)	45	50	25	25	28	65
EBITDAPS(원)	332	406	388	470	577	814

재무 비율 (단위 : %)

연도	영업이익률	순이익률	부채비율	차입금비율	ROA	ROE	유보율	자기자본비율	EBITDA마진율
2017	14.1	15.4	68.7	37.3	8.7	14.8	871.3	59.3	18.8
2016	9.4	11.8	71.9	43.9	5.8	10.1	773.6	58.2	16.5
2015	4.8	0.1	72.7	49.0	0.1	0.1	723.0	57.9	13.5
2014	2.7	-5.0	74.9	51.0	-1.9	-3.4	778.3	57.2	12.7

성우하이텍 (A015750)
SUNGWOO HITECH CO

업　　종 : 자동차부품
신용등급 : (Bond) A-　(CP) —
홈페이지 : www.swhitech.co.kr
본　　사 : 부산시 기장군 정관면 농공길 2-9번지
시　　장 : KOSDAQ
기업규모 : 우량
연 락 처 : 070)7477-5450

설 립 일	1977.08.15	**종업원수**	1,602명	**대표이사**	이명근,이문용
상 장 일	1995.11.04	**감사의견**	적정(안경)	**계　　열**	
결 산 기	12월	**보 통 주**		**종속회사수**	20개사
액 면 가	500원	**우 선 주**		**구 상 호**	

주주구성 (지분율,%)		출자관계 (지분율,%)		주요경쟁사 (외형,%)	
성우하이텍선장	30.0	성우하이텍루스	100.0	성우하이텍	100
이명근	5.7	성우스마트랩	100.0	한라홀딩스	27
(외국인)	13.9	WMUBavaria	100.0	세방전지	33

매출구성		비용구성		수출비중	
제품매출(제품)	113.1	매출원가율	92.0	수출	—
상품매출(상품)	9.4	판관비율	6.2	내수	—
기타매출(기타)	2.7				

회사 개요

동사는 1977년 설립되어 자동차부품 생산을 중점사업으로 하고 있으며, 현대자동차, 기아자동차, 한국지엠 등에 납품하고 있음. 특히 Bumper Rail의 경우 현대차에 독점 납품하고 있으며, 그외 주력제품인 Dash law와 Side member를 포함한 매출은 자동차 차체부품 시장에서 20% 이상의 점유율을 보이고 있음. 다양한 자동차부품개발로 출시예정인 신차부품의 시장점유율을 확대해 나가고 있음.

실적 분석

동사는 지난해 연결기준 매출 3조3664억 원, 영업이익 608억 원, 순이익 293억 원을 거둔 것으로 집계됐음. 2016년보다 매출은 12.2%, 영업이익은 56.5% 줄었고 순이익은 6.7% 늘었음. 현대자동차에 납품하는 Bumper rail은 경쟁사가 없으며 거의 독점적인 위치를 차지. 그 외의 주력제품인 Dash law와 Side member를 포함한 매출은 자동차 차체부품시장의 20% 이상의 점유율을 보임.

현금 흐름 (단위 : 억원)

항목	2016	2017
영업활동	2,614	3,586
투자활동	-4,964	-2,535
재무활동	2,519	-770
순현금흐름	174	305
기말현금	2,164	2,470

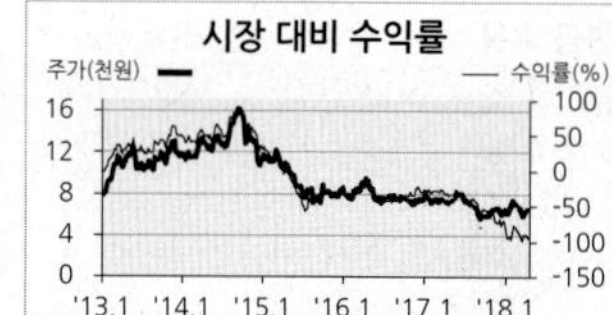

결산 실적 (단위 : 억원)

항목	2012	2013	2014	2015	2016	2017
매출액	30,106	31,059	32,727	35,215	38,285	33,664
영업이익	2,001	2,135	1,930	1,453	1,316	608
당기순이익	1,609	1,534	1,305	309	389	293

분기 실적 (단위 : 억원)

항목	2016.3Q	2016.4Q	2017.1Q	2017.2Q	2017.3Q	2017.4Q
매출액	9,757	10,907	8,946	7,748	7,961	9,008
영업이익	187	393	221	28	164	195
당기순이익	-193	267	241	129	181	-259

재무 상태 (단위 : 억원)

항목	2012	2013	2014	2015	2016	2017
총자산	22,596	22,634	26,121	32,291	34,859	33,852
유형자산	9,421	9,001	10,912	15,261	18,213	18,290
무형자산	148	76	288	285	286	110
유가증권	997	884	857	682	748	629
총부채	13,079	12,531	15,107	20,979	22,964	22,016
총차입금	8,493	7,797	9,526	13,054	15,577	14,859
자본금	250	250	300	300	300	300
총자본	9,517	10,102	11,014	11,312	11,895	11,836
지배주주지분	7,598	8,252	9,184	9,214	9,589	9,595

기업가치 지표

항목	2012	2013	2014	2015	2016	2017
주가(최고/저)(천원)	11.0/7.1	13.7/7.9	16.5/10.5	12.3/6.8	9.5/7.0	8.2/5.7
PER(최고/저)(배)	5.6/3.6	7.0/4.0	9.8/6.3	27.2/15.1	14.6/10.6	15.8/10.8
PBR(최고/저)(배)	1.0/0.6	1.1/0.6	1.2/0.8	0.9/0.5	0.6/0.5	0.5/0.4
EV/EBITDA(배)	4.0	4.1	4.4	5.5	5.8	6.1
EPS(원)	2,231	2,178	1,833	485	687	534
BPS(원)	15,196	16,504	15,309	15,359	15,984	15,993
CFPS(원)	5,325	5,307	4,362	3,444	4,175	4,420
DPS(원)	200	200	200	200	200	150
EBITDAPS(원)	6,649	6,964	5,746	5,381	5,681	4,899

재무 비율 (단위 : %)

연도	영업이익률	순이익률	부채비율	차입금비율	ROA	ROE	유보율	자기자본비율	EBITDA마진율
2017	1.8	0.9	186.0	125.5	0.9	3.3	3,098.6	35.0	8.7
2016	3.4	1.0	193.1	131.0	1.2	4.4	3,096.8	34.1	8.9
2015	4.1	0.9	185.5	115.4	1.1	3.2	2,971.8	35.0	9.2
2014	5.9	4.0	137.2	86.5	5.4	12.6	2,961.9	42.2	10.5

성지건설 (A005980)

Sungjee Construction

업　　종 : 건설
신용등급 : (Bond) —　　(CP) —
홈페이지 : www.sungjee.com
본　　사 : 경기도 용인시 수지구 수지로296번길 51-9
시　　장 : 거래소
기업규모 : 시가총액 소형주
연 락 처 : 031)272-0972

설립일	1969.02.01	**종업원수**	163명	**대표이사**	이용승
상장일	1995.02.18	**감사의견**	거절(감사범위제한)(한영)	**계열**	
결산기	12월	**보통주**		**종속회사수**	1개사
액면가	5,000원	**우선주**		**구상호**	

주주구성 (지분율,%)		출자관계 (지분율,%)		주요경쟁사 (외형,%)	
엠지비파트너스	36.4	테크노빌리지	0.6	성지건설	100
아이비팜홀딩스	4.1	건설공제조합	0.1	국보디자인	241
(외국인)	1.0	전기공사공제조합	0.0	한라	1,708

매출구성		비용구성		수출비중	
건축(공사)	55.6	매출원가율	97.2	수출	0.0
토목(공사)	38.1	판관비율	7.1	내수	100.0
상품매출(기타)	6.3				

회사 개요

동사는 건축, 토목공사, 아파트 분양 등의 분야에서 건설업을 영위하고 있음. 2016년 국토해양부 공시기준으로 시공능력 부문 국내 117위. 시공능력 평가액은 약 1,891억원 수준이며 매출구성은 국내도급공사(건축부문) 61%, 국내도급공사(토목부문) 39%로 구성되어 있음. 동사는 회생절차 개시 후 약 21개월만인 2012년 1월19일 법원의 회생절차 종결 결정. 아이팜 홀딩스의 인수 합병으로 지배구조 변화됨.

실적 분석

동사의 연결 기준 2017년도 매출액은 전년도 매출액보다 10.6% 증가한 1,124.3억원을 시현하였고, 원가율이 개선돼 매출총이익 역시 전년 9.3억원보다 245.6% 늘어난 32.0억원을 시현하였음.2016년 70.7억원의 영업손실에서 2017년에는 47.7억원의 손실을 냈으나 적자폭이 감소하였음. 비영업손익 부문에서는 적자가 확대되었으며 최종적으로 동사는 2017년 92.4억원의 당기순손실을 기록함.

현금 흐름 〈단위 : 억원〉

항목	2016	2017
영업활동	-42	-42
투자활동	12	-261
재무활동	-6	381
순현금흐름	-36	78
기말현금	25	103

시장 대비 수익률

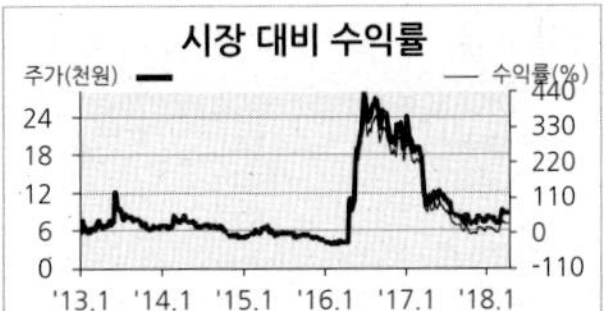

결산 실적 〈단위 : 억원〉

항목	2012	2013	2014	2015	2016	2017
매출액	798	1,247	1,675	1,360	1,017	1,124
영업이익	16	57	24	-106	-71	-48
당기순이익	97	32	4	-64	-115	-92

분기 실적 〈단위 : 억원〉

항목	2016.3Q	2016.4Q	2017.1Q	2017.2Q	2017.3Q	2017.4Q
매출액	232	313	260	350	344	170
영업이익	-3	-9	4	-15	-8	-28
당기순이익	-2	-61	2	-11	-12	-71

재무 상태 〈단위 : 억원〉

항목	2012	2013	2014	2015	2016	2017
총자산	1,210	1,346	1,293	979	936	1,095
유형자산	3	3	4	4	2	1
무형자산	1	1	0	0	2	1
유가증권	72	73	70	85	86	54
총부채	598	687	635	444	511	528
총차입금	252	258	217	77	81	216
자본금	487	487	487	487	487	646
총자본	612	659	658	536	425	567
지배주주지분	612	659	658	536	425	567

기업가치 지표

항목	2012	2013	2014	2015	2016	2017
주가(최고/저)(천원)	3.1/0.5	1.4/0.6	0.8/0.5	0.7/0.4	2.9/0.4	2.4/0.7
PER(최고/저)(배)	30.7/4.7	42.9/16.7	227.9/131.1	—/—	—/—	—/—
PBR(최고/저)(배)	4.9/0.8	2.1/0.8	1.3/0.7	1.3/0.8	6.6/0.9	5.5/1.6
EV/EBITDA(배)	21.5	12.4	22.3	—	—	—
EPS(원)	1,001	329	37	-658	-1,184	-875
BPS(원)	6,284	6,767	6,750	5,494	436	439
CFPS(원)	1,053	335	46	-651	-117	-86
DPS(원)	—	—	—	—	—	—
EBITDAPS(원)	214	592	253	-1,078	-72	-44

재무 비율 〈단위 : %〉

연도	영업이익률	순이익률	부채비율	차입금비율	ROA	ROE	유보율	자기자본비율	EBITDA마진율
2017	-4.2	-8.2	일부잠식	일부잠식	-9.1	-18.6	-12.3	51.8	-4.1
2016	-7.0	-11.4	일부잠식	일부잠식	-12.1	-24.0	-12.7	45.4	-6.9
2015	-7.8	-4.7	82.8	14.5	-5.6	-10.7	9.9	54.7	-7.7
2014	1.4	0.2	96.6	33.0	0.3	0.6	35.0	50.9	1.5

성창기업지주 (A000180)

Sungchang Enterprise Holdings

업　　종 : 종이 및 목재
신용등급 : (Bond) —　　(CP) —
홈페이지 : www.sce.co.kr
본　　사 : 부산시 사하구 다대로 627(다대동)
시　　장 : 거래소
기업규모 : 시가총액 소형주
연 락 처 : 051)260-3333

설립일	1916.11.20	**종업원수**	71명	**대표이사**	우인석
상장일	1976.06.02	**감사의견**	적정(영앤진)	**계열**	
결산기	12월	**보통주**		**종속회사수**	5개사
액면가	500원	**우선주**		**구상호**	

주주구성 (지분율,%)		출자관계 (지분율,%)		주요경쟁사 (외형,%)	
정연오	6.0	성창기업	100.0	성창기업지주	100
정연교	6.0	성창보드	100.0	동화기업	437
(외국인)	4.0	지씨테크	100.0	한솔제지	986

매출구성		비용구성		수출비중	
파티클보드	30.2	매출원가율	84.8	수출	—
일반합판	29.9	판관비율	15.3	내수	—
기타 외	21.0				

회사 개요

1916년 정미업을 시작하면서 설립된 동사는 1931년 춘양목재주식회사를 인수하며 83년간 목재업 외길을 걸어왔고, 2008년 12월 회사 분할을 통해 지주회사로 전환함. 따라서 경영성과는 자회사인 성창기업, 성창보드, 지씨테크, 성창 디벨로퍼스 등 자회사의 영업실적에 따라 직접적인 영향을 받음. 자회사의 사업부문은 합판사업, 마루사업, PB(파티클보드)사업, 폐목재 재활용(우드칩) 사업으로 구분됨.

실적 분석

동사의 2017년 연간 매출액은 1,782.8억원 기록하며 전년 동기(1,813.7억원) 대비 소폭 감소함. 영업이익은 -2.4억원으로 전년 9.8억원에서 적자전환함. 매출원가와 판관비 등 비용이 전년보다 줄었음에도 불구하고 매출 축소폭이 더 컸음. 당기순이익은 41.2억원으로 전년 211.1억원 대비 큰폭으로 감소. 주요 원인은 직전사업연도 기타수익(명지토지 손실보상금)이 일시적으로 발생하여 당해년도 당기순이익이 상대적으로 감소함.

현금 흐름 〈단위 : 억원〉

항목	2016	2017
영업활동	126	94
투자활동	-192	172
재무활동	-168	-256
순현금흐름	-232	9
기말현금	130	139

시장 대비 수익률

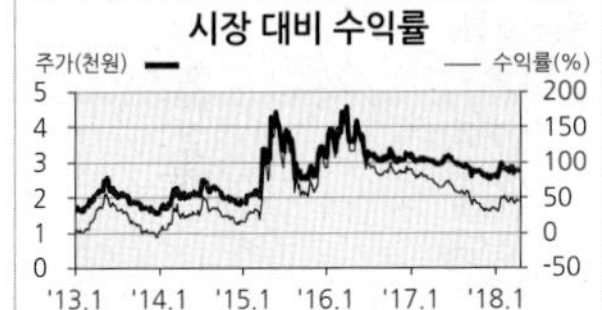

결산 실적 〈단위 : 억원〉

항목	2012	2013	2014	2015	2016	2017
매출액	1,612	1,508	1,635	1,773	1,814	1,783
영업이익	3	-21	-1	31	10	-2
당기순이익	1,307	-43	-35	22	211	41

분기 실적 〈단위 : 억원〉

항목	2016.3Q	2016.4Q	2017.1Q	2017.2Q	2017.3Q	2017.4Q
매출액	429	472	492	429	412	451
영업이익	3	-1	9	18	-2	-27
당기순이익	6	200	11	80	-0	-50

재무 상태 〈단위 : 억원〉

항목	2012	2013	2014	2015	2016	2017
총자산	3,285	3,240	3,346	3,625	6,364	6,541
유형자산	2,192	2,284	2,329	2,326	5,126	5,330
무형자산	16	14	12	9	78	53
유가증권	1	84	84	171	208	170
총부채	711	706	849	836	1,327	1,521
총차입금	435	438	417	364	359	621
자본금	300	300	300	360	360	360
총자본	2,574	2,534	2,497	2,789	5,038	5,020
지배주주지분	2,574	2,534	2,497	2,789	5,030	5,017

기업가치 지표

항목	2012	2013	2014	2015	2016	2017
주가(최고/저)(천원)	2.4/1.4	2.6/1.5	2.6/1.6	4.5/1.8	5.1/2.9	3.2/2.5
PER(최고/저)(배)	1.2/0.7	—/—	—/—	125.8/50.4	17.0/9.7	54.1/42.5
PBR(최고/저)(배)	0.6/0.3	0.6/0.4	0.6/0.4	1.1/0.5	0.7/0.4	0.4/0.4
EV/EBITDA(배)	33.8	76.0	31.1	25.5	29.5	29.1
EPS(원)	2,056	-69	-58	36	303	60
BPS(원)	43,895	43,882	43,243	40,129	7,251	7,308
CFPS(원)	22,262	-87	170	1,199	401	173
DPS(원)	—	—	—	300	10	—
EBITDAPS(원)	532	279	765	1,336	112	110

재무 비율 〈단위 : %〉

연도	영업이익률	순이익률	부채비율	차입금비율	ROA	ROE	유보율	자기자본비율	EBITDA마진율
2017	-0.1	2.3	30.3	12.4	0.6	0.8	1,316.0	76.7	4.3
2016	0.5	11.6	26.3	7.1	4.2	5.4	1,304.9	79.2	4.3
2015	1.7	1.3	30.0	13.1	0.6	0.8	677.5	77.0	4.6
2014	-0.1	-2.2	34.0	16.7	-1.1	-1.4	732.4	74.6	2.7

성창오토텍 (A080470)
SUNGCHANG AUTOTECH

업 종 : 자동차부품
신용등급 : (Bond) — (CP) —
홈페이지 : www.sc-autotech.com
본 사 : 경기도 안성시 원곡면 청원로 1785-14

시 장 : KOSDAQ
기업규모 : 중견
연 락 처 : 031)650-5400

설 립 일	1996.10.18	종업원수	294명	대표이사	조봉관
상 장 일	2006.11.03	감사의견	적정(삼정)	계 열	
결 산 기	12월	보 통 주		종속회사수	3개사
액 면 가	500원	우 선 주		구 상 호	

주주구성 (지분율,%)		출자관계 (지분율,%)		주요경쟁사 (외형,%)	
고우종	33.7			성창오토텍	100
고산	12.5	중경고산기차공조	100.0	구영테크	105
(외국인)	3.8	염성고산기차배건	92.9	티에이치엔	219

매출구성		비용구성		수출비중	
사출(제품)	56.5	매출원가율	87.8	수출	—
인버터(제품)	12.9	판관비율	11.6	내수	—
이오나이저(제품) 외	12.7				

회사 개요

OEM납품을 주로하는 자동차부품 제조업체임. 연결대상 종속기업인 SCA Inc와 염성고산기차배건, 창리기차배건(중경) 모두 자동차부품 공급을 주요 사업으로 영위하고 있음. 에어필터, 클러스터이오나이저, 인버터, 사출류 등을 생산하여 한온시스템, 현대모비스, 한국델파이 등 자동차 종합부품업체를 통하여 현대차, 기아차 등 국내의 완성차 업체로 납품하고 있음. OEM매출의 증가는 둔화되지만, Filter의 교체수요 증가로 AS매출은 늘어나는 추세임.

실적 분석

국내 완성차 업계의 판매 부진으로 본사와 미국법인(SCA)의 자동차부품 OEM 매출이 시장의 기대에 미달하였으나, 중국법인(염성고산기차, 창리기차)의 실적호조로 2017년 연결기준 누적 매출액은 1,109.6억원으로 전년동기대비 6.4% 감소. 완성차업계의 제품단가 인하 압박 등의 영향으로 영업이익은 62.8% 감소한 9.6억원을 기록. 비영업수지는 손실폭이 확대되면서 당기순이익은 -12.9억원으로 적자전환함.

현금 흐름 〈단위 : 억원〉

항목	2016	2017
영업활동	89	77
투자활동	21	-81
재무활동	-52	-28
순현금흐름	58	-38
기말현금	128	90

시장 대비 수익률

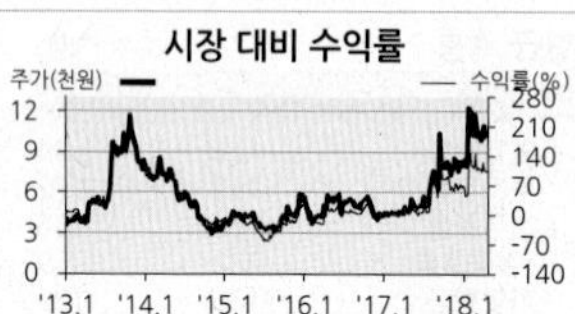

결산 실적 〈단위 : 억원〉

항목	2012	2013	2014	2015	2016	2017
매출액	1,186	1,488	1,382	1,408	1,527	1,430
영업이익	87	53	10	16	26	10
당기순이익	72	40	22	12	15	-13

분기 실적 〈단위 : 억원〉

항목	2016.3Q	2016.4Q	2017.1Q	2017.2Q	2017.3Q	2017.4Q
매출액	358	399	387	371	351	320
영업이익	4	4	12	6	-1	-7
당기순이익	-7	11	-5	10	3	-20

재무 상태 〈단위 : 억원〉

항목	2012	2013	2014	2015	2016	2017
총자산	931	1,067	1,126	1,155	1,177	1,060
유형자산	408	472	494	432	414	394
무형자산	17	16	24	19	12	10
유가증권	15	7	3	3	3	4
총부채	518	621	664	686	691	597
총차입금	234	266	269	278	242	202
자본금	37	37	37	37	37	37
총자본	413	446	462	468	485	463
지배주주지분	376	410	418	421	434	413

기업가치 지표

항목	2012	2013	2014	2015	2016	2017
주가(최고/저)(천원)	5.1/3.0	11.7/3.6	8.8/2.8	6.2/3.1	5.9/3.7	10.3/4.3
PER(최고/저)(배)	6.2/3.6	21.5/6.7	43.1/13.6	41.8/21.0	33.2/20.4	—/—
PBR(최고/저)(배)	1.1/0.6	2.2/0.7	1.6/0.5	1.1/0.6	1.0/0.6	1.8/0.8
EV/EBITDA(배)	4.5	9.2	8.7	9.9	5.8	11.7
EPS(원)	880	566	211	151	180	-244
BPS(원)	5,145	5,610	5,721	5,763	5,944	5,655
CFPS(원)	1,239	1,077	836	874	958	519
DPS(원)	80	80	50	50	—	50
EBITDAPS(원)	1,548	1,243	769	942	1,132	894

재무 비율 〈단위 : %〉

연도	영업이익률	순이익률	부채비율	차입금비율	ROA	ROE	유보율	자기자본비율	EBITDA마진율
2017	0.7	-0.9	129.0	43.5	-1.2	-4.2	1,031.1	43.7	4.6
2016	1.7	1.0	142.5	49.9	1.3	3.1	1,088.9	41.3	5.4
2015	1.1	0.8	146.5	59.4	1.0	2.6	1,052.6	40.6	4.9
2014	0.8	1.6	143.8	58.3	2.0	3.7	1,044.3	41.0	4.1

성호전자 (A043260)
SUNGHO ELECTRONICS CORP

업 종 : 전자 장비 및 기기
신용등급 : (Bond) — (CP) —
홈페이지 : www.sungho.net
본 사 : 서울시 금천구 가산디지털 1로 205-17

시 장 : KOSDAQ
기업규모 : 벤처
연 락 처 : 02)2104-7530

설 립 일	1973.05.15	종업원수	79명	대표이사	박현남,박영준
상 장 일	2001.11.21	감사의견	적정(이촌)	계 열	
결 산 기	12월	보 통 주		종속회사수	2개사
액 면 가	500원	우 선 주		구 상 호	

주주구성 (지분율,%)		출자관계 (지분율,%)		주요경쟁사 (외형,%)	
박현남	12.8	에스엠에이치	50.0	성호전자	100
허순영	7.5	꽃피는아침마을	2.0	로보쓰리	0
(외국인)	2.1			S&K폴리텍	194

매출구성		비용구성		수출비중	
PSU	58.9	매출원가율	82.1	수출	73.3
필름콘덴서	29.1	판관비율	17.0	내수	26.7
증착필름	12.0				

회사 개요

동사는 1973년에 설립되어 2011년 코스닥 시장에 상장하였으며 현재 전자기기의 충전기와 전원공급장치 역할을 하는 스위칭 모듈인 SMPS 제조와 디스플레이용 필름 콘덴서 제조를 주요 사업으로 영위하고 있음. 동사는 SMPS 분야에서 프린터기 시장, 공기청정기 및 제습기 시장에서 높은 시장점유율을 유지해나가고 있음. 연결대상 종속회사로 중국 소재의 주해성호전자유한공사, 위해한성성호전자유한공사 등 2개사를 보유함.

실적 분석

동사의 2017년 연간 매출액은 전년동기대비 5.2% 상승한 922.6억원을 기록하였음. 비용면에서 전년동기대비 매출원가는 증가 했으며 인건비는 감소 하였고 기타판매비와관리비는 증가함. 매출액은 성장했지만 원가 증가로 인해 전년동기대비 영업이익은 8.7억원으로 53.9% 크게 하락 하였음. 최종적으로 전년동기대비 당기순이익은 크게 하락하여 4.9억원을 기록함.

현금 흐름 〈단위 : 억원〉

항목	2016	2017
영업활동	74	39
투자활동	-36	-20
재무활동	-57	-25
순현금흐름	-19	-5
기말현금	15	10

시장 대비 수익률

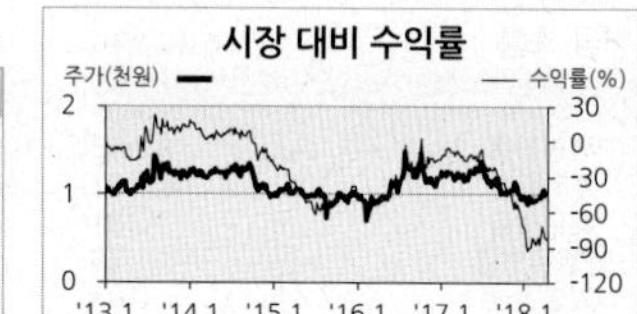

결산 실적 〈단위 : 억원〉

항목	2012	2013	2014	2015	2016	2017
매출액	1,069	868	832	804	877	923
영업이익	-35	-27	-9	2	19	9
당기순이익	-52	-35	-40	-33	7	5

분기 실적 〈단위 : 억원〉

항목	2016.3Q	2016.4Q	2017.1Q	2017.2Q	2017.3Q	2017.4Q
매출액	232	231	233	237	236	216
영업이익	2	10	2	2	-0	5
당기순이익	7	-3	4	-3	-4	8

재무 상태 〈단위 : 억원〉

항목	2012	2013	2014	2015	2016	2017
총자산	1,077	1,069	1,032	985	960	910
유형자산	432	456	474	462	435	402
무형자산	44	50	52	48	45	37
유가증권	21	8	9	5	6	4
총부채	595	587	580	560	546	515
총차입금	411	433	425	432	383	366
자본금	148	148	148	148	148	148
총자본	482	482	452	425	414	395
지배주주지분	482	482	452	425	414	395

기업가치 지표

항목	2012	2013	2014	2015	2016	2017
주가(최고/저)(천원)	1.6/1.0	1.4/1.0	1.4/1.0	1.1/0.7	1.5/0.7	1.4/0.9
PER(최고/저)(배)	—/—	—/—	—/—	—/—	64.3/29.9	82.8/55.7
PBR(최고/저)(배)	1.0/0.6	0.9/0.6	0.9/0.6	0.8/0.5	1.1/0.5	1.0/0.7
EV/EBITDA(배)	23.9	73.8	17.3	13.2	10.3	11.0
EPS(원)	-179	-120	-135	-112	24	17
BPS(원)	1,664	1,664	1,563	1,471	1,432	1,367
CFPS(원)	25	2	13	60	197	183
DPS(원)	—	—	—	—	—	—
EBITDAPS(원)	85	32	118	177	237	196

재무 비율 〈단위 : %〉

연도	영업이익률	순이익률	부채비율	차입금비율	ROA	ROE	유보율	자기자본비율	EBITDA마진율
2017	1.0	0.5	130.4	92.6	0.5	1.2	173.3	43.4	6.3
2016	2.2	0.8	131.8	92.6	0.7	1.7	186.3	43.1	8.0
2015	0.2	-4.1	131.7	101.6	-3.3	-7.5	194.3	43.2	6.5
2014	-1.1	-4.8	128.4	93.9	-3.8	-8.5	212.6	43.8	4.2

세기상사 (A002420)
The Century

업　　종 : 미디어　　시　　장 : 거래소
신용등급 : (Bond) —　(CP) —　　기업규모 : 시가총액 소형주
홈페이지 : www.daehancinema.com　　연 락 처 : 02)3393-3500
본　　사 : 서울시 중구 퇴계로 212 (충무로 4가)

설립일	1958.08.21	**종업원수**	42명	**대표이사**	김정희
상장일	1968.12.27	**감사의견**	적정(대주)	**계열**	
결산기	12월	**보통주**		**종속회사수**	
액면가	5,000원	**우선주**		**구상호**	

주주구성 (지분율,%)		출자관계 (지분율,%)		주요경쟁사 (외형,%)	
국순기	31.8			세기상사	100
김정희	18.4			래몽래인	322
(외국인)	0.7			제이웨이	123

매출구성		비용구성		수출비중	
영화상영	75.1	매출원가율	93.5	수출	0.0
매점판매	13.9	판관비율	13.1	내수	100.0
기타판매	11.0				

회사 개요

1958년 설립돼 1959년부터 충무로에 대한극장을 직영하였으며, 2001년 동 극장을 철거하고 11개의 소극장이 집합된 멀티플렉스 영화관을 신축하여 운영하고 있음. 최근 대기업 중심의 대형 멀티플렉스 극장의 증가로 경쟁 구도가 심화됨에 따라 동사의 대한극장은 매출이 지속적으로 감소세를 보이고 있음. 이와 함께 스마트미디어 보급 및 온라인 다운로드, IPTV 서비스 확대 등으로 비우호적인 시장상황이 계속되고 있어 실적 전망이 매우 어두움.

실적 분석

동사의 연결기준 결산 매출액은 전년동기 대비 소폭(3.0%) 증가한 56.3억원을 기록하였음. 매출원가와 판관비 절감 노력으로 매출총이익은 전년동기 2억원에서 3.7억원으로 증가하였으며, 영업이익은 적자 지속중이나 손실규모는 지난해의 절반 수준으로 축소됨. 관련기업투자이익이 늘어난 덕분에 당기순이익은 1억원을 시현하며 흑자전환에 성공함. 비우호적인 시장 상황을 타개할 계획이 필요한 상황.

현금 흐름 *IFRS 별도 기준 〈단위 : 억원〉

항목	2016	2017
영업활동	-7	-4
투자활동	11	-4
재무활동	—	—
순현금흐름	5	-8
기말현금	10	2

시장 대비 수익률

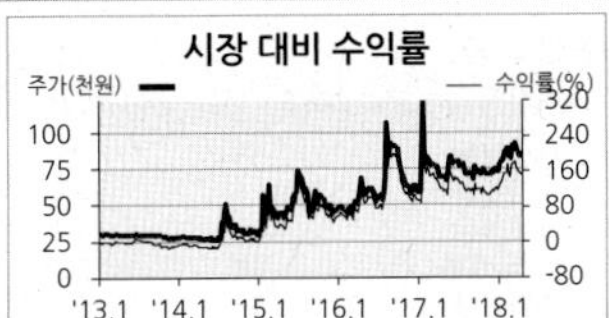

결산 실적 〈단위 : 억원〉

항목	2012	2013	2014	2015	2016	2017
매출액	61	52	55	55	55	56
영업이익	-3	-11	-10	-9	-7	-4
당기순이익	-6	-21	-14	-13	-11	1

분기 실적 *IFRS 별도 기준 〈단위 : 억원〉

항목	2016.3Q	2016.4Q	2017.1Q	2017.2Q	2017.3Q	2017.4Q
매출액	16	14	13	13	16	14
영업이익	-2	-1	-2	-0	-1	-0
당기순이익	-3	-2	5	-1	-1	-2

재무 상태 *IFRS 별도 기준 〈단위 : 억원〉

항목	2012	2013	2014	2015	2016	2017
총자산	509	472	458	444	432	430
유형자산	419	416	412	408	403	409
무형자산	—	—	—	—	—	—
유가증권	—	—	—	—	—	—
총부채	210	194	195	194	196	194
총차입금	123	123	123	122	123	123
자본금	20	20	20	20	20	20
총자본	298	278	263	250	236	237
지배주주지분	298	278	263	250	236	237

기업가치 지표 *IFRS 별도 기준

항목	2012	2013	2014	2015	2016	2017
주가(최고/저)(천원)	35.3/28.0	31.3/26.0	59.8/25.2	73.8/29.3	107/43.6	122/57.9
PER(최고/저)(배)	—/—	—/—	—/—	—/—	—/—	521.9/248.7
PBR(최고/저)(배)	0.5/0.4	0.5/0.4	0.9/0.4	1.2/0.5	1.8/0.8	2.1/1.0
EV/EBITDA(배)	60.1	—	—	—	—	149.9
EPS(원)	-1,432	-5,156	-3,502	-3,105	-2,802	233
BPS(원)	73,205	68,160	64,519	61,325	57,826	58,095
CFPS(원)	10	-3,680	-1,954	-1,553	-1,277	1,803
DPS(원)	—	—	—	—	—	—
EBITDAPS(원)	664	-1,184	-880	-634	-267	662

재무 비율 〈단위 : %〉

연도	영업이익률	순이익률	부채비율	차입금비율	ROA	ROE	유보율	자기자본비율	EBITDA마진율
2017	-6.6	1.7	81.8	51.7	0.2	0.4	1,061.9	55.0	4.8
2016	-13.4	-20.9	82.1	50.8	-2.6	-4.6	1,083.1	54.9	-2.0
2015	-16.3	-23.1	76.7	47.9	-2.8	-4.8	1,153.1	56.6	-4.7
2014	-17.9	-25.8	73.3	45.6	-3.0	-5.2	1,217.0	57.7	-6.5

세동 (A053060)
SAEDONG

업　　종 : 자동차부품　　시　　장 : KOSDAQ
신용등급 : (Bond) —　(CP) —　　기업규모 : 중견
홈페이지 : www.saedong.co.kr　　연 락 처 : 051)791-0601
본　　사 : 부산시 기장군 장안읍 장안산단 8로 8

설립일	1986.02.04	**종업원수**	344명	**대표이사**	윤정상
상장일	2001.07.22	**감사의견**	적정(삼정)	**계열**	
결산기	12월	**보통주**		**종속회사수**	2개사
액면가	500원	**우선주**		**구상호**	

주주구성 (지분율,%)		출자관계 (지분율,%)		주요경쟁사 (외형,%)	
윤정상	22.7	북경세진기차영부건유한공사	100.0	세동	100
박영애	13.4	SAEDONG BRASIL INDUSTRIA E COMERCIO DE AUTOPECAS LTDA	100.0	이원컴포텍	34
(외국인)	1.2	북경세진기차영부건유한공사	50.0	영신금속	99

매출구성		비용구성		수출비중	
도어벨트	33.9	매출원가율	96.3	수출	10.5
일반사출물	22.8	판관비율	8.5	내수	89.5
압출물 외	20.8				

회사 개요

동사는 현대자동차, 한국GM 등에 도어벨트 등의 자동차 부품을 제조, 납품하는 사업을 영위함. 자동차용 조립식 계측기 및 프라스틱 부품 생산 및 연구개발 사업을 영위하는 '북경세진기차영부건유한공사' 등을 연결대상 종속회사로 보유하고 있음. 국내최초로 PVC 금속삽입 압출 방식의 제품을 개발하여 국내자동차 메이커에 공급하고 있으며, 도어벨트류 경량화 재질개발, 사출제품에는 고광택 소재 및 금형기술에 대한 신기술 프로젝트를 추진하고 있음.

실적 분석

동사의 2017년 연간 매출액은 전년동기대비 5% 하락한 1,192.8억원을 기록하였음. 비용면에서 전년동기대비 매출원가는 감소 하였으며 인건비도 감소, 기타판매비와관리비는 감소함. 주춤한 모습의 매출액에 의해 전년동기대비 영업손실은 57.3억원으로 적자지속 하였음. 최종적으로 전년동기대비 당기순손실은 적자지속하여 77.8억원을 기록함. 전반적인 지표가 모두 않좋아지고 있어 꾸준한 확인이 필요해 보임.

현금 흐름 〈단위 : 억원〉

항목	2016	2017
영업활동	66	58
투자활동	-38	-56
재무활동	-15	-3
순현금흐름	10	-0
기말현금	21	21

시장 대비 수익률

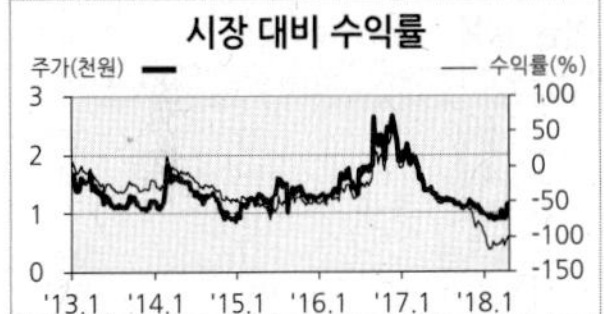

결산 실적 〈단위 : 억원〉

항목	2012	2013	2014	2015	2016	2017
매출액	1,039	1,188	1,210	1,316	1,255	1,193
영업이익	16	17	-19	-34	-43	-57
당기순이익	6	14	-18	-42	-26	-78

분기 실적 〈단위 : 억원〉

항목	2016.3Q	2016.4Q	2017.1Q	2017.2Q	2017.3Q	2017.4Q
매출액	281	356	329	303	284	276
영업이익	-25	-2	-7	-11	-16	-24
당기순이익	-26	5	-10	-12	-20	-35

재무 상태 〈단위 : 억원〉

항목	2012	2013	2014	2015	2016	2017
총자산	932	1,014	1,256	1,261	1,274	1,145
유형자산	521	583	737	722	711	673
무형자산	4	4	4	4	4	12
유가증권	9	6	7	6	6	7
총부채	710	779	983	1,037	1,081	937
총차입금	416	460	597	606	590	501
자본금	31	31	67	67	67	98
총자본	222	236	273	224	193	208
지배주주지분	222	236	273	224	193	208

기업가치 지표

항목	2012	2013	2014	2015	2016	2017
주가(최고/저)(천원)	2.2/0.8	2.0/1.2	2.3/1.0	1.8/1.1	3.4/1.4	2.2/1.0
PER(최고/저)(배)	45.7/17.3	17.0/10.4	—/—	—/—	—/—	—/—
PBR(최고/저)(배)	1.2/0.5	1.0/0.6	1.0/0.5	1.0/0.6	2.2/0.9	2.1/0.9
EV/EBITDA(배)	10.6	9.3	15.8	16.2	25.5	33.2
EPS(원)	41	99	-128	-292	-179	-419
BPS(원)	3,622	3,850	2,028	1,662	1,431	1,059
CFPS(원)	772	1,074	346	299	374	-3
DPS(원)	—	—	—	—	—	—
EBITDAPS(원)	937	1,123	343	360	250	107

재무 비율 〈단위 : %〉

연도	영업이익률	순이익률	부채비율	차입금비율	ROA	ROE	유보율	자기자본비율	EBITDA마진율
2017	-4.8	-6.5	449.7	240.8	-6.4	-38.8	111.8	18.2	1.7
2016	-3.4	-2.1	560.9	306.1	-2.0	-12.4	186.2	15.1	2.7
2015	-2.6	-3.2	463.5	270.7	-3.3	-16.9	232.4	17.8	3.7
2014	-1.6	-1.5	360.0	218.6	-1.6	-7.2	305.6	21.7	3.8

세명전기공업 (A017510)
SEMYUNG ELECTRIC MACHINERY

업종 : 전기장비
신용등급 : (Bond) — (CP) —
홈페이지 : www.semyung-elec.com
본사 : 부산시 사상구 대동로 188(학장동)
시장 : KOSDAQ
기업규모 : 중견
연락처 : 051)316-6887

설립일	1984.02.03	**종업원수**	82명	**대표이사**	권재기,권철현
상장일	1991.12.26	**감사의견**	적정(안경)	**계열**	
결산기	12월	**보통주**		**종속회사수**	
액면가	500원	**우선주**		**구상호**	

주주구성 (지분율,%)		출자관계 (지분율,%)		주요경쟁사 (외형,%)	
권철현	15.7			세명전기	100
권태균	8.5			서울전자통신	440
(외국인)	1.1			비츠로테크	1,115

매출구성		비용구성		수출비중	
금구류(송.배전선로가설용 및 전차선로용)	80.4	매출원가율	73.3	수출	25.0
섹셔날빔(섬유직기용)	19.6	판관비율	7.8	내수	75.0

회사 개요

동사는 1984년 세명전기공업주식회사로 시작되어 송.배전선로 가설용 및 전철선로용 금구류, 섬유직기용 섹셔날빔과 자동차부품 제조업을 영위함 . 송.배.변전선로 가설용 금구류를 제조하여 한국전력공사등에 공급하고 있으며, 전철용 금구류를 한국철도공사 및 지하철 공사 등에 납품하고 있음. 또한, 섬유직기용 섹셔날빔과 자동차 부품을 생산하여 섬유업체 및 자동차 업체에 공급하고 있음.

실적 분석

동사의 2017년 연결기준 결산 매출액은 전철용 금구류의 수주 증가로 전년동기 대비 25.5% 증가한 208.7억원 시현. 전년동기대비 매출원가 29.0 % 상승, 판관비 16.7% 상승에도 불구하고 매출호조로 인하여 영업이익은 전년동기 대비 16.7% 증가한 39.6억원을 기록. 최근 개발도상국 고압송전선로용 금구류 수주 증가로 수출 확대가 기대되고 있음.

현금 흐름 *IFRS 별도 기준 (단위 : 억원)

항목	2016	2017
영업활동	33	36
투자활동	-38	-84
재무활동	-12	-9
순현금흐름	-17	-60
기말현금	161	102

시장 대비 수익률

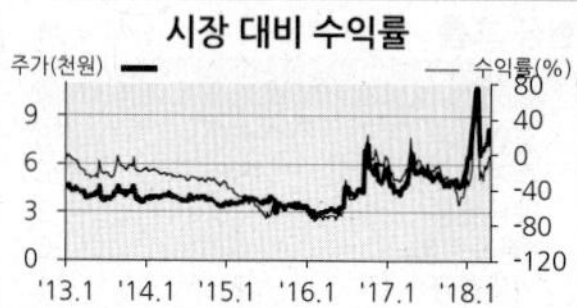

결산 실적 (단위 : 억원)

항목	2012	2013	2014	2015	2016	2017
매출액	187	229	197	201	166	209
영업이익	21	56	40	52	34	40
당기순이익	39	51	32	40	32	37

분기 실적 *IFRS 별도 기준 (단위 : 억원)

항목	2016.3Q	2016.4Q	2017.1Q	2017.2Q	2017.3Q	2017.4Q
매출액	29	31	44	76	52	36
영업이익	3	-10	12	22	12	-6
당기순이익	3	-12	9	21	12	-5

재무 상태 *IFRS 별도 기준 (단위 : 억원)

항목	2012	2013	2014	2015	2016	2017
총자산	652	675	673	714	731	755
유형자산	421	441	422	421	442	445
무형자산	4	4	4	4	4	4
유가증권	40	43	63	23	25	35
총부채	126	108	96	100	98	97
총차입금	26	4	3	1	2	4
자본금	76	76	76	76	76	76
총자본	526	567	577	614	634	658
지배주주지분	526	567	577	614	634	658

기업가치 지표 *IFRS 별도 기준

항목	2012	2013	2014	2015	2016	2017
주가(최고/저)(천원)	6.1/3.4	4.9/3.5	4.2/3.3	4.0/3.0	7.4/2.6	7.0/4.1
PER(최고/저)(배)	26.4/14.5	15.8/11.3	21.5/16.9	16.0/11.9	36.9/12.7	29.5/17.3
PBR(최고/저)(배)	2.0/1.1	1.4/1.0	1.2/0.9	1.1/0.8	1.8/0.6	1.6/1.0
EV/EBITDA(배)	24.5	8.4	10.2	6.3	18.3	16.1
EPS(원)	257	338	210	265	207	241
BPS(원)	3,451	3,717	3,783	4,030	4,157	4,318
CFPS(원)	298	376	244	293	237	272
DPS(원)	70	80	80	80	80	80
EBITDAPS(원)	176	408	300	372	252	291

재무 비율 (단위 : %)

연도	영업이익률	순이익률	부채비율	차입금비율	ROA	ROE	유보율	자기자본비율	EBITDA마진율
2017	19.0	17.6	14.7	0.6	4.9	5.7	763.6	87.2	21.2
2016	20.4	19.0	15.4	0.3	4.4	5.1	731.3	86.7	23.1
2015	26.0	20.1	16.2	0.2	5.8	6.8	706.0	86.1	28.2
2014	20.5	16.2	16.7	0.5	4.7	5.6	656.6	85.7	23.2

세미콘라이트 (A214310)
Semicon Light

업종 : 반도체 및 관련장비
신용등급 : (Bond) — (CP) —
홈페이지 : www.semiconlight.com
본사 : 경기도 용인시 기흥구 원고매로 2번길 49
시장 : KOSDAQ
기업규모 :
연락처 : 031)282-6425

설립일	2007.07.04	**종업원수**	298명	**대표이사**	김영진
상장일	2015.06.25	**감사의견**	적정(삼일)	**계열**	
결산기	12월	**보통주**		**종속회사수**	5개사
액면가	100원	**우선주**		**구상호**	

주주구성 (지분율,%)		출자관계 (지분율,%)		주요경쟁사 (외형,%)	
에스엠씨홀딩스	11.8	에스엘에쿼티	100.0	세미콘라이트	100
에스엘코리아	11.5	드래곤대부	100.0	에이디테크놀로지	67
(외국인)	4.7	뉴메이크네이처바이오	49.1	제너셈	58

매출구성		비용구성		수출비중	
플립칩(SKY II 3737,SKY II 8537)	99.2	매출원가율	78.0	수출	2.3
기타(기타용역매출)	0.7	판관비율	22.2	내수	97.7
수평형칩(SB2436,SB4020)	0.1				

회사 개요

동사는 2007년에 설립하여 2015년 6월 25일에 상장한 LED 플립칩 및 EPI wafer 전문 제조업체임. 현재 동사의 대주주인 루멘스를 통해 국내 주요 제조업체의 TV에 공급 중. 옥사이드 기반 플립칩을 최초로 개발하여 플립칩 시장 경쟁우위를 확보하고 있음. 2016년 1분기 기준 제품별 매출 비중은 플립칩 96%, 수평형칩 0.1%, 기타 4%를 차지함.

실적 분석

동사의 2017년 연결기준 연간 매출액은 480.2억원으로 전년 대비 19.1% 감소함. 이는 고객사외 4분기 재고조정으로 인한 영향임. 영업손실 또한 0.9억원으로 적자지속이지만, 적자폭은 축소됨. 원인으로 직전 사업연도대비 1회성 비용감소 및 고부가가치 제품생산, 지속적 경비 절감으로 볼 수 있음. 동사는 플립칩 기술을 기술적 플랫폼으로 삼아 CSP와 metal substrate packaging이라는 2개의 신규사업 준비중임.

현금 흐름 (단위 : 억원)

항목	2016	2017
영업활동	-51	108
투자활동	-211	-126
재무활동	309	-5
순현금흐름	48	-25
기말현금	81	56

시장 대비 수익률

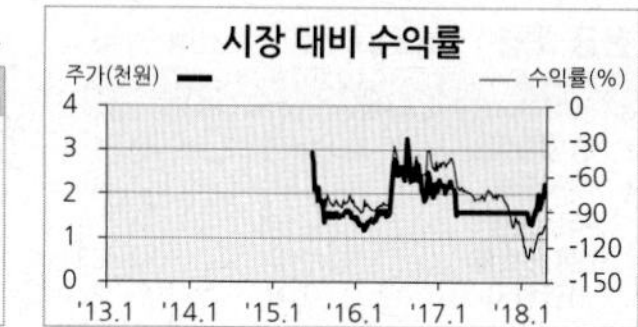

결산 실적 (단위 : 억원)

항목	2012	2013	2014	2015	2016	2017
매출액	123	219	481	572	593	480
영업이익	1	1	86	67	-83	-1
당기순이익	1	4	62	51	-120	-145

분기 실적 (단위 : 억원)

항목	2016.3Q	2016.4Q	2017.1Q	2017.2Q	2017.3Q	2017.4Q
매출액	168	135	166	152	93	69
영업이익	19	-131	16	10	-7	-19
당기순이익	20	-160	1	-44	-15	-87

재무 상태 (단위 : 억원)

항목	2012	2013	2014	2015	2016	2017
총자산	114	208	385	487	708	564
유형자산	48	84	194	203	184	155
무형자산	6	13	13	15	11	15
유가증권	—	—	0	16	63	73
총부채	49	139	194	149	399	399
총차입금	10	40	70	77	278	345
자본금	18	17	21	26	46	46
총자본	65	69	190	338	309	165
지배주주지분	65	69	185	333	304	165

기업가치 지표

항목	2012	2013	2014	2015	2016	2017
주가(최고/저)(천원)	—/—	—/—	—/—	12.1/5.1	14.0/4.9	2.0/1.1
PER(최고/저)(배)	0.0/0.0	0.0/0.0	0.0/0.0	20.0/8.4	—/—	—/—
PBR(최고/저)(배)	0.0/0.0	0.0/0.0	0.0/0.0	3.2/1.3	4.8/1.7	5.9/3.4
EV/EBITDA(배)	—	0.9	0.0	3.7	—	13.2
EPS(원)	3	16	231	147	-293	-318
BPS(원)	1,796	1,913	4,496	6,772	3,550	406
CFPS(원)	369	569	2,539	2,243	-757	-177
DPS(원)	—	—	—	—	—	—
EBITDAPS(원)	373	489	3,181	2,574	-310	140

재무 비율 (단위 : %)

연도	영업이익률	순이익률	부채비율	차입금비율	ROA	ROE	유보율	자기자본비율	EBITDA마진율
2017	-0.2	-30.2	241.7	208.7	-22.8	-61.9	305.9	29.3	13.3
2016	-14.1	-20.2	128.9	89.9	-20.1	-37.7	609.9	43.7	-4.3
2015	11.7	9.0	44.0	22.8	11.8	19.8	1,254.5	69.5	21.2
2014	17.9	13.0	102.1	36.8	21.0	49.0	799.2	49.5	24.4

세방 (A004360)
Sebang

업　　종 : 육상운수
신용등급 : (Bond) —　　(CP) —
홈페이지 : www.sebang.com
본　　사 : 부산시 남구 북항로 141(감만동)

시　　장 : 거래소
기업규모 : 시가총액 소형주
연 락 처 : 051)630-5300

설 립 일	1965.09.13	**종 업 원 수**	767명	**대 표 이 사**	정호철
상 장 일	1977.05.19	**감 사 의 견**	적정(이현)	**계 열**	
결 산 기	12월	**보 통 주**		**종속회사수**	8개사
액 면 가	500원	**우 선 주**		**구 상 호**	

주주구성 (지분율,%)		출자관계 (지분율,%)		주요경쟁사 (외형,%)	
이앤에스글로벌	18.5	세방익스프레스	100.0	세방	100
한국투자밸류자산운용	12.1	한국해운	100.0	현대글로비스	2,456
(외국인)	7.5	세방부산신항컨테이너데포	100.0	CJ대한통운	1,067

매출구성		비용구성		수출비중	
CON'T 및 BULK 화물의 국내운송	49.9	매출원가율	91.3	수출	0.0
수출입화물의 선적 · 양하	39.2	판관비율	7.0	내수	100.0
컨테이너CY 및 CFS의 조작 · 보관	9.4				

회사 개요
동사는 1965년 설립돼 1977년 유가증권시장에 상장함. 항만하역과 화물운송업을 주요 사업으로 영위하고 있음. 1960년대부터 쌓아온 기술과 노하우로 벌크 하역과 컨테이너 하역에 강점을 지니고 있음. 한국해운, 세방익스프레스, 세방부산신항물류 등 8개 연결대상 종속회사를 보유함. 매출은 화물운송 55.5%, 항만하역 33.1%, 보관(CY/CFS외) 7.6%, 임대 외 기타 3.8%로 구성됨.

실적 분석
2017년 연결기준 동사 매출액은 6661.3억원을 기록함. 전년도에 비해 2.6% 증가한 금액임. 매출이 늘었으나 매출원가가 4.3% 증가하고 판매비와 관리비가 1% 늘어 영업이익은 전년도 196.8억원에서 41.6% 감소한 114.9억원을 기록함. 비영업 부문 이익도 20.1% 감소해 당기순이익은 전년도 423.4억원에서 25.8% 감소한 314.1억원을 기록함. 수출입물동량 감소와 경쟁 심화가 실적 부진 원인으로 보임.

현금 흐름 〈단위 : 억원〉

항목	2016	2017
영업활동	250	293
투자활동	-144	-71
재무활동	-222	-95
순현금흐름	-114	125
기말현금	326	451

시장 대비 수익률
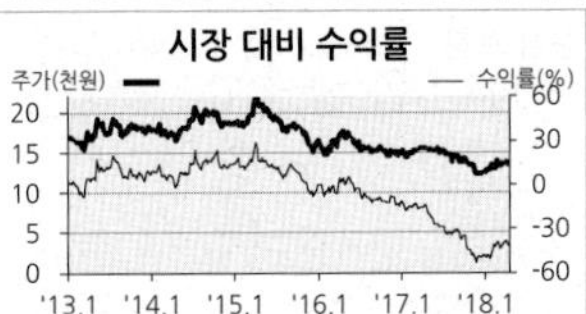

결산 실적 〈단위 : 억원〉

항목	2012	2013	2014	2015	2016	2017
매출액	7,180	6,465	6,652	6,659	6,490	6,661
영업이익	344	139	286	259	197	115
당기순이익	541	294	389	434	423	314

분기 실적 〈단위 : 억원〉

항목	2016.3Q	2016.4Q	2017.1Q	2017.2Q	2017.3Q	2017.4Q
매출액	1,638	1,639	1,663	1,676	1,713	1,610
영업이익	28	32	53	38	10	14
당기순이익	115	81	72	78	66	99

재무 상태 〈단위 : 억원〉

항목	2012	2013	2014	2015	2016	2017
총자산	9,032	9,007	8,908	9,184	9,398	9,538
유형자산	2,166	2,459	2,431	2,360	2,485	2,535
무형자산	174	172	156	134	158	153
유가증권	45	45	84	75	123	424
총부채	2,914	2,541	2,139	2,010	1,893	1,772
총차입금	1,081	817	407	385	272	267
자본금	115	115	115	115	115	115
총자본	6,118	6,466	6,768	7,174	7,505	7,766
지배주주지분	6,100	6,419	6,720	7,122	7,485	7,746

기업가치 지표

항목	2012	2013	2014	2015	2016	2017
주가(최고/저)(천원)	16.9/13.1	19.4/15.4	21.1/16.3	22.0/14.3	17.7/14.2	15.7/12.1
PER(최고/저)(배)	7.6/5.9	13.7/10.9	13.2/10.2	12.2/7.9	9.9/8.0	11.7/9.0
PBR(최고/저)(배)	0.7/0.5	0.7/0.6	0.8/0.6	0.7/0.5	0.6/0.5	0.5/0.4
EV/EBITDA(배)	7.8	15.6	10.4	8.8	8.4	8.9
EPS(원)	2,358	1,494	1,673	1,868	1,828	1,362
BPS(원)	26,523	27,913	29,220	30,968	32,548	33,811
CFPS(원)	2,903	2,054	2,116	2,323	2,271	1,812
DPS(원)	175	150	150	175	175	175
EBITDAPS(원)	2,043	1,164	1,686	1,583	1,299	949

재무 비율 〈단위 : %〉

연도	영업이익률	순이익률	부채비율	차입금비율	ROA	ROE	유보율	자기자본비율	EBITDA마진율
2017	1.7	4.7	22.8	3.4	3.3	4.1	6,662.2	81.4	3.3
2016	3.0	6.5	25.2	3.6	4.6	5.8	6,409.6	79.9	4.6
2015	3.9	6.5	28.0	5.4	4.8	6.2	6,093.6	78.1	5.5
2014	4.3	5.9	31.6	6.0	4.4	5.9	5,744.0	76.0	5.8

세방전지 (A004490)
SEABANG GLOBAL BATTERY

업　　종 : 자동차부품
신용등급 : (Bond) —　　(CP) —
홈페이지 : www.gbattery.com
본　　사 : 서울시 강남구 선릉로 433 (역삼동)

시　　장 : 거래소
기업규모 : 시가총액 중형주
연 락 처 : 02)3451-6201

설 립 일	1966.02.10	**종 업 원 수**	926명	**대 표 이 사**	박찬구
상 장 일	1987.11.28	**감 사 의 견**	적정(한영)	**계 열**	
결 산 기	12월	**보 통 주**		**종속회사수**	3개사
액 면 가	500원	**우 선 주**		**구 상 호**	

주주구성 (지분율,%)		출자관계 (지분율,%)		주요경쟁사 (외형,%)	
세방	38.0	에스엠비	100.0	세방전지	100
지에스유아사인터내셔널	16.0	동양메탈	92.9	한라홀딩스	83
(외국인)	36.3	세방산업	40.2	에스엘	134

매출구성		비용구성		수출비중	
차량용(제품)	83.9	매출원가율	84.6	수출	69.2
산업용(제품)	14.5	판관비율	9.1	내수	30.8
산업용(상품)	1.3				

회사 개요
동사는 1952년 자동차용 및 산업용 축전지의 제조, 판매를 목적으로 설립됨. 1987년 유가증권시장에 상장됨. 동사를 포함한 계열회사는 총 25개사임. 동사는 축전지 제조업의 매출액이 총매출액의 90%를 초과, 당해부문의 영업손익의 절대값이 총 영업이익의 90%를 초과, 당해부문의 자산금액이 총자산의 90%를 초과하므로 축전지의 제조 및 판매가 지배적 단일사업부문으로 분류됨.

실적 분석
동사의 2017년도 결산 연결 매출액은 1조 1,110.8억원으로 전년 대비 15.8% 증가하여 외형 성장. 영업이익은 원자재 가격 상승 등의 원인으로 698.4억원을 기록하며 전년대비 6.1% 감소하였으나, 비영업손익 부문에서 189.6억원을 기록하여 당기순이익은 6.2% 증가한 666.5억원을 시현함. 동사는 21세기 세계 3대 축전지 업체로 발돋움하기 위하여 전사적으로 경영혁신운동을 전개 중임.

현금 흐름 〈단위 : 억원〉

항목	2016	2017
영업활동	794	832
투자활동	-1,691	-255
재무활동	136	-247
순현금흐름	-763	321
기말현금	689	1,010

시장 대비 수익률
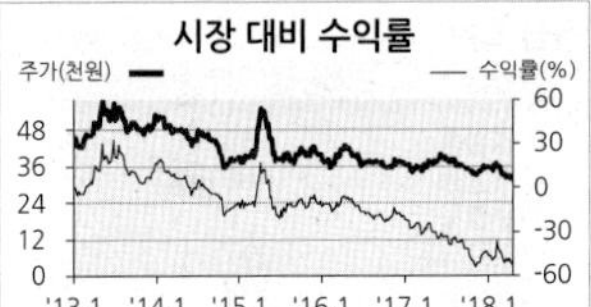

결산 실적 〈단위 : 억원〉

항목	2012	2013	2014	2015	2016	2017
매출액	8,463	9,188	9,556	9,563	9,598	11,111
영업이익	1,231	852	810	953	743	698
당기순이익	979	700	614	786	628	667

분기 실적 〈단위 : 억원〉

항목	2016.3Q	2016.4Q	2017.1Q	2017.2Q	2017.3Q	2017.4Q
매출액	2,289	2,772	2,713	2,584	2,781	3,032
영업이익	153	235	149	148	221	180
당기순이익	132	209	130	145	191	202

재무 상태 〈단위 : 억원〉

항목	2012	2013	2014	2015	2016	2017
총자산	7,726	8,702	9,277	10,014	10,865	11,454
유형자산	1,981	2,001	2,130	2,568	3,014	3,071
무형자산	28	27	35	69	64	58
유가증권	100	196	187	579	1,018	1,292
총부채	1,870	2,221	2,287	2,333	2,600	2,552
총차입금	754	902	1,014	1,132	1,370	1,140
자본금	70	70	70	70	70	70
총자본	5,855	6,480	6,990	7,681	8,265	8,902
지배주주지분	5,855	6,480	6,990	7,661	8,261	8,897

기업가치 지표

항목	2012	2013	2014	2015	2016	2017
주가(최고/저)(천원)	48.1/40.9	57.5/41.4	52.8/35.2	55.0/36.2	43.0/35.2	39.8/32.8
PER(최고/저)(배)	7.2/6.1	12.0/8.6	12.5/8.3	10.1/6.6	9.8/8.0	8.5/7.0
PBR(최고/저)(배)	1.2/1.0	1.3/0.9	1.1/0.7	1.0/0.7	0.7/0.6	0.6/0.5
EV/EBITDA(배)	3.2	5.0	2.9	2.7	2.8	2.9
EPS(원)	6,991	5,003	4,386	5,628	4,484	4,754
BPS(원)	41,823	46,495	50,272	55,502	59,791	64,331
CFPS(원)	8,364	6,648	6,187	7,743	7,012	7,486
DPS(원)	350	300	300	350	350	400
EBITDAPS(원)	10,170	7,731	7,588	8,924	7,839	7,720

재무 비율 〈단위 : %〉

연도	영업이익률	순이익률	부채비율	차입금비율	ROA	ROE	유보율	자기자본비율	EBITDA마진율
2017	6.3	6.0	28.7	12.8	6.0	7.8	12,766.2	77.7	9.7
2016	7.8	6.5	31.5	16.6	6.0	7.9	11,858.2	76.1	11.4
2015	10.0	8.2	30.4	14.7	8.2	10.8	11,000.5	76.7	13.1
2014	8.5	6.4	32.7	14.5	6.8	9.1	9,954.4	75.4	11.1

세보엠이씨 (A011560)

SEBO MANUFACTURING ENGINEERING & CONSTRUCTION CORP

업 종 : 건설 | 시 장 : KOSDAQ
신용등급 : (Bond) — (CP) — | 기업규모 : 우량
홈페이지 : www.sebo21.co.kr | 연 락 처 : 02)2046-7922
본 사 : 서울시 서초구 효령로 341 (서초동 1605-9 인산빌딩)

설 립 일	1978.07.26	**종업원수**	387명	**대 표 이 사**	김우영,김진호
상 장 일	1996.12.23	**감사의견**	적정(삼정)	**계 열**	
결 산 기	12월	**보 통 주**		**종속회사수**	3개사
액 면 가	500원	**우 선 주**		**구 상 호**	

주주구성 (지분율,%)		출자관계 (지분율,%)		주요경쟁사 (외형,%)	
김우영	27.3	에스비테크	8.3	세보엠이씨	100
김종서	9.5	원캔네트웍스	5.0	성도이엔지	65
(외국인)	7.5	SEBOMECVIETNAM	100.0	희림	26

매출구성		비용구성		수출비중	
설비(공사)	87.1	매출원가율	92.9	수출	—
플랜트(공사)	12.4	판관비율	2.3	내수	—
기타	0.4				

회사 개요

1978년 설립 후 아파트, 오피스, 플랜트 설비, 반도체 클린룸 등의 공사에 필요한 배관 및 덕트 제품을 제작하고 각종 설비공사를 진행해 온 설비 사업에 특화된 전문 건설업체임. 지난해 기준 대한기계설비건설협회에서 발표하는 시공능력 전국 순위에서 2위를 기록함. 삼성과 SK 등 대기업 계열사가 주요 거래처임. 특히, 반도체/디스플레이 클린룸 공사, 코팅 도관 제조 등 하이테크 설비 부문은 수주총액을 기준으로 전체 사업의 절반 이상을 차지함.

실적 분석

반도체와 디스플레이 업체의 투자 확대에 힘입어 설비 및 플랜트공사 수주가 크게 늘어나 2017년 연결 기준 매출액은 전년 대비 55.4% 급증한 6,025.4억원을 달성함. 원가율이 소폭 악화되었으나, 외형확대에 따른 고정비용 부담 완화로 영업이익도 47.4% 증가함. 삼성전자와 삼성디스플레이, SK하이닉스 등 국내 반도체, 디스플레이의 설비 증설이 2019년까지 지속될 것으로 예상됨에 따라 동사는 안정적인 성장이 가능할 것으로 기대됨.

현금 흐름 〈단위 : 억원〉

항목	2016	2017
영업활동	-58	-14
투자활동	-66	-72
재무활동	6	-6
순현금흐름	-117	-100
기말현금	328	228

시장 대비 수익률

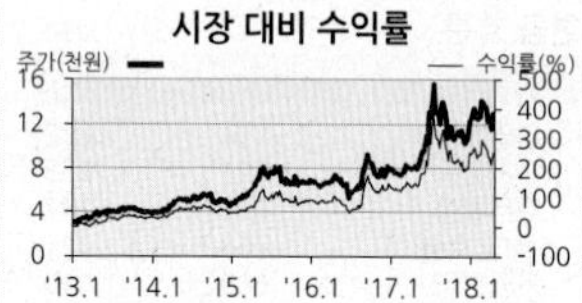

결산 실적 〈단위 : 억원〉

항목	2012	2013	2014	2015	2016	2017
매출액	2,099	2,128	3,713	3,058	3,878	6,025
영업이익	86	85	99	170	197	291
당기순이익	71	56	80	137	141	216

분기 실적 〈단위 : 억원〉

항목	2016.3Q	2016.4Q	2017.1Q	2017.2Q	2017.3Q	2017.4Q
매출액	1,100	1,347	1,671	1,054	1,490	1,811
영업이익	55	81	76	46	67	101
당기순이익	39	43	63	38	52	63

재무 상태 〈단위 : 억원〉

항목	2012	2013	2014	2015	2016	2017
총자산	1,175	1,300	1,697	1,615	2,081	2,577
유형자산	269	266	278	288	290	303
무형자산	19	18	19	17	39	38
유가증권	29	63	53	53	59	63
총부채	363	448	775	568	908	1,208
총차입금	12	11	74	3	26	40
자본금	53	53	53	53	53	53
총자본	812	852	922	1,047	1,173	1,369
지배주주지분	812	850	919	1,040	1,168	1,384

기업가치 지표

항목	2012	2013	2014	2015	2016	2017
주가(최고/저)(천원)	3.3/2.2	4.4/2.9	5.7/3.9	8.3/4.8	9.7/5.2	15.6/7.3
PER(최고/저)(배)	5.6/3.8	9.4/6.4	8.4/5.7	7.0/4.1	7.6/4.1	7.1/3.3
PBR(최고/저)(배)	0.5/0.3	0.6/0.4	0.7/0.5	0.9/0.5	0.9/0.5	1.2/0.6
EV/EBITDA(배)	1.5	3.0	5.0	1.7	2.6	3.5
EPS(원)	681	521	744	1,264	1,347	2,245
BPS(원)	7,844	8,253	8,909	10,059	11,272	13,323
CFPS(원)	836	682	895	1,426	1,528	2,450
DPS(원)	125	100	125	175	200	250
EBITDAPS(원)	975	965	1,095	1,774	2,055	2,968

재무 비율 〈단위 : %〉

연도	영업이익률	순이익률	부채비율	차입금비율	ROA	ROE	유보율	자기자본비율	EBITDA 마진율
2017	4.8	3.6	88.2	2.9	9.3	18.5	2,564.6	53.1	5.2
2016	5.1	3.6	77.4	2.2	7.6	12.9	2,154.5	56.4	5.6
2015	5.6	4.5	54.3	0.2	8.3	13.6	1,911.8	64.8	6.1
2014	2.7	2.2	84.0	8.0	5.4	8.9	1,681.9	54.4	3.1

세신버팔로 (A110660)

SESHIN BUFFALO CO

업 종 : 금속 및 광물 | 시 장 : KONEX
신용등급 : (Bond) — (CP) — | 기업규모 : —
홈페이지 : www.seshinbuffalo.com | 연 락 처 : 055)580-0600
본 사 : 경남 함안군 군북면 함안산단2길 9

설 립 일	2005.11.02	**종업원수**	81명	**대 표 이 사**	문병철
상 장 일	2014.12.08	**감사의견**	적정(대영)	**계 열**	
결 산 기	12월	**보 통 주**		**종속회사수**	
액 면 가	—	**우 선 주**		**구 상 호**	

주주구성 (지분율,%)		출자관계 (지분율,%)		주요경쟁사 (외형,%)	
문병철	57.9			세신버팔로	100
이갑섭	0.9			신화실업	277
				한국특수형강	1,567

매출구성		비용구성		수출비중	
		매출원가율	79.8	수출	—
		판관비율	18.4	내수	—

회사 개요

동사는 수공구 제조 전문회사로서 수공구 제조기술을 기반으로 2005년에 설립되었으며 플라이어류, 몽키렌치류, 스패너류, 기타공구류 등 약 600여개의 생산품목 및 약 200여개의 OEM 상품을 판매하고 있음. 동사의 전방산업인 공구산업은 다품종 소량생산의 전형적인 중소기업형 업종(중소기업 비중 95%)으로 인건비 비중이 타 업종에 비해 높은 노동집약적 산업임.

실적 분석

제조업 전반에 사용되는 핵심 기반사업으로 다품종 소량생산의 노동집약적 사업이므로 인건비 비중이 높은 경향이 있음. 동사는 시장규모 1500억원중 약 14%정도의 점유율을 보이고 있으며 이를 바탕으로 220.9억원의 매출액을 기록하였음. 영업이익은 4억원으로 최종적으로 당기순손실은 12.1억원을 기록함. 기술노하우 및 꾸준한 영업력 강화 노력으로 수익 개선이 기대됨.

현금 흐름 *IFRS 별도 기준 〈단위 : 억원〉

항목	2016	2017
영업활동	-13	9
투자활동	50	15
재무활동	-35	-29
순현금흐름	2	-4
기말현금	5	1

시장 대비 수익률

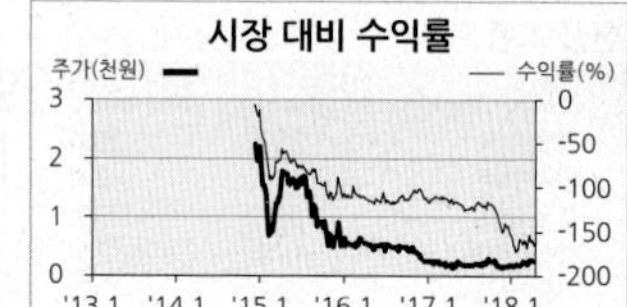

결산 실적 〈단위 : 억원〉

항목	2012	2013	2014	2015	2016	2017
매출액	251	187	251	242	246	221
영업이익	12	17	1	-10	-0	4
당기순이익	4	2	-22	-24	26	-12

분기 실적 *IFRS 별도 기준 〈단위 : 억원〉

항목	2016.3Q	2016.4Q	2017.1Q	2017.2Q	2017.3Q	2017.4Q
매출액	—	—	—	—	—	—
영업이익	—	—	—	—	—	—
당기순이익	—	—	—	—	—	—

재무 상태 *IFRS 별도 기준 〈단위 : 억원〉

항목	2012	2013	2014	2015	2016	2017
총자산	316	360	387	387	379	329
유형자산	141	137	164	159	155	125
무형자산	0	0	1	1	1	0
유가증권	3	3	1	1	1	0
총부채	253	295	317	343	312	277
총차입금	190	243	233	248	216	188
자본금	30	30	30	30	30	30
총자본	63	65	70	44	68	52
지배주주지분	63	65	70	44	68	52

기업가치 지표 *IFRS 별도 기준

항목	2012	2013	2014	2015	2016	2017
주가(최고/저)(천원)	—/—	—/—	2.3/2.0	2.2/0.4	0.7/0.3	0.3/0.1
PER(최고/저)(배)	0.0/0.0	0.0/0.0	—/—	—/—	1.5/0.6	—/—
PBR(최고/저)(배)	0.0/0.0	0.0/0.0	2.2/1.8	3.2/0.6	0.6/0.2	0.4/0.2
EV/EBITDA(배)	8.7	9.3	45.5	—	37.7	18.6
EPS(원)	62	35	-368	-399	430	-201
BPS(원)	1,052	1,087	1,161	729	1,125	870
CFPS(원)	187	174	-245	-286	532	-94
DPS(원)	—	—	33	33	—	—
EBITDAPS(원)	331	429	132	-61	99	174

재무 비율 〈단위 : %〉

연도	영업이익률	순이익률	부채비율	차입금비율	ROA	ROE	유보율	자기자본비율	EBITDA 마진율
2017	1.8	-5.5	536.4	363.2	-3.4	-20.2	74.0	15.7	4.7
2016	-0.1	10.5	461.4	320.1	6.7	46.4	125.1	17.8	2.4
2015	-4.3	-9.9	785.3	567.8	-6.2	-42.2	45.7	11.3	-1.5
2014	0.2	-8.8	455.1	334.4	-5.9	-32.7	132.1	18.0	3.2

세아베스틸 (A001430)

SeAH Besteel

업 종 : 금속 및 광물
신용등급 : (Bond) A+ (CP) A2+
홈페이지 : www.seahbesteel.co.kr
본 사 : 서울시 마포구 양화로 45 세아타워 28,29층
시 장 : 거래소
기업규모 : 시가총액 중형주
연 락 처 : 02)6970-2028

설 립 일	1955.02.04	**종업원수**	1,498명	**대표이사**	윤기수,이태성
상 장 일	1991.03.12	**감사의견**	적정(안진)	**계 열**	
결 산 기	12월	**보 통 주**		**종속회사수**	2개사
액 면 가	5,000원	**우 선 주**		**구 상 호**	

주주구성 (지분율,%)		출자관계 (지분율,%)		주요경쟁사 (외형,%)	
세아홀딩스	58.9	세아창원특수강	74.8	세아베스틸	100
국민연금공단	7.5	KB와이즈스타사모부동산신탁	25.0	POSCO	1,985
(외국인)	11.4	진양특수강	35.0	현대제철	627

매출구성		비용구성		수출비중	
[특수강봉강]	92.5	매출원가율	89.6	수출	17.8
[대형단조품]	4.9	판관비율	4.3	내수	82.2
[자동차부품]	1.6				

회사 개요

동사는 1955년에 설립돼 2003년에 세아그룹에 편입됨. 동사의 주력 상품은 탄소합금 특수강이고, 종속회사 세아창원특수강은 스테인리스 특수강을 주사업으로 영위하고 있음. 동사는 탄소 합금강 시장의 46.8%(한국철강협회 자료)를 차지하며 국내 1위의 점유율을 유지하고 있음. 동사는 2015년 3월 포스코로부터 세아창원특수강(구 포스코특수강)의 지분 54.8%를 인수했고, 2016년 9월 포스코로부터 잔여지분 19.9% 전량 인수함.

실적 분석

2017년 제품 판매량은 중국 철강 구조조정에 따른 수입품 감소 및 건설중장비 수요 증가로 전년 대비 215천톤 증가함. 원재료 인상분 판가 반영과 고수익 수출품 판매 증가로 영업이익도 30% 이상 개선됨. 주요 원재료인 철스크랩의 가격은 2017년 3분기부터 급등하여 판매단가 인상을 견인함. 동사가 적극적으로 추진하고 있는 수출 부문에서도 2017년 하반기 국제유가 상승에 따른 에너지용 제품 판매 증가로 이익에 기여함.

현금 흐름

〈단위 : 억원〉

항목	2016	2017
영업활동	2,552	2,219
투자활동	-1,714	-1,255
재무활동	-1,791	-1,043
순현금흐름	-956	-98
기말현금	222	123

시장 대비 수익률

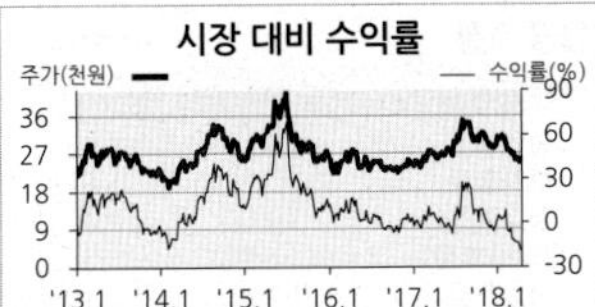

결산 실적

〈단위 : 억원〉

항목	2012	2013	2014	2015	2016	2017
매출액	21,941	21,126	22,024	25,267	25,311	30,553
영업이익	1,718	1,439	1,753	2,223	1,435	1,885
당기순이익	1,192	1,040	1,237	1,650	1,047	1,372

분기 실적

〈단위 : 억원〉

항목	2016.3Q	2016.4Q	2017.1Q	2017.2Q	2017.3Q	2017.4Q
매출액	6,176	6,467	7,313	7,902	7,670	7,670
영업이익	259	326	449	598	453	385
당기순이익	196	204	308	498	324	241

재무 상태

〈단위 : 억원〉

항목	2012	2013	2014	2015	2016	2017
총자산	21,591	22,091	24,293	35,939	35,371	35,910
유형자산	12,691	12,616	12,026	23,170	23,282	22,554
무형자산	42	42	44	104	91	140
유가증권	298	303	407	291	334	380
총부채	8,094	7,860	9,254	16,773	15,428	14,878
총차입금	5,738	5,479	6,919	10,405	10,343	9,457
자본금	2,193	2,193	2,193	2,193	2,193	2,193
총자본	13,497	14,231	15,039	19,166	19,942	21,032
지배주주지분	13,497	14,231	15,039	14,732	17,378	18,363

기업가치 지표

항목	2012	2013	2014	2015	2016	2017
주가(최고/저)(천원)	45.2/19.3	29.6/21.0	34.2/18.9	41.7/24.5	28.9/21.8	35.4/23.4
PER(최고/저)(배)	16.5/7.1	12.0/8.5	11.3/6.2	10.9/6.4	12.4/9.4	10.3/6.8
PBR(최고/저)(배)	1.5/0.6	0.9/0.6	0.9/0.5	1.1/0.7	0.6/0.5	0.7/0.5
EV/EBITDA(배)	6.0	6.3	5.3	6.6	7.4	6.4
EPS(원)	3,323	2,900	3,449	4,208	2,473	3,533
BPS(원)	37,913	39,959	42,212	41,355	48,733	51,481
CFPS(원)	5,887	5,384	6,012	7,925	6,688	7,911
DPS(원)	900	900	1,000	1,000	800	900
EBITDAPS(원)	7,354	6,495	7,449	9,916	8,215	9,635

재무 비율

〈단위 : %〉

연도	영업이익률	순이익률	부채비율	차입금비율	ROA	ROE	유보율	자기자본비율	EBITDA마진율
2017	6.2	4.5	70.7	45.0	3.9	7.1	741.8	58.6	11.3
2016	5.7	4.1	77.4	51.9	2.9	5.5	696.9	56.4	11.6
2015	8.8	6.5	87.5	54.3	5.5	10.1	576.2	53.3	14.1
2014	8.0	5.6	61.5	46.0	5.3	8.5	590.3	61.9	12.1

세아제강 (A003030)

SeAH Steel

업 종 : 금속 및 광물
신용등급 : (Bond) A+ (CP) A2+
홈페이지 : www.seahsteel.co.kr
본 사 : 서울시 마포구 양화로 45
시 장 : 거래소
기업규모 : 시가총액 중형주
연 락 처 : 02)6970-1000

설 립 일	1960.10.19	**종업원수**	734명	**대표이사**	이순형,이휘령,권병기
상 장 일	1969.05.13	**감사의견**	적정(한영)	**계 열**	
결 산 기	12월	**보 통 주**		**종속회사수**	12개사
액 면 가	5,000원	**우 선 주**		**구 상 호**	

주주구성 (지분율,%)		출자관계 (지분율,%)		주요경쟁사 (외형,%)	
에이팩인베스터스	12.5	세아씨엠	100.0	세아제강	100
이주성	11.7	에스에스아이케이대부	100.0	세아홀딩스	209
(외국인)	11.2	LandmarkSteelCorp.	50.0	제낙스	0

매출구성		비용구성		수출비중	
강관	93.1	매출원가율	86.4	수출	—
판재	18.2	판관비율	8.4	내수	—
도매	11.4				

회사 개요

동사는 1960년에 설립돼 강관과 판재 제조 및 판매 등의 사업을 영위하고 있음. 동사는 세아그룹 내 계열사 가운데 하나로 동사를 포함해 세아홀딩스, 세아베스틸, 세아특수강은 유가증권 시장에 상장됐고, 나머지는 비상장 회사임. 동사의 주 매출 부문인 강관산업은 조선, 자동차, 기계 등 여러 수요산업 중 최대 수요산업인 건설산업의 경기에 크게 영향을 받고 있음. 그 외 석유, 가스 등의 에너지용 강관 수요산업의 영향도 크게 받고 있음.

실적 분석

동사의 매출액은 전년 대비 4,924억원 증가한 2조2,899억원이며, 영업이익은 전년 대비 418억원 증가한 1,191억원을 달성함. 영업이익률은 전년대비 54.2% 증가함. 당기순이익은 291억원으로 2016년 대비 55.5% 감소함. 원료가 인상에 따른 제품의 판매단가 인상 및 미주지역 에너지산업 회복에 따른 에너지용 강관의 판매량 회복에 따라 매출액 및 영업이익의 증가가 있었으나 법인세비용의 증가로 당기순이익은 감소함.

현금 흐름

〈단위 : 억원〉

항목	2016	2017
영업활동	1,070	-1,414
투자활동	-943	-752
재무활동	-123	2,229
순현금흐름	38	-7
기말현금	875	868

시장 대비 수익률

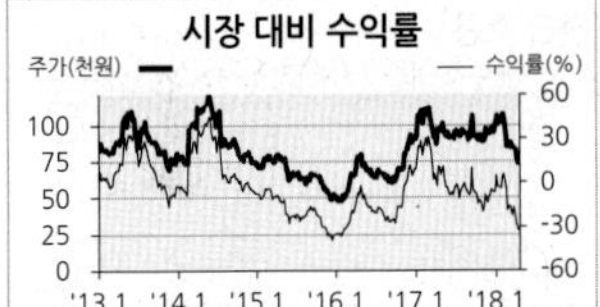

결산 실적

〈단위 : 억원〉

항목	2012	2013	2014	2015	2016	2017
매출액	24,704	22,192	24,531	21,917	17,975	22,899
영업이익	1,734	1,546	1,642	777	772	1,191
당기순이익	996	1,166	765	458	653	291

분기 실적

〈단위 : 억원〉

항목	2016.3Q	2016.4Q	2017.1Q	2017.2Q	2017.3Q	2017.4Q
매출액	4,313	5,028	4,928	5,454	6,192	6,325
영업이익	134	234	229	219	512	233
당기순이익	75	271	169	113	369	-361

재무 상태

〈단위 : 억원〉

항목	2012	2013	2014	2015	2016	2017
총자산	20,304	19,956	22,850	20,739	21,697	24,117
유형자산	8,001	8,585	8,650	8,545	9,288	8,994
무형자산	101	93	615	591	544	432
유가증권	1,083	1,150	1,045	1,535	1,283	1,593
총부채	10,264	8,961	11,103	8,467	8,776	11,426
총차입금	6,166	5,578	7,178	4,945	4,906	6,979
자본금	300	300	300	300	300	300
총자본	10,039	10,994	11,747	12,271	12,921	12,691
지배주주지분	9,840	10,760	11,452	11,958	12,596	12,370

기업가치 지표

항목	2012	2013	2014	2015	2016	2017
주가(최고/저)(천원)	107/59.4	112/69.4	124/71.7	80.7/48.4	94.4/46.2	113/86.0
PER(최고/저)(배)	7.5/4.2	6.6/4.1	11.3/6.5	11.4/6.8	9.0/4.4	27.2/20.6
PBR(최고/저)(배)	0.7/0.4	0.7/0.4	0.7/0.4	0.4/0.3	0.5/0.2	0.6/0.4
EV/EBITDA(배)	4.7	5.0	5.1	5.6	7.5	6.6
EPS(원)	16,084	18,907	11,952	7,618	10,854	4,248
BPS(원)	164,386	179,719	191,258	199,688	210,321	206,566
CFPS(원)	21,180	25,170	19,745	15,871	19,292	13,544
DPS(원)	1,500	1,500	1,500	1,750	1,750	1,800
EBITDAPS(원)	34,004	32,032	35,155	21,203	21,313	29,152

재무 비율

〈단위 : %〉

연도	영업이익률	순이익률	부채비율	차입금비율	ROA	ROE	유보율	자기자본비율	EBITDA마진율
2017	5.2	1.3	90.0	55.0	1.3	2.0	4,031.3	52.6	7.6
2016	4.3	3.6	67.9	38.0	3.1	5.3	4,106.4	59.6	7.1
2015	3.6	2.1	69.0	40.3	2.1	3.9	3,893.8	59.2	5.8
2014	6.7	3.1	94.5	61.1	3.6	6.5	3,725.2	51.4	8.6

세아특수강 (A019440)

SeAH SPECIAL STEEL

업　　종 : 금속 및 광물　　시　　장 : 거래소
신용등급 : (Bond) —　(CP) —　　기업규모 : 시가총액 소형주
홈페이지 : www.seahsp.co.kr　　연 락 처 : 054)285-4771
본　　사 : 경북 포항시 남구 괴동로 40

설립일	1986.11.01	**종업원수**	304명	**대표이사**	유을봉
상장일	2011.06.01	**감사의견**	적정(한영)	**계열**	
결산기	12월	**보통주**		**종속회사수**	3개사
액면가	5,000원	**우선주**		**구상호**	

주주구성 (지분율,%)		출자관계 (지분율,%)		주요경쟁사 (외형,%)	
세아홀딩스	68.7	마이벤처파트너스	5.0	세아특수강	100
국민연금기금	7.0	POS-SeAHSteelWire(Tianjin)	100.0	유성티엔에스	59
(외국인)	2.2	POS-SeAHSteelWire(Nantong)	75.0	현대비앤지스틸	99

매출구성		비용구성		수출비중	
선재	69.4	매출원가율	91.3	수출	—
내부거래	32.0	판관비율	3.9	내수	—
봉강	-1.4				

회사 개요

동사는 1986년 냉간압조용 선재(CHQ WIRE) 및 마봉강(CD BAR)을 생산, 판매할 목적으로 설립됨. 자동차, 전자, 기계부품, 건설자재, 공구 등의 소재로 사용되는 냉간압조용 선재와 봉강을 생산하며 매출에서 내수 비중이 84.7% 이상을 차지함. 국내시장 점유율은 2016년 기준 CHQ WIRE 37.1%로 8개 생산업체 가운데 1위이고,CD BAR 44.7%를 차지함. 동사는 세아그룹의 계열사 중의 하나임.

실적 분석

판매량 증가 및 원소재 가격 인상에 따른 판매단가 상승에 힘 입어 동사의 2017년 연결기준 누적 매출액은 전년동기대비 9.1% 상승한 7,299억원을 기록함. 매출액은 성장했지만 매출원가 10.6% 증가 및 고수익품목 판매 저하로 인해 영업이익은 351억원으로 전년대비 13.2% 하락하였음. 비영업손실이 전년 동기 89.7억원에서 58.2%나 축소되었지만 여전한 적자지속으로 당기순이익은 전년동기와 거의 동일한 237억원을 시현.

현금 흐름 〈단위 : 억원〉

항목	2016	2017
영업활동	630	29
투자활동	-227	-104
재무활동	-239	-73
순현금흐름	163	-151
기말현금	300	149

시장 대비 수익률

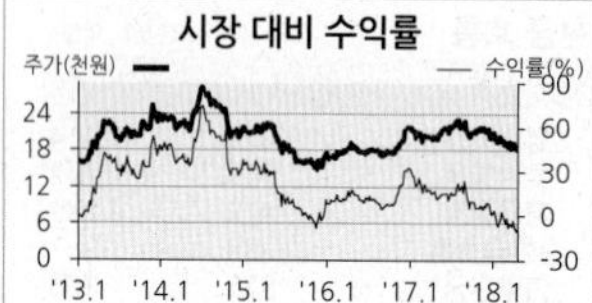

결산 실적 〈단위 : 억원〉

항목	2012	2013	2014	2015	2016	2017
매출액	7,121	7,643	7,506	6,813	6,688	7,299
영업이익	339	510	480	349	404	351
당기순이익	214	330	322	192	237	237

분기 실적 〈단위 : 억원〉

항목	2016.3Q	2016.4Q	2017.1Q	2017.2Q	2017.3Q	2017.4Q
매출액	1,570	1,806	1,860	1,760	1,793	1,886
영업이익	97	106	108	91	74	77
당기순이익	61	48	75	64	51	47

재무 상태 〈단위 : 억원〉

항목	2012	2013	2014	2015	2016	2017
총자산	4,850	4,862	5,301	5,003	5,168	5,273
유형자산	1,672	1,644	1,896	1,899	1,944	1,800
무형자산	37	37	53	56	47	46
유가증권	9	9	9	4	4	4
총부채	2,686	2,422	2,553	2,129	2,110	2,060
총차입금	2,014	1,602	1,761	1,412	1,211	1,157
자본금	429	429	429	429	429	429
총자본	2,164	2,441	2,748	2,874	3,059	3,213
지배주주지분	2,111	2,380	2,679	2,792	2,957	3,116

기업가치 지표

항목	2012	2013	2014	2015	2016	2017
주가(최고/저)(천원)	25.3/15.3	25.3/15.6	28.4/19.9	23.0/14.7	21.9/16.2	23.0/19.5
PER(최고/저)(배)	12.5/7.6	7.9/4.9	8.9/6.2	11.3/7.2	8.5/6.3	8.6/7.3
PBR(최고/저)(배)	1.2/0.7	1.1/0.7	1.0/0.7	0.8/0.5	0.7/0.5	0.7/0.6
EV/EBITDA(배)	7.3	5.8	5.7	5.3	4.8	5.0
EPS(원)	2,458	3,760	3,676	2,260	2,755	2,766
BPS(원)	25,110	28,324	31,424	32,914	34,856	36,714
CFPS(원)	4,323	5,823	5,874	4,702	5,180	5,320
DPS(원)	600	750	800	700	750	750
EBITDAPS(원)	5,817	8,012	7,803	6,512	7,138	6,644

재무 비율 〈단위 : %〉

연도	영업이익률	순이익률	부채비율	차입금비율	ROA	ROE	유보율	자기자본비율	EBITDA마진율
2017	4.8	3.3	64.1	36.0	4.5	7.8	634.3	60.9	7.8
2016	6.0	3.5	69.0	39.6	4.7	8.2	597.1	59.2	9.2
2015	5.1	2.8	74.1	49.1	3.7	7.1	558.3	57.4	8.2
2014	6.4	4.3	92.9	64.1	6.3	12.5	528.5	51.8	8.9

세아홀딩스 (A058650)

SeAH Holdings

업　　종 : 금속 및 광물　　시　　장 : 거래소
신용등급 : (Bond) A　(CP) A2　　기업규모 : 시가총액 중형주
홈페이지 : www.seahholdings.co.kr　　연 락 처 : 02)6970-0110
본　　사 : 서울시 마포구 양화로 45

설립일	2001.07.01	**종업원수**	49명	**대표이사**	이태성,천정철
상장일	2001.07.30	**감사의견**	적정(한영)	**계열**	
결산기	12월	**보통주**		**종속회사수**	29개사
액면가	5,000원	**우선주**		**구상호**	

주주구성 (지분율,%)		출자관계 (지분율,%)		주요경쟁사 (외형,%)	
이태성	35.1	세아알앤아이	100.0	세아홀딩스	100
이주성	18.0	세아네트웍스	100.0	제낙스	0
(외국인)	1.2	세아엔지니어링	100.0	고려아연	138

매출구성		비용구성		수출비중	
배당금수익(기타)	79.3	매출원가율	91.0	수출	—
용역수익(용역)	13.3	판관비율	3.3	내수	—
임대수익(기타)	7.5				

회사 개요

동사는 2001년 7월에 세아제강의 투자사업부문과 임대사업부문이 인적분할 방식으로 신설되어, 한국거래소 유가증권시장에 재상장됨. 세아베스틸, 드림라인, 세아특수강 등의 자회사 지분을 통해 수익을 얻는 지주회사로 2017년 말 기준, 총 20개의 국내계열회사를 가지고 있음. 자산 비중이 가장 큰 세아베스틸의 실적이 연결실체의 실적에 큰 영향을 미치는 매출구조를 지니며 세아베스틸은 현재 특수강, 자동차부품사업을 영위하고 있음.

실적 분석

동사의 연결기준 2017년 연간 누적 매출액은 전년동기 대비 18.8% 증가한 4조 7,944.2억원을 기록함. 이는 동사의 매출비중 상당부분을 차지하는 세아베스틸의 매출이 중국과 신흥국가의 인프라 투자 확대 등으로 전년동기 대비 약 19% 증가한 것에 기인함. 매출 성장에 힘입어 영업이익과 당기순이익 또한 전년동기 대비 각각 17.0%, 30.4% 증가한 2,745.8억원, 2,111.2억원을 시현함.

현금 흐름 〈단위 : 억원〉

항목	2016	2017
영업활동	3,825	2,635
투자활동	-2,236	-1,628
재무활동	-2,216	-1,473
순현금흐름	-634	-504
기말현금	1,296	793

시장 대비 수익률

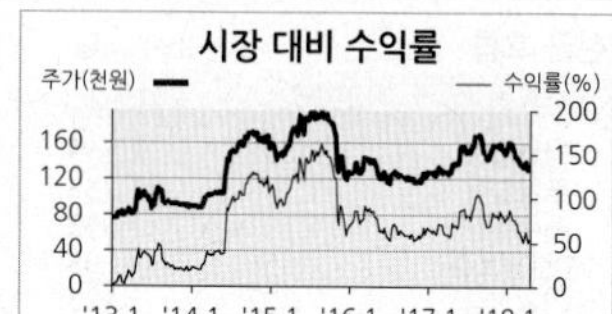

결산 실적 〈단위 : 억원〉

항목	2012	2013	2014	2015	2016	2017
매출액	36,988	36,622	38,961	40,482	40,343	47,944
영업이익	2,285	1,970	2,556	2,876	2,348	2,746
당기순이익	1,266	232	1,645	2,071	1,619	2,111

분기 실적 〈단위 : 억원〉

항목	2016.3Q	2016.4Q	2017.1Q	2017.2Q	2017.3Q	2017.4Q
매출액	9,859	10,504	11,414	12,101	12,145	12,285
영업이익	441	566	697	830	656	563
당기순이익	265	288	521	630	590	370

재무 상태 〈단위 : 억원〉

항목	2012	2013	2014	2015	2016	2017
총자산	40,088	39,147	41,411	51,915	51,779	52,548
유형자산	19,539	17,913	17,422	28,399	28,369	27,500
무형자산	657	406	419	477	519	571
유가증권	1,207	1,323	1,000	1,053	1,117	1,162
총부채	18,231	17,322	18,243	24,038	22,537	22,088
총차입금	13,236	12,226	13,112	15,515	14,973	14,059
자본금	200	200	200	200	200	200
총자본	21,857	21,825	23,167	27,877	29,241	30,460
지배주주지분	13,913	13,950	14,865	15,260	17,185	18,678

기업가치 지표

항목	2012	2013	2014	2015	2016	2017
주가(최고/저)(천원)	127/72.7	109/75.8	175/85.1	207/118	144/114	170/124
PER(최고/저)(배)	7.6/4.3	—/—	7.6/3.7	7.4/4.2	6.6/5.2	5.1/3.7
PBR(최고/저)(배)	0.4/0.2	0.3/0.2	0.5/0.2	0.6/0.3	0.3/0.3	0.4/0.3
EV/EBITDA(배)	5.7	6.4	6.1	6.6	7.0	6.3
EPS(원)	18,407	-120	24,345	28,983	22,514	33,604
BPS(원)	347,850	348,766	371,647	381,513	429,638	466,966
CFPS(원)	61,083	36,895	59,319	74,849	72,721	85,323
DPS(원)	1,750	1,750	1,800	1,750	1,750	2,000
EBITDAPS(원)	99,796	86,275	98,886	117,754	108,904	120,362

재무 비율 〈단위 : %〉

연도	영업이익률	순이익률	부채비율	차입금비율	ROA	ROE	유보율	자기자본비율	EBITDA마진율
2017	5.7	4.4	72.5	46.2	4.1	7.5	9,239.3	58.0	10.0
2016	5.8	4.0	77.1	51.2	3.1	5.6	8,492.8	56.5	10.8
2015	7.1	5.1	86.2	55.7	4.4	7.7	7,530.3	53.7	11.6
2014	6.6	4.2	78.8	56.6	4.1	6.8	7,333.0	56.0	10.2

세우글로벌 (A013000)

Sewoo Global

업　　종 : 화학
신용등급 : (Bond) —　　(CP) —
홈페이지 : www.sewoo21.co.kr
본　　사 : 인천시 남구 염전로261번길 26-48(도화동)
시　　장 : 거래소
기업규모 : 시가총액 소형주
연 락 처 : 032)868-1100

설 립 일	1978.03.10	**종업원수**	26명	**대표이사**	안백순
상 장 일	1989.09.05	**감사의견**	적정(대주)	**계　　열**	
결 산 기	12월	**보 통 주**		**종속회사수**	1개사
액 면 가	500원	**우 선 주**		**구 상 호**	

주주구성 (지분율,%)		출자관계 (지분율,%)		주요경쟁사 (외형,%)	
안백순	17.3			세우글로벌	100
새누리상호저축은행	4.8			그린케미칼	697
(외국인)	7.5			대정화금	183

매출구성		비용구성		수출비중	
엔지니어링 플라스틱 등(상품)	94.4	매출원가율	89.1	수출	—
SELAC 등(제품)	5.6	판관비율	6.3	내수	—
보관료(기타)	0.0				

회사 개요

동사는 1978년에 설립된 엔지니어링 플라스틱, 고기능수지, 범용 플라스틱 등의 플라스틱 전문 판매업체로 사빅 이노베이티브 플라스틱(Sabic Innovative Plastic) 국내대리점이며 바스프, 미쯔비시, 쉐브론 등에 플라스틱 재료를 공급함. 베트남에 지분율 100%의 자회사 SEWOO GLOBAL VIETNAM을 운영중임. 엔지니어링 프라스틱 부문은 소량 다품종으로 적기의 공급과 안정적인 원료 확보가 관건임.

실적 분석

동사의 2017년 결산 매출액은 전기 대비 14.1% 감소한 3651억원을 기록하는데 그침. polymer부문의 주력상품인 엔지니어링 플라스틱 등의 판매가 부진한데 기인함. 반면, 외형 축소에도 불구하고 원가율 하락 및 판관비 절감 등을 통해 수익성을 확대된 모습. 지난해 대비 113.2% 증가한 16.7억원의 영업이익 시현함. 비영업부문의 수익성 악화로 당기순이익은 4.1% 증가한 4.5억원을 시현함.

현금 흐름

〈단위 : 억원〉

항목	2016	2017
영업활동	-3	-14
투자활동	7	-29
재무활동	—	70
순현금흐름	4	25
기말현금	73	98

시장 대비 수익률

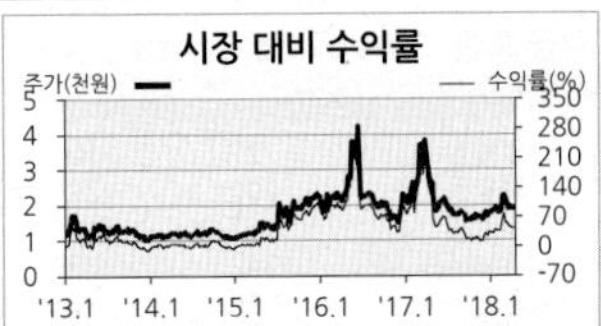

결산 실적

〈단위 : 억원〉

항목	2012	2013	2014	2015	2016	2017
매출액	347	408	445	396	424	364
영업이익	13	19	25	16	8	17
당기순이익	14	11	3	6	4	4

분기 실적

〈단위 : 억원〉

항목	2016.3Q	2016.4Q	2017.1Q	2017.2Q	2017.3Q	2017.4Q
매출액	116	112	112	90	85	78
영업이익	3	1	5	3	6	3
당기순이익	2	-1	3	1	6	-5

재무 상태

〈단위 : 억원〉

항목	2012	2013	2014	2015	2016	2017
총자산	325	335	362	370	392	403
유형자산	57	50	45	46	38	36
무형자산	—	5	5	5	7	7
유가증권	35	10	31	32	15	17
총부채	32	32	59	53	73	81
총차입금	—	—	4	—	—	67
자본금	118	118	118	118	118	118
총자본	293	302	304	317	319	322
지배주주지분	293	302	304	317	319	322

기업가치 지표

항목	2012	2013	2014	2015	2016	2017
주가(최고/저)(천원)	2.5/0.7	1.9/1.0	1.4/1.0	2.6/1.0	5.2/1.5	4.1/1.5
PER(최고/저)(배)	42.8/11.7	38.9/21.1	124.6/95.1	98.6/39.4	286.1/83.4	219.6/78.2
PBR(최고/저)(배)	2.0/0.5	1.5/0.8	1.1/0.8	1.9/0.8	3.9/1.1	3.0/1.1
EV/EBITDA(배)	7.1	3.7	3.4	16.2	23.5	16.7
EPS(원)	57	48	11	26	18	19
BPS(원)	1,235	1,277	1,282	1,337	1,346	1,361
CFPS(원)	83	83	45	64	56	27
DPS(원)	—	—	—	—	—	—
EBITDAPS(원)	80	114	138	104	71	79

재무 비율

〈단위 : %〉

연도	영업이익률	순이익률	부채비율	차입금비율	ROA	ROE	유보율	자기자본비율	EBITDA마진율
2017	4.6	1.2	25.1	20.8	1.1	1.4	172.2	79.9	5.1
2016	1.9	1.0	23.0	0.0	1.1	1.4	169.2	81.3	4.0
2015	4.0	1.6	16.7	0.0	1.7	2.0	167.5	85.7	6.3
2014	5.6	0.6	19.3	1.4	0.7	0.9	156.4	83.8	7.4

세운메디칼 (A100700)

SEWOONMEDICAL

업　　종 : 의료 장비 및 서비스
신용등급 : (Bond) —　　(CP) —
홈페이지 : www.sewoonmedical.co.kr
본　　사 : 충남 천안시 서북구 입장면 도림길 60
시　　장 : KOSDAQ
기업규모 : 우량
연 락 처 : 041)584-2903

설 립 일	1982.08.06	**종업원수**	221명	**대표이사**	이길환
상 장 일	2008.09.30	**감사의견**	적정(한미)	**계　　열**	
결 산 기	12월	**보 통 주**		**종속회사수**	4개사
액 면 가	100원	**우 선 주**		**구 상 호**	

주주구성 (지분율,%)		출자관계 (지분율,%)		주요경쟁사 (외형,%)	
이길환	41.8	세운이노비젼메디칼	85.0	세운메디칼	100
이재희	8.2	스텐다드싸이텍	63.8	제이브이엠	173
(외국인)	0.6	세운메디칼유한책임회사	100.0	엘앤케이바이오	61

매출구성		비용구성		수출비중	
기타제품	33.4	매출원가율	61.5	수출	18.3
수액세트 외	32.6	판관비율	18.2	내수	81.7
의료용저압지속흡인기류	12.9				

회사 개요

1969년 8월 세운의료기를 창업하여 1982년 8월 세운메디칼 상사로 법인 전환 후 2005년 1월 세운메디칼로 상호 변경. 의료용구 및 위생용품 등을 제조, 판매하는 회사로 2008년 9월 코스닥시장에 상장됨. 의료용 소모품 전문 생산 기업으로 주요 제품은 병원에서 치료목적으로 사용되는 전기시술장치(의료용 흡인기: 의료용저압지속흡인기), 의약품 주입기(의료용 취관 및 체액유도관: 비뇨기관용 튜브 카테터, 위장용 튜브카테터등) 등이 있음.

실적 분석

동사의 2017년 누적매출액은 612.3억원으로 전년대비 8.1% 증가함. 비용 측면에서 매출원가와 판관비가 각각 8.4%, 9.5% 상승했음에도 매출 확대에 힘입어 영업이익은 전년보다 6.3% 늘어난 124.7억원을 기록함. 2015년부터 공장 가동을 시작한 베트남을 비롯해 수출시장 확대에 나서면서 글로벌 수출 기업으로 도약을 모색하고 있음. 품질시스템을 적용한 양산체제를 갖춰 제조원가를 낮춤으로써 가격경쟁력을 확보할 계획임.

현금 흐름

〈단위 : 억원〉

항목	2016	2017
영업활동	63	82
투자활동	-78	-47
재무활동	29	-57
순현금흐름	16	-23
기말현금	101	83

시장 대비 수익률

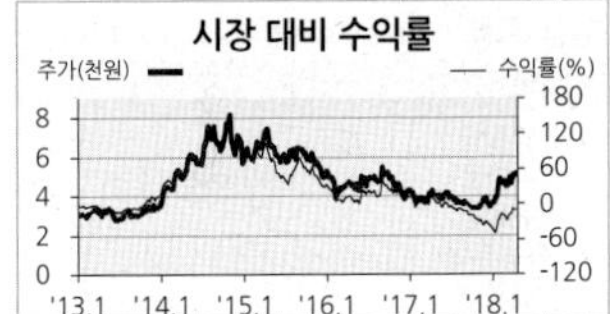

결산 실적

〈단위 : 억원〉

항목	2012	2013	2014	2015	2016	2017
매출액	491	514	529	559	566	612
영업이익	71	111	104	95	117	125
당기순이익	54	87	61	31	85	93

분기 실적

〈단위 : 억원〉

항목	2016.3Q	2016.4Q	2017.1Q	2017.2Q	2017.3Q	2017.4Q
매출액	146	131	153	150	161	148
영업이익	33	18	32	33	34	26
당기순이익	25	10	24	19	27	23

재무 상태

〈단위 : 억원〉

항목	2012	2013	2014	2015	2016	2017
총자산	563	646	730	786	853	861
유형자산	205	205	257	273	327	315
무형자산	24	30	29	26	18	15
유가증권	1	1	0	1	1	0
총부채	50	59	86	120	110	74
총차입금	4	4	2	1	41	—
자본금	44	44	44	44	44	44
총자본	513	587	643	666	743	787
지배주주지분	503	578	633	656	731	777

기업가치 지표

항목	2012	2013	2014	2015	2016	2017
주가(최고/저)(천원)	5.4/2.7	3.6/2.6	8.6/3.6	7.5/4.7	5.6/3.7	4.4/3.3
PER(최고/저)(배)	46.9/23.3	19.2/13.7	65.0/27.1	109.9/68.7	29.7/19.8	21.0/15.7
PBR(최고/저)(배)	4.8/2.4	2.8/2.0	6.1/2.5	5.1/3.2	3.3/2.2	2.5/1.8
EV/EBITDA(배)	14.6	11.4	20.8	19.0	12.9	9.8
EPS(원)	120	194	137	70	191	210
BPS(원)	1,171	1,344	1,470	1,522	1,693	1,798
CFPS(원)	172	248	190	127	249	278
DPS(원)	16	20	25	25	35	40
EBITDAPS(원)	215	306	289	273	326	353

재무 비율

〈단위 : %〉

연도	영업이익률	순이익률	부채비율	차입금비율	ROA	ROE	유보율	자기자본비율	EBITDA마진율
2017	20.4	15.2	9.4	0.0	10.9	12.2	1,698.2	91.4	25.3
2016	20.7	15.0	14.9	5.5	10.4	12.0	1,592.7	87.1	25.2
2015	16.9	5.5	18.0	0.2	4.1	4.8	1,421.9	84.8	21.4
2014	19.6	11.6	13.4	0.3	8.9	9.9	1,369.9	88.2	24.0

세원 (A234100)

Sewon

업　　종 : 자동차부품
신용등급 : (Bond) —　　(CP) —
홈페이지 : www.sewonmfg.co.kr
본　　사 : 경기도 평택시 산단로64번길 56(모곡동)
시　　장 : KOSDAQ
기업규모 : 중견
연 락 처 : 031)615-6710

설 립 일	1992.01.01	**종업원수**	245명	**대표이사**	유기철
상 장 일	2015.12.29	**감사의견**	적정(삼덕)	**계　　열**	
결 산 기	12월	**보 통 주**		**종속회사수**	
액 면 가	500원	**우 선 주**		**구　　상　　호**	

주주구성 (지분율,%)		출자관계 (지분율,%)		주요경쟁사 (외형,%)	
유기철	31.4			세원	100
큐캐피탈홀딩스	12.2			이원컴포텍	90
(외국인)	0.2			세동	263

매출구성		비용구성		수출비중	
헤드콘덴서	48.4	매출원가율	85.3	수출	16.2
파이프 외	17.0	판관비율	11.8	내수	83.8
브라켓류	12.7				

회사 개요

동사는 1991년 자동차 엔진용 부품 제조업을 주요 사업으로 영위하기 위해 설립됨. 동사는 자동차 부품 중 차량 공조시스템에 적용되는 라디에이터캡, 에어컨 헤드콘덴서, 각종 브라켓 등을 생산, 판매함. 헤드콘덴서는 2015년 수주 기준 70% 이상의 시장점유율을 나타내고 있는 동사의 주력 제품임. 전방 산업인 자동차 산업의 영향을 크게 받음. 동사는 총 매출의 약 70% 가량이 1차 협력업체인 한온시스템에 대한 매출로 발생함.

실적 분석

동사는 지난해 매출액 453.9억원, 영업이익 13.3억원을 각각 기록. 현대기아차그룹 공조부품의 70%를 점유하고 있는 한온시스템(구 한라공조)의 라디에이타캡을 100% 독점 공급 중에 있음. 브라켓류(EGR 및 Seat Motor BRKT 등)은 독과점 부품으로써 BOSCH를 통해 국내, 중국, 멕시코 등에 점차 수출을 확대하고 있고, 자동화를 통한 타사의 진입이 어려운 부품임.

현금 흐름 *IFRS 별도 기준 〈단위 : 억원〉

항목	2016	2017
영업활동	57	-5
투자활동	-19	9
재무활동	15	17
순현금흐름	55	17
기말현금	60	77

시장 대비 수익률

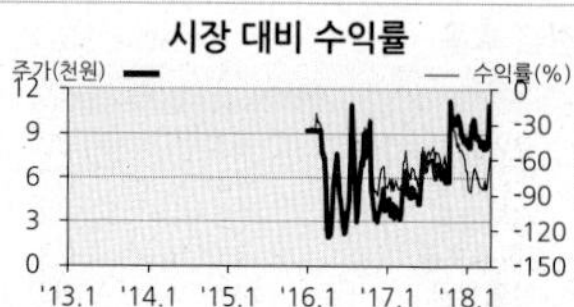

결산 실적 〈단위 : 억원〉

항목	2012	2013	2014	2015	2016	2017
매출액	258	300	351	399	424	454
영업이익	3	8	14	19	31	13
당기순이익	8	9	16	23	27	-0

분기 실적 *IFRS 별도 기준 〈단위 : 억원〉

항목	2016.3Q	2016.4Q	2017.1Q	2017.2Q	2017.3Q	2017.4Q
매출액	92	—	—	109	125	—
영업이익	-3	—	—	4	8	—
당기순이익	-4	—	—	2	6	—

재무 상태 *IFRS 별도 기준 〈단위 : 억원〉

항목	2012	2013	2014	2015	2016	2017
총자산	177	197	226	318	372	380
유형자산	38	45	63	129	141	134
무형자산	0	0	1	3	1	1
유가증권	—	—	—	—	—	—
총부채	89	99	112	160	188	157
총차입금	28	15	29	65	80	57
자본금	4	4	4	15	15	18
총자본	89	98	114	158	184	223
지배주주지분	89	98	114	158	184	223

기업가치 지표 *IFRS 별도 기준

항목	2012	2013	2014	2015	2016	2017
주가(최고/저)(천원)	#VALUE!	—/—	—/—	—/—	—/—	—/—
PER(최고/저)(배)	0.0/0.0	0.0/0.0	0.0/0.0	10.0/10.0	13.9/2.2	—/—
PBR(최고/저)(배)	0.0/0.0	0.0/0.0	0.0/0.0	1.7/1.7	2.0/0.3	2.4/0.5
EV/EBITDA(배)	—	—	—	7.8	1.5	6.2
EPS(원)	323	362	655	919	902	-12
BPS(원)	126,812	139,482	162,416	5,364	6,265	6,147
CFPS(원)	27,682	31,001	42,985	1,568	1,608	782
DPS(원)	—	—	—	—	—	—
EBITDAPS(원)	20,129	30,129	40,587	1,394	1,756	1,226

재무 비율 〈단위 : %〉

연도	영업이익률	순이익률	부채비율	차입금비율	ROA	ROE	유보율	자기자본비율	EBITDA 마진율
2017	2.9	-0.1	70.1	25.7	-0.1	-0.2	1,129.4	58.8	8.3
2016	7.3	6.3	102.1	43.7	7.7	15.5	1,153.0	49.5	12.2
2015	4.7	5.8	101.7	41.5	—	—	972.7	49.6	8.7
2014	4.1	4.6	98.5	25.5	7.6	15.2	3,148.3	50.4	8.1

세원물산 (A024830)

SEWON

업　　종 : 자동차부품
신용등급 : (Bond) —　　(CP) —
홈페이지 : www.se-won.co.kr
본　　사 : 경북 영천시 도남공단길 53(도남동)
시　　장 : KOSDAQ
기업규모 : 우량
연 락 처 : 054)335-0551

설 립 일	1985.02.01	**종업원수**	436명	**대표이사**	김문기,김도현
상 장 일	1994.12.29	**감사의견**	적정(안경)	**계　　열**	
결 산 기	12월	**보 통 주**		**종속회사수**	
액 면 가	500원	**우 선 주**		**구　　상　　호**	

주주구성 (지분율,%)		출자관계 (지분율,%)		주요경쟁사 (외형,%)	
에스엠티	37.3	세원E&I	20.0	세원물산	100
세원정공	22.8	세원테크	13.5	삼성공조	128
(외국인)	2.3	삼하세원기차과기유한공사	19.0	현대공업	246

매출구성		비용구성		수출비중	
제품등(FENDER APRON MBR 등)	159.4	매출원가율	82.4	수출	51.1
기 타	26.6	판관비율	10.8	내수	48.9
부 산 물	3.3				

회사 개요

동사는 차체 보강 판넬류 등 자동차 부품 제조 판매를 목적으로 1985년 설립됨. 1994년 코스닥 시장에 상장됨. 대부분의 제품을 현대차에 납품하고 있음. 쏘나타, 액센트, 그랜저,포터 등 승용, 상용 부문에 지속적으로 차체 부품을 납품해 옴. 현대차 신차의 기술 개발에도 참여함. 내수와 수출 제품 매출은 32.7대 67.6로 수출제품에 더 많은 부품이 들어가며, 주로 자동차 차체 보강 판넬류를 생산함. 최근 대우증권과 유동성 공급계약 체결.

실적 분석

동사의 연결기준 2017년 매출액은 전년 대비 5.6% 감소한 718.9억원을 기록한 반면, 판관비는 인건비 증가의 영향으로 전년 동기 대비 6% 증가함에 따라 동기간 영업이익은 전년 대비 76.5%증가한 49.1억원을 기록함. 반면, 비영업손익은 금융손익 증가와 외환손실에도 불구하고 전년동기대비 23.1% 증가함. 이에 따라 동사의 2017년 당기순이익은 전년 대비 71.8% 증가한 64.8억원을 기록함.

현금 흐름 *IFRS 별도 기준 〈단위 : 억원〉

항목	2016	2017
영업활동	-27	101
투자활동	-209	-221
재무활동	-7	82
순현금흐름	-242	-39
기말현금	69	31

시장 대비 수익률

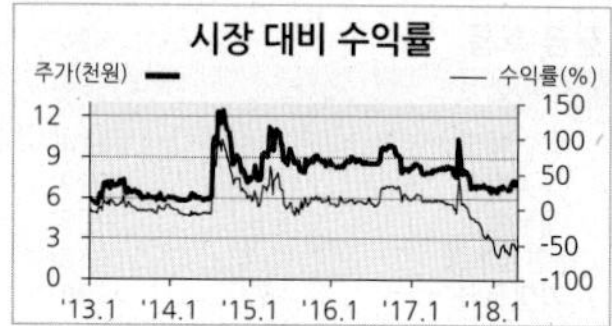

결산 실적 〈단위 : 억원〉

항목	2012	2013	2014	2015	2016	2017
매출액	1,016	892	826	966	761	719
영업이익	-13	-46	-53	45	28	49
당기순이익	128	25	-2	87	38	65

분기 실적 *IFRS 별도 기준 〈단위 : 억원〉

항목	2016.3Q	2016.4Q	2017.1Q	2017.2Q	2017.3Q	2017.4Q
매출액	105	145	138	181	164	236
영업이익	-16	-17	-7	9	8	39
당기순이익	-11	-10	-1	14	13	38

재무 상태 *IFRS 별도 기준 〈단위 : 억원〉

항목	2012	2013	2014	2015	2016	2017
총자산	2,611	2,059	2,229	2,539	2,464	2,529
유형자산	666	574	539	602	927	1,186
무형자산	2	3	7	9	10	9
유가증권	478	513	599	599	626	555
총부채	1,011	408	508	744	612	668
총차입금	587	2	2	2	3	95
자본금	42	42	42	42	42	42
총자본	1,600	1,652	1,721	1,795	1,853	1,862
지배주주지분	1,600	1,652	1,721	1,795	1,853	1,862

기업가치 지표 *IFRS 별도 기준

항목	2012	2013	2014	2015	2016	2017
주가(최고/저)(천원)	6.9/4.9	7.5/5.4	13.1/5.8	11.6/7.2	10.4/7.9	12.9/6.4
PER(최고/저)(배)	4.8/3.4	25.8/18.7	—/—	11.4/7.1	23.6/17.8	16.8/8.3
PBR(최고/저)(배)	0.4/0.3	0.4/0.3	0.7/0.3	0.6/0.4	0.5/0.4	0.6/0.3
EV/EBITDA(배)	0.5	—	0.6	—	2.0	2.3
EPS(원)	1,538	305	-23	1,047	451	776
BPS(원)	19,161	19,779	20,610	21,494	22,187	22,298
CFPS(원)	2,921	1,698	1,246	2,227	1,590	2,056
DPS(원)	75	75	75	75	75	75
EBITDAPS(원)	1,232	846	633	1,721	1,472	1,868

재무 비율 〈단위 : %〉

연도	영업이익률	순이익률	부채비율	차입금비율	ROA	ROE	유보율	자기자본비율	EBITDA 마진율
2017	6.8	9.0	35.9	5.1	2.6	3.5	4,359.6	73.6	21.7
2016	3.7	5.0	33.0	0.1	1.5	2.1	4,337.4	75.2	16.1
2015	4.7	9.1	41.4	0.1	3.7	5.0	4,198.9	70.7	14.9
2014	-6.4	-0.2	29.5	0.2	-0.1	-0.1	4,022.0	77.2	6.4

세원셀론텍 (A091090)

Sewon Cellontech

업　　종 : 에너지 시설 및 서비스
시　　장 : 거래소
신용등급 : (Bond) —　　(CP) —
기업규모 : 시가총액 소형주
홈페이지 : www.sewoncellontech.com
연 락 처 : 02)2167-9000
본　　사 : 서울시 영등포구 의사당대로 83, HP빌딩 4~6층 (여의도동)

설 립 일	2006.07.03	**종 업 원 수**	400명	**대 표 이 사**	장정호,유승주
상 장 일	2006.07.31	**감 사 의 견**	적정(이현)	**계　　열**	
결 산 기	12월	**보 통 주**		**종속회사수**	2개사
액 면 가	500원	**우 선 주**		**구　상　호**	

주주구성 (지분율,%)		출자관계 (지분율,%)		주요경쟁사 (외형,%)	
SC엔지니어링	28.7	캐모다임	100.0	세원셀론텍	100
성신양회	2.5	상해세원액압	100.0	OCI	2,296
(외국인)	1.4	RMSINNOVATIONSUK	100.0	동국S&C	233

매출구성		비용구성		수출비중	
REACTOR, H/E, PRESSURE VESSEL등	87.4	매출원가율	91.6	수출	51.9
세포치료제,가족제대혈은행,의약품,RM- Platform	7.4	판관비율	6.0	내수	48.1
PUMP, VALVE, UNIT, CYLINDER 등-세원KONAN	4.9				

회사 개요

동사는 구 세원셀론텍이 2006년 7월 분할하여 설립된 회사로 가스, 정유, 석유화학 및 발전 플랜트의 설비를 제작하는 PE사업, 압력을 이용하여 기계를 작동 및 제어하는 유공압기기를 제작 판매하는 ME사업 그리고 줄기세포공학, 바이오 공학, 건강식품, 콜라겐 화장품을 제조판매하는 RMS사업을 영위하고 있음. 동사는 5개의 계열사를 보유하고 있으며 연결자회사는 상해세원앱악유한공사 등 2개 사임.

실적 분석

동사의 연결기준 2017년 매출액은 전년 2,221.7억원 대비 28.8% 감소한 1,581.4억원을 기록함. 그러나 판관비 감소 영향 등으로 37.8억원의 영업이익이 발생하였으며 흑자전환에 성공함. 비영업부문 적자가 지속되었고 최종적으로 77.4억원의 당기순손실을 기록하였음. 동사는 CHEMODYME 경영 System (M9IS, PRC)을 통하여 지속적으로 매출 및 이익 구조를 개선해 나가고 있음.

현금 흐름 〈단위 : 억원〉

항목	2016	2017
영업활동	257	205
투자활동	-192	-40
재무활동	-50	-59
순현금흐름	14	103
기말현금	40	143

시장 대비 수익률

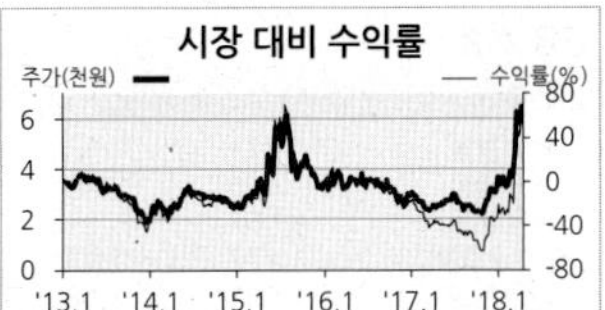

결산 실적 〈단위 : 억원〉

항목	2012	2013	2014	2015	2016	2017
매출액	2,858	1,854	2,020	2,753	2,222	1,581
영업이익	93	-125	-135	9	-1	38
당기순이익	5	-223	-207	49	-89	-77

분기 실적 〈단위 : 억원〉

항목	2016.3Q	2016.4Q	2017.1Q	2017.2Q	2017.3Q	2017.4Q
매출액	446	454	420	413	363	386
영업이익	-4	-29	9	8	40	-19
당기순이익	-80	33	-70	44	26	-78

재무 상태 〈단위 : 억원〉

항목	2012	2013	2014	2015	2016	2017
총자산	3,676	2,986	3,066	3,477	3,749	3,530
유형자산	1,816	1,602	1,538	1,516	2,420	2,372
무형자산	46	39	43	44	54	58
유가증권	31	30	37	32	29	28
총부채	2,582	1,968	2,252	2,107	1,785	1,623
총차입금	1,843	1,434	1,516	1,215	1,094	1,024
자본금	181	202	202	289	303	305
총자본	1,094	1,018	814	1,370	1,964	1,907
지배주주지분	1,094	1,018	814	1,370	1,964	1,907

기업가치 지표

항목	2012	2013	2014	2015	2016	2017
주가(최고/저)(천원)	4.2/1.9	4.0/2.1	3.3/2.4	6.5/2.6	3.9/2.2	—/—
PER(최고/저)(배)	296.5/190.5	—/—	—/—	63.4/23.3	—/—	—/—
PBR(최고/저)(배)	1.5/0.9	1.7/0.8	1.7/1.1	2.8/1.0	1.2/0.8	1.2/0.7
EV/EBITDA(배)	17.9	—	—	37.8	43.7	28.8
EPS(원)	14	-547	-487	103	-149	-128
BPS(원)	3,020	2,525	2,021	2,369	3,242	3,127
CFPS(원)	246	-352	-315	261	-39	-29
DPS(원)	—	—	—	—	—	—
EBITDAPS(원)	488	-101	-137	177	109	161

재무 비율 〈단위 : %〉

연도	영업이익률	순이익률	부채비율	차입금비율	ROA	ROE	유보율	자기자본비율	EBITDA마진율
2017	2.4	-4.9	85.1	53.7	-2.1	-4.0	525.3	54.0	6.2
2016	-0.1	-4.0	90.9	55.7	-2.5	-5.4	548.3	52.4	2.9
2015	0.3	1.8	153.8	88.7	1.5	4.5	373.9	39.4	3.0
2014	-6.7	-10.2	276.5	186.2	-6.8	-22.6	304.1	26.6	-2.7

세원정공 (A021820)

Sewon Precision Industry

업　　종 : 자동차부품
시　　장 : 거래소
신용등급 : (Bond) —　　(CP) —
기업규모 : 시가총액 소형주
홈페이지 : www.se-won.co.kr
연 락 처 : 053)582-5161
본　　사 : 대구시 달서구 달서대로 554

설 립 일	1989.07.20	**종 업 원 수**	284명	**대 표 이 사**	김문기,김상현
상 장 일	1996.06.05	**감 사 의 견**	적정(세영)	**계　　열**	
결 산 기	06월	**보 통 주**		**종속회사수**	
액 면 가	500원	**우 선 주**		**구　상　호**	

주주구성 (지분율,%)		출자관계 (지분율,%)		주요경쟁사 (외형,%)	
에스엔아이	21.0	세원E&I	26.7	세원정공	100
김문기	9.6	세원테크	24.4	평화정공	452
(외국인)	15.1	세원물산	22.8	서연	1,250

매출구성		비용구성		수출비중	
FRONT PILLAR DASH PNL ASS'Y COWL CROSS 등	102.9	매출원가율	79.2	수출	—
금형	3.8	판관비율	5.2	내수	—
차감매출(매출처원재료매입분)	-6.7				

회사 개요

동사는 대구에서 설립된 차체제품 제조 전문기업으로서 현대자동차 및 현대계열회사 등 완성차업체에 납품하고 있음. 주요 생산품목은 COWL CROSS MEMBER, DASH PANEL, HEAT PROTECTOR PANEL등이며, 차체의 형상을 구성하면서 방진, 방음기능 및 충격 완화 등의 목적으로 사용됨. 연결대상 종속회사로는 동사가 지분율 62%를 보유한 중국 소재의 자동차부품 제조회사인 삼하세원기차과기유한공사가 있음

실적 분석

6월 결산법인인 동사는 지난해 반기 누적 기준 매출액 1093억원, 영업손실 206억원을 각각 기록하였음. 주요 제품은 FRONT SIDE MEMBER, COWL CROSS MEMBER, DASH PANEL, RADIATOR SUPPORT 등의 차체 제품을 주로 생산하며, 주 납품처는 현대차 등의 완성차업체. 동사는 현대자동차로부터 1등급 공장으로 지정 및 불량률 100PPM 달성업체로서 납기, 품질, 원가 측면에서의 경쟁력을 보유.

현금 흐름 〈단위 : 억원〉

항목	2017	2018.2Q
영업활동	379	-129
투자활동	-453	610
재무활동	-13	-1
순현금흐름	-88	486
기말현금	691	1,177

시장 대비 수익률

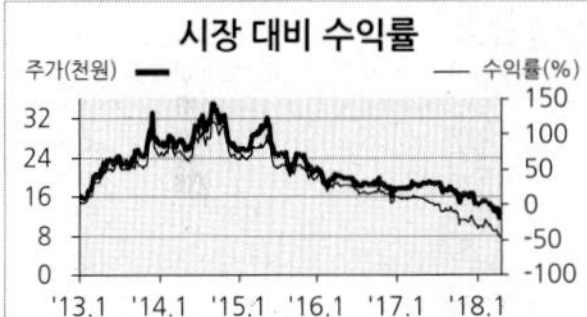

결산 실적 〈단위 : 억원〉

항목	2013	2014	2015	2016	2017	2018
매출액	3,954	3,652	3,666	3,486	2,330	—
영업이익	711	650	601	543	-95	—
당기순이익	799	680	641	568	-22	—

분기 실적 〈단위 : 억원〉

항목	2017.1Q	2017.2Q	2017.3Q	2017.4Q	2018.1Q	2018.2Q
매출액	625	890	508	307	418	675
영업이익	-57	121	-91	-69	-136	-70
당기순이익	-53	133	-86	-15	-107	-55

재무 상태 〈단위 : 억원〉

항목	2013	2014	2015	2016	2017	2018.2Q
총자산	4,949	5,407	6,040	6,630	6,346	6,334
유형자산	1,641	1,511	1,428	1,779	1,885	1,784
무형자산	23	25	34	33	30	28
유가증권	—	—	0	0	0	0
총부채	921	1,048	776	934	827	1,062
총차입금	88	102	13	7	9	9
자본금	50	50	50	50	50	50
총자본	4,029	4,360	5,264	5,696	5,518	5,273
지배주주지분	3,182	3,448	4,070	4,375	4,295	4,143

기업가치 지표

항목	2013	2014	2015	2016	2017	2018.2Q
주가(최고/저)(천원)	24.4/10.5	33.3/22.3	35.1/24.2	25.7/17.8	20.1/15.8	—/—
PER(최고/저)(배)	4.4/1.9	7.3/4.9	8.4/5.8	6.6/4.6	73.5/57.9	—/—
PBR(최고/저)(배)	0.8/0.3	1.0/0.7	0.9/0.6	0.6/0.4	0.5/0.4	0.5/0.4
EV/EBITDA(배)	2.0	2.2	1.5	0.7	3.2	—/—
EPS(원)	5,620	4,634	4,266	3,952	275	-949
BPS(원)	31,820	34,482	40,698	43,745	42,950	41,425
CFPS(원)	7,620	6,994	6,695	6,557	3,151	566
DPS(원)	100	100	100	100	100	—
EBITDAPS(원)	9,109	8,861	8,442	8,034	1,925	-546

재무 비율 〈단위 : %〉

연도	영업이익률	순이익률	부채비율	차입금비율	ROA	ROE	유보율	자기자본비율	EBITDA마진율
2017	-4.1	-0.9	15.0	0.2	-0.3	0.6	8,490.1	87.0	8.3
2016	15.6	16.3	16.4	0.1	9.0	9.4	8,649.1	85.9	23.1
2015	16.4	17.5	14.7	0.2	11.2	11.4	8,039.6	87.2	23.0
2014	17.8	18.6	24.0	2.3	13.1	14.0	6,796.5	80.6	24.3

세이브존아이앤씨 (A067830)

SAVEZONE I&C

업 종 : 백화점
신용등급 : (Bond) — (CP) —
홈페이지 : www.savezone.co.kr
본 사 : 서울시 노원구 한글비석로 57 (하계동)

시 장 : 거래소
기업규모 : 시가총액 소형주
연 락 처 : 02)985-9000

설 립 일	2002.05.07	**종업원수**	198명	**대표이사**	유영길
상 장 일	2002.06.22	**감사의견**	적정(신한)	**계 열**	
결 산 기	12월	**보 통 주**		**종속회사수**	1개사
액 면 가	1,000원	**우 선 주**		**구 상 호**	

주주구성 (지분율,%)		출자관계 (지분율,%)		주요경쟁사 (외형,%)	
세이브존	47.0	투어캐빈	100.0	세이브존I&C	100
신영자산운용	14.5	아이세이브존	19.3	롯데쇼핑	10,189
(외국인)	4.3	세이브존	6.9	현대백화점	1,036

매출구성		비용구성		수출비중	
식품	57.2	매출원가율	40.7	수출	0.0
의류,잡화	34.6	판관비율	39.0	내수	100.0
기타	7.0				

회사 개요

2002년 한신공영의 유통사업부문을 인적분할해 설립된 동사는 백화점형 할인점 등을 운영하여 의류 브랜드의 이월상품 및 기획상품 등을 상시 할인된 가격으로 판매하고 있으며, 의류뿐만아니라 식품과 생활용품등의 상품구성과문화센터, 스포츠센터 등 편의시설을 운영함으로써 소비자들에게 원스톱 쇼핑을 제공하는 백화점형 할인점임. 여행사업을 영위하는 투어캐빈을 연결대상 종속회사로 보유하고 있음.

실적 분석

2017년 누적 매출액은 전년동기대비 2.5% 감소한 1,784.2억원을 기록. 영업이익은 전년동기대비1.8% 감소한 362.1억원을 기록. 전 사업부 매출이 전년대비 감소하며 외형 소폭 축소. 점포 매장 유지보수 관련 투자를 지속적으로 진행, 리뉴얼을 통한 매출증대에 힘쓰고 있음. 지점확대를 위한 사업타당성 분석을 내부적으로 진행하고 있음. 내수시장과 유통시장 경기에 크게 영향 받는 사업 구조임.

현금 흐름

<단위 : 억원>

항목	2016	2017
영업활동	493	314
투자활동	-77	-89
재무활동	-198	-164
순현금흐름	217	61
기말현금	759	820

시장 대비 수익률

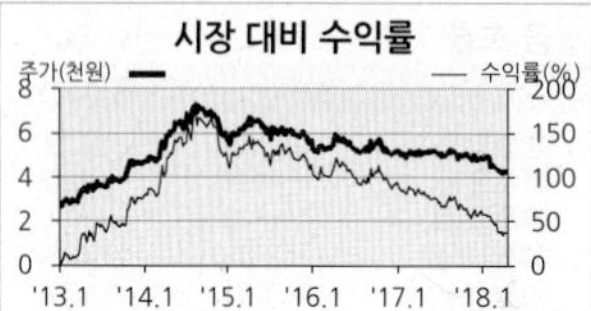

결산 실적

<단위 : 억원>

항목	2012	2013	2014	2015	2016	2017
매출액	1,734	1,795	1,821	1,870	1,830	1,784
영업이익	299	323	359	355	369	362
당기순이익	180	216	252	257	271	289

분기 실적

<단위 : 억원>

항목	2016.3Q	2016.4Q	2017.1Q	2017.2Q	2017.3Q	2017.4Q
매출액	434	472	456	452	428	448
영업이익	66	98	94	109	63	96
당기순이익	46	68	74	87	50	78

재무 상태

<단위 : 억원>

항목	2012	2013	2014	2015	2016	2017
총자산	5,029	5,109	5,126	5,279	5,534	5,626
유형자산	3,696	3,712	3,685	3,651	3,633	3,598
무형자산	24	24	23	47	47	46
유가증권	52	50	47	47	47	61
총부채	2,370	2,236	2,016	1,915	1,909	1,728
총차입금	1,355	1,190	975	918	731	578
자본금	410	410	410	410	410	410
총자본	2,659	2,874	3,110	3,364	3,625	3,898
지배주주지분	2,659	2,874	3,110	3,364	3,625	3,898

기업가치 지표

항목	2012	2013	2014	2015	2016	2017
주가(최고/저)(천원)	3.1/2.2	4.8/2.6	7.7/4.7	7.0/5.4	5.9/5.0	5.2/4.8
PER(최고/저)(배)	7.3/5.2	9.4/5.2	12.9/7.8	11.4/8.8	9.2/7.7	7.5/6.9
PBR(최고/저)(배)	0.5/0.4	0.7/0.4	1.0/0.6	0.9/0.7	0.7/0.6	0.6/0.5
EV/EBITDA(배)	6.0	7.1	6.9	6.3	4.6	3.7
EPS(원)	440	525	614	627	660	703
BPS(원)	6,633	7,155	7,732	8,350	8,986	9,652
CFPS(원)	604	689	775	784	812	840
DPS(원)	30	30	30	30	30	50
EBITDAPS(원)	894	951	1,036	1,021	1,050	1,019

재무 비율

<단위 : %>

연도	영업이익률	순이익률	부채비율	차입금비율	ROA	ROE	유보율	자기자본비율	EBITDA마진율
2017	20.3	16.2	44.3	14.8	5.2	7.7	865.2	69.3	23.5
2016	20.2	14.8	52.7	20.2	5.0	7.8	798.6	65.5	23.6
2015	19.0	13.8	56.9	27.3	5.0	8.0	735.0	63.7	22.4
2014	19.7	13.8	64.8	31.4	4.9	8.4	673.2	60.7	23.3

세종공업 (A033530)

Sejong Industrial

업 종 : 자동차부품
신용등급 : (Bond) — (CP) —
홈페이지 : www.sjku.co.kr
본 사 : 울산시 북구 효자로 82 (효문동)

시 장 : 거래소
기업규모 : 시가총액 소형주
연 락 처 : 052)219-1699

설 립 일	1976.06.10	**종업원수**	816명	**대표이사**	최순철,박정길,김기홍
상 장 일	1997.12.26	**감사의견**	적정(삼덕)	**계 열**	
결 산 기	12월	**보 통 주**		**종속회사수**	14개사
액 면 가	500원	**우 선 주**		**구 상 호**	

주주구성 (지분율,%)		출자관계 (지분율,%)		주요경쟁사 (외형,%)	
에스제이원	45.0	아센텍	100.0	세종공업	100
국민연금공단	7.1	세움	100.0	우리산업홀딩스	32
(외국인)	4.4	세종ATT	51.0	디아이씨	61

매출구성		비용구성		수출비중	
MUFFLER(소음기)&C/CONVERTER (배기가스정화기)	92.6	매출원가율	89.1	수출	83.4
전장부품 등	7.4	판관비율	11.5	내수	16.6
S/MBR등(차체부품)	0.0				

회사 개요

동사는 자동차의 환경유해배기가스를 정화시켜주는 배기가스정화기(C/CONVERTER)와 소음진동을 줄여주는 자동차용소음기(MUFFLER)를 생산하는 배기계 부품업체로, 현대, 기아차에 전량을 납품하고 있으며, 국내 시장점유율은 29%임. 특히 주요 원재료인 철강 및 컨버터 촉매류를 현대차그룹으로부터 사급받아 생산하고 있어 원재료 가격변동에 따른 부담이 적은 것이 특징임.

실적 분석

동사의 2017년 연간 매출액은 전년동기대비 10.3% 하락한 10,359.1억원을 기록하였음. 자동차 산업은 전년도 파업 종료후 실적만회를 위한 생산확대 기저효과와 금년도 일부업체파업, 조업일수 감소 등으로 생산이 감소하였으며 내수판매는 내수시장 침체 및 경제성장 둔화, 민간 소비 심리 위축에 의해 감소하였음. 이에 따른 영향으로 보이며 전년동기대비 영업이익은 66.8억원으로 적자전환 중임.

현금 흐름

<단위 : 억원>

항목	2016	2017
영업활동	811	-130
투자활동	-696	-488
재무활동	63	212
순현금흐름	172	-451
기말현금	1,031	580

시장 대비 수익률

결산 실적

<단위 : 억원>

항목	2012	2013	2014	2015	2016	2017
매출액	10,177	10,937	11,167	11,991	11,544	10,359
영업이익	523	575	421	216	234	-67
당기순이익	452	465	226	198	138	-76

분기 실적

<단위 : 억원>

항목	2016.3Q	2016.4Q	2017.1Q	2017.2Q	2017.3Q	2017.4Q
매출액	2,772	2,695	2,740	2,551	2,340	2,728
영업이익	67	45	-75	-75	-49	132
당기순이익	10	69	-149	-36	-5	115

재무 상태

<단위 : 억원>

항목	2012	2013	2014	2015	2016	2017
총자산	6,696	6,976	8,588	9,144	9,525	9,006
유형자산	1,991	2,136	2,548	2,835	2,972	2,904
무형자산	104	106	320	286	238	226
유가증권	180	170	431	237	276	210
총부채	3,607	3,413	4,801	5,212	5,531	5,197
총차입금	1,060	819	1,440	1,747	1,834	2,041
자본금	100	100	100	100	100	100
총자본	3,089	3,562	3,787	3,932	3,994	3,808
지배주주지분	3,089	3,521	3,767	3,912	3,971	3,779

기업가치 지표

항목	2012	2013	2014	2015	2016	2017
주가(최고/저)(천원)	13.6/9.3	16.5/10.1	18.1/12.1	13.1/8.1	12.4/8.5	11.0/6.5
PER(최고/저)(배)	6.6/4.5	7.8/4.8	14.7/9.7	12.3/7.6	17.8/12.2	—/—
PBR(최고/저)(배)	1.0/0.7	1.0/0.6	1.0/0.7	0.7/0.4	0.6/0.4	0.6/0.3
EV/EBITDA(배)	3.1	3.0	3.5	4.0	3.6	6.8
EPS(원)	2,255	2,317	1,318	1,125	720	-371
BPS(원)	15,505	17,655	18,884	19,698	20,099	19,249
CFPS(원)	3,435	3,681	3,203	3,378	3,014	1,995
DPS(원)	130	200	150	250	200	100
EBITDAPS(원)	3,787	4,230	3,986	3,330	3,459	2,033

재무 비율

<단위 : %>

연도	영업이익률	순이익률	부채비율	차입금비율	ROA	ROE	유보율	자기자본비율	EBITDA마진율
2017	-0.6	-0.7	136.5	53.6	-0.8	-1.9	3,749.9	42.3	3.9
2016	2.0	1.2	138.5	45.9	1.5	3.7	3,919.9	41.9	6.0
2015	1.8	1.7	132.5	44.4	2.2	5.9	3,839.6	43.0	5.6
2014	3.8	2.0	126.8	38.0	2.9	7.3	3,676.9	44.1	7.2

세종머티리얼즈 (A135270)
Sejong Materials

업 종 : 금속 및 광물 | 시 장 : KONEX
신용등급 : (Bond) — (CP) — | 기업규모 : —
홈페이지 : www.sejongmaterials.co.kr | 연 락 처 : 031)491-1850
본 사 : 경기도 안산시 단원구 성곡로 112(성곡동,604BL-29LT)

설 립 일	2000.04.29	**종업원수**	83명	**대 표 이 사**	성재복
상 장 일	2014.12.17	**감사의견**	적정(삼덕)	**계 열**	
결 산 기	12월	**보 통 주**		**종속회사수**	
액 면 가	—	**우 선 주**		**구 상 호**	

주주구성 (지분율,%)		출자관계 (지분율,%)		주요경쟁사 (외형,%)	
성재복	41.2			세종머티리얼즈	100
SEKISUI CHEMICAL CO.,LTD	16.3			신화실업	123
				파버나인	213

매출구성		비용구성		수출비중	
2차전지용 AL	28.9	매출원가율	96.3	수출	29.8
METAL PCB	26.9	판관비율	6.8	내수	70.2
기 타	21.1				

회사 개요

동사는 알루미늄 소재 및 LED PCB사업을 영위하는 회사로 2000년 4월 29일 설립됨. 주력사업은 진입장벽이 낮아 신규기업의 진입 및 퇴출이 자유롭고, 기술력 평준화에 따라 다수의 기업이 치열하게 경쟁하는 시장임. 소재사업부의 주력매출 제품인 PCM제품은 전방산업인 TV시장 경기에 크게 영향을 받음. TV산업은 2011년 이후 시장포화상태에 도달하여 성장성이 둔화된 상태로 신성장동력을 찾을 필요가 있음

실적 분석

동사의 2017년 매출액은 전기(540억원) 대비 7.6% 감소한 499억원이며 영업손실은 15억4000만원, 당기순손실은 35억6000만원으로 전기 대비 41억원 악화됨. 자산총계는 전기(442억원) 대비 14% 감소한 380억원이며, 부채는 전기(346억원) 대비 7.7% 감소한 319억원, 부채비율(부채총액/자기자본)은 531%를 기록함. 영업실적 부진에 따른 당기순손실 발생으로 재무건전성이 전기 361%에서 악화됨.

현금 흐름 *IFRS 별도 기준 (단위 : 억원)

항목	2016	2017
영업활동	14	33
투자활동	1	-7
재무활동	-25	-32
순현금흐름	-9	-6
기말현금	8	2

시장 대비 수익률

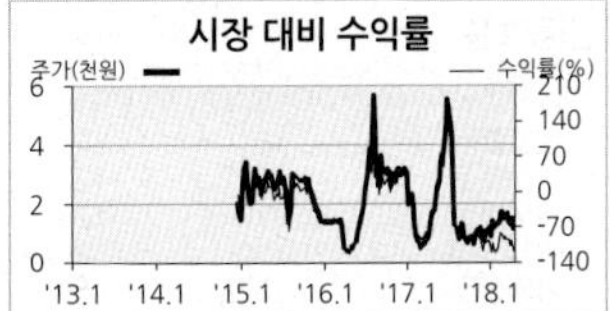

결산 실적 (단위 : 억원)

항목	2012	2013	2014	2015	2016	2017
매출액	643	762	641	544	540	499
영업이익	50	4	18	-11	22	-15
당기순이익	25	-12	-1	-29	6	-36

분기 실적 *IFRS 별도 기준 (단위 : 억원)

항목	2016.3Q	2016.4Q	2017.1Q	2017.2Q	2017.3Q	2017.4Q
매출액	—	—	—	—	—	—
영업이익	—	—	—	—	—	—
당기순이익	—	—	—	—	—	—

재무 상태 *IFRS 별도 기준 (단위 : 억원)

항목	2012	2013	2014	2015	2016	2017
총자산	440	522	507	449	442	380
유형자산	208	220	223	208	204	192
무형자산	8	10	7	3	0	0
유가증권	1	2	2	2	—	—
총부채	318	399	393	366	346	319
총차입금	184	266	269	266	242	208
자본금	33	33	33	33	33	35
총자본	122	123	114	83	96	60
지배주주지분	122	123	114	83	96	60

기업가치 지표 *IFRS 별도 기준

항목	2012	2013	2014	2015	2016	2017
주가(최고/저)(천원)	—/—	—/—	2.0/1.3	3.9/1.4	5.9/0.3	5.7/0.5
PER(최고/저)(배)	0.0/0.0	0.0/0.0	—/—	—/—	71.1/4.1	—/—
PBR(최고/저)(배)	0.0/0.0	0.0/0.0	1.2/0.7	3.1/1.1	4.1/0.2	6.6/0.6
EV/EBITDA(배)	2.4	8.5	5.8	21.4	7.8	73.1
EPS(원)	371	-181	-17	-442	84	-526
BPS(원)	1,826	1,842	1,717	1,247	1,438	863
CFPS(원)	635	157	379	-63	408	-248
DPS(원)	—	—	—	—	—	—
EBITDAPS(원)	1,019	403	663	207	656	50

재무 비율 (단위 : %)

연도	영업이익률	순이익률	부채비율	차입금비율	ROA	ROE	유보율	자기자본비율	EBITDA마진율
2017	-3.1	-7.1	530.6	346.2	-8.7	-45.6	72.5	15.9	0.7
2016	4.1	1.0	361.2	252.3	1.3	6.2	187.6	21.7	8.1
2015	-2.1	-5.4	440.6	320.3	-6.2	-29.8	149.4	18.5	2.5
2014	2.8	-0.2	343.3	235.0	-0.2	-0.9	243.4	22.6	6.9

세종텔레콤 (A036630)
Sejong Telecom

업 종 : 유선통신 | 시 장 : KOSDAQ
신용등급 : (Bond) BB+ (CP) — | 기업규모 : 중견
홈페이지 : www.sejongtelecom.net | 연 락 처 : 02)3415-4935
본 사 : 서울시 강동구 상일로10길 36 세종텔레콤 9층

설 립 일	1992.06.09	**종업원수**	278명	**대 표 이 사**	김형진
상 장 일	1999.12.23	**감사의견**	적정(우리)	**계 열**	
결 산 기	12월	**보 통 주**		**종속회사수**	1개사
액 면 가	500원	**우 선 주**		**구 상 호**	온세텔레콤

주주구성 (지분율,%)		출자관계 (지분율,%)		주요경쟁사 (외형,%)	
세종투자	32.2	디엠씨씨매니지먼트	34.8	세종텔레콤	100
피보텍	0.4	아이오앤코코리아	20.4		
(외국인)	2.4	트루컷시큐리티	15.6		

매출구성		비용구성		수출비중	
기타	30.5	매출원가율	0.0	수출	—
시외전용회선(용역)	24.0	판관비율	98.6	내수	—
시내전화부가통신(용역)	22.2				

회사 개요

동사는 1992년 설립돼 통신, SI, 통신판매 상업을 영위 중임. 통신부문은 국제전화, IDC(인터넷데이터센터), VoIP(인터넷전화) 서비스 및 MVNO(이동통신재판매 또는 알뜰폰) 서비스를 제공하고 있음. SI부문은 국내외 통신네트워크 구축공사 등을 수행하고 있음. 상품부문은 KT의 이동전화 가입자를 유치하고 단말기를 판매하는 무선총판 사업을 하고 있음.

실적 분석

동사의 2017년 연결기준 누적 매출액은 1611.4억원으로 전년 동기(1841.1억원) 대비 12.5% 감소함. 판매관리 비용 절감에 성공해 영업이익은 전년 7.7억원에서 2017년 23.3억원까지 늘어남. 당기순이익은 28.7억원을 시현하며 순손실 17.7억원을 기록했던 전년과 달리 흑자를 기록함. 동사는 알뜰폰, 안심번호 서비스 등 신규사업에 진출하며 새로운 수익원을 창출하는 데 힘쓰고 있음.

현금 흐름 (단위 : 억원)

항목	2016	2017
영업활동	210	245
투자활동	-638	-1,675
재무활동	598	1,792
순현금흐름	170	361
기말현금	180	541

시장 대비 수익률

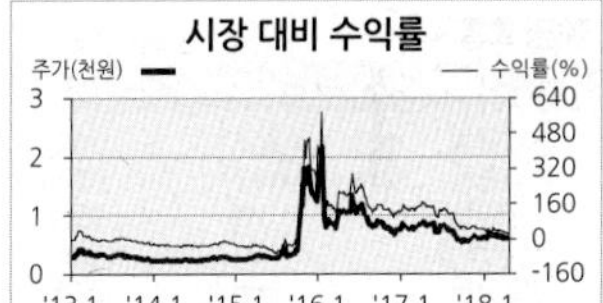

결산 실적 (단위 : 억원)

항목	2012	2013	2014	2015	2016	2017
매출액	2,330	1,318	1,128	1,578	1,841	1,611
영업이익	-29	-86	13	5	8	23
당기순이익	-54	-301	14	-49	-18	29

분기 실적 (단위 : 억원)

항목	2016.3Q	2016.4Q	2017.1Q	2017.2Q	2017.3Q	2017.4Q
매출액	444	438	387	408	405	411
영업이익	-13	19	6	13	3	2
당기순이익	-18	2	4	28	2	-5

재무 상태 (단위 : 억원)

항목	2012	2013	2014	2015	2016	2017
총자산	1,772	1,225	1,079	1,601	2,300	4,182
유형자산	657	533	276	836	1,080	1,087
무형자산	158	28	25	27	23	22
유가증권	209	99	203	139	101	532
총부채	664	426	281	848	798	868
총차입금	274	50	—	329	174	192
자본금	1,002	1,002	1,002	1,002	1,502	3,002
총자본	1,107	799	798	753	1,502	3,314
지배주주지분	1,107	799	798	753	1,502	3,314

기업가치 지표

항목	2012	2013	2014	2015	2016	2017
주가(최고/저)(천원)	0.7/0.3	0.6/0.3	0.4/0.3	2.5/0.3	2.8/0.7	1.0/0.5
PER(최고/저)(배)	—/—	—/—	55.6/39.5	—/—	—/—	152.2/79.9
PBR(최고/저)(배)	1.3/0.6	1.5/0.7	1.0/0.7	6.8/0.8	5.2/1.3	1.8/1.0
EV/EBITDA(배)	13.6	45.6	6.2	22.2	15.1	11.0
EPS(원)	-23	-122	6	-20	-6	7
BPS(원)	553	399	404	381	500	552
CFPS(원)	26	-100	42	54	48	36
DPS(원)	—	—	—	—	—	—
EBITDAPS(원)	39	7	41	81	57	35

재무 비율 (단위 : %)

연도	영업이익률	순이익률	부채비율	차입금비율	ROA	ROE	유보율	자기자본비율	EBITDA마진율
2017	1.5	1.8	26.2	5.8	0.9	1.2	10.4	79.3	9.4
2016	0.4	-1.0	53.1	11.6	-0.9	-1.6	0.0	65.3	8.7
2015	0.3	-3.1	일부잠식	일부잠식	-3.7	-6.3	-23.8	47.0	10.2
2014	1.1	1.3	일부잠식	0.0	1.2	1.8	-19.3	74.0	7.4

세중 (A039310)

SEJOONG

업　　종 : 호텔 및 레저　　시　　장 : KOSDAQ
신용등급 : (Bond) —　(CP) —　　기업규모 : 우량
홈페이지 : www.sejoong.com　　연 락 처 : 02)2126-7777
본　　사 : 서울시 강남구 강남대로 556 논현빌딩 17층

설 립 일	1995.12.07	**종업원수**	256명	**대표이사**	천세전
상 장 일	2000.06.09	**감사의견**	적정(대주)	**계　열**	
결 산 기	12월	**보 통 주**		**종속회사수**	4개사
액 면 가	500원	**우 선 주**		**구 상 호**	

주주구성 (지분율,%)		출자관계 (지분율,%)		주요경쟁사 (외형,%)	
천신일	13.7			세중	100
천세전	7.8			하나투어	431
(외국인)	2.8			롯데관광개발	44

매출구성		비용구성		수출비중	
항공권매출액	37.5	매출원가율	75.7	수출	—
강재매출액	35.4	판관비율	19.3	내수	—
육상운송수입	22.2				

회사 개요

동사는1995년 설립 후 2006년에 세중여행과 합병하여 현재 여행부문과 운송 및 강재부문 사업을 영위하고 있음. 여행사업의 경우 항공, 호텔, 운송, 관광지에 대한 전략적 제휴를 통한 경쟁력을 강화하고 있으며, 물류부문은 삼성전자 등 대기업의 출하제품 운송 및 보관과 선박 제작용 강재 운송 및 납품사업을 진행중에 있음. 동사의 연결대상 종속회사는 세중정보기술(소프트웨어판매), 세중에스앤씨(BPO사업 및 IT솔루션) 등 4개사임.

실적 분석

동사의 2017년 연간 매출액은 전년동기대비 31.7% 하락한 1,583.5억원을 기록하였음. 항공권은 여행사 실적에 따라 배정되므로 국내 항공권 판매는 중소형여행사가 대형여행사에 종속되는 형태로 변화가 점차 확대되고 있음. 이로 인해 중소형여행사 수익구조가 악화되고 있으며 운송사업 또한 경쟁이 심화되고 있음. 이에 따라 매출액이 감소한 것으로 보임. 현재 푸꾸옥 전세기 사업등 신규 여행사업을 통해 수익 개선을 꾀하고 있음.

현금 흐름

〈단위 : 억원〉

항목	2016	2017
영업활동	307	-40
투자활동	-113	13
재무활동	-9	-152
순현금흐름	189	-184
기말현금	508	324

시장 대비 수익률

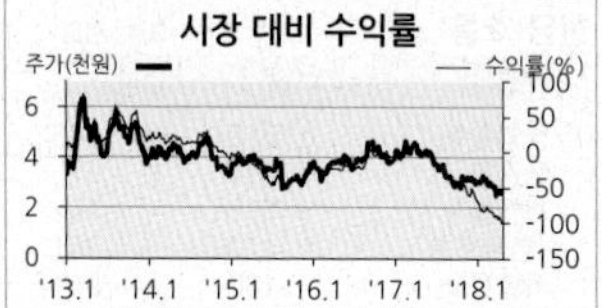

결산 실적

〈단위 : 억원〉

항목	2012	2013	2014	2015	2016	2017
매출액	2,069	2,086	2,413	2,326	2,319	1,584
영업이익	178	148	117	116	144	80
당기순이익	129	104	77	71	91	-13

분기 실적

〈단위 : 억원〉

항목	2016.3Q	2016.4Q	2017.1Q	2017.2Q	2017.3Q	2017.4Q
매출액	853	261	597	363	408	216
영업이익	44	26	39	-2	-3	45
당기순이익	30	3	28	10	-13	-38

재무 상태

〈단위 : 억원〉

항목	2012	2013	2014	2015	2016	2017
총자산	1,402	1,360	1,480	1,327	1,478	1,157
유형자산	450	399	360	288	237	39
무형자산	59	67	61	61	70	61
유가증권	18	13	14	15	37	40
총부채	685	597	706	520	613	319
총차입금	275	159	164	152	161	21
자본금	91	91	91	91	91	91
총자본	717	763	774	808	865	838
지배주주지분	647	703	730	766	817	789

기업가치 지표

항목	2012	2013	2014	2015	2016	2017
주가(최고/저)(천원)	3.7/1.8	6.5/3.0	4.8/3.2	4.2/2.5	5.0/3.1	5.0/2.8
PER(최고/저)(배)	6.8/3.4	14.1/6.5	14.0/9.1	12.8/7.5	11.3/7.0	—/—
PBR(최고/저)(배)	1.2/0.6	1.9/0.9	1.3/0.9	1.1/0.6	1.2/0.7	1.2/0.7
EV/EBITDA(배)	2.8	3.5	3.4	2.7	1.4	0.6
EPS(원)	632	524	384	360	466	-91
BPS(원)	3,606	3,917	4,063	4,260	4,541	4,388
CFPS(원)	1,012	943	823	801	901	298
DPS(원)	100	100	100	100	100	—
EBITDAPS(원)	1,366	1,239	1,088	1,081	1,229	829

재무 비율

〈단위 : %〉

연도	영업이익률	순이익률	부채비율	차입금비율	ROA	ROE	유보율	자기자본비율	EBITDA마진율
2017	5.0	-0.8	38.0	2.5	-1.0	-2.1	777.6	72.5	9.5
2016	6.2	3.9	70.9	18.6	6.5	10.7	808.2	58.5	9.6
2015	5.0	3.1	64.4	18.8	5.1	8.7	752.0	60.9	8.4
2014	4.9	3.2	91.2	21.2	5.5	9.7	712.5	52.3	8.2

세진중공업 (A075580)

SEJIN HEAVY INDUSTRIES COLTD

업　　종 : 조선　　시　　장 : 거래소
신용등급 : (Bond) —　(CP) —　　기업규모 : 시가총액 소형주
홈페이지 : www.sejinheavy.com　　연 락 처 : 052)231-8000
본　　사 : 울산시 울주군 온산읍 당월로 216-18

설 립 일	1999.09.08	**종업원수**	324명	**대표이사**	가백현
상 장 일	2015.11.30	**감사의견**	적정(대주)	**계　열**	
결 산 기	12월	**보 통 주**		**종속회사수**	1개사
액 면 가	500원	**우 선 주**		**구 상 호**	

주주구성 (지분율,%)		출자관계 (지분율,%)		주요경쟁사 (외형,%)	
윤종국	33.6	일승	100.0	세진중공업	100
윤지원	30.3	SejinVietnam	100.0	두산엔진	305
(외국인)	2.8			엔케이	48

매출구성		비용구성		수출비중	
Deck House	44.7	매출원가율	92.5	수출	5.3
LPG Tank	36.7	판관비율	4.6	내수	94.7
Upper Deck Unit	17.2				

회사 개요

동사는 선박부분품(조선기자재) 제조업을 주요사업으로 영위하며 주요제품으로는 조선부문의 Deck House, LPG Tank와 해양부문의 Living Quarter 등이 있음. 조선부문에서 동사는 블록제작 동종업체 중 가장 넓은 20만평의 부지를 보유하고 있고 주요 거래처인 현대중공업, 현대미포조선의 접안시설까지 해상 9Km 거리에 있어 신속함과 낮은 운송비를 바탕으로 경쟁력을 갖추고 있음.

실적 분석

동사의 2017년 연결기준 누적매출액은 전년동기대비 41.4% 감소한 2,517.9억원으로 외형 크게 축소. 영업이익은 71.3억원을 기록, 전년동기 대비 63.9% 감소함. 업황 회복기, 기존 제품은 현대중공업과 현대미포조선의 2017~18년 수주 회복(+29.5% YoY)으로 실적 성장이 예상. 경쟁 블록업체 재무구조 악화로 과점/독점 납품 입지가 지속될 전망. 신사업으로 추진 중인 탈황장치 시공 사업은 하반기 매출 인식이 전망.

현금 흐름

〈단위 : 억원〉

항목	2016	2017
영업활동	181	241
투자활동	91	-123
재무활동	-270	-123
순현금흐름	-150	26
기말현금	27	53

시장 대비 수익률

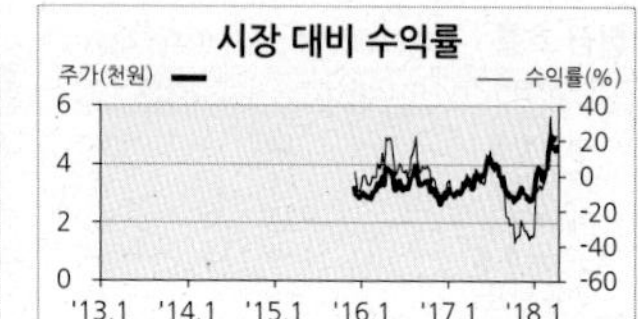

결산 실적

〈단위 : 억원〉

항목	2012	2013	2014	2015	2016	2017
매출액	3,517	4,605	5,679	4,533	4,274	2,518
영업이익	124	218	333	354	197	71
당기순이익	-81	129	179	238	197	19

분기 실적

〈단위 : 억원〉

항목	2016.3Q	2016.4Q	2017.1Q	2017.2Q	2017.3Q	2017.4Q
매출액	967	922	867	712	454	484
영업이익	52	-9	43	23	17	-12
당기순이익	35	-4	23	9	4	-17

재무 상태

〈단위 : 억원〉

항목	2012	2013	2014	2015	2016	2017
총자산	4,097	4,820	5,218	5,203	3,659	3,490
유형자산	2,374	2,999	3,039	3,143	2,527	2,493
무형자산	—	128	131	131	34	80
유가증권	1	1	0	0	—	0
총부채	3,085	3,623	3,841	3,500	2,075	1,920
총차입금	2,609	2,964	2,993	2,607	1,751	1,675
자본금	200	200	205	219	220	220
총자본	1,012	1,197	1,377	1,702	1,584	1,570
지배주주지분	1,012	1,014	1,171	1,459	1,584	1,570

기업가치 지표

항목	2012	2013	2014	2015	2016	2017
주가(최고/저)(천원)	—/—	—/—	—/—	3.2/2.8	4.0/2.5	4.3/2.7
PER(최고/저)(배)	0.0/0.0	0.0/0.0	0.0/0.0	6.2/5.5	11.4/7.0	89.4/56.4
PBR(최고/저)(배)	0.0/0.0	0.0/0.0	0.0/0.0	0.9/0.8	1.0/0.6	1.1/0.7
EV/EBITDA(배)	10.0	10.0	7.3	8.5	9.7	17.4
EPS(원)	-234	255	443	554	369	49
BPS(원)	2,942	2,948	3,304	3,810	4,133	4,092
CFPS(원)	149	504	696	834	636	267
DPS(원)	—	—	—	100	100	30
EBITDAPS(원)	745	882	1,215	1,270	782	404

재무 비율

〈단위 : %〉

연도	영업이익률	순이익률	부채비율	차입금비율	ROA	ROE	유보율	자기자본비율	EBITDA마진율
2017	2.8	0.7	122.3	106.7	0.5	1.2	614.1	45.0	6.2
2016	4.6	4.6	131.0	110.6	4.4	9.3	621.2	43.3	7.0
2015	7.8	5.3	205.6	153.1	4.6	15.1	564.8	32.7	10.0
2014	5.9	3.2	278.9	217.3	3.6	14.0	470.7	26.4	7.4

세진티에스 (A067770)

SEJIN TS

업 종 : 디스플레이 및 관련부품 　 시 장 : KOSDAQ
신용등급 : (Bond) — (CP) — 　 기업규모 : 중견
홈페이지 : www.sejints.co.kr 　 연 락 처 : 031)650-3700
본 사 : 경기도 안성시 원곡면 지문로 51-43

설 립 일	1996.06.07	**종업원수**	50명	**대 표 이 사**	김인식
상 장 일	2004.01.09	**감사의견**	적정(다산)	**계 열**	
결 산 기	12월	**보 통 주**		**종속회사수**	2개사
액 면 가	500원	**우 선 주**		**구 상 호**	

주주구성 (지분율,%)		출자관계 (지분율,%)		주요경쟁사 (외형,%)	
김인식	49.1	세진옵티컬주식회사	100.0	세진티에스	100
Atlantis Korean Smaller Companies Fund(AKSCF)	4.8	에폰	7.8	디이엔티	790
(외국인)	0.5	세계진광전소주유한공사	100.0	이엘피	200

매출구성		비용구성		수출비중	
LCD부품(상품매출)	73.6	매출원가율	96.9	수출	—
LCD부품(제품매출)	26.4	판관비율	13.7	내수	—

회사 개요

동사는 1996년 설립되어 2004년에 코스닥 시장에 상장된 TFT LCD용 광기능성 시트 제조 및 판매 기업으로, LCD 생산 세계 1,2위인 삼성전자와 LG디스플레이 등에 부품을 공급하면서 30%대의 국내시장 점유율을 안정적으로 유지하고 있음. TFT LCD 완성품 업체의 생산량에 따라 수요 변동이 있으며, 연결대상 종속회사로 중국 소재의 세계진광전소주유한공사와 베트남 소재의 세진옵티컬주식회사를 보유함.

실적 분석

동사의 2017년 연간 매출액은 전년동기대비 30.1% 하락한 228.3억원을 기록하였음. 비용면에서 전년동기대비 매출원가는 크게 감소 하였으며 인건비는 증가 했고 기타판매비와관리비는 감소함. 주춤한 모습의 매출액에 의해 전년동기대비 영업손실은 24.3억원으로 적자지속 하였음. 최종적으로 전년동기대비 당기순손실은 적자지속하여 24.6억원을 기록함. 비영업손익의 적자전환이 영향을 미친것으로 판단됨.

현금 흐름 〈단위 : 억원〉

항목	2016	2017
영업활동	15	2
투자활동	-22	5
재무활동	0	-0
순현금흐름	-8	6
기말현금	30	36

시장 대비 수익률

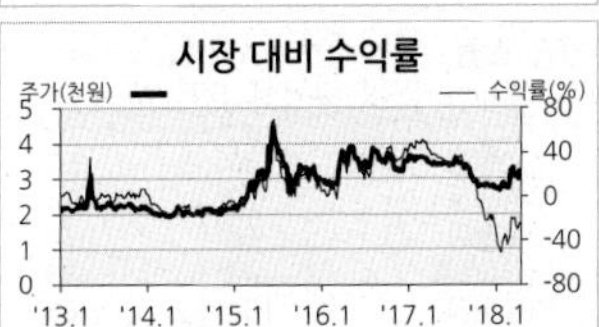

결산 실적 〈단위 : 억원〉

항목	2012	2013	2014	2015	2016	2017
매출액	625	361	379	290	326	228
영업이익	-12	-49	4	-36	-7	-24
당기순이익	-14	-51	8	-56	-4	-25

분기 실적 〈단위 : 억원〉

항목	2016.3Q	2016.4Q	2017.1Q	2017.2Q	2017.3Q	2017.4Q
매출액	120	76	60	58	61	50
영업이익	12	2	-7	-4	-6	-7
당기순이익	10	5	-4	-5	-7	-8

재무 상태 〈단위 : 억원〉

항목	2012	2013	2014	2015	2016	2017
총자산	657	534	543	486	479	442
유형자산	229	210	193	134	145	130
무형자산	9	7	7	7	7	6
유가증권	0	0	0	—	0	0
총부채	74	37	37	34	34	26
총차입금	—	—	—	—	0	—
자본금	42	42	42	42	42	42
총자본	583	497	507	452	445	416
지배주주지분	537	497	507	452	445	416

기업가치 지표

항목	2012	2013	2014	2015	2016	2017
주가(최고/저)(천원)	3.1/2.0	3.2/2.0	2.7/1.9	4.6/2.1	4.3/2.8	3.7/2.7
PER(최고/저)(배)	—/—	—/—	27.7/20.1	—/—	—/—	—/—
PBR(최고/저)(배)	0.5/0.3	0.5/0.3	0.4/0.3	0.9/0.4	0.8/0.5	0.7/0.5
EV/EBITDA(배)	—	—	—	—	6.9	—
EPS(원)	-247	-514	96	-663	-53	-293
BPS(원)	6,435	5,958	6,077	5,418	5,337	4,992
CFPS(원)	158	-131	464	-303	131	-117
DPS(원)	—	—	—	—	—	—
EBITDAPS(원)	260	-199	413	-67	98	-113

재무 비율 〈단위 : %〉

연도	영업이익률	순이익률	부채비율	차입금비율	ROA	ROE	유보율	자기자본비율	EBITDA마진율
2017	-10.6	-10.8	6.2	0.0	-5.3	-5.7	898.3	94.2	-4.2
2016	-2.2	-1.4	7.7	0.0	-0.9	-1.0	967.3	92.8	2.5
2015	-12.3	-19.2	7.6	0.0	-10.8	-11.6	983.6	92.9	-1.9
2014	1.0	2.1	7.2	0.0	1.5	1.6	1,115.4	93.3	9.2

세코닉스 (A053450)

SEKONIX

업 종 : 휴대폰 및 관련부품 　 시 장 : KOSDAQ
신용등급 : (Bond) — (CP) — 　 기업규모 : 우량
홈페이지 : www.sekonix.com 　 연 락 처 : 031)860-1000
본 사 : 경기도 동두천시 평화로2862번길 28

설 립 일	1988.12.24	**종업원수**	1,053명	**대 표 이 사**	박은경,권혁대
상 장 일	2001.07.27	**감사의견**	적정(다산)	**계 열**	
결 산 기	12월	**보 통 주**		**종속회사수**	4개사
액 면 가	500원	**우 선 주**		**구 상 호**	

주주구성 (지분율,%)		출자관계 (지분율,%)		주요경쟁사 (외형,%)	
신영자산운용	17.2	중앙정공	0.5	세코닉스	100
박원희	16.7	제이티비씨	0.1	엠씨넥스	202
(외국인)	3.9			나무가	78

매출구성		비용구성		수출비중	
MU1271 외	84.0	매출원가율	86.5	수출	23.5
MV1419 외	16.0	판관비율	13.0	내수	76.5

회사 개요

동사는 각종 광 메모리용 마이크로렌즈류, 정보통신 단말기 및 광케이블용 광학부품류 및 LED관련 광학 부품 및 제품류 등을 제조 및 도소매업을 영위할 목적으로 1988년 12월 24일 세키노스코리아라는 사명으로 설립되었으며, 2002년 3월 29일 세키노스코리아에서 세코닉스로 사명을 변경하였음. 세고광유한전자, 세코닉스 비나, SAL를 종속회사로 거느리고 있음.

실적 분석

동사의 2017년 연결기준 매출액은 전년 대비 5.9% 증가한 3,311.0억원을 기록했으나, 동기간 매출원가는 12.5% 증가함에 따라 동사의 2017년 영업이익은 전년 대비 88.2% 감소한 16.4억원을 기록함. 또한 전년 대비 보험수익 급감하고 외환차손이 확대되면서 비영업손실 규모는 확대되었음. 이에 따라 동사의 2017년 당기순손실은 -26.6억원을 기록하면서 적자전환하였음.

현금 흐름 〈단위 : 억원〉

항목	2016	2017
영업활동	326	158
투자활동	-504	-479
재무활동	192	351
순현금흐름	11	25
기말현금	83	108

시장 대비 수익률

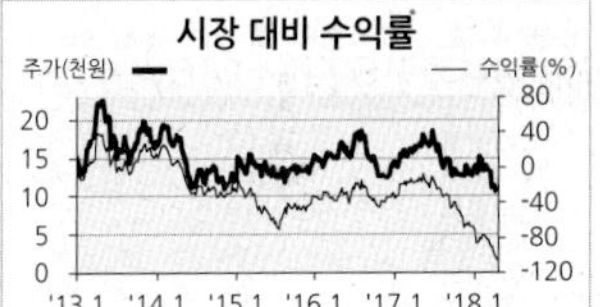

결산 실적 〈단위 : 억원〉

항목	2012	2013	2014	2015	2016	2017
매출액	1,473	2,152	2,171	2,449	3,125	3,311
영업이익	154	257	180	128	140	16
당기순이익	150	204	142	90	90	-24

분기 실적 〈단위 : 억원〉

항목	2016.3Q	2016.4Q	2017.1Q	2017.2Q	2017.3Q	2017.4Q
매출액	764	786	824	858	856	773
영업이익	20	4	26	28	2	-40
당기순이익	-10	-3	9	24	-8	-49

재무 상태 〈단위 : 억원〉

항목	2012	2013	2014	2015	2016	2017
총자산	1,594	2,033	2,162	2,416	2,968	3,436
유형자산	854	1,196	1,150	1,289	1,575	1,887
무형자산	44	32	42	34	53	52
유가증권	5	5	5	5	1	1
총부채	714	952	933	1,116	1,601	2,141
총차입금	489	581	602	697	887	1,239
자본금	36	37	39	53	55	55
총자본	880	1,081	1,229	1,300	1,367	1,296
지배주주지분	880	1,081	1,229	1,300	1,366	1,295

기업가치 지표

항목	2012	2013	2014	2015	2016	2017
주가(최고/저)(천원)	15.8/5.5	23.1/12.6	19.9/10.2	15.5/11.2	18.7/12.0	18.5/12.3
PER(최고/저)(배)	10.8/3.7	11.9/6.5	14.7/7.6	19.0/13.7	23.6/15.1	—/—
PBR(최고/저)(배)	1.9/0.6	2.3/1.2	1.8/0.9	1.3/1.0	1.6/1.0	1.6/1.1
EV/EBITDA(배)	7.4	5.7	5.0	7.5	7.2	10.8
EPS(원)	1,561	2,069	1,421	854	817	-210
BPS(원)	12,366	14,482	15,777	12,659	12,781	12,128
CFPS(원)	3,698	4,698	4,174	2,669	2,709	1,875
DPS(원)	115	300	100	200	200	15
EBITDAPS(원)	3,754	5,417	4,690	3,038	3,169	2,242

재무 비율 〈단위 : %〉

연도	영업이익률	순이익률	부채비율	차입금비율	ROA	ROE	유보율	자기자본비율	EBITDA마진율
2017	0.5	-0.7	165.2	95.6	-0.7	-1.8	2,325.7	37.7	7.4
2016	4.5	2.9	117.1	64.9	3.4	6.8	2,456.3	46.1	10.9
2015	5.2	3.7	85.9	53.6	3.9	7.1	2,431.7	53.8	12.7
2014	8.3	6.5	75.9	49.0	6.8	12.3	3,055.5	56.9	16.2

세하 (A027970)

Seha

업　　종 : 종이 및 목재　　　　시　　장 : 거래소
신용등급 : (Bond) —　　(CP) —　　기업규모 : 시가총액 소형주
홈페이지 : www.seha.co.kr　　연 락 처 : 053)603-0600
본　　사 : 대구시 달성군 유가면 비슬로 96길 97

설 립 일	1984.07.16	**종업원수**	219명	**대표이사**	이제선
상 장 일	1996.06.05	**감사의견**	적정(대주)	**계　열**	
결 산 기	12월	**보 통 주**		**종속회사수**	
액 면 가	1,000원	**우 선 주**		**구 상 호**	

주주구성 (지분율,%)		출자관계 (지분율,%)		주요경쟁사 (외형,%)	
유암코워크아웃제일차기업재무안정사모투자펀드	71.6	Acret	50.0	세하	100
이준석	2.1			한솔PNS	136
(외국인)	0.4			신풍제지	88

매출구성		비용구성		수출비중	
백 판 지(산업용 포장지,기타 주부원료)	93.7	매출원가율	90.0	수출	—
상품,원료	4.2	판관비율	9.6	내수	—
기타	2.1				

회사 개요

동사는 1984년 설립되어 1996년 상장된 업체임. 제과, 제약, 화장품 등의 포장재로 사용되는 SC마니라지, IVORY지 등의 범용 백판지를 주력으로 생산하고 있으며 백판지류 생산량 기준 업계 3위의 시장 지위를 유지하고 있음. 미래성장동력 발굴을 위하여 카자흐스탄 유전광구에 투자함. 동사의 매출 중 백판지 비중이 93.7%를 차지하고 있으며, 시장점유율은 2016년 말 기준 약 15.3% 수준을 유지하고 있음.

실적 분석

동사는 2017년 3월 자본잠식율 46%로서 관리 종목 지정 상태에서 해제됨. 동사의 2017년 4분기 기준 누적 매출액은 1644.9억원으로 전년 동기(1593.5억원) 대비 소폭 증가함. 다만 원자재 가격 상승으로 매출원가가 대폭 증가하며 영업이익은 전년 동기 대비 93.4% 하락한 7.2억원에 그침. 당기순이익은 적자 전환해 24.8억원의 당기순손실을 기록함.

현금 흐름 *IFRS 별도 기준 〈단위 : 억원〉

항목	2016	2017
영업활동	59	-33
투자활동	-44	-34
재무활동	-19	73
순현금흐름	-4	6
기말현금	54	60

시장 대비 수익률

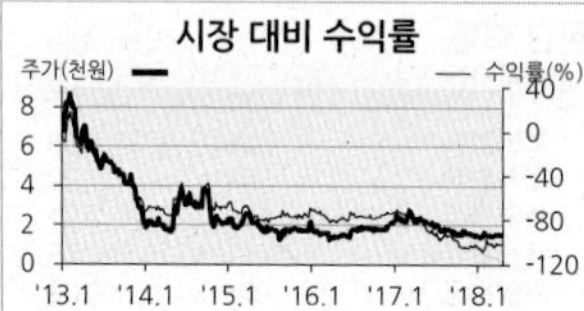

결산 실적 〈단위 : 억원〉

항목	2012	2013	2014	2015	2016	2017
매출액	1,710	1,738	1,511	1,480	1,594	1,645
영업이익	-87	-58	-32	-85	109	7
당기순이익	435	-628	-220	-346	55	-25

분기 실적 *IFRS 별도 기준 〈단위 : 억원〉

항목	2016.3Q	2016.4Q	2017.1Q	2017.2Q	2017.3Q	2017.4Q
매출액	395	415	417	414	409	405
영업이익	35	28	6	17	-12	-4
당기순이익	26	3	-2	6	-20	-9

재무 상태 *IFRS 별도 기준 〈단위 : 억원〉

항목	2012	2013	2014	2015	2016	2017
총자산	2,406	2,088	1,770	1,701	1,723	1,737
유형자산	1,067	1,047	1,024	1,155	1,150	1,158
무형자산	14	7	6	5	5	3
유가증권	12	1	1	0	0	0
총부채	1,561	1,861	1,672	1,668	1,596	1,551
총차입금	1,057	1,238	1,089	1,143	1,085	1,074
자본금	434	435	635	197	235	296
총자본	845	227	97	33	127	186
지배주주지분	845	227	97	33	127	186

기업가치 지표 *IFRS 별도 기준

항목	2012	2013	2014	2015	2016	2017
주가(최고/저)(천원)	10.2/4.4	8.7/1.9	4.0/1.6	2.7/1.3	2.3/1.3	2.8/1.5
PER(최고/저)(배)	1.9/0.8	—/—	—/—	—/—	9.8/5.5	—/—
PBR(최고/저)(배)	1.0/0.4	2.9/0.6	3.8/1.5	16.0/7.5	4.2/2.4	4.4/2.3
EV/EBITDA(배)	—	1,884.1	55.1	—	8.8	22.2
EPS(원)	5,343	-7,406	-2,447	-1,909	233	-91
BPS(원)	2,019	595	204	170	540	629
CFPS(원)	1,188	-1,309	-360	-1,622	464	106
DPS(원)	—	—	—	—	—	—
EBITDAPS(원)	-61	2	49	-180	694	223

재무 비율 〈단위 : %〉

연도	영업이익률	순이익률	부채비율	차입금비율	ROA	ROE	유보율	자기자본비율	EBITDA마진율
2017	0.4	-1.5	일부잠식	일부잠식	-1.4	-15.8	-37.1	10.7	3.7
2016	6.8	3.4	일부잠식	일부잠식	3.2	68.3	-46.0	7.4	10.2
2015	-5.7	-23.4	일부잠식	일부잠식	-20.0	-529.3	-83.0	2.0	-2.2
2014	-2.1	-14.6	일부잠식	일부잠식	-11.4	-135.8	-79.6	5.5	1.5

세화아이엠씨 (A145210)

SAEHWA IMC

업　　종 : 자동차부품　　　　시　　장 : 거래소
신용등급 : (Bond) —　　(CP) —　　기업규모 : 시가총액 소형주
홈페이지 : www.saehwaimc.com　　연 락 처 : 062)944-6161
본　　사 : 광주시 북구 첨단연신로 29번길 12, 26

설 립 일	1999.04.02	**종업원수**	400명	**대표이사**	유석우
상 장 일	2015.03.19	**감사의견**	거절(불확실성)(상정)	**계　열**	
결 산 기	12월	**보 통 주**		**종속회사수**	20개사
액 면 가	500원	**우 선 주**		**구 상 호**	

주주구성 (지분율,%)		출자관계 (지분율,%)		주요경쟁사 (외형,%)	
얼라이컴퍼니	6.1	에스에이치아이	100.0	세화아이엠씨	100
The Yokohama Rubber Co., Ltd.	5.3	큐브테크	60.0	아진산업	257
(외국인)	2.1	영암관광개발	22.0	에이엔피	61

매출구성		비용구성		수출비중	
타이어 금형	90.9	매출원가율	92.7	수출	—
타이어 제조설비	7.3	판관비율	18.0	내수	—
철골제작 등	1.8				

회사 개요

1981년 설립되어 30년 이상 타이어 금형 제조를 전문으로 해온 기업임. 동 부문에서 확고부동한 국내 1위이자 글로벌 시장에서도 중국업체 2곳과 함께 톱3업체임. 매출구성은 타이어금형 약 90%, 타이어제조설비 5%, 기타 5%로 구성되어 있으며, 수출이 80% 가량을 차지함. 터키의 페트라스타이어와 합작투자를 통해 타이어금형 공장을 신규 설립함. 2016년초 CAD, CAM 개발 및 3D프린터를 제조하는 큐브테크의 지분 60%를 인수함.

실적 분석

동사의 2017년 연간 매출액은 전년동기대비 18.4% 하락한 1,663억원을 기록하였음. 비용면에서 전년동기대비 매출원가는 감소 하였으며 인건비도 감소, 기타판매비와관리비는 증가함. 주춤한 모습의 매출액에 의해 전년동기대비 영업손실은 178.3억원으로 적자지속 하였음. 최종적으로 전년동기대비 당기순손실은 적자지속하여 187.8억원을 기록함. 금융손익 등 비영업손익의 적자지속이 영향을 미친것으로 보임

현금 흐름 〈단위 : 억원〉

항목	2016	2017
영업활동	131	-66
투자활동	-27	56
재무활동	-67	-76
순현금흐름	48	-86
기말현금	152	66

시장 대비 수익률

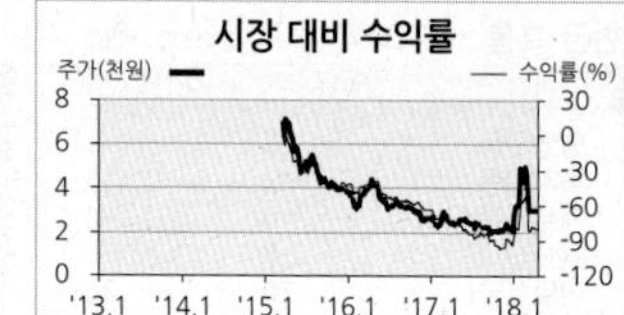

결산 실적 〈단위 : 억원〉

항목	2012	2013	2014	2015	2016	2017
매출액	1,923	2,207	2,471	2,278	2,038	1,663
영업이익	327	175	330	121	-16	-178
당기순이익	212	41	191	14	-119	-188

분기 실적 〈단위 : 억원〉

항목	2016.3Q	2016.4Q	2017.1Q	2017.2Q	2017.3Q	2017.4Q
매출액	440	391	496	446	331	391
영업이익	-4	-109	16	2	-16	-181
당기순이익	-7	-93	4	-2	-24	-166

재무 상태 〈단위 : 억원〉

항목	2012	2013	2014	2015	2016	2017
총자산	2,850	2,917	3,518	3,357	3,096	2,780
유형자산	1,317	1,375	1,785	1,580	1,538	1,418
무형자산	202	191	187	176	154	114
유가증권	102	141	139	129	17	117
총부채	1,693	1,600	2,013	1,641	1,547	1,572
총차입금	1,255	1,232	1,621	1,279	1,225	1,215
자본금	51	53	53	59	59	140
총자본	1,156	1,317	1,505	1,716	1,549	1,209
지배주주지분	1,129	1,288	1,473	1,687	1,525	1,199

기업가치 지표

항목	2012	2013	2014	2015	2016	2017
주가(최고/저)(천원)	—/—	—/—	—/—	7.2/3.8	4.4/2.5	3.0/2.0
PER(최고/저)(배)	0.0/0.0	0.0/0.0	0.0/0.0	126.2/66.7	—/—	—/—
PBR(최고/저)(배)	0.0/0.0	0.0/0.0	0.0/0.0	1.2/0.7	0.8/0.5	0.7/0.5
EV/EBITDA(배)	2.5	3.6	3.1	8.8	14.5	—
EPS(원)	914	162	746	59	-412	-671
BPS(원)	11,150	12,063	13,797	14,273	12,914	4,362
CFPS(원)	3,115	1,605	3,086	1,347	225	-196
DPS(원)	—	—	—	—	100	—
EBITDAPS(원)	4,209	2,858	4,414	2,238	1,066	-161

재무 비율 〈단위 : %〉

연도	영업이익률	순이익률	부채비율	차입금비율	ROA	ROE	유보율	자기자본비율	EBITDA마진율
2017	-10.7	-11.3	130.1	100.5	-6.4	-13.8	772.4	43.5	-2.7
2016	-0.8	-5.9	99.9	79.1	-3.7	-7.2	2,482.8	50.0	6.2
2015	5.3	0.6	95.7	74.5	0.4	1.0	2,754.5	51.1	11.6
2014	13.3	7.7	133.8	107.7	5.9	13.6	2,659.4	42.8	19.1

세화피앤씨 (A252500)
SEWHA P&C

업 종	개인생활용품	시 장	KOSDAQ
신용등급	(Bond) — (CP) —	기업규모	중견
홈페이지	www.sewha.co.kr	연 락 처	043)838-1010
본 사	충북 진천군 초평면 은암길 36		

설 립 일	2016.08.18	종업원수	84명	대표이사	이훈구
상 장 일	2016.11.02	감사의견	적정(한서)	계 열	
결 산 기	12월	보 통 주		종속회사수	
액 면 가	100원	우 선 주		구 상 호	IBKS지엠비스팩

주주구성 (지분율,%)		출자관계 (지분율,%)		주요경쟁사 (외형,%)	
이훈구	24.6			세화피앤씨	100
이철구	4.8			아모레퍼시픽	15,560
(외국인)	4.3			아모레G	18,310

매출구성		비용구성		수출비중	
		매출원가율	50.8	수출	16.7
		판관비율	44.8	내수	83.3

회사 개요
동사는 기업인수목적회사로 코넥스기업인 세화피앤씨를 흡수합병함. 흡수합병된 코넥스법인 세화피앤씨는 1965년 서광제약으로 설립되어 1985년 모발용 염색약 전문업체로 업종을 변경함. 현재 염모제와 헤어케어, 헤어스타일링 등 두발용 화장품을 전문으로 생산함. 염모제가 전체 매출의 80% 이상을 차지함. 샴푸형 염색제인 리체나는 약 10%의 시장점유율을 기록 중임. 충북 진천공장은 헤어제품 단일공장으로는 아시아 최대규모임.

실적 분석
동사의 2017년 연간 매출액은 전년동기대비 12.6% 상승한 329.3억원을 기록하였음. 비용면에서 전년동기대비 매출원가는 증가 했으며 인건비도 증가, 광고선전비도 크게 증가, 기타판매비와관리비는 증가함. 이와 같이 상승한 매출액 대비 비용증가가 높아 매출액은 성장했지만 원가 증가로 인해 전년동기대비 영업이익은 14.4억원으로 38.4% 크게 하락 하였음. 최종적으로 전년동기대비 당기순손실은 적자전환하여 27억원을 기록함.

현금 흐름 *IFRS 별도 기준 〈단위 : 억원〉

항목	2016	2017
영업활동	34	9
투자활동	-45	117
재무활동	17	-94
순현금흐름	6	33
기말현금	20	52

시장 대비 수익률
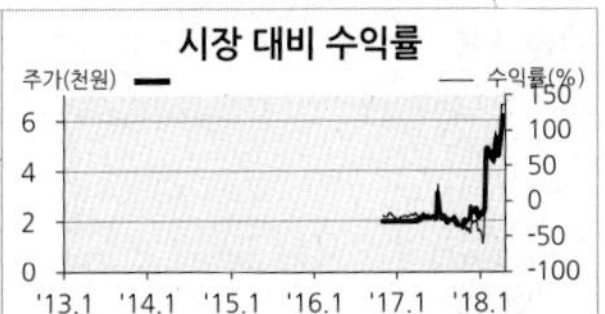

결산 실적 〈단위 : 억원〉

항목	2012	2013	2014	2015	2016	2017
매출액	255	199	201	220	292	329
영업이익	7	11	5	10	23	14
당기순이익	7	8	5	5	17	-27

분기 실적 *IFRS 별도 기준 〈단위 : 억원〉

항목	2016.3Q	2016.4Q	2017.1Q	2017.2Q	2017.3Q	2017.4Q
매출액	65	—	—	—	74	—
영업이익	9	—	—	—	5	—
당기순이익	8	—	—	—	-38	—

재무 상태 *IFRS 별도 기준 〈단위 : 억원〉

항목	2012	2013	2014	2015	2016	2017
총자산	192	234	233	206	258	283
유형자산	74	102	98	90	119	112
무형자산	3	4	4	3	3	3
유가증권	—	—	—	—	—	—
총부채	86	120	117	85	116	47
총차입금	53	82	91	63	76	15
자본금	19	19	19	19	19	19
총자본	106	114	116	121	143	237
지배주주지분	106	114	116	121	143	237

기업가치 지표 *IFRS 별도 기준

항목	2012	2013	2014	2015	2016	2017
주가(최고/저)(천원)	#VALUE!	—/—	—/—	—/—	—/—	—/—
PER(최고/저)(배)	0.0/0.0	189.3/79.8	130.4/51.4	186.0/57.5	22.2/22.0	—/—
PBR(최고/저)(배)	0.0/0.0	13.5/5.7	5.6/2.2	7.6/2.4	2.7/2.7	2.4/1.3
EV/EBITDA(배)	2.2	9.6	8.4	9.2	4.8	16.4
EPS(원)	37	44	27	27	90	-142
BPS(원)	2,854	3,073	3,143	3,270	3,767	1,325
CFPS(원)	344	398	372	380	714	-88
DPS(원)	—	40	25	30	50	—
EBITDAPS(원)	348	465	375	526	885	130

재무 비율 〈단위 : %〉

연도	영업이익률	순이익률	부채비율	차입금비율	ROA	ROE	유보율	자기자본비율	EBITDA마진율
2017	4.4	-8.2	19.7	6.5	-10.0	-14.3	1,224.6	83.5	7.5
2016	8.0	5.8	81.2	53.2	7.3	12.8	653.5	55.2	11.3
2015	4.7	2.3	70.1	51.9	—	—	553.9	58.8	8.9
2014	2.5	2.5	100.5	77.9	2.2	4.4	528.6	49.9	6.9

셀루메드 (A049180)
CELLUMED

업 종	의료 장비 및 서비스	시 장	KOSDAQ
신용등급	(Bond) — (CP) —	기업규모	벤처
홈페이지	www.cellumed.co.kr	연 락 처	02)3281-0471
본 사	서울시 금천구 디지털로 130, 에이스테크노타워9차 402호		

설 립 일	1985.04.30	종업원수	53명	대표이사	심영복
상 장 일	2002.05.23	감사의견	적정(삼화)	계 열	
결 산 기	12월	보 통 주		종속회사수	2개사
액 면 가	500원	우 선 주		구 상 호	

주주구성 (지분율,%)		출자관계 (지분율,%)		주요경쟁사 (외형,%)	
ePlanet Ventures II, L.P.	2.4	조이식품	100.0	셀루메드	100
심영복	2.3	셀루메드헬스케어	100.0	제이브이엠	491
(외국인)	1.7	일래스틱네트웍스	29.2	엘앤케이바이오	172

매출구성		비용구성		수출비중	
[제품]수술용고정체,BIOLOGICS,인공관절등외	82.3	매출원가율	59.8	수출	1.2
[상품]수술용고정체,BIOLOGICS,인공관절등외	17.5	판관비율	44.6	내수	98.8
기타	0.2				

회사 개요
동사는 인간의 골격과 외장을 이루는 뼈, 인대, 피부 등의 인체조직의 대체 재료를 연구개발하는 업체임. 인체조직을 대체하는 재료는 환자 자신의 자가 조직, 기증시신으로부터 채취한 동종조직, 다른 동물로부터 채취한 이종조직, 무기물 등을 활용, 조합하여 얻어낸 합성재료로 구분됨. 동사는 동종조직을 가공, 처리하는 인체조직은행으로 현재 국내시장 점유율 1위를 유지하고 있고, 합성재료 등을 활용한 인체조직 대체재료 개발에도 노력 중임.

실적 분석
동사의 2017년 연간 매출액은 전년동기대비 120.2% 이상 크게 상승한 216.1억원을 기록하였음. 비용면에서 전년동기대비 매출원가는 증가 했으며 인건비는 감소 하였고 광고선전비는 거의 동일 했고 기타판매비와관리비는 증가함. 이처럼 매출액 상승과 더불어 비용절감에도 힘을 기울였음. 매출액은 성장했지만 원가 증가로 인해 전년동기대비 영업손실은 9.7억원으로 적자지속 하였음. 최종적으로 전년동기대비 당기순손실은 적자지속하여 96.1억원 기록.

현금 흐름 〈단위 : 억원〉

항목	2016	2017
영업활동	-43	-46
투자활동	-38	-50
재무활동	77	66
순현금흐름	-3	-27
기말현금	48	21

시장 대비 수익률
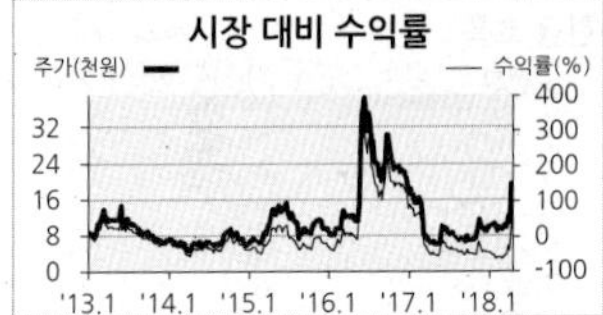

결산 실적 〈단위 : 억원〉

항목	2012	2013	2014	2015	2016	2017
매출액	308	307	207	177	98	216
영업이익	19	9	-108	-72	-152	-10
당기순이익	-2	-20	-154	-120	-375	-96

분기 실적 〈단위 : 억원〉

항목	2016.3Q	2016.4Q	2017.1Q	2017.2Q	2017.3Q	2017.4Q
매출액	23	26	48	50	40	78
영업이익	-12	-104	-3	7	-12	-1
당기순이익	-12	-87	-3	-13	-17	-63

재무 상태 〈단위 : 억원〉

항목	2012	2013	2014	2015	2016	2017
총자산	826	778	704	820	698	726
유형자산	106	90	82	87	79	71
무형자산	205	202	200	193	185	216
유가증권	2	2	5	5	3	3
총부채	338	286	264	407	252	305
총차입금	159	203	175	305	146	185
자본금	616	636	717	776	908	94
총자본	488	492	440	413	446	422
지배주주지분	490	496	449	426	466	449

기업가치 지표

항목	2012	2013	2014	2015	2016	2017
주가(최고/저)(천원)	1.3/0.5	1.3/0.6	0.9/0.4	1.4/0.5	3.7/0.7	18.6/6.2
PER(최고/저)(배)	1,119.9/460.6	—/—	—/—	—/—	—/—	—/—
PBR(최고/저)(배)	3.8/1.6	3.9/1.6	3.2/1.4	5.7/2.2	16.4/3.1	7.8/2.6
EV/EBITDA(배)	23.1	23.1	—	—	—	91.8
EPS(원)	14	-143	-1,108	-751	-2,037	-469
BPS(원)	398	1,952	1,565	1,374	257	2,387
CFPS(원)	23	55	-437	-256	-185	-305
DPS(원)	—	—	—	—	—	—
EBITDAPS(원)	38	161	-283	-118	-65	113

재무 비율 〈단위 : %〉

연도	영업이익률	순이익률	부채비율	차입금비율	ROA	ROE	유보율	자기자본비율	EBITDA마진율
2017	-4.5	-44.5	72.2	43.8	-13.5	-19.3	377.3	58.1	9.8
2016	-154.6	-382.0	일부잠식	일부잠식	-49.4	-82.6	-48.7	63.8	-119.8
2015	-40.5	-67.6	일부잠식	일부잠식	-15.7	-25.9	-45.0	50.3	-20.1
2014	-52.0	-74.2	일부잠식	일부잠식	-20.8	-31.6	-37.4	62.5	-36.8

셀바스에이아이 (A108860)

Selvas AI

업　　종 : 일반 소프트웨어　　시　　장 : KOSDAQ
신 용 등 급 : (Bond) —　(CP) —　　기 업 규 모 : 벤처
홈 페 이 지 : www.selvasai.com　　연 락 처 : 02)6190-7500
본　　사 : 서울시 금천구 가산디지털1로 19, 20층 (가산동, 대륭테크노타운18차)

설 립 일	1999.03.31	종 업 원 수	141명	대 표 이 사	곽민철,김경남
상 장 일	2009.12.10	감 사 의 견	적정(삼정)	계 열	
결 산 기	12월	보 통 주		종속회사수	4개사
액 면 가	500원	우 선 주		구 상 호	디오텍

주주구성 (지분율,%)		출자관계 (지분율,%)		주요경쟁사 (외형,%)	
곽민철	12.1	셀바스헬스케어	72.9	셀바스AI	100
인프라웨어	10.0	셀바스	46.7	알서포트	49
(외국인)	0.4	인프라웨어	11.8	SGA	209

매출구성		비용구성		수출비중	
[제품]기타	60.9	매출원가율	0.0	수출	38.4
로열티	27.3	판관비율	98.8	내수	61.6
용역	11.2				

회사 개요

1999년 설립된 필기인식 솔루션 등의 개발과 판매 회사. 스마트폰과 태블릿에 탑재되는 전자사전, OCR, 음성인식 솔루션 등을 개발. 2011년 최대주주가 인프라웨어(2015년 6월 기준 지분율 23.05%)로 변경. 2016년 9월 9일 AI사업 역량 강화를 위한 기업이미지 제고를 위해 사명을 기존 주식회사 디오텍(DIOTEK Co.,Ltd)에서 주식회사 셀바스에이아이(Selvas AI Inc.)로 변경하였음.

실적 분석

동사의 2017년 연간 매출액은 전년 대비 32.2% 증가한 468.7억원을 기록함. 매출 증가에도 불구하고 판매비와관리비 증가는 5.6% 증가에 그쳤음. 영업이익은 5.6억원을 기록해 흑자전환했으나 비영업손실 지속으로 당기순손실 42.8억원 기록, 적자가 지속됨. 국내 스마트폰 제조사의 판매부진에 따라 동사 모바일솔루션매출이 감소했으나, 의료 분야를 넘어 자동차, 보험 영역으로 사업을 확대하고 있어 향후 긍정적인 실적 개선이 기대됨.

현금 흐름 〈단위 : 억원〉

항목	2016	2017
영업활동	-96	9
투자활동	-88	-38
재무활동	135	79
순현금흐름	-50	49
기말현금	67	115

시장 대비 수익률

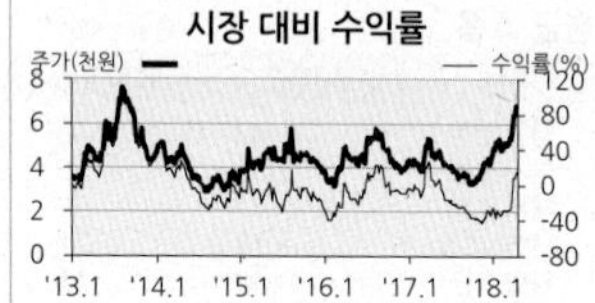

결산 실적 〈단위 : 억원〉

항목	2012	2013	2014	2015	2016	2017
매출액	184	290	236	333	354	469
영업이익	21	65	-1	-7	-84	6
당기순이익	-48	64	-44	-7	-193	-43

분기 실적 〈단위 : 억원〉

항목	2016.3Q	2016.4Q	2017.1Q	2017.2Q	2017.3Q	2017.4Q
매출액	78	93	103	110	126	129
영업이익	-29	-37	-4	-5	10	4
당기순이익	-67	-67	-15	3	8	-39

재무 상태 〈단위 : 억원〉

항목	2012	2013	2014	2015	2016	2017
총자산	417	619	648	896	1,006	1,069
유형자산	42	39	110	148	340	280
무형자산	69	50	192	290	285	276
유가증권	26	33	43	31	32	1
총부채	61	74	70	326	438	522
총차입금	—	3	2	250	330	393
자본금	84	101	110	110	110	110
총자본	356	545	578	570	569	547
지배주주지분	356	545	551	543	476	457

기업가치 지표

항목	2012	2013	2014	2015	2016	2017
주가(최고/저)(천원)	7.8/2.9	7.8/3.4	5.3/2.9	5.8/3.7	5.9/3.1	5.5/3.2
PER(최고/저)(배)	—/—	23.1/9.9	—/—	—/—	—/—	—/—
PBR(최고/저)(배)	3.9/1.5	2.9/1.3	2.1/1.2	2.3/1.5	2.7/1.4	2.7/1.5
EV/EBITDA(배)	11.5	6.3	49.9	57.4	—	36.9
EPS(원)	-296	339	-214	-39	-744	-176
BPS(원)	2,119	2,686	2,499	2,460	2,156	2,072
CFPS(원)	-236	403	-154	61	-629	-32
DPS(원)	—	—	—	—	—	—
EBITDAPS(원)	215	404	54	70	-267	170

재무 비율 〈단위 : %〉

연도	영업이익률	순이익률	부채비율	차입금비율	ROA	ROE	유보율	자기자본비율	EBITDA마진율
2017	1.2	-9.1	95.4	71.8	-4.1	-8.3	314.4	51.2	8.0
2016	-23.8	-54.4	76.9	58.0	-20.3	-32.2	331.2	56.5	-16.6
2015	-2.0	-2.0	57.2	43.8	-0.9	-1.6	392.1	63.6	4.6
2014	-0.6	-18.7	12.1	0.4	-7.0	-8.2	399.7	89.2	4.8

셀바스헬스케어 (A208370)

SELVAS Healthcare

업　　종 : 의료 장비 및 서비스　　시　　장 : KOSDAQ
신 용 등 급 : (Bond) —　(CP) —　　기 업 규 모 : 벤처
홈 페 이 지 : www.selvashealthcare.com　　연 락 처 : 042)879-3000
본　　사 : 대전시 유성구 신성로 155 (신성동, 셀바스헬스케어)

설 립 일	2014.10.02	종 업 원 수	140명	대 표 이 사	유병탁
상 장 일	2014.12.17	감 사 의 견	적정(안세)	계 열	
결 산 기	12월	보 통 주		종속회사수	3개사
액 면 가	500원	우 선 주		구 상 호	하나머스트2호스팩

주주구성 (지분율,%)		출자관계 (지분율,%)		주요경쟁사 (외형,%)	
셀바스에이아이	72.9			셀바스헬스케어	100
구은미	0.6	SELVASHealthcareJapan,	100.0	인바디	315
(외국인)	0.8	BeijingSELVASHealthcare	100.0	차바이오텍	1,416

매출구성		비용구성		수출비중	
점자정보단말기	34.8	매출원가율	56.3	수출	59.4
체성분분석기	26.8	판관비율	43.2	내수	40.6
전자독서확대기	17.5				

회사 개요

동사는 하나머스트2호기업인수목적회사와 합병으로 2016년 9월 13일 코스닥시장에 상장함. 체성분분석기, 자동혈압계 등 의료진단기기 전문업체로 최근 '자원메디칼'에서 셀바스 헬스케어로 사명을 변경함. 동사는 보조공학기기 사업 및 의료진단기기 사업에서 5개 대표 제품군의 40여종 제품을 글로벌 40여개국에 판매 중이며 매출 비중은 점자정보단말기 36%, 전자독서확대기 12%, 음성독서기 5%, 체성분분석기 26%, 전자동혈압계 13%임.

실적 분석

동사의 2017년 누적매출액은 295.8억원으로 전년대비 28.1% 증가함. 같은 기간 영업이익은 1.6억원으로 흑자전환함. 지난해 7월 신제품 '한소네5'의 세계 최초 구글 GMS 디바이스 인증 획득을 기반으로 점자정보단말기의 글로벌 점유율 확대가 기대됨. 체성분분석기 시장 공략도 본격화하면서 미국, 일본 등 글로벌 시장 진출이 가속화될 전망. 수출 국가 확대 및 하반기 신제품 출시를 통해 전년대비 큰 폭의 실적 개선이 예상됨.

현금 흐름 〈단위 : 억원〉

항목	2016	2017
영업활동	-62	-43
투자활동	74	-78
재무활동	-56	108
순현금흐름	-45	-14
기말현금	47	33

시장 대비 수익률

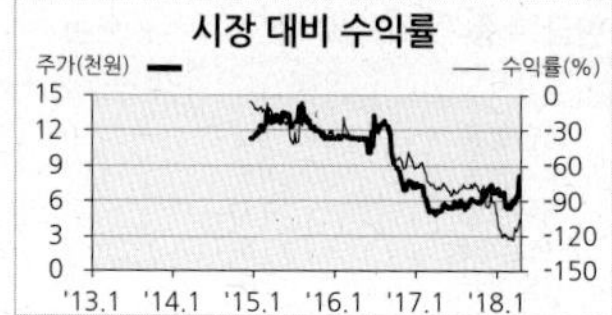

결산 실적 〈단위 : 억원〉

항목	2012	2013	2014	2015	2016	2017
매출액	101	—	148	209	231	296
영업이익	20	—	23	18	-67	2
당기순이익	18	—	21	21	-149	-11

분기 실적 〈단위 : 억원〉

항목	2016.3Q	2016.4Q	2017.1Q	2017.2Q	2017.3Q	2017.4Q
매출액	50	51	66	76	70	83
영업이익	-19	-47	3	1	0	-3
당기순이익	-58	-48	-3	2	2	-12

재무 상태 〈단위 : 억원〉

항목	2012	2013	2014	2015	2016	2017
총자산	153	—	180	473	455	547
유형자산	57	—	72	111	136	193
무형자산	1	—	12	118	121	119
유가증권	31	—	26	1	1	1
총부채	10	—	11	282	186	269
총차입금	4	—	1	249	138	231
자본금	8	—	8	54	63	66
총자본	143	—	169	191	269	278
지배주주지분	143	—	169	191	269	278

기업가치 지표

항목	2012	2013	2014	2015	2016	2017
주가(최고/저)(천원)	—/—	—/—	2.3/2.3	2.8/2.3	2.7/1.2	7.8/4.8
PER(최고/저)(배)	0.0/0.0	0.0/0.0	62.7/62.2	78.3/62.0	—/—	—/—
PBR(최고/저)(배)	0.0/0.0	0.0/0.0	7.9/7.8	8.8/7.0	6.2/2.9	3.7/2.2
EV/EBITDA(배)	—	0.0	2.6	8.4	—	51.7
EPS(원)	153	—	181	182	-1,226	-86
BPS(원)	8,931	—	10,575	11,083	428	2,129
CFPS(원)	1,389	—	1,807	2,133	-218	63
DPS(원)	400	—	—	—	—	—
EBITDAPS(원)	1,504	—	1,887	1,918	-83	161

재무 비율 〈단위 : %〉

연도	영업이익률	순이익률	부채비율	차입금비율	ROA	ROE	유보율	자기자본비율	EBITDA마진율
2017	0.5	-3.8	96.7	83.0	-2.2	-4.1	325.8	50.9	7.1
2016	-29.2	-64.4	69.0	51.5	-32.1	-64.6	328.4	59.2	-21.6
2015	8.6	10.3	147.5	130.3	6.6	11.9	255.5	40.4	14.8
2014	15.3	14.4	6.3	0.7	0.0	0.0	2,015.1	94.1	20.5

셀트리온 (A068270)

Celltrion

업　　종 : 바이오
신용등급 : (Bond) —　　(CP) —
홈페이지 : www.celltrion.com
본　　사 : 인천시 연수구 아카데미로 23

시　　장 : 거래소
기업규모 : 시가총액 대형주
연 락 처 : 032)850-5000

설 립 일	1991.02.27	**종업원수**	1,438명	**대표이사**	기우성
상 장 일	2005.07.19	**감사의견**	적정(한영)	**계　　열**	
결 산 기	12월	**보 통 주**		**종속회사수**	6개사
액 면 가	1,000원	**우 선 주**		**구 상 호**	

주주구성 (지분율,%)		출자관계 (지분율,%)		주요경쟁사 (외형,%)	
셀트리온홀딩스	20.1	셀트리온제약	55.1	셀트리온	100
Ion Investments B.V.	12.5	미래에셋셀트리온신성장투자조합1호	50.0	바이로메드	0
(외국인)	22.3	2014성장사다리-IMM벤처펀드	20.0	제넥신	3

매출구성		비용구성		수출비중	
바이오의약품 등	79.0	매출원가율	27.6	수출	—
케미컬의약품 등	12.5	판관비율	17.4	내수	—
제품관련 서비스 등	5.8				

회사 개요

생명공학기술 및 동물세포대량배양기술을 기반으로 항암치료 및 자가면역질환 등에 사용되는 항체의약품을 개발, 생산하는 것을 목적사업으로 하고 있음. 바이오시밀러 제품개발 기술에 있어서 세계 최고 수준의 개발기술을 확보하고 있으며 이를 바탕으로 2009년부터 다수의 바이오시밀러 제품의 개발, 임상, 판매허가 등을 진행하고 있음. 세계 최초의 단일클론 항체 바이오시밀러 램시마는 총 79개국에서 판매허가를 받아 글로벌 점유율을 늘려가고 있음.

실적 분석

동사의 2017년 연결기준 연간 매출액과 영업이익은 각각 9,490.8억원, 5,220.억원으로 전년 대비 41.5%, 109.1% 증가함. 이는 자가면역질환 치료제 바이오시밀러인 램시마의 유럽시장 점유율 확대 및 미국 시장 상업 판매 확대, 유럽에서 승인받은 항암제 바이오시밀러인 트룩시마의 본격적인 유럽 판매 시작의 영향으로 볼 수 있음. 매출액 증가에 따른 규모의 경제 효과 및 트룩시마 판매 개시에 따른 제품 믹스 변화 등으로 수익성 증가함.

현금 흐름

〈단위 : 억원〉

항목	2016	2017
영업활동	2,509	5,166
투자활동	-1,625	-2,643
재무활동	287	-963
순현금흐름	1,185	1,508
기말현금	2,684	4,192

시장 대비 수익률

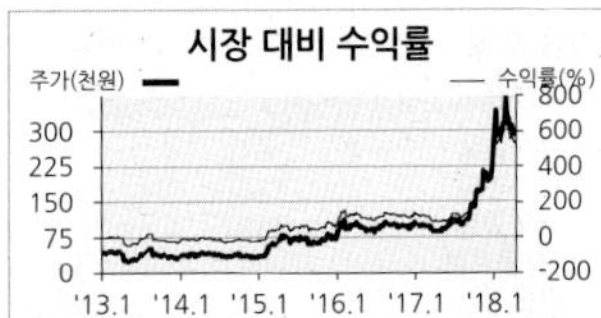

결산 실적

〈단위 : 억원〉

항목	2012	2013	2014	2015	2016	2017
매출액	3,502	2,262	4,710	6,034	6,706	9,491
영업이익	1,954	998	2,015	2,590	2,497	5,220
당기순이익	1,744	1,025	1,175	1,583	1,805	4,007

분기 실적

〈단위 : 억원〉

항목	2016.3Q	2016.4Q	2017.1Q	2017.2Q	2017.3Q	2017.4Q
매출액	1,683	2,088	1,966	2,461	2,321	2,743
영업이익	740	716	894	1,383	1,401	1,542
당기순이익	586	504	671	1,152	1,140	1,044

재무 상태

〈단위 : 억원〉

항목	2012	2013	2014	2015	2016	2017
총자산	17,329	19,785	23,224	27,482	30,219	34,587
유형자산	7,406	7,165	8,982	8,976	8,679	8,442
무형자산	3,762	5,025	6,016	6,978	8,483	9,519
유가증권	313	572	175	140	146	150
총부채	6,828	8,914	9,746	9,384	8,230	8,871
총차입금	5,990	7,827	8,834	8,114	6,789	6,409
자본금	873	1,005	1,036	1,124	1,166	1,227
총자본	10,501	10,871	13,478	18,098	21,990	25,716
지배주주지분	10,501	10,871	12,474	16,942	20,536	24,246

기업가치 지표

항목	2012	2013	2014	2015	2016	2017
주가(최고/저)(천원)	49.2/31.2	55.0/22.4	44.5/32.6	83.8/34.4	113/83.3	221/86.4
PER(최고/저)(배)	31.5/20.0	60.1/24.5	47.4/34.7	67.4/27.7	79.0/58.5	69.2/27.1
PBR(최고/저)(배)	4.9/3.1	5.4/2.2	4.0/2.9	5.9/2.4	6.9/5.1	11.2/4.4
EV/EBITDA(배)	24.7	31.4	18.3	30.9	40.5	44.6
EPS(원)	1,563	916	941	1,244	1,426	3,195
BPS(원)	6,392	12,169	12,829	15,806	17,633	20,181
CFPS(원)	1,210	1,598	1,825	2,103	2,288	4,103
DPS(원)	165	30	50	30	50	20
EBITDAPS(원)	1,330	1,570	2,683	3,036	2,903	5,104

재무 비율

〈단위 : %〉

연도	영업이익률	순이익률	부채비율	차입금비율	ROA	ROE	유보율	자기자본비율	EBITDA마진율
2017	55.0	42.2	34.5	24.9	12.4	17.8	1,918.1	74.4	65.9
2016	37.2	26.9	37.4	30.9	6.3	9.5	1,663.3	72.8	50.5
2015	42.9	26.2	51.9	44.8	6.2	10.5	1,480.6	65.9	56.5
2014	42.8	24.9	72.3	65.5	5.5	9.7	1,182.9	58.0	59.0

셀트리온제약 (A068760)

Celltrion Pharm

업　　종 : 제약
신용등급 : (Bond) —　　(CP) —
홈페이지 : www.celltrionph.com
본　　사 : 충북 청주시 청원구 오창읍 2산단로 82

시　　장 : KOSDAQ
기업규모 : 우량
연 락 처 : 043)717-7000

설 립 일	2000.11.17	**종업원수**	588명	**대표이사**	서정수
상 장 일	2006.02.03	**감사의견**	적정(리안)	**계　　열**	
결 산 기	12월	**보 통 주**		**종속회사수**	2개사
액 면 가	500원	**우 선 주**		**구 상 호**	

주주구성 (지분율,%)		출자관계 (지분율,%)		주요경쟁사 (외형,%)	
셀트리온	55.1	셀트리온화학연구소	100.0	셀트리온제약	100
페트라3호사모투자전문회사	3.8	CelltrionPharmaUSA	100.0	JW홀딩스	503
(외국인)	3.3			아미코젠	54

매출구성		비용구성		수출비중	
[제품]기타	41.4	매출원가율	60.5	수출	1.6
고덱스	36.1	판관비율	36.2	내수	98.4
램시마	13.0				

회사 개요

동사는 KGMP(Korea Good Manufacturing Practice: 우수의약품 제조 및 품질관리기준) 적격업체로 선정, 충북 진천과 오창에 생산시설 및 품질 관리시설을 갖춘 업체로서 정제, 경질캡슐제, 연질캡슐제, 주사제 등 40여 제품을 생산·판매하고 있음. 주력 제품은 개량신약인 고덱스캡슐로서 2007년 최초로 매출 100억원을 넘는 기록을 달성.

실적 분석

동사의 2017년 연결기준 매출액은 1,358.6억원으로 전년 동기 대비 29.2% 증가함. 고덱스 및 신규 발매제품 매출이 증가하였지만 청주공장 상업생산에 따른 감가상각비, 개발비 상각 증가, 이월세액공제 금액 감소, FDA 실사 준비에 따른 상업생산이 일부 지연되었음. 이로 인하여 영업이익은 37.8% 감소, 환손실이 지속되는 가운데 당기순이익은 적자전환함.

현금 흐름

〈단위 : 억원〉

항목	2016	2017
영업활동	-152	-97
투자활동	-86	-15
재무활동	243	66
순현금흐름	5	-46
기말현금	102	56

시장 대비 수익률

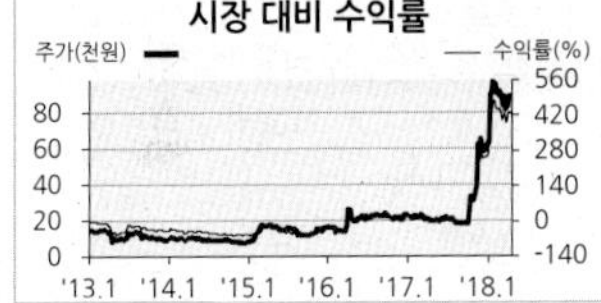

결산 실적

〈단위 : 억원〉

항목	2012	2013	2014	2015	2016	2017
매출액	470	527	667	747	1,048	1,359
영업이익	51	75	83	64	73	45
당기순이익	36	26	59	67	29	-29

분기 실적

〈단위 : 억원〉

항목	2016.3Q	2016.4Q	2017.1Q	2017.2Q	2017.3Q	2017.4Q
매출액	221	388	222	338	345	454
영업이익	20	11	-10	27	23	5
당기순이익	12	1	-16	11	7	-31

재무 상태

〈단위 : 억원〉

항목	2012	2013	2014	2015	2016	2017
총자산	3,310	3,614	4,112	4,668	5,100	5,196
유형자산	1,157	1,456	1,961	2,192	2,098	1,999
무형자산	420	462	567	827	955	893
유가증권	71	13	3	2	6	6
총부채	1,738	1,929	1,967	2,305	1,654	1,766
총차입금	877	1,849	1,687	2,159	1,387	1,443
자본금	71	72	94	104	158	167
총자본	1,572	1,684	2,144	2,362	3,446	3,430
지배주주지분	1,572	1,684	2,144	2,362	3,446	3,430

기업가치 지표

항목	2012	2013	2014	2015	2016	2017
주가(최고/저)(천원)	21.4/14.3	16.0/7.6	11.4/7.6	19.8/8.2	26.9/13.7	65.2/17.9
PER(최고/저)(배)	87.8/58.7	99.9/47.3	31.9/21.3	66.2/27.4	264.6/135.1	—/—
PBR(최고/저)(배)	2.2/1.5	1.6/0.7	1.1/0.8	1.9/0.8	2.6/1.3	6.5/1.8
EV/EBITDA(배)	49.7	37.1	31.6	73.6	46.9	103.8
EPS(원)	239	157	349	294	100	-85
BPS(원)	11,123	11,700	11,352	11,328	10,891	10,293
CFPS(원)	367	254	486	394	561	420
DPS(원)	—	—	25	15	25	10
EBITDAPS(원)	486	594	657	377	721	643

재무 비율

〈단위 : %〉

연도	영업이익률	순이익률	부채비율	차입금비율	ROA	ROE	유보율	자기자본비율	EBITDA마진율
2017	3.3	-2.1	51.5	42.1	-0.6	-0.8	1,958.7	66.0	15.7
2016	6.9	2.8	48.0	40.3	0.6	1.0	2,078.1	67.6	18.8
2015	8.5	9.0	97.6	91.4	1.5	3.0	2,165.7	50.6	10.5
2014	12.5	8.8	91.8	78.7	1.5	3.1	2,170.4	52.2	14.3

셀트리온헬스케어 (A091990)
Celltrion Healthcare

업 종 : 바이오　　　　시 장 : KOSDAQ
신용등급 : (Bond) —　(CP) —　　기업규모 : 중견
홈페이지 : www.celltrionhealthcare.com　　연 락 처 : 032)850-6400
본 사 : 인천시 연수구 아카데미로51번길 19, 4층

설 립 일	1999.12.29	**종업원수**	126명	**대표이사**	김만훈,김형기
상 장 일	2017.07.28	**감사의견**	적정(삼정)	**계 열**	
결 산 기	12월	**보 통 주**		**종속회사수**	12개사
액 면 가	1,000원	**우 선 주**		**구 상 호**	

주주구성 (지분율,%)		출자관계 (지분율,%)		주요경쟁사 (외형,%)	
서정진	36.6			셀트리온헬스케어	100
One Equity Partners IV, L.P.	18.5			삼성바이오로직스	50
(외국인)	33.0			셀트리온	103

매출구성		비용구성		수출비중	
램시마	93.5	매출원가율	75.7	수출	100.0
트룩시마	5.2	판관비율	7.7	내수	0.0
License 수익 외	1.3				

회사 개요

동사는 주요 계열사인 셀트리온과 공동 개발중인 바이오의약품(바이오시밀러, 바이오베터, 바이오 신약)들의 글로벌 마케팅 및 판매를 담당하는 회사로서, 현재는 바이오의약품 중 최근 들어 시장의 수요가 높은 바이오시밀러 제품 사업에 집중하고 있음. 동사의 주력 바이오시밀러 제품은 램시마, 트룩시마, 허쥬마이며 이외에도 현재 셀트리온과 공동 개발중인 파이프라인에 5개 바이오시밀러, 2개 바이오베터 및 4개 바이오 신약이 있음.

실적 분석

동사의 2017년 매출액은 9,209.2억원으로 전년대비 25.6% 증가함. 비용측면에서 매출원가와 판관비가 각각 29.6%, 75.6% 상승하면서 영업이익은 전년보다 1.1% 줄어든 1,536.5억원을 기록함. 당기순이익은 1,574.4억원으로 전년대비 62% 증가함. 동사는 램시마와 트룩시마의 유럽 시장 점유율이 높아지고 있고, 램시마의 경우 미국 매출이 더욱 확대될 것으로 예상됨에 따라 높은 매출 성장세를 보이고 있음.

현금 흐름

<단위 : 억원>

항목	2016	2017
영업활동	304	-1,943
투자활동	-2	-5,210
재무활동	218	8,653
순현금흐름	590	1,555
기말현금	959	2,514

시장 대비 수익률

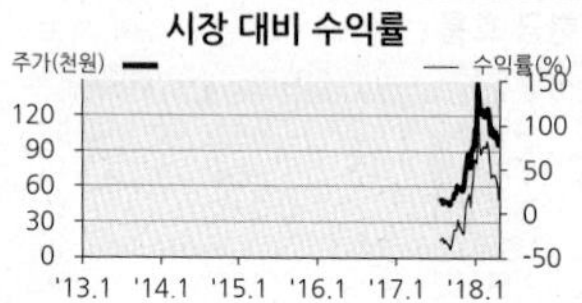

결산 실적

<단위 : 억원>

항목	2012	2013	2014	2015	2016	2017
매출액	338	1,453	1,647	4,024	7,333	9,209
영업이익	-223	393	373	1,119	1,553	1,537
당기순이익	-245	193	-3,700	206	972	1,574

분기 실적

<단위 : 억원>

항목	2016.3Q	2016.4Q	2017.1Q	2017.2Q	2017.3Q	2017.4Q
매출액	1,734	4,130	699	2,375	1,980	4,154
영업이익	413	1,062	106	534	403	493
당기순이익	401	635	-18	775	307	510

재무 상태

<단위 : 억원>

항목	2012	2013	2014	2015	2016	2017
총자산	8,452	10,724	13,837	15,755	20,058	28,749
유형자산	6	4	3	2	1	3
무형자산	0	1	9	10	10	21
유가증권	86	—	—	189	231	503
총부채	6,097	8,127	20,684	10,758	14,554	11,675
총차입금	300	1,794	14,183	2,681	3,552	751
자본금	24	24	17	28	1,121	1,373
총자본	2,355	2,597	-6,847	4,997	5,503	17,075
지배주주지분	2,355	2,597	-6,847	4,997	5,503	17,075

기업가치 지표

항목	2012	2013	2014	2015	2016	2017
주가(최고/저)(천원)	—/—	—/—	—/—	—/—	—/—	109/43.8
PER(최고/저)(배)	0.0/0.0	0.0/0.0	0.0/0.0	0.0/0.0	0.0/0.0	84.9/34.2
PBR(최고/저)(배)	0.0/0.0	0.0/0.0	0.0/0.0	0.0/0.0	0.0/0.0	8.7/3.5
EV/EBITDA(배)	—	3.9	37.7	2.1	1.7	94.4
EPS(원)	-408	320	-5,711	278	870	1,280
BPS(원)	492,281	542,735	-1,431,040	901,145	4,910	12,433
CFPS(원)	-51,939	40,680	-772,874	40,334	872	1,281
DPS(원)	—	—	—	—	—	20
EBITDAPS(원)	-47,219	82,551	78,445	217,497	1,392	1,251

재무 비율

<단위 : %>

연도	영업이익률	순이익률	부채비율	차입금비율	ROA	ROE	유보율	자기자본비율	EBITDA마진율
2017	16.7	17.1	68.4	4.4	6.5	14.0	1,143.3	59.4	16.7
2016	21.2	13.3	264.5	64.5	5.4	18.5	391.0	27.4	21.2
2015	27.8	5.1	215.3	53.7	1.4	전기잠식	17,922.9	31.7	27.9
2014	22.7	-224.6	완전잠식	완전잠식	—	—	-41,404.2	-49.5	22.8

소리바다 (A053110)
SORIBADA

업 종 : 미디어　　　　시 장 : KOSDAQ
신용등급 : (Bond) —　(CP) —　　기업규모 :
홈페이지 : www.soribada.com　　연 락 처 : 02)562-7188
본 사 : 서울시 강남구 언주로 617 논현동자동차전시장빌딩 4~5층

설 립 일	1998.08.13	**종업원수**	97명	**대표이사**	손지현,김재학
상 장 일	2001.09.23	**감사의견**	적정(우덕)	**계 열**	
결 산 기	12월	**보 통 주**		**종속회사수**	11개사
액 면 가	500원	**우 선 주**		**구 상 호**	

주주구성 (지분율,%)		출자관계 (지분율,%)		주요경쟁사 (외형,%)	
제이메이슨	11.0	케이시트	100.0	소리바다	100
ISPC LIMITED	3.7	티브이데일리	100.0	카카오M	1,075
(외국인)	0.8	윌인베스트먼트	100.0	NHN벅스	172

매출구성		비용구성		수출비중	
컨텐츠매출 (음원)(기타)	68.5	매출원가율	0.0	수출	15.5
용역매출(용역)	22.1	판관비율	107.4	내수	84.5
제품매출(제품)	6.8				

회사 개요

음원 스트리밍과 다운로드 서비스 및 각종 멀티미디어 컨텐츠를 제공하는 인터넷 기업으로, 소리바다 웹사이트 운영, 모바일 컨텐츠 서비스, 기타 유료컨텐츠 서비스 등을 영위하고 있음. 음원시장 점유율은 방문자수 기준 멜론과 엠넷, 벅스에 이어 업계 4위 수준임. 스마트폰 게임개발사인 소리바다게임즈, 자동차부품 제조회사인 케이시트 등 11개의 종속회사를 보유 중임. 2016년말 제3자배정 유상증자를 통해 최대주주가 ISPC에서 제이메이슨으로 변경됨.

실적 분석

동사의 연결기준 2017년 매출액은 540.1억원으로 전년대비 37.6% 증가하였음. 같은 기간 40.1억원, 60.2억원의 영업손실, 당기순손실을 각각 기록하였음. 당기순손실은 적자 폭이 감소해 수익성이 개선되었으나 차세대 버전 서비스 개발에 대한 투자 등의 요인으로 영업이익은 적자가 지속되었음. 이마트 알뜰폰, Pooq TV, 애플 아이튠즈, 아마존, 구글뮤직, 스포티파이 등 국내외 업체와 제휴를 통해 다양한 영역으로 플랫폼을 확장 중임.

현금 흐름

<단위 : 억원>

항목	2016	2017
영업활동	-61	-54
투자활동	-186	-191
재무활동	289	207
순현금흐름	42	-39
기말현금	95	56

시장 대비 수익률

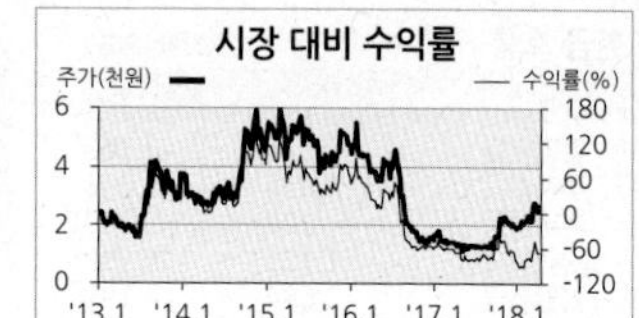

결산 실적

<단위 : 억원>

항목	2012	2013	2014	2015	2016	2017
매출액	257	254	290	286	393	540
영업이익	-19	-29	-53	-52	-7	-40
당기순이익	-40	-47	-70	-52	-86	-60

분기 실적

<단위 : 억원>

항목	2016.3Q	2016.4Q	2017.1Q	2017.2Q	2017.3Q	2017.4Q
매출액	86	119	131	146	166	97
영업이익	-0	-9	-15	-6	-3	-17
당기순이익	-5	-88	-25	-9	-7	-19

재무 상태

<단위 : 억원>

항목	2012	2013	2014	2015	2016	2017
총자산	333	320	230	198	468	625
유형자산	10	12	11	8	18	29
무형자산	17	8	3	2	126	299
유가증권	36	44	20	22	1	0
총부채	104	124	93	104	265	282
총차입금	63	64	14	11	122	150
자본금	149	154	157	157	200	267
총자본	229	197	136	94	203	343
지배주주지분	226	195	134	87	198	344

기업가치 지표

항목	2012	2013	2014	2015	2016	2017
주가(최고/저)(천원)	6.7/1.3	4.2/1.5	6.3/2.6	6.1/3.7	5.9/1.4	2.5/1.1
PER(최고/저)(배)	—/—	—/—	—/—	—/—	—/—	—/—
PBR(최고/저)(배)	8.4/1.6	6.3/2.2	13.8/5.7	19.8/12.1	11.3/2.6	3.8/1.6
EV/EBITDA(배)	—	—	—	—	—	—
EPS(원)	-134	-156	-231	-161	-245	-106
BPS(원)	794	667	458	308	521	664
CFPS(원)	-100	-127	-207	-141	-234	-78
DPS(원)	—	—	—	—	—	—
EBITDAPS(원)	-32	-69	-148	-146	-10	-51

재무 비율

<단위 : %>

연도	영업이익률	순이익률	부채비율	차입금비율	ROA	ROE	유보율	자기자본비율	EBITDA마진율
2017	-7.4	-11.1	82.4	43.7	-11.0	-20.0	32.8	54.8	-4.8
2016	-1.8	-22.0	131.0	60.4	-26.0	-58.8	4.2	43.3	-0.9
2015	-18.2	-18.1	일부잠식	일부잠식	-24.2	-45.8	-38.4	47.5	-16.0
2014	-18.4	-24.2	일부잠식	일부잠식	-25.5	-43.4	-8.4	59.3	-15.7

소프트센 (A032680)

SOFTCEN

업 종 : IT 서비스
시 장 : KOSDAQ
신용등급 : (Bond) — (CP) —
기업규모 : 중견
홈페이지 : www.softcen.co.kr
연 락 처 : 02)2027-3800
본 사 : 서울시 서초구 반포대로 13 아이티센 빌딩 6층

설 립 일	1988.04.11	**종 업 원 수**	177명	**대 표 이 사**	김종인
상 장 일	1997.07.18	**감 사 의 견**	적정(선명)	**계 열**	
결 산 기	12월	**보 통 주**		**종속회사수**	
액 면 가	500원	**우 선 주**		**구 상 호**	비티씨정보

주주구성 (지분율,%)		출자관계 (지분율,%)		주요경쟁사 (외형,%)	
아이티센	26.7			소프트센	100
산은캐피탈	4.7			케이사인	19
(외국인)	3.4			유엔젤	22

매출구성		비용구성		수출비중	
소프트웨어 및 하드웨어 유통 및 인프라구축	100.0	매출원가율	90.4	수출	0.0
		판관비율	9.3	내수	100.0

회사 개요

동사는 IT 서비스 전문 기업으로서 1988년 Behavior Tech Computer와 함께 개인용 컴퓨터 및 주변기기 제조를 목적으로 합작 설립됨. IBM 등 대형 하드웨어 제조업체 또는 동사가 자체 개발한 서버, 스토리지 프로세서 등 제반 인프라 및 솔루션을 시장에 공급하는 사업을 주로 영위함. 클라우드 컴퓨팅, 빅데이터 등 신규 사업도 추진 중이며, 최대주주인 아이티센과의 협력을 통해 시너지를 극대화해 나가고 있음.

실적 분석

동사의 2017년 연결 기준 연간 누적 매출액은 1,425.1억원으로 전년 동기 대비 23.1% 증가함. 매출이 증가하면서 매출 증가율 대비 매출원가 증가율이 큰 폭으로 늘면서 판관비가 줄었음에도 불구하고 영업이익은 전년 동기 대비 56.4% 감소한 4.6억원을 시현함. 비영업손익 부문에서 적자가 지속됐지만 적자 규모가 줄면서 당기순손실은 7.8억원으로 적자는 지속됐지만 적자 규모가 감소함.

현금 흐름 *IFRS 별도 기준

〈단위 : 억원〉

항목	2016	2017
영업활동	-115	144
투자활동	-34	-56
재무활동	125	74
순현금흐름	-23	162
기말현금	44	206

시장 대비 수익률

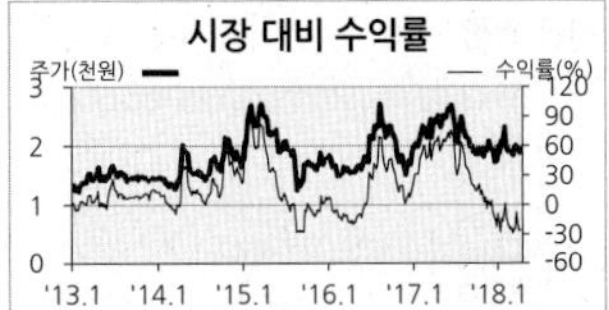

결산 실적

〈단위 : 억원〉

항목	2012	2013	2014	2015	2016	2017
매출액	104	257	828	723	1,157	1,425
영업이익	4	5	21	-38	11	5
당기순이익	-7	9	30	-32	-9	-8

분기 실적 *IFRS 별도 기준

〈단위 : 억원〉

항목	2016.3Q	2016.4Q	2017.1Q	2017.2Q	2017.3Q	2017.4Q
매출액	290	415	333	318	360	414
영업이익	4	5	6	0	0	-2
당기순이익	2	-13	3	-3	-1	-6

재무 상태 *IFRS 별도 기준

〈단위 : 억원〉

항목	2012	2013	2014	2015	2016	2017
총자산	155	411	684	444	659	802
유형자산	18	26	5	5	5	6
무형자산	0	61	61	62	66	72
유가증권	—	1	4	4	4	4
총부채	66	260	363	139	341	460
총차입금	—	100	37	0	108	150
자본금	69	85	146	152	155	155
총자본	89	151	321	306	318	342
지배주주지분	89	151	321	306	318	342

기업가치 지표 *IFRS 별도 기준

항목	2012	2013	2014	2015	2016	2017
주가(최고/저)(천원)	2.0/0.8	1.7/1.2	2.2/1.3	2.8/1.3	3.0/1.5	2.7/1.7
PER(최고/저)(배)	—/—	30.5/22.2	16.3/9.4	—/—	—/—	—/—
PBR(최고/저)(배)	3.4/1.4	2.0/1.4	1.9/1.1	2.7/1.2	2.9/1.5	2.4/1.6
EV/EBITDA(배)	37.7	57.8	16.3	—	50.5	60.3
EPS(원)	-54	55	133	-105	-29	-25
BPS(원)	643	947	1,128	1,036	1,029	1,109
CFPS(원)	-46	69	140	-99	-21	-16
DPS(원)	—	—	—	—	—	—
EBITDAPS(원)	43	42	102	-120	42	24

재무 비율

〈단위 : %〉

연도	영업이익률	순이익률	부채비율	차입금비율	ROA	ROE	유보율	자기자본비율	EBITDA마진율
2017	0.3	-0.6	134.4	43.8	-1.1	-2.4	121.7	42.7	0.5
2016	0.9	-0.8	107.5	34.1	-1.6	-2.8	105.8	48.2	1.1
2015	-5.3	-4.4	45.3	0.1	-5.6	-10.2	107.2	68.8	-5.0
2014	2.6	3.6	113.3	11.6	5.5	12.7	125.6	46.9	2.8

소프트캠프 (A210610)

SOFTCAMP COLTD

업 종 : 일반 소프트웨어
시 장 : KONEX
신용등급 : (Bond) — (CP) —
기업규모 : —
홈페이지 : www.softcamp.co.kr
연 락 처 : 02)3453-9999
본 사 : 서울시 강남구 테헤란로8길 37(역삼동)

설 립 일	1999.07.15	**종 업 원 수**	175명	**대 표 이 사**	배환국
상 장 일	2014.12.18	**감 사 의 견**	적정(예원)	**계 열**	
결 산 기	12월	**보 통 주**		**종속회사수**	
액 면 가	—	**우 선 주**		**구 상 호**	

주주구성 (지분율,%)		출자관계 (지분율,%)		주요경쟁사 (외형,%)	
배환국	35.7	SoftcampJapan	100.0	소프트캠프	100
IBK금융그룹 IP Value-up 투자조합	12.3	Security-i(HongKong)	30.0	엠로	209
				넥스지	158

매출구성		비용구성		수출비중	
DS(제품)	28.9	매출원가율	29.0	수출	7.9
기타	25.1	판관비율	60.3	내수	92.1
DS(용역)	21.2				

회사 개요

동사는 출판, 영상, 방송통신 및 정보서비스업을 목적으로 1999년 7월 15일 설립된 회사로 주된 사업은 응용소프트웨어 개발 및 공급임. 회사설립 당시 IT 시장환경에서 보안에 대한 니즈가 매우 강했으며, 1998년부터 정부에서 경기활성화책으로 컴퓨터교육 붐이 불었던 시대적 트렌드에 따라 공용PC 관리 제품인 PC-Keeper를 출시하고 보안업체로서 자리매김 함.

실적 분석

동사의 2017년 매출액은 137.1억원을 기록, 전년대비 0.5% 감소하였으나 영업이익은 14.7억원을 기록해 흑자전환함. 동사는 사물인터넷(IoT), 인공지능(AI), 빅데이터 (Big Data) 등 진화하는 업무 환경에 맞춰 업무 기본 단위인 전자문서를 통합 관리하고, 안전하게 공유하며 협업하는 환경을 조성하는 것을 목표로 함. 향후 일본 시장환경과 지자체의 니즈에 맞춰 기능을 개선하고 제품을 최적화해 마케팅 활동에 박차를 가할 계획임.

현금 흐름 *IFRS 별도 기준

〈단위 : 억원〉

항목	2016	2017
영업활동	3	26
투자활동	-19	1
재무활동	-4	-11
순현금흐름	-20	16
기말현금	5	21

시장 대비 수익률

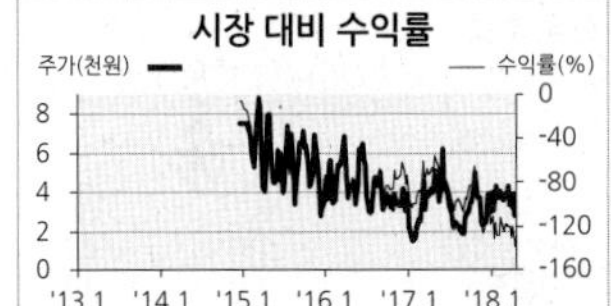

결산 실적

〈단위 : 억원〉

항목	2012	2013	2014	2015	2016	2017
매출액	127	144	158	157	138	137
영업이익	12	18	6	-13	-33	15
당기순이익	10	11	6	-8	-37	5

분기 실적 *IFRS 별도 기준

〈단위 : 억원〉

항목	2016.3Q	2016.4Q	2017.1Q	2017.2Q	2017.3Q	2017.4Q
매출액	—	—	—	—	—	—
영업이익	—	—	—	—	—	—
당기순이익	—	—	—	—	—	—

재무 상태 *IFRS 별도 기준

〈단위 : 억원〉

항목	2012	2013	2014	2015	2016	2017
총자산	138	137	190	168	131	108
유형자산	9	6	5	4	3	3
무형자산	20	26	29	32	33	27
유가증권	2	1	1	0	0	1
총부채	121	89	97	83	84	55
총차입금	80	52	55	39	33	22
자본금	8	9	12	12	12	12
총자본	16	48	93	85	47	52
지배주주지분	16	48	93	85	47	52

기업가치 지표 *IFRS 별도 기준

항목	2012	2013	2014	2015	2016	2017
주가(최고/저)(천원)	—/—	—/—	7.5/7.5	10.3/2.4	8.1/2.5	6.4/1.4
PER(최고/저)(배)	0.0/0.0	0.0/0.0	25.3/25.3	—/—	—/—	29.6/6.4
PBR(최고/저)(배)	0.0/0.0	0.0/0.0	1.9/1.9	2.9/0.7	4.0/1.2	2.8/0.6
EV/EBITDA(배)	3.3	1.6	7.7	47.1	—	1.6
EPS(원)	651	655	296	-342	-1,584	216
BPS(원)	1,010	2,618	3,953	3,611	2,032	2,247
CFPS(원)	1,383	1,304	982	270	-949	904
DPS(원)	—	—	—	—	—	—
EBITDAPS(원)	1,472	1,651	996	66	-741	1,310

재무 비율

〈단위 : %〉

연도	영업이익률	순이익률	부채비율	차입금비율	ROA	ROE	유보율	자기자본비율	EBITDA마진율
2017	10.7	3.7	106.3	42.5	4.3	10.3	349.4	48.5	22.6
2016	-23.6	-27.2	178.1	70.9	-25.0	-56.5	306.3	36.0	-12.7
2015	-8.2	-5.2	97.4	45.6	-4.5	-9.0	622.2	50.7	1.0
2014	3.7	3.5	103.7	58.5	3.4	7.9	690.6	49.1	11.8

손오공 (A066910)
SONOKONG

업　　종 : 레저용품　　시　　장 : KOSDAQ
신용등급 : (Bond) —　　(CP) —　　기업규모 : 벤처
홈페이지 : www.sonokong.co.kr　　연 락 처 : 02)2610-8750
본　　사 : 경기도 부천시 원미구 안곡로 266 (역곡동 24-32) 손오공

설 립 일	1996.12.30	**종업원수**	112명	**대표이사**	김종완
상 장 일	2005.01.07	**감사의견**	적정(삼정)	**계　열**	
결 산 기	12월	**보 통 주**		**종속회사수**	1개사
액 면 가	500원	**우 선 주**		**구 상 호**	

주주구성 (지분율,%)		출자관계 (지분율,%)		주요경쟁사 (외형,%)	
Mattel Marketing Holdings, Pte. Ltd.	12.0	손오공아이비	100.0	손오공	100
최신규	4.9	DCTHOLDINGS	4.8	오로라	138
(외국인)	2.6			형성그룹	191

매출구성		비용구성		수출비중	
캐릭터완구 및 게임(캐릭터완구 및 게임)	95.2	매출원가율	90.2	수출	0.0
PC방 수수료(PC방 영업)	4.3	판관비율	21.3	내수	100.0
애니메이션(캐릭터완구 및 게임)	0.5				

회사 개요

동사는 1996년 설립돼 캐릭터 완구 및 게임, PC방 영업을 주요 사업으로 영위하고 있음. 캐릭터 완구인 공룡메카드, 헬로카봇 및 마텔 완구인 피셔프라이스, 바비, 핫휠, 게임으로는 블리자드 패키지, 닌텐도 등을 할인마트 및 온오프라인 시장에 유통하고 있음. 캐릭터 완구산업은 새로운 소재와 기술 발달로 다양한 캐릭터 완구 출시되고 있어 지속적인 성장이 예상되는 산업임.

실적 분석

동사의 2017년도 연결기준 연간 매출액은 전년대비 19.5% 감소한 1,040.8억원을 시현함. 매출 비중은 캐릭터 완구 및 게임 부문이 가장 높은데 매출원가는 상승한 반면 기존 상품의 판매단가가 인하되면서 영업손실은 -119.3억원을 시현, 전년대비 적자전환함. 2017년 하반기 런칭된 터닝메카드 후속작인 공룡메카드가 향후 안정적인 성장 기반이 될 것으로 보임.

현금 흐름 〈단위 : 억원〉

항목	2016	2017
영업활동	3	-5
투자활동	3	9
재무활동	-25	-31
순현금흐름	-18	-27
기말현금	41	14

시장 대비 수익률

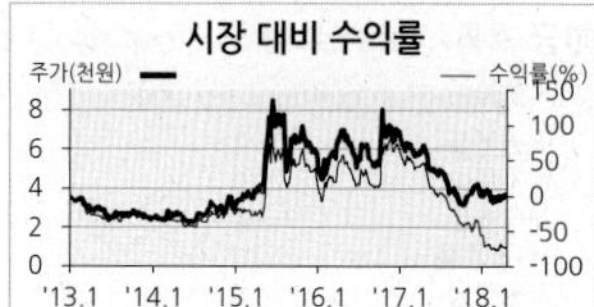

결산 실적 〈단위 : 억원〉

항목	2012	2013	2014	2015	2016	2017
매출액	804	582	531	1,251	1,293	1,041
영업이익	19	-88	-35	104	37	-119
당기순이익	-1	-101	-50	93	18	-123

분기 실적 〈단위 : 억원〉

항목	2016.3Q	2016.4Q	2017.1Q	2017.2Q	2017.3Q	2017.4Q
매출액	321	325	231	235	240	335
영업이익	6	-8	-14	-44	-42	-19
당기순이익	8	-27	-12	-46	-44	-21

재무 상태 〈단위 : 억원〉

항목	2012	2013	2014	2015	2016	2017
총자산	709	653	542	698	814	601
유형자산	183	173	164	163	157	148
무형자산	64	68	57	36	5	2
유가증권	3	7	2	—	—	—
총부채	385	430	339	401	500	410
총차입금	276	283	230	154	130	99
자본금	104	104	109	109	109	109
총자본	323	223	203	296	314	191
지배주주지분	323	223	203	296	314	191

기업가치 지표

항목	2012	2013	2014	2015	2016	2017
주가(최고/저)(천원)	6.9/3.1	3.6/2.3	3.6/2.2	8.5/3.0	8.7/4.4	6.9/3.1
PER(최고/저)(배)	—/—	—/—	—/—	20.0/7.0	107.9/54.6	—/—
PBR(최고/저)(배)	4.4/2.0	3.3/2.1	3.8/2.3	6.2/2.2	6.0/3.1	7.8/3.5
EV/EBITDA(배)	15.6	—	—	10.2	27.1	—
EPS(원)	-3	-482	-237	425	81	-561
BPS(원)	1,561	1,079	939	1,365	1,445	883
CFPS(원)	190	-299	-71	549	178	-523
DPS(원)	—	—	—	—	—	—
EBITDAPS(원)	284	-236	-1	599	267	-506

재무 비율 〈단위 : %〉

연도	영업이익률	순이익률	부채비율	차입금비율	ROA	ROE	유보율	자기자본비율	EBITDA마진율
2017	-11.5	-11.8	214.6	51.9	-17.4	-48.7	76.7	31.8	-10.7
2016	2.9	1.4	159.4	41.5	2.3	5.8	188.9	38.5	4.5
2015	8.3	7.4	135.5	52.0	15.0	37.3	172.9	42.5	10.5
2014	-6.6	-9.4	167.2	113.3	-8.3	-23.3	87.7	37.4	0.0

솔고바이오메디칼 (A043100)
Solco Biomedical

업　　종 : 의료 장비 및 서비스　　시　　장 : KOSDAQ
신용등급 : (Bond) —　　(CP) —　　기업규모 : 중견
홈페이지 : www.solco.co.kr　　연 락 처 : 031)610-4000
본　　사 : 경기도 평택시 서탄면 서탄로 154

설 립 일	1995.07.12	**종업원수**	158명	**대표이사**	김서곤,김일
상 장 일	2000.08.08	**감사의견**	적정(신화)	**계　열**	
결 산 기	12월	**보 통 주**		**종속회사수**	2개사
액 면 가	500원	**우 선 주**		**구 상 호**	

주주구성 (지분율,%)		출자관계 (지분율,%)		주요경쟁사 (외형,%)	
김서곤	8.5	솔고파이로일렉	65.7	솔고바이오	100
김일	1.6	연세웰빙라이프	65.5	오스템임플란트	1,714
(외국인)	1.6	넷향기	20.0	디오	407

매출구성		비용구성		수출비중	
온열매트(백금천수, 신천수, SOLCO.ON)	41.5	매출원가율	75.1	수출	20.6
임플란트 수술기구(SOLCO4CIS, VANE 등)	27.0	판관비율	51.0	내수	79.4
임플란트 수술기구(상품)	15.9				

회사 개요

의료용구 제조, 판매를 목적으로 1995년 설립된 동사는 척추, 골절, 인공관절용 생체용 금속(임플란트), 외과용 수술기구, 온열전위 자극기 및 온열매트 등 헬스케어 제품을 제조, 판매하는 사업 등을 영위하고 있음. 생체용금속 시장에서 국산이 전무했던 1998년부터 한국인 체형에 맞는 제품을 개발해 판매하고 있음. 최근 양계농장 전용 수소수생성기를 출시함. 미국 헬스케어 총판업체인 굿리빙과 함께 합작법인을 설립하고 헬스케어 렌탈시장에 진출함.

실적 분석

동사의 2017년 누적매출액은 232.1억원으로 전년대비 2.2% 감소함. 비용측면에서 판관비가 16.3% 하락하면서 영업손실이 60.6억원을 기록해 적자폭이 축소됨. 생체용 금속 수술기구를 제조하는 메디칼 부문과 헬스케어 부문 모두 실적이 저조하며, 특히 메디컬 상품 판매가 큰 폭으로 감소함. 중국, 일본에 이어 정형외과·신경외과용 경추용 임플란트의 미국 특허출원까지 완료함. 공장 신축을 위해 68억원 규모의 평택진위3일반산업단지 토지를 양수함

현금 흐름 〈단위 : 억원〉

항목	2016	2017
영업활동	-62	-83
투자활동	-7	-127
재무활동	42	233
순현금흐름	-27	21
기말현금	22	43

시장 대비 수익률

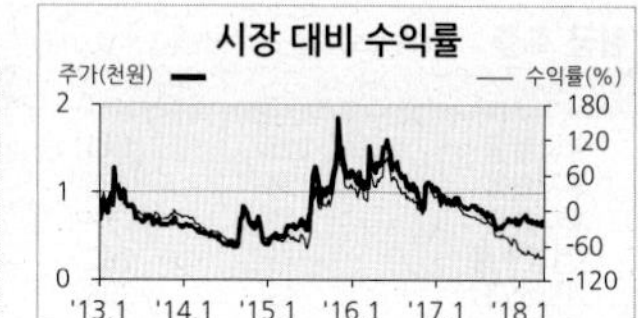

결산 실적 〈단위 : 억원〉

항목	2012	2013	2014	2015	2016	2017
매출액	393	355	301	224	237	232
영업이익	-63	-47	-9	-70	-78	-61
당기순이익	-89	-58	-25	-70	-80	-85

분기 실적 〈단위 : 억원〉

항목	2016.3Q	2016.4Q	2017.1Q	2017.2Q	2017.3Q	2017.4Q
매출액	54	58	48	65	57	61
영업이익	-19	-34	-15	-10	-25	-11
당기순이익	-22	-31	-19	-18	-28	-20

재무 상태 〈단위 : 억원〉

항목	2012	2013	2014	2015	2016	2017
총자산	676	646	564	535	492	647
유형자산	194	182	145	141	143	166
무형자산	13	12	8	1	1	1
유가증권	3	1	1	11	0	47
총부채	351	338	270	162	166	177
총차입금	255	238	194	113	121	129
자본금	272	312	314	413	434	599
총자본	325	308	294	374	326	470
지배주주지분	331	322	292	372	321	465

기업가치 지표

항목	2012	2013	2014	2015	2016	2017
주가(최고/저)(천원)	2.2/0.6	1.3/0.6	0.9/0.4	2.0/0.4	1.6/0.8	1.1/0.6
PER(최고/저)(배)	—/—	—/—	—/—	—/—	—/—	—/—
PBR(최고/저)(배)	4.5/1.1	2.9/1.4	2.2/1.0	4.8/1.0	4.9/2.3	2.8/1.4
EV/EBITDA(배)	—	—	25.5	—	—	—
EPS(원)	-120	-70	-30	-89	-84	-72
BPS(원)	609	515	466	451	371	388
CFPS(원)	-89	-39	8	-67	-68	-54
DPS(원)	—	—	—	—	—	—
EBITDAPS(원)	-58	-33	29	-67	-66	-34

재무 비율 〈단위 : %〉

연도	영업이익률	순이익률	부채비율	차입금비율	ROA	ROE	유보율	자기자본비율	EBITDA마진율
2017	-26.1	-36.7	일부잠식	일부잠식	-15.0	-21.7	-22.3	72.6	-17.2
2016	-32.9	-33.8	일부잠식	일부잠식	-15.6	-23.0	-25.9	66.2	-24.0
2015	-31.4	-31.2	일부잠식	일부잠식	-12.7	-21.1	-9.9	69.8	-21.5
2014	-2.9	-8.3	일부잠식	일부잠식	-4.1	-7.1	-6.9	52.2	6.0

솔루에타 (A154040)
Solueta

업 종 : 전자 장비 및 기기 | 시 장 : KOSDAQ
신용등급 : (Bond) — (CP) — | 기업규모 : 중견
홈페이지 : www.solueta.com | 연 락 처 : 031)508-2655
본 사 : 경기도 안산시 단원구 별망로519번길 27 (원시동)

설립일	2003.06.27	**종업원수**	154명	**대표이사**	김종숙
상장일	2013.12.27	**감사의견**	적정(위드)	**계열**	
결산기	12월	**보통주**		**종속회사수**	2개사
액면가	500원	**우선주**		**구상호**	

주주구성 (지분율,%)		출자관계 (지분율,%)		주요경쟁사 (외형,%)	
다산네트웍스	24.8	디엠씨	100.0	솔루에타	100
프레스토 제4호 사모투자합자회사	8.8	바이오메트릭스	66.7	파크시스템스	21
(외국인)	2.4	디티에스	50.2	엔에스	27

매출구성		비용구성		수출비중	
전도성테이프	64.9	매출원가율	84.0	수출	58.7
기타	21.4	판관비율	14.2	내수	41.3
전도성쿠션	11.9				

회사 개요
동사는 전자파 차폐소재 연구개발 전문 EMC 기업으로서, 전도성 테이프, 전도성 쿠션을 연구개발 및 제조, 판매를 주력 사업으로 진행하고 있음. 전도성테입이 주요매출로 73%이고 전도성 쿠션이 20%를 차지함. 향후 Digitizer, NFC 안테나, 무선충전기 등 EMI 관련 신규 사업으로 진출할 계획에 있음. 신규 아이템 모두 스마트폰과 밀접한 관련이 있어서 당장에는 시장 진입 효과를 기대하기는 어려울 것으로 판단함.

실적 분석
동사의 2017년 연결기준 연간 매출액은 1,559.3 억원으로 전년 대비 11.1% 증가함. 주요종속회사인 디엠씨 매출액의 온기 반영 영향임. 원가 절감 및 비용 절감으로 영업이익은 28.3억원으로 흑자전환됨. 반면 비영업손실의 적자폭이 축소되며, 당기순이익은 0.1억원으로 흑자전환됨. 동사는 2017년을 기점으로 경영 효율화와 연구개발역량 강화 및 계열사 간의 시너지 창출을 통해 글로벌 사업 확대에 노력할 예정임.

현금 흐름
<단위 : 억원>

항목	2016	2017
영업활동	150	-10
투자활동	-546	-40
재무활동	310	-8
순현금흐름	-66	89
기말현금	145	234

시장 대비 수익률
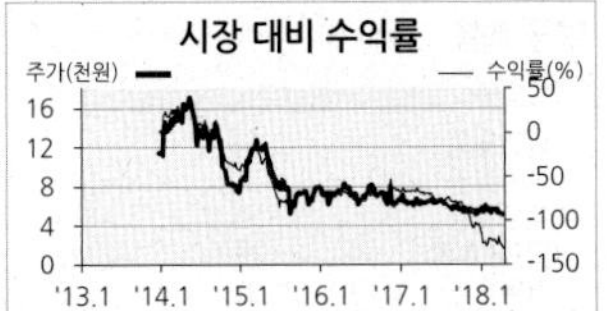

결산 실적
<단위 : 억원>

항목	2012	2013	2014	2015	2016	2017
매출액	635	1,001	862	699	1,404	1,559
영업이익	113	225	30	112	-1	28
당기순이익	68	174	28	94	-34	0

분기 실적
<단위 : 억원>

항목	2016.3Q	2016.4Q	2017.1Q	2017.2Q	2017.3Q	2017.4Q
매출액	402	458	394	391	400	374
영업이익	-1	4	11	6	11	-0
당기순이익	-5	-22	3	-8	3	2

재무 상태
<단위 : 억원>

항목	2012	2013	2014	2015	2016	2017
총자산	447	858	780	900	1,655	2,019
유형자산	162	175	248	232	440	594
무형자산	1	1	10	10	144	179
유가증권	0	0	1	54	61	72
총부채	306	234	114	136	914	1,185
총차입금	177	90	50	23	551	688
자본금	20	26	55	55	55	55
총자본	141	623	667	764	741	833
지배주주지분	141	623	667	764	741	727

기업가치 지표

항목	2012	2013	2014	2015	2016	2017
주가(최고/저)(천원)	—/—	11.8/11.4	17.0/7.3	12.8/5.1	9.2/6.0	9.9/5.0
PER(최고/저)(배)	0.0/0.0	4.9/4.8	68.0/29.2	15.0/6.0	—/—	12,179.3/6,175.4
PBR(최고/저)(배)	0.0/0.0	2.0/1.9	2.8/1.2	1.8/0.7	1.4/0.9	1.5/0.8
EV/EBITDA(배)	1.3	4.1	11.1	4.0	13.4	10.5
EPS(원)	1,404	2,394	250	851	-313	1
BPS(원)	3,608	11,677	6,045	6,931	6,720	6,592
CFPS(원)	3,268	4,698	487	1,110	215	611
DPS(원)	—	—	—	—	—	—
EBITDAPS(원)	5,018	5,898	508	1,272	519	867

재무 비율
<단위 : %>

연도	영업이익률	순이익률	부채비율	차입금비율	ROA	ROE	유보율	자기자본비율	EBITDA마진율
2017	1.8	0.0	142.2	82.6	0.0	0.0	1,218.4	41.3	6.1
2016	-0.1	-2.5	123.4	74.3	-2.7	-4.6	1,243.9	44.8	4.1
2015	16.0	13.4	17.7	3.0	11.2	13.1	1,286.2	84.9	20.1
2014	3.5	3.2	17.1	7.4	3.4	4.3	1,109.0	85.4	6.5

솔본 (A035610)
Solborn

업 종 : 의료 장비 및 서비스 | 시 장 : KOSDAQ
신용등급 : (Bond) — (CP) — | 기업규모 : 중견
홈페이지 : www.solborn.co.kr | 연 락 처 : 02)580-2800
본 사 : 서울시 강남구 학동로95길 51 (청담동, 청담스포피아)

설립일	1994.08.05	**종업원수**	11명	**대표이사**	홍기태
상장일	1999.08.01	**감사의견**	적정(우리)	**계열**	
결산기	12월	**보통주**		**종속회사수**	16개사
액면가	500원	**우선주**		**구상호**	

주주구성 (지분율,%)		출자관계 (지분율,%)		주요경쟁사 (외형,%)	
홍기태	20.2	솔본인베스트먼트	100.0	솔본	100
이혜숙	13.7	포커스뉴스	66.6	루트로닉	116
(외국인)	2.4	포커스신문사	48.7	인피니트헬스케어	98

매출구성		비용구성		수출비중	
의료기기(기타)	90.5	매출원가율	45.9	수출	—
광고 및 기타용역(용역)	9.5	판관비율	50.7	내수	—

회사 개요
동사는 1994년에 설립되어, 주식소유를 통한 타법인의 경영참여 또는 부동산임대업 등을 주요 목적사업으로 하고 있음. 2016년 12월 31일 기준 인피니트헬스케어, 포커스신문사, 솔본인베스트먼트등을 포함하여 17개 계열회사를 포함하고 있음. 현재 임대사업 외에 투자 분야, 뉴스통신사, 미디어 분야, 의료-IT 분야 등의 사업군을 아우르게 되었고, 전문업종 위주의 사업구조로 전환함.

실적 분석
동사의 2017년 누적매출액은 741.1억원으로 전년대비 0.5% 감소함. 비용측면에서는 매출원가와 판관비가 각각 4.5%, 4.8% 상승하면서 영업이익이 전년보다 59.1% 줄어든 24.5억원을 기록함. 동사는 지주회사 구조의 순기능을 활용하여, 관련 계열사의 경영효율성 및 투명성 향상, 핵심역량 집중을 위한 지속적인 구조조정을 통해 계열사의 경쟁력 강화 및 성장 발전을 지속 추진 중임.

현금 흐름
<단위 : 억원>

항목	2016	2017
영업활동	13	38
투자활동	-4	-257
재무활동	4	19
순현금흐름	18	-213
기말현금	533	320

시장 대비 수익률
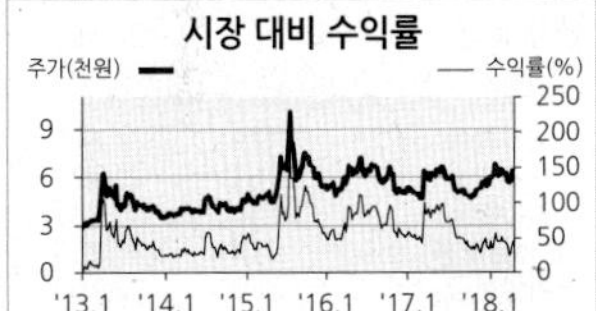

결산 실적
<단위 : 억원>

항목	2012	2013	2014	2015	2016	2017
매출액	1,173	938	716	705	745	741
영업이익	-47	3	-19	30	60	24
당기순이익	-65	73	49	34	36	-62

분기 실적
<단위 : 억원>

항목	2016.3Q	2016.4Q	2017.1Q	2017.2Q	2017.3Q	2017.4Q
매출액	188	159	201	181	179	180
영업이익	5	34	17	-11	13	4
당기순이익	-7	-3	0	-19	19	-63

재무 상태
<단위 : 억원>

항목	2012	2013	2014	2015	2016	2017
총자산	1,964	1,834	1,803	1,875	1,913	1,874
유형자산	249	195	154	150	141	151
무형자산	128	143	131	92	76	54
유가증권	293	227	214	334	351	617
총부채	517	313	249	234	237	222
총차입금	189	125	95	68	54	62
자본금	137	137	137	137	137	137
총자본	1,447	1,521	1,554	1,641	1,677	1,652
지배주주지분	1,162	1,201	1,235	1,288	1,289	1,275

기업가치 지표

항목	2012	2013	2014	2015	2016	2017
주가(최고/저)(천원)	6.5/2.7	6.4/2.8	4.9/3.5	10.1/4.3	7.5/4.8	7.0/4.6
PER(최고/저)(배)	—/—	53.6/23.7	25.5/18.3	185.7/78.3	529.0/336.9	—/—
PBR(최고/저)(배)	1.4/0.6	1.3/0.6	1.0/0.7	2.0/0.8	1.5/0.9	1.4/0.9
EV/EBITDA(배)	173.7	21.1	43.2	19.0	12.7	21.2
EPS(원)	-93	120	193	54	14	-206
BPS(원)	4,696	4,837	4,964	5,155	5,158	5,109
CFPS(원)	98	258	359	213	168	-63
DPS(원)	—	—	—	—	—	—
EBITDAPS(원)	17	147	95	270	373	233

재무 비율
<단위 : %>

연도	영업이익률	순이익률	부채비율	차입금비율	ROA	ROE	유보율	자기자본비율	EBITDA마진율
2017	3.3	-8.3	13.4	3.8	-3.3	-4.4	921.8	88.2	8.6
2016	8.0	4.8	14.1	3.2	1.9	0.3	931.7	87.6	13.7
2015	4.3	4.8	14.3	4.2	1.9	1.2	931.0	87.5	10.5
2014	-2.7	6.8	16.0	6.1	2.7	4.3	892.8	86.2	3.6

솔브레인 (A036830)
Soulbrain

업 종 : 반도체 및 관련장비
신용등급 : (Bond) — (CP) —
홈페이지 : www.soulbrain.co.kr
본 사 : 경기도 성남시 분당구 판교로 255번길 34
시 장 : KOSDAQ
기업규모 : 우량
연 락 처 : 031)719-0700

설 립 일	1986.05.06	**종업원수**	1,079명	**대표이사**	정지완,강병창
상 장 일	2000.01.18	**감사의견**	적정(삼일)	**계 열**	
결 산 기	12월	**보 통 주**		**종속회사수**	9개사
액 면 가	500원	**우 선 주**		**구 상 호**	

주주구성 (지분율,%)		출자관계 (지분율,%)		주요경쟁사 (외형,%)	
정지완	29.6	솔브레인에스엘디	100.0	솔브레인	100
임혜옥	6.1	솔브레인멤시스	100.0	SK하이닉스	3,882
(외국인)	24.0	솔브레인옵토스	100.0	이오테크닉스	52

매출구성		비용구성		수출비중	
HF, BOE, CMP Slurry, Precursor 등	49.6	매출원가율	77.9	수출	68.2
Etchant, Thin Glass, 유기재료 등	41.4	판관비율	8.4	내수	31.8
2차 전지 재료, ND자석 등	9.0				

회사 개요

동사는 반도체 및 전자 관련 화학재료 제조 및 판매 등을 영위할 목적으로 1986년 5월 테크노세미켐 주식회사로 설립되었으며 2011년 9월 현재의 솔브레인 주식회사로 상호를 변경함. 동사는 반도체, 디스플레이 공정용 화학재료와 2차전지 전해액 등을 주로 생산 중임. 디스플레이 장비 전문 업체인 솔브레인이엔지를 비롯하여 솔브레인저축은행 등 동사 포함 총 21개의 계열회사가 있음.

실적 분석

동사의 2017년 결산 매출액과 영업이익은 각각 7,756억원, 1,057억원으로 전년동기 대비 각각 7.4%, 0.5% 증가함. 원가율 상승 영향으로 영업이익은 소폭 증가. 비영업손익의 급격한 악화로 당기순이익은 42.2% 감소한 상황. 연결된 자회사들의 매출 증가 및 전방산업인 반도체 시장의 성장, 그리고 고객사 OLED 패널 생산량 증가에 따른 Thin Glass & Scribing 관련 제품의 수요 증가 등으로 매출이 증가한 모습.

현금 흐름 〈단위 : 억원〉

항목	2016	2017
영업활동	1,419	1,127
투자활동	-769	-475
재무활동	-154	177
순현금흐름	519	723
기말현금	1,380	2,103

시장 대비 수익률

결산 실적 〈단위 : 억원〉

항목	2012	2013	2014	2015	2016	2017
매출액	6,636	6,351	5,386	6,279	7,225	7,756
영업이익	1,070	885	480	1,011	1,051	1,057
당기순이익	742	620	364	806	745	431

분기 실적 〈단위 : 억원〉

항목	2016.3Q	2016.4Q	2017.1Q	2017.2Q	2017.3Q	2017.4Q
매출액	1,860	1,871	1,837	1,844	2,023	2,052
영업이익	250	210	263	246	296	252
당기순이익	338	-77	117	145	134	35

재무 상태 〈단위 : 억원〉

항목	2012	2013	2014	2015	2016	2017
총자산	5,274	5,676	5,743	7,317	8,294	8,959
유형자산	2,527	3,098	3,003	3,210	3,278	3,092
무형자산	238	168	128	127	133	93
유가증권	96	109	87	76	133	227
총부채	1,940	1,794	1,523	2,390	2,684	2,461
총차입금	1,251	1,133	1,014	1,612	1,686	1,354
자본금	81	81	82	83	83	87
총자본	3,334	3,883	4,220	4,927	5,610	6,499
지배주주지분	3,330	3,885	4,240	4,947	5,584	6,450

기업가치 지표

항목	2012	2013	2014	2015	2016	2017
주가(최고/저)(천원)	47.3/24.6	51.7/36.6	43.7/22.2	49.7/30.1	66.1/34.6	76.4/45.4
PER(최고/저)(배)	10.9/5.7	14.2/10.1	19.6/9.9	10.5/6.4	15.0/7.8	31.3/18.6
PBR(최고/저)(배)	2.4/1.3	2.3/1.6	1.8/0.9	1.7/1.0	2.0/1.0	2.1/1.2
EV/EBITDA(배)	6.1	6.3	6.2	5.1	6.6	6.9
EPS(원)	4,614	3,844	2,336	4,878	4,514	2,467
BPS(원)	20,752	24,178	26,149	30,570	34,416	37,744
CFPS(원)	6,490	5,912	4,743	7,438	7,481	5,514
DPS(원)	375	450	450	500	610	700
EBITDAPS(원)	8,566	7,527	5,352	8,667	9,315	9,376

재무 비율 〈단위 : %〉

연도	영업 이익률	순 이익률	부채 비율	차입금 비율	ROA	ROE	유보율	자기자본 비율	EBITDA 마진율
2017	13.6	5.6	37.9	20.8	5.0	6.9	7,448.7	72.5	20.2
2016	14.6	10.3	47.9	30.1	9.6	14.2	6,783.2	67.6	21.4
2015	16.1	12.8	48.5	32.7	12.3	17.6	6,013.9	67.3	22.8
2014	8.9	6.8	36.1	24.0	6.4	9.4	5,129.8	73.5	16.2

솔트웍스 (A230980)
Soltworks

업 종 : 일반 소프트웨어
신용등급 : (Bond) — (CP) —
홈페이지 : www.soltworks.com
본 사 : 서울시 구로구 디지털로33길 11 405호/1204호 (구로동, 에이스테크노타워8차)
시 장 : KOSDAQ
기업규모 : 벤처
연 락 처 : 02)852-1007

설 립 일	2015.10.22	**종업원수**	94명	**대표이사**	김기호
상 장 일	2016.03.02	**감사의견**	적정(인일)	**계 열**	
결 산 기	12월	**보 통 주**		**종속회사수**	
액 면 가	100원	**우 선 주**		**구 상 호**	

주주구성 (지분율,%)		출자관계 (지분율,%)		주요경쟁사 (외형,%)	
케이씨인베스트먼트	23.4	한국미디어테크	88.8	솔트웍스	100
김기호	18.7	케이에이티	71.4	이트론	190
(외국인)	0.6			시큐브	266

매출구성		비용구성		수출비중	
CBT	39.1	매출원가율	90.5	수출	0.0
기술교범(IETM)	29.9	판관비율	13.6	내수	100.0
기타민수사업 외	12.8				

회사 개요

동사는 2008년 설립돼 독자적으로 개발한 IT 기술력을 바탕으로 국방과 의료 분야에서 IT 솔루션을 제공하는 기업임. 2015년 7월 코넥스에 상장한 후 1년여 만에 코스닥 이전에 성공함. 요 방위산업 업체들과 함께 육·해·공군의 훈련과 무기 체계에 맞춰 다양한 프로젝트를 수행 중. 무기 체계의 효율적인 운용을 위한 종합 컨설팅을 시작으로 전자식 기술교범의 개발, 가상현실 기반의 훈련 또는 정비용 시스템 개발 등을 담당.

실적 분석

2016년에 이어 2017년에도 주요 국방 프로젝트 계획 지연 및 방산비리 등으로 인해 방산사업부문의 영업환경이 위축되면서 2017년 연결기준 결산 매출액은 전년동기 대비 소폭 감소한 82.0억원을 시현함. 이익측면에서는 인력의 선투자 및 외주비 증가로 인한 일시적 비용 증가의 결과로 영업손실 3.3억원, 순손실 0.8억원 시현. 한국미디어테크와 케이에이티의 신규연결로 인해 자산은 전년동기대비 133% 증가, 부채는 2,681% 증가함.

현금 흐름 *IFRS 별도 기준 〈단위 : 억원〉

항목	2016	2017
영업활동	-3	8
투자활동	30	-149
재무활동	-5	114
순현금흐름	25	-27
기말현금	30	3

시장 대비 수익률

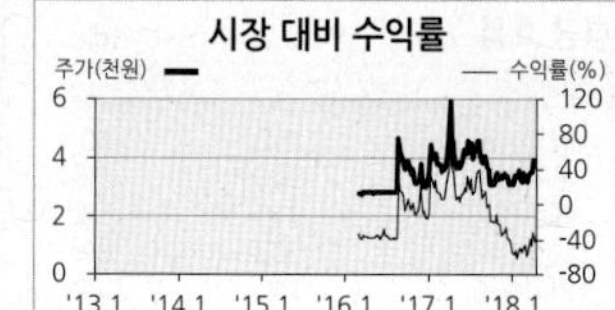

결산 실적 〈단위 : 억원〉

항목	2012	2013	2014	2015	2016	2017
매출액	51	45	68	97	83	82
영업이익	5	0	3	16	6	-3
당기순이익	5	0	2	15	-22	-1

분기 실적 *IFRS 별도 기준 〈단위 : 억원〉

항목	2016.3Q	2016.4Q	2017.1Q	2017.2Q	2017.3Q	2017.4Q
매출액	22	21	24	20	20	18
영업이익	-2	0	1	-2	1	-4
당기순이익	-1	-28	1	-1	1	-4

재무 상태 *IFRS 별도 기준 〈단위 : 억원〉

항목	2012	2013	2014	2015	2016	2017
총자산	33	38	46	60	96	217
유형자산	3	3	4	3	5	16
무형자산	1	1	4	3	3	5
유가증권	2	3	6	4	4	4
총부채	13	12	18	18	11	129
총차입금	4	6	9	6	3	112
자본금	8	12	12	7	9	9
총자본	21	26	28	43	85	88
지배주주지분	21	26	28	43	85	88

기업가치 지표 *IFRS 별도 기준

항목	2012	2013	2014	2015	2016	2017
주가(최고/저)(천원)	—/—	—/—	—/—	—/—	—/—	—/—
PER(최고/저)(배)	0.0/0.0	0.0/0.0	0.0/0.0	81.5/46.0	—/—	—/—
PBR(최고/저)(배)	0.0/0.0	0.0/0.0	0.0/0.0	28.2/15.9	5.1/2.8	6.5/3.0
EV/EBITDA(배)	0.3	—	0.5	10.2	33.6	—
EPS(원)	92	3	21	174	-254	-33
BPS(원)	1,372	1,036	1,127	1,726	975	975
CFPS(원)	369	83	124	656	-237	-14
DPS(원)	—	—	—	—	—	—
EBITDAPS(원)	358	89	165	699	83	-18

재무 비율 〈단위 : %〉

연도	영업 이익률	순 이익률	부채 비율	차입금 비율	ROA	ROE	유보율	자기자본 비율	EBITDA 마진율
2017	-4.1	-1.0	280.1	204.3	-0.3	-0.9	899.8	26.3	-2.0
2016	6.7	-26.1	13.0	3.5	-27.7	-33.8	875.5	88.5	8.5
2015	16.4	15.3	41.0	14.0	27.8	41.9	557.8	70.9	17.9
2014	4.1	2.7	65.9	31.0	—	—	125.5	60.3	6.0

송원산업 (A004430)
SONGWON INDUSTRIAL

업　　종 : 화학　　시　　장 : 거래소
신용등급 : (Bond) A-　(CP) —　　기업규모 : 시가총액 중형주
홈페이지 : www.songwon.com　　연 락 처 : 052)273-9841
본　　사 : 울산시 남구 장생포로 83

설 립 일	1965.12.15	**종 업 원 수**	619명	**대 표 이 사**	김충식,마우리지오부티
상 장 일	1977.06.25	**감 사 의 견**	적정(한영)	**계 열**	
결 산 기	12월	**보 통 주**		**종속회사수**	9개사
액 면 가	500원	**우 선 주**		**구 상 호**	

주주구성 (지분율,%)		출자관계 (지분율,%)		주요경쟁사 (외형,%)	
송원물산	23.9	울산방송	3.0	송원산업	100
Red Tulip Investments	9.2	SongwonGroupHoldingAG	100.0	휴켐스	99
(외국인)	22.1	SongwonSpecialtyChemicals-IndiaPvt.	0.0	삼영무역	36

매출구성		비용구성		수출비중	
Polymer Stabilizers(AOX & Uvs)	68.9	매출원가율	78.6	수출	—
Tin Intermediates 유기주석화합물	11.5	판관비율	13.9	내수	—
Others 기타 외	6.9				

회사 개요

동사는 플라스틱업계에서 사용하는 산화방지제 및 OPS, 광안정제, 자외선흡수제 등을 생산하는 정밀화학 제조 및 판매기업임. 동사의 주력 제품인 산화방지제의 경우 연간 102,940톤 생산능력을 보유하고 있음. 세계시장 점유율은 약 22%로 BASF에 이어 글로벌 2위임. 국내시장은 4개 업체가 경쟁 중이며, 동사가 국내시장의 약 60% 이상을 점유하고 있음. 안정제는 PVC가공시 필수적인 첨가제로 종합안정제 생산업체는 동사가 유일함.

실적 분석

동사의 2017년 연결기준 연간 누적 매출액은 7,248.5억원으로 전년 대비 4.4% 증가함. 하지만 원재료 가격 증가 등에 따른 매출원가 증가로 영업이익은 전년 대비 28.7% 감소한 544.7억원을 시현함. 동사는 3개 대륙 9개국에 12개의 현지 법인과 1개의 사무소를 운영하며 글로벌 네트워크를 구축함. 또한 현지 법인과 합작 법인을 설립하여 황계 산화방지제, OPS, 폴리머 안정제 등을 생산 및 판매하고 있음.

현금 흐름

<단위 : 억원>

항목	2016	2017
영업활동	1,008	548
투자활동	-358	-497
재무활동	-850	49
순현금흐름	-191	61
기말현금	493	554

시장 대비 수익률

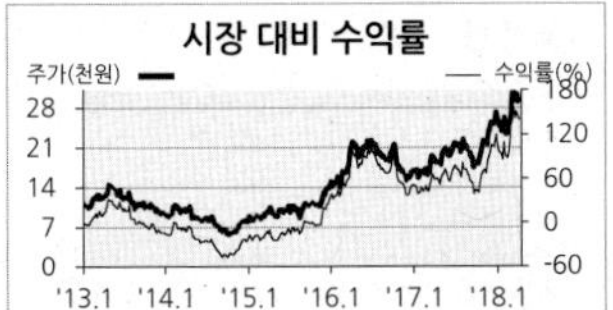

결산 실적

<단위 : 억원>

항목	2012	2013	2014	2015	2016	2017
매출액	6,796	6,922	6,655	6,544	6,943	7,249
영업이익	577	421	34	494	764	545
당기순이익	205	229	-134	286	422	347

분기 실적

<단위 : 억원>

항목	2016.3Q	2016.4Q	2017.1Q	2017.2Q	2017.3Q	2017.4Q
매출액	1,706	1,616	1,750	1,867	1,808	1,823
영업이익	160	99	130	185	145	85
당기순이익	104	41	83	123	95	47

재무 상태

<단위 : 억원>

항목	2012	2013	2014	2015	2016	2017
총자산	8,621	8,660	8,559	8,464	8,295	8,651
유형자산	4,210	4,263	4,346	4,325	4,315	4,417
무형자산	407	364	415	347	273	216
유가증권	68	19	15	15	15	9
총부채	5,754	5,596	5,672	5,300	4,753	4,870
총차입금	4,346	4,151	4,203	3,626	3,014	3,075
자본금	120	120	120	120	120	120
총자본	2,867	3,064	2,886	3,164	3,542	3,781
지배주주지분	2,856	3,062	2,855	3,145	3,564	3,809

기업가치 지표

항목	2012	2013	2014	2015	2016	2017
주가(최고/저)(천원)	12.2/7.2	14.8/9.1	11.0/5.7	14.5/7.8	23.0/13.5	28.3/15.2
PER(최고/저)(배)	14.8/8.7	15.3/9.4	—/—	11.8/6.4	12.9/7.6	19.3/10.3
PBR(최고/저)(배)	1.1/0.6	1.2/0.7	1.0/0.5	1.1/0.6	1.6/0.9	1.8/1.0
EV/EBITDA(배)	10.0	8.0	15.7	7.6	5.8	10.1
EPS(원)	858	1,000	-528	1,241	1,802	1,475
BPS(원)	11,900	12,756	11,897	13,103	14,851	15,869
CFPS(원)	1,110	2,303	835	2,679	3,260	2,820
DPS(원)	80	70	60	70	140	140
EBITDAPS(원)	2,654	3,056	1,504	3,496	4,640	3,615

재무 비율

<단위 : %>

연도	영업이익률	순이익률	부채비율	차입금비율	ROA	ROE	유보율	자기자본비율	EBITDA마진율
2017	7.5	4.8	128.8	81.3	4.1	9.6	3,073.8	43.7	12.0
2016	11.0	6.1	134.2	85.1	5.0	12.9	2,870.2	42.7	16.0
2015	7.6	4.4	167.5	114.6	3.4	9.9	2,520.6	37.4	12.8
2014	0.5	-2.0	196.5	145.6	-1.6	-4.3	2,279.3	33.7	5.4

쇼박스 (A086980)
SHOWBOX

업　　종 : 미디어　　시　　장 : KOSDAQ
신용등급 : (Bond) —　(CP) —　　기업규모 : 우량
홈페이지 : www.showbox.co.kr　　연 락 처 : 02)3218-5500
본　　사 : 서울시 강남구 도산대로 310, 7,8,9층(논현동, 916빌딩)

설 립 일	1999.06.10	**종 업 원 수**	55명	**대 표 이 사**	황순일,김도수
상 장 일	2006.07.07	**감 사 의 견**	적정(한영)	**계 열**	
결 산 기	12월	**보 통 주**		**종속회사수**	2개사
액 면 가	500원	**우 선 주**		**구 상 호**	미디어플렉스

주주구성 (지분율,%)		출자관계 (지분율,%)		주요경쟁사 (외형,%)	
오리온	57.5	미시건글로벌컨텐츠투자조합3호	43.0	쇼박스	100
금보개발	4.9	제미니영상투자조합1호	33.0	에스엠	356
(외국인)	5.3	에스엠씨아이5호한국영화펀드	26.0	스카이라이프	668

매출구성		비용구성		수출비중	
영화매출(기타)	99.9	매출원가율	80.3	수출	3.2
임대매출액(기타)	0.1	판관비율	9.6	내수	96.8

회사 개요

영화제작, 투자, 배급업 등을 영위할 목적으로 1999년 6월 설립되어 2006년 7월 코스닥시장에 상장됐음. 2007년 7월 메가박스를 매각하면서 국내에서는 영화 콘텐츠 사업 역량을 집중하고, 중국 극장 사업 확대와 신규사업 발굴을 통해 성장 동력을 확보하는 사업영역 국제화를 추진. 국내 영화 콘텐츠사업부문에서 동사는 2013년에 메인 투자작품 8편을 비롯 총 10편의 영화를 개봉. 자회사 통해 중국 호북성 홈쇼핑사업에 진출함.

실적 분석

동사의 2017년 연결기준 매출액은 1,027.1억원으로 전년대비 18.4% 감소하였음. 외형이 축소되었고 판관비 등 고정비 영향으로 영업이익은 32.0% 감소한 104.0억원에 그침. 당기순이익은 18.5% 증가한 158.5억원을 기록. 급성장하는 중국 영화시장 진출은 동사의 새로운 성장 모멘텀이 될 것으로 전망됨. 국내 영화시장에서 동사의 시장점유율은 CJ E&M(15.1%), 롯데엔터테인먼트(11.4%)에 이어 3위(10.7%)임.

현금 흐름

<단위 : 억원>

항목	2016	2017
영업활동	-60	25
투자활동	545	-372
재무활동	-31	-31
순현금흐름	454	-384
기말현금	1,024	639

시장 대비 수익률

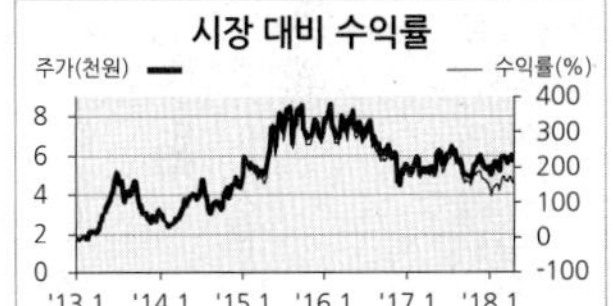

결산 실적

<단위 : 억원>

항목	2012	2013	2014	2015	2016	2017
매출액	882	1,081	720	1,420	1,259	1,027
영업이익	97	63	18	141	153	104
당기순이익	-7	57	-8	115	134	158

분기 실적

<단위 : 억원>

항목	2016.3Q	2016.4Q	2017.1Q	2017.2Q	2017.3Q	2017.4Q
매출액	341	393	85	142	535	265
영업이익	53	29	-10	-6	98	22
당기순이익	42	27	-9	-14	104	77

재무 상태

<단위 : 억원>

항목	2012	2013	2014	2015	2016	2017
총자산	1,813	1,674	1,424	2,158	1,972	2,033
유형자산	2	2	2	18	15	12
무형자산	12	35	6	1	8	10
유가증권	125	152	116	100	91	72
총부채	818	618	370	997	710	643
총차입금	82	6	—	—	—	—
자본금	313	313	313	313	313	313
총자본	995	1,055	1,054	1,161	1,262	1,389
지배주주지분	997	1,052	1,051	1,161	1,262	1,389

기업가치 지표

항목	2012	2013	2014	2015	2016	2017
주가(최고/저)(천원)	2.1/0.9	5.3/1.6	4.9/2.3	9.5/4.9	8.7/4.4	6.5/4.7
PER(최고/저)(배)	—/—	65.3/20.2	—/—	53.4/27.5	41.4/21.1	25.8/18.6
PBR(최고/저)(배)	1.4/0.6	3.2/1.0	3.0/1.4	5.3/2.7	4.4/2.2	2.9/2.1
EV/EBITDA(배)	0.8	2.0	5.2	3.9	3.8	3.3
EPS(원)	-7	83	-12	183	214	253
BPS(원)	1,597	1,686	1,684	1,860	2,021	2,224
CFPS(원)	732	980	768	1,386	1,023	1,183
DPS(원)	—	—	—	50	50	50
EBITDAPS(원)	893	997	808	1,428	1,054	1,096

재무 비율

<단위 : %>

연도	영업이익률	순이익률	부채비율	차입금비율	ROA	ROE	유보율	자기자본비율	EBITDA마진율
2017	10.1	15.4	46.3	0.0	7.9	12.0	344.9	68.3	66.8
2016	12.2	10.6	56.2	0.0	6.5	11.0	304.3	64.0	52.4
2015	9.9	8.1	85.9	0.0	6.4	10.4	271.9	53.8	62.9
2014	2.5	-1.1	35.1	0.0	-0.5	-0.7	236.7	74.0	70.3

수산아이앤티 (A050960)
SOOSAN INT CO

업 종 : 일반 소프트웨어 　 시 장 : KOSDAQ
신용등급 : (Bond) — (CP) — 　 기업규모 : 벤처
홈페이지 : www.soosanint.co.kr 　 연 락 처 : 02)541-0073
본 사 : 서울시 강남구 밤고개로1길 10 3층(수서동, 현대벤처빌)

설 립 일	1998.03.04	**종업원수**	103명	**대 표 이 사**	정석현,이성권
상 장 일	2016.10.11	**감사의견**	적정(삼정)	**계 열**	
결 산 기	12월	**보 통 주**		**종속회사수**	
액 면 가	500원	**우 선 주**		**구 상 호**	

주주구성 (지분율,%)		출자관계 (지분율,%)		주요경쟁사 (외형,%)	
정보윤	9.9	수산중공업	2.9	수산아이앤티	100
정은주	9.6			지란지교시큐리티	266
(외국인)	1.2			라온시큐어	130

매출구성		비용구성		수출비중	
공유단말접속관리서비스	75.0	매출원가율	0.0	수출	0.0
보안솔루션	17.8	판관비율	73.4	내수	100.0
모바일 유해차단 서비스	7.2				

회사 개요

동사는 1998년에 설립, 2016년 10월 코스닥에 상장된 수산중공업 계열의 IT 보안 솔루션 중심 소프트웨어 개발회사임. 2016년 2월 플러스기술에서 수산아이앤티로 상호를 변경함. 현재 "인터넷 트래픽 필터링 기술" 기반의 ISP(Internet Service Provider) 협력사업으로서 공유단말접속관리서비스와 모바일 유해정보 차단서비스를 영위 중이며 보안솔루션 사업(eWalker Security 브랜드)를 펼치고 있음.

실적 분석

동사의 2017년 연간 매출액은 163.9억원으로 전년도 수준을 유지. 매출 규모가 전년 수준임에도 불구하고 인건비를 비롯한 판매비와관리비 증가의 영향으로 2017년 연간 영업이익은 전년 대비 22.1% 감소한 43.7억원을 기록함. 동사의 매출구성은 공유단말접속관리서비스 74.4%, 모바일 유해정보 차단서비스 2.5%, 보안솔루션 21.0%, 기타 2.2%임.

현금 흐름 *IFRS 별도 기준 〈단위 : 억원〉

항목	2016	2017
영업활동	68	44
투자활동	-266	-43
재무활동	189	-8
순현금흐름	-9	-7
기말현금	18	11

시장 대비 수익률

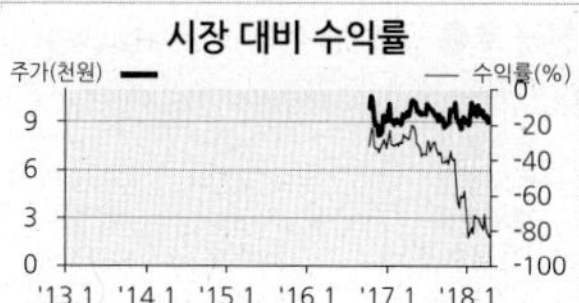

결산 실적 〈단위 : 억원〉

항목	2012	2013	2014	2015	2016	2017
매출액	125	131	139	141	163	164
영업이익	66	71	60	44	56	44
당기순이익	61	66	57	43	52	42

분기 실적 *IFRS 별도 기준 〈단위 : 억원〉

항목	2016.3Q	2016.4Q	2017.1Q	2017.2Q	2017.3Q	2017.4Q
매출액	36	50	40	43	34	47
영업이익	9	18	12	13	2	16
당기순이익	6	16	11	13	1	17

재무 상태 *IFRS 별도 기준 〈단위 : 억원〉

항목	2012	2013	2014	2015	2016	2017
총자산	296	356	411	457	695	714
유형자산	17	16	26	41	36	54
무형자산	3	7	8	11	15	39
유가증권	13	9	23	42	31	22
총부채	13	16	19	14	20	13
총차입금	—	—	—	—	—	—
자본금	25	25	25	25	34	34
총자본	282	339	392	443	675	701
지배주주지분	282	339	392	443	675	701

기업가치 지표 *IFRS 별도 기준

항목	2012	2013	2014	2015	2016	2017
주가(최고/저)(천원)	—/—	—/—	—/—	—/—	14.6/8.0	10.7/8.3
PER(최고/저)(배)	0.0/0.0	0.0/0.0	0.0/0.0	0.0/0.0	15.7/8.7	17.3/13.5
PBR(최고/저)(배)	0.0/0.0	0.0/0.0	0.0/0.0	0.0/0.0	1.5/0.8	1.0/0.8
EV/EBITDA(배)	—	—	—	—	3.2	3.9
EPS(원)	1,221	1,313	1,144	859	954	624
BPS(원)	5,650	6,787	7,834	8,863	9,994	10,386
CFPS(원)	1,301	1,393	1,245	1,073	1,188	829
DPS(원)	—	—	—	—	125	125
EBITDAPS(원)	1,408	1,502	1,297	1,097	1,268	852

재무 비율 〈단위 : %〉

연도	영업이익률	순이익률	부채비율	차입금비율	ROA	ROE	유보율	자기자본비율	EBITDA마진율
2017	26.6	25.7	1.8	0.0	6.0	6.1	1,977.1	98.2	35.1
2016	34.5	31.8	3.0	0.0	9.0	9.3	1,898.9	97.1	42.3
2015	31.4	30.5	3.2	0.0	9.9	10.3	1,672.6	96.9	38.9
2014	43.1	41.2	4.9	0.0	14.9	15.6	1,466.9	95.4	46.8

수산중공업 (A017550)
Soosan Heavy Industries

업 종 : 기계 　 시 장 : 거래소
신용등급 : (Bond) — (CP) — 　 기업규모 : 시가총액 소형주
홈페이지 : www.soosan.co.kr 　 연 락 처 : 031)352-7733
본 사 : 경기도 화성시 양감면 정문송산로 260

설 립 일	1984.03.12	**종업원수**	213명	**대 표 이 사**	김병현
상 장 일	1991.07.31	**감사의견**	적정(삼정)	**계 열**	
결 산 기	12월	**보 통 주**		**종속회사수**	3개사
액 면 가	500원	**우 선 주**		**구 상 호**	

주주구성 (지분율,%)		출자관계 (지분율,%)		주요경쟁사 (외형,%)	
정석현	23.2	수산기계설비하문유한공사	100.0	수산중공업	100
수산인더스트리	21.8	수산기계청도유한공사	100.0	신진에스엠	56
(외국인)	1.8	SOOSANUSA	100.0	동양물산	367

매출구성		비용구성		수출비중	
유압브레이커,유압드릴	57.2	매출원가율	72.0	수출	55.0
트럭크레인	41.7	판관비율	24.7	내수	45.0
부품외(유공압기계사업부문)	1.0				

회사 개요

동사는 1984년 설립된 기업으로 건설중장비와 특수차량 등을 제조해 국내외 시장에 판매함. 중국, 일본, 미국 등에 총 8개의 계열사를 보유하고 있으며 동사와 코스닥에 상장한 수산아이앤티를 제외하면 모두 비상장임. 유압브레이커와 직진식 트럭 크레인 국내시장 점유율 1위이며 세계시장에서도 상위 점유율을 보이고 있음. 매출은 유압공기계 사업 51.72%, 크레인사업 48.28%로 구성됨.

실적 분석

동사는 2017년 연결기준 매출액 1,019.5억원을 시현함. 전년도 같은 기간 대비 14.8% 성장함. 외형은 성장했지만 매출원가가 16.6% 증가하고 판매비와 관리비도 14.8% 늘어 영업이익은 33억원으로 전년 대비 15.6% 감소함. 매출액 증가에도 불구하고 환율 하락 및 소재가격 인상 등의 요인으로 수익성은 감소함. 당기 순이익도 28.9억원으로 전년 동기 대비 소폭 축소됨.

현금 흐름 〈단위 : 억원〉

항목	2016	2017
영업활동	148	66
투자활동	-58	10
재무활동	-120	-21
순현금흐름	-33	48
기말현금	76	125

시장 대비 수익률

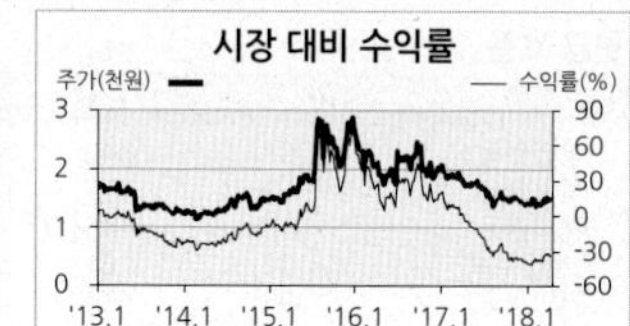

결산 실적 〈단위 : 억원〉

항목	2012	2013	2014	2015	2016	2017
매출액	1,381	1,342	1,150	1,018	888	1,019
영업이익	158	46	75	45	39	33
당기순이익	117	40	60	13	29	29

분기 실적 〈단위 : 억원〉

항목	2016.3Q	2016.4Q	2017.1Q	2017.2Q	2017.3Q	2017.4Q
매출액	217	194	249	281	254	235
영업이익	5	-2	10	18	11	-6
당기순이익	5	-10	11	20	12	-14

재무 상태 〈단위 : 억원〉

항목	2012	2013	2014	2015	2016	2017
총자산	1,314	1,360	1,334	1,192	1,086	1,105
유형자산	407	407	382	385	378	347
무형자산	30	38	58	51	42	42
유가증권	12	0	0	0	20	20
총부채	510	529	438	301	173	181
총차입금	312	304	291	162	45	24
자본금	252	252	252	252	270	270
총자본	804	831	896	892	913	924
지배주주지분	782	810	871	876	913	924

기업가치 지표

항목	2012	2013	2014	2015	2016	2017
주가(최고/저)(천원)	2.1/1.5	1.8/1.2	1.6/1.1	3.3/1.4	2.6/1.7	2.1/1.4
PER(최고/저)(배)	9.4/6.4	23.6/16.2	14.9/10.3	157.4/67.8	51.0/33.7	38.7/25.6
PBR(최고/저)(배)	1.4/1.0	1.1/0.8	1.0/0.7	1.9/0.8	1.6/1.0	1.2/0.8
EV/EBITDA(배)	5.9	11.9	9.7	19.2	15.2	10.4
EPS(원)	236	77	113	21	51	54
BPS(원)	1,551	1,606	1,727	1,737	1,691	1,712
CFPS(원)	283	133	163	81	104	106
DPS(원)	25	—	15	—	10	—
EBITDAPS(원)	360	147	199	149	128	113

재무 비율 〈단위 : %〉

연도	영업이익률	순이익률	부채비율	차입금비율	ROA	ROE	유보율	자기자본비율	EBITDA마진율
2017	3.2	2.8	19.5	2.6	2.6	3.2	242.4	83.7	6.0
2016	4.4	3.3	19.0	5.0	2.6	3.0	238.2	84.0	7.5
2015	4.5	1.3	33.7	18.2	1.0	1.2	247.5	74.8	7.4
2014	6.5	5.2	48.9	32.6	4.4	6.8	245.3	67.2	8.7

*관리종목

수성 (A084180)
Soosung

업　　종 : 기계		시　　장 : KOSDAQ	
신용등급 : (Bond) —	(CP) —	기업규모 :	
홈페이지 : www.soosung.com		연 락 처 : 032)820-5110	
본　　사 : 인천시 서구 로봇랜드로249번길 46-39			

설 립 일	1982.02.23	**종업원수**	70명	**대표이사**	김대진
상 장 일	2005.12.16	**감사의견**	거절(불확실성)(안진)	**계　　열**	
결 산 기	12월	**보 통 주**		**종속회사수**	
액 면 가	500원	**우 선 주**		**구　　상　　호**	

주주구성 (지분율,%)		출자관계 (지분율,%)		주요경쟁사 (외형,%)	
유니베스트	24.1	수성에프에스	100.0	수성	100
트라메스홀딩스	13.0	아이이지홀딩스	100.0	흥국	316
(외국인)	2.2	이디	12.2	라온테크	99

매출구성		비용구성		수출비중	
전동지게차	51.6	매출원가율	80.0	수출	9.4
기타	33.4	판관비율	18.0	내수	90.6
리프트	9.6				

회사 개요

동사는 전동지게차 생산 및 산업용 3D프린터 유통업 등의 사업을 영위하고 있음. 전자장비와 교육기자재 등을 납품하는 기업 '이디'의 지분 11.81%를 보유하고 있음. 소형물류기계(리프트,바렛트,스테커등) 시장의 경우는 완전경쟁형태로 동사와 한성웰텍,서진 클린엔세프티등이 시장의 80%를 점유하고 있음. 소형전동지게차 시장은 동사와 동명모트롤이 시장의 60~70 이상을차지했으나 동명모트롤의 사업축소로 동사의 시장 지배력이 강해지고 있음.

실적 분석

2017년 연결기준 동사의 매출액은 289.9억원으로 전년 동기 대비 3.1% 증가함. 경영진 변경 등의 사유로 판관비가 증가 하였으며 당기 매입한 매도가능증권의 평가손실을 영업외비용에 반영함에 따라 당기순손실이 발생함. 소형물류기계 와 중대형지게차 모두 주된 경쟁은 가격과 품질 두 가지로 요약할 수 있음. 동사는 이를 달성하기 위해 자체모델을 개발 완료하여 현재 생산 중에 있음.

현금 흐름 *IFRS 별도 기준 〈단위 : 억원〉

항목	2016	2017
영업활동	49	-84
투자활동	8	-390
재무활동	-50	448
순현금흐름	8	-26
기말현금	49	23

시장 대비 수익률

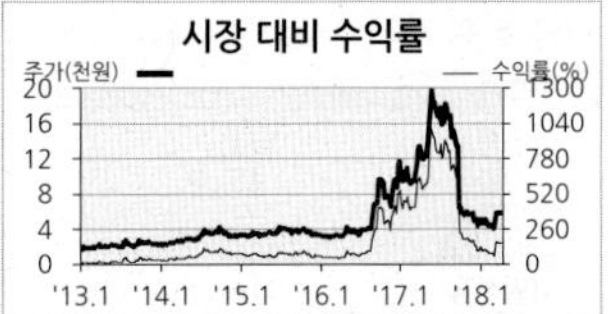

결산 실적 〈단위 : 억원〉

항목	2012	2013	2014	2015	2016	2017
매출액	273	342	327	342	281	290
영업이익	20	28	31	34	27	6
당기순이익	20	21	24	20	24	-142

분기 실적 *IFRS 별도 기준 〈단위 : 억원〉

항목	2016.3Q	2016.4Q	2017.1Q	2017.2Q	2017.3Q	2017.4Q
매출액	60	66	55	62	74	99
영업이익	4	4	5	1	0	-0
당기순이익	3	5	5	-1	-19	-126

재무 상태 *IFRS 별도 기준 〈단위 : 억원〉

항목	2012	2013	2014	2015	2016	2017
총자산	458	468	466	419	402	739
유형자산	252	248	245	244	241	241
무형자산	1	0	0	0	0	1
유가증권	1	1	1	6	1	49
총부채	231	225	211	155	120	430
총차입금	175	143	163	106	61	367
자본금	41	41	41	41	41	47
총자본	227	243	255	264	282	310
지배주주지분	227	243	255	264	282	310

기업가치 지표 *IFRS 별도 기준

항목	2012	2013	2014	2015	2016	2017
주가(최고/저)(천원)	2.1/1.5	3.0/1.7	4.2/2.2	4.9/3.2	11.7/3.1	19.8/4.1
PER(최고/저)(배)	9.7/6.8	12.8/7.3	15.4/8.0	20.4/13.4	41.2/10.9	—/—
PBR(최고/저)(배)	0.8/0.6	1.1/0.6	1.4/0.7	1.5/1.0	3.3/0.9	6.1/1.3
EV/EBITDA(배)	13.3	9.7	12.5	9.3	32.1	73.7
EPS(원)	245	260	291	249	289	-1,709
BPS(원)	2,825	3,024	3,247	3,360	3,583	3,288
CFPS(원)	295	324	343	294	330	-1,671
DPS(원)	70	70	70	70	70	—
EBITDAPS(원)	295	400	425	461	375	114

재무 비율 〈단위 : %〉

연도	영업이익률	순이익률	부채비율	차입금비율	ROA	ROE	유보율	자기자본비율	EBITDA마진율
2017	2.0	-48.9	139.1	122.3	-24.8	-47.8	557.1	41.8	3.1
2016	9.7	8.4	42.3	22.7	5.8	8.7	616.6	70.3	10.9
2015	10.0	6.0	58.8	40.3	4.6	7.9	572.1	63.0	11.1
2014	9.3	7.3	82.9	63.9	5.1	9.6	549.5	54.7	10.7

수젠텍 (A253840)
Sugentech

업　　종 : 의료 장비 및 서비스		시　　장 : KONEX	
신용등급 : (Bond) —	(CP) —	기업규모 : —	
홈페이지 : www.sugentech.com		연 락 처 : 042)364-5001	
본　　사 : 대전시 유성구 테크노2로 187 216호 (용산동, 미건테크노월드2차)			

설 립 일	2011.12.09	**종업원수**	34명	**대표이사**	손미진
상 장 일	2016.11.11	**감사의견**	적정(한울)	**계　　열**	
결 산 기	12월	**보 통 주**		**종속회사수**	
액 면 가	—	**우 선 주**		**구　　상　　호**	

주주구성 (지분율,%)		출자관계 (지분율,%)		주요경쟁사 (외형,%)	
손미진	30.4			수젠텍	100
에트리홀딩스	18.0			티씨엠생명과학	76
				비트컴퓨터	965

매출구성		비용구성		수출비중	
개인용 체외진단 검사시약	89.3	매출원가율	84.7	수출	27.3
기타	10.4	판관비율	94.1	내수	72.7
전문가용 현장검사 제품	0.3				

회사 개요

동사는 체외진단용 의료기기 및 진단시약류 제조 및 판매를 주요 사업으로 영위하는 업체로, 2011년 설립되어 2016년 11월에 코넥스 시장에 상장됨. ETRI로부터 '유비쿼터스 바이오칩 리더기' 기술이전과 ETRI 홀딩스의 지분 참여로 설립된 미래창조과학부의 연구개발특구 제28호 연구소기업으로, 면역화학 기반의 개인 맞춤형 POCT 시스템과 관련된 기술 및 제품을 개발하고 있음.

실적 분석

동사의 2017년 매출액은 전년 대비 2배 이상 상승한 33.1억원을 기록했으나 동기간 64.6% 증가한 판관비에 미치지 못함에 따라 2017년 영업손실은 전년보다 확대되었음. 한편, 유형자산처분손실 및 무형자산손상차손 발생으로 비영업손실 또한 전년 대비 크게 상승하였음. 이에 따라 동사의 2017년 당기순손실은 83.8억원을 기록하며 전년 대비 손실 폭이 확대되었음.

현금 흐름 *IFRS 별도 기준 〈단위 : 억원〉

항목	2016	2017
영업활동	-13	-21
투자활동	-29	-124
재무활동	42	163
순현금흐름	-0	17
기말현금	3	20

시장 대비 수익률

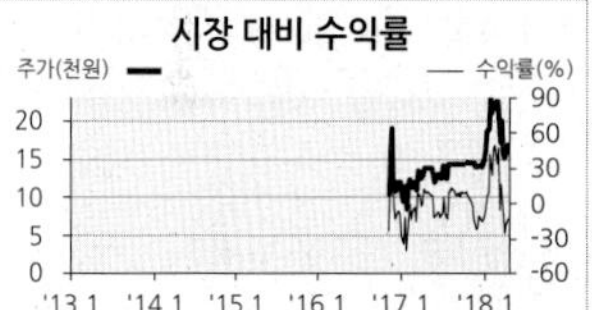

결산 실적 〈단위 : 억원〉

항목	2012	2013	2014	2015	2016	2017
매출액	—	2	10	6	11	33
영업이익	—	-3	-4	-15	-16	-26
당기순이익	—	-3	-4	-15	-16	-84

분기 실적 *IFRS 별도 기준 〈단위 : 억원〉

항목	2016.3Q	2016.4Q	2017.1Q	2017.2Q	2017.3Q	2017.4Q
매출액	—	—	—	—	—	—
영업이익	—	—	—	—	—	—
당기순이익	—	—	—	—	—	—

재무 상태 *IFRS 별도 기준 〈단위 : 억원〉

항목	2012	2013	2014	2015	2016	2017
총자산	—	24	84	69	100	184
유형자산	—	2	12	19	18	105
무형자산	—	1	0	6	6	3
유가증권	—	—	—	—	—	—
총부채	—	6	15	15	14	17
총차입금	—	1	11	11	6	5
자본금	—	2	2	10	20	27
총자본	—	18	69	54	86	167
지배주주지분	—	18	69	54	86	167

기업가치 지표 *IFRS 별도 기준

항목	2012	2013	2014	2015	2016	2017
주가(최고/저)(천원)	—/—	—/—	—/—	—/—	—/—	—/—
PER(최고/저)(배)	0.0/0.0	0.0/0.0	0.0/0.0	0.0/0.0	—/—	—/—
PBR(최고/저)(배)	0.0/0.0	0.0/0.0	0.0/0.0	0.0/0.0	9.0/4.1	4.9/2.8
EV/EBITDA(배)	0.0	—	—	—	—	—
EPS(원)	—	-114	-151	-429	-413	-1,736
BPS(원)	—	52,854	149,850	2,601	2,102	3,052
CFPS(원)	—	-8,404	-9,180	-645	-357	-1,590
DPS(원)	—	—	—	—	—	—
EBITDAPS(원)	—	-9,603	-7,996	-655	-377	-392

재무 비율 〈단위 : %〉

연도	영업이익률	순이익률	부채비율	차입금비율	ROA	ROE	유보율	자기자본비율	EBITDA마진율
2017	-78.8	-254.2	10.5	3.0	-59.2	-66.5	510.5	90.5	-57.5
2016	-150.0	-142.9	16.0	7.0	-18.4	-22.3	320.3	86.2	-130.6
2015	-254.8	-251.5	28.7	20.4	-19.7	-24.6	420.3	77.7	-226.0
2014	-36.3	-40.4	21.6	15.9	-7.5	-9.3	2,897.0	82.2	-28.0

수프로 (A185190)
Suppro

업 종 : 종이 및 목재 | 시 장 : KONEX
신용등급 : (Bond) — (CP) — | 기업규모 : —
홈페이지 : www.suppro.com | 연 락 처 : 02)6300-2444
본 사 : 서울시 서초구 강남대로 27, 1301호 (양재동, 에이티센타)

설 립 일	2000.07.26	종업원수	29명	대표이사	채일
상 장 일	2013.10.29	감사의견	적정(태율)	계 열	
결 산 기	03월	보 통 주		종속회사수	
액 면 가	—	우 선 주		구 상 호	

주주구성 (지분율,%)		출자관계 (지분율,%)		주요경쟁사 (외형,%)	
채일	44.6			수프로	100
임현택	13.7			한솔PNS	943
				세하	693

매출구성		비용구성		수출비중	
청단풍 등	76.0	매출원가율	79.5	수출	—
왕벚나무	6.7	판관비율	18.4	내수	—
느티나무	6.3				

회사 개요
동사는 도시녹화와 생태복원용 수목소재 연구개발 및 생산을 핵심역량으로 하는 환경녹화기업임. 세부사업영역은 조경수 생산 및 Agro Park 사업, 조경식재공사, 국내 생태복원, 글로벌 생태복원으로 구분됨. 동사의 사업매출은 조경공사에 필요한 수목매출이 93.5%를 차지하며, 조경수 식재공사가 4.6%, 연구용역이 2.4%를 차지하고 있음. 수목의 판매는 중간 대리점 같은 중개상 없이 직접 판매하며 전체 수주잔량은 약 60억원 정도임.

실적 분석
코넥스 상장 기업이며 3월 결산 법인인 동사의 2016년 매출액은 237.2억원으로 전년 동기 189.9억원 대비 24.9% 증가함. 영업이익은 5.1억원으로 전년동기보다 소폭 증대. 그러나 비영업손실 발생으로 당기순손실 19.2억원 발생. 2014년 12월 한국국제협력단(KOICA)의 공적개발원조(ODA) 사업으로 튀니지 코르크참나무숲 복원 시범사업을 따냄. Agro Park와 여주센터 기업양묘장 등 생산시설의 운영으로 수목 생산판매 증대.

현금 흐름 *IFRS 별도 기준 (단위 : 억원)

항목	2016	2017.3Q
영업활동	14	—
투자활동	1	—
재무활동	-9	—
순현금흐름	6	—
기말현금	11	—

시장 대비 수익률
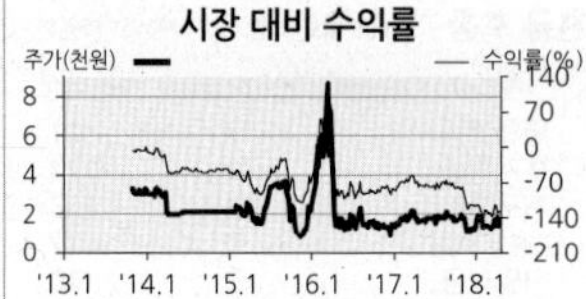

결산 실적 (단위 : 억원)

항목	2012	2013	2014	2015	2016	2017
매출액	178	163	168	190	237	—
영업이익	6	5	5	4	5	—
당기순이익	3	2	1	2	-19	—

분기 실적 *IFRS 별도 기준 (단위 : 억원)

항목	2016.2Q	2016.3Q	2016.4Q	2017.1Q	2017.2Q	2017.3Q
매출액	—	—	—	—	—	—
영업이익	—	—	—	—	—	—
당기순이익	—	—	—	—	—	—

재무 상태 *IFRS 별도 기준 (단위 : 억원)

항목	2012	2013	2014	2015	2016	2017.3Q
총자산	138	140	141	148	117	—
유형자산	55	52	49	47	37	—
무형자산	1	0	0	0	0	—
유가증권	2	2	2	2	2	—
총부채	95	95	95	101	82	—
총차입금	70	73	73	78	63	—
자본금	17	17	17	17	18	—
총자본	43	45	46	48	35	—
지배주주지분	43	45	46	48	35	—

기업가치 지표 *IFRS 별도 기준

항목	2012	2013	2014	2015	2016	2017.3Q
주가(최고/저)(천원)	—/—	4.0/2.0	2.7/1.8	9.0/0.8	7.3/0.9	2.2/1.0
PER(최고/저)(배)	0.0/0.0	62.8/31.8	67.2/45.2	198.3/18.0	—/—	—/—
PBR(최고/저)(배)	0.0/0.0	2.9/1.5	1.9/1.3	6.3/0.6	7.5/0.9	0.0/0.0
EV/EBITDA(배)	6.4	15.6	19.0	37.1	13.8	—/—
EPS(원)	81	63	40	45	-553	—
BPS(원)	12,819	1,345	1,393	1,438	972	—
CFPS(원)	1,602	179	146	148	-465	—
DPS(원)	—	—	—	—	—	—
EBITDAPS(원)	2,722	258	242	228	234	—

재무 비율 (단위 : %)

연도	영업이익률	순이익률	부채비율	차입금비율	ROA	ROE	유보율	자기자본비율	EBITDA마진율
2016	2.2	-8.1	237.3	180.7	-14.5	-46.5	94.3	29.7	3.4
2015	2.2	0.8	210.6	162.3	1.0	3.2	187.6	32.2	4.0
2014	2.7	0.8	204.3	157.4	0.9	2.9	178.5	32.9	4.8
2013	2.9	1.3	213.5	163.4	1.5	4.8	169.0	31.9	5.3

슈프리마 (A236200)
Suprema

업 종 : 보안장비 | 시 장 : KOSDAQ
신용등급 : (Bond) — (CP) — | 기업규모 : 중견
홈페이지 : www.suprema.co.kr | 연 락 처 : 031)783-4505
본 사 : 경기도 성남시 분당구 정자일로 248, 16층

설 립 일	2015.12.31	종업원수	127명	대표이사	송봉섭,문영수
상 장 일	2016.02.05	감사의견	적정(안진)	계 열	
결 산 기	12월	보 통 주		종속회사수	1개사
액 면 가	500원	우 선 주		구 상 호	

주주구성 (지분율,%)		출자관계 (지분율,%)		주요경쟁사 (외형,%)	
슈프리마에이치큐	24.6	SupremaSystemUK	100.0	슈프리마	100
국민연금공단	6.2	SupremaFranceS.A.R.L	100.0		
(외국인)	5.8	SupremaUAE	100.0		

매출구성		비용구성		수출비중	
바이오인식시스템	70.7	매출원가율	46.8	수출	85.9
바이오인식솔루션	20.5	판관비율	26.8	내수	14.1
기타	8.8				

회사 개요
동사는 바이오인식 알고리즘, 모듈 등 각종 솔루션 제품과 바이오인식 단말기, 소프트웨어 등 다양한 응용 시스템 등의 제조 및 판매를 주요사업으로 영위하고 있음. 바이오인식 기술은 기존에 비밀번호, 카드, 인증서 및 신분증을 사용하던 거의 모든 분야에 적용되어 사용될 수 있는 기술이며 특히 가장 널리 사용되고 있는 지문인식은 보안성(정확도), 사용 편리성, 적절한 가격 등 실생활 적용이 용이한 요소들을 고루 갖추었음.

실적 분석
동사의 연결기준 2017년 결산 누적매출액은 470.6억원으로 전년동기 대비 11.6% 증가하였음. 영업이익또한 전년동기 대비 15.1% 증가한 124.1억원을 시현. 그러나 비영업손실 32.7억원을 기록하며 적자전환함. 따라서 당기순이익도 전년동기대비 18.3% 감소. 다만 테러위협의 증가, 빈부격차 심화, 기후변화 등 보안의 중요성이 강조되면서 바이오인식기술의 뛰어난 보안성으로 인해 공공부문 주도로 산업 성장중이기에 실적 개선 기대.

현금 흐름 (단위 : 억원)

항목	2016	2017
영업활동	133	130
투자활동	48	-116
재무활동	—	0
순현금흐름	191	-7
기말현금	319	313

시장 대비 수익률
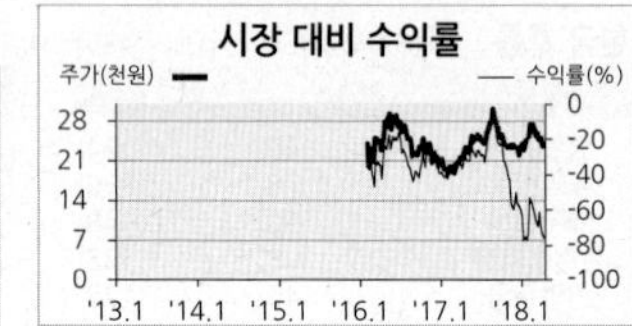

결산 실적 (단위 : 억원)

항목	2012	2013	2014	2015	2016	2017
매출액	—	—	—	—	422	471
영업이익	—	—	—	—	108	124
당기순이익	—	—	—	—	111	91

분기 실적 (단위 : 억원)

항목	2016.3Q	2016.4Q	2017.1Q	2017.2Q	2017.3Q	2017.4Q
매출액	97	122	95	112	111	152
영업이익	21	33	25	23	27	49
당기순이익	13	45	4	35	34	18

재무 상태 (단위 : 억원)

항목	2012	2013	2014	2015	2016	2017
총자산	—	—	—	811	947	1,033
유형자산	—	—	—	65	52	50
무형자산	—	—	—	82	89	95
유가증권	—	—	—	211	185	192
총부채	—	—	—	40	64	61
총차입금	—	—	—	0	—	—
자본금	—	—	—	35	35	35
총자본	—	—	—	771	882	972
지배주주지분	—	—	—	771	882	972

기업가치 지표

항목	2012	2013	2014	2015	2016	2017
주가(최고/저)(천원)	—/—	—/—	—/—	—/—	—/—	—/—
PER(최고/저)(배)	0.0/0.0	0.0/0.0	0.0/0.0	0.0/0.0	19.5/12.4	23.5/14.3
PBR(최고/저)(배)	0.0/0.0	0.0/0.0	0.0/0.0	0.0/0.0	2.5/1.6	2.2/1.3
EV/EBITDA(배)	0.0	0.0	0.0	0.0	7.3	7.4
EPS(원)	—	—	—	—	1,571	1,284
BPS(원)	—	—	—	10,894	12,462	13,729
CFPS(원)	—	—	—	—	1,994	1,758
DPS(원)	—	—	—	—	—	—
EBITDAPS(원)	—	—	—	—	1,945	2,226

재무 비율 (단위 : %)

연도	영업이익률	순이익률	부채비율	차입금비율	ROA	ROE	유보율	자기자본비율	EBITDA마진율
2017	26.4	19.3	6.2	0.0	9.2	9.8	2,645.8	94.1	33.5
2016	25.6	26.4	7.3	0.0	12.7	13.5	2,392.3	93.2	32.7
2015	0.0	0.0	5.2	0.0	0.0	0.0	2,078.7	95.1	0.0
2014	0.0	0.0	0.0	0.0	0.0	0.0	0.0	0.0	0.0

슈프리마에이치큐 (A094840)

Suprema HQ

업 종 : 보안장비 　 시 장 : KOSDAQ
신용등급 : (Bond) — (CP) — 　 기업규모 : 벤처
홈페이지 : www.suprema.co.kr 　 연 락 처 : 031)783-4505
본 사 : 경기도 성남시 분당구 정자일로 248 (파크뷰타워 16층)

설 립 일	2000.05.04	**종업원수**	53명	**대 표 이 사**	이재원
상 장 일	2008.07.11	**감사의견**	적정(안진)	**계 열**	
결 산 기	12월	**보 통 주**		**종속회사수**	4개사
액 면 가	500원	**우 선 주**		**구 상 호**	슈프리마

주주구성 (지분율,%)		출자관계 (지분율,%)		주요경쟁사 (외형,%)	
이재원	31.6	더그루	100.0	슈프리마에이치큐	100
신동목	8.1	슈프리마아이디	100.0	코콤	500
(외국인)	2.1	나란테크	27.1	슈프리마	164

매출구성		비용구성		수출비중	
융합보안	46.7	매출원가율	65.1	수출	—
ID솔루션	44.9	판관비율	21.9	내수	—
기타	8.4				

회사 개요

동사는 2000년에 설립된 지문인식 소프트웨어 개발업체로 세계 최고수준의 기술력을 보유하고 있음. 동사는 국내시장을 선점해 지문인식 기반의 무인시스템 시장의 점유율 60%를 차지하고 있고, 해외시장에서 점유율을 확대하고 있음. 동사는 에스원에 도어록 지문인식, 외교부 등에 전자여권 판독기 등을 공급하고 있음. 2012년 2월 북미지역 최대 보안업체인 ADI사와 제품공급 계약을 체결했으며, 인도, 멕시코, 필리핀 등으로 수출 지역을 확대함.

실적 분석

동사의 2017년 연결 기준 연간 누적 매출액은 286.3억원으로 전년 동기 대비 6.1% 감소함. 매출이 감소했지만 매출 감소율 대비 매출원가 감소율은 더 크고 판매비와 관리비 또한 큰 폭으로 줄면서 영업이익은 전년 동기 대비 5.2% 증가한 37.1억원을 시현함. 비영업부문에서 외환손실 등으로 이익 규모가 줄었지만 법인세 비용 부담이 감소하면서 당기순이익은 전년 동기 대비 20.6% 증가한 46.5억원을 기록함.

현금 흐름

〈단위 : 억원〉

항목	2016	2017
영업활동	52	45
투자활동	-24	-88
재무활동	-8	—
순현금흐름	21	-41
기말현금	172	132

시장 대비 수익률

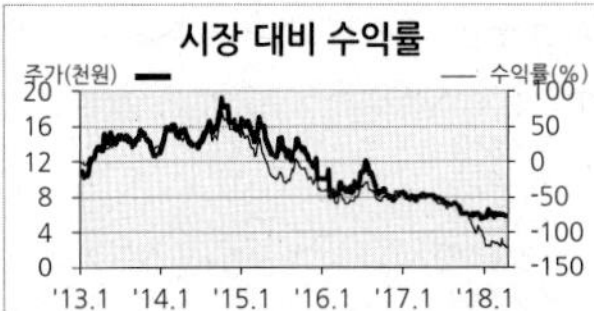

결산 실적

〈단위 : 억원〉

항목	2012	2013	2014	2015	2016	2017
매출액	547	539	392	275	305	286
영업이익	174	154	88	3	35	37
당기순이익	171	124	147	128	39	47

분기 실적

〈단위 : 억원〉

항목	2016.3Q	2016.4Q	2017.1Q	2017.2Q	2017.3Q	2017.4Q
매출액	64	69	59	77	71	79
영업이익	5	8	4	15	13	6
당기순이익	-3	27	-8	40	20	-5

재무 상태

〈단위 : 억원〉

항목	2012	2013	2014	2015	2016	2017
총자산	1,246	1,374	1,528	866	1,252	1,293
유형자산	94	140	155	83	44	60
무형자산	81	98	107	42	37	33
유가증권	323	322	280	208	106	107
총부채	85	89	92	62	69	66
총차입금	24	16	12	8	—	—
자본금	74	74	74	38	52	52
총자본	1,161	1,285	1,436	803	1,183	1,227
지배주주지분	1,148	1,272	1,422	790	1,169	1,212

기업가치 지표

항목	2012	2013	2014	2015	2016	2017
주가(최고/저)(천원)	12.9/7.0	16.0/9.8	20.0/12.8	17.1/10.0	12.1/7.5	8.7/5.6
PER(최고/저)(배)	11.2/6.1	19.0/11.7	20.1/12.9	19.7/11.5	29.2/18.1	19.4/12.4
PBR(최고/저)(배)	1.6/0.9	1.8/1.1	2.0/1.3	1.5/0.9	1.0/0.6	0.7/0.5
EV/EBITDA(배)	9.9	13.8	24.1	42.8	9.5	3.3
EPS(원)	1,148	839	995	870	413	449
BPS(원)	8,152	8,987	10,004	11,226	11,820	12,238
CFPS(원)	1,306	1,034	1,243	1,163	574	568
DPS(원)	—	—	—	—	—	—
EBITDAPS(원)	1,340	1,242	845	316	548	473

재무 비율

〈단위 : %〉

연도	영업이익률	순이익률	부채비율	차입금비율	ROA	ROE	유보율	자기자본비율	EBITDA마진율
2017	13.0	16.3	5.4	0.0	3.7	4.0	2,347.6	94.9	17.3
2016	11.6	12.7	5.8	0.0	3.6	3.8	2,264.1	94.5	16.4
2015	1.3	46.6	7.7	1.0	10.7	11.6	2,145.1	92.8	16.9
2014	22.4	37.6	6.4	0.8	10.2	10.9	1,900.7	94.0	31.7

슈피겐코리아 (A192440)

Spigen Korea

업 종 : 휴대폰 및 관련부품 　 시 장 : KOSDAQ
신용등급 : (Bond) — (CP) — 　 기업규모 : 우량
홈페이지 : www.spigenkorea.co.kr 　 연 락 처 : 070)4018-0296
본 사 : 서울시 금천구 가산디지털1로 128, STX-V타워 1709호

설 립 일	2009.02.18	**종업원수**	197명	**대 표 이 사**	김대영
상 장 일	2014.11.05	**감사의견**	적정(대주)	**계 열**	
결 산 기	12월	**보 통 주**		**종속회사수**	3개사
액 면 가	500원	**우 선 주**		**구 상 호**	

주주구성 (지분율,%)		출자관계 (지분율,%)		주요경쟁사 (외형,%)	
김대영	59.2	마크앤드로우	30.0	슈피겐코리아	100
국민연금공단	4.1	엠크라스	7.5	이랜텍	262
(외국인)	8.7	아이오	6.2	모베이스	143

매출구성		비용구성		수출비중	
[제품]케이스	80.7	매출원가율	29.5	수출	87.5
[제품]기타	19.3	판관비율	49.0	내수	12.5

회사 개요

동사는 2009년 2월 되어 2014년에 코스닥 시장에 상장한 모바일기기 악세사리의 제조 및 판매기업임. 모바일 액세서리는 패션아이템에 속하기 때문에 트렌드에 민감하며 시장의 니즈를 적시에 파악하지 못하면 장기적인 시장 지배는 어려우나 BELKIN 등 선도업체와 여러 경쟁사가 각각의 포지셔닝을 갖고 경쟁중임. 현재 관련 시장은 대형 유통업체들이 자체 브랜드로 참여하면서 저가시장의 경쟁이 치열해지고 있음.

실적 분석

동사의 2017년 매출액은 2,249.9억원으로 전년 동기 대비 25.5% 증가함. 외형확대는 삼성전자 갤럭시 신제품 효과의 영향이 큼. 유럽시장 진출이 점차 긍정적 결과를 도출하며 나타난 것으로 북미시장 매출에 의존해 제한되었던 과거의 성장성이 유럽시장 진출을 통해 확보된 것으로 판단됨. 동사에겐 유럽시장이 이제 막 성장하기 시작한 시장으로써 당분간 동사 실적 개선을 견인하는 주요 요인이 될 것으로 전망.

현금 흐름

〈단위 : 억원〉

항목	2016	2017
영업활동	292	350
투자활동	-86	-224
재무활동	-7	-61
순현금흐름	206	52
기말현금	499	551

시장 대비 수익률

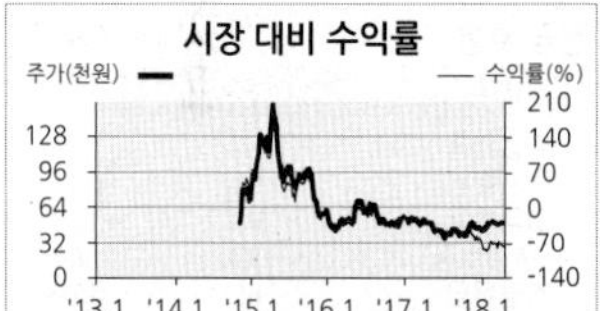

결산 실적

〈단위 : 억원〉

항목	2012	2013	2014	2015	2016	2017
매출액	504	665	1,420	1,481	1,793	2,250
영업이익	108	156	481	442	435	483
당기순이익	55	116	406	373	386	407

분기 실적

〈단위 : 억원〉

항목	2016.3Q	2016.4Q	2017.1Q	2017.2Q	2017.3Q	2017.4Q
매출액	486	544	362	526	544	817
영업이익	88	154	69	111	121	181
당기순이익	59	182	36	92	103	176

재무 상태

〈단위 : 억원〉

항목	2012	2013	2014	2015	2016	2017
총자산	325	466	1,441	1,782	2,153	2,576
유형자산	53	84	74	59	71	424
무형자산	6	6	7	9	18	16
유가증권	—	—	30	35	160	344
총부채	69	81	152	195	217	362
총차입금	0	10	8	—	—	54
자본금	22	22	31	31	31	31
총자본	255	385	1,289	1,586	1,936	2,214
지배주주지분	255	385	1,289	1,586	1,936	2,214

기업가치 지표

항목	2012	2013	2014	2015	2016	2017
주가(최고/저)(천원)	—/—	—/—	82.0/41.0	164/53.1	72.2/42.6	55.9/36.8
PER(최고/저)(배)	0.0/0.0	0.0/0.0	9.8/4.9	28.2/9.1	11.9/7.0	8.6/5.7
PBR(최고/저)(배)	0.0/0.0	0.0/0.0	4.1/2.1	6.6/2.1	2.3/1.4	1.5/1.0
EV/EBITDA(배)	—	—	7.6	5.7	5.4	3.4
EPS(원)	1,676	2,685	8,734	5,999	6,202	6,540
BPS(원)	5,900	8,902	20,736	25,779	31,406	36,805
CFPS(원)	1,738	2,757	8,808	6,074	6,335	6,721
DPS(원)	—	—	660	600	500	500
EBITDAPS(원)	3,309	3,682	10,425	7,187	7,137	7,955

재무 비율

〈단위 : %〉

연도	영업이익률	순이익률	부채비율	차입금비율	ROA	ROE	유보율	자기자본비율	EBITDA마진율
2017	21.5	18.1	16.3	2.4	17.2	19.6	7,261.0	86.0	22.0
2016	24.3	21.5	11.2	0.0	19.6	21.9	6,181.1	89.9	24.8
2015	29.9	25.2	12.3	0.0	23.1	25.9	5,055.8	89.0	30.2
2014	33.9	28.6	11.8	0.6	42.6	48.5	4,047.1	89.4	34.1

스맥 (A099440)
SMEC

업　　종 : 기계		시　　장 : KOSDAQ	
신용등급 : (Bond) —	(CP) —	기업규모 : 중견	
홈페이지 : www.esmec.com		연 락 처 : 055)340-4800	
본　　사 : 경남 김해시 주촌면 골든루트로 157-10			

설 립 일	1996.03.05	**종업원수**	215명	**대표이사**	최영섭
상 장 일	2009.05.26	**감사의견**	적정(대주)	**계　열**	
결 산 기	12월	**보 통 주**		**종속회사수**	2개사
액 면 가	500원	**우 선 주**		**구　상　호**	SMEC

주주구성 (지분율,%)		출자관계 (지분율,%)		주요경쟁사 (외형,%)	
이다원	5.6	테크센	100.0	스맥	100
한국증권금융	3.3	SMECVINA	100.0	로보스타	128
(외국인)	3.3			뉴로스	28

매출구성		비용구성		수출비중	
[기계사업]CNC선반	49.1	매출원가율	82.5	수출	44.1
[기계사업]MCT	34.2	판관비율	14.5	내수	55.9
[기계사업]A/S, 부품 외 기타	9.8				

회사 개요
1996년 설립돼 2009년 코스닥 시장에 상장한 동사 사업은 크게 기계사업부문과 통신사업부문으로 분류됨. 기계사업부문은 주로 공작기계(중소형 CNC선반, 머시닝센터 등) 및 관련 부품, LCD 생산관련 Robot의 제조 · 판매 등을 주요사업으로 영위함. 통신사업부는 이종망간의 연동장치를 개발하여 서로 다른 망이 유기적으로 연결되어 제 기능을 발휘하도록 하는 Gateway를 전문으로 개발하고 있음.

실적 분석
2017년 연결기준 동사 매출액은 1611.3억원을 기록함. 전년도 매출액인 1227.8억원에 비해 31.2% 증가한 금액임. 매출원가가 35.7% 증가하고 판매비와 관리비가 13.6% 늘었으나 매출 상승폭이 이를 상회해 영업이익은 전년도 41.8억원에서 12.8% 증가한 47.2억원을 기록함. 비영업부문은 적자가 지속됐으며 손실폭이 커짐. 이에 당기순이익은 전년도 19.7억원에서 83% 감소한 3.3억원을 기록하는 데 그침.

현금 흐름 〈단위 : 억원〉

항목	2016	2017
영업활동	127	49
투자활동	-99	-11
재무활동	109	-103
순현금흐름	137	-66
기말현금	185	119

시장 대비 수익률
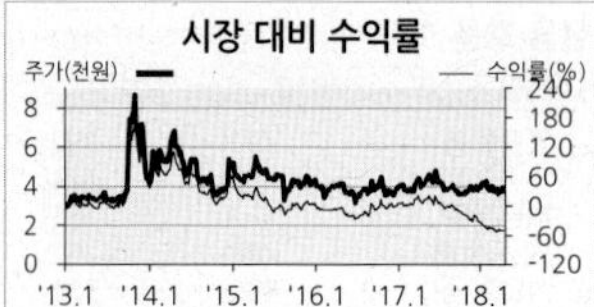

결산 실적 〈단위 : 억원〉

항목	2012	2013	2014	2015	2016	2017
매출액	1,343	1,280	1,397	1,220	1,228	1,611
영업이익	68	61	60	43	42	47
당기순이익	15	49	26	34	20	3

분기 실적 〈단위 : 억원〉

항목	2016.3Q	2016.4Q	2017.1Q	2017.2Q	2017.3Q	2017.4Q
매출액	345	474	384	361	403	463
영업이익	17	60	9	1	7	30
당기순이익	-12	67	-31	9	16	8

재무 상태 〈단위 : 억원〉

항목	2012	2013	2014	2015	2016	2017
총자산	1,325	1,702	1,960	1,758	2,156	2,045
유형자산	311	465	509	509	607	576
무형자산	191	190	174	162	158	131
유가증권	1	0	0	4	3	2
총부채	847	1,092	1,143	918	1,251	1,085
총차입금	604	770	735	710	863	733
자본금	74	86	109	109	119	127
총자본	479	610	817	841	905	960
지배주주지분	479	610	817	841	905	960

기업가치 지표

항목	2012	2013	2014	2015	2016	2017
주가(최고/저)(천원)	4.1/2.5	9.2/3.0	6.8/3.5	5.5/3.3	4.5/3.2	4.8/3.5
PER(최고/저)(배)	44.6/26.9	31.7/10.2	57.3/29.0	37.3/22.0	51.6/36.6	366.0/268.7
PBR(최고/저)(배)	1.0/0.6	2.2/0.7	1.6/0.8	1.2/0.7	1.0/0.7	1.1/0.8
EV/EBITDA(배)	11.8	17.2	18.2	19.0	17.6	16.3
EPS(원)	97	304	125	154	89	13
BPS(원)	4,433	4,581	4,545	4,654	4,567	4,500
CFPS(원)	231	485	267	342	305	204
DPS(원)	20	40	40	50	50	50
EBITDAPS(원)	590	558	426	385	405	377

재무 비율 〈단위 : %〉

연도	영업이익률	순이익률	부채비율	차입금비율	ROA	ROE	유보율	자기자본비율	EBITDA마진율
2017	2.9	0.2	113.0	76.3	0.2	0.4	799.9	47.0	5.9
2016	3.4	1.6	138.3	95.4	1.0	2.3	813.4	42.0	7.3
2015	3.5	2.8	109.1	84.4	1.8	4.1	830.7	47.8	6.9
2014	4.3	1.9	139.9	89.9	1.4	3.7	809.1	41.7	6.4

스카이문스테크놀로지 (A033790)
Skymoons technology

업　　종 : 통신장비		시　　장 : KOSDAQ	
신용등급 : (Bond) —	(CP) —	기업규모 : 중견	
홈페이지 : www.seohwa.co.kr		연 락 처 : 031)345-5100	
본　　사 : 경기도 안양시 동안구 부림로 170번길 41-3(관양동,서화빌딩)			

설 립 일	1990.02.09	**종업원수**	35명	**대표이사**	장푸
상 장 일	2001.06.15	**감사의견**	적정(삼일)	**계　열**	
결 산 기	12월	**보 통 주**		**종속회사수**	
액 면 가	500원	**우 선 주**		**구　상　호**	서화정보통신

주주구성 (지분율,%)		출자관계 (지분율,%)		주요경쟁사 (외형,%)	
Earn Wide International Limited	27.2	스카이문스이아이게임즈	90.0	스카이문스테크놀로지	100
Skywinds Technology Co., Ltd	20.5	파워텔티알에스	2.2	라이트론	612
(외국인)	53.9	케이티파워텔	0.2	빛샘전자	419

매출구성		비용구성		수출비중	
[제품]중계기류	50.2	매출원가율	95.3	수출	0.0
[상품]중계기류	24.4	판관비율	36.6	내수	100.0
[상품]기타	10.0				

회사 개요
동사는 무선통신시스템용 중계기를 통신사업자에게 공급하고 있으며 주요 고객으로는 이동전화사업자인 SK텔레콤, 주파수공용통신사업자인 케이티파워텔, 디지털지상파방송사업자인 KBS를 비롯한 각 방송사 등이 있음. 매출은 중계기류가 약 63%, 기타 37%로 구성되어 있음. 시장 축소 및 경쟁 심화로 매출액은 감소세에 있음. 신제품 개발을 통한 성장 모색이 필요한 시점으로 판단됨.

실적 분석
동사의 2017년 연결기준 연간 매출액은 134.6억원으로 전년 대비 2.9% 증가함. 반면 매출원가 상승 및 판매단가 하락으로 영업손실과 당기순손실은 각각 42.9억원, 47.6억원으로 적자가 지속됨. 해외 이동통신 중계기 시장은 WCMDA 와 LTE 등의 신규 이동통신 서비스의 확대가속화로 해외 통신사업자들에게 DAS, ICS 등 중계기 시스템에 대한 수요가 증가하여 미국, 일본, 유럽 등으로 수출이 증가할 것으로 예상됨.

현금 흐름 〈단위 : 억원〉

항목	2016	2017
영업활동	-12	-54
투자활동	1	-91
재무활동	—	398
순현금흐름	-11	252
기말현금	17	269

시장 대비 수익률
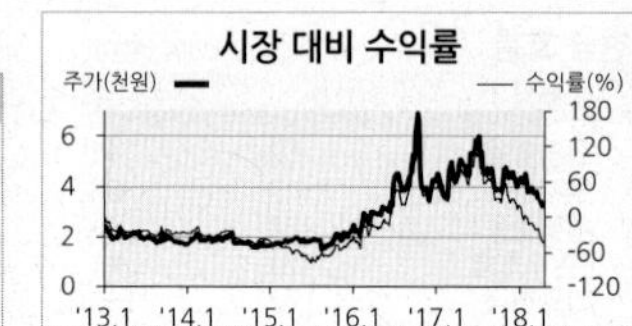

결산 실적 〈단위 : 억원〉

항목	2012	2013	2014	2015	2016	2017
매출액	140	95	209	230	131	135
영업이익	-30	-18	9	-3	-22	-43
당기순이익	-23	-12	12	1	-21	-48

분기 실적 〈단위 : 억원〉

항목	2016.3Q	2016.4Q	2017.1Q	2017.2Q	2017.3Q	2017.4Q
매출액	17	—	—	—	48	—
영업이익	-6	—	—	—	-4	—
당기순이익	-5	—	—	—	-4	—

재무 상태 〈단위 : 억원〉

항목	2012	2013	2014	2015	2016	2017
총자산	269	258	292	302	285	627
유형자산	26	47	115	133	130	127
무형자산	4	1	1	1	1	5
유가증권	115	76	69	93	103	45
총부채	29	27	50	59	61	231
총차입금	—	—	30	30	30	213
자본금	57	57	57	57	57	86
총자본	240	231	242	243	223	395
지배주주지분	240	231	242	243	223	394

기업가치 지표

항목	2012	2013	2014	2015	2016	2017
주가(최고/저)(천원)	2.8/1.7	2.6/1.7	2.2/1.6	2.8/1.5	6.9/1.9	6.3/3.6
PER(최고/저)(배)	—/—	—/—	20.4/14.6	378.8/210.0	—/—	—/—
PBR(최고/저)(배)	1.3/0.8	1.2/0.8	1.0/0.7	1.3/0.7	3.5/1.0	2.7/1.6
EV/EBITDA(배)	—	—	9.4	147.1	—	—
EPS(원)	-201	-103	108	7	-182	-324
BPS(원)	2,129	2,051	2,146	2,159	1,986	2,320
CFPS(원)	-169	-82	126	47	-142	-293
DPS(원)	—	—	—	—	—	—
EBITDAPS(원)	-232	-132	94	10	-156	-265

재무 비율 〈단위 : %〉

연도	영업이익률	순이익률	부채비율	차입금비율	ROA	ROE	유보율	자기자본비율	EBITDA마진율
2017	-31.9	-35.4	58.5	53.9	-10.4	-15.2	364.0	63.1	-28.6
2016	-17.1	-15.9	27.5	13.4	-7.1	-8.9	297.2	78.4	-13.6
2015	-1.5	0.4	24.4	12.3	0.3	0.3	331.9	80.4	0.5
2014	4.2	5.9	20.7	12.4	4.5	5.2	329.2	82.8	5.2

*관리종목

스킨앤스킨 (A159910)

Skin n Skin

업 종 : 개인생활용품
신용등급 : (Bond) — (CP) —
홈페이지 : www.skinnskin.co.kr
본 사 : 경기도 파주시 문산읍 돈유2로 14-1

시 장 : KOSDAQ
기업규모 :
연 락 처 : 070-5073-4918

설 립 일	2006.06.19	종업원수	76명	대 표 이 사	김정우,서세환
상 장 일	2012.12.27	감사의견	적정(삼화)	계 열	
결 산 기	12월	보 통 주		종속회사수	6개사
액 면 가	100원	우 선 주		구 상 호	MBK

주주구성 (지분율,%)		출자관계 (지분율,%)		주요경쟁사 (외형,%)	
한국줄기세포뱅크	7.6	씨엠디엘	100.0	스킨앤스킨	100
비아이티1호조합	6.4	에이디앤티	100.0	제닉	217
(외국인)	0.8	미래모바일	100.0	한국화장품	506

매출구성		비용구성		수출비중	
OLED소재(기타)	70.8	매출원가율	72.8	수출	12.2
승화정제기(기타)	23.2	판관비율	54.2	내수	87.8
용역(용역)	5.7				

회사 개요

동사는 기초화합물 제조, 디스플레이(OLED)용 소재의 개발 및 생산, 임가공 생산을 하고 있으며, OLED소재의 고순도화에 필수장비인 승화정제기 제조 사업을 영위하고 있음. 두산전자를 통해 삼성전자에 납품하고 있으며, 삼성전자 내에서 그린호스트는 독점, HTL은 덕산하이메탈에 이어 시장점유율 2위를 기록 중임. AMOLED소재용 승화정제기는 국내 AMOLED 소재업체 대부분에 납품하고 있음.

실적 분석

동사의 2017년 누적 매출액은 298.7억원으로 전년대비 22.1% 감소함. 매출 부진으로 같은 기간 영업손실은 80.7억원으로 적자전환됨. 비영업손실의 적자폭이 확대되며 당기순손실 또한 적자지속 중임. 동사는 카쉐어링 전문업체 '피플카'를 인수하며 언택트 플랫폼 구축에 나섬. 최근 언택트(untact) 마케팅이 대세가 됨에 따라 피플카쉐어링의 언택트 플랫폼을 공유하여 할랄 화장품 시장 공략에 적극 활용해 시너지를 창출해 낼 계획임.

현금 흐름

<단위 : 억원>

항목	2016	2017
영업활동	6	-49
투자활동	-34	-22
재무활동	53	60
순현금흐름	26	-12
기말현금	98	86

시장 대비 수익률

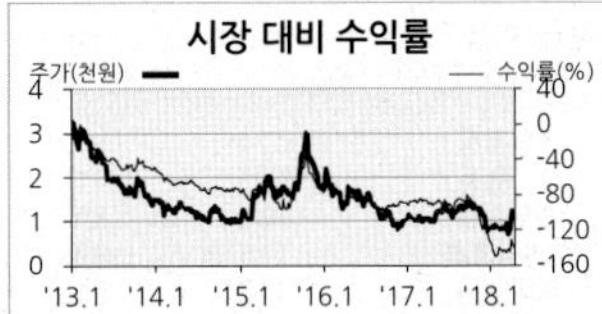

결산 실적

<단위 : 억원>

항목	2012	2013	2014	2015	2016	2017
매출액	209	106	91	197	384	299
영업이익	59	-34	-54	-38	7	-81
당기순이익	61	-20	-64	-157	-120	-187

분기 실적

<단위 : 억원>

항목	2016.3Q	2016.4Q	2017.1Q	2017.2Q	2017.3Q	2017.4Q
매출액	90	122	86	64	108	41
영업이익	1	3	-16	-21	-11	-32
당기순이익	-14	-55	-29	-58	-7	-92

재무 상태

<단위 : 억원>

항목	2012	2013	2014	2015	2016	2017
총자산	444	432	441	619	589	502
유형자산	215	317	322	309	281	257
무형자산	11	17	20	69	38	22
유가증권	—	0	6	26	26	17
총부채	118	118	190	383	224	266
총차입금	93	80	151	263	122	165
자본금	40	42	43	56	74	82
총자본	326	313	252	236	365	236
지배주주지분	326	313	252	236	388	277

기업가치 지표

항목	2012	2013	2014	2015	2016	2017
주가(최고/저)(천원)	2.4/2.3	3.3/1.3	1.5/1.0	3.1/1.0	2.2/0.8	1.5/0.7
PER(최고/저)(배)	13.4/13.0	—/—	—/—	—/—	—/—	—/—
PBR(최고/저)(배)	3.0/2.9	4.4/1.8	2.5/1.6	7.4/2.3	4.2/1.5	4.1/2.0
EV/EBITDA(배)	14.1	—	—	—	15.8	—
EPS(원)	180	-49	-151	-280	-143	-196
BPS(원)	4,035	3,727	2,949	422	525	365
CFPS(원)	983	-115	-571	-239	-85	-152
DPS(원)	—	—	—	—	—	—
EBITDAPS(원)	955	-280	-443	-29	68	-57

재무 비율

<단위 : %>

연도	영업이익률	순이익률	부채비율	차입금비율	ROA	ROE	유보율	자기자본비율	EBITDA마진율
2017	-27.0	-62.5	112.9	69.9	-34.2	-47.4	264.7	47.0	-15.3
2016	1.8	-31.2	61.3	33.6	-19.8	-30.5	425.0	62.0	11.8
2015	-19.2	-79.6	161.9	111.2	-29.6	-61.8	322.3	38.2	-7.9
2014	-58.6	-70.6	75.3	60.1	-14.8	-22.8	489.7	57.0	-41.4

스타플렉스 (A115570)

StarFlex

업 종 : 미디어
신용등급 : (Bond) — (CP) —
홈페이지 : www.star-flex.com
본 사 : 충북 음성군 삼성면 대성로 417

시 장 : KOSDAQ
기업규모 : 중견
연 락 처 : 043)878-4071

설 립 일	1996.07.11	종업원수	221명	대 표 이 사	김세권
상 장 일	2010.01.27	감사의견	적정(신한)	계 열	
결 산 기	12월	보 통 주		종속회사수	2개사
액 면 가	500원	우 선 주		구 상 호	

주주구성 (지분율,%)		출자관계 (지분율,%)		주요경쟁사 (외형,%)	
김세권	56.7	스타케미칼	90.6	스타플렉스	100
김동훈	4.9	STARFLEXVIETNAM	100.0	팬엔터테인먼트	49
(외국인)	0.0	STARFLEXFLCORP	100.0	에프엔씨애드컬쳐	38

매출구성		비용구성		수출비중	
FLEX원단	100.0	매출원가율	86.1	수출	—
		판관비율	10.9	내수	—

회사 개요

동사는 1985년 설립되어 광고용 사인소재 분야에서 디지털프린팅 기술에 가장 적합한 고품질의 FLEX 원단 및 Banner 원단을 공급하고 있음. 유럽과 상하이에 위치한 비상장회사 등 총 4개의 계열회사를 보유하고 있으며, 연결대상 종속회사로 합성원사를 제조하는 '스타케미칼'을 보유하고 있음. 동사는 전세계를 매출처로 하여, 경쟁사가 많은 유럽 현지 제조국에 진출하는 동시에 중국의 저가제품에 대해서도 현격한 품질로 가격경쟁력을 확보하고 있음.

실적 분석

동사의 2017년도 결산 연결기준 누적 매출액은 전년대비 2% 증가한 869.9억원임. 이는 최근 선진국 중심으로 친환경 문제가 대두됨에 따라 친환경 제품 출시에 성공하고 재활용 시트를 이용한 세계 최초 리사이클 제품을 출시한 것이 영향을 미친 것으로 보임. 영업이익은 26억원을 기록하며 전년대비 74.3% 감소. 비영업손실이 117.2억원을 기록하며 적자지속되어 당기순손실도 86.4억원을 기록하며 적자전환함.

현금 흐름

<단위 : 억원>

항목	2016	2017
영업활동	-29	-40
투자활동	37	-134
재무활동	-37	184
순현금흐름	-27	9
기말현금	34	43

시장 대비 수익률

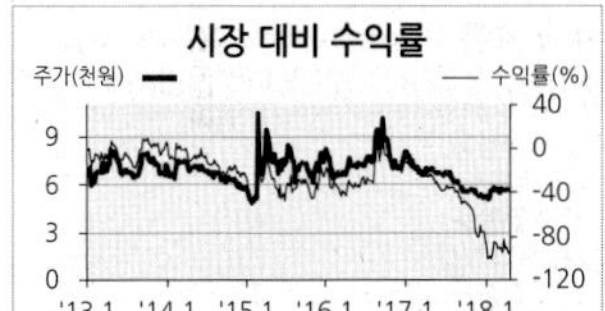

결산 실적

<단위 : 억원>

항목	2012	2013	2014	2015	2016	2017
매출액	2,595	1,001	878	792	853	870
영업이익	39	62	55	79	101	26
당기순이익	-155	-1	-13	-47	63	-87

분기 실적

<단위 : 억원>

항목	2016.3Q	2016.4Q	2017.1Q	2017.2Q	2017.3Q	2017.4Q
매출액	209	196	199	215	219	236
영업이익	21	11	12	6	2	5
당기순이익	11	9	2	2	-2	-89

재무 상태

<단위 : 억원>

항목	2012	2013	2014	2015	2016	2017
총자산	1,990	1,418	1,348	1,316	1,307	1,427
유형자산	868	852	858	691	669	646
무형자산	1	1	1	1	1	1
유가증권	11	11	17	17	17	17
총부채	1,440	830	769	772	665	884
총차입금	1,052	685	658	553	484	679
자본금	27	27	28	29	32	32
총자본	550	588	580	545	642	543
지배주주지분	587	636	643	634	738	659

기업가치 지표

항목	2012	2013	2014	2015	2016	2017
주가(최고/저)(천원)	7.4/5.3	8.3/5.8	7.6/5.7	11.0/4.8	10.3/6.4	8.1/5.1
PER(최고/저)(배)	—/—	42.7/29.8	187.0/139.7	—/—	9.8/6.0	—/—
PBR(최고/저)(배)	0.7/0.5	0.7/0.5	0.7/0.5	1.0/0.5	0.9/0.6	0.8/0.5
EV/EBITDA(배)	13.0	11.0	11.3	8.2	7.0	15.1
EPS(원)	-1,948	204	42	-366	1,086	-1,024
BPS(원)	11,467	11,969	11,548	11,051	11,595	10,368
CFPS(원)	-1,051	683	494	62	1,476	-544
DPS(원)	200	200	—	—	80	80
EBITDAPS(원)	1,619	1,621	1,432	1,797	1,991	883

재무 비율

<단위 : %>

연도	영업이익률	순이익률	부채비율	차입금비율	ROA	ROE	유보율	자기자본비율	EBITDA마진율
2017	3.0	-10.0	163.0	125.2	-6.3	-9.5	1,973.6	38.0	6.6
2016	11.9	7.3	103.5	75.4	4.8	10.0	2,219.0	49.2	14.8
2015	10.0	-6.0	141.7	101.5	-3.6	-3.3	2,110.2	41.4	13.2
2014	6.3	-1.5	132.7	113.6	-0.9	0.4	2,209.7	43.0	9.1

스템랩 (A258540)

StemLab

업종 : 의료 장비 및 서비스 | 시장 : KONEX
신용등급 : (Bond) — (CP) — | 기업규모 : —
홈페이지 : www.stemlab.co.kr | 연락처 : 02)7586-9619
본사 : 서울시 성북구 안암로 145 창업보육센터 641비호

설립일	2011.07.08	종업원수	23명	대표이사	오동훈
상장일	2016.11.29	감사의견	적정(대주)	계열	
결산기	12월	보통주		종속회사수	
액면가	—	우선주		구상호	

주주구성 (지분율,%)		출자관계 (지분율,%)		주요경쟁사 (외형,%)	
유승권	27.3			스템랩	100
윤종하	11.3			원익	5,155
				루트로닉	6,576

매출구성		비용구성		수출비중	
의료기기A/S등(용역)	49.3	매출원가율	84.3	수출	10.0
BMD(제품)	31.3	판관비율	335.8	내수	90.0
연구개발(기타)	17.3				

회사 개요

줄기세포, 세포치료제 개발 바이오 벤처기업인 동사는 2016년 11월 코넥스 시장에 상장됨. 줄기세포 치료제를 연구 개발하고 있으며 줄기세포 배양액으로 스킨케어/화장품 사업화를 진행 중임. 이와 함께 맞춤형 건강관리 서비스를 제공할 수 있도록 MRI와 골밀도 측정기 제조/판매를 주요 사업으로 영위하고 있음. 매출 비중은 전자의료기기 유지보수(용역) 49.3%, 골밀도측정기 31.2%, 바이오 연구 용역 17.2%로 구성됨.

실적 분석

동사의 2017년 누적매출액은 13.0억원, 매출원가는 11.0억원임. 같은 기간 41.8억원의 영업적자와 43.4억원의 당기순손실을 기록함. 동사는 성공적인 세포치료제 사업화를 위해 대안치료가 없는 희귀난치질환 세포치료제에 대한 임상을 우선적으로 실시한 후 신경계통 질환으로 적응증을 확대하는 전략을 추진하고 있음. 의료기기 제품은 해외 수출을 위한 해당 국가별 바이어 발굴을 위해 해외 전시회 참가를 적극적으로 추진할 계획임.

현금 흐름 *IFRS 별도 기준 〈단위 : 억원〉

항목	2016	2017
영업활동	-28	-33
투자활동	1	-10
재무활동	49	17
순현금흐름	23	-26
기말현금	33	6

시장 대비 수익률

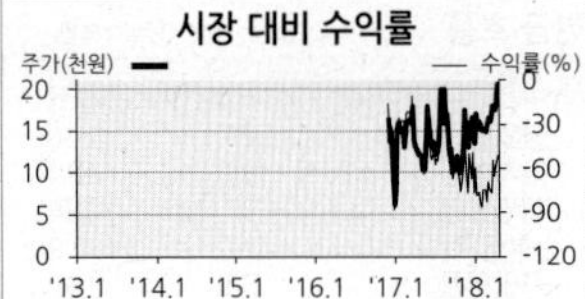

결산 실적 〈단위 : 억원〉

항목	2012	2013	2014	2015	2016	2017
매출액	—	—	17	18	15	13
영업이익	—	-2	-1	-18	-20	-42
당기순이익	—	-2	-1	-20	-21	-43

분기 실적 *IFRS 별도 기준 〈단위 : 억원〉

항목	2016.3Q	2016.4Q	2017.1Q	2017.2Q	2017.3Q	2017.4Q
매출액	—	—	—	—	—	—
영업이익	—	—	—	—	—	—
당기순이익	—	—	—	—	—	—

재무 상태 *IFRS 별도 기준 〈단위 : 억원〉

항목	2012	2013	2014	2015	2016	2017
총자산	—	6	31	31	58	37
유형자산	—	0	3	2	2	4
무형자산	—	6	14	6	4	7
유가증권	—	—	—	—	—	—
총부채	—	6	16	21	19	30
총차입금	—	5	3	15	14	21
자본금	—	1	1	9	11	11
총자본	—	-1	15	10	39	7
지배주주지분	—	-1	15	10	39	7

기업가치 지표 *IFRS 별도 기준

항목	2012	2013	2014	2015	2016	2017
주가(최고/저)(천원)	#VALUE!	—/—	—/—	—/—	—/—	—/—
PER(최고/저)(배)	0.0/0.0	0.0/0.0	0.0/0.0	0.0/0.0	—/—	—/—
PBR(최고/저)(배)	0.0/0.0	0.0/0.0	0.0/0.0	0.0/0.0	11.0/3.3	65.4/15.9
EV/EBITDA(배)	0.0	—	—	—	—	—
EPS(원)	—	-232	-131	-1,463	-1,114	-2,002
BPS(원)	—	-561	11,540	575	1,854	316
CFPS(원)	—	-1,797	-301	-1,268	-994	-1,850
DPS(원)	—	—	—	—	—	—
EBITDAPS(원)	—	-1,635	-157	-1,169	-936	-1,776

재무 비율 〈단위 : %〉

연도	영업이익률	순이익률	부채비율	차입금비율	ROA	ROE	유보율	자기자본비율	EBITDA마진율
2017	-320.1	-332.4	일부잠식	일부잠식	-90.8	-187.5	-36.9	18.6	-294.8
2016	-133.3	-140.6	48.6	36.6	-47.1	-84.6	270.7	67.3	-118.2
2015	-103.1	-110.6	197.7	141.5	-63.6	-155.3	15.0	33.6	-88.3
2014	-7.0	-8.1	107.2	20.0	-7.5	전기잠식	2,207.9	48.3	-1.1

스튜디오드래곤 (A253450)

Studio Dragon

업종 : 미디어 | 시장 : KOSDAQ
신용등급 : (Bond) — (CP) — | 기업규모 : 중견
홈페이지 : 0 | 연락처 : 02)371-7076
본사 : 서울시 마포구 매봉산로 75 1701호

설립일	2016.05.03	종업원수	명	대표이사	최진희
상장일	2017.11.24	감사의견	적정(삼일)	계열	
결산기	12월	보통주		종속회사수	
액면가	500원	우선주		구상호	

주주구성 (지분율,%)		출자관계 (지분율,%)		주요경쟁사 (외형,%)	
CJ E&M	71.3	화앤담픽쳐스	100.0	스튜디오드래곤	100
김선정	2.3	문화창고	100.0	SM C&C	31
(외국인)	1.0	케이피제이	100.0	키이스트	37

매출구성		비용구성		수출비중	
드라마 판매	45.8	매출원가율	83.6	수출	23.4
드라마 편성	34.3	판관비율	4.9	내수	76.6
기타	19.9				

회사 개요

동사는 드라마 콘텐츠를 기획 및 제작하여 미디어 플랫폼에 배급하고 VOD(Video on Demand), OTT(인터넷 동영상 서비스) 등을 통한 유통 및 관련 부가사업을 영위하는 방송영상물제작사업을 주사업으로 하고 있음. 2016년에는 시그널, 또 오해영, 굿와이프, 푸른바다의 전설, 도깨비 등 19편의 드라마를 제작했고, 2017년에는 터널, 비밀의 숲, 황금빛내인생 등 22편의 드라마를 제작하면서 누적 41편의 드라마 IP를 보유함.

실적 분석

동사는 2017년 완성도 높은 드라마 라인업을 바탕으로 사업영역을 다각화하며 높은 성장을 시현함. 특히 '비밀의 숲'을 시작으로 넷플릭스에 드라마 공급을 확대하였으며, 다양한 미디어 사업자들과 사업 확대의 틀을 확보하였음. 이를 바탕으로 연결기준 매출액 2,867.9억원, 영업이익 329.8억원, 당기순이익 238.5억원으로 전년 대비 각각 85.7%, 98.3%, 192.9%의 외형 및 수익의 높은 성장을 기록함.

현금 흐름 〈단위 : 억원〉

항목	2016	2017
영업활동	-124	-72
투자활동	-695	-1,410
재무활동	935	1,881
순현금흐름	115	398
기말현금	115	513

시장 대비 수익률

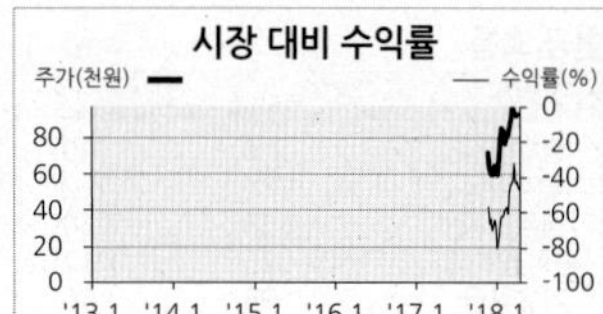

결산 실적 〈단위 : 억원〉

항목	2012	2013	2014	2015	2016	2017
매출액	—	—	—	—	1,544	2,868
영업이익	—	—	—	—	166	330
당기순이익	—	—	—	—	81	238

분기 실적 〈단위 : 억원〉

항목	2016.3Q	2016.4Q	2017.1Q	2017.2Q	2017.3Q	2017.4Q
매출액	—	1,294	—	621	—	—
영업이익	—	121	—	89	—	—
당기순이익	—	46	—	65	—	—

재무 상태 〈단위 : 억원〉

항목	2012	2013	2014	2015	2016	2017
총자산	—	—	—	—	2,420	4,595
유형자산	—	—	—	—	12	11
무형자산	—	—	—	—	1,239	1,275
유가증권	—	—	—	—	—	15
총부채	—	—	—	—	1,059	910
총차입금	—	—	—	—	281	100
자본금	—	—	—	—	110	140
총자본	—	—	—	—	1,361	3,684
지배주주지분	—	—	—	—	1,361	3,684

기업가치 지표

항목	2012	2013	2014	2015	2016	2017
주가(최고/저)(천원)	—/—	—/—	—/—	—/—	—/—	—/—
PER(최고/저)(배)	0.0/0.0	0.0/0.0	0.0/0.0	0.0/0.0	0.0/0.0	68.3/55.0
PBR(최고/저)(배)	0.0/0.0	0.0/0.0	0.0/0.0	0.0/0.0	0.0/0.0	5.5/4.4
EV/EBITDA(배)	0.0	0.0	0.0	0.0	0.4	22.1
EPS(원)	—	—	—	—	387	1,051
BPS(원)	—	—	—	—	61,763	13,141
CFPS(원)	—	—	—	—	14,429	2,871
DPS(원)	—	—	—	—	—	—
EBITDAPS(원)	—	—	—	—	18,468	3,273

재무 비율 〈단위 : %〉

연도	영업이익률	순이익률	부채비율	차입금비율	ROA	ROE	유보율	자기자본비율	EBITDA마진율
2017	11.5	8.3	24.7	2.7	6.8	9.5	2,528.2	80.2	25.9
2016	10.8	5.3	77.8	20.6	0.0	0.0	1,135.3	56.2	25.1
2015	0.0	0.0	0.0	0.0	0.0	0.0	0.0	0.0	0.0
2014	0.0	0.0	0.0	0.0	0.0	0.0	0.0	0.0	0.0

*관리종목

스틸플라워 (A087220)
Steel Flower

업 종 : 금속 및 광물 | 시 장 : KOSDAQ
신용등급 : (Bond) — (CP) — | 기업규모 :
홈페이지 : www.steelflower.co.kr | 연 락 처 : 051)745-3016
본 사 : 부산시 해운대구 센텀서로30, 25층(우동, 케이엔센타워)

설 립 일	2000.02.01	종업원수	48명	대표이사	김종룡
상 장 일	2009.10.27	감사의견	거절(불확실성)(태성)	계 열	
결 산 기	12월	보 통 주		종속회사수	6개사
액 면 가	500원	우 선 주		구 상 호	

주주구성 (지분율,%)		출자관계 (지분율,%)		주요경쟁사 (외형,%)	
포스코	3.3	테크플라워	99.0	스틸플라워	100
이동진	2.8	스틸플라워피앤씨	95.0	경남스틸	549
(외국인)	0.3	스틸소프트	75.0	부국철강	279

매출구성		비용구성		수출비중	
후육강관	89.5	매출원가율	120.5	수출	—
기타	6.5	판관비율	54.3	내수	—
스테인리스 HR코일	4.0				

회사 개요

동사는 주로 해양플랜트, 열배관, 송유관, Tubing용으로 사용되는 후육강관을 제조하여 판매하며, 시장점유율이 높음. 동사의 매출액 중 후육강관이 높은 비중을 차지하고 있음. 후육강관의 특성상 후판이 제조원가의 70~80% 차지할 정도로 비중이 큼. 동사는 POSCO와의 계약을 통해 전체 소요량의 61% 이상을 직거래로 공급받고 있음. 후육강관산업의 주요 구매처로는 PETRONAS, SHELL, BP, EXXON 등 대형글로벌회사들이 있음

실적 분석

동사의 2017년 매출액은 전년 대비 43.7% 감소한 523.1억원을 기록함. 영업손실은 391.6억원, 당기순손실은 465.7억원으로 적자를 지속함. 주요 매출액은 후육강관을 제조 판매하는 제품부문이 182억원, 스테인리스 및 HR코일을 POSCO로부터 매입하여 판매하는 상품부문이 2억원, 선박구성품/산업기계 제조 부문이 229억원을 기록함. 전 · 후방 산업 침체에 따라 수익성이 나빠짐. 현재 관리종목으로 지정됨.

현금 흐름
〈단위 : 억원〉

항목	2016	2017
영업활동	-90	-7
투자활동	50	91
재무활동	35	-135
순현금흐름	-6	-51
기말현금	60	9

시장 대비 수익률

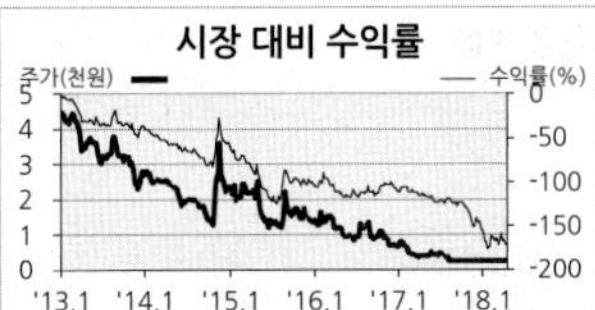

결산 실적
〈단위 : 억원〉

항목	2012	2013	2014	2015	2016	2017
매출액	2,948	1,623	2,004	1,377	929	523
영업이익	149	-85	-226	-225	-222	-392
당기순이익	61	-118	-271	-353	-484	-466

분기 실적
〈단위 : 억원〉

항목	2016.3Q	2016.4Q	2017.1Q	2017.2Q	2017.3Q	2017.4Q
매출액	188	245	191	158	56	118
영업이익	-52	-98	-101	-139	-42	-111
당기순이익	-49	-281	-116	-166	-72	-112

재무 상태
〈단위 : 억원〉

항목	2012	2013	2014	2015	2016	2017
총자산	3,423	3,298	3,127	2,639	2,279	1,681
유형자산	1,357	1,397	1,597	1,577	1,320	1,236
무형자산	85	81	98	85	82	71
유가증권	1	1	25	26	26	28
총부채	2,189	2,197	2,172	1,834	1,655	1,521
총차입금	1,787	1,902	1,799	1,576	1,327	1,197
자본금	73	73	73	161	361	361
총자본	1,234	1,101	955	805	624	160
지배주주지분	1,225	1,097	962	820	653	192

기업가치 지표

항목	2012	2013	2014	2015	2016	2017
주가(최고/저)(천원)	6.8/3.8	4.5/2.3	3.7/1.3	2.5/1.2	1.7/0.7	0.8/0.2
PER(최고/저)(배)	24.6/13.7	—/—	—/—	—/—	—/—	—/—
PBR(최고/저)(배)	1.4/0.8	1.0/0.5	0.9/0.3	1.1/0.5	1.8/0.7	2.7/0.8
EV/EBITDA(배)	9.0	179.0	—	—	—	—
EPS(원)	277	-449	-1,030	-1,062	-994	-640
BPS(원)	8,491	7,678	6,788	2,640	945	306
CFPS(원)	1,070	-113	-1,117	-858	-799	-520
DPS(원)	50	—	—	—	—	—
EBITDAPS(원)	1,619	69	-916	-444	-273	-423

재무 비율
〈단위 : %〉

연도	영업이익률	순이익률	부채비율	차입금비율	ROA	ROE	유보율	자기자본비율	EBITDA마진율
2017	-74.9	-89.0	일부잠식	일부잠식	-23.5	-109.4	-38.7	9.5	-58.3
2016	-23.9	-52.1	265.1	212.5	-19.7	-63.9	89.0	27.4	-13.9
2015	-16.4	-25.6	227.9	195.8	-12.2	-38.7	427.9	30.5	-9.3
2014	-11.3	-13.5	227.6	188.5	-8.4	-24.9	1,257.6	30.5	-6.7

스페이스솔루션 (A245030)
SPACE SOLUTION

업 종 : 일반 소프트웨어 | 시 장 : KONEX
신용등급 : (Bond) — (CP) — | 기업규모 : —
홈페이지 : www.spacesolution.kr | 연 락 처 : 02)2027-5932
본 사 : 서울시 금천구 디지털로9길 33, 1903호,1904호 (가산동, 아이티미래타워)

설 립 일	2003.01.17	종업원수	56명	대표이사	주은덕
상 장 일	2016.06.03	감사의견	적정(정동)	계 열	
결 산 기	12월	보 통 주		종속회사수	
액 면 가	—	우 선 주		구 상 호	

주주구성 (지분율,%)		출자관계 (지분율,%)		주요경쟁사 (외형,%)	
주은덕	45.7			스페이스솔루션	100
손민선	5.7				

매출구성		비용구성		수출비중	
CAD(상품)	33.9	매출원가율	78.8	수출	3.2
CAD(용역)	32.7	판관비율	20.4	내수	96.8
기타	18.4				

회사 개요

2003년 설립된 솔루션비즈니스 분야 특화 기업임. 엔지니어링 솔루션분야에서 국내 산업용 솔루션(SW)의 개발, 판매 및 서비스에 관한 사업을, 어플리케이션 솔루션 분야에서는 자수기제어기의 개발, 제조 및 판매에 관한 사업을 영위함. 주요 사업부는 산업용 솔루션(SW) 관련 사업을 담당하는 엔지니어링 솔루션 사업부와 자수기 제어기 관련 사업을 담당하는 자수기 사업부로 나눌 수 있음. 코아로봇을 포함해 4개의 비상장 관계회사를 보유하고 있음.

실적 분석

동사의 2017년 연간 매출액은 275.7억원으로 전년 대비 10.6% 증가함. 영업이익은 2억원, 당기순이익은 2.3억원을 기록하며 흑자 전환함. 2016년 가을부터 LMS 제품군을 취급하기 시작하였음. 아직은 매출이 미미하지만 머지않은 장래에 하나의 중요 제품군으로 자리매김 할 것으로 예상됨. 현재 국내 굴지의 로봇관련 회사와 프로젝트 형태로 업무를 진행 중이며 빠른 시일안에 독자적인 로봇 제어기를 시장에 선보일 수 있을 것으로 기대됨.

현금 흐름 *IFRS 별도 기준
〈단위 : 억원〉

항목	2016	2017
영업활동	-31	26
투자활동	0	-8
재무활동	10	-13
순현금흐름	-20	5
기말현금	9	14

시장 대비 수익률

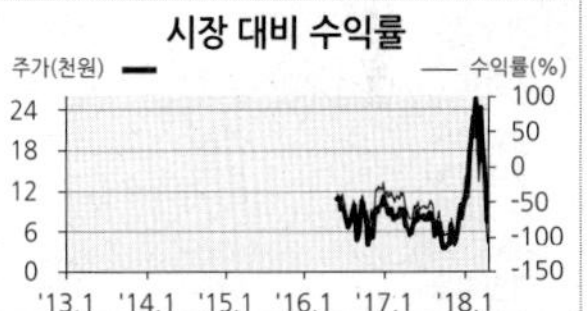

결산 실적
〈단위 : 억원〉

항목	2012	2013	2014	2015	2016	2017
매출액	—	194	249	252	249	276
영업이익	—	1	2	2	-7	2
당기순이익	—	3	2	4	-7	2

분기 실적 *IFRS 별도 기준
〈단위 : 억원〉

항목	2016.3Q	2016.4Q	2017.1Q	2017.2Q	2017.3Q	2017.4Q
매출액	—	—	—	—	—	—
영업이익	—	—	—	—	—	—
당기순이익	—	—	—	—	—	—

재무 상태 *IFRS 별도 기준
〈단위 : 억원〉

항목	2012	2013	2014	2015	2016	2017
총자산	—	130	133	138	135	154
유형자산	—	13	13	12	12	12
무형자산	—	11	8	6	4	1
유가증권	—	4	4	7	0	0
총부채	—	81	82	73	84	101
총차입금	—	21	19	20	35	23
자본금	—	6	6	6	6	6
총자본	—	49	51	65	51	53
지배주주지분	—	49	51	65	51	53

기업가치 지표 *IFRS 별도 기준

항목	2012	2013	2014	2015	2016	2017
주가(최고/저)(천원)	—/—	—/—	—/—	—/—	—/—	—/—
PER(최고/저)(배)	0.0/0.0	0.0/0.0	0.0/0.0	0.0/0.0	—/—	55.6/14.8
PBR(최고/저)(배)	0.0/0.0	0.0/0.0	0.0/0.0	0.0/0.0	2.5/0.9	2.3/0.6
EV/EBITDA(배)	0.0	4.7	2.2	—	—	21.8
EPS(원)	—	293	200	334	-592	203
BPS(원)	—	44,129	45,882	59,803	4,734	4,937
CFPS(원)	—	5,252	5,629	6,718	-262	522
DPS(원)	—	—	—	—	—	30
EBITDAPS(원)	—	3,547	5,246	5,250	-255	500

재무 비율
〈단위 : %〉

연도	영업이익률	순이익률	부채비율	차입금비율	ROA	ROE	유보율	자기자본비율	EBITDA마진율
2017	0.7	0.8	189.8	44.0	1.6	4.4	887.4	34.5	2.0
2016	-2.6	-2.7	165.5	69.2	-4.9	-11.4	846.8	37.7	-1.1
2015	0.8	1.5	112.1	30.6	2.8	6.4	1,096.1	47.2	2.3
2014	0.7	0.9	159.0	36.7	1.7	4.5	817.6	38.6	2.4

스페코 (A013810)

SPECO

업종	건축자재	시장	KOSDAQ
신용등급	(Bond) — (CP) —	기업규모	중견
홈페이지	www.speco.co.kr	연락처	02)3498-3212
본사	서울시 강남구 학동로 171 삼익빌딩 7층		

설립일	1979.02.07	**종업원수**	100명	**대표이사**	유형민
상장일	1997.09.12	**감사의견**	적정(대성삼경)	**계열**	
결산기	12월	**보통주**		**종속회사수**	3개사
액면가	500원	**우선주**		**구상호**	

주주구성 (지분율,%)		출자관계 (지분율,%)		주요경쟁사 (외형,%)	
김종섭	39.4	스페코윈드파워	84.8	스페코	100
김민수	5.7	콘사푸드시스템	30.0	윈하이텍	100
(외국인)	4.1	삼익악기	14.0	하츠	148

매출구성		비용구성		수출비중	
아스팔트믹싱플랜트(A/P)	40.4	매출원가율	81.6	수출	71.3
Wind tower	36.1	판관비율	16.4	내수	28.7
콘크리트배쳐플랜트(B/P)	13.7				

회사 개요

동사는 재생아스콘 플랜트부문 설비 생산업체로 1979년 설립, 1997년 코스닥시장에 상장되었고, 건설장비 분야와 방위산업 분야의 사업을 영위하고 있음. 2017년 9월말 현재 매출은 플랜트사업 분야 42.30%, 풍력부문 42.72%, 방산설비 14.36% 등으로 구성됨. DN윈드타워 제작 및 판매업을 하는 멕시코 현지법인에 출자하여 풍력사업에 진출함. 코스피 상장사인 삼익악기 등 총24개의 계열사를 보유중임

실적 분석

동사의 연결 기준 2017년 매출액은 687.9억원으로 전년 대비 18.4% 감소함. 외형 축소로 매출원가와 판관비가 전년보다 감소했음에도 불구하고 영업이익은 74.6% 대폭 감소한 13.6억원 시현에 그침. 비영업 부문에서 15.7억원의 손실을 기록하였고 최종적으로 3.5억원의 당기순손실을 기록, 적자전환하였음. 2017년 주력 품목인 플랜트 시장의 급격한 냉각과 신흥 시장인 동남아시아와 러시아에서 기대에 미치지 못하며 매출 하락으로 이어짐.

현금 흐름 〈단위 : 억원〉

항목	2016	2017
영업활동	75	63
투자활동	-53	-25
재무활동	-136	25
순현금흐름	-108	55
기말현금	51	106

시장 대비 수익률

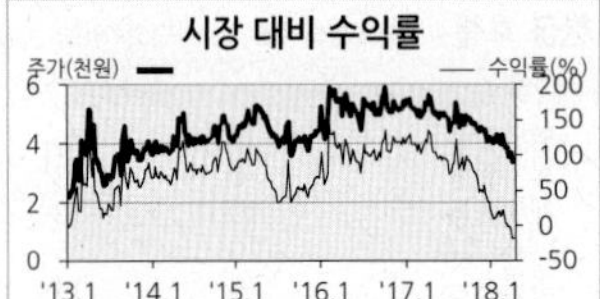

결산 실적 〈단위 : 억원〉

항목	2012	2013	2014	2015	2016	2017
매출액	791	666	961	1,013	843	688
영업이익	29	9	71	111	54	14
당기순이익	11	-22	24	76	48	-3

분기 실적 〈단위 : 억원〉

항목	2016.3Q	2016.4Q	2017.1Q	2017.2Q	2017.3Q	2017.4Q
매출액	169	217	210	194	185	99
영업이익	6	8	14	15	0	-15
당기순이익	-0	12	6	15	-0	-25

재무 상태 〈단위 : 억원〉

항목	2012	2013	2014	2015	2016	2017
총자산	849	1,011	1,290	1,353	1,060	991
유형자산	234	212	203	176	149	136
무형자산	13	13	13	10	10	9
유가증권	157	280	419	419	316	291
총부채	614	708	866	831	615	562
총차입금	408	497	527	510	378	371
자본금	65	65	65	69	69	73
총자본	235	303	425	522	445	429
지배주주지분	204	279	405	492	414	399

기업가치 지표

항목	2012	2013	2014	2015	2016	2017
주가(최고/저)(천원)	3.9/1.8	6.0/2.2	5.2/3.5	5.5/3.6	6.7/4.1	6.7/4.4
PER(최고/저)(배)	35.9/16.9	—/—	25.0/17.1	10.2/6.7	21.6/13.4	—/—
PBR(최고/저)(배)	2.5/1.2	2.8/1.0	1.7/1.2	1.6/1.0	2.2/1.4	2.5/1.5
EV/EBITDA(배)	12.3	25.7	10.3	7.1	13.1	22.1
EPS(원)	110	-116	209	548	308	-31
BPS(원)	1,568	2,149	3,121	3,560	2,999	2,726
CFPS(원)	311	92	402	734	479	137
DPS(원)	—	—	—	50	—	—
EBITDAPS(원)	425	278	738	1,004	559	264

재무 비율 〈단위 : %〉

연도	영업이익률	순이익률	부채비율	차입금비율	ROA	ROE	유보율	자기자본비율	EBITDA마진율
2017	2.0	-0.5	131.1	86.6	-0.3	-1.1	445.1	43.3	5.5
2016	6.4	5.7	138.1	85.0	4.0	9.4	499.8	42.0	9.2
2015	11.0	7.5	159.2	97.6	5.8	16.6	611.9	38.6	13.5
2014	7.4	2.5	203.9	124.2	2.1	7.9	524.3	32.9	10.0

스포츠서울 (A039670)

The Sports Seoul

업종	미디어	시장	KOSDAQ
신용등급	(Bond) — (CP) —	기업규모	중견
홈페이지	www.sportsseoul.com/company/21	연락처	02)2001-0072
본사	서울시 영등포구 경인로 775 (에이스하이테크시티1동5층)		

설립일	1999.12.30	**종업원수**	92명	**대표이사**	유지환
상장일	2004.01.16	**감사의견**	적정(다산)	**계열**	
결산기	03월	**보통주**		**종속회사수**	5개사
액면가	500원	**우선주**		**구상호**	

주주구성 (지분율,%)		출자관계 (지분율,%)		주요경쟁사 (외형,%)	
소울인베스트먼트	13.0			스포츠서울	100
박경원	2.3			팬엔터테인먼트	263
(외국인)	2.2			에프엔씨애드컬쳐	207

매출구성		비용구성		수출비중	
미디어사업(신문)	86.1	매출원가율	67.2	수출	0.2
미디어사업(사업)	11.7	판관비율	30.9	내수	99.8
미디어사업(기타)	1.5				

회사 개요

동사는 1999년 대한매일신보사에서 물적분할하여 설립되어 미디어사업과 신규사업인 자원개발사업 등을 영위 중임. 미디어사업은 스포츠서울데일리를 2011년 4월 흡수합병하여 포함. 2012년 5월 신사업분야 홈앤온사업본부를 신설하고 국내 6대 홈쇼핑사는 물론 관계 쇼핑몰에 각종 상품을 판매하고 있으며, 상품을 기획하고 브랜드화 할 수 있는 상품소싱에 주력. 언론매체로서 장점을 적극 활용해 다각적으로 사업을 추진.

실적 분석

3월 결산법인인 동사의 2017년 4월~12월 누적매출액은 전년 동기 대비 11.8% 증가한 139.0억원을 기록하였음. 비용면에서 전년동기 대비 매출원가는 증가하였으며 인건비와 기타판매비와관리비가 크게 증가하였음. 이와 같이 상승한 매출액 대비 비용증가가 높아 매출액은 상승했지만 51.9억원의 영업손실이 발생했으며 적자전환하였음. 최종적으로 동사는 139.1억원의 당기순손실이 발생, 적자전환하였음.

현금 흐름 〈단위 : 억원〉

항목	2016	2017.3Q
영업활동	-37	-183
투자활동	-44	-459
재무활동	57	696
순현금흐름	-24	55
기말현금	58	113

시장 대비 수익률

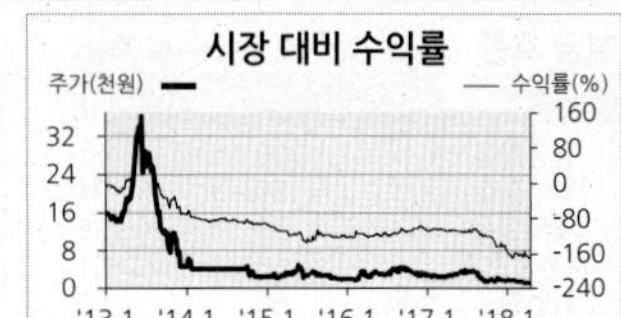

결산 실적 〈단위 : 억원〉

항목	2012	2013	2014	2015	2016	2017
매출액	342	246	161	155	161	—
영업이익	-47	-73	-53	-48	3	—
당기순이익	-77	-259	-106	-46	-5	—

분기 실적 〈단위 : 억원〉

항목	2016.2Q	2016.3Q	2016.4Q	2017.1Q	2017.2Q	2017.3Q
매출액	41	47	37	37	49	53
영업이익	0	1	2	-16	-35	-1
당기순이익	-0	8	-13	-16	-117	-6

재무 상태 〈단위 : 억원〉

항목	2012	2013	2014	2015	2016	2017.3Q
총자산	412	197	140	241	285	866
유형자산	75	62	60	79	88	90
무형자산	0	0	1	2	3	125
유가증권	10	3	2	3	2	7
총부채	229	176	110	126	109	538
총차입금	145	108	38	52	48	452
자본금	339	410	95	74	88	147
총자본	182	21	30	115	176	327
지배주주지분	182	21	30	115	175	327

기업가치 지표

항목	2012	2013	2014	2015	2016	2017.3Q
주가(최고/저)(천원)	51.4/15.2	36.4/4.5	4.8/2.3	5.2/1.8	5.3/2.4	4.2/1.4
PER(최고/저)(배)	—/—	—/—	—/—	—/—	—/—	—/—
PBR(최고/저)(배)	9.6/2.8	72.3/9.0	15.3/7.5	6.7/2.3	5.4/2.4	3.8/1.3
EV/EBITDA(배)	—	—	—	—	75.1	—/—
EPS(원)	-2,690	-6,843	-1,619	-419	-27	-607
BPS(원)	269	25	156	778	991	1,109
CFPS(원)	-125	-338	-792	-399	-13	-597
DPS(원)	—	—	—	—	—	—
EBITDAPS(원)	-72	-91	-388	-412	31	-218

재무 비율 〈단위 : %〉

연도	영업이익률	순이익률	부채비율	차입금비율	ROA	ROE	유보율	자기자본비율	EBITDA마진율
2016	1.9	-3.2	62.1	27.3	-1.9	-3.3	98.1	61.7	3.4
2015	-30.8	-29.9	109.5	45.1	-24.3	-64.0	55.6	47.7	-29.4
2014	-32.9	-65.7	일부잠식	일부잠식	-67.4	-243.7	-68.8	21.2	-31.5
2013	-29.6	-105.6	일부잠식	일부잠식	-85.2	-255.4	-95.0	10.5	-28.2

승일 (A049830)
SEUNG IL

업종 : 용기 및 포장
신용등급 : (Bond) — (CP) —
홈페이지 : www.seungilcan.co.kr
본사 : 충남 천안시 서북구 직산읍 4산단1길 10
시장 : KOSDAQ
기업규모 : 우량
연락처 : 041)411-1811

설립일	1978.12.26	**종업원수**	354명	**대표이사**	현창수
상장일	2001.01.10	**감사의견**	적정(세일)	**계열**	
결산기	12월	**보통주**		**종속회사수**	
액면가	500원	**우선주**		**구상호**	

주주구성 (지분율,%)		출자관계 (지분율,%)		주요경쟁사 (외형,%)	
현창수	29.7	일광경밀	50.0	승일	100
현정은	7.6	세화제관	48.1	락앤락	307
(외국인)	0.9	제이티비씨	0.3	연우	169

매출구성		비용구성		수출비중	
[에어졸 CAN 외]제품/ 상품매출	71.9	매출원가율	91.8	수출	—
[일반관 CAN 외]제품/ 상품매출	28.1	판관비율	5.5	내수	—

회사 개요

동사가 영위하고 있는 주요 사업은 제관업이며, 에어졸관과 일반관을 주요 사업부문으로 하는 업체임. 에어졸 부문은 관계사인 태양산업과 더불어 국내 시장점유율 60% 내외 수준으로 국내 1위의 위치를 고수하고 있음. 생산규모, 품질, 기술 등 모든 면에서 시장을 선도하고 있으며 내수는 물론 수출 실적도 성장세를 유지하고 있음. 일반관 부문은 우성제관을 합병하여 현재 식품용캔부터 공업용캔까지 일반관의 모든 제품군을 생산함.

실적 분석

동사의 2017년 연간 매출액은 전년동기대비 1.9% 소폭 변동한 1,358.2억원을 기록하였음. 에어졸 부문은 국내 점유율 60% 내외로 1위를 고수하고 있으며 세계적인 경쟁력을 가지고 해외에서도 점차 시장이 확대되고 있음. 그에 따른 영향으로 매출액을 유지하고 있으나 주요 원재료인 석판의 가격이 크게 올라 전년동기대비 영업이익은 37.5억원으로 34.7% 크게 하락 하였음.

현금 흐름 *IFRS 별도 기준
〈단위 : 억원〉

항목	2016	2017
영업활동	76	62
투자활동	-7	-28
재무활동	-33	-5
순현금흐름	41	19
기말현금	155	174

시장 대비 수익률

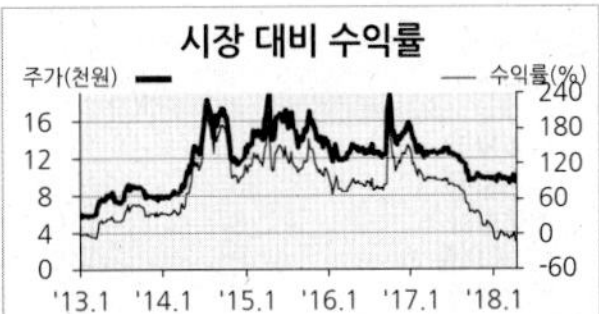

결산 실적
〈단위 : 억원〉

항목	2012	2013	2014	2015	2016	2017
매출액	1,430	1,326	1,295	1,251	1,385	1,358
영업이익	59	77	84	75	57	37
당기순이익	65	78	82	69	32	27

분기 실적 *IFRS 별도 기준
〈단위 : 억원〉

항목	2016.3Q	2016.4Q	2017.1Q	2017.2Q	2017.3Q	2017.4Q
매출액	322	312	343	390	337	288
영업이익	9	0	12	20	8	-3
당기순이익	4	-11	6	23	8	-9

재무 상태 *IFRS 별도 기준
〈단위 : 억원〉

항목	2012	2013	2014	2015	2016	2017
총자산	1,369	1,414	1,546	1,671	1,714	1,690
유형자산	585	612	684	1,048	1,046	1,016
무형자산	7	5	5	4	4	4
유가증권	15	17	16	16	2	1
총부채	293	264	318	379	390	344
총차입금	18	—	35	133	100	100
자본금	31	31	31	31	31	31
총자본	1,077	1,150	1,227	1,292	1,324	1,346
지배주주지분	1,077	1,150	1,227	1,292	1,324	1,346

기업가치 지표 *IFRS 별도 기준

항목	2012	2013	2014	2015	2016	2017
주가(최고/저)(천원)	6.1/4.6	9.9/5.7	18.4/7.6	20.6/12.1	20.1/11.3	15.3/9.4
PER(최고/저)(배)	6.0/4.6	8.0/4.6	14.0/5.8	18.5/10.9	39.4/22.2	34.6/21.3
PBR(최고/저)(배)	0.4/0.3	0.5/0.3	0.9/0.4	1.0/0.6	0.9/0.5	0.7/0.4
EV/EBITDA(배)	1.3	1.7	4.2	8.1	8.6	5.7
EPS(원)	1,067	1,280	1,344	1,133	518	446
BPS(원)	17,794	18,991	20,254	21,304	21,823	22,186
CFPS(원)	1,642	1,842	1,893	1,670	1,289	1,326
DPS(원)	85	85	85	—	85	85
EBITDAPS(원)	1,536	1,825	1,917	1,757	1,705	1,491

재무 비율
〈단위 : %〉

연도	영업이익률	순이익률	부채비율	차입금비율	ROA	ROE	유보율	자기자본비율	EBITDA마진율
2017	2.8	2.0	25.6	7.4	1.6	2.1	4,337.3	79.6	6.7
2016	4.1	2.3	29.5	7.6	1.9	2.4	4,264.5	77.2	7.6
2015	6.0	5.6	29.4	10.3	4.3	5.5	4,160.8	77.3	8.6
2014	6.5	6.4	25.9	2.9	5.6	6.9	3,950.7	79.4	9.1

시공테크 (A020710)
Sigongtech

업종 : 호텔 및 레저
신용등급 : (Bond) — (CP) —
홈페이지 : www.sigongtech.co.kr
본사 : 경기도 성남시 분당구 판교역로 225-20
시장 : KOSDAQ
기업규모 : 중견
연락처 : 02)3438-0077

설립일	1988.02.19	**종업원수**	176명	**대표이사**	박기석
상장일	1999.07.31	**감사의견**	적정(삼정)	**계열**	
결산기	12월	**보통주**		**종속회사수**	2개사
액면가	500원	**우선주**		**구상호**	

주주구성 (지분율,%)		출자관계 (지분율,%)		주요경쟁사 (외형,%)	
박기석	37.2	시공문화	100.0	시공테크	100
임기석	9.7	피디엠	33.5	골프존뉴딘홀딩스	123
(외국인)	1.4	시공미디어	32.8	이월드	20

매출구성		비용구성		수출비중	
전시물/전시시설/인테리어진열장/수장고/훈증시	92.3	매출원가율	87.8	수출	54.4
전시 및 인테리어 설계	7.7	판관비율	3.6	내수	45.6

회사 개요

동사는 설립 이래 박물관, 과학관, 전시관, 테마파크 등 인간의 삶과 문화의 현장에서 창출된 지식과 정보를 보존하고 전시하는 전시문화산업을 영위하고 있는 업체임. 계열회사로는 시공미디어, 시공교육 등이 있음. 계열사 중 IFRS 도입으로 인한 종속회사는 시공문화, 미얀마 시공테크 2개사임. 미얀마 시공테크는 동사의 미얀마 관련 프로젝트를 수행하기 위해 신설된 법인으로 2016년 7월 설립됨. 중국시장에서의 영업력도 강화해 나가는 중임.

실적 분석

동사의 2017년 연간 매출액은 전년동기대비 114.3% 이상 크게 상승한 1,731.1억원을 기록하였음. 국내 전시문화산업의 선두적 역할을 하면서 수많은 전시문화사업을 수행한 결과로 보임. 이에 따라 최종적으로 전년동기대비 당기순이익은 흑자전환하여 187.2억원을 기록함. 문화적 욕구에 따른 수요 확대 특성이 있으며 이로 인해 공공부문의 주도성이 큰 편이므로 관련된 투자가 지속되는 한 안정적 매출이 이어질 것이라 기대함.

현금 흐름
〈단위 : 억원〉

항목	2016	2017
영업활동	-17	205
투자활동	72	-162
재무활동	6	-7
순현금흐름	61	34
기말현금	173	207

시장 대비 수익률

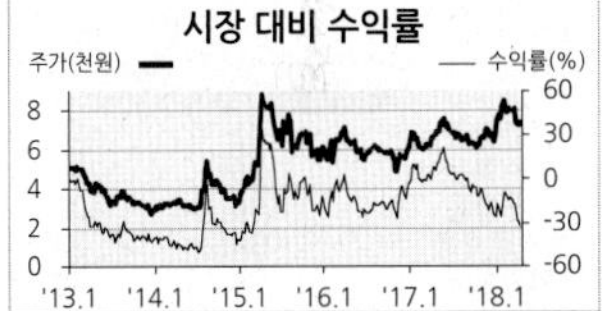

결산 실적
〈단위 : 억원〉

항목	2012	2013	2014	2015	2016	2017
매출액	1,146	758	757	722	808	1,731
영업이익	52	0	41	-1	-86	149
당기순이익	24	-27	69	11	-67	187

분기 실적
〈단위 : 억원〉

항목	2016.3Q	2016.4Q	2017.1Q	2017.2Q	2017.3Q	2017.4Q
매출액	199	312	514	433	462	322
영업이익	-9	-39	53	21	88	-13
당기순이익	5	-42	40	48	94	5

재무 상태
〈단위 : 억원〉

항목	2012	2013	2014	2015	2016	2017
총자산	1,033	998	1,097	1,087	1,103	1,295
유형자산	248	242	237	232	226	206
무형자산	14	14	13	13	12	9
유가증권	161	240	237	343	278	453
총부채	236	222	261	238	316	340
총차입금	—	—	1	1	8	2
자본금	100	100	100	100	100	100
총자본	798	776	837	848	787	955
지배주주지분	798	776	837	848	787	955

기업가치 지표

항목	2012	2013	2014	2015	2016	2017
주가(최고/저)(천원)	7.9/3.6	5.2/2.7	5.4/2.9	9.4/3.3	7.1/4.7	7.6/5.9
PER(최고/저)(배)	68.9/31.5	—/—	16.3/8.7	179.0/63.5	—/—	8.3/6.4
PBR(최고/저)(배)	2.0/0.9	1.4/0.7	1.3/0.7	2.3/0.8	1.8/1.2	1.6/1.2
EV/EBITDA(배)	12.3	26.1	6.5	124.8	—	5.2
EPS(원)	120	-136	343	54	-337	934
BPS(원)	4,075	3,905	4,209	4,267	3,977	4,864
CFPS(원)	166	-90	386	95	-298	964
DPS(원)	50	—	40	—	—	120
EBITDAPS(원)	308	48	247	36	-388	772

재무 비율
〈단위 : %〉

연도	영업이익률	순이익률	부채비율	차입금비율	ROA	ROE	유보율	자기자본비율	EBITDA마진율
2017	8.6	10.8	35.6	0.2	15.6	21.5	872.8	73.7	8.9
2016	-10.6	-8.4	40.2	1.0	-6.2	-8.3	695.4	71.3	-9.6
2015	-0.2	1.5	28.1	0.1	1.0	1.3	753.4	78.1	1.0
2014	5.4	9.1	31.2	0.1	6.6	8.5	741.7	76.2	6.5

시그네틱스 (A033170)
Signetics

업 종 : 반도체 및 관련장비 | 시 장 : KOSDAQ
신용등급 : (Bond) — (CP) — | 기업규모 : 중견
홈페이지 : www.signetics.com | 연 락 처 : 031)940-7400
본 사 : 경기도 파주시 탄현면 평화로 711

설 립 일	1966.09.12	종업원수	153명	대표이사	김재홍
상 장 일	2010.11.26	감사의견	적정(한영)	계 열	
결 산 기	12월	보 통 주		종속회사수	1개사
액 면 가	500원	우 선 주		구 상 호	

주주구성 (지분율,%)		출자관계 (지분율,%)		주요경쟁사 (외형,%)	
영풍	31.6	코리아써키트	8.2	시그네틱스	100
장형진	8.9	SIGNETICSHIGHTECHNOLOGYUSA	100.0	유니테스트	63
(외국인)	4.1			에스앤에스텍	20

매출구성		비용구성		수출비중	
비메모리	72.8	매출원가율	96.0	수출	89.1
메모리	27.2	판관비율	2.9	내수	10.9

회사 개요
동사가 영위하는 반도체패키징업(테스트포함)은 반도체 제조 과정 중 후공정에 속하는 산업으로, 칩에 전기적인 연결을 해주고, 외부의 충격에 견디도록 밀봉 포장하여 물리적인 기능과 형상을 갖게 해주는 공정을 말함. 반도체 제조 공정상 분류시 후공정 업체에 해당하며 후공정중 패키징 사업을 주목적 사업으로 하고 있음. 주요 거래처는 삼성전자, 하이닉스반도체 등 반도체 제조기업임.

실적 분석
동사의 2017년 연간 매출액은 전년동기대비 23.2% 상승한 2,656.3억원을 기록하였음. 비용면에서 전년동기대비 매출원가는 증가 하였으며 인건비도 증가, 광고선전비도 크게 증가, 기타판매비와관리비는 증가함. 이와 같이 상승한 매출액 만큼 비용증가도 있었으나 매출액의 더 큰 상승에 힘입어 최종적으로 전년동기대비 당기순이익은 흑자전환하여 16.2억원을 기록함.

현금 흐름 〈단위 : 억원〉

항목	2016	2017
영업활동	42	416
투자활동	-98	-295
재무활동	90	-100
순현금흐름	34	20
기말현금	38	59

시장 대비 수익률

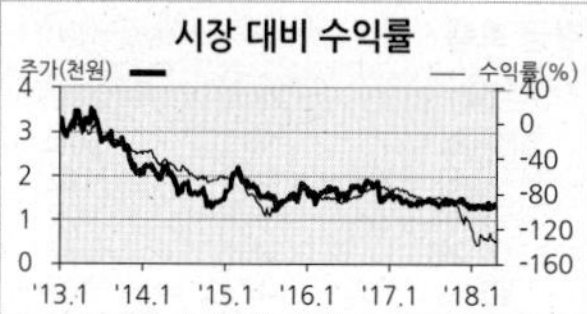

결산 실적 〈단위 : 억원〉

항목	2012	2013	2014	2015	2016	2017
매출액	3,099	2,742	2,347	2,091	2,157	2,656
영업이익	185	112	-39	35	-55	28
당기순이익	159	90	-45	-37	-59	16

분기 실적 〈단위 : 억원〉

항목	2016.3Q	2016.4Q	2017.1Q	2017.2Q	2017.3Q	2017.4Q
매출액	644	681	586	657	735	679
영업이익	7	21	-32	23	25	11
당기순이익	7	13	-14	16	13	1

재무 상태 〈단위 : 억원〉

항목	2012	2013	2014	2015	2016	2017
총자산	2,862	2,504	2,359	2,233	2,446	2,335
유형자산	1,829	1,732	1,463	1,483	1,485	1,499
무형자산	3	3	1	1	1	1
유가증권	471	356	327	433	274	297
총부채	978	686	611	551	815	659
총차입금	488	322	276	273	371	260
자본금	429	429	429	429	429	429
총자본	1,883	1,819	1,749	1,682	1,631	1,677
지배주주지분	1,883	1,819	1,749	1,682	1,631	1,677

기업가치 지표

항목	2012	2013	2014	2015	2016	2017
주가(최고/저)(천원)	4.2/2.6	3.6/2.0	2.3/1.2	2.2/1.2	2.0/1.4	1.6/1.3
PER(최고/저)(배)	22.7/14.0	34.1/18.9	—/—	—/—	—/—	86.7/68.4
PBR(최고/저)(배)	1.9/1.2	1.7/0.9	1.1/0.6	1.1/0.6	1.0/0.7	0.8/0.7
EV/EBITDA(배)	6.0	4.5	4.9	4.7	6.9	4.2
EPS(원)	185	105	-53	-43	-69	19
BPS(원)	2,197	2,121	2,040	1,962	1,903	1,956
CFPS(원)	573	515	350	327	277	354
DPS(원)	—	—	—	—	—	—
EBITDAPS(원)	604	540	357	412	281	367

재무 비율 〈단위 : %〉

연도	영업이익률	순이익률	부채비율	차입금비율	ROA	ROE	유보율	자기자본비율	EBITDA마진율
2017	1.0	0.6	39.3	15.5	0.7	1.0	291.1	71.8	11.9
2016	-2.6	-2.7	50.0	22.7	-2.5	-3.6	280.6	66.7	11.2
2015	1.7	-1.8	32.8	16.2	-1.6	-2.2	292.4	75.3	16.9
2014	-1.7	-1.9	34.9	15.8	-1.9	-2.6	308.0	74.1	13.1

시그넷이브이 (A260870)
SIGNET EV

업 종 : 자동차부품 | 시 장 : KONEX
신용등급 : (Bond) — (CP) — | 기업규모 : —
홈페이지 : www.signetev.com | 연 락 처 : 070)4618-1339
본 사 : 전남 영광군 대마면 전기차로 49

설 립 일	2016.12.13	종업원수	45명	대표이사	황호철
상 장 일	2017.08.30	감사의견	적정(인덕)	계 열	
결 산 기	12월	보 통 주		종속회사수	
액 면 가	—	우 선 주		구 상 호	

주주구성 (지분율,%)		출자관계 (지분율,%)		주요경쟁사 (외형,%)	
황호철	20.8			시그넷이브이	100
유안타세컨더리2호펀드	0.2			세원	143
				이원컴포텍	129

매출구성		비용구성		수출비중	
급속충전기	95.3	매출원가율	82.6	수출	1.7
완속충전기	3.6	판관비율	13.1	내수	98.3
기타	1.1				

회사 개요
동사는 2016년 12월 13일 시그넷시스템과 인적분할을 통한 분할신설회사로 설립되었으며 전기자동차 충전기 전문 연구 개발 제조 양산 업체임. 동사는 현재 세계 최초로 급속충전기(100kW) 1기로 차량 2대를 동시충전이 가능한 Power Sharing Charging 기술을 개발하여 일본 닛산 연구소에 기 납품(2016년 12월)하였으며, 특허등록진행 중에 있음. 또한 한국전력과 더불어 최초로 전신주형충전기를 개발함.

실적 분석
동사는 국내 최초로 일본의 차데모인증을 획득하였으며, 국내 최초 및 세계 3번째 미국 UL인증, 유럽의 CE인증을 획득하여 수출하는 업체임. 동사의 기술력은 세계유수의 전기차 충전기 제조사(ABB,이튼,에파섹 등)과 겨루어 충전기술력, 가격경쟁력, A/S 및 유지보수면에서 우수한 경쟁력을 보유함. 2017 연간 매출액은 316.8억원, 영업이익 13.6억원, 당기순손실 11.8억원을 기록함.

현금 흐름 *IFRS 별도 기준 〈단위 : 억원〉

항목	2016	2017
영업활동	-5	189
투자활동	-0	-299
재무활동	5	150
순현금흐름	0	40
기말현금	1	41

시장 대비 수익률

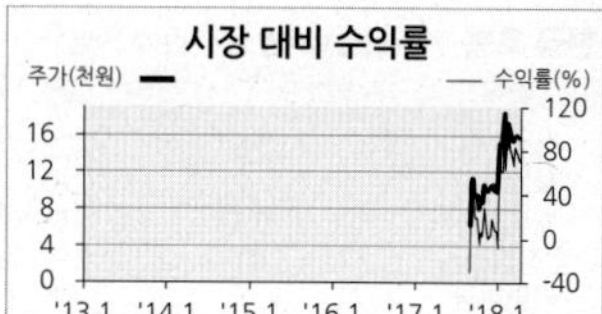

결산 실적 〈단위 : 억원〉

항목	2012	2013	2014	2015	2016	2017
매출액	—	—	—	—	51	317
영업이익	—	—	—	—	8	14
당기순이익	—	—	—	—	5	-12

분기 실적 *IFRS 별도 기준 〈단위 : 억원〉

항목	2016.3Q	2016.4Q	2017.1Q	2017.2Q	2017.3Q	2017.4Q
매출액	—	51	76	97	—	—
영업이익	—	8	8	3	—	—
당기순이익	—	5	9	-2	—	—

재무 상태 *IFRS 별도 기준 〈단위 : 억원〉

항목	2012	2013	2014	2015	2016	2017
총자산	—	—	—	—	105	247
유형자산	—	—	—	—	1	1
무형자산	—	—	—	—	35	23
유가증권	—	—	—	—	—	—
총부채	—	—	—	—	58	199
총차입금	—	—	—	—	7	117
자본금	—	—	—	—	23	24
총자본	—	—	—	—	47	48
지배주주지분	—	—	—	—	47	48

기업가치 지표 *IFRS 별도 기준

항목	2012	2013	2014	2015	2016	2017
주가(최고/저)(천원)	—/—	—/—	—/—	—/—	—/—	—/—
PER(최고/저)(배)	0.0/0.0	0.0/0.0	0.0/0.0	0.0/0.0	0.0/0.0	—/—
PBR(최고/저)(배)	0.0/0.0	0.0/0.0	0.0/0.0	0.0/0.0	0.0/0.0	11.2/4.7
EV/EBITDA(배)	0.0	0.0	0.0	0.0	0.2	26.7
EPS(원)	—	—	—	—	122	-252
BPS(원)	—	—	—	—	1,015	1,022
CFPS(원)	—	—	—	—	131	-114
DPS(원)	—	—	—	—	—	—
EBITDAPS(원)	—	—	—	—	193	430

재무 비율 〈단위 : %〉

연도	영업이익률	순이익률	부채비율	차입금비율	ROA	ROE	유보율	자기자본비율	EBITDA마진율
2017	4.3	-3.7	412.0	241.8	-6.7	-24.7	104.5	19.5	6.3
2016	16.1	10.7	122.8	15.2	0.0	0.0	103.0	44.9	17.0
2015	0.0	0.0	0.0	0.0	0.0	0.0	0.0	0.0	0.0
2014	0.0	0.0	0.0	0.0	0.0	0.0	0.0	0.0	0.0

시냅스엠 (A246830)
SCENAPPSM inc

업종 : 인터넷 서비스 | 시장 : KONEX
신용등급 : (Bond) — (CP) — | 기업규모 : —
홈페이지 : www.scenappsm.com | 연락처 : 02)3420-1600
본사 : 서울시 강남구 학동로 318 10층(논현동, 유경빌딩)

설립일	2006.02.01	**종업원수**	34명	**대표이사**	김덕조
상장일	2016.07.13	**감사의견**	거절(불확실성)(오현)	**계열**	
결산기	12월	**보통주**		**종속회사수**	
액면가	—	**우선주**		**구상호**	

주주구성 (지분율,%)		출자관계 (지분율,%)		주요경쟁사 (외형,%)	
김덕조	62.4			시냅스엠	100
디에스자산운용	35.0			브레인콘텐츠	1,846
				이지웰페어	1,414

매출구성		비용구성		수출비중	
UGC서비스	53.0	매출원가율	0.0	수출	61.0
OVP서비스	33.7	판관비율	118.6	내수	39.0
OTT서비스	13.3				

회사 개요

2006년 1월 27일 '주식회사 유엠씨이'이라는 법인형태로 설립, '엠군닷컴'이라는 동영상 UCC 서비스로 사업을 시작함. 2007년 1월 24일 '주식회사 엠군미디어'로 사명을 변경, 2015년 3월 31일에 '주식회사 시냅스엠'으로 다시 사명을 변경함. 2016년 7월 13일 코넥스 시장에 상장함. 동영상 컨텐츠 유통 사업 등, 온라인 동영상 서비스와 관련된 다양한 사업 영위 중임. 주요 사업 부문은 엠군, 위캔디오, 뽀로로TV로 구성됨.

실적 분석

동사의 2017년 연간 매출액은 41.3억원을 기록하며 전년 대비 25.9% 증가함. 영업손실은 7.7억원, 당기순손실은 10.8억원을 기록함. 2017년 DRM 서비스를 오픈하였으며 향후 이러닝서비스 업체를 타겟으로 영업 영역을 확대해 나갈 계획임. 최근 뽀로로TV 양방향 서비스 앱이 올레TV 앱서비스 1위를 차지하는 등 긍정적인 시장 반응을 얻고 있으며 양방향 서비스 스크린을 지속 확장할 계획임.

현금 흐름 *IFRS 별도 기준 〈단위 : 억원〉

항목	2016	2017
영업활동	-11	-2
투자활동	-4	-0
재무활동	8	1
순현금흐름	-6	-1
기말현금	1	0

시장 대비 수익률

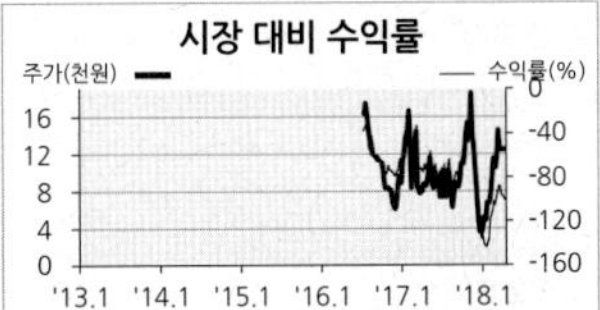

결산 실적 〈단위 : 억원〉

항목	2012	2013	2014	2015	2016	2017
매출액	—	16	25	26	33	41
영업이익	—	-5	-0	-12	-15	-8
당기순이익	—	-6	-1	-14	-29	-11

분기 실적 *IFRS 별도 기준 〈단위 : 억원〉

항목	2016.3Q	2016.4Q	2017.1Q	2017.2Q	2017.3Q	2017.4Q
매출액	—	—	—	—	—	—
영업이익	—	—	—	—	—	—
당기순이익	—	—	—	—	—	—

재무 상태 *IFRS 별도 기준 〈단위 : 억원〉

항목	2012	2013	2014	2015	2016	2017
총자산	—	7	9	35	16	12
유형자산	—	1	1	5	5	4
무형자산	—	—	—	0	0	0
유가증권	—	—	—	1	—	—
총부채	—	10	12	11	16	22
총차입금	—	7	8	7	10	13
자본금	—	7	7	10	10	10
총자본	—	-2	-3	24	0	-10
지배주주지분	—	-2	-3	24	0	-10

기업가치 지표 *IFRS 별도 기준

항목	2012	2013	2014	2015	2016	2017
주가(최고/저)(천원)	#VALUE!	—/—	—/—	—/—	—/—	—/—
PER(최고/저)(배)	0.0/0.0	0.0/0.0	0.0/0.0	0.0/0.0	—/—	—/—
PBR(최고/저)(배)	0.0/0.0	0.0/0.0	0.0/0.0	0.0/0.0	1,550.0/441.8	-39.6/-7.1
EV/EBITDA(배)	0.0	—	—	—	—	—
EPS(원)	—	-438	-78	-788	-1,462	-536
BPS(원)	—	-1,724	-2,236	12,075	12	-491
CFPS(원)	—	-4,127	-480	-7,368	-1,383	-457
DPS(원)	—	—	—	—	—	—
EBITDAPS(원)	—	-4,028	-77	-6,173	-656	-302

재무 비율 〈단위 : %〉

연도	영업이익률	순이익률	부채비율	차입금비율	ROA	ROE	유보율	자기자본비율	EBITDA마진율
2017	-18.6	-26.1	완전잠식	완전잠식	-74.5	당기잠식	-198.2	-79.2	-14.7
2016	-44.9	-89.3	일부잠식	일부잠식	-113.8	-245.0	-97.6	1.5	-40.1
2015	-43.9	-51.7	47.8	31.0	-61.8	전기잠식	141.5	67.7	-40.5
2014	-2.0	-4.2	완전잠식	완전잠식	-12.5	잠식지속	-144.7	-32.6	-0.4

시너지이노베이션 (A048870)
Synergy Innovation

업종 : 자동차부품 | 시장 : KOSDAQ
신용등급 : (Bond) — (CP) — | 기업규모 : 중견
홈페이지 : www.synergyinno.com | 연락처 : 031)776-2560~2
본사 : 경기도 성남시 중원구 사기막골로 124 (상대원동, 에스케이엔테크노파크 메가센터동) 601~607호

설립일	1998.04.02	**종업원수**	55명	**대표이사**	구자형
상장일	2004.08.13	**감사의견**	적정(오성)	**계열**	
결산기	12월	**보통주**		**종속회사수**	10개사
액면가	500원	**우선주**		**구상호**	코아로직

주주구성 (지분율,%)		출자관계 (지분율,%)		주요경쟁사 (외형,%)	
시너지아이비투자	11.4	엠큐브웍스	100.0	시너지이노베이션	100
시너지넷	11.2	엠아이텍	98.9	모바일어플라이언스	160
(외국인)	18.5	한경지앤아이	55.6	파인디지털	222

매출구성		비용구성		수출비중	
HANAROSTENT, CHOOSTENT 등	29.9	매출원가율	62.5	수출	—
CLM55XX, CLM77XX,	29.1	판관비율	40.9	내수	—
아이로드 T8, T9, T10, V7, V9 등 외	23.3				

회사 개요

동사는 1998년 전자부품, 영상, 음향 및 통신장비 제조 등을 주 사업목적으로 설립. 2004년 8월에 코스닥시장에 상장. Fabless 반도체 개발업체. 주력 제품은 AP/MAP, CIS, SPS 등. AP/MAP 매출 비중이 80.9%, 상품 매출이 19.1%. 국 블랙박스 시장에 높은 점유율을 갖고 있으나 시장 성장이 둔화되고 있어서 신규 제품 개발을 통한 돌파구가 필요한 시점. 동사는 최대 주주 변경으로 유상증자 유치에 성공하였음.

실적 분석

동사의 2017년 연결기준 매출액은 342억원으로 전년 동기 대비 119% 대폭 증가함. 전기 중 취득한 연결대상 종속회사의 매출액이 반영되었음. 연구개발비 증가 및 IFRS상 인식하여야 하는 PPA 무형자산 상각비로 영업적자가 지속되고 있음. 당기순이익은 전기 채무면제이익으로 흑자였으나 당기 전환사채 이자비용 및 내재파생상품 평가손실로 적자전환함.

현금 흐름 〈단위 : 억원〉

항목	2016	2017
영업활동	-12	-49
투자활동	-413	-493
재무활동	369	572
순현금흐름	-2	22
기말현금	58	80

시장 대비 수익률

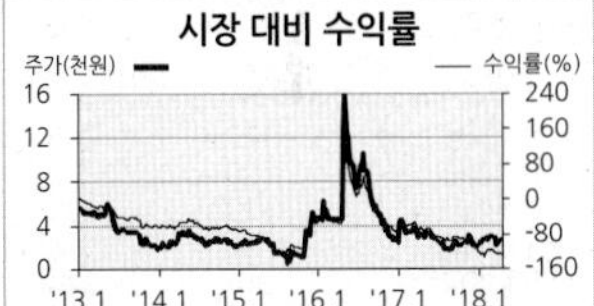

결산 실적 〈단위 : 억원〉

항목	2012	2013	2014	2015	2016	2017
매출액	618	300	309	149	156	342
영업이익	-36	-137	-50	-140	-3	-12
당기순이익	-42	-375	-120	-514	106	-122

분기 실적 〈단위 : 억원〉

항목	2016.3Q	2016.4Q	2017.1Q	2017.2Q	2017.3Q	2017.4Q
매출액	42	79	138	164	118	-78
영업이익	1	-6	4	5	4	-25
당기순이익	12	-47	-7	-21	-11	-83

재무 상태 〈단위 : 억원〉

항목	2012	2013	2014	2015	2016	2017
총자산	1,302	966	821	161	597	1,061
유형자산	56	50	41	8	97	116
무형자산	498	317	220	22	174	174
유가증권	308	393	338	47	27	314
총부채	546	543	520	357	458	776
총차입금	395	394	426	278	369	672
자본금	78	78	79	86	222	276
총자본	756	423	301	-196	139	284
지배주주지분	743	411	301	-196	135	309

기업가치 지표

항목	2012	2013	2014	2015	2016	2017
주가(최고/저)(천원)	8.9/4.4	5.9/1.8	3.6/1.9	6.5/0.6	19.1/2.4	4.7/1.7
PER(최고/저)(배)	—/—	—/—	—/—	—/—	48.5/6.0	—/—
PBR(최고/저)(배)	0.2/0.1	0.2/0.1	0.1/0.1	-1.3/-0.1	63.0/7.8	8.5/3.1
EV/EBITDA(배)	22.6	—	487.4	—	117.4	99.2
EPS(원)	-3,652	-24,659	-7,924	-30,755	394	-169
BPS(원)	5,500	3,370	2,615	-483	303	560
CFPS(원)	157	-1,878	-451	-2,823	436	-117
DPS(원)	—	—	—	—	—	—
EBITDAPS(원)	228	-354	6	-645	33	30

재무 비율 〈단위 : %〉

연도	영업이익률	순이익률	부채비율	차입금비율	ROA	ROE	유보율	자기자본비율	EBITDA마진율
2017	-3.5	-35.7	273.3	236.7	-14.8	-41.8	11.9	26.8	4.9
2016	-2.1	67.7	일부잠식	일부잠식	27.9	전기잠식	-39.3	23.3	7.3
2015	-94.2	-345.4	완전잠식	완전잠식	-104.6	당기잠식	-196.6	-121.5	-74.3
2014	-16.1	-39.0	172.7	141.5	-13.5	-34.3	423.1	36.7	0.3

시노펙스 (A025320)
Synopex

업 종	휴대폰 및 관련부품	시 장	KOSDAQ
신용등급	(Bond) — (CP) —	기업규모	중견
홈페이지	www.synopex.com	연 락 처	054)289-4010
본 사	경북 포항시 북구 청하면 동해대로 2315번길 54-4		

설 립 일	1985.04.18	**종 업 원 수**	84명	**대 표 이 사**	손경익
상 장 일	1995.04.20	**감 사 의 견**	적정(삼화)	**계 열**	
결 산 기	12월	**보 통 주**		**종속회사수**	12개사
액 면 가	500원	**우 선 주**		**구 상 호**	

주주구성 (지분율,%)		출자관계 (지분율,%)		주요경쟁사 (외형,%)	
Van Eck AssociatesCorporation	5.2	에스엘이앤티	100.0	시노펙스	100
글로션	5.0	위엔텍	100.0	에스맥	93
(외국인)	13.4	시노펙스필터	100.0	에너전트	20

매출구성		비용구성		수출비중	
FPCB 모듈 외	90.4	매출원가율	75.2	수출	78.1
카트리지 필터 외	9.6	판관비율	11.1	내수	21.9

회사 개요

동사는 신소재사업과 IT전자부품소재사업을 영위하고 있으며 주요 제품은 멤브레인 소재, 필터 및 여과 시스템, 터치스크린 등 휴대폰부품과 영화투자,제작, 배급사업을 진행하고 있음. 2016년 전반기 현재 천진한완석균형보건복무유한공사를 포함하여 총 9개의 연결자회사를 보유하고 있으며 사업부문별 매출비중은 IT전자부품소재사업 90.21%, 신소재사업 9.79%로 구성됨

실적 분석

동사의 2017년 전체 매출은 1,811.9억원으로 전년대비 16.9% 증가, 영업이익은 248.6억원으로 전년대비 132.2% 증가. 당기순이익은 -225.6억원으로 적자전환 시현. 전방산업인 스마트폰 시장이 수요 둔화되는 가운데 연성PCB 시장의 성장 지속, 전략거래선내 점유율 증가로 외형 증가 시현. 고정비 감소 및 제품 믹스 효과로 영업이익은 큰 폭으로 증가세 시현. 동사는 2018년 자동차 전장용품 사업에 진출 추진

현금 흐름 〈단위 : 억원〉

항목	2016	2017
영업활동	113	225
투자활동	-99	-312
재무활동	18	99
순현금흐름	34	14
기말현금	210	224

시장 대비 수익률

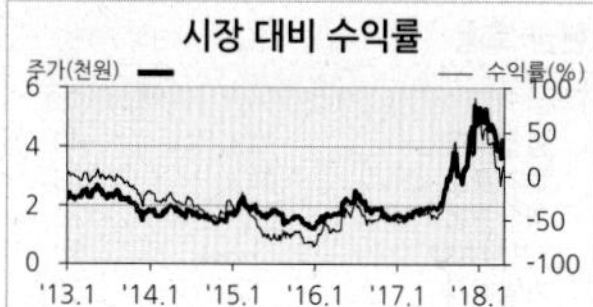

결산 실적 〈단위 : 억원〉

항목	2012	2013	2014	2015	2016	2017
매출액	5,420	4,205	4,021	1,971	1,550	1,812
영업이익	30	80	31	-226	107	249
당기순이익	-296	35	-43	-353	45	-226

분기 실적 〈단위 : 억원〉

항목	2016.3Q	2016.4Q	2017.1Q	2017.2Q	2017.3Q	2017.4Q
매출액	497	410	459	473	449	431
영업이익	47	38	63	50	57	79
당기순이익	22	9	31	34	15	-305

재무 상태 〈단위 : 억원〉

항목	2012	2013	2014	2015	2016	2017
총자산	2,448	2,364	2,130	1,365	1,483	1,506
유형자산	809	827	517	491	470	656
무형자산	59	58	50	59	57	44
유가증권	24	16	4	55	168	72
총부채	1,644	1,480	1,264	746	715	960
총차입금	772	714	507	491	412	633
자본금	284	287	295	326	326	332
총자본	804	884	865	619	768	546
지배주주지분	796	880	859	621	770	547

기업가치 지표

항목	2012	2013	2014	2015	2016	2017
주가(최고/저)(천원)	3.4/1.9	2.7/1.4	2.0/1.3	2.3/1.2	2.5/1.3	5.4/1.5
PER(최고/저)(배)	—/—	31.7/17.0	—/—	—/—	35.2/17.9	—/—
PBR(최고/저)(배)	1.8/1.0	1.4/0.8	1.1/0.7	1.9/1.0	2.0/1.0	6.2/1.8
EV/EBITDA(배)	14.4	9.0	9.6	—	7.3	11.8
EPS(원)	-595	85	-82	-542	71	-350
BPS(원)	1,831	1,904	1,813	1,231	1,232	870
CFPS(원)	-421	253	80	-416	166	-256
DPS(원)	—	—	—	—	—	—
EBITDAPS(원)	233	311	215	-229	262	478

재무 비율 〈단위 : %〉

연도	영업이익률	순이익률	부채비율	차입금비율	ROA	ROE	유보율	자기자본비율	EBITDA마진율
2017	13.7	-12.5	175.9	116.0	-15.1	-34.4	71.7	36.2	17.1
2016	6.9	2.9	93.0	53.7	3.2	6.6	143.1	51.8	10.9
2015	-11.5	-17.9	120.5	79.4	-20.2	-46.6	142.9	45.4	-7.4
2014	0.8	-1.1	146.1	58.6	-1.9	-5.4	257.2	40.6	3.1

시스웍 (A269620)
SYSWORK CO

업 종	전자 장비 및 기기	시 장	KOSDAQ
신용등급	(Bond) — (CP) —	기업규모	벤처
홈페이지	www.syswork.co.kr	연 락 처	042)932-4850
본 사	대전시 유성구 테크노7로 32-13(용산동)		

설 립 일	2004.07.16	**종 업 원 수**	명	**대 표 이 사**	김형철
상 장 일	2017.12.26	**감 사 의 견**	적정(삼일)	**계 열**	
결 산 기	12월	**보 통 주**		**종속회사수**	
액 면 가	100원	**우 선 주**		**구 상 호**	

주주구성 (지분율,%)		출자관계 (지분율,%)		주요경쟁사 (외형,%)	
김형철	15.7	동양기술	27.8	시스웍	100
이현규	15.6	SUZHOUSYSWORK	100.0	인터엠	315
(외국인)	0.2			남성	293

매출구성		비용구성		수출비중	
클린룸제어시스템	55.1	매출원가율	70.1	수출	17.8
BLDC모터	39.3	판관비율	9.0	내수	82.2
공조제어기등	5.4				

회사 개요

동사는 시스템장치제어 하드웨어 제조판매업을 영위할 목적으로 2004년 7월 16일 설립되었으며 2017년 12월 26일자로 코스닥에 상장됨. 디스플레이 및 반도체 라인 등의 생산공정에 필수요소인 클린룸 환경을 유지하기 위한 FFU(Fan Filter Unit), EFU(Equipment Fan Filter Unit)의 구동, 제어, 감시, 모니터링 등 통합 환경 감시제어시스템을 주요 매출원으로 하고 있음.

실적 분석

동사의 연결기준 2017년 연간 매출액은 313.8억원으로 전년대비 29.2% 증가하였음. 매출원가 증가율이 매출액 상승률을 상회하면서 매출총이익은 14.4% 증가하였음. 영업이익은 전년보다 6.4억원(10.9%) 증가한 65.6억원을 기록하였음. 3.1억원의 외환손실이 발생하였으나 비영업부문 전체적으로는 손실이 발생하지 않음. 최종적으로 동사의 당기순이익은 전년대비 6.3% 증가한 55.4억원을 기록함.

현금 흐름 〈단위 : 억원〉

항목	2016	2017
영업활동	16	76
투자활동	-1	-16
재무활동	-5	110
순현금흐름	11	168
기말현금	14	182

시장 대비 수익률

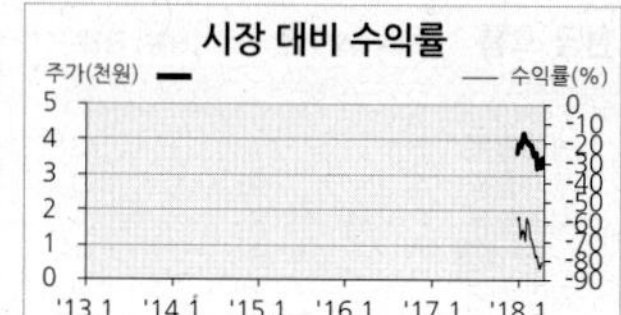

결산 실적 〈단위 : 억원〉

항목	2012	2013	2014	2015	2016	2017
매출액	—	—	—	156	243	314
영업이익	—	—	—	27	59	66
당기순이익	—	—	—	24	52	55

분기 실적 〈단위 : 억원〉

항목	2016.3Q	2016.4Q	2017.1Q	2017.2Q	2017.3Q	2017.4Q
매출액	68	—	—	—	82	—
영업이익	14	—	—	—	14	—
당기순이익	12	—	—	—	14	—

재무 상태 〈단위 : 억원〉

항목	2012	2013	2014	2015	2016	2017
총자산	—	—	—	129	203	352
유형자산	—	—	—	46	45	57
무형자산	—	—	—	1	0	3
유가증권	—	—	—	2	2	2
총부채	—	—	—	43	68	32
총차입금	—	—	—	32	31	5
자본금	—	—	—	4	4	18
총자본	—	—	—	86	135	320
지배주주지분	—	—	—	86	135	320

기업가치 지표

항목	2012	2013	2014	2015	2016	2017
주가(최고/저)(천원)	—/—	—/—	—/—	—/—	—/—	—/—
PER(최고/저)(배)	0.0/0.0	0.0/0.0	0.0/0.0	0.0/0.0	0.0/0.0	10.7/8.2
PBR(최고/저)(배)	0.0/0.0	0.0/0.0	0.0/0.0	0.0/0.0	0.0/0.0	2.5/1.9
EV/EBITDA(배)	0.0	0.0	0.0	1.0	0.3	7.1
EPS(원)	—	—	—	183	402	413
BPS(원)	—	—	—	107,171	168,296	1,778
CFPS(원)	—	—	—	31,690	67,325	430
DPS(원)	—	—	—	—	—	20
EBITDAPS(원)	—	—	—	35,908	76,095	505

재무 비율 〈단위 : %〉

연도	영업이익률	순이익률	부채비율	차입금비율	ROA	ROE	유보율	자기자본비율	EBITDA마진율
2017	20.9	17.7	9.9	1.6	20.0	24.4	1,678.4	91.0	21.6
2016	24.4	21.5	50.6	23.0	31.5	47.3	3,265.9	66.4	25.1
2015	17.4	15.2	50.1	37.8	0.0	0.0	2,043.4	66.6	18.4
2014	0.0	0.0	0.0	0.0	0.0	0.0	0.0	0.0	0.0

시큐브 (A131090)
SECUVE

업종 : 일반 소프트웨어 　 시장 : KOSDAQ
신용등급 : (Bond) — 　 (CP) — 　 기업규모 : 벤처
홈페이지 : www.secuve.com 　 연락처 : 02)6261-9300
본사 : 서울시 구로구 디지털로 26길 111 JnK디지털타워 801~803호

설립일	2000.03.23	**종업원수**	105명	**대표이사**	홍기융
상장일	2011.12.21	**감사의견**	적정(참)	**계열**	
결산기	12월	**보통주**		**종속회사수**	2개사
액면가	100원	**우선주**		**구상호**	

주주구성 (지분율,%)		출자관계 (지분율,%)		주요경쟁사 (외형,%)	
홍기융	22.6	디펜시큐	98.3	시큐브	100
변봉숙	3.0	SECUVE,	100.0	포시에스	59
(외국인)	2.4	SECUVESolutions	100.0	한컴시큐어	75

매출구성		비용구성		수출비중	
솔루션사업부문 제품	78.7	매출원가율	58.5	수출	2.4
서비스사업부문 서비스	21.3	판관비율	28.8	내수	97.6

회사 개요

동사는 독창적인 전자서명인증기반 Secure OS기술을 국내 최초 상용화하여 보안운영체제라고 하는 핵심 보안소프트웨어의 기술 및 시장을 선도하고 있으며, 국내 보안운영체제 시장 점유율 1위를 유지함. 최근 통합 보안목적을 달성할 수 있는 융합솔루션에 대한 수요가 증가함에 따라 신사업영역 확대를 적극 추진해가며 정보 보호 융합 토탈솔루션 기업으로 성장해가고 있음. 2016년 상반기 의결권의 과반수 소유로 디펜시큐가 자회사로 편입됨.

실적 분석

동사의 2017년 연간 매출액은 전년동기대비 2.4% 소폭 변동한 217.8억원을 기록하였음. 비용면에서 전년동기대비 매출원가는 증가 하였으며 인건비도 증가, 광고선전비도 크게 증가, 기타판매비와관리비는 크게 감소함. 최종적으로 전년동기대비 당기순이익은 크게 상승하여 30.8억원을 기록함. 금융손익 등 비영업손익의 큰 폭의 증가가 영향을 미친것으로 판단됨.

현금 흐름 〈단위 : 억원〉

항목	2016	2017
영업활동	38	47
투자활동	-12	9
재무활동	-4	-6
순현금흐름	22	49
기말현금	83	132

시장 대비 수익률

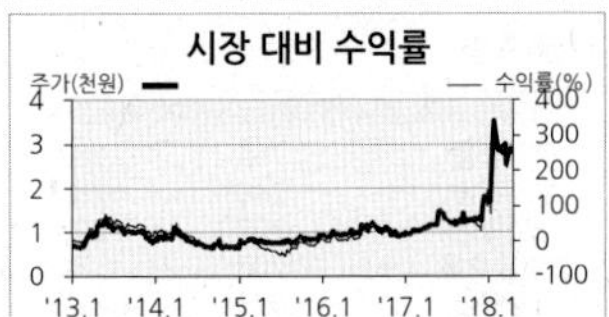

결산 실적 〈단위 : 억원〉

항목	2012	2013	2014	2015	2016	2017
매출액	205	175	159	196	213	218
영업이익	35	14	-4	11	22	28
당기순이익	32	16	5	8	13	31

분기 실적 〈단위 : 억원〉

항목	2016.3Q	2016.4Q	2017.1Q	2017.2Q	2017.3Q	2017.4Q
매출액	41	96	24	60	42	92
영업이익	2	22	-2	3	4	23
당기순이익	2	12	-2	8	7	18

재무 상태 〈단위 : 억원〉

항목	2012	2013	2014	2015	2016	2017
총자산	304	300	268	279	296	331
유형자산	34	33	32	30	29	28
무형자산	20	24	21	17	11	12
유가증권	—	—	—	—	—	—
총부채	102	90	63	71	76	86
총차입금	24	23	1	—	—	—
자본금	31	31	31	31	34	34
총자본	202	210	204	209	220	245
지배주주지분	202	210	204	209	220	245

기업가치 지표

항목	2012	2013	2014	2015	2016	2017
주가(최고/저)(천원)	1.1/0.6	1.3/0.7	1.1/0.6	1.0/0.7	1.3/0.9	1.9/0.9
PER(최고/저)(배)	12.6/7.5	29.4/14.7	88.4/51.8	49.6/31.7	31.4/21.7	22.4/11.1
PBR(최고/저)(배)	1.9/1.1	2.2/1.1	1.8/1.0	1.6/1.0	1.9/1.3	2.5/1.3
EV/EBITDA(배)	4.3	12.9	37.5	11.1	6.0	12.9
EPS(원)	89	46	13	21	41	86
BPS(원)	3,422	3,629	3,703	3,827	3,649	804
CFPS(원)	583	353	201	245	324	106
DPS(원)	60	—	—	114	50	16
EBITDAPS(원)	624	306	60	294	435	96

재무 비율 〈단위 : %〉

연도	영업이익률	순이익률	부채비율	차입금비율	ROA	ROE	유보율	자기자본비율	EBITDA마진율
2017	12.7	14.2	35.2	0.0	9.8	13.3	704.5	74.0	15.1
2016	10.5	6.2	34.4	0.0	4.6	6.9	629.9	74.4	13.9
2015	5.5	3.9	33.9	0.0	2.8	3.7	665.4	74.7	9.3
2014	-2.6	2.9	30.9	0.6	1.6	2.2	640.6	76.4	2.3

시큐센 (A232830)
SECUCEN COLTD

업종 : 일반 소프트웨어 　 시장 : KONEX
신용등급 : (Bond) — 　 (CP) — 　 기업규모 : —
홈페이지 : www.secucen.com 　 연락처 : 02)3497-6980
본사 : 서울시 서초구 반포대로 13, 2층

설립일	2011.11.25	**종업원수**	27명	**대표이사**	박원규
상장일	2016.11.29	**감사의견**	적정(중앙)	**계열**	
결산기	12월	**보통주**		**종속회사수**	
액면가	—	**우선주**		**구상호**	

주주구성 (지분율,%)		출자관계 (지분율,%)		주요경쟁사 (외형,%)	
아이티센	36.6			시큐센	100
박원규	19.6			이글루시큐리티	925
				포시에스	197

매출구성		비용구성		수출비중	
Air TMS S-600 외(상품)	40.8	매출원가율	64.6	수출	0.0
서비스/유지보수(용역)	35.0	판관비율	31.4	내수	100.0
보안솔루션(용역)	24.2				

회사 개요

동사는 핀테크 보안기술 전문업체로 2015년 아이티센 계열사로 편입되면서 모바일 보안 전문업체인 바른소프트기술과 합병함. 시스템통합(SI)사업자 아이티센의 자회사임. 2016년 코넥스시장에 상장하며 처음으로 증시에 입성함. 동사의 매출 대부분은 모바일 서비스 및 솔루션 부문에서 발생하고 있음. 통신사와 카드사 등을 대상으로 로그인 도용방지 서비스, 전화번호 안심로그인 서비스, 인증서 유출방지 서비스 등을 제공함.

실적 분석

동사의 2017년 연결기준 누적 매출액은 65억원으로 전년동기 대비 29.2% 외형 성장. 매출원가는 전년대비 19.1% 증가하였으나 판관비는 소폭 감소. 영업이익은 2.5억원을 시현하며 흑자전환 하였으나 비영업손실 5.1억원을 기록하며 당기순손실은 2.6억원으로 적자지속함. 동사는 바이오 전자서명 기술을 바탕으로 향후 정부의 공인인증서 폐지 정책에 따라 전자서명 시장에 대체 보완수단으로써 시장을 확대할 전략을 세우고 있음.

현금 흐름 *IFRS 별도 기준 〈단위 : 억원〉

항목	2016	2017
영업활동	-2	-1
투자활동	-3	0
재무활동	3	-5
순현금흐름	-2	-5
기말현금	9	4

시장 대비 수익률

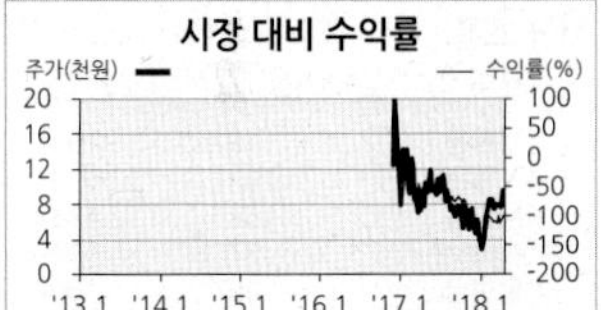

결산 실적 〈단위 : 억원〉

항목	2012	2013	2014	2015	2016	2017
매출액	—	0	1	20	50	65
영업이익	—	-2	-2	-5	-6	3
당기순이익	—	-2	-2	-9	-8	-3

분기 실적 *IFRS 별도 기준 〈단위 : 억원〉

항목	2016.3Q	2016.4Q	2017.1Q	2017.2Q	2017.3Q	2017.4Q
매출액	—	—	—	—	—	—
영업이익	—	—	—	—	—	—
당기순이익	—	—	—	—	—	—

재무 상태 *IFRS 별도 기준 〈단위 : 억원〉

항목	2012	2013	2014	2015	2016	2017
총자산	—	2	5	63	70	51
유형자산	—	—	—	1	0	0
무형자산	—	0	2	30	30	27
유가증권	—	—	—	0	0	0
총부채	—	4	7	34	50	29
총차입금	—	2	7	19	23	16
자본금	—	0	1	6	6	7
총자본	—	-3	-2	28	20	22
지배주주지분	—	-3	-2	28	20	22

기업가치 지표 *IFRS 별도 기준

항목	2012	2013	2014	2015	2016	2017
주가(최고/저)(천원)	—/—	—/—	—/—	—/—	—/—	—/—
PER(최고/저)(배)	0.0/0.0	0.0/0.0	0.0/0.0	0.0/0.0	—/—	—/—
PBR(최고/저)(배)	0.0/0.0	0.0/0.0	0.0/0.0	0.0/0.0	13.0/6.2	9.9/2.9
EV/EBITDA(배)	0.0	—	—	—	—	16.4
EPS(원)	—	-2,271	-1,274	-1,527	-603	-175
BPS(원)	—	-3,184	-831	2,141	1,538	1,473
CFPS(원)	—	-2,271	-1,238	-1,440	-482	-44
DPS(원)	—	—	—	—	—	—
EBITDAPS(원)	—	-2,245	-1,144	-709	-343	304

재무 비율 〈단위 : %〉

연도	영업이익률	순이익률	부채비율	차입금비율	ROA	ROE	유보율	자기자본비율	EBITDA마진율
2017	3.9	-3.9	135.7	75.2	-4.2	-12.2	201.9	42.4	6.9
2016	-12.1	-15.8	248.1	112.5	-11.9	-32.8	216.1	28.7	-9.0
2015	-24.5	-46.9	122.1	65.8	-27.5	전기잠식	339.9	45.0	-21.8
2014	-290.2	-313.2	완전잠식	완전잠식	—	—	-290.7	-46.8	-281.3

신대양제지 (A016590)
Shindaeyang Paper

업 종 : 종이 및 목재
신용등급 : (Bond) — (CP) —
홈페이지 : www.dygroup.co.kr
본 사 : 경기도 안산시 단원구 목내로 29(목내동)
시 장 : 거래소
기업규모 : 시가총액 소형주
연 락 처 : 031)494-7911

설 립 일	1982.12.17	**종 업 원 수**	175명	**대 표 이 사**	권혁홍,권택환
상 장 일	1995.11.23	**감 사 의 견**	적정(우리)	**계 열**	
결 산 기	12월	**보 통 주**		**종속회사수**	3개사
액 면 가	5,000원	**우 선 주**		**구 상 호**	

주주구성 (지분율,%)		출자관계 (지분율,%)		주요경쟁사 (외형,%)	
권혁홍	17.6	광신판지	58.5	신대양제지	100
권택환	15.5	대양제지공업	46.4	무림페이퍼	202
(외국인)	5.3	태성산업	45.3	페이퍼코리아	109

매출구성		비용구성		수출비중	
골판지용 원지(제 품)	84.5	매출원가율	87.4	수출	0.1
골판지용 원지(상 품)	15.5	판관비율	7.0	내수	99.9

회사 개요

동사는 1982년 설립돼 골판지 상자의 원재료인 골판지 원지를 제조 판매하고 있으며, 2016년 기준 시장점유율 10.9%를 차지하고 있음. 종속회사로 광신판지를 보유. 크라프트 라이너지, 테스트 라이너지, 골판지용 골심지 등 골판지용 원지 전지종을 생산, 판매하는 경쟁력있는 기업임. 일산 100톤 생산 개시 이래 1996년 시화공장 3호기 완공 및 2007년 2월 증설로 일산 평균 생산능력은 2000톤 수준.

실적 분석

동사의 2017년 4분기 연결기준 누적 매출액은 5128.1억원으로 전년 동기(2,525.2억원) 대비 103.1% 급증함. 주력 사업인 골판지 원지 부문 내수시장 매출이 전년 대비 크게 증가. 영업이익은 287.6억원으로 전년보다 200억원 이상 늘어남. 비영업이익이 전년보다 줄었지만 최종적으로 당기순이익은 전년(169.9억원)보다 59% 늘어난 271.6억원을 시현함.

현금 흐름 <단위 : 억원>

항목	2016	2017
영업활동	-19	191
투자활동	-107	-598
재무활동	162	418
순현금흐름	37	11
기말현금	49	60

시장 대비 수익률

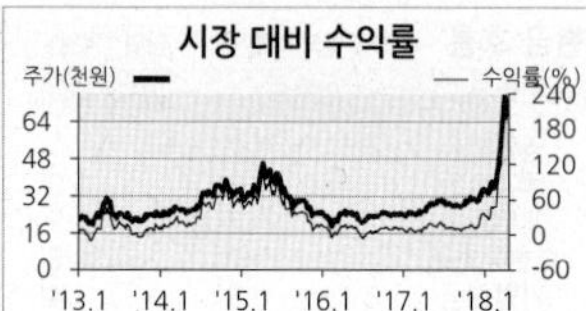

결산 실적 <단위 : 억원>

항목	2012	2013	2014	2015	2016	2017
매출액	3,612	3,380	3,270	2,393	2,525	5,128
영업이익	429	163	251	83	82	288
당기순이익	292	130	164	-235	170	272

분기 실적 <단위 : 억원>

항목	2016.3Q	2016.4Q	2017.1Q	2017.2Q	2017.3Q	2017.4Q
매출액	584	827	842	1,335	1,498	1,453
영업이익	-2	47	32	51	17	188
당기순이익	77	19	18	47	-30	236

재무 상태 <단위 : 억원>

항목	2012	2013	2014	2015	2016	2017
총자산	4,036	3,929	4,018	3,756	3,627	7,258
유형자산	2,697	2,722	2,631	2,450	2,192	5,296
무형자산	18	18	8	6	6	41
유가증권	11	13	12	9	2	13
총부채	1,471	1,327	1,277	1,216	978	3,102
총차입금	890	791	701	396	277	1,837
자본금	180	180	183	193	193	201
총자본	2,564	2,601	2,741	2,540	2,649	4,156
지배주주지분	2,316	2,410	2,553	2,373	2,519	2,753

기업가치 지표

항목	2012	2013	2014	2015	2016	2017
주가(최고/저)(천원)	23.6/14.7	31.3/19.6	39.6/23.0	46.1/23.3	25.6/19.0	34.9/23.3
PER(최고/저)(배)	3.4/2.1	9.5/5.9	8.8/5.1	—/—	6.4/4.8	5.0/3.4
PBR(최고/저)(배)	0.4/0.2	0.5/0.3	0.6/0.3	0.8/0.4	0.4/0.3	0.5/0.4
EV/EBITDA(배)	2.8	5.5	4.2	5.6	4.9	9.5
EPS(원)	7,458	3,429	4,588	-5,671	4,028	7,032
BPS(원)	64,598	67,115	69,649	61,323	65,091	68,314
CFPS(원)	11,529	7,617	8,955	-2,222	6,875	11,465
DPS(원)	500	375	375	—	—	375
EBITDAPS(원)	16,014	8,722	11,319	5,646	4,978	11,831

재무 비율 <단위 : %>

연도	영업이익률	순이익률	부채비율	차입금비율	ROA	ROE	유보율	자기자본비율	EBITDA마진율
2017	5.6	5.3	74.7	44.2	5.0	10.4	1,266.3	57.3	9.0
2016	3.3	6.7	36.9	10.5	4.6	6.4	1,201.8	73.0	7.6
2015	3.5	-9.8	47.9	15.6	-6.0	-8.7	1,126.5	67.6	8.9
2014	7.7	5.0	46.6	25.6	4.1	6.7	1,293.0	68.2	12.5

신도리코 (A029530)
SINDOH

업 종 : 사무기기
신용등급 : (Bond) — (CP) —
홈페이지 : www.sindoh.com
본 사 : 서울시 성동구 성수이로24길 3
시 장 : 거래소
기업규모 : 시가총액 중형주
연 락 처 : 02)460-1114

설 립 일	1960.07.07	**종 업 원 수**	775명	**대 표 이 사**	우석형,이병백,권오성
상 장 일	1996.12.03	**감 사 의 견**	적정(삼일)	**계 열**	
결 산 기	12월	**보 통 주**		**종속회사수**	8개사
액 면 가	5,000원	**우 선 주**		**구 상 호**	

주주구성 (지분율,%)		출자관계 (지분율,%)		주요경쟁사 (외형,%)	
신도SDR	22.6	신도에이스	100.0	신도리코	100
신영자산운용	12.5	신도중앙판매	100.0		
(외국인)	26.0	신도디에스판매	100.0		

매출구성		비용구성		수출비중	
[상품]복합기 外	72.9	매출원가율	79.9	수출	68.4
FAX	12.3	판관비율	14.2	내수	31.6
소모품	8.3				

회사 개요

동사는 1960년 신도교역으로 설립되어 국내 최초로 복사기, 팩시밀리 등을 생산·판매하는 업체임. 1969년 일본 사무기기 회사인 리코와 5대 5로 지분을 출자해 사명을 신도리코로 변경함. 일본 리코사는 이후 지분을 정리해 최대주주는 신도SDR과 신도SDR을 지배하는 우석형, 우승협(우석형의 아들) 등임. 동사의 종속회사는 신도에이스 등 국내외 7개사이고, 계열회사는 동사 포함 15개임.

실적 분석

동사의 연결기준 2017년 매출액은 전년 대비 10.1% 증가한 5,584.4억원을 기록한 반면, 판관비는 대손상각비 증가에도 불구하고 감가상각비를 중심으로 전년동기대비 0.6% 감소함. 영업이익은 전년동기대비 100.6% 증가한 326.2억원을 기록함. 반면, 비영업손익은 외환손실의 영향으로 전년대비 76.9% 감소함. 이에 따라 동사의 2017년 당기순이익은 전년 대비 0.4% 감소한 316.8억원을 기록함.

현금 흐름 <단위 : 억원>

항목	2016	2017
영업활동	755	582
투자활동	240	-288
재무활동	-297	-200
순현금흐름	703	54
기말현금	1,373	1,427

시장 대비 수익률

결산 실적 <단위 : 억원>

항목	2012	2013	2014	2015	2016	2017
매출액	7,523	5,276	4,800	5,005	5,073	5,584
영업이익	478	284	46	65	163	326
당기순이익	520	253	171	94	318	317

분기 실적 <단위 : 억원>

항목	2016.3Q	2016.4Q	2017.1Q	2017.2Q	2017.3Q	2017.4Q
매출액	1,176	1,280	1,336	1,356	1,441	1,452
영업이익	-23	33	68	122	64	72
당기순이익	72	93	41	111	86	79

재무 상태 <단위 : 억원>

항목	2012	2013	2014	2015	2016	2017
총자산	9,700	9,198	9,156	9,293	9,322	9,405
유형자산	1,889	1,767	1,736	1,874	1,557	1,381
무형자산	62	56	57	55	54	54
유가증권	1,444	2,424	3,033	3,266	3,330	3,279
총부채	1,159	961	957	1,090	910	847
총차입금	251	289	173	326	138	83
자본금	504	504	504	504	504	504
총자본	8,540	8,237	8,199	8,202	8,412	8,558
지배주주지분	8,204	8,237	8,199	8,202	8,412	8,558

기업가치 지표

항목	2012	2013	2014	2015	2016	2017
주가(최고/저)(천원)	61.2/41.4	67.7/52.5	69.8/54.6	70.1/44.4	55.0/44.0	64.8/47.9
PER(최고/저)(배)	14.3/9.6	29.5/22.9	45.3/35.5	81.5/51.6	18.4/14.7	21.2/15.6
PBR(최고/저)(배)	0.9/0.6	0.9/0.7	0.9/0.7	0.9/0.6	0.7/0.6	0.8/0.6
EV/EBITDA(배)	2.2	3.5	8.5	0.4	0.1	1.0
EPS(원)	5,081	2,611	1,698	928	3,154	3,143
BPS(원)	82,471	82,798	82,430	82,459	84,537	85,992
CFPS(원)	6,965	4,510	3,471	2,898	5,324	5,373
DPS(원)	2,500	2,250	1,500	1,200	1,500	1,650
EBITDAPS(원)	6,630	4,718	2,231	2,619	3,784	5,466

재무 비율 <단위 : %>

연도	영업이익률	순이익률	부채비율	차입금비율	ROA	ROE	유보율	자기자본비율	EBITDA마진율
2017	5.8	5.7	9.9	1.0	3.4	3.7	1,619.8	91.0	9.9
2016	3.2	6.3	10.8	1.6	3.4	3.8	1,590.7	90.2	7.5
2015	1.3	1.9	13.3	4.0	1.0	1.1	1,549.2	88.3	5.3
2014	1.0	3.6	11.7	2.1	1.9	2.1	1,548.6	89.6	4.7

신라교역 (A004970)
Silla

업 종 : 식료품 | 시 장 : 거래소
신용등급 : (Bond) — (CP) — | 기업규모 : 시가총액 소형주
홈페이지 : www.sla.co.kr | 연 락 처 : 02)3434-9900
본 사 : 서울시 송파구 백제고분로 362 신리빌딩(석촌동)

설 립 일	1967.03.06	**종업원수**	571명	**대 표 이 사**	이광세,홍성호
상 장 일	1976.06.30	**감사의견**	적정(한영)	**계 열**	
결 산 기	12월	**보 통 주**		**종속회사수**	1개사
액 면 가	500원	**우 선 주**		**구 상 호**	

주주구성 (지분율,%)		출자관계 (지분율,%)		주요경쟁사 (외형,%)	
신라홀딩스	40.2	LAEFISHERIESCO.	94.7	신라교역	100
박재홍	10.0	SFFISHERIESCO.	84.7	동원F&B	618
(외국인)	6.7	KIRIKOREFISHERIES	49.0	동원산업	576

매출구성		비용구성		수출비중	
명태, 참치	40.8	매출원가율	80.2	수출	60.5
가공용 참치	35.6	판관비율	12.7	내수	39.5
스테인레스 외	10.0				

회사 개요
동사는 1967년 설립돼 1976년 유가증권시장에 상장. 원양어업 외에 수산물 유통, 철강사업, 기타 사업 등을 영위함. 특히 원양어업부문은 횟감용 참치를 어획하는 참치연승어업과 통조림용 참치를 어획하는 참치선망어업으로 구성돼 있음. 수산물유통부문은 러시아 합작법인이 어획한 명태와 가나 및 키리바시 합작법인에서 어획한 참치를 수입해 국내외로 판매하는 사업을 담당함. 사업 다각화 차원에서 철강사업을 수입해 판매하는 업무도 병행하고 있음.

실적 분석
2017년 원양어업부문의 매출은 1,659억원으로 전년대비 341억원 증가하였으며, 영업이익은 233억원임. 이는 어가 상승에 따른 매출 증가 주요인임. 수산물유통부문은 1,738억원으로 전년대비 496억원 증가하였으며, 영업이익은 28억원임. 역시 어가 상승이 주요인임. 철강사업부문의 매출은 411억원으로 전년대비 107억원 증가하였으며, 8억원의 영업이익을 시현함. 채권 적기 회수, 재고 최소화 등으로 인한 이익 증가가 주요인임.

현금 흐름
〈단위 : 억원〉

항목	2016	2017
영업활동	89	369
투자활동	356	-95
재무활동	-168	-67
순현금흐름	296	169
기말현금	765	935

시장 대비 수익률
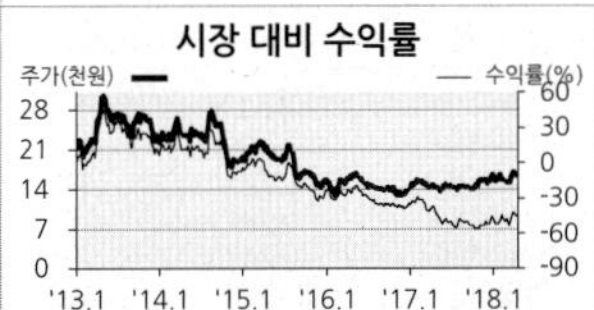

결산 실적
〈단위 : 억원〉

항목	2012	2013	2014	2015	2016	2017
매출액	4,383	3,315	2,595	2,917	3,047	4,131
영업이익	737	187	46	-64	59	294
당기순이익	695	263	159	167	277	265

분기 실적
〈단위 : 억원〉

항목	2016.3Q	2016.4Q	2017.1Q	2017.2Q	2017.3Q	2017.4Q
매출액	801	807	790	930	1,188	1,223
영업이익	50	-13	4	81	81	128
당기순이익	-79	143	-103	131	201	36

재무 상태
〈단위 : 억원〉

항목	2012	2013	2014	2015	2016	2017
총자산	5,099	5,019	5,104	5,101	5,252	5,499
유형자산	967	923	880	790	753	719
무형자산	124	120	116	112	111	107
유가증권	497	418	451	406	354	572
총부채	1,125	901	856	728	667	703
총차입금	318	318	318	252	121	97
자본금	80	80	80	80	80	80
총자본	3,974	4,118	4,248	4,373	4,586	4,796
지배주주지분	3,974	4,118	4,248	4,373	4,586	4,796

기업가치 지표

항목	2012	2013	2014	2015	2016	2017
주가(최고/저)(천원)	24.3/11.4	32.4/19.6	27.9/17.3	22.6/14.3	16.7/12.8	16.5/13.6
PER(최고/저)(배)	6.2/2.9	21.4/13.0	30.3/18.8	22.9/14.5	10.1/7.7	10.0/8.5
PBR(최고/저)(배)	1.1/0.5	1.4/0.8	1.1/0.7	0.9/0.6	0.6/0.5	0.6/0.5
EV/EBITDA(배)	3.5	12.3	28.4	—	9.7	2.0
EPS(원)	4,343	1,642	994	1,047	1,733	1,657
BPS(원)	24,837	25,740	26,551	27,331	28,660	29,975
CFPS(원)	4,652	1,972	1,309	1,357	2,009	1,938
DPS(원)	250	250	300	200	250	500
EBITDAPS(원)	4,915	1,501	604	-90	644	2,118

재무 비율
〈단위 : %〉

연도	영업이익률	순이익률	부채비율	차입금비율	ROA	ROE	유보율	자기자본비율	EBITDA마진율
2017	7.1	6.4	14.7	2.0	4.9	5.7	5,895.0	87.2	8.2
2016	1.9	9.1	14.5	2.6	5.4	6.2	5,631.9	87.3	3.4
2015	-2.2	5.7	16.7	5.8	3.3	3.9	5,366.2	85.7	-0.5
2014	1.8	6.1	20.1	7.5	3.1	3.8	5,210.3	83.2	3.7

신라섬유 (A001000)
SILLA TEXTILE CO

업 종 : 부동산 | 시 장 : KOSDAQ
신용등급 : (Bond) — (CP) — | 기업규모 : 중견
홈페이지 : www.silladanji.co.kr | 연 락 처 : 053)960-1114~5
본 사 : 대구시 동구 안심로65길 34

설 립 일	1976.03.08	**종업원수**	10명	**대 표 이 사**	박재흥
상 장 일	1994.06.28	**감사의견**	적정(삼일)	**계 열**	
결 산 기	12월	**보 통 주**		**종속회사수**	
액 면 가	100원	**우 선 주**		**구 상 호**	

주주구성 (지분율,%)		출자관계 (지분율,%)		주요경쟁사 (외형,%)	
신라교역	20.6			신라섬유	100
박재흥	20.6			한국토지신탁	6,254
(외국인)	4.5			SK디앤디	8,277

매출구성		비용구성		수출비중	
임대(임대)	53.0	매출원가율	69.7	수출	0.0
휴대폰판매(상품)	42.2	판관비율	16.9	내수	100.0
원단(제품)	4.8				

회사 개요
동사는 1976년에 설립된 업체로서 1994년 코스닥시장에 상장함. 100% 폴리에스테르 직물의 제조·가공 및 판매업, 휴대폰 판매업, 부동산 임대업을 주요 사업으로 영위하고 있음. 매출비중은 2017년 기준으로 통신부문이 약 49%, 부동산임대가 49%, 섬유가 2%를 차지함. 동사는 폴리에스테르 직물 제품에 대해 원사를 입고해 연사, 정경 등을 거쳐 제직에 이르는 생산체계를 갖추고 있음.

실적 분석
동사의 연결기준 2017년 매출액은 40.0억원으로 전년 대비 4.5% 증가하였음. 그러나 매출원가가 18.7% 늘어나면서 원가율이 상승, 매출총이익은 18.0% 감소한 12.1억원을 기록하는 데 그침. 영업이익은 전년 대비 30.1% 감소한 5.4억원을 기록했으나 비영업 부문 적자폭을 줄이면서 전년보다 1.5억원 들어난 4.1억원의 당기순이익을 기록함. 현재 임대사업부문과 이동통신 판매를 활성화해 매출액과 영업이익을 향상시키고자 노력중임.

현금 흐름 *IFRS 별도 기준
〈단위 : 억원〉

항목	2016	2017
영업활동	11	11
투자활동	8	3
재무활동	-21	-13
순현금흐름	-1	2
기말현금	1	2

시장 대비 수익률
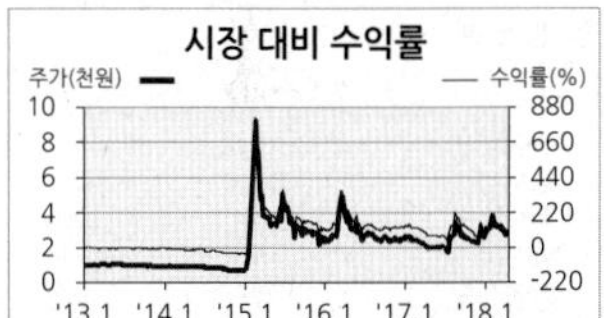

결산 실적
〈단위 : 억원〉

항목	2012	2013	2014	2015	2016	2017
매출액	62	51	30	35	38	40
영업이익	7	7	6	-26	8	5
당기순이익	9	8	5	-27	3	4

분기 실적 *IFRS 별도 기준
〈단위 : 억원〉

항목	2016.3Q	2016.4Q	2017.1Q	2017.2Q	2017.3Q	2017.4Q
매출액	9	11	9	10	10	11
영업이익	3	2	2	1	3	0
당기순이익	1	0	1	2	2	-1

재무 상태 *IFRS 별도 기준
〈단위 : 억원〉

항목	2012	2013	2014	2015	2016	2017
총자산	374	383	371	337	325	321
유형자산	140	138	138	138	137	125
무형자산	1	1	1	1	1	1
유가증권	29	26	7	10	0	0
총부채	224	226	213	203	188	180
총차입금	162	163	171	185	169	160
자본금	24	24	24	24	24	24
총자본	151	157	158	134	137	141
지배주주지분	151	157	158	134	137	141

기업가치 지표 *IFRS 별도 기준

항목	2012	2013	2014	2015	2016	2017
주가(최고/저)(천원)	1.3/0.9	1.1/0.9	1.0/0.7	9.2/0.7	4.9/2.3	3.5/1.6
PER(최고/저)(배)	35.9/25.4	34.2/28.2	49.8/34.5	—/—	464.9/220.1	204.9/95.9
PBR(최고/저)(배)	2.1/1.5	1.7/1.4	1.5/1.0	16.8/1.3	8.7/4.1	5.9/2.8
EV/EBITDA(배)	50.4	43.0	49.1	—	83.0	110.5
EPS(원)	35	32	20	-113	11	17
BPS(원)	3,100	3,233	3,260	2,755	563	580
CFPS(원)	200	190	127	-531	18	24
DPS(원)	—	—	—	—	—	—
EBITDAPS(원)	159	179	144	-496	39	29

재무 비율
〈단위 : %〉

연도	영업이익률	순이익률	부채비율	차입금비율	ROA	ROE	유보율	자기자본비율	EBITDA마진율
2017	13.5	10.2	128.0	113.6	1.3	2.9	480.4	43.9	17.8
2016	20.1	6.7	137.8	123.7	0.8	1.9	463.3	42.1	24.6
2015	-74.2	-79.1	152.0	138.1	-7.7	-18.7	450.9	39.7	-69.8
2014	18.4	15.8	134.4	108.1	1.3	3.0	552.0	42.7	23.0

신라에스지 (A025870)
SILLA SG

업 종 : 식료품 | 시 장 : KOSDAQ
신용등급 : (Bond) — (CP) — | 기업규모 : 중견
홈페이지 : www.sillasg.co.kr | 연 락 처 : 02)416-0771
본 사 : 서울시 송파구 백제고분로 362 (석촌동 286-7)

설 립 일	1977.08.18	종 업 원 수	193명	대 표 이 사	박병언,권기서
상 장 일	1995.07.07	감 사 의 견	적정(우덕)	계 열	
결 산 기	12월	보 통 주		종속회사수	3개사
액 면 가	500원	우 선 주		구 상 호	

주주구성 (지분율,%)		출자관계 (지분율,%)		주요경쟁사 (외형,%)	
신라홀딩스	49.0	동표	100.0	신라에스지	100
박성진	8.4	신라에스앤디	100.0	하림	1,058
(외국인)	0.7	냉동냉장수협	5.3	동우팜투테이블	282

매출구성		비용구성		수출비중	
축육(상품)	46.4	매출원가율	93.6	수출	0.3
소시지(제품)	34.8	판관비율	5.0	내수	99.7
통조림 외(종속)	14.2				

회사 개요
동사는 1977년에 설립된 어육소시지, 젓갈 등의 가공식품 제조업 및 수산물 유통, 축육도매업을 영위하는 업체임. 신라에스지의 주요 사업은 식품제조업으로서 그 품목에는 어육소시지, 절임식품 등이 있음. 또한 유통사업으로 축육(우육, 돈육 등) 도소매를 영위함. 종속회사로는 SILLA SGC(농산물 유통업), 신라에스앤디(음식업), 동표(식품제조업)이 있음. 계열회사는 총 23개사로 국내 15개사, 해외 8개사임.

실적 분석
동사의 2017년 연간 매출액은 전년동기대비 1.9% 소폭 변동한 819.9억원을 기록하였음. 비용면에서 전년동기대비 매출원가는 증가 했으며 인건비도 증가, 광고선전비는 크게 감소, 기타판매비와관리비는 증가함. 매출액은 성장했지만 원가 증가로 인해 전년동기대비 영업이익은 11.2억원으로 13.3% 하락 하였음. 최종적으로 전년동기대비 당기순이익은 크게 하락하여 2.4억원을 기록함.

현금 흐름
<단위 : 억원>

항목	2016	2017
영업활동	11	-17
투자활동	-47	-11
재무활동	26	24
순현금흐름	-10	-5
기말현금	26	21

시장 대비 수익률
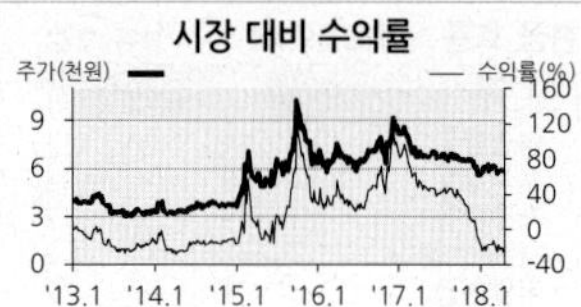

결산 실적
<단위 : 억원>

항목	2012	2013	2014	2015	2016	2017
매출액	706	621	765	586	805	820
영업이익	5	13	13	-17	13	11
당기순이익	7	4	4	-31	4	2

분기 실적
<단위 : 억원>

항목	2016.3Q	2016.4Q	2017.1Q	2017.2Q	2017.3Q	2017.4Q
매출액	226	207	199	218	232	171
영업이익	4	2	2	6	5	-1
당기순이익	2	-0	1	5	1	-3

재무 상태
<단위 : 억원>

항목	2012	2013	2014	2015	2016	2017
총자산	475	489	532	404	488	502
유형자산	123	127	133	125	159	157
무형자산	10	10	15	10	44	44
유가증권	3	3	4	4	5	5
총부채	289	296	341	241	325	343
총차입금	199	197	238	153	219	243
자본금	20	20	20	20	20	20
총자본	186	193	191	163	163	159
지배주주지분	186	193	191	163	163	159

기업가치 지표

항목	2012	2013	2014	2015	2016	2017
주가(최고/저)(천원)	7.9/3.7	4.9/2.9	4.5/3.1	11.4/3.6	9.6/5.8	8.7/5.6
PER(최고/저)(배)	48.4/22.6	55.1/32.9	46.6/32.8	—/—	106.8/64.0	145.9/94.4
PBR(최고/저)(배)	1.7/0.8	1.0/0.6	0.9/0.7	2.8/0.9	2.4/1.4	2.2/1.4
EV/EBITDA(배)	31.5	15.0	16.5	—	20.2	18.9
EPS(원)	163	89	96	-763	90	59
BPS(원)	4,659	4,820	4,780	4,080	4,070	3,985
CFPS(원)	313	278	322	-532	413	367
DPS(원)	—	—	—	—	—	—
EBITDAPS(원)	265	517	557	-194	644	586

재무 비율
<단위 : %>

연도	영업이익률	순이익률	부채비율	차입금비율	ROA	ROE	유보율	자기자본비율	EBITDA마진율
2017	1.4	0.3	215.0	152.2	0.5	1.5	697.0	31.7	2.9
2016	1.6	0.5	199.8	134.3	0.8	2.2	714.0	33.4	3.2
2015	-2.9	-5.2	147.6	93.7	-6.5	-17.2	716.0	40.4	-1.3
2014	1.7	0.5	178.5	124.5	0.8	2.0	855.9	35.9	2.9

신라젠 (A215600)
Sillajen

업 종 : 바이오 | 시 장 : KOSDAQ
신용등급 : (Bond) — (CP) — | 기업규모 : 기술성
홈페이지 : www.sillajen.com | 연 락 처 : 051)517-7550
본 사 : 부산시 북구 효열로 111 부산지식산업센터 6층

설 립 일	2006.03.28	종 업 원 수	43명	대 표 이 사	문은상
상 장 일	2016.12.06	감 사 의 견	적정(한영)	계 열	
결 산 기	12월	보 통 주		종속회사수	5개사
액 면 가	500원	우 선 주		구 상 호	

주주구성 (지분율,%)		출자관계 (지분율,%)		주요경쟁사 (외형,%)	
문은상	11.8	SillaJenBiotherapeutics,(舊Jennerex)	100.0	신라젠	100
이용한	3.9	SillaJenUSA,	100.0	에이비온	27
(외국인)	10.7			팬젠	35

매출구성		비용구성		수출비중	
공동연구개발수익	86.0	매출원가율	0.0	수출	100.0
마일스톤수익	10.6	판관비율	837.3	내수	0.0
라이선스수익	2.1				

회사 개요
동사는 항암 바이러스 면역치료제(Oncolytic Virus Immunotherapy)를 연구 및 개발할 목적으로 2006년 3월에 설립된 바이오 벤처기업으로 암세포를 선택적으로 감염 및 사멸시키고, 면역기능 활성화를 통해 면역 세포가 암세포를 공격할 수 있도록 설계된 유전자 재조합 항암 바이러스(Oncolytic Virus)에 기반한 차세대 항암치료제의 연구 및 개발 등을 주요 사업으로 가지고 있음.

실적 분석
동사의 2017년 연간 매출액은 전년동기대비 29.7% 상승한 68.7억원을 기록하였음. 인건비는 증가 했고 기타판매비와관리비는 증가함. 이와 같이 상승한 매출액 대비 비용증가가 높아 최종적으로 전년동기대비 당기순손실은 적자지속하여 570.2억원을 기록함. 현재 개발 중인 상태이므로 구체적인 상품판매 매출은 존재하지 않으나 글로벌 임상 3상시험을 성공적으로 종료하고 펙사벡의 시판이 개시될 경우 매출이 급증할 것으로 기대됨.

현금 흐름
<단위 : 억원>

항목	2016	2017
영업활동	-456	-401
투자활동	-1,727	445
재무활동	1,931	61
순현금흐름	-247	96
기말현금	306	402

시장 대비 수익률
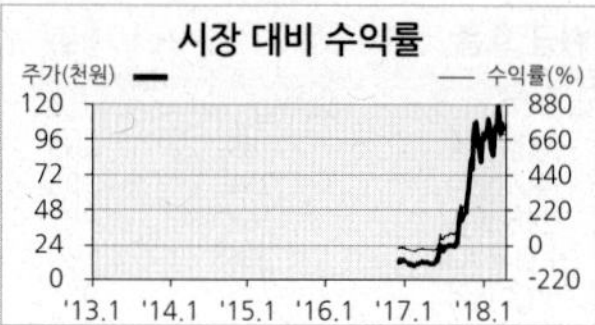

결산 실적
<단위 : 억원>

항목	2012	2013	2014	2015	2016	2017
매출액	13	8	21	18	53	69
영업이익	-4	-35	-152	-238	-468	-506
당기순이익	-3	-32	-25	-559	-740	-570

분기 실적
<단위 : 억원>

항목	2016.3Q	2016.4Q	2017.1Q	2017.2Q	2017.3Q	2017.4Q
매출액	16	10	17	18	11	22
영업이익	-115	-165	-102	-170	-99	-135
당기순이익	-145	-397	-117	-189	-96	-167

재무 상태
<단위 : 억원>

항목	2012	2013	2014	2015	2016	2017
총자산	192	376	1,717	1,530	2,841	2,350
유형자산	7	7	13	18	19	16
무형자산	—	40	773	816	824	696
유가증권	152	220	—	—	1,529	797
총부채	4	6	1,243	661	762	330
총차입금	2	2	985	248	499	41
자본금	72	103	115	245	311	340
총자본	188	370	474	869	2,080	2,019
지배주주지분	188	370	474	869	2,080	2,019

기업가치 지표

항목	2012	2013	2014	2015	2016	2017
주가(최고/저)(천원)	—/—	—/—	—/—	—/—	13.8/11.2	131/9.1
PER(최고/저)(배)	0.0/0.0	0.0/0.0	0.0/0.0	0.0/0.0	—/—	—/—
PBR(최고/저)(배)	0.0/0.0	0.0/0.0	0.0/0.0	0.0/0.0	4.1/3.4	44.1/3.1
EV/EBITDA(배)	—	—	—	—	—	—
EPS(원)	-24	-170	-110	-1,367	-1,409	-843
BPS(원)	1,312	1,815	1,789	1,775	3,339	2,968
CFPS(원)	-16	-164	-7	-1,284	-1,339	-788
DPS(원)	—	—	—	—	—	—
EBITDAPS(원)	-19	-181	-573	-499	-821	-693

재무 비율
<단위 : %>

연도	영업이익률	순이익률	부채비율	차입금비율	ROA	ROE	유보율	자기자본비율	EBITDA마진율
2017	-737.4	-830.6	16.3	2.0	-22.0	-27.8	493.7	86.0	-683.1
2016	-884.8	-1,399.0	36.6	24.0	-33.9	-50.2	567.8	73.2	-815.2
2015	-1,313.6	-3,086.1	76.0	28.6	-34.4	-83.2	255.0	56.8	-1,127.4
2014	-727.8	-118.8	262.5	208.0	—	—	313.6	27.6	-616.7

신성델타테크 (A065350)

SHINSUNG DELTA TECH COLTD

업 종 : 내구소비재 | 시 장 : KOSDAQ
신용등급 : (Bond) — (CP) — | 기업규모 : 우량
홈페이지 : www.ssdelta.co.kr | 연 락 처 : 055)260-1000
본 사 : 경남 창원시 성산구 공단로 271번길 39 (웅남동)

설 립 일	1987.11.09	종업원수	372명	대표이사	구자천,김호경
상 장 일	2004.08.06	감사의견	적정(성도)	계 열	
결 산 기	12월	보 통 주		종속회사수	15개사
액 면 가	500원	우 선 주		구 상 호	

주주구성 (지분율,%)		출자관계 (지분율,%)		주요경쟁사 (외형,%)	
구자천	15.7	신흥글로벌	100.0	신성델타테크	100
고목델타화공	13.7	헤네스(USA)	100.0	LG전자	13,210
(외국인)	17.0	신성오토모티브	89.3	위닉스	56

매출구성		비용구성		수출비중	
세탁기부품, 에어컨부품	50.0	매출원가율	87.9	수출	—
물류 및 유아용전동차	29.3	판관비율	8.2	내수	—
휴대폰부품, LCD부품	14.9				

회사 개요

동사는 1987년에 신성델타공업으로 설립되어 2001년 신성델타테크로 상호를 변경하고, 2004년에 코스닥 시장에 상장된 가전/자동차/휴대폰/LCD/LED의 부품 제조기업임. 동사는 제품 및 사업부문 구분의 계속성을 고려하여 경영을 다각화하고 있으며, 가전사업부문, IT사업부문, 자동차 사업부문을 영위하고 있음. 매출비중은 세탁기 등 가전 부품이 60% 이상을 차지하며, 주요 매출처는 LG전자임.

실적 분석

동사의 2017년 연간 매출액은 전년동기대비 17.8% 상승한 4,647.7억원을 기록하였음. 비용면에서 전년동기대비 매출원가는 증가하였으며 인건비도 증가, 광고선전비는 크게 감소, 기타판매비와관리비는 감소함. 이처럼 매출액 상승과 더불어 비용절감에도 힘을 기울였음. 최종적으로 전년동기대비 당기순이익은 크게 상승하여 123.8억원을 기록함. 비영업손익이 적자 지속중이나 그 폭을 크게 줄인점은 긍정적으로 판단.

현금 흐름

〈단위 : 억원〉

항목	2016	2017
영업활동	35	307
투자활동	13	-179
재무활동	28	-148
순현금흐름	74	-26
기말현금	226	201

시장 대비 수익률

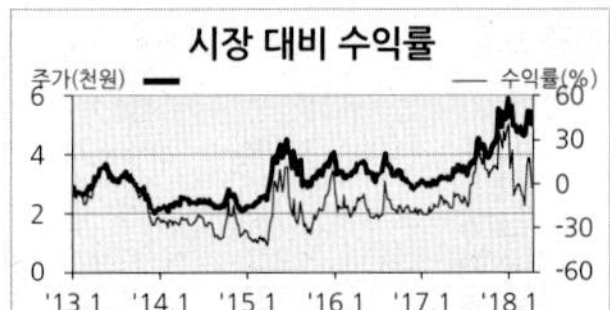

결산 실적

〈단위 : 억원〉

항목	2012	2013	2014	2015	2016	2017
매출액	3,231	3,155	2,964	3,793	3,946	4,648
영업이익	104	85	49	97	121	179
당기순이익	30	67	21	44	10	124

분기 실적

〈단위 : 억원〉

항목	2016.3Q	2016.4Q	2017.1Q	2017.2Q	2017.3Q	2017.4Q
매출액	1,027	984	1,147	1,193	1,247	1,061
영업이익	21	38	35	52	63	29
당기순이익	6	-20	43	44	37	0

재무 상태

〈단위 : 억원〉

항목	2012	2013	2014	2015	2016	2017
총자산	2,561	2,812	2,845	3,221	3,388	3,345
유형자산	1,345	1,425	1,483	1,650	1,673	1,671
무형자산	16	24	56	57	30	15
유가증권	138	144	168	179	89	146
총부채	1,610	1,808	1,858	2,197	2,382	2,164
총차입금	960	1,153	1,228	1,427	1,486	1,237
자본금	100	100	100	102	103	110
총자본	951	1,004	987	1,024	1,006	1,181
지배주주지분	954	1,006	1,013	1,058	997	1,168

기업가치 지표

항목	2012	2013	2014	2015	2016	2017
주가(최고/저)(천원)	3.0/1.9	3.7/2.0	2.9/2.0	4.7/2.2	4.0/2.8	5.7/2.9
PER(최고/저)(배)	14.8/9.7	12.4/6.7	31.5/22.4	16.7/7.8	62.1/42.9	9.8/5.0
PBR(최고/저)(배)	0.7/0.4	0.8/0.4	0.6/0.4	0.9/0.4	0.8/0.6	1.1/0.6
EV/EBITDA(배)	7.0	8.3	10.9	10.2	8.7	7.5
EPS(원)	222	324	97	292	66	581
BPS(원)	4,988	5,249	5,285	5,386	5,040	5,300
CFPS(원)	679	769	557	835	494	1,099
DPS(원)	50	50	50	60	50	70
EBITDAPS(원)	998	819	632	943	1,043	1,381

재무 비율

〈단위 : %〉

연도	영업이익률	순이익률	부채비율	차입금비율	ROA	ROE	유보율	자기자본비율	EBITDA마진율
2017	3.9	2.7	183.2	104.7	3.7	11.3	960.0	35.3	6.3
2016	3.1	0.3	236.8	147.8	0.3	1.3	908.1	29.7	5.4
2015	2.6	1.2	214.4	139.2	1.5	5.7	977.1	31.8	5.0
2014	1.7	0.7	188.2	124.4	0.8	1.9	956.9	34.7	4.3

신성이엔지 (A011930)

SHINSUNG E&GLTD

업 종 : 에너지 시설 및 서비스 | 시 장 : 거래소
신용등급 : (Bond) BB- (CP) — | 기업규모 : 시가총액 소형주
홈페이지 : www.shinsung.co.kr | 연 락 처 : 031)788-9500
본 사 : 경기도 성남시 분당구 대왕판교로 395번길 8 (백현동 404-1) 신성솔라에너지

설 립 일	1979.01.20	종업원수	917명	대표이사	이완근,김주헌,이지선
상 장 일	1996.06.30	감사의견	적정(삼일)	계 열	
결 산 기	12월	보 통 주		종속회사수	7개사
액 면 가	500원	우 선 주		구 상 호	신성솔라에너지

주주구성 (지분율,%)		출자관계 (지분율,%)		주요경쟁사 (외형,%)	
이완근	17.6	지셀태양광발전	100.0	신성이엔지	100
홍은희	4.4	제주햇빛발전소	100.0	S&TC	19
(외국인)	1.0	지셀이엔씨	58.8	한국테크놀로지	1

매출구성		비용구성		수출비중	
태양전지, 태양광 모듈, 시스템 및 상품	90.0	매출원가율	93.3	수출	50.9
FFU/EFU/설치공사	5.2	판관비율	7.3	내수	49.1
STOCKER 및 설치공사	4.2				

회사 개요

동사는 1977년 냉난방공조기 사업을 영위할 목적으로 설립되었으며, 현재 태양전지 모듈과 시스템 납품을 주요 사업으로 영위하고 있음. 2016년에는 계열회사였던 신성이엔지와 신성에프에이를 흡수합병하여 기존 태양광 에너지 사업부문 이외에 클린룸 및 자동화설비 사업부문을 영위하고 있음. 또한 2016년 11월, '전기설계업 및 감리업'과 '통신공사업'을 승인받은 바 있음.

실적 분석

동사의 2017년도 연결기준 연간 매출액은 계열사 합병(2016.12.16)에 따라 전년 대비 356.0% 증가한 9,905.5억원을 기록. 반면 고정비가 크게 증가하여 영업손실은 적자지속. 환율 하락의 영향까지 더해져 순손실은 391.9억원으로 전년 대비 적자전환함. 신재생에너지 데이터 수집, 모니터링 등을 신규 사업목적으로 추가했으며 새로운 운영 사업 확대가 기대됨.

현금 흐름

〈단위 : 억원〉

항목	2016	2017
영업활동	620	-171
투자활동	-266	-220
재무활동	-320	132
순현금흐름	708	-260
기말현금	752	492

시장 대비 수익률

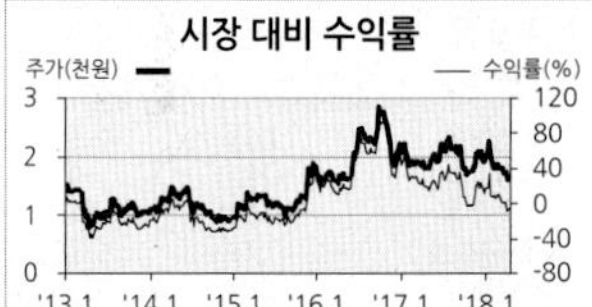

결산 실적

〈단위 : 억원〉

항목	2012	2013	2014	2015	2016	2017
매출액	1,556	1,485	1,896	1,706	2,172	9,905
영업이익	-416	-117	-30	76	-97	-57
당기순이익	-647	-266	-114	21	32	-392

분기 실적

〈단위 : 억원〉

항목	2016.3Q	2016.4Q	2017.1Q	2017.2Q	2017.3Q	2017.4Q
매출액	267	832	2,446	2,160	2,763	2,538
영업이익	-39	-119	-43	-110	72	24
당기순이익	-37	42	-186	-104	34	-136

재무 상태

〈단위 : 억원〉

항목	2012	2013	2014	2015	2016	2017
총자산	3,207	2,951	3,416	3,190	6,940	6,829
유형자산	1,752	1,616	1,514	1,504	2,370	2,324
무형자산	18	14	10	7	237	218
유가증권	82	24	51	49	92	72
총부채	2,535	2,510	2,914	2,570	5,717	6,010
총차입금	2,180	2,018	2,173	2,078	1,981	2,409
자본금	277	283	360	379	866	866
총자본	672	442	503	621	1,223	818
지배주주지분	672	442	503	621	1,223	819

기업가치 지표

항목	2012	2013	2014	2015	2016	2017
주가(최고/저)(천원)	4.1/1.1	1.5/0.8	1.5/0.8	2.2/0.9	3.0/1.5	2.4/1.7
PER(최고/저)(배)	—/—	—/—	—/—	83.2/36.6	88.2/43.8	—/—
PBR(최고/저)(배)	3.5/1.0	2.0/1.0	2.4/1.3	2.8/1.2	2.7/1.3	2.7/2.0
EV/EBITDA(배)	—	82.2	21.6	15.0	50.0	28.9
EPS(원)	-1,352	-435	-184	26	34	-226
BPS(원)	1,235	825	699	822	1,107	874
CFPS(원)	-1,122	-205	64	242	203	-92
DPS(원)	—	—	—	—	—	—
EBITDAPS(원)	-607	55	209	315	68	102

재무 비율

〈단위 : %〉

연도	영업이익률	순이익률	부채비율	차입금비율	ROA	ROE	유보율	자기자본비율	EBITDA마진율
2017	-0.6	-4.0	일부잠식	일부잠식	-5.7	-38.3	74.5	12.0	1.8
2016	-4.5	1.5	467.6	162.0	0.6	3.5	121.2	17.6	3.0
2015	4.5	1.2	413.9	334.7	0.6	3.7	63.9	19.5	13.9
2014	-1.6	-6.0	579.4	432.2	-3.6	-24.1	41.4	14.7	6.4

신성통상 (A005390)

Shinsung Tongsang

업　　종 : 섬유 및 의복　　시　　장 : 거래소
신 용 등 급 : (Bond) BBB-　　(CP) —　　기 업 규 모 : 시가총액 소형주
홈 페 이 지 : www.ssts.co.kr　　연 락 처 : 02)3709-9000
본　　사 : 서울시 강동구 풍성로 63길 84 (둔촌동)

설 립 일	1968.01.11	**종 업 원 수**	800명	**대 표 이 사**	염태순
상 장 일	1975.12.22	**감 사 의 견**	적정(광교)	**계 열**	
결 산 기	06월	**보 통 주**		**종속회사수**	
액 면 가	500원	**우 선 주**		**구 상 호**	

주주구성 (지분율,%)		출자관계 (지분율,%)		주요경쟁사 (외형,%)	
가나안	28.6	한국지엠강릉서비스센터	50.0	신성통상	100
염태순	21.6	에이션패션	22.7	제이에스코퍼레이션	27
(외국인)	4.3	세화산업	4.4	SG세계물산	32

매출구성		비용구성		수출비중	
봉제품(K/SHIRT'S외)	97.2	매출원가율	65.4	수출	44.1
상품(종합소매업)	2.0	판관비율	31.7	내수	55.9
기타(원,부자재외)	0.8				

회사 개요

동사는1968년 설립된 니트의류 수출기업임. 주문자상표부착(OEM)방식의 수출을 통해 성장해 왔음. 현재 Lands'end, Target, WalMart 등 해외 대형 바이어 위주로 영업활동을 하고 있음. OLZEN, ZIOZIA, ANDZ, TOPTEN10 등 유명 브랜드를 여러 개 보유함. 원가 절감을 위해 미얀마 양곤에 위치한 현지공장을 통해 해외 생산 비율을 늘리고 있음.

실적 분석

동사는 6월 결산법인으로 2분기 연결기준 누적 매출액은 4,517.7억원을 기록함. 전년 동기 대비 6.2% 감소한 금액임. 매출은 감소했으나 매출원가가 10.8% 줄고 판매비와 관리비도 7% 감소한 결과 영업이익이 큰 폭으로 증가함. 전년 동기 18.8억원에서 887.3% 증가한 185.4억원을 기록함. 비영업부문이 적자로 전환됐음에도 당기순이익은 16.6% 증가한 93.1억원을 기록함.

현금 흐름 〈단위 : 억원〉

항목	2017	2018.2Q
영업활동	603	53
투자활동	-232	-91
재무활동	-410	112
순현금흐름	40	79
기말현금	231	310

시장 대비 수익률

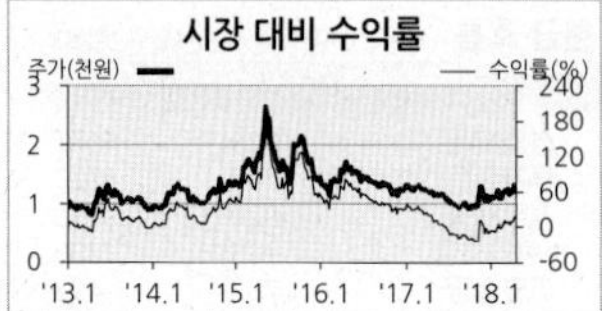

결산 실적 〈단위 : 억원〉

항목	2013	2014	2015	2016	2017	2018
매출액	7,841	7,777	8,584	9,339	8,820	—
영업이익	120	261	384	268	91	—
당기순이익	1	22	68	14	79	—

분기 실적 〈단위 : 억원〉

항목	2017.1Q	2017.2Q	2017.3Q	2017.4Q	2018.1Q	2018.2Q
매출액	2,208	2,607	1,986	2,019	2,101	2,417
영업이익	-10	28	6	67	31	154
당기순이익	-44	123	-26	25	-11	104

재무 상태 〈단위 : 억원〉

항목	2013	2014	2015	2016	2017	2018.2Q
총자산	6,287	6,280	6,714	6,927	6,313	6,658
유형자산	1,958	1,820	1,852	1,901	1,741	1,694
무형자산	22	23	19	16	13	11
유가증권	16	12	12	12	12	9
총부채	4,253	4,275	4,605	4,810	4,064	4,314
총차입금	2,765	2,890	3,138	3,471	2,997	3,085
자본금	719	719	719	719	719	719
총자본	2,033	2,005	2,109	2,116	2,248	2,344
지배주주지분	2,033	2,005	2,109	2,116	2,248	2,344

기업가치 지표

항목	2013	2014	2015	2016	2017	2018.2Q
주가(최고/저)(천원)	1.6/0.4	1.3/0.8	2.7/0.9	2.3/1.0	1.5/1.1	—/—
PER(최고/저)(배)	2,041.5/1,036.7	89.6/59.8	57.4/21.2	242.7/120.0	27.0/19.4	—/—
PBR(최고/저)(배)	1.1/0.6	1.0/0.6	1.9/0.7	1.6/0.8	1.0/0.7	0.9/0.6
EV/EBITDA(배)	14.5	8.3	8.5	10.1	12.7	—/—
EPS(원)	1	15	47	10	55	65
BPS(원)	1,415	1,395	1,468	1,473	1,565	1,631
CFPS(원)	124	161	197	186	219	132
DPS(원)	—	—	—	—	—	—
EBITDAPS(원)	207	328	417	363	228	197

재무 비율 〈단위 : %〉

연도	영업 이익률	순 이익률	부채 비율	차입금 비율	ROA	ROE	유보율	자기자본 비율	EBITDA 마진율
2017	1.0	0.9	180.8	133.3	1.2	3.6	212.9	35.6	3.7
2016	2.9	0.2	227.3	164.0	0.2	0.7	194.6	30.6	5.6
2015	4.5	0.8	218.3	148.8	1.0	3.3	193.5	31.4	7.0
2014	3.4	0.3	213.3	144.2	0.3	1.1	179.0	31.9	6.1

신세계 (A004170)

SHINSEGAE

업　　종 : 백화점　　시　　장 : 거래소
신 용 등 급 : (Bond) AA　　(CP) A1　　기 업 규 모 : 시가총액 대형주
홈 페 이 지 : www.shinsegae.com　　연 락 처 : 02)727-1234
본　　사 : 서울시 중구 소공로 63, 신세계백화점건물 (충무로1가)

설 립 일	1955.12.09	**종 업 원 수**	3,195명	**대 표 이 사**	장재영
상 장 일	1985.08.19	**감 사 의 견**	적정(안진)	**계 열**	
결 산 기	12월	**보 통 주**		**종속회사수**	11개사
액 면 가	5,000원	**우 선 주**		**구 상 호**	

주주구성 (지분율,%)		출자관계 (지분율,%)		주요경쟁사 (외형,%)	
이명희	18.2	신세계디에프	100.0	신세계	100
국민연금공단	13.5	부천신세계	100.0	롯데쇼핑	470
(외국인)	28.1	대전신세계	100.0	현대백화점	48

매출구성		비용구성		수출비중	
의류 등(백화점)	53.1	매출원가율	40.3	수출	0.0
의류 등(의류제조/판매 및 수출입업)	32.8	판관비율	50.8	내수	100.0
의류 등(면세점사업)	6.7				

회사 개요

동사는 1955년 동화백화점으로 설립, 1985년 유가증권시장에 상장함. 현재 백화점 매장 13개를 운영하고 있음. 주요종속회사들은 백화점사업, 의류제조, 판매, 수출입 사업, 면세점사업, 부동산 및 여객터미널 사업, 관광호텔사업 등을 영위함. 센트럴시티, 신세계인터내셔날, 신세계디에프, 센트럴관광개발, 서울고속버스터미널 등 12개 연결대상 종속회사를 보유하고 있음.

실적 분석

2017년 연결기준 동사 매출액은 3조8714.2억원을 기록함. 전년도 매출인 2조9474.9억원에 비해 31.4% 증가한 금액임. 매출원가가 47.5% 증가하고 판매비와 관리비가 20% 증가했으나 매출 증가에 힘입어 영업이익은 전년도에 비해 37.5% 늘어난 3457억원을 기록함. 그러나 비영업부문이 손실 543.5억원을 기록하며 적자전환함. 이에 당기순이익은 전년도에 비해 33.9% 감소한 2136.1억원을 기록함.

현금 흐름 〈단위 : 억원〉

항목	2016	2017
영업활동	3,594	3,574
투자활동	-8,956	-2,646
재무활동	5,703	44
순현금흐름	340	972
기말현금	783	1,755

시장 대비 수익률

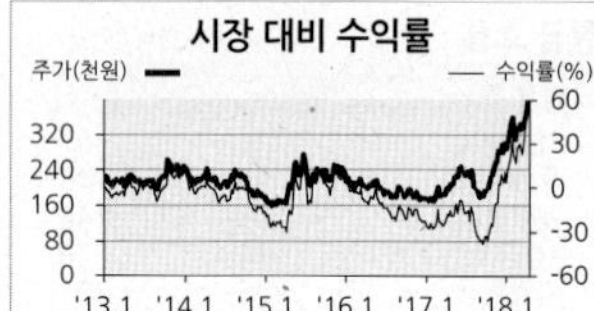

결산 실적 〈단위 : 억원〉

항목	2012	2013	2014	2015	2016	2017
매출액	22,958	24,416	24,923	25,640	29,475	38,714
영업이익	2,498	3,064	2,734	2,621	2,514	3,457
당기순이익	1,937	1,947	1,861	4,332	3,234	2,136

분기 실적 〈단위 : 억원〉

항목	2016.3Q	2016.4Q	2017.1Q	2017.2Q	2017.3Q	2017.4Q
매출액	7,334	9,141	9,166	8,766	9,853	10,930
영업이익	412	1,056	776	413	743	1,525
당기순이익	61	1,085	338	470	440	888

재무 상태 〈단위 : 억원〉

항목	2012	2013	2014	2015	2016	2017
총자산	69,685	75,000	79,314	79,182	99,545	101,517
유형자산	42,927	45,420	45,788	51,943	66,256	66,322
무형자산	2,415	2,465	2,762	2,739	3,043	2,965
유가증권	7,589	8,554	8,929	5,650	5,803	5,475
총부채	38,677	41,561	43,624	38,573	52,616	52,322
총차입금	21,265	23,915	24,380	19,215	26,564	26,819
자본금	492	492	492	492	492	492
총자본	31,007	33,439	35,691	40,609	46,929	49,195
지배주주지분	22,072	24,103	26,157	30,233	32,341	34,218

기업가치 지표

항목	2012	2013	2014	2015	2016	2017
주가(최고/저)(천원)	278/177	262/193	252/176	290/157	228/173	300/165
PER(최고/저)(배)	17.5/11.2	16.8/12.4	16.2/11.3	7.2/3.9	10.0/7.6	16.2/9.0
PBR(최고/저)(배)	1.3/0.8	1.1/0.8	1.0/0.7	1.0/0.5	0.7/0.5	0.9/0.5
EV/EBITDA(배)	12.6	12.0	11.5	11.8	12.5	11.3
EPS(원)	16,415	16,010	15,908	40,843	23,071	18,513
BPS(원)	224,549	245,179	266,050	307,447	328,862	347,920
CFPS(원)	31,507	33,647	32,990	58,662	44,270	45,848
DPS(원)	1,000	1,000	1,150	1,250	1,250	1,250
EBITDAPS(원)	40,463	48,758	44,857	44,445	46,735	62,448

재무 비율 〈단위 : %〉

연도	영업 이익률	순 이익률	부채 비율	차입금 비율	ROA	ROE	유보율	자기자본 비율	EBITDA 마진율
2017	8.9	5.5	106.4	54.5	2.1	5.5	6,858.4	48.5	15.9
2016	8.5	11.0	112.1	56.6	3.6	7.3	6,477.2	47.1	15.6
2015	10.2	16.9	95.0	47.3	5.5	14.3	6,049.0	51.3	17.1
2014	11.0	7.5	122.2	68.3	2.4	6.2	5,221.0	45.0	17.7

신세계건설 (A034300)

Shinsegae Engineering & Construction

업 종 : 건설 | 시 장 : 거래소
신용등급 : (Bond) A- (CP) A2 | 기업규모 : 시가총액 소형주
홈페이지 : www.shinsegae-enc.com | 연 락 처 : 02)3406-6620
본 사 : 서울시 중구 장충단로 180 신세계건설(장충동 1가 56-85)

설 립 일	1991.03.20	**종업원수**	714명	**대표이사**	윤명규
상 장 일	1999.06.13	**감사의견**	적정(한영)	**계 열**	
결 산 기	12월	**보 통 주**		**종속회사수**	
액 면 가	5,000원	**우 선 주**		**구 상 호**	

주주구성 (지분율,%)		출자관계 (지분율,%)		주요경쟁사 (외형,%)	
이마트	32.4	천마산터널	19.4	신세계건설	100
KB자산운용	19.4	남여주레저개발	10.7	서희건설	97
(외국인)	3.3	청라국제업무타운	8.3	고려개발	62

매출구성		비용구성		수출비중	
상업시설 및 주거시설 등	86.8	매출원가율	92.4	수출	0.0
주거시설, 도로공사 등	11.4	판관비율	5.3	내수	100.0
골프장 / 아쿠아사업 내장객 수입 등	1.5				

회사 개요

동사는 1991년 신세계의 자회사로 설립된 후 2002년에 상장되었으며 2013년 연간 매출의 66.7%가 그룹 공사일 정도로 그룹 의존도가 높음. 신세계 그룹이 발주하는 백화점, 대형할인점, 역세권 개발사업 등 유통상업시설 공사를 기반으로 성장해오며 건축실적 및 노하우를 축적함. 현재는 상업시설 이외에 오피스, 오피스텔, 주상복합 등의 건축과 골프장 운영업도 맡고 있음.

실적 분석

동사의 연결기준 2017년 매출액은 1조 644.3억원으로 전년 대비 26% 감소함. 동사의 주요 사업지역은 국내이며 주요 매출처는 이마트(27.4%), 스타필드고양(21.4%), 한국토지주택공사(12.1%) 등임. 동사의 영업이익 역시 52.4% 감소한 247.3억원을 기록함. 비영업부문 손실이 흑자전환에 성공하였으나 최종 당기순이익은 전년보다 23.2% 감소, 290.2억원을 시현함.

현금 흐름 *IFRS 별도 기준 〈단위 : 억원〉

항목	2016	2017
영업활동	210	-623
투자활동	-74	-73
재무활동	73	413
순현금흐름	209	-283
기말현금	319	36

시장 대비 수익률

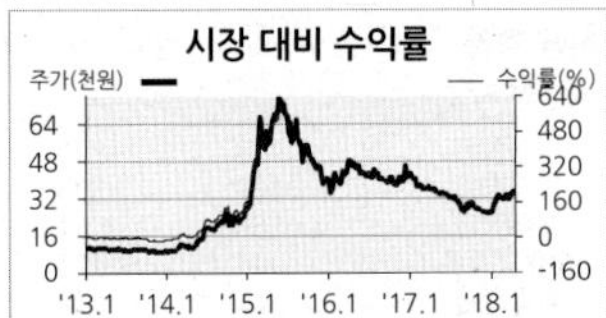

결산 실적 〈단위 : 억원〉

항목	2012	2013	2014	2015	2016	2017
매출액	5,998	4,414	8,360	10,856	14,382	10,644
영업이익	78	-202	247	419	519	247
당기순이익	13	-1,311	31	160	378	290

분기 실적 *IFRS 별도 기준 〈단위 : 억원〉

항목	2016.3Q	2016.4Q	2017.1Q	2017.2Q	2017.3Q	2017.4Q
매출액	3,931	3,563	2,931	2,700	2,932	2,081
영업이익	162	50	94	16	115	22
당기순이익	132	5	56	120	101	14

재무 상태 *IFRS 별도 기준 〈단위 : 억원〉

항목	2012	2013	2014	2015	2016	2017
총자산	5,812	5,515	6,727	6,786	7,345	6,786
유형자산	3,154	3,111	3,057	3,024	2,995	2,986
무형자산	32	35	31	31	38	30
유가증권	153	147	207	225	228	338
총부채	4,210	5,235	6,445	5,856	6,065	5,189
총차입금	2,793	2,484	1,593	5	2	705
자본금	200	200	200	200	200	200
총자본	1,601	280	282	930	1,280	1,597
지배주주지분	1,601	280	282	930	1,280	1,597

기업가치 지표 *IFRS 별도 기준

항목	2012	2013	2014	2015	2016	2017
주가(최고/저)(천원)	14.6/9.6	11.6/9.0	28.5/9.1	75.3/27.5	49.7/34.6	42.8/25.5
PER(최고/저)(배)	49.0/32.0	—/—	38.1/12.1	19.7/7.2	5.5/3.8	6.1/3.6
PBR(최고/저)(배)	0.4/0.3	1.7/1.3	4.2/1.4	3.4/1.2	1.6/1.1	1.1/0.7
EV/EBITDA(배)	28.4	—	8.5	3.2	2.4	4.9
EPS(원)	327	-32,783	784	3,993	9,450	7,256
BPS(원)	40,035	6,993	7,058	23,244	31,991	39,918
CFPS(원)	1,188	-30,901	2,736	6,005	11,531	9,268
DPS(원)	500	—	—	250	500	750
EBITDAPS(원)	2,818	-3,174	8,126	12,477	15,065	8,194

재무 비율 〈단위 : %〉

연도	영업이익률	순이익률	부채비율	차입금비율	ROA	ROE	유보율	자기자본비율	EBITDA마진율
2017	2.3	2.7	325.0	44.1	4.1	20.2	698.4	23.5	3.1
2016	3.6	2.6	474.0	0.1	5.4	34.2	539.8	17.4	4.2
2015	3.9	1.5	629.9	0.5	2.4	26.4	364.9	13.7	4.6
2014	3.0	0.4	2,282.9	564.2	0.5	11.2	41.2	4.2	3.9

신세계아이앤씨 (A035510)

SHINSEGAE Information & Communication

업 종 : IT 서비스 | 시 장 : 거래소
신용등급 : (Bond) — (CP) — | 기업규모 : 시가총액 소형주
홈페이지 : www.shinsegae-inc.com | 연 락 처 : 02)3397-1234
본 사 : 서울시 중구 소공로 48 10층(회현로2가, 남산센트럴타워)

설 립 일	1997.04.29	**종업원수**	622명	**대표이사**	김장욱
상 장 일	2000.11.04	**감사의견**	적정(한영)	**계 열**	
결 산 기	12월	**보 통 주**		**종속회사수**	
액 면 가	5,000원	**우 선 주**		**구 상 호**	

주주구성 (지분율,%)		출자관계 (지분율,%)		주요경쟁사 (외형,%)	
이마트	29.0	신세계티비쇼핑	22.2	신세계 I&C	100
국민연금공단	6.4	와이어바알리	5.0	오픈베이스	43
(외국인)	12.3	제로투세븐	0.8	미래아이앤지	2

매출구성		비용구성		수출비중	
[ITO1사업부]컨설팅, 유지보수 등(용역)	40.2	매출원가율	82.4	수출	0.0
[밸류서비스사업부]솔루션 및 IT기기 등	22.3	판관비율	12.8	내수	100.0
[ITO2사업부]컨설팅, 유지보수 등	14.1				

회사 개요

동사는 1997년 신세계로부터 분리설립된 IT 전문기업임. 신세계그룹의 정보시스템 구축 및 운영 노하우를 바탕으로 유통, 제조, 물류 등 다양한 분야에 걸쳐 IT 서비스를 제공 중임. 주요 거래선으로는 신세계백화점, 이마트 등이 있음. 최근 IT 소비시장의 위축, 정부의 SI 업체 사업 규제 심화로 인한 사업다각화의 필요성 대두되면서 에너지 사업(LED, ESCO, 그린IT 등)을 시작함.

실적 분석

동사의 2017년 연결기준 누적 매출액은 3,201.5억원으로 전년동기 대비 8.0% 증가함. 매출원가 또한 전년동기 대비 6.4% 증가했으나 매출원가 증가율 이상으로 매출이 증가함에 따라 영업이익이 전년동기 대비 큰 폭으로 상승함. 그러나 비영업부문에서 17.5억원의 손실을 기록함으로 인해 이익폭이 축소됨. 당기순이익은 전년동기 25.5억원에서 99.2억원으로 대폭 상승함.

현금 흐름 *IFRS 별도 기준 〈단위 : 억원〉

항목	2016	2017
영업활동	255	165
투자활동	-98	-120
재무활동	-16	-68
순현금흐름	141	-23
기말현금	310	286

시장 대비 수익률

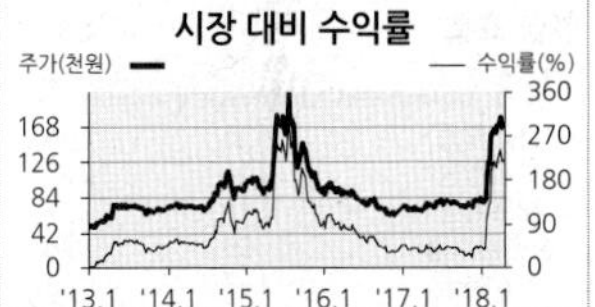

결산 실적 〈단위 : 억원〉

항목	2012	2013	2014	2015	2016	2017
매출액	2,971	2,398	2,281	2,611	2,963	3,201
영업이익	188	176	155	110	87	155
당기순이익	150	128	121	68	25	99

분기 실적 *IFRS 별도 기준 〈단위 : 억원〉

항목	2016.3Q	2016.4Q	2017.1Q	2017.2Q	2017.3Q	2017.4Q
매출액	694	761	775	775	769	883
영업이익	19	26	43	47	15	49
당기순이익	1	23	19	30	9	42

재무 상태 *IFRS 별도 기준 〈단위 : 억원〉

항목	2012	2013	2014	2015	2016	2017
총자산	1,901	1,948	2,089	2,173	2,209	2,270
유형자산	329	322	335	461	500	557
무형자산	26	22	36	33	35	39
유가증권	108	70	68	71	70	68
총부채	483	418	474	511	553	607
총차입금	—	—	—	—	—	—
자본금	86	86	86	86	86	86
총자본	1,418	1,531	1,615	1,662	1,656	1,663
지배주주지분	1,418	1,531	1,615	1,662	1,656	1,663

기업가치 지표 *IFRS 별도 기준

항목	2012	2013	2014	2015	2016	2017
주가(최고/저)(천원)	57.2/41.2	77.6/48.9	115/68.6	209/89.5	105/61.6	82.9/67.5
PER(최고/저)(배)	7.1/5.1	11.1/7.0	17.1/10.2	54.7/23.4	73.0/42.7	14.6/11.8
PBR(최고/저)(배)	0.8/0.5	0.9/0.6	1.3/0.8	2.2/1.0	1.1/0.7	0.8/0.7
EV/EBITDA(배)	0.3	1.6	4.5	4.9	2.0	2.2
EPS(원)	8,726	7,445	7,039	3,959	1,480	5,767
BPS(원)	82,457	88,989	93,869	96,607	96,728	100,189
CFPS(원)	11,640	10,997	10,012	7,899	8,194	13,275
DPS(원)	1,000	1,000	1,000	1,000	1,000	1,000
EBITDAPS(원)	13,867	13,780	11,989	10,321	11,786	16,492

재무 비율 〈단위 : %〉

연도	영업이익률	순이익률	부채비율	차입금비율	ROA	ROE	유보율	자기자본비율	EBITDA마진율
2017	4.8	3.1	36.5	0.0	4.4	6.0	1,903.8	73.3	8.9
2016	2.9	0.9	33.4	0.0	1.2	1.5	1,834.6	75.0	6.8
2015	4.2	2.6	30.8	0.0	3.2	4.2	1,832.2	76.5	6.8
2014	6.8	5.3	29.4	0.0	6.0	7.7	1,777.4	77.3	9.0

신세계인터내셔날 (A031430)
Shinsegae International

업 종 : 섬유 및 의복 / 시 장 : 거래소
신용등급 : (Bond) — (CP) — / 기업규모 : 시가총액 중형주
홈페이지 : www.sikorea.co.kr / 연 락 처 : 02)6979-1234
본 사 : 서울시 강남구 도산대로 449 (청담동)

설 립 일	1980.10.25	**종 업 원 수**	1,179명	**대 표 이 사**	차정호
상 장 일	2011.07.14	**감 사 의 견**	적정(안진)	**계 열**	
결 산 기	12월	**보 통 주**		**종속회사수**	2개사
액 면 가	5,000원	**우 선 주**		**구 상 호**	

주주구성 (지분율,%)		출자관계 (지분율,%)		주요경쟁사 (외형,%)	
신세계	45.8	신세계톰보이	95.8	신세계인터내셔날	100
정재은	21.7	신세계인터코스	50.0	한세예스24홀딩스	223
(외국인)	4.9	몽클레르신세계	49.0	LF	145

매출구성		비용구성		수출비중	
의류 등	100.0	매출원가율	47.9	수출	0.9
		판관비율	49.8	내수	99.1

회사 개요

동사는 신세계 그룹의 계열사로서 신세계 백화점 내의 해외사업부로 시작하였다가 1980년 한국유통산업연구소로 설립되어, 1998년 신계인터내셔날로 사명을 변경, 2011년 7월에 유가증권 시장에 상장함. 신세계 그룹 내 패션 비즈니스 전문 계열사로 해외 브랜드를 수입해 유통하는 사업과 자체 브랜드를 기획해 생산, 유통하는 사업을 영위함. 신세계톰보이, Shinsegae Poiret S.A.S.를 연결대상 종속회사로 보유하고 있음.

실적 분석

2017년 연결기준 동사 매출액은 1조1025.5억원을 기록함. 전년도 매출액인 1조211.2억원에 비 8% 증가함. 매출이 늘었으나 매출원가가 4.8% 증가하고 판매비와 관리비가 12% 늘어 영업이익은 전년도에 비해 5.9% 감소한 254.4억원을 기록하는 데 그침. 다만 비영업부문 손익이 흑자로 돌아서며 당기순이익은 전년도 174.6억원에서 38.3% 증가한 241.4억원을 기록함.

현금 흐름 〈단위 : 억원〉

항목	2016	2017
영업활동	535	104
투자활동	-326	-278
재무활동	-145	37
순현금흐름	65	-136
기말현금	168	32

시장 대비 수익률

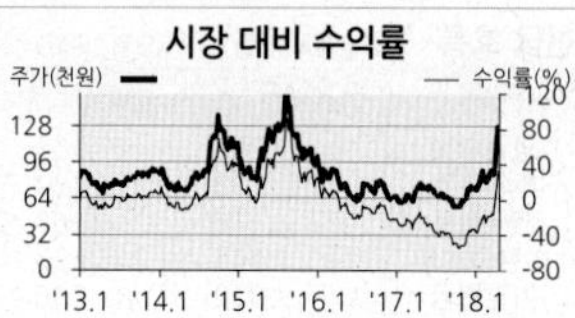

결산 실적 〈단위 : 억원〉

항목	2012	2013	2014	2015	2016	2017
매출액	7,902	8,031	9,119	10,052	10,211	11,025
영업이익	309	221	159	199	270	254
당기순이익	493	315	193	210	175	241

분기 실적 〈단위 : 억원〉

항목	2016.3Q	2016.4Q	2017.1Q	2017.2Q	2017.3Q	2017.4Q
매출액	2,448	2,922	2,721	2,394	2,688	3,222
영업이익	6	154	44	44	9	157
당기순이익	34	143	65	11	-12	177

재무 상태 〈단위 : 억원〉

항목	2012	2013	2014	2015	2016	2017
총자산	6,213	7,555	8,878	9,142	9,662	9,509
유형자산	1,764	2,374	3,382	3,693	3,514	3,320
무형자산	90	141	490	530	536	464
유가증권	181	276	6	6	—	—
총부채	2,123	3,192	4,381	4,494	4,877	4,547
총차입금	1,218	2,162	3,193	3,475	3,583	3,581
자본금	357	357	357	357	357	357
총자본	4,090	4,362	4,497	4,648	4,785	4,962
지배주주지분	4,074	4,356	4,492	4,641	4,767	4,943

기업가치 지표

항목	2012	2013	2014	2015	2016	2017
주가(최고/저)(천원)	118/63.5	91.0/68.5	138/70.0	159/78.3	101/61.4	78.4/55.6
PER(최고/저)(배)	17.6/9.5	20.8/15.6	49.4/25.2	55.1/27.1	42.2/25.7	23.4/16.6
PBR(최고/저)(배)	2.2/1.2	1.5/1.2	2.3/1.1	2.5/1.2	1.5/0.9	1.1/0.8
EV/EBITDA(배)	16.3	21.5	26.8	20.9	13.4	14.0
EPS(원)	7,004	4,537	2,863	2,958	2,432	3,371
BPS(원)	57,062	61,007	62,912	64,998	66,769	69,236
CFPS(원)	9,184	7,035	6,509	7,346	7,170	8,595
DPS(원)	600	600	600	600	600	600
EBITDAPS(원)	6,503	5,594	5,870	7,181	8,526	8,787

재무 비율 〈단위 : %〉

연도	영업이익률	순이익률	부채비율	차입금비율	ROA	ROE	유보율	자기자본비율	EBITDA마진율
2017	2.3	2.2	91.6	72.2	2.5	5.0	1,284.7	52.2	5.7
2016	2.7	1.7	101.9	74.9	1.9	3.7	1,235.4	49.5	6.0
2015	2.0	2.1	96.7	74.8	2.3	4.6	1,200.0	50.8	5.1
2014	1.7	2.1	97.4	71.0	2.3	4.6	1,158.2	50.7	4.6

신세계푸드 (A031440)
SHINSEGAE FOOD

업 종 : 식료품 / 시 장 : 거래소
신용등급 : (Bond) — (CP) A1 / 기업규모 : 시가총액 중형주
홈페이지 : www.shinsegaefood.com / 연 락 처 : 02)3397-6000
본 사 : 서울시 성동구 성수일로 56, 4층~7층(성수동2가, 백영성수빌딩)

설 립 일	1979.10.11	**종 업 원 수**	4,602명	**대 표 이 사**	최성재
상 장 일	2001.07.21	**감 사 의 견**	적정(삼일)	**계 열**	
결 산 기	12월	**보 통 주**		**종속회사수**	3개사
액 면 가	5,000원	**우 선 주**		**구 상 호**	

주주구성 (지분율,%)		출자관계 (지분율,%)		주요경쟁사 (외형,%)	
이마트	46.1	스무디킹코리아	100.0	신세계푸드	100
국민연금공단	13.4	세린식품	100.0	CJ프레시웨이	207
(외국인)	7.6	제이원	100.0	하림홀딩스	80

매출구성		비용구성		수출비중	
구내식당, 푸드홀,베이커리 등	58.9	매출원가율	85.9	수출	0.0
국내외 식품	39.8	판관비율	11.7	내수	100.0
물류 등	1.3				

회사 개요

동사는 1979년 한국신판주식회사로 설립돼 2011년 코스닥에 상장됨. 2010년 유가증권시장으로 이전함. 동사는 단체급식, 식품유통, 외식사업을 주로 영위함. 단체급식사업은 포화상태에 직면했으며 연평균 성장률은 2% 전후임. 식품유통시장은 약 45조원 규모이지만 대기업이 차지하는 비중은 10% 미만에 불과함. 국내 외식사업 전체 규모는 133조원임. 음성식품 가공센터가 구축되면 핵심 기능 수직계열화를 완성하게 됨.

실적 분석

동사의 2017년 연간 매출액은 전년동기대비 13% 상승한 12,075.1억원을 기록하였음. 국내외 경제환경의 불확실성이 커지면서 많은 어려움이 있었지만 각 사업부문의 핵심역량 강화를 통해 매출액은 꾸준히 상승세를 보이고 있음. 최종적으로 전년동기대비 당기순이익은 상승하여 206.2억원을 기록함. HMR 브랜드인 '올반'의 홈쇼핑 채널 3개사 확대등의 꾸준한 성과로 향후 안정적 매출 달성을 기대중임.

현금 흐름 〈단위 : 억원〉

항목	2016	2017
영업활동	223	825
투자활동	-433	-395
재무활동	166	61
순현금흐름	-44	490
기말현금	22	512

시장 대비 수익률

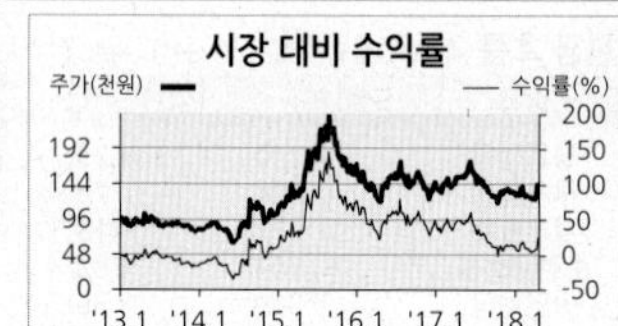

결산 실적 〈단위 : 억원〉

항목	2012	2013	2014	2015	2016	2017
매출액	7,211	7,214	6,521	9,064	10,690	12,075
영업이익	343	227	82	87	214	298
당기순이익	277	193	42	67	143	206

분기 실적 〈단위 : 억원〉

항목	2016.3Q	2016.4Q	2017.1Q	2017.2Q	2017.3Q	2017.4Q
매출액	2,824	2,803	2,848	3,030	3,211	2,987
영업이익	61	66	48	85	93	72
당기순이익	42	30	36	65	70	36

재무 상태 〈단위 : 억원〉

항목	2012	2013	2014	2015	2016	2017
총자산	2,642	2,867	3,825	5,033	5,562	5,954
유형자산	1,157	1,151	1,737	2,398	2,557	2,640
무형자산	14	83	522	681	714	651
유가증권	—	—	—	—	—	—
총부채	612	676	970	2,161	2,590	2,803
총차입금	—	—	—	1,066	1,251	1,335
자본금	171	171	194	194	194	194
총자본	2,031	2,190	2,855	2,871	2,972	3,151
지배주주지분	2,031	2,190	2,855	2,871	2,972	3,151

기업가치 지표

항목	2012	2013	2014	2015	2016	2017
주가(최고/저)(천원)	114/70.0	106/78.6	122/63.2	241/107	175/119	176/118
PER(최고/저)(배)	14.6/9.0	19.4/14.4	102.3/53.2	141.3/62.8	47.8/32.5	33.3/22.4
PBR(최고/저)(배)	2.0/1.2	1.7/1.3	1.7/0.9	3.3/1.5	2.3/1.6	2.2/1.5
EV/EBITDA(배)	7.2	6.9	16.6	21.0	12.6	8.9
EPS(원)	8,077	5,630	1,212	1,727	3,690	5,323
BPS(원)	59,225	63,886	73,724	74,155	76,746	81,365
CFPS(원)	11,796	9,976	5,688	8,793	12,396	14,909
DPS(원)	750	750	750	500	600	750
EBITDAPS(원)	13,728	10,953	6,829	9,321	14,227	17,286

재무 비율 〈단위 : %〉

연도	영업이익률	순이익률	부채비율	차입금비율	ROA	ROE	유보율	자기자본비율	EBITDA마진율
2017	2.5	1.7	89.0	42.4	3.6	6.7	1,527.3	52.9	5.5
2016	2.0	1.3	87.1	42.1	2.7	4.9	1,434.9	53.4	5.2
2015	1.0	0.7	75.3	37.1	1.5	2.3	1,383.1	57.1	4.0
2014	1.3	0.6	34.0	0.0	1.3	1.7	1,374.5	74.6	3.6

신송홀딩스 (A006880)
SINGSONG HOLDINGS CO

업　　종 : 식료품　　　　　　　　　　시　　장 : 거래소
신용등급 : (Bond) —　　(CP) —　　　기업규모 : 시가총액 소형주
홈페이지 : www.singsongholdings.com　　연 락 처 : 02)6265-7789
본　　사 : 서울시 영등포구 여의나루로 53-1

설 립 일	1970.11.05	종업원수	13명	대표이사	조갑주
상 장 일	2013.11.21	감사의견	적정(삼일)	계 열	
결 산 기	12월	보 통 주		종속회사수	6개사
액 면 가	500원	우 선 주		구 상 호	

주주구성 (지분율,%)		출자관계 (지분율,%)		주요경쟁사 (외형,%)	
조승현	20.0	신송식품	100.0	신송홀딩스	100
조갑주	18.6	신송산업	100.0	사조해표	224
(외국인)	0.8	농업회사법인논산식품	89.0	아시아종묘	7

매출구성		비용구성		수출비중	
용역제공	100.0	매출원가율	87.1	수출	—
		판관비율	13.1	내수	—

회사 개요
동사는 1970년 설립되어, 2009년 8월에 투자사업부문과 제조사업부문을 물적분할하여 투자사업을 영위하는 지주회사로 전환하였으며, 2010년 5월 상호명을 '신송산업홀딩스주식회사'에서 '신송홀딩스주식회사'로 변경하였음. 연결회사는 글루텐 및 전분 제품을 생산하는 소재사업, 장류 제조업과 해외 곡물(쌀 등)을 무역하는 곡물사업 및 임대사업 등을 영위하고 있음.

실적 분석
동사의 2017년 결산 연결기준 매출액은 전년대비 41.0% 성장한 2,917.6억원을 기록함. 매출액 증가는 종속회사인 신송식품의 매출증가에 기인함. 또한 신송식품과 신송산업의 구조조정으로 원가율이 개선되어 영업손실 6.9억원, 당기순손실 82.4억원을 보이며 적자규모가 축소됨. 당기 부문별 매출비중은 곡물 78.1%, 식품 16.0%, 임대 4.1% 및 소재 1.8%로 구성되며 곡물 및 임대부문은 영업흑자를 기록함.

현금 흐름
〈단위 : 억원〉

항목	2016	2017
영업활동	-42	-149
투자활동	-228	-0
재무활동	288	7
순현금흐름	19	-143
기말현금	267	124

시장 대비 수익률

결산 실적
〈단위 : 억원〉

항목	2012	2013	2014	2015	2016	2017
매출액	1,660	2,725	2,347	2,286	2,069	2,918
영업이익	122	111	67	36	-81	-7
당기순이익	94	94	35	21	-124	-82

분기 실적
〈단위 : 억원〉

항목	2016.3Q	2016.4Q	2017.1Q	2017.2Q	2017.3Q	2017.4Q
매출액	455	539	619	431	437	1,431
영업이익	-21	-34	-16	-9	5	13
당기순이익	-48	-52	-53	-3	-10	-17

재무 상태
〈단위 : 억원〉

항목	2012	2013	2014	2015	2016	2017
총자산	1,854	2,333	2,378	2,272	2,467	2,598
유형자산	367	400	486	523	499	579
무형자산	12	12	14	18	11	11
유가증권	39	9	47	61	37	28
총부채	603	761	785	672	1,002	1,206
총차입금	82	112	242	221	533	527
자본금	47	59	59	59	59	59
총자본	1,251	1,572	1,593	1,600	1,465	1,392
지배주주지분	1,251	1,572	1,593	1,600	1,465	1,391

기업가치 지표

항목	2012	2013	2014	2015	2016	2017
주가(최고/저)(천원)	—/—	9.7/7.0	10.8/7.7	12.5/7.7	10.1/5.9	6.7/5.3
PER(최고/저)(배)	0.0/0.0	10.5/7.6	38.4/27.2	74.2/46.0	—/—	—/—
PBR(최고/저)(배)	0.0/0.0	0.8/0.6	0.8/0.6	1.0/0.6	0.8/0.5	0.6/0.5
EV/EBITDA(배)	0.3	5.2	8.3	12.7	—	33.0
EPS(원)	994	967	294	174	-1,048	-697
BPS(원)	14,894	13,286	13,469	13,525	12,382	11,762
CFPS(원)	1,428	1,388	673	548	-667	-362
DPS(원)	—	—	80	80	80	—
EBITDAPS(원)	1,729	1,561	948	676	-301	276

재무 비율
〈단위 : %〉

연도	영업이익률	순이익률	부채비율	차입금비율	ROA	ROE	유보율	자기자본비율	EBITDA마진율
2017	-0.2	-2.8	86.7	37.9	-3.3	-5.8	2,252.4	53.6	1.1
2016	-3.9	-6.0	68.4	36.4	-5.2	-8.1	2,376.3	59.4	-1.7
2015	1.6	0.9	42.0	13.8	0.9	1.3	2,605.1	70.4	3.5
2014	2.9	1.5	49.2	15.2	1.5	2.2	2,593.8	67.0	4.8

신스타임즈 (A056000)
SINCETIMES

업　　종 : 게임 소프트웨어　　　　　시　　장 : KOSDAQ
신용등급 : (Bond) —　　(CP) —　　　기업규모 : 중견
홈페이지 : www.sincetimes.co.kr　　　연 락 처 : 02)6900-0000
본　　사 : 서울시 강남구 언주로 540, 코원타워

설 립 일	1996.09.11	종업원수	15명	대표이사	박남규,왕빈
상 장 일	2003.07.11	감사의견	적정(한울)	계 열	
결 산 기	12월	보 통 주		종속회사수	
액 면 가	500원	우 선 주		구 상 호	코원

주주구성 (지분율,%)		출자관계 (지분율,%)		주요경쟁사 (외형,%)	
Sincetimes HK Science Company Limited	32.6			신스타임즈	100
박남규	12.8			조이맥스	105
(외국인)	0.5			엔터메이트	62

매출구성		비용구성		수출비중	
게임 다이아	53.3	매출원가율	56.8	수출	38.4
고음질플레이어,PMP,차량용블랙박스,기타	40.7	판관비율	42.4	내수	61.6
이어폰,스피커 및 기타	6.1				

회사 개요
동사는 1996년 설립되어 멀티미디어 디바이스(MP3 플레이어, PMP, 차량용 블랙박스)사업, 무선 인터넷 콘텐츠 사업과 스마트폰 애플리케이션 개발 사업을 영위하고 있음. 휴대성, 음질, 크기와 중량, 디자인 면에서 꾸준히 개선된 신규 모델을 개발, 출시를 통해서 다양한 제품 포트폴리오를 갖추고 내수뿐만 아니라 해외 시장 공략에 중점을 두고 있음. 2015년 3월 주식양수도 계약으로 코원이노텍(현, 엘티시에이엠)이 연결대상에서 제외됨.

실적 분석
2017년 누적 매출액은 306.8억원으로 전년대비 2.3% 증가함. 영업이익은 2.7억원으로 흑자전환함. 모바일 게임 사업부문 매출이 신규로 추가되며 외형 성장함. 다양한 제품 포트폴리오를 갖추고 해외시장 적극적으로 공략하고 있음. 중국이 자체 개발한 모바일 게임을 통해 안정적인 매출원과 글로벌 지역의 유저풀을 확보할 예정. 지역별로 특화된 모바일 게임의 판권을 확보, 글로벌 모바일 게임 퍼블리셔로 발전할 것으로 기대.

현금 흐름
〈단위 : 억원〉

항목	2016	2017
영업활동	-2	-37
투자활동	-82	195
재무활동	97	-164
순현금흐름	12	-6
기말현금	43	36

시장 대비 수익률
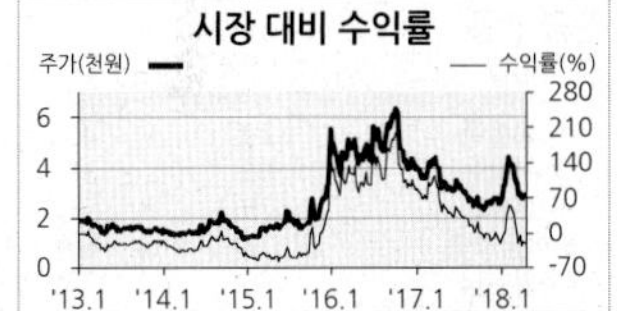

결산 실적
〈단위 : 억원〉

항목	2012	2013	2014	2015	2016	2017
매출액	326	295	235	150	300	307
영업이익	-147	-104	4	-63	-59	3
당기순이익	-148	-108	-69	-103	-80	2

분기 실적
〈단위 : 억원〉

항목	2016.3Q	2016.4Q	2017.1Q	2017.2Q	2017.3Q	2017.4Q
매출액	100	110	—	—	71	—
영업이익	-32	-30	—	—	5	—
당기순이익	-30	-48	—	—	5	—

재무 상태
〈단위 : 억원〉

항목	2012	2013	2014	2015	2016	2017
총자산	700	697	670	375	432	221
유형자산	198	281	263	136	5	6
무형자산	89	66	35	4	2	0
유가증권	0	0	0	0	0	4
총부채	380	389	428	200	238	24
총차입금	352	337	397	166	160	—
자본금	54	54	54	54	70	70
총자본	320	308	242	175	195	197
지배주주지분	318	293	266	175	195	197

기업가치 지표

항목	2012	2013	2014	2015	2016	2017
주가(최고/저)(천원)	4.1/1.7	2.0/1.4	2.2/1.1	5.6/1.2	6.7/3.7	4.6/2.3
PER(최고/저)(배)	—/—	—/—	—/—	—/—	—/—	354.9/178.4
PBR(최고/저)(배)	1.3/0.5	0.7/0.5	0.8/0.4	3.5/0.7	4.8/2.7	3.3/1.6
EV/EBITDA(배)	—	—	10.0	—	—	26.4
EPS(원)	-1,215	-709	-267	-954	-635	13
BPS(원)	3,181	2,951	2,683	1,624	1,388	1,406
CFPS(원)	-874	-439	82	-846	-605	63
DPS(원)	—	—	—	—	—	—
EBITDAPS(원)	-1,020	-698	383	-475	-438	69

재무 비율
〈단위 : %〉

연도	영업이익률	순이익률	부채비율	차입금비율	ROA	ROE	유보율	자기자본비율	EBITDA마진율
2017	0.9	0.6	12.2	0.0	0.6	0.9	181.3	89.1	3.2
2016	-19.7	-26.7	122.3	82.4	-19.8	-43.3	177.5	45.0	-18.4
2015	-42.0	-68.9	114.0	94.8	-19.8	-46.7	224.8	46.7	-34.2
2014	1.6	-29.1	176.9	164.1	-10.0	-10.3	436.5	36.1	17.5

신신제약 (A002800)

SINSIN PHARMACEUTICAL

업종 : 제약 | 시장 : KOSDAQ
신용등급 : (Bond) — (CP) — | 기업규모 : 중견
홈페이지 : www.sinsin.com | 연락처 : 031)776-1111
본사 : 경기도 안산시 단원구 범지기로141번길 90

설립일	1959.09.09	**종업원수**	290명	**대표이사**	이영수,김한기,이병기
상장일	2017.02.28	**감사의견**	적정(한영)	**계열**	
결산기	12월	**보통주**		**종속회사수**	1개사
액면가	500원	**우선주**		**구상호**	

주주구성 (지분율,%)		출자관계 (지분율,%)		주요경쟁사 (외형,%)	
이영수	25.6	TRINETINDUSTRIES	60.0	신신제약	100
김한기	12.6			신일제약	83
(외국인)	0.2			선바이오	3

매출구성		비용구성		수출비중	
기타제품	32.1	매출원가율	64.9	수출	16.5
신신파프(외품) 외	19.6	판관비율	27.8	내수	83.5
내수상품	18.0				

회사 개요

동사는 1959년 9월 9일 의약품(파스)제조 및 판매업을 주된 영업 목적으로 설립되었으며 2017년 2월 한국거래소 코스닥 시장에 상장됨. 동사의 주요 매출처는 약국과 의약품 도매상임. 그 중에서 약국 매출 비중은 약 40%로 제일 높은데 이는 OTC의약품 전문회사로서 약국 직접영업을 꾸준히 지속하고 집중했기 때문임. 2017년 수출 금액은 101.8억원으로 전체 매출의 16.5%를 차지하고 있음.

실적 분석

동사의 2017년 누적매출액은 617.3억원으로 전년대비 6.3% 증가함. 비용측면에서 매출원가와 판관비가 각각 8.1%, 10.8% 상승하면서 매출 확대에도 불구하고 영업이익은 전년보다 18.5% 줄어든 45.1억원을 기록함. 2018년말 완공을 목표로 세종시에 생산공장을 건설 중이며 서울 마곡단지에 R&D센터 건립을 계획 중. 전 품목의 82%가 일반의약품 및 의약외품인 동사는 2018년 초 이병기 대표 취임 이후 전문의약품 강화에 나섬.

현금 흐름 (단위 : 억원)

항목	2016	2017
영업활동	29	46
투자활동	-56	-36
재무활동	29	57
순현금흐름	3	66
기말현금	6	73

시장 대비 수익률

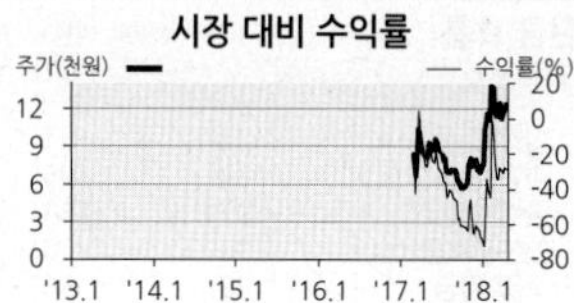

결산 실적 〈단위 : 억원〉

항목	2012	2013	2014	2015	2016	2017
매출액	419	451	467	516	581	617
영업이익	17	19	17	54	55	45
당기순이익	6	10	11	39	44	35

분기 실적 〈단위 : 억원〉

항목	2016.3Q	2016.4Q	2017.1Q	2017.2Q	2017.3Q	2017.4Q
매출액	142	137	158	167	152	141
영업이익	11	10	13	16	8	8
당기순이익	7	10	9	13	7	6

재무 상태 〈단위 : 억원〉

항목	2012	2013	2014	2015	2016	2017
총자산	377	389	551	611	688	789
유형자산	110	112	180	222	258	287
무형자산	0	0	5	5	5	8
유가증권	1	1	1	1	1	1
총부채	211	214	307	329	344	265
총차입금	145	142	188	154	172	86
자본금	12	12	12	12	59	76
총자본	166	175	244	282	344	523
지배주주지분	166	175	244	282	344	521

기업가치 지표

항목	2012	2013	2014	2015	2016	2017
주가(최고/저)(천원)	—/—	—/—	—/—	—/—	—/—	10.5/5.6
PER(최고/저)(배)	0.0/0.0	0.0/0.0	0.0/0.0	0.0/0.0	0.0/0.0	43.0/23.0
PBR(최고/저)(배)	0.0/0.0	0.0/0.0	0.0/0.0	0.0/0.0	0.0/0.0	3.1/1.6
EV/EBITDA(배)	5.0	4.7	6.5	2.3	2.5	20.6
EPS(원)	56	93	100	345	388	245
BPS(원)	68,569	72,398	100,773	116,608	2,912	3,436
CFPS(원)	6,353	7,719	9,136	20,313	478	318
DPS(원)	—	—	—	—	34	33
EBITDAPS(원)	10,716	11,419	11,477	26,548	574	380

재무 비율 〈단위 : %〉

연도	영업이익률	순이익률	부채비율	차입금비율	ROA	ROE	유보율	자기자본비율	EBITDA마진율
2017	7.3	5.7	50.7	16.4	4.8	8.3	587.1	66.3	9.1
2016	9.5	7.7	99.9	50.0	6.8	14.2	482.4	50.0	11.3
2015	10.5	7.5	116.5	54.5	6.7	14.8	2,232.2	46.2	12.5
2014	3.6	2.4	126.0	77.0	—	—	1,915.5	44.3	6.0

신영와코루 (A005800)

Shinyoungwacoal

업종 : 섬유 및 의복 | 시장 : 거래소
신용등급 : (Bond) — (CP) — | 기업규모 : 시가총액 소형주
홈페이지 : www.shinyoungwacoal.co.kr | 연락처 : 02)818-5114
본사 : 서울시 금천구 가산디지털1로 104 (가산동)

설립일	1968.10.21	**종업원수**	739명	**대표이사**	이의평,이성원,이호성
상장일	1976.12.28	**감사의견**	적정(정동)	**계열**	
결산기	12월	**보통주**		**종속회사수**	1개사
액면가	5,000원	**우선주**		**구상호**	

주주구성 (지분율,%)		출자관계 (지분율,%)		주요경쟁사 (외형,%)	
우성화학공업	29.7	고창골프클러스터	46.7	신영와코루	100
WACOAL HOLDINGS CORP	25.0	신영섬유	29.9	데코앤이	26
(외국인)	26.5	운수레스	27.9	동일방직	464

매출구성		비용구성		수출비중	
여성내의류(화운데이션, 란제리)	95.6	매출원가율	42.4	수출	1.9
임대	3.0	판관비율	54.4	내수	98.1
여성내의류(여성스타킹 외)	1.5				

회사 개요

동사는 여성 내의류 전문업체로서 봉제품 제조가공 및 판매업과 부동산 임대업, 수출입업, 전자상거래 및 인터넷 관련업을 영위함. 대표 브랜드인 비너스, 와코루, 솔브, 마더피아, 자스민, 아르보, 리맘마, 트레노, 아네타 등을 보유하고 있음. 백화점, 할인점, 로드샵 등을 운영하며 고정적인 유통채널을 확보하고 있음. 여성내의류 시장에서 2017년 6월말 백화점 판매 기준으로 약 50%의 점유율을 차지함.

실적 분석

동사의 2017년 연결기준 연간 매출액은 1,824.1 억원으로 전년과 비슷한 실적을 시현함. 원가 절감으로 영업이익은 59.6억원으로 88.5% 증가함. 전년도 발생된 매각예정비유동자산 처분 이익의 감소로 당기순이익은 47.3% 감소된 91.3억원을 시현함. 동사는 기존 백화점, 로드숍 등의 매장에서 유통채널을 더욱 강화하고 있으며, 최근 늘어나는 프리미엄아울렛에 적극 진출함으로써 시장점유율 확보에 주력하고 있음.

현금 흐름 (단위 : 억원)

항목	2016	2017
영업활동	23	9
투자활동	107	78
재무활동	-13	-21
순현금흐름	117	66
기말현금	254	320

시장 대비 수익률

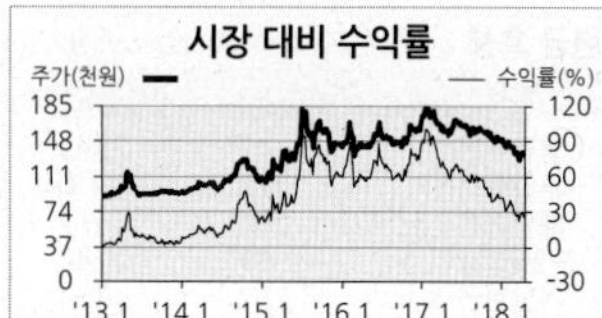

결산 실적 〈단위 : 억원〉

항목	2012	2013	2014	2015	2016	2017
매출액	2,059	1,987	1,867	1,791	1,795	1,824
영업이익	145	98	36	60	32	60
당기순이익	154	114	59	114	173	91

분기 실적 〈단위 : 억원〉

항목	2016.3Q	2016.4Q	2017.1Q	2017.2Q	2017.3Q	2017.4Q
매출액	526	377	456	468	545	355
영업이익	31	-26	7	19	39	-5
당기순이익	30	-13	12	36	37	7

재무 상태 〈단위 : 억원〉

항목	2012	2013	2014	2015	2016	2017
총자산	2,957	3,033	3,036	3,177	3,345	3,316
유형자산	689	660	652	582	556	538
무형자산	28	28	44	44	50	56
유가증권	77	105	168	117	222	249
총부채	346	349	319	339	342	268
총차입금	14	13	2	3	3	4
자본금	45	45	45	45	45	45
총자본	2,611	2,684	2,717	2,838	3,003	3,048
지배주주지분	2,611	2,684	2,717	2,838	3,003	3,048

기업가치 지표

항목	2012	2013	2014	2015	2016	2017
주가(최고/저)(천원)	95.4/84.6	119/88.6	130/92.3	183/104	171/128	187/146
PER(최고/저)(배)	6.0/5.3	9.9/7.4	20.5/14.8	15.0/8.6	9.1/6.8	18.6/14.6
PBR(최고/저)(배)	0.4/0.3	0.4/0.3	0.5/0.3	0.6/0.3	0.5/0.4	0.6/0.4
EV/EBITDA(배)	1.6	2.1	9.7	6.0	10.4	6.0
EPS(원)	17,088	12,679	6,549	12,613	19,255	10,140
BPS(원)	290,102	298,262	301,942	315,367	333,631	338,648
CFPS(원)	19,851	15,748	9,357	16,113	22,215	12,911
DPS(원)	1,500	1,500	1,500	1,500	2,500	1,500
EBITDAPS(원)	18,904	13,930	6,827	10,185	6,475	9,396

재무 비율 〈단위 : %〉

연도	영업이익률	순이익률	부채비율	차입금비율	ROA	ROE	유보율	자기자본비율	EBITDA마진율
2017	3.3	5.0	8.8	0.1	2.7	3.0	6,673.0	91.9	4.6
2016	1.8	9.7	11.4	0.1	5.3	5.9	6,572.6	89.8	3.3
2015	3.4	6.3	11.9	0.1	3.7	4.1	6,207.3	89.3	5.1
2014	1.9	3.2	11.7	0.1	1.9	2.2	5,938.8	89.5	3.3

신영증권 (A001720)

Shinyoung Securities

업　　종 : 증권
신용등급 : (Bond) 취소　　(CP) A1
홈페이지 : www.shinyoung.com
본　　사 : 서울시 영등포구 국제금융로 8길 16 신영증권빌딩

시　　장 : 거래소
기업규모 : 시가총액 중형주
연 락 처 : 02)2004-9000

설 립 일	1956.02.25	**종업원수**	617명	**대표이사**	원종석,신요환
상 장 일	1987.08.24	**감사의견**	적정(삼덕)	**계　　열**	
결 산 기	03월	**보 통 주**		**종속회사수**	2개사
액 면 가	5,000원	**우 선 주**		**구　　상　호**	

주주구성 (지분율,%)		출자관계 (지분율,%)		주요경쟁사 (외형,%)	
원국희	16.2	유한양행우선주	40.8	신영증권	100
원종석	8.3	대한항공우선주	22.5	키움증권	291
(외국인)	10.7	케이파트너스PEF	15.5	유안타증권	178

수익구성		비용구성		수출비중	
파생상품거래이익	64.8	이자비용	2.4	수출	—
금융상품 관련이익	19.3	파생상품손실	35.9	내수	—
이자수익	7.9	판관비	6.3		

회사 개요

동사는 자본시장과금융투자업에관한법률 제6조에 의한 투자매매업(증권, 장내파생상품, 장외파생상품), 투자중개업 (증권, 장내파생상품, 장외 파생상품), 신탁업, 투자자문업, 투자일임업 등을 주요 사업으로 하고 있음. 1956년에 설립된 동사는 1971년 현 경영진에 인수돼 현재까지 40년 이상 흑자 이익 달성을 지속하고 있음. 지점은 본점 영업부 외 17개이며 신영자산운용을 종속회사로 두고 있음. 최대주주는 원국희 회장으로 지분율은 16.2%임.

실적 분석

동사는 2017년 3분기 세전순이익은 672억원, 영업이익 641억원, 영업외손익 31억원을 달성함.동사는 전문가그룹에 의한 팀 단위 자산관리서비스로 차별화된 투자 솔루션 제공해줌으로써 시장패러다임 변화에 따른 차별화된 자산배분 전략을 보임. 어려운 증권업 환경속에서 양호한 외형을 보이며 해외상품 소싱 및 개발, 대체투자 발굴 등 수익기반 확대를 통해 중장기 성장동력 확보하고 있는 상태임.

현금 흐름

〈단위 : 억원〉

항목	2016	2017.3Q
영업활동	-4,298	696
투자활동	282	-766
재무활동	5,126	-102
순현금흐름	1,099	-177
기말현금	2,023	1,846

시장 대비 수익률

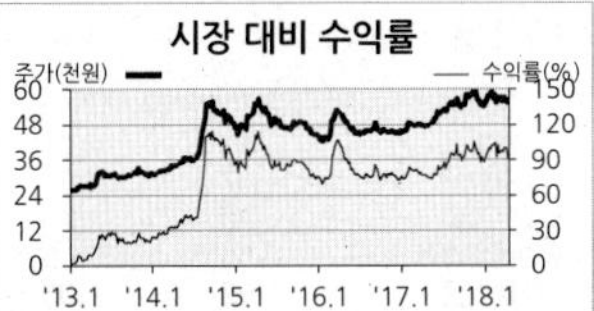

결산 실적

〈단위 : 억원〉

항목	2012	2013	2014	2015	2016	2017
순영업손익	1,903	1,818	2,160	1,922	2,026	—
영업이익	677	616	933	741	835	—
당기순이익	532	499	765	576	667	—

분기 실적

〈단위 : 억원〉

항목	2016.2Q	2016.3Q	2016.4Q	2017.1Q	2017.2Q	2017.3Q
순영업손익	427	427	625	541	536	539
영업이익	134	142	256	286	216	259
당기순이익	113	118	200	226	166	197

재무 상태

〈단위 : 억원〉

항목	2012	2013	2014	2015	2016	2017.3Q
총자산	47,906	48,435	67,142	80,985	86,780	84,409
유형자산	543	538	514	495	526	729
무형자산	330	273	233	209	161	174
유가증권	34,033	31,959	40,879	57,773	67,070	62,653
총부채	38,496	38,804	56,909	70,310	75,629	72,893
총차입금	11,190	10,417	17,558	27,818	33,209	33,437
자본금	822	822	822	822	822	822
총자본	9,411	9,631	10,233	10,676	11,151	11,517
지배주주지분	9,042	9,266	9,849	10,284	10,787	11,131

기업가치 지표

항목	2012	2013	2014	2015	2016	2017.3Q
주가(최고/저)(천원)	28.1/21.1	34.2/26.7	56.4/33.9	57.2/42.2	53.5/43.7	60.0/47.1
PER(최고/저)(배)	11.2/8.6	14.7/11.5	15.1/9.1	20.1/14.8	15.5/12.7	—/—
PBR(최고/저)(배)	0.6/0.5	0.7/0.5	1.0/0.6	0.9/0.7	0.8/0.7	0.8/0.7
PSR(최고/저)(배)	3/2	4/3	5/3	6/4	5/4	—/—
EPS(원)	3,198	2,847	4,376	3,228	3,764	3,294
BPS(원)	61,558	62,918	66,458	69,102	72,156	74,777
CFPS(원)	3,777	3,447	4,766	3,574	4,078	3,521
DPS(원)	2,000	2,000	2,000	2,200	2,450	—
EBITDAPS(원)	4,120	3,746	5,678	4,509	5,078	4,624

재무 비율

〈단위 : %〉

연도	계속사업 이익률	순 이익률	부채 비율	차입금 비율	ROA	ROE	유보율	자기자본 비율	총자산 증가율
2016	44.8	32.9	678.2	297.8	0.8	5.9	1,343.1	12.9	7.2
2015	42.6	30.0	658.6	260.6	0.8	5.3	1,282.0	13.2	20.6
2014	46.0	35.4	556.1	171.6	1.3	7.5	1,229.2	15.2	38.6
2013	37.0	27.4	402.9	108.2	1.0	5.1	1,158.4	19.9	1.1

신원 (A009270)

Shinwon

업　　종 : 섬유 및 의복
신용등급 : (Bond) BBB　　(CP) —
홈페이지 : www.sw.co.kr
본　　사 : 서울시 마포구 독막로 328 신원빌딩

시　　장 : 거래소
기업규모 : 시가총액 소형주
연 락 처 : 02)3274-5000

설 립 일	1973.09.26	**종업원수**	663명	**대표이사**	박정주
상 장 일	1988.08.24	**감사의견**	적정(삼정)	**계　　열**	
결 산 기	12월	**보 통 주**		**종속회사수**	17개사
액 면 가	500원	**우 선 주**		**구　　상　호**	

주주구성 (지분율,%)		출자관계 (지분율,%)		주요경쟁사 (외형,%)	
티앤엠커뮤니케이션즈	24.7	신원지엘에스	100.0	신원	100
케이머스지	6.6	에스더블유성거나	100.0	형지엘리트	27
(외국인)	1.6	신원에벤에셀	100.0	LS네트웍스	69

매출구성		비용구성		수출비중	
의 류(수출부문)	60.0	매출원가율	70.1	수출	60.2
의 류(패션부문)	40.0	판관비율	29.8	내수	39.8

회사 개요

동사는 1973년 9월에 설립되어 섬유제품 제조 및 섬유의류 판매, 수출입업 등을 영위하고 있음. 동사는 영위하는 사업에 따라 수출부문과 패션부문으로 구분하며, 수출부문은 바이어로부터 KNIT, SWEATER 등의 대한 오더를 수주받아 7개 계열사에서 생산하여 수출하고 있으며, 패션부문은 BESTI BELLI 등 8개 브랜드 사업을 전개하고 있음. 2017년말 현재 수출부문 9개, 패션부문 8개 등 총 17개의 계열사를 보유 중임.

실적 분석

동사의 연결기준 2017년 매출액은 전년과 동일한 수준인 6,399.3억원을 기록했으나 동기간 매출원가 및 판관비가 각각 2.9%, 0.8% 증가함에 따라 영업이익은 전년 대비 94.4% 감소한 8.4억원을 기록함. 한편, 비영업손익은 전년 대비 유형자산손상차손이 크게 감소하였으나 여전히 적자를 기록하였음. 이에 따라 동사의 2017년 당기순이익은 -98.2억원을 기록해 적자 상태가 지속되었음.

현금 흐름

〈단위 : 억원〉

항목	2016	2017
영업활동	218	13
투자활동	-121	-56
재무활동	-101	62
순현금흐름	-1	15
기말현금	148	163

시장 대비 수익률

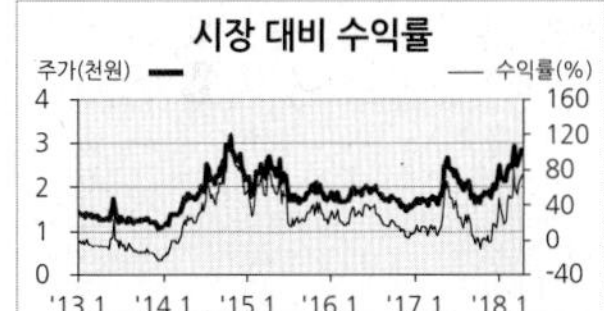

결산 실적

〈단위 : 억원〉

항목	2012	2013	2014	2015	2016	2017
매출액	5,784	5,897	6,075	6,394	6,401	6,399
영업이익	6	83	154	187	150	8
당기순이익	-101	-71	34	66	-58	-98

분기 실적

〈단위 : 억원〉

항목	2016.3Q	2016.4Q	2017.1Q	2017.2Q	2017.3Q	2017.4Q
매출액	1,623	1,593	1,531	1,498	1,788	1,582
영업이익	38	45	11	-51	51	-3
당기순이익	26	23	-28	-55	20	-35

재무 상태

〈단위 : 억원〉

항목	2012	2013	2014	2015	2016	2017
총자산	4,302	4,290	4,281	4,314	4,323	4,216
유형자산	1,409	1,341	1,319	1,321	1,125	1,074
무형자산	85	82	34	35	36	42
유가증권	17	17	21	21	20	5
총부채	2,475	2,553	2,506	2,449	2,513	2,525
총차입금	1,712	1,755	1,643	1,530	1,495	1,618
자본금	317	317	317	317	317	317
총자본	1,827	1,737	1,775	1,865	1,810	1,691
지배주주지분	1,826	1,734	1,773	1,864	1,808	1,693

기업가치 지표

항목	2012	2013	2014	2015	2016	2017
주가(최고/저)(천원)	1.9/1.1	1.7/1.1	3.2/1.1	2.8/1.6	2.2/1.4	2.7/1.6
PER(최고/저)(배)	—/—	—/—	59.3/20.5	26.9/15.3	—/—	—/—
PBR(최고/저)(배)	0.6/0.4	0.6/0.4	1.1/0.4	0.9/0.5	0.8/0.5	0.9/0.6
EV/EBITDA(배)	23.2	12.8	11.7	8.9	10.1	28.4
EPS(원)	-159	-114	55	105	-92	-150
BPS(원)	3,039	2,892	2,953	3,096	3,008	2,826
CFPS(원)	-5	45	199	256	38	-7
DPS(원)	—	—	—	—	—	—
EBITDAPS(원)	164	290	388	446	367	156

재무 비율

〈단위 : %〉

연도	영업 이익률	순 이익률	부채 비율	차입금 비율	ROA	ROE	유보율	자기자본 비율	EBITDA 마진율
2017	0.1	-1.5	149.3	95.6	-2.3	-5.4	465.3	40.1	1.6
2016	2.4	-0.9	138.9	82.6	-1.3	-3.2	501.7	41.9	3.6
2015	2.9	1.0	131.3	82.0	1.6	3.7	519.1	43.2	4.4
2014	2.5	0.6	141.3	92.6	0.8	2.0	490.6	41.5	4.1

신원종합개발 (A017000)
SHINWON Construction co

업　　종 : 건설
신용등급 : (Bond) —　　(CP) —
홈페이지 : www.swc.co.kr
본　　사 : 경기도 화성시 봉담읍 와우안길 109, 103-213

시　　장 : KOSDAQ
기업규모 : 중견
연 락 처 : 031)230-9840

설 립 일	1983.05.30	**종업원수**	131명	**대표이사**	우진호
상 장 일	1994.12.07	**감사의견**	적정(신한)	**계　열**	
결 산 기	12월	**보 통 주**		**종속회사수**	
액 면 가	5,000원	**우 선 주**		**구　상　호**	

주주구성 (지분율,%)		출자관계 (지분율,%)		주요경쟁사 (외형,%)	
우진호	12.4			신원종합개발	100
한국외환은행	4.1			삼일기업공사	29
(외국인)	5.3			동신건설	27

매출구성		비용구성		수출비중	
건축(공사)	50.6	매출원가율	90.2	수출	—
자체공사(공사)	27.6	판관비율	3.1	내수	—
기타	13.5				

회사 개요
동사는 1983년에 신원종합개발주식회사로 설립되었으며, 1994년 코스닥시장에 등록된 중소형 건설업체임. 장기적으로 안정적인 수익기반을 구축하기 위해 토목공사 및 가스설비공사 등 공공 공사의 수주활동에 적극적으로 참여하고 있으며, 건축부문은 분양성과 수익성을 최우선 가치로 선별한 '신원아침도시'라는 브랜드의 아파트, 도시형생활주택, 오피스텔 및 학교, 군관사 BTL 등의 사업을 중점적으로 수행함.

실적 분석
동사의 2017년 연간 매출액은 전년동기대비 69.1% 상승한 1,958.3억원을 기록하였음. 사업진행 방향을 전환하여 안정적인 사업기반 확충을 위한 관토목공사 및 수익성 있는 민간사업의 수주에 적극적으로 참여한 결과로 보임. 최종적으로 전년동기대비 당기순이익은 크게 상승하여 137.2억원을 기록함. 건설업 외 수익구조의 다각화 및 안정성 확보 중국 자동차 수입 판매 회사인 신원CK모터스의 지분을 취득하였음.

현금 흐름 *IFRS 별도 기준 〈단위 : 억원〉

항목	2016	2017
영업활동	119	27
투자활동	72	-67
재무활동	-166	108
순현금흐름	25	67
기말현금	63	130

시장 대비 수익률
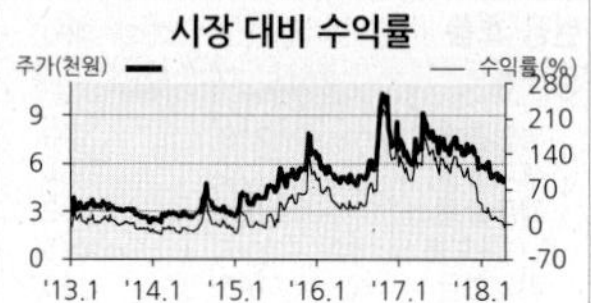

결산 실적 〈단위 : 억원〉

항목	2012	2013	2014	2015	2016	2017
매출액	579	615	854	521	1,158	1,958
영업이익	12	16	11	-19	16	132
당기순이익	14	51	-7	-19	23	137

분기 실적 *IFRS 별도 기준 〈단위 : 억원〉

항목	2016.3Q	2016.4Q	2017.1Q	2017.2Q	2017.3Q	2017.4Q
매출액	233	513	328	571	442	590
영업이익	4	4	16	34	41	44
당기순이익	-0	8	15	36	45	46

재무 상태 *IFRS 별도 기준 〈단위 : 억원〉

항목	2012	2013	2014	2015	2016	2017
총자산	855	1,059	974	980	947	1,515
유형자산	5	4	4	3	5	4
무형자산	1	1	1	1	1	—
유가증권	98	86	86	58	60	66
총부채	405	558	482	509	453	875
총차입금	241	386	290	389	227	335
자본금	530	530	530	530	530	530
총자본	450	501	491	472	493	640
지배주주지분	450	501	491	472	493	640

기업가치 지표 *IFRS 별도 기준

항목	2012	2013	2014	2015	2016	2017
주가(최고/저)(천원)	6.4/1.5	4.0/2.3	4.9/2.3	8.2/2.7	10.7/4.5	10.6/5.7
PER(최고/저)(배)	47.0/11.0	8.0/4.5	—/—	—/—	47.1/20.0	7.5/4.0
PBR(최고/저)(배)	1.4/0.3	0.8/0.5	1.0/0.5	1.8/0.6	2.2/0.9	1.7/0.9
EV/EBITDA(배)	22.7	22.1	26.3	—	40.8	4.3
EPS(원)	136	507	-65	-185	226	1,403
BPS(원)	447	497	488	4,687	4,900	6,357
CFPS(원)	15	52	-5	-173	237	1,416
DPS(원)	—	—	—	—	—	—
EBITDAPS(원)	13	17	12	-177	166	1,352

재무 비율 〈단위 : %〉

연도	영업이익률	순이익률	부채비율	차입금비율	ROA	ROE	유보율	자기자본비율	EBITDA마진율
2017	6.7	7.0	139.0	53.0	11.1	24.5	20.3	41.8	6.8
2016	1.4	2.0	일부잠식	일부잠식	2.4	4.7	-6.9	52.1	1.5
2015	-3.7	-3.6	일부잠식	일부잠식	-1.9	-3.9	-11.0	48.1	-3.4
2014	1.3	-0.8	일부잠식	일부잠식	-0.6	-1.3	-7.3	50.5	1.4

신일산업 (A002700)
Shinil Industrial

업　　종 : 내구소비재
신용등급 : (Bond) —　　(CP) —
홈페이지 : www.shinil.co.kr
본　　사 : 충남 천안시 서북구 입장면 연곡길 308

시　　장 : 거래소
기업규모 : 시가총액 소형주
연 락 처 : 1577-6667

설 립 일	1959.07.14	**종업원수**	123명	**대표이사**	김권,정윤석
상 장 일	1975.09.30	**감사의견**	적정(정동)	**계　열**	
결 산 기	12월	**보 통 주**		**종속회사수**	
액 면 가	500원	**우 선 주**		**구　상　호**	

주주구성 (지분율,%)		출자관계 (지분율,%)		주요경쟁사 (외형,%)	
김영	10.7			신일산업	100
마일즈스톤인베스트먼트	4.2			LG전자	42,472
(외국인)	4.2			위닉스	180

매출구성		비용구성		수출비중	
선풍기	43.5	매출원가율	72.4	수출	0.1
기타	28.8	판관비율	20.3	내수	99.9
난방제품	24.0				

회사 개요
동사는 1959년에 설립되어 각종 전기, 전자기구 및 연구기구의 제조 및 판매사업을 영위하고 있으며 충청남도 천안시에 본사를 두고 있음. 연결대상 종속법인은 베트남과 중국의 현지 생산법인이며 주요 제품으로는 선풍기가 2017년 기준 국내 시장 점유율 1위(42% 점유율)를 차지하고 있음. 또한 제습기, 난방기 등 계절 상품의 비중이 연간 매출액의 81%이상을 차지하고 있으며 비교적 안정적인 수요기반을 확보함.

실적 분석
동사의 2017년 매출과 영업이익은 1446억원, 106억원으로 전년 동기 대비 각각 16.2%, 138.8% 증가함. 2017년의 경우 하절기 기온의 영향으로 선풍기 매출은 825억원으로 전년 대비 약 52% 판매가 증가함. 선풍기 외 하절기가전(제습기,이동식에어컨등)의 매출은 36억원으로 전년 대비 약 21% 감소함. 동절기 난방제품의 매출은 320억원으로 전년과 유사했음.

현금 흐름 *IFRS 별도 기준 〈단위 : 억원〉

항목	2016	2017
영업활동	87	101
투자활동	-7	-52
재무활동	-26	-46
순현금흐름	55	3
기말현금	102	105

시장 대비 수익률
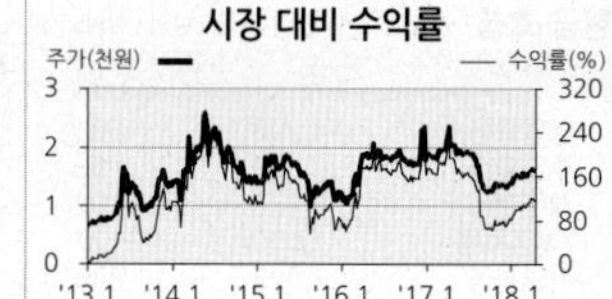

결산 실적 〈단위 : 억원〉

항목	2012	2013	2014	2015	2016	2017
매출액	909	1,202	1,143	1,074	1,245	1,446
영업이익	28	69	-2	-52	44	106
당기순이익	11	69	-17	-83	38	94

분기 실적 *IFRS 별도 기준 〈단위 : 억원〉

항목	2016.3Q	2016.4Q	2017.1Q	2017.2Q	2017.3Q	2017.4Q
매출액	329	350	169	522	432	322
영업이익	8	3	-5	60	35	15
당기순이익	15	1	-6	58	28	14

재무 상태 *IFRS 별도 기준 〈단위 : 억원〉

항목	2012	2013	2014	2015	2016	2017
총자산	582	577	905	789	807	848
유형자산	18	155	230	229	218	211
무형자산	5	8	7	6	2	1
유가증권	—	—	—	—	—	—
총부채	303	249	384	333	311	281
총차입금	147	65	209	112	96	78
자본금	255	255	346	355	355	355
총자본	278	328	521	456	497	567
지배주주지분	278	328	521	456	497	567

기업가치 지표 *IFRS 별도 기준

항목	2012	2013	2014	2015	2016	2017
주가(최고/저)(천원)	2.0/0.4	1.7/0.6	2.6/1.1	2.0/1.0	2.4/1.0	2.4/1.2
PER(최고/저)(배)	82.6/17.2	18.6/7.1	—/—	—/—	46.1/20.1	18.0/9.2
PBR(최고/저)(배)	4.0/0.8	2.8/1.1	3.5/1.5	3.1/1.6	3.5/1.5	2.9/1.5
EV/EBITDA(배)	4.2	10.1	85.7	—	23.4	8.3
EPS(원)	25	92	-13	-119	53	133
BPS(원)	546	644	753	641	699	812
CFPS(원)	31	103	-1	-105	67	148
DPS(원)	—	—	—	—	15	20
EBITDAPS(원)	131	151	21	-59	77	164

재무 비율 〈단위 : %〉

연도	영업이익률	순이익률	부채비율	차입금비율	ROA	ROE	유보율	자기자본비율	EBITDA마진율
2017	7.3	6.5	49.7	13.8	11.4	17.8	62.3	66.8	8.1
2016	3.6	3.0	62.6	19.3	4.7	8.2	39.8	61.5	4.4
2015	-4.8	-7.7	72.7	24.3	-9.7	-16.8	28.7	57.9	-3.9
2014	-0.2	-1.5	74.0	37.2	-2.3	-4.0	50.8	57.5	0.5

신일제약 (A012790)

SINIL PHARMACEUTICAL CO

업　　종 : 제약　　시　　장 : KOSDAQ
신용등급 : (Bond) —　　(CP) —　　기업규모 : 중견
홈페이지 : www.sinilpharm.com　　연 락 처 : 043)722-3300
본　　사 : 충북 충주시 앙성면 복상골길 28

설 립 일	1977.12.21	**종업원수**	363명	**대표이사**	정미근
상 장 일	1996.08.02	**감사의견**	적정(삼록)	**계 열**	
결 산 기	12월	**보 통 주**		**종속회사수**	
액 면 가	500원	**우 선 주**		**구 상 호**	

주주구성 (지분율,%)		출자관계 (지분율,%)		주요경쟁사 (외형,%)	
홍성소	17.3	바이오러넥스	9.4	신일제약	100
홍재현	9.2			선바이오	4
(외국인)	2.2			대봉엘에스	129

매출구성		비용구성		수출비중	
기타(OEM+동물용의약품 포함)	77.0	매출원가율	55.7	수출	2.3
디펜 플라스타	12.7	판관비율	26.1	내수	97.7
트레스오릭스포르테캡슐 외	6.2				

회사 개요

동사는 의약품 제조 및 판매업, 부동산 임대업을 영위하는 기업으로 1971년에 설립되어 충주에 본점 및 제조시설을 보유함. 정부의 약가인하 정책과 새로운 공정경쟁 규약, 저가구매 인센티브 제도 등으로 인해 제약업계의 성장성은 다소 제한적인 상황. 동사는 이 외에도 화장품 사업, 동물 의약품 사업과 의약외품 사업(황사 마스크, 항균 마스크 등)을 영위하고 있음.

실적 분석

동사의 2017년 결산 매출액은 전년동기 대비 1.5% 소폭 증가한 509.4억원임. 신규 플라스타/패취 공장 증설로 인한 고정비 증가, 생동성시험 비용의 증가로 인하여 영업이익은 18.4% 감소한 92.6억원을 시현함. 당기순이익 역시 24.4% 감소한 75.9억원임. 매출은 완만한 성장을 이룰것으로 예상하며, 영업이익의 경우 신규 공장 증설로 인한 고정비의 증가로 인해 매출액 증감에 따라 영향을 받을 것으로 예상됨.

현금 흐름 *IFRS 별도 기준 〈단위 : 억원〉

항목	2016	2017
영업활동	42	90
투자활동	-47	-63
재무활동	-10	-10
순현금흐름	-15	17
기말현금	5	23

시장 대비 수익률

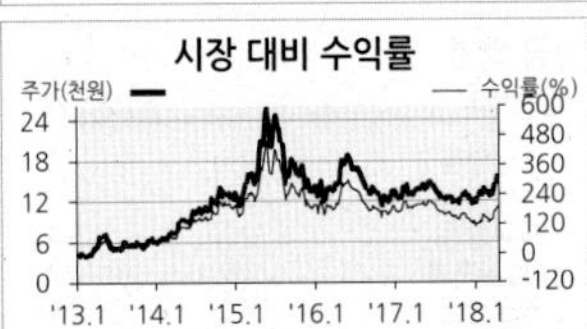

결산 실적 〈단위 : 억원〉

항목	2012	2013	2014	2015	2016	2017
매출액	399	443	482	447	502	509
영업이익	54	95	123	105	113	93
당기순이익	44	73	102	88	100	76

분기 실적 *IFRS 별도 기준 〈단위 : 억원〉

항목	2016.3Q	2016.4Q	2017.1Q	2017.2Q	2017.3Q	2017.4Q
매출액	118	131	121	125	129	135
영업이익	24	30	25	23	17	27
당기순이익	22	26	22	20	15	18

재무 상태 *IFRS 별도 기준 〈단위 : 억원〉

항목	2012	2013	2014	2015	2016	2017
총자산	626	706	799	873	981	1,048
유형자산	155	150	148	174	170	253
무형자산	43	38	41	43	43	31
유가증권	6	5	6	3	2	2
총부채	75	84	91	91	109	111
총차입금	9	9	7	5	4	3
자본금	40	40	40	40	40	40
총자본	551	622	709	782	872	936
지배주주지분	551	622	709	782	872	936

기업가치 지표 *IFRS 별도 기준

항목	2012	2013	2014	2015	2016	2017
주가(최고/저)(천원)	4.9/2.4	7.3/4.0	14.1/5.9	25.9/11.4	19.0/11.4	15.4/11.3
PER(최고/저)(배)	9.3/4.6	8.3/4.6	11.4/4.8	24.0/10.6	15.3/9.1	16.2/11.9
PBR(최고/저)(배)	0.7/0.4	1.0/0.5	1.6/0.7	2.7/1.2	1.7/1.0	1.3/1.0
EV/EBITDA(배)	3.3	3.4	6.4	7.5	6.5	6.5
EPS(원)	562	927	1,288	1,109	1,271	961
BPS(원)	7,097	7,997	9,096	10,023	11,164	11,979
CFPS(원)	784	1,190	1,553	1,421	1,653	1,394
DPS(원)	80	90	120	120	140	140
EBITDAPS(원)	908	1,466	1,817	1,642	1,819	1,605

재무 비율 〈단위 : %〉

연도	영업이익률	순이익률	부채비율	차입금비율	ROA	ROE	유보율	자기자본비율	EBITDA마진율
2017	18.2	14.9	11.9	0.3	7.5	8.4	2,295.7	89.4	24.9
2016	22.6	20.0	12.5	0.4	10.8	12.1	2,132.8	88.9	28.6
2015	23.5	19.6	11.6	0.7	10.5	11.8	1,904.5	89.6	29.0
2014	25.5	21.1	12.8	1.1	13.5	15.3	1,719.2	88.7	29.8

신진에스엠 (A138070)

SINJIN SM COLTD

업　　종 : 기계　　시　　장 : KOSDAQ
신용등급 : (Bond) —　　(CP) —　　기업규모 : 벤처
홈페이지 : www.sinjin-sm.co.kr　　연 락 처 : 063)352-5301
본　　사 : 전북 장수군 장계면 장무로 352-73 (주)신진에스엠장수공장

설 립 일	2001.07.18	**종업원수**	185명	**대표이사**	김홍기
상 장 일	2011.11.28	**감사의견**	적정(서린)	**계 열**	
결 산 기	12월	**보 통 주**		**종속회사수**	3개사
액 면 가	500원	**우 선 주**		**구 상 호**	

주주구성 (지분율,%)		출자관계 (지분율,%)		주요경쟁사 (외형,%)	
김영현	29.6	신진에스코	75.0	신진에스엠	100
양순임	9.8	株式會社SHINJIN-SMJAPAN	100.0	동양물산	656
(외국인)	0.8	SHINJINSM(THAILAND)	100.0	수산중공업	179

매출구성		비용구성		수출비중	
표준 플레이트 SS400	32.4	매출원가율	78.1	수출	0.8
STC-3500 외 (소재 가공 설비 외)	19.4	판관비율	12.3	내수	99.2
표준 플레이트 SM45C/SM50C	16.8				

회사 개요

동사는 2001년 소재, 부품용 표준 플레이트 사업을 개시함. 절단가공설비 개발 및 절단가공기술을 기반으로 표준 플레이트를 공급하고 있는 국내 최초 표준 플레이트 및 제작설비 생산기업임. 표준 플레이트 산업은 기계 산업의 가장 기초적인 부품소재의 한 종류로써 지속적인 수요가 가능한 산업임. 株式會社 SHINJIN-SM JAPAN, SHINJIN SM (THAILAND) CO., LTD, 신진에스코를 연결대상 종속회사로 보유하고 있음.

실적 분석

2017년 연결기준 동사 매출액은 569.8억원을 기록함. 전년도 매출액인 497.6억원에 비해 14.5% 증가한 금액임. 매출원가가 10% 증가했으나 매출이 늘고 판매비와 관리비가 2% 감소해 영업이익은 전년도 21.5억원에서 154.8% 증가한 54.7억원을 시현함. 이어 비영업부문이 흑자로 전환함. 이에 당기순이익은 전년도 4.3억원에서 대폭 늘어난 46.7억원을 기록함.

현금 흐름 〈단위 : 억원〉

항목	2016	2017
영업활동	57	45
투자활동	-34	-5
재무활동	-31	-21
순현금흐름	-9	20
기말현금	120	140

시장 대비 수익률

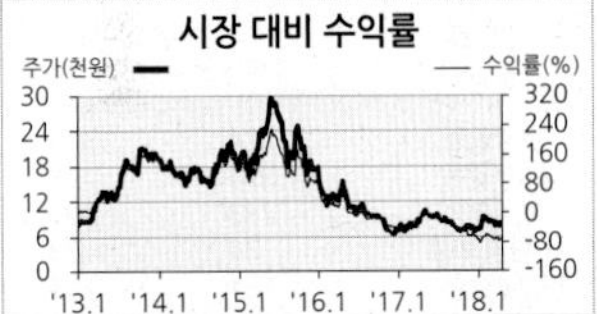

결산 실적 〈단위 : 억원〉

항목	2012	2013	2014	2015	2016	2017
매출액	386	408	478	574	498	570
영업이익	75	50	58	61	21	55
당기순이익	75	46	55	40	4	47

분기 실적 〈단위 : 억원〉

항목	2016.3Q	2016.4Q	2017.1Q	2017.2Q	2017.3Q	2017.4Q
매출액	121	131	155	145	142	129
영업이익	1	19	15	19	10	11
당기순이익	-2	8	16	16	9	6

재무 상태 〈단위 : 억원〉

항목	2012	2013	2014	2015	2016	2017
총자산	662	686	954	1,003	946	986
유형자산	318	319	327	431	425	427
무형자산	2	3	5	9	8	9
유가증권	—	—	—	—	—	—
총부채	129	131	306	332	285	278
총차입금	84	77	229	243	227	198
자본금	45	45	45	45	45	45
총자본	533	554	648	671	661	707
지배주주지분	533	554	599	629	625	674

기업가치 지표

항목	2012	2013	2014	2015	2016	2017
주가(최고/저)(천원)	13.6/6.9	21.2/7.8	22.2/14.1	30.9/15.3	17.6/6.3	10.7/6.7
PER(최고/저)(배)	17.1/8.7	42.7/15.8	37.3/23.8	60.8/30.1	155.6/56.0	19.5/12.1
PBR(최고/저)(배)	2.4/1.2	3.5/1.3	3.4/2.2	4.4/2.2	2.5/0.9	1.4/0.9
EV/EBITDA(배)	7.7	23.8	18.7	17.6	11.4	7.3
EPS(원)	839	513	611	520	115	560
BPS(원)	5,981	6,220	6,719	7,123	7,162	7,715
CFPS(원)	1,028	804	945	966	633	1,035
DPS(원)	190	100	110	100	—	120
EBITDAPS(원)	1,026	852	985	1,123	757	1,084

재무 비율 〈단위 : %〉

연도	영업이익률	순이익률	부채비율	차입금비율	ROA	ROE	유보율	자기자본비율	EBITDA마진율
2017	9.6	8.2	39.3	28.1	4.8	7.7	1,443.1	71.8	17.1
2016	4.3	0.9	43.1	34.3	0.4	1.7	1,332.4	69.9	13.7
2015	10.6	7.0	49.4	36.2	4.1	7.6	1,324.6	66.9	17.6
2014	12.2	11.4	47.2	35.4	6.7	9.5	1,243.8	67.9	18.5

신풍제약 (A019170)

Shin Pooong Pharm

업 종 : 제약
신용등급 : (Bond) BBB (CP) —
홈페이지 : www.shinpoong.co.kr
본 사 : 경기도 안산시 단원구 원시로 7(목내동)

시 장 : 거래소
기업규모 : 시가총액 중형주
연 락 처 : 031)491-6191

설 립 일	1962.06.05	**종업원수**	770명	**대표이사**	유제만
상 장 일	1990.01.20	**감사의견**	적정(삼덕)	**계 열**	
결 산 기	12월	**보 통 주**		**종속회사수**	1개사
액 면 가	500원	**우 선 주**		**구 상 호**	

주주구성 (지분율,%)		출자관계 (지분율,%)		주요경쟁사 (외형,%)	
송암사	33.4	씨바이오맥스	25.1	신풍제약	100
한국투자신탁운용	3.5	신풍USA	100.0	광동제약	617
(외국인)	1.9	SPInternational	100.0	에이프로젠제약	25

매출구성		비용구성		수출비중	
기 타	79.0	매출원가율	56.7	수출	19.3
고혈압치료제 외	10.4	판관비율	38.4	내수	80.7
관절기능개선제	5.3				

회사 개요

동사는 1962년 설립되어 50년 이상 업력을 보유한 전문의약품 및 일반의약품 제조 업체임. 주요 제품으로는 관절기능개선제 하이알주, 페니실린계 항생제 크라목신 등이 있음. 상위 5개 품목이 전체 매출의 20% 미만으로 다수의 품목을 보유하고 있음. 내수 부문이 90%로 내수 의존도 높음. 2013년초부터 추진한 프랑스 LFB와의 제휴로 2014년도 3월 합작법인 에스피엘에프비 설립되었음.

실적 분석

동사의 연결기준 2017년 매출액은 전년 대비 4.7% 감소한 1,850억원을 기록함. 판관비는 감가상각비와 경상개발비 감소의 영향으로 전년 동기 대비 9.3% 감소함에 따라 동기간 영업이익은 전년 대비 -5.7% 감소한 90.3억원을 기록함. 비영업손익은 외환차손 감소로 전년에 이어 적자를 지속함. 반면 법인세비용의 감소로 동사의 2017년 당기순이익은 21.3억원을 기록하며 흑자전환함.

현금 흐름 〈단위 : 억원〉

항목	2016	2017
영업활동	24	313
투자활동	-224	25
재무활동	233	-301
순현금흐름	34	33
기말현금	161	194

시장 대비 수익률

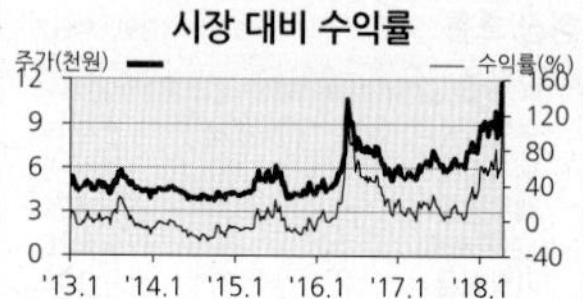

결산 실적 〈단위 : 억원〉

항목	2012	2013	2014	2015	2016	2017
매출액	2,212	2,160	2,203	1,960	1,941	1,850
영업이익	242	248	193	42	96	90
당기순이익	143	55	34	15	-186	21

분기 실적 〈단위 : 억원〉

항목	2016.3Q	2016.4Q	2017.1Q	2017.2Q	2017.3Q	2017.4Q
매출액	488	462	466	497	457	429
영업이익	21	42	32	41	27	-10
당기순이익	-4	-208	13	35	29	-56

재무 상태 〈단위 : 억원〉

항목	2012	2013	2014	2015	2016	2017
총자산	3,797	3,984	4,093	4,107	4,165	3,906
유형자산	1,616	1,617	1,599	1,522	1,443	1,382
무형자산	112	160	146	122	113	88
유가증권	1	1	4	38	7	100
총부채	1,910	2,076	2,178	2,159	1,996	1,755
총차입금	1,314	1,443	1,570	1,561	1,214	1,126
자본금	214	221	229	237	276	276
총자본	1,887	1,908	1,915	1,949	2,168	2,151
지배주주지분	1,885	1,905	1,912	1,946	2,165	2,148

기업가치 지표

항목	2012	2013	2014	2015	2016	2017
주가(최고/저)(천원)	7.1/3.0	5.9/3.9	4.7/3.7	6.6/3.9	11.6/4.3	7.8/5.2
PER(최고/저)(배)	24.0/10.3	52.2/34.4	67.7/53.5	210.4/126.6	—/—	203.4/135.6
PBR(최고/저)(배)	1.7/0.7	1.4/0.9	1.1/0.9	1.5/0.9	2.8/1.0	1.9/1.3
EV/EBITDA(배)	11.1	9.3	11.0	20.7	20.7	26.1
EPS(원)	303	115	71	31	-353	38
BPS(원)	4,684	4,570	4,430	4,349	4,136	4,105
CFPS(원)	521	385	343	294	-163	217
DPS(원)	80	60	70	—	—	—
EBITDAPS(원)	751	823	690	352	371	342

재무 비율 〈단위 : %〉

연도	영업이익률	순이익률	부채비율	차입금비율	ROA	ROE	유보율	자기자본비율	EBITDA마진율
2017	4.9	1.2	81.6	52.3	0.5	1.0	720.9	55.1	10.2
2016	4.9	-9.6	92.1	56.0	-4.5	-9.0	727.2	52.1	10.1
2015	2.2	0.8	110.8	80.1	0.4	0.8	769.9	47.4	8.5
2014	8.7	1.5	113.7	82.0	0.8	1.8	786.1	46.8	14.4

신풍제지 (A002870)

Shin Poong Paper Mfg

업 종 : 종이 및 목재
신용등급 : (Bond) — (CP) —
홈페이지 : www.shinpoongpaper.com
본 사 : 경기도 평택시 고덕면 고덕로 144-32

시 장 : 거래소
기업규모 : 시가총액 소형주
연 락 처 : 031)669-8271

설 립 일	1960.01.06	**종업원수**	173명	**대표이사**	정동원
상 장 일	1976.06.30	**감사의견**	적정(인덕)	**계 열**	
결 산 기	12월	**보 통 주**		**종속회사수**	3개사
액 면 가	500원	**우 선 주**		**구 상 호**	

주주구성 (지분율,%)		출자관계 (지분율,%)		주요경쟁사 (외형,%)	
정학헌	20.3	에스피모터스	100.0	신풍제지	100
최대승	4.9	꿈의실현1331	100.0	한솔PNS	155
(외국인)	1.0	에이트엠	50.0	세하	114

매출구성		비용구성		수출비중	
[제품]백판지	98.4	매출원가율	91.3	수출	48.6
[상품]상품 외	1.7	판관비율	10.1	내수	51.4

회사 개요

동사는 백판지의 제조 및 판매를 주사업으로 영위하고 있으며 백판지 중에서도 편면만을 표백펄프를 사용한 마닐라 판지를 주종으로 생산, 판매하고 있음. 생산되는 종이는 소비재 등의 포장을 위해 주로 사용됨. 현재 국내의 백판지 시장은 동사를 포함하여 5개 업체가 영업중이며 2017년 현재 12.2%의 시장점유율 유지 중. 동사는 에스피모터스, 꿈의실현1331, 에이트엠 등 3개 종속회사를 보유하고 있음.

실적 분석

동사의 2017년 연결기준 매출액은 전년 대비 12.2% 증가한 1,442.8억원을 기록한 반면, 매출원가는 동기간 18.2% 증가함에 따라 매출총이익은 감소하였으며, 영업이익 또한 -20.5억원을 기록하면서 적자전환되었음. 한편, 매도가능금융자산처분이익의 발생으로 비영업손익은 흑자전환되었음. 이에 따라 동사의 2017년 당기순이익은 전년 대비 31.0% 감소한 8.0억원을 기록함.

현금 흐름 〈단위 : 억원〉

항목	2016	2017
영업활동	71	6
투자활동	-25	-67
재무활동	-20	34
순현금흐름	26	-27
기말현금	41	14

시장 대비 수익률

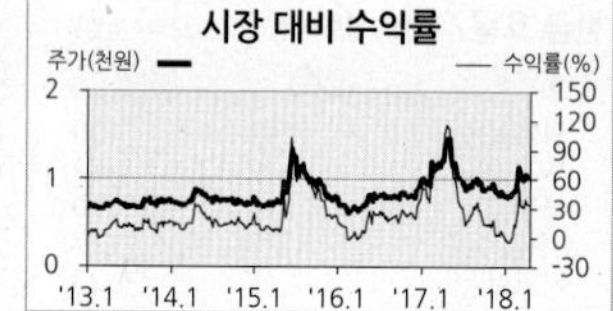

결산 실적 〈단위 : 억원〉

항목	2012	2013	2014	2015	2016	2017
매출액	1,215	1,450	1,082	1,115	1,286	1,443
영업이익	-133	-38	-198	-196	20	-21
당기순이익	-141	-82	-186	-143	12	8

분기 실적 〈단위 : 억원〉

항목	2016.3Q	2016.4Q	2017.1Q	2017.2Q	2017.3Q	2017.4Q
매출액	332	349	355	369	354	364
영업이익	19	16	-0	14	-21	-13
당기순이익	20	7	2	36	-20	-9

재무 상태 〈단위 : 억원〉

항목	2012	2013	2014	2015	2016	2017
총자산	1,831	1,964	1,735	1,457	1,468	1,535
유형자산	782	750	749	593	525	553
무형자산	—	1	1	—	—	—
유가증권	29	503	332	278	328	332
총부채	911	1,151	1,147	1,047	1,054	1,094
총차입금	434	117	110	89	70	105
자본금	175	175	175	175	175	175
총자본	920	813	588	410	413	441
지배주주지분	922	817	594	410	414	443

기업가치 지표

항목	2012	2013	2014	2015	2016	2017
주가(최고/저)(천원)	6.9/5.4	8.4/6.6	8.8/6.9	14.0/6.9	9.4/6.1	1.5/0.8
PER(최고/저)(배)	—/—	—/—	—/—	—/—	24.5/16.0	55.5/30.8
PBR(최고/저)(배)	0.3/0.2	0.4/0.3	0.5/0.4	1.0/0.5	0.7/0.4	1.0/0.5
EV/EBITDA(배)	—	—	—	—	2.1	3.6
EPS(원)	-395	-229	-527	-407	38	26
BPS(원)	28,029	25,034	19,342	14,064	14,180	1,501
CFPS(원)	-2,076	-353	-3,257	-2,004	2,429	230
DPS(원)	1,000	500	500	—	—	—
EBITDAPS(원)	-1,936	852	-3,638	-3,537	2,630	145

재무 비율 〈단위 : %〉

연도	영업이익률	순이익률	부채비율	차입금비율	ROA	ROE	유보율	자기자본비율	EBITDA마진율
2017	-1.4	0.6	248.0	23.8	0.5	2.2	200.2	28.7	3.5
2016	1.6	0.9	255.1	16.9	0.8	3.3	183.6	28.2	7.2
2015	-17.6	-12.8	255.3	21.6	-9.0	-28.4	181.3	28.1	-11.1
2014	-18.3	-17.2	195.2	18.7	-10.1	-26.1	286.8	33.9	-11.8

신한 (A005450)

SHINHAN ENG & CONST

업　　종 : 호텔 및 레저　　시　　장 : 거래소
신용등급 : (Bond) —　(CP) —　　기업규모 : 시가총액 소형주
홈페이지 : www.seco.co.kr　　연 락 처 : 02)369-0001
본　　사 : 경기도 성남시 중원구 산성대로 208 (성남동)

설 립 일	1968.02.28	**종업원수**	29명	**대표이사**	조경선
상 장 일	1978.07.28	**감사의견**	적정(이촌)	**계　열**	
결 산 기	12월	**보 통 주**		**종속회사수**	6개사
액 면 가	5,000원	**우 선 주**		**구 상 호**	

주주구성 (지분율,%)		출자관계 (지분율,%)		주요경쟁사 (외형,%)	
에스엔드케이월드코리아	53.9	광주순환도로	4.8	신한	100
동양종합금융증권	5.9	케이티파워텔	0.0	골프존뉴딘홀딩스	457
(외국인)	2.5			이월드	75

매출구성		비용구성		수출비중	
부동산임대 및 주차사업 등(기타)	100.0	매출원가율	66.0	수출	—
		판관비율	16.8	내수	—

회사 개요

동사는 1968년 2월에 설립되어 상업용/업무용/ 주거용 및 공장건물 신축공사 등을 하는 건축사업과 도로교량/철도/지하철 등의 사업을 하는 토목사업, 하수처리/상하수도/가스배관설치 등의 플랜트 사업, 해외사업부문/부동산 임대 등의 기타사업부문으로 구성되며 부동산개발 및 분양대행업/골프장/기타 민자역사 사업 등을 수행하는 종속회사를 보유하고 있음. 동사는 중견건설업체로 친환경 그린빌딩, 초고층 건물 등의 분야로 시장을 확대하고 있음.

실적 분석

동사의 2017년 연결기준 매출액은 전년대비 7배 이상 증가한 467.3억원을 기록한 반면, 동기간 판관비는 14.0% 감소함에 따라 동사의 영업이익은 80.5억원을 기록하면서 흑자전환하였음. 한편, 외화환산손실이 큰 폭으로 증가한 탓에 비영업손실규모는 동일기간동안 확대되는 모습을 보였음. 이에 따라 동사의 2017년 당기순이익은 -42.3억원으로 적자상태가 지속되었음.

현금 흐름

<단위 : 억원>

항목	2016	2017
영업활동	-84	141
투자활동	-42	1
재무활동	192	-139
순현금흐름	66	3
기말현금	72	75

시장 대비 수익률

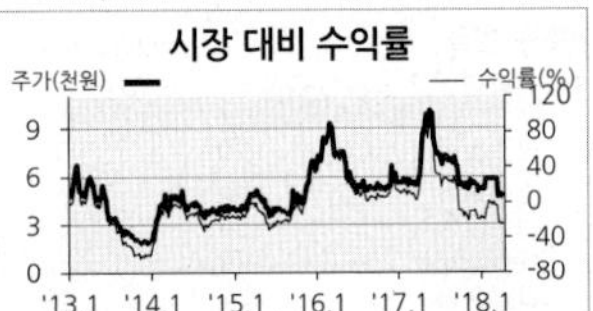

결산 실적

<단위 : 억원>

항목	2012	2013	2014	2015	2016	2017
매출액	266	201	333	76	58	467
영업이익	-82	-49	69	-19	-91	81
당기순이익	-330	-97	28	-15	-172	-42

분기 실적

<단위 : 억원>

항목	2016.3Q	2016.4Q	2017.1Q	2017.2Q	2017.3Q	2017.4Q
매출액	6	33	130	88	107	141
영업이익	-52	-23	31	14	32	3
당기순이익	-127	-15	-3	33	40	-112

재무 상태

<단위 : 억원>

항목	2012	2013	2014	2015	2016	2017
총자산	2,110	1,703	1,786	1,735	1,750	1,528
유형자산	115	105	106	107	55	1
무형자산	145	131	119	108	96	85
유가증권	135	153	151	97	91	85
총부채	1,239	989	1,034	1,044	1,229	1,048
총차입금	591	564	464	404	597	460
자본금	351	351	351	351	351	351
총자본	871	714	752	691	521	480
지배주주지분	910	753	800	741	578	539

기업가치 지표

항목	2012	2013	2014	2015	2016	2017
주가(최고/저)(천원)	7.4/4.2	6.7/1.7	5.0/2.0	7.1/3.4	9.1/4.9	11.0/4.8
PER(최고/저)(배)	—/—	—/—	11.4/4.5	—/—	—/—	—/—
PBR(최고/저)(배)	0.6/0.3	0.6/0.2	0.4/0.2	0.7/0.3	1.1/0.6	1.4/0.6
EV/EBITDA(배)	19.6	—	7.6	—	—	6.8
EPS(원)	-4,118	-1,384	442	-169	-2,344	-576
BPS(원)	13,448	10,758	11,393	10,557	8,237	7,682
CFPS(원)	-2,347	-1,067	648	28	-2,163	-411
DPS(원)	—	—	—	—	—	—
EBITDAPS(원)	605	-387	1,188	-67	-1,121	1,311

재무 비율

<단위 : %>

연도	영업이익률	순이익률	부채비율	차입금비율	ROA	ROE	유보율	자기자본비율	EBITDA마진율
2017	17.2	-9.1	218.4	95.9	-2.6	-7.2	53.6	31.4	19.7
2016	-156.6	-294.3	236.1	114.6	-9.9	-25.0	64.7	29.8	-134.8
2015	-24.5	-20.2	151.2	58.5	-0.9	-1.5	111.1	39.8	-6.2
2014	20.7	8.3	137.5	61.7	1.6	4.0	127.9	42.1	25.1

신한금융지주회사 (A055550)

Shinhan Financial Group

업　　종 : 상업은행　　시　　장 : 거래소
신용등급 : (Bond) AAA　(CP) A1　　기업규모 : 시가총액 대형주
홈페이지 : www.shinhangroup.com　　연 락 처 : 02)6360-3000
본　　사 : 서울시 중구 세종대로9길 20, 대경빌딩 16층

설 립 일	2001.09.01	**종업원수**	143명	**대표이사**	조용병
상 장 일	2001.09.10	**감사의견**	적정(삼정)	**계　열**	
결 산 기	12월	**보 통 주**		**종속회사수**	186개사
액 면 가	5,000원	**우 선 주**		**구 상 호**	

주주구성 (지분율,%)		출자관계 (지분율,%)		주요경쟁사 (외형,%)	
국민연금공단	9.6	신한은행	100.0	신한지주	100
Capital Research and Management Company(CRMC)	3.9	신한카드	100.0	KB금융	96
(외국인)	69.4	신한금융투자	100.0	하나금융지주	76

수익구성	비용구성		수출비중	
	이자비용	19.6	수출	—
	파생상품손실	3.1	내수	—
	판관비	23.8		

회사 개요

동사는 2001년 9월 신한은행, 신한증권, 신한캐피탈 및 신한비엔피파리바자산운용의 주주로부터 주식 이전의 방법으로 설립된 금융지주회사임. 각 자회사별 실적 기여도가 균형적이어서 실적 안정성도 높은 편임. 주력 계열사인 신한은행은 은행 산업 내 빅3에 포함되며, 신한카드는 카드산업 1위를 달리고 있고, 신한생명 또한 보험업계 5위권에서 안정적 실적을 내고 있음.

실적 분석

동사의 2017년 4분기 연결기준 누적 영업이익(경비차감 후 기준)은 전년 동기(4조2,738억원) 대비 6.7% 증가한 4조3,730억원을 기록함. 비이자부문 이익이 소폭 감소했으나 이자수익이 전년대비 6,376억원 늘어난 7조 8,430억원을 달성하며 선전. 대출자산 운용과 조달비용 절감 노력을 통해 그룹의 순이자마진(은행+카드)이 전년 대비 4bp 상승한 2.06%를 기록함. 당기순이익은 5.2% 증가한 2조9,177억원을 실현함.

현금 흐름

<단위 : 억원>

항목	2016	2017
영업활동	37,972	10,213
투자활동	-75,939	-107,036
재무활동	48,446	103,325
순현금흐름	10,253	6,041
기말현금	56,325	62,367

시장 대비 수익률

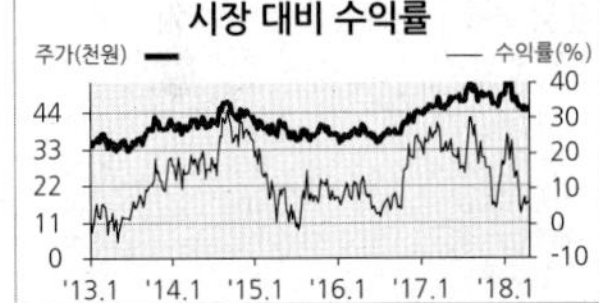

결산 실적

<단위 : 억원>

항목	2012	2013	2014	2015	2016	2017
이자수익	139,981	125,913	120,605	111,297	112,363	117,987
영업이익	31,780	26,320	26,548	29,731	31,086	38,287
당기순이익	24,919	20,553	21,996	24,460	28,249	29,481

분기 실적

<단위 : 억원>

항목	2016.3Q	2016.4Q	2017.1Q	2017.2Q	2017.3Q	2017.4Q
이자수익	28,108	28,645	28,191	28,792	29,961	31,042
영업이익	9,369	6,261	12,983	11,555	10,394	3,355
당기순이익	7,224	6,144	10,073	9,019	8,285	2,105

재무 상태

<단위 : 억원>

항목	2012	2013	2014	2015	2016	2017
총자산	3,049,392	3,112,906	3,380,218	3,705,480	3,956,803	4,263,057
유형자산	31,085	32,143	31,473	30,554	31,456	30,218
무형자산	3,651	3,912	3,282	3,949	3,535	3,568
유가증권	667,023	659,456	716,664	758,915	873,320	989,617
총부채	2,760,261	2,814,354	3,075,069	3,387,349	3,639,353	3,926,031
총차입금	583,565	576,343	603,084	629,551	696,210	789,274
자본금	26,451	26,451	26,451	26,451	26,451	26,451
총자본	289,131	298,551	305,149	318,131	317,450	337,025
지배주주지분	263,719	275,382	291,841	308,397	311,097	328,191

기업가치 지표

항목	2012	2013	2014	2015	2016	2017
주가(최고/저)(천원)	40.8/28.9	43.0/31.8	47.8/37.6	42.7/35.7	44.9/34.0	53.8/43.5
PER(최고/저)(배)	9.9/7.0	12.4/9.2	12.5/9.8	9.6/8.0	8.2/6.2	9.0/7.3
PBR(최고/저)(배)	0.9/0.6	0.9/0.6	0.9/0.7	0.7/0.6	0.7/0.6	0.8/0.7
PSR(최고/저)(배)	2/1	2/1	2/2	2/2	2/2	2/2
EPS(원)	4,756	3,912	4,288	4,878	5,810	6,153
BPS(원)	54,341	56,745	60,136	63,548	65,605	69,210
CFPS(원)	5,369	4,571	4,933	5,452	6,355	6,687
DPS(원)	700	650	950	1,200	1,450	1,450
EBITDAPS(원)	6,510	5,423	5,470	6,126	6,509	8,074

재무 비율

<단위 : %>

연도	계속사업이익률	순이익률	부채비율	차입금비율	ROA	ROE	유보율	자기자본비율	총자산증가율
2017	32.2	25.0	1,164.9	234.2	0.7	9.1	1,140.8	7.9	7.7
2016	28.2	25.1	1,146.4	219.3	0.7	9.0	1,076.2	8.0	6.8
2015	28.2	22.0	1,064.8	197.9	0.7	7.9	1,065.9	8.6	9.6
2014	23.8	18.2	1,007.7	197.6	0.7	7.3	1,003.4	9.0	8.6

신화실업 (A001770)

Shin Hwa Sil Up

업 종 : 금속 및 광물　　시 장 : 거래소
신용등급 : (Bond) —　(CP) —　　기업규모 : 시가총액 소형주
홈페이지 : www.shinhwatp.co.kr　　연 락 처 : 031)499-9922
본 사 : 경기도 안산시 단원구 번영2로 31 (성곡동, 시화공단4다706)

설 립 일	1956.06.01	**종 업 원 수**	82명	**대 표 이 사**	신종호
상 장 일	1988.11.23	**감 사 의 견**	적정(삼덕)	**계 열**	
결 산 기	12월	**보 통 주**		**종속회사수**	
액 면 가	5,000원	**우 선 주**		**구 상 호**	

주주구성 (지분율,%)		출자관계 (지분율,%)		주요경쟁사 (외형,%)	
신정국	18.7			신화실업	100
신종호	8.0			세종머티리얼즈	81
				파버나인	173

매출구성		비용구성		수출비중	
주석도금	99.2	매출원가율	89.1	수출	16.9
임가공등	0.5	판관비율	13.9	내수	83.1
B.P COIL	0.3				

회사 개요

동사는 1956년에 설립되어 초창기엔 아연도금강판을 생산하다가 1970년대부터 주석도금강판을 주로 생산해왔음. 주석도금강판은 음식이나 음료 등을 담는 캔의 주원료임. 국내에서 주석도금강판을 생산하는 업체는 동사를 비롯해 TCC동양과 동부제철 등 3사뿐임. 주석도금강판은 알루미늄, 유리, 플라스틱 등 다른 재료에 비해 열전도율이 낮고 냉장성, 보관성 등이 뛰어나 시장이 확대되고 있음.

실적 분석

동사는 2017년 연결기준 매출액이 612.8억원으로 전년동기 대비 12.7% 감소함, 매출원가는 15.8% 절감하였으나 대손상각비 증가로 인한 판매관리비가 79.6% 상승함으로써 영업손실이 18억원으로 적자 전환함. 동사의 국내 매출액은 509억원으로 비교적 양호한 실적을 기록하였으나, 해외관련 매출액이 지난해 대비 훨씬 못 미친 103억원에 불과하여 수출 부진이 성장의 발목을 잡고 있는 형국임.

현금 흐름 *IFRS 별도 기준 〈단위 : 억원〉

항목	2016	2017
영업활동	44	19
투자활동	3	-5
재무활동	-36	-8
순현금흐름	11	6
기말현금	55	61

시장 대비 수익률

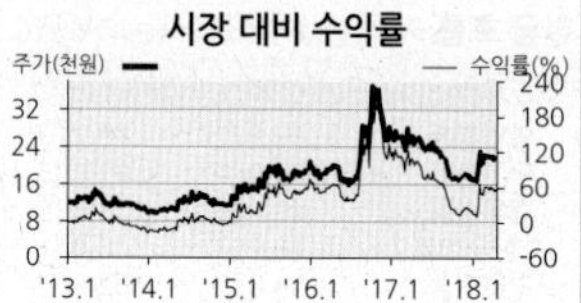

결산 실적 〈단위 : 억원〉

항목	2012	2013	2014	2015	2016	2017
매출액	931	771	620	572	702	613
영업이익	35	-8	15	26	6	-18
당기순이익	6	-20	5	19	6	-21

분기 실적 *IFRS 별도 기준 〈단위 : 억원〉

항목	2016.3Q	2016.4Q	2017.1Q	2017.2Q	2017.3Q	2017.4Q
매출액	169	183	158	110	160	184
영업이익	7	20	4	7	13	-43
당기순이익	1	21	-2	7	10	-37

재무 상태 *IFRS 별도 기준 〈단위 : 억원〉

항목	2012	2013	2014	2015	2016	2017
총자산	933	814	744	696	701	702
유형자산	181	171	162	155	150	151
무형자산	8	8	8	8	8	8
유가증권	7	4	0	1	1	1
총부채	533	437	365	302	308	334
총차입금	378	332	270	222	190	185
자본금	61	61	61	61	61	61
총자본	401	377	378	394	393	368
지배주주지분	401	377	378	394	393	368

기업가치 지표 *IFRS 별도 기준

항목	2012	2013	2014	2015	2016	2017
주가(최고/저)(천원)	13.3/10.2	14.9/10.0	14.3/9.6	20.7/11.4	41.4/15.9	28.4/16.6
PER(최고/저)(배)	30.7/23.6	—/—	36.2/24.3	13.2/7.4	88.5/34.0	—/—
PBR(최고/저)(배)	0.4/0.3	0.5/0.3	0.5/0.3	0.7/0.4	1.3/0.5	0.9/0.6
EV/EBITDA(배)	9.2	207.0	15.5	12.2	38.9	—
EPS(원)	473	-1,645	416	1,590	474	-1,711
BPS(원)	32,976	31,045	31,128	32,445	32,387	30,320
CFPS(원)	1,323	-809	1,219	2,303	928	-1,215
DPS(원)	300	150	200	350	250	100
EBITDAPS(원)	3,708	162	2,016	2,880	952	-991

재무 비율 〈단위 : %〉

연도	영업이익률	순이익률	부채비율	차입금비율	ROA	ROE	유보율	자기자본비율	EBITDA마진율
2017	-3.0	-3.4	90.7	50.2	-3.0	-5.5	506.4	52.4	-2.0
2016	0.9	0.8	78.3	48.3	0.8	1.5	547.7	56.1	1.7
2015	4.6	3.4	76.5	56.2	2.7	5.0	548.9	56.7	6.1
2014	2.4	0.8	96.6	71.4	0.7	1.3	522.6	50.9	4.0

신화인터텍 (A056700)

SHINWHA INTERTEK CORP

업 종 : 디스플레이 및 관련부품　　시 장 : KOSDAQ
신용등급 : (Bond) —　(CP) —　　기업규모 : 중견
홈페이지 : www.shinwha.com　　연 락 처 : 041)590-3300
본 사 : 충남 천안시 동남구 병천면 매봉로 308

설 립 일	1988.05.27	**종 업 원 수**	378명	**대 표 이 사**	윤승철
상 장 일	2001.11.28	**감 사 의 견**	적정(한영)	**계 열**	
결 산 기	12월	**보 통 주**		**종속회사수**	4개사
액 면 가	500원	**우 선 주**		**구 상 호**	

주주구성 (지분율,%)		출자관계 (지분율,%)		주요경쟁사 (외형,%)	
효성	15.3	동산	10.0	신화인터텍	100
신화인터텍우리사주조합	3.1	캠브리오스	2.3	에스엔유	66
(외국인)	9.0	SHINWHAINTERTEK(SUZHOU)	100.0	일진디스플	142

매출구성		비용구성		수출비중	
광학필름	91.8	매출원가율	87.5	수출	53.2
OLED Tape	8.2	판관비율	11.2	내수	46.8

회사 개요

동사는 TFT-LCD에 적용되는 광학필름(반사, 확산, 보호, 프리즘필름 등)을 제조 및 판매하고 있으며 주요사업부문은 광학필름사업부문이며 기타사업부문으로는 ENG사업부문이 있음. 2005년 2월 삼성전자 LCD 7세대 라인에 제품을 공급하기 시작, 급속한 시장 점유율 확대를 통해 지금은 삼성전자를 비롯하여 대만의 LCD 패널 생산기업인 AUO, CMI, Hannstar 등 국내외 다수의 LCD 패널 업체와 거래하고 있음.

실적 분석

동사의 2017년 누적 매출액은 1,765.7억원으로 전년 대비 18.1% 감소함. 영업이익은 22.5억원으로 68.6% 감소. 16년까지 주요 고객사의 중저가 스마트폰향으로만 블랙 차광 Tape를 공급했었으나, 17년부터는 플래그십 모델까지 적용 모델을 확대시키며 경쟁력을 강화시켜 나갈 것. 중국 패널업체들의 Capa 확대가 본격화되는 18년부터는 제품 및 고객사 다변화가 함께 이루어질 것으로 예상됨.

현금 흐름 〈단위 : 억원〉

항목	2016	2017
영업활동	190	68
투자활동	-88	-78
재무활동	-50	-32
순현금흐름	53	-42
기말현금	141	99

시장 대비 수익률

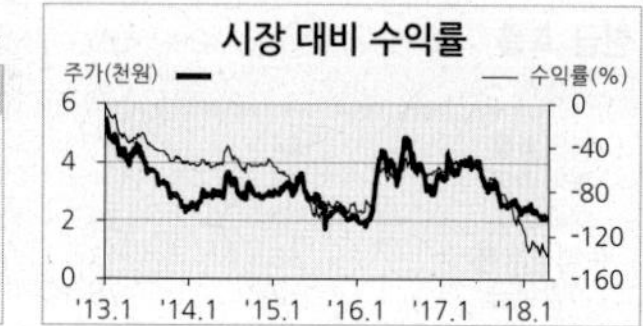

결산 실적 〈단위 : 억원〉

항목	2012	2013	2014	2015	2016	2017
매출액	2,838	2,343	2,077	1,902	2,155	1,766
영업이익	135	102	38	53	71	22
당기순이익	-120	21	78	-40	39	-24

분기 실적 〈단위 : 억원〉

항목	2016.3Q	2016.4Q	2017.1Q	2017.2Q	2017.3Q	2017.4Q
매출액	620	525	427	416	506	417
영업이익	26	7	11	4	7	0
당기순이익	14	2	1	-12	4	-17

재무 상태 〈단위 : 억원〉

항목	2012	2013	2014	2015	2016	2017
총자산	2,584	2,199	2,289	2,038	2,063	1,960
유형자산	1,183	1,180	1,352	1,224	1,209	1,156
무형자산	47	50	68	54	43	38
유가증권	47	5	4	4	4	2
총부채	1,865	1,438	1,445	1,100	1,086	1,031
총차입금	1,463	1,002	972	705	662	639
자본금	113	121	122	146	146	146
총자본	719	761	844	938	976	928
지배주주지분	719	761	844	938	976	928

기업가치 지표

항목	2012	2013	2014	2015	2016	2017
주가(최고/저)(천원)	6.8/3.3	5.7/2.3	3.7/2.4	4.0/1.6	5.1/1.8	4.3/2.2
PER(최고/저)(배)	—/—	69.1/27.7	11.9/7.6	—/—	39.2/14.0	—/—
PBR(최고/저)(배)	2.2/1.0	1.8/0.7	1.1/0.7	1.3/0.5	1.5/0.6	1.4/0.7
EV/EBITDA(배)	9.4	7.3	11.9	7.8	8.6	9.1
EPS(원)	-549	86	322	-146	134	-82
BPS(원)	3,275	3,238	3,555	3,288	3,420	3,255
CFPS(원)	-41	506	711	242	515	301
DPS(원)	—	—	—	—	50	—
EBITDAPS(원)	1,121	843	547	579	627	460

재무 비율 〈단위 : %〉

연도	영업이익률	순이익률	부채비율	차입금비율	ROA	ROE	유보율	자기자본비율	EBITDA마진율
2017	1.3	-1.4	111.1	68.8	-1.2	-2.5	551.0	47.4	7.6
2016	3.3	1.8	111.3	67.8	1.9	4.1	584.0	47.3	8.5
2015	2.8	-2.1	117.2	75.2	-1.9	-4.5	557.7	46.0	8.4
2014	1.9	3.8	171.3	115.3	3.5	9.7	610.9	36.9	6.4

신화콘텍 (A187270)
Shin Hwa Contech

업　　종 : 휴대폰 및 관련부품　　시　　장 : KOSDAQ
신용등급 : (Bond) —　(CP) —　　기업규모 : 벤처
홈페이지 : www.sh-ct.co.kr　　연 락 처 : 031)432-1527
본　　사 : 경기도 안양시 만안구 일직로94번길 3 (석수동)

설 립 일	2002.10.23	종업원수	63명	대표이사	이정진
상 장 일	2014.08.08	감사의견	적정(길인)	계　열	
결 산 기	12월	보 통 주		종속회사수	3개사
액 면 가	500원	우 선 주		구　상　호	

주주구성 (지분율,%)		출자관계 (지분율,%)		주요경쟁사 (외형,%)	
이정진	30.3	신화오토시스	100.0	신화콘텍	100
강병인	3.9			피델릭스	110
(외국인)	1.8			알에프세미	112

매출구성		비용구성		수출비중	
정보통신	74.4	매출원가율	69.0	수출	58.5
디스플레이&가전제품	23.7	판관비율	13.2	내수	41.5
HDD	2.0				

회사 개요

2002년 설립한 커넥터 제조업체로서 2006년에 신화콘텍으로 상호를 변경하였고 2014년에 베트남에 법인을 설립하였음. 제품별 매출은 2013년 기준으로 모바일용이 63%, 디스플레이 및 가전이 24%, HDD가 13% 정도를 차지하고 있음. 특히 모바일용 커넥터는 국내 우주일렉트로닉스, 제이엔티스, 해외 진출기업인 히로세코리아, 한국몰렉스가 경쟁 중임. 주요 고객은 삼성전자와 LG전자, Seagate 등이 있음.

실적 분석

동사의 2017년 연간 매출액은 전년동기대비 57.2% 상승한 553.5억원을 기록하였음. 커넥터는 현대 생활의 필수적인 제품인 휴대폰, 컴퓨터, 백색가전 등의 회로 구현에 사용되는 핵심부품으로 IT업종에서 중요하게 쓰이기 때문에 관련 업종의 성장이 매출에 영향을 줌. 디스플레이 및 스마트폰 시장 성장에 따라 매출이 크게 증가한 것으로 보이며 최종적으로 전년동기대비 당기순이익은 크게 상승하여 61.6억원을 기록함.

현금 흐름 〈단위 : 억원〉

항목	2016	2017
영업활동	58	93
투자활동	-140	-108
재무활동	103	111
순현금흐름	22	91
기말현금	66	157

시장 대비 수익률

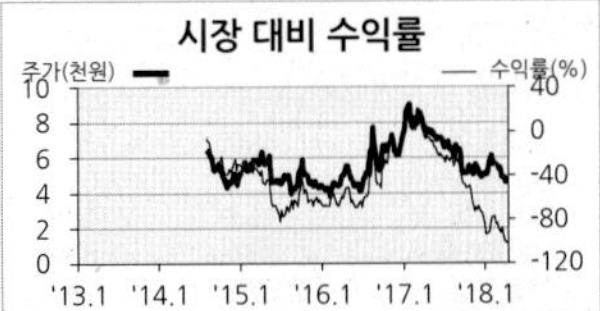

결산 실적 〈단위 : 억원〉

항목	2012	2013	2014	2015	2016	2017
매출액	319	538	535	341	352	553
영업이익	39	86	87	-10	9	99
당기순이익	23	65	69	-6	4	62

분기 실적 〈단위 : 억원〉

항목	2016.3Q	2016.4Q	2017.1Q	2017.2Q	2017.3Q	2017.4Q
매출액	149	67	165	141	135	112
영업이익	34	-5	40	36	27	-4
당기순이익	26	-2	28	29	15	-11

재무 상태 〈단위 : 억원〉

항목	2012	2013	2014	2015	2016	2017
총자산	217	357	534	597	712	895
유형자산	86	131	251	305	361	414
무형자산	2	1	3	9	14	12
유가증권	—	—	—	58	21	15
총부채	147	210	169	240	328	369
총차입금	77	107	100	192	279	318
자본금	12	27	37	37	40	50
총자본	70	146	365	358	384	526
지배주주지분	70	146	365	358	384	526

기업가치 지표

항목	2012	2013	2014	2015	2016	2017
주가(최고/저)(천원)	—/—	—/—	6.5/4.2	6.6/3.9	7.9/3.8	9.0/4.9
PER(최고/저)(배)	0.0/0.0	0.0/0.0	7.0/4.6	—/—	176.0/84.0	13.6/7.4
PBR(최고/저)(배)	0.0/0.0	0.0/0.0	1.5/1.0	1.6/0.9	1.8/0.8	1.7/0.9
EV/EBITDA(배)	1.3	0.5	3.2	12.4	13.5	4.3
EPS(원)	417	1,162	935	-68	45	668
BPS(원)	26,639	2,299	4,537	4,443	4,766	5,389
CFPS(원)	13,803	1,626	1,467	505	703	1,282
DPS(원)	—	—	50	—	—	30
EBITDAPS(원)	19,667	2,018	1,717	446	765	1,686

재무 비율 〈단위 : %〉

연도	영업이익률	순이익률	부채비율	차입금비율	ROA	ROE	유보율	자기자본비율	EBITDA마진율
2017	17.9	11.1	70.0	60.4	7.7	13.5	977.8	58.8	28.1
2016	2.5	1.1	85.5	72.7	0.6	1.0	853.2	53.9	17.5
2015	-3.1	-1.7	67.0	53.7	-1.0	-1.6	857.4	59.9	10.5
2014	16.3	13.0	46.2	27.5	15.6	27.1	877.8	68.4	22.7

신흥 (A004080)
Shinhung

업　　종 : 의료 장비 및 서비스　　시　　장 : 거래소
신용등급 : (Bond) —　(CP) —　　기업규모 : 시가총액 소형주
홈페이지 : www.shinhung.co.kr　　연 락 처 : 02)6366-2000
본　　사 : 서울시 중구 청파로 450 (중림동) 신흥빌딩 8층

설 립 일	1964.11.13	종업원수	309명	대표이사	이용익
상 장 일	1991.02.08	감사의견	적정(삼일)	계　열	
결 산 기	12월	보 통 주		종속회사수	3개사
액 면 가	500원	우 선 주		구　상　호	

주주구성 (지분율,%)		출자관계 (지분율,%)		주요경쟁사 (외형,%)	
이용익	21.1	신흥캐피탈	100.0	신흥	100
이영규	13.1	신흥엠에스티	84.0	오스템임플란트	328
(외국인)	0.1			디오	78

매출구성		비용구성		수출비중	
상품	60.2	매출원가율	74.1	수출	6.6
치과 진료대	19.7	판관비율	22.6	내수	93.4
치과용 합금	13.1				

회사 개요

동사는 1964년 설립된 치과용 기자재 제조 및 도소매 업체임. 주요 제품으로는 치과용 합금, 치과용 진료대, X선 촬영기, 공기압축기 등이 있으며 치과에서 사용하는 소모성 재료 등도 판매 중임. 동시장은 치과업계의 보수성과 시장규모 협소로 인해 진입장벽이 높은 편임. 동사의 제품별 매출비중은 치과용소모성재료인 상품 59.9%, 치과진료대 18.4% 및 기타로 구성되며 가동률은 94.9% 수준임.

실적 분석

동사의 2017년 연결기준 연간 매출액은 1,211.5억원으로 전년 대비 2.6% 감소함. 고정비의 감소에도 불구하고 영업이익은 40.3억원으로 전년대비 4.7% 감소함. 반면 유형자산 처분이익 및 차입금 감소로 금융원가 감소로 비영업부문이 흑자전환됨에 따라 당기순이익은 31.8억원으로 큰 폭으로 증가함. 동사는 신개념 치과 유니트체어 출시와 치과 귀금속 시장 신규 진출을 통하여 사업 구조의 다각화를 꾀하고 있음.

현금 흐름 〈단위 : 억원〉

항목	2016	2017
영업활동	74	27
투자활동	2	8
재무활동	-75	-35
순현금흐름	1	-0
기말현금	2	2

시장 대비 수익률

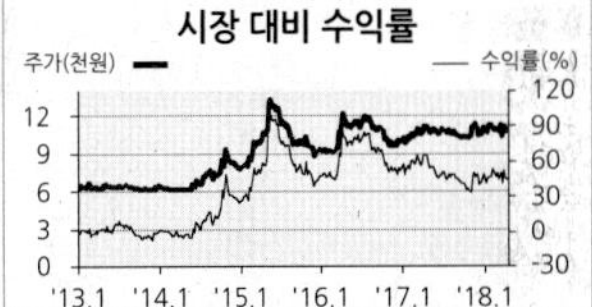

결산 실적 〈단위 : 억원〉

항목	2012	2013	2014	2015	2016	2017
매출액	1,530	1,236	1,242	1,254	1,244	1,211
영업이익	14	27	61	65	42	40
당기순이익	10	13	67	29	11	32

분기 실적 〈단위 : 억원〉

항목	2016.3Q	2016.4Q	2017.1Q	2017.2Q	2017.3Q	2017.4Q
매출액	294	328	289	300	302	321
영업이익	11	9	7	15	6	13
당기순이익	3	-1	5	22	2	3

재무 상태 〈단위 : 억원〉

항목	2012	2013	2014	2015	2016	2017
총자산	1,410	1,293	1,234	1,370	1,315	1,313
유형자산	399	350	337	493	468	454
무형자산	29	24	25	22	14	24
유가증권	41	9	9	10	7	11
총부채	637	514	405	521	468	449
총차입금	334	281	171	307	238	213
자본금	67	67	67	67	67	67
총자본	773	779	829	848	847	864
지배주주지분	765	774	827	847	846	864

기업가치 지표

항목	2012	2013	2014	2015	2016	2017
주가(최고/저)(천원)	8.2/6.2	6.7/6.1	9.4/6.1	13.3/7.8	12.7/8.9	11.4/9.8
PER(최고/저)(배)	90.0/66.8	51.4/46.2	14.2/9.5	45.7/26.9	109.7/76.8	35.0/30.3
PBR(최고/저)(배)	1.2/0.9	0.9/0.8	1.2/0.8	1.6/0.9	1.5/1.0	1.3/1.1
EV/EBITDA(배)	18.7	14.6	10.7	13.0	17.2	17.9
EPS(원)	104	145	702	308	120	330
BPS(원)	8,071	8,159	8,699	8,903	8,891	9,068
CFPS(원)	518	523	1,024	608	412	641
DPS(원)	200	200	200	200	200	200
EBITDAPS(원)	555	661	955	979	732	731

재무 비율 〈단위 : %〉

연도	영업이익률	순이익률	부채비율	차입금비율	ROA	ROE	유보율	자기자본비율	EBITDA마진율
2017	3.3	2.6	52.0	24.7	2.4	3.7	1,192.9	65.8	5.8
2016	3.4	0.9	55.3	28.1	0.8	1.4	1,167.7	64.4	5.7
2015	5.2	2.3	61.5	36.2	2.2	3.5	1,169.4	61.9	7.5
2014	4.9	5.4	48.8	20.6	5.3	8.4	1,140.3	67.2	7.4

신흥에스이씨 (A243840)
SHIN HEUNG ENERGY & ELECTRONICS CO

업 종 : 전자 장비 및 기기
신용등급 : (Bond) — (CP) —
홈페이지 : www.shsec.co.kr
본 사 : 경기도 오산시 양산로 48

시 장 : KOSDAQ
기업규모 : 벤처
연 락 처 : 031)378-8141

설 립 일	2009.08.13	**종업원수**	677명	**대표이사**	황만용,김기린
상 장 일	2017.09.27	**감사의견**	적정(삼일)	**계 열**	
결 산 기	12월	**보 통 주**		**종속회사수**	
액 면 가	2,500원	**우 선 주**		**구 상 호**	

주주구성 (지분율,%)		출자관계 (지분율,%)		주요경쟁사 (외형,%)	
김기린	18.8	JC몰드	10.0	신흥에스이씨	100
최화봉	13.0			상신이디피	75
(외국인)	3.1			대주전자재료	70

매출구성		비용구성		수출비중	
중대형 각형 Cap Assy	68.8	매출원가율	83.9	수출	29.0
소형 원형 N-CID	19.5	판관비율	8.6	내수	71.0
중대형 각형 CAN	7.9				

회사 개요

동사는 1979년 5월에 설립되어 리튬이온전지 부품제조업, 자동화기계 제작업 등을 영위하고 있으며, 2017년 3분기 현재 4개의 해외 비상장 계열회사를 보유 중임. 2016년 기준으로 소형제품의 경우 원형 1위, 각형 1위, 중대형제품 각형 1위, 캔 2위 등 모든 제품 영역에서 시장 점유율이 상위권에 위치함. 2017년 기준 매출액은 중대형 각형(68.4%), 소형 원형(21.8%), 중대형 각형(6.4%) 등으로 구성.

실적 분석

동사의 2017년 연결기준 매출액은 전년 대비 33.0% 증가한 1,331.4억원을 기록. 영업이익 또한 전년 대비 39.9% 증가한 99.5억원을 기록함. 한편, 외화환산손실 및 유형자산손상차손으로 비영업손실 규모는 전년 대비 확대되었음. 이에 따라 동사의 2017년 당기순이익은 전년 대비 28.4% 증가한 57.5억원을 기록함.

현금 흐름 〈단위 : 억원〉

항목	2016	2017
영업활동	187	78
투자활동	-218	-278
재무활동	99	363
순현금흐름	68	159
기말현금	96	255

시장 대비 수익률

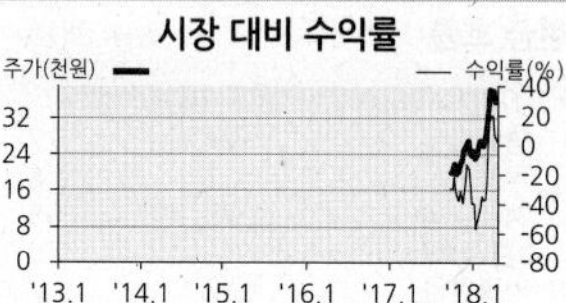

결산 실적 〈단위 : 억원〉

항목	2012	2013	2014	2015	2016	2017
매출액	417	662	777	767	1,001	1,331
영업이익	18	65	55	20	71	99
당기순이익	14	58	47	13	45	58

분기 실적 〈단위 : 억원〉

항목	2016.3Q	2016.4Q	2017.1Q	2017.2Q	2017.3Q	2017.4Q
매출액	237	—	—	—	358	—
영업이익	19	—	—	—	33	—
당기순이익	20	—	—	—	28	—

재무 상태 〈단위 : 억원〉

항목	2012	2013	2014	2015	2016	2017
총자산	408	486	644	799	996	1,509
유형자산	285	301	451	512	679	865
무형자산	3	3	3	2	20	19
유가증권	—	1	1	1	1	1
총부채	158	178	246	389	537	812
총차입금	96	83	153	225	335	481
자본금	130	130	130	130	130	164
총자본	250	308	398	410	459	698
지배주주지분	250	308	398	410	459	698

기업가치 지표

항목	2012	2013	2014	2015	2016	2017
주가(최고/저)(천원)	#VALUE!	—/—	—/—	—/—	—/—	—/—
PER(최고/저)(배)	0.0/0.0	0.0/0.0	0.0/0.0	0.0/0.0	0.0/0.0	27.0/19.3
PBR(최고/저)(배)	0.0/0.0	0.0/0.0	0.0/0.0	0.0/0.0	0.0/0.0	2.6/1.8
EV/EBITDA(배)	1.0	0.2	0.9	3.0	1.8	10.1
EPS(원)	264	1,120	907	241	860	1,002
BPS(원)	960	1,184	1,530	1,574	8,810	10,647
CFPS(원)	245	441	360	223	2,069	2,314
DPS(원)	—	—	—	—	—	100
EBITDAPS(원)	261	467	388	251	2,574	3,045

재무 비율 〈단위 : %〉

연도	영업이익률	순이익률	부채비율	차입금비율	ROA	ROE	유보율	자기자본비율	EBITDA마진율
2017	7.5	4.3	116.3	69.0	4.6	9.9	325.9	46.2	13.1
2016	7.1	4.5	117.1	73.0	5.0	10.3	252.4	46.1	13.4
2015	2.6	1.6	94.9	55.0	1.7	3.1	214.8	51.3	8.5
2014	7.0	6.1	61.7	38.3	—	—	206.0	61.9	13.0

실리콘웍스 (A108320)
Silicon Works

업 종 : 디스플레이 및 관련부품
신용등급 : (Bond) — (CP) —
홈페이지 : www.siliconworks.co.kr
본 사 : 대전시 유성구 테크노2로 222(탑립동)

시 장 : KOSDAQ
기업규모 : 우량
연 락 처 : 042)712-7700

설 립 일	1999.11.11	**종업원수**	813명	**대표이사**	손보익
상 장 일	2010.06.08	**감사의견**	적정(삼정)	**계 열**	
결 산 기	12월	**보 통 주**		**종속회사수**	2개사
액 면 가	500원	**우 선 주**		**구 상 호**	

주주구성 (지분율,%)		출자관계 (지분율,%)		주요경쟁사 (외형,%)	
엘지	33.1	대덕벤처드림타운	20.0	실리콘웍스	100
Bluerun Ventures IV, L.L.C	4.2	대덕인베스트먼트	8.9	LG디스플레이	4,012
(외국인)	39.0	SiliconWorksChina	100.0	에스에프에이	277

매출구성		비용구성		수출비중	
System IC(제품)	100.0	매출원가율	78.0	수출	95.7
		판관비율	15.4	내수	4.3

회사 개요

동사는 다이오드, 트랜지스터 및 유사 반도체소자 제조업에 속해 있으며, 구체적으로는 평판 디스플레이용 시스템 반도체 부품 제조업을 영위하고 있음. 2002년 D-IC를 개발하여 시장 진입에 성공, 2008년 디스플레이용핵심반도체를 Total Solution으로 국내외 대형패널업체에 공급하고 있음. 동사의 주요 전방시장은 현재 주요 디스플레이로 자리잡고 있는 LCD 패널시장이며, 해당 시장은 한국 및 대만의 주요사업자들이 시장을 과점하고 있음.

실적 분석

동사의 2017년 연간 매출액은 전년동기대비 13.6% 상승한 6,927.6억원을 기록하였음. 비용면에서 전년동기대비 매출원가는 증가했으며 인건비도 증가, 광고선전비도 증가, 기타판매비와관리비는 크게 감소함. 이처럼 매출액 상승과 더불어 비용절감에도 힘을 기울였음. 매출액은 성장했지만 원가 증가로 인해 전년동기대비 영업이익은 455.2억원으로 10.1% 하락 하였음. 최종적으로 전년동기대비 당기순이익은 하락하여 470.6억원을 기록함.

현금 흐름 〈단위 : 억원〉

항목	2016	2017
영업활동	490	325
투자활동	6	-2,059
재무활동	-163	-146
순현금흐름	334	-1,882
기말현금	2,629	747

시장 대비 수익률

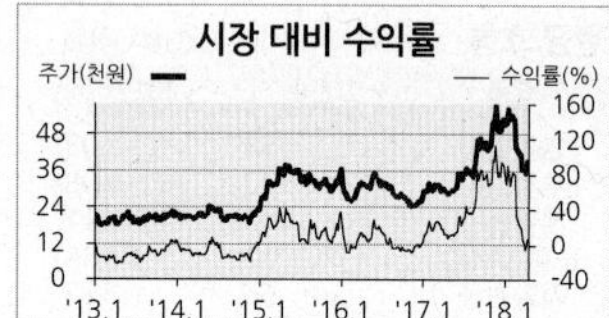

결산 실적 〈단위 : 억원〉

항목	2012	2013	2014	2015	2016	2017
매출액	4,726	4,098	3,907	5,358	6,100	6,928
영업이익	436	341	357	559	506	455
당기순이익	411	320	322	485	507	471

분기 실적 〈단위 : 억원〉

항목	2016.3Q	2016.4Q	2017.1Q	2017.2Q	2017.3Q	2017.4Q
매출액	1,431	1,571	1,583	1,542	1,805	1,997
영업이익	70	177	54	65	153	183
당기순이익	80	161	55	47	128	240

재무 상태 〈단위 : 억원〉

항목	2012	2013	2014	2015	2016	2017
총자산	3,362	3,449	3,764	4,630	4,860	5,443
유형자산	136	159	150	150	153	152
무형자산	75	59	73	231	171	177
유가증권	62	65	60	55	33	34
총부채	804	710	776	1,154	1,053	1,321
총차입금	—	—	—	—	—	—
자본금	81	81	81	81	81	81
총자본	2,558	2,739	2,988	3,476	3,807	4,122
지배주주지분	2,558	2,739	2,988	3,476	3,807	4,122

기업가치 지표

항목	2012	2013	2014	2015	2016	2017
주가(최고/저)(천원)	31.4/18.2	22.7/17.3	24.8/18.7	38.5/23.2	35.8/23.9	58.0/28.1
PER(최고/저)(배)	14.4/8.3	13.0/9.9	13.8/10.4	13.9/8.4	12.0/8.0	20.3/9.8
PBR(최고/저)(배)	2.2/1.3	1.5/1.1	1.5/1.1	1.9/1.2	1.6/1.1	2.3/1.1
EV/EBITDA(배)	4.2	5.6	4.7	5.7	3.1	11.5
EPS(원)	2,529	1,970	1,979	2,979	3,116	2,894
BPS(원)	16,253	17,444	18,773	21,371	23,406	25,345
CFPS(원)	2,697	2,228	2,299	3,861	3,704	3,227
DPS(원)	650	600	600	1,000	900	700
EBITDAPS(원)	2,846	2,356	2,514	4,318	3,701	3,132

재무 비율 〈단위 : %〉

연도	영업이익률	순이익률	부채비율	차입금비율	ROA	ROE	유보율	자기자본비율	EBITDA마진율
2017	6.6	6.8	32.0	0.0	9.1	11.9	4,969.1	75.7	7.4
2016	8.3	8.3	27.7	0.0	10.7	13.9	4,581.2	78.3	9.9
2015	10.4	9.0	33.2	0.0	11.5	15.0	4,174.1	75.1	13.1
2014	9.1	8.2	26.0	0.0	8.9	11.2	3,654.6	79.4	10.5

심텍 (A222800)

SIMMTECH

업　　종 : 전자 장비 및 기기
신용등급 : (Bond) —　　(CP) —
홈페이지 : www.simmtech.co.kr
본　　사 : 충북 청주시 흥덕구 산단로 73
시　　장 : KOSDAQ
기업규모 : 우량
연 락 처 : 043)269-9000

설 립 일	2015.07.01	**종 업 원 수**	2,362명	**대 표 이 사**	최시돈
상 장 일	2015.08.07	**감 사 의 견**	적정(삼일)	**계　　열**	
결 산 기	12월	**보 통 주**		**종속회사수**	2개사
액 면 가	500원	**우 선 주**		**구 상 호**	

주주구성 (지분율,%)		출자관계 (지분율,%)		주요경쟁사 (외형,%)	
심텍홀딩스	41.5	SimmtechHongKongHoldings	99.0	심텍	100
이민주	1.8	STJHoldings	95.1	엘앤에프	50
(외국인)	8.0			비츠로셀	3

매출구성		비용구성		수출비중	
Package Substrate	62.7	매출원가율	87.5	수출	93.1
Module PCB	35.9	판관비율	8.3	내수	6.9
Burn-in-Board	1.3				

회사 개요

동사는 2015년 7월 1일을 분할기일로 하여 심텍홀딩스로부터 PCB 제조사업을 인적분할 하여 설립됨. 1987년 설립된 반도체 및 통신 기기용 PCB를 전문 생산업체로 주요 제품은 크게 메모리 모듈용 PCB와 반도체 패키지에 필수적인 Package Substrate, Burn-In Board, Build-up Board로 구분됨. 글로벌 Big4 메모리칩 메이커 및 Big5 패키징 전문 기업을 고객사로 확보하여 안정적인 성장을 지속중임.

실적 분석

동사의 2017년 연결기준 누적 매출액은 물량 증가 및 주력제품 비중 확대에 힘입어 전년동기 대비 2.5% 증가한 8,115.7억원을 기록함. 이러한 매출성장에도 불구하고, 당기 평균환율이 전기 대비 3% 하락한 것이 주요한 원인으로 작용하여 영업이익은 전년동기 대비 15.9% 감소한 338.1억원을 시현함. 당기 순이익은 현금흐름을 수반하지 않는 지분법 평가손실로 인하여 전년동기 대비 45.1% 감소한 161.0억원을 기록함.

현금 흐름

〈단위 : 억원〉

항목	2016	2017
영업활동	395	1,330
투자활동	-415	-609
재무활동	4	-614
순현금흐름	-17	107
기말현금	15	122

시장 대비 수익률

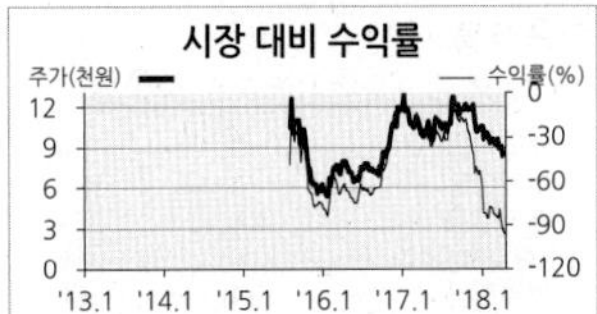

결산 실적

〈단위 : 억원〉

항목	2012	2013	2014	2015	2016	2017
매출액	—	—	—	3,955	7,920	8,116
영업이익	—	—	—	195	402	338
당기순이익	—	—	—	104	293	161

분기 실적

〈단위 : 억원〉

항목	2016.3Q	2016.4Q	2017.1Q	2017.2Q	2017.3Q	2017.4Q
매출액	2,025	2,049	1,909	1,994	2,163	2,049
영업이익	115	164	53	79	116	89
당기순이익	145	92	25	59	41	35

재무 상태

〈단위 : 억원〉

항목	2012	2013	2014	2015	2016	2017
총자산	—	—	—	5,483	6,012	7,282
유형자산	—	—	—	3,535	3,437	4,594
무형자산	—	—	—	284	285	331
유가증권	—	—	—	—	—	2
총부채	—	—	—	3,935	4,220	5,134
총차입금	—	—	—	1,781	1,837	1,878
자본금	—	—	—	110	112	122
총자본	—	—	—	1,549	1,792	2,147
지배주주지분	—	—	—	1,546	1,788	2,090

기업가치 지표

항목	2012	2013	2014	2015	2016	2017
주가(최고/저)(천원)	#VALUE!	—/—	—/—	—/—	—/—	—/—
PER(최고/저)(배)	0.0/0.0	0.0/0.0	0.0/0.0	25.4/10.7	9.5/4.2	19.5/13.7
PBR(최고/저)(배)	0.0/0.0	0.0/0.0	0.0/0.0	1.9/0.8	1.6/0.7	1.6/1.1
EV/EBITDA(배)	0.0	0.0	0.0	7.8	5.4	5.3
EPS(원)	—	—	—	538	1,326	696
BPS(원)	—	—	—	7,050	8,011	8,590
CFPS(원)	—	—	—	1,652	3,302	2,669
DPS(원)	—	—	—	260	200	265
EBITDAPS(원)	—	—	—	2,120	3,806	3,452

재무 비율

〈단위 : %〉

연도	영업이익률	순이익률	부채비율	차입금비율	ROA	ROE	유보율	자기자본비율	EBITDA마진율
2017	4.2	2.0	239.1	87.5	2.4	8.2	1,618.0	29.5	9.7
2016	5.1	3.7	235.5	102.5	5.1	17.5	1,502.2	29.8	10.6
2015	4.9	2.6	254.0	115.0	0.0	0.0	1,310.1	28.3	10.4
2014	0.0	0.0	0.0	0.0	0.0	0.0	0.0	0.0	0.0

심텍홀딩스 (A036710)

SIMMTECH HOLDINGS

업　　종 : 전자 장비 및 기기
신용등급 : (Bond) —　　(CP) —
홈페이지 : www.simmtechholdings.com
본　　사 : 충북 청주시 흥덕구 산단로73
시　　장 : KOSDAQ
기업규모 : 우량
연 락 처 : 043)909-8000

설 립 일	1987.08.24	**종 업 원 수**	11명	**대 표 이 사**	박광준
상 장 일	1999.12.24	**감 사 의 견**	적정(삼일)	**계　　열**	
결 산 기	12월	**보 통 주**		**종속회사수**	7개사
액 면 가	500원	**우 선 주**		**구 상 호**	심텍

주주구성 (지분율,%)		출자관계 (지분율,%)		주요경쟁사 (외형,%)	
전세호	55.7	심텍	100.0	심텍홀딩스	100
신한비엔피파리바자산운용	2.5	성진사	100.0	옵트론텍	19
(외국인)	3.9	시니어파트너즈	100.0	에스씨디	18

매출구성		비용구성		수출비중	
PCB제조 판매 및 임가공	99.5	매출원가율	88.1	수출	—
배당	0.3	판관비율	8.5	내수	—
임대수익외	0.1				

회사 개요

2015년 7월 사업부문을 인적분할하고, 다른 회사의 주식을 소유함으로써 그 회사를 지배하는 것을 목적으로 하는 지주회사로 전환하여 사명을 심텍홀딩스로 변경함. 현재 반도체 및 통신기기용 PCB 전문 생산업체인 심텍(지분율 42.3%)을 포함하여 총 12개사를 연결대상 종속회사로 두고 있음. 영업수익은 자회사 등으로부터 배당수익, 상표권 사용수익, Shared Service수익, 임대수익 등으로 구성되어 있음.

실적 분석

모듈 PCB(HDI부문)보다는 패키지기판(SPS부문) 위주로, 그 중에서도 주력 제품인 서버, SSD, 모바일향 제품들이 성장하여 2017년 매출액은 전년 대비 소폭 증가하였으나, 인건비와 지급수수료 등 판관비 증가로 영업이익은 12.4% 감소함. 빅데이터 수요에 기댄 SSD와 서버 모듈의 성장, SIP 애플리케이션 확대, 중국에 판매하는 FC-CSP가 심텍의 성장 동력으로 판단됨. 관계사에 대한 지분법평가손실로 인해 순이익은 크게 감소함.

현금 흐름

〈단위 : 억원〉

항목	2016	2017
영업활동	368	1,296
투자활동	-427	-610
재무활동	33	-595
순현금흐름	-25	89
기말현금	41	130

시장 대비 수익률

결산 실적

〈단위 : 억원〉

항목	2012	2013	2014	2015	2016	2017
매출액	6,314	5,263	167	1,561	7,900	8,124
영업이익	467	-334	-28	23	313	274
당기순이익	197	-276	17	1,249	208	98

분기 실적

〈단위 : 억원〉

항목	2016.3Q	2016.4Q	2017.1Q	2017.2Q	2017.3Q	2017.4Q
매출액	2,021	2,040	1,912	1,990	2,167	2,056
영업이익	98	135	35	69	99	71
당기순이익	136	53	6	54	22	16

재무 상태

〈단위 : 억원〉

항목	2012	2013	2014	2015	2016	2017
총자산	5,040	5,665	6,154	5,864	6,289	7,541
유형자산	2,483	3,630	3,836	3,523	3,342	4,505
무형자산	53	345	369	691	628	652
유가증권	8	8	2	2	2	4
총부채	2,952	3,946	4,324	3,960	4,218	5,243
총차입금	1,785	2,317	2,355	1,781	1,837	1,978
자본금	161	161	167	174	174	195
총자본	2,087	1,719	1,830	1,904	2,072	2,298
지배주주지분	2,083	1,711	1,820	1,074	1,128	1,276

기업가치 지표

항목	2012	2013	2014	2015	2016	2017
주가(최고/저)(천원)	7.1/4.4	5.0/2.9	4.9/2.6	5.5/2.1	3.4/2.1	4.0/2.3
PER(최고/저)(배)	11.5/7.1	—/—	104.0/54.5	1.2/0.5	17.9/11.3	94.6/53.7
PBR(최고/저)(배)	1.1/0.7	1.0/0.5	0.9/0.5	1.8/0.7	1.1/0.7	1.2/0.7
EV/EBITDA(배)	5.7	116.9	14.0	9.4	5.0	4.7
EPS(원)	634	-858	48	4,561	190	42
BPS(원)	6,510	5,348	5,442	3,081	3,235	3,272
CFPS(원)	1,708	296	1,412	5,819	1,532	1,468
DPS(원)	200	—	—	—	—	20
EBITDAPS(원)	2,581	116	1,277	1,342	2,239	2,199

재무 비율

〈단위 : %〉

연도	영업이익률	순이익률	부채비율	차입금비율	ROA	ROE	유보율	자기자본비율	EBITDA마진율
2017	3.4	1.2	228.2	86.1	1.4	1.3	554.5	30.5	9.6
2016	4.0	2.6	203.6	88.7	3.4	6.0	547.1	32.9	9.9
2015	1.5	80.0	208.1	93.6	20.8	85.4	516.1	32.5	23.3
2014	-17.0	10.2	236.3	128.7	0.3	0.9	988.4	29.7	248.0

심팩메탈 (A090730)
SIMPAC METAL

업 종 : 금속 및 광물
시 장 : KOSDAQ
신용등급 : (Bond) — (CP) —
기업규모 : 중견
홈페이지 : www.simpacmetal.com
연 락 처 : 054)271-8700
본 사 : 경북 포항시 남구 괴동로 153

설 립 일	1959.09.28	**종업원수**	196명	**대 표 이 사**	최진식,송효석
상 장 일	2008.10.17	**감사의견**	적정(안진)	**계 열**	
결 산 기	12월	**보 통 주**		**종속회사수**	
액 면 가	500원	**우 선 주**		**구 상 호**	SIMPAC METALLOY

주주구성 (지분율,%)		출자관계 (지분율,%)		주요경쟁사 (외형,%)	
심팩홀딩스	55.4			SIMPAC Metal	100
최진식	5.0			대양금속	75
(외국인)	7.4			원일특강	102

매출구성		비용구성		수출비중	
망간합금철 등(제품)	53.9	매출원가율	87.4	수출	23.7
망간합금철 등(상품)	36.8	판관비율	3.9	내수	76.3
Roll(제품)	8.7				

회사 개요

동사는 1959년 설립된 합금철, 고분자 화학물질(롤) 제조 업체임. 주요 제품인 합금철은 망간계 합금철로 철강 제련과정에서 용탕의 탈산 혹은 탈류 등 불순물을 제거하거나 철 이외의 성분원소 첨가를 목적으로 사용됨. 롤은 제지, 제철 및 섬유, 인쇄산업에 공급되어 각 산업별로 우수한 제품을 생산하기 위한 공정과정에서 제품의 이송, 탈수, 세척, 코팅등의 역할을 담당하는 기계설비의 핵심부품임.

실적 분석

동사의 2017년 연간 매출액과 영업이익은 2,292.5억원, 201.4억원으로 전년대비 각각 66.7%, 243.1% 증가함. 합금철 제품 판매량 증가 및 판매단가 상승함. 비영업부문이 적자전환됨에도 불구하고 당기순이익은 165.5억원으로 전년대비 144.4% 증가함. 동사는 경영 합리화를 위해 계열사인 SIMPAC과 합병을 결정함. 합병이 완료되면 SIMPAC은 존속회사로 남고 SIMPAC Metal은 소멸됨.

현금 흐름 *IFRS 별도 기준 〈단위 : 억원〉

항목	2016	2017
영업활동	133	82
투자활동	-153	-36
재무활동	-97	-112
순현금흐름	-115	-70
기말현금	424	354

시장 대비 수익률

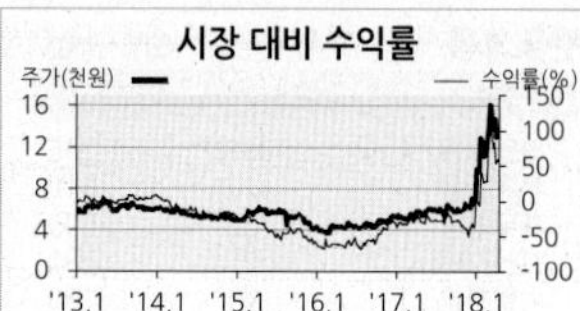

결산 실적 〈단위 : 억원〉

항목	2012	2013	2014	2015	2016	2017
매출액	1,899	1,731	1,661	1,385	1,375	2,292
영업이익	155	106	57	-5	59	201
당기순이익	127	76	42	-27	68	166

분기 실적 *IFRS 별도 기준 〈단위 : 억원〉

항목	2016.3Q	2016.4Q	2017.1Q	2017.2Q	2017.3Q	2017.4Q
매출액	322	358	523	613	563	592
영업이익	-3	39	49	42	66	44
당기순이익	-4	45	37	29	56	44

재무 상태 *IFRS 별도 기준 〈단위 : 억원〉

항목	2012	2013	2014	2015	2016	2017
총자산	2,109	2,235	2,167	2,542	2,533	2,629
유형자산	280	284	280	1,043	972	934
무형자산	5	6	5	74	70	68
유가증권	482	528	114	6	6	7
총부채	401	464	360	798	736	696
총차입금	252	294	250	680	598	521
자본금	65	65	65	65	65	65
총자본	1,708	1,771	1,806	1,745	1,798	1,933
지배주주지분	1,708	1,771	1,806	1,745	1,798	1,933

기업가치 지표 *IFRS 별도 기준

항목	2012	2013	2014	2015	2016	2017
주가(최고/저)(천원)	8.4/4.7	6.9/5.4	6.2/5.0	6.2/4.1	5.6/3.6	7.1/5.0
PER(최고/저)(배)	9.7/5.4	13.5/10.6	13.9/11.0	—/—	11.3/7.2	5.7/4.1
PBR(최고/저)(배)	0.7/0.4	0.5/0.4	0.5/0.4	0.5/0.3	0.4/0.3	0.5/0.3
EV/EBITDA(배)	4.5	8.3	7.4	9.1	5.0	3.2
EPS(원)	959	555	483	-210	521	1,273
BPS(원)	13,335	13,811	14,087	13,698	14,171	15,350
CFPS(원)	1,092	694	619	409	1,131	1,869
DPS(원)	100	80	80	50	100	200
EBITDAPS(원)	1,052	632	543	580	1,061	2,145

재무 비율 〈단위 : %〉

연도	영업 이익률	순 이익률	부채 비율	차입금 비율	ROA	ROE	유보율	자기자본 비율	EBITDA 마진율
2017	8.8	7.2	36.0	26.9	6.4	8.9	2,969.9	73.5	12.2
2016	4.3	4.9	40.9	33.3	2.7	3.8	2,734.2	71.0	10.0
2015	-0.4	-2.0	45.7	39.0	-1.0	-1.6	2,639.6	68.6	5.5
2014	3.4	2.5	50.7	43.6	1.5	2.3	2,697.3	66.4	8.9

싸이맥스 (A160980)
CYMECHS

업 종 : 반도체 및 관련장비
시 장 : KOSDAQ
신용등급 : (Bond) — (CP) —
기업규모 : 중견
홈페이지 : www.cymechs.com
연 락 처 : 031)371-8600
본 사 : 경기도 화성시 동탄면 동탄산단2길 47

설 립 일	2005.12.02	**종업원수**	150명	**대 표 이 사**	정구용,엄주용
상 장 일	2015.06.17	**감사의견**	적정(신한)	**계 열**	
결 산 기	12월	**보 통 주**		**종속회사수**	1개사
액 면 가	500원	**우 선 주**		**구 상 호**	

주주구성 (지분율,%)		출자관계 (지분율,%)		주요경쟁사 (외형,%)	
인지컨트롤스	15.2	스카이크로스	79.6	싸이맥스	100
정구용	14.5	신도이앤씨	46.3	매커스	53
(외국인)	3.7	인지에이엠티	41.7	엑시콘	41

매출구성		비용구성		수출비중	
반도체장비(제품)	73.6	매출원가율	79.8	수출	—
서비스매출(용역)	24.4	판관비율	5.7	내수	—
상품매출(상품)	1.6				

회사 개요

동사는 2005년 12월 2일 설립되었으며, 반도체 웨이퍼 이송용 장비를 제조하고 있음. 동사의 목적 사업은 반도체 및 에프피디(FPD) 관련장비 제조 판매, 소프트웨어 개발 판매, 산업용 및 써비스로봇 제조 판매, 의료용 로봇 제조 판매업이며, 현재 인지컨트롤스 기업집단에 속해 있음. 계열회사 수는 총 36개사로 국내법인 15개사와 해외현지법인 21개사로 구성되있음. 동사의 반도체 관련 매출액이 전체 매출액의 90% 이상을 차지하고 있음.

실적 분석

동사의 2017년 매출액은 전년 대비 124.2% 상승한 1,641억원을 달성함. 제품매출액은 전년대비 141.5% 증가하였고, 상품 및 서비스매출액은 각각 449.9% 및 50.9%가 증가함. 전방산업인 반도체업체의 신규투자발생으로 인하여 제품매출이 전년대비 증가하였고, 반도체 생산공정의 미세공정전환 및 설비보전 투자 등으로 인해 서비스매출은 큰 폭으로 상승함. 영업이익은 237.6억원, 당기순이익 175.7억원으로 전년 대비 증가함.

현금 흐름 〈단위 : 억원〉

항목	2016	2017
영업활동	-9	78
투자활동	1	-345
재무활동	14	289
순현금흐름	6	66
기말현금	34	100

시장 대비 수익률

결산 실적 〈단위 : 억원〉

항목	2012	2013	2014	2015	2016	2017
매출액	346	496	547	554	732	1,641
영업이익	26	50	58	40	74	238
당기순이익	24	51	60	16	63	176

분기 실적 〈단위 : 억원〉

항목	2016.3Q	2016.4Q	2017.1Q	2017.2Q	2017.3Q	2017.4Q
매출액	185	369	374	416	447	404
영업이익	21	46	54	63	67	54
당기순이익	16	40	43	51	51	30

재무 상태 〈단위 : 억원〉

항목	2012	2013	2014	2015	2016	2017
총자산	217	364	393	712	906	1,479
유형자산	9	7	6	176	313	440
무형자산	21	21	17	12	8	45
유가증권	—	—	—	112	82	236
총부채	68	157	130	200	352	461
총차입금	30	—	—	128	160	225
자본금	19	19	19	27	27	53
총자본	150	207	263	512	554	1,018
지배주주지분	150	207	263	512	554	983

기업가치 지표

항목	2012	2013	2014	2015	2016	2017
주가(최고/저)(천원)	—/—	—/—	—/—	8.5/5.6	11.0/5.6	18.2/9.4
PER(최고/저)(배)	0.0/0.0	0.0/0.0	0.0/0.0	39.5/26.2	14.5/7.4	9.0/4.6
PBR(최고/저)(배)	0.0/0.0	0.0/0.0	0.0/0.0	1.3/0.9	1.6/0.8	2.0/1.0
EV/EBITDA(배)	—	—	—	8.2	11.3	7.1
EPS(원)	432	910	1,075	225	782	2,060
BPS(원)	4,026	5,564	7,095	10,012	10,955	9,500
CFPS(원)	768	1,514	1,817	493	1,384	2,317
DPS(원)	—	—	—	200	250	250
EBITDAPS(원)	818	1,502	1,775	1,010	1,571	3,026

재무 비율 〈단위 : %〉

연도	영업 이익률	순 이익률	부채 비율	차입금 비율	ROA	ROE	유보율	자기자본 비율	EBITDA 마진율
2017	14.5	10.7	45.2	22.1	14.7	23.0	1,800.0	68.9	15.8
2016	10.1	8.7	63.5	28.9	7.9	11.9	2,091.0	61.2	11.6
2015	7.2	2.8	39.0	24.9	2.8	4.1	1,902.5	72.0	8.5
2014	10.7	11.0	49.4	0.0	15.9	25.5	1,318.9	67.0	12.1

쌍방울 (A102280)
SBW

업 종 : 섬유 및 의복
신용등급 : (Bond) BB (CP) —
홈페이지 : www.sbw.co.kr
본 사 : 서울시 중구 퇴계로 390
시 장 : 거래소
기업규모 : 시가총액 소형주
연 락 처 : 02)3485-6000

설 립 일	2008.05.02	**종업원수**	292명	**대표이사**	방용철
상 장 일	2008.06.10	**감사의견**	적정(대주)	**계 열**	
결 산 기	12월	**보 통 주**		**종속회사수**	7개사
액 면 가	500원	**우 선 주**		**구 상 호**	

주주구성 (지분율,%)		출자관계 (지분율,%)		주요경쟁사 (외형,%)	
광림	18.0	그릿에이	100.0	쌍방울	100
김영모	0.2			한세예스24홀딩스	2,246
(외국인)	3.8	길림트라이	100.0	LF	1,461

매출구성		비용구성		수출비중	
언더웨어 외(매출)	79.6	매출원가율	77.6	수출	17.5
언더웨어 외(수출)	20.4	판관비율	42.1	내수	82.5

회사 개요

동사는 1963년 설립된 쌍녕섬유공업주식회사를 모태로 함. 1977년 쌍방울로 상호를 변경하고 2006년 트라이 브랜즈로 사명을 바꿈. 2008년 티이씨앤코로부터 인적분할 방식으로 설립됨. 동사 주요 사업은 메리야스류 제조업임. 보유 부동산을 통하여 임대사업도 영위함. 길림트라이방직유한공사, 훈춘트라이침직유한공사, 훈춘쌍방울침직유한공사 등을 연결대상 종속회사로 보유하고 있음.

실적 분석

2017년 연결기준 동사 매출액은 1,096.4억원을 기록함. 전년도 매출액인 1,137.7억원에 비해 3.6% 감소한 금액임. 매출이 줄어들고 매출원가는 2.2%, 판매비와 관리비는 1.3% 증가함. 이에 전년도 150.9억원의 손실을 기록한 영업이익이 216.1억원의 손실을 기록하며 적자폭이 커짐. 다만 비영업부문이 흑자로 전환하며 당기순손실은 전년도 163억원에서 2017년 1,433.8억원으로 흑자전환함.

현금 흐름 <단위 : 억원>

항목	2016	2017
영업활동	-98	27
투자활동	-128	-386
재무활동	-20	102
순현금흐름	-247	-257
기말현금	348	91

시장 대비 수익률

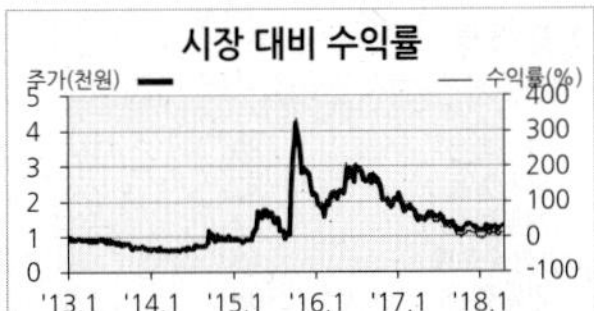

결산 실적 <단위 : 억원>

항목	2012	2013	2014	2015	2016	2017
매출액	1,587	1,362	1,389	1,426	1,138	1,096
영업이익	53	-2	3	10	-151	-216
당기순이익	34	-19	-12	-5	-163	1,434

분기 실적 <단위 : 억원>

항목	2016.3Q	2016.4Q	2017.1Q	2017.2Q	2017.3Q	2017.4Q
매출액	294	203	297	316	283	201
영업이익	-5	-105	-4	-10	-42	-160
당기순이익	-20	-107	-19	-8	-41	1,502

재무 상태 <단위 : 억원>

항목	2012	2013	2014	2015	2016	2017
총자산	1,209	1,338	1,387	2,174	2,233	6,240
유형자산	342	329	330	323	310	236
무형자산	26	32	31	30	31	31
유가증권	0	0	0	236	351	317
총부채	446	590	619	405	490	3,220
총차입금	284	443	466	297	270	2,560
자본금	416	416	438	646	646	646
총자본	764	747	767	1,769	1,743	3,019
지배주주지분	764	747	767	1,769	1,738	3,019

기업가치 지표

항목	2012	2013	2014	2015	2016	2017
주가(최고/저)(천원)	1.5/0.8	1.0/0.6	1.2/0.6	4.9/0.8	3.4/1.6	2.2/1.1
PER(최고/저)(배)	38.6/21.2	—/—	—/—	—/—	—/—	2.0/1.0
PBR(최고/저)(배)	1.7/1.0	1.2/0.8	1.4/0.7	3.6/0.6	2.5/1.2	1.0/0.5
EV/EBITDA(배)	12.9	35.9	38.2	57.2	—	—
EPS(원)	38	-21	-14	-5	-125	1,111
BPS(원)	919	899	876	1,370	1,346	2,338
CFPS(원)	83	10	20	24	-103	1,137
DPS(원)	—	—	—	—	—	—
EBITDAPS(원)	105	30	38	39	-94	-141

재무 비율 <단위 : %>

연도	영업이익률	순이익률	부채비율	차입금비율	ROA	ROE	유보율	자기자본비율	EBITDA마진율
2017	-19.7	130.8	106.7	84.8	33.9	60.3	367.7	48.4	-16.6
2016	-13.3	-14.3	28.1	15.5	-7.4	-9.2	169.3	78.1	-10.7
2015	0.7	-0.4	22.9	16.8	-0.3	-0.4	174.0	81.4	2.8
2014	0.2	-0.9	80.7	60.8	-0.9	-1.7	75.2	55.3	2.3

쌍용양회공업 (A003410)
Ssangyong Cement Industrial

업 종 : 건축소재
신용등급 : (Bond) A- (CP) A2-
홈페이지 : www.ssangyongcement.co.kr
본 사 : 서울시 중구 수표로 34 씨티센터타워 7~9층
시 장 : 거래소
기업규모 : 시가총액 중형주
연 락 처 : 02)2270-5114

설 립 일	1962.05.14	**종업원수**	1,261명	**대표이사**	홍사승,이현준각자대표집행임원
상 장 일	1975.05.03	**감사의견**	적정(삼정)	**계 열**	
결 산 기	12월	**보 통 주**		**종속회사수**	5개사
액 면 가	5,000원	**우 선 주**		**구 상 호**	

주주구성 (지분율,%)		출자관계 (지분율,%)		주요경쟁사 (외형,%)	
한앤코시멘트홀딩스	77.7	대한시멘트	100.0	쌍용양회	100
국민연금공단	5.0	쌍용레미콘	100.0	동양	32
(외국인)	4.1	한국기초소재	100.0	한일시멘트	104

매출구성		비용구성		수출비중	
시멘트,슬래그시멘트,슬래그파우더	42.9	매출원가율	73.9	수출	5.5
석유	20.2	판관비율	9.5	내수	94.5
레미콘	17.7				

회사 개요

국내 1위 시멘트 업체로 2017년말 기준 M/S는 약 23% 내외 수준이며, 이는 지난해 대비 소폭 상승한 수준임. 지배회사의 최대주주는 한앤코시멘트홀딩스(유)(최대주주 변동일 2016년 4월 15일, 한앤코10호 유한회사에서 2016.11.10일자로 사명 변경)이며, 보유지분은 77.44%임. 2017년 6월 23일 슬래그시멘트 업체인 대한시멘트(자회사 대한슬래그 포함)의 지분 100%를 인수하는 계약을 체결하고 당해 8월 최종 종결함.

실적 분석

동사의 2017년 결산 매출액은 주력사업인 시멘트부문의 매출 증가로 전년동기 대비 6.1% 증가한 1조 5,171억원을 기록함. 반면, 외형확대 및 인건비 및 경상개발비 등 판관비 증가 억제 노력에도 불구하고, 원가율 상승 영향으로 수익성 소폭 하락하며 전년동기 대비 2.7% 감소한 2,510억원의 영업이익 시현함. 지배회사인 쌍용양회의 주 원재료인 석회석과 석고의 가격이 비교적 큰 폭으로 상승하였음.

현금 흐름 <단위 : 억원>

항목	2016	2017
영업활동	1,967	2,983
투자활동	-743	-2,230
재무활동	511	47
순현금흐름	1,734	800
기말현금	2,066	2,866

시장 대비 수익률

결산 실적 <단위 : 억원>

항목	2012	2013	2014	2015	2016	2017
매출액	19,910	20,607	20,207	19,864	14,303	15,171
영업이익	1,436	1,381	1,623	2,142	2,578	2,509
당기순이익	396	441	1,030	771	1,751	3,012

분기 실적 <단위 : 억원>

항목	2016.3Q	2016.4Q	2017.1Q	2017.2Q	2017.3Q	2017.4Q
매출액	3,318	3,227	4,452	3,951	3,659	3,109
영업이익	683	656	518	752	556	683
당기순이익	521	325	550	854	248	1,361

재무 상태 <단위 : 억원>

항목	2012	2013	2014	2015	2016	2017
총자산	31,635	30,743	30,033	29,345	32,162	35,012
유형자산	22,765	23,002	22,715	22,168	21,081	22,046
무형자산	934	904	863	869	825	3,540
유가증권	238	183	100	54	92	17
총부채	20,111	18,783	17,200	15,862	14,022	14,801
총차입금	13,705	13,104	11,646	9,473	7,210	8,892
자본금	4,015	4,015	4,015	4,015	4,656	5,054
총자본	11,524	11,960	12,834	13,483	18,140	20,211
지배주주지분	10,951	11,355	12,266	12,926	16,889	19,604

기업가치 지표

항목	2012	2013	2014	2015	2016	2017
주가(최고/저)(천원)	5.4/3.5	7.8/4.7	11.6/6.4	22.9/12.3	19.1/12.3	20.2/11.6
PER(최고/저)(배)	14.3/9.3	17.1/10.2	9.7/5.4	26.2/14.1	10.4/6.7	6.7/3.9
PBR(최고/저)(배)	0.4/0.3	0.6/0.4	0.8/0.5	1.6/0.8	1.2/0.7	1.1/0.6
EV/EBITDA(배)	8.3	8.6	8.2	7.1	5.4	7.1
EPS(원)	413	498	1,300	949	2,002	3,066
BPS(원)	13,637	14,140	15,276	16,097	18,137	19,395
CFPS(원)	1,488	1,590	2,423	2,144	3,157	4,103
DPS(원)	—	—	—	—	160	1,070
EBITDAPS(원)	2,860	2,807	3,133	3,855	4,142	3,584

재무 비율 <단위 : %>

연도	영업이익률	순이익률	부채비율	차입금비율	ROA	ROE	유보율	자기자본비율	EBITDA마진율
2017	16.5	19.9	73.2	44.0	9.0	16.6	287.9	57.7	23.3
2016	18.0	12.2	77.3	39.7	5.7	11.6	262.7	56.4	25.0
2015	10.8	3.9	117.7	70.3	2.6	6.1	222.0	46.0	15.6
2014	8.0	5.1	134.0	90.8	3.4	8.9	205.5	42.7	12.5

쌍용자동차 (A003620)

Ssangyong Motor

업 종 : 자동차　　시 장 : 거래소
신용등급 : (Bond) — (CP) —　　기업규모 : 시가총액 중형주
홈페이지 : www.smotor.com　　연 락 처 : 031)610-1114
본 사 : 경기도 평택시 동삭로 455-12(칠괴동)

설 립 일	1962.12.06	**종 업 원 수**	4,919명	**대 표 이 사**	최종식
상 장 일	1975.05.29	**감 사 의 견**	적정(삼정)	**계 열**	
결 산 기	12월	**보 통 주**		**종속회사수**	2개사
액 면 가	5,000원	**우 선 주**		**구 상 호**	

주주구성 (지분율,%)		출자관계 (지분율,%)		주요경쟁사 (외형,%)	
Mahindra & Mahindra Limited	72.5	에스와이오토캐피탈	51.0	쌍용차	100
Shanghai Automotive Co., Ltd.	1.3	기협기술금융	1.7	현대차	2,758
(외국인)	77.2	쌍용기차유한공사	100.0	기아차	1,532

매출구성		비용구성		수출비중	
완성차	88.4	매출원가율	85.2	수출	21.8
기타 부품 등	11.6	판관비율	16.6	내수	78.2

회사 개요

동사는 1962년 12월에 설립되어 각종 자동차 및 동부품을 제조,판매하는 회사로 경기도에 위치한 평택공장(본사)에서 체어맨W, G4 렉스턴, 렉스턴W, 뉴코란도C, 코란도 스포츠, 코란도 투리스모, 티볼리, 티볼리 에어를 생산하고 있으며, 창원공장에서는 상기 차량의 가솔린 및 디젤 엔진 등을 생산 중임. 동사의 내수 시장 점유율은 2017년 6.8%로 기록하며 최근 3년간 꾸준히 상승하고 있음.

실적 분석

동사의 2017년 연결기준 매출액은 전년 대비 3.7% 감소한 3조 4,946.4억원을 기록한 반면, 동기간 매출원가는 1.9% 감소에 그침에 따라 매출총이익은 전년 대비 12.8% 감소한 5,160.8억원을 기록함. 또한 경상개발비 중심으로 판관비가 증가하여 영업이익은 적자전환하였으며, 금융손익 중심으로 비영업손실까지 더해지면서 동사의 2017년 당기순손실은 658.2억원을 기록하며 적자전환하였음.

현금 흐름

<단위 : 억원>

항목	2016	2017
영업활동	2,444	2,044
투자활동	-2,107	-2,775
재무활동	70	502
순현금흐름	405	-230
기말현금	2,384	2,154

시장 대비 수익률

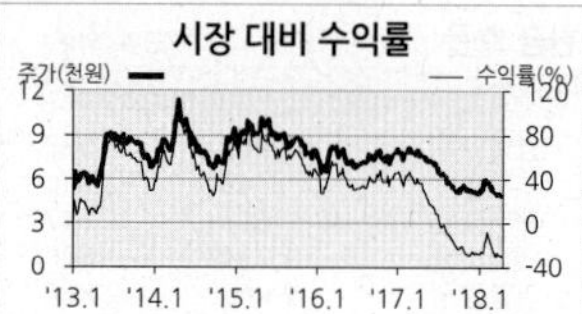

결산 실적

<단위 : 억원>

항목	2012	2013	2014	2015	2016	2017
매출액	28,741	34,849	33,266	33,901	36,285	34,946
영업이익	-981	-89	-769	-358	280	-653
당기순이익	-1,059	-24	-509	-619	581	-658

분기 실적

<단위 : 억원>

항목	2016.3Q	2016.4Q	2017.1Q	2017.2Q	2017.3Q	2017.4Q
매출액	8,508	10,006	7,887	9,031	9,007	9,022
영업이익	-73	80	-155	-66	-174	-257
당기순이익	183	194	-139	-40	-177	-302

재무 상태

<단위 : 억원>

항목	2012	2013	2014	2015	2016	2017
총자산	18,505	21,176	19,684	20,392	21,634	22,480
유형자산	10,514	10,842	11,737	11,878	11,990	12,397
무형자산	566	895	1,509	1,869	2,343	3,033
유가증권	6	6	6	6	6	6
총부채	10,498	12,334	11,910	13,221	13,507	14,729
총차입금	1,254	1,470	1,395	1,907	2,003	2,343
자본금	6,134	6,861	6,861	6,861	6,861	6,897
총자본	8,007	8,842	7,774	7,171	8,127	7,752
지배주주지분	8,007	8,842	7,774	7,171	8,127	7,752

기업가치 지표

항목	2012	2013	2014	2015	2016	2017
주가(최고/저)(천원)	9.0/5.0	9.4/5.2	11.8/6.5	10.8/7.4	8.4/6.2	8.2/5.0
PER(최고/저)(배)	—/—	—/—	—/—	—/—	19.8/14.7	—/—
PBR(최고/저)(배)	1.4/0.8	1.5/0.8	2.1/1.2	2.1/1.4	1.4/1.1	1.5/0.9
EV/EBITDA(배)	13.8	5.9	42.9	9.2	5.7	6.4
EPS(원)	-866	-18	-371	-451	423	-478
BPS(원)	6,527	6,444	5,674	5,226	5,923	5,619
CFPS(원)	264	1,071	403	645	1,559	821
DPS(원)	—	—	—	—	—	—
EBITDAPS(원)	327	1,022	213	835	1,340	825

재무 비율

<단위 : %>

연도	영업이익률	순이익률	부채비율	차입금비율	ROA	ROE	유보율	자기자본비율	EBITDA마진율
2017	-1.9	-1.9	190.0	30.2	-3.0	-8.3	12.4	34.5	3.3
2016	0.8	1.6	166.2	24.6	2.8	7.6	18.5	37.6	5.1
2015	-1.1	-1.8	184.4	26.6	-3.1	-8.3	4.5	35.2	3.4
2014	-2.3	-1.5	153.2	18.0	-2.5	-6.1	13.5	39.5	0.9

*관리종목

쌍용정보통신 (A010280)

SsangYong Information & Communications

업 종 : IT 서비스　　시 장 : KOSDAQ
신용등급 : (Bond) — (CP) —　　기업규모 :
홈페이지 : www.sicc.co.kr　　연 락 처 : 02)2262-8114
본 사 : 서울시 중구 수표로 34(저동2가) 씨티센터타워 5층

설 립 일	1981.12.08	**종 업 원 수**	449명	**대 표 이 사**	김승기
상 장 일	1999.12.18	**감 사 의 견**	적정(삼일)	**계 열**	
결 산 기	12월	**보 통 주**		**종속회사수**	1개사
액 면 가	1,000원	**우 선 주**		**구 상 호**	

주주구성 (지분율,%)		출자관계 (지분율,%)		주요경쟁사 (외형,%)	
한앤코시멘트홀딩스	49.8	쌍용정보기술	100.0	쌍용정보통신	100
쌍용양회공업	0.4	유인시스	19.9	케이엘넷	25
		에스엔테크놀로지	8.1	바른테크놀로지	15

매출구성		비용구성		수출비중	
IT 인프라(상품 및 용역 매출)	68.4	매출원가율	92.6	수출	3.4
SI(용역매출)	31.6	판관비율	12.0	내수	96.6

회사 개요

동사는 쌍용양회 계열의 IT 전문 업체로서, 종합정보시스템 구축 등의 시스템통합 프로젝트를 주로 영위함. 한일월드컵, 부산 아시안게임, 도하 아시안게임 등 대규모 국제 스포츠대회의 정보시스템을 구축하면서 스포츠 SI 업계에서 노하우와 세계적인 경쟁력을 보유함. 올해 SI산업에 직접적인 영향을 미치는 설비투자 증가율은 소폭 저하될 것으로 전망. 국내외 경기여건의 불확실성 증대에 따라 SI산업 성장도 제한적인 수준으로 예상됨.

실적 분석

동사의 2017년 연간 매출액은 전년동기대비 33.5% 하락한 1,460.8억원을 기록하였음. 비용면에서 전년동기대비 매출원가는 크게 감소 하였으며 인건비도 감소, 광고선전비도 크게 감소, 기타판매비와관리비도 마찬가지로 크게 감소함. 주춤한 모습의 매출액에 의해 전년동기대비 영업손실은 66.9억원으로 적자지속 하였음. 비용절감노력을 통해 매출 손실을 만회하고자 했음에도 불구하고 최종적으로 전년동기대비 당기순이익은 적자지속함.

현금 흐름

<단위 : 억원>

항목	2016	2017
영업활동	-89	109
투자활동	62	-39
재무활동	14	-104
순현금흐름	-13	-34
기말현금	306	272

시장 대비 수익률

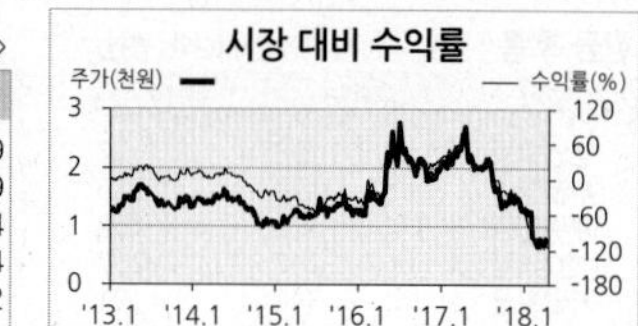

결산 실적

<단위 : 억원>

항목	2012	2013	2014	2015	2016	2017
매출액	1,965	1,851	1,800	1,825	2,196	1,461
영업이익	47	6	-101	-72	-17	-67
당기순이익	50	31	-110	-59	-18	-51

분기 실적

<단위 : 억원>

항목	2016.3Q	2016.4Q	2017.1Q	2017.2Q	2017.3Q	2017.4Q
매출액	407	930	320	338	344	459
영업이익	-11	-7	-22	-25	-8	-12
당기순이익	-9	-15	-13	-20	-8	-11

재무 상태

<단위 : 억원>

항목	2012	2013	2014	2015	2016	2017
총자산	1,239	1,134	932	1,014	1,036	755
유형자산	12	12	11	17	21	18
무형자산	28	19	17	9	12	12
유가증권	16	16	14	14	56	81
총부채	802	662	587	725	750	490
총차입금	78	66	32	129	146	48
자본금	405	405	405	405	405	405
총자본	437	472	345	290	285	266
지배주주지분	437	472	345	290	285	266

기업가치 지표

항목	2012	2013	2014	2015	2016	2017
주가(최고/저)(천원)	1.9/1.2	1.7/1.2	1.7/1.0	1.5/1.0	2.8/1.2	2.8/1.2
PER(최고/저)(배)	15.3/9.5	22.7/15.9	—/—	—/—	—/—	—/—
PBR(최고/저)(배)	1.8/1.1	1.5/1.0	2.0/1.2	2.2/1.4	3.9/1.7	4.3/1.9
EV/EBITDA(배)	3.0	9.3	—	—	—	—
EPS(원)	123	76	-272	-145	-45	-127
BPS(원)	1,081	1,167	853	716	705	657
CFPS(원)	153	106	-250	-126	-23	-106
DPS(원)	—	—	—	—	—	—
EBITDAPS(원)	146	46	-226	-158	-21	-145

재무 비율

<단위 : %>

연도	영업이익률	순이익률	부채비율	차입금비율	ROA	ROE	유보율	자기자본비율	EBITDA마진율
2017	-4.6	-3.5	일부잠식	일부잠식	-5.7	-18.6	-34.4	35.2	-4.0
2016	-0.8	-0.8	일부잠식	일부잠식	-1.8	-6.3	-29.5	27.5	-0.4
2015	-3.9	-3.2	일부잠식	일부잠식	-6.0	-18.5	-28.4	28.6	-3.5
2014	-5.6	-6.1	일부잠식	일부잠식	-10.7	-27.0	-14.7	37.1	-5.1

써니전자 (A004770)
SUNNY ELECTRONICS CORP

업 종 : 전자 장비 및 기기
시 장 : 거래소
신용등급 : (Bond) — (CP) —
기업규모 : 시가총액 소형주
홈페이지 : www.sunny.co.kr
연 락 처 : 043)853-1760
본 사 : 충북 충주시 목행산단2로 59(목행동)

설 립 일	1966.09.15	**종 업 원 수**	77명	**대 표 이 사**	차상권
상 장 일	1987.04.22	**감 사 의 견**	적정(대주)	**계 열**	
결 산 기	12월	**보 통 주**		**종속회사수**	3개사
액 면 가	500원	**우 선 주**		**구 상 호**	

주주구성 (지분율,%)		출자관계 (지분율,%)		주요경쟁사 (외형,%)	
곽경훈	5.6	삼우통신공업	100.0	써니전자	100
곽동훈	4.6	써니전자연태유한공사	100.0	광전자	949
(외국인)	3.1	SUNNYUSA	99.6	파워로직스	3,775

매출구성		비용구성		수출비중	
수정진동자외	40.1	매출원가율	71.1	수출	65.3
SMD TYPE	38.3	판관비율	21.8	내수	34.7
수정진동자	18.6				

회사 개요

주파수를 이용하는 모든 전자제품의 핵심 부품인 수정진동자와 기간망(백본망), 가입자망(액세스망) 등의 주요 품목인 광전송장치를 생산 판매하는 기업임. 수정진동자 산업은 전자산업의 발전과 더불어 지속적인 성장을 해왔으며, 가전, 컴퓨터, 통신산업과 밀접한 관계가 있어 이들 산업의 활성화 여부에 민감한 반응을 나타냄. 수정진동자사업부문의 매출비중이 90% 이상을 차지함.

실적 분석

동사의 2017년 연결기준 매출액은 186.9억원으로 전년 동기 대비 9.8% 감소함. 매출 감소에 따른 원가율 상승으로 영업이익이 축소됨. 고객사의 생산법인 해외이전 가속화로 정보통신 분야의 수요가 감소하고 있으나, 관련 벤처기업 발굴에 총력을 기울여 판매확대를 모색할 계획임. 수정진동자는 이동통신 핵심 부품중의 하나로 아직까지 대체할 부품이 개발되지 않아 지속적인 수요증대 및 사용가치는 더욱 더 중요시 될 것으로 예상.

현금 흐름 〈단위 : 억원〉

항목	2016	2017
영업활동	32	12
투자활동	-15	-93
재무활동	—	-20
순현금흐름	10	-105
기말현금	227	122

시장 대비 수익률

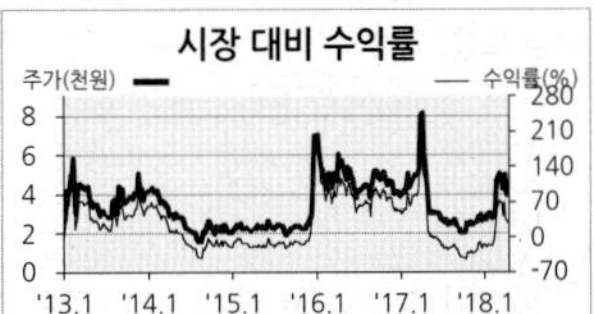

결산 실적 〈단위 : 억원〉

항목	2012	2013	2014	2015	2016	2017
매출액	264	256	260	232	207	187
영업이익	-56	-32	-1	4	21	13
당기순이익	-64	-39	-7	21	11	10

분기 실적 〈단위 : 억원〉

항목	2016.3Q	2016.4Q	2017.1Q	2017.2Q	2017.3Q	2017.4Q
매출액	49	47	48	47	57	34
영업이익	2	14	0	1	1	11
당기순이익	-0	6	-1	1	2	8

재무 상태 〈단위 : 억원〉

항목	2012	2013	2014	2015	2016	2017
총자산	337	285	304	411	411	404
유형자산	79	71	76	66	63	55
무형자산	5	4	3	2	2	0
유가증권	1	1	5	7	20	137
총부채	152	138	45	129	56	21
총차입금	110	110	20	95	35	—
자본금	107	107	142	142	156	159
총자본	185	147	259	281	355	383
지배주주지분	185	147	259	281	355	383

기업가치 지표

항목	2012	2013	2014	2015	2016	2017
주가(최고/저)(천원)	9.6/0.4	5.8/2.2	4.4/1.5	7.1/1.9	7.1/3.8	8.2/2.0
PER(최고/저)(배)	—/—	—/—	—/—	89.3/23.9	191.4/101.6	237.1/56.5
PBR(최고/저)(배)	10.6/0.4	8.1/3.1	4.5/1.5	6.7/1.8	5.9/3.1	6.4/1.5
EV/EBITDA(배)	—	—	47.5	127.8	36.0	40.8
EPS(원)	-316	-190	-31	79	37	35
BPS(원)	950	754	977	1,063	1,210	1,278
CFPS(원)	-235	-137	13	114	58	50
DPS(원)	—	—	—	—	—	—
EBITDAPS(원)	-192	-102	38	51	93	59

재무 비율 〈단위 : %〉

연도	영업이익률	순이익률	부채비율	차입금비율	ROA	ROE	유보율	자기자본비율	EBITDA마진율
2017	7.1	5.5	5.5	0.0	2.5	2.8	140.3	94.8	9.5
2016	10.2	5.3	15.9	10.0	2.7	3.4	127.3	86.3	13.1
2015	1.8	9.0	46.0	33.9	5.8	7.8	98.3	68.5	5.8
2014	-0.5	-2.8	17.5	7.7	-2.5	-3.6	82.4	85.1	3.4

썬테크 (A217320)
SUNTECHCOLTD

업 종 : 전기장비
시 장 : KONEX
신용등급 : (Bond) — (CP) —
기업규모 : —
홈페이지 : www.sun-tech.co.kr
연 락 처 : 061)721-2222
본 사 : 전남 순천시 해룡면 율촌산단4로 101

설 립 일	1996.05.29	**종 업 원 수**	43명	**대 표 이 사**	이선휴
상 장 일	2015.04.29	**감 사 의 견**	적정(신정)	**계 열**	
결 산 기	12월	**보 통 주**		**종속회사수**	
액 면 가	—	**우 선 주**		**구 상 호**	

주주구성 (지분율,%)		출자관계 (지분율,%)		주요경쟁사 (외형,%)	
이선휴	66.7			썬테크	100
조규수	9.5			선도전기	719
				서전기전	333

매출구성		비용구성		수출비중	
자기진단형 발전기(SGA)(제품)	46.6	매출원가율	82.8	수출	0.5
상품(상품)	27.8	판관비율	14.4	내수	99.5
기타	17.0				

회사 개요

동사는 발전기 제조업을 영위하고 있으며, 디젤엔진 비상발전기 제조를 주사업으로 하고 있음. 상업용 빌딩과 아파트 등 일정 규모 이상의 건물과 시설물 이외에도, 발전소 예방정비 및 IDC 및 R&D 센터 건설 등에 따른 대용량 비상전력설비를 목표 시장으로 하고 있음. 관공서 및 방산 납품에 집중되어 있는 매출 성향을 가지고 있으며, 매년 2분기에서 4분기 사이에 발주가 집중되고 있음.

실적 분석

동사의 2017년 연결기준 연간 누적 매출액은 전년동기 175.0억원 대비 13.9% 감소한 150.7억원을 기록함. 이는 주력 제품인 자기진단형 발전기와 영구자석 회전자 발전기의 매출 감소에 기인함. 매출 감소로 인해 영업이익은 전년동기 대비 47.4% 감소한 4.2억원을 기록함. 풍력 및 소수력 발전기 기술을 이용한 신규사업을 추진중이며, 구매조건부 신제품 개발사업을 통해 냉방장치용 발전기를 국산화하는 과제를 수행중임.

현금 흐름 *IFRS 별도 기준 〈단위 : 억원〉

항목	2016	2017
영업활동	2	11
투자활동	-20	-17
재무활동	16	6
순현금흐름	-2	0
기말현금	5	5

시장 대비 수익률

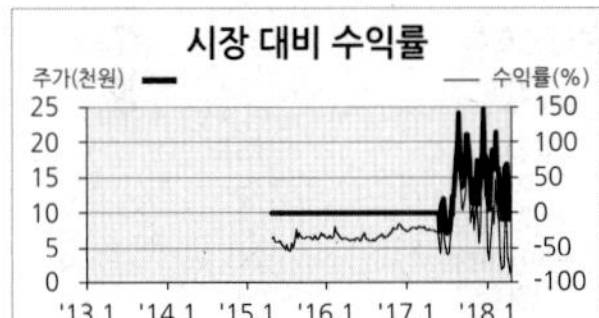

결산 실적 〈단위 : 억원〉

항목	2012	2013	2014	2015	2016	2017
매출액	106	162	179	134	175	151
영업이익	5	-4	7	2	8	4
당기순이익	5	4	5	2	4	2

분기 실적 *IFRS 별도 기준 〈단위 : 억원〉

항목	2016.3Q	2016.4Q	2017.1Q	2017.2Q	2017.3Q	2017.4Q
매출액	—	—	—	—	—	—
영업이익	—	—	—	—	—	—
당기순이익	—	—	—	—	—	—

재무 상태 *IFRS 별도 기준 〈단위 : 억원〉

항목	2012	2013	2014	2015	2016	2017
총자산	123	116	121	106	132	135
유형자산	55	52	55	52	51	48
무형자산	8	7	11	15	22	28
유가증권	—	—	—	—	—	—
총부채	77	78	78	60	81	83
총차입금	55	47	46	46	48	43
자본금	3	3	3	7	7	7
총자본	46	38	43	46	50	53
지배주주지분	46	38	43	46	50	53

기업가치 지표 *IFRS 별도 기준

항목	2012	2013	2014	2015	2016	2017
주가(최고/저)(천원)	—/—	—/—	—/—	10.0/10.0	10.0/10.0	25.0/6.1
PER(최고/저)(배)	0.0/0.0	0.0/0.0	0.0/0.0	50.6/50.6	31.9/31.9	151.2/36.7
PBR(최고/저)(배)	0.0/0.0	0.0/0.0	0.0/0.0	3.1/3.1	2.8/2.8	6.7/1.6
EV/EBITDA(배)	2.0	—	3.6	24.1	12.1	26.5
EPS(원)	451	402	468	198	314	165
BPS(원)	133,522	111,363	124,624	3,222	3,536	3,701
CFPS(원)	26,287	18,589	22,433	541	614	472
DPS(원)	—	—	—	—	—	—
EBITDAPS(원)	28,511	-3,507	27,748	571	863	603

재무 비율 〈단위 : %〉

연도	영업이익률	순이익률	부채비율	차입금비율	ROA	ROE	유보율	자기자본비율	EBITDA마진율
2017	2.8	1.6	157.7	82.1	1.8	4.6	640.2	38.8	5.7
2016	4.6	2.6	162.0	96.0	3.8	9.3	607.2	38.2	7.0
2015	1.8	1.6	131.7	99.8	1.8	4.7	544.4	43.2	4.5
2014	3.7	2.6	183.4	108.1	4.0	11.7	1,146.2	35.3	5.3

썬테크놀로지스 (A122800)
Sun Technologies

업　　종 : 금속 및 광물　　시　　장 : KOSDAQ
신용등급 : (Bond) ─　(CP) ─　　기업규모 :
홈페이지 : www.suntechinc.net　　연 락 처 : 02)2052-6699
본　　사 : 서울시 영등포구 여의대로 56 한화금융센터 12층(여의도동, 한화금융센터)

설 립 일	2002.02.06	**종업원수**	100명	**대 표 이 사**	안주열
상 장 일	2010.11.26	**감사의견**	적정(길인)	**계　　열**	
결 산 기	12월	**보 통 주**		**종속회사수**	
액 면 가	100원	**우 선 주**		**구 상 호**	케이티롤

주주구성 (지분율,%)		출자관계 (지분율,%)		주요경쟁사 (외형,%)	
주승환	9.1			썬텍	100
제네시스 제1호 투자조합	3.1			포스코켐텍	7,861
(외국인)	0.8			나노신소재	299

매출구성		비용구성		수출비중	
SHGI	35.9	매출원가율	95.8	수출	25.2
DCI	30.0	판관비율	36.7	내수	74.8
ICDP(CHILLED 포함)	16.9				

회사 개요
동사는 철강 압연용 롤의 제조를 목적으로 2002년 2월 6일 설립되었음. 열간압연기용 소모성 부품인 롤의 제조를 주요사업으로 영위함. 압연용 롤은 열연코일, 중/후판, 형강, 철근, 선재 등의 압연에 사용되므로 자동차, 조선, 건설 등 산업전반의 근간이 되는 철강회사가 주요 수요처임. 동사는 2016년 5월 임시주주총회 결의에 의거하여 상호를 케이티롤 주식회사에서 주식회사 썬테크놀로지스로 변경함.

실적 분석
동사의 2017년도 결산 연결기준 누적 매출액은 152.3억원으로 전년동기 대비 39.2% 감소. 비용측면에서 매출원가와 판관비가 각 전년동기 대비 17.8%, 8.9% 감소하였으나 영업손실은 49.5억원으로 적자전환. 비영업손실을 74.2억원 기록하며 적자지속하여 당기순손실도 129.2억원으로 적자지속함. 이는 철강시장에서의 중국 경기둔화에 의한 밀어내기 수출 및 수입 철강재의 국내 영향 확대와 자동차, 조선 등의 전반적 부진이 원인으로 보임

현금 흐름
〈단위 : 억원〉

항목	2016	2017
영업활동	15	-10
투자활동	-139	-45
재무활동	144	-49
순현금흐름	21	-104
기말현금	104	0

시장 대비 수익률
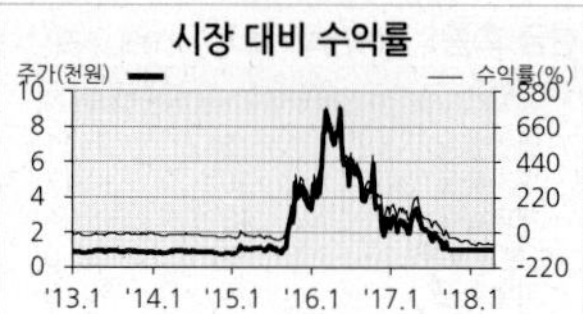

결산 실적
〈단위 : 억원〉

항목	2012	2013	2014	2015	2016	2017
매출액	233	220	201	248	251	152
영업이익	4	-16	7	22	12	-50
당기순이익	3	-16	5	17	-78	-129

분기 실적
〈단위 : 억원〉

항목	2016.3Q	2016.4Q	2017.1Q	2017.2Q	2017.3Q	2017.4Q
매출액	72	61	43	44	38	27
영업이익	1	6	-8	-2	-25	-15
당기순이익	2	-79	-44	-104	-40	59

재무 상태
〈단위 : 억원〉

항목	2012	2013	2014	2015	2016	2017
총자산	364	374	347	422	466	329
유형자산	192	208	183	196	180	119
무형자산	0	2	2	1	1	0
유가증권	1	1	0	11	0	0
총부채	153	191	168	163	250	143
총차입금	94	137	146	119	202	68
자본금	21	21	21	21	22	30
총자본	211	183	179	258	217	186
지배주주지분	211	183	179	258	217	186

기업가치 지표

항목	2012	2013	2014	2015	2016	2017
주가(최고/저)(천원)	1.4/0.9	1.0/0.8	1.0/0.7	4.8/0.8	9.4/1.7	3.6/1.0
PER(최고/저)(배)	112.1/70.5	—/—	40.2/29.2	61.4/9.8	—/—	—/—
PBR(최고/저)(배)	1.3/0.8	1.0/0.8	1.0/0.7	3.9/0.6	8.8/1.6	5.3/1.5
EV/EBITDA(배)	11.9	40.3	8.9	17.8	18.3	—
EPS(원)	13	-76	25	80	-364	-437
BPS(원)	5,492	5,077	5,211	6,304	1,074	679
CFPS(원)	476	134	626	857	-280	-376
DPS(원)	60	—	—	150	—	—
EBITDAPS(원)	496	144	661	988	139	-107

재무 비율
〈단위 : %〉

연도	영업이익률	순이익률	부채비율	차입금비율	ROA	ROE	유보율	자기자본비율	EBITDA마진율
2017	-32.5	-84.8	76.8	36.6	-32.5	-64.2	579.5	56.6	-20.8
2016	4.7	-31.2	115.2	93.2	-17.6	-33.0	974.2	46.5	11.9
2015	9.0	6.8	63.3	46.2	4.4	7.7	1,160.8	61.2	16.7
2014	3.3	2.6	94.0	81.8	1.5	2.9	942.1	51.6	13.8

썸에이지 (A208640)
Thumbage

업　　종 : 게임 소프트웨어　　시　　장 : KOSDAQ
신용등급 : (Bond) ─　(CP) ─　　기업규모 : 벤처
홈페이지 : www.thumbage.co.kr　　연 락 처 : 031)8060-1387
본　　사 : 경기도 성남시 분당구 판교로 242 판교디지털센터 에이동 302호(삼평동)

설 립 일	2014.10.23	**종업원수**	141명	**대 표 이 사**	백승훈
상 장 일	2014.12.29	**감사의견**	적정(삼일)	**계　　열**	
결 산 기	12월	**보 통 주**		**종속회사수**	2개사
액 면 가	100원	**우 선 주**		**구 상 호**	케이비제6호스팩

주주구성 (지분율,%)		출자관계 (지분율,%)		주요경쟁사 (외형,%)	
네시삼십삼분	47.8	다스에이지	100.0	썸에이지	100
백승훈	9.3	넥스트에이지	80.0	액토즈소프트	1,558
(외국인)	0.6	33United-캡스톤청년창업투자조합	29.0	액션스퀘어	264

매출구성		비용구성		수출비중	
영웅 for Kakao	100.0	매출원가율	0.0	수출	30.7
		판관비율	351.4	내수	69.3

회사 개요
동사는 2013년 4월에 설립되어 2016년 5월에 케이비6호스팩과 합병으로 코스닥 시장에 상장한 모바일 게임개발 전문업체임. 주요 게임은 액션 RPG장르의 영웅 for Kakao가 있으며 퍼블리싱은 네시삼십삼분에서 수행함. 대만, 홍콩을 필두로 동남아, 일본, 중국 등 세계 모바일 게임 시장 진출을 진행하고 있음. 2017년 말 기준 총 18개의 연결대상 종속회사를 보유하고 있음.

실적 분석
동사의 2017년 연간 매출액은 전년 대비 41.3% 감소한 35.6억원을 기록함. 인건비가 전년대비 52.4% 증가하며 전체 판매비와 관리비가 크게 증가하였으며 이로 인해 영업손실 89.4억원을 기록, 적자가 지속됨. 당기순손실 역시 87.1억원을 기록하며 적자 폭이 확대됨. 2018년 3월 미국 DC 코믹스사의 글로벌 IP에 기반한 모바일 게임 'DC언체인드'를 출시했으며 향후 신작 게임의 성과를 기반으로 한 실적 개선이 기대됨.

현금 흐름
〈단위 : 억원〉

항목	2016	2017
영업활동	-20	-90
투자활동	23	80
재무활동	-25	3
순현금흐름	-21	-7
기말현금	46	39

시장 대비 수익률
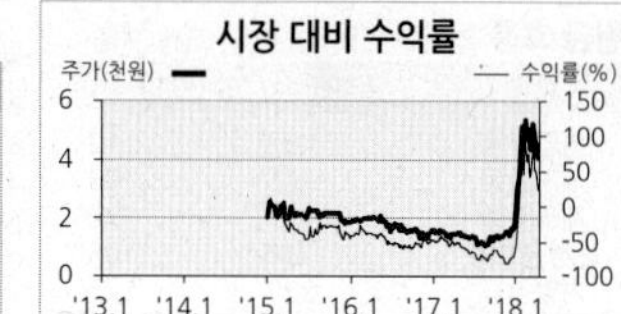

결산 실적
〈단위 : 억원〉

항목	2012	2013	2014	2015	2016	2017
매출액	—	0	26	95	61	36
영업이익	—	-6	8	51	-15	-89
당기순이익	—	-5	10	53	-72	-87

분기 실적
〈단위 : 억원〉

항목	2016.3Q	2016.4Q	2017.1Q	2017.2Q	2017.3Q	2017.4Q
매출액	16	13	18	6	7	4
영업이익	-7	-10	-15	-23	-22	-29
당기순이익	-6	-23	-17	-21	-22	-28

재무 상태
〈단위 : 억원〉

항목	2012	2013	2014	2015	2016	2017
총자산	—	28	46	123	377	281
유형자산	—	0	0	4	22	4
무형자산	—	0	1	2	5	6
유가증권	—	—	—	30	225	190
총부채	—	1	9	33	32	10
총차입금	—	—	1	—	11	—
자본금	—	1	1	56	74	76
총자본	—	26	37	90	345	271
지배주주지분	—	26	37	90	342	271

기업가치 지표

항목	2012	2013	2014	2015	2016	2017
주가(최고/저)(천원)	—/—	—/—	2.1/2.1	2.6/1.8	2.1/1.3	1.8/1.0
PER(최고/저)(배)	0.0/0.0	0.0/0.0	132.5/132.2	35.2/24.7	—/—	—/—
PBR(최고/저)(배)	0.0/0.0	0.0/0.0	37.5/37.4	20.7/14.5	4.2/2.5	4.4/2.6
EV/EBITDA(배)	0.0	—	37.6	3.9	—	—
EPS(원)	—	-7	14	73	-94	-111
BPS(원)	—	107,026	149,241	813	506	401
CFPS(원)	—	-19,738	42,902	483	-92	-107
DPS(원)	—	—	—	—	—	—
EBITDAPS(원)	—	-27,245	34,891	471	-18	-114

재무 비율
〈단위 : %〉

연도	영업이익률	순이익률	부채비율	차입금비율	ROA	ROE	유보율	자기자본비율	EBITDA마진율
2017	-251.4	-244.9	3.7	0.0	-26.5	-27.5	301.3	96.5	-243.6
2016	-25.5	-118.9	9.2	3.3	-28.8	-32.4	406.2	91.6	-22.2
2015	54.0	55.4	36.9	0.0	62.7	83.5	60.8	73.0	54.6
2014	32.8	40.5	24.1	3.2	28.4	33.0	2,884.8	80.6	33.4

쎄노텍 (A222420)
CENOTEC

업 종 : 화학
신용등급 : (Bond) — (CP) —
홈페이지 : www.cenotec.com
본 사 : 경남 함안군 대산면 옥렬1길 112
시 장 : KOSDAQ
기업규모 : 중견
연 락 처 : 055)584-9181

설 립 일	2015.05.27	**종 업 원 수**	84명	**대 표 이 사**	이승호
상 장 일	2015.08.06	**감 사 의 견**	적정(삼일)	**계 열**	
결 산 기	12월	**보 통 주**		**종속회사수**	
액 면 가	100원	**우 선 주**		**구 상 호**	

주주구성 (지분율,%)		출자관계 (지분율,%)		주요경쟁사 (외형,%)	
이앤에프마블홀딩스	48.7			쎄노텍	100
KoFC-튜브 Pioneer Champ 2011-12호 투자조합	13.7			한솔씨앤피	113
(외국인)	0.4			WISCOM	289

매출구성		비용구성		수출비중	
세라믹 비드	73.2	매출원가율	71.0	수출	30.7
지르콘 분체	12.9	판관비율	18.9	내수	69.3
세라믹 플럭스	7.5				

회사 개요

동사는 세라믹 비드 제조업체로, 스팩 합병을 통해 2016년 8월 코스닥 시장에 상장함. 세라믹 비드는 깨지지 않는 세라믹 소재 설계기술과 나노 분쇄 기술을 결합해 만든 제품으로 물질을 분쇄하는 데 쓰이는데 광산업, 페인트산업, 제지업 등 다양한 분야에서 사용됨. 동사는 전 세계 세라믹 비드 시장의 약 30%를 점유하고 있으며, 매출의 67%가 세라믹 비드에서 발생하고 있음.

실적 분석

동사의 2017년 누적매출액은 404.7억원으로 전년대비 0.8% 증가함. 비용면에서 원가율 상승과 판관비 증가로 영업이익은 전년보다 37.2% 줄어든 41억원을 기록함. 매출의 80% 이상이 해외에서 발생하는데, 고유한 기술력을 기반으로 전 세계 65개국, 200여개 이상의 회사에 납품하고 있음. 동사는 산업소재 핵심기술 개발 국책과제 주관기관으로 선정돼 나노분말제조 및 공정용 50마이크론급 세라믹 비드 개발을 담당하게 됐음.

현금 흐름 *IFRS 별도 기준

<단위 : 억원>

항목	2016	2017
영업활동	45	3
투자활동	-6	-23
재무활동	-25	14
순현금흐름	14	-7
기말현금	28	21

시장 대비 수익률

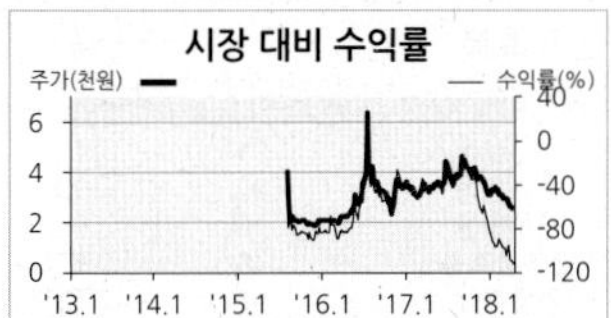

결산 실적

<단위 : 억원>

항목	2012	2013	2014	2015	2016	2017
매출액	301	284	319	327	402	405
영업이익	25	21	50	63	65	41
당기순이익	13	12	31	56	30	23

분기 실적 *IFRS 별도 기준

<단위 : 억원>

항목	2016.3Q	2016.4Q	2017.1Q	2017.2Q	2017.3Q	2017.4Q
매출액	89	120	113	118	89	85
영업이익	18	7	21	19	12	-11
당기순이익	-13	9	11	17	9	-14

재무 상태 *IFRS 별도 기준

<단위 : 억원>

항목	2012	2013	2014	2015	2016	2017
총자산	345	323	359	399	511	544
유형자산	112	116	136	146	204	201
무형자산	—	—	4	8	8	8
유가증권	1	—	—	—	—	—
총부채	171	137	198	186	163	155
총차입금	139	102	159	137	106	113
자본금	10	10	8	34	38	39
총자본	174	186	161	213	348	389
지배주주지분	174	186	161	213	348	389

기업가치 지표 *IFRS 별도 기준

항목	2012	2013	2014	2015	2016	2017
주가(최고/저)(천원)	#VALUE!	—/—	—/—	—/—	—/—	—/—
PER(최고/저)(배)	0.0/0.0	0.0/0.0	0.0/0.0	27.2/12.6	82.1/25.3	78.4/48.9
PBR(최고/저)(배)	0.0/0.0	0.0/0.0	0.0/0.0	7.1/3.3	7.0/2.2	4.8/3.0
EV/EBITDA(배)	3.9	2.4	2.3	2.6	18.1	23.7
EPS(원)	34	33	81	148	77	61
BPS(원)	88,635	94,860	82,201	133,079	911	993
CFPS(원)	10,818	12,314	20,455	36,069	111	102
DPS(원)	—	—	—	—	—	—
EBITDAPS(원)	16,958	17,015	30,366	40,088	205	148

재무 비율

<단위 : %>

연도	영업이익률	순이익률	부채비율	차입금비율	ROA	ROE	유보율	자기자본비율	EBITDA마진율
2017	10.1	5.8	39.9	29.1	4.4	6.4	892.8	71.5	14.0
2016	16.3	7.4	46.8	30.3	6.5	10.5	811.0	68.1	19.5
2015	19.3	17.0	87.4	64.3	14.7	29.8	521.5	53.4	22.6
2014	15.7	9.6	122.5	98.6	—	—	1,917.7	45.0	18.7

쎄니트 (A037760)
Cenit

업 종 : 건축소재
신용등급 : (Bond) — (CP) —
홈페이지 : www.cenit.kr
본 사 : 경남 의령군 의령읍 구룡로4남길 53
시 장 : KOSDAQ
기업규모 : 벤처
연 락 처 : 055)573-8221

설 립 일	1995.05.02	**종 업 원 수**	274명	**대 표 이 사**	최재관,박승배
상 장 일	2000.04.07	**감 사 의 견**	적정(삼일)	**계 열**	
결 산 기	12월	**보 통 주**		**종속회사수**	5개사
액 면 가	500원	**우 선 주**		**구 상 호**	

주주구성 (지분율,%)		출자관계 (지분율,%)		주요경쟁사 (외형,%)	
최재관	36.4	이피네트웍스	92.3	쎄니트	100
박승배	13.1	영산콘크리트공업	86.0	보광산업	33
(외국인)	0.8	현대에스엔티	66.1	일신석재	42

매출구성		비용구성		수출비중	
콘크리트	42.1	매출원가율	81.1	수출	—
스테인레스강판(기타) 외	33.4	판관비율	12.1	내수	—
스테인레스강판(제품)	24.1				

회사 개요

동사는 1995년 설립되어 2000년 코스닥시장에 상장함. 스테인레스 박판제조업과 극장운영사업, 부동산임대업을 영위하고 있으며, 주요종속회사로 콘크리트사업을 영위하는 영산콘크리트공업이 있음. 연결기준으로 매출구성은 동사가 영위하는 사업분야인 철강사업은 약 45%, 시네마사업은 13%, 자회사의 콘크리트사업은 39%임. 국내 스테인레스 압연업체는 회사마다 각기 다른 두께와 폭의 제품을 생산하고 있어 유사제품을 생산하는 과점적 경쟁 형태임.

실적 분석

2017년 철강사업은 글로벌 경기의 회복이 예상보다 더뎠고 국내 내수 수요 또한 경기침체로 수요가 부진, 경쟁이 더욱 심화 되었음. 동사는 수출매출 확대와 거래처 다변화 등을 위해 노력함. 수출을 확대하고, 생산가동률을 향상한 결과 2017년 매출액은 전년 대비 약 9.1% 증가한 1,262.3억원을 달성하였음. 시네마사업부분은 흥행작품이 많지 않았지만, 부산과 인천의 영화관 2개를 추가로 임대하여 운영함으로써 매출액이 약 27% 증가함.

현금 흐름

<단위 : 억원>

항목	2016	2017
영업활동	66	103
투자활동	-158	-46
재무활동	101	-18
순현금흐름	9	39
기말현금	46	85

시장 대비 수익률

결산 실적

<단위 : 억원>

항목	2012	2013	2014	2015	2016	2017
매출액	627	677	706	977	1,157	1,262
영업이익	24	41	65	94	104	86
당기순이익	0	23	48	84	71	67

분기 실적

<단위 : 억원>

항목	2016.3Q	2016.4Q	2017.1Q	2017.2Q	2017.3Q	2017.4Q
매출액	295	369	289	308	335	331
영업이익	34	28	24	19	23	20
당기순이익	27	12	14	17	7	29

재무 상태

<단위 : 억원>

항목	2012	2013	2014	2015	2016	2017
총자산	745	935	1,107	1,271	1,512	1,537
유형자산	403	499	618	651	755	745
무형자산	9	84	83	83	90	89
유가증권	26	2	3	4	4	3
총부채	464	550	674	704	843	784
총차입금	244	293	423	453	530	499
자본금	119	162	162	162	162	169
총자본	281	385	433	567	669	753
지배주주지분	239	341	384	514	602	679

기업가치 지표

항목	2012	2013	2014	2015	2016	2017
주가(최고/저)(천원)	0.7/0.3	0.8/0.6	1.4/0.6	1.9/1.0	3.0/1.5	2.5/1.5
PER(최고/저)(배)	—/—	10.8/7.5	11.1/5.1	8.2/4.2	14.8/7.6	14.2/8.4
PBR(최고/저)(배)	0.5/0.2	0.5/0.4	0.9/0.4	1.2/0.6	1.6/0.8	1.3/0.8
EV/EBITDA(배)	8.2	8.1	8.1	7.9	9.3	7.0
EPS(원)	-2	81	134	245	206	180
BPS(원)	1,708	1,617	1,751	1,637	1,858	2,007
CFPS(원)	58	128	178	304	280	275
DPS(원)	—	—	20	30	30	30
EBITDAPS(원)	159	200	244	349	397	349

재무 비율

<단위 : %>

연도	영업이익률	순이익률	부채비율	차입금비율	ROA	ROE	유보율	자기자본비율	EBITDA마진율
2017	6.8	5.3	104.2	66.2	4.4	9.5	301.4	49.0	9.3
2016	9.0	6.2	126.1	79.3	5.1	12.0	271.6	44.2	11.1
2015	9.6	8.6	124.0	79.8	7.1	17.7	227.5	44.6	11.6
2014	9.2	6.8	155.6	97.8	4.7	12.0	250.2	39.1	11.2

쎄미시스코 (A136510)

Semisysco

업 종 : 디스플레이 및 관련부품		시 장 : KOSDAQ	
신용등급 : (Bond) —	(CP) —	기업규모 : 벤처	
홈페이지 : www.semisysco.com		연 락 처 : 031)237-3425	
본 사 : 경기도 수원시 권선구 산업로 94(고색동)			

설 립 일	2000.10.13	**종업원수**	83명	**대 표 이 사**	이순종
상 장 일	2011.11.18	**감사의견**	적정(삼화)	**계 열**	
결 산 기	12월	**보 통 주**		**종속회사수**	1개사
액 면 가	500원	**우 선 주**		**구 상 호**	

주주구성 (지분율,%)		**출자관계** (지분율,%)		**주요경쟁사** (외형,%)	
이순종	33.8	새안	21.6	쎄미시스코	100
우봉주	8.8	뷰텔	15.3	사파이어테크놀로지	77
(외국인)	1.4	ANHUISEMISYSCO	100.0	에이치엔에스하이텍	163

매출구성		**비용구성**		**수출비중**	
유리기판검사장비 EGIS-CRACK, EGIS-WAVI	55.2	매출원가율	58.7	수출	24.8
플라즈마검사장비 Smart-EPD, Smart-HMS	30.4	판관비율	27.9	내수	75.2
상품매출	8.0				

회사 개요

동사는 2011년 11월 코스닥시장에 상장됨. 반도체 및 평판 디스플레이 공정장비 제조·연구개발, 소프트웨어 개발 제조업 및 도소매업, 전기·전자 통신기기 제조업 등의 사업을 영위함. 주력제품으로 EGIS-CRACK과 Smart-EPD가 있음. Smart-EPD의 경우, 동사의 국산화 성공으로 높은 시장점유율을 기록하고 있음. 최근 마이크로 전기차를 공개한 기업인 새안의 최대주주로 등극함.

실적 분석

동사의 2017년 연결 기준 연간 누적 매출액은 250.3억원으로 전년 동기 대비 100.3% 증가함. 매출이 증가하면서 매출원가와 판관비가 늘었지만 매출 증가에 따른 고정비용 감소효과로 영업이익은 전년 동기 대비 무려 226.5% 증가한 33.5억원을 시현함. 외환손실 등으로 비영업 부문이 적자로 전환했지만 영업이익 증가 폭이 워낙 커 당기순이익은 전년 동기 대비 86.3% 증가한 30.2억원을 기록함.

현금 흐름 <단위 : 억원>

항목	2016	2017
영업활동	-12	15
투자활동	-62	-44
재무활동	43	86
순현금흐름	-32	56
기말현금	57	114

시장 대비 수익률

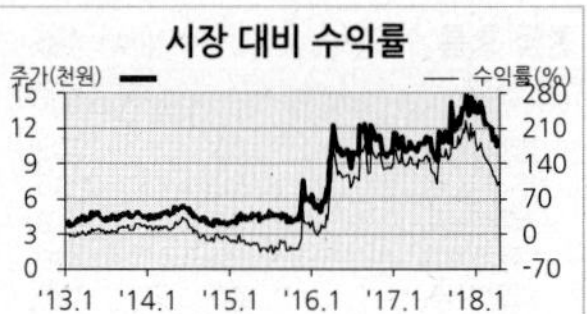

결산 실적 <단위 : 억원>

항목	2012	2013	2014	2015	2016	2017
매출액	45	127	87	92	125	250
영업이익	-18	16	-8	3	10	33
당기순이익	-13	13	-6	2	16	30

분기 실적 <단위 : 억원>

항목	2016.3Q	2016.4Q	2017.1Q	2017.2Q	2017.3Q	2017.4Q
매출액	18	68	54	66	69	62
영업이익	-6	22	10	11	11	1
당기순이익	-11	35	4	14	14	-2

재무 상태 <단위 : 억원>

항목	2012	2013	2014	2015	2016	2017
총자산	266	287	263	253	355	417
유형자산	28	30	29	28	113	145
무형자산	15	24	25	26	29	32
유가증권	67	44	59	18	15	1
총부채	10	14	11	14	63	92
총차입금	0	—	—	—	—	63
자본금	18	27	27	27	27	27
총자본	256	273	252	240	292	325
지배주주지분	256	273	252	240	292	325

기업가치 지표

항목	2012	2013	2014	2015	2016	2017
주가(최고/저)(천원)	5.5/3.4	4.9/3.8	5.5/3.7	9.0/3.8	15.0/5.0	15.1/9.1
PER(최고/저)(배)	—/—	20.6/15.7	—/—	237.5/100.8	47.0/15.6	27.1/16.3
PBR(최고/저)(배)	1.2/0.7	1.0/0.8	1.1/0.8	1.8/0.8	2.7/0.9	2.4/1.4
EV/EBITDA(배)	—	6.0	—	21.8	30.9	16.9
EPS(원)	-244	245	-119	38	321	559
BPS(원)	7,219	5,062	4,935	4,950	5,614	6,369
CFPS(원)	-297	312	-24	145	423	706
DPS(원)	—	20	20	20	30	50
EBITDAPS(원)	-442	364	-51	167	292	766

재무 비율 <단위 : %>

연도	영업이익률	순이익률	부채비율	차입금비율	ROA	ROE	유보율	자기자본비율	EBITDA마진율
2017	13.4	12.1	28.4	19.4	7.8	9.8	1,173.9	77.9	16.5
2016	8.2	13.0	21.6	0.0	5.3	6.5	1,022.7	82.2	12.6
2015	3.6	2.3	5.7	0.0	0.8	0.8	890.1	94.6	9.8
2014	-9.1	-7.4	4.2	0.0	-2.3	-2.4	887.0	96.0	-3.2

쎄트렉아이 (A099320)

Satrec Initiative

업 종 : 상업서비스		시 장 : KOSDAQ	
신용등급 : (Bond) —	(CP) —	기업규모 : 벤처	
홈페이지 : www.satreci.com		연 락 처 : 042)365-7500	
본 사 : 대전시 유성구 유성대로 1628번길 21			

설 립 일	1999.12.29	**종업원수**	224명	**대 표 이 사**	김병진
상 장 일	2008.06.13	**감사의견**	적정(안진)	**계 열**	
결 산 기	12월	**보 통 주**		**종속회사수**	1개사
액 면 가	500원	**우 선 주**		**구 상 호**	

주주구성 (지분율,%)		**출자관계** (지분율,%)		**주요경쟁사** (외형,%)	
박성동	17.3	에스아이아이에스	62.5	쎄트렉아이	100
김병진	2.0	에스아이디텍션	20.0	한국전자금융	564
(외국인)	2.1			나이스디앤비	99

매출구성		**비용구성**		**수출비중**	
소형위성시스템, 전자광학카메라, 지상체	89.6	매출원가율	75.6	수출	43.7
위성영상	10.4	판관비율	11.9	내수	56.3

회사 개요

동사는 국내에서 유일하게 위성시스템을 개발해 수출하는 업체임. 위성체 분야에서는 소형위성시스템뿐만 아니라 중대형위성의 탑재체와 부품을 개발/제조하고 있으며 지상체 분야에서는 소형, 중형, 대형위성의 관제 또는 위성으로부터 취득된 정보를 수신 처리하기 위한 지상국 장비와 소프트웨어 제조를 핵심 사업으로 영위함. 핵심사업은 매출의 약 78%를 차지하는 소형위성시스템, 전자광학카메라 제조임.

실적 분석

동사의 2017년 4분기 누적 매출액은 427.6억원으로 전년 동기(342.4억원) 대비 24.9억원 증가함. 영업이익과 당기순이익은 각각 53.7억원, 54억원을 시현, 둘 모두 전년보다 70% 늘어난 수치를 기록함. 최근 아리랑 3A호의 위성영상 판매권을 획득함에 따라 다양한 종류의 위성영상을 해외에 판매할 수 있는 경쟁력을 확보하였음. 인도와 필리핀사업을 비롯해 다양한 해외사업에서 매출이 늘어날 것으로 전망됨.

현금 흐름 <단위 : 억원>

항목	2016	2017
영업활동	91	110
투자활동	-95	-90
재무활동	-6	-5
순현금흐름	-9	15
기말현금	58	73

시장 대비 수익률

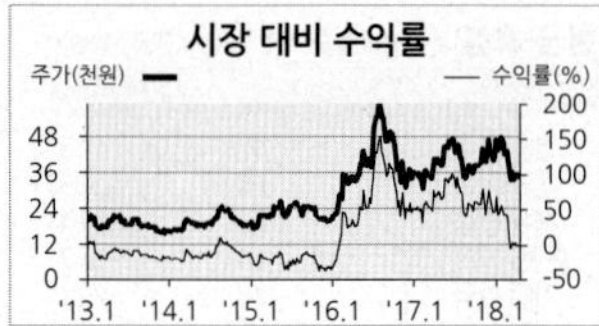

결산 실적 <단위 : 억원>

항목	2012	2013	2014	2015	2016	2017
매출액	361	316	261	305	342	428
영업이익	47	33	22	46	32	54
당기순이익	48	32	18	44	32	54

분기 실적 <단위 : 억원>

항목	2016.3Q	2016.4Q	2017.1Q	2017.2Q	2017.3Q	2017.4Q
매출액	82	127	81	103	84	159
영업이익	8	20	6	9	5	33
당기순이익	8	15	6	12	4	33

재무 상태 <단위 : 억원>

항목	2012	2013	2014	2015	2016	2017
총자산	474	551	550	592	692	706
유형자산	115	192	174	167	174	178
무형자산	51	100	98	156	239	270
유가증권	—	—	—	4	4	5
총부채	64	119	105	110	188	158
총차입금	0	—	—	0	3	—
자본금	18	18	18	18	18	18
총자본	410	432	446	481	504	548
지배주주지분	410	432	447	480	504	548

기업가치 지표

항목	2012	2013	2014	2015	2016	2017
주가(최고/저)(천원)	29.2/16.9	24.8/15.9	25.0/16.3	26.7/17.6	59.5/20.6	49.6/30.8
PER(최고/저)(배)	23.4/13.6	29.9/19.1	53.6/34.9	24.1/15.8	67.7/23.5	32.3/20.0
PBR(최고/저)(배)	2.8/1.6	2.2/1.4	2.1/1.4	2.1/1.4	4.3/1.5	3.3/2.0
EV/EBITDA(배)	10.0	8.5	10.3	8.7	17.8	14.2
EPS(원)	1,319	866	482	1,137	891	1,547
BPS(원)	11,189	11,795	12,239	13,226	13,898	15,207
CFPS(원)	1,827	1,596	1,316	2,005	1,960	2,859
DPS(원)	260	180	150	220	240	310
EBITDAPS(원)	1,784	1,624	1,432	2,130	1,932	2,779

재무 비율 <단위 : %>

연도	영업이익률	순이익률	부채비율	차입금비율	ROA	ROE	유보율	자기자본비율	EBITDA마진율
2017	12.6	12.6	28.9	0.0	7.7	10.8	2,941.4	77.6	23.8
2016	9.2	9.3	37.3	0.6	5.0	6.6	2,679.7	72.9	20.7
2015	15.1	14.4	22.9	0.0	7.7	9.0	2,545.2	81.4	25.6
2014	8.4	6.9	23.5	0.0	3.3	4.0	2,347.9	81.0	20.1

쎌바이오텍 (A049960)
CELLBIOTECH

업　　종 : 바이오　시　　장 : KOSDAQ
신용등급 : (Bond) —　(CP) —　기업규모 : 벤처
홈페이지 : www.cellbiotech.com　연 락 처 : 031)987-6205
본　　사 : 경기도 김포시 월곶면 애기봉로 409번길 50

설 립 일	1995.02.11	**종업원수**	126명	**대표이사**	정명준
상 장 일	2002.12.11	**감사의견**	적정(삼정)	**계　　열**	
결 산 기	12월	**보 통 주**		**종속회사수**	2개사
액 면 가	500원	**우 선 주**		**구　　상　　호**	

주주구성 (지분율,%)		출자관계 (지분율,%)		주요경쟁사 (외형,%)	
정명준	19.3	CBTI	100.0	쎌바이오텍	100
Wasatch Advisors, Inc.	4.8	CBTF	100.0	파마리서치프로덕트	89
(외국인)	23.4	CBTIS	100.0	엔지켐생명과학	43

매출구성		비용구성		수출비중	
국내외 ODM, OEM제품 등 완제품	87.6	매출원가율	20.7	수출	—
LP, BG, LO, SAFELAC 등 원말	12.5	판관비율	42.3	내수	—

회사 개요
동사는 1995년 설립된 프로바이오틱스 유산균을 전문적으로 생산하는 바이오 기업으로 2002년 코스닥시장에 상장됨. 의약계에서는 프로바이오틱스를 포함한 박테리아 활용 의약품의 개발에 대한 관심이 고조되어 향후 프로바이오틱스 관련 의약품 시장은 기능성식품 시장 규모를 뛰어 넘을 것으로 예상됨. 국내 건강기능식품기업 및 개인/종합 병원, 약국, 한의원 등을 중심으로 마케팅 활동을 활발하게 진행 중임.

실적 분석
동사의 2017년 누적 매출액은 610.6억원으로 전년대비 4.8% 증가함. 비용측면에서는 매출원가가 전년 127.9억원에서 126.3억원으로 1.2% 감소했고, 영업이익은 전년보다 5% 늘어난 226.3억원을 기록함. 자체 브랜드 듀오락(B2C)이 채널 확대에 따른 성장세를 이어가고 있음. 프로바이오틱스의 시장 선점 효과가 뚜렷히 나타나고 있으며 국내 약국 침투율이 25% 수준(5,940개)에서 향후 8000개까지 확대될 것으로 기대됨.

현금 흐름
〈단위 : 억원〉

항목	2016	2017
영업활동	180	225
투자활동	-115	-74
재무활동	-31	-119
순현금흐름	33	30
기말현금	106	136

시장 대비 수익률
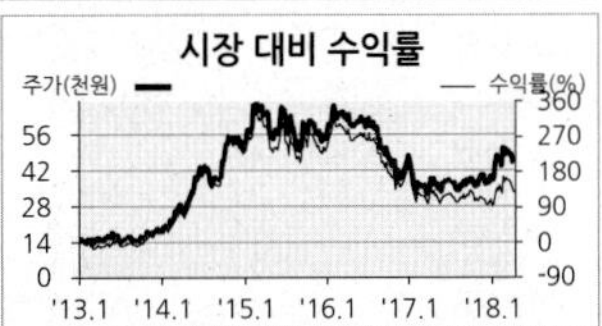

결산 실적
〈단위 : 억원〉

항목	2012	2013	2014	2015	2016	2017
매출액	259	316	408	495	583	611
영업이익	65	94	129	188	216	226
당기순이익	61	78	104	175	185	182

분기 실적
〈단위 : 억원〉

항목	2016.3Q	2016.4Q	2017.1Q	2017.2Q	2017.3Q	2017.4Q
매출액	119	151	146	173	156	135
영업이익	40	46	56	74	60	36
당기순이익	31	46	35	69	52	26

재무 상태
〈단위 : 억원〉

항목	2012	2013	2014	2015	2016	2017
총자산	403	467	576	750	905	965
유형자산	109	165	168	188	195	232
무형자산	8	7	7	8	9	11
유가증권	51	4	8	3	3	183
총부채	39	36	52	62	64	63
총차입금	8	—	—	—	—	—
자본금	47	47	47	47	47	47
총자본	364	431	524	688	842	902
지배주주지분	364	431	524	688	842	902

기업가치 지표

항목	2012	2013	2014	2015	2016	2017
주가(최고/저)(천원)	16.8/5.5	19.3/13.1	59.6/18.2	69.7/46.5	67.3/38.1	47.1/32.6
PER(최고/저)(배)	26.9/8.9	24.2/16.5	55.8/17.0	38.7/25.8	35.1/19.8	24.6/17.1
PBR(최고/저)(배)	4.0/1.3	3.9/2.7	10.1/3.1	9.1/6.1	7.3/4.1	4.4/3.0
EV/EBITDA(배)	20.0	15.7	32.9	24.7	17.5	13.0
EPS(원)	653	830	1,107	1,862	1,968	1,936
BPS(원)	4,434	5,139	6,130	7,874	9,512	10,970
CFPS(원)	735	916	1,224	1,995	2,118	2,111
DPS(원)	150	150	150	400	550	550
EBITDAPS(원)	777	1,086	1,491	2,128	2,444	2,583

재무 비율
〈단위 : %〉

연도	영업이익률	순이익률	부채비율	차입금비율	ROA	ROE	유보율	자기자본비율	EBITDA마진율
2017	37.1	29.8	7.0	0.0	19.5	20.9	2,094.0	93.5	39.8
2016	37.0	31.7	7.6	0.0	22.4	24.2	1,802.4	93.0	39.4
2015	37.9	35.4	9.0	0.0	26.4	28.9	1,474.8	91.7	40.4
2014	31.7	25.5	10.0	0.0	20.0	21.8	1,126.0	90.9	34.4

쏠리드 (A050890)
SOLiD

업　　종 : 통신장비　시　　장 : KOSDAQ
신용등급 : (Bond) —　(CP) —　기업규모 : 벤처
홈페이지 : www.solid.co.kr　연 락 처 : 031)627-6000
본　　사 : 경기도 성남시 분당구 판교역로 220 쏠리드스페이스

설 립 일	1998.11.05	**종업원수**	200명	**대표이사**	정준,이승희
상 장 일	2005.07.08	**감사의견**	적정(삼정)	**계　　열**	
결 산 기	12월	**보 통 주**		**종속회사수**	13개사
액 면 가	500원	**우 선 주**		**구　　상　　호**	

주주구성 (지분율,%)		출자관계 (지분율,%)		주요경쟁사 (외형,%)	
정준	14.0	쏠리드윈텍	100.0	쏠리드	100
에이티넘고성장기업투자조합	4.6	쏠리드네트웍스	100.0	AP위성	12
(외국인)	4.0	쏠리드에듀	100.0	삼지전자	503

매출구성		비용구성		수출비중	
WCDMA, LTE 등	79.6	매출원가율	65.0	수출	—
휴대폰 단말기 등	17.7	판관비율	27.2	내수	—
기타	2.7				

회사 개요
1998년 설립된 동사는 이동통신 및 유선통신 관련 네트워크 장비의 제조 개발 등의 사업을 영위하고 있음. 유무선 장비를 모두 생산하고 있으며 무선장비는 주로 중계기를 생산하고, 매출에서 차지하는 비중이 75% 정도임. 유선장비는 주로 WDM솔루션을 생산하며 매출에서 20% 정도를 차지함. 동사는 쏠리드시스템스, 쏠리드링크, 케이알에프, 쏠리드윈텍 등 13개의 연결대상 종속회사를 두고 있음.

실적 분석
동사의 2017년 전체 매출은 2,593억원으로 전년대비 8.1% 증가, 영업이익은 202억원으로 전년대비 82.9% 증가. 당기순이익은 -258.6억원으로 적자지속. 중계기 관련한 매출 증가 속에 판관비 등 비용 개선 노력으로 수익성은 외형대비 호조세를 보임. 2018년 5G 관련 투자 개시로 수혜주로 분류. 2019년 미국, 일본 지역에서 5G 생산설비 투자 집행으로 중계기, 유무선장비 매출 증가를 기대

현금 흐름
〈단위 : 억원〉

항목	2016	2017
영업활동	-406	194
투자활동	-36	68
재무활동	564	-87
순현금흐름	125	162
기말현금	285	447

시장 대비 수익률

결산 실적
〈단위 : 억원〉

항목	2012	2013	2014	2015	2016	2017
매출액	1,516	1,720	2,006	1,900	2,398	2,593
영업이익	125	191	167	53	111	202
당기순이익	49	141	143	38	-714	-259

분기 실적
〈단위 : 억원〉

항목	2016.3Q	2016.4Q	2017.1Q	2017.2Q	2017.3Q	2017.4Q
매출액	936	368	442	683	810	658
영업이익	-48	487	-166	-89	67	390
당기순이익	-102	-273	-183	-149	80	-7

재무 상태
〈단위 : 억원〉

항목	2012	2013	2014	2015	2016	2017
총자산	1,780	1,941	1,940	3,190	3,427	2,809
유형자산	197	194	187	332	393	322
무형자산	70	97	104	573	710	344
유가증권	75	71	67	61	75	22
총부채	1,215	1,204	996	2,058	2,654	2,013
총차입금	674	670	602	863	1,249	871
자본금	88	95	107	107	157	226
총자본	566	737	944	1,131	773	796
지배주주지분	567	740	929	1,105	769	830

기업가치 지표

항목	2012	2013	2014	2015	2016	2017
주가(최고/저)(천원)	4.1/2.1	6.4/2.9	7.7/4.9	7.4/3.9	5.7/2.2	4.4/1.9
PER(최고/저)(배)	18.8/9.6	10.2/4.5	13.8/8.8	51.3/26.7	—/—	—/—
PBR(최고/저)(배)	1.6/0.8	2.0/0.9	2.2/1.4	1.7/0.9	2.3/0.9	2.3/1.0
EV/EBITDA(배)	7.7	8.0	10.5	19.9	5.3	5.6
EPS(원)	230	653	574	146	-2,607	-628
BPS(원)	3,358	4,045	4,443	5,258	2,520	1,887
CFPS(원)	435	952	851	366	-1,647	-294
DPS(원)	70	100	110	50	—	—
EBITDAPS(원)	880	1,214	984	437	1,378	911

재무 비율
〈단위 : %〉

연도	영업이익률	순이익률	부채비율	차입금비율	ROA	ROE	유보율	자기자본비율	EBITDA마진율
2017	7.8	-10.0	252.9	109.4	-8.3	-27.6	277.4	28.3	12.3
2016	4.6	-29.8	343.2	161.5	-21.6	-73.5	404.1	22.6	15.2
2015	2.8	2.0	181.9	76.3	1.5	3.8	951.7	35.5	4.9
2014	8.3	7.2	105.5	63.8	7.4	16.8	788.7	48.7	9.9

*관리종목

쓰리에스코리아 (A060310)
3S Korea

업 종 : 기계 | 시 장 : KOSDAQ
신용등급 : (Bond) — (CP) — | 기업규모 : 중견
홈페이지 : www.3sref.com | 연 락 처 : 02)896-9474
본 사 : 서울시 금천구 시흥대로71길 30-1

설 립 일	1991.01.28	**종 업 원 수**	70명	**대 표 이 사**	박종익
상 장 일	2002.04.11	**감 사 의 견**	적정(신한)	**계 열**	
결 산 기	03월	**보 통 주**		**종속회사수**	1개사
액 면 가	500원	**우 선 주**		**구 상 호**	

주주구성 (지분율,%)		출자관계 (지분율,%)		주요경쟁사 (외형,%)	
박종익	7.4	L&S신성장동력알앤비디사모투자전문회사	7.5	3S	100
Capital Ventures International	4.3	삼에스머티리얼즈	7.2	유지인트	173
(외국인)	2.6	아이엠티	3.4	기신정기	407

매출구성		비용구성		수출비중	
칼로리메타 및 환경구현장치	63.0	매출원가율	92.0	수출	29.5
FOSB	33.1	판관비율	17.1	내수	70.5
기타제품	3.7				

회사 개요

동사는 1991년 설립돼 2002년 코스닥 시장에 상장됨. 반도체 웨이퍼캐리어 사업과 환경장치 사업을 주요 사업으로 영위하고 있음. 삼성전자와 LG전자, 위니아만도, 한온시스템 등을 주요 거래처로 보유함. 환경시험장치 사업을 하는 상해삼에스공조기술유한공사를 연결대상 종속회사로 보유하고 있음. 웨이퍼를 반도체 생산업체로 출하 수송하는 데 쓰이는 FOSB 국내에서 동사가 유일하게 생산기술을 보유함.

실적 분석

동사는 3월 결산 법인임. 동사의 2017~2018년 3분기 매출액은 252.8억원을 기록함. 전년 동기에 비해 19.4% 증가함. 매출원가가 14.9% 늘었으나 매출이 늘고 판매비와 관리비가 32% 감소해 영업이익은 흑자로 전환함. 전년 동기에는 19.3억원의 손실을 기록했으나 해당 분기엔 2.6억원의 이익을 거둠. 당기순손실도 적자폭이 줄어들었음. 사물인터넷 시장 성장세로 실리콘웨이퍼 출하량이 증가한 것이 실적 개선 요인으로 분석됨.

현금 흐름 <단위 : 억원>

항목	2016	2017.3Q
영업활동	-29	48
투자활동	-1	-6
재무활동	38	-18
순현금흐름	7	23
기말현금	19	42

시장 대비 수익률

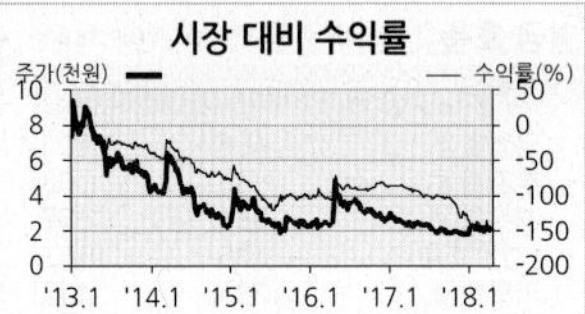

결산 실적 <단위 : 억원>

항목	2012	2013	2014	2015	2016	2017
매출액	322	289	232	237	265	—
영업이익	19	-25	-42	12	-24	—
당기순이익	7	-48	-56	-34	-88	—

분기 실적 <단위 : 억원>

항목	2016.2Q	2016.3Q	2016.4Q	2017.1Q	2017.2Q	2017.3Q
매출액	65	74	53	89	72	92
영업이익	-12	-8	-5	-4	-5	12
당기순이익	-18	-5	-62	-5	-8	4

재무 상태 <단위 : 억원>

항목	2012	2013	2014	2015	2016	2017.3Q
총자산	677	713	674	577	537	521
유형자산	406	447	412	371	305	300
무형자산	25	25	22	19	17	15
유가증권	14	23	26	29	26	26
총부채	199	283	294	231	245	239
총차입금	161	224	256	185	197	183
자본금	204	204	204	204	210	210
총자본	478	430	379	346	292	282
지배주주지분	478	430	379	346	292	282

기업가치 지표

항목	2012	2013	2014	2015	2016	2017.3Q
주가(최고/저)(천원)	21.9/6.2	8.6/4.1	6.3/2.1	4.1/1.9	5.2/2.3	2.5/1.8
PER(최고/저)(배)	1,265.7/357.4	—/—	—/—	—/—	—/—	—/—
PBR(최고/저)(배)	18.7/5.3	8.2/3.9	6.7/2.3	4.9/2.2	7.4/3.3	3.8/2.7
EV/EBITDA(배)	97.6	—	—	27.6	657.0	—/—
EPS(원)	17	-116	-137	-83	-210	-23
BPS(원)	1,168	1,051	928	846	695	671
CFPS(원)	64	-57	-68	-11	-148	16
DPS(원)	—	—	—	—	—	—
EBITDAPS(원)	92	-3	-33	101	4	45

재무 비율 <단위 : %>

연도	영업이익률	순이익률	부채비율	차입금비율	ROA	ROE	유보율	자기자본비율	EBITDA마진율
2016	-9.1	-33.2	84.1	67.4	-15.8	-27.6	39.0	54.3	0.7
2015	5.0	-14.3	66.9	53.4	-5.4	-9.4	69.2	59.9	17.4
2014	-17.9	-24.1	77.5	67.4	-8.1	-13.8	85.6	56.3	-5.9
2013	-8.8	-16.5	65.9	52.1	-6.9	-10.5	110.3	60.3	-0.4

씨그널엔터테인먼트그룹 (A099830)
Signal Entertainment Group

업 종 : 미디어 | 시 장 : KOSDAQ
신용등급 : (Bond) — (CP) — | 기업규모 :
홈페이지 : www.signal-ent.com | 연 락 처 : 02)2038-8882
본 사 : 서울시 성동구 성수이로 89(성수동2가, 엠지빌딩)

설 립 일	1991.01.18	**종 업 원 수**	9명	**대 표 이 사**	김정상
상 장 일	2011.01.24	**감 사 의 견**	거절(감사범위제한)(대명)	**계 열**	
결 산 기	12월	**보 통 주**		**종속회사수**	9개사
액 면 가	500원	**우 선 주**		**구 상 호**	씨그널정보통신

주주구성 (지분율,%)		출자관계 (지분율,%)		주요경쟁사 (외형,%)	
엘153인베스트먼트	12.7	엘앤홀딩스	100.0	씨그널엔터테인먼트그룹	100
에스지인베스트먼트코리아	3.9	미디어에이팀	100.0	YG PLUS	231
(외국인)	2.9	아시아문화개발	100.0	초록뱀	188

매출구성		비용구성		수출비중	
엔터테인먼트사업	100.0	매출원가율	90.7	수출	0.0
		판관비율	19.0	내수	100.0

회사 개요

1991년에 설립된 동사는 무선통신 솔루션과 통신망 구축에서 엔터테인먼트로 사업영역을 전환함. 연결대상 자회사로는 음반제작을 하는 정글엔터테인먼트와 방송프로그램 제작을 하는 미디어에이팀, 연예인 및 기타 공인 매니지먼트업등을 영위하는 아시아문화개발과 엘앤홀딩스, 영화제작을 대행하는 씨그널픽처스 등이 있음. 무선통신사업 부문은 물적분할 후 2017년 3월 매각함. 최근 경영진들이 설립한 투자법인이 최대주주가 됨.

실적 분석

2017년 사업연도 재무제표에 대해 감사인이 감사의견 범위 제한으로 인해 '의견거절'을 제시함. 코스닥시장상장규정에 따르면 감사의견 거절은 상장폐지 사유에 해당되며, 상장폐지에 대한 통지를 받은 날로부터 7일 이내에 이의신청을 할 수 있고, 이의신청이 없는 경우 상장폐지절차가 진행됨. 이와 관련 동사는 3월 30일 이의신청서를 제출하였음. 거래소는 4월 20일까지 상장폐지 여부를 심의하며, 심의일부터 3영업일 이내에 상장폐지여부를 결정하게 됨.

현금 흐름 <단위 : 억원>

항목	2016	2017
영업활동	-12	-62
투자활동	37	-100
재무활동	-51	142
순현금흐름	-27	-14
기말현금	19	5

시장 대비 수익률

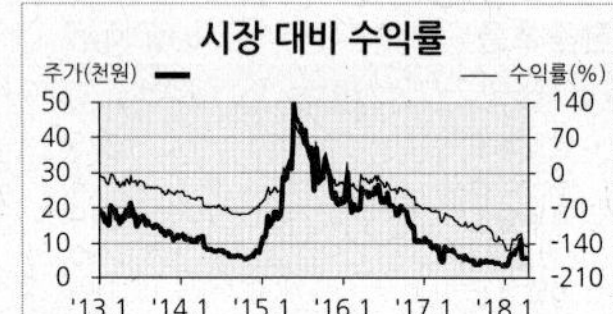

결산 실적 <단위 : 억원>

항목	2012	2013	2014	2015	2016	2017
매출액	291	241	115	142	240	313
영업이익	8	-16	-46	-56	-45	-30
당기순이익	7	-18	-55	-273	-338	-98

분기 실적 <단위 : 억원>

항목	2016.3Q	2016.4Q	2017.1Q	2017.2Q	2017.3Q	2017.4Q
매출액	75	56	119	112	47	36
영업이익	3	-53	-11	-5	-4	-9
당기순이익	-3	-218	-18	-8	-11	-62

재무 상태 <단위 : 억원>

항목	2012	2013	2014	2015	2016	2017
총자산	425	452	698	790	509	489
유형자산	82	79	214	83	9	6
무형자산	8	7	40	10	22	1
유가증권	18	5	102	228	232	185
총부채	146	144	317	495	199	194
총차입금	98	113	264	414	107	145
자본금	67	79	182	346	455	54
총자본	280	308	381	295	310	296
지배주주지분	280	308	381	295	310	296

기업가치 지표

항목	2012	2013	2014	2015	2016	2017
주가(최고/저)(천원)	2.9/1.2	2.0/0.9	1.1/0.5	4.6/0.9	2.6/0.9	11.6/3.5
PER(최고/저)(배)	72.5/30.2	—/—	—/—	—/—	—/—	—/—
PBR(최고/저)(배)	1.8/0.7	1.3/0.6	1.2/0.5	12.2/2.3	8.7/2.9	4.2/1.3
EV/EBITDA(배)	24.9	—	—	—	—	—
EPS(원)	463	-1,078	-2,173	-3,980	-3,722	-918
BPS(원)	2,108	1,978	1,056	431	344	2,777
CFPS(원)	69	-96	-207	-386	-361	-880
DPS(원)	—	—	—	—	—	—
EBITDAPS(원)	74	-78	-172	-69	-39	-244

재무 비율 <단위 : %>

연도	영업이익률	순이익률	부채비율	차입금비율	ROA	ROE	유보율	자기자본비율	EBITDA마진율
2017	-9.7	-31.4	65.5	49.1	-19.7	-32.5	455.4	60.4	-8.3
2016	-18.8	-141.0	일부잠식	일부잠식	-52.1	-111.9	-31.3	60.9	-14.7
2015	-39.2	-191.8	일부잠식	일부잠식	-36.7	-80.8	-13.8	37.4	-33.5
2014	-40.3	-48.3	83.3	69.4	-9.6	-16.1	111.3	54.6	-38.1

씨씨에스충북방송 (A066790)

KOREA CABLE TV CHUNG-BUK SYSTEM

업 종 : 미디어
신용등급 : (Bond) B (CP) —
홈페이지 : www.ccstv.co.kr
본 사 : 충북 충주시 예성로 114
시 장 : KOSDAQ
기업규모 :
연 락 처 : 043)850-7000

설 립 일	1997.07.15	**종업원수**	38명	**대표이사**	유희훈
상 장 일	2003.05.30	**감사의견**	적정(인덕)	**계 열**	
결 산 기	12월	**보 통 주**		**종속회사수**	1개사
액 면 가	500원	**우 선 주**		**구 상 호**	

주주구성 (지분율,%)		출자관계 (지분율,%)		주요경쟁사 (외형,%)	
유인무	6.7			씨씨에스	100
유홍무	3.9			키이스트	499
(외국인)	0.5			덱스터	119

매출구성		비용구성		수출비중	
방송매출	63.6	매출원가율	80.5	수출	0.0
광고매출	25.0	판관비율	24.8	내수	100.0
인터넷매출	9.4				

회사 개요

충주시, 제천시, 음성군, 괴산군, 단양군, 진천군, 증평군 등 충청지역을 대상으로 한 케이블TV 사업과 SK브로드밴드와 공동으로 초고속인터넷사업을 영위. 케이블 SO들은 기존의 아날로그 케이블TV와 초고속인터넷에 추가하여 디지털 케이블TV 및 부가 디지털서비스를 제공함에 따라 추가적인 매출 증대 가능할 것으로 판단됨. 디지털방송 런칭에 따른 콘텐츠 확보 등을 위해 프로그램 공급업체인 월드이벤트티브이의 지분을 취득함.

실적 분석

동사의 2017년 연간 매출액은 전년동기대비 1.7% 소폭 변동한 212.6억원을 기록하였음. 비용면에서 전년동기대비 매출원가는 증가 했으며 인건비는 거의 동일 했고 광고선전비는 크게 감소, 기타판매비와관리비는 감소함. 매출액은 성장했지만 원가 증가로 인해 전년동기대비 영업손실은 11.3억원으로 적자지속 하였음. 최종적으로 전년동기대비 당기순손실은 적자지속하여 71.1억원을 기록함.

현금 흐름
〈단위 : 억원〉

항목	2016	2017
영업활동	35	47
투자활동	38	-43
재무활동	-85	4
순현금흐름	-12	8
기말현금	2	10

시장 대비 수익률

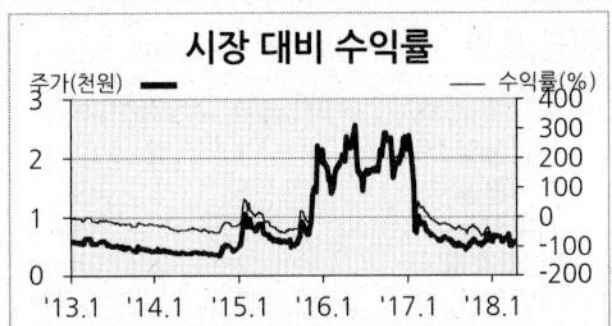

결산 실적
〈단위 : 억원〉

항목	2012	2013	2014	2015	2016	2017
매출액	298	297	270	212	209	213
영업이익	3	-21	-31	0	-6	-11
당기순이익	-3	-33	-43	-29	-14	-71

분기 실적
〈단위 : 억원〉

항목	2016.3Q	2016.4Q	2017.1Q	2017.2Q	2017.3Q	2017.4Q
매출액	52	53	52	53	55	53
영업이익	-3	3	-1	-5	-1	-5
당기순이익	-4	-9	-1	-3	-2	-65

재무 상태
〈단위 : 억원〉

항목	2012	2013	2014	2015	2016	2017
총자산	1,166	654	657	584	481	425
유형자산	531	246	229	297	280	269
무형자산	249	35	39	73	68	51
유가증권	31	28	28	—	—	—
총부채	763	299	300	231	116	113
총차입금	429	215	223	175	84	70
자본금	326	326	371	396	396	405
총자본	403	355	357	353	365	311
지배주주지분	357	332	339	350	365	311

기업가치 지표

항목	2012	2013	2014	2015	2016	2017
주가(최고/저)(천원)	3.3/0.5	0.7/0.4	0.6/0.3	2.2/0.5	2.9/1.4	2.4/0.5
PER(최고/저)(배)	4,876.6/784.7	—/—	—/—	—/—	—/—	—/—
PBR(최고/저)(배)	6.0/1.0	1.4/0.8	1.4/0.7	5.0/1.1	6.4/3.0	6.2/1.2
EV/EBITDA(배)	18.0	17.4	22.1	44.1	45.5	13.7
EPS(원)	1	-41	-57	-17	-18	-90
BPS(원)	553	515	461	447	461	384
CFPS(원)	75	27	17	34	39	-26
DPS(원)	—	—	—	—	—	—
EBITDAPS(원)	80	35	28	52	49	49

재무 비율
〈단위 : %〉

연도	영업이익률	순이익률	부채비율	차입금비율	ROA	ROE	유보율	자기자본비율	EBITDA마진율
2017	-5.3	-33.5	일부잠식	일부잠식	-15.7	-21.1	-23.1	73.3	18.3
2016	-2.9	-6.9	일부잠식	일부잠식	-2.7	-3.9	-7.9	75.8	18.7
2015	0.2	-13.5	일부잠식	일부잠식	-4.6	-3.9	-10.7	60.4	19.0
2014	-11.5	-16.0	일부잠식	일부잠식	-6.6	-11.4	-7.8	54.3	6.8

씨아이에스 (A222080)

Creative & Innovative System

업 종 : 전자 장비 및 기기
신용등급 : (Bond) — (CP) —
홈페이지 : www.cisro.co.kr
본 사 : 대구시 동구 팔공로47길 37(봉무동)
시 장 : KOSDAQ
기업규모 : 중견
연 락 처 : 053)593-1552

설 립 일	2015.05.22	**종업원수**	76명	**대표이사**	김수하
상 장 일	2015.09.02	**감사의견**	적정(보명)	**계 열**	
결 산 기	12월	**보 통 주**		**종속회사수**	1개사
액 면 가	100원	**우 선 주**		**구 상 호**	한국3호스팩

주주구성 (지분율,%)		출자관계 (지분율,%)		주요경쟁사 (외형,%)	
김수하	22.4	심천시지혜역덕능원장비유한회사	49.0	씨아이에스	100
엘비인베스트먼트	7.9			엔에스	161
(외국인)	0.4			파크시스템스	126

매출구성		비용구성		수출비중	
		매출원가율	85.0	수출	85.0
		판관비율	33.3	내수	15.0

회사 개요

동사는 한국제3호기업인수목적 주식회사 가 2017년 1월 12일 합병등기완료되어 상호 변경된 법인이며, 합병비율에 의한 합병신주를 2017년 1월 20일 한국거래소 코스닥시장에 상장하였음. 동사는 리튬 이차전지 생산을 위한 전극 제조관련 장비를 전문적으로 제작하는 업체이며, 이에 해당되는 설비로서는 Coater, Calender, Slitter, Tape Laminator 및 기타설비로 분류할 수 있음.

실적 분석

동사의 2017년 연결기준 연간 누적 매출액은 중국시장 영업 환경 악화 및 검수지연에 따른 매출확정 지연으로 인해 전년동기 대비 65.7% 감소한 261.2억원을 기록함. 영업이익은 진행중인 수주로 판관비가 증가하며 전년동기 대비 적자전환, 48.0억원의 손실을 기록함. 스팩합병에 따른 합병비용의 발생과 환율 하락에 따른 환차비용으로 인해 당기순이익 또한 전년동기 대비 적자전환하여 75.1억원의 손실을 기록함.

현금 흐름
〈단위 : 억원〉

항목	2016	2017
영업활동	-12	-101
투자활동	3	-10
재무활동	-0	162
순현금흐름	-9	44
기말현금	146	191

시장 대비 수익률

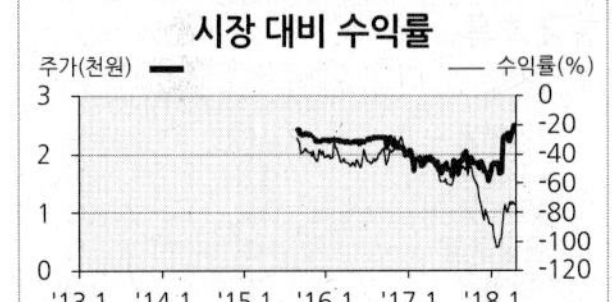

결산 실적
〈단위 : 억원〉

항목	2012	2013	2014	2015	2016	2017
매출액	429	218	116	144	761	261
영업이익	69	5	-12	13	103	-48
당기순이익	58	7	-6	16	86	-75

분기 실적
〈단위 : 억원〉

항목	2016.3Q	2016.4Q	2017.1Q	2017.2Q	2017.3Q	2017.4Q
매출액	64	345	5	61	27	168
영업이익	-4	40	-23	-8	-10	-6
당기순이익	-2	38	-54	-1	-4	-16

재무 상태
〈단위 : 억원〉

항목	2012	2013	2014	2015	2016	2017
총자산	329	300	317	669	870	1,106
유형자산	98	97	94	119	99	108
무형자산	5	5	4	8	6	8
유가증권	2	120	99	25	15	11
총부채	90	50	76	411	528	634
총차입금	20	20	20	29	36	20
자본금	17	17	17	17	17	54
총자본	240	249	241	258	342	472
지배주주지분	240	249	241	257	339	463

기업가치 지표

항목	2012	2013	2014	2015	2016	2017
주가(최고/저)(천원)	—/—	—/—	—/—	2.4/2.2	2.4/2.0	2.1/1.5
PER(최고/저)(배)	0.0/0.0	0.0/0.0	—/—	75.3/69.4	13.9/11.6	—/—
PBR(최고/저)(배)	0.0/0.0	0.0/0.0	42.7/21.6	4.6/4.3	3.4/2.9	2.4/1.7
EV/EBITDA(배)	—	—	—	—	0.2	—
EPS(원)	118	14	-12	32	171	-142
BPS(원)	7,186	7,477	7,218	7,715	10,173	876
CFPS(원)	1,821	311	-88	564	2,667	-134
DPS(원)	—	—	—	—	—	—
EBITDAPS(원)	2,142	257	-274	493	3,216	-85

재무 비율
〈단위 : %〉

연도	영업이익률	순이익률	부채비율	차입금비율	ROA	ROE	유보율	자기자본비율	EBITDA마진율
2017	-18.4	-28.7	134.4	4.2	-7.6	-18.4	776.0	42.7	-17.0
2016	13.5	11.3	154.5	10.5	11.2	28.3	1,934.6	39.3	14.1
2015	9.3	10.9	159.2	11.2	3.2	6.3	1,443.0	38.6	11.4
2014	-10.6	-5.3	31.6	8.3	—	—	1,343.7	76.0	-7.9

씨아이테크 (A004920)

CITECH COLTD

업　　종 : IT 서비스　　시　　장 : 거래소
신용등급 : (Bond) —　　(CP) —　　기업규모 : 시가총액 소형주
홈페이지 : www.citech.kr　　연 락 처 : 02)410-9607
본　　사 : 서울시 송파구 송파구 양재대로 932 가락몰 업무동 11층 동관

설 립 일	1967.01.17	**종업원수**	50명	**대표이사**	김종서
상 장 일	1989.11.30	**감사의견**	적정(이현)	**계　열**	
결 산 기	12월	**보 통 주**		**종속회사수**	4개사
액 면 가	500원	**우 선 주**		**구 상 호**	삼영홀딩스

주주구성 (지분율,%)		출자관계 (지분율,%)		주요경쟁사 (외형,%)	
에스엔텍	14.4	나이콤	100.0	씨아이테크	100
김대영	1.6	로드와이즈	100.0	쌍용정보통신	672
(외국인)	1.3	엠오디	67.9	케이엘넷	168

매출구성		비용구성		수출비중	
시스템 외(상품)	99.3	매출원가율	62.3	수출	0.4
중간재 등(기타)	0.7	판관비율	51.0	내수	99.6

회사 개요

주력사업이었던 SI사업은 경기 침체에 따른 수주상황 악화와 실적부진에 따라 일시적 중단 상태. IT 관련기기의 유통사업 및 의료환경 개선 및 병원선진화를 위한 개인형 Meditainment Service용 단말기의 제조, 판매사업, SMS서비스사업, 도서관리자동화시스템 사업, 무인자동증명발급기 등 키오스크 관련 사업을 전개 중. 이 외에 산업용 소재 유통사업, 부동산사업 영위.

실적 분석

동사의 2017년 연간 매출액은 전년동기대비 17.3% 상승한 217.3억원을 기록하였음. 투자회사의 지분가치 상승제고를 위하여 병상용 멀티미디어 단말기를 제조, 판매, 서비스하는 엠오디에 대여금채권을 대용납입하는 방법으로 유상증자에 참여하여 종속회사로 편입하였음. 전년동기대비 영업손실은 29억원으로 적자지속 하고 있으나 회사는 점진적으로 발전할 것이라 기대중임.

현금 흐름 〈단위 : 억원〉

항목	2016	2017
영업활동	-8	9
투자활동	-12	-76
재무활동	18	103
순현금흐름	-3	36
기말현금	26	62

시장 대비 수익률

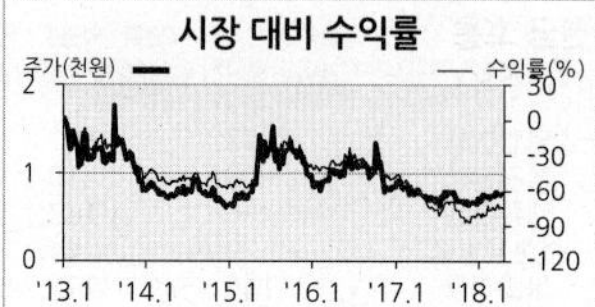

결산 실적 〈단위 : 억원〉

항목	2012	2013	2014	2015	2016	2017
매출액	59	75	135	213	185	217
영업이익	-14	-11	-17	10	-9	-29
당기순이익	-72	-8	-35	11	-15	-112

분기 실적 〈단위 : 억원〉

항목	2016.3Q	2016.4Q	2017.1Q	2017.2Q	2017.3Q	2017.4Q
매출액	27	60	59	45	45	68
영업이익	-11	8	-0	-17	-14	2
당기순이익	-12	1	-1	-28	-2	-81

재무 상태 〈단위 : 억원〉

항목	2012	2013	2014	2015	2016	2017
총자산	179	265	282	402	398	383
유형자산	107	140	124	121	119	185
무형자산	1	8	5	9	12	14
유가증권	14	20	24	44	19	23
총부채	6	70	97	109	55	162
총차입금	—	47	72	63	8	103
자본금	88	101	121	185	224	224
총자본	173	195	185	293	344	220
지배주주지분	173	195	181	285	332	223

기업가치 지표

항목	2012	2013	2014	2015	2016	2017
주가(최고/저)(천원)	3.6/0.9	1.8/0.8	1.0/0.6	1.5/0.6	1.4/0.8	0.9/0.6
PER(최고/저)(배)	—/—	—/—	—/—	48.1/19.6	—/—	—/—
PBR(최고/저)(배)	3.7/0.9	1.8/0.8	1.3/0.8	1.9/0.8	1.8/1.0	1.8/1.2
EV/EBITDA(배)	—	—	—	26.5	—	—
EPS(원)	-448	-45	-170	32	-36	-242
BPS(원)	983	965	747	807	771	527
CFPS(원)	-447	-25	-140	44	-25	-206
DPS(원)	—	—	—	—	—	—
EBITDAPS(원)	-86	-43	-55	41	-10	-28

재무 비율 〈단위 : %〉

연도	영업이익률	순이익률	부채비율	차입금비율	ROA	ROE	유보율	자기자본비율	EBITDA마진율
2017	-13.4	-51.5	일부잠식	일부잠식	-28.7	-39.1	5.4	57.6	-5.8
2016	-4.6	-8.3	15.9	2.5	-3.8	-4.9	54.2	86.3	-2.2
2015	4.8	5.2	37.2	21.6	3.2	4.7	61.3	72.9	6.6
2014	-12.9	-25.9	52.5	38.7	-12.7	-18.5	49.5	65.6	-8.4

씨알푸드 (A236030)

Ssial Food

업　　종 : 식료품　　시　　장 : KONEX
신용등급 : (Bond) —　　(CP) —　　기업규모 : —
홈페이지 : www.crfood.co.kr　　연 락 처 : 043)645-4100
본　　사 : 충북 제천시 바이오밸리1로 85

설 립 일	2007.09.19	**종업원수**	명	**대표이사**	이상범
상 장 일	2017.12.14	**감사의견**	적정(서린)	**계　열**	
결 산 기	12월	**보 통 주**		**종속회사수**	
액 면 가	—	**우 선 주**		**구 상 호**	

주주구성 (지분율,%)		출자관계 (지분율,%)		주요경쟁사 (외형,%)	
이상범	40.4			씨알푸드	100
SGI세컨더리투자조합제2호	20.2			골드퍼시픽	70
				아이에스이커머스	212

매출구성		비용구성		수출비중	
시리얼	76.5	매출원가율	69.2	수출	3.8
바	23.5	판관비율	16.9	내수	96.2

회사 개요

2007년 9월 설립된 동사는 곡물가공식품시장에서 주요제품인 노브랜드시리얼, 콘플레져, 우리쌀프레이크, 미미담 등을 제조 및 판매하고 있음. 국내 최초로 순수 국내기술 기반의 시리얼 생산을 시작해 국내 시리얼 제품 중에서 로열티를 지급하지 않고 독자적인 기술로 시리얼 제품 생산과 판매가 가능함. 2009년 5월 이마트 납품을 시작으로 중국 월마트에 납품을 개시하는 등 거래처 늘려 사업을 확장 중. 매출은 시리얼 76.5%, 바 23.5%.

실적 분석

동사의 2017년 연결 기준 연간 누적 매출액은 172.4억원으로 전년 동기(106.7억원) 대비 큰 폭으로 늘어남. 매출이 늘어나면서 매출원가와 판관비도 늘었지만 매출 증가에 따른 고정비용 감소효과로 인해 영업이익은 전년동기(5.4억원) 대비 4배 이상 증가한 23.8억원을 시현함. 법인세 비용 부담이 다소 늘었지만 영업이익 증가 폭이 커 당기순이익은 전년동기(0.5억원) 대비 크게 늘어난 15.4억원을 시현함.

현금 흐름 *IFRS 별도 기준 〈단위 : 억원〉

항목	2016	2017
영업활동	3	26
투자활동	-5	-36
재무활동	3	32
순현금흐름	2	22
기말현금	5	27

시장 대비 수익률

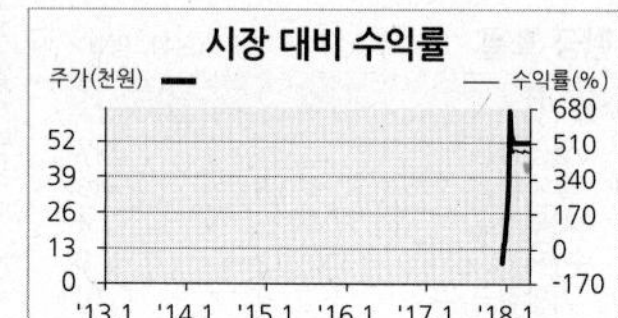

결산 실적 〈단위 : 억원〉

항목	2012	2013	2014	2015	2016	2017
매출액	—	—	85	101	107	172
영업이익	—	—	5	-15	5	24
당기순이익	—	—	2	-18	1	15

분기 실적 *IFRS 별도 기준 〈단위 : 억원〉

항목	2016.3Q	2016.4Q	2017.1Q	2017.2Q	2017.3Q	2017.4Q
매출액	—	—	—	—	—	—
영업이익	—	—	—	—	—	—
당기순이익	—	—	—	—	—	—

재무 상태 *IFRS 별도 기준 〈단위 : 억원〉

항목	2012	2013	2014	2015	2016	2017
총자산	—	—	100	94	111	161
유형자산	—	—	45	58	56	84
무형자산	—	—	2	4	5	5
유가증권	—	—	—	—	—	—
총부채	—	—	71	84	84	99
총차입금	—	—	59	67	65	77
자본금	—	—	9	9	10	11
총자본	—	—	29	11	27	62
지배주주지분	—	—	29	11	27	62

기업가치 지표 *IFRS 별도 기준

항목	2012	2013	2014	2015	2016	2017
주가(최고/저)(천원)	—/—	—/—	—/—	—/—	—/—	—/—
PER(최고/저)(배)	0.0/0.0	0.0/0.0	0.0/0.0	0.0/0.0	0.0/0.0	20.6/9.0
PBR(최고/저)(배)	0.0/0.0	0.0/0.0	0.0/0.0	0.0/0.0	0.0/0.0	5.5/2.4
EV/EBITDA(배)	0.0	0.0	3.4	—	5.5	11.5
EPS(원)	—	—	119	-976	28	768
BPS(원)	—	—	1,539	563	1,356	2,857
CFPS(원)	—	—	357	-710	317	1,148
DPS(원)	—	—	—	—	—	—
EBITDAPS(원)	—	—	511	-556	579	1,570

재무 비율 〈단위 : %〉

연도	영업이익률	순이익률	부채비율	차입금비율	ROA	ROE	유보율	자기자본비율	EBITDA마진율
2017	13.8	8.9	158.7	124.2	11.3	34.6	471.4	38.7	18.3
2016	5.1	0.5	313.7	241.5	0.5	2.8	171.2	24.2	10.2
2015	-15.3	-18.2	789.2	634.2	-18.9	-92.9	12.6	11.3	-10.4
2014	6.0	2.6	244.6	202.8	0.0	0.0	207.8	29.0	11.3

씨앗 (A103660)
CIAAT

업 종 : 화학
신용등급 : (Bond) — (CP) —
홈페이지 : www.ciaat.net
본 사 : 광주시 광산구 평동산단로169번길 40
시 장 : KONEX
기업규모 : —
연 락 처 : 062)940-7200

설 립 일	2006.04.12	**종업원수**	127명	**대표이사**	김환기
상 장 일	2015.06.22	**감사의견**	적정(삼원)	**계 열**	
결 산 기	12월	**보 통 주**		**종속회사수**	
액 면 가	—	**우 선 주**		**구 상 호**	

주주구성 (지분율,%)		출자관계 (지분율,%)	주요경쟁사 (외형,%)	
김환기	44.7		씨앗	100
지에스자산운용	3.8		바이오시네틱스	1
			진양폴리	87

매출구성		비용구성		수출비중	
기타	74.3	매출원가율	78.8	수출	84.9
CW0618(기타)	17.5	판관비율	13.8	내수	15.1
SK6146(기타)	4.2				

회사 개요

동사는 화학제품 제조업을 영위하는 회사로, 사진출력용 포토프린터에 소모되는 잉크리본 및 수상지와 신분증 발급에 필요한 카드프린터에 소모되는 컬러리본과 홀로그램을 생산하고 있음. 동사의 주요 매출처 상위 4~5개 업체가 전체 매출액의 50% 이상을 차지하고 있어 매출처와의 거래 지속 가능성에 따라 매출 실적이 크게 변동될 수 있음. 2015년 06월 22일 코넥스 시상에 상장됨.

실적 분석

동사의 2017년 매출액은 271.6억원으로 전년 220.4억원 대비 소폭 감소함. 영업이익은 20.1억원으로 전년 16.5억원보다 늘어남. 동사의 사업부문에서는 일본의 DNP가 전체시장의 80%를 점유하고 있으며 동사는 1% 가량을 점유하고 있음. 프린터 시장은 모바일 시장의 확대로 인해 다양한 규격으로 다변화되고 있으며, 급변하는 시장상황에 뒤쳐지지 않기 위해 지속적인 연구개발을 진행 중임.

현금 흐름 *IFRS 별도 기준 〈단위 : 억원〉

항목	2016	2017
영업활동	27	-21
투자활동	-26	-18
재무활동	7	36
순현금흐름	8	-3
기말현금	8	5

시장 대비 수익률

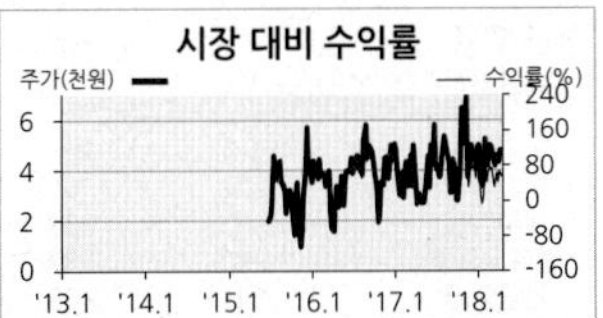

결산 실적 〈단위 : 억원〉

항목	2012	2013	2014	2015	2016	2017
매출액	121	131	178	191	220	272
영업이익	10	-30	11	-3	17	20
당기순이익	1	-83	2	-15	6	16

분기 실적 *IFRS 별도 기준 〈단위 : 억원〉

항목	2016.3Q	2016.4Q	2017.1Q	2017.2Q	2017.3Q	2017.4Q
매출액	—	—	—	—	—	—
영업이익	—	—	—	—	—	—
당기순이익	—	—	—	—	—	—

재무 상태 *IFRS 별도 기준 〈단위 : 억원〉

항목	2012	2013	2014	2015	2016	2017
총자산	283	215	261	259	276	315
유형자산	124	118	112	111	111	114
무형자산	56	20	19	22	34	28
유가증권	0	0	0	0	0	0
총부채	179	195	238	237	238	205
총차입금	158	169	194	178	174	153
자본금	21	21	21	22	23	29
총자본	103	20	22	22	38	110
지배주주지분	103	20	22	22	38	110

기업가치 지표 *IFRS 별도 기준

항목	2012	2013	2014	2015	2016	2017
주가(최고/저)(천원)	—/—	—/—	—/—	5.7/0.9	5.8/1.2	7.0/2.3
PER(최고/저)(배)	0.0/0.0	0.0/0.0	0.0/0.0	—/—	45.2/9.4	24.0/8.0
PBR(최고/저)(배)	0.0/0.0	0.0/0.0	0.0/0.0	11.2/1.7	7.0/1.5	3.7/1.2
EV/EBITDA(배)	5.4	—	9.9	35.9	9.8	7.9
EPS(원)	36	-2,019	57	-365	128	292
BPS(원)	2,502	483	540	509	833	1,903
CFPS(원)	503	-1,571	242	-122	391	569
DPS(원)	—	—	—	—	—	—
EBITDAPS(원)	701	-270	458	166	638	649

재무 비율 〈단위 : %〉

연도	영업이익률	순이익률	부채비율	차입금비율	ROA	ROE	유보율	자기자본비율	EBITDA마진율
2017	7.4	5.8	185.9	139.1	5.3	21.2	280.6	35.0	12.9
2016	7.5	2.6	620.4	453.2	2.1	18.7	66.5	13.9	12.8
2015	-1.7	-8.0	1,058.0	795.9	-5.9	-68.6	1.8	8.6	3.7
2014	6.3	1.3	1,067.3	868.5	1.0	11.2	8.0	8.6	10.6

씨앤에스링크 (A245450)
CNSLINK

업 종 : 자동차부품
신용등급 : (Bond) — (CP) —
홈페이지 : www.cns-link.co.kr
본 사 : 경기도 성남시 분당구 방아로 16번길 11 3층(이매동, 메카텍빌딩)
시 장 : KONEX
기업규모 : —
연 락 처 : 070)8786-6458

설 립 일	2000.09.20	**종업원수**	35명	**대표이사**	안상태
상 장 일	2016.06.24	**감사의견**	적정(지성)	**계 열**	
결 산 기	12월	**보 통 주**		**종속회사수**	
액 면 가	—	**우 선 주**		**구 상 호**	

주주구성 (지분율,%)		출자관계 (지분율,%)	주요경쟁사 (외형,%)	
안상태	33.1		씨앤에스링크	100
김수석	9.6		팅크웨어	901
			미동앤씨네마	128

매출구성		비용구성		수출비중	
Navi	69.1	매출원가율	82.2	수출	14.7
LTE Router	15.9	판관비율	18.9	내수	85.3
블랙박스	13.7				

회사 개요

동사는 2006년 내비게이션 시장에 진출하여 자체 브랜드인 'MyDean'을 통해 주력사업으로 성장시켰으며 현재까지 영위하고 있음. 또 2012년 내비게이션 제조기술을 바탕으로 블랙박스를 출시하였으며, IoT시장의 성장에 따라 발전가능성이 높을 것으로 기대하는 LTE Router사업은 2013년도에 진출. 동사는 앞으로 각각의 산업의 특성을 고려한 사업전개를 지속해 나감과 동시에 무선통신 기술을 통해 사업 간 시너지 창출 기대.

실적 분석

코넥스 상장업체인 동사의 2017년 연결기준 누적 매출액은 219.6억원을 기록하며 전년동기 대비 11.2% 외형 성장 시현. 그러나 영업손실 2.4억원, 비영업손실 3.6억원을 기록, 당기순손실 또한 6.3억원을 기록하며 수익성 대폭 악화. 다만 특수 목적형 다채널 블랙박스를 개발하여 화물차 전용 5채널 블랙박스를 시장에 출시하였고 버스/화물차량 대상에서 대규모 놀이동산(현재 에버랜드 납품 중), 관광지를 대상으로 제안 영업을 확대하는 중

현금 흐름 *IFRS 별도 기준 〈단위 : 억원〉

항목	2016	2017
영업활동	-16	7
투자활동	-4	-5
재무활동	17	1
순현금흐름	-3	3
기말현금	3	5

시장 대비 수익률

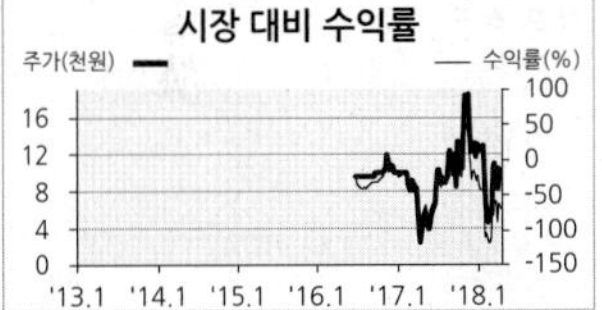

결산 실적 〈단위 : 억원〉

항목	2012	2013	2014	2015	2016	2017
매출액	—	198	209	217	197	220
영업이익	—	5	5	6	1	-2
당기순이익	—	5	5	6	-9	-6

분기 실적 *IFRS 별도 기준 〈단위 : 억원〉

항목	2016.3Q	2016.4Q	2017.1Q	2017.2Q	2017.3Q	2017.4Q
매출액	—	—	—	—	—	—
영업이익	—	—	—	—	—	—
당기순이익	—	—	—	—	—	—

재무 상태 *IFRS 별도 기준 〈단위 : 억원〉

항목	2012	2013	2014	2015	2016	2017
총자산	—	85	86	92	96	96
유형자산	—	5	6	6	6	5
무형자산	—	9	13	15	13	14
유가증권	—	—	—	—	—	—
총부채	—	53	50	51	59	63
총차입금	—	27	28	26	40	38
자본금	—	3	3	3	5	5
총자본	—	31	36	42	36	32
지배주주지분	—	31	36	42	36	32

기업가치 지표 *IFRS 별도 기준

항목	2012	2013	2014	2015	2016	2017
주가(최고/저)(천원)	—/—	—/—	—/—	—/—	—/—	—/—
PER(최고/저)(배)	0.0/0.0	0.0/0.0	0.0/0.0	0.0/0.0	—/—	—/—
PBR(최고/저)(배)	0.0/0.0	0.0/0.0	0.0/0.0	0.0/0.0	3.8/2.8	6.9/0.7
EV/EBITDA(배)	0.0	3.2	2.5	1.9	21.1	53.6
EPS(원)	—	770	777	922	-913	-601
BPS(원)	—	52,413	60,179	69,599	3,496	3,096
CFPS(원)	—	11,747	13,755	16,733	-280	-71
DPS(원)	—	—	—	—	—	—
EBITDAPS(원)	—	12,558	14,756	17,760	711	303

재무 비율 〈단위 : %〉

연도	영업이익률	순이익률	부채비율	차입금비율	ROA	ROE	유보율	자기자본비율	EBITDA마진율
2017	-1.1	-2.8	196.7	119.5	-6.5	-18.2	519.1	33.7	1.4
2016	0.4	-4.4	163.3	110.2	-9.1	-22.0	599.2	38.0	3.4
2015	2.8	2.5	121.5	61.7	6.2	14.2	1,292.0	45.2	4.9
2014	2.5	2.2	137.3	76.7	5.5	13.8	1,103.6	42.1	4.2

*관리종목

씨앤에스자산관리 (A032040)

C&S

업종 : 상업서비스 | 시장 : KOSDAQ
신용등급 : (Bond) — (CP) — | 기업규모 :
홈페이지 : www.cnsamc.com | 연락처 : 02)732-9676
본사 : 서울시 종로구 사직로 130, 적선현대빌딩 907호

설립일	1980.01.08	**종업원수**	5,365명	**대표이사**	구본철
상장일	1997.01.23	**감사의견**	거절(불확실성)(삼일)	**계열**	
결산기	12월	**보통주**		**종속회사수**	6개사
액면가	2,500원	**우선주**		**구상호**	

주주구성 (지분율,%)		출자관계 (지분율,%)		주요경쟁사 (외형,%)	
박필선	10.4	에이치비관광리조트	100.0	C&S자산관리	100
신영자산운용	2.3	에이치비종합레포츠	100.0	인선이엔티	79
(외국인)	1.0	에이치비힐링타운	100.0	코엔텍	30

매출구성		비용구성		수출비중	
시설미화(용역)	48.9	매출원가율	94.6	수출	#VALUE!
경비(용역)	22.1	판관비율	9.3	내수	100.0
특수경비(용역)	13.0				

회사 개요

동사는 1980년 설립된 빌딩종합관리업체로 시설관리부문, 청소부문, 일반경비 및 특수경비부문, 주택사업부문과 BTL사업부문을 병행함. 외국계 기업 뿐 아니라 공공기관 건물, 의료기관, 일반 사무실, 백화점, 상가, 복합 공동주택까지 다양하게 실시됨. 사업시설관리 및 사업지원서비스업 산업으로 등록 상장된 16개 회사 중 자산총계 기준 8위, 매출액 기준 5위로 집계됨.

실적 분석

동사의 2017년 4분기 기준 누적 매출액은 2,022.2억원으로 전년 동기(2,172.9억원) 대비 6.9% 감소함. 영업손실을 80.4억원으로 전년보다 적자 폭이 확대됨. 당기순손실은 317.6억원으로 적자지속되고 있는 상황. 동사는 존속능력에 대한 불확실성으로 인한 '의견거절' 사유로 관리종목으로 지정돼있는 상황. 최근 회생개시절차 신청서를 서울회생법원에 접수한 상태.

현금 흐름 <단위 : 억원>

항목	2016	2017
영업활동	81	-0
투자활동	-380	-73
재무활동	192	94
순현금흐름	-107	21
기말현금	38	60

시장 대비 수익률

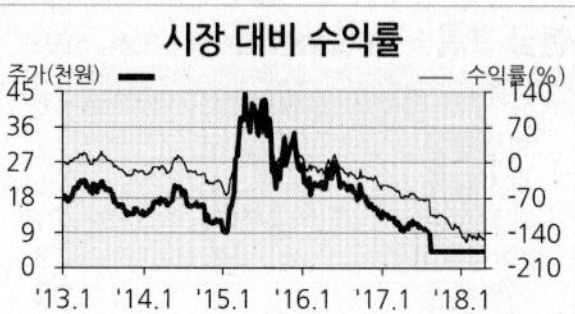

결산 실적 <단위 : 억원>

항목	2012	2013	2014	2015	2016	2017
매출액	1,113	1,501	1,686	2,121	2,173	2,022
영업이익	55	63	-9	2	-47	-80
당기순이익	154	5	-95	-104	-257	-318

분기 실적 <단위 : 억원>

항목	2016.3Q	2016.4Q	2017.1Q	2017.2Q	2017.3Q	2017.4Q
매출액	558	524	504	531	506	481
영업이익	5	-76	1	-43	-26	-13
당기순이익	-28	-213	-14	-200	-104	1

재무 상태 <단위 : 억원>

항목	2012	2013	2014	2015	2016	2017
총자산	888	1,727	2,988	3,093	3,272	2,221
유형자산	60	1,064	2,183	2,215	2,307	42
무형자산	6	37	39	37	7	1
유가증권	419	219	109	96	97	85
총부채	307	1,211	2,586	2,522	2,884	2,097
총차입금	76	895	1,819	1,470	1,553	287
자본금	411	439	471	714	714	184
총자본	581	516	401	571	388	124
지배주주지분	578	517	414	617	380	124

기업가치 지표

항목	2012	2013	2014	2015	2016	2017
주가(최고/저)(천원)	4.5/2.0	4.6/2.7	4.2/2.2	9.1/1.8	5.4/2.6	14.5/4.4
PER(최고/저)(배)	5.9/2.8	60.9/34.8	—/—	—/—	—/—	—/—
PBR(최고/저)(배)	1.5/0.7	1.7/1.0	1.8/1.0	4.0/0.8	3.7/1.8	8.5/2.6
EV/EBITDA(배)	7.1	17.8	216.3	69.1	—	—
EPS(원)	4,142	398	-1,932	-1,288	-4,051	-4,585
BPS(원)	3,689	3,030	2,365	2,285	1,460	1,706
CFPS(원)	1,000	137	-291	-121	-674	-3,990
DPS(원)	375	150	—	125	—	—
EBITDAPS(원)	388	412	49	145	-26	-655

재무 비율 <단위 : %>

연도	영업이익률	순이익률	부채비율	차입금비율	ROA	ROE	유보율	자기자본비율	EBITDA 마진율
2017	-4.0	-15.7	일부잠식	일부잠식	-11.6	-117.0	-31.8	5.6	-2.1
2016	-2.2	-11.8	일부잠식	일부잠식	-8.1	-46.6	-41.6	11.9	-0.3
2015	0.1	-4.9	일부잠식	일부잠식	-3.4	-13.7	-8.6	18.5	1.9
2014	-0.5	-5.6	일부잠식	일부잠식	-4.0	-15.7	-5.4	13.4	0.6

씨앤에이치 (A023460)

CNH

업종 : 소비자 금융 | 시장 : KOSDAQ
신용등급 : (Bond) — (CP) — | 기업규모 : 중견
홈페이지 : www.cnhholdings.com | 연락처 : 02)3287-0700
본사 : 경기도 부천시 원미구 상일로 120, 송내리더스텔 411호

설립일	1989.08.23	**종업원수**	8명	**대표이사**	임영기,김양수
상장일	1994.10.07	**감사의견**	적정(영앤진)	**계열**	
결산기	12월	**보통주**		**종속회사수**	4개사
액면가	2,500원	**우선주**		**구상호**	

주주구성 (지분율,%)		출자관계 (지분율,%)		주요경쟁사 (외형,%)	
그래닛홀딩스	57.0	씨앤에이치하스피탈러티	100.0	CNH	100
CNH우리사주조합	5.0	씨앤에이치프리미어렌탈	100.0	삼성카드	24,857
(외국인)	1.4	씨앤에이치파트너스	100.0	텍셀네트컴	3,282

수익구성		비용구성		수출비중	
이자수익	32.7	이자비용	17.4	수출	—
수수료수익	29.0	파생상품손실	0.0	내수	—
금융상품 관련이익	25.0	판관비	19.9		

회사 개요

동사는 1989년에 여신전문금융업을 영위하기 위하여 설립되어 2009년 물적분할해 지주회사로 전환함. 계열회사로는 동사의 지분 56.9%를 보유한 지배회사 그래닛홀딩스를 비롯해 재무제표 연결 대상인 종속회사로 여신금융업체인 씨앤에이치캐피탈㈜, 여의도 메리어트 호텔을 운영하는 씨앤에이치하스피탤러티㈜, 자동차 렌탈업을 하는 씨앤에이치프리미어렌탈㈜, 경영컨설팅 업체 씨앤에이치파트너스 등 총 7개가 있음.

실적 분석

동사의 2017년 매출과 영업이익은 으로 전년 대비 각각 557억원, 127억원으로 전년(매출 784억원, 영업이익 478억원) 대비 감소함. 동사가 전략적 의사결정을 통해 2016년 중 동사가 보유한 프리미어모터스 지분 일부를 매도해 계열회사에서 제외된 영향임. 각 계열회사 및 관계사들의 실적은 양호한 흐름을 지속하고 있음. 동사는 향후 큰 폭의 성장이 예상되는 회사를 신규 관계사로 편입해 추가적인 미래 성장 동력을 확보하는 데 주력하고 있음

현금 흐름 <단위 : 억원>

항목	2016	2017
영업활동	104	163
투자활동	728	-67
재무활동	-929	-133
순현금흐름	-97	-37
기말현금	240	203

시장 대비 수익률

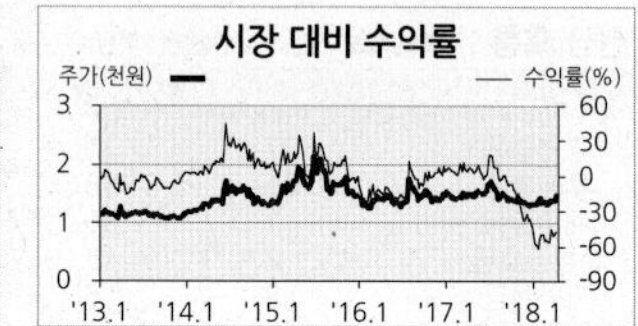

결산 실적 <단위 : 억원>

항목	2012	2013	2014	2015	2016	2017
순영업손익	152	405	265	230	207	121
영업이익	-102	111	2	46	48	13
당기순이익	-98	71	-26	24	32	29

분기 실적 <단위 : 억원>

항목	2016.3Q	2016.4Q	2017.1Q	2017.2Q	2017.3Q	2017.4Q
순영업손익	79	56	40	45	24	12
영업이익	43	15	12	5	-8	4
당기순이익	32	5	12	6	-4	15

재무 상태 <단위 : 억원>

항목	2012	2013	2014	2015	2016	2017
총자산	4,489	4,455	4,462	4,685	3,373	3,239
유형자산	962	977	961	964	29	26
무형자산	13	7	7	8	6	5
유가증권	615	789	1,017	1,051	833	672
총부채	3,614	3,549	3,532	3,747	2,404	2,216
총차입금	2,434	2,259	2,695	2,626	1,218	1,237
자본금	930	930	930	930	930	930
총자본	875	906	930	938	969	1,024
지배주주지분	858	905	930	938	969	1,024

기업가치 지표

항목	2012	2013	2014	2015	2016	2017
주가(최고/저)(천원)	1.6/1.1	1.4/1.1	1.8/1.2	2.3/1.3	1.8/1.3	1.7/1.3
PER(최고/저)(배)	—/—	8.1/6.0	—/—	36.0/20.0	21.7/15.3	22.6/16.9
PBR(최고/저)(배)	0.7/0.5	0.6/0.4	0.8/0.5	0.9/0.5	0.7/0.5	0.6/0.5
PSR(최고/저)(배)	0/0	0/0	0/0	0/0	3/2	5/4
EPS(원)	-260	194	-65	67	85	78
BPS(원)	2,572	2,697	2,606	2,625	2,709	2,756
CFPS(원)	715	1,186	789	752	421	243
DPS(원)	25	20	50	15	25	20
EBITDAPS(원)	-274	299	6	125	128	34

재무 비율 <단위 : %>

연도	계속사업이익률	순이익률	부채비율	차입금비율	ROA	ROE	유보율	자기자본비율	총자산증가율
2017	38.9	23.8	216.4	120.8	0.9	2.9	10.2	31.6	-4.0
2016	19.0	15.2	248.2	125.8	0.8	3.3	8.4	28.7	-28.0
2015	10.1	10.6	399.6	280.1	0.5	2.7	5.0	20.0	5.0
2014	-9.2	-9.7	379.6	289.7	-0.6	-2.6	4.2	20.9	0.2

씨앤지하이테크 (A264660)

C&G HI TECH CO

업 종 : 반도체 및 관련장비
시 장 : KOSDAQ
신용등급 : (Bond) — (CP) —
기업규모 : 벤처
홈페이지 : www.cnghitech.com
연 락 처 : 031)654-9222
본 사 : 경기도 안성시 원곡면 승량길 162

설 립 일	2002.07.16	**종업원수**	명	**대 표 이 사**	홍사문
상 장 일	2018.01.25	**감사의견**	적정(삼일)	**계 열**	
결 산 기	12월	**보 통 주**		**종속회사수**	
액 면 가	500원	**우 선 주**		**구 상 호**	

주주구성 (지분율,%)		출자관계 (지분율,%)		주요경쟁사 (외형,%)	
홍사문	29.5			씨앤지하이테크	100
씨앤지하이테크우리사주조합	8.4			에스티아이	382
(외국인)	0.3			유니테스트	224

매출구성		비용구성		수출비중	
화학약품혼합장치	44.3	매출원가율	79.7	수출	9.3
기타	17.4	판관비율	6.8	내수	90.7
화학약품재생장치	12.8				

회사 개요

2002년 7월 설립된 동사는 반도체/디스플레이 제조 공정에 필요한 화학약품을 최종 양산설비에 자동화로 공급하는 장치인 CCSS를 주요제품으로 생산하고 있음. 현상 공정에 사용되는 TMAH를 혼합하는 현상액 혼합 장치를 일본 나가세산업社(NESCO)에 OEM방식으로 공급 중. 매출구성은 화학약품 혼합장치 44.31%, 화학약품 재생장치 12.75%, 불소수지 외 10.68%, 용역 8.28%, 공사 6.61%, 기타 17.37%임.

실적 분석

동사의 2017년 매출과 영업이익, 당기순이익은 751.9억원, 102.2억원, 82.6억원으로 전년 대비 각각 69.6%, 57.2%, 50.3% 증가함. 2017년 자산총계는 339억원, 부채총계 79억원, 자본총계 260억원을 기록함. 유동비율과 부채비율은 각각 387.62%, 30.56%로 전년(212.9%, 68.77%) 대비 증가, 감소함. 법인세비용차감전순이익은 104.7억원, 금융수익 2.5억원, 판관비 50.8억원 기록함.

현금 흐름 *IFRS 별도 기준 〈단위 : 억원〉

항목	2016	2017
영업활동	95	-9
투자활동	-3	-5
재무활동	-12	-10
순현금흐름	80	-25
기말현금	140	115

시장 대비 수익률

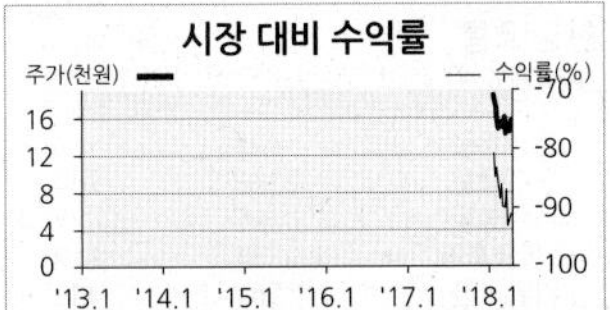

결산 실적 〈단위 : 억원〉

항목	2012	2013	2014	2015	2016	2017
매출액	225	266	336	473	443	752
영업이익	2	16	29	45	65	102
당기순이익	2	11	29	37	55	83

분기 실적 *IFRS 별도 기준 〈단위 : 억원〉

항목	2016.3Q	2016.4Q	2017.1Q	2017.2Q	2017.3Q	2017.4Q
매출액	174	—	—	—	187	—
영업이익	21	—	—	—	36	—
당기순이익	18	—	—	—	28	—

재무 상태 *IFRS 별도 기준 〈단위 : 억원〉

항목	2012	2013	2014	2015	2016	2017
총자산	103	135	137	164	256	339
유형자산	60	44	41	38	40	40
무형자산	0	0	0	0	0	0
유가증권	1	1	1	1	1	1
총부채	72	93	71	67	104	79
총차입금	54	31	22	16	9	0
자본금	11	11	11	11	14	14
총자본	31	42	67	97	152	260
지배주주지분	31	42	67	97	152	260

기업가치 지표 *IFRS 별도 기준

항목	2012	2013	2014	2015	2016	2017
주가(최고/저)(천원)	#VALUE!	—/—	—/—	—/—	—/—	—/—
PER(최고/저)(배)	0.0/0.0	0.0/0.0	0.0/0.0	0.0/0.0	0.0/0.0	0.0/0.0
PBR(최고/저)(배)	0.0/0.0	0.0/0.0	0.0/0.0	0.0/0.0	0.0/0.0	0.0/0.0
EV/EBITDA(배)	3.9	—	—	—	—	—
EPS(원)	110	489	1,072	1,348	2,007	2,898
BPS(원)	13,788	18,502	29,621	43,297	55,419	9,034
CFPS(원)	5,661	8,225	15,451	18,976	21,666	3,056
DPS(원)	—	—	—	—	—	160
EBITDAPS(원)	5,630	10,416	15,191	22,564	25,331	3,744

재무 비율 〈단위 : %〉

연도	영업이익률	순이익률	부채비율	차입금비율	ROA	ROE	유보율	자기자본비율	EBITDA마진율
2017	13.6	11.0	30.6	0.2	27.8	40.1	1,706.8	76.6	14.2
2016	14.7	12.4	68.8	5.7	26.2	44.2	1,008.4	59.3	15.7
2015	9.5	7.8	68.8	16.2	—	—	766.0	59.2	10.7
2014	8.6	8.7	106.1	33.0	21.6	54.3	492.4	48.5	10.2

씨에스 (A065770)

CS

업 종 : 통신장비
시 장 : KOSDAQ
신용등급 : (Bond) — (CP) —
기업규모 :
홈페이지 : www.cs-holdings.co.kr
연 락 처 : 031)622-3200
본 사 : 경기도 성남시 분당구 판교로228번길 15 (판교세븐벤처밸리1 씨에스동)

설 립 일	1999.02.03	**종업원수**	74명	**대 표 이 사**	최규훈,최규백
상 장 일	2004.06.04	**감사의견**	적정(삼정)	**계 열**	
결 산 기	12월	**보 통 주**		**종속회사수**	1개사
액 면 가	500원	**우 선 주**		**구 상 호**	

주주구성 (지분율,%)		출자관계 (지분율,%)		주요경쟁사 (외형,%)	
트러스트아이비1호조합	25.3	CSJAPAN	100.0	CS	100
정흥식	6.4	에이티엠모션와이드	37.5	라이트론	190
(외국인)	0.7	자모바씨엘에스	13.0	스카이문스테크놀로지	31

매출구성		비용구성		수출비중	
광중계기	70.0	매출원가율	82.4	수출	32.1
소형 ICS중계기	17.6	판관비율	13.3	내수	67.9
개발 및 설치 용역	5.3				

회사 개요

1999년 설립된 동사는 RF중계기, 광중계기 등 통신장비의 제조 및 판매를 주요 사업을 영위하고 있음. 동사는 통신 음영지역에서 미세한 기지국 신호를 증폭하여 재 방사하는 이동통신중계기와 휴대인터넷(WiBro) 중계기, 디지털방송통신 시스템 등을 국.내외 이동통신사업자 등에 공급하고 있음.동사는 2012년부터 LTE서비스와 주파수 재배치에 따른 Revision 중계기 등을 개발, 이동통신사업자에게 공급하고 있음

실적 분석

동사의 2017년 누적 매출은 433.3억원으로 전년대비 10.7% 감소, 영업이익은 18.6억원, 당기순이익은 10억원으로 전년대비 흑자전환함. 고정비 절감으로 외형축소에도 영업익 흑자전환함. 비영업손익은 적자지속되었으나 그 폭이 크게 줄어 당기순이익 흑자전환하였음. 향후 5G 서비스 도입시 통신관련한 투자 부문 증가 예상. 광중계기 중심으로 수요증가 기대. 가상현실, 인공지능 서비스를 위한 5G 투자에 대한 관심 높을 전망.

현금 흐름 〈단위 : 억원〉

항목	2016	2017
영업활동	-10	14
투자활동	10	219
재무활동	54	-240
순현금흐름	54	-8
기말현금	65	57

시장 대비 수익률

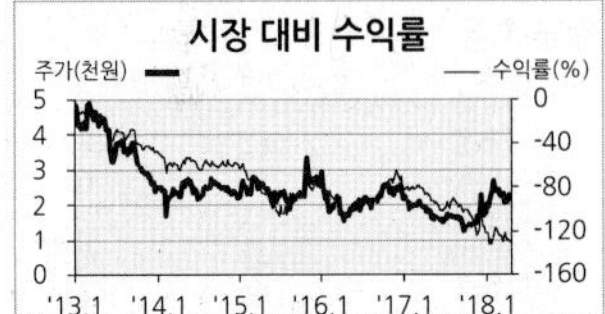

결산 실적 〈단위 : 억원〉

항목	2012	2013	2014	2015	2016	2017
매출액	822	523	855	510	485	433
영업이익	-6	-98	38	-83	-3	19
당기순이익	-23	-167	-186	-88	-78	10

분기 실적 〈단위 : 억원〉

항목	2016.3Q	2016.4Q	2017.1Q	2017.2Q	2017.3Q	2017.4Q
매출액	111	250	80	95	108	151
영업이익	2	27	-6	-4	6	22
당기순이익	-10	34	-8	-6	4	20

재무 상태 〈단위 : 억원〉

항목	2012	2013	2014	2015	2016	2017
총자산	1,180	1,113	1,233	608	549	502
유형자산	447	542	342	336	354	4
무형자산	61	45	16	15	11	14
유가증권	149	118	92	65	17	11
총부채	655	736	843	511	352	313
총차입금	496	551	484	360	239	—
자본금	60	60	60	60	94	94
총자본	526	376	390	98	197	189
지배주주지분	321	174	223	98	197	189

기업가치 지표

항목	2012	2013	2014	2015	2016	2017
주가(최고/저)(천원)	10.2/4.4	5.1/2.4	2.8/1.7	4.1/1.9	2.9/1.5	2.3/1.2
PER(최고/저)(배)	—/—	—/—	—/—	—/—	—/—	43.9/22.0
PBR(최고/저)(배)	3.2/1.4	2.5/1.1	1.1/0.7	2.9/1.3	2.8/1.4	2.3/1.2
EV/EBITDA(배)	39.8	—	10.7	—	46.3	8.8
EPS(원)	-440	-1,283	-1,203	-727	-548	53
BPS(원)	3,212	2,062	2,473	1,426	1,047	1,004
CFPS(원)	-198	-994	-878	-614	-441	123
DPS(원)	—	—	—	—	—	—
EBITDAPS(원)	188	-530	641	-581	84	169

재무 비율 〈단위 : %〉

연도	영업이익률	순이익률	부채비율	차입금비율	ROA	ROE	유보율	자기자본비율	EBITDA마진율
2017	4.3	2.3	165.4	0.0	1.9	5.2	100.7	37.7	7.4
2016	-0.7	-16.1	178.6	121.3	-13.5	-53.1	109.4	35.9	2.5
2015	-16.3	-17.2	523.0	368.8	-9.5	-54.3	185.3	16.1	-13.7
2014	4.4	-21.8	216.3	124.1	-15.9	-72.7	394.6	31.6	9.0

씨에스에이코스믹 (A083660)
CSA COSMIC

업　　종 : 건축자재　　시　　장 : KOSDAQ
신용등급 : (Bond) —　(CP) —　　기업규모 : 중견
홈페이지 : www.16brand.co.kr　　연 락 처 : 02)6203-5370
본　　사 : 서울시 강남구 학동로30길 20

설 립 일	1989.11.07	**종업원수**	162명	**대표이사**	조성아
상 장 일	2006.07.25	**감사의견**	적정(리안)	**계　열**	
결 산 기	12월	**보 통 주**		**종속회사수**	
액 면 가	500원	**우 선 주**		**구 상 호**	CSA Cosmic

주주구성 (지분율,%)		출자관계 (지분율,%)		주요경쟁사 (외형,%)	
초초스팩토리	13.8			CSA 코스믹	100
골든포우	3.7	CSACOSMICCHINA	100.0	스페코	219
(외국인)	0.9	GuangzhouZhongshangCSACosmetics	40.0	윈하이텍	218

매출구성		비용구성		수출비중	
물탱크	40.8	매출원가율	71.2	수출	—
기타 외	21.0	판관비율	59.1	내수	—
COD관	14.5				

회사 개요

동사는 합성수지건설 자재제품 제조 및 판매업과 설치공사업을 영위하고 있으며, 수질 및 환 경관련사업도 영위하고 있음. 2015년 12월 신규사업 확대를 위해 화장품 사업을 사업목적으로 추가하고 현재 10~20대 대상 색조 화장품 라인인 '16브랜드(16brand)'와 뷰티&라이프스타일 콜라보레이션을 추구하는 생활용품 전문브랜드 '원더바스(Wonderbath)'를 보유하고 있음.

실적 분석

동사의 2017년 연결기준 매출액은 전년 대비 8.8% 감소한 314.7억원을 기록한 반면, 동기간 매출원가와 판관비는 각각 6.4%, 4.2% 증가함에 따라 동사의 2017년 영업이익은 -95.3억원으로 손실규모가 확대되었음. 한편, 전년 대비 이자비용이 크게 감소하면서 비영업손실 규모는 전년과 비교해 축소되었음. 이에 따라 동사의 2017년 당기순이익은 -95.8억원으로 적자상태가 지속되었음.

현금 흐름
〈단위 : 억원〉

항목	2016	2017
영업활동	-63	-82
투자활동	-194	63
재무활동	-1	-6
순현금흐름	-258	-25
기말현금	46	21

시장 대비 수익률

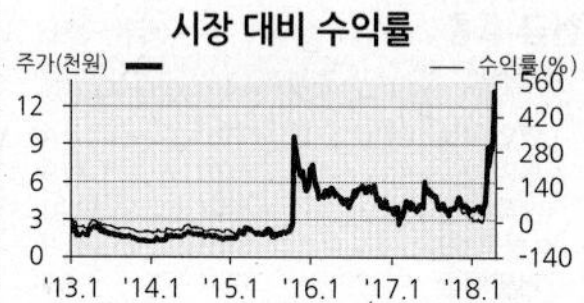

결산 실적
〈단위 : 억원〉

항목	2012	2013	2014	2015	2016	2017
매출액	320	252	186	200	345	315
영업이익	-15	6	-5	5	-44	-95
당기순이익	-86	-12	-7	3	-51	-96

분기 실적
〈단위 : 억원〉

항목	2016.3Q	2016.4Q	2017.1Q	2017.2Q	2017.3Q	2017.4Q
매출액	144	—	—	—	86	—
영업이익	5	—	—	—	-23	—
당기순이익	3	—	—	—	-23	—

재무 상태
〈단위 : 억원〉

항목	2012	2013	2014	2015	2016	2017
총자산	225	187	153	447	419	308
유형자산	55	49	36	48	61	63
무형자산	7	1	1	1	0	3
유가증권	10	3	3	3	3	23
총부채	135	100	72	212	104	71
총차입금	81	50	45	176	52	33
자본금	41	44	44	70	96	99
총자본	89	88	81	235	315	237
지배주주지분	85	88	80	235	315	237

기업가치 지표

항목	2012	2013	2014	2015	2016	2017
주가(최고/저)(천원)	3.8/1.6	2.5/1.3	2.1/1.2	12.4/1.5	7.5/3.7	6.0/2.6
PER(최고/저)(배)	—/—	—/—	—/—	362.3/44.1	—/—	—/—
PBR(최고/저)(배)	3.7/1.5	2.5/1.3	2.3/1.3	7.4/0.9	4.6/2.2	5.0/2.2
EV/EBITDA(배)	—	15.2	—	126.6	—	—
EPS(원)	-1,065	-86	-88	34	-266	-485
BPS(원)	1,038	1,008	919	1,681	1,641	1,199
CFPS(원)	-1,003	-49	-61	52	-244	-450
DPS(원)	—	—	—	—	—	—
EBITDAPS(원)	-130	110	-29	67	-208	-448

재무 비율
〈단위 : %〉

연도	영업 이익률	순 이익률	부채 비율	차입금 비율	ROA	ROE	유보율	자기자본 비율	EBITDA 마진율
2017	-30.3	-30.4	30.0	13.9	-26.4	-34.7	139.7	76.9	-28.1
2016	-12.8	-14.8	32.9	16.6	-11.8	-18.6	228.2	75.2	-11.6
2015	2.5	1.7	90.3	74.9	1.1	2.2	236.3	52.6	3.4
2014	-2.6	-3.9	89.9	55.4	-4.2	-9.2	83.9	52.7	-1.4

씨에스윈드 (A112610)
CS Wind

업　　종 : 에너지 시설 및 서비스　　시　　장 : 거래소
신용등급 : (Bond) —　(CP) —　　기업규모 : 시가총액 중형주
홈페이지 : www.cswind.com　　연 락 처 : 041)901-1800
본　　사 : 충남 천안시 서북구 동서대로 129-12 (성정동, 백석대학빌딩 4층)

설 립 일	2006.08.17	**종업원수**	82명	**대표이사**	김성권,김성섭
상 장 일	2014.11.27	**감사의견**	적정(삼일)	**계　열**	
결 산 기	12월	**보 통 주**		**종속회사수**	15개사
액 면 가	500원	**우 선 주**		**구 상 호**	

주주구성 (지분율,%)		출자관계 (지분율,%)		주요경쟁사 (외형,%)	
김성권	35.6	피앤씨글로벌	100.0	씨에스윈드	100
GSCP VI Tanker Holdings B.V.	10.8	제주풍력	25.3	한전기술	157
(외국인)	16.0	CSWINDVietnam	100.0	동국S&C	118

매출구성		비용구성		수출비중	
[풍력타워제조]제품	99.7	매출원가율	76.3	수출	—
[풍력타워제조]상품	0.2	판관비율	12.3	내수	—
[풍력타워제조]서비스 매출	0.1				

회사 개요

2006년 설립되었으며 2007년 씨에스윈드로 사명을 변경했음. 풍력발전 설비 및 제조, 관련 기술 개발, 강구조물 제작 및 설치, 풍력발전 관련 컨설팅 및 지원서비스 사업을 영위하고 있음. 동사와 자회사는 풍력발전 타워 및 풍력발전 타워용 알루미늄 플랫폼 등을 생산하고 있으며 매출은 풍력타워제조(제품) 99.75%, 풍력타워서비스매출 0.25%로 구성됨.

실적 분석

동사의 연결기준 2017년 매출액은 전년 대비 0.3% 증가한 3,122.3억원을 기록한 반면, 판관비는 인건비 및 광고선전비 감소의 영향으로 전년 동기 대비 11.8% 감소함에 따라 동기간 영업이익은 354.1억원을 기록하며 흑자전환함. 반면, 비영업손익은 금융손실의 영향으로 적자전환함. 동사의 2017년 당기순이익은 전년 대비 389.5억원을 기록하며 흑자전환에 성공함.

현금 흐름
〈단위 : 억원〉

항목	2016	2017
영업활동	481	-9
투자활동	-353	-144
재무활동	-95	77
순현금흐름	31	-112
기말현금	561	449

시장 대비 수익률

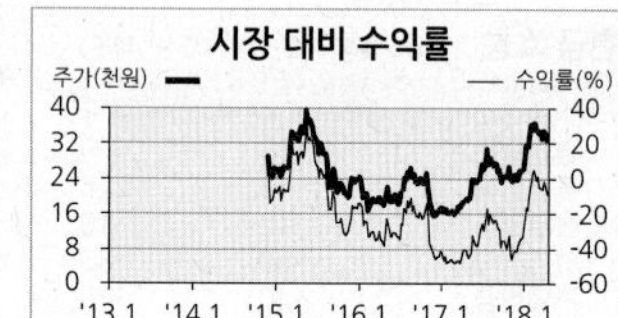

결산 실적
〈단위 : 억원〉

항목	2012	2013	2014	2015	2016	2017
매출액	3,179	2,965	3,292	2,971	3,112	3,122
영업이익	174	354	688	364	-237	354
당기순이익	142	269	571	214	-172	390

분기 실적
〈단위 : 억원〉

항목	2016.3Q	2016.4Q	2017.1Q	2017.2Q	2017.3Q	2017.4Q
매출액	518	752	666	823	1,070	563
영업이익	-44	-270	51	125	152	26
당기순이익	-74	-337	118	112	192	-32

재무 상태
〈단위 : 억원〉

항목	2012	2013	2014	2015	2016	2017
총자산	2,804	2,675	3,709	3,920	3,857	3,879
유형자산	1,207	1,147	1,106	1,177	1,188	1,492
무형자산	47	45	44	44	24	25
유가증권	2	2	—	—	—	—
총부채	1,651	1,313	734	663	871	861
총차입금	1,031	745	208	153	170	322
자본금	71	71	86	86	86	86
총자본	1,153	1,362	2,975	3,257	2,986	3,019
지배주주지분	1,153	1,362	2,975	3,255	2,984	3,017

기업가치 지표

항목	2012	2013	2014	2015	2016	2017
주가(최고/저)(천원)	—/—	—/—	31.3/22.6	39.5/18.6	26.7/15.0	31.2/15.8
PER(최고/저)(배)	0.0/0.0	0.0/0.0	8.5/6.2	33.1/15.6	—/—	14.0/7.1
PBR(최고/저)(배)	0.0/0.0	0.0/0.0	1.8/1.3	2.0/1.0	1.4/0.8	1.6/0.8
EV/EBITDA(배)	1.5	0.5	4.2	7.6	—	8.7
EPS(원)	995	1,880	3,917	1,236	-999	2,253
BPS(원)	8,070	9,533	18,753	20,398	19,302	19,628
CFPS(원)	1,798	2,790	4,777	2,008	-132	3,087
DPS(원)	—	—	700	300	200	350
EBITDAPS(원)	2,023	3,388	5,578	2,879	-502	2,882

재무 비율
〈단위 : %〉

연도	영업 이익률	순 이익률	부채 비율	차입금 비율	ROA	ROE	유보율	자기자본 비율	EBITDA 마진율
2017	11.3	12.5	28.5	10.7	10.1	13.0	3,825.6	77.8	16.0
2016	-7.6	-5.5	29.2	5.7	-4.4	-5.5	3,760.4	77.4	-2.8
2015	12.3	7.2	20.4	4.7	5.6	6.9	3,979.7	83.1	16.8
2014	20.9	17.4	24.7	7.0	17.9	26.4	3,650.7	80.2	24.7

씨에스홀딩스 (A000590)

CS Holdings

업 종 : 금속 및 광물
신용등급 : (Bond) — (CP) —
홈페이지 : www.chosunwelding.com
본 사 : 경북 포항시 남구 괴동로 43 (장흥동)

시 장 : 거래소
기업규모 : 시가총액 소형주
연 락 처 : 054)285-8221~3

설립일	1949.01.12	**종업원수**	3명	**대표이사**	장원영
상장일	1975.12.22	**감사의견**	적정(가율)	**계열**	
결산기	12월	**보통주**		**종속회사수**	5개사
액면가	5,000원	**우선주**		**구상호**	

주주구성 (지분율,%)		출자관계 (지분율,%)		주요경쟁사 (외형,%)	
장원영	53.7	씨에스로직스	100.0	CS홀딩스	100
장준영	21.3	조선선재온산	100.0	서원	213
(외국인)	1.5	조선선재	45.3	일진다이아	102

매출구성		비용구성		수출비중	
브랜드 로열티(기타)	67.4	매출원가율	74.2	수출	—
기타	32.6	판관비율	11.7	내수	—

회사 개요

동사는 용접재료 생산 및 판매를 영위할 목적으로 1949년 설립됨. 2010년 기업이 분할돼 투자사업부문을 영위하는 동사와 인적분할 신설법인인 조선선재(제조사업부 중 피복용접재료부문) 및 물적분할 신설법인인 조선선재온산(FCW용접재료)로 분할함. 동사의 주 수익원은 자회사의 배당, 브랜드 수익임. 조선선재는 용접재료 등으로 매출을 올리고 있으며, 포스코에서 원재료를 가져옴. 부재료는 전량 수입에 의존함.

실적 분석

동사의 2017년 연결 기준 결산 영업수익은 전년동기 대비 소폭 감소한 1,209.6억원을 기록함. 외형축소 및 원가율 상승과 함께 판관비중 확대 여파로 수익성 하락함에 따라 영업이익은 전년동기 대비 14.1% 감소한 170.4억원에 그침. 전방산업의 부진속에서도 외형은 비교적 선방하고 있으나, 주요 원재료가의 상승 압박을 받고 있는 상황. 비영업부문에서도 뚜렷한 개선세를 시현하지 못하여 당기순이익 또한 전년동기 대비 16.8% 감소한 모습.

현금 흐름 <단위 : 억원>

항목	2016	2017
영업활동	166	169
투자활동	-180	4
재무활동	-33	-42
순현금흐름	-46	128
기말현금	688	816

시장 대비 수익률

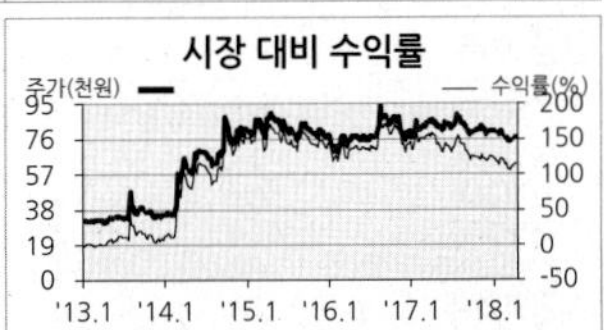

결산 실적 <단위 : 억원>

항목	2012	2013	2014	2015	2016	2017
매출액	1,471	1,441	1,416	1,390	1,231	1,210
영업이익	146	178	210	227	198	170
당기순이익	107	130	144	296	171	143

분기 실적 <단위 : 억원>

항목	2016.3Q	2016.4Q	2017.1Q	2017.2Q	2017.3Q	2017.4Q
매출액	286	294	326	302	302	279
영업이익	42	41	46	39	44	41
당기순이익	32	34	36	37	41	28

재무 상태 <단위 : 억원>

항목	2012	2013	2014	2015	2016	2017
총자산	2,182	2,339	2,604	2,849	2,939	3,024
유형자산	774	772	770	743	741	378
무형자산	301	300	257	256	256	264
유가증권	39	44	129	13	13	18
총부채	267	301	360	391	320	330
총차입금	13	13	57	88	72	82
자본금	58	58	58	58	58	58
총자본	1,915	2,038	2,244	2,459	2,619	2,694
지배주주지분	1,697	1,774	1,912	2,048	2,139	2,162

기업가치 지표

항목	2012	2013	2014	2015	2016	2017
주가(최고/저)(천원)	44.0/30.4	47.7/31.0	87.9/34.8	93.2/73.8	94.7/68.2	89.8/77.1
PER(최고/저)(배)	7.9/5.4	7.0/4.5	14.0/5.5	5.0/4.0	12.0/8.6	17.7/15.2
PBR(최고/저)(배)	0.3/0.2	0.3/0.2	0.5/0.2	0.5/0.4	0.5/0.4	0.5/0.4
EV/EBITDA(배)	0.8	0.2	2.2	0.7	0.6	0.6
EPS(원)	5,672	6,916	6,372	18,717	7,995	5,107
BPS(원)	147,157	153,885	165,835	177,576	185,481	187,469
CFPS(원)	7,856	9,015	8,433	20,534	9,866	6,969
DPS(원)	—	—	—	—	500	500
EBITDAPS(원)	14,849	17,534	20,249	21,478	19,050	16,619

재무 비율 <단위 : %>

연도	영업이익률	순이익률	부채비율	차입금비율	ROA	ROE	유보율	자기자본비율	EBITDA마진율
2017	14.1	11.8	12.3	3.0	4.8	2.7	3,649.4	89.1	15.9
2016	16.1	13.9	12.2	2.8	5.9	4.4	3,609.6	89.1	17.9
2015	16.3	21.3	15.9	3.6	10.9	10.9	3,451.5	86.3	17.8
2014	14.8	10.2	16.0	2.5	5.8	4.0	3,216.7	86.2	16.5

*관리종목

씨엔플러스 (A115530)

CNPLUS

업 종 : 디스플레이 및 관련부품
신용등급 : (Bond) — (CP) —
홈페이지 : www.icnplus.com
본 사 : 경기도 시흥시 시화벤처로 325

시 장 : KOSDAQ
기업규모 :
연 락 처 : 031)434-0976

설립일	2003.11.10	**종업원수**	83명	**대표이사**	김영식,문원식
상장일	2011.11.02	**감사의견**	적정(새시대)	**계열**	
결산기	12월	**보통주**		**종속회사수**	2개사
액면가	100원	**우선주**		**구상호**	

주주구성 (지분율,%)		출자관계 (지분율,%)		주요경쟁사 (외형,%)	
엠케이투자조합	6.5	씨엔반도체	100.0	씨엔플러스	100
씨엔시너지1호조합	3.7	코리아엠씨엔	33.3	우리이티아이	4,823
(외국인)	0.3	디율	20.0	유테크	105

매출구성		비용구성		수출비중	
LCD/LED	64.3	매출원가율	82.6	수출	68.6
기타	18.6	판관비율	17.4	내수	31.4
ODD	17.1				

회사 개요

동사는 커넥터 제조 전문기업으로서 2003년 설립 이후 PDP, ODD, LCD시장에 성공적으로 진입하였고, 품질경쟁력을 바탕으로 일본 시장개척에 성공하여 높은 매출 성장률을 지속하고 있음. 2015년 주식양수도를 통해 최대주주가 미디어코보코리아로 변경됨. 디스플레이 부품 중심에서 모바일을 포함하는 제품 포트폴리오 다각화를 추진 중임. 아마르떼와는 중국 화장품 판매, 청현과는 삼계탕 수출 계약을 체결해 중국 유통시장에 진출함.

실적 분석

동사는 2017년 연간 당기순손실 3.1억원을 기록하며 적자를 지속하였으나 그 폭이 크게 줄어듦. 연간 매출은 305.8억원으로 전년 대비 23.3% 증가하여 큰 폭의 외형성장을 시현하였음. 영업적자도 전년 57.7억원에서 크게 축소됨. 베트남으로의 생산기지 이전이 원가경쟁력 확보에 도움이 되었음. 커넥터는 수출보다는 내수 부문이 크게 회복됨. 2018년에는 관리종목 탈피가 가능할 것으로 보여짐.

현금 흐름 <단위 : 억원>

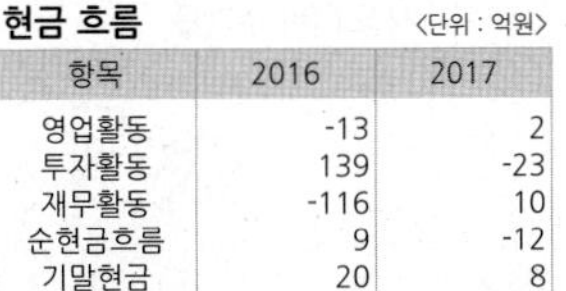

항목	2016	2017
영업활동	-13	2
투자활동	139	-23
재무활동	-116	10
순현금흐름	9	-12
기말현금	20	8

시장 대비 수익률

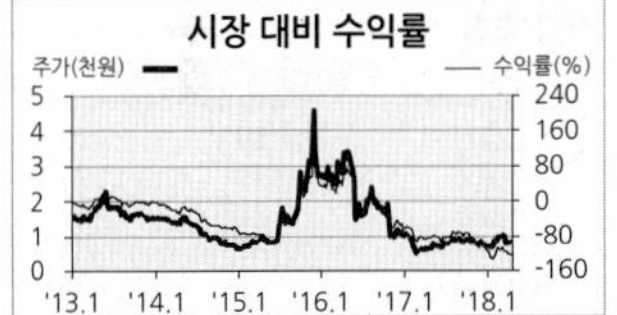

결산 실적 <단위 : 억원>

항목	2012	2013	2014	2015	2016	2017
매출액	544	427	342	279	248	306
영업이익	35	-4	-71	-42	-58	-0
당기순이익	53	0	-131	-124	-124	-3

분기 실적 <단위 : 억원>

항목	2016.3Q	2016.4Q	2017.1Q	2017.2Q	2017.3Q	2017.4Q
매출액	66	63	57	64	97	87
영업이익	-10	-27	-4	-2	3	3
당기순이익	-12	-83	-9	5	3	-2

재무 상태 <단위 : 억원>

항목	2012	2013	2014	2015	2016	2017
총자산	667	596	576	513	347	452
유형자산	365	343	352	299	197	210
무형자산	39	57	19	24	24	19
유가증권	—	3	3	30	5	9
총부채	278	208	314	338	228	325
총차입금	184	144	256	294	163	147
자본금	23	24	24	25	26	28
총자본	389	388	262	175	120	127
지배주주지분	371	388	260	175	120	127

기업가치 지표

항목	2012	2013	2014	2015	2016	2017
주가(최고/저)(천원)	12.7/7.6	11.4/7.3	7.9/3.1	24.0/3.1	18.7/3.2	5.6/2.4
PER(최고/저)(배)	11.0/6.6	353.4/226.1	—/—	—/—	—/—	—/—
PBR(최고/저)(배)	1.5/0.9	1.4/0.9	1.4/0.6	6.4/0.8	8.0/1.4	2.5/1.1
EV/EBITDA(배)	5.3	9.9	—	—	—	19.8
EPS(원)	232	6	-549	-515	-497	-12
BPS(원)	8,225	8,210	5,564	3,724	2,325	2,268
CFPS(원)	2,098	1,062	-1,598	-1,730	-2,035	265
DPS(원)	50	—	—	—	—	—
EBITDAPS(원)	1,721	937	-377	-52	-715	323

재무 비율 <단위 : %>

연도	영업이익률	순이익률	부채비율	차입금비율	ROA	ROE	유보율	자기자본비율	EBITDA마진율
2017	0.0	-1.0	256.5	115.6	-0.8	-2.5	353.6	28.1	5.6
2016	-23.3	-50.0	190.5	136.1	-28.8	-83.5	365.0	34.4	-14.3
2015	-15.2	-44.5	192.9	167.9	-22.7	-56.1	644.9	34.1	-0.9
2014	-20.8	-38.2	120.1	97.8	-22.3	-40.2	1,038.9	45.4	-5.3

씨엠에스에듀 (A225330)

CMS Edu

업 종 : 교육
신용등급 : (Bond) — (CP) —
홈페이지 : www.cmsedu.co.kr
본 사 : 서울시 서초구 방배로 208 소암빌딩 2층, 7층

시 장 : KOSDAQ
기업규모 : 벤처
연 락 처 : 02)552-8500

설 립 일	2003.07.24	**종 업 원 수**	779명	**대 표 이 사**	이충국
상 장 일	2016.04.07	**감 사 의 견**	적정(신한)	**계 열**	
결 산 기	12월	**보 통 주**		**종속회사수**	2개사
액 면 가	500원	**우 선 주**		**구 상 호**	

주주구성 (지분율,%)		출자관계 (지분율,%)		주요경쟁사 (외형,%)	
청담러닝	43.0	진에듀	100.0	씨엠에스에듀	100
이충국	10.2	상상과창조	100.0	메가스터디교육	373
(외국인)	4.3	헬로앱스	19.5	정상제이엘에스	125

매출구성		비용구성		수출비중	
학원 수강료	86.2	매출원가율	0.0	수출	0.9
교재 수입	10.9	판관비율	82.1	내수	99.1
기타	1.4				

회사 개요

동사는 2003년 7월 24일에 설립되었으며, 주요 사업목적은 '직/가맹학원 운영 및 콘텐츠 개발임. 국내 교육서비스 산업은 최근 사교육 억제를 위한 맞춤형 교육/입시 정책을 내놓으며 과거에 비해 그 시장규모가 위축된 상태이나 정부의 영재교육 확대정책에 따라 사고력 수학, 융합교육(STEAM) 및 스토리텔링형 교육에 대한 수요가 계속적으로 증가하고 있는 추세임. 동사는 2016년 4월 7일 코스닥 시장에 신규 상장함.

실적 분석

2017년 연결기준 누적 매출액과 영업이익은 각각 676.6원, 121.0억원으로 전년동기대비 15.6%, 10% 증가. '17년말 기준 직영점 33개, 가맹점 44개 등 전국 77개 지점을 운영 중인데, 매년 3~4개의 신규 센터 개설을 통한 견조한 실적 성장 지속 중. '18~'19학년도 초/중등 교과 과정에 SW 교육이 의무화됨에 따라 코딩교육 전문 브랜드 '씨큐브코딩'으로 코딩교육 시장을 선점.

현금 흐름 〈단위 : 억원〉

항목	2016	2017
영업활동	89	91
투자활동	-441	-72
재무활동	271	7
순현금흐름	-80	26
기말현금	9	35

시장 대비 수익률

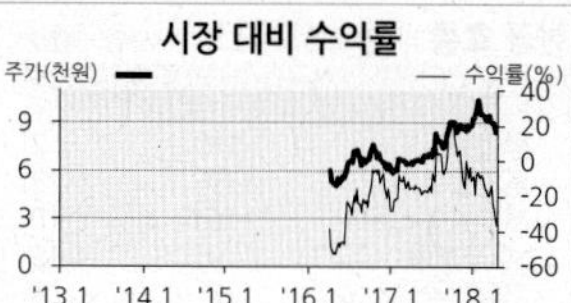

결산 실적 〈단위 : 억원〉

항목	2012	2013	2014	2015	2016	2017
매출액	238	302	400	482	585	677
영업이익	44	59	76	88	110	121
당기순이익	35	52	61	70	72	101

분기 실적 〈단위 : 억원〉

항목	2016.3Q	2016.4Q	2017.1Q	2017.2Q	2017.3Q	2017.4Q
매출액	140	157	180	157	162	178
영업이익	12	37	49	22	19	32
당기순이익	9	13	39	18	17	27

재무 상태 〈단위 : 억원〉

항목	2012	2013	2014	2015	2016	2017
총자산	162	193	230	287	647	733
유형자산	18	22	29	30	322	231
무형자산	4	8	15	21	32	36
유가증권	34	14	33	42	151	97
총부채	53	70	98	136	246	227
총차입금	—	—	—	28	125	115
자본금	7	7	7	17	21	93
총자본	109	123	132	151	401	506
지배주주지분	109	123	132	150	401	506

기업가치 지표

항목	2012	2013	2014	2015	2016	2017
주가(최고/저)(천원)	#VALUE!	—/—	—/—	—/—	—/—	—/—
PER(최고/저)(배)	0.0/0.0	0.0/0.0	0.0/0.0	0.0/0.0	18.1/12.2	16.8/10.6
PBR(최고/저)(배)	0.0/0.0	0.0/0.0	0.0/0.0	0.0/0.0	3.4/2.3	3.4/2.1
EV/EBITDA(배)	—	—	—	—	8.5	11.1
EPS(원)	267	391	456	530	449	564
BPS(원)	8,149	9,235	9,900	4,509	9,483	2,797
CFPS(원)	3,518	5,102	5,997	2,789	2,239	733
DPS(원)	—	—	—	—	1,200	750
EBITDAPS(원)	4,190	5,600	7,104	3,325	3,197	845

재무 비율 〈단위 : %〉

연도	영업 이익률	순 이익률	부채 비율	차입금 비율	ROA	ROE	유보율	자기자본 비율	EBITDA 마진율
2017	17.9	14.9	44.9	22.7	14.6	22.3	459.4	69.0	22.3
2016	18.8	12.3	61.4	31.2	15.4	26.0	1,796.7	62.0	21.8
2015	18.4	14.6	90.3	18.6	27.2	50.0	801.7	52.6	23.0
2014	18.9	15.2	74.2	0.0	28.8	47.7	1,880.0	57.4	23.7

씨엠지제약 (A058820)

CMG Pharmaceutical

업 종 : 제약
신용등급 : (Bond) — (CP) —
홈페이지 : www.cmgpharma.co.kr
본 사 : 서울시 강남구 도산대로 66길 14(청담동)

시 장 : KOSDAQ
기업규모 : 벤처
연 락 처 : 02)3453-8816

설 립 일	2001.08.01	**종 업 원 수**	183명	**대 표 이 사**	이주형
상 장 일	2001.08.31	**감 사 의 견**	적정(한길)	**계 열**	
결 산 기	12월	**보 통 주**		**종속회사수**	1개사
액 면 가	500원	**우 선 주**		**구 상 호**	스카이뉴팜

주주구성 (지분율,%)		출자관계 (지분율,%)		주요경쟁사 (외형,%)	
차바이오텍	21.3	천지산	6.7	CMG제약	100
새벽1호조합	4.1	SGN	100.0	신풍제약	445
(외국인)	4.1	CXSK	20.0	광동제약	2,748

매출구성		비용구성		수출비중	
정제	69.4	매출원가율	56.6	수출	0.7
캡슐	11.7	판관비율	37.8	내수	99.3
상품	8.9				

회사 개요

동사는 2001년 에머슨퍼시픽에서 인적분할하여 설립된 후 피혁사업을 영위해왔으나, 수익성 악화로 인하여 2006년 제약사업에 진출하였고, 2008년에 쎌라트팜코리아와의 합병을 거쳐 현재 의약품 제조 및 판매의 제약사업을 영위하고 있음. 2010년에 범일인더스트리로부터 컬러 화강석 국내 독점 영업권을 양수하고, 2011년에 태양광발전사업 진출을 위해 콘센트릭스솔라코리아에 지분투자함. 2013년 3월에 스카이뉴팜에서 현재 사명으로 변경.

실적 분석

동사의 2017년 연간 매출액은 전년동기대비 26% 상승한 415.4억원을 기록하였음. 비용면에서 전년동기대비 매출원가는 증가 하였으며 인건비도 증가, 광고선전비는 감소, 기타판매비와관리비는 증가함. 이와 같이 상승한 매출액 만큼 비용증가도 있었으나 매출액의 더 큰 상승에 힘입어 영업이익도 증가함. 그러나 비영업손익의 적자지속으로 전년동기대비 당기순손실은 1.9억원을 기록함.

현금 흐름 〈단위 : 억원〉

항목	2016	2017
영업활동	33	27
투자활동	-561	-13
재무활동	524	2
순현금흐름	-4	17
기말현금	21	38

시장 대비 수익률

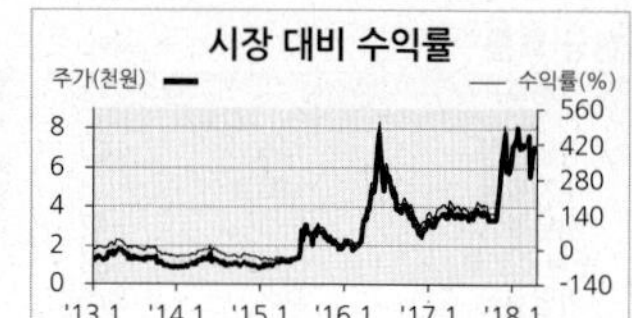

결산 실적 〈단위 : 억원〉

항목	2012	2013	2014	2015	2016	2017
매출액	160	204	228	270	330	415
영업이익	-31	8	4	-26	17	23
당기순이익	-67	3	2	-37	17	-2

분기 실적 〈단위 : 억원〉

항목	2016.3Q	2016.4Q	2017.1Q	2017.2Q	2017.3Q	2017.4Q
매출액	83	89	94	103	112	107
영업이익	6	7	3	10	8	2
당기순이익	6	6	5	12	9	-27

재무 상태 〈단위 : 억원〉

항목	2012	2013	2014	2015	2016	2017
총자산	571	559	581	565	1,110	1,128
유형자산	93	108	188	178	169	162
무형자산	2	64	103	118	135	108
유가증권	1	2	2	2	253	214
총부채	255	69	91	97	99	116
총차입금	196	14	15	0	—	—
자본금	330	433	433	441	544	544
총자본	316	490	490	468	1,011	1,011
지배주주지분	316	490	490	468	1,011	1,011

기업가치 지표

항목	2012	2013	2014	2015	2016	2017
주가(최고/저)(천원)	2.5/1.0	1.9/0.8	1.5/0.8	3.2/0.9	7.9/1.8	8.9/2.9
PER(최고/저)(배)	—/—	465.6/203.0	858.6/473.7	—/—	427.3/95.0	—/—
PBR(최고/저)(배)	5.3/2.1	3.4/1.5	2.8/1.5	6.2/1.7	8.5/1.9	9.6/3.2
EV/EBITDA(배)	—	31.5	37.5	—	74.8	148.3
EPS(원)	-134	4	2	-41	19	-2
BPS(원)	478	566	566	530	930	929
CFPS(원)	-109	20	19	-20	41	15
DPS(원)	—	—	—	—	—	—
EBITDAPS(원)	-36	27	22	-8	41	39

재무 비율 〈단위 : %〉

연도	영업 이익률	순 이익률	부채 비율	차입금 비율	ROA	ROE	유보율	자기자본 비율	EBITDA 마진율
2017	5.6	-0.5	11.5	0.0	-0.2	-0.2	85.8	89.7	10.1
2016	5.3	5.2	9.8	0.0	2.1	2.3	86.0	91.1	11.6
2015	-9.5	-13.5	20.8	0.0	-6.4	-7.6	6.0	82.8	-2.5
2014	1.9	0.7	18.5	3.2	0.3	0.3	13.1	84.4	8.4

씨유메디칼시스템 (A115480)
CU MEDICAL SYSTEMS

업 종 : 의료 장비 및 서비스 | 시 장 : KOSDAQ
신용등급 : (Bond) — (CP) — | 기업규모 : 벤처
홈페이지 : www.cu911.com | 연 락 처 : 033)747-7657
본 사 : 강원도 원주시 문막읍 동화공단로 130-1

설립일	2001.12.13	**종업원수**	111명	**대표이사**	나학록
상장일	2011.12.15	**감사의견**	적정(세일)	**계열**	
결산기	12월	**보통주**		**종속회사수**	3개사
액면가	500원	**우선주**		**구상호**	

주주구성 (지분율,%)		출자관계 (지분율,%)		주요경쟁사 (외형,%)	
나학록	16.0			씨유메디칼	100
파트너스제2호동반성장투자조합	3.6			메디아나	90
(외국인)	1.3			유비케어	141

매출구성		비용구성		수출비중	
애플사업 상품	53.9	매출원가율	78.5	수출	30.9
CU-SP1	16.8	판관비율	23.8	내수	69.1
의료기기사업 기타 제품	16.8				

회사 개요

의료기기 개발, 제조 및 판매 등을 사업 목적으로 하여 2001년 설립되어, 2011년 12월 코스닥시장에 상장됨. 주요 매출 품목은 심장제세동기로, 전체 매출의 90% 이상을 차지함. 캐논코리아, 씨유네트웍스와 같은 총판대리점을 통한 견고한 유통채널을 해 학교 및 기업체 등의 신규시장에서 영업 활동의 토대 구축함. 신규사업으로 의복형 생명위기대응 시스템과 기능적 전기자극기를 공급할 계획임. 최근 애플과 VAR계약 체결로 매출이 증가함.

실적 분석

2017년 결산 연결기준 매출액은 전년동기 대비 6.9% 증가한 583.5억원임. 이는 APPLE VAR사업 부문의 상품매출증가와 AED 제품의 해외시장 판매가 활성화 때문임. 상품매출이 증가함에 따라 상품의 매입비용과 매출원가가 증가되었음. 이에 따라 영업손실 13.5억원으로 적자전환함. 동사는 애플과 단순한 영업 협력을 넘어서 B2B 시장 공급뿐만 아니라 IT 의료 융합서비스를 제공하기 위한 상호협력을 진행 중에 있음.

현금 흐름 〈단위 : 억원〉

항목	2016	2017
영업활동	-2	70
투자활동	-38	-30
재무활동	4	-15
순현금흐름	-39	23
기말현금	48	70

시장 대비 수익률

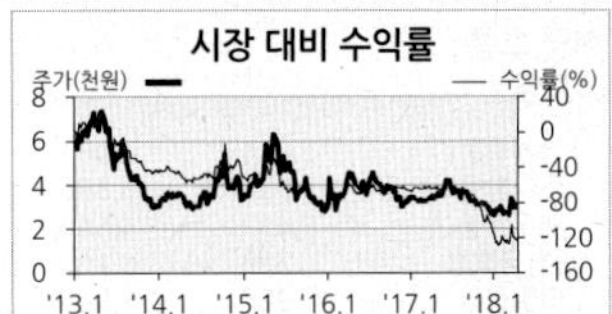

결산 실적 〈단위 : 억원〉

항목	2012	2013	2014	2015	2016	2017
매출액	216	237	247	257	546	583
영업이익	26	1	-5	11	5	-13
당기순이익	22	2	-39	12	-18	-32

분기 실적 〈단위 : 억원〉

항목	2016.3Q	2016.4Q	2017.1Q	2017.2Q	2017.3Q	2017.4Q
매출액	140	152	169	138	126	150
영업이익	2	-2	9	2	-4	-21
당기순이익	-3	-4	4	2	-5	-32

재무 상태 〈단위 : 억원〉

항목	2012	2013	2014	2015	2016	2017
총자산	449	642	610	667	635	617
유형자산	75	94	92	81	75	71
무형자산	39	118	128	128	81	82
유가증권	5	4	10	17	44	46
총부채	95	239	249	266	220	196
총차입금	70	216	208	229	183	133
자본금	31	33	33	33	72	78
총자본	354	403	362	401	416	421
지배주주지분	354	377	339	379	416	421

기업가치 지표

항목	2012	2013	2014	2015	2016	2017
주가(최고/저)(천원)	11.4/5.2	7.5/2.9	5.4/2.8	6.4/2.7	4.7/2.8	4.3/2.7
PER(최고/저)(배)	63.5/28.8	2,439.0/934.8	—/—	50.5/20.9	—/—	—/—
PBR(최고/저)(배)	3.8/1.7	2.5/1.0	2.0/1.0	2.2/0.9	1.6/1.0	1.6/1.0
EV/EBITDA(배)	20.4	37.5	41.8	16.7	27.0	179.7
EPS(원)	180	3	-269	128	-109	-203
BPS(원)	6,024	5,920	5,343	5,907	2,987	2,795
CFPS(원)	534	223	-230	589	7	-99
DPS(원)	—	—	—	—	—	—
EBITDAPS(원)	602	226	234	502	153	18

재무 비율 〈단위 : %〉

연도	영업이익률	순이익률	부채비율	차입금비율	ROA	ROE	유보율	자기자본비율	EBITDA마진율
2017	-2.3	-5.4	46.6	31.7	-5.0	-7.5	459.0	68.2	0.5
2016	1.0	-3.2	52.9	44.1	-2.7	-3.9	497.4	65.4	4.1
2015	4.3	4.5	66.4	57.2	1.8	4.7	1,081.4	60.1	13.0
2014	-1.9	-15.7	68.9	57.4	-6.2	-9.9	968.6	59.2	6.3

씨이랩 (A189330)
XIIlab

업 종 : IT 서비스 | 시 장 : KONEX
신용등급 : (Bond) — (CP) — | 기업규모 : —
홈페이지 : www.xiilab.com | 연 락 처 : 031)628-6810
본 사 : 경기도 성남시 분당구 대왕판교로 670 유스페이스2 B동 1002호

설립일	2010.07.27	**종업원수**	32명	**대표이사**	이우영
상장일	2013.12.24	**감사의견**	적정(송강)	**계열**	
결산기	12월	**보통주**		**종속회사수**	
액면가	—	**우선주**		**구상호**	

주주구성 (지분율,%)		출자관계 (지분율,%)		주요경쟁사 (외형,%)	
이우영	59.0	XIIlabJapan	30.0	씨이랩	100
정대수	12.4			바른테크놀로지	942
				씨아이테크	950

매출구성		비용구성		수출비중	
빅데이터 솔루션	80.7	매출원가율	0.0	수출	0.0
교육	12.8	판관비율	96.8	내수	100.0
지역상권 활성화 솔루션	5.3				

회사 개요

동사는 스마트워크활성화사업, 지역소프트웨어 융합 지원 사업 등 다수의 공공사업 참여를 통해 내재화된 기술과 동사 기업부설연구소를 통해 축적한 기술력을 바탕으로 소셜 콘텐츠 플랫폼(Social contents platform)을 개발하였음.이를 바탕으로 빅데이터 지역정보서비스 (구피, IBK 기업은행 금융상품 연계 서비스, 상권 활성화 솔루션 서비스), 빅데이터 분석 서비스 등 ICT서비스 중심의 사업을 영위하고 있음.

실적 분석

동사는 코넥스 상장 기업으로 반기와 분기 실적 공개 의무가 없음. 최대주주 및 특수관계인 보유지분율이 72.6%. 등기임원 제외한 직원수가 27명. 2017년 연결기준 연간 매출액은 전년 22.8억원과 비슷한 22.9억원을 기록함. 영업이익은 전년 1.6억원에서 소폭 감소한 0.7억원. 빅데이터 기반의 기업마케팅 지원 솔루션 버즈비 출시. 최근에는 음원 데이터와 관련하여 엠에프유와 MOU를 맺기도 함.

현금 흐름 *IFRS 별도 기준 〈단위 : 억원〉

항목	2016	2017
영업활동	4	1
투자활동	-1	-1
재무활동	0	14
순현금흐름	3	15
기말현금	4	18

시장 대비 수익률

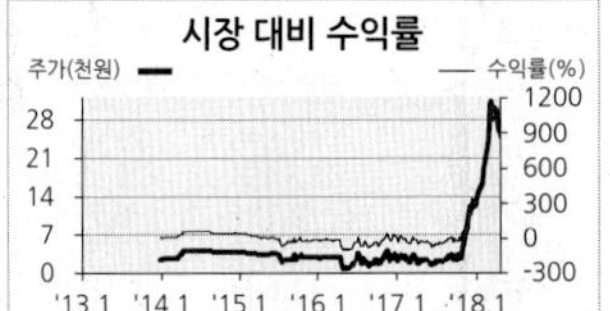

결산 실적 〈단위 : 억원〉

항목	2012	2013	2014	2015	2016	2017
매출액	12	9	11	16	23	23
영업이익	0	-4	-1	1	2	1
당기순이익	0	-4	-1	1	1	1

분기 실적 *IFRS 별도 기준 〈단위 : 억원〉

항목	2016.3Q	2016.4Q	2017.1Q	2017.2Q	2017.3Q	2017.4Q
매출액	—	—	—	—	—	—
영업이익	—	—	—	—	—	—
당기순이익	—	—	—	—	—	—

재무 상태 *IFRS 별도 기준 〈단위 : 억원〉

항목	2012	2013	2014	2015	2016	2017
총자산	4	10	13	15	18	34
유형자산	0	1	0	1	1	0
무형자산	1	1	5	5	3	2
유가증권	0	0	0	0	0	0
총부채	2	3	7	8	10	14
총차입금	1	2	4	6	6	10
자본금	1	10	10	10	10	11
총자본	2	7	6	7	9	19
지배주주지분	2	7	6	7	9	19

기업가치 지표 *IFRS 별도 기준

항목	2012	2013	2014	2015	2016	2017
주가(최고/저)(천원)	—/—	2.5/2.2	4.2/2.5	4.0/2.0	4.2/0.8	13.0/1.3
PER(최고/저)(배)	0.0/0.0	—/—	—/—	75.2/38.3	74.1/14.5	298.6/29.4
PBR(최고/저)(배)	0.0/0.0	7.3/6.4	13.8/8.2	11.0/5.6	9.7/1.9	14.9/1.5
EV/EBITDA(배)	—	—	—	25.8	22.4	133.0
EPS(원)	21	-339	-40	53	57	44
BPS(원)	1,997	344	304	362	432	875
CFPS(원)	347	-311	-6	109	135	112
DPS(원)	—	—	—	—	—	—
EBITDAPS(원)	362	-319	-1	123	157	105

재무 비율 〈단위 : %〉

연도	영업이익률	순이익률	부채비율	차입금비율	ROA	ROE	유보율	자기자본비율	EBITDA마진율
2017	3.2	3.9	73.7	51.8	3.4	6.3	75.0	57.6	9.3
2016	6.8	4.9	일부잠식	일부잠식	6.7	14.3	-13.5	46.4	13.6
2015	8.5	6.7	일부잠식	일부잠식	7.4	15.8	-27.6	47.6	15.6
2014	-6.6	-7.5	일부잠식	일부잠식	-6.9	-12.3	-39.2	46.1	-0.3

씨제이 (A001040)

CJ

업　　종 : 식료품
시　　장 : 거래소
신용등급 : (Bond) AA-　(CP) —
기업규모 : 시가총액 대형주
홈페이지 : www.cj.net
연 락 처 : 02)726-8114
본　　사 : 서울시 중구 동호로 330 CJ제일제당센터

설 립 일	1953.08.01	**종업원수**	34명	**대표이사**	손경식,이재현,이채욱
상 장 일	1973.06.29	**감사의견**	적정(삼일)	**계　　열**	
결 산 기	12월	**보 통 주**		**종속회사수**	330개사
액 면 가	5,000원	**우 선 주**		**구 상 호**	

주주구성 (지분율,%)		출자관계 (지분율,%)		주요경쟁사 (외형,%)	
이재현	42.1	케이엑스홀딩스	100.0	CJ	100
국민연금공단	9.5	CJ건설	99.9	오리온홀딩스	0
(외국인)	19.7	CJ푸드빌	96.0	CJ제일제당	61

매출구성		비용구성		수출비중	
기타	44.1	매출원가율	69.2	수출	—
[CJ제일제당㈜]식품사업	19.3	판관비율	25.9	내수	—
[CJ제일제당㈜]생명공학사업	18.1				

회사 개요

CJ그룹의 지주회사로 종속회사를 통해 생명공학, 식품 및 식품서비스, 엔터테인먼트 및 미디어, 신유통, 인프라 등의 사업을 영위함. 2017년 9월말 현재 CJ제일제당, CJ오쇼핑 등 10개 자회사(해외 포함)의 지분을 보유하고 있음. 자체 수익원으로서는 임대료수익, 상표권 사용수익 그리고 배당수익이 있음. 초기 투자비용이 높은 외식사업은 타 경쟁업체에 비해 우위를 점하고 있음.

실적 분석

식품 및 식품서비스 부문은 제일제당, 프레시웨이 중심으로 성장하였으며, 생명공학 부문은 주요 아미노산 판매량 확대 및 트립토판 판가 강세 지속으로 매출 증가함. 신유통 부문은 대한통운과 올리브네트웍스 성장으로 매출 증가하였고, 엔터테인먼트 및 미디어 부문은 E&M 방송부문 매출 증가와 CGV 해외법인 편입 효과로 성장함. 신유통 부문의 사업확대 및 비용절감 노력과 엔터테인먼트 및 미디어 부문에서 이앤엠 방송부문의 흥행으로 영업이익이 증가함.

현금 흐름

<단위 : 억원>

항목	2016	2017
영업활동	19,896	23,401
투자활동	-32,456	-29,172
재무활동	12,336	6,719
순현금흐름	-258	503
기말현금	11,693	12,195

시장 대비 수익률

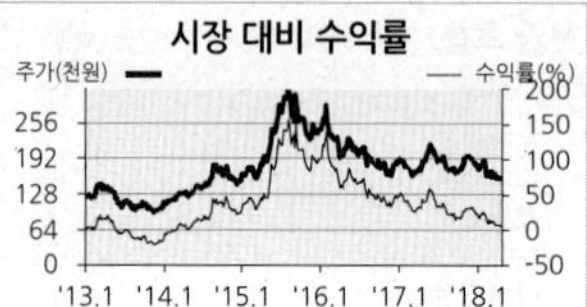

결산 실적

<단위 : 억원>

항목	2012	2013	2014	2015	2016	2017
매출액	176,284	188,517	195,723	211,667	239,542	268,986
영업이익	10,630	7,861	10,031	12,253	12,529	13,260
당기순이익	5,703	3,226	5,086	5,511	5,698	11,377

분기 실적

<단위 : 억원>

항목	2016.3Q	2016.4Q	2017.1Q	2017.2Q	2017.3Q	2017.4Q
매출액	61,073	62,806	63,497	65,050	70,651	69,789
영업이익	3,812	1,906	3,317	2,976	4,319	2,647
당기순이익	2,229	-560	1,728	5,022	4,487	140

재무 상태

<단위 : 억원>

항목	2012	2013	2014	2015	2016	2017
총자산	213,850	221,237	230,393	235,621	270,096	293,254
유형자산	81,701	88,332	91,089	94,756	103,728	114,929
무형자산	39,403	42,905	43,131	42,496	57,361	60,390
유가증권	10,062	6,714	6,339	6,135	6,150	2,843
총부채	130,010	135,228	139,694	136,987	157,551	173,332
총차입금	83,508	89,470	90,262	86,308	98,219	108,946
자본금	1,571	1,572	1,575	1,577	1,579	1,579
총자본	83,841	86,009	90,699	98,635	112,544	119,922
지배주주지분	31,786	32,277	34,054	36,012	37,358	39,298

기업가치 지표

항목	2012	2013	2014	2015	2016	2017
주가(최고/저)(천원)	115/69.5	149/95.1	182/111	317/152	290/161	218/160
PER(최고/저)(배)	17.0/10.3	32.2/20.6	28.0/17.1	49.4/23.7	41.4/23.0	14.9/10.9
PBR(최고/저)(배)	1.1/0.7	1.4/0.9	1.6/1.0	2.7/1.3	2.4/1.3	1.7/1.2
EV/EBITDA(배)	7.2	8.4	7.8	8.1	7.8	8.0
EPS(원)	7,063	4,782	6,678	6,559	7,099	14,750
BPS(원)	107,589	109,071	114,587	120,645	124,760	130,930
CFPS(원)	40,508	41,235	46,240	49,085	53,632	62,747
DPS(원)	650	950	950	1,350	1,350	1,450
EBITDAPS(원)	67,447	61,582	71,590	81,581	86,413	90,175

재무 비율

<단위 : %>

연도	영업이익률	순이익률	부채비율	차입금비율	ROA	ROE	유보율	자기자본비율	EBITDA마진율
2017	4.9	4.2	144.5	90.9	4.0	12.1	2,506.5	40.9	10.5
2016	5.2	2.4	140.0	87.3	2.3	6.1	2,383.7	41.7	11.3
2015	5.8	2.6	138.9	87.5	2.4	5.9	2,301.7	41.9	12.1
2014	5.1	2.6	154.0	99.5	2.3	6.3	2,181.1	39.4	11.5

씨제이대한통운 (A000120)

CJ korea express

업　　종 : 육상운수
시　　장 : 거래소
신용등급 : (Bond) AA-　(CP) A1
기업규모 : 시가총액 대형주
홈페이지 : www.cjkoreaexpress.co.kr
연 락 처 : 02)3782-0114
본　　사 : 서울시 중구 세종대로9길 53 대한통운빌딩

설 립 일	1930.11.15	**종업원수**	5,512명	**대표이사**	박근태,김춘학,손관수
상 장 일	1956.07.02	**감사의견**	적정(한영)	**계　　열**	
결 산 기	12월	**보 통 주**		**종속회사수**	76개사
액 면 가	5,000원	**우 선 주**		**구 상 호**	

주주구성 (지분율,%)		출자관계 (지분율,%)		주요경쟁사 (외형,%)	
CJ제일제당	20.1	한국복합물류	100.0	CJ대한통운	100
아시아나항공	5.0	이앤씨인프라	100.0	현대글로비스	230
(외국인)	17.3	광양항서부컨테이너터미널	100.0	한진	25

매출구성		비용구성		수출비중	
CL사업부문 - 하역, 운송, 보관, 건설, 정비, 기	40.0	매출원가율	89.4	수출	—
포워딩사업부문 - 하역, 운송, 보관	31.2	판관비율	7.3	내수	—
택배사업부문 - 집하, 배송	28.8				

회사 개요

1930년 설립된 동사는 국내 대표 종합물류기업으로서 대규모 물류단지와 육운, 해운, 택배, 포워딩 등 다양한 사업을 영위하고 있음. 2011년 CJ그룹에 편입되었으며, 2013년 CJ GLS와 합병하며 계약물류, 포워딩, 택배로 사업을 재편함. 한국복합물류, 씨제이대한통운 인천컨테이너터미널 등을 연결대상 종속회사로 보유하고 있음. 이밖에 미국, 일본, 독일, 홍콩 등에도 연결대상 종속회사를 다수 보유함.

실적 분석

2017년 연결기준 누적 매출은 7조1103.9억원으로 전년 동기 대비 16.9% 늘었음. 영업이익도 전년도 2284.4억원에서 2356.5억원으로 3.2% 증가함. 그러나 금융 부문과 외환부문 손실이 늘어 비영업부문 손실이 전년도에 비해 늘어남. 법인세비용도 50.2% 증가한 342.5억원을 기록했음. 이에 당기순이익은 전년도 682.1억원에서 43% 감소한 388.9억원을 기록하는 데 그침.

현금 흐름

<단위 : 억원>

항목	2016	2017
영업활동	2,084	2,464
투자활동	-7,055	-6,896
재무활동	5,432	4,565
순현금흐름	386	156
기말현금	1,387	1,543

시장 대비 수익률

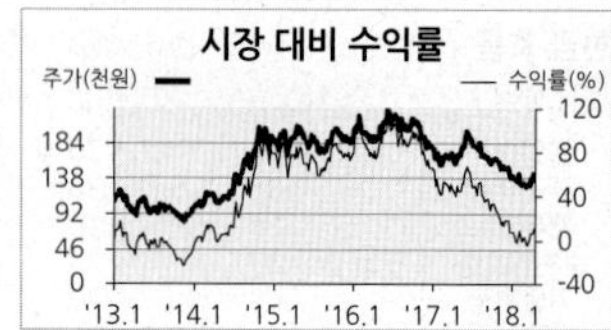

결산 실적

<단위 : 억원>

항목	2012	2013	2014	2015	2016	2017
매출액	26,275	37,950	45,601	50,558	60,819	71,104
영업이익	1,430	642	1,671	1,866	2,284	2,357
당기순이익	696	-601	595	490	682	389

분기 실적

<단위 : 억원>

항목	2016.3Q	2016.4Q	2017.1Q	2017.2Q	2017.3Q	2017.4Q
매출액	14,903	16,329	15,949	17,078	18,732	19,344
영업이익	603	552	511	619	626	600
당기순이익	6	129	44	245	108	-9

재무 상태

<단위 : 억원>

항목	2012	2013	2014	2015	2016	2017
총자산	36,695	46,087	45,429	45,005	55,212	63,089
유형자산	16,232	18,165	17,932	17,726	20,365	24,295
무형자산	6,156	9,541	9,370	9,177	13,681	14,684
유가증권	1,049	222	123	102	102	26
총부채	13,414	23,605	22,622	21,288	27,819	35,262
총차입금	8,614	16,785	15,317	14,069	17,983	22,418
자본금	1,141	1,141	1,141	1,141	1,141	1,141
총자본	23,281	22,482	22,807	23,717	27,393	27,827
지배주주지분	22,889	22,179	22,388	23,233	23,461	23,717

기업가치 지표

항목	2012	2013	2014	2015	2016	2017
주가(최고/저)(천원)	121/62.5	125/81.0	214/99.6	211/164	229/176	200/140
PER(최고/저)(배)	33.3/17.2	—/—	85.3/39.7	104.8/81.2	93.4/71.8	144.6/101.1
PBR(최고/저)(배)	1.0/0.5	1.0/0.7	1.8/0.8	1.7/1.3	1.8/1.4	1.6/1.1
EV/EBITDA(배)	13.2	26.9	20.3	18.2	16.4	14.2
EPS(원)	3,630	-2,445	2,510	2,014	2,446	1,380
BPS(원)	121,359	120,396	121,311	124,143	125,144	126,264
CFPS(원)	7,438	1,038	7,924	7,500	8,801	8,453
DPS(원)	—	—	—	—	—	—
EBITDAPS(원)	10,078	6,296	12,739	13,667	16,369	17,403

재무 비율

<단위 : %>

연도	영업이익률	순이익률	부채비율	차입금비율	ROA	ROE	유보율	자기자본비율	EBITDA마진율
2017	3.3	0.6	126.7	80.6	0.7	1.3	2,425.3	44.1	5.6
2016	3.8	1.1	101.6	65.7	1.4	2.4	2,402.9	49.6	6.1
2015	3.7	1.0	89.8	59.3	1.1	2.0	2,332.9	52.7	6.2
2014	3.7	1.3	99.2	67.2	1.3	2.6	2,326.2	50.2	6.4

씨제이씨지브이 (A079160)

CJ CGV

업 종	미디어	시 장	거래소
신용등급	(Bond) A+ (CP) A2+	기업규모	시가총액 중형주
홈페이지	www.cgv.co.kr	연 락 처	02)371-6660
본 사	서울시 용산구 한강대로23길 55 아이파크몰 6층(한강로동)		

설 립 일	1999.03.31	**종 업 원 수**	1,583명	**대 표 이 사**	서정
상 장 일	2004.12.24	**감 사 의 견**	적정(삼정)	**계 열**	
결 산 기	12월	**보 통 주**		**종속회사수**	69개사
액 면 가	500원	**우 선 주**		**구 상 호**	

주주구성 (지분율,%)		출자관계 (지분율,%)		주요경쟁사 (외형,%)	
씨제이	39.0	씨제이포디플렉스	90.5	CJ CGV	100
국민연금공단	10.0	보스포러스인베스트먼트	52.2	CJ E&M	102
(외국인)	18.9	페블스톤CGV전문투자형사모부동산투자신탁제1호	51.5	카카오M	34

매출구성		비용구성		수출비중	
티켓판매	63.9	매출원가율	49.4	수출	—
매점판매	15.9	판관비율	45.6	내수	—
광고판매	9.7				

회사 개요

동사는 국내 최대 멀티플렉스 사업자이며, 확장을 통해 시장점유율이 확대되는 추세에 있음. 시장 점유율은 부동의 1위를 유지 중이며 선점 효과가 매우 큰 영화 산업 특성상 향후에도 높은 시장점유율 유지가 기대됨. 또한 높은 단가의 3D 영화 비중이 꾸준히 확대될 전망이어서 이에 따른 수혜가 예상됨. 최근에는 중국, 베트남 지역으로 사업을 확대해가고 있으며, 해외시장 확대에 투자를 집중할 것으로 예상됨.

실적 분석

동사의 연결기준 2017년 연간 매출액은 1조 7,143.9억원으로 전년 대비 19.7% 증가함. 고정비 증가에도 영업이익은 862.4억원으로 22.6% 증가함. 이는 해외 사이트 신규 오픈 및 박스오피스 성장 효과, 중국, 터키, 4DX등 주요 자회사 실적 호조의 영향으로 볼 수 있음. 비영업손실폭은 확대됐으나, 매출증가에 힘입어 당기순이익 또한 78.5% 증가한 100.4억원을 시현함.

현금 흐름

〈단위 : 억원〉

항목	2016	2017
영업활동	1,880	1,884
투자활동	-8,314	-2,901
재무활동	7,013	461
순현금흐름	602	-670
기말현금	1,995	1,326

시장 대비 수익률

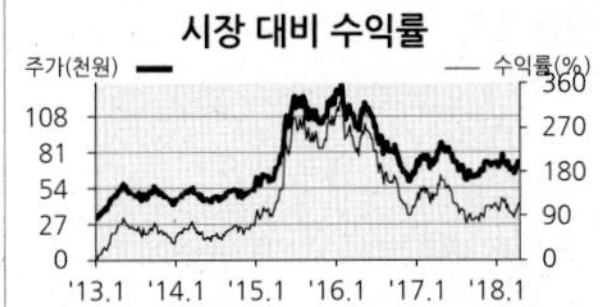

결산 실적

〈단위 : 억원〉

항목	2012	2013	2014	2015	2016	2017
매출액	7,793	9,159	10,393	11,935	14,322	17,144
영업이익	552	515	521	669	703	862
당기순이익	550	121	160	522	56	100

분기 실적

〈단위 : 억원〉

항목	2016.3Q	2016.4Q	2017.1Q	2017.2Q	2017.3Q	2017.4Q
매출액	4,221	3,812	4,055	3,826	4,722	4,541
영업이익	340	178	146	-31	322	426
당기순이익	5	-131	19	-118	302	-102

재무 상태

〈단위 : 억원〉

항목	2012	2013	2014	2015	2016	2017
총자산	10,080	10,992	12,549	14,176	25,418	24,601
유형자산	4,105	5,077	5,882	6,764	9,126	10,020
무형자산	1,011	1,072	1,007	1,145	8,927	7,277
유가증권	224	401	124	66	110	106
총부채	6,600	7,205	8,637	9,724	16,213	16,824
총차입금	3,453	3,977	4,737	5,794	10,710	11,155
자본금	103	106	106	106	106	106
총자본	3,480	3,786	3,912	4,452	9,205	7,777
지배주주지분	3,456	3,722	3,819	4,211	3,736	3,080

기업가치 지표

항목	2012	2013	2014	2015	2016	2017
주가(최고/저)(천원)	33.1/23.6	58.4/31.1	55.6/42.4	129/55.3	137/57.9	87.8/59.6
PER(최고/저)(배)	13.1/9.3	98.8/52.7	72.0/54.9	53.4/22.8	237.5/100.3	—/—
PBR(최고/저)(배)	2.1/1.5	3.4/1.8	3.1/2.4	6.6/2.8	7.9/3.3	6.1/4.1
EV/EBITDA(배)	7.3	10.3	11.2	17.7	14.2	11.7
EPS(원)	2,627	607	787	2,455	583	-66
BPS(원)	16,762	17,591	18,048	19,899	17,654	14,554
CFPS(원)	5,351	3,819	4,685	7,600	6,854	7,939
DPS(원)	350	350	350	350	350	350
EBITDAPS(원)	5,400	5,678	6,359	8,307	9,595	12,080

재무 비율

〈단위 : %〉

연도	영업 이익률	순 이익률	부채 비율	차입금 비율	ROA	ROE	유보율	자기자본 비율	EBITDA 마진율
2017	5.0	0.6	216.4	143.4	0.4	-0.4	2,810.8	31.6	14.9
2016	4.9	0.4	176.1	116.4	0.3	3.1	3,430.8	36.2	14.2
2015	5.6	4.4	218.4	130.2	3.9	12.9	3,879.7	31.4	14.7
2014	5.0	1.5	220.8	121.1	1.4	4.4	3,509.7	31.2	13.0

씨제이씨푸드 (A011150)

CJ Seafood

업 종	식료품	시 장	거래소
신용등급	(Bond) — (CP) —	기업규모	시가총액 소형주
홈페이지	www.cjseafood.net	연 락 처	031)730-9114
본 사	경기도 성남시 중원구 둔촌대로388번길 32		

설 립 일	1976.03.15	**종 업 원 수**	402명	**대 표 이 사**	민경호,박정훈
상 장 일	1988.11.26	**감 사 의 견**	적정(삼일)	**계 열**	
결 산 기	12월	**보 통 주**		**종속회사수**	
액 면 가	500원	**우 선 주**		**구 상 호**	

주주구성 (지분율,%)		출자관계 (지분율,%)		주요경쟁사 (외형,%)	
CJ제일제당	46.5	L.U.F	20.0	CJ씨푸드	100
송전식품공업	1.7			동원F&B	1,551
(외국인)	1.2			동원산업	1,446

매출구성		비용구성		수출비중	
어묵(제품)	49.6	매출원가율	79.9	수출	0.7
김(제품)	16.4	판관비율	16.1	내수	99.3
기타상품 외	12.5				

회사 개요

동사는 1976년 수산물 가공사업을 영위하기 위해 설립됨. 공장의 안정적 품질관리와 철저한 위생관리 시스템 정착, 신제품 개발, 소비자 지향적인 마케팅 전략을 갖고 있음. 국내 식품 판매 부문을 식품 사업, 해외 식품 판매 부문을 수출 사업으로 나뉘는데, 대부분의 매출은 식품 사업에서 발생함. 국내 어묵 시장 점유율 1위로 CJ제일제당의 유통망을 활용해 매출을 확대하고 있음.

실적 분석

동사의 2017년 연결 기준 연간 누적 매출액은 전년 동기 대비 5.2% 감소한 1646.3억원을 기록함. 매출액은 감소했지만 매출 감소율 대비 매출원가 감소율이 낮고 판매비와 관리비는 크게 감소하면서 영업이익은 전년 동기 대비 12% 증가한 65.6억원을 기록함. 비영업손익 부문에서 적자가 확대되면서 당기순이익은 전년 동기 대비 14.6% 감소한 45.9억원을 시현함.

현금 흐름 *IFRS 별도 기준

〈단위 : 억원〉

항목	2016	2017
영업활동	-67	185
투자활동	-83	-124
재무활동	142	-61
순현금흐름	-8	-1
기말현금	5	4

시장 대비 수익률

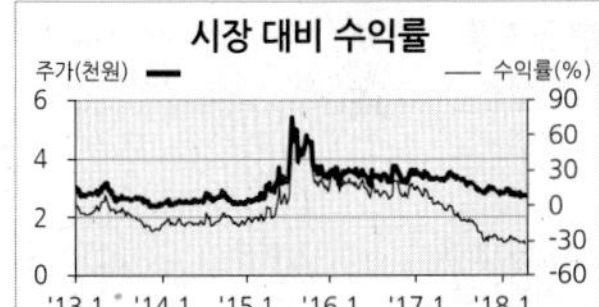

결산 실적

〈단위 : 억원〉

항목	2012	2013	2014	2015	2016	2017
매출액	1,668	1,543	1,563	1,617	1,737	1,646
영업이익	64	72	65	56	59	66
당기순이익	57	64	33	26	54	46

분기 실적 *IFRS 별도 기준

〈단위 : 억원〉

항목	2016.3Q	2016.4Q	2017.1Q	2017.2Q	2017.3Q	2017.4Q
매출액	442	463	437	391	424	394
영업이익	13	27	19	10	12	25
당기순이익	14	16	14	6	7	19

재무 상태 *IFRS 별도 기준

〈단위 : 억원〉

항목	2012	2013	2014	2015	2016	2017
총자산	840	813	1,012	936	1,197	1,202
유형자산	403	401	432	645	672	741
무형자산	19	19	3	3	7	5
유가증권	0	0	0	0	0	0
총부채	450	367	539	436	645	602
총차입금	212	145	281	189	332	290
자본금	181	181	181	181	181	181
총자본	390	445	473	500	553	601
지배주주지분	390	445	473	500	553	601

기업가치 지표 *IFRS 별도 기준

항목	2012	2013	2014	2015	2016	2017
주가(최고/저)(천원)	3.6/2.2	3.4/2.3	2.9/2.4	5.4/2.5	3.9/3.1	3.7/2.8
PER(최고/저)(배)	22.9/14.0	19.0/13.2	32.5/26.6	76.4/35.4	26.0/20.8	29.2/21.8
PBR(최고/저)(배)	3.3/2.0	2.7/1.9	2.3/1.8	3.9/1.8	2.5/2.0	2.2/1.7
EV/EBITDA(배)	14.2	10.5	12.6	16.1	15.1	11.4
EPS(원)	158	177	91	71	149	127
BPS(원)	1,080	1,232	1,310	1,384	1,530	1,662
CFPS(원)	235	256	168	166	281	277
DPS(원)	—	—	—	—	—	—
EBITDAPS(원)	254	277	256	252	295	332

재무 비율

〈단위 : %〉

연도	영업 이익률	순 이익률	부채 비율	차입금 비율	ROA	ROE	유보율	자기자본 비율	EBITDA 마진율
2017	4.0	2.8	100.2	48.4	3.8	8.0	232.4	50.0	7.3
2016	3.4	3.1	116.6	60.1	5.0	10.2	206.0	46.2	6.1
2015	3.5	1.6	87.2	37.8	2.6	5.2	176.9	53.4	5.6
2014	4.1	2.1	113.8	59.4	3.6	7.1	162.0	46.8	5.9

씨제이오쇼핑 (A035760)

CJ O SHOPPING CO

업 종 : 온라인쇼핑 | 시 장 : KOSDAQ
신용등급 : (Bond) — (CP) — | 기업규모 : 우량
홈페이지 : www.cjoshopping.com | 연 락 처 : 02)2107-0114
본 사 : 서울시 서초구 과천대로 870-13 (방배동)

설 립 일	1994.12.16	**종 업 원 수**	1,009명	**대 표 이 사**	허민회
상 장 일	1999.11.13	**감 사 의 견**	적정(삼일)	**계 열**	
결 산 기	12월	**보 통 주**		**종속회사수**	11개사
액 면 가	5,000원	**우 선 주**		**구 상 호**	

주주구성 (지분율,%)		출자관계 (지분율,%)		주요경쟁사 (외형,%)	
씨제이	40.0	현대에이치씨엔	1.1	CJ오쇼핑	100
국민연금공단	10.7	삼성생명보험	0.5	현대홈쇼핑	46
(외국인)	26.4	케이티스카이라이프	0.3	GS홈쇼핑	48

매출구성		비용구성		수출비중	
방송판매사업부	63.3	매출원가율	43.7	수출	1.8
기타	28.4	판관비율	46.3	내수	98.2
인터넷판매사업부	6.6				

회사 개요

동사는 케이블 TV와 인터넷, 카탈로그 등을 통해 상품을 판매하는 홈쇼핑업체임. 더불어 약 274만 여종의 상품을 구비하고 있는 온라인 종합쇼핑몰 'CJmall'과 고객 각각의 취향에 맞는 다양한 컨셉의 전문몰도 함께 운영하고 있음. 중국과 베트남, 태국, 필리핀 등 해외시장에도 진출해있음. 씨제이헬러(구 씨제이헬로비전), 아트웍스코리아, 씨제이텔레닉스, 슈퍼레이스 등을 연결대상 종속회사로 보유함.

실적 분석

2017년 연결기준 동사 매출액은 2조 2,600.1억원을 기록함. 전년도 매출액인 2조 2,086억원에 비해 2.3% 증가한 금액임. 매출 증가에 힘입어 영업이익은 전년도 1,788.8억원에서 25.5% 증가한 2,244.8억원을 기록함. 비영업부문은 손실 401.6억원을 기록하며 적자가 지속됐으나 전년도에 비해 손실폭은 줄어들었음. 당기순이익은 전년도 325.8억원에서 340.2% 증가한 1,434.4억원을 기록함.

현금 흐름

〈단위 : 억원〉

항목	2016	2017
영업활동	3,876	3,744
투자활동	-3,347	-2,565
재무활동	-2,640	-1,062
순현금흐름	-2,108	111
기말현금	1,032	1,143

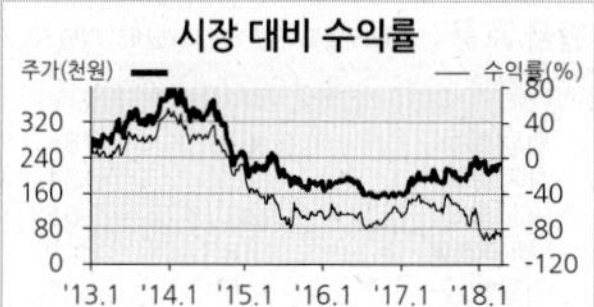

결산 실적

〈단위 : 억원〉

항목	2012	2013	2014	2015	2016	2017
매출액	19,920	25,135	26,049	23,086	22,086	22,600
영업이익	2,606	2,582	2,344	2,097	1,789	2,245
당기순이익	1,875	1,665	1,058	1,120	326	1,434

분기 실적

〈단위 : 억원〉

항목	2016.3Q	2016.4Q	2017.1Q	2017.2Q	2017.3Q	2017.4Q
매출액	5,402	5,695	5,464	5,634	5,407	6,096
영업이익	485	170	535	647	492	571
당기순이익	339	-738	332	353	264	486

재무 상태

〈단위 : 억원〉

항목	2012	2013	2014	2015	2016	2017
총자산	23,932	30,309	31,537	29,882	27,536	28,018
유형자산	7,642	9,085	9,047	8,594	8,149	8,156
무형자산	7,164	10,064	11,073	10,482	9,339	9,503
유가증권	1,180	1,245	1,362	1,273	1,220	1,407
총부채	14,570	18,618	18,873	16,381	13,907	13,177
총차입금	7,788	11,686	11,963	10,184	7,266	6,861
자본금	310	310	310	311	311	311
총자본	9,362	11,692	12,664	13,501	13,629	14,841
지배주주지분	5,876	7,614	8,494	9,119	9,174	10,283

기업가치 지표

항목	2012	2013	2014	2015	2016	2017
주가(최고/저)(천원)	282/155	395/256	405/211	257/168	196/149	243/155
PER(최고/저)(배)	11.6/6.4	19.1/12.5	27.9/14.5	19.6/12.8	53.4/40.6	11.7/7.4
PBR(최고/저)(배)	3.1/1.7	3.3/2.2	3.1/1.6	1.8/1.2	1.4/1.0	1.5/0.9
EV/EBITDA(배)	6.0	7.8	5.4	4.6	4.3	5.1
EPS(원)	25,778	21,724	15,262	13,650	3,769	21,054
BPS(원)	96,719	124,691	138,832	148,698	149,585	167,432
CFPS(원)	55,554	60,675	64,036	60,340	46,716	60,410
DPS(원)	2,000	2,000	2,500	2,500	2,500	3,000
EBITDAPS(원)	71,778	80,569	86,549	80,461	71,726	75,472

재무 비율

〈단위 : %〉

연도	영업이익률	순이익률	부채비율	차입금비율	ROA	ROE	유보율	자기자본비율	EBITDA마진율
2017	9.9	6.4	88.8	46.2	5.2	13.5	3,248.6	53.0	20.8
2016	8.1	1.5	102.0	53.3	1.1	2.6	2,891.7	49.5	20.2
2015	9.1	4.9	121.3	75.4	3.7	9.6	2,874.0	45.2	21.6
2014	9.0	4.1	149.0	94.5	3.4	11.8	2,676.6	40.2	20.6

씨제이이앤엠 (A130960)

CJ E&M

업 종 : 미디어 | 시 장 : KOSDAQ
신용등급 : (Bond) AA- (CP) A1 | 기업규모 : 우량
홈페이지 : www.cjenm.com | 연 락 처 : 02)371-5501
본 사 : 서울시 마포구 상암산로 66 씨제이이앤엠센터

설 립 일	2010.09.02	**종 업 원 수**	1,825명	**대 표 이 사**	김성수
상 장 일	2010.10.15	**감 사 의 견**	적정(삼정)	**계 열**	
결 산 기	12월	**보 통 주**		**종속회사수**	39개사
액 면 가	5,000원	**우 선 주**		**구 상 호**	

주주구성 (지분율,%)		출자관계 (지분율,%)		주요경쟁사 (외형,%)	
씨제이	39.4	씨제이디지털뮤직	100.0	CJ E&M	100
에셋플러스자산운용	4.0	랭크웨이브	100.0	CJ CGV	98
(외국인)	25.1	루비콘컴퍼니	100.0	카카오M	33

매출구성		비용구성		수출비중	
광고/수신료 등	73.4	매출원가율	74.9	수출	15.6
음악/DM/브랜드/온라인콘텐츠	13.0	판관비율	21.5	내수	84.4
극장수입/판권	12.3				

회사 개요

동사는 2011년 3월 온미디어, CJ인터넷, 엠넷미디어, CJ미디어, CJ엔터테인먼트 등 그룹 내 미디어/엔터테인먼트 계열 5개사를 흡수합병하여 국내 최대의 미디어 및 엔터테인먼트 회사로 재탄생 하였으며, 시장환경 변화에 대응하여 2016년 5월 드라마 사업을 물적분할하여 스튜디오드래곤을 설립하고, 2016년 12월 음악사업(엠넷닷컴)을 물적분할하여 씨제이디지털뮤직을 설립하였음.

실적 분석

동사의 연결기준 2017년 매출액은 17,501.2억원으로 전년대비 13.8% 증가하였음. 동사는합병 이후 외부 환경에 적극적인 대응을 위한 전 부문의 컨텐츠 투자 확대 및 경쟁력 강화를 위해 노력하였으며, 이에 따라 전년대비 영업이익이 약 125.8% 증가한 631.6억원을 기록하였음. 관련기업투자등 관련손익에서 5,784.0억원 이익이 발생하였으며 이에 따라 당기순이익이 크게 상승, 4,219.5억원을 기록함.

현금 흐름

〈단위 : 억원〉

항목	2016	2017
영업활동	2,588	2,392
투자활동	-5,337	-5,510
재무활동	3,060	3,583
순현금흐름	338	434
기말현금	813	1,246

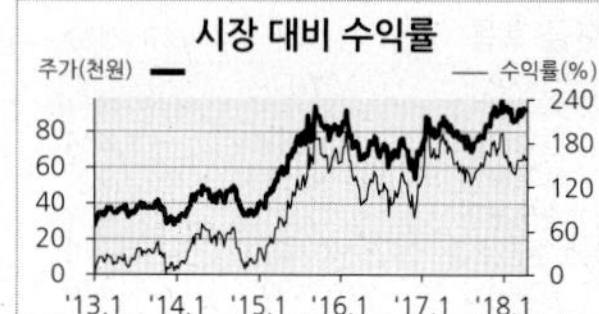

결산 실적

〈단위 : 억원〉

항목	2012	2013	2014	2015	2016	2017
매출액	13,946	11,881	12,327	13,473	15,384	17,501
영업이익	389	-79	-126	527	280	632
당기순이익	233	9	2,334	529	609	4,219

분기 실적

〈단위 : 억원〉

항목	2016.3Q	2016.4Q	2017.1Q	2017.2Q	2017.3Q	2017.4Q
매출액	3,788	4,888	3,942	4,254	4,401	4,904
영업이익	31	19	234	236	127	35
당기순이익	24	31	334	4,047	117	-279

재무 상태

〈단위 : 억원〉

항목	2012	2013	2014	2015	2016	2017
총자산	20,910	22,119	23,574	23,649	27,930	37,589
유형자산	1,177	1,350	885	773	2,755	3,133
무형자산	7,762	7,832	6,947	6,532	7,235	7,834
유가증권	983	1,070	764	855	1,568	1,361
총부채	8,144	9,372	8,517	8,048	11,774	15,102
총차입금	3,307	4,517	3,999	3,069	5,408	6,943
자본금	1,897	1,937	1,937	1,937	1,937	1,937
총자본	12,765	12,748	15,057	15,601	16,155	22,487
지배주주지분	11,934	12,336	15,094	15,515	15,463	20,857

기업가치 지표

항목	2012	2013	2014	2015	2016	2017
주가(최고/저)(천원)	33.9/22.1	42.2/27.3	51.6/30.0	94.3/37.7	93.0/53.5	97.7/68.1
PER(최고/저)(배)	35.0/22.9	319.1/206.5	9.0/5.2	67.7/27.1	58.3/33.5	8.8/6.2
PBR(최고/저)(배)	1.1/0.7	1.3/0.9	1.3/0.8	2.4/1.0	2.3/1.3	1.8/1.3
EV/EBITDA(배)	2.9	3.8	4.7	8.3	7.5	10.1
EPS(원)	975	133	5,796	1,403	1,605	11,065
BPS(원)	31,775	31,992	39,100	40,188	40,052	53,978
CFPS(원)	10,579	9,124	13,602	9,664	11,922	20,326
DPS(원)	—	—	—	200	200	250
EBITDAPS(원)	10,632	8,783	7,479	9,621	11,040	10,891

재무 비율

〈단위 : %〉

연도	영업이익률	순이익률	부채비율	차입금비율	ROA	ROE	유보율	자기자본비율	EBITDA마진율
2017	3.6	24.1	67.2	30.9	12.9	23.6	979.6	59.8	24.1
2016	1.8	4.0	72.9	33.5	2.4	4.0	701.0	57.8	27.8
2015	3.9	3.9	51.6	19.7	2.2	3.6	703.8	66.0	27.7
2014	-1.0	18.9	56.6	26.6	10.2	16.4	682.0	63.9	23.5

씨제이제일제당 (A097950)

CJ CheilJedang

업　　종 : 식료품　　시　　장 : 거래소
신용등급 : (Bond) AA　(CP) A1　　기업규모 : 시가총액 대형주
홈페이지 : www.cj.co.kr　　연 락 처 : 02)6740-1114
본　　사 : 서울시 중구 동호로 330 CJ제일제당센터

설 립 일	2007.09.01	**종업원수**	5,833명	**대 표 이 사**	손경식,신현재,강신호
상 장 일	2007.09.28	**감사의견**	적정(삼일)	**계　　열**	
결 산 기	12월	**보 통 주**		**종속회사수**	157개사
액 면 가	5,000원	**우 선 주**		**구 상 호**	

주주구성 (지분율,%)		출자관계 (지분율,%)		주요경쟁사 (외형,%)	
씨제이	44.6	CJ헬스케어	100.0	CJ제일제당	100
국민연금공단	11.4	원지	100.0	CJ	163
(외국인)	20.7	영우냉동식품	100.0	오리온홀딩스	1

매출구성		비용구성		수출비중	
[물류 사업부문]운송, 하역 등	38.6	매출원가율	78.4	수출	—
[식품사업부문]설탕, 밀가루식용유 등	31.7	판관비율	16.9	내수	—
[생명공학사업부문]의약품 등	29.7				

회사 개요

동사는 국내 최대 종합식품업체로 식품, 사료, 의약품 등 다양한 사업포트폴리오 영위. 원재료 수입액이 크고, 외환관련 부채가 많아 환율과 곡물가격의 변동에 실적이 좌우됨. 매출의 약 30%를 차지하고 있는 생명공학사업부문은 글로벌시장 진출 기반 확보를 위하여 지난해 오송산업단지에 cGMP 공장을 완공함. 주력제품으로는 고부가가치 전문 의약품인 순환조혈제제, 소화제제, 항생제제 등과 차별화된 일반의약품인 컨디션, 스칼프메드 등이 있음.

실적 분석

동사의 2017년 연결 기준 연간 누적 매출액은 전년 동기 대비 13.1% 증가한 16조 4,771.7억원을 기록함. 매출은 증가했지만 매출 증가율 대비 매출원가가 증가율이 높고 판매비와 관리비 또한 큰 폭으로 증가하면서 영업이익은 전년 동기 대비 8% 감소한 7,765.8억원을 기록함. 비영업 부문에서 적자가 지속됐지만 외환이익 등이 발생하며 적자 규모는 줄어 당기순이익은 전년 동기 대비 16.8% 증가한 4,128억원을 기록함.

현금 흐름 〈단위 : 억원〉

항목	2016	2017
영업활동	8,001	11,808
투자활동	-14,089	-14,639
재무활동	7,259	2,654
순현금흐름	1,146	-535
기말현금	6,444	5,909

시장 대비 수익률

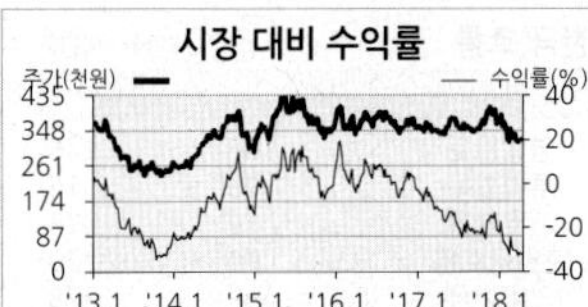

결산 실적 〈단위 : 억원〉

항목	2012	2013	2014	2015	2016	2017
매출액	98,775	108,477	117,018	129,245	145,633	164,772
영업이익	6,155	3,455	5,799	7,514	8,436	7,766
당기순이익	3,107	711	1,379	2,537	3,535	4,128

분기 실적 〈단위 : 억원〉

항목	2016.3Q	2016.4Q	2017.1Q	2017.2Q	2017.3Q	2017.4Q
매출액	36,790	37,406	38,665	39,089	44,107	42,911
영업이익	2,433	1,569	1,925	1,644	2,693	1,504
당기순이익	1,167	155	910	431	2,635	152

재무 상태 〈단위 : 억원〉

항목	2012	2013	2014	2015	2016	2017
총자산	123,639	130,045	133,825	137,513	157,662	168,681
유형자산	55,752	62,545	63,839	66,902	72,805	81,794
무형자산	16,056	17,640	17,509	17,373	23,338	27,581
유가증권	7,031	3,667	3,840	3,606	3,806	388
총부채	71,428	81,919	84,327	83,660	97,058	107,243
총차입금	52,479	58,696	59,674	57,609	66,863	71,851
자본금	721	721	723	724	724	725
총자본	52,210	48,126	49,499	53,852	60,605	61,439
지배주주지분	29,745	28,839	29,849	31,431	34,094	33,749

기업가치 지표

항목	2012	2013	2014	2015	2016	2017
주가(최고/저)(천원)	360/263	373/237	405/247	449/297	416/333	413/332
PER(최고/저)(배)	21.2/15.5	47.8/30.3	65.4/39.8	35.1/23.2	22.2/17.8	16.3/13.1
PBR(최고/저)(배)	1.8/1.3	1.9/1.2	2.0/1.2	2.1/1.4	1.7/1.4	1.7/1.4
EV/EBITDA(배)	12.5	15.1	11.2	10.1	9.6	10.6
EPS(원)	17,692	8,089	6,369	13,073	19,044	25,537
BPS(원)	213,450	206,952	213,385	223,904	242,224	239,601
CFPS(원)	39,178	34,533	37,371	46,479	55,714	64,581
DPS(원)	1,800	1,800	2,000	2,500	2,500	3,000
EBITDAPS(원)	64,212	50,398	71,169	85,310	94,899	92,620

재무 비율 〈단위 : %〉

연도	영업이익률	순이익률	부채비율	차입금비율	ROA	ROE	유보율	자기자본비율	EBITDA마진율
2017	4.7	2.5	174.6	117.0	2.5	10.9	4,692.0	36.4	8.2
2016	5.8	2.4	160.2	110.3	2.4	8.4	4,744.5	38.4	9.4
2015	5.8	2.0	155.4	107.0	1.9	6.2	4,378.1	39.2	9.6
2014	5.0	1.2	170.4	120.6	1.0	3.1	4,167.7	37.0	8.8

씨제이프레시웨이 (A051500)

CJ Freshway

업　　종 : 식료품　　시　　장 : KOSDAQ
신용등급 : (Bond) A　(CP) A2　　기업규모 : 우량
홈페이지 : www.cjfreshway.com　　연 락 처 : 02)2149-6036
본　　사 : 경기도 용인시 기흥구 기곡로 32 (하갈동 156-2)

설 립 일	1988.10.27	**종업원수**	3,378명	**대 표 이 사**	문종석
상 장 일	2001.07.14	**감사의견**	적정(삼일)	**계　　열**	
결 산 기	12월	**보 통 주**		**종속회사수**	19개사
액 면 가	1,000원	**우 선 주**		**구 상 호**	

주주구성 (지분율,%)		출자관계 (지분율,%)		주요경쟁사 (외형,%)	
씨제이	47.1	에프앤디인프라	100.0	CJ프레시웨이	100
국민연금공단	13.2	프레시원인천	100.0	신세계푸드	48
(외국인)	15.5	프레시원대구경북	96.0	하림홀딩스	38

매출구성		비용구성		수출비중	
가공상품	52.0	매출원가율	85.9	수출	0.1
농산물	13.8	판관비율	12.3	내수	99.9
제 품	13.0				

회사 개요

동사는 식자재 유통 및 단체급식 등의 푸드 서비스업 부문의 대한민국 대표 기업임. 식자재 유통사업이 동사 매출의 90% 이상을 차지하고 있으며 국내 1위의 시장 점유율을 가지고 있음. CJ그룹내 CJ푸드빌, CJ제일제당 등 captive market뿐만 아니라 중소업체와의 거래도 활발함. 전국 거점유통망의 지속적인 확대 및 식자재 유통의 시스템화를 통한 식자재 유통부문의 성장동력을 구축함으로써 향후 외형성장이 지속될 것으로 전망됨.

실적 분석

2017년 연결기준 매출액은 2조 5,044.1억원으로 전년 대비 7.6% 증가함. 영업이익은 2배 이상 증가한 438.8억원을 기록. 외식/급식 식자재 유통은 영업일수 감소에도 불구 거래처 점포 확대 효과로 외형성장 지속하였으며 프레시원은 분점/지점 확대 및 영업력 강화 지속. 푸드서비스 부문도 17년 900억 중반의 수주 매출액을 달성하며 외형성장. 영업권 상각과 관련한 일회성 비용 발생하였음.

현금 흐름 〈단위 : 억원〉

항목	2016	2017
영업활동	-132	360
투자활동	-502	-354
재무활동	648	426
순현금흐름	15	423
기말현금	124	547

시장 대비 수익률

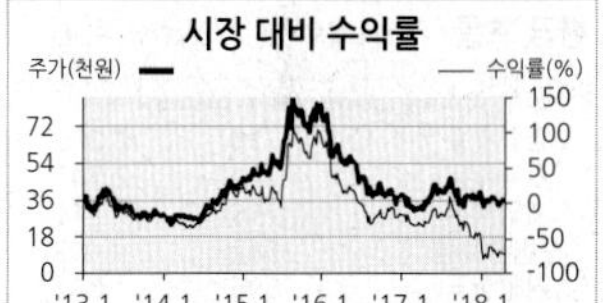

결산 실적 〈단위 : 억원〉

항목	2012	2013	2014	2015	2016	2017
매출액	18,727	18,769	17,953	20,724	23,279	25,044
영업이익	267	85	273	315	210	439
당기순이익	117	-140	93	67	-58	12

분기 실적 〈단위 : 억원〉

항목	2016.3Q	2016.4Q	2017.1Q	2017.2Q	2017.3Q	2017.4Q
매출액	6,065	5,886	5,948	6,346	6,620	6,129
영업이익	83	5	45	140	149	105
당기순이익	13	-103	6	70	-72	9

재무 상태 〈단위 : 억원〉

항목	2012	2013	2014	2015	2016	2017
총자산	6,505	5,970	6,731	7,588	8,505	9,026
유형자산	918	702	2,161	2,254	2,419	2,543
무형자산	100	113	768	798	1,050	956
유가증권	4	1	1	1	1	1
총부채	5,096	4,139	4,778	5,533	6,085	6,672
총차입금	1,776	1,411	1,405	2,082	2,316	2,987
자본금	108	108	109	119	119	119
총자본	1,410	1,831	1,953	2,055	2,420	2,355
지배주주지분	1,409	1,830	1,919	2,063	1,902	1,802

기업가치 지표

항목	2012	2013	2014	2015	2016	2017
주가(최고/저)(천원)	43.7/19.1	43.3/27.0	47.3/24.1	89.3/44.9	79.7/33.3	47.0/30.6
PER(최고/저)(배)	41.4/18.1	—/—	49.4/25.1	98.8/49.7	—/—	—/—
PBR(최고/저)(배)	3.4/1.5	2.6/1.6	2.7/1.4	5.2/2.6	5.0/2.1	3.1/2.0
EV/EBITDA(배)	13.1	20.0	15.6	23.9	16.4	10.9
EPS(원)	1,079	-1,290	975	915	-393	-129
BPS(원)	13,009	16,871	17,665	17,380	16,021	15,181
CFPS(원)	2,540	-102	2,195	2,426	1,565	2,135
DPS(원)	200	—	200	200	200	200
EBITDAPS(원)	3,929	1,972	3,731	4,162	3,730	5,961

재무 비율 〈단위 : %〉

연도	영업이익률	순이익률	부채비율	차입금비율	ROA	ROE	유보율	자기자본비율	EBITDA마진율
2017	1.8	0.1	283.3	126.9	0.1	-0.8	1,418.2	26.1	2.8
2016	0.9	-0.3	251.4	95.7	-0.7	-2.4	1,502.1	28.5	1.9
2015	1.5	0.3	269.2	101.3	0.9	5.5	1,638.0	27.1	2.4
2014	1.5	0.5	244.6	71.9	1.5	5.6	1,666.5	29.0	2.3

씨제이헬로 (A037560)
CJ Hello

업　　종 : 미디어　　시　　장 : 거래소
신용등급 : (Bond) —　(CP) —　　기업규모 : 시가총액 중형주
홈페이지 : www.cjhello.com　　연 락 처 : 1855-1000
본　　사 : 서울시 마포구 월드컵북로56길 19, 6층(상암동, 드림타워)

설 립 일	1995.03.31	**종업원수**	1,106명	**대표이사**	변동식
상 장 일	2012.11.09	**감사의견**	적정(안진)	**계　열**	
결 산 기	12월	**보 통 주**		**종속회사수**	
액 면 가	2,500원	**우 선 주**		**구　상　호**	

주주구성 (지분율,%)		출자관계 (지분율,%)		주요경쟁사 (외형,%)	
CJ오쇼핑	53.9	ICT융합펀드	17.1	CJ헬로	100
에스케이텔레콤	8.6	한국케이블텔레콤	3.7	CJ E&M	156
(외국인)	5.5			CJ CGV	153

매출구성		비용구성		수출비중	
헬로tv	35.2	매출원가율	64.6	수출	—
헬로폰, tving헬로모바일	25.6	판관비율	28.9	내수	—
헬로tv우리동네	22.9				

회사 개요
동사는 2008년 인터넷전화 서비스 '헬로폰'으로 시작하여, 현재는 케이블TV, 초고속인터넷, 인터넷전화(VoIP), 광고, N스크린 및 MVNO 이동통신 서비스 등을 제공하는 종합유선방송사업자임. 2010년 상반기에는 국내 최초로 웹TV 방송 서비스인 'tving'을 오픈하였고, 2012년에는 MVNO 서비스를 개시하면서 무선통신 시장까지 사업영역을 넓혔음. SO 23개사를 보유한 MSO로 케이블TV 가입자 기준 M/S 28.73% 점유함.

실적 분석
동사의 연결 기준 2017년 매출액은 전년보다 소폭(1.8%) 증가한 11,199.0억원을 기록하였음. 사업부문별 매출액을 살펴보면 방송 3,834억원, 초고속인터넷 1,134억원, 광고 2,606억원, 부가서비스 2,890억원, 상품매출 735억으로 전기 대비 각각 1.0% 감소, 6.1% 감소, 3.4% 증가, 2.7% 증가 그리고 24.4% 증가하였음. 영업이익은 전기대비 69.7% 증가한 729억원을 기록함.

현금 흐름 *IFRS 별도 기준
<단위 : 억원>

항목	2016	2017
영업활동	2,758	2,813
투자활동	-1,604	-2,741
재무활동	-1,716	-19
순현금흐름	-562	52
기말현금	595	647

시장 대비 수익률
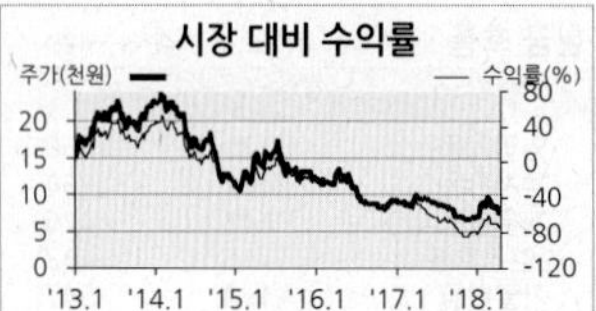

결산 실적
<단위 : 억원>

항목	2012	2013	2014	2015	2016	2017
매출액	8,910	11,602	12,704	11,826	11,006	11,199
영업이익	1,493	1,158	1,021	1,050	429	729
당기순이익	1,044	770	257	597	215	289

분기 실적 *IFRS 별도 기준
<단위 : 억원>

항목	2016.3Q	2016.4Q	2017.1Q	2017.2Q	2017.3Q	2017.4Q
매출액	2,803	2,615	2,752	2,757	2,782	2,908
영업이익	238	-300	176	191	185	176
당기순이익	166	-291	98	59	46	86

재무 상태 *IFRS 별도 기준
<단위 : 억원>

항목	2012	2013	2014	2015	2016	2017
총자산	15,190	19,868	21,705	20,003	18,402	18,682
유형자산	5,245	5,508	7,820	7,371	6,937	6,878
무형자산	3,866	4,454	8,487	7,962	7,578	7,461
유가증권	11	8	15	14	13	23
총부채	7,348	10,603	12,669	10,491	8,735	8,810
총차입금	5,110	8,686	10,058	8,631	7,087	7,046
자본금	1,732	1,936	1,936	1,936	1,936	1,936
총자본	7,842	9,266	9,036	9,512	9,667	9,871
지배주주지분	7,842	9,266	9,036	9,512	9,667	9,871

기업가치 지표 *IFRS 별도 기준

항목	2012	2013	2014	2015	2016	2017
주가(최고/저)(천원)	18.4/14.8	22.9/15.7	23.9/11.5	17.4/10.4	13.6/7.8	10.0/6.6
PER(최고/저)(배)	19.3/15.5	31.5/21.5	74.6/35.9	23.1/13.8	50.0/28.7	27.2/17.8
PBR(최고/저)(배)	1.9/1.5	2.0/1.4	2.1/1.0	1.5/0.9	1.1/0.6	0.8/0.5
EV/EBITDA(배)	5.3	8.2	4.3	4.6	4.7	3.9
EPS(원)	986	753	331	771	278	373
BPS(원)	10,125	11,964	11,667	12,282	12,482	12,746
CFPS(원)	2,935	3,194	4,015	4,271	3,496	3,324
DPS(원)	—	75	75	75	75	75
EBITDAPS(원)	3,465	3,656	5,002	4,856	3,773	3,891

재무 비율
<단위 : %>

연도	영업이익률	순이익률	부채비율	차입금비율	ROA	ROE	유보율	자기자본비율	EBITDA마진율
2017	6.5	2.6	89.3	71.4	1.6	3.0	409.8	52.8	26.9
2016	3.9	2.0	90.4	73.3	1.1	2.2	399.3	52.5	26.6
2015	8.9	5.1	110.3	90.7	2.9	6.4	391.3	47.6	31.8
2014	8.0	2.0	140.2	111.3	1.2	2.9	366.1	41.6	30.5

씨젠 (A096530)
Seegene

업　　종 : 바이오　　시　　장 : KOSDAQ
신용등급 : (Bond) —　(CP) —　　기업규모 : 우량
홈페이지 : www.seegene.com　　연 락 처 : 02)2240-4000
본　　사 : 서울시 송파구 오금로 91(태원빌딩), 7층

설 립 일	2000.09.18	**종업원수**	290명	**대표이사**	천종윤
상 장 일	2010.09.10	**감사의견**	적정(우덕)	**계　열**	
결 산 기	12월	**보 통 주**		**종속회사수**	5개사
액 면 가	500원	**우 선 주**		**구　상　호**	

주주구성 (지분율,%)		출자관계 (지분율,%)		주요경쟁사 (외형,%)	
천종윤	18.1	네오프로브	100.0	씨젠	100
한화자산운용	4.9	나노헬릭스	35.1	내츄럴엔도텍	11
(외국인)	18.1	닥터이루미	25.0	프로스테믹스	7

매출구성		비용구성		수출비중	
Women's Health 검사제품	31.7	매출원가율	33.6	수출	—
호흡기성 병원체 검사제품	28.8	판관비율	50.5	내수	—
장비 등	28.5				

회사 개요
동사는 2000년 설립되어 유전자(DNA 및 RNA) 분석을 통하여 질병의 원인을 감별하는 분자진단 시약개발, 제조 및 공급 판매업을 주력사업으로 영위하고 있음. 핵심 사업인 분자진단에서 동사가 보유한 DPO, READ 기술은 기존 제품대비 우수한 진단능력을 보임. 세계 분자진단 시장 리포트에서 전세계 주요 분자진단 기업으로 랭크되고 있으며, 핵심기술로 올리고 뉴클레오타이드 기술, DNA칩을 포함한 바이오칩/마이크로어레이 기술을 보유함.

실적 분석
동사의 2017년 누적매출액은 876.6억원으로 전년대비 19% 증가함. 같은 기간 영업이익은 38.6% 늘어난 139.8억원을 기록함. 동사는 글로벌 분자진단 시장을 타겟으로 하여 총 매출액 중 수출이 80% 수준의 높은 비중을 차지함. 2014년 이탈리아 및 중동법인, 2015년 미국 및 캐나다 법인, 2016년 멕시코 합작법인(JV) 설립과 2017년 독일 법인 설립 등 글로벌 영업망을 강화해 나가는 중임.

현금 흐름
<단위 : 억원>

항목	2016	2017
영업활동	166	146
투자활동	-98	16
재무활동	19	-375
순현금흐름	89	-220
기말현금	498	278

시장 대비 수익률
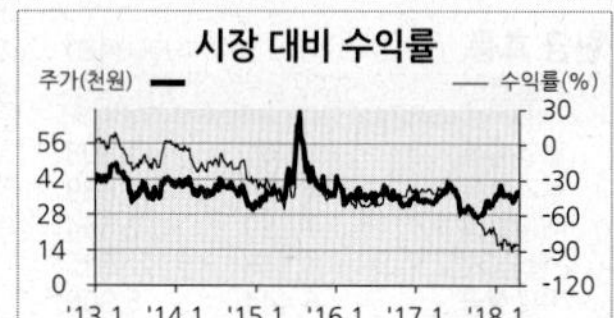

결산 실적
<단위 : 억원>

항목	2012	2013	2014	2015	2016	2017
매출액	517	590	644	651	737	877
영업이익	122	141	111	86	101	140
당기순이익	91	96	91	68	72	41

분기 실적
<단위 : 억원>

항목	2016.3Q	2016.4Q	2017.1Q	2017.2Q	2017.3Q	2017.4Q
매출액	178	202	210	223	203	241
영업이익	29	25	33	34	33	39
당기순이익	-5	44	-3	15	28	1

재무 상태
<단위 : 억원>

항목	2012	2013	2014	2015	2016	2017
총자산	836	1,290	1,385	1,940	2,076	1,797
유형자산	45	46	100	112	165	184
무형자산	131	155	186	192	224	234
유가증권	—	10	25	97	99	50
총부채	417	446	436	587	654	395
총차입금	315	327	308	460	500	198
자본금	65	84	127	131	131	131
총자본	419	844	948	1,353	1,422	1,402
지배주주지분	419	844	948	1,351	1,420	1,399

기업가치 지표

항목	2012	2013	2014	2015	2016	2017
주가(최고/저)(천원)	45.9/22.6	48.2/29.1	42.6/30.0	70.7/31.0	43.0/30.0	40.2/26.5
PER(최고/저)(배)	123.2/60.6	126.9/76.5	117.7/82.8	273.8/119.9	158.4/110.3	263.8/173.9
PBR(최고/저)(배)	22.5/11.1	13.1/7.9	10.5/7.4	12.9/5.7	7.5/5.2	7.0/4.6
EV/EBITDA(배)	69.7	57.2	49.1	65.6	53.1	38.4
EPS(원)	373	380	362	258	272	152
BPS(원)	3,809	5,496	4,069	5,463	5,725	5,761
CFPS(원)	878	760	586	488	521	470
DPS(원)	—	—	—	—	—	—
EBITDAPS(원)	1,117	1,028	664	559	634	850

재무 비율
<단위 : %>

연도	영업이익률	순이익률	부채비율	차입금비율	ROA	ROE	유보율	자기자본비율	EBITDA마진율
2017	16.0	4.6	28.2	14.2	2.1	2.8	1,052.2	78.0	25.4
2016	13.7	9.7	46.0	35.1	3.6	5.1	1,045.1	68.5	22.6
2015	13.3	10.4	43.4	34.0	4.1	5.9	992.6	69.7	22.5
2014	17.3	14.2	46.0	32.5	6.8	10.2	713.9	68.5	26.1

씨케이에이치 (A900120)

CKH Food & Health

업　　종 : 제약　　시　　장 : KOSDAQ
신용등급 : (Bond) —　(CP) —　　기업규모 :
홈페이지 : www.ckhfnh.co.kr　　연 락 처 : 86-591-8803-1033
본　　사 : P.O Box 31119 Grand Pavilion, Hibiscus Way, 802 West Bay Road, Grand Cayman, KYI-1205 Cyam

설 립 일	2009.02.24	**종 업 원 수**	21명	**대 표 이 사**	린진성
상 장 일	2010.03.31	**감 사 의 견**	적정(신한)	**계 열**	
결 산 기	06월	**보 통 주**		**종속회사수**	
액 면 가	—	**우 선 주**		**구 상 호**	차이나킹

주주구성 (지분율,%)		출자관계 (지분율,%)		주요경쟁사 (외형,%)	
WANG YUEREN	27.8	복건금산대도건강과기유한공사	100.0	씨케이에이치	100
Eternity Holdings Investments Limited	1.9	복건영생활력생물공정유한공사	100.0	에이치엘사이언스	27
(외국인)	31.0	자원투자유한공사	100.0	노브메타파마	1

매출구성		비용구성		수출비중	
		매출원가율	52.1	수출	—
		판관비율	24.2	내수	—

회사 개요

동사는 2009년 2월 24일자로 회사의 목적에 제한이 없는 지주회사 형태로 설립되었으며 케이만군도에 소재하며 중국에 동충하초, 기타 식물을 원재료로 한 건강식품의 판매사업을 영위하고 있음. 동사의 연결대상 종속법인으로는 중국과 버진군도 소재의 복건금산대도생물과기유한공사, 금산(중국)자원투자유한공사, 복주금대생물공정기술개발유한공사 등 총 3개사를 보유 중에 있음.

실적 분석

동사의 2017년 누적매출액은 635.3억원으로 전년대비 29.2% 감소함. 비용측면에서 매출원가와 판관비가 각각 29.6%, 51% 상승하면서 영업손실은 441.3억원으로 적자전환함. 매출 부진에 더해 비용 증가가 수익성 악화의 원인임. 동사는 수출이 없으며 매출전액이 중국 내수분이며, 동사의 대표적인 건강식품인 동충하초를 비롯하여 중국 내수시장의 침제가 지속되며 수익성이 악화되고 있음.

현금 흐름 〈단위 : 억원〉

항목	2017	2018.2Q
영업활동	543	-255
투자활동	12	-813
재무활동	4	2
순현금흐름	559	-1,066
기말현금	4,278	3,107

시장 대비 수익률

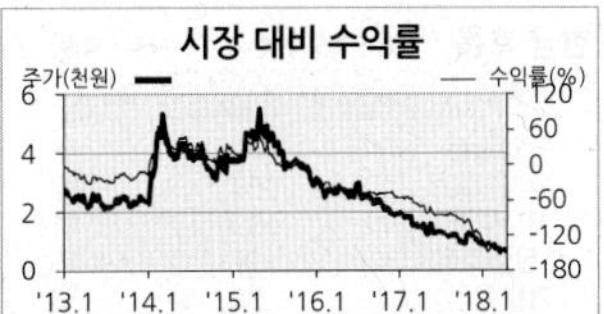

결산 실적 〈단위 : 억원〉

항목	2013	2014	2015	2016	2017	2018
매출액	2,647	2,864	3,179	2,976	1,463	—
영업이익	874	917	1,008	705	30	—
당기순이익	605	636	735	524	8	—

분기 실적 〈단위 : 억원〉

항목	2017.1Q	2017.2Q	2017.3Q	2017.4Q	2018.1Q	2018.2Q
매출액	516	379	343	226	370	328
영업이익	80	28	26	-104	-196	-246
당기순이익	63	17	19	-91	-191	-237

재무 상태 〈단위 : 억원〉

항목	2013	2014	2015	2016	2017	2018.2Q
총자산	4,840	4,857	6,259	6,362	6,055	5,673
유형자산	213	229	242	215	188	175
무형자산	—	—	—	—	—	—
유가증권	—	—	—	—	—	—
총부채	936	706	889	267	163	320
총차입금	542	344	401	—	4	6
자본금	53	50	55	63	64	62
총자본	3,903	4,151	5,370	6,095	5,892	5,353
지배주주지분	3,903	4,151	5,370	6,095	5,892	5,353

기업가치 지표

항목	2013	2014	2015	2016	2017	2018.2Q
주가(최고/저)(천원)	#VALUE!	—/—	—/—	—/—	—/—	—/—
PER(최고/저)(배)	5.0/2.5	7.2/2.8	6.9/3.8	9.1/4.9	424.4/167.9	—/—
PBR(최고/저)(배)	0.8/0.4	1.2/0.5	1.0/0.5	0.8/0.5	0.6/0.2	0.3/0.2
EV/EBITDA(배)	—	1.2	0.8	3.4	—	—/—
EPS(원)	720	738	797	505	7	-387
BPS(원)	4,879	4,729	6,118	5,797	5,337	4,848
CFPS(원)	774	795	860	552	24	-379
DPS(원)	—	—	—	—	—	—
EBITDAPS(원)	1,111	1,137	1,172	735	44	-392

재무 비율 〈단위 : %〉

연도	영업이익률	순이익률	부채비율	차입금비율	ROA	ROE	유보율	자기자본비율	EBITDA마진율
2017	2.1	0.5	2.8	0.1	0.1	0.1	9,173.7	97.3	3.3
2016	23.7	17.6	4.4	0.0	8.3	9.1	9,573.5	95.8	24.4
2015	31.7	23.1	16.6	7.5	13.2	15.4	9,606.6	85.8	32.4
2014	32.0	22.2	17.0	8.3	13.1	15.8	8,226.4	85.5	32.6

씨케이컴퍼니 (A235090)

CK

업　　종 : 기계　　시　　장 : KONEX
신용등급 : (Bond) —　(CP) —　　기업규모 : —
홈페이지 : www.ckcompany.net　　연 락 처 : 070)4680-1466
본　　사 : 서울시 강남구 봉은사로 207

설 립 일	2012.12.12	**종 업 원 수**	17명	**대 표 이 사**	이기순,김찬우
상 장 일	2016.03.16	**감 사 의 견**	거절(감사범위제한)(성도)	**계 열**	
결 산 기	12월	**보 통 주**		**종속회사수**	
액 면 가	—	**우 선 주**		**구 상 호**	씨케이컴퍼니

주주구성 (지분율,%)		출자관계 (지분율,%)		주요경쟁사 (외형,%)	
장순철	20.2			태경피엔에스	100
골든잎인베스트먼트	19.4			수성	710
				흥국	2,246

매출구성		비용구성		수출비중	
빙스빙스 소형	68.7	매출원가율	72.5	수출	25.8
빙스빙스 미니	19.8	판관비율	53.0	내수	74.2
빙스빙스 대형	11.5				

회사 개요

동사는 2012년 설립돼 2016년 코넥스시장에 주식을 상장해 매매를 시작함. 우유눈꽃빙수기 제작을 주된 사업으로 하고 있으며, 제품군으로는 소형,미니,미니-I로 구성되어있음. 최적의 IT서비스 환경을 구축 및 공급하는 인프라 및 솔루션 기반의 사업을 영위하는 IT사업부를 최근 추가함. 현재 국내엔 우유눈꽃빙수기를 제조하는 기업이 10여개 존재하며 동사를 포함한 4개 업체 정도가 -35도 급속냉각이 가능한 100% 우유눈꽃빙수기를 공급함.

실적 분석

코넥스 상장기업인 동사는 분기와 반기 실적 공개 의무가 없음. 2017년 매출액은 40.8억원으로전년 82.8억원에서 큰 폭으로 감소함. 영업이익은 10.4억원의 손실을 기록하며 전년 16.0억원 손실에 이어 2년 연속 적자지속함. 동사의 주력제품인 우유눈꽃빙수기의 제품라이프사이클은 약 3년 정도. 2017년 기준 26%인 수출 비중을 확대하고 국내 판매처의 다각화 노력이 필요함. 동사는 또한 자회사를 통한 IT사업부문 강화에 힘쓰고 있음.

현금 흐름 *IFRS 별도 기준 〈단위 : 억원〉

항목	2016	2017
영업활동	-13	5
투자활동	-13	-24
재무활동	29	20
순현금흐름	3	-0
기말현금	3	3

시장 대비 수익률

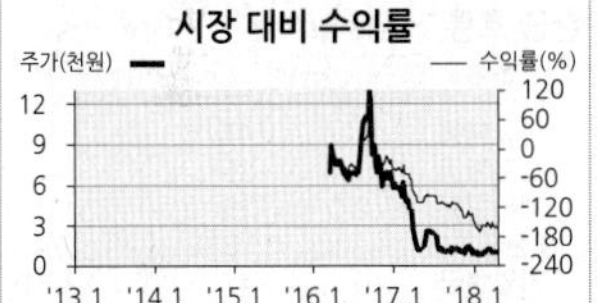

결산 실적 〈단위 : 억원〉

항목	2012	2013	2014	2015	2016	2017
매출액	—	3	43	54	83	41
영업이익	—	-2	1	11	-16	-10
당기순이익	—	-2	1	7	-23	-16

분기 실적 *IFRS 별도 기준 〈단위 : 억원〉

항목	2016.3Q	2016.4Q	2017.1Q	2017.2Q	2017.3Q	2017.4Q
매출액	—	—	—	—	—	—
영업이익	—	—	—	—	—	—
당기순이익	—	—	—	—	—	—

재무 상태 *IFRS 별도 기준 〈단위 : 억원〉

항목	2012	2013	2014	2015	2016	2017
총자산	—	4	15	102	141	139
유형자산	—	0	1	62	60	75
무형자산	—	—	1	1	0	0
유가증권	—	—	—	0	—	17
총부채	—	6	7	63	124	82
총차입금	—	5	7	61	88	74
자본금	—	1	9	17	17	35
총자본	—	-2	7	38	18	57
지배주주지분	—	-2	7	38	18	57

기업가치 지표 *IFRS 별도 기준

항목	2012	2013	2014	2015	2016	2017
주가(최고/저)(천원)	—/—	—/—	—/—	—/—	—/—	—/—
PER(최고/저)(배)	0.0/0.0	0.0/0.0	0.0/0.0	0.0/0.0	—/—	—/—
PBR(최고/저)(배)	0.0/0.0	0.0/0.0	0.0/0.0	0.0/0.0	28.2/9.6	9.8/0.9
EV/EBITDA(배)	0.0	—	1.7	4.7	—	—
EPS(원)	—	-2,178	81	292	-737	-342
BPS(원)	—	-1,766	406	1,239	528	815
CFPS(원)	—	-1,966	134	353	-649	-294
DPS(원)	—	—	—	—	—	—
EBITDAPS(원)	—	-1,991	144	505	-421	-176

재무 비율 〈단위 : %〉

연도	영업이익률	순이익률	부채비율	차입금비율	ROA	ROE	유보율	자기자본비율	EBITDA마진율
2017	-25.6	-38.9	142.9	129.5	-11.3	-42.4	63.0	41.2	-20.1
2016	-19.3	-28.0	701.6	496.0	-19.1	-83.2	5.7	12.5	-16.0
2015	20.5	13.4	166.1	158.8	12.5	31.9	128.5	37.6	23.3
2014	1.4	1.3	일부잠식	일부잠식	5.9	전기잠식	-18.7	50.9	2.2

씨큐브 (A101240)

CQV

업 종 : 화학 | 시 장 : KOSDAQ
신용등급 : (Bond) — (CP) — | 기업규모 : 벤처
홈페이지 : www.cqv.co.kr | 연 락 처 : 043)531-2500
본 사 : 충북 진천군 진천읍 성중로 144

설 립 일	2000.10.20	**종업원수**	158명	**대표이사**	장길완
상 장 일	2011.11.08	**감사의견**	적정(삼일)	**계 열**	
결 산 기	12월	**보 통 주**		**종속회사수**	
액 면 가	500원	**우 선 주**		**구 상 호**	

주주구성 (지분율,%)		출자관계 (지분율,%)		주요경쟁사 (외형,%)	
장길완	21.6			씨큐브	100
임광수	8.3			코오롱머티리얼	882
(외국인)	1.5			원익큐브	598

매출구성		비용구성		수출비중	
진주광택 안료	88.3	매출원가율	60.3	수출	—
기타	11.7	판관비율	27.3	내수	—

회사 개요

동사는 충북 진천에 소재한 진주광택안료 생산전문의 부품소재전문기업으로 2000년 10월에 설립됨. 진주광택안료란 진주빛, 무지개빛, 금속빛을 자아내는 안료를 통칭한 것으로 진주광택안료의 입자는 보는 각도에 따라 색이 차이 나는 간섭색을 나타내게 되는 안료임. 진주광택안료는 다품종 소량 생산으로 이루어지며, 기술집약적이며 경기에 비탄력적인 특징을 지니고 있음.

실적 분석

동사의 2017년 누적매출액은 401.7억원으로 전년대비 6.1% 증가함. 영업이익은 전년보다 12.7% 줄어든 49.7억원을 기록함. 원가율 상승과 판관비 등 비용 증가가 수익성 악화의 원인임. 동사는 CPFL 램프에 적용되는 세라믹 파우더의 재료 개발 및 공정개발은 완료하였고 관련 업체들과 사업 조율 중. 최근 소비자 취향이 점차 다양화, 고급화, 패션화 되는 경향을 보이며 독특한 색상이나 디자인을 선호하는 추세여서 수요 증가가 기대됨.

현금 흐름 *IFRS 별도 기준 〈단위 : 억원〉

항목	2016	2017
영업활동	44	53
투자활동	-35	-24
재무활동	-5	-1
순현금흐름	5	26
기말현금	47	73

시장 대비 수익률

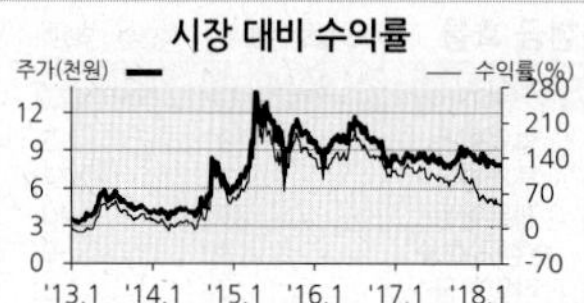

결산 실적 〈단위 : 억원〉

항목	2012	2013	2014	2015	2016	2017
매출액	244	281	298	306	379	402
영업이익	29	34	44	30	57	50
당기순이익	20	25	34	30	49	38

분기 실적 *IFRS 별도 기준 〈단위 : 억원〉

항목	2016.3Q	2016.4Q	2017.1Q	2017.2Q	2017.3Q	2017.4Q
매출액	85	100	99	104	106	93
영업이익	10	17	13	11	19	6
당기순이익	5	17	6	11	17	3

재무 상태 *IFRS 별도 기준 〈단위 : 억원〉

항목	2012	2013	2014	2015	2016	2017
총자산	471	492	574	568	607	655
유형자산	218	216	234	248	242	237
무형자산	33	30	26	27	28	33
유가증권	—	—	—	—	—	—
총부채	203	183	193	161	179	184
총차입금	181	158	154	115	140	130
자본금	28	29	34	38	38	40
총자본	268	309	381	407	428	470
지배주주지분	268	309	381	407	428	470

기업가치 지표 *IFRS 별도 기준

항목	2012	2013	2014	2015	2016	2017
주가(최고/저)(천원)	4.9/3.1	5.8/3.3	8.4/3.6	14.3/5.9	11.7/7.7	9.3/7.6
PER(최고/저)(배)	14.2/8.9	14.1/7.9	15.9/6.9	36.8/15.1	18.7/12.3	19.0/15.6
PBR(최고/저)(배)	1.0/0.6	1.1/0.6	1.5/0.7	2.5/1.0	1.8/1.2	1.4/1.2
EV/EBITDA(배)	6.0	5.8	6.7	13.7	8.4	8.8
EPS(원)	366	437	558	405	641	499
BPS(원)	5,232	5,688	5,858	5,971	6,542	6,729
CFPS(원)	838	926	1,038	807	1,045	861
DPS(원)	—	—	100	100	120	130
EBITDAPS(원)	991	1,094	1,216	810	1,154	1,017

재무 비율 〈단위 : %〉

연도	영업이익률	순이익률	부채비율	차입금비율	ROA	ROE	유보율	자기자본비율	EBITDA마진율
2017	12.4	9.4	39.2	27.7	6.0	8.4	1,245.8	71.8	19.2
2016	15.0	12.8	42.0	32.7	8.3	11.6	1,208.5	70.5	23.1
2015	9.9	9.8	39.4	28.3	5.3	7.6	1,094.1	71.7	19.6
2014	14.9	11.3	50.6	40.5	6.3	9.7	1,071.6	66.4	24.6

씨트리 (A047920)

CHEM TECH RESEARCHORPORATION

업 종 : 제약 | 시 장 : KOSDAQ
신용등급 : (Bond) — (CP) — | 기업규모 : 기술성
홈페이지 : www.c-tri.co.kr | 연 락 처 : 031)557-0001
본 사 : 경기도 남양주시 경강로 27

설 립 일	1998.04.23	**종업원수**	151명	**대표이사**	김완주
상 장 일	2015.12.21	**감사의견**	적정(새시대)	**계 열**	
결 산 기	12월	**보 통 주**		**종속회사수**	
액 면 가	500원	**우 선 주**		**구 상 호**	

주주구성 (지분율,%)		출자관계 (지분율,%)		주요경쟁사 (외형,%)	
대화제약	11.2			씨트리	100
김완주	4.8			명문제약	668
(외국인)	0.4			유유제약	300

매출구성		비용구성		수출비중	
헤파타인액 등 외	25.5	매출원가율	65.0	수출	—
OTC수탁 기타	22.5	판관비율	48.1	내수	—
ETC 기타	20.1				

회사 개요

동사는 1998년 4월 설립되어 2015년 12월에 코스닥시장에 상장한 완제의약품과 원료의약품의 개발,제조 전문업체임. 현재 아미노산부터 펩타이드 의약품까지 완성의약품의 생산, 공급 및 펩타이드 의약품에 대한 연구, 개발 등을 진행중임. 동사의 주요 목표시장은 국내시장으로 대부분의 매출이 국내에서 발생하고 있으며 최적화된 영업활동을 위해 일반약국보다는 주요 제약사와 도매상을 대상으로 영업활동을 펼치고 있음.

실적 분석

동사의 2017년 누적매출액은 209.8억원으로 전년대비 3.1% 증가함. 비용측면에서 판관비가 49.1억원에서 101억원으로 크게 상승하면서 매출 확대에도 불구하고 영업손실이 27.5억원으로 적자전환함. 동사는 파킨슨병의 장기지속형주사제를 개발하기 위한 제형 개발을 완료하고 기술특허 출원 예정임. 동사의 주력 제품인 치매치료제인 엑셀씨의 매출이 크게 증가 추세로 실적 개선이 기대됨. 치매치료제는 개량신약으로 파이프라인을 넓혀갈 계획임.

현금 흐름 *IFRS 별도 기준 〈단위 : 억원〉

항목	2016	2017
영업활동	-2	-8
투자활동	-154	12
재무활동	139	11
순현금흐름	-17	15
기말현금	38	53

시장 대비 수익률

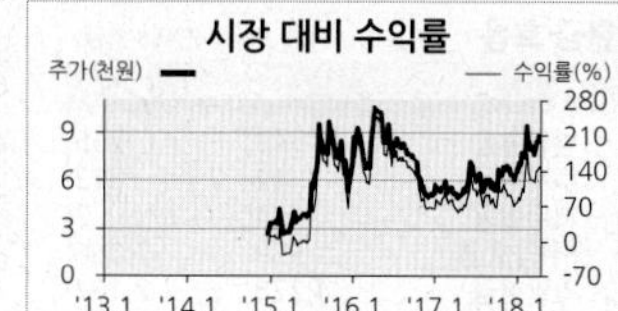

결산 실적 〈단위 : 억원〉

항목	2012	2013	2014	2015	2016	2017
매출액	147	154	172	177	203	210
영업이익	12	3	4	-9	6	-28
당기순이익	10	-4	3	-24	6	-44

분기 실적 *IFRS 별도 기준 〈단위 : 억원〉

항목	2016.3Q	2016.4Q	2017.1Q	2017.2Q	2017.3Q	2017.4Q
매출액	56	65	36	58	59	56
영업이익	4	4	-11	4	-1	-20
당기순이익	2	7	-19	1	-4	-22

재무 상태 *IFRS 별도 기준 〈단위 : 억원〉

항목	2012	2013	2014	2015	2016	2017
총자산	140	167	214	248	412	425
유형자산	32	39	58	75	120	133
무형자산	12	8	8	5	6	2
유가증권	—	—	—	—	91	70
총부채	109	133	166	127	223	246
총차입금	49	68	100	67	151	150
자본금	25	28	29	36	59	62
총자본	32	34	48	122	189	179
지배주주지분	32	34	48	122	189	179

기업가치 지표 *IFRS 별도 기준

항목	2012	2013	2014	2015	2016	2017
주가(최고/저)(천원)	—/—	—/—	3.4/1.6	9.8/2.5	11.1/4.7	7.5/4.9
PER(최고/저)(배)	0.0/0.0	0.0/0.0	96.9/45.6	—/—	225.5/94.9	—/—
PBR(최고/저)(배)	0.0/0.0	0.0/0.0	6.1/2.9	8.7/2.2	6.9/2.9	5.2/3.4
EV/EBITDA(배)	2.7	6.5	35.4	—	46.7	—
EPS(원)	129	-46	35	-252	49	-366
BPS(원)	642	618	834	1,686	1,597	1,430
CFPS(원)	301	46	177	-248	117	-278
DPS(원)	—	—	—	—	—	—
EBITDAPS(원)	341	177	199	-17	117	-142

재무 비율 〈단위 : %〉

연도	영업이익률	순이익률	부채비율	차입금비율	ROA	ROE	유보율	자기자본비율	EBITDA마진율
2017	-13.1	-20.9	137.7	83.7	-10.5	-23.8	186.1	42.1	-8.1
2016	2.8	2.8	118.2	80.2	1.8	3.7	219.3	45.8	6.8
2015	-5.2	-13.4	104.1	55.0	-10.2	-27.8	237.2	49.0	-0.6
2014	2.5	1.8	345.2	207.9	1.6	7.4	66.7	22.5	6.7

씨티네트웍스 (A189540)

ctnetworks

업종 : 통신장비 | 시장 : KONEX
신용등급 : (Bond) — (CP) — | 기업규모 : —
홈페이지 : www.ctnetworks.co.kr | 연락처 : 041)742-0609
본사 : 충남 논산시 연무읍 신화길 12

설립일	2007.01.09	종업원수	55명	대표이사	이재성
상장일	2013.12.24	감사의견	적정(신정)	계열	
결산기	12월	보통주		종속회사수	
액면가	—	우선주		구상호	

주주구성 (지분율,%)		출자관계 (지분율,%)		주요경쟁사 (외형,%)	
이재성	25.9			씨티네트웍스	100
김순옥	19.0			옵티시스	175
				텔레필드	365

매출구성		비용구성		수출비중	
OSP[광접속함체,광단자함,광아웃렛등]	77.9	매출원가율	98.9	수출	27.5
Cable[TB/DS/SX/DX]	22.1	판관비율	22.0	내수	72.5

회사 개요

동사는 광통신 영역 중에 '광케이블(Indoor), 광소자(Connector, Splitter), 광접속/분배함체(Closure, FDF, FDH, Outlet)'과 같은 제품을 생산하고 하고 있으며, 최근에는 '광전복합케이블모듈, 지능형광접속함체' 등을 추가로 생산하고 있음. 아시아_싱가폴/말레이시아/태국/네팔/인도네시아, 중동_UAE/카타르/이집트/이란, 북미_미국 등에서 주요 프로젝트를 진행하고 있음.

실적 분석

동사의 2017년 연간 매출은 전년 105.8억원에서 소폭 감소한 102.6억원을 기록함. 영업이익은 전년 -3.6억원에서 적자폭이 확대된 -21.5억원, 당기순이익은 -35.3억원을 시현함. 동사가 주력으로 하는 시장은 광통신 산업. 국내 광통신 산업은 세계에서 가장 높은 가구별 FTTx 보유율을 기록하고 있음. 동사는 영업적, 기술적 경쟁우위 요소 이외에 제품에 대한 고객신뢰도가 높음.

현금 흐름 *IFRS 별도 기준

〈단위 : 억원〉

항목	2016	2017
영업활동	11	6
투자활동	1	-2
재무활동	-12	-6
순현금흐름	-0	-3
기말현금	3	1

시장 대비 수익률

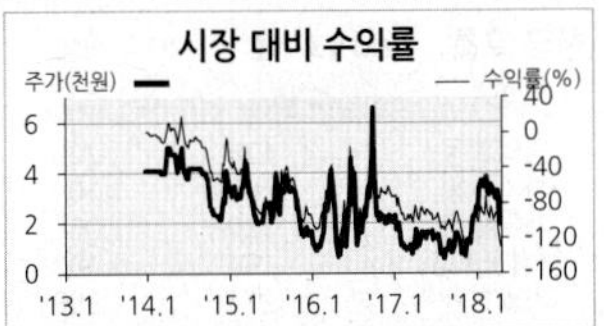

결산 실적

〈단위 : 억원〉

항목	2012	2013	2014	2015	2016	2017
매출액	62	139	111	151	106	103
영업이익	3	10	-19	4	-4	-21
당기순이익	0	9	-26	-7	-8	-35

분기 실적 *IFRS 별도 기준

〈단위 : 억원〉

항목	2016.3Q	2016.4Q	2017.1Q	2017.2Q	2017.3Q	2017.4Q
매출액	—	—	—	—	—	—
영업이익	—	—	—	—	—	—
당기순이익	—	—	—	—	—	—

재무 상태 *IFRS 별도 기준

〈단위 : 억원〉

항목	2012	2013	2014	2015	2016	2017
총자산	106	143	155	170	121	99
유형자산	35	45	66	72	60	55
무형자산	13	15	13	7	6	4
유가증권	4	4	0	—	—	—
총부채	68	92	125	149	108	119
총차입금	54	68	106	103	94	90
자본금	12	12	13	13	13	13
총자본	39	51	30	21	13	-20
지배주주지분	39	51	30	21	13	-20

기업가치 지표 *IFRS 별도 기준

항목	2012	2013	2014	2015	2016	2017
주가(최고/저)(천원)	—/—	4.1/4.1	5.6/2.0	4.6/1.3	6.6/0.6	2.6/0.6
PER(최고/저)(배)	0.0/0.0	10.2/10.2	—/—	—/—	—/—	—/—
PBR(최고/저)(배)	0.0/0.0	1.9/1.9	4.7/1.7	5.3/1.5	12.7/1.1	-3.3/-0.7
EV/EBITDA(배)	4.0	8.0	—	8.5	14.6	—
EPS(원)	15	404	-1,027	-271	-339	-1,421
BPS(원)	16,576	2,191	1,200	859	520	-802
CFPS(원)	3,258	718	-641	204	186	-909
DPS(원)	—	—	—	—	—	—
EBITDAPS(원)	4,512	762	-361	638	380	-352

재무 비율

〈단위 : %〉

연도	영업이익률	순이익률	부채비율	차입금비율	ROA	ROE	유보율	자기자본비율	EBITDA마진율
2017	-20.9	-34.4	완전잠식	완전잠식	-32.0	당기잠식	-257.2	-20.1	-8.5
2016	-3.4	-8.0	840.3	731.0	-5.8	-49.2	1.9	10.6	8.9
2015	2.7	-4.5	697.7	482.8	-4.2	-26.4	68.4	12.5	10.7
2014	-17.1	-23.5	410.3	347.5	-17.4	-63.6	140.1	19.6	-8.3

씨티씨바이오 (A060590)

CTCBIO

업종 : 제약 | 시장 : KOSDAQ
신용등급 : (Bond) — (CP) — | 기업규모 : 중견
홈페이지 : www.ctcbio.com | 연락처 : 070)4033-0200
본사 : 서울시 송파구 중대로 296, 삼보빌딩 6층

설립일	1995.12.28	종업원수	263명	대표이사	우성섭,성기홍
상장일	2002.02.08	감사의견	적정(대주)	계열	
결산기	12월	보통주		종속회사수	3개사
액면가	500원	우선주		구상호	

주주구성 (지분율,%)		출자관계 (지분율,%)		주요경쟁사 (외형,%)	
조호연	7.3	씨티씨그린	100.0	씨티씨바이오	100
현대인베스트먼트자산운용	5.3	애니인포넷	35.4	아미노로직스	13
(외국인)	2.8	인터펫코리아	14.0	에스텍파마	29

매출구성		비용구성		수출비중	
백신, 생균제 등	35.4	매출원가율	77.1	수출	11.0
항생제, 효소제 등	34.7	판관비율	33.7	내수	89.0
의약품, 의약품 원료 등	18.0				

회사 개요

동사는 1996년 1월에 설립되어 동물약품, 인체약품, 사료첨가제 및 단미보조사료, 건강기능성식품 등에 대한 제조 및 판매를 주요사업으로 영위하고 있음. 2002년 2월에 코스닥시장에 상장됨. 2004년도에 KGMP를 획득하여 공식적인 제약 생산시설을 인정받았으며, SK케미칼로부터 2014년 9월 1일부로 안산공장을 인수함. 동사는 현재 씨티씨그린 등 4개의 연결대상 종속회사를 보유함.

실적 분석

동사의 2017년 결산 연결기준 매출액은 전년대비 6.0% 성장한 1,305.6억원을 보임. 인체의약품군 부문의 호조가 매출액 성장을 견인함. 외형 성장에도 원가율이 상승하여 영업손실 140.6억원, 당기순손실 207.0억원을 보임. 원가 상승은 신규공장 가동률 미달, 추가적인 수익성 악화는 복합제 단독집행으로 인한 임상비 반환 등에 기인함. 별도 제무제표 기준 당기 매출비중은 동물약품군 66.4%, 인체약품군 33.6%로 구성됨.

현금 흐름

〈단위 : 억원〉

항목	2016	2017
영업활동	69	3
투자활동	-59	-40
재무활동	18	49
순현금흐름	28	13
기말현금	52	65

시장 대비 수익률

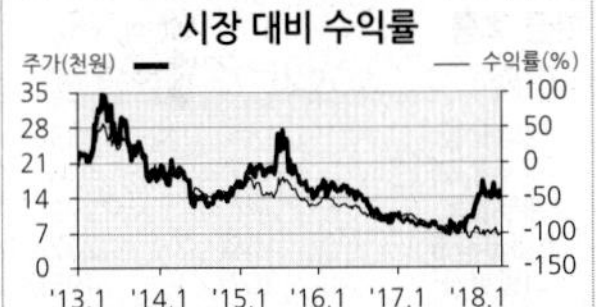

결산 실적

〈단위 : 억원〉

항목	2012	2013	2014	2015	2016	2017
매출액	1,298	1,234	1,219	1,190	1,231	1,306
영업이익	112	21	1	30	-26	-141
당기순이익	82	9	-36	27	-27	-207

분기 실적

〈단위 : 억원〉

항목	2016.3Q	2016.4Q	2017.1Q	2017.2Q	2017.3Q	2017.4Q
매출액	340	314	316	321	319	349
영업이익	5	-31	-24	-6	-56	-54
당기순이익	2	-31	-18	-7	-51	-131

재무 상태

〈단위 : 억원〉

항목	2012	2013	2014	2015	2016	2017
총자산	1,254	1,505	1,621	1,936	1,887	1,969
유형자산	297	335	663	868	920	914
무형자산	28	28	30	34	40	52
유가증권	62	117	108	264	144	185
총부채	630	582	766	944	978	1,228
총차입금	489	442	566	722	760	954
자본금	71	87	87	87	87	88
총자본	624	922	855	992	909	741
지배주주지분	623	922	854	991	909	740

기업가치 지표

항목	2012	2013	2014	2015	2016	2017
주가(최고/저)(천원)	25.5/8.9	36.4/16.3	22.0/12.2	27.4/13.9	18.0/9.0	12.9/6.4
PER(최고/저)(배)	48.6/17.0	720.5/323.1	—/—	174.2/88.1	—/—	—/—
PBR(최고/저)(배)	6.7/2.3	6.7/3.0	4.2/2.4	4.6/2.3	3.3/1.6	2.9/1.4
EV/EBITDA(배)	25.6	81.6	172.7	55.3	254.1	—
EPS(원)	524	50	-201	157	-157	-1,179
BPS(원)	4,378	5,470	5,184	5,970	5,481	4,488
CFPS(원)	768	162	-94	336	51	-909
DPS(원)	—	—	—	—	—	—
EBITDAPS(원)	992	234	113	349	57	-531

재무 비율

〈단위 : %〉

연도	영업이익률	순이익률	부채비율	차입금비율	ROA	ROE	유보율	자기자본비율	EBITDA마진율
2017	-10.8	-15.9	165.8	128.8	-10.7	-25.1	797.5	37.6	-7.1
2016	-2.1	-2.2	107.5	83.6	-1.4	-2.9	996.2	48.2	0.8
2015	2.5	2.3	95.2	72.9	1.5	3.0	1,094.0	51.2	5.1
2014	0.1	-2.9	89.6	66.2	-2.3	-3.9	936.8	52.7	1.6

씨티엘 (A036170)

CTLInc

업　　종 : 디스플레이 및 관련부품　　시　　장 : KOSDAQ
신용등급 : (Bond) —　　(CP) —　　기업규모 : 중견
홈페이지 : www.ctlinc.co.kr　　연 락 처 : 031)205-5300
본　　사 : 경기도 수원시 영통구 신원로 170 (신동)

설 립 일	1993.12.02	종업원수	69명	대표이사	손순종
상 장 일	1999.12.12	감사의견	적정(이현)	계 열	
결 산 기	12월	보 통 주		종속회사수	2개사
액 면 가	1,000원	우 선 주		구 상 호	

주주구성 (지분율,%)		출자관계 (지분율,%)		주요경쟁사 (외형,%)	
김병진	9.1	더블럭게임즈	100.0	씨티엘	100
라이브플렉스	4.6	케이스톤인베스트먼트	100.0	베셀	486
(외국인)	0.7	에이앤씨인베스트먼트	100.0	휘닉스소재	229

매출구성		비용구성		수출비중	
CHIP LED	81.9	매출원가율	70.9	수출	24.3
HIGHPOWER LED	18.0	판관비율	20.2	내수	75.7
기타	0.2				

회사 개요

인쇄회로기판 및 LED를 생산하는 사업을 영위하고 있으며 협력사를 상대로 부동산 임대업을 영위하고 있음. 핵심사업 역량 집중을 위한 비핵심사업 정리의 일환으로 2015년 5월 인쇄회로기판(PCB)사업부문의 영업정지를 결정. 주요사업부문은 차량용 LED 패키지, 경관조명 LED 제작 등을 수행하는 LED 사업부, 투자자문, 경영컨설팅을 수행하는 투자자문 사업부, 소셜카지노게임 제작 및 서비스를 수행하는 게임 사업부로 나뉨.

실적 분석

인쇄회로기판(PCB)사업부문의 영업정지로 인한 매출 감소로 2017년 결산 연결기준 누적 매출액은 전년동기 대비 6.1% 감소한 165.9억원을 기록함. 외형 축소에도 원가율과 판관비가 크게 개선되면서 영업이익은 전년대비 35% 증가한 14.8억원을 기록. 그러나 금융손익 및 외환손익이 적자전환하며 당기순손실은 8.6억원을 기록하며 적자전환. 세계 게임시장의 성장세로 볼 때 소셜 카지노 게임 시장의 전망이 긍정적임.

현금 흐름 〈단위 : 억원〉

항목	2016	2017
영업활동	44	33
투자활동	-27	-16
재무활동	-74	223
순현금흐름	-58	237
기말현금	257	495

시장 대비 수익률

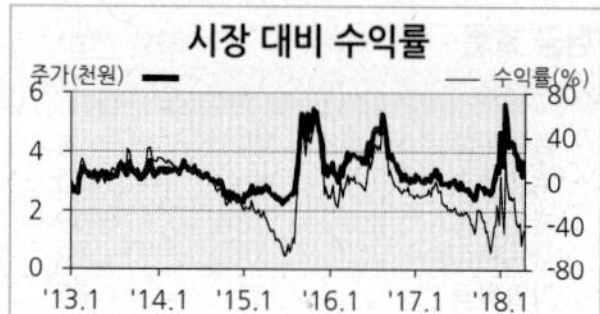

결산 실적 〈단위 : 억원〉

항목	2012	2013	2014	2015	2016	2017
매출액	658	758	216	206	177	166
영업이익	13	26	8	14	11	15
당기순이익	67	-2	3	-164	6	-9

분기 실적 〈단위 : 억원〉

항목	2016.3Q	2016.4Q	2017.1Q	2017.2Q	2017.3Q	2017.4Q
매출액	44	46	41	38	43	44
영업이익	6	7	3	2	4	6
당기순이익	7	5	7	2	3	-20

재무 상태 〈단위 : 억원〉

항목	2012	2013	2014	2015	2016	2017
총자산	978	933	965	758	692	951
유형자산	383	367	346	165	156	146
무형자산	9	7	8	9	53	30
유가증권	82	52	86	49	44	29
총부채	395	386	384	132	54	262
총차입금	242	241	240	100	30	240
자본금	182	144	150	241	241	263
총자본	582	547	581	627	638	689
지배주주지분	582	547	581	627	638	689

기업가치 지표

항목	2012	2013	2014	2015	2016	2017
주가(최고/저)(천원)	2.4/1.3	1.9/1.3	1.9/1.2	2.8/1.1	2.7/1.4	5.3/2.3
PER(최고/저)(배)	7.7/4.2	—/—	197.7/119.4	—/—	212.2/114.7	—/—
PBR(최고/저)(배)	1.3/0.7	0.9/0.6	0.9/0.6	2.0/0.8	1.9/1.0	1.9/0.8
EV/EBITDA(배)	18.8	10.8	10.8	14.3	17.7	17.9
EPS(원)	629	-14	19	-857	25	-33
BPS(원)	1,927	2,069	2,059	1,379	1,403	2,770
CFPS(원)	410	84	104	-363	44	30
DPS(원)	—	—	—	—	—	—
EBITDAPS(원)	156	170	122	102	54	121

재무 비율 〈단위 : %〉

연도	영업이익률	순이익률	부채비율	차입금비율	ROA	ROE	유보율	자기자본비율	EBITDA마진율
2017	8.9	-5.2	38.0	34.8	-1.0	-1.3	177.0	72.4	18.8
2016	6.2	3.4	8.5	4.7	0.8	1.0	180.5	92.2	14.8
2015	6.9	-79.5	21.0	16.0	-19.0	-27.1	175.8	82.6	19.0
2014	3.8	1.3	66.1	41.4	0.3	0.5	311.7	60.2	16.8

씨티케이코스메틱스 (A260930)

CTK Cosmetics

업　　종 : 개인생활용품　　시　　장 : KOSDAQ
신용등급 : (Bond) —　　(CP) —　　기업규모 : 중견
홈페이지 : www.ctkcometics.com　　연 락 처 : 031)698-4297
본　　사 : 경기도 성남시 분당구 판교로255번길 9-22, 우림더블유시티 416호

설 립 일	2001.05.10	종업원수	명	대표이사	정인용
상 장 일	2017.12.07	감사의견	적정(삼일)	계 열	
결 산 기	12월	보 통 주		종속회사수	
액 면 가	500원	우 선 주		구 상 호	

주주구성 (지분율,%)		출자관계 (지분율,%)		주요경쟁사 (외형,%)	
정인용	50.7	씨티케이브랜드랩	60.0	씨티케이코스메틱스	100
스마일게이트그로쓰1호펀드	8.0	CTKFulfillmentHoldingsCorp	100.0	한국화장품	134
(외국인)	2.7			코리아나	99

매출구성		비용구성		수출비중	
색조화장품	71.7	매출원가율	68.7	수출	99.9
기초화장품	14.2	판관비율	9.6	내수	0.1
Package	13.4				

회사 개요

동사는 2001년 5월 8일 설립된 화장품 및 화장품 용기 제조/판매업체임. 2017년 12월 7일에 코스닥 시장에 상장함. 모태기업인 알루미늄 용기 제조업체 태가통상으로부터 38년간 화장품 용기에 대한 R&D 능력을 전수받았음. 2008년 미국 현지 진출을 통하여 제품의 기획에서부터 고객사의 최종 판매까지의 전 과정을 Coordinate 해주는 Turn-key 방식의 Full Service 사업을 국내 최초로 개시함.

실적 분석

동사의 2017년 누적매출액은 1,129.9억원으로 전년대비 15.6% 감소함. 영업이익도 8.5% 줄어든 244.4억원을 기록함. 동사는 별도의 공장시설을 보유하고 있지 않은 무공장제조업체로서 기획, 마케팅 및 연구개발의 핵심역량에 기반을 두고 있으며, 외부제조시설의 무한한 리소스를 선별적으로 활용하여 효율성을 증대시킴. 향후 브랜드 기획과 최종 소비자로 유통하는 완전한 턴키 비즈니스 플래폼을 구축하는 것이 목표임.

현금 흐름 *IFRS 별도 기준 〈단위 : 억원〉

항목	2016	2017
영업활동	126	225
투자활동	-67	-1,100
재무활동	130	1,058
순현금흐름	194	182
기말현금	217	398

시장 대비 수익률

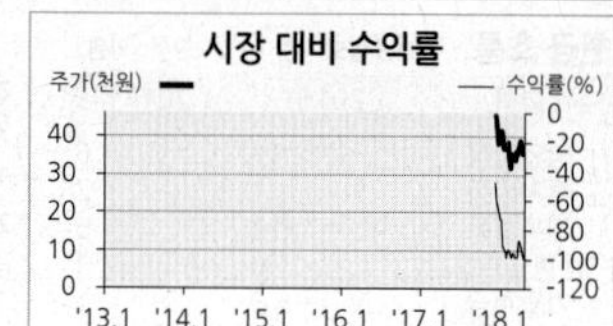

결산 실적 〈단위 : 억원〉

항목	2012	2013	2014	2015	2016	2017
매출액	—	—	—	610	1,339	1,130
영업이익	—	—	—	125	267	244
당기순이익	—	—	—	103	233	153

분기 실적 *IFRS 별도 기준 〈단위 : 억원〉

항목	2016.3Q	2016.4Q	2017.1Q	2017.2Q	2017.3Q	2017.4Q
매출액	—	—	—	—	—	—
영업이익	—	—	—	—	—	—
당기순이익	—	—	—	—	—	—

재무 상태 *IFRS 별도 기준 〈단위 : 억원〉

항목	2012	2013	2014	2015	2016	2017
총자산	—	—	—	311	745	1,853
유형자산	—	—	—	45	81	178
무형자산	—	—	—	0	2	2
유가증권	—	—	—	4	10	14
총부채	—	—	—	210	382	134
총차입금	—	—	—	34	136	—
자본금	—	—	—	5	5	51
총자본	—	—	—	101	363	1,719
지배주주지분	—	—	—	101	363	1,719

기업가치 지표 *IFRS 별도 기준

항목	2012	2013	2014	2015	2016	2017
주가(최고/저)(천원)	—/—	—/—	—/—	—/—	—/—	—/—
PER(최고/저)(배)	0.0/0.0	0.0/0.0	0.0/0.0	0.0/0.0	0.0/0.0	23.8/19.2
PBR(최고/저)(배)	0.0/0.0	0.0/0.0	0.0/0.0	0.0/0.0	0.0/0.0	2.7/2.2
EV/EBITDA(배)	0.0	0.0	0.0	0.0	—	10.2
EPS(원)	—	—	—	2,130	3,327	1,930
BPS(원)	—	—	—	100,973	305,014	17,008
CFPS(원)	—	—	—	154,783	228,088	2,011
DPS(원)	—	—	—	—	—	320
EBITDAPS(원)	—	—	—	186,219	260,397	3,154

재무 비율 〈단위 : %〉

연도	영업이익률	순이익률	부채비율	차입금비율	ROA	ROE	유보율	자기자본비율	EBITDA마진율
2017	21.6	13.5	7.8	0.0	11.8	14.7	3,295.7	92.7	22.2
2016	20.0	17.4	105.2	37.4	44.2	100.5	6,885.1	48.8	20.4
2015	20.5	16.9	207.9	34.1	0.0	0.0	1,919.5	32.5	21.1
2014	0.0	0.0	0.0	0.0	0.0	0.0	0.0	0.0	0.0

아가방앤컴퍼니 (A013990)
AGABANG&COMPANY

업 종 : 섬유 및 의복 | 시 장 : KOSDAQ
신용등급 : (Bond) — (CP) — | 기업규모 : 중견
홈페이지 : www.agabangncompany.com | 연 락 처 : 02)527-1300
본 사 : 서울시 강남구 테헤란로 207, 아가방빌딩

설 립 일	1979.04.02	**종업원수**	216명	**대표이사**	신상국
상 장 일	2002.01.09	**감사의견**	적정(삼정)	**계 열**	
결 산 기	12월	**보 통 주**		**종속회사수**	6개사
액 면 가	500원	**우 선 주**		**구 상 호**	

주주구성 (지분율,%)		출자관계 (지분율,%)		주요경쟁사 (외형,%)	
랑시코리아	26.5	디자인스킨	100.0	아가방컴퍼니	100
Arisaig Korea Fund BHD (L)	4.2	아펙스	80.0	일신방직	350
(외국인)	3.9	쁘띠마르숑	70.0	에프티이앤이	49

매출구성		비용구성		수출비중	
유아의류 및 유아용품 등(국내)	79.2	매출원가율	54.3	수출	17.0
유아의류 등(해외)	20.8	판관비율	48.5	내수	83.0

회사 개요

동사는 유아용 의류와 완구류 등을 제조, 판매하는 것을 주요 사업으로 영위하고 있음. 미국과 중국에 판매법인과 생산법인을 보유함. AGABANG U.S.A.,Inc., 연태아가방복식유한공사, 아펙스 등을 연결대상 종속회사로 보유함. 매출은 국내 83%, 해외 17%로 구성됨. 유아동 관련 산업 성장성은 제한적이나 진입장벽은 높음. 해외에서는 중국과 동남아시아 시장에서 점유율 확대해나갈 계획임.

실적 분석

2017년 연결기준 동사 매출은 1,408.6억원을 기록함. 전년도 매출인 1,502.6억원에 비해 6.3% 감소한 금액임. 영업이익은 손실 39.4억원을 기록하며 적자전환함. 비영업부문도 적자폭이 커져 당기순이익이 적자로 전환됨. 전년도엔 이익 18.6억원을 기록했으나 2017년엔 손실 49.0억원을 기록함. 내수경기 침체, 저성장, 출산률 저하 등이 실적 부진의 원인으로 분석됨.

현금 흐름 〈단위 : 억원〉

항목	2016	2017
영업활동	32	-59
투자활동	-51	-39
재무활동	-7	—
순현금흐름	-23	-101
기말현금	194	93

시장 대비 수익률

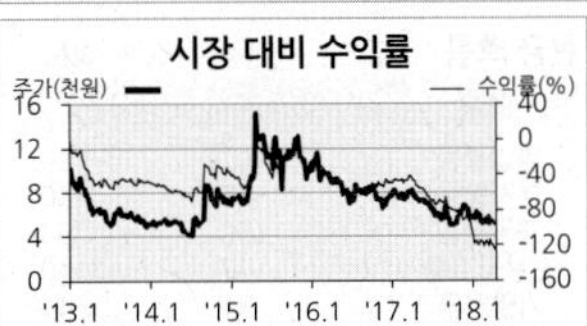

결산 실적 〈단위 : 억원〉

항목	2012	2013	2014	2015	2016	2017
매출액	2,030	1,946	1,601	1,573	1,503	1,409
영업이익	49	39	-73	1	16	-39
당기순이익	26	25	-72	2	19	-49

분기 실적 〈단위 : 억원〉

항목	2016.3Q	2016.4Q	2017.1Q	2017.2Q	2017.3Q	2017.4Q
매출액	474	354	362	363	378	306
영업이익	46	-4	-0	-28	12	-23
당기순이익	33	2	-7	-24	13	-32

재무 상태 〈단위 : 억원〉

항목	2012	2013	2014	2015	2016	2017
총자산	2,079	2,092	2,338	2,223	2,261	2,114
유형자산	856	850	935	992	465	471
무형자산	16	17	15	51	51	48
유가증권	66	69	56	57	53	51
총부채	592	574	656	519	541	445
총차입금	24	52	120	47	38	14
자본금	140	140	164	164	164	164
총자본	1,487	1,518	1,682	1,704	1,720	1,670
지배주주지분	1,487	1,518	1,682	1,699	1,717	1,671

기업가치 지표

항목	2012	2013	2014	2015	2016	2017
주가(최고/저)(천원)	20.9/6.8	10.5/4.9	9.3/4.0	15.2/6.9	11.6/6.5	8.3/4.8
PER(최고/저)(배)	231.7/75.2	119.8/55.4	—/—	2,423.5/1,104.9	190.6/106.0	—/—
PBR(최고/저)(배)	4.0/1.3	2.0/0.9	1.8/0.8	2.9/1.3	2.2/1.2	1.6/1.0
EV/EBITDA(배)	29.0	18.6	—	93.1	44.6	3,708.0
EPS(원)	92	88	-257	6	61	-136
BPS(원)	5,311	5,420	5,134	5,166	5,220	5,079
CFPS(원)	214	206	-135	111	171	-15
DPS(원)	40	40	—	—	—	—
EBITDAPS(원)	298	258	-139	108	160	1

재무 비율 〈단위 : %〉

연도	영업이익률	순이익률	부채비율	차입금비율	ROA	ROE	유보율	자기자본비율	EBITDA마진율
2017	-2.8	-3.5	26.6	0.8	-2.2	-2.7	915.9	79.0	0.0
2016	1.1	1.2	31.4	2.2	0.8	1.2	944.1	76.1	3.5
2015	0.1	0.1	30.5	2.8	0.1	0.1	933.2	76.6	2.3
2014	-4.6	-4.5	39.0	7.1	-3.3	-4.5	926.7	71.9	-2.4

아나패스 (A123860)
Anapass

업 종 : 디스플레이 및 관련부품 | 시 장 : KOSDAQ
신용등급 : (Bond) — (CP) — | 기업규모 : 벤처
홈페이지 : www.anapass.com | 연 락 처 : 02)6922-7400
본 사 : 서울시 구로구 디지털로31길 61, 신세계아이앤씨빌딩 6~7층

설 립 일	2002.11.29	**종업원수**	113명	**대표이사**	이경호
상 장 일	2010.11.05	**감사의견**	적정(한영)	**계 열**	
결 산 기	12월	**보 통 주**		**종속회사수**	
액 면 가	500원	**우 선 주**		**구 상 호**	

주주구성 (지분율,%)		출자관계 (지분율,%)		주요경쟁사 (외형,%)	
이경호	14.8	GCTSemiconductor,	32.4	아나패스	100
아샘자산운용	4.0			루멘스	415
(외국인)	6.9			넥스트아이	68

매출구성		비용구성		수출비중	
T-Con	93.8	매출원가율	63.1	수출	96.2
용역매출 등	4.1	판관비율	31.2	내수	3.8
기타제품	2.1				

회사 개요

동사는 반도체 개발 및 제조, 판매를 주요 사업으로 영위하고 있음. 주요 제품으로는 LCD 타이밍콘트롤러가 있음. 삼성전자의 High-end급 디스플레이 제품부터 Mid & Low end 제품까지 광범위하게 동사의 칩이 사용되고 있고 직접 공급하는 칩 이외에 삼성전자 LSI, Sony, OKI, Renesas, THine와 같은 기업들에게 AiPi 기술이 라이센스 형식으로도 제공됨. 초고화질TV 시장의 성장예상으로 매출 확대를 위해 노력하고 있음.

실적 분석

동사의 2017년 매출액은 전년 대비 12.3% 감소한 870.6억원을 기록한 탓에, 동기간 매출원가 및 판관비가 각각 13.5%, 5.0% 감소했음에도 불구하고 2017년 영업이익은 전년 대비 30.7% 감소한 49.8억원을 기록함. 한편, 동기간 비영업손익은 여전히 적자상태가 지속되었으나 외환차손 중심으로 손실규모는 크게 감소하였음. 이에 따라 동사의 2017년 당기순이익은 6.8억원을 기록하며 흑자 전환하였음.

현금 흐름 *IFRS 별도 기준 〈단위 : 억원〉

항목	2016	2017
영업활동	153	177
투자활동	-214	-115
재무활동	-19	4
순현금흐름	-77	59
기말현금	64	123

시장 대비 수익률

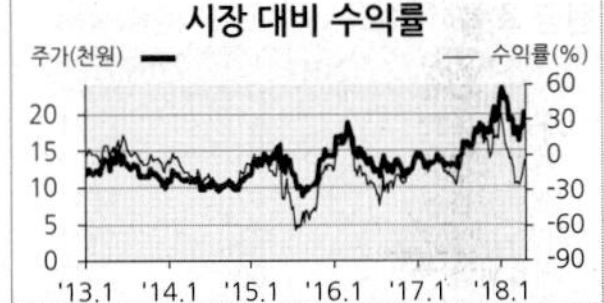

결산 실적 〈단위 : 억원〉

항목	2012	2013	2014	2015	2016	2017
매출액	982	911	1,340	994	993	871
영업이익	180	124	232	104	72	50
당기순이익	169	28	114	24	-254	7

분기 실적 *IFRS 별도 기준 〈단위 : 억원〉

항목	2016.3Q	2016.4Q	2017.1Q	2017.2Q	2017.3Q	2017.4Q
매출액	267	256	194	246	263	168
영업이익	27	21	2	15	13	20
당기순이익	20	-248	8	21	17	-39

재무 상태 *IFRS 별도 기준 〈단위 : 억원〉

항목	2012	2013	2014	2015	2016	2017
총자산	985	1,022	1,242	1,231	992	966
유형자산	14	50	26	54	56	56
무형자산	7	48	106	81	48	28
유가증권	4	23	28	—	22	42
총부채	97	147	253	201	226	206
총차입금	—	100	140	100	100	112
자본금	51	51	51	51	51	51
총자본	888	875	989	1,030	765	760
지배주주지분	888	875	989	1,030	765	760

기업가치 지표 *IFRS 별도 기준

항목	2012	2013	2014	2015	2016	2017
주가(최고/저)(천원)	12.6/8.2	15.1/9.9	12.3/9.4	15.9/8.5	18.9/11.2	22.7/12.2
PER(최고/저)(배)	8.4/5.4	59.8/39.1	11.6/8.9	69.6/37.5	—/—	338.8/184.3
PBR(최고/저)(배)	1.5/1.0	1.7/1.1	1.3/1.0	1.5/0.8	2.4/1.4	2.8/1.5
EV/EBITDA(배)	2.4	5.4	2.1	6.0	7.1	17.3
EPS(원)	1,669	273	1,130	236	-2,509	67
BPS(원)	9,569	9,439	10,560	10,828	8,216	8,165
CFPS(원)	1,862	485	1,649	903	-1,757	571
DPS(원)	300	200	350	200	200	200
EBITDAPS(원)	1,973	1,432	2,809	1,694	1,462	996

재무 비율 〈단위 : %〉

연도	영업이익률	순이익률	부채비율	차입금비율	ROA	ROE	유보율	자기자본비율	EBITDA마진율
2017	5.7	0.8	27.1	14.8	0.7	0.9	1,533.0	78.7	11.6
2016	7.2	-25.6	29.6	13.1	-22.9	-28.3	1,543.3	77.2	14.9
2015	10.5	2.4	19.5	9.7	1.9	2.4	2,065.6	83.7	17.3
2014	17.3	8.5	25.6	14.2	10.1	12.3	2,012.0	79.6	21.2

아남전자 (A008700)
Anam Electronics

업 종 : 내구소비재 | 시 장 : 거래소
신용등급 : (Bond) — (CP) — | 기업규모 : 시가총액 소형주
홈페이지 : www.aname.co.kr | 연 락 처 : 02)6424-4813
본 사 : 서울시 구로구 디지털로27가길 27 아남빌딩

설 립 일	1973.04.20	**종 업 원 수**	126명	**대 표 이 사**	김태수
상 장 일	1984.08.11	**감 사 의 견**	적정(대성삼경)	**계 열**	
결 산 기	12월	**보 통 주**		**종속회사수**	2개사
액 면 가	500원	**우 선 주**		**구 상 호**	

주주구성 (지분율,%)		출자관계 (지분율,%)		주요경쟁사 (외형,%)	
아남	20.2	아남전자베트남유한회사	100.0	아남전자	100
디조벤처	4.9	아남전자홍콩유한공사	100.0	에스텍	170
(외국인)	0.5	AnamNanotechnology	52.6	삼본정밀전자	27

매출구성		비용구성		수출비중	
AUDIO	97.2	매출원가율	85.6	수출	99.5
기타	1.8	판관비율	12.4	내수	0.5
부품 등	1.1				

회사 개요

동사는 1973년 설립된 오디오 전문 생산업체임. 동사는 약 45년간 AV분야에서 쌓아온 설계 및 제조 노하우를 바탕으로 디지털 영상기기와 연계된 첨단 고부가가치 컨버전스 가전제품 등을 생산하고 있으며 주요 제품은 AV Surround Receiver, Stereo Receiver, BT Speaker, Wifi Speaker 등이 있음. 매출의 대부분이 해외에서 발생하며 생산은 해외현지법인은 아남전자베트남유한회사가 담당함.

실적 분석

동사의 2017년 매출과 영업이익은 1,763억원, 35억원으로 전년 대비 매출은 5.2% 증가했으나 영업이익은 27.8% 감소함. 동사는 2018년 초 삼성전자가 인수한 하만에 동사의 공급 물량이 늘어난 것으로 알려짐. 동사는 하만 제품의 ODM은 물론 OEM까지 하고 있으며 매출에 약 20%대를 차지하고 있는 것으로 알려짐. 동사는 2018년 4월까지 기존 생산공장 대비 3배 크기의 신공장을 베트남에 준공할 목표로 추진 중임.

현금 흐름
〈단위 : 억원〉

항목	2016	2017
영업활동	67	21
투자활동	72	102
재무활동	-117	-138
순현금흐름	21	-21
기말현금	66	45

시장 대비 수익률

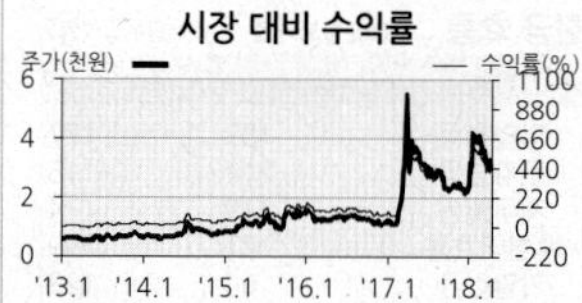

결산 실적
〈단위 : 억원〉

항목	2012	2013	2014	2015	2016	2017
매출액	1,358	1,342	1,465	1,547	1,676	1,763
영업이익	-5	3	-12	-75	49	35
당기순이익	-38	41	-27	31	28	-17

분기 실적
〈단위 : 억원〉

항목	2016.3Q	2016.4Q	2017.1Q	2017.2Q	2017.3Q	2017.4Q
매출액	513	436	363	351	573	475
영업이익	30	-5	4	7	9	15
당기순이익	0	15	-19	8	6	-13

재무 상태
〈단위 : 억원〉

항목	2012	2013	2014	2015	2016	2017
총자산	1,204	1,255	1,569	1,672	1,601	1,398
유형자산	276	485	303	321	322	314
무형자산	35	40	16	17	15	15
유가증권	5	4	5	1	1	1
총부채	530	539	880	986	894	705
총차입금	220	258	553	745	667	488
자본금	386	386	386	386	386	386
총자본	674	716	688	686	706	693
지배주주지분	674	716	688	686	706	693

기업가치 지표

항목	2012	2013	2014	2015	2016	2017
주가(최고/저)(천원)	1.2/0.5	0.8/0.5	1.2/0.6	1.8/0.8	1.7/1.0	5.5/1.1
PER(최고/저)(배)	—/—	15.9/9.4	—/—	44.2/20.2	46.2/27.2	—/—
PBR(최고/저)(배)	1.4/0.5	0.9/0.5	1.4/0.6	2.0/0.9	1.9/1.1	6.1/1.2
EV/EBITDA(배)	36.0	29.0	135.0	—	15.0	29.8
EPS(원)	-49	53	-35	40	37	-22
BPS(원)	874	928	892	889	916	898
CFPS(원)	-21	80	-8	85	79	21
DPS(원)	—	—	—	—	—	—
EBITDAPS(원)	21	31	11	-52	105	89

재무 비율
〈단위 : %〉

연도	영업이익률	순이익률	부채비율	차입금비율	ROA	ROE	유보율	자기자본비율	EBITDA마진율
2017	2.0	-1.0	101.8	70.4	-1.2	-2.5	79.6	49.6	3.9
2016	2.9	1.7	126.6	94.5	1.7	4.1	83.1	44.1	4.8
2015	-4.9	2.0	143.7	108.6	1.9	4.5	77.8	41.0	-2.6
2014	-0.8	-1.8	127.9	80.3	-1.9	-3.8	78.5	43.9	0.6

아리온테크놀로지 (A058220)
ARION TECHNOLOGY

업 종 : 셋톱 박스 | 시 장 : KOSDAQ
신용등급 : (Bond) — (CP) — | 기업규모 : 중견
홈페이지 : www.arion.co.kr | 연 락 처 : 031)361-3000
본 사 : 경기도 안양시 동안구 시민대로327번길 24 (관양동)

설 립 일	1999.10.28	**종 업 원 수**	86명	**대 표 이 사**	이창재
상 장 일	2005.08.05	**감 사 의 견**	적정(현대)	**계 열**	
결 산 기	12월	**보 통 주**		**종속회사수**	1개사
액 면 가	200원	**우 선 주**		**구 상 호**	

주주구성 (지분율,%)		출자관계 (지분율,%)		주요경쟁사 (외형,%)	
시나르마스 조합	8.4			아리온	100
씨그널엔터테인먼트그룹	5.7			휴맥스	3,115
(외국인)	0.3			홈캐스트	79

매출구성		비용구성		수출비중	
디지털 방송수신기 외(제품)	98.7	매출원가율	87.4	수출	76.0
부동산임대(기타)	1.3	판관비율	30.8	내수	24.0

회사 개요

전세계 디지털방송의 확대에 발맞춰 위성 방송수신기를 시작으로 다양한 디지털 셋톱박스를 연구 개발하여 세계시장에 공급하고 있음. 또한 PVR/HD급의 고급형 셋톱박스 공급을 위한 제품 고부가가치화에 주력하고 있음. 매출의 대부분이 수출로 이루어지고 있으며, 유럽 및 중동에 이어 아시아, 북남미 및 대양주로 비즈니스 영역을 지속적으로 확장하고 있음. 100% 외주생산으로 생산설비는 보유하지 않음.

실적 분석

동사의 2017년 연결 기준 연간 누적 매출액은 517.4억원으로 전년 동기 대비 12.4% 증가함. 매출은 증가했지만 매출 증가율 대비 매출 원가 증가율이 높고 판매비와 관리비 또한 늘어나면서 영업손실은 94.5억원으로 전년 동기 대비 적자 폭이 확대됨. 비영업손익 부문에서도 막대한 금융손실이 발생하면서 당기순손실은 214.4억원으로 전년 동기 대비 적자 규모가 늘어남.

현금 흐름
〈단위 : 억원〉

항목	2016	2017
영업활동	-147	26
투자활동	-55	-80
재무활동	150	64
순현금흐름	-52	10
기말현금	31	41

시장 대비 수익률

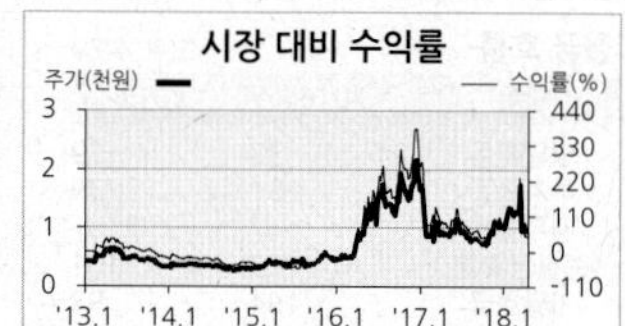

결산 실적
〈단위 : 억원〉

항목	2012	2013	2014	2015	2016	2017
매출액	1,005	601	885	887	460	517
영업이익	76	20	7	18	-89	-95
당기순이익	55	17	2	25	-129	-214

분기 실적
〈단위 : 억원〉

항목	2016.3Q	2016.4Q	2017.1Q	2017.2Q	2017.3Q	2017.4Q
매출액	87	221	103	155	140	119
영업이익	-27	-24	-12	-18	-17	-47
당기순이익	-28	-63	-21	-24	-21	-149

재무 상태
〈단위 : 억원〉

항목	2012	2013	2014	2015	2016	2017
총자산	911	470	565	544	771	686
유형자산	13	70	70	169	176	173
무형자산	23	17	19	18	157	148
유가증권	—	—	14	14	9	35
총부채	659	192	284	240	410	457
총차입금	437	81	104	126	276	276
자본금	33	50	50	51	139	155
총자본	252	278	281	305	361	229
지배주주지분	252	278	281	305	358	225

기업가치 지표

항목	2012	2013*	2014	2015	2016	2017
주가(최고/저)(천원)	1.1/0.6	1.6/0.8	1.0/0.7	1.5/0.8	5.4/1.1	1.8/0.7
PER(최고/저)(배)	3.8/2.3	18.8/9.3	87.4/58.2	12.1/6.2	—/—	—/—
PBR(최고/저)(배)	0.8/0.5	1.2/0.6	0.7/0.5	1.0/0.5	4.2/0.9	6.1/2.5
EV/EBITDA(배)	4.9	8.0	10.4	11.1	—	—
EPS(원)	110	35	5	49	-225	-297
BPS(원)	3,886	2,780	2,811	2,992	1,284	290
CFPS(원)	998	250	107	313	-513	-278
DPS(원)	150	—	—	—	—	—
EBITDAPS(원)	1,312	272	153	249	-338	-112

재무 비율
〈단위 : %〉

연도	영업이익률	순이익률	부채비율	차입금비율	ROA	ROE	유보율	자기자본비율	EBITDA마진율
2017	-18.3	-41.4	199.9	120.6	-29.4	-73.8	44.9	33.4	-15.6
2016	-19.3	-28.0	113.8	76.5	-19.6	-39.0	156.8	46.8	-16.9
2015	2.1	2.8	78.8	41.5	4.4	8.4	498.3	55.9	2.8
2014	0.8	0.3	101.0	37.0	0.4	0.8	462.2	49.7	1.7

아모레퍼시픽 (A090430)
AMOREPACIFIC

업　　종 : 개인생활용품　　　　　시　　장 : 거래소
신용등급 : (Bond) —　(CP) A1　　기업규모 : 시가총액 대형주
홈페이지 : www.apgroup.com　　연 락 처 : 02)709-5114
본　　사 : 서울시 중구 청계천로 100

설 립 일	2006.06.01	**종업원수**	6,109명	**대표이사**	서경배,안세홍
상 장 일	2006.06.29	**감사의견**	적정(삼일)	**계　　열**	
결 산 기	12월	**보 통 주**		**종속회사수**	21개사
액 면 가	500원	**우 선 주**		**구 상 호**	

주주구성 (지분율,%)		출자관계 (지분율,%)		주요경쟁사 (외형,%)	
아모레퍼시픽그룹	35.4	위드림	100.0	아모레퍼시픽	100
서경배	10.7	바이오제닉스	11.0	아모레G	118
(외국인)	33.9	웰스킨	8.0	한국콜마	16

매출구성		비용구성		수출비중	
[화장품사업]기초,메이컵, 기타	91.2	매출원가율	26.9	수출	34.0
[MC&S사업]개인용 생활용품, 녹차	8.8	판관비율	61.4	내수	66.0

회사 개요

동사는 화장품, 생활용품, 식품의 제조 및 판매를 영위하는 기업임. 사업부문으로 크게 화장품, MC&S 사업부문으로 구분되며, 매출비중은 9:1을 나타냄. 2017년 기준 기초화장품 및 색조화장품 등의 화장품 시장점유율은 29%, 헤어, 바디 등 생활용품은 15.5%를 차지함. 화장품 업종 경쟁 심화로 시장점유율이 지속적으로 하락 중임. 국내뿐만 아니라 면세 사업의 글로벌 진출을 확대하고 있음.

실적 분석

중국 사드 사태의 영향으로 동사의 2017년 누적매출액은 5조1,238.3억원으로 전년대비 9.2% 감소함. 비용측면에서 매출원가와 판관비가 각각 3.2%, 6.7% 하락했음에도 매출 부진의 영향으로 영업이익은 전년보다 29.7% 줄어든 5,964억원을 기록함. 중국 로컬 매출의 회복 기대감과 미국 세포라 내 라네즈 론칭이나 뉴욕 이니스프리 오픈, 파리 라파예트 백화점 설화수 입점 등에 따른 실적 개선이 기대됨.

현금 흐름 〈단위 : 억원〉

항목	2016	2017
영업활동	6,770	5,126
투자활동	-6,096	-4,008
재무활동	-1,330	-1,109
순현금흐름	-635	-195
기말현금	6,237	6,042

시장 대비 수익률

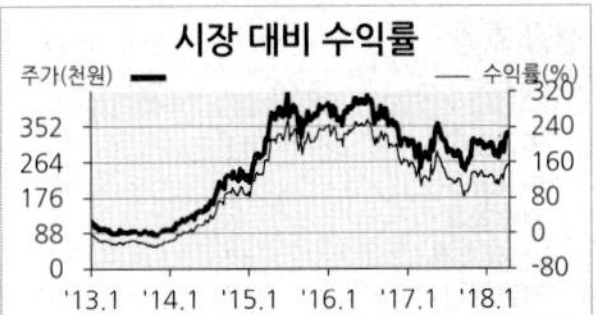

결산 실적 〈단위 : 억원〉

항목	2012	2013	2014	2015	2016	2017
매출액	28,495	31,004	38,740	47,666	56,454	51,238
영업이익	3,653	3,698	5,638	7,729	8,481	5,964
당기순이익	2,693	2,674	3,851	5,848	6,457	3,980

분기 실적 〈단위 : 억원〉

항목	2016.3Q	2016.4Q	2017.1Q	2017.2Q	2017.3Q	2017.4Q
매출액	14,009	13,160	15,690	12,050	12,099	11,400
영업이익	1,675	1,022	3,168	1,016	1,011	769
당기순이익	1,171	730	2,235	774	798	174

재무 상태 〈단위 : 억원〉

항목	2012	2013	2014	2015	2016	2017
총자산	30,262	34,018	38,546	44,431	51,816	53,757
유형자산	17,668	19,360	17,436	18,706	23,586	26,132
무형자산	1,212	1,326	1,742	2,116	2,281	2,397
유가증권	62	70	1,355	673	1,741	433
총부채	6,824	8,337	9,763	10,708	12,849	12,003
총차입금	783	1,598	1,799	1,694	1,477	1,295
자본금	345	345	345	345	345	345
총자본	23,438	25,681	28,783	33,723	38,966	41,754
지배주주지분	23,336	25,544	28,587	33,456	38,788	41,538

기업가치 지표

항목	2012	2013	2014	2015	2016	2017
주가(최고/저)(천원)	128/93.7	122/84.2	246/95.6	439/212	437/305	359/238
PER(최고/저)(배)	29.0/21.2	27.6/19.1	39.3/15.3	45.9/22.1	47.6/33.2	63.2/42.0
PBR(최고/저)(배)	3.4/2.5	2.9/2.0	5.2/2.0	9.2/4.4	7.8/5.5	6.0/4.0
EV/EBITDA(배)	15.6	12.2	19.6	28.2	19.5	23.2
EPS(원)	4,544	4,503	6,370	9,704	9,262	5,709
BPS(원)	338,323	370,316	414,410	48,495	56,222	60,206
CFPS(원)	53,911	56,733	74,643	12,172	11,888	8,950
DPS(원)	6,500	6,500	9,000	1,350	1,580	1,280
EBITDAPS(원)	67,662	71,492	101,397	15,455	14,914	11,882

재무 비율 〈단위 : %〉

연도	영업이익률	순이익률	부채비율	차입금비율	ROA	ROE	유보율	자기자본비율	EBITDA마진율
2017	11.6	7.8	28.8	3.1	7.5	9.8	11,941.1	77.7	16.0
2016	15.0	11.4	33.0	3.8	13.4	17.7	11,144.3	75.2	18.2
2015	16.2	12.3	31.8	5.0	14.1	18.6	9,599.1	75.9	19.3
2014	14.6	9.9	33.9	6.3	10.6	14.0	8,188.2	74.7	18.1

아모레퍼시픽그룹 (A002790)
AMOREPACIFIC Group

업　　종 : 개인생활용품　　　　　시　　장 : 거래소
신용등급 : (Bond) —　(CP) —　　기업규모 : 시가총액 대형주
홈페이지 : www.apgroup.com　　연 락 처 : 02)709-5114
본　　사 : 서울시 중구 청계천로 100

설 립 일	1945.09.05	**종업원수**	149명	**대표이사**	서경배,배동현
상 장 일	1973.04.30	**감사의견**	적정(삼일)	**계　　열**	
결 산 기	12월	**보 통 주**		**종속회사수**	32개사
액 면 가	500원	**우 선 주**		**구 상 호**	

주주구성 (지분율,%)		출자관계 (지분율,%)		주요경쟁사 (외형,%)	
서경배	53.9	에스트라	100.0	아모레G	100
국민연금공단	5.0	코스비전	100.0	콜마비앤에이치	7
(외국인)	20.6	퍼시픽글라스	100.0	한국콜마	14

매출구성		비용구성		수출비중	
기초,메이크업,기타	91.2	매출원가율	26.8	수출	—
개인용 생활용품, 녹차	8.8	판관비율	61.1	내수	—

회사 개요

동사는 1959년 화장품, 생활용품 등의 제조 및 판매를 목적으로 설립되어 2006년 기업분할을 통해 지주회사로 전환하였음. 주요 사업인 화장품, 생활용품, 식품 등의 제조 및 판매와 관련된 사업을 아모레퍼시픽으로 이전하였음. 종속회사로는 상장사인 동사와 아모레퍼시픽이 있고 비상장사로는 태평양제약을 비롯하여 총 8개사가 있음. 용산 신사옥 건설 예정으로 인해 본사를 용산에서 종로로 이전하였음.

실적 분석

동사의 2017년 연간 매출액은 전년동기대비 10% 하락한 60,290.6억원을 기록하였음. 비용면에서 전년동기대비 매출원가는 감소하였으며 인건비는 증가 했고 광고선전비는 감소, 기타판매비와관리비는 감소함. 주춤한 모습의 매출액에 의해 전년동기대비 영업이익은 7,314.9억원으로 32.5% 크게 하락 하였음. 최종적으로 전년동기대비 당기순이익은 크게 하락하여 4,895.5억원을 기록함. 불안요인이 계속 상존하고 있어 다소 아쉬운 상황.

현금 흐름 〈단위 : 억원〉

항목	2016	2017
영업활동	8,767	5,897
투자활동	-8,141	-2,435
재무활동	-989	-873
순현금흐름	-341	2,386
기말현금	9,690	12,077

시장 대비 수익률

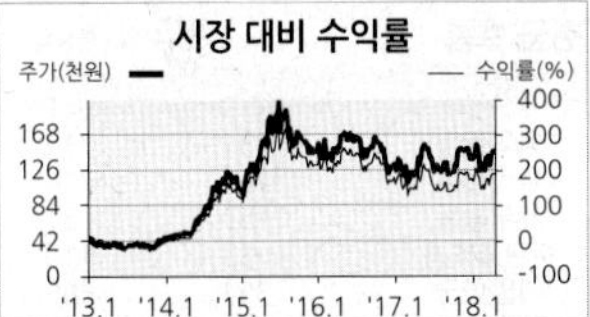

결산 실적 〈단위 : 억원〉

항목	2012	2013	2014	2015	2016	2017
매출액	34,317	38,954	47,119	56,612	66,976	60,291
영업이익	4,504	4,698	6,591	9,136	10,828	7,315
당기순이익	3,467	3,550	4,974	6,739	8,115	4,895

분기 실적 〈단위 : 억원〉

항목	2016.3Q	2016.4Q	2017.1Q	2017.2Q	2017.3Q	2017.4Q
매출액	16,543	15,643	18,554	14,130	14,187	13,421
영업이익	2,197	1,344	3,785	1,304	1,324	903
당기순이익	1,514	880	2,662	1,000	1,025	209

재무 상태 〈단위 : 억원〉

항목	2012	2013	2014	2015	2016	2017
총자산	45,160	49,219	54,997	61,480	70,884	73,352
유형자산	21,026	22,884	20,698	22,116	27,739	32,470
무형자산	6,368	6,508	6,938	7,309	7,491	7,605
유가증권	324	310	2,403	876	2,286	617
총부채	8,817	10,129	11,764	12,602	15,215	14,033
총차입금	895	1,615	1,936	1,909	2,087	2,225
자본금	445	445	445	445	445	445
총자본	36,342	39,089	43,234	48,878	55,669	59,320
지배주주지분	19,785	21,256	23,178	25,327	28,332	29,973

기업가치 지표

항목	2012	2013	2014	2015	2016	2017
주가(최고/저)(천원)	49.6/22.3	46.8/31.9	127/44.8	206/95.4	173/121	158/109
PER(최고/저)(배)	29.1/13.1	26.0/17.7	51.3/18.1	71.0/32.8	45.3/31.7	69.6/48.1
PBR(최고/저)(배)	2.1/1.0	1.9/1.3	4.6/1.6	6.9/3.2	5.2/3.7	4.5/3.1
EV/EBITDA(배)	8.6	8.0	11.1	12.1	9.6	13.8
EPS(원)	1,742	1,834	2,501	2,929	3,851	2,279
BPS(원)	237,541	254,803	276,426	30,060	33,440	35,285
CFPS(원)	31,682	35,987	44,538	5,054	6,338	5,297
DPS(원)	2,250	2,500	3,250	390	460	360
EBITDAPS(원)	64,931	70,490	93,663	12,402	14,666	11,246

재무 비율 〈단위 : %〉

연도	영업이익률	순이익률	부채비율	차입금비율	ROA	ROE	유보율	자기자본비율	EBITDA마진율
2017	12.1	8.1	23.7	3.8	6.8	7.0	6,957.1	80.9	16.6
2016	16.2	12.1	27.3	3.8	12.3	12.8	6,588.1	78.5	19.5
2015	16.1	11.9	25.8	3.9	11.6	10.7	5,911.9	79.5	19.5
2014	14.0	10.6	27.2	4.5	9.6	10.0	5,428.5	78.6	17.7

아모텍 (A052710)
Amotech

업 종 : 전자 장비 및 기기　　시 장 : KOSDAQ
신용등급 : (Bond) —　(CP) —　　기업규모 : 우량
홈페이지 : www.amotech.co.kr　　연 락 처 : 032)821-0363
본 사 : 인천시 남동구 남동서로 380, 남동공단 5블럭 1로트

설 립 일 1994.10.19	**종 업 원 수** 905명	**대 표 이 사** 김병규,정준환
상 장 일 2003.08.01	**감 사 의 견** 적정(세림)	**계 열**
결 산 기 12월	**보 통 주**	**종속회사수** 4개사
액 면 가 500원	**우 선 주**	**구 상 호**

주주구성 (지분율,%)		출자관계 (지분율,%)		주요경쟁사 (외형,%)	
김병규	16.5	아모센스	24.3	아모텍	100
Ashmore EMM, L.L.C.	4.8	아모그린텍	22.1	에코프로	104
(외국인)	14.9	아모라이프사이언스	20.2	자화전자	141

매출구성		비용구성		수출비중	
칩바리스터, 안테나, 모터	92.1	매출원가율	74.8	수출	80.5
안테나 부품	7.5	판관비율	12.2	내수	19.5
기타	0.4				

회사 개요

동사는 전자기기에 적용되어 정전기(ESD) 및 전자파(EMI)를 방지하는 부품을 제조/판매하는 세라믹 칩 부품 사업, 그리고 Bluetooth, GPS, NFC 등 무선통신을 위한 안테나를 제조/판매하는 안테나 부품 사업과 고효율, 저소음, 장수명의 장점을 가지는 가전용, 자동차용 BLDC 모터를 제조/판매하는 BLDC 모터 사업을 영위함. 국내 판매는 물론 중국, 대만, 미국, 유럽 등지에 수출도 하고 있음.

실적 분석

동사의 2017년 연간 매출액은 전년동기대비 6.6% 상승한 3,154.5억원을 기록하였음. 세라믹 칩은 휴대폰 시장 경기와 매우 밀접한 관계에 있음. 다양한 스마트 폰이 개발되면서 관련 수요가 증가하고 있으며 이에 따른 영향으로 매출이 증가한 것으로 판단됨. 전년동기대비 당기순이익은 253.3억원을 기록함. 향후 경기변동에 대한 영향 최소화를 위해 다른 적용 분야로의 확대를 꾀하고 있음.

현금 흐름 〈단위 : 억원〉

항목	2016	2017
영업활동	331	316
투자활동	-261	-218
재무활동	-153	31
순현금흐름	-83	110
기말현금	354	465

시장 대비 수익률

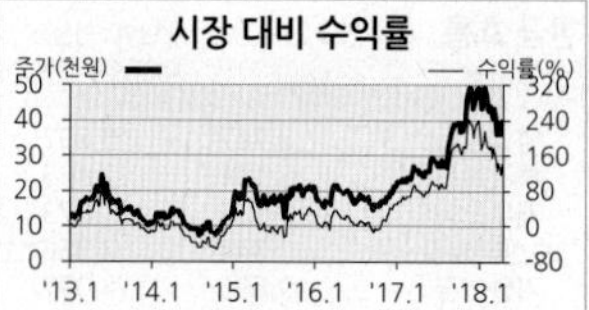

결산 실적 〈단위 : 억원〉

항목	2012	2013	2014	2015	2016	2017
매출액	1,874	2,480	1,785	3,140	2,960	3,154
영업이익	164	224	26	215	290	409
당기순이익	92	112	-23	156	163	253

분기 실적 〈단위 : 억원〉

항목	2016.3Q	2016.4Q	2017.1Q	2017.2Q	2017.3Q	2017.4Q
매출액	614	603	730	956	818	651
영업이익	72	59	90	125	122	73
당기순이익	43	27	61	102	77	13

재무 상태 〈단위 : 억원〉

항목	2012	2013	2014	2015	2016	2017
총자산	2,959	3,040	3,194	3,590	3,542	3,941
유형자산	1,398	1,555	1,542	1,593	1,433	1,398
무형자산	103	85	163	157	141	147
유가증권	124	188	215	124	113	73
총부채	1,825	1,721	1,916	2,084	1,893	2,024
총차입금	1,306	1,318	1,506	1,472	1,309	1,302
자본금	48	49	49	49	49	49
총자본	1,134	1,318	1,278	1,506	1,649	1,918
지배주주지분	1,134	1,318	1,278	1,506	1,649	1,918

기업가치 지표

항목	2012	2013	2014	2015	2016	2017
주가(최고/저)(천원)	12.7/3.7	24.5/9.7	15.3/7.2	24.0/12.2	22.0/14.6	50.4/21.6
PER(최고/저)(배)	13.4/3.9	21.3/8.5	—/—	15.0/7.6	13.1/8.7	19.4/8.3
PBR(최고/저)(배)	1.1/0.3	1.8/0.7	1.1/0.5	1.6/0.8	1.3/0.9	2.6/1.1
EV/EBITDA(배)	6.5	5.2	12.5	7.3	5.8	8.9
EPS(원)	950	1,148	-236	1,603	1,677	2,600
BPS(원)	12,125	13,756	13,342	15,458	16,926	19,685
CFPS(원)	2,763	3,102	1,617	3,414	3,483	4,410
DPS(원)	—	—	—	—	—	—
EBITDAPS(원)	3,509	4,256	2,115	4,019	4,780	6,007

재무 비율 〈단위 : %〉

연도	영업이익률	순이익률	부채비율	차입금비율	ROA	ROE	유보율	자기자본비율	EBITDA마진율
2017	13.0	8.0	105.5	67.9	6.8	14.2	3,837.0	48.7	18.6
2016	9.8	5.5	114.8	79.4	4.6	10.4	3,285.2	46.6	15.7
2015	6.9	5.0	138.4	97.8	4.6	11.2	2,991.5	42.0	12.5
2014	1.4	-1.3	150.0	117.9	-0.7	-1.8	2,568.4	40.0	11.5

아미노로직스 (A074430)
Aminologics

업 종 : 제약　　시 장 : KOSDAQ
신용등급 : (Bond) —　(CP) —　　기업규모 : 중견
홈페이지 : www.aminologics.co.kr　　연 락 처 : 02)761-4570
본 사 : 서울시 강남구 역삼로 151, 삼오빌딩 3층 301호

설 립 일 1997.09.03	**종 업 원 수** 29명	**대 표 이 사** 오장석,오성석
상 장 일 2004.06.04	**감 사 의 견** 적정(삼정)	**계 열**
결 산 기 12월	**보 통 주**	**종속회사수** 2개사
액 면 가 100원	**우 선 주**	**구 상 호**

주주구성 (지분율,%)		출자관계 (지분율,%)		주요경쟁사 (외형,%)	
삼오제약	30.5	매일방송	0.5	아미노로직스	100
아미노룩스	3.7	ReamParkCo.	100.0	에스텍파마	227
(외국인)	0.9	AminologicsCambodia	100.0	씨티씨바이오	776

매출구성		비용구성		수출비중	
원료의약품	84.6	매출원가율	76.9	수출	3.6
반도체 칩 등	13.2	판관비율	16.7	내수	96.4
비천연아미노산	2.2				

회사 개요

동사는 1997년에 설립되어 2004년 코스닥 시장에 상장함. 동사의 사업은 크게 원료의약품 유통사업부문, 아미노산 사업부문과 IT 사업부문으로 나눌 수 있으며, 주요사업은 수입 원료의약품 판매, 비천연 아미노산 등 원료의약품 제조 및 판매와 IT기기의 반도체 칩 유통임. 설립 이후부터 영위하던 DVR용 영상처리 칩 사업은 사업을 철수했으며, 반도체 칩 유통부문도 단계적으로 철수할 예정임.

실적 분석

동사의 2017년 연결기준 누적매출액은 철수 예정인 반도체 칩 유통부문의 매출 증대뿐만 아니라, 아미노산 제품 및 상품의 수출 실적이 확대되며 전년대비 2.9% 증가한 168.4억원을 기록함. 매출증가에도 판관비는 감소하여 영업이익은 전년대비 37.8% 증가한 10.8억원을 시현함. 원료의약품의 사업다각화를 통한 매출증대를 바탕으로 비영업부문 적자지속에도 불구하고 당기순이익은 흑자전환함.

현금 흐름 〈단위 : 억원〉

항목	2016	2017
영업활동	41	30
투자활동	-10	-102
재무활동	—	—
순현금흐름	32	-72
기말현금	147	75

시장 대비 수익률

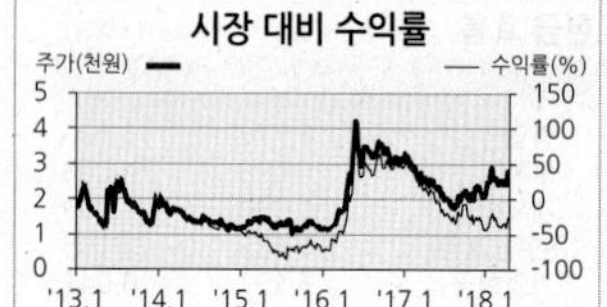

결산 실적 〈단위 : 억원〉

항목	2012	2013	2014	2015	2016	2017
매출액	34	33	35	110	164	168
영업이익	-57	-64	-50	10	8	11
당기순이익	-300	-139	-81	-28	-37	5

분기 실적 〈단위 : 억원〉

항목	2016.3Q	2016.4Q	2017.1Q	2017.2Q	2017.3Q	2017.4Q
매출액	43	39	41	46	39	42
영업이익	4	-1	7	1	1	2
당기순이익	3	-47	6	2	3	-6

재무 상태 〈단위 : 억원〉

항목	2012	2013	2014	2015	2016	2017
총자산	527	482	386	550	490	494
유형자산	11	8	6	5	3	5
무형자산	66	144	93	259	201	192
유가증권	112	90	83	27	14	14
총부채	212	78	68	68	45	42
총차입금	159	43	41	10	10	10
자본금	51	73	73	88	88	88
총자본	315	404	318	483	445	451
지배주주지분	315	404	318	483	445	451

기업가치 지표

항목	2012	2013	2014	2015	2016	2017
주가(최고/저)(천원)	4.4/1.2	2.7/1.2	2.0/1.1	1.5/1.0	4.3/1.1	3.5/1.7
PER(최고/저)(배)	—/—	—/—	—/—	—/—	—/—	558.9/267.3
PBR(최고/저)(배)	7.1/2.0	4.9/2.2	4.6/2.6	2.8/1.8	8.5/2.2	6.7/3.2
EV/EBITDA(배)	—	—	—	40.7	136.8	121.6
EPS(원)	-538	-229	-111	-37	-43	6
BPS(원)	614	552	435	550	507	514
CFPS(원)	-529	-206	-84	-20	-30	10
DPS(원)	—	—	—	—	—	—
EBITDAPS(원)	-102	-82	-41	29	22	16

재무 비율 〈단위 : %〉

연도	영업이익률	순이익률	부채비율	차입금비율	ROA	ROE	유보율	자기자본비율	EBITDA마진율
2017	6.4	3.2	9.4	2.2	1.1	1.2	414.0	91.4	8.2
2016	4.8	-22.9	10.1	2.2	-7.2	-8.1	407.2	90.9	11.6
2015	8.8	-25.7	14.0	2.1	-6.0	-7.1	449.7	87.7	20.2
2014	-140.5	-228.8	21.3	13.0	-18.7	-22.4	334.8	82.4	-85.6

아미코젠 (A092040)

Amicogen

업　　종 : 제약
신용등급 : (Bond) —　　(CP) —
홈페이지 : www.amicogen.com
본　　사 : 경남 진주시 진성면 동부로 1259번길 64

시　　장 : KOSDAQ
기업규모 : 기술성
연 락 처 : 055)759-6161

설 립 일	2000.05.29	**종업원수**	149명	**대 표 이 사**	신용철
상 장 일	2013.09.12	**감사의견**	적정(삼덕)	**계　　열**	
결 산 기	12월	**보 통 주**		**종속회사수**	6개사
액 면 가	500원	**우 선 주**		**구 상 호**	

주주구성 (지분율,%)		출자관계 (지분율,%)		주요경쟁사 (외형,%)	
신용철	16.0	바이오코젠	100.0	아미코젠	100
미래에셋자산운용투자자문	7.3	아미코젠퍼시픽	71.2	JW홀딩스	928
(외국인)	5.8	아미코젠씨앤씨	69.5	동국제약	482

매출구성		비용구성		수출비중	
CX(특수효소)	44.9	매출원가율	66.3	수출	—
ODM/기타	26.8	판관비율	31.1	내수	—
PI/DCI(피니톨/D-카이노이노시톨)	13.1				

회사 개요

2000년 설립 이후 자체 생명공학 기술을 적용한 효소와 신소재를 개발, 생산 및 판매하고 있음. 식품 관련 첨가물과 건강기능식품의 생산 및 판매도 주요 영위 사업임. 2013년 9월 코스닥 시장에 상장되었으며 제약용 특수 효소인 CX 효소 제품은 유전자진화기술을 기반으로 개발된 최초의 특수효소임. 2015년 건강기능식품과 화장품을 판매하는 아미코젠퍼시픽을 인수한 데 이어 중국 루캉리커를 인수함. 2017년 스웨덴 바이오기업의 지분을 취득함.

실적 분석

중국의 환경규제로 효소매출이 전년 대비 감소하였으나, 헬스케어 등 신사업 부문의 매출은 성장하였고 관계사(종속사) 매출이 증가하여 2017년 연결 기준 매출액은 전년 대비 6.8% 증가함. 효소사업 매출 감소에 따른 수익 감소와 무형자산(개발비) 자산성 평가 요건 강화에 따른 내부관리기준 강화로 영업이익은 54.6% 감소함. 영업외에서는 무형자산손상차손을 크게 계상하고 지분법평가손실이 증가하여 당기순이익은 35.8억원의 적자로 전환됨.

현금 흐름

〈단위 : 억원〉

항목	2016	2017
영업활동	113	119
투자활동	-158	-325
재무활동	-19	206
순현금흐름	-64	3
기말현금	132	135

시장 대비 수익률

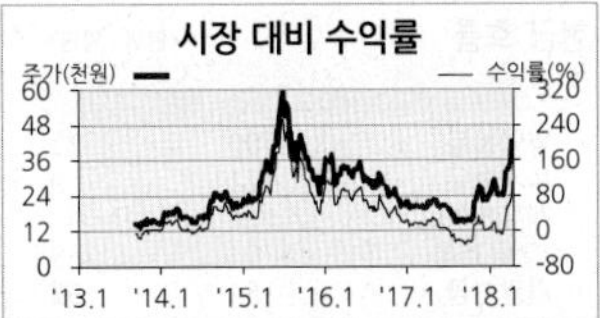

결산 실적

〈단위 : 억원〉

항목	2012	2013	2014	2015	2016	2017
매출액	163	232	273	325	690	737
영업이익	58	88	94	23	42	19
당기순이익	46	76	75	25	19	-36

분기 실적

〈단위 : 억원〉

항목	2016.3Q	2016.4Q	2017.1Q	2017.2Q	2017.3Q	2017.4Q
매출액	108	229	165	174	154	243
영업이익	-16	30	6	5	-12	20
당기순이익	-16	18	-3	7	-11	-29

재무 상태

〈단위 : 억원〉

항목	2012	2013	2014	2015	2016	2017
총자산	236	444	544	1,598	1,463	1,635
유형자산	114	139	172	539	632	648
무형자산	10	13	28	176	200	176
유가증권	—	—	49	41	20	41
총부채	76	30	43	496	392	476
총차입금	48	—	1	255	226	233
자본금	17	21	43	46	46	48
총자본	159	414	500	1,102	1,072	1,159
지배주주지분	159	414	497	821	815	892

기업가치 지표

항목	2012	2013	2014	2015	2016	2017
주가(최고/저)(천원)	—/—	32.5/25.7	51.5/28.9	123/42.2	78.9/39.2	54.9/29.9
PER(최고/저)(배)	0.0/0.0	31.3/24.8	57.8/32.5	519.4/178.0	449.4/223.3	—/—
PBR(최고/저)(배)	0.0/0.0	6.6/5.2	8.9/5.0	13.6/4.7	8.8/4.4	5.9/3.2
EV/EBITDA(배)	0.3	24.1	32.2	132.0	46.6	52.3
EPS(원)	353	515	443	117	87	-247
BPS(원)	4,735	9,819	5,780	9,007	8,945	9,295
CFPS(원)	1,640	2,336	1,039	511	753	299
DPS(원)	—	—	120	100	—	—
EBITDAPS(원)	2,020	2,668	1,259	542	1,037	996

재무 비율

〈단위 : %〉

연도	영업이익률	순이익률	부채비율	차입금비율	ROA	ROE	유보율	자기자본비율	EBITDA마진율
2017	2.6	-4.9	41.1	20.1	-2.3	-5.4	1,759.0	70.9	12.6
2016	6.1	2.8	36.6	21.1	1.2	1.9	1,688.9	73.2	13.7
2015	7.2	7.8	45.0	23.2	2.4	3.1	1,701.4	69.0	14.7
2014	34.5	27.5	8.7	0.2	15.2	16.6	1,055.9	92.0	39.2

아바코 (A083930)

Avaco

업　　종 : 디스플레이 및 관련부품
신용등급 : (Bond) —　　(CP) —
홈페이지 : www.avaco.co.kr
본　　사 : 대구시 달서구 성서4차 첨단로 160-7

시　　장 : KOSDAQ
기업규모 : 우량
연 락 처 : 053)583-8150

설 립 일	2000.01.31	**종업원수**	367명	**대 표 이 사**	김광현,위지명
상 장 일	2005.10.11	**감사의견**	적정(안경)	**계　　열**	
결 산 기	12월	**보 통 주**		**종속회사수**	3개사
액 면 가	500원	**우 선 주**		**구 상 호**	

주주구성 (지분율,%)		출자관계 (지분율,%)		주요경쟁사 (외형,%)	
위재곤	17.2	아스트라	58.8	아바코	100
머스트자산운용	9.0	DAS	40.0	탑엔지니어링	95
(외국인)	5.7	한송	6.1	DB라이텍	39

매출구성		비용구성		수출비중	
STOCK & 반송	29.5	매출원가율	87.9	수출	21.4
OLED	27.1	판관비율	11.2	내수	78.6
SPUTTER	19.1				

회사 개요

동사는 2000년 설립된 디스플레이 제조장비 업체로 LCD 장비인 FPD 제조용 진공장비, 전용장비, 자동화장비 등을 생산하며 OLED 장비와 태양전지 장비 등을 신사업으로 확장하고 있음. 5개의 계열사(아바텍, 대명ENG, 대명FA, DAS, AVACO.LLC)가 있음. CRT 제조용 설비관련 경험이 풍부한 인력을 바탕으로 외부 설계 전문 인력의 추가 확보를 통해 국내 최초로 PDP 양산 라인용 배기 카트 시스템을 개발함.

실적 분석

동사의 2017년 연간 매출액은 전년동기대비 6.8% 하락한 1,860.8억원을 기록하였음. 비용면에서 전년동기대비 매출원가는 감소 하였으며 인건비는 증가 했고 광고선전비는 크게 감소, 기타판매비와관리비는 증가함. 추출한 모습의 매출액에 의해 전년동기대비 영업이익은 18억원으로 85.2% 크게 하락 하였음. 최종적으로 전년동기대비 당기순손실은 적자전환하여 18.2억원을 기록함.

현금 흐름

〈단위 : 억원〉

항목	2016	2017
영업활동	-70	311
투자활동	-125	-60
재무활동	-21	13
순현금흐름	-216	260
기말현금	157	418

시장 대비 수익률

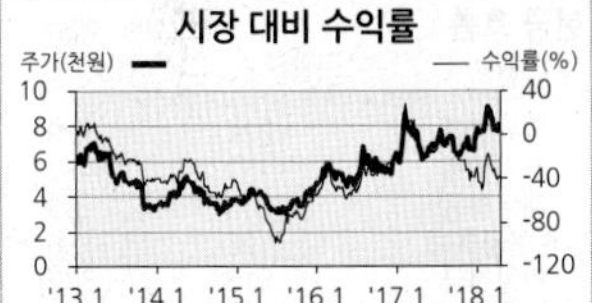

결산 실적

〈단위 : 억원〉

항목	2012	2013	2014	2015	2016	2017
매출액	947	1,669	1,494	1,377	1,997	1,861
영업이익	-9	95	89	96	122	18
당기순이익	-2	-150	72	99	137	-18

분기 실적

〈단위 : 억원〉

항목	2016.3Q	2016.4Q	2017.1Q	2017.2Q	2017.3Q	2017.4Q
매출액	488	562	400	427	416	617
영업이익	22	44	-1	-6	10	15
당기순이익	18	74	-19	5	15	-20

재무 상태

〈단위 : 억원〉

항목	2012	2013	2014	2015	2016	2017
총자산	1,246	1,376	1,241	1,444	1,738	1,863
유형자산	288	277	271	263	341	301
무형자산	61	55	41	27	18	6
유가증권	260	3	3	3	20	—
총부채	380	591	385	496	709	822
총차입금	112	2	4	1	30	17
자본금	80	80	80	80	80	80
총자본	865	785	855	948	1,029	1,041
지배주주지분	865	785	855	948	1,027	1,049

기업가치 지표

항목	2012	2013	2014	2015	2016	2017
주가(최고/저)(천원)	11.3/5.1	7.1/3.2	5.3/3.1	4.7/3.0	7.2/4.4	8.7/5.7
PER(최고/저)(배)	—/—	—/—	12.7/7.4	8.1/5.3	8.8/5.4	—/—
PBR(최고/저)(배)	2.2/1.0	1.5/0.7	1.0/0.6	0.8/0.5	1.1/0.7	1.3/0.9
EV/EBITDA(배)	200.6	3.3	2.9	3.5	5.9	15.2
EPS(원)	-15	-935	447	617	869	-53
BPS(원)	5,614	5,212	5,667	6,244	7,025	6,869
CFPS(원)	78	-783	601	753	1,010	117
DPS(원)	—	—	50	50	200	—
EBITDAPS(원)	32	745	709	733	903	282

재무 비율

〈단위 : %〉

연도	영업이익률	순이익률	부채비율	차입금비율	ROA	ROE	유보율	자기자본비율	EBITDA마진율
2017	1.0	-1.0	78.9	1.6	-1.0	-0.8	1,273.9	55.9	2.4
2016	6.1	6.9	68.9	2.9	8.6	14.1	1,305.0	59.2	7.2
2015	7.0	7.2	52.3	0.1	7.4	11.0	1,148.9	65.7	8.5
2014	6.0	4.8	45.1	0.4	5.5	8.7	1,033.3	68.9	7.6

아바텍 (A149950)

AVATEC COLTD

업　　종 : 디스플레이 및 관련부품
신용등급 : (Bond) —　　(CP) —
홈페이지 : www.avatec.co.kr
본　　사 : 대구시 달서구 달서대로 85길 100

시　　장 : KOSDAQ
기업규모 : 우량
연 락 처 : 053)592-4060

설 립 일	2000.09.01	**종업원수**	487명	**대표이사**	박명섭,위지명
상 장 일	2012.11.06	**감사의견**	적정(한영)	**계　열**	
결 산 기	12월	**보 통 주**		**종속회사수**	1개사
액 면 가	500원	**우 선 주**		**구 상 호**	

주주구성 (지분율,%)		출자관계 (지분율,%)		주요경쟁사 (외형,%)	
위재곤	18.5	아바텍(전자)연태	100.0	아바텍	100
LG디스플레이	17.0			오성첨단소재	47
(외국인)	3.5			제이스텍	597

매출구성		비용구성		수출비중	
Glass Slimming, ITO코팅 & Metal Coating	94.3	매출원가율	77.2	수출	1.4
기타(표면처리외)	4.5	판관비율	6.1	내수	98.6
강화 Glass	1.2				

회사 개요

동사는 2000년에 Display용 진공박막코팅 제품 생산과 판매를 목적으로 대구에서 설립되었고, 2012년 11월에 코스닥 시장에 상장하였음. 동사는 Glass Slimming & ITO코팅, 디스플레이필터, 강화 Glass 등 디스플레이 관련 제품과, 냉장고등 가전제품의 표면처리 제품을 생산하고 있음. 2016년 1월부터 Glass Slimming & ITO코팅 후공정인 Metal Coating 제품을 생산하기 시작함.

실적 분석

동사의 2017년 연간 매출액은 전년동기대비 21.3% 상승한 956.3억원을 기록하였음. 비용면에서 전년동기대비 매출원가는 증가 하였으며 인건비는 크게 감소 하였고 기타판매비와관리비는 증가함. 이처럼 매출액 상승과 더불어 비용절감에도 힘을 기울였음. 최종적으로 전년동기대비 당기순이익은 상승하여 144.4억원을 기록함. 금융손익 등 비영업손익의 큰 증가가 영향을 미친것으로 보임.

현금 흐름 〈단위 : 억원〉

항목	2016	2017
영업활동	221	319
투자활동	-59	-423
재무활동	-65	-30
순현금흐름	96	-136
기말현금	513	377

시장 대비 수익률

결산 실적 〈단위 : 억원〉

항목	2012	2013	2014	2015	2016	2017
매출액	863	1,062	1,209	760	789	956
영업이익	198	184	297	98	107	159
당기순이익	168	159	238	79	81	144

분기 실적 〈단위 : 억원〉

항목	2016.3Q	2016.4Q	2017.1Q	2017.2Q	2017.3Q	2017.4Q
매출액	195	216	217	230	256	253
영업이익	20	34	42	45	49	23
당기순이익	11	25	42	36	43	23

재무 상태 〈단위 : 억원〉

항목	2012	2013	2014	2015	2016	2017
총자산	981	1,132	1,321	1,295	1,304	1,502
유형자산	533	694	717	620	567	480
무형자산	6	10	10	11	11	8
유가증권	—	—	—	—	—	54
총부채	123	153	195	100	101	127
총차입금	—	20	20	—	—	—
자본금	82	82	82	82	82	82
총자본	858	979	1,126	1,196	1,202	1,375
지배주주지분	858	979	1,126	1,196	1,202	1,375

기업가치 지표

항목	2012	2013	2014	2015	2016	2017
주가(최고/저)(천원)	12.4/8.1	12.9/7.5	14.7/7.7	13.1/5.7	9.0/5.8	8.3/6.0
PER(최고/저)(배)	11.2/7.3	14.6/8.5	11.0/5.8	29.0/12.7	18.4/11.9	9.2/6.7
PBR(최고/저)(배)	2.6/1.7	2.3/1.3	2.2/1.1	1.8/0.8	1.2/0.8	1.0/0.7
EV/EBITDA(배)	5.4	4.7	3.7	2.5	2.0	1.3
EPS(원)	1,238	975	1,458	485	516	925
BPS(원)	5,261	6,184	7,437	7,833	8,113	8,811
CFPS(원)	1,710	1,489	2,103	1,278	1,193	1,560
DPS(원)	110	100	200	100	200	200
EBITDAPS(원)	1,931	1,642	2,466	1,394	1,352	1,653

재무 비율 〈단위 : %〉

연도	영업이익률	순이익률	부채비율	차입금비율	ROA	ROE	유보율	자기자본비율	EBITDA마진율
2017	16.6	15.1	9.2	0.0	10.3	11.2	1,586.6	91.5	27.0
2016	13.5	10.3	8.4	0.0	6.3	6.8	1,453.0	92.2	27.1
2015	12.9	10.4	8.3	0.0	6.0	6.8	1,466.6	92.3	29.9
2014	24.6	19.7	17.3	1.8	19.4	22.6	1,387.4	85.3	33.3

아비스타 (A090370)

Avista

업　　종 : 섬유 및 의복
신용등급 : (Bond) B　　(CP) —
홈페이지 : www.avista.co.kr
본　　사 : 서울시 강남구 언주로 428 아비스타 R&D센터

시　　장 : 거래소
기업규모 : 시가총액 소형주
연 락 처 : 02)2189-7700

설 립 일	2000.11.03	**종업원수**	162명	**대표이사**	이종우
상 장 일	2006.12.26	**감사의견**	적정(한영)	**계　열**	
결 산 기	12월	**보 통 주**		**종속회사수**	1개사
액 면 가	500원	**우 선 주**		**구 상 호**	아비스타

주주구성 (지분율,%)		출자관계 (지분율,%)		주요경쟁사 (외형,%)	
니케프라우스 투자조합	25.0	AcrexChina	100.0	메타랩스	100
황경욱	7.8	DishangAvistaFashion	19.0	진도	478
				대한방직	777

매출구성		비용구성		수출비중	
여성복(BNX)	47.5	매출원가율	69.0	수출	0.0
여성복(eryn,B)	37.3	판관비율	90.4	내수	100.0
남성,여성복(Kai-aakmann)	13.5				

회사 개요

동사는 2000년 설립돼 2006년 유가증권시장에 상장함. 의류, 잡화 및 장신구 등의 제조, 가공, 도소매업 등을 주요 사업으로 영위하고 있음. 의류시장 내에서 성장률이 높고 상대적으로 경기변동에 민감하지 않은 여성의류와 캐주얼 의류 시장이 목표 시장임. 비엔엑스, 탱커스, 카이아크만 등 패션브랜드 3개와 화장품 브랜드 비엔엑스 보때를 보유함. 의류와 잡화 수출입, 도소매업을 하는 Acrex China Inc.를 연결대상 종속회사로 보유함.

실적 분석

2017년 연결기준 동사 매출은 268.3억원을 기록함. 전년도 매출액 667억원에 비해 59.8% 감소한 금액임. 영업이익은 159.4억원의 손실을 기록하며 흑자전환에 실패했음. 당기순손실은 379.4억원을 기록함. 저성장과 소비경기 침체 등이 실적 부진 원인으로 파악됨. 동사는 비효율 매장 정리, 온라인 판매 비중 확대 등으로 원가경쟁력을 끌어올릴 계획임.

현금 흐름 〈단위 : 억원〉

항목	2016	2017
영업활동	-100	-85
투자활동	21	-9
재무활동	174	41
순현금흐름	94	-59
기말현금	154	95

시장 대비 수익률

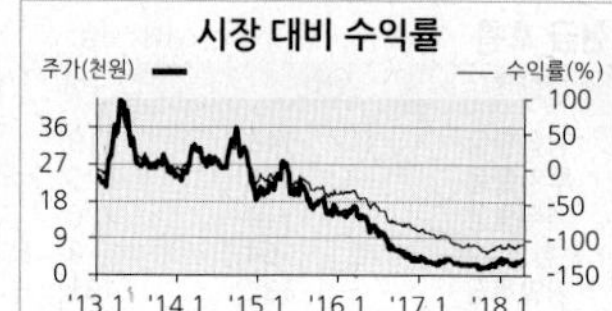

결산 실적 〈단위 : 억원〉

항목	2012	2013	2014	2015	2016	2017
매출액	1,363	1,414	1,279	1,160	667	268
영업이익	27	32	22	-274	-326	-159
당기순이익	-264	-111	-40	-367	-392	-379

분기 실적 〈단위 : 억원〉

항목	2016.3Q	2016.4Q	2017.1Q	2017.2Q	2017.3Q	2017.4Q
매출액	189	-3	150	104	87	-72
영업이익	-45	-109	-46	-66	-44	-3
당기순이익	-51	-136	-63	-106	-51	-159

재무 상태 〈단위 : 억원〉

항목	2012	2013	2014	2015	2016	2017
총자산	1,554	1,413	1,448	1,140	767	494
유형자산	310	298	239	225	201	138
무형자산	15	10	10	6	4	0
유가증권	3	3	4	4	—	—
총부채	983	885	899	944	533	191
총차입금	591	432	514	565	328	62
자본금	65	71	78	78	307	151
총자본	571	529	549	196	234	303
지배주주지분	571	529	549	196	234	303

기업가치 지표

항목	2012	2013	2014	2015	2016	2017
주가(최고/저)(천원)	6.9/3.9	10.1/5.0	8.3/4.2	6.8/3.1	3.9/0.8	4.6/1.7
PER(최고/저)(배)	—/—	—/—	—/—	—/—	—/—	—/—
PBR(최고/저)(배)	1.5/0.8	2.6/1.3	2.3/1.2	5.3/2.4	8.9/1.8	4.6/1.7
EV/EBITDA(배)	14.3	16.1	18.5	—	—	—
EPS(원)	-11,715	-3,590	-1,244	-10,547	-4,860	-1,783
BPS(원)	4,463	3,709	3,527	1,255	381	1,004
CFPS(원)	-2,085	-481	-7	-2,110	-898	-1,736
DPS(원)	30	—	—	—	—	—
EBITDAPS(원)	790	551	421	-1,515	-734	-703

재무 비율 〈단위 : %〉

연도	영업이익률	순이익률	부채비율	차입금비율	ROA	ROE	유보율	자기자본비율	EBITDA마진율
2017	-59.4	-141.4	63.0	20.3	-60.2	-141.3	100.8	61.4	-55.7
2016	-48.9	-58.8	일부잠식	일부잠식	-41.1	-182.4	-23.9	30.5	-44.4
2015	-23.6	-31.7	481.3	288.0	-28.4	-98.5	150.9	17.2	-20.4
2014	1.7	-3.2	163.7	93.6	-2.8	-7.5	605.4	37.9	4.8

아비코전자 (A036010)
ABCO ELECTRONICS

업　　종 : 전자 장비 및 기기　　시　　장 : KOSDAQ
신용등급 : (Bond) —　(CP) —　　기업규모 : 우량
홈페이지 : www.abco.co.kr　　연 락 처 : 031)730-5114
본　　사 : 경기도 성남시 중원구 둔촌대로388번길 31(상대원동)

설 립 일	1973.10.19	**종 업 원 수**	169명	**대 표 이 사**	김창수
상 장 일	2002.06.21	**감 사 의 견**	적정(성신)	**계　　열**	
결 산 기	12월	**보 통 주**		**종속회사수**	2개사
액 면 가	500원	**우 선 주**		**구 상 호**	

주주구성 (지분율,%)		출자관계 (지분율,%)		주요경쟁사 (외형,%)	
행진개발	21.7	에스이테크	90.0	아비코전자	100
김제영	12.8	캡솔루션	9.9	파크시스템스	39
(외국인)	15.7	영성아비코전자유한공사	100.0	엔에스	50

매출구성		비용구성		수출비중	
CHIP INDUCTOR - Signal Inductor(제품)	34.5	매출원가율	79.5	수출	83.7
CHIP RESISTOR(상품)	25.2	판관비율	9.6	내수	16.3
CHIP INDUCTOR - SMD Power Inductor(제품)	17.9				

회사 개요

동사는 범용 전자 수동 부품으로 인덕터, 저항기 등을 제조하고 있으며, 해당 제품들은 휴대폰, 노트북, 태블릿PC 등 휴대형 정보통신기기와 LCD/PDP/LED TV, 캠코더 디지털카메라 등 디지털기기 및 멀티미디어 가전제품 등에 광범위하게 사용되고 있음. 주력 제품인 SMD 파워인덕터는 중국 위해, 심양 공장에서 생산중에 있으며 해외업체와의 투자합작을 통하여 LPP제품을 상호개발하여 사업영역을 확대 중임.

실적 분석

2017년 연결기준 결산 매출액은 840.8억원으로 전년동기 대비 4.3% 증가하였음. Chip Inductor 부진에도 불구하고 Chip Resistor 매출이 크게 회복세를 나타낸 결과임. 반면, 외형 확대에도 불구하고 원가율 상승 및 판관비 증가 영향으로 영업이익은 전년동기 대비 15.3% 감소한 91.5억원을 시현함. 비영업손익 또한 악화되어 당기순이익 역시 23.5% 감소한 76.6억원을 기록하는 등 수익성 하락한 모습.

현금 흐름 〈단위 : 억원〉

항목	2016	2017
영업활동	189	42
투자활동	-35	-39
재무활동	-55	-40
순현금흐름	101	-41
기말현금	399	359

시장 대비 수익률

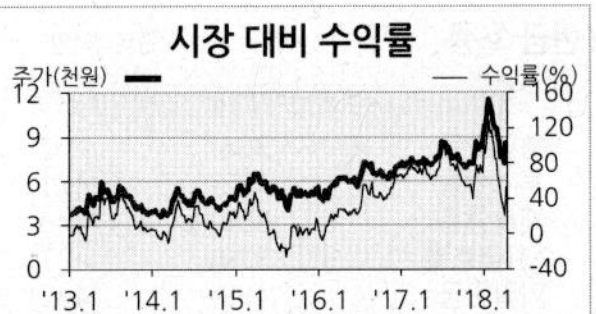

결산 실적 〈단위 : 억원〉

항목	2012	2013	2014	2015	2016	2017
매출액	468	598	570	684	806	841
영업이익	-3	39	69	84	108	91
당기순이익	-46	34	56	88	100	77

분기 실적 〈단위 : 억원〉

항목	2016.3Q	2016.4Q	2017.1Q	2017.2Q	2017.3Q	2017.4Q
매출액	215	169	197	214	238	192
영업이익	31	28	20	26	35	10
당기순이익	25	31	16	30	30	0

재무 상태 〈단위 : 억원〉

항목	2012	2013	2014	2015	2016	2017
총자산	770	867	857	899	941	930
유형자산	318	349	306	245	227	188
무형자산	9	9	9	9	8	7
유가증권	33	51	43	82	84	112
총부채	277	304	244	151	106	48
총차입금	206	227	148	53	11	—
자본금	61	61	61	68	69	69
총자본	493	563	614	748	834	882
지배주주지분	493	563	614	748	834	882

기업가치 지표

항목	2012	2013	2014	2015	2016	2017
주가(최고/저)(천원)	5.5/3.3	6.1/3.7	5.6/3.5	6.8/4.0	7.5/4.6	8.8/6.7
PER(최고/저)(배)	—/—	24.0/14.6	12.9/8.0	10.5/6.2	10.3/6.4	15.6/11.8
PBR(최고/저)(배)	1.4/0.9	1.4/0.9	1.2/0.7	1.3/0.8	1.3/0.8	1.4/1.0
EV/EBITDA(배)	12.2	5.5	3.5	3.2	3.1	5.1
EPS(원)	-397	289	483	701	764	577
BPS(원)	4,455	4,821	5,254	5,745	6,276	6,635
CFPS(원)	-17	701	951	1,105	1,156	882
DPS(원)	30	70	150	200	220	200
EBITDAPS(원)	356	747	1,061	1,072	1,216	993

재무 비율 〈단위 : %〉

연도	영업이익률	순이익률	부채비율	차입금비율	ROA	ROE	유보율	자기자본비율	EBITDA마진율
2017	10.9	9.1	5.4	0.0	8.2	8.9	1,178.8	94.9	15.7
2016	13.4	12.4	12.8	1.4	10.9	12.7	1,109.6	88.7	19.8
2015	12.3	12.9	20.2	7.1	10.0	12.9	1,006.6	83.2	19.7
2014	12.1	9.9	39.7	24.2	6.6	9.6	907.7	71.6	21.7

아세아 (A002030)
ASIA HOLDINGS

업　　종 : 종이 및 목재　　시　　장 : 거래소
신용등급 : (Bond) —　(CP) —　　기업규모 : 시가총액 소형주
홈페이지 : www.asiaholdings.co.kr　　연 락 처 : 02)527-6700
본　　사 : 서울시 강남구 논현로 430 아세아타워빌딩 14층

설 립 일	1957.04.27	**종 업 원 수**	12명	**대 표 이 사**	고규환
상 장 일	1974.06.03	**감 사 의 견**	적정(안진)	**계　　열**	
결 산 기	12월	**보 통 주**		**종속회사수**	11개사
액 면 가	5,000원	**우 선 주**		**구 상 호**	아세아시멘트

주주구성 (지분율,%)		출자관계 (지분율,%)		주요경쟁사 (외형,%)	
이병무	16.0	아세아시멘트	51.6	아세아	100
국민연금공단	13.5	아세아제지	47.2	동화기업	65
(외국인)	7.4	한무쇼핑	0.8	한솔제지	147

매출구성		비용구성		수출비중	
골판지원지	38.0	매출원가율	84.4	수출	—
시멘트	23.6	판관비율	10.3	내수	—
골판지상자	22.9				

회사 개요

동사는 1957년 4월 시멘트의 제조, 판매 등을 주 영업목적으로 설립되었으며, 14개의 계열회사가 있음. 2013년 인적분할을 통해 아세아시멘트에서 아세아로 상호를 변경하고 지주회사로 전환하였음. 종속회사들이 영위하는 사업에는 시멘트사업, 제지사업, 창업투자업 및 재생재료가공처리업, 비철금속제련업, 영농업이 있음. 2017년 3분기 기준 매출액(내부거래포함)은 시멘트부문(31.9%), 제지부문(85.6%), 기타(2.0%)로 구성.

실적 분석

동사의 연결기준 2017년 매출액은 전년 동기 대비 9.4% 증가한 11,977.6억원을 기록했으나 매출원가와 판관비 또한 각각 12.7%, 9.1% 증가함에 따라 영업이익은 전년 동기 대비 25.5% 감소하였음. 반면, 일회성 수익인 매도가능금융자산처분이익의 발생으로 비영업이익이 전년 대비 크게 증가한 것이 긍정적으로 작용하였음. 이에 따라 동사의 2017년 당기순이익은 전년 대비 8.8% 증가한 310.5억원을 기록함.

현금 흐름 〈단위 : 억원〉

항목	2016	2017
영업활동	1,027	378
투자활동	-922	-510
재무활동	427	500
순현금흐름	532	330
기말현금	1,487	1,817

시장 대비 수익률

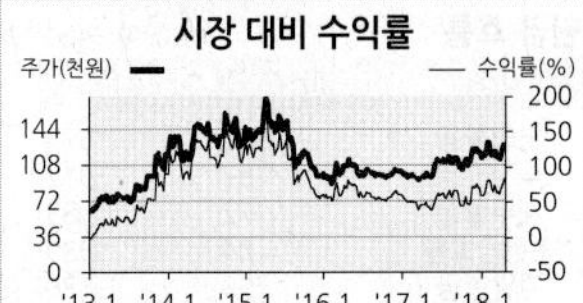

결산 실적 〈단위 : 억원〉

항목	2012	2013	2014	2015	2016	2017
매출액	10,347	10,756	10,467	10,519	10,953	11,978
영업이익	860	822	837	605	861	641
당기순이익	709	552	623	82	676	735

분기 실적 〈단위 : 억원〉

항목	2016.3Q	2016.4Q	2017.1Q	2017.2Q	2017.3Q	2017.4Q
매출액	2,884	2,972	2,546	3,120	3,200	3,112
영업이익	381	246	-18	246	143	270
당기순이익	304	160	45	164	140	386

재무 상태 〈단위 : 억원〉

항목	2012	2013	2014	2015	2016	2017
총자산	15,818	16,407	16,341	15,926	17,065	18,164
유형자산	8,451	8,348	8,500	8,658	9,227	9,617
무형자산	414	490	553	558	565	785
유가증권	1,118	1,273	739	753	1,536	1,015
총부채	4,936	4,898	4,715	4,309	4,814	5,535
총차입금	2,086	1,839	1,647	1,072	1,654	2,355
자본금	237	72	110	110	110	110
총자본	10,882	11,509	11,625	11,617	12,251	12,629
지배주주지분	8,365	4,329	6,146	6,164	6,497	6,800

기업가치 지표

항목	2012	2013	2014	2015	2016	2017
주가(최고/저)(천원)	63.2/33.1	121/60.3	163/109	176/94.5	113/87.5	126/92.3
PER(최고/저)(배)	7.4/3.9	13.8/6.9	12.5/8.4	63.3/34.1	7.3/5.7	6.4/4.7
PBR(최고/저)(배)	0.4/0.2	0.4/0.2	0.6/0.4	0.6/0.4	0.4/0.3	0.4/0.3
EV/EBITDA(배)	4.4	6.9	6.3	6.5	5.4	6.8
EPS(원)	9,268	9,250	13,729	2,893	15,890	19,967
BPS(원)	180,481	303,858	283,057	283,874	299,073	312,881
CFPS(원)	21,593	22,873	47,058	24,883	38,757	45,644
DPS(원)	1,000	1,000	1,500	1,500	1,500	1,500
EBITDAPS(원)	30,477	34,615	87,701	49,620	62,171	54,954

재무 비율 〈단위 : %〉

연도	영업이익률	순이익률	부채비율	차입금비율	ROA	ROE	유보율	자기자본비율	EBITDA마진율
2017	5.4	6.1	43.8	18.6	4.2	6.6	6,157.6	69.5	10.1
2016	7.9	6.2	39.3	13.5	4.1	5.5	5,881.5	71.8	12.4
2015	5.8	0.8	37.1	9.2	0.5	1.0	5,577.5	72.9	10.3
2014	8.0	6.0	40.6	14.2	3.8	4.0	5,561.1	71.1	12.9

아세아시멘트 (A183190)

ASIA CEMENT COLTD

업 종 : 건축소재
신용등급 : (Bond) — (CP) —
홈페이지 : www.asiacement.co.kr
본 사 : 서울시 강남구 논현로 430 아세아타워빌딩 14층
시 장 : 거래소
기업규모 : 시가총액 중형주
연 락 처 : 02)527-6700

설 립 일	2013.10.02	**종업원수**	481명	**대표이사**	이훈범
상 장 일	2013.11.06	**감사의견**	적정(안진)	**계 열**	
결 산 기	12월	**보 통 주**		**종속회사수**	4개사
액 면 가	5,000원	**우 선 주**		**구 상 호**	

주주구성 (지분율,%)		출자관계 (지분율,%)		주요경쟁사 (외형,%)	
아세아	53.9	아세아산업개발	100.0	아세아시멘트	100
문경학원	4.3	아농	87.6	현대시멘트	76
(외국인)	11.4	우신벤처투자	83.3	성신양회	140

매출구성		비용구성		수출비중	
시멘트	64.9	매출원가율	76.0	수출	—
레미콘	26.8	판관비율	12.5	내수	—
2차제품	4.3				

회사 개요

동사는 2013년 10월 인적분할하여 시멘트 제조, 판매 등을 주 영업목적으로 설립되었으며, 아세아, 아세아산업개발, 우신벤처투자, ASIA ADVANCED MATERIALS SDN.BHD 등의 종속회사를 보유하고 있음. 동사는 시멘트 제조에 필수적인 석회석을 향후 145년 이상 채광할 수 있는 풍부한 매장량의 광산을 보유하고 있으며 초고층 건물에 적합한 고유동 시멘트의 생산으로 경쟁우위에 있음.

실적 분석

동사는 시멘트 업계 마지막 매물이던 한라시멘트의 지분을 총 인수금액 7,760억원으로 100% 취득함. 한라시멘트 인수에 따른 재무구조 부담과 업황 둔화가 우려됨. 하지만 연내 가격 인상 기대감, Capa 확대에 따른 규모의 경제 효과, 시장 점유율 확대와 함께 내륙사와 해안사 간 합병을 통한 시너지 효과 기대됨. 투자자산 처분이익으로 인한 당기순이익이 크게 증가함.

현금 흐름

〈단위 : 억원〉

항목	2016	2017
영업활동	637	573
투자활동	-483	-317
재무활동	-72	83
순현금흐름	84	339
기말현금	798	1,136

시장 대비 수익률

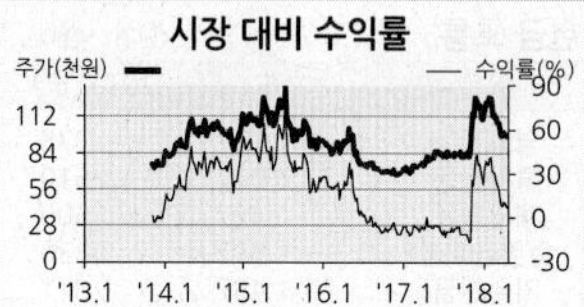

결산 실적

〈단위 : 억원〉

항목	2012	2013	2014	2015	2016	2017
매출액	—	1,169	4,244	4,483	4,557	4,612
영업이익	—	167	548	580	570	532
당기순이익	—	110	386	443	426	554

분기 실적

〈단위 : 억원〉

항목	2016.3Q	2016.4Q	2017.1Q	2017.2Q	2017.3Q	2017.4Q
매출액	1,175	1,226	925	1,342	1,212	1,132
영업이익	218	152	-10	241	190	111
당기순이익	170	94	1	163	186	204

재무 상태

〈단위 : 억원〉

항목	2012	2013	2014	2015	2016	2017
총자산	—	7,831	7,947	8,093	8,505	9,064
유형자산	—	3,830	3,903	4,123	4,372	4,447
무형자산	—	384	441	474	480	724
유가증권	—	897	507	527	1,028	506
총부채	—	1,962	2,059	1,827	1,857	2,091
총차입금	—	244	249	97	73	209
자본금	—	165	165	165	165	165
총자본	—	5,868	5,888	6,266	6,648	6,973
지배주주지분	—	5,839	5,861	6,223	6,602	6,925

기업가치 지표

항목	2012	2013	2014	2015	2016	2017
주가(최고/저)(천원)	—/—	77.6/68.9	114/77.1	135/83.9	103/67.3	127/68.3
PER(최고/저)(배)	0.0/0.0	25.2/22.5	10.1/6.9	10.7/6.6	8.5/5.6	7.7/4.1
PBR(최고/저)(배)	0.0/0.0	0.5/0.4	0.7/0.5	0.8/0.5	0.5/0.4	0.6/0.3
EV/EBITDA(배)	0.0	12.0	4.7	3.0	1.5	4.2
EPS(원)	—	3,310	11,811	13,288	12,539	16,742
BPS(원)	—	177,193	177,864	188,862	200,353	210,139
CFPS(원)	—	4,478	17,200	18,477	18,173	22,863
DPS(원)	—	1,250	1,500	1,500	1,500	1,500
EBITDAPS(원)	—	6,236	22,029	22,789	22,921	22,269

재무 비율

〈단위 : %〉

연도	영업이익률	순이익률	부채비율	차입금비율	ROA	ROE	유보율	자기자본비율	EBITDA마진율
2017	11.5	12.0	30.0	3.0	6.3	8.2	4,102.8	76.9	15.9
2016	12.5	9.4	27.9	1.1	5.1	6.4	3,907.1	78.2	16.6
2015	12.9	9.9	29.2	1.5	5.5	7.3	3,677.3	77.4	16.8
2014	12.9	9.1	35.0	4.2	4.9	6.7	3,457.3	74.1	17.1

아세아제지 (A002310)

ASIA PAPER MANUFACTURING

업 종 : 종이 및 목재
신용등급 : (Bond) — (CP) —
홈페이지 : www.asiapaper.co.kr
본 사 : 서울시 강남구 논현로 430(역삼동)
시 장 : 거래소
기업규모 : 시가총액 소형주
연 락 처 : 02)527-6882

설 립 일	1958.03.12	**종업원수**	265명	**대표이사**	이인범
상 장 일	1988.12.15	**감사의견**	적정(안진)	**계 열**	
결 산 기	12월	**보 통 주**		**종속회사수**	5개사
액 면 가	5,000원	**우 선 주**		**구 상 호**	

주주구성 (지분율,%)		출자관계 (지분율,%)		주요경쟁사 (외형,%)	
아세아시멘트	47.2	경산제지	100.0	아세아제지	100
신영자산운용	17.9	에이팩	100.0	깨끗한나라	91
(외국인)	4.9	유진판지	100.0	한국제지	93

매출구성		비용구성		수출비중	
골판지원지	60.7	매출원가율	89.7	수출	6.0
골판지 및 골판지상자	36.6	판관비율	9.5	내수	94.0
기타	2.7				

회사 개요

동사는 1958년 삼양지업으로 창립돼 1987년 아세아제지로 사명을 변경했고, 골판지원지의 지류제조 및 판매업, 수출입업, 부동산 임대업 등의 사업을 영위. 아세아제지, 경산제지, 제일산업, 에이팩, 유진판지, 삼성수출포장 등의 업체로 수직계열화해 골판지 원지에서부터 골판지와 상자 등의 생산을 전부 담당. 동사의 골판지원지 생산 시장점유율은 14% 수준. 동사는 아세아시멘트, 부국레미콘 등 14개 기업들과 함께 기업집단 아세아에 소속됨.

실적 분석

글로벌 고지 시장은 중국의 환경정책 강화로 인해 불안정성이 증가하였으며, 펄프 원자재 가격은 급등하여 동사의 수익성에 부정적인 영향을 끼침. 2017년 동사의 연간 매출액은 7,285.9억원으로 전년 대비 15.1% 증가하였으나, 주요 종속회사인 제일산업 신설 공장의 고정비 상승, 원자재 급등으로 인한 판매단가 인상 지연 등으로 영업이익과 순이익은 각각 전년 대비 78.1%, 75.9% 감소함.

현금 흐름

〈단위 : 억원〉

항목	2016	2017
영업활동	308	-2
투자활동	-433	-471
재무활동	504	446
순현금흐름	379	-27
기말현금	469	442

시장 대비 수익률

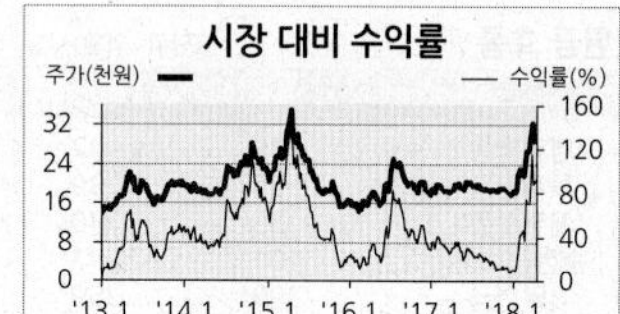

결산 실적

〈단위 : 억원〉

항목	2012	2013	2014	2015	2016	2017
매출액	4,940	6,450	6,154	5,977	6,330	7,286
영업이익	392	256	248	-7	245	54
당기순이익	313	192	186	-387	207	50

분기 실적

〈단위 : 억원〉

항목	2016.3Q	2016.4Q	2017.1Q	2017.2Q	2017.3Q	2017.4Q
매출액	1,694	1,730	1,601	1,758	1,968	1,959
영업이익	149	77	-24	-0	-63	140
당기순이익	122	52	30	-5	-58	84

재무 상태

〈단위 : 억원〉

항목	2012	2013	2014	2015	2016	2017
총자산	4,729	7,155	7,157	6,546	7,210	7,669
유형자산	2,704	4,506	4,592	4,445	4,737	5,022
무형자산	75	101	101	73	74	50
유가증권	92	25	25	28	25	18
총부채	2,216	2,463	2,333	2,141	2,598	3,061
총차입금	1,595	1,595	1,398	976	1,494	1,971
자본금	302	448	448	448	448	448
총자본	2,512	4,691	4,824	4,404	4,611	4,608
지배주주지분	2,511	4,690	4,823	4,403	4,610	4,607

기업가치 지표

항목	2012	2013	2014	2015	2016	2017
주가(최고/저)(천원)	14.0/7.3	22.1/13.6	29.8/17.7	35.2/15.2	25.0/14.1	20.7/17.7
PER(최고/저)(배)	3.1/1.6	11.2/6.9	15.4/9.1	—/—	11.4/6.4	37.9/32.3
PBR(최고/저)(배)	0.4/0.2	0.5/0.3	0.6/0.4	0.8/0.3	0.5/0.3	0.4/0.4
EV/EBITDA(배)	3.3	4.9	4.9	7.8	4.7	7.8
EPS(원)	5,186	2,149	2,075	-4,315	2,315	561
BPS(원)	41,975	52,403	53,887	49,202	51,515	51,433
CFPS(원)	9,462	6,118	5,696	-974	5,703	4,454
DPS(원)	600	400	450	—	500	450
EBITDAPS(원)	10,773	6,825	6,389	3,267	6,125	4,492

재무 비율

〈단위 : %〉

연도	영업이익률	순이익률	부채비율	차입금비율	ROA	ROE	유보율	자기자본비율	EBITDA마진율
2017	0.7	0.7	66.4	42.8	0.7	1.1	928.7	60.1	5.5
2016	3.9	3.3	56.3	32.4	3.0	4.6	930.3	64.0	8.7
2015	-0.1	-6.5	48.6	22.2	-5.6	-8.4	884.0	67.3	4.9
2014	4.0	3.0	48.4	29.0	2.6	3.9	977.8	67.4	9.3

아세아텍 (A050860)
ASIA TECHNOLOGY

업 종 : 기계
신용등급 : (Bond) — (CP) —
홈페이지 : www.asiakor.com
본 사 : 대구시 달성군 유가면 비슬로96길 11
시 장 : KOSDAQ
기업규모 : 우량
연 락 처 : 053)580-7777

설 립 일	1978.09.09	**종 업 원 수**	251명	**대 표 이 사**	김신길
상 장 일	2010.01.26	**감 사 의 견**	적정(예교)	**계 열**	
결 산 기	06월	**보 통 주**		**종속회사수**	
액 면 가	500원	**우 선 주**		**구 상 호**	

주주구성 (지분율,%)		출자관계 (지분율,%)		주요경쟁사 (외형,%)	
김신길	25.1	지케이	17.4	아세아텍	100
김진수	4.5	트리니티소프트	3.5	나라엠앤디	138
(외국인)	1.2	엑스코	0.2	동일금속	70

매출구성		비용구성		수출비중	
관리기	50.7	매출원가율	79.2	수출	78.9
스피드스프레이어	19.4	판관비율	16.1	내수	21.1
승용관리기 외 기타	17.5				

회사 개요

동사는 1978년 설립돼 2010년 코스닥 시장에 상장됨. 농기계 제조 및 판매를 전문으로 하는 농업기계 전문 메이커임. 다목적관리기는 전 세계 생산 및 판매 1위이며 결속기는 국내 최초로 유럽 8개국에 수출하여 우수품질제품 인증마크(EM)를 획득한 바 있음. 과수원용 약품살포기기 SS기는 한국 밀레니엄상품으로 선정됨. 아세아(웨이팡)농업기계유한공사를 연결대상 종속회사로 보유하고 잇음.

실적 분석

동사는 6월 결산법인임. 2017년 하반기 매출액은 283.4억원으로 전년 동기 매출액인 338억원에 비해 16.2% 감소함. 매출이 줄었으나 매출원가가 16.8% 감소하고 판매비와 관리비가 10.9% 줄어든 결과 영업손실 폭이 감소함. 전년 동기엔 21.3억원의 손실을 기록했으나 2017년 하반기엔 20.3억원의 손실을 기록함. 당기순손실 역시 적자폭이 소폭 개선됨.

현금 흐름 <단위 : 억원>

항목	2017	2018.2Q
영업활동	-20	-18
투자활동	63	-10
재무활동	0	101
순현금흐름	44	72
기말현금	194	265

시장 대비 수익률

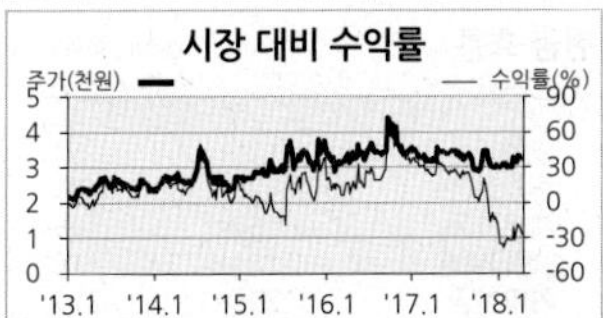

결산 실적 <단위 : 억원>

항목	2013	2014	2015	2016	2017	2018
매출액	1,159	1,076	994	1,030	1,017	—
영업이익	80	73	29	49	56	—
당기순이익	68	26	30	38	41	—

분기 실적 <단위 : 억원>

항목	2017.1Q	2017.2Q	2017.3Q	2017.4Q	2018.1Q	2018.2Q
매출액	85	253	418	261	64	219
영업이익	-17	-4	59	18	-26	5
당기순이익	-17	-2	45	16	-20	2

재무 상태 <단위 : 억원>

항목	2013	2014	2015	2016	2017	2018.2Q
총자산	940	923	864	948	962	1,231
유형자산	237	280	290	289	279	281
무형자산	1	1	1	1	1	1
유가증권	6	3	3	3	3	3
총부채	103	71	75	66	38	375
총차입금	—	—	—	—	—	150
자본금	88	88	88	88	88	88
총자본	837	852	788	882	924	856
지배주주지분	837	852	788	882	924	856

기업가치 지표

항목	2013	2014	2015	2016	2017	2018.2Q
주가(최고/저)(천원)	3.5/1.4	2.8/1.7	3.5/2.3	3.8/2.3	4.7/2.8	—/—
PER(최고/저)(배)	9.7/4.8	20.3/16.5	21.8/14.2	18.4/13.7	20.4/13.3	—/—
PBR(최고/저)(배)	0.8/0.4	0.6/0.5	0.8/0.5	0.8/0.6	0.9/0.6	0.7/0.6
EV/EBITDA(배)	3.7	4.8	10.4	5.8	5.6	—/—
EPS(원)	391	151	171	217	236	-103
BPS(원)	4,784	4,867	4,966	5,143	5,322	5,143
CFPS(원)	468	241	270	319	336	-51
DPS(원)	50	50	50	75	75	—
EBITDAPS(원)	537	506	265	380	417	-63

재무 비율 <단위 : % >

연도	영업이익률	순이익률	부채비율	차입금비율	ROA	ROE	유보율	자기자본비율	EBITDA마진율
2017	5.5	4.1	4.1	0.0	4.3	4.6	964.5	96.0	7.2
2016	4.7	3.7	7.5	0.0	4.2	4.6	928.7	93.0	6.5
2015	2.9	3.0	9.6	0.0	3.4	3.7	893.2	91.3	4.7
2014	6.8	2.5	8.4	0.0	2.8	3.1	873.5	92.3	8.2

아스타 (A246720)
ASTA

업 종 : 의료 장비 및 서비스
신용등급 : (Bond) — (CP) —
홈페이지 : www.astams.com
본 사 : 경기도 수원시 영통구 광교로 145, 11층(차세대융합기술연구원 에이동)
시 장 : KOSDAQ
기업규모 : 기술성
연 락 처 : 031)888-9596

설 립 일	2006.01.27	**종 업 원 수**	25명	**대 표 이 사**	조응준
상 장 일	2017.03.20	**감 사 의 견**	적정(대주)	**계 열**	
결 산 기	12월	**보 통 주**		**종속회사수**	2개사
액 면 가	500원	**우 선 주**		**구 상 호**	

주주구성 (지분율,%)		출자관계 (지분율,%)		주요경쟁사 (외형,%)	
조응준	26.3			아스타	100
김양선	22.2			엑세스바이오	3,142
(외국인)	1.3			나노엔텍	2,303

매출구성		비용구성		수출비중	
시료 전처리 시스템	74.6	매출원가율	69.1	수출	45.5
Data Generation Unit 및 진단 시스템	17.5	판관비율	535.0	내수	54.5
기타	7.9				

회사 개요

동사는 2006년 1월 설립되었으며, 전기식 진단 및 요법기기 제조, 판매업을 주요사업으로 영위하고있음. 주요 제품인 MALDI-TOF 질량분석기를 기반으로 차세대 진단 시스템을 개발하여 기존의 전통적인 진단방법 /시스템을 개선하고자 하는 바이오 벤처기업임. 동사는 표준 균주 이외에 다양한 국내 임상 균주 및 변이 균주에 대한 DB를 확보하고 있어 국내 병원 및 국내 연구 기관에 적합한 DB를 제공하고 있음.

실적 분석

동사의 2017년 연간 매출액은 전년동기대비 331.6% 이상 크게 상승한 10.3억원을 기록하였음. 비용면에서 전년동기대비 매출원가는 증가 했으며 인건비도 크게 증가, 광고선전비도 증가, 기타판매비와관리비는 증가함. 이와 같이 상승한 매출액 대비 비용증가가 높아 매출액은 성장했지만 원가 증가로 인해 전년동기대비 영업손실은 52.1억원으로 적자지속 하였음. 최종적으로 전년동기대비 당기순손실은 적자지속하여 43.1억원을 기록함.

현금 흐름 <단위 : 억원>

항목	2016	2017
영업활동	-46	-86
투자활동	17	-132
재무활동	13	209
순현금흐름	-18	-8
기말현금	36	28

시장 대비 수익률

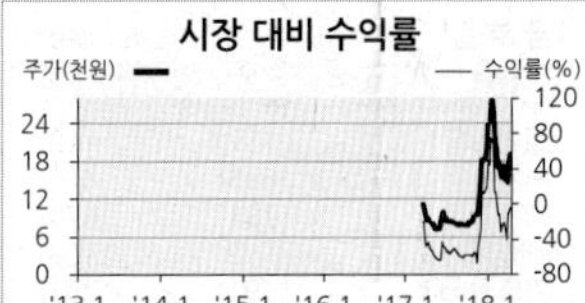

결산 실적 <단위 : 억원>

항목	2012	2013	2014	2015	2016	2017
매출액	—	—	3	4	2	10
영업이익	—	—	-23	-23	-43	-52
당기순이익	—	—	-33	-19	-52	-43

분기 실적 <단위 : 억원>

항목	2016.3Q	2016.4Q	2017.1Q	2017.2Q	2017.3Q	2017.4Q
매출액	1	1	1	5	1	4
영업이익	-14	-13	-14	-18	-20	0
당기순이익	-14	-21	-14	-17	-19	7

재무 상태 <단위 : 억원>

항목	2012	2013	2014	2015	2016	2017
총자산	—	—	28	68	68	236
유형자산	—	—	3	1	6	10
무형자산	—	—	0	0	1	1
유가증권	—	—	4	—	—	7
총부채	—	—	74	15	27	92
총차입금	—	—	58	7	12	78
자본금	—	—	22	31	38	47
총자본	—	—	-46	53	41	144
지배주주지분	—	—	-46	53	41	144

기업가치 지표

항목	2012	2013	2014	2015	2016	2017
주가(최고/저)(천원)	—/—	—/—	—/—	—/—	—/—	—/—
PER(최고/저)(배)	0.0/0.0	0.0/0.0	0.0/0.0	0.0/0.0	0.0/0.0	—/—
PBR(최고/저)(배)	0.0/0.0	0.0/0.0	0.0/0.0	0.0/0.0	0.0/0.0	13.2/4.6
EV/EBITDA(배)	0.0	0.0	—	—	—	—
EPS(원)	—	—	-731	-415	-708	-466
BPS(원)	—	—	-8,543	8,561	535	1,532
CFPS(원)	—	—	-6,023	-3,174	-695	-434
DPS(원)	—	—	—	—	—	—
EBITDAPS(원)	—	—	-4,206	-3,815	-582	-545

재무 비율 <단위 : % >

연도	영업이익률	순이익률	부채비율	차입금비율	ROA	ROE	유보율	자기자본비율	EBITDA마진율
2017	-504.1	-417.3	63.9	53.9	-28.4	-45.6	206.3	61.0	-476.3
2016	-1,811.0	-2,156.3	66.3	29.1	-76.2	-110.3	7.0	60.1	-1,774.0
2015	-625.6	-528.3	28.2	12.3	-40.1	전기잠식	71.2	78.0	-579.4
2014	-906.8	-1,270.8	완전잠식	완전잠식	0.0	0.0	-309.7	-164.6	-842.9

아스트 (A067390)
AeroSpace Technology of Korea

업　　종 : 기계　　시　　장 : KOSDAQ
신용등급 : (Bond) —　(CP) —　　기업규모 : 기술성
홈페이지 : www.astk.co.kr　　연 락 처 : 055)851-7000
본　　사 : 경남 사천시 사남면 공단1로 23-65

설립일 2001.04.18	종업원수 244명	대표이사 김희원
상장일 2014.12.24	감사의견 적정(삼덕)	계열
결산기 12월	보통주	종속회사수 1개사
액면가 500원	우선주	구상호

주주구성 (지분율,%)		출자관계 (지분율,%)		주요경쟁사 (외형,%)	
김희원	19.1	에이에스티지	71.4	아스트	100
카이투자자문	9.6	오르비텍	21.1	와이지-원	398
(외국인)	1.7			태광	189

매출구성		비용구성		수출비중	
기타	50.3	매출원가율	84.5	수출	81.1
Sec48	20.0	판관비율	7.2	내수	18.9
Bulkhead	18.0				

회사 개요
동사는 항공기 부품제작, 항공기 부분품 조립과 관련 치공구류의 생산, 판매를 주요사업 목적으로 2001년 4월에 설립됨. 동사가 속한 항공기 제조 산업은 유사 제조 산업인 조선, 자동차에 비해 개발단계부터 양산,사용에 이르기까지의 소요기간이 평균 2~5배의 장기간이 소요되며 제품 생산을 위한 대규모 설비투자를 요하는 장치 산업으로 타 산업에 대한 파급효과가 큰 국가 전략산업중 하나임.

실적 분석
동사의 2017년 결산 연결기준 매출액은 전년대비 10.6% 성장한 972.1억원을 기록함. 외형 성장은 주로 B737MAX 등 생산품목 확대에 기인함. 외형 성장과 원가율 유지로 영업이익은 80.5억원을 보이며 전년대비 이익규모가 확대됨. 다만 환율 하락에 따른 외환차손 확대로 당기순이익은 14.7억원에 그치며 전년대비 대폭 감소함. 현재 수주잔고로 해외 22.2억달러, 국내 671.7억원을 보유하고 있으며 계약기간은 대부분 장기임.

현금 흐름 〈단위 : 억원〉

항목	2016	2017
영업활동	-137	-118
투자활동	-635	-420
재무활동	781	679
순현금흐름	8	139
기말현금	91	231

시장 대비 수익률
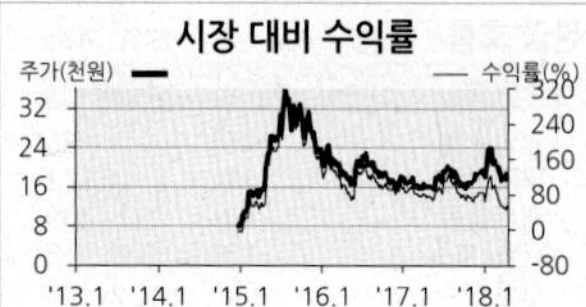

결산 실적 〈단위 : 억원〉

항목	2012	2013	2014	2015	2016	2017
매출액	443	609	666	808	879	972
영업이익	38	-41	-30	33	73	81
당기순이익	95	-65	-79	25	62	15

분기 실적 〈단위 : 억원〉

항목	2016.3Q	2016.4Q	2017.1Q	2017.2Q	2017.3Q	2017.4Q
매출액	229	228	215	220	252	285
영업이익	20	17	18	22	25	16
당기순이익	3	40	4	7	17	-13

재무 상태 〈단위 : 억원〉

항목	2012	2013	2014	2015	2016	2017
총자산	850	977	1,169	1,348	2,241	3,105
유형자산	459	456	484	506	893	1,133
무형자산	47	51	43	40	47	52
유가증권	0	15	10	1	2	11
총부채	756	704	703	770	1,318	1,954
총차입금	655	566	511	570	1,109	1,601
자본금	18	37	63	69	72	74
총자본	95	273	466	578	923	1,151
지배주주지분	95	273	466	578	762	990

기업가치 지표

항목	2012	2013	2014	2015	2016	2017
주가(최고/저)(천원)	—/—	—/—	9.0/7.3	36.2/7.7	24.8/15.2	20.8/15.5
PER(최고/저)(배)	0.0/0.0	0.0/0.0	—/—	196.8/42.1	48.4/29.7	209.5/156.0
PBR(최고/저)(배)	0.0/0.0	0.0/0.0	2.4/2.0	8.6/1.9	4.7/2.9	3.1/2.3
EV/EBITDA(배)	9.2	249.5	81.7	44.2	28.5	29.3
EPS(원)	2,557	-1,557	-901	184	512	99
BPS(원)	28,018	3,716	3,720	4,190	5,284	6,715
CFPS(원)	43,973	-522	-355	559	879	556
DPS(원)	—	—	—	—	—	—
EBITDAPS(원)	23,959	53	198	617	885	1,009

재무 비율 〈단위 : %〉

연도	영업이익률	순이익률	부채비율	차입금비율	ROA	ROE	유보율	자기자본비율	EBITDA마진율
2017	8.3	1.5	169.8	139.1	0.6	1.7	1,243.0	37.1	15.2
2016	8.4	7.0	142.8	120.2	3.5	10.8	956.8	41.2	14.3
2015	4.1	3.1	133.1	98.6	2.0	4.8	738.0	42.9	10.4
2014	-4.6	-11.8	151.1	109.8	-7.4	-21.4	643.9	39.8	2.6

아시아경제 (A127710)
The Asia Business Daily

업　　종 : 미디어　　시　　장 : KOSDAQ
신용등급 : (Bond) —　(CP) —　　기업규모 : 중견
홈페이지 : www.asiae.co.kr　　연 락 처 : 02)2200-2197
본　　사 : 서울시 중구 충무로 29 아시아미디어타워 10~11층

설립일 2005.06.20	종업원수 272명	대표이사 최영범
상장일 2015.07.31	감사의견 적정(신우)	계열
결산기 12월	보통주	종속회사수 5개사
액면가 500원	우선주	구상호

주주구성 (지분율,%)		출자관계 (지분율,%)		주요경쟁사 (외형,%)	
케이엠에이치	45.7	아시아골프	100.0	아시아경제	100
		에이와이너리	100.0		
(외국인)	1.9	케이엠에이치인스코	70.0		

매출구성		비용구성		수출비중	
용역매출(용역)-광고등	90.2	매출원가율	48.2	수출	0.0
상품매출(상품)-상품판매	9.8	판관비율	40.0	내수	100.0

회사 개요
동사는 온오프라인 경제 전문 미디어로, 매체에 대한 대중의 접근성을 전제로 한 광고 사업과 콘텐츠 사업, 컨벤션 사업, HR사업 등으로 구성되어 있음. 광고 사업은 모바일, 스마트 플랫폼 등의 뉴미디어를 활용해 새로운 광고 수익을 창출하고 있음. 방대한 네트워크를 기반으로 플랫폼의 진화에 대응하고, 관련 인프라를 자체적으로 구축함으로써 인터넷과 뉴미디어를 통한 광고 사업을 성공적으로 이행하고 있음.

실적 분석
동사의 2017년 연결기준 누적 매출액은 542.6억원으로 전년동기대비 3.8% 감소함. 영업이익은 31.5% 감소한 63.8억원을 기록. 외형축소에 고정비 증가로 영업익 감소. 당기순이익은 비영업손익 흑자전환한 영향으로 전년동기대비 증가한(+45.9%) 99.8억원을 기록함. 일간리더스경제신문과 아시아경제 광고사업 부문이 외형성장하였으나 이 외 자회사 모두 매출 감소.

현금 흐름 〈단위 : 억원〉

항목	2016	2017
영업활동	116	54
투자활동	-99	-31
재무활동	67	-5
순현금흐름	84	18
기말현금	295	313

시장 대비 수익률
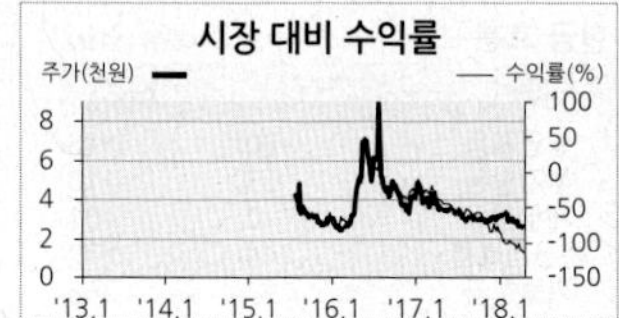

결산 실적 〈단위 : 억원〉

항목	2012	2013	2014	2015	2016	2017
매출액	308	491	730	580	564	543
영업이익	33	28	90	102	93	64
당기순이익	-202	24	71	60	68	100

분기 실적 〈단위 : 억원〉

항목	2016.3Q	2016.4Q	2017.1Q	2017.2Q	2017.3Q	2017.4Q
매출액	139	146	114	155	135	139
영업이익	14	24	8	23	15	18
당기순이익	16	7	50	22	13	14

재무 상태 〈단위 : 억원〉

항목	2012	2013	2014	2015	2016	2017
총자산	203	494	586	838	992	1,290
유형자산	106	122	136	114	131	124
무형자산	0	35	34	52	46	50
유가증권	1	1	1	1	117	446
총부채	259	175	194	207	152	203
총차입금	—	65	93	81	32	28
자본금	38	300	100	126	126	126
총자본	-56	319	392	631	841	1,087
지배주주지분	-56	232	292	525	599	785

기업가치 지표

항목	2012	2013	2014	2015	2016	2017
주가(최고/저)(천원)	—/—	—/—	—/—	4.8/2.6	8.9/2.4	5.0/2.9
PER(최고/저)(배)	0.0/0.0	0.0/0.0	0.0/0.0	21.1/11.5	43.0/11.7	13.9/8.0
PBR(최고/저)(배)	0.0/0.0	0.0/0.0	0.0/0.0	2.3/1.3	3.8/1.0	1.6/0.9
EV/EBITDA(배)	—	—	—	4.4	7.2	8.3
EPS(원)	-44,625	176	300	228	208	360
BPS(원)	-6,926	3,917	1,466	2,081	2,372	3,111
CFPS(원)	-133,271	938	391	297	265	407
DPS(원)	—	—	—	—	—	—
EBITDAPS(원)	24,846	987	539	525	426	300

재무 비율 〈단위 : %〉

연도	영업이익률	순이익률	부채비율	차입금비율	ROA	ROE	유보율	자기자본비율	EBITDA마진율
2017	11.8	18.4	18.7	2.6	8.7	13.1	522.1	84.3	14.0
2016	16.5	12.1	18.0	3.9	7.5	9.3	374.4	84.7	19.1
2015	17.5	10.3	32.8	12.9	8.4	12.4	316.1	75.3	20.1
2014	12.3	9.7	49.6	23.7	13.1	22.9	193.3	66.9	14.7

아시아나항공 (A020560)

Asiana Airlines

업　　종 : 항공운수
신용등급 : (Bond) BBB-　　(CP) A3-
홈페이지 : www.flyasiana.com
본　　사 : 서울시 강서구 오정로 443-83, 아시아나타운
시　　장 : 거래소
기업규모 : 시가총액 중형주
연 락 처 : 02)2669-3114

설 립 일	1988.02.17	**종 업 원 수**	8,889명	**대 표 이 사**	박삼구,김수천
상 장 일	1999.12.16	**감 사 의 견**	적정(삼일)	**계 열**	
결 산 기	12월	**보 통 주**		**종속회사수**	6개사
액 면 가	5,000원	**우 선 주**		**구 상 호**	

주주구성 (지분율,%)		출자관계 (지분율,%)		주요경쟁사 (외형,%)	
금호산업	33.5	에어서울	100.0	아시아나항공	100
Asia Securities Investment Corporation(ASIC)	4.0	아시아나개발	100.0	대한항공	194
(외국인)	13.3	아시아나에어포트	100.0	한진칼	18

매출구성		비용구성		수출비중	
노선사업-국제여객	60.6	매출원가율	85.8	수출	—
노선사업-화 물	21.8	판관비율	9.8	내수	—
노선부대사업-기타 부대사업	9.8				

회사 개요

동사는 항공운송사업을 주목적으로 하는 회사로 1988년 설립됨. 주요 종속회사는 아시아나IDT, 아시아나에어포트, 금호리조트 등이 있음. 아시아나항공의 시장점유율은 2017년 12월말 기준 국내여객 18.5%, 국제여객 17.3%, 국제화물 24.4%를 기록. 동사는 국내여객 10개 도시, 11개 노선, 국제여객 21개 국가, 64개 도시, 78개 노선, 국제화물 11개 국가, 25개 도시, 21개 노선을 정기적으로 운항하고 있음.

실적 분석

동사의 2017년 4/4분기 연결기준 누적 매출액은 6조 2,270.7억원으로 전년동기 대비 8.0% 증가했음. 외형확대로 인해 매출원가와 판관비가 전년동기 대비 각각 8.8%, 2.1% 증가했음에도 영업이익은 전년동기 2,564.8억원에서 2,758.6억원으로 7.6% 증가했음. 비영업부문에서도 751.8억원의 이익을 시현함에 따라 이익폭이 확대되어 당기순이익은 전년동기 대비 371.6% 증가한 2,479.1억원을 시현했음.

현금 흐름 〈단위 : 억원〉

항목	2016	2017
영업활동	6,588	6,603
투자활동	-551	-6,547
재무활동	-5,116	-82
순현금흐름	880	54
기말현금	2,709	2,763

시장 대비 수익률

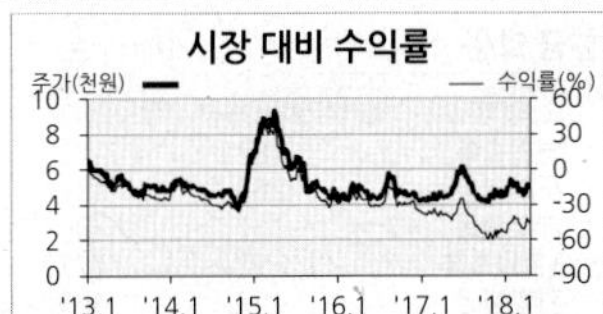

결산 실적 〈단위 : 억원〉

항목	2012	2013	2014	2015	2016	2017
매출액	58,879	57,235	58,362	55,407	57,636	62,271
영업이익	1,794	-112	981	461	2,565	2,759
당기순이익	625	-1,147	633	-1,392	526	2,479

분기 실적 〈단위 : 억원〉

항목	2016.3Q	2016.4Q	2017.1Q	2017.2Q	2017.3Q	2017.4Q
매출액	15,554	14,649	14,571	14,919	16,308	16,473
영업이익	1,516	402	263	428	1,185	882
당기순이익	1,526	-1,179	961	-748	170	2,096

재무 상태 〈단위 : 억원〉

항목	2012	2013	2014	2015	2016	2017
총자산	60,864	70,120	82,116	92,927	82,292	85,506
유형자산	35,543	37,574	49,066	55,456	51,555	53,637
무형자산	1,978	2,099	3,647	6,461	2,462	2,625
유가증권	2,543	2,782	3,385	3,669	2,859	2,113
총부채	50,815	61,087	70,925	84,412	71,874	73,081
총차입금	33,118	37,774	41,902	53,476	46,153	45,255
자본금	9,755	9,755	9,755	9,755	10,262	10,262
총자본	10,049	9,033	11,191	8,516	10,419	12,425
지배주주지분	10,005	8,999	10,059	8,296	8,920	11,507

기업가치 지표

항목	2012	2013	2014	2015	2016	2017
주가(최고/저)(천원)	8.3/4.5	6.5/3.9	7.1/4.3	9.3/4.1	5.9/4.1	6.2/4.5
PER(최고/저)(배)	26.2/18.3	—/—	22.4/12.1	—/—	23.5/16.3	5.1/3.3
PBR(최고/저)(배)	1.6/1.1	1.4/1.0	1.4/0.8	2.2/1.0	1.4/0.9	1.1/0.7
EV/EBITDA(배)	9.2	14.0	11.1	12.2	8.1	7.2
EPS(원)	317	-593	319	-708	251	1,227
BPS(원)	5,128	4,613	5,156	4,252	4,346	5,607
CFPS(원)	1,787	932	2,166	1,475	2,292	3,406
DPS(원)	—	—	—	—	—	—
EBITDAPS(원)	2,396	1,467	2,350	2,419	3,346	3,522

재무 비율 〈단위 : %〉

연도	영업이익률	순이익률	부채비율	차입금비율	ROA	ROE	유보율	자기자본비율	EBITDA마진율
2017	4.4	4.0	588.2	364.2	3.0	24.7	12.1	14.5	11.6
2016	4.5	0.9	689.9	443.0	0.6	5.7	-13.1	12.7	11.4
2015	0.8	-2.5	일부잠식	일부잠식	-1.6	-15.1	-15.0	9.2	8.5
2014	1.7	1.1	633.8	374.4	0.8	6.5	3.1	13.6	7.9

아시아종묘 (A154030)

ASIA SEED

업　　종 : 식료품
신용등급 : (Bond) —　　(CP) —
홈페이지 : www.asiaseed.co.kr
본　　사 : 서울시 송파구 중대로 150 백암빌딩 7층
시　　장 : KOSDAQ
기업규모 : 기술성
연 락 처 : 02)449-9161

설 립 일	2004.06.24	**종 업 원 수**	197명	**대 표 이 사**	류경오
상 장 일	2014.07.08	**감 사 의 견**	적정(삼정)	**계 열**	
결 산 기	09월	**보 통 주**		**종속회사수**	
액 면 가	500원	**우 선 주**		**구 상 호**	

주주구성 (지분율,%)		출자관계 (지분율,%)		주요경쟁사 (외형,%)	
류경오	33.1			아시아종묘	100
마이다스동아 드림하이투자조합2호	5.2			사조해표	3,115
(외국인)	0.4			신송홀딩스	1,391

매출구성		비용구성		수출비중	
종자(무 외)	60.7	매출원가율	62.8	수출	32.8
종자(단호박)	21.2	판관비율	42.0	내수	67.2
종자(양배추)	16.8				

회사 개요

동사는 종자기업으로 종자 개발에서 종자 생산, 가공, 유통, 판매까지 모든 사업을 아우르고 있음. 수박, 토마토, 풋고추 등의 시장 개발에도 주력하고 있음. 해외에서는 양배추, 브로콜리, 고추, 무 등의 종자를 수출하는 종묘업체로 알려져 있음. 동사의 전체 매출 중 수출이 차지하는 비중은 30% 수준임. 2018년 2월 코넥스에서 코스닥으로 이전 상장함.

실적 분석

동사는 9월 결산 법인으로 2017년 연결 기준 연간 누적 매출액은 210억원으로 전년 동기(215억원) 대비 약 2.3% 감소함. 매출은 줄었지만 매출 원가와 판관비 등이 감소하면서 영업이익은 6억원으로 전년 동기(-10억원) 대비 흑자전환에 성공함. 비영업 부문에서도 수익을 거두면서 당기순이익은 22억원으로 전년 동기(-24억원)와 비교해 큰 폭으로 수익성 개선됨.

현금 흐름 *IFRS 별도 기준 〈단위 : 억원〉

항목	2017	2018.1Q
영업활동	7	—
투자활동	-3	—
재무활동	-3	—
순현금흐름	2	—
기말현금	16	—

시장 대비 수익률

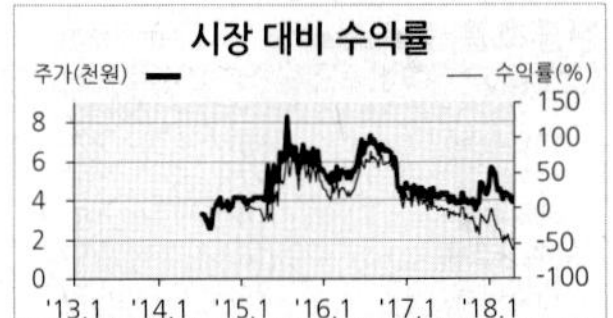

결산 실적 〈단위 : 억원〉

항목	2013	2014	2015	2016	2017	2018
매출액	171	—	196	215	210	—
영업이익	4	—	2	-10	6	—
당기순이익	-5	—	-17	-24	22	—

분기 실적 *IFRS 별도 기준 〈단위 : 억원〉

항목	2016.4Q	2017.1Q	2017.2Q	2017.3Q	2017.4Q	2018.1Q
매출액	—	—	—	—	—	—
영업이익	—	—	—	—	—	—
당기순이익	—	—	—	—	—	—

재무 상태 *IFRS 별도 기준 〈단위 : 억원〉

항목	2013	2014	2015	2016	2017	2018.1Q
총자산	298	—	336	309	330	—
유형자산	90	—	108	117	102	—
무형자산	1	—	0	0	15	—
유가증권	—	—	—	—	—	—
총부채	214	—	264	165	161	—
총차입금	164	—	229	123	120	—
자본금	30	—	30	41	41	—
총자본	85	—	71	144	168	—
지배주주지분	85	—	71	144	168	—

기업가치 지표 *IFRS 별도 기준

항목	2013	2014	2015	2016	2017	2018.1Q
주가(최고/저)(천원)	—/—	5.2/2.8	9.0/4.1	8.1/5.0	7.2/4.0	5.5/3.8
PER(최고/저)(배)	0.0/0.0	0.0/0.0	—/—	—/—	22.5/12.6	—/—
PBR(최고/저)(배)	0.0/0.0	0.0/0.0	7.7/3.6	4.2/2.6	3.2/1.8	0.0/0.0
EV/EBITDA(배)	12.6	0.0	51.3	—	31.0	—/—
EPS(원)	-79	—	-265	-298	294	—
BPS(원)	1,393	—	1,070	1,763	2,057	—
CFPS(원)	48	—	-119	-194	377	—
DPS(원)	—	—	—	—	—	—
EBITDAPS(원)	192	—	171	-38	174	—

재무 비율 〈단위 : %〉

연도	영업이익률	순이익률	부채비율	차입금비율	ROA	ROE	유보율	자기자본비율	EBITDA마진율
2017	2.8	10.4	93.7	72.2	6.9	14.1	307.8	51.6	6.2
2016	-4.8	-11.0	112.7	84.9	-7.3	-21.9	253.9	47.0	-0.8
2015	1.0	-8.5	370.8	320.3	0.0	0.0	135.2	21.2	5.8
2014	0.0	0.0	0.0	0.0	0.0	0.0	0.0	0.0	0.0

아우딘퓨쳐스 (A227610)
Outin Futures

업 종 : 개인생활용품
시 장 : KOSDAQ
신용등급 : (Bond) — (CP) —
기업규모 : 중견
홈페이지 : www.outinfutures.com
연 락 처 : 02)571-2432
본 사 : 서울시 강남구 테헤란로 508 (대치동, 해성2빌딩 15층)

설립일	2000.12.18	**종업원수**	106명	**대표이사**	최영욱
상장일	2017.07.12	**감사의견**	적정(한울)	**계열**	
결산기	12월	**보통주**		**종속회사수**	
액면가	500원	**우선주**		**구상호**	

주주구성 (지분율,%)		출자관계 (지분율,%)		주요경쟁사 (외형,%)	
최영욱	49.0			아우딘퓨쳐스	100
APRIL&JUNE HOLDING LIMITED	5.9			코스온	197
(외국인)	2.8			케어젠	113

매출구성		비용구성		수출비중	
제품	85.6	매출원가율	67.2	수출	13.8
상품	13.4	판관비율	33.8	내수	86.2
디자인용역	1.0				

회사 개요

동사는 2000년 12월에 설립되어 2017년 7월에 코스닥 시장에 상장한 화장품 전문기업임. 기존에 영위하던 화장품 OEM/ODM 사업을 통한 기술력과 노하우를 축적한 이후 2009년에는 자체 브랜드인 네오젠을 런칭함. 동사는 기술 개발과 설비투자로 국내 최고 수준의 생산시설과 디자인 연구소를 보유하고 있으며 다양한 국내외 유통채널을 확보하고 있음. 기존 제품 외에도 메이크업과 헤어제품으로 화장품 공급범위를 확장할 계획임.

실적 분석

동사의 2017년 누적매출액은 510.2억원으로 전년대비 10.2% 감소함. 비용면에서 원가율 상승과 판관비 증가로 영업손실 5.3억원을 기록하며 적자전환함. 중국 사드 이슈에 따른 발주 감소도 수익성 악화에 영향을 미침. 2018년에는 중국 내 한국 화장품 판매 정상화에 따른 실적 수혜가 예상되고, 3월부터는 미국 홈쇼핑 업체인 HSN을 통해 화장품을 판매할 예정임. 테스트 방송에서 제품이 완판돼 기대감이 형성되고 있음.

현금 흐름 *IFRS 별도 기준 〈단위 : 억원〉

항목	2016	2017
영업활동	35	-79
투자활동	-37	-164
재무활동	-14	187
순현금흐름	-16	-57
기말현금	74	17

시장 대비 수익률

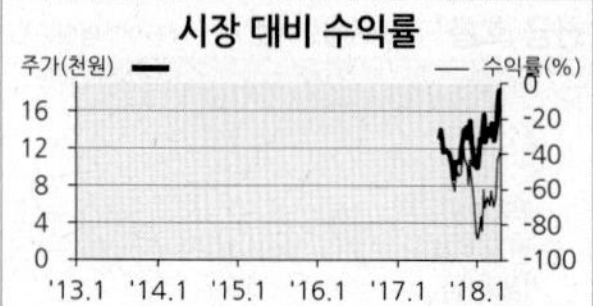

결산 실적 〈단위 : 억원〉

항목	2012	2013	2014	2015	2016	2017
매출액	—	—	160	251	568	510
영업이익	—	—	18	21	96	-5
당기순이익	—	—	12	17	91	-3

분기 실적 *IFRS 별도 기준 〈단위 : 억원〉

항목	2016.3Q	2016.4Q	2017.1Q	2017.2Q	2017.3Q	2017.4Q
매출액	184	—	151	—	98	—
영업이익	44	—	20	—	-13	—
당기순이익	44	—	21	—	-10	—

재무 상태 *IFRS 별도 기준 〈단위 : 억원〉

항목	2012	2013	2014	2015	2016	2017
총자산	—	—	118	239	322	527
유형자산	—	—	68	81	104	112
무형자산	—	—	2	1	1	5
유가증권	—	—	—	—	4	4
총부채	—	—	75	98	90	67
총차입금	—	—	51	60	46	0
자본금	—	—	4	25	25	50
총자본	—	—	43	141	232	459
지배주주지분	—	—	43	141	232	459

기업가치 지표 *IFRS 별도 기준

항목	2012	2013	2014	2015	2016	2017
주가(최고/저)(천원)	#VALUE!	—/—	—/—	—/—	—/—	—/—
PER(최고/저)(배)	0.0/0.0	0.0/0.0	0.0/0.0	0.0/0.0	0.0/0.0	—/—
PBR(최고/저)(배)	0.0/0.0	0.0/0.0	0.0/0.0	0.0/0.0	0.0/0.0	3.2/1.9
EV/EBITDA(배)	0.0	0.0	2.0	—	—	177.5
EPS(원)	—	—	164	228	1,103	-35
BPS(원)	—	—	53,348	2,868	4,736	4,831
CFPS(원)	—	—	19,609	490	2,001	75
DPS(원)	—	—	—	—	—	—
EBITDAPS(원)	—	—	27,644	563	2,100	52

재무 비율 〈단위 : %〉

연도	영업이익률	순이익률	부채비율	차입금비율	ROA	ROE	유보율	자기자본비율	EBITDA마진율
2017	-1.0	-0.6	14.6	0.0	-0.8	-0.9	866.2	87.2	0.9
2016	16.9	16.1	38.8	19.8	32.5	49.0	847.2	72.1	18.1
2015	8.2	6.9	70.0	42.7	9.7	18.9	473.6	58.8	10.1
2014	11.6	7.6	176.5	118.8	0.0	0.0	967.0	36.2	13.9

아이디스 (A143160)
Intelligent Digital Integrated Security

업 종 : 보안장비
시 장 : KOSDAQ
신용등급 : (Bond) — (CP) —
기업규모 : 우량
홈페이지 : www.idis.co.kr
연 락 처 : 042)930-9600
본 사 : 대전시 유성구 테크노3로 8-10. 305-509

설립일	2011.07.01	**종업원수**	371명	**대표이사**	김영달
상장일	2011.09.26	**감사의견**	적정(한울)	**계열**	
결산기	12월	**보통주**		**종속회사수**	2개사
액면가	500원	**우선주**		**구상호**	

주주구성 (지분율,%)		출자관계 (지분율,%)		주요경쟁사 (외형,%)	
아이디스홀딩스	44.2	다원투자자문	10.0	아이디스	100
FID Low Priced Stock Fund	8.4	다산네트웍스	8.8	아이디스홀딩스	461
(외국인)	12.6	상장주식	2.6	넥스트칩	56

매출구성		비용구성		수출비중	
[CCTV]NVR	30.0	매출원가율	68.2	수출	45.9
[CCTV]IP Camera	25.9	판관비율	37.0	내수	54.1
기타	23.7				

회사 개요

1997년 설립된 동사는 CCTV카메라가 촬영한 영상을 디지털로 변환해 저장하는 디지털 영상 저장장치인 DVR(Digital Video Recorder)을 전문적으로 개발, 생산, 판매하는 DVR 전문기업임. 동사는 지주회사 아이디스홀딩스의 계열사 임. 코텍, 아이디피, Matrix Network Inc, 에치디프로 등 총 10개의 계열사를 두고 있음. 동사는 2013년 5월 IFSEC에서 자가브랜드를 런칭함.

실적 분석

동사의 2017년도 연결기준 누적매출액은 951.6억원으로 전년대비 9.1% 감소함. Brand 사업, SI사업의 매출은 증가하였으나 ODM(경비업체) 사업 부진에 기인함. 영업손실은 49.3억원을 기록하며 적자전환하였으나, 비영업수익이 흑자전환되면서 당기순이익은 95.2억원으로 흑자전환됨. 2017년 말 기준 국내 27거래선, 해외 135거래선을 확보하여 지속적인 성장을 추진하고 있음.

현금 흐름 〈단위 : 억원〉

항목	2016	2017
영업활동	182	22
투자활동	-266	187
재무활동	-7	-30
순현금흐름	-92	177
기말현금	252	429

시장 대비 수익률

결산 실적 〈단위 : 억원〉

항목	2012	2013	2014	2015	2016	2017
매출액	1,524	1,176	1,174	1,466	1,047	952
영업이익	319	196	93	136	23	-49
당기순이익	254	201	105	129	-80	95

분기 실적 〈단위 : 억원〉

항목	2016.3Q	2016.4Q	2017.1Q	2017.2Q	2017.3Q	2017.4Q
매출액	244	245	248	267	208	228
영업이익	-4	-10	-1	7	-21	-34
당기순이익	-14	-94	-9	120	-9	-6

재무 상태 〈단위 : 억원〉

항목	2012	2013	2014	2015	2016	2017
총자산	1,239	1,460	1,560	2,013	1,851	1,633
유형자산	100	114	154	222	232	128
무형자산	92	90	78	170	103	102
유가증권	18	15	122	73	63	52
총부채	351	108	137	231	188	113
총차입금	180	—	—	16	46	—
자본금	16	54	54	54	54	54
총자본	888	1,352	1,422	1,781	1,663	1,519
지배주주지분	888	1,352	1,422	1,523	1,447	1,519

기업가치 지표

항목	2012	2013	2014	2015	2016	2017
주가(최고/저)(천원)	21.5/9.4	24.9/13.9	19.8/10.6	19.4/11.4	18.2/8.8	10.1/6.7
PER(최고/저)(배)	8.8/3.9	14.2/7.9	22.0/11.8	17.2/10.0	—/—	11.2/7.4
PBR(최고/저)(배)	2.5/1.1	2.2/1.2	1.6/0.9	1.5/0.9	1.4/0.7	0.7/0.5
EV/EBITDA(배)	5.8	4.6	4.5	7.1	3.6	—
EPS(원)	2,721	1,956	982	1,205	-373	927
BPS(원)	28,599	12,620	13,275	14,211	13,503	14,262
CFPS(원)	9,462	2,525	1,593	1,772	372	1,602
DPS(원)	450	350	300	300	200	200
EBITDAPS(원)	11,553	2,478	1,476	1,832	957	215

재무 비율 〈단위 : %〉

연도	영업이익률	순이익률	부채비율	차입금비율	ROA	ROE	유보율	자기자본비율	EBITDA마진율
2017	-5.2	10.0	7.5	0.0	5.5	6.7	2,752.5	93.1	2.4
2016	2.2	-7.7	11.3	2.7	-4.2	-2.7	2,600.6	89.9	9.8
2015	9.3	8.8	13.0	0.9	7.2	8.8	2,742.2	88.5	13.4
2014	7.9	9.0	9.7	0.0	7.0	7.6	2,555.0	91.2	13.5

아이디스홀딩스 (A054800)

IDIS Holdings

업 종 : 보안장비
신용등급 : (Bond) — (CP) —
홈페이지 : www.idisholdings.co.kr
본 사 : 대전시 유성구 테크노3로 8-10 (관평동)

시 장 : KOSDAQ
기업규모 : 벤처
연 락 처 : 042)930-9660

설 립 일	1997.09.24	**종업원수**	12명	**대 표 이 사**	김영달
상 장 일	2001.09.27	**감사의견**	적정(한울)	**계 열**	
결 산 기	12월	**보 통 주**		**종속회사수**	6개사
액 면 가	500원	**우 선 주**		**구 상 호**	

주주구성 (지분율,%)		출자관계 (지분율,%)		주요경쟁사 (외형,%)	
김영달	31.2	아이디피	61.6	아이디스홀딩스	100
엔엑스씨	24.8	아이디스	44.2	현대통신	27
(외국인)	7.6	빅솔론	40.7	넥스트칩	12

매출구성		비용구성		수출비중	
TFT-LCD모니터	65.6	매출원가율	75.8	수출	—
DVR 외	14.9	판관비율	16.8	내수	—
NVR	7.3				

회사 개요

동사는 1997년 9월 24일에 영상기기 개발, 제조 및 판매사업 등을 영위할 목적으로 설립된 아이디스에서 2011년 7월 1일을 분할기일로 투자사업부문을 담당하는 분할존속회사이자 지주회사인 아이디스홀딩스로 상호변경함. 동사는 CCTV에 전반적인 주요제품들을 전문적으로 개발, 생산, 판매하는 영상보안 통합솔루션 회사임. 동사를 제외한 9개의 계열사를 가지고 있으며, 아이디스 등 총 3개의 연결대상 자회사가 있음.

실적 분석

동사의 2017년 연결 기준 연간 누적 매출액은 4382.2억원으로 전년 동기 대비 5.2% 증가함. 매출은 증가했지만 매출증가율 대비 매출원가 증가율이 높아 원가 부담이 늘어나면서 영업이익은 전년 동기 대비 6.8% 감소한 322.4억원을 기록함. 비영업손익 부문에서 관련기업투자 이익으로 흑자 전환에 성공하면서 당기순이익은 전년 동기 대비 48% 증가한 308.7억원을 시현함.

현금 흐름

<단위 : 억원>

항목	2016	2017
영업활동	438	335
투자활동	-406	-1,242
재무활동	-115	840
순현금흐름	-80	522
기말현금	918	1,439

시장 대비 수익률

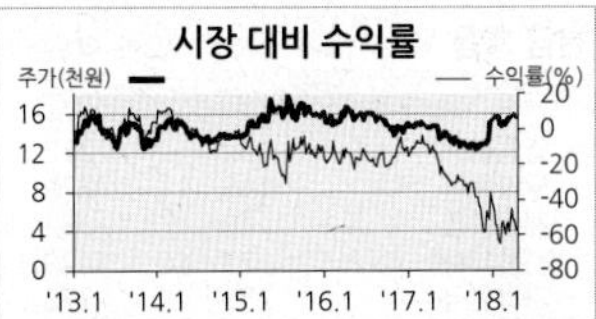

결산 실적

<단위 : 억원>

항목	2012	2013	2014	2015	2016	2017
매출액	1,664	3,000	2,778	3,991	4,164	4,382
영업이익	253	412	144	404	346	322
당기순이익	223	305	-337	377	209	309

분기 실적

<단위 : 억원>

항목	2016.3Q	2016.4Q	2017.1Q	2017.2Q	2017.3Q	2017.4Q
매출액	1,094	1,180	861	1,028	1,207	1,287
영업이익	99	77	52	82	117	71
당기순이익	136	-79	-9	200	110	8

재무 상태

<단위 : 억원>

항목	2012	2013	2014	2015	2016	2017
총자산	5,004	5,132	4,543	5,440	5,542	7,747
유형자산	576	588	625	694	726	774
무형자산	1,506	1,386	738	778	548	1,121
유가증권	155	147	446	188	230	547
총부채	1,095	792	623	745	779	2,014
총차입금	476	259	171	163	187	1,098
자본금	52	52	52	52	52	52
총자본	3,910	4,340	3,920	4,695	4,763	5,733
지배주주지분	1,809	1,902	1,672	1,817	1,816	1,994

기업가치 지표

항목	2012	2013	2014	2015	2016	2017
주가(최고/저)(천원)	13.4/8.6	16.0/12.3	16.0/12.4	17.9/13.6	16.6/13.4	15.4/12.1
PER(최고/저)(배)	12.0/7.7	18.2/14.0	—/—	12.3/9.4	104.6/84.6	13.6/10.9
PBR(최고/저)(배)	0.7/0.5	0.8/0.6	0.9/0.7	1.0/0.7	0.9/0.7	0.8/0.6
EV/EBITDA(배)	8.7	5.1	8.9	5.7	5.7	7.9
EPS(원)	1,170	913	-2,066	1,493	162	1,129
BPS(원)	18,883	19,778	17,554	18,960	18,949	20,665
CFPS(원)	2,066	2,466	-387	2,878	1,627	2,466
DPS(원)	50	50	100	150	150	150
EBITDAPS(원)	3,660	5,537	3,074	5,286	4,806	4,452

재무 비율

<단위 : %>

연도	영업이익률	순이익률	부채비율	차입금비율	ROA	ROE	유보율	자기자본비율	EBITDA마진율
2017	7.4	7.0	35.1	19.2	4.7	6.1	4,033.0	74.0	10.5
2016	8.3	5.0	16.4	3.9	3.8	0.9	3,689.8	86.0	11.9
2015	10.1	9.4	15.9	3.5	7.6	8.9	3,692.0	86.3	13.7
2014	5.2	-12.1	15.9	4.4	-7.0	-12.0	3,410.8	86.3	11.5

아이리버 (A060570)

Iriver

업 종 : 컴퓨터 및 주변기기
신용등급 : (Bond) — (CP) —
홈페이지 : www.iriver.co.kr
본 사 : 서울시 서초구 방배로 18길 5 (아이리버하우스)

시 장 : KOSDAQ
기업규모 : 중견
연 락 처 : 02)3019-1700

설 립 일	1999.01.20	**종업원수**	154명	**대 표 이 사**	이정호
상 장 일	2003.12.19	**감사의견**	적정(삼정)	**계 열**	
결 산 기	12월	**보 통 주**		**종속회사수**	5개사
액 면 가	500원	**우 선 주**		**구 상 호**	

주주구성 (지분율,%)		출자관계 (지분율,%)		주요경쟁사 (외형,%)	
에스케이텔레콤	45.9	그루버스	44.2	아이리버	100
에스.엠.엔터테인먼트	17.2	S.M.LIFEDESIGNCOMPANYJAPAN	100.0	엠젠플러스	78
(외국인)	4.2	iriverEnterprise	100.0	제이씨현시스템	410

매출구성		비용구성		수출비중	
[제품]MP3/4 플레이어등	46.8	매출원가율	78.0	수출	48.6
[상품]기타	25.0	판관비율	33.5	내수	51.4
기타 외	12.2				

회사 개요

동사는 1999년 설립되어 음악 파일을 플래시메모리, 하드디스크 등의 저장매체에 저장하여 휴대하면서 음악을 들을 수 있는 오디오 기기인 MP3 플레이어를 동사의 주요제품으로 생산 및 판매하여 한때 세계 시장의 25%를 점유하였으나, 스마트폰 대중화로 인해 위기를 맞음. 2012년 휴대용 고음질 재생 플레이어 시장에 아스텔앤컨을 출시하면서 고급형 음향 시장에서 선전하고 있음.

실적 분석

동사의 2017년 전체 매출은 694.5억원으로 전년대비 32.7% 증가, 영업이익은 -79.6억원으로 적자지속, 당기순이익은 -140.9억원으로 적자지속 시현. 블랭크 등 액세서리 등 매출 증가로 전체 외형 성장세는 높았음. 다만 원가율 상승으로 수익성은 적자 지속. 동사는 2014년 SK그룹에 인수된 이후 SK텔레콤과 시너지 효과를 모색 중. SK텔레콤의 음성인식 기반 AI(인공지능) 스피커 '누구' 제조를 담당하며 매출 증가 시현 중.

현금 흐름

<단위 : 억원>

항목	2016	2017
영업활동	41	-76
투자활동	-40	-450
재무활동	—	650
순현금흐름	-4	120
기말현금	109	229

시장 대비 수익률

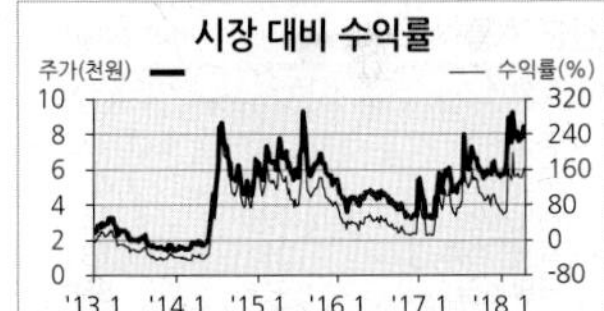

결산 실적

<단위 : 억원>

항목	2012	2013	2014	2015	2016	2017
매출액	969	694	532	556	523	695
영업이익	-105	-80	15	3	-94	-80
당기순이익	-98	-84	23	6	-100	-141

분기 실적

<단위 : 억원>

항목	2016.3Q	2016.4Q	2017.1Q	2017.2Q	2017.3Q	2017.4Q
매출액	134	115	118	126	212	239
영업이익	-20	-49	-12	-16	-10	-41
당기순이익	-33	-35	-46	-19	-12	-64

재무 상태

<단위 : 억원>

항목	2012	2013	2014	2015	2016	2017
총자산	574	314	619	604	501	1,309
유형자산	29	13	10	39	35	12
무형자산	13	20	28	51	46	528
유가증권	0	0	0	0	—	200
총부채	316	130	144	124	119	172
총차입금	50	24	40	43	46	48
자본금	129	129	155	155	155	238
총자본	258	184	476	481	381	1,137
지배주주지분	258	184	476	481	381	1,137

기업가치 지표

항목	2012	2013	2014	2015	2016	2017
주가(최고/저)(천원)	3.0/1.7	3.3/1.5	8.7/1.5	9.6/4.9	5.4/3.2	8.1/3.2
PER(최고/저)(배)	—/—	—/—	95.6/16.0	471.2/239.3	—/—	—/—
PBR(최고/저)(배)	3.0/1.7	4.7/2.0	5.7/1.0	6.2/3.2	4.4/2.6	3.4/1.4
EV/EBITDA(배)	—	—	45.1	55.7	—	—
EPS(원)	-379	-325	90	20	-321	-389
BPS(원)	998	711	1,532	1,545	1,226	2,391
CFPS(원)	-277	-258	156	104	-203	-295
DPS(원)	—	—	—	—	—	—
EBITDAPS(원)	-304	-242	123	93	-186	-126

재무 비율

<단위 : %>

연도	영업이익률	순이익률	부채비율	차입금비율	ROA	ROE	유보율	자기자본비율	EBITDA마진율
2017	-11.5	-20.3	15.1	4.2	-15.6	-18.6	378.2	86.9	-6.6
2016	-18.0	-19.1	31.3	12.2	-18.1	-23.2	145.3	76.2	-11.0
2015	0.5	1.1	25.8	9.0	1.0	1.3	209.1	79.5	5.2
2014	2.8	4.4	30.3	8.4	5.0	7.2	206.3	76.8	6.0

아이마켓코리아 (A122900)

iMarketKorea

업　　종 : 상업서비스　　시　　장 : 거래소
신용등급 : (Bond) 一　(CP) 一　　기업규모 : 시가총액 소형주
홈페이지 : www.imarketkorea.com　　연 락 처 : 02)3708-5678
본　　사 : 서울시 강남구 삼성로 512, 16층(삼성동, 삼성동빌딩)

설립일	2000.12.08	**종업원수**	479명	**대표이사**	김규일
상장일	2010.07.30	**감사의견**	적정(삼정)	**계열**	
결산기	12월	**보통주**		**종속회사수**	16개사
액면가	500원	**우선주**		**구상호**	

주주구성 (지분율,%)		출자관계 (지분율,%)		주요경쟁사 (외형,%)	
인터파크	40.0	인터파크아이마켓	100.0	아이마켓코리아	100
베어링자산운용	7.2	가디언	100.0	NICE평가정보	12
(외국인)	18.7	인터파크로지스틱스	100.0	나이스정보통신	12

매출구성		비용구성		수출비중	
[(주)아이마켓코리아]자동화기기, 설비기기 등(	78.9	매출원가율	95.0	수출	—
[(주)안연케어]의약품 물류서비스(기타)	9.3	판관비율	3.9	내수	—
[iMarketVietnam co., Ltd.]산업자재 등(상품)	4.7				

회사 개요

동사는 산업재 B2B 전자상거래를 목적으로 2000년 12월 설립됨. 2000년대 초반부터 현재까지 소모성자재를 주요 품목으로 하고 있으나, 점차 IT, 건자재, 원자재, 부자재, 설비, 서비스 등으로 품목을 확대해 가고 있음. MRO 시장에서 동사의 시장점유율은 약 13% 정도임. 현재 4개의 해외법인을 설립 및 운영하고 있음. 전략 고객사에 대한 서비스를 강화해 전략 고객사 매출을 꾸준히 확대하고 있음. 연평균 8% 성장세를 보임.

실적 분석

동사의 2017년 결사 매출액은 전년 동기(3조 4000억원) 대비 9.4% 감소한 3조804.5억원을 기록하였음. 외형 축소에 따라 영업이익은 전년보다 43.8% 줄어든 339.8억원을 달성함. 저마진 품목군인 설비 등의 매출 증가와 상대적 고마진 품목군인 소모성 자재 등의 매출 감소 영향으로 전체 마진율이 감소함. 단 헬스케어 사업분야인 안연케어에서 견고한 매출 성장이 지속되고 있으며 베트남 해외법인은 전년 대비 20% 성장함.

현금 흐름

〈단위 : 억원〉

항목	2016	2017
영업활동	1,225	1,735
투자활동	-674	-1,257
재무활동	-320	-336
순현금흐름	231	133
기말현금	726	859

시장 대비 수익률

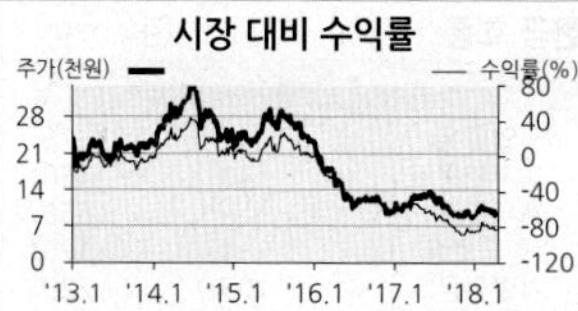

결산 실적

〈단위 : 억원〉

항목	2012	2013	2014	2015	2016	2017
매출액	20,455	24,968	27,338	31,439	34,000	30,805
영업이익	473	495	568	637	605	340
당기순이익	386	386	441	496	356	157

분기 실적

〈단위 : 억원〉

항목	2016.3Q	2016.4Q	2017.1Q	2017.2Q	2017.3Q	2017.4Q
매출액	8,080	10,800	7,884	7,948	7,692	7,281
영업이익	116	237	119	89	63	69
당기순이익	91	98	86	61	44	-35

재무 상태

〈단위 : 억원〉

항목	2012	2013	2014	2015	2016	2017
총자산	6,833	7,917	10,905	12,663	13,341	10,869
유형자산	123	112	112	114	100	110
무형자산	311	306	1,923	2,115	1,974	1,839
유가증권	7	33	88	91	130	141
총부채	3,673	4,469	6,574	8,173	8,766	6,465
총차입금	61	186	117	183	157	148
자본금	182	182	182	182	182	182
총자본	3,160	3,448	4,331	4,490	4,575	4,405
지배주주지분	3,178	3,468	3,700	3,831	3,920	3,785

기업가치 지표

항목	2012	2013	2014	2015	2016	2017
주가(최고/저)(천원)	25.1/13.5	24.4/18.1	35.7/21.6	29.5/22.0	23.5/9.3	13.8/8.7
PER(최고/저)(배)	26.6/14.5	25.6/19.1	35.7/21.6	28.1/21.0	35.0/13.8	67.0/41.5
PBR(최고/저)(배)	3.2/1.8	2.9/2.1	3.8/2.3	2.9/2.2	2.2/0.9	1.3/0.8
EV/EBITDA(배)	19.8	15.9	13.1	11.6	4.1	2.5
EPS(원)	1,073	1,080	1,125	1,157	728	214
BPS(원)	8,843	9,648	10,554	11,212	11,467	11,225
CFPS(원)	1,182	1,256	1,532	1,616	1,136	625
DPS(원)	250	250	500	500	450	350
EBITDAPS(원)	1,426	1,553	1,988	2,231	2,092	1,356

재무 비율

〈단위 : %〉

연도	영업이익률	순이익률	부채비율	차입금비율	ROA	ROE	유보율	자기자본비율	EBITDA마진율
2017	1.1	0.5	146.8	3.4	1.3	2.0	2,120.9	40.5	1.6
2016	1.8	1.1	191.6	3.4	2.7	6.8	2,168.8	34.3	2.2
2015	2.0	1.6	182.0	4.1	4.2	11.1	2,118.4	35.5	2.6
2014	2.1	1.6	151.8	2.7	4.7	11.3	1,988.1	39.7	2.6

아이센스 (A099190)

i-SENS

업　　종 : 의료 장비 및 서비스　　시　　장 : KOSDAQ
신용등급 : (Bond) 一　(CP) 一　　기업규모 : 우량
홈페이지 : www.i-sens.co.kr　　연 락 처 : 02)916-6191
본　　사 : 서울시 서초구 반포대로 28길 43

설립일	2000.05.04	**종업원수**	660명	**대표이사**	차근식
상장일	2013.01.30	**감사의견**	적정(삼일)	**계열**	
결산기	12월	**보통주**		**종속회사수**	11개사
액면가	500원	**우선주**		**구상호**	

주주구성 (지분율,%)		출자관계 (지분율,%)		주요경쟁사 (외형,%)	
차근식	16.4	아이센스비즈	91.4	아이센스	100
ARKRAY, INC.	10.4	프리시젼바이오	44.0	차바이오텍	267
(외국인)	39.1	아람바이오시스템	15.3	인바디	59

매출구성		비용구성		수출비중	
혈당측정기 및 스트립	94.5	매출원가율	55.9	수출	81.4
전해질 분석기 및 카트리지	4.5	판관비율	29.6	내수	18.6
연구용역 외	0.5				

회사 개요

동사는 2000년 5월 설립되어 전기화학기술과 바이오센서 기술을 바탕으로 의료, 환경, 산업용 센서 및 계측기를 개발, 제조하고 있음. 현재 주요 사업 부문으로는 당뇨병 환자 및 정상인 누구나 자신의 혈당 수치를 자기가 직접 측정할 수 있게 해주는 자가혈당측정기와 혈액 내 전해질 및 가스의 농도를 측정할 수 있는 병원 진단용 장비인 혈액 분석기 부문으로 구성되어 있음. 미국, 중국, 홍콩, 멕시코 등 해외 7개국에 현지법인이 있음.

실적 분석

동사의 연결기준 2017년 연간 누적 매출액은 당분기 신규매출로 기록된 혈액응고 측정기 및 스트립이 78.1억원의 매출을 시현하며 전년동기 대비 18.5% 증가한 1,569.6억원을 기록함. 하지만 인건비 등 판관비의 증가로 영업이익은 전년동기 대비 11.5% 감소한 227.6억원을 기록함. 비영업손익은 적자를 지속하며 당기순이익은 전년동기 대비 13.7% 감소한 151.4억원을 기록함.

현금 흐름

〈단위 : 억원〉

항목	2016	2017
영업활동	122	222
투자활동	-145	-278
재무활동	40	82
순현금흐름	23	20
기말현금	255	275

시장 대비 수익률

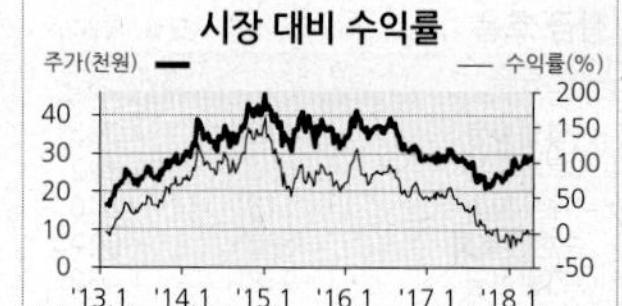

결산 실적

〈단위 : 억원〉

항목	2012	2013	2014	2015	2016	2017
매출액	665	829	956	1,019	1,325	1,570
영업이익	79	186	181	194	257	228
당기순이익	87	186	143	145	175	151

분기 실적

〈단위 : 억원〉

항목	2016.3Q	2016.4Q	2017.1Q	2017.2Q	2017.3Q	2017.4Q
매출액	335	373	360	373	401	435
영업이익	69	66	53	56	49	69
당기순이익	51	51	20	47	34	51

재무 상태

〈단위 : 억원〉

항목	2012	2013	2014	2015	2016	2017
총자산	920	1,414	1,635	1,798	2,151	2,341
유형자산	520	524	647	723	806	987
무형자산	20	37	35	17	213	193
유가증권	10	13	22	30	25	24
총부채	236	371	447	476	628	689
총차입금	141	228	297	284	368	427
자본금	40	45	45	69	69	69
총자본	684	1,043	1,188	1,322	1,522	1,652
지배주주지분	684	1,031	1,176	1,320	1,497	1,628

기업가치 지표

항목	2012	2013	2014	2015	2016	2017
주가(최고/저)(천원)	—/—	29.6/15.4	44.0/27.9	46.0/28.2	41.6/26.8	31.3/20.7
PER(최고/저)(배)	0.0/0.0	21.5/11.2	41.7/26.4	43.1/26.4	32.8/21.1	27.4/18.1
PBR(최고/저)(배)	0.0/0.0	3.9/2.0	5.1/3.3	4.8/3.0	3.8/2.5	2.7/1.8
EV/EBITDA(배)	0.8	15.5	23.1	17.3	13.2	12.2
EPS(원)	725	1,389	1,063	1,077	1,280	1,146
BPS(원)	8,481	11,391	12,925	9,629	10,911	11,856
CFPS(원)	1,741	2,786	2,358	1,632	1,705	1,674
DPS(원)	—	—	—	—	100	100
EBITDAPS(원)	1,640	2,777	2,761	1,976	2,298	2,186

재무 비율

〈단위 : %〉

연도	영업이익률	순이익률	부채비율	차입금비율	ROA	ROE	유보율	자기자본비율	EBITDA마진율
2017	14.5	9.7	41.7	25.9	6.7	10.1	2,271.1	70.6	19.1
2016	19.4	13.2	41.3	24.2	8.9	12.5	2,082.1	70.8	23.8
2015	19.1	14.2	36.0	21.5	8.4	11.8	1,825.8	73.5	26.5
2014	19.0	15.0	37.6	25.0	9.4	13.1	2,485.0	72.7	26.2

아이쓰리시스템 (A214430)

i3system

업 종 : 통신장비 | 시 장 : KOSDAQ
신용등급 : (Bond) — (CP) — | 기업규모 : 벤처
홈페이지 : www.i3system.com | 연 락 처 : 070)7784-2506
본 사 : 대전시 유성구 테크노5로 69 (관평동)

설 립 일	1998.07.11	**종업원수**	340명	**대표이사**	정한
상 장 일	2015.07.30	**감사의견**	적정(한영)	**계 열**	
결 산 기	12월	**보 통 주**		**종속회사수**	1개사
액 면 가	500원	**우 선 주**		**구 상 호**	

주주구성 (지분율,%)		출자관계 (지분율,%)		주요경쟁사 (외형,%)	
정한	37.9	아이투브이	100.0	아이쓰리시스템	100
안성준	1.1	캔티스	14.6	유비쿼스홀딩스	11
(외국인)	2.6	대덕밸리	6.6	웨이브일렉트로	79

매출구성		비용구성		수출비중	
적외선 영상센서	86.6	매출원가율	75.9	수출	28.5
엑스레이 영상센서	7.6	판관비율	10.9	내수	71.5
기타	5.0				

회사 개요

동사는 1998년 7월 11일에 설립되어 2015년에 코스닥 시장에 주식을 상장하였음. 국내 유일의 적외선 영상분야 방산업체로서, 적외선, X-RAY 등 영상센서 및 이를 장착한 전자제품의 개발, 제조, 판매를 주요사업으로 영위하고 있음. 대전시에 본점과 사업장, 기업부설연구소를 두고 있으며, 2003년 상호를 한꿈엔지니어링 주식회사에서 현재의 상호로 변경함. 센서개발 제조업을 영위하는 아이투브이를 연결대상 종속법인으로 보유하고 있음.

실적 분석

동사의 2017년 연간 매출액은 전년동기대비 36.2% 상승한 696.1억원을 기록하였음. 비용면에서 전년동기대비 매출원가는 증가 하였으며 인건비도 증가, 기타판매비와관리비는 증가함. 이와 같이 상승한 매출액 만큼 비용증가도 있었으나 매출액의 더 큰 상승에 힘입어 최종적으로 전년동기대비 당기순이익은 상승하여 93.6억원을 기록함. 비영업손익부분의 적자전환은 지켜봐야할 것으로 판단.

현금 흐름 〈단위 : 억원〉

항목	2016	2017
영업활동	41	107
투자활동	-0	-37
재무활동	-36	-13
순현금흐름	5	54
기말현금	104	158

시장 대비 수익률

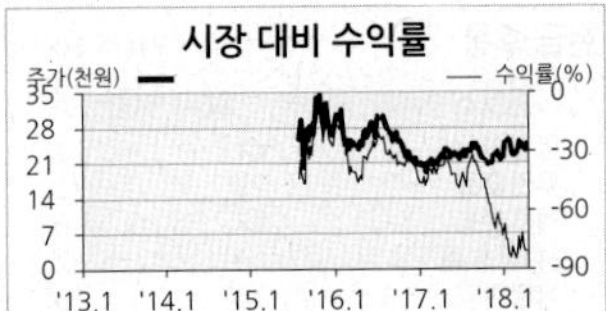

결산 실적 〈단위 : 억원〉

항목	2012	2013	2014	2015	2016	2017
매출액	224	258	309	390	511	696
영업이익	20	25	47	51	60	92
당기순이익	17	28	53	65	74	94

분기 실적 〈단위 : 억원〉

항목	2016.3Q	2016.4Q	2017.1Q	2017.2Q	2017.3Q	2017.4Q
매출액	127	157	132	195	164	205
영업이익	15	16	15	27	23	26
당기순이익	15	24	12	27	27	28

재무 상태 〈단위 : 억원〉

항목	2012	2013	2014	2015	2016	2017
총자산	282	415	462	715	765	855
유형자산	100	133	178	186	303	306
무형자산	39	37	27	17	8	5
유가증권	5	13	28	10	7	7
총부채	108	259	243	205	211	218
총차입금	70	146	163	98	87	80
자본금	6	14	14	17	17	35
총자본	174	155	218	509	555	637
지배주주지분	174	155	218	509	555	637

기업가치 지표

항목	2012	2013	2014	2015	2016	2017
주가(최고/저)(천원)	—/—	—/—	—/—	34.8/18.9	31.7/19.9	25.7/19.2
PER(최고/저)(배)	0.0/0.0	0.0/0.0	0.0/0.0	32.8/17.8	29.4/18.4	18.8/14.1
PBR(최고/저)(배)	0.0/0.0	0.0/0.0	0.0/0.0	4.7/2.5	3.8/2.4	2.7/2.1
EV/EBITDA(배)	1.1	1.2	1.4	21.7	14.7	10.2
EPS(원)	354	572	1,088	1,096	1,106	1,381
BPS(원)	155,420	55,389	7,796	15,354	16,885	9,508
CFPS(원)	36,105	20,143	3,523	3,207	3,195	2,093
DPS(원)	—	—	—	400	450	270
EBITDAPS(원)	39,171	19,276	3,278	2,751	2,805	2,073

재무 비율 〈단위 : %〉

연도	영업이익률	순이익률	부채비율	차입금비율	ROA	ROE	유보율	자기자본비율	EBITDA마진율
2017	13.3	13.5	34.3	12.6	11.6	15.7	1,786.5	74.5	20.2
2016	11.8	14.4	38.0	15.8	9.9	13.8	3,223.3	72.5	18.3
2015	13.1	16.7	40.3	19.2	11.1	17.9	2,921.1	71.3	21.4
2014	15.1	17.0	111.3	74.8	12.0	28.2	1,429.4	47.3	26.0

아이씨디 (A040910)

Innovation for Creative Devices

업 종 : 디스플레이 및 관련부품 | 시 장 : KOSDAQ
신용등급 : (Bond) — (CP) — | 기업규모 : 중견
홈페이지 : www.icd.co.kr | 연 락 처 : 031)678-3333
본 사 : 경기도 안성시 대덕면 만세로 274

설 립 일	2000.02.26	**종업원수**	390명	**대표이사**	이승호
상 장 일	2011.08.03	**감사의견**	적정(성지)	**계 열**	
결 산 기	12월	**보 통 주**		**종속회사수**	1개사
액 면 가	500원	**우 선 주**		**구 상 호**	

주주구성 (지분율,%)		출자관계 (지분율,%)		주요경쟁사 (외형,%)	
이승호	25.5			아이씨디	100
KB자산운용	4.0			HB테크놀러지	91
(외국인)	6.3			동아엘텍	80

매출구성		비용구성		수출비중	
HDP Etcher	65.5	매출원가율	82.1	수출	59.2
CVD, 증착기, 증착전 Asher	31.7	판관비율	5.9	내수	40.8
Parts 매출	2.1				

회사 개요

동사는 LCD, 반도체 및 평판 디스플레이(AM-OLED, TFT-LCD등) 장비 제조를 주 사업으로 영위하고 있음. 5.5세대 AMOLED 고밀도플라즈마식각장비(HDP Etcher)를 세계 최초로 개발하여 SMD(삼성모바일디스플레이)에 독점으로 공급하고 있음. AM-OLED 패널은 스마트폰, 태블릿 PC등 전자기기의 화면 표시장치로 사용되는 고급 디스플레이임.

실적 분석

동사의 2017년 연결기준 결산 누적 매출액은 3,118.5억원으로 전년동기 대비 35.1%의 높은 증가세를 보임. 매출이 늘면서 매출원가가 큰 폭으로 늘었지만 워낙 매출 증가율이 높았던 만큼 고정 비용 감소로 인해 영업이익은 372.8억원으로 전년동기 대비 131.1% 증가했음. 그러나 비영업손익 부문에서는 81.3억원의 손실을 기록함에 따라 이익 폭이 감소되어 당기순이익은 248.9억원을 기록했음.

현금 흐름 〈단위 : 억원〉

항목	2016	2017
영업활동	-91	-115
투자활동	-313	28
재무활동	512	70
순현금흐름	106	-18
기말현금	181	163

시장 대비 수익률

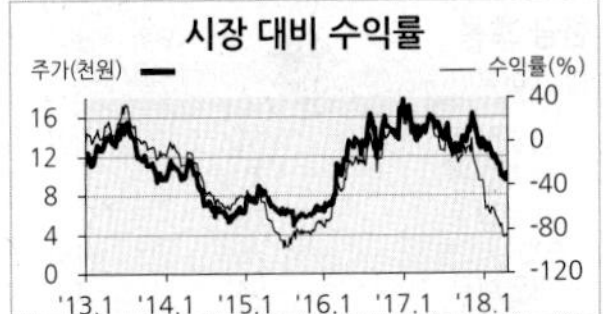

결산 실적 〈단위 : 억원〉

항목	2012	2013	2014	2015	2016	2017
매출액	812	810	76	239	2,309	3,118
영업이익	130	91	-146	-70	161	373
당기순이익	96	72	-111	-47	104	249

분기 실적 〈단위 : 억원〉

항목	2016.3Q	2016.4Q	2017.1Q	2017.2Q	2017.3Q	2017.4Q
매출액	846	819	1,174	841	669	434
영업이익	94	72	133	84	131	24
당기순이익	67	40	81	63	90	16

재무 상태 〈단위 : 억원〉

항목	2012	2013	2014	2015	2016	2017
총자산	1,177	1,243	1,119	1,083	2,412	2,379
유형자산	359	402	469	405	529	517
무형자산	70	138	125	201	298	279
유가증권	—	52	52	54	3	3
총부채	201	189	180	203	1,285	1,021
총차입금	55	44	31	53	452	537
자본금	78	80	82	82	82	83
총자본	976	1,054	939	880	1,127	1,358
지배주주지분	976	1,054	939	880	1,127	1,358

기업가치 지표

항목	2012	2013	2014	2015	2016	2017
주가(최고/저)(천원)	31.4/12.1	15.6/10.3	11.9/5.8	9.4/4.5	17.8/6.4	17.6/12.3
PER(최고/저)(배)	52.2/20.1	35.4/23.3	—/—	—/—	28.5/10.4	11.9/8.3
PBR(최고/저)(배)	5.0/1.9	2.4/1.6	2.1/1.0	1.7/0.8	2.5/0.9	2.1/1.5
EV/EBITDA(배)	12.7	14.0	—	—	15.0	6.1
EPS(원)	621	454	-686	-289	629	1,496
BPS(원)	6,434	6,733	5,984	5,625	7,124	8,426
CFPS(원)	793	650	-462	-15	911	1,858
DPS(원)	—	—	100	—	100	150
EBITDAPS(원)	1,013	766	-675	-152	1,263	2,602

재무 비율 〈단위 : %〉

연도	영업이익률	순이익률	부채비율	차입금비율	ROA	ROE	유보율	자기자본비율	EBITDA마진율
2017	12.0	8.0	75.2	39.6	10.4	20.0	1,585.2	57.1	13.9
2016	7.0	4.5	114.0	40.1	5.7	10.2	1,324.8	46.7	9.0
2015	-29.3	-19.9	23.0	6.0	-4.3	-5.2	1,025.0	81.3	-10.5
2014	-193.2	-147.4	19.2	3.3	-9.4	-11.2	1,096.8	83.9	-145.1

아이씨케이 (A068940)

ICK

업　　종 : 상업서비스
신용등급 : (Bond) —　(CP) —
홈페이지 : www.cardnsoft.com
본　　사 : 대구시 달서구 호산동로7길 17(호림동)

시　　장 : KOSDAQ
기업규모 : 중견
연 락 처 : 053)592-3433

설 립 일	1998.11.10	**종업원수**	96명	**대 표 이 사**	김남주
상 장 일	2010.10.19	**감사의견**	적정(안경)	**계　　열**	
결 산 기	12월	**보 통 주**		**종속회사수**	2개사
액 면 가	200원	**우 선 주**		**구 상 호**	

주주구성 (지분율,%)		출자관계 (지분율,%)		주요경쟁사 (외형,%)	
김남주	23.4	시큐어플랫폼즈테크놀러지	12.9	아이씨케이	100
한국증권금융	4.7	한국스마트카드	0.1	SCI평가정보	157
(외국인)	4.1	ICKJAPAN	40.0	한네트	102

매출구성		비용구성		수출비중	
Card(제품)	97.1	매출원가율	77.3	수출	4.8
Service(기타)	2.7	판관비율	49.4	내수	95.2
자재(상품)	0.2				

회사 개요

동사는 비자, 마스터카드, JCB, 유니온페이, AMEX, 금융결제원 등의 제조인증을 받아 전자화폐 신용카드를 제조해 금융사와 신용카드사 등으로 판매, 납품하는 업체임. 스마트카드의 핵심 영역인 칩 부분에서 세계 1위 제말토와의 협력관계를 통해 COS 분야에 진출하는 등 스마트카드 수직계열화를 통하여 경쟁력을 강화하고 있음. 현재 동사의 시장 점유율은 상위권임. 2017년 8월 주식분할이 결정됨.

실적 분석

동사의 2017년 연간 매출액은 271.9억원으로 전년 246.6억원) 대비 10.3% 증가함. 다만 매출원가가 더 큰폭으로 상승하고 판관비가 전년보다 120.1% 급증하면서 영업손실 72.6억원을 기록, 적자전환함. 실적 악화에 금융손실, 외환손실 등 비영업 부문 손실도 불어나며 97.4억원의 당기순손실을 기록하였음. 지속적인 해외 영업활동과 해외 신규시장 개척을 위해 호주 현지법인 설립 추진 중임.

현금 흐름 <단위 : 억원>

항목	2016	2017
영업활동	14	-30
투자활동	35	-3
재무활동	22	-13
순현금흐름	76	-46
기말현금	94	48

시장 대비 수익률

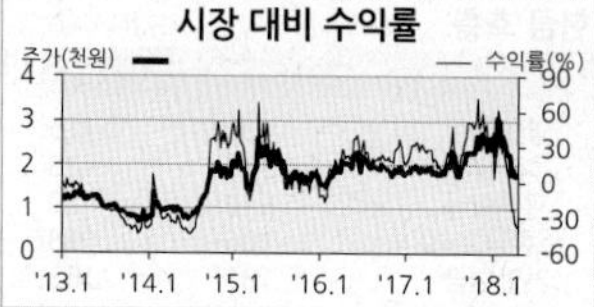

결산 실적 <단위 : 억원>

항목	2012	2013	2014	2015	2016	2017
매출액	466	337	253	299	247	272
영업이익	65	4	-21	1	2	-73
당기순이익	53	5	-17	6	2	-97

분기 실적 <단위 : 억원>

항목	2016.3Q	2016.4Q	2017.1Q	2017.2Q	2017.3Q	2017.4Q
매출액	55	56	69	75	59	69
영업이익	-3	-1	0	1	-4	-70
당기순이익	-5	1	-3	-2	-3	-90

재무 상태 <단위 : 억원>

항목	2012	2013	2014	2015	2016	2017
총자산	403	406	388	394	415	298
유형자산	78	79	73	71	68	68
무형자산	11	10	23	20	19	15
유가증권	20	21	1	1	1	1
총부채	102	101	105	105	133	126
총차입금	51	60	61	67	101	101
자본금	62	62	62	62	62	62
총자본	300	304	283	290	282	173
지배주주지분	300	304	283	290	282	173

기업가치 지표

항목	2012	2013	2014	2015	2016	2017
주가(최고/저)(천원)	4.5/2.4	3.4/1.8	5.1/1.9	6.8/3.5	5.7/3.7	2.8/1.8
PER(최고/저)(배)	10.4/5.6	93.6/48.7	—/—	134.9/69.1	283.9/182.1	—/—
PBR(최고/저)(배)	1.9/1.0	1.4/0.7	2.3/0.8	2.9/1.5	2.4/1.6	4.5/2.8
EV/EBITDA(배)	4.1	8.9	—	35.8	33.2	—
EPS(원)	174	15	-53	20	8	-312
BPS(원)	2,409	2,439	2,266	2,324	2,342	617
CFPS(원)	527	131	-42	153	127	-266
DPS(원)	—	—	—	—	—	—
EBITDAPS(원)	617	123	-77	113	120	-186

재무 비율 <단위 : %>

연도	영업이익률	순이익률	부채비율	차입금비율	ROA	ROE	유보율	자기자본비율	EBITDA마진율
2017	-26.7	-35.8	72.8	58.7	-27.3	-42.8	208.6	57.9	-21.4
2016	0.7	1.0	47.3	35.9	0.6	0.9	368.4	67.9	6.1
2015	0.5	2.1	36.1	23.2	1.6	2.2	364.8	73.5	4.7
2014	-8.3	-6.5	37.2	21.7	-4.2	-5.6	353.2	72.9	-3.8

아이앤씨테크놀로지 (A052860)

I&C Technology

업　　종 : 휴대폰 및 관련부품
신용등급 : (Bond) —　(CP) —
홈페이지 : www.inctech.co.kr
본　　사 : 경기도 성남시 분당구 판교로255번길 24 아이앤씨빌딩

시　　장 : KOSDAQ
기업규모 : 벤처
연 락 처 : 031)696-3300

설 립 일	1996.11.15	**종업원수**	88명	**대 표 이 사**	박창일
상 장 일	2009.10.06	**감사의견**	적정(한울)	**계　　열**	
결 산 기	12월	**보 통 주**		**종속회사수**	1개사
액 면 가	500원	**우 선 주**		**구 상 호**	

주주구성 (지분율,%)		출자관계 (지분율,%)		주요경쟁사 (외형,%)	
박창일	26.1	글로베인	70.6	아이앤씨	100
한국산업은행	1.5	슈프리마인베스트먼트창업투자조합	15.0	피델릭스	142
(외국인)	0.9			알에프세미	145

매출구성		비용구성		수출비중	
AMI용 PLC모뎀,DCU, 조명제어,모뎀 등(제품)	59.0	매출원가율	61.1	수출	20.7
기타	22.7	판관비율	22.7	내수	79.3
연구용역 등(기타)	9.1				

회사 개요

동사는 모바일 TV용 SOC 전문 제조업체로 지상파 DMB시장 점유율 80% 이상의 업계 1위 업체임. 주요제품인 Mobile TV IC등 제품 매출이 전체 매출에서 절대적인 비중을 차지하고 있음. 생산설비가 없는 팹리스 반도체 업체로 전량 외주 생산함. 지난해 6월 지식경제부가 추진하는 'IT 융복합 기기를 위한 핵심 시스템 반도체 개발'의 참여기업으로 선정되어 3년간 연구개발을 진행함.

실적 분석

동사의 2017년 전체 매출은 429억원으로 전년대비 41.7% 증가, 영업이익은 69.3억원으로 전년대비 1,345% 증가, 당기순이익은 62.6억원으로 전년대비 326.6% 증가 시현. 전방산업인 스마트폰 수요가 정체된 가운데 전략거래선내 점유율 증가, 신규 제품의 매출증가로 전체 외형은 높은 성장세를 시현. 외형증가로 고정비 부담 감소로 수익성 개선 폭은 높았던 것으로 분석.한국전력과 13.7억원 규모의 수주 계약 체결

현금 흐름 <단위 : 억원>

항목	2016	2017
영업활동	-61	71
투자활동	22	-73
재무활동	47	0
순현금흐름	9	-2
기말현금	14	13

시장 대비 수익률

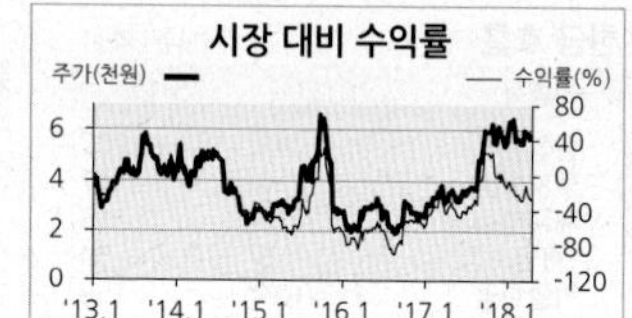

결산 실적 <단위 : 억원>

항목	2012	2013	2014	2015	2016	2017
매출액	167	73	53	96	303	429
영업이익	-29	-92	-117	-74	5	69
당기순이익	-89	-123	-155	-292	15	63

분기 실적 <단위 : 억원>

항목	2016.3Q	2016.4Q	2017.1Q	2017.2Q	2017.3Q	2017.4Q
매출액	49	186	47	88	119	175
영업이익	0	20	-9	15	18	45
당기순이익	18	2	-8	16	18	38

재무 상태 <단위 : 억원>

항목	2012	2013	2014	2015	2016	2017
총자산	853	852	720	548	594	621
유형자산	170	177	166	165	146	143
무형자산	148	190	245	107	86	123
유가증권	58	38	36	14	13	10
총부채	49	141	159	251	281	224
총차입금	—	72	95	140	183	161
자본금	69	69	69	73	73	76
총자본	804	711	560	297	314	397
지배주주지분	780	695	552	294	314	395

기업가치 지표

항목	2012	2013	2014	2015	2016	2017
주가(최고/저)(천원)	6.2/3.7	5.9/2.9	5.6/2.2	6.6/2.5	3.4/1.8	6.5/2.6
PER(최고/저)(배)	—/—	—/—	—/—	—/—	28.5/15.3	15.7/6.4
PBR(최고/저)(배)	1.0/0.6	1.1/0.5	1.3/0.5	2.8/1.1	1.4/0.7	2.2/0.9
EV/EBITDA(배)	—	—	—	—	19.5	10.6
EPS(원)	-603	-857	-1,073	-2,010	120	412
BPS(원)	6,025	5,390	4,351	2,359	2,495	2,923
CFPS(원)	-446	-664	-868	-1,917	270	554
DPS(원)	—	—	—	—	—	—
EBITDAPS(원)	-50	-471	-639	-432	182	613

재무 비율 <단위 : %>

연도	영업이익률	순이익률	부채비율	차입금비율	ROA	ROE	유보율	자기자본비율	EBITDA마진율
2017	16.2	14.6	56.4	40.6	10.3	17.1	484.6	63.9	21.0
2016	1.6	4.9	89.5	58.4	2.6	5.8	399.0	52.8	8.7
2015	-77.4	-303.3	84.6	47.0	-46.1	-67.5	371.8	54.2	-63.8
2014	-218.9	-291.0	28.4	16.9	-19.7	-23.8	770.1	77.9	-165.7

아이에스동서 (A010780)

I S DongSeo

업　　종 : 건설　　시　　장 : 거래소
신용등급 : (Bond) BBB　(CP) A3　　기업규모 : 시가총액 중형주
홈페이지 : www.isdongseo.co.kr　　연 락 처 : 02)3218-6701
본　　사 : 서울시 강남구 영동대로 741 은성빌딩

설 립 일	1975.09.01	**종업원수**	1,261명	**대 표 이 사**	권민석
상 장 일	1986.01.27	**감사의견**	적정(한영)	**계　열**	
결 산 기	12월	**보 통 주**		**종속회사수**	26개사
액 면 가	500원	**우 선 주**		**구　상　호**	

주주구성 (지분율,%)		출자관계 (지분율,%)		주요경쟁사 (외형,%)	
아이에스지주	44.6	영풍파일	100.0	아이에스동서	100
권혁운	8.0	중앙레미콘	100.0	태영건설	178
(외국인)	5.9	중앙물산	100.0	동원개발	31

매출구성		비용구성		수출비중	
건축 / 토목	69.6	매출원가율	73.5	수출	—
PHC PILE, Ext PILE 등	14.9	판관비율	8.8	내수	—
타일, 위생도기, 비데 등	10.4				

회사 개요

동사는 요업 및 콘크리트 전문 업체로서, 1975년 현대건설 토목사업부로부터 분리되어 벽제콘크리트로 설립되었으며, 이후 2008년 6월에 아이에스동서로 상호를 변경하였고, 동년 7월에 일신건설산업와 합병함. 요업, 콘크리트사업, 건설사업, 렌탈사업, 해운사업, 기타사업을 영위중임. 2017년 기준 건설사업부문이 제일 큰 매출비중을 차지하고 있으며, 요업, 콘크리트, 렌탈, 해운, 기타부문 순임.

실적 분석

동사의 연결기준 2017년 연간 누적 매출액은 1조 8,329.6억원을 기록, 전년동기 대비 6.3% 증가하였음. 이중 건설부문의 매출액이 전체의 71.0%로 건축공사와 토목공사 수주가 전년 대비 고루 증가하며 매출 확대에 긍정적으로 작용함. 한편, 동사는 전년동기 대비 6.5% 증가한 3,245.2억원의 영업이익을 시현했지만, 비영업손실폭이 크게 증가하며 당기순이익은 전년 대비 8.9% 감소한 1,949.7억원을 시현함.

현금 흐름 〈단위 : 억원〉

항목	2016	2017
영업활동	1,059	1,113
투자활동	-1,483	-1,379
재무활동	653	506
순현금흐름	233	232
기말현금	2,160	2,392

시장 대비 수익률

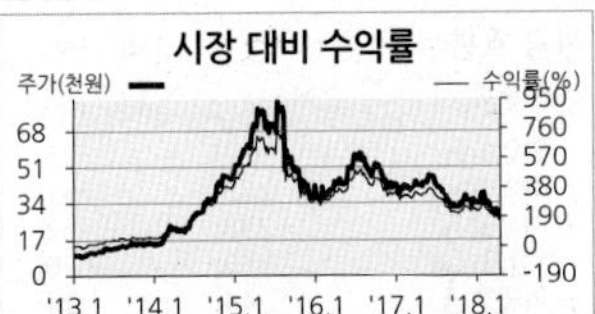

결산 실적 〈단위 : 억원〉

항목	2012	2013	2014	2015	2016	2017
매출액	6,466	6,848	8,016	9,458	17,241	18,330
영업이익	368	558	803	1,145	3,048	3,245
당기순이익	60	226	504	1,013	2,140	1,950

분기 실적 〈단위 : 억원〉

항목	2016.3Q	2016.4Q	2017.1Q	2017.2Q	2017.3Q	2017.4Q
매출액	4,111	5,295	4,285	5,095	4,751	4,198
영업이익	740	864	769	931	909	637
당기순이익	452	654	372	688	618	272

재무 상태 〈단위 : 억원〉

항목	2012	2013	2014	2015	2016	2017
총자산	11,032	10,224	12,285	18,448	20,744	22,722
유형자산	4,413	4,526	4,887	5,343	5,830	5,794
무형자산	60	77	82	88	85	121
유가증권	99	74	455	197	155	289
총부채	7,077	6,056	7,628	12,479	11,348	11,661
총차입금	5,053	4,544	4,644	7,978	7,467	8,380
자본금	128	128	128	136	154	154
총자본	3,955	4,167	4,657	5,968	9,396	11,060
지배주주지분	3,603	3,798	4,269	5,587	8,999	10,647

기업가치 지표

항목	2012	2013	2014	2015	2016	2017
주가(최고/저)(천원)	15.5/7.9	15.8/8.9	47.6/14.5	82.5/35.4	57.8/34.7	47.9/29.7
PER(최고/저)(배)	94.9/48.5	20.3/11.4	26.8/8.2	23.6/10.1	8.8/5.3	7.8/4.8
PBR(최고/저)(배)	1.2/0.6	1.1/0.6	3.1/0.9	4.3/1.8	2.1/1.3	1.4/0.9
EV/EBITDA(배)	8.2	7.8	12.0	10.3	5.2	4.3
EPS(원)	175	835	1,914	3,733	6,912	6,331
BPS(원)	14,110	14,876	16,721	20,488	29,294	34,577
CFPS(원)	2,190	2,894	4,269	6,106	8,952	8,493
DPS(원)	—	—	400	500	1,000	1,100
EBITDAPS(원)	3,456	4,245	5,499	6,572	11,962	12,689

재무 비율 〈단위 : %〉

연도	영업이익률	순이익률	부채비율	차입금비율	ROA	ROE	유보율	자기자본비율	EBITDA마진율
2017	17.7	10.6	105.4	75.8	9.0	19.9	6,815.3	48.7	21.3
2016	17.7	12.4	120.8	79.5	10.9	29.1	5,758.7	45.3	21.3
2015	12.1	10.7	209.1	133.7	6.6	20.7	3,997.6	32.4	19.0
2014	10.0	6.3	163.8	99.7	4.5	12.1	3,244.2	37.9	17.5

아이에스시 (A095340)

ISC

업　　종 : 반도체 및 관련장비　　시　　장 : KOSDAQ
신용등급 : (Bond) —　(CP) —　　기업규모 : 우량
홈페이지 : www.isc21.kr　　연 락 처 : 031)777-7675
본　　사 : 경기도 성남시 중원구 갈마치로 215, 금강펜테리움IT타워 6층

설 립 일	2001.02.22	**종업원수**	606명	**대 표 이 사**	정영배,박석순,이상동
상 장 일	2007.10.01	**감사의견**	적정(한미)	**계　열**	
결 산 기	12월	**보 통 주**		**종속회사수**	5개사
액 면 가	500원	**우 선 주**		**구　상　호**	

주주구성 (지분율,%)		출자관계 (지분율,%)		주요경쟁사 (외형,%)	
정영배	36.4	아이솔루션	86.0	ISC	100
미래에셋자산운용투자자문	4.8	지멤스	49.0	원익머트리얼즈	178
(외국인)	11.7	ISCVINAMANUFACTURING	100.0	유진테크	114

매출구성		비용구성		수출비중	
Test Socket(제품)	97.7	매출원가율	63.2	수출	62.0
Pusher외(상품)	2.3	판관비율	17.4	내수	38.0

회사 개요

동사는 2001년 반도체 및 전자부품 검사장비의 핵심소모부품인 후(後)공정의 테스트 소켓 제품 생산 등을 주 영업목적으로 설립됨. 실리콘러버 기반 반도체 테스트 소켓을 국내 최초로 개발해 현재 이 분야에서 세계시장점유율 1위를 기록하고 있는 기업임. 삼성전자, SK하이닉스 외에 전세계 주요 반도체 팹리스업체들에게 제품을 공급하고 있음.동분야 세계 2위 기업인 일본 JMT를 2014년에 인수함으로써 시장을 장악할 수 있을 것으로 기대됨.

실적 분석

동사는 2017년 누적 매출액과 영업이익은 각각 1,140.8억원, 221.9억원으로 전년 동기 대비 각각 21.8%, 106.2% 증가함. 창립최대 실적을 기록. 반도체 수요 증가로 인한 NAND, LPDDR4x, CPU향 테스트 러버 및 핀 소켓 매출 증가, 자율 주행 시장 성장에 따른 센서와 로직 부문 매출 증가 등에 기인. 베트남 자회사 하노이공장 신규 가동 등 자회사실적 개선으로 올해 실적 전망도 밝음.

현금 흐름 〈단위 : 억원〉

항목	2016	2017
영업활동	160	229
투자활동	-244	-146
재무활동	-77	-60
순현금흐름	-156	11
기말현금	245	256

시장 대비 수익률

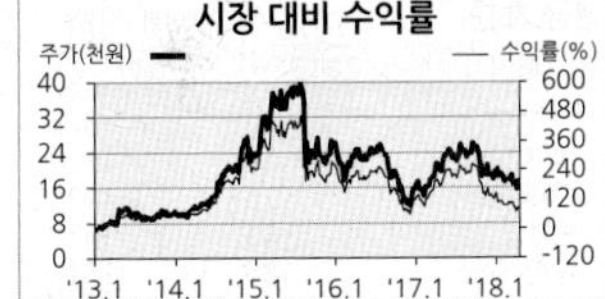

결산 실적 〈단위 : 억원〉

항목	2012	2013	2014	2015	2016	2017
매출액	531	568	740	959	936	1,141
영업이익	184	203	172	158	108	222
당기순이익	103	105	81	45	88	161

분기 실적 〈단위 : 억원〉

항목	2016.3Q	2016.4Q	2017.1Q	2017.2Q	2017.3Q	2017.4Q
매출액	249	219	256	331	289	264
영업이익	24	18	63	99	57	3
당기순이익	11	22	36	83	42	-0

재무 상태 〈단위 : 억원〉

항목	2012	2013	2014	2015	2016	2017
총자산	891	1,054	1,772	1,953	1,965	2,112
유형자산	207	212	950	911	955	955
무형자산	29	27	77	87	83	89
유가증권	—	—	54	0	0	0
총부채	142	198	479	383	337	395
총차입금	52	88	310	183	141	130
자본금	38	38	56	64	65	68
총자본	749	856	1,293	1,569	1,628	1,718
지배주주지분	749	855	1,100	1,438	1,504	1,605

기업가치 지표

항목	2012	2013	2014	2015	2016	2017
주가(최고/저)(천원)	7.8/4.3	11.9/6.4	27.4/9.6	40.7/20.2	26.4/11.7	26.5/14.0
PER(최고/저)(배)	9.6/5.3	14.0/7.5	31.9/11.2	52.5/26.0	38.3/17.1	21.7/11.5
PBR(최고/저)(배)	1.2/0.7	1.6/0.9	3.2/1.1	4.1/2.0	2.5/1.1	2.3/1.2
EV/EBITDA(배)	3.0	4.8	13.0	12.7	11.0	7.8
EPS(원)	908	919	911	804	709	1,244
BPS(원)	10,377	11,761	9,751	11,153	11,662	12,117
CFPS(원)	1,683	1,665	1,662	1,870	1,437	1,938
DPS(원)	400	305	500	253	195	360
EBITDAPS(원)	2,736	2,942	2,298	2,293	1,509	2,301

재무 비율 〈단위 : %〉

연도	영업이익률	순이익률	부채비율	차입금비율	ROA	ROE	유보율	자기자본비율	EBITDA마진율
2017	19.5	14.1	23.0	7.6	7.9	11.1	2,323.3	81.3	27.4
2016	11.5	9.4	20.7	8.7	4.5	6.7	2,232.5	82.8	20.9
2015	16.5	4.7	24.4	11.6	2.4	8.4	2,130.6	80.4	29.4
2014	23.3	11.0	37.1	24.0	5.8	10.7	1,850.2	73.0	32.8

아이에스이커머스 (A069920)

ISE Commerce

업 종 : 온라인쇼핑
신용등급 : (Bond) — (CP) —
홈페이지 : www.wizwid.com, www.isecommerc
본 사 : 서울시 강남구 영동대로 648, 5층(삼안빌딩)

시 장 : KOSDAQ
기업규모 : 중견
연 락 처 : 070)7435-5828

설 립 일 2001.03.14	**종 업 원 수** 87명	**대 표 이 사** 김응상
상 장 일 2007.12.05	**감 사 의 견** 적정(삼덕)	**계 열**
결 산 기 12월	**보 통 주**	**종속회사수** 3개사
액 면 가 500원	**우 선 주**	**구 상 호**

주주구성 (지분율,%)		출자관계 (지분율,%)		주요경쟁사 (외형,%)	
아이에스이네트워크	30.1			아이에스이커머스	100
Zhejiang Semir Garment Co., Ltd	20.0			인터파크	1,323
(외국인)	20.1			엔에스쇼핑	1,307

매출구성		비용구성		수출비중	
상품판매(상품)	39.6	매출원가율	51.5	수출	64.3
제품판매(제품)	27.0	판관비율	52.4	내수	35.7
상품판매수수료 등(용역)	22.2				

회사 개요

동사는 2000년 SK글로벌(현 SK네트웍스) 내 신규사업부로 시작해 2001년 분사함. 이후 2007년 코스닥 증권시장에 주식을 상장함. 전자상거래 사이트은 WIZWID를 운영함. 더블유컨셉코리아, 푸드라인, 커먼웰스 등을 연결대상 종속회사로 보유하고 있었으나 연결 제외됨. 주요사업부문은 마켓 플레이스, 커머스 인프라, 컴퍼니 빌더 등 총 세 가지 부문으로 나뉨.

실적 분석

2017년 연결기준 동사 매출액은 364.9억원을 기록함. 전년도에 비해 53.6% 감소함. 매출원가가 42.7% 줄고 판매비와 관리비도 58.7% 감소했으나 매출 하락폭이 이를 웃돌아 영업손실은 적자폭이 커짐. 전년도엔 4.1억원의 손실을 기록했으나 2017년엔 14억원의 손실을 기록함. 다만 관련기업투자 등으로 705.7억원을 거둬들여 비영업부문 이익이 증가함. 이에 당기순이익은 전년도 0.3억원에서 337.1억원으로 증가함.

현금 흐름 <단위 : 억원>

항목	2016	2017
영업활동	-16	-52
투자활동	-9	132
재무활동	76	-112
순현금흐름	55	-37
기말현금	189	152

시장 대비 수익률

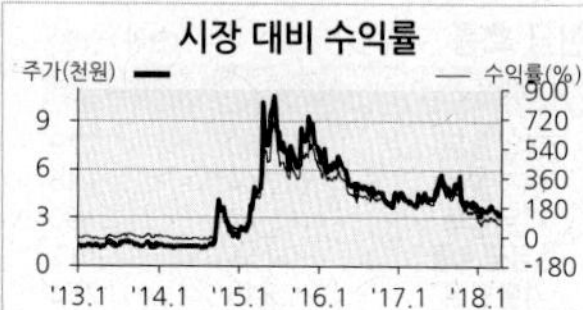

결산 실적 <단위 : 억원>

항목	2012	2013	2014	2015	2016	2017
매출액	486	674	442	561	786	365
영업이익	-28	-36	-0	-30	-4	-14
당기순이익	-34	-57	-22	-9	0	337

분기 실적 <단위 : 억원>

항목	2016.3Q	2016.4Q	2017.1Q	2017.2Q	2017.3Q	2017.4Q
매출액	184	236	235	239	177	-286
영업이익	-4	12	-3	-3	-13	5
당기순이익	-5	-3	-6	-12	-15	370

재무 상태 <단위 : 억원>

항목	2012	2013	2014	2015	2016	2017
총자산	468	468	458	816	888	970
유형자산	50	64	29	48	46	8
무형자산	23	63	56	76	66	19
유가증권	1	5	7	21	29	21
총부채	323	380	298	368	423	214
총차입금	226	245	177	158	206	1
자본금	63	63	71	128	128	128
총자본	145	89	160	448	464	756
지배주주지분	133	66	77	317	350	756

기업가치 지표

항목	2012	2013	2014	2015	2016	2017
주가(최고/저)(천원)	1.8/1.0	1.6/1.1	4.4/1.1	11.3/1.8	7.3/3.0	5.8/3.7
PER(최고/저)(배)	—/—	—/—	—/—	—/—	104.2/43.5	4.4/2.8
PBR(최고/저)(배)	1.7/1.0	3.0/2.2	8.1/2.1	9.1/1.5	5.3/2.2	2.0/1.2
EV/EBITDA(배)	—	—	38.7	—	77.2	149.5
EPS(원)	-268	-448	-73	-25	70	1,321
BPS(원)	1,062	526	543	1,241	1,372	2,964
CFPS(원)	-165	-326	-1	38	143	1,390
DPS(원)	—	—	—	—	—	—
EBITDAPS(원)	-125	-163	72	-64	56	14

재무 비율 <단위 : %>

연도	영업이익률	순이익률	부채비율	차입금비율	ROA	ROE	유보율	자기자본비율	EBITDA마진율
2017	-3.8	92.4	28.3	0.1	36.3	60.9	492.8	77.9	1.0
2016	-0.5	0.0	91.2	44.3	0.0	5.4	174.5	52.3	1.8
2015	-5.3	-1.6	82.1	35.2	-1.4	-3.0	148.3	54.9	-2.7
2014	0.0	-4.9	185.9	110.5	-4.7	-14.5	8.6	35.0	2.3

아이에이 (A038880)

iA

업 종 : 반도체 및 관련장비
신용등급 : (Bond) — (CP) —
홈페이지 : www.ia-inc.kr
본 사 : 서울시 송파구 송파대로 22길 5-23

시 장 : KOSDAQ
기업규모 : 벤처
연 락 처 : 02)3015-1300

설 립 일 1993.08.05	**종 업 원 수** 81명	**대 표 이 사** 김동진
상 장 일 2000.04.27	**감 사 의 견** 적정(대주)	**계 열**
결 산 기 12월	**보 통 주**	**종속회사수** 3개사
액 면 가 500원	**우 선 주**	**구 상 호** 씨앤에스

주주구성 (지분율,%)		출자관계 (지분율,%)		주요경쟁사 (외형,%)	
김동진	11.6	하이브론	87.7	아이에이	100
강병훈	1.7	오토소프트	65.0	에스에이엠티	1,995
(외국인)	0.8	트리노테크놀로지	51.0	네패스	469

매출구성		비용구성		수출비중	
자동차 전장용 반도체 등	37.3	매출원가율	77.7	수출	15.9
자동차 전장용 모듈 등	33.5	판관비율	28.8	내수	84.1
상품 등	15.6				

회사 개요

동사는 1993년 설립되어 2000년 코스닥시장에 상장한 반도체 개발, 설계 및 판매 전문업체임. 현재 자동차 전장 분야를 중심으로 반도체 및 모듈사업을 전개하고 있으며 연결종속회사를 통해 전력반도체 및 모듈, 자동차 전장용 소프트웨어 개발과 관련된 사업을 영위하고 있음. 2009년 현대 · 기아자동차 및 현대모비스와 자동차용 비메모리 반도체 국산화 개발 계약을 체결하고 고성능 응용칩과 이를 적용한 모듈 국산화를 진행중임.

실적 분석

동사의 2017년 결산 연결기준 매출액은 전년대비 19.9% 감소한 607.6억원을 기록함. 매출액 감소는 주로 자동차 전장용 반도체와 연구개발매출 등의 부진에 기인함. 외형 축소에 의한 고정비 부담이 적자로 이어져 영업손실 39.9억원, 당기순손실 88.3억원을 보임. 당기 제품별 매출비중은 반도체 38.7%, 모듈 38.0%, 용역 17.9% 및 기타 등으로 구성됨.

현금 흐름 <단위 : 억원>

항목	2016	2017
영업활동	-22	-21
투자활동	-265	-61
재무활동	238	62
순현금흐름	-50	-20
기말현금	44	24

시장 대비 수익률

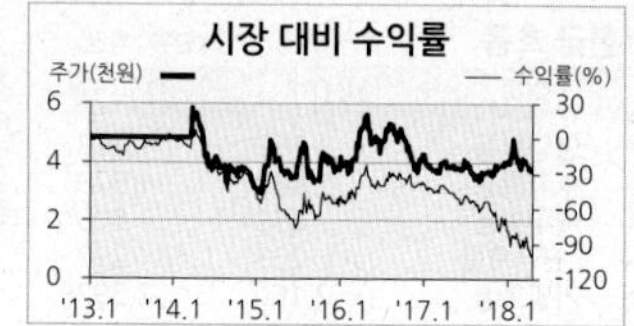

결산 실적 <단위 : 억원>

항목	2012	2013	2014	2015	2016	2017
매출액	310	467	612	711	759	608
영업이익	-89	-11	28	63	22	-40
당기순이익	-150	-57	-36	5	7	-88

분기 실적 <단위 : 억원>

항목	2016.3Q	2016.4Q	2017.1Q	2017.2Q	2017.3Q	2017.4Q
매출액	179	244	153	159	144	152
영업이익	-3	15	-10	3	-11	-21
당기순이익	-13	15	-18	0	-15	-56

재무 상태 <단위 : 억원>

항목	2012	2013	2014	2015	2016	2017
총자산	601	672	518	568	881	850
유형자산	369	222	222	226	401	422
무형자산	120	112	96	72	205	222
유가증권	8	3	0	0	0	0
총부채	516	543	407	286	451	503
총차입금	390	407	299	163	317	381
자본금	132	149	151	173	202	202
총자본	85	129	111	282	430	348
지배주주지분	85	129	111	274	400	331

기업가치 지표

항목	2012	2013	2014	2015	2016	2017
주가(최고/저)(천원)	8.0/4.6	4.8/4.8	6.2/3.0	4.9/2.9	5.7/3.6	4.3/3.3
PER(최고/저)(배)	—/—	—/—	—/—	339.5/198.3	289.7/183.7	—/—
PBR(최고/저)(배)	25.5/14.6	11.4/11.4	17.2/8.4	6.3/3.7	5.7/3.6	5.3/4.0
EV/EBITDA(배)	—	116.3	23.9	17.6	44.7	—
EPS(원)	-558	-205	-117	14	20	-185
BPS(원)	320	434	368	791	991	819
CFPS(원)	-485	-125	-50	58	79	-124
DPS(원)	—	—	—	—	—	—
EBITDAPS(원)	-254	43	162	226	119	-38

재무 비율 <단위 : %>

연도	영업이익률	순이익률	부채비율	차입금비율	ROA	ROE	유보율	자기자본비율	EBITDA마진율
2017	-6.6	-14.5	144.6	109.6	-10.2	-20.4	63.9	40.9	-2.5
2016	3.0	0.9	104.8	73.7	0.9	2.2	98.1	48.8	5.9
2015	8.9	0.7	101.3	57.7	1.0	2.7	58.3	49.7	11.0
2014	4.6	-5.9	일부잠식	일부잠식	-6.1	-30.0	-26.4	21.5	8.0

아이에이치큐 (A003560)

IHQ

업　　종 : 미디어
신용등급 : (Bond) —　　(CP) —
홈페이지 : www.ihq.co.kr
본　　사 : 서울시 강남구 선릉로 629(SidusHQ타워 A동)
시　　장 : 거래소
기업규모 : 시가총액 소형주
연 락 처 : 02)6005-6212

설 립 일	1962.08.24	**종 업 원 수**	212명	**대 표 이 사**	전용주
상 장 일	1973.12.18	**감 사 의 견**	적정(삼일)	**계　　열**	
결 산 기	12월	**보 통 주**		**종속회사수**	5개사
액 면 가	500원	**우 선 주**		**구　　상　　호**	

주주구성 (지분율,%)		출자관계 (지분율,%)		주요경쟁사 (외형,%)	
딜라이브	34.2	아이에이치큐프로덕션	51.2	IHQ	100
씨앤앰강남케이블티브이	10.8	가지컨텐츠	51.2	SBS미디어홀딩스	333
(외국인)	4.2	큐브엔터테인먼트	30.6	현대에이치씨엔	229

매출구성		비용구성		수출비중	
광고수익(기타)	45.6	매출원가율	0.0	수출	—
매니지먼트수익(기타)	22.8	판관비율	87.9	내수	—
수신료수익(기타)	14.5				

회사 개요

동사는 연예 매니지먼트, 영화, 드라마, 음반 사업을 영위하고 있음. 연예 매니지먼트 사업을 핵심으로 관련 사업과의 시너지 효과를 강화해 가고 있음. 동사는 현재 계열사인 아이에이치큐프로덕션을 통하여 종합편성채널을 겨냥한 다양한 방송용 프로그램을 기획하고 있으며, 편성 및 선점을 위하여 체계적인 노력을 기울이고 있는 중임. 2017년 종속회사였던 뉴에이블은 아이에이치큐프로덕션에 피합병되었으며 사이더스 재팬은 청산절차가 완료됨.

실적 분석

동사는 연결기준 2017년 매출액 1,268.0억원과 영업이익 153.5억원을 기록하였음. 대내외 불확실성 확대로 인한 경기 침체와 정치외교적인 이해관계로 촉발된 한류 문화 콘텐츠 규제 등 어려운 영업환경 속에서도 매출액은 전년 대비 15.9%, 영업이익은 36.8%의 외적 성장과 함께 큰 폭의 영업이익 개선 성과를 이뤄냈음. 다만 계열회사의 지분법 손실, 관계기업투자처분손실, 관계기업투자손상차손 등이 반영되며 당기순이익 감소에 영향을 미쳤음.

현금 흐름 〈단위 : 억원〉

항목	2016	2017
영업활동	424	608
투자활동	-380	-506
재무활동	-33	16
순현금흐름	11	119
기말현금	362	481

시장 대비 수익률

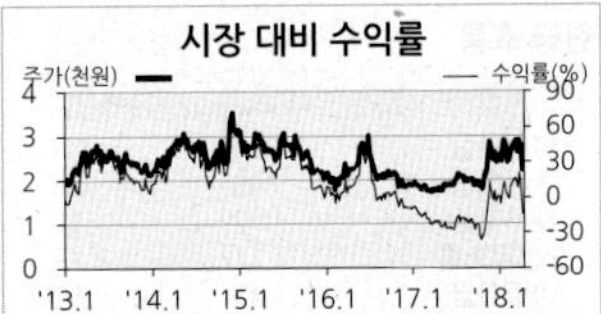

결산 실적 〈단위 : 억원〉

항목	2012	2013	2014	2015	2016	2017
매출액	449	619	757	1,062	1,094	1,268
영업이익	23	-4	108	74	112	153
당기순이익	44	1	51	38	42	26

분기 실적 〈단위 : 억원〉

항목	2016.3Q	2016.4Q	2017.1Q	2017.2Q	2017.3Q	2017.4Q
매출액	286	277	239	303	347	379
영업이익	37	38	19	23	75	37
당기순이익	25	8	14	22	56	-66

재무 상태 〈단위 : 억원〉

항목	2012	2013	2014	2015	2016	2017
총자산	458	813	1,035	2,557	2,566	2,551
유형자산	15	40	19	38	29	43
무형자산	43	248	174	1,152	1,133	1,104
유가증권	91	116	10	67	69	18
총부채	108	377	308	406	351	274
총차입금	12	237	55	75	40	20
자본금	205	205	494	717	718	726
총자본	350	436	727	2,150	2,216	2,277
지배주주지분	345	361	709	2,134	2,200	2,261

기업가치 지표

항목	2012	2013	2014	2015	2016	2017
주가(최고/저)(천원)	4.3/1.9	2.8/1.9	3.6/2.1	3.3/2.0	3.1/1.8	3.0/1.7
PER(최고/저)(배)	40.3/17.6	950.1/644.1	23.6/13.3	79.5/47.9	101.4/58.3	173.5/99.1
PBR(최고/저)(배)	4.8/2.1	3.0/2.0	2.2/1.3	2.2/1.3	1.9/1.1	1.9/1.1
EV/EBITDA(배)	17.4	27.9	2.1	5.5	4.3	4.8
EPS(원)	107	3	154	42	30	17
BPS(원)	902	942	1,625	1,543	1,585	1,610
CFPS(원)	141	97	977	360	298	343
DPS(원)	—	—	—	—	—	—
EBITDAPS(원)	89	84	1,074	378	346	432

재무 비율 〈단위 : %〉

연도	영업이익률	순이익률	부채비율	차입금비율	ROA	ROE	유보율	자기자본비율	EBITDA마진율
2017	12.1	2.1	12.0	0.9	1.0	1.1	221.9	89.3	49.1
2016	10.3	3.9	15.8	1.8	1.7	2.0	217.0	86.3	45.4
2015	6.9	3.6	18.9	3.5	2.1	3.6	208.7	84.1	43.8
2014	14.3	6.7	42.3	7.6	5.5	12.4	43.7	70.3	61.1

아이엔지생명보험 (A079440)

ING Life Insurance

업　　종 : 보험
신용등급 : (Bond) —　　(CP) —
홈페이지 : www.inglife.co.kr
본　　사 : 서울시 중구 세종대로7길 37
시　　장 : 거래소
기업규모 : 시가총액 대형주
연 락 처 : 02)1588-5005

설 립 일	1991.10.26	**종 업 원 수**	731명	**대 표 이 사**	정문국
상 장 일	2017.05.11	**감 사 의 견**	적정(한영)	**계　　열**	
결 산 기	12월	**보 통 주**		**종속회사수**	
액 면 가	1,000원	**우 선 주**		**구　　상　　호**	

주주구성 (지분율,%)		출자관계 (지분율,%)		주요경쟁사 (외형,%)	
라이프투자 유한회사	59.2	코크렙파인에비뉴위탁관리부동산투자회사	14.6	아이엔지생명	100
앤드류 바렛	0.0	케이에이치큐제삼호사모투자전문회사	8.9	한화생명	473
(외국인)	37.7	코에프씨맥쿼리그로쓰챔프2010의1호사모투자전문회사	5.5	삼성생명	527

수익구성		비용구성		수출비중	
		책임준비금전입	33.0	수출	—
		보험금비용	45.8	내수	—
		사업비	9.6		

회사 개요

동사는 1987년 조지아생명보험 한국지사로 설립되어 1999년 ING생명으로 사명을 변경. 생명보험상품을 판매하는 생명보험업을 영위하고 있으며 핵심 채널인 FC채널을 통해 고객니즈에 기반한 재정솔루션을 제공하고 있음. 보험 부채가 가진 장기적 특성을 고려하여 ALM 전략을 통해 만기가 긴 채권 위주의 안정적인 자산 포트폴리오를 구축하고 있으며 탁월한 재무구조를 갖추고 있음. 2017년 5월 거래소에 상장됨

실적 분석

동사는 2017년 영업이익이 전년보다 39.9% 증가한 4,03억원을 시현함. 금리상승 및 효율개선에 따른 영향으로 이익 증가함. 1주당 1천700원의 현금배당을 결정. 견고한 실적은 손해율 안정화와 사업비 집행 감소에 따른 비차이익 증가에 따른 것으로 기인. Repricing 및 준비금 관련 손익증가 등에 따라 비차이익이 증가. 압도적인 자본력을 바탕으로 주주가치 제고 중.

현금 흐름 *IFRS 별도 기준 〈단위 : 억원〉

항목	2016	2017
영업활동	14,929	14,373
투자활동	-13,413	-12,164
재무활동	-1,825	-2,244
순현금흐름	-303	-52
기말현금	1,808	1,756

시장 대비 수익률

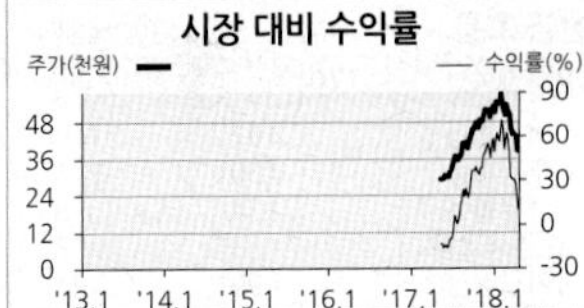

결산 실적 〈단위 : 억원〉

항목	2012	2013	2014	2015	2016	2017
보험료수익	28,189	19,799	27,707	35,802	31,425	31,575
영업이익	2,723	2,537	3,003	4,079	3,219	4,503
당기순이익	1,987	1,878	2,235	3,048	2,407	3,402

분기 실적 *IFRS 별도 기준 〈단위 : 억원〉

항목	2016.3Q	2016.4Q	2017.1Q	2017.2Q	2017.3Q	2017.4Q
보험료수익	8,206	—	—	7,849	7,882	—
영업이익	1,180	—	—	1,295	1,184	—
당기순이익	740	—	—	984	922	—

재무 상태 *IFRS 별도 기준 〈단위 : 억원〉

항목	2012	2013	2014	2015	2016	2017
총자산	233,392	238,929	255,648	295,556	306,687	314,554
유형자산	91	88	158	142	126	126
무형자산	372	552	481	416	325	328
유가증권	134,804	139,283	159,438	201,233	213,292	218,642
총부채	208,090	217,054	227,386	252,948	265,213	277,868
총차입금	—	—	—	—	—	—
자본금	820	820	820	820	820	820
총자본	25,302	21,875	28,262	42,608	41,474	36,686
지배주주지분	25,302	21,875	28,262	42,608	41,474	36,686

기업가치 지표 *IFRS 별도 기준

항목	2012	2013	2014	2015	2016	2017
주가(최고/저)(천원)	—/—	—/—	—/—	—/—	—/—	53.5/29.2
PER(최고/저)(배)	0.0/0.0	0.0/0.0	0.0/0.0	0.0/0.0	0.0/0.0	13.3/7.4
PBR(최고/저)(배)	0.0/0.0	0.0/0.0	0.0/0.0	0.0/0.0	0.0/0.0	1.2/0.7
PSR(최고/저)(배)	0/0	0/0	0/0	0/0	0/0	1/1
EPS(원)	2,424	2,290	2,725	3,717	2,936	4,149
BPS(원)	308,556	266,763	344,655	519,614	505,782	44,738
CFPS(원)	25,763	24,498	29,489	39,702	31,874	4,407
DPS(원)	—	—	—	—	—	2,400
EBITDAPS(원)	33,205	30,939	36,622	49,747	39,254	5,492

재무 비율 〈단위 : %〉

연도	계속사업이익률	순이익률	부채비율	차입금비율	ROA	ROE	유보율	자기자본비율	총자산증가율
2017	14.3	10.8	757.4	0.0	1.1	8.7	4,373.9	11.7	2.6
2016	10.0	7.7	639.5	0.0	0.8	5.7	4,957.8	13.5	3.8
2015	11.1	8.5	593.7	0.0	1.1	8.6	5,096.1	14.4	15.6
2014	10.5	8.1	804.6	0.0	0.9	8.9	3,346.6	11.1	9.5

아이엠 (A101390)

IM

업　　종 : 전자 장비 및 기기　　시　　장 : KOSDAQ
신용등급 : (Bond) —　(CP) —　　기업규모 : 중견
홈페이지 : www.im2006.com　　연 락 처 : 031)231-3114
본　　사 : 경기도 화성시 삼성1로3길 19 (석우동)

설 립 일	2006.01.11	**종 업 원 수**	131명	**대 표 이 사**	손을재
상 장 일	2008.07.23	**감 사 의 견**	적정(삼덕)	**계　　열**	
결 산 기	12월	**보 통 주**		**종속회사수**	5개사
액 면 가	500원	**우 선 주**		**구 상 호**	

주주구성 (지분율,%)		출자관계 (지분율,%)		주요경쟁사 (외형,%)	
손을재	9.9	에스앤에이	20.0	아이엠	100
한국증권금융	4.0	유메디칼	10.0	비에이치	277
(외국인)	6.2	아이엠헬스케어	8.9	액트	35

매출구성		비용구성		수출비중	
제품매출(제품)	99.3	매출원가율	93.3	수출	—
기타상품매출 등(상품)	0.7	판관비율	6.3	내수	—

회사 개요

동사는 2006년에 영업양수도를 통해 삼성전기에서 분사하여 독립한 회사임. 당초에는 Optical Solution사업, LED조명사업, EMS사업, 헬스케어사업을 영위하였으며, 광픽업 분야에서 산요를 앞선 세계시장점유율 1위 기업이었음. 최근 주력 사업을 DVD 및 블루레이 플레이어 핵심부품인 광픽업에서 스마트폰 부품으로 전환하여 스마트폰 카메라모듈 부품인 OIS(광학손떨림보정장치) 양산에 들어감. 카메라모듈 제조 사업으로 영역을 확대할 계획임.

실적 분석

동사의 연결기준 2017년 매출액은 2,493.7억원으로 전년동기 대비 29.6% 증가하였음. IT시장 변화와 광픽업 모듈의 수요 회복에 따라 매출 및 이익률 개선. 외형확대에도 판관비는 27.9% 감소하였으며 올해 12.1억원의 영업이익이 발생, 흑자전환하였음. 비영업 부문에서 적자가 지속되었으며 이에 따라 당기순손실은 36.8억원을 기록하였음. 적자폭은 축소되었음.

현금 흐름 〈단위 : 억원〉

항목	2016	2017
영업활동	107	110
투자활동	-250	-246
재무활동	134	78
순현금흐름	-3	-58
기말현금	99	41

시장 대비 수익률

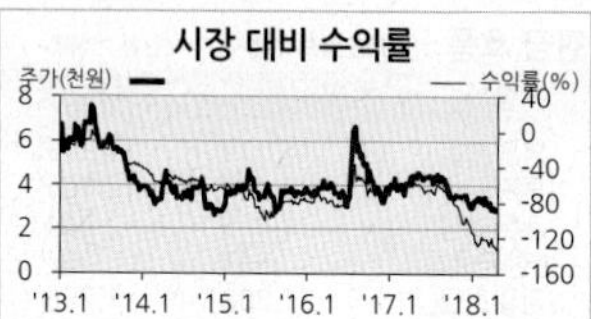

결산 실적 〈단위 : 억원〉

항목	2012	2013	2014	2015	2016	2017
매출액	3,341	3,452	2,502	2,410	1,924	2,494
영업이익	-0	46	-53	52	-109	12
당기순이익	6	-68	-112	22	-158	-37

분기 실적 〈단위 : 억원〉

항목	2016.3Q	2016.4Q	2017.1Q	2017.2Q	2017.3Q	2017.4Q
매출액	486	446	675	542	710	567
영업이익	-16	-21	23	1	5	-17
당기순이익	-18	-42	11	-6	-4	-38

재무 상태 〈단위 : 억원〉

항목	2012	2013	2014	2015	2016	2017
총자산	1,849	1,790	1,433	1,593	1,477	1,362
유형자산	523	583	588	604	724	840
무형자산	30	9	8	10	10	9
유가증권	4	4	3	3	3	6
총부채	1,154	1,149	903	1,033	961	887
총차입금	442	553	376	507	537	571
자본금	92	92	92	92	113	113
총자본	695	642	530	559	515	474
지배주주지분	704	641	528	558	513	473

기업가치 지표

항목	2012	2013	2014	2015	2016	2017
주가(최고/저)(천원)	8.2/4.4	7.6/3.7	4.6/2.5	4.7/2.7	7.2/3.0	4.8/2.8
PER(최고/저)(배)	102.8/55.1	—/—	—/—	41.0/23.2	—/—	—/—
PBR(최고/저)(배)	2.2/1.2	2.2/1.1	1.6/0.9	1.5/0.9	3.0/1.3	2.2/1.3
EV/EBITDA(배)	12.6	5.2	8.5	5.8	44.4	10.4
EPS(원)	81	-346	-589	116	-800	-163
BPS(원)	4,004	3,664	3,046	3,207	2,406	2,227
CFPS(원)	721	371	199	858	-106	282
DPS(원)	50	—	—	—	—	—
EBITDAPS(원)	635	981	522	1,024	140	499

재무 비율 〈단위 : %〉

연도	영업이익률	순이익률	부채비율	차입금비율	ROA	ROE	유보율	자기자본비율	EBITDA마진율
2017	0.5	-1.5	187.0	120.3	-2.6	-7.5	345.3	34.9	4.5
2016	-5.7	-8.2	186.7	104.2	-10.3	-29.4	381.2	34.9	1.4
2015	2.2	0.9	184.7	90.5	1.5	4.1	541.4	35.1	7.8
2014	-2.1	-4.5	170.4	71.0	-7.0	-19.2	509.2	37.0	3.8

아이엠비씨 (A052220)

iMBC

업　　종 : 미디어　　시　　장 : KOSDAQ
신용등급 : (Bond) —　(CP) —　　기업규모 : 중견
홈페이지 : www.imbc.com　　연 락 처 : 02)2105-1100
본　　사 : 서울시 마포구 성암로 255, 10층(상암동, 문화방송미디어센터)

설 립 일	2000.03.11	**종 업 원 수**	126명	**대 표 이 사**	김원태
상 장 일	2005.01.21	**감 사 의 견**	적정(삼일)	**계　　열**	
결 산 기	12월	**보 통 주**		**종속회사수**	1개사
액 면 가	500원	**우 선 주**		**구 상 호**	

주주구성 (지분율,%)		출자관계 (지분율,%)		주요경쟁사 (외형,%)	
문화방송	58.1	아이포터	37.9	iMBC	100
허연회	0.0	이스타즈	19.0	한국경제TV	113
(외국인)	0.6	스포츠라인코리아	17.1	투윈글로벌	28

매출구성		비용구성		수출비중	
B2C, B2B 콘텐츠 유통 등(제품)	67.2	매출원가율	0.0	수출	6.3
웹에이전시, 국제배송대행 등(용역)	16.7	판관비율	99.7	내수	93.7
행사, 프로모션 등(용역)	7.6				

회사 개요

동사는 MBC그룹의 인터넷 자회사로서 인터넷방송 및 디지털콘텐츠 사업, 웹에이전시 등을 영위. 주요사업은 MBC그룹의 대표 사이트인 www.imbc.com을 기반으로 방송콘텐츠와 동사 자체 제작 콘텐츠에 대한 다시보기 등 디지털콘텐츠의 유 · 무료서비스 및 유통임. 동사의 연결대상 종속회사인 아이포터는 약 42만명의 회원을 바탕으로 인터넷 국제배송대행 및 해외직구상품 온라인 쇼핑몰 사업을 하고 있음.

실적 분석

동사의 연결기준 2017년 결산 누적매출액은 574억원으로 전년동기 대비 14.6% 감소하였음. 영업이익 또한 1.4억원을 기록하며 전년동기 대비 92.5% 감소하였고, 당기순손실 또한 1.8억원을 기록하며 적자전환함. 국내 디지털콘텐츠 시장 규모가 매년 꾸준히 성장하는 점, 국내 해외직구 시장이 2013년 대비 2017년에 2배 가까운 성장을 이룬점 등으로 비추어 볼 때 성장 가능성 존재함.

현금 흐름 〈단위 : 억원〉

항목	2016	2017
영업활동	61	4
투자활동	-49	26
재무활동	-2	-10
순현금흐름	11	19
기말현금	43	62

시장 대비 수익률

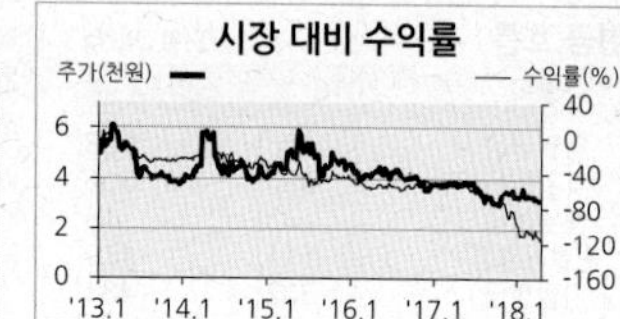

결산 실적 〈단위 : 억원〉

항목	2012	2013	2014	2015	2016	2017
매출액	490	518	547	645	672	574
영업이익	26	36	11	5	19	1
당기순이익	33	33	21	9	18	-2

분기 실적 〈단위 : 억원〉

항목	2016.3Q	2016.4Q	2017.1Q	2017.2Q	2017.3Q	2017.4Q
매출액	172	199	143	140	132	160
영업이익	8	8	1	1	-7	7
당기순이익	21	-6	1	0	-7	4

재무 상태 〈단위 : 억원〉

항목	2012	2013	2014	2015	2016	2017
총자산	592	676	744	684	708	654
유형자산	5	8	16	15	15	15
무형자산	7	7	47	41	53	78
유가증권	378	394	359	348	307	212
총부채	121	185	223	160	174	130
총차입금	—	—	—	5	5	5
자본금	115	115	115	115	115	115
총자본	471	491	520	524	535	524
지배주주지분	471	491	498	510	524	514

기업가치 지표

항목	2012	2013	2014	2015	2016	2017
주가(최고/저)(천원)	8.4/3.6	6.2/3.7	5.8/3.8	6.2/4.0	4.7/3.5	3.9/3.0
PER(최고/저)(배)	62.9/27.3	44.9/27.1	66.2/43.6	101.6/64.6	46.7/34.7	—/—
PBR(최고/저)(배)	4.3/1.9	3.1/1.8	2.8/1.9	2.9/1.8	2.1/1.6	1.8/1.4
EV/EBITDA(배)	26.5	13.3	27.7	37.3	18.0	17.3
EPS(원)	142	145	92	63	103	-5
BPS(원)	2,049	2,134	2,167	2,220	2,277	2,233
CFPS(원)	164	164	138	133	183	152
DPS(원)	45	45	30	30	45	—
EBITDAPS(원)	136	173	96	93	162	163

재무 비율 〈단위 : %〉

연도	영업이익률	순이익률	부채비율	차입금비율	ROA	ROE	유보율	자기자본비율	EBITDA마진율
2017	0.3	-0.3	24.9	1.0	-0.3	-0.2	346.7	80.1	6.5
2016	2.8	2.6	32.5	0.9	2.6	4.6	355.4	75.5	5.6
2015	0.8	1.4	30.6	1.0	1.3	2.9	343.9	76.6	3.3
2014	2.1	3.9	43.0	0.0	3.0	4.3	333.4	69.9	4.0

아이엠텍 (A226350)
IM Tech

업　　종 : 휴대폰 및 관련부품　　시　　장 : KOSDAQ
신용등급 : (Bond) —　(CP) —　　기업규모 : 벤처
홈페이지 : www.im-tech.com　　연 락 처 : 031)8071-2581
본　　사 : 경기도 파주시 월롱면 엘지로 274-43

설 립 일	2000.12.13	**종업원수**	210명	**대표이사**	정윤호
상 장 일	2016.02.03	**감사의견**	적정(대주)	**계　　열**	
결 산 기	12월	**보 통 주**		**종속회사수**	
액 면 가	500원	**우 선 주**		**구 상 호**	

주주구성 (지분율,%)		출자관계 (지분율,%)		주요경쟁사 (외형,%)	
스타앤홀딩스	6.9	제이비케이컴퍼니	100.0	아이엠텍	100
KGP	4.5	이노바	49.0	세코닉스	480
(외국인)	2.6	블루그린인베스트먼트	40.0	엠씨넥스	969

매출구성		비용구성		수출비중	
카메라모듈	59.4	매출원가율	94.6	수출	84.7
안테나	32.1	판관비율	15.0	내수	15.3
세라믹	7.5				

회사 개요

동사는 RF모듈을 비롯하여 휴대폰에 필수적으로 사용되는 부품인 이동통신 안테나, NFC, 무선 충전 복합 안테나 등을 제조/판매하고 있으며, 2015년 말부터 스마트기기 외장재를 공급하고 있음. 그 외 카메라모듈 사업, 반도체 후공정에 사용되는 프로브카드의 주요 원재료를 제조하는 세라믹 사업, 블랙박스 등을 개발/공급하는 IOT 사업, 의약품 연구개발 및 생산, 유통과 병원 시설인테리어를 주된 사업으로 하는 의약품 도소매 및 소분업을 영위중임.

실적 분석

동사의 연결기준 2017년 연간 누적 매출액은 전년동기 810.9억원 대비 14.9% 감소한 690.1억원을 기록함. 이는 전방산업인 휴대폰 산업의 부진에 따른 부품 수요 감소에 기인함. 매출 감소와 관련 부실자산 충당금 처리로 인해 영업이익은 적자전환, 당기순이익은 적자지속하여 각각 66.4억원, 209.7억원의 손실을 기록함. 2017년 12월 신규사업진출을 위해 의약품의 도소매 및 소분업을 주된 사업 목적으로 하는 자회사를 설립함.

현금 흐름 *IFRS 별도 기준 <단위 : 억원>

항목	2016	2017
영업활동	-50	-34
투자활동	-257	-44
재무활동	310	-13
순현금흐름	3	-91
기말현금	100	9

시장 대비 수익률

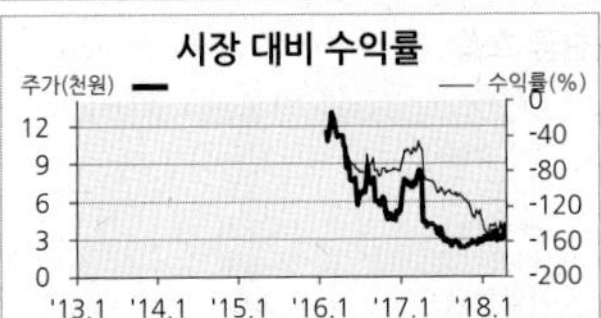

결산 실적 <단위 : 억원>

항목	2012	2013	2014	2015	2016	2017
매출액	66	279	466	1,048	811	690
영업이익	1	13	57	177	3	-66
당기순이익	0	13	52	145	-169	-210

분기 실적 *IFRS 별도 기준 <단위 : 억원>

항목	2016.3Q	2016.4Q	2017.1Q	2017.2Q	2017.3Q	2017.4Q
매출액	206	42	151	186	174	179
영업이익	-0	-32	-14	-14	-19	-18
당기순이익	-1	-201	-12	-19	-20	-156

재무 상태 *IFRS 별도 기준 <단위 : 억원>

항목	2012	2013	2014	2015	2016	2017
총자산	157	223	305	518	614	477
유형자산	69	62	127	164	251	137
무형자산	14	13	9	10	23	22
유가증권	—	—	—	—	8	25
총부채	48	91	98	167	222	248
총차입금	30	45	14	17	136	69
자본금	52	70	70	70	85	95
총자본	109	132	207	351	392	228
지배주주지분	109	132	207	351	392	228

기업가치 지표 *IFRS 별도 기준

항목	2012	2013	2014	2015	2016	2017
주가(최고/저)(천원)	#VALUE!	—/—	—/—	—/—	—/—	—/—
PER(최고/저)(배)	0.0/0.0	0.0/0.0	0.0/0.0	0.0/0.0	—/—	—/—
PBR(최고/저)(배)	0.0/0.0	0.0/0.0	0.0/0.0	0.0/0.0	6.1/1.8	7.1/1.8
EV/EBITDA(배)	0.6	0.1	—	—	21.8	—
EPS(원)	4	136	372	1,040	-1,019	-1,203
BPS(원)	10,472	9,517	1,485	2,511	2,312	1,197
CFPS(원)	1,735	2,994	516	1,239	-797	-931
DPS(원)	—	—	—	—	—	—
EBITDAPS(원)	1,810	2,986	556	1,472	239	-109

재무 비율 <단위 : %>

연도	영업이익률	순이익률	부채비율	차입금비율	ROA	ROE	유보율	자기자본비율	EBITDA마진율
2017	-9.6	-30.4	110.6	31.2	-38.5	-67.8	137.1	47.5	-2.8
2016	0.3	-20.9	56.7	34.7	-29.9	-45.6	362.4	63.8	4.9
2015	16.9	13.8	47.8	4.8	35.2	52.0	402.3	67.7	19.6
2014	12.3	11.1	47.4	6.9	—	—	197.0	67.8	16.6

아이오케이컴퍼니 (A078860)
IOKCOMPANY

업　　종 : 미디어　　시　　장 : KOSDAQ
신용등급 : (Bond) —　(CP) —　　기업규모 : 중견
홈페이지 : www.iok.co.kr　　연 락 처 : 02)2204-3000
본　　사 : 서울시 강남구 언주로148길 19, 청호빌딩 5층

설 립 일	2000.04.26	**종업원수**	63명	**대표이사**	장철진
상 장 일	2006.06.23	**감사의견**	적정(세림)	**계　　열**	
결 산 기	12월	**보 통 주**		**종속회사수**	
액 면 가	100원	**우 선 주**		**구 상 호**	포인트아이

주주구성 (지분율,%)		출자관계 (지분율,%)		주요경쟁사 (외형,%)	
W홀딩컴퍼니	23.9			아이오케이	100
고현정	3.3			티비씨	230
(외국인)	0.9			오리콤	911

매출구성		비용구성		수출비중	
AlertPoint, VMS, CRBT 등	95.7	매출원가율	78.1	수출	—
영화 및 광고 등 출연 atti.k., 코이 등	4.3	판관비율	22.7	내수	—

회사 개요

동사는 브랜디드 엔터테인먼트(Branded Entertainment)사업을 주요사업으로 영위. 엔터테인먼트사업그룹은 방송인의 매니지먼트사업과, 그에 수반된 방송인의 초상권 및 상표권을 활용한 화장품브랜드, 의류브랜드 사업으로 구성되어 있음. 또한 ICT(정보통신)사업부문을 통하여 무선인터넷 기반의 솔루션을 개발하고, 통신서비스 사업자에게 관련된 솔루션을 공급하는 사업을 함. 동사의 종속회사는 티엔네이션엔터테인먼트임.

실적 분석

2017년 결산 연결기준 누적 매출액은 183.8억원으로 전년 동기 대비 36.3% 증가함. 반면 영업손실은 1.5억원으로 적자지속. 비영업손실을 42.3억원 기록하며 당기순손실 또한 43.8억원으로 적자지속. 동사는 18년 3월 12일 주당 가액을 100원에서 500원으로 하는 주식병합을 결정하였다고 공시함. 또한 동사가 합병한 티엔네이션엔터테인먼트의 대표였던 토니안(안승호)을 사내이사로 선임하며 엔터 사업 확장과 매출 증가를 노림.

현금 흐름 <단위 : 억원>

항목	2016	2017
영업활동	4	-7
투자활동	-85	-99
재무활동	81	151
순현금흐름	1	45
기말현금	61	107

시장 대비 수익률

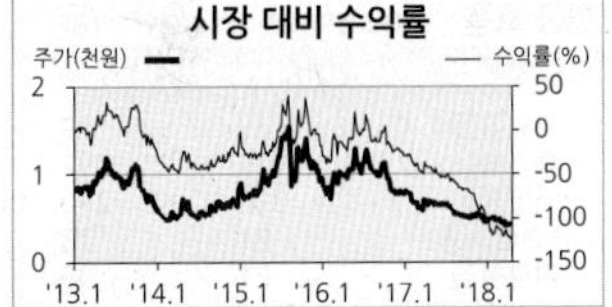

결산 실적 <단위 : 억원>

항목	2012	2013	2014	2015	2016	2017
매출액	166	119	61	109	135	184
영업이익	10	-6	-34	16	-22	-1
당기순이익	4	-14	-55	16	-48	-44

분기 실적 <단위 : 억원>

항목	2016.3Q	2016.4Q	2017.1Q	2017.2Q	2017.3Q	2017.4Q
매출액	33	—	—	—	84	—
영업이익	-5	—	—	—	14	—
당기순이익	-8	—	—	—	2	—

재무 상태 <단위 : 억원>

항목	2012	2013	2014	2015	2016	2017
총자산	166	122	123	688	868	848
유형자산	4	4	5	6	5	5
무형자산	5	4	2	109	72	159
유가증권	2	33	20	142	611	345
총부채	101	62	44	199	74	152
총차입금	71	29	23	153	9	64
자본금	34	36	50	83	118	133
총자본	65	59	80	488	794	696
지배주주지분	65	59	80	488	794	696

기업가치 지표

항목	2012	2013	2014	2015	2016	2017
주가(최고/저)(천원)	1.0/0.2	1.2/0.6	0.8/0.5	1.7/0.7	1.4/0.7	0.8/0.4
PER(최고/저)(배)	79.3/15.5	—/—	—/—	66.2/28.7	—/—	—/—
PBR(최고/저)(배)	5.3/1.0	7.1/3.4	5.1/2.9	2.8/1.2	2.0/1.1	1.6/0.9
EV/EBITDA(배)	13.6	—	—	43.9	—	233.1
EPS(원)	13	-41	-136	25	-44	-34
BPS(원)	981	861	822	2,966	677	526
CFPS(원)	161	-154	-652	144	-41	-31
DPS(원)	—	—	—	—	—	—
EBITDAPS(원)	245	-40	-399	139	-17	2

재무 비율 <단위 : %>

연도	영업이익률	순이익률	부채비율	차입금비율	ROA	ROE	유보율	자기자본비율	EBITDA마진율
2017	-0.8	-23.8	21.8	9.2	-5.1	-5.7	426.2	82.1	1.3
2016	-16.3	-35.4	9.3	1.1	-6.1	-7.5	577.3	91.5	-13.7
2015	14.5	15.0	40.8	31.3	4.0	5.8	493.2	71.0	16.4
2014	-56.1	-89.5	54.7	29.1	-44.7	-78.9	64.5	64.6	-52.4

아이원스 (A114810)
IONES

업 종 : 디스플레이 및 관련부품 시 장 : KOSDAQ
신용등급 : (Bond) — (CP) — 기업규모 : 우량
홈페이지 : www.iones.co.kr 연 락 처 : 031)238-7785
본 사 : 경기도 안성시 고삼면 안성대로 2061 (가유리 777-1)

설 립 일	2005.07.01	**종업원수**	507명	**대 표 이 사**	김병기
상 장 일	2013.02.07	**감사의견**	적정(안진)	**계 열**	
결 산 기	12월	**보 통 주**		**종속회사수**	
액 면 가	500원	**우 선 주**		**구 상 호**	

주주구성 (지분율,%)		출자관계 (지분율,%)		주요경쟁사 (외형,%)	
이문기	23.3			아이원스	100
김병기	9.0			APS홀딩스	68
(외국인)	3.3			덕산네오룩스	77

매출구성		비용구성		수출비중	
Track support류 외 기타	28.9	매출원가율	69.3	수출	30.3
Depo shield 류	24.7	판관비율	22.1	내수	69.7
CARRIER외 다수	23.9				

회사 개요
1993년 동아엔지니어링으로 설립되었고, 2005년 7월에 현물출자 방식으로 법인 전환되어 아이원스로 재설립됨. 설립 시 반도체 장비 부품의 정밀 가공을 시작, 이후 반도체 장비 부품 초정밀 세정, 국산화 연구진행, 디스플레이 장비 부품의 가공 등을 수행 중임. 디스플레이 장비 제조, CAF(Chemical Air Filter), 항공/국방 부품 제조, 환경사업, LED 사업, 해외 및 특수 사업부(펌프, 항공, 국방) 등으로 영역을 확장 중임.

실적 분석
동사의 2017년 연결 기준 연간 누적 매출액은 1,295.7억원으로 전년 동기 대비 52.5% 증가함. 매출이 증가하면서 매출원가와 판관비도 대폭 늘었지만 매출 증가에 따른 고정비용 감소효과로 영업이익은 전년 동기 대비 81.1% 증가한 111.1억원을 시현함. 비영업부문에서 금융 등 대규모 손실이 발생했지만 영업이익 증가폭이 커 당기순이익은 전년 동기 대비 39% 증가한 40.9억원을 기록함.

현금 흐름 *IFRS 별도 기준 〈단위 : 억원〉

항목	2016	2017
영업활동	173	-19
투자활동	-474	-192
재무활동	322	290
순현금흐름	21	78
기말현금	21	99

시장 대비 수익률

결산 실적 〈단위 : 억원〉

항목	2012	2013	2014	2015	2016	2017
매출액	477	603	691	694	850	1,296
영업이익	73	93	57	71	61	111
당기순이익	50	68	57	129	29	41

분기 실적 *IFRS 별도 기준 〈단위 : 억원〉

항목	2016.3Q	2016.4Q	2017.1Q	2017.2Q	2017.3Q	2017.4Q
매출액	228	289	359	385	255	297
영업이익	16	17	37	38	17	19
당기순이익	-1	12	16	23	8	-6

재무 상태 *IFRS 별도 기준 〈단위 : 억원〉

항목	2012	2013	2014	2015	2016	2017
총자산	690	1,037	1,037	1,687	2,143	2,485
유형자산	504	695	763	1,322	1,654	1,709
무형자산	8	8	12	17	19	20
유가증권	1	1	3	10	1	0
총부채	441	590	540	866	1,252	1,263
총차입금	369	389	405	665	959	989
자본금	32	48	48	52	52	67
총자본	250	447	497	822	891	1,222
지배주주지분	250	447	497	822	891	1,222

기업가치 지표 *IFRS 별도 기준

항목	2012	2013	2014	2015	2016	2017
주가(최고/저)(천원)	—/—	8.1/4.7	15.1/6.0	32.1/13.5	26.9/13.5	19.8/11.7
PER(최고/저)(배)	0.0/0.0	11.1/6.4	25.1/10.0	24.8/10.5	94.3/47.3	53.4/31.3
PBR(최고/저)(배)	0.0/0.0	1.7/1.0	2.9/1.1	4.0/1.7	3.1/1.6	2.2/1.3
EV/EBITDA(배)	2.9	6.7	14.6	26.6	18.9	11.2
EPS(원)	768	701	576	1,227	271	372
BPS(원)	3,959	4,674	5,194	7,829	8,492	9,108
CFPS(원)	1,463	1,283	1,210	1,882	1,216	1,433
DPS(원)	—	50	50	—	—	—
EBITDAPS(원)	1,830	1,545	1,206	1,309	1,520	2,071

재무 비율 〈단위 : %〉

연도	영업이익률	순이익률	부채비율	차입금비율	ROA	ROE	유보율	자기자본비율	EBITDA마진율
2017	8.6	3.2	103.4	81.0	1.8	3.9	1,721.6	49.2	17.6
2016	7.2	3.5	140.5	107.6	1.5	3.4	1,598.4	41.6	18.8
2015	10.2	18.6	105.3	81.0	9.5	19.6	1,465.9	48.7	19.2
2014	8.2	8.3	108.6	81.5	5.5	12.1	938.9	47.9	16.7

아이즈비전 (A031310)
EYESVISION

업 종 : 통신장비 시 장 : KOSDAQ
신용등급 : (Bond) — (CP) — 기업규모 : 중견
홈페이지 : www.eyesvision.com 연 락 처 : 02)6330-5038
본 사 : 서울시 영등포구 여의공원로 101(여의도동) CCMM빌딩 701,702호

설 립 일	1992.09.09	**종업원수**	55명	**대 표 이 사**	이통형
상 장 일	1997.07.19	**감사의견**	적정(신우)	**계 열**	
결 산 기	12월	**보 통 주**		**종속회사수**	2개사
액 면 가	500원	**우 선 주**		**구 상 호**	

주주구성 (지분율,%)		출자관계 (지분율,%)		주요경쟁사 (외형,%)	
이통형	14.5	머큐리	100.0	아이즈비전	100
임채병	11.1	로트리	95.0	콤텍시스템	86
(외국인)	1.8	에이팩	13.0	오이솔루션	46

매출구성		비용구성		수출비중	
통신제조(기타)	75.8	매출원가율	79.7	수출	4.0
통신(기타)	14.0	판관비율	15.2	내수	96.0
국제전화(기타)	8.8				

회사 개요
1992년에 설립된 동사는 무선호출사업, 이동통신 연구 및 부가서비스기술 개발업을 영위하고 있음. 별정통신 사업자로서 국제전화 선불카드 판매, 기간통신사의 통신망을 빌려 휴대통신서비스를 제공하고 있으며, 자회사를 통해 정보통신기기의 제조와 유통사업을 영위하고 있음. 동사는 1,500억원 규모의 국제전화 선불카드 시장의 50% 이상을 차지한 1위 업체임. 동사는 국제전화 선불카드와 통신기기 제조, 통신업 등이 전체 매출의 90% 이상을 차지함.

실적 분석
동사의 2017년 전체 매출은 1,671억원으로 전년대비 4.5% 증가, 영업이익은 85.6억원으로 전년대비 88.4% 증가. 당기순이익은 56.1억원으로 전년대비 41.8% 증가 시현. 국내외 스마트폰 시장 둔화 및 IT 시장 약화는 부담이나 자회 머큐리 신제품 매출 확대로 견조한 외형 성장세를 시현하였으나 원가율 개선에 힘입어 수익성 호조세를 시현. 2018년 머큐리의 유무선 기술을 알뜰폰에 적용해 IOT 사업을 강화할 전망.

현금 흐름 〈단위 : 억원〉

항목	2016	2017
영업활동	16	28
투자활동	31	-38
재무활동	18	2
순현금흐름	65	-8
기말현금	300	292

시장 대비 수익률
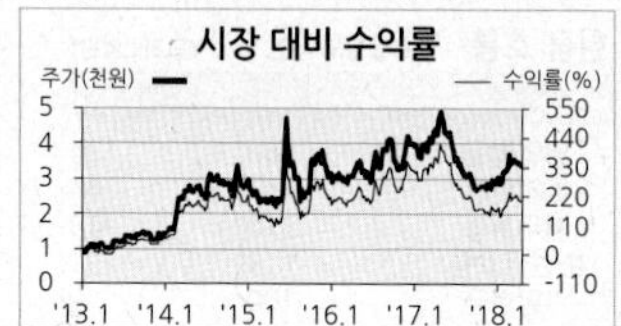

결산 실적 〈단위 : 억원〉

항목	2012	2013	2014	2015	2016	2017
매출액	1,441	1,661	1,272	1,369	1,598	1,671
영업이익	-25	47	33	10	45	86
당기순이익	12	45	30	16	40	56

분기 실적 〈단위 : 억원〉

항목	2016.3Q	2016.4Q	2017.1Q	2017.2Q	2017.3Q	2017.4Q
매출액	359	434	299	389	444	539
영업이익	12	13	9	15	28	33
당기순이익	11	10	10	-13	29	30

재무 상태 〈단위 : 억원〉

항목	2012	2013	2014	2015	2016	2017
총자산	943	1,009	1,018	1,099	1,149	1,309
유형자산	229	227	225	223	222	227
무형자산	11	9	10	10	15	15
유가증권	3	3	119	58	17	35
총부채	352	366	349	425	441	556
총차입금	91	120	102	149	167	193
자본금	79	79	79	79	79	79
총자본	591	643	669	674	707	753
지배주주지분	591	643	669	674	705	752

기업가치 지표

항목	2012	2013	2014	2015	2016	2017
주가(최고/저)(천원)	1.7/0.8	1.5/0.9	3.4/1.4	4.7/2.1	4.6/2.9	4.9/2.5
PER(최고/저)(배)	24.2/11.4	5.9/3.4	19.3/8.2	49.7/22.3	18.6/11.6	14.0/7.1
PBR(최고/저)(배)	0.5/0.2	0.4/0.2	0.8/0.3	1.1/0.5	1.0/0.6	1.0/0.5
EV/EBITDA(배)	—	2.5	6.8	14.6	8.0	3.0
EPS(원)	77	283	188	100	255	358
BPS(원)	4,008	4,342	4,441	4,478	4,676	4,973
CFPS(원)	172	373	280	194	355	466
DPS(원)	—	50	50	55	65	75
EBITDAPS(원)	-65	385	300	159	388	650

재무 비율 〈단위 : %〉

연도	영업이익률	순이익률	부채비율	차입금비율	ROA	ROE	유보율	자기자본비율	EBITDA마진율
2017	5.1	3.4	73.8	25.6	4.6	7.8	894.7	57.6	6.1
2016	2.8	2.5	62.4	23.6	3.5	5.8	835.2	61.6	3.8
2015	0.8	1.2	63.1	22.1	1.5	2.4	795.5	61.3	1.8
2014	2.6	2.3	52.2	15.3	2.9	4.5	788.3	65.7	3.7

아이진 (A185490)
EyeGeneInc

업　　종 : 바이오　　시　　장 : KOSDAQ
신용등급 : (Bond) —　(CP) —　　기업규모 : 기술성
홈페이지 : www.eyegene.co.kr　　연 락 처 : 02)322-1687
본　　사 : 서울시 강서구 양천로 401 강서한강자이타워 B동 910호

설 립 일	2000.06.23	**종업원수**	50명	**대표이사**	유원일
상 장 일	2013.11.28	**감사의견**	적정(안세)	**계　　열**	
결 산 기	12월	**보 통 주**		**종속회사수**	
액 면 가	500원	**우 선 주**		**구 상 호**	

주주구성 (지분율,%)		출자관계 (지분율,%)		주요경쟁사 (외형,%)	
유원일	8.9	아스펜스	49.0	아이진	100
조양제	5.3			씨젠	29,120
(외국인)	1.2			내츄럴엔도텍	3,069

매출구성		비용구성		수출비중	
자궁 경부암 백신(기타)	94.9	매출원가율	67.7	수출	3.3
욕창 치료제(기타)	3.7	판관비율	3119.3	내수	96.7
연구용역(용역)	1.4				

회사 개요

동사는 2000년 6월 설립됐으며 업종은 의학 및 약학 연구 개발업임. 주요제품은 당뇨망막증 치료제, 욕창 치료제, 자궁경부암 예방백신 등으로, 2013년 11월 코넥스 시장에 상장됨. 동사가 속한 바이오의약품 개발 산업은 제품에 대한 특허를 보유하고 있는 한 시장에서 독점적인 판매가 가능하며, 이를 통해 높은 고부가가치를 창출할 수 있는 강점이 있음. 임상단계에 진입한 물질을 대상으로 다국적 제약사에 기술이전하는 것이 주 매출 형태임.

실적 분석

동사의 2017년 누적매출액은 3억원으로 전년대비 12.7% 증가함. 같은 기간 영업손실은 92.9억원으로 전년 85.9억원보다 적자폭이 확대됨. 동사는 자체 연구개발한 신약 후보물질을 임상 1~2상 진행 후 글로벌 제약사로 기술수출하는 사업 모델을 갖고 있음. 임상 진행 속도가 가장 빠른 것은 당뇨망막증 치료제로 유럽 임상 2A 종료 후 기술이전 협상을 진행할 계획임. 2018년 상반기에는 가시적인 성과가 기대됨.

현금 흐름 *IFRS 별도 기준

〈단위 : 억원〉

항목	2016	2017
영업활동	-62	-67
투자활동	6	-82
재무활동	6	185
순현금흐름	-51	36
기말현금	8	44

시장 대비 수익률

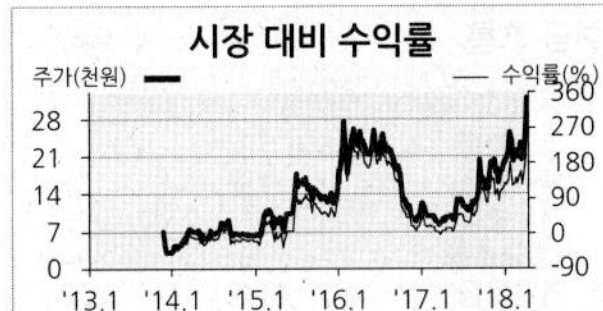

결산 실적

〈단위 : 억원〉

항목	2012	2013	2014	2015	2016	2017
매출액	5	2	2	1	3	3
영업이익	-18	-37	-31	-52	-86	-93
당기순이익	-25	-39	-29	-49	-83	-85

분기 실적 *IFRS 별도 기준

〈단위 : 억원〉

항목	2016.3Q	2016.4Q	2017.1Q	2017.2Q	2017.3Q	2017.4Q
매출액	0	0	0	0	2	1
영업이익	-24	-28	-23	-22	-22	-26
당기순이익	-23	-27	-22	-23	-22	-17

재무 상태 *IFRS 별도 기준

〈단위 : 억원〉

항목	2012	2013	2014	2015	2016	2017
총자산	46	63	55	243	186	303
유형자산	0	0	3	3	16	13
무형자산	3	3	3	3	4	5
유가증권	1	0	0	13	3	3
총부채	86	12	17	16	24	65
총차입금	67	—	—	—	—	38
자본금	24	38	39	50	50	55
총자본	-40	51	39	228	162	238
지배주주지분	-40	51	39	228	162	238

기업가치 지표 *IFRS 별도 기준

항목	2012	2013	2014	2015	2016	2017
주가(최고/저)(천원)	—/—	10.4/4.4	13.0/4.5	18.4/5.6	27.8/8.5	21.2/8.2
PER(최고/저)(배)	0.0/0.0	—/—	—/—	—/—	—/—	—/—
PBR(최고/저)(배)	0.0/0.0	11.0/4.7	18.8/6.5	8.1/2.5	17.2/5.3	9.8/3.8
EV/EBITDA(배)	—	—	—	—	—	—
EPS(원)	-418	-563	-380	-569	-825	-837
BPS(원)	-5,986	667	488	2,276	1,613	2,166
CFPS(원)	-4,137	-557	-370	-556	-808	-795
DPS(원)	—	—	—	—	—	—
EBITDAPS(원)	-2,993	-539	-389	-588	-840	-878

재무 비율

〈단위 : %〉

연도	영업이익률	순이익률	부채비율	차입금비율	ROA	ROE	유보율	자기자본비율	EBITDA마진율
2017	-3,087.0	-2,807.3	27.5	16.0	-34.6	-42.3	333.2	78.4	-2,946.9
2016	-3,214.7	-3,094.6	14.7	0.0	-38.6	-42.5	222.5	87.2	-3,150.6
2015	-4,804.2	-4,552.8	6.9	0.0	-32.8	-36.8	355.3	93.6	-4,703.8
2014	-1,997.3	-1,902.4	일부잠식	0.0	-49.4	-65.6	-2.4	69.5	-1,947.6

아이컴포넌트 (A059100)
i-Components

업　　종 : 디스플레이 및 관련부품　　시　　장 : KOSDAQ
신용등급 : (Bond) —　(CP) —　　기업규모 : 벤처
홈페이지 : www.i-components.co.kr　　연 락 처 : 031)653-5990
본　　사 : 경기도 평택시 팽성읍 추팔산단1길 23

설 립 일	2000.05.12	**종업원수**	105명	**대표이사**	김양국
상 장 일	2008.12.16	**감사의견**	적정(안진)	**계　　열**	
결 산 기	12월	**보 통 주**		**종속회사수**	
액 면 가	500원	**우 선 주**		**구 상 호**	

주주구성 (지분율,%)		출자관계 (지분율,%)		주요경쟁사 (외형,%)	
김양국	23.1			아이컴포넌트	100
한국증권금융	4.9			오성첨단소재	182
(외국인)	7.2			제이스텍	2,328

매출구성		비용구성		수출비중	
COATED (COP,PET)	61.2	매출원가율	92.6	수출	9.1
PC	33.0	판관비율	24.1	내수	90.9
COATED (PC,PMMA)	3.0				

회사 개요

광학용 필름 전문 제조기업으로서 동사의 제품은 터치폰, 휴대폰 키패드, 휴대폰 윈도우, LCD TV BLU, 전자제품의 데코용, 전기전자제품의 Name Plate 등에 사용되고 있음. 낮은 투과율의 하이 배리어 필름을 세계 최초로 양산했고 멀티 코팅 기술력, 광폭 필름 양산 능력 등을 보유함. 주요 매출은 COATED(COP, PET) 약 56%, PC(CLEAR, COLOR, FR) 35%, COATED(PC, PMMA) 3% 등으로 구성됨.

실적 분석

동사의 2017년 연간 매출액은 전년동기대비 54.3% 하락한 245.2억원을 기록하였음. 비용면에서 전년동기대비 매출원가는 크게 감소 하였으며 인건비는 증가 했고 광고선전비도 증가, 기타판매비와관리비는 증가함. 주춤한 모습의 매출액에 의해 전년동기대비 영업손실은 40.9억원으로 적자전환 하였음. 최종적으로 전년동기대비 당기순손실은 적자전환하여 83억원을 기록함.

현금 흐름 *IFRS 별도 기준

〈단위 : 억원〉

항목	2016	2017
영업활동	142	-3
투자활동	-76	-77
재무활동	30	-26
순현금흐름	102	-110
기말현금	183	73

시장 대비 수익률

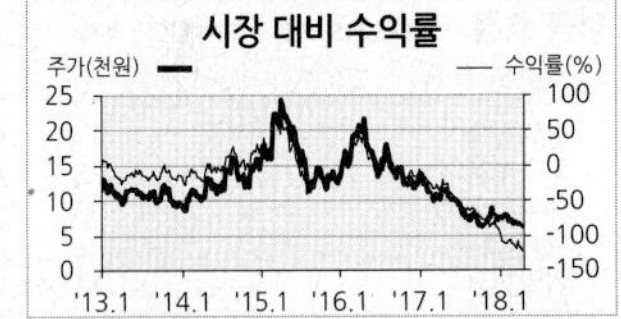

결산 실적

〈단위 : 억원〉

항목	2012	2013	2014	2015	2016	2017
매출액	323	278	283	573	536	245
영업이익	-23	-14	-8	73	55	-41
당기순이익	-46	-30	-23	59	57	-83

분기 실적 *IFRS 별도 기준

〈단위 : 억원〉

항목	2016.3Q	2016.4Q	2017.1Q	2017.2Q	2017.3Q	2017.4Q
매출액	168	103	80	61	56	48
영업이익	21	-3	-1	-9	-10	-21
당기순이익	12	12	-17	-9	-10	-47

재무 상태 *IFRS 별도 기준

〈단위 : 억원〉

항목	2012	2013	2014	2015	2016	2017
총자산	611	546	536	604	694	565
유형자산	335	328	308	325	314	283
무형자산	54	53	50	43	42	13
유가증권	—	—	—	—	—	—
총부채	354	317	270	275	282	233
총차입금	316	282	229	223	233	209
자본금	30	30	33	34	35	35
총자본	257	229	266	329	412	332
지배주주지분	257	229	266	329	412	332

기업가치 지표 *IFRS 별도 기준

항목	2012	2013	2014	2015	2016	2017
주가(최고/저)(천원)	15.8/7.7	13.0/9.3	16.2/8.2	24.5/11.3	21.7/11.1	14.0/6.3
PER(최고/저)(배)	—/—	—/—	—/—	28.3/13.0	27.1/13.8	—/—
PBR(최고/저)(배)	3.8/1.8	3.5/2.5	4.1/2.1	5.0/2.3	3.7/1.9	2.9/1.3
EV/EBITDA(배)	95.0	32.0	34.2	8.2	9.7	108.3
EPS(원)	-767	-501	-369	879	804	-1,174
BPS(원)	4,247	3,770	3,986	4,968	5,914	4,784
CFPS(원)	-217	155	353	1,708	1,475	-522
DPS(원)	—	—	—	100	100	—
EBITDAPS(원)	166	430	587	1,910	1,448	74

재무 비율

〈단위 : %〉

연도	영업이익률	순이익률	부채비율	차입금비율	ROA	ROE	유보율	자기자본비율	EBITDA마진율
2017	-16.7	-33.9	70.4	63.0	-13.2	-22.3	856.8	58.7	2.1
2016	10.2	10.6	68.5	56.7	8.7	15.3	1,082.9	59.3	19.0
2015	12.7	10.3	83.5	67.8	10.4	19.9	893.6	54.5	22.5
2014	-3.0	-8.3	101.7	86.3	-4.3	-9.5	697.2	49.6	13.2

아이케이세미콘 (A149010)

IK Semicon

업 종 : 반도체 및 관련장비 | 시 장 : KONEX
신용등급 : (Bond) — (CP) — | 기업규모 : —
홈페이지 : www.iksemi.com | 연 락 처 : 02)3153-7090
본 사 : 서울시 마포구 성암로 330, 503호(상암동, DMC첨단산업센터)

설 립 일	2000.07.04	종업원수	22명	대표이사	윤경덕
상 장 일	2014.11.14	감사의견	적정(태성)	계 열	
결 산 기	12월	보 통 주		종속회사수	
액 면 가	—	우 선 주		구 상 호	

주주구성 (지분율,%)		출자관계 (지분율,%)		주요경쟁사 (외형,%)	
윤경덕	64.5	에이테스트	100.0	아이케이세미콘	100
오헌영	5.4	아이케이에이	40.0	제이티	206
				성우테크론	244

매출구성		비용구성		수출비중	
TR ARRAY(디스플레이)	42.3	매출원가율	76.4	수출	23.8
기타	29.1	판관비율	19.8	내수	76.2
Automotive용	11.1				

회사 개요

동사는 2000년 7월 4일 설립되어 반도체 제품별로는 시스템 반도체에 속하는 Analog IC과 Logic IC 전문업체이며 반도체 Value Chain별 분류로는 반도체 설계를 해서, 위탁생산전문업체(Foundary)와 패키징 및 테스트 전문업체(SATS)에 생산을 위탁하는 반도체 설계전문업체(Fabless)임. 현재 반도체 테스트를 주 업종으로 하는 비상장업체 에이테스트를 계열회사로 두고 있음

실적 분석

동사의 2017년 연결기준 연간 누적 매출액은 156.2억원으로, 전년동기 163.3억원 대비 4.3% 감소함. 이는 TR ARRAY와 INTERFACE 부문의 매출 감소에 기인함. 매출이 감소함에 따라 영업이익과 당기순이익 또한 전년동기 대비 각각 39.5%, 63.3% 감소한 5.9억원, 4.8억원을 시현함. 동사는 자동차용 IC 개발에 주력하고 있으며, 모터드라이브용 반도체 개발도 계획중에 있음.

현금 흐름 *IFRS 별도 기준 <단위 : 억원>

항목	2016	2017
영업활동	8	14
투자활동	-2	-5
재무활동	-3	-3
순현금흐름	3	6
기말현금	5	11

시장 대비 수익률

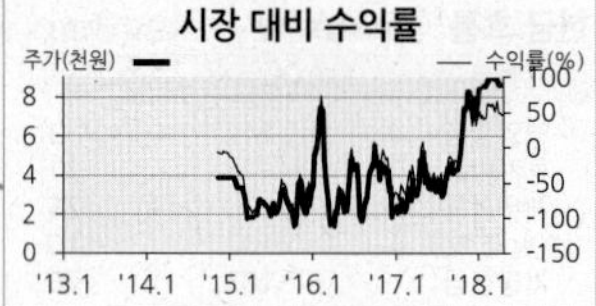

결산 실적 <단위 : 억원>

항목	2012	2013	2014	2015	2016	2017
매출액	169	161	155	152	163	156
영업이익	10	8	11	-7	10	6
당기순이익	4	6	7	-20	13	5

분기 실적 *IFRS 별도 기준 <단위 : 억원>

항목	2016.3Q	2016.4Q	2017.1Q	2017.2Q	2017.3Q	2017.4Q
매출액	—	—	—	—	—	—
영업이익	—	—	—	—	—	—
당기순이익	—	—	—	—	—	—

재무 상태 *IFRS 별도 기준 <단위 : 억원>

항목	2012	2013	2014	2015	2016	2017
총자산	116	118	109	98	112	107
유형자산	11	11	11	11	10	10
무형자산	19	22	26	18	19	14
유가증권	—	3	—	—	—	—
총부채	65	61	47	56	58	48
총차입금	44	44	34	37	34	30
자본금	19	19	19	19	19	19
총자본	51	56	62	42	54	60
지배주주지분	51	56	62	42	54	60

기업가치 지표 *IFRS 별도 기준

항목	2012	2013	2014	2015	2016	2017
주가(최고/저)(천원)	—/—	—/—	3.9/3.9	4.0/1.4	7.9/1.3	8.5/1.9
PER(최고/저)(배)	0.0/0.0	0.0/0.0	18.0/18.0	—/—	20.0/3.2	52.1/11.8
PBR(최고/저)(배)	0.0/0.0	0.0/0.0	2.0/2.0	3.0/1.0	4.6/0.7	4.5/1.0
EV/EBITDA(배)	2.3	2.7	10.9	—	7.1	24.0
EPS(원)	139	180	223	-619	406	165
BPS(원)	1,653	1,833	2,013	1,360	1,761	1,916
CFPS(원)	197	257	294	-471	545	307
DPS(원)	—	—	30	—	40	50
EBITDAPS(원)	386	334	439	-78	440	339

재무 비율 <단위 : %>

연도	영업이익률	순이익률	부채비율	차입금비율	ROA	ROE	유보율	자기자본비율	EBITDA마진율
2017	3.8	3.1	84.8	54.1	4.3	8.5	215.4	54.1	7.1
2016	5.9	7.9	112.2	66.1	12.3	27.8	191.4	47.1	9.1
2015	-4.7	-12.9	144.8	95.4	-18.8	-38.8	121.8	40.9	-1.2
2014	7.3	4.3	81.8	58.4	—	—	233.2	55.0	9.2

아이콘트롤스 (A039570)

I CONTROLS

업 종 : 건설 | 시 장 : 거래소
신용등급 : (Bond) — (CP) — | 기업규모 : 시가총액 소형주
홈페이지 : www.icontrols.co.kr | 연 락 처 : 031)785-1700
본 사 : 경기도 성남시 분당구 정자일로 213번길 5

설 립 일	1999.09.17	종업원수	220명	대표이사	정현
상 장 일	2015.09.24	감사의견	적정(삼일)	계 열	
결 산 기	12월	보 통 주		종속회사수	1개사
액 면 가	500원	우 선 주		구 상 호	

주주구성 (지분율,%)		출자관계 (지분율,%)		주요경쟁사 (외형,%)	
정몽규	29.9	아이시에스	19.0	아이콘트롤스	100
현대EP	14.8	다담마이크로	16.7	이테크건설	555
(외국인)	5.0	영창뮤직	6.4	코오롱글로벌	1,384

매출구성		비용구성		수출비중	
M&E	35.4	매출원가율	89.8	수출	0.0
스마트홈	28.8	판관비율	4.5	내수	100.0
IBS	20.2				

회사 개요

동사는 현대산업 그룹 계열의 건설 IT 솔루션 제공업체임. 동사의 사업부별 매출비중은 M&E(Mechanical & Electrical), 스마트홈, IBS(Intelligent Building System), SOC 순으로 구성되어있음. 계열사인 현대산업개발에 매출 의존도가 높음. 국내 건설경기와 밀접한 관계를 가지고 비즈니스 모델이나, 향후 IoT 등을 통해 관계사 의존도 낮출 계획임.

실적 분석

동사의 2017년 매출액은 전년 대비 39.8% 증가한 2,640.0억원을 기록하였음. 다만 원가율이 상승함에 따라 같은 기간 영업이익은 147.9억원을 기록, 12.3% 증가하는 데 그침. 비영업 부문에서 이익이 발생함에 따라 동사는 2017년 237.6억원의 당기순이익을 기록, 전년 대비 26.0% 증가한 실적을 냄. 실적 증가는 지속적으로 신규 수주가 증가했기 때문으로 풀이됨. 또 신재생 에너지 매출 다변화로 지속적인 성장이 예견됨.

현금 흐름 <단위 : 억원>

항목	2016	2017
영업활동	72	62
투자활동	-13	57
재무활동	-51	-25
순현금흐름	8	94
기말현금	114	208

시장 대비 수익률

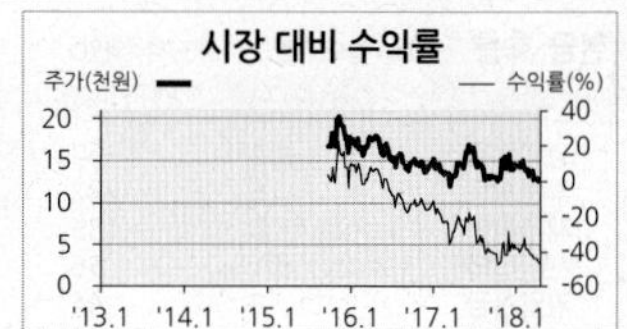

결산 실적 <단위 : 억원>

항목	2012	2013	2014	2015	2016	2017
매출액	1,068	1,242	1,318	1,746	1,889	2,640
영업이익	77	72	74	122	132	148
당기순이익	106	-11	62	141	189	238

분기 실적 <단위 : 억원>

항목	2016.3Q	2016.4Q	2017.1Q	2017.2Q	2017.3Q	2017.4Q
매출액	455	583	508	685	686	761
영업이익	49	13	34	47	44	23
당기순이익	63	20	55	70	73	40

재무 상태 <단위 : 억원>

항목	2012	2013	2014	2015	2016	2017
총자산	1,328	1,288	1,325	2,183	2,400	2,759
유형자산	56	53	51	49	46	46
무형자산	12	11	8	5	4	4
유가증권	37	47	32	672	647	571
총부채	727	688	690	588	642	792
총차입금	205	197	196	33	1	1
자본금	28	28	28	41	41	82
총자본	602	601	635	1,595	1,758	1,968
지배주주지분	602	601	635	1,595	1,758	1,968

기업가치 지표

항목	2012	2013	2014	2015	2016	2017
주가(최고/저)(천원)	—/—	—/—	—/—	20.3/15.9	18.4/13.5	17.0/12.0
PER(최고/저)(배)	0.0/0.0	0.0/0.0	0.0/0.0	18.9/14.8	16.5/12.1	12.0/8.5
PBR(최고/저)(배)	0.0/0.0	0.0/0.0	0.0/0.0	2.2/1.7	1.8/1.3	1.5/1.0
EV/EBITDA(배)	2.4	2.4	2.0	18.0	12.7	10.9
EPS(원)	950	-96	557	1,112	1,146	1,443
BPS(원)	107,819	107,640	113,765	19,381	21,364	11,953
CFPS(원)	20,159	-462	12,535	2,341	2,363	1,466
DPS(원)	—	—	—	250	300	250
EBITDAPS(원)	14,918	14,339	14,636	2,039	1,672	921

재무 비율 <단위 : %>

연도	영업이익률	순이익률	부채비율	차입금비율	ROA	ROE	유보율	자기자본비율	EBITDA마진율
2017	5.6	9.0	40.2	0.1	9.2	12.8	2,290.7	71.3	5.7
2016	7.0	10.0	36.5	0.1	8.2	11.3	4,172.8	73.3	7.3
2015	7.0	8.1	36.9	2.1	8.0	12.7	3,776.2	73.1	7.4
2014	5.6	4.7	108.8	30.9	4.8	10.1	2,175.3	47.9	6.2

아이크래프트 (A052460)
iCRAFT

업 종 : IT 서비스 시 장 : KOSDAQ
신용등급 : (Bond) — (CP) — 기업규모 : 벤처
홈페이지 : www.icraft21.com 연 락 처 : 02)541-0474
본 사 : 서울시 강남구 언주로 726, 12층(논현동, 두산건설빌딩)

설 립 일	2000.01.21	종업원수	128명	대표이사	박우진
상 장 일	2005.01.03	감사의견	적정(한영)	계 열	
결 산 기	12월	보 통 주		종속회사수	1개사
액 면 가	500원	우 선 주		구 상 호	

주주구성 (지분율,%)		출자관계 (지분율,%)		주요경쟁사 (외형,%)	
박우진	17.6	시엔스	100.0	아이크래프트	100
국민연금02-1동양벤처조합	4.9	블랙루비스튜디오	70.5	케이사인	29
(외국인)	0.4	엠씨페이	6.5	유엔젤	34

매출구성		비용구성		수출비중	
인터넷핵심망, 어플리케이션,유지보수	48.5	매출원가율	83.3	수출	0.8
네트웍 및 솔루션 장비판매	45.5	판관비율	14.4	내수	99.2
기타매출	6.1				

회사 개요

인터넷 네트워크 구축 및 시스템 구축을 주요 사업으로 영위 중. 네트워크 솔루션 사업 중 주력분야인 인터넷 핵심망/접속망 구축사업은 기간통신사업자의 인터넷 인프라 구축과 인프라를 기반으로 사용자 접속을 위한 기본 ACCESS망 구축에 관한 제반 솔루션 사업임. 동사의 일반기업, 금융 및 공공기관 등에 제공하는 주요 서비스로는 대용량 DATA 관리 솔루션, 인터넷 통합 보안 서비스, 음성/데이터 통합 서비스가 있음.

실적 분석

동사의 2017년 연결 기준 연간 누적 매출액은 925.3억원으로 전년 동기 대비 15.9% 증가함. 매출이 증가하면서 매출 원가도 큰 폭으로 늘었고 판매비와 관리비 증가율 또한 매출 증가율을 상회하면서 영업이익은 전년 동기 대비 53.1% 감소한 21.2억원을 기록함. 비영업손익 부문에서 흑자전환에 성공하고 법인세비용이 소폭 감소하면서 당기순이익은 전년 동기 대비 0.9% 증가한 21.9억원을 기록함.

현금 흐름

<단위 : 억원>

항목	2016	2017
영업활동	58	80
투자활동	-13	-19
재무활동	-43	-50
순현금흐름	2	10
기말현금	132	142

시장 대비 수익률

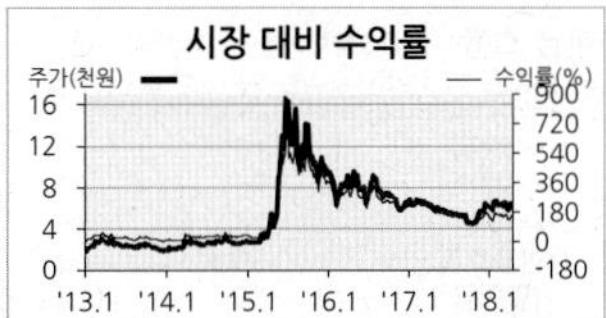

결산 실적

<단위 : 억원>

항목	2012	2013	2014	2015	2016	2017
매출액	600	522	534	684	799	925
영업이익	50	12	16	35	45	21
당기순이익	39	15	13	27	22	22

분기 실적

<단위 : 억원>

항목	2016.3Q	2016.4Q	2017.1Q	2017.2Q	2017.3Q	2017.4Q
매출액	127	296	204	148	168	405
영업이익	-10	26	8	-8	-7	29
당기순이익	-9	10	7	-7	-7	28

재무 상태

<단위 : 억원>

항목	2012	2013	2014	2015	2016	2017
총자산	406	424	421	539	548	618
유형자산	4	3	5	7	10	9
무형자산	35	34	35	35	28	29
유가증권	5	5	3	14	17	24
총부채	101	110	98	192	188	270
총차입금	29	—	16	95	59	52
자본금	40	40	40	40	40	40
총자본	305	314	323	347	360	348
지배주주지분	305	314	323	347	360	347

기업가치 지표

항목	2012	2013	2014	2015	2016	2017
주가(최고/저)(천원)	2.7/1.1	3.2/1.8	3.5/2.0	17.3/2.7	9.8/5.8	6.9/4.4
PER(최고/저)(배)	6.4/2.6	19.4/10.9	23.1/13.3	53.0/8.2	37.6/22.0	25.7/16.6
PBR(최고/저)(배)	0.8/0.3	0.9/0.5	0.9/0.5	4.0/0.6	2.2/1.3	1.4/0.9
EV/EBITDA(배)	—	—	4.3	18.8	8.1	12.8
EPS(원)	485	180	160	341	270	272
BPS(원)	4,006	4,117	4,231	4,523	4,694	4,900
CFPS(원)	513	205	188	370	318	344
DPS(원)	80	50	70	100	100	100
EBITDAPS(원)	646	180	222	466	609	335

재무 비율

<단위 : %>

연도	영업이익률	순이익률	부채비율	차입금비율	ROA	ROE	유보율	자기자본비율	EBITDA마진율
2017	2.3	2.4	77.4	14.9	3.8	6.2	880.1	56.4	2.9
2016	5.7	2.7	52.2	16.3	4.0	6.2	838.8	65.7	6.1
2015	5.1	4.0	55.4	27.3	5.7	8.2	804.6	64.4	5.5
2014	2.9	2.4	30.2	5.0	3.1	4.1	746.3	76.8	3.4

아이텍반도체 (A119830)
ITEK Semiconductor

업 종 : 반도체 및 관련장비 시 장 : KOSDAQ
신용등급 : (Bond) — (CP) — 기업규모 : 중견
홈페이지 : www.iteksemi.com 연 락 처 : 031)8077-1500
본 사 : 경기도 화성시 동탄면 동탄산단4길 9-15

설 립 일	2005.02.01	종업원수	202명	대표이사	유남영
상 장 일	2010.10.26	감사의견	적정(한미)	계 열	
결 산 기	12월	보 통 주		종속회사수	
액 면 가	500원	우 선 주		구 상 호	

주주구성 (지분율,%)		출자관계 (지분율,%)		주요경쟁사 (외형,%)	
유남영	37.6			아이텍반도체	100
허엽	5.8			에이디테크놀로지	125
(외국인)	0.9			제너셈	107

매출구성		비용구성		수출비중	
패키지 테스트	55.2	매출원가율	80.8	수출	—
웨이퍼 테스트	27.3	판관비율	9.6	내수	—
기 타	17.5				

회사 개요

동사는 2005년에 설립되고 2010년에 코스닥시장에 상장한 시스템 반도체 테스트회사로서 시스템 반도체 생산의 마지막 공정인 테스트를 담당하고 있음. 시스템 반도체 테스트 분야의 주요 고객은 반도체 설계를 담당하는 팹리스 업체와 IDM 중 테스트 부문을 아웃소싱 하는 회사임. 주요 전방산업은 TV, PC, 모바일기기 등이며 동사를 포함해 에이티세미콘, 테스나, 지엠테스트 등 4개의 주요 업체와 군소업체가 경쟁하고 있음.

실적 분석

동사의 2017년 매출과 영업이익은 259억원, 25억원으로 전년 대비 각각 0.3%, 16% 증가함. 당기순이익은 15억원으로 5.5% 증가함. 동사의 반도체테스트매출 중 패키지테스트는 2억 1,495만개, 157억원을 기록함. 웨이퍼테스트는 7만개, 57억원, 개발매출 등은 44억원의 매출을 기록함. 자산총계는 491억원, 부채총계 231억원, 자본총계 261억원을 기록함.

현금 흐름 *IFRS 별도 기준

<단위 : 억원>

항목	2016	2017
영업활동	92	67
투자활동	-49	-70
재무활동	-47	3
순현금흐름	-4	-1
기말현금	16	15

시장 대비 수익률

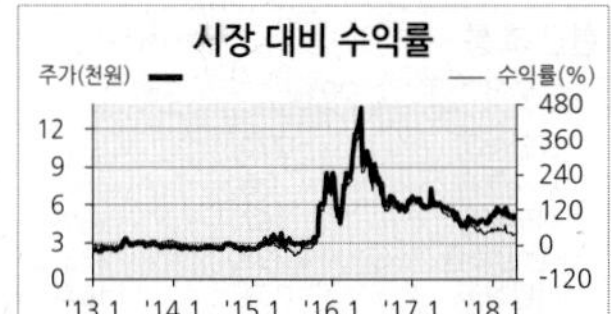

결산 실적

<단위 : 억원>

항목	2012	2013	2014	2015	2016	2017
매출액	214	222	244	230	258	258
영업이익	-9	9	8	-15	21	25
당기순이익	-19	1	9	-6	14	15

분기 실적 *IFRS 별도 기준

<단위 : 억원>

항목	2016.3Q	2016.4Q	2017.1Q	2017.2Q	2017.3Q	2017.4Q
매출액	66	60	60	61	74	64
영업이익	8	2	3	3	12	6
당기순이익	5	-0	0	1	11	3

재무 상태 *IFRS 별도 기준

<단위 : 억원>

항목	2012	2013	2014	2015	2016	2017
총자산	542	481	605	488	465	491
유형자산	397	332	433	350	336	366
무형자산	1	1	1	1	6	4
유가증권	—	—	—	—	—	—
총부채	311	250	368	257	220	231
총차입금	271	209	294	199	152	153
자본금	26	26	26	26	26	26
총자본	230	232	237	231	245	261
지배주주지분	230	232	237	231	245	261

기업가치 지표 *IFRS 별도 기준

항목	2012	2013	2014	2015	2016	2017
주가(최고/저)(천원)	4.2/2.2	3.4/2.3	3.0/2.3	8.5/2.4	13.7/4.5	7.3/4.3
PER(최고/저)(배)	—/—	246.3/168.8	18.2/14.1	—/—	50.9/16.8	26.0/15.3
PBR(최고/저)(배)	1.0/0.5	0.8/0.5	0.7/0.5	2.0/0.6	3.0/1.0	1.5/0.9
EV/EBITDA(배)	4.9	3.4	4.3	8.7	5.6	5.5
EPS(원)	-359	14	167	-112	275	288
BPS(원)	4,420	4,451	4,555	4,438	4,710	4,949
CFPS(원)	1,217	1,586	1,768	1,432	1,497	1,233
DPS(원)	—	—	—	—	—	100
EBITDAPS(원)	1,398	1,752	1,747	1,254	1,632	1,417

재무 비율

<단위 : %>

연도	영업이익률	순이익률	부채비율	차입금비율	ROA	ROE	유보율	자기자본비율	EBITDA마진율
2017	9.6	5.9	88.4	58.5	3.2	6.0	889.7	53.1	28.8
2016	8.3	5.6	89.6	61.8	3.0	6.0	842.1	52.7	33.0
2015	-6.6	-2.6	111.2	85.9	-1.1	-2.5	787.5	47.4	28.5
2014	3.1	3.6	155.1	123.9	1.6	3.7	811.1	39.2	37.3

아이티센 (A124500)

ITCEN

업종 : IT 서비스 | 시장 : KOSDAQ
신용등급 : (Bond) — (CP) — | 기업규모 : 중견
홈페이지 : www.itcen.co.kr | 연락처 : 02)3497-8300
본사 : 서울시 서초구 반포대로 13 아이티센빌딩

설립일	2005.05.10	**종업원수**	578명	**대표이사**	박진국
상장일	2013.07.01	**감사의견**	적정(선명)	**계열**	
결산기	12월	**보통주**		**종속회사수**	4개사
액면가	500원	**우선주**		**구상호**	아이티센시스템즈

주주구성 (지분율,%)		출자관계 (지분율,%)		주요경쟁사 (외형,%)	
강진모	15.5	에스엔티씨	100.0	아이티센	100
아이티센우리사주조합	9.6	굿센	41.6	DB	64
(외국인)	2.0	시큐센	30.0	엑셈	11

매출구성		비용구성		수출비중	
SI(컨설팅/시스템통합)	49.7	매출원가율	86.8	수출	0.0
아웃소싱(유지보수)	46.8	판관비율	12.1	내수	100.0
솔루션공급	3.2				

회사 개요

동사는 국내 IT서비스 시장에서 솔루션공급사업, 컨설팅/시스템통합(SI)사업, 아웃소싱(유지·보수)사업을 영위하고 있으며 세 가지 사업 모두 통상적으로 수요처(고객)의 사업 발주에 대응하는 고객맞춤 수주형 사업형태로 사업을 영위함. 사업영위 조직으로는 안전행정부 등 공공부문의 프로젝트 수행을 담당하는 공공1사업본부, 교육부 및 지방이전 수행을 담당하는 공공2사업본부, 금융 및 제조업 등 기타 산업을 담당하는 인더스트리 융합사업본부가 있음.

실적 분석

동사의 2017년 매출액은 전년동기 대비 13.9% 증가한 3,115.5억원을 기록함. 공공 IT서비스 S/W 개발능력 고도화에 따른 사업구조 효율화로 수익성을 개선함. 이에 따라 영업이익 및 당기순이익 모두 흑자전환함. 정부의 IT투자 계획이나 공공기관의 대형 프로젝트 발주 여부에 영향을 받으며 공공기관의 예산 집행 및 투자가 주로 하반기에 집중되는 경향이 있기에 하반기에 매출이 집중됨.

현금 흐름 〈단위 : 억원〉

항목	2016	2017
영업활동	-270	132
투자활동	-8	-80
재무활동	168	180
순현금흐름	-98	233
기말현금	231	464

시장 대비 수익률

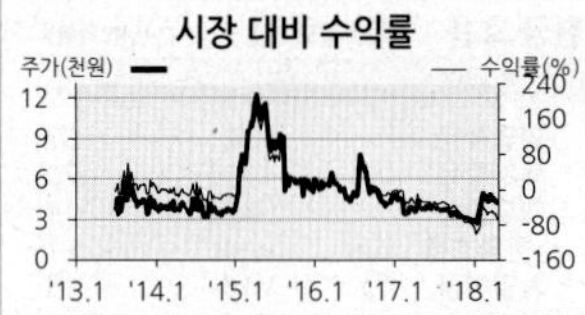

결산 실적 〈단위 : 억원〉

항목	2012	2013	2014	2015	2016	2017
매출액	1,318	1,376	2,393	1,618	2,737	3,115
영업이익	84	57	60	-95	-38	35
당기순이익	52	24	28	-87	-74	-1

분기 실적 〈단위 : 억원〉

항목	2016.3Q	2016.4Q	2017.1Q	2017.2Q	2017.3Q	2017.4Q
매출액	634	1,025	666	739	723	988
영업이익	-33	15	1	-4	-0	39
당기순이익	-35	-20	-9	-9	-3	19

재무 상태 〈단위 : 억원〉

항목	2012	2013	2014	2015	2016	2017
총자산	703	995	1,294	1,330	1,583	1,721
유형자산	128	284	271	293	274	300
무형자산	58	108	120	175	204	216
유가증권	14	19	16	50	33	36
총부채	501	695	758	761	1,017	975
총차입금	320	440	323	371	499	504
자본금	12	16	22	22	47	76
총자본	203	300	536	569	566	746
지배주주지분	139	185	298	231	189	354

기업가치 지표

항목	2012	2013	2014	2015	2016	2017
주가(최고/저)(천원)	—/—	7.2/3.8	12.4/3.7	14.3/5.6	9.6/4.6	4.9/2.9
PER(최고/저)(배)	0.0/0.0	30.8/16.2	35.3/10.6	—/—	—/—	69.6/41.1
PBR(최고/저)(배)	0.0/0.0	2.6/1.4	3.8/1.2	5.7/2.2	4.9/2.4	2.1/1.2
EV/EBITDA(배)	3.0	12.3	18.9	—	—	15.5
EPS(원)	592	202	303	-645	-602	70
BPS(원)	44,231	5,756	6,807	5,292	2,023	2,317
CFPS(원)	15,918	736	992	-1,339	-560	189
DPS(원)	190	17	47	—	—	—
EBITDAPS(원)	28,300	2,061	1,888	-1,912	-235	369

재무 비율 〈단위 : %〉

연도	영업이익률	순이익률	부채비율	차입금비율	ROA	ROE	유보율	자기자본비율	EBITDA마진율
2017	1.1	0.0	130.6	67.5	-0.1	3.7	363.5	43.4	1.7
2016	-1.4	-2.7	179.5	88.1	-5.1	-32.1	304.5	35.8	-0.8
2015	-5.9	-5.4	133.7	65.2	-6.6	-26.2	958.5	42.8	-5.2
2014	2.5	1.2	141.4	60.3	2.4	11.2	1,261.5	41.4	2.9

아이티엑스엠투엠 (A099520)

ITX-M2M

업종 : 보안장비 | 시장 : KOSDAQ
신용등급 : (Bond) — (CP) — | 기업규모 : 벤처
홈페이지 : www.itxm2m.com | 연락처 : 02)2082-8500
본사 : 서울시 금천구 가산디지털1로 212, 코오롱디지털타워애스턴 906호

설립일	1998.02.27	**종업원수**	115명	**대표이사**	박상열
상장일	2009.12.22	**감사의견**	적정(이촌)	**계열**	
결산기	12월	**보통주**		**종속회사수**	
액면가	500원	**우선주**		**구상호**	ITX시큐리티

주주구성 (지분율,%)		출자관계 (지분율,%)		주요경쟁사 (외형,%)	
박상열	18.2	브이엠소프트	80.0	ITX엠투엠	100
에이티넘팬아시아조합	5.9	에이치앤에듀	80.0	아이디스	306
(외국인)	2.8			인콘	142

매출구성		비용구성		수출비중	
DVR, NVR, IP카메라 등	76.0	매출원가율	73.2	수출	46.0
CCTV카메라 등	11.9	판관비율	25.5	내수	54.0
DVR 보드 등	11.0				

회사 개요

동사는 CCTV 영상보안장비 솔루션 전문 업체로, 영상기기 및 감시카메라 장치의 개발, 판매 등을 주로 영위 중임. 스탠드얼론 DVR, NVR, IP-Camera, 차세대 관제 시스템 등이 있음. CCTV 보안카메라의 영상을 처리하는 Recoder(DVR, NVR)군과 보안카메라(IP카메라) 등이 주력 제품으로 전체 매출의 90% 가량을 차지함. ODM/OEM 방식으로 국내외 보안업체에 판매됨.

실적 분석

동사의 2017년 연간 매출액은 310.9억원으로 전년 대비 26.8% 증가함. 이는 국내 주요 거래처에 대한 매출 증가의 영향임. 매출증가 및 판관비의 감소로 영업이익은 3.9억원으로 흑자전환됨. 비영업손실의 적자폭이 축소됐음에도 불구하고, 당기순손실은 3.4억원으로 적자지속중임. 원가구조 개선으로 인해 매출총이익률 개선되었으며, 고부가가치 신제품 판매 확대 등으로 수익성이 개선이 예상됨.

현금 흐름 *IFRS 별도 기준 〈단위 : 억원〉

항목	2016	2017
영업활동	16	-39
투자활동	53	21
재무활동	-76	15
순현금흐름	-6	-3
기말현금	6	3

시장 대비 수익률

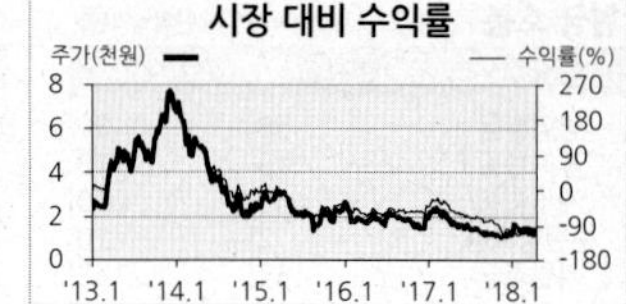

결산 실적 〈단위 : 억원〉

항목	2012	2013	2014	2015	2016	2017
매출액	452	826	675	355	245	311
영업이익	12	34	-16	-124	-43	4
당기순이익	1	24	-21	-153	-69	-3

분기 실적 *IFRS 별도 기준 〈단위 : 억원〉

항목	2016.3Q	2016.4Q	2017.1Q	2017.2Q	2017.3Q	2017.4Q
매출액	48	57	55	76	88	92
영업이익	-17	-16	-9	-2	9	7
당기순이익	-19	-39	-11	-2	8	1

재무 상태 *IFRS 별도 기준 〈단위 : 억원〉

항목	2012	2013	2014	2015	2016	2017
총자산	506	565	495	416	256	279
유형자산	121	120	133	115	88	80
무형자산	83	77	79	69	26	26
유가증권	1	24	34	63	47	0
총부채	260	201	154	205	112	107
총차입금	167	107	109	159	82	75
자본금	39	63	66	71	71	82
총자본	246	363	342	211	143	172
지배주주지분	246	363	342	211	143	172

기업가치 지표 *IFRS 별도 기준

항목	2012	2013	2014	2015	2016	2017
주가(최고/저)(천원)	2.4/1.2	8.0/2.3	7.8/2.0	3.3/1.4	2.7/1.5	2.6/1.0
PER(최고/저)(배)	189.4/98.2	36.4/10.6	—/—	—/—	—/—	—/—
PBR(최고/저)(배)	1.0/0.5	2.7/0.8	2.9/0.7	2.1/0.9	2.5/1.4	2.4/1.0
EV/EBITDA(배)	9.3	14.5	24.8	—	—	12.7
EPS(원)	12	212	-155	-1,137	-484	-23
BPS(원)	3,189	2,879	2,650	1,558	1,076	1,094
CFPS(원)	423	511	85	-903	-294	93
DPS(원)	—	—	—	—	—	—
EBITDAPS(원)	579	606	120	-684	-109	142

재무 비율 〈단위 : %〉

연도	영업이익률	순이익률	부채비율	차입금비율	ROA	ROE	유보율	자기자본비율	EBITDA마진율
2017	1.3	-1.1	62.6	43.5	-1.3	-2.1	118.8	61.5	6.7
2016	-17.7	-28.3	78.3	57.1	-20.7	-39.1	115.2	56.1	-6.3
2015	-35.0	-43.2	96.8	75.0	-33.6	-55.4	211.6	50.8	-25.6
2014	-2.4	-3.1	45.0	32.0	-3.9	-5.9	430.1	69.0	2.4

아주캐피탈 (A033660)

Aju Capital

업　　종 : 소비자 금융　　시　　장 : 거래소
신용등급 : (Bond) —　(CP) —　　기업규모 : 시가총액 중형주
홈페이지 : www.ajucapital.co.kr　　연 락 처 : 1544-8600
본　　사 : 대전시 서구 대덕대로 239 (둔산동)

설 립 일	1994.02.21	**종업원수**	463명	**대표이사**	박춘원
상 장 일	2009.06.25	**감사의견**	적정(삼정)	**계　　열**	
결 산 기	12월	**보 통 주**		**종속회사수**	26개사
액 면 가	5,000원	**우 선 주**		**구　　상　　호**	

주주구성 (지분율,%)		출자관계 (지분율,%)		주요경쟁사 (외형,%)	
웰투시 제3호 투자목적회사	74.0	아주저축은행	100.0	아주캐피탈	100
아주산업	12.9	코스톤PEF5호	49.6	삼성카드	1,422
(외국인)	1.2	코스톤PEF1호	32.7	텍셀네트컴	188

수익구성		비용구성		수출비중	
이자수익	55.2	이자비용	26.4	수출	—
리스 및 렌탈관련수익	41.3	파생상품손실	0.0	내수	—
대출채권 등 평가 및 처분이익	1.4	판관비	19.5		

회사 개요

동사는 1994년에 설립되어 여신전문금융업법에 근거해 자동차금융, 개인금융, 기업금융 등 다양한 여신업무를 영위하고 있음. 주요 종속회사인 아주아이비투자와 아주저축은행은 각각 신기술금융업 중심의여신업무와 일반대출 중심의 저축은행업무를 취급하고 있음. 동사가 소속된 아주그룹 계열사는 총 36개임. 동사는 여신업무 중에서도 자동차 관련 금융 서비스가 차지하는 비중이 크고, 여신금융 시장에서 관리자산 기준으로 동사의 점유율은 3.6%임.

실적 분석

동사의 2017년 매출과 영업이익은 6,216억원, 1,126억원으로 전년 대비 각각 매출은 감소하고 영업이익은 증가함. 2017년도 전체 신규취급액은 전년 대비 4% 증가한 2조 8,000억원을 달성함. 2016년 신용등급 하락 이후 전략적으로 신규영업을 축소하였지만, 2017년 7월 최대주주 변경으로 인하여 조달 환경이 개선되면서 신규영업이 확대됨. 관리 자산규모는 자산의 다운사이징 과정에서 전년 대비 6.3% 감소함.

현금 흐름

〈단위 : 억원〉

항목	2016	2017
영업활동	9,585	4,712
투자활동	243	698
재무활동	-9,820	-5,862
순현금흐름	8	-763
기말현금	2,888	2,125

시장 대비 수익률

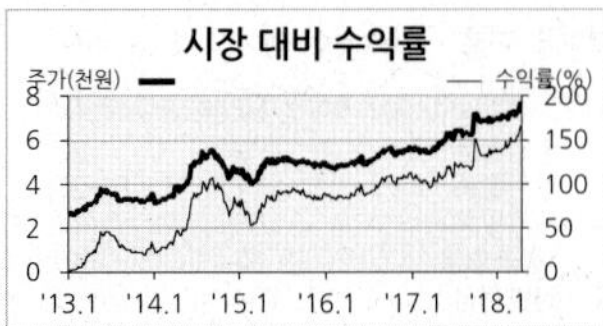

결산 실적

〈단위 : 억원〉

항목	2012	2013	2014	2015	2016	2017
순영업손익	1,422	1,602	1,911	2,096	1,998	2,118
영업이익	126	280	523	670	699	1,126
당기순이익	36	191	366	510	542	538

분기 실적

〈단위 : 억원〉

항목	2016.3Q	2016.4Q	2017.1Q	2017.2Q	2017.3Q	2017.4Q
순영업손익	560	273	476	615	562	465
영업이익	287	-193	245	372	310	198
당기순이익	211	-134	189	-30	230	149

재무 상태

〈단위 : 억원〉

항목	2012	2013	2014	2015	2016	2017
총자산	58,761	62,419	64,030	70,439	61,304	53,106
유형자산	116	108	81	34	38	46
무형자산	365	321	253	188	124	66
유가증권	2,147	2,513	3,387	3,904	5,617	3,638
총부채	51,832	55,430	56,794	62,896	53,429	46,074
총차입금	45,134	46,731	47,511	51,684	42,349	35,610
자본금	2,877	2,877	2,877	2,877	2,877	2,877
총자본	6,929	6,989	7,236	7,543	7,875	7,032
지배주주지분	6,526	6,558	6,772	7,076	7,367	7,032

기업가치 지표

항목	2012	2013	2014	2015	2016	2017
주가(최고/저)(천원)	3.5/2.5	3.9/2.6	5.6/3.1	5.3/4.0	5.8/4.5	7.3/5.3
PER(최고/저)(배)	52.9/38.0	20.4/13.9	14.1/7.9	9.1/6.9	8.8/6.9	9.8/7.3
PBR(최고/저)(배)	0.5/0.4	0.5/0.4	0.7/0.4	0.6/0.5	0.6/0.5	0.7/0.5
PSR(최고/저)(배)	2/2	2/1	2/1	2/2	2/2	2/2
EPS(원)	106	284	571	801	850	904
BPS(원)	11,374	11,430	11,803	12,331	12,837	12,255
CFPS(원)	188	461	728	953	1,003	1,050
DPS(원)	300	250	300	400	350	1,653
EBITDAPS(원)	220	486	909	1,163	1,214	1,957

재무 비율

〈단위 : %〉

연도	계속사업 이익률	순 이익률	부채 비율	차입금 비율	ROA	ROE	유보율	자기자본 비율	총자산 증가율
2017	34.9	25.4	655.2	506.4	0.9	7.2	145.1	13.2	-13.4
2016	33.9	27.1	678.4	537.8	0.8	6.8	156.7	12.9	-13.0
2015	30.5	24.3	833.8	685.2	0.8	6.7	146.6	10.7	10.0
2014	26.5	19.1	784.9	656.6	0.6	4.9	136.1	11.3	2.6

아즈텍더블유비이 (A032080)

AztechWB

업　　종 : 섬유 및 의복　　시　　장 : KOSDAQ
신용등급 : (Bond) —　(CP) —　　기업규모 :
홈페이지 : www.aztechwb.co.kr　　연 락 처 : 051)202-3101
본　　사 : 부산시 사하구 하신번영로 99

설 립 일	1970.10.20	**종업원수**	121명	**대표이사**	허재명
상 장 일	2000.10.14	**감사의견**	적정(현대)	**계　　열**	
결 산 기	12월	**보 통 주**		**종속회사수**	
액 면 가	500원	**우 선 주**		**구　　상　　호**	

주주구성 (지분율,%)		출자관계 (지분율,%)		주요경쟁사 (외형,%)	
허재명	22.4			아즈텍WB	100
효림세울	10.5			우노앤컴퍼니	113
(외국인)	2.5			좋은사람들	346

매출구성		비용구성		수출비중	
직물 신사	32.5	매출원가율	93.8	수출	—
직물 숙녀	25.5	판관비율	14.2	내수	—
유니폼	23.5				

회사 개요

동사는 1969년 왕벌물산으로 설립돼 1993년 법인전환 후 2000년 코스닥 시장에 상장함. 유니폼용 원단 생산과 판매를 주요 사업으로 영위하고 있음. 학생복, 경찰 정복, 군장교 정복, 은행원 유니폼 등에 쓰이는 원단임. 매출은 프로모션 부문 17.1%, 직물 부문 82.9%로 구성됨. 경기침체와 유통구조 변화, 글로벌 브랜드의 국내 시장 입성 등으로 인해 시장 여건이 좋지 않음.

실적 분석

2017년 연결기준 동사 매출은 344.4억원을 기록함. 전년도 매출액인 525.7억원에 비해 34.5% 감소한 금액임. 매출원가가 24.2% 감소하고 판매비와 관리비 또한 24.3% 줄었으나 매출감소 폭이 이를 웃돌았음. 이에 전년도 34.6억원을 기록한 영업이익은 손실 27.6억원을 기록하며 적자로 전환함. 이에 비영업부문 이익이 7.5% 증가했음에도 전년도 43.2억원을 기록했던 당기순이익이 손실 3.7억원을 기록하며 적자로 돌아섰음.

현금 흐름 *IFRS 별도 기준

〈단위 : 억원〉

항목	2016	2017
영업활동	13	51
투자활동	-117	-136
재무활동	48	85
순현금흐름	-56	1
기말현금	19	20

시장 대비 수익률

결산 실적

〈단위 : 억원〉

항목	2012	2013	2014	2015	2016	2017
매출액	505	490	476	522	526	344
영업이익	30	-19	14	36	35	-28
당기순이익	45	-25	20	38	43	-4

분기 실적 *IFRS 별도 기준

〈단위 : 억원〉

항목	2016.3Q	2016.4Q	2017.1Q	2017.2Q	2017.3Q	2017.4Q
매출액	210	124	42	108	102	92
영업이익	21	1	-1	-19	-3	-4
당기순이익	20	11	3	-10	-1	5

재무 상태 *IFRS 별도 기준

〈단위 : 억원〉

항목	2012	2013	2014	2015	2016	2017
총자산	1,032	830	873	878	930	1,016
유형자산	165	163	167	165	173	176
무형자산	7	6	4	6	5	2
유가증권	117	111	147	149	176	436
총부채	288	115	131	107	57	139
총차입금	246	75	79	44	30	111
자본금	78	78	80	82	100	105
총자본	744	716	742	771	873	877
지배주주지분	744	716	742	771	873	877

기업가치 지표 *IFRS 별도 기준

항목	2012	2013	2014	2015	2016	2017
주가(최고/저)(천원)	5.8/1.8	2.4/1.6	2.4/1.3	3.2/1.9	4.5/2.3	4.4/1.8
PER(최고/저)(배)	21.1/6.6	—/—	20.8/11.5	14.3/8.4	20.7/10.6	—/—
PBR(최고/저)(배)	1.3/0.4	0.6/0.4	0.6/0.3	0.7/0.4	1.1/0.6	1.1/0.5
EV/EBITDA(배)	7.8		5.4	6.7	14.6	—
EPS(원)	304	-161	125	235	228	-18
BPS(원)	4,782	4,596	4,615	4,685	4,373	4,193
CFPS(원)	346	-122	163	265	262	14
DPS(원)	50	—	50	50	50	—
EBITDAPS(원)	245	-83	129	256	217	-105

재무 비율

〈단위 : %〉

연도	영업 이익률	순 이익률	부채 비율	차입금 비율	ROA	ROE	유보율	자기자본 비율	EBITDA 마진율
2017	-8.0	-1.1	15.9	12.7	-0.4	-0.4	738.6	86.3	-6.1
2016	6.6	8.2	6.6	3.4	4.8	5.3	774.6	93.8	7.8
2015	7.0	7.3	13.9	5.7	4.3	5.0	837.0	87.8	7.9
2014	3.0	4.1	17.6	10.7	2.3	2.7	823.0	85.0	4.2

아진산업 (A013310)
A-JIN INDUSTRY COLTD

업 종 : 자동차부품　　　　시 장 : KOSDAQ
신용등급 : (Bond) —　(CP) —　　　기업규모 : 우량
홈페이지 : www.wamc.co.kr　　　연 락 처 : 053)856-9100
본 사 : 경북 경산시 진량읍 공단8로26길 40 (신제리)

설 립 일	1978.05.31	종업원수	719명	대표이사	서중호
상 장 일	1997.09.30	감사의견	적정(안경)	계 열	
결 산 기	12월	보 통 주		종속회사수	4개사
액 면 가	500원	우 선 주		구 상 호	

주주구성 (지분율,%)		출자관계 (지분율,%)		주요경쟁사 (외형,%)	
우신산업	22.4	아진금형텍	80.0	아진산업	100
서중호	9.5	대우전자부품	9.7	에이엔피	24
(외국인)	1.9	JOON,	100.0	코다코	63

매출구성		비용구성		수출비중	
FENDER APRON외	95.0	매출원가율	84.1	수출	81.4
차체부품 생산설비등	5.0	판관비율	10.6	내수	18.6

회사 개요
동사는 자동차용 차체부품의 생산 등의 목적으로 1978년 5월에 설립. 이후 자동차 차체부품 산업에서 기술력 및 품질 등을 인정받아 우리나라 최고의 자동차 완성업체인 현대, 기아자동차와 오랜 거래관계를 유지해 오고 있음. 또한 차체부품 뿐만 아니라 자동차 전장부품에 개발에도 박차를 가해 차량용 블랙박스, 어라운드뷰(AVM) 등 자동차 IT부품 기술력을 자체 보유. 결합 모듈부품을 공급함으로써 공정개선을 추진 중임.

실적 분석
동사의 2017년 결산 연결기준 매출액은 전년대비 15.4% 감소한 4,279.3억원을 기록함. 매출액 감소는 환율 하락과 미국 법인의 실적부진에 기인함. 품목별로는 FENDER APRON외(-16%). 차체부품생산설비등 (-12%)이 모두 부진했음. 이러한 외형 축소와 고정비 부담에 따른 원가율 상승으로 영업이익 224.0억원, 당기순이익 107.0억원을 보이며 전년대비 대폭 감소함.

현금 흐름 〈단위 : 억원〉

항목	2016	2017
영업활동	836	370
투자활동	-663	-757
재무활동	-199	362
순현금흐름	-23	-52
기말현금	162	111

시장 대비 수익률
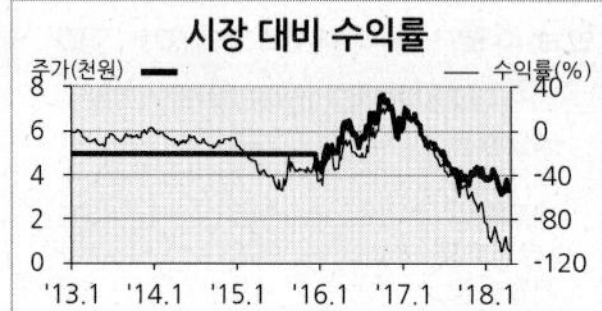

결산 실적 〈단위 : 억원〉

항목	2012	2013	2014	2015	2016	2017
매출액	2,965	2,745	2,958	3,377	5,060	4,279
영업이익	284	216	265	337	388	224
당기순이익	66	85	147	177	167	107

분기 실적 〈단위 : 억원〉

항목	2016.3Q	2016.4Q	2017.1Q	2017.2Q	2017.3Q	2017.4Q
매출액	1,222	1,261	1,248	995	1,082	954
영업이익	81	86	77	31	70	46
당기순이익	5	46	13	-9	21	82

재무 상태 〈단위 : 억원〉

항목	2012	2013	2014	2015	2016	2017
총자산	3,442	3,576	3,781	4,596	5,213	5,073
유형자산	2,100	2,232	2,647	3,468	3,878	3,843
무형자산	2	2	2	19	20	18
유가증권	13	13	43	62	74	124
총부채	2,851	2,900	3,149	3,451	3,855	3,630
총차입금	2,090	2,248	2,369	2,384	2,504	2,763
자본금	40	40	40	63	65	66
총자본	591	676	633	1,145	1,358	1,443
지배주주지분	509	578	633	1,145	1,358	1,439

기업가치 지표

항목	2012	2013	2014	2015	2016	2017
주가(최고/저)(천원)	—/—	—/—	—/—	6.8/6.3	12.1/6.4	11.0/5.2
PER(최고/저)(배)	0.0/0.0	0.0/0.0	0.0/0.0	2.7/2.5	7.7/4.1	11.1/5.3
PBR(최고/저)(배)	0.0/0.0	0.0/0.0	0.0/0.0	0.6/0.6	1.0/0.5	0.9/0.4
EV/EBITDA(배)	3.7	4.5	4.3	4.9	4.7	5.9
EPS(원)	398	595	1,348	1,652	1,014	637
BPS(원)	4,886	7,136	7,814	9,089	10,487	10,880
CFPS(원)	2,323	3,154	4,718	5,660	4,183	3,524
DPS(원)	—	—	—	—	—	—
EBITDAPS(원)	4,565	4,824	6,248	7,593	5,922	4,400

재무 비율 〈단위 : %〉

연도	영업이익률	순이익률	부채비율	차입금비율	ROA	ROE	유보율	자기자본비율	EBITDA마진율
2017	5.2	2.5	251.6	191.5	2.1	7.8	2,076.0	28.4	13.5
2016	7.7	3.3	283.8	184.3	3.4	13.4	1,997.3	26.1	14.8
2015	10.0	5.2	301.4	208.2	4.2	19.9	1,717.7	24.9	18.6
2014	9.0	5.0	497.6	374.4	4.0	23.3	1,498.9	16.7	17.1

아진엑스텍 (A059120)
AJINEXTEK

업 종 : 반도체 및 관련장비　　　　시 장 : KOSDAQ
신용등급 : (Bond) —　(CP) —　　　기업규모 : 벤처
홈페이지 : www.ajinextek.com　　　연 락 처 : 053)593-3700
본 사 : 대구시 달서구 성서공단로 11길 27 (호림동)

설 립 일	1997.12.29	종업원수	80명	대표이사	김창호
상 장 일	2013.07.01	감사의견	적정(신한)	계 열	
결 산 기	12월	보 통 주		종속회사수	
액 면 가	500원	우 선 주		구 상 호	

주주구성 (지분율,%)		출자관계 (지분율,%)		주요경쟁사 (외형,%)	
김창호	21.0			아진엑스텍	100
김원호	6.3			하이셈	74
(외국인)	1.3			로체시스템즈	1,098

매출구성		비용구성		수출비중	
GMC(모션제어모듈)	51.9	매출원가율	47.4	수출	0.2
GMC(모션제어시스템)	46.3	판관비율	27.3	내수	99.8
유지보수용역 등	1.0				

회사 개요
동사는 비메모리 반도체 설계기술을 이용하여 산업용 모터 제어 원천기술을 개발, 이를 ASIC, SoC형태로 모션제어 칩(Chip)화하고, 이들 칩을 사용하여 산업자동화 현장의 고객이 원하는 다양한 모션제어 모듈, 모션제어 시스템, 로봇제어기 제품을 자체 기술로 개발, 제조, 판매, 서비스하는 범용 모션제어 부품 전문 기업임. 동사의 대상시장은 GMC 사업의 반도체 장비 시장과 스마트폰장비 시장 그리고 RMC사업의 제조용 로봇시장임.

실적 분석
전방산업인 반도체, 스마트폰, 디스플레이 산업의 시설투자 증가와 이차전지 장비시장 신규진입으로 인해 동사의 연결기준 2017년 연간 누적 매출액은 전년동기 대비 74.8% 증가한 307.0억원을 시현함. 또한 고정비효과로 인한 레버리지효과로 영업이익은 전년동기 대비 656.4% 증가한 77.8억원을 시현함. 비영업손실은 적자를 지속했지만, 매출 성장에 힘입어 당기순이익은 전년동기 대비 436.0% 증가한 61.6억원을 기록함.

현금 흐름 *IFRS 별도 기준 〈단위 : 억원〉

항목	2016	2017
영업활동	9	28
투자활동	-17	-29
재무활동	105	-17
순현금흐름	97	-19
기말현금	154	135

시장 대비 수익률
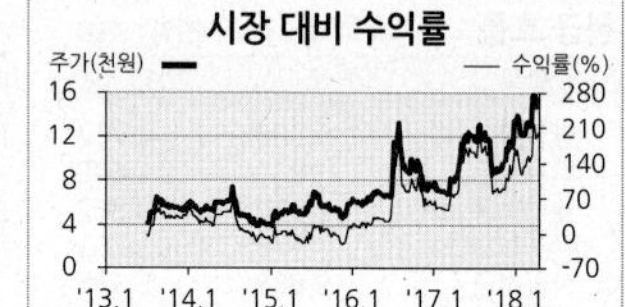

결산 실적 〈단위 : 억원〉

항목	2012	2013	2014	2015	2016	2017
매출액	175	189	201	180	176	307
영업이익	33	36	28	13	10	78
당기순이익	29	33	29	14	11	62

분기 실적 *IFRS 별도 기준 〈단위 : 억원〉

항목	2016.3Q	2016.4Q	2017.1Q	2017.2Q	2017.3Q	2017.4Q
매출액	48	62	67	93	73	74
영업이익	4	7	13	22	15	28
당기순이익	4	8	13	19	13	17

재무 상태 *IFRS 별도 기준 〈단위 : 억원〉

항목	2012	2013	2014	2015	2016	2017
총자산	222	258	293	280	411	461
유형자산	44	43	45	61	67	91
무형자산	33	35	32	29	24	18
유가증권	—	0	1	0	0	—
총부채	97	100	42	32	139	68
총차입금	57	57	5	5	103	30
자본금	23	23	28	28	28	33
총자본	125	157	252	248	272	394
지배주주지분	125	157	252	248	272	394

기업가치 지표 *IFRS 별도 기준

항목	2012	2013	2014	2015	2016	2017
주가(최고/저)(천원)	—/—	7.8/3.4	7.6/3.8	7.5/3.9	13.3/5.8	14.1/6.8
PER(최고/저)(배)	0.0/0.0	11.5/4.9	13.8/7.0	31.0/16.2	68.1/29.6	15.4/7.4
PBR(최고/저)(배)	0.0/0.0	2.4/1.0	1.8/0.9	1.7/0.9	2.8/1.2	2.4/1.1
EV/EBITDA(배)	0.5	8.2	4.1	14.0	19.6	8.8
EPS(원)	629	713	574	252	204	931
BPS(원)	2,719	3,421	4,470	4,682	5,002	6,101
CFPS(원)	770	857	758	399	360	1,084
DPS(원)	—	—	—	—	200	250
EBITDAPS(원)	852	919	731	371	338	1,330

재무 비율 〈단위 : %〉

연도	영업이익률	순이익률	부채비율	차입금비율	ROA	ROE	유보율	자기자본비율	EBITDA마진율
2017	25.3	20.1	17.2	7.5	14.1	18.5	1,120.2	85.3	28.6
2016	5.9	6.5	51.0	37.7	3.3	4.4	900.4	66.2	10.8
2015	7.0	7.9	12.9	2.0	5.0	5.7	836.3	88.6	11.6
2014	13.8	14.5	16.5	2.0	10.6	14.2	793.9	85.8	18.4

아트라스비엑스 (A023890)
Atlasbx

업　　종 : 전자 장비 및 기기 | 시　　장 : KOSDAQ
신용등급 : (Bond) —　　(CP) — | 기업규모 : 우량
홈페이지 : www.atlasbx.co.kr | 연 락 처 : 042)620-4262
본　　사 : 대전시 대덕구 대전로 1331번길 185

설 립 일	1944.02.18	**종 업 원 수**	654명	**대 표 이 사**	배호열
상 장 일	1994.11.23	**감 사 의 견**	적정(삼정)	**계 열**	
결 산 기	12월	**보 통 주**		**종속회사수**	2개사
액 면 가	1,000원	**우 선 주**		**구 상 호**	

주주구성 (지분율,%)		출자관계 (지분율,%)		주요경쟁사 (외형,%)	
한국타이어	31.1	아트라스비엑스모터스포츠	100.0	아트라스BX	100
한국투자밸류자산운용	5.0	한국전지조합	14.3	녹십자셀	3
(외국인)	2.1	AtlasbxAmericaCorporation	100.0	대덕전자	81

매출구성		비용구성		수출비중	
배터리(차량용)	99.0	매출원가율	83.3	수출	87.9
배터리(산업용,기타)	1.0	판관비율	7.1	내수	12.1

회사 개요

한국타이어 계열사인 동사는 축전지 제조, 판매를 주요 사업으로 하고 있음. 레이싱팀운영 및 광고대행업을 주요사업으로 하는 아트라스비엑스모터스포츠와 축전지 판매를 주요 사업으로 하는 Atlasbx America Corp.를 연결대상 종속회사로 보유함. 국내 축전지 생산 시장은 동사를 포함한 4개사가 2016년 말 기준 시장의 90% 이상을 점유하는 과점체제임. 동사 점유율은 약 22.2%임.

실적 분석

동사의 연결기준 2017년 매출액은 전년 대비 13.5% 증가한 6,299.3억원을 기록한 반면, 판관비는 경상개발비 증가의 영향으로 전년 동기 대비 8.5% 증가함에 따라 동기간 영업이익은 전년 대비 5.3% 감소한 608.8억원을 기록함. 반면, 비영업손실은 외환손실로 전년 대비 적자전환함. 이에 따라 동사의 2017년 당기순이익은 법인세비용의 감소에도 불구하고 전년동기대비 16.1% 감소한 425.3억원을 기록함.

현금 흐름 〈단위 : 억원〉

항목	2016	2017
영업활동	589	738
투자활동	1,733	-219
재무활동	-2,787	207
순현금흐름	-462	722
기말현금	518	1,240

시장 대비 수익률

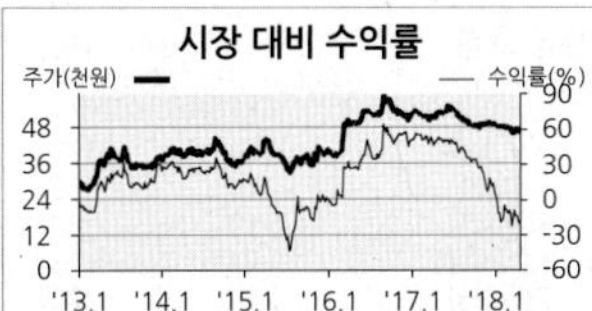

결산 실적 〈단위 : 억원〉

항목	2012	2013	2014	2015	2016	2017
매출액	4,752	4,873	4,652	5,424	5,548	6,299
영업이익	722	624	553	656	642	609
당기순이익	541	540	516	546	507	425

분기 실적 〈단위 : 억원〉

항목	2016.3Q	2016.4Q	2017.1Q	2017.2Q	2017.3Q	2017.4Q
매출액	1,299	1,628	1,434	1,478	1,653	1,733
영업이익	101	179	91	155	183	180
당기순이익	64	164	49	129	137	111

재무 상태 〈단위 : 억원〉

항목	2012	2013	2014	2015	2016	2017
총자산	3,861	4,506	4,822	5,429	3,341	4,035
유형자산	681	746	1,095	1,009	984	1,043
무형자산	23	20	52	49	45	50
유가증권	221	116	703	115	2	3
총부채	841	978	866	1,004	1,139	1,404
총차입금	205	325	208	338	295	500
자본금	92	92	92	92	92	92
총자본	3,020	3,528	3,956	4,424	2,202	2,631
지배주주지분	3,020	3,528	3,956	4,424	2,202	2,631

기업가치 지표

항목	2012	2013	2014	2015	2016	2017
주가(최고/저)(천원)	34.2/19.7	41.5/26.8	44.3/34.6	44.1/32.3	63.6/37.3	55.0/47.7
PER(최고/저)(배)	6.3/3.7	7.5/4.9	8.2/6.4	7.6/5.6	11.6/6.8	11.9/10.4
PBR(최고/저)(배)	1.1/0.7	1.2/0.7	1.1/0.8	0.9/0.7	1.2/0.7	1.0/0.8
EV/EBITDA(배)	1.7	2.4	2.5	1.6	5.9	4.9
EPS(원)	5,912	5,902	5,642	5,973	5,542	4,648
BPS(원)	33,004	38,552	43,235	48,354	53,277	57,971
CFPS(원)	6,828	6,846	6,750	7,484	7,087	6,341
DPS(원)	700	700	700	700	300	400
EBITDAPS(원)	8,805	7,768	7,148	8,678	8,566	8,347

재무 비율 〈단위 : %〉

연도	영업이익률	순이익률	부채비율	차입금비율	ROA	ROE	유보율	자기자본비율	EBITDA마진율
2017	9.7	6.8	53.4	19.0	11.5	17.6	5,697.1	65.2	12.1
2016	11.6	9.1	51.7	13.4	11.6	15.3	5,227.7	65.9	14.1
2015	12.1	10.1	22.7	7.6	10.7	13.0	4,735.4	81.5	14.6
2014	11.9	11.1	21.9	5.3	11.1	13.8	4,223.5	82.1	14.1

아티스 (A101140)
ARTIS

업　　종 : 에너지 시설 및 서비스 | 시　　장 : 거래소
신용등급 : (Bond) —　　(CP) — | 기업규모 : 시가총액 소형주
홈페이지 : www.arthis.co.kr | 연 락 처 : 031)420-4900
본　　사 : 경기도 평택시 동미로 23 (합정동, 1층)

설 립 일	2008.03.12	**종 업 원 수**	17명	**대 표 이 사**	최무형
상 장 일	2008.04.02	**감 사 의 견**	적정(성지)	**계 열**	
결 산 기	12월	**보 통 주**		**종속회사수**	
액 면 가	500원	**우 선 주**		**구 상 호**	

주주구성 (지분율,%)		출자관계 (지분율,%)		주요경쟁사 (외형,%)	
대덕기연	15.6	한국디지틀애드컴	100.0	아티스	100
김무균	15.0			에스아이리소스	472
(외국인)	0.2			파루	408

매출구성		비용구성		수출비중	
WOOD PELLET 및 톱밥	65.2	매출원가율	93.0	수출	0.0
아동화 및 성인화	34.7	판관비율	28.6	내수	100.0
기타	0.1				

회사 개요

동사는 신발 제조 및 판매 기업으로 설립되었고, 국내 시장에서 포켓몬스터, 드래곤 볼, 유희왕, 유캔도, 파워레인저, 로보카폴리 등 다수의 아동 캐릭터 히트상품을 출시하여 캐릭터신발시장에서 높은 인지도를 보유함. 하지만 수년간 계속된 국내경기 침체로 신발 판매가 부진해 신발 재고가 누적돼 왔음. 신발 재고는 수익성을 해치는 주요 요인임. 2017년부터 적정 재고 관리를 한다는 계획임.

실적 분석

동사의 2017년 매출액은 70.8억원으로 전년 대비 38.7% 감소함. 같은 기간 영업손실, 당기순손실은 각각 15.3억원, 12.1억원. 국내 신발산업 가격별 양극화 현상이 심화되는 가운데 저가시장에서는 중국, 동남아 국가가 가격 경쟁에서 우위를 차지하고 있고, 고급화 시장에서는 선진국 브랜드 제품 선호도가 높음. 기존 신발 사업만으로는 회사의 수익 구조 개선을 하기에는 힘든 사항이기 때문에 타 사업부문으로의 사업영역 확대가 불가피한 실정.

현금 흐름 *IFRS 별도 기준 〈단위 : 억원〉

항목	2016	2017
영업활동	3	-4
투자활동	0	-43
재무활동	-1	46
순현금흐름	2	-2
기말현금	4	3

시장 대비 수익률

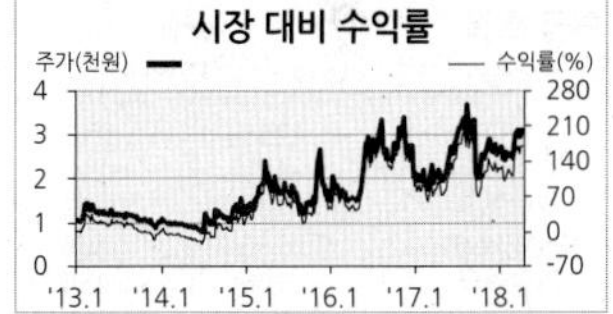

결산 실적 〈단위 : 억원〉

항목	2012	2013	2014	2015	2016	2017
매출액	102	80	118	89	115	71
영업이익	-12	-13	-13	-49	-21	-15
당기순이익	-14	-14	-16	-57	-23	-12

분기 실적 *IFRS 별도 기준 〈단위 : 억원〉

항목	2016.3Q	2016.4Q	2017.1Q	2017.2Q	2017.3Q	2017.4Q
매출액	16	22	30	13	19	9
영업이익	-5	-10	-1	-8	-1	-6
당기순이익	-5	-9	-1	-4	-1	-6

재무 상태 *IFRS 별도 기준 〈단위 : 억원〉

항목	2012	2013	2014	2015	2016	2017
총자산	85	100	71	146	124	134
유형자산	0	1	1	2	1	1
무형자산	0	0	0	0	0	—
유가증권	—	—	—	—	—	—
총부채	39	63	30	68	66	21
총차입금	15	37	12	28	26	4
자본금	56	56	67	100	100	118
총자본	45	37	41	78	58	113
지배주주지분	45	37	41	78	58	113

기업가치 지표 *IFRS 별도 기준

항목	2012	2013	2014	2015	2016	2017
주가(최고/저)(천원)	2.2/1.0	1.6/0.9	1.6/0.8	2.8/1.1	3.6/1.5	4.0/1.7
PER(최고/저)(배)	—/—	—/—	—/—	—/—	—/—	—/—
PBR(최고/저)(배)	5.3/2.4	4.9/2.6	5.0/2.6	7.0/2.9	12.4/5.0	8.2/3.6
EV/EBITDA(배)	—	—	—	—	—	—
EPS(원)	-122	-123	-141	-307	-113	-55
BPS(원)	411	334	312	394	291	483
CFPS(원)	-117	-119	-138	-304	-110	-52
DPS(원)	—	—	—	—	—	—
EBITDAPS(원)	-103	-110	-108	-264	-104	-67

재무 비율 〈단위 : %〉

연도	영업이익률	순이익률	부채비율	차입금비율	ROA	ROE	유보율	자기자본비율	EBITDA마진율
2017	-21.6	-17.1	일부잠식	일부잠식	-9.4	-14.2	-3.5	84.6	-21.0
2016	-18.5	-19.5	일부잠식	일부잠식	-16.8	-33.3	-41.7	46.5	-18.0
2015	-55.8	-64.1	일부잠식	일부잠식	-52.5	-95.4	-21.3	53.6	-55.2
2014	-10.9	-13.7	일부잠식	일부잠식	-18.8	-41.4	-37.6	58.0	-10.5

아프리카티비 (A067160)

AfreecaTV

업 종 : 인터넷 서비스
신용등급 : (Bond) — (CP) —
홈페이지 : corp.afreecatv.com
본 사 : 경기도 성남시 분당구 판교로228번길 15 (삼평동, 판교세븐벤처밸리 1단지 2동 201, 801, 901호)

시 장 : KOSDAQ
기업규모 : 우량
연 락 처 : 031)622-8001

설립일	1996.04.22	**종업원수**	472명	**대표이사**	서수길
상장일	2003.12.19	**감사의견**	적정(신우)	**계열**	
결산기	12월	**보통주**		**종속회사수**	7개사
액면가	500원	**우선주**		**구상호**	나우콤

주주구성 (지분율,%)		출자관계 (지분율,%)		주요경쟁사 (외형,%)	
쎄인트인터내셔널	25.8	프리캡	100.0	아프리카TV	100
T. Rowe Price International Discovery Fund	7.3	프릭	100.0	NAVER	4,948
(외국인)	15.6	아프리카프릭스	90.9	카카오	2,086

매출구성		비용구성		수출비중	
뉴미디어 플랫폼	99.3	매출원가율	0.0	수출	—
기타	0.7	판관비율	80.6	내수	—

회사 개요

동사는 국내에서 독보적인 입지를 확보한 SNS 플랫폼 'AfreecaTV'를 중심으로 온라인 게임과 모바일 게임 등의 인터넷 기반 서비스를 제공하고 있음. 또한 일본시장 진출을 위해 일본 현지법인인 AFREECATV CO., LTD.를 설립하고 국내 유명 개발사인 블루윈드의 지분을 인수하여 모바일 게임 라인업을 계속 확대해 나가고 있음. 매출비중은 플랫폼 서비스 98.3%, 인터넷게임 1.7%로 구성되어 있음.

실적 분석

동사의 2017년 연간 매출액은 생방송 증가와 기부경제 성장의 영향으로 전년 대비 18.4% 증가한 945.5억원을 기록함. 영업이익은 유료이용자(PU) 수와 소비 규모 증가, 광고 실적 개선으로 전년대비 14.4% 증가한 183.2억원을 기록함. 라이브 영상 플랫폼 시장이 글로벌로 확대되고 있고, 계속해서 새로운 커뮤니티와 파트너들이 늘어나고 있어 향후 성장 전망도 긍정적임.

현금 흐름 〈단위 : 억원〉

항목	2016	2017
영업활동	215	213
투자활동	-188	-115
재무활동	-33	-33
순현금흐름	-6	64
기말현금	166	230

시장 대비 수익률

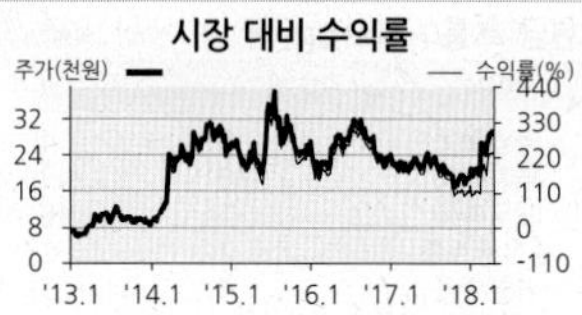

결산 실적 〈단위 : 억원〉

항목	2012	2013	2014	2015	2016	2017
매출액	491	367	505	629	798	946
영업이익	10	43	56	76	160	183
당기순이익	20	2	28	41	100	147

분기 실적 〈단위 : 억원〉

항목	2016.3Q	2016.4Q	2017.1Q	2017.2Q	2017.3Q	2017.4Q
매출액	203	214	215	225	248	258
영업이익	35	51	47	43	49	44
당기순이익	25	13	36	33	38	39

재무 상태 〈단위 : 억원〉

항목	2012	2013	2014	2015	2016	2017
총자산	566	577	622	680	834	1,034
유형자산	117	115	116	119	121	139
무형자산	67	84	66	49	28	24
유가증권	23	24	95	90	61	69
총부채	246	207	193	200	261	333
총차입금	161	108	75	21	—	—
자본금	46	49	52	52	54	57
총자본	320	370	429	481	573	701
지배주주지분	320	361	425	475	572	697

기업가치 지표

항목	2012	2013	2014	2015	2016	2017
주가(최고/저)(천원)	13.7/6.4	12.5/6.0	31.3/9.0	39.1/19.7	33.0/19.0	24.5/15.9
PER(최고/저)(배)	64.8/30.0	397.2/192.3	105.0/30.1	85.0/42.8	35.4/20.4	18.6/12.1
PBR(최고/저)(배)	4.0/1.8	3.4/1.6	7.5/2.2	8.4/4.2	5.9/3.4	3.5/2.3
EV/EBITDA(배)	18.7	14.6	29.9	26.0	12.9	8.7
EPS(원)	228	33	312	478	962	1,348
BPS(원)	3,715	3,896	4,355	4,840	5,817	7,063
CFPS(원)	576	285	653	762	1,217	1,607
DPS(원)	110	115	150	200	290	380
EBITDAPS(원)	462	705	886	1,023	1,760	1,934

재무 비율 〈단위 : %〉

연도	영업이익률	순이익률	부채비율	차입금비율	ROA	ROE	유보율	자기자본비율	EBITDA마진율
2017	19.4	15.5	47.6	0.0	15.7	23.2	1,312.5	67.8	22.4
2016	20.1	12.6	45.6	0.0	13.3	19.6	1,063.3	68.7	23.5
2015	12.1	6.6	41.5	4.4	6.4	11.0	868.0	70.7	16.8
2014	11.0	5.5	45.0	17.4	4.6	8.1	771.0	69.0	17.9

안국약품 (A001540)

AHN-GOOK PHARMACEUTICAL

업 종 : 제약
신용등급 : (Bond) — (CP) —
홈페이지 : www.ahn-gook.com
본 사 : 서울시 영등포구 시흥대로 613

시 장 : KOSDAQ
기업규모 : 우량
연 락 처 : 02)3289-4222

설립일	1959.02.12	**종업원수**	485명	**대표이사**	어준선,어진
상장일	2000.06.04	**감사의견**	적정(대주)	**계열**	
결산기	12월	**보통주**		**종속회사수**	
액면가	500원	**우선주**		**구상호**	

주주구성 (지분율,%)		출자관계 (지분율,%)		주요경쟁사 (외형,%)	
어진	22.7	안국뉴팜	100.0	안국약품	100
어준선	20.5	안국바이오진단	58.9	아미노로직스	9
(외국인)	5.4	안국건강	31.5	에스텍파마	21

매출구성		비용구성		수출비중	
기타	47.4	매출원가율	49.8	수출	3.4
클리오시럽 등	20.2	판관비율	44.5	내수	96.6
애니텐션 등	17.3				

회사 개요

동사는 1959년 2월 법인 전환 후 2000년 6월 코스닥 시장에 상장됨. 전문의약품, 화공약품, 의료기구 및 위생재료의 생산 및 판매를 사업으로 영위하고 있음. 진해거담제시장, 소화기계시장, 소염진통제시장, 눈 영양제시장 등에서 높은 점유율을 차지하고 있음. 주력 품목으로는 진해거담제 '푸로스판시럽', 눈치료 영양제 '토비콤에스', 종합소화제인 '파파제' 등이 있음.

실적 분석

동사의 2017년 연간 매출액은 전년동기대비 5.5% 상승한 1,836억원을 기록하였음. 비용면에서 전년동기대비 매출원가는 감소 하였으며 인건비도 감소, 광고선전비는 크게 증가, 기타판매비와관리비는 증가함. 이처럼 매출액 상승과 더불어 비용절감에도 힘을 기울였음. 외환손익은 적자전환하였으나 금융손익 등 비영업손익은 흑자전환함. 최종적으로 전년동기대비 당기순이익은 크게 상승하여 81.9억원을 기록함.

현금 흐름 〈단위 : 억원〉

항목	2016	2017
영업활동	154	139
투자활동	-114	-89
재무활동	-19	-34
순현금흐름	21	13
기말현금	214	226

시장 대비 수익률

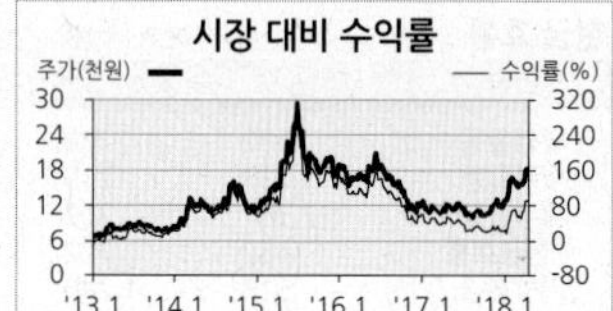

결산 실적 〈단위 : 억원〉

항목	2012	2013	2014	2015	2016	2017
매출액	1,408	1,540	1,679	1,977	1,740	1,836
영업이익	55	104	98	129	42	104
당기순이익	36	69	-15	89	13	82

분기 실적 〈단위 : 억원〉

항목	2016.3Q	2016.4Q	2017.1Q	2017.2Q	2017.3Q	2017.4Q
매출액	414	475	454	448	444	491
영업이익	4	27	27	26	41	9
당기순이익	1	12	18	25	41	-3

재무 상태 〈단위 : 억원〉

항목	2012	2013	2014	2015	2016	2017
총자산	1,678	1,632	1,791	1,979	1,963	2,081
유형자산	408	453	497	493	505	491
무형자산	45	39	30	31	26	25
유가증권	297	205	210	277	270	289
총부채	535	368	566	660	649	706
총차입금	207	120	141	248	246	207
자본금	58	64	65	65	65	65
총자본	1,144	1,264	1,225	1,319	1,313	1,375
지배주주지분	1,136	1,259	1,217	1,311	1,309	1,370

기업가치 지표

항목	2012	2013	2014	2015	2016	2017
주가(최고/저)(천원)	8.2/5.8	10.0/6.6	16.1/8.1	30.4/11.4	23.3/10.4	13.0/9.9
PER(최고/저)(배)	31.4/22.3	20.5/13.4	—/—	44.4/16.6	183.3/81.8	21.2/16.1
PBR(최고/저)(배)	0.9/0.7	1.1/0.7	1.8/0.9	3.1/1.2	2.3/1.0	1.2/0.9
EV/EBITDA(배)	8.9	7.7	11.6	14.7	20.4	9.6
EPS(원)	289	532	-105	718	132	626
BPS(원)	10,077	10,217	9,722	10,353	10,340	10,805
CFPS(원)	489	721	111	938	374	884
DPS(원)	135	205	205	220	220	220
EBITDAPS(원)	657	1,040	975	1,212	562	1,056

재무 비율 〈단위 : %〉

연도	영업이익률	순이익률	부채비율	차입금비율	ROA	ROE	유보율	자기자본비율	EBITDA마진율
2017	5.7	4.5	51.4	15.0	4.1	6.1	2,061.0	66.1	7.5
2016	2.4	0.8	49.4	18.7	0.7	1.3	1,968.1	66.9	4.2
2015	6.5	4.5	50.0	18.8	4.7	7.4	1,970.7	66.7	8.0
2014	5.8	-0.9	46.2	11.5	-0.9	-1.1	1,844.4	68.4	7.5

안랩 (A053800)

AHNlab

업 종 : 일반 소프트웨어
신용등급 : (Bond) — (CP) —
홈페이지 : www.ahnlab.com
본 사 : 경기도 성남시 분당구 판교역로 220
시 장 : KOSDAQ
기업규모 : 우량
연 락 처 : 031)722-8000

설 립 일	1995.03.18	**종업원수**	1,096명	**대표이사**	권치중
상 장 일	2001.09.05	**감사의견**	적정(삼일)	**계 열**	
결 산 기	12월	**보 통 주**		**종속회사수**	2개사
액 면 가	500원	**우 선 주**		**구 상 호**	

주주구성 (지분율,%)		출자관계 (지분율,%)		주요경쟁사 (외형,%)	
안철수	18.6	Ahnlab,(Japan)	100.0	안랩	100
동그라미재단	10.0	Ahnlab,(China)	100.0	더존비즈온	137
(외국인)	11.2			한컴MDS	99

매출구성		비용구성		수출비중	
V3,TrusGuard,IPS등	64.5	매출원가율	22.9	수출	3.5
관제서비스	14.7	판관비율	66.0	내수	96.5
프로그램 복구, 메모리 외	10.2				

회사 개요

동사는 1995년 설립된 국내 대표 통합보안 업체로 국내 최장수 소프트웨어 브랜드인 V3 제품군을 비롯해 네트워크보안서비스인 트러스가드, 보안컨설팅, 보안관제 등의 서비스를 제공하는 업체임. 바이러스 백신 분야에서 시장점유율 1위를 기록하고 있음. 서비스 분야는 보안 컨설팅과 네트워크 침해 사고 여부를 24시간 모니터링 및 대응하는 보안 관제 등이 있음. 공공기관과 금융기관에 대규모 해킹사태가 연달아 발생한 이후 관련 수요가 늘고 있음.

실적 분석

동사의 2017년 연간 매출액은 전년 대비 5.2% 증가한 1,502.6억원을 기록함. 영업이익은 전년 대비 9.8% 증가한 167.4억원을 기록함. 당기순이익은 전년 대비 11.4% 증가한 162.8억원을 시현함. 보안솔루션과 네트워크 등 각 사업부 별로 고른 성장세를 보였으며 특히 클라우드 원격 보안 서비스 사업이 시장에 안착하며 전체 매출이 상승함. 향후 클라우드 보안 시장 성장에 따른 수혜가 기대됨.

현금 흐름

〈단위 : 억원〉

항목	2016	2017
영업활동	243	243
투자활동	-299	-280
재무활동	-43	-61
순현금흐름	-98	-100
기말현금	290	190

시장 대비 수익률

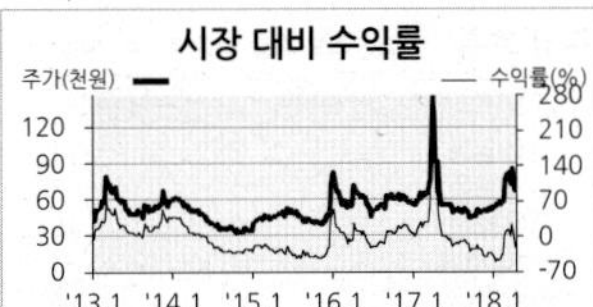

결산 실적

〈단위 : 억원〉

항목	2012	2013	2014	2015	2016	2017
매출액	1,317	1,373	1,354	1,345	1,429	1,503
영업이익	128	39	90	120	152	167
당기순이익	140	64	90	119	146	163

분기 실적

〈단위 : 억원〉

항목	2016.3Q	2016.4Q	2017.1Q	2017.2Q	2017.3Q	2017.4Q
매출액	377	443	329	358	392	424
영업이익	43	71	18	37	49	64
당기순이익	36	67	20	37	51	55

재무 상태

〈단위 : 억원〉

항목	2012	2013	2014	2015	2016	2017
총자산	1,849	1,840	1,881	1,946	2,146	2,236
유형자산	740	718	691	661	663	636
무형자산	29	26	24	26	26	30
유가증권	300	403	259	221	355	653
총부채	442	401	364	333	426	397
총차입금	—	—	—	—	—	—
자본금	52	52	52	52	52	52
총자본	1,407	1,439	1,518	1,613	1,720	1,839
지배주주지분	1,407	1,439	1,518	1,613	1,720	1,839

기업가치 지표

항목	2012	2013	2014	2015	2016	2017
주가(최고/저)(천원)	151/33.4	82.5/41.2	62.4/31.9	79.0/34.7	83.9/46.3	145/43.6
PER(최고/저)(배)	114.0/25.1	134.2/67.0	72.1/36.9	68.2/30.2	59.1/32.6	90.6/27.2
PBR(최고/저)(배)	9.8/2.2	5.2/2.6	3.8/1.9	4.5/2.0	4.5/2.5	7.2/2.2
EV/EBITDA(배)	18.8	45.1	17.1	36.0	20.5	17.0
EPS(원)	1,402	643	903	1,190	1,460	1,626
BPS(원)	16,242	16,518	17,271	18,225	19,290	20,476
CFPS(원)	2,137	1,457	1,707	1,987	2,234	2,399
DPS(원)	400	200	300	500	700	800
EBITDAPS(원)	2,015	1,208	1,705	1,991	2,297	2,445

재무 비율

〈단위 : %〉

연도	영업이익률	순이익률	부채비율	차입금비율	ROA	ROE	유보율	자기자본비율	EBITDA마진율
2017	11.1	10.8	21.6	0.0	7.4	9.2	3,856.3	82.2	16.3
2016	10.7	10.2	24.8	0.0	7.1	8.8	3,627.3	80.2	16.1
2015	8.9	8.9	20.6	0.0	6.2	7.6	3,421.4	82.9	14.8
2014	6.7	6.7	24.0	0.0	4.9	6.1	3,237.0	80.7	12.6

안지오랩 (A251280)

AngioLab

업 종 : 제약
신용등급 : (Bond) — (CP) —
홈페이지 : www.angiolab.co.kr
본 사 : 대전시 유성구 테크노3로 65, 122호, 159호(관평동, 한신에스메카)
시 장 : KONEX
기업규모 : —
연 락 처 : 042)867-5786

설 립 일	1999.06.03	**종업원수**	10명	**대표이사**	김민영
상 장 일	2016.10.25	**감사의견**	적정(한울)	**계 열**	
결 산 기	12월	**보 통 주**		**종속회사수**	
액 면 가	—	**우 선 주**		**구 상 호**	

주주구성 (지분율,%)		출자관계 (지분율,%)		주요경쟁사 (외형,%)	
김민영	45.5			안지오랩	100
미래창조 네오플럭스 투자조합	6.2			삼일제약	7,742
				한국비엔씨	1,263

매출구성		비용구성		수출비중	
의약품 및 건강기능식품원료	57.5	매출원가율	48.5	수출	19.3
건강기능식품	32.9	판관비율	113.0	내수	80.7
기타	9.6				

회사 개요

동사는 1999년 6월 주식회사 안지오랩이라는 법인형태로 설립되었으며, 2016년 10월 25일 코넥스 시장에 상장함. 주요사업은 비만치료제, 안과질환치료제, 치주질환치료제 및 주름억제제 등의 개발 및 제조 판매임. 동사는 혈관신생분야에 특화된 기술을 가지고 있으며, 혈관신생억제제를 이용한 의약품, 건강기능식품, 화장품을 개발하고 있으며, 이와 관련하여 60여건의 특허를 보유하고 있음.

실적 분석

동사의 2017년 매출액은 11.9억원, 매출원가는 5.8억원을 기록. 영업이익은 -7.3억원의 적자를 기록함. 영업이익 적자에 더불어 비영업손실도 기록하며 당기순이익도 15.2억원의 적자를 나타냄. 현재 보유하고 있는 파이프라인의 기술이전 계약을 계획하고 있으며, 해당 기술 이전 계약이 성공적으로 이루어질 경우 매출액 증가도 가능함.

현금 흐름

*IFRS 별도 기준 〈단위 : 억원〉

항목	2016	2017
영업활동	-7	-9
투자활동	-73	11
재무활동	85	-2
순현금흐름	6	0
기말현금	13	13

시장 대비 수익률

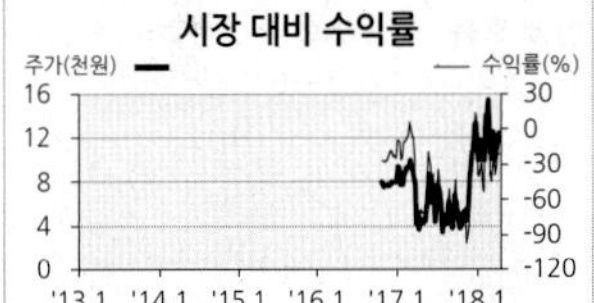

결산 실적

〈단위 : 억원〉

항목	2012	2013	2014	2015	2016	2017
매출액	—	10	9	7	5	12
영업이익	—	-2	-4	-7	-10	-7
당기순이익	—	-3	-4	-12	-9	-15

분기 실적

*IFRS 별도 기준 〈단위 : 억원〉

항목	2016.3Q	2016.4Q	2017.1Q	2017.2Q	2017.3Q	2017.4Q
매출액	—	—	—	—	—	—
영업이익	—	—	—	—	—	—
당기순이익	—	—	—	—	—	—

재무 상태

*IFRS 별도 기준 〈단위 : 억원〉

항목	2012	2013	2014	2015	2016	2017
총자산	—	33	61	44	116	106
유형자산	—	0	0	0	1	1
무형자산	—	20	19	11	12	5
유가증권	—	—	3	3	14	8
총부채	—	12	13	8	10	15
총차입금	—	5	6	—	—	—
자본금	—	10	12	12	17	17
총자본	—	21	47	36	106	91
지배주주지분	—	21	47	36	106	91

기업가치 지표

*IFRS 별도 기준

항목	2012	2013	2014	2015	2016	2017
주가(최고/저)(천원)	—/—	—/—	—/—	—/—	—/—	—/—
PER(최고/저)(배)	0.0/0.0	0.0/0.0	0.0/0.0	0.0/0.0	—/—	—/—
PBR(최고/저)(배)	0.0/0.0	0.0/0.0	0.0/0.0	0.0/0.0	2.9/2.0	5.1/1.2
EV/EBITDA(배)	0.0	—	—	—	—	—
EPS(원)	—	-148	-119	-265	-198	-456
BPS(원)	—	2,131	3,898	2,924	3,195	2,738
CFPS(원)	—	-140	-194	-784	-144	-368
DPS(원)	—	—	—	—	—	—
EBITDAPS(원)	—	-13	-219	-397	-153	-132

재무 비율

〈단위 : %〉

연도	영업이익률	순이익률	부채비율	차입금비율	ROA	ROE	유보율	자기자본비율	EBITDA마진율
2017	-61.6	-127.6	16.4	0.0	-13.7	-15.4	447.7	85.9	-36.8
2016	-196.1	-187.8	9.2	0.0	-11.7	-13.3	539.0	91.6	-144.6
2015	-101.9	-168.9	23.6	0.0	-22.7	-28.6	192.4	80.9	-68.8
2014	-42.8	-39.9	27.9	12.7	-7.5	-10.2	289.9	78.2	-25.5

안트로젠 (A065660)
ANTEROGEN CO

업종 : 제약		시장 : KOSDAQ	
신용등급 : (Bond) —	(CP) —	기업규모 : 기술성	
홈페이지 : www.anterogen.com		연락처 : 02)2104-0391	
본사 : 서울시 금천구 디지털로 130, 405호(가산동, 남성플라자)			

설립일	2000.03.16	**종업원수**	34명	**대표이사**	이성구,김미형
상장일	2016.02.15	**감사의견**	적정(대주)	**계열**	
결산기	12월	**보통주**		**종속회사수**	
액면가	500원	**우선주**		**구상호**	

주주구성 (지분율,%)		출자관계 (지분율,%)		주요경쟁사 (외형,%)	
부광약품	20.1			안트로젠	100
이성구	12.7			아미노로직스	314
(외국인)	4.3			에스텍파마	713

매출구성		비용구성		수출비중	
기타	38.3	매출원가율	39.3	수출	—
레모둘린	37.7	판관비율	57.0	내수	—
큐피스템 SCM, SCM2,	24.0				

회사 개요

동사는 2000년 3월 설립된 줄기세포 치료제 개발 및 판매, 줄기세포관련 기술 수출을 영위하는 업체로 2016년 2월 코스닥시장에 상장됨. 2010년 3월에는 자가 지방조직유래 최소조작 지방세포 치료제인 퀸셀이 품목 허가를 받음. 2012년 1월에는 줄기세포 치료제인 큐피스템이 시판 허가를 획득함. 큐피스템은 난치성 희귀질환인 크론병으로 인한 누공의 치료에 사용하는 희귀의약품임.

실적 분석

동사의 2017년 4/4분기 연결기준 누적 매출액은 53.6억원으로 전년동기 대비 9.4% 증가했음. 매출원가가 전년동기 대비 51.1% 증가했으나 외형성장 및 판관비 감소의 영향으로 영업이익은 전년동기 1.2억원에서 2.0억원으로 62.3% 증가했음. 비영업부문에서도 5.4억원의 이익을 시현함에 따라 이익폭이 확대되어 당기순이익은 전년동기 3.7억원에서 7.4억원으로 98.8% 증가했음.

현금 흐름 *IFRS 별도 기준 <단위 : 억원>

항목	2016	2017
영업활동	-1	7
투자활동	-150	-157
재무활동	169	202
순현금흐름	19	52
기말현금	67	119

시장 대비 수익률

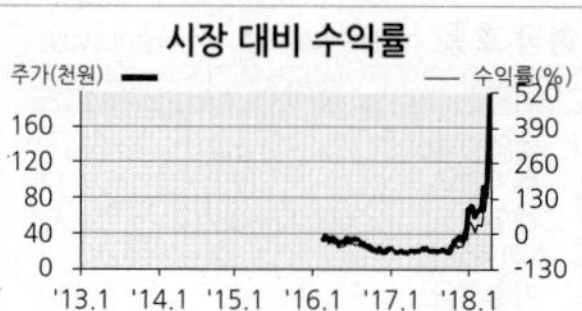

결산 실적 <단위 : 억원>

항목	2012	2013	2014	2015	2016	2017
매출액	22	9	18	35	49	54
영업이익	6	-19	-16	-1	1	2
당기순이익	7	-18	-14	-1	4	7

분기 실적 *IFRS 별도 기준 <단위 : 억원>

항목	2016.3Q	2016.4Q	2017.1Q	2017.2Q	2017.3Q	2017.4Q
매출액	12	9	19	11	14	9
영업이익	1	-6	6	-4	3	-4
당기순이익	1	-5	6	-3	4	1

재무 상태 *IFRS 별도 기준 <단위 : 억원>

항목	2012	2013	2014	2015	2016	2017
총자산	87	148	145	185	354	603
유형자산	14	21	21	22	70	73
무형자산	16	16	21	23	30	39
유가증권	—	0	0	0	1	213
총부채	6	7	15	18	14	115
총차입금	—	—	—	—	—	93
자본금	28	32	32	34	37	40
총자본	81	141	130	166	340	488
지배주주지분	81	141	130	166	340	488

기업가치 지표 *IFRS 별도 기준

항목	2012	2013	2014	2015	2016	2017
주가(최고/저)(천원)	—/—	—/—	—/—	—/—	41.0/17.6	46.0/18.1
PER(최고/저)(배)	0.0/0.0	0.0/0.0	0.0/0.0	0.0/0.0	815.7/350.2	485.5/190.5
PBR(최고/저)(배)	0.0/0.0	0.0/0.0	0.0/0.0	0.0/0.0	9.0/3.9	7.5/2.9
EV/EBITDA(배)	—	—	—	—	356.3	580.8
EPS(원)	125	-290	-219	-9	50	95
BPS(원)	1,429	2,179	2,001	2,468	4,559	6,132
CFPS(원)	186	-250	-178	35	92	145
DPS(원)	—	—	—	—	—	—
EBITDAPS(원)	162	-265	-204	26	58	75

재무 비율 <단위 : %>

연도	영업이익률	순이익률	부채비율	차입금비율	ROA	ROE	유보율	자기자본비율	EBITDA마진율
2017	3.7	13.8	23.6	19.1	1.5	1.8	1,126.3	80.9	11.0
2016	2.5	7.6	4.1	0.0	1.4	1.5	811.8	96.0	8.8
2015	-3.4	-1.7	11.1	0.0	-0.4	-0.4	393.6	90.0	4.9
2014	-86.5	-77.2	11.6	0.0	-9.7	-10.5	300.1	89.6	-72.1

알로이스 (A271400)
ALOYS

업종 : 셋톱 박스		시장 : KONEX	
신용등급 : (Bond) —	(CP) —	기업규모 : —	
홈페이지 : www.aloys.co.kr		연락처 : 070)8680-5501	
본사 : 경기도 성남시 중원구 양현로405번길 4-5 3층			

설립일	2015.09.21	**종업원수**	22명	**대표이사**	권충식
상장일	2017.07.07	**감사의견**	적정(한미)	**계열**	
결산기	12월	**보통주**		**종속회사수**	
액면가	—	**우선주**		**구상호**	

주주구성 (지분율,%)		출자관계 (지분율,%)		주요경쟁사 (외형,%)	
권충식	24.9			알로이스	100
신정관	16.6			디엠티	468
				휴맥스	16,029

매출구성		비용구성		수출비중	
위성용 등	49.3	매출원가율	70.9	수출	88.5
IPTV	35.6	판관비율	23.7	내수	11.5
용역매출	14.9				

회사 개요

동사는 2015년 9월 설립됐으며 위성 및 IPTV 셋톱박스 제조업을 영위함. 동사는 자체적으로 안드로이드 OTT Middleware Client Solution을 내재화하여 동 분야 세계 최고 기술을 보유하고 있다고 판단하고, 유럽 및 북미, 남미 지역 등에 매출을 확대하고자 하고 있음. 또한 다양한 메인칩셋으로 제품 개발을 해온 풍부한 기술적 경험이 주요한 경쟁력으로 작용할 것.

실적 분석

동사의 2017년도 연간 매출액은 100.5억원으로 전년 대비 78.8% 증가했으나, 제품 매출원가가 236.6% 증가하면서 영업이익은 34.4% 감소한 5.4억원을 시현함. 동사는 100% 오픈마켓을 통해 매출이 이루어지고 있으나, 향후 매출 규모 확대와 안정성 도모를 위해 점차적으로 방송사업자 시장인 클로즈 마켓에도 진출할 계획. 판매전략을 리테일분야와 OP분야, 유럽 지역 등으로 구분하여 관리하고 있음.

현금 흐름 *IFRS 별도 기준 <단위 : 억원>

항목	2016	2017
영업활동	3	-11
투자활동	-1	-1
재무활동	0	10
순현금흐름	1	-1
기말현금	5	4

시장 대비 수익률

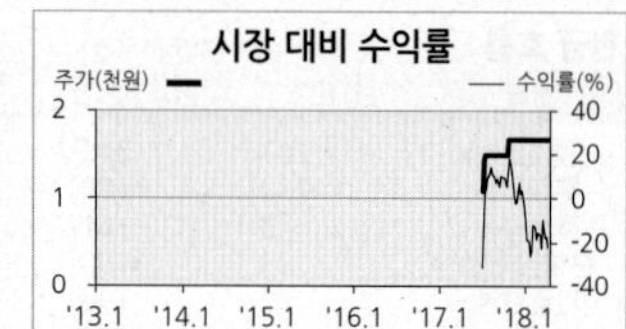

결산 실적 <단위 : 억원>

항목	2012	2013	2014	2015	2016	2017
매출액	—	—	—	6	56	101
영업이익	—	—	—	2	8	5
당기순이익	—	—	—	2	8	4

분기 실적 *IFRS 별도 기준 <단위 : 억원>

항목	2016.3Q	2016.4Q	2017.1Q	2017.2Q	2017.3Q	2017.4Q
매출액	—	—	16	18	—	—
영업이익	—	—	0	-1	—	—
당기순이익	—	—	-0	-0	—	—

재무 상태 *IFRS 별도 기준 <단위 : 억원>

항목	2012	2013	2014	2015	2016	2017
총자산	—	—	—	7	34	41
유형자산	—	—	—	1	1	2
무형자산	—	—	—	—	0	0
유가증권	—	—	—	—	—	—
총부채	—	—	—	1	20	20
총차입금	—	—	—	—	—	8
자본금	—	—	—	5	5	5
총자본	—	—	—	6	14	21
지배주주지분	—	—	—	6	14	21

기업가치 지표 *IFRS 별도 기준

항목	2012	2013	2014	2015	2016	2017
주가(최고/저)(천원)	—/—	—/—	—/—	—/—	—/—	—/—
PER(최고/저)(배)	0.0/0.0	0.0/0.0	0.0/0.0	0.0/0.0	0.0/0.0	7.6/4.9
PBR(최고/저)(배)	0.0/0.0	0.0/0.0	0.0/0.0	0.0/0.0	0.0/0.0	1.6/1.0
EV/EBITDA(배)	0.0	0.0	0.0	—	—	5.6
EPS(원)	—	—	—	246	443	220
BPS(원)	—	—	—	6,691	15,544	2,108
CFPS(원)	—	—	—	5,377	10,043	560
DPS(원)	—	—	—	—	—	—
EBITDAPS(원)	—	—	—	6,106	10,373	689

재무 비율 <단위 : %>

연도	영업이익률	순이익률	부채비율	차입금비율	ROA	ROE	유보율	자기자본비율	EBITDA마진율
2017	5.4	4.2	95.1	35.9	11.2	24.1	321.6	51.3	6.6
2016	14.7	14.2	144.9	0.0	38.6	79.6	210.9	40.8	16.6
2015	30.1	26.3	16.8	0.0	0.0	0.0	33.8	85.6	32.5
2014	0.0	0.0	0.0	0.0	0.0	0.0	0.0	0.0	0.0

알루코 (A001780)

ALUKO

업종 : 금속 및 광물
신용등급 : (Bond) — (CP) —
홈페이지 : www.alusash.co.kr
본사 : 대전시 대덕구 대화로119번길 31
시장 : 거래소
기업규모 : 시가총액 소형주
연락처 : 042)605-8300

설립일	1956.06.04	**종업원수**	246명	**대표이사**	박석봉
상장일	2007.06.07	**감사의견**	적정(신성)	**계열**	
결산기	12월	**보통주**		**종속회사수**	6개사
액면가	500원	**우선주**		**구상호**	동양강철

주주구성 (지분율,%)		출자관계 (지분율,%)		주요경쟁사 (외형,%)	
케이피티유	19.6	현대알루미늄	100.0	알루코	100
알루텍	15.9	고강알루미늄	100.0	세아홀딩스	1,038
(외국인)	1.6	알루마켓	100.0	제낙스	1

매출구성		비용구성		수출비중	
알루코-제품	64.6	매출원가율	89.5	수출	25.8
고강알루미늄-제품	12.6	판관비율	6.0	내수	74.2
현대알루미늄-공사수익	12.3				

회사 개요

동사는 1956년 설립된 국내 유일의 알루미늄 압출 전문업체임. 주요 수요처가 LED TV의 엣지바 및 외장재, 고속철도, 차량경량화 소재, LNG선박, 자전거, 태양광, 그린홈 등으로 다변화되고, 제품의 친환경성이 부각되면서 녹색성장산업의 핵심소재 공급업체로 변신함. 삼성전자에 LCD TV 샷시와 LED TV 엣지바를 독점 공급하며, 현대차그룹의 1차 벤더로 차량 경량화를 꾀하고 있어 안정적인 성장 추세를 이어갈 것으로 보임.

실적 분석

동사의 2017년 연간 매출액은 전년동기대비 7.7% 상승한 4,616.9억원을 기록하였음. 비용면에서 전년동기대비 매출원가는 증가 했으며 인건비도 증가, 기타판매비와관리비는 증가함. 이와 같이 상승한 매출액 대비 비용증가가 높아 매출액은 성장했지만 원가 증가로 인해 전년동기대비 영업이익은 207.7억원으로 15.1% 하락 하였음. 최종적으로 전년동기대비 당기순이익은 크게 하락하여 129.4억원을 기록함.

현금 흐름 <단위 : 억원>

항목	2016	2017
영업활동	644	1,167
투자활동	-526	-1,429
재무활동	-150	258
순현금흐름	-32	-5
기말현금	99	94

시장 대비 수익률

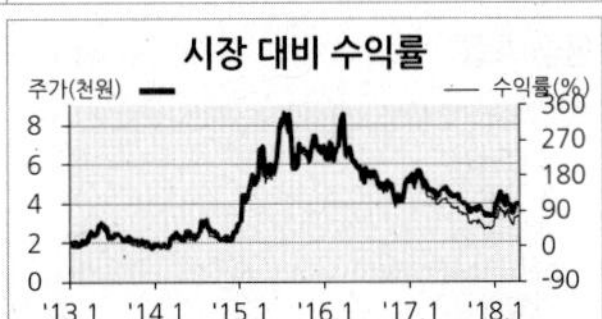

결산 실적 <단위 : 억원>

항목	2012	2013	2014	2015	2016	2017
매출액	3,495	3,762	3,772	4,339	4,286	4,617
영업이익	72	195	156	240	245	208
당기순이익	-93	4	66	198	223	129

분기 실적 <단위 : 억원>

항목	2016.3Q	2016.4Q	2017.1Q	2017.2Q	2017.3Q	2017.4Q
매출액	1,121	1,159	1,200	1,064	1,288	1,065
영업이익	75	29	72	70	65	0
당기순이익	41	48	70	68	48	-56

재무 상태 <단위 : 억원>

항목	2012	2013	2014	2015	2016	2017
총자산	4,480	4,415	4,244	4,291	4,394	4,776
유형자산	1,752	1,728	1,751	1,765	1,789	2,131
무형자산	61	63	54	38	37	65
유가증권	65	66	61	62	62	63
총부채	3,133	3,043	2,953	2,649	2,382	2,701
총차입금	2,591	2,530	2,490	2,036	1,737	2,097
자본금	279	284	287	328	373	373
총자본	1,348	1,372	1,291	1,642	2,013	2,075
지배주주지분	1,346	1,371	1,291	1,642	2,007	2,069

기업가치 지표

항목	2012	2013	2014	2015	2016	2017
주가(최고/저)(천원)	3.2/1.8	3.1/1.8	3.3/1.8	8.9/2.9	8.8/3.9	5.9/3.3
PER(최고/저)(배)	—/—	475.6/268.6	29.5/16.0	29.2/9.5	28.3/12.4	34.6/19.2
PBR(최고/저)(배)	1.4/0.8	1.3/0.8	1.5/0.8	3.7/1.2	3.4/1.5	2.2/1.2
EV/EBITDA(배)	10.9	7.4	8.4	13.7	10.9	8.6
EPS(원)	-164	7	115	313	320	172
BPS(원)	2,414	2,411	2,248	2,504	2,691	2,774
CFPS(원)	292	486	648	656	686	533
DPS(원)	—	—	—	50	50	50
EBITDAPS(원)	584	825	806	723	718	640

재무 비율 <단위 : %>

연도	영업이익률	순이익률	부채비율	차입금비율	ROA	ROE	유보율	자기자본비율	EBITDA마진율
2017	4.5	2.8	130.2	101.1	2.8	6.3	454.9	43.5	10.3
2016	5.7	5.2	118.3	86.3	5.1	12.2	438.2	45.8	11.7
2015	5.5	4.6	161.3	124.0	4.6	13.5	400.7	38.3	10.5
2014	4.1	1.7	228.7	192.9	1.5	4.9	349.7	30.4	12.2

알리코제약 (A260660)

KOREA ARLICO PHARM COLTD

업종 : 제약
신용등급 : (Bond) — (CP) —
홈페이지 : www.arlico.co.kr
본사 : 서울시 서초구 바우뫼로27길 7-21 (양재동, 알리코제약빌딩)
시장 : KOSDAQ
기업규모 : 중견
연락처 : 02)585-0004

설립일	1992.10.01	**종업원수**	명	**대표이사**	이항구
상장일	2018.02.12	**감사의견**	적정(삼일)	**계열**	
결산기	12월	**보통주**		**종속회사수**	
액면가	500원	**우선주**		**구상호**	

주주구성 (지분율,%)		출자관계 (지분율,%)		주요경쟁사 (외형,%)	
이항구	41.3			알리코제약	100
황수길	6.5			고려제약	78
(외국인)	0.2			녹원씨엔아이	31

매출구성		비용구성		수출비중	
기타처방약	45.6	매출원가율	39.3	수출	1.9
순환계약	32.3	판관비율	48.3	내수	98.1
소화기용제	12.1				

회사 개요

동사는 1992년 12월 설립되어 제네릭 의약품(전문의약품, 일반의약품)을 제조 및 판매하는 완제의약품업체임. 제네릭의약품의 국내 판매, 타 제약사 제품 수탁생산(CMO 사업), 동남아/중남미 등 제네릭 해외수출, 천연물 의약품 및 건강기능식품 개발 및 판매를 주요 사업으로 영위하고 있음. 동사는 특허가 만료된 의약품을 동일한 성분 및 함량, 제형, 효능으로 제조 또는 위탁생산하여 CSO를 통해 전국 종합병원 및 의원, 도매업체에 판매함.

실적 분석

동사의 2017년 누적매출액은 713.6억원으로 전년대비 48.3% 증가함. 비용측면에서 매출원가와 판관비가 각각 35.4%, 49.0% 상승했음에도 불구하고 매출 확대에 힘입어 영업이익이 전년보다 106.2% 늘어난 88.7억원을 기록함. 수익성 높은 전문의약품 위주 제품 리뉴얼, 다품목 소량생산 체계의 구축, CSO영업의 선점 및 제도 정착(저비용 고효율의 영업망 구축) 등이 자리잡으면서 수익성 개선세가 이어지고 있음.

현금 흐름 *IFRS 별도 기준 <단위 : 억원>

항목	2016	2017
영업활동	60	88
투자활동	-34	-60
재무활동	4	-3
순현금흐름	30	23
기말현금	32	55

시장 대비 수익률

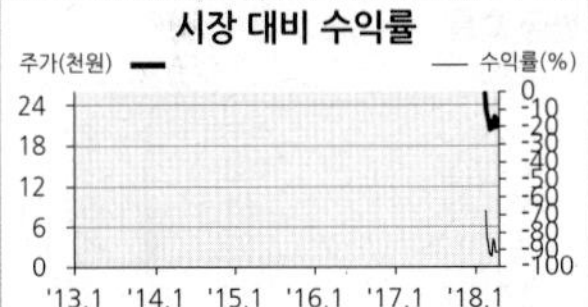

결산 실적 <단위 : 억원>

항목	2012	2013	2014	2015	2016	2017
매출액	334	287	296	330	481	714
영업이익	18	22	22	16	43	89
당기순이익	7	8	5	6	22	33

분기 실적 *IFRS 별도 기준 <단위 : 억원>

항목	2016.3Q	2016.4Q	2017.1Q	2017.2Q	2017.3Q	2017.4Q
매출액	127	—	—	—	182	—
영업이익	14	—	—	—	24	—
당기순이익	11	—	—	—	10	—

재무 상태 *IFRS 별도 기준 <단위 : 억원>

항목	2012	2013	2014	2015	2016	2017
총자산	345	332	328	349	464	577
유형자산	175	171	167	173	147	176
무형자산	5	6	7	6	12	24
유가증권	1	2	0	1	1	0
총부채	247	226	218	245	310	378
총차입금	145	144	138	146	169	187
자본금	11	11	11	11	12	32
총자본	98	106	110	104	155	199
지배주주지분	98	106	110	104	155	199

기업가치 지표 *IFRS 별도 기준

항목	2012	2013	2014	2015	2016	2017
주가(최고/저)(천원)	—/—	—/—	—/—	—/—	—/—	—/—
PER(최고/저)(배)	0.0/0.0	0.0/0.0	0.0/0.0	0.0/0.0	0.0/0.0	0.0/0.0
PBR(최고/저)(배)	0.0/0.0	0.0/0.0	0.0/0.0	0.0/0.0	0.0/0.0	0.0/0.0
EV/EBITDA(배)	4.8	3.9	4.0	8.2	2.3	1.1
EPS(원)	130	138	90	112	402	489
BPS(원)	43,966	47,425	49,652	46,803	63,522	2,873
CFPS(원)	8,266	8,959	7,018	3,271	14,552	658
DPS(원)	—	—	—	—	—	100
EBITDAPS(원)	13,103	15,449	14,704	7,512	23,781	1,468

재무 비율 <단위 : %>

연도	영업이익률	순이익률	부채비율	차입금비율	ROA	ROE	유보율	자기자본비율	EBITDA마진율
2017	12.4	4.7	189.7	93.6	6.4	18.9	520.7	34.5	14.1
2016	8.9	4.7	200.4	109.4	5.5	17.3	1,170.4	33.3	11.0
2015	4.8	1.9	235.5	139.8	—	—	836.1	29.8	5.1
2014	7.5	1.7	197.1	124.9	1.5	4.6	893.0	33.7	11.0

*관리종목

알보젠코리아 (A002250)
ALVOGEN KOREA COLTD

업 종 : 제약　　시 장 : 거래소
신용등급 : (Bond) — (CP) —　　기업규모 : 시가총액 소형주
홈페이지 : www.alvogenkorea.com　　연 락 처 : 02)2047-7700
본 사 : 서울시 영등포구 여의도동 국제금융로 10 TWO IFC 13층

설 립 일	1958.01.07	**종 업 원 수**	624명	**대 표 이 사**	장영희
상 장 일	1973.11.10	**감 사 의 견**	적정(한영)	**계 열**	
결 산 기	12월	**보 통 주**		**종속회사수**	
액 면 가	5,000원	**우 선 주**		**구 상 호**	근화제약

주주구성 (지분율,%)		출자관계 (지분율,%)		주요경쟁사 (외형,%)	
알보젠코리아	82.5			알보젠코리아	100
WorldCare Asia	1.4			유나이티드제약	104
				큐리언트	

매출구성		비용구성		수출비중	
[제품]기 타	49.5	매출원가율	51.5	수출	—
[상품]기 타	21.4	판관비율	34.9	내수	—
비만치료제(푸리민 정) 외	17.5				

회사 개요
동사는 1958년 1월 근화항생약품 주식회사로 설립된 후 1971년 4월 근화제약 주식회사로 상호를 변경함. 1973년 11월 한국거래소 시장에 상장됨. 2015년 6월 1일자로 종속회사였던 드림파마 주식회사를 합병하여 현재의 알보젠코리아주식회사란 명칭으로 상호를 변경함. 국내 비만치료제 시장에서 주도적인 위치를 차지하고 있음. 2015년 10월부터 다국적 제약회사인 아스트라제네카의 쎄로켈을 판매하고 있음.

실적 분석
동사의 2017년 연간 매출액은 전년동기대비 4.9% 상승한 1,900.6억원을 기록하였음. 비용면에서 전년동기대비 매출원가는 증가 했으며 인건비도 증가, 광고선전비는 크게 감소, 기타판매비와관리비는 크게 감소함. 매출액은 성장했지만 원가 증가로 인해 전년동기대비 영업이익은 258.1억원으로 16% 하락하였음. 최종적으로 전년동기대비 당기순이익은 상승하여 104억원을 기록함.

현금 흐름 *IFRS 별도 기준 〈단위 : 억원〉

항목	2016	2017
영업활동	486	223
투자활동	-166	-43
재무활동	-61	-327
순현금흐름	259	-146
기말현금	661	514

시장 대비 수익률
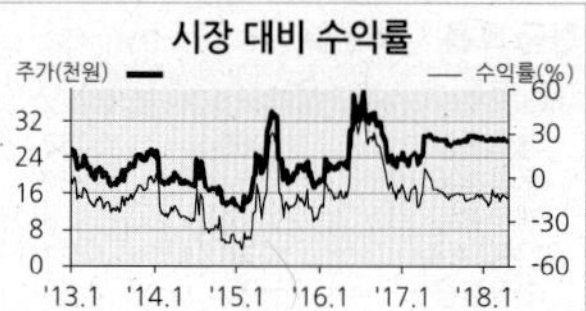

결산 실적 〈단위 : 억원〉

항목	2012	2013	2014	2015	2016	2017
매출액	655	708	653	1,658	1,812	1,901
영업이익	-22	48	-112	206	307	258
당기순이익	-13	20	-107	122	87	104

분기 실적 *IFRS 별도 기준 〈단위 : 억원〉

항목	2016.3Q	2016.4Q	2017.1Q	2017.2Q	2017.3Q	2017.4Q
매출액	428	425	449	492	503	457
영업이익	63	51	46	80	89	43
당기순이익	27	-74	-2	49	59	-3

재무 상태 *IFRS 별도 기준 〈단위 : 억원〉

항목	2012	2013	2014	2015	2016	2017
총자산	1,167	1,205	3,178	3,159	3,324	3,073
유형자산	207	177	370	373	354	332
무형자산	27	35	1,575	1,597	1,604	1,565
유가증권	66	0	1	1	1	1
총부채	235	255	1,365	1,247	1,341	1,323
총차입금	71	71	874	782	727	766
자본금	244	244	593	593	593	593
총자본	932	950	1,812	1,912	1,983	1,750
지배주주지분	932	950	1,812	1,912	1,983	1,750

기업가치 지표 *IFRS 별도 기준

항목	2012	2013	2014	2015	2016	2017
주가(최고/저)(천원)	46.7/9.7	28.2/16.4	28.0/13.2	35.7/12.4	39.3/18.1	29.9/22.3
PER(최고/저)(배)	—/—	71.6/41.6	—/—	34.6/12.0	53.7/24.7	34.1/25.4
PBR(최고/저)(배)	2.6/0.5	1.5/0.9	1.8/0.9	2.2/0.8	2.4/1.1	1.7/1.3
EV/EBITDA(배)	—	11.3	—	10.0	7.8	11.1
EPS(원)	-375	393	-1,968	1,032	732	877
BPS(원)	19,059	19,429	15,284	16,128	16,723	17,610
CFPS(원)	191	876	-1,410	1,468	1,249	1,441
DPS(원)	—	—	—	—	—	—
EBITDAPS(원)	-68	1,450	-1,500	2,176	3,109	2,740

재무 비율 〈단위 : %〉

연도	영업이익률	순이익률	부채비율	차입금비율	ROA	ROE	유보율	자기자본비율	EBITDA마진율
2017	13.6	5.5	75.6	43.8	3.3	5.6	252.2	56.9	17.1
2016	17.0	4.8	67.6	36.6	2.7	4.5	234.5	59.7	20.4
2015	12.4	7.4	65.2	40.9	3.9	6.6	222.6	60.5	15.6
2014	-17.1	-16.4	73.5	48.2	-4.9	-7.7	205.7	57.6	-12.5

알비케이이엠디 (A106080)
RBK EMD

업 종 : 휴대폰 및 관련부품　　시 장 : KOSDAQ
신용등급 : (Bond) — (CP) —　　기업규모 : 중견
홈페이지 : www.hysonic.com　　연 락 처 : 031)8040-0500
본 사 : 경기도 안산시 상록구 해안로 705 경기테크노파크 RIT센터 5층

설 립 일	2001.03.29	**종 업 원 수**	41명	**대 표 이 사**	류재욱
상 장 일	2010.02.09	**감 사 의 견**	적정(삼덕)	**계 열**	
결 산 기	12월	**보 통 주**		**종속회사수**	3개사
액 면 가	200원	**우 선 주**		**구 상 호**	하이소닉

주주구성 (지분율,%)		출자관계 (지분율,%)		주요경쟁사 (외형,%)	
다인몬트파트너스	15.1	알비케이메디케어	100.0	알비케이이엠디	100
케이비증권	6.9	웅원메디칼	100.0	텔루스	33
(외국인)	0.8	HYSONICPHILIPPINES	100.0	해성옵틱스	789

매출구성		비용구성		수출비중	
액츄에이터류	100.0	매출원가율	92.0	수출	82.9
		판관비율	11.8	내수	17.1

회사 개요
동사는 2001년에 설립된 휴대폰 카메라용 자동초점 구동장치인 AF액츄에이터 및 OIS 액츄에이터를 제조 판매하는 업체임. 액츄에이터 시장은 현재 10~15개 업체만 존재하는 과점체제이며, 연 평균 성장률은 20%이상으로 예상됨. 매출의 상당부분이 삼성 등 국내업체에 집중되고 있으며, 이러한 매출 구조를 다변화 하기 위하여 중국, 대만, 일본 등 해외 기업에 대해 전문 해외 판매망을 통한 영업을 진행중임.

실적 분석
동사의 2017년 전체 매출은 434억원으로 전년대비 35.4% 증가, 영업이익은 -16.3억원으로 적자지속, 당기순이익은 -91.5억원으로 전년대비 적자지속. 신규 사업의 매출 반영으로 전체 외형 성장세는 높았으나 원가율 상승으로 수익성 부진은 지속. 신규상품으로 3D 모션스위치, 스마트앱세서리 등을 개발 중에 있음. 기존 엑츄에이터AF에서 발전된 햅틱에이터를 신규 성장동력으로 삼고 있으며, 베트남 등지에 신규 공장 증설함.

현금 흐름 〈단위 : 억원〉

항목	2016	2017
영업활동	-7	53
투자활동	-177	1
재무활동	174	-65
순현금흐름	-9	-10
기말현금	23	13

시장 대비 수익률
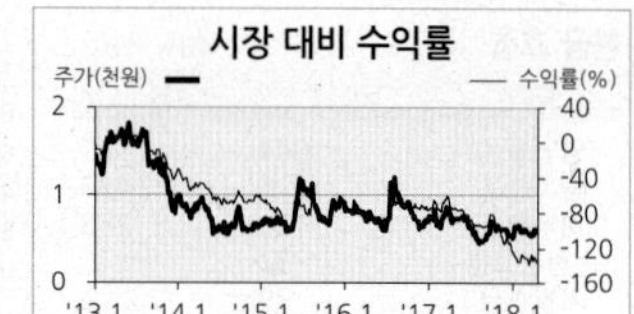

결산 실적 〈단위 : 억원〉

항목	2012	2013	2014	2015	2016	2017
매출액	483	437	352	536	323	434
영업이익	76	-47	-54	13	-52	-16
당기순이익	38	-57	-78	6	-73	-92

분기 실적 〈단위 : 억원〉

항목	2016.3Q	2016.4Q	2017.1Q	2017.2Q	2017.3Q	2017.4Q
매출액	88	79	111	86	127	110
영업이익	-12	-24	-1	-20	3	1
당기순이익	-13	-40	-5	-22	3	-67

재무 상태 〈단위 : 억원〉

항목	2012	2013	2014	2015	2016	2017
총자산	475	447	485	437	511	407
유형자산	189	221	234	204	186	155
무형자산	27	27	28	25	19	21
유가증권	—	3	1	—	140	73
총부채	130	174	287	200	247	188
총차입금	58	82	157	116	166	95
자본금	36	53	53	57	69	153
총자본	345	273	198	237	263	219
지배주주지분	345	273	198	237	265	219

기업가치 지표

항목	2012	2013	2014	2015	2016	2017
주가(최고/저)(천원)	6.9/2.4	9.2/3.8	5.2/2.7	6.3/2.9	6.0/2.9	1.0/0.5
PER(최고/저)(배)	18.1/6.3	—/—	—/—	109.3/50.4	—/—	—/—
PBR(최고/저)(배)	2.1/0.7	3.5/1.5	2.7/1.4	3.0/1.4	3.0/1.4	3.3/1.6
EV/EBITDA(배)	6.6	—	—	9.1	—	12.6
EPS(원)	76	-107	-147	12	-109	-131
BPS(원)	4,942	2,628	1,919	2,129	2,036	293
CFPS(원)	945	-103	-256	546	-159	-63
DPS(원)	—	—	—	—	—	—
EBITDAPS(원)	1,492	-15	-27	613	-8	45

재무 비율 〈단위 : %〉

연도	영업이익률	순이익률	부채비율	차입금비율	ROA	ROE	유보율	자기자본비율	EBITDA마진율
2017	-3.8	-21.1	85.8	43.5	-20.0	-38.1	46.6	53.8	7.3
2016	-16.2	-22.6	94.0	63.1	-15.4	-28.8	307.1	51.5	-0.3
2015	2.5	1.2	84.4	49.1	1.4	2.9	325.7	54.2	12.4
2014	-15.2	-22.2	145.0	79.5	-16.7	-33.1	283.8	40.8	-0.8

알서포트 (A131370)
Rsupport

업 종 : 일반 소프트웨어 / 시 장 : KOSDAQ
신용등급 : (Bond) — (CP) — / 기업규모 : 벤처
홈페이지 : www.rsupport.com / 연 락 처 : 070)7011-3900
본 사 : 서울시 송파구 위례성대로 10, 9~12층(방이동, 에스타워)

설 립 일	2010.07.22	**종업원수**	205명	**대표이사**	서형수
상 장 일	2011.01.05	**감사의견**	적정(삼정)	**계 열**	
결 산 기	12월	**보 통 주**		**종속회사수**	3개사
액 면 가	100원	**우 선 주**		**구 상 호**	케이비게임앤앱스스팩

주주구성 (지분율,%)		출자관계 (지분율,%)		주요경쟁사 (외형,%)	
서형수	29.7	게임덕	92.1	알서포트	100
NTT DoCoMo, Inc.	15.4	보이저제일호사모투자전문회사	57.1	SGA	425
(외국인)	21.3	위너스투자자문	32.9	윈스	312

매출구성		비용구성		수출비중	
RemoteCall 제품군	78.1	매출원가율	0.0	수출	56.1
RemoteView	19.3	판관비율	85.1	내수	43.9
기 타	1.6				

회사 개요
동사는 2001년 11월에 설립되어 인터넷을 통한 원격지원이 가능한 소프트웨어(Remote Call 등)를 개발하여 공급하고 있으며, 서울에 본사를 두고 한국, 일본, 중국 및 미국에 현지법인을 두고 있음. 코스닥시장 상장을 위하여 케이비글로벌스타게임앤앱스기업인수목적주식회사에 2013년에 피합병됨. 원격지원 시장 점유율 국내 1위, 일본 시장 1위, 아시아 시장 1위를 차지하고 세계 시장 5위(IDC Report, 2015)를 기록중.

실적 분석
동사의 2017년 연간 매출액은 전년동기대비 7.7% 상승한 230.8억원을 기록하였음. 인건비는 감소 하였고 광고선전비도 크게 감소, 기타판매비와관리비도 마찬가지로 감소함. 이처럼 매출액 상승과 더불어 비용절감에도 힘을 기울였음. 최종적으로 전년동기대비 당기순이익은 흑자전환하여 26.9억원을 기록함. 그러나 비영업손익부분의 큰 감소세를 잘 살펴볼 필요가 있음.

현금 흐름 〈단위 : 억원〉

항목	2016	2017
영업활동	5	26
투자활동	-2	-24
재무활동	9	—
순현금흐름	12	-2
기말현금	116	113

시장 대비 수익률
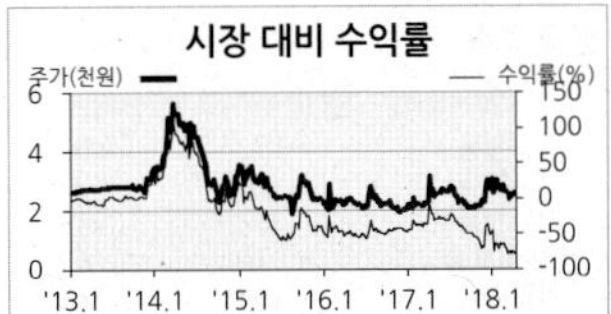

결산 실적 〈단위 : 억원〉

항목	2012	2013	2014	2015	2016	2017
매출액	175	215	207	185	214	231
영업이익	45	64	5	-26	-2	34
당기순이익	37	19	-5	-24	-2	27

분기 실적 〈단위 : 억원〉

항목	2016.3Q	2016.4Q	2017.1Q	2017.2Q	2017.3Q	2017.4Q
매출액	54	63	47	51	59	74
영업이익	1	8	-4	2	12	25
당기순이익	1	2	-6	4	13	17

재무 상태 〈단위 : 억원〉

항목	2012	2013	2014	2015	2016	2017
총자산	366	602	592	556	515	544
유형자산	10	11	15	12	9	7
무형자산	3	3	6	6	5	5
유가증권	1	2	32	57	86	120
총부채	70	71	54	42	51	54
총차입금	28	32	8	2	11	11
자본금	7	52	53	53	53	53
총자본	296	532	538	515	463	490
지배주주지분	296	532	538	514	464	492

기업가치 지표

항목	2012	2013	2014	2015	2016	2017
주가(최고/저)(천원)	2.6/2.4	3.4/2.6	5.7/2.1	3.6/1.9	3.0/1.9	3.4/2.0
PER(최고/저)(배)	29.9/27.6	95.3/72.9	—/—	—/—	—/—	66.4/39.0
PBR(최고/저)(배)	4.6/4.2	3.3/2.5	5.5/2.1	3.7/1.9	3.2/2.1	3.6/2.1
EV/EBITDA(배)	—	—	138.0	—	254.3	30.8
EPS(원)	88	36	-9	-44	-1	52
BPS(원)	22,542	1,044	1,029	987	915	966
CFPS(원)	3,905	45	2	-32	10	62
DPS(원)	—	6	—	—	—	—
EBITDAPS(원)	4,599	133	21	-37	6	75

재무 비율 〈단위 : %〉

연도	영업이익률	순이익률	부채비율	차입금비율	ROA	ROE	유보율	자기자본비율	EBITDA마진율
2017	14.9	11.7	11.0	2.3	5.1	5.8	866.4	90.1	17.2
2016	-1.1	-1.0	11.1	2.4	-0.4	-0.1	815.5	90.0	1.5
2015	-14.1	-12.8	8.2	0.3	-4.1	-4.5	886.6	92.5	-10.7
2014	2.6	-2.2	10.0	1.5	-0.8	-0.9	928.7	91.0	5.4

알에스오토메이션 (A140670)
RS AUTOMATION COLTD

업 종 : 기계 / 시 장 : KOSDAQ
신용등급 : (Bond) — (CP) — / 기업규모 : 벤처
홈페이지 : www.rsautomation.co.kr / 연 락 처 : 031)685-9300
본 사 : 경기도 평택시 진위면 진위산단로 38

설 립 일	2009.12.10	**종업원수**	188명	**대표이사**	강덕현
상 장 일	2017.08.11	**감사의견**	적정(삼정)	**계 열**	
결 산 기	12월	**보 통 주**		**종속회사수**	
액 면 가	500원	**우 선 주**		**구 상 호**	

주주구성 (지분율,%)		출자관계 (지분율,%)		주요경쟁사 (외형,%)	
강덕현	29.4			알에스오토메이션	100
유성진	11.0			TPC	117
(외국인)	0.7			큐로	179

매출구성		비용구성		수출비중	
드라이브	41.5	매출원가율	84.4	수출	15.4
상품	40.3	판관비율	11.1	내수	84.6
모션제어기	9.9				

회사 개요
동사는 로봇모션 제어 및 에너지 제어장치 등 국내 유일의 오토메이션 전문 기업임. 1995년 삼성전자 메카트로닉스 사업부/제어기부문으로 시작되어 2002년 로크웰 삼성 오토메이션을 거쳐 2010년 알에스오토메이션 설립 등 20여 년의 사업 경험과 기술력을 보유함. 주력제품군 '로봇모션 제어기술' 사업의 우수성을 인정받아 2017년 '월드클래스 300 기업'에 선정되었으며 2017년 8월 11일 코스닥시장에 신규상장됨.

실적 분석
동사의 2017년 연간 매출액은 전년동기대비 23.7% 상승한 874.5억원을 기록하였음. 비용면에서 전년동기대비 매출원가는 증가 하였으며 인건비도 증가, 광고선전비도 증가, 기타판매비와관리비는 증가함. 이와 같이 상승한 매출액 만큼 비용증가도 있었으나 매출액의 더 큰 상승에 힘입어 영업이익이 27.6% 증가함. 그러나 비영업손익의 적자지속으로 전년동기대비 당기순이익은 29.2억원을 기록함.

현금 흐름 〈단위 : 억원〉

항목	2016	2017
영업활동	44	-50
투자활동	-42	-70
재무활동	27	128
순현금흐름	28	8
기말현금	44	51

시장 대비 수익률
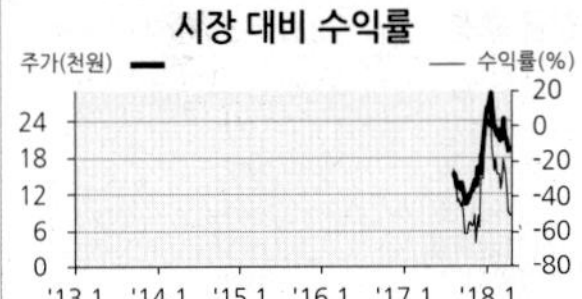

결산 실적 〈단위 : 억원〉

항목	2012	2013	2014	2015	2016	2017
매출액	528	580	497	640	707	874
영업이익	17	17	6	21	31	39
당기순이익	10	13	-5	16	30	29

분기 실적 〈단위 : 억원〉

항목	2016.3Q	2016.4Q	2017.1Q	2017.2Q	2017.3Q	2017.4Q
매출액	175	—	191	—	210	—
영업이익	4	—	18	—	9	—
당기순이익	2	—	16	—	7	—

재무 상태 〈단위 : 억원〉

항목	2012	2013	2014	2015	2016	2017
총자산	428	466	445	534	647	762
유형자산	129	126	126	120	156	167
무형자산	23	29	30	30	33	38
유가증권	2	33	41	—	—	—
총부채	303	309	293	365	446	370
총차입금	206	205	202	191	221	187
자본금	21	28	28	28	28	46
총자본	125	157	152	169	200	393
지배주주지분	125	157	152	169	200	393

기업가치 지표

항목	2012	2013	2014	2015	2016	2017
주가(최고/저)(천원)	—/—	—/—	—/—	—/—	—/—	25.2/10.4
PER(최고/저)(배)	0.0/0.0	0.0/0.0	0.0/0.0	0.0/0.0	0.0/0.0	65.7/27.3
PBR(최고/저)(배)	0.0/0.0	0.0/0.0	0.0/0.0	0.0/0.0	0.0/0.0	5.8/2.4
EV/EBITDA(배)	5.9	4.6	7.7	3.7	3.0	41.5
EPS(원)	152	200	-76	242	456	383
BPS(원)	1,896	2,376	2,304	2,565	3,041	4,314
CFPS(원)	283	375	103	468	683	614
DPS(원)	—	—	—	—	—	100
EBITDAPS(원)	391	436	275	548	693	744

재무 비율 〈단위 : %〉

연도	영업이익률	순이익률	부채비율	차입금비율	ROA	ROE	유보율	자기자본비율	EBITDA마진율
2017	4.5	3.3	94.2	47.7	4.2	9.9	762.8	51.5	6.5
2016	4.3	4.3	222.8	110.2	5.1	16.3	604.3	31.0	6.5
2015	3.3	2.5	216.2	113.3	3.3	10.0	494.1	31.6	5.6
2014	1.3	-1.0	193.1	133.2	-1.1	-3.2	433.6	34.1	3.6

알에프세미 (A096610)

RFsemi Technologies

업 종 : 휴대폰 및 관련부품
신용등급 : (Bond) — (CP) —
홈페이지 : www.rfsemi.co.kr
본 사 : 대전시 서구 둔산로 52, 미라클빌딩 11층 1101호
시 장 : KOSDAQ
기업규모 : 중견
연 락 처 : 042)823-9682

설 립 일	1999.10.22	**종 업 원 수**	426명	**대 표 이 사**	이진효
상 장 일	2007.11.20	**감 사 의 견**	적정(한영)	**계 열**	
결 산 기	12월	**보 통 주**		**종속회사수**	4개사
액 면 가	500원	**우 선 주**		**구 상 호**	

주주구성 (지분율,%)		출자관계 (지분율,%)		주요경쟁사 (외형,%)	
이진효	24.6	위해애래복반도체과기유한공사	100.0	알에프세미	100
카이투자자문	11.9	RFsemiUSA	100.0	피델릭스	98
(외국인)	0.9	RFSEMIHOLDINGSSDN.BHD	99.0	인포마크	91

매출구성		비용구성		수출비중	
TVS Diode	52.3	매출원가율	87.2	수출	32.1
ECM Chip/Module	38.4	판관비율	12.4	내수	67.9
LED 조명 및 기타	9.3				

회사 개요

동사는 반도체 소자 제조 및 판매를 주 사업부문으로 영위하고 있으며 소자급 반도체 칩 개발에서 생산, 장비기술까지 Total Solution을 제공하는 반도체 전문기업임. 주요 제품인 마이크로폰용 ECM Chip은 휴대폰 등 소형 음향기기의 마이크로폰에 내장되어 사용되며 전방산업인 휴대폰시장의 성장으로 매년 10% 이상의 성장세를 지속해 왔음. 조명용 LED DRIVE IC, MEMS 마이크로폰 모듈, ECM 모듈 등의 사업을 신규 추진 중임.

실적 분석

동사의 2017년 매출은 621.9억원으로 전년대비 3.1% 감소, 영업이익은 2.2억원으로 전년대비 91.6% 감소. 당기순이익은 -13.8억원으로 적자전환. 전방산업인 스마트폰 시장이 수량 기준으로 역성장, 업체간의 역성장으로 겨쟁 심화, 외형은 소폭 감소하였으나 원가율 상승으로 수익성은 부진. 중국시장 공략을 위해 심천 현지 법인 설립 및 해외 판매 네트워크 강화를 위해 미국과 말레이시아에 지사를 설립하여 운영함.

현금 흐름

<단위 : 억원>

항목	2016	2017
영업활동	77	-1
투자활동	-42	-69
재무활동	-24	58
순현금흐름	11	-22
기말현금	98	77

시장 대비 수익률

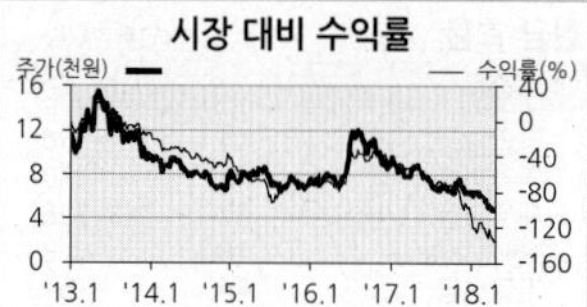

결산 실적

<단위 : 억원>

항목	2012	2013	2014	2015	2016	2017
매출액	425	525	554	572	642	622
영업이익	63	77	48	30	26	2
당기순이익	47	55	32	22	10	-14

분기 실적

<단위 : 억원>

항목	2016.3Q	2016.4Q	2017.1Q	2017.2Q	2017.3Q	2017.4Q
매출액	156	167	159	146	163	155
영업이익	1	2	12	1	-1	-10
당기순이익	-3	0	1	0	2	-17

재무 상태

<단위 : 억원>

항목	2012	2013	2014	2015	2016	2017
총자산	688	789	876	894	901	936
유형자산	328	389	403	403	390	399
무형자산	35	34	42	52	52	58
유가증권	—	—	5	15	15	16
총부채	247	298	358	356	361	416
총차입금	160	189	275	252	238	300
자본금	41	41	41	41	41	41
총자본	442	491	518	538	540	520
지배주주지분	442	491	518	538	540	520

기업가치 지표

항목	2012	2013	2014	2015	2016	2017
주가(최고/저)(천원)	12.9/8.6	15.6/9.2	9.7/6.5	9.1/6.1	12.3/6.9	9.7/6.2
PER(최고/저)(배)	23.0/15.3	23.5/13.9	25.0/16.8	33.7/22.5	96.4/53.9	—/—
PBR(최고/저)(배)	2.4/1.6	2.6/1.6	1.5/1.0	1.4/0.9	1.9/1.0	1.5/1.0
EV/EBITDA(배)	11.9	8.4	8.5	9.7	11.4	12.1
EPS(원)	576	677	394	273	129	-167
BPS(원)	5,437	6,046	6,381	6,623	6,654	6,403
CFPS(원)	940	1,142	994	887	739	559
DPS(원)	39	55	25	41	35	23
EBITDAPS(원)	1,144	1,410	1,186	983	933	754

재무 비율

<단위 : %>

연도	영업이익률	순이익률	부채비율	차입금비율	ROA	ROE	유보율	자기자본비율	EBITDA마진율
2017	0.4	-2.2	80.0	57.7	-1.5	-2.6	1,180.5	55.5	9.9
2016	4.1	1.6	66.8	44.1	1.2	1.9	1,230.8	59.9	11.8
2015	5.2	3.9	66.3	46.9	2.5	4.2	1,224.7	60.1	13.9
2014	8.6	5.8	69.1	53.1	3.8	6.3	1,176.3	59.1	17.4

알에프에이치아이씨 (A218410)

RFHIC

업 종 : 통신장비
신용등급 : (Bond) — (CP) —
홈페이지 : www.rfhic.com
본 사 : 경기도 안양시 동안구 부림로 170번길 41-14
시 장 : KOSDAQ
기업규모 : 벤처
연 락 처 : 031)8069-3000

설 립 일	2015.04.14	**종 업 원 수**	227명	**대 표 이 사**	조덕수
상 장 일	2015.06.30	**감 사 의 견**	적정(한영)	**계 열**	
결 산 기	12월	**보 통 주**		**종속회사수**	
액 면 가	500원	**우 선 주**		**구 상 호**	엔에이치스팩8호

주주구성 (지분율,%)		출자관계 (지분율,%)		주요경쟁사 (외형,%)	
조덕수	17.2	메탈라이프	55.0	RFHIC	100
조삼열	16.2	RFHICUSCORPORATION	100.0	에이스테크	567
(외국인)	16.1			텔콘	67

매출구성		비용구성		수출비중	
		매출원가율	66.1	수출	82.4
		판관비율	20.8	내수	17.6

회사 개요

동사는 무선 통신 및 방위 산업에서 활용되는 GaN(질화갈륨)트랜지스터와 GaN 전력증폭기를 생산/판매하는 기업임. 그 동안 전량 수입에만 의존했던 GaN 전력증폭기의 국산화에 성공하였고, 현재는 국내 유일의 GaN 트랜지스터 생산 기업으로 성장함. 동사의 주요 거래처는 통신장비 및 방산분야 세계 선두권 업체인 화웨이, 노키아, 록히드마틴, 보잉 등이며 NH스팩8호와 합병을 통해 2017년 9월 1일 코스닥 시장에 상장함.

실적 분석

동사의 2017년 연간 매출액은 전년동기대비 1.4% 소폭 변동한 620.6억원을 기록하였음. 비용면에서 전년동기대비 매출원가는 증가 하였으며 인건비는 감소 하였고 광고선전비도 감소, 기타판매비와관리비도 마찬가지로 크게 감소함. 이처럼 매출액 상승과 더불어 비용절감에도 힘을 기울였음. 최종적으로 전년동기대비 당기순이익은 상승하여 61.3억원을 기록함. 금융손익의 큰 폭의 증가가 영향을 미친것으로 보임.

현금 흐름

<단위 : 억원>

항목	2016	2017
영업활동	152	52
투자활동	-20	31
재무활동	-63	-19
순현금흐름	70	62
기말현금	298	360

시장 대비 수익률

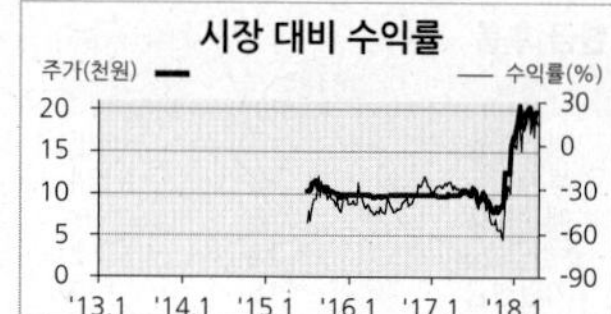

결산 실적

<단위 : 억원>

항목	2012	2013	2014	2015	2016	2017
매출액	465	772	642	497	612	621
영업이익	67	213	151	30	55	81
당기순이익	64	180	131	45	56	61

분기 실적

<단위 : 억원>

항목	2016.3Q	2016.4Q	2017.1Q	2017.2Q	2017.3Q	2017.4Q
매출액	153	—	—	—	144	—
영업이익	25	—	—	—	15	—
당기순이익	22	—	—	—	-11	—

재무 상태

<단위 : 억원>

항목	2012	2013	2014	2015	2016	2017
총자산	491	870	1,246	1,245	1,314	1,551
유형자산	60	197	266	296	300	360
무형자산	5	4	12	10	16	62
유가증권	23	0	3	4	8	36
총부채	173	338	317	265	276	276
총차입금	27	206	199	216	153	182
자본금	17	18	58	59	59	110
총자본	318	531	929	980	1,038	1,274
지배주주지분	318	531	929	980	1,038	1,231

기업가치 지표

항목	2012	2013	2014	2015	2016	2017
주가(최고/저)(천원)	—/—	—/—	—/—	12.1/9.5	10.1/9.6	17.2/7.7
PER(최고/저)(배)	0.0/0.0	0.0/0.0	0.0/0.0	59.5/46.6	39.7/37.7	61.3/27.5
PBR(최고/저)(배)	0.0/0.0	0.0/0.0	0.0/0.0	2.7/2.1	2.1/2.0	3.0/1.4
EV/EBITDA(배)	—	—	—	1.6	—	32.0
EPS(원)	358	922	658	205	255	280
BPS(원)	9,179	15,045	7,983	8,356	8,847	5,671
CFPS(원)	2,380	5,617	1,409	566	697	416
DPS(원)	—	—	—	—	—	50
EBITDAPS(원)	2,466	6,562	1,595	445	689	504

재무 비율

<단위 : %>

연도	영업이익률	순이익률	부채비율	차입금비율	ROA	ROE	유보율	자기자본비율	EBITDA마진율
2017	13.0	9.9	21.7	14.3	4.3	5.4	1,034.3	82.2	17.8
2016	8.9	9.1	26.6	14.8	4.4	5.5	1,669.3	79.0	13.2
2015	6.1	9.0	27.0	22.1	3.6	4.7	1,571.1	78.7	10.5
2014	23.6	20.5	34.1	21.4	—	—	1,496.7	74.6	26.7

알에프텍 (A061040)
RFTech

업 종 : 휴대폰 및 관련부품
신용등급 : (Bond) — (CP) —
홈페이지 : www.rftech.co.kr
본 사 : 경기도 용인시 처인구 원삼면 죽양대로1763번길 60
시 장 : KOSDAQ
기업규모 : 우량
연 락 처 : 031)322-1114

설 립 일	1995.02.22	**종업원수**	245명	**대표이사**	차정운
상 장 일	2002.05.08	**감사의견**	적정(다산)	**계 열**	
결 산 기	12월	**보 통 주**		**종속회사수**	8개사
액 면 가	500원	**우 선 주**		**구 상 호**	

주주구성 (지분율,%)		출자관계 (지분율,%)		주요경쟁사 (외형,%)	
정혁진	10.4	알에프아이씨티	100.0	알에프텍	100
한국증권금융	4.1	지오티스	28.0	제주반도체	41
(외국인)	4.6	루미마이크로	14.7	성우전자	64

매출구성		비용구성		수출비중	
휴대전화를 위한 충전기 등	50.1	매출원가율	88.8	수출	—
휴대전화 이동 방송 수신을 위한 안테나 제품	18.2	판관비율	7.6	내수	—
PC와의 데이타 연결 케이블 DLC제품 등	14.7				

회사 개요

동사는 휴대전화의 부가장치 관련 사업 등을 영위할 목적으로 1995년에 설립됐고, 2002년에 코스닥 시장에 상장됨. 동사가 생산하는 제품은 모바일용 충전기, 안테나, 액세서리 등이며, IT사업부와 LED조명, 가로등 및 전원공급장치 등을 개발 생산하는 조명사업부로 나뉘어 운영됨. 모바일 부가기기 부문 매출이 전체 매출의 대부분을 차지함. 올해부터 주요 고객사의 플래그십 스마트폰 모델의 메인안테나(IMA)를 공급하기 시작함.

실적 분석

동사의 2017년 전체 매출은 2,871억원으로 전년대비 10.8% 감소, 영업이익은 103.7억원으로 전년대비 15.5% 증가, 당기순이익은 37.3억원으로 전년대비 61.7% 감소. 전방산업인 휴대폰 시장 둔화, 조명 부문의 경쟁심화로 매출은 전년대비 부진. 다만 영업이익은 원가율 개선, 판매관리비 감소로 전년대비 증가세 시현. 2018년 전략거래선내 점유율 증가 및 신규 사업 확에 주력할 전망.

현금 흐름 (단위 : 억원)

항목	2016	2017
영업활동	188	-8
투자활동	8	-108
재무활동	-42	235
순현금흐름	163	85
기말현금	571	656

시장 대비 수익률

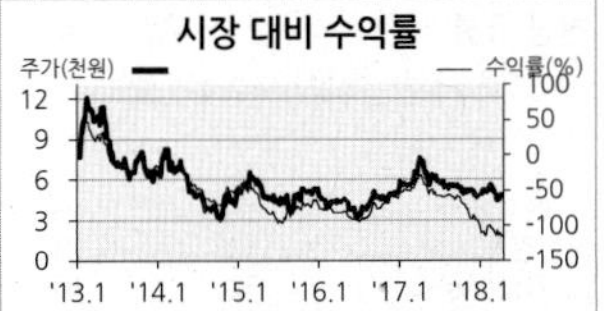

결산 실적 (단위 : 억원)

항목	2012	2013	2014	2015	2016	2017
매출액	4,994	5,002	4,066	3,971	3,220	2,871
영업이익	305	73	-56	89	90	104
당기순이익	235	36	-70	57	98	37

분기 실적 (단위 : 억원)

항목	2016.3Q	2016.4Q	2017.1Q	2017.2Q	2017.3Q	2017.4Q
매출액	920	796	670	775	791	635
영업이익	33	24	29	26	39	9
당기순이익	-6	76	19	38	21	-41

재무 상태 (단위 : 억원)

항목	2012	2013	2014	2015	2016	2017
총자산	2,112	2,162	2,006	1,768	1,751	1,860
유형자산	366	415	451	448	378	353
무형자산	72	76	73	65	63	72
유가증권	69	51	32	111	72	59
총부채	1,212	1,232	1,147	698	590	676
총차입금	217	346	430	192	140	377
자본금	52	53	53	64	95	95
총자본	900	930	859	1,070	1,161	1,184
지배주주지분	900	938	875	1,070	1,161	1,184

기업가치 지표

항목	2012	2013	2014	2015	2016	2017
주가(최고/저)(천원)	8.6/2.2	12.0/5.9	8.3/3.0	6.6/3.6	5.2/3.2	7.7/4.6
PER(최고/저)(배)	6.1/1.6	46.0/22.5	—/—	20.8/11.4	10.0/6.2	39.8/23.5
PBR(최고/저)(배)	1.6/0.4	2.2/1.1	1.6/0.6	1.2/0.7	0.9/0.5	1.3/0.7
EV/EBITDA(배)	3.6	8.3	31.4	4.5	3.0	3.6
EPS(원)	1,483	270	-380	321	519	196
BPS(원)	8,644	8,882	8,282	8,425	6,095	6,215
CFPS(원)	2,721	1,050	182	1,200	910	522
DPS(원)	100	100	50	50	—	50
EBITDAPS(원)	3,396	1,330	236	1,449	863	871

재무 비율 (단위 : %)

연도	영업이익률	순이익률	부채비율	차입금비율	ROA	ROE	유보율	자기자본비율	EBITDA마진율
2017	3.6	1.3	57.1	31.9	2.1	3.2	1,142.9	63.7	5.8
2016	2.8	3.0	50.8	12.0	5.5	8.9	1,119.0	66.3	5.1
2015	2.2	1.4	65.3	18.0	3.0	6.0	1,585.0	60.5	4.4
2014	-1.4	-1.7	133.5	50.1	-3.4	-6.8	1,556.4	42.8	0.6

알엔투테크놀로지 (A148250)
RN2 Technologies

업 종 : 전자 장비 및 기기
신용등급 : (Bond) — (CP) —
홈페이지 : www.rn2.co.kr
본 사 : 경기도 화성시 동탄면 동탄산단 9길 11
시 장 : KOSDAQ
기업규모 : 기술성
연 락 처 : 031)376-5400

설 립 일	2002.03.26	**종업원수**	116명	**대표이사**	이효종
상 장 일	2013.12.24	**감사의견**	적정(삼정)	**계 열**	
결 산 기	12월	**보 통 주**		**종속회사수**	
액 면 가	500원	**우 선 주**		**구 상 호**	

주주구성 (지분율,%)		출자관계 (지분율,%)		주요경쟁사 (외형,%)	
이효종	22.8			알엔투테크놀로지	100
박찬후	6.0			대주전자재료	649
(외국인)	0.7			이엠티	68

매출구성		비용구성		수출비중	
MLD	74.7	매출원가율	62.8	수출	41.4
LTCC소재	15.5	판관비율	32.2	내수	58.6
MCP	9.7				

회사 개요

동사는 MLD(Multilayer Devices)사업부문, 의료기기용 기판 등의 MCP(Multilayer Ceramic PCB)사업부문과 하이브리드재료(Hybrid Material)사업부문으로 구분하여 사업을 영위하고 있음. 이어 매출처 다각화를 위해 신규사업으로 은 전극(Ag Paste)사업, 나노 페라이트(Nano-Ferrite) 소재사업 등을 진행하는 중임.

실적 분석

2017년 결산 연결기준 동사의 누적 매출액은 143.9억원으로 전년 동기 대비 19.5% 증가함. 매출원가가 35.7% 늘고 인건비 증가 등으로 인해 판매비와 관리비 또한 7.8% 증가. 이에 영업이익은 7.1억원으로 33.7% 감소함. 비영업부문이 적자지속했으며, 당기순이익은 37.0% 감소한 7.8억원을 기록함. 모바일 기기 및 자동차에 사용되는 무선 통신 부품용 소재의 수요가 크게 증가해 매출 상승 시현함.

현금 흐름 *IFRS 별도 기준 (단위 : 억원)

항목	2016	2017
영업활동	29	8
투자활동	-56	-57
재무활동	34	77
순현금흐름	6	28
기말현금	22	50

시장 대비 수익률

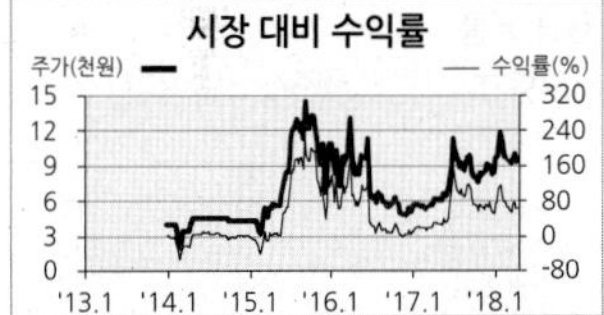

결산 실적 (단위 : 억원)

항목	2012	2013	2014	2015	2016	2017
매출액	60	91	101	103	120	144
영업이익	6	17	24	25	11	7
당기순이익	8	19	16	17	12	8

분기 실적 *IFRS 별도 기준 (단위 : 억원)

항목	2016.3Q	2016.4Q	2017.1Q	2017.2Q	2017.3Q	2017.4Q
매출액	22	44	45	35	28	36
영업이익	2	1	10	3	1	-7
당기순이익	1	5	8	1	1	-3

재무 상태 *IFRS 별도 기준 (단위 : 억원)

항목	2012	2013	2014	2015	2016	2017
총자산	120	174	189	219	271	355
유형자산	16	34	84	94	106	152
무형자산	44	40	36	31	27	25
유가증권	0	0	—	—	5	—
총부채	48	58	78	57	61	140
총차입금	31	43	62	46	43	123
자본금	12	14	12	28	32	32
총자본	72	116	112	162	210	214
지배주주지분	72	116	112	162	210	214

기업가치 지표 *IFRS 별도 기준

항목	2012	2013	2014	2015	2016	2017
주가(최고/저)(천원)	—/—	4.0/4.0	4.6/2.0	14.5/3.1	13.0/4.5	11.4/5.3
PER(최고/저)(배)	0.0/0.0	10.0/10.0	14.8/6.5	44.2/9.5	64.4/22.3	93.3/43.4
PBR(최고/저)(배)	0.0/0.0	1.8/1.8	2.1/0.9	5.1/1.1	4.0/1.4	3.4/1.6
EV/EBITDA(배)	1.0	4.3	5.3	9.9	10.0	19.5
EPS(원)	160	402	314	331	205	123
BPS(원)	3,009	4,271	4,106	2,876	3,319	3,386
CFPS(원)	732	1,292	1,033	648	519	443
DPS(원)	—	—	—	—	50	30
EBITDAPS(원)	656	1,214	1,334	803	493	433

재무 비율 (단위 : %)

연도	영업이익률	순이익률	부채비율	차입금비율	ROA	ROE	유보율	자기자본비율	EBITDA마진율
2017	5.0	5.4	65.4	57.2	2.5	3.7	577.3	60.5	19.1
2016	8.9	10.2	29.2	20.5	5.0	6.6	563.9	77.4	24.6
2015	24.3	16.5	35.3	28.3	8.3	12.4	475.2	73.9	40.1
2014	24.1	15.9	69.5	55.2	—	—	835.2	59.0	36.1

알테오젠 (A196170)
ALTEOGEN

업　　종 : 바이오　　시　　장 : KOSDAQ
신용등급 : (Bond) —　(CP) —　　기업규모 : 기술성
홈페이지 : www.alteogen.com　　연 락 처 : 042)384-8780
본　　사 : 대전시 유성구 유성대로1628번길 62, 대전바이오벤처타운 305호

설립일	2008.05.13	종업원수	52명	대표이사	박순재
상장일	2014.12.12	감사의견	적정(이촌)	계열	
결산기	12월	보통주		종속회사수	2개사
액면가	500원	우선주		구상호	

주주구성 (지분율,%)		출자관계 (지분율,%)		주요경쟁사 (외형,%)	
박순재	22.5	엘에스메디텍	100.0	알테오젠	100
KISSEI PHARMACEUTICAL CO., LTD.	5.4	알토스바이오사이언스	100.0		
(외국인)	5.8				

매출구성		비용구성		수출비중	
기술자문	69.8	매출원가율	91.4	수출	20.4
허셉틴/엔브렐/휴미라바이오시밀러	27.2	판관비율	59.6	내수	79.6
기술개발 용역	1.7				

회사 개요

동사는 의약품의 연구개발을 주요 사업으로 영위하는 기업으로 2008년 5월 13일에 설립됐음. 동사가 영위하는 의약품의 연구개발은 바이오베터(biobetter)사업부문과 바이오시밀러(biosimilar)사업부문으로 나뉘며, 자회사로는 비상장 회사인 알토스바이오사이언스가 있음. 동사는 지속형 바이오베터의 기반기술인 NexP 융합기술과 항체 바이오베터의 기반기술인 NexMab ADC 기술, 바이오시밀러 개발 기술을 보유하고 있음.

실적 분석

동사의 2017년 누적매출액은 121억원으로 전년대비 76.9% 증가함. 같은 기간 영업손실이 61.7억원으로 전년 54.1억원보다 적자폭이 확대됨. 블록버스터급 의약품 '아일리아'의 바이오시밀러 개발이 순조롭게 진행되고 있음. 동사는 바이오시밀러로 얻은 수익으로 '바이오베터' 개발에 투자하고 있는데, 지속형 의약품에 대한 기반기술과 항체-약물 접합치료제(ADC) 기술 등 두 가지의 바이오베터 관련 기술을 보유하고 있음.

현금 흐름 〈단위 : 억원〉

항목	2016	2017
영업활동	-33	-44
투자활동	-50	-3
재무활동	95	17
순현금흐름	13	-32
기말현금	84	52

시장 대비 수익률

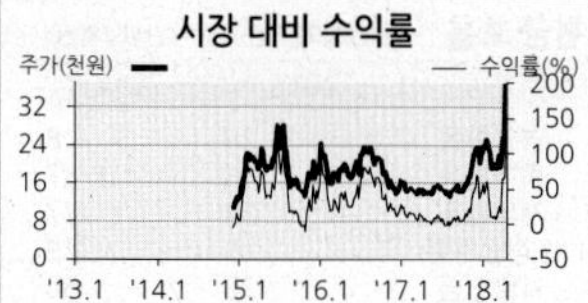

결산 실적 〈단위 : 억원〉

항목	2012	2013	2014	2015	2016	2017
매출액	40	55	70	47	68	121
영업이익	17	15	7	1	-54	-62
당기순이익	14	16	9	12	-36	-74

분기 실적 〈단위 : 억원〉

항목	2016.3Q	2016.4Q	2017.1Q	2017.2Q	2017.3Q	2017.4Q
매출액	26	25	48	21	28	24
영업이익	-14	-16	13	-21	-16	-39
당기순이익	-11	-13	14	-15	-11	-63

재무 상태 〈단위 : 억원〉

항목	2012	2013	2014	2015	2016	2017
총자산	57	83	380	394	479	430
유형자산	2	6	5	41	47	50
무형자산	0	1	1	2	21	6
유가증권	—	—	—	—	—	10
총부채	19	23	21	8	27	32
총차입금	11	14	8	—	—	—
자본금	4	13	28	30	31	63
총자본	38	60	358	386	452	398
지배주주지분	38	60	358	386	452	398

기업가치 지표

항목	2012	2013	2014	2015	2016	2017
주가(최고/저)(천원)	—/—	—/—	26.3/21.0	59.8/25.1	49.5/26.8	24.4/13.3
PER(최고/저)(배)	0.0/0.0	0.0/0.0	131.2/104.8	291.4/122.3	—/—	—/—
PBR(최고/저)(배)	0.0/0.0	0.0/0.0	4.2/3.4	9.2/3.9	6.7/3.6	7.7/4.2
EV/EBITDA(배)	—	—	132.3	617.0	—	—
EPS(원)	181	200	100	103	-298	-592
BPS(원)	3,802	1,987	6,113	6,529	7,367	3,160
CFPS(원)	1,585	627	230	241	-537	-558
DPS(원)	—	—	—	—	—	—
EBITDAPS(원)	1,830	593	187	57	-840	-457

재무 비율 〈단위 : %〉

연도	영업이익률	순이익률	부채비율	차입금비율	ROA	ROE	유보율	자기자본비율	EBITDA마진율
2017	-51.0	-61.5	8.0	0.0	-16.4	-17.5	531.9	92.6	-47.5
2016	-79.1	-52.4	6.0	0.0	-8.2	-8.6	1,373.4	94.3	-73.9
2015	2.6	25.6	2.2	0.0	3.1	3.3	1,205.7	97.9	7.2
2014	10.3	13.2	6.0	2.2	4.0	4.5	1,184.2	94.4	12.6

알톤스포츠 (A123750)
Alton Sports coltd

업　　종 : 레저용품　　시　　장 : KOSDAQ
신용등급 : (Bond) —　(CP) —　　기업규모 : 중견
홈페이지 : www.altonsports.co.kr　　연 락 처 : 031)727-9190
본　　사 : 경기도 성남시 분당구 판교역로 221 12층(삼평동 투썬월드빌딩)

설립일	2010.03.25	종업원수	125명	대표이사	김신성
상장일	2010.07.02	감사의견	적정(삼일)	계열	
결산기	12월	보통주		종속회사수	1개사
액면가	500원	우선주		구상호	

주주구성 (지분율,%)		출자관계 (지분율,%)		주요경쟁사 (외형,%)	
이녹스	37.3	하이코어	13.0	알톤스포츠	100
박찬우	10.4			삼천리자전거	256
(외국인)	0.5	알톤천진유한공사	100.0	엔에스엔	12

매출구성		비용구성		수출비중	
알루미늄	61.6	매출원가율	82.2	수출	17.3
스틸	21.3	판관비율	48.1	내수	82.7
카본	6.6				

회사 개요

동사는 2011년 8월 기업인수목적회사인 신영스팩과 합병하여 코스닥에 상장한 후 같은 해 12월말 코렉스자전거를 소규모 흡수 합병함. 동사는 자전거 제조 및 판매하는 전문기업으로 연 100만대 생산능력의 자체공장을 보유한 업체임. 2014년에 자전거 제조기업 이알프스를 흡수합병함. 현재 연결대상 종속회사로는 중국소재의 ALTON (TIANJIN) BICYCLE이 있음. 국내 자전거 시장은 동사와 삼천리자전거, 참좋은여행이 과점 형태를 띔.

실적 분석

동사의 2017년 연간 매출액은 전년동기대비 17.3% 하락한 434.5억원을 기록하였음. 비용면에서 전년동기대비 매출원가는 거의 동일 했으며 인건비는 감소 하였고 광고선전비도 크게 감소, 기타판매비와관리비도 마찬가지로 크게 감소함. 주춤한 모습의 매출액에 의해 전년동기대비 영업손실은 132억원으로 적자지속 하였음. 비용절감노력을 통해 매출손실을 만회하고자 했음에도 불구하고 최종적으로 전년동기대비 당기순이익은 적자지속함.

현금 흐름 〈단위 : 억원〉

항목	2016	2017
영업활동	-261	7
투자활동	28	8
재무활동	119	21
순현금흐름	-114	35
기말현금	32	67

시장 대비 수익률

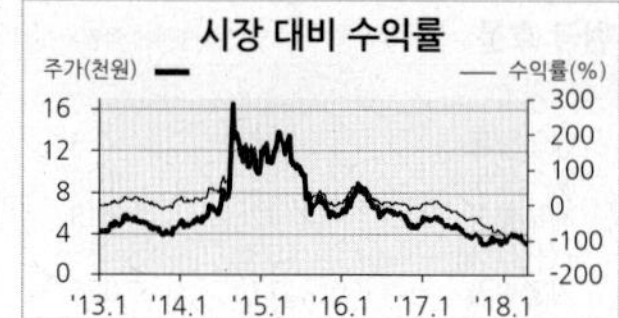

결산 실적 〈단위 : 억원〉

항목	2012	2013	2014	2015	2016	2017
매출액	660	615	684	623	526	434
영업이익	40	34	85	-24	-59	-132
당기순이익	37	26	63	-36	-45	-213

분기 실적 〈단위 : 억원〉

항목	2016.3Q	2016.4Q	2017.1Q	2017.2Q	2017.3Q	2017.4Q
매출액	120	77	106	160	114	54
영업이익	-16	-31	-16	-14	-45	-56
당기순이익	-3	-38	-8	-29	-30	-145

재무 상태 〈단위 : 억원〉

항목	2012	2013	2014	2015	2016	2017
총자산	641	674	763	707	819	591
유형자산	211	208	191	207	172	140
무형자산	68	66	66	75	80	22
유가증권	—	—	18	15	20	—
총부채	216	210	209	191	297	287
총차입금	153	108	116	145	221	232
자본금	40	55	58	58	64	64
총자본	425	464	554	517	522	304
지배주주지분	419	460	552	516	522	303

기업가치 지표

항목	2012	2013	2014	2015	2016	2017
주가(최고/저)(천원)	4.7/3.6	5.9/3.9	16.6/4.6	14.3/5.4	9.0/4.4	5.9/2.9
PER(최고/저)(배)	14.8/11.3	25.4/16.6	30.9/8.5	—/—	—/—	—/—
PBR(최고/저)(배)	1.3/1.0	1.5/1.0	3.4/1.0	3.2/1.2	2.2/1.1	2.4/1.2
EV/EBITDA(배)	9.5	10.9	10.9	—	—	—
EPS(원)	331	238	544	-304	-388	-1,672
BPS(원)	5,073	4,108	4,905	4,531	4,154	2,439
CFPS(원)	537	338	619	-221	-283	-1,505
DPS(원)	100	70	100	—	—	—
EBITDAPS(원)	560	405	813	-126	-399	-868

재무 비율 〈단위 : %〉

연도	영업이익률	순이익률	부채비율	차입금비율	ROA	ROE	유보율	자기자본비율	EBITDA마진율
2017	-30.4	-49.1	94.6	76.3	-30.2	-51.7	387.9	51.4	-25.5
2016	-11.1	-8.6	56.8	42.2	-5.9	-8.7	730.8	63.8	-8.8
2015	-3.9	-5.8	36.9	28.1	-4.9	-6.6	806.3	73.0	-2.4
2014	12.5	9.2	37.8	21.0	8.8	12.4	881.0	72.6	13.7

알티캐스트 (A085810)
Alticast

업　　종 : 일반 소프트웨어
신용등급 : (Bond) —　　(CP) —
홈페이지 : www.alticast.co.kr
본　　사 : 서울시 서초구 반포대로 27 파크빌딩 6층
시　　장 : KOSDAQ
기업규모 : 우량
연 락 처 : 02)2007-7700

설립일	1999.02.01	**종업원수**	337명	**대표이사**	한만수
상장일	2013.12.06	**감사의견**	적정(인덕)	**계열**	
결산기	12월	**보통주**		**종속회사수**	11개사
액면가	500원	**우선주**		**구상호**	

주주구성 (지분율,%)		출자관계 (지분율,%)		주요경쟁사 (외형,%)	
휴맥스홀딩스	27.1	신한발브공업	100.0	알티캐스트	100
PineBridge Asia Partners II, L.P.	5.6	시프트	100.0	알서포트	33
(외국인)	10.6	바이클립	86.0	SGA	139

매출구성		비용구성		수출비중	
[디지털방송용 소프트웨어]AltiPlatform	46.2	매출원가율	0.0	수출	31.9
[디지털방송용 소프트웨어]AltiView	18.2	판관비율	91.9	내수	68.1
[디지털방송용 소프트웨어]AltiPlex	16.9				

회사 개요

동사는 1999년에 디지털 방송용 소프트웨어 솔루션 개발 및 공급업을 목적으로 설립되었음. 동사의 주요 제품은 크게 방송 송출시스템, 셋톱박스용 미들웨어 플랫폼, 어플리케이션 및 UI/UX의 방송용 소프트웨어 솔루션과 CAS/DRM의 보안솔루션으로 구분될 수 있으며, 디지털 방송의 시작부터 끝까지를 모두 지원할 수 있는 End-to-End 솔루션을 표방하고 있음. 미국, 독일, 네덜란드, 베트남 등지에 5개의 연결 종속회사를 보유하고 있음.

실적 분석

동사의 2017년 연간 매출액은 전년동기대비 8% 상승한 706.4억원을 기록하였음. 인건비는 증가 하였고 기타판매비와관리비는 거의 동일함. 이와 같이 상승한 매출액 만큼 비용증가도 있었으나 매출액의 더 큰 상승에 힘입어 최종적으로 전년동기대비 당기순이익은 상승하여 10.5억원을 기록함. 월드컵 등 인기 국제대회가 예정됨에 따라 UHD 방송이 보다 활성화된다면 UHD 셋톱박스에 대한 교체 수요가 증가할 가능성이 있음.

현금 흐름 〈단위 : 억원〉

항목	2016	2017
영업활동	101	66
투자활동	-117	-96
재무활동	-60	48
순현금흐름	-76	15
기말현금	86	101

시장 대비 수익률

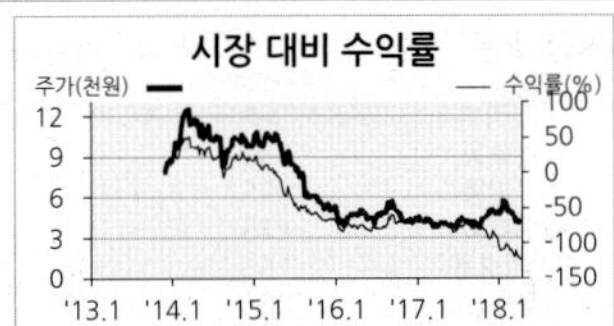

결산 실적 〈단위 : 억원〉

항목	2012	2013	2014	2015	2016	2017
매출액	653	737	771	627	654	706
영업이익	138	186	162	25	16	57
당기순이익	45	160	130	4	9	11

분기 실적 〈단위 : 억원〉

항목	2016.3Q	2016.4Q	2017.1Q	2017.2Q	2017.3Q	2017.4Q
매출액	150	175	159	169	180	198
영업이익	6	1	2	13	22	20
당기순이익	2	5	-2	1	14	-2

재무 상태 〈단위 : 억원〉

항목	2012	2013	2014	2015	2016	2017
총자산	948	1,081	1,100	1,137	1,709	1,715
유형자산	15	12	10	35	41	39
무형자산	83	81	82	136	164	175
유가증권	2	22	20	10	0	0
총부채	577	215	132	174	716	736
총차입금	412	88	5	55	13	74
자본금	80	103	106	106	106	106
총자본	371	866	969	963	993	979
지배주주지분	371	866	969	954	955	928

기업가치 지표

항목	2012	2013	2014	2015	2016	2017
주가(최고/저)(천원)	—/—	9.3/7.8	12.5/8.0	11.1/4.9	5.9/3.9	5.2/3.7
PER(최고/저)(배)	0.0/0.0	10.3/8.7	20.4/13.0	534.0/237.1	102.5/67.5	73.5/52.1
PBR(최고/저)(배)	0.0/0.0	2.2/1.9	2.6/1.7	2.3/1.0	1.2/0.8	1.1/0.8
EV/EBITDA(배)	0.8	7.2	8.9	15.1	15.6	9.1
EPS(원)	257	917	622	21	57	71
BPS(원)	2,166	4,208	4,849	4,737	4,828	4,823
CFPS(원)	434	1,094	760	161	211	254
DPS(원)	—	—	150	—	—	—
EBITDAPS(원)	963	1,243	915	257	228	453

재무 비율 〈단위 : %〉

연도	영업이익률	순이익률	부채비율	차입금비율	ROA	ROE	유보율	자기자본비율	EBITDA마진율
2017	8.1	1.5	75.2	7.6	0.6	1.6	864.6	57.1	13.6
2016	2.4	1.4	72.1	1.3	0.6	1.3	865.7	58.1	7.4
2015	4.0	0.7	18.1	5.7	0.4	0.5	847.4	84.7	8.7
2014	21.1	16.9	13.6	0.5	11.9	14.2	869.8	88.0	24.8

알파홀딩스 (A117670)
Alpha Holdings

업　　종 : 반도체 및 관련장비
신용등급 : (Bond) —　　(CP) —
홈페이지 : www.alphachips.com
본　　사 : 경기도 성남시 분당구 판교로 344, 8층(엠텍아이티타워)
시　　장 : KOSDAQ
기업규모 :
연 락 처 : 070)4600-0000

설립일	2002.11.01	**종업원수**	109명	**대표이사**	김동기,구희도
상장일	2010.09.17	**감사의견**	적정(삼영)	**계열**	
결산기	12월	**보통주**		**종속회사수**	
액면가	500원	**우선주**		**구상호**	

주주구성 (지분율,%)		출자관계 (지분율,%)		주요경쟁사 (외형,%)	
프리미어바이오	8.9	알파솔루션즈	100.0	알파홀딩스	100
김기환	4.3	알파바이오랩스	100.0	SKC 솔믹스	190
(외국인)	3.5			프로텍	214

매출구성		비용구성		수출비중	
Mobile Multimedia IC(제품)	68.2	매출원가율	92.0	수출	—
Security IC(제품)	17.7	판관비율	17.0	내수	—
제품개발용역(용역)	13.7				

회사 개요

동사는 시스템반도체 개발 전문기업으로써 다양한 분야에서 시스템반도체 제품을 설계하는 팹리스 회사에게 IP 및 개발에 필요한 모든 솔루션을 제공하고 있음. 계열회사로 반도체 설계를 주 사업으로 영위하고 있는 가온칩스가 있음. 동사는 Mobile Multimedia Application과 Mobile Internet, Security 및 Display 분야에 걸쳐 각 분야의 선두 업체를 주요 고객으로 폭 넓게 확보하고 있음.

실적 분석

동사의 2017년 매출과 영업손실은 700억원, 63억원으로 전년 대비 매출은 23.6% 증가하고 적자를 지속함. 당기순손실은 103억원으로 적자를 지속함. 분할된 알파솔루션즈 매출부진 및 신사업 조기 정상화를 위해 비용투입 등의 영향으로 분석됨. 자산총계는 전기 대비 약 8.8% 감소한 674억원이며, 부채는 약 30.2% 감소한 201억원을 기록함. 자본총계는 신주인수권부사채의 신주인수권행사로 인해 자본금, 자본잉여금이 증가함.

현금 흐름 〈단위 : 억원〉

항목	2016	2017
영업활동	-4	-84
투자활동	-147	52
재무활동	70	-38
순현금흐름	-80	-72
기말현금	123	50

시장 대비 수익률

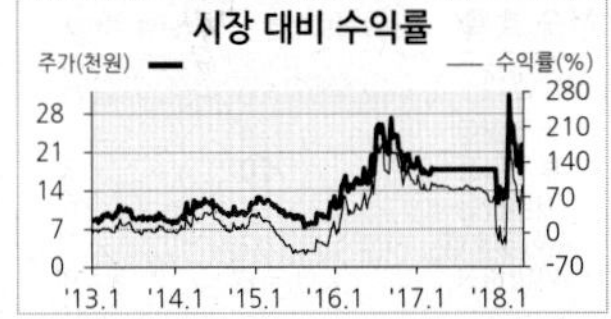

결산 실적 〈단위 : 억원〉

항목	2012	2013	2014	2015	2016	2017
매출액	322	317	394	514	566	700
영업이익	29	34	36	22	-14	-63
당기순이익	30	37	28	26	-419	-103

분기 실적 〈단위 : 억원〉

항목	2016.3Q	2016.4Q	2017.1Q	2017.2Q	2017.3Q	2017.4Q
매출액	117	184	161	164	139	237
영업이익	-21	11	-29	-6	-30	2
당기순이익	-22	-214	-29	-6	-31	-37

재무 상태 〈단위 : 억원〉

항목	2012	2013	2014	2015	2016	2017
총자산	412	384	667	667	739	632
유형자산	106	101	98	91	203	199
무형자산	9	14	136	131	33	11
유가증권	—	10	76	98	30	—
총부채	132	75	339	330	274	194
총차입금	36	1	179	188	127	5
자본금	40	40	40	40	60	65
총자본	280	309	328	337	465	438
지배주주지분	280	309	328	337	464	441

기업가치 지표

항목	2012	2013	2014	2015	2016	2017
주가(최고/저)(천원)	13.3/6.6	11.5/7.9	13.1/8.2	13.6/6.8	29.0/10.9	19.9/10.9
PER(최고/저)(배)	37.5/18.6	26.0/18.0	38.5/24.2	43.0/21.5	—/—	—/—
PBR(최고/저)(배)	4.0/2.0	3.1/2.2	3.3/2.1	3.3/1.6	6.7/2.5	5.2/2.8
EV/EBITDA(배)	5.6	5.1	8.1	12.2	382.8	—
EPS(원)	374	460	348	321	-3,548	-824
BPS(원)	3,482	3,848	4,080	4,245	4,347	3,873
CFPS(원)	453	550	539	505	-3,406	-734
DPS(원)	60	70	70	40	40	—
EBITDAPS(원)	445	515	641	453	25	-432

재무 비율 〈단위 : %〉

연도	영업이익률	순이익률	부채비율	차입금비율	ROA	ROE	유보율	자기자본비율	EBITDA마진율
2017	-9.0	-14.8	44.2	1.1	-15.1	-22.0	674.7	69.4	-7.5
2016	-2.4	-74.0	58.8	27.3	-59.6	-104.0	769.4	63.0	0.5
2015	4.2	5.0	97.7	55.7	3.9	7.8	749.0	50.6	7.1
2014	9.2	7.1	103.6	54.6	5.3	8.8	716.1	49.1	13.1

앙츠 (A267810)

AntzCo

업　　종 : 휴대폰 및 관련부품　　시　　장 : KONEX
신용등급 : (Bond) —　(CP) —　　기업규모 : —
홈페이지 : www.iantz.co.kr　　연 락 처 : 02)2677-9915
본　　사 : 서울시 영등포구 양산로 53 (양평동3가, 월드메르디앙비즈센터) 911호

설립일	2015.05.22	종업원수	명	대표이사	박창진
상장일	2017.04.28	감사의견	적정(이촌)	계열	
결산기	12월	보통주		종속회사수	
액면가	—	우선주		구상호	

주주구성 (지분율,%)		출자관계 (지분율,%)		주요경쟁사 (외형,%)	
박창진	54.6	로하스엔지니어링	50.0	앙츠	100
손창호	6.5			일야	108
				이엠텍	489

매출구성		비용구성		수출비중	
기술서비스	88.2	매출원가율	71.6	수출	#VALUE!
무상AS	7.4	판관비율	27.2	내수	100.0
모바일	2.3				

회사 개요

동사는 세계 1위의 초우량 기업인 Apple로부터 공인 서비스 제공업체(AASP: Apple Authorized Service Provider) 자격을 2015년 9월에 획득하여 적격성보고서 제출일 현재 전국에 Apple 공인 서비스센터 21개소를 운영하고 있으며, 지속적으로 확장해 나가고 있음. 휴대폰 도소매 및 Mobility / IT와 관련된 Solution을 제공하는 Mobile&Solution 사업을 전개하고 있음.

실적 분석

동사의 2017년 연결기준 연간 누적 매출액은 전년동기 대비 76.2% 증가한 397.1억원을 기록함. 하지만 매출원가와 판관비가 동반 상승하며 영업이익은 전년동기 대비 21.3% 감소한 5.0억원을 기록함. 동사는 휴대폰 도소매 및 Mobility/IT와 관련된 Solution을 제공하는 Mobile&Solution 사업을 전개하고 있으며, 향후 AI, VR/AR, ICT 사업 등을 추진할 예정임.

현금 흐름 *IFRS 별도 기준 〈단위 : 억원〉

항목	2016	2017
영업활동	4	4
투자활동	-20	-18
재무활동	18	16
순현금흐름	2	2
기말현금	6	9

시장 대비 수익률

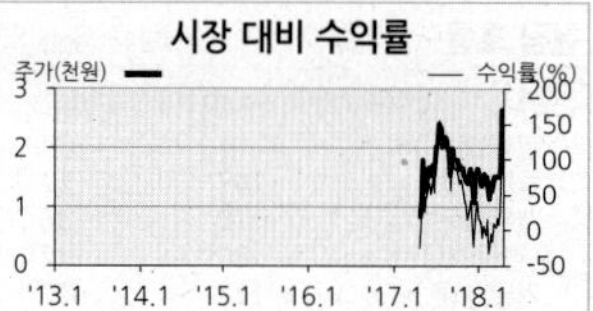

결산 실적 〈단위 : 억원〉

항목	2012	2013	2014	2015	2016	2017
매출액	—	—	—	5	225	397
영업이익	—	—	—	-4	6	5
당기순이익	—	—	—	-3	7	6

분기 실적 *IFRS 별도 기준 〈단위 : 억원〉

항목	2016.3Q	2016.4Q	2017.1Q	2017.2Q	2017.3Q	2017.4Q
매출액	—	—	—	—	—	—
영업이익	—	—	—	—	—	—
당기순이익	—	—	—	—	—	—

재무 상태 *IFRS 별도 기준 〈단위 : 억원〉

항목	2012	2013	2014	2015	2016	2017
총자산	—	—	—	13	44	76
유형자산	—	—	—	2	10	15
무형자산	—	—	—	0	1	3
유가증권	—	—	—	—	—	5
총부채	—	—	—	8	33	59
총차입금	—	—	—	6	23	39
자본금	—	—	—	8	8	8
총자본	—	—	—	4	11	17
지배주주지분	—	—	—	4	11	17

기업가치 지표 *IFRS 별도 기준

항목	2012	2013	2014	2015	2016	2017
주가(최고/저)(천원)	#VALUE!	—/—	—/—	—/—	—/—	—/—
PER(최고/저)(배)	0.0/0.0	0.0/0.0	0.0/0.0	0.0/0.0	0.0/0.0	7.3/2.2
PBR(최고/저)(배)	0.0/0.0	0.0/0.0	0.0/0.0	0.0/0.0	0.0/0.0	2.5/0.8
EV/EBITDA(배)	0.0	0.0	0.0	—	2.0	6.1
EPS(원)	—	—	—	-959	421	376
BPS(원)	—	—	—	2,891	7,103	10,863
CFPS(원)	—	—	—	-9,481	5,037	5,786
DPS(원)	—	—	—	—	—	—
EBITDAPS(원)	—	—	—	-11,028	4,896	5,230

재무 비율 〈단위 : %〉

연도	영업이익률	순이익률	부채비율	차입금비율	ROA	ROE	유보율	자기자본비율	EBITDA마진율
2017	1.3	1.5	353.1	235.0	9.7	41.9	117.3	22.1	2.0
2016	2.8	2.9	303.7	213.0	22.9	84.3	42.1	24.8	3.4
2015	-69.8	-60.1	일부잠식	일부잠식	0.0	0.0	-42.2	35.6	-69.1
2014	0.0	0.0	0.0	0.0	0.0	0.0	0.0	0.0	0.0

애경산업 (A018250)

AEKYUNG IND CO

업　　종 : 개인생활용품　　시　　장 : 거래소
신용등급 : (Bond) —　(CP) —　　기업규모 : —
홈페이지 : www.aekyung.co.kr　　연 락 처 : 02)818-1860
본　　사 : 서울시 구로구 가마산로 242

설립일	1985.04.25	종업원수	명	대표이사	채동석,이윤규
상장일	2018.03.22	감사의견	적정(삼정)	계열	
결산기	12월	보통주		종속회사수	
액면가	1,000원	우선주		구상호	

주주구성 (지분율,%)		출자관계 (지분율,%)		주요경쟁사 (외형,%)	
AK홀딩스	39.4	애경에스티	51.0	애경산업	100
애경유지공업	23.4	에이케이(상해)무역유한공사	100.0	코스맥스	141
(외국인)	2.2			아모레퍼시픽	815

매출구성		비용구성		수출비중	
화장품	36.5	매출원가율	48.2	수출	14.9
세탁세제	16.8	판관비율	43.9	내수	85.1
기타	11.1				

회사 개요

동사는 1985년 4월 25일 설립되어, 치약, 비누 및 기타 세제, 화장품 제조업을 주요 사업으로 영위하고 있음. 자체 브랜드에 대한 기획,생산, 유통, 판매까지 수직 계열화를 이루었으며, 생활용품 인프라를 기반으로 화장품 시장까지 성공적으로 진출함. 생활용품 브랜드로는 스파크, 트리오, 리큐, 2080, 케라시스 등을 보유하고 있으며 국내 생활용품 시장 내 M/S 5위 이내 브랜드를 다수 보유중이며 2018년 3월 22일 코스피시장에 상장함

실적 분석

동사의 2017년 연간 매출액은 전년동기 5,067.8억원 대비 24.1% 상승한 6,289.2억원을 기록하였음. 비용면에서 전년동기대비 매출원가는 증가 하였으며 인건비도 증가, 광고선전비도 증가, 기타판매비와관리비는 증가함. 이와 같이 상승한 매출액 만큼 비용증가도 있었으나 매출액의 더 큰 상승에 힘입어 최종적으로 전년동기대비 당기순이익은 상승하여 380.6억원을 기록함.

현금 흐름 〈단위 : 억원〉

항목	2016	2017
영업활동	535	-66
투자활동	-95	-108
재무활동	-275	91
순현금흐름	166	-86
기말현금	205	120

시장 대비 수익률

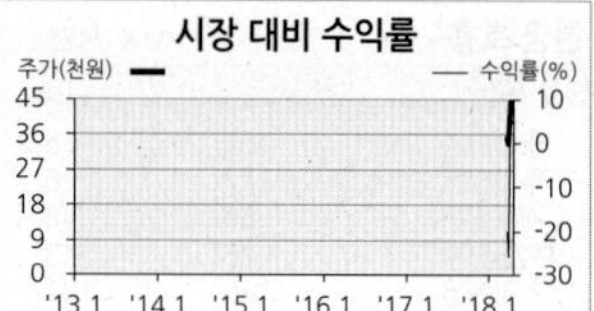

결산 실적 〈단위 : 억원〉

항목	2012	2013	2014	2015	2016	2017
매출액	3,422	3,595	4,069	4,594	5,068	6,289
영업이익	135	105	78	261	400	497
당기순이익	35	50	22	172	215	381

분기 실적 〈단위 : 억원〉

항목	2016.3Q	2016.4Q	2017.1Q	2017.2Q	2017.3Q	2017.4Q
매출액	1,376	—	—	—	1,627	—
영업이익	143	—	—	—	149	—
당기순이익	108	—	—	—	134	—

재무 상태 〈단위 : 억원〉

항목	2012	2013	2014	2015	2016	2017
총자산	2,674	1,963	2,006	1,926	2,171	2,207
유형자산	600	593	584	564	595	646
무형자산	16	19	19	58	59	45
유가증권	33	8	0	0	0	—
총부채	1,817	1,398	1,419	1,228	1,303	1,029
총차입금	1,127	654	653	299	53	187
자본금	341	205	205	213	213	213
총자본	857	565	587	698	868	1,178
지배주주지분	857	565	587	698	868	1,178

기업가치 지표

항목	2012	2013	2014	2015	2016	2017
주가(최고/저)(천원)	—/—	—/—	—/—	—/—	—/—	—/—
PER(최고/저)(배)	0.0/0.0	0.0/0.0	0.0/0.0	0.0/0.0	0.0/0.0	0.0/0.0
PBR(최고/저)(배)	0.0/0.0	0.0/0.0	0.0/0.0	0.0/0.0	0.0/0.0	0.0/0.0
EV/EBITDA(배)	5.8	3.9	4.6	0.8	—	0.1
EPS(원)	104	183	106	836	1,011	1,785
BPS(원)	25,172	13,748	14,279	16,369	20,359	5,524
CFPS(원)	2,659	1,976	1,953	5,581	6,516	2,117
DPS(원)	—	—	—	—	—	350
EBITDAPS(원)	5,595	2,982	3,330	7,754	10,837	2,664

재무 비율 〈단위 : %〉

연도	영업이익률	순이익률	부채비율	차입금비율	ROA	ROE	유보율	자기자본비율	EBITDA마진율
2017	7.9	6.1	87.4	15.9	17.4	37.2	452.4	53.4	9.0
2016	7.9	4.3	150.1	6.1	10.5	27.5	307.2	40.0	9.1
2015	5.7	3.7	175.9	42.8	—	—	227.4	36.2	7.0
2014	1.9	0.5	242.0	111.3	1.1	3.8	185.6	29.2	3.4

애경유화 (A161000)
AEKYUNG PETROCHEMICAL

업　　종 : 화학
신용등급 : (Bond) —　　(CP) —
홈페이지 : www.akp.co.kr
본　　사 : 서울시 구로구 공원로 7 (구로동)

시　　장 : 거래소
기업규모 : 시가총액 중형주
연 락 처 : 02)850-2000

설 립 일	2012.09.03	**종 업 원 수**	255명	**대 표 이 사**	이종기
상 장 일	2012.09.17	**감 사 의 견**	적정(한영)	**계　　열**	
결 산 기	12월	**보 통 주**		**종속회사수**	2개사
액 면 가	500원	**우 선 주**		**구 상 호**	

주주구성 (지분율,%)		출자관계 (지분율,%)		주요경쟁사 (외형,%)	
AK홀딩스	44.5	에이케이앤엠엔바이오팜	40.0	애경유화	100
국민연금공단	9.8	코리아PTG	33.5	한국카본	25
(외국인)	21.9	애경(영파)화공유한공사	100.0	NPC	40

매출구성		비용구성		수출비중	
무수프탈산 및 그 유도품	94.1	매출원가율	86.3	수출	52.3
알코올 등	5.0	판관비율	5.8	내수	47.7
태양광 등	0.9				

회사 개요
동사는 원유와 천연가스, 나프타 등을 원료로 하여 에틸렌, 프로필렌, 벤젠 등 기초유분을 제조하고, 이 기초유분을 원료로 하여 합성수지, 합성섬유원료, 합성고무 등 각종 석유화학제품을 제조하는 석유화학 기업으로, 2012년 9월 구 애경유화에서 인적분할하여 유가증권시장 재상장함. 석유화학산업은 대규모 설비투자가 소요되는 기술집약형, 자본집약형 장치산업이며, 생활용품에서부터 건설, 전기 등 다양한 산업에 광범위하게 사용되는 기초 소재산업임.

실적 분석
동사의 2017년 연간 매출액은 전년동기대비 10.6% 상승한 9,598.2억원을 기록하였음. 비용면에서 전년동기대비 매출원가는 증가 하였으며 인건비도 증가, 광고선전비도 증가, 기타판매비와관리비는 증가함. 매출액은 성장했지만 원가 증가로 인해 전년동기대비 영업이익은 751.3억원으로 0.2% 거의 동일 하였음. 최종적으로 전년동기대비 당기순이익은 상승하여 647.3억원을 기록함.

현금 흐름 〈단위 : 억원〉

항목	2016	2017
영업활동	673	312
투자활동	-235	33
재무활동	-37	-93
순현금흐름	401	243
기말현금	701	944

시장 대비 수익률
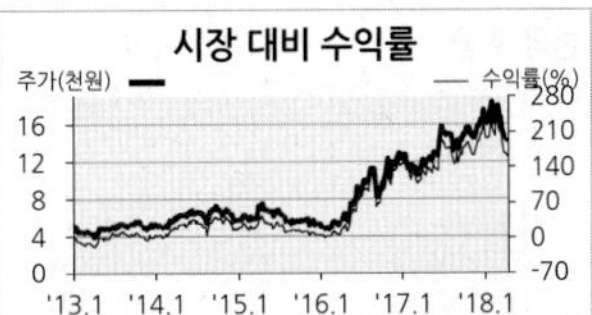

결산 실적 〈단위 : 억원〉

항목	2012	2013	2014	2015	2016	2017
매출액	4,139	11,761	11,611	9,121	8,677	9,598
영업이익	89	313	412	323	750	751
당기순이익	68	266	262	280	534	647

분기 실적 〈단위 : 억원〉

항목	2016.3Q	2016.4Q	2017.1Q	2017.2Q	2017.3Q	2017.4Q
매출액	2,105	2,462	2,355	2,293	2,391	2,560
영업이익	178	201	187	194	212	158
당기순이익	124	138	143	148	160	196

재무 상태 〈단위 : 억원〉

항목	2012	2013	2014	2015	2016	2017
총자산	4,638	4,107	3,976	3,327	4,084	4,578
유형자산	1,220	1,216	1,188	1,144	1,102	1,118
무형자산	50	60	57	34	31	28
유가증권	9	5	5	55	17	16
총부채	3,282	2,495	2,162	1,271	1,553	1,572
총차입금	1,964	1,258	1,103	495	528	567
자본금	160	160	160	160	160	160
총자본	1,356	1,612	1,814	2,056	2,531	3,007
지배주주지분	1,373	1,634	1,841	2,087	2,565	3,042

기업가치 지표

항목	2012	2013	2014	2015	2016	2017
주가(최고/저)(천원)	5.5/4.6	5.8/3.8	7.2/4.9	7.5/5.0	12.9/4.6	17.8/10.4
PER(최고/저)(배)	28.1/23.4	7.8/5.1	9.7/6.5	9.2/6.1	8.0/2.9	8.7/5.2
PBR(최고/저)(배)	1.5/1.2	1.3/0.8	1.4/0.9	1.3/0.8	1.7/0.6	1.8/1.1
EV/EBITDA(배)	28.7	7.0	5.5	4.6	4.4	6.0
EPS(원)	226	848	830	884	1,678	2,032
BPS(원)	42,892	51,040	57,474	65,158	8,007	9,669
CFPS(원)	3,079	11,163	11,225	11,408	1,925	2,282
DPS(원)	500	1,500	1,900	1,900	300	350
EBITDAPS(원)	3,605	12,465	15,777	12,646	2,588	2,595

재무 비율 〈단위 : %〉

연도	영업이익률	순이익률	부채비율	차입금비율	ROA	ROE	유보율	자기자본비율	EBITDA마진율
2017	7.8	6.7	52.3	18.9	15.0	23.2	1,833.9	65.7	8.7
2016	8.6	6.2	61.4	20.9	14.4	23.1	1,501.4	62.0	9.6
2015	3.5	3.1	61.9	24.1	7.7	14.4	1,203.2	61.8	4.4
2014	3.6	2.3	119.2	60.8	6.5	15.3	1,049.5	45.6	4.4

애니젠 (A196300)
ANYGEN COLTD

업　　종 : 바이오
신용등급 : (Bond) —　　(CP) —
홈페이지 : www.anygen.com
본　　사 : 광주시 북구 첨단과기로 333 광주테크노파크 시험생산동 206호

시　　장 : KOSDAQ
기업규모 : 기술성
연 락 처 : 062)714-1166

설 립 일	2000.05.03	**종 업 원 수**	58명	**대 표 이 사**	김재일
상 장 일	2016.12.07	**감 사 의 견**	적정(신한)	**계　　열**	
결 산 기	12월	**보 통 주**		**종속회사수**	
액 면 가	500원	**우 선 주**		**구 상 호**	

주주구성 (지분율,%)		출자관계 (지분율,%)		주요경쟁사 (외형,%)	
김재일	18.8			애니젠	100
한국투자미래성장벤처펀드제22호	3.9			펩트론	71
(외국인)	1.3			테고사이언스	190

매출구성		비용구성		수출비중	
Custom Peptide	51.0	매출원가율	48.8	수출	39.2
CMO peptide	21.8	판관비율	45.2	내수	60.8
Leuprorelin Acetate	12.1				

회사 개요
동사는 의약품, 원료의약품, 의약부외품의 제조·판매업 및 생명공학 관련 연구, 기술개발업 및 개발 용역업 등을 주요사업으로 펩타이드 바이오소재 (산업용·의약용) 및 아미노산·펩타이드 기반 항암, 항당뇨 및 진통 등의 글로벌 혁신 신약을 개발하는 바이오소재 전문회사 로서 2000년 5월 2일 광주과학기술원 내 실험실 벤처로 창업하여 현재 산업용·의약용 펩타이드 바이오소재 개발과 고부가가치 신약개발에 주력하고 있음.

실적 분석
동사의 2017년 연결기준 매출액은 45.5억원으로 전년 대비 9.0% 증가함. 영업이익은 2.7억원으로 흑자전환에 성공함. 이에 따라 당기순이익 역시 4.5억원으로 흑자전환 달성. 국내 의약품시장이 정부의 강력한 가격 통제정책에도 불구하고 빠른 고령화 사회로 진전되면서 약품 수요가 증가하고 있음. 또한 시장의 영향을 크게 받지 않으므로 향후 펩타이트 소재 전문회사로 자리매김할 시 수익 개선이 기대됨.

현금 흐름 *IFRS 별도 기준 〈단위 : 억원〉

항목	2016	2017
영업활동	-0	12
투자활동	-150	23
재무활동	154	10
순현금흐름	4	45
기말현금	11	56

시장 대비 수익률
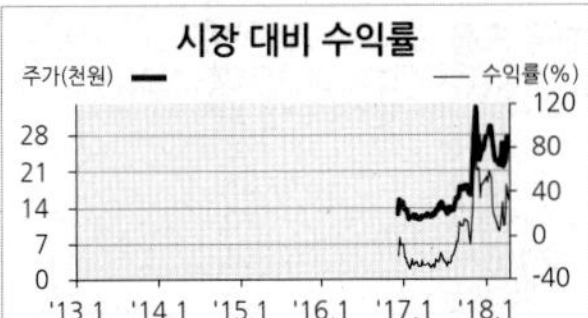

결산 실적 〈단위 : 억원〉

항목	2012	2013	2014	2015	2016	2017
매출액	32	40	37	37	42	46
영업이익	-1	4	-6	-12	-11	3
당기순이익	-3	2	-22	-26	-16	4

분기 실적 *IFRS 별도 기준 〈단위 : 억원〉

항목	2016.3Q	2016.4Q	2017.1Q	2017.2Q	2017.3Q	2017.4Q
매출액	11	10	11	13	13	8
영업이익	-0	-9	0	4	1	-2
당기순이익	-4	-7	1	4	2	-2

재무 상태 *IFRS 별도 기준 〈단위 : 억원〉

항목	2012	2013	2014	2015	2016	2017
총자산	92	112	101	105	243	254
유형자산	29	29	27	23	20	97
무형자산	19	25	18	24	28	38
유가증권	0	0	0	0	0	0
총부채	73	84	89	74	13	15
총차입금	58	66	70	59	—	—
자본금	12	12	14	18	25	25
총자본	19	28	12	31	230	239
지배주주지분	19	28	12	31	230	239

기업가치 지표 *IFRS 별도 기준

항목	2012	2013	2014	2015	2016	2017
주가(최고/저)(천원)	—/—	—/—	—/—	—/—	16.9/12.6	34.3/11.3
PER(최고/저)(배)	0.0/0.0	0.0/0.0	0.0/0.0	0.0/0.0	—/—	378.0/124.2
PBR(최고/저)(배)	0.0/0.0	0.0/0.0	0.0/0.0	0.0/0.0	3.6/2.7	7.1/2.4
EV/EBITDA(배)	6.0	3.3	32.9	—	—	92.3
EPS(원)	-98	43	-566	-650	-390	91
BPS(원)	549	765	310	764	4,660	4,794
CFPS(원)	127	269	-371	-441	-179	309
DPS(원)	—	—	—	—	—	—
EBITDAPS(원)	200	343	37	-90	-38	274

재무 비율 〈단위 : %〉

연도	영업이익률	순이익률	부채비율	차입금비율	ROA	ROE	유보율	자기자본비율	EBITDA마진율
2017	6.0	9.9	6.4	0.0	1.8	1.9	858.7	94.0	29.8
2016	-25.2	-39.4	5.5	0.0	-9.5	-12.6	831.9	94.8	-3.9
2015	-31.8	-69.1	239.1	189.6	-25.0	-119.9	74.5	29.5	-9.6
2014	-16.5	-58.6	일부잠식	일부잠식	-20.3	-107.3	-17.0	11.9	3.8

액션스퀘어 (A205500)
Action Square

업　　종 : 게임 소프트웨어　　시　　장 : KOSDAQ
신용등급 : (Bond) —　(CP) —　　기업규모 : 중견
홈페이지 : www.action2quare.com　　연 락 처 : 031)781-7161
본　　사 : 경기도 성남시 분당구 판교역로 221,3층(삼평동, 투썬월드빌딩)

설 립 일	2014.08.27	**종업원수**	210명	**대표이사**	박상우
상 장 일	2014.11.12	**감사의견**	적정(삼정)	**계　열**	
결 산 기	12월	**보 통 주**		**종속회사수**	1개사
액 면 가	500원	**우 선 주**		**구 상 호**	케이비제4호스팩

주주구성 (지분율,%)		출자관계 (지분율,%)		주요경쟁사 (외형,%)	
프라즈나글로벌홀딩스	23.1	보스톤성장지원3호투자조합	98.5	액션스퀘어	100
키글로벌홀딩스	13.5			액토즈소프트	589
(외국인)	1.1			썸에이지	38

매출구성		비용구성		수출비중	
블레이드 for Kakao	100.0	매출원가율	0.0	수출	8.8
		판관비율	214.8	내수	91.2

회사 개요
2012년 8월 설립된 게임 개발업체인 동사는 케이비제4호스팩(205500)과의 합병을 통해 2015년 10월 코스닥 시장에 신규 상장됨. 2014년 출시한 액션 역할수행게임(RPG) '블레이드'가 크게 히트하며 단일 게임으로 출시 1년만에 매출 1,300억원을 돌파하는 커다란 반향을 일으킴. 합병 및 코스닥 시장 상장을 통해 확보된 자금을 바탕으로 향후 중국 시장을 비롯한 해외 시장 진출이 기대됨.

실적 분석
2017년은 삼국블레이드가 1월 국내에 출시되었고 9월 동남아시아 서비스도 시작되면서 연결기준 결산 매출은 전기 대비 137.5% 증가하였으나, 글로벌 매출 저조 및 차기작 개발에 따른 비용 증가 등의 사유로 당기순손실 122.6억원으로 적자규모 확대됨. 2018년 2월 CBT를 시행한 '블레이드 for Kakao'는 후속작인 '블레이드2 for Kakao'의 출시를 준비 중에 있으며 신규 라인업 확대를 위하여 새로운 게임을 출시 예정임.

현금 흐름
〈단위 : 억원〉

항목	2016	2017
영업활동	-78	-15
투자활동	23	59
재무활동	-0	0
순현금흐름	-56	44
기말현금	6	51

시장 대비 수익률
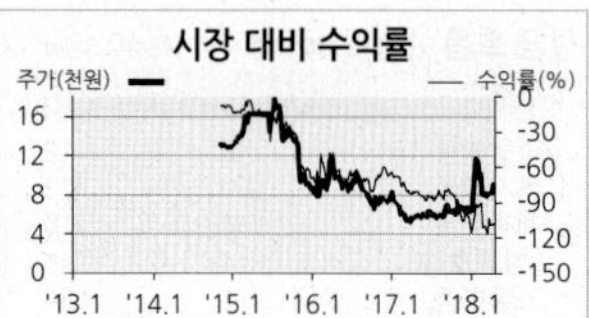

결산 실적
〈단위 : 억원〉

항목	2012	2013	2014	2015	2016	2017
매출액	—	—	162	67	40	94
영업이익	—	—	116	-25	-114	-108
당기순이익	—	—	102	-82	-87	-123

분기 실적
〈단위 : 억원〉

항목	2016.3Q	2016.4Q	2017.1Q	2017.2Q	2017.3Q	2017.4Q
매출액	7	—	—	19	18	—
영업이익	-36	—	—	-29	-32	—
당기순이익	-23	—	—	-40	-31	—

재무 상태
〈단위 : 억원〉

항목	2012	2013	2014	2015	2016	2017
총자산	—	—	124	359	285	250
유형자산	—	—	3	6	10	39
무형자산	—	—	0	10	15	13
유가증권	—	—	—	—	—	21
총부채	—	—	26	72	48	115
총차입금	—	—	7	21	—	0
자본금	—	—	5	122	125	125
총자본	—	—	98	286	237	135
지배주주지분	—	—	98	286	237	135

기업가치 지표

항목	2012	2013	2014	2015	2016	2017
주가(최고/저)(천원)	—/—	—/—	13.2/12.8	17.8/8.4	12.2/6.1	8.4/5.0
PER(최고/저)(배)	0.0/0.0	0.0/0.0	26.1/25.4	—/—	—/—	—/—
PBR(최고/저)(배)	0.0/0.0	0.0/0.0	27.6/26.8	15.2/7.2	12.8/6.4	15.5/9.3
EV/EBITDA(배)	0.0	0.0	1.0	—	—	—
EPS(원)	—	—	506	-341	-351	-492
BPS(원)	—	—	8,001	234	950	541
CFPS(원)	—	—	8,354	-66	-325	-465
DPS(원)	—	—	—	—	—	—
EBITDAPS(원)	—	—	9,482	-18	-432	-406

재무 비율
〈단위 : %〉

연도	영업이익률	순이익률	부채비율	차입금비율	ROA	ROE	유보율	자기자본비율	EBITDA마진율
2017	-114.8	-130.4	85.2	0.3	-45.9	-66.0	8.2	54.0	-107.7
2016	-288.6	-220.9	20.4	0.0	-27.2	-33.4	90.1	83.1	-272.3
2015	-37.2	-122.9	25.3	7.4	-33.9	-42.6	134.2	79.8	-32.8
2014	71.9	63.3	26.4	7.2	0.0	0.0	1,826.4	79.1	72.1

액토즈소프트 (A052790)
Actoz Soft

업　　종 : 게임 소프트웨어　　시　　장 : KOSDAQ
신용등급 : (Bond) —　(CP) —　　기업규모 : 중견
홈페이지 : www.actoz.com　　연 락 처 : 02)3671-0000
본　　사 : 서울시 서초구 서초대로 301 동익성봉빌딩 6층,7층,8층

설 립 일	1996.10.29	**종업원수**	98명	**대표이사**	구오하이빈
상 장 일	2001.08.01	**감사의견**	적정(삼일)	**계　열**	
결 산 기	12월	**보 통 주**		**종속회사수**	5개사
액 면 가	500원	**우 선 주**		**구 상 호**	

주주구성 (지분율,%)		출자관계 (지분율,%)		주요경쟁사 (외형,%)	
Shanda Games Korean Investment Limited	51.1	온라인웍스	100.0	액토즈소프트	100
Prism Offshore Fund, Ltd.	2.3	아이덴티티엔터테인먼트	100.0	액션스퀘어	17
(외국인)	50.8	AKGI청년창업육성투자조합1호	33.3	썸에이지	6

매출구성		비용구성		수출비중	
온라인 - 미르의전설2,3(기타)	53.6	매출원가율	48.7	수출	—
열혈전기, 괴리성밀리언아서 외(기타)	45.9	판관비율	39.3	내수	—
기타	0.5				

회사 개요
1996년에 설립된 온라인 및 모바일게임 개발업체. 2001년 코스닥 시장에 상장. 동사의 최대주주는 중국 샨다게임즈가 100%를 보유하고 이는 샨다게임즈 코리아 인베스트먼트로 51.1%의 지분 소유. 과거 매출의 대부분은 중국 샨다를 통해 서비스되는 '미르의 전설2'에서 발생. 2012년 12월 출시된 모바일게임 '밀리언아서'의 흥행으로 모바일게임 개발사로 변모. 국내 기업 3개, 중국 기업 2개 포함 총 5개의 계열사를 보유하고 있음.

실적 분석
동사의 2017년 연간 매출액은 모바일 게임 사업 부진의 영향으로 전년 대비 23.5% 감소한 554억원을 기록하며 외형이 축소됨. 인건비와 광고선전비 등 주요 판매관리비가 증가하면서 2017년 연간 영업이익은 전년 대비 39% 감소한 66.4억원을 기록함. 비영업부문에서 110.1억원의 손실을 기록하면서 2017년 당기순손실은 74.8억원을 기록, 전년에 이어 적자가 지속됨.

현금 흐름
〈단위 : 억원〉

항목	2016	2017
영업활동	129	109
투자활동	221	-48
재무활동	—	—
순현금흐름	359	56
기말현금	535	591

시장 대비 수익률
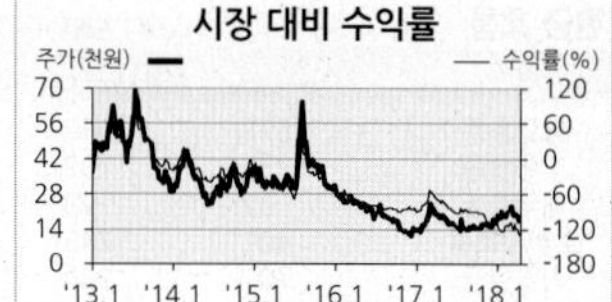

결산 실적
〈단위 : 억원〉

항목	2012	2013	2014	2015	2016	2017
매출액	830	1,394	1,028	1,008	724	554
영업이익	148	232	-134	51	109	66
당기순이익	96	151	-690	-70	-23	-75

분기 실적
〈단위 : 억원〉

항목	2016.3Q	2016.4Q	2017.1Q	2017.2Q	2017.3Q	2017.4Q
매출액	187	136	144	136	117	158
영업이익	30	12	25	22	14	6
당기순이익	-8	-37	-4	19	14	-103

재무 상태
〈단위 : 억원〉

항목	2012	2013	2014	2015	2016	2017
총자산	2,258	2,320	1,613	1,493	1,477	1,437
유형자산	5	18	26	59	39	21
무형자산	39	29	44	49	15	3
유가증권	15	16	16	1	—	0
총부채	1,272	416	377	321	323	366
총차입금	428	35	—	—	87	82
자본금	47	56	57	57	57	57
총자본	987	1,905	1,235	1,173	1,155	1,071
지배주주지분	987	1,905	1,234	1,171	1,155	1,071

기업가치 지표

항목	2012	2013	2014	2015	2016	2017
주가(최고/저)(천원)	45.0/14.2	69.2/28.2	45.1/23.0	64.4/29.0	30.8/11.4	24.3/13.1
PER(최고/저)(배)	44.8/14.1	48.3/19.7	—/—	—/—	—/—	—/—
PBR(최고/저)(배)	4.3/1.4	4.1/1.7	4.1/2.1	6.2/2.8	3.0/1.1	2.5/1.4
EV/EBITDA(배)	20.5	10.6	—	30.7	6.8	14.9
EPS(원)	1,005	1,431	-6,104	-626	-185	-660
BPS(원)	10,696	16,999	11,025	10,454	10,312	9,574
CFPS(원)	1,121	1,591	-5,856	-166	175	-448
DPS(원)	—	—	—	—	—	—
EBITDAPS(원)	1,673	2,361	-935	910	1,321	798

재무 비율
〈단위 : %〉

연도	영업이익률	순이익률	부채비율	차입금비율	ROA	ROE	유보율	자기자본비율	EBITDA마진율
2017	12.0	-13.5	34.2	7.6	-5.1	-6.7	1,814.9	74.5	16.3
2016	15.0	-3.1	27.9	7.5	-1.5	-1.8	1,962.5	78.2	20.7
2015	5.0	-7.0	27.4	0.0	-4.5	-5.9	1,990.8	78.5	10.2
2014	-13.0	-67.1	30.6	0.0	-35.1	-44.0	2,105.0	76.6	-10.3

액트 (A131400)
ACT

업　　종 : 전자 장비 및 기기		시　　장 : KOSDAQ	
신 용 등 급 : (Bond) —	(CP) —	기 업 규 모 : 중견	
홈 페 이 지 : www.actfpc.com		연　락　처 : 053)602-4253	
본　　사 : 대구시 달서구 성서로35길 26 (월암동 1-202번지)			

설 립 일	2004.03.01	**종 업 원 수**	299명	**대 표 이 사**	김성범,최낙훈
상 장 일	2010.12.27	**감 사 의 견**	적정(서일)	**계　　열**	
결 산 기	12월	**보 통 주**		**종속회사수**	2개사
액 면 가	500원	**우 선 주**		**구 상 호**	

주주구성 (지분율,%)		출자관계 (지분율,%)		주요경쟁사 (외형,%)	
낙산홀딩스	8.3	쿼츠	100.0	액트	100
한국증권금융	3.4	연태아특전자	100.0	비에이치	794
(외국인)	1.1			남성	106

매출구성		비용구성		수출비중	
양면	83.1	매출원가율	81.9	수출	49.9
Multi	9.2	판관비율	12.7	내수	50.1
기타	4.6				

회사 개요

동사는 휴대폰 및 개인 휴대용 소형 전자부품에 많이 사용되는 핵심부품인 인쇄회로기판의 제조, 판매 및 수출입을 주요 사업으로 영위하고 있음. FPCB제조와 판매업을 영위하는 연태아특전자유한공사와 컨설팅업을 영위하는 쿼츠를 연결대상 종속회사로 보유하고 있음. LG계열사를 고객사로 보유하고 있음. 최근 몇 년 간 정보통신시장 활황에 따라 FPCB 제품은 수요가 증가하고 있음.

실적 분석

동사의 2017년 결산 연결기준 누적 매출액은 전년동기 대비 43.1% 증가한 870.8억원을 시현함. 매출원가와 판관비가 전년동기 대비 각 24.9%, 37% 증가하였음에도 불구하고 영업이익은 47.2억원을 기록하여 흑자전환, 당기순이익도 11.7억원을 기록하며 흑자전환하여 수익성 개선. 이는 동사의 지속적인 거래처 다변화에 대한 노력과 고객의 CI 대응 및 판가 경쟁력 재고를 위한 중국 연태 해외 생산거점 마련이 좋은 영향을 준것으로 보임

현금 흐름 〈단위 : 억원〉

항목	2016	2017
영업활동	-36	111
투자활동	-71	0
재무활동	133	-67
순현금흐름	25	43
기말현금	49	93

시장 대비 수익률

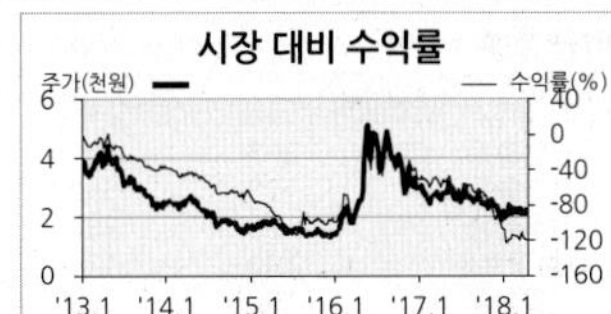

결산 실적 〈단위 : 억원〉

항목	2012	2013	2014	2015	2016	2017
매출액	753	841	630	503	609	871
영업이익	19	26	-41	-89	-43	47
당기순이익	14	15	-56	-96	-55	12

분기 실적 〈단위 : 억원〉

항목	2016.3Q	2016.4Q	2017.1Q	2017.2Q	2017.3Q	2017.4Q
매출액	161	150	174	117	293	286
영업이익	-6	-30	2	11	21	13
당기순이익	-12	-30	-2	-7	19	1

재무 상태 〈단위 : 억원〉

항목	2012	2013	2014	2015	2016	2017
총자산	656	718	626	558	701	738
유형자산	289	366	359	383	419	400
무형자산	4	4	4	4	4	4
유가증권	3	7	3	2	10	0
총부채	304	301	272	297	385	403
총차입금	190	188	148	221	287	213
자본금	75	75	75	75	85	87
총자본	352	416	353	261	317	335
지배주주지분	352	416	353	261	317	335

기업가치 지표

항목	2012	2013	2014	2015	2016	2017
주가(최고/저)(천원)	4.5/2.8	4.4/2.3	2.7/1.4	1.9/1.3	5.6/1.4	3.3/1.8
PER(최고/저)(배)	49.2/30.0	44.2/22.7	—/—	—/—	—/—	48.0/27.0
PBR(최고/저)(배)	1.9/1.2	1.5/0.8	1.1/0.6	1.0/0.7	2.8/0.7	1.6/0.9
EV/EBITDA(배)	14.4	8.5	—	—	—	5.7
EPS(원)	97	103	-371	-637	-346	69
BPS(원)	2,525	2,965	2,565	1,952	2,062	2,111
CFPS(원)	258	279	-202	-442	-149	267
DPS(원)	50	50	—	—	—	25
EBITDAPS(원)	289	350	-106	-396	-71	476

재무 비율 〈단위 : %〉

연도	영업 이익률	순 이익률	부채 비율	차입금 비율	ROA	ROE	유보율	자기자본 비율	EBITDA 마진율
2017	5.4	1.3	120.5	63.5	1.6	3.6	322.3	45.4	9.3
2016	-7.1	-9.1	121.5	90.8	-8.8	-19.2	312.5	45.2	-1.9
2015	-17.6	-19.0	113.9	84.6	-16.2	-31.1	290.4	46.8	-11.8
2014	-6.6	-8.8	77.1	42.0	-8.3	-14.5	413.1	56.5	-2.5

앤디포스 (A238090)
NDFOS CO

업　　종 : 휴대폰 및 관련부품		시　　장 : KOSDAQ	
신 용 등 급 : (Bond) —	(CP) —	기 업 규 모 : 벤처	
홈 페 이 지 : www.ndfos.com		연　락　처 : 043)881-3325	
본　　사 : 충북 음성군 대소면 한삼로 224-7			

설 립 일	2010.06.23	**종 업 원 수**	95명	**대 표 이 사**	윤호탁,김인섭
상 장 일	2016.10.12	**감 사 의 견**	적정(우리)	**계　　열**	
결 산 기	12월	**보 통 주**		**종속회사수**	
액 면 가	500원	**우 선 주**		**구 상 호**	

주주구성 (지분율,%)		출자관계 (지분율,%)		주요경쟁사 (외형,%)	
앤텍컴	44.3			앤디포스	100
윤호탁	12.6			시노펙스	346
(외국인)	0.6			에스맥	321

매출구성		비용구성		수출비중	
휴대폰 등 모바일기기용 양면테이프	85.1	매출원가율	68.6	수출	26.7
윈도우 필름	14.9	판관비율	14.0	내수	73.3
기타	0.0				

회사 개요

동사는 2010년 6월 23일 설립되어, TSP용 양면 테이프 및 윈도우 필름 개발/제조를 주 사업으로 영위함. TSP용 양면 테이프 산업은 영상부품소재산업이고, 전방산업인 모바일을 연결시켜주는 중간재 산업인 동시에 고기능 정밀산업임. 동사만의 고유한 기술인 특수구조층을 적용한 물성으로 동업종 영위 타사대비 기술적우위를 확보하고 있음. 2015년 매출비율은 TPS용 양면 테이프가 78.5%, 윈도우 필름이 21.4% 를 차지함.

실적 분석

동사의 2017년 전체 매출은 523.4억원으로 전년대비 25.8% 감소, 영업이익은 90.9억원으로 전년대비 45.9% 감소. 당기순이익은 80.7억원으로 전년대비 45.9% 감소함. 전방산업인 스마트폰 시장의 성장 둔화로 경쟁 심화 지속으로 관련 매출 약화. 고정비 부담 증가로 수익성은 전년대비 부진. 2018년 글로벌 스마트폰 기업으로 물량 공급 확대에 주력. 매출처 다변화와 신규 제품의 반영으로 외형 성장 및 수익성 개선에 주력 전망.

현금 흐름 *IFRS 별도 기준 〈단위 : 억원〉

항목	2016	2017
영업활동	128	50
투자활동	-456	-150
재무활동	396	-56
순현금흐름	68	-157
기말현금	226	69

시장 대비 수익률

결산 실적 〈단위 : 억원〉

항목	2012	2013	2014	2015	2016	2017
매출액	230	249	464	575	706	523
영업이익	11	6	54	163	168	91
당기순이익	9	3	41	138	149	81

분기 실적 *IFRS 별도 기준 〈단위 : 억원〉

항목	2016.3Q	2016.4Q	2017.1Q	2017.2Q	2017.3Q	2017.4Q
매출액	214	137	107	87	175	154
영업이익	53	-7	22	7	41	21
당기순이익	40	10	20	9	37	15

재무 상태 *IFRS 별도 기준 〈단위 : 억원〉

항목	2012	2013	2014	2015	2016	2017
총자산	181	237	252	349	888	927
유형자산	90	100	97	92	87	478
무형자산	0	0	0	3	3	4
유가증권	—	1	—	—	—	—
총부채	112	165	137	105	83	122
총차입금	70	125	91	30	13	7
자본금	60	60	60	60	75	75
총자본	69	72	114	245	805	805
지배주주지분	69	72	114	245	805	805

기업가치 지표 *IFRS 별도 기준

항목	2012	2013	2014	2015	2016	2017
주가(최고/저)(천원)	—/—	—/—	—/—	—/—	—/—	—/—
PER(최고/저)(배)	0.0/0.0	0.0/0.0	0.0/0.0	0.0/0.0	13.0/9.5	28.4/14.8
PBR(최고/저)(배)	0.0/0.0	0.0/0.0	0.0/0.0	0.0/0.0	2.9/2.1	2.8/1.5
EV/EBITDA(배)	4.3	8.6	1.1	—	7.7	9.0
EPS(원)	79	28	339	1,147	1,174	536
BPS(원)	1,146	1,202	1,904	4,076	5,342	5,476
CFPS(원)	249	184	832	2,463	1,252	616
DPS(원)	—	—	—	—	400	250
EBITDAPS(원)	296	232	1,058	2,894	1,400	684

재무 비율 〈단위 : %〉

연도	영업 이익률	순 이익률	부채 비율	차입금 비율	ROA	ROE	유보율	자기자본 비율	EBITDA 마진율
2017	17.4	15.4	15.2	0.8	8.9	10.0	995.1	86.8	19.7
2016	23.8	21.2	10.3	1.6	24.1	28.5	968.5	90.7	25.2
2015	28.5	24.0	42.8	12.4	45.8	76.7	307.6	70.0	30.2
2014	11.7	8.8	120.3	79.6	—	—	90.4	45.4	13.7

앱클론 (A174900)
AbClon

업　　종 : 제약　　시　　장 : KOSDAQ
신용등급 : (Bond) —　(CP) —　　기업규모 : 기술성
홈페이지 : www.abclon.com　　연 락 처 : 02)2109-1294
본　　사 : 서울시 구로구 디지털로 285 에이스트윈타워1차 1401호

설 립 일	2010.06.25	**종업원수**	34명	**대 표 이 사**	이종서
상 장 일	2017.09.18	**감사의견**	적정(삼정)	**계　열**	
결 산 기	12월	**보 통 주**		**종속회사수**	
액 면 가	500원	**우 선 주**		**구 상 호**	

주주구성 (지분율,%)		출자관계 (지분율,%)		주요경쟁사 (외형,%)	
이종서	11.3			앱클론	100
이승렬	6.2			진양제약	1,230
(외국인)	14.4			녹원씨엔아이	625

매출구성		비용구성		수출비중	
항체의약품	47.2	매출원가율	43.1	수출	43.2
용역서비스	36.6	판관비율	100.6	내수	56.8
상품	16.2				

회사 개요

동사는 2010년 대한민국과 스웨덴의 항체전문가그룹(Alligator Bioscience, Affibody)이 합작법인으로 설립한 항체의약품 신약개발 전문기업임. 신규 에피톱 항체 개발(NEST), 이중항체신약 개발(AffiMab), 면역항암 치료제(CAR-T) 등 자체 신약개발 플랫폼 기반 혁신적인 항체 신약 개발 중이며 다양한 파이프라인 확장 능력이 강점임. 실적 성장성과 신약개발에 대한 기술성을 인정 받은 기술성평가 특례 상장 기업.

실적 분석

동사의 2017년 연간 매출액은 전년동기대비 13.2% 상승한 35.3억원을 기록하였음. 비용면에서 전년동기대비 매출원가는 증가 했으며 인건비도 증가, 광고선전비는 크게 감소, 기타판매비와관리비는 증가함. 매출액은 성장했지만 원가 증가로 인해 전년동기대비 영업손실은 15.5억원으로 적자지속 하였음. 최종적으로 전년동기대비 당기순손실은 적자지속하여 14.8억원을 기록함.

현금 흐름 *IFRS 별도 기준 〈단위 : 억원〉

항목	2016	2017
영업활동	-2	-11
투자활동	3	-39
재무활동	—	67
순현금흐름	-0	17
기말현금	21	38

시장 대비 수익률

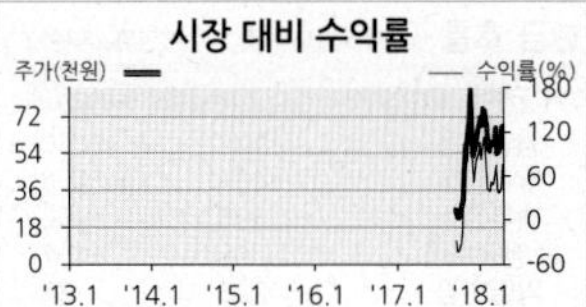

결산 실적 〈단위 : 억원〉

항목	2012	2013	2014	2015	2016	2017
매출액	9	16	18	19	31	35
영업이익	-12	-14	-21	-31	-16	-15
당기순이익	-13	-6	-32	-98	-16	-15

분기 실적 *IFRS 별도 기준 〈단위 : 억원〉

항목	2016.3Q	2016.4Q	2017.1Q	2017.2Q	2017.3Q	2017.4Q
매출액	6	4	16	8	5	6
영업이익	-5	-9	2	-4	-6	-7
당기순이익	-6	-9	1	-3	-6	-7

재무 상태 *IFRS 별도 기준 〈단위 : 억원〉

항목	2012	2013	2014	2015	2016	2017
총자산	52	61	44	162	160	209
유형자산	3	4	3	35	32	30
무형자산	1	0	0	0	2	2
유가증권	—	—	—	—	—	—
총부채	53	67	68	29	40	35
총차입금	49	61	61	20	20	20
자본금	17	18	19	30	30	34
총자본	-1	-6	-25	133	120	174
지배주주지분	-1	-6	-25	133	120	174

기업가치 지표 *IFRS 별도 기준

항목	2012	2013	2014	2015	2016	2017
주가(최고/저)(천원)	—/—	—/—	—/—	—/—	—/—	88.0/21.0
PER(최고/저)(배)	0.0/0.0	0.0/0.0	0.0/0.0	0.0/0.0	0.0/0.0	—/—
PBR(최고/저)(배)	0.0/0.0	0.0/0.0	0.0/0.0	0.0/0.0	0.0/0.0	34.4/8.2
EV/EBITDA(배)	—	—	—	—	—	—
EPS(원)	-326	-130	-636	-1,706	-262	-235
BPS(원)	-16	-118	-490	2,182	1,964	2,558
CFPS(원)	-299	-101	-600	-1,661	-212	-188
DPS(원)	—	—	—	—	—	—
EBITDAPS(원)	-290	-262	-372	-490	-213	-198

재무 비율 〈단위 : %〉

연도	영업이익률	순이익률	부채비율	차입금비율	ROA	ROE	유보율	자기자본비율	EBITDA마진율
2017	-43.7	-42.0	20.0	11.5	-8.0	-10.1	411.5	83.4	-35.4
2016	-51.5	-51.2	33.7	16.7	-9.9	-12.6	292.8	74.8	-41.7
2015	-158.5	-505.2	21.5	15.0	-95.9	전기잠식	336.4	82.3	-145.2
2014	-115.7	-180.3	완전잠식	완전잠식	-61.5	잠식지속	-228.5	-56.9	-105.4

야스 (A255440)
YAS

업　　종 : 디스플레이 및 관련부품　　시　　장 : KOSDAQ
신용등급 : (Bond) —　(CP) —　　기업규모 : 벤처
홈페이지 : www.yasoled.com　　연 락 처 : 031)904-8591
본　　사 : 경기도 파주시 탄현면 한산로 69

설 립 일	2002.04.11	**종업원수**	192명	**대 표 이 사**	정광호
상 장 일	2017.09.29	**감사의견**	적정(대주)	**계　열**	
결 산 기	12월	**보 통 주**		**종속회사수**	
액 면 가	500원	**우 선 주**		**구 상 호**	

주주구성 (지분율,%)		출자관계 (지분율,%)		주요경쟁사 (외형,%)	
정광호	43.0	기전	100.0	야스	100
LG디스플레이	15.5	단단	15.2	선익시스템	143
(외국인)	0.5			인베니아	210

매출구성		비용구성		수출비중	
증착원	60.7	매출원가율	68.3	수출	—
증착기	32.9	판관비율	11.2	내수	—
용역 및 부품판매	6.4				

회사 개요

동사는 진공장비, 반도체장비 및 평판디스플레이양산장비 제조를 주 사업목적으로 2002년 4월에 설립됨. 이후 2017년 9월 코스닥 시장에 상장함. OLED 제조장비의 핵심 기술인 증착기 및 증착원 기술을 보유하여 패널업체에 공급하는 사업을 영위하고 있음. 증착기와 증착원 모두 양산 성공 경험을 보유하고 있는 유일한 업체이며, 특히 8G 대형 제품을 생산할 수 있는 독보적인 기술력을 보유함.

실적 분석

동사의 2017년 결산 연결기준 매출액은 전년동기 829.8억원 대비 4.3% 증가한 865.5억원을 기록함. 증착시스템의 매출이 감소했지만, 증착원의 매출이 전년동기 대비 3배 넘게 증가하며 매출 성장을 견인함. 매출 성장에 힘입어 영업이익은 전년동기 대비 10.6% 증가한 177.5억원을 시현하였음. 동사는 당기 중 증착기 내 챔버 가공업체인 주식회사 기전의 지분을 100% 인수하여 자회사로 편입함.

현금 흐름 〈단위 : 억원〉

항목	2016	2017
영업활동	308	121
투자활동	-98	-552
재무활동	-20	304
순현금흐름	190	-124
기말현금	192	68

시장 대비 수익률

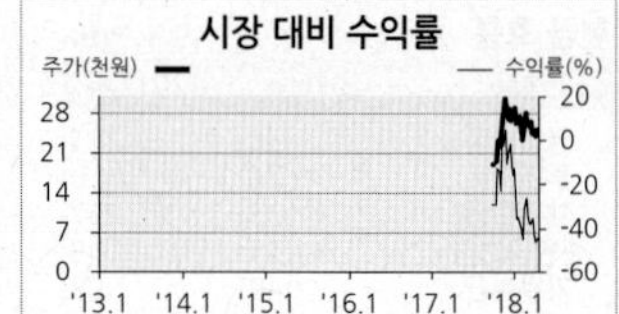

결산 실적 〈단위 : 억원〉

항목	2012	2013	2014	2015	2016	2017
매출액	332	662	300	320	830	865
영업이익	41	77	12	14	161	178
당기순이익	41	76	11	11	131	162

분기 실적 〈단위 : 억원〉

항목	2016.3Q	2016.4Q	2017.1Q	2017.2Q	2017.3Q	2017.4Q
매출액	207	—	—	—	205	—
영업이익	29	—	—	—	38	—
당기순이익	21	—	—	—	39	—

재무 상태 〈단위 : 억원〉

항목	2012	2013	2014	2015	2016	2017
총자산	436	570	525	585	811	1,262
유형자산	139	232	180	198	205	248
무형자산	8	6	6	23	20	18
유가증권	—	—	—	—	—	—
총부채	184	242	185	237	319	195
총차입금	57	134	121	121	88	4
자본금	26	26	26	54	57	65
총자본	251	327	340	348	492	1,067
지배주주지분	251	327	340	348	492	1,067

기업가치 지표

항목	2012	2013	2014	2015	2016	2017
주가(최고/저)(천원)	—/—	—/—	—/—	—/—	—/—	—/—
PER(최고/저)(배)	0.0/0.0	0.0/0.0	0.0/0.0	0.0/0.0	0.0/0.0	22.6/13.3
PBR(최고/저)(배)	0.0/0.0	0.0/0.0	0.0/0.0	0.0/0.0	0.0/0.0	3.8/2.2
EV/EBITDA(배)	—	0.6	1.2	2.5	—	14.7
EPS(원)	395	730	110	98	1,198	1,390
BPS(원)	9,657	12,586	13,071	6,443	4,380	8,250
CFPS(원)	1,946	3,374	912	494	1,327	1,519
DPS(원)	—	—	—	—	—	—
EBITDAPS(원)	1,939	3,401	915	558	1,601	1,648

재무 비율 〈단위 : %〉

연도	영업이익률	순이익률	부채비율	차입금비율	ROA	ROE	유보율	자기자본비율	EBITDA마진율
2017	20.5	18.8	18.3	0.4	15.7	20.8	1,539.9	84.6	22.3
2016	19.4	15.7	64.9	17.9	18.7	31.1	769.7	60.7	21.0
2015	4.4	3.3	68.1	34.9	1.9	3.1	544.3	59.5	9.3
2014	3.8	3.8	54.4	35.5	2.1	3.4	1,207.1	64.8	7.9

양지사 (A030960)

Yangjisa

업 종 : 상업서비스 | 시 장 : KOSDAQ
신용등급 : (Bond) — (CP) — | 기업규모 : 중견
홈페이지 : www.yangjisa.com | 연 락 처 : 031)996-0041
본 사 : 경기도 김포시 양촌읍 황금1로 131

설 립 일	1980.01.16	종업원수	312명	대표이사	이현
상 장 일	1996.10.24	감사의견	적정(삼정)	계 열	
결 산 기	06월	보 통 주		종속회사수	
액 면 가	500원	우 선 주		구 상 호	

주주구성 (지분율,%)		출자관계 (지분율,%)		주요경쟁사 (외형,%)	
이배구	40.5			양지사	100
이진	21.1			KTcs	1,902
(외국인)	1.3			한국코퍼레이션	253

매출구성		비용구성		수출비중	
인쇄및제본(수출)	40.6	매출원가율	80.8	수출	15.6
인쇄및제본(내수)	29.2	판관비율	14.1	내수	84.4
문구류	25.4				

회사 개요

동사는 1976년 양지사라는 개인사업체로 출발해 1979년 법인으로 전환함. 1996년 코스닥 시장에 상장함. 6월 결산 법인으로 수첩, 다이어리, 노트류 등 단일 품목을 전문생산함. 주문생산과 계획생산 방식은 7대 3의 비율이며, 수출이 약 50%를 차지함. 매출의 일정부분을 수출을 통해 발생시키고 있어, 비수기가 긴 업종 특성에도 불구하고 안정적인 수익구조를 가지고 있음.

실적 분석

6월 결산인 동사의 2017년 반기 누적 매출액은 303.3억원으로 전년 동기(338.8억원) 대비 10.5% 감소함. 영업이익은 전년보다 37.4% 줄어든 35.5억원을 기록함. 실적 악화에 따라 당기순이익 역시 39.3% 줄어든 29억원을 기록한 모습. 국내 인쇄업계는 이미 포화상태로 해외 수출이 대안으로 뜨고 있음. 다만 수출 단가 하락, 환율 급등락 등 수출 환경의 급변으로 경쟁력이 약화될 가능성이 높다는 점은 위협 요인.

현금 흐름 *IFRS 별도 기준 〈단위 : 억원〉

항목	2017	2018.2Q
영업활동	41	27
투자활동	-25	-37
재무활동	-15	-29
순현금흐름	1	-39
기말현금	42	3

시장 대비 수익률

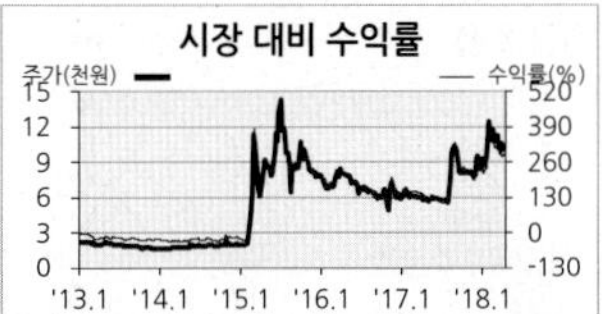

결산 실적 〈단위 : 억원〉

항목	2013	2014	2015	2016	2017	2018
매출액	473	467	477	496	509	—
영업이익	27	12	-10	25	38	—
당기순이익	14	9	-14	28	36	—

분기 실적 *IFRS 별도 기준 〈단위 : 억원〉

항목	2017.1Q	2017.2Q	2017.3Q	2017.4Q	2018.1Q	2018.2Q
매출액	87	252	69	101	103	200
영업이익	-33	89	-6	-12	-4	37
당기순이익	-32	80	-7	-5	-4	30

재무 상태 *IFRS 별도 기준 〈단위 : 억원〉

항목	2013	2014	2015	2016	2017	2018.2Q
총자산	886	878	830	814	824	886
유형자산	510	489	472	472	482	475
무형자산	25	29	28	5	4	4
유가증권	0	0	0	0	0	0
총부채	261	252	229	194	174	215
총차입금	107	106	107	62	51	29
자본금	80	80	80	80	80	80
총자본	625	626	601	620	650	671
지배주주지분	625	626	601	620	650	671

기업가치 지표 *IFRS 별도 기준

항목	2013	2014	2015	2016	2017	2018.2Q
주가(최고/저)(천원)	2.8/2.1	2.0/1.8	15.1/1.6	14.3/1.8	7.5/6.3	—/—
PER(최고/저)(배)	33.7/22.2	39.1/31.8	—/—	81.6/36.0	34.0/22.1	—/—
PBR(최고/저)(배)	0.7/0.5	0.5/0.4	3.9/0.5	3.6/1.6	1.8/1.2	2.6/1.3
EV/EBITDA(배)	7.2	10.1	126.5	21.6	15.1	—/—
EPS(원)	89	53	-88	178	224	181
BPS(원)	4,054	4,056	3,901	4,023	4,207	4,342
CFPS(원)	290	237	84	340	373	249
DPS(원)	50	50	50	50	50	—
EBITDAPS(원)	368	257	109	320	388	290

재무 비율 〈단위 : %〉

연도	영업이익률	순이익률	부채비율	차입금비율	ROA	ROE	유보율	자기자본비율	EBITDA마진율
2017	7.5	7.0	26.8	7.8	4.4	5.6	741.3	78.9	12.2
2016	5.1	5.7	31.3	10.0	3.5	4.7	704.5	76.2	10.3
2015	-2.1	-2.9	38.1	17.8	-1.6	-2.3	680.2	72.4	3.7
2014	2.5	1.8	40.4	17.0	1.0	1.4	711.2	71.3	8.8

어보브반도체 (A102120)

ABOV Semiconductor

업 종 : 반도체 및 관련장비 | 시 장 : KOSDAQ
신용등급 : (Bond) — (CP) — | 기업규모 : 우량
홈페이지 : www.abov.co.kr | 연 락 처 : 043)219-5200
본 사 : 충북 청주시 청원구 오창읍 각리1길 93

설 립 일	2006.01.11	종업원수	177명	대표이사	최원
상 장 일	2009.06.05	감사의견	적정(정연)	계 열	
결 산 기	12월	보 통 주		종속회사수	1개사
액 면 가	500원	우 선 주		구 상 호	

주주구성 (지분율,%)		출자관계 (지분율,%)		주요경쟁사 (외형,%)	
최원	19.0	로직뱅크	45.0	어보브반도체	100
김석진	6.9	다빈칩스	43.5	피에스케이	260
(외국인)	2.2	화인칩스	30.0	덕산하이메탈	43

매출구성		비용구성		수출비중	
[GP MCU(범용제품)]Full Flash	42.5	매출원가율	76.3	수출	45.6
[GP MCU(범용제품)]MIMO (센서)	17.1	판관비율	16.6	내수	54.4
[MCU] OTHER 외 기타	16.2				

회사 개요

동사는 비메모리 반도체의 MCU 설계전문기업으로 전세계 시장규모는 약 14조원, 연평균 성장률 5%를 보이고 있음. 동사의 MCU는 백색가전 및 멀티미디어 제품의 핵심부품으로 국내 삼성, LG, 쿠쿠등과 해외 ST MICRO, Ruikewei등의 업체에 공급하고 있음. 동사의 시장점유율은 국내 리모콘 분야 M/S 50%, 배터리 충전기 분야M/S 75%, 국내 가전 MCU는 약 20%, 모바일용 MCU는 약 10%임.

실적 분석

동사의 2017년 연결 기준 연간 매출액은 1,058.2억원으로 2.5% 증가했으나 영업이익은 인건비 증가에 따라 18.6% 감소한 75.4억원을 기록. 유형자산처분손실 113.6억원이 발생하여 당기순이익은 -49.5억원을 기록하며 적자전환함. 동사는 비메모리 반도체의 마이크로컨트롤러(MCU) 설계 전문기업으로서 4차 산업혁명 시장의 사물인터넷에 부착되는 핵심칩을 생산하면서 매출 증대를 이루었으나 수익성은 하락하고 있음.

현금 흐름 〈단위 : 억원〉

항목	2016	2017
영업활동	154	71
투자활동	-60	-124
재무활동	1	-49
순현금흐름	96	-104
기말현금	224	121

시장 대비 수익률

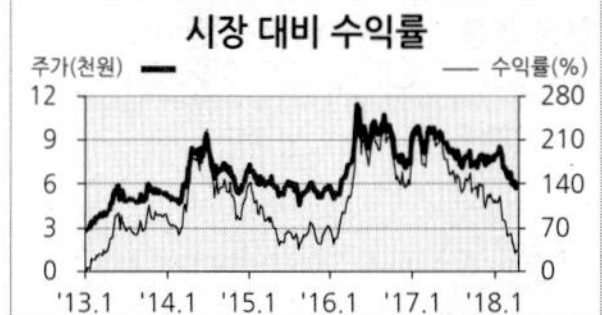

결산 실적 〈단위 : 억원〉

항목	2012	2013	2014	2015	2016	2017
매출액	737	883	920	969	1,032	1,058
영업이익	74	93	72	65	93	75
당기순이익	60	89	68	65	70	-50

분기 실적 〈단위 : 억원〉

항목	2016.3Q	2016.4Q	2017.1Q	2017.2Q	2017.3Q	2017.4Q
매출액	255	261	281	293	235	249
영업이익	26	12	23	19	14	19
당기순이익	22	8	11	18	17	-95

재무 상태 〈단위 : 억원〉

항목	2012	2013	2014	2015	2016	2017
총자산	701	799	867	903	990	898
유형자산	9	10	33	30	31	27
무형자산	237	236	248	265	263	177
유가증권	10	10	10	—	—	—
총부채	145	163	175	163	188	159
총차입금	56	41	42	43	44	—
자본금	87	87	87	87	87	87
총자본	556	636	693	740	802	739
지배주주지분	556	636	693	740	802	739

기업가치 지표

항목	2012	2013	2014	2015	2016	2017
주가(최고/저)(천원)	3.6/2.5	6.3/2.7	9.6/4.6	7.3/4.4	11.4/5.1	10.1/6.9
PER(최고/저)(배)	11.0/7.6	12.8/5.5	25.4/12.3	20.1/12.0	29.1/12.9	—/—
PBR(최고/저)(배)	1.2/0.8	1.8/0.8	2.4/1.2	1.7/1.0	2.4/1.1	2.3/1.6
EV/EBITDA(배)	4.7	7.6	11.1	9.7	10.7	10.3
EPS(원)	345	508	387	373	398	-284
BPS(원)	3,250	3,709	4,033	4,403	4,768	4,478
CFPS(원)	488	653	577	529	593	-106
DPS(원)	35	50	40	40	50	75
EBITDAPS(원)	566	678	601	529	725	610

재무 비율 〈단위 : %〉

연도	영업이익률	순이익률	부채비율	차입금비율	ROA	ROE	유보율	자기자본비율	EBITDA마진율
2017	7.1	-4.7	21.5	0.0	-5.3	-6.4	795.5	82.3	10.1
2016	9.0	6.7	23.4	5.5	7.3	9.0	853.6	81.1	12.3
2015	6.7	6.7	22.1	5.9	7.4	9.1	780.5	81.9	9.5
2014	7.8	7.3	25.2	6.1	8.1	10.2	706.6	79.9	11.4

엄지하우스 (A224810)

EOMJIHOUSE CO

업 종 : 건설
신용등급 : (Bond) — (CP) —
홈페이지 : www.eomjihouse.co.kr
본 사 : 서울시 강남구 테헤란로 28길 25
시 장 : KONEX
기업규모 : —
연 락 처 : 02)550-7800

설 립 일	1986.05.15	**종업원수**	135명	**대 표 이 사**	정재호,손기근
상 장 일	2015.10.21	**감사의견**	적정(한울)	**계 열**	
결 산 기	12월	**보 통 주**		**종속회사수**	
액 면 가	—	**우 선 주**		**구 상 호**	

주주구성 (지분율,%)		출자관계 (지분율,%)		주요경쟁사 (외형,%)	
정재호	29.1			엄지하우스	100
DGB자산운용	16.0			청광종건	
				상지카일룸	14

매출구성		비용구성		수출비중	
실내건축공사(용역)	98.5	매출원가율	90.4	수출	0.0
설계 및 디자인(용역)	1.3	판관비율	5.5	내수	100.0
분양매출(용역)	0.2				

회사 개요

동사는 실내건축 및 건축마무리 공사업을 영위하기 위한 목적으로 1986년 5월 15일설립되었으며, 2015년 10월 21일 코넥스 시장에 상장되어 주권상장 법인이 됨. 주력 사업분야는 크게 네 가지로 나눌 수 있으며, 이 중 매출비중이 가장 큰 부분은 2017년말 기준 실내건축공사 부문으로 전체 매출의 99%를 차지하며, 그 외에 설계 및 디자인이 1% 차지하고 있음.

실적 분석

코넥스 상장 기업인 동사의 2017년 매출액은 966.6억원으로 전년 대비 24.6% 증가함. 매출 증가에 힘입어 영업이익과 당기순이익은 각각 39.6 억원, 27.6억원으로 흑자전환됨. 매출증가 및 수익성 개선 요인은 시장별 대규모 프로젝트 및 고부가가치 프로젝트들의 성공적 수주에 기인하며 오피스, 주거, 호텔 및 레저, 등 다양한 부문의 프로젝트들을 성공적으로 진행함.

현금 흐름 *IFRS 별도 기준 <단위 : 억원>

항목	2016	2017
영업활동	-71	35
투자활동	33	2
재무활동	32	14
순현금흐름	-6	51
기말현금	6	57

시장 대비 수익률

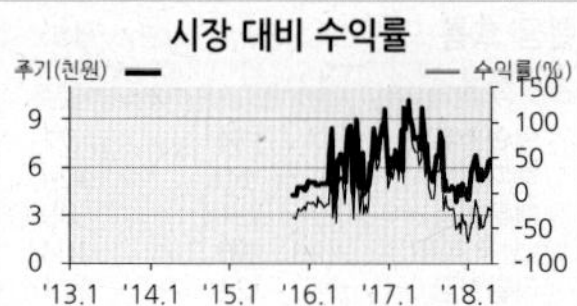

결산 실적 <단위 : 억원>

항목	2012	2013	2014	2015	2016	2017
매출액	644	579	781	657	776	967
영업이익	10	16	32	25	-3	40
당기순이익	10	12	25	21	-2	28

분기 실적 *IFRS 별도 기준 <단위 : 억원>

항목	2016.3Q	2016.4Q	2017.1Q	2017.2Q	2017.3Q	2017.4Q
매출액	—	—	—	—	—	—
영업이익	—	—	—	—	—	—
당기순이익	—	—	—	—	—	—

재무 상태 *IFRS 별도 기준 <단위 : 억원>

항목	2012	2013	2014	2015	2016	2017
총자산	157	258	203	282	323	337
유형자산	5	5	6	7	16	15
무형자산	—	—	—	—	—	8
유가증권	9	14	16	6	6	6
총부채	34	128	56	119	133	120
총차입금	5	33	—	—	—	14
자본금	12	12	12	12	15	21
총자본	123	130	147	163	190	217
지배주주지분	123	130	147	163	190	217

기업가치 지표 *IFRS 별도 기준

항목	2012	2013	2014	2015	2016	2017
주가(최고/저)(천원)	#VALUE!	—/—	—/—	—/—	—/—	—/—
PER(최고/저)(배)	0.0/0.0	0.0/0.0	0.0/0.0	8.7/6.9	—/—	17.8/5.5
PBR(최고/저)(배)	0.0/0.0	0.0/0.0	0.0/0.0	1.1/0.9	2.3/0.9	2.3/0.7
EV/EBITDA(배)	—	—	—	6.4	—	3.0
EPS(원)	324	355	747	620	-46	656
BPS(원)	102,514	111,467	125,046	6,807	6,330	5,172
CFPS(원)	10,244	10,869	21,853	905	-8	725
DPS(원)	—	—	—	250	—	120
EBITDAPS(원)	9,696	14,454	27,213	1,077	-51	1,011

재무 비율 <단위 : %>

연도	영업 이익률	순 이익률	부채 비율	차입금 비율	ROA	ROE	유보율	자기자본 비율	EBITDA 마진율
2017	4.1	2.9	55.2	6.5	8.4	13.5	934.5	64.4	4.4
2016	-0.4	-0.2	70.2	0.0	-0.6	-1.0	1,166.1	58.8	-0.2
2015	3.8	3.2	72.9	0.0	8.6	13.4	1,261.4	57.8	3.9
2014	4.0	3.2	38.5	0.0	10.9	18.1	1,150.5	72.2	4.2

에너전트 (A041590)

GemVax Technology

업 종 : 휴대폰 및 관련부품
신용등급 : (Bond) — (CP) —
홈페이지 : www.gemvaxtechnology.com
본 사 : 대전시 유성구 테크노1로 30 (관평동)
시 장 : KOSDAQ
기업규모 : 중견
연 락 처 : 042)620-8000

설 립 일	1998.12.28	**종업원수**	29명	**대 표 이 사**	김상재,엄주호
상 장 일	2002.10.18	**감사의견**	적정(대주)	**계 열**	
결 산 기	12월	**보 통 주**		**종속회사수**	3개사
액 면 가	500원	**우 선 주**		**구 상 호**	젬백스테크놀러지

주주구성 (지분율,%)		출자관계 (지분율,%)		주요경쟁사 (외형,%)	
젬백스앤카엘	22.0	디케이앤파트너스	100.0	에너전트	100
엄주호	5.8	한국줄기세포뱅크	10.7	에스맥	470
(외국인)	1.2	비글컴퍼니	9.9	이라이콤	961

매출구성		비용구성		수출비중	
휴대폰용 LCD외(제품)	97.1	매출원가율	92.5	수출	16.9
MODULE개발 등(기타)	2.9	판관비율	10.1	내수	83.1
LCD 등(상품)	0.1				

회사 개요

동사는 1998년 설립되어 2002년에 코스닥 시장에 상장된 중소형 LCD 모듈 제조회사. 이 분야의 오래된 기술력을 바탕으로 국내외 유무선 정보통신기기 제조업체와 제품개발 초기단계부터 공동개발에 참여하고 있으며, 디스플레이 구동기술을 다각화하여 유무선 정보통신기기제조업체 및 소비자의 기호에 맞는 제품을 생산할 수 있는 토탈 솔루션을 제공하는 업체임. LCD모듈 제조업체인 에치엔에치전자를 계열사로 두고 있음.

실적 분석

동사의 2017년 연결기준 누적 매출액은 358억원으로 전년대비 24.8% 감소, 영업손실은 9.5억원으로 전년대비 적자지속, 당기순손실은 107.3억원으로 전년대비 적자지속 시현. 전방산업이 IT 경기 부진으로 매출이 감소, 고정비 부담 증가 등으로 수익성도 전년대비 부진. 2017년 2월에 필링크의 최대주주 지위를 확보했으며 필링크가 크리스F&C를 인수함에 따라 IT 및 패션 유통사업 진출했음. 2018년 3월에 상호를 에너전트로 변경.

현금 흐름 <단위 : 억원>

항목	2016	2017
영업활동	-47	168
투자활동	-333	-472
재무활동	339	342
순현금흐름	-40	38
기말현금	17	55

시장 대비 수익률

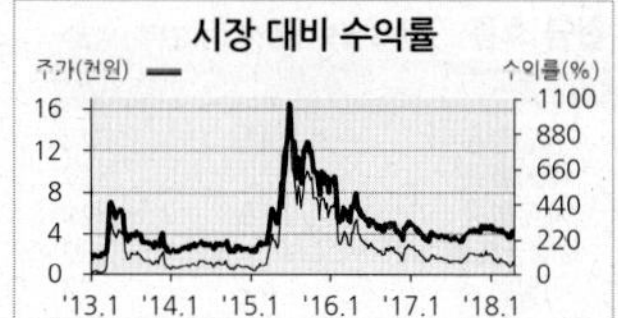

결산 실적 <단위 : 억원>

항목	2012	2013	2014	2015	2016	2017
매출액	726	545	751	448	476	358
영업이익	35	18	61	-52	-89	-10
당기순이익	55	13	27	-84	-237	-107

분기 실적 <단위 : 억원>

항목	2016.3Q	2016.4Q	2017.1Q	2017.2Q	2017.3Q	2017.4Q
매출액	237	-112	258	165	163	-228
영업이익	-39	3	10	-3	-17	1
당기순이익	-54	-109	0	-8	-0	-100

재무 상태 <단위 : 억원>

항목	2012	2013	2014	2015	2016	2017
총자산	364	584	548	1,203	1,210	1,559
유형자산	113	137	127	136	128	104
무형자산	11	11	11	80	41	4
유가증권	35	220	148	384	252	246
총부채	148	296	198	611	731	729
총차입금	62	251	140	522	609	511
자본금	81	86	104	129	151	206
총자본	216	287	350	591	479	830
지배주주지분	216	287	350	585	475	830

기업가치 지표

항목	2012	2013	2014	2015	2016	2017
주가(최고/저)(천원)	1.9/1.2	7.2/1.6	3.3/2.2	16.6/2.2	9.5/3.4	5.2/3.3
PER(최고/저)(배)	5.5/3.6	90.4/20.2	24.1/15.8	—/—	—/—	—/—
PBR(최고/저)(배)	1.3/0.9	4.2/0.9	1.9/1.3	7.2/1.0	5.9/2.1	2.5/1.6
EV/EBITDA(배)	3.7	8.2	6.2	—	—	195.8
EPS(원)	339	80	138	-326	-805	-285
BPS(원)	1,406	1,736	1,734	2,315	1,607	2,042
CFPS(원)	424	194	245	-224	-720	-228
DPS(원)	—	—	—	—	—	—
EBITDAPS(원)	302	222	416	-107	-222	31

재무 비율 <단위 : %>

연도	영업 이익률	순 이익률	부채 비율	차입금 비율	ROA	ROE	유보율	자기자본 비율	EBITDA 마진율
2017	-2.7	-30.0	87.8	61.6	-7.8	-16.2	308.5	53.2	3.2
2016	-18.6	-49.8	152.7	127.2	-19.7	-43.8	221.5	39.6	-13.5
2015	-11.6	-18.8	103.4	88.4	-9.6	-17.3	362.9	49.2	-5.9
2014	8.2	3.7	56.6	40.1	4.8	8.6	246.9	63.9	11.0

에너토크 (A019990)
ENERTORK

업　　종 : 기계　　　　　　　　　　시　　장 : KOSDAQ
신용등급 : (Bond) —　　(CP) —　　기업규모 : 중견
홈페이지 : www.enertork.com　　　연 락 처 : 031)880-2800
본　　사 : 경기도 여주시 능서면 능여로 344

설 립 일	1987.05.16	**종업원수**	99명	**대 표 이 사**	김민찬,장기원
상 장 일	2006.02.01	**감사의견**	적정(제원)	**계　　열**	
결 산 기	12월	**보 통 주**		**종속회사수**	1개사
액 면 가	500원	**우 선 주**		**구　　상　　호**	

주주구성 (지분율,%)		출자관계 (지분율,%)		주요경쟁사 (외형,%)	
西部電機 株式會社(서부전기)	11.9	엔바코	100.0	에너토크	100
장덕인	9.2	삼호개발	2.4	맥스로텍	158
(외국인)	21.5			카스	570

매출구성		비용구성		수출비중	
전동 엑츄에이터 및 감속기	99.7	매출원가율	73.5	수출	11.5
설치공사 및 수출용 감속기 금형제작 용역 등	0.3	판관비율	25.3	내수	88.5

회사 개요

동사는 발전플랜트, 상하수도 시설, 정수장, 가스회사(정유사), 조선소 및 제철소 등에서 액체 및 기체, 유체의 흐름을 제어하는 밸브를 구동시키는 장비(엑츄에이터)와 동일목적으로 사용되는 감속기의 제조 및 판매사업을 영위하고 있으며, 수요처에 직접 납품하거나 밸브회사를 통하여 밸브에 부착되어 납품되고 있음. 국가 기간산업과 산업플랜트가 목표산업이며 현재 국내 6개사, 수입 4개사 등이 경쟁을 하고 있음.

실적 분석

동사의 2017년 연결기준 결산 매출액은 244.7억원으로 전년동기 대비 6% 감소했으며, 원가율 상승으로 매출총이익은 지난해 같은 기간 대비 15.3% 감소함. 판관비 또한 비교적 큰 폭으로 증가한 영향으로 수익성 하락하여 전년동기 대비 85.6% 감소한 3억원의 영업이익 시현하는데 그침. 경상수지부문에서도 개선세를 시현하지 못하여 전년동기 대비 약 80% 감소한 4억원의 당기순이익 시현하는 등 수익성 악화된 상황.

현금 흐름

〈단위 : 억원〉

항목	2016	2017
영업활동	6	26
투자활동	-94	-31
재무활동	54	-7
순현금흐름	-34	-12
기말현금	53	41

시장 대비 수익률

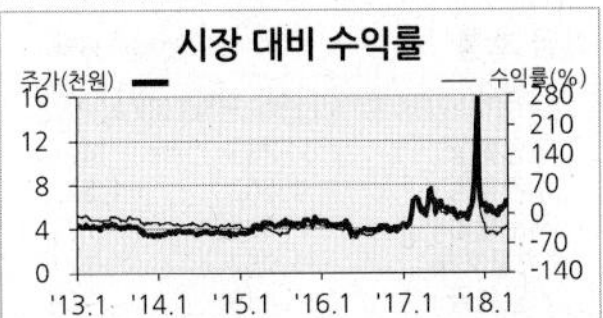

결산 실적

〈단위 : 억원〉

항목	2012	2013	2014	2015	2016	2017
매출액	318	275	320	287	260	245
영업이익	47	35	36	28	21	3
당기순이익	39	27	28	20	20	4

분기 실적

〈단위 : 억원〉

항목	2016.3Q	2016.4Q	2017.1Q	2017.2Q	2017.3Q	2017.4Q
매출액	66	76	52	72	59	62
영업이익	3	8	-0	-1	-6	10
당기순이익	3	7	0	0	-4	8

재무 상태

〈단위 : 억원〉

항목	2012	2013	2014	2015	2016	2017
총자산	316	334	368	377	429	425
유형자산	133	125	121	118	109	108
무형자산	3	3	9	8	8	1
유가증권	5	4	3	3	23	45
총부채	37	39	53	45	22	16
총차입금	13	13	14	—	—	—
자본금	39	39	39	39	49	49
총자본	279	295	315	333	407	409
지배주주지분	279	295	315	333	407	409

기업가치 지표

항목	2012	2013	2014	2015	2016	2017
주가(최고/저)(천원)	4.7/3.3	4.6/3.3	3.8/3.4	5.4/3.6	4.7/3.4	16.8/4.1
PER(최고/저)(배)	11.1/7.7	15.5/11.1	12.0/10.6	22.7/15.0	22.0/16.0	412.1/101.0
PBR(최고/저)(배)	1.5/1.1	1.4/1.0	1.1/0.9	1.4/0.9	1.2/0.8	4.0/1.0
EV/EBITDA(배)	6.6	5.4	5.3	7.2	9.2	29.9
EPS(원)	474	325	340	246	220	41
BPS(원)	3,578	3,813	4,067	4,286	4,173	4,194
CFPS(원)	668	524	529	431	371	170
DPS(원)	100	70	100	70	70	50
EBITDAPS(원)	770	627	638	537	384	160

재무 비율

〈단위 : %〉

연도	영업이익률	순이익률	부채비율	차입금비율	ROA	ROE	유보율	자기자본비율	EBITDA마진율
2017	1.2	1.6	3.9	0.0	0.9	1.0	738.9	96.3	6.4
2016	8.0	7.6	5.3	0.0	4.9	5.3	734.7	95.0	13.3
2015	9.9	7.0	13.4	0.0	5.4	6.2	757.3	88.2	14.6
2014	11.3	8.7	16.7	4.4	7.9	9.1	713.4	85.7	15.6

에넥스 (A011090)
Enex

업　　종 : 내구소비재　　　　　　　시　　장 : 거래소
신용등급 : (Bond) —　　(CP) —　　기업규모 : 시가총액 소형주
홈페이지 : www.enex.co.kr　　　　연 락 처 : 02)2185-2000
본　　사 : 서울시 서초구 서초대로73길 40(강남오피스텔)

설 립 일	1976.03.04	**종업원수**	419명	**대 표 이 사**	박유재,박진규
상 장 일	1995.06.09	**감사의견**	적정(신한)	**계　　열**	
결 산 기	12월	**보 통 주**		**종속회사수**	4개사
액 면 가	500원	**우 선 주**		**구　　상　　호**	

주주구성 (지분율,%)		출자관계 (지분율,%)		주요경쟁사 (외형,%)	
박진규	21.1	헤텍스	100.0	에넥스	100
박유재	7.8	엔텍	15.5	한샘	475
(외국인)	2.2	ENEXVINA	100.0	현대리바트	204

매출구성		비용구성		수출비중	
가구매출(상품)	68.1	매출원가율	83.8	수출	—
기타매출(제품)	16.1	판관비율	15.4	내수	—
가구매출(제품)	13.8				

회사 개요

동사는 주방가구의 제조, 판매를 주된 사업으로 영위하고 있으며 부엌가구, 붙박이장, 인테리어가구, 정수기렌탈 등의 사업을 영위하고 있음. 중국과 베트남에 제조시설을 갖춘 현지법인을 운영하고 있으며 카자흐스탄에 판매법인을 운영중임. 주방가구 업종은 간접적으로 주택건설 경기와 연관이 있어 경기 후행적 성격을 나타내며, 이사수요와 관련하여 리모델링 및 인테리어 산업과 밀접한 관계를 가지고 있고, 계절적으로 봄과 가을이 최대 성수기를 이루고 있음.

실적 분석

동사의 2017년 연결기준 연간 매출액은 4,345.3억원으로 전년 대비 10.3% 증가함. 매출증가에 힘입어 영업이익은 34.7억원으로 전년 대비 45.9% 증가함. 주택 신규물량 증가에 따른 B2B 시장에서의 매출증가, 홈인테리어패키지 판매아이템 확대 및 유통망 강화가 매출액 증가 요인임. 동사는 홈퍼니싱 및 리모델링 시장 공략을 위해 '홈인테리어 패키지' 사업을 강화해나갈 것이며 가구는 물론 건자재 아이템도 지속적으로 확대할 예정임.

현금 흐름

〈단위 : 억원〉

항목	2016	2017
영업활동	-191	63
투자활동	-58	-31
재무활동	176	45
순현금흐름	-75	75
기말현금	91	166

시장 대비 수익률

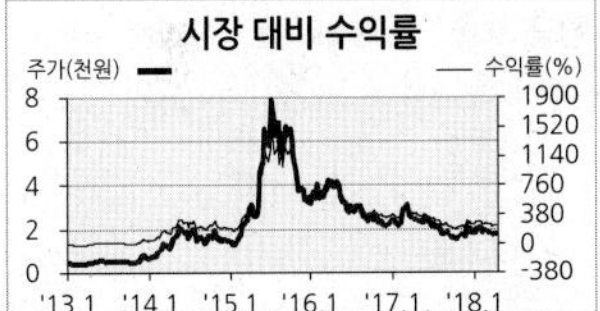

결산 실적

〈단위 : 억원〉

항목	2012	2013	2014	2015	2016	2017
매출액	1,968	2,336	2,619	3,083	3,941	4,345
영업이익	-109	30	54	81	24	35
당기순이익	-101	31	50	85	19	21

분기 실적

〈단위 : 억원〉

항목	2016.3Q	2016.4Q	2017.1Q	2017.2Q	2017.3Q	2017.4Q
매출액	1,183	893	1,104	932	1,307	1,003
영업이익	22	-18	17	10	17	-9
당기순이익	17	-14	14	2	13	-9

재무 상태

〈단위 : 억원〉

항목	2012	2013	2014	2015	2016	2017
총자산	932	1,078	1,256	1,263	1,527	1,714
유형자산	163	113	114	140	157	175
무형자산	22	18	19	22	20	22
유가증권	3	9	8	8	8	8
총부채	592	641	715	658	938	1,112
총차입금	203	174	149	105	135	135
자본금	227	300	300	300	300	300
총자본	340	437	541	605	590	603
지배주주지분	329	426	533	597	583	597

기업가치 지표

항목	2012	2013	2014	2015	2016	2017
주가(최고/저)(천원)	1.0/0.4	0.9/0.4	2.2/0.8	8.3/1.3	4.3/2.0	3.1/1.5
PER(최고/저)(배)	—/—	17.4/8.2	25.6/8.8	60.5/9.2	142.7/67.1	88.7/43.1
PBR(최고/저)(배)	1.2/0.4	1.1/0.5	2.4/0.8	8.0/1.2	4.2/2.0	3.0/1.4
EV/EBITDA(배)	—	10.3	12.9	19.2	27.5	15.8
EPS(원)	-218	53	89	142	31	36
BPS(원)	923	862	971	1,078	1,054	1,077
CFPS(원)	-140	96	123	184	77	91
DPS(원)	—	—	20	30	20	30
EBITDAPS(원)	-162	94	125	177	86	113

재무 비율

〈단위 : %〉

연도	영업이익률	순이익률	부채비율	차입금비율	ROA	ROE	유보율	자기자본비율	EBITDA마진율
2017	0.8	0.5	184.5	22.4	1.3	3.7	115.4	35.2	1.6
2016	0.6	0.5	159.0	22.9	1.3	3.2	110.8	38.6	1.3
2015	2.6	2.7	108.9	17.4	6.7	15.0	115.6	47.9	3.4
2014	2.1	1.9	132.3	27.6	4.3	11.2	94.1	43.1	2.9

에듀케이션파트너 (A208890)

Educationpartner co ltd

업　　종 : 교육　　　　　　　　시　　장 : KONEX
신용등급 : (Bond) —　　(CP) —　　기업규모 : —
홈페이지 : www.thepartner.co.kr　　연 락 처 : 02)6337-5500
본　　사 : 서울시 마포구 양화로 125, 8층(서교동, 경남관광빌딩)

설 립 일	2009.04.06	**종 업 원 수**	41명	**대 표 이 사**	최용섭
상 장 일	2014.12.18	**감 사 의 견**	적정(대현)	**계　　열**	
결 산 기	12월	**보　통　주**		**종속회사수**	
액 면 가	—	**우　선　주**		**구　상　호**	

주주구성 (지분율,%)		출자관계 (지분율,%)		주요경쟁사 (외형,%)	
최용섭	65.3	점프에듀	100.0	에듀케이션파트너	100
박재영	1.3	에듀파트너스쿨	100.0	유비온	101
		해람북스	100.0	UCI	101

매출구성		비용구성		수출비중	
수강료	91.8	매출원가율	61.4	수출	0.0
[기타]교재 외	8.2	판관비율	36.5	내수	100.0

회사 개요

동사는 코넥스 상장 법인으로 2009년 설립됨. 방과후 교육서비스를 주 사업으로 주지교과영역(영어, 수학, 역사 등)과 정보기술영역(컴퓨터, 로봇, 과학 등) 시장에서 사업을 영위하고 있음. 영어 방과후 사업을 정착하고, 유치원 영역 콘텐츠 사업을 개시하고 있음. 동사의 사업은 업종의 특성상 정부 교육정책의 변화에 따라 영업활동에 상당한 영향을 받을 수 있음. 주요 자회사로 점프영어와 해람북스 등을 보유하고 있음.

실적 분석

동사의 2017년 연결기준 연간 매출액은 192.4 억원으로 전년 대비 1.8% 증가함. 고정비의 증가로 영업이익은 4.1억원으로 전년 대비 40.4% 감소함. 동사는 현재 전국 8개의 핵심 거점 지역 중심으로 영업 및 운영 관리를 전담하는 조직을 통해 전국 190여개 학교를 대상으로 300여명의 강사와 계약으로 월평균 약 49,000명의 수강생을 대상으로 컴퓨터 활용, 영어, 등의 과목을 중심으로 방과후 교육 서비스를 제공하고 있음.

현금 흐름 *IFRS 별도 기준 〈단위 : 억원〉

항목	2016	2017
영업활동	23	22
투자활동	-24	-24
재무활동	4	—
순현금흐름	3	-2
기말현금	8	7

시장 대비 수익률

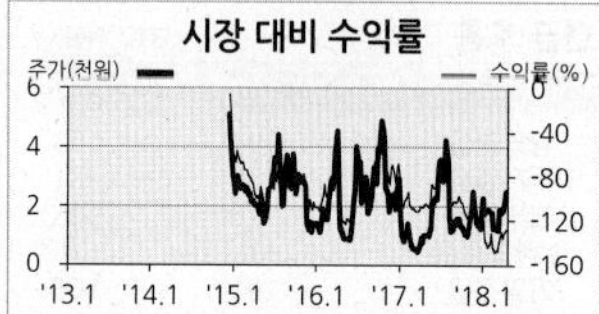

결산 실적 〈단위 : 억원〉

항목	2012	2013	2014	2015	2016	2017
매출액	140	114	146	167	189	192
영업이익	13	-4	7	3	7	4
당기순이익	11	-3	5	1	3	3

분기 실적 *IFRS 별도 기준 〈단위 : 억원〉

항목	2016.3Q	2016.4Q	2017.1Q	2017.2Q	2017.3Q	2017.4Q
매출액	—	—	—	—	—	—
영업이익	—	—	—	—	—	—
당기순이익	—	—	—	—	—	—

재무 상태 *IFRS 별도 기준 〈단위 : 억원〉

항목	2012	2013	2014	2015	2016	2017
총자산	78	82	86	87	92	94
유형자산	4	3	6	7	6	5
무형자산	41	52	47	48	45	44
유가증권	2	4	—	—	—	—
총부채	52	20	19	17	21	19
총차입금	40	10	9	8	12	12
자본금	1	1	20	20	20	20
총자본	25	62	68	70	71	75
지배주주지분	25	62	68	70	71	75

기업가치 지표 *IFRS 별도 기준

항목	2012	2013	2014	2015	2016	2017
주가(최고/저)(천원)	—/—	—/—	6.0/3.5	4.4/1.0	5.0/0.8	4.9/0.4
PER(최고/저)(배)	0.0/0.0	0.0/0.0	22.8/13.4	37.9/8.6	68.9/10.4	30.0/2.7
PBR(최고/저)(배)	0.0/0.0	0.0/0.0	1.8/1.0	1.3/0.3	1.4/0.2	1.3/0.1
EV/EBITDA(배)	0.3	—	1.8	0.9	2.1	1.6
EPS(원)	818	-221	263	116	73	162
BPS(원)	253,961	403,923	3,398	3,514	3,587	3,749
CFPS(원)	516,516	232,854	1,720	1,542	1,283	1,308
DPS(원)	—	—	—	—	—	—
EBITDAPS(원)	541,052	229,828	1,806	1,604	1,458	1,327

재무 비율 〈단위 : %〉

연도	영업이익률	순이익률	부채비율	차입금비율	ROA	ROE	유보율	자기자본비율	EBITDA마진율
2017	2.1	1.5	32.2	18.1	2.9	3.9	273.8	75.7	15.7
2016	3.6	1.7	36.6	20.7	3.4	4.9	258.7	73.2	18.0
2015	1.8	0.9	32.0	14.9	1.7	2.4	242.3	75.7	20.0
2014	4.6	3.3	33.4	16.1	—	—	231.2	75.0	25.2

에머슨퍼시픽 (A025980)

Emerson Pacific

업　　종 : 호텔 및 레저　　　　　시　　장 : KOSDAQ
신용등급 : (Bond) —　　(CP) —　　기업규모 : 우량
홈페이지 : www.emersonpacific.co.kr　　연 락 처 : 043)533-6848
본　　사 : 충북 진천군 백곡면 배티로 818-105

설 립 일	1987.01.16	**종 업 원 수**	277명	**대 표 이 사**	이만규
상 장 일	1996.01.06	**감 사 의 견**	적정(대주)	**계　　열**	
결 산 기	12월	**보　통　주**		**종속회사수**	4개사
액 면 가	500원	**우　선　주**		**구　상　호**	

주주구성 (지분율,%)		출자관계 (지분율,%)		주요경쟁사 (외형,%)	
Initial Focal Limited	33.2	에머슨부산	100.0	에머슨퍼시픽	100
중앙디앤엠	12.7	에머슨자산운용	100.0	강원랜드	1,066
(외국인)	36.7	에머슨브랜디	100.0	호텔신라	2,666

매출구성		비용구성		수출비중	
리조트분양	82.0	매출원가율	55.2	수출	0.0
골프 및 콘도매출	17.9	판관비율	36.5	내수	100.0
명의개서외	0.1				

회사 개요

동사는 골프장 레저시설 개발 및 건설, 운영 등의 사업을 영위. 남해 골프&스파 리조트를 운영 중. 골프장 레저시설 개발·건설 경험을 바탕으로 종합 부동산개발 사업으로 사업영역을 확장 중. 2금강산 관광 중단에 따라 금강산 아난티 골프&온천 리조트의 영업활동은 잠정 중단됐지만 2015년 12월 경기 가평에 아난티 펜트하우스 서울 리조트를 완공, 2016년 3월부터 영업을 시작했고, 부산에 아난티 코브가 영업중에 있음.

실적 분석

동사의 2017년 매출액은 전년 대비 11.5% 증가한 1,504.6억원을 기록했으나 동기간 매출원가와 판관비가 각각 20.9%, 80.0% 증가함에 따라 영업이익은 전년 대비 65.0% 감소한 125.2억원을 기록하였음. 또한 이자비용이 전년 대비 급증한 영향으로 금융손실이 커짐에 따라 비영업손실규모는 크게 확대되었음. 이에 따라 동사의 2017년 당기순이익은 전년 대비 90.4% 감소한 26.2억원을 기록하였음.

현금 흐름 〈단위 : 억원〉

항목	2016	2017
영업활동	-285	475
투자활동	-1,602	-1,522
재무활동	835	777
순현금흐름	-1,052	-271
기말현금	439	168

시장 대비 수익률

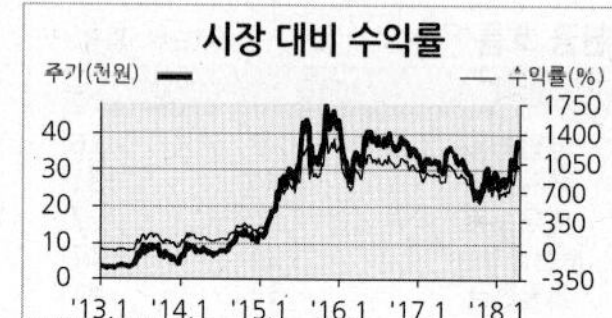

결산 실적 〈단위 : 억원〉

항목	2012	2013	2014	2015	2016	2017
매출액	275	208	472	1,252	1,349	1,505
영업이익	-7	-13	101	501	357	125
당기순이익	-26	-41	30	371	274	26

분기 실적 〈단위 : 억원〉

항목	2016.3Q	2016.4Q	2017.1Q	2017.2Q	2017.3Q	2017.4Q
매출액	529	244	421	360	458	266
영업이익	172	20	107	22	37	-41
당기순이익	135	-1	69	17	5	-63

재무 상태 〈단위 : 억원〉

항목	2012	2013	2014	2015	2016	2017
총자산	2,289	2,401	3,201	5,510	6,732	7,304
유형자산	1,697	1,713	2,410	3,427	5,041	6,476
무형자산	6	4	6	5	16	20
유가증권	8	3	3	3	3	9
총부채	1,980	2,131	2,731	2,693	3,613	3,997
총차입금	356	451	608	682	1,617	2,391
자본금	55	55	55	82	82	82
총자본	309	269	470	2,817	3,118	3,307
지배주주지분	309	269	470	2,817	3,118	3,307

기업가치 지표

항목	2012	2013	2014	2015	2016	2017
주가(최고/저)(천원)	4.6/1.5	11.0/2.9	14.3/5.2	47.8/11.4	42.3/26.7	36.8/22.0
PER(최고/저)(배)	—/—	—/—	53.2/19.3	14.5/3.4	25.5/16.0	230.9/138.0
PBR(최고/저)(배)	1.6/0.6	4.5/1.2	3.3/1.2	2.8/0.7	2.2/1.4	1.8/1.1
EV/EBITDA(배)	25.0	101.5	14.2	12.1	16.3	23.0
EPS(원)	-235	-369	269	3,302	1,662	159
BPS(원)	2,818	2,457	4,284	17,114	19,553	20,697
CFPS(원)	8	-171	449	3,498	2,002	1,236
DPS(원)	—	—	—	—	—	—
EBITDAPS(원)	183	77	1,101	4,655	2,510	1,837

재무 비율 〈단위 : %〉

연도	영업이익률	순이익률	부채비율	차입금비율	ROA	ROE	유보율	자기자본비율	EBITDA마진율
2017	8.3	1.7	120.9	72.3	0.4	0.8	4,039.3	45.3	20.1
2016	26.5	20.3	115.9	51.9	4.5	9.2	3,810.7	46.3	30.6
2015	40.0	29.6	95.6	24.2	8.5	22.6	3,322.7	51.1	41.7
2014	21.5	6.3	581.2	129.4	1.1	8.0	756.7	14.7	25.7

에버다임 (A041440)
EVERDIGM

업 종 : 기계　　시 장 : KOSDAQ
신용등급 : (Bond) — (CP) —　　기업규모 : 우량
홈페이지 : www.everdigm.com　　연 락 처 : 043)530-3300
본 사 : 충북 진천군 진천읍 부영길 49

설 립 일	1994.07.01	**종업원수**	438명	**대 표 이 사**	전병찬
상 장 일	2003.11.14	**감사의견**	적정(한영)	**계 열**	
결 산 기	12월	**보 통 주**		**종속회사수**	9개사
액 면 가	500원	**우 선 주**		**구 상 호**	

주주구성 (지분율,%)		출자관계 (지분율,%)		주요경쟁사 (외형,%)	
현대그린푸드	45.2	한국타워크레인	100.0	에버다임	100
전병찬	6.4	에버다임락툴	100.0	유지인트	14
(외국인)	1.5	타이포스	100.0	기신정기	32

매출구성		비용구성		수출비중	
콘크리트,펌프트럭,소방차,믹서트럭	54.5	매출원가율	81.0	수출	—
유압브레이커,유압크러셔,퀵-클램프,타워크레인	29.3	판관비율	11.9	내수	—
중장비	10.6				

회사 개요

동사는 건설기계와 소방, 특장차를 만드는 전문회사임. 어태치먼트, 콘크리트 펌프트럭, 타워크레인 제조사업과, 소방, 특장차 사업을 하고 있으며, 급지/급유등 유지관리가 필요없는 소재부품인 무급지형 부싱사업에도 진출하였음. 2011년 12월 신성산업을 에버다임 락툴로 법인전환 후 51억에 인수함. 에버다임 락툴의 주력 생산품은 굴착장비로 건설기초 공사현장, 터널공사 뿐만 아니라 최근 신재생 에너지 사업으로 활용되어 시너지창출이 기대됨.

실적 분석

동사의 2017년 연간 매출액은 전년동기대비 0.9% 소폭 변동한 3,402.7억원을 기록하였음. 비용면에서 전년동기대비 매출원가는 거의 동일 했으며 인건비는 증가 했고 광고선전비는 크게 감소, 기타판매비와관리비는 증가함. 주춤한 모습의 매출액에 의해 전년동기대비 영업이익은 242.9억원으로 5.3% 하락 하였음. 최종적으로 전년동기대비 당기순이익은 상승하여 176억원을 기록함.

현금 흐름 〈단위 : 억원〉

항목	2016	2017
영업활동	468	-23
투자활동	-8	-35
재무활동	-503	30
순현금흐름	-42	-30
기말현금	72	42

시장 대비 수익률

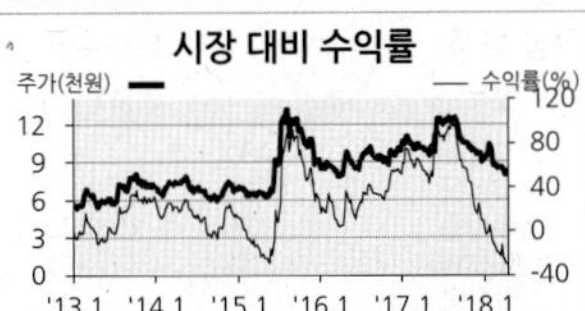

결산 실적 〈단위 : 억원〉

항목	2012	2013	2014	2015	2016	2017
매출액	2,293	2,977	3,161	3,278	3,374	3,403
영업이익	187	203	206	177	256	243
당기순이익	129	171	133	121	141	176

분기 실적 〈단위 : 억원〉

항목	2016.3Q	2016.4Q	2017.1Q	2017.2Q	2017.3Q	2017.4Q
매출액	854	768	896	1,066	740	700
영업이익	75	48	65	121	39	19
당기순이익	29	7	55	113	25	-18

재무 상태 〈단위 : 억원〉

항목	2012	2013	2014	2015	2016	2017
총자산	2,279	2,696	3,113	2,854	2,624	2,736
유형자산	618	666	682	703	679	644
무형자산	47	59	59	66	57	48
유가증권	6	9	6	4	4	2
총부채	1,101	1,349	1,714	1,345	951	901
총차입금	612	817	1,081	798	324	351
자본금	90	90	90	90	90	90
총자본	1,177	1,346	1,399	1,509	1,673	1,835
지배주주지분	1,177	1,346	1,399	1,509	1,673	1,835

기업가치 지표

항목	2012	2013	2014	2015	2016	2017
주가(최고/저)(천원)	6.2/3.2	8.1/5.0	7.9/5.8	13.3/6.2	10.4/7.7	13.3/9.0
PER(최고/저)(배)	9.6/4.9	9.2/5.7	11.2/8.3	20.3/9.5	13.4/10.0	13.7/9.3
PBR(최고/저)(배)	1.0/0.5	1.2/0.7	1.1/0.8	1.6/0.8	1.1/0.8	1.3/0.9
EV/EBITDA(배)	6.6	7.9	8.0	9.4	6.2	6.5
EPS(원)	722	952	741	678	789	982
BPS(원)	6,809	7,631	7,883	8,461	9,365	10,271
CFPS(원)	997	1,283	1,123	1,086	1,198	1,328
DPS(원)	170	190	150	100	110	110
EBITDAPS(원)	1,320	1,462	1,533	1,398	1,840	1,701

재무 비율 〈단위 : %〉

연도	영업이익률	순이익률	부채비율	차입금비율	ROA	ROE	유보율	자기자본비율	EBITDA마진율
2017	7.1	5.2	49.1	19.1	6.6	10.0	1,954.1	67.1	9.0
2016	7.6	4.2	56.8	19.4	5.2	8.9	1,773.1	63.8	9.8
2015	5.4	3.7	89.1	52.9	4.1	8.4	1,592.2	52.9	7.6
2014	6.5	4.2	122.6	77.3	4.6	9.7	1,476.5	44.9	8.7

에브리봇 (A270660)
EVERYBOT

업 종 : 내구소비재　　시 장 : KONEX
신용등급 : (Bond) — (CP) —　　기업규모 : —
홈페이지 : www.everybot.co.kr　　연 락 처 : 070)4913-8805
본 사 : 경기도 성남시 분당구 판교로 242, C동 403호

설 립 일	2015.01.06	**종업원수**	명	**대 표 이 사**	정우철
상 장 일	2017.07.24	**감사의견**	적정(대주)	**계 열**	
결 산 기	12월	**보 통 주**		**종속회사수**	
액 면 가	—	**우 선 주**		**구 상 호**	

주주구성 (지분율,%)		출자관계 (지분율,%)		주요경쟁사 (외형,%)	
정우철	54.2			에브리봇	100
기술보증기금	11.1			PN풍년	318
				파세코	574

매출구성		비용구성		수출비중	
RS500 등	100.0	매출원가율	62.6	수출	4.6
		판관비율	31.6	내수	95.4

회사 개요

동사는 모뉴엘의 로봇 연구개발을 담당하던 정우철 대표이사가 2015년 1월 설립해 2017년 7월 코넥스 시장에 상장된 업체로 설립 후 모뉴엘의 제품 제조 개발 특허와 로봇 관련 연구 개발 특허를 취득하였으며 로봇에 특화된 우수 인력을 흡수하여 로봇청소기 사업을 영위하고 있음. 동사는 회사의 규모를 고려하여 수익모델로 물걸레 청소기 제조 판매에 집중하고 있음. 동사는 정우철 대표이사가 최대주주로 54.2%의 지분을 보유하고 있음.

실적 분석

동사는 2017년 211.2억원의 매출을 기록해 전년 38.6억원에서 172.6억원이 증가했고, 영업이익은 12.3억원을 기록해 전년 -0.8억원에서 흑자전환에 성공함. 동사는 물걸레 로봇청소기(제품명 RS500)를 2016년부터 판매하기 시작해 홈쇼핑 등을 통해 2016년 38.6억원의 매출을 기록했으나 판관비가 많아 영업적자를 면치 못했으나 2017년 당기순이익은 12.4억원을 기록함.

현금 흐름 *IFRS 별도 기준 〈단위 : 억원〉

항목	2016	2017
영업활동	-2	-11
투자활동	-3	-5
재무활동	9	20
순현금흐름	4	4
기말현금	4	8

시장 대비 수익률

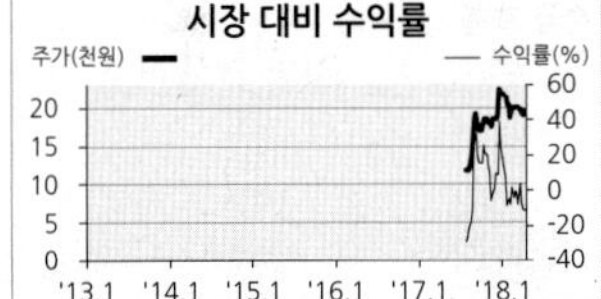

결산 실적 〈단위 : 억원〉

항목	2012	2013	2014	2015	2016	2017
매출액	—	—	—	0	39	211
영업이익	—	—	—	-8	-1	12
당기순이익	—	—	—	-8	-1	12

분기 실적 *IFRS 별도 기준 〈단위 : 억원〉

항목	2016.3Q	2016.4Q	2017.1Q	2017.2Q	2017.3Q	2017.4Q
매출액	—	—	31	—	—	—
영업이익	—	—	1	—	—	—
당기순이익	—	—	1	—	—	—

재무 상태 *IFRS 별도 기준 〈단위 : 억원〉

항목	2012	2013	2014	2015	2016	2017
총자산	—	—	—	3	17	55
유형자산	—	—	—	1	2	4
무형자산	—	—	—	0	0	2
유가증권	—	—	—	—	—	—
총부채	—	—	—	6	17	23
총차입금	—	—	—	4	9	10
자본금	—	—	—	1	1	7
총자본	—	—	—	-3	0	32
지배주주지분	—	—	—	-3	0	32

기업가치 지표 *IFRS 별도 기준

항목	2012	2013	2014	2015	2016	2017
주가(최고/저)(천원)	—/—	—/—	—/—	—/—	—/—	—/—
PER(최고/저)(배)	0.0/0.0	0.0/0.0	0.0/0.0	0.0/0.0	0.0/0.0	24.2/12.4
PBR(최고/저)(배)	0.0/0.0	0.0/0.0	0.0/0.0	0.0/0.0	0.0/0.0	9.3/4.8
EV/EBITDA(배)	0.0	0.0	0.0	—	—	17.2
EPS(원)	—	—	—	-813	-82	952
BPS(원)	—	—	—	-28,611	3,807	2,479
CFPS(원)	—	—	—	-72,361	-1,723	1,108
DPS(원)	—	—	—	—	—	—
EBITDAPS(원)	—	—	—	-71,744	-766	1,096

재무 비율 〈단위 : %〉

연도	영업이익률	순이익률	부채비율	차입금비율	ROA	ROE	유보율	자기자본비율	EBITDA마진율
2017	5.8	5.9	71.2	30.3	34.2	75.6	395.8	58.4	6.8
2016	-2.0	-2.3	일부잠식	일부잠식	-8.8	전기잠식	-23.9	2.7	-0.2
2015	-15,793.3	-15,927.6	완전잠식	완전잠식	0.0	0.0	-672.2	-116.9	-15,608.4
2014	0.0	0.0	0.0	0.0	0.0	0.0	0.0	0.0	0.0

에스넷시스템 (A038680)

Snet systems

업　　종 : 통신장비　　　　　　　　시　　장 : KOSDAQ
신용등급 : (Bond) —　　(CP) —　　기업규모 : 중견
홈페이지 : www.snetsystems.co.kr　　연 락 처 : 02)3469-2444
본　　사 : 서울시 강남구 선릉로 514, 성원빌딩 10층

설 립 일	1999.02.08	**종업원수**	211명	**대표이사**	윤상화,조태영
상 장 일	2000.04.27	**감사의견**	적정(대주)	**계　　열**	
결 산 기	12월	**보 통 주**		**종속회사수**	4개사
액 면 가	500원	**우 선 주**		**구　　상　호**	

주주구성 (지분율,%)		출자관계 (지분율,%)		주요경쟁사 (외형,%)	
블루로터스	12.0	인프라닉스	20.0	에스넷	100
허인숙	7.8	나모인터랙티브	18.9	텔콘	20
(외국인)	3.5	하이비	4.5	디티앤씨	23

매출구성		비용구성		수출비중	
에스넷시스템㈜ - 제품(제품)	79.1	매출원가율	87.7	수출	1.9
에스넷시스템㈜ - 용역(용역)	20.9	판관비율	10.2	내수	98.1

회사 개요

동사는 컴퓨터 및 정보통신시스템 사업을 영위할 목적으로 1999년 설립됨. 동사는 네트워크통합(NI)을 근간으로 하는 소프트네트워크 솔루션 전문업체로 지속발전하기 위해 Cloud Service 및 관련 솔루션과 융합 컨설팅 서비스를 제공하고 있음. 동사는 종속회사로 소프트웨어 업체인 에스앤에프네트웍스, 컴퓨터 네트워크 설비업체인 굿어스, 인도네시아와 베트남, 중국 해외법인을 하나씩 두고 있음.

실적 분석

동사의 2017년 전체 매출은 2,134.2억원으로 전년대비 1.9% 증가, 영업이익은 45.7억원으로 흑자전환. 당기순이익은 17.8억원으로 전년대비 흑자전환 시현. 네크워크 관련 매출 증가 속에 원가율 개선, 판매관리비 감소로 수익성은 흑자전환 시현. 글로벌 기업의 서버 투자 및 5G 도입 시작으로 관련 사업 매출 증가 기대. 지속적인 원가율 개선과 비용 절감 노력에 주력 전망.

현금 흐름

〈단위 : 억원〉

항목	2016	2017
영업활동	85	26
투자활동	-74	38
재무활동	-45	8
순현금흐름	-33	68
기말현금	137	205

시장 대비 수익률

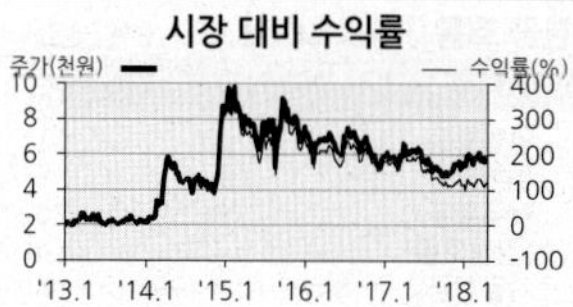

결산 실적

〈단위 : 억원〉

항목	2012	2013	2014	2015	2016	2017
매출액	1,418	1,888	2,177	1,970	2,094	2,134
영업이익	16	56	51	-5	-19	46
당기순이익	71	41	55	36	-22	18

분기 실적

〈단위 : 억원〉

항목	2016.3Q	2016.4Q	2017.1Q	2017.2Q	2017.3Q	2017.4Q
매출액	383	933	298	468	559	808
영업이익	-33	31	-4	-25	36	39
당기순이익	-24	13	-17	-19	33	21

재무 상태

〈단위 : 억원〉

항목	2012	2013	2014	2015	2016	2017
총자산	1,091	1,271	1,378	1,413	1,383	1,481
유형자산	153	149	153	155	25	26
무형자산	31	23	18	20	20	87
유가증권	123	139	104	323	110	78
총부채	427	575	646	681	676	765
총차입금	3	13	9	51	10	16
자본금	80	80	80	80	80	80
총자본	664	696	731	732	707	716
지배주주지분	630	658	684	682	656	662

기업가치 지표

항목	2012	2013	2014	2015	2016	2017
주가(최고/저)(천원)	3.7/1.6	2.8/1.9	8.7/2.1	9.9/5.3	7.5/5.1	6.7/4.7
PER(최고/저)(배)	9.4/4.1	12.7/8.5	30.7/7.5	51.2/27.1	—/—	77.3/53.8
PBR(최고/저)(배)	1.0/0.4	0.7/0.5	2.0/0.5	2.3/1.2	1.8/1.2	1.6/1.1
EV/EBITDA(배)	1.5	—	18.8	202.1	—	7.1
EPS(원)	427	232	290	196	-146	88
BPS(원)	4,128	4,301	4,442	4,426	4,265	4,314
CFPS(원)	500	309	352	258	-93	139
DPS(원)	50	100	50	25	—	50
EBITDAPS(원)	172	423	382	28	-66	336

재무 비율

〈단위 : %〉

연도	영업이익률	순이익률	부채비율	차입금비율	ROA	ROE	유보율	자기자본비율	EBITDA마진율
2017	2.1	0.8	106.8	2.2	1.2	2.2	762.7	48.4	2.5
2016	-0.9	-1.0	95.7	1.5	-1.6	-3.5	753.0	51.1	-0.5
2015	-0.3	1.8	93.1	7.0	2.6	4.6	785.2	51.8	0.2
2014	2.4	2.5	88.4	1.3	4.1	6.9	788.4	53.1	2.8

에스디생명공학 (A217480)

SD BIOTECHNOLOGIES CO

업　　종 : 개인생활용품　　　　　　시　　장 : KOSDAQ
신용등급 : (Bond) —　　(CP) —　　기업규모 : 벤처
홈페이지 : www.sdbiotech.co.kr　　연 락 처 : 02)583-1846
본　　사 : 서울시 강서구 공항대로61길 29 씨-301호

설 립 일	2008.09.19	**종업원수**	121명	**대표이사**	박설웅
상 장 일	2017.03.02	**감사의견**	적정(신한)	**계　　열**	
결 산 기	12월	**보 통 주**		**종속회사수**	9개사
액 면 가	500원	**우 선 주**		**구　　상　호**	

주주구성 (지분율,%)		출자관계 (지분율,%)		주요경쟁사 (외형,%)	
박설웅	55.8	셀레뷰	100.0	에스디생명공학	100
이한영	0.5	쏠렉	100.0	한국화장품	119
(외국인)	0.0	에스디생활과학	100.0	코리아나	88

매출구성		비용구성		수출비중	
마스크/팩	89.0	매출원가율	45.6	수출	—
기초스킨케어	8.3	판관비율	39.2	내수	—
기타	2.7				

회사 개요

동사는 트러블케어 제품 포함 기초스킨케어 제품 및 마스크팩을 주요 제품으로 하는 화장품 제조· 판매 기업. 또한 동사는 OEM 방식으로 생산을 진행해 다양한 제품을 신속, 유연하게 출시할 수 있는 장점을 활용하며 빠르게 변화하는 시장의 트렌드에 신속하게 대응하고 있음. 현재 동사를 제외하고 총 7개의 계열회사를 보유하고 있으며, 동사를 제외하고 거래소 및 코스닥시장에 상장되어 있는 회사는 없음.

실적 분석

동사의 2017년 연간 매출액은 전년동기대비 21.7% 상승한 1,274억원을 기록하였음. 비용면에서 전년동기대비 매출원가는 증가 했으며 인건비도 증가, 광고선전비도 크게 증가, 기타판매비와관리비는 감소함. 이와 같이 상승한 매출액 대비 비용증가가 높아 매출액은 성장했지만 원가 증가로 인해 전년동기대비 영업이익은 194.4억원으로 30.8% 크게 하락 하였음. 최종적으로 전년동기대비 당기순이익은 크게 하락하여 134.6억원을 기록함.

현금 흐름

〈단위 : 억원〉

항목	2016	2017
영업활동	131	-80
투자활동	-107	-351
재무활동	20	378
순현금흐름	43	-57
기말현금	145	87

시장 대비 수익률

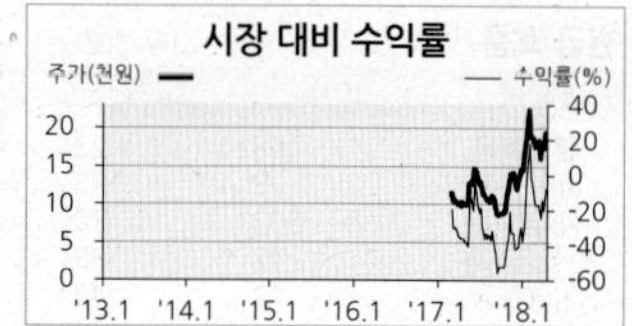

결산 실적

〈단위 : 억원〉

항목	2012	2013	2014	2015	2016	2017
매출액	—	—	97	746	1,047	1,274
영업이익	—	—	31	265	281	194
당기순이익	—	—	26	183	225	135

분기 실적

〈단위 : 억원〉

항목	2016.3Q	2016.4Q	2017.1Q	2017.2Q	2017.3Q	2017.4Q
매출액	293	252	244	275	295	460
영업이익	92	68	45	22	61	66
당기순이익	71	59	32	15	47	41

재무 상태

〈단위 : 억원〉

항목	2012	2013	2014	2015	2016	2017
총자산	—	—	50	422	686	1,281
유형자산	—	—	2	124	177	373
무형자산	—	—	0	2	5	59
유가증권	—	—	—	3	—	32
총부채	—	—	26	118	141	221
총차입금	—	—	4	22	15	49
자본금	—	—	4	24	94	110
총자본	—	—	24	304	545	1,060
지배주주지분	—	—	24	304	534	1,047

기업가치 지표

항목	2012	2013	2014	2015	2016	2017
주가(최고/저)(천원)	—/—	—/—	—/—	—/—	—/—	15.4/8.0
PER(최고/저)(배)	0.0/0.0	0.0/0.0	0.0/0.0	0.0/0.0	0.0/0.0	23.8/12.4
PBR(최고/저)(배)	0.0/0.0	0.0/0.0	0.0/0.0	0.0/0.0	0.0/0.0	3.3/1.7
EV/EBITDA(배)	0.0	0.0	—	—	—	14.6
EPS(원)	—	—	162	1,021	1,191	655
BPS(원)	—	—	29,641	6,448	2,830	4,746
CFPS(원)	—	—	32,570	3,858	1,221	718
DPS(원)	—	—	—	—	—	150
EBITDAPS(원)	—	—	38,553	5,574	1,519	963

재무 비율

〈단위 : %〉

연도	영업이익률	순이익률	부채비율	차입금비율	ROA	ROE	유보율	자기자본비율	EBITDA마진율
2017	15.3	10.6	20.8	4.6	13.7	17.9	849.1	82.8	16.3
2016	26.8	21.5	25.9	2.7	40.5	53.6	466.1	79.4	27.4
2015	35.5	24.5	38.6	7.2	77.6	111.6	1,189.6	72.1	35.8
2014	31.6	26.7	109.4	16.9	0.0	0.0	492.8	47.8	31.8

에스디시스템 (A121890)

SD system

업 종 : 운송인프라
신용등급 : (Bond) — (CP) —
홈페이지 : www.sdsystem.co.kr
본 사 : 경기도 성남시 중원구 갈마치로 244번길 31, 현대아이밸리 613호
시 장 : KOSDAQ
기업규모 : 벤처
연 락 처 : 070)8299-5926

설 립 일	2001.04.28	**종 업 원 수**	170명	**대 표 이 사**	박봉용
상 장 일	2010.07.16	**감 사 의 견**	적정(한울)	**계 열**	
결 산 기	12월	**보 통 주**		**종속회사수**	
액 면 가	500원	**우 선 주**		**구 상 호**	

주주구성 (지분율,%)		출자관계 (지분율,%)		주요경쟁사 (외형,%)	
박봉용	30.8			에스디시스템	100
전제창	0.5			서호전기	81
(외국인)	0.4			데일리블록체인	89

매출구성		비용구성		수출비중	
요금징수시스템	30.0	매출원가율	89.3	수출	0.0
도로교통관리시스템	29.8	판관비율	24.2	내수	100.0
기타	17.0				

회사 개요

동사는 2001년 설립되고 2010년 코스닥 시장에 주식을 상장한 기업으로, 유무인 요금징수시스템 및 하이패스단말기, 지능형교통시스템 등의 개발 및 제조, 판매, 유지관리 사업을 영위하고 있음. 고속도로 요금징수시스템 분야에서 하드웨어 및 소프트웨어, SI, 설치, 유지보수 능력을 기반으로 지능형교통시스템 및 스마트파킹시스템 등 독자적 사업을 수행함. 축적된 기술력을 바탕으로 차량용 블랙박스 사업에도 진출함. 연결대상 종속법인은 없음.

실적 분석

동사의 2017년 연간 매출액은 전년동기대비 12.9% 하락한 553.6억원을 기록하였음. 비용면에서 전년동기대비 매출원가는 감소 하였으며 인건비는 증가 했고 기타판매비와관리비는 거의 동일함. 주춤한 모습의 매출액에 의해 전년동기대비 영업손실은 75.2억원으로 적자지속 하였음. 최종적으로 전년동기대비 당기순손실은 적자지속하여 91.5억원을 기록함. 인건비, 감가상각비 등 비용 부담이 영향을 미친것으로 보임.

현금 흐름 *IFRS 별도 기준

〈단위 : 억원〉

항목	2016	2017
영업활동	38	-128
투자활동	-6	-16
재무활동	-6	79
순현금흐름	25	-65
기말현금	95	30

시장 대비 수익률

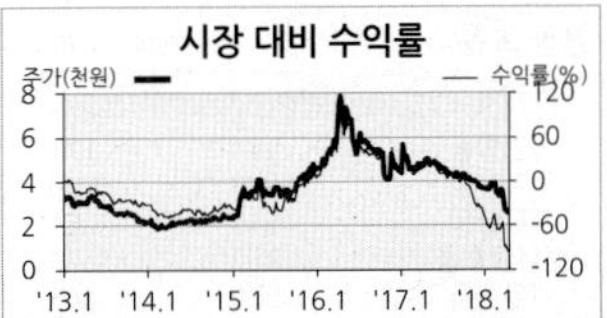

결산 실적

〈단위 : 억원〉

항목	2012	2013	2014	2015	2016	2017
매출액	698	622	526	679	636	554
영업이익	5	-45	22	28	-73	-75
당기순이익	1	-55	33	29	-69	-91

분기 실적 *IFRS 별도 기준

〈단위 : 억원〉

항목	2016.3Q	2016.4Q	2017.1Q	2017.2Q	2017.3Q	2017.4Q
매출액	138	234	123	151	119	160
영업이익	-12	-10	-16	-13	-26	-21
당기순이익	-12	-9	-16	-12	-29	-34

재무 상태 *IFRS 별도 기준

〈단위 : 억원〉

항목	2012	2013	2014	2015	2016	2017
총자산	411	343	430	422	422	351
유형자산	14	13	30	37	41	48
무형자산	11	7	7	6	6	6
유가증권	7	7	7	9	12	12
총부채	106	92	147	119	191	211
총차입금	—	—	5	14	11	91
자본금	19	19	19	19	19	19
총자본	306	250	283	303	231	140
지배주주지분	306	250	283	303	231	140

기업가치 지표 *IFRS 별도 기준

항목	2012	2013	2014	2015	2016	2017
주가(최고/저)(천원)	7.0/4.5	5.9/3.6	4.3/3.2	8.3/3.9	13.3/6.7	10.1/6.2
PER(최고/저)(배)	456.4/289.6	—/—	4.4/3.3	9.5/4.6	—/—	—/—
PBR(최고/저)(배)	0.7/0.4	0.7/0.4	0.5/0.3	0.8/0.4	1.6/0.8	1.8/1.1
EV/EBITDA(배)	6.9	—	1.4	6.0	—	—
EPS(원)	9	-989	587	517	-1,240	-1,648
BPS(원)	9,086	7,633	8,493	9,018	7,124	4,724
CFPS(원)	107	-1,304	911	835	-1,693	-2,205
DPS(원)	—	—	100	100	—	—
EBITDAPS(원)	233	-1,032	639	820	-1,809	-1,776

재무 비율

〈단위 : %〉

연도	영업이익률	순이익률	부채비율	차입금비율	ROA	ROE	유보율	자기자본비율	EBITDA마진율
2017	-13.6	-16.5	151.0	64.8	-23.7	-49.3	844.7	39.8	-12.2
2016	-11.5	-10.8	82.8	4.9	-16.3	-25.8	1,324.8	54.7	-10.8
2015	4.2	4.2	39.2	4.5	6.7	9.8	1,703.7	71.8	4.6
2014	4.2	6.2	52.0	1.8	8.4	12.2	1,598.7	65.8	4.6

에스디엔 (A099220)

SDN

업 종 : 조선
신용등급 : (Bond) — (CP) —
홈페이지 : www.sdn-i.com
본 사 : 경기도 성남시 분당구 대왕판교로644번길 21(메디포스트 3층)
시 장 : KOSDAQ
기업규모 : 중견
연 락 처 : 02)446-6691

설 립 일	1994.03.18	**종 업 원 수**	89명	**대 표 이 사**	최기혁
상 장 일	2009.05.19	**감 사 의 견**	적정(삼덕)	**계 열**	
결 산 기	12월	**보 통 주**		**종속회사수**	3개사
액 면 가	500원	**우 선 주**		**구 상 호**	

주주구성 (지분율,%)		출자관계 (지분율,%)		주요경쟁사 (외형,%)	
최기혁	7.8	에스디엔엔지니어링	100.0	SDN	100
화광에너지	3.3	에너지농장	99.5	STX중공업	480
(외국인)	1.1	SolarGroupSystemEAD	100.0	삼영이엔씨	72

매출구성		비용구성		수출비중	
4행정 선외기및 부품	65.2	매출원가율	72.0	수출	0.0
태양광 발전소(Turn-key 및 시스템공급)	17.5	판관비율	20.8	내수	100.0
전력매출 및 용역매출	9.6				

회사 개요

동사는 1994년 선외기 제조업체로 시작하여 현재 국내 선외기시장 점유율 우위를 차지하고 있으며, 2004년부터 한국신재생에너지 연구소를 설립, 태양광시장을 개척하여 동시장 시스템엔지니어링의 선두권 업체로 성장하였음. 2010년 에스디엔으로 상호를 변경함. 태양광부문이 전체매출의 30%, 선외기부문이 70% 가량을 차지함. 불가리아에 동유럽 최대 규모의 태양광발전소를 건설하고 있는 등 성장성 높은 친환경 에너지 시장에서 안정적 성장이 기대됨.

실적 분석

동사의 연결기준 2017년 4분기 누적매출액은 526.4억원으로 전년동기(362.1억원) 대비 45.4% 증가했음. 다만 외형성장에 비해 매출원가가 53.4% 급등했으며 이에 따라 매출총이익은 28.3% 증가하는데 그침. 영업이익은 전년 14.4억원에서 162.3% 증가한 37.7억원을 기록함. 이에 힘입어 당기순이익은 27.4억원으로 전년 -9.7억원에서 흑자전환에 성공하였음.

현금 흐름

〈단위 : 억원〉

항목	2016	2017
영업활동	10	-59
투자활동	4	-11
재무활동	-16	86
순현금흐름	-2	17
기말현금	8	25

시장 대비 수익률

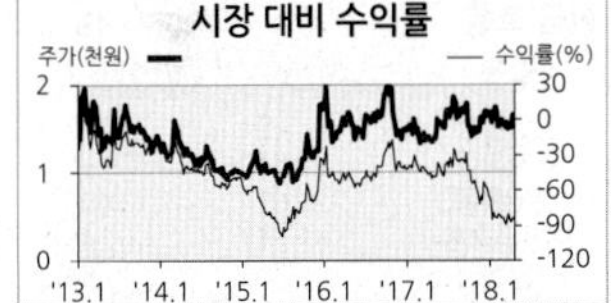

결산 실적

〈단위 : 억원〉

항목	2012	2013	2014	2015	2016	2017
매출액	297	398	423	482	362	526
영업이익	-141	20	11	55	14	38
당기순이익	-207	-18	-84	8	-10	27

분기 실적

〈단위 : 억원〉

항목	2016.3Q	2016.4Q	2017.1Q	2017.2Q	2017.3Q	2017.4Q
매출액	102	81	69	139	142	176
영업이익	6	-12	3	15	16	4
당기순이익	-2	-25	-11	22	14	1

재무 상태

〈단위 : 억원〉

항목	2012	2013	2014	2015	2016	2017
총자산	1,254	1,140	1,000	1,003	976	1,094
유형자산	377	332	250	318	316	300
무형자산	5	5	4	13	13	10
유가증권	68	40	33	139	119	124
총부채	828	620	541	521	485	558
총차입금	781	561	462	445	410	477
자본금	100	126	150	167	176	176
총자본	425	520	459	482	491	536
지배주주지분	425	520	459	482	491	536

기업가치 지표

항목	2012	2013	2014	2015	2016	2017
주가(최고/저)(천원)	8.8/1.3	2.1/1.2	1.6/0.9	1.9/0.9	2.3/1.4	2.0/1.3
PER(최고/저)(배)	—/—	—/—	—/—	74.6/34.3	—/—	25.3/17.2
PBR(최고/저)(배)	3.7/0.5	1.0/0.6	1.1/0.6	1.3/0.6	1.6/1.0	1.3/0.9
EV/EBITDA(배)	—	21.0	26.1	13.8	26.6	17.6
EPS(원)	-1,033	-74	-281	26	-28	78
BPS(원)	2,366	2,055	1,534	1,445	1,396	1,525
CFPS(원)	-910	18	-220	84	29	138
DPS(원)	—	—	—	—	—	—
EBITDAPS(원)	-580	175	97	235	98	167

재무 비율

〈단위 : %〉

연도	영업이익률	순이익률	부채비율	차입금비율	ROA	ROE	유보율	자기자본비율	EBITDA마진율
2017	7.2	5.2	104.1	88.9	2.6	5.3	205.0	49.0	11.2
2016	4.0	-2.7	98.9	83.4	-1.0	-2.0	179.2	50.3	9.5
2015	11.5	1.7	107.9	92.3	0.8	1.7	189.1	48.1	15.2
2014	2.6	-19.8	117.8	100.6	-7.8	-17.0	206.9	45.9	6.8

*관리종목

에스마크 (A030270)

SMARK CO

업 종 : 섬유 및 의복 | 시 장 : KOSDAQ
신용등급 : (Bond) — (CP) — | 기업규모 :
홈페이지 : www.s-mark.co.kr | 연 락 처 : 043)851-9005
본 사 : 충북 충주시 가주농공2길 21

설 립 일	1986.05.28	**종업원수**	53명	**대표이사**	신회주
상 장 일	1997.01.17	**감사의견**	적정(서린)	**계 열**	
결 산 기	12월	**보 통 주**		**종속회사수**	6개사
액 면 가	500원	**우 선 주**		**구 상 호**	가희

주주구성 (지분율,%)		출자관계 (지분율,%)		주요경쟁사 (외형,%)	
하나금융투자	2.6	디지워크	100.0	에스마크	100
세종상호저축은행	2.5	뷰코퍼레이션	100.0	방림	867
(외국인)	0.6	곤에프앤비	100.0	형지I&C	665

매출구성		비용구성		수출비중	
면사	55.8	매출원가율	110.1	수출	3.7
코마사	24.6	판관비율	51.7	내수	96.3
레이온사	7.8				

회사 개요

동사는 1986년 설립된 업체로 원사를 전문으로 제조하고 있음. 니트, 직물, 산업용 등에 사용되는 면사, 혼방사, 코마사 등 원사만을 고집함. 2016년 9월말 정방기 보유 설비는 약 101만 9,608추로 전년 동기 대비 약 8% 감소함. 품종별 생산비중은 면사 60%, 혼방사 20%, 화섬사 20%임. 상대적으로 부가가치가 높은 화섬사 및 혼방사의 비중이 낮음.

실적 분석

동사의 2017년 연간 매출액은 전년동기대비 19.5% 하락한 170.8억원을 기록하였음. 비용면에서 전년동기대비 매출원가는 감소 하였으며 인건비는 증가 했고 광고선전비는 크게 감소, 기타판매비와관리비는 감소함. 주춤한 모습의 매출액에 의해 전년동기대비 영업손실은 105.6억원으로 적자지속 하였음. 최종적으로 전년동기대비 당기순손실은 적자지속하여 844.7억원을 기록함.

현금 흐름

〈단위 : 억원〉

항목	2016	2017
영업활동	-51	-212
투자활동	-540	-135
재무활동	624	406
순현금흐름	-17	46
기말현금	8	54

시장 대비 수익률

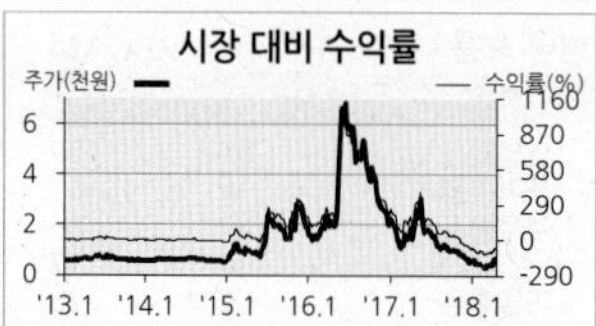

결산 실적

〈단위 : 억원〉

항목	2012	2013	2014	2015	2016	2017
매출액	656	608	508	467	212	171
영업이익	-24	19	-19	-139	-79	-106
당기순이익	-11	5	-37	-164	-209	-845

분기 실적

〈단위 : 억원〉

항목	2016.3Q	2016.4Q	2017.1Q	2017.2Q	2017.3Q	2017.4Q
매출액	64	-21	52	39	40	40
영업이익	-28	21	-38	-45	-23	0
당기순이익	-63	-73	-55	-307	-23	-459

재무 상태

〈단위 : 억원〉

항목	2012	2013	2014	2015	2016	2017
총자산	714	701	737	613	1,046	658
유형자산	480	460	482	438	406	83
무형자산	10	6	13	—	331	29
유가증권	1	1	1	—	12	113
총부채	497	478	514	364	572	326
총차입금	440	418	449	301	506	267
자본금	60	60	60	124	203	476
총자본	217	223	222	249	474	332
지배주주지분	217	223	222	249	474	334

기업가치 지표

항목	2012	2013	2014	2015	2016	2017
주가(최고/저)(천원)	1.1/0.6	0.9/0.6	0.8/0.6	3.4/0.6	8.1/1.4	3.2/0.5
PER(최고/저)(배)	—/—	28.0/19.9	—/—	—/—	—/—	—/—
PBR(최고/저)(배)	0.8/0.4	0.6/0.4	0.6/0.4	3.9/0.7	8.2/1.5	9.0/1.5
EV/EBITDA(배)	42.2	9.1	32.3	—	—	—
EPS(원)	-64	29	-215	-924	-550	-958
BPS(원)	18,271	18,715	18,679	1,010	1,170	353
CFPS(원)	2,096	3,444	-101	-825	-658	-939
DPS(원)	—	—	—	—	—	—
EBITDAPS(원)	1,031	4,615	1,375	-640	-219	-101

재무 비율

〈단위 : %〉

연도	영업이익률	순이익률	부채비율	차입금비율	ROA	ROE	유보율	자기자본비율	EBITDA마진율
2017	-61.8	-494.7	일부잠식	일부잠식	-99.1	-207.9	-29.5	50.4	-51.9
2016	-37.1	-98.6	120.5	106.7	-25.2	-57.9	134.0	45.4	-30.8
2015	-29.7	-35.2	146.4	120.9	-24.3	-69.7	102.0	40.6	-19.1
2014	-3.8	-7.3	231.3	202.0	-5.2	-16.7	273.6	30.2	3.3

에스맥 (A097780)

S-MAC

업 종 : 휴대폰 및 관련부품 | 시 장 : KOSDAQ
신용등급 : (Bond) — (CP) — | 기업규모 : 중견
홈페이지 : www.s-mac.co.kr | 연 락 처 : 031)895-2222
본 사 : 경기도 평택시 산단로 241

설 립 일	2004.11.18	**종업원수**	90명	**대표이사**	조경숙
상 장 일	2008.01.23	**감사의견**	적정(한울)	**계 열**	
결 산 기	12월	**보 통 주**		**종속회사수**	5개사
액 면 가	200원	**우 선 주**		**구 상 호**	

주주구성 (지분율,%)		출자관계 (지분율,%)		주요경쟁사 (외형,%)	
에이프로젠 H&G	20.8	엔에스테크	51.0	에스맥	100
지베이스	8.3	비에스티	29.4	에너전트	21
(외국인)	0.6	오성엘에스티	20.6	이라이콤	205

매출구성		비용구성		수출비중	
Touch Screen Module	99.7	매출원가율	86.0	수출	95.9
Sub Module 외	0.3	판관비율	7.3	내수	4.1

회사 개요

동사는 2004년 설립된 후 휴대폰을 비롯한 각종 IT기기에 적용되는 입력모듈, 터치스크린 패널의 주요 원자재인 ITO 센서 등의 생산 및 판매업을 주요 사업으로 영위하고 있으며, 삼성전자 스마트폰의 터치패널 최대 공급업체임. 연결대상 종속회사로 키모듈 임가공업을 영위하는 자회사와, 터치스크린 모듈 제조업을 영위하는 자회사를 보유함. 최근 오성엘에스티의 지분 2000만주(16.13%)를 취득하였음.

실적 분석

동사의 2017년 전체 매출은 1,682억원으로 전년대비 20.6% 증가, 영업이익은 112.8억원으로 흑자전환, 당기순이익은 78.4억원으로 전년대비 흑자전환. 전방산업인 스마트폰 경기 부진에도 불구하고 전략거래선내 점유율 증가, 신규업체 개척으로 높은 외형 증가세를 시현. 외형 확대로 고정비 부담 감소, 비용절감 노력으로 수익성은 흑자전환 시현. 지분을 보유한 에이프로젠의 재상장이 실적 증가로 가시화될 것으로 기대.

현금 흐름

〈단위 : 억원〉

항목	2016	2017
영업활동	184	171
투자활동	-348	-290
재무활동	517	51
순현금흐름	352	-77
기말현금	520	443

시장 대비 수익률

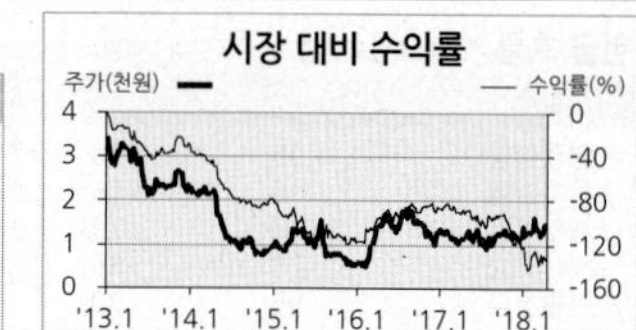

결산 실적

〈단위 : 억원〉

항목	2012	2013	2014	2015	2016	2017
매출액	4,854	5,565	2,349	1,969	1,395	1,682
영업이익	360	477	-44	-139	-34	113
당기순이익	268	276	-139	-428	-40	78

분기 실적

〈단위 : 억원〉

항목	2016.3Q	2016.4Q	2017.1Q	2017.2Q	2017.3Q	2017.4Q
매출액	341	373	354	492	503	334
영업이익	-7	26	-6	33	61	24
당기순이익	-34	42	-25	61	59	-17

재무 상태

〈단위 : 억원〉

항목	2012	2013	2014	2015	2016	2017
총자산	1,932	2,267	1,786	1,367	1,832	1,977
유형자산	636	926	972	659	530	515
무형자산	7	7	31	31	26	41
유가증권	—	—	—	5	151	274
총부채	862	934	594	603	824	607
총차입금	153	352	400	401	623	423
자본금	82	86	91	91	122	299
총자본	1,070	1,333	1,192	764	1,008	1,371
지배주주지분	1,070	1,333	1,192	764	1,008	1,371

기업가치 지표

항목	2012	2013	2014	2015	2016	2017
주가(최고/저)(천원)	16.0/8.7	16.9/9.9	11.5/3.7	7.8/2.3	9.2/2.6	1.5/0.9
PER(최고/저)(배)	10.8/5.9	11.1/6.5	—/—	—/—	—/—	26.3/16.3
PBR(최고/저)(배)	2.7/1.5	2.3/1.4	1.7/0.6	1.8/0.5	2.2/0.6	1.6/1.0
EV/EBITDA(배)	6.5	3.5	9.0	19.6	16.5	6.6
EPS(원)	298	307	-155	-476	-39	56
BPS(원)	6,553	7,756	6,671	4,305	4,213	928
CFPS(원)	1,929	2,194	62	-1,387	400	146
DPS(원)	75	75	—	—	—	—
EBITDAPS(원)	2,491	3,359	587	209	430	171

재무 비율

〈단위 : %〉

연도	영업이익률	순이익률	부채비율	차입금비율	ROA	ROE	유보율	자기자본비율	EBITDA마진율
2017	6.7	4.7	44.2	30.9	4.1	6.6	363.8	69.3	14.2
2016	-2.4	-2.9	81.8	61.8	-2.5	-4.5	742.5	55.0	6.3
2015	-7.1	-21.8	79.0	52.5	-27.2	-43.8	761.1	55.9	1.9
2014	-1.9	-5.9	49.8	33.5	-6.9	-11.0	1,234.3	66.8	4.5

에스비아이인베스트먼트 (A019550)

SBI Investment Korea

업 종 : 창업투자 및 종금 | 시 장 : KOSDAQ
신용등급 : (Bond) — (CP) — | 기업규모 : 중견
홈페이지 : www.sbik.co.kr | 연 락 처 : 02)2139-9252
본 사 : 서울시 강남구 테헤란로 509 NC타워 14층

설 립 일	1986.11.24	**종업원수**	27명	**대 표 이 사**	이준효소우에이이치로
상 장 일	1989.09.06	**감사의견**	적정(이현)	**계 열**	
결 산 기	12월	**보 통 주**		**종속회사수**	1개사
액 면 가	500원	**우 선 주**		**구 상 호**	

주주구성 (지분율,%)		출자관계 (지분율,%)		주요경쟁사 (외형,%)	
에스비아이코리아홀딩스	43.6			SBI인베스트먼트	100
서갑수	5.0			우리종금	1,009
(외국인)	7.0			글로본	39

수익구성		비용구성		수출비중	
창업투자 및 기업구조조정 수익	47.3	이자비용	0.9	수출	—
금융상품 관련이익	29.6	투자및금융비	0.0	내수	—
배당금수익	18.0	판관비	64.3		

회사 개요

동사는 1986년 설립돼 중소 창업기업에 대한 투자지원과 창업투자조합의 결성·운영 및 M&A를 주된 사업으로 투자자산의 대부분을 벤처기업에 지속적으로 투자하고 있음. 주요 사업 분야는 창업자 및, 벤처기업에 대한 투자, 창업투자조합의 결성 및 업무의 집행, PEF 설립 및 운용, M&A 등임. 현재까지 800개 이상의 벤처기업에 투자, 150개 이상의 기업들을 국내외 증권시장에 상장시켰음.

실적 분석

동사의 2017년 연결기준 4분기 누적 영업수익은 181.9억원으로 전년 동기(167.9억원) 대비 8.3% 증가함. 펀드 결성으로 인한 수수료수익의 증가 및 스팩(SPAC)투자의 성공적인 회수에 따른 관계기업투자처분이익 등의 증가 덕분임. 주요 수익 내역은 수수료 102억, 관계기업투자처분이익 24억, 매도가능금융자산처분이익 28억임. 다만 영업비용 증가로 당기순이익은 전년 28.8억원보다 소폭 감소한 25.4억원을 기록함.

현금 흐름 <단위 : 억원>

항목	2016	2017
영업활동	-92	-6
투자활동	-8	-0
재무활동	-11	-7
순현금흐름	-112	-13
기말현금	13	0

시장 대비 수익률

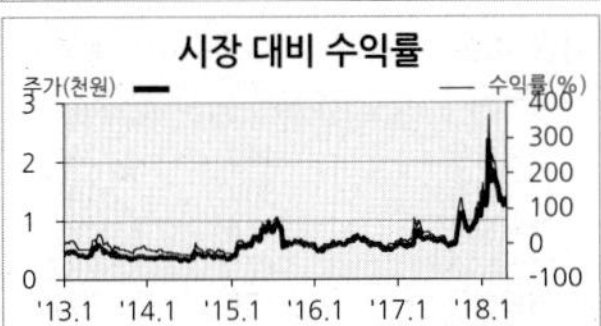

결산 실적 < 단위 : 억원 >

항목	2012	2013	2014	2015	2016	2017
영업수익	138	150	145	149	168	182
영업이익	-225	33	17	5	31	25
당기순이익	-282	39	17	12	29	25

분기 실적 < 단위 : 억원 >

항목	2016.3Q	2016.4Q	2017.1Q	2017.2Q	2017.3Q	2017.4Q
영업수익	23	72	35	54	34	58
영업이익	3	19	10	7	1	8
당기순이익	3	17	10	7	1	8

재무 상태 < 단위 : 억원 >

항목	2012	2013	2014	2015	2016	2017
총자산	800	790	793	860	881	890
유형자산	2	3	1	5	4	3
무형자산	18	13	17	19	27	27
유가증권	—	—	—	—	—	—
총부채	48	6	13	39	37	38
총차입금	—	—	—	—	—	—
자본금	835	835	835	835	835	835
총자본	752	784	780	821	844	853
지배주주지분	746	779	777	818	842	853

기업가치 지표

항목	2012	2013	2014	2015	2016	2017
주가(최고/저)(천원)	0.8/0.4	0.6/0.3	0.6/0.3	1.0/0.4	0.7/0.5	1.6/0.5
PER(최고/저)(배)	—/—	27.0/14.5	49.7/29.4	135.7/48.6	39.6/25.1	98.3/32.5
PBR(최고/저)(배)	1.7/0.9	1.3/0.7	1.2/0.7	2.0/0.7	1.4/0.9	3.1/1.0
PSR(최고/저)(배)	9/5	7/4	6/4	11/4	7/5	15/5
EPS(원)	-173	24	11	8	19	17
BPS(원)	467	487	486	511	526	533
CFPS(원)	-173	25	13	8	20	17
DPS(원)	—	—	—	—	—	—
EBITDAPS(원)	-139	20	11	3	19	16

재무 비율 < 단위 : % >

연도	계속사업 이익률	순 이익률	부채 비율	차입금 비율	ROA	ROE	유보율	자기자본 비율	총자산 증가율
2017	14.0	14.0	4.5	0.0	2.9	3.2	3.4	95.7	1.1
2016	18.2	17.2	4.4	0.0	3.3	3.7	2.1	95.8	2.4
2015	8.2	8.1	일부잠식	0.0	1.5	1.5	-0.8	95.4	8.4
2014	11.6	11.6	일부잠식	0.0	2.1	2.3	-5.7	98.3	0.4

에스비아이핀테크솔루션즈 (A950110)

SBI AXES

업 종 : 인터넷 서비스 | 시 장 : KOSDAQ
신용등급 : (Bond) — (CP) — | 기업규모 :
홈페이지 : www.axes-group.com | 연 락 처 : +81-3-3498-5011
본 사 : 일본 도쿄도 시부야구 시부야 2-1-1 아오야마퍼스트빌딩 9층

설 립 일	2011.04.04	**종업원수**	123명	**대 표 이 사**	산몬지마사타카
상 장 일	2012.12.17	**감사의견**	적정(안진)	**계 열**	
결 산 기	03월	**보 통 주**		**종속회사수**	11개사
액 면 가	—	**우 선 주**		**구 상 호**	SBI액시즈

주주구성 (지분율,%)		출자관계 (지분율,%)		주요경쟁사 (외형,%)	
에스비아이홀딩스	59.1	SBIRemit	100.0	SBI핀테크솔루션즈	100
		SBISocialLending	100.0	NHN한국사이버결제	411
(외국인)	16.1	SBIBusinessSolutions	100.0	KG이니시스	885

매출구성		비용구성		수출비중	
수수료매출	95.2	매출원가율	73.5	수출	—
EC사업자지원사업매출	4.1	판관비율	19.8	내수	—
서비스매출	0.7				

회사 개요

동사는 2012년 4월 일본의 SBI그룹의 계열사로 편입되었으며 전자지급결제서비스를 주요 사업으로 영위하며 중소형 가맹점 중심으로 신용카드 결제를 대행하고 있음. 현재 동사의 일본PG 시장 M/S는 4%로 업계 7~8위권 수준. 최근 핀테크 사업을 영위하는 SBI소셜렌딩, SBI레밋, SBI비즈니스솔루션즈 주식을 취득해 완전 자회사로 편입. 2017년 SBI핀테크솔루션즈로 사명을 변경함.

실적 분석

동사는 3월 결산 기업임. 2017년 12월 누적 매출액은 전년동기대비 48.6% 증가한 947.8억원을 기록함. 영업이익 역시 전년대비 101.7% 증가한 95억원 기록하며 큰 폭의 성장 시현. 당기순이익은 65억원으로 전년 대비 120.1% 증가함. 주력 사업인 결제서비스 사업이 일본 시장의 성장과 함께 확대, EC사업자지원사업도 신규고객 확보가 순조롭게 진행돼 실적 성장. 일본 정부의 결제시장 인프라 투자 예상 등 전방 시장 환경 우호적.

현금 흐름 <단위 : 억원>

항목	2016	2017.3Q
영업활동	169	1,023
투자활동	-10	-218
재무활동	-26	424
순현금흐름	132	1,234
기말현금	955	2,141

시장 대비 수익률

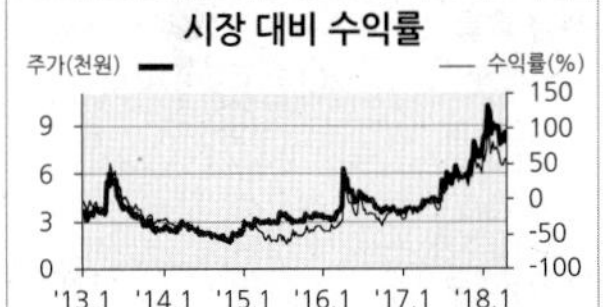

결산 실적 < 단위 : 억원 >

항목	2012	2013	2014	2015	2016	2017
매출액	638	531	583	690	857	—
영업이익	122	24	30	46	58	—
당기순이익	80	15	24	43	39	—

분기 실적 < 단위 : 억원 >

항목	2016.2Q	2016.3Q	2016.4Q	2017.1Q	2017.2Q	2017.3Q
매출액	215	224	217	309	318	328
영업이익	20	16	10	36	27	31
당기순이익	12	12	9	27	18	20

재무 상태 < 단위 : 억원 >

항목	2012	2013	2014	2015	2016	2017.3Q
총자산	1,264	869	937	1,093	1,220	2,602
유형자산	23	17	13	10	7	27
무형자산	16	18	25	38	35	83
유가증권	—	—	24	16	18	8
총부채	871	545	642	793	911	2,370
총차입금	35	31	28	85	77	453
자본금	95	83	74	82	80	138
총자본	393	323	295	300	309	232
지배주주지분	393	323	295	300	309	230

기업가치 지표

항목	2012	2013	2014	2015	2016	2017.3Q
주가(최고/저)(천원)	—/—	—/—	—/—	—/—	—/—	—/—
PER(최고/저)(배)	9.9/7.8	101.0/37.8	31.8/16.8	20.6/15.1	37.1/19.3	—/—
PBR(최고/저)(배)	2.4/1.9	4.7/1.8	2.6/1.4	2.5/1.8	4.0/2.1	7.2/3.6
EV/EBITDA(배)	—	—	—	1.9	—	—/—
EPS(원)	450	70	114	201	182	270
BPS(원)	1,840	1,514	1,388	1,655	1,690	1,135
CFPS(원)	500	110	161	258	241	343
DPS(원)	—	—	—	—	—	—
EBITDAPS(원)	710	162	186	277	328	465

재무 비율 < 단위 : % >

연도	영업 이익률	순 이익률	부채 비율	차입금 비율	ROA	ROE	유보율	자기자본 비율	EBITDA 마진율
2016	6.8	4.5	294.7	24.8	3.4	12.8	350.4	25.3	8.2
2015	6.7	6.2	264.3	28.5	4.2	14.4	329.4	27.5	8.6
2014	5.2	4.2	217.5	9.4	2.7	7.9	301.6	31.5	6.8
2013	4.4	2.8	168.6	9.6	1.4	4.2	287.8	37.2	6.5

에스비에스 (A034120)

Seoul Broadcasting System

업　　종 : 미디어
신용등급 : (Bond) AA　　(CP) A1
홈페이지 : www.sbs.co.kr
본　　사 : 서울시 양천구 목동서로 161

시　　장 : 거래소
기업규모 : 시가총액 중형주
연 락 처 : 02)2061-0006

설 립 일 1990.11.14	**종업원수** 1,194명	**대 표 이 사** 박정훈
상 장 일 1999.05.08	**감사의견** 적정(한영)	**계　　열**
결 산 기 12월	**보 통 주**	**종속회사수** 2개사
액 면 가 5,000원	**우 선 주**	**구 상 호**

주주구성 (지분율,%)		출자관계 (지분율,%)		주요경쟁사 (외형,%)	
SBS미디어홀딩스	36.9	에스비에스디지털뉴스랩	100.0	SBS	100
국민연금공단	13.6	더스토리웍스	100.0	에스엠	47
		SBS에이앤티	99.6	스카이라이프	89

매출구성		비용구성		수출비중	
지상파 TV 광고	50.0	매출원가율	78.6	수출	0.0
프로그램 판매 등 기타	44.4	판관비율	18.9	내수	100.0
FM-RADIO 광고	4.0				

회사 개요

동사는 방송법에 의거 1990년 설립되어 지상파TV 및 라디오방송, 광고사업 등을 영위중임. 최대주주인 SBS미디어홀딩스와 함께 태영그룹에 속함. 또한 동사에서 방송된 우수한 지상파콘텐츠를 해외 및 국내 케이블 PP, 위성방송, 인터넷, IPTV 등에 판매하며, 전시, 공연 등 문화사업도 수행하고 있음. 그러나 주수입원은 광고수입임. 종합편성채널 허용 및 모바일 시청환경으로의 이동 등 채널 다양화로 경쟁도 심화되는 추세임.

실적 분석

전년 동사의 연간 실적은 영업수익은 전년대비 6.7% 감소했지만, 영업이익은 전년대비 338.2억원 증가하며 강하게 턴어라운드 하였음. 드라마를 포함한 핵심 방송콘텐츠 운영에 있어 양보다는 질을 추구한 정책이 결실을 맺은 것. 영업이익 증가에 힘입어 순이익도 흑자전환함. 수익성 위주의 콘텐츠 정책이 2018년에도 지속되고 상반기 중 동계 올림픽과 월드컵 모멘텀이 유효할 전망.

현금 흐름 〈단위 : 억원〉

항목	2016	2017
영업활동	-9	817
투자활동	-247	-1,158
재무활동	42	398
순현금흐름	-214	56
기말현금	70	126

시장 대비 수익률

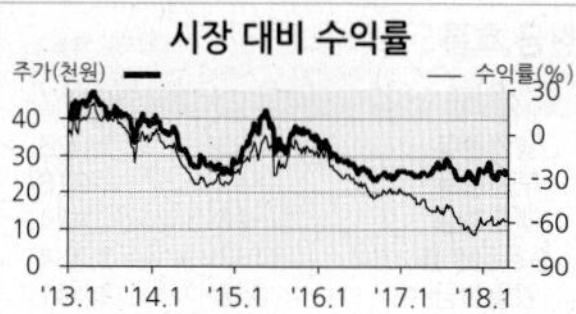

결산 실적 〈단위 : 억원〉

항목	2012	2013	2014	2015	2016	2017
매출액	7,803	7,271	8,226	7,929	8,291	7,732
영업이익	388	221	-187	422	-77	187
당기순이익	267	218	-74	349	-5	159

분기 실적 〈단위 : 억원〉

항목	2016.3Q	2016.4Q	2017.1Q	2017.2Q	2017.3Q	2017.4Q
매출액	2,234	2,315	1,628	2,024	1,643	2,437
영업이익	-134	307	-61	85	-24	187
당기순이익	-86	217	-52	81	-25	154

재무 상태 〈단위 : 억원〉

항목	2012	2013	2014	2015	2016	2017
총자산	8,274	8,043	7,986	9,344	8,942	10,920
유형자산	3,338	3,377	3,246	3,233	3,204	3,119
무형자산	70	86	85	84	84	207
유가증권	129	139	222	676	892	1,442
총부채	2,659	2,343	2,583	3,661	3,534	5,290
총차입금	1,036	726	1,042	1,616	1,895	2,299
자본금	913	913	913	913	913	913
총자본	5,615	5,700	5,403	5,682	5,408	5,630
지배주주지분	5,451	5,567	5,402	5,681	5,407	5,554

기업가치 지표

항목	2012	2013	2014	2015	2016	2017
주가(최고/저)(천원)	43.3/29.5	49.4/33.7	40.8/25.1	43.6/27.4	34.4/23.0	29.7/22.7
PER(최고/저)(배)	30.5/20.8	38.6/26.3	—/—	23.6/14.8	—/—	36.4/27.9
PBR(최고/저)(배)	1.5/1.1	1.7/1.2	1.4/0.9	1.4/0.9	1.1/0.8	1.0/0.7
EV/EBITDA(배)	10.7	14.1	38.1	7.8	20.0	9.3
EPS(원)	1,508	1,338	-371	1,910	-29	824
BPS(원)	29,862	30,500	29,850	31,396	30,457	31,261
CFPS(원)	2,995	2,979	1,329	3,643	1,685	2,588
DPS(원)	600	600	—	750	—	250
EBITDAPS(원)	3,612	2,851	674	4,042	1,295	2,787

재무 비율 〈단위 : %〉

연도	영업이익률	순이익률	부채비율	차입금비율	ROA	ROE	유보율	자기자본비율	EBITDA마진율
2017	2.4	2.1	94.0	40.8	1.6	2.7	525.2	51.6	6.6
2016	-0.9	-0.1	65.4	35.0	-0.1	-0.1	509.1	60.5	2.9
2015	5.3	4.4	64.4	28.4	4.0	6.3	527.9	60.8	9.3
2014	-2.3	-0.9	47.8	19.3	-0.9	-1.2	497.0	67.7	1.5

에스비에스미디어홀딩스 (A101060)

SBS Media Holdings

업　　종 : 미디어
신용등급 : (Bond) —　　(CP) —
홈페이지 : www.sbsmedia.co.kr
본　　사 : 서울시 양천구 목동서로 161

시　　장 : 거래소
기업규모 : 시가총액 중형주
연 락 처 : 02)2113-5599

설 립 일 2008.03.04	**종업원수** 2명	**대 표 이 사** 신경렬
상 장 일 2008.03.24	**감사의견** 적정(한영)	**계　　열**
결 산 기 12월	**보 통 주**	**종속회사수** 6개사
액 면 가 500원	**우 선 주**	**구 상 호**

주주구성 (지분율,%)		출자관계 (지분율,%)		주요경쟁사 (외형,%)	
태영건설	61.2	SBS플러스	91.7	SBS미디어홀딩스	100
국민연금공단	7.0	SBS콘텐츠허브	65.0	현대에이치씨엔	69
(외국인)	3.6	스마트미디어렙	50.0	나스미디어	29

매출구성		비용구성		수출비중	
지상파 TV 광고	50.0	매출원가율	89.0	수출	—
프로그램 판매 등 기타	44.4	판관비율	12.0	내수	—
FM-RADIO 광고	4.0				

회사 개요

동사는 2008년 SBS를 인적분할하여 신설된 순수지주회사임. 자회사와 관련된 일체의 사업을 영위하는 것을 목적사업으로 하고 있음. 지상파방송사인 SBS, 콘텐츠 유통을 담당하고 있는 SBS콘텐츠허브 2개의 상장회사와 SBS플러스, SBS바이아컴(유), 스마트미디어렙 3개의 비상장회사를 포함한 총 5개의 국내 자회사를 두고 있고, 해외 자회사로 미국에 SBS International, INC.를 두고 있음.

실적 분석

동사의 연결기준 2017년 결산 매출액은 4,218.6억원을 기록하여 전년대비 16.4% 감소. 영업손실은 43.2억원을 기록하며 적자전환하였고, 당기순이익도 5억원을 기록하며 전년동기 대비 96.2% 감소함. 동사는 향후 단순 광고판매 대행을 넘어 새로운 기술과 새로운 니즈에 맞춰 차세대 미디어 콘텐츠와 연계, 토탈비즈니스 플랫폼으로 변화할 계획임.

현금 흐름 〈단위 : 억원〉

항목	2016	2017
영업활동	460	53
투자활동	-304	-145
재무활동	14	-187
순현금흐름	171	-287
기말현금	1,159	872

시장 대비 수익률

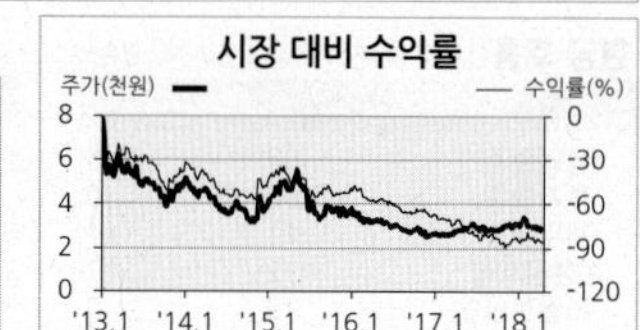

결산 실적 〈단위 : 억원〉

항목	2012	2013	2014	2015	2016	2017
매출액	4,521	4,449	4,496	4,735	5,045	4,219
영업이익	340	402	292	233	214	-43
당기순이익	379	417	202	252	133	5

분기 실적 〈단위 : 억원〉

항목	2016.3Q	2016.4Q	2017.1Q	2017.2Q	2017.3Q	2017.4Q
매출액	1,100	1,502	949	1,031	950	1,288
영업이익	22	120	-57	-4	-58	75
당기순이익	-27	162	-89	34	-34	93

재무 상태 〈단위 : 억원〉

항목	2012	2013	2014	2015	2016	2017
총자산	8,164	8,573	8,586	8,816	9,058	8,684
유형자산	1,853	1,606	1,488	1,382	1,232	1,133
무형자산	128	114	87	130	123	120
유가증권	60	23	63	250	297	424
총부채	1,337	1,365	1,182	1,224	1,389	1,104
총차입금	392	198	—	3	97	—
자본금	699	699	699	699	699	699
총자본	6,827	7,208	7,404	7,592	7,669	7,580
지배주주지분	6,080	6,445	6,620	6,795	6,878	6,932

기업가치 지표

항목	2012	2013	2014	2015	2016	2017
주가(최고/저)(천원)	8.3/2.8	8.1/3.9	5.2/3.1	5.7/3.1	3.8/2.5	3.2/2.6
PER(최고/저)(배)	39.5/13.3	37.5/18.0	44.8/27.0	36.0/20.0	42.5/28.1	92.8/75.6
PBR(최고/저)(배)	2.0/0.7	1.8/0.9	1.1/0.7	1.2/0.7	0.8/0.5	0.6/0.5
EV/EBITDA(배)	23.9	11.0	9.1	10.3	5.6	25.4
EPS(원)	218	224	118	161	90	34
BPS(원)	4,346	4,607	4,732	4,857	4,917	4,955
CFPS(원)	321	354	236	272	195	136
DPS(원)	25	25	25	25	25	—
EBITDAPS(원)	347	417	327	278	258	71

재무 비율 〈단위 : %〉

연도	영업이익률	순이익률	부채비율	차입금비율	ROA	ROE	유보율	자기자본비율	EBITDA마진율
2017	-1.0	0.1	14.6	0.0	0.1	0.7	891.0	87.3	2.4
2016	4.2	2.6	18.1	1.3	1.5	1.9	883.3	84.7	7.2
2015	4.9	5.3	16.1	0.0	2.9	3.4	871.5	86.1	8.2
2014	6.5	4.5	16.0	0.0	2.4	2.5	846.4	86.2	10.2

에스비에스콘텐츠허브 (A046140)

SBS Contents Hub

업 종 : 미디어 / 시 장 : KOSDAQ
신용등급 : (Bond) — (CP) — / 기업규모 : 우량
홈페이지 : www.sbscontentshub.co.kr / 연 락 처 : 02)2001-6641
본 사 : 서울시 마포구 상암산로 82 SBS프리즘타워 15층/ 16층

설 립 일	1999.08.21	종업원수	38명	대표이사	유종연
상 장 일	2003.01.30	감사의견	적정(한영)	계 열	
결 산 기	12월	보 통 주		종속회사수	1개사
액 면 가	500원	우 선 주		구 상 호	

주주구성 (지분율,%)		출자관계 (지분율,%)		주요경쟁사 (외형,%)	
SBS미디어홀딩스	65.0	에스비에스네오파트너스	100.0	SBS콘텐츠허브	100
국민연금공단	13.3	에스비에스아이앤엠	100.0	키이스트	54
(외국인)	1.2	블렌딩	50.0	덱스터	13

매출구성		비용구성		수출비중	
콘텐츠사업	48.7	매출원가율	93.9	수출	29.2
미디어사업	39.5	판관비율	6.0	내수	70.8
광고/MD사업	11.7				

회사 개요

동사는 콘텐츠 전문 기업으로서, 최대주주인 SBS미디어홀딩스와 함께 태영그룹에 속함. SBS의 방송콘텐츠를 유통하는 콘텐츠사업과 SBS 홈페이지를 운영하고 뉴미디어에 콘텐츠를 제공하는 하는 미디어사업, 문화행사 및 이벤트 프로모션 사업, 로또 등 방송프로그램 제작사업, 영화, 음악, 게임 등으로 구성된 광고사업 등을 영위함. 일본, 대만, 중국 등 해외에서도 매출 시현 중임. 국내 매출이 70% 가량을 차지하나, 매 분기 변동폭이 큼.

실적 분석

동사의 2017년 누적 매출액과 영업이익은 전년동기대비 각각 23.2%, 99.1% 감소한 1,979.7억원, 1.4억원을 기록함. 당기순이익은 -60.7억원으로 적자전환. 미디어, 광고/MD부분 외형확대에도 콘텐츠 사업부문 매출이 전년동기대비 절반 가량 감소함. 중국 사드 관련 보복조치 영향으로 중국향 콘텐츠 매출 감소한 영향. 중국 매출은 5배 이상 감소하였으며 일본 매출 또한 감소. 중국향 콘텐츠 매출은 한중관계 개선 시 회복기대.

현금 흐름 〈단위 : 억원〉

항목	2016	2017
영업활동	248	14
투자활동	-186	-2
재무활동	-32	-21
순현금흐름	29	-10
기말현금	594	584

시장 대비 수익률

결산 실적 〈단위 : 억원〉

항목	2012	2013	2014	2015	2016	2017
매출액	1,935	1,972	1,986	2,154	2,577	1,980
영업이익	278	282	132	113	143	1
당기순이익	231	247	88	61	31	-61

분기 실적 〈단위 : 억원〉

항목	2016.3Q	2016.4Q	2017.1Q	2017.2Q	2017.3Q	2017.4Q
매출액	522	752	510	443	414	613
영업이익	14	54	26	19	-57	13
당기순이익	-6	4	5	12	-35	-42

재무 상태 〈단위 : 억원〉

항목	2012	2013	2014	2015	2016	2017
총자산	1,723	2,031	2,206	2,239	2,396	2,115
유형자산	306	300	296	289	276	261
무형자산	34	31	26	20	15	12
유가증권	22	11	11	39	268	403
총부채	435	519	652	675	838	631
총차입금	—	—	—	—	—	—
자본금	107	107	107	107	107	107
총자본	1,288	1,512	1,555	1,564	1,559	1,484
지배주주지분	1,288	1,512	1,555	1,564	1,559	1,484

기업가치 지표

항목	2012	2013	2014	2015	2016	2017
주가(최고/저)(천원)	16.9/8.3	15.0/10.8	19.1/13.3	18.6/11.1	14.5/7.4	9.3/7.3
PER(최고/저)(배)	17.0/8.3	13.8/10.1	49.1/34.3	67.9/40.6	101.8/52.0	—/—
PBR(최고/저)(배)	3.1/1.5	2.3/1.6	2.8/1.9	2.6/1.6	2.0/1.0	1.4/1.1
EV/EBITDA(배)	6.5	7.6	11.5	15.0	2.4	32.8
EPS(원)	1,076	1,149	409	283	145	-283
BPS(원)	6,002	7,045	7,244	7,285	7,263	6,913
CFPS(원)	1,203	1,286	534	407	261	-183
DPS(원)	150	250	250	150	100	—
EBITDAPS(원)	1,424	1,451	741	649	783	106

재무 비율 〈단위 : %〉

연도	영업이익률	순이익률	부채비율	차입금비율	ROA	ROE	유보율	자기자본비율	EBITDA마진율
2017	0.1	-3.1	42.6	0.0	-2.7	-4.0	1,282.6	70.2	1.2
2016	5.6	1.2	53.7	0.0	1.4	2.0	1,352.6	65.1	6.5
2015	5.2	2.8	43.2	0.0	2.7	3.9	1,356.9	69.8	6.5
2014	6.7	4.4	41.9	0.0	4.1	5.7	1,348.7	70.5	8.0

에스씨디 (A042110)

SCD

업 종 : 전자 장비 및 기기 / 시 장 : KOSDAQ
신용등급 : (Bond) — (CP) — / 기업규모 : 우량
홈페이지 : www.sscd.co.kr / 연 락 처 : 031)333-3371~3
본 사 : 경기도 용인시 처인구 남사면 형제로17번길 21

설 립 일	1987.04.15	종업원수	367명	대표이사	오길호
상 장 일	2000.07.13	감사의견	적정(한영)	계 열	
결 산 기	12월	보 통 주		종속회사수	3개사
액 면 가	500원	우 선 주		구 상 호	

주주구성 (지분율,%)		출자관계 (지분율,%)		주요경쟁사 (외형,%)	
Nidec Sankyo Corporation	51.4	SCD(HK)	100.0	에스씨디	100
손명완	13.8	HSBC펀드	2.1	옵트론텍	106
(외국인)	52.6			코아시아홀딩스	290

매출구성		비용구성		수출비중	
UT(제품)	35.9	매출원가율	87.4	수출	—
BLDC(제품)	32.3	판관비율	7.3	내수	—
상품	23.5				

회사 개요

1987년 설립된 동사는 가전제품용 부품 제조업을 주요 사업으로 영위하고 있음. SCD (Hong Kong) Co.,Ltd., SCD (Guangzhou) Co.,Ltd., SCD (Viet Nam) Co.,Ltd를 연결대상 종속회사로 보유함. 주요제품의 세계 시장 점유율은 ICE MAKER 26%, STEP VALUE 30%, DAMPER 17%, TMDE 7%, BLDC MOTOR 6%임.

실적 분석

동사의 2017년 연결 기준 연간 누적 매출액은 1462.9억원으로 전년 동기 대비 8.7%증가함. 매출이 증가했지만 매출 증가율 대비 매출 원가 증가율이 높고 판매비와 관리비도 늘어나면서 영업이익은 전년 동기 대비 21.4% 감소한 76.8억원을 시현함. 비영업 부문에서도 적자가 지속되면서 당기순이익은 전년 동기 대비 무려 50.6% 감소한 34.6억원을 기록함.

현금 흐름 〈단위 : 억원〉

항목	2016	2017
영업활동	113	-86
투자활동	-109	97
재무활동	—	—
순현금흐름	6	10
기말현금	69	79

시장 대비 수익률

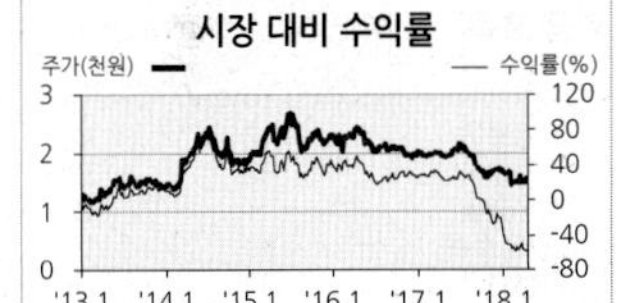

결산 실적 〈단위 : 억원〉

항목	2012	2013	2014	2015	2016	2017
매출액	755	946	1,148	1,226	1,345	1,463
영업이익	12	62	96	113	98	77
당기순이익	-0	74	93	116	70	35

분기 실적 〈단위 : 억원〉

항목	2016.3Q	2016.4Q	2017.1Q	2017.2Q	2017.3Q	2017.4Q
매출액	381	311	351	370	399	343
영업이익	23	25	27	19	23	8
당기순이익	16	11	21	20	15	-22

재무 상태 〈단위 : 억원〉

항목	2012	2013	2014	2015	2016	2017
총자산	713	808	919	1,109	1,184	1,206
유형자산	277	164	173	224	325	315
무형자산	—	—	—	8	7	11
유가증권	1	1	1	17	1	1
총부채	116	136	155	229	241	233
총차입금	20	—	—	9	9	8
자본금	242	242	242	242	242	242
총자본	597	673	764	879	943	973
지배주주지분	597	673	764	879	943	973

기업가치 지표

항목	2012	2013	2014	2015	2016	2017
주가(최고/저)(천원)	2.2/1.1	1.6/1.2	2.7/1.4	2.8/1.9	2.5/1.9	2.2/1.6
PER(최고/저)(배)	—/—	10.0/7.0	13.2/6.8	11.0/7.3	16.0/12.4	30.6/22.5
PBR(최고/저)(배)	1.7/0.8	1.1/0.8	1.6/0.8	1.5/1.0	1.2/0.9	1.1/0.8
EV/EBITDA(배)	9.7	4.9	4.2	4.1	3.4	4.1
EPS(원)	-0	154	193	240	145	72
BPS(원)	1,235	1,392	1,581	1,819	1,952	2,013
CFPS(원)	46	202	247	308	214	143
DPS(원)	—	—	—	—	—	30
EBITDAPS(원)	70	176	253	301	271	231

재무 비율 〈단위 : %〉

연도	영업이익률	순이익률	부채비율	차입금비율	ROA	ROE	유보율	자기자본비율	EBITDA마진율
2017	5.3	2.4	23.9	0.8	2.9	3.6	302.6	80.7	7.6
2016	7.3	5.2	25.5	0.9	6.1	7.7	290.4	79.7	9.7
2015	9.2	9.5	26.1	1.0	11.4	14.1	263.9	79.3	11.9
2014	8.4	8.1	20.3	0.0	10.8	13.0	216.1	83.2	10.7

에스씨아이평가정보 (A036120)

SCI Information Service

업 종 : 상업서비스 / 시 장 : KOSDAQ
신용등급 : (Bond) — (CP) — / 기업규모 : 중견
홈페이지 : www.sci.co.kr / 연 락 처 : 1577-1006
본 사 : 서울시 마포구 토정로 144 건양사빌딩

설 립 일	1992.04.23	**종 업 원 수**	302명	**대 표 이 사**	조강직
상 장 일	1999.12.01	**감 사 의 견**	적정(삼일)	**계 열**	
결 산 기	12월	**보 통 주**		**종속회사수**	1개사
액 면 가	500원	**우 선 주**		**구 상 호**	서울신용평가

주주구성 (지분율,%)		출자관계 (지분율,%)		주요경쟁사 (외형,%)	
진원이앤씨	50.7	이페이코리아	100.0	SCI평가정보	100
박중양	5.2	서울신용평가	66.7	아이씨케이	64
(외국인)	2.1	KTB-SB사모투자전문회사	13.3	한네트	65

매출구성		비용구성		수출비중	
신용조회	43.9	매출원가율	0.0	수출	—
채권추심	41.6	판관비율	100.0	내수	—
신용조사	10.1				

회사 개요

1992년 설립된 동사는 신용조사업으로 출발해 민간업계 최초로 채권추심업을 허가받았으며, 이후 신용평가업, 신용조회업 등으로 사업을 넓힘. 동사는 2016년 1월 1일을 분할기일로 해 신용평가 부문을 단순 물적분할했으며, 분할된 종속회사인 서울신용평가는 신용평가업을 영위함. 조달청, 지방자치단체, 국방부, 공사 등의 공공기관 제출용 신용평가와 대기업 및 중견기업 협력업체 선정을 위한 민간기업 제출용 신용평가, 당좌거래용 신용평가 등도 제공함.

실적 분석

동사의 2017년 4분기 기준 누적 매출액은 427.7억원으로 전년 동기(352.8억원) 대비 21.2% 증가한 수치를 나타냄. 인건비를 비롯한 판매비와 관리비가 21.9% 늘어나며 영업이익은 소폭 감소한 0.1억원을 기록함. 당기순손실은 2.9억원으로 전년(3.7억원)보다 줄었지만 적자 지속 중. 다만 인터넷전문은행이 본격 출범하면서 신용조회부문의 성장이 기대되고 있는 상황.

현금 흐름

<단위 : 억원>

항목	2016	2017
영업활동	12	11
투자활동	-62	-38
재무활동	—	50
순현금흐름	-49	23
기말현금	30	53

시장 대비 수익률

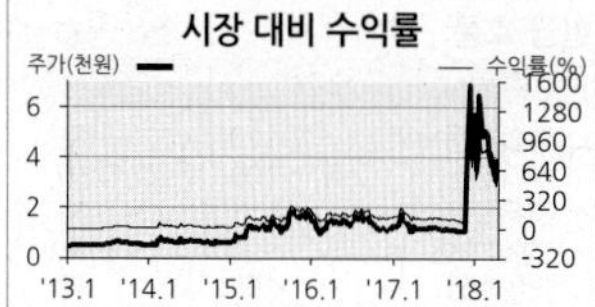

결산 실적

<단위 : 억원>

항목	2012	2013	2014	2015	2016	2017
매출액	368	370	369	359	353	428
영업이익	-0	8	1	10	2	0
당기순이익	3	6	2	7	-4	-3

분기 실적

<단위 : 억원>

항목	2016.3Q	2016.4Q	2017.1Q	2017.2Q	2017.3Q	2017.4Q
매출액	84	87	87	125	110	106
영업이익	-3	0	-9	15	-1	-6
당기순이익	-3	-2	-6	11	-2	-6

재무 상태

<단위 : 억원>

항목	2012	2013	2014	2015	2016	2017
총자산	167	175	174	180	177	239
유형자산	15	12	11	9	14	16
무형자산	21	23	26	26	24	32
유가증권	—	—	—	1	2	5
총부채	40	43	40	39	40	54
총차입금	—	—	—	—	—	—
자본금	178	178	178	178	178	178
총자본	126	132	134	141	137	185
지배주주지분	126	132	134	141	137	136

기업가치 지표

항목	2012	2013	2014	2015	2016	2017
주가(최고/저)(천원)	0.7/0.4	0.7/0.5	0.9/0.5	2.1/0.6	1.9/1.0	7.3/1.1
PER(최고/저)(배)	76.6/47.5	43.4/31.2	198.7/115.6	101.7/29.6	—/—	—/—
PBR(최고/저)(배)	1.8/1.1	1.7/1.3	2.3/1.3	5.0/1.5	4.7/2.5	18.2/2.6
EV/EBITDA(배)	9.3	5.6	11.5	23.9	24.5	124.4
EPS(원)	9	16	5	20	-10	-3
BPS(원)	373	388	393	413	402	399
CFPS(원)	42	47	37	54	24	37
DPS(원)	—	—	—	—	—	—
EBITDAPS(원)	32	54	37	61	40	41

재무 비율

<단위 : %>

연도	영업이익률	순이익률	부채비율	차입금비율	ROA	ROE	유보율	자기자본비율	EBITDA마진율
2017	0.0	-0.7	29.2	0.0	-1.4	-0.9	-20.2	77.4	3.4
2016	0.6	-1.0	일부잠식	0.0	-2.1	-2.7	-19.5	77.3	4.0
2015	2.7	2.0	일부잠식	0.0	4.1	5.2	-17.5	78.4	6.0
2014	0.4	0.4	일부잠식	0.0	0.9	1.2	-21.5	76.9	3.5

에스아이리소스 (A065420)

SI Resources

업 종 : 에너지 시설 및 서비스 / 시 장 : KOSDAQ
신용등급 : (Bond) — (CP) — / 기업규모 : 중견
홈페이지 : www.siresource.co.kr / 연 락 처 : 02)780-2388
본 사 : 서울시 영등포구 여의공원로 111 1005호

설 립 일	1987.08.21	**종 업 원 수**	5명	**대 표 이 사**	박희연
상 장 일	2002.07.25	**감 사 의 견**	적정(이현)	**계 열**	
결 산 기	12월	**보 통 주**		**종속회사수**	3개사
액 면 가	100원	**우 선 주**		**구 상 호**	

주주구성 (지분율,%)		출자관계 (지분율,%)		주요경쟁사 (외형,%)	
최경덕 (CHEY GEN DEK)	7.9	에스아이코퍼레이션	49.0	에스아이리소스	100
Sakhalin Industry Development Co., Ltd	4.7	에스엘코리아	25.0	파루	87
(외국인)	11.5	크리에이티브리더스그룹8	16.3	KG ETS	326

매출구성		비용구성		수출비중	
유연탄	96.1	매출원가율	73.0	수출	—
기타 (수수료 매출 등)	3.9	판관비율	24.8	내수	—

회사 개요

동사는 유연탄을 생산, 판매하는 자원개발 전문기업임. 유연탄 사업이 주요 매출원이며, 기존 섬유사업의 성장한계를 절감하고 2014년 12월 섬유사업을 중단함. 러시아 사할린주의 석탄자원 매장량 5억톤 이상의 매장지인 우글레고르스크 지역에 광산을 개발하여 생산해 왔으나 2010년 이후 양질의 신규 매장량을 확보하지 못 한 가운데 광구의 가채매장량이 크게 감소중임. 이에 신규광구 확보를 위해 노력하고 다각적인 방법을 통해 매출 유지를 강구중임.

실적 분석

2017년 연결기준 누적 매출액은 전년대비 32..4% 증가한 334억원을 기록함. 매출원가 증가에도 인건비와 판관비등 비용감소로 영업이익은 7억원으로 흑자전환하였으나, 외환손실 및 금융손실로 인하여 당기순손실은 7억원으로 적자지속함. 우글레고르스크우골의 지분참여 및 판매권획득을 기반으로 2개의 광구에서 석탄을 생산, 일본과 중국 등에 수출중. 그러나 에너지 산업의 급격한 침체와 향후 전망이 불투명하여 석탄광구개발 사업을 점차 축소할 계획

현금 흐름

<단위 : 억원>

항목	2016	2017
영업활동	-18	27
투자활동	-78	-16
재무활동	4	18
순현금흐름	-88	30
기말현금	27	57

시장 대비 수익률

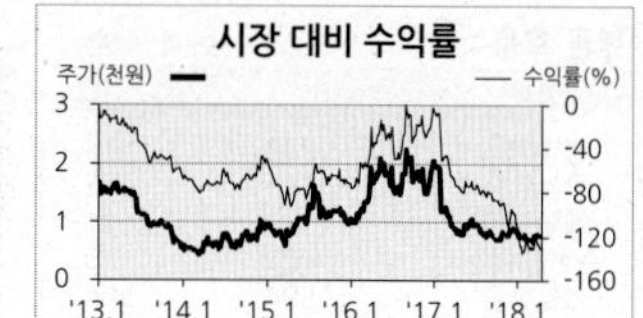

결산 실적

<단위 : 억원>

항목	2012	2013	2014	2015	2016	2017
매출액	424	381	372	280	252	334
영업이익	3	24	13	16	-39	7
당기순이익	-7	2	-161	-11	-5	-7

분기 실적

<단위 : 억원>

항목	2016.3Q	2016.4Q	2017.1Q	2017.2Q	2017.3Q	2017.4Q
매출액	149	-17	62	102	118	52
영업이익	5	-23	-8	12	6	-4
당기순이익	-2	-10	-6	2	14	-16

재무 상태

<단위 : 억원>

항목	2012	2013	2014	2015	2016	2017
총자산	511	494	351	282	322	297
유형자산	175	177	76	61	75	59
무형자산	167	151	71	0	3	0
유가증권	3	8	8	8	8	8
총부채	213	199	197	107	177	137
총차입금	131	132	135	61	64	61
자본금	300	300	300	50	50	53
총자본	298	294	154	174	145	159
지배주주지분	287	285	167	214	188	193

기업가치 지표

항목	2012	2013	2014	2015	2016	2017
주가(최고/저)(천원)	2.4/1.5	1.5/0.5	0.9/0.4	1.6/0.6	2.5/1.0	2.1/0.7
PER(최고/저)(배)	—/—	485.7/151.7	—/—	34.9/12.8	—/—	—/—
PBR(최고/저)(배)	4.8/2.9	3.1/1.0	3.1/1.4	3.8/1.4	6.5/2.6	5.7/1.9
EV/EBITDA(배)	55.4	10.5	21.4	14.9	—	15.4
EPS(원)	-28	4	-267	47	-20	-25
BPS(원)	481	478	281	431	380	370
CFPS(원)	2	26	-197	72	7	9
DPS(원)	—	—	—	—	—	—
EBITDAPS(원)	30	63	47	57	-51	49

재무 비율

<단위 : %>

연도	영업이익률	순이익률	부채비율	차입금비율	ROA	ROE	유보율	자기자본비율	EBITDA마진율
2017	2.2	-2.0	86.2	38.4	-2.2	-6.9	269.6	53.7	7.6
2016	-15.4	-1.9	122.2	44.0	-1.6	-5.0	279.8	45.0	-10.1
2015	5.7	-3.9	61.5	34.8	-3.5	12.3	331.0	61.9	10.1
2014	3.4	-43.4	일부잠식	일부잠식	-38.2	-59.0	-43.8	43.9	7.5

*관리종목

에스아이엠피에이씨 (A009160)

SIMPAC

업 종 : 기계
신용등급 : (Bond) — (CP) —
홈페이지 : www.simpac.co.kr
본 사 : 인천시 부평구 부평북로 141

시 장 : 거래소
기업규모 : 시가총액 소형주
연 락 처 : 032)510-0044

설 립 일	1973.08.09	**종업원수**	296명	**대표이사**	최진식
상 장 일	1989.07.29	**감사의견**	적정(삼정)	**계 열**	
결 산 기	12월	**보 통 주**		**종속회사수**	8개사
액 면 가	500원	**우 선 주**		**구 상 호**	

주주구성 (지분율,%)		출자관계 (지분율,%)		주요경쟁사 (외형,%)	
심팩이엔지	32.4	심팩인더스트리	100.0	SIMPAC	100
FID SRS INTRINSIC OPP FND	8.0	심팩산기	100.0	영풍정밀	29
(외국인)	15.2	심팩로지스틱스	100.0	우진	43

매출구성		비용구성		수출비중	
프레스	81.7	매출원가율	83.7	수출	44.1
주물 및 산업기계	18.3	판관비율	11.2	내수	55.9
환경서비스	0.0				

회사 개요

동사는 1973년 동성개발공업으로 설립됨. 1989년 유가증권시장에 상장하면서 상호를 쌍용정공으로 변경함. 2001년 쌍용그룹에서 계열분리되며 상호를 SIMPAC으로 변경함. 심팩인더스트리 등 8개 연결대상 종속회사를 보유하고 있음. 지배사인 동사는 프레스사업부만을 영위하고 있음. 연결대상 종속회사에 포함된 회사들은 프레스, 주물 및 산업기계, 임대, 생산관리서비스 사업을 영위하고 있음. 최근 SIMPAC Metal을 흡수합병하기로 결정함.

실적 분석

글로벌 경기 침체로 인한 투자수요 감소와 멕시코로부터의 TIRE CURING PRESS 등에 대한 수주 중단 영향으로 2017년 매출액은 전년 대비 13.6% 감소함. 원부자재 등의 가격 상승으로 원가율이 악화되고, 고정비용 부담이 가중되어 영업이익은 전년의 절반 수준으로 급감함. 2018년 들어 중국의 환경 규제가 강화된 후 합금철 생산에 차질이 빚어지면서 페로망간과 실리망간 등 주요 제품 가격의 강세가 이어지고 있어 이익 회복이 기대됨.

현금 흐름 <단위 : 억원>

항목	2016	2017
영업활동	352	-95
투자활동	-45	-4
재무활동	-45	-103
순현금흐름	269	-211
기말현금	519	308

시장 대비 수익률

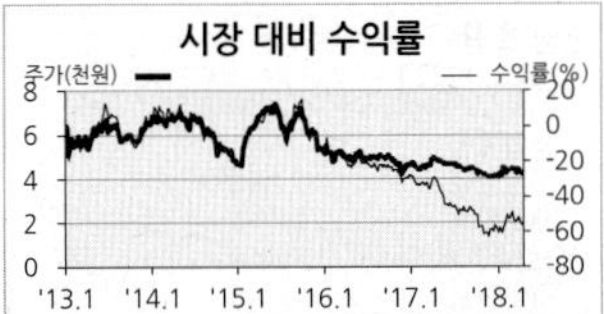

결산 실적 <단위 : 억원>

항목	2012	2013	2014	2015	2016	2017
매출액	2,254	2,058	2,632	2,695	2,671	2,306
영업이익	252	236	173	212	236	117
당기순이익	193	200	143	164	162	129

분기 실적 <단위 : 억원>

항목	2016.3Q	2016.4Q	2017.1Q	2017.2Q	2017.3Q	2017.4Q
매출액	384	724	581	708	573	444
영업이익	-13	80	49	35	24	9
당기순이익	-25	64	15	8	29	77

재무 상태 <단위 : 억원>

항목	2012	2013	2014	2015	2016	2017
총자산	3,187	3,620	3,819	4,228	4,179	3,812
유형자산	740	737	1,694	1,810	1,787	1,727
무형자산	12	12	10	38	11	10
유가증권	726	619	127	113	92	41
총부채	1,308	1,532	1,628	1,908	1,774	1,403
총차입금	403	663	421	535	551	555
자본금	145	145	145	145	145	145
총자본	1,879	2,088	2,191	2,320	2,404	2,408
지배주주지분	1,879	2,088	2,187	2,320	2,404	2,408

기업가치 지표

항목	2012	2013	2014	2015	2016	2017
주가(최고/저)(천원)	7.2/4.3	6.8/4.9	7.0/4.8	7.4/4.4	5.5/4.1	5.0/3.9
PER(최고/저)(배)	12.1/7.1	10.8/7.8	15.4/10.4	14.0/8.3	10.4/7.8	11.5/9.0
PBR(최고/저)(배)	1.2/0.7	1.0/0.7	1.0/0.7	1.0/0.6	0.7/0.5	0.6/0.5
EV/EBITDA(배)	7.1	9.5	7.2	7.1	4.7	7.7
EPS(원)	663	689	492	565	556	443
BPS(원)	6,526	7,247	7,586	8,043	8,429	8,719
CFPS(원)	772	811	676	758	758	677
DPS(원)	100	80	80	120	100	80
EBITDAPS(원)	975	933	780	923	1,012	635

재무 비율 <단위 : %>

연도	영업이익률	순이익률	부채비율	차입금비율	ROA	ROE	유보율	자기자본비율	EBITDA마진율
2017	5.1	5.6	58.3	23.0	3.2	5.4	1,643.7	63.2	8.0
2016	8.8	6.1	73.8	22.9	3.9	6.9	1,585.8	57.5	11.0
2015	7.9	6.1	82.3	23.0	4.1	7.3	1,508.5	54.9	10.0
2014	6.6	5.4	74.3	19.2	3.9	6.7	1,417.2	57.4	8.6

에스아이티글로벌 (A050320)

Smart Information Technology Global

업 종 : IT 서비스
신용등급 : (Bond) — (CP) —
홈페이지 : www.sitglobal.co.kr
본 사 : 서울시 금천구 가산디지털1로 151 이노플렉스 1차 706호

시 장 : KOSDAQ
기업규모 :
연 락 처 : 02)3443-5811

설 립 일	1995.08.09	**종업원수**	59명	**대표이사**	최기용
상 장 일	2001.12.29	**감사의견**	적정(호연)	**계 열**	
결 산 기	12월	**보 통 주**		**종속회사수**	2개사
액 면 가	100원	**우 선 주**		**구 상 호**	아남정보기술

주주구성 (지분율,%)		출자관계 (지분율,%)		주요경쟁사 (외형,%)	
현대디엘2호투자조합	12.0			에스아이티글로벌	100
현대디엘2호 투자조합	9.3			삼성에스디에스	65,932
(외국인)	1.3			포스코 ICT	6,740

매출구성		비용구성		수출비중	
통합유지보수(용역)	52.8	매출원가율	86.5	수출	—
전산기기 및 S/W(기타)	42.1	판관비율	26.5	내수	—
S/W개발 공급(용역)	4.3				

회사 개요

동사의 주요사업으로는 전산기기 및 S/W 납품 제공하는 컴퓨터 및 패키지 소프트웨어 유통사업, 컨설팅, 통합유지보수, 시스템구축 등을 제공하는 시스템통합(SI) 사업과 전자칠판 제조, 전자도서관, DB구축, CMS개발 등을 제공하는 교육정보화 사업이 있음. 최근 동사의 강점이라 할 수 있는 공공기업용 정보시스템 시장이 업계의 수요처로 관심이 높아짐. 그러나 대형 SI기업 관계사 시장 진입이 어려어 부진 지속.

실적 분석

동사의 2017년 연결기준 연간 매출액은 141억원으로 전년 대비 13.6% 증가함. 매출은 늘었지만 매출원가 또한 증가하면서 영업손실은 18.4억원으로 전년 대비 적자가 지속됨. 비영업손익 부문에서 금융 손실 등으로 적자가 지속됐지만 적자 규모는 감소. 당기순손실은 48.2억원으로 전년 대비 적자 폭은 감소했지만 여전히 적자 지속. 동사는 사업 다각화와 기업 이미지 제고를 위해 '에이앤티앤'으로 상호 변경예정임.

현금 흐름 <단위 : 억원>

항목	2016	2017
영업활동	-97	-18
투자활동	-99	-5
재무활동	161	41
순현금흐름	-35	18
기말현금	1	19

시장 대비 수익률

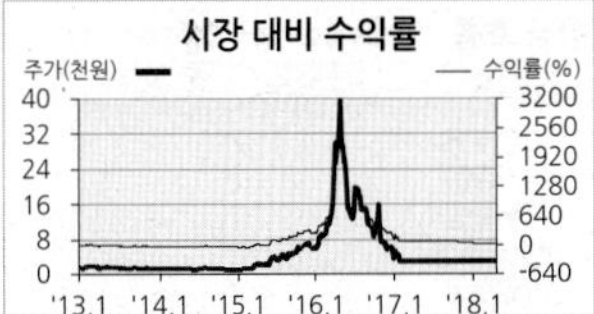

결산 실적 <단위 : 억원>

항목	2012	2013	2014	2015	2016	2017
매출액	195	185	155	157	124	141
영업이익	-2	-24	-8	-34	-83	-18
당기순이익	5	-26	-8	-15	-200	-48

분기 실적 <단위 : 억원>

항목	2016.3Q	2016.4Q	2017.1Q	2017.2Q	2017.3Q	2017.4Q
매출액	25	33	19	52	56	15
영업이익	-43	-25	-7	1	2	-14
당기순이익	-56	-108	-4	-15	-2	-28

재무 상태 <단위 : 억원>

항목	2012	2013	2014	2015	2016	2017
총자산	178	180	161	119	70	74
유형자산	27	25	23	42	9	14
무형자산	9	7	4	1	1	7
유가증권	29	31	38	1	6	1
총부채	85	110	106	75	37	48
총차입금	33	59	48	30	1	1
자본금	37	37	37	37	50	13
총자본	93	70	55	43	33	27
지배주주지분	93	70	55	43	33	27

기업가치 지표

항목	2012	2013	2014	2015	2016	2017
주가(최고/저)(천원)	0.7/0.2	0.4/0.2	0.4/0.2	1.4/0.2	8.5/0.7	5.6/3.0
PER(최고/저)(배)	47.4/15.6	—/—	—/—	—/—	—/—	—/—
PBR(최고/저)(배)	2.8/0.9	2.3/1.3	2.4/1.5	12.4/1.9	129.9/10.9	26.1/14.1
EV/EBITDA(배)	22.5	—	—	—	—	—
EPS(원)	74	-357	-113	-196	-2,142	-450
BPS(원)	1,258	940	745	581	66	213
CFPS(원)	156	-282	-81	-181	-426	-446
DPS(원)	—	—	—	—	—	—
EBITDAPS(원)	60	-242	-70	-442	-176	-168

재무 비율 <단위 : %>

연도	영업이익률	순이익률	부채비율	차입금비율	ROA	ROE	유보율	자기자본비율	EBITDA마진율
2017	-13.0	-34.2	177.4	3.0	-66.8	-160.7	112.8	36.1	-12.7
2016	-67.0	-160.9	일부잠식	일부잠식	-211.9	-523.4	-34.3	47.4	-66.2
2015	-21.7	-9.3	174.7	69.5	-10.4	-29.6	16.2	36.4	-21.0
2014	-4.9	-5.4	191.5	87.2	-4.9	-13.4	49.1	34.3	-3.4

에스알바이오텍 (A270210)
SR biotek

업　　종 : 개인생활용품　　　시　　장 : KONEX
신용등급 : (Bond) —　　(CP) —　　　기업규모 : —
홈페이지 : www.srbiotek.com/　　　연 락 처 : 031)726-3134
본　　사 : 경기도 성남시 중원구 둔촌대로 484 시콕스타워 B101호

설 립 일	2007.05.14	**종업원수**	명	**대표이사**	송병호
상 장 일	2017.06.15	**감사의견**	적정(지율)	**계　　열**	
결 산 기	12월	**보 통 주**		**종속회사수**	
액 면 가	—	**우 선 주**		**구　　상　　호**	

주주구성 (지분율,%)		출자관계 (지분율,%)		주요경쟁사 (외형,%)	
윤홍건	43.2			에스알바이오텍	100
씨스퀘어자산운용	17.1			유쎌	803
				엠앤씨생명과학	8,427

매출구성		비용구성		수출비중	
자사브랜드	71.2	매출원가율	62.9	수출	23.4
OEM/ODM	28.8	판관비율	175.1	내수	76.6

회사 개요

동사는 2007년 5월 14일에 설립된 기초화장품 제조업을 주요 사업으로 영위하는 기업임. 동사가 속한 화장품 산업은 낮은 장벽으로 인해 완전 경쟁 시장으로 볼 수 있으나, 축적된 R&D 기술력과 대량생산을 통한 가격 경쟁력을 가진 상위업체의 지속적인 시장 지위 강화가 예상되어 실질적으로는 진입 장벽이 높다고 할 수 있음. 동사는 2015년 자체 Brand를 개발하여 현재 해외 6개국에 꾸준한 수출을 하고 있음.

실적 분석

동사는 미세침을 이용한 기능성 화장품 전문기업으로 2016년 전체 매출의 85.4%를 국내시장에서 달성하였지만 2017년부터는 해외 매출처의 추가 확보 및 자사 브랜드의 판매비중을 늘려 향후 자사 브랜드 비중을 40% 이상까지 확대한다는 계획을 가지고 있음. 동사의 2017년 연간 매출액은 6.6억원, 영업손실 9.2억원, 당기순손실 11억원을 시현함. 동사는 ODM과 자사제품 비중을 6:4 정도로 유지해 나간다는 계획임.

현금 흐름 *IFRS 별도 기준 〈단위 : 억원〉

항목	2016	2017
영업활동	2	-11
투자활동	-2	1
재무활동	-1	16
순현금흐름	-2	5
기말현금	3	8

시장 대비 수익률

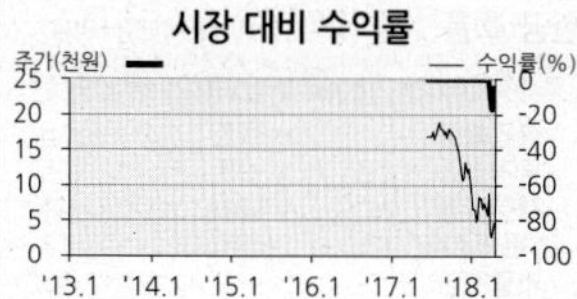

결산 실적 〈단위 : 억원〉

항목	2012	2013	2014	2015	2016	2017
매출액	—	—	14	19	16	7
영업이익	—	—	1	5	1	-9
당기순이익	—	—	1	5	-1	-11

분기 실적 *IFRS 별도 기준 〈단위 : 억원〉

항목	2016.3Q	2016.4Q	2017.1Q	2017.2Q	2017.3Q	2017.4Q
매출액	—	—	—	—	—	—
영업이익	—	—	—	—	—	—
당기순이익	—	—	—	—	—	—

재무 상태 *IFRS 별도 기준 〈단위 : 억원〉

항목	2012	2013	2014	2015	2016	2017
총자산	—	—	10	28	25	31
유형자산	—	—	5	20	19	17
무형자산	—	—	0	0	0	0
유가증권	—	—	—	—	—	—
총부채	—	—	8	22	20	21
총차입금	—	—	3	18	17	17
자본금	—	—	2	2	2	2
총자본	—	—	2	6	5	10
지배주주지분	—	—	2	6	5	10

기업가치 지표 *IFRS 별도 기준

항목	2012	2013	2014	2015	2016	2017
주가(최고/저)(천원)	#VALUE!	—/—	—/—	—/—	—/—	—/—
PER(최고/저)(배)	0.0/0.0	0.0/0.0	0.0/0.0	0.0/0.0	0.0/0.0	—/—
PBR(최고/저)(배)	0.0/0.0	0.0/0.0	0.0/0.0	0.0/0.0	0.0/0.0	11.5/11.5
EV/EBITDA(배)	0.0	0.0	—	2.1	4.5	—
EPS(원)	—	—	273	1,153	-192	-2,509
BPS(원)	—	—	3,999	15,526	13,602	2,179
CFPS(원)	—	—	3,273	16,273	4,309	-2,082
DPS(원)	—	—	—	—	—	—
EBITDAPS(원)	—	—	1,900	16,234	7,522	-1,655

재무 비율 〈단위 : %〉

연도	영업이익률	순이익률	부채비율	차입금비율	ROA	ROE	유보율	자기자본비율	EBITDA마진율
2017	-138.1	-166.3	207.5	169.0	-39.1	-142.1	335.8	32.5	-109.7
2016	3.2	-4.8	368.1	314.8	-2.9	-13.2	172.0	21.4	18.6
2015	24.5	24.6	351.5	295.2	24.3	118.1	210.5	22.2	34.6
2014	4.0	8.0	일부잠식	일부잠식	0.0	0.0	-20.0	16.1	5.6

에스앤더블류 (A103230)
S&W

업　　종 : 조선　　　시　　장 : KOSDAQ
신용등급 : (Bond) —　　(CP) —　　　기업규모 : 중견
홈페이지 : www.snwcorp.com　　　연 락 처 : 051)205-7411
본　　사 : 부산시 사하구 다대로 170번길 29(신평동)

설 립 일	2009.07.02	**종업원수**	151명	**대표이사**	정화섭
상 장 일	2009.08.05	**감사의견**	적정(삼일)	**계　　열**	
결 산 기	12월	**보 통 주**		**종속회사수**	
액 면 가	500원	**우 선 주**		**구　　상　　호**	

주주구성 (지분율,%)		출자관계 (지분율,%)		주요경쟁사 (외형,%)	
정화섭	67.1	원자력산단개발	28.5	에스앤더블류	100
양정호	0.4			인화정공	316
(외국인)	0.4			케이프	704

매출구성		비용구성		수출비중	
산업부품	47.6	매출원가율	101.2	수출	19.6
엔진볼트	28.1	판관비율	13.0	내수	80.4
캠/캠축	9.3				

회사 개요

동사는 1967년 설립돼 특수재질분야의 산업볼트 사업을 시작으로 엔진용 정밀가공분야와 단조품 생산분야로 사업영역을 넓혀옴. 엔진용 정밀가공분야로의 사업확대는 선박엔진용 볼트 및 내연기관 부품의 국산화 개발로 이어져 고부가가치품목 정밀 가공분야 사업으로의 전환계기를 마련함. 주요 거래처로는 삼성중공업, 현대중공업, 두산엔진, MAN B&W DIESEL 등 세계적인 엔진 MAKER와 대형 건설사가 있음.

실적 분석

동사의 2017년도 연간 매출액은 327.4억원으로 전년대비 22.4% 감소함. 매출감소에 따른 고정비부담증가와 매출단가 인하 등의 영향으로 영업손실과 순손실의 적자폭이 증가함. 전방산업 경기침체 장기화에 따른 업황 악화로 높은 증가세를 보이기는 어려우나, 고부가품목을 중심으로 수주 품목을 전환하고 품질관리와 생산성 향상에 향상에 많은 노력을 기울이고 있음.

현금 흐름 *IFRS 별도 기준 〈단위 : 억원〉

항목	2016	2017
영업활동	1	-16
투자활동	-50	2
재무활동	-1	-13
순현금흐름	-50	-27
기말현금	43	17

시장 대비 수익률

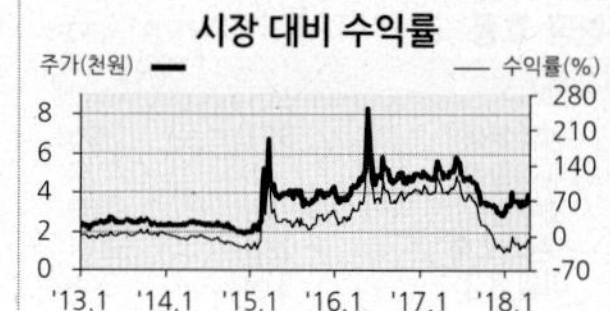

결산 실적 〈단위 : 억원〉

항목	2012	2013	2014	2015	2016	2017
매출액	705	498	508	488	422	327
영업이익	5	-8	1	1	-21	-46
당기순이익	26	6	2	26	-11	-42

분기 실적 *IFRS 별도 기준 〈단위 : 억원〉

항목	2016.3Q	2016.4Q	2017.1Q	2017.2Q	2017.3Q	2017.4Q
매출액	94	108	81	97	79	70
영업이익	-7	-11	-11	-28	-4	-3
당기순이익	-6	-7	-12	-28	-2	-1

재무 상태 *IFRS 별도 기준 〈단위 : 억원〉

항목	2012	2013	2014	2015	2016	2017
총자산	859	777	770	723	702	641
유형자산	499	491	490	412	383	364
무형자산	5	4	3	3	1	1
유가증권	11	1	1	1	1	10
총부채	308	223	218	150	140	117
총차입금	222	119	78	14	13	0
자본금	36	36	36	36	36	36
총자본	551	554	551	573	563	524
지배주주지분	551	554	551	573	563	524

기업가치 지표 *IFRS 별도 기준

항목	2012	2013	2014	2015	2016	2017
주가(최고/저)(천원)	4.1/2.0	2.7/2.1	2.6/1.9	6.7/2.0	8.3/3.5	5.9/2.8
PER(최고/저)(배)	11.5/5.7	34.9/26.9	92.4/69.9	18.5/5.5	—/—	—/—
PBR(최고/저)(배)	0.5/0.3	0.4/0.3	0.3/0.3	0.8/0.3	1.1/0.4	0.8/0.4
EV/EBITDA(배)	9.6	11.1	6.8	8.4	—	—
EPS(원)	356	79	28	363	-149	-582
BPS(원)	7,648	7,689	7,660	7,964	7,813	7,283
CFPS(원)	807	512	432	726	107	-384
DPS(원)	—	—	—	—	—	—
EBITDAPS(원)	522	327	414	377	-31	-444

재무 비율 〈단위 : %〉

연도	영업이익률	순이익률	부채비율	차입금비율	ROA	ROE	유보율	자기자본비율	EBITDA마진율
2017	-14.1	-12.8	22.3	0.0	-6.2	-7.7	1,356.7	81.8	-9.8
2016	-4.9	-2.5	24.8	2.3	-1.5	-1.9	1,462.6	80.1	-0.5
2015	0.2	5.4	26.2	2.4	3.5	4.7	1,492.9	79.3	5.6
2014	0.1	0.4	39.6	14.1	0.3	0.4	1,431.9	71.6	5.9

에스앤디 (A260970)
S&D COLTD

업　　종 : 식료품　　시　　장 : KONEX
신용등급 : (Bond) —　(CP) —　　기업규모 : —
홈페이지 : www.isnd.co.kr　　연 락 처 : 043)710-8000
본　　사 : 충북 청주시 흥덕구 오송읍 오송생명4로 163 (만수리)

설 립 일	1998.12.15	**종 업 원 수**	47명	**대 표 이 사**	여경목
상 장 일	2016.12.29	**감 사 의 견**	적정(효림)	**계　　열**	
결 산 기	12월	**보 통 주**		**종속회사수**	
액 면 가	—	**우 선 주**		**구 상 호**	

주주구성 (지분율,%)		출자관계 (지분율,%)		주요경쟁사 (외형,%)	
여경목	31.2			에스앤디	100
유안타세컨더리2호펀드	24.7			넥스트BT	230
				뉴트리바이오텍	374

매출구성		비용구성		수출비중	
조미식품 소재	89.9	매출원가율	73.0	수출	—
기타	7.3	판관비율	16.6	내수	—
건강기능성 소재	2.7				

회사 개요

1998년 설립한 동사는 2016년 12월 코넥스 시장에 상장. 창업 이래 식품에 기능을 부여하는 Bio식품 소재류를 생산, 판매. 2001년 기업부설연구소 설립해 신제품 연구개발 및 품질관리에 주력. 2013년 오송생명과학단지에 신규공장 신설 및 과감한 설비투자로 생산시설의 현대화와 함께 식품GMP, ISO, HACCP 등 고도의 관리체계를 통하여 식품위생 및 안정성 확보.

실적 분석

동사의 2017년 연결기준 누적 매출액은 364.2억원으로 전년 동기(217.1억원) 대비 큰 폭으로 증가함. 매출이 증가하면서 매출원가도 늘었지만 매출 증가에 따른 영업 레버리지 효과로 영업이익은 전년 동기(12.1억원) 대비 3배 이상 증가한 37.8억원을 시현함. 법인세 비용 등이 늘었지만 영업이익이 큰폭으로 증가하면서 당기순이익은 전년 동기(12.9억원) 대비 크게 늘어난 33.1억원을 기록함.

현금 흐름 *IFRS 별도 기준 〈단위 : 억원〉

항목	2016	2017
영업활동	26	20
투자활동	-4	-15
재무활동	5	-22
순현금흐름	27	-17
기말현금	57	40

시장 대비 수익률

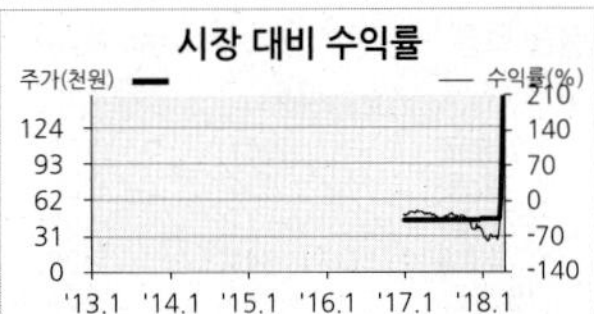

결산 실적 〈단위 : 억원〉

항목	2012	2013	2014	2015	2016	2017
매출액	187	122	127	154	217	364
영업이익	19	-14	-7	3	12	38
당기순이익	26	32	-5	3	13	33

분기 실적 *IFRS 별도 기준 〈단위 : 억원〉

항목	2016.3Q	2016.4Q	2017.1Q	2017.2Q	2017.3Q	2017.4Q
매출액	—	—	—	—	—	—
영업이익	—	—	—	—	—	—
당기순이익	—	—	—	—	—	—

재무 상태 *IFRS 별도 기준 〈단위 : 억원〉

항목	2012	2013	2014	2015	2016	2017
총자산	214	203	202	201	244	288
유형자산	40	102	93	83	79	81
무형자산	14	12	13	13	10	9
유가증권	1	2	2	2	2	2
총부채	106	64	68	65	96	108
총차입금	18	34	37	29	35	15
자본금	15	15	15	15	15	15
총자본	107	139	134	136	148	180
지배주주지분	107	139	134	136	148	180

기업가치 지표 *IFRS 별도 기준

항목	2012	2013	2014	2015	2016	2017
주가(최고/저)(천원)	#VALUE!	—/—	—/—	—/—	—/—	—/—
PER(최고/저)(배)	0.0/0.0	0.0/0.0	0.0/0.0	0.0/0.0	10.6/10.6	4.1/4.1
PBR(최고/저)(배)	0.0/0.0	0.0/0.0	0.0/0.0	0.0/0.0	0.9/0.9	0.8/0.8
EV/EBITDA(배)	—	3.0	1.1	—	5.2	2.4
EPS(원)	8,478	10,609	-1,524	883	4,249	10,885
BPS(원)	35,339	45,720	44,056	44,815	48,789	59,282
CFPS(원)	10,874	16,463	4,417	4,950	7,621	14,050
DPS(원)	—	—	—	—	250	500
EBITDAPS(원)	8,763	1,299	3,560	4,947	7,360	15,609

재무 비율 〈단위 : %〉

연도	영업이익률	순이익률	부채비율	차입금비율	ROA	ROE	유보율	자기자본비율	EBITDA마진율
2017	10.4	9.1	60.0	8.1	12.4	20.1	1,085.7	62.5	13.0
2016	5.6	5.9	64.6	23.8	5.8	9.1	875.8	60.8	10.3
2015	1.7	1.7	47.6	21.6	1.3	2.0	796.3	67.8	9.8
2014	-5.7	-3.7	50.7	27.9	-2.3	-3.4	781.1	66.4	8.5

에스앤씨엔진그룹 (A900080)
S&C Engine Group

업　　종 : 자동차부품　　시　　장 : KOSDAQ
신용등급 : (Bond) —　(CP) —　　기업규모 :
홈페이지 : www.scengine.co.kr　　연 락 처 : +852-2940-7730
본　　사 : ROOM 01, 21/F, PROSPER COMMERCIAL BUILDING, 9 YIN CHONG STREET, KOWLOON, H.K

설 립 일	2008.11.14	**종 업 원 수**	1,178명	**대 표 이 사**	천진산
상 장 일	2009.12.04	**감 사 의 견**	적정(다산)	**계　　열**	
결 산 기	12월	**보 통 주**		**종속회사수**	6개사
액 면 가	—	**우 선 주**		**구 상 호**	

주주구성 (지분율,%)		출자관계 (지분율,%)		주요경쟁사 (외형,%)	
Chan Kwok Wai	34.5	바오신엔진	100.0	에스앤씨엔진그룹	100
CHEN JIN SHAN	5.2	홍콩의인	100.0	평화정공	629
(외국인)	43.6	청다기어	100.0	서연	1,738

매출구성		비용구성		수출비중	
		매출원가율	0.0	수출	—
		판관비율	0.0	내수	—

회사 개요

동사는 홍콩의인국제유한공사 및 진강시바오신엔진유한공사를 통하여 산리엔진 및 청다기어를 최종적으로 지배하고 있는 지주회사임. 모터사이클과 기어 제품이 동사의 주 매출원이며, 중국내 로컬 자동차업체의 요구로 대규모 자동차기어 생산능력을 확보하였음. 또한 대형 좌석식 제초기를 개발해 북미시장 진출을 추진하고 있음. 최근 '에스앤씨엔진그룹 리미티드'로 상호를 변경하였음. 산리엔진이 중국 푸젠성 내 모토싸이클 시장의 52% 가량을 점유하고 있음.

실적 분석

전방 시장 성장 둔화로 인해 동사의 2017년 연결기준 3분기 매출액은 1,216.9억원으로 전년동기 대비 2.6% 감소함. 고정비 증가와 매출 감소의 영향으로 영업이익은 236억원으로 전년동기 대비 7.9% 감소함. 향후 기어부문을 중심으로 실적 성장을 추진할 계획이며, 전기차 모델의 정식 출시일정에 따라 전기차용 기어부품도 양산에 들어가 강력한 모멘텀으로 작용할 것이라고 예상함. 사업보고서 제출전으로 3분기 실적 기재함.

현금 흐름 〈단위 : 억원〉

항목	2016	2017
영업활동	193	—
투자활동	140	—
재무활동	62	—
순현금흐름	395	—
기말현금	1,951	—

시장 대비 수익률

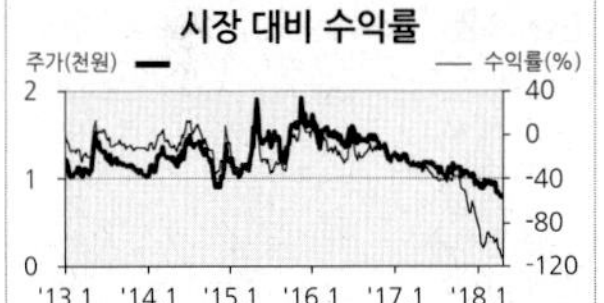

결산 실적 〈단위 : 억원〉

항목	2012	2013	2014	2015	2016	2017
매출액	1,979	1,987	1,747	1,974	1,676	—
영업이익	495	432	386	450	342	—
당기순이익	364	277	149	295	279	—

분기 실적 〈단위 : 억원〉

항목	2016.3Q	2016.4Q	2017.1Q	2017.2Q	2017.3Q	2017.4Q
매출액	353	329	398	407	390	—
영업이익	67	56	72	66	80	—
당기순이익	38	57	58	46	58	—

재무 상태 〈단위 : 억원〉

항목	2012	2013	2014	2015	2016	2017
총자산	3,088	3,463	3,554	4,167	4,177	—
유형자산	1,058	1,030	999	1,045	1,273	—
무형자산	—	—	—	—	—	—
유가증권	—	—	324	330	—	—
총부채	403	468	294	427	196	—
총차입금	201	240	18	109	32	—
자본금	62	63	744	872	930	—
총자본	2,685	2,995	3,260	3,740	3,981	—
지배주주지분	2,685	2,995	3,260	3,740	3,981	—

기업가치 지표

항목	2012	2013	2014	2015	2016	2017
주가(최고/저)(천원)	—/—	—/—	—/—	—/—	—/—	—/—
PER(최고/저)(배)	5.0/2.5	5.0/3.3	9.8/5.4	7.2/3.4	6.5/4.3	0.0/0.0
PBR(최고/저)(배)	0.7/0.3	0.5/0.3	0.5/0.3	0.6/0.3	0.5/0.3	0.0/0.0
EV/EBITDA(배)	0.3	—	—	0.2	—	0.0
EPS(원)	402	304	162	303	271	—
BPS(원)	6,501	7,251	7,626	4,099	4,130	—
CFPS(원)	1,100	906	599	465	423	—
DPS(원)	—	—	—	—	—	—
EBITDAPS(원)	1,345	1,426	1,172	625	471	—

재무 비율 〈단위 : %〉

연도	영업이익률	순이익률	부채비율	차입금비율	ROA	ROE	유보율	자기자본비율	EBITDA마진율
2017	0.0	0.0	0.0	0.0	0.0	0.0	0.0	0.0	0.0
2016	20.4	16.7	4.9	0.8	6.7	7.2	328.1	95.3	26.4
2015	22.8	14.9	11.4	2.9	7.6	8.4	329.0	89.8	28.0
2014	22.1	8.5	9.0	0.6	4.3	4.8	338.1	91.7	28.0

에스앤에스텍 (A101490)

S&S TECH

업　　종 : 반도체 및 관련장비　　시　　장 : KOSDAQ
신용등급 : (Bond) —　(CP) —　　기업규모 : 벤처
홈페이지 : www.snstech.co.kr　　연 락 처 : 053)589-1692
본　　사 : 대구시 달서구 호산동로 42

설 립 일	2001.02.22	**종 업 원 수**	169명	**대 표 이 사**	정수홍
상 장 일	2009.04.14	**감 사 의 견**	적정(안진)	**계　열**	
결 산 기	12월	**보 통 주**		**종속회사수**	
액 면 가	500원	**우 선 주**		**구　상　호**	

주주구성 (지분율,%)		출자관계 (지분율,%)		주요경쟁사 (외형,%)	
정수홍	22.1	에이피씨티	18.5	에스앤에스텍	100
케이티지	5.1			유니테스트	313
(외국인)	2.1			디엔에프	138

매출구성		비용구성		수출비중	
블랭크마스크	100.0	매출원가율	79.1	수출	20.4
		판관비율	16.4	내수	79.6

회사 개요

동사는 반도체 및 TFT-LCD 제조에 사용되는 포토마스크의 핵심재료인 블랭크마스크 사업과 투자활동 관련 사업으로 구성되어 있음. 터치스크린 패널 모듈 제조업을 영위하는 '에스에스디'와 반도체, LCD용 Chemical 재료 제조업을 영위하는 '에스앤에스켐', 중소기업 창업투자 회사의 제반업무를 영위하는 '메디치1호투자조합'등을 연결대상 종속회사로 보유하고 있음.

실적 분석

동사의 2017년 누적 매출액과 영업이익은 전년동기대비 각각 0.2%, 66.6% 감소한 539억원, 24.4억원을 기록함. OLED향 블랭크 마스크 매출이 전년동기대비 감소한 결과임. 내수와 수출 모두 축소됨. 원가 상승으로 영업이익 급감. 당기순이익 또한 전년 대비 65.1% 감소한 부진한 실적기록. 중국 포토마스크 공급, 미국 반도체 업체 추가 공급 가능성에 향후 실적 개선 기대.

현금 흐름 *IFRS 별도 기준 〈단위 : 억원〉

항목	2016	2017
영업활동	127	95
투자활동	-370	-91
재무활동	119	70
순현금흐름	-124	73
기말현금	70	143

시장 대비 수익률

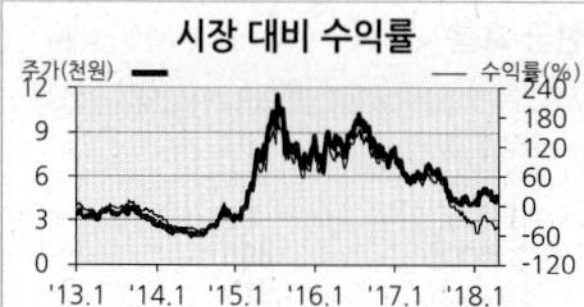

결산 실적 〈단위 : 억원〉

항목	2012	2013	2014	2015	2016	2017
매출액	518	470	457	512	540	539
영업이익	-6	71	67	103	73	24
당기순이익	-43	-106	-47	74	90	31

분기 실적 *IFRS 별도 기준 〈단위 : 억원〉

항목	2016.3Q	2016.4Q	2017.1Q	2017.2Q	2017.3Q	2017.4Q
매출액	127	130	122	140	143	134
영업이익	14	11	4	7	7	7
당기순이익	25	22	2	8	11	10

재무 상태 *IFRS 별도 기준 〈단위 : 억원〉

항목	2012	2013	2014	2015	2016	2017
총자산	1,131	1,010	844	963	1,210	1,210
유형자산	496	528	485	474	777	744
무형자산	49	41	37	37	45	53
유가증권	50	4	2	0	0	0
총부채	461	428	371	307	458	426
총차입금	391	364	319	221	282	337
자본금	78	78	80	95	99	99
총자본	670	582	473	656	751	784
지배주주지분	670	582	473	656	751	784

기업가치 지표 *IFRS 별도 기준

항목	2012	2013	2014	2015	2016	2017
주가(최고/저)(천원)	4.0/2.5	4.1/2.7	4.0/1.9	11.7/3.1	10.2/6.3	7.9/3.9
PER(최고/저)(배)	13.5/8.5	—/—	—/—	27.6/7.3	22.8/14.0	50.5/25.1
PBR(최고/저)(배)	1.0/0.6	1.1/0.7	1.4/0.7	3.4/0.9	2.7/1.7	2.0/1.0
EV/EBITDA(배)	6.3	4.8	5.7	10.4	13.0	10.5
EPS(원)	302	-515	-331	427	455	159
BPS(원)	4,286	3,723	2,966	3,436	3,808	3,971
CFPS(원)	711	-102	150	745	765	529
DPS(원)	50	—	—	—	—	50
EBITDAPS(원)	809	866	831	915	681	494

재무 비율 〈단위 : %〉

연도	영업이익률	순이익률	부채비율	차입금비율	ROA	ROE	유보율	자기자본비율	EBITDA마진율
2017	4.5	5.8	54.4	43.0	2.6	4.1	694.1	64.8	18.1
2016	13.5	16.6	61.0	37.6	8.3	12.7	661.5	62.1	24.8
2015	20.1	14.4	46.9	33.6	8.1	13.1	587.2	68.1	30.9
2014	14.6	-10.2	75.5	64.9	-4.3	-9.8	493.1	57.0	31.1

에스앤티모티브 (A064960)

S&T Motiv

업　　종 : 자동차부품　　시　　장 : 거래소
신용등급 : (Bond) —　(CP) —　　기업규모 : 시가총액 중형주
홈페이지 : www.sntmotiv.com　　연 락 처 : 051)509-2590
본　　사 : 부산시 기장군 철마면 여락송정로 363

설 립 일	2002.02.06	**종 업 원 수**	834명	**대 표 이 사**	유기준
상 장 일	2002.03.11	**감 사 의 견**	적정(삼정)	**계　열**	
결 산 기	12월	**보 통 주**		**종속회사수**	8개사
액 면 가	5,000원	**우 선 주**		**구　상　호**	

주주구성 (지분율,%)		출자관계 (지분율,%)		주요경쟁사 (외형,%)	
S&T홀딩스	37.2	S&TC	53.7	S&T모티브	100
국민연금공단	13.3	S&T대우기차부건(곤산)	100.0	현대모비스	3,090
(외국인)	15.6	광주S&T중공유한공사	100.0	한온시스템	491

매출구성		비용구성		수출비중	
기타사업 외	26.5	매출원가율	84.6	수출	78.6
모터	24.2	판관비율	6.9	내수	21.4
열교환기 등	20.9				

회사 개요

동사는 한국GM의 최대 부품공급업체 중 하나로 차량용 샤시, 에어백, 모터, 네비게이션 등의 차량용 부품과 개인용 복합화기 등의 방산제품을 생산하는 업체임. 차량용 부품의 경우 기술력 및 품질의 우수성을 인정받아 한국GM의 핵심부품 공급뿐만 아니라 GM, PSA, 다임러, 포드 등 글로벌 완성차 업체에 부품을 납품하고 있고, 방산 역시 안정적 매출을 시현중임. 최근 S&T모터스가 매각되고 S&TC가 자회사로 편입되는 관계회사 이동이 있었음.

실적 분석

동사는 지난해 매출액 1조1374억원, 영업이익 967억원을 각각 기록했음. 샤시, 전자전장, 에어백, 엔진부품, 자동차용 모터, 내비게이션 등 자동차 부품사업의 우수한 기술력과 품질 수준은 GM, 현대기아차, Peugeot, 다이하츠 등 글로벌 자동차 회사로부터 인정받음. 주요 고객처는 GM그룹이 35.1%, 현대기아차그룹이 13.6%를 차지하고 있음. 방산과 모터 매출이 증가하면서 실적을 개선을 기대.

현금 흐름 〈단위 : 억원〉

항목	2016	2017
영업활동	1,061	703
투자활동	-354	-206
재무활동	-171	-157
순현금흐름	541	308
기말현금	1,956	2,264

시장 대비 수익률

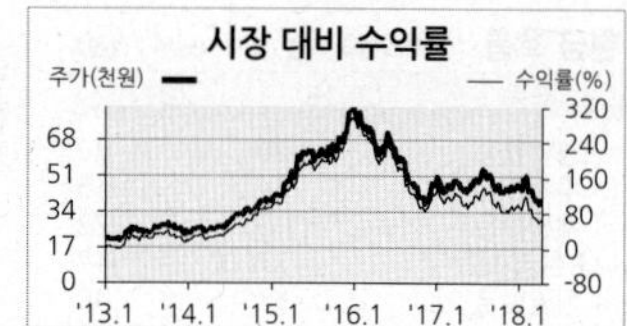

결산 실적 〈단위 : 억원〉

항목	2012	2013	2014	2015	2016	2017
매출액	9,051	8,749	10,993	12,105	11,538	11,375
영업이익	344	554	690	1,231	716	967
당기순이익	157	299	635	974	343	591

분기 실적 〈단위 : 억원〉

항목	2016.3Q	2016.4Q	2017.1Q	2017.2Q	2017.3Q	2017.4Q
매출액	2,764	3,164	2,887	2,927	2,610	2,950
영업이익	245	10	275	221	265	205
당기순이익	54	-60	23	332	254	-19

재무 상태 〈단위 : 억원〉

항목	2012	2013	2014	2015	2016	2017
총자산	8,951	12,060	11,150	11,728	12,482	12,263
유형자산	4,279	5,453	4,991	4,992	4,954	4,856
무형자산	64	113	118	128	161	200
유가증권	16	14	15	17	20	22
총부채	4,050	5,458	4,549	4,039	4,594	3,975
총차입금	526	725	300	3	3	—
자본금	731	731	731	731	731	731
총자본	4,901	6,602	6,602	7,689	7,888	8,288
지배주주지분	4,499	5,236	5,770	6,599	6,806	7,205

기업가치 지표

항목	2012	2013	2014	2015	2016	2017
주가(최고/저)(천원)	28.4/15.9	28.9/20.1	40.4/23.6	83.4/37.9	83.0/37.3	55.5/42.4
PER(최고/저)(배)	21.5/12.0	13.8/9.6	10.4/6.1	14.9/6.8	37.7/16.9	14.6/11.2
PBR(최고/저)(배)	1.0/0.6	0.9/0.6	1.1/0.6	1.9/0.9	1.9/0.8	1.2/0.9
EV/EBITDA(배)	6.3	8.5	6.8	8.1	6.4	4.5
EPS(원)	1,479	2,305	4,198	5,853	2,295	3,888
BPS(원)	31,420	36,191	39,841	45,194	46,542	49,272
CFPS(원)	3,071	2,305	5,783	7,622	4,051	5,895
DPS(원)	500	600	800	1,000	1,000	1,000
EBITDAPS(원)	3,944	3,792	6,304	10,190	6,655	8,622

재무 비율 〈단위 : %〉

연도	영업이익률	순이익률	부채비율	차입금비율	ROA	ROE	유보율	자기자본비율	EBITDA마진율
2017	8.5	5.2	48.0	0.0	4.8	8.1	885.4	67.6	11.1
2016	6.2	3.0	58.2	0.0	2.8	5.0	830.8	63.2	8.4
2015	10.2	8.0	52.5	0.1	8.5	13.8	803.9	65.6	12.3
2014	6.3	5.8	68.9	4.5	5.5	11.2	696.8	59.2	8.4

에스앤티씨 (A100840)
S&T

업 종 : 에너지 시설 및 서비스
신용등급 : (Bond) — (CP) —
홈페이지 : www.hisnt.com
본 사 : 경남 창원시 성산구 완암로 12
시 장 : 거래소
기업규모 : 시가총액 소형주
연 락 처 : 055)212-6500

설 립 일	2008.02.05	**종업원수**	197명	**대 표 이 사**	정원휘
상 장 일	2008.02.22	**감사의견**	적정(대주)	**계 열**	
결 산 기	12월	**보 통 주**		**종속회사수**	
액 면 가	500원	**우 선 주**		**구 상 호**	

주주구성 (지분율,%)		출자관계 (지분율,%)		주요경쟁사 (외형,%)	
S&T모티브	53.7	S&TPLANTSERVICEPTY	100.0	S&TC	100
국민연금공단	10.8	S&TGulf	50.0	신성이엔지	538
(외국인)	1.4			한국테크놀로지	5

매출구성		비용구성		수출비중	
열교환기	91.7	매출원가율	79.3	수출	94.5
기타	8.3	판관비율	10.2	내수	5.5

회사 개요

동사는 2008년 (구)S&TC가 인적분할되어 S&T홀딩스(지주회사)와 분할된 사업회사임. 주요 제품으로 공랭식열교환기, 배열회수보일러, 복수기, 탈질설비가 있음. 이중 열교환기 제품이 주력 사업 품목임. 동사는 해외시장 영업다각화를 위해 공랭식열교환기는 PETROFAC, KBR, CHIYODA, 등과 영업활동을 강화하고 있고 배열회수보일러는 CMI, VPI, HDI, FOST 등과 협력관계를 유지하며 영업활동 중임.

실적 분석

원화 강세로 인한 환율하락 현상 등 대내외 열악한 경제여건 속에서 동사의 연결기준 2017년 매출액은 전년대비 27.6% 감소한 1,840.9억원을 기록하였음. 부문별 매출액 비중은 열교환기 제품 87.9%으로 가장 큼. 판관비 절감 노력에 따라 판관비가 60% 감소하였으며 GE의 손해배상청구 해소에 따라 영업이익은 전년대비 1,506.7% 증가한 192억원, 당기순이익 또한 176.1% 증가한 45.8억원을 기록하였음.

현금 흐름 *IFRS 별도 기준

〈단위 : 억원〉

항목	2016	2017
영업활동	350	-56
투자활동	-63	62
재무활동	-36	—
순현금흐름	271	-16
기말현금	588	572

시장 대비 수익률

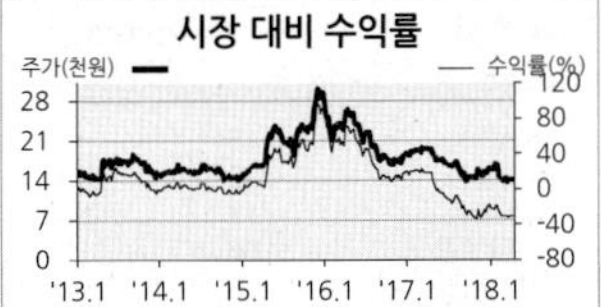

결산 실적

〈단위 : 억원〉

항목	2012	2013	2014	2015	2016	2017
매출액	2,307	2,008	2,427	2,601	2,541	1,841
영업이익	151	168	138	339	12	192
당기순이익	91	162	113	270	17	46

분기 실적 *IFRS 별도 기준

〈단위 : 억원〉

항목	2016.3Q	2016.4Q	2017.1Q	2017.2Q	2017.3Q	2017.4Q
매출액	613	606	510	555	404	371
영업이익	55	-180	50	50	79	12
당기순이익	-23	-69	-35	73	67	-59

재무 상태 *IFRS 별도 기준

〈단위 : 억원〉

항목	2012	2013	2014	2015	2016	2017
총자산	2,928	3,117	3,045	3,162	3,480	3,003
유형자산	1,223	1,204	1,201	1,187	1,181	1,168
무형자산	40	43	40	36	31	25
유가증권	3	3	3	3	3	3
총부채	1,095	1,135	968	848	1,182	664
총차입금	49	52	81	—	—	—
자본금	35	35	35	35	35	35
총자본	1,833	1,982	2,077	2,314	2,298	2,338
지배주주지분	1,833	1,982	2,077	2,314	2,298	2,338

기업가치 지표 *IFRS 별도 기준

항목	2012	2013	2014	2015	2016	2017
주가(최고/저)(천원)	22.3/13.2	19.1/14.2	17.4/14.3	32.1/14.9	29.5/16.9	20.1/13.5
PER(최고/저)(배)	18.8/11.2	9.0/6.7	11.5/9.5	8.6/4.0	125.9/72.0	32.1/21.5
PBR(최고/저)(배)	0.9/0.6	0.7/0.5	0.6/0.5	1.0/0.5	0.9/0.5	0.6/0.4
EV/EBITDA(배)	4.0	2.6	4.6	4.9	22.1	2.8
EPS(원)	1,245	2,219	1,544	3,704	227	628
BPS(원)	25,874	27,971	29,319	32,662	32,436	33,004
CFPS(원)	1,605	2,579	1,905	4,134	560	975
DPS(원)	200	300	500	500	—	15
EBITDAPS(원)	2,458	2,666	2,259	5,106	494	3,039

재무 비율

〈단위 : %〉

연도	영업이익률	순이익률	부채비율	차입금비율	ROA	ROE	유보율	자기자본비율	EBITDA마진율
2017	10.4	2.5	28.4	0.0	1.4	2.0	6,500.7	77.9	11.7
2016	0.5	0.7	51.5	0.0	0.5	0.7	6,387.3	66.0	1.4
2015	13.0	10.4	36.6	0.0	8.7	12.3	6,432.5	73.2	13.9
2014	5.7	4.6	46.6	3.9	3.7	5.6	5,763.8	68.2	6.6

에스앤티중공업 (A003570)
S&T Dynamics

업 종 : 자동차부품
신용등급 : (Bond) — (CP) —
홈페이지 : www.hisntd.com
본 사 : 경남 창원시 성산구 남면로 599 (외동)
시 장 : 거래소
기업규모 : 시가총액 소형주
연 락 처 : 055)280-5000

설 립 일	1959.04.01	**종업원수**	816명	**대 표 이 사**	권정원
상 장 일	1976.07.08	**감사의견**	적정(삼정)	**계 열**	
결 산 기	12월	**보 통 주**		**종속회사수**	4개사
액 면 가	2,500원	**우 선 주**		**구 상 호**	

주주구성 (지분율,%)		출자관계 (지분율,%)		주요경쟁사 (외형,%)	
S&T홀딩스	38.7	S&TAMT	100.0	S&T중공업	100
국민연금공단	12.8	S&TGulf	50.0	성우하이텍	772
(외국인)	13.4	제이티비씨	1.8	현대EP	210

매출구성		비용구성		수출비중	
차축,변속기, 방산품, 기타부품(운수장비)	90.6	매출원가율	93.8	수출	27.0
CNC선반, 머시닝센타, 전용기, 주조품 등(기계)	9.4	판관비율	14.8	내수	73.0

회사 개요

동사는 1959년 예화산탄공기총제작소로 설립됨. 1976년 유가증권시장에 상장됨. 1984년 동양기계공업과 합병 후 상호를 통일로 변경했다가 2005년 현재의 사명으로 바뀜. 운수장비사업, 기계사업 등의 제조 및 판매가 주된 사업. 운수장비 사업은 방산용 변속기, 총화포 등 방위산업제품과 변속기, 차축 등 차량부품 등으로 나뉨. 기계사업은 공작기계, 주물소재(조관 포함)로 구분됨.

실적 분석

동사는 지난해 매출액 4,363억원을 기록하며 외형축소. 영업이익과 당기순이익도 각각 -375억원, -309억원으로 2년 연속 적자를 이어갔음. 원가율관리에도 판관비가 대폭 증가하며(+160%) 영업적자폭이 늘어남. 비영업손익 또한 외환손익 적자전환한 영향으로 적자지속되며 당기순손실이 지속됨.

현금 흐름

〈단위 : 억원〉

항목	2016	2017
영업활동	445	334
투자활동	-98	-479
재무활동	-75	-157
순현금흐름	272	-307
기말현금	2,033	1,726

시장 대비 수익률

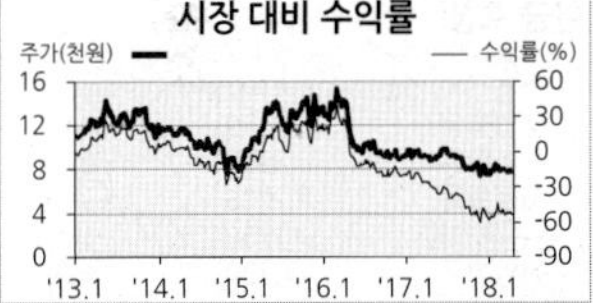

결산 실적

〈단위 : 억원〉

항목	2012	2013	2014	2015	2016	2017
매출액	6,121	5,840	5,585	5,044	4,680	4,363
영업이익	351	195	-37	385	-14	-375
당기순이익	437	226	26	326	-244	-309

분기 실적

〈단위 : 억원〉

항목	2016.3Q	2016.4Q	2017.1Q	2017.2Q	2017.3Q	2017.4Q
매출액	936	1,459	1,165	1,069	1,009	1,120
영업이익	-4	8	37	-6	-19	-386
당기순이익	-43	-152	-4	27	0	-332

재무 상태

〈단위 : 억원〉

항목	2012	2013	2014	2015	2016	2017
총자산	11,566	9,357	9,144	9,217	8,905	8,384
유형자산	5,507	4,342	4,259	4,192	4,044	3,871
무형자산	251	237	270	211	129	25
유가증권	206	186	177	84	32	30
총부채	3,621	2,630	2,601	2,441	2,370	2,339
총차입금	158	81	78	71	68	65
자본금	837	837	837	837	837	837
총자본	7,945	6,727	6,543	6,776	6,535	6,045
지배주주지분	7,041	6,727	6,543	6,776	6,535	6,045

기업가치 지표

항목	2012	2013	2014	2015	2016	2017
주가(최고/저)(천원)	18.1/9.9	14.3/10.6	12.0/7.6	15.0/8.4	15.4/8.8	10.2/7.3
PER(최고/저)(배)	16.0/8.7	31.3/23.3	154.6/97.2	15.2/8.5	—/—	—/—
PBR(최고/저)(배)	0.9/0.5	0.7/0.5	0.6/0.4	0.7/0.4	0.7/0.4	0.5/0.4
EV/EBITDA(배)	6.9	8.0	9.2	4.8	5.2	—
EPS(원)	1,203	474	80	1,005	-752	-952
BPS(원)	22,015	21,031	20,899	21,617	20,876	19,829
CFPS(원)	1,742	964	687	1,600	-86	-395
DPS(원)	300	150	100	200	—	—
EBITDAPS(원)	1,621	1,090	493	1,780	622	-596

재무 비율

〈단위 : %〉

연도	영업이익률	순이익률	부채비율	차입금비율	ROA	ROE	유보율	자기자본비율	EBITDA마진율
2017	-8.6	-7.1	38.7	1.1	-3.6	-4.9	669.5	72.1	-4.4
2016	-0.3	-5.2	36.3	1.1	-2.7	-3.7	710.1	73.4	4.3
2015	7.6	6.5	36.0	1.1	3.6	4.9	738.8	73.5	11.5
2014	-0.7	0.5	39.8	1.2	0.3	0.4	711.0	71.6	2.9

에스앤티홀딩스 (A036530)
S&T Holdings

업 종 : 자동차부품 | 시 장 : 거래소
신용등급 : (Bond) — (CP) — | 기업규모 : 시가총액 소형주
홈페이지 : www.hisntholdings.com | 연 락 처 : 02)3279-5010
본 사 : 서울시 금천구 가산디지털1로 134

설 립 일	1982.09.27	종업원수	7명	대표이사	김도환
상 장 일	2000.03.07	감사의견	적정(삼정)	계 열	
결 산 기	12월	보 통 주		종속회사수	16개사
액 면 가	500원	우 선 주		구 상 호	

주주구성 (지분율,%)		출자관계 (지분율,%)		주요경쟁사 (외형,%)	
최평규	50.8	S&T솔루션	55.0	S&T홀딩스	100
국민연금기금	7.0	S&T모티브	37.2	성우하이텍	223
(외국인)	11.2	S&T중공업	35.6	현대EP	61

매출구성		비용구성		수출비중	
차량부품(차축, 변속기, 방산품 등)	81.9	매출원가율	86.4	수출	—
산업설비(공랭식열교환기, 배열회수보일러 등)	16.7	판관비율	9.6	내수	—
기타(CNC선반, 머시닝센터 등)	12.8				

회사 개요

동사는 2008년 2월 1일 투자부문을 존속법인으로 하고 제조부문을 신설법인으로 하는 인적분할을 통하여 지주회사로 전환함. 연결대상 종속회사들은 차량부품, 산업설비와 기타사업(공작기계, 방산품, 소재부품, SCMC 등의 제조 및 판매)을 영위하고 있음. S&T중공업과 S&T모티브를 주요 자회사로 두고 있음. 사업부문은 차량부품, 산업설비 및 기타 사업부로 세분화됨.

실적 분석

2017년 결산 영업수익과 영업이익은 전년동기 대비 각각 1.9%, 16.1% 감소한 1조 5,082억원, 606.4억원을 기록함. 차량부품 부문의 실적호조에도 불구하고 산업설비부문의 부진 영향. S&T중공업 적자사업부인 공작기계부문에 대한 축소, 고마진 방산부문에서의 매출이 확대되고 있어 실적 추가 개선 가능 기대. 또한 K9 자주포 수출, K2파워팩 국산화 양산분 매출, 기어박스 매출 등에 힘입어 향후 매출성장이 기대됨

현금 흐름 〈단위 : 억원〉

항목	2016	2017
영업활동	1,439	1,042
투자활동	-508	-876
재무활동	-206	-315
순현금흐름	730	-187
기말현금	4,320	4,133

시장 대비 수익률

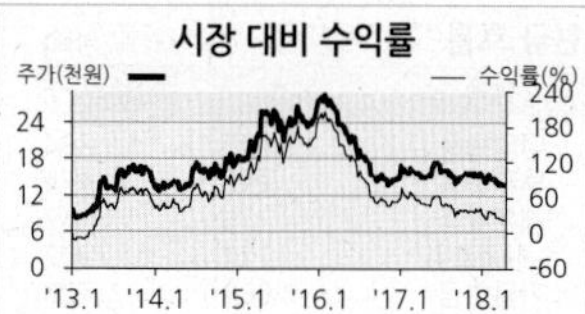

결산 실적 〈단위 : 억원〉

항목	2012	2013	2014	2015	2016	2017
매출액	16,687	15,236	15,524	16,127	15,377	15,082
영업이익	857	878	655	1,615	723	606
당기순이익	633	538	670	1,164	101	259

분기 실적 〈단위 : 억원〉

항목	2016.3Q	2016.4Q	2017.1Q	2017.2Q	2017.3Q	2017.4Q
매출액	3,515	4,353	3,830	3,828	3,475	3,948
영업이익	234	35	314	234	241	-183
당기순이익	1	-189	16	353	232	-342

재무 상태 〈단위 : 억원〉

항목	2012	2013	2014	2015	2016	2017
총자산	20,749	21,492	20,394	21,693	22,102	21,462
유형자산	9,842	9,862	9,333	9,283	9,088	8,808
무형자산	316	349	389	339	290	215
유가증권	223	201	216	158	101	71
총부채	7,569	7,748	6,833	6,401	6,793	6,269
총차입금	684	808	380	77	73	67
자본금	77	77	77	79	81	81
총자본	13,180	13,744	13,560	15,292	15,309	15,193
지배주주지분	5,037	5,281	5,525	5,885	5,910	5,997

기업가치 지표

항목	2012	2013	2014	2015	2016	2017
주가(최고/저)(천원)	11.4/7.4	17.0/8.2	18.8/12.8	28.8/17.5	28.5/13.5	17.5/13.9
PER(최고/저)(배)	7.7/5.0	13.2/6.3	10.8/7.4	15.0/9.1	174.8/82.9	42.6/33.7
PBR(최고/저)(배)	0.4/0.3	0.6/0.3	0.6/0.4	0.8/0.5	0.8/0.4	0.5/0.4
EV/EBITDA(배)	6.1	6.7	7.9	4.8	5.8	5.8
EPS(원)	1,669	1,396	1,827	2,013	169	417
BPS(원)	34,090	35,390	37,061	38,324	37,373	37,922
CFPS(원)	4,698	4,112	4,864	5,078	3,178	3,445
DPS(원)	400	400	215	265	350	215
EBITDAPS(원)	8,617	8,470	7,257	13,452	7,570	6,846

재무 비율 〈단위 : %〉

연도	영업 이익률	순 이익률	부채 비율	차입금 비율	ROA	ROE	유보율	자기자본 비율	EBITDA 마진율
2017	4.0	1.7	41.3	0.4	1.2	1.1	7,297.4	70.8	7.2
2016	4.7	0.7	44.4	0.5	0.5	0.5	7,190.4	69.3	7.8
2015	10.0	7.2	41.9	0.5	5.5	5.8	7,370.4	70.5	12.8
2014	4.2	4.3	50.4	2.8	3.2	5.5	7,118.7	66.5	7.0

에스에너지 (A095910)
S-Energy

업 종 : 에너지 시설 및 서비스 | 시 장 : KOSDAQ
신용등급 : (Bond) — (CP) — | 기업규모 : 중견
홈페이지 : www.s-energy.co.kr | 연 락 처 : 070)4339-7100
본 사 : 경기도 성남시 분당구 판교역로 241번길 20 미래에셋타워 3층

설 립 일	2001.01.12	종업원수	173명	대표이사	홍성민
상 장 일	2007.10.16	감사의견	적정(대주)	계 열	
결 산 기	12월	보 통 주		종속회사수	27개사
액 면 가	500원	우 선 주		구 상 호	

주주구성 (지분율,%)		출자관계 (지분율,%)		주요경쟁사 (외형,%)	
홍성민	16.3	에스파워	100.0	에스에너지	100
디에스자산운용	3.1	호포차량기지태양광	100.0	파루	12
(외국인)	2.9	에스플래닛사호	100.0	KG ETS	47

매출구성		비용구성		수출비중	
태양광모듈/발전시스템	96.3	매출원가율	85.1	수출	62.3
기타용역 등	3.7	판관비율	11.6	내수	37.7

회사 개요

2001년 설립되어 태양전지 모듈 및 태양광 시스템 설치 및 발전 사업을 영위 중임. 기존 태양광 모듈 판매뿐 아니라 태양광발전소 건설사업과 유지보수 사업으로까지 영역을 확대하는 등 사업 포트폴리오를 다변화하고 있음. 기존 유럽 중심에서 동남아시아, 미국, 일본 등으로 매출처의 다변화에 성공하여 안정적인 실적을 유지 중임. 수출이 전체 매출의 80% 이상을 차지함. 에프파워 등 국내외에 25개의 태양광 사업 관련 연결대상 종속회사를 보유함.

실적 분석

동사는 2017년 연결기준 매출액 2,311.1억원, 영업이익 76.2억원을 달성하여 전년대비 각각 24.1% 감소, 1.8% 증가하였음. 태양광 모듈 가격 하락(전년대비 약 25%), 프로젝트파이낸싱(해외) 지연, 외화평가손실 25억원, 중단사업손실 32억원 규모의 일회성 요인으로 인해 순이익은 27.8억원의 적자를 기록하였으나, 2018년에는 지난해 반영되었던 일회성 손실이 사라지고 지분법 이익 확대로 성장성 및 수익성 개선될 것으로 기대.

현금 흐름 〈단위 : 억원〉

항목	2016	2017
영업활동	-15	-99
투자활동	-130	-100
재무활동	-17	244
순현금흐름	-166	44
기말현금	298	342

시장 대비 수익률

결산 실적 〈단위 : 억원〉

항목	2012	2013	2014	2015	2016	2017
매출액	2,254	2,687	2,734	3,130	3,046	2,311
영업이익	187	123	60	56	75	76
당기순이익	101	87	29	32	30	-28

분기 실적 〈단위 : 억원〉

항목	2016.3Q	2016.4Q	2017.1Q	2017.2Q	2017.3Q	2017.4Q
매출액	544	1,065	365	429	490	1,028
영업이익	9	50	3	8	15	50
당기순이익	4	17	12	-4	6	-41

재무 상태 〈단위 : 억원〉

항목	2012	2013	2014	2015	2016	2017
총자산	1,678	1,865	2,240	2,795	3,455	3,019
유형자산	352	602	554	765	755	686
무형자산	13	12	11	9	140	166
유가증권	3	17	18	33	35	49
총부채	933	1,052	1,407	1,910	2,518	1,999
총차입금	461	786	776	1,083	1,124	1,237
자본금	52	53	55	56	58	66
총자본	745	814	832	885	937	1,020
지배주주지분	745	814	831	883	933	1,009

기업가치 지표

항목	2012	2013	2014	2015	2016	2017
주가(최고/저)(천원)	10.4/5.7	12.5/8.3	12.2/6.5	9.2/6.0	10.2/6.5	9.6/6.9
PER(최고/저)(배)	11.6/6.3	15.9/10.6	47.9/25.6	34.1/22.0	43.4/27.7	—/—
PBR(최고/저)(배)	1.5/0.9	1.7/1.1	1.6/0.8	1.1/0.7	1.2/0.8	1.2/0.8
EV/EBITDA(배)	5.1	8.7	8.6	11.5	10.1	11.9
EPS(원)	964	832	267	281	241	-265
BPS(원)	7,228	7,982	8,120	8,499	8,690	8,214
CFPS(원)	1,392	1,348	846	948	1,021	313
DPS(원)	100	100	100	100	110	50
EBITDAPS(원)	2,210	1,689	1,130	1,170	1,424	1,155

재무 비율 〈단위 : %〉

연도	영업 이익률	순 이익률	부채 비율	차입금 비율	ROA	ROE	유보율	자기자본 비율	EBITDA 마진율
2017	3.3	-1.2	195.9	121.3	-0.9	-3.6	1,542.8	33.8	6.6
2016	2.5	1.0	268.7	120.0	1.0	3.1	1,638.0	27.1	5.4
2015	1.8	1.0	215.9	122.4	1.3	3.6	1,599.8	31.7	4.1
2014	2.2	1.1	169.1	93.2	1.4	3.5	1,523.9	37.2	4.5

에스에이엠티 (A031330)
SAMT

업종 : 반도체 및 관련장비
신용등급 : (Bond) — (CP) —
홈페이지 : www.isamt.com
본사 : 서울시 강남구 영동대로 315, 대경빌딩
시장 : KOSDAQ
기업규모 : 우량
연락처 : 02)3458-9000

설립일	1990.06.27	**종업원수**	90명	**대표이사**	성재생
상장일	2000.05.10	**감사의견**	적정(삼일)	**계열**	
결산기	12월	**보통주**		**종속회사수**	1개사
액면가	500원	**우선주**		**구상호**	

주주구성 (지분율,%)		출자관계 (지분율,%)		주요경쟁사 (외형,%)	
삼지전자	49.8	위즈네트	5.5	에스에이엠티	100
우리은행	3.4	금강방송	2.0	아이에이	5
(외국인)	4.7			네패스	24

매출구성		비용구성		수출비중	
전자부품 유통업	99.9	매출원가율	95.6	수출	40.0
기타	0.1	판관비율	1.5	내수	60.0

회사 개요
동사는 1990년에 설립되어 스마트폰, Tablet PC와 같은 IT 제품에 필요한 반도체 및 LCD패널, Digital Module 제품 등 전자부품 유통업체로 삼성전자 및 삼성디스플레이, 삼성전기, 삼성SDI 등의 국내 대리점 계약을 바탕으로 안정적인 공급을 받아 국내외로 판매하고 있음. 매출에서 수출 비중은 2017년 기준 29.0%임. 동사는 49.6%의 지분을 보유한 지배회사이자 최대주주인 삼지전자를 비롯해 계열회사가 9개임.

실적 분석
동사는 창사 이래 최대매출액을 달성함. 2017년 매출은 1조2,120.2억원으로 전년 대비 14% 증가함. 메모리 산업의 공정기술 난이도가 높아져 공급증가가 제한됨에 따라 우호적인 시황이 지속돼 동사의 대형거래선의 M/S를 증가시킨 덕분임. 영업이익은 341.9억원으로 전년 대비 19.8% 증가함. 이는 전년 발생했던 대손손실의 기저효과 때문임. 당기순이익은 전년보다 92억원 감소한 295억원을 달성함.

현금 흐름 〈단위 : 억원〉

항목	2016	2017
영업활동	135	185
투자활동	-41	35
재무활동	-89	-179
순현금흐름	6	40
기말현금	14	55

시장 대비 수익률
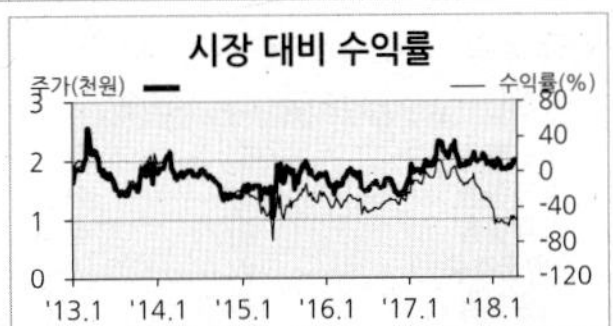

결산 실적 〈단위 : 억원〉

항목	2012	2013	2014	2015	2016	2017
매출액	10,242	10,228	9,832	10,593	10,635	12,120
영업이익	254	262	-39	368	285	342
당기순이익	103	142	-27	338	386	295

분기 실적 〈단위 : 억원〉

항목	2016.3Q	2016.4Q	2017.1Q	2017.2Q	2017.3Q	2017.4Q
매출액	2,865	2,473	2,775	3,083	3,265	2,997
영업이익	87	51	96	84	84	77
당기순이익	25	225	48	80	90	77

재무 상태 〈단위 : 억원〉

항목	2012	2013	2014	2015	2016	2017
총자산	2,244	2,437	2,480	2,434	2,823	2,856
유형자산	75	73	73	97	95	118
무형자산	28	32	32	23	38	38
유가증권	6	6	5	5	6	7
총부채	1,704	1,749	1,757	1,379	1,125	931
총차입금	1,022	988	964	742	409	300
자본금	400	400	400	400	500	500
총자본	540	688	723	1,054	1,698	1,925
지배주주지분	540	688	723	1,054	1,698	1,925

기업가치 지표

항목	2012	2013	2014	2015	2016	2017
주가(최고/저)(천원)	2.0/0.9	2.6/1.2	2.2/1.3	2.1/1.0	1.9/1.4	2.4/1.6
PER(최고/저)(배)	18.3/7.8	17.5/8.3	—/—	5.9/2.7	4.9/3.6	8.4/5.9
PBR(최고/저)(배)	3.2/1.4	3.4/1.6	2.7/1.6	1.8/0.8	1.2/0.9	1.3/0.9
EV/EBITDA(배)	9.9	9.7	—	6.5	7.5	6.4
EPS(원)	123	169	-32	401	427	295
BPS(원)	741	926	970	1,384	1,751	1,978
CFPS(원)	137	184	-30	426	429	297
DPS(원)	—	—	—	—	100	110
EBITDAPS(원)	325	334	-45	465	318	344

재무 비율 〈단위 : %〉

연도	영업이익률	순이익률	부채비율	차입금비율	ROA	ROE	유보율	자기자본비율	EBITDA마진율
2017	2.8	2.4	48.4	15.6	10.4	16.3	295.5	67.4	2.8
2016	2.7	3.6	66.3	24.1	14.7	28.1	250.1	60.1	2.7
2015	3.5	3.2	130.8	70.4	13.8	38.0	176.8	43.3	3.5
2014	-0.4	-0.3	242.9	133.2	-1.1	-3.9	94.1	29.2	-0.4

에스에이치에너지화학 (A002360)
SH ENERGY & CHEMICAL

업종 : 화학
신용등급 : (Bond) — (CP) —
홈페이지 : www.sh-enerchem.com
본사 : 전북 군산시 외항7길 20 (소룡동)
시장 : 거래소
기업규모 : 시가총액 소형주
연락처 : 063)469-1500

설립일	1958.05.09	**종업원수**	150명	**대표이사**	이규봉,노상섭
상장일	1985.12.23	**감사의견**	적정(삼일)	**계열**	
결산기	12월	**보통주**		**종속회사수**	2개사
액면가	500원	**우선주**		**구상호**	

주주구성 (지분율,%)		출자관계 (지분율,%)		주요경쟁사 (외형,%)	
REALTY ADVISORS, INC.	31.1	RAK자산운용	67.8	SH에너지화학	100
Morgan Stanley & co. International Limited	4.1	SHEnergyUSA,	100.0	경인양행	159
(외국인)	36.4			한국알콜	113

매출구성		비용구성		수출비중	
[제품]EPS레진 등	98.0	매출원가율	86.0	수출	18.1
[상품]EPS레진 등	3.8	판관비율	6.4	내수	81.9
금융투자	1.2				

회사 개요
동사는 EPS시장 1위업체로서 합성수지 제조사업을 주력사업부문으로 영위하고 있으며 대표적인 생산품인 EPS는 스티로폴의 원료로 건축단열재 및 고급 포장완충재로 쓰이며, 농수산물 상자와 토목공사용으로 연약지반 대책공법에도 활용되는등 용도가 확대되고 있음. 경쟁업체로는 제일모직, LG화학 등 6개 업체가 있으며, 합성수지 부문에서 2017년 연간 동사의 시장점유율은 약 20.7%로 추정됨.

실적 분석
동사의 2017년도 연결기준 연간 매출액은 1,881.2억원으로 전년 대비 13.9% 감소함. 원가감소에도 영업이익은 141.8억원으로 전년 대비 41.2% 감소됨. 이는 건설경기 침체 및 노동조합 파업으로 판매량 감소 영향으로 볼 수 있음. 합성수지제조 사업부문은 꾸준히 증가하고 있으며, 자원개발 사업부문은 신규 에너지 비즈니스 발굴과 신규거래처 확대를 통한 매출 증대로 수익성을 향상시키기 위해 노력함.

현금 흐름 〈단위 : 억원〉

항목	2016	2017
영업활동	145	164
투자활동	28	-9
재무활동	-104	-88
순현금흐름	68	67
기말현금	264	331

시장 대비 수익률
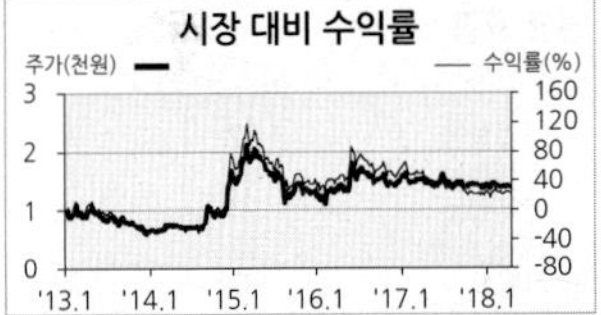

결산 실적 〈단위 : 억원〉

항목	2012	2013	2014	2015	2016	2017
매출액	1,940	2,319	2,309	2,164	2,184	1,881
영업이익	22	64	213	230	241	142
당기순이익	2	46	167	126	180	99

분기 실적 〈단위 : 억원〉

항목	2016.3Q	2016.4Q	2017.1Q	2017.2Q	2017.3Q	2017.4Q
매출액	506	658	499	539	453	390
영업이익	60	64	36	54	21	31
당기순이익	39	50	19	45	17	18

재무 상태 〈단위 : 억원〉

항목	2012	2013	2014	2015	2016	2017
총자산	1,037	1,105	1,107	1,155	1,245	1,253
유형자산	328	321	311	327	318	311
무형자산	99	102	107	53	43	35
유가증권	8	10	16	7	37	13
총부채	388	409	265	239	204	176
총차입금	286	280	96	69	36	36
자본금	557	557	557	557	557	557
총자본	649	696	842	916	1,041	1,077
지배주주지분	632	681	823	897	1,023	1,056

기업가치 지표

항목	2012	2013	2014	2015	2016	2017
주가(최고/저)(천원)	1.3/0.3	1.1/0.6	1.8/0.6	2.2/1.1	1.8/1.1	1.8/1.3
PER(최고/저)(배)	439.9/90.6	29.3/16.2	13.5/4.8	21.3/10.9	12.2/7.4	21.0/15.8
PBR(최고/저)(배)	2.7/0.6	2.1/1.1	2.7/1.0	3.0/1.5	2.1/1.3	1.9/1.4
EV/EBITDA(배)	30.5	11.8	8.1	5.8	5.7	7.6
EPS(원)	3	43	147	113	161	86
BPS(원)	575	620	748	814	927	957
CFPS(원)	24	63	167	134	182	106
DPS(원)	—	15	45	44	55	43
EBITDAPS(원)	40	78	212	227	237	148

재무 비율 〈단위 : %〉

연도	영업이익률	순이익률	부채비율	차입금비율	ROA	ROE	유보율	자기자본비율	EBITDA마진율
2017	7.5	5.3	16.4	3.3	7.9	9.2	90.8	85.9	8.7
2016	11.0	8.3	19.6	3.4	15.0	18.7	84.9	83.6	12.1
2015	10.6	5.8	26.1	7.5	11.1	14.6	62.3	79.3	11.7
2014	9.2	7.3	31.5	11.4	15.1	21.7	49.1	76.1	10.2

에스에이티 (A060540)
System and Application Technologies

업　　종 : 휴대폰 및 관련부품　　시　　장 : KOSDAQ
신용등급 : (Bond) —　　(CP) —　　기업규모 : 벤처
홈페이지 : www.satech.co.kr　　연 락 처 : 031)450-1400
본　　사 : 경기도 군포시 엘에스로 175 (에스에이타워7층)

설 립 일	1998.12.21	**종업원수**	94명	**대표이사**	정성원
상 장 일	2006.11.28	**감사의견**	적정(신아)	**계　　열**	
결 산 기	12월	**보 통 주**		**종속회사수**	6개사
액 면 가	500원	**우 선 주**		**구 상 호**	

주주구성 (지분율,%)		출자관계 (지분율,%)		주요경쟁사 (외형,%)	
에프넷	35.2	한국도로전산	100.0	에스에이티	100
한국증권금융	4.0	나노테크	100.0	알에프텍	295
(외국인)	2.1	서귀포산업	100.0	제주반도체	120

매출구성		비용구성		수출비중	
(제품) 모바일 관련 제품	71.2	매출원가율	82.1	수출	61.3
(용역) 폐기물처리	12.4	판관비율	9.6	내수	38.7
(제품) 축중기 외	8.7				

회사 개요
동사의 사업부문은 교통 관련 장비 제조, 모바일 관련 부품 납품, 이동통신 중계기용 모듈 개발 등. 주요 생산품으로는 축중기, 계중기, 모바일 관련 다이컷팅 제품 및 인쇄물, 중계기용 제어기기 등이 있음. 한국도로전산, 와이티테크놀로지 등을 종속회사로 보유하고 있음. 종속회사의 사업부문은 건설폐기물 중간처리업, 모바일 관련 부자재와 인쇄물 제조업, 부동산 임대, 건물관리부문으로 구성됨.

실적 분석
동사의 2017년 4/4분기 매출은 973.1억원으로 전년동기 대비 14.9% 증가했음. 외형 성장으로 인해 매출원가 및 판관비가 전년동기 대비 각각 11.9%, 15.9% 증가했음에도 불구하고 영업이익은 전년동기 대비 54.5% 증가한 80.5억원을 기록했음. 비영업부문에서도 4.5억원의 이익을 시현해 이익폭이 확대되어 당기순이익은 전년동기 40.6억원에서 69.0억원으로 69.8% 증가했음.

현금 흐름
〈단위 : 억원〉

항목	2016	2017
영업활동	52	76
투자활동	-53	-23
재무활동	24	-40
순현금흐름	22	5
기말현금	232	237

시장 대비 수익률
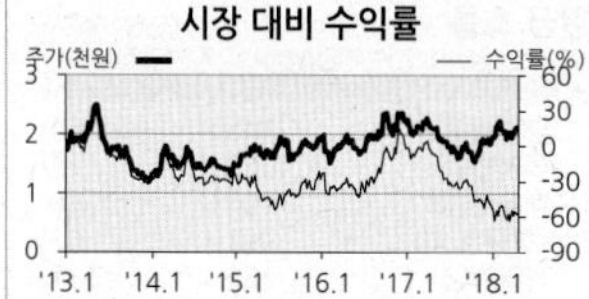

결산 실적
〈단위 : 억원〉

항목	2012	2013	2014	2015	2016	2017
매출액	41	76	168	389	847	973
영업이익	-1	-20	18	42	52	80
당기순이익	54	-31	19	57	41	69

분기 실적
〈단위 : 억원〉

항목	2016.3Q	2016.4Q	2017.1Q	2017.2Q	2017.3Q	2017.4Q
매출액	196	238	143	219	262	349
영업이익	4	27	-1	26	32	23
당기순이익	-0	20	-5	26	43	4

재무 상태
〈단위 : 억원〉

항목	2012	2013	2014	2015	2016	2017
총자산	524	496	636	857	934	1,239
유형자산	48	29	65	153	182	375
무형자산	42	16	38	39	38	35
유가증권	72	49	30	17	12	32
총부채	153	140	176	311	269	488
총차입금	89	105	111	136	91	262
자본금	46	62	89	98	125	125
총자본	371	356	460	545	665	751
지배주주지분	371	356	443	525	643	704

기업가치 지표

항목	2012	2013	2014	2015	2016	2017
주가(최고/저)(천원)	1.8/1.1	2.5/1.2	2.0/1.3	2.1/1.4	2.6/1.5	2.3/1.5
PER(최고/저)(배)	3.5/2.2	—/—	14.8/9.2	7.8/5.3	16.3/9.7	9.0/5.8
PBR(최고/저)(배)	0.5/0.3	0.9/0.4	0.9/0.5	0.8/0.5	1.0/0.6	0.9/0.5
EV/EBITDA(배)	44.8	—	9.5	5.5	5.5	5.0
EPS(원)	534	-281	142	272	162	267
BPS(원)	3,997	2,889	2,482	2,685	2,574	2,818
CFPS(원)	638	-240	178	322	228	342
DPS(원)	50	—	—	—	—	50
EBITDAPS(원)	37	-141	169	262	281	397

재무 비율
〈단위 : %〉

연도	영업이익률	순이익률	부채비율	차입금비율	ROA	ROE	유보율	자기자본비율	EBITDA마진율
2017	8.3	7.1	65.1	35.0	6.4	9.9	463.6	60.6	10.2
2016	6.2	4.8	40.5	13.7	4.5	6.7	414.8	71.2	8.0
2015	10.7	14.6	57.1	25.0	7.6	11.0	437.1	63.7	13.2
2014	10.4	11.2	38.3	24.2	3.3	4.7	396.4	72.3	13.3

에스에이티 (A158300)
Solution Advanced Technology

업　　종 : 디스플레이 및 관련부품　　시　　장 : KONEX
신용등급 : (Bond) —　　(CP) —　　기업규모 : —
홈페이지 : www.sateng.co.kr　　연 락 처 : 031)433-4711
본　　사 : 경기도 시흥시 엠티브이 26로 58번길 25

설 립 일	2003.05.01	**종업원수**	49명	**대표이사**	소진석
상 장 일	2013.07.01	**감사의견**	적정(태성)	**계　　열**	
결 산 기	12월	**보 통 주**		**종속회사수**	
액 면 가	—	**우 선 주**		**구 상 호**	

주주구성 (지분율,%)		출자관계 (지분율,%)		주요경쟁사 (외형,%)	
소진석	42.5	SATUSA.LLC	100.0	에스에이티이엔지	100
백범석	12.9	AFM-SAT-1,LLC	86.0	디이엔티	706
		SAT-AFM-JV,LLC	60.0	이엘피	179

매출구성		비용구성		수출비중	
Bonding System	77.6	매출원가율	80.9	수출	91.2
장비 부품외	21.7	판관비율	16.8	내수	8.8
Inspection System	0.7				

회사 개요
2004년 7월 설립된 동사는 디스플레이 산업 중 평판디스플레이(FPD) 제조용 장비를 생산하는 장비제조 업체임. 필수 모듈 제조공정 중 핵심공정인 구동부 접합공정을 주요 사업으로 영위하고 있음. 단계적인 사업의 저변 확대를 통하여 장비 및 부착기, 검사기 등으로 매출군을 확대하였음. 국내와 해외의 주요 디스플레이 패널업체를 중심으로 매출처를 형성하고 있으며 특정 업체 의존도는 낮은 편. 차세대 디스플레이 제품에 대응하기 위한 기술 개발 중임.

실적 분석
동사의 2017년 연결기준 연간 누적 매출액은 255.5억원으로 전년 동기 대비 5.1% 증가함. 매출이 늘면서 매출원가도 전년동기 대비 5.5% 증가하고 판관비도 21.7% 대폭 증가. 비용 증가효과로 인해 영업이익은 5.7억원으로 전년동기 대비 51.8% 감소. 비영업손익부문에서도 적자 전환하면서 당기순손실은 10.3억원으로 전년대비 적자 전환. 향후 해외 시장개척을 위해 검증된 해외 Agent와의 사업적 파트너십 강화 예정.

현금 흐름
*IFRS 별도 기준　〈단위 : 억원〉

항목	2016	2017
영업활동	26	-45
투자활동	-23	-10
재무활동	0	46
순현금흐름	4	-9
기말현금	11	1

시장 대비 수익률
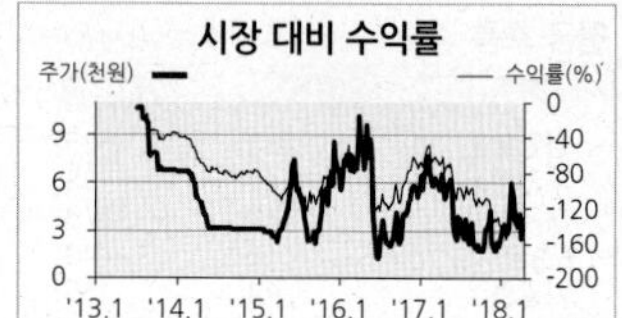

결산 실적
〈단위 : 억원〉

항목	2012	2013	2014	2015	2016	2017
매출액	244	330	240	124	243	255
영업이익	10	4	8	-37	12	6
당기순이익	3	-6	14	-37	27	-10

분기 실적
*IFRS 별도 기준　〈단위 : 억원〉

항목	2016.3Q	2016.4Q	2017.1Q	2017.2Q	2017.3Q	2017.4Q
매출액	—	—	—	—	—	—
영업이익	—	—	—	—	—	—
당기순이익	—	—	—	—	—	—

재무 상태
*IFRS 별도 기준　〈단위 : 억원〉

항목	2012	2013	2014	2015	2016	2017
총자산	257	263	281	269	338	402
유형자산	66	64	72	85	107	140
무형자산	0	5	5	3	7	8
유가증권	—	—	—	—	—	—
총부채	144	155	158	186	224	272
총차입금	36	14	54	88	88	135
자본금	16	16	16	16	16	16
총자본	114	108	123	83	113	130
지배주주지분	114	108	123	83	113	130

기업가치 지표
*IFRS 별도 기준

항목	2012	2013	2014	2015	2016	2017
주가(최고/저)(천원)	—/—	10.8/6.3	6.7/3.1	8.6/2.1	11.2/1.2	7.7/1.5
PER(최고/저)(배)	0.0/0.0	—/—	15.9/7.3	—/—	12.6/1.4	—/—
PBR(최고/저)(배)	0.0/0.0	3.3/1.9	1.8/0.8	3.4/0.8	3.3/0.4	1.9/0.4
EV/EBITDA(배)	2.3	23.9	11.0	—	14.1	15.6
EPS(원)	95	-191	439	-1,131	920	-274
BPS(원)	3,544	3,373	3,838	2,596	3,534	4,052
CFPS(원)	125	-84	535	-1,026	1,033	-135
DPS(원)	—	—	—	—	50	—
EBITDAPS(원)	329	231	331	-1,028	548	362

재무 비율
〈단위 : %〉

연도	영업이익률	순이익률	부채비율	차입금비율	ROA	ROE	유보율	자기자본비율	EBITDA마진율
2017	2.2	-4.0	212.7	105.1	-2.8	-8.3	692.3	32.0	4.2
2016	4.9	11.3	198.4	77.3	9.0	29.0	599.3	33.5	6.6
2015	-29.5	-29.4	217.4	102.7	-13.3	-35.4	417.6	31.5	-26.6
2014	3.1	5.9	128.4	44.1	5.2	12.2	667.5	43.8	4.4

에스에프씨 (A112240)

SFC

업　　종 : 에너지 시설 및 서비스
신용등급 : (Bond) —　　(CP) —
홈페이지 : www.sfcltd.co.kr
본　　사 : 충남 홍성군 구항면 내포로 682

시　　장 : KOSDAQ
기업규모 : 중견
연 락 처 : 041)640-0001

설 립 일	1991.12.23	**종업원수**	113명	**대표이사**	정지수
상 장 일	2011.11.30	**감사의견**	적정(이촌)	**계　　열**	
결 산 기	12월	**보 통 주**		**종속회사수**	1개사
액 면 가	500원	**우 선 주**		**구　　상　　호**	

주주구성 (지분율,%)		출자관계 (지분율,%)		주요경쟁사 (외형,%)	
데이비드앤제이케이	8.3	빌리	100.0	에스에프씨	100
해동파트너스	6.4	빌리소셜대부	100.0	신성이엔지	2,220
(외국인)	0.2	코리안스탠다드핀테크	88.9	웰크론강원	184

매출구성		비용구성		수출비중	
제품(제품)	85.3	매출원가율	87.1	수출	—
상품(상품)	13.7	판관비율	19.7	내수	—
기타	1.0				

회사 개요

동사가 제조, 판매하고 있는 제품의 사업부문은 태양광 모듈의 부품소재인 백시트와 기타 필름(인쇄물 보호용 라미, 실사 출력소재)로 구분할 수 있으며, 동사의 사업은 백시트 사업부문이 대부분을 차지하고 있음. 최근 사업 다각화를 위해 태양광 발전소 설치 사업을 추가하였음. 태양광 모듈 가격 하락으로 태양광 시장의 장점이 부각되고 있는 상황에서 매출 확대를 꾀하고 있음.

실적 분석

동사의 연결기준 2017년 연간 매출액은 446.2억원으로 전년 대비 5.9% 감소함. 매출감소, 인건비 등의 판관비 증가로 인해 영업이익은 적자전환함. 전년 대비 33.2억원 감소한 30.5억원의 손실을 기록함. 비영업 부문에서 금융비용, 외환손실 등 총 168.8억원의 손실이 발생하여 당기순이익은 159.2억원의 손실을 기록. 태양광 산업은 2015년 유가하락 이후로 성장성이 둔화된 상태에서 다시 회복 중임.

현금 흐름

〈단위 : 억원〉

항목	2016	2017
영업활동	75	-37
투자활동	-218	-510
재무활동	262	362
순현금흐름	125	-185
기말현금	192	7

시장 대비 수익률

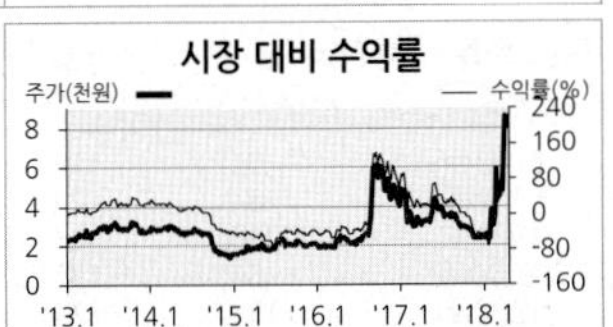

결산 실적

〈단위 : 억원〉

항목	2012	2013	2014	2015	2016	2017
매출액	618	724	554	510	474	446
영업이익	55	62	19	-5	3	-30
당기순이익	48	54	23	13	19	-159

분기 실적

〈단위 : 억원〉

항목	2016.3Q	2016.4Q	2017.1Q	2017.2Q	2017.3Q	2017.4Q
매출액	100	120	104	88	131	123
영업이익	-2	-6	2	-16	-13	-4
당기순이익	-20	30	-20	-9	-21	-109

재무 상태

〈단위 : 억원〉

항목	2012	2013	2014	2015	2016	2017
총자산	809	805	753	692	979	1,206
유형자산	162	157	169	162	200	116
무형자산	17	15	11	6	4	107
유가증권	2	1	0	—	170	—
총부채	250	195	143	72	225	469
총차입금	174	100	106	20	162	393
자본금	82	82	82	82	145	171
총자본	559	610	610	620	754	737
지배주주지분	559	610	610	620	754	737

기업가치 지표

항목	2012	2013	2014	2015	2016	2017
주가(최고/저)(천원)	4.1/2.0	3.3/2.2	3.0/1.4	2.4/1.5	6.3/1.9	4.9/2.4
PER(최고/저)(배)	20.9/10.2	15.1/9.9	32.3/14.8	44.9/28.3	85.4/25.3	—/—
PBR(최고/저)(배)	1.8/0.9	1.3/0.9	1.2/0.5	0.9/0.6	2.2/0.7	2.0/1.0
EV/EBITDA(배)	8.3	9.6	12.5	50.4	70.0	—
EPS(원)	200	221	96	53	74	-510
BPS(원)	3,393	3,706	3,822	3,886	2,832	2,413
CFPS(원)	357	391	216	159	125	-469
DPS(원)	25	25	15	25	—	—
EBITDAPS(원)	395	441	188	50	62	-57

재무 비율

〈단위 : %〉

연도	영업이익률	순이익률	부채비율	차입금비율	ROA	ROE	유보율	자기자본비율	EBITDA마진율
2017	-6.8	-35.7	63.6	53.3	-14.6	-21.3	382.7	61.1	-4.0
2016	0.6	3.9	29.8	21.5	2.2	2.7	466.4	77.0	3.3
2015	-1.0	2.5	11.5	3.2	1.8	2.1	677.1	89.7	1.6
2014	3.3	4.2	23.4	17.3	3.0	3.8	664.4	81.0	5.6

에스에프에이 (A056190)

SFA Engineering

업　　종 : 디스플레이 및 관련부품
신용등급 : (Bond) —　　(CP) —
홈페이지 : www.sfa.co.kr
본　　사 : 경기도 화성시 동탄면 영천로 38 (영천동)

시　　장 : KOSDAQ
기업규모 : 우량
연 락 처 : 031)379-1761

설 립 일	1998.12.18	**종업원수**	673명	**대표이사**	김영민
상 장 일	2001.12.18	**감사의견**	적정(삼일)	**계　　열**	
결 산 기	12월	**보 통 주**		**종속회사수**	10개사
액 면 가	500원	**우 선 주**		**구　　상　　호**	

주주구성 (지분율,%)		출자관계 (지분율,%)		주요경쟁사 (외형,%)	
디와이홀딩스	33.3	둔포기계	100.0	에스에프에이	100
삼성디스플레이	10.2	에이디엠	100.0	LG디스플레이	1,447
(외국인)	28.6	에스에프에이서비스	100.0	서울반도체	58

매출구성		비용구성		수출비중	
물류시스템사업	78.2	매출원가율	83.1	수출	35.4
공정장비사업	21.8	판관비율	4.6	내수	64.6

회사 개요

동사는 디스플레이기기 제조장비사업, 물류시스템사업, 공정자동화 시스템사업을 영위하고 있음. 디스플레이 산업은 성장 무게중심이 LCD에서 OLED로 전환 중이며, 동사 또한 사업 포트폴리오를 LCD 제조장비 중심에서 OLED로 전환하기 위한 연구개발에 집중하고 있음. 해외 장비 업체들과 경쟁속에서 OLED 시장에 성공적으로 진입했다는 평가임. 대규모 신규라인 투자와 국내업체 점유율 증가에 따라 선별적인 수혜 종목으로 부각될 전망임.

실적 분석

동사의 2017년 연결기준 연간 매출액은 1조 9,203.9억원으로 전년 대비 45.5% 증가함. 매출이 증가하면서 매출원가와 판관비 또한 늘었지만 매출 증가에 따른 고정비용 감소효과가 커 영업이익은 전년 대비 95.4% 증가한 2,360.9억원을 시현함. SFA의 신규수주 호조 및 연결종속회사(SFA반도체, SNU프리시젼 등)의 경영효율화에 따른 실적 개선이 매출 및 이익 증가요인임.

현금 흐름

〈단위 : 억원〉

항목	2016	2017
영업활동	1,645	3,766
투자활동	-770	-529
재무활동	-582	-60
순현금흐름	294	3,095
기말현금	2,764	5,859

시장 대비 수익률

결산 실적

〈단위 : 억원〉

항목	2012	2013	2014	2015	2016	2017
매출액	5,075	4,785	4,151	5,261	13,197	19,204
영업이익	700	646	457	580	1,208	2,361
당기순이익	713	631	413	308	796	2,033

분기 실적

〈단위 : 억원〉

항목	2016.3Q	2016.4Q	2017.1Q	2017.2Q	2017.3Q	2017.4Q
매출액	3,202	5,149	4,615	5,748	4,582	4,259
영업이익	296	669	444	781	626	510
당기순이익	254	249	471	560	515	487

재무 상태

〈단위 : 억원〉

항목	2012	2013	2014	2015	2016	2017
총자산	5,785	5,887	6,132	11,894	15,053	18,108
유형자산	1,142	1,109	1,035	4,948	4,976	5,037
무형자산	140	194	223	1,138	1,244	1,076
유가증권	2,301	2,666	269	522	537	925
총부채	2,055	1,271	1,357	5,616	7,296	8,260
총차입금	0	5	116	3,849	3,223	2,846
자본금	90	90	90	90	90	180
총자본	3,730	4,617	4,775	6,278	7,756	9,849
지배주주지분	3,730	4,617	4,775	4,964	5,687	7,773

기업가치 지표

항목	2012	2013	2014	2015	2016	2017
주가(최고/저)(천원)	28.2/17.8	30.8/17.6	23.5/17.2	26.8/19.0	31.2/22.5	46.3/30.6
PER(최고/저)(배)	15.9/10.1	19.3/11.0	21.9/16.1	33.1/23.4	14.9/10.8	8.7/5.8
PBR(최고/저)(배)	2.7/1.7	2.6/1.5	1.8/1.3	2.0/1.4	2.0/1.4	2.2/1.5
EV/EBITDA(배)	7.4	5.0	9.6	16.0	7.0	3.9
EPS(원)	1,986	1,757	1,150	859	2,179	5,484
BPS(원)	23,468	26,473	27,847	28,897	32,928	21,646
CFPS(원)	4,456	3,991	2,847	2,331	8,457	7,538
DPS(원)	1,000	1,015	652	402	1,120	1,245
EBITDAPS(원)	4,385	4,074	3,095	3,845	10,828	8,629

재무 비율

〈단위 : %〉

연도	영업이익률	순이익률	부채비율	차입금비율	ROA	ROE	유보율	자기자본비율	EBITDA마진율
2017	12.3	10.6	83.9	28.9	12.3	29.3	4,229.3	54.4	16.1
2016	9.2	6.0	94.1	41.6	5.9	14.7	6,485.6	51.5	14.7
2015	11.0	5.9	89.5	61.3	3.4	6.3	5,679.5	52.8	13.1
2014	11.0	10.0	28.4	2.4	6.9	8.8	5,469.3	77.9	13.4

에스에프에이반도체 (A036540)

SFA Semicon

업 종 : 반도체 및 관련장비
신용등급 : (Bond) BBB- (CP) —
홈페이지 : www.sfasemicon.com
본 사 : 충남 천안시 서북구 백석공단7로 16 STS반도체통신(주)
시 장 : KOSDAQ
기업규모 : 중견
연 락 처 : 041)520-7453

설 립 일	1998.06.30	**종 업 원 수**	602명	**대 표 이 사**	김영민
상 장 일	2001.04.20	**감 사 의 견**	적정(삼일)	**계 열**	
결 산 기	12월	**보 통 주**		**종속회사수**	2개사
액 면 가	500원	**우 선 주**		**구 상 호**	STS반도체

주주구성 (지분율,%)		출자관계 (지분율,%)		주요경쟁사 (외형,%)	
에스에프에이	47.5	SFASemicon(Suzhou)	93.1	SFA반도체	100
유리자산운용	1.5	SFASemiconPhilippinesCorp.	85.0	원익머트리얼즈	45
(외국인)	6.7			유진테크	29

매출구성		비용구성		수출비중	
메모리	84.3	매출원가율	91.4	수출	90.1
비메모리	15.0	판관비율	3.0	내수	9.9
기타상품	0.4				

회사 개요

동사는 1998년 설립되어 반도체 제조공정에서 가공된 웨이퍼를 패키징 및 테스트를 하는 반도체 후공정을 주요 사업으로 하는 업체로 삼성전자, Micron, 하이닉스 등 세계 유수의 반도체 업체들에게 반도체 패키징 솔루션을 제공하고 있음. 반도체 세계시장은 ASE, Amkor 등의 외국계 기업들이 시장을 주도하고 있고, 국내 시장에서는 실적 기준으로 동사, 하나마이크론, 시그네틱스 등이 경쟁하고 있음.

실적 분석

동사는 2017년 연결기준 누적 매출액은 4,495.6억원으로 전년 동기 대비 4.7% 증가했고, 영업이익은 254.6억원으로 전년동기 대비 71.9% 증가했음. 동사는 반도체 호황의 영향으로 판매가 늘어난데다 매출원가를 적절히 통제하고, 판매관리비를 줄이며 비용을 절감한 결과 영업이익이 큰 폭으로 증가했음. 그러나 비영업부문에서 143.3억원의 손실을 기록해 이익폭이 축소되었음.

현금 흐름

〈단위 : 억원〉

항목	2016	2017
영업활동	537	877
투자활동	-152	-883
재무활동	-561	-275
순현금흐름	-175	-327
기말현금	1,024	697

시장 대비 수익률

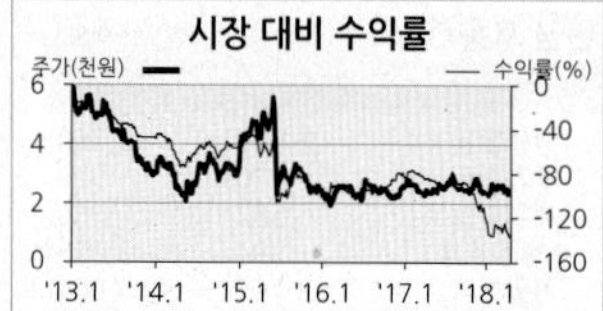

결산 실적

〈단위 : 억원〉

항목	2012	2013	2014	2015	2016	2017
매출액	5,984	5,408	5,191	5,165	4,292	4,496
영업이익	218	-132	520	78	148	255
당기순이익	-11	-769	-291	-1,542	76	99

분기 실적

〈단위 : 억원〉

항목	2016.3Q	2016.4Q	2017.1Q	2017.2Q	2017.3Q	2017.4Q
매출액	1,142	1,281	1,158	1,090	1,071	1,176
영업이익	61	108	75	50	43	86
당기순이익	14	10	25	26	13	34

재무 상태

〈단위 : 억원〉

항목	2012	2013	2014	2015	2016	2017
총자산	8,186	7,578	8,133	7,267	6,762	6,329
유형자산	3,957	3,840	4,530	4,235	3,893	3,996
무형자산	812	780	752	291	236	173
유가증권	203	190	193	16	14	8
총부채	5,750	5,888	6,094	4,708	4,046	3,633
총차입금	4,776	5,024	5,109	4,096	3,358	3,042
자본금	219	219	316	646	699	708
총자본	2,436	1,690	2,038	2,559	2,716	2,696
지배주주지분	1,918	1,406	1,698	2,363	2,502	2,502

기업가치 지표

항목	2012	2013	2014	2015	2016	2017
주가(최고/저)(천원)	9.1/4.6	6.1/2.9	3.7/2.1	5.6/2.3	2.8/2.0	3.1/2.3
PER(최고/저)(배)	203.6/102.3	—/—	—/—	—/—	59.6/40.9	45.5/34.0
PBR(최고/저)(배)	2.2/1.1	2.0/1.0	1.3/0.8	3.0/1.2	1.6/1.1	1.7/1.3
EV/EBITDA(배)	8.8	10.9	6.1	6.9	8.2	6.7
EPS(원)	45	-1,049	-321	-1,713	48	67
BPS(원)	4,499	3,318	2,757	1,860	1,818	1,795
CFPS(원)	1,356	410	662	-802	464	462
DPS(원)	—	—	—	—	—	—
EBITDAPS(원)	1,810	1,252	1,906	1,013	523	575

재무 비율

〈단위 : %〉

연도	영업이익률	순이익률	부채비율	차입금비율	ROA	ROE	유보율	자기자본비율	EBITDA마진율
2017	5.7	2.2	134.8	112.8	1.5	3.8	257.7	42.6	18.1
2016	3.5	1.8	149.0	123.6	1.1	2.7	262.2	40.2	17.0
2015	1.5	-29.9	184.0	160.1	-20.0	-65.1	270.5	35.2	15.1
2014	10.0	-5.6	299.0	250.6	-3.7	-11.7	447.0	25.1	20.7

에스엔유프리시전 (A080000)

SNU Precision

업 종 : 디스플레이 및 관련부품
신용등급 : (Bond) — (CP) —
홈페이지 : www.snuprecision.com
본 사 : 충남 아산시 둔포면 아산밸리남로 124
시 장 : KOSDAQ
기업규모 : 중견
연 락 처 : 041)536-1500

설 립 일	1998.02.20	**종 업 원 수**	206명	**대 표 이 사**	박제순
상 장 일	2005.01.25	**감 사 의 견**	적정(삼일)	**계 열**	
결 산 기	12월	**보 통 주**		**종속회사수**	
액 면 가	500원	**우 선 주**		**구 상 호**	

주주구성 (지분율,%)		출자관계 (지분율,%)		주요경쟁사 (외형,%)	
에스에프에이	31.0			에스엔유	100
삼성디스플레이	3.4			신화인터텍	152
(외국인)	2.0			일진디스플	216

매출구성		비용구성		수출비중	
[제품] LCD 제조장비	84.3	매출원가율	78.6	수출	83.6
[제품] OLED/ 태양전지 제조장비 등	15.7	판관비율	16.3	내수	16.4

회사 개요

동사는 1998년 2월 반도체, LCD 및 디스플레이 제조용 장비의 연구, 설계, 제조 및 판매를 주 목적으로 설립되었으며, 2005년 1월 코스닥 시장에 상장됐음. 주요제품매출은 LCD와 OLED장비로 이루어짐. LCD와 OLLCD 산업용 제조장비 중심에서 태양전지, OLED, 반도체 제조장비로 사업영역을 확대하고 있음. OLED 5세대급 양산용 증착장비를 수주함.

실적 분석

동사의 2017년 결산 매출액은 1,162억원으로 전년동기 대비 100.9% 증가함. 견조한 외형 확대와 원가율 하락, 판관비중 감소 영향으로 전년동기 대비 흑자 전환하며 59.2억원의 영업이익 시현함. 비영업손익부문 또한 크게 개선되면서 57.5억원의 당기순이익 시현하며 흑자전환. 중국 현지 2단계 OLED 설비 투자 확대가 예상되고 있어 목표대로 수주시 실적 개선 가능할 것으로 기대하며, 수익성 개선되고 있는 모습 긍정적.

현금 흐름 *IFRS 별도 기준

〈단위 : 억원〉

항목	2016	2017
영업활동	-51	118
투자활동	-84	24
재무활동	216	—
순현금흐름	81	137
기말현금	137	274

시장 대비 수익률

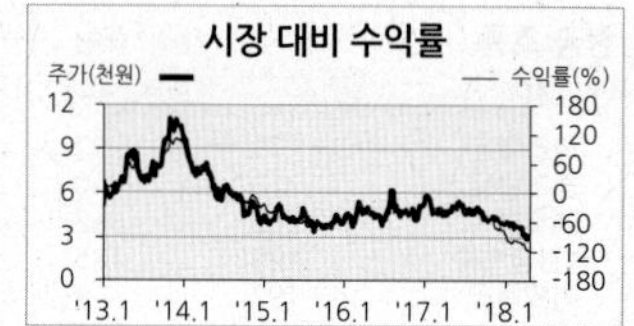

결산 실적

〈단위 : 억원〉

항목	2012	2013	2014	2015	2016	2017
매출액	442	1,014	834	700	579	1,162
영업이익	-152	123	-105	26	-159	59
당기순이익	-262	81	-130	18	-181	57

분기 실적 *IFRS 별도 기준

〈단위 : 억원〉

항목	2016.3Q	2016.4Q	2017.1Q	2017.2Q	2017.3Q	2017.4Q
매출액	149	72	279	239	241	403
영업이익	-31	-146	5	25	19	9
당기순이익	-93	-102	-33	31	21	40

재무 상태 *IFRS 별도 기준

〈단위 : 억원〉

항목	2012	2013	2014	2015	2016	2017
총자산	1,249	1,322	1,273	1,267	1,341	1,497
유형자산	357	350	337	313	298	224
무형자산	200	187	192	174	188	150
유가증권	—	—	—	—	—	—
총부채	520	511	591	569	445	545
총차입금	420	390	468	402	237	241
자본금	102	102	102	102	156	156
총자본	729	811	682	697	896	952
지배주주지분	729	811	682	697	896	952

기업가치 지표 *IFRS 별도 기준

항목	2012	2013	2014	2015	2016	2017
주가(최고/저)(천원)	11.4/3.6	11.1/4.8	9.9/3.8	5.2/3.1	6.6/3.7	6.1/3.9
PER(최고/저)(배)	—/—	29.6/12.9	—/—	62.4/37.2	—/—	33.2/21.1
PBR(최고/저)(배)	3.3/1.1	2.9/1.3	3.0/1.2	1.6/0.9	2.3/1.3	2.0/1.3
EV/EBITDA(배)	—	14.0	—	14.9	—	9.8
EPS(원)	-1,217	375	-601	84	-728	184
BPS(원)	3,669	4,068	3,437	3,511	2,933	3,111
CFPS(원)	-1,083	664	-313	406	-524	362
DPS(원)	—	—	—	—	—	—
EBITDAPS(원)	-545	868	-193	446	-433	367

재무 비율

〈단위 : %〉

연도	영업이익률	순이익률	부채비율	차입금비율	ROA	ROE	유보율	자기자본비율	EBITDA마진율
2017	5.1	4.9	57.3	25.3	4.1	6.2	522.2	63.6	9.9
2016	-27.4	-31.4	49.7	26.4	-13.9	-22.8	486.6	66.8	-18.6
2015	3.7	2.6	81.7	57.6	1.4	2.6	602.2	55.1	13.0
2014	-12.6	-15.5	86.6	68.5	-10.0	-17.4	587.4	53.6	-4.7

에스엔케이폴리텍 (A091340)
S&K Polytec

업 종 : 전자 장비 및 기기
신용등급 : (Bond) — (CP) —
홈페이지 : www.snkpolytec.com
본 사 : 경기도 안산시 단원구 시화벤처로 515 성곡동 808-6번지

시 장 : KOSDAQ
기업규모 : 중견
연 락 처 : 031)432-8061

설립일	1999.11.08	종업원수	82명	대표이사	강원형
상장일	2007.07.30	감사의견	적정(세림)	계열	
결산기	12월	보통주		종속회사수	10개사
액면가	500원	우선주		구상호	

주주구성 (지분율,%)		출자관계 (지분율,%)		주요경쟁사 (외형,%)	
강원형	38.0	위딩	33.3	S&K폴리텍	100
수성자산운용	4.8	티알인더스트리	33.3	로보쓰리	0
(외국인)	1.7			뉴프렉스	86

매출구성		비용구성		수출비중	
PSR, ESR, SAU외	100.0	매출원가율	85.9	수출	74.3
		판관비율	8.6	내수	25.7

회사 개요
동사는 고밀도 폴리우레탄 폼시트를 국내최초 자체 기술로 개발하여 생산 중임. 동사 제품은 휴대폰, LCD 등에 충격흡수용 부품 소재로 사용됨. 동 시장은 동사를 비롯하여 미국 ROGERS와 합작회사인 일본 RIC, SK유티스 등이 과점 시장을 형성하고 있음. 동사는 전자기기 부품 뿐만 아니라 자동차부품, 스포츠용품, 의료용품 등 넓은 분야에 응용 가능한 기술적 입지를 확보 중임. 수출이 전체 매출의 60% 가량을 차지함.

실적 분석
동사의 2017년 연결기준 4분기 누적 매출액은 전년 동기(634.3억원) 대비 181.6% 급증한 1,785.9억원을 기록함. 매출액 증가는 2016년 1월에 준공된 신규 공장 확보가 주요 원인으로 추정됨. 영업이익 역시 전년보다 174.1% 급증해 98.3억원을 시현함. . 매출액 증가에 따라 고정비 비중 감소로 수익성이 크게 개선된 것으로 사료됨. 당기순이익은 42.6억원으로 전년 대비 14.7억원 증가함.

현금 흐름
〈단위 : 억원〉

항목	2016	2017
영업활동	4	97
투자활동	43	-311
재무활동	7	163
순현금흐름	60	-63
기말현금	341	278

시장 대비 수익률
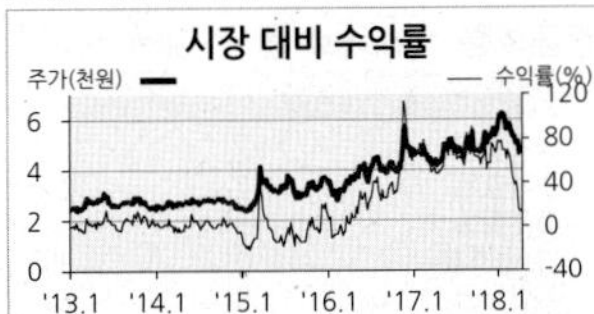

결산 실적
〈단위 : 억원〉

항목	2012	2013	2014	2015	2016	2017
매출액	141	159	225	256	634	1,786
영업이익	-9	-16	27	32	36	98
당기순이익	0	41	14	18	28	43

분기 실적
〈단위 : 억원〉

항목	2016.3Q	2016.4Q	2017.1Q	2017.2Q	2017.3Q	2017.4Q
매출액	81	384	447	376	437	525
영업이익	10	3	36	28	40	-5
당기순이익	2	12	9	27	29	-23

재무 상태
〈단위 : 억원〉

항목	2012	2013	2014	2015	2016	2017
총자산	448	622	647	837	1,383	2,219
유형자산	201	246	238	257	508	833
무형자산	6	5	0	5	150	364
유가증권	—	—	—	0	0	0
총부채	33	171	187	348	801	1,525
총차입금	—	135	124	292	546	1,153
자본금	40	40	40	42	44	59
총자본	415	451	460	489	582	694
지배주주지분	415	451	460	489	538	687

기업가치 지표

항목	2012	2013	2014	2015	2016	2017
주가(최고/저)(천원)	2.9/2.2	3.3/2.4	3.0/2.4	4.9/2.3	5.9/2.8	5.7/4.1
PER(최고/저)(배)	1,133.3/867.5	6.3/4.6	16.7/13.8	21.8/10.5	18.0/8.5	15.2/10.9
PBR(최고/저)(배)	0.6/0.5	0.6/0.4	0.5/0.4	0.8/0.4	1.0/0.5	1.0/0.7
EV/EBITDA(배)	105.8	—	1.7	8.3	12.9	10.2
EPS(원)	3	521	177	222	328	374
BPS(원)	5,255	5,708	5,825	5,857	6,153	5,872
CFPS(원)	124	640	283	290	489	897
DPS(원)	150	—	—	—	—	—
EBITDAPS(원)	9	-85	451	460	589	1,536

재무 비율
〈단위 : %〉

연도	영업이익률	순이익률	부채비율	차입금비율	ROA	ROE	유보율	자기자본비율	EBITDA마진율
2017	5.5	2.4	219.6	166.1	2.4	5.9	1,074.3	31.3	8.4
2016	5.7	4.4	137.7	93.9	2.5	5.4	1,130.6	42.1	7.8
2015	12.7	7.2	71.0	59.6	2.5	3.9	1,071.5	58.5	14.9
2014	12.1	6.2	40.5	26.9	2.2	3.1	1,065.0	71.2	15.8

에스엔텍 (A160600)
SNTEK CO

업 종 : 반도체 및 관련장비
신용등급 : (Bond) — (CP) —
홈페이지 : www.sntek.com
본 사 : 경기도 수원시 권선구 산업로155번길 187

시 장 : KOSDAQ
기업규모 : 벤처
연 락 처 : 031)299-3888

설립일	2004.06.30	종업원수	141명	대표이사	안경준
상장일	2015.06.26	감사의견	적정(세진)	계열	
결산기	12월	보통주		종속회사수	2개사
액면가	500원	우선주		구상호	

주주구성 (지분율,%)		출자관계 (지분율,%)		주요경쟁사 (외형,%)	
안경준	31.1	이노페이스	100.0	에스엔텍	100
김찬호	4.6	ShenzhenSntech	100.0	엘비세미콘	217
				기가레인	175

매출구성		비용구성		수출비중	
TRANSFER(제품)	29.3	매출원가율	78.9	수출	2.2
[LG전자]기타(제품)	27.2	판관비율	17.9	내수	97.8
[JCET SCK]반도체 후공정(제품)	26.6				

회사 개요
동사는 2004년 설립됐으며 진공·플라즈마 기술과 특수 이송시스템 기술을 적용한 반도체, 디스플레이와 에너지 산업 분야의 공정 장비 개발을 통해 고객에게 솔루션을 제공하는 기업임. 동사는 설립 초기부터 진행해 온 공정장비 개발을 기반으로 국내외 유수의 연구기관과 기업체에 장비를 납품함으로써 SPUTTER, TRANSFER 등의 진공플라즈마 공정기술과 양산장비 제조기술을 핵심 경쟁력으로 보유하고 있음. 수익성 및 핵심 기술이 성장세에 있음.

실적 분석
동사의 2017년 연결재무제표 기준 매출액은 606.2억원, 영업이익 19.2억원, 당기순이익 6.9억원을 기록함. 매출액은 전년 대비 9.1% 하락하였으나 영업이익 758.6%, 당기순이익 21.9% 의 실적을 기록함. 2018년에는 고객사의 대규모 라인증설 투자와 신규 고객사에 2차전지장비, 검사장비 등 납품이 진행될 예정이어서 지속적인 실적 상승이 기대됨.

현금 흐름
〈단위 : 억원〉

항목	2016	2017
영업활동	16	-12
투자활동	-159	-43
재무활동	125	77
순현금흐름	-18	21
기말현금	50	71

시장 대비 수익률
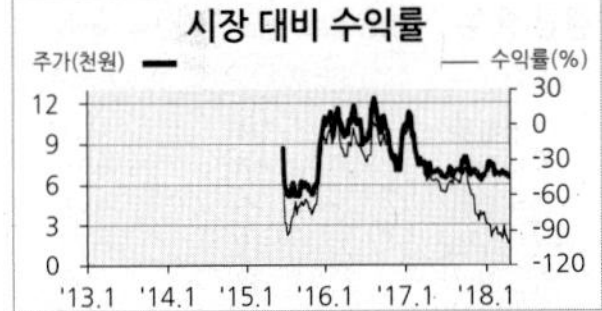

결산 실적
〈단위 : 억원〉

항목	2012	2013	2014	2015	2016	2017
매출액	191	187	325	559	667	606
영업이익	28	8	39	73	2	19
당기순이익	10	3	35	63	6	7

분기 실적
〈단위 : 억원〉

항목	2016.3Q	2016.4Q	2017.1Q	2017.2Q	2017.3Q	2017.4Q
매출액	149	120	32	199	166	208
영업이익	-17	-33	-44	34	13	16
당기순이익	-19	-17	-47	42	10	3

재무 상태
〈단위 : 억원〉

항목	2012	2013	2014	2015	2016	2017
총자산	301	317	309	535	653	739
유형자산	68	97	105	102	236	250
무형자산	44	53	57	63	64	56
유가증권	—	0	—	—	—	3
총부채	206	219	176	215	328	372
총차입금	140	184	137	85	214	255
자본금	27	27	27	36	57	58
총자본	95	98	133	319	325	367
지배주주지분	95	98	133	319	325	367

기업가치 지표

항목	2012	2013	2014	2015	2016	2017
주가(최고/저)(천원)	—/—	—/—	—/—	10.9/4.9	13.1/6.9	11.3/6.1
PER(최고/저)(배)	0.0/0.0	0.0/0.0	0.0/0.0	16.0/7.2	263.6/138.8	199.1/108.2
PBR(최고/저)(배)	0.0/0.0	0.0/0.0	0.0/0.0	3.7/1.7	4.6/2.4	3.5/1.9
EV/EBITDA(배)	2.5	9.4	1.6	13.6	62.3	23.4
EPS(원)	140	33	449	680	50	57
BPS(원)	1,761	1,811	2,455	4,426	2,870	3,199
CFPS(원)	306	180	862	1,240	212	239
DPS(원)	—	—	—	—	—	—
EBITDAPS(원)	654	275	937	1,395	182	342

재무 비율
〈단위 : %〉

연도	영업이익률	순이익률	부채비율	차입금비율	ROA	ROE	유보율	자기자본비율	EBITDA마진율
2017	3.2	1.1	101.3	69.4	1.0	2.0	567.0	49.7	6.8
2016	0.3	0.8	100.7	65.8	1.0	1.7	474.0	49.8	3.1
2015	13.0	11.3	67.4	26.7	15.0	27.9	785.2	59.7	15.7
2014	12.0	10.7	132.7	103.5	11.1	30.2	391.0	43.0	15.6

에스엔피월드 (A263920)
S&P WORLD

업　　종 : 개인생활용품
신용등급 : (Bond) —　　(CP) —
홈페이지 : www.snpworld.com
본　　사 : 인천시 서구 신진말로 22
시　　장 : KOSDAQ
기업규모 : 중견
연 락 처 : 032)584-0789

설 립 일	2002.06.25	**종업원수**	102명	**대표이사**	전동걸
상 장 일	2017.09.28	**감사의견**	적정(이촌)	**계　열**	
결 산 기	12월	**보 통 주**		**종속회사수**	
액 면 가	500원	**우 선 주**		**구　상　호**	

주주구성 (지분율,%)		출자관계 (지분율,%)	주요경쟁사 (외형,%)	
전동걸	24.8		에스엔피월드	100
변영식	15.5		아우딘퓨쳐스	188
(외국인)	0.4		코스온	371

매출구성		비용구성		수출비중	
제품 스펀지	23.0	매출원가율	84.2	수출	34.0
상품 기타	21.0	판관비율	12.0	내수	66.0
제품 퍼프	17.0				

회사 개요
2017년 9월 28일 코스닥 시장에 상장한 동사는 메이크업 스펀지 및 퍼프, 용기제품 등 메이크업 소품을 직접 생산, 제조, 수출하는 화장품 부자재 전문기업. 화장품 부품 매출이 주된 사업영역으로 국내외 화장품 제조업체, 제조판매업체, 부자재업체 등을 고객으로 하는 B2B 사업방식을 채택함. 내수와 수출이 7:3의 비율이며 진입장벽이 낮은 사업의 특성상 경쟁이 치열해 국내시장 점유율은 15% 수준임.

실적 분석
동사의 2017년 연간 매출액은 271.2억원으로 전년대비 0.2% 감소함. 비용면에서 매출원가와 판관비 증가로 영업이익은 전년보다 77.7% 줄어든 10.6억원을 기록함. 사업부문 다각화를 위해 화장품 용기 사출 업체 아이폭스코리아를 인수함. 이를 통한 메이크업 용기부문의 사업 역량 강화로 지난해 중국 사드 영향으로 부진했던 매출 성장세를 회복할 것으로 기대됨. 특히 2018년에는 해외 시장 공략에 박차를 가할 계획임.

현금 흐름 *IFRS 별도 기준 〈단위 : 억원〉

항목	2016	2017
영업활동	34	-31
투자활동	-10	-120
재무활동	-5	126
순현금흐름	19	-24
기말현금	32	8

시장 대비 수익률
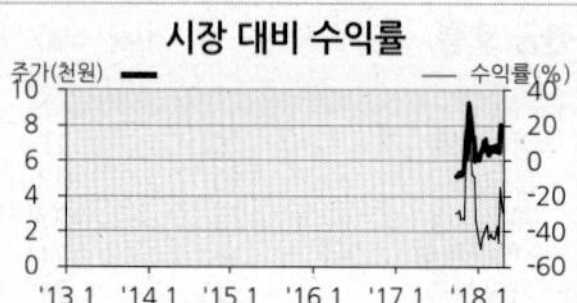

결산 실적 〈단위 : 억원〉

항목	2012	2013	2014	2015	2016	2017
매출액	—	—	—	205	272	271
영업이익	—	—	—	12	47	11
당기순이익	—	—	—	11	39	7

분기 실적 *IFRS 별도 기준 〈단위 : 억원〉

항목	2016.3Q	2016.4Q	2017.1Q	2017.2Q	2017.3Q	2017.4Q
매출액	64	—	—	—	66	—
영업이익	18	—	—	—	-4	—
당기순이익	14	—	—	—	-3	—

재무 상태 *IFRS 별도 기준 〈단위 : 억원〉

항목	2012	2013	2014	2015	2016	2017
총자산	—	—	—	108	156	273
유형자산	—	—	—	36	38	99
무형자산	—	—	—	0	0	0
유가증권	—	—	—	—	7	20
총부채	—	—	—	45	49	53
총차입금	—	—	—	24	14	34
자본금	—	—	—	4	9	39
총자본	—	—	—	63	107	220
지배주주지분	—	—	—	63	107	220

기업가치 지표 *IFRS 별도 기준

항목	2012	2013	2014	2015	2016	2017
주가(최고/저)(천원)	#VALUE!	—/—	—/—	—/—	—/—	—/—
PER(최고/저)(배)	0.0/0.0	0.0/0.0	0.0/0.0	0.0/0.0	0.0/0.0	72.7/39.7
PBR(최고/저)(배)	0.0/0.0	0.0/0.0	0.0/0.0	0.0/0.0	0.0/0.0	3.3/1.8
EV/EBITDA(배)	0.0	0.0	0.0	0.6	—	35.0
EPS(원)	—	—	—	1,378	4,358	127
BPS(원)	—	—	—	165,265	120,875	2,789
CFPS(원)	—	—	—	34,638	93,011	180
DPS(원)	—	—	—	—	—	—
EBITDAPS(원)	—	—	—	37,352	112,791	248

재무 비율 〈단위 : %〉

연도	영업 이익률	순 이익률	부채 비율	차입금 비율	ROA	ROE	유보율	자기자본 비율	EBITDA 마진율
2017	3.9	2.5	24.1	15.4	3.2	4.2	457.9	80.6	4.9
2016	17.4	14.2	45.7	13.4	29.3	45.3	1,108.8	68.6	18.4
2015	5.7	5.2	70.5	37.3	0.0	0.0	1,552.7	58.6	7.0
2014	0.0	0.0	0.0	0.0	0.0	0.0	0.0	0.0	0.0

에스엔피제네틱스 (A086460)
SNP Genetics

업　　종 : 바이오
신용등급 : (Bond) —　　(CP) —
홈페이지 : www.snp-genetics.com
본　　사 : 서울시 마포구 백범로 35 서강대학교 떼이야르관 1007호
시　　장 : KONEX
기업규모 : —
연 락 처 : 02)3273-1671

설 립 일	2000.05.26	**종업원수**	4명	**대표이사**	신형두
상 장 일	2013.07.01	**감사의견**	적정(원진)	**계　열**	
결 산 기	12월	**보 통 주**		**종속회사수**	
액 면 가	—	**우 선 주**		**구　상　호**	에스엔피

주주구성 (지분율,%)		출자관계 (지분율,%)	주요경쟁사 (외형,%)	
신형두	34.1		에스엔피제네틱스	100
김명철	9.9		진매트릭스	534
			메디젠휴먼케어	310

매출구성		비용구성		수출비중	
유전체분석	82.9	매출원가율	87.2	수출	0.0
기타	17.1	판관비율	38.9	내수	100.0

회사 개요
2000년 5월에 설립된 동사는 단일염기다형성을 이용한 질병관련 SNP 콘텐츠를 연구하는 유전체 분석전문 벤처기업임. 다수의 질환군별 유전체센터를 설립해 서울대, 한양대, 순천향대, 한강성심병원 등 국내 전문병원들과 공동연구를 수행해 임상적 인프라를 확보함. 국내 유전체 분석 시장은 동사와 코스닥에 상장된 디엔에이링크, 마크로젠 등이 시장을 과점하는 형태를 보임. 2016년 10월 개인 유전자분석을 통한 체질검사 서비스인 '스엔피케어'를 출시함.

실적 분석
동사의 2017년 매출액은 9.7억원으로 전년대비 소폭 감소함(-0.9%). 영업손실은 전년 2.5억원으로 적자지속하였으나 적자폭 축소됨. 당기순이익은 11.7억원으로 전년동기대비 흑자전환. 유전체 분석 분야 정부예산은 꾸준히 증가하고 있어 전망은 긍정적임. 국책과제 및 외부기관과의 연구협력을 통해 회사의 인지도를 높이고 적극적으로 홍보에 나서고 있음.

현금 흐름 *IFRS 별도 기준 〈단위 : 억원〉

항목	2016	2017
영업활동	-2	-1
투자활동	2	2
재무활동	—	—
순현금흐름	0	1
기말현금	5	6

시장 대비 수익률
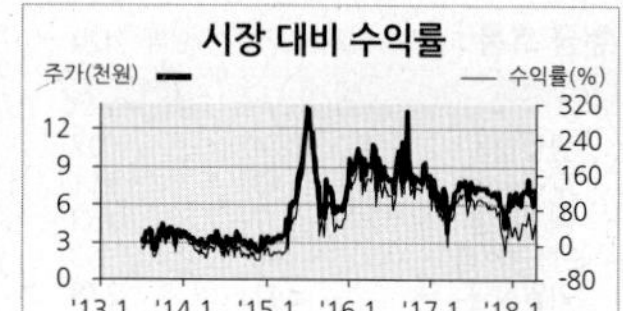

결산 실적 〈단위 : 억원〉

항목	2012	2013	2014	2015	2016	2017
매출액	24	11	9	11	10	10
영업이익	3	-2	-1	-3	-4	-3
당기순이익	3	-2	14	26	-12	12

분기 실적 *IFRS 별도 기준 〈단위 : 억원〉

항목	2016.3Q	2016.4Q	2017.1Q	2017.2Q	2017.3Q	2017.4Q
매출액	—	—	—	—	—	—
영업이익	—	—	—	—	—	—
당기순이익	—	—	—	—	—	—

재무 상태 *IFRS 별도 기준 〈단위 : 억원〉

항목	2012	2013	2014	2015	2016	2017
총자산	77	71	89	127	111	129
유형자산	25	23	22	23	21	20
무형자산	0	0	0	0	0	0
유가증권	—	—	32	77	68	85
총부채	5	6	10	17	14	20
총차입금	—	—	—	—	—	—
자본금	9	9	9	9	9	9
총자본	71	66	79	110	98	110
지배주주지분	71	66	79	110	98	110

기업가치 지표 *IFRS 별도 기준

항목	2012	2013	2014	2015	2016	2017
주가(최고/저)(천원)	—/—	5.1/2.2	3.9/2.3	13.7/2.6	13.5/6.8	8.3/3.8
PER(최고/저)(배)	0.0/0.0	—/—	5.0/3.0	9.7/1.9	—/—	12.9/6.0
PBR(최고/저)(배)	0.0/0.0	1.4/0.6	0.9/0.5	2.3/0.4	2.5/1.3	1.4/0.6
EV/EBITDA(배)	—	—	—	—	—	—
EPS(원)	191	-130	779	1,408	-667	641
BPS(원)	3,913	3,782	4,562	6,035	5,368	6,009
CFPS(원)	262	-22	849	1,488	-583	709
DPS(원)	—	—	—	—	—	—
EBITDAPS(원)	215	-26	39	-76	-138	-71

재무 비율 〈단위 : %〉

연도	영업 이익률	순 이익률	부채 비율	차입금 비율	ROA	ROE	유보율	자기자본 비율	EBITDA 마진율
2017	-26.2	120.5	17.9	0.0	9.7	11.3	1,101.9	84.9	-13.4
2016	-41.4	-124.3	13.8	0.0	-10.2	-11.7	973.6	87.9	-25.7
2015	-25.6	230.8	15.3	0.0	23.8	27.2	1,107.1	86.8	-12.4
2014	-6.1	152.9	12.2	0.0	17.8	19.7	812.3	89.1	7.7

에스엘 (A005850)

SL

업 종 : 자동차부품 | 시 장 : 거래소
신용등급 : (Bond) — (CP) — | 기업규모 : 시가총액 중형주
홈페이지 : www.slworld.com | 연 락 처 : 053)856-8511
본 사 : 대구시 북구 노원로 85

설 립 일	1968.11.07	**종업원수**	2,228명	**대표이사**	이충곤,이성엽,김정현
상 장 일	1988.11.08	**감사의견**	적정(한영)	**계 열**	
결 산 기	12월	**보 통 주**		**종속회사수**	7개사
액 면 가	500원	**우 선 주**		**구 상 호**	

주주구성 (지분율,%)		출자관계 (지분율,%)		주요경쟁사 (외형,%)	
이성엽	24.0	HSL일렉트로닉스	50.0	에스엘	100
이충곤	14.4	에스에이치비	50.0	한라홀딩스	62
(외국인)	22.4	K.D.S	47.0	세방전지	75

매출구성		비용구성		수출비중	
LAMP PARTS 및 기타	61.7	매출원가율	89.1	수출	—
CHASSIS PARTS 외 및 기타	26.4	판관비율	7.2	내수	—
금형 및 기타	11.9				

회사 개요

동사는 1954년 설립됨. 자동차 부품 중 전조등, 샤시 부품 등을 주로 생산함. 현대, 기아, 한국GM 등에 중점 납품하고 있음. 1986년 미국 GM과 합작으로 성산을 설립, 본격적인 해외 진출에 나섬. 국내 최초로 신소재를 이용한 헤드램프를 개발해 수출용 자동차에 적용하기도 함. 헤드램프 시장에서 동사의 점유율은 66.0%에 달함. 이는 관계사 실적을 합산한 것임.

실적 분석

동사는 연결 기준 지난해 영업이익이 548억원으로 전년 대비 44.9% 감소하였음. 같은 기간 매출액은 8.3% 줄어든 1조4855억원, 당기순이익은 12.9% 감소한 958억원으로 각각 집계됐음. 자동차 부품 중 전조등, 샤시 부품 등을 주로 생산하여 현대, 기아, 한국 GM 등 국내 자동차 메이커에 중점 납품하고 있음. AVM (어라운드 뷰 모니터링 시스템), HUD (전방표시장치), 차량용 무선충전기 등을 통해 사업다각화를 진행 중.

현금 흐름

<단위 : 억원>

항목	2016	2017
영업활동	990	1,298
투자활동	-913	-1,024
재무활동	-206	-353
순현금흐름	-129	-115
기말현금	1,204	1,089

시장 대비 수익률

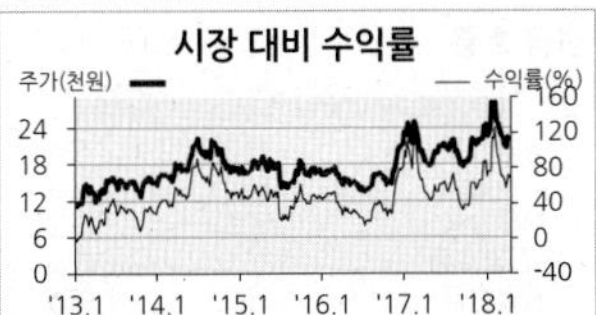

결산 실적

< 단위 : 억원 >

항목	2012	2013	2014	2015	2016	2017
매출액	11,625	12,417	13,594	13,951	16,192	14,855
영업이익	371	353	597	633	993	548
당기순이익	601	737	948	689	1,100	962

분기 실적

< 단위 : 억원 >

항목	2016.3Q	2016.4Q	2017.1Q	2017.2Q	2017.3Q	2017.4Q
매출액	4,150	4,459	3,814	3,721	3,736	3,584
영업이익	382	218	219	164	104	60
당기순이익	308	328	299	360	201	102

재무 상태

< 단위 : 억원 >

항목	2012	2013	2014	2015	2016	2017
총자산	11,254	12,182	13,794	15,483	16,323	15,895
유형자산	2,974	2,968	3,161	3,991	4,181	3,730
무형자산	230	194	196	210	299	289
유가증권	174	175	103	204	250	190
총부채	5,290	5,521	6,313	7,366	7,218	6,144
총차입금	2,127	2,090	2,053	2,745	2,724	2,204
자본금	169	169	169	169	169	169
총자본	5,964	6,661	7,482	8,117	9,105	9,751
지배주주지분	5,876	6,577	7,391	8,003	8,981	9,630

기업가치 지표

항목	2012	2013	2014	2015	2016	2017
주가(최고/저)(천원)	21.4/9.9	16.7/10.8	22.2/14.5	19.6/13.6	21.6/13.5	25.1/17.2
PER(최고/저)(배)	13.4/6.2	8.3/5.4	8.4/5.5	10.4/7.2	6.9/4.3	9.1/6.2
PBR(최고/저)(배)	1.3/0.6	0.9/0.6	1.1/0.7	0.9/0.6	0.8/0.5	0.9/0.6
EV/EBITDA(배)	6.8	7.0	5.2	4.9	4.5	6.2
EPS(원)	1,715	2,158	2,782	1,967	3,217	2,810
BPS(원)	17,351	19,422	21,825	23,633	26,519	28,436
CFPS(원)	3,072	3,560	4,378	3,681	5,162	4,802
DPS(원)	150	150	200	260	260	400
EBITDAPS(원)	2,454	2,445	3,359	3,582	4,879	3,609

재무 비율

< 단위 : % >

연도	영업이익률	순이익률	부채비율	차입금비율	ROA	ROE	유보율	자기자본비율	EBITDA마진율
2017	3.7	6.5	63.0	22.6	6.0	10.2	5,587.3	61.4	8.2
2016	6.1	6.8	79.3	29.9	6.9	12.8	5,203.7	55.8	10.2
2015	4.5	4.9	90.8	33.8	4.7	8.7	4,626.7	52.4	8.7
2014	4.4	7.0	84.4	27.4	7.3	13.5	4,265.1	54.2	8.4

에스엘에스 (A246250)

SLS

업 종 : 바이오 | 시 장 : KONEX
신용등급 : (Bond) — (CP) — | 기업규모 : —
홈페이지 : www.slabs.co.kr | 연 락 처 : 031)275-5522
본 사 : 경기도 수원시 영통구 광교로 107 경기중소기업종합지원센터 실험연구동1층

설 립 일	2007.01.17	**종업원수**	81명	**대표이사**	이영태
상 장 일	2016.06.29	**감사의견**	적정(현대)	**계 열**	
결 산 기	12월	**보 통 주**		**종속회사수**	
액 면 가	—	**우 선 주**		**구 상 호**	

주주구성 (지분율,%)		출자관계 (지분율,%)		주요경쟁사 (외형,%)	
이영태	19.1			에스엘에스바이오	100
문해란	17.2			씨젠	1,014
				내츄럴엔도텍	107

매출구성		비용구성		수출비중	
의약품품질관리	57.9	매출원가율	73.7	수출	0.0
SQL지원사업	29.0	판관비율	19.7	내수	100.0
생동성시험	11.7				

회사 개요

동사는 2007년 1월에 설립된 유전체분석 및 체외진단, 의약품 품질관리, CRO 사업을 영위하는 기업임. 다수의 의학, 의과학, 생화학 등의 전문 연구원들이 국내 및 해외 유전체 분석 및 체외진단 분야의 진단키트들을 개발하고 있으며, 관련 특허를 다수 보유함. 중소 기술기업으로 벤처기업과 이노비즈 기업으로 인증 받았으며, 2016년 6월에 코넥스 시장에 상장됨.

실적 분석

동사의 2017년도 연간 매출액은 86.5억원으로 전년도 대비 7.0% 증가했으나, 무형자산 상각비 등 고정비 증가로 영업이익은 52.3% 감소한 5.7억원을 시현. 향후 급성장이 예상되는 생물학제제 및 흡입제 판매 제약사를 신규로 확보하고, 생동성시험에서는 수익성 위주의 수주를 위해 마약성 진통제, CNS 약물 등 특화된 품목을 위주로 수주를 늘려나갈 계획임.

현금 흐름

*IFRS 별도 기준 <단위 : 억원>

항목	2016	2017
영업활동	8	12
투자활동	-2	-7
재무활동	-1	0
순현금흐름	5	5
기말현금	9	14

시장 대비 수익률

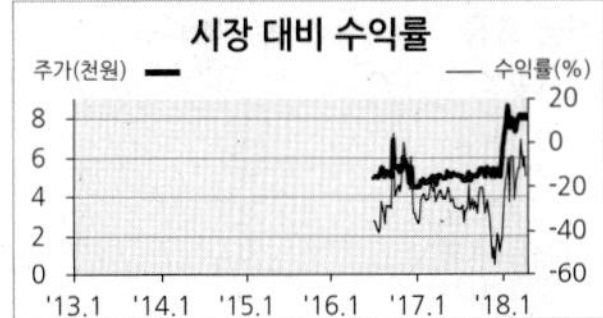

결산 실적

< 단위 : 억원 >

항목	2012	2013	2014	2015	2016	2017
매출액	—	—	58	62	81	86
영업이익	—	—	8	5	12	6
당기순이익	—	—	3	2	-26	-32

분기 실적

*IFRS 별도 기준 < 단위 : 억원 >

항목	2016.3Q	2016.4Q	2017.1Q	2017.2Q	2017.3Q	2017.4Q
매출액	—	—	—	—	—	—
영업이익	—	—	—	—	—	—
당기순이익	—	—	—	—	—	—

재무 상태

*IFRS 별도 기준 < 단위 : 억원 >

항목	2012	2013	2014	2015	2016	2017
총자산	—	—	79	110	116	98
유형자산	—	—	12	14	12	14
무형자산	—	—	35	38	36	12
유가증권	—	—	1	1	1	1
총부채	—	—	67	60	94	106
총차입금	—	—	52	41	76	89
자본금	—	—	22	29	29	29
총자본	—	—	12	50	23	-8
지배주주지분	—	—	12	50	23	-8

기업가치 지표

*IFRS 별도 기준

항목	2012	2013	2014	2015	2016	2017
주가(최고/저)(천원)	—/—	—/—	—/—	—/—	—/—	—/—
PER(최고/저)(배)	0.0/0.0	0.0/0.0	0.0/0.0	0.0/0.0	—/—	—/—
PBR(최고/저)(배)	0.0/0.0	0.0/0.0	0.0/0.0	0.0/0.0	17.9/11.1	-40.5/-24.6
EV/EBITDA(배)	0.0	0.0	3.6	1.9	15.4	24.6
EPS(원)	—	—	74	41	-454	-543
BPS(원)	—	—	274	862	389	-142
CFPS(원)	—	—	227	165	-305	-360
DPS(원)	—	—	—	—	—	—
EBITDAPS(원)	—	—	327	229	356	281

재무 비율

< 단위 : % >

연도	영업이익률	순이익률	부채비율	차입금비율	ROA	ROE	유보율	자기자본비율	EBITDA마진율
2017	6.6	-36.5	완전잠식	완전잠식	-29.5	당기잠식	-128.4	-8.4	18.9
2016	14.8	-32.6	일부잠식	일부잠식	-23.3	-72.8	-22.2	19.5	25.6
2015	8.4	3.3	121.0	82.5	2.2	6.6	72.4	45.3	18.3
2014	13.0	5.5	일부잠식	일부잠식	0.0	0.0	-45.1	15.0	24.3

에스엠로보틱스 (A252940)
SMROBOTICS

업　　종 : 레저용품　　시　　장 : KONEX
신용등급 : (Bond) —　(CP) —　　기업규모 : —
홈페이지 : www.tophorse.co.kr　　연 락 처 : 031)422-1519
본　　사 : 경기도 의왕시 이미로 40, 에이동 413호, 414호, 415호(포일동, 인덕원 아이티밸리)

설 립 일	2011.06.03	**종업원수**	7명	**대표이사**	전주식
상 장 일	2016.09.30	**감사의견**	거절(불확실성)(한미)	**계　열**	
결 산 기	12월	**보 통 주**		**종속회사수**	
액 면 가	—	**우 선 주**		**구 상 호**	

주주구성 (지분율,%)		출자관계 (지분율,%)		주요경쟁사 (외형,%)	
전주식	38.6			에스엠로보틱스	100
전성식	28.9			라이브플렉스	5,590
				손오공	16,274

매출구성		비용구성		수출비중	
스크린 승마 시뮬레이터	64.9	매출원가율	69.0	수출	—
인테리어 용역	22.7	판관비율	174.0	내수	—
기타 상품 외	12.4				

회사 개요
2011년 6월 소프트웨어 개발 및 공급업 사업을 목적으로 설립, 실내 승마기와 승마시뮬레이션 시스템을 결합한 가상 실내 승마시뮬레이터인 VROS(Virtual Riding-simulator on real Online System) 개발, 제조, 판매 사업을 진행하고 있음. 특허 4종과 상표-서비스등록증 1종을 취득하여 국내 타 업체와의 경쟁력에서 우위를 점하고 있음. 2016년 9월 30일 코넥스 시장 상장.

실적 분석
동사의 2017년 매출액은 전년 대비 49.0% 감소한 6.4억원을 기록한 반면, 동기간 매출원가 및 판관비 또한 각각 55.0%, 48.7% 감소함에 따라 영업손실은 전년 대비 51.8% 감소한 9.1억원을 기록함. 한편, 일회성인 유형자산처분이익이 발생함에 따라 비영업손실 규모는 전년 대비 소폭 하락하였음. 이에 따라 동사의 2017년 당기순손실은 전년 대비 45.9% 하락한 11.4억원을 기록함.

현금 흐름 *IFRS 별도 기준 〈단위 : 억원〉

항목	2016	2017
영업활동	-13	0
투자활동	4	15
재무활동	8	-15
순현금흐름	-0	0
기말현금	0	0

시장 대비 수익률
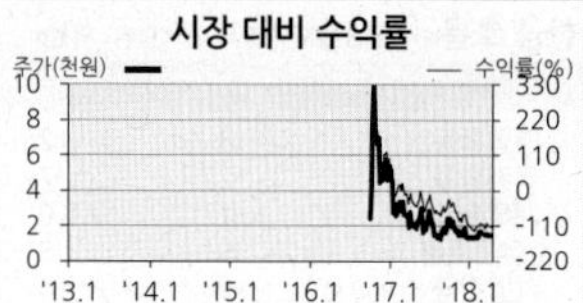

결산 실적 〈단위 : 억원〉

항목	2012	2013	2014	2015	2016	2017
매출액	—	14	12	49	13	6
영업이익	—	-1	-2	7	-19	-9
당기순이익	—	-2	-3	6	-21	-11

분기 실적 *IFRS 별도 기준 〈단위 : 억원〉

항목	2016.3Q	2016.4Q	2017.1Q	2017.2Q	2017.3Q	2017.4Q
매출액	—	—	—	—	—	—
영업이익	—	—	—	—	—	—
당기순이익	—	—	—	—	—	—

재무 상태 *IFRS 별도 기준 〈단위 : 억원〉

항목	2012	2013	2014	2015	2016	2017
총자산	—	10	27	36	24	4
유형자산	—	0	10	18	16	0
무형자산	—	3	6	7	4	0
유가증권	—	—	—	—	—	—
총부채	—	8	29	32	33	25
총차입금	—	2	14	20	21	5
자본금	—	10	10	10	11	11
총자본	—	1	-2	4	-9	-21
지배주주지분	—	1	-2	4	-9	-21

기업가치 지표 *IFRS 별도 기준

항목	2012	2013	2014	2015	2016	2017
주가(최고/저)(천원)	#VALUE!	—/—	—/—	—/—	—/—	—/—
PER(최고/저)(배)	0.0/0.0	0.0/0.0	0.0/0.0	0.0/0.0	—/—	—/—
PBR(최고/저)(배)	0.0/0.0	0.0/0.0	0.0/0.0	0.0/0.0	-23.5/-5.7	-5.4/-1.3
EV/EBITDA(배)	0.0	—	—	1.6	—	—
EPS(원)	—	-136	-150	287	-1,002	-525
BPS(원)	—	59	-91	196	-423	-948
CFPS(원)	—	-110	-122	385	-780	-406
DPS(원)	—	—	—	—	—	—
EBITDAPS(원)	—	-59	-93	460	-679	-301

재무 비율 〈단위 : %〉

연도	영업이익률	순이익률	부채비율	차입금비율	ROA	ROE	유보율	자기자본비율	EBITDA마진율
2017	-142.9	-178.6	완전잠식	완전잠식	-80.7	잠식지속	-289.5	-509.9	-102.4
2016	-151.3	-168.4	완전잠식	완전잠식	-70.3	당기잠식	-184.5	-37.9	-114.1
2015	14.9	11.8	일부잠식	일부잠식	18.3	전기잠식	-60.9	11.0	18.9
2014	-19.5	-24.1	완전잠식	완전잠식	-16.4	당기잠식	-118.3	-6.8	-15.0

에스엠엔터테인먼트 (A041510)
SM Entertainment

업　　종 : 미디어　　시　　장 : KOSDAQ
신용등급 : (Bond) —　(CP) —　　기업규모 : 우량
홈페이지 : www.smtown.com　　연 락 처 : 02)6240-9800
본　　사 : 서울시 강남구 압구정로 423 캠브리지연립주택

설 립 일	1995.02.14	**종업원수**	392명	**대표이사**	한세민,남소영
상 장 일	2000.04.27	**감사의견**	적정(삼일)	**계　열**	
결 산 기	12월	**보 통 주**		**종속회사수**	21개사
액 면 가	500원	**우 선 주**		**구 상 호**	

주주구성 (지분율,%)		출자관계 (지분율,%)		주요경쟁사 (외형,%)	
이수만	20.2	에브리싱	100.0	에스엠	100
국민연금공단	7.3	에스엠타운플래너	100.0	스카이라이프	188
(외국인)	23.4	아렐	100.0	와이지엔터테인먼트	96

매출구성		비용구성		수출비중	
[매니지먼트사업]출연료	41.0	매출원가율	68.1	수출	35.8
[매니지먼트사업]매니지먼트 매출	27.7	판관비율	28.9	내수	64.2
[음반산업]음반	19.5				

회사 개요
동사는 1995년 설립되어 초기에는 TV 프로그램 제작물을 공중파 방송 및 케이블 방송에 납품하는 외주 프로그램 제작업을 영위하면서 신인 발굴 및 음반기획을 병행함. 이후 H.O.T. 음반의 성공과 함께 S.E.S., 신화, Fly to the Sky, BoA, 동방신기, 슈퍼주니어, 소녀시대, 샤이니, f(x), EXO 등이 연속적으로 성공함. 대중문화콘텐츠와 신인 엔터테이너를 지속적으로 발굴, 성장시켜 높은 실적 성장세를 시현함.

실적 분석
2017년 연결기준 동사의 매출액은 전년대비 4.4% 증가한 3,653.9억원으로 창사 이래 최대 매출을 기록. 이는 주요 아티스트들의 활동 확대로 인한 음반, 음원 부문의 성장과 사업영역 확장에 따른 MD 및 기타매출 성장에 기인함. 음반, 음원사업은 전년대비 44%, MD 및 기타사업은 전년 대비 28% 성장하였음. 영업이익은 드라마의 선급금 상각비용 등 일시적 비용이 발생함에 따라 47.2% 감소함.

현금 흐름 〈단위 : 억원〉

항목	2016	2017
영업활동	212	775
투자활동	-384	-1,106
재무활동	505	639
순현금흐름	361	259
기말현금	1,696	1,955

시장 대비 수익률
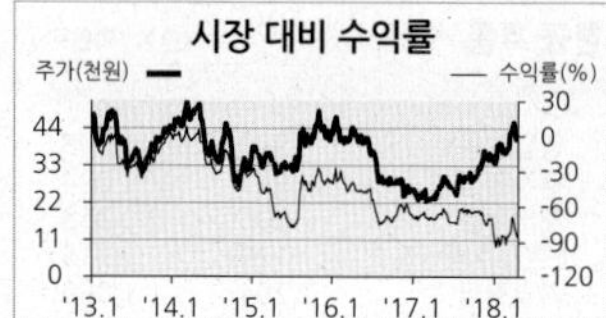

결산 실적 〈단위 : 억원〉

항목	2012	2013	2014	2015	2016	2017
매출액	2,413	2,687	2,870	3,222	3,499	3,654
영업이익	605	405	343	384	207	109
당기순이익	368	180	18	184	42	-47

분기 실적 〈단위 : 억원〉

항목	2016.3Q	2016.4Q	2017.1Q	2017.2Q	2017.3Q	2017.4Q
매출액	1,041	784	681	677	867	1,429
영업이익	135	6	12	14	46	37
당기순이익	86	-40	-80	38	128	-133

재무 상태 〈단위 : 억원〉

항목	2012	2013	2014	2015	2016	2017
총자산	3,228	3,923	3,827	4,597	5,251	7,975
유형자산	394	540	810	1,075	1,037	932
무형자산	429	495	511	511	371	1,135
유가증권	101	139	194	172	121	131
총부채	893	1,259	1,011	1,362	1,495	3,619
총차입금	104	135	155	458	569	600
자본금	102	103	103	104	109	109
총자본	2,336	2,664	2,816	3,235	3,755	4,356
지배주주지분	2,096	2,299	2,413	2,846	3,295	3,443

기업가치 지표

항목	2012	2013	2014	2015	2016	2017
주가(최고/저)(천원)	69.2/37.3	50.6/29.4	53.2/24.5	49.0/30.5	47.1/24.2	38.7/22.2
PER(최고/저)(배)	34.9/18.8	55.4/32.2	183.2/84.2	46.8/29.1	278.3/142.7	194.5/111.3
PBR(최고/저)(배)	6.7/3.6	4.5/2.6	4.5/2.1	3.6/2.2	3.1/1.6	2.4/1.4
EV/EBITDA(배)	11.7	16.4	14.0	14.1	11.0	21.5
EPS(원)	1,984	913	290	1,048	169	199
BPS(원)	10,262	11,376	11,837	13,669	15,144	16,077
CFPS(원)	2,461	1,371	922	2,066	1,258	1,211
DPS(원)	—	—	—	—	—	—
EBITDAPS(원)	3,502	2,427	2,295	2,875	2,049	1,515

재무 비율 〈단위 : %〉

연도	영업이익률	순이익률	부채비율	차입금비율	ROA	ROE	유보율	자기자본비율	EBITDA마진율
2017	3.0	-1.3	83.1	13.8	-0.7	1.3	3,115.3	54.6	9.0
2016	5.9	1.2	39.8	15.1	0.9	1.2	2,928.9	71.5	12.6
2015	11.9	5.7	42.1	14.2	4.4	8.3	2,633.7	70.4	18.5
2014	12.0	0.6	35.9	5.5	0.5	2.6	2,267.3	73.6	16.5

에스엠컬처앤콘텐츠 (A048550)

SM Culture & Contents

업 종 : 미디어 | 시 장 : KOSDAQ
신용등급 : (Bond) — (CP) — | 기업규모 : 중견
홈페이지 : www.smcultureandcontents.com | 연 락 처 : 02)3788-9400
본 사 : 서울시 강남구 삼성로 648(삼성동, 한섬빌딩)

설 립 일	1980.05.13	**종 업 원 수**	225명	**대 표 이 사**	이훈희,김동준
상 장 일	2001.01.06	**감 사 의 견**	적정(삼일)	**계 열**	
결 산 기	12월	**보 통 주**		**종속회사수**	3개사
액 면 가	500원	**우 선 주**		**구 상 호**	

주주구성 (지분율,%)		출자관계 (지분율,%)		주요경쟁사 (외형,%)	
에스.엠.엔터테인먼트	30.1	콘텐츠뱅크	100.0	SM C&C	100
에스케이텔레콤	23.4	호텔트리스	80.4	키이스트	120
(외국인)	3.8	울림엔터테인먼트	29.0	덱스터	29

매출구성		비용구성		수출비중	
방송프로그램, 음악 콘텐츠(기타)	50.5	매출원가율	86.4	수출	2.4
방송 등(기타)	39.7	판관비율	28.2	내수	97.6
항공권, 여행상품, 기타수입수수료(기타)	9.8				

회사 개요

동사는 1987년 비티앤아이여행사로 설립되어 기업체 출장 전문 서비스와 국제회의 용역서비스, 국내외 일반여행 알선을 주요사업으로 영위함. 사업다각화 및 대주주 변경에 따라 사명을 비티앤아이 여행그룹에서 에스엠컬처앤콘텐츠로 변경함. 2012년 5월 에스엠엔터테인먼트가 동사의 지분을 취득하면서 드라마 제작 및 영상, 음반, 공연 사업이 추가되었으며, 지배기업 최대주주는 에스엠엔터테인먼트로 변경됨.

실적 분석

동사의 연결기준 2017년 매출액은 전년대비 7.2% 감소한 885.7억원을 기록함. 판관비 등 고정비가 증가함에 따라 129.7억원의 영업손실이 발생, 적자전환하였음. 비영업부문에서도 적자폭이 확대되어 최종적으로 140.2억원의 당기순손실이 발생하였음. 적자전환의 주 요인은 지정학적 이슈로 인한 해외 매출 감소로 인한 고정비 부담의 증가와 기 제작된 드라마의 중국 선급금 상각 비용 등 일시적 비용의 발생 때문임.

현금 흐름

〈단위 : 억원〉

항목	2016	2017
영업활동	-2	420
투자활동	53	-723
재무활동	-29	767
순현금흐름	21	463
기말현금	200	663

시장 대비 수익률

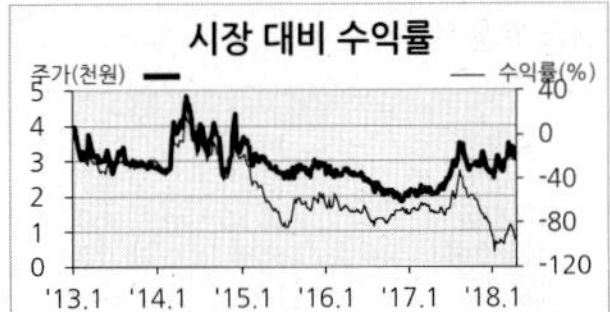

결산 실적

〈단위 : 억원〉

항목	2012	2013	2014	2015	2016	2017
매출액	196	576	610	755	954	886
영업이익	-26	-2	-59	-39	35	-130
당기순이익	-128	-10	-84	-47	-5	-140

분기 실적

〈단위 : 억원〉

항목	2016.3Q	2016.4Q	2017.1Q	2017.2Q	2017.3Q	2017.4Q
매출액	285	206	149	114	102	521
영업이익	24	10	-6	-21	-79	-24
당기순이익	15	-1	-19	-13	-79	-29

재무 상태

〈단위 : 억원〉

항목	2012	2013	2014	2015	2016	2017
총자산	502	842	846	860	812	3,008
유형자산	9	14	78	71	62	13
무형자산	156	230	228	199	101	862
유가증권	1	1	13	20	23	22
총부채	129	325	291	320	264	1,858
총차입금	19	76	66	62	32	76
자본금	303	336	347	348	348	470
총자본	373	517	555	540	548	1,149
지배주주지분	371	516	554	541	549	1,149

기업가치 지표

항목	2012	2013	2014	2015	2016	2017
주가(최고/저)(천원)	7.6/0.7	4.0/2.4	5.0/2.4	3.8/2.4	2.8/1.8	3.7/2.0
PER(최고/저)(배)	—/—	—/—	—/—	—/—	—/—	—/—
PBR(최고/저)(배)	10.8/1.0	4.7/2.9	5.9/2.9	4.6/2.9	3.4/2.2	3.0/1.6
EV/EBITDA(배)	—	58.4	1,413.6	60.9	13.7	—
EPS(원)	-266	-14	-121	-66	-7	-189
BPS(원)	701	839	844	824	835	1,244
CFPS(원)	-231	36	-34	35	73	-123
DPS(원)	—	—	—	—	—	—
EBITDAPS(원)	-19	48	2	45	130	-108

재무 비율

〈단위 : %〉

연도	영업이익률	순이익률	부채비율	차입금비율	ROA	ROE	유보율	자기자본비율	EBITDA마진율
2017	-14.6	-15.8	161.7	6.6	-7.3	-16.5	148.7	38.2	-9.1
2016	3.7	-0.5	48.1	5.8	-0.6	-0.9	67.0	67.5	9.5
2015	-5.2	-6.3	59.3	11.5	-5.6	-8.4	64.7	62.8	4.2
2014	-9.6	-13.9	52.5	11.9	-10.0	-15.7	68.8	65.6	0.3

에스엠코어 (A007820)

SMCoreInc

업 종 : 기계 | 시 장 : KOSDAQ
신용등급 : (Bond) — (CP) — | 기업규모 : 중견
홈페이지 : www.smck.com | 연 락 처 : 02)2090-9200
본 사 : 서울시 마포구 마포대로 20 (마포동, 다보빌딩 14층)

설 립 일	1972.04.13	**종 업 원 수**	190명	**대 표 이 사**	권순욱,이준영
상 장 일	2011.11.08	**감 사 의 견**	적정(삼일)	**계 열**	
결 산 기	12월	**보 통 주**		**종속회사수**	2개사
액 면 가	500원	**우 선 주**		**구 상 호**	신흥기계

주주구성 (지분율,%)		출자관계 (지분율,%)		주요경쟁사 (외형,%)	
SK	26.7	포인트코드	68.9	에스엠코어	100
권순욱	16.9	SMCUS,	100.0	신진에스엠	79
(외국인)	1.0			동양물산	516

매출구성		비용구성		수출비중	
자동화설비(제품)	94.4	매출원가율	93.2	수출	47.1
AS매출액(제품)	5.6	판관비율	6.1	내수	52.9

회사 개요

1972년 신흥우드워크란 이름으로 설립됨. 1987년 상호를 신흥기계로 변경했고, 2016년엔 상호를 에스엠코어로 변경함. 동사와 종속회사는 자동화물류시스템에 필요한 자동화설비를 제작/설치하고 설비 가동에 필요한 제어시스템과 운영정보시스템을 제작/설치하는 사업을 영위하고 있음. 향후 반도체 업황의 글로벌경기 전망이 밝고 낸드플래시 및 D램의 수요증가세가 지속됨에 따라 반도체와 평판디스플레이 관련장비 제조판·매업을 시행할 예정임.

실적 분석

동사의 2017년 연간 매출액은 전년동기대비 43.7% 상승한 724.2억원을 기록하였음. 비용면에서 전년동기대비 매출원가는 증가 하였으며 인건비도 증가, 광고선전비는 크게 감소, 기타판매비와관리비는 크게 감소함. 이처럼 매출액 상승과 더불어 비용절감에도 힘을 기울였음. 그러나 비영업손익의 적자전환으로 전년동기대비 당기순손실은 18.3억원을 기록함. 당기순이익이 적자를 지속하고 있으나 그 폭을 줄이고 있는것은 긍정적.

현금 흐름

〈단위 : 억원〉

항목	2016	2017
영업활동	-183	-77
투자활동	-0	-109
재무활동	-39	370
순현금흐름	-222	179
기말현금	72	251

시장 대비 수익률

결산 실적

〈단위 : 억원〉

항목	2012	2013	2014	2015	2016	2017
매출액	783	760	920	733	504	724
영업이익	75	56	75	24	-141	5
당기순이익	56	50	64	30	-129	-18

분기 실적

〈단위 : 억원〉

항목	2016.3Q	2016.4Q	2017.1Q	2017.2Q	2017.3Q	2017.4Q
매출액	160	62	131	173	201	219
영업이익	-17	-44	-11	0	6	11
당기순이익	-30	-22	-20	6	7	-12

재무 상태

〈단위 : 억원〉

항목	2012	2013	2014	2015	2016	2017
총자산	685	770	791	857	597	991
유형자산	145	168	162	159	164	165
무형자산	39	42	47	46	50	52
유가증권	0	0	0	29	16	107
총부채	260	301	283	282	187	230
총차입금	34	35	46	—	5	0
자본금	33	35	37	77	77	100
총자본	426	469	508	575	410	761
지배주주지분	423	464	504	569	405	756

기업가치 지표

항목	2012	2013	2014	2015	2016	2017
주가(최고/저)(천원)	7.7/3.8	6.2/4.3	6.7/4.4	9.5/5.8	12.5/5.0	18.3/10.7
PER(최고/저)(배)	21.9/10.9	20.1/14.0	16.5/11.0	51.8/31.6	—/—	—/—
PBR(최고/저)(배)	2.8/1.4	2.0/1.4	1.9/1.3	2.6/1.6	4.4/1.8	4.9/2.8
EV/EBITDA(배)	6.7	9.9	10.0	20.7	—	135.9
EPS(원)	364	316	414	187	-833	-99
BPS(원)	6,653	7,011	7,441	3,711	2,835	3,778
CFPS(원)	985	860	1,044	277	-736	-14
DPS(원)	50	60	70	100	50	50
EBITDAPS(원)	1,273	964	1,208	243	-822	112

재무 비율

〈단위 : %〉

연도	영업이익률	순이익률	부채비율	차입금비율	ROA	ROE	유보율	자기자본비율	EBITDA마진율
2017	0.7	-2.5	30.2	0.0	-2.3	-3.4	655.7	76.8	3.1
2016	-28.0	-25.7	45.7	1.2	-17.8	-26.2	466.9	68.7	-25.0
2015	3.2	4.1	49.0	0.0	3.7	5.4	642.3	67.1	5.1
2014	8.2	6.9	55.6	9.0	8.2	13.1	1,388.2	64.3	9.6

에스와이제이 (A251540)

SYJ

업 종 : 섬유 및 의복 | 시 장 : KONEX
신용등급 : (Bond) — (CP) — | 기업규모 : —
홈페이지 : syj.biz | 연 락 처 : 070)8766-3228
본 사 : 서울시 금천구 디지털로9길 33 1105호 (가산동, IT 미래타워)

설 립 일	2014.04.04	종업원수	명	대표이사	김소영
상 장 일	2017.05.02	감사의견	거절(감사범위제한)(삼일)	계 열	
결 산 기	12월	보 통 주		종속회사수	
액 면 가	—	우 선 주		구 상 호	

주주구성 (지분율,%)		출자관계 (지분율,%)		주요경쟁사 (외형,%)	
김소영	30.4			에스와이제이	100
에스와이제이우리사주조합	4.4				
				국동	1,824

매출구성		비용구성		수출비중	
티셔츠	65.7	매출원가율	84.9	수출	—
아우터	28.9	판관비율	46.3	내수	—
상품	5.4				

회사 개요

동사는 미디어컨텐츠와 봉제의류 생산과의 효율적인 결합방식으로 자사의 브랜드제품을 판매하는 여성 온라인 쇼핑몰 전문 업체임. '아이엠쓰리', '데일리바운스', '뽀람' 등 자사 보유 SPA 브랜드를 바탕으로, 판매채널 다각화 및 O2O 서비스의 지속적인 확장을 계획중임. 현재 매출 구조는 B2B 오프라인과 B2C 온라인, B2C 오프라인으로 구성되어 있고, 오프라인과 오프라인 채널의 결합을 통한 옴니채널 시너지가 기대됨.

실적 분석

동사의 2017년도 연간 매출액은 105.1억원으로 전년도 대비 19.1% 감소했으나, 매출 규모는 2016년(130억원) 큰 폭으로 성장했던 수준을 유지 중임. 동사는 생산기지 확충을 위해 미얀마 공장과 봉제사 운영을 검토 중임. 향후 국내 대표 SPA 브랜드로서의 성장을 위해 1~2개 정도의 직영점 설립을 계획 중이며, 오프라인 가맹점 및 백화점 유통채널 등에 다수 입점을 준비 중임.

현금 흐름 *IFRS 별도 기준 <단위 : 억원>

항목	2016	2017
영업활동	-28	-70
투자활동	-1	-16
재무활동	67	64
순현금흐름	38	-21
기말현금	39	18

시장 대비 수익률

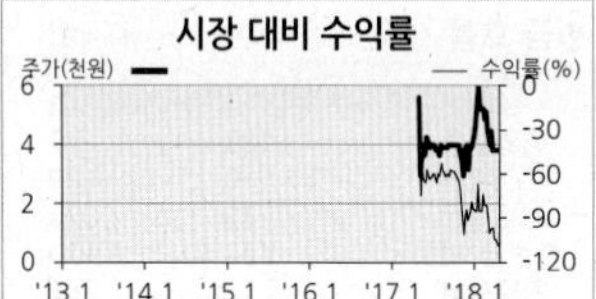

결산 실적 <단위 : 억원>

항목	2012	2013	2014	2015	2016	2017
매출액	—	—	36	45	130	105
영업이익	—	—	2	10	21	-33
당기순이익	—	—	2	9	18	-34

분기 실적 *IFRS 별도 기준 <단위 : 억원>

항목	2016.3Q	2016.4Q	2017.1Q	2017.2Q	2017.3Q	2017.4Q
매출액	—	—	—	—	—	—
영업이익	—	—	—	—	—	—
당기순이익	—	—	—	—	—	—

재무 상태 *IFRS 별도 기준 <단위 : 억원>

항목	2012	2013	2014	2015	2016	2017
총자산	—	—	5	27	120	151
유형자산	—	—	0	1	1	1
무형자산	—	—	—	7	6	9
유가증권	—	—	0	0	—	—
총부채	—	—	2	8	54	63
총차입금	—	—	1	6	47	56
자본금	—	—	1	8	15	26
총자본	—	—	3	19	66	89
지배주주지분	—	—	3	19	66	89

기업가치 지표 *IFRS 별도 기준

항목	2012	2013	2014	2015	2016	2017
주가(최고/저)(천원)	#VALUE!	—/—	—/—	—/—	—/—	—/—
PER(최고/저)(배)	0.0/0.0	0.0/0.0	0.0/0.0	0.0/0.0	0.0/0.0	—/—
PBR(최고/저)(배)	0.0/0.0	0.0/0.0	0.0/0.0	0.0/0.0	0.0/0.0	3.5/1.7
EV/EBITDA(배)	0.0	0.0	0.3	0.5	0.2	—
EPS(원)	—	—	919	3,548	886	-988
BPS(원)	—	—	14,190	11,949	2,193	1,689
CFPS(원)	—	—	9,246	37,621	923	-948
DPS(원)	—	—	—	—	—	—
EBITDAPS(원)	—	—	9,312	43,264	1,044	-916

재무 비율 <단위 : %>

연도	영업이익률	순이익률	부채비율	차입금비율	ROA	ROE	유보율	자기자본비율	EBITDA마진율
2017	-31.2	-32.2	70.6	62.7	-25.0	-43.7	237.8	58.6	-29.9
2016	15.9	14.0	80.8	71.0	24.8	42.8	338.5	55.3	16.5
2015	23.0	19.9	45.5	31.6	55.4	83.6	139.0	68.7	24.2
2014	5.1	5.1	87.4	22.7	0.0	0.0	183.8	53.4	5.1

에스와이패널 (A109610)

SYPANEL COLTD

업 종 : 건축자재 | 시 장 : KOSDAQ
신용등급 : (Bond) — (CP) — | 기업규모 : 우량
홈페이지 : www.sypanel.com | 연 락 처 : 031)222-4028
본 사 : 경기도 수원시 권선구 경수대로 261(세류동) 리치타워 7층

설 립 일	2000.09.29	종업원수	387명	대표이사	홍영돈
상 장 일	2015.12.29	감사의견	적정(대주)	계 열	
결 산 기	12월	보 통 주		종속회사수	9개사
액 면 가	500원	우 선 주		구 상 호	

주주구성 (지분율,%)		출자관계 (지분율,%)		주요경쟁사 (외형,%)	
홍영돈	18.3	에스와이화학	100.0	에스와이패널	100
이화춘	14.7	에스와이코닝	100.0	대림B&Co	59
(외국인)	1.6	에스와이빌드	78.3	뉴보텍	10

매출구성		비용구성		수출비중	
우레탄 보드 외	31.9	매출원가율	88.6	수출	5.9
난연 EPS 패널	28.3	판관비율	8.9	내수	94.1
G/W 패널	17.2				

회사 개요

동사는 2000년 9월 29일 조립식 샌드위치패널 제조 및 판매 목적으로 쌍용실업으로 설립되었으며, 2003년 9월 29일 에스와이패널로 사명을 변경함. 동사의 연결대상 종속회사는 8개사이며, 그 중 주요 종속회사는 에스와이테크, 에스와이산업 2개사이며, 2개사 모두 조립식 샌드위치패널 제조 및 판매 사업을 영위하고 있음. 동사의 전방산업인 건설경기가 살아나면서 건축자재시장도 점점 확대중임.

실적 분석

동사의 연결기준 2017년 매출액은 전년대비 28.6% 증가한 3,935.0억원을 기록하였음. 매출원가가 비슷한 수준으로 증가해 전년대비 24.9% 증가한 매출총이익을 달성했음. 다만 영업이익은 3% 증가한 95.2억원에 그쳤는데, 신규제품 매출급증에 따른 매출이 증가하였으나 주요 원자재가격 상승으로 영업이익율이 감소한데 따른 것임. 최종적으로 동사는 전년보다 69.2% 감소한 4.9억원의 당기순이익을 기록하였음.

현금 흐름 <단위 : 억원>

항목	2016	2017
영업활동	-114	3
투자활동	-353	-474
재무활동	401	602
순현금흐름	-59	124
기말현금	123	248

시장 대비 수익률

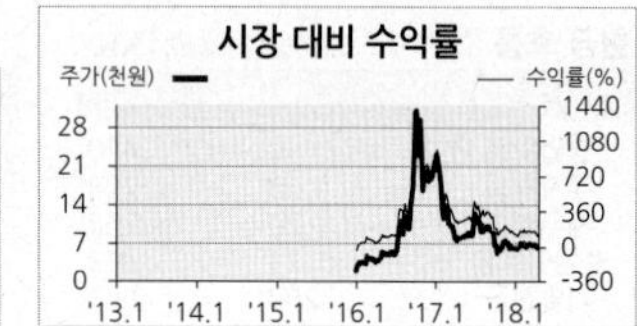

결산 실적 <단위 : 억원>

항목	2012	2013	2014	2015	2016	2017
매출액	1,438	1,911	2,383	2,617	3,061	3,935
영업이익	59	74	89	150	92	95
당기순이익	21	46	47	77	16	5

분기 실적 <단위 : 억원>

항목	2016.3Q	2016.4Q	2017.1Q	2017.2Q	2017.3Q	2017.4Q
매출액	770	968	771	971	1,004	1,189
영업이익	21	12	-13	7	38	63
당기순이익	4	0	-26	-6	36	1

재무 상태 <단위 : 억원>

항목	2012	2013	2014	2015	2016	2017
총자산	924	1,346	1,758	2,173	2,745	3,430
유형자산	428	621	818	1,079	1,307	1,482
무형자산	10	8	15	17	29	31
유가증권	9	34	12	9	9	5
총부채	698	1,074	1,453	1,667	2,179	2,291
총차입금	507	708	974	1,073	1,426	1,362
자본금	20	20	20	31	61	121
총자본	226	272	305	506	565	1,139
지배주주지분	191	231	291	493	487	1,063

기업가치 지표

항목	2012	2013	2014	2015	2016	2017
주가(최고/저)(천원)	—/—	—/—	—/—	3.1/2.8	46.5/3.9	25.1/5.0
PER(최고/저)(배)	0.0/0.0	0.0/0.0	0.0/0.0	3.4/3.1	326.3/27.4	2,051.6/411.8
PBR(최고/저)(배)	0.0/0.0	0.0/0.0	0.0/0.0	0.8/0.7	10.8/0.9	5.5/1.1
EV/EBITDA(배)	4.9	6.0	6.0	6.2	36.9	14.6
EPS(원)	135	338	367	624	96	12
BPS(원)	47,873	57,766	72,824	7,955	4,313	4,565
CFPS(원)	13,167	17,831	23,892	3,291	781	388
DPS(원)	—	—	—	—	150	—
EBITDAPS(원)	23,876	26,550	35,518	5,150	1,398	784

재무 비율 <단위 : %>

연도	영업이익률	순이익률	부채비율	차입금비율	ROA	ROE	유보율	자기자본비율	EBITDA마진율
2017	2.4	0.1	201.3	119.6	0.2	0.4	813.0	33.2	4.7
2016	3.0	0.5	385.4	252.2	0.7	3.5	762.6	20.6	5.6
2015	5.7	2.9	329.2	212.0	3.9	18.9	1,491.1	23.3	8.0
2014	3.8	2.0	477.2	319.7	—	—	1,356.5	17.3	6.0

에스원 (A012750)

S-1

업 종 : 상업서비스 | 시 장 : 거래소
신용등급 : (Bond) — (CP) A1 | 기업규모 : 시가총액 대형주
홈페이지 : www.s1.co.kr | 연 락 처 : 1588-3112
본 사 : 서울시 중구 세종대로7길 25 (순화동)

설 립 일	1977.11.28	**종 업 원 수**	6,096명	**대 표 이 사**	육현표,키다코이치
상 장 일	1995.12.29	**감 사 의 견**	적정(한영)	**계 열**	
결 산 기	12월	**보 통 주**		**종속회사수**	5개사
액 면 가	500원	**우 선 주**		**구 상 호**	

주주구성 (지분율,%)		출자관계 (지분율,%)		주요경쟁사 (외형,%)	
일본SECOM	25.7	휴먼티에스에스	100.0	에스원	100
삼성에스디아이	11.0	에스원씨알엠	100.0	한국항공우주	107
(외국인)	55.9	에스브이아이씨35호신기술사업투자조합	99.0	한화테크윈	217

매출구성		비용구성		수출비중	
시스템보안서비스 및 설치	51.2	매출원가율	70.8	수출	—
부동산 서비스	24.3	판관비율	18.7	내수	—
보안관련 상품판매	15.3				

회사 개요

동사는 일본 세콤이 25.65%를 보유하고 있으며, 보안시스템 서비스, 건물관리 서비스, 콜센터 서비스 및 텔레마케팅 등의 사업을 영위함. 보안시스템 부문에서는 세콤과 경영 및 기술도입 계약을 체결함. 경영자문, 기술도입, 상표도입 등의 목적으로 해마다 2회 분할로 지급함. 지급 기준은 시스템 부문 순매출액의 0.65%임. 정보보안솔루션 개발 및 공급 부문은 2015년 9월 시큐아이 매각으로 제외됨.

실적 분석

동사의 2017년 연결기준 연간 매출액은 1조 9,422.7억원으로 전년 대비 6.1% 증가함. 영업이익은 2,025.7억원으로 전년과 비슷한 수준임. 대규모 시설에 대한 효율적 관리가 가능하도록 1,000대 이상의 카메라 연결이 가능한 지능형 모니터링 시스템을 출시함. 해외에서도 현지 법인을 기반으로 글로벌 보안 SI 시장을 공략하고 있음. 앞으로 사물인터넷, 빅데이터 등 첨단 기술을 접목한다는 계획임.

현금 흐름 (단위 : 억원)

항목	2016	2017
영업활동	2,732	2,942
투자활동	-2,135	-2,247
재무활동	-410	-423
순현금흐름	185	270
기말현금	1,441	1,711

시장 대비 수익률

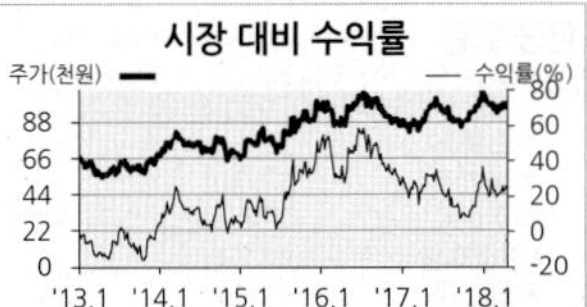

결산 실적 (단위 : 억원)

항목	2012	2013	2014	2015	2016	2017
매출액	10,965	12,741	16,347	17,996	18,302	19,423
영업이익	1,346	1,309	1,527	1,726	2,057	2,026
당기순이익	1,092	873	1,163	1,554	1,405	1,433

분기 실적 (단위 : 억원)

항목	2016.3Q	2016.4Q	2017.1Q	2017.2Q	2017.3Q	2017.4Q
매출액	4,482	4,926	4,696	4,899	4,857	4,970
영업이익	491	500	582	502	562	381
당기순이익	337	296	401	357	436	239

재무 상태 (단위 : 억원)

항목	2012	2013	2014	2015	2016	2017
총자산	10,846	11,541	14,601	13,944	14,604	15,815
유형자산	3,939	4,407	4,654	4,699	4,749	4,624
무형자산	318	646	5,211	4,979	4,786	4,589
유가증권	63	104	714	246	1,043	2,147
총부채	2,912	3,106	5,443	4,141	3,604	3,737
총차입금	—	—	1,900	—	—	—
자본금	190	190	190	190	190	190
총자본	7,935	8,435	9,157	9,804	10,999	12,078
지배주주지분	7,618	8,065	8,734	9,801	10,999	12,078

기업가치 지표

항목	2012	2013	2014	2015	2016	2017
주가(최고/저)(천원)	66.1/47.1	70.0/54.3	83.3/64.6	100/64.2	111/83.9	107/80.3
PER(최고/저)(배)	27.0/19.6	35.3/27.8	30.9/23.9	26.1/16.7	31.1/23.6	28.4/21.8
PBR(최고/저)(배)	3.0/2.2	3.0/2.3	3.3/2.6	3.5/2.3	3.5/2.6	3.0/2.3
EV/EBITDA(배)	10.5	10.8	9.6	11.4	8.8	10.5
EPS(원)	2,656	2,119	2,882	4,043	3,698	3,772
BPS(원)	24,161	25,332	27,085	29,891	33,045	35,884
CFPS(원)	4,841	4,865	6,602	7,922	7,512	7,653
DPS(원)	1,250	1,100	1,150	1,200	1,250	2,500
EBITDAPS(원)	5,728	6,190	7,739	8,420	9,227	9,212

재무 비율 (단위 : %)

연도	영업이익률	순이익률	부채비율	차입금비율	ROA	ROE	유보율	자기자본비율	EBITDA마진율
2017	10.4	7.4	30.9	0.0	9.4	12.4	7,076.9	76.4	18.0
2016	11.2	7.7	32.8	0.0	9.9	13.5	6,509.1	75.3	19.2
2015	9.6	8.6	42.2	0.0	10.9	16.6	5,878.3	70.3	17.8
2014	9.3	7.1	59.4	20.8	8.9	13.0	5,316.9	62.7	18.0

에스제이엠 (A123700)

SJM

업 종 : 자동차부품 | 시 장 : 거래소
신용등급 : (Bond) — (CP) — | 기업규모 : 시가총액 소형주
홈페이지 : www.sjmflex.co.kr | 연 락 처 : 031)490-4151
본 사 : 경기도 안산시 단원구 별망로 459번길 20 (목내동)

설 립 일	2010.05.04	**종 업 원 수**	356명	**대 표 이 사**	김휘중
상 장 일	2010.05.31	**감 사 의 견**	적정(삼정)	**계 열**	
결 산 기	12월	**보 통 주**		**종속회사수**	8개사
액 면 가	500원	**우 선 주**		**구 상 호**	

주주구성 (지분율,%)		출자관계 (지분율,%)		주요경쟁사 (외형,%)	
에스제이엠홀딩스	40.6	SJMFLEXSA(Pty)	100.0	SJM	100
FID Low Priced Stock Fund	8.2	연대세걸기차배건유한공사	100.0	아진산업	262
(외국인)	13.7	SJMNORTHAMERICA	100.0	에이엔피	62

매출구성		비용구성		수출비중	
Flexible Coupling(자동차부품)	89.3	매출원가율	77.0	수출	—
Expansion Joint(플랜트용 신축이음쇠)	5.7	판관비율	17.8	내수	—
Expansion Joint(건축배관용 신축이음쇠)	3.7				

회사 개요

동사는 자동차부품등의 제조사업부문을 영위할 목적으로 2010년 주식회사 에스제이엠홀딩스의 인적분할을 통해 설립됨. 자동차 배기계의 앞쪽에 장착되어 엔진으로부터의 소음과 진동을 줄여주는 Flexible Coupling과 건축산업용 배관 및 고압가스관 등의 열팽창에 의한 신축을 흡수하는 Expansion Joint 등을 생산하고 있음. 자동차사업부분(자동차용 Bellows) 매출 90%, 플랜트사업부문(산업용 Bellows) 매출 10%로 구성됨.

실적 분석

동사의 연결기준 2017년 연간 누적 매출액은 중국발 정책에 따른 시장상황 악화로 완성차 업체의 부품 수요가 감소하며 전년동기 대비 7.8% 감소한 1,631.0억원을 기록함. 자회사의 현지화 대비 달러 및 유로화의 환율 하락에 따른 프로젝트 수익성이 악화되며 영업이익과 당기순이익은 전년동기 대비 각각 41.3%, 62.2% 감소한 84.1억원, 56.8억원을 기록함.

현금 흐름 (단위 : 억원)

항목	2016	2017
영업활동	137	84
투자활동	-135	2
재무활동	-41	-36
순현금흐름	-41	32
기말현금	312	345

시장 대비 수익률

결산 실적 (단위 : 억원)

항목	2012	2013	2014	2015	2016	2017
매출액	1,873	1,831	1,571	1,803	1,768	1,631
영업이익	213	201	202	234	143	84
당기순이익	174	166	160	240	150	57

분기 실적 (단위 : 억원)

항목	2016.3Q	2016.4Q	2017.1Q	2017.2Q	2017.3Q	2017.4Q
매출액	435	449	438	395	397	401
영업이익	34	15	14	25	6	39
당기순이익	19	41	-6	43	31	-11

재무 상태 (단위 : 억원)

항목	2012	2013	2014	2015	2016	2017
총자산	1,586	1,623	1,730	1,858	2,059	2,051
유형자산	500	512	513	529	538	596
무형자산	11	7	7	7	6	18
유가증권	—	45	69	30	116	70
총부채	354	328	351	323	373	351
총차입금	81	34	33	—	—	—
자본금	78	78	78	78	78	78
총자본	1,232	1,295	1,379	1,535	1,687	1,700
지배주주지분	1,170	1,232	1,307	1,421	1,588	1,604

기업가치 지표

항목	2012	2013	2014	2015	2016	2017
주가(최고/저)(천원)	7.2/4.2	11.0/6.7	9.5/5.9	7.3/5.7	7.5/5.5	6.4/4.8
PER(최고/저)(배)	7.9/4.6	12.8/7.8	11.6/7.2	5.7/4.5	8.3/6.1	18.2/13.5
PBR(최고/저)(배)	1.1/0.7	1.6/1.0	1.3/0.8	0.9/0.7	0.8/0.6	0.6/0.5
EV/EBITDA(배)	4.8	6.2	3.6	2.7	3.1	3.7
EPS(원)	1,062	981	926	1,401	961	363
BPS(원)	7,501	7,897	8,379	9,108	10,177	10,282
CFPS(원)	1,311	1,308	1,208	1,688	1,284	581
DPS(원)	100	200	200	200	200	130
EBITDAPS(원)	1,614	1,613	1,576	1,786	1,240	757

재무 비율 (단위 : %)

연도	영업이익률	순이익률	부채비율	차입금비율	ROA	ROE	유보율	자기자본비율	EBITDA마진율
2017	5.2	3.5	20.6	0.0	2.8	3.6	1,956.3	82.9	7.3
2016	8.1	8.5	22.1	0.0	7.7	10.0	1,935.4	81.9	11.0
2015	13.0	13.3	21.0	0.0	13.4	16.0	1,721.6	82.6	15.5
2014	12.9	10.2	25.5	2.4	9.5	11.4	1,575.7	79.7	15.7

에스제이엠홀딩스 (A025530)
SJM Holdings

업 종 : 자동차부품 | 시 장 : 거래소
신용등급 : (Bond) — (CP) — | 기업규모 : 시가총액 소형주
홈페이지 : www.sjmholdings.co.kr | 연 락 처 : 031)490-3859
본 사 : 경기도 안산시 단원구 별망로459번길 20 (목내동)

설 립 일	1975.03.31	**종업원수**	6명	**대표이사**	김용호,김휘중
상 장 일	1997.01.09	**감사의견**	적정(도원)	**계 열**	
결 산 기	12월	**보 통 주**		**종속회사수**	13개사
액 면 가	500원	**우 선 주**		**구 상 호**	

주주구성 (지분율,%)		출자관계 (지분율,%)		주요경쟁사 (외형,%)	
김휘중	51.1	에이커스	100.0	SJM홀딩스	100
FID Low Priced Stock Fund	8.9	티엔엔	100.0	삼보모터스	553
(외국인)	10.6	에스제이엠	40.1	트루윈	21

매출구성		비용구성		수출비중	
Flexible Coupling	87.1	매출원가율	74.3	수출	—
Expansion Joint(플랜트용 신축이음쇠)	5.5	판관비율	19.5	내수	—
Expansion Joint(건축배관용 신축이음쇠)	3.6				

회사 개요

동사는 1975년 자동차 부품회사로 설립됐으며 2010년 인적분할로 사업부문을 분사하고, 2011년 지주회사로 전환함. 2016년 1분기 말 현재 15개의 계열회사를 보유하고 있음. SJM의 사업 부문은 크게 세가지로 구성되어 있음. 자동차사업부, 플랜트사업부, 통신용반도체 관련 기타부문으로 이뤄짐. 한미 FTA 발효 등으로 가격경쟁력 향상 등으로 인해 자동차 생산은 증가할 것으로 보임. 이에 따라 자동차 부품분야의 수요 증가가 기대됨.

실적 분석

동사는 지난해 매출액 1,698억원으로 전년대비 6.4%축소. 영업이익 104억원으로 23.3% 감소. 순이익은 비영업손익이 대폭 증가한 영향으로 전년대비 27.5% 성장한 193억원을 기록. 국내외 경기의 점진적인 회복으로 자동차 사업부의 매출 확대 및 통신용반도체 부문 성장으로 외형 신장세 이어지길 기대하고 있음.

현금 흐름 〈단위 : 억원〉

항목	2016	2017
영업활동	155	67
투자활동	-174	34
재무활동	-48	-49
순현금흐름	-67	34
기말현금	344	378

시장 대비 수익률

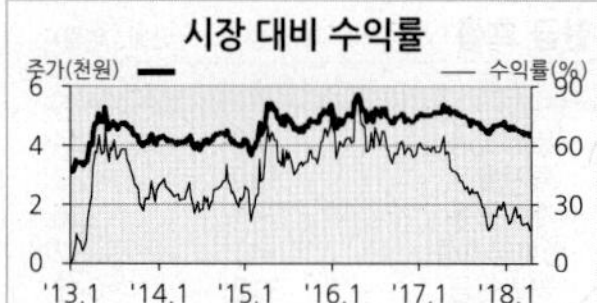

결산 실적 〈단위 : 억원〉

항목	2012	2013	2014	2015	2016	2017
매출액	1,900	1,860	1,619	1,851	1,814	1,698
영업이익	214	198	207	235	136	104
당기순이익	185	166	169	248	152	193

분기 실적 〈단위 : 억원〉

항목	2016.3Q	2016.4Q	2017.1Q	2017.2Q	2017.3Q	2017.4Q
매출액	448	465	455	413	413	417
영업이익	33	11	21	33	12	39
당기순이익	20	35	-3	169	41	-14

재무 상태 〈단위 : 억원〉

항목	2012	2013	2014	2015	2016	2017
총자산	2,260	2,301	2,396	2,603	2,788	2,917
유형자산	507	518	517	534	543	601
무형자산	17	10	10	9	8	19
유가증권	106	256	501	382	456	578
총부채	358	339	349	441	482	476
총차입금	91	49	33	120	123	125
자본금	75	75	75	75	75	75
총자본	1,902	1,963	2,047	2,162	2,307	2,441
지배주주지분	1,161	1,187	1,228	1,281	1,327	1,451

기업가치 지표

항목	2012	2013	2014	2015	2016	2017
주가(최고/저)(천원)	3.2/2.4	5.5/3.0	4.6/3.9	5.6/3.7	5.7/4.6	5.4/4.4
PER(최고/저)(배)	7.6/5.8	15.0/8.3	10.3/8.6	8.4/5.5	16.3/13.0	5.5/4.5
PBR(최고/저)(배)	0.5/0.4	0.8/0.4	0.6/0.5	0.7/0.5	0.7/0.5	0.6/0.5
EV/EBITDA(배)	3.0	3.4	3.6	4.3	5.9	6.6
EPS(원)	510	439	523	747	380	1,025
BPS(원)	8,186	8,360	8,637	8,993	9,297	10,129
CFPS(원)	782	796	836	1,061	737	1,277
DPS(원)	100	150	200	200	200	200
EBITDAPS(원)	1,702	1,684	1,701	1,890	1,269	952

재무 비율 〈단위 : %〉

연도	영업이익률	순이익률	부채비율	차입금비율	ROA	ROE	유보율	자기자본비율	EBITDA마진율
2017	6.2	11.4	19.5	5.1	6.8	11.0	1,925.8	83.7	8.4
2016	7.5	8.4	20.9	5.3	5.6	4.4	1,759.4	82.7	10.5
2015	12.7	13.4	20.4	5.6	9.9	8.9	1,698.6	83.1	15.3
2014	12.8	10.5	17.1	1.6	7.2	6.5	1,627.4	85.4	15.7

에스제이케이 (A080440)
SJK COLTD

업 종 : 자동차부품 | 시 장 : KOSDAQ
신용등급 : (Bond) — (CP) — | 기업규모 :
홈페이지 : www.sejin.com | 연 락 처 : 02)866-3333
본 사 : 서울시 금천구 벚꽃로 278, SJ테크노빌빌딩 4층

설 립 일	1995.02.25	**종업원수**	50명	**대표이사**	이승열
상 장 일	2005.05.13	**감사의견**	적정(삼일)	**계 열**	
결 산 기	12월	**보 통 주**		**종속회사수**	3개사
액 면 가	500원	**우 선 주**		**구 상 호**	세진전자

주주구성 (지분율,%)		출자관계 (지분율,%)		주요경쟁사 (외형,%)	
SEJIN AMERICA, INC.	6.0	바이오씨디엠	69.0	에스제이케이	100
이승열	5.2	에스제이헬스케어	40.0	디젠스	1,228
(외국인)	0.7	나노팜	17.7	광진윈텍	1,108

매출구성		비용구성		수출비중	
후방감지센서, 램프,스위치 외	41.4	매출원가율	81.1	수출	33.1
키보드, 리모콘 외 WiFi Phone, AP,M2M	39.4	판관비율	74.3	내수	66.9
무선원격검침기 외	10.0				

회사 개요

동사는 1972년 설립돼 자동차부품, 전자부품, 키보드, 무선원격검침기 등을 제조, 판매하고 있으며 자동차부품의 매출이 가장 큰 비중을 차지함. 자동차부품 중에서는 후방감지센터, 램프, 스위치 등을 생산함. 동사는 르노삼성의 1차 부품 공급업체이며, 쌍용자동차, 대우버스, 두산인프라코어, 일본 닛산 자동차의 1체 업체인 CALSONIC KANSEI에도 자동차 부품을 공급하고 있음.

실적 분석

동사의 2017년도 연결기준 연간 매출액은 87.7억원으로 전년대비 32.1% 감소함. 자동차 및 전자부품 등 주 사업의 관련 시장이 전체적으로 성장하는 단계가 아님. 주 거래처인 SM자동차가 회복세를 띠어야 동사 제품 수요가 늘면서 실적도 개선될 것으로 전망됨. 에스제이헬스케어의 지분 취득을 통해 중국에서 각광받고 있는 '메디컬 기반 산후조리원' 사업을 추진 중임.

현금 흐름 〈단위 : 억원〉

항목	2016	2017
영업활동	-58	-52
투자활동	70	-25
재무활동	-11	68
순현금흐름	1	-9
기말현금	11	1

시장 대비 수익률

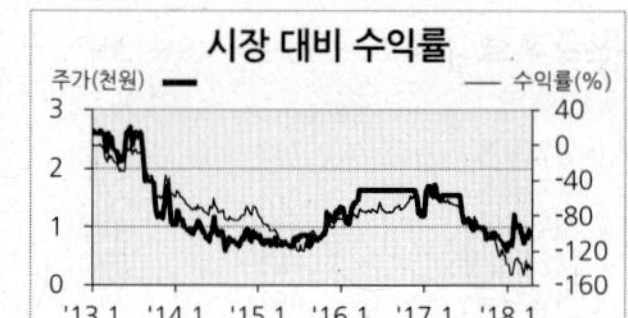

결산 실적 〈단위 : 억원〉

항목	2012	2013	2014	2015	2016	2017
매출액	764	799	553	262	129	88
영업이익	-81	-89	-75	-18	-60	-49
당기순이익	-153	-216	-152	-39	-85	-75

분기 실적 〈단위 : 억원〉

항목	2016.3Q	2016.4Q	2017.1Q	2017.2Q	2017.3Q	2017.4Q
매출액	20	9	27	19	25	17
영업이익	-10	-29	-7	-21	-6	-15
당기순이익	-19	-49	-9	-29	-7	-31

재무 상태 〈단위 : 억원〉

항목	2012	2013	2014	2015	2016	2017
총자산	1,186	957	810	653	481	455
유형자산	366	276	254	222	204	203
무형자산	118	94	14	12	2	1
유가증권	28	6	7	4	1	18
총부채	663	628	667	519	332	322
총차입금	475	413	386	346	231	250
자본금	81	81	85	108	147	170
총자본	523	330	142	134	149	133
지배주주지분	509	323	152	160	150	133

기업가치 지표

항목	2012	2013	2014	2015	2016	2017
주가(최고/저)(천원)	3.3/1.4	2.3/0.7	1.0/0.4	1.2/0.5	1.2/0.8	1.9/0.6
PER(최고/저)(배)	—/—	—/—	—/—	—/—	—/—	—/—
PBR(최고/저)(배)	1.1/0.5	1.6/0.5	1.4/0.7	2.1/0.9	3.2/2.1	5.0/1.5
EV/EBITDA(배)	—	—	—	—	—	—
EPS(원)	-989	-1,284	-815	-127	-263	-240
BPS(원)	4,137	1,991	897	744	508	392
CFPS(원)	-750	-1,041	-680	-33	-216	-222
DPS(원)	—	—	—	—	—	—
EBITDAPS(원)	-311	-303	-313	-3	-169	-138

재무 비율 〈단위 : %〉

연도	영업이익률	순이익률	부채비율	차입금비율	ROA	ROE	유보율	자기자본비율	EBITDA마진율
2017	-55.4	-85.3	일부잠식	일부잠식	-16.0	-52.9	-21.7	29.2	-49.0
2016	-46.8	-65.7	222.2	155.1	-15.0	-47.4	1.6	31.0	-36.6
2015	-6.7	-15.0	387.2	258.3	-5.4	-14.7	48.8	20.5	-0.2
2014	-13.6	-27.5	469.5	271.2	-17.2	-57.3	79.5	17.6	-9.5

에스지세계물산 (A004060)

SG

업 종 : 섬유 및 의복		시 장 : 거래소	
신용등급 : (Bond) —	(CP) —	기업규모 : 시가총액 소형주	
홈페이지 : www.sgsegye.com		연 락 처 : 02)850-5176	
본 사 : 서울시 금천구 디지털로10길 35			

설 립 일	1964.11.20	**종업원수**	239명	**대표이사**	이의범
상 장 일	1976.04.19	**감사의견**	적정(한미)	**계 열**	
결 산 기	12월	**보 통 주**		**종속회사수**	5개사
액 면 가	500원	**우 선 주**		**구 상 호**	

주주구성 (지분율,%)		출자관계 (지분율,%)		주요경쟁사 (외형,%)	
SG고려	51.1	에스지덕평컨트리클럽	37.9	SG세계물산	100
아주캐피탈	4.2	삼보	9.1	제이에스코퍼레이션	83
(외국인)	1.4	SG충방	3.8	한세엠케이	115

매출구성		비용구성		수출비중	
자가브랜드	36.6	매출원가율	70.2	수출	57.1
JACKET	27.5	판관비율	32.2	내수	42.9
PANTS	24.3				

회사 개요

동사의 주요 사업부문은 의류수출 부문과 패션부문, 부동산 임대 사업으로 구성돼 있음. 의류수출은 갭, 타겟, 메이시즈 등 주로 미국 대형 바이어에 주문자상표부착방식(OEM)으로 제품을 공급하고 있으며 매출 비중은 62%임. 패션부문은 남성정장(바쏘, 바쏘 남성), 여성복(ab.f.z, ab.plus)을 백화점, 대리점 등에 판매함. 매출 비중은 37%임. 사옥, 물류센터, 안성, 인천 등에서 건물 임대사업도 병행함.

실적 분석

동사의 2017년 연간 매출액은 전년동기대비 7.5% 하락한 2,854.3억원을 기록하였음. 의료수출부문은 주요 수출지역인 미국의 경기변동과 소비심리에 중대한 영향을 받음. 이런 영향으로 낮아진 매출액에 의해 전년동기대비 영업손실은 67.1억원으로 적자전환 하였음. 전년동기대비 당기순손실은 65.2억원을 기록하였으나 향후 미국에 편중된 사업구조를 확장할 수 있도록 유럽 바이어 개발을 진행하고 있음.

현금 흐름

〈단위 : 억원〉

항목	2016	2017
영업활동	-51	81
투자활동	-59	-178
재무활동	105	68
순현금흐름	-5	-31
기말현금	97	66

시장 대비 수익률

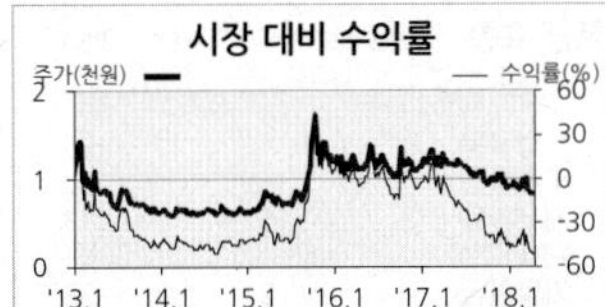

결산 실적

〈단위 : 억원〉

항목	2012	2013	2014	2015	2016	2017
매출액	3,218	3,138	3,404	3,177	3,086	2,854
영업이익	2	-31	-38	32	13	-67
당기순이익	8	-39	-67	15	-38	-65

분기 실적

〈단위 : 억원〉

항목	2016.3Q	2016.4Q	2017.1Q	2017.2Q	2017.3Q	2017.4Q
매출액	915	696	732	580	823	719
영업이익	41	-13	10	-51	11	-38
당기순이익	29	-48	6	-39	12	-44

재무 상태

〈단위 : 억원〉

항목	2012	2013	2014	2015	2016	2017
총자산	2,918	2,856	2,900	2,917	3,020	3,243
유형자산	531	518	493	497	488	537
무형자산	26	26	2	18	11	61
유가증권	179	104	143	45	58	85
총부채	818	790	907	893	1,022	1,314
총차입금	284	261	383	386	499	794
자본금	1,012	1,012	1,012	1,012	1,012	1,012
총자본	2,100	2,066	1,993	2,024	1,998	1,928
지배주주지분	2,100	2,066	1,993	2,024	1,998	1,928

기업가치 지표

항목	2012	2013	2014	2015	2016	2017
주가(최고/저)(천원)	0.9/0.3	1.5/0.6	0.7/0.6	1.9/0.6	1.5/1.0	1.5/0.9
PER(최고/저)(배)	247.5/76.7	—/—	—/—	255.7/84.8	—/—	—/—
PBR(최고/저)(배)	0.9/0.3	1.4/0.6	0.7/0.6	1.9/0.6	1.5/1.0	1.6/0.9
EV/EBITDA(배)	52.0	437.8	—	49.6	71.2	—
EPS(원)	4	-19	-33	7	-19	-32
BPS(원)	1,037	1,021	984	1,000	987	953
CFPS(원)	21	-2	-17	19	-6	-17
DPS(원)	—	—	—	—	—	—
EBITDAPS(원)	18	2	-3	27	19	-18

재무 비율

〈단위 : %〉

연도	영업이익률	순이익률	부채비율	차입금비율	ROA	ROE	유보율	자기자본비율	EBITDA마진율
2017	-2.4	-2.3	68.2	41.2	-2.1	-3.3	90.5	59.5	-1.3
2016	0.4	-1.2	51.1	25.0	-1.3	-1.9	97.5	66.2	1.2
2015	1.0	0.5	44.1	19.1	0.5	0.7	100.0	69.4	1.7
2014	-1.1	-2.0	45.5	19.2	-2.3	-3.3	96.9	68.7	-0.2

에스지에이 (A049470)

SGA

업 종 : 일반 소프트웨어		시 장 : KOSDAQ	
신용등급 : (Bond) —	(CP) —	기업규모 : 벤처	
홈페이지 : www.sgacorp.kr		연 락 처 : 070)7308-1004	
본 사 : 서울시 송파구 법원로11길 25 에이동 801호(문정동, 에이치비지니스파크)			

설 립 일	1997.11.21	**종업원수**	183명	**대표이사**	은유진
상 장 일	2001.09.08	**감사의견**	적정(성지)	**계 열**	
결 산 기	12월	**보 통 주**		**종속회사수**	5개사
액 면 가	500원	**우 선 주**		**구 상 호**	

주주구성 (지분율,%)		출자관계 (지분율,%)		주요경쟁사 (외형,%)	
은유진	12.8	에스지에이강원	82.1	SGA	100
SGA솔루션즈	3.5	알엔에이솔루션	58.5	알서포트	24
(외국인)	1.3	에스지에이솔루션즈	27.2	윈스	73

매출구성		비용구성		수출비중	
상품	67.6	매출원가율	75.3	수출	0.0
용역서비스	27.8	판관비율	29.3	내수	100.0
보안솔루션	4.6				

회사 개요

동사는 1997년 산업용 컴퓨터 전문업체로 출발, 소프트웨어를 아우르는 통합 IT회사로 자리매김하였음. 정보보안을 결합한 새로운 형태의 통합 보안 전문 업체로 거듭나기 위해 기존 산업용 컴퓨터 사업 부문을 분할했고, 센트리솔루션, 비씨큐어, 레드게이트 등을 차례로 인수한 국내 최초로 개별보안 기술을 토대로 한 통합보안기업. 종속회사였던 레드비씨를 키움제2호기업인수목적 주식회사가 흡수합병했고, 추후 상장할 계획임.

실적 분석

동사의 2017년 누적 매출액은 980.8억원으로 전년동기대비 10.2% 감소함. 영업손실은 45.8억원을 기록하며 전년동기대비 적자전환함. 서비스 부문 성장하였으나 보안솔루션과 OS 부문 외형축소하며 수익성 악화됨. 최근 개별정보보안 기술의 확보 및 혁신적인 솔루션 개발에 주력하고 있음. 교육 사업 인수 이후 교육 SI 사업에서 가시적인 성과를 보였고, 보안솔루션 판매 및 시스템 구축, 그리고 임베디드 사업을 통해 종합 IT 기업을 추구.

현금 흐름

〈단위 : 억원〉

항목	2016	2017
영업활동	2	-12
투자활동	-180	-99
재무활동	184	28
순현금흐름	2	-98
기말현금	192	94

시장 대비 수익률

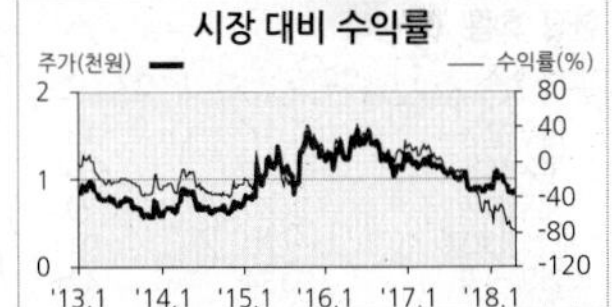

결산 실적

〈단위 : 억원〉

항목	2012	2013	2014	2015	2016	2017
매출액	340	511	582	721	1,093	981
영업이익	-11	23	46	54	39	-46
당기순이익	-18	13	49	4	23	-178

분기 실적

〈단위 : 억원〉

항목	2016.3Q	2016.4Q	2017.1Q	2017.2Q	2017.3Q	2017.4Q
매출액	203	438	159	225	228	369
영업이익	16	31	-21	3	-8	-19
당기순이익	18	1	-25	-7	-8	-138

재무 상태

〈단위 : 억원〉

항목	2012	2013	2014	2015	2016	2017
총자산	541	709	827	1,254	1,639	1,473
유형자산	5	3	3	18	20	193
무형자산	105	99	148	240	292	241
유가증권	31	23	26	201	150	70
총부채	245	353	406	498	782	684
총차입금	115	197	216	307	449	384
자본금	245	273	277	391	428	450
총자본	295	356	421	755	857	789
지배주주지분	283	326	371	509	623	450

기업가치 지표

항목	2012	2013	2014	2015	2016	2017
주가(최고/저)(천원)	1.2/0.5	1.0/0.6	0.9/0.6	1.7/0.8	1.6/1.0	1.3/0.9
PER(최고/저)(배)	—/—	104.4/56.3	16.7/10.8	—/—	—/—	—/—
PBR(최고/저)(배)	2.1/0.8	1.7/0.9	1.3/0.9	2.6/1.2	2.2/1.4	2.5/1.6
EV/EBITDA(배)	46.0	9.4	9.6	17.6	23.6	—
EPS(원)	-40	10	54	-20	-0	-209
BPS(원)	600	616	688	663	752	521
CFPS(원)	5	46	75	8	23	-174
DPS(원)	—	—	—	—	—	—
EBITDAPS(원)	22	80	105	105	70	-18

재무 비율

〈단위 : %〉

연도	영업이익률	순이익률	부채비율	차입금비율	ROA	ROE	유보율	자기자본비율	EBITDA마진율
2017	-4.7	-18.1	86.6	48.6	-11.4	-33.4	4.3	53.6	-1.6
2016	3.5	2.1	91.2	52.3	1.6	-0.1	50.4	52.3	5.4
2015	7.5	0.6	66.0	40.7	0.4	-3.1	32.6	60.2	10.2
2014	7.9	8.4	96.3	51.2	6.4	8.5	37.6	50.9	9.8

에스지에이솔루션즈 (A184230)

SGA Solutions

업　　종	일반 소프트웨어	시　　장	KOSDAQ
신용등급	(Bond) —　　(CP) —	기업규모	벤처
홈페이지	sgasol.kr	연 락 처	02)574-6856
본　　사	서울시 송파구 법원로11길 25, H비지니스파크 A동 901호(문정동, 에이치비지니스파크)		

설 립 일	2013.09.05	**종업원수**	144명	**대표이사**	최영철
상 장 일	2013.12.20	**감사의견**	적정(대주)	**계　　열**	
결 산 기	12월	**보 통 주**		**종속회사수**	2개사
액 면 가	100원	**우 선 주**		**구 상 호**	레드비씨

주주구성 (지분율,%)		출자관계 (지분율,%)		주요경쟁사 (외형,%)	
에스지에이	26.9	액시스인베스트먼트	100.0	SGA솔루션즈	100
한국증권금융	3.8	에스지에이임베디드	57.0	인프라웨어	28
(외국인)	1.3			피노텍	20

매출구성		비용구성		수출비중	
상품, 무선솔루션 등	53.6	매출원가율	69.5	수출	0.0
보안솔루션	31.4	판관비율	23.6	내수	100.0
서비스	11.5				

회사 개요

동사는 코스닥 상장사인 보안업체 SGA의 자회사로, 지난 2009년 SGA에 인수된 서버 보안 업체 레드게이트와 문서 위·변조 방지, 암호화 등의 서비스를 제공하는 응용보안업체인 비씨큐어가 합병하면서 2012년 탄생. 동사는 서버보안 제품을 기반으로 하는 시스템 보안 사업과 암호/인증 및 신뢰전자문서 제품을 기반으로 하는 응용보안 사업 모두를 영위하는 국내 유일의 기업임. 특히 이 양대 사업의 융합을 통해 시너지를 창출하고 이를 매출로 연결시킴.

실적 분석

서버보안, 응용보안, 통합보안SI 등의 보안솔루션과 관련 유지보수/개발용역이 주력사업인 동사의 2017년 4/4분기 누적매출액은 553.4억원으로 전년동기 대비 11.7% 증가함. 외형성장에도 불구하고 높은 원가율과 판관비로 인해 영업이익은 전년동기 대비 25.0% 감소한 38.5억원을 시현하였음. 비영업부문에서도 21.1억원의 손실을 기록함에 따라 이익폭이 축소되어 당기순이익은 전년동기 대비 29.9% 감소했음.

현금 흐름 〈단위 : 억원〉

항목	2016	2017
영업활동	14	-13
투자활동	-91	-56
재무활동	80	-9
순현금흐름	29	-91
기말현금	134	42

시장 대비 수익률

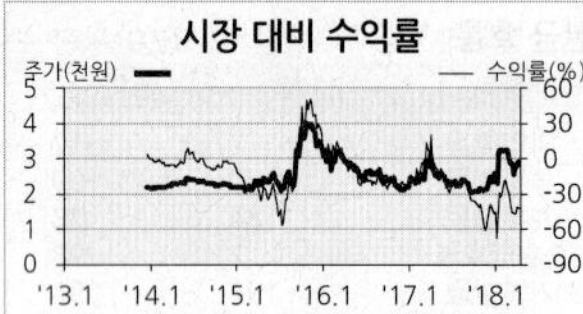

결산 실적 〈단위 : 억원〉

항목	2012	2013	2014	2015	2016	2017
매출액	—	—	143	200	495	553
영업이익	—	—	24	42	51	39
당기순이익	—	—	23	35	32	22

분기 실적 〈단위 : 억원〉

항목	2016.3Q	2016.4Q	2017.1Q	2017.2Q	2017.3Q	2017.4Q
매출액	123	243	106	127	126	195
영업이익	19	27	2	5	3	28
당기순이익	15	16	0	-1	7	16

재무 상태 〈단위 : 억원〉

항목	2012	2013	2014	2015	2016	2017
총자산	—	—	153	336	939	830
유형자산	—	—	1	4	11	10
무형자산	—	—	39	42	187	180
유가증권	—	—	7	—	141	127
총부채	—	—	89	50	527	326
총차입금	—	—	69	27	308	178
자본금	—	—	19	22	26	32
총자본	—	—	64	286	412	504
지배주주지분	—	—	64	286	386	483

기업가치 지표

항목	2012	2013	2014	2015	2016	2017
주가(최고/저)(천원)	—/—	—/—	2.5/2.2	2.7/2.1	3.3/2.1	3.1/2.0
PER(최고/저)(배)	0.0/0.0	0.0/0.0	21.5/18.5	18.2/14.0	31.6/20.1	53.1/33.1
PBR(최고/저)(배)	0.0/0.0	0.0/0.0	7.6/6.6	2.3/1.7	2.3/1.4	2.2/1.4
EV/EBITDA(배)	0.0	0.0	6.2	5.1	11.7	16.0
EPS(원)	—	—	117	150	104	60
BPS(원)	—	—	1,700	1,272	1,529	1,531
CFPS(원)	—	—	852	195	147	110
DPS(원)	—	—	—	—	—	25
EBITDAPS(원)	—	—	891	223	245	168

재무 비율 〈단위 : %〉

연도	영업이익률	순이익률	부채비율	차입금비율	ROA	ROE	유보율	자기자본비율	EBITDA마진율
2017	7.0	4.0	64.6	35.2	2.5	4.6	1,430.6	60.8	9.7
2016	10.4	6.4	128.1	74.8	4.4	7.8	1,428.9	43.8	12.3
2015	20.8	17.7	17.6	9.6	14.5	20.2	1,172.1	85.0	25.0
2014	16.9	15.9	138.9	108.0	0.0	0.0	239.9	41.9	23.5

에스지에이임베디드 (A224880)

SGA Embedded

업　　종	일반 소프트웨어	시　　장	KONEX
신용등급	(Bond) —　　(CP) —	기업규모	—
홈페이지	www.sagemb.kr	연 락 처	070)7410-9319
본　　사	서울시 서초구 마방로2길 44 3층(양재동, 오상빌딩)		

설 립 일	2010.11.26	**종업원수**	명	**대표이사**	구천열
상 장 일	2017.05.23	**감사의견**	적정(대주)	**계　　열**	
결 산 기	12월	**보 통 주**		**종속회사수**	
액 면 가	—	**우 선 주**		**구 상 호**	에스지에이임베디드

주주구성 (지분율,%)		출자관계 (지분율,%)		주요경쟁사 (외형,%)	
SGA솔루션즈	57.0			SGA임베디드	100
나우그로쓰캐피탈사모투자합자회사	6.5			SGA솔루션즈	168
				인프라웨어	46

매출구성		비용구성		수출비중	
임베디드 S/W(M/S OS)	59.6	매출원가율	82.5	수출	0.0
IoT 유통(샤오미, POS기자재)	26.5	판관비율	10.4	내수	100.0
임베디드 H/W(IPC, 제품)	6.8				

회사 개요

동사는 2010년에 설립되어, 임베디드 시스템을 개발할 때 필요한 임베디드 소프트웨어와 임베디드 하드웨어를 공급하고, IoT 서비스가 필요한 고객에게 다양한 IoT 서비스를 제공하고 있음. 주요 사업부문으로는 임베디드 소프트웨어, 임베디드 하드웨어, IoT 서비스 부문이 있음. 임베디드 소프트웨어 부문은 2001년부터 마이크로소프트 윈도우 임베디드 총판을 체결하여 IPC분야, POS분야를 기반으로 매출 성장을 함.

실적 분석

동사의 2017년도 연결기준 연간 매출액은 329.5억원으로 전년도 대비 1.7% 감소했으나, 비용축소로 영업이익은 전년 대비 58.7% 증가한 23.4억원을 시현. 향후 주요 사업인 임베디드 분야가 IoT로 확장되면서 임베디드 소프트웨어와 하드웨어 핵심역량을 기반으로 IoT서비스 플랫폼 및 생태계를 구축하고, 신규 IoT 서비스 시장을 개척할 수 있을 것으로 기대됨.

현금 흐름 *IFRS 별도 기준 〈단위 : 억원〉

항목	2016	2017
영업활동	9	-23
투자활동	-59	10
재무활동	52	13
순현금흐름	2	1
기말현금	21	22

시장 대비 수익률

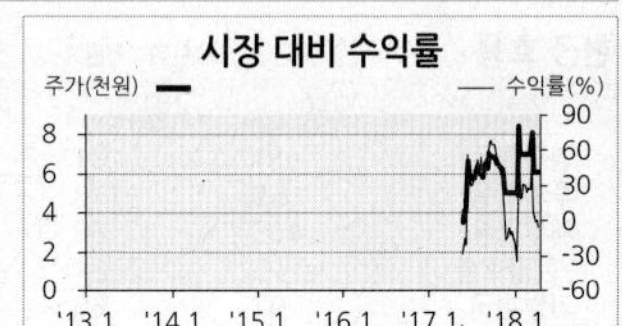

결산 실적 〈단위 : 억원〉

항목	2012	2013	2014	2015	2016	2017
매출액	—	—	1	112	335	329
영업이익	—	—	-4	2	15	23
당기순이익	—	—	-6	1	6	5

분기 실적 *IFRS 별도 기준 〈단위 : 억원〉

항목	2016.3Q	2016.4Q	2017.1Q	2017.2Q	2017.3Q	2017.4Q
매출액	—	—	—	—	—	—
영업이익	—	—	—	—	—	—
당기순이익	—	—	—	—	—	—

재무 상태 *IFRS 별도 기준 〈단위 : 억원〉

항목	2012	2013	2014	2015	2016	2017
총자산	—	—	13	133	262	226
유형자산	—	—	0	0	4	2
무형자산	—	—	—	19	54	45
유가증권	—	—	—	—	—	—
총부채	—	—	22	120	241	176
총차입금	—	—	—	56	111	106
자본금	—	—	1	19	19	22
총자본	—	—	-9	13	21	51
지배주주지분	—	—	-9	13	21	51

기업가치 지표 *IFRS 별도 기준

항목	2012	2013	2014	2015	2016	2017
주가(최고/저)(천원)	—/—	—/—	—/—	—/—	—/—	—/—
PER(최고/저)(배)	0.0/0.0	0.0/0.0	0.0/0.0	0.0/0.0	0.0/0.0	60.6/18.9
PBR(최고/저)(배)	0.0/0.0	0.0/0.0	0.0/0.0	0.0/0.0	0.0/0.0	6.5/2.0
EV/EBITDA(배)	0.0	0.0	—	18.4	4.6	10.8
EPS(원)	—	—	-4,723	96	159	124
BPS(원)	—	—	-7,255	338	532	1,149
CFPS(원)	—	—	-4,830	106	202	243
DPS(원)	—	—	—	—	—	—
EBITDAPS(원)	—	—	-3,066	154	420	684

재무 비율 〈단위 : %〉

연도	영업이익률	순이익률	부채비율	차입금비율	ROA	ROE	유보율	자기자본비율	EBITDA마진율
2017	7.1	1.6	346.0	208.4	2.1	14.3	129.8	22.4	8.6
2016	4.4	1.9	1,173.7	538.3	3.2	37.6	6.5	7.9	4.8
2015	1.7	1.1	일부잠식	일부잠식	—	—	-32.5	9.8	1.8
2014	-421.5	-661.6	완전잠식	0.0	0.0	0.0	-1,551.0	-69.3	-417.1

에스지엔지 (A040610)
SG&G

업 종 : 자동차부품		시 장 : KOSDAQ	
신용등급 : (Bond) —	(CP) —	기업규모 : 우량	
홈페이지 : www.sgng.com		연 락 처 : 02)2105-6321	
본 사 : 서울시 금천구 가산디지털2로 45(가산동)			

설 립 일	1993.11.08	**종업원수**	80명	**대표이사**	이의범
상 장 일	2000.04.27	**감사의견**	적정(한미)	**계 열**	
결 산 기	12월	**보 통 주**		**종속회사수**	24개사
액 면 가	500원	**우 선 주**		**구 상 호**	

주주구성 (지분율,%)		출자관계 (지분율,%)		주요경쟁사 (외형,%)	
이의범	15.6	강서가로수	100.0	SG&G	100
프라임아이앤티홀딩스	15.5	가로수정보	73.7	대유에이텍	88
(외국인)	3.6	지엔에스	47.6	대원산업	65

매출구성		비용구성		수출비중	
승용차용 SEAT(한국지엠 차종)(상품및제품)	42.8	매출원가율	86.9	수출	45.4
의류수출: OEM 식(GAP 외)/패션:ab.f.z/BASSO 등	24.7	판관비율	10.7	내수	54.6
미소지움'아파트 등 민관급 공사(공사)	21.6				

회사 개요

동사는 1993년 11월 8일 설립되었으며 승용차 SEAT를 양산하는 자동차용 부품 전문업체로서 완성차업체인 한국지엠의 협력업체임. 물류사업, 자동차부품 제조, 의류수출 패션사업, 자동차 시트 등 여러 가지 사업을 영위하고 있음. 매출 비중에서 자동차시트 부분이 37.4%로 가장 높은 비중을 차지.건설부문(28.76%) 의류수출 패션사업부문이 22.43%를 차지하고 있음.

실적 분석

2017년 누적 매출액은 전년과 비슷한 외형을 유지(1조2,175.9억원, +1%). 영업이익은 전년동기대비 44% 감소한 285.8억원을 기록. 매출의 50% 이상을 차지하는 자동차 시트 부문과 건설 부문 수익성이 크게 악화됨. 비영업손익 적자지속되며 당기순이익도 적자전환한 -14.2억원을 기록. 의류수출사업의 품목 및 바이어 다각화를 통한 외형확대를 위하여 2017년 7월26일에 유진어패럴, 에이치앤에이치어패럴의 지분 취득.

현금 흐름 〈단위 : 억원〉

항목	2016	2017
영업활동	476	1,071
투자활동	-282	-685
재무활동	-56	-407
순현금흐름	147	-26
기말현금	445	419

시장 대비 수익률

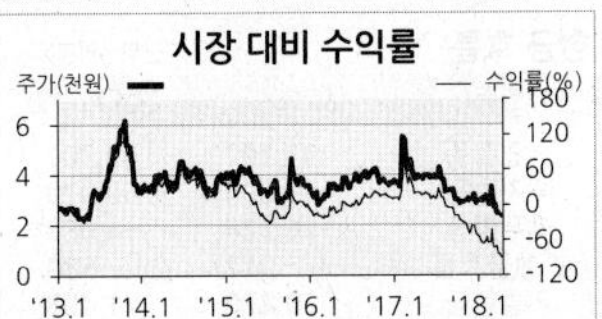

결산 실적 〈단위 : 억원〉

항목	2012	2013	2014	2015	2016	2017
매출액	9,556	10,055	9,616	9,132	12,055	12,176
영업이익	325	453	391	212	511	286
당기순이익	167	357	267	113	296	-14

분기 실적 〈단위 : 억원〉

항목	2016.3Q	2016.4Q	2017.1Q	2017.2Q	2017.3Q	2017.4Q
매출액	2,937	3,383	3,136	3,060	3,145	2,835
영업이익	157	169	138	100	29	18
당기순이익	88	38	75	-51	72	-110

재무 상태 〈단위 : 억원〉

항목	2012	2013	2014	2015	2016	2017
총자산	9,435	9,934	10,128	10,861	12,880	12,343
유형자산	1,841	1,919	1,993	2,918	2,864	2,914
무형자산	59	60	169	190	157	162
유가증권	94	84	138	55	127	136
총부채	4,557	4,708	4,633	5,107	6,854	6,367
총차입금	2,416	2,626	2,567	2,750	3,239	3,127
자본금	170	170	170	170	170	170
총자본	4,878	5,226	5,495	5,755	6,026	5,975
지배주주지분	1,789	2,024	2,222	2,377	2,598	2,512

기업가치 지표

항목	2012	2013	2014	2015	2016	2017
주가(최고/저)(천원)	2.5/1.6	6.2/2.2	4.8/3.1	4.7/2.8	4.3/2.8	6.3/2.8
PER(최고/저)(배)	6.6/4.3	8.8/3.1	8.2/5.4	22.7/13.4	8.3/5.5	—/—
PBR(최고/저)(배)	0.4/0.3	1.0/0.4	0.7/0.5	0.6/0.4	0.5/0.4	0.8/0.4
EV/EBITDA(배)	12.7	10.3	12.1	18.1	10.6	14.5
EPS(원)	373	710	583	208	511	-25
BPS(원)	5,734	6,423	7,006	7,438	7,904	7,634
CFPS(원)	722	1,108	984	655	997	454
DPS(원)	—	—	—	—	—	—
EBITDAPS(원)	1,302	1,727	1,549	1,068	1,983	1,318

재무 비율 〈단위 : %〉

연도	영업이익률	순이익률	부채비율	차입금비율	ROA	ROE	유보율	자기자본비율	EBITDA마진율
2017	2.4	-0.1	106.6	52.3	-0.1	-0.3	1,426.9	48.4	3.7
2016	4.2	2.5	113.7	53.8	2.5	7.0	1,480.9	46.8	5.6
2015	2.3	1.2	88.7	47.8	1.1	3.1	1,387.5	53.0	4.0
2014	4.1	2.8	84.3	46.7	2.7	9.4	1,301.2	54.3	5.5

에스지이 (A255220)
SG COLTD

업 종 : 건축소재		시 장 : KOSDAQ	
신용등급 : (Bond) —	(CP) —	기업규모 : 벤처	
홈페이지 : www.saholdings.co.kr		연 락 처 : 032)574-6525	
본 사 : 인천시 서구 봉수대로300번길 15			

설 립 일	2009.12.11	**종업원수**	명	**대표이사**	박창호
상 장 일	2018.01.26	**감사의견**	적정(삼덕)	**계 열**	
결 산 기	12월	**보 통 주**		**종속회사수**	
액 면 가	100원	**우 선 주**		**구 상 호**	

주주구성 (지분율,%)		출자관계 (지분율,%)		주요경쟁사 (외형,%)	
박창호	22.4	피엠이	10.0	SG	100
최순복	14.0			모헨즈	93
(외국인)	0.2			유니온	144

매출구성		비용구성		수출비중	
레미콘	52.0	매출원가율	66.4	수출	0.0
아스콘	41.2	판관비율	20.5	내수	100.0
개질아스콘	4.9				

회사 개요

동사는 아스콘 제조와 판매 등을 주요 사업목적으로 2009년 12월 11일 서울아스콘라는 명칭으로 설립되었음. 이후 2016년 9월 23일 에스지이로 상호를 변경하였고, 2018년 1월 26일 코스닥시장에 상장되어 매매가 개시되었음. 2016년 9월 종속회사였던 경인레미콘㈜와 합병을 통해 레미콘 사업에 진출했으며, 이를 통해 동사의 기존 주력 제품인 아스콘과 영업적 시너지를 창출하고 있음.

실적 분석

동사의 연결기준 2017년 매출액은 1,261.1억원으로 전년대비 34.7% 증가하였음. 매출원가율이 개선되었고 외형이 성장하면서 매출총이익은 42.5% 증가하였음. 외형 성장에 따라 영업이익 역시 전년대비 44.7% 증가한 165.9억원을 시현함. 다만 비영업부문에서 12.8억원 손실이 발생, 적자가 지속되었으며 당기순이익은 전년대비 33.6% 증가한 120.3억원을 시현함.

현금 흐름 〈단위 : 억원〉

항목	2016	2017
영업활동	15	106
투자활동	-200	-152
재무활동	49	70
순현금흐름	-136	24
기말현금	85	108

시장 대비 수익률

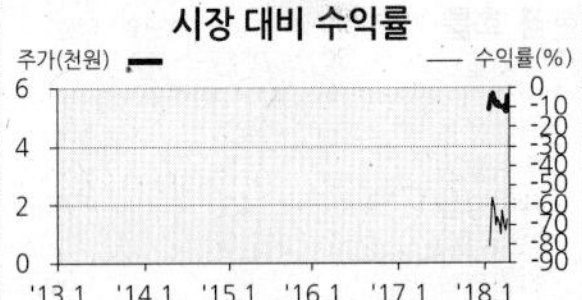

결산 실적 〈단위 : 억원〉

항목	2012	2013	2014	2015	2016	2017
매출액	212	305	513	649	936	1,261
영업이익	15	36	44	71	115	166
당기순이익	13	28	28	82	90	120

분기 실적 〈단위 : 억원〉

항목	2016.3Q	2016.4Q	2017.1Q	2017.2Q	2017.3Q	2017.4Q
매출액	229	—	—	—	300	—
영업이익	6	—	—	—	28	—
당기순이익	2	—	—	—	19	—

재무 상태 〈단위 : 억원〉

항목	2012	2013	2014	2015	2016	2017
총자산	100	237	516	663	832	1,228
유형자산	49	58	245	289	409	534
무형자산	—	0	0	12	50	61
유가증권	—	22	1	2	22	2
총부채	73	182	404	500	584	859
총차입금	45	94	234	292	337	410
자본금	10	10	10	10	10	10
총자본	26	55	112	164	248	370
지배주주지분	26	55	110	164	248	370

기업가치 지표

항목	2012	2013	2014	2015	2016	2017
주가(최고/저)(천원)	—/—	—/—	—/—	—/—	—/—	—/—
PER(최고/저)(배)	0.0/0.0	0.0/0.0	0.0/0.0	0.0/0.0	0.0/0.0	0.0/0.0
PBR(최고/저)(배)	0.0/0.0	0.0/0.0	0.0/0.0	0.0/0.0	0.0/0.0	0.0/0.0
EV/EBITDA(배)	1.8	0.9	3.2	0.7	1.9	1.5
EPS(원)	152	280	269	822	900	1,203
BPS(원)	13,246	27,265	54,809	81,891	2,481	3,697
CFPS(원)	8,821	15,568	17,341	46,918	1,060	1,402
DPS(원)	—	—	—	—	—	50
EBITDAPS(원)	10,389	19,432	25,955	41,122	1,306	1,858

재무 비율 〈단위 : %〉

연도	영업이익률	순이익률	부채비율	차입금비율	ROA	ROE	유보율	자기자본비율	EBITDA마진율
2017	13.2	9.5	232.3	110.9	11.7	39.0	3,596.7	30.1	14.7
2016	12.2	9.6	235.3	135.8	12.0	43.7	2,381.3	29.8	13.9
2015	10.9	12.7	305.1	178.0	13.9	60.2	1,537.8	24.7	12.7
2014	8.6	5.4	360.1	208.2	—	—	996.2	21.7	10.1

에스지충방 (A001380)

SG CHOONGBANG

업 종 : 자동차
신용등급 : (Bond) — (CP) —
홈페이지 : www.sgchoongbang.com
본 사 : 충남 논산시 연무읍 양지길 45-18

시 장 : 거래소
기업규모 : 시가총액 소형주
연 락 처 : 070)5038-6334

설 립 일	1954.12.22	**종업원수**	118명	**대 표 이 사**	이의범
상 장 일	1976.06.29	**감사의견**	적정(한울)	**계 열**	
결 산 기	12월	**보 통 주**		**종속회사수**	2개사
액 면 가	500원	**우 선 주**		**구 상 호**	SG충남방적

주주구성 (지분율,%)		출자관계 (지분율,%)		주요경쟁사 (외형,%)	
SG고려	55.1	에이비에스시스템	100.0	SG충방	100
케이엠앤아이	9.4	대한이연	22.4	코라오홀딩스	233
(외국인)	0.5	에스지엔지	3.6	현대차	67,258

매출구성		비용구성		수출비중	
[자동차사업]제품	32.2	매출원가율	94.2	수출	5.6
[방적사업]제품	24.8	판관비율	7.1	내수	94.4
분양수입 등	21.0				

회사 개요

동사는 자동차 사업, 방적 사업, 부동산 분양 및 임대업을 주력으로 함. 자동차 사업은 자동차 시트 커버 전문 생산임. 전체 매출의 약 50%가 자동차 사업 부문에서 발생함. 방적사업은 총 매출의 약 25%를 차지함. 지난해 방적사업부는 생산 효율성 증대를 위해 논산공장 생산설비를 베트남 현지 법인으로 이전함. 분양 등을 통해 수입을 얻는 부동산 사업 부문 또한 전체 매출의 약 25% 수준임.

실적 분석

자동차 신품 부품 제조업체인 동사는 지난해 연결기준 영업손실이 18억원으로 전년도 흑자에서 적자로 전환한 것으로 집계됐음. 같은 기간 매출액은 1433억원으로 1.3% 늘었고 당기순이익은 3억원으로 흑자 전환하였음. 동남아국가 및 중국 등의 저가전략으로 국내 및 수출시장을 위협하고 있어 신제품 개발이나 특수사 생산기술 특화를 통한 제품 차별화를 통해 경쟁우위 확보가 필요한 것으로 판단됨.

현금 흐름

<단위 : 억원>

항목	2016	2017
영업활동	-49	106
투자활동	5	88
재무활동	45	-176
순현금흐름	0	17
기말현금	49	66

시장 대비 수익률

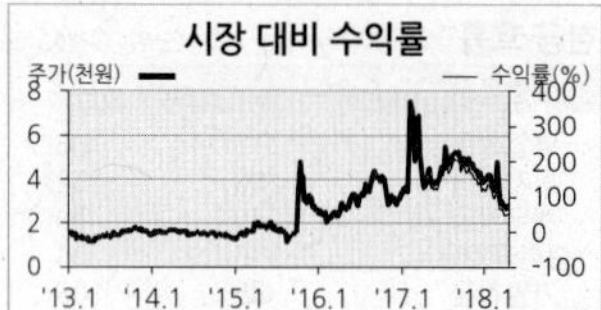

결산 실적

<단위 : 억원>

항목	2012	2013	2014	2015	2016	2017
매출액	1,145	1,367	1,210	1,124	1,415	1,433
영업이익	-64	61	8	-47	36	-18
당기순이익	-106	23	-15	-68	-13	3

분기 실적

<단위 : 억원>

항목	2016.3Q	2016.4Q	2017.1Q	2017.2Q	2017.3Q	2017.4Q
매출액	343	356	354	378	353	348
영업이익	10	-8	2	8	-31	3
당기순이익	-2	-38	22	2	-19	-1

재무 상태

<단위 : 억원>

항목	2012	2013	2014	2015	2016	2017
총자산	1,860	1,965	2,012	2,031	2,101	1,974
유형자산	432	408	425	299	251	228
무형자산	2	2	2	2	2	31
유가증권	51	71	80	62	64	36
총부채	664	729	766	850	924	733
총차입금	333	401	489	536	586	392
자본금	209	209	209	209	209	225
총자본	1,196	1,236	1,246	1,181	1,177	1,241
지배주주지분	1,196	1,236	1,246	1,181	1,177	1,241

기업가치 지표

항목	2012	2013	2014	2015	2016	2017
주가(최고/저)(천원)	2.1/0.9	1.8/1.1	1.8/1.3	5.5/1.2	4.4/2.1	9.1/3.3
PER(최고/저)(배)	—/—	33.1/20.7	—/—	—/—	—/—	1,109.3/396.2
PBR(최고/저)(배)	0.7/0.3	0.6/0.4	0.6/0.4	1.9/0.4	1.6/0.7	3.2/1.1
EV/EBITDA(배)	—	11.0	29.2	—	26.9	166.2
EPS(원)	-255	55	-36	-164	-32	8
BPS(원)	2,867	2,962	2,985	2,830	2,821	2,875
CFPS(원)	-189	123	30	-94	56	81
DPS(원)	—	—	—	—	—	—
EBITDAPS(원)	-88	214	83	-42	175	30

재무 비율

<단위 : %>

연도	영업 이익률	순 이익률	부채 비율	차입금 비율	ROA	ROE	유보율	자기자본 비율	EBITDA 마진율
2017	-1.3	0.2	59.1	31.6	0.2	0.3	475.0	62.9	0.9
2016	2.6	-0.9	78.5	49.8	-0.6	-1.1	464.3	56.0	5.2
2015	-4.2	-6.1	72.0	45.4	-3.4	-5.6	466.1	58.1	-1.6
2014	0.6	-1.2	61.5	39.2	-0.8	-1.2	497.0	61.9	2.9

에스케이 (A034730)

SK Holdings

업 종 : 석유 및 가스
신용등급 : (Bond) — (CP) —
홈페이지 : www.sk.co.kr
본 사 : 서울시 종로구 종로 26, SK빌딩

시 장 : 거래소
기업규모 : 시가총액 대형주
연 락 처 : 02)2121-5114

설 립 일	1991.04.13	**종업원수**	4,507명	**대 표 이 사**	최태원,장동현
상 장 일	2009.11.11	**감사의견**	적정(한영)	**계 열**	
결 산 기	12월	**보 통 주**		**종속회사수**	220개사
액 면 가	200원	**우 선 주**		**구 상 호**	SK C&C

주주구성 (지분율,%)		출자관계 (지분율,%)		주요경쟁사 (외형,%)	
최태원	23.4	SK마리타임	100.0	SK	100
국민연금공단	8.4	SK마리타임	100.0	SK이노베이션	50
(외국인)	24.5	SK바이오팜	100.0	S-Oil	22

매출구성		비용구성		수출비중	
시스템종합관리 및 구축	64.5	매출원가율	88.3	수출	—
중고차 매매 등 기타사업	35.5	판관비율	5.4	내수	—

회사 개요

동사는 정보 및 통신사업에 대한 조사용역업, 정보통신역무 및 시스템통합 서비스의 제공, 정보 및 통신사업에 관한 기술의 연구개발업 등을 사업목적으로 하여 1991년 설립. 2015년 8월 SK주식회사를 흡수합병하고, 사명을 SK주식회사로 변경함. 주요 사업은 자회사의 제반 사업내용을 지배, 경영지도, 정리, 육성하는 지주부문과 종합 IT서비스 및 기타사업을 목적으로 하는 사업부문으로 나뉨.

실적 분석

동사의 2017년 연결기준 매출액은 93조 2,963.7억원으로 전년 동기 대비 12.8% 증가함. 동사의 금융계열사 매각은 지주 요건을 충족하기 위한 것이고, 중고차운용사업 매각은 그룹의 주력사업에 집중하겠다는 의지로 보임. 반도체, LNG, 바이오, ICT부문 중심 호조가 지속되고 있으며 SK E&S, SK실트론 등 비상장 자회사들 실적이 개선되고 있음.

현금 흐름

<단위 : 억원>

항목	2016	2017
영업활동	91,107	69,301
투자활동	-73,805	-62,929
재무활동	-16,224	-4,080
순현금흐름	917	589
기말현금	70,870	71,458

시장 대비 수익률

결산 실적

<단위 : 억원>

항목	2012	2013	2014	2015	2016	2017
매출액	22,418	23,018	24,260	392,995	827,299	932,964
영업이익	2,007	2,252	2,715	14,068	52,808	58,610
당기순이익	3,562	2,023	1,299	55,493	28,225	50,665

분기 실적

<단위 : 억원>

항목	2016.3Q	2016.4Q	2017.1Q	2017.2Q	2017.3Q	2017.4Q
매출액	199,777	212,730	230,625	219,678	237,634	245,026
영업이익	9,211	11,429	17,070	11,019	16,190	14,330
당기순이익	6,571	1,665	16,154	11,220	14,210	9,081

재무 상태

<단위 : 억원>

항목	2012	2013	2014	2015	2016	2017
총자산	51,220	52,929	53,070	966,338	1,030,473	1,097,769
유형자산	4,000	4,680	5,742	394,453	410,325	412,864
무형자산	1,192	1,126	1,017	97,494	117,724	123,508
유가증권	3,518	3,070	3,677	20,610	17,075	17,855
총부채	28,851	27,921	27,047	565,566	607,206	640,205
총차입금	16,610	16,373	15,902	319,739	316,977	331,014
자본금	100	100	100	154	154	154
총자본	22,369	25,008	26,024	400,773	423,267	457,564
지배주주지분	22,366	25,004	25,854	125,665	131,124	136,601

기업가치 지표

항목	2012	2013	2014	2015	2016	2017
주가(최고/저)(천원)	125/75.6	130/82.8	252/115	307/193	242/194	303/209
PER(최고/저)(배)	19.0/11.5	34.2/21.8	104.3/47.5	3.4/2.2	23.1/18.5	13.0/9.0
PBR(최고/저)(배)	2.5/1.5	2.3/1.5	4.1/1.9	1.7/1.1	1.3/1.0	1.5/1.0
EV/EBITDA(배)	24.9	28.7	36.4	18.3	6.2	6.4
EPS(원)	7,122	4,045	2,546	93,713	10,794	23,650
BPS(원)	53,544	60,725	64,429	189,929	197,625	205,348
CFPS(원)	8,094	5,119	3,689	132,283	84,296	103,193
DPS(원)	1,250	1,500	2,000	3,400	3,700	4,000
EBITDAPS(원)	4,986	5,577	6,574	63,230	147,956	162,178

재무 비율

<단위 : %>

연도	영업 이익률	순 이익률	부채 비율	차입금 비율	ROA	ROE	유보율	자기자본 비율	EBITDA 마진율
2017	6.3	5.4	139.9	72.3	4.8	12.5	94,567.4	41.7	12.3
2016	6.4	3.4	143.5	74.9	2.8	6.0	91,007.2	41.1	12.7
2015	3.6	14.1	141.1	79.8	10.9	70.6	87,459.4	41.5	9.2
2014	11.2	5.4	103.9	61.1	2.5	5.0	32,114.4	49.0	13.6

에스케이가스 (A018670)

SK Gas

업 종 : 석유 및 가스
신용등급 : (Bond) AA- (CP) —
홈페이지 : www.skgas.co.kr
본 사 : 경기도 성남시 분당구 판교로332 ECO Hub
시 장 : 거래소
기업규모 : 시가총액 중형주
연 락 처 : 02)6200-8114

설 립 일	1985.12.20	종업원수	383명	대표이사	최창원,이재훈
상 장 일	1997.08.08	감사의견	적정(한영)	계 열	
결 산 기	12월	보 통 주		종속회사수	9개사
액 면 가	5,000원	우 선 주		구 상 호	

주주구성 (지분율,%)		출자관계 (지분율,%)		주요경쟁사 (외형,%)	
SK디스커버리	46.0	지허브	100.0	SK가스	100
에스케이신텍	10.1	당진에코파워	51.0	SK	1,395
(외국인)	9.9	대한엘피지사업환경협회	50.0	SK이노베이션	692

매출구성		비용구성		수출비중	
LPG(기타)	93.9	매출원가율	93.8	수출	52.5
기타	6.1	판관비율	4.3	내수	47.5

회사 개요

동사는 1985년 액화석유가스(LPG) 수입산업의 합리화를 위해 설립됐으며, 1997년 유가증권시장에 상장됨. LPG 트레이딩 역량을 축적해 수출이 매출에서 차지하는 비중은 약 절반 수준임. 동사는 1위 사업자로 2위 사업자인 E1보다 월등히 높은 시장 점유율을 보이고 있음. 2013년 석유화학 분야의 사업 다각화와 기존 사업 경쟁력 강화를 위해, LPG를 원료로 프로필렌을 생산하는 PDH 사업에 진출, 2016년 4월 상업생산 시작함.

실적 분석

동사의 2017년 결산 연결기준 매출액은 전년대비 26.9% 성장한 6조 6,896.8억원을 기록함. 매출액 증가는 주로 LPG 국제가격 상승에 기인함. 다만 외형 성장에도 도입 원가 상승에 따른 매출원가율 악화로 영업이익 1,254.4억원, 당기순이익 1,499.0억원을 보이며 수익성이 하락함. 주요 자회사의 실적 개선과 외환차익 증가 등으로 순이익률은 전년과 유사한 수준을 유지함.

현금 흐름 <단위 : 억원>

항목	2016	2017
영업활동	-1,077	-1,082
투자활동	-1,168	977
재무활동	2,001	799
순현금흐름	-193	574
기말현금	2,061	2,635

시장 대비 수익률

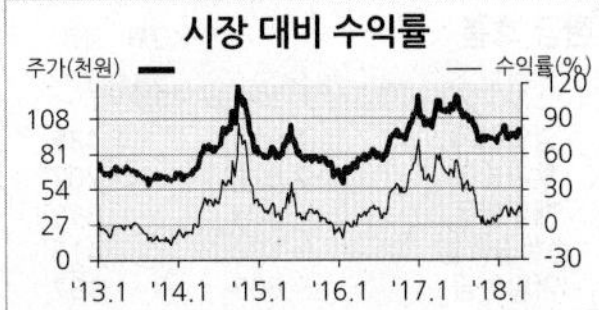

결산 실적 <단위 : 억원>

항목	2012	2013	2014	2015	2016	2017
매출액	75,837	66,722	59,435	40,790	52,715	66,897
영업이익	1,409	1,235	1,203	992	1,976	1,254
당기순이익	958	1,025	991	732	1,882	1,499

분기 실적 <단위 : 억원>

항목	2016.3Q	2016.4Q	2017.1Q	2017.2Q	2017.3Q	2017.4Q
매출액	12,945	15,076	17,064	16,525	14,667	18,641
영업이익	478	360	326	415	379	134
당기순이익	402	609	334	904	336	-75

재무 상태 <단위 : 억원>

항목	2012	2013	2014	2015	2016	2017
총자산	28,923	26,283	33,378	40,800	40,709	43,517
유형자산	7,786	8,070	14,655	19,411	11,200	11,788
무형자산	193	165	3,033	3,088	3,107	3,054
유가증권	1,109	1,740	1,108	1,411	1,495	1,907
총부채	19,156	15,096	19,318	24,524	23,596	25,683
총차입금	11,049	9,431	14,740	20,780	17,017	19,273
자본금	431	431	436	440	444	448
총자본	9,767	11,188	14,060	16,275	17,113	17,834
지배주주지분	9,763	11,188	11,815	12,093	13,884	14,973

기업가치 지표

항목	2012	2013	2014	2015	2016	2017
주가(최고/저)(천원)	77.2/48.9	74.9/57.8	133/61.8	102/62.8	125/58.1	128/88.3
PER(최고/저)(배)	8.3/5.3	7.4/5.7	13.5/6.3	14.3/8.8	6.8/3.2	11.5/8.0
PBR(최고/저)(배)	0.8/0.5	0.7/0.5	1.1/0.5	0.8/0.5	0.8/0.4	0.8/0.5
EV/EBITDA(배)	6.4	6.8	13.4	19.3	11.0	15.0
EPS(원)	10,683	11,422	10,865	7,716	18,997	11,384
BPS(원)	114,013	130,530	136,494	138,358	157,217	167,867
CFPS(원)	15,059	16,134	15,588	12,958	25,262	16,779
DPS(원)	1,700	1,750	2,050	2,050	2,650	2,650
EBITDAPS(원)	20,281	18,576	18,215	16,365	28,329	19,383

재무 비율 <단위 : %>

연도	영업이익률	순이익률	부채비율	차입금비율	ROA	ROE	유보율	자기자본비율	EBITDA마진율
2017	1.9	2.2	144.0	108.1	3.6	7.1	3,257.3	41.0	2.6
2016	3.8	3.6	137.9	99.4	4.6	13.1	3,044.3	42.0	4.8
2015	2.4	1.8	150.7	127.7	2.0	5.8	2,667.2	39.9	3.5
2014	2.0	1.7	137.4	104.8	3.3	8.5	2,629.9	42.1	2.7

에스케이네트웍스 (A001740)

SK Networks

업 종 : 복합 산업
신용등급 : (Bond) AA- (CP) A1
홈페이지 : www.sknetworks.co.kr
본 사 : 경기도 수원시 장안구 경수대로 795
시 장 : 거래소
기업규모 : 시가총액 중형주
연 락 처 : 070)7800-2114

설 립 일	1956.03.24	종업원수	2,321명	대표이사	최신원,박상규
상 장 일	1977.06.30	감사의견	적정(한영)	계 열	
결 산 기	12월	보 통 주		종속회사수	22개사
액 면 가	2,500원	우 선 주		구 상 호	

주주구성 (지분율,%)		출자관계 (지분율,%)		주요경쟁사 (외형,%)	
SK	39.1	SK매직	100.0	에스케이네트웍스	100
국민연금공단	7.2	에스케이핀크스	100.0		
(외국인)	15.8	목감휴게소서비스	100.0		

매출구성		비용구성		수출비중	
상사일반석유제품(휘발유, 등유, 경유, 중질유)	40.9	매출원가율	92.8	수출	—
휴대폰 및 ICT Device 유통	24.5	판관비율	6.3	내수	—
화학 제품/상품의 국내외 무역(Trading) 등	18.3				

회사 개요

동사는 1953년 창립해 직물 분야로 출발한 후, 석유제품을 중심으로 한 에너지 유통사업, 휴대폰 중심의 정보통신 유통사업, Trading 및 자원개발사업, 렌터카 및 자동차 경정비 등의 Car-Life 사업을 영위하고 있음. SK계열 기업집단에 소속되어 있으며, 연결대상 종속회사는 SK핀크스, SK네트웍스서비스 등 23개사이고 그 중 주요종속회사는 6개사임.

실적 분석

동사의 2017년 연결기준 연간 누적 매출액은 15조 2,023.5억원으로 전년 동기 대비 17.8% 증가함. 매출이 증가하면서 매출원가 또한 큰 폭으로 늘고 판매비와 관리비도 크게 증가해 영업이익은 오히려 전년 동기 대비 8.1% 감소한 1,428억원을 시현함. 비영업손익 부문에서 적자가 지속됐지만 외환 부문 흑자 전환에 법인세 비용 또한 감소하면서 당기순이익은 346.1억원으로 흑자전환에 성공함.

현금 흐름 <단위 : 억원>

항목	2016	2017
영업활동	146	-6,346
투자활동	-5,633	8,780
재무활동	1,177	-6,761
순현금흐름	-4,326	-4,330
기말현금	6,964	2,634

시장 대비 수익률

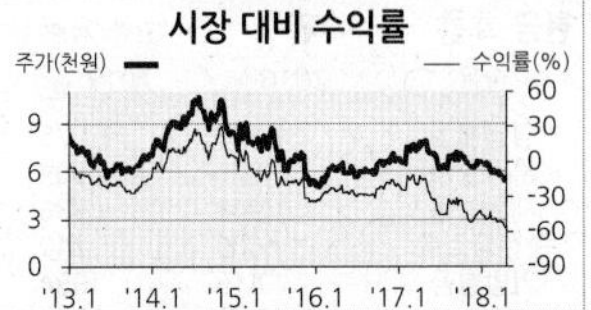

결산 실적 <단위 : 억원>

항목	2012	2013	2014	2015	2016	2017
매출액	279,355	259,754	224,081	195,234	129,047	152,023
영업이익	2,516	2,408	2,013	1,911	1,554	1,428
당기순이익	119	-5,918	316	730	-816	346

분기 실적 <단위 : 억원>

항목	2016.3Q	2016.4Q	2017.1Q	2017.2Q	2017.3Q	2017.4Q
매출액	29,477	10,587	50,578	50,514	37,946	12,986
영업이익	398	458	297	195	528	408
당기순이익	-13	-909	109	-136	193	180

재무 상태 <단위 : 억원>

항목	2012	2013	2014	2015	2016	2017
총자산	106,271	88,794	85,047	82,032	86,203	72,274
유형자산	35,788	33,337	35,153	35,189	39,851	35,401
무형자산	1,616	1,210	990	948	5,597	5,551
유가증권	2,092	1,446	1,153	551	417	511
총부채	75,607	63,143	59,865	56,838	62,148	48,789
총차입금	34,738	28,300	31,257	28,653	31,739	25,198
자본금	6,487	6,487	6,487	6,487	6,487	6,487
총자본	30,664	25,651	25,182	25,194	24,055	23,485
지배주주지분	30,639	25,691	25,256	25,278	24,280	23,702

기업가치 지표

항목	2012	2013	2014	2015	2016	2017
주가(최고/저)(천원)	10.7/7.4	8.3/5.6	10.7/6.8	9.0/5.0	7.3/4.7	8.0/6.0
PER(최고/저)(배)	59.6/41.0	—/—	87.9/56.3	31.9/17.9	—/—	60.3/45.6
PBR(최고/저)(배)	0.9/0.6	0.9/0.6	1.1/0.7	0.9/0.5	0.8/0.5	0.8/0.6
EV/EBITDA(배)	11.5	9.7	12.3	8.9	12.4	10.1
EPS(원)	194	-2,287	129	296	-329	135
BPS(원)	12,339	10,347	10,172	10,180	9,778	9,765
CFPS(원)	669	-1,861	624	900	380	1,113
DPS(원)	150	—	100	100	100	120
EBITDAPS(원)	1,488	1,396	1,305	1,374	1,335	1,553

재무 비율 <단위 : %>

연도	영업이익률	순이익률	부채비율	차입금비율	ROA	ROE	유보율	자기자본비율	EBITDA마진율
2017	0.9	0.2	207.7	107.3	0.4	1.4	273.8	32.5	2.5
2016	1.2	-0.6	258.4	131.9	-1.0	-3.3	274.3	27.9	2.6
2015	1.0	0.4	225.6	113.7	0.9	2.9	289.7	30.7	1.8
2014	0.9	0.1	237.7	124.1	0.4	1.3	289.4	29.6	1.5

에스케이디앤디 (A210980)
SK D&D

업　　종 : 부동산　　시　　장 : 거래소
신용등급 : (Bond) —　(CP) —　　기업규모 : 시가총액 중형주
홈페이지 : www.skdnd.com　　연 락 처 : 02)398-4700
본　　사 : 경기도 성남시 분당구 판교로 332 (삼평동) ECO Hub

설 립 일	2004.04.27	**종업원수**	130명	**대표이사**	함스테판윤성
상 장 일	2015.06.23	**감사의견**	적정(안진)	**계　　열**	
결 산 기	12월	**보 통 주**		**종속회사수**	2개사
액 면 가	1,000원	**우 선 주**		**구 상 호**	에스케이디앤디

주주구성 (지분율,%)		출자관계 (지분율,%)		주요경쟁사 (외형,%)	
에스케이가스	31.0			SK디앤디	100
최창원	24.0			한국토지신탁	76
(외국인)	1.9			해성산업	4

매출구성		비용구성		수출비중	
개발(기타)	82.5	매출원가율	75.8	수출	—
(기타)	6.5	판관비율	17.0	내수	—
발전(기타)	4.9				

회사 개요
동사는 2004년 설립된 상업용 부동산 및 신재생에너지 전문 개발회사(디벨로퍼)로서 국내 부동산개발회사 중에는 처음으로 상장하는 케이스임. 동사는 적극적인 리스크관리로 비교회사들 내에서 매년 당기순이익 흑자를 시현하고 자본총계가 성장하는 유일한 회사임. 이러한 실적을 내는 큰 요인은 시황 변동성이 큰 주택시장으로의 진출을 배제하며 철저히 리스크관리를 하고 있기 때문으로 풀이됨.

실적 분석
동사의 연결기준 2017년 매출액은 3,308.1억원으로 전년대비 19.7% 증가하였음. 이는 부동산 분양산업의 호실적으로 인한것으로 판단됨. 매출원가율 부담과 판관비가 크게 늘어 외형증가에도 영업이익은 41.4% 감소한 236.6억원에 그쳤음. 다만 비영업손익이 흑자전환, 당기순이익은 650.1억원을 기록함. 동사는 사업다변화 및 신재생에너지사업과의 시너지를 위하여 ESS사업을 신규사업으로 수행하고 있음.

현금 흐름 <단위 : 억원>

항목	2016	2017
영업활동	-1,433	-1,575
투자활동	-870	1,909
재무활동	1,941	-336
순현금흐름	-609	240
기말현금	415	654

시장 대비 수익률
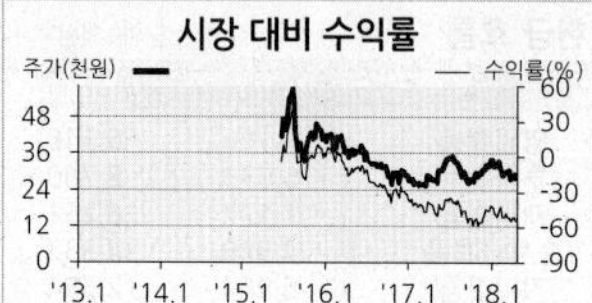

결산 실적 <단위 : 억원>

항목	2012	2013	2014	2015	2016	2017
매출액	1,596	1,301	1,749	2,313	2,764	3,308
영업이익	95	98	252	269	404	237
당기순이익	47	81	191	202	263	650

분기 실적 <단위 : 억원>

항목	2016.3Q	2016.4Q	2017.1Q	2017.2Q	2017.3Q	2017.4Q
매출액	571	1,079	774	845	812	878
영업이익	58	267	122	71	58	-14
당기순이익	42	161	84	534	61	-29

재무 상태 <단위 : 억원>

항목	2012	2013	2014	2015	2016	2017
총자산	2,853	2,410	3,868	7,552	10,214	9,413
유형자산	287	85	879	893	840	1,029
무형자산	10	38	34	41	53	58
유가증권	65	67	86	169	576	317
총부채	1,950	1,707	2,666	5,010	7,359	6,827
총차입금	1,191	1,144	2,126	4,447	4,763	5,397
자본금	74	67	77	108	108	162
총자본	903	703	1,202	2,542	2,855	2,586
지배주주지분	903	703	1,202	1,786	2,108	2,586

기업가치 지표

항목	2012	2013	2014	2015	2016	2017
주가(최고/저)(천원)	—/—	—/—	—/—	59.7/32.6	42.8/25.9	35.3/25.0
PER(최고/저)(배)	0.0/0.0	0.0/0.0	0.0/0.0	41.4/22.6	26.2/15.8	10.7/7.6
PBR(최고/저)(배)	0.0/0.0	0.0/0.0	0.0/0.0	5.6/3.1	3.4/2.0	2.3/1.6
EV/EBITDA(배)	7.9	7.2	6.6	34.2	20.7	33.4
EPS(원)	474	794	1,881	1,499	1,686	3,362
BPS(원)	60,837	47,393	78,329	16,582	19,573	16,008
CFPS(원)	4,329	6,334	14,126	2,924	3,052	3,721
DPS(원)	—	—	—	400	530	600
EBITDAPS(원)	7,928	7,525	18,200	3,663	4,273	1,824

재무 비율 <단위 : %>

연도	영업이익률	순이익률	부채비율	차입금비율	ROA	ROE	유보율	자기자본비율	EBITDA마진율
2017	7.2	19.7	264.0	208.7	6.6	23.1	1,500.8	27.5	8.9
2016	14.6	9.5	257.7	166.8	3.0	14.0	1,857.3	28.0	16.7
2015	11.6	8.7	197.1	174.9	3.5	13.6	1,558.2	33.7	14.1
2014	14.4	10.9	221.9	177.0	6.1	20.1	1,466.6	31.1	15.5

에스케이머티리얼즈 (A036490)
SK Materials

업　　종 : 반도체 및 관련장비　　시　　장 : KOSDAQ
신용등급 : (Bond) A+　(CP) —　　기업규모 : 우량
홈페이지 : www.sk-materials.com　　연 락 처 : 054)630-8114
본　　사 : 경북 영주시 가흥공단로 59-33

설 립 일	1982.11.10	**종업원수**	640명	**대표이사**	장용호
상 장 일	1999.12.02	**감사의견**	적정(삼일)	**계　　열**	
결 산 기	12월	**보 통 주**		**종속회사수**	6개사
액 면 가	500원	**우 선 주**		**구 상 호**	SK 머티리얼즈

주주구성 (지분율,%)		출자관계 (지분율,%)		주요경쟁사 (외형,%)	
SK	49.1	SK에어가스	80.0	SK머티리얼즈	100
미래에셋자산운용투자자문	4.6	SK트리켐	65.0	SK하이닉스	5,877
(외국인)	8.3	SK쇼와덴코	51.0	이오테크닉스	79

매출구성		비용구성		수출비중	
특수가스 NF3(삼불화질소) 등	89.5	매출원가율	61.4	수출	37.5
산업가스 O2(산소) 등	10.5	판관비율	9.7	내수	62.5

회사 개요
동사는 수입에 의존하고 있던 전자산업 소재의 국산화를 목표로 1982년 대백물산으로 설립되어 1998년 사명을 대백신소재로 변경했고, 2004년 소디프신소재, 2010년 OCI머티리얼즈, 2016년 SK가 OCI로부터 49.1%의 지분을 4703.3억원에 인수하면서 SK머티리얼즈로 상호를 변경함. 동사는 반도체, LCD, 태양광 전지 제조 공정에 사용하는 특수가스(NF3, SiH4, WF6, DCS)의 제조를 영위하고 있음.

실적 분석
동사의 2017년 매출과 영업이익은 5,123억원, 1,477억원을 기록함. 전방산업 성장에 따른 수요 증가로 판매단가 및 출하량이 증가함에 따라 매출액은 전년대비 11% 증가하였고 영업이익은 전년대비 4.2% 감소함. 당기순이익은 1,040억원으로 전기 대비 5.8% 감소함. 매출액 대비 매출총이익률이 39%, 영업이익률이 29%를 차지함. 전기 대비 자산총액은 23.8% 증가하고 부채총액과 자본총액은 각각 52.3%, 6.6% 감소함.

현금 흐름 <단위 : 억원>

항목	2016	2017
영업활동	1,654	1,488
투자활동	-2,076	-2,707
재무활동	604	818
순현금흐름	188	-416
기말현금	603	187

시장 대비 수익률

결산 실적 <단위 : 억원>

항목	2012	2013	2014	2015	2016	2017
매출액	2,544	1,911	2,117	3,380	4,614	5,123
영업이익	503	72	264	1,128	1,541	1,477
당기순이익	290	4	136	662	1,105	1,041

분기 실적 <단위 : 억원>

항목	2016.3Q	2016.4Q	2017.1Q	2017.2Q	2017.3Q	2017.4Q
매출액	1,237	1,239	1,164	1,242	1,315	1,402
영업이익	406	402	331	378	402	365
당기순이익	270	322	218	264	281	278

재무 상태 <단위 : 억원>

항목	2012	2013	2014	2015	2016	2017
총자산	6,907	5,974	5,898	6,651	9,031	11,180
유형자산	5,457	4,753	4,498	4,802	6,615	8,851
무형자산	53	70	32	34	69	66
유가증권	4	1	1	1	1	1
총부채	3,446	2,806	2,669	2,888	4,660	7,099
총차입금	2,921	2,430	2,200	2,003	3,178	5,314
자본금	53	53	53	53	53	53
총자본	3,460	3,168	3,229	3,764	4,371	4,081
지배주주지분	3,459	3,167	3,228	3,762	4,213	3,857

기업가치 지표

항목	2012	2013	2014	2015	2016	2017
주가(최고/저)(천원)	77.8/26.5	36.7/25.9	52.4/26.9	135/50.3	180/93.3	205/154
PER(최고/저)(배)	33.5/11.4	1,212.5/855.8	44.0/22.6	22.8/8.5	18.2/9.4	21.6/16.2
PBR(최고/저)(배)	2.8/1.0	1.4/1.0	1.9/1.0	4.0/1.5	4.7/2.4	4.6/3.4
EV/EBITDA(배)	5.4	8.6	9.6	8.2	9.8	10.9
EPS(원)	2,756	33	1,289	6,270	10,299	9,660
BPS(원)	32,792	30,028	30,604	35,670	40,078	45,684
CFPS(원)	9,719	5,278	6,024	11,549	16,695	16,785
DPS(원)	2,850	500	1,000	2,560	3,550	3,550
EBITDAPS(원)	11,730	5,930	7,236	15,976	21,003	21,124

재무 비율 <단위 : %>

연도	영업이익률	순이익률	부채비율	차입금비율	ROA	ROE	유보율	자기자본비율	EBITDA마진율
2017	28.8	20.3	173.9	130.2	10.3	25.3	9,036.8	36.5	43.5
2016	33.4	23.9	106.6	72.7	14.1	27.2	7,915.6	48.4	48.0
2015	33.4	19.6	76.7	53.2	10.5	18.9	7,034.0	56.6	49.9
2014	12.5	6.4	82.7	68.1	2.3	4.3	6,020.9	54.8	36.1

에스케이바이오랜드 (A052260)
SKbioland

업 종 : 바이오 | 시 장 : KOSDAQ
신용등급 : (Bond) — (CP) — | 기업규모 : 우량
홈페이지 : www.skbioland.com | 연 락 처 : 041)550-7700
본 사 : 충남 천안시 동남구 병천면 송정리 2길 59

설 립 일	1995.09.01	**종 업 원 수**	319명	**대 표 이 사**	이근식
상 장 일	2001.05.04	**감 사 의 견**	적정(대주)	**계 열**	
결 산 기	12월	**보 통 주**		**종속회사수**	2개사
액 면 가	500원	**우 선 주**		**구 상 호**	바이오랜드

주주구성 (지분율,%)		출자관계 (지분율,%)		주요경쟁사 (외형,%)	
에스케이씨	27.9	SBI헬스케어펀드제1호	12.7	SK바이오랜드	100
파라투스제일호투자목적회사	10.5	레피젠	11.1	테고사이언스	8
(외국인)	6.8	엘컴사이언스	6.8	파미셀	25

매출구성		비용구성		수출비중	
마치현추출물ARBUTIN히아루론산	56.3	매출원가율	63.8	수출	—
홍삼농축액분말마린키토올리고당글루코사민분말	27.5	판관비율	20.6	내수	—
상처드레싱콜라겐간염검사外	15.7				

회사 개요

동사는 의약품, 화장품원료산업, 인공장기산업, 생물소재 및 진단시약사업을 영위하고 있으며 천연물, 미생물을 이용하여 제품을 생산함. 전체 화장품원료 시장의 9.8%가량을 점유하고 있으며, 생물산업 화장품원료 시장의 49%가량을 차지함. 신규시설인 오송공장의 화장품원료 및 의약품원료 생산시설 준공이 완료되었고, 주력제품인 히아루론산, 알부틴, 마치현추출물, SC Glucan 등의 고른 수출 확대에 힘입어 수출 실적이 상승하고 있음.

실적 분석

동사의 2017년 연결기준 누적매출액은 1,025.6억원으로 전년대비 4.9% 증가함. 매출원가가 10.1% 상승하면서 영업이익은 전년보다 0.3% 줄어든 160.2억원을 기록함. 화장품원료와 식품원료의 매출이 크게 늘었고, 주요 고객사의 restocking 등 매출 회복 요인이 발생하며 내수 매출이 크게 상승함. 2017년 4분기부터 성수기 도래와 함께 업황 회복의 기조로 지속적인 매출 증가 기대됨. 중국 로컬 업체향 매출도 늘고 있음.

현금 흐름
〈단위 : 억원〉

항목	2016	2017
영업활동	128	140
투자활동	-91	-77
재무활동	2	-19
순현금흐름	40	42
기말현금	148	190

시장 대비 수익률

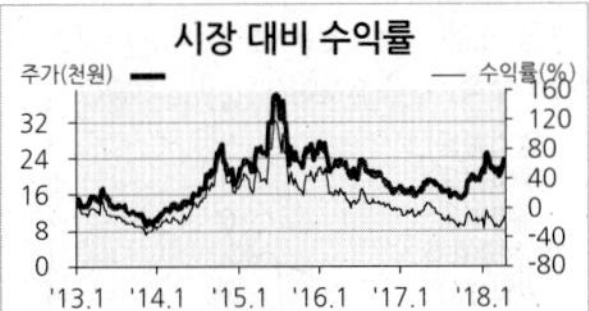

결산 실적
〈단위 : 억원〉

항목	2012	2013	2014	2015	2016	2017
매출액	730	710	770	809	978	1,026
영업이익	154	132	161	142	161	160
당기순이익	101	97	106	108	124	120

분기 실적
〈단위 : 억원〉

항목	2016.3Q	2016.4Q	2017.1Q	2017.2Q	2017.3Q	2017.4Q
매출액	209	263	281	223	255	267
영업이익	30	42	42	22	42	54
당기순이익	21	41	30	23	30	37

재무 상태
〈단위 : 억원〉

항목	2012	2013	2014	2015	2016	2017
총자산	1,471	1,425	1,432	1,534	1,677	1,764
유형자산	760	747	745	801	931	1,003
무형자산	21	25	21	21	23	26
유가증권	44	28	17	13	13	10
총부채	464	351	287	315	371	386
총차입금	330	242	160	172	215	237
자본금	75	75	75	75	75	75
총자본	1,007	1,074	1,145	1,218	1,305	1,378
지배주주지분	1,007	1,074	1,145	1,218	1,305	1,378

기업가치 지표

항목	2012	2013	2014	2015	2016	2017
주가(최고/저)(천원)	18.4/9.2	17.7/9.1	28.0/10.2	40.4/19.0	28.6/15.8	21.2/14.9
PER(최고/저)(배)	29.5/14.7	29.1/15.0	41.7/15.2	58.1/27.4	35.4/19.6	26.9/18.9
PBR(최고/저)(배)	3.0/1.5	2.6/1.4	3.9/1.4	5.2/2.4	3.4/1.9	2.3/1.6
EV/EBITDA(배)	10.8	8.4	14.0	22.6	13.0	14.1
EPS(원)	676	649	704	719	828	799
BPS(원)	6,710	7,160	7,632	8,121	8,702	9,188
CFPS(원)	1,145	1,080	1,074	975	1,115	1,183
DPS(원)	200	200	250	250	250	250
EBITDAPS(원)	1,495	1,309	1,440	1,203	1,358	1,452

재무 비율
〈단위 : %〉

연도	영업이익률	순이익률	부채비율	차입금비율	ROA	ROE	유보율	자기자본비율	EBITDA마진율
2017	15.6	11.7	28.0	17.2	7.0	8.9	1,737.6	78.1	21.2
2016	16.4	12.7	28.5	16.4	7.7	9.9	1,640.4	77.9	20.8
2015	17.6	13.3	25.9	14.1	7.3	9.1	1,524.2	79.4	22.3
2014	20.9	13.7	25.1	14.0	7.4	9.5	1,426.4	80.0	28.1

에스케이씨 (A011790)
SKC

업 종 : 화학 | 시 장 : 거래소
신용등급 : (Bond) A (CP) A2 | 기업규모 : 시가총액 중형주
홈페이지 : www.skc.kr | 연 락 처 : 031)250-7114
본 사 : 경기도 수원시 장안구 장안로 309번길 84 (정자동)

설 립 일	1973.07.16	**종 업 원 수**	1,247명	**대 표 이 사**	이완재
상 장 일	1997.07.03	**감 사 의 견**	적정(삼정)	**계 열**	
결 산 기	12월	**보 통 주**		**종속회사수**	20개사
액 면 가	5,000원	**우 선 주**		**구 상 호**	

주주구성 (지분율,%)		출자관계 (지분율,%)		주요경쟁사 (외형,%)	
SK	41.0	에스케이더블유	100.0	SKC	100
국민연금공단	13.5	SK텔레시스	79.4	LG화학	968
(외국인)	11.2	SKC솔믹스	57.7	한화케미칼	352

매출구성		비용구성		수출비중	
PET FILM 등(광학용, 포장용, 산업용 등)	38.9	매출원가율	83.9	수출	36.7
POD 등(윤활제, 자동차, 화장품,가전제품, 단열	28.2	판관비율	9.4	내수	63.3
통신장비 등	20.6				

회사 개요

동사는 1973년 설립되어 폴리에스터 필름, 기초화학원료(PO, PG, Polyol) 등을 제조, 판매하는 SK그룹 계열사임. 폴리우레탄의 원재료로 사용되는 프로필렌옥사이드 제품을 생산하는 화학사업과 LCD, 일반 산업재 부품이나 태양전지용으로 사용되는 폴리에스테르 필름 등을 생산하는 필름사업을 영위하고 있음. 매출은 화학 30.5%, 필름 38.7%, 전자재료 10.2%, 기타 20.6%로 구성됨.

실적 분석

동사의 2017년 누적매출액은 2조6,535.4억원으로 전년대비 12.5% 증가함. 비용측면에서 매출원가는 14.3% 상승했고, 판관비는 3.9% 하락함. 영업이익은 전년보다 17.7% 줄어든 1,757억원을 기록함. 수익성 개선을 위해 필름, 화학 등 핵심제품 중심의 포트폴리오 고도화와 비용구조 혁신으로 경쟁력을 강화하고, 화학 관련 사업 가속화를 통해 신사업 분야로 진출할 계획임.

현금 흐름
〈단위 : 억원〉

항목	2016	2017
영업활동	2,491	2,093
투자활동	-39	-1,757
재무활동	-1,818	380
순현금흐름	665	710
기말현금	1,050	1,760

시장 대비 수익률

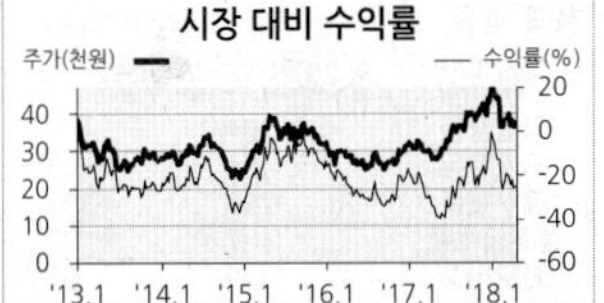

결산 실적
〈단위 : 억원〉

항목	2012	2013	2014	2015	2016	2017
매출액	26,292	26,414	28,022	24,657	23,594	26,535
영업이익	1,447	1,240	1,524	2,179	1,493	1,757
당기순이익	318	257	433	2,456	293	1,363

분기 실적
〈단위 : 억원〉

항목	2016.3Q	2016.4Q	2017.1Q	2017.2Q	2017.3Q	2017.4Q
매출액	5,865	6,421	5,870	6,152	7,408	7,106
영업이익	183	410	378	442	482	455
당기순이익	-374	-77	254	569	409	131

재무 상태
〈단위 : 억원〉

항목	2012	2013	2014	2015	2016	2017
총자산	34,913	35,858	36,868	36,882	35,288	36,673
유형자산	20,860	21,969	22,131	20,791	18,661	19,032
무형자산	1,126	1,194	1,747	1,458	1,462	2,092
유가증권	376	262	102	111	101	70
총부채	22,997	23,803	23,857	21,319	20,049	20,737
총차입금	16,326	17,126	17,125	15,430	13,487	14,170
자본금	1,811	1,811	1,817	1,840	1,877	1,877
총자본	11,916	12,055	13,010	15,563	15,239	15,936
지배주주지분	11,516	11,830	12,173	14,439	14,059	14,500

기업가치 지표

항목	2012	2013	2014	2015	2016	2017
주가(최고/저)(천원)	47.6/33.5	38.8/24.5	34.6/22.5	40.2/24.6	32.4/25.2	47.0/27.8
PER(최고/저)(배)	29.2/20.6	27.4/17.3	19.7/12.8	5.8/3.5	29.3/22.9	16.0/9.7
PBR(최고/저)(배)	1.7/1.2	1.3/0.8	1.1/0.7	1.1/0.7	0.9/0.7	1.2/0.7
EV/EBITDA(배)	12.6	11.4	9.3	7.9	9.4	10.6
EPS(원)	1,823	1,568	1,916	7,426	1,150	2,931
BPS(원)	31,847	32,714	33,540	39,288	38,610	40,272
CFPS(원)	4,705	4,913	5,687	11,321	4,500	6,194
DPS(원)	500	500	550	750	750	900
EBITDAPS(원)	6,878	6,769	7,972	9,840	7,356	7,943

재무 비율
〈단위 : %〉

연도	영업이익률	순이익률	부채비율	차입금비율	ROA	ROE	유보율	자기자본비율	EBITDA마진율
2017	6.6	5.1	130.1	88.9	3.8	7.7	705.5	43.5	11.2
2016	6.3	1.2	131.6	88.5	0.8	3.0	672.2	43.2	11.6
2015	8.8	10.0	137.0	99.1	6.7	20.5	685.8	42.2	14.6
2014	5.4	1.6	183.4	131.6	1.2	5.8	570.8	35.3	10.3

에스케이씨솔믹스 (A057500)

SKC Solmics

업 종 : 반도체 및 관련장비		시 장 : KOSDAQ	
신용등급 : (Bond) A	(CP) A3-	기업규모 : 중견	
홈페이지 : www.skcsolmics.com		연 락 처 : 031)660-8400	
본 사 : 경기도 평택시 경기대로 1043 (장당동)			

설 립 일 1995.07.19	**종업원수** 403명	**대표이사** 오준록	
상 장 일 2001.12.26	**감사의견** 적정(삼일)	**계 열**	
결 산 기 12월	**보 통 주**	**종속회사수** 2개사	
액 면 가 500원	**우 선 주**	**구 상 호**	

주주구성 (지분율,%)		출자관계 (지분율,%)		주요경쟁사 (외형,%)	
에스케이씨	57.7	SOLMICSSHANGHAIINTERNATIONALTRADING	100.0	SKC 솔믹스	100
NH농협증권	1.6	SOLMICSTAIWAN	100.0	프로텍	113
(외국인)	3.1	SNTUSA	30.0	유니트론텍	134

매출구성		비용구성		수출비중	
Si	41.0	매출원가율	75.6	수출	23.9
Al2O3	22.1	판관비율	6.2	내수	76.1
기타	20.1				

회사 개요

동사는 1995년 설립되어 2008년 SK그룹에 편입됨. 동사는 파인세라믹 및 실리콘을 기반으로 하는 기능성 반도체 및 LCD 부품 소재를 생산함. 알루미나, 실리콘, 쿼츠 등을 재료로 각종 파인세라믹스 관련 부품을 생산하여 SK하이닉스와 삼성전자 등에 공급하고, 2016년 8월 태양전지용 잉곳 및 웨이퍼를 생산하던 태양광 사업 부문의 자산을 웅진에너지에 30억원을 받고 양도함.

실적 분석

동사의 2017년 매출과 영업이익은 1,327억원, 242억원으로 전년 대비 각각 40.5%, 39.8% 증가함. 당기순이익은 394.2억원으로 흑자전환함. 반도체 시장 호황에 따른 수혜로 분석됨. 동사의 자산총계는 2016년 대비 8.9% 증가한 1,680억원을 시현하였고, 부채총계는 20.7% 감소한 964억원을 시현함. 자본총계는 716억원으로 전년 327억원 대비 2배 이상 급증함.

현금 흐름

<단위 : 억원>

항목	2016	2017
영업활동	274	455
투자활동	24	-43
재무활동	-290	-330
순현금흐름	7	82
기말현금	9	91

시장 대비 수익률

결산 실적

<단위 : 억원>

항목	2012	2013	2014	2015	2016	2017
매출액	1,075	1,125	1,152	868	945	1,327
영업이익	-270	-192	33	160	173	242
당기순이익	-387	-322	-126	-411	-356	394

분기 실적

<단위 : 억원>

항목	2016.3Q	2016.4Q	2017.1Q	2017.2Q	2017.3Q	2017.4Q
매출액	244	263	276	336	362	353
영업이익	48	43	42	58	71	71
당기순이익	-379	18	28	67	65	235

재무 상태

<단위 : 억원>

항목	2012	2013	2014	2015	2016	2017
총자산	3,233	2,932	2,766	2,094	1,543	1,680
유형자산	2,073	1,897	1,773	1,289	934	894
무형자산	97	61	25	11	6	6
유가증권	—	—	—	—	—	—
총부채	2,469	2,262	2,217	1,896	1,216	964
총차입금	2,204	1,980	1,872	1,669	956	670
자본금	97	193	195	217	307	307
총자본	764	670	550	198	327	717
지배주주지분	760	666	550	198	327	717

기업가치 지표

항목	2012	2013	2014	2015	2016	2017
주가(최고/저)(천원)	7.3/2.7	3.7/1.2	3.3/1.4	2.9/1.8	4.8/1.7	5.8/3.6
PER(최고/저)(배)	—/—	—/—	—/—	—/—	—/—	9.0/5.7
PBR(최고/저)(배)	1.9/0.7	2.1/0.7	2.3/1.0	6.3/3.8	8.9/3.1	4.9/3.1
EV/EBITDA(배)	—	1,667.3	11.4	7.1	12.9	10.9
EPS(원)	-2,561	-1,516	-326	-974	-762	641
BPS(원)	3,913	1,735	1,417	462	535	1,168
CFPS(원)	-1,382	-607	168	-531	-488	783
DPS(원)	—	—	—	—	—	—
EBITDAPS(원)	-605	7	580	820	645	536

재무 비율

<단위 : %>

연도	영업이익률	순이익률	부채비율	차입금비율	ROA	ROE	유보율	자기자본비율	EBITDA마진율
2017	18.3	29.7	134.5	93.5	24.5	75.5	133.6	42.6	24.8
2016	18.4	-37.7	371.6	292.0	-19.6	-135.6	7.0	21.2	31.9
2015	18.4	-47.4	일부잠식	일부잠식	-16.9	-109.9	-7.6	9.5	39.9
2014	2.9	-11.0	403.2	340.5	-4.4	-20.7	183.4	19.9	19.5

에스케이씨에스 (A224020)

SKCS COLTD

업 종 : 용기 및 포장		시 장 : KONEX	
신용등급 : (Bond) —	(CP) —	기업규모 : —	
홈페이지 : www.kcsltd.co.kr		연 락 처 : 031)761-7703	
본 사 : 경기도 광주시 초월읍 산수로554번길 47			

설 립 일 2004.08.06	**종업원수** 51명	**대표이사** 조경진	
상 장 일 2016.07.25	**감사의견** 적정(리안)	**계 열**	
결 산 기 12월	**보 통 주**	**종속회사수**	
액 면 가 —	**우 선 주**	**구 상 호**	

주주구성 (지분율,%)		출자관계 (지분율,%)		주요경쟁사 (외형,%)	
강창모	34.1			에스케이씨에스	100
조경진	21.0			삼보판지	1,748
				율촌화학	2,657

매출구성		비용구성		수출비중	
인쇄용 필름(제품)	50.8	매출원가율	91.3	수출	44.3
(상품)	28.9	판관비율	14.2	내수	55.7
사진보호 필름(제품)	15.0				

회사 개요

동사는 플라스틱 필름의 표면에 점착 및 코팅 가공 후, 필름고유물성 이외의 특성을 부여하여 고기능성, 고부가가치성 필름을 생산함. 국내 유일한 최대 9층까지 동시 코팅이 가능한 다층코팅설비 및 기술을 보유하고 있음. 주 생산 제품으로는 대형 디지털 인쇄용 필름(광고용 잉크젯 미디어)이 있음. 국내에서는 한국 3M, 한국후지필름의 제품을 ODM으로 생산, 공급하고 있음.

실적 분석

동사의 2017년 연결기준 연간 누적 매출액은 전년동기 212.5억원 대비 12.8% 감소한 185.3억원을 기록함. 사진보호필름 부문의 매출이 전년동기 대비 증가했지만, 인쇄용필름과 보드필름 부문의 매출이 감소하며 전체 매출액이 감소함. 매출 감소에도 불구하고 판관비는 증가하여 영업이익은 전년동기 대비 적자전환, 10.1억원의 손실을 기록함. 비영업손실이 42.1억원을 기록하며 당기순손실은 52.3억원을 기록, 적자전환함.

현금 흐름 *IFRS 별도 기준

<단위 : 억원>

항목	2016	2017
영업활동	-5	8
투자활동	-10	-5
재무활동	-6	-2
순현금흐름	-22	1
기말현금	3	4

시장 대비 수익률

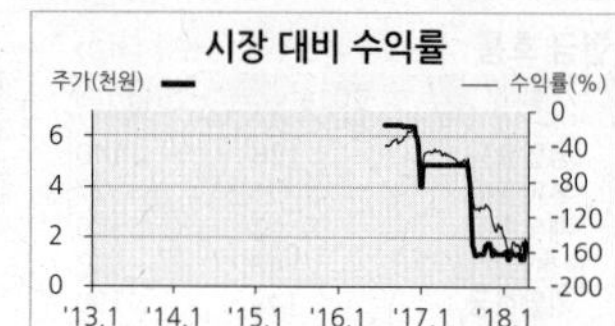

결산 실적

<단위 : 억원>

항목	2012	2013	2014	2015	2016	2017
매출액	—	—	—	190	212	185
영업이익	4	5	8	9	5	-10
당기순이익	2	1	3	5	5	-52

분기 실적 *IFRS 별도 기준

<단위 : 억원>

항목	2016.3Q	2016.4Q	2017.1Q	2017.2Q	2017.3Q	2017.4Q
매출액	—	—	—	—	—	—
영업이익	—	—	—	—	—	—
당기순이익	—	—	—	—	—	—

재무 상태 *IFRS 별도 기준

<단위 : 억원>

항목	2012	2013	2014	2015	2016	2017
총자산	157	191	214	270	246	199
유형자산	123	131	136	132	127	121
무형자산	15	25	35	42	46	9
유가증권	—	—	—	0	0	—
총부채	117	149	169	207	159	164
총차입금	95	99	108	135	110	108
자본금	10	10	10	12	15	15
총자본	40	42	45	63	87	35
지배주주지분	40	42	45	63	87	35

기업가치 지표 *IFRS 별도 기준

항목	2012	2013	2014	2015	2016	2017
주가(최고/저)(천원)	—/—	—/—	—/—	—/—	—/—	—/—
PER(최고/저)(배)	0.0/0.0	0.0/0.0	0.0/0.0	0.0/0.0	40.2/24.9	—/—
PBR(최고/저)(배)	0.0/0.0	0.0/0.0	0.0/0.0	0.0/0.0	2.3/1.4	4.4/1.1
EV/EBITDA(배)	16.8	10.1	7.4	5.9	12.9	78.2
EPS(원)	115	58	155	182	160	-1,702
BPS(원)	21,300	21,884	23,501	2,584	2,829	1,128
CFPS(원)	2,225	2,928	4,433	569	532	-1,314
DPS(원)	—	—	—	—	—	—
EBITDAPS(원)	2,935	5,135	7,206	752	544	58

재무 비율

<단위 : %>

연도	영업이익률	순이익률	부채비율	차입금비율	ROA	ROE	유보율	자기자본비율	EBITDA마진율
2017	-5.5	-28.3	472.8	311.3	-23.5	-86.0	125.5	17.5	1.0
2016	2.5	2.3	183.1	126.5	1.9	6.6	465.9	35.3	7.9
2015	4.8	2.4	329.3	213.8	1.9	8.4	416.7	23.3	9.8
2014	5.3	1.9	379.5	242.7	1.5	6.8	370.0	20.9	8.8

에스케이씨코오롱피아이 (A178920)

SKC KOLON PI

업 종 : 화학
신용등급 : (Bond) — (CP) —
홈페이지 : www.skckolonpi.com
본 사 : 충북 진천군 이월면 고등1길 27

시 장 : KOSDAQ
기업규모 : 우량
연 락 처 : 043)539-4545

설 립 일	2008.06.02	종업원수	227명	대표이사	김태림
상 장 일	2014.12.08	감사의견	적정(안진)	계 열	
결 산 기	12월	보 통 주		종속회사수	
액 면 가	500원	우 선 주		구 상 호	

주주구성 (지분율,%)		출자관계 (지분율,%)		주요경쟁사 (외형,%)	
코오롱인더스트리	27.0			SKC코오롱PI	100
송금수	0.1			휴켐스	331
(외국인)	13.9			송원산업	335

매출구성		비용구성		수출비중	
폴리이미드필름	99.9	매출원가율	67.3	수출	59.8
임대매출	0.1	판관비율	8.2	내수	40.2

회사 개요

동사는 2008년 6월 폴리이미드 필름 및 관련 가공제품의 연구개발, 생산 및 판매를 주 목적으로 하여 설립됨. 절연용으로 사용되는 PI 필름은 중공업, 조선, 건설 분야뿐만 아니라 전기자동차, 배터리, 고속철도 등 관련 산업의 성장에 따라 수요와 적용 분야가 함께 증가할 것으로 예상됨. 최근에는 스마트폰 기기의 발열문제를 해결하는 방열시트의 매출이 늘고 있음.

실적 분석

동사의 2017년도 연간 매출액은 2,163.8억원으로 전년대비 41.4% 증가함. 2016년 8월 가동한 신규 증설라인의 생산능력이 당기에 반영된 것에 기인함. 또한 전방산업의 수요증대, 기존 제품의 신규 사용 용도 확대에 따라 매출 및 영업이익이 개선됨. 기존 FCCL 내 제품 포트폴리오 다각화와 신규 적용시장 등에 대한 PI필름 연구개발을 통한 매출 확대가 기대됨.

현금 흐름 *IFRS 별도 기준

〈단위 : 억원〉

항목	2016	2017
영업활동	336	697
투자활동	-275	-224
재무활동	134	-196
순현금흐름	196	276
기말현금	432	711

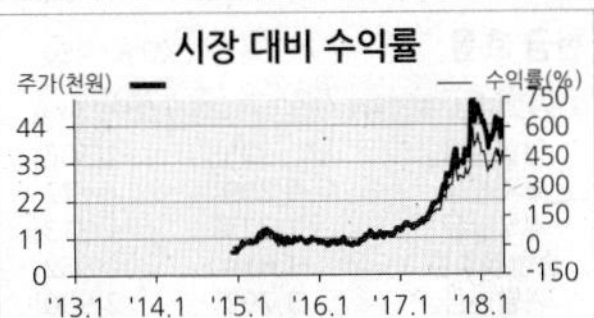

결산 실적

〈단위 : 억원〉

항목	2012	2013	2014	2015	2016	2017
매출액	1,160	1,337	1,371	1,363	1,531	2,164
영업이익	273	395	374	289	323	530
당기순이익	164	257	216	170	210	328

분기 실적 *IFRS 별도 기준

〈단위 : 억원〉

항목	2016.3Q	2016.4Q	2017.1Q	2017.2Q	2017.3Q	2017.4Q
매출액	415	383	481	444	670	569
영업이익	87	87	126	120	180	104
당기순이익	54	58	84	78	119	47

재무 상태 *IFRS 별도 기준

〈단위 : 억원〉

항목	2012	2013	2014	2015	2016	2017
총자산	2,640	2,639	2,415	2,698	3,075	3,412
유형자산	1,802	1,707	1,646	1,882	2,048	2,000
무형자산	21	9	18	19	22	56
유가증권	—	—	—	—	—	101
총부채	553	518	478	592	790	929
총차입금	372	270	213	287	455	389
자본금	184	184	147	147	147	147
총자본	2,087	2,121	1,937	2,106	2,286	2,482
지배주주지분	2,087	2,121	1,937	2,106	2,286	2,482

기업가치 지표 *IFRS 별도 기준

항목	2012	2013	2014	2015	2016	2017
주가(최고/저)(천원)	—/—	—/—	7.3/6.5	13.9/7.4	13.8/8.9	53.2/13.2
PER(최고/저)(배)	0.0/0.0	0.0/0.0	11.7/10.5	25.4/13.6	20.3/13.0	48.4/12.0
PBR(최고/저)(배)	0.0/0.0	0.0/0.0	1.2/1.1	2.1/1.1	1.9/1.2	6.4/1.6
EV/EBITDA(배)	0.0	—	4.6	7.7	9.1	19.7
EPS(원)	447	699	660	578	714	1,116
BPS(원)	56,816	57,739	6,595	7,171	7,783	8,453
CFPS(원)	8,054	10,380	1,011	973	1,154	1,642
DPS(원)	—	—	—	110	450	800
EBITDAPS(원)	11,020	14,129	1,493	1,380	1,540	2,330

재무 비율

〈단위 : %〉

연도	영업이익률	순이익률	부채비율	차입금비율	ROA	ROE	유보율	자기자본비율	EBITDA마진율
2017	24.5	15.2	37.4	15.7	10.1	13.8	1,590.5	72.8	31.6
2016	21.1	13.7	34.6	19.9	7.3	9.6	1,456.6	74.3	29.6
2015	21.2	12.5	28.1	13.6	6.6	8.4	1,334.2	78.1	29.7
2014	27.3	15.8	24.7	11.0	8.6	10.7	1,219.0	80.2	35.7

에스케이이노베이션 (A096770)

SK Innovation

업 종 : 석유 및 가스
신용등급 : (Bond) AA+ (CP) A1
홈페이지 : www.skinnovations.co.kr
본 사 : 서울시 종로구 종로26 (서린동 SK빌딩)

시 장 : 거래소
기업규모 : 시가총액 대형주
연 락 처 : 02)2121-5114

설 립 일	2007.07.03	종업원수	1,577명	대표이사	김준
상 장 일	2007.07.25	감사의견	적정(안진)	계 열	
결 산 기	12월	보 통 주		종속회사수	49개사
액 면 가	5,000원	우 선 주		구 상 호	

주주구성 (지분율,%)		출자관계 (지분율,%)		주요경쟁사 (외형,%)	
SK	33.4	SK에너지	100.0	SK이노베이션	100
국민연금공단	10.0	SK종합화학	100.0	SK	202
(외국인)	42.0	SK인천석유화학	100.0	S-Oil	45

매출구성		비용구성		수출비중	
납사 등	28.0	매출원가율	88.4	수출	—
기유 외	26.2	판관비율	4.6	내수	—
경유	24.1				

회사 개요

동사는 SK그룹이 정유화학 부문의 사업을 조정하며 2007년 설립돼 SK에너지(정유), SK종합화학(석유화학), SK루브리컨츠(윤활유) 지분을 100% 보유한 지주회사임. 2011년 1월 SK에너지, SK종합화학과 물적분할을 완료한 동사는 자원개발(E&P)과 리튬이온전지 사업을 영위함. SK에너지는 국내최대 정제능력을 보유하고 있음. SK종합화학은 에틸렌, PP, HDPE, LLDPE 등을 생산하며 화섬원료인 PX 역시 생산함.

실적 분석

동사의 2017년 결산 연결기준 매출액은 전년대비 17.1% 성장한 46조 2,609.3억원을 기록함. 매출액 성장은 주로 유가 상승에 따른 제품가격 인상에 기인함. 외형 성장에도 원가율은 소폭 상승하여 영업이익 3조 2,343.7억원, 당기순이익 2조 1,451.0억원을 시현하며 수익성이 하락함. 동사는 당기 결산일 자회사 SK루브리컨츠의 성장 재원 확보 및 기업가치 제고를 위해 IPO를 추진중임을 공시함.

현금 흐름

〈단위 : 억원〉

항목	2016	2017
영업활동	36,778	21,802
투자활동	-20,561	-10,661
재무활동	-20,186	-16,707
순현금흐름	-3,755	-6,405
기말현금	26,442	20,037

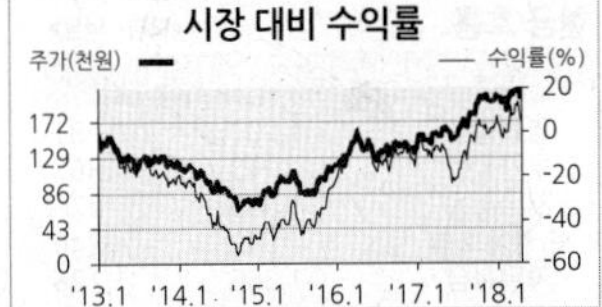

결산 실적

〈단위 : 억원〉

항목	2012	2013	2014	2015	2016	2017
매출액	733,300	660,393	658,607	483,563	395,205	462,609
영업이익	16,994	14,064	-1,828	19,796	32,283	32,344
당기순이익	11,824	7,787	-5,372	8,677	17,214	21,451

분기 실적

〈단위 : 억원〉

항목	2016.3Q	2016.4Q	2017.1Q	2017.2Q	2017.3Q	2017.4Q
매출액	97,030	100,791	113,871	105,611	117,589	125,539
영업이익	4,149	8,491	10,043	4,212	9,636	8,453
당기순이익	3,718	1,575	8,599	2,921	6,963	2,967

재무 상태

〈단위 : 억원〉

항목	2012	2013	2014	2015	2016	2017
총자산	338,311	352,889	351,013	313,598	325,813	342,436
유형자산	123,240	143,349	151,262	139,142	136,035	135,872
무형자산	13,639	13,817	19,438	16,631	12,723	15,208
유가증권	2,720	2,683	2,184	2,191	2,426	2,763
총부채	174,831	183,736	190,403	143,135	142,763	149,343
총차입금	79,556	89,727	113,686	82,593	66,799	56,698
자본금	4,686	4,686	4,686	4,686	4,686	4,686
총자본	163,480	169,153	160,611	170,463	183,050	193,093
지배주주지분	153,713	158,395	150,003	158,897	171,032	180,858

기업가치 지표

항목	2012	2013	2014	2015	2016	2017
주가(최고/저)(천원)	165/107	158/112	124/66.6	122/70.6	164/114	211/141
PER(최고/저)(배)	15.3/9.9	23.4/16.5	—/—	15.6/9.1	10.0/6.9	9.7/6.6
PBR(최고/저)(배)	1.2/0.8	1.1/0.8	0.9/0.5	0.8/0.5	1.0/0.7	1.1/0.8
EV/EBITDA(배)	9.2	9.7	28.3	5.7	3.8	5.2
EPS(원)	12,649	7,789	-6,283	8,696	17,834	22,449
BPS(원)	165,476	170,471	161,517	171,008	183,956	194,441
CFPS(원)	19,305	14,931	2,093	18,849	27,591	32,053
DPS(원)	3,200	3,200	—	4,800	6,400	8,000
EBITDAPS(원)	24,789	22,149	6,425	31,277	44,206	44,118

재무 비율

〈단위 : %〉

연도	영업이익률	순이익률	부채비율	차입금비율	ROA	ROE	유보율	자기자본비율	EBITDA마진율
2017	7.0	4.6	77.3	29.4	6.4	12.0	3,788.8	56.4	8.9
2016	8.2	4.4	78.0	36.5	5.4	10.1	3,579.1	56.2	10.5
2015	4.1	1.8	84.0	48.5	2.6	5.3	3,320.2	54.4	6.1
2014	-0.3	-0.8	118.6	70.8	-1.5	-3.8	3,130.4	45.8	0.9

에스케이증권 (A001510)
SK Securities

업 종 : 증권
시 장 : 거래소
신용등급 : (Bond) A+ (CP) A2+
기업규모 : 시가총액 중형주
홈페이지 : www.sks.co.kr
연 락 처 : 02)3773-8245
본 사 : 서울시 영등포구 국제금융로8길 31 여의도동 SK증권빌딩

설 립 일	1955.07.30	**종 업 원 수**	757명	**대 표 이 사**	김신
상 장 일	1986.09.20	**감 사 의 견**	적정(삼일)	**계 열**	
결 산 기	12월	**보 통 주**		**종속회사수**	16개사
액 면 가	500원	**우 선 주**		**구 상 호**	

주주구성 (지분율,%)		출자관계 (지분율,%)		주요경쟁사 (외형,%)	
SK	10.0	문화산업전문회사	99.0	SK증권	100
최재원	0.0	제이앤더블유글로벌핀테크사모투자합자회사	90.1	현대차투자증권	103
(외국인)	7.6	부흥솔라	25.0	한화투자증권	133

수익구성		비용구성		수출비중	
수수료수익	28.6	이자비용	8.9	수출	—
금융상품 관련이익	25.9	파생상품손실	21.8	내수	—
파생상품거래이익	24.4	판관비	40.6		

회사 개요

SK그룹 계열의 금융투자회사로 자본시장과 금융투자업에 관한 법률에 근거하여 투자매매, 투자중개, 투자일임, 투자자문 등의 금융투자업을 영위하고 있음. 전신은 1955년 설립된 신우증권으로 1992년 선경그룹(현 SK그룹)에 편입되면서 선경증권으로 변경되었다가 1998년부터 SK증권을 상호로 사용. 최근 홍콩에 진출해 부동산, 재무 관련 자문 사업을 추진중임. 2016년 동사의 주식수탁수수료 기준 시장점유율은 2.54%임

실적 분석

동사는 지난해 당기순이익이 205억원으로 전년 대비 79.6% 증가하였음. 매출은 4,663억원으로 0.2% 감소했음. 영업이익은 310억원으로 전년보다 295% 급증하였음. 이는 IB부문과 채권운용 등 본사 영업 수익 증가로 손익이 개선된 결과로 풀이됨. 동사는 자산관리 중심의 비즈니스 혁신을 통해 Retail 사업의 흑자 구조의 기반을 마련하고, PI와 PE의 투자역량을 강화 중.

현금 흐름 〈단위 : 억원〉

항목	2016	2017
영업활동	-1,007	-81
투자활동	-13	-367
재무활동	1,559	220
순현금흐름	540	-240
기말현금	1,366	1,126

시장 대비 수익률

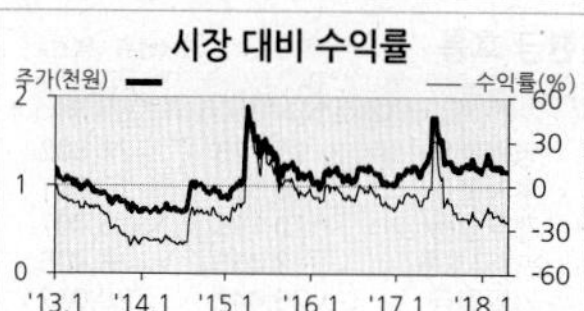

결산 실적 〈단위 : 억원〉

항목	2012	2013	2014	2015	2016	2017
순영업손익	1,785	914	1,717	2,012	1,703	2,069
영업이익	-116	-580	95	202	79	285
당기순이익	-100	-461	34	230	114	188

분기 실적 〈단위 : 억원〉

항목	2016.3Q	2016.4Q	2017.1Q	2017.2Q	2017.3Q	2017.4Q
순영업손익	411	282	574	598	422	474
영업이익	27	-115	129	147	9	-0
당기순이익	0	-80	95	119	12	-38

재무 상태 〈단위 : 억원〉

항목	2012	2013	2014	2015	2016	2017
총자산	41,134	42,254	36,757	35,081	39,215	37,788
유형자산	74	63	51	49	47	182
무형자산	235	178	111	100	124	151
유가증권	27,752	28,717	23,181	23,051	24,068	21,923
총부채	36,836	38,488	32,909	30,966	35,064	33,418
총차입금	19,542	20,777	18,183	17,842	19,444	19,663
자본금	1,620	1,620	1,620	1,620	1,620	1,620
총자본	4,298	3,766	3,847	4,115	4,151	4,370
지배주주지분	4,298	3,766	3,847	4,115	4,151	4,370

기업가치 지표

항목	2012	2013	2014	2015	2016	2017
주가(최고/저)(천원)	1.4/1.0	1.0/0.7	1.1/0.7	1.9/0.8	1.3/1.0	1.9/1.0
PER(최고/저)(배)	—/—	—/—	103.9/65.2	26.7/11.9	36.2/27.2	32.5/17.6
PBR(최고/저)(배)	1.1/0.8	0.9/0.6	0.9/0.6	1.5/0.7	1.0/0.7	1.4/0.8
PSR(최고/저)(배)	3/2	4/2	2/1	3/1	2/2	3/2
EPS(원)	-31	-142	11	71	35	58
BPS(원)	1,326	1,162	1,187	1,270	1,292	1,360
CFPS(원)	6	-118	39	86	45	73
DPS(원)	—	—	—	—	—	—
EBITDAPS(원)	-36	-179	29	62	24	88

재무 비율 〈단위 : %〉

연도	계속사업 이익률	순 이익률	부채 비율	차입금 비율	ROA	ROE	유보율	자기자본 비율	총자산 증가율
2017	12.3	9.1	764.8	450.0	0.5	4.4	172.0	11.6	-3.6
2016	9.9	6.7	844.8	468.4	0.3	2.8	158.5	10.6	11.8
2015	13.2	11.4	752.6	433.6	0.6	5.8	154.0	11.7	-4.6
2014	3.9	2.0	855.4	472.6	0.1	0.9	137.5	10.5	-10.6

에스케이케미칼 (A006120)
SK Chemicals

업 종 : 석유 및 가스
시 장 : 거래소
신용등급 : (Bond) A (CP) A2
기업규모 : 시가총액 중형주
홈페이지 : www.skchemicals.com
연 락 처 : 02)2008-2008
본 사 : 경기도 성남시 분당구 판교로 322

설 립 일	1969.07.01	**종 업 원 수**	1,726명	**대 표 이 사**	최창원,김철
상 장 일	1976.06.29	**감 사 의 견**	적정(한영)	**계 열**	
결 산 기	12월	**보 통 주**		**종속회사수**	11개사
액 면 가	5,000원	**우 선 주**		**구 상 호**	SK케미칼

주주구성 (지분율,%)		출자관계 (지분율,%)		주요경쟁사 (외형,%)	
최창원	70.5	SK신텍	100.0	SK디스커버리	100
국민연금공단	9.6	인터베스트바이오펀드	71.4	SK	1,383
(외국인)	11.8	SK플라즈마	60.0	SK이노베이션	686

매출구성		비용구성		수출비중	
LPG 등(상품)	75.9	매출원가율	93.8	수출	—
PET수지, PETG수지, Bio Diesel 등(제품)	11.0	판관비율	4.5	내수	—
기타	4.9				

회사 개요

동사는 지배회사로서 Green Chemicals와 Life Science부문 등 양대 분야로 사업구조를 집중해 기존 사업 수익성 향상과 신규사업의 성공적 시장 진입에 역량을 집중하고 있음. Green Chemicals Biz.는 고기능 코폴리에스터, 바이오디젤 등 바이오 에너지사업에, Life Science Biz.는 질병진단, 예방, 치료 등 헬스케어 통합 솔루션과 신약개발에 힘쓰고 있음.

실적 분석

동사의 2017년 연간 매출액은 67,466.9억원으로 전년대비 26.8% 감소함. 비용면에서 매출원가와 판관비 증가로 영업이익은 전년보다 42.1% 줄어든 1,097.9억원을 기록함. 세계 최초로 개발한 4가 세포배양 독감백신 '스카이셀플루'와 세계 두 번째 대상포진백신 '스카이조스터'를 앞세워 국내외 시장을 공략중임. 올 2월 '세포배양 방식의 백신 생산 기술'을 사노피 파스퇴르에 최대 1억5,500만 달러 규모로 기술수출함.

현금 흐름 〈단위 : 억원〉

항목	2016	2017
영업활동	-325	-1,306
투자활동	-3,259	72
재무활동	1,725	513
순현금흐름	-1,814	-862
기말현금	3,792	2,930

시장 대비 수익률

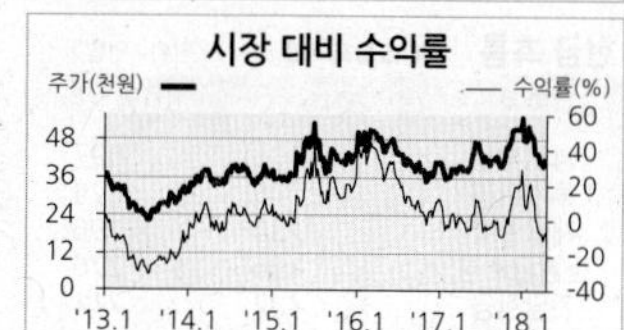

결산 실적 〈단위 : 억원〉

항목	2012	2013	2014	2015	2016	2017
매출액	91,601	82,566	72,836	52,692	53,222	67,467
영업이익	1,906	1,940	1,496	1,199	1,897	1,098
당기순이익	1,566	78	140	944	1,759	8,023

분기 실적 〈단위 : 억원〉

항목	2016.3Q	2016.4Q	2017.1Q	2017.2Q	2017.3Q	2017.4Q
매출액	16,318	6,276	20,142	19,907	18,515	8,902
영업이익	752	-169	441	582	613	-538
당기순이익	568	188	413	769	587	6,254

재무 상태 〈단위 : 억원〉

항목	2012	2013	2014	2015	2016	2017
총자산	49,939	48,603	55,548	65,950	65,459	50,280
유형자산	14,842	16,116	24,089	29,977	23,274	13,013
무형자산	872	792	3,540	3,522	3,668	3,068
유가증권	1,706	2,521	2,742	2,693	2,494	3,127
총부채	32,557	30,767	35,487	40,092	38,835	29,035
총차입금	21,017	21,418	28,070	33,267	28,639	21,884
자본금	1,183	1,183	1,183	1,356	1,356	704
총자본	17,382	17,835	20,061	25,858	26,624	21,245
지배주주지분	12,903	12,710	12,278	14,975	15,893	10,745

기업가치 지표

항목	2012	2013	2014	2015	2016	2017
주가(최고/저)(천원)	42.3/29.2	37.9/22.1	40.5/31.1	53.3/33.9	52.1/33.7	52.0/35.7
PER(최고/저)(배)	13.3/9.1	—/—	—/—	23.7/15.1	17.3/11.2	1.8/1.3
PBR(최고/저)(배)	0.8/0.5	0.7/0.4	0.8/0.6	0.9/0.6	0.9/0.6	0.6/0.4
EV/EBITDA(배)	11.4	12.0	19.2	25.0	16.8	20.0
EPS(원)	3,310	-1,282	-1,041	2,289	3,046	28,778
BPS(원)	58,680	57,864	56,037	58,834	62,216	88,491
CFPS(원)	6,439	2,054	2,539	6,535	7,136	33,885
DPS(원)	400	400	300	300	350	750
EBITDAPS(원)	11,123	11,561	9,921	9,187	11,083	9,501

재무 비율 〈단위 : %〉

연도	영업 이익률	순 이익률	부채 비율	차입금 비율	ROA	ROE	유보율	자기자본 비율	EBITDA 마진율
2017	1.6	11.9	136.7	103.0	13.9	54.0	1,426.1	42.3	3.5
2016	3.6	3.3	145.9	107.6	2.7	5.4	1,144.3	40.7	5.7
2015	2.3	1.8	155.1	128.7	1.6	4.1	1,076.7	39.2	4.2
2014	2.1	0.2	176.9	139.9	0.3	-2.0	1,020.7	36.1	3.2

에스케이케미칼 (A285130)

SK Chemicals

업　　종 : 화학　　　시　　장 : 거래소
신용등급 : (Bond) A　　(CP) A2　　기업규모 : 시가총액 중형주
홈페이지 : www.skchemicals.com　　연 락 처 : 02)2008-2008
본　　사 : 경기도 성남시 분당구 판교로 310

설 립 일	2017.12.01	**종 업 원 수**	명	**대 표 이 사**	김철,박만훈
상 장 일	2018.01.05	**감 사 의 견**	적정(한영)	**계　　열**	
결 산 기	12월	**보 통 주**		**종속회사수**	
액 면 가	5,000원	**우 선 주**		**구 상 호**	

주주구성 (지분율,%)		출자관계 (지분율,%)		주요경쟁사 (외형,%)	
SK디스커버리	27.2	SK유화	100.0	SK케미칼	100
국민연금공단	12.0	사단법인용연4공구공업용수관리조합	81.8	대한유화	2,026
(외국인)	3.9	이니츠	66.0	롯데케미칼	18,073

매출구성		비용구성		수출비중	
		매출원가율	85.6	수출	41.6
		판관비율	24.9	내수	58.4

회사 개요

동사는 2017년 12월 1일을 분할기일로 하여 에스케이디스커버리주식회사가 영위하는 사업 중 Green Chemicals 및 Life Science 사업부문을 분할하여 설립된 분할신설법인임. 동사는 기존의 Green Chemicals Biz.와 Life Science Biz.를 기반으로 안정적인 수익 창출과 지속적인 성장을 위해 친환경 분야와 헬스케어 분야를 차세대 집중 육성 분야로 선정하고 투자를 실행하고 있음.

실적 분석

동사는 사업부분을 분할하여 신설된 법인이기 때문에 매출액등은 모두 분할 전 가지고 있던 사업부분것임. 2017년 기준 매출액은 878.4억원, 영업손익은 91.8억원, 당기순손실은 98.9억원을 기록함. 동사는 Green Chemicals Biz.와 Life Science Biz.의 양 분야로 사업구조를 집중하여, 기존 사업의 수익성 향상과 신규사업의 성공적 시장 진입에 사업역량을 집중하고 있음.

현금 흐름 〈단위 : 억원〉

항목	2016	2017
영업활동	—	-105
투자활동	—	-89
재무활동	—	84
순현금흐름	—	-109
기말현금	—	1,552

시장 대비 수익률

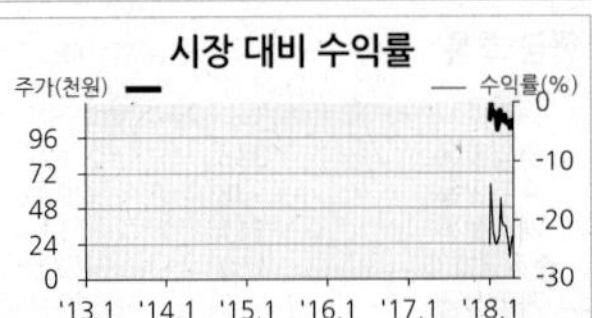

결산 실적 〈단위 : 억원〉

항목	2012	2013	2014	2015	2016	2017
매출액	—	—	—	—	—	878
영업이익	—	—	—	—	—	-92
당기순이익	—	—	—	—	—	-99

분기 실적 〈단위 : 억원〉

항목	2016.3Q	2016.4Q	2017.1Q	2017.2Q	2017.3Q	2017.4Q
매출액	—	—	—	—	—	878
영업이익	—	—	—	—	—	-92
당기순이익	—	—	—	—	—	-99

재무 상태 〈단위 : 억원〉

항목	2012	2013	2014	2015	2016	2017
총자산	—	—	—	—	—	19,124
유형자산	—	—	—	—	—	10,980
무형자산	—	—	—	—	—	474
유가증권	—	—	—	—	—	4
총부채	—	—	—	—	—	11,811
총차입금	—	—	—	—	—	8,901
자본금	—	—	—	—	—	652
총자본	—	—	—	—	—	7,314
지배주주지분	—	—	—	—	—	6,966

기업가치 지표

항목	2012	2013	2014	2015	2016	2017
주가(최고/저)(천원)	#VALUE!	—/—	—/—	—/—	—/—	—/—
PER(최고/저)(배)	0.0/0.0	0.0/0.0	0.0/0.0	0.0/0.0	0.0/0.0	0.0/0.0
PBR(최고/저)(배)	0.0/0.0	0.0/0.0	0.0/0.0	0.0/0.0	0.0/0.0	0.0/0.0
EV/EBITDA(배)	0.0	0.0	0.0	0.0	0.0	—
EPS(원)	—	—	—	—	—	-729
BPS(원)	—	—	—	—	—	53,425
CFPS(원)	—	—	—	—	—	-97
DPS(원)	—	—	—	—	—	—
EBITDAPS(원)	—	—	—	—	—	-152

재무 비율 〈단위 : %〉

연도	영업이익률	순이익률	부채비율	차입금비율	ROA	ROE	유보율	자기자본비율	EBITDA마진율
2017	-10.5	-11.3	161.5	121.7	0.0	0.0	968.5	38.2	-2.0
2016	0.0	0.0	0.0	0.0	0.0	0.0	0.0	0.0	0.0
2015	0.0	0.0	0.0	0.0	0.0	0.0	0.0	0.0	0.0
2014	0.0	0.0	0.0	0.0	0.0	0.0	0.0	0.0	0.0

에스케이텔레콤 (A017670)

SK Telecom

업　　종 : 무선통신　　　시　　장 : 거래소
신용등급 : (Bond) AAA　　(CP) A1　　기업규모 : 시가총액 대형주
홈페이지 : www.sktelecom.com　　연 락 처 : 02)6100-2114
본　　사 : 서울시 중구 을지로 65 (을지로2가)

설 립 일	1984.04.20	**종 업 원 수**	4,481명	**대 표 이 사**	박정호
상 장 일	1989.11.07	**감 사 의 견**	적정(삼정)	**계　　열**	
결 산 기	12월	**보 통 주**		**종속회사수**	39개사
액 면 가	500원	**우 선 주**		**구 상 호**	

주주구성 (지분율,%)		출자관계 (지분율,%)		주요경쟁사 (외형,%)	
SK	25.2	SK브로드밴드	100.0	SK텔레콤	100
Citibank(DR)	10.9	피에스앤마케팅	100.0	KT	133
(외국인)	40.6			LG유플러스	70

매출구성		비용구성		수출비중	
이동전화, 무선데이터,정보통신사업 등	76.1	매출원가율	0.0	수출	0.8
전화, 초고속인터넷 등	15.5	판관비율	91.2	내수	99.2
정보통신, 전자금융, 인터넷 포탈서비스 등	8.4				

회사 개요

동사는 1984년 설립된 이동통신 서비스 제공사임. SK텔리크, SK브로드밴드, SK플래닛, 아이리버 등을 연결대상 종속회사로 보유함. 홈앤서비스, 에스케이스토아 등이 신규 연결회사로 추가됨. 2017년 말 기준 점유율은 이동전화 시장 48.2%, 초고속인터넷 25.7%, 시내전화 16.9%, IPTV 30.6%임. 매출은 무선통신 부문 75.7%, 유선통신 부문 15.5%, 기타 부문 8.8%로 구성됨.

실적 분석

2017년 동사 매출은 17조 5,200.1억원을 기록함. 전년도 매출인 17조 918.2억원에서 2.5% 증가한 금액임. 가입자 확대, 데이터 사용량 증가, IPTV 유로 콘텐츠 매출 증가 등이 매출 증가 비결로 분석됨. 영업이익은 전년도에 비해 0.1% 증가한 1조 5,366.3억원을 기록함. 비영업부문은 관련기업투자로부터 거둬들인 이익이 늘어 233.1% 증가한 1조 8,666.2억원을 기록함. 이에 힘입어 당기순이익은 60.1% 증가함.

현금 흐름 〈단위 : 억원〉

항목	2016	2017
영업활동	42,432	38,558
투자활동	-24,622	-30,706
재무활동	-10,448	-8,266
순현금흐름	7,363	-475
기말현금	15,052	14,577

시장 대비 수익률

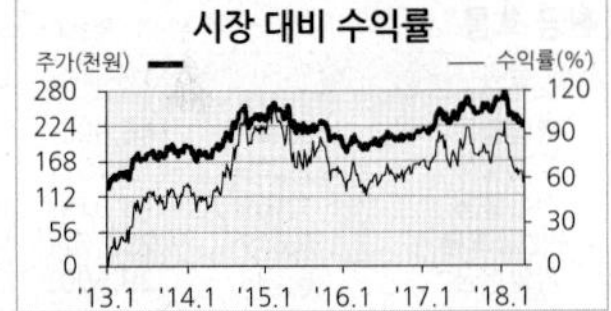

결산 실적 〈단위 : 억원〉

항목	2012	2013	2014	2015	2016	2017
매출액	161,414	166,021	171,638	171,367	170,918	175,200
영업이익	17,300	20,111	18,251	17,080	15,357	15,366
당기순이익	11,157	16,095	17,993	15,159	16,601	26,576

분기 실적 〈단위 : 억원〉

항목	2016.3Q	2016.4Q	2017.1Q	2017.2Q	2017.3Q	2017.4Q
매출액	42,438	43,523	42,344	43,456	44,427	44,973
영업이익	4,243	3,020	4,105	4,233	3,924	3,104
당기순이익	3,221	4,747	5,835	6,205	7,930	6,606

재무 상태 〈단위 : 억원〉

항목	2012	2013	2014	2015	2016	2017
총자산	255,956	265,765	279,412	285,814	312,977	334,287
유형자산	97,127	101,966	105,677	103,713	103,742	101,449
무형자산	44,341	44,840	44,016	42,134	57,088	55,020
유가증권	10,138	10,746	12,364	12,995	9,359	10,314
총부채	127,408	124,100	126,930	132,073	151,812	153,995
총차입금	69,272	66,670	70,803	77,333	77,587	78,112
자본금	446	446	446	446	446	446
총자본	128,548	141,666	152,483	153,741	161,164	180,292
지배주주지분	118,548	134,524	145,067	152,511	159,714	178,421

기업가치 지표

항목	2012	2013	2014	2015	2016	2017
주가(최고/저)(천원)	125/92.6	196/123	255/167	265/198	216/178	274/210
PER(최고/저)(배)	11.3/8.5	11.8/7.4	13.4/8.8	16.0/11.4	11.3/9.3	8.8/6.8
PBR(최고/저)(배)	0.9/0.7	1.2/0.8	1.5/1.0	1.4/1.0	1.0/0.9	1.1/0.9
EV/EBITDA(배)	4.3	5.0	5.9	5.0	5.2	5.7
EPS(원)	14,263	20,298	22,307	18,807	20,756	32,198
BPS(원)	176,669	193,101	206,159	216,875	225,796	248,964
CFPS(원)	46,624	55,343	58,121	55,880	58,759	72,417
DPS(원)	9,400	9,400	9,400	10,000	10,000	10,000
EBITDAPS(원)	53,787	59,952	58,418	58,226	57,022	59,250

재무 비율 〈단위 : %〉

연도	영업이익률	순이익률	부채비율	차입금비율	ROA	ROE	유보율	자기자본비율	EBITDA마진율
2017	8.8	15.2	85.4	43.3	8.2	15.4	44,934.1	53.9	27.3
2016	9.0	9.7	94.2	48.1	5.5	10.7	40,743.3	51.5	26.9
2015	10.0	8.9	85.9	50.3	5.4	10.2	39,129.6	53.8	27.4
2014	10.6	10.5	83.2	46.4	6.6	12.9	37,191.2	54.6	27.5

에스케이하이닉스 (A000660)
SK hynix

업　　종 : 반도체 및 관련장비
신용등급 : (Bond) AA-　　(CP) —
홈페이지 : www.skhynix.com
본　　사 : 경기도 이천시 부발읍 경충대로 2091
시　　장 : 거래소
기업규모 : 시가총액 대형주
연 락 처 : 031)630-4114

설 립 일	1949.10.15	**종 업 원 수**	23,278명	**대 표 이 사**	박성욱
상 장 일	1996.12.03	**감 사 의 견**	적정(삼정)	**계　　열**	
결 산 기	12월	**보 통 주**		**종속회사수**	25개사
액 면 가	5,000원	**우 선 주**		**구 상 호**	

주주구성 (지분율,%)		출자관계 (지분율,%)		주요경쟁사 (외형,%)	
에스케이텔레콤	20.1	에스케이하이닉스시스템아이씨	100.0	SK하이닉스	100
국민연금공단	9.9	실리콘화일	100.0	삼성전자	796
(외국인)	49.9	에스케이하이이엔지	100.0	SK머티리얼즈	2

매출구성		비용구성		수출비중	
DRAM, NAND Flash, MCP 등	100.0	매출원가율	42.2	수출	—
		판관비율	12.2	내수	—

회사 개요
동사는 1949년 국도건설로 설립되어 1983년 현대전자로 상호 변경했고, 이후 2001년 하이닉스반도체를 거쳐 2012년 최대주주가 에스케이텔레콤으로 바뀌면서 에스케이하이닉스로 상호를 변경함. 동사의 주력 생산제품은 디램, 낸드플래시 등 메모리반도체임. 동사가 세계 반도체 시장에서 차지하는 시장 점유율은 3분기 매출액 기준 디램이 27.1%으로 전년 27.7% 대비 소폭 하락, 낸드플래시가 11.5%로 이는 전년 대비 13.1%에서 소폭 상승

실적 분석
동사의 2017년 매출과 영업이익은 30조 1094억원, 13조7213억원으로 전년 동기 대비 각각 75%, 318.8% 증가함. 메모리 반도체는 스마트폰 이외에 빅데이터, AI, IoT 등으로 시장 전체성장으로 가격이 크게 상승하며 매출액 증대를 이끎. 모바일, PC 등에 사용되는 메모리 반도체 수요가 서버용 D램으로 옮겨가면서 올해 전반적으로 견조한 수요가 이어질 것으로 전망됨.

현금 흐름 〈단위 : 억원〉

항목	2016	2017
영업활동	55,489	146,906
투자활동	-62,305	-119,192
재무활동	1,169	-3,519
순현금흐름	-5,619	23,362
기말현금	6,138	29,500

시장 대비 수익률

결산 실적 〈단위 : 억원〉

항목	2012	2013	2014	2015	2016	2017
매출액	101,622	141,651	171,256	187,980	171,980	301,094
영업이익	-2,273	33,798	51,095	53,361	32,767	137,213
당기순이익	-1,588	28,729	41,952	43,236	29,605	106,422

분기 실적 〈단위 : 억원〉

항목	2016.3Q	2016.4Q	2017.1Q	2017.2Q	2017.3Q	2017.4Q
매출액	42,436	53,577	62,895	66,923	81,001	90,276
영업이익	7,260	15,361	24,676	30,507	37,372	44,658
당기순이익	5,978	16,286	18,987	24,685	30,555	32,195

재무 상태 〈단위 : 억원〉

항목	2012	2013	2014	2015	2016	2017
총자산	186,487	207,973	268,833	296,779	322,160	454,185
유형자산	115,862	121,298	140,903	169,663	187,774	240,626
무형자산	9,836	11,104	13,367	17,049	19,156	22,473
유가증권	443	4,046	1,273	1,314	1,478	432
총부채	89,093	77,304	88,470	82,902	81,925	115,975
총차입금	64,906	46,595	41,755	38,193	43,363	41,713
자본금	34,884	35,686	36,577	36,577	36,577	36,577
총자본	97,394	130,669	180,363	213,877	240,235	338,209
지배주주지분	97,402	130,672	180,365	213,869	240,170	338,153

기업가치 지표

항목	2012	2013	2014	2015	2016	2017
주가(최고/저)(천원)	29.1/19.3	35.4/22.6	49.4/33.6	49.1/27.8	45.2/25.1	87.9/45.2
PER(최고/저)(배)	—/—	9.2/5.9	9.0/6.1	8.6/4.9	11.4/6.4	6.1/3.1
PBR(최고/저)(배)	2.2/1.4	2.0/1.3	2.1/1.4	1.7/1.0	1.4/0.8	1.9/1.0
EV/EBITDA(배)	7.6	4.3	4.1	2.3	4.2	2.7
EPS(원)	-233	4,045	5,766	5,937	4,057	14,617
BPS(원)	14,032	18,399	24,775	30,438	34,051	47,510
CFPS(원)	4,467	8,379	10,500	11,368	10,179	21,522
DPS(원)	—	—	300	500	600	1,000
EBITDAPS(원)	4,367	9,094	11,756	12,760	10,622	25,752

재무 비율 〈단위 : %〉

연도	영업이익률	순이익률	부채비율	차입금비율	ROA	ROE	유보율	자기자본비율	EBITDA마진율
2017	45.6	35.4	34.3	12.3	27.4	36.8	845.6	74.5	62.3
2016	19.1	17.2	34.1	18.1	9.6	13.0	577.7	74.6	45.0
2015	28.4	23.0	38.8	17.9	15.3	21.9	505.8	72.1	49.4
2014	29.8	24.5	49.1	23.2	17.6	27.0	393.1	67.1	50.0

에스코넥 (A096630)
S Connect

업　　종 : 휴대폰 및 관련부품
신용등급 : (Bond) —　　(CP) —
홈페이지 : www.S-connect.co.kr
본　　사 : 경기도 광주시 오포읍 마루들길172번길 30
시　　장 : KOSDAQ
기업규모 : 우량
연 락 처 : 031)799-0700

설 립 일	2000.01.11	**종 업 원 수**	150명	**대 표 이 사**	박순관
상 장 일	2007.12.26	**감 사 의 견**	적정(이촌)	**계　　열**	
결 산 기	12월	**보 통 주**		**종속회사수**	5개사
액 면 가	200원	**우 선 주**		**구 상 호**	

주주구성 (지분율,%)		출자관계 (지분율,%)		주요경쟁사 (외형,%)	
박순관	16.4	에스코넥BGVINA	100.0	에스코넥	100
한국증권금융	4.0	에스코넥VINA	100.0	블루콤	32
(외국인)	2.0	커리어넷	76.9	KH바텍	96

매출구성		비용구성		수출비중	
[제품]금속 휴대폰 부품 프레스물	94.3	매출원가율	85.7	수출	56.1
[제품]금형 프레스물	3.8	판관비율	9.0	내수	43.9
기타	1.1				

회사 개요
동사는 휴대폰 내외장 금속부품 전문 제조업체로 삼성전자 매출비중이 90% 이상임. 고객사의 글로벌 제조 전략에 적극 대응하고자 중국 및 베트남에 청도삼영전자와 동관삼영전자, 커리어넷을 종속회사(연결)로 가지고 있음. 16년 결산 매출 중 금속 휴대폰 부품이 약 94%를 차지하고 있으며, 금형이 4% 정도 수준을 차지하고 있음. 또한 인터넷채용서비스를 제공하는 '커리어넷'을 관계 종속회사로 편입하고 있음.

실적 분석
동사의 2017년 전체 매출은 3,656억원으로 전년대비 9.3% 증가, 영업이익은 194.5억원으로 전년대비 10.3% 증가, 당기순이익은 140.8억원으로 전년대비 27.5% 증가 시현. 전방산업인 스마트폰 수요 부진에도 불구하고 국내 전략거래선내 점유율 증가, 신규 고객 개척으로 다른 경쟁사대비 차별화된 외형 성장 시현. 판매관리비 등 원가개선으로 수익성 개선은 상대적으로 높음.

현금 흐름 〈단위 : 억원〉

항목	2016	2017
영업활동	316	77
투자활동	-38	-297
재무활동	-111	13
순현금흐름	168	-208
기말현금	479	271

시장 대비 수익률
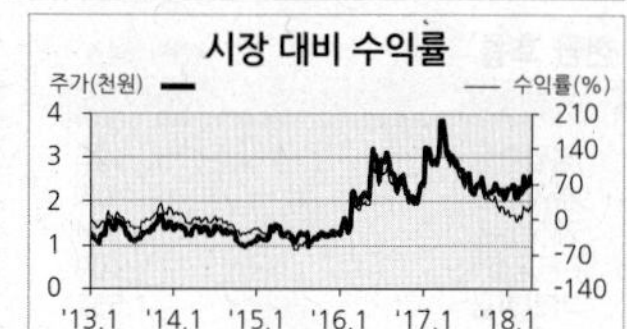

결산 실적 〈단위 : 억원〉

항목	2012	2013	2014	2015	2016	2017
매출액	2,162	3,159	2,802	3,076	3,346	3,656
영업이익	95	149	126	102	176	194
당기순이익	34	106	64	52	110	141

분기 실적 〈단위 : 억원〉

항목	2016.3Q	2016.4Q	2017.1Q	2017.2Q	2017.3Q	2017.4Q
매출액	815	890	931	1,050	904	771
영업이익	37	60	44	72	52	26
당기순이익	6	62	26	62	47	6

재무 상태 〈단위 : 억원〉

항목	2012	2013	2014	2015	2016	2017
총자산	1,225	1,573	1,664	1,589	1,783	1,690
유형자산	319	455	511	604	553	669
무형자산	44	46	49	50	47	45
유가증권	1	3	3	57	27	7
총부채	722	943	1,031	918	1,002	821
총차입금	307	572	605	548	453	474
자본금	128	128	129	131	131	131
총자본	504	630	634	671	781	870
지배주주지분	502	628	630	666	771	858

기업가치 지표

항목	2012	2013	2014	2015	2016	2017
주가(최고/저)(천원)	2.9/0.5	1.8/1.0	1.5/0.9	1.5/1.0	3.3/1.3	4.0/2.1
PER(최고/저)(배)	49.9/9.2	10.7/6.1	16.2/9.9	19.0/12.6	20.5/7.7	18.6/9.7
PBR(최고/저)(배)	3.6/0.7	1.8/1.0	1.5/0.9	1.3/0.9	2.6/1.0	2.8/1.4
EV/EBITDA(배)	6.5	5.3	4.9	5.9	5.5	4.8
EPS(원)	57	165	95	78	162	214
BPS(원)	788	982	1,068	1,147	1,307	1,430
CFPS(원)	124	229	168	190	324	426
DPS(원)	—	—	—	—	—	—
EBITDAPS(원)	230	298	268	269	432	510

재무 비율 〈단위 : %〉

연도	영업이익률	순이익률	부채비율	차입금비율	ROA	ROE	유보율	자기자본비율	EBITDA마진율
2017	5.3	3.9	94.4	54.6	8.1	17.1	614.9	51.5	9.1
2016	5.3	3.3	128.3	58.0	6.6	14.7	553.5	43.8	8.4
2015	3.3	1.7	136.8	81.6	3.2	7.9	473.7	42.2	5.7
2014	4.5	2.3	162.6	95.4	3.9	9.8	433.9	38.1	6.1

에스텍 (A069510)

ESTec

업 종	내구소비재	시 장	KOSDAQ
신용등급	(Bond) — (CP) —	기업규모	우량
홈페이지	www.estec.co.kr	연 락 처	055)370-2200
본 사	경남 양산시 유산공단9길 22		

설 립 일	1999.09.16	종업원수	343명	대표이사	오인용
상 장 일	2003.11.14	감사의견	적정(삼일)	계 열	
결 산 기	12월	보 통 주		종속회사수	7개사
액 면 가	500원	우 선 주		구 상 호	

주주구성 (지분율,%)		출자관계 (지분율,%)		주요경쟁사 (외형,%)	
Foster Electric Co. Ltd.	49.4			에스텍	100
김양옥	3.1	ESTecVINA	100.0	아남전자	59
(외국인)	53.4	ESTecPhuTho	100.0	삼본정밀전자	16

매출구성		비용구성		수출비중	
차량용스피커	44.9	매출원가율	85.1	수출	90.2
LCD/PDP용	26.8	판관비율	9.6	내수	9.8
HP	24.4				

회사 개요

동사는 각종 SPEAKER 및 SPEAKER관련부품을 포함한 음향기기의 제조 및 판매를 목적으로 LG정밀(현 LG이노텍)로부터 Employee Buy Out방식으로 분사하여 1999년에 설립됨. 현 최대주주는 일본에서 1949년부터 스피커 사업을 해온 포스터전자로 지분율은 49.4%임. 동사의 제품은 전자 제품 및 자동차 제품에 사용되고 있음. 전방산업인 전자산업, 총 6개국에 7개의 연결대상 종속회사를 갖고 있음.

실적 분석

동사의 2017년 연결기준 누적 매출액은 전년대비 3.4% 상승한 3,003.9억원을 기록하였음. 비용면에서 전년대비 매출원가는 증가 하였으며 인건비도 증가, 광고선전비는 감소, 기타판매비와관리비는 증가함. 매출액은 성장했지만 원가 증가로 인해 전년대비 영업이익은 7.1% 감소한 160.2억원을 시현함. 비영업부문 수익과 외환수익의 적자전환, 법인세 비용 증가 등으로 당기순이익은 32.8% 감소한 99억원을 시현함.

현금 흐름

<단위 : 억원>

항목	2016	2017
영업활동	238	129
투자활동	-135	-104
재무활동	-63	-49
순현금흐름	46	-45
기말현금	385	340

시장 대비 수익률

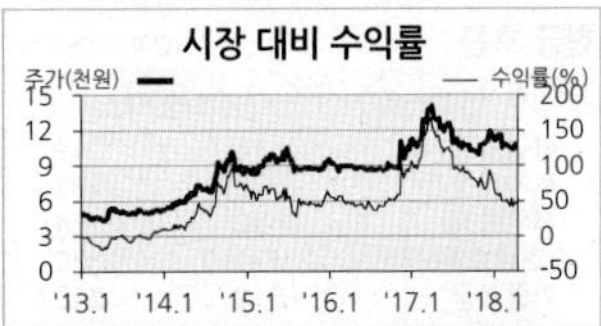

결산 실적

<단위 : 억원>

항목	2012	2013	2014	2015	2016	2017
매출액	2,105	2,223	2,749	2,702	2,905	3,004
영업이익	97	129	179	159	172	160
당기순이익	88	101	130	142	147	99

분기 실적

<단위 : 억원>

항목	2016.3Q	2016.4Q	2017.1Q	2017.2Q	2017.3Q	2017.4Q
매출액	709	780	683	697	838	786
영업이익	52	44	28	34	65	33
당기순이익	42	41	16	37	44	2

재무 상태

<단위 : 억원>

항목	2012	2013	2014	2015	2016	2017
총자산	1,330	1,495	1,727	1,772	1,913	1,844
유형자산	237	273	293	318	341	330
무형자산	12	14	17	17	20	23
유가증권	0	0	50	189	225	228
총부채	494	593	720	653	672	600
총차입금	136	214	266	197	172	153
자본금	55	55	55	55	55	55
총자본	837	902	1,007	1,119	1,241	1,245
지배주주지분	837	902	1,007	1,119	1,241	1,245

기업가치 지표

항목	2012	2013	2014	2015	2016	2017
주가(최고/저)(천원)	5.2/3.9	5.5/4.3	10.2/5.3	10.5/8.1	11.5/8.5	14.8/9.7
PER(최고/저)(배)	8.1/6.1	7.2/5.6	9.9/5.2	9.0/6.9	9.3/6.8	17.0/11.2
PBR(최고/저)(배)	0.7/0.6	0.7/0.6	1.1/0.6	1.0/0.8	1.0/0.7	1.2/0.8
EV/EBITDA(배)	2.8	2.4	3.2	3.4	3.4	3.5
EPS(원)	810	925	1,193	1,300	1,352	908
BPS(원)	8,894	9,495	10,452	11,484	12,603	12,631
CFPS(원)	1,330	1,505	1,824	1,983	2,041	1,645
DPS(원)	250	280	380	310	500	500
EBITDAPS(원)	1,404	1,764	2,273	2,140	2,269	2,205

재무 비율

<단위 : %>

연도	영업이익률	순이익률	부채비율	차입금비율	ROA	ROE	유보율	자기자본비율	EBITDA마진율
2017	5.3	3.3	48.2	12.3	5.3	8.0	2,426.2	67.5	8.0
2016	5.9	5.1	54.1	13.9	8.0	12.5	2,420.6	64.9	8.5
2015	5.9	5.3	58.3	17.6	8.1	13.3	2,196.7	63.2	8.6
2014	6.5	4.7	71.6	26.4	8.1	13.6	1,990.4	58.3	9.0

에스텍파마 (A041910)

EstechPharma

업 종	제약	시 장	KOSDAQ
신용등급	(Bond) — (CP) —	기업규모	중견
홈페이지	www.estechpharma.com	연 락 처	031)831-4800
본 사	경기도 화성시 향남읍 발안공단로 25		

설 립 일	1998.12.17	종업원수	167명	대표이사	김재철
상 장 일	2004.02.06	감사의견	적정(한영)	계 열	
결 산 기	12월	보 통 주		종속회사수	1개사
액 면 가	500원	우 선 주		구 상 호	

주주구성 (지분율,%)		출자관계 (지분율,%)		주요경쟁사 (외형,%)	
김재철	15.2	T&K바이오이노베이션	11.2	에스텍파마	100
배선희	8.8	비보존	8.7	아미노로직스	44
(외국인)	4.5	더웨이브톡	3.5	씨티씨바이오	342

매출구성		비용구성		수출비중	
제품기타(제품)	68.3	매출원가율	71.0	수출	—
소화성 위궤양 용제(제품)	10.4	판관비율	22.4	내수	—
당뇨병용제(제품)	8.4				

회사 개요

제네릭 의약품의 원료 및 의약품 중간체 생산업체임. 전체 매출의 약 60%가 수출인데, 지역별로는 일본 80%, 유럽 10% 등임. 진통제 시장 공략을 위해 2014년 12월에 바이오벤처기업 비보존(동사 지분 22.37%)과 '비마약성 진통제 공동연구개발'에 대한 업무 협약을 체결함. 또한 최근에는 신약개발 전문 벤처기업인 T&K바이오이노베이션과 신약개발을 위해 지분투자를 포함한 업무 협력 등에 관한 계약을 체결함.

실적 분석

경기부진으로 원료의약품의 국내 판매가 크게 감소하고, 2분기 이후 당뇨병용제 등의 수출도 감소하여 2017년 연결 기준 매출액은 전년 대비 11.9% 감소함. 제품믹스 변화에 따른 원가율 개선에도 불구하고 환율 하락으로 영업이익도 전년 대비 8.7% 감소함. 영업외에서 외화환산손실과 무형자산손상차손이 크게 발생하여 당기순이익은 63.5%나 급감함. 바이오벤처기업인 비보존사와 비마약성 진통제를 공동으로 개발하고 있어 새로운 성장동력으로 기대됨.

현금 흐름

<단위 : 억원>

항목	2016	2017
영업활동	82	71
투자활동	1	14
재무활동	12	-61
순현금흐름	101	10
기말현금	205	215

시장 대비 수익률

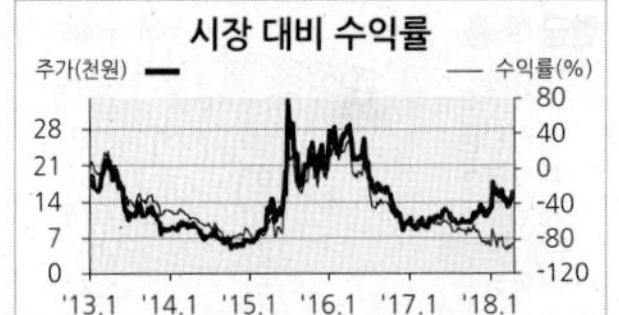

결산 실적

<단위 : 억원>

항목	2012	2013	2014	2015	2016	2017
매출액	586	422	442	451	434	382
영업이익	134	66	-0	6	28	25
당기순이익	100	37	30	-9	41	15

분기 실적

<단위 : 억원>

항목	2016.3Q	2016.4Q	2017.1Q	2017.2Q	2017.3Q	2017.4Q
매출액	92	119	102	86	88	106
영업이익	7	10	8	8	7	1
당기순이익	-0	36	-3	10	7	1

재무 상태

<단위 : 억원>

항목	2012	2013	2014	2015	2016	2017
총자산	1,039	1,044	1,090	914	975	969
유형자산	485	464	440	430	383	354
무형자산	26	32	42	60	58	44
유가증권	40	46	20	10	70	104
총부채	432	364	386	192	200	130
총차입금	299	280	258	130	130	60
자본금	51	54	54	56	57	59
총자본	607	680	705	721	774	839
지배주주지분	607	680	705	721	774	839

기업가치 지표

항목	2012	2013	2014	2015	2016	2017
주가(최고/저)(천원)	21.3/7.4	22.3/7.9	10.8/4.9	39.1/6.1	30.1/8.5	13.4/8.8
PER(최고/저)(배)	21.7/7.5	64.0/22.8	39.5/18.0	—/—	83.4/23.5	104.5/68.3
PBR(최고/저)(배)	3.6/1.3	3.6/1.3	1.7/0.8	6.1/1.0	4.4/1.3	1.9/1.2
EV/EBITDA(배)	12.2	10.7	21.0	56.2	16.1	19.1
EPS(원)	1,010	356	278	-79	365	129
BPS(원)	6,028	6,361	6,573	6,525	6,876	7,281
CFPS(원)	1,337	735	626	293	745	487
DPS(원)	75	50	50	50	50	50
EBITDAPS(원)	1,678	1,017	343	427	625	574

재무 비율

<단위 : %>

연도	영업이익률	순이익률	부채비율	차입금비율	ROA	ROE	유보율	자기자본비율	EBITDA마진율
2017	6.6	4.0	15.5	7.2	1.6	1.9	1,356.1	86.6	17.6
2016	6.4	9.6	25.9	16.8	4.4	5.6	1,275.1	79.4	16.4
2015	1.4	-1.9	26.7	18.0	-0.9	-1.2	1,205.0	78.9	10.5
2014	-0.1	6.9	54.7	36.6	2.8	4.4	1,214.6	64.6	8.5

에스트래픽 (A234300)
STraffic

업 종 : IT 서비스 | 시 장 : KOSDAQ
신용등급 : (Bond) — (CP) — | 기업규모 : 벤처
홈페이지 : www.straffic.co.kr | 연 락 처 : 031)601-3500
본 사 : 경기도 성남시 분당구 판교로 338 (삼평동)

설 립 일	2013.01.25	**종업원수**	명	**대표이사**	문찬종
상 장 일	2017.12.05	**감사의견**	적정(삼덕)	**계 열**	
결 산 기	12월	**보 통 주**		**종속회사수**	
액 면 가	500원	**우 선 주**		**구 상 호**	

주주구성 (지분율,%)		출자관계 (지분율,%)		주요경쟁사 (외형,%)	
문찬종	11.7	키온넷	20.0	에스트래픽	100
이재현	11.0			포스코 ICT	1,230
(외국인)	1.1			삼성에스디에스	12,030

매출구성		비용구성		수출비중	
요금징수시스템	44.2	매출원가율	78.9	수출	—
신규사업	34.6	판관비율	14.5	내수	—
철도신호	13.7				

회사 개요

2013년 1월 설립된 동사는 교통관련 SI(System Integration)를 주요사업으로 영위하고 있으며 도로사업(Hi-Pass 시스템 등), 철도사업(철도신호 등)과 관련된 솔루션을 개발, 공급하고 있음. 매출구성은 도로 요금징수 44.2%, 철도 신규 34.6%, 신호 13.7%, 도로 ITS 4.1%, 철도 철도 통신 3.4%로 구성. 철도신호제어시스템의 공급과 구현에 대한 국내 최고의 전문성을 보유.

실적 분석

동사의 2017년 연간 매출액은 773억원으로 전년 동기 대비 13% 감소함. 매출이 감소하면서 매출원가는 줄었지만 판매비와 관리비는 오히려 늘어나면서 영업이익은 전년 동기 대비 무려 42.1% 감소한 50.7억원을 시현함. 비영업 부문에서도 금융 손실 등이 발생했으며 법인세 비용 부담도 늘면서 당기순이익은 전년 동기 대비 60% 감소한 29.3억원을 기록함.

현금 흐름 <단위 : 억원>

항목	2016	2017
영업활동	100	45
투자활동	-109	-390
재무활동	29	626
순현금흐름	21	281
기말현금	51	332

시장 대비 수익률

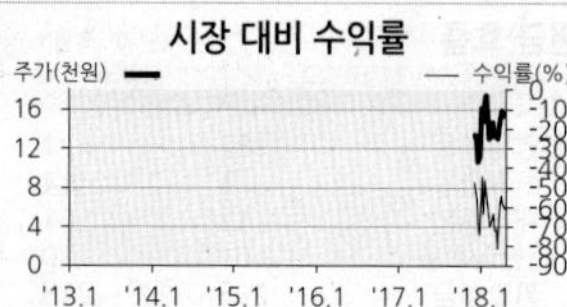

결산 실적 <단위 : 억원>

항목	2012	2013	2014	2015	2016	2017
매출액	—	127	382	617	888	773
영업이익	—	14	43	60	88	51
당기순이익	—	13	36	44	73	29

분기 실적 <단위 : 억원>

항목	2016.3Q	2016.4Q	2017.1Q	2017.2Q	2017.3Q	2017.4Q
매출액	—	—	—	252	—	—
영업이익	—	—	—	27	—	—
당기순이익	—	—	—	23	—	—

재무 상태 <단위 : 억원>

항목	2012	2013	2014	2015	2016	2017
총자산	—	150	224	280	470	1,067
유형자산	—	2	2	2	5	23
무형자산	—	—	—	45	52	453
유가증권	—	12	10	25	26	26
총부채	—	129	167	169	298	621
총차입금	—	10	—	26	68	451
자본금	—	9	9	9	9	59
총자본	—	22	58	111	172	446
지배주주지분	—	22	58	105	166	441

기업가치 지표

항목	2012	2013	2014	2015	2016	2017
주가(최고/저)(천원)	#VALUE!	—/—	—/—	—/—	—/—	—/—
PER(최고/저)(배)	0.0/0.0	0.0/0.0	0.0/0.0	0.0/0.0	0.0/0.0	48.9/34.4
PBR(최고/저)(배)	0.0/0.0	0.0/0.0	0.0/0.0	0.0/0.0	0.0/0.0	3.9/2.8
EV/EBITDA(배)	0.0	—	—	—	—	22.5
EPS(원)	—	196	429	517	790	307
BPS(원)	—	1,269	3,356	5,601	9,015	3,843
CFPS(원)	—	1,020	2,175	2,786	4,277	427
DPS(원)	—	—	—	—	—	20
EBITDAPS(원)	—	1,093	2,542	3,721	5,035	651

재무 비율 <단위 : %>

연도	영업이익률	순이익률	부채비율	차입금비율	ROA	ROE	유보율	자기자본비율	EBITDA 마진율
2017	6.6	3.8	139.3	101.2	3.8	9.6	668.7	41.8	8.0
2016	9.9	8.2	173.7	39.9	19.5	53.9	1,779.6	36.5	10.7
2015	9.7	7.1	153.0	23.4	—	—	1,020.2	39.5	10.4
2014	11.1	9.5	289.2	0.0	19.4	91.4	571.2	25.7	11.4

에스티아이 (A039440)
STI

업 종 : 반도체 및 관련장비 | 시 장 : KOSDAQ
신용등급 : (Bond) — (CP) — | 기업규모 : 우량
홈페이지 : www.stinc.co.kr | 연 락 처 : 031)653-4380
본 사 : 경기도 안성시 공도읍 봉기길 1

설 립 일	1997.07.10	**종업원수**	291명	**대표이사**	서인수,김정영
상 장 일	2002.02.16	**감사의견**	적정(대주)	**계 열**	
결 산 기	12월	**보 통 주**		**종속회사수**	6개사
액 면 가	500원	**우 선 주**		**구 상 호**	

주주구성 (지분율,%)		출자관계 (지분율,%)		주요경쟁사 (외형,%)	
성도이엔지	20.2	에스티아이이티	100.0	에스티아이	100
서인수	6.6	피엘씨테크	90.0	유니테스트	59
(외국인)	8.1	이엠에스	70.0	에스앤에스텍	19

매출구성		비용구성		수출비중	
C.C.S.S.(중앙약품공급시스템)	78.4	매출원가율	80.8	수출	33.3
WET SYSTEM (세정/식각/현상System)	16.9	판관비율	7.6	내수	66.7
기 타	4.7				

회사 개요

동사는 1997년 7월 설립되어 반도체 및 Display용 CCSS(Central Chemical Supply System), Wet System 등을 제조하는 업체임. CCSS는 반도체 및 FPD 장비로 고순도 약액 공급장치임. 동사는 2016년 기준 시장 점유율이 CCSS 부문에서 40%, LCD용 Cassette 세정기에서 70%, LCD용 Wet System에서 20%임. 동사의 종속회사는 피엘씨테크 등 6개사임.

실적 분석

동사의 2017년 연결 재무제표 기준 매출액은 반도체 및 디스플레이 장비산업의 호조에 힘입어 전년동기 대비 59.1% 증가한 2,870.1억원을 시현. 영업이익은 매출액 증대 및 원가절감 등으로 인하여 331.8억원으로 전년 동기 대비 50.0% 증가함. 순이익은 252.4억원으로 전년대비 47.3% 증가하였음. 업황 호조 및 적극적인 영업활동으로 전반적인 재무상태가 좋아짐.

현금 흐름 <단위 : 억원>

항목	2016	2017
영업활동	76	19
투자활동	-79	-37
재무활동	-30	-54
순현금흐름	-31	-76
기말현금	319	243

시장 대비 수익률

결산 실적 <단위 : 억원>

항목	2012	2013	2014	2015	2016	2017
매출액	720	997	1,212	1,255	1,804	2,870
영업이익	49	54	87	120	221	332
당기순이익	40	46	54	102	171	252

분기 실적 <단위 : 억원>

항목	2016.3Q	2016.4Q	2017.1Q	2017.2Q	2017.3Q	2017.4Q
매출액	567	659	617	671	895	687
영업이익	83	87	79	95	125	33
당기순이익	66	62	48	86	98	21

재무 상태 <단위 : 억원>

항목	2012	2013	2014	2015	2016	2017
총자산	492	591	763	1,017	1,444	1,647
유형자산	152	155	151	151	215	263
무형자산	29	76	78	66	62	62
유가증권	3	3	3	3	1	1
총부채	217	269	367	516	785	776
총차입금	47	60	41	79	58	40
자본금	60	60	60	63	63	64
총자본	274	322	395	501	659	871
지배주주지분	268	318	386	490	639	859

기업가치 지표

항목	2012	2013	2014	2015	2016	2017
주가(최고/저)(천원)	2.6/1.7	5.8/2.1	9.8/4.3	8.3/5.0	11.2/6.1	26.9/9.2
PER(최고/저)(배)	8.3/5.3	16.3/5.8	23.7/10.3	10.6/6.4	8.8/4.8	13.6/4.7
PBR(최고/저)(배)	1.2/0.8	2.3/0.8	3.1/1.4	2.2/1.3	2.2/1.2	3.9/1.3
EV/EBITDA(배)	3.9	10.5	5.2	4.6	5.1	9.7
EPS(원)	332	374	434	814	1,311	1,973
BPS(원)	2,225	2,643	3,294	3,982	5,117	6,975
CFPS(원)	440	489	579	988	1,480	2,180
DPS(원)	—	—	70	100	150	250
EBITDAPS(원)	514	564	867	1,151	1,920	2,816

재무 비율 <단위 : %>

연도	영업이익률	순이익률	부채비율	차입금비율	ROA	ROE	유보율	자기자본비율	EBITDA 마진율
2017	11.6	8.8	89.2	4.6	16.3	33.5	1,295.1	52.9	12.5
2016	12.3	9.5	119.1	8.9	13.9	29.3	923.5	45.7	13.5
2015	9.6	8.1	102.9	15.7	11.4	22.9	696.3	49.3	11.3
2014	7.2	4.5	92.8	10.5	8.0	14.8	558.8	51.9	8.6

에스티엑스 (A011810)

STX

업 종 : 무역 | 시 장 : 거래소
신용등급 : (Bond) CC (CP) — | 기업규모 : 시가총액 중형주
홈페이지 : www.stx.co.kr | 연 락 처 : 02)316-9600
본 사 : 경남 창원시 성산구 중앙대로 105

설 립 일	1976.12.24	**종업원수**	118명	**대표이사**	김동휘
상 장 일	1990.09.12	**감사의견**	적정(삼일)	**계 열**	
결 산 기	12월	**보 통 주**		**종속회사수**	12개사
액 면 가	2,500원	**우 선 주**		**구 상 호**	

주주구성 (지분율,%)		출자관계 (지분율,%)		주요경쟁사 (외형,%)	
한국산업은행	49.8	STX마린서비스	100.0	STX	100
우리은행	14.0	PTMutiaraJawa	15.0	포스코대우	1,251
		예그리나	9.7	LG상사	711

매출구성		비용구성		수출비중	
에너지원료, 철강, 금속 등 무역거래	100.0	매출원가율	95.3	수출	64.4
		판관비율	2.3	내수	35.6

회사 개요

동사는 에너지 사업, 원자재 수출입 사업, 기계 · 엔진 사업, 해운 · 물류 사업의 4대 사업을 중심으로 한 전문 무역상사임. 동사의 연결대상 종속회사에 포함된 회사들이 영위하는 사업은 해운 · 무역 사업 등이 있음. 자회사의 지분소유를 통해 자회사의 사업내용을 지배하는 투자사업을 영위하였으나, 2014년 1월 채권금융기관 공동관리(자율협약)절차가 개시되는 등 STX기업집단의 구조조정에 따라, 지주회사로서의 역할은 크게 축소되었음.

실적 분석

동사의 2017년 누적매출액은 18,038.8억원으로 전년대비 4.9% 증가함. 판관비가 1,189.3억원에서 412.5억원으로 65.3% 하락하면서 영업이익이 440.5억원을 기록해 흑자전환함. 출자전환 등으로 인한 비영업손익이 2,905.7억원 발생해 당기순이익은 3,343.9억원으로 흑자전환함. 2016년 12월말 자본금 전액잠식 발생, 기업심사위원회 심의 결과 2018년 6월 13일까지 동사의 주권에 대한 매매거래가 정지 중임.

현금 흐름 <단위 : 억원>

항목	2016	2017
영업활동	578	1,003
투자활동	532	473
재무활동	-1,409	-962
순현금흐름	-293	478
기말현금	477	955

시장 대비 수익률

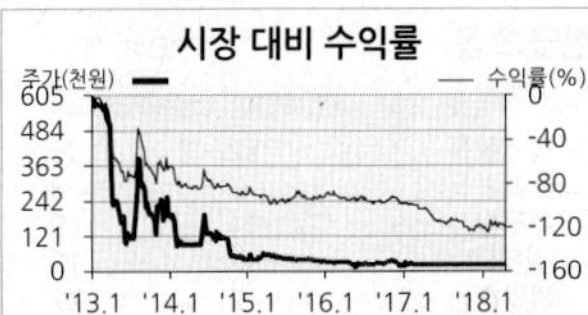

결산 실적 <단위 : 억원>

항목	2012	2013	2014	2015	2016	2017
매출액	48,768	24,212	16,346	16,308	17,202	18,039
영업이익	-5,009	-8,774	357	-342	-342	441
당기순이익	-4,909	-15,956	3,806	-490	-4,574	3,344

분기 실적 <단위 : 억원>

항목	2016.3Q	2016.4Q	2017.1Q	2017.2Q	2017.3Q	2017.4Q
매출액	4,195	4,672	4,461	4,023	5,229	4,326
영업이익	126	-143	176	66	69	129
당기순이익	-141	-787	3,229	265	-64	-85

재무 상태 <단위 : 억원>

항목	2012	2013	2014	2015	2016	2017
총자산	50,670	13,425	12,550	12,672	7,077	6,275
유형자산	10,445	2,155	1,081	1,017	737	708
무형자산	5,701	107	42	40	34	28
유가증권	3,109	942	464	290	156	204
총부채	35,604	18,522	11,613	11,949	10,383	5,850
총차입금	28,223	14,308	8,920	9,087	8,638	4,123
자본금	1,511	1,538	748	748	1,185	478
총자본	15,066	-5,097	937	723	-3,306	426
지배주주지분	11,180	-5,098	937	723	-3,306	426

기업가치 지표

항목	2012	2013	2014	2015	2016	2017
주가(최고/저)(천원)	119/56.4	61.3/8.5	21.1/4.1	6.5/3.3	4.1/1.2	34.8/16.9
PER(최고/저)(배)	—/—	—/—	1.4/0.3	—/—	—/—	2.6/1.3
PBR(최고/저)(배)	0.1/0.1	-0.2/0.0	6.7/1.3	2.7/1.4	-0.6/-0.2	15.6/7.6
EV/EBITDA(배)	—	—	13.4	—	—	14.8
EPS(원)	-3,815,121	-11,857,440	156,040	-16,405	-145,879	13,463
BPS(원)	18,902	-7,909	3,138	2,424	-6,983	2,237
CFPS(원)	-7,274	-25,626	15,990	-1,366	-14,368	13,585
DPS(원)	125	—	—	—	—	—
EBITDAPS(원)	-7,236	-13,989	1,841	-870	-869	1,896

재무 비율 <단위 : %>

연도	영업이익률	순이익률	부채비율	차입금비율	ROA	ROE	유보율	자기자본비율	EBITDA마진율
2017	2.4	18.5	일부잠식	일부잠식	50.1	전기잠식	-10.5	6.8	2.6
2016	-2.0	-26.6	완전잠식	완전잠식	-46.3	당기잠식	-379.0	-46.7	-1.6
2015	-2.1	-3.0	일부잠식	일부잠식	-3.9	-59.0	-3.2	5.7	-1.6
2014	2.2	23.3	1,239.9	952.3	29.3	전기잠식	25.3	7.5	2.7

에스티엑스엔진 (A077970)

STX Engine

업 종 : 조선 | 시 장 : 거래소
신용등급 : (Bond) — (CP) — | 기업규모 : 시가총액 소형주
홈페이지 : www.stxengine.co.kr | 연 락 처 : 055)280-0114
본 사 : 경남 창원시 성산구 공단로474번길 36

설 립 일	2004.04.01	**종업원수**	847명	**대표이사**	고성환
상 장 일	2004.05.10	**감사의견**	적정(삼정)	**계 열**	
결 산 기	12월	**보 통 주**		**종속회사수**	4개사
액 면 가	2,500원	**우 선 주**		**구 상 호**	

주주구성 (지분율,%)		출자관계 (지분율,%)		주요경쟁사 (외형,%)	
한국산업은행	41.9	STX(대련)금속	100.0	STX엔진	100
우리은행	14.9	STX(대련)엔진	60.0	두산엔진	164
		KTE전기(대련)	34.0	엔케이	26

매출구성		비용구성		수출비중	
디젤엔진 등(선박용 엔진, 산업용 발전기 엔진)	50.4	매출원가율	90.0	수출	41.5
특수엔진(전차,자주포,구축함,경비정,고속정 엔	42.0	판관비율	7.7	내수	58.5
예인음탐기 외(전파탐지장비,군위성통신 전투체	7.6				

회사 개요

선박용 엔진 제조업체인 동사는 선박엔진, 발전엔진, 방산엔진, 전자통신 등 크게 4개의 사업부문을 영위하고 있음. 조선소와 발전소 등에 선박용 및 발전기용 디젤엔진, 육군과 해군 등에 육상용 및 해상용 방위산업용 엔진과 국방부 및 조선소 등에 전자통신장비 등을 공급하고 있음. 2013년 9월 채권금융기관협의회와 경영정상화계획 이행약정을 체결함. 작년 12월 동사의 보통주 70.24%와 우선주 16.8%를 매매하는 계약을 유암코와 체결함.

실적 분석

동사 주식 인수를 위해 유암코는 3천억원 규모의 프로젝트펀드를 설립함. 1천억원은 모증권사가 인수금융으로 선순위를 확보했으며, 유암코는 PI투자로 1천억원을 출자해 향후 셀다운할 예정임. 나머지는 재무개선을 위해 유암코가 한도를 부여키로 함. 대주주 변경승인 등 관계당국의 승인절차만 남음. 전방산업인 조선/해운 업황의 부진으로 수주가 감소하여 2017년 매출액은 11.3% 감소함. 대손상각비의 감소와 법인세 효과로 순손실 규모는 줄어듦.

현금 흐름 <단위 : 억원>

항목	2016	2017
영업활동	320	664
투자활동	-178	-401
재무활동	-383	-412
순현금흐름	-241	-150
기말현금	1,051	901

시장 대비 수익률

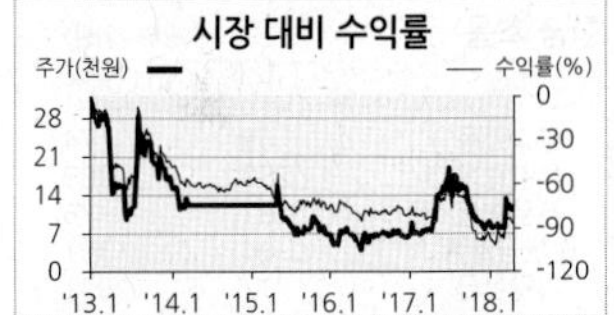

결산 실적 <단위 : 억원>

항목	2012	2013	2014	2015	2016	2017
매출액	10,318	7,050	7,110	6,333	5,298	4,701
영업이익	469	-562	73	50	41	107
당기순이익	-591	-9,321	-744	364	-280	-60

분기 실적 <단위 : 억원>

항목	2016.3Q	2016.4Q	2017.1Q	2017.2Q	2017.3Q	2017.4Q
매출액	1,273	1,576	908	973	1,014	1,806
영업이익	-64	39	47	61	-11	11
당기순이익	-110	-50	63	-35	-24	-64

재무 상태 <단위 : 억원>

항목	2012	2013	2014	2015	2016	2017
총자산	32,139	12,325	9,940	9,336	8,302	8,178
유형자산	8,910	3,153	2,743	2,655	2,838	2,850
무형자산	545	143	115	97	90	95
유가증권	45	480	67	160	160	154
총부채	22,933	12,986	10,365	8,105	7,230	7,177
총차입금	10,735	8,203	5,115	4,771	4,406	4,166
자본금	717	1,230	1,230	691	691	691
총자본	9,205	-660	-424	1,231	1,073	1,000
지배주주지분	6,167	-660	-424	1,231	1,073	1,000

기업가치 지표

항목	2012	2013	2014	2015	2016	2017
주가(최고/저)(천원)	72.1/26.4	32.1/9.3	16.2/11.5	16.5/6.8	8.3/3.9	19.9/6.5
PER(최고/저)(배)	—/—	—/—	—/—	10.7/4.4	—/—	—/—
PBR(최고/저)(배)	0.4/0.2	-3.0/-0.9	-2.4/-1.7	3.7/1.5	2.2/1.0	5.5/1.8
EV/EBITDA(배)	12.6	—	27.3	23.8	25.4	22.0
EPS(원)	-14,900	-197,254	-12,098	1,545	-1,011	-218
BPS(원)	21,503	-1,342	-862	4,456	3,883	3,621
CFPS(원)	644	-23,310	-1,222	2,191	-496	204
DPS(원)	—	—	—	—	—	—
EBITDAPS(원)	4,141	-318	439	860	663	809

재무 비율 <단위 : %>

연도	영업이익률	순이익률	부채비율	차입금비율	ROA	ROE	유보율	자기자본비율	EBITDA마진율
2017	2.3	-1.3	717.6	416.5	-0.7	-5.8	44.9	12.2	4.8
2016	0.8	-5.3	674.0	410.7	-3.2	-24.3	55.3	12.9	3.5
2015	0.8	5.8	658.4	387.6	3.8	전기잠식	78.2	13.2	3.2
2014	1.0	-10.5	완전잠식	완전잠식	-6.7	잠식지속	-134.5	-4.3	3.0

*관리종목

에스티엑스중공업 (A071970)
STX Heavy Industries

업　　종 : 조선　　시　　장 : 거래소
신용등급 : (Bond) —　(CP) —　　기업규모 : 시가총액 소형주
홈페이지 : www.stxhi.co.kr　　연 락 처 : 055)280-0700
본　　사 : 경남 창원시 성산구 남면로 381 (내동)

설 립 일	2001.06.15	종업원수	590명	대표이사	정태화
상 장 일	2009.05.15	감사의견	적정(대주)	계 열	
결 산 기	12월	보 통 주		종속회사수	3개사
액 면 가	2,500원	우 선 주		구 상 호	

주주구성 (지분율,%)		출자관계 (지분율,%)		주요경쟁사 (외형,%)	
한국산업은행	34.5	에그리나	13.0	STX중공업	100
신한은행	4.4	STX건설	9.0	삼영이엔씨	15
(외국인)	0.3	STX조선해양	0.1	디엠씨	38

매출구성		비용구성		수출비중	
엔진등(기타)	82.3	매출원가율	85.5	수출	23.2
플랜트(기타)	17.7	판관비율	2.5	내수	76.8

회사 개요
동사는 2001년 6월 STX의 소재사업부문이 분사하여 엔파코로 설립되었으며 2013년 엔진산업설비 및 플랜트사업을 영위하던 구 STX중공업을 흡수합병하였음. MAN Diesel사와 기술제휴를 통해 선박용 및 Power Plant용 대형 디젤엔진을 생산하여 공급중임. 매출비중은 2017년 3분기 기준 엔진기자재부문 70.4%, 플랜트부문 29.6% 임. 동사는 설계, 구매, 시공에서 운영과 관리까지 제공하는 플랜트 EPC업체로 발돋움하고 있음.

실적 분석
국제유가의 하락 및 경기침체에 따른 동사 신규수주 부진과, 기 수주분의 연기와 회생절차 신청에 따른 플랜트 계약 타절 등으로 2017년 4분기 누적 매출액은 전년 동기 대비 39% 감소한 2,24.3억원을 기록함. 다만 구조조정 노력에 따른 인건비와 기타 판관비 감소로 영업이익은 흑자전환함. 전년 영업손실 2,32.2억원에서 올해 영업이익 302.3억원으로 끌어올림. 당기순이익은 7,54.8억원으로 대규모 흑자전환에 성공함.

현금 흐름
〈단위 : 억원〉

항목	2016	2017
영업활동	-69	74
투자활동	250	-389
재무활동	-263	-76
순현금흐름	-84	-391
기말현금	712	321

시장 대비 수익률
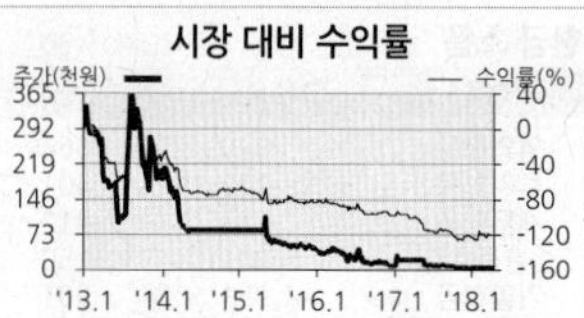

결산 실적
〈단위 : 억원〉

항목	2012	2013	2014	2015	2016	2017
매출액	14,091	10,994	10,128	10,572	4,165	2,524
영업이익	509	-1,874	-446	78	-2,832	302
당기순이익	-1,229	-4,687	-1,258	-49	-7,183	7,355

분기 실적
〈단위 : 억원〉

항목	2016.3Q	2016.4Q	2017.1Q	2017.2Q	2017.3Q	2017.4Q
매출액	426	978	942	761	384	438
영업이익	-368	-1,772	43	202	58	-0
당기순이익	-2,491	-3,615	6,724	506	40	85

재무 상태
〈단위 : 억원〉

항목	2012	2013	2014	2015	2016	2017
총자산	17,335	18,218	14,864	14,198	8,499	7,443
유형자산	5,909	7,573	6,682	6,795	4,275	3,884
무형자산	434	301	231	202	79	62
유가증권	677	7	1	0	0	55
총부채	15,172	16,983	14,887	13,131	14,613	5,988
총차입금	4,044	10,858	9,049	8,469	7,911	1,230
자본금	528	2,858	2,858	649	649	617
총자본	2,164	1,235	-22	1,067	-6,114	1,456
지배주주지분	2,164	1,235	-22	1,067	-6,114	1,456

기업가치 지표

항목	2012	2013	2014	2015	2016	2017
주가(최고/저)(천원)	57.5/27.9	55.2/12.5	29.2/9.9	14.3/5.6	6.2/1.2	30.0/4.5
PER(최고/저)(배)	—/—	—/—	—/—	—/—	—/—	1.0/0.2
PBR(최고/저)(배)	0.3/0.1	2.4/0.6	-100.9/-34.1	4.8/1.9	-0.3/-0.1	5.1/0.8
EV/EBITDA(배)	3.3	—	—	25.1	—	3.9
EPS(원)	-882,903	-1,534,365	-176,330	-1,298	-166,565	30,189
BPS(원)	9,702	1,086	-14	4,112	-23,543	5,903
CFPS(원)	-4,226	-8,700	-801	964	-26,670	30,568
DPS(원)	125	—	—	—	—	—
EBITDAPS(원)	3,566	-2,953	-90	1,501	-9,915	1,620

재무 비율
〈단위 : %〉

연도	영업이익률	순이익률	부채비율	차입금비율	ROA	ROE	유보율	자기자본비율	EBITDA마진율
2017	12.0	291.4	411.4	84.5	92.3	전기잠식	136.1	19.6	15.6
2016	-68.0	-172.5	완전잠식	완전잠식	-63.3	당기잠식	-1,041.7	-71.9	-61.8
2015	0.7	-0.5	1,230.2	793.4	-0.3	전기잠식	64.5	7.5	3.4
2014	-4.4	-12.4	완전잠식	완전잠식	-7.6	당기잠식	-100.6	-0.2	-1.0

에스티오 (A098660)
STO

업　　종 : 섬유 및 의복　　시　　장 : KOSDAQ
신용등급 : (Bond) —　(CP) —　　기업규모 : 중견
홈페이지 : www.thesto.kr　　연 락 처 : 02)2093-2500
본　　사 : 서울시 강서구 염창동 240-21 우림블루나인 비즈니스센터 B동 15층

설 립 일	2003.02.22	종업원수	124명	대표이사	김흥수
상 장 일	2009.04.17	감사의견	적정(삼일)	계 열	
결 산 기	12월	보 통 주		종속회사수	2개사
액 면 가	500원	우 선 주		구 상 호	

주주구성 (지분율,%)		출자관계 (지분율,%)		주요경쟁사 (외형,%)	
김흥수	66.8	에스엘피	100.0	에스티오	100
류득영	0.0	복장무역유한회사	100.0		
(외국인)	0.0			덕성	111

매출구성		비용구성		수출비중	
[STCO외] 셔츠 외	85.2	매출원가율	43.9	수출	0.0
[STCO] 셔츠	14.8	판관비율	54.9	내수	100.0

회사 개요
동사는 2003년 의류,악세사리 도소매업, 수출입업 등을 영위할 목적으로 설립됨. 2009년 코스닥 시장에 상장됨. 셔츠 및 타이(STCO), 남성 캐릭터 정장(VINO), 캐주얼(DIEMS) 등 다양한 패션 아이템을 판매하고 있음. 동사는 시장내 최저가, 노 세일 정책을 도입해 운영해 왔음. 기존 유통망을 활용한 샵인샵 전략으로 DIEMS 브랜드를 확장해 DIEMS LADY라는 여성복 브랜드를 새롭게 선보임.

실적 분석
동사의 2017년 매출액은 908.4억원으로 전년 동기 대비 9.6% 감소함. 이는 비효율매장 축소 등 상권 재편성, 복합브랜드 매장 내 판매효율성을 높이기 위해 기존 브랜드 중 STCO와 복종 유사성이 높은 VINO 브랜드 신제품 생산을 중단했기 때문. 동사는 상품 기획력 및 브랜드력 향상, 온라인 브랜드의 마케팅 강화, 영업망 확대 등에 나선다는 계획임.

현금 흐름
〈단위 : 억원〉

항목	2016	2017
영업활동	52	38
투자활동	-7	-3
재무활동	-44	-19
순현금흐름	2	15
기말현금	12	27

시장 대비 수익률
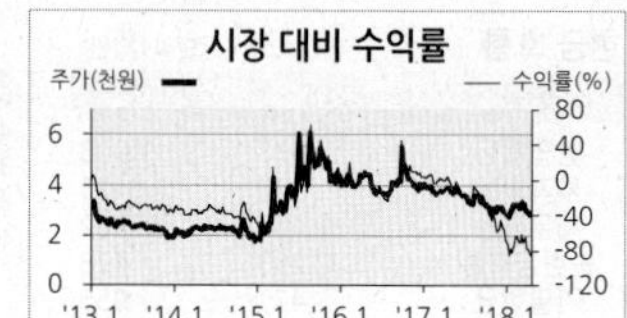

결산 실적
〈단위 : 억원〉

항목	2012	2013	2014	2015	2016	2017
매출액	955	861	937	1,012	1,005	908
영업이익	52	-35	17	55	51	11
당기순이익	17	-52	-12	45	32	-1

분기 실적
〈단위 : 억원〉

항목	2016.3Q	2016.4Q	2017.1Q	2017.2Q	2017.3Q	2017.4Q
매출액	188	293	212	258	173	265
영업이익	-7	29	-0	17	-7	2
당기순이익	-8	20	-2	13	-8	-4

재무 상태
〈단위 : 억원〉

항목	2012	2013	2014	2015	2016	2017
총자산	795	763	783	760	755	703
유형자산	203	178	186	176	169	154
무형자산	15	9	7	4	3	2
유가증권	63	12	38	22	4	7
총부채	459	480	514	449	416	367
총차입금	267	234	259	247	210	194
자본금	29	29	42	42	42	42
총자본	336	283	269	311	339	337
지배주주지분	336	283	269	311	339	337

기업가치 지표

항목	2012	2013	2014	2015	2016	2017
주가(최고/저)(천원)	4.5/2.0	3.4/1.9	2.7/1.8	6.3/1.8	5.5/3.6	4.1/2.8
PER(최고/저)(배)	24.1/10.8	—/—	—/—	12.3/3.5	14.7/9.5	—/—
PBR(최고/저)(배)	1.1/0.5	1.0/0.6	0.9/0.5	1.7/0.5	1.3/0.9	1.0/0.7
EV/EBITDA(배)	4.6	178.3	7.7	7.1	6.9	10.9
EPS(원)	196	-613	-143	527	380	-16
BPS(원)	6,155	5,225	3,390	3,898	4,223	4,160
CFPS(원)	1,070	-257	233	864	701	286
DPS(원)	60	30	20	50	25	20
EBITDAPS(원)	1,698	35	576	986	922	431

재무 비율
〈단위 : %〉

연도	영업이익률	순이익률	부채비율	차입금비율	ROA	ROE	유보율	자기자본비율	EBITDA마진율
2017	1.2	-0.2	108.9	57.5	-0.2	-0.4	732.0	47.9	4.0
2016	5.0	3.2	122.9	62.1	4.2	9.9	744.7	44.9	7.7
2015	5.4	4.4	144.2	79.3	5.8	15.4	679.6	41.0	8.2
2014	1.8	-1.3	191.1	96.5	-1.6	-4.4	578.0	34.4	5.2

에스티큐브 (A052020)
STCUBE

업 종 : 전자 장비 및 기기
신용등급 : (Bond) — (CP) —
홈페이지 : www.stcube.com
본 사 : 서울시 강남구 영동대로 511, 무역센터트레이드타워 2201호

시 장 : KOSDAQ
기업규모 : 중견
연 락 처 : 02)551-3370

설 립 일	1989.08.16	종업원수	8명	대표이사	정현진
상 장 일	2001.06.27	감사의견	적정(세림)	계 열	
결 산 기	12월	보 통 주		종속회사수	1개사
액 면 가	500원	우 선 주		구 상 호	

주주구성 (지분율,%)		출자관계 (지분율,%)		주요경쟁사 (외형,%)	
에스티사이언스	7.0			에스티큐브	100
바이오메디칼홀딩스	5.8			엘앤에프	4,763
				비츠로셀	298

매출구성		비용구성		수출비중	
항암신약후보물질 연구개발	66.2	매출원가율	102.4	수출	0.0
로봇제어모듈,에어컨용 비전보드, LED소재	33.8	판관비율	164.2	내수	100.0

회사 개요

동사는 1989년 설립돼 2001년 주식이 상장돼 코스닥시장에서 매매가 개시됨. 설립 당시 합성수지류의 제조, 임가공 및 판매사업을 영위하였으나 2009년 중단함. 현재는 로봇청소기용 제어모듈을 중심으로 로보틱 응용 솔루션을 개발, 판매하는 IT사업부문 및 종속회사인 미국현지법인 STCube Pharmaceuticals, Inc.를 활용하여 바이오제약부문 항암치료제 개발 및 기술이전사업을 영위하고 있음.

실적 분석

동사의 2017년 4/4분기 연결기준 누적매출액은 84.6억원으로 전년동기 대비 44.6% 감소했음. 외형감소에도 불구하고 매출원가 및 판관비가 전년동기 대비 각각 45.7%, 53.8% 증가함에 따라 141.0억원의 영업손실을 기록하며 적자전환되었음. 비영업부문에서도 23.6억원의 손실을 기록함에 따라 손실폭이 확대되어 164.5억원의 당기순손실을 기록하며 적자를 지속했음.

현금 흐름 〈단위 : 억원〉

항목	2016	2017
영업활동	61	-114
투자활동	-67	-13
재무활동	149	-0
순현금흐름	141	-132
기말현금	210	78

시장 대비 수익률

결산 실적 〈단위 : 억원〉

항목	2012	2013	2014	2015	2016	2017
매출액	112	89	55	47	153	85
영업이익	-2	-62	-50	-37	3	-141
당기순이익	-15	-106	-98	-55	-63	-165

분기 실적 〈단위 : 억원〉

항목	2016.3Q	2016.4Q	2017.1Q	2017.2Q	2017.3Q	2017.4Q
매출액	12	114	15	11	26	34
영업이익	-24	66	-24	-29	-24	-64
당기순이익	-27	12	-26	-31	-24	-83

재무 상태 〈단위 : 억원〉

항목	2012	2013	2014	2015	2016	2017
총자산	137	276	312	234	408	265
유형자산	17	5	3	12	23	20
무형자산	26	11	18	41	85	76
유가증권	30	156	87	20	20	17
총부채	49	166	97	25	115	73
총차입금	16	147	81	11	79	44
자본금	48	60	108	115	128	133
총자본	88	109	215	209	292	191
지배주주지분	88	109	215	209	292	191

기업가치 지표

항목	2012	2013	2014	2015	2016	2017
주가(최고/저)(천원)	4.0/1.9	5.8/2.4	5.4/1.9	5.1/1.9	11.9/4.3	7.8/4.7
PER(최고/저)(배)	—/—	—/—	—/—	—/—	—/—	—/—
PBR(최고/저)(배)	4.7/2.2	6.8/2.7	5.4/1.9	5.5/2.1	10.4/3.8	10.8/6.4
EV/EBITDA(배)	52.0	—	—	—	214.4	—
EPS(원)	-146	-882	-670	-249	-246	-618
BPS(원)	943	928	1,001	914	1,145	725
CFPS(원)	-84	-890	-635	-238	-236	-597
DPS(원)	—	—	—	—	—	—
EBITDAPS(원)	54	-493	-307	-157	21	-509

재무 비율 〈단위 : %〉

연도	영업이익률	순이익률	부채비율	차입금비율	ROA	ROE	유보율	자기자본비율	EBITDA마진율
2017	-166.6	-194.5	38.4	23.3	-49.0	-68.1	45.0	72.3	-159.9
2016	1.9	-41.1	39.5	27.2	-19.5	-25.0	129.0	71.7	3.5
2015	-79.1	-117.1	11.7	5.1	-20.2	-26.0	82.8	89.5	-74.0
2014	-91.8	-179.8	45.2	37.7	-33.5	-60.8	100.1	68.9	-82.5

에스티팜 (A237690)
ST PHARM CO

업 종 : 제약
신용등급 : (Bond) — (CP) —
홈페이지 : www.stpharm.co.kr
본 사 : 경기도 시흥시 협력로 231(시화공단 1나 802호)

시 장 : KOSDAQ
기업규모 : 우량
연 락 처 : 031)499-3002

설 립 일	2008.08.18	종업원수	469명	대표이사	임근조,김경진
상 장 일	2016.06.23	감사의견	적정(삼일)	계 열	
결 산 기	12월	보 통 주		종속회사수	1개사
액 면 가	500원	우 선 주		구 상 호	

주주구성 (지분율,%)		출자관계 (지분율,%)		주요경쟁사 (외형,%)	
동아쏘시오홀딩스	32.7	STPAmericaResearch,Corp	100.0	에스티팜	100
강정석	15.3	CocrystalPharma,	0.3	삼진제약	121
(외국인)	3.5			종근당홀딩스	222

매출구성		비용구성		수출비중	
신약API	76.3	매출원가율	60.7	수출	83.1
제네릭API	19.1	판관비율	8.9	내수	16.9
상품	2.8				

회사 개요

동사는 크게 제약부문과 비제약부문으로 구분할 수 있음. 제약부문은 CMO 사업, 제네릭사업, 자체신약사업으로 나눌 수 있으며, 비제약부문은 전자재료 및 고분자촉매 등을 제조하는 정밀화학 사업임. 2008년 8월 18일 유켐 주식회사로 설립되어, 2010년 9월 30일 주식회사 삼천리제약을 흡수합병하면서 상호를 에스티팜 주식회사로 변경하였음. 2016년 6월 23일 코스닥시장에 상장하였음.

실적 분석

동사의 2017년 연간 매출액은 전년동기대비 1.2% 소폭 변동한 2,028억원을 기록하였음. 가동률 하락, 연구개발비 상승 등의 사유에 따른 원가 증가로 인해 전년동기대비 영업이익은 618.3억원으로 20.3% 크게 하락 하였음. 최근 올리고 API공급업체들의 생산능력이 대폭 확대되고 있으며 동사도 신공장을 본격 가동 기대중에 있음. 이후 높은 성장성으로 매출 신장이 기대됨.

현금 흐름 〈단위 : 억원〉

항목	2016	2017
영업활동	531	540
투자활동	-936	-257
재무활동	833	-93
순현금흐름	434	171
기말현금	552	723

시장 대비 수익률

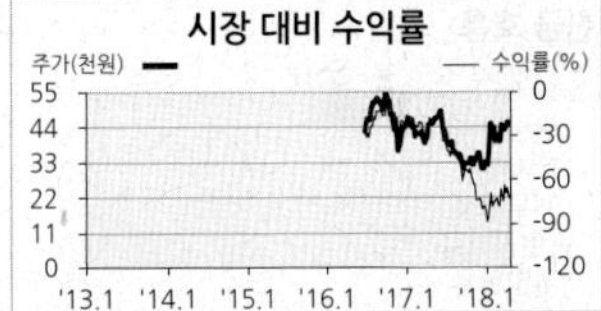

결산 실적 〈단위 : 억원〉

항목	2012	2013	2014	2015	2016	2017
매출액	830	843	965	1,381	2,004	2,028
영업이익	102	109	97	345	776	618
당기순이익	50	75	55	252	614	450

분기 실적 〈단위 : 억원〉

항목	2016.3Q	2016.4Q	2017.1Q	2017.2Q	2017.3Q	2017.4Q
매출액	540	457	478	567	434	549
영업이익	209	168	178	193	102	145
당기순이익	163	117	134	159	79	77

재무 상태 〈단위 : 억원〉

항목	2012	2013	2014	2015	2016	2017
총자산	1,096	1,158	1,424	2,324	3,678	3,815
유형자산	466	450	638	1,341	1,384	1,516
무형자산	10	9	8	11	11	12
유가증권	112	120	104	—	10	5
총부채	630	621	852	1,215	545	304
총차입금	523	483	713	591	15	1
자본금	6	6	42	59	92	93
총자본	466	537	572	1,109	3,132	3,511
지배주주지분	466	537	572	1,109	3,132	3,511

기업가치 지표

항목	2012	2013	2014	2015	2016	2017
주가(최고/저)(천원)	—/—	—/—	—/—	—/—	—/—	—/—
PER(최고/저)(배)	0.0/0.0	0.0/0.0	0.0/0.0	0.0/0.0	15.6/9.7	20.7/12.6
PBR(최고/저)(배)	0.0/0.0	0.0/0.0	0.0/0.0	0.0/0.0	3.5/2.2	2.7/1.6
EV/EBITDA(배)	3.6	2.9	4.9	1.2	8.1	6.6
EPS(원)	591	881	646	1,800	3,731	2,412
BPS(원)	219,988	253,334	4,087	7,924	16,791	18,819
CFPS(원)	41,627	54,920	1,154	2,241	4,386	3,032
DPS(원)	—	—	—	—	500	500
EBITDAPS(원)	66,114	70,942	1,657	2,904	5,367	3,935

재무 비율 〈단위 : %〉

연도	영업이익률	순이익률	부채비율	차입금비율	ROA	ROE	유보율	자기자본비율	EBITDA마진율
2017	30.5	22.2	8.7	0.0	12.0	13.6	3,663.8	92.0	36.2
2016	38.7	30.7	17.4	0.5	20.5	29.0	3,289.3	85.2	44.1
2015	25.0	18.3	109.6	53.3	13.4	30.0	1,782.2	47.7	29.4
2014	10.1	5.7	149.0	124.8	4.2	9.9	1,264.4	40.2	14.5

에스폴리텍 (A050760)

SPOLYTECH

업　　종 : 건축자재　　시　　장 : KOSDAQ
신용등급 : (Bond) —　(CP) —　　기업규모 : 중견
홈페이지 : www.spolytech.com　　연 락 처 : 043)536-9191
본　　사 : 충북 진천군 덕산면 한삼로 275

설 립 일	1999.06.18	**종업원수**	169명	**대표이사**	이혁렬
상 장 일	2002.05.09	**감사의견**	적정(삼일)	**계　열**	
결 산 기	12월	**보 통 주**		**종속회사수**	2개사
액 면 가	500원	**우 선 주**		**구　상　호**	

주주구성 (지분율,%)		출자관계 (지분율,%)		주요경쟁사 (외형,%)	
이혁렬	28.4	에스씨엠	80.0	에스폴리텍	100
손명완	6.7	세화보력특광전과기(북경)유한공사	100.0	이건홀딩스	169
(외국인)	0.7			덕신하우징	103

매출구성		비용구성		수출비중	
PC/PMMA	65.1	매출원가율	88.3	수출	18.6
도광판 확산시트 / 필름	34.9	판관비율	10.8	내수	81.4

회사 개요

동사는 1999년 6월 반도체 제조회사인 한일반도체로 설립하여 2000년 5월에 유펄스로 상호를 변경하였으며 2006년 4월에 에스폴리텍으로 상호를 변경함. TFT-LCD 도광판, PC 및 PMMA 시트, 태양광 모듈용 EVA시트 제조 및 판매 등을 주력사업으로 하는 업체임. 연결대상 종속회사인 세화보력특광전과기 유한공사는 중국 북경에 에스씨엠은 충북 진천군에 위치함.

실적 분석

동사의 2017년 연간 매출액은 전년동기대비 3.9% 상승한 1,222.8억원을 기록하였음. 비용면에서 전년동기대비 매출원가는 증가 했으며 인건비는 감소 하였고 기타판매비와관리비는 증가함. 이와 같이 상승한 매출액 대비 비용증가가 높아 매출액은 성장했지만 원가 증가로 인해 전년동기대비 영업이익은 10.7억원으로 61.9% 크게 하락 하였음. 최종적으로 전년동기대비 당기순손실은 적자전환하여 30.5억원을 기록함.

현금 흐름 〈단위 : 억원〉

항목	2016	2017
영업활동	90	6
투자활동	-14	-22
재무활동	-39	49
순현금흐름	35	15
기말현금	120	135

시장 대비 수익률

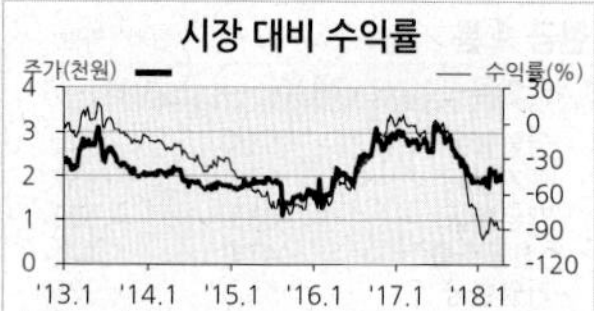

결산 실적 〈단위 : 억원〉

항목	2012	2013	2014	2015	2016	2017
매출액	1,305	1,183	1,126	1,003	1,177	1,223
영업이익	56	36	-26	-10	28	11
당기순이익	16	15	-43	-17	39	-31

분기 실적 〈단위 : 억원〉

항목	2016.3Q	2016.4Q	2017.1Q	2017.2Q	2017.3Q	2017.4Q
매출액	317	326	303	301	311	308
영업이익	6	5	8	3	1	-1
당기순이익	11	19	-4	2	-1	-28

재무 상태 〈단위 : 억원〉

항목	2012	2013	2014	2015	2016	2017
총자산	1,097	1,045	999	989	1,057	1,080
유형자산	505	535	531	546	479	464
무형자산	15	15	14	14	3	4
유가증권	1	1	—	—	—	—
총부채	588	532	527	529	567	629
총차입금	374	343	389	383	344	395
자본금	80	82	82	82	82	82
총자본	508	513	472	459	490	452
지배주주지분	506	510	469	456	486	448

기업가치 지표

항목	2012	2013	2014	2015	2016	2017
주가(최고/저)(천원)	3.1/1.9	3.1/2.0	2.2/1.7	2.1/1.1	3.4/1.3	3.2/1.8
PER(최고/저)(배)	31.5/20.0	36.3/23.0	—/—	—/—	14.3/5.5	—/—
PBR(최고/저)(배)	1.0/0.6	1.0/0.6	0.8/0.6	0.8/0.4	1.1/0.4	1.1/0.7
EV/EBITDA(배)	7.7	9.7	96.1	25.3	11.2	12.5
EPS(원)	99	87	-266	-105	241	-187
BPS(원)	3,171	3,244	2,990	2,911	3,085	2,851
CFPS(원)	253	256	-71	97	453	30
DPS(원)	—	—	—	—	25	25
EBITDAPS(원)	507	387	36	138	384	282

재무 비율 〈단위 : %〉

연도	영업이익률	순이익률	부채비율	차입금비율	ROA	ROE	유보율	자기자본비율	EBITDA마진율
2017	0.9	-2.5	139.2	87.5	-2.9	-6.5	470.2	41.8	3.8
2016	2.4	3.4	115.9	70.2	3.9	8.4	516.9	46.3	5.3
2015	-1.0	-1.7	115.2	83.3	-1.7	-3.7	482.2	46.5	2.3
2014	-2.3	-3.8	111.7	82.5	-4.2	-8.9	498.0	47.2	0.5

에스피씨삼립 (A005610)

SPC SAMLIP CO

업　　종 : 식료품　　시　　장 : 거래소
신용등급 : (Bond) —　(CP) —　　기업규모 : 시가총액 중형주
홈페이지 : www.spcsamlip.co.kr　　연 락 처 : 031)496-2114
본　　사 : 경기도 시흥시 공단1대로 101

설 립 일	1968.06.28	**종업원수**	1,282명	**대표이사**	최석원,이명구
상 장 일	1975.05.02	**감사의견**	적정(안진)	**계　열**	
결 산 기	12월	**보 통 주**		**종속회사수**	7개사
액 면 가	5,000원	**우 선 주**		**구　상　호**	삼립식품

주주구성 (지분율,%)		출자관계 (지분율,%)		주요경쟁사 (외형,%)	
파리크라상	40.7	에그팜	100.0	SPC삼립	100
허진수	11.5	SPCGFS	100.0	조흥	8
(외국인)	4.5	그릭슈바인	100.0	서울식품	3

매출구성		비용구성		수출비중	
식재료 및 관련 식자재	34.4	매출원가율	81.7	수출	—
빵, 빵가루, 샌드위치 등	23.3	판관비율	15.7	내수	—
밀가루, 계란, 육가공품 등 식품소재	22.2				

회사 개요

동사의 1968년 설립돼 현재 제빵, 식품소재, 식품유통, 프랜차이즈, 기타 부문의 사업을 영위하고 있음. 제빵시장은 크게 양산빵 시장과 베이커리 시장으로 구분되며 양산빵은 동사(점유율72%)가 시장을 주도하고 있고, 베이커리는 관계사인 파리크라상의 파리바게뜨가 시장을 선도하는 가운데 뚜레쥬르 및 기타 개인베이커리가 시장에서 경쟁하는 구도임. 식품소재사업으로 종합식품회사로의 변화를 추진, 전통 식품의 프랜차이즈화로 차별화를 주도하고 있음.

실적 분석

지속성장 시장인 편의점, 새로운 성장경로인 휴게소와 같은 경로에 대한 마케팅 활동 집중 및 영업 관리력의 Level up을 통해 2017년 연결 기준 매출액은 전년대비 10.4% 증가함. 비수기 명절 선물세트 상품화, 냉장·냉동 디저트 MS확대 등을 통해 괄목할 만한 성과를 창출함. AI, 원맥가 하락 등 외부 환경 영향에 대한 대처 미흡, 외식·프랜차이즈 사업부진으로 영업이익과 당기순이익은 전년대비 각각 16.5%와 22.9% 감소함.

현금 흐름 〈단위 : 억원〉

항목	2016	2017
영업활동	796	631
투자활동	-506	-509
재무활동	-346	9
순현금흐름	-57	127
기말현금	52	179

시장 대비 수익률

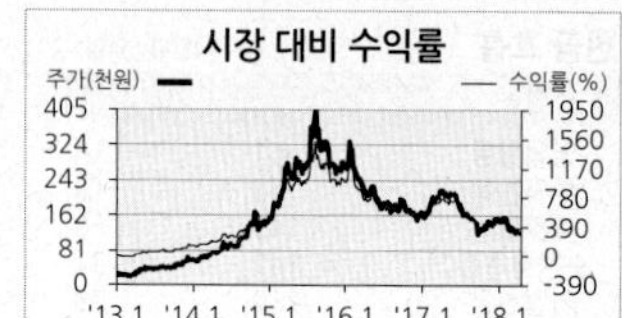

결산 실적 〈단위 : 억원〉

항목	2012	2013	2014	2015	2016	2017
매출액	8,334	10,662	11,076	13,738	18,703	20,655
영업이익	114	359	469	569	655	547
당기순이익	106	221	334	376	495	382

분기 실적 〈단위 : 억원〉

항목	2016.3Q	2016.4Q	2017.1Q	2017.2Q	2017.3Q	2017.4Q
매출액	4,820	5,300	5,052	5,241	5,229	5,133
영업이익	130	223	136	159	75	177
당기순이익	92	174	102	121	55	105

재무 상태 〈단위 : 억원〉

항목	2012	2013	2014	2015	2016	2017
총자산	5,458	5,545	5,717	6,129	6,746	7,344
유형자산	2,870	3,011	2,926	3,026	3,079	3,269
무형자산	56	141	141	139	142	138
유가증권	11	11	11	12	12	12
총부채	3,683	3,584	3,482	3,591	3,823	4,544
총차입금	2,015	1,994	1,833	1,880	1,627	2,138
자본금	431	431	431	431	431	431
총자본	1,775	1,961	2,236	2,538	2,923	2,800
지배주주지분	1,778	1,964	2,238	2,540	2,925	2,802

기업가치 지표

항목	2012	2013	2014	2015	2016	2017
주가(최고/저)(천원)	26.5/10.6	62.6/18.6	175/54.5	405/153	333/150	222/119
PER(최고/저)(배)	22.6/9.1	25.3/7.5	46.2/14.4	94.5/35.6	58.7/26.5	50.5/27.0
PBR(최고/저)(배)	1.3/0.5	2.8/0.8	6.8/2.1	13.9/5.2	9.8/4.4	5.8/3.1
EV/EBITDA(배)	14.4	11.4	19.5	29.2	16.2	17.0
EPS(원)	1,226	2,555	3,861	4,354	5,737	4,424
BPS(원)	20,762	22,911	26,089	29,583	34,561	38,313
CFPS(원)	3,188	5,632	7,136	7,946	9,689	8,529
DPS(원)	375	663	762	869	956	956
EBITDAPS(원)	3,282	7,238	8,711	10,189	11,543	10,440

재무 비율 〈단위 : %〉

연도	영업이익률	순이익률	부채비율	차입금비율	ROA	ROE	유보율	자기자본비율	EBITDA마진율
2017	2.7	1.9	162.3	76.4	5.4	13.3	666.3	38.1	4.4
2016	3.5	2.7	130.8	55.7	7.7	18.1	591.2	43.3	5.3
2015	4.1	2.7	141.5	74.1	6.4	15.7	491.7	41.4	6.4
2014	4.2	3.0	155.7	82.0	5.9	15.9	421.8	39.1	6.8

에스피지 (A058610)
SPG

업 종 : 전기장비 | 시 장 : KOSDAQ
신용등급 : (Bond) — (CP) — | 기업규모 : 우량
홈페이지 : www.spg.co.kr | 연 락 처 : 032)820-8200
본 사 : 인천시 남동구 청능대로 289번길 45 (고잔동, 남동공단 67B 12L)

설 립 일	1991.03.21	**종업원수**	462명	**대표이사**	이준호,여영길
상 장 일	2002.07.23	**감사의견**	적정(서일)	**계 열**	
결 산 기	12월	**보 통 주**		**종속회사수**	5개사
액 면 가	500원	**우 선 주**		**구 상 호**	

주주구성 (지분율,%)		출자관계 (지분율,%)		주요경쟁사 (외형,%)	
이준호	20.1	스마트카라	55.6	에스피지	100
이상현	9.3	세모콘	44.1	성문전자	16
(외국인)	2.2	QingdaoSungshinmotor	100.0	가온전선	283

매출구성		비용구성		수출비중	
AC Motor 외	50.2	매출원가율	81.0	수출	56.1
BLDC 모터류	21.8	판관비율	16.9	내수	43.9
연장선 등	10.8				

회사 개요

동사는 정밀제어용 모터 및 감속기 부품 개발, 생산 및 판매를 주요업으로 함. 고마진 전략에 따라 지역별 수출 비중을 차별화 할 계획으로 저마진 제품을 주로 판매하는 미주지역의 매출은 유지하는 한편, 고마진 제품을 주로 수출하는 일본과 유럽 쪽의 수출은 전략적으로 확대하면서 수익성 개선에 주력할 계획임. 동사는 삼성전자, LG전자의 최첨단 PDP, LCD 라인 뿐만 아니라, 미국의 GE, Whirlpool에도 공급함.

실적 분석

동사의 결산 매출액은 94.2% 증가한 2,958억원 기록. 원가율 상승 및 판관비 비중 상승에도 불구하고 외형 확대에 힘입어 영업이익은 3.9% 증가한 63.7억원 시현. 반면 경상수지는 비영업부문이 크게 악화된 모습을 나타내면서 전년동기 대비 적자전환하여 41.3억원의 당기순손실 시현하는데 그치며 수익성 하락한 모습. 견조한 외형 성장과 함께 저수익 제품군의 해외이전 등을 통해 원가율 유지하여 영업수익성은 소폭 개선된 모습.

현금 흐름
<단위 : 억원>

항목	2016	2017
영업활동	187	-159
투자활동	-65	-110
재무활동	8	129
순현금흐름	131	-145
기말현금	300	155

시장 대비 수익률

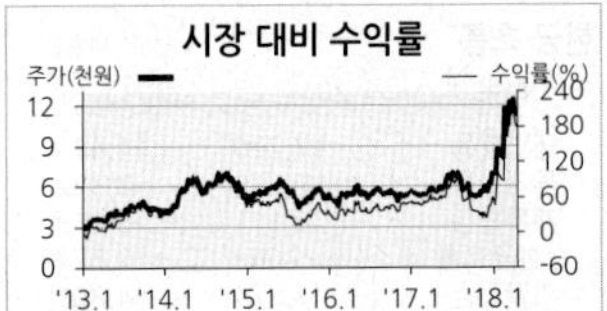

결산 실적
<단위 : 억원>

항목	2012	2013	2014	2015	2016	2017
매출액	1,046	1,156	1,351	1,388	1,523	2,958
영업이익	44	59	86	80	61	64
당기순이익	16	41	45	49	155	-41

분기 실적
<단위 : 억원>

항목	2016.3Q	2016.4Q	2017.1Q	2017.2Q	2017.3Q	2017.4Q
매출액	357	469	671	783	790	714
영업이익	28	-13	37	35	21	-29
당기순이익	4	84	0	33	-4	-70

재무 상태
<단위 : 억원>

항목	2012	2013	2014	2015	2016	2017
총자산	1,226	1,302	1,478	1,572	2,461	2,467
유형자산	396	408	426	429	637	685
무형자산	43	41	59	33	40	35
유가증권	32	32	32	32	0	0
총부채	626	684	749	817	1,452	1,500
총차입금	399	391	487	532	855	942
자본금	67	67	81	81	104	104
총자본	600	618	729	755	1,009	967
지배주주지분	600	618	729	755	1,027	984

기업가치 지표

항목	2012	2013	2014	2015	2016	2017
주가(최고/저)(천원)	3.5/2.7	5.0/3.0	7.0/4.1	6.5/4.4	6.3/4.6	7.2/5.2
PER(최고/저)(배)	35.0/27.0	18.4/10.8	24.3/14.2	22.1/14.8	6.8/5.0	—/—
PBR(최고/저)(배)	0.9/0.7	1.2/0.7	1.7/1.0	1.4/1.0	1.2/0.9	1.4/1.0
EV/EBITDA(배)	10.4	9.9	10.4	10.9	17.1	18.7
EPS(원)	118	305	310	305	939	-155
BPS(원)	4,486	4,623	4,503	4,668	5,532	5,142
CFPS(원)	336	524	544	529	1,154	101
DPS(원)	200	200	200	50	100	50
EBITDAPS(원)	545	658	821	715	585	562

재무 비율
<단위 : %>

연도	영업이익률	순이익률	부채비율	차입금비율	ROA	ROE	유보율	자기자본비율	EBITDA마진율
2017	2.2	-1.4	155.2	97.4	-1.7	-3.2	928.4	39.2	4.0
2016	4.0	10.2	143.9	84.7	7.7	17.5	1,006.4	41.0	6.4
2015	5.7	3.6	108.2	70.4	3.2	6.7	833.7	48.0	8.3
2014	6.4	3.4	102.8	66.9	3.3	6.8	800.7	49.3	8.9

에쎈테크 (A043340)
ESSEN TECH

업 종 : 기계 | 시 장 : KOSDAQ
신용등급 : (Bond) — (CP) — | 기업규모 : 중견
홈페이지 : www.essentech.co.kr | 연 락 처 : 063)440-6500
본 사 : 전북 군산시 오식도동 511-1 군산자유무역지역 표준공장 7동

설 립 일	1993.08.06	**종업원수**	258명	**대표이사**	조시영,정재식
상 장 일	2000.08.29	**감사의견**	적정(대성삼경)	**계 열**	
결 산 기	12월	**보 통 주**		**종속회사수**	
액 면 가	500원	**우 선 주**		**구 상 호**	

주주구성 (지분율,%)		출자관계 (지분율,%)		주요경쟁사 (외형,%)	
대창	34.0			에쎈테크	100
조시영	29.2			로보스타	312
(외국인)	1.5			스맥	244

매출구성		비용구성		수출비중	
용기밸브4종,자동차부품,볼밸브,폴리에틸렌 등	62.7	매출원가율	91.4	수출	20.5
매 니 홀 드	25.3	판관비율	7.8	내수	79.5
피팅	12.1				

회사 개요

동사는 1985년 설립돼 황동단조품, 가공품, 황동볼밸브, 냉동볼밸브, 황동분배기 등의 황동소재 부품사업을 영위하고 있음. 주력 제품인 가스용기 밸브는 내수수요와 생산제조업체의 공급수요가 적정, 제품 가격 안정, X-L 및 복합관은 내수에 비해 공급이 부족한 실정이며 현금 거래가 80% 이상을 차지함. 냉공조용 냉동볼밸브와 서비스 밸브는 국산화 개발성공으로 최근 1년전부터 국내 삼성전자, LG전자, 센츄리, 귀뚜라미 등에 공급하고 있음.

실적 분석

동사의 2017년 결산 매출액은 전년동기대비 9.3% 하락한 661.3억원을 기록하였음. 비용면에서 전년동기대비 매출원가는 감소 하였으며 인건비는 증가 했고 기타판매비와관리비는 감소함. 주춤한 모습의 매출액에 의해 전년동기대비 영업이익은 5.9억원으로 79.1% 크게 하락 하였음. 최종적으로 전년동기대비 당기순이익은 크게 하락하여 6.2억원을 기록함. 비영업손익에서 적자지속한것이 영향을 미친것으로 판단됨.

현금 흐름
*IFRS 별도 기준 <단위 : 억원>

항목	2016	2017
영업활동	21	89
투자활동	-17	71
재무활동	-2	-162
순현금흐름	3	-1
기말현금	3	1

시장 대비 수익률

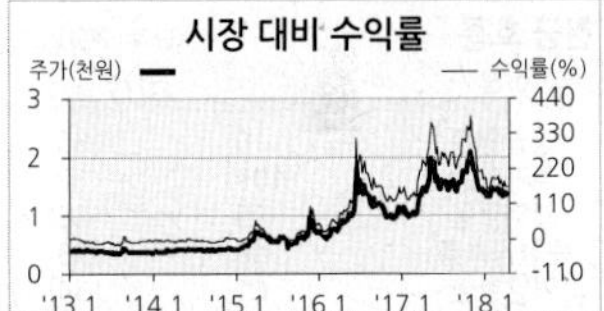

결산 실적
<단위 : 억원>

항목	2012	2013	2014	2015	2016	2017
매출액	766	855	835	720	729	661
영업이익	10	25	28	20	28	6
당기순이익	-56	12	11	19	18	6

분기 실적
*IFRS 별도 기준 <단위 : 억원>

항목	2016.3Q	2016.4Q	2017.1Q	2017.2Q	2017.3Q	2017.4Q
매출액	185	184	175	174	179	134
영업이익	6	8	5	3	4	-5
당기순이익	4	-1	5	5	2	-6

재무 상태
*IFRS 별도 기준 <단위 : 억원>

항목	2012	2013	2014	2015	2016	2017
총자산	647	650	625	670	696	541
유형자산	239	236	246	288	161	146
무형자산	3	3	3	4	4	4
유가증권	0	0	0	0	0	40
총부채	453	443	404	408	416	255
총차입금	288	265	279	294	298	135
자본금	360	360	360	360	360	360
총자본	194	207	221	262	280	286
지배주주지분	194	207	221	262	280	286

기업가치 지표
*IFRS 별도 기준

항목	2012	2013	2014	2015	2016	2017
주가(최고/저)(천원)	0.8/0.4	0.5/0.4	0.5/0.4	1.2/0.4	1.9/0.6	2.3/1.0
PER(최고/저)(배)	—/—	32.2/22.0	33.7/25.5	45.4/15.9	76.6/23.7	271.4/112.8
PBR(최고/저)(배)	2.8/1.4	1.7/1.2	1.6/1.2	3.3/1.2	4.9/1.5	5.9/2.4
EV/EBITDA(배)	14.4	11.6	12.4	20.9	22.3	44.4
EPS(원)	-147	16	15	26	25	9
BPS(원)	570	604	307	364	389	398
CFPS(원)	-172	89	41	53	52	36
DPS(원)	—	—	—	—	—	—
EBITDAPS(원)	174	125	66	54	66	35

재무 비율
<단위 : %>

연도	영업이익률	순이익률	부채비율	차입금비율	ROA	ROE	유보율	자기자본비율	EBITDA마진율
2017	0.9	0.9	일부잠식	일부잠식	1.0	2.2	-20.5	52.9	3.9
2016	3.9	2.5	일부잠식	일부잠식	2.6	6.7	-22.2	40.2	6.5
2015	2.7	2.6	일부잠식	일부잠식	2.9	7.9	-27.2	39.1	5.4
2014	3.4	1.3	일부잠식	일부잠식	1.7	4.9	-38.7	35.3	5.7

에쓰씨엔지니어링 (A023960)
SC Engineering

업 종 : 건설
신용등급 : (Bond) — (CP) —
홈페이지 : www.sc-eng.com
본 사 : 서울시 영등포구 의사당대로 83, 한국HP빌딩
시 장 : 거래소
기업규모 : 시가총액 소형주
연 락 처 : 02)2167-9090

설 립 일 1971.01.14		**종업원수** 148명		**대 표 이 사** 장정호	
상 장 일 1997.06.10		**감사의견** 적정(대현)		**계 열**	
결 산 기 12월		**보 통 주**		**종속회사수** 3개사	
액 면 가 500원		**우 선 주**		**구 상 호**	

주주구성 (지분율,%)		출자관계 (지분율,%)		주요경쟁사 (외형,%)	
에쓰씨기획	35.4	캐모다임	100.0	에쓰씨엔지니어링	100
에쓰씨센세스	13.1	세원셀론텍	28.9	삼일기업공사	22
(외국인)	1.2	RMSINNOVATIONS	100.0	신원종합개발	78

매출구성		비용구성		수출비중	
PRESSURE VESSEL , REACTOR,COLUMN 등	62.0	매출원가율	89.1	수출	47.1
산업설비 플랜트 E.P.C	28.7	판관비율	9.0	내수	52.9
세포치료제, 가족제대혈은행, 의약품,등	5.7				

회사 개요

동사는 1971년에 설립되어 중화학공업 플랜트의 핵심기기를 제조하는 전문 화공기기 제작 사업을 영위해왔음. 2005년에 셀론텍과 합병하여 세원셀론텍으로 사명을 변경함. 이후 E&C사업본부를 분리하여 세원셀론텍으로 분할 상장하고, 동사는 현재 사명으로 변경 후 존속함. 엔지니어링 사업을 기반으로 정밀화학,바이오 케미칼, 산업플랜트 분야에 대한 설계와 시공, 대형플랜트설비의 Turn-Key Base Project 등의 사업을 영위함.

실적 분석

동사의 연결 기준 2017년 매출액은 2,516.9억원으로 전년 대비 18.9% 감소, 외형이 크게 줄었음. 다만 매출원가율과 판관비가 감소하면서 매출총이익이 증가하였고 47.2억원의 영업이익이 발생하였음. 다만 비영업 부문에서는 적자폭이 확대되었고 144.4억원의 당기순손실을 기록함. 2017년 9월 SUMITOMO SEIKA POLYMERS KOREA와 공사계약을 체결하였으며 계약 규모는 2016년 매출액의 19%에 해당함.

현금 흐름 〈단위 : 억원〉

항목	2016	2017
영업활동	16	160
투자활동	-199	-8
재무활동	85	-56
순현금흐름	-98	93
기말현금	61	154

시장 대비 수익률

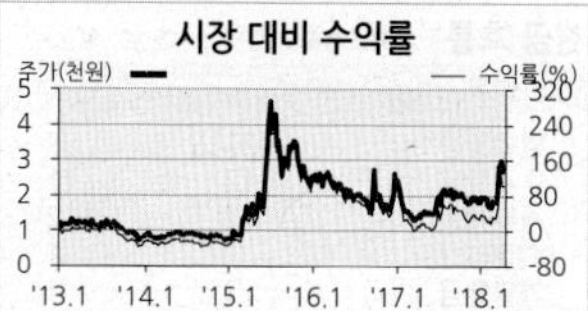

결산 실적 〈단위 : 억원〉

항목	2012	2013	2014	2015	2016	2017
매출액	3,188	2,543	2,504	4,107	3,103	2,517
영업이익	52	-145	-252	30	-107	47
당기순이익	-18	-245	-307	47	-197	-144

분기 실적 〈단위 : 억원〉

항목	2016.3Q	2016.4Q	2017.1Q	2017.2Q	2017.3Q	2017.4Q
매출액	652	704	658	681	529	649
영업이익	-36	-49	19	16	28	-17
당기순이익	-109	1	-61	43	18	-144

재무 상태 〈단위 : 억원〉

항목	2012	2013	2014	2015	2016	2017
총자산	3,855	3,169	3,281	4,037	4,058	3,742
유형자산	1,770	1,558	1,491	1,469	2,375	2,330
무형자산	72	67	71	75	85	87
유가증권	41	45	45	48	45	47
총부채	2,653	2,221	2,655	2,869	2,376	2,160
총차입금	1,834	1,528	1,661	1,379	1,370	1,291
자본금	51	51	51	51	51	55
총자본	1,202	948	626	1,168	1,682	1,582
지배주주지분	431	314	118	204	287	228

기업가치 지표

항목	2012	2013	2014	2015	2016	2017
주가(최고/저)(천원)	3.5/1.9	2.8/1.5	2.0/1.4	10.5/1.5	7.1/3.1	5.2/2.6
PER(최고/저)(배)	—/—	—/—	—/—	46.9/6.9	—/—	—/—
PBR(최고/저)(배)	0.9/0.5	0.9/0.5	1.7/1.2	5.2/0.8	2.5/1.1	2.5/1.2
EV/EBITDA(배)	21.0	—	—	26.2	—	27.2
EPS(원)	-194	-461	-890	111	-613	-391
BPS(원)	4,237	3,082	1,206	2,015	2,829	2,082
CFPS(원)	424	-80	-1,008	945	-583	-245
DPS(원)	50	50	—	—	—	—
EBITDAPS(원)	1,326	-588	-1,700	1,012	-411	968

재무 비율 〈단위 : %〉

연도	영업 이익률	순 이익률	부채 비율	차입금 비율	ROA	ROE	유보율	자기자본 비율	EBITDA 마진율
2017	1.9	-5.7	136.5	81.6	-3.7	-33.3	316.4	42.3	4.2
2016	-3.5	-6.3	141.3	81.5	-4.9	-50.7	465.8	41.5	-1.4
2015	0.7	1.2	245.6	118.0	1.3	14.1	303.1	28.9	2.5
2014	-10.1	12.3	424.0	265.3	-9.5	-84.0	141.2	19.1	-6.9

에쓰-오일 (A010950)
S-Oil

업 종 : 석유 및 가스
신용등급 : (Bond) AA+ (CP) —
홈페이지 : www.s-oil.com
본 사 : 서울시 마포구 백범로 192 (공덕동 471번지)
시 장 : 거래소
기업규모 : 시가총액 대형주
연 락 처 : 02)3772-5151

설 립 일 1976.01.06		**종업원수** 3,258명		**대 표 이 사** OthmanAl-Ghamdi	
상 장 일 1987.05.27		**감사의견** 적정(삼일)		**계 열**	
결 산 기 12월		**보 통 주**		**종속회사수** 1개사	
액 면 가 2,500원		**우 선 주**		**구 상 호**	

주주구성 (지분율,%)		출자관계 (지분율,%)		주요경쟁사 (외형,%)	
Aramco Overseas Company.B.V(A.O.C.B.V)	63.4	동북화학	100.0	S-Oil	100
국민연금공단	6.1	S-International	100.0	SK	447
(외국인)	77.2	에쓰-오일토탈윤활유	50.0	SK이노베이션	221

매출구성		비용구성		수출비중	
나프타 외	32.8	매출원가율	89.9	수출	57.6
경유	27.7	판관비율	3.5	내수	42.4
석유화학제품	15.6				

회사 개요

동사는 1976년 설립되어 1987년 유가증권시장에 상장함. 석유제품, 윤활기유, 석유화학제품을 제조, 판매함. 동사의 대주주인 AOC의 모회사가 사우디아라비아 국영석유회사이므로 안정적인 장기 원유 공급이 가능. 또한 세계적 수준의 중질유분해탈황 시설을 바탕으로 국내외 시장을 연계하는 생산, 마케팅 전략을 추구해 효율성을 극대화 중. 동사의 제품은 전세계적으로 수출 중이며 단일 공장으로 세계 2위의 기유 생산시설을 보유 중임.

실적 분석

동사의 2017년 연결기준 매출액은 20조 8,913.7억원으로 전년 대비 28% 성장함. 이는 국제유가 상승에 따른 판매단가 상승 및 판매량이 증가했기 때문. RUC/ODC 프로젝트 완공이 4월로 앞당겨져 투자금액 및 감가상각 비용 절감 효과 발생. 글로벌 경기 개선과 인프라 투자 정책에 힘입어 정유시황이 개선되었고 증설계획도 적어 장기간 호황이 유지될 것으로 전망.

현금 흐름 〈단위 : 억원〉

항목	2016	2017
영업활동	17,220	11,433
투자활동	-19,669	-8,322
재무활동	8,111	-5,983
순현금흐름	5,662	-2,874
기말현금	7,674	4,801

시장 대비 수익률

결산 실적 〈단위 : 억원〉

항목	2012	2013	2014	2015	2016	2017
매출액	347,233	311,585	285,576	178,903	163,218	208,914
영업이익	7,818	3,660	-2,897	8,176	16,169	13,733
당기순이익	5,852	2,896	-2,878	6,313	12,054	12,465

분기 실적 〈단위 : 억원〉

항목	2016.3Q	2016.4Q	2017.1Q	2017.2Q	2017.3Q	2017.4Q
매출액	41,379	45,571	52,002	46,650	52,118	58,144
영업이익	1,162	3,680	3,335	1,173	5,532	3,693
당기순이익	1,718	1,567	3,939	669	3,987	3,869

재무 상태 〈단위 : 억원〉

항목	2012	2013	2014	2015	2016	2017
총자산	124,974	119,207	102,557	107,955	139,590	150,875
유형자산	36,703	37,604	43,217	47,308	57,108	79,687
무형자산	429	465	500	472	545	1,052
유가증권	949	929	604	539	494	499
총부채	71,213	65,667	53,467	54,056	75,674	82,448
총차입금	35,080	32,110	36,380	36,063	47,603	48,516
자본금	2,915	2,915	2,915	2,915	2,915	2,915
총자본	53,760	53,540	49,090	53,899	63,916	68,426
지배주주지분	53,760	53,540	49,090	53,899	63,916	68,426

기업가치 지표

항목	2012	2013	2014	2015	2016	2017
주가(최고/저)(천원)	118/71.1	88.3/58.6	61.8/33.0	71.1/38.5	86.6/61.7	127/76.8
PER(최고/저)(배)	28.8/17.4	42.5/28.2	—/—	15.1/8.3	9.5/6.7	12.4/7.6
PBR(최고/저)(배)	3.1/1.9	2.3/1.5	1.7/0.9	1.8/1.0	1.8/1.3	2.3/1.4
EV/EBITDA(배)	12.2	14.7	161.1	9.2	5.4	9.7
EPS(원)	5,018	2,484	-2,468	5,414	10,337	10,690
BPS(원)	46,121	45,932	42,116	46,240	54,830	58,698
CFPS(원)	8,373	5,638	445	7,757	12,796	13,213
DPS(원)	2,650	1,330	150	2,400	6,200	5,900
EBITDAPS(원)	10,059	6,294	429	9,355	16,326	14,300

재무 비율 〈단위 : %〉

연도	영업 이익률	순 이익률	부채 비율	차입금 비율	ROA	ROE	유보율	자기자본 비율	EBITDA 마진율
2017	6.6	6.0	120.5	70.9	8.6	18.8	2,247.9	45.4	8.0
2016	9.9	7.4	118.4	74.5	9.7	20.5	2,093.2	45.8	11.7
2015	4.6	3.5	100.3	66.9	6.0	12.3	1,749.6	49.9	6.1
2014	-1.0	-1.0	108.9	74.1	-2.6	-5.6	1,584.6	47.9	0.2

에이디칩스 (A054630)

Advanced Digital Chips

업종 : 반도체 및 관련장비
신용등급 : (Bond) — (CP) —
홈페이지 : www.adc.co.kr
본사 : 경기도 안양시 동안구 학의로 282, A동 22층(관양동, 금강펜테리움 IT타워)
시장 : KOSDAQ
기업규모 : 벤처
연락처 : 031)463-7512

설립일	1996.04.16	**종업원수**	100명	**대표이사**	김미선
상장일	2001.10.27	**감사의견**	적정(한미)	**계열**	
결산기	12월	**보통주**		**종속회사수**	
액면가	500원	**우선주**		**구상호**	

주주구성 (지분율,%)		출자관계 (지분율,%)		주요경쟁사 (외형,%)	
골든에이지인베스트	9.9			에이디칩스	100
장도종	1.7			네패스신소재	88
(외국인)	2.5			피에스엠씨	57

매출구성		비용구성		수출비중	
냉동/냉장고	44.8	매출원가율	77.6	수출	9.5
반도체 유통사업 IC유통	38.5	판관비율	16.1	내수	90.5
ASSP판매(특정용도 표준형 반도체)	12.6				

회사 개요

동사는 1996년 설립되어 반도체 설계 및 비메모리 반도체 판매, 냉동냉장고 제조판매, 반도체유통을 주업으로 하고 있는 벤처기업임. 최대주주는 2015년 12월 권기홍에서 골든에이지인베스트로 변경됐고, 지분율은 9.9%임. 동사는 종속회사나 계열회사가 없음. 동사는 SDRAM내장 마이크로컨트롤러, 2D 그래픽 프로세서, AMAZONES Module 등을 신규사업으로 하고 있음.

실적 분석

동사의 2017년 매출액이 186.2억원으로 전년 동기 대비 26.4% 감소함. 영업이익은 11.7억원으로 37.1% 축소됨. 반도체 유통부문의 경쟁심화에 따른 매출부진으로 영업이익 감소, 비유동자산의 손상차손 발생으로 인한 당기순이익이 크게 감소함. 동사는 자체 개발한 코어로 ASSP 사업에 활용함으로써 더 많은 EISC 응용 기술을 만들어 낼 수 있음.

현금 흐름 *IFRS 별도 기준 <단위 : 억원>

항목	2016	2017
영업활동	-6	-0
투자활동	-40	-38
재무활동	57	191
순현금흐름	10	153
기말현금	18	171

시장 대비 수익률

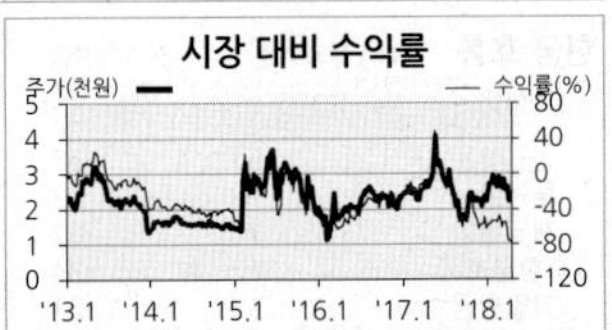

결산 실적 <단위 : 억원>

항목	2012	2013	2014	2015	2016	2017
매출액	456	430	155	132	253	186
영업이익	-13	-20	-34	-11	19	12
당기순이익	-22	-45	-41	-24	19	5

분기 실적 *IFRS 별도 기준 <단위 : 억원>

항목	2016.3Q	2016.4Q	2017.1Q	2017.2Q	2017.3Q	2017.4Q
매출액	61	54	59	61	40	26
영업이익	6	2	5	5	4	-3
당기순이익	10	3	5	5	4	-9

재무 상태 *IFRS 별도 기준 <단위 : 억원>

항목	2012	2013	2014	2015	2016	2017
총자산	148	141	112	94	187	389
유형자산	41	41	39	38	54	64
무형자산	3	3	2	2	20	20
유가증권	—	—	—	—	9	9
총부채	56	71	74	35	89	66
총차입금	29	35	51	27	66	38
자본금	42	42	42	49	55	123
총자본	93	70	38	59	98	323
지배주주지분	93	70	38	59	98	323

기업가치 지표 *IFRS 별도 기준

항목	2012	2013	2014	2015	2016	2017
주가(최고/저)(천원)	3.6/2.0	4.0/1.6	2.4/1.7	5.0/1.7	3.3/1.4	4.1/1.7
PER(최고/저)(배)	—/—	—/—	—/—	—/—	17.5/7.6	139.7/55.6
PBR(최고/저)(배)	3.1/1.7	4.6/1.9	5.1/3.6	7.9/2.7	3.5/1.5	3.2/1.3
EV/EBITDA(배)	—	—	—	—	16.6	26.1
EPS(원)	-222	-249	-369	-177	150	30
BPS(원)	1,093	819	443	601	889	1,310
CFPS(원)	-239	-273	-417	-191	214	55
DPS(원)	—	—	—	—	—	—
EBITDAPS(원)	-159	-209	-366	-105	210	98

재무 비율 <단위 : %>

연도	영업이익률	순이익률	부채비율	차입금비율	ROA	ROE	유보율	자기자본비율	EBITDA마진율
2017	6.3	2.6	20.4	11.7	1.7	2.3	161.9	83.0	8.5
2016	7.4	7.5	84.6	67.9	13.9	24.4	77.7	54.2	8.9
2015	-8.6	-18.1	61.3	46.7	-21.2	-43.7	18.5	62.0	-7.3
2014	-21.8	-26.1	117.8	84.9	-26.9	-70.9	-9.9	45.9	-20.6

에이디테크놀로지 (A200710)

ADTechnologyCo

업종 : 반도체 및 관련장비
신용등급 : (Bond) — (CP) —
홈페이지 : www.adtek.co.kr
본사 : 경기도 성남시 분당구 대왕판교로644번길 49, 801호(삼평동, 디티씨타워)
시장 : KOSDAQ
기업규모 : 벤처
연락처 : 031)776-7575

설립일	2002.08.20	**종업원수**	72명	**대표이사**	김준석
상장일	2014.12.16	**감사의견**	적정(정일)	**계열**	
결산기	12월	**보통주**		**종속회사수**	
액면가	500원	**우선주**		**구상호**	

주주구성 (지분율,%)		출자관계 (지분율,%)		주요경쟁사 (외형,%)	
김준석	22.9			에이디테크놀로지	100
홍미경	2.8			제너셈	86
(외국인)	1.6			다믈멀티미디어	57

매출구성		비용구성		수출비중	
SoC설계용역	72.6	매출원가율	88.8	수출	0.0
모바일	11.2	판관비율	12.4	내수	100.0
디스플레이	9.3				

회사 개요

동사는 2002년 8월 20일에 설립되어, 반도체소자의 설계 및 제조(ASIC)를 주요사업으로 영위하고 있음. 동사는 글로벌 No.1 파운드리(반도체 전문위탁생산) 회사인 TSMC의 VCA(Value Chain Aggregator; 가치사슬협력자)관계로 이는 국내에서 유일한 협력관계임. 종속회사로 반도체설계업체인 케이제이디씨가 있고, 종속회사였던 네오바인은 2014년 5월 청산을 완료하면서 종속회사에서 탈퇴함.

실적 분석

동사의 2017년 매출액은 전년 대비 42.07% 증가한 322억원, 영업손실은 110.87% 감소한 4억원, 당기순이익은 흑자전환되어 2억원을 기록함. 자산총계는 전년 대비 2.02% 증가한 491억원, 부채 총계는 전년 대비 22.82% 감소한 105억원, 자본총계는 전년 대비 11.79% 증가한 386억원을 시현함. 유동비율은 381.7%로 전년 대비 20% 감소함.

현금 흐름 <단위 : 억원>

항목	2016	2017
영업활동	-19	29
투자활동	1	-2
재무활동	50	0
순현금흐름	33	28
기말현금	67	94

시장 대비 수익률

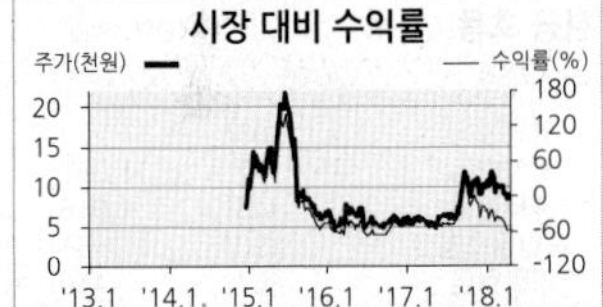

결산 실적 <단위 : 억원>

항목	2012	2013	2014	2015	2016	2017
매출액	248	437	685	358	227	322
영업이익	18	42	106	20	-35	-4
당기순이익	7	31	106	27	-41	2

분기 실적 <단위 : 억원>

항목	2016.3Q	2016.4Q	2017.1Q	2017.2Q	2017.3Q	2017.4Q
매출액	57	67	78	—	—	—
영업이익	-12	1	-5	—	—	—
당기순이익	-11	-5	-3	—	—	—

재무 상태 <단위 : 억원>

항목	2012	2013	2014	2015	2016	2017
총자산	217	223	474	457	481	491
유형자산	20	11	11	12	7	6
무형자산	21	14	24	34	37	50
유가증권	1	—	—	5	42	56
총부채	145	110	103	78	136	105
총차입금	97	62	33	20	65	31
자본금	12	14	20	21	41	45
총자본	72	112	371	379	345	386
지배주주지분	72	112	371	379	345	386

기업가치 지표

항목	2012	2013	2014	2015	2016	2017
주가(최고/저)(천원)	—/—	—/—	11.0/7.0	21.8/5.5	8.0/4.7	12.6/5.2
PER(최고/저)(배)	0.0/0.0	0.0/0.0	6.3/4.0	67.3/17.0	—/—	663.6/273.9
PBR(최고/저)(배)	0.0/0.0	0.0/0.0	2.4/1.5	4.5/1.1	1.8/1.0	2.8/1.2
EV/EBITDA(배)	—	—	5.2	9.8	—	718.3
EPS(원)	121	557	1,777	330	-499	19
BPS(원)	2,213	3,665	9,212	9,729	4,481	4,506
CFPS(원)	325	1,133	3,711	852	-409	71
DPS(원)	—	—	—	250	—	—
EBITDAPS(원)	655	1,494	3,734	684	-338	10

재무 비율 <단위 : %>

연도	영업이익률	순이익률	부채비율	차입금비율	ROA	ROE	유보율	자기자본비율	EBITDA마진율
2017	-1.2	0.5	27.2	8.0	0.4	0.5	801.3	78.6	0.3
2016	-15.4	-17.9	39.4	19.0	-8.7	-11.2	796.2	71.8	-12.1
2015	5.5	7.4	20.5	5.3	5.7	7.1	1,845.8	83.0	7.8
2014	15.5	15.4	27.7	8.9	30.4	43.8	1,742.5	78.3	16.6

에이블씨엔씨 (A078520)

ABLE C&C

업 종 : 개인생활용품
신용등급 : (Bond) — (CP) —
홈페이지 : www.able-cnc.com
본 사 : 서울시 서초구 서초대로38길 12
시 장 : 거래소
기업규모 : 시가총액 중형주
연 락 처 : 02)6292-6789

설 립 일	2000.01.07	**종 업 원 수**	357명	**대 표 이 사**	정일부,이세훈
상 장 일	2005.02.04	**감 사 의 견**	적정(성지)	**계 열**	
결 산 기	12월	**보 통 주**		**종속회사수**	2개사
액 면 가	500원	**우 선 주**		**구 상 호**	

주주구성 (지분율,%)		출자관계 (지분율,%)		주요경쟁사 (외형,%)	
리프앤바인	59.5			에이블씨엔씨	100
국민연금공단	4.5	북경애박신화장품상무유한공사	100.0	케어젠	16
(외국인)	11.6	MISSHAJAPAN	50.0	콜마비앤에이치	112

매출구성		비용구성		수출비중	
베이스메이크업	31.3	매출원가율	40.6	수출	—
상 품	19.8	판관비율	56.4	내수	—
포인트메이크업	17.3				

회사 개요

동사는 2000년 1월에 설립되어 2005년 2월에 코스닥시장에 상장함. 화장품과 생활용품 제조 판매업 및 화장품 유통판매업, 인터넷정보통신 및 관련 소프트웨어개발, 인터넷상거래업을 주요 사업부문으로 영위하고 있으며 '미샤'를 고유 브랜드로 보유하고 있음. 종속기업으로 해외현지판매법인인 MISSHA JAPAN INC, 북경애박신화장품상무유한공사 등이 있음. 동사의 시장점유율은 약 3.2%로 추산됨.

실적 분석

동사의 2017년 결산 연결기준 매출액은 전년대비 14.1% 감소한 3,732.9억원을 기록함. 매출액 감소는 주로 사드(THAAD) 및 통관규제 등으로 인한 관광객 감소와 국내 경쟁심화에 기인함. 외형 축소와 원가율 상승으로 영업이익 112.3억원, 당기순이익 87.9억원을 보이며 전년대비 큰폭으로 감소함. 당기 품목별 매출비중은 베이스메이크업 34.3%, 스킨케어 20.9% 순으로 높은 비중을 차지하며 상품 매출도 18.4%를 보임.

현금 흐름 <단위 : 억원>

항목	2016	2017
영업활동	300	24
투자활동	-72	-1,087
재무활동	-43	1,016
순현금흐름	190	-51
기말현금	461	410

시장 대비 수익률

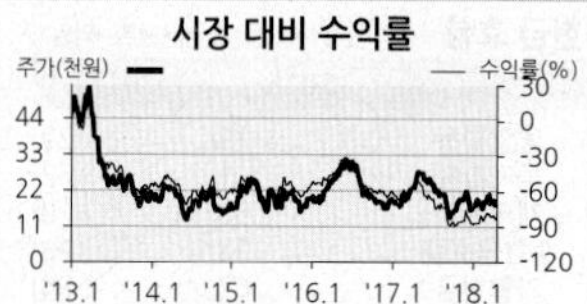

결산 실적 <단위 : 억원>

항목	2012	2013	2014	2015	2016	2017
매출액	4,523	4,424	4,383	4,079	4,346	3,733
영업이익	536	132	67	177	243	112
당기순이익	420	126	26	156	180	88

분기 실적 <단위 : 억원>

항목	2016.3Q	2016.4Q	2017.1Q	2017.2Q	2017.3Q	2017.4Q
매출액	937	1,308	959	1,006	832	937
영업이익	3	128	49	24	7	31
당기순이익	-25	110	29	30	12	17

재무 상태 <단위 : 억원>

항목	2012	2013	2014	2015	2016	2017
총자산	2,352	2,388	2,283	2,486	2,779	3,722
유형자산	199	237	223	209	191	149
무형자산	32	33	31	30	29	27
유가증권	630	800	727	911	—	—
총부채	829	704	587	632	797	676
총차입금	—	—	—	—	—	—
자본금	52	58	64	70	77	124
총자본	1,524	1,684	1,696	1,854	1,981	3,045
지배주주지분	1,524	1,684	1,696	1,854	1,981	3,034

기업가치 지표

항목	2012	2013	2014	2015	2016	2017
주가(최고/저)(천원)	55.1/15.9	53.9/16.8	24.4/13.0	26.9/14.5	31.9/15.9	27.5/13.5
PER(최고/저)(배)	24.7/7.1	81.5/25.4	180.0/96.0	32.7/17.7	33.1/16.5	61.9/30.3
PBR(최고/저)(배)	6.8/2.0	6.1/1.9	2.7/1.4	2.7/1.5	3.0/1.5	2.3/1.1
EV/EBITDA(배)	13.0	15.2	19.9	10.7	7.3	11.4
EPS(원)	2,399	707	143	870	1,005	456
BPS(원)	14,809	14,584	13,380	13,327	12,969	12,282
CFPS(원)	4,829	1,515	636	1,464	1,504	708
DPS(원)	550	350	60	350	450	—
EBITDAPS(원)	5,956	1,566	964	1,614	1,913	877

재무 비율 <단위 : %>

연도	영업이익률	순이익률	부채비율	차입금비율	ROA	ROE	유보율	자기자본비율	EBITDA마진율
2017	3.0	2.4	22.2	0.0	2.7	3.3	2,356.5	81.8	4.2
2016	5.6	4.2	40.3	0.0	6.8	9.4	2,493.9	71.3	6.8
2015	4.3	3.8	34.1	0.0	6.5	8.8	2,565.3	74.6	5.5
2014	1.5	0.6	34.6	0.0	1.1	1.5	2,576.0	74.3	2.8

에이비온 (A203400)

ABION

업 종 : 바이오
신용등급 : (Bond) — (CP) —
홈페이지 : www.abionbio.com
본 사 : 서울시 강남구 개포로 34길 5, 202호 (개포동, 창원빌딩)
시 장 : KONEX
기업규모 : —
연 락 처 : 02)6006-7610

설 립 일	2007.04.16	**종 업 원 수**	61명	**대 표 이 사**	신영기
상 장 일	2014.07.21	**감 사 의 견**	적정(태성)	**계 열**	
결 산 기	12월	**보 통 주**		**종속회사수**	
액 면 가	—	**우 선 주**		**구 상 호**	

주주구성 (지분율,%)		출자관계 (지분율,%)		주요경쟁사 (외형,%)	
케이피엠테크	50.1			에이비온	100
신영기	19.1			팬젠	130
				랩지노믹스	1,357

매출구성		비용구성		수출비중	
연구용시약외(상품)	45.7	매출원가율	96.7	수출	0.0
분자유전 외(기타)	36.1	판관비율	567.1	내수	100.0
용역개발수입(용역)	18.1				

회사 개요

동사는 신약 연구 개발을 전문적으로 수행하는 바이오테크 기업으로 2007년 설립돼 바이오의약품의 연구 및 개발, 제조, 판매와 관련된 서비스를 제공함. 2014년 7월 코넥스 시장에 상장됨. 개발중인 제품으로는 다발성경화증용 단백질치료제, 자궁경부암용 핵산치료제, 난소암용 항체치료제 등이 있음. 추가로 영위중인 조직병리분석, 분자유전분석, 세포면역분석 등 CRO 서비스 제공과 바이오메드(시약유통) 사업은 운영 효율성을 위해 점차 축소할 예정임.

실적 분석

동사의 2017년 연결기준 연간 누적 매출액은 전년동기 38.1억원 대비 52.0% 감소한 18.3억원을 기록함. 이는 운영 효율성을 위한 CRO서비스 및 시약유통 사업 축소에 기인함. 영업손실과 당기순손실은 각각 103.0억원, 94.6억원을 기록하며 적자를 지속함. 현재 c-Met 저해제와 단백질 치료제는 국내외 제약사와 기술이전 협의를 계획중에 있으며, 핵산치료제는 2017년 12월 인핸스드바이오에 기술이전을 완료하였음.

현금 흐름 *IFRS 별도 기준 <단위 : 억원>

항목	2016	2017
영업활동	-61	-88
투자활동	-3	-9
재무활동	76	62
순현금흐름	12	-34
기말현금	55	21

시장 대비 수익률

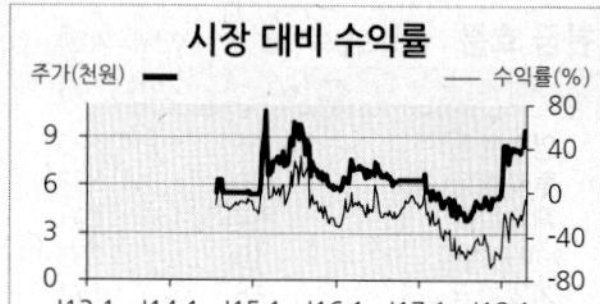

결산 실적 <단위 : 억원>

항목	2012	2013	2014	2015	2016	2017
매출액	11	20	25	46	38	18
영업이익	-22	-33	-47	-46	-72	-103
당기순이익	-23	-35	-53	-51	-77	-95

분기 실적 *IFRS 별도 기준 <단위 : 억원>

항목	2016.3Q	2016.4Q	2017.1Q	2017.2Q	2017.3Q	2017.4Q
매출액	—	—	—	—	—	—
영업이익	—	—	—	—	—	—
당기순이익	—	—	—	—	—	—

재무 상태 *IFRS 별도 기준 <단위 : 억원>

항목	2012	2013	2014	2015	2016	2017
총자산	31	140	166	116	130	84
유형자산	20	80	81	45	50	49
무형자산	8	8	11	7	6	5
유가증권	—	—	—	—	—	—
총부채	32	99	119	54	76	54
총차입금	11	84	95	31	55	39
자본금	24	34	39	43	47	56
총자본	-1	41	47	63	54	29
지배주주지분	-1	41	47	63	54	29

기업가치 지표 *IFRS 별도 기준

항목	2012	2013	2014	2015	2016	2017
주가(최고/저)(천원)	—/—	—/—	9.0/6.8	15.1/7.4	11.0/7.9	6.9/3.4
PER(최고/저)(배)	0.0/0.0	0.0/0.0	—/—	—/—	—/—	—/—
PBR(최고/저)(배)	0.0/0.0	0.0/0.0	10.3/7.8	14.5/7.0	13.6/9.8	26.7/13.2
EV/EBITDA(배)	—	—	—	—	—	—
EPS(원)	-656	-604	-786	-627	-871	-953
BPS(원)	-19	611	614	733	567	258
CFPS(원)	-407	-396	-587	-538	-754	-848
DPS(원)	—	—	—	—	—	—
EBITDAPS(원)	-391	-361	-499	-481	-695	-933

재무 비율 <단위 : %>

연도	영업이익률	순이익률	부채비율	차입금비율	ROA	ROE	유보율	자기자본비율	EBITDA마진율
2017	-563.8	-517.7	일부잠식	일부잠식	-88.8	-228.8	-48.3	34.8	-506.8
2016	-188.0	-201.6	141.5	103.1	-62.5	-132.0	13.4	41.4	-161.0
2015	-100.1	-110.1	85.6	49.3	-36.1	-92.5	46.6	53.9	-84.4
2014	-190.3	-214.5	250.6	200.4	-34.8	-120.4	22.9	28.5	-136.1

*관리종목

에이스침대 (A003800)

Ace Bed

업　　종 : 내구소비재
신용등급 : (Bond) —　　　(CP) —
홈페이지 : www.acebed.com
본　　사 : 충북 음성군 삼성면 상곡리 310-1

시　　장 : KOSDAQ
기업규모 :
연 락 처 : 043)877-1881

설 립 일	1977.07.01	**종업원수**	583명	**대표이사**	안성호
상 장 일	1996.05.03	**감사의견**	적정(신한)	**계　열**	
결 산 기	12월	**보 통 주**		**종속회사수**	1개사
액 면 가	5,000원	**우 선 주**		**구 상 호**	

주주구성 (지분율,%)		출자관계 (지분율,%)		주요경쟁사 (외형,%)	
안성호	74.6	ACEBED	95.7	에이스침대	100
안유수	5.0	한국디엠비	7.0	한샘	1,001
(외국인)	3.2	제이티비씨	0.9	현대리바트	431

매출구성		비용구성		수출비중	
침대(제품)	91.0	매출원가율	44.1	수출	0.0
가구(상품)	7.2	판관비율	40.6	내수	100.0
가구(제품)	1.8				

회사 개요

국내 침대시장은 썰타침대(회장 안유수), 에이스침대(사장 안성호), 시몬스침대(사장 안정호)로 독과점을 영위중. 업계 최초로 침대공학연구소를 설치하는 등 최고의 제품과 서비스를 제공하기 위한 노력 지속중이며, 높은 브랜드 이미지와 차별화된 마케팅기법 등으로 가장 높은 점유율을 기록하고 있음. 수출 비중이 지속적으로 감소세를 보이고 있으나, 향후 중국 시장의 활성화를 기대해 볼만함.

실적 분석

동사의 2017년 결산 매출액은 2,061억원으로 전년동기 대비 1.2% 증가함. 하반기 들어 소비시장의 흐름이 전반적으로 상승세를 나타낸 영향으로 판단됨. 전체 매출액의 90%를 초과하는 침대부문이 비교적 선방하고 있는 모습. 반면, 판관비 증가 여파로 전년동기대비 12.2% 감소한 314.4억원의 영업이익 시현하는데 그침. 그럼에도 불구하고 높은 수익성과 브랜드 이미지로 시장 선도기업의 위치에서 안정적 성장 가능할 것으로 기대.

현금 흐름 〈단위 : 억원〉

항목	2016	2017
영업활동	305	281
투자활동	-208	-301
재무활동	-59	-51
순현금흐름	43	-71
기말현금	286	216

시장 대비 수익률

결산 실적 〈단위 : 억원〉

항목	2012	2013	2014	2015	2016	2017
매출액	1,784	1,648	1,693	1,927	2,037	2,061
영업이익	372	292	272	344	358	314
당기순이익	330	289	238	305	303	264

분기 실적 〈단위 : 억원〉

항목	2016.3Q	2016.4Q	2017.1Q	2017.2Q	2017.3Q	2017.4Q
매출액	484	559	520	480	551	510
영업이익	59	118	73	57	110	74
당기순이익	56	97	64	37	98	66

재무 상태 〈단위 : 억원〉

항목	2012	2013	2014	2015	2016	2017
총자산	3,117	3,329	3,517	3,823	4,047	4,259
유형자산	1,379	1,461	1,796	2,072	2,387	2,630
무형자산	14	13	13	12	13	11
유가증권	773	454	731	911	716	803
총부채	313	273	268	324	337	332
총차입금	—	—	—	9	24	—
자본금	111	111	111	111	111	111
총자본	2,804	3,056	3,249	3,499	3,710	3,927
지배주주지분	2,801	3,053	3,246	3,496	3,708	3,925

기업가치 지표

항목	2012	2013	2014	2015	2016	2017
주가(최고/저)(천원)	71.2/65.2	106/68.5	121/88.7	175/109	165/132	201/151
PER(최고/저)(배)	5.4/5.0	9.0/5.8	12.1/9.0	13.5/8.4	12.5/10.1	16.8/12.8
PBR(최고/저)(배)	0.6/0.6	0.8/0.5	0.9/0.6	1.1/0.7	1.0/0.8	1.1/0.8
EV/EBITDA(배)	2.9	3.8	6.9	7.0	7.5	11.1
EPS(원)	14,867	13,059	10,724	13,741	13,661	11,934
BPS(원)	130,610	141,983	150,678	161,964	171,490	181,298
CFPS(원)	17,038	15,114	12,802	16,079	16,174	14,530
DPS(원)	2,000	2,000	2,500	3,300	3,300	3,300
EBITDAPS(원)	18,936	15,212	14,355	17,833	18,651	16,770

재무 비율 〈단위 : %〉

연도	영업이익률	순이익률	부채비율	차입금비율	ROA	ROE	유보율	자기자본비율	EBITDA마진율
2017	15.3	12.8	8.5	0.0	6.4	6.9	3,526.0	92.2	18.1
2016	17.6	14.9	9.1	0.6	7.7	8.4	3,329.8	91.7	20.3
2015	17.8	15.8	9.3	0.3	8.3	9.0	3,139.3	91.5	20.5
2014	16.1	14.0	8.2	0.0	6.9	7.6	2,913.6	92.4	18.8

에이스테크놀로지 (A088800)

Ace Technologies

업　　종 : 통신장비
신용등급 : (Bond) B+　　　(CP) —
홈페이지 : www.aceteq.co.kr
본　　사 : 인천시 남동구 남동서로 237 (논현동,남동공단 24B 5L)

시　　장 : KOSDAQ
기업규모 : 중견
연 락 처 : 032)818-5500

설 립 일	2006.03.02	**종업원수**	377명	**대표이사**	구관영
상 장 일	2006.03.27	**감사의견**	적정(한영)	**계　열**	
결 산 기	12월	**보 통 주**		**종속회사수**	13개사
액 면 가	500원	**우 선 주**		**구 상 호**	

주주구성 (지분율,%)		출자관계 (지분율,%)		주요경쟁사 (외형,%)	
구관영	9.6	콤라스	50.0	에이스테크	100
엠피디	5.5	신아텍	48.8	텔콘	12
(외국인)	3.4	에이스컴텍	26.7	디티앤씨	14

매출구성		비용구성		수출비중	
RF부품(기타)	44.4	매출원가율	82.4	수출	88.2
기지국안테나外 (중계기/방산)(기타)	36.5	판관비율	21.8	내수	11.8
모바일안테나(기타)	8.7				

회사 개요

동사는 2006년 (구)에이스테크놀로지에서 인적분할해 에이스안테나로 설립되어 2010년 다시 에이스테크놀로지와 분할합병을 통해 사명을 현재의 명칭으로 바꿈. 동사는 안테나 등 통신기기 제조판매 주력 사업으로 하고 있으며 Wireless Communication 부품, RRH(Remote radio head), 기지국안테나, 모바일안테나, 중계기 등의 무선통신 사업과 무선통신기술에 기반한 방산 및 차량용 사업을 영위중임.

실적 분석

동사의 2017년 연간 매출액은 전년동기대비 9.2% 상승한 3,516.2억원을 기록하였음. 비용면에서 전년동기대비 매출원가는 증가 했으며 인건비도 증가, 광고선전비도 크게 증가, 기타판매비와관리비는 증가함. 매출액은 성장했지만 원가 증가로 인해 전년동기대비 영업손실은 144.7억원으로 적자지속 하였음. 최종적으로 전년동기대비 당기순손실은 적자지속하여 555.7억원을 기록함.

현금 흐름 〈단위 : 억원〉

항목	2016	2017
영업활동	382	-228
투자활동	-222	-265
재무활동	41	289
순현금흐름	190	-202
기말현금	364	161

시장 대비 수익률

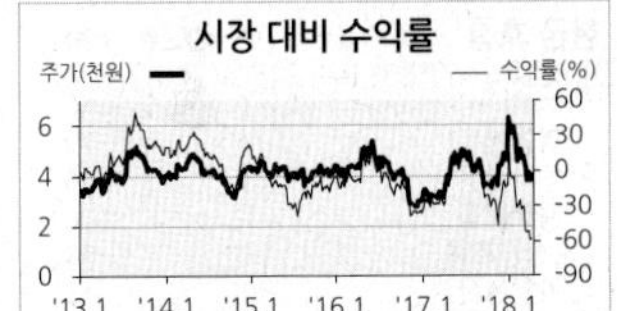

결산 실적 〈단위 : 억원〉

항목	2012	2013	2014	2015	2016	2017
매출액	2,853	3,156	4,275	4,219	3,221	3,516
영업이익	-98	200	251	151	-138	-145
당기순이익	-214	104	122	108	-322	-556

분기 실적 〈단위 : 억원〉

항목	2016.3Q	2016.4Q	2017.1Q	2017.2Q	2017.3Q	2017.4Q
매출액	524	1,143	1,099	1,073	844	500
영업이익	-106	57	103	12	-39	-220
당기순이익	-157	-23	36	13	-54	-551

재무 상태 〈단위 : 억원〉

항목	2012	2013	2014	2015	2016	2017
총자산	3,455	3,645	4,283	4,924	4,337	3,735
유형자산	1,068	1,007	1,027	1,052	1,172	1,115
무형자산	365	447	481	537	457	155
유가증권	28	29	38	36	23	21
총부채	2,450	2,566	3,039	3,489	3,110	3,064
총차입금	1,539	1,474	1,660	2,002	1,959	2,213
자본금	98	104	114	129	142	147
총자본	1,005	1,079	1,244	1,435	1,227	671
지배주주지분	943	1,016	1,179	1,372	1,165	623

기업가치 지표

항목	2012	2013	2014	2015	2016	2017
주가(최고/저)(천원)	4.3/2.8	5.3/3.2	4.9/3.1	5.5/3.5	5.4/2.6	5.1/3.0
PER(최고/저)(배)	—/—	11.1/6.7	9.8/6.2	13.2/8.3	—/—	—/—
PBR(최고/저)(배)	0.9/0.6	1.1/0.7	1.0/0.6	1.0/0.6	1.3/0.6	2.4/1.4
EV/EBITDA(배)	29.5	5.9	6.0	9.3	33.3	41.8
EPS(원)	-1,129	493	512	418	-1,169	-1,866
BPS(원)	4,805	4,883	5,248	5,405	4,174	2,175
CFPS(원)	-293	1,262	1,243	1,141	-400	-1,092
DPS(원)	—	50	50	25	—	—
EBITDAPS(원)	336	1,749	1,838	1,353	269	280

재무 비율 〈단위 : %〉

연도	영업이익률	순이익률	부채비율	차입금비율	ROA	ROE	유보율	자기자본비율	EBITDA마진율
2017	-4.1	-15.8	456.9	329.9	-13.8	-61.2	334.9	18.0	2.3
2016	-4.3	-10.0	253.5	159.6	-7.0	-25.5	734.7	28.3	2.3
2015	3.6	2.6	243.2	139.6	2.3	7.9	981.1	29.1	7.7
2014	5.9	2.9	244.3	133.5	3.1	10.6	949.6	29.0	9.8

에이씨티 (A138360)

ACT

업 종 : 바이오
신용등급 : (Bond) — (CP) —
홈페이지 : www.actcos.com
본 사 : 충북 음성군 삼성면 상곡리 767 (하이텍산단로 62)
시 장 : KOSDAQ
기업규모 : 벤처
연 락 처 : 043)883-9348

설립일	2004.06.30	종업원수	91명	대표이사	김규한
상장일	2013.11.08	감사의견	적정(삼일)	계열	
결산기	12월	보통주		종속회사수	4개사
액면가	500원	우선주		구상호	

주주구성 (지분율,%)		출자관계 (지분율,%)		주요경쟁사 (외형,%)	
제이에스엔홀딩스	7.8	이엠텍	80.0	에이씨티	100
한국증권금융	5.0	에이에스피	69.2	듀켐바이오	98
(외국인)	1.5	ChongQingACTBiologicalScience	100.0	디엔에이링크	60

매출구성		비용구성		수출비중	
캡슐화제품	30.7	매출원가율	85.7	수출	3.2
생물전환 기술제품	30.2	판관비율	12.7	내수	96.8
합성제품	19.2				

회사 개요

동사는 2001년 3월 설립 이후 2004년 6월 30일에 법인으로 전환하여 화장품 원료의 제조 및 판매를 주요 사업으로 영위하고 있음. 자생하는 식물과 한방약재와 같은 새로운 활성 phytochemicals을 찾아 생물전환(Bio-Conversion)기술 등을 활용하여 사업화에 활용함. 생물전환기술제품, 캡슐화제품, 천연추출물, 합성제품 등 차별화된 기술로 글로벌 기능성 화장품 소재를 개발 중임.

실적 분석

동사의 2017년 누적매출액은 240.5억원으로 전년 대비 0.7% 감소함. 비용 측면에서 매출원가와 판관비가 각각 10.8%, 18% 상승하면서 영업이익은 전년보다 87.3% 줄어든 3.8억원을 기록함. 비영업손실이 크게 늘면서 당기순손실은 50.3억원으로 적자폭이 확대됨. 동사가 공급하고 있는 제품은 기능성 화장품 영역에서 주요 재료로 사용되고 있으며, 지속적인 R&D 활동으로 기능성 소재와 바이오뷰티케어 산업에서 다양한 제품을 개발 중임.

현금 흐름

〈단위 : 억원〉

항목	2016	2017
영업활동	7	-79
투자활동	5	-45
재무활동	1	106
순현금흐름	13	-18
기말현금	30	12

시장 대비 수익률

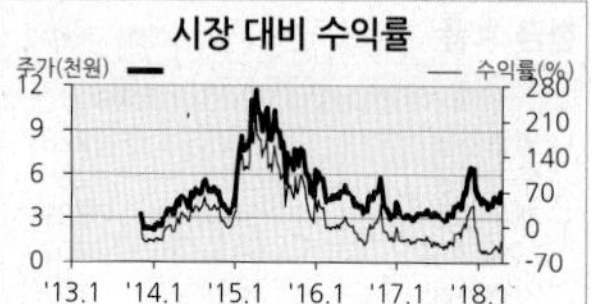

결산 실적

〈단위 : 억원〉

항목	2012	2013	2014	2015	2016	2017
매출액	178	150	185	200	242	241
영업이익	53	41	40	15	30	4
당기순이익	51	41	43	18	-18	-50

분기 실적

〈단위 : 억원〉

항목	2016.3Q	2016.4Q	2017.1Q	2017.2Q	2017.3Q	2017.4Q
매출액	47	57	83	58	61	38
영업이익	-11	45	-0	-23	-12	39
당기순이익	-11	-5	15	-17	-9	-39

재무 상태

〈단위 : 억원〉

항목	2012	2013	2014	2015	2016	2017
총자산	301	386	449	446	462	507
유형자산	76	80	120	148	149	208
무형자산	—	—	4	4	6	1
유가증권	1	1	—	—	0	—
총부채	63	26	57	42	81	167
총차입금	6	3	0	3	8	108
자본금	25	30	31	31	31	91
총자본	238	360	392	404	382	340
지배주주지분	238	360	392	399	379	331

기업가치 지표

항목	2012	2013	2014	2015	2016	2017
주가(최고/저)(천원)	—/—	9.8/6.7	16.6/6.7	35.9/12.6	19.1/8.8	6.5/2.8
PER(최고/저)(배)	0.0/0.0	12.8/8.9	23.3/9.3	119.9/42.3	—/—	—/—
PBR(최고/저)(배)	0.0/0.0	1.7/1.2	2.6/1.0	5.4/1.9	3.0/1.4	3.6/1.5
EV/EBITDA(배)	—	5.8	14.5	55.1	16.9	63.7
EPS(원)	343	266	243	100	-93	-266
BPS(원)	4,814	6,000	6,498	6,625	6,286	1,828
CFPS(원)	1,137	891	809	388	-88	-203
DPS(원)	—	175	175	60	—	—
EBITDAPS(원)	1,171	895	754	326	683	84

재무 비율

〈단위 : %〉

연도	영업이익률	순이익률	부채비율	차입금비율	ROA	ROE	유보율	자기자본비율	EBITDA마진율
2017	1.6	-20.9	49.0	31.9	-10.4	-13.7	265.7	67.1	6.4
2016	12.5	-7.5	21.1	2.0	-4.0	-4.4	1,157.1	82.6	17.3
2015	7.3	9.1	10.5	0.8	4.1	4.6	1,225.0	90.5	10.0
2014	21.8	23.4	14.5	0.1	10.4	11.6	1,199.6	87.4	24.4

에이엔피 (A015260)

Automobile & PCB

업 종 : 자동차부품
신용등급 : (Bond) — (CP) —
홈페이지 : www.anpcb.co.kr
본 사 : 경기도 부천시 원미구 도약로 300
시 장 : 거래소
기업규모 : 시가총액 소형주
연 락 처 : 032)676-9700

설립일	1981.01.21	종업원수	403명	대표이사	전운관
상장일	1988.01.18	감사의견	적정(경연)	계열	
결산기	12월	보통주		종속회사수	1개사
액면가	500원	우선주		구상호	

주주구성 (지분율,%)		출자관계 (지분율,%)		주요경쟁사 (외형,%)	
전운관	15.1	스코아	83.0	에이엔피	100
에이엔피우리사주조합	8.2	용산	49.0	아진산업	423
(외국인)	2.4	케이피유폼텍인도	40.0	코다코	265

매출구성		비용구성		수출비중	
인쇄회로기판(PCB)	90.7	매출원가율	100.5	수출	13.1
헤드레스트	6.7	판관비율	5.4	내수	86.9
전자부품(ASSy)	2.6				

회사 개요

1981년에 설립된 인쇄회로기판 제조업체로서 총 9개의 계열사를 보유하고 있음. 현재 국내 인쇄회로기판의 시장규모를 약 9조원 가량으로 군소업체 100여개사가 경쟁 중이며, 동사의 시장점유율은 약 1~2%인 것으로 추정됨. 한편 계열사인 용산은 자동차 구성품 부문의 사업확장을 위해 아산 및 광주시에 공장을 운영하고 있으며, 중국, 인도 등 해외 현지법인도 설립하였음. 스코아를 통해 시트 헤드레스트 커버링 및 시트 백보드 사업을 영위함.

실적 분석

동사의 2017년 결산 연결기준 매출액은 전년대비 2.3% 감소한 1,011.5억원을 기록함. 외형 축소에도 불구하고 국제 원자재 가격 상승으로 매출원가율은 100%를 상회하여 영업손실 59.7억원, 당기순손실 126.8억원을 시현함. 계열사의 중국 공장 가동률 저하로 인한 손익악화가 지분법 손실로 이어져 당기순손실이 확대됨. 당기 제품별 매출비중은 PCB 87.5%, SMT외 3.2%, 자동차부품 9.3%로 구성됨.

현금 흐름

〈단위 : 억원〉

항목	2016	2017
영업활동	37	-19
투자활동	-24	-273
재무활동	3	288
순현금흐름	16	-4
기말현금	63	59

시장 대비 수익률

결산 실적

〈단위 : 억원〉

항목	2012	2013	2014	2015	2016	2017
매출액	4,505	5,078	5,289	5,796	1,036	1,012
영업이익	175	126	147	107	12	-60
당기순이익	25	-18	22	-40	54	-127

분기 실적

〈단위 : 억원〉

항목	2016.3Q	2016.4Q	2017.1Q	2017.2Q	2017.3Q	2017.4Q
매출액	247	279	241	259	244	267
영업이익	-5	9	-12	-8	-12	-27
당기순이익	-26	43	-31	-28	-46	-21

재무 상태

〈단위 : 억원〉

항목	2012	2013	2014	2015	2016	2017
총자산	2,730	2,701	3,327	1,242	1,306	1,421
유형자산	892	944	1,029	534	492	723
무형자산	37	57	64	6	11	11
유가증권	3	0	0	0	0	0
총부채	1,993	1,947	2,597	654	615	866
총차입금	1,017	1,112	1,388	485	434	719
자본금	193	207	207	216	242	243
총자본	737	754	729	588	691	555
지배주주지분	586	606	598	578	681	548

기업가치 지표

항목	2012	2013	2014	2015	2016	2017
주가(최고/저)(천원)	1.9/0.8	1.7/0.9	1.1/0.8	1.9/0.9	3.5/1.3	3.0/0.8
PER(최고/저)(배)	35.2/14.9	—/—	27.6/18.6	—/—	29.4/11.2	—/—
PBR(최고/저)(배)	1.2/0.5	1.1/0.6	0.8/0.5	1.4/0.6	2.4/0.9	2.6/0.7
EV/EBITDA(배)	4.9	5.8	6.2	7.1	24.3	—
EPS(원)	46	-22	35	-82	99	-221
BPS(원)	1,525	1,466	1,447	1,337	1,407	1,125
CFPS(원)	347	272	345	38	239	-146
DPS(원)	—	—	—	—	—	—
EBITDAPS(원)	786	617	658	389	150	-14

재무 비율

〈단위 : %〉

연도	영업이익률	순이익률	부채비율	차입금비율	ROA	ROE	유보율	자기자본비율	EBITDA마진율
2017	-5.9	-12.5	156.0	129.6	-9.3	-20.1	125.1	39.1	-0.7
2016	1.2	5.2	88.9	62.8	4.2	8.4	181.4	52.9	6.7
2015	1.9	-0.7	111.3	82.5	-1.7	-6.8	167.4	47.3	2.8
2014	2.8	0.4	356.1	190.2	0.7	2.8	189.4	21.9	5.2

에이원알폼 (A234070)
A ONE ALFORM CO

업 종 : 건축자재
신용등급 : (Bond) — (CP) —
홈페이지 : www.aonealform.co.kr
본 사 : 충북 괴산군 괴산읍 대제산단3길 46

시 장 : KONEX
기업규모 : —
연 락 처 : 031)8017-5305

설 립 일	2005.04.26	**종업원수**	55명	**대표이사**	안호중
상 장 일	2015.12.21	**감사의견**	적정(신한)	**계 열**	
결 산 기	12월	**보 통 주**		**종속회사수**	
액 면 가	—	**우 선 주**		**구 상 호**	

주주구성 (지분율,%)		출자관계 (지분율,%)		주요경쟁사 (외형,%)	
안중호	35.6	알폼스	100.0	에이원알폼	100
백은아	34.6			스페코	170
				윈하이텍	169

매출구성		비용구성		수출비중	
알루미늄폼	88.0	매출원가율	66.6	수출	0.0
상품(알폼판매 및 갱폼 외)	11.5	판관비율	8.8	내수	100.0
수출기술료	0.6				

회사 개요

동사는 2005년 4월 26일에 설립되어 건축용 가설재인 거푸집류인 알루미늄폼, 갱폼, 유로폼류 등을 제조, 판매, 임대하는 사업을 영위하고 있음. 알폼 임대매출(외형)을 기준으로 동사는 삼목에스폼, 금강공업, 현대알루미늄에 이어 4위를 기록 중이며 2015년부터 넥스플러스가 본격적으로 시장에 진입하면서 임대가격은 하락추세로 반전한 상태임. 동사의 본격적인 매출액 성장은 2013년부터 시작되어 지금도 지속중임.

실적 분석

코넥스 상장 기업인 동사는 2012년 이후 공격적인 Capa확대를 통하여 생산 물량을 증대했으며 혁신도시 및 세종행정도시 등 국가 주도의 건설경기 활성화로 수주물량이 증가, 지속적인 매출 증대를 달성 중임. 2017년 연결기준 매출액은 전년대비 2.6% 감소한 405.7억원이며 판관비 감소 노력에도 원가율 부담 증가에 따라 영업이익은 17.4% 감소, 99.9억원을 기록함. 동사는 전년대비 36.9% 감소한 46.5억원의 당기순이익을 기록함.

현금 흐름 *IFRS 별도 기준 〈단위 : 억원〉

항목	2016	2017
영업활동	296	258
투자활동	-453	-242
재무활동	146	11
순현금흐름	-11	28
기말현금	4	33

시장 대비 수익률

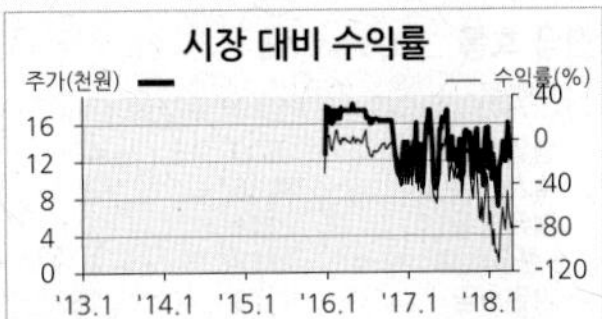

결산 실적 〈단위 : 억원〉

항목	2012	2013	2014	2015	2016	2017
매출액	143	153	223	279	417	406
영업이익	22	9	65	66	121	100
당기순이익	22	10	26	17	74	47

분기 실적 *IFRS 별도 기준 〈단위 : 억원〉

항목	2016.3Q	2016.4Q	2017.1Q	2017.2Q	2017.3Q	2017.4Q
매출액	—	—	—	—	—	—
영업이익	—	—	—	—	—	—
당기순이익	—	—	—	—	—	—

재무 상태 *IFRS 별도 기준 〈단위 : 억원〉

항목	2012	2013	2014	2015	2016	2017
총자산	192	199	383	570	918	998
유형자산	15	17	254	409	724	785
무형자산	0	0	1	1	1	1
유가증권	—	—	1	1	1	1
총부채	148	147	290	442	701	733
총차입금	128	100	155	168	325	343
자본금	20	20	15	17	18	18
총자본	44	52	93	128	216	264
지배주주지분	44	52	93	128	216	264

기업가치 지표 *IFRS 별도 기준

항목	2012	2013	2014	2015	2016	2017
주가(최고/저)(천원)	#VALUE!	—/—	—/—	—/—	—/—	—/—
PER(최고/저)(배)	0.0/0.0	0.0/0.0	0.0/0.0	35.4/18.8	10.0/4.7	16.0/7.5
PBR(최고/저)(배)	0.0/0.0	0.0/0.0	0.0/0.0	5.4/2.9	3.4/1.6	2.8/1.3
EV/EBITDA(배)	1.3	1.2	1.3	5.7	3.6	3.7
EPS(원)	722	324	842	506	1,828	1,153
BPS(원)	11,274	13,955	28,908	3,310	5,366	6,557
CFPS(원)	20,647	22,146	23,739	2,730	4,474	4,642
DPS(원)	—	—	—	—	—	—
EBITDAPS(원)	20,504	21,993	33,643	4,074	5,529	5,707

재무 비율 〈단위 : %〉

연도	영업이익률	순이익률	부채비율	차입금비율	ROA	ROE	유보율	자기자본비율	EBITDA마진율
2017	24.6	11.5	254.6	174.2	5.1	19.3	1,397.0	28.2	57.0
2016	29.0	17.7	304.0	200.9	10.3	42.8	1,125.0	24.8	53.5
2015	23.6	6.0	340.6	180.5	3.5	14.9	660.3	22.7	48.1
2014	29.3	11.7	332.1	189.6	—	—	516.7	23.2	53.7

에이제이네트웍스 (A095570)
AJ Networks

업 종 : 호텔 및 레저
신용등급 : (Bond) — (CP) —
홈페이지 : www.ajnetworks.co.kr
본 사 : 서울시 송파구 정의로 8길 9 (AJ빌딩)

시 장 : 거래소
기업규모 : 시가총액 소형주
연 락 처 : 02)6363-9999

설 립 일	2000.02.10	**종업원수**	519명	**대표이사**	반채운윤규선
상 장 일	2015.08.21	**감사의견**	적정(삼정)	**계 열**	
결 산 기	12월	**보 통 주**		**종속회사수**	26개사
액 면 가	1,000원	**우 선 주**		**구 상 호**	

주주구성 (지분율,%)		출자관계 (지분율,%)		주요경쟁사 (외형,%)	
문덕영	38.1	AJ토탈	100.0	AJ네트웍스	100
FINVENTURES UK LIMITED	11.3	AJ파크	100.0	하나투어	48
(외국인)	8.3	AJ전국스카이	100.0	롯데관광개발	5

매출구성		비용구성		수출비중	
렌탈매출	63.1	매출원가율	0.0	수출	2.8
상 품	34.3	판관비율	94.6	내수	97.2
기타매출	2.6				

회사 개요

동사는 파렛트, OA기기, 건설장비 장단기 대여, 판매업을 사업목적으로 2000년 2월 10일 설립함. 또한, 2013년 12월 30일 경영자문 및 컨설팅업 등을 주요사업으로 하고있는 아주엘앤에프홀딩스 주식회사와 2015년 2월 AJ에코라인, AJ솔루션, 아주좋은발전소를 각각 흡수합병함으로써 목적사업을 추가함. 2017년 말 기준 매출은 파렛트(40.0%), IT(36.2%), 해외 건설장비(23.6%), 기타부문(0.2%)으로 구성됨.

실적 분석

동사의 2017년 4분기 누적 매출액은 1조4310.2억원으로 전년 동기(1조538.8억원) 대비 14.1% 증가함. 견조한 수요를 바탕으로 별도 부 문의 종합렌탈사업(파렛트, 건설장비, IT기기) 호조가 지속되고 있음. 판관비 13.6% 증가에도 불구하고 영업이익은 전년보다 24.8% 늘어난 772.2억원을 시현함. 비영업손실과 법인세비용이 늘었지만 당기순이익은 전년보다 20.9% 증가한 206.5억원을 기록하며 꾸준한 수익 나타나는 중.

현금 흐름 〈단위 : 억원〉

항목	2016	2017
영업활동	-1,675	-1,384
투자활동	-1,045	-864
재무활동	3,203	1,866
순현금흐름	437	-511
기말현금	1,285	774

시장 대비 수익률

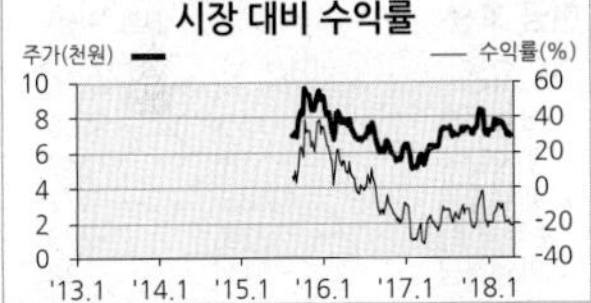

결산 실적 〈단위 : 억원〉

항목	2012	2013	2014	2015	2016	2017
매출액	1,834	7,571	10,112	10,556	12,539	14,310
영업이익	249	705	770	743	619	772
당기순이익	53	181	281	290	171	206

분기 실적 〈단위 : 억원〉

항목	2016.3Q	2016.4Q	2017.1Q	2017.2Q	2017.3Q	2017.4Q
매출액	3,196	3,345	3,515	3,378	3,714	3,703
영업이익	168	124	218	200	208	146
당기순이익	49	-5	69	51	83	4

재무 상태 〈단위 : 억원〉

항목	2012	2013	2014	2015	2016	2017
총자산	4,465	12,503	14,379	17,252	20,813	23,542
유형자산	950	10,382	11,750	13,572	2,526	3,321
무형자산	194	446	525	353	556	700
유가증권	60	61	103	334	524	262
총부채	3,582	10,359	11,546	13,272	16,538	19,071
총차입금	3,253	9,074	10,164	11,612	14,544	16,597
자본금	124	270	341	468	468	468
총자본	883	2,143	2,833	3,980	4,275	4,472
지배주주지분	832	1,014	1,616	2,628	2,800	2,888

기업가치 지표

항목	2012	2013	2014	2015	2016	2017
주가(최고/저)(천원)	—/—	—/—	—/—	9.8/6.1	9.4/5.3	8.4/5.0
PER(최고/저)(배)	0.0/0.0	0.0/0.0	0.0/0.0	20.9/13.0	33.3/18.9	26.6/15.9
PBR(최고/저)(배)	0.0/0.0	0.0/0.0	0.0/0.0	1.8/1.1	1.6/0.9	1.4/0.8
EV/EBITDA(배)	4.1	3.3	3.2	4.5	4.6	4.8
EPS(원)	382	501	547	479	288	320
BPS(원)	33,510	18,763	23,715	28,067	5,980	6,168
CFPS(원)	22,343	96,764	45,823	38,641	7,053	7,811
DPS(원)	—	—	—	—	300	86
EBITDAPS(원)	30,461	122,361	55,797	45,686	8,086	9,140

재무 비율 〈단위 : %〉

연도	영업이익률	순이익률	부채비율	차입금비율	ROA	ROE	유보율	자기자본비율	EBITDA마진율
2017	5.4	1.4	426.5	371.2	0.9	5.3	516.8	19.0	29.9
2016	4.9	1.4	386.9	340.2	0.9	5.0	498.0	20.5	30.2
2015	7.0	2.8	333.5	291.8	1.8	8.9	461.3	23.1	34.1
2014	7.6	2.8	407.6	358.8	2.1	12.6	374.3	19.7	33.4

에이제이렌터카 (A068400)

AJ RENT A CAR

업 종	호텔 및 레저	시 장	거래소
신용등급	(Bond) — (CP) —	기업규모	시가총액 소형주
홈페이지	www.ajrentacar.co.kr	연 락 처	1544-1600
본 사	서울시 구로구 서부샛길 822(구로동)		

설 립 일	1988.06.03	**종 업 원 수**	375명	**대 표 이 사**	홍성관
상 장 일	2012.07.27	**감 사 의 견**	적정(삼일)	**계 열**	
결 산 기	12월	**보 통 주**		**종속회사수**	6개사
액 면 가	500원	**우 선 주**		**구 상 호**	

주주구성 (지분율,%)		출자관계 (지분율,%)		주요경쟁사 (외형,%)	
에이제이네트웍스	39.8	에이제이카리안서비스	100.0	AJ렌터카	100
국민연금공단	6.2	에이제이카리안디투디	100.0	골프존뉴딘홀딩스	34
(외국인)	6.6	에이제이셀카	78.0	이월드	6

매출구성		비용구성		수출비중	
차량렌탈(상품및제품)	63.1	매출원가율	23.1	수출	0.4
상 품(중고차 매매)	34.3	판관비율	70.5	내수	99.6
기타매출	2.6				

회사 개요

동사는 업계 최초로 2012년 7월 유가증권시장에 상장된 렌터카 전문 업체임. 국내 렌터카 등록대수는는 과거 5년간 연평균 17.2%의 증가세를 나타내고 있음. 2016년말 기준 동사의 시장점유율은 11.55%로 2위를 차지하고 있으나, 경쟁심화로 인해 점유율 하락하고 있음. 매출은 차량을 대여한 대가인 렌탈수익과 일정 기간 영업한 차량의 매각을 통한 중고차판매수익 및 기타상품매출로 구성 되어 있으며, 렌탈수익이 전체의 약 60%를 차지함.

실적 분석

동사의 연결 기준 2017년 결산 매출액은 6,368억원으로 전년동기 대비 1.7% 감소한 실적을 기록함. 반면 외형 축소에도 불구하고 원가율이 비교적 큰 폭으로 하락한 영향으로 영업이익은 전년동기 대비 25% 증가한 408.9억원을 시현함. 당기순이익 또한 79.7% 증가한 122.7억원을 시현하는 등 수익성 강화된 모습으로 안정적 흑자기조 유지중. 향후 중고차 판매는 꾸준히 늘어 실적이 개선될 것으로 전망됨.

현금 흐름 〈단위 : 억원〉

항목	2016	2017
영업활동	-720	-496
투자활동	-138	-249
재무활동	1,085	472
순현금흐름	228	-273
기말현금	511	238

시장 대비 수익률

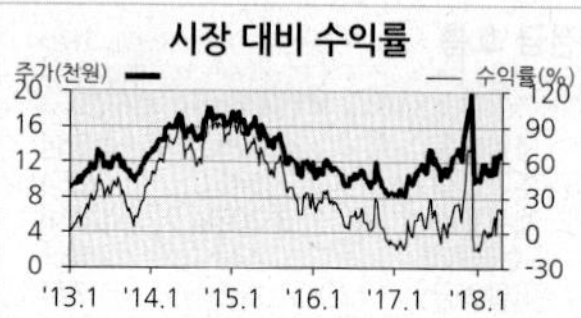

결산 실적 〈단위 : 억원〉

항목	2012	2013	2014	2015	2016	2017
매출액	4,014	4,757	5,700	6,321	6,476	6,368
영업이익	470	445	437	403	327	409
당기순이익	173	180	190	171	68	123

분기 실적 〈단위 : 억원〉

항목	2016.3Q	2016.4Q	2017.1Q	2017.2Q	2017.3Q	2017.4Q
매출액	1,593	1,450	1,591	1,528	1,660	1,589
영업이익	95	53	100	105	128	76
당기순이익	30	-16	33	32	51	8

재무 상태 〈단위 : 억원〉

항목	2012	2013	2014	2015	2016	2017
총자산	6,822	7,857	8,872	10,338	11,576	12,165
유형자산	6,082	7,051	7,728	8,904	9,736	10,535
무형자산	49	42	69	90	91	95
유가증권	19	23	21	52	48	51
총부채	5,129	5,955	6,785	8,063	9,233	9,702
총차입금	4,444	4,972	5,800	6,900	8,003	8,476
자본금	111	111	111	111	111	111
총자본	1,693	1,902	2,087	2,274	2,344	2,463
지배주주지분	1,693	1,902	2,087	2,253	2,334	2,456

기업가치 지표

항목	2012	2013	2014	2015	2016	2017
주가(최고/저)(천원)	10.2/6.0	14.0/8.6	18.2/12.6	18.1/10.0	12.3/8.2	20.1/8.0
PER(최고/저)(배)	9.8/5.8	17.2/10.6	21.2/14.7	22.8/12.7	34.2/22.8	35.2/14.1
PBR(최고/저)(배)	1.3/0.8	1.6/1.0	1.9/1.3	1.8/1.0	1.2/0.8	1.8/0.7
EV/EBITDA(배)	3.1	3.4	3.9	3.7	3.6	3.6
EPS(원)	1,039	813	860	790	360	570
BPS(원)	7,647	8,589	9,426	10,219	10,584	11,138
CFPS(원)	10,670	8,936	9,755	10,201	10,752	11,775
DPS(원)	—	—	—	—	—	—
EBITDAPS(원)	12,451	10,134	10,870	11,228	11,869	13,051

재무 비율 〈단위 : %〉

연도	영업이익률	순이익률	부채비율	차입금비율	ROA	ROE	유보율	자기자본비율	EBITDA마진율
2017	6.4	1.9	394.0	344.1	1.0	5.3	2,127.6	20.2	45.4
2016	5.1	1.1	394.0	341.5	0.6	3.5	2,016.8	20.2	40.6
2015	6.4	2.7	354.6	303.4	1.8	8.1	1,943.7	22.0	39.3
2014	7.7	3.3	325.0	277.8	2.3	9.5	1,785.1	23.5	42.2

에이치비테크놀러지 (A078150)

HB Technology

업 종	디스플레이 및 관련부품	시 장	KOSDAQ
신용등급	(Bond) — (CP) —	기업규모	우량
홈페이지	www.hbtechnology.co.kr	연 락 처	041)532-8730
본 사	충남 아산시 음봉면 산동로 87 (산동리 597-9)		

설 립 일	1997.09.02	**종 업 원 수**	562명	**대 표 이 사**	문성준
상 장 일	2004.12.08	**감 사 의 견**	적정(우덕)	**계 열**	
결 산 기	12월	**보 통 주**		**종속회사수**	
액 면 가	500원	**우 선 주**		**구 상 호**	

주주구성 (지분율,%)		출자관계 (지분율,%)		주요경쟁사 (외형,%)	
에이치비콥	15.9	케이맥_상장	9.0	HB테크놀러지	100
문성준	7.9	에이치비성장지원엠앤에이투자조합	3.0	동아엘텍	88
(외국인)	8.1			DMS	94

매출구성		비용구성		수출비중	
LCD, AMOLED 검사장비등	56.5	매출원가율	74.1	수출	43.5
BLU부품소재(도광판,확산판)	42.3	판관비율	9.1	내수	56.5
기타	0.9				

회사 개요

동사는 LCD 및 AMOLED 검사장비 제품을 생산 · 판매하는 업체임. 주요 거래처로는 국내에 삼성디스플레이, 삼성코닝정밀소재가 있으며 해외 거래처로는 중국의 BOE, 대만의 INNOLUX 등이 있음. 차세대 사업으로 AMOLED 업체인 삼성디스플레이와의 협력 개발을 통해 AMOLED 검사장비 개발에도 성공. 매출 구성은 장비사업부문의 LCD, AMOLED 검사장비등이 45.7%, 부품소재사업부문의 BLU부품소재가 54.3%를 차지함.

실적 분석

2017년 누적 매출액과 영업이익은 전년동기 대비 각각 5.5%, 26.1% 증가한 2,852.2억원, 479.8억원을 기록함. 장비사업부문의 LCD, AMOLED 검사장비 매출이 전년동기대비크게 증가하며 외형 성장. OLED분야가 성장함에 따라 AMOLED AOI 검사장비 등을 생산하는 동사가 지속적인 수혜를 받을 것으로 예상됨. 신규 장비사업군의 개발로 매출품목을 다양화하여 안정적인 성장세를 시현할 계획.

현금 흐름 *IFRS 별도 기준 〈단위 : 억원〉

항목	2016	2017
영업활동	509	499
투자활동	-486	-371
재무활동	-41	-16
순현금흐름	-18	109
기말현금	73	182

시장 대비 수익률

결산 실적 〈단위 : 억원〉

항목	2012	2013	2014	2015	2016	2017
매출액	333	1,443	1,333	1,457	2,705	2,852
영업이익	26	165	26	101	381	480
당기순이익	-102	214	13	68	294	378

분기 실적 *IFRS 별도 기준 〈단위 : 억원〉

항목	2016.3Q	2016.4Q	2017.1Q	2017.2Q	2017.3Q	2017.4Q
매출액	823	841	782	866	809	394
영업이익	130	121	141	203	163	-27
당기순이익	141	41	125	162	135	-44

재무 상태 *IFRS 별도 기준 〈단위 : 억원〉

항목	2012	2013	2014	2015	2016	2017
총자산	615	1,290	1,198	1,132	2,007	2,002
유형자산	296	495	453	411	405	417
무형자산	102	211	203	180	148	105
유가증권	2	11	0	0	155	513
총부채	487	518	407	268	792	441
총차입금	236	276	269	159	130	75
자본금	201	378	385	385	386	395
총자본	128	772	792	864	1,215	1,561
지배주주지분	128	772	792	864	1,215	1,561

기업가치 지표 *IFRS 별도 기준

항목	2012	2013	2014	2015	2016	2017
주가(최고/저)(천원)	1.4/0.9	1.9/1.1	2.3/1.0	2.0/1.0	5.2/1.9	5.9/3.2
PER(최고/저)(배)	—/—	5.2/3.0	134.9/58.4	23.5/11.7	13.9/5.0	12.5/6.8
PBR(최고/저)(배)	3.7/2.4	1.8/1.0	2.2/1.0	1.8/0.9	3.3/1.2	3.0/1.6
EV/EBITDA(배)	16.9	6.3	9.6	8.6	8.0	3.8
EPS(원)	-277	374	17	89	381	481
BPS(원)	394	1,065	1,073	1,166	1,617	2,017
CFPS(원)	-254	464	130	201	505	595
DPS(원)	—	—	—	—	30	40
EBITDAPS(원)	94	378	145	243	617	725

재무 비율 〈단위 : %〉

연도	영업이익률	순이익률	부채비율	차입금비율	ROA	ROE	유보율	자기자본비율	EBITDA마진율
2017	16.8	13.3	28.2	4.8	18.9	27.2	304.1	78.0	20.0
2016	14.1	10.9	65.2	10.7	18.7	28.3	224.0	60.5	17.6
2015	6.9	4.7	31.0	18.4	5.9	8.3	133.5	76.4	12.9
2014	1.9	1.0	51.4	34.0	1.1	1.7	115.0	66.1	8.3

에이치시티 (A072990)

HCT COLTD

업　　종 : 전자 장비 및 기기　　시　　장 : KOSDAQ
신용등급 : (Bond) —　(CP) —　　기업규모 : 중견
홈페이지 : www.hct.co.kr　　연 락 처 : 031)645-6300
본　　사 : 경기도 이천시 마장면 서이천로578번길 74

설 립 일	2000.05.12	**종업원수**	233명	**대표이사**	이수찬
상 장 일	2016.10.17	**감사의견**	적정(한울)	**계　　열**	
결 산 기	12월	**보 통 주**		**종속회사수**	1개사
액 면 가	500원	**우 선 주**		**구 상 호**	

주주구성 (지분율,%)		출자관계 (지분율,%)		주요경쟁사 (외형,%)	
이수찬	14.0	HYUNDAIC-TECH,AMERICA	100.0	에이치시티	100
허봉재	11.0	HCTIPRIVATE	51.5	동일기연	123
(외국인)	0.3	HCTAMERICALLC	51.0	파크시스템스	118

매출구성		비용구성		수출비중	
정보통신기기	53.8	매출원가율	65.2	수출	3.4
교정분야	32.3	판관비율	33.4	내수	96.6
차량용기기	5.0				

회사 개요

동사는 2000년 5월 12일 주식회사 현대전자산업의 품질보증부문이 분리되어 신설된 법인으로서, 경기도 이천시에 본사를 두고 전자기기등의 시험·인증서비스용역업과 측정기기의 교정용역 및 수리용역업 등을 영위하고 있음. 동사는 주력 사업분야인 정보통신분야 외 자동차, 신뢰성(배터리), 초고주파 무선 시험인증, 비강제인증 분야로 사업 확장을 추진하고 있음. 2018년 1분기 중에 본격적인 신규사업을 시작할 계획.

실적 분석

건물, 차폐장치 등의 신규 CAPA증설 지연 등으로 동사의 연결기준 2017년 연간 누적 매출액은 전년동기 대비 1.3% 감소한 278.8억원을 기록함. 인건비 및 종속회사 신규투자에 따른 감가상각비 증가 등 판관비 증가로 영업이익은 전년동기 대비 92.3% 감소한 3.8억원을 기록함. 비영업손익은 적자전환하여 당기순이익은 전년동기 대비 97.9% 감소한 0.9억원을 기록함.

현금 흐름 <단위 : 억원>

항목	2016	2017
영업활동	16	48
투자활동	-132	-157
재무활동	207	46
순현금흐름	92	-64
기말현금	157	94

시장 대비 수익률

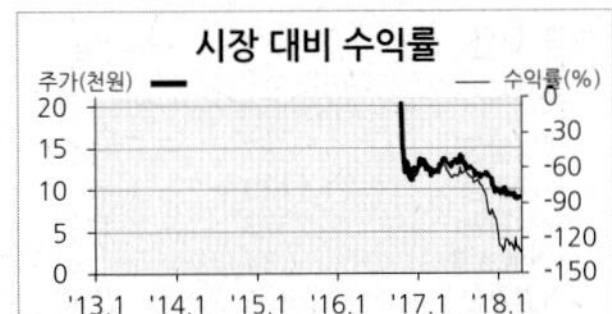

결산 실적 <단위 : 억원>

항목	2012	2013	2014	2015	2016	2017
매출액	209	271	230	244	282	279
영업이익	30	41	64	54	49	4
당기순이익	22	34	28	49	42	1

분기 실적 <단위 : 억원>

항목	2016.3Q	2016.4Q	2017.1Q	2017.2Q	2017.3Q	2017.4Q
매출액	67	71	64	77	76	62
영업이익	9	4	1	9	5	-11
당기순이익	7	4	2	7	3	-12

재무 상태 <단위 : 억원>

항목	2012	2013	2014	2015	2016	2017
총자산	227	272	364	353	572	628
유형자산	123	132	159	198	247	407
무형자산	4	4	6	3	7	9
유가증권	3	4	—	0	0	0
총부채	132	145	202	165	142	200
총차입금	81	73	89	94	101	147
자본금	7	7	8	9	23	23
총자본	95	128	162	188	430	428
지배주주지분	95	128	162	188	430	428

기업가치 지표

항목	2012	2013	2014	2015	2016	2017
주가(최고/저)(천원)	—/—	—/—	—/—	—/—	21.1/10.6	14.2/9.6
PER(최고/저)(배)	0.0/0.0	0.0/0.0	0.0/0.0	0.0/0.0	15.8/7.9	737.6/499.7
PBR(최고/저)(배)	0.0/0.0	0.0/0.0	0.0/0.0	0.0/0.0	2.3/1.1	1.5/1.0
EV/EBITDA(배)	1.1	0.6	—	0.3	6.1	11.7
EPS(원)	1,131	1,815	1,556	2,656	1,339	19
BPS(원)	67,957	91,458	100,810	109,337	9,382	9,342
CFPS(원)	23,693	36,293	27,313	36,888	2,154	848
DPS(원)	—	—	—	—	—	—
EBITDAPS(원)	28,886	41,513	49,253	39,570	2,388	912

재무 비율 <단위 : %>

연도	영업이익률	순이익률	부채비율	차입금비율	ROA	ROE	유보율	자기자본비율	EBITDA마진율
2017	1.4	0.3	46.7	34.4	0.2	0.2	1,768.4	68.2	15.0
2016	17.4	14.8	33.0	23.5	9.1	13.6	1,776.4	75.2	26.4
2015	22.1	20.1	88.2	49.9	13.6	28.1	2,086.7	53.1	29.9
2014	27.9	12.4	124.9	54.9	—	—	1,916.2	44.5	34.4

에이치알에스 (A036640)

HRS

업　　종 : 화학　　시　　장 : KOSDAQ
신용등급 : (Bond) —　(CP) —　　기업규모 : 우량
홈페이지 : www.hrssilicone.com　　연 락 처 : 031)655-8822
본　　사 : 경기도 평택시 팽성읍 추팔산단2길 7

설 립 일	1981.06.30	**종업원수**	147명	**대표이사**	김진성
상 장 일	2000.05.30	**감사의견**	적정(삼정)	**계　　열**	
결 산 기	12월	**보 통 주**		**종속회사수**	1개사
액 면 가	500원	**우 선 주**		**구 상 호**	

주주구성 (지분율,%)		출자관계 (지분율,%)		주요경쟁사 (외형,%)	
강성자	23.0	SUZHOUHAERYONGSILICONE	100.0	HRS	100
김진영	11.0			동남합성	203
(외국인)	3.7			엔피케이	108

매출구성		비용구성		수출비중	
실리콘 고무 컴파운드제품	76.1	매출원가율	77.6	수출	32.1
실리콘 고무 가공제품	16.1	판관비율	11.1	내수	67.9
실리콘관련 상품	5.2				

회사 개요

동사는 실리콘고무제품 제조를 영위할 목적으로 1981년 6월 30일에 설립되었으며, 2000년 5월 30일 코스닥시장에 상장됨. 실리콘고무시장은 세계적으로 연평균 약 3~5% 성장을 하고 있음. 동사는 업계 1위 수준의 점유율을 나타내고 있으며, 전자, 전기, 자동차, 통신, 의료 등 각 분야에서 사용되는 특수 실리콘 소재를 용도, 특성에 따라 제조. 판매하고 있음. 동사의 경쟁력은 고부가가치의 특수 Grade 제품을 적시에 공급하는데 있음.

실적 분석

동사는 수출 및 내수 호전, 주력인 실리콘고무제품의 실적 개선으로 전년동기 대비 19.9% 증가한 677.2억원의 매출액을 기록함. 더불어 원가 부담 축소되어 영업이익은 전년동기 대비 73% 증가한 76.7억원 시현. 당기순이익 또한 58.4% 증가한 62.9억원을 시현하며 수익성 강화된 모습. 제품 믹스 다각화 매출 본격화 및 IT제품 필드 테스트 성공에 따른 매출 발생이 기대되는 바 향후 실적 개선 가능할 것으로 기대.

현금 흐름 <단위 : 억원>

항목	2016	2017
영업활동	27	30
투자활동	-22	-4
재무활동	46	-6
순현금흐름	51	19
기말현금	155	174

시장 대비 수익률

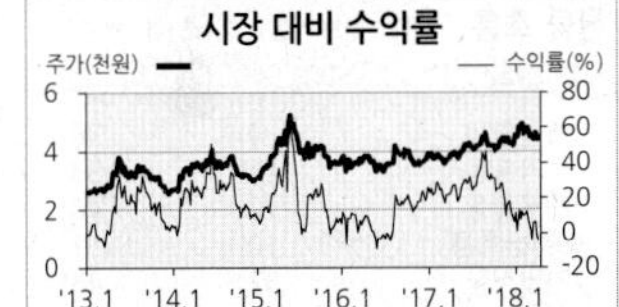

결산 실적 <단위 : 억원>

항목	2012	2013	2014	2015	2016	2017
매출액	611	565	574	597	565	677
영업이익	42	28	51	51	44	77
당기순이익	35	24	47	42	40	63

분기 실적 <단위 : 억원>

항목	2016.3Q	2016.4Q	2017.1Q	2017.2Q	2017.3Q	2017.4Q
매출액	134	154	167	171	160	179
영업이익	7	17	23	23	14	17
당기순이익	5	15	19	20	12	11

재무 상태 <단위 : 억원>

항목	2012	2013	2014	2015	2016	2017
총자산	734	815	853	886	973	1,031
유형자산	300	360	377	368	262	250
무형자산	10	10	9	8	7	7
유가증권	5	6	5	11	12	13
총부채	102	168	170	164	225	226
총차입금	5	80	79	78	137	136
자본금	82	82	82	82	82	82
총자본	631	647	683	722	748	804
지배주주지분	631	647	683	722	748	804

기업가치 지표

항목	2012	2013	2014	2015	2016	2017
주가(최고/저)(천원)	3.4/2.2	3.8/2.5	4.1/2.6	5.3/3.0	4.7/3.2	4.6/3.6
PER(최고/저)(배)	17.4/11.4	28.9/19.4	15.4/9.6	21.7/12.3	19.9/13.8	12.2/9.5
PBR(최고/저)(배)	1.0/0.6	1.0/0.7	1.1/0.7	1.3/0.7	1.1/0.7	1.0/0.7
EV/EBITDA(배)	6.7	9.3	7.1	8.5	10.3	7.1
EPS(원)	216	144	289	255	243	384
BPS(원)	3,897	4,011	4,230	4,414	4,571	4,918
CFPS(원)	351	282	410	370	347	484
DPS(원)	20	70	80	30	80	80
EBITDAPS(원)	389	310	433	425	375	568

재무 비율 <단위 : %>

연도	영업이익률	순이익률	부채비율	차입금비율	ROA	ROE	유보율	자기자본비율	EBITDA마진율
2017	11.3	9.3	28.2	16.9	6.3	8.1	883.7	78.0	13.7
2016	7.9	7.0	30.2	18.4	4.3	5.4	814.2	76.8	10.9
2015	8.5	7.0	22.8	10.8	4.8	5.9	782.8	81.5	11.6
2014	8.9	8.2	25.0	11.6	5.7	7.1	746.0	80.0	12.3

에이치엔에스하이텍 (A044990)
H&SHighTech

업 종 : 디스플레이 및 관련부품
신용등급 : (Bond) — (CP) —
홈페이지 : www.hnshightech.com
본 사 : 대전시 유성구 테크노1로 62-7(관평동)
시 장 : KONEX
기업규모 : —
연 락 처 : 042)866-1300

설 립 일	1995.12.06	**종업원수**	138명	**대표이사**	김정희
상 장 일	2015.12.10	**감사의견**	적정(삼덕)	**계 열**	
결 산 기	12월	**보 통 주**		**종속회사수**	
액 면 가	—	**우 선 주**		**구 상 호**	

주주구성 (지분율,%)		출자관계 (지분율,%)		주요경쟁사 (외형,%)	
김정희	19.4	오즈인터미디어	25.7	에이치엔에스하이텍	100
한국투자파트너스	11.1			사파이어테크놀로지	47
				쎄미시스코	61

매출구성		비용구성		수출비중	
Ceramic (COS) 외	31.5	매출원가율	74.0	수출	45.5
기타 수정진동자	22.2	판관비율	32.7	내수	54.5
TOUCH	22.0				

회사 개요

1995년 12월 6일에 설립된 동사는 대전 유성구에 연구소와 공장을 보유. 디스플레이 소재 제조업체로 ACF 및 수정진동자 개발 및 제조 사업을 영위하고 있음. 동사는 특허에 기반한 ACF 제조기술을 보유하고 있는 원천기술 기반 벤처기업임. 동사의 주요 사업 제품으로는 ACF(Anisotropic Conductive Film: 이방성 전도형 필름)을 제조하고 있음.

실적 분석

동사의 2018년 결산 연결기준 매출액은 전년동기 대비 21.3% 증가한 407.0억원임. 비용면에서 매출원가가 30.5% 증가하고, 판관비가 14.1% 증가하면서 영업손실은 27.2억원으로 적자폭이 확대되었음. 동사는 2017년말 기준 51억원의 현금성자산을 보유하고 있으며 특히 기말 당시 84억원의 단기차입금만을 보유하고 있어 전반적인 자금지급능력은 우수한 것으로 판단됨.

현금 흐름 *IFRS 별도 기준 〈단위 : 억원〉

항목	2016	2017
영업활동	9	36
투자활동	-11	-83
재무활동	10	40
순현금흐름	10	-7
기말현금	52	45

시장 대비 수익률

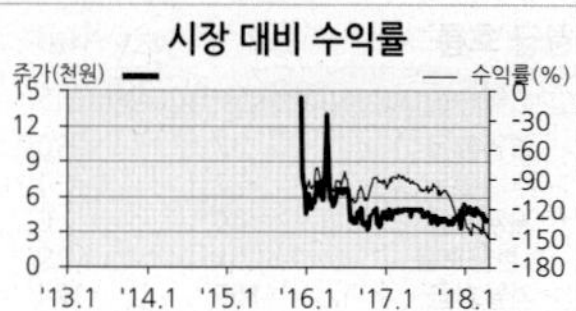

결산 실적 〈단위 : 억원〉

항목	2012	2013	2014	2015	2016	2017
매출액	282	527	455	327	335	407
영업이익	81	135	62	-16	-12	-27
당기순이익	66	108	36	-9	-2	-37

분기 실적 *IFRS 별도 기준 〈단위 : 억원〉

항목	2016.3Q	2016.4Q	2017.1Q	2017.2Q	2017.3Q	2017.4Q
매출액	—	—	—	—	—	—
영업이익	—	—	—	—	—	—
당기순이익	—	—	—	—	—	—

재무 상태 *IFRS 별도 기준 〈단위 : 억원〉

항목	2012	2013	2014	2015	2016	2017
총자산	382	453	464	436	457	514
유형자산	74	98	84	63	54	118
무형자산	51	93	75	63	52	40
유가증권	1	1	1	1	1	1
총부채	153	130	85	77	84	133
총차입금	111	75	32	32	32	79
자본금	33	33	36	36	38	38
총자본	228	324	380	359	374	381
지배주주지분	228	324	380	359	374	381

기업가치 지표 *IFRS 별도 기준

항목	2012	2013	2014	2015	2016	2017
주가(최고/저)(천원)	—/—	—/—	—/—	16.9/4.6	15.3/3.3	5.4/2.9
PER(최고/저)(배)	0.0/0.0	0.0/0.0	0.0/0.0	—/—	4,031.5/862.1	26.0/14.4
PBR(최고/저)(배)	0.0/0.0	0.0/0.0	0.0/0.0	3.5/1.0	3.2/0.7	1.1/0.6
EV/EBITDA(배)	0.5	0.2	—	15.3	19.1	8.2
EPS(원)	1,154	1,587	654	-138	4	208
BPS(원)	3,443	4,841	5,261	4,980	4,982	5,078
CFPS(원)	1,353	1,797	1,076	288	343	546
DPS(원)	—	—	—	—	100	—
EBITDAPS(원)	1,597	2,201	1,332	224	206	626

재무 비율 〈단위 : %〉

연도	영업이익률	순이익률	부채비율	차입금비율	ROA	ROE	유보율	자기자본비율	EBITDA마진율
2017	-6.7	-9.1	44.7	25.8	-7.9	-8.3	750.9	69.1	2.4
2016	-3.5	-0.6	30.7	8.8	-0.4	-0.5	861.1	76.5	4.6
2015	-4.9	-2.7	22.2	9.0	-2.0	-2.4	875.3	81.9	5.5
2014	13.7	7.9	23.4	8.6	7.8	10.3	930.7	81.0	20.9

에이치엔티일렉트로닉스 (A176440)
HNT Electronics

업 종 : 휴대폰 및 관련부품
신용등급 : (Bond) — (CP) —
홈페이지 : www.hntelec.com
본 사 : 경기도 성남시 분당구 판교로 323(삼평동, 벤처포럼빌딩7층)
시 장 : KOSDAQ
기업규모 : 중견
연 락 처 : 031)739-7897

설 립 일	2008.10.07	**종업원수**	81명	**대표이사**	김진헌
상 장 일	2016.11.28	**감사의견**	적정(삼정)	**계 열**	
결 산 기	12월	**보 통 주**		**종속회사수**	2개사
액 면 가	500원	**우 선 주**		**구 상 호**	

주주구성 (지분율,%)		출자관계 (지분율,%)		주요경쟁사 (외형,%)	
코아시아홀딩스	33.1	HNTVinaCompany	100.0	에이치엔티	100
EastBridge Asian Mid-market Opportunity Fund, L.P.	11.0	HNT(Dongguan)	100.0	나무가	126
(외국인)	20.9			세코닉스	162

매출구성		비용구성		수출비중	
CCM	99.8	매출원가율	91.7	수출	99.9
샘플 외	0.2	판관비율	7.5	내수	0.1

회사 개요

동사는 연결대상인 2개의 주요 종속회사를 보유하고 있는 카메라 모듈 제조기업임. 2개의 주요종속회사는 중국(동관), 베트남(호아빈)에 위치하고 있으며, 이들 종속회사에 대하여 각각 100%의 지분을 보유.주요 생산 제품인 카메라 모듈 제품은 삼성전자의 스마트폰, 태블릿, 피처폰 등에 채용되고 있으며, 카메라 모듈 시장은 보안, 자동차 등 확대될 것으로 전망. 점차 저화소 카메라모듈에서 고화소 비중으로 매출이 이동하고 있음.

실적 분석

2017년 누적 매출은 2,043.2억원으로 전년대비 1.5% 증가, 영업이익은 16.9억원으로 전년대비 82.2% 감소. 당기순이익은 -20.3억원으로 적자전환. 저화소 모듈에 대한 지속적인 판가 하락 및 점유율 경쟁 격화 영향. 수율 안정화로 사양이 강화된 보급형 스마트폰 출시가 예상되는 2018년 1분기부터 수익성 개선 예상. 주력 거래선의 보급형 스마트폰 사양 강화 지속에 따라 전면 카메라모듈의 고화소화 및 AF모듈 탑재 비중 증대예상.

현금 흐름 〈단위 : 억원〉

항목	2016	2017
영업활동	87	-60
투자활동	-129	-61
재무활동	73	113
순현금흐름	34	-4
기말현금	221	216

시장 대비 수익률

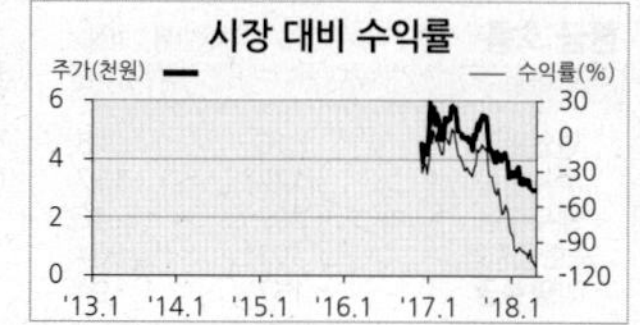

결산 실적 〈단위 : 억원〉

항목	2012	2013	2014	2015	2016	2017
매출액	1,042	1,920	1,227	1,422	2,014	2,043
영업이익	84	225	43	26	95	17
당기순이익	57	175	14	15	71	-20

분기 실적 〈단위 : 억원〉

항목	2016.3Q	2016.4Q	2017.1Q	2017.2Q	2017.3Q	2017.4Q
매출액	532	409	479	432	592	540
영업이익	29	-2	22	11	11	-28
당기순이익	20	0	12	5	7	-44

재무 상태 〈단위 : 억원〉

항목	2012	2013	2014	2015	2016	2017
총자산	497	718	686	908	973	1,035
유형자산	99	95	266	295	288	335
무형자산	90	91	69	76	74	72
유가증권	—	6	6	6	—	—
총부채	393	436	390	601	420	539
총차입금	106	30	171	272	183	304
자본금	25	27	27	27	35	69
총자본	104	281	296	308	552	495
지배주주지분	104	281	296	308	552	495

기업가치 지표

항목	2012	2013	2014	2015	2016	2017
주가(최고/저)(천원)	—/—	—/—	—/—	—/—	10.6/7.8	6.3/3.3
PER(최고/저)(배)	0.0/0.0	0.0/0.0	0.0/0.0	0.0/0.0	8.3/6.1	—/—
PBR(최고/저)(배)	0.0/0.0	0.0/0.0	0.0/0.0	0.0/0.0	1.3/1.0	1.7/0.9
EV/EBITDA(배)	0.8	—	1.2	1.3	3.1	8.3
EPS(원)	568	1,686	131	145	636	-149
BPS(원)	20,707	53,000	53,474	5,557	7,971	3,695
CFPS(원)	13,931	37,090	7,022	1,012	1,989	176
DPS(원)	—	—	—	—	—	—
EBITDAPS(원)	19,275	46,819	12,228	1,210	2,407	449

재무 비율 〈단위 : %〉

연도	영업이익률	순이익률	부채비율	차입금비율	ROA	ROE	유보율	자기자본비율	EBITDA마진율
2017	0.8	-1.0	108.9	61.3	-2.0	-3.9	639.1	47.9	3.0
2016	4.7	3.5	76.1	33.1	7.5	16.5	1,494.2	56.8	6.8
2015	1.8	1.1	195.1	88.5	1.9	5.1	1,059.3	33.9	4.5
2014	3.5	1.1	131.6	57.6	2.0	4.8	1,015.6	43.2	5.5

에이치엘비 (A028300)

HLB

업 종 : 조선 | 시 장 : KOSDAQ
신용등급 : (Bond) — (CP) — | 기업규모 : 중견
홈페이지 : www.hlbkorea.com | 연 락 처 : 052)240-3500
본 사 : 울산시 울주군 온산읍 당월로 216-53

설 립 일	1985.10.31	**종업원수**	97명	**대표이사**	진양곤
상 장 일	1996.07.10	**감사의견**	적정(삼정)	**계 열**	
결 산 기	12월	**보 통 주**		**종속회사수**	2개사
액 면 가	500원	**우 선 주**		**구 상 호**	

주주구성 (지분율,%)		출자관계 (지분율,%)		주요경쟁사 (외형,%)	
진양곤	10.8	현대요트	39.4	에이치엘비	100
Alex Sukwon Kim	2.5	라이프리버	39.0	현대중공업	67,236
(외국인)	7.4	바다중공업	28.9	삼성중공업	34,343

매출구성		비용구성		수출비중	
구명정, GRP/GRE Pipe, DAVIT	95.8	매출원가율	90.5	수출	67.3
기타 서비스	4.2	판관비율	123.0	내수	32.7

회사 개요

동사는 1985년에 설립되어 구명정 제조 및 GRE,GRP제조 사업을 영위하는 업체임. 종속회사로는 바이오연구를 주사업으로 하는 라이프리버가 있음. 40년간 구명정을 생산하여 왔으며 2000년 6월 현대정공으로부터 분리된 국내유일의 구명정 제조 업체로서 자체 개발한 소형 엔진과 다수의 구명정 모델을 개발하여 년간 700대의 구명정 생산 능력을 갖춤. 매출 비중은 구명정, DAVIT, 파이프 제조 등이 95% 이상 차지함.

실적 분석

동사의 2017년 연간 매출액은 전년동기대비 23.7% 하락한 230.1억원을 기록하였음. 비용면에서 전년동기대비 매출원가는 감소 하였으며 인건비는 증가 했고 기타판매비와관리비는 감소함. 주춤한 모습의 매출액에 의해 전년동기대비 영업손실은 261.2억원으로 적자지속 하였음. 최종적으로 전년동기대비 당기순손실은 적자지속하여 213.3억원을 기록함. 적자지속보다 전 부분의 적자폭이 증가한 것이 우려스러운 부분.

현금 흐름

<단위 : 억원>

항목	2016	2017
영업활동	-127	-213
투자활동	-32	-127
재무활동	209	320
순현금흐름	50	-20
기말현금	94	73

시장 대비 수익률

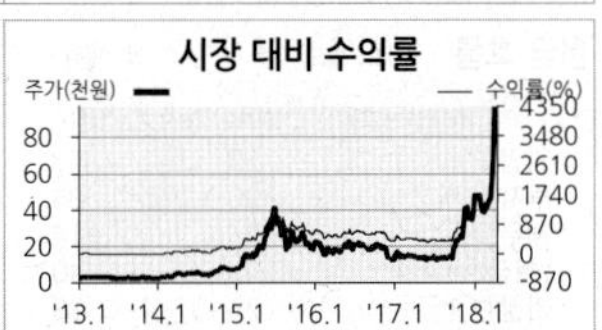

결산 실적

<단위 : 억원>

항목	2012	2013	2014	2015	2016	2017
매출액	516	208	372	385	301	230
영업이익	-29	-53	4	-60	-210	-261
당기순이익	-86	-108	-32	104	-233	-213

분기 실적

<단위 : 억원>

항목	2016.3Q	2016.4Q	2017.1Q	2017.2Q	2017.3Q	2017.4Q
매출액	65	62	60	71	49	50
영업이익	-58	-105	-42	-50	-47	-122
당기순이익	-42	-144	-37	-49	-75	-52

재무 상태

<단위 : 억원>

항목	2012	2013	2014	2015	2016	2017
총자산	500	361	543	1,852	1,867	1,882
유형자산	196	136	135	111	108	103
무형자산	54	5	7	1,307	1,310	1,266
유가증권	8	9	1	11	47	15
총부채	284	206	312	708	626	745
총차입금	178	135	231	227	134	361
자본금	112	124	140	172	179	182
총자본	216	155	230	1,144	1,241	1,137
지배주주지분	198	161	240	847	887	772

기업가치 지표

항목	2012	2013	2014	2015	2016	2017
주가(최고/저)(천원)	3.3/1.8	3.5/2.2	9.1/2.4	42.2/7.6	23.4/12.0	41.7/12.8
PER(최고/저)(배)	—/—	—/—	—/—	112.0/20.3	—/—	—/—
PBR(최고/저)(배)	3.6/2.0	5.2/3.3	10.4/2.7	17.0/3.1	9.4/4.8	19.5/6.0
EV/EBITDA(배)	—	—	101.7	—	—	—
EPS(원)	-370	-351	-111	377	-370	-457
BPS(원)	910	678	877	2,483	2,491	2,140
CFPS(원)	-227	-258	-42	429	-325	-412
DPS(원)	—	—	—	—	—	—
EBITDAPS(원)	-4	-127	83	-125	-543	-677

재무 비율

<단위 : %>

연도	영업 이익률	순 이익률	부채 비율	차입금 비율	ROA	ROE	유보율	자기자본 비율	EBITDA 마진율
2017	-113.5	-92.7	65.6	31.8	-11.4	-19.9	328.1	60.4	-106.4
2016	-69.7	-77.2	50.5	10.8	-12.5	-15.2	398.2	66.5	-64.4
2015	-15.5	27.2	61.9	19.8	8.7	23.3	396.5	61.8	-10.9
2014	1.0	-8.7	135.7	100.2	-7.2	-14.6	75.4	42.4	5.9

에이치엘비생명과학 (A067630)

HLB Life Science

업 종 : 도소매 | 시 장 : KOSDAQ
신용등급 : (Bond) — (CP) — | 기업규모 : 중견
홈페이지 : www.hlb-ls.com | 연 락 처 : 02)2627-6700
본 사 : 경기도 성남시 분당구 판교로 228번길 15, 3동 502호(삼평동, 판교세븐벤처밸리 1단지)

설 립 일	1998.07.24	**종업원수**	31명	**대표이사**	김하용
상 장 일	2008.11.25	**감사의견**	적정(태성)	**계 열**	
결 산 기	12월	**보 통 주**		**종속회사수**	3개사
액 면 가	500원	**우 선 주**		**구 상 호**	에이치엘비엘에스

주주구성 (지분율,%)		출자관계 (지분율,%)		주요경쟁사 (외형,%)	
에이치엘비	7.8			에이치엘비생명과학	100
강수진	2.3			대명코퍼레이션	221
(외국인)	0.4			부방	360

매출구성		비용구성		수출비중	
[에이치엘비 생명과학]ESCO	99.5	매출원가율	94.9	수출	—
[에이치엘비 생명과학]기타	0.6	판관비율	4.2	내수	—

회사 개요

에너지절약 관련 엔지니어링 서비스업을 위한 진단, 설계, 시공 등을 주사업으로 하여 에너지 사용자의 기존 에너지 사용시설을 동사 부담으로 교체/보완하여 주고 이에 따른 에너지절감 액으로부터 투자비와 이윤을 회수하는 ESCO(Energy Service Company) 사업 등을 영위함. 최근 3년간 에너지이용 합리화자금 ESCO부분 인출실적 기준으로 약 7%의 시장을 점유함. 정부의 강력한 에너지절약 시책으로 시장규모 성장세가 지속될 전망.

실적 분석

동사의 2017년 매출과 영업이익은 1,064억원, 9.9억원으로 전년 대비 매출은 152% 증가하고 흑자전환함. 당기순이익도 78억원으로 흑자전환함. 동사의 ESCO 사업부문 매출액은 전년 대비 44.1% 증가했으며 대손환입 및 비용 절감 정책 등에 따라 영업이익은 흑자전환함. 의약품도매사업은 매출처의 신규확대로 전년 대비 10.1% 증가했으나 2017년 신규인력 충원에 따른 판관비 증가로 영업이익은 흑자전환함.

현금 흐름

<단위 : 억원>

항목	2016	2017
영업활동	-23	-5
투자활동	-250	24
재무활동	158	74
순현금흐름	-114	93
기말현금	42	134

시장 대비 수익률

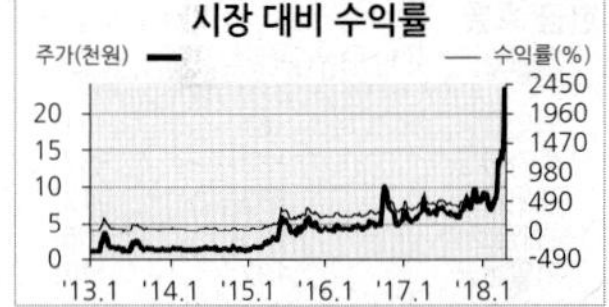

결산 실적

<단위 : 억원>

항목	2012	2013	2014	2015	2016	2017
매출액	90	200	366	273	422	1,064
영업이익	-47	-32	15	-97	-14	10
당기순이익	-84	-41	14	-170	-13	78

분기 실적

<단위 : 억원>

항목	2016.3Q	2016.4Q	2017.1Q	2017.2Q	2017.3Q	2017.4Q
매출액	7	315	237	286	242	298
영업이익	-15	19	-9	2	-2	19
당기순이익	-18	28	-8	-2	-2	90

재무 상태

<단위 : 억원>

항목	2012	2013	2014	2015	2016	2017
총자산	459	482	334	427	827	990
유형자산	101	31	35	34	36	33
무형자산	0	1	53	10	42	21
유가증권	22	22	19	90	217	272
총부채	388	372	200	168	550	462
총차입금	290	210	116	57	232	114
자본금	32	67	72	123	123	138
총자본	70	110	134	259	277	528
지배주주지분	70	110	134	259	277	528

기업가치 지표

항목	2012	2013	2014	2015	2016	2017
주가(최고/저)(천원)	2.2/1.0	4.0/1.1	2.1/1.2	6.4/1.2	12.1/3.9	10.7/5.3
PER(최고/저)(배)	—/—	—/—	20.4/11.5	—/—	—/—	37.1/18.2
PBR(최고/저)(배)	2.1/0.9	4.6/1.2	2.1/1.2	5.9/1.1	10.4/3.4	5.5/2.7
EV/EBITDA(배)	—	—	12.2	—	—	152.1
EPS(원)	-1,169	-445	103	-955	-52	289
BPS(원)	1,309	865	990	1,084	1,159	1,964
CFPS(원)	-1,395	-384	143	-915	-38	300
DPS(원)	—	—	—	—	—	—
EBITDAPS(원)	-757	-289	147	-503	-44	49

재무 비율

<단위 : %>

연도	영업 이익률	순 이익률	부채 비율	차입금 비율	ROA	ROE	유보율	자기자본 비율	EBITDA 마진율
2017	0.9	7.3	87.4	21.7	8.5	19.3	282.5	53.4	1.2
2016	-3.3	-3.0	198.6	83.9	-2.0	-4.7	124.9	33.5	-2.5
2015	-35.5	-62.4	64.9	21.9	-44.8	-86.6	110.4	60.7	-32.9
2014	4.0	3.8	148.5	86.0	3.4	11.5	87.9	40.3	5.4

에이치엘비파워 (A043220)

HLB POWER

업 종 : 석유 및 가스 | 시 장 : KOSDAQ
신용등급 : (Bond) — (CP) — | 기업규모 : 중견
홈페이지 : www.hlbpower.com | 연 락 처 : 02)544-3301
본 사 : 서울시 강남구 도산대로 333 9, 10층(신사동, 케이플러스타워)

설 립 일	1995.07.31	**종 업 원 수**	125명	**대 표 이 사**	임창윤,김종원,
상 장 일	2001.06.22	**감 사 의 견**	적정(한영)	**계 열**	
결 산 기	12월	**보 통 주**		**종속회사수**	5개사
액 면 가	500원	**우 선 주**		**구 상 호**	유아이엠엔터

주주구성 (지분율,%)		출자관계 (지분율,%)		주요경쟁사 (외형,%)	
진양곤	10.7	에이치엘비네트웍스	100.0	에이치엘비파워	100
에이치엘비	2.2	와이앤에이치메디	100.0	E1	11,774
(외국인)	0.7	이화투자조합	30.3	리드코프	1,182

매출구성		비용구성		수출비중	
유류유통(기타)	90.6	매출원가율	95.4	수출	—
의료기기(기타)	6.8	판관비율	31.7	내수	—
미용(기타)	2.4				

회사 개요

동사는 1995년 7월 설립되어 2000년 7월 코스닥시장에 상장되었으며, 발전플랜트설비 댐퍼 및 전력배전설비 부스웨이 제조 판매와 전기에너지 저장시스템인 ESS 사업을 영위하고 있음. 연결대상 종속회사는 구명정과 데빗 판매 및 수리검사를 주요사업으로 하는 에이치엘비 네트웍스, 의료기기 제조 및 판매업을 주요 사업으로 하는 와이앤에이치메디 등 총 5개 회사임.

실적 분석

동사의 2017년 연결기준 4/4분기 누적 매출액은 전년 동기 대비 14.0% 증가한 374.4억원을 기록함. 삼광피에스와의 합병으로 Damper 플랜트 및 Busway, ESS 사업부문의 매출이 발생한 영향. 그러나 매출원가와 판관비가 각각 18.1%, 12.4% 증가함에 따라 101.6억원의 영업손실을 기록했음. 비영업부문에서도 29.3억원의 손실을 기록함에 따라 적자폭이 확대되어 132.8억원의 당기순손실을 시현하며 적자를 지속했음.

현금 흐름 〈단위 : 억원〉

항목	2016	2017
영업활동	-61	-91
투자활동	-88	-87
재무활동	335	12
순현금흐름	185	-166
기말현금	192	27

시장 대비 수익률

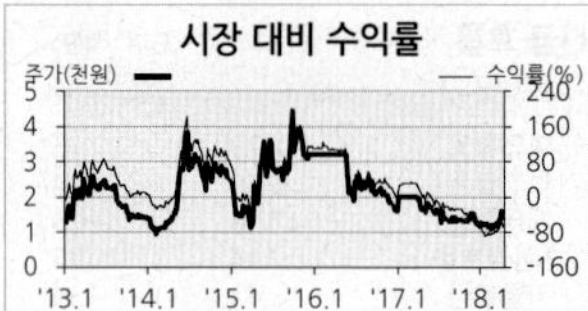

결산 실적 〈단위 : 억원〉

항목	2012	2013	2014	2015	2016	2017
매출액	35	153	177	185	329	374
영업이익	-40	-5	-1	-99	-80	-102
당기순이익	-72	-16	-59	-241	-101	-133

분기 실적 〈단위 : 억원〉

항목	2016.3Q	2016.4Q	2017.1Q	2017.2Q	2017.3Q	2017.4Q
매출액	61	129	149	78	48	100
영업이익	-9	-63	10	-26	-45	-40
당기순이익	-13	-145	24	-32	-58	-67

재무 상태 〈단위 : 억원〉

항목	2012	2013	2014	2015	2016	2017
총자산	82	192	304	232	837	671
유형자산	1	2	7	5	176	243
무형자산	0	0	8	1	47	73
유가증권	—	—	—	—	34	21
총부채	53	140	176	157	623	395
총차입금	37	131	144	110	421	268
자본금	16	29	72	139	189	260
총자본	29	51	127	75	213	276
지배주주지분	29	51	125	75	213	276

기업가치 지표

항목	2012	2013	2014	2015	2016	2017
주가(최고/저)(천원)	10.1/1.3	3.0/1.4	4.3/1.0	4.9/1.1	3.5/1.7	2.1/1.2
PER(최고/저)(배)	—/—	—/—	—/—	—/—	—/—	—/—
PBR(최고/저)(배)	10.2/1.3	3.1/1.4	4.6/1.1	16.5/3.7	5.7/2.8	3.9/2.2
EV/EBITDA(배)	—	—	8,046.7	—	—	—
EPS(원)	-2,378	-388	-632	-1,152	-314	-257
BPS(원)	906	887	863	271	564	531
CFPS(원)	-1,715	-348	-616	-1,142	-290	-207
DPS(원)	—	—	—	—	—	—
EBITDAPS(원)	-665	-79	1	-462	-224	-148

재무 비율 〈단위 : %〉

연도	영업이익률	순이익률	부채비율	차입금비율	ROA	ROE	유보율	자기자본비율	EBITDA마진율
2017	-27.1	-35.5	142.8	97.1	-17.6	-53.6	6.1	41.2	-20.2
2016	-24.2	-30.7	292.4	197.7	-18.9	-70.0	12.9	25.5	-21.9
2015	-53.6	-130.7	일부잠식	일부잠식	-90.2	-241.4	-45.9	32.3	-52.4
2014	-0.8	-33.1	138.7	113.1	-23.7	-66.4	72.6	41.9	0.0

에이치엘사이언스 (A239610)

HLSCIENCE CO

업 종 : 제약 | 시 장 : KOSDAQ
신용등급 : (Bond) — (CP) — | 기업규모 : 중견
홈페이지 : www.hlscience.com | 연 락 처 : 031)421-9903
본 사 : 경기도 화성시 봉담읍 동산재길 36

설 립 일	2000.09.28	**종 업 원 수**	59명	**대 표 이 사**	이해연
상 장 일	2016.10.28	**감 사 의 견**	적정(이촌)	**계 열**	
결 산 기	12월	**보 통 주**		**종속회사수**	
액 면 가	500원	**우 선 주**		**구 상 호**	

주주구성 (지분율,%)		출자관계 (지분율,%)		주요경쟁사 (외형,%)	
이해연	37.5			에이치엘사이언스	100
이동현	31.6			노브메타파마	2
(외국인)	1.6			선바이오	5

매출구성		비용구성		수출비중	
건강기능식품	77.4	매출원가율	30.0	수출	—
건강지향식품	19.5	판관비율	56.8	내수	—
기타	3.2				

회사 개요

동사는 건강기능식품 산업을 영위하면서 인구 노령화뿐만 아니라 웰빙 열풍의 지속과 건강 및 미용을 중시하는 시장 수요를 예측, 사업 확장에 나서고 있음. 다품종 소량생산 방식의 건강기능식품을 제조하며 식품의약품안전처장으로부터 개별적으로 인정을 받아 생산하는 개별인정형 제품을 생산. 기능성석류농축액(갱년기 증상 개선), 기능성석류농축액(피부보습, 탄력, 주름 개선), 레드클로버복합물(갱년기 증상 개선)등 연구 개발.

실적 분석

동사의 연결기준 2017년 매출액은 전년 대비 1.8% 감소한 402억원을 기록한 반면, 판관비는 인건비와 경상개발비를 중심으로 전년동기 대비 2.3% 증가함에 따라 동기간 영업이익은 전년 대비 22% 감소한 53.3억원을 기록함. 반면, 비영업이익은 금융이익의 증가에도 불구하고 외환손실 영향으로 전년동기대비 14.6% 감소함. 이에 따라 동사의 2017년 당기순이익은 전년 대비 18.7% 감소한 49.4억원을 기록함.

현금 흐름 *IFRS 별도 기준 〈단위 : 억원〉

항목	2016	2017
영업활동	55	58
투자활동	-306	-84
재무활동	296	-14
순현금흐름	45	-40
기말현금	78	38

시장 대비 수익률

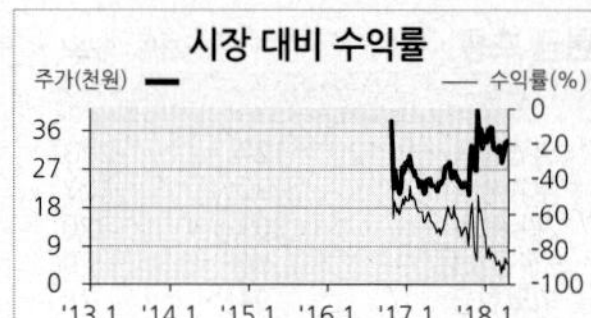

결산 실적 〈단위 : 억원〉

항목	2012	2013	2014	2015	2016	2017
매출액	—	150	172	237	409	402
영업이익	—	18	25	30	68	53
당기순이익	—	17	21	35	61	49

분기 실적 *IFRS 별도 기준 〈단위 : 억원〉

항목	2016.3Q	2016.4Q	2017.1Q	2017.2Q	2017.3Q	2017.4Q
매출액	93	149	97	80	83	142
영업이익	14	21	16	12	3	23
당기순이익	12	19	14	11	6	18

재무 상태 *IFRS 별도 기준 〈단위 : 억원〉

항목	2012	2013	2014	2015	2016	2017
총자산	—	136	139	174	546	577
유형자산	—	76	67	68	106	102
무형자산	—	1	3	4	6	6
유가증권	—	—	—	—	0	10
총부채	—	37	36	29	44	46
총차입금	—	26	17	—	—	—
자본금	—	7	7	15	26	26
총자본	—	99	103	145	502	531
지배주주지분	—	99	103	145	502	531

기업가치 지표 *IFRS 별도 기준

항목	2012	2013	2014	2015	2016	2017
주가(최고/저)(천원)	—/—	—/—	—/—	—/—	—/—	—/—
PER(최고/저)(배)	0.0/0.0	0.0/0.0	0.0/0.0	0.0/0.0	26.6/14.1	47.5/22.0
PBR(최고/저)(배)	0.0/0.0	0.0/0.0	0.0/0.0	0.0/0.0	3.9/2.1	4.3/2.0
EV/EBITDA(배)	0.0	0.2	—	—	15.7	23.2
EPS(원)	—	838	1,082	1,628	1,434	961
BPS(원)	—	68,735	71,221	49,623	9,760	10,721
CFPS(원)	—	12,749	16,282	23,660	1,494	1,055
DPS(원)	—	—	—	—	—	200
EBITDAPS(원)	—	14,046	18,779	20,148	1,674	1,131

재무 비율 〈단위 : %〉

연도	영업이익률	순이익률	부채비율	차입금비율	ROA	ROE	유보율	자기자본비율	EBITDA마진율
2017	13.3	12.3	8.7	0.0	8.8	9.6	2,044.2	92.0	14.5
2016	16.7	14.8	8.8	0.0	16.9	18.8	1,852.1	92.0	17.3
2015	12.6	14.9	19.7	0.0	22.6	28.5	892.5	83.5	13.5
2014	14.5	12.4	35.4	16.6	—	—	1,324.4	73.9	15.7

에이치케이 (A044780)

HK

업 종 : 기계 | 시 장 : KOSDAQ
신용등급 : (Bond) — (CP) — | 기업규모 : 벤처
홈페이지 : www.hk-global.com | 연 락 처 : 031)350-2800
본 사 : 경기도 화성시 양감면 사릅재길 117

설 립 일	1990.05.30	**종업원수**	115명	**대 표 이 사**	계명재
상 장 일	2000.09.07	**감사의견**	적정(선명)	**계 열**	
결 산 기	12월	**보 통 주**		**종속회사수**	2개사
액 면 가	500원	**우 선 주**		**구 상 호**	한광

주주구성 (지분율,%)		출자관계 (지분율,%)		주요경쟁사 (외형,%)	
계명재	18.9	두산인프라코어	0.0	에이치케이	100
권미경	3.3			디케이락	94
(외국인)	3.5			서암기계공업	71

매출구성		비용구성		수출비중	
가공기 PL, PS Serise	57.9	매출원가율	77.3	수출	35.4
레이저 FL, FS Serise	22.5	판관비율	17.8	내수	64.6
렌즈 외	9.1				

회사 개요

동사는 레이저 가공기 시장점유율 1위 업체임. 1990년 설립돼 2000년 코스닥 시장에 상장됨. 중국 상해에 위치한 한광정밀기술유한공사와 미국 시카고에 위치한 HK AMERICA INC.를 연결대상 종속회사로 보유함. 세계 레이저 가공기 시장은 연간 10% 수준의 성장률을 시현하고 있음. 선진국의 예에 비춰볼 때 국내 레이저 가공기 수요는 향후 3~4년간 성장률 10~20%를 시현할 전망임.

실적 분석

동사의 2017년 4/4분기 연결 기준 누적 매출액은 571.9억원임. 전년도 같은 기간 매출액인 617.9억원에 비해 7.5% 축소됨. 외형축소에도 매출원가가 11.3% 감소함에 따라 영업이익은 전년 동기 21.0억원에서 33.1% 증가한 28.0억원을 기록했음. 그러나 비영업부문 손실이 전년동기 대비 큰 폭으로 증가해 당기순이익은 전년동기 대비 78.5% 감소한 3.3억원을 시현하는데 그쳤음.

현금 흐름

〈단위 : 억원〉

항목	2016	2017
영업활동	63	76
투자활동	-3	3
재무활동	-61	-23
순현금흐름	-2	55
기말현금	27	82

시장 대비 수익률

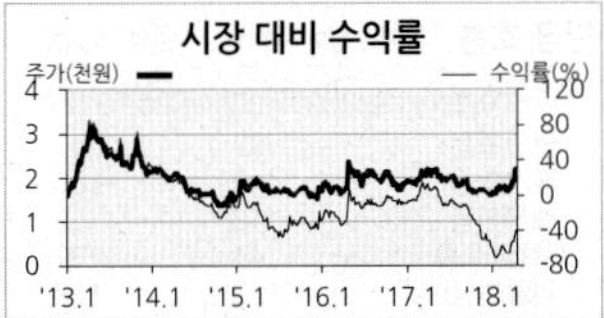

결산 실적

〈단위 : 억원〉

항목	2012	2013	2014	2015	2016	2017
매출액	629	521	550	573	618	572
영업이익	80	47	21	7	21	28
당기순이익	66	42	29	1	15	3

분기 실적

〈단위 : 억원〉

항목	2016.3Q	2016.4Q	2017.1Q	2017.2Q	2017.3Q	2017.4Q
매출액	97	254	99	135	111	226
영업이익	-1	12	-3	11	4	16
당기순이익	-1	13	-10	8	4	2

재무 상태

〈단위 : 억원〉

항목	2012	2013	2014	2015	2016	2017
총자산	597	655	790	837	808	812
유형자산	163	188	292	303	295	286
무형자산	7	6	4	6	6	5
유가증권	7	3	4	1	2	3
총부채	226	245	349	395	352	349
총차입금	113	155	286	304	268	245
자본금	91	91	92	92	92	92
총자본	371	410	442	442	456	463
지배주주지분	371	410	442	442	456	463

기업가치 지표

항목	2012	2013	2014	2015	2016	2017
주가(최고/저)(천원)	1.9/1.0	3.2/1.6	2.3/1.4	2.0/1.4	2.4/1.7	2.3/1.6
PER(최고/저)(배)	5.5/2.9	13.8/6.9	14.4/8.6	304.2/220.4	28.7/19.6	129.1/85.9
PBR(최고/저)(배)	1.0/0.5	1.4/0.7	0.9/0.6	0.8/0.6	1.0/0.7	0.9/0.6
EV/EBITDA(배)	4.6	10.2	21.5	34.3	18.3	11.9
EPS(원)	360	231	157	7	84	18
BPS(원)	2,046	2,254	2,400	2,399	2,477	2,513
CFPS(원)	380	251	179	62	140	74
DPS(원)	20	—	—	—	—	—
EBITDAPS(원)	460	279	136	92	170	208

재무 비율

〈단위 : %〉

연도	영업이익률	순이익률	부채비율	차입금비율	ROA	ROE	유보율	자기자본비율	EBITDA마진율
2017	4.9	0.6	75.3	52.9	0.4	0.7	402.5	57.0	6.7
2016	3.4	2.5	77.2	58.9	1.9	3.5	395.4	56.4	5.1
2015	1.2	0.2	89.6	69.0	0.2	0.3	379.8	52.8	3.0
2014	3.8	5.2	78.9	64.7	4.0	6.8	379.9	55.9	4.5

에이케이홀딩스 (A006840)

AK Holdings

업 종 : 화학 | 시 장 : 거래소
신용등급 : (Bond) — (CP) — | 기업규모 : 시가총액 중형주
홈페이지 : www.aekyunggroup.co.kr | 연 락 처 : 02)6923-2921
본 사 : 서울시 구로구 구로중앙로 152(구로동)

설 립 일	1970.10.13	**종업원수**	16명	**대 표 이 사**	안재석,채형석
상 장 일	1999.08.11	**감사의견**	적정(한영)	**계 열**	
결 산 기	12월	**보 통 주**		**종속회사수**	14개사
액 면 가	5,000원	**우 선 주**		**구 상 호**	

주주구성 (지분율,%)		출자관계 (지분율,%)		주요경쟁사 (외형,%)	
채형석	16.1	에이케이켐텍	80.1	AK홀딩스	100
애경유지공업	9.7	에이케이에스앤디	77.2	롯데케미칼	468
(외국인)	13.4	제주항공	57.3	대한유화	52

매출구성		비용구성		수출비중	
[석유화학사업부문]무수프탈산 및 그 유도품	38.5	매출원가율	68.6	수출	—
[노선사업]여객수입	34.2	판관비율	23.5	내수	—
[생활용품부문]리큐, 스파크 외	15.7				

회사 개요

동사는 다른 회사의 주식을 소유하여 그 회사를 지배하는 것을 목적으로 하는 지주회사로, 2012년 9월 1일 인적분할을 통하여 지주회사로 전환됨. 동사는 2016년 6월 기준준 애경유화, 에이케이켐텍, 애경화학, 애경산업, 제주항공, 에이케이에스앤디, 에이엠플러스자산개발 등 7개사를 공정거래법상 자회사로 두고 있음. 동사의 영업수익은 배당금 수익, 상표권 사용료, 경영자문수수료 등으로 구성됨

실적 분석

연결종속회사들의 실적개선에 따라 동사의 2017년 결산 연결 매출액은 전년동기 대비 16.1% 증가한 3조3,924.6억원이며, 영업이익은 24.3% 증가한 2,656.4억원을 시현함. 총 자산은 전년대비 7% 증가한 2조 9,448억원 이고, 자산이 증가한 주요 원인은 당기 연결종속회사들의 투자활동으로 인해 유형자산이 1,445억 증가했기 때문임. 총 부채는 전년대비 4% 증가한 1조 7,927억원을 기록함.

현금 흐름

〈단위 : 억원〉

항목	2016	2017
영업활동	3,183	2,809
투자활동	-1,286	-2,925
재무활동	-743	-393
순현금흐름	1,143	-580
기말현금	3,884	3,304

시장 대비 수익률

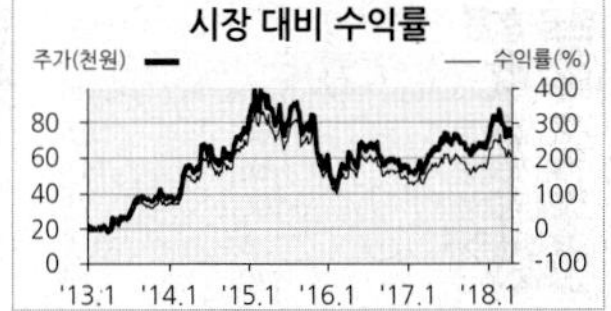

결산 실적

〈단위 : 억원〉

항목	2012	2013	2014	2015	2016	2017
매출액	4,281	22,410	28,739	28,071	29,218	33,925
영업이익	271	1,089	1,475	1,063	2,137	2,656
당기순이익	1,934	1,083	943	-374	1,333	1,854

분기 실적

〈단위 : 억원〉

항목	2016.3Q	2016.4Q	2017.1Q	2017.2Q	2017.3Q	2017.4Q
매출액	7,561	7,876	8,207	7,955	8,656	9,107
영업이익	725	449	667	541	888	559
당기순이익	459	148	434	389	770	261

재무 상태

〈단위 : 억원〉

항목	2012	2013	2014	2015	2016	2017
총자산	10,620	23,750	27,732	24,955	27,419	29,448
유형자산	2,278	11,692	13,496	9,409	9,585	11,030
무형자산	291	2,240	2,554	1,684	1,637	1,501
유가증권	10	97	38	1,352	996	977
총부채	5,512	17,400	19,461	15,939	17,305	17,927
총차입금	3,561	9,849	10,554	7,775	7,545	7,653
자본금	545	582	662	662	662	662
총자본	5,108	6,350	8,270	9,016	10,114	11,521
지배주주지분	3,631	4,264	5,593	5,609	6,204	7,015

기업가치 지표

항목	2012	2013	2014	2015	2016	2017
주가(최고/저)(천원)	26.2/14.5	42.6/17.3	79.1/35.7	99.7/52.9	71.4/42.5	73.7/50.0
PER(최고/저)(배)	1.3/0.7	6.4/2.6	15.4/6.9	—/—	13.4/8.0	9.9/6.7
PBR(최고/저)(배)	0.8/0.5	1.2/0.5	1.9/0.9	2.4/1.3	1.5/0.9	1.4/0.9
EV/EBITDA(배)	15.7	10.1	10.4	8.5	4.5	4.4
EPS(원)	21,925	6,947	5,309	-3,246	5,436	7,522
BPS(원)	33,863	37,479	42,984	43,105	47,597	53,717
CFPS(원)	23,827	10,767	10,512	2,287	10,683	13,543
DPS(원)	150	200	350	500	550	650
EBITDAPS(원)	4,646	13,312	17,093	13,558	21,376	26,074

재무 비율

〈단위 : %〉

연도	영업이익률	순이익률	부채비율	차입금비율	ROA	ROE	유보율	자기자본비율	EBITDA마진율
2017	7.8	5.5	155.6	66.4	6.5	15.1	974.4	39.1	10.2
2016	7.3	4.6	171.1	74.6	5.1	12.2	851.9	36.9	9.7
2015	3.8	-1.3	176.8	86.2	-1.4	-7.7	762.1	36.1	6.4
2014	5.1	3.3	235.3	127.6	3.7	13.4	759.7	29.8	7.4

에이테크솔루션 (A071670)

A-Tech Solution

업 종 : 기계 | 시 장 : KOSDAQ
신용등급 : (Bond) — (CP) — | 기업규모 : 중견
홈페이지 : www.atechsolution.co.kr | 연 락 처 : 031)350-8167
본 사 : 경기도 화성시 정남면 가장로 277

설 립 일	2001.08.20	**종업원수**	398명	**대표이사**	유영목
상 장 일	2009.04.17	**감사의견**	적정(대주)	**계 열**	
결 산 기	12월	**보 통 주**		**종속회사수**	1개사
액 면 가	500원	**우 선 주**		**구 상 호**	

주주구성 (지분율,%)		출자관계 (지분율,%)		주요경쟁사 (외형,%)	
유영목	32.0	구미에이테크솔루션	13.5	에이테크솔루션	100
삼성전자	15.9			디에스티로봇	34
(외국인)	1.9			부스타	37

매출구성		비용구성		수출비중	
정밀부품	43.9	매출원가율	91.8	수출	55.8
MOLD	36.2	판관비율	8.3	내수	44.2
PRESS	20.0				

회사 개요

동사는 2001년 삼성전자 정밀기기팀의 기계설비를 취득해 가전, 디스플레이, 자동차 및 정보통신용 금형제조 및 판매를 목적으로 설립됐음. 동사는 카메라렌즈와 컴팩트디스크 금형개발, SM5용 자동차 금형개발등의 경험이 있으며 이중사출 금형개발 등 풍부한 기술력을 확보하고 있음. 또한 설립이후 ISO9001인증, QS9000인증 등을 취득하며 대내외적인 신뢰를 얻고 있음. 태국의 해외법인을 주요 종속회사로 두고 있음.

실적 분석

동사의 2017년 연결기준 연간 매출액은 2,129.3억원으로 전년 대비 7.1% 감소함. 고정비 감소에도 불구하고 영업손실과 당기순손실은 각각 3.9억원, 4.7억원으로 기록하며 적자전환됨. 동사는 소비자 중심의 판매전략을 통해 기존의 진출시장을 활용한 시장점유율 확대 및 신시장인 터키, 인도, 러시아, 슬로바키아 등에 대한 진출로써 해외영업을 다양화하여 매출처 다변화를 추진하고 있음.

현금 흐름 <단위 : 억원>

항목	2016	2017
영업활동	166	75
투자활동	-56	-119
재무활동	-100	28
순현금흐름	8	-16
기말현금	20	4

시장 대비 수익률

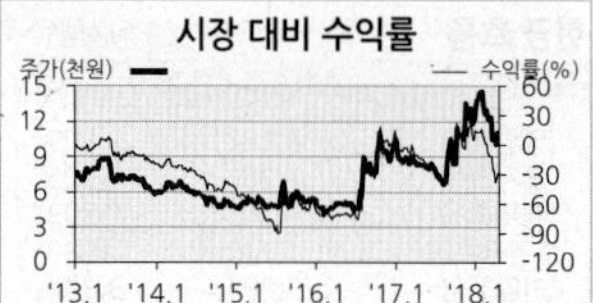

결산 실적 <단위 : 억원>

항목	2012	2013	2014	2015	2016	2017
매출액	2,001	2,038	2,173	1,799	2,291	2,129
영업이익	-48	-5	30	-24	22	-4
당기순이익	-41	-13	5	-30	13	-5

분기 실적 <단위 : 억원>

항목	2016.3Q	2016.4Q	2017.1Q	2017.2Q	2017.3Q	2017.4Q
매출액	617	540	549	530	474	577
영업이익	12	-1	2	-7	-4	6
당기순이익	8	-1	1	-4	-4	2

재무 상태 <단위 : 억원>

항목	2012	2013	2014	2015	2016	2017
총자산	1,892	1,811	1,842	1,721	1,598	1,669
유형자산	927	937	909	875	816	798
무형자산	25	24	22	19	19	17
유가증권	1	1	1	2	2	2
총부채	1,186	1,120	1,154	1,062	924	999
총차입금	559	553	576	504	421	435
자본금	50	50	50	50	50	50
총자본	706	692	688	659	674	669
지배주주지분	693	685	683	655	670	664

기업가치 지표

항목	2012	2013	2014	2015	2016	2017
주가(최고/저)(천원)	13.3/6.8	9.1/5.8	6.9/4.7	7.6/4.5	11.9/4.0	14.2/6.5
PER(최고/저)(배)	—/—	—/—	114.4/77.1	—/—	92.7/31.3	—/—
PBR(최고/저)(배)	1.9/1.0	1.3/0.9	1.0/0.7	1.2/0.7	1.8/0.6	2.1/1.0
EV/EBITDA(배)	49.1	11.8	7.6	11.3	10.2	14.3
EPS(원)	-415	-100	61	-289	128	-56
BPS(원)	6,931	6,851	6,829	6,548	6,744	6,692
CFPS(원)	325	924	1,138	862	1,336	1,134
DPS(원)	—	—	—	—	—	—
EBITDAPS(원)	264	976	1,378	907	1,423	1,151

재무 비율 <단위 : %>

연도	영업이익률	순이익률	부채비율	차입금비율	ROA	ROE	유보율	자기자본비율	EBITDA마진율
2017	-0.2	-0.2	149.3	65.0	-0.3	-0.8	1,238.3	40.1	5.4
2016	0.9	0.6	137.2	62.5	0.8	1.9	1,248.8	42.2	6.2
2015	-1.4	-1.7	161.2	76.5	-1.7	-4.3	1,209.7	38.3	5.0
2014	1.4	0.2	167.5	83.6	0.3	0.9	1,265.8	37.4	6.3

에이텍 (A045660)

Atec

업 종 : 컴퓨터 및 주변기기 | 시 장 : KOSDAQ
신용등급 : (Bond) — (CP) — | 기업규모 : 벤처
홈페이지 : www.atec.kr | 연 락 처 : 031)698-8874
본 사 : 경기도 성남시 분당구 판교로 289(삼평동, 에이텍빌딩)

설 립 일	1993.06.30	**종업원수**	148명	**대표이사**	한가진
상 장 일	2001.05.13	**감사의견**	적정(신우)	**계 열**	
결 산 기	12월	**보 통 주**		**종속회사수**	
액 면 가	500원	**우 선 주**		**구 상 호**	

주주구성 (지분율,%)		출자관계 (지분율,%)		주요경쟁사 (외형,%)	
신승영	26.0			에이텍	100
한국증권금융	4.0			딜리	48
(외국인)	4.4			청호컴넷	45

매출구성		비용구성		수출비중	
[디스플레이제품]PC, LCD Monitor 외	71.3	매출원가율	78.6	수출	0.0
[기타상품]PC, LCD Monitor 외	19.9	판관비율	17.4	내수	100.0
[디스플레이상품]PC, LCD Monitor 외	4.6				

회사 개요

동사는 LCD 디스플레이 응용제품을 제조, 생산 판매할 목적으로 1993년 7월에 설립되었고 2001년 5월에 상장되어 코스닥시장에서 매매가 개시되었음. 교통카드솔루션, 디스플레이 및 시스템 사업 등 IT 솔루션 전문기업으로서의 사업을 영위하고 있으며 교통카드솔루션의 경우 서울시 지하철 역사에 일회용 발매/교통카드 충전기 및 교통카드 정산/충전기 교체 사업을 성공적으로 수행하였음.

실적 분석

동사의 2017년 4/4분기 누적 매출액은 전년동기 대비 14.0% 증가한 1,063.3억원을 시현함. 매출원가와 판관비가 증가했으나 외형확대의 영향으로 영업이익은 전년동기 대비 27.3% 증가한 42.1억원을 기록함. 한편 비영업부문에서 116.9억원의 이익을 시현함에 따라 이익폭이 확대되어 당기순이익은 75.0% 증가한 129.1억원을 기록함. 2015년 7월 교통카드 솔루션 사업부문을 인적분할해 에이텍티엔을 설립 후 코스닥에 재상장함.

현금 흐름 *IFRS 별도 기준 <단위 : 억원>

항목	2016	2017
영업활동	32	143
투자활동	-9	-180
재무활동	18	-2
순현금흐름	41	-39
기말현금	147	108

시장 대비 수익률

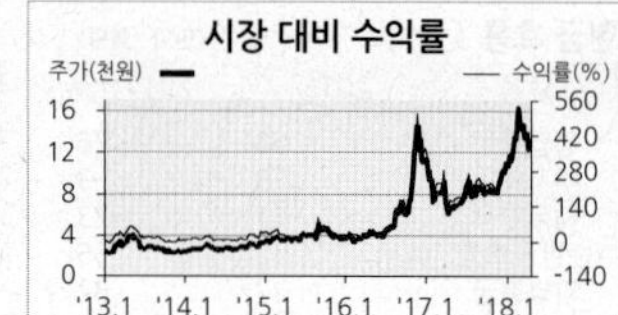

결산 실적 <단위 : 억원>

항목	2012	2013	2014	2015	2016	2017
매출액	1,180	1,433	1,495	990	933	1,063
영업이익	63	58	38	44	33	42
당기순이익	75	68	70	84	74	129

분기 실적 *IFRS 별도 기준 <단위 : 억원>

항목	2016.3Q	2016.4Q	2017.1Q	2017.2Q	2017.3Q	2017.4Q
매출액	238	245	352	296	178	238
영업이익	11	-1	23	12	3	5
당기순이익	11	33	29	25	8	67

재무 상태 *IFRS 별도 기준 <단위 : 억원>

항목	2012	2013	2014	2015	2016	2017
총자산	764	878	996	625	730	868
유형자산	185	186	186	144	144	110
무형자산	10	11	11	3	4	4
유가증권	119	119	214	54	35	35
총부채	216	275	342	160	195	209
총차입금	5	4	11	5	12	18
자본금	68	68	68	41	41	41
총자본	548	602	654	465	534	659
지배주주지분	548	602	654	465	534	659

기업가치 지표 *IFRS 별도 기준

항목	2012	2013	2014	2015	2016	2017
주가(최고/저)(천원)	3.6/1.6	4.2/2.2	3.6/2.4	5.2/3.2	14.5/3.4	11.8/6.1
PER(최고/저)(배)	7.2/3.3	9.0/4.8	7.4/4.9	7.2/4.5	16.6/3.9	7.6/3.9
PBR(최고/저)(배)	1.0/0.5	1.0/0.5	0.8/0.5	1.0/0.6	2.3/0.5	1.5/0.8
EV/EBITDA(배)	6.0	5.1	10.4	3.9	17.7	14.6
EPS(원)	551	503	512	755	893	1,563
BPS(원)	4,092	4,489	4,872	5,731	6,508	8,012
CFPS(원)	611	596	598	855	1,027	1,686
DPS(원)	100	100	100	100	100	100
EBITDAPS(원)	525	519	363	493	535	633

재무 비율 <단위 : %>

연도	영업이익률	순이익률	부채비율	차입금비율	ROA	ROE	유보율	자기자본비율	EBITDA마진율
2017	4.0	12.1	31.8	2.7	16.2	21.6	1,502.3	75.9	4.9
2016	3.6	7.9	36.5	2.2	10.9	14.8	1,201.6	73.2	4.7
2015	4.4	8.5	34.4	1.0	10.4	15.0	1,046.1	74.4	5.6
2014	2.5	4.7	52.2	1.6	7.4	11.1	874.4	65.7	3.3

에이텍티앤 (A224110)

ATEC T& CO

업　　종 : 전자 장비 및 기기　　시　　장 : KOSDAQ
신용등급 : (Bond) —　　(CP) —　　기업규모 : 벤처
홈페이지 : www.atectn.co.kr　　연 락 처 : 031)698-8700
본　　사 : 경기도 성남시 분당구 판교로 289 (삼평동,에이텍빌딩)

설 립 일	2015.07.17	**종업원수**	84명	**대표이사**	신승영
상 장 일	2015.08.25	**감사의견**	적정(오성)	**계　열**	
결 산 기	12월	**보 통 주**		**종속회사수**	
액 면 가	500원	**우 선 주**		**구　상　호**	

주주구성 (지분율,%)		출자관계 (지분율,%)		주요경쟁사 (외형,%)	
신승영	32.9			에이텍티앤	100
한국증권금융	4.4			대주전자재료	228
(외국인)	3.4			이엠티	24

매출구성		비용구성		수출비중	
[교통카드솔루션]제품	46.8	매출원가율	76.3	수출	2.2
[교통카드솔루션]용역	33.2	판관비율	14.6	내수	97.8
[교통카드솔루션]상품	20.0				

회사 개요

동사는 인적분할로 설립된 신설회사로 2015년 8월 재상장하였으며, 분할 전 회사인 에이텍의 교통카드 솔루션 사업부문을 영위. RFID 기반의 스마트카드 교통요금 결제단말기를 제조 및 공급하고 유지·보수 용역을 제공하며, 주요제품은 버스단말기, 지하철단말기, RFID단말기 등. 2014년 8월 서울시 제2기 교통카드시스템 구축사업 중 서울 시내/공항버스 승하차단말기를 생산 및 공급하는 계약을 수주.

실적 분석

2017년 영업실적은 매출액 409.4억원, 영업이익 37.1억원, 당기순이익은 115.1억원을 기록함. 당기순이익 중 약 54억원은 에이텍에이피의 염가매수차익이 반영된 결과. 교통사업 매출은 전년 대비 약 50억원이 감소하였으나 영업이익은 비용절감 노력으로 전년 대비 215% 증가한 23억원을 달성함. 신설된 금융자동화기기 사업은 1개월치 실적만 반영된 수치로 매출액 99억원, 영업이익 14억원을 달성.

현금 흐름 *IFRS 별도 기준 〈단위 : 억원〉

항목	2016	2017
영업활동	-14	51
투자활동	-6	-206
재무활동	-4	81
순현금흐름	-24	-74
기말현금	83	9

시장 대비 수익률

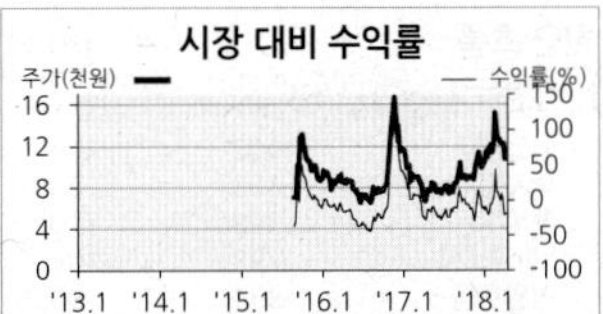

결산 실적 〈단위 : 억원〉

항목	2012	2013	2014	2015	2016	2017
매출액	—	—	—	133	360	409
영업이익	—	—	—	10	7	37
당기순이익	—	—	—	9	7	115

분기 실적 *IFRS 별도 기준 〈단위 : 억원〉

항목	2016.3Q	2016.4Q	2017.1Q	2017.2Q	2017.3Q	2017.4Q
매출액	58	153	75	84	55	97
영업이익	2	10	2	6	0	15
당기순이익	2	8	4	6	4	-2

재무 상태 *IFRS 별도 기준 〈단위 : 억원〉

항목	2012	2013	2014	2015	2016	2017
총자산	—	—	—	328	340	469
유형자산	—	—	—	9	8	7
무형자산	—	—	—	8	7	6
유가증권	—	—	—	99	99	99
총부채	—	—	—	38	47	164
총차입금	—	—	—	—	—	81
자본금	—	—	—	27	27	27
총자본	—	—	—	290	293	305
지배주주지분	—	—	—	290	293	305

기업가치 지표 *IFRS 별도 기준

항목	2012	2013	2014	2015	2016	2017
주가(최고/저)(천원)	#VALUE!	—/—	—/—	—/—	—/—	—/—
PER(최고/저)(배)	0.0/0.0	0.0/0.0	0.0/0.0	83.9/39.7	124.8/48.2	56.4/30.5
PBR(최고/저)(배)	0.0/0.0	0.0/0.0	0.0/0.0	2.6/1.2	3.1/1.2	2.1/1.1
EV/EBITDA(배)	0.0	0.0	0.0	32.1	55.6	23.1
EPS(원)	—	—	—	167	138	215
BPS(원)	—	—	—	5,433	5,572	5,789
CFPS(원)	—	—	—	189	183	273
DPS(원)	—	—	—	—	—	100
EBITDAPS(원)	—	—	—	204	180	483

재무 비율 〈단위 : %〉

연도	영업이익률	순이익률	부채비율	차입금비율	ROA	ROE	유보율	자기자본비율	EBITDA마진율
2017	9.1	28.1	59.7	12.1	16.3	26.1	1,344.4	62.6	10.2
2016	2.0	2.0	16.0	0.0	2.2	2.5	1,014.3	86.2	2.7
2015	7.3	6.7	13.2	0.0	0.0	0.0	986.6	88.3	8.2
2014	0.0	0.0	0.0	0.0	0.0	0.0	0.0	0.0	0.0

에이티넘인베스트먼트 (A021080)

Atinum Investment

업　　종 : 창업투자 및 종금　　시　　장 : KOSDAQ
신용등급 : (Bond) —　　(CP) —　　기업규모 : 벤처
홈페이지 : www.atinuminvest.co.kr　　연 락 처 : 02)555-0781
본　　사 : 서울시 강남구 테헤란로103길 9, 제일빌딩 2층

설 립 일	1988.10.10	**종업원수**	21명	**대표이사**	신기천,이승용
상 장 일	1991.07.12	**감사의견**	적정(삼덕)	**계　열**	
결 산 기	12월	**보 통 주**		**종속회사수**	
액 면 가	500원	**우 선 주**		**구　상　호**	

주주구성 (지분율,%)		출자관계 (지분율,%)		주요경쟁사 (외형,%)	
에이티넘파트너스	32.4			에이티넘인베스트	100
박영옥	4.8			우리종금	730
(외국인)	2.5			글로본	28

수익구성		비용구성		수출비중	
조합지분법이익	60.6	이자비용	0.0	수출	—
조합관리보수	36.7	투자및금융비	0.0	내수	—
조합출자금처분이익	2.6	판관비	0.0		

회사 개요

동사는 벤처캐피탈을 영위하는 창업투자회사로서 2010년 한미창업투자에서 현상호로 변경함. 벤처캐피탈은 기술성과 장래성은 있으나 자본이 취약한 기업에 대하여 자금을 지원함으로써 추후 높은 이익을 추구하는 사업 형태임. 동사는 규모 면에서는 한국벤처캐피탈협회 벤처투자정보센터에 따르면 4위권에 해당함(2016.12 기준). 7회 연속 국민연금공단의 벤처투자조합운용사로 선정되어 벤처투자조합을 결성한바 있음.

실적 분석

동사의 2017년 4분기 누적 영업수익은 전년동기(132.4억원) 대비 89.7% 늘어난 251.2억원을 기록함. 외형성장에 힘입어 영업이익 역시 전년 66.7억원보다 84.3% 증가한 123억원을 달성함. 운영조합의 성공적인 청산으로 인한 성과보수 수령과, 회사 고유계정에서 보유중이었던 매도가능증권의 회수가 수익증가 요인으로 작용함. 87.2억원의 당기순이익을 기록하며, 안정적인 흑자경영을 유지 중.

현금 흐름 *IFRS 별도 기준 〈단위 : 억원〉

항목	2016	2017
영업활동	-82	62
투자활동	-9	1
재무활동	-39	-32
순현금흐름	-130	31
기말현금	114	145

시장 대비 수익률

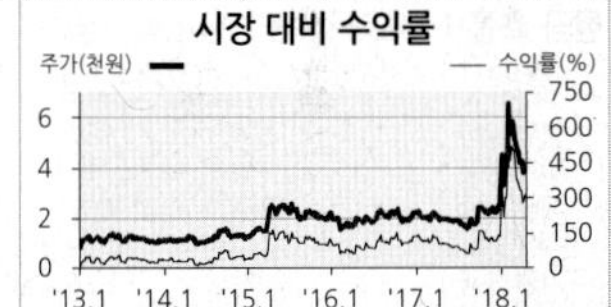

결산 실적 〈단위 : 억원〉

항목	2012	2013	2014	2015	2016	2017
영업수익	57	100	97	250	132	251
영업이익	-8	39	47	136	67	123
당기순이익	-10	34	39	103	54	87

분기 실적 *IFRS 별도 기준 〈단위 : 억원〉

항목	2016.3Q	2016.4Q	2017.1Q	2017.2Q	2017.3Q	2017.4Q
영업수익	27	20	18	22	62	149
영업이익	11	2	0	2	49	73
당기순이익	10	-3	-1	2	44	42

재무 상태 *IFRS 별도 기준 〈단위 : 억원〉

항목	2012	2013	2014	2015	2016	2017
총자산	401	444	545	683	679	787
유형자산	2	1	1	1	0	0
무형자산	21	21	13	9	19	19
유가증권	—	—	—	—	—	—
총부채	4	5	38	73	33	77
총차입금	—	—	—	—	—	—
자본금	210	210	240	240	240	240
총자본	397	439	507	609	646	710
지배주주지분	397	439	507	609	646	710

기업가치 지표 *IFRS 별도 기준

항목	2012	2013	2014	2015	2016	2017
주가(최고/저)(천원)	2.5/0.5	1.5/0.8	1.7/1.0	2.9/1.2	2.6/1.5	3.2/1.5
PER(최고/저)(배)	—/—	21.0/11.6	21.4/12.9	14.2/6.1	23.7/14.1	18.1/8.7
PBR(최고/저)(배)	3.0/0.6	1.6/0.9	1.7/1.0	2.4/1.0	2.0/1.2	2.2/1.1
PSR(최고/저)(배)	21/4	7/4	9/5	6/3	10/6	6/3
EPS(원)	-23	78	85	215	113	182
BPS(원)	946	1,045	1,056	1,270	1,345	1,478
CFPS(원)	-20	83	86	216	114	182
DPS(원)	—	25	25	70	35	60
EBITDAPS(원)	-20	93	104	284	139	256

재무 비율 〈단위 : %〉

연도	계속사업이익률	순이익률	부채비율	차입금비율	ROA	ROE	유보율	자기자본비율	총자산증가율
2017	45.1	34.7	10.9	0.0	11.9	12.9	195.7	90.2	15.9
2016	46.8	41.1	5.2	0.0	8.0	8.7	169.1	95.1	-0.6
2015	51.1	41.4	12.1	0.0	16.8	18.5	154.0	89.2	25.3
2014	45.7	39.8	7.6	0.0	7.8	8.2	111.2	92.9	22.7

에이티세미콘 (A089530)
AT semicon

업　　종 : 반도체 및 관련장비　　시　　장 : KOSDAQ
신용등급 : (Bond) —　　(CP) —　　기업규모 :
홈페이지 : www.atsemi.com　　연 락 처 : 031)645-7553
본　　사 : 경기도 이천시 마장면 서이천로 138

설 립 일	2001.07.27	**종업원수**	445명	**대표이사**	김형준
상 장 일	2011.11.11	**감사의견**	적정(삼일)	**계　열**	
결 산 기	12월	**보 통 주**		**종속회사수**	
액 면 가	500원	**우 선 주**		**구　상　호**	아이테스트

주주구성 (지분율,%)		출자관계 (지분율,%)		주요경쟁사 (외형,%)	
제이앤에이치테크	11.8	연합뉴스티브이	1.7	에이티세미콘	100
에이티테크놀러지	4.1			코디엠	71
(외국인)	1.8			에이티테크놀러지	12

매출구성		비용구성		수출비중	
[반도체 조립/검사]제품매출	70.9	매출원가율	85.8	수출	78.7
[반도체 조립/검사]임가공매출	25.6	판관비율	8.2	내수	21.3
[반도체 조립/검사]기타매출	3.5				

회사 개요

동사는 DRAM 반도체 및 시스템 반도체 테스트를 주요사업으로 영위하여왔으나 2014년 2월 17일 세미텍을 합병하여 동종업으로 분류되는 사업인 반도체 패키징 사업에 진출하여 현재 종합 반도체 후공정사업을 영위하고 있음. 동사는 다양한 장비군과 기술적인 노하우 및 인프라를 갖추고 있어 현재 국내 메모리 및 시스템반도체 테스트 시장에서 독보적인 위치를 차지하고 있으며 2011년 11월 코스닥 시장에 상장되었음.

실적 분석

동사의 2017년 매출과 영업이익은 1032억원, 62억원으로 전년 대비 매출은 15.6% 증가하고 흑자전환함. 글로벌 반도체업황의 호황과 동사의 고객다변화 전략의 성과로 매출이 증가함. 또한 자구노력에 의한 비용절감 노력으로 고정성 비용이 감소하고, 고적층 고수익 제품의 증대로 인하여 변동비가 감소하여 흑자전환함. 동사는 차입금상환을 지속하여 부채규모를 상당부분 축소시켜왔기 때문에 이자비용도 연 33억원 수준으로 전년 대비 9억원 감소함.

현금 흐름 *IFRS 별도 기준　〈단위 : 억원〉

항목	2016	2017
영업활동	120	164
투자활동	94	17
재무활동	-225	-162
순현금흐름	-11	19
기말현금	7	26

시장 대비 수익률

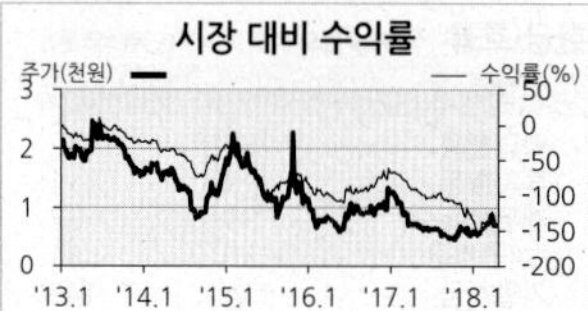

결산 실적　〈단위 : 억원〉

항목	2012	2013	2014	2015	2016	2017
매출액	966	789	1,505	1,262	893	1,032
영업이익	58	-16	83	-34	-80	62
당기순이익	4	-134	-206	-390	-128	61

분기 실적 *IFRS 별도 기준　〈단위 : 억원〉

항목	2016.3Q	2016.4Q	2017.1Q	2017.2Q	2017.3Q	2017.4Q
매출액	263	277	248	265	320	200
영업이익	30	-13	2	16	11	33
당기순이익	19	-21	-11	34	6	32

재무 상태 *IFRS 별도 기준　〈단위 : 억원〉

항목	2012	2013	2014	2015	2016	2017
총자산	1,749	2,399	1,996	1,407	1,070	956
유형자산	1,469	1,837	1,382	1,123	840	766
무형자산	14	151	131	16	11	6
유가증권	—	—	11	8	7	7
총부채	876	1,600	1,460	1,080	841	639
총차입금	856	1,413	1,256	883	637	461
자본금	232	232	253	290	298	323
총자본	873	799	537	327	228	317
지배주주지분	873	799	537	327	228	317

기업가치 지표 *IFRS 별도 기준

항목	2012	2013	2014	2015	2016	2017
주가(최고/저)(천원)	3.6/1.8	2.6/1.5	1.8/0.8	2.5/0.8	1.4/0.6	1.3/0.5
PER(최고/저)(배)	389.0/190.7	—/—	—/—	—/—	—/—	13.3/4.7
PBR(최고/저)(배)	1.9/0.9	1.4/0.8	1.5/0.7	4.3/1.4	3.5/1.6	2.7/0.9
EV/EBITDA(배)	3.8	7.1	5.1	6.3	11.9	3.6
EPS(원)	9	-289	-412	-673	-221	98
BPS(원)	1,937	1,896	1,134	564	382	491
CFPS(원)	887	382	220	-196	109	352
DPS(원)	—	—	—	—	—	—
EBITDAPS(원)	1,002	635	798	418	192	354

재무 비율　〈단위 : %〉

연도	영업 이익률	순 이익률	부채 비율	차입금 비율	ROA	ROE	유보율	자기자본 비율	EBITDA 마진율
2017	6.0	5.9	일부잠식	일부잠식	6.0	22.2	-1.9	33.2	21.2
2016	-9.0	-14.4	일부잠식	일부잠식	-10.4	-46.2	-23.5	21.3	12.4
2015	-2.7	-30.9	330.5	270.3	-22.9	-90.3	12.8	23.2	19.2
2014	5.5	-13.7	272.0	234.0	-9.4	-34.0	126.8	26.9	26.6

에이티젠 (A182400)
ATGen

업　　종 : 바이오　　시　　장 : KOSDAQ
신용등급 : (Bond) —　　(CP) —　　기업규모 : 기술성
홈페이지 : www.nkvue.com, www.atgenglobal　　연 락 처 : 031)8017-8114
본　　사 : 경기도 성남시 분당구 돌마로 172, 1층 및 6층 (정자동, 분당서울대학교병원 헬스케어혁신파크)

설 립 일	2002.01.14	**종업원수**	107명	**대표이사**	박상우
상 장 일	2015.10.23	**감사의견**	적정(태성)	**계　열**	
결 산 기	12월	**보 통 주**		**종속회사수**	3개사
액 면 가	500원	**우 선 주**		**구　상　호**	

주주구성 (지분율,%)		출자관계 (지분율,%)		주요경쟁사 (외형,%)	
한국투자밸류자산운용	13.1			에이티젠	100
박상우	12.6			셀바이오텍	1,264
(외국인)	5.3			파마리서치프로덕트	1,128

매출구성		비용구성		수출비중	
NK Vue® KIT 기타	35.9	매출원가율	30.8	수출	49.0
연구용 시약	33.2	판관비율	400.1	내수	51.0
NK Vue® KIT 제품	24.1				

회사 개요

동사는 생물학적제제 제조와 공급을 목적으로 실험용시약 생산 및 판매업을 주사업으로 영위하고 있음. 세계 최초로 전혈에서의 NK 세포 활성도 측정법을 이용한 면역력 측정이 가능한 키트(체외진단분석용 기기)를 개발함. 주요 제품인 연구용 시약이 매출의 33.2%를 차지하고, NK Vue키트는 24.1%를 차지함. 회사 설립 초기부터 SIGMA와 Merck 등 해외 영업에 집중해 매출의 90%가 수출에서 나옴.

실적 분석

동사의 2017년 누적매출액은 48.3억원으로 전년대비 29.8% 감소함. 같은 기간 영업손실은 159.8억원으로 전년 79.1억원보다 적자폭이 확대됨. NK Vue KIT 독점 판매권이 종료되어 아시아 지역 매출이 감소했으나, 중동지역 매출이 신규 발생함. 신규 진출 사업분야로 세포치료제, 반려동물진단키트, 건강기능식품 등이 있음. 2016년부터 국내 대리점을 통한 다양한 마케팅을 추진하고 있어 향후 매출 증가가 기대됨.

현금 흐름　〈단위 : 억원〉

항목	2016	2017
영업활동	-102	-153
투자활동	-198	-60
재무활동	398	10
순현금흐름	98	-204
기말현금	334	130

시장 대비 수익률

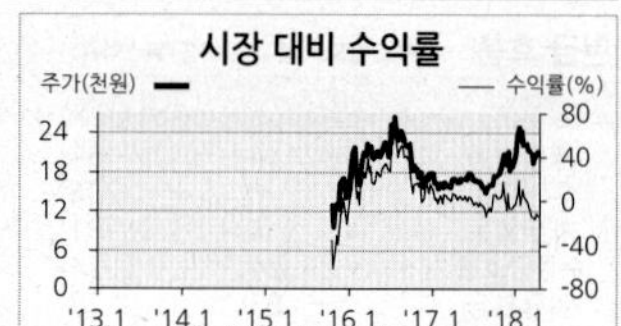

결산 실적　〈단위 : 억원〉

항목	2012	2013	2014	2015	2016	2017
매출액	20	15	17	25	69	48
영업이익	4	-21	-51	-64	-79	-160
당기순이익	3	-32	-58	-54	-48	-166

분기 실적　〈단위 : 억원〉

항목	2016.3Q	2016.4Q	2017.1Q	2017.2Q	2017.3Q	2017.4Q
매출액	12	37	12	11	13	13
영업이익	-25	-3	-20	-49	-37	-55
당기순이익	-5	11	-18	-45	-46	-56

재무 상태　〈단위 : 억원〉

항목	2012	2013	2014	2015	2016	2017
총자산	33	38	77	324	675	540
유형자산	6	12	13	14	24	31
무형자산	12	0	0	1	1	11
유가증권	—	—	—	—	117	115
총부채	28	57	100	36	268	141
총차입금	22	47	89	20	242	122
자본금	33	34	38	54	57	60
총자본	4	-19	-24	288	407	399
지배주주지분	4	-19	-24	288	407	399

기업가치 지표

항목	2012	2013	2014	2015	2016	2017
주가(최고/저)(천원)	—/—	—/—	—/—	34.2/17.8	53.1/29.1	22.3/14.3
PER(최고/저)(배)	0.0/0.0	0.0/0.0	0.0/0.0	—/—	—/—	—/—
PBR(최고/저)(배)	0.0/0.0	0.0/0.0	0.0/0.0	12.9/6.7	14.9/8.1	13.4/8.6
EV/EBITDA(배)	3.1	—	—	—	—	—
EPS(원)	23	-238	-431	-280	-216	-695
BPS(원)	66	-275	-319	2,647	3,571	3,332
CFPS(원)	65	-415	-820	-521	-380	-1,330
DPS(원)	—	—	—	—	—	—
EBITDAPS(원)	86	-260	-706	-626	-655	-1,276

재무 비율　〈단위 : %〉

연도	영업 이익률	순 이익률	부채 비율	차입금 비율	ROA	ROE	유보율	자기자본 비율	EBITDA 마진율
2017	-330.9	-344.4	35.3	30.6	-27.4	-41.3	566.5	73.9	-316.0
2016	-115.1	-70.4	66.0	59.6	-9.7	-13.9	614.2	60.3	-106.5
2015	-253.8	-213.8	12.6	7.0	-26.9	전기잠식	429.3	88.8	-238.9
2014	-301.9	-348.0	완전잠식	완전잠식	-101.8	잠식지속	-163.9	-31.3	-284.7

에이티테크놀러지 (A073570)
AT technology

업 종 : 반도체 및 관련장비　　시 장 : KOSDAQ
신용등급 : (Bond) — (CP) —　　기업규모 :
홈페이지 : www.attechnology.co.kr　　연 락 처 : 041)582-5700
본 사 : 충남 천안시 서북구 직산읍 4산단7로 17-15

설 립 일	1998.05.23	**종 업 원 수**	48명	**대 표 이 사**	변익성,강희준
상 장 일	2004.01.06	**감 사 의 견**	적정(삼화)	**계 열**	
결 산 기	12월	**보 통 주**		**종속회사수**	1개사
액 면 가	500원	**우 선 주**		**구 상 호**	프롬써어티

주주구성 (지분율,%)		출자관계 (지분율,%)		주요경쟁사 (외형,%)	
변익성	13.3	HQ인베스트먼트	9.5	에이티테크놀러지	100
전영진	9.0	에이티세미콘	4.1	에이티세미콘	855
(외국인)	0.2			코디엠	609

매출구성		비용구성		수출비중	
장비부품, 용역제공	72.9	매출원가율	88.9	수출	0.2
Interface	26.0	판관비율	52.1	내수	99.8
임대 등	1.1				

회사 개요
동사는 1998년 설립된 반도체 검사장비의 개발 및 제조업체로 동사의 주력 제품은 낸드플래시, 솔리드스테이트드라이브(SSD), 반도체 웨이퍼 등의 검사장비이며 삼성전자에 주로 납품하고 있음. 동사는 2014년 반도체 장비 업체인 테스토피아의 지분 100%를 인수했고, 테스토피아는 일본 반도체 장비업체인 아드반테스트를 주요 고객사로 두고 있음. 동사는 모바일 할인티켓 및 광고를 주요사업으로 하는 타바를 종속회사로 두고 있음.

실적 분석
동사는 2017년 연결기준 연간 매출액은 120.7억원으로 전년 대비 153.4% 증가함. 영업손실과 당기순손실은 각각 49.5억원, 108.4억원으로 적자지속중임. 동사는 반도체 인터페이스 부문에서 큰 폭의 매출 신장세를 이뤘으나, 인건비 등 판매관리비가 늘어 적자를 면치 못했음. 동사는 사업 다각화 차원으로 한국피엠지제약 주식 66만주를 약 39억원에 양수하기로 결정함.

현금 흐름
〈단위 : 억원〉

항목	2016	2017
영업활동	-55	-45
투자활동	-118	65
재무활동	181	32
순현금흐름	8	51
기말현금	10	62

시장 대비 수익률

결산 실적
〈단위 : 억원〉

항목	2012	2013	2014	2015	2016	2017
매출액	1,177	954	1,184	152	48	121
영업이익	-48	-116	-27	2	-50	-49
당기순이익	-125	-259	-259	-7	-113	-108

분기 실적
〈단위 : 억원〉

항목	2016.3Q	2016.4Q	2017.1Q	2017.2Q	2017.3Q	2017.4Q
매출액	7	13	31	45	35	10
영업이익	-10	-12	-12	-23	-8	-7
당기순이익	-12	-53	-15	-45	-15	-34

재무 상태
〈단위 : 억원〉

항목	2012	2013	2014	2015	2016	2017
총자산	2,304	2,660	348	225	405	306
유형자산	1,484	1,848	53	49	69	77
무형자산	19	155	53	45	85	81
유가증권	162	107	25	97	134	31
총부채	1,298	1,852	311	72	271	70
총차입금	1,135	1,646	233	52	219	34
자본금	65	65	70	71	95	46
총자본	1,007	808	37	153	134	236
지배주주지분	383	205	37	153	121	230

기업가치 지표

항목	2012	2013	2014	2015	2016	2017
주가(최고/저)(천원)	5.1/2.2	3.6/2.4	2.6/1.3	2.8/1.3	3.4/1.0	8.1/3.5
PER(최고/저)(배)	—/—	—/—	—/—	—/—	—/—	—/—
PBR(최고/저)(배)	0.9/0.4	1.0/0.7	3.1/1.5	2.7/1.3	5.6/1.7	3.3/1.4
EV/EBITDA(배)	4.2	10.4	1.9	38.6	—	—
EPS(원)	-9,408	-11,913	-18,166	-403	-3,711	-1,678
BPS(원)	3,322	1,982	485	1,083	639	2,491
CFPS(원)	2,221	1,310	-63	-29	-712	-1,435
DPS(원)	—	—	—	—	—	—
EBITDAPS(원)	2,846	1,678	1,669	78	-295	-572

재무 비율
〈단위 : %〉

연도	영업이익률	순이익률	부채비율	차입금비율	ROA	ROE	유보율	자기자본비율	EBITDA마진율
2017	-41.0	-89.8	29.6	14.3	-30.5	-58.1	398.1	77.2	-28.8
2016	-104.0	-237.1	202.6	163.2	-35.8	-82.5	27.8	33.1	-94.3
2015	1.6	-4.9	47.2	34.3	-2.6	-7.8	116.6	67.9	4.7
2014	-2.3	-21.8	일부잠식	일부잠식	-17.2	-213.7	-3.0	10.7	18.9

에이프로젠제약 (A003060)
Aprogen pharmaceuticalsInc

업 종 : 제약　　시 장 : 거래소
신용등급 : (Bond) B- (CP) —　　기업규모 : 시가총액 소형주
홈페이지 : www.aprogen-pharm.com　　연 락 처 : 02)561-4011
본 사 : 서울시 송파구 오금로19길 6, 301(방이동,강호빌딩)

설 립 일	1960.12.03	**종 업 원 수**	100명	**대 표 이 사**	김정출
상 장 일	1984.10.19	**감 사 의 견**	적정(대성삼경)	**계 열**	
결 산 기	12월	**보 통 주**		**종속회사수**	1개사
액 면 가	500원	**우 선 주**		**구 상 호**	슈넬생명과학

주주구성 (지분율,%)		출자관계 (지분율,%)		주요경쟁사 (외형,%)	
에이프로젠	7.2	에이프로젠파마	100.0	에이프로젠제약	100
케이앤텍코리아	4.0	에이프로젠바이오로직스	21.1	신풍제약	401
(외국인)	3.3	에이프로젠헬스케어앤게임즈	9.0	광동제약	2,476

매출구성		비용구성		수출비중	
기타	84.8	매출원가율	59.2	수출	3.2
네오히알주 외	5.3	판관비율	44.0	내수	96.8
락타목스	4.2				

회사 개요
동사 주요 영업부문은 의약품등의 제조, 판매를 주요 사업으로 하고 있음. 2013년 신규 설립된 이앤엠레볼루션㈜을 통한 폐기물 종합처리 및 무기단열재 연구를시작함. 2016년 상반기 연구개발비용은 2.9억원으로 매출액의 1.3%를 차지함. 2009년 8월 에이프로젠과 레미케이드 바이오시밀러 항체치료제의 국내 임상 개발 및 사업화 권리 취득을 위한 기술 도입 계약을 체결함.

실적 분석
동사의 2017년 연결기준 매출액은 전년동기 대비 4.5% 증가한 461억원을 기록함. 매출원가는 소폭 증가하는데 그쳤으나, 판관비 증가 여파로 전년동기 대비 영업손실 폭이 확대된 상황. 당기순이익 또한 비영업손익의 악화로 168.9억원의 순손실 시현하며 적자가 크게 확대된 모습. 향후 수출비중을 높이고 전문의약품 외에 일반의약품 등으로 다변화된 제품 포트폴리오를구축하는 등 환경 변화에 따른 다양한 대처 를 모색 중임.

현금 흐름
〈단위 : 억원〉

항목	2016	2017
영업활동	-22	-31
투자활동	-329	-398
재무활동	434	405
순현금흐름	83	-24
기말현금	262	238

시장 대비 수익률
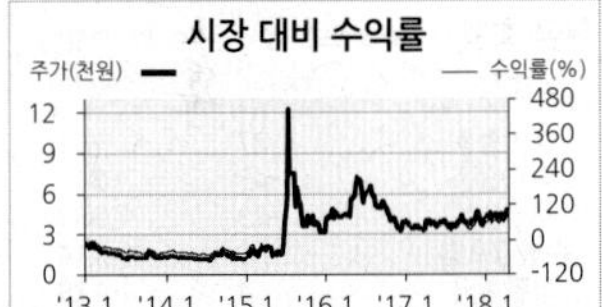

결산 실적
〈단위 : 억원〉

항목	2012	2013	2014	2015	2016	2017
매출액	338	295	331	403	441	461
영업이익	-164	-136	-54	-9	-2	-15
당기순이익	-249	-209	-44	16	-48	-169

분기 실적
〈단위 : 억원〉

항목	2016.3Q	2016.4Q	2017.1Q	2017.2Q	2017.3Q	2017.4Q
매출액	104	120	116	111	113	122
영업이익	-4	4	-0	-8	-1	-5
당기순이익	-10	-32	-23	-34	-96	-16

재무 상태
〈단위 : 억원〉

항목	2012	2013	2014	2015	2016	2017
총자산	931	783	848	852	1,287	1,583
유형자산	125	212	226	251	259	182
무형자산	47	20	22	41	49	45
유가증권	21	0	114	67	395	447
총부채	246	217	227	175	506	804
총차입금	138	107	141	87	404	710
자본금	594	674	774	403	404	423
총자본	685	565	621	677	781	779
지배주주지분	685	563	623	692	804	779

기업가치 지표

항목	2012	2013	2014	2015	2016	2017
주가(최고/저)(천원)	4.3/2.0	2.4/1.2	1.9/1.1	12.3/1.2	7.5/3.1	5.4/3.3
PER(최고/저)(배)	—/—	—/—	—/—	357.1/35.2	—/—	—/—
PBR(최고/저)(배)	3.8/1.7	2.9/1.4	2.4/1.4	14.3/1.4	7.5/3.1	5.8/3.6
EV/EBITDA(배)	—	—	—	324.6	251.1	1,765.3
EPS(원)	-462	-339	-55	34	-48	-195
BPS(원)	577	417	403	860	995	921
CFPS(원)	-222	-163	-18	54	-31	-175
DPS(원)	—	—	—	—	—	—
EBITDAPS(원)	-143	-104	-28	9	15	3

재무 비율
〈단위 : %〉

연도	영업이익률	순이익률	부채비율	차입금비율	ROA	ROE	유보율	자기자본비율	EBITDA마진율
2017	-3.2	-36.6	103.3	91.2	-11.8	-20.7	84.1	49.2	0.5
2016	-0.6	-10.8	64.7	51.7	-4.5	-5.2	98.9	60.7	2.7
2015	-2.2	3.9	25.8	12.8	1.8	4.2	71.9	79.5	1.8
2014	-16.2	-13.3	일부잠식	일부잠식	-5.4	-6.6	-19.5	73.2	-12.0

에이프로젠케이아이씨 (A007460)

Aprogen KIC

업 종	금속 및 광물	시 장	거래소
신 용 등 급	(Bond) — (CP) —	기 업 규 모	시가총액 중형주
홈 페 이 지	www.kicltd.co.kr	연 락 처	02)3440-3000
본 사	경기도 성남시 중원구 둔촌대로 545, 비2층(상대원동, 한라 시그마벨리)		

설 립 일	1971.11.15	**종 업 원 수**	114명	**대 표 이 사**	김재섭
상 장 일	1995.06.09	**감 사 의 견**	적정(위드)	**계 열**	
결 산 기	12월	**보 통 주**		**종속회사수**	
액 면 가	500원	**우 선 주**		**구 상 호**	나라케이아이씨

주주구성 (지분율,%)		출자관계 (지분율,%)		주요경쟁사 (외형,%)	
지베이스	62.3	KICINDUSTRIALMACHINERY	100.0	에이프로젠 KIC	100
블러썸 2호조합	2.2			대호에이엘	281
(외국인)	0.4			삼아알미늄	305

매출구성		비용구성		수출비중	
Hardfacing	52.1	매출원가율	90.4	수출	21.2
제철 플랜트	14.7	판관비율	5.5	내수	78.8
NUKON	11.9				

회사 개요

동사는 1975년 11월에 설립되어 가열로, 제철설비, 환경에너지 설비등 플랜트 설비의 제작과 하드페이싱 등의 유지보수를 진행하고 있음. 동사는 기존 사업영역 외에 2008년 5월 신한E&C와의 합병을 통하여 코크스 이동차, 탈질설비, 오일샌드 플랜트 설비 등으로 사업영역을 확장하였으며, 각 업종별로 고유의 사업영업에서 경쟁력을 확보하고 있어 성장성과 안정성을 갖추고 있음.

실적 분석

동사의 2017년 매출액은 전년 대비 18.1% 감소한 449.0억원을 기록했으며, 동기간 영업이익은 전년 동기 대비 63.9% 감소한 18.3억원을 기록하였음. 또한 일회성 비용인 자산손상차손이 18.4억원 발생함에 따라 비영업손익에서 적자 상황이 지속되었음. 한편, 일시적 차이로 인한 이연법인세가 발생하면서 법인세를 일부 환급받음에 따라 동사의 2017년 당기순이익은 전년 대비 2.8% 감소한 23.4억원을 기록하였음.

현금 흐름 *IFRS 별도 기준

<단위 : 억원>

항목	2016	2017
영업활동	27	81
투자활동	-13	-847
재무활동	-23	1,880
순현금흐름	-9	1,114
기말현금	4	1,119

시장 대비 수익률

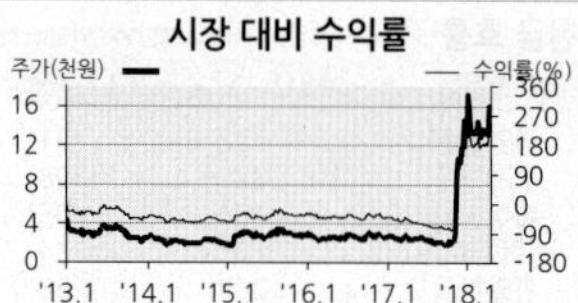

결산 실적

<단위 : 억원>

항목	2012	2013	2014	2015	2016	2017
매출액	1,707	1,030	765	659	548	449
영업이익	240	44	86	60	51	18
당기순이익	-285	-511	124	34	24	23

분기 실적 *IFRS 별도 기준

<단위 : 억원>

항목	2016.3Q	2016.4Q	2017.1Q	2017.2Q	2017.3Q	2017.4Q
매출액	121	135	137	107	105	100
영업이익	6	6	14	10	3	-8
당기순이익	-9	2	9	3	1	10

재무 상태 *IFRS 별도 기준

<단위 : 억원>

항목	2012	2013	2014	2015	2016	2017
총자산	3,424	1,145	930	865	786	2,670
유형자산	515	487	496	472	463	435
무형자산	5	3	3	4	4	4
유가증권	12	7	7	6	5	666
총부채	3,497	1,106	767	556	433	1,174
총차입금	997	766	471	397	361	986
자본금	144	52	52	80	85	249
총자본	-73	39	164	309	353	1,496
지배주주지분	-73	39	164	309	353	1,496

기업가치 지표 *IFRS 별도 기준

항목	2012	2013	2014	2015	2016	2017
주가(최고/저)(천원)	10.3/4.0	5.0/2.1	2.8/1.7	3.7/1.7	3.2/2.3	14.6/1.8
PER(최고/저)(배)	—/—	—/—	2.4/1.4	12.9/5.9	21.8/15.6	124.2/15.4
PBR(최고/저)(배)	-8.2/-3.1	13.6/5.6	1.8/1.1	1.9/0.9	1.5/1.1	4.8/0.6
EV/EBITDA(배)	4.3	13.6	5.9	9.2	10.7	135.1
EPS(원)	-5,985	-5,986	1,194	288	148	117
BPS(원)	-254	370	1,570	1,933	2,086	3,005
CFPS(원)	-1,085	-5,695	1,420	483	291	229
DPS(원)	—	—	—	—	—	—
EBITDAPS(원)	1,107	807	1,051	706	454	203

재무 비율

<단위 : %>

연도	영업 이익률	순 이익률	부채 비율	차입금 비율	ROA	ROE	유보율	자기자본 비율	EBITDA 마진율
2017	4.1	5.2	78.5	66.0	1.4	2.5	500.9	56.0	9.0
2016	9.2	4.4	122.5	102.4	2.9	7.3	317.3	45.0	13.5
2015	9.1	5.1	180.2	128.6	3.8	14.4	286.6	35.7	12.6
2014	11.2	16.3	468.5	287.9	12.0	123.1	213.9	17.6	14.3

에이프로젠헬스케어앤게임즈 (A109960)

Aprogen Healthcare & Games

업 종	제약	시 장	KOSDAQ
신 용 등 급	(Bond) — (CP) —	기 업 규 모	중견
홈 페 이 지	www.aprogen-hng.com, www.enus.	연 락 처	02)6010-3119
본 사	서울시 강남구 테헤란로32길 26 청송빌딩		

설 립 일	1998.02.12	**종 업 원 수**	44명	**대 표 이 사**	김재섭
상 장 일	2009.11.13	**감 사 의 견**	적정(태성)	**계 열**	
결 산 기	12월	**보 통 주**		**종속회사수**	3개사
액 면 가	500원	**우 선 주**		**구 상 호**	로코조이

주주구성 (지분율,%)		출자관계 (지분율,%)		주요경쟁사 (외형,%)	
에이비에이바이오로직스	21.9	제3글로브	100.0	에이프로젠 H&G	100
슈넬생명과학	8.7	비전브로스	65.3	동성제약	733
(외국인)	3.0	이너스텍	25.0	선바이오	19

매출구성		비용구성		수출비중	
드래곤라자M	39.8	매출원가율	76.5	수출	—
양방향 가로등/보안등 제어시스템	28.0	판관비율	46.7	내수	—
블루투스핸즈프리(Dummy 포함)	19.9				

회사 개요

매출구조는 무선솔루션 약 45%, 조명제어 55%임. 네트워크 기기 전문회사로 FM RF, CDMA, Bluetooth, Zigbee등 다양한 무선통신기술을 보유하고 있으며, 이를 바탕으로 블루투스 핸즈프리와 유/무선 인터넷 전화, 블루투스 동글 등을 개발/판매하고 있는 무선솔루션사업부와 주요 도시의 가로등, 보안등에 적용되어 운용중인 조명감시제어시스템을 개발/판매하는 조명제어사업부로 이루어짐. 씨그널엔터와 제휴 후 모바일 게임사업에 진출함.

실적 분석

동사의 2017년 연간 매출액은 112.4억원으로 전년 대비 14.5% 증가함. 매출원가와 판관비가 각각 15.7%, 43.6% 하락하면서 영업손실은 26.1억원을 기록하면서 적자폭을 축소함. 항생제, 순환기제, 소화기제, 소염진통제 등 100품목 이상의 다양한 전문의약품을 중심으로 판매 확대를 위한 마케팅에 적극적으로 나설 계획임. 부가가치가 높은 제품을 중심으로 포트폴리오 다변화를 추진 중임.

현금 흐름

<단위 : 억원>

항목	2016	2017
영업활동	-96	25
투자활동	-119	-1,149
재무활동	81	1,241
순현금흐름	-134	116
기말현금	58	174

시장 대비 수익률

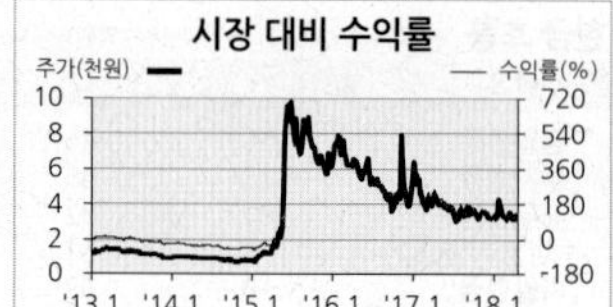

결산 실적

<단위 : 억원>

항목	2012	2013	2014	2015	2016	2017
매출액	217	207	135	111	98	112
영업이익	-6	-23	5	-23	-97	-26
당기순이익	-8	-37	-2	-26	-228	-40

분기 실적

<단위 : 억원>

항목	2016.3Q	2016.4Q	2017.1Q	2017.2Q	2017.3Q	2017.4Q
매출액	12	-21	22	56	40	-6
영업이익	-16	-23	-7	-4	-5	-11
당기순이익	-28	-138	-9	3	-2	-32

재무 상태

<단위 : 억원>

항목	2012	2013	2014	2015	2016	2017
총자산	152	121	96	271	156	1,417
유형자산	7	7	6	4	4	2
무형자산	15	3	6	6	30	10
유가증권	1	1	1	1	1	—
총부채	72	77	53	120	64	271
총차입금	46	49	36	103	34	192
자본금	19	19	19	85	108	252
총자본	80	44	42	151	92	1,147
지배주주지분	80	44	42	151	86	1,148

기업가치 지표

항목	2012	2013	2014	2015	2016	2017
주가(최고/저)(천원)	1.4/0.8	1.5/0.9	1.0/0.7	12.1/0.7	8.1/3.4	6.6/3.0
PER(최고/저)(배)	—/—	—/—	—/—	—/—	—/—	—/—
PBR(최고/저)(배)	1.9/1.0	3.6/2.1	2.5/1.6	13.2/0.8	19.4/8.2	2.9/1.3
EV/EBITDA(배)	—	—	13.2	—	—	—
EPS(원)	-70	-328	-18	-179	-1,084	-67
BPS(원)	2,222	1,270	1,227	916	418	2,288
CFPS(원)	-54	-817	34	-153	-1,038	-52
DPS(원)	—	—	—	—	—	—
EBITDAPS(원)	-17	-457	206	-133	-415	-38

재무 비율

<단위 : %>

연도	영업 이익률	순 이익률	부채 비율	차입금 비율	ROA	ROE	유보율	자기자본 비율	EBITDA 마진율
2017	-23.2	-35.3	23.6	16.8	-5.1	-5.4	357.5	80.9	-16.7
2016	-98.6	-232.6	일부잠식	일부잠식	-106.9	-191.8	-16.4	58.9	-88.7
2015	-20.5	-23.0	79.8	68.2	-13.9	-26.5	83.1	55.6	-17.1
2014	3.4	-1.5	125.4	85.2	-1.9	-4.6	145.5	44.4	5.8

에이피시스템 (A265520)
Advanced Process Systems

업　　종 : 디스플레이 및 관련부품　　시　　장 : KOSDAQ
신용등급 : (Bond) —　(CP) —　　기업규모 : 중견
홈페이지 : www.apsystems.co.kr　　연 락 처 : 031)379-2700
본　　사 : 경기도 화성시 동탄면 동탄산단8길 15-5

설 립 일	2017.03.02	**종업원수**	545명	**대표이사**	김영주
상 장 일	2017.04.07	**감사의견**	적정(삼일)	**계　열**	
결 산 기	12월	**보 통 주**		**종속회사수**	
액 면 가	500원	**우 선 주**		**구 상 호**	

주주구성 (지분율,%)		출자관계 (지분율,%)		주요경쟁사 (외형,%)	
APS홀딩스	21.7	APSHKGLOBAL	100.0	AP시스템	100
T. Rowe Price International Discovery Fund	3.9			APS홀딩스	9
(외국인)	11.6			덕산네오룩스	10

매출구성		비용구성		수출비중	
		매출원가율	93.6	수출	45.9
		판관비율	3.7	내수	54.1

회사 개요
동사는 인적분할로 설립된 신설회사로 2017년 4월 재상장했으며, 분할 전 회사인 APS홀딩스가 영위하던 사업 중 디스플레이 및 반도체 장비를 제조, 판매하는 장비사업부문을 담당하고 있음. 주요사업으로 AMOLED장비 제조, 반도체장비 제조, LCD장비 제조, 레이저응용장비 제조 등을 영위하고 있음. 동사가 개발, 공급하는 ELA, LLO, Encapsulation 장비는 삼성디스플레이나 해외 패널 제조사가 활용하고 있음.

실적 분석
동사의 2017년 연결기준 연간 누적 매출액은 9624.2억원을 기록함. 매출은 많지만 매출원가 부담 또한 크게 늘어서 영업이익은 261.6억원으로 영업이익률이 2.7%에 불과. 비영업 부문에서 일부 외환이익을 거뒀지만 금융손실 때문에 외환이익이 상쇄. 당기순이익은 190.9억원을 기록함.

현금 흐름 *IFRS 별도 기준
〈단위 : 억원〉

항목	2016	2017
영업활동	—	557
투자활동	—	-467
재무활동	—	453
순현금흐름	—	529
기말현금	—	627

시장 대비 수익률
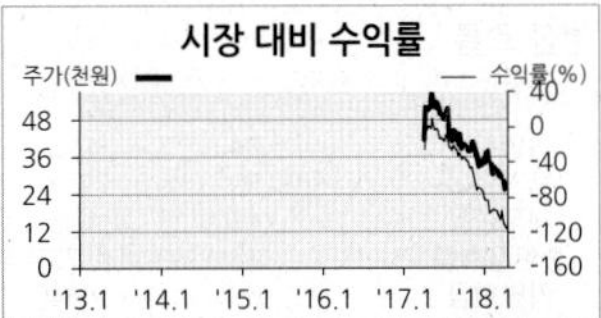

결산 실적
〈단위 : 억원〉

항목	2012	2013	2014	2015	2016	2017
매출액	—	—	—	—	—	9,624
영업이익	—	—	—	—	—	262
당기순이익	—	—	—	—	—	191

분기 실적 *IFRS 별도 기준
〈단위 : 억원〉

항목	2016.3Q	2016.4Q	2017.1Q	2017.2Q	2017.3Q	2017.4Q
매출액	—	—	1,264	3,843	2,454	2,064
영업이익	—	—	126	297	21	-183
당기순이익	—	—	92	232	6	-138

재무 상태 *IFRS 별도 기준
〈단위 : 억원〉

항목	2012	2013	2014	2015	2016	2017
총자산	—	—	—	—	—	4,680
유형자산	—	—	—	—	—	1,096
무형자산	—	—	—	—	—	239
유가증권	—	—	—	—	—	37
총부채	—	—	—	—	—	3,785
총차입금	—	—	—	—	—	1,488
자본금	—	—	—	—	—	76
총자본	—	—	—	—	—	895
지배주주지분	—	—	—	—	—	895

기업가치 지표 *IFRS 별도 기준

항목	2012	2013	2014	2015	2016	2017
주가(최고/저)(천원)	#VALUE!	—/—	—/—	—/—	—/—	—/—
PER(최고/저)(배)	0.0/0.0	0.0/0.0	0.0/0.0	0.0/0.0	0.0/0.0	44.8/25.1
PBR(최고/저)(배)	0.0/0.0	0.0/0.0	0.0/0.0	0.0/0.0	0.0/0.0	9.7/5.5
EV/EBITDA(배)	0.0	0.0	0.0	0.0	0.0	15.5
EPS(원)	—	—	—	—	—	1,271
BPS(원)	—	—	—	—	—	5,857
CFPS(원)	—	—	—	—	—	1,816
DPS(원)	—	—	—	—	—	—
EBITDAPS(원)	—	—	—	—	—	2,287

재무 비율
〈단위 : %〉

연도	영업이익률	순이익률	부채비율	차입금비율	ROA	ROE	유보율	자기자본비율	EBITDA마진율
2017	2.7	2.0	423.0	166.3	0.0	0.0	1,071.2	19.1	3.6
2016	0.0	0.0	0.0	0.0	0.0	0.0	0.0	0.0	0.0
2015	0.0	0.0	0.0	0.0	0.0	0.0	0.0	0.0	0.0
2014	0.0	0.0	0.0	0.0	0.0	0.0	0.0	0.0	0.0

에이피에스홀딩스 (A054620)
APS Holdings

업　　종 : 디스플레이 및 관련부품　　시　　장 : KOSDAQ
신용등급 : (Bond) —　(CP) —　　기업규모 : 우량
홈페이지 : www.apsholdings.co.kr　　연 락 처 : 031)776-1800
본　　사 : 경기도 화성시 동탄면 동탄산단9길 23-12

설 립 일	1996.08.29	**종업원수**	23명	**대표이사**	정기로
상 장 일	2001.11.24	**감사의견**	적정(삼정)	**계　열**	
결 산 기	12월	**보 통 주**		**종속회사수**	6개사
액 면 가	500원	**우 선 주**		**구 상 호**	AP시스템

주주구성 (지분율,%)		출자관계 (지분율,%)		주요경쟁사 (외형,%)	
정기로	29.7	APS에이엠디	100.0	APS홀딩스	100
국민연금공단	2.4	코닉오토메이션	60.0	덕산네오룩스	114
(외국인)	14.7	넥스틴	58.6	비아트론	115

매출구성		비용구성		수출비중	
AMOLED제조장비	93.8	매출원가율	80.2	수출	—
반도체제조장비	3.7	판관비율	19.5	내수	—
기타	2.4				

회사 개요
동사는 AMOLED용 봉지(Encap) 장비를 2009년 하반기부터 삼성모바일디스플레이(현 삼성디스플레이)에 공급하고 있음. 반도체 제조장비 및 TFT-LCD제조장비 서비스사업을 영위함. 플렉서블 디스플레이(Flexible Display) 패널제조의 핵심공정장비인 LLO(Laser Lift Off)장비 또한 2011년 하반기부터 삼성디스플레이에 공급 중이며 향후 플렉서블 디스플레이의 채택률이 높아질것으로 예상되면서 매출 성장 기대.

실적 분석
동사의 2017년 연결 기준 연간 누적 매출액은 879.3억원으로 전년 동기 대비 262.3% 증가함. 매출이 증가하면서 매출 원가와 판관비 또한 크게 늘었지만 매출 증가에 따른 고정비용 감소효과로 영업이익은 2.6억원을 기록해 전년 동기 대비 흑자전환에 성공함. 2017년 3월 2일을 분할기일로 하는 인적분할함에 따라 중단사업영업순이익이 당기순이익에 포함되면서 당기순이익은 6,701.2억원을 기록함.

현금 흐름
〈단위 : 억원〉

항목	2016	2017
영업활동	846	148
투자활동	-712	-1,073
재무활동	841	-54
순현금흐름	980	-974
기말현금	1,055	81

시장 대비 수익률
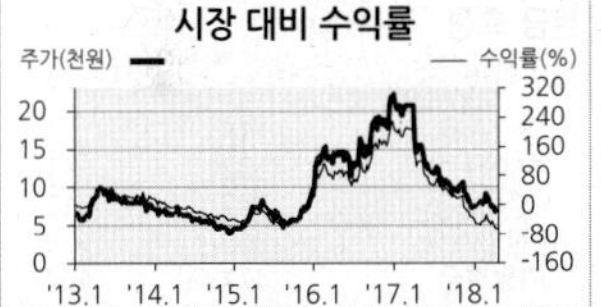

결산 실적
〈단위 : 억원〉

항목	2012	2013	2014	2015	2016	2017
매출액	2,175	2,541	1,754	2,932	243	879
영업이익	131	160	37	121	-23	3
당기순이익	114	152	10	78	275	6,701

분기 실적
〈단위 : 억원〉

항목	2016.3Q	2016.4Q	2017.1Q	2017.2Q	2017.3Q	2017.4Q
매출액	112	-71	260	508	299	-187
영업이익	-9	-3	11	30	18	-56
당기순이익	38	262	6,825	41	7	-172

재무 상태
〈단위 : 억원〉

항목	2012	2013	2014	2015	2016	2017
총자산	2,055	1,822	2,156	2,990	5,662	2,318
유형자산	521	671	649	989	1,597	93
무형자산	60	104	149	245	263	10
유가증권	8	37	46	46	56	786
총부채	1,180	805	1,158	1,893	3,593	485
총차입금	404	485	637	1,304	1,382	205
자본금	108	116	117	117	143	67
총자본	875	1,017	998	1,096	2,070	1,833
지배주주지분	856	997	980	1,065	2,027	1,818

기업가치 지표

항목	2012	2013	2014	2015	2016	2017
주가(최고/저)(천원)	11.1/4.7	10.1/5.7	7.4/4.0	9.7/4.4	22.2/9.1	22.2/7.1
PER(최고/저)(배)	20.3/8.7	15.0/8.4	134.0/72.4	26.3/12.1	22.4/9.2	0.5/0.2
PBR(최고/저)(배)	2.6/1.1	2.0/1.1	1.4/0.8	1.8/0.8	2.8/1.2	1.5/0.5
EV/EBITDA(배)	8.8	11.7	18.6	22.8	104.3	8.1
EPS(원)	545	674	55	368	992	42,257
BPS(원)	4,329	5,067	5,112	5,512	7,874	14,439
CFPS(원)	758	881	330	652	1,370	42,557
DPS(원)	—	—	—	—	—	—
EBITDAPS(원)	817	922	432	802	290	316

재무 비율
〈단위 : %〉

연도	영업이익률	순이익률	부채비율	차입금비율	ROA	ROE	유보율	자기자본비율	EBITDA마진율
2017	0.3	762.1	26.5	11.2	168.0	348.2	2,787.9	79.1	5.7
2016	-9.6	113.2	173.6	66.8	6.4	16.9	1,474.8	36.6	31.5
2015	4.1	2.7	172.7	119.0	3.0	8.4	1,002.4	36.7	6.4
2014	2.1	0.6	116.0	63.8	0.5	1.3	922.5	46.3	5.8

에이피위성 (A211270)

Asia Pacific Satellite

업 종 : 통신장비
시 장 : KOSDAQ
신용등급 : (Bond) — (CP) —
기업규모 : 중견
홈페이지 : www.apsi.co.kr
연 락 처 : 02)2026-7800
본 사 : 서울시 금천구 가산디지털2로 98, IT캐슬 2동 9층

설 립 일	2011.02.01	**종 업 원 수**	139명	**대 표 이 사**	류장수
상 장 일	2016.03.04	**감 사 의 견**	적정(태성)	**계 열**	
결 산 기	12월	**보 통 주**		**종속회사수**	
액 면 가	500원	**우 선 주**		**구 상 호**	AP위성통신

주주구성 (지분율,%)		출자관계 (지분율,%)		주요경쟁사 (외형,%)	
류장수	21.5			AP위성	100
홈스	21.3			쏠리드	863
(외국인)	3.0			삼지전자	4,342

매출구성		비용구성		수출비중	
위성휴대폰 등	62.4	매출원가율	73.9	수출	58.0
위성제조부문	15.3	판관비율	17.0	내수	42.0
M2M 제품	12.0				

회사 개요

동사는 위성산업 중 지상장비 산업군에 속해 있으며, 인공위성을 이용해 위성통신 서비스를 제공하는 위성통신 사업자에게 위성통신 단말기를 공급하는 사업을 영위하고 있음. 주요 제품은 위성통신 단말기이며, 주요 고객은 UAE 두바이 소재의 이동위성통신 사업자인 THURAYA 통신회사. 2014년 멕시코 MEXSAT 사업에서 Hughes, Honeywell, Elektrobit 등과 함께 GMR-1 3G 규격의 단말기 공급업체로 선정됨.

실적 분석

동사의 2017년 결산 연결기준 매출액은 300.5억원으로 전년대비 20.7% 증가. 영업이익은 27.2억원으로 전년대비 67.8% 증가. 당기순이익은 0.7억원으로 전년대비 98.9% 감소. 위성통신 단말기 수출 증가로 외형 성장. 또한 판관비 등 비용 절감으로 영업이익은 전년대비 개선. 2017년 수주잔고가 약 500억원을 넘어 선 것으로 예상, 또한 2018년 2월에 추가된 Thuraya향 위성 휴대폰 납품 계약 체결(54억원).

현금 흐름 *IFRS 별도 기준 〈단위 : 억원〉

항목	2016	2017
영업활동	-14	71
투자활동	32	-81
재무활동	247	12
순현금흐름	300	-20
기말현금	477	457

시장 대비 수익률

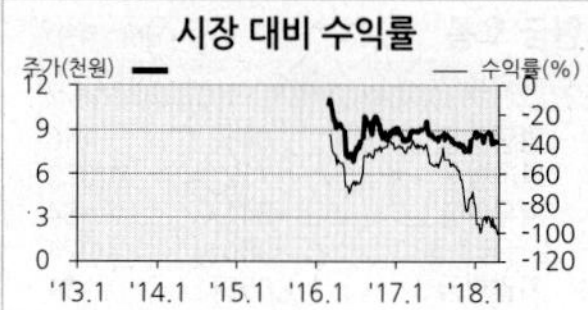

결산 실적 〈단위 : 억원〉

항목	2012	2013	2014	2015	2016	2017
매출액	131	393	346	365	249	300
영업이익	-26	124	86	90	16	27
당기순이익	-23	105	70	88	60	1

분기 실적 *IFRS 별도 기준 〈단위 : 억원〉

항목	2016.3Q	2016.4Q	2017.1Q	2017.2Q	2017.3Q	2017.4Q
매출액	21	116	36	43	79	142
영업이익	-8	16	-13	-7	8	39
당기순이익	-21	72	-35	10	13	13

재무 상태 *IFRS 별도 기준 〈단위 : 억원〉

항목	2012	2013	2014	2015	2016	2017
총자산	195	319	364	421	860	1,037
유형자산	67	67	68	65	69	65
무형자산	0	1	3	2	124	123
유가증권	—	—	—	—	—	—
총부채	77	96	76	45	53	217
총차입금	1	—	0	0	0	0
자본금	47	47	49	49	75	75
총자본	119	223	289	376	807	821
지배주주지분	119	223	289	376	807	821

기업가치 지표 *IFRS 별도 기준

항목	2012	2013	2014	2015	2016	2017
주가(최고/저)(천원)	—/—	—/—	—/—	—/—	11.1/6.8	9.5/7.5
PER(최고/저)(배)	0.0/0.0	0.0/0.0	0.0/0.0	0.0/0.0	23.9/14.7	2,174.7/1,718.7
PBR(최고/저)(배)	0.0/0.0	0.0/0.0	0.0/0.0	0.0/0.0	1.8/1.1	1.6/1.2
EV/EBITDA(배)	—	—	—	—	35.4	21.1
EPS(원)	-253	1,116	750	904	462	4
BPS(원)	1,263	2,376	2,963	3,857	6,093	6,044
CFPS(원)	52	1,164	813	977	519	58
DPS(원)	—	—	—	—	—	—
EBITDAPS(원)	14	1,370	976	996	183	235

재무 비율 〈단위 : %〉

연도	영업이익률	순이익률	부채비율	차입금비율	ROA	ROE	유보율	자기자본비율	EBITDA마진율
2017	9.1	0.2	26.4	0.0	0.1	0.1	1,108.8	79.1	11.8
2016	6.5	23.9	6.6	0.0	9.3	10.1	1,118.6	93.8	9.5
2015	24.7	24.2	12.1	0.0	22.4	26.5	671.5	89.2	26.6
2014	24.8	20.4	26.3	0.1	20.6	27.5	492.6	79.2	26.5

에임하이글로벌 (A043580)

Aimhigh Global

업 종 : 휴대폰 및 관련부품
시 장 : KOSDAQ
신용등급 : (Bond) — (CP) —
기업규모 :
홈페이지 : www.ahg.co.kr
연 락 처 : 02)316-2200
본 사 : 서울시 강남구 영동대로 731 신영빌딩 10층

설 립 일	1979.03.21	**종 업 원 수**	25명	**대 표 이 사**	왕설
상 장 일	2001.08.02	**감 사 의 견**	거절(감사범위제한)(세원)	**계 열**	
결 산 기	12월	**보 통 주**		**종속회사수**	7개사
액 면 가	500원	**우 선 주**		**구 상 호**	

주주구성 (지분율,%)		출자관계 (지분율,%)		주요경쟁사 (외형,%)	
홍콩 페임 챔피언 트레이딩(HongKong Fame Champion Trading Co., Limited)	7.2			에임하이	100
핫게임인터내셔널	5.0			제주반도체	503
(외국인)	59.6			성우전자	789

매출구성		비용구성		수출비중	
진공증착	74.8	매출원가율	57.8	수출	—
노트북 등	19.3	판관비율	61.9	내수	—
기타 등	5.8				

회사 개요

동사는 1979년 3월 설립 당시 동명강판주식회사로 설립되어 전자부품제조업 등을 주요 사업으로 영위했으나, 2017년부터 점차 사업 비중을 줄이고 모바일게임, 캐릭터라이센싱, F&B, 임베디드, 온라인 광고사업부서 등을 신설하고 주요사업으로 집중하고 있음. 리프인베스트먼트, 에임하이스타디움 등 9개의 기업을 종속기업으로 편입하여 본격적인 신사업 진출을 위한 네트워크를 구축함.

실적 분석

동사의 2017년도 연결기준 연간 매출액은 232.6억원으로 전년 대비 423.8% 증가했으나 고정비 영향으로 영업이익과 순이익 모두 적자지속. 주요 사업이었던 진공증착 사업부문의 비중을 축소시킴에 따라 임가공매출이 큰 폭으로 감소함. 모바일게임사업으로 주력으로 추진하고자 게임 관련 비즈니스 전문가들로 구성하고 관련 투자에 따라 고정비의 비중이 증가한 것으로 보임.

현금 흐름 〈단위 : 억원〉

항목	2016	2017
영업활동	-34	-116
투자활동	-159	-13
재무활동	211	105
순현금흐름	18	-25
기말현금	69	44

시장 대비 수익률

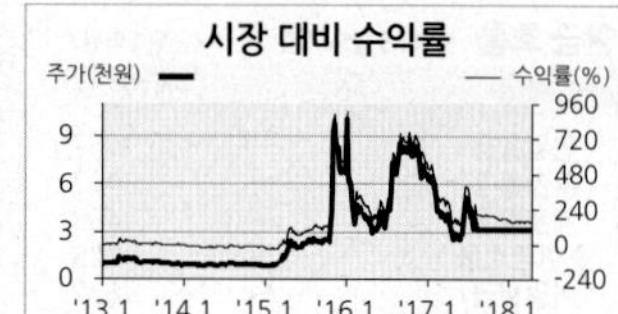

결산 실적 〈단위 : 억원〉

항목	2012	2013	2014	2015	2016	2017
매출액	227	347	185	136	44	233
영업이익	5	4	-9	-5	-59	-46
당기순이익	9	1	-10	-13	-120	-211

분기 실적 〈단위 : 억원〉

항목	2016.3Q	2016.4Q	2017.1Q	2017.2Q	2017.3Q	2017.4Q
매출액	8	8	17	4	11	200
영업이익	-11	-29	-23	-28	-38	43
당기순이익	-4	-101	-31	-104	-35	-41

재무 상태 〈단위 : 억원〉

항목	2012	2013	2014	2015	2016	2017
총자산	194	236	207	209	342	1,514
유형자산	19	16	20	12	26	21
무형자산	2	9	9	9	49	1,117
유가증권	20	21	70	11	74	19
총부채	13	48	29	17	92	88
총차입금	2	27	0	6	84	0
자본금	72	73	73	87	121	326
총자본	182	188	178	192	250	1,426
지배주주지분	182	188	178	192	246	1,336

기업가치 지표

항목	2012	2013	2014	2015	2016	2017
주가(최고/저)(천원)	1.3/0.8	1.4/0.9	1.1/0.8	10.8/0.8	10.1/2.9	6.6/2.3
PER(최고/저)(배)	20.0/13.2	277.8/172.8	—/—	—/—	—/—	—/—
PBR(최고/저)(배)	1.0/0.7	1.1/0.7	0.9/0.7	9.8/0.8	9.9/2.9	3.2/1.2
EV/EBITDA(배)	9.9	7.0	—	301.8	—	—
EPS(원)	63	5	-66	-88	-502	-570
BPS(원)	1,268	1,296	1,231	1,102	1,019	2,048
CFPS(원)	104	50	-19	-29	-457	-519
DPS(원)	—	—	—	—	—	—
EBITDAPS(원)	77	71	-15	23	-201	-59

재무 비율 〈단위 : %〉

연도	영업이익률	순이익률	부채비율	차입금비율	ROA	ROE	유보율	자기자본비율	EBITDA마진율
2017	-19.7	-90.6	6.2	0.0	-22.7	-29.9	309.5	94.2	-10.6
2016	-132.5	-270.2	37.0	33.5	-43.6	-54.8	103.7	73.0	-108.2
2015	-3.8	-9.5	8.8	3.3	-6.2	-6.9	120.5	92.0	2.5
2014	-4.9	-5.2	16.2	0.1	-4.3	-5.3	146.1	86.1	-1.2

에치디프로 (A214870)

HD PRO CO

업 종 : 보안장비　　시 장 : KOSDAQ
신용등급 : (Bond) —　(CP) —　　기업규모 : 중견
홈페이지 : www.hdprocctv.com　　연 락 처 : 032)683-7903
본 사 : 경기도 부천시 오정구 신흥로362번길 23 (내동)

설 립 일	2004.02.24	**종업원수**	139명	**대 표 이 사**	진양
상 장 일	2015.10.13	**감사의견**	적정(한울)	**계 열**	
결 산 기	12월	**보 통 주**		**종속회사수**	
액 면 가	500원	**우 선 주**		**구 상 호**	

주주구성 (지분율,%)		출자관계 (지분율,%)		주요경쟁사 (외형,%)	
넥스트아이	13.1			에치디프로	100
씨엔케이와이홀딩스	7.4			아이디스	311
(외국인)	3.2			인콘	144

매출구성		비용구성		수출비중	
고화질의 아날로그카메라, IP카메라, SDI카메라	57.5	매출원가율	99.3	수출	64.6
일반 아날로그 카메라	25.8	판관비율	20.3	내수	35.4
NVR, DVR 등	15.0				

회사 개요

동사의 주요 제품은 CCTV 카메라로 아날로그 전송 방식에 따라 일반 아날로그/HD급 아날로그 카메라 제품으로 나뉘고, 디지털 전송방식에 따라 HD-SDI/IP 카메라 등으로 분류됨. 동사는 제품의 종류가 다양한 CCTV 카메라 분야에서 요구되는 정밀한 기술들을 개발하고 있음. 피사체움직임 추적, 흔들림 감지, 화면가림 방지, 미세노이즈 정밀 제거 기술, Zoom Auto Focusing, 화면 끌림 현상 최소화 기술들을 상용화함.

실적 분석

동사의 2017년 연결 기준 연간 누적 매출액은 306.0억원으로 전년 대비 6.9% 감소함. 매출이 감소했지만 매출원가 감소는 크지 않고 판매비와 관리비는 오히려 늘어나면서 영업손실은 60.0억원으로 전년 대비 적자 규모가 확대됨. 비영업 부문에서도 금융과 외환 등에서 손실이 발생했고 법인세 비용 부담 또한 가중되면서 당기순손실은 91.2억원으로 전년 대비 손실 규모가 확대됨.

현금 흐름 <단위 : 억원>

항목	2016	2017
영업활동	22	-34
투자활동	-106	-36
재무활동	26	400
순현금흐름	-59	329
기말현금	55	384

시장 대비 수익률

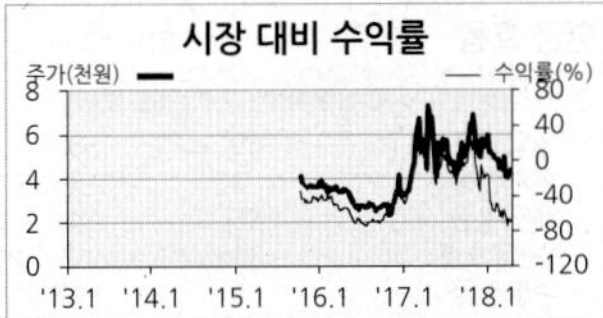

결산 실적 <단위 : 억원>

항목	2012	2013	2014	2015	2016	2017
매출액	782	713	661	735	329	306
영업이익	82	70	37	41	-27	-60
당기순이익	42	57	27	34	-11	-91

분기 실적 <단위 : 억원>

항목	2016.3Q	2016.4Q	2017.1Q	2017.2Q	2017.3Q	2017.4Q
매출액	78	—	—	—	64	—
영업이익	-9	—	—	—	-14	—
당기순이익	-5	—	—	—	-12	—

재무 상태 <단위 : 억원>

항목	2012	2013	2014	2015	2016	2017
총자산	343	280	321	418	445	734
유형자산	100	82	78	79	98	96
무형자산	4	7	6	5	10	14
유가증권	—	—	—	—	20	—
총부채	242	123	137	66	107	355
총차입금	135	54	42	16	46	311
자본금	11	11	11	30	30	35
총자본	101	158	184	352	338	378
지배주주지분	101	158	184	352	338	378

기업가치 지표

항목	2012	2013	2014	2015	2016	2017
주가(최고/저)(천원)	—/—	—/—	—/—	8.6/7.0	8.3/4.3	14.6/6.2
PER(최고/저)(배)	0.0/0.0	0.0/0.0	0.0/0.0	11.4/9.3	—/—	—/—
PBR(최고/저)(배)	0.0/0.0	0.0/0.0	0.0/0.0	1.5/1.2	1.5/0.8	2.7/1.2
EV/EBITDA(배)	1.1	0.4	—	5.7	—	—
EPS(원)	657	898	418	381	-91	-741
BPS(원)	46,032	71,719	83,829	5,838	5,609	5,375
CFPS(원)	22,270	30,024	17,066	998	0	-1,288
DPS(원)	—	—	—	50	—	—
EBITDAPS(원)	40,613	35,684	21,947	1,154	-266	-782

재무 비율 <단위 : %>

연도	영업이익률	순이익률	부채비율	차입금비율	ROA	ROE	유보율	자기자본비율	EBITDA마진율
2017	-19.6	-29.8	93.8	82.2	-15.5	-25.4	975.0	51.6	-15.8
2016	-8.2	-3.3	31.7	13.5	-2.5	-3.2	1,040.7	75.9	-4.9
2015	5.5	4.6	18.7	4.5	9.1	12.6	1,087.4	84.2	7.1
2014	5.7	4.0	74.0	22.9	8.9	15.6	1,576.6	57.5	7.3

에코마이스터 (A064510)

ECOMAISTER COLTD

업 종 : 기계　　시 장 : KOSDAQ
신용등급 : (Bond) —　(CP) —　　기업규모 : 기술성
홈페이지 : www.ecomaister.com　　연 락 처 : 032)576-0501
본 사 : 인천시 서구 정서진로 117

설 립 일	1982.08.05	**종업원수**	명	**대 표 이 사**	오상윤
상 장 일	2018.03.15	**감사의견**	적정(인덕)	**계 열**	
결 산 기	12월	**보 통 주**		**종속회사수**	
액 면 가	500원	**우 선 주**		**구 상 호**	

주주구성 (지분율,%)		출자관계 (지분율,%)		주요경쟁사 (외형,%)	
오상윤	11.7	에코그릿	100.0	에코마이스터	100
한싱하이테크투자조합Ⅲ	9.4	비즈마이스터	100.0	한국정밀기계	188
(외국인)	0.3	에코큐빅타이	71.0	맥스로텍	163

매출구성		비용구성		수출비중	
CNC 차륜 전삭기 등	43.0	매출원가율	54.3	수출	7.0
슬래그 처리비	23.2	판관비율	35.5	내수	93.0
PS Ball	16.2				

회사 개요

동사는 1982년 설립 이후 금속 제조공정에서 발생하는 사업장 폐기물인 철강 및 비철금속 슬래그를 재활용하는 환경사업과 철도차량 차륜가공기계, 철도차량 계측 및검수 장비를 공급하는 철도사업을 영위하고 있음. 2000년 3월 '삼원특수기계공업'에서 '에코마이스터'로 사명을 변경하였고 2018년 3월에 코스닥 시장에 상장됨. 에코그릿 등 7개의 비상장 관계회사를 두고 있으며, 연결대상 종속회사는 비즈마이스터, 에코그릿, 에코큐빅타 등 3개 기업임.

실적 분석

2017년 동사의 매출은 환경사업 53%와 철도사업 47%로 구성됨. 2017년 연결기준 매출액은 237억원으로 전년대비 3.3% 증가함. 매출원가가 전년대비 13% 감소함에 힘입어 전년대비 43% 증가한 24억원의 영업이익을 기록함. 그러나 외환손실 50억원을 포함한 비영업손실이 57억원에 달하여 당기손실은 25억원을 시현하며 전년도 당기순익 3억원에서 적자로 전환함.

현금 흐름 <단위 : 억원>

항목	2016	2017
영업활동	33	25
투자활동	-73	-86
재무활동	21	65
순현금흐름	-19	4
기말현금	4	8

시장 대비 수익률

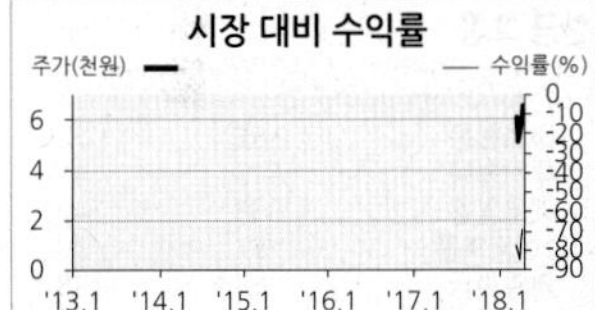

결산 실적 <단위 : 억원>

항목	2012	2013	2014	2015	2016	2017
매출액	373	298	424	367	230	237
영업이익	92	-56	88	-3	17	24
당기순이익	51	-70	13	15	3	-25

분기 실적 <단위 : 억원>

항목	2016.3Q	2016.4Q	2017.1Q	2017.2Q	2017.3Q	2017.4Q
매출액	58	—	—	—	60	—
영업이익	8	—	—	—	11	—
당기순이익	-15	—	—	—	8	—

재무 상태 <단위 : 억원>

항목	2012	2013	2014	2015	2016	2017
총자산	719	961	987	1,013	1,066	1,053
유형자산	302	372	414	405	401	373
무형자산	28	33	40	26	24	21
유가증권	23	6	6	6	5	5
총부채	418	712	720	732	728	563
총차입금	300	522	618	630	615	488
자본금	34	34	34	34	37	49
총자본	301	249	267	281	338	490
지배주주지분	301	249	267	279	336	488

기업가치 지표

항목	2012	2013	2014	2015	2016	2017
주가(최고/저)(천원)	—/—	—/—	—/—	—/—	—/—	—/—
PER(최고/저)(배)	0.0/0.0	0.0/0.0	0.0/0.0	0.0/0.0	0.0/0.0	0.0/0.0
PBR(최고/저)(배)	0.0/0.0	0.0/0.0	0.0/0.0	0.0/0.0	0.0/0.0	0.0/0.0
EV/EBITDA(배)	2.4	—	5.2	21.2	11.2	7.7
EPS(원)	714	-949	174	200	40	-260
BPS(원)	4,102	3,385	3,638	3,797	4,451	5,015
CFPS(원)	1,071	-589	552	629	457	86
DPS(원)	—	—	—	—	—	—
EBITDAPS(원)	1,633	-407	1,570	388	644	598

재무 비율 <단위 : %>

연도	영업이익률	순이익률	부채비율	차입금비율	ROA	ROE	유보율	자기자본비율	EBITDA마진율
2017	10.2	-10.5	115.0	99.7	-2.4	-6.0	902.9	46.5	24.1
2016	7.3	1.2	215.3	182.1	0.3	1.0	803.9	31.7	20.9
2015	-0.8	4.0	260.8	224.5	1.5	5.4	722.6	27.7	7.8
2014	20.6	3.0	269.2	231.0	1.3	5.0	688.2	27.1	27.2

에코마케팅 (A230360)
ECHOMARKETING

업 종 : 미디어　　시 장 : KOSDAQ
신용등급 : (Bond) — (CP) —　　기업규모 : 중견
홈페이지 : www.echomarketing.co.kr　　연 락 처 : 02)2182-1100
본 사 : 서울시 강남구 학동로 343, 14층(논현동, 포바강남타워)

설 립 일	2003.03.24	**종업원수**	122명	**대표이사**	김철웅
상 장 일	2016.08.08	**감사의견**	적정(한미)	**계 열**	
결 산 기	12월	**보 통 주**		**종속회사수**	2개사
액 면 가	100원	**우 선 주**		**구 상 호**	

주주구성 (지분율,%)		출자관계 (지분율,%)		주요경쟁사 (외형,%)	
김철웅	52.3	그로스해커스그룹	100.0	에코마케팅	100
에이티넘고성장기업투자조합	7.4	유리카코스메틱	51.0	나스미디어	499
(외국인)	1.2	ECHOMARKETINGSGPTE.	100.0	SBS미디어홀딩스	1,751

매출구성		비용구성		수출비중	
광고대행서비스	100.0	매출원가율	0.0	수출	—
		판관비율	67.3	내수	—

회사 개요

2003년에 설립된 동사는 온라인광고대행업 중 광고제작과 광고매체대행을 모두 수행하는 [온라인종합광고대행업]에 해당함. 동사는 '광고주의 매출 극대화'라는 목표 달성을 위해 온라인광고를 활용한 퍼포먼스 마케팅(Performance Marketing)에 주력하고 있는 온라인종합광고대행사임. 2017년 8월 동영상 콘텐츠를 마케팅에 활용하는 전자상거래 업체인 유리카코스메틱의 지분 51%를 취득하며 인수하여 비디오커머스사업 역량을 갖춤.

실적 분석

동사의 2017년 결산 누적 매출액은 240.9억원으로 전년동기 대비 44.8% 증가함. 영업이익 또한 78.9억원으로 전년동기 대비 15.5% 증가하였으며, 당기순이익도 76.2억원을 시현하여 전년동기 대비 13% 증가함. 디스플레이광고가 검색광고와 같은 RTB 방식의 퍼포먼스 광고로 변화하며 진입장벽이 낮아져 디지털광고 시장 진입이 활발해진 것이 실적 개선에 긍정적인 영향을 미친것으로 보임.

현금 흐름 〈단위 : 억원〉

항목	2016	2017
영업활동	58	72
투자활동	-513	41
재무활동	368	-42
순현금흐름	-87	70
기말현금	68	138

시장 대비 수익률

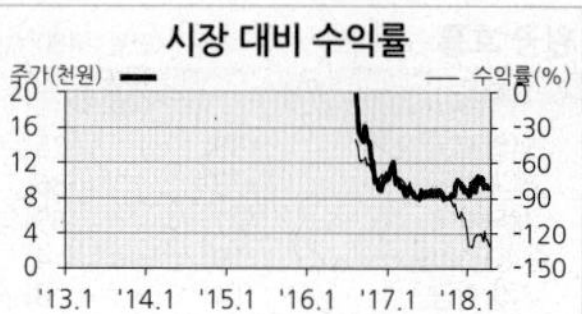

결산 실적 〈단위 : 억원〉

항목	2012	2013	2014	2015	2016	2017
매출액	—	125	163	197	166	241
영업이익	—	47	73	102	68	79
당기순이익	—	36	68	93	67	76

분기 실적 〈단위 : 억원〉

항목	2016.3Q	2016.4Q	2017.1Q	2017.2Q	2017.3Q	2017.4Q
매출액	40	44	47	50	67	78
영업이익	14	19	17	18	22	22
당기순이익	15	19	18	17	21	20

재무 상태 〈단위 : 억원〉

항목	2012	2013	2014	2015	2016	2017
총자산	—	170	263	385	799	931
유형자산	—	2	3	2	2	15
무형자산	—	—	1	1	1	114
유가증권	—	0	20	10	40	147
총부채	—	78	101	129	104	210
총차입금	—	—	—	—	—	68
자본금	—	7	7	7	8	8
총자본	—	92	162	255	695	721
지배주주지분	—	92	162	255	695	712

기업가치 지표

항목	2012	2013	2014	2015	2016	2017
주가(최고/저)(천원)	#VALUE!	—/—	—/—	—/—	—/—	—/—
PER(최고/저)(배)	0.0/0.0	0.0/0.0	0.0/0.0	0.0/0.0	52.8/19.8	26.4/16.8
PBR(최고/저)(배)	0.0/0.0	0.0/0.0	0.0/0.0	0.0/0.0	5.4/2.0	2.8/1.8
EV/EBITDA(배)	0.0	—	—	—	16.6	11.2
EPS(원)	—	256	488	667	453	475
BPS(원)	—	65,775	115,434	3,649	8,770	8,912
CFPS(원)	—	26,233	49,320	1,345	918	1,002
DPS(원)	—	—	—	—	210	250
EBITDAPS(원)	—	34,152	52,825	1,475	929	1,026

재무 비율 〈단위 : %〉

연도	영업이익률	순이익률	부채비율	차입금비율	ROA	ROE	유보율	자기자본비율	EBITDA마진율
2017	32.7	31.6	29.2	9.4	8.8	10.9	8,811.8	77.4	34.6
2016	41.0	40.5	14.9	0.0	11.4	14.2	8,670.2	87.0	41.7
2015	52.0	47.3	50.5	0.0	28.8	44.6	3,549.3	66.4	52.5
2014	44.7	41.7	62.5	0.0	—	—	2,208.7	61.6	45.4

에코바이오홀딩스 (A038870)
EcoBio Holdings

업 종 : 에너지 시설 및 서비스　　시 장 : KOSDAQ
신용등급 : (Bond) — (CP) —　　기업규모 : 벤처
홈페이지 : www.ecobio.co.kr　　연 락 처 : 02)3483-2900
본 사 : 서울시 서초구 서운로26길 5 토탈에코빌딩

설 립 일	1997.08.04	**종업원수**	124명	**대표이사**	송효순
상 장 일	2001.05.29	**감사의견**	적정(안진)	**계 열**	
결 산 기	12월	**보 통 주**		**종속회사수**	4개사
액 면 가	500원	**우 선 주**		**구 상 호**	에코에너지

주주구성 (지분율,%)		출자관계 (지분율,%)		주요경쟁사 (외형,%)	
송효순	18.7	에코에너지	100.0	에코바이오	100
토탈노즐	17.6	바이오황	99.9	한전기술	1,707
(외국인)	1.8	바이오메탄서울	85.0	동국S&C	1,281

매출구성		비용구성		수출비중	
신재생에너지 기반시설 건설 및 유지관리	65.9	매출원가율	89.6	수출	—
전 력(LFG)	28.7	판관비율	47.0	내수	—
보일러 연료(바이오 가스)	5.4				

회사 개요

바이오가스 관련 신재생 에너지 사업을 영위하는 기업인 에코에너지, 바이오메탄서울, 바이오메탄코리아, 에코퓨얼 등 4개의 비상장 계열사를 보유한 지주회사임. 에코에너지는 매립된 쓰레기에서 발생되는 매립가스 발전 사업을, 바이오메탄서울은 서남물재생센터의 바이오가스 사업 시설관리업을, 바이오메탄코리아는 바이오가스 플랜트 건설업을 각각 영위함. 2015년 국내 최대 규모의 유기성폐기물 자원화 사업을 영위하는 그린에너지개발의 지분 16.1%를 인수함.

실적 분석

동사의 연결 기준 2017년 매출액은 공사매출 등의 증가에 따라 전년 대비 44% 증가한 287.1억원을 시현하였음. 비용면에서 매출원가는 크게 증가하였으며 인건비 감소에도 불구하고 판관비가 크게 증가하였음. 이에 따라 동사는 2017년 105.1억원의 영업손실을 기록했으며 적자전환하였음. 비영업 부분 손실이 확대되었고 최종적으로 동사의 당기손실을 248.4억원으로 적자가 지속되었음.

현금 흐름 〈단위 : 억원〉

항목	2016	2017
영업활동	-69	-58
투자활동	2	-73
재무활동	35	141
순현금흐름	-31	9
기말현금	6	15

시장 대비 수익률

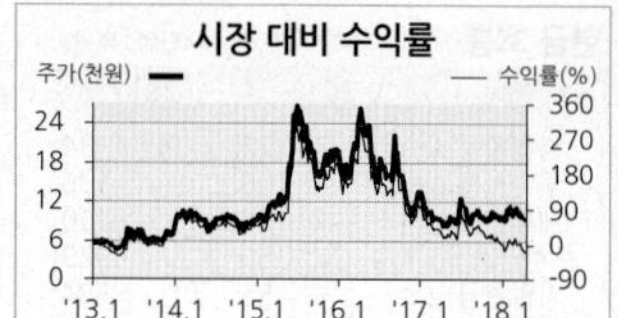

결산 실적 〈단위 : 억원〉

항목	2012	2013	2014	2015	2016	2017
매출액	565	429	291	402	199	287
영업이익	103	100	172	200	18	-105
당기순이익	37	27	122	109	-89	-248

분기 실적 〈단위 : 억원〉

항목	2016.3Q	2016.4Q	2017.1Q	2017.2Q	2017.3Q	2017.4Q
매출액	48	36	68	111	106	2
영업이익	26	-25	15	40	13	-173
당기순이익	21	-120	3	-2	4	-253

재무 상태 〈단위 : 억원〉

항목	2012	2013	2014	2015	2016	2017
총자산	1,482	1,518	1,490	1,318	1,174	1,104
유형자산	17	26	55	72	31	34
무형자산	324	298	253	196	131	32
유가증권	25	20	17	17	17	19
총부채	1,173	1,177	1,028	749	442	623
총차입금	617	638	527	425	211	364
자본금	22	22	45	45	54	54
총자본	308	341	462	569	731	482
지배주주지분	311	339	461	571	742	493

기업가치 지표

항목	2012	2013	2014	2015	2016	2017
주가(최고/저)(천원)	6.8/4.3	8.1/4.7	11.4/7.7	26.7/8.8	26.3/9.9	13.4/8.3
PER(최고/저)(배)	16.5/10.5	27.0/15.7	8.6/5.7	22.0/7.2	—/—	—/—
PBR(최고/저)(배)	2.0/1.3	2.2/1.3	2.3/1.5	4.3/1.4	3.8/1.4	2.9/1.8
EV/EBITDA(배)	7.7	8.9	5.9	10.1	51.2	—
EPS(원)	413	299	1,338	1,216	-806	-2,310
BPS(원)	1,396	1,519	5,177	6,408	6,928	4,606
CFPS(원)	211	180	1,524	1,383	-697	-2,230
DPS(원)	—	—	—	—	—	—
EBITDAPS(원)	503	504	2,068	2,365	292	-900

재무 비율 〈단위 : %〉

연도	영업이익률	순이익률	부채비율	차입금비율	ROA	ROE	유보율	자기자본비율	EBITDA마진율
2017	-36.6	-86.5	129.3	75.5	-21.8	-40.1	821.2	43.6	-33.6
2016	9.1	-44.4	60.5	28.9	-7.1	-12.1	1,285.5	62.3	14.5
2015	49.6	27.2	131.6	74.7	7.8	21.7	1,181.5	43.2	52.4
2014	59.0	41.8	222.5	114.0	8.1	30.8	935.4	31.0	63.3

에코프로 (A086520)

ECOPRO

업 종 : 전자 장비 및 기기
신용등급 : (Bond) — (CP) —
홈페이지 : www.ecopro.co.kr
본 사 : 충북 청주시 청원구 오창읍 과학산업2로 587-40

시 장 : KOSDAQ
기업규모 : 중견
연 락 처 : 043)240-7700

설 립 일	1998.10.22	**종업원수**	158명	**대표이사**	이동채
상 장 일	2007.07.20	**감사의견**	적정(한영)	**계 열**	
결 산 기	12월	**보 통 주**		**종속회사수**	3개사
액 면 가	500원	**우 선 주**		**구 상 호**	

주주구성 (지분율,%)		출자관계 (지분율,%)		주요경쟁사 (외형,%)	
이동채	12.7	에코프로비엠	72.0	에코프로	100
이룸티앤씨	3.7	에코프로이노베이션	69.0	자화전자	135
(외국인)	7.2	에코프로GEM	64.0	코리아써키트	180

매출구성		비용구성		수출비중	
[에코프로비엠]양극활물질 및 전구체	57.7	매출원가율	83.2	수출	84.9
양극활물질 및 전구체	23.9	판관비율	10.2	내수	15.1
유해가스제거	11.3				

회사 개요

동사는 환경 오염 방지 관련 소재 및 설비 산업, 정리화학소재 제조 및 판매업, 에너지 절약 소재 및 설비 산업, 이차 전지 소재 제조 및 판매업, 부동산 및 설비 임대업 등을 주요 사업으로 영위하고 있음. 이차전지 핵심소재 사업을 영위하는 에코프로비엠과 에코프로 GEM, 환경소재와 온실가스 저감장치, 전지 소재 제조 및 판매를 주요 사업으로 영위하는 에코프로이노베이션을 연결대상 종속회사로 보유함

실적 분석

동사의 2017년 4분기 누적 매출액은 3290.1억원으로 전년동기(1704.8억원)보다 93% 증가하였음. 영업이익은 전년도 같은 기간보다 117.4% 급증한 217.8억원을 시현함. 다만 비영업 부문 적자 지속으로 당기순이익은 흑자전환에 실패하였음. 금융손실과 외환손실 폭이 전년보다 확대되며 당기순손실 32.9억원을 기록함. 주요 수익원인 에코프로의 2차전지 소재산업은 지속적 매출성장이 기대됨.

현금 흐름 <단위 : 억원>

항목	2016	2017
영업활동	37	237
투자활동	-985	-1,029
재무활동	1,118	805
순현금흐름	171	11
기말현금	216	227

시장 대비 수익률

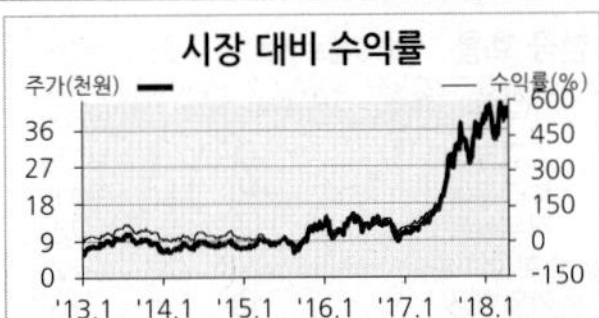

결산 실적 <단위 : 억원>

항목	2012	2013	2014	2015	2016	2017
매출액	798	596	832	1,073	1,705	3,290
영업이익	56	13	72	58	101	218
당기순이익	6	-80	15	2	-72	-33

분기 실적 <단위 : 억원>

항목	2016.3Q	2016.4Q	2017.1Q	2017.2Q	2017.3Q	2017.4Q
매출액	446	471	716	726	813	1,034
영업이익	27	28	79	69	33	37
당기순이익	0	-105	30	52	-31	-84

재무 상태 <단위 : 억원>

항목	2012	2013	2014	2015	2016	2017
총자산	1,714	1,754	1,855	2,205	3,464	4,481
유형자산	945	1,034	1,035	1,186	1,636	2,326
무형자산	129	165	208	209	203	196
유가증권	3	3	5	5	12	5
총부채	971	1,007	1,089	1,187	1,727	2,637
총차입금	864	888	966	996	1,366	2,087
자본금	65	70	70	85	107	110
총자본	743	747	766	1,018	1,737	1,844
지배주주지분	743	747	766	1,018	1,444	1,466

기업가치 지표

항목	2012	2013	2014	2015	2016	2017
주가(최고/저)(천원)	13.6/4.9	10.9/5.8	9.5/6.1	13.2/6.2	15.5/8.7	39.4/10.3
PER(최고/저)(배)	314.0/113.8	—/—	96.5/61.5	1,115.6/518.7	—/—	—/—
PBR(최고/저)(배)	2.7/1.0	2.2/1.2	1.9/1.2	2.3/1.1	2.3/1.3	5.9/1.5
EV/EBITDA(배)	10.1	12.9	9.2	14.2	12.8	24.1
EPS(원)	43	-536	99	12	-456	-311
BPS(원)	5,141	5,055	5,187	6,003	6,757	6,636
CFPS(원)	726	321	1,061	1,015	508	734
DPS(원)	—	—	—	—	—	—
EBITDAPS(원)	1,068	959	1,449	1,376	1,487	2,035

재무 비율 <단위 : %>

연도	영업이익률	순이익률	부채비율	차입금비율	ROA	ROE	유보율	자기자본비율	EBITDA 마진율
2017	6.6	-1.0	143.0	113.2	-0.8	-4.7	1,227.2	41.2	13.6
2016	5.9	-4.2	99.4	78.6	-2.6	-7.2	1,251.4	50.2	16.9
2015	5.4	0.2	116.6	97.8	0.1	0.2	1,100.6	46.2	20.0
2014	8.7	1.8	142.1	126.1	0.8	2.0	992.7	41.3	25.7

에코플라스틱 (A038110)

Ecoplastic

업 종 : 자동차부품
신용등급 : (Bond) — (CP) —
홈페이지 : www.eco-plastic.com
본 사 : 경북 경주시 공단로 69번길 30 에코플라스틱(주)

시 장 : KOSDAQ
기업규모 : 우량
연 락 처 : 054)770-3255

설 립 일	1984.06.01	**종업원수**	629명	**대표이사**	서영종,김영석
상 장 일	2000.03.23	**감사의견**	적정(삼정)	**계 열**	
결 산 기	12월	**보 통 주**		**종속회사수**	6개사
액 면 가	500원	**우 선 주**		**구 상 호**	

주주구성 (지분율,%)		출자관계 (지분율,%)		주요경쟁사 (외형,%)	
서진오토모티브	33.0	아이아	100.0	에코플라스틱	100
Grantham, Mayo, Van Otterloo & Co. LLC (GMO)	4.1	코모스	69.5	삼성공조	9
(외국인)	1.9	ECOPLASTICAutomotiveAmerica	100.0	현대공업	17

매출구성		비용구성		수출비중	
BUMPER(제품)	39.8	매출원가율	96.6	수출	54.5
CONSOLE(제품)	32.1	판관비율	3.7	내수	45.5
(제품)기타(소물TRIM류)	16.7				

회사 개요

동사는 자동차 내, 외장용 플라스틱 부품 및 금형을 제조, 판매하는 업체로 현대자동차와 기아자동차의 Bumper류를 주로 생산함. 주요 제품은 범퍼와 콘솔, 메인코어 등이며, 이중 동사의 현대차 Bumper류 점유율은 약 55.0% 수준임. 동종 제품을 현대차에 납품하는 경쟁업체는 LG하우시스와 BMI 등이 있으며, 동사의 종속회사인 아이아는 범퍼와 함께 고무류인 마운트와 웨더스트립을 현대차와 기아차에 납품하고 있음.

실적 분석

동사의 2017년도 4/4분기 연결기준 누적 매출액은 1조 425.6억원으로 전년동기 대비 4.6% 감소했음. 외형이 축소됨에 따라 매출원가도 전년동기 대비 3.5% 감소했으나 매출액 감소폭에 비해 원가 감소폭이 작아 35.2억원의 영업손실을 기록하며 적자전환했음. 비영업부문에서도 54.0억원의 손실을 시현, 적자폭이 확대되어 90.2억원의 당기순손실을 기록하며 적자전환되었음.

현금 흐름 <단위 : 억원>

항목	2016	2017
영업활동	308	547
투자활동	-686	-541
재무활동	346	33
순현금흐름	-29	35
기말현금	40	76

시장 대비 수익률

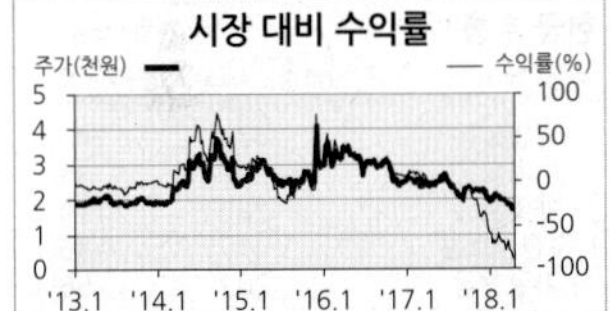

결산 실적 <단위 : 억원>

항목	2012	2013	2014	2015	2016	2017
매출액	8,321	9,682	10,759	11,403	10,931	10,426
영업이익	52	80	109	107	84	-35
당기순이익	29	22	57	48	51	-90

분기 실적 <단위 : 억원>

항목	2016.3Q	2016.4Q	2017.1Q	2017.2Q	2017.3Q	2017.4Q
매출액	2,280	3,047	2,709	2,920	2,392	2,404
영업이익	-68	127	2	3	-51	11
당기순이익	-61	96	-14	-5	-62	-10

재무 상태 <단위 : 억원>

항목	2012	2013	2014	2015	2016	2017
총자산	4,302	4,725	5,202	5,795	5,924	5,797
유형자산	2,643	2,922	3,199	3,541	3,725	3,577
무형자산	49	69	68	68	104	96
유가증권	3	3	3	3	12	13
총부채	3,172	3,557	3,958	4,495	4,559	4,493
총차입금	991	1,203	1,364	1,730	2,064	2,097
자본금	95	95	108	111	113	113
총자본	1,129	1,168	1,244	1,300	1,365	1,304
지배주주지분	1,054	1,103	1,177	1,229	1,288	1,226

기업가치 지표

항목	2012	2013	2014	2015	2016	2017
주가(최고/저)(천원)	2.6/1.8	2.1/1.8	3.8/1.9	4.1/2.1	3.8/2.3	2.7/1.9
PER(최고/저)(배)	16.4/11.5	14.5/12.0	15.0/7.4	20.5/10.3	20.4/12.4	—/—
PBR(최고/저)(배)	0.5/0.4	0.4/0.3	0.7/0.4	0.8/0.4	0.7/0.4	0.5/0.4
EV/EBITDA(배)	4.8	4.1	4.1	4.2	4.8	5.2
EPS(원)	175	160	267	207	191	-398
BPS(원)	5,593	5,851	5,485	5,576	5,673	5,403
CFPS(원)	1,483	1,780	2,018	2,079	2,131	1,611
DPS(원)	50	50	50	50	20	—
EBITDAPS(원)	1,581	2,043	2,296	2,363	2,309	1,854

재무 비율 <단위 : %>

연도	영업이익률	순이익률	부채비율	차입금비율	ROA	ROE	유보율	자기자본비율	EBITDA 마진율
2017	-0.3	-0.9	344.7	160.9	-1.5	-7.2	980.6	22.5	4.0
2016	0.8	0.5	334.0	151.2	0.9	3.4	1,034.6	23.0	4.8
2015	0.9	0.4	345.7	133.0	0.9	3.7	1,015.1	22.4	4.5
2014	1.0	0.5	318.3	109.7	1.2	4.7	997.0	23.9	4.3

에프알텍 (A073540)

FRTEK

업　　종 : 통신장비　　시　　장 : KOSDAQ
신용등급 : (Bond) —　(CP) —　　기업규모 : 벤처
홈페이지 : www.frtek.co.kr　　연 락 처 : 031)470-1515
본　　사 : 경기도 안양시 동안구 시민대로327번길 11-25(관양동, 에프알텍타워)

설 립 일	2000.10.13	**종업원수**	75명	**대표이사**	남재국
상 장 일	2007.05.18	**감사의견**	적정(대주)	**계　열**	
결 산 기	12월	**보 통 주**		**종속회사수**	2개사
액 면 가	500원	**우 선 주**		**구 상 호**	

주주구성 (지분율,%)		출자관계 (지분율,%)		주요경쟁사 (외형,%)	
남재국	36.1	제이엑스파트너스	33.1	에프알텍	100
한국증권금융	3.9	하우앳	10.0	기산텔레콤	273
(외국인)	0.9	제이엑스2호투자조합	8.0	백금T&A	439

매출구성		비용구성		수출비중	
통신장비 (인빌딩중계기, LTE중계기 등)	63.5	매출원가율	82.5	수출	1.3
LED 조명 등	35.0	판관비율	42.5	내수	98.7
임대매출	1.5				

회사 개요

동사는 이동전화중계기와 휴대인터넷중계기, 광전송장비 및 조명장치 관련제품의 제조, 판매 등을 주영업목적으로 2000년 10월 13일에 설립되어 2007년 5월 18일에 코스닥에 상장함. 현재 이동통신시장은 스마트폰 활성화 및 LTE가입자의 가파른 증가에 따라 무선데이타 트래픽이 급증하고 있으며 이동통신사업자는 추가주파수 확보가 필요한 상황으로 동사의 영업환경에 긍정적인 영향을 줄 것으로 기대함.

실적 분석

동사의 2017년 전체 매출은 232억원으로 전년대비 5.9% 증가, 영업이익은 -58.2억원으로 적자지속. 당기순이익은 -27.3억원으로 적자지속.이동통신 시장에서 투자 위축에도 불구하고 소폭 외형 성장을 기록. 다만 원가율 상승과 판관비 증가 등으로 수익성 개선은 부진함. KT는 5G 이동통신 시범서비스에 활용할 중계기를 개발하였으며, 협력사로 동사가 참여해 공동 개발함. 이는 5G 시범 서비스 핵심 네트워크 중 하나로 분류

현금 흐름

〈단위 : 억원〉

항목	2016	2017
영업활동	-47	-48
투자활동	-22	-35
재무활동	28	119
순현금흐름	-41	36
기말현금	20	56

시장 대비 수익률

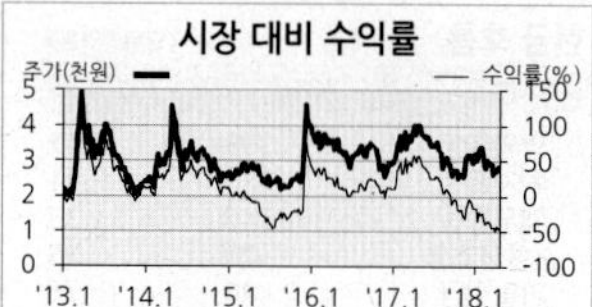

결산 실적

〈단위 : 억원〉

항목	2012	2013	2014	2015	2016	2017
매출액	792	556	323	428	219	232
영업이익	103	93	23	-5	-51	-58
당기순이익	91	81	26	2	-41	-27

분기 실적

〈단위 : 억원〉

항목	2016.3Q	2016.4Q	2017.1Q	2017.2Q	2017.3Q	2017.4Q
매출액	50	101	66	75	42	49
영업이익	-15	-6	-10	-16	-19	-13
당기순이익	-11	-4	-4	-15	1	-8

재무 상태

〈단위 : 억원〉

항목	2012	2013	2014	2015	2016	2017
총자산	465	586	519	622	529	608
유형자산	79	151	180	278	228	271
무형자산	11	12	9	8	5	4
유가증권	6	9	9	9	3	6
총부채	161	200	107	208	156	264
총차입금	—	24	24	51	73	192
자본금	29	29	57	57	57	57
총자본	304	386	412	414	373	345
지배주주지분	304	386	411	414	373	345

기업가치 지표

항목	2012	2013	2014	2015	2016	2017
주가(최고/저)(천원)	2.6/0.9	5.6/2.0	4.6/2.2	5.2/2.0	4.0/2.5	4.1/2.4
PER(최고/저)(배)	3.4/1.2	8.0/2.9	19.7/9.5	251.1/99.1	—/—	—/—
PBR(최고/저)(배)	1.0/0.4	1.7/0.6	1.3/0.6	1.4/0.6	1.2/0.8	1.3/0.8
EV/EBITDA(배)	0.3	0.9	4.2	—	—	—
EPS(원)	801	714	233	21	-362	-239
BPS(원)	5,418	6,776	3,610	3,631	3,270	3,025
CFPS(원)	1,684	1,492	265	53	-323	-163
DPS(원)	125	100	—	—	—	—
EBITDAPS(원)	1,895	1,693	232	-8	-407	-435

재무 비율

〈단위 : %〉

연도	영업이익률	순이익률	부채비율	차입금비율	ROA	ROE	유보율	자기자본비율	EBITDA마진율
2017	-25.1	-11.7	76.4	55.8	-4.8	-7.6	505.0	56.7	-21.4
2016	-23.2	-18.8	41.8	19.5	-7.2	-10.5	554.0	70.5	-21.1
2015	-1.1	0.5	50.3	12.4	0.4	0.6	626.2	66.6	-0.2
2014	7.1	8.1	26.1	5.9	4.8	6.7	621.9	79.3	8.2

에프앤가이드 (A064850)

FnGuide

업　　종 : IT 서비스　　시　　장 : KONEX
신용등급 : (Bond) —　(CP) —　　기업규모 : —
홈페이지 : www.fnguide.com　　연 락 처 : 02)769-7700
본　　사 : 서울시 영등포구 의사당대로 143 금투센터빌딩 4층

설 립 일	2000.07.05	**종업원수**	65명	**대표이사**	김군호
상 장 일	2013.07.01	**감사의견**	적정(성지)	**계　열**	
결 산 기	12월	**보 통 주**		**종속회사수**	
액 면 가	—	**우 선 주**		**구 상 호**	

주주구성 (지분율,%)		출자관계 (지분율,%)		주요경쟁사 (외형,%)	
김군호	16.2	에프앤자산평가	45.0	에프앤가이드	100
화천기계	7.9	펀드온라인코리아	2.5	바른테크놀로지	218
				씨아이테크	220

매출구성		비용구성		수출비중	
데이터제공(제품)	95.2	매출원가율	0.0	수출	1.7
솔루션구축(용역)	4.8	판관비율	88.4	내수	98.3

회사 개요

동사는 금융 데이터 제공업체로서 국내외 금융투자업자, 연기금, 일반기업, 대학, 연구소 등 광범위한 고객층을 확보하고 있음. 사업 초기 기업분석용 재무 데이터 유통에서 지수, 산업분석, 리스크 관리 등 고부가가치 데이터 가공으로 영역 확대 중이며, 출판, 펀드평가로도 사업 영역을 넓힘. 동사시장은 국내 금융시장의 양적 확대와 고도화, 해외 데이터 등 새로운 수요의 지속적인 발생에 따라 꾸준한 성장 추세를 시현할 것으로 기대됨.

실적 분석

동사의 2017년 연결기준 연간 누적 매출액은 전년동기 대비 1.5% 증가한 98.7억원을 기록함. 매출이 증가하며 영업이익은 전년동기 대비 91.4% 증가한 11.4억원을 시현함. 비영업손익은 11.0억원을 기록하며 당기순이익은 21.9억원을 시현함. 동사는 지속적으로 신상품을 기획, 출시하고 있으며, 2018년부터 아시아 12개국의 기업에 대한 분석 리포트를 제공하는 신규 서비스를 시작함.

현금 흐름 *IFRS 별도 기준

〈단위 : 억원〉

항목	2016	2017
영업활동	11	15
투자활동	-29	-41
재무활동	-3	24
순현금흐름	-20	-2
기말현금	18	16

시장 대비 수익률

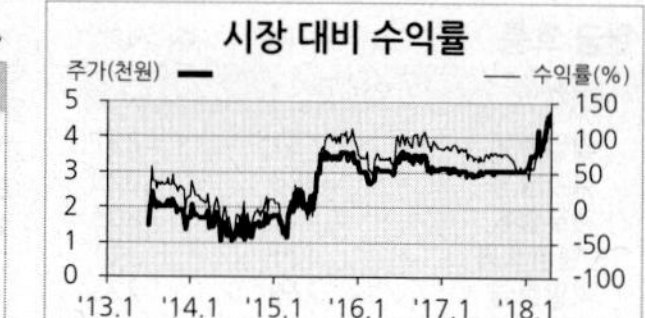

결산 실적

〈단위 : 억원〉

항목	2012	2013	2014	2015	2016	2017
매출액	103	96	90	96	97	99
영업이익	21	15	10	11	6	11
당기순이익	17	10	7	13	10	22

분기 실적 *IFRS 별도 기준

〈단위 : 억원〉

항목	2016.3Q	2016.4Q	2017.1Q	2017.2Q	2017.3Q	2017.4Q
매출액	24	25	25	27	23	24
영업이익	1	-0	1	7	3	2
당기순이익	3	-1	4	11	3	4

재무 상태 *IFRS 별도 기준

〈단위 : 억원〉

항목	2012	2013	2014	2015	2016	2017
총자산	121	123	125	135	146	192
유형자산	4	5	4	4	4	58
무형자산	4	4	4	2	3	7
유가증권	32	56	56	53	81	65
총부채	23	19	16	16	20	46
총차입금	—	—	—	—	—	27
자본금	35	35	35	35	35	35
총자본	98	104	109	119	126	147
지배주주지분	98	104	109	119	126	147

기업가치 지표 *IFRS 별도 기준

항목	2012	2013	2014	2015	2016	2017
주가(최고/저)(천원)	—/—	2.4/1.2	2.2/1.0	3.6/1.2	3.6/2.7	3.2/2.6
PER(최고/저)(배)	0.0/0.0	18.0/9.1	22.1/10.2	19.7/6.4	26.6/19.9	10.5/8.4
PBR(최고/저)(배)	0.0/0.0	1.8/0.9	1.5/0.7	2.2/0.7	2.1/1.5	1.6/1.3
EV/EBITDA(배)	—	3.3	4.1	10.5	13.4	11.2
EPS(원)	247	147	108	188	139	314
BPS(원)	1,401	1,493	1,563	1,711	1,810	2,104
CFPS(원)	290	189	153	231	187	356
DPS(원)	50	40	40	40	40	50
EBITDAPS(원)	350	260	185	201	133	206

재무 비율

〈단위 : %〉

연도	영업이익률	순이익률	부채비율	차입금비율	ROA	ROE	유보율	자기자본비율	EBITDA마진율
2017	11.6	22.2	31.1	18.6	13.0	16.1	320.8	76.3	14.6
2016	6.1	10.0	15.6	0.0	6.9	7.9	262.0	86.5	9.5
2015	11.5	13.7	13.6	0.0	10.1	11.5	242.2	88.0	14.7
2014	10.9	8.4	14.7	0.0	6.1	7.0	212.5	87.2	14.4

에프앤리퍼블릭 (A064090)

FN REPUBLIC COLTD

업 종 : 개인생활용품
신용등급 : (Bond) — (CP) —
홈페이지 : www.fnrepublic.com
본 사 : 경기도 부천시 오정구 석천로 345, 301동 901호
시 장 : KOSDAQ
기업규모 : 중견
연 락 처 : 032)326-8052

설 립 일	1991.09.30	**종업원수**	55명	**대 표 이 사**	오창근
상 장 일	2002.12.17	**감사의견**	적정(대주)	**계 열**	
결 산 기	12월	**보 통 주**		**종속회사수**	1개사
액 면 가	500원	**우 선 주**		**구 상 호**	휴바이론

주주구성 (지분율,%)		출자관계 (지분율,%)		주요경쟁사 (외형,%)	
에프앤코스메딕스	16.5	에프앤엔터테인먼트	100.0	에프앤리퍼블릭	100
제이준글로벌	13.8	비잉코리아	18.2	한국화장품제조	87
(외국인)	0.8	애덜린	15.7	코리아나	144

매출구성		비용구성		수출비중	
화장품 등	76.4	매출원가율	82.9	수출	54.0
CCTV Camera	11.6	판관비율	6.8	내수	46.0
출연료 외	6.0				

회사 개요

동사는 1991년에 설립된 CCTV 제조 및 판매기업으로, CCTV 카메라와 DVR등 CCTV 시스템을 전문으로 제조, 판매하고 있음. 2015년 8월에 경영양수도를 통해 화장품 제조 판매기업인 오킴스하이타오가 최대주주가 되며 사명을 휴바이론에서 한양하이타오로 변경하고 중국 알리바바그룹 계열의 전자상거래 사이트인 하이타오글로벌에 화장품 등의 한국상품을 독점공급하는 유통사업을 추가함.

실적 분석

동사의 2017년 누적매출액은 773.7억원으로 전년대비 41.5% 증가함. 배용 측면에서 판관비가 전년 107.9억원에서 52.5억원으로 크게 줄면서 영업이익이 79.6억원을 기록해 흑자전환함. 중국의 세계개편을 시작으로 한국과 중국간의 정치적, 경제적 상황으로 인해 사업진행의 어려움이 있었으나 유통사업이 본격적으로 시작되면서 연결대상회사가 증가했으며, 이로 인해 매출이 확대됨. 화장품 유통 사업이 수익 개선에 크게 기여함.

현금 흐름

<단위 : 억원>

항목	2016	2017
영업활동	-37	102
투자활동	-4	-625
재무활동	25	506
순현금흐름	-16	-17
기말현금	35	18

시장 대비 수익률

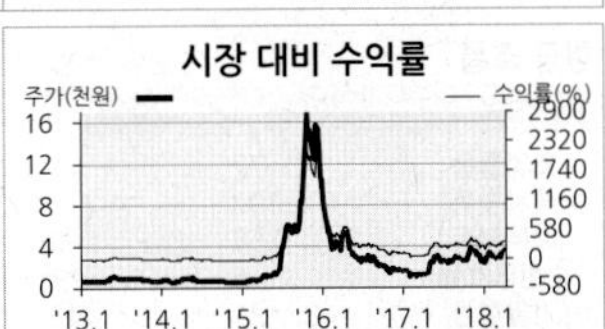

결산 실적

< 단위 : 억원 >

항목	2012	2013	2014	2015	2016	2017
매출액	266	268	230	191	547	774
영업이익	-9	-3	5	-48	-126	80
당기순이익	-20	-26	40	-61	-158	82

분기 실적

< 단위 : 억원 >

항목	2016.3Q	2016.4Q	2017.1Q	2017.2Q	2017.3Q	2017.4Q
매출액	123	104	128	67	387	193
영업이익	-25	-67	15	1	60	4
당기순이익	-4	-104	26	6	53	-3

재무 상태

< 단위 : 억원 >

항목	2012	2013	2014	2015	2016	2017
총자산	201	182	182	286	204	1,008
유형자산	42	38	35	33	21	21
무형자산	3	4	2	11	9	5
유가증권	0	0	0	3	17	23
총부채	112	114	47	152	104	547
총차입금	73	65	12	137	80	282
자본금	88	88	111	121	146	254
총자본	89	68	135	134	100	460
지배주주지분	89	68	135	130	96	460

기업가치 지표

항목	2012	2013	2014	2015	2016	2017
주가(최고/저)(천원)	1.5/0.6	1.1/0.6	1.1/0.5	17.5/0.5	9.1/1.3	3.9/1.1
PER(최고/저)(배)	—/—	—/—	4.9/2.3	—/—	—/—	21.0/5.7
PBR(최고/저)(배)	2.6/1.1	2.5/1.3	1.6/0.8	29.8/0.9	24.5/3.6	4.3/1.2
EV/EBITDA(배)	—	46.4	10.7	—	—	19.9
EPS(원)	-120	-150	218	-268	-558	186
BPS(원)	576	459	662	588	371	904
CFPS(원)	-83	-114	248	-243	-534	196
DPS(원)	—	—	—	—	—	—
EBITDAPS(원)	-17	19	58	-186	-419	190

재무 비율

< 단위 : % >

연도	영업이익률	순이익률	부채비율	차입금비율	ROA	ROE	유보율	자기자본비율	EBITDA마진율
2017	10.3	10.6	119.0	61.4	13.6	29.7	80.9	45.7	10.9
2016	-23.0	-28.8	일부잠식	일부잠식	-64.4	-140.4	-25.8	49.1	-21.7
2015	-25.1	-32.1	113.5	102.0	-26.2	-46.2	17.6	46.8	-22.1
2014	2.2	17.4	35.2	8.9	21.9	39.2	32.3	74.0	4.6

에프앤에프 (A007700)

F&F

업 종 : 섬유 및 의복
신용등급 : (Bond) — (CP) —
홈페이지 : www.fnf.co.kr
본 사 : 서울시 강남구 언주로 541(역삼동,외 에프앤에프빌딩)
시 장 : 거래소
기업규모 : 시가총액 중형주
연 락 처 : 02)520-0001

설 립 일	1972.02.24	**종업원수**	375명	**대 표 이 사**	김창수
상 장 일	1984.10.04	**감사의견**	적정(대성삼경)	**계 열**	
결 산 기	12월	**보 통 주**		**종속회사수**	2개사
액 면 가	500원	**우 선 주**		**구 상 호**	

주주구성 (지분율,%)		출자관계 (지분율,%)		주요경쟁사 (외형,%)	
김창수	45.0	에프앤에프로지스틱스	100.0	F&F	100
Morgan Stanley & co. International Limited	5.0	한국패션유통물류	3.9	TBH글로벌	124
(외국인)	22.2	FNFHONGKONG	100.0	태평양물산	165

매출구성		비용구성		수출비중	
DISCOVERY	48.3	매출원가율	34.3	수출	0.0
MLB	29.5	판관비율	48.2	내수	100.0
MLB KIDS	14.0				

회사 개요

동사는 1972년 설립돼 도서출판 및 인쇄업을 주요 사업으로 영위함. 의류, 출판, 고속도로 휴게소 사업에도 진출했으나 2002년 출판과 휴게소 사업을 인적분할했음. 동사는 레노마 스포츠와 MLB 라이센스 브랜드를 통해 크게 성장했으며, 2010년 키즈 라인인 MLB 키즈 브랜드도 도입함. 패션 아울렛 콜렉티드 죽전점을 오픈해 종합 패션 유통기업으로 기반을 다져나가고 있음. '쟈르뎅 페르뒤'라는 그린 바를 오픈해 외식사업에도 진출했음.

실적 분석

2017년 매출액은 전기 대비 27.7% 상승한 5,605.2억원을 시현. DISCOVERY는 45% 증가한 3,065억을 달성하였으며, MLB와 MLB KIDS는 28% 증가한 2,446억을 달성. 매출원가율은 34.3%로 전기 보다 7.5% 하락함. RENOMA SPORTS 생산중단 과 DISCOVERY, MLB 매출 규모 확대 및 정상가 판매율 상승 등이 원가율 하락에 기여함. 영업이익은 전반적인 판매 호조에 힘입어 115.1% 증가함.

현금 흐름

<단위 : 억원>

항목	2016	2017
영업활동	558	666
투자활동	167	-388
재무활동	-626	-54
순현금흐름	99	223
기말현금	100	323

시장 대비 수익률

결산 실적

< 단위 : 억원 >

항목	2012	2013	2014	2015	2016	2017
매출액	2,008	2,224	3,014	3,700	4,390	5,605
영업이익	70	72	121	188	456	981
당기순이익	81	84	140	124	302	749

분기 실적

< 단위 : 억원 >

항목	2016.3Q	2016.4Q	2017.1Q	2017.2Q	2017.3Q	2017.4Q
매출액	919	1,706	1,125	1,027	1,026	2,427
영업이익	61	296	147	145	147	541
당기순이익	44	222	120	111	108	411

재무 상태

< 단위 : 억원 >

항목	2012	2013	2014	2015	2016	2017
총자산	2,123	2,778	3,227	3,334	3,056	4,001
유형자산	729	843	951	812	773	822
무형자산	12	15	13	9	10	33
유가증권	17	7	7	7	7	—
총부채	416	1,003	1,331	1,338	789	1,041
총차입금	58	477	684	596	—	—
자본금	77	77	77	77	77	77
총자본	1,707	1,775	1,895	1,996	2,267	2,960
지배주주지분	1,707	1,775	1,895	1,996	2,267	2,960

기업가치 지표

항목	2012	2013	2014	2015	2016	2017
주가(최고/저)(천원)	7.4/5.2	7.4/5.5	15.1/6.7	25.0/12.5	17.2/11.6	45.9/15.7
PER(최고/저)(배)	15.4/10.8	14.7/10.9	17.6/7.8	32.4/16.2	9.1/6.1	9.6/3.3
PBR(최고/저)(배)	0.7/0.5	0.7/0.5	1.3/0.6	2.0/1.0	1.2/0.8	2.4/0.8
EV/EBITDA(배)	8.2	13.2	16.1	12.7	4.9	5.6
EPS(원)	526	544	908	808	1,963	4,863
BPS(원)	11,083	11,526	12,307	12,964	14,721	19,218
CFPS(원)	841	844	1,333	1,293	2,421	5,370
DPS(원)	100	100	150	200	350	650
EBITDAPS(원)	770	767	1,209	1,703	3,421	6,878

재무 비율

< 단위 : % >

연도	영업이익률	순이익률	부채비율	차입금비율	ROA	ROE	유보율	자기자본비율	EBITDA마진율
2017	17.5	13.4	35.2	0.0	21.2	28.7	3,743.6	74.0	18.9
2016	10.4	6.9	34.8	0.0	9.5	14.2	2,844.2	74.2	12.0
2015	5.1	3.4	67.0	29.8	3.8	6.4	2,492.7	59.9	7.1
2014	4.0	4.6	70.3	36.1	4.7	7.6	2,361.4	58.7	6.2

에프에스티 (A036810)
FINE SEMITECH

업 종	반도체 및 관련장비	시 장	KOSDAQ
신용등급	(Bond) — (CP) —	기업규모	벤처
홈페이지	www.fstc.co.kr	연 락 처	031)370-0900
본 사	경기도 화성시 동탄면 동탄산단6길 15-23		

설 립 일	1987.09.29	종업원수	462명	대표이사	장명식,유장동
상 장 일	2000.01.18	감사의견	적정(한울)	계 열	
결 산 기	12월	보 통 주		종속회사수	1개사
액 면 가	500원	우 선 주		구 상 호	

주주구성 (지분율,%)		출자관계 (지분율,%)		주요경쟁사 (외형,%)	
장명식	17.5	얼라이드센서텍	100.0	에프에스티	100
시엠테크놀로지	9.4	시옷플랫폼	90.0	KEC	124
(외국인)	1.8	클라넷	50.0	KMH하이텍	27

매출구성		비용구성		수출비중	
Chiller, 반도체공정장비, Laser drill	38.9	매출원가율	77.9	수출	8.1
반도체	28.0	판관비율	15.2	내수	91.9
반도체칩	18.7				

회사 개요
동사는 1987년에 설립된 반도체 재료 및 장비 전문업체임. 주요 생산 제품은 포토마스크용 보호막인 펠리클(Pellicle)과 반도체공정중 주로 Etching 식각공정에서 Process Chamber 내의 온도조건을 안정적으로 제어하는 온도조절장비인 칠러(Chiller) 등임. 펠리클은 국내에서 동사가 유일한 제조업체로 내수시장 점유율이 80% 이상 차지하고 있음. 신규사업으로 반도체 레이저 어닐링, EUV System 등을 추진 중임.

실적 분석
동사는 LCD펠리클 부분의 꾸준한 성장과, 고부가가치 제품인 Deep-UV 판매 확대를 통해 실적 호조를 시현하고 있음. 2017년 연간 매출액은 1,917.0억원으로 전년 대비 70.7% 증가했고, 영업이익은 35.7% 증가하는 등 큰 폭의 성장세를 보임. 동사는 반도체 업황 호황과 내수시장의 높은 점유율을 바탕으로 큰 폭의 실적개선을 달성함. 매출원가율 상승으로 영업이익률은 전년 7.2%에서 2017년 6.8%로 0.4%p 하락함.

현금 흐름
(단위 : 억원)

항목	2016	2017
영업활동	147	-29
투자활동	-79	-59
재무활동	29	-50
순현금흐름	99	-138
기말현금	193	55

시장 대비 수익률
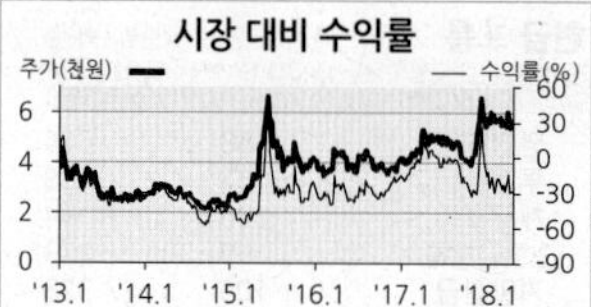

결산 실적
(단위 : 억원)

항목	2012	2013	2014	2015	2016	2017
매출액	652	664	668	846	1,123	1,917
영업이익	26	49	52	87	97	131
당기순이익	12	24	28	65	50	98

분기 실적
(단위 : 억원)

항목	2016.3Q	2016.4Q	2017.1Q	2017.2Q	2017.3Q	2017.4Q
매출액	371	314	436	536	490	454
영업이익	35	37	29	39	40	23
당기순이익	25	15	17	28	30	22

재무 상태
(단위 : 억원)

항목	2012	2013	2014	2015	2016	2017
총자산	935	955	933	1,094	1,282	1,342
유형자산	437	466	488	617	626	618
무형자산	39	39	38	49	47	51
유가증권	19	2	13	12	26	35
총부채	534	529	469	552	688	546
총차입금	451	428	376	428	462	327
자본금	70	70	72	82	82	97
총자본	401	426	464	542	594	796
지배주주지분	401	426	464	542	594	796

기업가치 지표

항목	2012	2013	2014	2015	2016	2017
주가(최고/저)(천원)	4.9/1.9	4.8/2.4	3.2/2.0	7.3/2.5	4.7/3.4	6.9/3.9
PER(최고/저)(배)	64.2/24.5	29.9/14.9	17.8/11.3	18.6/6.2	15.8/11.6	14.0/7.9
PBR(최고/저)(배)	1.7/0.7	1.6/0.8	1.0/0.6	2.2/0.7	1.2/0.9	1.6/0.9
EV/EBITDA(배)	17.4	9.2	7.3	8.5	6.6	7.4
EPS(원)	83	174	197	415	306	501
BPS(원)	3,127	3,307	3,472	3,585	3,904	4,323
CFPS(원)	291	412	448	628	589	747
DPS(원)	—	—	80	80	80	80
EBITDAPS(원)	392	592	618	773	874	920

재무 비율
(단위 : %)

연도	영업이익률	순이익률	부채비율	차입금비율	ROA	ROE	유보율	자기자본비율	EBITDA마진율
2017	6.9	5.1	68.6	41.1	7.4	14.0	764.7	59.3	9.3
2016	8.6	4.5	115.8	77.7	4.2	8.8	680.8	46.3	12.8
2015	10.3	7.7	101.9	79.0	6.4	12.9	616.9	49.5	14.3
2014	7.7	4.1	101.1	81.1	2.9	6.2	594.4	49.7	13.0

에프엔씨애드컬쳐 (A063440)
FNC ADD CULTURE

업 종	미디어	시 장	KOSDAQ
신용등급	(Bond) — (CP) —	기업규모	중견
홈페이지	www.fncadc.com	연 락 처	031)955-7171
본 사	경기도 파주시 직지길 376		

설 립 일	1998.12.29	종업원수	65명	대표이사	안석준
상 장 일	2002.05.22	감사의견	적정(성운)	계 열	
결 산 기	12월	보 통 주		종속회사수	2개사
액 면 가	500원	우 선 주		구 상 호	케이디미디어

주주구성 (지분율,%)		출자관계 (지분율,%)		주요경쟁사 (외형,%)	
에프엔씨엔터	30.3	에프엔씨프로덕션	100.0	에프엔씨애드컬쳐	100
에스.엠.엔터테인먼트	19.8	필름부티크	80.0	팬엔터테인먼트	127
(외국인)	1.9	화이-워너콘텐츠투자조합	10.5	빅텐츠	64

매출구성		비용구성		수출비중	
연금복권	42.0	매출원가율	79.5	수출	5.3
영상유통	40.6	판관비율	18.7	내수	94.7
유가증권	13.7				

회사 개요
동사는 특수인쇄 제조 및 영화수입 및 배급사업을 영위하고 있으며, 영화편집 및 기획, 제작 사업을 영위하는 '케이디프로덕션'을 계열회사로 보유함. 해외영업망 확장을 통한 수출증대를 추진중이며, 패키지 미디어에서 디지털 미디어로의 전환을 위해 영상사업본부 '엠채널' 영화, 게임 다운로드 서비스를 2011년 12월부터 시작함. 온라인 다운로드 사업을 기반으로 영화, Digital Book 등 종합적인 엔터테인먼트 다운로드 서비스를 제공할 예정임.

실적 분석
2017년 동사의 연결기준 매출약은 332.8억원으로 전년대비 약 219억원(192.7%) 증가하였으며, 신규 미디어 콘텐츠 관련 드라마제작 및 예능제작 매출의 발생으로 전체적으로 큰폭 증가하였음. 각 부문별 매출비중은 인쇄출판 20.7%, 영상콘텐츠 12.5%, 드라마 54.2%, 예능 12.3%, 기타 0.3%를 기록하였음. 6.0억원의 영업이익을 기록, 흑자전환 하였으며 7.5억원의 당기순이익을 시현하였음.

현금 흐름
(단위 : 억원)

항목	2016	2017
영업활동	-77	41
투자활동	-192	-7
재무활동	258	-6
순현금흐름	-6	28
기말현금	21	49

시장 대비 수익률
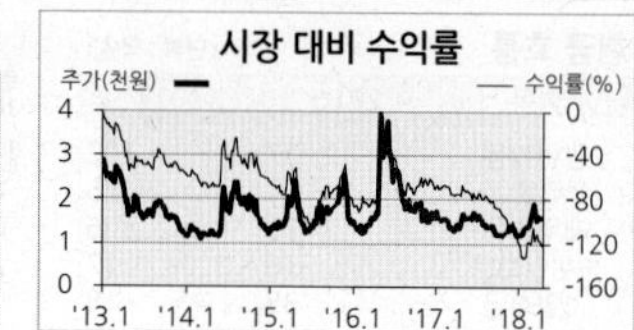

결산 실적
(단위 : 억원)

항목	2012	2013	2014	2015	2016	2017
매출액	173	155	230	111	114	333
영업이익	-27	-49	-52	-17	-24	6
당기순이익	-48	-80	-64	-75	-36	8

분기 실적
(단위 : 억원)

항목	2016.3Q	2016.4Q	2017.1Q	2017.2Q	2017.3Q	2017.4Q
매출액	20	30	—	100	139	—
영업이익	-4	-6	—	3	2	—
당기순이익	-4	-31	—	5	3	—

재무 상태
(단위 : 억원)

항목	2012	2013	2014	2015	2016	2017
총자산	307	368	267	232	436	459
유형자산	158	158	141	134	127	123
무형자산	6	18	13	8	18	8
유가증권	9	6	9	11	5	24
총부채	75	198	115	99	33	42
총차입금	35	162	59	48	—	—
자본금	54	59	77	96	195	195
총자본	232	171	152	133	403	417
지배주주지분	232	170	152	133	403	415

기업가치 지표

항목	2012	2013	2014	2015	2016	2017
주가(최고/저)(천원)	4.5/2.7	2.9/1.2	2.4/1.1	2.8/1.2	4.1/1.2	1.9/1.2
PER(최고/저)(배)	—/—	—/—	—/—	—/—	—/—	96.2/57.3
PBR(최고/저)(배)	1.9/1.1	1.8/0.7	2.2/1.0	3.7/1.7	3.8/1.2	1.8/1.0
EV/EBITDA(배)	—	—	—	—	—	8.7
EPS(원)	-478	-782	-491	-456	-119	20
BPS(원)	2,394	1,610	1,090	757	1,072	1,103
CFPS(원)	-403	-681	-398	-393	-82	87
DPS(원)	—	—	—	—	—	—
EBITDAPS(원)	-197	-376	-311	-43	-43	82

재무 비율
(단위 : %)

연도	영업이익률	순이익률	부채비율	차입금비율	ROA	ROE	유보율	자기자본비율	EBITDA마진율
2017	1.8	2.3	10.0	0.0	1.7	1.9	116.5	90.9	9.5
2016	-21.1	-31.4	8.1	0.0	-10.7	-13.3	110.4	92.5	-11.4
2015	-15.6	-67.2	74.6	35.7	-30.0	-52.7	45.7	57.3	-6.4
2014	-22.8	-27.8	76.0	38.7	-20.1	-39.5	107.8	56.8	-17.5

에프엔씨엔터테인먼트 (A173940)
FNC ENTERTAINMENT

업 종 : 미디어 / 시 장 : KOSDAQ
신용등급 : (Bond) — (CP) — / 기업규모 : 벤처
홈페이지 : www.fncent.com / 연 락 처 : 070)8680-9770
본 사 : 서울시 강남구 도산대로 85길 46(청담동)

설 립 일	2006.12.14	**종업원수**	168명	**대 표 이 사**	안석준,한승훈
상 장 일	2014.12.04	**감사의견**	적정(한영)	**계 열**	
결 산 기	12월	**보 통 주**		**종속회사수**	5개사
액 면 가	500원	**우 선 주**		**구 상 호**	에프엔씨

주주구성 (지분율,%)		출자관계 (지분율,%)		주요경쟁사 (외형,%)	
한성호	22.0	에프엔씨아카데미	100.0	에프엔씨엔터	100
Suning Universal Media Co., Ltd.	22.0	KD유로벨지산재분연계사모증권투자신탁제1호	48.3	키이스트	91
(외국인)	0.9	에프엔씨애드컬쳐	30.3	덱스터	22

매출구성		비용구성		수출비중	
용역사업	48.6	매출원가율	81.1	수출	41.9
공연기획	30.9	판관비율	16.3	내수	58.1
MD사업	7.5				

회사 개요

동사는 매니지먼트를 주요사업으로 영위하는 종합엔터테인먼트사로서 전속계약을 맺은 아티스트를 OSMU(One Source Multi Use)방식으로 음반 및 음원 사업, 콘서트 사업, 매니지먼트 사업 등의 다양한 사업을 펼치며 수익을 취하고 있음. 동사의 주요 아티스트로는 FT아일랜드, CNBLUE, AOA, 주니엘, 유재석, 정형돈, 노홍철, 김용만 등이 있음.

실적 분석

2017년 동사는 음악, 매니지먼트, 미디어콘텐츠 제작을 아우르는 종합 엔터테인먼트 기업으로 자리매김하며 매출액 1,166.9억원의 사상 최대 매출을 달성하였음. 아티스트의 꾸준한 해외 콘서트와 더불어 예능 MC, 배우 등 소속 연예인의 활동 증가가 동사의 매출 성장에 영향을 미쳤음. 영업이익은 30.7억원을 기록, 전년 적자에서 흑자전환에 성공하였으나 비영업 부문에서 적자폭이 확대되며 65.0억원의 당기순손실이 발생하였음.

현금 흐름 〈단위 : 억원〉

항목	2016	2017
영업활동	-2	70
투자활동	-299	-41
재무활동	-49	-30
순현금흐름	-347	-9
기말현금	212	203

시장 대비 수익률

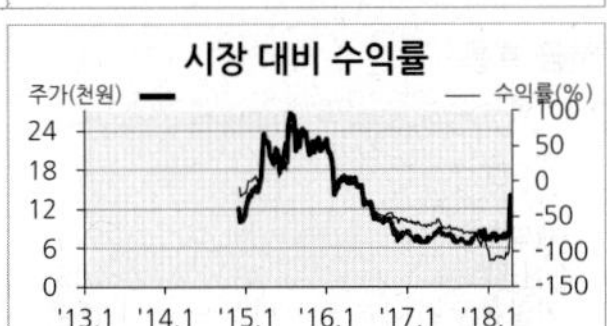

결산 실적 〈단위 : 억원〉

항목	2012	2013	2014	2015	2016	2017
매출액	320	496	601	727	914	1,167
영업이익	68	55	116	59	-25	31
당기순이익	49	28	79	22	-63	-65

분기 실적 〈단위 : 억원〉

항목	2016.3Q	2016.4Q	2017.1Q	2017.2Q	2017.3Q	2017.4Q
매출액	212	281	194	320	349	304
영업이익	19	-42	-10	9	11	21
당기순이익	14	-65	-19	3	1	-51

재무 상태 〈단위 : 억원〉

항목	2012	2013	2014	2015	2016	2017
총자산	258	298	764	1,101	1,341	1,239
유형자산	52	62	48	49	180	168
무형자산	5	19	36	116	202	106
유가증권	34	—	40	10	225	241
총부채	205	200	205	235	279	267
총차입금	—	3	3	—	—	1
자본금	3	24	32	72	72	72
총자본	53	99	559	866	1,061	971
지배주주지분	53	95	559	866	779	679

기업가치 지표

항목	2012	2013	2014	2015	2016	2017
주가(최고/저)(천원)	—/—	—/—	13.3/9.7	28.1/11.1	23.3/7.2	9.0/6.5
PER(최고/저)(배)	0.0/0.0	0.0/0.0	17.6/12.8	159.8/63.8	—/—	—/—
PBR(최고/저)(배)	0.0/0.0	0.0/0.0	3.1/2.3	4.7/1.9	4.2/1.3	1.8/1.3
EV/EBITDA(배)	—	—	6.4	24.0	35.4	7.7
EPS(원)	4,118	349	785	178	-274	-485
BPS(원)	87,924	1,936	8,843	6,029	5,595	5,072
CFPS(원)	85,616	1,003	1,876	416	75	6
DPS(원)	—	—	400	400	—	—
EBITDAPS(원)	116,093	1,680	2,617	705	173	705

재무 비율 〈단위 : %〉

연도	영업이익률	순이익률	부채비율	차입금비율	ROA	ROE	유보율	자기자본비율	EBITDA마진율
2017	2.6	-5.6	27.5	0.1	-5.0	-9.6	914.3	78.4	8.7
2016	-2.8	-6.9	26.3	0.0	-5.2	-4.8	1,018.9	79.2	2.7
2015	8.1	3.1	27.1	0.0	2.4	3.2	1,105.9	78.7	12.3
2014	19.3	13.1	36.7	0.6	14.8	24.1	1,672.6	73.1	21.9

에프엔에스테크 (A083500)
FNS TECH

업 종 : 디스플레이 및 관련부품 / 시 장 : KOSDAQ
신용등급 : (Bond) — (CP) — / 기업규모 : 벤처
홈페이지 : www.fnstech.com / 연 락 처 : 041)584-4460
본 사 : 충남 천안시 서북구 직산읍 4산단2길 19

설 립 일	2002.03.18	**종업원수**	158명	**대 표 이 사**	한경희,김팔곤
상 장 일	2017.02.27	**감사의견**	적정(삼정)	**계 열**	
결 산 기	12월	**보 통 주**		**종속회사수**	
액 면 가	500원	**우 선 주**		**구 상 호**	

주주구성 (지분율,%)		출자관계 (지분율,%)		주요경쟁사 (외형,%)	
한경희	25.7			에프엔에스테크	100
김팔곤	3.5			DMS	387
				HB테크놀러지	411

매출구성		비용구성		수출비중	
FPD장비의 제조 및 판매	90.0	매출원가율	96.4	수출	11.5
FPD 및 반도체 부품소재	10.0	판관비율	7.2	내수	88.5

회사 개요

동사는 2002년 3월 18일 스피닉스라는 이름으로 설립했으며 2006년 3월 에프엔에스테크로 상호 변경. 디스플레이 제조용 장비 및 반도체 제조용 부품소재를 주요 사업으로 영위. 설립 이후 다양한 TFT-LCD 및 AMOLED 장비를 개발해 왔으며, 국내 패널 기업들에 장비 및 부품을 공급. 디스플레이 장비분야 이외에도 2008년 반도체 및 디스플레이 패널업체들이 전량 수입에 의존하던 TOC UV LAMP의 국산화 개발에 성공.

실적 분석

2017년 누적 매출액은 694.2억원으로 전년동기대비 7.5% 증가, 영업이익은 -25.3억원으로 적자전환함. 전방 업체의 투자 본격화에 따른 장비 판매 확대 흐름 예상. 하반기에 주요고객의 장비 공급이 이루어지면서 본격적인 실적 성장이 예상됨. 신규사업으로 OLED 세정사업 진출 등 사업포트폴리오 다각화 긍정적. 2017년 중화권 신규 매출 본격화에 따른 수혜 기대됨. 부품/소재 사업부문도 점증적으로 실적이 성장할 것으로 예상.

현금 흐름 *IFRS 별도 기준 〈단위 : 억원〉

항목	2016	2017
영업활동	157	-54
투자활동	-75	-154
재무활동	-32	180
순현금흐름	106	77
기말현금	106	75

시장 대비 수익률

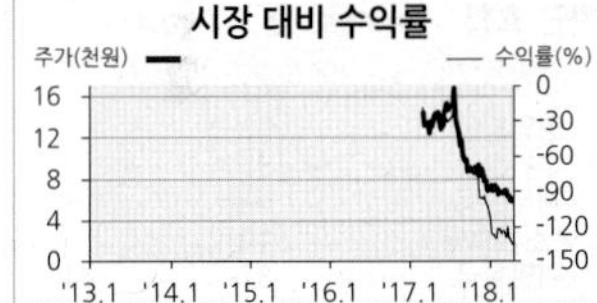

결산 실적 〈단위 : 억원〉

항목	2012	2013	2014	2015	2016	2017
매출액	303	542	249	446	646	694
영업이익	12	8	-48	31	90	-25
당기순이익	10	2	-63	28	83	-102

분기 실적 *IFRS 별도 기준 〈단위 : 억원〉

항목	2016.3Q	2016.4Q	2017.1Q	2017.2Q	2017.3Q	2017.4Q
매출액	219	203	162	125	265	142
영업이익	40	28	4	-16	2	-15
당기순이익	38	22	4	-11	3	-98

재무 상태 *IFRS 별도 기준 〈단위 : 억원〉

항목	2012	2013	2014	2015	2016	2017
총자산	339	389	282	359	523	581
유형자산	142	157	146	147	210	341
무형자산	10	27	18	15	13	4
유가증권	—	0	0	0	—	—
총부채	177	199	158	208	290	199
총차입금	125	141	118	123	96	96
자본금	23	24	24	24	24	33
총자본	162	190	124	151	233	382
지배주주지분	162	190	124	151	233	382

기업가치 지표 *IFRS 별도 기준

항목	2012	2013	2014	2015	2016	2017
주가(최고/저)(천원)	—/—	—/—	—/—	—/—	—/—	17.5/6.8
PER(최고/저)(배)	0.0/0.0	0.0/0.0	0.0/0.0	0.0/0.0	0.0/0.0	—/—
PBR(최고/저)(배)	0.0/0.0	0.0/0.0	0.0/0.0	0.0/0.0	0.0/0.0	3.0/1.2
EV/EBITDA(배)	1.4	1.4	—	1.6	—	—
EPS(원)	202	100	-1,229	548	1,624	-1,574
BPS(원)	3,391	3,737	2,432	2,963	4,577	5,764
CFPS(원)	336	310	-959	766	1,799	-1,392
DPS(원)	—	—	—	—	—	—
EBITDAPS(원)	373	415	-674	820	1,939	-208

재무 비율 〈단위 : %〉

연도	영업이익률	순이익률	부채비율	차입금비율	ROA	ROE	유보율	자기자본비율	EBITDA마진율
2017	-3.6	-14.7	52.0	25.0	-18.5	-33.2	1,052.8	65.8	-1.9
2016	13.9	12.8	124.3	41.0	18.8	43.1	867.5	44.6	15.3
2015	6.9	6.3	138.1	81.3	8.7	20.3	526.4	42.0	9.4
2014	-19.3	-25.1	127.8	95.0	-18.7	-40.5	414.0	43.9	-13.8

*관리종목

에프엠에스 (A278990)

FMS co

업　　종 : 휴대폰 및 관련부품　　시　　장 : KONEX
신용등급 : (Bond) —　(CP) —　　기업규모 : —
홈페이지 : www.cafeel.co.kr　　연 락 처 : 031)447-2335
본　　사 : 경기도 안양시 만안구 덕천로72번길 76

설 립 일	2013.07.04	**종업원수**	명	**대표이사**	변국연
상 장 일	2017.10.31	**감사의견**	적정(도원)	**계　열**	
결 산 기	12월	**보 통 주**		**종속회사수**	
액 면 가	—	**우 선 주**		**구 상 호**	

주주구성 (지분율,%)		출자관계 (지분율,%)		주요경쟁사 (외형,%)	
코데스	59.4	범윤광전유한공사	99.0	에프엠에스	100
파인테크닉스	11.0			슈피겐코리아	912
				이랜텍	2,389

매출구성		비용구성		수출비중	
Accessory	77.8	매출원가율	80.0	수출	0.3
AVN	21.9	판관비율	18.6	내수	99.7
기타	0.3				

회사 개요

동사는 2013년 설립돼 네비게이션, DMB 등 차량용 멀티미디어 제품의 제조 및 판매를 주요사업으로 영위함. 현재 차량용 인포테인먼트 시스템 개발, 제조, 판매 및 AS를 수행하는 AVN 사업부와 휴대폰 보호케이스, 액정보호필름 등 모바일 생활용품을 제조하는 액세서리 사업부로 구성되어 있음. 사업 확대에 따라 지난 2017년 10월 코넥스 시장에 신규상장함.

실적 분석

동사의 2017년도 연결기준 연간 매출액은 246.7억원으로 전년도 대비 27.4% 감소했으나, 고정비관리에 힘입어 영업이익은 전년도 대비 124.3% 증가한 3.4억원을 기록. AVN사업부는 폭스바겐 디젤게이트 사태로 매출이 급격히 감소했으나, 차량 인증과 판매개시가 예상됨에 따라 매출 향상이 기대됨. 액세서리 사업부는 0.65t Thin PC CASE, 기능성 CASE 개발로 인한 국내외 프로모션 모델 수주로 매출 성장이 기대됨.

현금 흐름 *IFRS 별도 기준 〈단위 : 억원〉

항목	2016	2017
영업활동	26	1
투자활동	-35	2
재무활동	—	—
순현금흐름	-10	3
기말현금	37	41

시장 대비 수익률

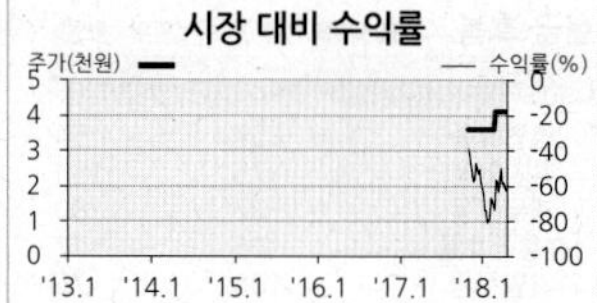

결산 실적 〈단위 : 억원〉

항목	2012	2013	2014	2015	2016	2017
매출액	—	—	138	173	340	247
영업이익	—	—	10	18	2	3
당기순이익	—	—	11	16	5	5

분기 실적 *IFRS 별도 기준 〈단위 : 억원〉

항목	2016.3Q	2016.4Q	2017.1Q	2017.2Q	2017.3Q	2017.4Q
매출액	—	—	—	—	—	—
영업이익	—	—	—	—	—	—
당기순이익	—	—	—	—	—	—

재무 상태 *IFRS 별도 기준 〈단위 : 억원〉

항목	2012	2013	2014	2015	2016	2017
총자산	—	—	83	140	146	181
유형자산	—	—	8	9	33	31
무형자산	—	—	1	0	0	0
유가증권	—	—	0	0	0	0
총부채	—	—	16	21	18	53
총차입금	—	—	3	—	0	0
자본금	—	—	13	17	17	17
총자본	—	—	67	119	128	127
지배주주지분	—	—	67	119	128	127

기업가치 지표 *IFRS 별도 기준

항목	2012	2013	2014	2015	2016	2017
주가(최고/저)(천원)	#VALUE!	—/—	—/—	—/—	—/—	—/—
PER(최고/저)(배)	0.0/0.0	0.0/0.0	0.0/0.0	0.0/0.0	0.0/0.0	—/—
PBR(최고/저)(배)	0.0/0.0	0.0/0.0	0.0/0.0	0.0/0.0	0.0/0.0	1.0/1.0
EV/EBITDA(배)	0.0	0.0	—	—	—	5.1
EPS(원)	—	—	433	553	266	-40
BPS(원)	—	—	2,582	3,480	3,748	3,736
CFPS(원)	—	—	542	651	364	40
DPS(원)	—	—	—	—	—	—
EBITDAPS(원)	—	—	506	706	328	369

재무 비율 〈단위 : %〉

연도	영업이익률	순이익률	부채비율	차입금비율	ROA	ROE	유보율	자기자본비율	EBITDA 마진율
2017	1.4	2.0	54.2	4.2	2.6	3.9	650.6	64.9	3.0
2016	0.5	1.4	46.2	4.6	2.9	3.9	618.6	68.4	1.7
2015	10.5	9.5	17.7	0.0	14.8	17.7	596.0	85.0	12.2
2014	7.5	8.1	23.6	4.5	0.0	0.0	416.5	80.9	9.5

에프티이앤이 (A065160)

Finetex EnE

업　　종 : 섬유 및 의복　　시　　장 : KOSDAQ
신용등급 : (Bond) B-　(CP) —　　기업규모 :
홈페이지 : www.ftene.com　　연 락 처 : 02)3489-3300
본　　사 : 서울시 서초구 효령로 23-1, 에프티빌딩 2,3층

설 립 일	1997.06.10	**종업원수**	95명	**대표이사**	박종철
상 장 일	2002.07.19	**감사의견**	거절(감사범위제한)(위드)	**계　열**	
결 산 기	12월	**보 통 주**		**종속회사수**	3개사
액 면 가	500원	**우 선 주**		**구 상 호**	

주주구성 (지분율,%)		출자관계 (지분율,%)		주요경쟁사 (외형,%)	
박종철	20.0	에프티벽지	100.0	에프티이앤이	100
SR Global Fund L.P.	3.2	광석태양광발전소	50.0	일신방직	719
(외국인)	20.9			BYC	286

매출구성		비용구성		수출비중	
나노섬유 외(나노 상품)	56.2	매출원가율	72.7	수출	—
축열.지열(에너지 제품)	35.2	판관비율	22.4	내수	—
벽지 외 (나노 상품)	6.8				

회사 개요

동사는 나노 섬유를 사용한 각종 섬유와 필터 제품을 개발 및 생산하며, 에너지관련기술사업, 환경관련기술 사업을 영위하고 있음. 동사의 주요 사업은 나노 사업과 에너지 사업으로 구분됨. 절전형 에너지 기술 사업은 축냉시스템 시장의 약 52%, 민간 태양광 발전소 부분은 약 6.5%의 시장 점유율을 차지함. 2015년 테크노웹마스크란 이름으로 황사 방지용 마스크 허가도 받음.

실적 분석

동사의 2017년 결산 연결기준 누적매출액은 685.0억원으로 전년동기 대비 52.6% 증가했음. 외형성장으로 인해 매출원가 및 판관비가 전년동기 대비 각각 44.2%, 56.9% 증가했음에도 불구하고 영업이익은 전년동기 472.4% 증가한 33.4억원을 시현했음. 그러나 비영업부문에서 107.2억원의 손실을 기록함에 따라 이익폭이 축소되어 84.8억원의 당기순손실을 기록하며 적자를 지속했음.

현금 흐름 〈단위 : 억원〉

항목	2016	2017
영업활동	-70	67
투자활동	-103	-121
재무활동	209	184
순현금흐름	38	105
기말현금	48	154

시장 대비 수익률

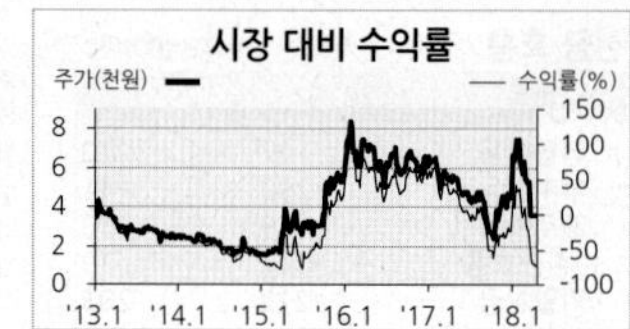

결산 실적 〈단위 : 억원〉

항목	2012	2013	2014	2015	2016	2017
매출액	546	565	501	482	449	685
영업이익	-25	3	-36	-182	6	33
당기순이익	-47	-7	-163	-223	-10	-85

분기 실적 〈단위 : 억원〉

항목	2016.3Q	2016.4Q	2017.1Q	2017.2Q	2017.3Q	2017.4Q
매출액	111	101	120	157	206	202
영업이익	20	-13	-2	0	46	-10
당기순이익	-9	7	-34	-1	33	-82

재무 상태 〈단위 : 억원〉

항목	2012	2013	2014	2015	2016	2017
총자산	1,126	1,175	997	802	1,032	1,167
유형자산	269	307	326	318	334	401
무형자산	90	90	59	64	61	58
유가증권	16	19	21	11	10	10
총부채	605	602	615	456	529	389
총차입금	481	505	471	325	406	214
자본금	203	215	215	253	271	339
총자본	520	573	382	346	504	778
지배주주지분	520	573	382	346	504	778

기업가치 지표

항목	2012	2013	2014	2015	2016	2017
주가(최고/저)(천원)	3.4/1.6	4.6/2.4	3.0/1.6	6.3/1.7	9.1/5.4	6.8/2.4
PER(최고/저)(배)	—/—	—/—	—/—	—/—	—/—	—/—
PBR(최고/저)(배)	2.6/1.3	3.4/1.7	3.2/1.8	8.8/2.3	9.8/5.8	5.9/2.1
EV/EBITDA(배)	116.9	31.7	80.4	—	88.4	41.7
EPS(원)	-108	-15	-356	-447	-17	-145
BPS(원)	1,305	1,375	929	721	929	1,147
CFPS(원)	-22	76	-266	-402	50	-76
DPS(원)	—	—	—	—	—	—
EBITDAPS(원)	32	98	30	-315	79	127

재무 비율 〈단위 : %〉

연도	영업이익률	순이익률	부채비율	차입금비율	ROA	ROE	유보율	자기자본비율	EBITDA 마진율
2017	4.9	-12.4	50.0	27.5	-7.7	-13.2	129.4	66.7	10.8
2016	1.3	-2.2	105.0	80.7	-1.1	-2.3	85.8	48.8	9.5
2015	-37.8	-46.3	131.7	93.8	-24.8	-61.2	44.2	43.2	-30.6
2014	-7.3	-32.6	161.1	123.3	-15.0	-34.2	85.8	38.3	2.6

엑사이엔씨 (A054940)

EXA E&C

업　　종	내구소비재	시　　장	KOSDAQ
신용등급	(Bond) —　(CP) —	기업규모	벤처
홈페이지	www.exaenc.com	연 락 처	02)3289-5100
본　　사	서울시 구로구 디지털로 288, 대륭포스트타워1차 15층 (구로동)		

설 립 일	1991.05.03	**종업원수**	282명	**대표이사**	구자극
상 장 일	2001.12.13	**감사의견**	적정(삼일)	**계　열**	
결 산 기	12월	**보 통 주**		**종속회사수**	5개사
액 면 가	500원	**우 선 주**		**구 상 호**	

주주구성 (지분율,%)		출자관계 (지분율,%)		주요경쟁사 (외형,%)	
구자극	14.8			엑사이엔씨	100
구본우	4.0			에스텍	117
(외국인)	1.6			아남전자	69

매출구성		비용구성		수출비중	
Clean Panel /S.G.P, PATIS08,SCREEN 등	60.3	매출원가율	89.6	수출	21.6
[엠소닉]Speaker	22.7	판관비율	8.3	내수	78.4
[엠소닉(인니)]Speaker	8.2				

회사 개요

동사는 1991년에 설립되어 전문건설부문의 클린룸, 파티션, 인테리어사업과 첨단부품부문의 Crystal Device(단말부품)사업을 주요 사업으로 영위하고 있으며 종속회사를 통해 전자부품제조업, 사물인터넷 사업을 하고 있음. 동사의 연결대상 종속회사는 엠소닉을 비롯해 총 5개임. 전체 매출액의 절반 가량을 차지하는 클린룸산업은 삼성전자, LG디스플레이 등 반도체 및 LCD, PDP 관련업계의 신규 생산라인 증설 투자계획에 영향을 받음.

실적 분석

동사의 2017년 연결기준 매출액은 전년 대비 910억원 증가한 2,559억원을 달성함. 지배회사인 엑사이엔씨가 LG그룹사의 투자 증대(마곡 LG사이언스 파크)에 따른 공사물량이 늘어남에 따른 매출이 증가함. 영업이익은 54.5억원으로 전년 대비 46.4% 증가함. 매출과 영업이익은 창사이래 최대실적임. 단, 종속회사 실적 부진 및 자산손상처리와 전년 동기 대비 급격한 원화강세 등으로 인한 영업외비용증가로 당기순이익은 적자전환함.

현금 흐름 〈단위 : 억원〉

항목	2016	2017
영업활동	9	-42
투자활동	-120	-55
재무활동	72	35
순현금흐름	-35	-67
기말현금	173	106

시장 대비 수익률

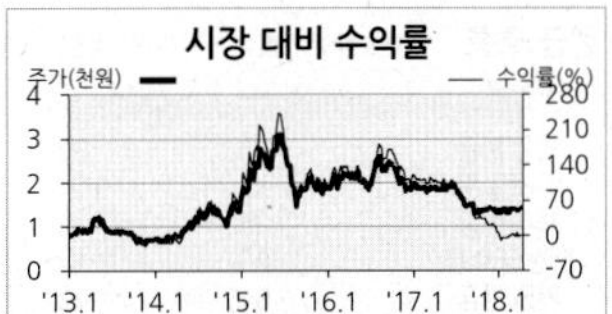

결산 실적 〈단위 : 억원〉

항목	2012	2013	2014	2015	2016	2017
매출액	1,428	1,395	1,666	1,530	1,648	2,559
영업이익	8	32	128	79	37	55
당기순이익	-27	-17	96	52	34	-51

분기 실적 〈단위 : 억원〉

항목	2016.3Q	2016.4Q	2017.1Q	2017.2Q	2017.3Q	2017.4Q
매출액	431	475	534	636	741	649
영업이익	11	-5	-1	-16	30	41
당기순이익	-5	4	-17	-62	27	1

재무 상태 〈단위 : 억원〉

항목	2012	2013	2014	2015	2016	2017
총자산	1,011	951	1,101	1,131	1,294	1,426
유형자산	378	369	383	381	379	368
무형자산	44	39	38	30	62	27
유가증권	19	19	19	19	19	18
총부채	519	474	465	443	574	762
총차입금	264	217	132	124	197	228
자본금	128	128	166	166	166	166
총자본	492	477	636	688	720	663
지배주주지분	434	410	548	589	614	566

기업가치 지표

항목	2012	2013	2014	2015	2016	2017
주가(최고/저)(천원)	1.9/0.8	1.2/0.6	1.6/0.7	3.5/1.5	2.6/1.8	2.0/1.2
PER(최고/저)(배)	—/—	—/—	5.7/2.5	28.3/11.8	33.2/22.1	—/—
PBR(최고/저)(배)	1.1/0.5	0.8/0.4	0.9/0.4	2.0/0.8	1.4/1.0	1.2/0.7
EV/EBITDA(배)	12.7	6.0	3.7	5.3	9.6	6.6
EPS(원)	-136	-96	273	124	79	-133
BPS(원)	1,696	1,602	1,652	1,776	1,850	1,706
CFPS(원)	-42	9	371	203	181	-48
DPS(원)	—	—	—	—	—	—
EBITDAPS(원)	126	231	557	317	214	250

재무 비율 〈단위 : %〉

연도	영업이익률	순이익률	부채비율	차입금비율	ROA	ROE	유보율	자기자본비율	EBITDA마진율
2017	2.1	-2.0	115.0	34.4	-3.8	-7.5	241.1	46.5	3.2
2016	2.3	2.0	79.8	27.3	2.8	4.4	270.1	55.6	4.3
2015	5.2	3.4	64.4	18.0	4.6	7.2	255.3	60.8	6.9
2014	7.7	5.8	73.1	20.8	9.4	15.8	230.4	57.8	9.3

엑세스바이오 (A950130)

Access Bio

업　　종	의료 장비 및 서비스	시　　장	KOSDAQ
신용등급	(Bond) —　(CP) —	기업규모	
홈페이지	www.accessbio.net	연 락 처	1-732-873-4040
본　　사	65 Clyde Road Suite A Somerset NJ 08873, USA		

설 립 일	2002.09.27	**종업원수**	67명	**대표이사**	최영호
상 장 일	2013.05.30	**감사의견**	적정(삼정)	**계　열**	
결 산 기	12월	**보 통 주**		**종속회사수**	3개사
액 면 가	—	**우 선 주**		**구 상 호**	엑세스바이오(Reg.S)

주주구성 (지분율,%)		출자관계 (지분율,%)		주요경쟁사 (외형,%)	
알리안츠글로벌인베스터스자산운용	4.5	엑세스바이오코리아	100.0	엑세스바이오	100
KB자산운용	4.4	웰스바이오	55.1	나노엔텍	73
(외국인)	7.3	AccessBio,(EthiopianBranch)	100.0	파나진	23

매출구성		비용구성		수출비중	
말라리아	89.6	매출원가율	0.0	수출	—
기타	10.4	판관비율	0.0	내수	—

회사 개요

동사는 체외진단 기술을 토대로 말라리아 진단 시약과 HIV 진단용스트립 등의 진단 제품을 개발, 제조, 판매하는 사업을 영위하고 있음. 작게는 현장진단검사 시장에 속해 있고, 크게는 체외진단 시장에 속해있음. 생산하고 있는 진단시약은 기타의약품으로 분류되어 의약품 제조기준에 규제를 받고 있음. 주요 제품은 말라리아 진단시약으로, 총 11가지 종류의 말라리아 진단 제품을 보유하고 있음.

실적 분석

동사는 매출액 감소와 함께 자회사 웰스바이오의 신제품 출시에 따른 마케팅 비용 및 영업인력 확충에 따른 운영비가 증가함. 또한 달러약세로 인해 2016년 원화로 발행된 전환사채의 외화환산손실도 발생하여 영업손실과 순손실은 적자지속, 적자 폭이 크게 확대됨. 말라리아 퇴치 관련 펀드 규모는 증가하는 추세이며, 퇴치 관련 재원은 지속적으로 확대될 것으로 예상됨.

현금 흐름 〈단위 : 억원〉

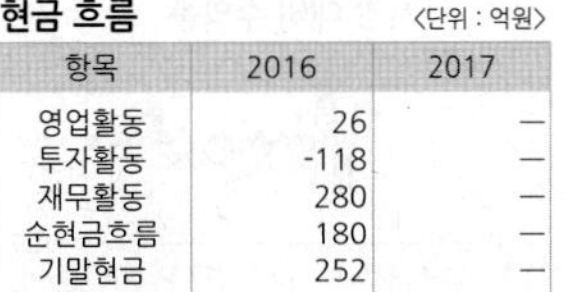

항목	2016	2017
영업활동	26	—
투자활동	-118	—
재무활동	280	—
순현금흐름	180	—
기말현금	252	—

시장 대비 수익률

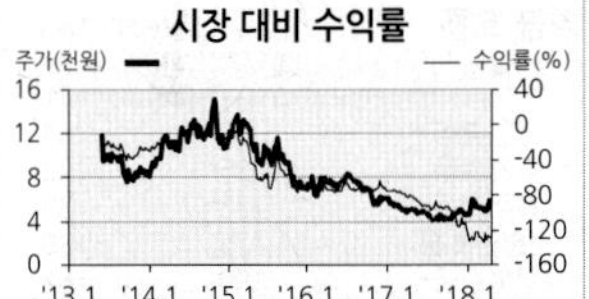

결산 실적 〈단위 : 억원〉

항목	2012	2013	2014	2015	2016	2017
매출액	370	458	323	356	325	—
영업이익	85	114	24	0	-7	—
당기순이익	75	78	19	5	-12	—

분기 실적 〈단위 : 억원〉

항목	2016.3Q	2016.4Q	2017.1Q	2017.2Q	2017.3Q	2017.4Q
매출액	79	58	60	54	99	—
영업이익	-3	-20	-23	-14	-15	—
당기순이익	-6	-14	-19	-16	-17	—

재무 상태 〈단위 : 억원〉

항목	2012	2013	2014	2015	2016	2017
총자산	291	592	789	811	1,102	—
유형자산	89	106	161	207	306	—
무형자산	28	48	64	82	97	—
유가증권	—	—	11	87	—	—
총부채	74	90	103	42	406	—
총차입금	3	2	22	3	292	—
자본금	11	14	15	16	17	—
총자본	217	502	686	769	697	—
지배주주지분	217	502	604	638	575	—

기업가치 지표

항목	2012	2013	2014	2015	2016	2017
주가(최고/저)(천원)	—/—	—/—	—/—	—/—	—/—	—/—
PER(최고/저)(배)	0.0/0.0	37.1/23.3	169.9/90.3	293.7/148.0	769.7/480.5	0.0/0.0
PBR(최고/저)(배)	0.0/0.0	6.3/4.0	6.7/3.6	5.7/2.9	3.7/2.3	0.0/0.0
EV/EBITDA(배)	—	16.0	86.1	107.3	112.7	0.0
EPS(원)	444	328	90	47	11	—
BPS(원)	1,064	1,931	2,291	2,425	2,312	—
CFPS(원)	477	357	129	113	94	—
DPS(원)	—	—	—	—	—	—
EBITDAPS(원)	540	505	126	66	57	—

재무 비율 〈단위 : %〉

연도	영업이익률	순이익률	부채비율	차입금비율	ROA	ROE	유보율	자기자본비율	EBITDA마진율
2017	0.0	0.0	0.0	0.0	0.0	0.0	0.0	0.0	0.0
2016	-2.2	-3.5	58.3	42.0	-1.2	0.5	3,689.8	63.2	4.8
2015	0.0	1.3	5.5	0.4	0.6	2.0	3,999.0	94.8	5.0
2014	7.3	5.8	15.1	3.2	2.7	4.4	4,069.4	86.9	10.6

엑셈 (A205100)
EXEM

업　　종 : IT 서비스　　시　　장 : KOSDAQ
신용등급 : (Bond) —　(CP) —　　기업규모 : 벤처
홈페이지 : www.ex-em.com　　연 락 처 : 02)6203-6300
본　　사 : 서울시 강서구 양천로 583 에이동 1208호(염창동, 우림비즈니스센터)

설 립 일	2014.08.21	**종업원수**	188명	**대표이사**	조종암
상 장 일	2014.11.07	**감사의견**	적정(삼덕)	**계　열**	
결 산 기	12월	**보 통 주**		**종속회사수**	4개사
액 면 가	100원	**우 선 주**		**구 상 호**	교보위드스팩

주주구성 (지분율,%)		출자관계 (지분율,%)		주요경쟁사 (외형,%)	
조종암	39.0			엑셈	100
박락빈	3.9			DB	592
(외국인)	1.9			링네트	440

매출구성		비용구성		수출비중	
MaxGauge	32.6	매출원가율	43.6	수출	8.7
유지보수, 컨설팅	28.6	판관비율	40.4	내수	91.3
기타	20.6				

회사 개요

동사는 지난 2001년 설립 이래 3년간 개발기간을 거쳐 외산 제품의 홍수 속에 DB 성능관리 솔루션 '맥스게이지(MaxGauge)'를 국내 최초로 독자 개발, 2006년부터 점유율 1위를 차지하고 있는 기업임. 또 WAS솔루션에서 진일보한 End-to-End 솔루션 '인터맥스(InterMax)'를 개발해 제품 다변화를 진행하는 한편, 이 두 제품으로 중국, 일본, 미국 등 해외 시장도 본격 공략하고 있음.

실적 분석

동사의 2017년 연결 기준 연간 누적 매출액은 337.2억원으로 전년 동기 대비 22.4% 증가함. 매출이 증가하면서 매출원가도 늘었지만 매출 증가율이 매출원가 증가율보다 높아 원가 부담이 감소하면서 영업이익은 전년 동기 대비 무려 292.8% 증가한 54.1억원을 기록함. 비영업 부문에서 막대한 금융손실이 발생하면서 당기순손실은 0.3억원으로 전년 동기 대비 적자전환함.

현금 흐름 〈단위 : 억원〉

항목	2016	2017
영업활동	28	64
투자활동	-85	-122
재무활동	138	30
순현금흐름	75	-30
기말현금	199	169

시장 대비 수익률

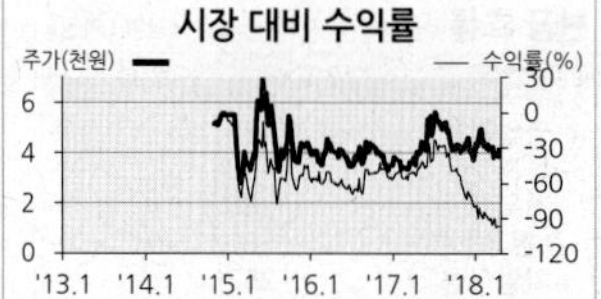

결산 실적 〈단위 : 억원〉

항목	2012	2013	2014	2015	2016	2017
매출액	124	174	161	207	275	337
영업이익	24	40	48	46	14	54
당기순이익	21	31	43	-83	26	-0

분기 실적 〈단위 : 억원〉

항목	2016.3Q	2016.4Q	2017.1Q	2017.2Q	2017.3Q	2017.4Q
매출액	48	145	55	85	80	116
영업이익	-7	44	-14	9	7	52
당기순이익	-26	48	-23	-9	9	23

재무 상태 〈단위 : 억원〉

항목	2012	2013	2014	2015	2016	2017
총자산	146	197	226	373	551	617
유형자산	22	28	30	64	87	120
무형자산	6	9	13	55	58	54
유가증권	5	1	1	2	3	38
총부채	48	63	66	76	223	132
총차입금	7	4	21	11	125	48
자본금	18	18	16	29	30	33
총자본	98	133	160	297	328	486
지배주주지분	98	133	159	255	282	436

기업가치 지표

항목	2012	2013	2014	2015	2016	2017
주가(최고/저)(천원)	—/—	—/—	5.6/4.8	7.3/2.7	4.7/3.2	5.7/3.3
PER(최고/저)(배)	0.0/0.0	0.0/0.0	37.0/31.8	—/—	58.7/40.2	—/—
PBR(최고/저)(배)	0.0/0.0	0.0/0.0	9.8/8.4	7.6/2.9	4.5/3.1	4.1/2.3
EV/EBITDA(배)	—	—	0.5	20.0	40.4	17.8
EPS(원)	76	112	152	-312	80	-14
BPS(원)	2,720	3,700	4,963	962	1,042	1,400
CFPS(원)	686	961	1,391	-287	116	24
DPS(원)	—	—	—	—	—	—
EBITDAPS(원)	752	1,221	1,577	187	83	201

재무 비율 〈단위 : %〉

연도	영업이익률	순이익률	부채비율	차입금비율	ROA	ROE	유보율	자기자본비율	EBITDA마진율
2017	16.1	-0.1	27.1	10.0	-0.1	-1.3	1,299.6	78.7	19.8
2016	5.0	9.3	68.2	38.2	5.6	8.8	942.2	59.4	8.9
2015	22.4	-40.1	25.5	3.5	-27.6	-43.1	862.2	79.7	25.8
2014	29.8	26.4	41.2	13.4	20.1	28.8	892.6	70.8	31.3

엑스티 (A226360)
Ext

업　　종 : 건축자재　　시　　장 : KOSDAQ
신용등급 : (Bond) —　(CP) —　　기업규모 : 벤처
홈페이지 : 0　　연 락 처 : 02)6114-0924
본　　사 : 서울시 영등포구 여의나루로4길 21

설 립 일	2015.07.28	**종업원수**	41명	**대표이사**	송기용
상 장 일	2015.10.22	**감사의견**	적정(삼일)	**계　열**	
결 산 기	12월	**보 통 주**		**종속회사수**	
액 면 가	100원	**우 선 주**		**구 상 호**	현대드림4호스팩

주주구성 (지분율,%)		출자관계 (지분율,%)		주요경쟁사 (외형,%)	
송기용	72.1	턴투	2.7	이엑스티	100
민경기	1.5	전문건설공제조합	0.0	프럼파스트	138
(외국인)	0.1	한국리모델링협회	0.0	이건홀딩스	586

매출구성	비용구성		수출비중	
	매출원가율	59.9	수출	0.0
	판관비율	20.1	내수	100.0

회사 개요

동사는 2004년 4월 30일 설립되었으며, 토목, 건축 파일공사 및 관련 기술 자문과 서비스업을 영위하고 있음. 이엑스티 주식회사는 케이비드림투게더제4호기업인수목적 주식회사와 2017년 6월 22일 합병계약을 체결하였으며 2017년 12월 5일 합병을 완료하였음. 합병 이후 사명을 이엑스티 주식회사로 변경함. 주요사업은 구조물을 지지하는 기초공법의 개발과 개선을 통한 제품 판매와 시공이며 건축, 토목 기술자문 및 엔지니어링 등이 주목적사업임.

실적 분석

동사의 연결기준 2017년 매출액은 352.9억원으로 전년 대비 18.5% 증가하였으며, 영업이익과 당기순이익은 각각 70.5억원과 34.7억원을 기록함. 공사수주 증가에 따라 매출액이 증가하였으며, 2016년 합병으로 인한 매출원가율 감소로 영업이익이 증가하였음. 동사와 케이비드림투게더제4호기업인수목적 주식회사의 합병 시 발생한 일회성 비용인 합병비용 21억원이 기타 영업외비용에 포함되어 있음.

현금 흐름 *IFRS 별도 기준 〈단위 : 억원〉

항목	2016	2017
영업활동	65	82
투자활동	-35	-101
재무활동	-5	5
순현금흐름	25	-14
기말현금	61	47

시장 대비 수익률

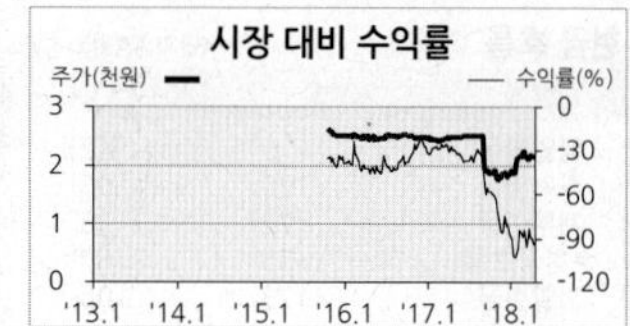

결산 실적 〈단위 : 억원〉

항목	2012	2013	2014	2015	2016	2017
매출액	157	146	—	250	298	353
영업이익	24	24	—	40	56	71
당기순이익	19	19	—	31	44	35

분기 실적 *IFRS 별도 기준 〈단위 : 억원〉

항목	2016.3Q	2016.4Q	2017.1Q	2017.2Q	2017.3Q	2017.4Q
매출액	—	—	—	—	—	—
영업이익	—	—	—	—	—	—
당기순이익	—	—	—	—	—	—

재무 상태 *IFRS 별도 기준 〈단위 : 억원〉

항목	2012	2013	2014	2015	2016	2017
총자산	146	138	—	170	268	435
유형자산	42	43	—	17	16	18
무형자산	32	29	—	19	14	19
유가증권	5	6	—	7	3	2
총부채	55	48	—	48	66	73
총차입금	17	12	—	6	—	16
자본금	11	11	—	14	19	25
총자본	92	90	—	122	202	361
지배주주지분	92	90	—	122	202	361

기업가치 지표 *IFRS 별도 기준

항목	2012	2013	2014	2015	2016	2017
주가(최고/저)(천원)	—/—	—/—	—/—	—/—	—/—	—/—
PER(최고/저)(배)	0.0/0.0	0.0/0.0	0.0/0.0	20.4/19.4	12.0/11.3	18.9/13.0
PBR(최고/저)(배)	0.0/0.0	0.0/0.0	0.0/0.0	4.0/3.8	3.2/3.0	1.8/1.2
EV/EBITDA(배)	—	—	0.0	1.5	—	2.6
EPS(원)	69	69	—	134	224	138
BPS(원)	41,202	47,259	—	47,354	4,985	1,474
CFPS(원)	11,938	13,048	—	11,752	1,552	166
DPS(원)	—	—	—	—	—	80
EBITDAPS(원)	14,032	15,708	—	14,264	1,901	308

재무 비율 〈단위 : %〉

연도	영업이익률	순이익률	부채비율	차입금비율	ROA	ROE	유보율	자기자본비율	EBITDA마진율
2017	20.0	9.8	20.3	4.4	9.9	12.3	1,374.1	83.1	22.0
2016	18.6	14.8	32.9	0.0	20.1	27.2	956.0	75.2	21.0
2015	15.9	12.5	39.6	4.9	0.0	0.0	743.4	71.7	19.2
2014	0.0	0.0	0.0	0.0	0.0	0.0	0.0	0.0	0.0

엑시콘 (A092870)
Exicon

업 종 : 반도체 및 관련장비 | 시 장 : KOSDAQ
신용등급 : (Bond) — (CP) — | 기업규모 : 벤처
홈페이지 : www.exicon.co.kr | 연 락 처 : 031)696-3100
본 사 : 경기도 성남시 분당구 판교로255번길 28 , 7층(삼평동, 디에이치케이솔루션빌딩)

설 립 일	2001.03.08	**종업원수**	137명	**대 표 이 사**	박상준
상 장 일	2014.12.24	**감사의견**	적정(안진)	**계 열**	
결 산 기	12월	**보 통 주**		**종속회사수**	2개사
액 면 가	500원	**우 선 주**		**구 상 호**	

주주구성 (지분율,%)		출자관계 (지분율,%)		주요경쟁사 (외형,%)	
최명배	19.0	샘씨엔에스	35.0	엑시콘	100
와이아이케이	7.4	ExiconJapanCorporation	100.0	매커스	130
(외국인)	2.9	MEMORFI	82.0	테스나	70

매출구성		비용구성		수출비중	
[제품]Memory Tester	65.2	매출원가율	65.7	수출	42.6
[제품]Storage Tester	34.5	판관비율	23.0	내수	57.4
[용역]TEST SERVICE	0.3				

회사 개요

동사는 2001년 설립되어 반도체 공정상의 후공정의 fianal test 공정에 필요한 장비인 반도체 검사장비를 생산하는 업체임. 동사의 주력 제품은 반도체 메모리 Component, Module 제품 및 광소자 테스트를 위한 시스템임. 종속회사로는 엑시콘재팬과 MEMORFI LIMITED(미국법인) 등 두 개의 해외법인이 있음. 동사는 2017년 7월 자기주식 17만 8500주(지분율 2.01%)를 취득함.

실적 분석

동사의 2017년 매출은 전년 대비 약 49% 증가한 672억원, 경상이익은 약 73% 증가한 80억원을 시현함. 당기순이익의 경우 법인세액 공제에 따라 법인세수익 2억원이 반영되어 전년 51억원에서 82억원으로 약 60.9% 증가함. 자산총계는 914억원으로 전년 대비 3.3% 감소함. 자기자본은 754억원으로 7.6% 증가함. 부채총계는 전년에 비해 34.6% 감소한 160억원을 기록함.

현금 흐름
〈단위 : 억원〉

항목	2016	2017
영업활동	81	80
투자활동	-114	-48
재무활동	-49	-56
순현금흐름	-81	-23
기말현금	82	58

시장 대비 수익률

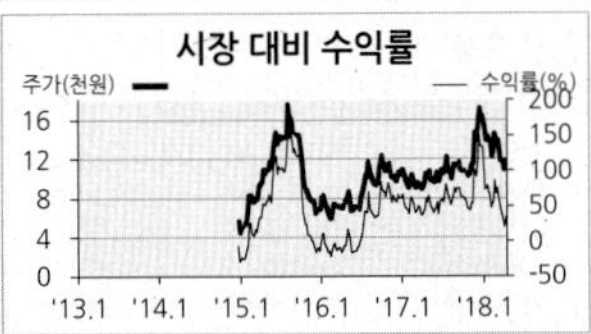

결산 실적
〈단위 : 억원〉

항목	2012	2013	2014	2015	2016	2017
매출액	405	251	380	530	451	672
영업이익	120	32	55	54	31	76
당기순이익	60	30	60	63	51	82

분기 실적
〈단위 : 억원〉

항목	2016.3Q	2016.4Q	2017.1Q	2017.2Q	2017.3Q	2017.4Q
매출액	96	285	113	216	232	111
영업이익	3	69	8	38	39	-10
당기순이익	15	72	12	45	42	-17

재무 상태
〈단위 : 억원〉

항목	2012	2013	2014	2015	2016	2017
총자산	524	628	671	901	946	914
유형자산	228	294	292	258	260	256
무형자산	26	39	47	57	66	57
유가증권	—	—	—	5	14	32
총부채	218	291	275	246	244	160
총차입금	185	246	214	176	132	105
자본금	34	34	34	44	44	44
총자본	306	337	396	656	701	755
지배주주지분	306	337	396	656	700	753

기업가치 지표

항목	2012	2013	2014	2015	2016	2017
주가(최고/저)(천원)	—/—	—/—	6.0/4.5	17.6/4.5	12.3/5.9	17.5/8.8
PER(최고/저)(배)	0.0/0.0	0.0/0.0	7.0/5.3	20.8/5.4	21.6/10.4	19.2/9.6
PBR(최고/저)(배)	0.0/0.0	0.0/0.0	1.1/0.8	2.5/0.6	1.6/0.8	2.0/1.0
EV/EBITDA(배)	0.5	1.9	5.2	5.1	13.3	12.2
EPS(원)	876	433	884	871	581	919
BPS(원)	4,486	4,937	5,796	7,380	7,881	8,700
CFPS(원)	1,301	962	1,563	1,445	950	1,317
DPS(원)	—	—	—	75	100	135
EBITDAPS(원)	2,183	995	1,484	1,315	717	1,250

재무 비율
〈단위 : %〉

연도	영업이익률	순이익률	부채비율	차입금비율	ROA	ROE	유보율	자기자본비율	EBITDA마진율
2017	11.3	12.2	21.1	13.9	8.8	11.2	1,639.9	82.6	16.5
2016	6.9	11.3	34.8	18.8	5.5	7.6	1,476.2	74.2	14.1
2015	10.2	11.9	37.5	26.8	8.0	12.0	1,376.0	72.7	18.0
2014	14.4	15.9	69.6	54.1	9.3	16.5	1,059.3	59.0	26.6

엔브이에이치코리아 (A067570)
NVH KOREA

업 종 : 자동차부품 | 시 장 : KOSDAQ
신용등급 : (Bond) — (CP) — | 기업규모 : 우량
홈페이지 : www.nvh-korea.co.kr | 연 락 처 : 054)779-1822
본 사 : 울산시 북구 모듈화산업로 207-14

설 립 일	1984.01.17	**종업원수**	429명	**대 표 이 사**	곽정용,구자겸
상 장 일	2013.12.03	**감사의견**	적정(삼일)	**계 열**	
결 산 기	12월	**보 통 주**		**종속회사수**	11개사
액 면 가	500원	**우 선 주**		**구 상 호**	

주주구성 (지분율,%)		출자관계 (지분율,%)		주요경쟁사 (외형,%)	
구자겸	33.4	엔브이에이치오토파트	100.0	엔브이에이치코리아	100
유수경	7.3	엔티앰	100.0	동원금속	89
(외국인)	1.7	GH신소재	37.9	유라테크	35

매출구성		비용구성		수출비중	
[한국]H/L, NVH 외	53.4	매출원가율	90.0	수출	38.4
[중국]H/L, NVH 외	24.6	판관비율	8.0	내수	61.6
[인도]H/L, NVH 외	11.0				

회사 개요

동사는 1984년 1월 17일 일양산업주식회사로 설립하여 2001년 6월 8일 엔브이에이치코리아주식회사로 상호를 변경하였으며, 자동차부품의 제조 및 판매를 주요 사업목적으로 영위함. 동사는 BRICs를 중심으로 한 해외진출 강화, 친환경 열관리(Heat Management) 부품사업 개척을 추진중임. 동사는 현재 생산품의 대부분을 현대차 및 기아차에 공급하고 있음.

실적 분석

동사는 지난해 연결기준 영업이익이 전년보다 45.4% 감소한 118억원으로 집계. 매출액은 5517억원으로 3.2% 줄었고, 당기순이익은 77억원으로 75.4% 감소. 생산품의 대부분을 현대/기아자동차에 공급하고 있으며, 주요 생산품은 HEADLINER, NVH부품, FLOOR CARPET, DOOR TRIM이 있음. 냉각수온 조절장치, 엔진룸 흡차음재 및 커버 등 새로운 부품군 개발을 통하여 사업 분야를 확대하기 위해 노력하고 있음.

현금 흐름
〈단위 : 억원〉

항목	2016	2017
영업활동	498	214
투자활동	-429	-70
재무활동	-162	271
순현금흐름	-89	397
기말현금	611	1,008

시장 대비 수익률

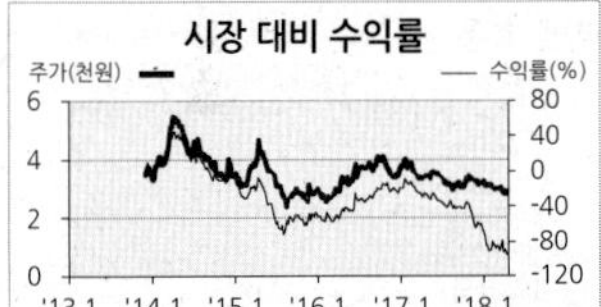

결산 실적
〈단위 : 억원〉

항목	2012	2013	2014	2015	2016	2017
매출액	4,927	4,864	5,063	5,325	5,697	5,517
영업이익	211	247	158	153	215	114
당기순이익	191	171	-95	-67	311	64

분기 실적
〈단위 : 억원〉

항목	2016.3Q	2016.4Q	2017.1Q	2017.2Q	2017.3Q	2017.4Q
매출액	1,295	1,641	1,405	1,404	1,322	1,386
영업이익	38	55	76	55	-9	-8
당기순이익	32	125	65	-1	1	-1

재무 상태
〈단위 : 억원〉

항목	2012	2013	2014	2015	2016	2017
총자산	2,862	3,387	3,135	3,722	4,430	4,664
유형자산	1,009	1,039	1,064	1,247	1,771	2,061
무형자산	33	45	54	63	73	90
유가증권	10	11	44	44	44	43
총부채	1,963	1,955	1,771	2,413	2,879	2,870
총차입금	400	571	609	946	1,052	1,464
자본금	100	144	144	144	144	144
총자본	898	1,432	1,364	1,309	1,551	1,794
지배주주지분	898	1,430	1,365	1,310	1,550	1,495

기업가치 지표

항목	2012	2013	2014	2015	2016	2017
주가(최고/저)(천원)	—/—	4.1/3.4	5.6/3.2	4.7/2.4	4.2/2.6	4.0/2.9
PER(최고/저)(배)	0.0/0.0	5.8/4.9	—/—	—/—	4.2/2.6	23.6/17.4
PBR(최고/저)(배)	0.0/0.0	1.0/0.8	1.3/0.8	1.1/0.6	0.8/0.5	0.8/0.6
EV/EBITDA(배)	0.1	2.1	3.8	3.8	3.7	5.1
EPS(원)	957	829	-322	-234	1,081	177
BPS(원)	4,492	4,980	4,857	4,699	5,401	5,429
CFPS(원)	1,572	1,520	178	265	1,627	862
DPS(원)	—	100	100	120	140	140
EBITDAPS(원)	1,668	1,880	1,050	1,032	1,296	1,081

재무 비율
〈단위 : %〉

연도	영업이익률	순이익률	부채비율	차입금비율	ROA	ROE	유보율	자기자본비율	EBITDA마진율
2017	2.1	1.2	159.9	81.6	1.4	3.3	985.8	38.5	5.6
2016	3.8	5.5	185.6	67.9	7.6	21.7	980.2	35.0	6.5
2015	2.9	-1.3	184.3	72.2	-2.0	-5.0	839.8	35.2	5.6
2014	3.1	-1.9	129.9	44.7	-2.9	-6.6	871.3	43.5	6.0

엔시트론 (A101400)

N CITRON

업 종 : 반도체 및 관련장비
시 장 : KOSDAQ
신용등급 : (Bond) — (CP) —
기업규모 : 벤처
홈페이지 : www.n-citron.com
연 락 처 : 031)8038-4810
본 사 : 경기도 성남시 분당구 판교로255번길 35(삼평동, 실리콘파크 A동 9층)

설 립 일	2000.04.04	**종 업 원 수**	34명	**대 표 이 사**	김성우
상 장 일	2009.03.31	**감 사 의 견**	적정(대영)	**계 열**	
결 산 기	12월	**보 통 주**		**종속회사수**	4개사
액 면 가	100원	**우 선 주**		**구 상 호**	네오피델리티

주주구성 (지분율,%)		출자관계 (지분율,%)		주요경쟁사 (외형,%)	
티알에스	12.5	티알제2호티에스합자조합	70.9	엔시트론	100
티알-리치 1호조합	5.8	이후인베스트먼트	42.9	GST	620
(외국인)	0.3	에스디옵틱스	11.9	키다리스튜디오	54

매출구성		비용구성		수출비중	
FPD TV용 완전 디지털 오디오 앰프칩	64.3	매출원가율	84.9	수출	96.0
FPD TV용 스피커	27.2	판관비율	37.3	내수	4.0
미용 의료기기	8.6				

회사 개요

디지털 오디오 신호처리(DSP) 기술을 보유한 음향공학 출신의 반도체 설계 전문 인력들에 의해 설립된 반도체 설계 제조 전문기업임. 오디오 DSP 설계기술을 기반으로 FPD(Flat Panel Display) TV용 완전 디지털 오디오 앰프 솔루션 제품을 주력으로 생산하여 공급하고 있음. 연결대상 해외 자회사로 중국, 홍콩 등에 4개사가 있음. 2016년부터 스킨케어용 미용 의료기기의 사업을 신규로 진행함.

실적 분석

주력제품인 반도체칩 및 스피커의 국내외 판매 부진과 헬스케어 제품 매출 감소로 인하여 2017년 연결 기준 매출액은 전년 대비 37.2% 감소한 262.5억원임. 외형축소에 따른 고정비용 부담으로 원가율이 악화되고, 대손상각비가 늘어나 영업이익은 58.2억원의 적자로 전환됨. 구로에 위치한 부동산을 33억원에 양도하여 약 8억원의 매각이익이 발생함. 운영자금 조달을 위해 60억원 규모의 3자배정 유상증자와 100억원 규모의 전환사채를 발행함.

현금 흐름

〈단위 : 억원〉

항목	2016	2017
영업활동	-3	-59
투자활동	-43	-103
재무활동	53	155
순현금흐름	2	-8
기말현금	14	6

시장 대비 수익률

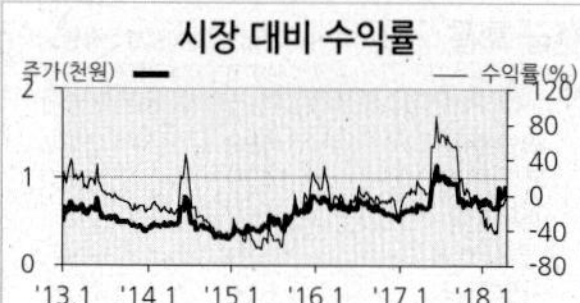

결산 실적

〈단위 : 억원〉

항목	2012	2013	2014	2015	2016	2017
매출액	493	400	632	565	418	263
영업이익	2	-87	-45	-34	0	-58
당기순이익	7	-113	-37	-75	-13	-87

분기 실적

〈단위 : 억원〉

항목	2016.3Q	2016.4Q	2017.1Q	2017.2Q	2017.3Q	2017.4Q
매출액	95	102	61	46	81	75
영업이익	1	5	-4	-17	-12	-25
당기순이익	-4	0	-1	-20	-12	-55

재무 상태

〈단위 : 억원〉

항목	2012	2013	2014	2015	2016	2017
총자산	435	375	397	327	346	400
유형자산	127	133	30	31	23	21
무형자산	92	46	49	43	38	32
유가증권	1	0	2	17	27	114
총부채	181	234	293	203	224	242
총차입금	149	186	199	132	175	217
자본금	42	42	42	67	69	81
총자본	253	141	104	124	122	157
지배주주지분	253	141	104	124	122	157

기업가치 지표

항목	2012	2013	2014	2015	2016	2017
주가(최고/저)(천원)	3.8/2.1	3.9/2.0	4.0/1.6	4.2/1.6	3.9/2.5	1.1/0.5
PER(최고/저)(배)	45.0/25.5	—/—	—/—	—/—	—/—	—/—
PBR(최고/저)(배)	1.2/0.7	2.2/1.1	2.9/1.2	4.2/1.6	4.1/2.6	5.5/2.5
EV/EBITDA(배)	7.8	—	—	391,929.3	18.3	—
EPS(원)	17	-267	-87	-128	-19	-119
BPS(원)	3,132	1,792	1,356	999	961	206
CFPS(원)	442	-750	-16	-349	101	-84
DPS(원)	—	—	—	—	—	—
EBITDAPS(원)	382	-443	-116	0	197	-45

재무 비율

〈단위 : %〉

연도	영업이익률	순이익률	부채비율	차입금비율	ROA	ROE	유보율	자기자본비율	EBITDA마진율
2017	-22.2	-33.3	153.8	137.7	-23.4	-62.4	106.4	39.4	-12.4
2016	0.0	-3.1	182.9	142.8	-3.9	-10.7	92.2	35.3	6.5
2015	-6.0	-13.3	163.6	106.3	-20.8	-66.0	99.7	37.9	0.0
2014	-7.2	-5.8	282.2	191.4	-9.5	-30.1	171.1	26.2	-1.5

엔씨소프트 (A036570)

NCsoft

업 종 : 게임 소프트웨어
시 장 : 거래소
신용등급 : (Bond) AA- (CP) —
기업규모 : 시가총액 대형주
홈페이지 : www.ncsoft.com
연 락 처 : 02)2186-3300
본 사 : 서울시 강남구 테헤란로 509(삼성동)

설 립 일	1997.03.11	**종 업 원 수**	3,177명	**대 표 이 사**	김택진
상 장 일	2000.06.24	**감 사 의 견**	적정(삼정)	**계 열**	
결 산 기	12월	**보 통 주**		**종속회사수**	14개사
액 면 가	500원	**우 선 주**		**구 상 호**	

주주구성 (지분율,%)		출자관계 (지분율,%)		주요경쟁사 (외형,%)	
김택진	12.0	엔씨다이노스	100.0	엔씨소프트	100
국민연금공단	11.9	엔씨소프트서비스	100.0	컴투스	29
(외국인)	48.2	엔씨아이티에스	100.0	NHN엔터테인먼트	52

매출구성		비용구성		수출비중	
리니지	43.6	매출원가율	12.0	수출	—
블레이드앤소울	21.2	판관비율	54.7	내수	—
기타 외	17.4				

회사 개요

동사는 1997년 설립된 온라인게임 업체로 리니지, 아이온, 길드워, 블레이드앤소울 등의 게임을 서비스하는 국내 최대 업체임. 국내를 거점으로 북미, 유럽 등 현지에서 게임을 서비스하는 업체들과 오라이언소프트 등의 게임 개발업체와 엔씨다이노스프로야구단 등 총 15개의 계열회사를 두고 있음. 2017년 상반기 리니지M, 파이널블레이드 등 모바일게임 연이어 출시하며 모바일 게임사로 체질 변화 중.

실적 분석

동사의 2017년 누적 매출액은 전년동기 대비 78.8% 성장한 1조 7,587억원을 시현했음. 외형확대로 인하여 매출원가 및 판관비가 전년 대비 각각 12.8%, 105.9% 증가했음에도 영업이익은 전년 대비 78% 증가한 5,850억원을 기록했음. 비영업부문에서도 252.2억원의 이익을 시현함에 따라 외환수익과 관련기업투자등이 적자전환되었음에도 당기순이익은 4,440억원으로 전년대비 63.6% 증가했음

현금 흐름

〈단위 : 억원〉

항목	2016	2017
영업활동	1,120	5,952
투자활동	-1,387	-4,596
재무활동	-738	-797
순현금흐름	-1,033	424
기말현금	1,448	1,873

시장 대비 수익률

결산 실적

〈단위 : 억원〉

항목	2012	2013	2014	2015	2016	2017
매출액	7,535	7,567	8,387	8,383	9,836	17,587
영업이익	1,513	2,052	2,782	2,375	3,288	5,850
당기순이익	1,537	1,587	2,275	1,664	2,714	4,440

분기 실적

〈단위 : 억원〉

항목	2016.3Q	2016.4Q	2017.1Q	2017.2Q	2017.3Q	2017.4Q
매출액	2,176	2,846	2,395	2,586	7,273	5,333
영업이익	651	1,017	304	376	3,278	1,892
당기순이익	479	668	174	308	2,751	1,208

재무 상태

〈단위 : 억원〉

항목	2012	2013	2014	2015	2016	2017
총자산	13,168	14,795	16,988	22,192	23,608	35,266
유형자산	4,258	2,483	2,408	2,338	2,247	2,291
무형자산	1,333	1,121	946	642	533	524
유가증권	1,464	1,955	2,131	9,057	12,243	25,625
총부채	2,963	3,208	3,232	4,303	4,653	7,973
총차입금	238	86	10	11	1,497	1,498
자본금	109	110	110	110	110	110
총자본	10,206	11,588	13,756	17,889	18,955	27,292
지배주주지분	10,006	11,412	13,606	17,695	18,856	27,212

기업가치 지표

항목	2012	2013	2014	2015	2016	2017
주가(최고/저)(천원)	301/134	233/120	229/116	233/162	296/198	480/244
PER(최고/저)(배)	45.3/20.2	34.3/17.7	23.3/11.8	32.4/22.4	24.6/16.4	24.3/12.3
PBR(최고/저)(배)	6.4/2.9	4.4/2.3	3.7/1.9	3.0/2.1	3.3/2.2	3.7/1.9
EV/EBITDA(배)	14.6	19.9	9.9	13.7	12.7	13.7
EPS(원)	7,121	7,245	10,487	7,542	12,416	20,104
BPS(원)	50,384	56,765	66,702	81,257	93,096	131,144
CFPS(원)	8,873	8,861	12,162	9,137	13,894	21,472
DPS(원)	600	600	3,430	2,747	3,820	7,280
EBITDAPS(원)	8,665	10,983	14,362	12,424	16,470	28,039

재무 비율

〈단위 : %〉

연도	영업이익률	순이익률	부채비율	차입금비율	ROA	ROE	유보율	자기자본비율	EBITDA마진율
2017	33.3	25.3	29.2	5.5	15.1	19.1	26,128.9	77.4	35.0
2016	33.4	27.6	24.6	7.9	11.9	14.9	18,519.2	80.3	36.7
2015	28.3	19.8	24.1	0.1	8.5	10.6	16,151.3	80.6	32.5
2014	33.2	27.1	23.5	0.1	14.3	18.4	13,240.4	81.0	37.6

엔아이스틸 (A008260)

NI Steel

업　　종 : 금속 및 광물　　시　　장 : 거래소
신용등급 : (Bond) —　　(CP) —　　기업규모 : 시가총액 소형주
홈페이지 : www.hcr4u.com　　연 락 처 : 02)758-6789
본　　사 : 서울시 중구 세종대로 23 창화빌딩 남대문로5가

설 립 일	1972.12.14	**종업원수**	193명	**대표이사**	배종민
상 장 일	1975.06.28	**감사의견**	적정(신한)	**계　　열**	
결 산 기	12월	**보 통 주**		**종속회사수**	
액 면 가	500원	**우 선 주**		**구 상 호**	

주주구성 (지분율,%)		출자관계 (지분율,%)		주요경쟁사 (외형,%)	
문배철강	38.2	포항SRDC	49.0	NI스틸	100
배종민	10.1			EG	109
(외국인)	1.4			대호피앤씨	136

매출구성		비용구성		수출비중	
[제품]건축,구조물,매립용 토목,교량등	41.3	매출원가율	83.5	수출	—
[상품]토목, 건축 등	30.6	판관비율	6.1	내수	—
토목, 건축물, 물막이, 흙막이 공사 등	26.6				

회사 개요

동사는 1972년 12월에 동성철강공업으로 설립되어 철강재 제조 및 판매업을 영위하고 있음. 동사는 1차금속 부문의 강건재 철강성형 제품 제조, 판매업 및 Sheet Pile 리스, 조립식 H/Beam 리스, 강재리스업, Coil절단가공업 등의 사업을 영위하며 주요 제품으로는 토목공사용 Sheet Pile, 건축용 강건재 합성기둥 ACT Column, D Column, 합성보 HyFo Beam, Au Beam, TH Beam 등이 있음.

실적 분석

동사의 2017년 매출액은 전년 대비 31.7% 증가한 1,506.0억원을 기록했으나, 판관비 또한 동일 기간 26.8% 증가함에 따라 동시점 영업이익은 전년동기 대비 10.0% 증가한 155.7억원을 기록함. 한편, 파생상품거래손실 중심으로 금융손실이 발생하면서 순이익에 부담으로 작용하였음. 이에 따라 동사의 2017년 당기순이익은 전년 대비 7.4% 증가한 109.8억원을 기록함.

현금 흐름 *IFRS 별도 기준 〈단위 : 억원〉

항목	2016	2017
영업활동	254	243
투자활동	-412	-465
재무활동	163	226
순현금흐름	5	5
기말현금	6	12

시장 대비 수익률

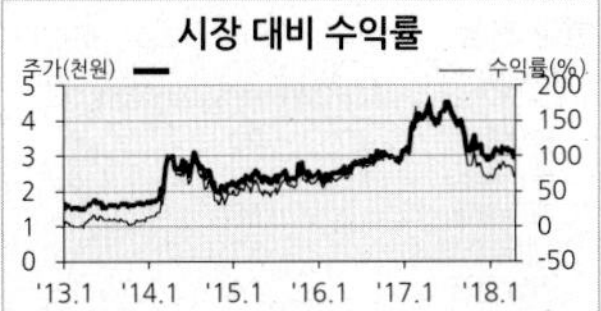

결산 실적 〈단위 : 억원〉

항목	2012	2013	2014	2015	2016	2017
매출액	1,053	1,213	1,266	1,186	1,143	1,506
영업이익	115	121	104	95	141	156
당기순이익	71	74	53	71	102	110

분기 실적 *IFRS 별도 기준 〈단위 : 억원〉

항목	2016.3Q	2016.4Q	2017.1Q	2017.2Q	2017.3Q	2017.4Q
매출액	251	389	333	301	398	474
영업이익	30	55	44	34	36	42
당기순이익	22	42	31	21	27	31

재무 상태 *IFRS 별도 기준 〈단위 : 억원〉

항목	2012	2013	2014	2015	2016	2017
총자산	1,422	1,540	1,692	1,766	2,073	2,513
유형자산	760	902	1,055	1,296	1,606	1,954
무형자산	7	6	6	10	12	9
유가증권	4	2	1	1	1	1
총부채	793	851	966	982	1,204	1,532
총차입금	661	678	758	780	981	1,236
자본금	142	142	142	142	142	142
총자본	629	688	725	784	869	981
지배주주지분	629	688	725	784	869	981

기업가치 지표 *IFRS 별도 기준

항목	2012	2013	2014	2015	2016	2017
주가(최고/저)(천원)	1.9/1.2	1.8/1.5	3.2/1.7	2.8/2.1	3.2/2.3	4.6/2.9
PER(최고/저)(배)	8.6/5.5	7.7/6.1	18.4/9.6	11.9/8.7	9.2/6.5	12.1/7.6
PBR(최고/저)(배)	1.0/0.6	0.8/0.7	1.3/0.7	1.1/0.8	1.1/0.8	1.4/0.9
EV/EBITDA(배)	6.2	6.4	8.3	9.0	7.6	7.4
EPS(원)	248	262	186	250	360	386
BPS(원)	2,213	2,422	2,552	2,757	3,055	3,452
CFPS(원)	490	504	419	510	721	815
DPS(원)	50	50	50	50	50	50
EBITDAPS(원)	647	667	600	594	859	977

재무 비율 〈단위 : %〉

연도	영업이익률	순이익률	부채비율	차입금비율	ROA	ROE	유보율	자기자본비율	EBITDA마진율
2017	10.3	7.3	156.1	126.0	4.8	11.9	590.4	39.0	18.4
2016	12.4	8.9	138.6	112.9	5.3	12.4	511.1	41.9	21.4
2015	8.0	6.0	125.4	99.5	4.1	9.4	451.5	44.4	14.3
2014	8.3	4.2	133.2	104.4	3.3	7.5	410.4	42.9	13.5

엔에스 (A217820)

NS

업　　종 : 전자 장비 및 기기　　시　　장 : KOSDAQ
신용등급 : (Bond) —　　(CP) —　　기업규모 : 벤처
홈페이지 : www.cns2.com　　연 락 처 : 043)218-7056
본　　사 : 충북 청주시 청원구 오창읍 각리1길 27

설 립 일	1999.11.10	**종업원수**	90명	**대표이사**	이세용
상 장 일	2015.12.07	**감사의견**	적정(신한)	**계　　열**	
결 산 기	12월	**보 통 주**		**종속회사수**	1개사
액 면 가	500원	**우 선 주**		**구 상 호**	

주주구성 (지분율,%)		출자관계 (지분율,%)		주요경쟁사 (외형,%)	
이세용	38.8	에스텍	100.0	엔에스	100
이한웅	1.5			파크시스템스	78
(외국인)	0.8			아비코전자	199

매출구성		비용구성		수출비중	
2차전지장비	75.0	매출원가율	85.3	수출	84.8
레이저장비	25.0	판관비율	9.1	내수	15.2

회사 개요

동사는 1999년 11월에 설립된 리튬폴리머 2차전지 생산, 광학필름 레이저 형상 제조 등 생산/제조 자동화 시스템 제공업체임. 2017년 기준으로 사업부문 별 매출 비중은 2차전지 장비 76.6%, 레이저 장비 9.4%, 기타 14% 이며 수출비중은 약 84.8%를 차지함. 동사의 주요 고객은 LG화학, SK이노베이션, Wanxiang 등으로 안정적인 매출처를 가지고 있음.

실적 분석

동사의 2017년 연결기준 매출액은 421.7억원으로 전년대비 42.4% 증가하였음. 영업이익은 4.5% 증가한 23.4억원을 시현하였으나 당기순이익은 52.1% 감소한 10.0억원에 그침. 매출원가 상승으로 인한 매출영업이익이 감소한 결과라 할 수 있음. 매출원가 상승은 생산인력 증대에 따른 인건비 상승 및 기타 각종 원자재 가격 상승에 기인하는 것으로 판단됨.

현금 흐름 〈단위 : 억원〉

항목	2016	2017
영업활동	-58	-15
투자활동	-38	-11
재무활동	11	66
순현금흐름	-68	38
기말현금	26	64

시장 대비 수익률

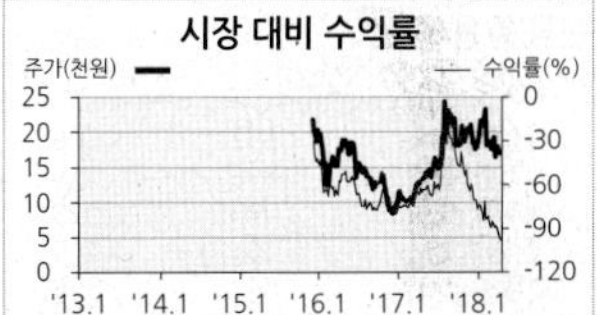

결산 실적 〈단위 : 억원〉

항목	2012	2013	2014	2015	2016	2017
매출액	—	128	208	304	296	422
영업이익	—	13	23	33	22	23
당기순이익	—	13	21	34	21	10

분기 실적 〈단위 : 억원〉

항목	2016.3Q	2016.4Q	2017.1Q	2017.2Q	2017.3Q	2017.4Q
매출액	76	—	73	92	145	111
영업이익	9	—	5	8	8	3
당기순이익	2	—	-5	10	8	-3

재무 상태 〈단위 : 억원〉

항목	2012	2013	2014	2015	2016	2017
총자산	—	139	227	357	337	619
유형자산	—	40	87	104	120	119
무형자산	—	1	2	2	4	4
유가증권	—	—	—	—	—	—
총부채	—	81	131	137	102	380
총차입금	—	31	35	48	64	134
자본금	—	7	8	25	25	25
총자본	—	58	96	219	234	239
지배주주지분	—	58	96	219	234	239

기업가치 지표

항목	2012	2013	2014	2015	2016	2017
주가(최고/저)(천원)	—/—	—/—	—/—	22.7/13.6	21.3/8.1	24.5/9.9
PER(최고/저)(배)	0.0/0.0	0.0/0.0	0.0/0.0	26.7/16.0	51.0/19.3	121.4/49.3
PBR(최고/저)(배)	0.0/0.0	0.0/0.0	0.0/0.0	5.2/3.1	4.5/1.7	5.1/2.1
EV/EBITDA(배)	0.0	1.4	0.3	25.6	17.2	27.7
EPS(원)	—	352	683	868	423	203
BPS(원)	—	44,543	59,709	4,473	4,784	4,870
CFPS(원)	—	9,228	17,727	991	605	417
DPS(원)	—	—	—	100	100	—
EBITDAPS(원)	—	9,686	19,728	971	639	691

재무 비율 〈단위 : %〉

연도	영업이익률	순이익률	부채비율	차입금비율	ROA	ROE	유보율	자기자본비율	EBITDA마진율
2017	5.6	2.4	159.4	56.2	2.1	4.2	873.9	38.6	8.0
2016	7.6	7.0	43.6	27.2	6.0	9.2	856.8	69.6	10.6
2015	10.8	11.0	62.7	21.8	11.5	21.3	794.6	61.5	12.4
2014	11.2	10.0	137.2	37.1	11.3	27.0	1,094.2	42.2	12.5

엔에스쇼핑 (A138250)
NS Home Shopping

업　　종 : 온라인쇼핑　　　　　　　　　　　　시　　장 : 거래소
신용등급 : (Bond) —　　(CP) —　　　　　　　기업규모 : 시가총액 중형주
홈페이지 : pr.nsmall.com　　　　　　　　　　연 락 처 : 02)6336-1234
본　　사 : 경기도 성남시 분당구 판교로 228번길 15

설 립 일	2001.05.07	**종업원수**	426명	**대표이사**	도상철
상 장 일	2015.03.27	**감사의견**	적정(삼정)	**계　　열**	
결 산 기	12월	**보 통 주**		**종속회사수**	7개사
액 면 가	500원	**우 선 주**		**구 상 호**	

주주구성 (지분율,%)		출자관계 (지분율,%)		주요경쟁사 (외형,%)	
하림홀딩스	40.7	하림산업	100.0	엔에스쇼핑	100
한국투자밸류자산운용	12.9	하림식품	100.0	현대홈쇼핑	219
(외국인)	11.6	엔바이콘	100.0	GS홈쇼핑	228

매출구성		비용구성		수출비중	
TV쇼핑	74.6	매출원가율	10.9	수출	—
모바일	11.1	판관비율	72.3	내수	—
카탈로그	9.5				

회사 개요

동사는 2001년 주식회사 한국농수산방송으로 설립돼 2012년 주주총회 결의에 의거 사명을 엔에스쇼핑으로 변경함. 하림그룹에 속한 계열사임. TV홈쇼핑, 카탈로그 쇼핑 및 인터넷 쇼핑 등 온라인 쇼핑업을 영위하고 있음. 하림산업, 하림식품, 엔바이콘, 한스컨버전스, 엔디, NS International China Co.,Ltd. 등 총 6개 연결대상 종속회사를 보유하고 있음.

실적 분석

2017년 연결기준 동사 매출액은 4,768.3억원을 기록함. 전년도 매출액인 4,411.1억원에 비해 8.1% 증가한 금액임. 매출원가가 37.9% 증가하고 판매비와 관리비가 6.3% 늘었음에도 매출액 증가폭이 이를 웃돌아 영업이익은 전년도 789.9억원에서 1.3% 증가한 800.1억원을 시현함. 비영업부문은 11.7억원의 이익을 기록하며 흑자로 전환함. 당기순이익은 전년도 대비 9.7% 증가한 551.9억원을 시현함.

현금 흐름 〈단위 : 억원〉

항목	2016	2017
영업활동	653	606
투자활동	-4,858	-15
재무활동	3,087	-1,038
순현금흐름	-1,101	-449
기말현금	847	398

시장 대비 수익률

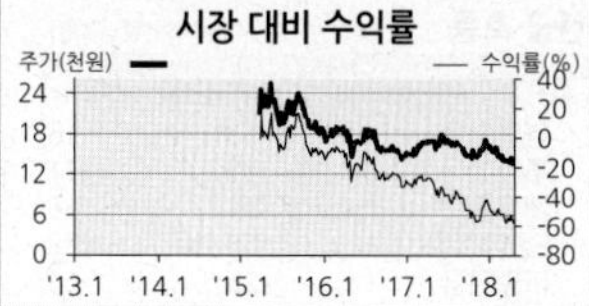

결산 실적 〈단위 : 억원〉

항목	2012	2013	2014	2015	2016	2017
매출액	3,088	3,520	3,925	4,064	4,411	4,768
영업이익	535	692	916	899	790	800
당기순이익	397	544	710	677	503	552

분기 실적 〈단위 : 억원〉

항목	2016.3Q	2016.4Q	2017.1Q	2017.2Q	2017.3Q	2017.4Q
매출액	1,076	1,194	1,168	1,176	1,179	1,246
영업이익	195	149	255	109	265	171
당기순이익	110	66	172	34	179	167

재무 상태 〈단위 : 억원〉

항목	2012	2013	2014	2015	2016	2017
총자산	2,886	3,365	4,153	4,498	8,087	7,686
유형자산	1,081	1,135	1,306	1,474	6,293	1,484
무형자산	98	240	258	325	324	278
유가증권	105	119	81	89	60	49
총부채	962	1,100	1,457	1,161	4,301	3,517
총차입금	51	3	12	—	3,103	2,228
자본금	168	168	168	168	168	168
총자본	1,923	2,265	2,696	3,338	3,786	4,169
지배주주지분	1,923	2,265	2,696	3,338	3,786	4,169

기업가치 지표

항목	2012	2013	2014	2015	2016	2017
주가(최고/저)(천원)	—/—	—/—	—/—	25.8/17.9	19.0/14.0	18.1/14.2
PER(최고/저)(배)	0.0/0.0	0.0/0.0	0.0/0.0	13.2/9.2	13.1/9.7	11.2/8.8
PBR(최고/저)(배)	0.0/0.0	0.0/0.0	0.0/0.0	2.7/1.9	1.7/1.3	1.5/1.1
EV/EBITDA(배)	—	—	—	4.0	7.9	7.6
EPS(원)	1,178	1,614	2,106	2,008	1,493	1,638
BPS(원)	57,077	67,234	80,036	99,070	112,372	12,668
CFPS(원)	14,874	19,043	23,714	23,011	18,687	2,027
DPS(원)	—	—	1,000	—	2,000	200
EBITDAPS(원)	18,967	23,437	29,843	29,595	27,200	2,764

재무 비율 〈단위 : %〉

연도	영업이익률	순이익률	부채비율	차입금비율	ROA	ROE	유보율	자기자본비율	EBITDA마진율
2017	16.8	11.6	84.4	53.4	7.0	13.9	2,433.6	54.2	19.5
2016	17.9	11.4	113.6	82.0	8.0	14.1	2,147.4	46.8	20.8
2015	22.1	16.7	34.8	0.0	15.7	22.4	1,881.4	74.2	24.5
2014	23.3	18.1	54.0	0.5	18.9	28.6	1,500.7	64.9	25.6

엔에스엔 (A031860)
NSN

업　　종 : 레저용품　　　　　　　　　　　　　시　　장 : KOSDAQ
신용등급 : (Bond) —　　(CP) —　　　　　　　기업규모 : 중견
홈페이지 : www.nsnetwork.co.kr　　　　　　　연 락 처 : 02)2106-5417
본　　사 : 서울시 성동구 연무장15길 11, B동 2층 207호(성수동2가, 에스팩토리)

설 립 일	1979.09.12	**종업원수**	37명	**대표이사**	김준기
상 장 일	1997.01.07	**감사의견**	적정(성지)	**계　　열**	
결 산 기	12월	**보 통 주**		**종속회사수**	8개사
액 면 가	500원	**우 선 주**		**구 상 호**	에이모션

주주구성 (지분율,%)		출자관계 (지분율,%)		주요경쟁사 (외형,%)	
대주인터내셔널	10.0			엔에스엔	100
이은주	3.0			삼천리자전거	2,122
(외국인)	1.5			참좋은여행	1,080

매출구성		비용구성		수출비중	
자전거판매	46.3	매출원가율	97.8	수출	0.0
화장품, 건강기능식품 외	38.0	판관비율	168.7	내수	100.0
공장자동화장비 외	15.5				

회사 개요

동사는 통신판매업, 인터넷사업 등을 영위할 목적으로 1979년 설립됨. 이후 자전거사업 등 시장 상황에 부합하기 위해 목적사업을 변경하며 성장함. 2017년 1월 회사명칭을 에이모션에서 엔에스엔으로 변경함. 현재 자전거 제조, 판매를 주요사업으로 하고 신규사업으로 바이오메디컬 사업을 추진 중에 있음. 종속회사 로얄메이슨을 통해 자전거 온라인 판매 사업도 영위 중. 공장자동화사업인 M&E사업은 회사 물적분할을 통해 신설된 이에스텍에서 영위.

실적 분석

동사의 2017년 연결기준 매출액은 전년 대비 40.0% 감소한 52.3억원을 기록. 영업이익은 -87.2억원을 기록해 적자상태가 지속되었음. 한편, 일회성 수익인 매도가능금융자산처분이익의 발생으로 비영업손익은 흑자전환였지만 당기순이익은 -131.2억원을 기록하며 적자 상태가 지속되었음.

현금 흐름 〈단위 : 억원〉

항목	2016	2017
영업활동	-89	-82
투자활동	-132	33
재무활동	168	56
순현금흐름	-53	-3
기말현금	14	11

시장 대비 수익률

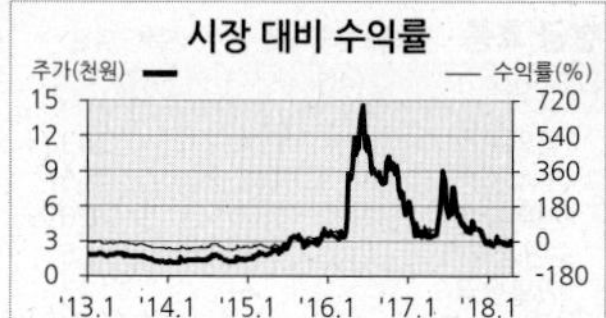

결산 실적 〈단위 : 억원〉

항목	2012	2013	2014	2015	2016	2017
매출액	53	56	134	186	87	52
영업이익	-34	-25	5	-27	-88	-87
당기순이익	-59	-19	17	-88	-133	-131

분기 실적 〈단위 : 억원〉

항목	2016.3Q	2016.4Q	2017.1Q	2017.2Q	2017.3Q	2017.4Q
매출액	50	-65	31	25	16	-19
영업이익	-36	-29	-28	-28	-25	-6
당기순이익	-37	-69	-32	-1	-24	-75

재무 상태 〈단위 : 억원〉

항목	2012	2013	2014	2015	2016	2017
총자산	354	386	381	392	455	326
유형자산	1	25	26	103	120	88
무형자산	0	1	1	1	8	1
유가증권	3	34	47	106	182	59
총부채	98	110	86	153	219	121
총차입금	82	89	46	125	173	103
자본금	310	334	334	68	84	103
총자본	255	276	295	239	236	204
지배주주지분	255	276	295	225	224	204

기업가치 지표

항목	2012	2013	2014	2015	2016	2017
주가(최고/저)(천원)	2.3/1.6	2.0/1.1	1.8/1.1	4.0/1.4	14.7/3.2	9.5/2.7
PER(최고/저)(배)	—/—	—/—	14.6/8.7	—/—	—/—	—/—
PBR(최고/저)(배)	1.1/0.8	1.0/0.5	0.8/0.5	2.4/0.9	11.0/2.4	9.6/2.7
EV/EBITDA(배)	—	—	34.3	—	—	—
EPS(원)	-474	-145	127	-662	-833	-620
BPS(원)	2,061	2,064	2,207	1,646	1,328	992
CFPS(원)	-469	-138	136	-650	-801	-602
DPS(원)	—	—	—	—	—	—
EBITDAPS(원)	-269	-187	43	-192	-527	-406

재무 비율 〈단위 : %〉

연도	영업이익률	순이익률	부채비율	차입금비율	ROA	ROE	유보율	자기자본비율	EBITDA마진율
2017	-166.6	-250.7	59.4	50.5	-33.6	-59.6	98.4	62.7	-159.8
2016	-100.8	-152.3	92.9	73.4	-31.4	-58.2	165.5	51.9	-94.9
2015	-14.6	-47.5	64.3	52.3	-22.9	-34.1	229.2	60.9	-13.8
2014	3.4	12.7	일부잠식	일부잠식	4.4	5.9	-11.7	77.5	4.3

엔에스컴퍼니 (A224760)
NSCompany

업 종 : 건설 | 시 장 : KONEX
신용등급 : (Bond) — (CP) — | 기업규모 : —
홈페이지 : www.nscompany.co.kr | 연 락 처 : 052)289-2888
본 사 : 경북 경주시 외동읍 구어2산단로 127

설 립 일	1994.10.20	**종업원수**	203명	**대 표 이 사**	김동진,남세우
상 장 일	2015.07.31	**감사의견**	적정(나우)	**계 열**	
결 산 기	12월	**보 통 주**		**종속회사수**	
액 면 가	—	**우 선 주**		**구 상 호**	

주주구성 (지분율,%)		출자관계 (지분율,%)		주요경쟁사 (외형,%)	
김동진	39.1	금화전자	7.0	엔에스컴퍼니	100
금화피에스시	31.1	금화피에스시	4.2	엄지하우스	249
				청광종건	

매출구성		비용구성		수출비중	
경상정비공사(공사)	31.8	매출원가율	83.2	수출	0.0
발전시설공사(공사)	28.1	판관비율	6.5	내수	100.0
계획예방공사(공사)	23.9				

회사 개요
1994년 10월 설립한 동사는 산업플랜트 건설 및 경상정비, 자동차부품제조 부문을 영위하고 음. 국내 산업플랜트 건설부문, 산업플랜트 유지보수 하는 경상정비부문, 자동차 부품 제조판매 등으로 주력 사업 분류. 국가전력사업 시공을 주로 했으며, 화력발전소 건설 등에 참여했음. 울산지역에서 상위에 속하는 시공설비 능력을 바탕으로 시장점유율 증가 추세에 있음. 2015년 7월에 코넥스 시장에 상장함.

실적 분석
코넥스 상장 기업인 동사의 2017년 연결기준 매출액은 387.9억원으로 전년대비 16% 증가함. 영업이익은 전년대비 11% 증가하여 40.1억원을 기록했으나 당기순이익은 전년대비 44% 감소한 33.6억원에 그쳤음. 완성차 업체의 장기 파업, 생산량 감소, 소재비의 순액법 인식 등으로 인하여 제품매출이 감소하였고 계획예방정비의 원도급 승인, 정비공사의 증가로 인하여 공사수입금이 증가하였음.

현금 흐름 *IFRS 별도 기준 〈단위 : 억원〉

항목	2016	2017
영업활동	24	77
투자활동	-3	9
재무활동	-29	-14
순현금흐름	-8	72
기말현금	40	111

시장 대비 수익률
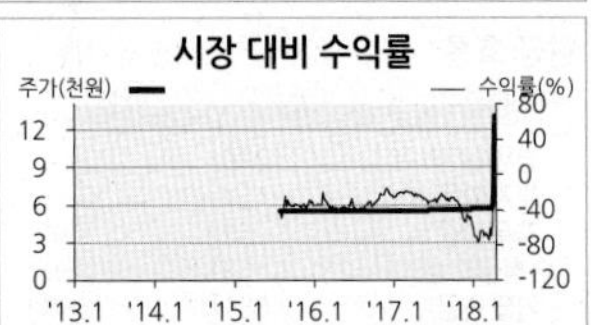

결산 실적 〈단위 : 억원〉

항목	2012	2013	2014	2015	2016	2017
매출액	227	227	280	318	325	388
영업이익	30	8	20	30	30	40
당기순이익	26	11	19	25	44	34

분기 실적 *IFRS 별도 기준 〈단위 : 억원〉

항목	2016.3Q	2016.4Q	2017.1Q	2017.2Q	2017.3Q	2017.4Q
매출액	—	—	—	—	—	—
영업이익	—	—	—	—	—	—
당기순이익	—	—	—	—	—	—

재무 상태 *IFRS 별도 기준 〈단위 : 억원〉

항목	2012	2013	2014	2015	2016	2017
총자산	193	266	305	376	367	432
유형자산	38	53	55	120	115	121
무형자산	—	—	—	—	—	4
유가증권	65	99	139	107	107	126
총부채	57	93	85	156	103	111
총차입금	9	20	13	52	23	11
자본금	20	20	20	20	20	20
총자본	136	172	220	220	264	321
지배주주지분	136	172	220	220	264	321

기업가치 지표 *IFRS 별도 기준

항목	2012	2013	2014	2015	2016	2017
주가(최고/저)(천원)	#VALUE!	—/—	—/—	—/—	—/—	—/—
PER(최고/저)(배)	0.0/0.0	0.0/0.0	0.0/0.0	8.7/8.7	5.0/5.0	6.7/6.6
PBR(최고/저)(배)	0.0/0.0	0.0/0.0	0.0/0.0	1.0/1.0	0.8/0.8	0.7/0.7
EV/EBITDA(배)	—	—	—	4.9	3.9	2.1
EPS(원)	662	289	471	641	1,115	852
BPS(원)	34,541	43,731	55,888	5,589	6,711	8,152
CFPS(원)	8,589	4,995	7,974	985	1,569	1,224
DPS(원)	—	—	—	—	50	50
EBITDAPS(원)	9,701	4,189	8,398	1,097	1,208	1,389

재무 비율 〈단위 : %〉

연도	영업이익률	순이익률	부채비율	차입금비율	ROA	ROE	유보율	자기자본비율	EBITDA마진율
2017	10.3	8.7	34.5	3.5	8.4	11.5	1,530.5	74.4	14.1
2016	9.1	13.5	38.9	8.8	11.8	18.1	1,242.2	72.0	14.6
2015	9.3	8.0	70.7	23.6	7.4	11.5	1,017.8	58.6	13.6
2014	7.2	6.6	38.7	6.1	6.5	9.5	1,017.8	72.1	11.8

엔에이치엔벅스 (A104200)
NHN BUGS

업 종 : 미디어 | 시 장 : KOSDAQ
신용등급 : (Bond) — (CP) — | 기업규모 : 우량
홈페이지 : www.bugscorp.co.kr | 연 락 처 : 031)8038-4186
본 사 : 경기도 성남시 분당구 대왕판교로 645번길 16 플레이뮤지엄

설 립 일	2002.06.03	**종업원수**	162명	**대 표 이 사**	양주일
상 장 일	2009.10.06	**감사의견**	적정(삼정)	**계 열**	
결 산 기	12월	**보 통 주**		**종속회사수**	2개사
액 면 가	500원	**우 선 주**		**구 상 호**	벅스

주주구성 (지분율,%)		출자관계 (지분율,%)		주요경쟁사 (외형,%)	
엔에이치엔엔터테인먼트	40.7	하우엔터테인먼트	70.0	NHN벅스	100
네오위즈홀딩스	7.2	그루버스	53.9	카카오M	625
(외국인)	0.9	미디어라인엔터테인먼트	30.0	지니뮤직	168

매출구성		비용구성		수출비중	
디지털 음원서비스/SNS 운영 외(기타)	74.1	매출원가율	0.0	수출	3.9
음원유통(기타)	26.0	판관비율	106.4	내수	96.1

회사 개요
동사는 2002년 설립되어 온라인 음악서비스, 디지털 음원유통 및 SNS 유통사업을 영위하고 있음. 2010년 네오위즈벅스와 네오위즈인터넷의 합병으로 사명을 네오위즈인터넷으로 변경하였다가 2015년에 엔에이치엔엔터테인먼트로 최대주주가 변경되며 벅스로 사명을 변경한 후 2017년에 다시 엔에이치엔벅스로 변경함. 벅스, 카카오뮤직, 그루버스를 통해 디지털 음원서비스 및 유통서비스를 제공하고 있으며 세이캐스트 SNS를 운영중임.

실적 분석
동사의 2017년 연간 매출액은 전년동기 730.3억원 대비 27.1% 상승한 928.2억원을 기록하였음. 인건비는 증가 했고 광고선전비는 크게 감소, 기타판매비와관리비는 증가함. 최종적으로 전년동기대비 당기순손실은 적자지속하여 53.5억원을 기록함. 영업이익은 적자지속중이나 벅스의 트래픽이 크게 증가하는 등 향후 성장성 면에서 긍정적으로 평가할 수 있는 면도 있음.

현금 흐름 〈단위 : 억원〉

항목	2016	2017
영업활동	-49	-107
투자활동	161	85
재무활동	-50	—
순현금흐름	64	-25
기말현금	108	82

시장 대비 수익률
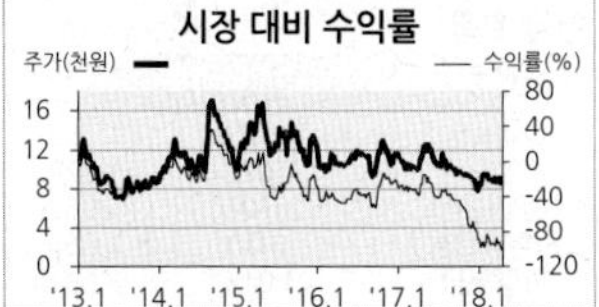

결산 실적 〈단위 : 억원〉

항목	2012	2013	2014	2015	2016	2017
매출액	504	578	549	609	730	928
영업이익	-37	39	92	71	-42	-60
당기순이익	-36	85	81	49	-38	-54

분기 실적 〈단위 : 억원〉

항목	2016.3Q	2016.4Q	2017.1Q	2017.2Q	2017.3Q	2017.4Q
매출액	186	226	232	219	232	244
영업이익	-31	-14	-11	-29	-29	9
당기순이익	-29	-17	-17	-31	-32	26

재무 상태 〈단위 : 억원〉

항목	2012	2013	2014	2015	2016	2017
총자산	538	612	704	943	957	910
유형자산	11	8	4	5	3	2
무형자산	65	52	50	48	186	186
유가증권	33	15	11	36	27	231
총부채	178	163	174	180	259	264
총차입금	0	0	0	0	0	0
자본금	68	68	68	74	74	74
총자본	361	448	530	763	698	646
지배주주지분	361	448	530	763	675	630

기업가치 지표

항목	2012	2013	2014	2015	2016	2017
주가(최고/저)(천원)	17.2/10.3	13.3/6.3	18.1/8.7	17.3/10.0	13.1/9.0	13.0/7.7
PER(최고/저)(배)	—/—	24.3/11.6	34.7/16.7	56.7/32.8	—/—	—/—
PBR(최고/저)(배)	6.3/3.8	4.1/1.9	4.8/2.3	3.6/2.1	2.8/1.9	3.0/1.8
EV/EBITDA(배)	—	19.7	9.5	16.1	—	—
EPS(원)	-234	546	522	305	-208	-282
BPS(원)	2,706	3,269	3,775	4,869	4,642	4,373
CFPS(원)	-54	608	569	335	-177	-197
DPS(원)	—	—	—	—	—	—
EBITDAPS(원)	-57	310	640	471	-215	-269

재무 비율 〈단위 : %〉

연도	영업이익률	순이익률	부채비율	차입금비율	ROA	ROE	유보율	자기자본비율	EBITDA마진율
2017	-6.4	-5.8	40.8	0.0	-5.7	-7.3	893.6	71.0	-4.9
2016	-5.7	-5.3	37.1	0.0	-4.0	-4.9	954.9	72.9	-5.0
2015	11.8	8.1	23.6	0.0	6.0	7.7	1,006.3	80.9	12.5
2014	16.8	14.8	32.9	0.1	12.3	16.6	767.7	75.2	18.1

엔에이치엔엔터테인먼트 (A181710)
NHN Entertainment

업　　종 : 게임 소프트웨어　　시　　장 : 거래소
신용등급 : (Bond) —　(CP) —　　기업규모 : 시가총액 중형주
홈페이지 : www.nhnent.com　　연 락 처 : 1544-6859
본　　사 : 경기도 성남시 분당구 대왕판교로 645번길 16 (삼평동)플레이뮤지엄

설 립 일	2013.08.01	**종업원수**	723명	**대표이사**	정우진
상 장 일	2013.08.29	**감사의견**	적정(삼정)	**계　　열**	
결 산 기	12월	**보 통 주**		**종속회사수**	72개사
액 면 가	500원	**우 선 주**		**구 상 호**	

주주구성 (지분율,%)		출자관계 (지분율,%)		주요경쟁사 (외형,%)	
이준호	17.4	엔에이치엔인베스트먼트파트너스	100.0	NHN엔터테인먼트	100
제이엘씨	14.1	엔에이치엔위투	100.0	엔씨소프트	193
(외국인)	10.6	엔에이치엔인베스트먼트	100.0	컴투스	56

매출구성		비용구성		수출비중	
게임(기타)	55.2	매출원가율	0.0	수출	41.2
기타	44.8	판관비율	96.2	내수	58.8

회사 개요

동사는 2013년 8월 1일 엔에이치엔주식회사(현재사명 네이버주식회사)에서 한게임 사업부문을 인적분할하여 설립된 회사로 8월 29일에 유가증권 시장에 신규 상장됨. 이준호 의장이 최대주주로 17.38%의 지분을 보유하고 있음. 총 96개의 계열사를 보유하고 있으며 ㈜엔에이치엔벅스, 엔에이치엔한국사이버결제㈜, ㈜파이오링크, 인크로스 등 4개의 상장 계열회사를 보유하고 있음.

실적 분석

동사의 2017년 연간 매출액은 전년 대비 6.2% 증가한 9,091.2억원을 기록함. 신작게임 출시, 게임매출 증가로 인한 수수료 확대와 자회사 NHN벅스 마케팅 증가 등의 영향으로 판매관리비는 전년 대비 상승하였음. 영업이익은 매출 증가의 영향으로 전년 대비 31.7% 증가한 347.3억원을 기록함. 당기순이익은 전년 대비 22.8% 증가한 87.4억원을 기록함. 향후 자회사 인크로스의 실적 계상으로 외형 확대 기대됨.

현금 흐름
〈단위 : 억원〉

항목	2016	2017
영업활동	129	35
투자활동	1,072	-1,327
재무활동	-792	1,962
순현금흐름	411	666
기말현금	3,015	3,681

시장 대비 수익률

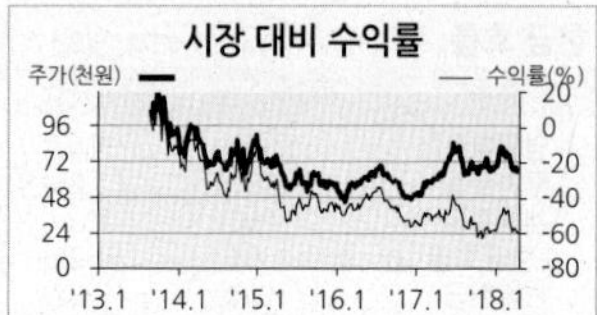

결산 실적
〈단위 : 억원〉

항목	2012	2013	2014	2015	2016	2017
매출액	—	2,653	5,569	6,446	8,564	9,091
영업이익	—	521	119	-543	264	347
당기순이익	—	160	503	1,652	71	87

분기 실적
〈단위 : 억원〉

항목	2016.3Q	2016.4Q	2017.1Q	2017.2Q	2017.3Q	2017.4Q
매출액	2,075	2,347	2,267	2,249	2,197	2,378
영업이익	23	46	92	99	55	101
당기순이익	15	-486	120	58	13	-104

재무 상태
〈단위 : 억원〉

항목	2012	2013	2014	2015	2016	2017
총자산	—	11,783	12,729	18,333	18,382	21,176
유형자산	—	288	632	1,056	1,143	1,180
무형자산	—	557	1,610	3,076	3,230	3,518
유가증권	—	1,928	3,129	5,605	3,643	4,385
총부채	—	1,653	2,300	3,308	3,277	4,597
총차입금	—	142	566	625	330	1,051
자본금	—	76	76	98	98	98
총자본	—	10,130	10,429	15,025	15,104	16,579
지배주주지분	—	10,034	10,270	14,270	14,628	15,066

기업가치 지표

항목	2012	2013	2014	2015	2016	2017
주가(최고/저)(천원)	—/—	123/84.7	100/61.1	91.3/50.0	69.2/44.8	84.0/49.5
PER(최고/저)(배)	0.0/0.0	103.5/71.1	30.6/18.7	10.4/5.7	108.2/70.1	99.0/58.3
PBR(최고/저)(배)	0.0/0.0	1.9/1.3	1.5/0.9	1.2/0.7	0.9/0.6	1.1/0.6
EV/EBITDA(배)	0.0	15.1	26.3	—	9.3	14.7
EPS(원)	—	1,192	3,273	8,813	639	849
BPS(원)	—	66,345	69,426	74,255	76,086	78,326
CFPS(원)	—	1,822	5,212	10,866	2,529	2,561
DPS(원)	—	—	—	—	—	—
EBITDAPS(원)	—	4,037	2,646	-867	3,238	3,487

재무 비율
〈단위 : %〉

연도	영업이익률	순이익률	부채비율	차입금비율	ROA	ROE	유보율	자기자본비율	EBITDA마진율
2017	3.8	1.0	27.7	6.3	0.4	1.1	15,565.1	78.3	7.5
2016	3.1	0.8	21.7	2.2	0.4	0.9	15,117.2	82.2	7.4
2015	-8.4	25.6	22.0	4.2	10.6	13.4	14,750.9	82.0	-2.5
2014	2.1	9.0	22.1	5.4	4.1	5.0	13,785.2	81.9	7.2

엔에이치엔한국사이버결제 (A060250)
NHN KCP

업　　종 : 인터넷 서비스　　시　　장 : KOSDAQ
신용등급 : (Bond) —　(CP) —　　기업규모 : 우량
홈페이지 : www.kcp.co.kr　　연 락 처 : 02)2108-1000
본　　사 : 서울시 구로구 디지털로33길 28, 우림이비즈센터 1차 5층 508호

설 립 일	1994.12.28	**종업원수**	249명	**대표이사**	박준석
상 장 일	2001.12.23	**감사의견**	적정(삼정)	**계　　열**	
결 산 기	12월	**보 통 주**		**종속회사수**	6개사
액 면 가	500원	**우 선 주**		**구 상 호**	한국사이버결제

주주구성 (지분율,%)		출자관계 (지분율,%)		주요경쟁사 (외형,%)	
엔에이치엔페이코	36.9	타바패스	100.0	NHN한국사이버결제	100
케이지이니시스	4.2	케이씨피인터내셔널	100.0	KG이니시스	215
(외국인)	3.8	케이씨피웰니스	100.0	KG모빌리언스	48

매출구성		비용구성		수출비중	
PG사업부	82.8	매출원가율	86.7	수출	0.0
VAN-Off사업부	13.9	판관비율	8.2	내수	100.0
VAN-On사업부	3.4				

회사 개요

동사는 1994년 설립된 후 전자결제대행(PG) 서비스와 온오프라인 부가통신망(VAN)사업을 영위하고 있음. PG사업의 경우, 동사와 이니시스, LG유플러스가 전체 시장의 80%가량을 점유하고 있으며, 전자금융거래법의 영향 및 높은 진입장벽으로 신규업체의 시장참여는 어려움. 다만 인터넷 전문은행의 출현으로 VAN과 PG의 역할이 사라질 가능성이 대두되고 있으며 전자결제 프로세스의 판도가 달라질 리스크는 상존.

실적 분석

동사의 2017년 결산 연결기준 매출액은 전년대비 29.3% 성장한 3,519.9억원을 기록함. 매출액 성장은 온라인/오프라인 결제사업(PG, VPN) 관련 거래금액 및 거래량 증가에 기인함. 매출액 성장과 비용 통제로 영업이익 179.3억원, 당기순이익 102.0억원을 보이며 견조한 실적 성장세를 보임. 다만 금융원가 증가로 비영업손익은 33.8억원 적자를 시현함.

현금 흐름
〈단위 : 억원〉

항목	2016	2017
영업활동	229	184
투자활동	-154	-279
재무활동	-62	134
순현금흐름	13	39
기말현금	651	690

시장 대비 수익률

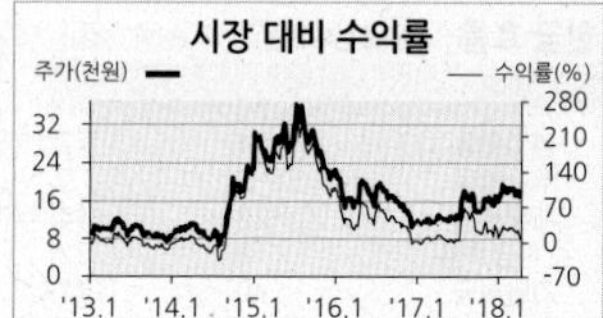

결산 실적
〈단위 : 억원〉

항목	2012	2013	2014	2015	2016	2017
매출액	1,328	1,371	1,540	1,955	2,721	3,520
영업이익	57	84	88	109	115	179
당기순이익	46	71	84	93	102	102

분기 실적
〈단위 : 억원〉

항목	2016.3Q	2016.4Q	2017.1Q	2017.2Q	2017.3Q	2017.4Q
매출액	722	757	840	836	906	937
영업이익	38	25	35	52	53	39
당기순이익	30	25	33	35	45	-10

재무 상태
〈단위 : 억원〉

항목	2012	2013	2014	2015	2016	2017
총자산	701	822	1,498	1,616	1,856	2,213
유형자산	145	220	240	241	275	527
무형자산	41	48	57	50	118	122
유가증권	3	2	100	103	88	100
총부채	403	440	660	694	905	1,167
총차입금	—	10	2	—	15	150
자본금	60	63	85	90	92	98
총자본	298	383	837	922	951	1,046
지배주주지분	295	366	821	909	948	1,045

기업가치 지표

항목	2012	2013	2014	2015	2016	2017
주가(최고/저)(천원)	12.1/5.3	13.6/7.9	25.6/7.3	40.0/22.3	24.5/10.6	18.2/11.1
PER(최고/저)(배)	39.2/17.0	28.6/16.7	46.0/13.1	81.0/45.2	46.6/20.1	36.3/22.3
PBR(최고/저)(배)	5.9/2.6	5.4/3.2	5.8/1.7	8.3/4.6	4.7/2.0	3.5/2.1
EV/EBITDA(배)	10.8	6.7	21.1	17.6	6.6	9.4
EPS(원)	286	438	510	453	480	500
BPS(원)	2,617	3,046	5,038	5,197	5,614	5,751
CFPS(원)	754	1,125	1,357	1,155	1,191	1,121
DPS(원)	75	75	35	120	35	50
EBITDAPS(원)	841	1,221	1,377	1,230	1,265	1,488

재무 비율
〈단위 : %〉

연도	영업이익률	순이익률	부채비율	차입금비율	ROA	ROE	유보율	자기자본비율	EBITDA마진율
2017	5.1	2.9	111.6	14.3	5.0	10.8	1,050.2	47.3	8.3
2016	4.2	3.7	95.2	1.6	5.9	11.0	1,022.8	51.2	8.4
2015	5.6	4.8	75.3	0.0	6.0	11.1	939.4	57.0	11.4
2014	5.8	5.5	78.9	0.2	7.3	14.5	907.6	55.9	12.0

엔에이치투자증권 (A005940)
NH Investment & Securities

업 종 : 증권 | 시 장 : 거래소
신용등급 : (Bond) AA+ (CP) A1 | 기업규모 : 시가총액 대형주
홈페이지 : www.nhqv.com | 연 락 처 : 02)768-7000
본 사 : 서울시 영등포구 여의대로 60, 우리투자증권빌딩 (여의도동)

설 립 일	1969.01.14	**종 업 원 수**	2,811명	**대 표 이 사**	정영채
상 장 일	1975.09.30	**감 사 의 견**	적정(한영)	**계 열**	
결 산 기	12월	**보 통 주**		**종속회사수**	57개사
액 면 가	5,000원	**우 선 주**		**구 상 호**	우리투자증권

주주구성 (지분율,%)		출자관계 (지분율,%)		주요경쟁사 (외형,%)	
농협금융지주	49.1	NH선물	100.0	NH투자증권	100
국민연금공단	9.8	Edupalace	79.9	미래에셋대우	147
(외국인)	14.2	NH앱솔루트리턴전문투자형사모투자신탁1호	69.4	삼성증권	83

수익구성		비용구성		수출비중	
금융상품 관련이익	79.1	이자비용	2.7	수출	—
이자수익	9.5	파생상품손실	0.0	내수	—
수수료수익	7.4	판관비	7.8		

회사 개요

동사는 Brokerage, 자산관리, IB, Trading 등을 주요사업으로 영위하는 종합금융투자회사임. 2014년 6월 30일자로 최대주주가 우리금융지주에서 NH농협금융지주로 변경되었음. 통합법인인 'NH투자증권'은 2014년 12월 31일 출범하였음. 2015년 6월 30일 현재, 동사의 소속 기업집단인 농협은 상장사 3개를 비롯해 총 40개사로 구성되어 있고, 주권상장법인은 NH투자증권, 남해화학, 농우바이오임.

실적 분석

동사는 지난해 연결기준으로 매출 9조5,454억7400만원, 영업이익 4,592억300만원, 순이익 3496억3300만원을 각각 기록하였음. 2016년과 비교해 매출은 8%, 영업이익은 52.1%, 순이익은 48% 증가하였음. 채권인수 및 ECM등 IB 분야에서 업계 최고 수준으로 평가 됨. 또한 고액자산가의 자산관리를 위한 전용 점포인 Premier Blue 센터 포함 전국 82개 점포를 통해 차별화된 자산관리 서비스 제공 중.

현금 흐름 <단위 : 억원>

항목	2016	2017
영업활동	22,531	8,763
투자활동	-22,957	-21,733
재무활동	-5,166	12,210
순현금흐름	-5,598	-1,275
기말현금	7,246	5,971

시장 대비 수익률

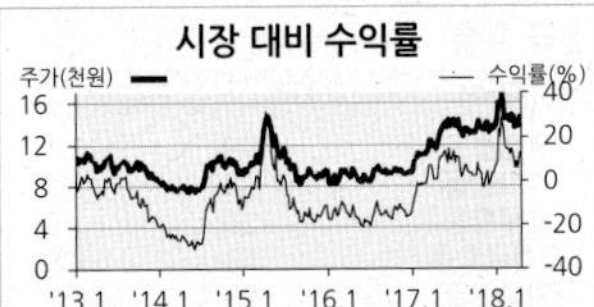

결산 실적 <단위 : 억원>

항목	2012	2013	2014	2015	2016	2017
순영업손익	6,707	4,193	7,091	10,768	9,348	11,684
영업이익	1,092	224	1,255	3,141	3,019	4,592
당기순이익	875	160	813	2,142	2,362	3,496

분기 실적 <단위 : 억원>

항목	2016.3Q	2016.4Q	2017.1Q	2017.2Q	2017.3Q	2017.4Q
순영업손익	2,338	2,271	3,134	3,322	2,776	2,451
영업이익	898	386	1,200	1,471	1,190	732
당기순이익	678	373	886	1,069	867	675

재무 상태 <단위 : 억원>

항목	2012	2013	2014	2015	2016	2017
총자산	272,565	299,859	410,592	417,063	429,706	438,927
유형자산	3,046	2,985	2,871	2,938	3,075	3,003
무형자산	380	280	395	272	258	205
유가증권	174,226	202,710	263,326	273,371	287,436	286,105
총부채	237,726	265,384	366,811	371,558	383,218	390,565
총차입금	115,374	130,571	174,233	175,665	171,724	184,937
자본금	11,205	11,205	15,313	15,313	15,313	15,313
총자본	34,839	34,475	43,781	45,505	46,488	48,362
지배주주지분	34,744	34,397	43,689	45,423	46,388	48,306

기업가치 지표

항목	2012	2013	2014	2015	2016	2017
주가(최고/저)(천원)	11.4/8.8	11.2/8.4	11.1/7.3	15.1/7.9	9.9/7.9	14.5/9.3
PER(최고/저)(배)	32.7/25.2	173.5/130.5	34.1/22.5	23.6/12.3	13.6/10.8	12.9/8.3
PBR(최고/저)(배)	0.8/0.6	0.8/0.6	0.9/0.6	1.1/0.6	0.7/0.6	0.9/0.6
PSR(최고/저)(배)	4/3	7/5	4/3	5/2	3/3	4/2
EPS(원)	399	74	371	716	786	1,166
BPS(원)	16,025	15,866	14,618	15,194	15,516	16,154
CFPS(원)	580	190	476	798	862	1,243
DPS(원)	100	50	160	400	400	500
EBITDAPS(원)	501	103	575	1,046	1,006	1,529

재무 비율 <단위 : %>

연도	계속사업이익률	순이익률	부채비율	차입금비율	ROA	ROE	유보율	자기자본비율	총자산증가율
2017	37.9	29.9	807.6	382.4	0.8	7.4	216.8	11.0	2.2
2016	32.3	25.3	824.3	369.4	0.6	5.1	204.3	10.8	3.0
2015	26.2	19.9	816.5	386.0	0.5	4.8	198.0	10.9	1.6
2014	16.9	11.5	837.8	398.0	0.2	2.1	186.7	10.7	50.6

엔이능률 (A053290)
NE Neungyule

업 종 : 교육 | 시 장 : KOSDAQ
신용등급 : (Bond) — (CP) — | 기업규모 : 중견
홈페이지 : www.neungyule.com | 연 락 처 : 02)2014-7114
본 사 : 서울시 마포구 월드컵북로 396(누리꿈스퀘어) 비즈니스타워 10층

설 립 일	1994.06.28	**종 업 원 수**	288명	**대 표 이 사**	주민홍
상 장 일	2002.12.04	**감 사 의 견**	적정(안진)	**계 열**	
결 산 기	12월	**보 통 주**		**종속회사수**	1개사
액 면 가	500원	**우 선 주**		**구 상 호**	능률교육

주주구성 (지분율,%)		출자관계 (지분율,%)		주요경쟁사 (외형,%)	
한국야쿠르트	55.5	능률에듀폰	100.0	NE능률	100
윤호중	3.6			더블유에프엠	22
(외국인)	0.9			메가엠디	120

매출구성		비용구성		수출비중	
영어 학습서 등 (출판사업 제품)	83.1	매출원가율	28.7	수출	2.5
이러닝, 전화 화상영어, 저작권 등 (교육 서비스	13.4	판관비율	66.6	내수	97.5
영어 학습서 등 (출판사업 상품)	3.6				

회사 개요

동사는 초중고 및 성인용 영어학습교재를 개발, 출판해 온 영어교육출판 전문회사로 최근에는 이러닝 영어교육 및 전화영어, 영어캠프사업, 스마트러닝 사업, 방과후교실 사업 등으로 그 사업영역을 확대해 나가고 있음. 필리핀에서 전화, 화상영어 사업을 영위하는 능률에듀폰을 연결대상 종속회사로 보유하고 있음. 매출은 출판사업 82%, 서비스 사업 18%로 구성돼있음.

실적 분석

2017년 연결기준 동사의 결산 매출액은 전년 동기 대비 7.5% 증가한 574.8억원을 기록함. 외형은 소폭 성장했으나 기업/브랜드 광고 등 홍보활동 강화에 따른 비용증가로 영업이익이 크게 감소함. 2017년 8월 17일 이사회를 통하여 2017년 11월 1일을 기일로 주식회사 에듀챌린지(피합병법인) 흡수합병하였고 흡수합병 기일 이전의 손익을 제외하였음.

현금 흐름 <단위 : 억원>

항목	2016	2017
영업활동	59	24
투자활동	-82	-24
재무활동	40	-31
순현금흐름	18	-31
기말현금	106	75

시장 대비 수익률

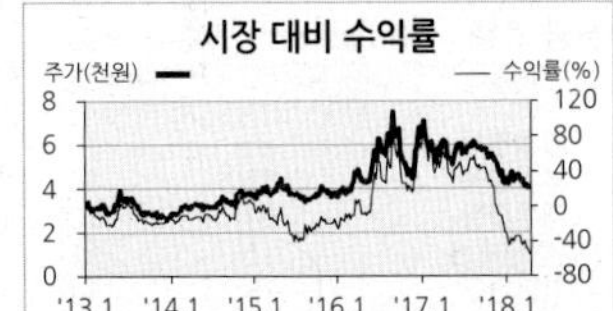

결산 실적 <단위 : 억원>

항목	2012	2013	2014	2015	2016	2017
매출액	517	556	529	531	535	575
영업이익	17	64	85	92	77	27
당기순이익	1	45	28	52	53	7

분기 실적 <단위 : 억원>

항목	2016.3Q	2016.4Q	2017.1Q	2017.2Q	2017.3Q	2017.4Q
매출액	103	201	155	82	108	230
영업이익	-1	54	30	-13	-7	18
당기순이익	-0	33	15	-13	-6	12

재무 상태 <단위 : 억원>

항목	2012	2013	2014	2015	2016	2017
총자산	502	580	604	656	737	900
유형자산	29	25	25	23	23	33
무형자산	151	162	122	129	160	205
유가증권	2	1	1	1	—	14
총부채	127	163	173	180	171	345
총차입금	1	0	0	—	—	0
자본금	58	58	58	58	58	67
총자본	375	417	432	477	566	555
지배주주지분	375	417	432	477	566	555

기업가치 지표

항목	2012	2013	2014	2015	2016	2017
주가(최고/저)(천원)	6.8/2.9	4.0/2.7	3.9/2.8	4.5/3.3	8.4/3.7	7.6/4.1
PER(최고/저)(배)	1,199.6/504.8	11.4/7.5	17.2/12.1	10.5/7.8	18.8/8.2	125.4/68.4
PBR(최고/저)(배)	1.8/0.8	1.0/0.7	0.9/0.7	1.0/0.7	1.6/0.7	1.6/0.9
EV/EBITDA(배)	12.3	2.7	3.0	2.6	5.5	6.9
EPS(원)	6	387	243	448	456	61
BPS(원)	4,070	4,429	4,560	4,947	5,346	4,707
CFPS(원)	141	674	601	862	801	442
DPS(원)	—	100	50	100	70	50
EBITDAPS(원)	281	843	1,095	1,213	1,010	608

재무 비율 <단위 : %>

연도	영업이익률	순이익률	부채비율	차입금비율	ROA	ROE	유보율	자기자본비율	EBITDA마진율
2017	4.7	1.3	62.1	0.1	0.9	1.3	841.4	61.7	12.5
2016	14.4	9.8	30.2	0.0	7.6	10.1	969.1	76.8	21.8
2015	17.4	9.7	37.7	0.0	8.2	11.4	889.4	72.6	26.4
2014	16.1	5.3	40.0	0.0	4.8	6.6	812.0	71.4	23.9

엔지스테크널러지 (A208860)

EnGIS Technolgies

업 종 : 일반 소프트웨어
신용등급 : (Bond) — (CP) —
홈페이지 : www.engistech.com
본 사 : 서울시 성동구 왕십리로 58, FORHU 5층

시 장 : KOSDAQ
기업규모 : 벤처
연 락 처 : 02)1522-9060

설 립 일	1998.09.01	**종업원수**	36명	**대표이사**	박용선
상 장 일	2016.07.28	**감사의견**	적정(대주)	**계 열**	
결 산 기	12월	**보 통 주**		**종속회사수**	
액 면 가	500원	**우 선 주**		**구 상 호**	

주주구성 (지분율,%)		출자관계 (지분율,%)		주요경쟁사 (외형,%)	
박용선	30.2			엔지스테크널러지	100
엔지스시스템즈	7.2			포비스티앤씨	3,356
(외국인)	1.6			한컴MDS	4,419

매출구성		비용구성		수출비중	
커넥티드 솔루션Nav-Link	43.3	매출원가율	0.0	수출	26.2
어플리케이션BringGoKorea 등	43.2	판관비율	99.6	내수	73.8
기타BringGo	13.5				

회사 개요

1998년 설립된 Nav-Link솔루션 및 네비게이션앱을 주력으로 하는 소프트웨어 개발 및 공급업체임. 2016년 상반기 신규상장함. 커넥티드카 솔루션 기술인 'Nav-Link' 솔루션 및 커넥티드카의 중요한 컨텐츠인 내비게이션을 제공하는 어플리케이션 'BringGo'를 스마트폰을 통해 서비스중임. 주요 매출원은 Nav-Link 솔루션 매출, BringGo 어플리케이션 매출, BringGo 소프트웨어 및 기타 매출로 구성되어 있음.

실적 분석

동사의 2017년 연간 매출액은 전년 대비 8.5% 감소한 33.7억원을 기록함. 외형 감소의 영향으로 영업이익은 전년대비 96.2% 감소한 0.1억원,당기순이익은 전년 대비 94.5% 감소한 0.2억원을 기록함. 동사의 사업은 개발된 솔루션에 대한 사용 권한을 글로벌 자동차 업체에 제공하고 로열티를 받으면서 별도 비용이 발생하지 않는 고수익 구조로, 거래지역 확대와 OTA 시장 진입 등을 통한 실적 성장이 기대됨.

현금 흐름 *IFRS 별도 기준 〈단위 : 억원〉

항목	2016	2017
영업활동	-1	-10
투자활동	-52	10
재무활동	54	-10
순현금흐름	1	-11
기말현금	25	14

시장 대비 수익률

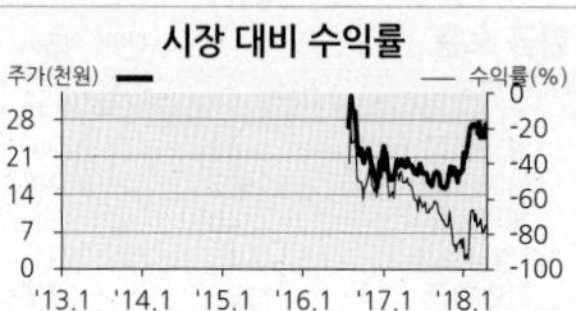

결산 실적 〈단위 : 억원〉

항목	2012	2013	2014	2015	2016	2017
매출액	—	—	52	63	37	34
영업이익	—	—	28	22	3	0
당기순이익	—	—	26	18	3	0

분기 실적 *IFRS 별도 기준 〈단위 : 억원〉

항목	2016.3Q	2016.4Q	2017.1Q	2017.2Q	2017.3Q	2017.4Q
매출액	7	8	5	5	8	15
영업이익	-2	0	-3	-4	1	6
당기순이익	-2	1	-4	-3	1	5

재무 상태 *IFRS 별도 기준 〈단위 : 억원〉

항목	2012	2013	2014	2015	2016	2017
총자산	—	—	51	73	123	111
유형자산	—	—	8	15	29	28
무형자산	—	—	5	11	15	19
유가증권	—	—	—	—	—	10
총부채	—	—	22	27	29	17
총차입금	—	—	4	11	20	10
자본금	—	—	13	13	16	16
총자본	—	—	29	46	94	94
지배주주지분	—	—	29	46	94	94

기업가치 지표 *IFRS 별도 기준

항목	2012	2013	2014	2015	2016	2017
주가(최고/저)(천원)	—/—	—/—	—/—	—/—	33.5/15.4	24.4/15.2
PER(최고/저)(배)	0.0/0.0	0.0/0.0	0.0/0.0	0.0/0.0	336.2/154.3	4,863.9/3,020.0
PBR(최고/저)(배)	0.0/0.0	0.0/0.0	0.0/0.0	0.0/0.0	11.2/5.1	8.1/5.1
EV/EBITDA(배)	0.0	0.0	—	—	138.6	240.1
EPS(원)	—	—	978	663	100	5
BPS(원)	—	—	1,080	1,743	2,991	2,996
CFPS(원)	—	—	1,009	710	160	78
DPS(원)	—	—	—	—	—	—
EBITDAPS(원)	—	—	1,074	864	172	76

재무 비율 〈단위 : %〉

연도	영업이익률	순이익률	부채비율	차입금비율	ROA	ROE	유보율	자기자본비율	EBITDA마진율
2017	0.4	0.5	18.0	10.7	0.1	0.2	499.2	84.8	7.1
2016	8.7	7.7	31.4	21.4	2.9	4.1	498.2	76.1	13.3
2015	34.2	27.7	58.8	23.8	28.3	46.9	248.6	63.0	36.1
2014	52.8	49.5	77.0	12.8	0.0	0.0	116.1	56.5	54.3

엔지켐생명과학 (A183490)

ENZYCHEM LIFESCIENCES

업 종 : 바이오
신용등급 : (Bond) — (CP) —
홈페이지 : www.enzychem.com
본 사 : 대전시 유성구 문지로 193 103-6 KAIST ICC F741호

시 장 : KOSDAQ
기업규모 : 기술성
연 락 처 : 042)864-2845

설 립 일	1999.07.20	**종업원수**	70명	**대표이사**	손기영
상 장 일	2013.09.25	**감사의견**	적정(삼화)	**계 열**	
결 산 기	12월	**보 통 주**		**종속회사수**	
액 면 가	500원	**우 선 주**		**구 상 호**	엔지켐

주주구성 (지분율,%)		출자관계 (지분율,%)		주요경쟁사 (외형,%)	
브리짓라이프사이언스	12.6			엔지켐생명과학	100
손기영	7.6			쎌바이오텍	234
(외국인)	2.9			파마리서치프로덕트	208

매출구성		비용구성		수출비중	
항응고제Sa 등	41.2	매출원가율	84.1	수출	19.8
항결핵제Cy	18.8	판관비율	36.5	내수	80.2
조영제Io 외	18.5				

회사 개요

동사는 1999년 설립돼 의약화학(Medicinal Chemistry)을 기반으로 합성신약을 연구, 개발하고 기술이전 등을 통해 사업화를 진행하는 바이오기업임. 카이스트 내에 중앙연구소, 제천에 GMP 생산 공장을 운영하면서 원료의약품(API) 개발, 생산 및 글로벌 신약 개발을 영위하고 있음. 국내 최초로 녹용의 유효성분을 합성한 건강기능식품 원료를 식약처로부터 허가를 받고, 그 원료를 사용한 건강기능성 식품을 제조, 판매하고 있음.

실적 분석

동사의 연결기준 2017년 매출액은 전년 대비 19.7% 증가한 261.3억원을 기록한 반면, 판관비는 경상개발비 감소의 영향으로 전년 동기 대비 2.8% 감소함. 동기간 영업손실은 53.8억원을 기록하며 적자지속함. 반면, 비영업손실은 외환손익의 적자전환 영향으로 적자를 지속함. 이에 따라 동사의 2017년 당기순손실은 56.7억원을 기록하며 적자를 지속함.

현금 흐름 *IFRS 별도 기준 〈단위 : 억원〉

항목	2016	2017
영업활동	-99	-61
투자활동	38	-5
재무활동	125	40
순현금흐름	63	-26
기말현금	95	69

시장 대비 수익률

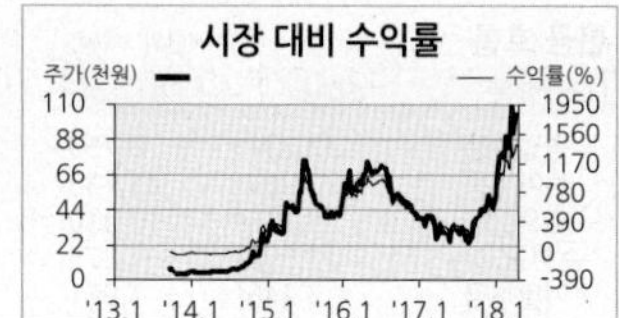

결산 실적 〈단위 : 억원〉

항목	2012	2013	2014	2015	2016	2017
매출액	201	202	154	156	218	261
영업이익	14	-2	-23	-69	-62	-54
당기순이익	12	-17	-201	-118	-63	-57

분기 실적 *IFRS 별도 기준 〈단위 : 억원〉

항목	2016.3Q	2016.4Q	2017.1Q	2017.2Q	2017.3Q	2017.4Q
매출액	47	—	—	65	45	—
영업이익	-29	—	—	-14	-16	—
당기순이익	-29	—	—	-15	-17	—

재무 상태 *IFRS 별도 기준 〈단위 : 억원〉

항목	2012	2013	2014	2015	2016	2017
총자산	327	323	239	304	367	368
유형자산	85	86	85	77	95	111
무형자산	38	41	26	16	11	6
유가증권	4	—	—	—	—	—
총부채	140	153	195	80	97	122
총차입금	120	137	177	51	56	56
자본금	30	30	28	32	34	34
총자본	187	170	44	224	270	246
지배주주지분	187	170	44	224	270	246

기업가치 지표 *IFRS 별도 기준

항목	2012	2013	2014	2015	2016	2017
주가(최고/저)(천원)	—/—	7.5/3.5	29.9/4.6	77.1/26.0	76.7/39.8	54.3/22.0
PER(최고/저)(배)	0.0/0.0	—/—	—/—	—/—	—/—	—/—
PBR(최고/저)(배)	0.0/0.0	2.6/1.2	40.3/6.1	21.8/7.4	18.8/9.7	14.8/6.0
EV/EBITDA(배)	0.3	25.8	—	—	—	—
EPS(원)	227	-287	-3,368	-1,885	-969	-830
BPS(원)	3,157	2,870	725	3,452	3,995	3,593
CFPS(원)	343	-103	-3,117	-1,629	-764	-599
DPS(원)	—	—	—	—	—	—
EBITDAPS(원)	390	144	-138	-846	-748	-557

재무 비율 〈단위 : %〉

연도	영업이익률	순이익률	부채비율	차입금비율	ROA	ROE	유보율	자기자본비율	EBITDA마진율
2017	-20.6	-21.7	49.8	22.8	-15.4	-22.0	618.7	66.7	-14.6
2016	-28.5	-29.0	36.0	20.8	-18.9	-25.7	699.0	73.5	-22.4
2015	-44.0	-75.4	35.6	22.7	-43.4	-87.8	590.5	73.8	-33.8
2014	-15.1	-130.9	443.0	401.5	—	—	54.8	18.4	-5.4

엔케이 (A085310)

NK

업 종 : 조선
신용등급 : (Bond) — (CP) —
홈페이지 : www.nkcf.com
본 사 : 부산시 강서구 녹산산단17로 113 (송정동)
시 장 : 거래소
기업규모 : 시가총액 소형주
연 락 처 : 051)204-2211

설 립 일	1984.09.07	**종업원수**	123명	**대표이사**	천남주,장해주
상 장 일	2008.01.24	**감사의견**	적정(안경)	**계 열**	
결 산 기	12월	**보 통 주**		**종속회사수**	6개사
액 면 가	500원	**우 선 주**		**구 상 호**	

주주구성 (지분율,%)		출자관계 (지분율,%)		주요경쟁사 (외형,%)	
엔케이텍	9.5	엔케이비엠에스	100.0	엔케이	100
박윤소	8.0	한우즈벡실린더투자	26.4	두산엔진	631
(외국인)	1.3	NKUSA	100.0	세진중공업	207

매출구성		비용구성		수출비중	
NK O3 BWT SYSTEM	34.7	매출원가율	88.0	수출	66.3
CO2 SYSTEM	24.9	판관비율	20.0	내수	33.7
기타	16.8				

회사 개요

동사는 1980년 남양금속공업사로 설립돼 고압가스 용기, 선박용 소화장치, 밸러스트 수처리장치를 제조, 판매함. 고압가스 용기 부문은 천연가스 운송 차량 용기, 공기압력 용기, 반도체 세정용 가스인 고순도 가스 저장용기 등을 취급함. 선박용 소화장치 부문은 조선소에 납품할 목적으로 화재진압 장치를 생산함.매출구성은 선박용소화장치 57.2%, 밸러스트 수처리 35.1%, 고압가스용기 5.2%, 기타 2.4%, 해양플랜트 기자재 0.1%로 구성됨.

실적 분석

동사의 2017년 누적 매출액은 1,218억원으로 전년동기 대비 26% 감소함. 영업이익은 전년동기대비 적자폭 줄었으나 여전히 적자 지속한 -96.5억원을 기록함. 비영업수지는 흑자전환했으나, 영업실적의 부진으로 당기순이익 역시 67.3억원의 손실을 기록하며 적자지속함. 전방산업인 조선업황 부진에 따른 매출 부진과 실적 악화가 이어짐. 향후 조선산업의 전망에 따라 실적 개선 여부가 결정될 것으로 예상됨.

현금 흐름 <단위 : 억원>

항목	2016	2017
영업활동	126	59
투자활동	-180	-61
재무활동	-262	-25
순현금흐름	-315	-33
기말현금	119	86

시장 대비 수익률

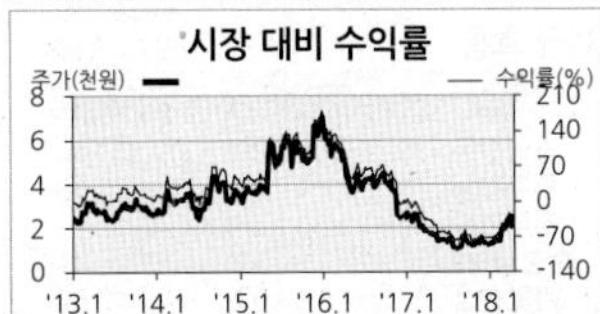

결산 실적 <단위 : 억원>

항목	2012	2013	2014	2015	2016	2017
매출액	2,459	2,236	2,419	2,503	1,646	1,218
영업이익	19	-299	131	-48	-292	-97
당기순이익	-121	-389	79	-56	-332	-67

분기 실적 <단위 : 억원>

항목	2016.3Q	2016.4Q	2017.1Q	2017.2Q	2017.3Q	2017.4Q
매출액	457	344	291	329	275	323
영업이익	-37	-141	-12	-30	-30	-24
당기순이익	-61	-133	-16	-4	-14	-34

재무 상태 <단위 : 억원>

항목	2012	2013	2014	2015	2016	2017
총자산	4,147	2,880	3,246	3,109	2,524	2,413
유형자산	1,732	1,211	1,112	1,095	1,156	1,152
무형자산	142	185	177	172	235	432
유가증권	56	38	31	30	84	27
총부채	2,638	1,650	1,610	1,442	1,191	867
총차입금	2,276	1,420	1,274	1,075	818	485
자본금	161	161	230	245	245	400
총자본	1,509	1,230	1,636	1,668	1,333	1,546
지배주주지분	1,466	1,190	1,577	1,620	1,295	1,509

기업가치 지표

항목	2012	2013	2014	2015	2016	2017
주가(최고/저)(천원)	5.0/2.6	3.9/2.6	5.4/2.7	8.2/3.7	7.9/2.6	2.7/1.0
PER(최고/저)(배)	—/—	—/—	34.9/17.7	—/—	—/—	—/—
PBR(최고/저)(배)	1.2/0.6	1.1/0.7	1.5/0.8	2.4/1.1	2.8/0.9	1.4/0.5
EV/EBITDA(배)	23.5	—	16.3	351.0	—	—
EPS(원)	-185	-643	134	-77	-578	-99
BPS(원)	4,767	3,909	3,575	3,442	2,777	1,969
CFPS(원)	115	-499	311	37	-529	8
DPS(원)	50	—	50	—	—	—
EBITDAPS(원)	412	-610	492	27	-464	-37

재무 비율 <단위 : %>

연도	영업 이익률	순 이익률	부채 비율	차입금 비율	ROA	ROE	유보율	자기자본 비율	EBITDA 마진율
2017	-7.9	-5.5	56.1	31.4	-2.7	-4.7	293.8	64.1	-2.0
2016	-17.8	-20.2	89.3	61.3	-11.8	-22.2	455.5	52.8	-13.8
2015	-1.9	-2.2	86.5	64.4	-1.8	-2.7	588.5	53.6	0.5
2014	5.4	3.3	98.4	77.9	2.6	4.4	615.0	50.4	8.0

엔케이물산 (A009810)

NK Mulsan CO

업 종 : 금속 및 광물
신용등급 : (Bond) — (CP) —
홈페이지 : www.nk-ms.com
본 사 : 서울시 강남구 영동대로 513 100-1 (삼성동, 코엑스 상사전시장 C-100)
시 장 : 거래소
기업규모 : 시가총액 소형주
연 락 처 : 02)6000-7824

설 립 일	1974.04.17	**종업원수**	17명	**대표이사**	김성곤
상 장 일	1988.08.31	**감사의견**	적정(삼덕)	**계 열**	
결 산 기	12월	**보 통 주**		**종속회사수**	2개사
액 면 가	500원	**우 선 주**		**구 상 호**	고려포리머

주주구성 (지분율,%)		출자관계 (지분율,%)		주요경쟁사 (외형,%)	
하나모두	8.5			엔케이물산	100
포비스티앤씨	7.9			삼아알미늄	487
(외국인)	1.7			피제이메탈	480

매출구성		비용구성		수출비중	
유연탄	67.1	매출원가율	94.5	수출	100.0
FIBC	31.9	판관비율	15.3	내수	0.0
여행알선 외	1.0				

회사 개요

동사는 1974년 제일폴리머 주식회사로 설립되어 고려폴리머를 거쳐 2017년 사명을 엔케이물산으로 변경함. 동사는 합성수지를 원료로 방사,제직,봉제의 과정을 거쳐 제조된 유연성 산업용 포장재(FIBC)의 판매 사업, 자원개발사업, 여행알선업 등을 주요 사업으로 영위하며 재무제표 연결 대상인 종속회사인 PT. KOPOLCO INDONESIA와 에어뱅크는 FIBC 제조와 에너지 자원개발 및 판매 등의 사업을 영위 중임.

실적 분석

동사의 2017년 매출액은 281억원으로 전기에 비해 125.4% 증가함. 이는 자원사업부문의 매출증가가 주요원인임. 반면 영업손실과 당기순손실은 전년대비 적자폭이 확대됨. 이는 산업용포장재(FIBC) 사업부문의 중단에 따른 중단손익 반영이 주요 원인임. 회사의 유동비율은 전기대비 감소하였고 부채비율은 전기대비 소폭 증가하였으며 차입금은 없음. 현금의 흐름은 영업활동에서 68억원이 유입, 투자활동에서는 98억원이 유출됨.

현금 흐름 <단위 : 억원>

항목	2016	2017
영업활동	-127	68
투자활동	-148	-98
재무활동	342	10
순현금흐름	68	-22
기말현금	153	131

시장 대비 수익률

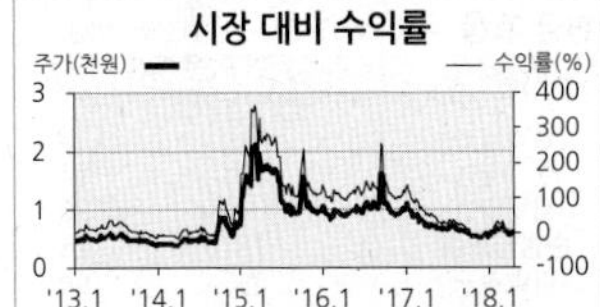

결산 실적 <단위 : 억원>

항목	2012	2013	2014	2015	2016	2017
매출액	135	125	80	270	125	281
영업이익	-10	-29	-19	-6	-11	-27
당기순이익	-71	-0	-106	22	-18	-78

분기 실적 <단위 : 억원>

항목	2016.3Q	2016.4Q	2017.1Q	2017.2Q	2017.3Q	2017.4Q
매출액	41	18	169	105	13	-5
영업이익	-4	2	-2	-1	-5	-20
당기순이익	-9	-8	-1	6	-15	-67

재무 상태 <단위 : 억원>

항목	2012	2013	2014	2015	2016	2017
총자산	361	323	313	458	740	633
유형자산	17	11	10	8	8	0
무형자산	4	7	7	4	4	4
유가증권	52	30	145	208	211	38
총부채	10	15	62	63	165	153
총차입금	—	—	—	20	98	104
자본금	132	141	148	169	331	339
총자본	351	307	251	395	575	480
지배주주지분	358	307	250	395	575	480

기업가치 지표

항목	2012	2013	2014	2015	2016	2017
주가(최고/저)(천원)	0.7/0.4	0.6/0.4	1.1/0.4	2.3/0.7	1.7/0.8	1.1/0.5
PER(최고/저)(배)	—/—	—/—	—/—	41.1/13.4	—/—	—/—
PBR(최고/저)(배)	0.6/0.3	0.7/0.4	1.5/0.5	2.3/0.7	2.0/1.0	1.6/0.7
EV/EBITDA(배)	—	—	—	—	—	—
EPS(원)	-229	-0	-318	55	-37	-115
BPS(원)	1,359	1,088	843	1,172	867	709
CFPS(원)	-252	10	-368	68	-37	-115
DPS(원)	—	—	—	—	—	—
EBITDAPS(원)	-23	-93	-63	-14	-22	-41

재무 비율 <단위 : %>

연도	영업 이익률	순 이익률	부채 비율	차입금 비율	ROA	ROE	유보율	자기자본 비율	EBITDA 마진율
2017	-9.8	-27.6	31.9	21.7	-11.3	-14.7	41.9	75.8	-9.8
2016	-8.6	-14.4	28.8	17.0	-3.0	-3.6	73.4	77.7	-8.6
2015	-2.1	8.0	15.9	5.1	5.6	6.8	134.3	86.3	-1.7
2014	-24.3	-132.0	24.8	0.0	-33.2	-37.9	68.6	80.1	-22.4

엔터메이트 (A206400)
Entermate

업 종 : 게임 소프트웨어
신용등급 : (Bond) — (CP) —
홈페이지 : www.entermate.com
본 사 : 서울시 서초구 남부순환로 2634-27 성원빌딩 나동 1,2층
시 장 : KOSDAQ
기업규모 : 중견
연 락 처 : 02)3461-2150

설 립 일	2014.09.19	**종업원수**	65명	**대표이사**	박세철
상 장 일	2014.12.10	**감사의견**	적정(태성)	**계 열**	
결 산 기	12월	**보 통 주**		**종속회사수**	5개사
액 면 가	100원	**우 선 주**		**구 상 호**	한국2호스팩

주주구성 (지분율,%)		출자관계 (지분율,%)	주요경쟁사 (외형,%)	
이태현	15.6		엔터메이트	100
박문해	11.1		파티게임즈	162
			한빛소프트	208

매출구성		비용구성		수출비중	
천하를탐하다	38.0	매출원가율	0.0	수출	5.2
아케인	29.0	판관비율	152.9	내수	94.8
칼이쓰마 외	17.0				

회사 개요

동사는 2001년 설립돼 인터넷 서비스 개발업체로 게임 개발 및 전문 퍼블리셔로 변신해 다양한 게임을 출시하며 성장해왔음. 특히 강력한 중화권 네트워크를 바탕으로 중국과 대만 게임을 국내에서 다수 성공시키며 입지를 다져왔음. '킥스 온라인', '신의 하루' 등의 게임을 자체 개발했으며 웹 게임 `신선도 온라인'과 모바일 게임 `아이러브 삼국지' 등을 퍼블리싱하였음. 2017년 말 기준 폭스게임즈 등 5개의 연결자회사를 보유함.

실적 분석

동사의 2017년 매출액은 전년 대비 6.8% 감소한 188.9억원을 기록함. 인건비와 광고선전비의 증가로 인해 전체 판매비와관리비가 증가하였으며 이로 인해 영업손실 100억원을 기록, 적자가 지속됨. 당기순손실 역시 122.4억원을 기록하며 적자 폭이 확대됨. 2017년 5월 출시한 모바일게임 '루디엘'이 양호한 성과를 기록하고 있으며 2018년 모바일게임 신작들의 출시가 예정되어 있어 실적 개선이 기대됨.

현금 흐름 〈단위 : 억원〉

항목	2016	2017
영업활동	-58	-119
투자활동	36	51
재무활동	4	96
순현금흐름	-18	26
기말현금	68	94

시장 대비 수익률

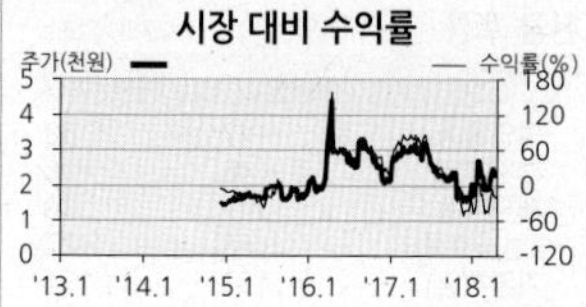

결산 실적 〈단위 : 억원〉

항목	2012	2013	2014	2015	2016	2017
매출액	—	185	269	203	203	189
영업이익	—	34	35	-6	-41	-100
당기순이익	—	26	23	-86	-67	-122

분기 실적 〈단위 : 억원〉

항목	2016.3Q	2016.4Q	2017.1Q	2017.2Q	2017.3Q	2017.4Q
매출액	68	53	34	66	50	38
영업이익	-1	-14	-17	-25	-20	-38
당기순이익	-2	-43	-15	-28	-21	-59

재무 상태 〈단위 : 억원〉

항목	2012	2013	2014	2015	2016	2017
총자산	—	126	165	255	202	178
유형자산	—	1	1	1	1	2
무형자산	—	6	7	7	10	24
유가증권	—	—	—	—	—	—
총부채	—	74	89	30	32	43
총차입금	—	50	54	9	1	2
자본금	—	1	17	26	27	41
총자본	—	52	76	225	170	135
지배주주지분	—	52	75	222	167	133

기업가치 지표

항목	2012	2013	2014	2015	2016	2017
주가(최고/저)(천원)	—/—	—/—	1.9/1.9	2.6/1.9	5.8/2.4	3.3/1.6
PER(최고/저)(배)	0.0/0.0	0.0/0.0	17.0/16.9	—/—	—/—	—/—
PBR(최고/저)(배)	0.0/0.0	0.0/0.0	5.6/5.5	3.0/2.2	9.1/3.7	10.0/4.8
EV/EBITDA(배)	0.0	—	1.4	—	—	—
EPS(원)	—	95	87	-294	-191	-348
BPS(원)	—	87,181	4,054	849	618	324
CFPS(원)	—	62,864	1,833	-358	-225	-321
DPS(원)	—	—	—	—	—	—
EBITDAPS(원)	—	76,847	2,515	-12	-129	-258

재무 비율 〈단위 : %〉

연도	영업이익률	순이익률	부채비율	차입금비율	ROA	ROE	유보율	자기자본비율	EBITDA마진율
2017	-52.9	-64.8	32.1	1.2	-64.4	-81.4	224.3	75.7	-47.9
2016	-20.0	-33.2	19.1	0.3	-29.4	-34.1	518.4	84.0	-17.4
2015	-3.1	-42.4	13.2	4.1	-40.9	-56.2	748.7	88.3	-1.3
2014	13.1	8.7	117.9	71.5	16.0	38.3	337.3	45.9	14.6

엔텔스 (A069410)
nTels

업 종 : IT 서비스
신용등급 : (Bond) — (CP) —
홈페이지 : www.ntels.com
본 사 : 서울시 강남구 학동로 401, 15층(금하빌딩)
시 장 : KOSDAQ
기업규모 : 벤처
연 락 처 : 02)3218-1200

설 립 일	2000.07.19	**종업원수**	236명	**대표이사**	심재희
상 장 일	2007.06.20	**감사의견**	적정(한영)	**계 열**	
결 산 기	12월	**보 통 주**		**종속회사수**	1개사
액 면 가	500원	**우 선 주**		**구 상 호**	

주주구성 (지분율,%)		출자관계 (지분율,%)	주요경쟁사 (외형,%)	
심재희	19.4		엔텔스	100
정태화	7.6		동양네트웍스	184
(외국인)	2.0		오상자이엘	143

매출구성		비용구성		수출비중	
시스템통합	32.4	매출원가율	77.8	수출	7.3
서비스제공플랫폼	27.5	판관비율	26.0	내수	92.7
운영지원시스템	24.6				

회사 개요

동사는 2000년 7월 19일에 설립되어 유/무선 통신 서비스 사업자를 위한 운용지원시스템 개발 및 공급을 주요사업으로 영위함. SKT, KT, LGU+ 등 이동통신 사업자 외에 KT, 온세텔레콤, LG U+ 등 유선사업자를 대상으로 과금시스템, 빌링시스템의 컨설팅 및 시스템구축 등 도 진행하며 성과를 거두고 있음. 통합운영지원솔루션 영역은 관련 분야에서 70% 이상의 점유율로 시장점유 1위를 유지함.

실적 분석

동사의 2017년 연결 기준 연간 누적 매출액은 469.4억원으로 전년 동기 대비 16.9% 감소함. 매출이 감소하면서 매출원가는 늘었지만 판매비와 관리비는 오히려 증가해 영업손실은 17.7억원으로 전년 동기 대비(2.6억원) 적자전환함. 비영업 부문에서도 관련기업 투자 손실 등으로 적자 규모가 늘어나면서 당기순손실은 전년 동기 대비 적자전환한 35.3억원을 기록함.

현금 흐름 〈단위 : 억원〉

항목	2016	2017
영업활동	9	40
투자활동	29	13
재무활동	—	—
순현금흐름	39	51
기말현금	103	154

시장 대비 수익률

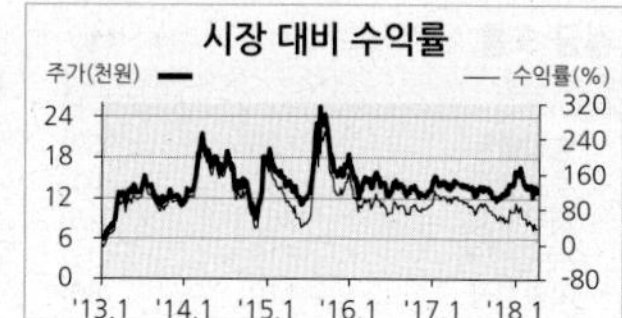

결산 실적 〈단위 : 억원〉

항목	2012	2013	2014	2015	2016	2017
매출액	540	610	644	453	565	469
영업이익	71	76	40	-35	3	-18
당기순이익	67	71	50	-27	3	-35

분기 실적 〈단위 : 억원〉

항목	2016.3Q	2016.4Q	2017.1Q	2017.2Q	2017.3Q	2017.4Q
매출액	158	205	79	95	135	161
영업이익	3	21	-14	-14	5	5
당기순이익	0	25	-19	-16	-2	1

재무 상태 〈단위 : 억원〉

항목	2012	2013	2014	2015	2016	2017
총자산	505	626	590	511	533	555
유형자산	6	9	29	28	24	23
무형자산	16	22	25	23	21	20
유가증권	9	14	15	20	19	15
총부채	156	217	137	91	110	168
총차입금	—	—	—	—	—	—
자본금	34	34	34	34	34	34
총자본	349	410	453	420	422	387
지배주주지분	349	410	453	420	422	387

기업가치 지표

항목	2012	2013	2014	2015	2016	2017
주가(최고/저)(천원)	7.4/4.6	15.5/5.7	22.0/9.0	25.5/10.7	18.9/11.9	15.6/11.7
PER(최고/저)(배)	7.6/4.7	15.4/5.7	30.6/12.5	—/—	454.0/284.6	—/—
PBR(최고/저)(배)	1.5/0.9	2.6/1.0	3.3/1.4	4.1/1.7	3.0/1.9	2.7/2.0
EV/EBITDA(배)	2.1	6.1	22.8	—	79.0	—
EPS(원)	1,021	1,025	725	-389	42	-512
BPS(원)	5,181	6,060	6,691	6,185	6,214	5,699
CFPS(원)	1,092	1,106	822	-268	153	-445
DPS(원)	150	150	100	—	—	—
EBITDAPS(원)	1,148	1,183	674	-386	148	-189

재무 비율 〈단위 : %〉

연도	영업이익률	순이익률	부채비율	차입금비율	ROA	ROE	유보율	자기자본비율	EBITDA마진율
2017	-3.8	-7.5	43.6	0.0	-6.5	-8.7	1,039.7	69.7	-2.8
2016	0.5	0.5	26.1	0.0	0.6	0.7	1,142.9	79.3	1.8
2015	-7.7	-5.9	21.6	0.0	-4.9	-6.2	1,137.1	82.2	-5.9
2014	6.2	7.8	30.3	0.0	8.2	11.6	1,238.3	76.8	7.2

엔피씨 (A004250)
National Plastic

업 종 : 화학
신용등급 : (Bond) — (CP) —
홈페이지 : www.npc.co.kr
본 사 : 경기도 안산시 단원구 해안로 289 (원시동)

시 장 : 거래소
기업규모 : 시가총액 소형주
연 락 처 : 031)362-2852

설 립 일	1965.05.29	**종 업 원 수**	330명	**대 표 이 사**	성세영,김진관
상 장 일	1969.09.08	**감 사 의 견**	적정(서일)	**계 열**	
결 산 기	12월	**보 통 주**		**종속회사수**	7개사
액 면 가	500원	**우 선 주**		**구 상 호**	

주주구성 (지분율,%)		출자관계 (지분율,%)		주요경쟁사 (외형,%)	
임익성	20.8	엔피씨케미칼	100.0	NPC	100
한국투자밸류자산운용	17.7	엔피씨몰텍	100.0	한국카본	62
(외국인)	2.9	엔코어벤처스	100.0	애경유화	248

매출구성		비용구성		수출비중	
물류기자재/의자,환경	89.8	매출원가율	85.7	수출	11.3
물류기자재 임대	10.2	판관비율	9.9	내수	88.7

회사 개요

동사는 2011년 상호를 내쇼날푸라스틱에서 엔피씨로 변경했음. 플라스틱 사출제조판매가 대부분을 차지하는 지배적 단일 사업을 영위하고 있으며 물류비용이 많이 들어 수출보다는 내수 위주로 판매하고 있음. 제품구성은 물류기자재 의자 등 사출제품이 대부분을 차지하고 있음. 한편 플라스틱 산업은 소규모 업체가 난립하고 있지만 지속적 제품개발과 목재 철강 등의 대체품 개발로 산업의 성장성은 높다고 볼 수 있음.

실적 분석

동사의 2017년 4분기 연결기준 누적매출액은 3,863.2억원으로 전년동기 대비 2.2% 증가함. 외형성장으로 인해 매출원가가 전년동기 대비 2.4% 증가했음에도 영업이익은 전년동기 대비 6.6% 증가한 166.9억원을 기록함. 그러나 비영업이익이 전년동기 401.1억원에서 19.6억원으로 큰 폭으로 감소함에 따라 당기순이익은 전년동기 보다 70.9% 감소한 117.7억원을 시현하는데 그침.

현금 흐름 <단위 : 억원>

항목	2016	2017
영업활동	392	294
투자활동	46	-144
재무활동	-17	-95
순현금흐름	421	55
기말현금	474	528

시장 대비 수익률

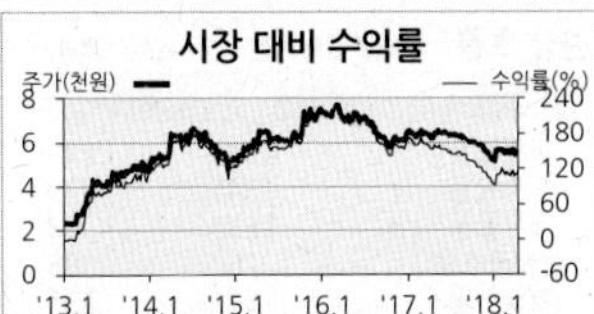

결산 실적 <단위 : 억원>

항목	2012	2013	2014	2015	2016	2017
매출액	2,802	3,237	3,378	3,765	3,779	3,863
영업이익	176	186	174	222	156	167
당기순이익	197	260	264	248	405	118

분기 실적 <단위 : 억원>

항목	2016.3Q	2016.4Q	2017.1Q	2017.2Q	2017.3Q	2017.4Q
매출액	996	1,040	966	962	1,053	882
영업이익	71	11	64	51	63	-12
당기순이익	76	22	83	64	-22	-7

재무 상태 <단위 : 억원>

항목	2012	2013	2014	2015	2016	2017
총자산	2,581	3,052	3,057	3,440	3,993	3,804
유형자산	908	1,122	1,007	1,117	1,439	1,638
무형자산	24	61	14	8	26	26
유가증권	10	7	7	7	7	155
총부채	1,200	1,447	1,207	1,352	1,530	1,298
총차입금	765	946	750	819	827	781
자본금	210	210	210	210	210	210
총자본	1,380	1,605	1,850	2,088	2,463	2,506
지배주주지분	1,379	1,605	1,850	2,083	2,455	2,506

기업가치 지표

항목	2012	2013	2014	2015	2016	2017
주가(최고/저)(천원)	2.8/2.0	5.2/2.3	6.7/4.6	7.5/5.1	7.9/5.6	6.7/5.1
PER(최고/저)(배)	6.5/4.6	8.9/3.9	11.3/7.8	13.2/9.0	8.4/6.0	24.3/18.4
PBR(최고/저)(배)	0.9/0.7	1.4/0.6	1.6/1.1	1.6/1.1	1.4/1.0	1.1/0.9
EV/EBITDA(배)	5.3	7.6	7.3	8.1	6.3	4.6
EPS(원)	469	621	629	590	965	280
BPS(원)	3,293	3,832	4,410	4,960	5,845	5,966
CFPS(원)	778	1,053	1,136	1,171	1,673	1,086
DPS(원)	65	70	70	75	80	90
EBITDAPS(원)	727	875	921	1,110	1,081	1,203

재무 비율 <단위 : %>

연도	영업 이익률	순 이익률	부채 비율	차입금 비율	ROA	ROE	유보율	자기자본 비율	EBITDA 마진율
2017	4.3	3.1	51.8	31.2	3.0	4.7	1,093.3	65.9	13.1
2016	4.1	10.7	62.1	33.6	10.9	17.9	1,069.0	61.7	12.0
2015	5.9	6.6	64.7	39.2	7.6	12.6	892.0	60.7	12.4
2014	5.1	7.8	65.3	40.6	8.6	15.3	782.0	60.5	11.5

엔피케이 (A048830)
NPK

업 종 : 화학
신용등급 : (Bond) — (CP) —
홈페이지 : www.npk.co.kr
본 사 : 경기도 성남시 중원구 갈마치로 215 금강펜테리움IT타워 A-708

시 장 : KOSDAQ
기업규모 : 중견
연 락 처 : 031)730-0650

설 립 일	1987.03.04	**종 업 원 수**	254명	**대 표 이 사**	최상건
상 장 일	2000.09.28	**감 사 의 견**	적정(신정)	**계 열**	
결 산 기	12월	**보 통 주**		**종속회사수**	2개사
액 면 가	500원	**우 선 주**		**구 상 호**	

주주구성 (지분율,%)		출자관계 (지분율,%)		주요경쟁사 (외형,%)	
NIPPON PIGMENT	31.9	제원테크	90.0	엔피케이	100
엔피아이	11.1	코스텍	62.5	동남합성	188
(외국인)	36.7			HRS	93

매출구성		비용구성		수출비중	
컴파운드	74.6	매출원가율	90.0	수출	2.5
마스타베치	18.6	판관비율	7.3	내수	97.5
SKID PLATE	6.8				

회사 개요

동사는 플라스틱 착색제 제조업체로, 주력 사업은 PP, PE 등의 컴파운드 가공과 각종 기능성 칼라 마스터배치 제조 및 판매임. 종속회사인 유창테크에서는 자동차용 플라스틱성형제품을 제조하는 사업을 영위함. 안료분산 및 엔지니어링 플라스틱의 복합가공기술력을 바탕으로 범용플라스틱에서 엔지니어링 플라스틱에 이르는 각종 컴파운드 제품과 항균, UV차단, 대전방지 등의 다양한 마스터배치 제품을 생산함. 수출과 내수 비중은 각각 2.2%, 97.8%임.

실적 분석

동사의 2017년 누적 매출액은 730.9억원으로 전년대비 8.4% 증가함. 비용측면에서 매출원가가 전년 615.9억원에서 657.7억원으로 6.8% 상승했음에도 불구하고 매출 확대에 힘입어 영업이익이 전년보다 486.2% 늘어난 20.2억원을 기록함. LG화학 OEM 생산 협력업체로 우수한 품질과 관리능력을 인정받아 돈독한 협력체제를 구축하고 있으며, 이로부터 지속적인 매출 실적을 올리고 있음.

현금 흐름 <단위 : 억원>

항목	2016	2017
영업활동	84	74
투자활동	-33	-142
재무활동	3	97
순현금흐름	54	29
기말현금	73	102

시장 대비 수익률

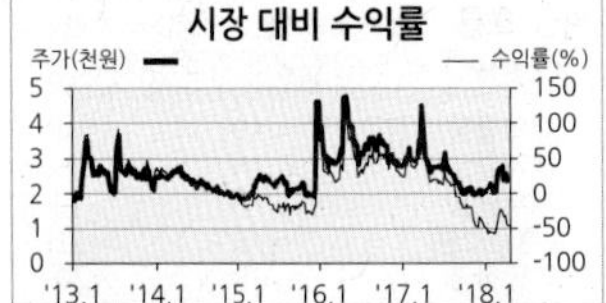

결산 실적 <단위 : 억원>

항목	2012	2013	2014	2015	2016	2017
매출액	646	674	626	591	674	731
영업이익	8	14	3	-22	3	20
당기순이익	11	21	1	-8	19	18

분기 실적 <단위 : 억원>

항목	2016.3Q	2016.4Q	2017.1Q	2017.2Q	2017.3Q	2017.4Q
매출액	170	165	189	175	192	176
영업이익	-4	4	6	7	6	2
당기순이익	-3	16	6	7	4	1

재무 상태 <단위 : 억원>

항목	2012	2013	2014	2015	2016	2017
총자산	392	430	546	566	643	766
유형자산	200	204	263	376	384	376
무형자산	8	8	8	8	9	10
유가증권	8	9	8	11	13	4
총부채	176	200	239	269	327	334
총차입금	56	47	40	110	115	118
자본금	48	48	65	65	65	94
총자본	216	230	307	297	316	432
지배주주지분	210	224	301	291	310	426

기업가치 지표

항목	2012	2013	2014	2015	2016	2017
주가(최고/저)(천원)	5.2/1.3	4.0/1.6	2.8/1.9	4.8/1.8	4.9/2.7	4.7/1.9
PER(최고/저)(배)	49.7/12.3	21.3/8.2	436.4/296.1	—/—	37.7/21.0	38.9/15.4
PBR(최고/저)(배)	2.7/0.7	2.0/0.8	1.4/0.9	2.4/0.9	2.3/1.3	2.1/0.8
EV/EBITDA(배)	5.9	6.7	7.7	153.6	10.5	4.4
EPS(원)	113	201	7	-57	133	123
BPS(원)	2,212	2,356	2,329	2,257	2,401	2,277
CFPS(원)	399	455	214	145	433	411
DPS(원)	30	50	30	30	30	30
EBITDAPS(원)	357	388	232	37	316	424

재무 비율 <단위 : %>

연도	영업 이익률	순 이익률	부채 비율	차입금 비율	ROA	ROE	유보율	자기자본 비율	EBITDA 마진율
2017	2.8	2.5	77.2	27.3	2.6	4.9	355.5	56.4	8.6
2016	0.5	2.8	103.4	36.4	3.1	6.2	380.2	49.2	6.1
2015	-3.7	-1.4	90.4	36.8	-1.5	-2.7	351.3	52.5	0.8
2014	0.5	0.2	77.8	13.1	0.3	0.3	365.8	56.2	4.2

엘디티 (A096870)

LDT

업　　종 : 디스플레이 및 관련부품　　시　　장 : KOSDAQ
신 용 등 급 : (Bond) —　(CP) —　　기 업 규 모 : 벤처
홈 페 이 지 : www.ldt.co.kr　　연 락 처 : 041)520-7300
본　　사 : 충남 천안시 서북구 한들1로 126-33 (백석동 1100번지)

설 립 일 1997.11.13	**종 업 원 수** 56명	**대 표 이 사** 정재천
상 장 일 2008.05.02	**감 사 의 견** 적정(삼일)	**계 열**
결 산 기 12월	**보 통 주**	**종속회사수**
액 면 가 500원	**우 선 주**	**구 상 호**

주주구성 (지분율,%)		출자관계 (지분율,%)		주요경쟁사 (외형,%)	
티에스이	36.1			엘디티	100
한국증권금융	3.8			디이엔티	1,933
(외국인)	0.2			이엘피	489

매출구성		비용구성		수출비중	
LED 구동 IC	39.9	매출원가율	87.5	수출	53.3
OLED 구동 IC	38.4	판관비율	23.1	내수	46.7
[구동 IC]기타	7.6				

회사 개요

디스플레이용 구동IC를 생산하는 팹리스(Fabless) 반도체회사로 OLED 구동 IC가 전체 매출의 95% 정도를 차지하고 있음. OLED 구동 IC 분야 중 주력인 PMOLED는 안정적인 시장 지배력을 유지하고 있으며, AMOLED는 스마트폰에 장착이 되면서 시장이 급격히 커지고 있음. 최근엔 스마트폰 외 TV, 차량용 등 신규 애플리케이션에 적용이 될 수 있도록 신규개발을 추진 중임. SI사업부문은 SSN이 대표적인 사업임.

실적 분석

Smart Sensor Network 사업의 성장과 LED 구동IC의 국내 판매가 크게 증가함에 따라 2017년 연결 기준 매출액은 전년 대비 22.3% 늘어난 93.4억원을 기록함. 주요원재료인 웨이퍼 가격 상승을 반영한 제품가격 인상과 인건비, 연구개발비 등 비용 축소로 영업이익의 적자규모는 전년 대비 줄어듦. 영업외수지에서 13.1억원의 무형자산손상차손을 계상하여 당기순이익은 적자 규모가 더욱 확대됨.

현금 흐름 *IFRS 별도 기준 〈단위 : 억원〉

항목	2016	2017
영업활동	-12	-14
투자활동	15	25
재무활동	—	—
순현금흐름	3	11
기말현금	8	20

시장 대비 수익률

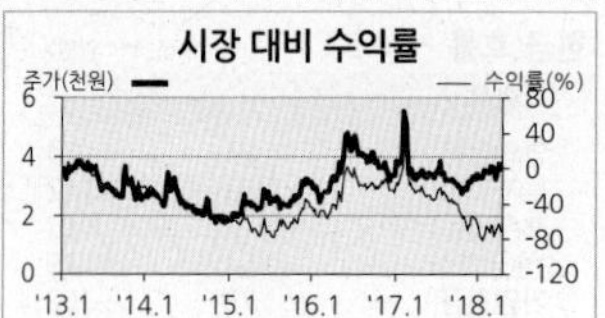

결산 실적 〈단위 : 억원〉

항목	2012	2013	2014	2015	2016	2017
매출액	308	92	70	95	76	93
영업이익	8	-31	-34	2	-14	-10
당기순이익	16	-47	-29	4	-24	-38

분기 실적 *IFRS 별도 기준 〈단위 : 억원〉

항목	2016.3Q	2016.4Q	2017.1Q	2017.2Q	2017.3Q	2017.4Q
매출액	23	19	24	20	19	30
영업이익	-3	-6	0	0	-0	-10
당기순이익	-5	-15	-1	2	0	-38

재무 상태 *IFRS 별도 기준 〈단위 : 억원〉

항목	2012	2013	2014	2015	2016	2017
총자산	281	223	206	203	172	117
유형자산	49	28	27	25	24	23
무형자산	62	36	26	28	24	4
유가증권	0	0	0	0	—	—
총부채	46	34	40	33	26	8
총차입금	—	—	—	—	—	—
자본금	32	32	33	33	33	33
총자본	235	189	166	170	146	109
지배주주지분	235	189	166	170	146	109

기업가치 지표 *IFRS 별도 기준

항목	2012	2013	2014	2015	2016	2017
주가(최고/저)(천원)	8.8/3.0	4.4/2.5	3.5/1.7	3.4/1.8	5.0/2.4	6.1/2.8
PER(최고/저)(배)	34.6/11.7	—/—	—/—	62.1/33.3	—/—	—/—
PBR(최고/저)(배)	2.4/0.8	1.5/0.9	1.4/0.7	1.3/0.7	2.3/1.1	3.8/1.7
EV/EBITDA(배)	4.4	—	—	10.3	—	57.2
EPS(원)	254	-721	-434	55	-359	-564
BPS(원)	3,632	2,919	2,486	2,548	2,189	1,625
CFPS(원)	614	-322	-93	233	-160	-361
DPS(원)	—	—	—	—	—	—
EBITDAPS(원)	484	-80	-174	214	-18	54

재무 비율 〈단위 : %〉

연도	영업이익률	순이익률	부채비율	차입금비율	ROA	ROE	유보율	자기자본비율	EBITDA마진율
2017	-10.6	-40.3	7.7	0.0	-26.1	-29.6	225.0	92.8	3.9
2016	-19.0	-31.4	17.8	0.0	-12.8	-15.2	337.7	84.9	-1.6
2015	2.6	3.9	19.5	0.0	1.8	2.2	409.6	83.7	15.1
2014	-48.4	-40.8	23.9	0.0	-13.4	-16.2	397.2	80.7	-16.4

엘비세미콘 (A061970)

LB SEMICON

업　　종 : 반도체 및 관련장비　　시　　장 : KOSDAQ
신 용 등 급 : (Bond) —　(CP) —　　기 업 규 모 : 중견
홈 페 이 지 : www.lbsemicon.com　　연 락 처 : 031)680-1600
본　　사 : 경기도 평택시 청북면 청북산단로 138

설 립 일 2000.02.10	**종 업 원 수** 431명	**대 표 이 사** 박노만
상 장 일 2011.01.31	**감 사 의 견** 적정(한영)	**계 열**
결 산 기 12월	**보 통 주**	**종속회사수**
액 면 가 500원	**우 선 주**	**구 상 호**

주주구성 (지분율,%)		출자관계 (지분율,%)		주요경쟁사 (외형,%)	
엘비	11.8			엘비세미콘	100
구본천	10.6			에스엔텍	46
(외국인)	3.8			기가레인	80

매출구성		비용구성		수출비중	
[반도체]Driver IC Bumping등	100.0	매출원가율	85.0	수출	41.1
		판관비율	7.2	내수	58.9

회사 개요

동사는 광의의 범위에서 반도체산업 및 디스플레이 부품산업을 영위하고 있으며, 고객사(팹리스업체)의 요청에 따른 사양과 개발일정에 맞춰 팹리스에서 설계한 주문형 반도체에 대한 범핑 및 관련 테스트 사업을 전문으로 하는 반도체 후공정 회사임. 동사 매출의 최종 납품처가 주로 LG디스플레이에 편중되어 있기 때문에, 매출구조상 LG디스플레이의 실적 변동에 민감하게 영향을 받는 구조임.

실적 분석

동사의 2017년 매출은 1,318억원을 달성하였으며, 전년 1,357억원 대비 2.8% 감소함. 원달러 환율하락과 제품믹스의 변화가 주요 원인으로 분석됨. 영업이익은 102.6억원으로 전년 대비 34.7% 감소함. 매출액 감소와 제품믹스 변화에 따른 마진율 감소가 주요 원인임. 당기순이익은 전년 대비 41% 감소되어 80억원을 기록함. 외환환산손실이 주요 원인임.

현금 흐름 *IFRS 별도 기준 〈단위 : 억원〉

항목	2016	2017
영업활동	493	279
투자활동	-154	-279
재무활동	-263	98
순현금흐름	76	85
기말현금	151	236

시장 대비 수익률

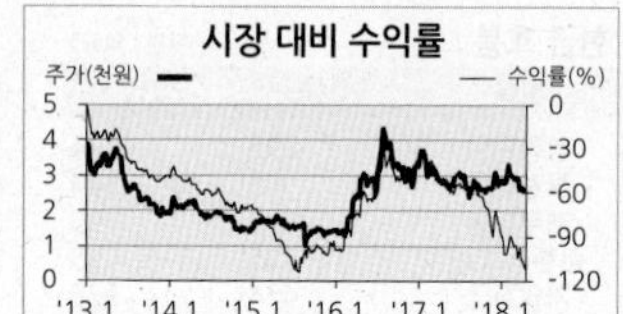

결산 실적 〈단위 : 억원〉

항목	2012	2013	2014	2015	2016	2017
매출액	1,339	1,124	1,003	1,069	1,357	1,318
영업이익	213	26	-20	101	157	103
당기순이익	120	2	-35	-82	135	80

분기 실적 *IFRS 별도 기준 〈단위 : 억원〉

항목	2016.3Q	2016.4Q	2017.1Q	2017.2Q	2017.3Q	2017.4Q
매출액	361	330	305	316	343	354
영업이익	36	28	19	15	36	33
당기순이익	51	22	17	18	31	15

재무 상태 *IFRS 별도 기준 〈단위 : 억원〉

항목	2012	2013	2014	2015	2016	2017
총자산	2,118	2,654	2,287	2,253	2,123	2,365
유형자산	1,369	1,648	1,546	1,479	1,421	1,375
무형자산	11	28	28	27	25	43
유가증권	1	0	0	1	1	3
총부채	1,193	1,724	1,394	1,435	1,181	1,360
총차입금	1,038	1,388	1,276	1,172	957	1,107
자본금	219	219	219	219	219	219
총자본	925	930	893	817	942	1,004
지배주주지분	925	930	893	817	942	1,004

기업가치 지표 *IFRS 별도 기준

항목	2012	2013	2014	2015	2016	2017
주가(최고/저)(천원)	4.8/2.2	3.9/1.8	2.4/1.4	1.8/1.0	4.3/1.3	3.7/2.4
PER(최고/저)(배)	17.3/8.1	1,120.6/517.4	—/—	—/—	14.1/4.2	20.3/13.2
PBR(최고/저)(배)	2.3/1.1	1.8/0.9	1.2/0.7	1.0/0.5	2.0/0.6	1.6/1.1
EV/EBITDA(배)	7.6	7.3	7.3	4.6	5.3	5.4
EPS(원)	277	4	-80	-187	309	182
BPS(원)	2,115	2,126	2,040	1,867	2,153	2,293
CFPS(원)	577	584	531	398	913	825
DPS(원)	—	—	—	—	—	—
EBITDAPS(원)	792	641	566	816	963	878

재무 비율 〈단위 : %〉

연도	영업이익률	순이익률	부채비율	차입금비율	ROA	ROE	유보율	자기자본비율	EBITDA마진율
2017	7.8	6.1	135.5	110.3	3.6	8.2	358.7	42.5	29.2
2016	11.6	10.0	125.3	101.5	6.2	15.4	330.5	44.4	31.1
2015	9.5	-7.6	175.6	143.4	-3.6	-9.6	273.4	36.3	33.4
2014	-2.0	-3.5	156.1	142.9	-1.4	-3.8	307.9	39.0	24.7

엘아이에스 (A138690)
Leading International Service

업 종 : 디스플레이 및 관련부품 | 시 장 : KOSDAQ
신용등급 : (Bond) — (CP) — | 기업규모 : 중견
홈페이지 : www.liser.co.kr | 연 락 처 : 031)427-8492
본 사 : 경기도 의왕시 경수대로391번길 14(오전동)

설 립 일	2006.12.26	**종업원수**	194명	**대표이사**	임태원
상 장 일	2011.06.02	**감사의견**	적정(대성삼경)	**계 열**	
결 산 기	12월	**보 통 주**		**종속회사수**	8개사
액 면 가	500원	**우 선 주**		**구 상 호**	엘티에스

주주구성 (지분율,%)		출자관계 (지분율,%)		주요경쟁사 (외형,%)	
수인코스메틱	14.9	엘아이에스머티리얼즈	100.0	엘아이에스	100
비앤비인베스트먼트	6.2	진선미택스리펀드	100.0	필옵틱스	310
(외국인)	1.0	한국진간보	100.0	AP시스템	1,047

매출구성		비용구성		수출비중	
Marker, Welding, Tie Bar Cutting,(기타)	43.2	매출원가율	70.2	수출	62.4
TSP Film Cutting, POL Film Cutting,(기타)	23.6	판관비율	37.0	내수	37.6
PI(Flexible) Cutting, Cell Sealing,(기타)	21.8				

회사 개요
동사는 전자응용 가공 공작기계 제조전문 기업으로 레이저 응용기기 전문회사임. 주력 장비는 AMOLED 디스플레이 제조공정 중 Frit을 이용한 레이저 봉지장비와 LED TV의 핵심 부품인 도광판을 레이저로 패터닝 할 수 있는 장비. 주요 고객사는 SDC, LG디스플레이, BOE, Everdisplay, 교세라 등. 최근 사후면세점 등 외국인 전용 판매업 및 호텔숙박연계사업 등 관광 후방위 사업을 시작함.

실적 분석
동사의 2017년 연결 기준 연간 누적 매출액은 919.4억원으로 전년 동기 대비 10.7% 감소함. 매출이 감소했지만 매출원가는 오히려 큰 폭으로 늘어 영업손실은 66.3억원으로 전년 동기 대비 적자가 지속됨. 비영업 부문에서 대규모 금융 손실이 발생하는 등 적자 폭이 확대되면서 당기순손실은 306.2억원으로 전년동기(-187.3억원) 대비 적자규모가 확대됨.

현금 흐름
〈단위 : 억원〉

항목	2016	2017
영업활동	-231	-271
투자활동	-64	-344
재무활동	120	637
순현금흐름	-175	17
기말현금	64	82

시장 대비 수익률

결산 실적
〈단위 : 억원〉

항목	2012	2013	2014	2015	2016	2017
매출액	204	421	369	1,219	1,030	919
영업이익	-156	-31	-151	213	-132	-66
당기순이익	-142	-35	-239	237	-187	-306

분기 실적
〈단위 : 억원〉

항목	2016.3Q	2016.4Q	2017.1Q	2017.2Q	2017.3Q	2017.4Q
매출액	273	198	397	345	71	107
영업이익	-66	-44	-4	25	-42	-46
당기순이익	-127	-24	-43	-7	-48	-208

재무 상태
〈단위 : 억원〉

항목	2012	2013	2014	2015	2016	2017
총자산	453	467	448	1,043	1,321	1,690
유형자산	132	140	134	280	335	584
무형자산	55	59	12	122	92	27
유가증권	12	24	—	—	—	—
총부채	225	259	340	534	814	1,452
총차입금	163	190	250	350	349	938
자본금	36	37	49	61	68	70
총자본	228	208	108	508	506	237
지배주주지분	228	208	108	513	506	239

기업가치 지표

항목	2012	2013	2014	2015	2016	2017
주가(최고/저)(천원)	20.7/6.3	12.8/6.7	9.2/4.7	34.8/7.2	27.3/8.6	15.5/9.1
PER(최고/저)(배)	—/—	—/—	—/—	16.8/3.5	—/—	—/—
PBR(최고/저)(배)	6.3/1.9	4.3/2.3	8.3/4.2	8.2/1.7	7.3/2.3	9.0/5.3
EV/EBITDA(배)	—	—	—	10.8	—	—
EPS(원)	-1,968	-483	-3,210	2,064	-1,425	-2,195
BPS(원)	3,274	2,957	1,113	4,223	3,738	1,716
CFPS(원)	-1,752	-113	-2,662	2,322	-1,158	-1,988
DPS(원)	—	—	—	—	—	—
EBITDAPS(원)	-1,950	-62	-1,475	2,072	-780	-271

재무 비율
〈단위 : %〉

연도	영업이익률	순이익률	부채비율	차입금비율	ROA	ROE	유보율	자기자본비율	EBITDA마진율
2017	-7.2	-33.3	611.8	395.3	-20.4	-81.8	243.3	14.1	-4.1
2016	-12.8	-18.2	160.9	68.9	-15.9	-35.3	647.6	38.3	-9.6
2015	17.5	19.5	105.2	68.8	31.8	77.9	744.6	48.7	20.0
2014	-40.9	-64.8	313.3	230.2	-52.3	-151.3	122.6	24.2	-29.8

엘아이지넥스원 (A079550)
LIG Nex1

업 종 : 상업서비스 | 시 장 : 거래소
신용등급 : (Bond) — (CP) — | 기업규모 : 시가총액 중형주
홈페이지 : www.lignex1.com | 연 락 처 : 1644-2005
본 사 : 경기도 용인시 기흥구 마북로 207

설 립 일	1998.02.25	**종업원수**	3,220명	**대표이사**	김지찬
상 장 일	2015.10.02	**감사의견**	적정(삼정)	**계 열**	
결 산 기	12월	**보 통 주**		**종속회사수**	1개사
액 면 가	5,000원	**우 선 주**		**구 상 호**	

주주구성 (지분율,%)		출자관계 (지분율,%)		주요경쟁사 (외형,%)	
엘아이지	46.4	LIG풍산프로테크	60.0	LIG넥스원	100
국민연금공단	6.6	엘엔지옵트로닉스	50.0	한국항공우주	118
(외국인)	10.4	넵코어스	13.7	에스원	110

매출구성		비용구성		수출비중	
PGM	68.3	매출원가율	91.8	수출	15.6
AEW	12.1	판관비율	7.9	내수	84.4
ISR	11.6				

회사 개요
동사의 모태는 1976년 설립된 금성정밀공업임. 1995년 LG정밀로 상호를 변경함. LG그룹에서 계열분리되는 과정에서 2004년 7월 LG이노텍의 시스템(방산)사업부가 분사해 넥스원퓨처로 출범했으며, 2007년 4월 LIG넥스원으로 사명을 변경함. 유도무기를 중심으로 정밀타격, 감시정찰, 지휘통제/통신, 항공전자/전자전 등 방위산업 핵심분야에 주도적으로 참여하고 있음. 동사의 2017년 매출액 기준 시장 점유율은 11.4% 수준임.

실적 분석
동사의 2017년 연결기준 누적 매출액은 1조7613.2억원으로 전년 동기(1조8607.9억원) 대비 5.4% 감소함. 판매비와 관리비용이 29.2% 증가해 영업이익이 크게 감소함. 동사 연간 영업이익은 42.9억원으로 전년(876.2억원) 대비 95.1% 하락함. 비영업부분 마저 적자폭이 확대되면서 당기순이익은 적자전환함. 일부 양산사업 물량감소 및 종료와 개발사업(장거리레이더 체계개발, 차기소부대무전기 체계개발)의 계약해제로 손실 증가.

현금 흐름
〈단위 : 억원〉

항목	2016	2017
영업활동	-1,077	-364
투자활동	-996	-1,150
재무활동	1,844	2,285
순현금흐름	-226	770
기말현금	123	893

시장 대비 수익률

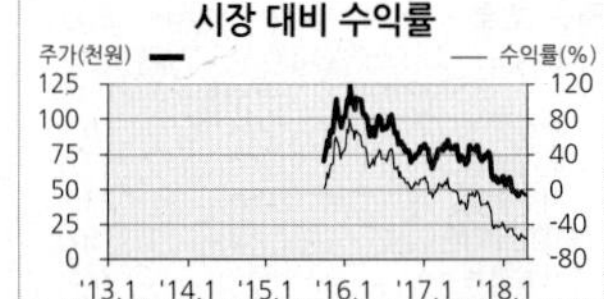

결산 실적
〈단위 : 억원〉

항목	2012	2013	2014	2015	2016	2017
매출액	9,521	12,082	14,002	19,037	18,608	17,613
영업이익	334	514	720	1,122	876	43
당기순이익	232	538	506	830	771	-86

분기 실적
〈단위 : 억원〉

항목	2016.3Q	2016.4Q	2017.1Q	2017.2Q	2017.3Q	2017.4Q
매출액	4,187	5,957	3,585	4,739	4,894	4,395
영업이익	223	162	60	316	311	-645
당기순이익	175	219	49	442	215	-793

재무 상태
〈단위 : 억원〉

항목	2012	2013	2014	2015	2016	2017
총자산	11,101	14,535	16,259	17,543	17,915	20,068
유형자산	5,095	5,338	5,586	5,448	5,961	6,581
무형자산	530	730	741	822	817	735
유가증권	116	121	169	269	264	265
총부채	8,307	11,182	12,678	11,772	11,598	14,028
총차입금	1,925	1,218	1,070	555	2,606	5,099
자본금	1,000	1,000	1,000	1,100	1,100	1,100
총자본	2,794	3,353	3,581	5,771	6,316	6,040
지배주주지분	2,794	3,353	3,581	5,771	6,316	6,040

기업가치 지표

항목	2012	2013	2014	2015	2016	2017
주가(최고/저)(천원)	—/—	—/—	—/—	117/70.7	125/64.2	87.0/55.6
PER(최고/저)(배)	0.0/0.0	0.0/0.0	0.0/0.0	29.8/18.0	36.4/18.7	—/—
PBR(최고/저)(배)	0.0/0.0	0.0/0.0	0.0/0.0	4.6/2.8	4.4/2.3	3.2/2.0
EV/EBITDA(배)	2.4	0.9	0.9	14.4	14.9	32.2
EPS(원)	1,160	2,689	2,528	4,044	3,502	-392
BPS(원)	13,970	16,767	17,906	26,231	28,711	27,454
CFPS(원)	2,964	4,654	4,653	6,350	5,666	1,867
DPS(원)	—	—	—	940	940	500
EBITDAPS(원)	3,476	4,535	5,727	7,770	6,146	2,454

재무 비율
〈단위 : %〉

연도	영업이익률	순이익률	부채비율	차입금비율	ROA	ROE	유보율	자기자본비율	EBITDA마진율
2017	0.2	-0.5	232.3	84.4	-0.5	-1.4	449.1	30.1	3.1
2016	4.7	4.1	183.6	41.3	4.4	12.8	474.2	35.3	7.3
2015	5.9	4.4	204.0	9.6	4.9	17.8	424.6	32.9	8.4
2014	5.1	3.6	354.0	29.9	3.3	14.6	258.1	22.0	8.2

엘앤에프 (A066970)
L&F

업 종 : 전자 장비 및 기기 | 시 장 : KOSDAQ
신용등급 : (Bond) — (CP) — | 기업규모 : 중견
홈페이지 : www.landf.co.kr | 연 락 처 : 053)592-7300
본 사 : 대구시 달서구 달서대로91길 120

설 립 일	2000.07.27	**종업원수**	434명	**대 표 이 사**	허제홍
상 장 일	2002.12.27	**감사의견**	적정(삼일)	**계 열**	
결 산 기	12월	**보 통 주**		**종속회사수**	2개사
액 면 가	500원	**우 선 주**		**구 상 호**	

주주구성 (지분율,%)		출자관계 (지분율,%)		주요경쟁사 (외형,%)	
새로닉스	16.4	제이에이치화학공업	64.6	엘앤에프	100
Kwang Sung Electronics, Inc.	4.4	광미래신재료유한공사	62.2	비츠로셀	6
(외국인)	11.6			에스티큐브	2

매출구성		비용구성		수출비중	
양극활물질 외 (제품 외)	100.0	매출원가율	88.8	수출	91.0
		판관비율	3.9	내수	9.0

회사 개요

동사는 2차전지 양극활물질 생산을 주로 하고 있음. 매출 구조는 자회사인 엘앤에프신소재로 판매하고 이후 엘앤에프신소재가 2차전지업체로 매출이 이루어 지고 있음. 초기 시장은 양극활 물질에 대한 국산화 의지 및 수요가 증가함으로써 매출 성장이 컸지만 최근 경쟁 심화 및 전방산업 부진에 따라 성장이 정체되고 있음. 소형전지 중심에서 중대형 전지 비중 확대를 위해 노력 중임. 아직 소형전지 비중이 92.3%임.

실적 분석

동사의 2017년 연간 매출액은 전년동기대비 61.4% 상승한 4,030.2억원을 기록하였음. 비용면에서 전년동기대비 매출원가는 증가 하였으며 인건비도 증가, 광고선전비는 크게 감소, 기타판매비와관리비는 증가함. 이처럼 매출액 상승과 더불어 비용절감에도 힘을 기울였음. 최종적으로 전년동기대비 당기순이익은 크게 상승하여 206.4억원을 기록함. 매출액은 크게 늘었으나 비영업손익의 적자지속은 꾸준한 관찰이 필요할 듯.

현금 흐름 〈단위 : 억원〉

항목	2016	2017
영업활동	-97	67
투자활동	-170	-177
재무활동	276	273
순현금흐름	8	152
기말현금	71	223

시장 대비 수익률

결산 실적 〈단위 : 억원〉

항목	2012	2013	2014	2015	2016	2017
매출액	2,242	2,260	2,457	2,351	2,497	4,030
영업이익	27	-32	10	-20	139	294
당기순이익	7	-90	-21	-50	52	206

분기 실적 〈단위 : 억원〉

항목	2016.3Q	2016.4Q	2017.1Q	2017.2Q	2017.3Q	2017.4Q
매출액	703	724	682	1,003	1,158	1,187
영업이익	51	66	43	75	104	71
당기순이익	14	36	40	45	77	44

재무 상태 〈단위 : 억원〉

항목	2012	2013	2014	2015	2016	2017
총자산	1,428	1,579	1,627	1,684	2,027	2,655
유형자산	655	793	750	833	848	965
무형자산	120	110	125	132	95	62
유가증권	10	9	9	10	5	1
총부채	942	1,061	1,018	1,093	1,153	1,422
총차입금	761	875	812	889	903	1,082
자본금	52	52	71	71	116	123
총자본	486	518	609	591	874	1,233
지배주주지분	415	457	550	503	877	1,214

기업가치 지표

항목	2012	2013	2014	2015	2016	2017
주가(최고/저)(천원)	11.3/6.6	10.3/6.1	7.8/5.0	11.1/5.4	18.8/7.2	46.7/13.9
PER(최고/저)(배)	547.1/319.9	—/—	—/—	—/—	72.1/27.7	57.7/17.2
PBR(최고/저)(배)	3.2/1.9	2.7/1.6	2.0/1.3	3.0/1.5	4.5/1.7	8.8/2.6
EV/EBITDA(배)	16.8	27.4	15.8	30.9	18.2	28.9
EPS(원)	21	-604	-104	-249	262	811
BPS(원)	4,221	4,622	4,046	3,715	4,209	5,339
CFPS(원)	761	177	574	403	706	1,214
DPS(원)	20	20	20	20	50	100
EBITDAPS(원)	997	575	753	515	1,083	1,601

재무 비율 〈단위 : %〉

연도	영업이익률	순이익률	부채비율	차입금비율	ROA	ROE	유보율	자기자본비율	EBITDA마진율
2017	7.3	5.1	115.3	87.8	8.8	19.0	967.9	46.5	9.8
2016	5.6	2.1	132.0	103.4	2.8	8.2	741.7	43.1	9.4
2015	-0.8	-2.1	185.0	150.5	-3.0	-6.7	643.1	35.1	3.1
2014	0.4	-0.9	167.1	133.3	-1.3	-2.8	709.2	37.4	4.1

엘앤케이바이오메드 (A156100)
L&K BIOMED

업 종 : 의료 장비 및 서비스 | 시 장 : KOSDAQ
신용등급 : (Bond) — (CP) — | 기업규모 : 중견
홈페이지 : www.lnkbiomed.com | 연 락 처 : 1600-0841
본 사 : 경기도 용인시 기흥구 동백중앙로 16번길 16-25,201호(중동, 대우프론티어밸리Ⅰ)

설 립 일	2008.12.22	**종업원수**	110명	**대 표 이 사**	강국진,이승주
상 장 일	2013.07.01	**감사의견**	적정(이촌)	**계 열**	
결 산 기	12월	**보 통 주**		**종속회사수**	4개사
액 면 가	500원	**우 선 주**		**구 상 호**	

주주구성 (지분율,%)		출자관계 (지분율,%)		주요경쟁사 (외형,%)	
강국진	20.4	엘앤케이팜	100.0	엘앤케이바이오	100
이춘성	7.6	에취제이시	100.0	제이브이엠	286
(외국인)	4.4	L&KBIOMEDMALAYSIASDN.BHD	100.0	셀루메드	58

매출구성		비용구성		수출비중	
기타	35.9	매출원가율	46.8	수출	57.1
LUMBARIMPLANT(제품)	34.8	판관비율	59.6	내수	42.9
KNEE(상품)	11.4				

회사 개요

동사는 정형외과용 의료기기 중 척추 임플란트를 개발, 제조 및 판매하는 회사로 2008년 12월에 설립되어 2013년 7월 코넥스시장에 상장됨. 척추 임플란트는 퇴행성 척추 질환, 척추골절, 척추측만증, 목디스크 등의 표준 수술방법인 척추유합술에 사용되는 의료기기임. 선진국을 중심으로 평균 수명연장, 고령화 사회 진입 등에 따라 관련 사업을 영위하는 동사의 성장세는 지속될 전망.

실적 분석

동사의 2017년도 연결기준 연간 매출액은 371.2억원으로 전년도 대비 7.7% 증가함. 그러나 연구소 및 영업인력 증가에 따른 급여성 비용 증가와 파생상품평가손실, 외환차손 및 평가손실 등으로 영업이익과 순이익 모두 적자전환함. 동사는 최대 의료기기 시장인 미국 시장에 진출, 스탠퍼드대학 병원 등과 같은 미국 유수의 대학병원에 제품을 공급하고 있어 javascript:goSave('I');안정적인 해외 수요 증가가 기대됨.

현금 흐름 〈단위 : 억원〉

항목	2016	2017
영업활동	-84	-49
투자활동	-17	-45
재무활동	171	49
순현금흐름	71	-46
기말현금	84	38

시장 대비 수익률

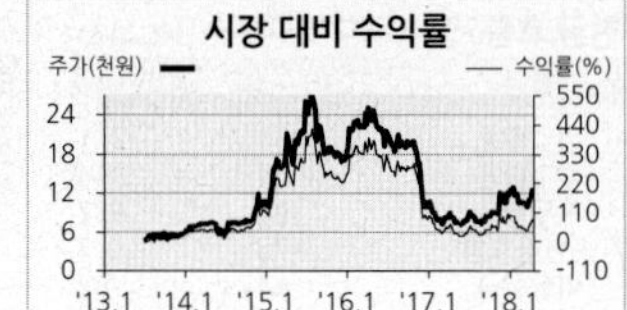

결산 실적 〈단위 : 억원〉

항목	2012	2013	2014	2015	2016	2017
매출액	147	174	202	320	344	371
영업이익	40	53	33	56	24	-24
당기순이익	32	32	-47	61	18	-113

분기 실적 〈단위 : 억원〉

항목	2016.3Q	2016.4Q	2017.1Q	2017.2Q	2017.3Q	2017.4Q
매출액	77	55	87	79	117	88
영업이익	12	-34	4	-9	20	-39
당기순이익	-6	-1	-18	-9	11	-97

재무 상태 〈단위 : 억원〉

항목	2012	2013	2014	2015	2016	2017
총자산	203	321	420	674	898	933
유형자산	21	48	63	101	81	70
무형자산	4	4	19	75	96	108
유가증권	0	—	—	—	1	—
총부채	97	179	393	261	323	492
총차입금	78	152	370	193	219	371
자본금	23	23	33	46	51	51
총자본	106	142	26	413	575	441
지배주주지분	106	142	26	384	542	412

기업가치 지표

항목	2012	2013	2014	2015	2016	2017
주가(최고/저)(천원)	—/—	6.2/4.8	12.4/5.0	27.7/9.8	25.2/9.9	12.6/6.7
PER(최고/저)(배)	0.0/0.0	12.7/9.8	—/—	38.9/13.7	162.0/63.5	—/—
PBR(최고/저)(배)	0.0/0.0	2.9/2.3	34.5/14.0	6.6/2.3	4.8/1.9	2.9/1.5
EV/EBITDA(배)	1.2	9.4	27.7	27.0	21.9	236.0
EPS(원)	643	488	-676	711	155	-1,085
BPS(원)	2,344	3,046	360	4,176	5,285	4,311
CFPS(원)	1,047	839	-545	889	433	-790
DPS(원)	—	—	—	—	—	—
EBITDAPS(원)	1,274	1,287	611	815	537	60

재무 비율 〈단위 : %〉

연도	영업이익률	순이익률	부채비율	차입금비율	ROA	ROE	유보율	자기자본비율	EBITDA마진율
2017	-6.5	-30.4	111.6	84.1	-12.3	-23.3	762.2	47.3	1.7
2016	7.0	5.2	56.2	38.1	2.3	3.1	956.9	64.0	14.5
2015	17.6	19.0	63.1	46.8	11.2	30.7	735.3	61.3	22.5
2014	16.6	-23.3	일부잠식	일부잠식	—	—	-19.3	6.3	21.1

엘에스 (A006260)

LS

업　　종 : 전기장비　　　　　　　　　　시　　장 : 거래소
신용등급 : (Bond) A+　　(CP) A2+　　　기업규모 : 시가총액 중형주
홈페이지 : www.lsholdings.com　　　　연 락 처 : 02)2189-9754
본　　사 : 서울시 강남구 영동대로 517 아셈타워 21층

설 립 일	1969.10.25	**종업원수**	73명	**대표이사**	이광우
상 장 일	1977.06.30	**감사의견**	적정(안진)	**계　열**	
결 산 기	12월	**보 통 주**		**종속회사수**	48개사
액 면 가	5,000원	**우 선 주**		**구 상 호**	

주주구성 (지분율,%)		출자관계 (지분율,%)		주요경쟁사 (외형,%)	
국민연금공단	13.2	LS엠트론	100.0	LS	100
Capital Research and Management Company(CRMC)	4.9	LS글로벌인코퍼레이티드	100.0	대한전선	17
(외국인)	18.2	LS아이앤디	92.2	LS산전	25

매출구성		비용구성		수출비중	
커넥터, 동박, 자동차 부품 등 외	36.1	매출원가율	86.7	수출	—
통신, 권선	18.3	판관비율	9.0	내수	—
전력선, 알루미늄,해저케이블 등	15.5				

회사 개요

동사는 1962년 5월에 한국케이블공업주식회사로 설립되었으며, 지주회사로서 주식의 소유를 통하여 국내회사의 사업내용을 지배하는 것을 주된 사업으로 하고 있음. 동사는 2017년말 현재 국내 48개사, 해외 50개사 등 총 98개의 계열회사를 가지고 있으며, 초고압 전력선 및 광통신케이블을 생산하는 전선사업, 전력기기와 시스템을 제조하는 산전사업, 기계사업과 부품사업을 하는 엠트론사업, 동정광을 제련하는 동제련 사업 등으로 구성.

실적 분석

동사의 연결기준 2017년 매출액은 전년 대비 11.8% 증가한 9조 5,151.1억원을 기록한 반면, 판관비는 대손상각비 중심으로 전년 동기 대비 0.2% 감소함에 따라 동기간 영업이익은 전년 대비 45.8% 증가한 4,072.1억원을 기록함. 반면, 비영업손익은 외환차손 감소로 전년 대비 개선되었으나 여전히 적자를 기록함. 이에 따라 동사의 2017년 당기순이익은 전년 대비 69.6% 증가한 3,648.3억원을 기록함.

현금 흐름 〈단위 : 억원〉

항목	2016	2017
영업활동	8,087	2,374
투자활동	-2,359	-4,030
재무활동	-6,127	1,490
순현금흐름	-378	-248
기말현금	6,535	6,287

시장 대비 수익률

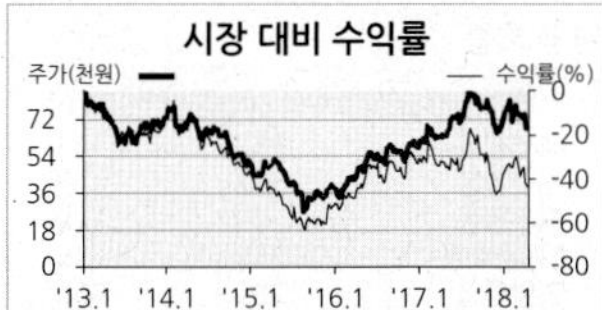

결산 실적 〈단위 : 억원〉

항목	2012	2013	2014	2015	2016	2017
매출액	119,951	115,324	108,833	99,997	85,075	95,151
영업이익	4,476	4,653	3,772	2,720	3,787	5,322
당기순이익	2,137	1,652	867	-735	2,151	3,648

분기 실적 〈단위 : 억원〉

항목	2016.3Q	2016.4Q	2017.1Q	2017.2Q	2017.3Q	2017.4Q
매출액	20,161	16,728	26,395	26,524	23,823	18,409
영업이익	772	604	1,596	1,321	1,289	1,116
당기순이익	365	425	1,108	711	759	1,070

재무 상태 〈단위 : 억원〉

항목	2012	2013	2014	2015	2016	2017
총자산	100,882	100,068	103,357	98,815	97,130	99,789
유형자산	27,547	27,658	26,698	25,834	24,870	19,577
무형자산	8,081	7,594	7,617	7,909	7,807	6,371
유가증권	452	422	580	676	783	806
총부채	71,979	69,997	73,026	69,279	64,578	63,468
총차입금	49,867	47,899	48,433	48,144	41,796	39,584
자본금	1,610	1,610	1,610	1,610	1,610	1,610
총자본	28,903	30,071	30,331	29,536	32,552	36,321
지배주주지분	23,256	24,155	24,051	23,026	24,515	27,217

기업가치 지표

항목	2012	2013	2014	2015	2016	2017
주가(최고/저)(천원)	88.0/64.4	86.4/59.7	78.0/49.6	52.9/26.0	62.0/32.4	86.6/58.4
PER(최고/저)(배)	18.7/13.7	25.1/17.4	61.0/38.8	—/—	12.3/6.4	9.6/6.4
PBR(최고/저)(배)	1.3/1.0	1.2/0.9	1.1/0.7	0.8/0.4	0.8/0.4	1.0/0.7
EV/EBITDA(배)	10.2	9.3	9.7	8.9	10.8	9.1
EPS(원)	5,284	3,820	1,397	-3,064	5,223	9,219
BPS(원)	74,649	77,443	77,118	73,936	78,559	86,951
CFPS(원)	15,133	13,908	12,074	7,641	13,908	17,736
DPS(원)	1,250	1,250	1,250	1,250	1,250	1,250
EBITDAPS(원)	23,750	24,157	20,609	20,466	17,360	21,163

재무 비율 〈단위 : %〉

연도	영업이익률	순이익률	부채비율	차입금비율	ROA	ROE	유보율	자기자본비율	EBITDA마진율
2017	5.6	3.8	174.7	109.0	3.7	11.5	1,639.0	36.4	7.2
2016	4.5	2.5	198.4	128.4	2.2	7.1	1,471.2	33.5	6.6
2015	2.7	-0.7	234.6	163.0	-0.7	-4.2	1,378.7	29.9	6.6
2014	3.5	0.8	240.8	159.7	0.9	1.9	1,442.4	29.4	6.1

엘에스네트웍스 (A000680)

LS Networks

업　　종 : 섬유 및 의복　　　　　　　　시　　장 : 거래소
신용등급 : (Bond) BBB+　　(CP) A3+　　기업규모 : 시가총액 소형주
홈페이지 : www.lsnetworks.co.kr　　　연 락 처 : 02)799-7114
본　　사 : 경남 김해시 호계로 428 1층 (부원동, 세화빌딩)

설 립 일	1949.12.21	**종업원수**	196명	**대표이사**	구자용,윤선노,문성준
상 장 일	1973.11.15	**감사의견**	적정(한영)	**계　열**	
결 산 기	12월	**보 통 주**		**종속회사수**	7개사
액 면 가	5,000원	**우 선 주**		**구 상 호**	

주주구성 (지분율,%)		출자관계 (지분율,%)		주요경쟁사 (외형,%)	
E1	81.8	엠비케이코퍼레이션	100.0	LS네트웍스	100
구자열	0.0	베스트토요타	100.0	일신방직	111
(외국인)	0.1	바이클로	100.0	에프티이앤이	15

매출구성		비용구성		수출비중	
상품매출(상품)	89.1	매출원가율	68.1	수출	—
기타	10.9	판관비율	31.3	내수	—

회사 개요

동사는 1949년 설립돼 1973년 유가증권시장에 상장함. 의류사업, 임대사업, 유통사업 등을 영위하고 있음. 엠비케이코퍼레이션, 베스트토요타, 케이제이모터라드, 흥업, 스포츠모터사이클코리아, 바이클로, 엘피에스제일차 등 7개 회사를 연결대상 자회사로 보유함. 전체매출의 48.6%는 의류사업에서, 44.3%는 유통사업에서, 8.1%는 임대사업에서, 1.7%는 기타 사업에서 거둬들임.

실적 분석

수익성위주 사업재편에 따른 상사사업의 축소로 2017년 연결 기준 매출액은 전년대비 9.0% 감소함. 2016년 하반기 진행된 대규모 사업구조 및 인력구조조정의 영향으로 판매비와관리비가 크게 줄었으며, 대손상각비도 감소하여 영업이익은 27.7억원의 흑자로 전환됨. G&A PEF(이베스트투자증권)의 순이익 확대로 지분법이익이 전년대비 대폭 증가하여 순이익은 206.0억원을 시현함. 삼일회계법인의 사옥 이전으로 LS용산타워 공실률 발생이 우려됨.

현금 흐름 〈단위 : 억원〉

항목	2016	2017
영업활동	-242	187
투자활동	1,528	357
재무활동	-1,176	-333
순현금흐름	111	211
기말현금	240	451

시장 대비 수익률

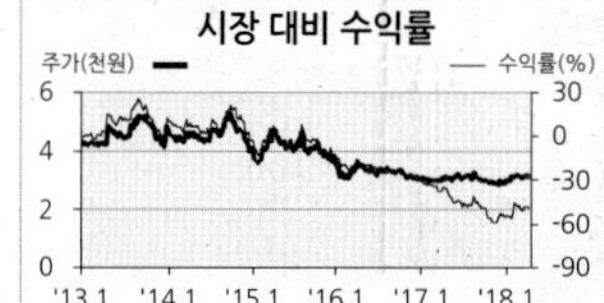

결산 실적 〈단위 : 억원〉

항목	2012	2013	2014	2015	2016	2017
매출액	6,548	7,710	9,481	7,310	4,870	4,434
영업이익	119	-50	27	-728	-582	28
당기순이익	197	-192	7	-758	-871	206

분기 실적 〈단위 : 억원〉

항목	2016.3Q	2016.4Q	2017.1Q	2017.2Q	2017.3Q	2017.4Q
매출액	1,051	1,224	1,062	1,049	986	1,337
영업이익	-110	-382	24	-3	-14	20
당기순이익	-106	-752	21	88	-1	99

재무 상태 〈단위 : 억원〉

항목	2012	2013	2014	2015	2016	2017
총자산	14,040	14,508	15,904	15,211	12,613	12,735
유형자산	2,337	2,756	2,633	2,170	1,830	1,137
무형자산	94	91	86	80	50	44
유가증권	80	0	0	0	0	0
총부채	6,028	6,766	8,211	8,312	6,584	6,506
총차입금	3,921	4,680	5,630	5,958	4,965	4,796
자본금	3,941	3,941	3,941	3,941	3,941	3,941
총자본	8,012	7,742	7,694	6,899	6,029	6,229
지배주주지분	8,012	7,742	7,694	6,899	6,029	6,229

기업가치 지표

항목	2012	2013	2014	2015	2016	2017
주가(최고/저)(천원)	5.4/4.0	5.2/4.1	5.3/4.0	4.9/3.6	3.6/3.0	3.3/2.9
PER(최고/저)(배)	22.0/16.4	—/—	588.3/447.4	—/—	—/—	12.5/11.0
PBR(최고/저)(배)	0.5/0.4	0.5/0.4	0.5/0.4	0.5/0.4	0.5/0.4	0.4/0.4
EV/EBITDA(배)	25.1	61.8	42.5	—	—	48.4
EPS(원)	250	-244	9	-961	-1,106	261
BPS(원)	10,262	10,052	10,029	9,077	7,974	8,226
CFPS(원)	462	-9	230	-768	-940	398
DPS(원)	50	10	10	—	—	—
EBITDAPS(원)	363	171	255	-730	-573	172

재무 비율 〈단위 : %〉

연도	영업이익률	순이익률	부채비율	차입금비율	ROA	ROE	유보율	자기자본비율	EBITDA마진율
2017	0.6	4.7	104.5	77.0	1.6	3.4	64.5	48.9	3.1
2016	-12.0	-17.9	109.2	82.3	-6.3	-13.5	59.5	47.8	-9.3
2015	-10.0	-10.4	120.5	86.4	-4.9	-10.4	81.5	45.4	-7.9
2014	0.3	0.1	106.7	73.2	0.1	0.1	100.6	48.4	2.1

엘에스산전 (A010120)

LS Industrial Systems

업　　종 : 전기장비　　시　　장 : 거래소
신용등급 : (Bond) AA-　(CP) A1　　기업규모 : 시가총액 중형주
홈페이지 : www.lsis.co.kr　　연 락 처 : 02)1544-2080
본　　사 : 경기도 안양시 동안구 엘에스로 127 LS타워

설 립 일	1974.07.24	**종업원수**	3,329명	**대표이사**	구자균,박용상,남기원
상 장 일	1994.06.09	**감사의견**	적정(안진)	**계　열**	
결 산 기	12월	**보 통 주**		**종속회사수**	11개사
액 면 가	5,000원	**우 선 주**		**구 상 호**	

주주구성 (지분율,%)		출자관계 (지분율,%)		주요경쟁사 (외형,%)	
LS	46.0	LS메탈	100.0	LS산전	100
국민연금공단	13.0	엘에스사우타	90.0	대한전선	68
(외국인)	15.9	엘에스메카피온	81.5	LS	406

매출구성		비용구성		수출비중	
저압기기, 고압기기, 계량기, 계전기, 초고압 등	77.3	매출원가율	81.4	수출	38.6
PLC, INVERTER, 자동화시스템, 철도시스템 등	19.1	판관비율	11.9	내수	61.4
동관, STS, 후육관	12.3				

회사 개요

동사는 1974년 설립되어 전기, 전자, 계측, 정보 및 자동화기기의 제조, 판매 및 유지보수를 주요 목적사업으로 함. 전력기기와 시스템의 제조 및 공급, 자동화기기와 시스템의 제조 및 공급, 그리고 녹색성장과 관련된 그린에너지사업을 영위하고 있음. 사업부문은 전력, 자동화, 금속으로 나뉘며 각 부문의 매출은 약 60%, 25%, 15%임. 태양광 산업은 동남아 지역으로 마케팅 지역을 확대하면서 수출이 회복될 것으로 예상됨.

실적 분석

2017년은 중국의 사드보복과 미국발 트럼프 행정부의 불확실성, 북한 리스크 등과 같은 대외환경의 변동성이 지속되는 가운데에서도 국내외 IT 투자 수요가 증가하면서 동사는 연결기준 매출액 2조 3,437억원으로 전년 대비 5.9% 증가하였으며, LS산전 별도기준 매출은 1조 8,075억원으로 별도 기준으로는 전년 대비 5.6% 증가함. 자본은 전년대비 7.7% 증가한 1조 1,481억이며, 이는 2017년도 당기순이익 증가 때문임.

현금 흐름

〈단위 : 억원〉

항목	2016	2017
영업활동	2,422	1,446
투자활동	-1,020	-1,638
재무활동	-873	-541
순현금흐름	541	-786
기말현금	3,401	2,615

시장 대비 수익률

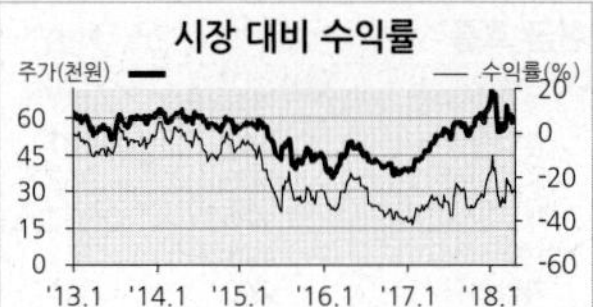

결산 실적

〈단위 : 억원〉

항목	2012	2013	2014	2015	2016	2017
매출액	22,324	23,519	22,910	22,017	22,136	23,437
영업이익	1,542	1,749	1,621	1,544	1,244	1,584
당기순이익	973	1,140	1,051	706	807	1,060

분기 실적

〈단위 : 억원〉

항목	2016.3Q	2016.4Q	2017.1Q	2017.2Q	2017.3Q	2017.4Q
매출액	5,239	6,634	5,594	5,883	5,914	6,046
영업이익	301	276	359	437	554	234
당기순이익	217	217	193	331	380	156

재무 상태

〈단위 : 억원〉

항목	2012	2013	2014	2015	2016	2017
총자산	20,203	21,013	22,944	22,517	22,618	22,558
유형자산	6,683	6,638	6,781	6,437	6,105	5,774
무형자산	1,504	1,449	1,380	1,379	1,302	1,158
유가증권	108	97	116	172	199	342
총부채	11,828	11,743	13,009	12,370	11,957	11,077
총차입금	6,587	6,905	7,745	7,607	7,051	6,500
자본금	1,500	1,500	1,500	1,500	1,500	1,500
총자본	8,375	9,270	9,935	10,147	10,661	11,481
지배주주지분	8,343	9,262	9,929	10,133	10,646	11,457

기업가치 지표

항목	2012	2013	2014	2015	2016	2017
주가(최고/저)(천원)	66.0/45.1	64.0/48.8	64.2/53.4	60.2/38.9	50.4/35.8	65.3/37.9
PER(최고/저)(배)	22.0/15.0	18.1/13.8	19.5/16.2	27.2/17.6	19.4/13.8	18.8/11.0
PBR(최고/저)(배)	2.6/1.8	2.2/1.7	2.1/1.7	1.8/1.2	1.4/1.0	1.7/1.0
EV/EBITDA(배)	10.6	9.5	8.9	7.6	7.0	8.9
EPS(원)	3,344	3,884	3,561	2,343	2,690	3,503
BPS(원)	28,662	31,725	33,949	34,627	36,337	39,042
CFPS(원)	5,975	6,600	6,460	5,337	5,666	6,432
DPS(원)	1,000	1,100	1,300	1,000	800	1,100
EBITDAPS(원)	7,771	8,547	8,302	8,141	7,123	8,210

재무 비율

〈단위 : %〉

연도	영업이익률	순이익률	부채비율	차입금비율	ROA	ROE	유보율	자기자본비율	EBITDA마진율
2017	6.8	4.5	96.5	56.6	4.7	9.5	680.8	50.9	10.5
2016	5.6	3.7	112.2	66.1	3.6	7.8	626.8	47.1	9.7
2015	7.0	3.2	121.9	75.0	3.1	7.0	592.5	45.1	11.1
2014	7.1	4.6	131.0	78.0	4.8	11.1	579.0	43.3	10.9

엘에스전선아시아 (A229640)

LS Cable&System Asia

업　　종 : 전기장비　　시　　장 : 거래소
신용등급 : (Bond) —　(CP) —　　기업규모 : 시가총액 소형주
홈페이지 : www.lscnsasia.co.kr　　연 락 처 : 031)428-0288
본　　사 : 경기도 안양시 동안구 엘에스로 127 (호계동, LS타워) 3층

설 립 일	2015.05.15	**종업원수**	4명	**대표이사**	신용현
상 장 일	2016.09.22	**감사의견**	적정(삼정)	**계　열**	
결 산 기	12월	**보 통 주**		**종속회사수**	3개사
액 면 가	500원	**우 선 주**		**구 상 호**	

주주구성 (지분율,%)		출자관계 (지분율,%)		주요경쟁사 (외형,%)	
LS전선	50.0	LSCable&SystemVietnam	100.0	LS전선아시아	100
케이에이치큐제삼호사모투자전문회사	9.7	LS-VINACable&SystemJointStockCo	80.7	LS	2,357
(외국인)	3.5	LS-GaonCableMyanmar	50.0	대한전선	393

매출구성		비용구성		수출비중	
전력케이블(고압, 중압, 저압),소재 등	68.0	매출원가율	90.6	수출	—
통신케이블(UTP, 광케이블) 등	32.0	판관비율	4.5	내수	—

회사 개요

동사는 대한민국 상법에 따라 설립/존속중인 주식회사로 주식의 소유를 통하여 외국기업의 사업 활동을 지배하는 것을 주된 사업으로 하는 국내법인이며, 유가증권시장 상장규정 시행세칙으로 정하는 요건을 모두 충족한 외국기업 지배주주 회사임. 종속회사인 LS-VINA Cable & System Joint Stock Co.와 LS Cable & System Vietnam Co., Ltd.는 베트남 내 설립되어 절연선 및 케이블제조업을 영위하고 있음.

실적 분석

동사의 2017년 연간 매출액은 전년동기대비 17% 상승한 4,037.4억원을 기록하였음. 원화강세에 따른 외환 손실 등의 비영업손익 적자지속으로 전년동기대비 당기순이익은 143.4억원을 기록함. 통신망이 확충되지 않은 베트남, ASEAN 등 개발도상국가들이 도시화 및 산업화를 추진하는 과정에서 인프라 투자가 확대되고 있으므로, 상기 신흥시장을 중심으로 한 수요 성장성이 기대되고 있음.

현금 흐름

〈단위 : 억원〉

항목	2016	2017
영업활동	257	-74
투자활동	-12	9
재무활동	-29	78
순현금흐름	219	15
기말현금	285	300

시장 대비 수익률

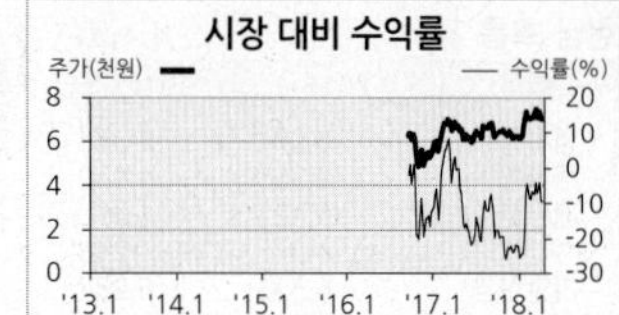

결산 실적

〈단위 : 억원〉

항목	2012	2013	2014	2015	2016	2017
매출액	—	—	—	2,001	3,451	4,037
영업이익	—	—	—	111	195	198
당기순이익	—	—	—	61	147	143

분기 실적

〈단위 : 억원〉

항목	2016.3Q	2016.4Q	2017.1Q	2017.2Q	2017.3Q	2017.4Q
매출액	754	864	823	1,068	1,134	1,012
영업이익	39	50	49	57	52	40
당기순이익	32	30	38	42	38	25

재무 상태

〈단위 : 억원〉

항목	2012	2013	2014	2015	2016	2017
총자산	—	—	—	2,442	2,758	2,851
유형자산	—	—	—	262	232	254
무형자산	—	—	—	339	346	306
유가증권	—	—	—	—	—	—
총부채	—	—	—	1,304	1,458	1,516
총차입금	—	—	—	417	490	608
자본금	—	—	—	151	153	153
총자본	—	—	—	1,139	1,300	1,335
지배주주지분	—	—	—	1,071	1,228	1,171

기업가치 지표

항목	2012	2013	2014	2015	2016	2017
주가(최고/저)(천원)	—/—	—/—	—/—	—/—	—/—	—/—
PER(최고/저)(배)	0.0/0.0	0.0/0.0	0.0/0.0	0.0/0.0	16.0/11.7	17.3/13.1
PBR(최고/저)(배)	0.0/0.0	0.0/0.0	0.0/0.0	0.0/0.0	1.7/1.3	1.9/1.4
EV/EBITDA(배)	0.0	0.0	0.0	1.7	7.2	8.9
EPS(원)	—	—	—	358	436	419
BPS(원)	—	—	—	7,107	4,009	3,825
CFPS(원)	—	—	—	1,038	604	581
DPS(원)	—	—	—	—	150	160
EBITDAPS(원)	—	—	—	1,777	813	807

재무 비율

〈단위 : %〉

연도	영업이익률	순이익률	부채비율	차입금비율	ROA	ROE	유보율	자기자본비율	EBITDA마진율
2017	4.9	3.6	113.6	45.6	5.1	10.7	665.1	46.8	6.1
2016	5.7	4.3	112.2	37.7	5.7	11.5	701.8	47.1	7.1
2015	5.6	3.1	114.5	36.6	0.0	0.0	610.7	46.6	6.8
2014	0.0	0.0	0.0	0.0	0.0	0.0	0.0	0.0	0.0

엘에프 (A093050)

LF

업 종 : 섬유 및 의복 | 시 장 : 거래소
신용등급 : (Bond) AA- (CP) — | 기업규모 : 시가총액 중형주
홈페이지 : www.lfcorp.com | 연 락 처 : 02)3441-8114
본 사 : 서울시 강남구 언주로 870 (신사동)

설 립 일	2006.11.03	**종업원수**	1,009명	**대 표 이 사**	구본걸,오규식
상 장 일	2006.12.01	**감사의견**	적정(안진)	**계 열**	
결 산 기	12월	**보 통 주**		**종속회사수**	27개사
액 면 가	5,000원	**우 선 주**		**구 상 호**	LG패션

주주구성 (지분율,%)		출자관계 (지분율,%)		주요경쟁사 (외형,%)	
구본걸	19.1	LF푸드	100.0	LF	100
국민연금공단	10.8	트라이씨클	100.0	한세예스24홀딩스	154
(외국인)	38.8	뉴폴라리스	100.0	신세계인터내셔날	69

매출구성		비용구성		수출비중	
상제품매출액(상품및제품)	99.1	매출원가율	41.3	수출	—
수수료수익(기타)	2.7	판관비율	51.8	내수	—
기타매출액(기타)	0.9				

회사 개요

동사는 2006년 11월 1일 LG상사로부터 분할 후 신설된 법인으로 분할 전의 패션부문을 승계 받아 운영하고 있음. 외식사업을 영위하는 LF푸드, 의류사업을 영위하는 LF코프, LF패션, LF Trading (Shanghai) Co., Ltd., 라푸마코리아, 건축공사업을 영위하는 레베누스 등을 연결대상 종속회사로 보유하고 있음. 디자인 역량 강화를 위해 상하이, 밀라노, 파리, 뉴욕에 디자인 스튜디오를 운영함.

실적 분석

2017년 연결기준 동사 매출액은 1조 6,020.6억원을 기록함. 전년도 매출액인 1조 5,293억원에 비해 4.8% 증가한 금액임. 매출원가가 5.6% 증가하고 판매비와 관리비가 0.8% 늘었지만 매출 증가폭이 이를 웃돌아 영업이익은 전년도 789.9억원에서 39.5% 증가한 1,101.5억원을 시현함. 비영업부문 적자폭이 커졌음에도 당기순이익은 전년도 511.6억원에서 36.8% 증가한 699.5억원을 기록함.

현금 흐름

〈단위 : 억원〉

항목	2016	2017
영업활동	1,413	1,195
투자활동	-2,337	-290
재무활동	528	-847
순현금흐름	-402	-13
기말현금	1,287	1,273

시장 대비 수익률

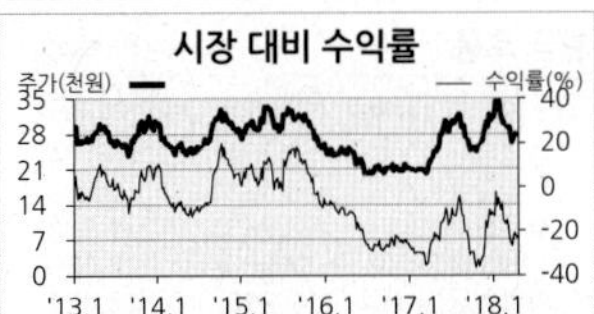

결산 실적

〈단위 : 억원〉

항목	2012	2013	2014	2015	2016	2017
매출액	14,665	14,861	14,602	15,710	15,293	16,021
영업이익	779	848	957	741	790	1,101
당기순이익	567	649	811	506	512	700

분기 실적

〈단위 : 억원〉

항목	2016.3Q	2016.4Q	2017.1Q	2017.2Q	2017.3Q	2017.4Q
매출액	3,110	4,515	3,813	3,972	3,397	4,839
영업이익	48	340	241	308	71	482
당기순이익	9	245	200	234	67	198

재무 상태

〈단위 : 억원〉

항목	2012	2013	2014	2015	2016	2017
총자산	12,081	12,916	14,030	14,749	15,811	15,948
유형자산	3,508	3,484	3,404	3,301	3,120	3,894
무형자산	672	758	779	1,246	1,294	1,855
유가증권	—	—	—	1	1	910
총부채	3,334	3,766	4,200	4,573	5,290	4,915
총차입금	1,265	1,824	1,978	2,307	2,968	2,270
자본금	1,462	1,462	1,462	1,462	1,462	1,462
총자본	8,747	9,149	9,830	10,176	10,522	11,033
지배주주지분	8,684	9,144	9,824	10,173	10,528	10,925

기업가치 지표

항목	2012	2013	2014	2015	2016	2017
주가(최고/저)(천원)	42.1/23.4	31.5/23.7	33.1/24.0	34.8/24.9	25.4/20.0	32.3/19.7
PER(최고/저)(배)	22.4/12.5	14.7/11.1	12.8/9.3	21.2/15.1	14.9/11.7	13.0/7.9
PBR(최고/저)(배)	1.6/0.9	1.1/0.8	1.1/0.8	1.1/0.8	0.7/0.6	0.9/0.5
EV/EBITDA(배)	6.8	6.3	4.9	5.4	3.1	5.2
EPS(원)	2,076	2,332	2,782	1,742	1,767	2,519
BPS(원)	29,701	31,274	33,599	34,790	36,006	37,363
CFPS(원)	3,844	4,071	4,241	3,145	3,172	4,008
DPS(원)	400	400	500	500	500	500
EBITDAPS(원)	4,432	4,638	4,731	3,937	4,107	5,257

재무 비율

〈단위 : %〉

연도	영업 이익률	순 이익률	부채 비율	차입금 비율	ROA	ROE	유보율	자기자본 비율	EBITDA 마진율
2017	6.9	4.4	44.6	20.6	4.4	6.9	647.3	69.2	9.6
2016	5.2	3.4	50.3	28.2	3.4	5.0	620.1	66.6	7.9
2015	4.7	3.2	44.9	22.7	3.5	5.1	595.8	69.0	7.3
2014	6.6	5.6	42.7	20.1	6.0	8.6	572.0	70.1	9.5

엘엠에스 (A073110)

LMS

업 종 : 디스플레이 및 관련부품 | 시 장 : KOSDAQ
신용등급 : (Bond) — (CP) — | 기업규모 : 우량
홈페이지 : www.lmsglobal.com | 연 락 처 : 031)421-2345
본 사 : 경기도 평택시 진위면 진위산단로 53-73

설 립 일	1999.02.13	**종업원수**	333명	**대 표 이 사**	조성민
상 장 일	2007.10.12	**감사의견**	적정(정동)	**계 열**	
결 산 기	12월	**보 통 주**		**종속회사수**	3개사
액 면 가	500원	**우 선 주**		**구 상 호**	

주주구성 (지분율,%)		출자관계 (지분율,%)		주요경쟁사 (외형,%)	
나우주	22.7	옵티스	0.6	엘엠에스	100
JAFCO Asia Technology Fund II	4.7	대광반도체	0.5	우리이앤엘	110
(외국인)	7.1	매일방송	0.0	우리조명	1,041

매출구성		비용구성		수출비중	
프리즘시트	97.1	매출원가율	67.4	수출	96.6
회절격자 렌즈	2.9	판관비율	19.0	내수	3.4

회사 개요

동사는 2003년, 전세계 두번째로 TFT-LCD에 사용되는 BLU(Back Light Unit)용 프리즘 시트 개발에 성공하여, 현재 중소형 프리즘시트 선도기업이며 3M과 시장을 양분하고 있음. 디스플레이와 광픽업 부품 사업에 주력 중임. 중국 시장의 원활한 진출 및 추가 해외 시장 개척을 위해 중국 2개와 홍콩 1개의 현지 법인을 자회사로 두고 있음. 자회사는 디스플레이사업과 무역업 영위하는 기업으로 구분됨.

실적 분석

동사의 2017년도 연결기준 연간 매출액은 1,437.5억원, 영업이익은 195.4억원으로 전년 대비 각각 26.6%, 114.4% 증가함. 디스플레이 사업부의 신제품 등 해외 매출비중이 증가하면서 수익성이 향상됨. 특히 중국과 베트남 지역의 매출이 크게 증가했고, 싱가폴과 독일 지역에서 신규 매출이 발생함. 비영업손익의 적자 폭이 증가했으나 순이익은 94.9억원으로 흑자전환에 성공함.

현금 흐름

〈단위 : 억원〉

항목	2016	2017
영업활동	-121	423
투자활동	-80	-269
재무활동	-65	-120
순현금흐름	-271	-3
기말현금	246	244

시장 대비 수익률

결산 실적

〈단위 : 억원〉

항목	2012	2013	2014	2015	2016	2017
매출액	851	1,117	1,389	1,234	1,135	1,437
영업이익	113	169	188	73	91	195
당기순이익	91	155	227	69	-117	95

분기 실적

〈단위 : 억원〉

항목	2016.3Q	2016.4Q	2017.1Q	2017.2Q	2017.3Q	2017.4Q
매출액	286	377	422	371	359	285
영업이익	31	46	55	52	55	33
당기순이익	-30	115	-64	71	41	47

재무 상태

〈단위 : 억원〉

항목	2012	2013	2014	2015	2016	2017
총자산	1,516	1,674	2,370	2,247	2,051	2,002
유형자산	748	774	878	926	856	736
무형자산	19	19	18	20	24	24
유가증권	25	54	56	53	14	2
총부채	723	749	1,204	1,016	943	866
총차입금	606	610	1,051	882	812	734
자본금	44	45	45	45	45	45
총자본	793	926	1,165	1,231	1,107	1,136
지배주주지분	793	926	1,165	1,231	1,107	1,136

기업가치 지표

항목	2012	2013	2014	2015	2016	2017
주가(최고/저)(천원)	20.9/10.9	19.7/10.6	22.5/15.6	20.8/8.6	10.3/6.1	12.8/7.8
PER(최고/저)(배)	20.8/10.8	11.6/6.3	9.2/6.4	28.0/11.6	—/—	12.2/7.4
PBR(최고/저)(배)	2.3/1.2	1.8/1.0	1.7/1.2	1.5/0.6	0.8/0.5	0.9/0.6
EV/EBITDA(배)	7.3	8.9	8.9	7.4	6.1	3.4
EPS(원)	1,057	1,776	2,553	776	-1,311	1,066
BPS(원)	9,790	11,499	14,049	14,794	13,397	14,268
CFPS(원)	1,825	2,617	3,534	1,919	-160	2,143
DPS(원)	50	50	50	105	150	150
EBITDAPS(원)	2,065	2,768	3,095	1,960	2,176	3,273

재무 비율

〈단위 : %〉

연도	영업 이익률	순 이익률	부채 비율	차입금 비율	ROA	ROE	유보율	자기자본 비율	EBITDA 마진율
2017	13.6	6.6	76.2	64.6	4.7	8.5	2,706.3	56.8	20.3
2016	8.0	-10.3	85.2	73.3	-5.4	-10.0	2,535.0	54.0	17.1
2015	5.9	5.6	82.5	71.7	3.0	5.8	2,809.8	54.8	14.1
2014	13.5	16.3	103.4	90.2	11.2	21.7	2,663.2	49.2	19.8

엘오티베큠 (A083310)
LOT VACUUM

업 종 : 반도체 및 관련장비 | 시 장 : KOSDAQ
신용등급 : (Bond) — (CP) — | 기업규모 : 우량
홈페이지 : www.lotvacuum.com | 연 락 처 : 031)696-3820
본 사 : 경기도 안성시 공단1로 68 (신건지동)

설 립 일	2002.03.23	**종업원수**	381명	**대 표 이 사**	오흥식
상 장 일	2005.10.05	**감사의견**	적정(삼정)	**계 열**	
결 산 기	12월	**보 통 주**		**종속회사수**	4개사
액 면 가	500원	**우 선 주**		**구 상 호**	

주주구성 (지분율,%)		출자관계 (지분율,%)		주요경쟁사 (외형,%)	
오흥식	29.3	지엠티	100.0	엘오티베큠	100
신한비엔피파리바자산운용	4.3	클린팩터스	44.0	아이에이	30
(외국인)	4.7	LOTVacuumAmerica.,	100.0	에스에이엠티	604

매출구성		비용구성		수출비중	
Fore Vacuum용 (SEMI, OLED, SOLAR 외) 건식진공	68.5	매출원가율	69.0	수출	17.7
수선보수 외	22.9	판관비율	17.2	내수	82.3
PLASMA 장비 외	8.6				

회사 개요

동사는 국내 유일 반도체용 진공펌프 생산기업 으로 반도체 및 LCD 시장용 국산 진공펌프를 개발, 제조, 판매하고 있음. 반도체산업은 크게 소자산업, 장비산업, 원재료산업으로 구분 할 수 있으며 동사가 속해있는 세부산업은 장비산업으로 장비산업은 전공정장비, 후공정장비 및 검사장비로 분류할 수 있음. 이 중 전공정장비는 대부분 진공장비로서 진공펌프를 장착하고 있음.

실적 분석

동사의 2017년 연간 매출액은 전년동기대비 61.8% 상승한 2,007.5억원을 기록하였음. 전방산업인 반도체 산업의 영향을 받는 산업으로 반도체 전공정에 영향을 주는 진공시스템에 관련한 산업이므로 반도체가 성장하면 함께 성장하는 구조임. 최근 급성장중인 반도체 시장에 따라 매출액이 크게 상승한 것으로 보이며 이에 따라 당기순이익은 크게 상승하여 243.4억원을 기록함. 향후 메모리 및 디스플레이 산업으로 사업을 확대할 예정임.

현금 흐름

〈단위 : 억원〉

항목	2016	2017
영업활동	16	408
투자활동	-87	-213
재무활동	99	100
순현금흐름	29	293
기말현금	80	373

시장 대비 수익률

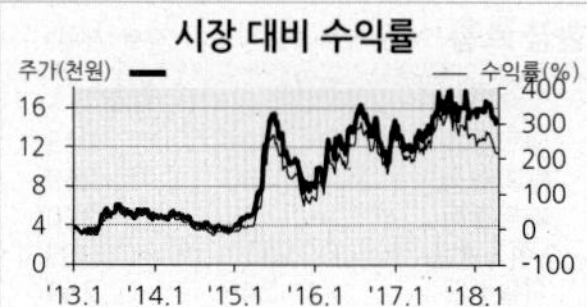

결산 실적

〈단위 : 억원〉

항목	2012	2013	2014	2015	2016	2017
매출액	726	838	885	1,239	1,241	2,007
영업이익	49	36	57	103	86	277
당기순이익	49	32	55	86	85	243

분기 실적

〈단위 : 억원〉

항목	2016.3Q	2016.4Q	2017.1Q	2017.2Q	2017.3Q	2017.4Q
매출액	291	458	416	673	478	440
영업이익	3	62	51	114	72	39
당기순이익	0	61	38	93	62	51

재무 상태

〈단위 : 억원〉

항목	2012	2013	2014	2015	2016	2017
총자산	648	776	855	925	1,165	1,531
유형자산	267	277	283	367	429	447
무형자산	60	68	81	122	136	131
유가증권	6	49	11	51	18	177
총부채	100	171	205	187	341	454
총차입금	0	—	—	—	79	172
자본금	53	55	56	57	60	63
총자본	548	605	650	738	824	1,077
지배주주지분	548	603	642	726	809	1,062

기업가치 지표

항목	2012	2013	2014	2015	2016	2017
주가(최고/저)(천원)	5.1/3.3	6.1/3.1	5.4/3.5	15.9/3.7	16.6/7.5	18.7/11.1
PER(최고/저)(배)	13.2/8.5	24.6/12.6	13.8/8.9	24.6/5.7	25.6/11.5	9.7/5.8
PBR(최고/저)(배)	1.1/0.7	1.3/0.7	1.0/0.7	2.7/0.6	2.6/1.2	2.2/1.3
EV/EBITDA(배)	6.2	9.9	4.3	7.7	15.1	5.3
EPS(원)	391	250	390	650	652	1,937
BPS(원)	5,309	5,533	5,867	6,428	6,814	8,511
CFPS(원)	680	515	697	968	1,045	2,357
DPS(원)	10	10	15	25	25	75
EBITDAPS(원)	681	561	767	1,150	1,074	2,615

재무 비율

〈단위 : %〉

연도	영업이익률	순이익률	부채비율	차입금비율	ROA	ROE	유보율	자기자본비율	EBITDA마진율
2017	13.8	12.1	42.2	16.0	18.1	26.1	1,602.1	70.3	16.4
2016	6.9	6.8	41.4	9.5	8.1	10.7	1,262.9	70.7	10.4
2015	8.3	7.0	25.3	0.0	9.7	12.0	1,185.7	79.8	10.6
2014	6.4	6.3	31.5	0.0	6.8	7.9	1,073.4	76.0	9.7

엘지 (A003550)
LG

업 종 : 복합 산업 | 시 장 : 거래소
신용등급 : (Bond) — (CP) — | 기업규모 : 시가총액 대형주
홈페이지 : www.lg.co.kr | 연 락 처 : 02)3773-1114
본 사 : 서울시 영등포구 여의대로 128 LG트윈타워

설 립 일	1947.01.05	**종업원수**	114명	**대 표 이 사**	구본무,하현회
상 장 일	1970.02.13	**감사의견**	적정(안진)	**계 열**	
결 산 기	12월	**보 통 주**		**종속회사수**	40개사
액 면 가	5,000원	**우 선 주**		**구 상 호**	

주주구성 (지분율,%)		출자관계 (지분율,%)		주요경쟁사 (외형,%)	
구본무	11.3	서브원	100.0	LG	100
국민연금공단	8.1	엘지스포츠	100.0	삼성물산	247
(외국인)	33.1	엘지경영개발원	100.0	효성	106

매출구성		비용구성		수출비중	
IT서비스-엘지엔시스㈜ 외	35.6	매출원가율	78.5	수출	—
MRO	26.1	판관비율	3.1	내수	—
IT서비스-㈜엘지씨엔에스	20.3				

회사 개요

동사는 '독점규제 및 공정거래에 관한 법률' 상 지주회사로서 LG전자, LG화하가, LG유플러스를 포함하여 총 13개의 국내 자회사를 보유하고 있음. 동사의 영업수익은 자회사 및 기타 투자회사로부터의 배당수익, 상표권 사용수익, 임대수익 등으로 구성되어 있음. 매출은 기업구매대행업 및 부동산 자산관련 종합서비스(62%), IT서비스(28%), 지주회사(8%) 등으로 구성되어 있음.

실적 분석

동사의 2017년 연결기준 연간 누적 매출액은 11조8410.6억원으로 전년 동기 대비 22.4% 증가함. 매출이 급격히 증가하면서 매출원가는 늘었지만 판매비와 관리비는 오히려 감소해 영업이익은 전년 동기 대비 65.3% 증가한 2조1858.2억원을 시현함. 관련기업투자 관련 이익이 증가하면서 비영업부문도 흑자전환에 성공해 당기순이익은 전년 동기 대비 123.2% 증가한 2조4355.6억원을 기록함.

현금 흐름

〈단위 : 억원〉

항목	2016	2017
영업활동	8,782	10,584
투자활동	-3,438	-6,893
재무활동	-2,755	-1,398
순현금흐름	2,586	2,138
기말현금	11,290	13,429

시장 대비 수익률

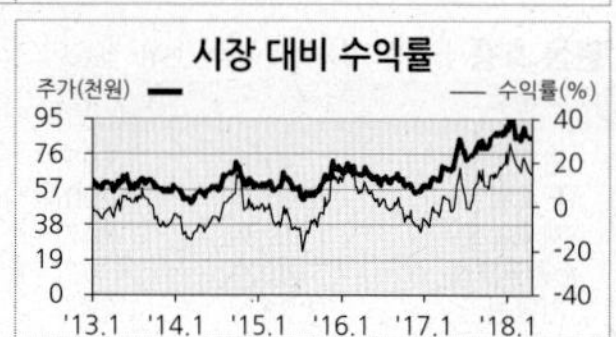

결산 실적

〈단위 : 억원〉

항목	2012	2013	2014	2015	2016	2017
매출액	96,952	97,992	98,654	99,654	96,739	118,411
영업이익	12,315	11,539	10,441	11,386	13,227	21,858
당기순이익	9,617	8,309	8,343	9,438	10,913	24,356

분기 실적

〈단위 : 억원〉

항목	2016.3Q	2016.4Q	2017.1Q	2017.2Q	2017.3Q	2017.4Q
매출액	24,412	26,107	26,428	28,986	30,030	32,967
영업이익	3,207	2,736	6,063	5,679	5,775	4,342
당기순이익	2,702	1,740	7,535	5,422	8,350	3,049

재무 상태

〈단위 : 억원〉

항목	2012	2013	2014	2015	2016	2017
총자산	158,481	165,502	173,327	181,234	194,894	216,477
유형자산	23,833	23,624	24,777	24,713	24,814	19,115
무형자산	1,449	1,564	1,345	1,166	1,140	944
유가증권	1,078	1,099	1,038	931	910	1,218
총부채	43,027	44,449	47,469	48,152	52,694	54,682
총차입금	15,960	17,543	18,828	19,199	18,820	13,946
자본금	8,794	8,794	8,794	8,794	8,794	8,794
총자본	115,454	121,053	125,858	133,082	142,201	161,795
지배주주지분	111,290	117,564	122,519	129,755	138,744	160,026

기업가치 지표

항목	2012	2013	2014	2015	2016	2017
주가(최고/저)(천원)	69.0/47.8	64.8/55.5	71.6/49.6	72.1/50.3	72.6/54.4	91.0/58.2
PER(최고/저)(배)	14.3/9.9	13.9/11.9	16.0/11.1	14.2/9.9	12.3/9.2	6.7/4.3
PBR(최고/저)(배)	1.2/0.8	1.1/0.9	1.1/0.8	1.0/0.7	1.0/0.7	1.0/0.7
EV/EBITDA(배)	8.0	8.3	9.0	9.2	7.0	6.4
EPS(원)	5,334	5,095	4,802	5,369	6,111	13,623
BPS(원)	63,293	66,860	69,678	73,792	78,903	91,003
CFPS(원)	7,301	6,937	6,524	7,126	7,799	15,087
DPS(원)	1,000	1,000	1,000	1,300	1,300	1,300
EBITDAPS(원)	8,970	8,403	7,659	8,231	9,209	13,892

재무 비율

〈단위 : %〉

연도	영업이익률	순이익률	부채비율	차입금비율	ROA	ROE	유보율	자기자본비율	EBITDA마진율
2017	18.5	20.6	33.8	8.6	11.8	16.0	1,720.1	74.7	20.6
2016	13.7	11.3	37.1	13.2	5.8	8.0	1,478.1	73.0	16.7
2015	11.4	9.5	36.2	14.4	5.3	7.5	1,375.8	73.4	14.5
2014	10.6	8.5	37.7	15.0	4.9	7.0	1,293.6	72.6	13.7

엘지디스플레이 (A034220)

LG Display

업 종 : 디스플레이 및 관련부품
시 장 : 거래소
신용등급 : (Bond) AA (CP) A1
기업규모 : 시가총액 대형주
홈페이지 : www.lgdisplay.com
연 락 처 : 02)3777-1010
본 사 : 서울시 영등포구 여의대로 128 LG트윈타워 동관 12층

설 립 일	1985.02.27	종업원수	33,242명	대표이사	한상범
상 장 일	2004.07.23	감사의견	적정(삼정)	계 열	
결 산 기	12월	보 통 주		종속회사수	20개사
액 면 가	5,000원	우 선 주		구 상 호	

주주구성 (지분율,%)		출자관계 (지분율,%)		주요경쟁사 (외형,%)	
엘지전자	37.9	나눔누리	100.0	LG디스플레이	100
국민연금공단	9.2	특정금전신탁	100.0	에스에프에이	7
(외국인)	26.4	파주전기초자	40.0	서울반도체	4

매출구성		비용구성		수출비중	
Display 패널(해외)	93.2	매출원가율	80.7	수출	92.8
Display 패널(국내)	6.9	판관비율	10.4	내수	7.2

회사 개요

동사는 금성소프트웨어로 1985년 설립됐으며, 1998년 LG전자와 LG반도체로부터 LCD 사업 이관받아, TFT-LCD, LTPS-LCD 및 OLED 등 기술을 활용한 디스플레이 및 관련제품 연구, 개발, 제조, 판매를 하고 있음. 새로운 성장동력으로 부상하고 있는 OLED 사업, 플렉서블 디스플레이 기술 개발, LED 백라이트 LCD 시장 주도 등 미래 디스플레이기술을 선도해 성장동력으로 확보하고 있음.

실적 분석

동사의 2017년 연결 기준 연간 누적 매출액은 27조 7,902.2억원으로 전년 동기 대비 4.9% 증가함. 매출은 증가했지만 원가 감소 절감 노력으로 매출원가는 오히려 감소하면서 영업이익은 전년 동기 대비 87.7% 증가한 2조 4,616.2억원을 시현함. 비영업손익 부문에서 외환손실 등으로 적자전환했지만 영업이익 증가 폭이 커 당기순이익은 전년 동기 대비 108% 증가한 1조 9,370.5억원을 시현함.

현금 흐름

〈단위 : 억원〉

항목	2016	2017
영업활동	36,409	67,642
투자활동	-31,892	-64,811
재무활동	3,079	8,622
순현금흐름	8,070	10,439
기말현금	15,587	26,026

시장 대비 수익률

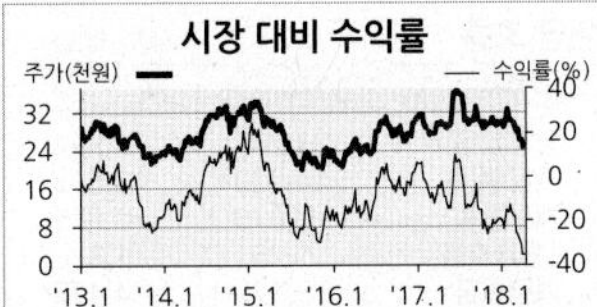

결산 실적

〈단위 : 억원〉

항목	2012	2013	2014	2015	2016	2017
매출액	294,297	270,330	264,555	283,839	265,041	277,902
영업이익	9,124	11,633	13,573	16,256	13,114	24,616
당기순이익	2,363	4,190	9,174	10,235	9,315	19,371

분기 실적

〈단위 : 억원〉

항목	2016.3Q	2016.4Q	2017.1Q	2017.2Q	2017.3Q	2017.4Q
매출액	67,238	79,360	70,622	66,289	69,731	71,261
영업이익	3,232	9,043	10,269	8,043	5,860	445
당기순이익	1,896	8,247	6,795	7,367	4,772	436

재무 상태

〈단위 : 억원〉

항목	2012	2013	2014	2015	2016	2017
총자산	244,555	217,153	229,670	225,772	248,843	291,597
유형자산	131,075	118,083	114,029	105,460	120,314	162,020
무형자산	4,976	4,682	5,767	8,387	8,949	9,128
유가증권	161	169	94	114	94	67
총부채	142,153	109,179	111,836	98,722	114,219	141,782
총차입금	44,559	39,028	42,474	42,243	47,792	56,031
자본금	17,891	17,891	17,891	17,891	17,891	17,891
총자본	102,402	107,974	117,834	127,050	134,624	149,815
지배주주지분	102,098	106,112	114,314	121,930	129,560	143,735

기업가치 지표

항목	2012	2013	2014	2015	2016	2017
주가(최고/저)(천원)	33.8/18.7	30.9/20.9	33.5/21.6	35.0/19.5	31.3/20.3	38.3/26.8
PER(최고/저)(배)	55.5/30.8	27.8/18.7	14.2/9.1	13.7/7.6	12.7/8.3	7.7/5.4
PBR(최고/저)(배)	1.3/0.7	1.1/0.8	1.1/0.7	1.1/0.6	0.9/0.6	1.0/0.7
EV/EBITDA(배)	2.4	2.2	2.9	2.2	3.2	2.4
EPS(원)	652	1,191	2,527	2,701	2,534	5,038
BPS(원)	28,534	29,655	31,948	34,076	36,209	40,170
CFPS(원)	13,143	11,907	12,287	12,136	10,979	14,022
DPS(원)	—	—	500	500	500	500
EBITDAPS(원)	15,041	13,968	13,553	13,978	12,110	15,863

재무 비율

〈단위 : %〉

연도	영업 이익률	순 이익률	부채 비율	차입금 비율	ROA	ROE	유보율	자기자본 비율	EBITDA 마진율
2017	8.9	7.0	94.6	37.4	7.2	13.2	703.4	51.4	20.4
2016	5.0	3.5	84.8	35.5	3.9	7.2	624.2	54.1	16.4
2015	5.7	3.6	77.7	33.3	4.5	8.2	581.5	56.3	17.6
2014	5.1	3.5	94.9	36.1	4.1	8.2	539.0	51.3	18.3

엘지상사 (A001120)

LG International

업 종 : 무역
시 장 : 거래소
신용등급 : (Bond) AA- (CP) —
기업규모 : 시가총액 중형주
홈페이지 : www.lgicorp.com
연 락 처 : 02)3777-1114
본 사 : 서울시 영등포구 여의대로 128, LG트윈타워 동관

설 립 일	1953.11.26	종업원수	410명	대표이사	송치호
상 장 일	1976.01.30	감사의견	적정(한영)	계 열	
결 산 기	12월	보 통 주		종속회사수	85개사
액 면 가	5,000원	우 선 주		구 상 호	

주주구성 (지분율,%)		출자관계 (지분율,%)		주요경쟁사 (외형,%)	
엘지	24.7	당진탱크터미널	100.0	LG상사	100
국민연금공단	13.5	판토스	51.0	포스코대우	176
(외국인)	16.3	흥국하이클래스사모특별자산E-1호	50.0	현대상사	34

매출구성		비용구성		수출비중	
원유/가스, 석탄, 비철, Green 등(기타)	84.1	매출원가율	94.1	수출	—
원유/가스, 석탄, 비철, Green 등(상품)	13.5	판관비율	4.2	내수	—
원유/가스, 석탄, 비철, Green 등(제품)	2.4				

회사 개요

1953년 설립된 동사는 LG계열 기업집단에 소속된 종합상사로서, 자원/원자재 부문 및 산업재 부문의 산업을 영위하고 있음. 매출은 자원(석탄,석유,금속,식량자원 등), 인프라(화공플랜트,산업인프라,화학,전기전자부품 등), 물류부문(해상,항공,육상,통관,창고 등)으로 구성됨. 매출구성은 자원 8.2%, 인프라 64.2%, 물류 27.6%를 기록. 점진적으로 인프라부문과 물류부문의 매출 비중 확대되고 있음.

실적 분석

동사의 2017년 결산 매출액은 12조 8,272억원을 기록하며 전년동기 대비 7.2% 증가한 모습. 원가율 상승에도 매출확대 및 판관비 축소 영향으로 수익성은 크게 증가하여 영업이익은 전년동기 대비 21.9% 늘어난 2,123억원을 기록함. 인프라 사업부문의 안정적 성장과 함께 물류부문에서 한진해운 여파를 극복하며 빠르게 실적 개선이 이루어지고 있고, 인도네시아 괌 광구 생산으로 인해 비용이 감소되고 있어 지속적인 실적 개선이 기대됨.

현금 흐름

〈단위 : 억원〉

항목	2016	2017
영업활동	2,303	1,806
투자활동	-2,180	-102
재무활동	-2,377	-669
순현금흐름	-2,178	840
기말현금	3,112	3,952

시장 대비 수익률

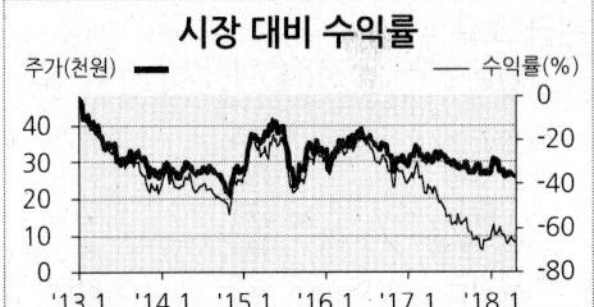

결산 실적

〈단위 : 억원〉

항목	2012	2013	2014	2015	2016	2017
매출액	127,938	120,727	113,722	132,245	119,667	128,272
영업이익	2,055	983	1,720	817	1,741	2,123
당기순이익	2,293	441	-138	-2,171	848	882

분기 실적

〈단위 : 억원〉

항목	2016.3Q	2016.4Q	2017.1Q	2017.2Q	2017.3Q	2017.4Q
매출액	29,419	31,639	30,578	30,153	33,118	34,423
영업이익	216	515	814	392	650	266
당기순이익	96	109	537	145	308	-108

재무 상태

〈단위 : 억원〉

항목	2012	2013	2014	2015	2016	2017
총자산	49,575	48,770	48,968	53,835	51,773	49,676
유형자산	1,330	889	963	3,876	5,517	5,525
무형자산	9,283	8,686	8,050	9,901	9,453	8,818
유가증권	948	908	1,492	1,690	1,504	1,409
총부채	33,419	32,635	33,316	38,402	35,319	33,821
총차입금	15,648	17,429	15,778	17,808	15,360	14,066
자본금	1,938	1,938	1,938	1,938	1,938	1,938
총자본	16,156	16,135	15,652	15,433	16,454	15,855
지배주주지분	14,688	14,758	14,267	11,993	12,489	11,944

기업가치 지표

항목	2012	2013	2014	2015	2016	2017
주가(최고/저)(천원)	57.0/31.9	47.4/25.7	30.0/19.3	42.3/23.6	39.0/26.5	34.8/26.7
PER(최고/저)(배)	10.5/5.9	39.9/21.6	—/—	—/—	26.4/18.0	22.6/17.3
PBR(최고/저)(배)	1.6/0.9	1.3/0.7	0.8/0.5	1.4/0.8	1.2/0.8	1.1/0.9
EV/EBITDA(배)	10.9	10.9	9.4	20.6	11.7	8.3
EPS(원)	5,720	1,242	-340	-6,074	1,500	1,553
BPS(원)	37,919	38,101	36,834	30,967	32,246	30,840
CFPS(원)	7,064	4,290	1,353	-4,660	2,895	3,606
DPS(원)	500	300	300	200	250	250
EBITDAPS(원)	6,646	5,583	6,130	3,522	5,886	7,529

재무 비율

〈단위 : %〉

연도	영업 이익률	순 이익률	부채 비율	차입금 비율	ROA	ROE	유보율	자기자본 비율	EBITDA 마진율
2017	1.7	0.7	213.3	88.7	1.7	4.9	516.8	31.9	2.3
2016	1.5	0.7	214.7	93.4	1.6	4.8	544.9	31.8	1.9
2015	0.6	-1.6	248.8	115.4	-4.2	-17.9	519.3	28.7	1.0
2014	1.5	-0.1	212.9	100.8	-0.3	-0.9	636.7	32.0	2.1

엘지생활건강 (A051900)

LG Household & Healthcare

업　　종 : 가정생활용품
신용등급 : (Bond) AA+　　(CP) A1
홈페이지 : www.lgcare.com
본　　사 : 서울시 종로구 새문안로 58

시　　장 : 거래소
기업규모 : 시가총액 대형주
연 락 처 : 02)3773-1114

설 립 일	2001.04.03	**종업원수**	4,409명	**대표이사**	차석용
상 장 일	2001.04.25	**감사의견**	적정(한영)	**계　　열**	
결 산 기	12월	**보 통 주**		**종속회사수**	30개사
액 면 가	5,000원	**우 선 주**		**구 상 호**	

주주구성 (지분율,%)		출자관계 (지분율,%)		주요경쟁사 (외형,%)	
엘지	34.0	더페이스샵	100.0	LG생활건강	100
국민연금공단	6.2	해태에이치티비	100.0	모나리자	2
(외국인)	46.4	씨앤피코스메틱스	100.0	KCI	1

매출구성		비용구성		수출비중	
오휘, 후, 숨, 이자녹스, 수려한 등[Beautiful]	51.8	매출원가율	39.2	수출	—
엘라스틴, 리엔, 페리오, 죽염 등[Healthy]	26.2	판관비율	45.9	내수	—
코카콜라, 써니텐,스프라이트 등[Refreshing]	22.1				

회사 개요

동사는 LG 계열사로 화장품 및 생활용품 제조, 판매업을 주요 사업으로 영위하고 있음. 후, 숨37, 빌리프, 오휘, VDL 등의 브랜드를 보유함. 국내 럭셔리 화장품 시장에선 점유율 21.1%, 프리미엄(매스티지와 브랜드샵) 시장에선 점유율 13%를 기록함. 코카콜라음료, 더페이스샵, 해태에이치티비, 씨앤피코스메틱스, 락금생활건강무역(상해)유한공사 등을 연결대상 자회사로 보유하고 있음.

실적 분석

2017년 연결기준 동사 매출액은 6조 2,704.6억원을 기록함. 전년도 매출액인 6조 940.6억원에 비해 2.9% 증가함. 매출원가가 1.1% 증가하고 판매비와 관리비도 3.6% 늘었으나 매출 증가폭이 이를 웃돌았음. 이에 영업이익은 5.6% 증가한 9,303.5억원을 시현함. 비영업부문은 적자가 지속됐으나 손실폭이 줄어들었음. 이에 힘입어 당기순이익은 전년도에 비해 6.8% 증가한 6,185.5억원을 시현함

현금 흐름

〈단위 : 억원〉

항목	2016	2017
영업활동	7,134	7,355
투자활동	-4,055	-3,338
재무활동	-3,671	-3,511
순현금흐름	-581	473
기말현금	3,389	3,862

시장 대비 수익률

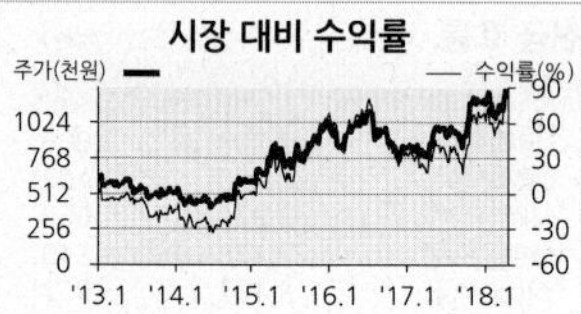

결산 실적

〈단위 : 억원〉

항목	2012	2013	2014	2015	2016	2017
매출액	38,962	43,263	46,770	53,285	60,941	62,705
영업이익	4,455	4,964	5,110	6,841	8,809	9,303
당기순이익	3,120	3,657	3,546	4,704	5,792	6,185

분기 실적

〈단위 : 억원〉

항목	2016.3Q	2016.4Q	2017.1Q	2017.2Q	2017.3Q	2017.4Q
매출액	15,635	14,573	16,007	15,301	16,088	15,309
영업이익	2,442	1,779	2,600	2,325	2,527	1,852
당기순이익	1,921	671	1,806	1,683	1,876	821

재무 상태

〈단위 : 억원〉

항목	2012	2013	2014	2015	2016	2017
총자산	27,641	34,351	38,283	42,146	45,022	47,780
유형자산	10,071	10,221	11,024	12,901	14,638	16,166
무형자산	8,406	12,859	13,461	13,803	14,199	13,928
유가증권	14	16	14	52	58	466
총부채	14,925	19,597	21,198	20,993	18,813	16,954
총차입금	7,275	11,317	12,086	10,612	7,943	6,041
자본금	886	886	886	886	886	886
총자본	12,716	14,754	17,085	21,153	26,208	30,826
지배주주지분	12,016	14,089	16,374	20,373	25,324	29,971

기업가치 지표

항목	2012	2013	2014	2015	2016	2017
주가(최고/저)(천원)	640/444	662/470	625/412	1,040/585	1,162/729	1,240/770
PER(최고/저)(배)	38.8/26.9	34.0/24.1	32.6/21.5	40.7/23.0	36.8/23.1	36.5/22.7
PBR(최고/저)(배)	9.3/6.4	8.2/5.8	6.7/4.4	8.9/5.0	8.0/5.0	7.2/4.5
EV/EBITDA(배)	20.5	16.6	17.8	22.5	14.9	18.9
EPS(원)	17,154	20,166	19,722	25,982	32,070	34,240
BPS(원)	71,816	83,516	96,417	118,986	146,927	173,155
CFPS(원)	23,282	26,388	26,558	33,154	39,616	42,503
DPS(원)	3,750	3,750	4,000	5,500	7,500	9,000
EBITDAPS(원)	31,274	34,239	35,679	45,782	57,266	60,773

재무 비율

〈단위 : %〉

연도	영업이익률	순이익률	부채비율	차입금비율	ROA	ROE	유보율	자기자본비율	EBITDA마진율
2017	14.8	9.9	55.0	19.6	13.3	21.9	3,363.1	64.5	17.2
2016	14.5	9.5	71.8	30.3	13.3	24.9	2,838.5	58.2	16.7
2015	12.8	8.8	99.2	50.2	11.7	25.1	2,279.7	50.2	15.2
2014	10.9	7.6	124.1	70.7	9.8	22.9	1,828.3	44.6	13.5

엘지유플러스 (A032640)

LG Uplus

업　　종 : 무선통신
신용등급 : (Bond) AA　　(CP) A1
홈페이지 : www.uplus.co.kr
본　　사 : 서울시 용산구 한강대로 32 LG유플러스 용산사옥

시　　장 : 거래소
기업규모 : 시가총액 대형주
연 락 처 : 02)3773-1114

설 립 일	1997.07.11	**종업원수**	8,742명	**대표이사**	권영수
상 장 일	2000.09.21	**감사의견**	적정(삼일)	**계　　열**	
결 산 기	12월	**보 통 주**		**종속회사수**	6개사
액 면 가	5,000원	**우 선 주**		**구 상 호**	

주주구성 (지분율,%)		출자관계 (지분율,%)		주요경쟁사 (외형,%)	
엘지	36.1	씨에스원파트너	100.0	LG유플러스	100
국민연금공단	8.6	아인텔레서비스	100.0	SK텔레콤	143
(외국인)	38.6	위드유	100.0	KT	190

매출구성		비용구성		수출비중	
통신 및 관련 서비스	78.8	매출원가율	0.0	수출	—
단말기 판매	21.2	판관비율	93.3	내수	—

회사 개요

2010년 1월 LG데이콤과 LG파워콤과의 합병을 완료하고 이동통신서비스와 함께 TPS서비스, 전화서비스 및 데이터서비스를 영위하고 있는 LG그룹 계열사. 스마트폰 시장의 확대에 따른 데이터중심 시장으로의 전환에 맞춰 2012년 1분기 LTE전국망 커버리지 완성을 통한 네트워크 선점 효과를 누리며, 2017년 12월말 기준으로 이동통신부문에서 시장점유율 약 20.7%를 기록하고 있음.

실적 분석

2017년 연결기준 누적 매출액은 전년 동기대비 7.2% 성장한 12조 2,794억원을 시현함. 영업이익은 마케팅비용 등 제반 영업비용의 효율적 집행과 수익 성장으로 8,263억원을 기록하며 전년대비 10.7% 증가함. 당기순이익은 금융비용 감소 등 영업외수지 개선으로 전년대비 11.0% 상승함. 전화수익은 감소하였으나 TPS사업 수익, IPTV사업 수익, 데이터 수익의 고른 성장에 기인함.

현금 흐름

〈단위 : 억원〉

항목	2016	2017
영업활동	22,248	22,794
투자활동	-14,923	-13,583
재무활동	-7,073	-7,885
순현금흐름	251	1,326
기말현금	3,173	4,499

시장 대비 수익률

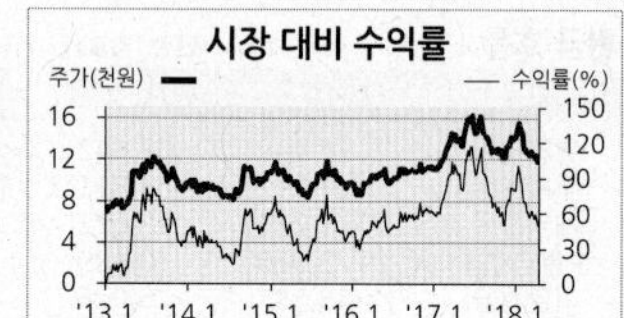

결산 실적

〈단위 : 억원〉

항목	2012	2013	2014	2015	2016	2017
매출액	109,046	114,503	109,998	107,952	114,510	122,794
영업이익	1,268	5,421	5,763	6,323	7,465	8,263
당기순이익	-596	2,795	2,277	3,512	4,927	5,471

분기 실적

〈단위 : 억원〉

항목	2016.3Q	2016.4Q	2017.1Q	2017.2Q	2017.3Q	2017.4Q
매출액	27,370	31,221	28,820	30,097	30,596	33,282
영업이익	2,114	1,844	2,028	2,080	2,141	2,013
당기순이익	1,339	1,180	1,325	1,362	1,428	1,356

재무 상태

〈단위 : 억원〉

항목	2012	2013	2014	2015	2016	2017
총자산	110,887	117,750	120,127	119,510	119,891	119,355
유형자산	60,788	63,927	72,544	72,238	69,496	65,270
무형자산	8,908	12,586	11,165	9,666	11,922	9,573
유가증권	846	814	741	365	327	309
총부채	73,402	77,524	78,348	75,026	71,628	67,025
총차입금	42,975	45,400	53,734	45,752	39,792	33,416
자본금	25,740	25,740	25,740	25,740	25,740	25,740
총자본	37,485	40,226	41,778	44,484	48,263	52,330
지배주주지분	37,468	40,209	41,771	44,480	48,261	52,329

기업가치 지표

항목	2012	2013	2014	2015	2016	2017
주가(최고/저)(천원)	7.1/4.6	12.3/6.8	11.7/8.1	11.9/8.4	11.9/8.4	16.5/10.9
PER(최고/저)(배)	—/—	21.5/11.8	24.6/17.0	16.0/11.3	11.1/7.9	13.6/8.9
PBR(최고/저)(배)	0.9/0.6	1.5/0.8	1.3/0.9	1.3/0.9	1.1/0.8	1.4/0.9
EV/EBITDA(배)	4.8	4.7	4.8	3.9	3.6	3.6
EPS(원)	-122	640	523	805	1,129	1,253
BPS(원)	8,582	9,209	9,567	10,187	11,054	11,985
CFPS(원)	2,729	3,651	3,971	4,490	4,916	5,122
DPS(원)	—	150	150	250	350	400
EBITDAPS(원)	3,111	4,253	4,768	5,133	5,497	5,761

재무 비율

〈단위 : %〉

연도	영업이익률	순이익률	부채비율	차입금비율	ROA	ROE	유보율	자기자본비율	EBITDA마진율
2017	6.7	4.5	128.1	63.9	4.6	10.9	103.3	43.8	20.5
2016	6.5	4.3	148.4	82.5	4.1	10.6	87.5	40.3	21.0
2015	5.9	3.3	168.7	102.9	2.9	8.2	72.8	37.2	20.8
2014	5.2	2.1	187.5	128.6	1.9	5.6	62.3	34.8	18.9

엘지이노텍 (A011070)
LG Innotek

업 종	전자 장비 및 기기	시 장	거래소
신용등급	(Bond) AA- (CP) —	기업규모	시가총액 대형주
홈페이지	www.lginnotek.com	연 락 처	02)3777-1114
본 사	서울시 중구 후암로 98		

설립일	1976.02.24	**종업원수**	11,312명	**대표이사**	박종석
상장일	2008.07.24	**감사의견**	적정(삼일)	**계열**	
결산기	12월	**보통주**		**종속회사수**	11개사
액면가	5,000원	**우선주**		**구상호**	

주주구성 (지분율,%)		출자관계 (지분율,%)		주요경쟁사 (외형,%)	
엘지전자	40.8	이노위드	100.0	LG이노텍	100
국민연금공단	11.9	LG이노텍얼라이언스펀드	99.0	삼성SDI	83
(외국인)	18.4	티티엠	5.7	삼성전기	89

매출구성		비용구성		수출비중	
Camera Module, Actuator 등	49.5	매출원가율	88.4	수출	87.9
모터/센서, 차량통신, 차량용카메라 등	19.7	판관비율	7.7	내수	12.1
Photomask, Tape Substrate, HDITouch Window 등	18.9				

회사 개요

동사는 디스플레이 제품군(LED BLU, Power 모듈 등), 모바일 제품군(카메라 모듈, PCB, Package), Automotive 제품군(모터 및 센서, LED 조명)을 생산 판매하고 LG전자, LG 디스플레이, 애플 등이 주요 거래선임. 애플 비중이 상승함에 따라 애플 신규 스마트폰의 실적과 동사의 실적 상관관계가 높음. LED는 비용구조 효율화로 향후 수익성은 개선될 전망임. 카메라 모듈은 신규 고객 확보 노력 중임.

실적 분석

동사의 2017년 매출액은 전년 대비 33% 증가한 7조 6,414억원, 영업이익은 183% 증가한 2,965억원을 기록함. 광학솔루션 사업부 매출은 전년 대비 64% 증가한 4조 6,785억원을 기록함. 상반기 주요 고객사의 판매 부진 영향으로 매출이 감소하였으나, 하반기에는 고객사 신제품 출시에 따라 제품의 적기 공급으로 상반기의 부진을 만회함. 전장부품 사업부 매출은 9% 증가한 1조 2,346억원을 기록함.

현금 흐름
<단위 : 억원>

항목	2016	2017
영업활동	3,318	4,460
투자활동	-3,559	-8,344
재무활동	65	4,225
순현금흐름	-190	283
기말현금	3,413	3,695

시장 대비 수익률

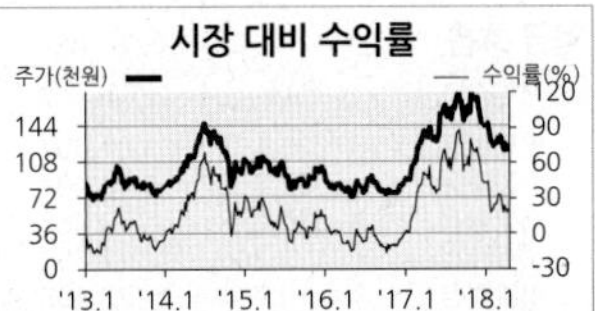

결산 실적
<단위 : 억원>

항목	2012	2013	2014	2015	2016	2017
매출액	53,160	62,115	64,661	61,381	57,546	76,414
영업이익	773	1,362	3,140	2,237	1,048	2,965
당기순이익	-249	155	1,127	951	50	1,748

분기 실적
<단위 : 억원>

항목	2016.3Q	2016.4Q	2017.1Q	2017.2Q	2017.3Q	2017.4Q
매출액	13,845	20,546	16,447	13,396	17,872	28,698
영업이익	206	1,178	668	325	559	1,412
당기순이익	-380	870	366	170	348	864

재무 상태
<단위 : 억원>

항목	2012	2013	2014	2015	2016	2017
총자산	48,863	45,813	44,288	39,143	43,237	58,775
유형자산	23,747	21,049	18,976	16,473	17,294	25,996
무형자산	1,449	1,678	1,810	2,070	2,271	2,695
유가증권	63	39	38	45	24	24
총부채	36,180	32,644	27,323	21,493	25,452	39,267
총차입금	21,677	21,603	14,603	10,643	10,813	15,026
자본금	1,009	1,009	1,183	1,183	1,183	1,183
총자본	12,683	13,169	16,965	17,651	17,785	19,508
지배주주지분	12,683	13,169	16,965	17,651	17,785	19,508

기업가치 지표

항목	2012	2013	2014	2015	2016	2017
주가(최고/저)(천원)	106/67.3	104/69.3	148/81.3	116/78.4	97.1/70.7	184/85.4
PER(최고/저)(배)	—/—	136.9/90.9	31.5/17.3	29.1/19.7	465.9/339.3	25.0/11.6
PBR(최고/저)(배)	1.7/1.1	1.6/1.1	2.1/1.2	1.6/1.1	1.3/0.9	2.2/1.0
EV/EBITDA(배)	6.3	5.2	4.4	4.3	6.2	7.0
EPS(원)	-1,237	770	4,761	4,018	209	7,385
BPS(원)	62,892	65,303	71,695	74,592	75,159	82,439
CFPS(원)	22,140	27,012	27,348	24,398	15,032	22,386
DPS(원)	—	—	250	350	250	250
EBITDAPS(원)	27,210	32,991	35,853	29,831	19,252	27,529

재무 비율
<단위 : %>

연도	영업이익률	순이익률	부채비율	차입금비율	ROA	ROE	유보율	자기자본비율	EBITDA마진율
2017	3.9	2.3	201.3	77.0	3.4	9.4	1,548.8	33.2	8.5
2016	1.8	0.1	143.1	60.8	0.1	0.3	1,403.2	41.1	7.9
2015	3.6	1.6	121.8	60.3	2.3	5.5	1,391.8	45.1	11.5
2014	4.9	1.7	161.1	86.1	2.5	7.5	1,333.9	38.3	13.1

엘지전자 (A066570)
LG Electronics

업 종	내구소비재	시 장	거래소
신용등급	(Bond) AA (CP) —	기업규모	시가총액 대형주
홈페이지	www.lge.co.kr	연 락 처	02)3777-1114
본 사	서울시 영등포구 여의대로 128 LG트윈타워		

설립일	2002.04.01	**종업원수**	37,700명	**대표이사**	조성진,정도현
상장일	2002.04.22	**감사의견**	적정(삼일)	**계열**	
결산기	12월	**보통주**		**종속회사수**	122개사
액면가	5,000원	**우선주**		**구상호**	

주주구성 (지분율,%)		출자관계 (지분율,%)		주요경쟁사 (외형,%)	
엘지	33.7	하이프라자	100.0	LG전자	100
국민연금기금	8.7	하이엔텍	100.0	삼성전자	390
(외국인)	34.6	하이엠솔루텍	100.0	LG디스플레이	45

매출구성		비용구성		수출비중	
LCD TV, OLED TV,LCD 모니터 등	31.5	매출원가율	76.1	수출	67.0
냉장고, 세탁기,에어컨 등	31.1	판관비율	19.9	내수	33.0
이동단말 등	21.2				

회사 개요

2002년 LG전자의 전자와 정보통신 부문을 인적분할하여 설립됨. 주요 사업부문은 TV와 PC 등을 생산하는 홈엔터테인먼트, 이동단말 등을 생산하는 모바일 커뮤니케이션즈, 세탁기, 냉장고, 에어컨 등 주요 생활가전제품을 생산하는 홈 어플라이언스&에어 솔루션, 자동차부품 등을 생산하는 비히클 컴포넌츠, 기판소재, LED, Display 등을 생산하는 엘지이노텍 등 5개로 구성되어 있음. 종속기업은 123개이며, 관계기업 및 공동기업은 14개임.

실적 분석

가전 및 TV 부문의 프리미엄 제품 판매 호조에 따라 연결 기준 매출은 전기대비 10.9% 증가한 61조 3,963억원을 기록함. MC사업부의 손실 축소와 생활가전 부문의 시장선도 제품 개발, TV부문의 프리미엄 제품 비중 확대를 통해 영업이익도 84.5% 늘어남. 대규모 지분법평가이익이 발생하여 순이익도 큰 폭으로 증가함. UHD TV 판매확대가 HE 수익성 개선을 주도하고 있고, 건조기, 공기청정기 등 생활가전 제품이 HA 실적을 견인함.

현금 흐름
<단위 : 억원>

항목	2016	2017
영업활동	31,580	21,663
투자활동	-23,907	-25,829
재무활동	-2,788	8,408
순현금흐름	3,050	3,355
기말현금	30,151	33,506

시장 대비 수익률

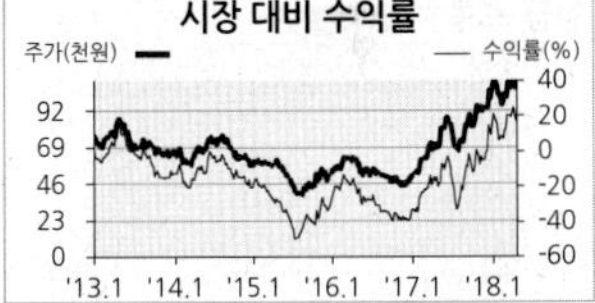

결산 실적
<단위 : 억원>

항목	2012	2013	2014	2015	2016	2017
매출액	551,226	567,723	590,408	565,090	553,670	613,963
영업이익	12,167	12,490	18,286	11,923	13,378	24,685
당기순이익	1,028	2,227	5,014	2,491	1,263	18,695

분기 실적
<단위 : 억원>

항목	2016.3Q	2016.4Q	2017.1Q	2017.2Q	2017.3Q	2017.4Q
매출액	132,242	147,778	146,572	145,514	152,241	169,635
영업이익	2,832	-352	9,215	6,641	5,161	3,669
당기순이익	-815	-2,587	8,357	5,149	3,361	1,828

재무 상태
<단위 : 억원>

항목	2012	2013	2014	2015	2016	2017
총자산	347,661	355,281	370,684	363,139	378,553	412,210
유형자산	98,892	103,420	105,969	104,603	112,224	118,008
무형자산	12,223	13,637	13,943	14,733	15,711	18,546
유가증권	1,131	557	515	570	501	511
총부채	220,603	228,387	240,773	233,304	244,985	265,473
총차입금	86,553	92,326	90,715	89,110	87,534	95,214
자본금	9,042	9,042	9,042	9,042	9,042	9,042
총자본	127,057	126,894	129,911	129,835	133,567	146,737
지배주주지분	117,991	117,392	117,194	116,266	119,871	132,243

기업가치 지표

항목	2012	2013	2014	2015	2016	2017
주가(최고/저)(천원)	90.4/54.4	87.8/62.9	77.2/56.9	63.1/39.0	64.2/44.4	107/51.4
PER(최고/저)(배)	182.6/109.8	92.5/66.2	35.9/26.4	93.5/57.9	152.7/105.6	11.2/5.4
PBR(최고/저)(배)	1.4/0.9	1.4/1.0	1.2/0.9	1.0/0.6	1.0/0.7	1.5/0.7
EV/EBITDA(배)	6.6	6.0	4.8	5.3	5.1	6.1
EPS(원)	511	978	2,208	688	425	9,543
BPS(원)	65,497	65,165	65,056	64,542	66,536	73,378
CFPS(원)	10,366	11,640	12,943	11,376	10,064	19,318
DPS(원)	200	200	400	400	400	400
EBITDAPS(원)	16,584	17,570	20,846	17,281	17,036	23,425

재무 비율
<단위 : %>

연도	영업이익률	순이익률	부채비율	차입금비율	ROA	ROE	유보율	자기자본비율	EBITDA마진율
2017	4.0	3.1	180.9	64.9	4.7	13.7	1,367.6	35.6	6.9
2016	2.4	0.2	183.4	65.5	0.3	0.7	1,230.7	35.3	5.6
2015	2.1	0.4	179.7	68.6	0.7	1.1	1,190.9	35.8	5.5
2014	3.1	0.9	185.3	69.8	1.4	3.4	1,201.1	35.1	6.4

엘지하우시스 (A108670)

LG Hausys

업　　종 : 건축자재　　시　　장 : 거래소
신용등급 : (Bond) AA-　(CP) A1　　기업규모 : 시가총액 중형주
홈페이지 : www.lghausys.co.kr　　연 락 처 : 02)3777-1114
본　　사 : 서울시 영등포구 국제금융로 10 국제금융센터(One IFC)

설 립 일	2009.04.02	종업원수	3,020명	대표이사	민경집
상 장 일	2009.04.20	감사의견	적정(삼일)	계　　열	
결 산 기	12월	보 통 주		종속회사수	10개사
액 면 가	5,000원	우 선 주		구 상 호	

주주구성 (지분율,%)		출자관계 (지분율,%)		주요경쟁사 (외형,%)	
엘지	33.5	하우시스이엔지	100.0	LG하우시스	100
국민연금공단	13.5	엘지토스템비엠	50.0	KCC	119
(외국인)	12.2	모젤디앤에스	13.0	벽산	13

매출구성		비용구성		수출비중	
플라스틱/알루미늄 창,인조대리석 등	64.0	매출원가율	75.6	수출	30.9
고광택시트, 데코시트, 자동차 부품 및 원단 등	31.5	판관비율	20.3	내수	69.1
공통부문	4.5				

회사 개요

동사는 주요제품은 창호, 바닥재, 인조대리석 등의 건축자재와 자동차부품/원단, 인테리어 및 IT 가전용 필름 등의 고기능소재/부품 등이 있음. 플라스틱 등의 원료를 압출, 사출, Calendaring, Casting 등을 통해 소재로 가공하고, 이 후 인쇄, 코팅, 엠보, 발포 등 2차 가공을 거쳐 제품을 제조/판매하는 사업으로 소비자의 소득수준과 건설, 자동차 등 전방산업의 경기 상황에 영향을 많이 받는 특징이 있음.

실적 분석

동사의 연결 기준 2017년 매출액은 3조 2,564.5억원으로 전년동기 대비 11.2% 상승함. 원자재 가격의 가파른 상승에도 불구하고, 적절한 판매가격 인상이 이루어지지 않으면서 그간 양호했던 건축자재 부문의 수익성이 하락했음. 자동차 생산량 감소에 따른 고기능소재/부품 부문의 부진이 이어지면서 실적이 축소됨. 해외 현장별 미청구 공사금액, 주택 입주율, 환율 변동, 기타 투자지분 등은 양호함.

현금 흐름

〈단위 : 억원〉

항목	2016	2017
영업활동	1,522	274
투자활동	-891	-2,531
재무활동	-1,405	2,519
순현금흐름	-762	216
기말현금	1,043	1,259

시장 대비 수익률

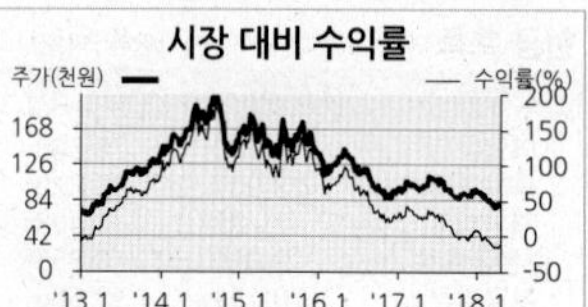

결산 실적

〈단위 : 억원〉

항목	2012	2013	2014	2015	2016	2017
매출액	24,511	26,770	27,921	26,870	29,283	32,565
영업이익	566	1,146	1,485	1,553	1,570	1,330
당기순이익	285	723	636	712	747	679

분기 실적

〈단위 : 억원〉

항목	2016.3Q	2016.4Q	2017.1Q	2017.2Q	2017.3Q	2017.4Q
매출액	7,198	8,026	7,477	8,254	8,549	8,284
영업이익	362	262	341	457	389	142
당기순이익	91	123	128	325	210	16

재무 상태

〈단위 : 억원〉

항목	2012	2013	2014	2015	2016	2017
총자산	17,780	19,521	20,571	22,518	22,859	25,824
유형자산	7,746	8,698	9,925	11,105	11,134	12,307
무형자산	325	337	385	408	423	427
유가증권	34	46	29	31	43	45
총부채	10,515	11,691	12,270	13,742	13,485	15,969
총차입금	6,095	6,372	7,212	9,465	8,347	10,775
자본금	500	500	500	500	500	500
총자본	7,265	7,829	8,301	8,776	9,374	9,856
지배주주지분	7,210	7,784	8,264	8,745	9,374	9,856

기업가치 지표

항목	2012	2013	2014	2015	2016	2017
주가(최고/저)(천원)	81.5/53.0	134/64.8	209/134	185/124	145/84.7	112/86.7
PER(최고/저)(배)	30.6/20.0	19.7/9.5	34.4/22.0	27.1/18.2	20.0/11.7	16.9/13.0
PBR(최고/저)(배)	1.2/0.8	1.9/0.9	2.7/1.7	2.2/1.5	1.6/0.9	1.2/0.9
EV/EBITDA(배)	8.2	8.8	8.6	8.2	5.9	7.3
EPS(원)	2,898	7,324	6,448	7,178	7,514	6,786
BPS(원)	72,300	78,036	82,837	87,652	93,936	98,758
CFPS(원)	11,241	16,415	16,241	18,099	19,409	19,095
DPS(원)	1,000	1,800	1,800	1,800	1,800	1,800
EBITDAPS(원)	14,007	20,550	24,647	26,455	27,594	25,608

재무 비율

〈단위 : %〉

연도	영업이익률	순이익률	부채비율	차입금비율	ROA	ROE	유보율	자기자본비율	EBITDA마진율
2017	4.1	2.1	162.0	109.3	2.8	7.1	1,875.2	38.2	7.9
2016	5.4	2.6	143.9	89.1	3.3	8.3	1,778.7	41.0	9.4
2015	5.8	2.7	156.6	107.9	3.3	8.4	1,653.0	39.0	9.9
2014	5.3	2.3	147.8	86.9	3.2	8.0	1,556.8	40.4	8.8

엘지화학 (A051910)

LG Chem

업　　종 : 화학　　시　　장 : 거래소
신용등급 : (Bond) AA+　(CP) —　　기업규모 : 시가총액 대형주
홈페이지 : www.lgchem.com　　연 락 처 : 02)3777-1114
본　　사 : 서울시 영등포구 여의대로 128, LG트윈타워빌딩

설 립 일	2001.04.01	종업원수	16,930명	대표이사	박진수
상 장 일	2001.04.25	감사의견	적정(삼일)	계　　열	
결 산 기	12월	보 통 주		종속회사수	39개사
액 면 가	5,000원	우 선 주		구 상 호	

주주구성 (지분율,%)		출자관계 (지분율,%)		주요경쟁사 (외형,%)	
엘지	33.3	팜한농	100.0	LG화학	100
국민연금기금	9.7	행복누리	100.0	한화케미칼	36
(외국인)	40.2	사랑누리	100.0	금호석유	20

매출구성		비용구성		수출비중	
ABS, PC, EP, PE 등(상품및제품)	69.1	매출원가율	78.4	수출	57.8
Mobile전지, 자동차전지, 전력저장전지 등	17.2	판관비율	10.3	내수	42.2
편광판 등(상품및제품)	12.1				

회사 개요

동사는 석유화학, 정보전자소재, 전지부문의 사업을 영위하고 있음. 석유화학에선 에틸렌, 프로필렌, 부타디엔, 벤젠 등의 제품을 생산하고 이를 원료로 합성수지, 합성고무, 합성원료 등을 생산, 정보전자소재로는 편광판, 3D FPR, 감광재, 회로소재, OLED물질 등의 디스플레이 소재를 생산함. 전지부문에선 휴대폰, 노트북, 전기차 등에 쓰이는 이차전지를 만들어 현대기아차, GM, 르노, 포드, 볼보 등에 공급함.

실적 분석

동사의 2017년 누적매출액은 25조 6,980억원으로 전년대비 24.4% 증가함. 비용측면에서 매출원가와 판관비가 각각 21.3%, 27.2% 상승했음에도 불구하고 매출 확대에 힘입어 영업이익은 전년보다 47% 늘어난 2조 9,284억원을 기록. 기초소재는 PE중심의 화학 제품 스프레드 반등, 긍적적 환율 효과, 유가 반등의 영향으로 실적 개선세를 보임. 2018년 1조원 규모의 회사채를 발행해 생산시설 확대와 R&D 투자에 나설 계획임.

현금 흐름

〈단위 : 억원〉

항목	2016	2017
영업활동	25,167	31,807
투자활동	-17,368	-16,404
재무활동	-10,073	-7,365
순현금흐름	-2,306	7,750
기말현금	14,744	22,493

시장 대비 수익률

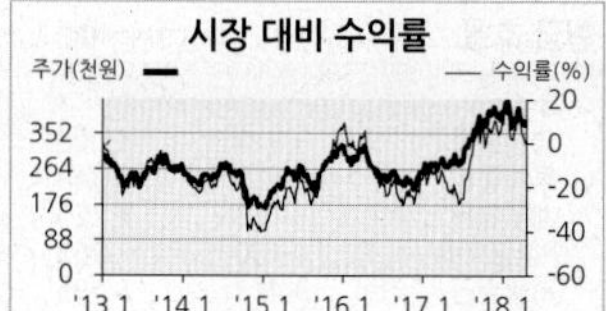

결산 실적

〈단위 : 억원〉

항목	2012	2013	2014	2015	2016	2017
매출액	232,630	231,436	225,778	202,066	206,593	256,980
영업이익	19,103	17,430	13,108	18,236	19,919	29,285
당기순이익	15,063	12,706	8,540	11,485	12,810	20,220

분기 실적

〈단위 : 억원〉

항목	2016.3Q	2016.4Q	2017.1Q	2017.2Q	2017.3Q	2017.4Q
매출액	50,543	55,117	64,867	63,821	63,971	64,322
영업이익	4,600	4,617	7,969	7,269	7,897	6,150
당기순이익	2,974	2,700	5,481	5,903	5,455	3,381

재무 상태

〈단위 : 억원〉

항목	2012	2013	2014	2015	2016	2017
총자산	165,812	174,465	181,276	185,787	204,871	250,412
유형자산	83,482	85,596	86,995	88,672	96,801	112,115
무형자산	2,339	2,631	5,250	5,019	8,321	18,232
유가증권	218	60	62	153	234	238
총부채	58,158	57,208	58,618	54,752	64,361	87,026
총차입금	29,471	30,105	29,336	26,587	28,906	30,449
자본금	3,695	3,695	3,695	3,695	3,695	3,914
총자본	107,654	117,257	122,659	131,035	140,510	163,386
지배주주지분	106,293	115,969	121,399	129,915	139,374	161,685

기업가치 지표

항목	2012	2013	2014	2015	2016	2017
주가(최고/저)(천원)	395/242	315/215	277/162	324/157	330/212	417/249
PER(최고/저)(배)	21.5/13.1	20.0/13.6	25.3/14.8	21.8/10.5	19.7/12.7	17.0/10.2
PBR(최고/저)(배)	3.0/1.8	2.2/1.5	1.8/1.1	1.9/0.9	1.8/1.2	2.0/1.2
EV/EBITDA(배)	8.8	8.0	5.8	7.7	5.8	7.1
EPS(원)	20,223	17,131	11,745	15,602	17,336	24,854
BPS(원)	144,043	157,137	164,485	176,007	188,807	211,079
CFPS(원)	32,044	31,275	27,309	32,599	35,424	42,767
DPS(원)	4,000	4,000	4,000	4,500	5,000	6,000
EBITDAPS(원)	37,671	37,730	33,302	41,673	45,042	55,328

재무 비율

〈단위 : %〉

연도	영업이익률	순이익률	부채비율	차입금비율	ROA	ROE	유보율	자기자본비율	EBITDA마진율
2017	11.4	7.9	53.3	18.6	8.9	12.9	4,121.6	65.3	16.9
2016	9.6	6.2	45.8	20.6	6.6	9.5	3,676.1	68.6	16.1
2015	9.0	5.7	41.8	20.3	6.3	9.2	3,420.2	70.5	15.2
2014	5.8	3.8	47.8	23.9	4.8	7.3	3,189.7	67.7	10.9

엘컴텍 (A037950)

Elcomtec

업 종 : 휴대폰 및 관련부품 | 시 장 : KOSDAQ
신용등급 : (Bond) — (CP) — | 기업규모 : 우량
홈페이지 : www.elcomtec.co.kr | 연 락 처 : 031)372-6740
본 사 : 경기도 평택시 진위면 동부대로 231

설 립 일	1991.09.13	**종 업 원 수**	70명	**대 표 이 사**	김영민
상 장 일	2000.08.12	**감 사 의 견**	적정(삼덕)	**계 열**	
결 산 기	12월	**보 통 주**		**종속회사수**	4개사
액 면 가	500원	**우 선 주**		**구 상 호**	한성엘컴텍

주주구성 (지분율,%)		출자관계 (지분율,%)		주요경쟁사 (외형,%)	
파트론	57.6			엘컴텍	100
파트론정밀	5.7			블루콤	232
(외국인)	1.2	천진한성엘컴텍광전자유한공사	100.0	나무가	512

매출구성		비용구성		수출비중	
휴대폰부품	84.8	매출원가율	75.7	수출	76.6
기타	15.2	판관비율	16.3	내수	23.4

회사 개요

동사는 1991년 9월 설립되어 2000년 8월에 코스닥 시장에 상장한 IT 부품회사임. 주요 사업 영역은 핸드폰 키패드와 카메라 모듈을 주 제품으로 생산하는 핸드폰부품, LED조명 및 몽골 현지에 설립된 종속회사에서 3개의 광구로부터 금, 구리, 아연 등을 채취하는 임가공사업을 영위 중임. 2013년 9월 휴대폰 부품업체 파트론에 피인수되었으며 현재 3개의 계열사를 보유하고 있음.

실적 분석

동사의 2017년 결산 연결기준 매출액은 전년대비 23.3% 감소한 502.9억원을 기록함. 매출액 감소는 휴대폰부품 사업의 실적 부진에 기인함. 외형 축소에 따른 고정비 부담 증가로 원가율은 92.0%를 기록하여 영업이익 40.2억원, 당기순이익 54.3억원을 보임. 동사는 당기 결산일 이후 자원개발 진행사항에 대한 자율공시를 통해 향후 사금 생산, 석금 채광 준비, 구리 관련 정밀 탐사 진행 계획 등을 공시함.

현금 흐름

<단위 : 억원>

항목	2016	2017
영업활동	152	60
투자활동	-70	23
재무활동	-83	-76
순현금흐름	-1	3
기말현금	75	78

시장 대비 수익률

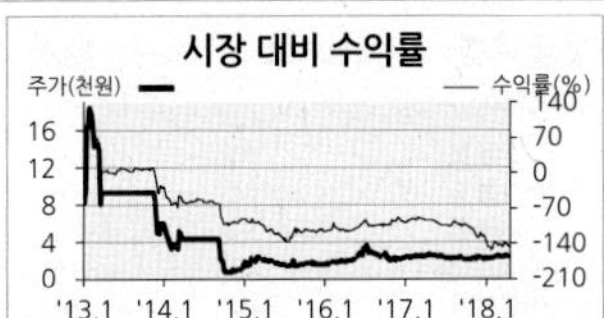

결산 실적

<단위 : 억원>

항목	2012	2013	2014	2015	2016	2017
매출액	1,150	189	325	623	656	503
영업이익	-275	-101	19	62	69	40
당기순이익	-813	-18	10	93	59	54

분기 실적

<단위 : 억원>

항목	2016.3Q	2016.4Q	2017.1Q	2017.2Q	2017.3Q	2017.4Q
매출액	150	118	120	127	127	128
영업이익	7	6	8	11	13	8
당기순이익	5	6	5	28	11	11

재무 상태

<단위 : 억원>

항목	2012	2013	2014	2015	2016	2017
총자산	1,087	828	853	938	901	914
유형자산	657	578	384	386	362	352
무형자산	48	44	42	67	90	88
유가증권	1	0	1	5	39	7
총부채	1,404	372	356	237	125	136
총차입금	1,009	253	222	160	42	27
자본금	130	322	388	413	422	422
총자본	-317	456	496	701	776	778
지배주주지분	-317	460	499	675	750	761

기업가치 지표

항목	2012	2013	2014	2015	2016	2017
주가(최고/저)(천원)	73.4/6.8	19.1/4.8	6.1/0.7	2.4/1.3	3.8/1.5	2.8/2.0
PER(최고/저)(배)	—/—	—/—	382.5/42.1	21.7/11.4	49.3/20.0	40.5/29.0
PBR(최고/저)(배)	-1.4/-0.1	27.8/6.9	9.9/1.1	3.1/1.6	4.4/1.8	3.1/2.3
EV/EBITDA(배)	—	—	33.3	16.4	19.0	27.4
EPS(원)	-148,773	-88	17	116	80	70
BPS(원)	-1,218	714	643	817	890	902
CFPS(원)	-2,957	145	47	148	117	100
DPS(원)	—	—	—	—	50	40
EBITDAPS(원)	-810	-287	58	107	120	78

재무 비율

<단위 : %>

연도	영업 이익률	순 이익률	부채 비율	차입금 비율	ROA	ROE	유보율	자기자본 비율	EBITDA 마진율
2017	8.0	10.8	17.5	3.5	6.0	7.8	80.4	85.1	13.1
2016	10.5	9.0	16.2	5.5	6.4	9.4	78.0	86.1	15.2
2015	9.9	15.0	33.8	22.8	10.4	16.2	63.4	74.8	14.1
2014	5.8	3.0	71.7	44.7	1.2	2.4	28.7	58.2	12.2

엘티씨 (A170920)

LTC

업 종 : 디스플레이 및 관련부품 | 시 장 : KOSDAQ
신용등급 : (Bond) — (CP) — | 기업규모 : 우량
홈페이지 : www.l-tech.co.kr | 연 락 처 : 031)383-6525
본 사 : 경기도 안양시 동안구 평촌대로 212번길 55, 대고빌딩 6층

설 립 일	2007.11.23	**종 업 원 수**	132명	**대 표 이 사**	최호성
상 장 일	2013.10.08	**감 사 의 견**	적정(대주)	**계 열**	
결 산 기	12월	**보 통 주**		**종속회사수**	4개사
액 면 가	500원	**우 선 주**		**구 상 호**	

주주구성 (지분율,%)		출자관계 (지분율,%)		주요경쟁사 (외형,%)	
최호성	35.6	엠머티리얼스	76.0	엘티씨	100
SK종합화학	9.2	엘티씨에이엠	67.1	디에스케이	224
(외국인)	2.1	브레이브제1호창업벤처전문사모투자합자회사	43.0	루멘스	550

매출구성		비용구성		수출비중	
박리액(LCD용,반도체용)	88.2	매출원가율	75.0	수출	92.9
제품 기타	8.2	판관비율	21.5	내수	7.1
상품	3.2				

회사 개요

동사는 2007년 화학제품의 수입, 제조, 가공 및 판매업을 주요사업 목적으로 설립되었으며, 현재 디스플레이나 반도체 제조 공정에 사용되는 공정소재(Process Chemical) 중 하나인 박리액 개발 및 제조를 주력사업으로 진행하고 있음. 중국의 8세대 설비투자에 따라 전세계적인 박리액 수요가 확대될 것으로 기대되며 내 패널사의 중국 공장 증설도 진행 중으로 향후 박리액 수요 확대가 예상됨.

실적 분석

동사의 2017년 결산 연결기준 매출액은 LCD향 제품 물량 감소 및 환율 하락으로 인하여 7.4% 감소함. 직전 사업연도의 일시적 원가 상승 요인이 해소되어 영업이익 흑자전환에 성공함. 다만, 환손실 및 자산손상 등 일시적 영업외비용 증가로 인한 당기순손실이 확대됨. 최근 IT기기에 반도체 채택이 증가하고 있음. 업계에서 반도체 및 디스플레이 산업에 대한 투자 확대를 준비 함에 따라 해당 산업도 크게 성장할 것으로 예상됨.

현금 흐름

<단위 : 억원>

항목	2016	2017
영업활동	-11	45
투자활동	-234	-142
재무활동	254	8
순현금흐름	11	-95
기말현금	234	139

시장 대비 수익률

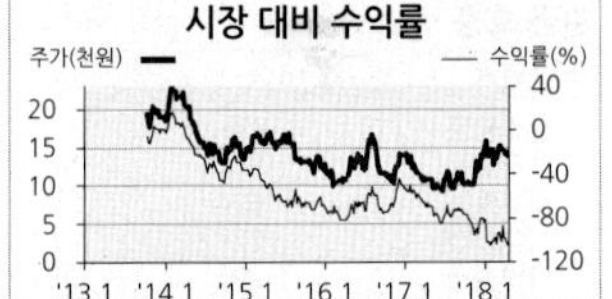

결산 실적

<단위 : 억원>

항목	2012	2013	2014	2015	2016	2017
매출액	929	988	831	764	710	657
영업이익	115	195	104	80	-15	23
당기순이익	95	172	96	65	-19	-20

분기 실적

<단위 : 억원>

항목	2016.3Q	2016.4Q	2017.1Q	2017.2Q	2017.3Q	2017.4Q
매출액	173	173	158	157	177	166
영업이익	13	7	3	5	10	5
당기순이익	5	13	1	3	10	-35

재무 상태

<단위 : 억원>

항목	2012	2013	2014	2015	2016	2017
총자산	441	811	893	1,235	1,446	1,439
유형자산	187	187	258	545	700	688
무형자산	11	32	32	165	173	180
유가증권	—	—	4	26	22	23
총부채	199	86	95	389	553	581
총차입금	106	5	28	283	469	497
자본금	23	33	34	34	38	38
총자본	242	725	798	846	893	858
지배주주지분	242	725	798	839	884	856

기업가치 지표

항목	2012	2013	2014	2015	2016	2017
주가(최고/저)(천원)	—/—	20.5/17.0	22.9/12.3	17.1/11.4	17.0/9.8	14.9/9.3
PER(최고/저)(배)	0.0/0.0	7.0/5.8	16.5/8.9	15.8/10.5	—/—	—/—
PBR(최고/저)(배)	0.0/0.0	2.0/1.6	2.0/1.1	1.4/0.9	1.4/0.8	1.3/0.8
EV/EBITDA(배)	—	3.7	4.5	7.1	36.8	15.5
EPS(원)	1,807	3,076	1,449	1,116	-108	-188
BPS(원)	4,609	11,065	11,980	12,695	12,153	11,777
CFPS(원)	2,181	3,560	1,882	1,783	599	616
DPS(원)	—	150	150	150	150	150
EBITDAPS(원)	2,560	3,983	2,004	1,846	487	1,110

재무 비율

<단위 : %>

연도	영업 이익률	순 이익률	부채 비율	차입금 비율	ROA	ROE	유보율	자기자본 비율	EBITDA 마진율
2017	3.5	-3.1	67.7	57.9	-1.4	-1.6	2,255.4	59.6	12.7
2016	-2.2	-2.6	61.9	52.6	-1.4	-0.9	2,330.7	61.8	4.7
2015	10.5	8.5	45.9	33.4	6.1	9.3	2,439.0	68.5	16.5
2014	12.5	11.5	11.9	3.5	11.2	12.6	2,296.1	89.4	15.9

엘피케이 (A183350)
LPK

업　　종 : 기계　　시　　장 : KONEX
신용등급 : (Bond) —　(CP) —　　기업규모 : —
홈페이지 : www.lpkrobo.com　　연 락 처 : 032)341-1645
본　　사 : 인천시 계양구 아나지로 402(작전동)

설 립 일	2004.06.26	**종업원수**	46명	**대표이사**	김석수
상 장 일	2013.10.11	**감사의견**	적정(한영)	**계　　열**	
결 산 기	12월	**보 통 주**		**종속회사수**	
액 면 가	—	**우 선 주**		**구　상　호**	

주주구성 (지분율,%)		출자관계 (지분율,%)		주요경쟁사 (외형,%)	
피앤텔	37.6			엘피케이	100
에이알스타텍	19.2			에이테크솔루션	851
				디에스티로봇	286

매출구성		비용구성		수출비중	
직교좌표로봇(Cartesian Robot)	54.4	매출원가율	78.7	수출	2.0
리니어로봇(Linear Robot)	22.9	판관비율	15.4	내수	98.0
NC가공기	15.5				

회사 개요

동사는 코넥스 상장기업으로 산업용로봇과 NC장비를 제조해 국내와 해외 시장에 공급하고 있음. LCD, LED, 자동차, 반도체장비, IT(모바일 장비), 기타 전기전자산업 분야 등의 다양한 각 산업의 제조현장에서 부품소재의 입고부터 제조의 전 공정과 출하까지의 공정 내 자동화 작업을 수행하기 위한 로봇을 생산하는 산업임. 로봇산업은 타 분야에 대한 기술적 파급효과가 큼. 특히 최근 자동화의 주요 핵심요소로 대두되고 있어 성장 잠재력이 큼.

실적 분석

동사의 2017년 연결기준 누적 매출액은 250.3억원을 기록함. 전년도 매출액인 242.3억원에 비해 3.3% 증가한 금액임. 매출은 증가했으나 매출원가가 5.9% 증가하고 판매비와 관리비가 10.1% 증가함. 이에 영업이익은 전년도 21.4억원에서 30.7% 감소한 14.8억원을 기록하는데 그침. 비영업부문도 적자로 전환됨. 이에 당기순이익은 전년도에 비해 73.7%감소한 5.4억원을 기록함.

현금 흐름 *IFRS 별도 기준 〈단위 : 억원〉

항목	2016	2017
영업활동	7	23
투자활동	-54	-24
재무활동	69	11
순현금흐름	22	10
기말현금	29	38

시장 대비 수익률

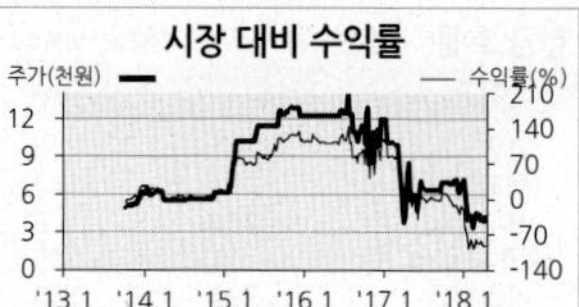

결산 실적 〈단위 : 억원〉

항목	2012	2013	2014	2015	2016	2017
매출액	91	134	153	201	242	250
영업이익	11	14	14	17	21	15
당기순이익	10	12	10	12	21	5

분기 실적 *IFRS 별도 기준 〈단위 : 억원〉

항목	2016.3Q	2016.4Q	2017.1Q	2017.2Q	2017.3Q	2017.4Q
매출액	—	—	—	—	—	—
영업이익	—	—	—	—	—	—
당기순이익	—	—	—	—	—	—

재무 상태 *IFRS 별도 기준 〈단위 : 억원〉

항목	2012	2013	2014	2015	2016	2017
총자산	79	148	171	205	336	326
유형자산	2	68	69	88	115	136
무형자산	4	8	10	16	22	18
유가증권	—	3	3	—	—	—
총부채	40	82	97	118	231	215
총차입금	13	45	56	67	140	153
자본금	5	9	19	19	19	19
총자본	39	67	74	87	105	111
지배주주지분	39	67	74	87	105	111

기업가치 지표 *IFRS 별도 기준

항목	2012	2013	2014	2015	2016	2017
주가(최고/저)(천원)	—/—	6.1/4.9	6.3/5.5	13.2/6.2	16.4/7.4	12.0/3.2
PER(최고/저)(배)	0.0/0.0	12.0/9.7	23.3/20.3	42.0/19.6	29.9/13.5	82.5/22.0
PBR(최고/저)(배)	0.0/0.0	3.5/2.8	3.3/2.9	5.7/2.7	5.9/2.7	4.0/1.1
EV/EBITDA(배)	—	15.2	15.5	23.9	20.6	16.6
EPS(원)	642	521	279	319	555	146
BPS(원)	43,554	3,594	1,979	2,338	2,829	2,986
CFPS(원)	14,611	1,223	380	448	703	343
DPS(원)	—	70	50	50	50	—
EBITDAPS(원)	15,602	1,389	472	587	723	595

재무 비율 〈단위 : %〉

연도	영업이익률	순이익률	부채비율	차입금비율	ROA	ROE	유보율	자기자본비율	EBITDA마진율
2017	5.9	2.2	193.6	137.5	1.6	5.0	497.3	34.1	8.8
2016	8.8	8.5	219.3	133.2	7.6	21.5	465.9	31.3	11.1
2015	8.5	5.9	135.9	77.1	6.3	14.8	367.6	42.4	10.9
2014	9.0	6.8	132.1	75.5	—	—	295.9	43.1	11.5

엠게임 (A058630)
MGAME

업　　종 : 게임 소프트웨어　　시　　장 : KOSDAQ
신용등급 : (Bond) —　(CP) —　　기업규모 : 벤처
홈페이지 : www.mgamecorp.com　　연 락 처 : 02)523-5854
본　　사 : 서울시 금천구 가산디지털1로 145, 에이스하이엔드타워3차 6층

설 립 일	1999.12.28	**종업원수**	128명	**대표이사**	권이형
상 장 일	2008.12.19	**감사의견**	적정(서일)	**계　　열**	
결 산 기	12월	**보 통 주**		**종속회사수**	
액 면 가	500원	**우 선 주**		**구　상　호**	

주주구성 (지분율,%)		출자관계 (지분율,%)		주요경쟁사 (외형,%)	
손승철	14.1	브이알테마파크문화산업	100.0	엠게임	100
권이형	1.7	플레이북스	48.0	파티게임즈	111
(외국인)	2.8	엠게임스튜디오	29.0	한빛소프트	143

매출구성		비용구성		수출비중	
MMORPG(게임유료아이템)	80.4	매출원가율	0.0	수출	53.8
웹보드 및 기타(카드/보드 및 기타)	19.6	판관비율	82.3	내수	46.2
배너광고	0.0				

회사 개요

1994년 설립, 게임소프트웨어 개발 및 공급을 하고 있으며 전체 매출의 99%가 온라인 게임부문에서 발생하고 있으며 자체게임 포탈 '엠게임'을 운영함. 대부분의 매출이 열혈강호, 나이트 등 MMORPG에서 발생. 다수의 수요층이 10~20대의 젊은 층으로 이들의 여가시간 사용에 따른 영향을 받기 때문에 계절적 영향이 존재함. 주요 자회사로 MMORPG 개발사인 케이알지소프트가 있음.

실적 분석

동사의 2017년 매출액은 전년 대비 9.7% 감소한 275.4억원을 기록했으나, 동기간 판관비는 경상개발비 축소와 대손상각비 편입등의 영향으로 13.8% 감소함에 따라 동사의 2017년 영업이익은 48.7억원으로 전년 대비 소폭 상승하였음. 한편, 외환환산손실 증가와 지분법손익 감소 등으로 비영업손익은 적자 전환되었음. 이에 따라 동사의 2017년 당기순이익은 전년 대비 29.6% 감소한 26.3억원을 기록함.

현금 흐름 *IFRS 별도 기준 〈단위 : 억원〉

항목	2016	2017
영업활동	14	66
투자활동	-14	-30
재무활동	19	-28
순현금흐름	20	4
기말현금	70	74

시장 대비 수익률

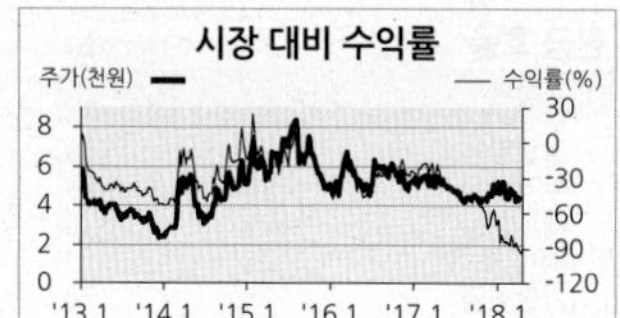

결산 실적 〈단위 : 억원〉

항목	2012	2013	2014	2015	2016	2017
매출액	450	319	307	278	305	275
영업이익	4	-146	25	77	42	49
당기순이익	-23	-682	-81	14	37	26

분기 실적 *IFRS 별도 기준 〈단위 : 억원〉

항목	2016.3Q	2016.4Q	2017.1Q	2017.2Q	2017.3Q	2017.4Q
매출액	67	70	66	78	64	68
영업이익	1	6	10	12	11	16
당기순이익	11	-6	9	8	8	2

재무 상태 *IFRS 별도 기준 〈단위 : 억원〉

항목	2012	2013	2014	2015	2016	2017
총자산	1,194	631	405	367	391	444
유형자산	129	116	86	82	105	114
무형자산	230	132	105	111	70	59
유가증권	14	11	2	2	20	64
총부채	465	463	229	143	119	100
총차입금	357	356	145	67	77	32
자본금	58	72	89	96	96	98
총자본	728	168	176	224	271	345
지배주주지분	728	168	176	224	271	345

기업가치 지표 *IFRS 별도 기준

항목	2012	2013	2014	2015	2016	2017
주가(최고/저)(천원)	6.8/4.2	5.8/2.3	6.8/2.4	8.4/4.6	6.9/4.5	6.6/4.1
PER(최고/저)(배)	—/—	—/—	—/—	109.8/60.1	35.0/22.9	48.4/30.0
PBR(최고/저)(배)	1.1/0.7	4.4/1.8	6.1/2.2	6.5/3.6	4.8/3.2	3.8/2.3
EV/EBITDA(배)	9.7	—	15.4	10.5	15.4	13.4
EPS(원)	-19	-4,698	-537	76	196	137
BPS(원)	6,458	1,321	1,104	1,286	1,421	1,763
CFPS(원)	456	-4,216	-285	171	323	214
DPS(원)	—	—	—	—	—	—
EBITDAPS(원)	769	-526	416	498	347	329

재무 비율 〈단위 : %〉

연도	영업이익률	순이익률	부채비율	차입금비율	ROA	ROE	유보율	자기자본비율	EBITDA마진율
2017	17.7	9.6	28.9	9.3	6.3	8.6	252.6	77.6	23.1
2016	13.8	12.3	43.9	28.4	9.9	15.1	184.1	69.5	21.7
2015	27.6	5.2	63.6	29.7	3.8	7.2	157.1	61.1	34.1
2014	8.1	-26.5	130.5	83.5	-16.4	-59.9	124.0	43.4	20.5

엠로 (A058970)
EMRO

업 종 : 일반 소프트웨어
신용등급 : (Bond) — (CP) —
홈페이지 : www.emro.co.kr
본 사 : 서울시 영등포구 당산로41길 11, 이동 5층
시 장 : KONEX
기업규모 : —
연 락 처 : 02)785-9848

설 립 일	2000.03.15	종 업 원 수	160명	대 표 이 사	송재민
상 장 일	2016.04.28	감 사 의 견	적정(우리)	계 열	
결 산 기	12월	보 통 주		종속회사수	
액 면 가	—	우 선 주		구 상 호	

주주구성 (지분율,%)		출자관계 (지분율,%)		주요경쟁사 (외형,%)	
송재민	39.0	코드랩	5.6	엠로	100
고동휘	4.8			네이블	47
				한컴지엠디	33

매출구성		비용구성		수출비중	
구매혁신컨설팅	77.2	매출원가율	63.7	수출	1.5
SMARTsuite	15.8	판관비율	33.7	내수	98.5
기술서비스	7.0				

회사 개요

동사는 2000년 3월 설립되어 2016년 4월에 코넥스 시장에 상장한 소프트웨어 라이언스 제공, 용역 등을 주요 사업으로 영위하고 있는 업체임. 동사는 기업 고객을 대상으로 기업의 주요 관리 영역 중에서 SCM, SRM 및 PSM 등의 영역과 관련하여 자체 개발한 솔루션 기반의 시스템 구축 및 전문 컨설팅을 제공하고 있으며 동종 기업은 더존비즈온, 핸드소프트 등이 있음.

실적 분석

동사의 2017년 매출액은 전년 대비 5.7% 증가한 287.1억원을 기록함. 외형 확대의 영향으로 2017년 연간 영업이익은 전년 대비 7.1% 증가한 7.5억원을 기록함. 비영업손실 확대로 인해 당기순이익은 전년 대비 7.9% 감소한 9.3억원을 기록함. 2016년 12월 간접구매 클라우드 서비스를 시작했으며 2017년 1월 20억원 규모의 투자를 유치함.

현금 흐름 *IFRS 별도 기준 〈단위 : 억원〉

항목	2016	2017
영업활동	6	15
투자활동	-23	-52
재무활동	-12	37
순현금흐름	-29	-0
기말현금	1	1

시장 대비 수익률

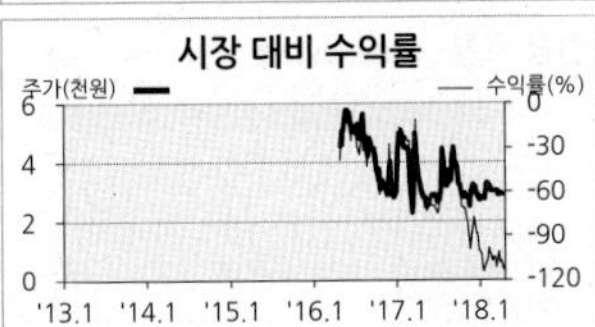

결산 실적 〈단위 : 억원〉

항목	2012	2013	2014	2015	2016	2017
매출액	218	173	210	231	272	287
영업이익	9	4	13	10	7	7
당기순이익	7	6	11	11	10	9

분기 실적 *IFRS 별도 기준 〈단위 : 억원〉

항목	2016.3Q	2016.4Q	2017.1Q	2017.2Q	2017.3Q	2017.4Q
매출액	—	—	—	—	—	—
영업이익	—	—	—	—	—	—
당기순이익	—	—	—	—	—	—

재무 상태 *IFRS 별도 기준 〈단위 : 억원〉

항목	2012	2013	2014	2015	2016	2017
총자산	127	136	157	251	248	304
유형자산	4	3	2	67	67	68
무형자산	16	14	17	22	34	57
유가증권	10	13	13	1	1	3
총부채	87	89	99	146	133	163
총차입금	32	31	47	88	73	87
자본금	23	24	24	29	29	31
총자본	40	47	58	105	115	141
지배주주지분	40	47	58	105	115	141

기업가치 지표 *IFRS 별도 기준

항목	2012	2013	2014	2015	2016	2017
주가(최고/저)(천원)	—/—	—/—	—/—	—/—	5.8/2.7	5.1/2.3
PER(최고/저)(배)	0.0/0.0	0.0/0.0	0.0/0.0	0.0/0.0	32.9/15.3	33.0/15.0
PBR(최고/저)(배)	0.0/0.0	0.0/0.0	0.0/0.0	0.0/0.0	2.9/1.3	2.1/1.0
EV/EBITDA(배)	0.9	1.9	2.0	1.7	10.2	10.5
EPS(원)	150	119	230	230	176	154
BPS(원)	861	971	1,201	1,860	2,036	2,383
CFPS(원)	542	348	408	412	416	357
DPS(원)	—	—	—	—	—	—
EBITDAPS(원)	580	311	447	394	362	327

재무 비율 〈단위 : %〉

연도	영업이익률	순이익률	부채비율	차입금비율	ROA	ROE	유보율	자기자본비율	EBITDA마진율
2017	2.6	3.3	115.9	61.4	3.4	7.3	376.7	46.3	6.9
2016	2.6	3.7	115.5	63.1	4.0	9.1	307.2	46.4	7.6
2015	4.5	4.9	138.6	83.6	5.5	13.8	272.0	41.9	8.4
2014	6.2	5.3	171.7	81.1	7.6	21.2	140.2	36.8	10.2

엠벤처투자 (A019590)
M-Venture Investment

업 종 : 창업투자 및 종금
신용등급 : (Bond) CCC (CP) —
홈페이지 : www.m-vc.co.kr
본 사 : 서울시 강남구 테헤란로87길 36 도심공항타워 2503호
시 장 : KOSDAQ
기업규모 :
연 락 처 : 02)6000-5533

설 립 일	1986.12.02	종 업 원 수	12명	대 표 이 사	홍성혁
상 장 일	1989.03.14	감 사 의 견	거절(불확실성)(한영)	계 열	
결 산 기	12월	보 통 주		종속회사수	5개사
액 면 가	500원	우 선 주		구 상 호	

주주구성 (지분율,%)		출자관계 (지분율,%)		주요경쟁사 (외형,%)	
홍성혁	16.4			엠벤처투자	100
에이오엔비지엔 유한회사	4.8			대성창투	84
(외국인)	0.5			에이티넘인베스트	269

수익구성		비용구성		수출비중	
창업투자 및 기업구조조정 수익	39.3	이자비용	31.2	수출	—
금융상품 관련이익	36.8	투자및금융비	0.0	내수	—
이자수익	19.8	판관비	0.0		

회사 개요

동사는 1986년 5월 중소기업창업지원법이 제정된 이후 같은 해 설립돼 중소기업의 창업 지원 및 자금 관리, 투자 금융업, 해외기술의 알선과 보급을 위한 해외투자 등을 영위하고 있음. 주력 사업인 벤처캐피탈은 기술력과 장래성은 있으나 자본과 경영능력이 취약한 중소, 벤처기업에 기업설립 초기단계부터 자본투자와 종합적인 지원을 제공해 육성한 후, 투자금을 회수하는 금융방식임.

실적 분석

동사의 2017년 4분기 연결기준 누적 영업수익은 93.5억원으로 전년 동기 71.3억원 대비 31.1% 증가함. 영업비용은 오히려 69.1% 감소하며 수익성이 크게 개선됨. 영업이익은 27.3억원을 시현하며 전년 기록했던 영업손실 143억원에서 흑자전환함. 동사는 최근 4사업연도 연속 영업손실이 발생해 관리종목으로 지정돼있는 상태. 2017년 재무제표에 대해 감사인이 감사의견 범위 제한으로 인해 '의견거절'을 냄.

현금 흐름 〈단위 : 억원〉

항목	2016	2017
영업활동	-82	46
투자활동	76	90
재무활동	-12	-132
순현금흐름	-18	5
기말현금	7	12

시장 대비 수익률

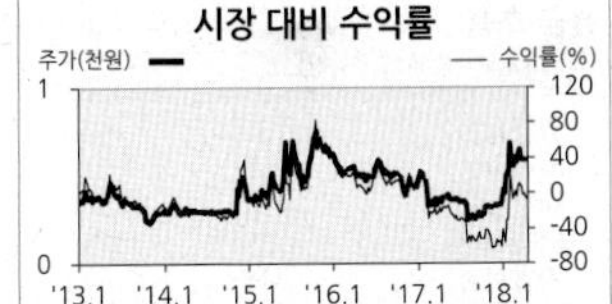

결산 실적 〈단위 : 억원〉

항목	2012	2013	2014	2015	2016	2017
영업수익	43	32	34	41	71	93
영업이익	-36	-61	-48	-35	-143	27
당기순이익	-38	2	-46	-34	-146	24

분기 실적 〈단위 : 억원〉

항목	2016.3Q	2016.4Q	2017.1Q	2017.2Q	2017.3Q	2017.4Q
영업수익	17	35	43	16	22	13
영업이익	4	-119	24	0	14	-10
당기순이익	8	-125	19	-2	20	-12

재무 상태 〈단위 : 억원〉

항목	2012	2013	2014	2015	2016	2017
총자산	449	680	632	815	558	499
유형자산	1	1	0	0	2	2
무형자산	14	14	11	11	1	1
유가증권	—	—	—	—	—	—
총부채	186	261	232	300	278	143
총차입금	—	—	—	—	—	—
자본금	345	345	345	492	526	552
총자본	263	419	400	515	280	356
지배주주지분	242	246	240	406	261	351

기업가치 지표

항목	2012	2013	2014	2015	2016	2017
주가(최고/저)(천원)	0.5/0.3	0.5/0.2	0.6/0.3	0.9/0.4	0.6/0.4	0.5/0.2
PER(최고/저)(배)	—/—	201.5/100.6	—/—	—/—	—/—	25.7/11.0
PBR(최고/저)(배)	1.1/0.6	0.9/0.5	1.6/0.8	2.2/0.9	2.6/1.5	1.7/0.7
PSR(최고/저)(배)	9/4	10/5	11/5	18/7	9/5	6/3
EPS(원)	-55	2	-64	-41	-109	21
BPS(원)	504	510	355	412	248	318
CFPS(원)	-53	4	-62	-41	-108	22
DPS(원)	—	—	—	—	—	—
EBITDAPS(원)	-52	-88	-70	-41	-136	25

재무 비율 〈단위 : %〉

연도	계속사업이익률	순이익률	부채비율	차입금비율	ROA	ROE	유보율	자기자본비율	총자산증가율
2017	26.1	26.1	일부잠식	0.0	4.6	7.6	-36.5	71.3	-10.5
2016	-203.3	-204.1	일부잠식	0.0	-21.2	-34.3	-50.4	50.2	-31.5
2015	-93.0	-82.9	58.3	0.0	-4.7	-10.7	-17.6	63.2	28.9
2014	-147.3	-132.8	58.0	0.0	-6.9	-18.2	-28.9	63.3	-7.0

엠씨넥스 (A097520)
MCNEX COLTD

업 종 : 휴대폰 및 관련부품
시 장 : KOSDAQ
신용등급 : (Bond) — (CP) —
기업규모 : 중견
홈페이지 : www.mcnex.com
연 락 처 : 02)2025-3600
본 사 : 서울시 금천구 디지털로 9길 47 (가산동, 한신IT타워 2차 11층)

설 립 일	2004.12.22	**종 업 원 수**	496명	**대 표 이 사**	민동욱
상 장 일	2012.07.25	**감 사 의 견**	적정(이촌)	**계 열**	
결 산 기	12월	**보 통 주**		**종속회사수**	4개사
액 면 가	500원	**우 선 주**		**구 상 호**	

주주구성 (지분율,%)		**출자관계** (지분율,%)		**주요경쟁사** (외형,%)	
민동욱	30.5	베라시스	13.4	엠씨넥스	100
엠브이글로벌코리아메자닌사모투자합자회사	22.2	코렌	2.0	세코닉스	50
(외국인)	6.6	아이리텍	0.5	나무가	39

매출구성		**비용구성**		**수출비중**	
휴대폰용	70.9	매출원가율	90.5	수출	84.5
자동차용	26.6	판관비율	6.5	내수	15.5
상품매출	1.0				

회사 개요

2004년 설립된 카메라 모듈 전문 회사임. 휴대전화 및 자동차용 카메라 모듈을 주로 생산하며, 자동차용 카메라 모듈에서는 업계 1위임. 중국 상해에 1,2,3 공장이 있으며 일본과 대만에 영업사무소가 있음. 홍채인식 알고리즘을 이용 스마트폰 외에 ATM, 차량용, 도어폰 등 제품 영역을 확대할 계획임. 어린이집 CCTV 설치 의무화 등 사회적 관심 고조되는 보안제품 또한 신제품을 출시하여 사업을 본격화할 것으로 보임.

실적 분석

동사의 2017년 전체 매출은 6,685억원으로 전년대비 62.1% 증가, 영업이익은 196.6억원으로 흑자전환, 당기순이익은 -8.9억원으로 적자지속. 전방산업인 스마트폰 수요가 전년대비 부진하였으나 국내 전략거래선내 전방, 후방 카메라모듈 신규 진입으로 높은 외형성장세를 시현. 판매관리비 개선으로 영업이익은 흑자전환, 전년대비 높은 수익성 개선을 시현. 2018년 후면 카메라모듈 시장 진입 확대로 성장 지속 추진

현금 흐름 〈단위 : 억원〉

항목	2016	2017
영업활동	-130	688
투자활동	-283	-1,038
재무활동	451	589
순현금흐름	39	199
기말현금	418	617

시장 대비 수익률

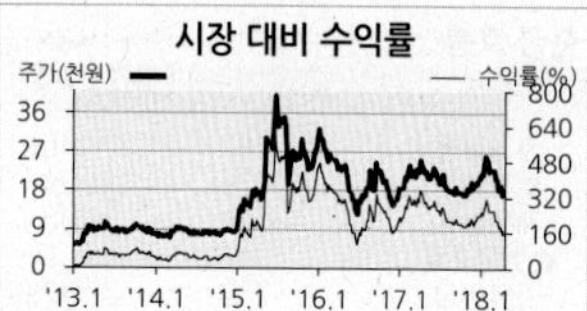

결산 실적 〈단위 : 억원〉

항목	2012	2013	2014	2015	2016	2017
매출액	1,704	2,972	4,104	5,029	4,125	6,685
영업이익	62	121	226	263	-239	197
당기순이익	24	80	136	162	-247	-9

분기 실적 〈단위 : 억원〉

항목	2016.3Q	2016.4Q	2017.1Q	2017.2Q	2017.3Q	2017.4Q
매출액	1,068	1,155	1,485	1,663	1,889	1,648
영업이익	-24	-76	38	10	61	88
당기순이익	-55	-46	-53	26	52	-34

재무 상태 〈단위 : 억원〉

항목	2012	2013	2014	2015	2016	2017
총자산	1,493	2,130	2,891	2,725	2,947	3,878
유형자산	350	788	1,035	1,168	1,279	1,520
무형자산	54	62	52	56	48	38
유가증권	—	—	—	8	2	11
총부채	944	1,499	2,121	1,815	2,311	2,898
총차입금	566	859	1,264	994	1,536	1,787
자본금	30	30	30	45	45	55
총자본	549	631	770	910	636	980
지배주주지분	549	631	770	910	636	980

기업가치 지표

항목	2012	2013	2014	2015	2016	2017
주가(최고/저)(천원)	8.5/4.5	10.4/5.1	9.5/7.0	40.1/8.7	33.0/12.5	25.5/16.8
PER(최고/저)(배)	30.6/16.1	12.3/6.0	6.6/4.8	22.9/5.0	—/—	—/—
PBR(최고/저)(배)	1.4/0.8	1.6/0.8	1.2/0.8	3.9/0.8	4.4/1.7	2.9/1.9
EV/EBITDA(배)	8.6	7.6	5.2	7.8	—	5.9
EPS(원)	294	899	1,516	1,796	-2,745	-99
BPS(원)	9,451	10,652	12,955	10,612	7,567	8,880
CFPS(원)	1,302	2,398	4,439	3,687	-743	2,628
DPS(원)	30	100	300	330		260
EBITDAPS(원)	2,010	3,092	5,927	4,813	-651	4,907

재무 비율 〈단위 : %〉

연도	영업이익률	순이익률	부채비율	차입금비율	ROA	ROE	유보율	자기자본비율	EBITDA마진율
2017	2.9	-0.1	295.6	182.3	-0.3	-1.1	1,676.0	25.3	6.6
2016	-5.8	-6.0	363.3	241.6	-8.7	-32.0	1,413.4	21.6	-1.4
2015	5.2	3.2	199.5	109.2	5.8	19.2	2,022.4	33.4	8.6
2014	5.5	3.3	275.5	164.2	5.4	19.5	2,491.0	26.6	8.7

엠앤씨생명과학 (A225860)
M&C Life Science

업 종 : 개인생활용품
시 장 : KONEX
신용등급 : (Bond) — (CP) —
기업규모 : —
홈페이지 : www.mievls.co.kr
연 락 처 : 031)731-1401
본 사 : 경기도 성남시 중원구 사기막골로105번길 27, 313~314호

설 립 일	2012.01.03	**종 업 원 수**	58명	**대 표 이 사**	조선도
상 장 일	2017.04.25	**감 사 의 견**	적정(대주)	**계 열**	
결 산 기	12월	**보 통 주**		**종속회사수**	
액 면 가	—	**우 선 주**		**구 상 호**	

주주구성 (지분율,%)		**출자관계** (지분율,%)		**주요경쟁사** (외형,%)	
조선도	17.3	미애부	57.9	엠앤씨생명과학	100
김기수	7.4	미애부생명과학	100.0	미애부	98
				한국화장품	271

매출구성		**비용구성**		**수출비중**	
무합성화장품	70.5	매출원가율	17.2	수출	0.3
건강기능식품	18.0	판관비율	79.3	내수	99.7
상품	8.6				

회사 개요

동사는 2012년 1월 1일에 설립되었으며, 2017년 3월 13일에 주식회사 미애부생명과학에서 엠앤씨생명과학으로 상호를 변경하였으며, 2017년 4월에 코넥스시장에 상장됨. 사업분야로는 바이오 연구 및 기술개발, 화장품(생장품) 및 건강기능식품 제조를 영위하고 있음. 동사의 종속회사 현황으로는 미애부, 요녕미애부화장품유한공사, 미애부화장품(심양)유한공사가 있음.

실적 분석

2017년 연간 매출액은 558.9억원을 기록하였으며 영업이익은 19.3억원을 달성하였음. 화장품 산업은 급속한 성장을 이루고 있으며 이에 따라 중국을 비롯한 글로벌 화장품 시장의 수요 확대로 화장품 ODM/OEM 업체들의 고객도 확대되어 높은 매출을 기록중에 있음. 건강식품분야 또한 수요가 지속적으로 상승하고 있으므로 향후 관련 매출의 꾸준한 성장이 기대됨.

현금 흐름 *IFRS 별도 기준 〈단위 : 억원〉

항목	2016	2017
영업활동	-11	-6
투자활동	-5	-4
재무활동	-10	8
순현금흐름	-26	-2
기말현금	9	7

시장 대비 수익률

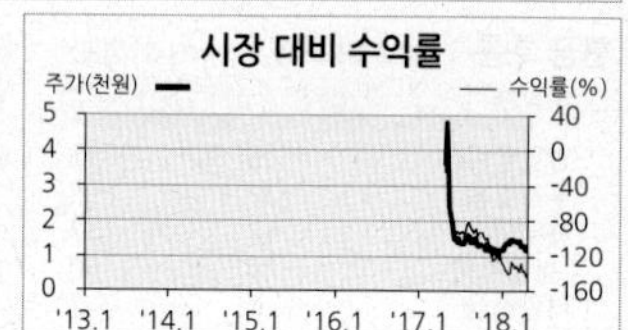

결산 실적 〈단위 : 억원〉

항목	2012	2013	2014	2015	2016	2017
매출액	—	—	161	156	610	559
영업이익	—	—	6	6	36	19
당기순이익	—	—	5	-8	12	-4

분기 실적 *IFRS 별도 기준 〈단위 : 억원〉

항목	2016.3Q	2016.4Q	2017.1Q	2017.2Q	2017.3Q	2017.4Q
매출액	—	—	—	46	—	—
영업이익	—	—	—	-2	—	—
당기순이익	—	—	—	-7	—	—

재무 상태 *IFRS 별도 기준 〈단위 : 억원〉

항목	2012	2013	2014	2015	2016	2017
총자산	—	—	72	103	103	91
유형자산	—	—	6	4	3	4
무형자산	—	—	0	0	0	0
유가증권	—	—	6	6	6	—
총부채	—	—	52	67	61	48
총차입금	—	—	29	42	37	37
자본금	—	—	3	8	8	11
총자본	—	—	21	36	42	43
지배주주지분	—	—	21	36	42	43

기업가치 지표 *IFRS 별도 기준

항목	2012	2013	2014	2015	2016	2017
주가(최고/저)(천원)	—/—	—/—	—/—	—/—	—/—	—/—
PER(최고/저)(배)	0.0/0.0	0.0/0.0	0.0/0.0	0.0/0.0	0.0/0.0	—/—
PBR(최고/저)(배)	0.0/0.0	0.0/0.0	0.0/0.0	0.0/0.0	0.0/0.0	12.9/2.6
EV/EBITDA(배)	0.0	0.0	2.2	0.8	3.5	—
EPS(원)	—	—	183	-112	36	-85
BPS(원)	—	—	37,094	2,308	531	393
CFPS(원)	—	—	17,687	-340	63	-57
DPS(원)	—	—	—	—	—	—
EBITDAPS(원)	—	—	19,669	622	101	-76

재무 비율 〈단위 : %〉

연도	영업이익률	순이익률	부채비율	차입금비율	ROA	ROE	유보율	자기자본비율	EBITDA마진율
2017	3.5	-0.8	287.2	140.2	-1.3	-20.8	291.9	25.8	5.4
2016	5.9	1.9	509.9	106.9	4.6	7.3	431.2	16.4	7.9
2015	3.6	-5.1	187.4	117.2	-9.0	-27.9	361.7	34.8	5.6
2014	3.9	3.2	247.7	137.3	0.0	0.0	641.9	28.8	6.8

엠에스씨 (A009780)

MSC

업 종 : 식료품
신용등급 : (Bond) — (CP) —
홈페이지 : www.msckorea.com
본 사 : 경남 양산시 소주회야로 45-73

시 장 : KOSDAQ
기업규모 : 우량
연 락 처 : 055)389-1001

설 립 일	1974.04.12	**종업원수**	585명	**대표이사**	김길제,김호석
상 장 일	1993.10.12	**감사의견**	적정(성산)	**계 열**	
결 산 기	12월	**보 통 주**		**종속회사수**	1개사
액 면 가	500원	**우 선 주**		**구 상 호**	

주주구성 (지분율,%)		출자관계 (지분율,%)		주요경쟁사 (외형,%)	
김길제	70.3	명신비료	40.0	엠에스씨	100
명신비료	24.1	밀양한천	34.0	동원F&B	1,798
(외국인)	0.0	미얀마미얀마엠에스씨	100.0	동원산업	1,677

매출구성		비용구성		수출비중	
조미식품가공 등	45.0	매출원가율	77.4	수출	25.3
가라기난 등	29.2	판관비율	13.6	내수	74.7
PET 제품류	14.4				

회사 개요

동사는 1974년 설립된 식품 및 식품첨가물 신소재 전문회사임. 식품가공품미제, 엑기스, 식용색소, 겔화제 등이 주력제품. 계열사로는 엠에스씨에서 발생하는 부산물을 원료로 연 3만톤의 비료를 생산하는 명신비료, 소스류, 색소류, 천연향료 등 식품 및 식품첨가물을 생산하고 있는 젠푸드 외 밀양한천이 있음. 종속회사로는 2007년에 설립된 미얀마엠에스씨를 보유하고 있음.

실적 분석

동사의 2017년 결산 기준 누적 매출액은 전년동기대비 4.7% 상승한 1,419.6억원을 기록하였음. 비용면에서 전년동기대비 매출원가는 증가 하였으며 인건비도 증가, 기타판매비와관리비는 증가함. 매출액은 성장했지만 원가 증가로 인해 전년동기대비 영업이익은 128.2억원으로 소폭 감소 하였음. 최종적으로 전년동기대비 당기순이익은 13.3% 상승하여 112.3억원을 기록함.

현금 흐름

<단위 : 억원>

항목	2016	2017
영업활동	230	70
투자활동	-151	-83
재무활동	-26	-21
순현금흐름	54	-36
기말현금	63	27

시장 대비 수익률

결산 실적

<단위 : 억원>

항목	2012	2013	2014	2015	2016	2017
매출액	1,149	1,272	1,292	1,348	1,356	1,420
영업이익	41	57	69	80	129	128
당기순이익	29	33	47	52	99	112

분기 실적

<단위 : 억원>

항목	2016.3Q	2016.4Q	2017.1Q	2017.2Q	2017.3Q	2017.4Q
매출액	375	333	323	347	399	351
영업이익	38	49	24	26	31	48
당기순이익	26	41	18	22	22	51

재무 상태

<단위 : 억원>

항목	2012	2013	2014	2015	2016	2017
총자산	1,124	1,139	1,255	1,291	1,403	1,424
유형자산	539	557	584	585	598	567
무형자산	14	14	21	21	21	21
유가증권	18	13	12	13	15	14
총부채	757	737	815	793	806	716
총차입금	487	426	493	467	443	431
자본금	44	44	44	44	44	44
총자본	367	402	441	498	597	708
지배주주지분	367	402	441	498	597	708

기업가치 지표

항목	2012	2013	2014	2015	2016	2017
주가(최고/저)(천원)	4.4/1.9	3.8/2.2	4.8/2.6	9.6/4.1	17.6/6.7	15.7/9.0
PER(최고/저)(배)	14.1/6.1	10.7/6.1	9.1/5.0	16.9/7.2	15.9/6.0	12.5/7.1
PBR(최고/저)(배)	1.1/0.5	0.9/0.5	1.0/0.5	1.7/0.7	2.6/1.0	2.0/1.1
EV/EBITDA(배)	6.7	5.5	6.6	7.7	7.4	6.8
EPS(원)	167	186	270	293	563	638
BPS(원)	41,660	45,703	50,078	56,534	6,790	8,047
CFPS(원)	9,653	9,990	11,734	12,233	1,817	1,979
DPS(원)	450	450	450	450	60	100
EBITDAPS(원)	11,010	12,795	14,235	15,425	2,155	2,160

재무 비율

<단위 : %>

연도	영업이익률	순이익률	부채비율	차입금비율	ROA	ROE	유보율	자기자본비율	EBITDA마진율
2017	9.0	7.9	101.1	60.8	7.9	17.2	1,509.4	49.7	13.4
2016	9.5	7.3	134.9	74.2	7.4	18.1	1,257.9	42.6	14.0
2015	5.9	3.8	159.4	93.8	4.1	11.0	1,030.7	38.6	10.1
2014	5.4	3.7	184.9	111.8	4.0	11.3	901.6	35.1	9.7

엠에스오토텍 (A123040)

MS AUTOTECH

업 종 : 자동차부품
신용등급 : (Bond) — (CP) —
홈페이지 : www.ms-global.com
본 사 : 경북 경주시 내남면 포석로 16-9

시 장 : KOSDAQ
기업규모 : 중견
연 락 처 : 054)770-1810

설 립 일	1990.09.06	**종업원수**	333명	**대표이사**	이태규,박종태
상 장 일	2010.08.06	**감사의견**	적정(대영)	**계 열**	
결 산 기	12월	**보 통 주**		**종속회사수**	8개사
액 면 가	500원	**우 선 주**		**구 상 호**	

주주구성 (지분율,%)		출자관계 (지분율,%)		주요경쟁사 (외형,%)	
이태규	17.7	명신산업	55.7	엠에스오토텍	100
심원	15.4	명신	33.6	영화금속	26
(외국인)	1.2	MSB	99.9	일지테크	37

매출구성		비용구성		수출비중	
자동차차체부품(기타)	106.9	매출원가율	90.8	수출	34.7
금형및설비(기타)	3.4	판관비율	5.8	내수	65.3
연결 조정	-10.2				

회사 개요

동사는 자동차 제작에 소요되는 차체 부품의 제조, 판매를 목적으로 1990년 설립됨. 주요 거래처는 현대기아차임. 동사는 완성차가 해외 현지 생산을 확대하면서 동반 진출함. 2007년 인도 첸나이에 현지 공장을 세웠고, 브라질에도 동반 진출해 2012년 양산을 시작함. 매출 다변화를 위해 2015년부터 쌍용차에 신규 납품을 시작함. 경쟁사로는 성우하이텍, 세원정공, 일지테크 등 44개 업체가 있음.

실적 분석

동사의 2017년 연간 매출액은 전년동기대비 5.8% 하락한 7,041.9억원을 기록하였음. 비용면에서 전년동기대비 매출원가는 감소 하였으며 인건비도 감소, 광고선전비는 증가 했고 기타판매비와관리비는 감소함. 주춤한 모습의 매출액에 의해 전년동기대비 영업이익은 238억원으로 42.1% 크게 하락 하였음. 최종적으로 전년동기대비 당기순손실은 적자전환하여 112.4억원을 기록함.

현금 흐름

<단위 : 억원>

항목	2016	2017
영업활동	938	652
투자활동	-28	-685
재무활동	-782	168
순현금흐름	128	107
기말현금	186	293

시장 대비 수익률

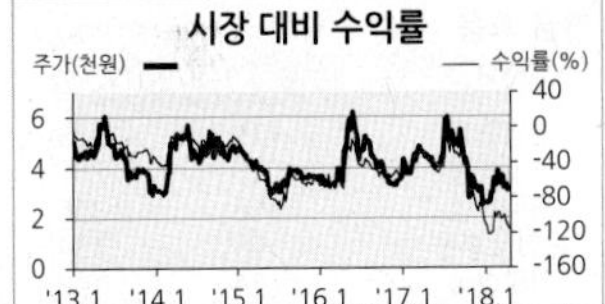

결산 실적

<단위 : 억원>

항목	2012	2013	2014	2015	2016	2017
매출액	3,297	6,767	8,038	8,640	7,479	7,042
영업이익	41	430	217	471	411	238
당기순이익	-301	-173	-90	15	246	-112

분기 실적

<단위 : 억원>

항목	2016.3Q	2016.4Q	2017.1Q	2017.2Q	2017.3Q	2017.4Q
매출액	1,682	2,012	1,679	1,826	1,879	1,658
영업이익	66	213	32	65	83	58
당기순이익	5	138	-47	5	15	-85

재무 상태

<단위 : 억원>

항목	2012	2013	2014	2015	2016	2017
총자산	5,909	5,947	6,630	6,470	6,306	6,081
유형자산	3,257	3,550	4,148	4,219	3,879	3,625
무형자산	6	6	4	4	2	2
유가증권	15	15	15	16	14	17
총부채	5,496	5,361	5,840	5,538	5,053	4,690
총차입금	4,094	4,052	4,292	4,115	3,742	3,566
자본금	41	41	70	70	73	136
총자본	413	586	790	932	1,253	1,391
지배주주지분	344	233	360	417	722	883

기업가치 지표

항목	2012	2013	2014	2015	2016	2017
주가(최고/저)(천원)	7.3/3.8	6.2/2.8	5.9/2.9	4.9/2.9	6.7/3.2	6.2/2.5
PER(최고/저)(배)	—/—	—/—	—/—	—/—	5.2/2.5	—/—
PBR(최고/저)(배)	2.5/1.3	3.1/1.4	2.9/1.4	2.0/1.2	1.6/0.8	2.0/0.8
EV/EBITDA(배)	11.4	5.4	7.7	5.1	5.0	5.6
EPS(원)	-2,817	-1,844	-1,288	-277	1,351	-498
BPS(원)	4,252	2,890	2,587	2,991	4,988	3,261
CFPS(원)	824	2,926	2,813	3,539	5,144	2,614
DPS(원)	75	75	75	75	75	75
EBITDAPS(원)	4,998	10,581	6,258	7,207	6,439	4,469

재무 비율

<단위 : %>

연도	영업이익률	순이익률	부채비율	차입금비율	ROA	ROE	유보율	자기자본비율	EBITDA마진율
2017	3.4	-1.6	337.1	256.3	-1.8	-10.9	552.2	22.9	11.1
2016	5.5	3.3	403.4	298.7	3.9	39.6	897.6	19.9	12.4
2015	5.5	0.2	594.5	441.7	0.2	-11.7	498.3	14.4	11.7
2014	2.7	-1.1	739.2	543.2	-1.4	-56.2	417.4	11.9	8.7

엠에이치에탄올 (A023150)
MHETHANOL

업 종 : 음료 | 시 장 : 거래소
신용등급 : (Bond) — (CP) — | 기업규모 : 시가총액 소형주
홈페이지 : www.mhethanol.com | 연 락 처 : 055)231-0701
본 사 : 경남 창원시 마산회원구 내서읍 광려천남로 25

설 립 일	1978.07.04	**종 업 원 수**	46명	**대 표 이 사**	윤현의
상 장 일	1996.12.03	**감 사 의 견**	적정(안경)	**계 열**	
결 산 기	12월	**보 통 주**		**종속회사수**	1개사
액 면 가	500원	**우 선 주**		**구 상 호**	

주주구성 (지분율,%)		출자관계 (지분율,%)		주요경쟁사 (외형,%)	
최동호	50.2	MH바이오텍	100.0	MH에탄올	100
동양자산운용	4.7	용원개발	51.0	진로발효	170
(외국인)	2.2	엠엔에스	49.4	국순당	121

매출구성		비용구성		수출비중	
주정 외	100.0	매출원가율	71.6	수출	0.0
		판관비율	12.8	내수	100.0

회사 개요
동사는 소주의 주원료인 주정의 제조 판매를 주요사업으로 영위하는 업체임. 현재 국내 주정시장에는 10개사의 주정제조 회사가 참여하고 있으나 정부통제하에 원료의 배정 및 생산량이 결정되는 관계로 시장점유율경쟁은 치열하지 않음. 동사는 주류산업 규제개혁에 따른 단계적인 시장개방과 자유화에 대비하여 품질향상, 제조수율 향상 및 부산물 생산 판매 증대와 생산비용 및 폐수처리비용 절감 등 원가 절감에 노력을 경주하고 있음.

실적 분석
동사의 주정 매출액은 전년 대비 1.0% 감소하였으며 주정제조 과정에서 발생하는 부산물의 매출액 중 건조박과 탄산가스는 각각 34.0%, 20.9% 감소하였음. 음식물폐수처리업은 전기 대비 43.9% 매출 증가. 연결 기준 연간 매출액은 519.8억원으로 전기 대비 약 6.3% 증가. 매출 증대에도 불구하고 매출원가율과 판관비율 상승으로 영업이익은 81.2억원에 그치며 전기 대비 31.6% 감소.

현금 흐름
〈단위 : 억원〉

항목	2016	2017
영업활동	123	33
투자활동	15	-255
재무활동	-156	356
순현금흐름	-18	134
기말현금	14	148

시장 대비 수익률
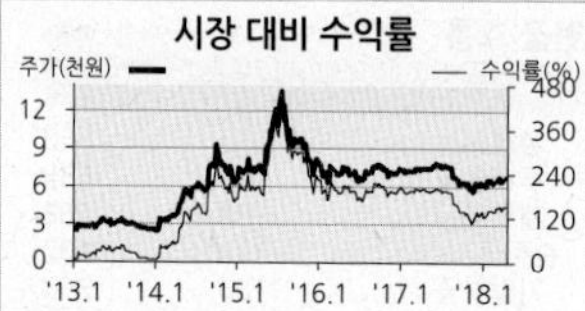

결산 실적
〈단위 : 억원〉

항목	2012	2013	2014	2015	2016	2017
매출액	598	463	490	504	489	520
영업이익	55	96	87	111	119	81
당기순이익	3	70	-2	78	81	43

분기 실적
〈단위 : 억원〉

항목	2016.3Q	2016.4Q	2017.1Q	2017.2Q	2017.3Q	2017.4Q
매출액	116	122	115	124	122	159
영업이익	24	28	24	30	29	-2
당기순이익	10	19	19	20	24	-20

재무 상태
〈단위 : 억원〉

항목	2012	2013	2014	2015	2016	2017
총자산	1,344	1,297	855	790	723	5,002
유형자산	718	704	361	368	374	3,893
무형자산	42	42	46	46	45	47
유가증권	35	33	106	101	87	102
총부채	947	838	327	211	88	3,933
총차입금	765	749	297	188	56	3,423
자본금	44	44	46	46	46	46
총자본	397	459	528	579	636	1,068
지배주주지분	391	458	528	579	636	659

기업가치 지표

항목	2012	2013	2014	2015	2016	2017
주가(최고/저)(천원)	4.6/2.3	3.4/2.4	9.3/2.5	13.9/6.4	7.9/6.2	7.9/5.7
PER(최고/저)(배)	90.1/44.8	3.8/2.7	—/—	14.9/6.8	7.9/6.2	9.1/6.5
PBR(최고/저)(배)	1.0/0.5	0.6/0.4	1.5/0.4	2.0/0.9	1.0/0.8	0.9/0.6
EV/EBITDA(배)	9.8	8.2	7.7	6.2	4.6	33.3
EPS(원)	59	1,022	-26	1,054	1,104	914
BPS(원)	5,589	6,542	7,154	7,966	8,812	9,409
CFPS(원)	563	1,144	89	1,208	1,262	1,301
DPS(원)	—	—	200	250	300	350
EBITDAPS(원)	1,283	1,499	1,326	1,657	1,768	1,487

재무 비율
〈단위 : %〉

연도	영업이익률	순이익률	부채비율	차입금비율	ROA	ROE	유보율	자기자본비율	EBITDA마진율
2017	15.6	8.3	368.2	320.4	1.5	10.4	1,410.2	21.4	21.1
2016	24.3	16.7	13.8	8.8	10.8	13.4	1,314.5	87.9	26.7
2015	22.0	15.4	36.5	32.5	9.5	14.1	1,178.7	73.3	24.3
2014	17.9	-0.4	62.0	56.2	-0.2	-0.4	1,048.4	61.7	19.5

엠에프엠코리아 (A251960)
MFM KOREACOLTD

업 종 : 섬유 및 의복 | 시 장 : KONEX
신용등급 : (Bond) — (CP) — | 기업규모 : —
홈페이지 : www.mfmkorea.com | 연 락 처 : 02)531-5780
본 사 : 서울시 강남구 도곡로 204 4층 (도곡동, 동신빌딩)

설 립 일	2002.11.01	**종 업 원 수**	51명	**대 표 이 사**	안피터도성,조장호
상 장 일	2016.09.08	**감 사 의 견**	적정(신성)	**계 열**	
결 산 기	12월	**보 통 주**		**종속회사수**	
액 면 가	—	**우 선 주**		**구 상 호**	

주주구성 (지분율,%)		출자관계 (지분율,%)		주요경쟁사 (외형,%)	
MFM HOLDINGS., LLC	91.0	MIASFASHIONMANUFACTURINGCOMPANY.	100.0	엠에프엠코리아	100
		MFMVIETNAM.	100.0	신성통상	1,248
				제이에스코퍼레이션	334

매출구성		비용구성		수출비중	
성인여성용 의류	62.4	매출원가율	89.2	수출	100.0
성인남성용 의류	32.3	판관비율	7.3	내수	0.0
유소년용 의류	3.3				

회사 개요
동사는 의류, 섬유 수출입 및 제조업을 주요 사업으로 하여 2002년 설립됨. 해외의 의류업체로부터 주문을 받아 OEM 및 ODM 방식으로 납품하는 수출 전문기업입. 원단을 외주생산하거나 직접 구매하여 베트남, 캄보디아, 과테말라 등에 소재하고 있는 협력업체에 임가공방식으로 의류를 생산, 이를 미국 소재 자회사 미아스 패션을 통하여 판매하고 있으며 주력 제품은 니트류임.

실적 분석
동사의 2017년도 연간 매출액은 706.7억원, 영업이익은 24.9억원으로 전년도 대비 각각 16.7%, 19.7% 감소함. 매출액 감소는 주요 수출 대상국인 미국의 인구 구성 변화로 인한 의류 소매 시장에서의 소비 부진 때문. 도매 재고 역시 감소 추세에 있어 동사를 비롯한 OEM업체들의 영업 환경은 폐점이 마무리 된 후 바이어들의 재고 축적이 가시화되는 2018년부터 개선될 전망.

현금 흐름 *IFRS 별도 기준
〈단위 : 억원〉

항목	2016	2017
영업활동	7	-2
투자활동	0	-18
재무활동	-6	19
순현금흐름	1	-1
기말현금	1	0

시장 대비 수익률
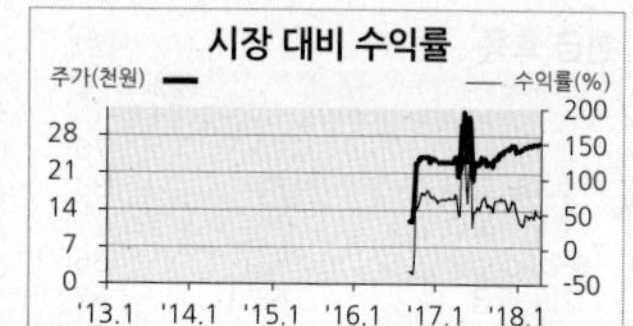

결산 실적
〈단위 : 억원〉

항목	2012	2013	2014	2015	2016	2017
매출액	746	926	930	1,079	848	707
영업이익	16	13	13	17	31	25
당기순이익	5	8	5	13	28	6

분기 실적 *IFRS 별도 기준
〈단위 : 억원〉

항목	2016.3Q	2016.4Q	2017.1Q	2017.2Q	2017.3Q	2017.4Q
매출액	—	—	—	—	—	—
영업이익	—	—	—	—	—	—
당기순이익	—	—	—	—	—	—

재무 상태 *IFRS 별도 기준
〈단위 : 억원〉

항목	2012	2013	2014	2015	2016	2017
총자산	181	226	237	303	327	418
유형자산	1	1	1	1	1	0
무형자산	1	1	1	1	1	0
유가증권	3	1	1	—	—	—
총부채	157	174	178	231	227	209
총차입금	56	70	76	55	49	65
자본금	9	30	30	30	30	52
총자본	24	53	58	72	100	209
지배주주지분	24	53	58	72	100	209

기업가치 지표 *IFRS 별도 기준

항목	2012	2013	2014	2015	2016	2017
주가(최고/저)(천원)	—/—	—/—	—/—	—/—	—/—	—/—
PER(최고/저)(배)	0.0/0.0	0.0/0.0	0.0/0.0	0.0/0.0	5.2/2.6	39.1/17.7
PBR(최고/저)(배)	0.0/0.0	0.0/0.0	0.0/0.0	0.0/0.0	1.4/0.7	1.9/0.9
EV/EBITDA(배)	3.2	4.8	5.3	3.0	5.9	8.4
EPS(원)	2,838	1,929	881	2,216	4,612	964
BPS(원)	13,519	8,811	9,692	12,066	16,682	20,075
CFPS(원)	3,380	2,209	1,025	2,369	4,765	1,076
DPS(원)	—	—	—	—	—	—
EBITDAPS(원)	9,184	3,582	2,322	3,060	5,321	4,110

재무 비율
〈단위 : %〉

연도	영업이익률	순이익률	부채비율	차입금비율	ROA	ROE	유보율	자기자본비율	EBITDA마진율
2017	3.5	0.9	100.1	31.3	1.6	3.9	301.5	50.0	3.6
2016	3.7	3.3	227.0	48.9	8.8	32.1	233.7	30.6	3.8
2015	1.6	1.2	318.6	76.5	4.9	20.4	141.3	23.9	1.7
2014	1.4	0.6	306.7	130.9	2.3	9.5	93.9	24.6	1.5

엠젠플러스 (A032790)

MGENPLUS

업　　종 : 컴퓨터 및 주변기기　　시　　장 : KOSDAQ
신용등급 : (Bond) —　(CP) —　　기업규모 : 벤처
홈페이지 : www.mgenplus.com　　연 락 처 : 02)3412-8777
본　　사 : 서울시 서초구 효령로 83 엠젠플러스빌딩 (방배동)

설 립 일 1973.09.21	**종업원수** 34명	**대 표 이 사** 심영복
상 장 일 1997.06.26	**감사의견** 적정(인덕)	**계　　열**
결 산 기 12월	**보 통 주**	**종속회사수** 1개사
액 면 가 500원	**우 선 주**	**구 상 호** 엠젠

주주구성 (지분율,%)		출자관계 (지분율,%)		주요경쟁사 (외형,%)	
셀루메드	6.4	아이윅스	12.9	엠젠플러스	100
김덕진	3.8	이담	12.9	아이리버	128
(외국인)	0.5	퓨처하이테크	7.0	제이씨현시스템	525

매출구성		비용구성		수출비중	
프린터 카트리지 부품	91.8	매출원가율	92.4	수출	93.2
스마트홈 장비 (인터폰 등)	6.4	판관비율	7.8	내수	6.8
서비스 운영	1.7				

회사 개요

동사는 프린터 현상기 및 스마트홈 네트워크 장비 제조 판매 사업자. 2014년 9월 철도사업을 중단하고 2015년 1분기 전체 사업부문을 ICT사업부문, 커머스사업부문, 바이오사업부문 3개 사업부문으로 재편함. 현상기는 주로 삼성전자에 납품하며 커머스부문은 쇼핑관련 웹 서비스개발, 시스템운영, 상품영상을 제작함. 바이오부문은 이종장기 및 치료용 세포조직, 질병 연구용 목적성 돼지를 연구 개발함.

실적 분석

동사의 2017년 연간 매출액은 전년동기대비 4.5% 상승한 541.4억원을 기록하였음. 비용면에서 전년동기대비 매출원가는 증가 했으며 인건비는 감소 하였고 광고선전비는 크게 증가 했고 기타판매비와관리비는 크게 감소함. 이처럼 매출액 상승과 더불어 비용절감에도 힘을 기울였음. 매출액은 성장했지만 원가 증가로 인해 전년동기대비 영업손실은 1.5억원으로 적자지속 하였음. 최종적으로 전년동기대비 당기순이익은 적자지속함.

현금 흐름 <단위 : 억원>

항목	2016	2017
영업활동	-17	-68
투자활동	-91	-57
재무활동	72	90
순현금흐름	-36	-35
기말현금	71	36

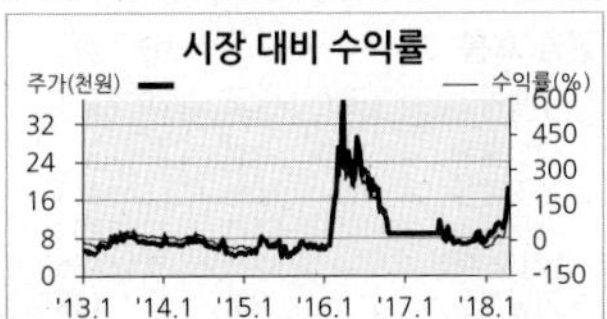

결산 실적 <단위 : 억원>

항목	2012	2013	2014	2015	2016	2017
매출액	639	872	750	598	518	541
영업이익	-57	-11	4	-27	-13	-1
당기순이익	-114	-62	-61	-110	-59	-22

분기 실적 <단위 : 억원>

항목	2016.3Q	2016.4Q	2017.1Q	2017.2Q	2017.3Q	2017.4Q
매출액	125	125	155	146	134	107
영업이익	-3	-2	6	3	-0	-10
당기순이익	-8	-26	1	-2	2	-22

재무 상태 <단위 : 억원>

항목	2012	2013	2014	2015	2016	2017
총자산	498	411	321	273	294	360
유형자산	100	44	40	36	131	135
무형자산	78	66	36	9	8	15
유가증권	36	32	23	28	2	13
총부채	310	270	220	187	180	135
총차입금	131	116	96	96	68	51
자본금	165	185	40	53	60	71
총자본	188	141	101	86	115	225
지배주주지분	170	138	105	86	115	225

기업가치 지표

항목	2012	2013	2014	2015	2016	2017
주가(최고/저)(천원)	8.0/3.1	7.2/3.6	6.8/3.4	7.3/3.0	30.8/4.4	11.9/6.6
PER(최고/저)(배)	—/—	—/—	—/—	—/—	—/—	—/—
PBR(최고/저)(배)	3.2/1.2	4.2/2.1	6.2/3.1	10.7/4.4	40.1/5.7	7.5/4.2
EV/EBITDA(배)	—	25.1	13.2	—	709.2	78.3
EPS(원)	-1,790	-938	-691	-1,165	-495	-161
BPS(원)	624	425	1,364	855	960	1,580
CFPS(원)	-309	-119	-481	-1,019	-378	-54
DPS(원)	—	—	—	—	—	—
EBITDAPS(원)	-129	39	261	-158	10	97

재무 비율 <단위 : %>

연도	영업이익률	순이익률	부채비율	차입금비율	ROA	ROE	유보율	자기자본비율	EBITDA마진율
2017	-0.3	-4.1	59.7	22.7	-6.8	-13.1	215.9	62.6	2.5
2016	-2.5	-11.4	156.5	59.0	-20.9	-58.9	92.1	39.0	0.2
2015	-4.5	-18.5	217.4	111.7	-37.2	-107.9	71.1	31.5	-2.3
2014	0.6	-8.1	217.0	94.7	-16.7	-45.2	172.8	31.6	2.8

엠케이전자 (A033160)

MK Electron

업　　종 : 반도체 및 관련장비　　시　　장 : KOSDAQ
신용등급 : (Bond) —　(CP) —　　기업규모 : 우량
홈페이지 : www.mke.co.kr　　연 락 처 : 031)330-1900
본　　사 : 경기도 용인시 처인구 포곡읍 금어로 405

설 립 일 1982.12.16	**종업원수** 281명	**대 표 이 사** 이진
상 장 일 1997.11.10	**감사의견** 적정(삼일)	**계　　열**
결 산 기 12월	**보 통 주**	**종속회사수** 29개사
액 면 가 500원	**우 선 주**	**구 상 호**

주주구성 (지분율,%)		출자관계 (지분율,%)		주요경쟁사 (외형,%)	
오션비홀딩스	24.1	엠케이인베스트먼트	100.0	엠케이전자	100
신성건설	5.7	유구광업	94.1	피에스케이	40
(외국인)	4.5	MKELECTRON	77.2	덕산하이메탈	7

매출구성		비용구성		수출비중	
Bonding wire	93.4	매출원가율	71.4	수출	64.8
Solder ball	3.3	판관비율	2.6	내수	35.2
Gold evaporate material	2.1				

회사 개요

동사는 1982년 설립되어, 반도체 Package의 핵심부품인 본딩와이어(Bonding Wire) 및 솔더볼(Solder Ball) 등 전자부품의 제조 및 판매를 기업임. 국내 반도체 제조업체인 삼성전자, 하이닉스, 스태츠칩팩코리아, 암코 등에 본딩와이어를 자체 개발하여 공급하고 있음. 동사의 주력 제품인 본딩와이어는 반도체 리드프레임과 실리콘 칩을 연결하여 전기적 신호를 전달하는 부품으로서 반도체 생산에 없어서는 안 되는 핵심 재료임.

실적 분석

동사의 2017년 연결기준 매출액은 전년 동기대비 10.7% 상승한 6,862억원을 기록함. 매출원가는 소폭 상승하였고 인건비, 판매비와관리비는 소폭 감소함. 매출액 상승과 비용절감을 통해 영업이익은 42.4% 증가함. 금융이익의 적자지속에도 불구하고 외환이익의 흑자전환과 매출액의 큰 상승에 힘입어 당기순이익은 전년대비 38.6% 상승하여 1,480억원을 기록함.

현금 흐름 <단위 : 억원>

항목	2016	2017
영업활동	-1,498	-955
투자활동	699	298
재무활동	781	954
순현금흐름	-22	294
기말현금	467	761

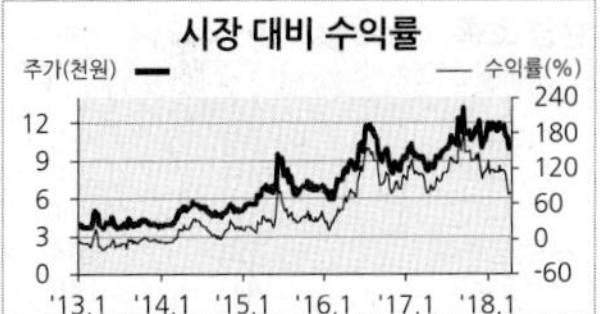

결산 실적 <단위 : 억원>

항목	2012	2013	2014	2015	2016	2017
매출액	7,062	5,681	4,696	4,531	6,196	6,862
영업이익	172	108	93	248	1,255	1,787
당기순이익	68	210	-338	1,522	1,068	1,480

분기 실적 <단위 : 억원>

항목	2016.3Q	2016.4Q	2017.1Q	2017.2Q	2017.3Q	2017.4Q
매출액	1,628	1,718	1,571	1,782	1,817	1,691
영업이익	332	349	386	487	455	460
당기순이익	243	518	234	712	316	218

재무 상태 <단위 : 억원>

항목	2012	2013	2014	2015	2016	2017
총자산	2,624	3,687	4,205	10,009	13,328	15,841
유형자산	416	440	443	497	487	497
무형자산	75	76	68	1,394	1,347	1,334
유가증권	5	5	23	477	228	165
총부채	1,581	2,458	3,323	4,778	7,171	8,395
총차입금	1,062	2,135	2,979	3,653	3,895	5,663
자본금	108	108	109	109	109	109
총자본	1,043	1,229	883	5,231	6,157	7,446
지배주주지분	1,024	1,209	864	2,229	2,503	2,996

기업가치 지표

항목	2012	2013	2014	2015	2016	2017
주가(최고/저)(천원)	4.6/2.8	5.1/3.5	5.8/3.8	9.5/4.9	12.3/6.0	13.3/8.1
PER(최고/저)(배)	14.6/8.9	5.8/4.0	—/—	1.5/0.8	8.4/4.1	6.6/4.0
PBR(최고/저)(배)	1.1/0.7	1.0/0.7	1.5/1.0	0.9/0.5	1.1/0.5	1.0/0.6
EV/EBITDA(배)	7.4	14.9	22.4	6.2	1.0	1.2
EPS(원)	359	972	-1,540	6,691	1,502	2,051
BPS(원)	4,914	5,770	4,143	10,627	11,883	13,806
CFPS(원)	707	1,316	-1,179	7,051	1,860	2,391
DPS(원)	150	160	150	120	80	140
EBITDAPS(원)	1,183	844	789	1,497	6,114	8,534

재무 비율 <단위 : %>

연도	영업이익률	순이익률	부채비율	차입금비율	ROA	ROE	유보율	자기자본비율	EBITDA마진율
2017	26.1	21.6	112.7	76.0	10.2	16.3	2,661.3	47.0	27.1
2016	20.3	17.2	116.5	63.3	9.2	13.9	2,276.6	46.2	21.5
2015	5.5	33.6	91.4	69.8	21.4	94.4	2,025.3	52.3	7.2
2014	2.0	-7.2	376.5	337.6	-8.6	-32.4	728.7	21.0	3.7

엠플러스 (A259630)
mPLUS corp

업　　종 : 전자 장비 및 기기		시　　장 : KOSDAQ	
신용등급 : (Bond) —	(CP) —	기업규모 : 벤처	
홈페이지 : www.mplusi.co.kr		연 락 처 : 043)272-7079	
본　　사 : 충북 청주시 흥덕구 옥산면 오산가좌로 320			

설 립 일	2003.04.09	**종 업 원 수**	80명	**대 표 이 사**	김종성
상 장 일	2017.09.20	**감 사 의 견**	적정(삼일)	**계　　열**	
결 산 기	12월	**보 통 주**		**종속회사수**	
액 면 가	500원	**우 선 주**		**구 상 호**	

주주구성 (지분율,%)		출자관계 (지분율,%)		주요경쟁사 (외형,%)	
김종성	23.3			엠플러스	100
융합기술투자조합	4.9			엔에스	58
(외국인)	3.5			파크시스템스	46

매출구성		비용구성		수출비중	
Assembly Line	90.0	매출원가율	82.9	수출	76.9
기타 제품 외	7.5	판관비율	6.0	내수	23.1
기타 제품	2.5				

회사 개요

동사는 이차전지 자동화 조립설비 개발/제조 전문 기업으로 특히 파우치형 이차전지 조립공정에 특화된 세계 유일 Turn-Key 방식의 수직계열화 라인 공급에 따른 기술적 우위의 강점을 확보하고 있음. SK이노베이션과 삼성SDI, 미국 A123 System, 중국 Wanxiang A123 Sysetm Asia와 Tianneng Energy 등 국내외 유수의 2차전지 업체들이 주요 고객사임.

실적 분석

동사의 2017년 연간 매출액은 전년동기대비 157.3% 이상 크게 상승한 721.1억원을 기록하였음. 비용면에서 전년동기대비 매출원가는 크게 증가 하였으며 인건비도 증가, 기타판매비와관리비는 증가함. 이와 같이 상승한 매출액 만큼 비용증가도 있었으나 매출액의 더 큰 상승에 힘입어 최종적으로 전년동기대비 당기순이익은 상승하여 49.2억원을 기록함. 금융손익의 흑자전환이 영향을 미친것으로 판단됨.

현금 흐름 *IFRS 별도 기준 〈단위 : 억원〉

항목	2016	2017
영업활동	30	-88
투자활동	-46	-25
재무활동	51	221
순현금흐름	38	104
기말현금	41	146

시장 대비 수익률

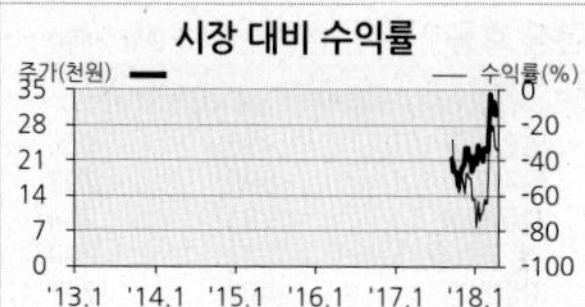

결산 실적 〈단위 : 억원〉

항목	2012	2013	2014	2015	2016	2017
매출액	101	53	—	133	280	721
영업이익	-26	-14	—	3	42	80
당기순이익	-30	-18	—	-3	35	49

분기 실적 *IFRS 별도 기준 〈단위 : 억원〉

항목	2016.3Q	2016.4Q	2017.1Q	2017.2Q	2017.3Q	2017.4Q
매출액	96	—	—	—	203	—
영업이익	13	—	—	—	28	—
당기순이익	6	—	—	—	21	—

재무 상태 *IFRS 별도 기준 〈단위 : 억원〉

항목	2012	2013	2014	2015	2016	2017
총자산	94	68	—	121	384	604
유형자산	43	42	—	40	43	86
무형자산	2	2	—	6	5	6
유가증권	—	—	—	—	—	—
총부채	94	85	—	151	276	269
총차입금	73	76	—	99	51	89
자본금	8	8	—	9	20	26
총자본	1	-17	—	-30	108	334
지배주주지분	1	-17	—	-30	108	334

기업가치 지표 *IFRS 별도 기준

항목	2012	2013	2014	2015	2016	2017
주가(최고/저)(천원)	#VALUE!	—/—	—/—	—/—	—/—	—/—
PER(최고/저)(배)	0.0/0.0	0.0/0.0	0.0/0.0	0.0/0.0	0.0/0.0	22.4/14.3
PBR(최고/저)(배)	0.0/0.0	0.0/0.0	0.0/0.0	0.0/0.0	0.0/0.0	3.8/2.5
EV/EBITDA(배)	—	—	0.0	13.3	—	11.7
EPS(원)	-2,029	-1,219	—	-185	1,670	1,122
BPS(원)	445	-10,514	—	-11,723	26,523	6,538
CFPS(원)	-16,618	-9,647	—	194	12,220	1,235
DPS(원)	—	—	—	—	—	—
EBITDAPS(원)	-14,119	-6,998	—	2,795	14,362	1,930

재무 비율 〈단위 : %〉

연도	영업이익률	순이익률	부채비율	차입금비율	ROA	ROE	유보율	자기자본비율	EBITDA마진율
2017	11.0	6.8	80.6	26.7	10.0	22.2	1,207.7	55.4	11.7
2016	15.1	12.6	255.5	47.3	14.0	전기잠식	430.5	28.1	16.6
2015	2.5	-2.5	완전잠식	완전잠식	0.0	0.0	-451.2	-24.8	5.4
2014	0.0	0.0	0.0	0.0	0.0	0.0	0.0	0.0	0.0

엠피그룹 (A065150)
MP Group

업　　종 : 호텔 및 레저		시　　장 : KOSDAQ	
신용등급 : (Bond) —	(CP) —	기업규모 : 중견	
홈페이지 : www.mrpizza.co.kr		연 락 처 : 02)596-3300	
본　　사 : 서울시 서초구 효령로 132			

설 립 일	1995.09.07	**종 업 원 수**	475명	**대 표 이 사**	이상은
상 장 일	2007.07.18	**감 사 의 견**	적정(대성삼경)	**계　　열**	
결 산 기	12월	**보 통 주**		**종속회사수**	4개사
액 면 가	100원	**우 선 주**		**구 상 호**	MPK

주주구성 (지분율,%)		출자관계 (지분율,%)		주요경쟁사 (외형,%)	
정우현	16.8	엠피한강	64.2	MP그룹	100
CHUNG JESSICA JEEHAE	6.7	디에스티	0.8	현대그린푸드	1,745
(외국인)	0.4			해마로푸드서비스	165

매출구성		비용구성		수출비중	
식자재/수수료/직영점(기타)	83.7	매출원가율	50.4	수출	—
마노핀직영점(기타)	13.8	판관비율	49.9	내수	—
식탁 외 직영점 외(기타)	2.6				

회사 개요

동사는 1990년 '미스터피자' 이대점1호점을 시작으로 25년간 지속적인 성장을 거듭해 2016년 12월말 370개의 매장수를 가진 국내 대표 피자 브랜드를 가진 회사임. 해외엔 2000년에 중국을 시작으로 2016년 기준 136개의 매장을 운영 중이며, 동남아 및 미국시장에도 진출하여 미국 4개, 필리핀 2개, 태국에 1개 매장을 운영중. 2008년에는 커피 및 수제머핀 전문점인 '마노핀'을 오픈하여 2016년 50개 매장 운영.

실적 분석

동사의 2017년 연결기준 매출액은 1,452.1억원으로 전년 동기 대비 4% 감소함. 외식경기 둔화로 피자부문과 마노핀 매출 실적이 부진했음에도 불구, 종속기업인 한강인터트레이드의 매출 신규편입으로 인해 외형적으로 작년 동기 수준을 유지함. 연결주요종속회사의 합병비용의 증가, 유형자산처분 및 폐기손실 등의 일회성 영업외비용이 발생하여 당기순손실이 확대됨.

현금 흐름 〈단위 : 억원〉

항목	2016	2017
영업활동	-31	-77
투자활동	-101	219
재무활동	157	-108
순현금흐름	24	56
기말현금	83	139

시장 대비 수익률

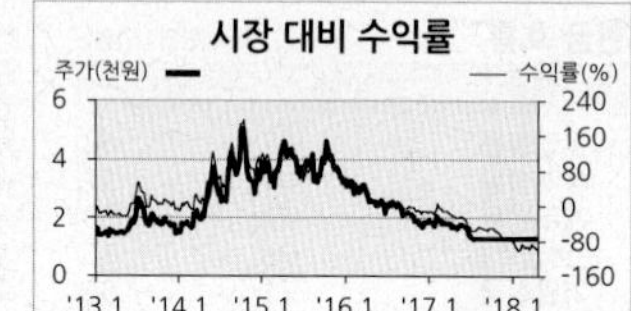

결산 실적 〈단위 : 억원〉

항목	2012	2013	2014	2015	2016	2017
매출액	1,776	1,746	1,440	1,224	1,513	1,452
영업이익	90	32	14	-48	5	-4
당기순이익	28	29	4	-33	-21	-111

분기 실적 〈단위 : 억원〉

항목	2016.3Q	2016.4Q	2017.1Q	2017.2Q	2017.3Q	2017.4Q
매출액	367	375	385	365	339	363
영업이익	7	-9	-1	2	-8	3
당기순이익	10	-28	-21	-1	-22	-67

재무 상태 〈단위 : 억원〉

항목	2012	2013	2014	2015	2016	2017
총자산	727	673	805	1,057	1,148	1,028
유형자산	318	300	286	308	297	85
무형자산	45	44	44	225	211	190
유가증권	7	7	29	25	9	20
총부채	502	436	377	621	722	558
총차입금	1	1	1	252	375	218
자본금	65	65	79	81	81	81
총자본	225	237	428	436	426	471
지배주주지분	225	237	428	410	384	333

기업가치 지표

항목	2012	2013	2014	2015	2016	2017
주가(최고/저)(천원)	1.9/1.1	2.7/1.4	5.2/1.5	4.7/3.0	3.3/1.6	2.2/1.2
PER(최고/저)(배)	43.6/25.2	53.5/26.8	830.4/240.0	—/—	—/—	—/—
PBR(최고/저)(배)	2.8/1.6	4.0/2.0	6.5/1.9	6.1/4.0	4.5/2.2	3.3/1.9
EV/EBITDA(배)	7.3	13.0	48.4	—	34.5	35.1
EPS(원)	43	52	6	-47	-45	-161
BPS(원)	668	686	804	767	735	671
CFPS(원)	111	119	65	5	10	-116
DPS(원)	20	10	5	—	—	—
EBITDAPS(원)	206	116	79	-8	62	40

재무 비율 〈단위 : %〉

연도	영업이익률	순이익률	부채비율	차입금비율	ROA	ROE	유보율	자기자본비율	EBITDA마진율
2017	-0.3	-7.7	118.5	46.4	-10.2	-36.3	571.2	45.8	2.2
2016	0.3	-1.4	169.5	88.1	-1.9	-9.3	634.6	37.1	3.3
2015	-4.0	-2.7	142.6	57.8	-3.6	-9.0	666.7	41.2	-0.5
2014	1.0	0.3	88.2	0.2	0.6	1.3	704.3	53.1	3.9

엠피한강 (A219550)

MP Hankang

업　　종 : 개인생활용품　　시　　장 : KOSDAQ
신용등급 : (Bond) —　　(CP) —　　기업규모 : 중견
홈페이지 : www.hkcorea.co.kr　　연 락 처 : 02)3773-8373
본　　사 : 서울시 구로구 디지털로 273, 1206호(구로동, 에이스트윈타워2차)

설 립 일	2015.04.22	**종업원수**	99명	**대표이사**	박진기
상 장 일	2015.07.22	**감사의견**	적정(이촌)	**계　　열**	
결 산 기	12월	**보 통 주**		**종속회사수**	
액 면 가	100원	**우 선 주**		**구 상 호**	SK2호스팩

주주구성 (지분율,%)		출자관계 (지분율,%)		주요경쟁사 (외형,%)	
MP그룹	54.9			MP한강	100
정동진	9.9			한국화장품제조	105
(외국인)	0.5			코리아나	175

매출구성		비용구성		수출비중	
		매출원가율	46.4	수출	0.0
		판관비율	36.7	내수	100.0

회사 개요

동사는 현대메이크업의 트렌드에 맞는 제품을 공급할 목적으로 2000년 12월 22일 설립됐으며 수입제품 전문 유통사업을 영위하고 있음. 2003년 12월 호주 화장품 브랜드인 'Red Earth' 제품의 국내 독점판매 사업을 시작으로 수입 코스메틱 브랜드 국내 독점 공급 사업을 본격적으로 시작함. 수입상품의 단순 유통 공급이 아닌 한국시장에 적합한 상품 선별 및 마케팅 기획 업무를 수행하고 있음.

실적 분석

동사의 2017년 누적매출액은 636.9억원으로 전년대비 27.3% 증가함. 같은 기간 영업이익은 전년보다 7.1% 늘어난 107.5억원을 기록함. 동사는 올리브영과 롭스, 왓슨스 등 모든 드럭스토어에 화장품을 입점시킨 화장품 유통업체로 국내 H&B스토어 시장의 확대에 따라 매출과 이익이 성장하고 있음. 수입 브랜드 전문 유통에 대한 노하우와 네트워크, 마케팅 전략 수립 및 수행에 대한 노하우를 바탕으로 자체브랜드를 기획, 생산하고 있음.

현금 흐름 *IFRS 별도 기준 〈단위 : 억원〉

항목	2016	2017
영업활동	71	56
투자활동	-42	-3
재무활동	—	—
순현금흐름	29	53
기말현금	76	129

시장 대비 수익률

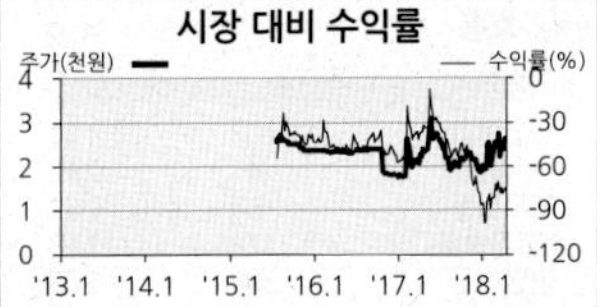

결산 실적 〈단위 : 억원〉

항목	2012	2013	2014	2015	2016	2017
매출액	—	—	206	298	500	637
영업이익	—	—	31	77	100	108
당기순이익	—	—	24	60	79	64

분기 실적 *IFRS 별도 기준 〈단위 : 억원〉

항목	2016.3Q	2016.4Q	2017.1Q	2017.2Q	2017.3Q	2017.4Q
매출액	124	137	151	154	153	178
영업이익	23	22	29	23	23	33
당기순이익	21	14	5	21	19	20

재무 상태 *IFRS 별도 기준 〈단위 : 억원〉

항목	2012	2013	2014	2015	2016	2017
총자산	—	—	88	155	243	446
유형자산	—	—	1	0	1	1
무형자산	—	—	0	27	27	27
유가증권	—	—	9	—	—	20
총부채	—	—	16	28	35	61
총차입금	—	—	—	—	3	20
자본금	—	—	3	3	3	55
총자본	—	—	72	127	208	385
지배주주지분	—	—	72	127	208	385

기업가치 지표 *IFRS 별도 기준

항목	2012	2013	2014	2015	2016	2017
주가(최고/저)(천원)	—/—	—/—	—/—	2.7/2.4	2.4/1.8	3.1/1.8
PER(최고/저)(배)	0.0/0.0	0.0/0.0	0.0/0.0	27.3/23.6	18.3/13.3	29.2/15.9
PBR(최고/저)(배)	0.0/0.0	0.0/0.0	0.0/0.0	12.8/11.1	6.9/5.0	4.5/2.4
EV/EBITDA(배)	0.0	0.0	—	0.9	—	7.1
EPS(원)	—	—	45	110	145	117
BPS(원)	—	—	120,507	211,720	346,520	766
CFPS(원)	—	—	40,814	99,750	131,484	118
DPS(원)	—	—	—	—	—	189
EBITDAPS(원)	—	—	51,230	128,413	167,649	197

재무 비율 〈단위 : %〉

연도	영업이익률	순이익률	부채비율	차입금비율	ROA	ROE	유보율	자기자본비율	EBITDA마진율
2017	16.9	10.1	15.8	5.2	18.7	21.7	666.1	86.3	16.9
2016	20.1	15.7	16.8	1.2	39.5	47.0	6,830.4	85.6	20.1
2015	25.7	20.0	22.1	0.0	49.0	59.8	4,134.4	81.9	25.8
2014	14.9	11.8	22.1	0.0	0.0	0.0	2,310.1	81.9	15.0

연우 (A115960)

YONWOO CO

업　　종 : 용기 및 포장　　시　　장 : KOSDAQ
신용등급 : (Bond) —　　(CP) —　　기업규모 : 우량
홈페이지 : www.yonwookorea.com　　연 락 처 : 032)575-8811
본　　사 : 인천시 서구 가좌로84번길 13

설 립 일	1994.09.30	**종업원수**	1,481명	**대표이사**	기중현
상 장 일	2015.11.02	**감사의견**	적정(안진)	**계　　열**	
결 산 기	12월	**보 통 주**		**종속회사수**	2개사
액 면 가	500원	**우 선 주**		**구 상 호**	

주주구성 (지분율,%)		출자관계 (지분율,%)		주요경쟁사 (외형,%)	
기중현	60.3	YONWOOCHINA(HUZHOU)	100.0	연우	100
PKG Group, LLC	6.8	YONWOOCHINA	100.0	락앤락	182
(외국인)	12.7			삼광글라스	140

매출구성		비용구성		수출비중	
펌프류	75.5	매출원가율	86.7	수출	44.5
튜브류	12.4	판관비율	9.4	내수	55.5
견본품	11.5				

회사 개요

1994년 11월 설립된 동사는 목적사업으로 화장품용기 및 디스펜스 제조와 판매업, 의약품용기 제조와 판매업, 생활용품용기 제조와 판매업 등을 영위. 주요제품으로 펌프형 용기, 튜브형 용기, 견본용 용기가 있음. 화장품 시장의 특성을 고려하여 다품종 소량생산이 가능한 셀라인과 대량생산이 가능한 자동화 라인을 보유하고 있음. 아모레퍼시픽, LG생활건강, PKG Group(미주), Quadpack Group(유럽) 등이 주요 고객임.

실적 분석

동사의 2017년 연결기준 매출액은 전년 대비 2.3% 감소한 2,293.0억원을 기록한 반면, 동기간 매출원가 및 판관비는 각각 5.2%, 4.1% 증가함에 따라 동사의 2017년 영업이익은 전년 대비 63.8% 감소한 90.1억원을 기록함. 한편, 동기간 외화환산손실이 크게 증가함에 따라 비영업손익은 적자로 전환되었음. 따라서 동사의 2017년 당기순이익은 전년 대비 62.8% 감소한 77.9억원을 기록함.

현금 흐름 〈단위 : 억원〉

항목	2016	2017
영업활동	248	194
투자활동	-313	-390
재무활동	-6	162
순현금흐름	-70	-45
기말현금	308	263

시장 대비 수익률

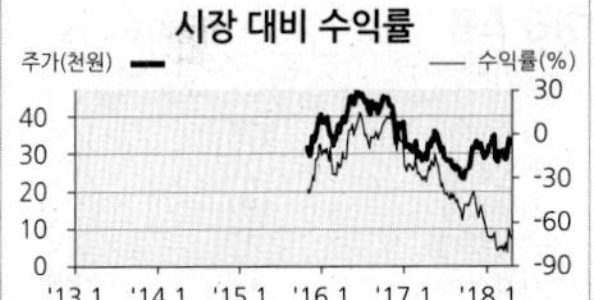

결산 실적 〈단위 : 억원〉

항목	2012	2013	2014	2015	2016	2017
매출액	1,520	1,574	1,688	1,991	2,346	2,293
영업이익	173	98	121	189	249	90
당기순이익	128	56	87	153	209	78

분기 실적 〈단위 : 억원〉

항목	2016.3Q	2016.4Q	2017.1Q	2017.2Q	2017.3Q	2017.4Q
매출액	596	569	566	553	592	582
영업이익	55	33	23	30	15	21
당기순이익	30	48	-3	57	25	-1

재무 상태 〈단위 : 억원〉

항목	2012	2013	2014	2015	2016	2017
총자산	1,507	1,620	1,623	2,121	2,361	2,591
유형자산	736	870	917	1,038	1,272	1,537
무형자산	16	18	24	24	18	59
유가증권	11	13	8	9	10	0
총부채	782	840	756	527	570	727
총차입금	559	605	513	244	241	401
자본금	50	50	50	62	62	62
총자본	724	780	867	1,594	1,792	1,864
지배주주지분	724	780	867	1,594	1,792	1,864

기업가치 지표

항목	2012	2013	2014	2015	2016	2017
주가(최고/저)(천원)	—/—	—/—	—/—	40.7/27.4	49.4/31.7	36.5/22.6
PER(최고/저)(배)	0.0/0.0	0.0/0.0	0.0/0.0	27.8/18.7	29.3/18.8	58.1/35.9
PBR(최고/저)(배)	0.0/0.0	0.0/0.0	0.0/0.0	3.2/2.1	3.4/2.2	2.4/1.5
EV/EBITDA(배)	1.9	2.7	2.0	16.5	12.7	17.0
EPS(원)	1,375	559	868	1,467	1,687	628
BPS(원)	7,247	7,803	8,675	12,859	14,451	15,038
CFPS(원)	2,041	1,319	1,782	2,486	2,647	1,730
DPS(원)	—	—	—	—	—	—
EBITDAPS(원)	2,526	1,737	2,131	2,829	2,968	1,828

재무 비율 〈단위 : %〉

연도	영업이익률	순이익률	부채비율	차입금비율	ROA	ROE	유보율	자기자본비율	EBITDA마진율
2017	3.9	3.4	39.0	21.5	3.2	4.3	2,907.6	71.9	9.9
2016	10.6	8.9	31.8	13.4	9.3	12.4	2,790.2	75.9	15.7
2015	9.5	7.7	33.1	15.3	8.2	12.4	2,471.7	75.2	14.8
2014	7.2	5.1	87.3	59.2	5.4	10.5	1,635.1	53.4	12.6

연이정보통신 (A090740)

YOUNYI Information & Communication

업 종	디스플레이 및 관련부품	시 장	KOSDAQ
신용등급	(Bond) — (CP) —	기업규모	중견
홈페이지	www.younyi.co.kr	연 락 처	041)620-1500
본 사	충남 천안시 서북구 직산읍 4산단6길 77		

설 립 일	2003.04.01	종업원수	92명	대 표 이 사	이종전
상 장 일	2007.09.19	감사의견	적정(대주)	계 열	
결 산 기	12월	보 통 주		종속회사수	7개사
액 면 가	500원	우 선 주		구 상 호	

주주구성 (지분율,%)		출자관계 (지분율,%)		주요경쟁사 (외형,%)	
이용호	36.7	디에스파워텍	89.6	연이정보통신	100
이종전	5.2	동부엘이디동부엘이디	64.7	한국컴퓨터	81
(외국인)	1.4	연이전자비나	100.0	케이맥	33

매출구성		비용구성		수출비중	
전자부품제조(중국)	65.0	매출원가율	99.4	수출	66.8
전자부품제조(한국)	34.9	판관비율	5.4	내수	33.2
전자부품제조(베트남)	0.1				

회사 개요

LCD모니터와 노트북용 Source PBA, LCD TV용 콘트롤과 Source PBA를 생산하여 삼성디스플레이, 구로다 등에 납품함. 연결대상 종속회사는 연이소주와 연이천진, 연이청도, 연이하이퐁비나 등이 있음. 2015년말 46억원을 출자해 베트남 현지법인을 설립하함. 2017년 3월에 동부엘이디의지분 64.7%를 80.2억원에 인수하여 종속회사로 신규 편입하였으며, 동부엘이디가 재무구조 개선을 위해 보통주 95% 무상감자를 결정함.

실적 분석

베트남에서의 제품(LED 및 OLED PBA 및 F-PCA) 공급은 증가하였으나, 주력인 국내와 중국 판매가 크게 감소함. 특히 국내매출은 주고객사의 해외물량 이전으로 인하여 전년 대비 64.8% 줄어듦. 외형축소에 따른 고정비용 부담과 인건비 확대, 신규편입 자회사의 실적 부진으로 영업이익은 131.2억원의 적자로 전환됨. 외환차손과 유·무형자산손상차손에도 불구하고 약 40억원의 채무면제이익이 발생하여 영업외수지는 소폭 개선됨.

현금 흐름 (단위 : 억원)

항목	2016	2017
영업활동	125	114
투자활동	-20	-105
재무활동	-92	22
순현금흐름	12	44
기말현금	64	108

시장 대비 수익률

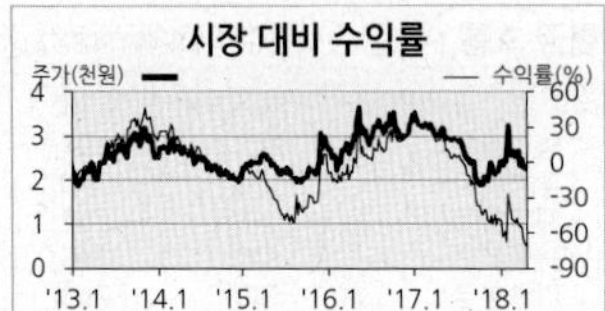

결산 실적 (단위 : 억원)

항목	2012	2013	2014	2015	2016	2017
매출액	3,728	4,398	4,473	4,561	3,980	2,720
영업이익	51	80	48	45	75	-131
당기순이익	38	59	28	39	-8	-183

분기 실적 (단위 : 억원)

항목	2016.3Q	2016.4Q	2017.1Q	2017.2Q	2017.3Q	2017.4Q
매출액	1,035	954	743	739	655	583
영업이익	34	26	0	-38	-17	-77
당기순이익	19	-14	5	-23	-18	-147

재무 상태 (단위 : 억원)

항목	2012	2013	2014	2015	2016	2017
총자산	1,598	1,476	2,046	1,803	1,493	1,258
유형자산	616	669	647	604	516	534
무형자산	19	21	22	21	17	16
유가증권	—	—	5	5	34	—
총부채	869	740	1,294	1,032	755	729
총차입금	262	202	236	364	274	311
자본금	80	80	80	80	80	80
총자본	729	736	753	771	738	529
지배주주지분	729	736	753	771	738	538

기업가치 지표

항목	2012	2013	2014	2015	2016	2017
주가(최고/저)(천원)	2.8/1.5	3.2/1.9	3.0/1.8	3.3/1.9	3.7/2.2	3.6/1.9
PER(최고/저)(배)	13.2/7.0	9.9/5.7	19.6/11.9	15.3/8.8	—/—	—/—
PBR(최고/저)(배)	0.7/0.4	0.7/0.4	0.7/0.4	0.7/0.4	0.8/0.5	1.0/0.5
EV/EBITDA(배)	2.0	3.0	2.3	4.2	4.1	—
EPS(원)	239	369	173	244	-52	-999
BPS(원)	4,556	4,936	5,114	5,396	5,190	3,939
CFPS(원)	810	1,065	986	1,078	606	-349
DPS(원)	—	—	—	70	143	—
EBITDAPS(원)	892	1,197	1,111	1,114	1,129	-170

재무 비율 (단위 : %)

연도	영업이익률	순이익률	부채비율	차입금비율	ROA	ROE	유보율	자기자본비율	EBITDA마진율
2017	-4.8	-6.7	137.9	58.9	-13.3	-25.1	687.7	42.0	-1.0
2016	1.9	-0.2	102.2	37.2	-0.5	-1.1	938.1	49.5	4.5
2015	1.0	0.9	133.8	47.2	2.0	5.1	979.2	42.8	3.9
2014	1.1	0.6	171.8	31.3	1.6	3.7	922.7	36.8	4.0

영보화학 (A014440)

Youngbo Chemical

업 종	화학	시 장	거래소
신용등급	(Bond) — (CP) —	기업규모	시가총액 소형주
홈페이지	www.youngbo.com	연 락 처	043)249-2020
본 사	충북 청주시 흥덕구 강내면 서부로 230-23		

설 립 일	1979.12.11	종업원수	312명	대 표 이 사	이영식
상 장 일	1997.08.08	감사의견	적정(한영)	계 열	
결 산 기	12월	보 통 주		종속회사수	3개사
액 면 가	500원	우 선 주		구 상 호	

주주구성 (지분율,%)		출자관계 (지분율,%)		주요경쟁사 (외형,%)	
세끼스이화학공업	51.0	무한	65.0	영보화학	100
이봉주	8.8	YOUNGBOHPP(Langfang).	100.0	그린케미칼	154
(외국인)	52.5	SEKISUIYOUNGBOHPP(Wuxi).	100.0	세우글로벌	22

매출구성		비용구성		수출비중	
[중국(랑방)/무가공]양면Tape 외	39.4	매출원가율	78.0	수출	—
[한국/무가공]건물의 내,외벽체 단열용, 지붕재	24.0	판관비율	14.4	내수	—
[한국/무가공]CAR A/C INSULATION외	17.3				

회사 개요

동사는 1979년 설립되어 합성수지 제조 및 판매를 주요 사업으로 영위하고 있는 국내 최고의 가교발포 폴리올레핀 폼 전문 제조회사임. 주력 제품으로는 자동차내장재, 건축용 보온재, 건축용 층간소음 완충재, IT용 LCD 간지, 산업용 에어컨 배관재 등의 제품을 제조하고 있음. 2014년 건축부문을 영보하우징으로 분할해 건축 시장에 대응함. 품목별 매출 비중은 건축자재 약 40%, 자동차 부문 27%, 일반소재 33%로 구성되어 있음.

실적 분석

2017년 동사의 일반소재 부문은 IT용 초박판 Foam 등의 고부가가치 매출은 감소하였으나, 가전부분의 내수 수요증가에 따라 동부문 매출이 5.8% 증가하였음. 또한 건축자재 및 자동차 부문 매출 증가에 따라 전사 매출액이 전년대비 4.3% 증가함. 그러나 원부자재 단가 인상으로 전기 대비 영업이익은 감소함. 대전공장매각에 따른 영업외수익의 증가로 인해 전기 대비 당기순이익은 급증함.

현금 흐름 (단위 : 억원)

항목	2016	2017
영업활동	203	151
투자활동	-41	232
재무활동	-84	-261
순현금흐름	78	118
기말현금	250	367

시장 대비 수익률

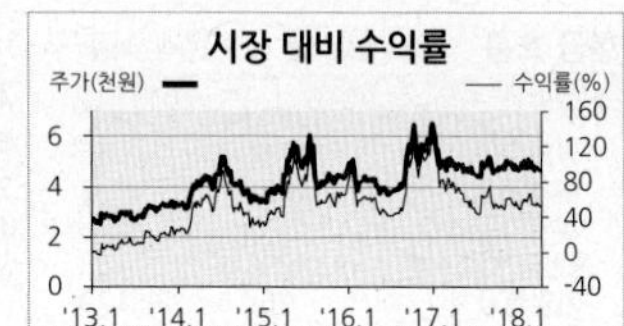

결산 실적 (단위 : 억원)

항목	2012	2013	2014	2015	2016	2017
매출액	1,378	1,638	1,574	1,574	1,578	1,646
영업이익	84	122	82	138	163	125
당기순이익	50	85	34	89	112	296

분기 실적 (단위 : 억원)

항목	2016.3Q	2016.4Q	2017.1Q	2017.2Q	2017.3Q	2017.4Q
매출액	378	443	402	416	426	402
영업이익	40	44	21	32	40	32
당기순이익	22	37	13	232	38	13

재무 상태 (단위 : 억원)

항목	2012	2013	2014	2015	2016	2017
총자산	1,507	1,680	1,722	1,727	1,822	1,792
유형자산	848	923	881	884	855	811
무형자산	21	20	21	21	44	55
유가증권	13	6	7	7	2	2
총부채	609	709	739	670	676	377
총차입금	388	394	437	352	288	47
자본금	100	100	100	100	100	100
총자본	897	971	983	1,058	1,146	1,415
지배주주지분	880	954	969	1,046	1,131	1,397

기업가치 지표

항목	2012	2013	2014	2015	2016	2017
주가(최고/저)(천원)	5.1/2.5	3.6/2.5	5.3/3.1	6.6/3.4	6.5/3.6	6.8/4.3
PER(최고/저)(배)	23.1/11.4	9.5/6.6	31.1/18.5	15.2/7.8	12.3/6.9	4.8/3.0
PBR(최고/저)(배)	1.3/0.6	0.8/0.6	1.2/0.7	1.3/0.7	1.2/0.7	1.0/0.6
EV/EBITDA(배)	7.1	5.9	7.5	5.6	5.8	3.4
EPS(원)	251	422	184	456	545	1,464
BPS(원)	4,448	4,816	4,892	5,277	5,704	7,033
CFPS(원)	490	698	503	795	902	1,814
DPS(원)	50	100	100	100	100	100
EBITDAPS(원)	660	885	727	1,028	1,172	973

재무 비율 (단위 : %)

연도	영업이익률	순이익률	부채비율	차입금비율	ROA	ROE	유보율	자기자본비율	EBITDA마진율
2017	7.6	18.0	26.7	3.3	16.4	23.2	1,306.6	79.0	11.8
2016	10.3	7.1	59.0	25.1	6.3	10.0	1,040.8	62.9	14.9
2015	8.8	5.7	63.3	33.3	5.2	9.1	955.4	61.2	13.1
2014	5.2	2.1	75.2	44.5	2.0	3.8	878.3	57.1	9.2

영신금속공업 (A007530)
Youngsin Metal Industrial

업 종	자동차부품	시 장	KOSDAQ
신용등급	(Bond) — (CP) —	기업규모	중견
홈페이지	www.ysmic.com	연 락 처	031)680-8600
본 사	경기도 평택시 포승읍 포승공단로 118번길 118		

설 립 일	1971.12.01	**종업원수**	446명	**대 표 이 사**	이인형
상 장 일	1994.08.05	**감사의견**	적정(삼일)	**계 열**	
결 산 기	12월	**보 통 주**		**종속회사수**	1개사
액 면 가	500원	**우 선 주**		**구 상 호**	

주주구성 (지분율,%)		출자관계 (지분율,%)		주요경쟁사 (외형,%)	
이경우	12.6	에버그린	23.8	영신금속	100
이정준	6.3	YoungsinMetal	100.0	이원컴포텍	35
(외국인)	3.7			세동	101

매출구성		비용구성		수출비중	
볼트, 스크류(자동차부품)	96.2	매출원가율	85.0	수출	62.4
스크류(건축내장부품)	2.1	판관비율	20.4	내수	37.6
스크류(전자제품)	1.7				

회사 개요

동사는 볼트, 스크류, 리벳등의 단조부품만을 전문적으로 생산하는 Fastener 전문업체로 국내외 자동차, 전자기기, 건축물 등에 약 10,000여종의 전문 특화된 제품을 공급하고 있음. 주요 수요처가 자동차 및 기계류, 가전제품 제조업체로서 국내 시장환경과 선진국의 환경규제 및 FTA등의 해외수출 환경에 따른 판매 등에 영향을 받고 있음. 동사는 태국 현지법인 1개사를 종속회사로 보유하고 있으며 지분율은 100%임.

실적 분석

동사의 2017년 연간 매출액은 전년동기대비 0.5% 소폭 변동한 1,177.7억원을 기록하였음. 매출액은 소폭 증가하였지만 제조원가 상승등의 영향으로 자동차 볼트 가격이 상승하면서 비용이 증가, 전년동기대비 영업손실은 63.2억원으로 적자전환 하였음. 최종적으로 전년동기대비 당기순손실은 적자전환하여 163.3억원을 기록함. 시간이 지날수록 자동차 부품시장은 품질과 가격경쟁이 심화될 것이라 보고 있음.

현금 흐름 〈단위 : 억원〉

항목	2016	2017
영업활동	-11	-59
투자활동	-127	-63
재무활동	119	111
순현금흐름	-30	-11
기말현금	24	13

시장 대비 수익률

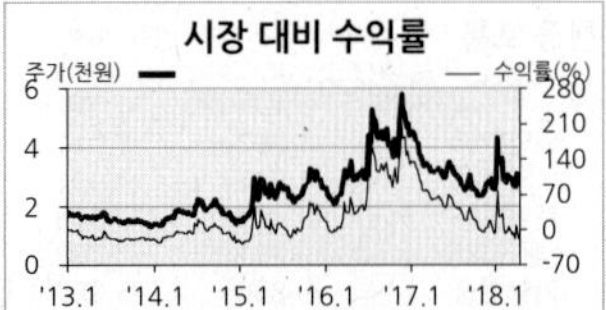

결산 실적 〈단위 : 억원〉

항목	2012	2013	2014	2015	2016	2017
매출액	1,110	1,109	1,099	1,115	1,173	1,178
영업이익	21	43	34	34	3	-63
당기순이익	5	24	21	20	11	-163

분기 실적 〈단위 : 억원〉

항목	2016.3Q	2016.4Q	2017.1Q	2017.2Q	2017.3Q	2017.4Q
매출액	274	304	299	322	289	268
영업이익	5	-11	-4	-17	4	-45
당기순이익	-0	-2	-2	-33	-6	-122

재무 상태 〈단위 : 억원〉

항목	2012	2013	2014	2015	2016	2017
총자산	969	998	1,055	1,211	1,353	1,292
유형자산	616	653	689	805	912	878
무형자산	7	7	7	4	4	5
유가증권	11	10	2	4	3	1
총부채	684	682	726	860	1,000	1,081
총차입금	410	434	486	588	704	799
자본금	31	31	31	31	31	31
총자본	286	317	329	350	353	211
지배주주지분	286	317	329	350	353	211

기업가치 지표

항목	2012	2013	2014	2015	2016	2017
주가(최고/저)(천원)	3.2/1.4	2.3/1.6	2.8/1.7	4.3/1.9	7.3/2.6	5.7/2.9
PER(최고/저)(배)	44.0/19.3	6.5/4.6	9.1/5.3	13.9/6.0	42.9/15.3	—/—
PBR(최고/저)(배)	0.7/0.3	0.5/0.3	0.6/0.3	0.8/0.3	1.3/0.5	1.7/0.9
EV/EBITDA(배)	11.8	7.5	8.9	11.5	22.9	—
EPS(원)	78	379	326	319	174	-2,595
BPS(원)	4,624	5,115	5,305	5,652	5,697	3,436
CFPS(원)	433	796	785	804	832	-1,822
DPS(원)	10	30	25	40	40	—
EBITDAPS(원)	685	1,099	993	1,022	712	-231

재무 비율 〈단위 : %〉

연도	영업이익률	순이익률	부채비율	차입금비율	ROA	ROE	유보율	자기자본비율	EBITDA마진율
2017	-5.4	-13.9	512.3	378.5	-12.3	-57.9	587.2	16.3	-1.2
2016	0.3	0.9	283.1	199.2	0.9	3.1	1,039.3	26.1	3.8
2015	3.0	1.8	245.4	167.8	1.8	5.9	1,030.4	29.0	5.8
2014	3.1	1.9	221.0	147.9	2.0	6.4	960.9	31.2	5.7

영우디에스피 (A143540)
YoungWoo DSP

업 종	디스플레이 및 관련부품	시 장	KOSDAQ
신용등급	(Bond) — (CP) —	기업규모	우량
홈페이지	www.ywdsp.com	연 락 처	041)418-4871
본 사	충남 천안시 서북구 성거읍 새터길 164		

설 립 일	2004.02.16	**종업원수**	333명	**대 표 이 사**	박금성
상 장 일	2014.10.29	**감사의견**	적정(세림)	**계 열**	
결 산 기	12월	**보 통 주**		**종속회사수**	1개사
액 면 가	500원	**우 선 주**		**구 상 호**	

주주구성 (지분율,%)		출자관계 (지분율,%)		주요경쟁사 (외형,%)	
박금성	20.5	알프스	42.9	영우디에스피	100
한국증권금융	4.1	레아테크	10.0	우리이앤엘	61
(외국인)	3.1	에스알엠씨	4.0	우리조명	580

매출구성		비용구성		수출비중	
디스플레이검사장비(진행율)	98.2	매출원가율	96.6	수출	69.2
디스플레이검사장비(인도기준)	1.8	판관비율	3.2	내수	30.8

회사 개요

동사는 2004년 설립됐으며, 주요 사업은 평판디스플레이 제조용 기계 등의 제조이며, 반도체, LCD, LED, OLED, 태양광 장비제조 및 판매업, 정밀부품 가공제조업 등으로 구성돼 있음. 디스플레이 장비는 주문제작에 의해 생산이 이루어지므로 대량 양산체제가 적합하지 않아 대기업보다는 중소기업에 적합하며, 기술변화가 빠른 만큼 지속적인 연구개발이 필요함. 매출구성은 검사장비 100%로 구성.

실적 분석

동사의 2017년 연결 기준 연간 누적 매출액은 2,580.8억원으로 전년 동기 대비 76.6% 증가함. 매출이 크게 늘었지만 매출 증가율 대비 매출원가가 증가율이 높고 판매비와 관리비도 늘면서 영업이익은 전년 동기 대비 92.9% 감소한 7억원을 시현함. 비영업 부문에서도 외환손실 등으로 인해 막대한 적자를 기록해 당기순손실은 29.8억원으로 전년 동기 대비 적자전환함.

현금 흐름 〈단위 : 억원〉

항목	2016	2017
영업활동	-15	3
투자활동	-32	-118
재무활동	159	348
순현금흐름	112	229
기말현금	130	360

시장 대비 수익률

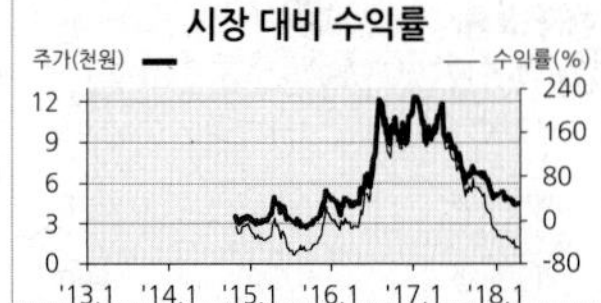

결산 실적 〈단위 : 억원〉

항목	2012	2013	2014	2015	2016	2017
매출액	282	896	625	578	1,462	2,581
영업이익	-18	89	26	3	98	7
당기순이익	-33	102	26	10	119	-30

분기 실적 〈단위 : 억원〉

항목	2016.3Q	2016.4Q	2017.1Q	2017.2Q	2017.3Q	2017.4Q
매출액	386	752	783	532	644	622
영업이익	47	71	41	-64	-8	38
당기순이익	39	103	13	-9	-4	-31

재무 상태 〈단위 : 억원〉

항목	2012	2013	2014	2015	2016	2017
총자산	234	302	486	516	1,372	1,625
유형자산	79	94	99	96	77	160
무형자산	26	34	40	85	78	62
유가증권	—	—	—	—	5	0
총부채	301	149	233	247	975	1,263
총차입금	254	84	101	128	267	589
자본금	14	21	28	30	61	61
총자본	-67	153	253	269	397	362
지배주주지분	-67	153	253	269	397	362

기업가치 지표

항목	2012	2013	2014	2015	2016	2017
주가(최고/저)(천원)	—/—	—/—	3.7/2.9	5.7/2.6	12.7/3.7	12.5/4.8
PER(최고/저)(배)	0.0/0.0	0.0/0.0	11.0/8.6	63.8/29.5	12.9/3.7	—/—
PBR(최고/저)(배)	0.0/0.0	0.0/0.0	1.6/1.2	2.5/1.2	3.9/1.1	4.2/1.6
EV/EBITDA(배)	—	0.4	10.8	40.3	12.2	24.3
EPS(원)	-483	1,453	333	89	986	-245
BPS(원)	-1,575	3,608	4,525	4,519	3,256	2,970
CFPS(원)	-707	2,625	803	383	1,188	-42
DPS(원)	—	—	—	—	—	—
EBITDAPS(원)	-341	2,300	800	264	1,012	261

재무 비율 〈단위 : %〉

연도	영업이익률	순이익률	부채비율	차입금비율	ROA	ROE	유보율	자기자본비율	EBITDA마진율
2017	0.3	-1.2	349.0	162.7	-2.0	-7.9	494.0	22.3	1.2
2016	6.7	8.1	245.8	67.4	12.6	35.7	551.2	28.9	8.4
2015	0.5	1.7	91.7	47.7	1.9	3.7	803.9	52.2	2.6
2014	4.2	4.2	92.1	39.9	6.7	13.0	805.0	52.1	5.8

영원무역 (A111770)

Youngone

업 종 : 섬유 및 의복
신용등급 : (Bond) AA- (CP) —
홈페이지 : www.youngone.co.kr
본 사 : 서울시 중구 만리재로 159 (만리동2가)
시 장 : 거래소
기업규모 : 시가총액 중형주
연 락 처 : 02)390-6114

설 립 일	2009.07.02	**종업원수**	452명	**대표이사**	성기학
상 장 일	2009.07.30	**감사의견**	적정(삼일)	**계 열**	
결 산 기	12월	**보 통 주**		**종속회사수**	62개사
액 면 가	500원	**우 선 주**		**구 상 호**	

주주구성 (지분율,%)		출자관계 (지분율,%)		주요경쟁사 (외형,%)	
영원무역홀딩스	50.5	한국패션유통물류	3.7	영원무역	100
국민연금공단	11.2	YHT	100.0	코데즈컴바인	1
(외국인)	22.6	TSL	100.0	한세실업	85

매출구성		비용구성		수출비중	
제품(제품)	118.7	매출원가율	73.3	수출	—
상품제품기타(상품및제품)	38.8	판관비율	17.7	내수	—
연결조정	-57.5				

회사 개요

동사는 2009년 7월 1일자로 영원무역홀딩스(구 영원무역)으로부터 회사 인적분할을 통해 설립됨. 2009년 유가증권 시장에 재상장됨. 해외 소재 약 40여개의 유명 아웃도어 및 스포츠 브랜드 바이어로부터 주문을 받아 방글라데시, 베트남, 중국, 엘살바도르 및 에티오피아 지역에 소재한 동사 해외현지법인 공장에서 의류, 신발, Backpack 등의 제품을 OEM 방식으로 생산하여 수출하고 있음.

실적 분석

2017년 연결기준 동사 매출액은 1조93.1억원을 기록함. 전년도 매출액인 2조16.1억원에 비해 0.4% 증가한 금액임. 판매비와 관리비가 2.4% 증가했으나 영업이익은 전년도 대비 1% 증가한 1811.5억원을 시현함. 그러나 비영업부문은 적자가 지속됐으며 손실 폭이 커짐. 이에 당기순이익은 전년도 1089.7억원에서 13.1% 감소한 946.7억원을 기록함.

현금 흐름 〈단위 : 억원〉

항목	2016	2017
영업활동	1,019	1,591
투자활동	-1,022	-1,627
재무활동	88	-518
순현금흐름	77	-721
기말현금	4,610	3,890

시장 대비 수익률

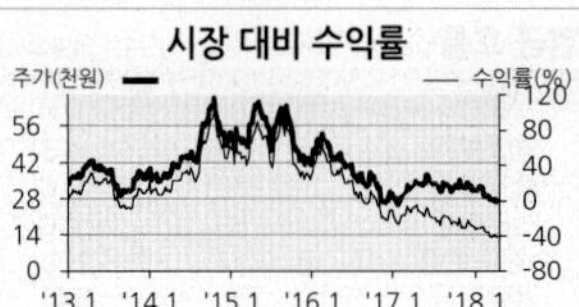

결산 실적 〈단위 : 억원〉

항목	2012	2013	2014	2015	2016	2017
매출액	10,591	11,082	12,463	15,849	20,016	20,093
영업이익	1,863	1,608	1,855	1,968	1,794	1,811
당기순이익	1,317	1,219	1,433	1,445	1,090	947

분기 실적 〈단위 : 억원〉

항목	2016.3Q	2016.4Q	2017.1Q	2017.2Q	2017.3Q	2017.4Q
매출액	5,476	4,710	4,406	5,648	5,513	4,526
영업이익	529	192	395	679	529	208
당기순이익	387	-94	326	525	327	-231

재무 상태 〈단위 : 억원〉

항목	2012	2013	2014	2015	2016	2017
총자산	9,985	12,123	13,941	22,210	23,897	22,749
유형자산	3,520	4,074	5,139	5,618	5,657	5,521
무형자산	39	34	181	1,983	2,159	1,620
유가증권	570	428	518	1,013	901	1,342
총부채	3,180	3,103	3,818	8,586	10,122	9,341
총차입금	1,159	959	1,106	3,825	5,037	4,426
자본금	204	222	222	222	222	222
총자본	6,806	9,020	10,123	13,624	13,775	13,407
지배주주지분	6,417	8,514	9,722	11,767	12,450	12,295

기업가치 지표

항목	2012	2013	2014	2015	2016	2017
주가(최고/저)(천원)	36.3/20.3	44.8/29.2	69.1/34.3	69.1/40.7	54.0/25.6	37.3/26.0
PER(최고/저)(배)	12.9/7.2	18.4/12.0	24.5/12.2	24.1/14.2	22.2/10.5	15.4/10.7
PBR(최고/저)(배)	2.4/1.3	2.4/1.6	3.2/1.6	2.7/1.6	1.9/0.9	1.3/0.9
EV/EBITDA(배)	6.0	9.4	10.2	7.7	6.2	6.1
EPS(원)	2,919	2,514	2,891	2,931	2,482	2,453
BPS(원)	15,724	19,215	21,940	26,554	28,390	28,107
CFPS(원)	3,672	3,188	3,666	4,103	3,785	3,796
DPS(원)	200	200	200	200	250	300
EBITDAPS(원)	5,319	4,332	4,961	5,614	5,353	5,432

재무 비율 〈단위 : %〉

연도	영업이익률	순이익률	부채비율	차입금비율	ROA	ROE	유보율	자기자본비율	EBITDA 마진율
2017	9.0	4.7	69.7	33.0	4.1	8.8	5,521.4	58.9	12.0
2016	9.0	5.4	73.5	36.6	4.7	9.1	5,578.1	57.6	11.9
2015	12.4	9.1	63.0	28.1	8.0	12.1	5,210.9	61.3	15.7
2014	14.9	11.5	37.7	10.9	11.0	14.1	4,287.9	72.6	17.6

영원무역홀딩스 (A009970)

Youngone Holdings co

업 종 : 섬유 및 의복
신용등급 : (Bond) — (CP) —
홈페이지 : www.youngone.co.kr
본 사 : 서울시 중구 만리재로 159 (만리동2가)
시 장 : 거래소
기업규모 : 시가총액 중형주
연 락 처 : 02)390-6114

설 립 일	1974.06.05	**종업원수**	10명	**대표이사**	성래은
상 장 일	1988.11.07	**감사의견**	적정(삼일)	**계 열**	
결 산 기	12월	**보 통 주**		**종속회사수**	69개사
액 면 가	500원	**우 선 주**		**구 상 호**	

주주구성 (지분율,%)		출자관계 (지분율,%)		주요경쟁사 (외형,%)	
와이엠에스에이	29.1	스캇노스아시아	60.0	영원무역홀딩스	100
성기학	16.8	영원아웃도어	59.3	코데즈컴바인	1
(외국인)	23.8	영원무역	50.5	LF	67

매출구성		비용구성		수출비중	
제조 OEM(기타)	101.7	매출원가율	66.4	수출	—
브랜드 유통 / 기타(기타)	51.3	판관비율	24.8	내수	—
연결조정(기타)	-52.9				

회사 개요

동사는 1974년 6월 설립되어 아웃도어 및 스포츠 의류 제조 및 판매업을 영위하고 있음. 동사는 2009년 회사분할을 통해 지주회사로 존속하였으며, 사업회사인 영원무역을 통해 아웃도어 및 스포츠 의류, 신발, Backpack 등의 제품 제조, 수출 및 유통사업을 영위하고 있으며, 사업회사 영원아웃도어는 국내에서 노스페이스, 골드윈 등 브랜드 리테일 사업을 영위 중이며, 해외진출을 위해 스캇노스아시아, PBI 등을 설립함.

실적 분석

동사의 연결기준 2017년 매출액은 전년 대비 2.0% 증가한 2조 3,847.7억원을 기록한 영향으로 동기간 판관비가 인건비 및 광고선전비 등으로 4.6% 증가했음에도 동기간 영업이익은 전년 대비 4.6% 증가한 2,103.0억원을 기록함. 한편, 비영업손익에서는 무형자산손상차손이 크게 발생하면서 적자폭이 확대되었음. 이에 따라 동사의 2017년 당기순이익은 전년 대비 8.8% 감소한 1,175.8억원을 기록함

현금 흐름 〈단위 : 억원〉

항목	2016	2017
영업활동	1,292	1,911
투자활동	-1,027	-1,931
재무활동	14	-543
순현금흐름	271	-763
기말현금	5,830	5,067

시장 대비 수익률

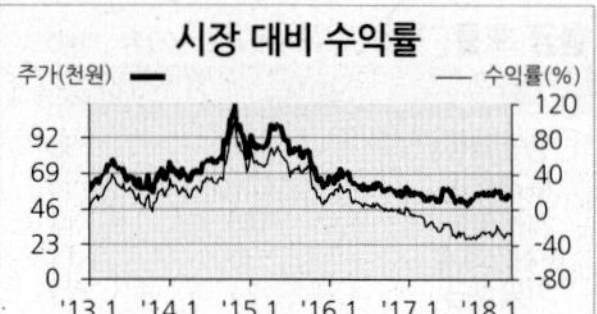

결산 실적 〈단위 : 억원〉

항목	2012	2013	2014	2015	2016	2017
매출액	14,492	15,301	16,443	18,805	23,380	23,848
영업이익	2,382	2,200	2,350	2,309	2,010	2,103
당기순이익	1,709	1,614	1,817	1,726	1,290	1,176

분기 실적 〈단위 : 억원〉

항목	2016.3Q	2016.4Q	2017.1Q	2017.2Q	2017.3Q	2017.4Q
매출액	5,889	6,258	5,152	6,318	6,034	6,344
영업이익	536	332	444	691	528	440
당기순이익	383	42	356	557	334	-71

재무 상태 〈단위 : 억원〉

항목	2012	2013	2014	2015	2016	2017
총자산	13,962	16,166	17,748	26,482	28,381	27,605
유형자산	5,000	5,850	6,681	7,196	7,253	7,566
무형자산	67	61	204	2,006	2,175	1,651
유가증권	757	566	684	1,356	1,208	1,819
총부채	4,373	4,136	4,344	9,219	10,827	10,069
총차입금	1,451	1,145	1,141	3,896	5,081	4,467
자본금	68	68	68	68	68	68
총자본	9,589	12,030	13,404	17,263	17,555	17,536
지배주주지분	5,053	5,987	6,790	8,141	8,578	8,878

기업가치 지표

항목	2012	2013	2014	2015	2016	2017
주가(최고/저)(천원)	65.3/43.7	77.6/56.9	114/63.1	103/56.3	71.8/53.4	60.0/49.1
PER(최고/저)(배)	10.6/7.1	14.1/10.4	18.6/10.3	17.1/9.3	14.4/10.7	11.6/9.5
PBR(최고/저)(배)	1.8/1.2	1.8/1.3	2.3/1.3	1.8/1.0	1.2/0.9	0.9/0.8
EV/EBITDA(배)	4.3	5.8	6.0	5.6	6.0	5.3
EPS(원)	6,467	5,707	6,303	6,210	5,075	5,251
BPS(원)	37,426	44,273	50,163	60,074	63,278	65,477
CFPS(원)	9,140	8,312	9,515	10,510	9,840	10,194
DPS(원)	500	500	500	500	500	600
EBITDAPS(원)	20,720	18,739	20,445	21,232	19,506	20,367

재무 비율 〈단위 : %〉

연도	영업이익률	순이익률	부채비율	차입금비율	ROA	ROE	유보율	자기자본비율	EBITDA 마진율
2017	8.8	4.9	57.4	25.5	4.2	8.2	12,995.4	63.5	11.7
2016	8.6	5.5	61.7	28.9	4.7	8.3	12,555.6	61.9	11.4
2015	12.3	9.2	53.4	22.6	7.8	11.3	11,914.9	65.2	15.4
2014	14.3	11.1	32.4	8.5	10.7	13.5	9,932.6	75.5	17.0

영인프런티어 (A036180)
Young In Frontier

업　　종 : 교육　　시　　장 : KOSDAQ
신용등급 : (Bond) —　(CP) —　　기업규모 : 벤처
홈페이지 : www.younginfrontier.com　　연 락 처 : 02)2140-3300
본　　사 : 서울시 금천구 벚꽃로 244, 1101호(가산동, 벽산디지털밸리5차)

설 립 일	1994.03.29	종업원수	107명	대표이사	이덕희
상 장 일	1999.12.14	감사의견	적정(지성)	계　열	
결 산 기	12월	보 통 주		종속회사수	
액 면 가	500원	우 선 주		구 상 호	

주주구성 (지분율,%)		출자관계 (지분율,%)		주요경쟁사 (외형,%)	
이지민	12.6	수파드엘릭사	3.2	영인프런티어	100
이혁근	9.1			메가스터디교육	721
(외국인)	2.6			정상제이엘에스	241

매출구성		비용구성		수출비중	
과학기자재 및 관련소모품	78.7	매출원가율	76.1	수출	2.7
항체(상품,기타)	12.9	판관비율	19.9	내수	97.3
항체(제품)	8.5				

회사 개요

동사는 1994년 도원텔레콤으로 설립됨. 항체 제조/판매, 항체 신약개발 등을 주력으로 하는 바이오 사업부문과 생명공학 관련 과학기기 및 소모품을 공급하는 과학기기 사업부문을 영위함. 매출은 바이오부문 18%, 과학기기 부문 82%로 구성됨. 2017년 4월, 대웅제약과 Thermo Scientific LIMS 공급 구축 계약을 체결함. 국내외에 지적재산권도 11건 보유하고 있음.

실적 분석

동사의 2017년 연간 매출액은 349.8억원을 기록하며 21.4% 성장률을 시현함. 해외 과학기자재 유명 브랜드인 Thermo사 등과 국내 공급계약을 체결하여 국내 판매하는 과학기기 사업부문이 동사의 외형성장을 이끌고 있음. 판관비율 하락으로 영업이익은 전년동기 대비 3.4억원 증가한 14.2억원을 기록함. 금융수익은 전기대비 약 554.8% 증가되었는데, 이는 매도가능금융자산 처분이익 계상에 의한 것.

현금 흐름 *IFRS 별도 기준 〈단위 : 억원〉

항목	2016	2017
영업활동	8	21
투자활동	-33	83
재무활동	29	—
순현금흐름	4	104
기말현금	13	117

시장 대비 수익률

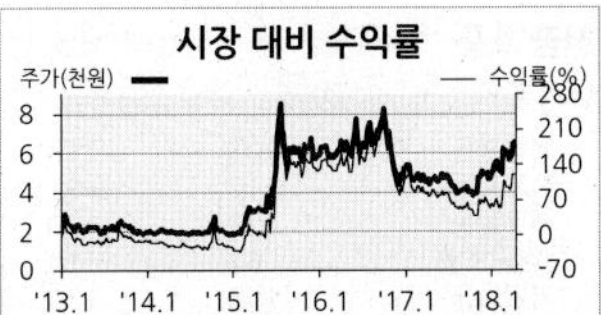

결산 실적 〈단위 : 억원〉

항목	2012	2013	2014	2015	2016	2017
매출액	154	177	185	246	288	350
영업이익	-19	2	2	7	11	14
당기순이익	-23	7	2	15	14	43

분기 실적 *IFRS 별도 기준 〈단위 : 억원〉

항목	2016.3Q	2016.4Q	2017.1Q	2017.2Q	2017.3Q	2017.4Q
매출액	71	89	74	90	89	97
영업이익	3	6	1	3	4	7
당기순이익	7	4	2	2	29	10

재무 상태 *IFRS 별도 기준 〈단위 : 억원〉

항목	2012	2013	2014	2015	2016	2017
총자산	167	198	203	220	267	329
유형자산	39	39	37	38	36	34
무형자산	5	4	2	2	0	0
유가증권	50	56	56	56	55	2
총부채	40	44	47	49	52	71
총차입금	—	—	—	4	—	—
자본금	82	88	88	88	88	88
총자본	127	154	156	171	216	258
지배주주지분	127	154	156	171	216	258

기업가치 지표 *IFRS 별도 기준

항목	2012	2013	2014	2015	2016	2017
주가(최고/저)(천원)	3.3/1.7	2.9/1.9	2.8/1.8	9.0/1.9	8.9/4.3	5.5/3.8
PER(최고/저)(배)	—/—	74.3/47.5	199.8/133.8	105.6/21.9	112.2/54.5	22.7/15.7
PBR(최고/저)(배)	3.7/1.9	3.0/1.9	2.7/1.8	8.2/1.7	7.3/3.5	3.8/2.6
EV/EBITDA(배)	—	65.8	58.3	107.9	63.0	39.9
EPS(원)	-139	39	14	85	79	243
BPS(원)	899	993	1,006	1,091	1,226	1,469
CFPS(원)	-113	55	30	100	94	256
DPS(원)	—	—	—	—	—	—
EBITDAPS(원)	-91	28	28	52	76	93

재무 비율 〈단위 : %〉

연도	영업이익률	순이익률	부채비율	차입금비율	ROA	ROE	유보율	자기자본비율	EBITDA마진율
2017	4.1	12.2	27.5	0.0	14.3	18.1	193.7	78.5	4.7
2016	3.8	4.8	23.9	0.0	5.7	7.2	145.1	80.7	4.7
2015	2.7	6.1	28.5	2.3	7.1	9.1	118.2	77.9	3.7
2014	1.2	1.3	30.1	0.0	1.2	1.6	101.3	76.9	2.7

영진약품 (A003520)
YUNGJIN Pharm

업　　종 : 제약　　시　　장 : 거래소
신용등급 : (Bond) —　(CP) —　　기업규모 : 시가총액 중형주
홈페이지 : www.yungjin.co.kr　　연 락 처 : 02)2041-8200
본　　사 : 서울시 송파구 올림픽로35다길 13 (신천동) 국민연금 잠실사옥 2~3층

설 립 일	1962.07.16	종업원수	625명	대표이사	이재준
상 장 일	1973.06.25	감사의견	적정(삼정)	계　열	
결 산 기	12월	보 통 주		종속회사수	
액 면 가	500원	우 선 주		구 상 호	

주주구성 (지분율,%)		출자관계 (지분율,%)		주요경쟁사 (외형,%)	
케이티앤지	52.5			영진약품	100
서울보증보험	1.8			한미사이언스	335
(외국인)	2.6			한미약품	470

매출구성		비용구성		수출비중	
완제 및 원료	35.4	매출원가율	64.7	수출	35.2
가공품 외	24.7	판관비율	33.7	내수	64.8
기타	19.1				

회사 개요

동사는 1962년 설립돼 전문의약품의 제조, 판매를 영위하고 있음. 2004년 KT&G가 경영권을 인수하면서 KT&G 계열사로 편입됨. 주요 제품으로는 영양제인 데노간, 푸라콩과 고혈압 및 뇌기능개선인 코디핀, 프라스탄 등이 있음. CMO 사업 외에 CDMO 사업으로 사업 영역을 확대하고 있음. 2018년 매출액 대비 간접수출을 포함한 수출비중은 약 42.2% 수준임. 2017년 1월 KT&G생명과학과 소규모 흡수 합병을 함.

실적 분석

동사의 2017년 누적매출액은 1,950.1억원으로 전년대비 1% 증가함. 비용측면에서 판관비는 변동이 없었으나 매출원가가 3.5% 상승하면서 영업이익은 전년보다 44.5% 줄어든 30.3억원을 기록함. 동사는 해외매출의 대부분을 일본에서 올려 엔화 리스크에 취약한 구조인데, 엔화 약세에 따른 환차손이 수익성 악화의 원인임. KT&G생명과학과 합병으로 인건비와 연구비 등 비용이 늘면서 재정 부담이 증가한 점도 수익성을 악화시킴.

현금 흐름 *IFRS 별도 기준 〈단위 : 억원〉

항목	2016	2017
영업활동	31	32
투자활동	-8	43
재무활동	-52	-50
순현금흐름	-29	25
기말현금	17	42

시장 대비 수익률

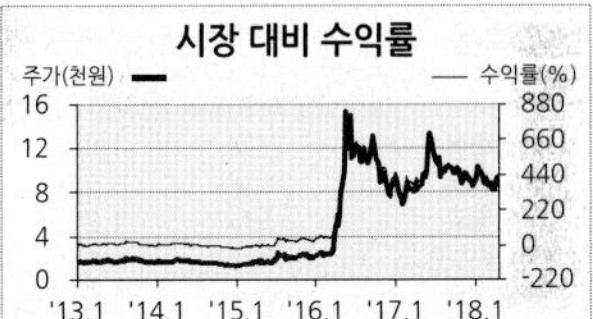

결산 실적 〈단위 : 억원〉

항목	2012	2013	2014	2015	2016	2017
매출액	1,377	1,566	1,676	1,702	1,931	1,950
영업이익	33	69	70	50	55	30
당기순이익	18	117	9	34	42	19

분기 실적 *IFRS 별도 기준 〈단위 : 억원〉

항목	2016.3Q	2016.4Q	2017.1Q	2017.2Q	2017.3Q	2017.4Q
매출액	505	516	485	460	502	503
영업이익	24	-6	27	12	9	-18
당기순이익	17	-3	16	9	7	-13

재무 상태 *IFRS 별도 기준 〈단위 : 억원〉

항목	2012	2013	2014	2015	2016	2017
총자산	1,620	1,693	1,790	1,937	1,994	2,038
유형자산	593	551	677	702	680	726
무형자산	40	19	18	24	23	78
유가증권	3	2	1	1	0	0
총부채	709	669	782	933	932	842
총차입금	249	203	189	269	226	182
자본금	888	888	888	888	888	914
총자본	911	1,024	1,008	1,004	1,062	1,196
지배주주지분	911	1,024	1,008	1,004	1,062	1,196

기업가치 지표 *IFRS 별도 기준

항목	2012	2013	2014	2015	2016	2017
주가(최고/저)(천원)	2.7/1.3	2.1/1.6	1.9/1.3	2.6/1.3	17.5/2.1	13.3/7.0
PER(최고/저)(배)	263.3/128.7	31.5/23.8	375.1/249.1	134.3/67.1	739.7/87.9	1,300.8/680.7
PBR(최고/저)(배)	5.2/2.5	3.6/2.7	3.4/2.3	4.5/2.3	29.3/3.5	20.3/10.6
EV/EBITDA(배)	39.2	26.2	20.8	36.7	140.7	167.4
EPS(원)	10	66	5	19	24	10
BPS(원)	513	577	567	565	598	654
CFPS(원)	36	94	33	52	56	46
DPS(원)	—	—	—	—	—	—
EBITDAPS(원)	44	67	67	61	64	53

재무 비율 〈단위 : %〉

연도	영업이익률	순이익률	부채비율	차입금비율	ROA	ROE	유보율	자기자본비율	EBITDA마진율
2017	1.6	1.0	70.4	15.2	0.9	1.7	30.8	58.7	4.9
2016	2.8	2.2	87.8	21.3	2.1	4.1	19.6	53.3	5.8
2015	3.0	2.0	92.9	26.8	1.8	3.4	13.1	51.9	6.4
2014	4.2	0.5	77.6	18.7	0.5	0.9	13.5	56.3	7.1

영풍 (A000670)
Young Poong

업 종 : 휴대폰 및 관련부품
신용등급 : (Bond) — (CP) —
홈페이지 : www.ypzinc.co.kr
본 사 : 서울시 강남구 강남대로 542
시 장 : 거래소
기업규모 : 시가총액 중형주
연 락 처 : 02)519-3314

설 립 일	1949.11.25	종업원수	670명	대표이사	이강인,박영민
상 장 일	1976.06.12	감사의견	적정(한영)	계 열	
결 산 기	12월	보 통 주		종속회사수	2개사
액 면 가	5,000원	우 선 주		구 상 호	

주주구성 (지분율,%)		출자관계 (지분율,%)		주요경쟁사 (외형,%)	
장세준	16.9	영풍전자	100.0	영풍	100
영풍개발	14.2	엑스메텍	100.0	삼성전자	6,432
(외국인)	2.9	코리아써키트	37.1	파트론	21

매출구성		비용구성		수출비중	
용융도금 외	80.7	매출원가율	92.4	수출	94.8
비료, 농약 외	14.9	판관비율	3.4	내수	5.2
임대, 관리 외	2.9				

회사 개요

동사는 비철금속 제련, 부동산 임대 등을 영위하고 있으며 주로 아연괴, 황산 등을 제련하여 판매하고 있음. 종속회사로는 전자부품 부문의 코리아써키트, 테라닉스, 인터플렉스, 영풍전자 등과 반도체부문의 시그네틱스를 보유함. 계열사인 고려아연과 함께 아연의 국내 시장 점유율은 2017년 1분기 기준 88%로 전년 동기와 비슷한 수준으로 높은 시장점유율을 유지하고 있음.

실적 분석

동사의 2017년 전체 매출은 37,249억원으로 전년대비 40.3% 증가, 영업이익은 1,594억원으로 전년대비 흑자전환, 당기순이익은 2,723억원으로 전년대비 114% 증가 시현. 글로벌 경기 회복으로 비철금속 관련한 매출 증가, 또한 원가개선, 판매관리비 부문의 노력으로 수익성 개선도 높았음.연결대상 자회사의 실적이 2018년 다소 부진할 전망이서 부담으로 작용 예상

현금 흐름 <단위 : 억원>

항목	2016	2017
영업활동	794	1,838
투자활동	126	-3,786
재무활동	-534	1,809
순현금흐름	388	-150
기말현금	2,067	1,917

시장 대비 수익률

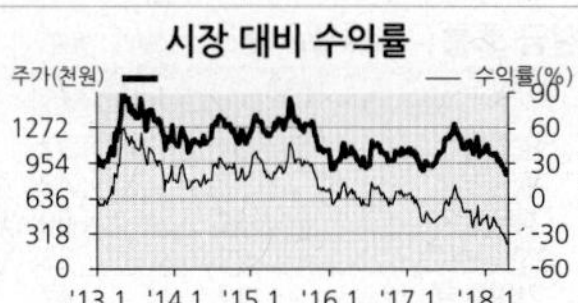

결산 실적 〈단위 : 억원〉

항목	2012	2013	2014	2015	2016	2017
매출액	30,628	32,738	27,965	26,154	26,541	37,249
영업이익	2,633	1,575	-292	-55	-42	1,594
당기순이익	3,351	2,344	1,006	899	1,274	2,723

분기 실적 〈단위 : 억원〉

항목	2016.3Q	2016.4Q	2017.1Q	2017.2Q	2017.3Q	2017.4Q
매출액	7,233	7,138	7,062	7,826	11,729	10,631
영업이익	85	-185	53	20	926	595
당기순이익	415	247	376	387	1,149	810

재무 상태 〈단위 : 억원〉

항목	2012	2013	2014	2015	2016	2017
총자산	40,555	39,394	38,954	39,879	41,349	48,037
유형자산	12,292	12,686	11,663	10,222	9,408	11,138
무형자산	79	110	102	107	109	121
유가증권	342	295	184	117	97	110
총부채	15,286	11,229	9,831	9,844	9,926	13,342
총차입금	5,824	3,072	2,947	2,614	1,829	3,156
자본금	92	92	92	92	92	92
총자본	25,269	28,165	29,122	30,034	31,423	34,695
지배주주지분	21,369	23,265	24,487	25,805	27,231	29,658

기업가치 지표

항목	2012	2013	2014	2015	2016	2017
주가(최고/저)(천원)	1,314/757	1,615/924	1,412/1,013	1,545/1,039	1,162/874	1,316/877
PER(최고/저)(배)	8.6/5.0	14.4/8.2	21.0/15.1	22.7/15.3	13.4/10.1	10.0/6.7
PBR(최고/저)(배)	1.2/0.7	1.3/0.8	1.1/0.8	1.1/0.8	0.8/0.6	0.8/0.6
EV/EBITDA(배)	6.3	7.4	13.1	10.6	13.7	7.9
EPS(원)	160,228	116,826	69,540	69,989	88,137	132,786
BPS(원)	1,183,432	1,286,358	1,352,695	1,424,207	1,501,665	1,619,552
CFPS(원)	257,644	246,699	202,004	194,058	180,503	214,571
DPS(원)	7,500	7,500	7,500	9,750	10,000	10,000
EBITDAPS(원)	240,358	215,389	116,592	121,071	90,112	168,333

재무 비율 〈단위 : %〉

연도	영업이익률	순이익률	부채비율	차입금비율	ROA	ROE	유보율	자기자본비율	EBITDA마진율
2017	4.3	7.3	38.5	9.1	6.1	8.6	32,291.0	72.2	8.3
2016	-0.2	4.8	31.6	5.8	3.1	6.1	29,933.3	76.0	6.3
2015	-0.2	3.4	32.8	8.7	2.3	5.1	28,384.1	75.3	8.5
2014	-1.1	3.6	33.8	10.1	2.6	5.4	26,953.9	74.8	7.7

영풍정밀 (A036560)
Young Poong Precision

업 종 : 기계
신용등급 : (Bond) — (CP) —
홈페이지 : www.yppc.co.kr
본 사 : 서울시 강남구 강남대로 542 (논현동)
시 장 : KOSDAQ
기업규모 : 우량
연 락 처 : 02)519-3491

설 립 일	1983.01.20	종업원수	203명	대표이사	최창규,조성학
상 장 일	1999.12.17	감사의견	적정(삼정)	계 열	
결 산 기	12월	보 통 주		종속회사수	
액 면 가	500원	우 선 주		구 상 호	

주주구성 (지분율,%)		출자관계 (지분율,%)		주요경쟁사 (외형,%)	
신영자산운용	9.1	영풍	4.4	영풍정밀	100
유중근	6.3	고려아연	1.6	SIMPAC	350
(외국인)	5.9			우진	149

매출구성		비용구성		수출비중	
펌프 밸브 주물	100.0	매출원가율	72.1	수출	14.1
		판관비율	16.6	내수	85.9

회사 개요

펌프, 밸브 등의 제조 및 판매 등을 주요 사업으로 영위하고 있음. 미국의 FLOWSERVE사와의 기술제휴로 부식과 마모가 심한 석유화학공장 등에 프로세스용으로 사용되는 산업용펌프의 제조 판매를 주력으로 하고 있음. 열경화성 수지를 적층하여 내부식 · 내마모를 요하는 곳에 사용되는 GRP제품 및 LINING을 포함하는 COMPOSITE사업부는 핵심사업 역량 집중을 위하여 2015년 10월 30일부로 유체기계부문에 통합함.

실적 분석

펌프, 밸브, 주물 등 유체기계사업부의 수출이 부진하였으나, 내수 판매가 크게 늘어남에 따라 2017년 매출액은 전년 대비 8.7% 증가함. 자체 생산 제품의 비중확대로 원가율이 개선되고, 인건비 등 고정비용 부담이 완화되어 영업이익도 전년 대비 68.7% 급증함. 유형자산처분이익 27.0억원을 인식하여 영업외 수지도 큰 폭으로 개선됨. 현재 시가총액은 순현금 376억원+고려아연과 영풍 주식가치 2,184억원 합산의 50% 수준임.

현금 흐름 *IFRS 별도 기준 <단위 : 억원>

항목	2016	2017
영업활동	103	113
투자활동	-10	-91
재무활동	-28	-28
순현금흐름	67	-10
기말현금	146	136

시장 대비 수익률

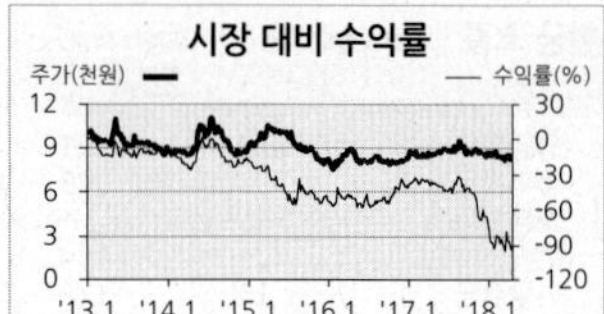

결산 실적 〈단위 : 억원〉

항목	2012	2013	2014	2015	2016	2017
매출액	1,199	989	854	727	606	659
영업이익	133	94	100	65	44	75
당기순이익	131	92	100	91	70	92

분기 실적 *IFRS 별도 기준 〈단위 : 억원〉

항목	2016.3Q	2016.4Q	2017.1Q	2017.2Q	2017.3Q	2017.4Q
매출액	179	182	108	208	176	166
영업이익	20	6	7	35	19	14
당기순이익	16	12	17	57	16	1

재무 상태 *IFRS 별도 기준 〈단위 : 억원〉

항목	2012	2013	2014	2015	2016	2017
총자산	3,312	3,176	3,478	3,591	3,614	3,707
유형자산	313	448	565	575	660	504
무형자산	5	7	6	15	22	18
유가증권	2,178	2,065	2,192	2,382	2,355	2,556
총부채	708	595	636	617	607	590
총차입금	2	2	2	—	—	—
자본금	79	79	79	79	79	79
총자본	2,604	2,581	2,842	2,974	3,007	3,117
지배주주지분	2,604	2,581	2,842	2,974	3,007	3,117

기업가치 지표 *IFRS 별도 기준

항목	2012	2013	2014	2015	2016	2017
주가(최고/저)(천원)	11.9/8.7	11.0/8.3	11.2/8.3	10.6/7.8	9.1/7.4	9.5/8.3
PER(최고/저)(배)	15.7/11.4	20.4/15.5	19.0/14.0	19.6/14.4	21.3/17.3	16.7/14.7
PBR(최고/저)(배)	0.8/0.6	0.7/0.6	0.7/0.5	0.6/0.4	0.5/0.4	0.5/0.4
EV/EBITDA(배)	10.6	12.3	11.3	12.5	16.2	9.8
EPS(원)	829	584	635	578	447	581
BPS(원)	16,536	16,386	18,046	18,880	19,092	19,788
CFPS(원)	907	675	747	711	592	757
DPS(원)	80	80	100	180	180	200
EBITDAPS(원)	923	688	746	548	426	650

재무 비율 〈단위 : %〉

연도	영업이익률	순이익률	부채비율	차입금비율	ROA	ROE	유보율	자기자본비율	EBITDA마진율
2017	11.3	13.9	18.9	0.0	2.5	3.0	3,857.7	84.1	15.5
2016	7.3	11.6	20.2	0.0	2.0	2.4	3,718.4	83.2	11.1
2015	9.0	12.5	20.8	0.0	2.6	3.1	3,676.0	82.8	11.9
2014	11.7	11.7	22.4	0.1	3.0	3.7	3,509.2	81.7	13.8

영풍제지 (A006740)

YOUNGPOONG PAPER MFG COLTD

업 종 : 종이 및 목재
신용등급 : (Bond) — (CP) —
홈페이지 : www.yp21.co.kr
본 사 : 경기도 평택시 진위면 서탄로 9

시 장 : 거래소
기업규모 : 시가총액 소형주
연 락 처 : 031)660-8200

설 립 일	1970.07.18	**종업원수**	113명	**대표이사**	김동준
상 장 일	1996.06.05	**감사의견**	적정(정동)	**계 열**	
결 산 기	12월	**보 통 주**		**종속회사수**	
액 면 가	500원	**우 선 주**		**구 상 호**	

주주구성 (지분율,%)		출자관계 (지분율,%)		주요경쟁사 (외형,%)	
그로쓰제일호투자목적	50.6			영풍제지	100
노미정	3.9			한창제지	191
(외국인)	2.0			국일제지	42

매출구성		비용구성		수출비중	
지관원지	50.1	매출원가율	89.1	수출	—
라이나원지	49.9	판관비율	7.7	내수	—

회사 개요

1970년 설립된 동사는 화성, 면방업계 섬유봉, 지관용원지와 골판지상자용 라이나원지 생산 등을 주요 사업으로 영위하고 있음. 매출구성은 지관용 원지와 라이나원지 생산이 비슷한 수준. 라이나 원지의 주요 매출처로는 동주, 영화수출포장 등이 있으며, 지관원지의 주요 매출처로는 대봉지공, 서한울산 등이 있음. 택배산업 성장에 따른 포장재 수요가 지속적으로 증가하며 수익성 개선이 기대됨.

실적 분석

동사의 2017년 연간 매출액은 전년 875.0억원 대비 20.1% 상승한 1,050.6억원을 기록했음. 비용면에서 전년 대비 매출원가가 19.6% 증가했지만 매출 증가폭보다 낮았으며 인건비 등 판매 관리비 감축에 성공하면서 실적 개선. 2017년 연간 영업이익은 전년 7.9억원 보다 318.9% 증가한 32.9억원을 달성함. 당기순이익은 38.8억원을 시현.

현금 흐름 *IFRS 별도 기준 〈단위 : 억원〉

항목	2016	2017
영업활동	35	39
투자활동	-5	-45
재무활동	-8	-6
순현금흐름	22	-11
기말현금	94	83

시장 대비 수익률

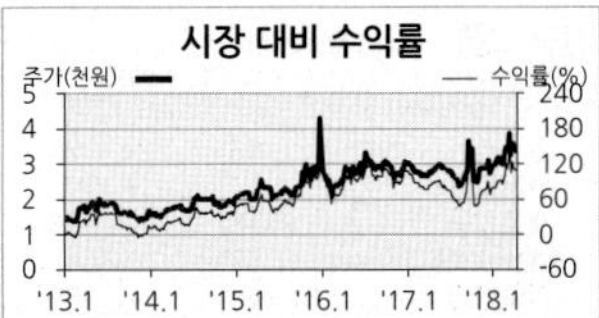

결산 실적 〈단위 : 억원〉

항목	2012	2013	2014	2015	2016	2017
매출액	1,134	944	831	768	875	1,051
영업이익	165	36	9	-22	8	33
당기순이익	82	37	15	-52	55	39

분기 실적 *IFRS 별도 기준 〈단위 : 억원〉

항목	2016.3Q	2016.4Q	2017.1Q	2017.2Q	2017.3Q	2017.4Q
매출액	247	227	244	254	280	273
영업이익	19	-1	-3	7	4	24
당기순이익	41	1	2	-0	5	33

재무 상태 *IFRS 별도 기준 〈단위 : 억원〉

항목	2012	2013	2014	2015	2016	2017
총자산	1,212	1,181	1,164	1,148	1,214	1,280
유형자산	339	343	357	351	356	354
무형자산	11	13	11	5	5	6
유가증권	57	92	66	200	55	1
총부채	196	160	170	258	270	303
총차입금	50	47	55	139	140	142
자본금	111	111	111	111	111	111
총자본	1,016	1,021	994	891	944	977
지배주주지분	1,016	1,021	994	891	944	977

기업가치 지표 *IFRS 별도 기준

항목	2012	2013	2014	2015	2016	2017
주가(최고/저)(천원)	1.3/0.9	2.0/1.3	2.2/1.5	4.3/2.0	3.3/2.1	3.6/2.4
PER(최고/저)(배)	4.8/3.4	15.2/10.1	36.6/24.9	—/—	13.7/8.7	21.2/13.8
PBR(최고/저)(배)	0.4/0.3	0.5/0.4	0.5/0.4	1.1/0.5	0.8/0.5	0.8/0.5
EV/EBITDA(배)	0.1	2.8	6.3	51.6	13.0	6.7
EPS(원)	370	166	69	-232	248	175
BPS(원)	47,414	47,625	46,431	4,234	4,473	4,622
CFPS(원)	5,114	3,130	2,276	-69	409	334
DPS(원)	2,000	2,000	2,000	40	45	40
EBITDAPS(원)	8,845	3,075	1,975	65	197	307

재무 비율 〈단위 : %〉

연도	영업이익률	순이익률	부채비율	차입금비율	ROA	ROE	유보율	자기자본비율	EBITDA마진율
2017	3.1	3.7	31.1	14.5	3.1	4.0	824.3	76.3	6.5
2016	0.9	6.3	28.6	14.8	4.7	6.0	794.6	77.8	5.0
2015	-2.8	-6.7	28.9	15.6	-4.5	-5.5	746.8	77.6	1.9
2014	1.0	1.9	17.1	5.5	1.3	1.5	828.6	85.4	5.3

영현무역 (A242850)

YOUNG HYUN TRADING

업 종 : 도소매
신용등급 : (Bond) — (CP) —
홈페이지 : www.younghyun.co.kr
본 사 : 서울시 구로구 디지털로 242, 412호(구로동, 한화비즈메트로1차)

시 장 : KONEX
기업규모 : —
연 락 처 : 02)851-1827

설 립 일	2000.02.01	**종업원수**	13명	**대표이사**	이관묵
상 장 일	2016.05.20	**감사의견**	적정(지율)	**계 열**	
결 산 기	12월	**보 통 주**		**종속회사수**	
액 면 가	—	**우 선 주**		**구 상 호**	

주주구성 (지분율,%)		출자관계 (지분율,%)		주요경쟁사 (외형,%)	
이관묵	61.7	YOUNGHYUNVINACOMPANY.	100.0	영현무역	100
이선경	12.4	YOUNGHYUNINTERNATIONAL	100.0		
		YOUNGHYUNAMERICA	100.0		

매출구성		비용구성		수출비중	
POLY군(상품)	57.7	매출원가율	82.7	수출	39.7
여성_하의(제품)	16.6	판관비율	71.1	내수	60.3
기타합성섬유(상품)	10.0				

회사 개요

2000년에 설립된 동사는 소재사업과 의류 OEM, 브랜드PJ사업을 영위하고 있음. 소재사업부문에서는 의류제조업체가 원하는 특성을 가진 원단을 제조사로부터 매입, 의류제조업체에 판매하고 있으며 의류OEM사업 부문에서는 의류브랜드로부터 주문 받아 의류를 제조하여 납품하고 있음. 브랜드PJ사업 부문에서는 동사가 제품을 만들어 홈쇼핑 등 채널 통해 판매. 2016년 4월 8.4억원 규모의 유상증자를 단행했고, 6월엔 미국 지사를 설립함.

실적 분석

동사의 2017년 매출과 영업손실은 101억원, 54억원으로 전년 대비 매출은 26.6% 감소. 당기순손실도 62억원으로 적자전환함. 동사의 2017년 자산총계는 37.8억원, 부채총계는 75.4억원, 자본총계는 -37.6억원임. 유동비율은 37%로 전년(115%) 대비 78%포인트 감소함. 부채비율은 -200%로 전년 297% 대비 497%포인트 감소함.

현금 흐름 *IFRS 별도 기준 〈단위 : 억원〉

항목	2016	2017
영업활동	-5	-8
투자활동	-2	8
재무활동	10	-6
순현금흐름	3	-6
기말현금	7	0

시장 대비 수익률

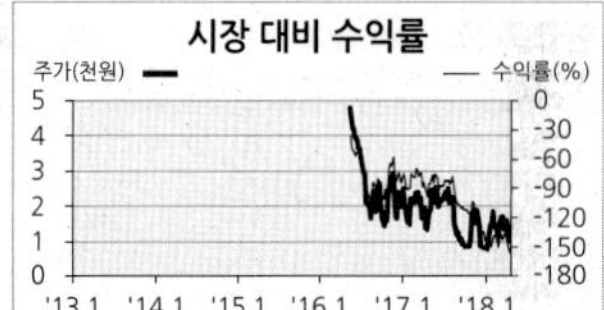

결산 실적 〈단위 : 억원〉

항목	2012	2013	2014	2015	2016	2017
매출액	—	124	167	104	137	101
영업이익	—	8	3	6	5	-54
당기순이익	—	4	-1	5	1	-62

분기 실적 *IFRS 별도 기준 〈단위 : 억원〉

항목	2016.3Q	2016.4Q	2017.1Q	2017.2Q	2017.3Q	2017.4Q
매출액	—	—	—	—	—	—
영업이익	—	—	—	—	—	—
당기순이익	—	—	—	—	—	—

재무 상태 *IFRS 별도 기준 〈단위 : 억원〉

항목	2012	2013	2014	2015	2016	2017
총자산	—	57	57	79	95	38
유형자산	—	11	11	10	10	8
무형자산	—	—	—	—	—	—
유가증권	—	0	1	0	1	—
총부채	—	46	47	65	71	75
총차입금	—	40	43	55	56	49
자본금	—	3	3	3	8	8
총자본	—	11	9	14	24	-38
지배주주지분	—	11	9	14	24	-38

기업가치 지표 *IFRS 별도 기준

항목	2012	2013	2014	2015	2016	2017
주가(최고/저)(천원)	—/—	—/—	—/—	—/—	—/—	—/—
PER(최고/저)(배)	0.0/0.0	0.0/0.0	0.0/0.0	0.0/0.0	49.2/12.9	—/—
PBR(최고/저)(배)	0.0/0.0	0.0/0.0	0.0/0.0	0.0/0.0	3.3/0.9	-1.2/-0.3
EV/EBITDA(배)	0.0	4.4	14.0	8.1	14.0	—
EPS(원)	—	332	-91	384	98	-3,799
BPS(원)	—	17,555	15,744	23,426	1,474	-2,325
CFPS(원)	—	7,326	-1,284	8,224	117	-3,784
DPS(원)	—	—	—	—	—	—
EBITDAPS(원)	—	13,788	4,795	10,103	384	-3,328

재무 비율 〈단위 : %〉

연도	영업이익률	순이익률	부채비율	차입금비율	ROA	ROE	유보율	자기자본비율	EBITDA마진율
2017	-53.8	-61.2	완전잠식	완전잠식	-92.9	당기잠식	-565.0	-99.6	-53.6
2016	4.0	1.1	296.7	234.0	1.7	7.7	194.8	25.2	4.2
2015	5.5	4.4	462.1	389.4	6.8	39.2	368.5	17.8	5.8
2014	1.5	-0.7	501.9	458.7	-1.9	-10.9	214.9	16.6	1.7

영화금속 (A012280)

Yeong Hwa Metal

업　　종 : 자동차부품　　시　　장 : 거래소
신용등급 : (Bond) —　(CP) —　　기업규모 : 시가총액 소형주
홈페이지 : www.yeonghwa.co.kr　　연 락 처 : 055)551-7505
본　　사 : 경남 창원시 진해구 남의로 57

설 립 일	1977.06.07	**종 업 원 수**	382명	**대 표 이 사**	최동윤
상 장 일	1990.01.25	**감 사 의 견**	적정(신우)	**계 열**	
결 산 기	12월	**보 통 주**		**종속회사수**	
액 면 가	500원	**우 선 주**		**구 상 호**	

주주구성 (지분율,%)		출자관계 (지분율,%)		주요경쟁사 (외형,%)	
삼신정밀	14.1			영화금속	100
최동윤	10.6			엠에스오토텍	390
(외국인)	1.8			일지테크	145

매출구성		비용구성		수출비중	
자동차부품	97.3	매출원가율	89.4	수출	28.1
상품	2.7	판관비율	6.6	내수	71.9

회사 개요

1977년 설립돼 주물을 제조하여 자동차부품을 생산하고 있으며, 자동차부품의 상품을 구입해 판매하고 있음. 자동차 부품은 전체 매출의 99%를 차지함. 2014년 1월 자회사인 엔브이에프를 흡수합병해 자동차사업을 중심으로 경쟁력을 강화하고 있음. 동사는 완성차 업체의 지속적인 신차종 출시와 차량 보유대수의 증가에 따른 AS용 부품 수요의 확대, 해외시장 확대에 따른 수출 증가로 수주 물량이 안정적으로 유지됨.

실적 분석

동사의 2017년 연간 매출액은 전년동기대비 15.4% 상승한 1,804.6억원을 기록하였음. 매출액은 크게 성장했지만 고철 및 코크스, 선철 등의 주요 원재료 가격 상승으로 인해 전년동기대비 영업이익은 72.2억원으로 33.3% 크게 하락 하였음. 최종적으로 전년동기대비 당기순이익은 크게 하락하여 46.6억원을 기록함. 자동차산업의 경기회복 및 완성차업체의 생산량증가에 따른 물량증가 영향을 크게 받으며 완만한 성장을 기대함.

현금 흐름 *IFRS 별도 기준 〈단위 : 억원〉

항목	2016	2017
영업활동	70	39
투자활동	-266	-430
재무활동	214	365
순현금흐름	19	-26
기말현금	61	35

시장 대비 수익률

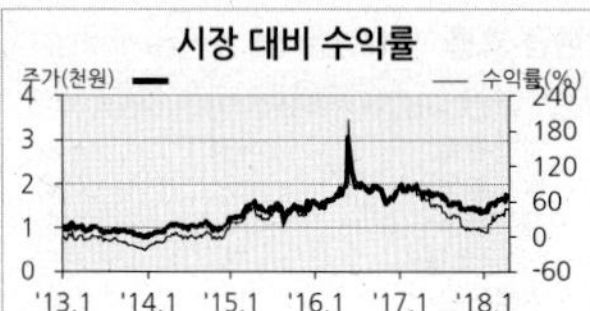

결산 실적 〈단위 : 억원〉

항목	2012	2013	2014	2015	2016	2017
매출액	1,721	1,655	1,603	1,667	1,564	1,805
영업이익	104	71	92	156	108	72
당기순이익	53	51	72	123	92	47

분기 실적 *IFRS 별도 기준 〈단위 : 억원〉

항목	2016.3Q	2016.4Q	2017.1Q	2017.2Q	2017.3Q	2017.4Q
매출액	372	429	422	450	469	464
영업이익	13	24	26	15	7	24
당기순이익	7	27	13	12	6	16

재무 상태 *IFRS 별도 기준 〈단위 : 억원〉

항목	2012	2013	2014	2015	2016	2017
총자산	854	984	1,044	1,125	1,378	1,798
유형자산	332	517	587	620	798	1,108
무형자산	10	13	8	8	10	3
유가증권	3	3	2	2	2	2
총부채	422	495	519	545	701	1,096
총차입금	293	302	289	304	452	837
자본금	236	236	236	236	236	236
총자본	431	489	526	580	676	702
지배주주지분	431	489	526	580	676	702

기업가치 지표 *IFRS 별도 기준

항목	2012	2013	2014	2015	2016	2017
주가(최고/저)(천원)	2.0/0.5	1.1/0.8	1.2/0.8	1.7/1.1	3.1/1.4	2.0/1.3
PER(최고/저)(배)	28.3/7.1	11.8/8.1	8.4/5.7	6.7/4.4	15.6/7.3	20.2/13.4
PBR(최고/저)(배)	2.5/0.6	1.2/0.8	1.1/0.8	1.3/0.9	2.1/1.0	1.3/0.9
EV/EBITDA(배)	7.7	6.1	6.8	5.4	8.8	11.1
EPS(원)	82	108	153	268	203	103
BPS(원)	914	1,035	1,156	1,342	1,554	1,610
CFPS(원)	138	201	232	340	277	214
DPS(원)	20	20	25	50	30	30
EBITDAPS(원)	230	244	275	413	312	270

재무 비율 〈단위 : %〉

연도	영업이익률	순이익률	부채비율	차입금비율	ROA	ROE	유보율	자기자본비율	EBITDA마진율
2017	4.0	2.6	156.2	119.2	2.9	6.8	210.1	39.0	6.8
2016	6.9	5.9	103.7	66.8	7.4	14.7	199.3	49.1	9.1
2015	9.4	7.4	94.0	52.3	11.3	22.2	158.5	51.5	11.4
2014	5.8	4.5	98.7	55.0	7.1	14.3	131.2	50.3	8.1

영화테크 (A265560)

YOUNG HWA TECH CO

업　　종 : 자동차부품　　시　　장 : KOSDAQ
신용등급 : (Bond) —　(CP) —　　기업규모 : 벤처
홈페이지 : www.yhtec.com　　연 락 처 : 041)585-2685
본　　사 : 충남 아산시 둔포면 아산밸리로 132

설 립 일	2000.08.08	**종 업 원 수**	명	**대 표 이 사**	엄준형
상 장 일	2017.10.26	**감 사 의 견**	적정(삼일)	**계 열**	
결 산 기	12월	**보 통 주**		**종속회사수**	
액 면 가	500원	**우 선 주**		**구 상 호**	

주주구성 (지분율,%)		출자관계 (지분율,%)		주요경쟁사 (외형,%)	
엄준형	43.6			영화테크	100
한국산업은행	5.0			유라테크	328
				동원금속	833

매출구성		비용구성		수출비중	
정션박스	88.0	매출원가율	76.8	수출	37.0
기타	9.0	판관비율	11.6	내수	63.0
전기차/이차전지 부품	3.0				

회사 개요

동사는 2017년 10월 26일 코스닥 시장에 상장함. 전자부품, 자동차 부품과 관련된 제조, 판매업 및 전자부품, 자동차 부품 설계용역업을 영위하고 있음. 배터리로부터 공급받은 전원과 신호를 분배하는 장치정션박스가 주된 사업제품이며 쌍용, 현대, 기아차에 부품을 공급한바 있음. 종속기업으로는 심양영화과기유한공사, 영화전자(우시)유한공사, Young Hwa Tech USA Co가 있어 중국과 미국에 소재를 두고 있어 해외시장에도 활로를 두고있음

실적 분석

동사의 2017년 연결기준 결산 매출액은 591.5억원으로 전년동기 대비 3.6% 감소했음. 외형축소 및 판관비의 증가에도 불구하고 매출원가가 전년동기 대비 7.2% 감소함에 따라 영업이익은 전년동기 대비 5.6% 증가했음. 비영업부문에서 2.9억원의 손실을 기록해 이익폭이 다소 축소되었으나 당기순이익은 전년동기 55.9억원에서 58.0억원으로 3.9% 증가했음.

현금 흐름 *IFRS 별도 기준 〈단위 : 억원〉

항목	2016	2017
영업활동	48	75
투자활동	-4	-97
재무활동	18	66
순현금흐름	62	43
기말현금	66	109

시장 대비 수익률

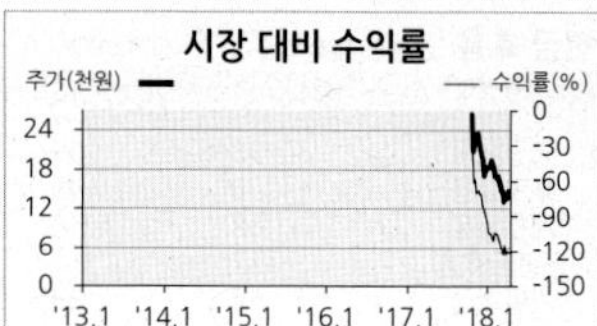

결산 실적 〈단위 : 억원〉

항목	2012	2013	2014	2015	2016	2017
매출액	436	491	428	455	614	592
영업이익	38	45	31	34	65	69
당기순이익	35	42	26	27	56	58

분기 실적 *IFRS 별도 기준 〈단위 : 억원〉

항목	2016.3Q	2016.4Q	2017.1Q	2017.2Q	2017.3Q	2017.4Q
매출액	—	—	—	—	—	—
영업이익	—	—	—	—	—	—
당기순이익	—	—	—	—	—	—

재무 상태 *IFRS 별도 기준 〈단위 : 억원〉

항목	2012	2013	2014	2015	2016	2017
총자산	261	313	339	403	475	586
유형자산	91	103	120	97	91	113
무형자산	9	10	8	5	3	5
유가증권	1	1	51	—	—	—
총부채	124	135	134	164	156	113
총차입금	56	62	67	86	93	59
자본금	14	14	14	14	15	27
총자본	137	179	205	239	319	474
지배주주지분	137	179	205	239	319	474

기업가치 지표 *IFRS 별도 기준

항목	2012	2013	2014	2015	2016	2017
주가(최고/저)(천원)	—/—	—/—	—/—	—/—	—/—	—/—
PER(최고/저)(배)	0.0/0.0	0.0/0.0	0.0/0.0	0.0/0.0	0.0/0.0	28.7/14.9
PBR(최고/저)(배)	0.0/0.0	0.0/0.0	0.0/0.0	0.0/0.0	0.0/0.0	3.7/1.9
EV/EBITDA(배)	0.3	—	0.4	0.4	—	11.4
EPS(원)	846	963	613	957	1,207	1,133
BPS(원)	47,589	62,038	71,232	82,927	103,565	8,861
CFPS(원)	17,770	21,101	15,845	19,613	22,530	1,371
DPS(원)	—	—	—	—	—	100
EBITDAPS(원)	18,811	22,230	17,528	20,938	24,114	1,429

재무 비율 〈단위 : %〉

연도	영업이익률	순이익률	부채비율	차입금비율	ROA	ROE	유보율	자기자본비율	EBITDA마진율
2017	11.6	9.8	31.1	14.3	10.5	14.9	1,650.9	76.3	14.9
2016	10.6	9.1	59.6	32.5	12.4	20.7	2,001.6	62.7	13.9
2015	7.5	5.9	78.5	47.3	—	—	1,555.8	56.0	12.2
2014	7.3	6.2	65.2	32.7	8.1	13.8	1,324.6	60.5	11.8

영흥철강 (A012160)
YOUNG HEUNG IRON & STEEL

업　　종 : 금속 및 광물　　　시　　장 : 거래소
신용등급 : (Bond) —　(CP) —　　　기업규모 : 시가총액 소형주
홈페이지 : www.youngwire.com　　　연 락 처 : 041)939-3900
본　　사 : 충남 보령시 주교면 관창공단길 50

설 립 일	1977.04.20	**종업원수**	427명	**대 표 이 사**	한재열,최영민
상 장 일	2010.01.25	**감사의견**	적정(삼일)	**계　　열**	
결 산 기	12월	**보 통 주**		**종속회사수**	5개사
액 면 가	500원	**우 선 주**		**구　상　호**	

주주구성 (지분율,%)		출자관계 (지분율,%)		주요경쟁사 (외형,%)	
장세일	17.1	마산항5부두	50.0	영흥철강	100
대유코아	12.5	오.씨.에스	45.0	풍산홀딩스	177
(외국인)	1.0	영흥태창강사승(유)	100.0	한국주철관	218

매출구성		비용구성		수출비중	
겹판 및 코일스프링	29.9	매출원가율	88.5	수출	—
[한국내 철강사업]와이어로프,와이어	19.5	판관비율	10.9	내수	—
PC강연선외	19.4				

회사 개요

동사는 1977년 설립되어 와이어, 와이어로프, PC강연선 등의 제조 및 판매를 주력하는 철강제품의 가공 및 임가공업을 영위하고 있음. 2016년 2월에 종속회사인 삼목강업과 합병한 동사는 대유코아 등 동사를 제외한 9개의 계열회사를 보유하고 있음. 동사는 와이어로프 사업 외에도 코일스프링 등 자동차부품, 하역 및 운송알선 등 물류사업, 친환경 방청포장재 등 포장사업 등을 영위하고 있음.

실적 분석

동사의 2017년 연결기준 누적 매출액은 전년동기 대비 4.5% 감소한 1,774억원을 기록하였음. 비용면에서 전년동기대비 매출원가는 4.5% 감소,기타판매비와관리비도 감소하면서 영업이익은 10.8억원을 시현함. 환율하락에 따른 외화환산 손실 증가, K-IFRS에 따른 유형자산과 영업권 손상차손이 기타비용으로 반영되어 당기순손실은 41.9억원으로 적자전환함.

현금 흐름 〈단위 : 억원〉

항목	2016	2017
영업활동	94	-20
투자활동	-69	-62
재무활동	18	20
순현금흐름	43	-62
기말현금	91	29

시장 대비 수익률

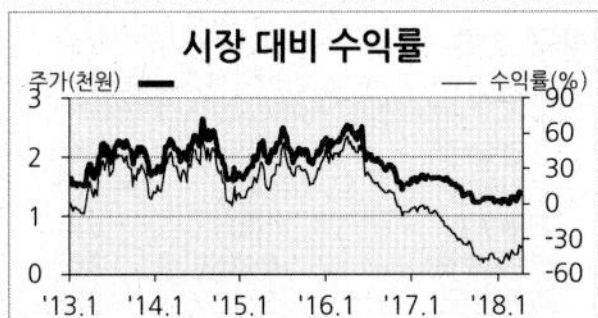

결산 실적 〈단위 : 억원〉

항목	2012	2013	2014	2015	2016	2017
매출액	2,627	2,371	2,122	2,084	1,859	1,774
영업이익	81	99	31	29	5	11
당기순이익	64	75	25	42	3	-42

분기 실적 〈단위 : 억원〉

항목	2016.3Q	2016.4Q	2017.1Q	2017.2Q	2017.3Q	2017.4Q
매출액	382	544	451	468	462	393
영업이익	-12	14	8	3	4	-4
당기순이익	-9	0	-5	5	5	-48

재무 상태 〈단위 : 억원〉

항목	2012	2013	2014	2015	2016	2017
총자산	2,942	3,100	3,425	3,028	3,008	2,981
유형자산	1,806	1,684	1,945	1,945	1,960	1,905
무형자산	13	17	65	60	44	13
유가증권	15	29	18	21	23	28
총부채	1,287	1,399	1,701	1,286	1,280	1,311
총차입금	606	582	789	749	798	830
자본금	3	392	392	392	429	429
총자본	1,655	1,701	1,725	1,742	1,728	1,670
지배주주지분	817	1,538	1,558	1,572	1,727	1,669

기업가치 지표

항목	2012	2013	2014	2015	2016	2017
주가(최고/저)(천원)	2.6/1.0	2.4/1.5	2.7/1.5	2.5/1.6	2.6/1.4	1.7/1.2
PER(최고/저)(배)	40.1/15.8	21.8/13.6	108.0/61.0	56.0/36.0	864.2/483.5	—/—
PBR(최고/저)(배)	2.1/0.8	0.8/0.5	0.9/0.5	0.8/0.5	0.8/0.5	0.6/0.4
EV/EBITDA(배)	19.2	13.3	21.3	22.5	22.4	18.2
EPS(원)	74	119	26	47	3	-49
BPS(원)	1,452	3,269	3,272	3,289	3,229	3,162
CFPS(원)	149	222	125	162	102	58
DPS(원)	40	50	50	50	30	10
EBITDAPS(원)	218	272	138	152	105	119

재무 비율 〈단위 : %〉

연도	영업이익률	순이익률	부채비율	차입금비율	ROA	ROE	유보율	자기자본비율	EBITDA마진율
2017	0.6	-2.4	78.5	49.7	-1.4	-2.5	532.4	56.0	5.8
2016	0.3	0.2	74.1	46.2	0.1	0.2	545.7	57.4	5.0
2015	1.4	2.0	73.9	43.0	1.3	2.4	557.9	57.5	5.7
2014	1.4	1.2	98.6	45.7	0.8	1.3	554.4	50.4	5.1

예림당 (A036000)
YeaRimDang Publishing

업　　종 : 항공운수　　　시　　장 : KOSDAQ
신용등급 : (Bond) —　(CP) —　　　기업규모 : 중견
홈페이지 : www.yearim.co.kr　　　연 락 처 : 02)566-1004
본　　사 : 서울시 성동구 아차산로 153 (성수동2가, 예림출판문화센터)

설 립 일	1989.02.22	**종업원수**	1,485명	**대 표 이 사**	나성훈
상 장 일	1999.11.18	**감사의견**	적정(삼정)	**계　　열**	
결 산 기	12월	**보 통 주**		**종속회사수**	6개사
액 면 가	500원	**우 선 주**		**구　상　호**	

주주구성 (지분율,%)		출자관계 (지분율,%)		주요경쟁사 (외형,%)	
나춘호	31.5	디네트웍스	17.4	예림당	100
나성훈	9.6	동성코퍼레이션	0.3	한국공항	75
(외국인)	17.8			티웨이홀딩스	95

매출구성		비용구성		수출비중	
노선사업	80.7	매출원가율	81.9	수출	—
기타부대사업 외	6.0	판관비율	10.8	내수	—
반도체	5.1				

회사 개요

아동 도서 출판을 전문적으로 영위하고 있는 업체로 'Why?' 시리즈가 동사의 핵심 콘텐츠. 100% 자회사인 예림아이를 통해 글로벌 업체인 Disney, Mattel, DreamWorks의 캐릭터를 활용한 출판물을 출간 중. 이 외에 종속회사를 통해 저작권 매니지먼트, 해외콘텐츠 국내판권 매니지먼트, PHC파일 제작, 반도체 Packaging 사업 등을 수행. 지난 2013년 저비용항공사 티웨이항공의 지분을 인수함.

실적 분석

동사의 2017년 연간 매출액은 전년동기대비 42.1% 상승한 6,433억원을 기록하였음. 아동서적 시장 최고의 베스트셀러인 "Why?" 시리즈를 안정적으로 판매하고 있으며 항공운수부문도 역대 최대 실적을 기록하며 올해의 항공사에 선정되었음. 향후 지속적인 수요증가에 대응하기 위해 신규 취항지 개발 및 신규 기재 도입을 지속할 예정임. 출판업 또한 전자출판사업, 애니메이션사업, 학원사업 등으로 영역을 확장하여 수익 성장이 기대됨.

현금 흐름 〈단위 : 억원〉

항목	2016	2017
영업활동	457	1,143
투자활동	-332	-226
재무활동	-165	12
순현금흐름	-37	923
기말현금	284	1,207

시장 대비 수익률

결산 실적 〈단위 : 억원〉

항목	2012	2013	2014	2015	2016	2017
매출액	514	1,381	2,925	3,193	4,528	6,433
영업이익	108	103	190	57	192	473
당기순이익	81	74	114	34	66	362

분기 실적 〈단위 : 억원〉

항목	2016.3Q	2016.4Q	2017.1Q	2017.2Q	2017.3Q	2017.4Q
매출액	1,337	1,157	1,529	1,382	1,802	1,720
영업이익	184	-49	167	45	256	5
당기순이익	163	-130	150	39	253	-81

재무 상태 〈단위 : 억원〉

항목	2012	2013	2014	2015	2016	2017
총자산	932	1,593	1,910	2,231	2,455	3,670
유형자산	141	391	466	581	544	670
무형자산	82	557	528	560	559	542
유가증권	59	7	0	25	61	8
총부채	243	728	853	1,175	1,314	2,134
총차입금	119	271	233	277	194	148
자본금	116	116	116	116	116	116
총자본	690	865	1,057	1,056	1,141	1,536
지배주주지분	690	727	879	867	909	1,084

기업가치 지표

항목	2012	2013	2014	2015	2016	2017
주가(최고/저)(천원)	8.7/4.7	6.5/4.2	7.8/4.8	8.0/4.6	5.8/3.7	12.9/4.6
PER(최고/저)(배)	25.6/13.9	22.1/14.2	21.6/13.4	79.8/45.3	24.7/15.8	15.1/5.4
PBR(최고/저)(배)	2.9/1.6	2.0/1.3	2.1/1.3	2.1/1.2	1.5/0.9	2.7/1.0
EV/EBITDA(배)	9.6	12.0	6.0	7.9	3.4	2.2
EPS(원)	365	306	369	101	234	851
BPS(원)	3,238	3,399	3,814	3,764	3,946	4,706
CFPS(원)	438	470	713	517	740	1,556
DPS(원)	150	150	150	—	—	—
EBITDAPS(원)	558	610	1,170	662	1,341	2,759

재무 비율 〈단위 : %〉

연도	영업이익률	순이익률	부채비율	차입금비율	ROA	ROE	유보율	자기자본비율	EBITDA마진율
2017	7.4	5.6	138.9	9.6	11.8	19.7	833.0	41.9	9.9
2016	4.3	1.5	115.1	17.0	2.8	6.1	682.4	46.5	6.8
2015	1.8	1.1	111.3	26.3	1.7	2.7	646.3	47.3	4.8
2014	6.5	3.9	80.7	22.0	6.5	10.6	656.2	55.3	9.2

예스이십사 (A053280)

YES24

업 종 : 온라인쇼핑
신용등급 : (Bond) — (CP) —
홈페이지 : www.yes24.com
본 사 : 서울시 영등포구 은행로 11 5,6층 (여의도동, 일신빌딩)

시 장 : KOSDAQ
기업규모 : 우량
연 락 처 : 02)578-3581

설 립 일	1999.04.01	**종업원수**	448명	**대표이사**	김기호,김석환
상 장 일	2008.05.07	**감사의견**	적정(삼일)	**계 열**	
결 산 기	12월	**보 통 주**		**종속회사수**	6개사
액 면 가	500원	**우 선 주**		**구 상 호**	

주주구성 (지분율,%)		출자관계 (지분율,%)		주요경쟁사 (외형,%)	
한세예스24홀딩스	50.0	예스이십사라이브홀	100.0	예스24	100
신영자산운용	4.9	와이앤케이미디어	100.0	인터파크	106
(외국인)	1.8	한국이퍼브	51.0	엔에스쇼핑	104

매출구성		비용구성		수출비중	
상품판매	94.7	매출원가율	73.8	수출	0.0
상품판매수수료등	2.1	판관비율	26.4	내수	100.0
배너,검색광고등	1.8				

회사 개요

동사는 한세예스24홀딩스 계열사로 1998년 설립돼 2008년 코스닥 시장에 상장함. 온라인 도서유통을 발판으로 음반, DVD, 문구/GIFT, 영화/공연의 티켓예매서비스, eBook 등의 다양한 문화상품의 판매 및 유통을 제공하고 있음. 2016년 온라인 패션유통사업을 시작하고 오프라인 매장을 선보임. 인터넷 서점 부문에서는 국내에서 가장 많은 일평균방문자수를 보유하고 있으며 티켓예매부문에서는 점유율 50.42%를 기록하고 있음.

실적 분석

2017년 연결기준 동사 매출액은 4,568억원을 기록함. 전년도 매출인 4,209.8억원에 비해 8.5% 증가한 금액임. 매출이 늘었으나 매출원가가 7.5% 늘고 판매비와 관리비가 13.7% 증가한 결과 영업이익은 적자로 전환함. 전년도엔 영업이익 11.8억원을 기록했으나 2017년엔 9.2억원의 손실을 기록함. 비영업부문 이익도 46.1% 감소함. 이에 전년도 6.8억원을 기록한 당기순이익은 2.8억원의 손실을 내며 적자전환함.

현금 흐름

〈단위 : 억원〉

항목	2016	2017
영업활동	114	37
투자활동	22	-385
재무활동	79	29
순현금흐름	216	-320
기말현금	393	73

시장 대비 수익률

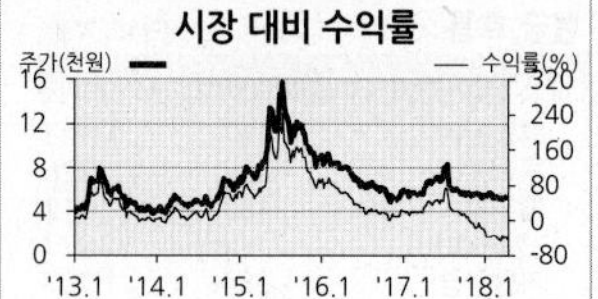

결산 실적

〈단위 : 억원〉

항목	2012	2013	2014	2015	2016	2017
매출액	3,401	3,304	3,559	3,631	4,210	4,568
영업이익	72	32	34	128	12	-9
당기순이익	73	37	143	18	7	-3

분기 실적

〈단위 : 억원〉

항목	2016.3Q	2016.4Q	2017.1Q	2017.2Q	2017.3Q	2017.4Q
매출액	1,083	1,068	1,254	962	1,217	1,135
영업이익	17	-11	23	-7	-5	-20
당기순이익	9	-8	18	-9	-1	-11

재무 상태

〈단위 : 억원〉

항목	2012	2013	2014	2015	2016	2017
총자산	1,391	1,404	2,838	1,713	1,872	2,023
유형자산	352	402	956	402	419	440
무형자산	30	24	317	78	82	77
유가증권	207	202	286	286	209	594
총부채	788	772	2,068	932	1,122	1,261
총차입금	61	38	888	51	144	188
자본금	86	86	86	86	86	86
총자본	603	632	770	780	751	762
지배주주지분	603	632	770	769	738	751

기업가치 지표

항목	2012	2013	2014	2015	2016	2017
주가(최고/저)(천원)	5.3/3.1	8.0/3.8	7.1/3.8	15.8/6.6	9.3/4.8	8.3/5.3
PER(최고/저)(배)	13.9/8.1	40.2/19.2	9.2/4.9	161.2/67.9	255.9/133.8	—/—
PBR(최고/저)(배)	1.7/1.0	2.4/1.1	1.7/0.9	3.7/1.6	2.3/1.2	1.9/1.2
EV/EBITDA(배)	3.6	8.2	28.8	7.5	12.5	20.8
EPS(원)	426	217	833	103	38	-5
BPS(원)	3,506	3,673	4,476	4,470	4,289	4,365
CFPS(원)	543	352	995	301	289	246
DPS(원)	100	100	100	120	120	120
EBITDAPS(원)	536	323	357	942	320	198

재무 비율

〈단위 : %〉

연도	영업이익률	순이익률	부채비율	차입금비율	ROA	ROE	유보율	자기자본비율	EBITDA마진율
2017	-0.2	-0.1	165.6	24.7	-0.1	-0.1	773.0	37.7	0.7
2016	0.3	0.2	149.4	19.2	0.4	0.9	757.9	40.1	1.3
2015	3.5	0.5	119.4	6.5	0.8	2.3	794.0	45.6	4.5
2014	0.9	4.0	268.7	115.3	6.7	20.4	795.1	27.1	1.7

예스코 (A015360)

YESCO

업 종 : 가스
신용등급 : (Bond) AA (CP) —
홈페이지 : www.lsyesco.co.kr
본 사 : 서울시 성동구 자동차시장길 23 (용답동)

시 장 : 거래소
기업규모 : 시가총액 소형주
연 락 처 : 02)1644-3030

설 립 일	1981.03.05	**종업원수**	314명	**대표이사**	구자철
상 장 일	1996.12.03	**감사의견**	적정(삼일)	**계 열**	
결 산 기	12월	**보 통 주**		**종속회사수**	10개사
액 면 가	5,000원	**우 선 주**		**구 상 호**	

주주구성 (지분율,%)		출자관계 (지분율,%)		주요경쟁사 (외형,%)	
구자은	13.2	예스코서비스	100.0	예스코	100
구은정	5.3	대한가스기기	69.8	한국가스공사	1,988
(외국인)	14.3	한성	65.0	서울가스	121

매출구성		비용구성		수출비중	
도시가스 부문	81.9	매출원가율	87.8	수출	—
건설 및 PC제조 부문	10.0	판관비율	10.1	내수	—
기타 부문	5.6				

회사 개요

동사는 1981년 설립된 극동도시가스가 2006년 이름을 바꾼 회사로 도시가스 사업 및 폐기물 수집·처리업을 영위함. 서울 중구·광진구·성동구, 경기 구리시·남양주시 등에 가스를 공급. 이밖에 PC공법을 이용한 주택자재 제조, 주택분양 및 임대, 토목건축공사 등의 건설 및 PC제조부문, 전선포장용품(목드럼, 목포장 등)을 생산하는 FLANGE부문, 주로 대형 디지털TV케이스를 만들어 LG전자에 납품하는 TV사출물부문 등으로 구성됨.

실적 분석

동사의 2017년 연간 매출액은 1조 1,151.8억원으로 전년 대비 6.1% 증가함. 매출원가가 6.1% 상승했음에도 불구하고 판관비율 하락과 매출 확대에 힘입어 영업이익은 전년보다 15.5% 늘어난 243.9억원을 기록함. LS그룹의 도시가스 사업을 담당하는 동사는 지주회사인 예스코홀딩스와 도시가스 사업부문을 담당하는 예스코로 물적분할됨.

현금 흐름

〈단위 : 억원〉

항목	2016	2017
영업활동	355	848
투자활동	-941	-1,063
재무활동	-100	632
순현금흐름	-687	387
기말현금	571	958

시장 대비 수익률

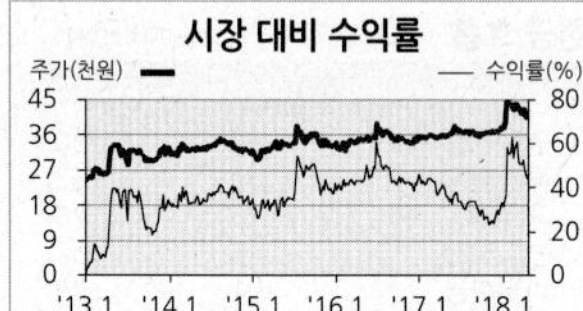

결산 실적

〈단위 : 억원〉

항목	2012	2013	2014	2015	2016	2017
매출액	14,379	14,721	13,913	12,007	10,513	11,152
영업이익	165	155	44	174	211	244
당기순이익	304	140	133	194	492	271

분기 실적

〈단위 : 억원〉

항목	2016.3Q	2016.4Q	2017.1Q	2017.2Q	2017.3Q	2017.4Q
매출액	1,222	3,184	4,490	1,932	1,398	3,332
영업이익	-80	117	183	31	-56	85
당기순이익	-79	147	205	77	-82	71

재무 상태

〈단위 : 억원〉

항목	2012	2013	2014	2015	2016	2017
총자산	13,766	13,490	13,466	12,646	12,861	14,350
유형자산	6,104	6,064	5,654	5,948	5,962	5,759
무형자산	301	297	245	244	239	253
유가증권	896	703	956	1,241	2,221	2,699
총부채	7,508	7,147	7,128	6,173	6,114	7,376
총차입금	2,191	2,114	2,039	1,995	2,056	2,796
자본금	300	300	300	300	300	300
총자본	6,257	6,343	6,338	6,473	6,747	6,974
지배주주지분	5,724	5,815	5,809	5,909	6,153	6,392

기업가치 지표

항목	2012	2013	2014	2015	2016	2017
주가(최고/저)(천원)	24.6/19.4	34.3/24.2	35.8/30.7	43.6/29.4	38.8/31.9	38.1/35.0
PER(최고/저)(배)	6.7/5.3	16.9/11.9	23.9/20.4	18.5/12.5	7.2/5.9	10.5/9.6
PBR(최고/저)(배)	0.3/0.3	0.4/0.3	0.4/0.4	0.5/0.3	0.4/0.3	0.4/0.3
EV/EBITDA(배)	4.4	5.0	6.0	5.5	4.9	5.3
EPS(원)	4,570	2,434	1,737	2,633	5,842	3,772
BPS(원)	97,516	99,029	98,930	100,588	104,658	108,639
CFPS(원)	10,077	8,082	6,941	7,951	11,472	9,606
DPS(원)	1,350	1,250	1,250	1,250	1,500	1,500
EBITDAPS(원)	8,261	8,232	5,933	8,214	9,151	9,899

재무 비율

〈단위 : %〉

연도	영업이익률	순이익률	부채비율	차입금비율	ROA	ROE	유보율	자기자본비율	EBITDA마진율
2017	2.2	2.4	105.8	40.1	2.0	3.6	2,072.8	48.6	5.3
2016	2.0	4.7	90.6	30.5	3.9	5.8	1,993.2	52.5	5.2
2015	1.5	1.6	95.4	30.8	1.5	2.7	1,911.8	51.2	4.1
2014	0.3	1.0	112.5	32.2	1.0	1.8	1,878.6	47.1	2.6

예스티 (A122640)
YEST

업　　종 : 반도체 및 관련장비　　시　　장 : KOSDAQ
신용등급 : (Bond) —　(CP) —　　기업규모 : 우량
홈페이지 : www.yest.co.kr　　연 락 처 : 031)612-3333
본　　사 : 경기도 평택시 진위면 삼남로 654

설 립 일	2000.03.06	**종 업 원 수**	220명	**대 표 이 사**	장동복
상 장 일	2014.12.29	**감 사 의 견**	적정(삼덕)	**계　　열**	
결 산 기	12월	**보 통 주**		**종속회사수**	1개사
액 면 가	500원	**우 선 주**		**구 상 호**	

주주구성 (지분율,%)		출자관계 (지분율,%)		주요경쟁사 (외형,%)	
장동복	26.4	피케이아이	22.6	예스티	100
박윤배	5.6	헬릭스	18.3	SKC 솔믹스	88
(외국인)	6.2	시나텍	16.7	프로텍	100

매출구성		비용구성		수출비중	
디스플레이장비	34.3	매출원가율	81.4	수출	58.5
반도체장비	27.5	판관비율	8.2	내수	41.5
부품소재	19.4				

회사 개요

동사는 2000년 3월 반도체 제조공정 장비 전문 업체로 설립되어 현재 반도체 장비 제조의 H/W 및 S/W의 기술 경험을 바탕으로 FPD제조 공정 장비 부문까지 사업 영역을 확대하였음. SCU(Super Cool Unit) 냉각/열원 제어/진공배기 제어/정밀 온도 제어/온도 균일성 제어 등의 핵심기술을 바탕으로 반도체, FPD 제조 공정 중 열제어 및 열처리 기능을 수행하는 Bake Oven, Furnace, Chamber 등을 제조함.

실적 분석

2017년 연간 매출액은 1,504.3억원으로 전년 대비 185.4% 증가함. 반도체장비, 디스플레이장비를 비롯한 전 부문 매출액 증가. 디스플레이, 반도체 장비산업 전방산업주요 고객의 설비투자 확대 등으로 인하여 핵심장비 수요가 크게 증가함. 영업이익은 전년대비 417.3% 증가한 157.5억원을 시현함. 2017년 5월 운영자금과 시설자금을 마련하기 위해 총 300억원 규모의 무보증 사모 전환사채를 발행함.

현금 흐름
<단위 : 억원>

항목	2016	2017
영업활동	-49	-60
투자활동	-62	-128
재무활동	4	266
순현금흐름	-105	71
기말현금	86	157

시장 대비 수익률

결산 실적
< 단위 : 억원 >

항목	2012	2013	2014	2015	2016	2017
매출액	233	221	404	706	527	1,504
영업이익	4	4	27	81	30	157
당기순이익	2	2	7	74	25	147

분기 실적
< 단위 : 억원 >

항목	2016.3Q	2016.4Q	2017.1Q	2017.2Q	2017.3Q	2017.4Q
매출액	115	243	446	514	258	287
영업이익	10	35	71	67	17	2
당기순이익	5	34	51	68	28	1

재무 상태
< 단위 : 억원 >

항목	2012	2013	2014	2015	2016	2017
총자산	363	387	470	624	823	1,169
유형자산	160	114	151	184	181	222
무형자산	30	47	33	29	45	48
유가증권	5	6	6	16	49	92
총부채	155	264	336	220	396	618
총차입금	125	214	245	171	179	423
자본금	17	12	12	22	22	22
총자본	208	123	133	404	426	551
지배주주지분	208	123	133	404	426	551

기업가치 지표

항목	2012	2013	2014	2015	2016	2017
주가(최고/저)(천원)	—/—	—/—	6.6/6.6	18.0/4.3	34.9/12.7	55.7/21.7
PER(최고/저)(배)	0.0/0.0	0.0/0.0	28.2/28.2	9.2/2.2	60.6/22.1	16.7/6.5
PBR(최고/저)(배)	0.0/0.0	0.0/0.0	1.4/1.4	2.0/0.5	3.6/1.3	4.3/1.7
EV/EBITDA(배)	4.1	16.3	9.4	8.0	28.6	14.0
EPS(원)	30	21	96	800	235	1,359
BPS(원)	6,276	3,712	4,019	9,337	9,925	13,319
CFPS(원)	289	244	578	2,410	985	3,903
DPS(원)	—	—	—	—	—	—
EBITDAPS(원)	362	321	1,185	2,597	1,101	4,143

재무 비율
< 단위 : % >

연도	영업 이익률	순 이익률	부채 비율	차입금 비율	ROA	ROE	유보율	자기자본 비율	EBITDA 마진율
2017	10.5	9.8	112.3	76.9	14.8	30.1	2,563.8	47.1	11.9
2016	5.8	4.8	92.9	42.0	3.5	6.1	1,885.0	51.8	9.0
2015	11.4	10.5	54.4	42.4	13.5	27.4	1,767.4	64.8	13.6
2014	6.7	1.7	252.0	183.5	1.6	5.2	982.9	28.4	9.7

옐로페이 (A179720)
Yelopay

업　　종 : 인터넷 서비스　　시　　장 : KONEX
신용등급 : (Bond) —　(CP) —　　기업규모 : —
홈페이지 : www.yelopay.com　　연 락 처 : 02)6354-9106
본　　사 : 서울시 강남구 삼성로 415, 5층 대치동 성진빌딩

설 립 일	2012.02.21	**종 업 원 수**	16명	**대 표 이 사**	이성우
상 장 일	2013.07.01	**감 사 의 견**	적정(태영)	**계　　열**	
결 산 기	12월	**보 통 주**		**종속회사수**	
액 면 가	—	**우 선 주**		**구 상 호**	

주주구성 (지분율,%)		출자관계 (지분율,%)		주요경쟁사 (외형,%)	
이상규	57.0			옐로페이	100
인터파크	17.8			이지웰페어	6,477
				이상네트웍스	5,669

매출구성		비용구성		수출비중	
수수료수익(Yelopay)	100.0	매출원가율	0.0	수출	—
		판관비율	91.0	내수	—

회사 개요

동사는 2012년 2월에 인터파크 모바일 체크 사업부의 사업을 양수하며 설립되었고, 설립 1년여만인 2013년 7월에 코넥스시장에 상장함. 동사는 선불 및 직불 결제 서비스를 사업분야로 영위하고 있음. 직불결제 서비스는 결제 시 계좌번호 대신 휴대폰 번호와 비밀번호로 간편하게 결제할 수 있는 시스템이고, 선불결제 서비스는 직불과 동일하나 옐로잔고를 미리 충전한 후 사용하는 시스템임. 편의성과 보안성이 높아 가맹점이 빠르게 확대되고 있는 추세임.

실적 분석

동사의 2017년 연간 매출액은 9억원, 영업이익은 0.8억원으로 전년 동기 대비 증가함. 동사의 매출 비중이 높은 결제시스템 솔루션 수익은 인터파크 등 자체적으로 간편결제서비스 사업을 영위하고자 하는 업체에게 옐로페이 서비스의 커스터마이징 개발을 통해 시스템을 구축하여 납품하는 사업임. 현재 온라인 셀러 대상 대출 서비스를 제공하고 있으며 중간에서 셀러들의 대출 신청을 받고, 신용도를 평가하는 역할. 향후 P2P 대출 서비스 출시 계획임.

현금 흐름 *IFRS 별도 기준
<단위 : 억원>

항목	2016	2017
영업활동	-12	-5
투자활동	7	0
재무활동	1	8
순현금흐름	-4	3
기말현금	1	4

시장 대비 수익률

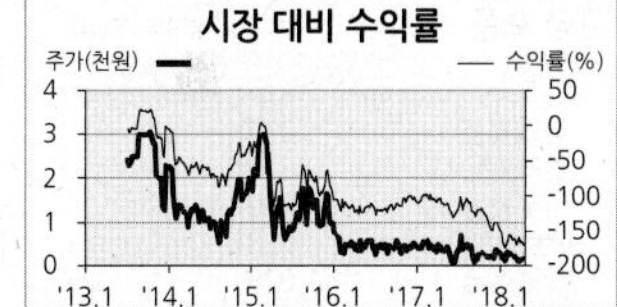

결산 실적
< 단위 : 억원 >

항목	2012	2013	2014	2015	2016	2017
매출액	1	2	3	4	6	9
영업이익	-16	-24	-30	-38	-12	1
당기순이익	-16	-24	-29	-38	-12	0

분기 실적 *IFRS 별도 기준
< 단위 : 억원 >

항목	2016.3Q	2016.4Q	2017.1Q	2017.2Q	2017.3Q	2017.4Q
매출액	—	—	—	—	—	—
영업이익	—	—	—	—	—	—
당기순이익	—	—	—	—	—	—

재무 상태 *IFRS 별도 기준
< 단위 : 억원 >

항목	2012	2013	2014	2015	2016	2017
총자산	33	30	52	16	4	7
유형자산	3	3	2	1	1	0
무형자산	3	3	3	3	2	2
유가증권	—	—	—	—	—	—
총부채	9	20	19	21	21	23
총차입금	—	8	4	5	6	15
자본금	40	50	64	64	64	64
총자본	24	10	33	-5	-17	-17
지배주주지분	24	10	33	-5	-17	-17

기업가치 지표 *IFRS 별도 기준

항목	2012	2013	2014	2015	2016	2017
주가(최고/저)(천원)	—/—	3.1/1.2	2.3/0.4	3.0/0.6	0.9/0.2	0.7/0.1
PER(최고/저)(배)	0.0/0.0	—/—	—/—	—/—	—/—	3,882.9/399.0
PBR(최고/저)(배)	0.0/0.0	32.6/13.1	8.9/1.7	-82.1/-16.5	-7.2/-1.9	-5.3/-0.6
EV/EBITDA(배)	—	—	—	—	—	25.2
EPS(원)	-290	-247	-255	-295	-93	0
BPS(원)	295	95	259	-37	-130	-130
CFPS(원)	-269	-230	-238	-277	-82	8
DPS(원)	—	—	—	—	—	—
EBITDAPS(원)	-275	-229	-245	-278	-81	14

재무 비율
< 단위 : % >

연도	영업 이익률	순 이익률	부채 비율	차입금 비율	ROA	ROE	유보율	자기자본 비율	EBITDA 마진율
2017	9.0	0.3	완전잠식	완전잠식	0.4	잠식지속	-126.0	-239.6	20.3
2016	-191.2	-193.1	완전잠식	완전잠식	-117.2	잠식지속	-126.0	-418.2	-166.9
2015	-1,077.4	-1,074.2	완전잠식	완전잠식	-110.1	당기잠식	-107.3	-28.5	-1,011.1
2014	-915.5	-888.9	일부잠식	일부잠식	-70.2	-134.9	-48.3	63.4	-854.5

오가닉티코스메틱 (A900300)

ORGANIC TEA COSMETICS HOLDINGS

업　　종 : 개인생활용품　　시　　장 : KOSDAQ
신용등급 : (Bond) —　(CP) —　　기업규모 :
홈페이지 : www.organictea-cosmetics.com/　　연 락 처 : 86-599-8508611
본　　사 : 20th Floor, Alexandra House 18 Chater Road, Central Hong Kong

설 립 일	2012.11.27	**종업원수**	292명	**대표이사**	채정망
상 장 일	2016.11.04	**감사의견**	적정(신한)	**계　　열**	
결 산 기	12월	**보 통 주**		**종속회사수**	3개사
액 면 가	—	**우 선 주**		**구 상 호**	

주주구성 (지분율,%)		출자관계 (지분율,%)		주요경쟁사 (외형,%)	
Cai Zheng Wang	44.4	통호무역	100.0	오가닉티코스메틱	100
황홍	7.4	해천약업	100.0	코리아나	70
(외국인)	54.5	조농실업	100.0	네오팜	33

매출구성	비용구성		수출비중	
	매출원가율	0.0	수출	—
	판관비율	0.0	내수	—

회사 개요

동사는 2012년 11월 홍콩에 설립, 중국 내 유아를 대상으로 샴푸, 바디워시, 바디로션 등의 피부케어, 클린징 제품 등과 모기퇴치약, 파우더 등과 같은 여름용 화장품을 생산 판매하고 있는 유아용 화장품 전문 업체. 지주회사로 실질적인 사업을 영위하지 않음. 연결대상 종속회사인 통호무역, 해천약업, 조농실업 이 3개사가 수출입, 제조, 판매를 담당하고 있음.

실적 분석

동사의 연결기준 2017년 3분기 매출액은 1,476.9억원으로 전년동기대비 21.2% 증가하였음. 중국 유아용 화장품 시장은 성장초기 단계이며 자녀 건강에 대한 관심이 증대되고 있음. 샴푸, 피부케어, 기능성, 모기퇴치 4개 부문 모두 매출액과 매출총이익이 증대됨. 영업이익과 당기순이익 또한 각각 467.3억원, 342.8억원을 기록하며 각각 전년동기대비 26.8%, 17.3% 증가함.

현금 흐름 〈단위 : 억원〉

항목	2016	2017
영업활동	232	—
투자활동	-46	—
재무활동	600	—
순현금흐름	788	—
기말현금	1,029	—

시장 대비 수익률

결산 실적 〈단위 : 억원〉

항목	2012	2013	2014	2015	2016	2017
매출액	—	—	1,047	1,358	1,606	—
영업이익	—	—	276	382	434	—
당기순이익	—	—	187	346	334	—

분기 실적 〈단위 : 억원〉

항목	2016.3Q	2016.4Q	2017.1Q	2017.2Q	2017.3Q	2017.4Q
매출액	474	364	380	520	574	—
영업이익	151	59	93	180	193	—
당기순이익	111	36	64	134	144	—

재무 상태 〈단위 : 억원〉

항목	2012	2013	2014	2015	2016	2017
총자산	—	—	962	1,198	2,066	—
유형자산	—	—	356	423	446	—
무형자산	—	—	0	0	0	—
유가증권	—	—	—	—	—	—
총부채	—	—	393	272	275	—
총차입금	—	—	195	96	86	—
자본금	—	—	30	30	600	—
총자본	—	—	569	926	1,791	—
지배주주지분	—	—	569	926	1,791	—

기업가치 지표

항목	2012	2013	2014	2015	2016	2017
주가(최고/저)(천원)	#VALUE!	—/—	—/—	—/—	—/—	—/—
PER(최고/저)(배)	0.0/0.0	0.0/0.0	0.0/0.0	0.0/0.0	8.5/5.5	0.0/0.0
PBR(최고/저)(배)	0.0/0.0	0.0/0.0	0.0/0.0	0.0/0.0	2.0/1.3	0.0/0.0
EV/EBITDA(배)	0.0	0.0	—	—	4.1	0.0
EPS(원)	—	—	1,312	823	750	—
BPS(원)	—	—	1,354	2,205	3,146	—
CFPS(원)	—	—	1,441	869	791	—
DPS(원)	—	—	—	—	—	—
EBITDAPS(원)	—	—	2,061	954	1,017	—

재무 비율 〈단위 : %〉

연도	영업이익률	순이익률	부채비율	차입금비율	ROA	ROE	유보율	자기자본비율	EBITDA마진율
2017	0.0	0.0	0.0	0.0	0.0	0.0	0.0	0.0	0.0
2016	27.0	20.8	15.4	4.8	20.4	24.6	198.5	86.7	28.2
2015	28.1	25.5	29.3	10.3	32.0	46.3	2,967.9	77.3	29.5
2014	26.3	17.9	69.1	34.3	0.0	0.0	1,819.5	59.1	28.1

오공 (A045060)

Okong

업　　종 : 화학　　시　　장 : KOSDAQ
신용등급 : (Bond) —　(CP) —　　기업규모 : 중견
홈페이지 : www.okong.com　　연 락 처 : 032)822-5050
본　　사 : 인천시 남동구 함박뫼로 341

설 립 일	1974.09.12	**종업원수**	135명	**대표이사**	김윤정,조한창
상 장 일	2000.08.10	**감사의견**	적정(대성삼경)	**계　　열**	
결 산 기	12월	**보 통 주**		**종속회사수**	2개사
액 면 가	500원	**우 선 주**		**구 상 호**	

주주구성 (지분율,%)		출자관계 (지분율,%)		주요경쟁사 (외형,%)	
김윤정	22.1	삼성테이프	100.0	오공	100
삼성물산	4.7	오공티에스	80.7	동남합성	92
(외국인)	3.7			엔피케이	49

매출구성		비용구성		수출비중	
기타 접착제 및 관련품목 상품	49.3	매출원가율	81.5	수출	1.0
초산비닐 수지에멀젼 접착제	19.9	판관비율	12.6	내수	99.0
점착테이프	13.2				

회사 개요

동사는 1962년 설립되어 접착제 및 광택제 제조, 판매업을 주된 사업분야로 영위함. 시장 점유율은 15% 수준으로 군소 경쟁업체들에 비해 20~30% 높은 판매가격을 통해 매출과 순이익을 창출하고 있음. 이마트, 홈플러스, 롯데마트 등과 같은 대형 할인점에 제품을 공급하고 있으며 접착제 시장에서의 DIY 시장규모가 선진국처럼 성장할 것으로 예상해 판매활동을 강화하고 있음. 종속회사로는 오공티에스 및 삼성테이프가 있음.

실적 분석

동사의 2017년 누적 매출액은 1,495.9억원으로 전년동기대비 4.5% 증가함. 영업이익 또한 9.8% 증가한 88.6억원을 기록함. 접착테이프, 핫멜트 접착제 부문이 전년대비 외형 성장한데 기인. 건축, 목가공, 포장 등 기존 산업위주의 수요처를 전자, 기계, 신소재 등 첨단 산업 분야로 확대하기 위해 연구소를 중심으로 지속적인 연구개발에 주력하고 있음.

현금 흐름 〈단위 : 억원〉

항목	2016	2017
영업활동	112	87
투자활동	-20	-15
재무활동	-43	-41
순현금흐름	49	31
기말현금	174	205

시장 대비 수익률

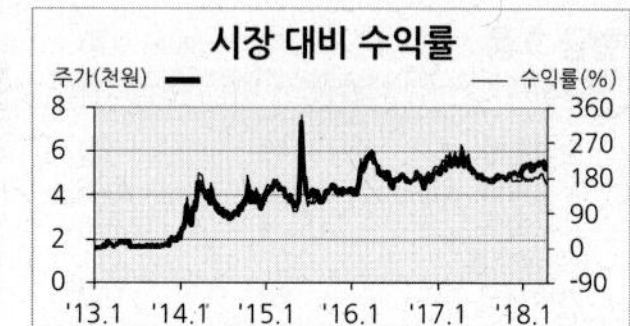

결산 실적 〈단위 : 억원〉

항목	2012	2013	2014	2015	2016	2017
매출액	1,045	1,127	1,246	1,366	1,431	1,496
영업이익	43	47	47	51	81	89
당기순이익	26	29	30	26	56	64

분기 실적 〈단위 : 억원〉

항목	2016.3Q	2016.4Q	2017.1Q	2017.2Q	2017.3Q	2017.4Q
매출액	368	373	376	364	386	370
영업이익	26	22	21	17	27	23
당기순이익	19	14	16	12	20	16

재무 상태 〈단위 : 억원〉

항목	2012	2013	2014	2015	2016	2017
총자산	876	961	1,077	1,179	1,205	1,212
유형자산	398	391	512	567	561	546
무형자산	0	0	23	16	17	17
유가증권	0	0	0	0	0	0
총부채	415	475	566	650	646	603
총차입금	218	242	327	383	365	341
자본금	58	58	58	58	58	58
총자본	460	486	511	529	560	608
지배주주지분	435	455	474	488	526	573

기업가치 지표

항목	2012	2013	2014	2015	2016	2017
주가(최고/저)(천원)	1.9/1.2	2.3/1.5	4.9/2.0	7.5/3.4	6.4/4.0	6.1/4.6
PER(최고/저)(배)	10.8/7.2	11.0/7.2	23.4/9.7	40.2/18.1	14.4/9.0	12.1/9.0
PBR(최고/저)(배)	0.6/0.4	0.6/0.4	1.3/0.5	1.8/0.8	1.4/0.9	1.2/0.9
EV/EBITDA(배)	5.9	6.7	11.5	11.0	7.7	6.6
EPS(원)	192	226	220	193	453	510
BPS(원)	3,788	3,957	4,117	4,248	4,571	4,993
CFPS(원)	323	357	374	386	682	732
DPS(원)	50	50	50	50	60	70
EBITDAPS(원)	501	539	560	638	929	991

재무 비율 〈단위 : %〉

연도	영업이익률	순이익률	부채비율	차입금비율	ROA	ROE	유보율	자기자본비율	EBITDA마진율
2017	5.9	4.3	99.1	56.0	5.3	10.7	898.7	50.2	7.6
2016	5.6	4.0	115.4	65.3	4.7	10.3	814.2	46.4	7.5
2015	3.8	1.9	122.8	72.5	2.3	4.6	749.5	44.9	5.4
2014	3.7	2.4	110.8	64.0	2.9	5.5	723.5	47.4	5.2

오디텍 (A080520)

ODTech

업종 : 반도체 및 관련장비
신용등급 : (Bond) — (CP) —
홈페이지 : www.od-tech.com
본사 : 전북 완주군 봉동읍 완주산단 5로 87

시장 : KOSDAQ
기업규모 : 우량
연락처 : 063)263-7626

설립일 1999.12.06	**종업원수** 217명	**대표이사** 박병근
상장일 2007.10.08	**감사의견** 적정(승일)	**계열**
결산기 12월	**보통주**	**종속회사수** 1개사
액면가 500원	**우선주**	**구상호**

주주구성 (지분율,%)		출자관계 (지분율,%)		주요경쟁사 (외형,%)	
박병근	12.7	오디텍신소재	49.9	오디텍	100
Hermes Emerging Asia Equity Fund SP	6.1	엔비엠	37.5	윈팩	96
(외국인)	8.6	티에스2015-8호남총청투자조합	30.0	엘비세미콘	269

매출구성		비용구성		수출비중	
반도체 제품(Zener Diode 外)	59.0	매출원가율	85.1	수출	52.1
센서제품(COB 外)	39.5	판관비율	6.2	내수	47.9
상품	1.4				

회사 개요

동사는 반도체제조공정을 바탕으로 비메모리 반도체칩과 센서 및 센서모듈, 시스템의 수직계열화된 제품을 생산하고 있으며, 종속회사인 오디텍 반도체(남경)유한공사는 매출유형 중 반도체부분에 속하는 비메모리반도체칩을 생산하고 있음. 주요 생산품으로는 센서부문에서 광소자, 광센서, 센서패키지 등이 있으며 삼성전기 외 170여개 업체로 납품되고 반도체부문에서 비메모리반도체칩이 삼성전자 외 70여개 업체로 납품되고 있음.

실적 분석

동사의 2017년 결산 연결기준 매출액은 전년대비 12.1% 감소한 489.8억원을 기록. 매출부진과 원가부담으로 영업이익은 전년 대비 55.7% 감소한 42.7억원을 기록. 당기순이익 또한 39.6억원을 기록하여 전년 대비 60.7%의 큰 감소를 보임. 다만 유비쿼터스 시대의 확대, 자동화 시스템의 발전과 더불어 지속적인 시장확대가 예상되는 바, 동사의 성장도 지속될 것으로 기대.

현금 흐름

〈단위 : 억원〉

항목	2016	2017
영업활동	135	68
투자활동	-124	-200
재무활동	-11	-36
순현금흐름	6	-176
기말현금	494	318

시장 대비 수익률

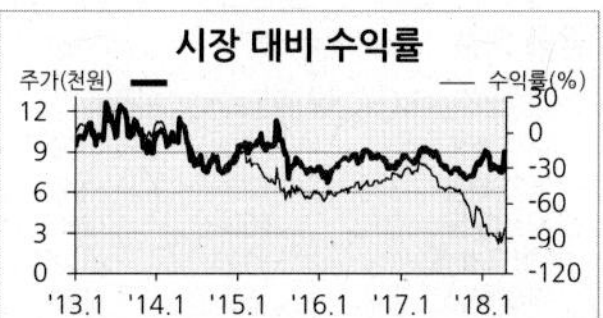

결산 실적

〈단위 : 억원〉

항목	2012	2013	2014	2015	2016	2017
매출액	852	736	606	588	557	490
영업이익	111	127	89	87	96	43
당기순이익	89	109	78	92	101	40

분기 실적

〈단위 : 억원〉

항목	2016.3Q	2016.4Q	2017.1Q	2017.2Q	2017.3Q	2017.4Q
매출액	132	130	130	129	120	111
영업이익	26	19	13	18	6	6
당기순이익	16	40	16	24	9	-10

재무 상태

〈단위 : 억원〉

항목	2012	2013	2014	2015	2016	2017
총자산	937	1,026	1,070	1,140	1,261	1,220
유형자산	279	238	199	173	164	140
무형자산	4	3	5	5	4	5
유가증권	6	27	27	54	146	133
총부채	115	104	84	88	104	79
총차입금	38	28	17	19	19	17
자본금	45	45	59	59	59	59
총자본	821	922	986	1,052	1,157	1,141
지배주주지분	821	922	986	1,052	1,157	1,141

기업가치 지표

항목	2012	2013	2014	2015	2016	2017
주가(최고/저)(천원)	10.7/4.9	12.6/8.7	11.5/7.1	11.2/6.7	9.2/6.7	10.0/7.0
PER(최고/저)(배)	15.1/6.9	14.3/9.9	18.1/11.3	15.0/9.0	11.1/8.1	29.9/20.9
PBR(최고/저)(배)	1.6/0.7	1.7/1.2	1.4/0.9	1.3/0.8	0.9/0.7	1.0/0.7
EV/EBITDA(배)	5.4	4.5	3.1	2.2	2.6	7.4
EPS(원)	755	932	668	780	859	337
BPS(원)	9,152	10,264	8,507	9,228	10,123	10,154
CFPS(원)	1,599	1,807	1,118	1,174	1,129	583
DPS(원)	100	100	100	100	130	100
EBITDAPS(원)	1,849	1,999	1,211	1,131	1,091	609

재무 비율

〈단위 : %〉

연도	영업이익률	순이익률	부채비율	차입금비율	ROA	ROE	유보율	자기자본비율	EBITDA마진율
2017	8.7	8.1	6.9	1.5	3.2	3.5	1,930.9	93.6	14.6
2016	17.3	18.1	9.0	1.6	8.4	9.1	1,924.6	91.8	23.0
2015	14.7	15.6	8.4	1.8	8.3	9.0	1,745.6	92.3	22.6
2014	14.8	13.0	8.5	1.8	7.5	8.2	1,601.3	92.2	23.5

오뚜기 (A007310)

Ottogi

업종 : 식료품
신용등급 : (Bond) AA (CP) —
홈페이지 : www.ottogi.co.kr
본사 : 경기도 안양시 동안구 흥안대로 405

시장 : 거래소
기업규모 : 시가총액 대형주
연락처 : 031)421-2122

설립일 1971.06.03	**종업원수** 3,011명	**대표이사** 함영준,이강훈
상장일 1994.07.12	**감사의견** 적정(이현)	**계열**
결산기 12월	**보통주**	**종속회사수** 10개사
액면가 5,000원	**우선주**	**구상호**

주주구성 (지분율,%)		출자관계 (지분율,%)		주요경쟁사 (외형,%)	
함영준	28.6	알디에스	100.0	오뚜기	100
오뚜기재단	8.0	오뚜기냉동식품	100.0	농심	104
(외국인)	17.3	애드리치	83.3	농심홀딩스	23

매출구성		비용구성		수출비중	
면제품류	31.9	매출원가율	77.6	수출	8.9
유지류 외	22.4	판관비율	15.6	내수	91.1
양념소스류	19.7				

회사 개요

동사는 1969년 설립돼 건조식품류, 양념소스류, 유지류, 면제품류, 농수산 가공품류 등을 영위하고 있음. 국민소득의 증가, 산업화 등에 따라 급속히 성장하고 있으며, 조미식품의 수요가 크게 증가함. 강력한 영업망을 통해 조미식품 시장에서 높은 시장점유율을 유지 중. 국내뿐만 아니라 중국 로컬시장을 겨냥하여 수입대리상을 두고 있으며, 한국 내 시장점유율이 1~3위를 차지하고 있는 제품을 주력으로 함.

실적 분석

동사의 2017년 연결 기준 연간 누적 매출액은 2조1261.5억원으로 전년 동기 대비 5.7% 증가함. 매출이 증가하면서 매출원가도 늘어났지만 판매비와 관리비가 소폭으로 감소하면서 영업이익은 전년 동기 대비 2.5% 늘어난 1460.6억원을 시현함. 비영업손익 부문에서 소폭 감소했고 법인세비용이 늘어나면서 당기순이익은 전년 동기 대비 4.1% 증가한 1323.8억원을 기록함.

현금 흐름

〈단위 : 억원〉

항목	2016	2017
영업활동	1,489	1,086
투자활동	-1,334	-846
재무활동	-402	-499
순현금흐름	-248	-87
기말현금	1,452	1,365

시장 대비 수익률

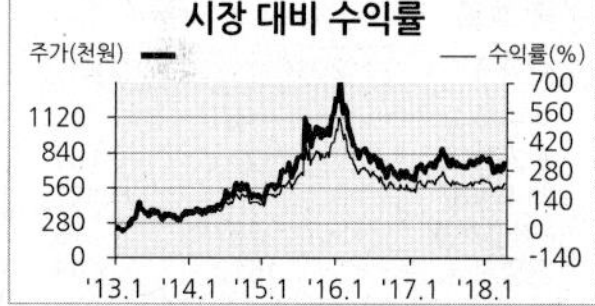

결산 실적

〈단위 : 억원〉

항목	2012	2013	2014	2015	2016	2017
매출액	16,866	17,282	17,817	18,831	20,107	21,262
영업이익	1,087	1,051	1,159	1,334	1,425	1,461
당기순이익	758	922	941	1,049	1,380	1,324

분기 실적

〈단위 : 억원〉

항목	2016.3Q	2016.4Q	2017.1Q	2017.2Q	2017.3Q	2017.4Q
매출액	5,164	4,905	5,318	5,134	5,643	5,165
영업이익	453	212	300	415	443	302
당기순이익	358	272	328	357	472	167

재무 상태

〈단위 : 억원〉

항목	2012	2013	2014	2015	2016	2017
총자산	10,999	12,062	13,516	14,843	15,927	17,217
유형자산	4,811	5,081	5,702	6,150	6,533	7,676
무형자산	176	171	180	169	220	431
유가증권	51	50	20	111	214	13
총부채	4,417	4,649	5,282	5,352	5,575	5,701
총차입금	1,263	1,126	1,635	1,433	1,359	1,200
자본금	172	172	172	172	172	172
총자본	6,582	7,413	8,233	9,491	10,352	11,516
지배주주지분	6,494	7,366	8,181	9,434	10,292	10,980

기업가치 지표

항목	2012	2013	2014	2015	2016	2017
주가(최고/저)(천원)	249/142	456/207	629/357	1,257/461	1,398/603	877/622
PER(최고/저)(배)	12.1/6.9	17.9/8.1	23.8/13.5	42.4/15.5	35.7/15.4	23.2/16.4
PBR(최고/저)(배)	1.4/0.8	2.2/1.0	2.7/1.5	4.7/1.7	4.7/2.0	2.6/1.9
EV/EBITDA(배)	4.9	9.3	10.5	24.0	11.3	13.5
EPS(원)	21,725	26,557	27,258	30,365	39,977	38,161
BPS(원)	191,175	216,534	240,233	276,645	303,907	339,039
CFPS(원)	29,009	34,568	36,194	40,761	52,280	51,978
DPS(원)	3,000	3,500	4,000	5,200	6,800	7,000
EBITDAPS(원)	38,879	38,556	42,620	49,178	53,727	56,275

재무 비율

〈단위 : %〉

연도	영업이익률	순이익률	부채비율	차입금비율	ROA	ROE	유보율	자기자본비율	EBITDA마진율
2017	6.9	6.2	49.5	10.4	8.0	12.3	6,680.8	66.9	9.1
2016	7.1	6.9	53.9	13.1	9.0	13.9	5,978.1	65.0	9.2
2015	7.1	5.6	56.4	15.1	7.4	11.9	5,432.9	63.9	9.0
2014	6.5	5.3	64.2	19.9	7.4	12.1	4,704.7	60.9	8.2

오로라월드 (A039830)
Aurora World

업 종 : 레저용품 | 시 장 : KOSDAQ
신용등급 : (Bond) — (CP) — | 기업규모 : 우량
홈페이지 : www.auroraworld.co.kr | 연 락 처 : 02)3420-4114
본 사 : 서울시 강남구 테헤란로 624 오로라월드 H.Q빌딩

설 립 일	1985.09.25	**종업원수**	130명	**대 표 이 사**	홍기선
상 장 일	2001.01.03	**감사의견**	적정(삼일)	**계 열**	
결 산 기	12월	**보 통 주**		**종속회사수**	9개사
액 면 가	500원	**우 선 주**		**구 상 호**	

주주구성 (지분율,%)		출자관계 (지분율,%)		주요경쟁사 (외형,%)	
노희열	43.3	오로라크리에이션	87.5	오로라	100
신영자산운용	7.4	AURORAWORLD.,	100.0	손오공	72
(외국인)	2.1	AURORAWORLD,	100.0	헝성그룹	139

매출구성		비용구성		수출비중	
재화의 판매(기타)	98.8	매출원가율	51.9	수출	—
용역제공(용역)	0.8	판관비율	36.9	내수	—
기타수익(기타)	0.4				

회사 개요
동사는 1981년 설립된 오로라무역상사를 모태로 1985년 법인 전환함. 캐릭터디자인 전문기업으로서 캐릭터디자인을 개발하고 캐릭터완구를 상품화하여 국내외 시장에 브랜드 마케팅을 하는 글로벌 다국적 회사임. 인도네시아와 중국의 생산법인에서 제품을 생산.공급하고 미국, 영국, 홍콩의 판매법인과 주요시장의 전문 디스트리뷰터를 통하여 해외시장에 판매하고 있음. 주요 수익원은 캐릭터완구 매출이며 수출비중이 매우 큼.

실적 분석
동사의 2017년 연간 매출액은 전년동기대비 0.2% 소폭 변동한 1,436.1억원을 기록하였음. 비용면에서 전년동기대비 매출원가는 감소 하였으며 인건비는 증가 하였고 광고선전비는 감소, 기타판매비와관리비는 거의 동일함. 이와 같이 매출액은 전년동기 크게 성장하지 않았으나 이에 비해서 전년동기대비 영업이익은 159.7억원으로 8% 상승 하였음. 아마 매출원가의 감소효과가 달성한 매출액 대비 컸기 때문이라 판단됨.

현금 흐름 〈단위 : 억원〉

항목	2016	2017
영업활동	78	39
투자활동	-97	-161
재무활동	-8	151
순현금흐름	-22	16
기말현금	151	168

시장 대비 수익률

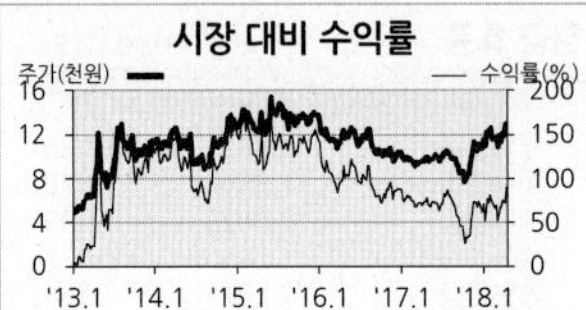

결산 실적 〈단위 : 억원〉

항목	2012	2013	2014	2015	2016	2017
매출액	1,010	1,198	1,230	1,223	1,434	1,436
영업이익	62	108	146	135	148	160
당기순이익	49	61	86	62	63	130

분기 실적 〈단위 : 억원〉

항목	2016.3Q	2016.4Q	2017.1Q	2017.2Q	2017.3Q	2017.4Q
매출액	351	418	357	309	384	387
영업이익	27	58	43	23	55	40
당기순이익	17	12	33	12	42	44

재무 상태 〈단위 : 억원〉

항목	2012	2013	2014	2015	2016	2017
총자산	1,663	1,809	1,893	2,011	2,077	2,250
유형자산	551	521	516	516	510	577
무형자산	60	66	61	60	52	51
유가증권	5	5	1	0	0	28
총부채	973	1,088	1,092	1,150	1,184	1,274
총차입금	744	777	804	856	887	963
자본금	54	54	54	54	54	54
총자본	690	722	800	861	893	976
지배주주지분	687	720	799	860	897	976

기업가치 지표

항목	2012	2013	2014	2015	2016	2017
주가(최고/저)(천원)	6.9/3.0	12.9/4.8	13.9/8.6	15.9/11.8	13.5/9.5	11.4/7.7
PER(최고/저)(배)	16.0/6.9	23.1/8.6	17.7/10.9	28.3/21.0	22.1/15.6	9.7/6.5
PBR(최고/저)(배)	1.2/0.5	2.0/0.7	1.9/1.2	2.0/1.5	1.6/1.1	1.2/0.8
EV/EBITDA(배)	13.7	13.4	11.7	12.8	9.9	9.9
EPS(원)	460	584	811	577	626	1,195
BPS(원)	6,433	6,821	7,552	8,117	8,671	9,408
CFPS(원)	704	885	1,116	877	947	1,516
DPS(원)	100	100	100	100	100	110
EBITDAPS(원)	819	1,308	1,661	1,557	1,696	1,805

재무 비율 〈단위 : %〉

연도	영업 이익률	순 이익률	부채 비율	차입금 비율	ROA	ROE	유보율	자기자본 비율	EBITDA 마진율
2017	11.1	9.1	130.5	98.7	6.0	13.7	1,781.5	43.4	13.5
2016	10.3	4.4	132.5	99.3	3.1	7.7	1,634.3	43.0	12.7
2015	11.1	5.0	133.6	99.4	3.2	7.5	1,523.4	42.8	13.7
2014	11.9	7.0	136.4	100.4	4.7	11.5	1,410.4	42.3	14.5

오르비텍 (A046120)
Orbitech

업 종 : 에너지 시설 및 서비스 | 시 장 : KOSDAQ
신용등급 : (Bond) — (CP) — | 기업규모 : 벤처
홈페이지 : www.orbitech.co.kr | 연 락 처 : 02)852-2223~4
본 사 : 서울시 금천구 범안로 1130, 8층(가산동, 가산디지털엠파이어)

설 립 일	1991.03.05	**종업원수**	395명	**대 표 이 사**	강상원,권동혁
상 장 일	2010.06.15	**감사의견**	적정(신화)	**계 열**	
결 산 기	12월	**보 통 주**		**종속회사수**	
액 면 가	500원	**우 선 주**		**구 상 호**	

주주구성 (지분율,%)		출자관계 (지분율,%)		주요경쟁사 (외형,%)	
아스트	20.2	오비트파트너스	100.0	오르비텍	100
이의종	1.8	엔지니어링공제조합	0.1	일진파워	296
(외국인)	0.4			제이씨케미칼	361

매출구성		비용구성		수출비중	
항공기 부품 생산 및 판매	48.2	매출원가율	84.9	수출	5.8
방사선 관리용역 및 규제 해제 등	40.8	판관비율	7.5	내수	94.2
원자력발전소 검사기술용역	11.1				

회사 개요
동사는 1991년 3월에 설립되어 2010년 6월에 코스닥시장에 상장한 방사선안전관리 및 원자력발전소 가동중검사 전문업체임. 주요 경쟁업체로는 방사선안전관리분야의 세안기술과 원자력발전소 가동중검사분야의 한전KPS 등이 있음. 2013년부터 Bulkhead Ass'y 등 항공기 정밀부품 제조 판매업을 진행하고 있음. 2017년 기준 동사는 원자력 사업본부, ISI 사업본부, 항공 사업본부로 구성되어있음.

실적 분석
동사의 연결기준 2017년 연결기준 누적매출액은 전년동기 대비 13.8% 증가한 475.2억원을 기록함. 매출 성장은 ISI 부문의 실적 개선에 기인함. 외형 성장과 원가율 개선으로 영업이익은 전년동기 대비 26.2% 증가한 36.4억원을 기록. 비영업수지는 전년동기에 이어 손실을 지속하고 있음에도 영업실적 개선의 영향으로 당기순이익은 전년동기 대비 30.0% 증가한 25.9억원을 시현함.

현금 흐름 *IFRS 별도 기준 〈단위 : 억원〉

항목	2016	2017
영업활동	9	-22
투자활동	-173	-142
재무활동	153	289
순현금흐름	-12	126
기말현금	55	181

시장 대비 수익률

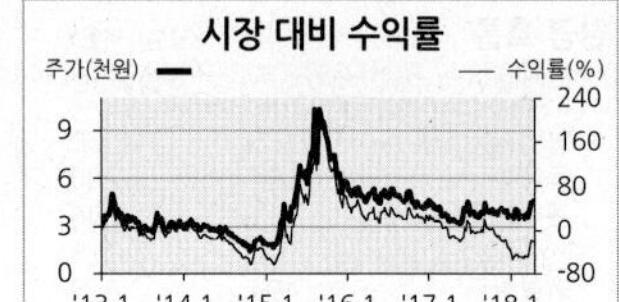

결산 실적 〈단위 : 억원〉

항목	2012	2013	2014	2015	2016	2017
매출액	385	239	208	321	417	475
영업이익	6	-53	-20	15	29	36
당기순이익	3	-92	-38	8	20	26

분기 실적 *IFRS 별도 기준 〈단위 : 억원〉

항목	2016.3Q	2016.4Q	2017.1Q	2017.2Q	2017.3Q	2017.4Q
매출액	109	116	100	114	114	145
영업이익	8	8	7	11	11	9
당기순이익	5	3	3	14	9	-0

재무 상태 *IFRS 별도 기준 〈단위 : 억원〉

항목	2012	2013	2014	2015	2016	2017
총자산	335	498	424	518	682	1,144
유형자산	129	241	229	219	388	407
무형자산	15	24	20	16	16	15
유가증권	2	3	4	2	2	2
총부채	79	322	295	248	356	547
총차입금	27	254	230	154	268	315
자본금	40	40	40	60	64	109
총자본	256	176	129	270	326	598
지배주주지분	256	176	129	270	326	598

기업가치 지표 *IFRS 별도 기준

항목	2012	2013	2014	2015	2016	2017
주가(최고/저)(천원)	5.9/2.7	6.0/3.0	3.9/1.6	12.9/1.9	6.5/4.6	5.1/3.1
PER(최고/저)(배)	115.6/54.2	—/—	—/—	169.8/24.5	43.3/30.8	38.2/23.1
PBR(최고/저)(배)	1.7/0.8	2.4/1.2	2.0/0.8	5.7/0.8	2.6/1.8	1.8/1.1
EV/EBITDA(배)	7.3	—	110.5	26.6	18.5	15.6
EPS(원)	45	-954	-393	66	131	134
BPS(원)	3,670	2,634	2,052	2,356	2,637	2,803
CFPS(원)	373	-808	-189	256	279	244
DPS(원)	100	—	—	—	—	—
EBITDAPS(원)	379	-301	38	326	349	304

재무 비율 〈단위 : %〉

연도	영업 이익률	순 이익률	부채 비율	차입금 비율	ROA	ROE	유보율	자기자본 비율	EBITDA 마진율
2017	7.7	5.5	91.5	52.6	2.8	5.6	460.6	52.2	12.1
2016	6.9	4.8	109.3	82.2	3.3	6.7	427.5	47.8	10.6
2015	4.7	2.5	92.2	57.0	1.7	4.0	371.3	52.0	10.2
2014	-9.5	-18.3	228.3	178.0	-8.3	-25.0	310.5	30.5	1.5

오리엔탈정공 (A014940)
Oriental Precision & Engineering

업 종 : 조선 | 시 장 : KOSDAQ
신용등급 : (Bond) — (CP) — | 기업규모 : 중견
홈페이지 : www.opco.co.kr | 연 락 처 : 051)202-0101
본 사 : 부산시 강서구 녹산산단 289로 6 (송정동)

설립일	1980.07.19	종업원수	104명	대표이사	박세철
상장일	2001.12.21	감사의견	적정(대성삼경)	계열	
결산기	12월	보통주		종속회사수	2개사
액면가	500원	우선주		구상호	

주주구성 (지분율,%)		출자관계 (지분율,%)		주요경쟁사 (외형,%)	
오리엔탈홀딩스	50.0	오리엔탈마린텍	100.0	오리엔탈정공	100
한국산업은행	1.2	오리엔탈정밀기계	28.0	두산엔진	761
(외국인)	0.7	하동지구개발사업단	13.0	엔케이	121

매출구성		비용구성		수출비중	
Deck House Engine Room Casing Funnel	48.9	매출원가율	87.1	수출	—
Lifting Appliances(Crane 류)	41.5	판관비율	10.9	내수	—
기타	5.0				

회사 개요
동사는 선박용 철구조물 제조업체로 주로 선박상부 구조물과 선박 상부기계를 제조하여 판매하고 있음. 비교적 부가가치가 높은 해양플랜트 구조물 및 해양플랜트에 탑재되어 사용되는 크레인을 수주하여 생산을 진행하고 있음.조선이 전방산업으로서 현대중공업, 현대미포조선, 미쯔비시 등 한국과 일본의 중대형 조선소를 주요 고객으로 하고 있음. 최근에는 조선경기 불황으로 인한 고객사의 저가수주물량 발주로 가격경쟁력이 필수적인 경쟁요소가 되고 있음.

실적 분석
동사의 2017년 연결기준 연간 매출액은 1,009.8억원으로 전년 1,829.6억원 대비 44.8% 감소함. 매출총이익 감소에도 불구하고 판관비가 대폭 줄어 영업이익은 전년보다 21.8% 늘어난 19.8억원을 달성함. 당기순손실은 10.8억원으로 전년 201.6억원보다 줄어듬. 2017년 3월 동사는 계속사업손실 발생에 따라 관리종목지정으로 주권매매거래정지됐지만 9월에 해제됨.

현금 흐름
<단위 : 억원>

항목	2016	2017
영업활동	166	-75
투자활동	61	1
재무활동	-161	10
순현금흐름	66	-64
기말현금	154	90

시장 대비 수익률
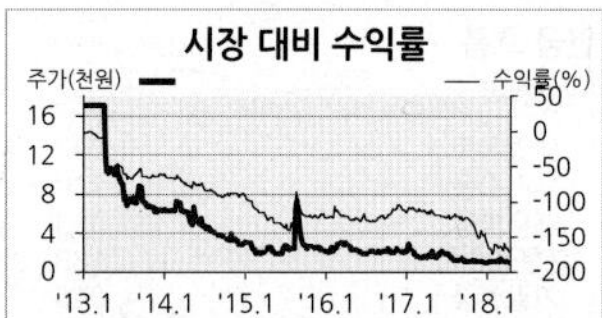

결산 실적
<단위 : 억원>

항목	2012	2013	2014	2015	2016	2017
매출액	2,548	1,757	1,637	1,787	1,830	1,010
영업이익	-754	20	-280	-47	16	20
당기순이익	-2,228	508	-341	-18	-202	-11

분기 실적
<단위 : 억원>

항목	2016.3Q	2016.4Q	2017.1Q	2017.2Q	2017.3Q	2017.4Q
매출액	373	431	311	275	221	203
영업이익	-7	-1	-1	16	10	-5
당기순이익	-18	-187	-6	8	1	-14

재무 상태
<단위 : 억원>

항목	2012	2013	2014	2015	2016	2017
총자산	3,368	2,019	1,818	1,947	1,464	1,281
유형자산	1,351	1,265	1,236	1,163	951	938
무형자산	19	15	15	13	12	12
유가증권	14	14	12	1	2	2
총부채	4,224	1,452	1,585	1,636	1,350	1,164
총차입금	2,152	880	912	876	749	758
자본금	424	892	903	203	203	203
총자본	-856	567	233	311	114	116
지배주주지분	-856	567	233	311	114	116

기업가치 지표

항목	2012	2013	2014	2015	2016	2017
주가(최고/저)(천원)	56.5/13.0	17.1/6.0	7.3/2.7	7.4/1.8	3.3/1.8	2.9/1.1
PER(최고/저)(배)	—/—	11.0/3.9	—/—	—/—	—/—	—/—
PBR(최고/저)(배)	-11.4/-2.6	10.5/3.7	10.7/4.0	9.2/2.3	10.4/5.7	9.2/3.0
EV/EBITDA(배)	—	44.8	—	—	26.6	33.6
EPS(원)	-79,641	1,550	-951	-49	-497	-27
BPS(원)	-994	326	137	801	316	321
CFPS(원)	-15,015	340	-164	68	-404	2
DPS(원)	—	—	—	—	—	—
EBITDAPS(원)	-4,851	43	-130	-12	133	77

재무 비율
<단위 : %>

연도	영업이익률	순이익률	부채비율	차입금비율	ROA	ROE	유보율	자기자본비율	EBITDA마진율
2017	2.0	-1.1	일부잠식	일부잠식	-0.8	-9.4	-35.8	9.1	3.1
2016	0.9	-11.0	일부잠식	일부잠식	-11.8	-94.9	-36.9	7.8	3.0
2015	-2.6	-1.0	526.1	281.8	-0.9	-6.5	60.3	16.0	-0.3
2014	-17.1	-20.9	일부잠식	일부잠식	-17.8	-85.3	-72.7	12.8	-14.3

오리엔트바이오 (A002630)
ORIENT BIO

업 종 : 자동차부품 | 시 장 : 거래소
신용등급 : (Bond) B- (CP) — | 기업규모 : 시가총액 소형주
홈페이지 : www.orientbio.co.kr | 연 락 처 : 031)730-6000
본 사 : 경기도 성남시 중원구 갈마치로 322

설립일	1959.04.16	종업원수	162명	대표이사	장재진
상장일	1976.12.28	감사의견	적정(대영)	계열	
결산기	03월	보통주		종속회사수	6개사
액면가	500원	우선주		구상호	

주주구성 (지분율,%)		출자관계 (지분율,%)		주요경쟁사 (외형,%)	
장재진	10.8	오리엔트시계	33.7	오리엔트바이오	100
엠다스	9.2	월드메모리	28.5	S&T홀딩스	1,383
(외국인)	1.4	오리엔트정공	24.1	성우하이텍	3,088

매출구성		비용구성		수출비중	
자동차엔진 및 트랜스미션 부품 등	49.6	매출원가율	92.3	수출	27.9
산업용,통신용 전원공급장치 등	23.3	판관비율	16.2	내수	72.1
생물소재, 바이오 실험장비 및 의료장비	17.6				

회사 개요
동사는 1959년 시계류 제조와 가공판매업을 주 영업목적으로 설립돼 2003년 8월 '실험동물의 생산, 수출, 수입 및 생명과학 관련 연구개발업 등'을 영위하는 '주식회사 바이오제노믹스'와 합병했고, 2005년 7월 기존 사업인 '시계사업부문'을 분리하고 현 상호명인 주식회사 오리엔트바이오로 상호를 변경함. 연결자회사는 전원공급장치, 자동차부품산업, 시계사업, 도시자원화 사업 등을 영위하고 있으며 총 14개의 계열회사를 보유하고 있음.

실적 분석
동사는 3월 결산법인으로 2017년 상반기 누적 연결기준 매출액은 전년대비 18.2% 성장한 5,953억원을 기록함. 외형 성장은 양호했고 원가율도 개선되었으나, 아직은 100%를 상회하고 있어 영업손실 31.8억원, 당기순손실 68.5억원을 보이며 적자를 지속함. 당반기 기준 사업부문별 매출비중은 전자 52.06%, 자동차 23.88%, 실험소재 17.41% 및 기타 등으로 구성됨.

현금 흐름
<단위 : 억원>

항목	2016	2017.3Q
영업활동	-47	15
투자활동	-56	-175
재무활동	208	186
순현금흐름	106	26
기말현금	190	216

시장 대비 수익률
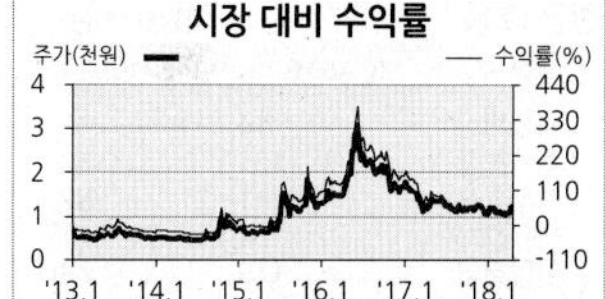

결산 실적
<단위 : 억원>

항목	2012	2013	2014	2015	2016	2017
매출액	770	837	937	1,050	1,090	—
영업이익	32	-18	9	1	-93	—
당기순이익	10	-102	-18	-25	-248	—

분기 실적
<단위 : 억원>

항목	2016.2Q	2016.3Q	2016.4Q	2017.1Q	2017.2Q	2017.3Q
매출액	243	298	289	292	304	319
영업이익	-24	-28	-16	-23	-9	-10
당기순이익	-10	-146	-13	-14	-54	-64

재무 상태
<단위 : 억원>

항목	2012	2013	2014	2015	2016	2017.3Q
총자산	1,362	1,396	1,488	1,756	1,726	1,850
유형자산	344	455	468	572	549	635
무형자산	152	131	167	256	203	182
유가증권	2	3	2	4	1	1
총부채	740	778	814	844	747	954
총차입금	564	565	586	599	517	712
자본금	401	501	501	776	805	815
총자본	623	618	673	913	979	896
지배주주지분	548	550	537	769	703	623

기업가치 지표

항목	2012	2013	2014	2015	2016	2017.3Q
주가(최고/저)(천원)	0.7/0.5	0.7/0.4	1.0/0.4	2.0/0.6	3.1/1.1	1.4/1.1
PER(최고/저)(배)	102.4/67.0	—/—	—/—	—/—	—/—	—/—
PBR(최고/저)(배)	1.3/0.8	1.5/0.9	2.0/0.9	4.0/1.2	7.2/2.6	3.8/2.8
EV/EBITDA(배)	16.2	44.2	18.7	52.3	—	—/—
EPS(원)	7	-91	-16	-21	-119	-69
BPS(원)	683	549	536	495	436	382
CFPS(원)	42	-57	45	17	-77	-36
DPS(원)	—	—	—	—	—	—
EBITDAPS(원)	74	25	71	39	-16	8

재무 비율
<단위 : %>

연도	영업이익률	순이익률	부채비율	차입금비율	ROA	ROE	유보율	자기자본비율	EBITDA마진율
2016	-8.5	-22.8	76.3	52.8	-14.3	-26.0	-12.7	56.7	-2.4
2015	0.1	-2.4	92.4	65.6	-1.6	-4.6	-1.0	52.0	5.4
2014	1.0	-1.9	120.9	87.0	-1.2	-3.2	7.1	45.3	7.6
2013	-2.2	-12.2	125.8	91.3	-7.4	-17.4	9.8	44.3	2.8

오리엔트정공 (A065500)

Orient Precision Industries

업 종 : 자동차부품
신용등급 : (Bond) — (CP) —
홈페이지 : www.orientpi.com
본 사 : 경북 구미시 수출대로 9길 26-5(공단동)

시 장 : KOSDAQ
기업규모 : 중견
연 락 처 : 054)473-7200

설 립 일	1987.06.25	**종업원수**	62명	**대표이사**	장재진
상 장 일	2002.09.07	**감사의견**	적정(대영)	**계 열**	
결 산 기	12월	**보 통 주**		**종속회사수**	4개사
액 면 가	500원	**우 선 주**		**구 상 호**	

주주구성 (지분율,%)		출자관계 (지분율,%)		주요경쟁사 (외형,%)	
오리엔트바이오	23.8	오리엔트비나	100.0	오리엔트정공	100
엠다스	10.7	오리엔트전자	92.1	대우부품	60
(외국인)	1.9	월드메모리	52.7	화신정공	206

매출구성		비용구성		수출비중	
브라켓 외	39.3	매출원가율	86.6	수출	—
SMPS	18.1	판관비율	11.9	내수	—
캡캡	15.3				

회사 개요

동사는 1987년 설립된 자동차부품 전문 생산업체로, 수동변속기의 핵심부품인 티엠컨트롤하우징앗세이, 리테이너베어링 등과 엔진부품인 캡앗세이캠샤프트베어링, 하우징서모스탯 등을 생산 공급함. 현대차, 기아차, GM대우 등 국내 자동차 메이커 및 현대기아차의 체코, 슬로바키아, 중국, 인도 등의 해외 현지법인에 제품을 주로 공급함. 연결대상 종속회사로 오리엔트전자, 오리엔트비나 및 컴퓨터부품기업인 월드메모리 및 시계제조업체 오리엔트시계 등을 보유.

실적 분석

동사의 2017년 연간 매출액은 전년동기대비 36.7% 상승한 970.7억원을 기록하였음. 비용면에서 전년동기대비 매출원가는 증가 하였으며 인건비도 크게 증가, 광고선전비도 증가, 기타판매비와관리비는 증가함. 이와 같이 상승한 매출액 만큼 비용증가도 있었으나 매출액의 더 큰 상승에 힘입어 영업이익도 흑자전환 성공함. 그러나 비영업손익의 적자지속으로 전년동기대비 당기순손실은 24.2억원을 기록함.

현금 흐름

〈단위 : 억원〉

항목	2016	2017
영업활동	14	43
투자활동	-121	-32
재무활동	211	-52
순현금흐름	105	-41
기말현금	119	78

시장 대비 수익률

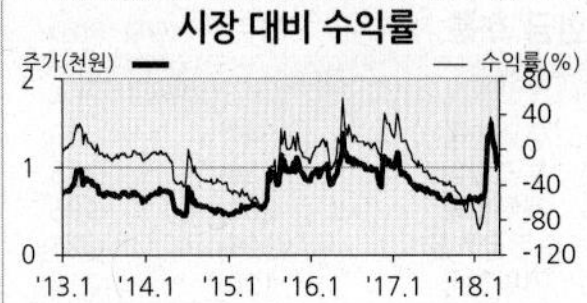

결산 실적

〈단위 : 억원〉

항목	2012	2013	2014	2015	2016	2017
매출액	304	360	470	537	710	971
영업이익	13	10	12	10	-2	14
당기순이익	2	-5	-0	13	-62	-24

분기 실적

〈단위 : 억원〉

항목	2016.3Q	2016.4Q	2017.1Q	2017.2Q	2017.3Q	2017.4Q
매출액	150	197	234	242	250	245
영업이익	-9	-0	3	3	-1	8
당기순이익	-6	-58	5	-4	-3	-23

재무 상태

〈단위 : 억원〉

항목	2012	2013	2014	2015	2016	2017
총자산	340	344	406	512	1,002	909
유형자산	135	197	202	252	265	247
무형자산	4	7	10	92	96	65
유가증권	1	1	—	1	1	0
총부채	268	268	267	321	597	528
총차입금	185	181	176	196	403	351
자본금	56	61	111	111	261	296
총자본	72	76	138	192	405	381
지배주주지분	72	76	138	151	312	346

기업가치 지표

항목	2012	2013	2014	2015	2016	2017
주가(최고/저)(천원)	1.4/0.7	1.0/0.6	0.8/0.5	1.1/0.5	1.4/0.8	1.2/0.6
PER(최고/저)(배)	54.8/27.1	—/—	—/—	23.6/9.5	—/—	—/—
PBR(최고/저)(배)	2.5/1.2	1.8/1.1	1.5/0.8	1.9/0.8	2.3/1.2	2.0/1.0
EV/EBITDA(배)	10.5	11.3	8.2	15.7	29.1	12.2
EPS(원)	25	-31	-2	49	-110	-22
BPS(원)	737	716	675	733	620	604
CFPS(원)	250	88	115	152	-28	52
DPS(원)	—	—	—	—	—	—
EBITDAPS(원)	412	214	188	139	76	99

재무 비율

〈단위 : %〉

연도	영업이익률	순이익률	부채비율	차입금비율	ROA	ROE	유보율	자기자본비율	EBITDA마진율
2017	1.4	-2.5	138.5	92.0	-2.5	-3.9	20.8	41.9	5.8
2016	-0.3	-8.7	147.4	99.6	-8.2	-19.3	24.0	40.4	4.3
2015	1.9	2.5	167.4	102.6	2.9	9.1	46.5	37.4	5.7
2014	2.5	-0.1	193.3	127.3	-0.1	-0.3	35.0	34.1	6.7

오리온 (A271560)

ORION

업 종 : 식료품
신용등급 : (Bond) — (CP) A1
홈페이지 : www.orionworld.com
본 사 : 서울시 용산구 백범로90다길 13 (주)오리온

시 장 : 거래소
기업규모 : 시가총액 대형주
연 락 처 : 02)710-6000

설 립 일	2017.06.01	**종업원수**	1,833명	**대표이사**	이경재
상 장 일	2017.07.07	**감사의견**	적정(삼일)	**계 열**	
결 산 기	12월	**보 통 주**		**종속회사수**	14개사
액 면 가	500원	**우 선 주**		**구 상 호**	

주주구성 (지분율,%)		출자관계 (지분율,%)		주요경쟁사 (외형,%)	
오리온홀딩스	37.4	오리온농협	49.0	오리온	100
국민연금공단	7.1	OrionFoodVINA	100.0	CJ	2,408
(외국인)	40.5	OrionInternationalEuroLLC	100.0	CJ제일제당	1,475

매출구성		비용구성		수출비중	
		매출원가율	53.1	수출	—
		판관비율	37.3	내수	—

회사 개요

동사는 음·식료품의 제조, 가공 및 판매 등 식품사업부문에 더욱 집중하기 위하여 2017년 6월 1일 분할기준일부로 존속회사인 오리온홀딩스(구 오리온)에서 인적분할돼 만들어진 법인. 6월 1일 주식회사 오리온으로 신설 법인 설립등기 했으며, 7월 7일 유가증권시장에 재상장됨. 분할되기 전 존속회사인 오리온홀딩스(구 오리온)는 1974년 국내외 제과시장의 대표적인 제품인 초코파이를 출시했으며 다른 여러 히트상품을 선보임.

실적 분석

동사의 2017년 연결 기준 연간 매출액은 11,172.2억원을 기록함. 매출원가와 판관비 부담이 있었지만 높은 매출을 기록하면서 영업이익은 1,074.3억원을 시현함. 비영업 부문에서 금융 등에서 일부 손실이 발생했으며 법인세 비용을 제외한 당기순이익은 766.8억원을 기록함. 중국시장을 중심으로 제품을 히트시키고 있으며, 중국시장 내에서 경쟁사 대비 높은 성장률을 보이고 있음.

현금 흐름

〈단위 : 억원〉

항목	2016	2017
영업활동	—	1,932
투자활동	—	-170
재무활동	—	-1,553
순현금흐름	—	183
기말현금	—	1,016

시장 대비 수익률

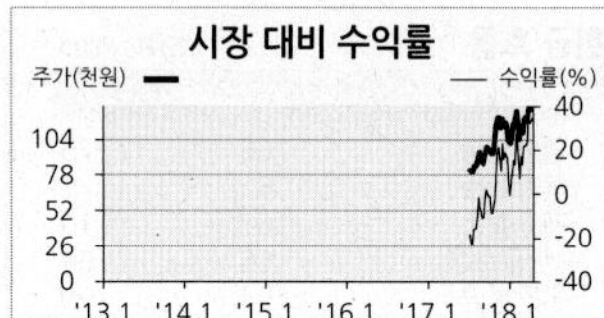

결산 실적

〈단위 : 억원〉

항목	2012	2013	2014	2015	2016	2017
매출액	—	—	—	—	—	11,172
영업이익	—	—	—	—	—	1,074
당기순이익	—	—	—	—	—	767

분기 실적

〈단위 : 억원〉

항목	2016.3Q	2016.4Q	2017.1Q	2017.2Q	2017.3Q	2017.4Q
매출액	—	—	—	1,441	5,221	4,510
영업이익	—	—	—	84	787	203
당기순이익	—	—	—	53	607	107

재무 상태

〈단위 : 억원〉

항목	2012	2013	2014	2015	2016	2017
총자산	—	—	—	—	—	22,580
유형자산	—	—	—	—	—	16,728
무형자산	—	—	—	—	—	524
유가증권	—	—	—	—	—	—
총부채	—	—	—	—	—	9,131
총차입금	—	—	—	—	—	6,000
자본금	—	—	—	—	—	198
총자본	—	—	—	—	—	13,449
지배주주지분	—	—	—	—	—	13,082

기업가치 지표

항목	2012	2013	2014	2015	2016	2017
주가(최고/저)(천원)	—/—	—/—	—/—	—/—	—/—	—/—
PER(최고/저)(배)	0.0/0.0	0.0/0.0	0.0/0.0	0.0/0.0	0.0/0.0	66.4/42.1
PBR(최고/저)(배)	0.0/0.0	0.0/0.0	0.0/0.0	0.0/0.0	0.0/0.0	3.8/2.4
EV/EBITDA(배)	0.0	0.0	0.0	0.0	0.0	26.6
EPS(원)	—	—	—	—	—	1,912
BPS(원)	—	—	—	—	—	33,107
CFPS(원)	—	—	—	—	—	3,576
DPS(원)	—	—	—	—	—	600
EBITDAPS(원)	—	—	—	—	—	4,382

재무 비율

〈단위 : %〉

연도	영업이익률	순이익률	부채비율	차입금비율	ROA	ROE	유보율	자기자본비율	EBITDA마진율
2017	9.6	6.9	67.9	44.6	0.0	0.0	6,521.4	59.6	15.5
2016	0.0	0.0	0.0	0.0	0.0	0.0	0.0	0.0	0.0
2015	0.0	0.0	0.0	0.0	0.0	0.0	0.0	0.0	0.0
2014	0.0	0.0	0.0	0.0	0.0	0.0	0.0	0.0	0.0

오리온홀딩스 (A001800)

ORION Holdings

업 종 : 식료품　　시 장 : 거래소
신용등급 : (Bond) AA (CP) A1　　기업규모 : 시가총액 중형주
홈페이지 : www.oriongroup.co.kr　　연 락 처 : 02)710-6000
본 사 : 서울시 용산구 백범로 90다길 13

설 립 일	1956.07.25	**종업원수**	1,921명	**대표이사**	허인철
상 장 일	1975.06.27	**감사의견**	적정(삼일)	**계 열**	
결 산 기	12월	**보 통 주**		**종속회사수**	13개사
액 면 가	500원	**우 선 주**		**구 상 호**	오리온

주주구성 (지분율,%)		출자관계 (지분율,%)		주요경쟁사 (외형,%)	
이화경	32.6	메가마크	100.0	오리온홀딩스	100
담철곤	28.7	오리온투자개발	100.0	CJ	23,857
(외국인)	18.5	하이랜드디앤씨	100.0	CJ제일제당	14,614

매출구성		비용구성		수출비중	
비스킷(고소미, 초코칩, 다이제 등)	29.2	매출원가율	75.6	수출	—
스 낵(포카칩, 오감자 등)	28.3	판관비율	20.0	내수	—
파 이(초코파이, 케익 오뜨 등)	21.7				

회사 개요

동사는 국내제과 및 중국, 베트남, 러시아 등 해외제과 시장에서 적극적 시장진출효과가 가시화되고 있고, 스포츠토토 등 계열사의 지분을 보유하고 있음. 해외에서는 지역 및 제품 확장 정책에 힘입어 고성장 추세가 이어짐. 중국 법인은 사드배치에 따른 반한 감정이 확대되면서 당분간 고전할 전망. 국내 제과 시장이 점점 줄고 있다는 점 또한 향후 성장에 걸림돌이 될 전망. 2017년 6월 1일을 분할기일로 지주회사로 전환함.

실적 분석

동사의 2017년 연결기준 결산 영업수익은 전년동기 대비 11.9% 감소한 1,128억원을 기록함. 영업수익의 감소에도 불구하고 원가율 하락 및 판관비 절감으로 49억원의 영업이익 시현. 당기순이익은 대규모 중단영업이익 발생으로 1조 4,864억원을 기록함. 제과부문에서는 베트남 법인을 교두보로 동남아시아 개척을 진행하고 있으며, 쇼박스의 경우 전체영화 기준 10.7%, 한국영화 기준 20.6%의 관객점유율을 나타내고 있음.

현금 흐름 〈단위 : 억원〉

항목	2016	2017
영업활동	3,406	-88
투자활동	-430	591
재무활동	-3,089	144
순현금흐름	-143	-250
기말현금	2,395	2,152

시장 대비 수익률

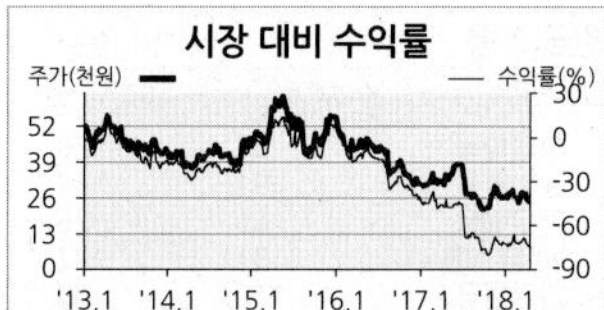

결산 실적 〈단위 : 억원〉

항목	2012	2013	2014	2015	2016	2017
매출액	23,680	24,852	21,998	23,824	1,280	1,127
영업이익	2,637	2,595	2,489	2,993	-18	49
당기순이익	1,698	1,602	1,743	1,771	2,490	14,864

분기 실적 〈단위 : 억원〉

항목	2016.3Q	2016.4Q	2017.1Q	2017.2Q	2017.3Q	2017.4Q
매출액	346	402	86	157	578	306
영업이익	3	4	-44	-39	112	20
당기순이익	891	784	246	14,951	182	-515

재무 상태 〈단위 : 억원〉

항목	2012	2013	2014	2015	2016	2017
총자산	26,476	29,736	29,325	29,988	29,089	43,028
유형자산	14,208	17,085	17,271	17,575	18,175	18,037
무형자산	824	782	397	530	533	15,149
유가증권	141	177	137	92	78	60
총부채	15,196	17,043	15,300	14,727	12,040	11,849
총차입금	9,774	11,092	10,311	10,070	7,471	6,000
자본금	298	299	299	299	300	313
총자본	11,280	12,693	14,025	15,262	17,049	31,179
지배주주지분	9,845	11,227	12,471	13,787	15,995	18,479

기업가치 지표

항목	2012	2013	2014	2015	2016	2017
주가(최고/저)(천원)	52.6/28.4	57.0/41.4	48.1/36.2	65.1/40.6	57.1/30.5	38.3/20.8
PER(최고/저)(배)	21.7/11.7	24.4/17.8	18.2/13.8	24.9/15.5	14.9/8.0	1.1/0.6
PBR(최고/저)(배)	3.3/1.8	3.1/2.3	2.3/1.8	2.9/1.8	2.2/1.2	1.3/0.7
EV/EBITDA(배)	18.5	16.0	17.1	15.8	28.2	35.1
EPS(원)	2,541	2,441	2,736	2,716	3,952	35,070
BPS(원)	167,797	190,820	214,175	236,130	271,618	29,683
CFPS(원)	46,354	47,658	51,878	57,668	66,454	37,129
DPS(원)	3,000	3,000	6,000	6,000	6,000	600
EBITDAPS(원)	65,148	66,719	66,173	80,595	26,632	2,176

재무 비율 〈단위 : %〉

연도	영업이익률	순이익률	부채비율	차입금비율	ROA	ROE	유보율	자기자본비율	EBITDA마진율
2017	4.4	1,318.3	38.0	19.2	41.2	85.9	5,836.7	72.5	81.5
2016	-1.4	194.6	70.6	43.8	8.4	15.9	5,332.4	58.6	124.6
2015	12.6	7.4	96.5	66.0	6.0	12.4	4,622.6	50.9	20.2
2014	11.3	7.9	109.1	73.5	5.9	13.8	4,183.5	47.8	18.0

오리콤 (A010470)

Oricom

업 종 : 미디어　　시 장 : KOSDAQ
신용등급 : (Bond) — (CP) —　　기업규모 : 우량
홈페이지 : www.oricom.com　　연 락 처 : 02)510-4114
본 사 : 서울시 강남구 언주로 726 두산빌딩 7층

설 립 일	1975.02.24	**종업원수**	313명	**대표이사**	고영섭,김성대
상 장 일	2000.10.14	**감사의견**	적정(삼일)	**계 열**	
결 산 기	12월	**보 통 주**		**종속회사수**	1개사
액 면 가	1,000원	**우 선 주**		**구 상 호**	

주주구성 (지분율,%)		출자관계 (지분율,%)		주요경쟁사 (외형,%)	
두산	63.4	한컴	100.0	오리콤	100
고영섭	1.7	원오원글로벌	8.2	티비씨	25
(외국인)	0.6	두산큐벡스	5.2	이매진아시아	18

매출구성		비용구성		수출비중	
[오리콤]서적	26.5	매출원가율	67.8	수출	4.9
[오리콤]광고대행수입 외	26.0	판관비율	28.4	내수	95.1
[한컴]광고물제작수입	18.7				

회사 개요

동사는 두산그룹에 속해 있는 업체로 광고대행, 광고제작, 프로모션, 잡지 및 정기간행물 발행 사업을 영위함. 1975년에 설립되어 2000년 코스닥시장에 상장되었음. 국내 광고시장은 상위 10개사가 취급액의 대부분을 차지하는 과점체제이며 글로벌 경제위기 이후로 인하우스 중심의 상위 대행사로의 매출 쏠림현상이 심화되고 있음. 하지만 동사는 두산계열사임에도 비계열 광고주 비율이 타 대행사보다 높은 수준임.

실적 분석

동사의 2017년 매출액과 영업이익은 전년 대비 각각 3.4%, 4.6% 증가한 1,674.4억원, 64.4억원을 기록하였음. 2017년 광고부문 매출액은 한화, DB손해보험 등 대형 광고주의 광고집행 증가 및 MLB 등 신규 행사 유치 효과로 전년 대비 4.7% 증가하였으며, 매거진 부문 매출액은 디지털 광고 매출과, 갤러리아 매거진 제작 및 SNS Digital 채널 운영 대행을 꾸준히 유지하였음.

현금 흐름 〈단위 : 억원〉

항목	2016	2017
영업활동	115	152
투자활동	-105	-49
재무활동	-17	-24
순현금흐름	-9	78
기말현금	329	407

시장 대비 수익률

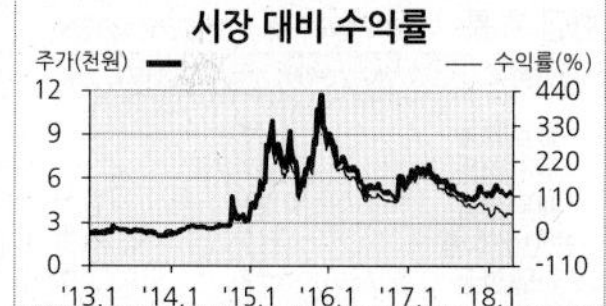

결산 실적 〈단위 : 억원〉

항목	2012	2013	2014	2015	2016	2017
매출액	1,125	1,000	945	1,263	1,619	1,674
영업이익	78	40	32	30	62	64
당기순이익	48	30	25	28	40	41

분기 실적 〈단위 : 억원〉

항목	2016.3Q	2016.4Q	2017.1Q	2017.2Q	2017.3Q	2017.4Q
매출액	426	447	278	372	507	517
영업이익	10	40	-8	-1	16	57
당기순이익	6	29	-10	-1	7	45

재무 상태 〈단위 : 억원〉

항목	2012	2013	2014	2015	2016	2017
총자산	1,238	1,149	1,314	1,939	1,875	2,075
유형자산	185	291	293	419	485	425
무형자산	55	52	51	206	185	181
유가증권	1	1	1	13	6	6
총부채	747	537	701	1,262	1,174	1,348
총차입금	—	—	—	—	—	—
자본금	106	108	108	113	115	115
총자본	492	612	614	677	700	727
지배주주지분	492	612	614	677	700	727

기업가치 지표

항목	2012	2013	2014	2015	2016	2017
주가(최고/저)(천원)	2.9/1.9	2.7/2.0	4.9/2.2	13.1/3.6	9.2/4.5	7.3/4.5
PER(최고/저)(배)	8.3/5.6	12.0/8.9	24.4/11.0	56.9/15.8	28.2/13.8	21.3/13.3
PBR(최고/저)(배)	0.8/0.5	0.6/0.4	1.0/0.4	2.4/0.7	1.6/0.8	1.2/0.7
EV/EBITDA(배)	1.7	1.6	—	17.4	4.7	2.2
EPS(원)	455	284	232	255	351	356
BPS(원)	4,716	5,761	5,753	6,089	6,170	6,407
CFPS(원)	563	392	327	362	490	490
DPS(원)	150	200	200	200	220	220
EBITDAPS(원)	848	481	390	379	679	693

재무 비율 〈단위 : %〉

연도	영업이익률	순이익률	부채비율	차입금비율	ROA	ROE	유보율	자기자본비율	EBITDA마진율
2017	3.8	2.5	185.3	0.0	2.1	5.7	540.7	35.1	4.8
2016	3.8	2.5	167.7	0.0	2.1	5.8	517.0	37.4	4.8
2015	2.4	2.2	186.4	0.0	1.7	4.3	508.9	34.9	3.3
2014	3.4	2.7	114.2	0.0	2.0	4.1	475.3	46.7	4.5

오백볼트 (A227420)

500VOLT

업　　종 : 석유 및 가스　　　　　시　　장 : KONEX
신용등급 : (Bond) —　　(CP) —　　기업규모 : —
홈페이지 : www.500v.co.kr　　연 락 처 : 02)570-1905
본　　사 : 서울시 강남구 테헤란로30길 31, 2층(역삼동)

설 립 일	2007.02.16	**종업원수**	16명	**대표이사**	김충범
상 장 일	2016.12.28	**감사의견**	적정(신승)	**계　열**	
결 산 기	12월	**보 통 주**		**종속회사수**	
액 면 가	—	**우 선 주**		**구 상 호**	

주주구성 (지분율,%)		출자관계 (지분율,%)		주요경쟁사 (외형,%)	
김충범	66.0			오백볼트	100
정길모	3.1			에이치엘비파워	251
				E1	29,542

매출구성		비용구성		수출비중	
지하철 1,3,4호선 광고구좌판매(상품)	62.8	매출원가율	70.9	수출	—
사무위탁 수수료(용역)	26.2	판관비율	32.2	내수	—
임대료 등(기타)	11.1				

회사 개요

동사는 2007년 이피피휴먼네트웍스로 출범해 광고대행업을 주사업으로 영위하다 2014년 12월 오백볼트로 상호를 변경하고 2015년 3월부터 지주사업 및 벤처기업 투자목적의 엑셀러레이터 사업을 시작함. 현재 동사의 경영효율성 제고, 사업결합을 통한 사업다각화 및 전략적 성장을 위하여 자체사업과 5개의 연결 자회사를 두고 있음. 2016년 12월 코넥스에 상장했고 2017년 6월 자체사업인 모바일 사업부를 신설함.

실적 분석

코넥스 상장 기업인 동사의 2017년 연결기준 누적 매출액은 149.2억원으로 전년 동기(1,361.9억원) 대비 89% 급감함. 오백볼트 매출은 전년대비 95억원 증가한 반면, 자회사 매각에 따른 연결매출액 감소에 기인함. 영업손실 4.6억원을 기록하며 적자전환함. 당기순손실은 전년 20.4억원에서 73억원까지 확대됨. 자회사 매각에 따른 중단사업손익, 영업권상각 등이 반영되었기 때문으로 보임.

현금 흐름 *IFRS 별도 기준 〈단위 : 억원〉

항목	2016	2017
영업활동	-20	-4
투자활동	-47	12
재무활동	81	-21
순현금흐름	13	-13
기말현금	13	0

시장 대비 수익률

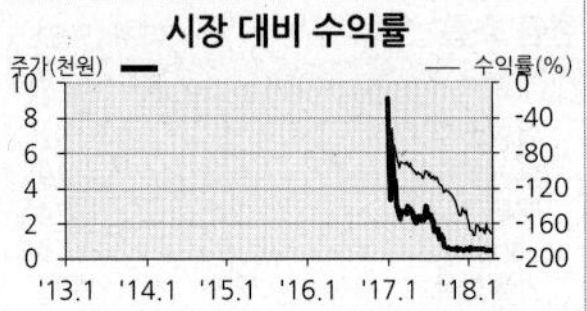

결산 실적 〈단위 : 억원〉

항목	2012	2013	2014	2015	2016	2017
매출액	—	28	61	230	1,362	149
영업이익	—	2	-14	7	0	-5
당기순이익	—	2	-21	22	-20	-73

분기 실적 *IFRS 별도 기준 〈단위 : 억원〉

항목	2016.3Q	2016.4Q	2017.1Q	2017.2Q	2017.3Q	2017.4Q
매출액	—	—	—	—	—	—
영업이익	—	—	—	—	—	—
당기순이익	—	—	—	—	—	—

재무 상태 *IFRS 별도 기준 〈단위 : 억원〉

항목	2012	2013	2014	2015	2016	2017
총자산	—	39	56	123	197	172
유형자산	—	1	1	1	1	0
무형자산	—	—	—	1	1	30
유가증권	—	—	—	—	—	—
총부채	—	48	46	64	79	77
총차입금	—	41	29	55	71	19
자본금	—	2	27	28	41	43
총자본	—	-8	10	58	118	95
지배주주지분	—	-8	10	58	118	95

기업가치 지표 *IFRS 별도 기준

항목	2012	2013	2014	2015	2016	2017
주가(최고/저)(천원)	#VALUE!	—/—	—/—	—/—	—/—	—/—
PER(최고/저)(배)	0.0/0.0	0.0/0.0	0.0/0.0	0.0/0.0	—/—	—/—
PBR(최고/저)(배)	0.0/0.0	0.0/0.0	0.0/0.0	0.0/0.0	7.3/6.3	7.0/0.4
EV/EBITDA(배)	0.0	10.4	—	—	—	—
EPS(원)	—	713	-1,503	-140	-201	-642
BPS(원)	—	-28,075	1,795	1,030	1,454	1,100
CFPS(원)	—	9,683	-14,254	-131	-192	-638
DPS(원)	—	—	—	—	—	—
EBITDAPS(원)	—	10,317	-12,843	-18	-65	4

재무 비율 〈단위 : %〉

연도	영업이익률	순이익률	부채비율	차입금비율	ROA	ROE	유보율	자기자본비율	EBITDA마진율
2017	-3.1	-48.9	88.9	21.9	-23.9	-66.8	116.2	52.9	-2.7
2016	0.0	-1.5	269.5	228.8	-6.8	-8.0	207.7	27.1	0.2
2015	3.2	9.4	142.5	98.0	13.7	전기잠식	136.0	41.2	3.6
2014	-22.3	-34.4	완전잠식	완전잠식	-21.9	잠식지속	-132.2	-15.2	-3.1

오상자이엘 (A053980)

Osangjaiel

업　　종 : IT 서비스　　　　　시　　장 : KOSDAQ
신용등급 : (Bond) —　　(CP) —　　기업규모 : 중견
홈페이지 : www.osangjaiel.co.kr　　연 락 처 : 032)524-0700
본　　사 : 인천시 부평구 육동로 36 (부평동)

설 립 일	1993.03.12	**종업원수**	192명	**대표이사**	이극래,이동현
상 장 일	2002.03.30	**감사의견**	적정(태성)	**계　열**	
결 산 기	12월	**보 통 주**		**종속회사수**	2개사
액 면 가	500원	**우 선 주**		**구 상 호**	

주주구성 (지분율,%)		출자관계 (지분율,%)		주요경쟁사 (외형,%)	
그룹오상	28.3	오비트	100.0	오상자이엘	100
이극래	7.7	자이엘	100.0	동양네트웍스	129
(외국인)	1.5	오상뉴엘	30.0	현대정보기술	235

매출구성		비용구성		수출비중	
CATIA, ENOVIA,DELMIA 등	35.6	매출원가율	87.0	수출	—
시스템구축, 프로그램, 컨설팅, 교육 등	35.2	판관비율	11.1	내수	—
서버, 스토리지, 네트웍, 웍스테이션 등	14.9				

회사 개요

제품수명주기관리 분야의 전문업체로 출발한 동사는 현재 국내 생산, 판매 법인 등 3개의 종속회사로 구성된 IT 및 농업 포장재 전문기업임. 사업군별로 보면 IT부문에 PLM(Product Life Cycle Management) 사업과 SI(System Integration)사업이 있고, BT부문에 과수포장재, 미생물제재, 유공필름 등을 생산판매하고 있음. 신소재사업, 농업바이오, 유공필름 등 신사업 대한 연구개발을 지속중임.

실적 분석

동사의 2017년 연결 기준 연간 누적 매출액은 669.5억원으로 전년 동기 대비 10.2% 증가함. 매출이 증가했지만 매출 원가 증가율이 매출 증가율을 상회했지만 판매비와 관리비는 오히려 감소하면서 영업이익은 13억원으로 전년 동기 대비 흑자전환에 성공함. 비영업손익 부문에서도 관련기업투자 이익이 늘면서 당기순이익은 30.4억원으로 전년 동기 대비 흑자전환함.

현금 흐름 〈단위 : 억원〉

항목	2016	2017
영업활동	57	-20
투자활동	-91	4
재무활동	65	-25
순현금흐름	31	-42
기말현금	110	68

시장 대비 수익률

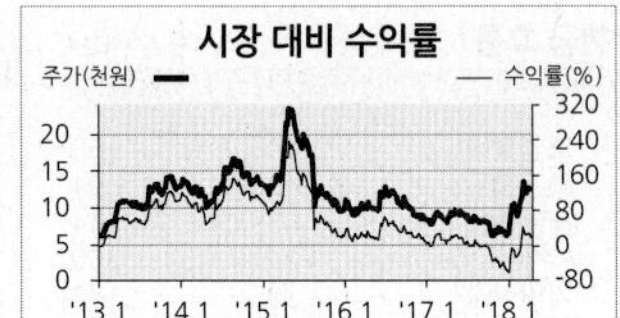

결산 실적 〈단위 : 억원〉

항목	2012	2013	2014	2015	2016	2017
매출액	473	512	570	572	608	670
영업이익	53	45	35	14	-1	13
당기순이익	41	38	29	-242	-37	30

분기 실적 〈단위 : 억원〉

항목	2016.3Q	2016.4Q	2017.1Q	2017.2Q	2017.3Q	2017.4Q
매출액	160	180	145	156	189	179
영업이익	7	-7	2	-1	12	0
당기순이익	4	-44	-1	19	25	-13

재무 상태 〈단위 : 억원〉

항목	2012	2013	2014	2015	2016	2017
총자산	743	846	923	752	811	815
유형자산	211	244	338	365	368	303
무형자산	283	276	276	19	18	16
유가증권	17	49	19	12	11	18
총부채	316	296	312	246	342	316
총차입금	172	157	168	100	167	140
자본금	75	80	84	89	89	89
총자본	427	550	611	506	470	499
지배주주지분	427	550	611	506	470	499

기업가치 지표

항목	2012	2013	2014	2015	2016	2017
주가(최고/저)(천원)	6.8/4.4	14.8/6.2	17.2/10.1	24.0/9.3	13.3/8.4	9.8/6.1
PER(최고/저)(배)	25.1/16.3	61.9/26.1	99.8/58.5	—/—	—/—	57.2/35.6
PBR(최고/저)(배)	2.4/1.5	4.3/1.8	4.7/2.8	8.3/3.2	5.0/3.2	3.5/2.2
EV/EBITDA(배)	16.5	37.1	45.7	59.2	101.4	32.7
EPS(원)	270	238	172	-1,381	-209	171
BPS(원)	2,873	3,462	3,659	2,871	2,665	2,832
CFPS(원)	346	322	268	-1,294	-116	294
DPS(원)	—	—	—	—	—	—
EBITDAPS(원)	431	367	309	169	86	196

재무 비율 〈단위 : %〉

연도	영업이익률	순이익률	부채비율	차입금비율	ROA	ROE	유보율	자기자본비율	EBITDA마진율
2017	1.9	4.5	63.2	28.0	3.7	6.3	466.5	61.3	5.2
2016	-0.2	-6.1	72.7	35.5	-4.8	-7.6	433.0	57.9	2.5
2015	2.5	-42.3	48.5	19.7	-28.9	-43.3	474.3	67.3	5.2
2014	6.2	5.0	51.1	27.5	3.2	4.9	631.7	66.2	9.0

오성첨단소재 (A052420)

OsungLST

업　　종 : 디스플레이 및 관련부품		시　　장 : KOSDAQ	
신용등급 : (Bond) B	(CP) —	기업규모 : 중견	
홈페이지 : www.osunglst.com		연 락 처 : 041)583-8780	
본　　사 : 충남 아산시 음봉면 산동로 433-31			

설 립 일 1994.06.22	**종업원수** 137명	**대표이사** 조경숙
상 장 일 2001.07.21	**감사의견** 적정(신한)	**계　　열**
결 산 기 12월	**보 통 주**	**종속회사수** 2개사
액 면 가 500원	**우 선 주**	**구 상 호** 오성엘에스티

주주구성 (지분율,%)		출자관계 (지분율,%)		주요경쟁사 (외형,%)	
에스맥	11.6	에스맥	7.8	오성첨단소재	100
폴라리스 2호조합	6.2	OSUNGLSTVINACOMPANY	100.0	제이스텍	1,277
(외국인)	0.3	소주)유한공사	100.0	미래컴퍼니	406

매출구성		비용구성		수출비중	
기능성소재필름	71.7	매출원가율	82.2	수출	—
Autoclave TCU 등	21.1	판관비율	15.5	내수	—
반도체 제품 Chamber류 검사기류 등	6.0				

회사 개요

동사는 잉곳&웨이퍼 및 반도체, LCD 제조 장비, 환경시험 테스터 등의 제조회사임. 디스플레이 사업부문의 열처리 기술을 바탕으로 자동화시스템기술, 소프트웨어기술 설계기술 등 LCD/반도체 제조장비에 관한 핵심기술과 노하우를 보유하고 있음. 디스플레이 부문 이외에 태양광 사업부문을 보유해왔으나, 2015년 4월 채권단과의 경영정상화 이행 계약을 위해 태양광 사업부를 매각함. 신규시장 개척을 위해 2017년 2분기 중 베트남에 해외법인을 신설함.

실적 분석

동사의 연결기준 2017년 연간 누적 매출액은 전년동기 대비 0.6% 감소한 446.9억원을 기록함. 하지만 매출원가(전년동기 대비 6.4% 감소)와 판관비(전년동기 대비 7.1% 감소) 절감 노력으로 영업이익은 작년 17.3억원 손실에서 흑자전환에 성공하여 10.5억원을 시현함. 비영업손익 부문에서도 흑자전환에 성공하여 당기순이익은 전년 248.4억원 손실에서 흑자전환하여 10.6억원을 시현함.

현금 흐름 〈단위 : 억원〉

항목	2016	2017
영업활동	-40	-56
투자활동	105	-359
재무활동	51	537
순현금흐름	116	119
기말현금	165	319

시장 대비 수익률

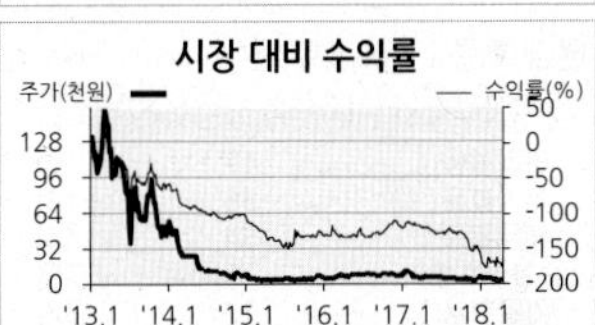

결산 실적 〈단위 : 억원〉

항목	2012	2013	2014	2015	2016	2017
매출액	1,047	1,345	593	509	450	447
영업이익	-358	-224	-50	6	-17	11
당기순이익	-2,826	-7,716	-538	-551	-248	11

분기 실적 〈단위 : 억원〉

항목	2016.3Q	2016.4Q	2017.1Q	2017.2Q	2017.3Q	2017.4Q
매출액	110	121	113	106	113	115
영업이익	1	-7	4	2	-1	5
당기순이익	-41	-52	1	18	-6	-2

재무 상태 〈단위 : 억원〉

항목	2012	2013	2014	2015	2016	2017
총자산	2,801	2,039	1,630	956	641	1,116
유형자산	1,706	1,218	961	352	334	427
무형자산	188	135	55	31	16	3
유가증권	2	—	—	12	7	164
총부채	2,460	2,724	500	374	221	353
총차입금	2,142	2,480	277	118	83	296
자본금	135	138	620	620	720	1,021
총자본	341	-686	1,130	582	420	763
지배주주지분	341	-686	1,130	582	420	763

기업가치 지표

항목	2012	2013	2014	2015	2016	2017
주가(최고/저)(천원)	69.7/7.1	22.9/4.7	8.3/0.7	1.2/0.3	1.4/0.7	1.8/0.4
PER(최고/저)(배)	—/—	—/—	—/—	—/—	—/—	346.6/75.0
PBR(최고/저)(배)	11.0/1.1	-1.8/-0.4	9.1/0.8	2.7/0.7	4.9/2.4	5.0/1.1
EV/EBITDA(배)	—	—	13.6	18.6	188.0	49.7
EPS(원)	-379,387	-993,008	-3,211	-3,113	-1,388	37
BPS(원)	1,271	-2,497	911	470	292	371
CFPS(원)	-10,197	-27,694	-349	-404	-178	17
DPS(원)	—	—	—	—	—	—
EBITDAPS(원)	-729	-146	67	46	6	17

재무 비율 〈단위 : %〉

연도	영업 이익률	순 이익률	부채 비율	차입금 비율	ROA	ROE	유보율	자기자본 비율	EBITDA 마진율
2017	2.4	2.4	일부잠식	일부잠식	1.2	1.8	-25.3	68.4	7.6
2016	-3.8	-55.3	일부잠식	일부잠식	-31.1	-49.6	-41.7	65.6	1.8
2015	1.3	-108.4	일부잠식	일부잠식	-42.6	-64.4	-6.2	60.9	11.1
2014	-8.4	-90.7	44.3	24.5	-29.3	전기잠식	82.1	69.3	13.3

오션브릿지 (A241790)

OCEANBRIDGE CO

업　　종 : 반도체 및 관련장비		시　　장 : KOSDAQ	
신용등급 : (Bond) —	(CP) —	기업규모 : 벤처	
홈페이지 : www.oceanbridge.co.kr		연 락 처 : 031)8052-9090	
본　　사 : 경기도 안성시 양성면 동항공단길 49			

설 립 일 2012.03.02	**종업원수** 72명	**대표이사** 이경주
상 장 일 2016.12.01	**감사의견** 적정(한영)	**계　　열**
결 산 기 12월	**보 통 주**	**종속회사수** 1개사
액 면 가 500원	**우 선 주**	**구 상 호**

주주구성 (지분율,%)		출자관계 (지분율,%)		주요경쟁사 (외형,%)	
이경주	17.1	제일이엔지	51.5	오션브릿지	100
윤남철	9.9	미래하이트론	50.0	디엔에프	133
(외국인)	0.3			유니테스트	301

매출구성		비용구성		수출비중	
(제품)케미칼	50.6	매출원가율	73.6	수출	5.9
(제품)장비	26.0	판관비율	5.8	내수	94.1
(기타)부품 및 기타	23.5				

회사 개요

동사는 2012년 3월 2일에 오션브릿지로 설립됐으며 2016년 12월 1일자로 코스닥 시장에 상장됨. 목적 사업은 반도체 관련 케미칼 판매업, 반도체 관련 장비 제조 및 판매업, 전자재료 부품 소재 제조 및 판매업, 고압가스 판매사업 등임. 2013년 9월 중소기업진흥공단에 벤처기업으로 등록하고 2014년 1월 경기 안성으로 본사를 이전함. 2016년 4월 기술혁신형 중소기업 이노비즈 업체로 선정됨.

실적 분석

동사의 2017년 연간 매출액은 전년동기대비 60.2% 상승한 560.3억원을 기록하였음. 비용면에서 전년동기대비 매출원가는 증가 하였으며 인건비도 증가, 기타판매비와관리비는 증가함. 이와 같이 상승한 매출액 만큼 비용증가도 있었으나 매출액의 더 큰 상승에 힘입어 최종적으로 전년동기대비 당기순이익은 상승하여 89.9억원을 기록함. 그러나 금융손익 등 비영업손익의 적자전환은 꾸준히 관찰할 필요가 있음.

현금 흐름 〈단위 : 억원〉

항목	2016	2017
영업활동	73	23
투자활동	-8	-184
재무활동	150	52
순현금흐름	218	-111
기말현금	251	140

시장 대비 수익률

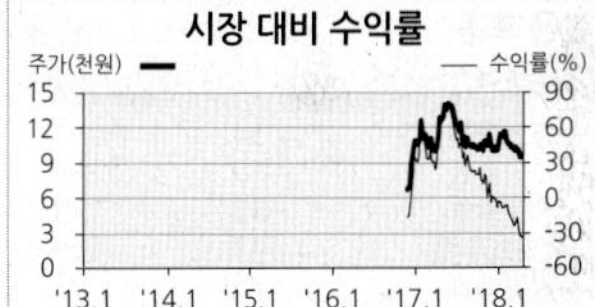

결산 실적 〈단위 : 억원〉

항목	2012	2013	2014	2015	2016	2017
매출액	—	—	171	254	350	560
영업이익	—	—	10	38	69	115
당기순이익	—	—	10	35	64	90

분기 실적 〈단위 : 억원〉

항목	2016.3Q	2016.4Q	2017.1Q	2017.2Q	2017.3Q	2017.4Q
매출액	80	—	—	126	129	—
영업이익	15	—	—	31	30	—
당기순이익	15	—	—	26	24	—

재무 상태 〈단위 : 억원〉

항목	2012	2013	2014	2015	2016	2017
총자산	—	—	87	134	358	604
유형자산	—	—	34	37	33	245
무형자산	—	—	2	2	5	20
유가증권	—	—	—	1	3	3
총부채	—	—	65	50	49	195
총차입금	—	—	29	12	—	92
자본금	—	—	10	13	46	46
총자본	—	—	22	85	309	409
지배주주지분	—	—	22	85	309	401

기업가치 지표

항목	2012	2013	2014	2015	2016	2017
주가(최고/저)(천원)	—/—	—/—	—/—	—/—	—/—	—/—
PER(최고/저)(배)	0.0/0.0	0.0/0.0	0.0/0.0	0.0/0.0	11.5/6.6	15.1/10.2
PBR(최고/저)(배)	0.0/0.0	0.0/0.0	0.0/0.0	0.0/0.0	3.2/1.9	3.3/2.2
EV/EBITDA(배)	0.0	0.0	1.3	—	9.8	7.1
EPS(원)	—	—	194	635	950	973
BPS(원)	—	—	1,037	3,369	3,389	4,442
CFPS(원)	—	—	602	1,791	1,049	1,066
DPS(원)	—	—	—	—	—	—
EBITDAPS(원)	—	—	585	1,906	1,116	1,357

재무 비율 〈단위 : %〉

연도	영업 이익률	순 이익률	부채 비율	차입금 비율	ROA	ROE	유보율	자기자본 비율	EBITDA 마진율
2017	20.6	16.0	47.7	22.5	18.7	25.0	788.4	67.7	22.1
2016	19.7	18.4	15.8	0.0	26.2	32.7	577.7	86.4	21.7
2015	14.8	13.8	58.6	13.7	31.6	65.8	573.9	63.1	17.4
2014	5.5	5.8	303.1	135.6	0.0	0.0	115.8	24.8	7.1

오스코텍 (A039200)

Oscotec

업　　종 : 바이오　　　　　시　　장 : KOSDAQ
신 용 등 급 : (Bond) —　　(CP) —　　　기 업 규 모 : 벤처
홈 페 이 지 : www.oscotec.com　　　연　락　처 : 031)628-7666
본　　사 : 경기도 성남시 분당구 대왕판교로 700 A-901(삼평동,코리아바이오파크)

설 립 일	1998.12.08	**종 업 원 수**	35명	**대 표 이 사**	김정근
상 장 일	2007.01.12	**감 사 의 견**	적정(인덕)	**계　　열**	
결 산 기	12월	**보　통　주**		**종속회사수**	1개사
액 면 가	500원	**우　선　주**		**구　상　호**	

주주구성 (지분율,%)		출자관계 (지분율,%)	주요경쟁사 (외형,%)	
김정근	16.6		오스코텍	100
지케이에셋	5.1		씨젠	2,243
(외국인)	0.8		내츄럴엔도텍	236

매출구성		비용구성		수출비중	
KLEAN COLOR	32.8	매출원가율	43.3	수출	0.0
InduCera 외	27.2	판관비율	98.6	내수	100.0
포도씨유,해바라기씨유 등	15.7				

회사 개요

동사는 연구중심의 바이오 기업으로서 창사 이래 골다공증, 관절염, 치주질환 등과 관련된 질병의 신약개발에 주력해 왔으며, 신약개발 과정에서 얻어진 여러 가지 연구 산물과 축적된 지식을 기능성 소재 및 관련 제품, 뼈이식재 등의 제품화를 통해 차별화된 사업모델을 구축해 왔음. 우수한 연구 인력이 재직 중인 자회사인 제네스코 연구소(보스톤)와의 협업은 동사의 글로벌 임상 개발 역량을 제고시켜줄 전망임.

실적 분석

동사의 2017년 4/4분기 연결기준 누적 매출액은 39.1억원으로 전년동기 대비 10.0% 증가했음. 외형성장에도 불구하고 전년동기 대비 13.2% 증가한 매출원가 및 매출액 대비 높은 판관비의 영향으로 인해 16.4억원의 영업손실을 기록하며 적자를 지속했음. 비영업부문에서도 26.4억원의 손실을 기록함에 따라 적자폭이 확대되어 42.8억원의 당기순손실을 기록, 적자지속함. 그러나 적자폭은 전년동기 44.0억원에서 42.8억원으로 감소함.

현금 흐름 〈단위 : 억원〉

항목	2016	2017
영업활동	-34	7
투자활동	59	-16
재무활동	-13	179
순현금흐름	12	164
기말현금	33	197

시장 대비 수익률

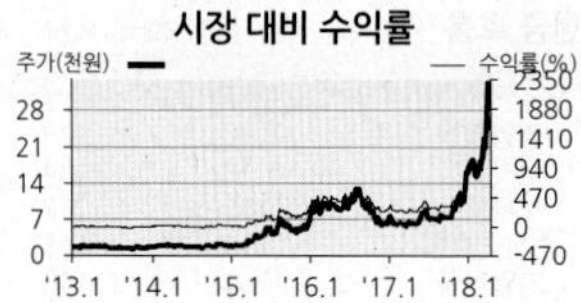

결산 실적 〈단위 : 억원〉

항목	2012	2013	2014	2015	2016	2017
매출액	248	219	171	183	36	39
영업이익	-8	-9	-8	7	-17	-16
당기순이익	-144	-39	-21	4	-44	-43

분기 실적 〈단위 : 억원〉

항목	2016.3Q	2016.4Q	2017.1Q	2017.2Q	2017.3Q	2017.4Q
매출액	8	-30	13	9	10	7
영업이익	-6	-1	-1	-4	-5	-6
당기순이익	-11	11	-4	-14	-5	-20

재무 상태 〈단위 : 억원〉

항목	2012	2013	2014	2015	2016	2017
총자산	431	376	363	495	408	549
유형자산	95	92	91	89	84	95
무형자산	86	70	74	98	133	153
유가증권	1	0	0	0	4	0
총부채	186	155	145	226	121	149
총차입금	135	111	110	173	106	132
자본금	109	109	113	121	128	136
총자본	245	222	218	269	288	400
지배주주지분	242	215	211	262	263	352

기업가치 지표

항목	2012	2013	2014	2015	2016	2017
주가(최고/저)(천원)	4.1/1.5	2.1/1.3	2.6/1.5	7.7/1.9	13.0/5.8	17.8/5.7
PER(최고/저)(배)	—/—	—/—	—/—	465.4/114.6	—/—	—/—
PBR(최고/저)(배)	3.5/1.3	2.1/1.3	2.7/1.6	7.0/1.7	12.7/5.7	13.7/4.4
EV/EBITDA(배)	17.2	—	—	143.9	—	—
EPS(원)	-785	-183	-90	17	-143	-144
BPS(원)	1,165	1,019	962	1,107	1,027	1,293
CFPS(원)	-628	-164	-72	38	-126	-130
DPS(원)	—	—	—	—	—	—
EBITDAPS(원)	115	-22	-15	50	-51	-47

재무 비율 〈단위 : %〉

연도	영업이익률	순이익률	부채비율	차입금비율	ROA	ROE	유보율	자기자본비율	EBITDA마진율
2017	-41.9	-109.4	37.3	33.1	-8.9	-12.7	158.6	72.9	-32.3
2016	-49.0	-123.8	41.9	37.0	-9.8	-13.9	105.4	70.5	-36.4
2015	3.7	2.0	83.9	64.3	0.9	1.7	121.4	54.4	6.5
2014	-4.4	-12.0	66.5	50.3	-5.6	-9.5	92.5	60.1	-2.0

오스테오닉 (A226400)

OSTEONIC

업　　종 : 의료 장비 및 서비스　　　시　　장 : KOSDAQ
신 용 등 급 : (Bond) —　　(CP) —　　　기 업 규 모 : 기술성
홈 페 이 지 : www.osteonic.com　　　연　락　처 : 02)6902-8400
본　　사 : 서울시 구로구 디지털로29길 38

설 립 일	2012.03.09	**종 업 원 수**	46명	**대 표 이 사**	이동원
상 장 일	2016.05.04	**감 사 의 견**	적정(삼정)	**계　　열**	
결 산 기	12월	**보　통　주**		**종속회사수**	
액 면 가	500원	**우　선　주**		**구　상　호**	

주주구성 (지분율,%)		출자관계 (지분율,%)	주요경쟁사 (외형,%)	
이동원	20.3		오스테오닉	100
최석태	4.4		비트컴퓨터	374
(외국인)	1.1		하이로닉	212

매출구성		비용구성		수출비중	
CMF System	45.1	매출원가율	43.0	수출	54.8
Trauma System	39.6	판관비율	31.0	내수	45.2
생분해성바이오임플란트	15.3				

회사 개요

동사는 두개악안면(CranioMaxilloFacial System)을 치료하는 정형외과용 의료기기를 기반으로 성장 하였으며, 2015년 말에는 손과 발(Trauma System)을 치료하는 정형외과용 의료기기를 개발 완료하여 시장에 진출하였음. CMF System은 2015년 미국 FDA 승인을 받았으며 ISO13485, 유럽 CE마크 등의 제품 인허가 및 품질인증을 획득함. 2018년 2월 코스닥 시장으로 이전상장함.

실적 분석

동사의 2017년 결산 누적 매출액은 85.4억원으로 전년동기 대비 28.6% 외형 성장함. 매출원가와 판관비의 증가에도 불구하고 영업이익은 22.2억원으로 전년동기 대비 50.8% 증가함. 비영업손실을 83.6억원 기록하며 당기순손실은 42.5억원으로 적자전환. 현재 외상 · 상하지(Trauma&Extremities), 치과(Dental), 바이오소재(Biomaterial) 제품화(개발단계) 단계로 향후 매출 성장 기대.

현금 흐름 *IFRS 별도 기준 〈단위 : 억원〉

항목	2016	2017
영업활동	-17	-8
투자활동	-36	-16
재무활동	54	46
순현금흐름	1	20
기말현금	17	37

시장 대비 수익률

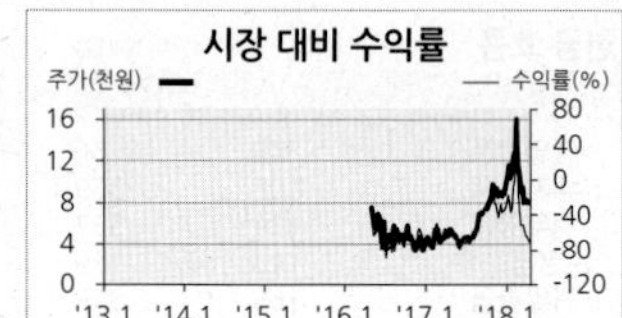

결산 실적 〈단위 : 억원〉

항목	2012	2013	2014	2015	2016	2017
매출액	—	16	26	35	66	85
영업이익	—	4	3	3	15	22
당기순이익	—	3	3	5	15	-42

분기 실적 *IFRS 별도 기준 〈단위 : 억원〉

항목	2016.3Q	2016.4Q	2017.1Q	2017.2Q	2017.3Q	2017.4Q
매출액	—	—	—	21	—	—
영업이익	—	—	—	3	—	—
당기순이익	—	—	—	2	—	—

재무 상태 *IFRS 별도 기준 〈단위 : 억원〉

항목	2012	2013	2014	2015	2016	2017
총자산	—	29	41	110	216	297
유형자산	—	7	11	16	35	39
무형자산	—	2	0	4	43	53
유가증권	—	—	—	—	5	—
총부채	—	22	34	53	99	222
총차입금	—	19	29	45	82	201
자본금	—	5	5	19	26	26
총자본	—	8	7	57	117	74
지배주주지분	—	8	7	57	117	74

기업가치 지표 *IFRS 별도 기준

항목	2012	2013	2014	2015	2016	2017
주가(최고/저)(천원)	—/—	—/—	—/—	—/—	—/—	—/—
PER(최고/저)(배)	0.0/0.0	0.0/0.0	0.0/0.0	0.0/0.0	27.7/12.7	—/—
PBR(최고/저)(배)	0.0/0.0	0.0/0.0	0.0/0.0	0.0/0.0	3.9/1.8	7.9/3.0
EV/EBITDA(배)	0.0	4.5	5.5	1.5	12.1	20.0
EPS(원)	—	121	138	150	271	-707
BPS(원)	—	7,593	5,795	1,315	1,949	1,240
CFPS(원)	—	2,419	3,719	219	355	-588
DPS(원)	—	—	—	—	—	—
EBITDAPS(원)	—	3,611	4,188	166	343	489

재무 비율 〈단위 : %〉

연도	영업이익률	순이익률	부채비율	차입금비율	ROA	ROE	유보율	자기자본비율	EBITDA마진율
2017	26.0	-49.7	299.3	270.1	-16.6	-44.4	185.1	25.0	34.4
2016	22.2	23.2	84.7	70.2	9.5	17.7	348.0	54.1	29.4
2015	8.6	13.4	92.5	79.9	6.2	14.7	199.8	51.9	14.7
2014	13.3	11.2	476.8	407.3	—	—	35.5	17.3	18.9

오스템 (A031510)

Austem

업 종 : 자동차부품 | 시 장 : KOSDAQ
신용등급 : (Bond) — (CP) — | 기업규모 : 우량
홈페이지 : www.austem.co.kr | 연 락 처 : 041)559-2500
본 사 : 충남 천안시 동남구 수신면 수신로 739

설 립 일	1990.03.07	**종업원수**	499명	**대 표 이 사**	김정우
상 장 일	1997.02.12	**감사의견**	적정(성도)	**계 열**	
결 산 기	12월	**보 통 주**		**종속회사수**	1개사
액 면 가	500원	**우 선 주**		**구 상 호**	

주주구성 (지분율,%)		출자관계 (지분율,%)		주요경쟁사 (외형,%)	
김성중	14.2	아이비머티리얼즈	98.1	오스템	100
김정우	12.3	바흐	40.0	우수AMS	127
(외국인)	6.3	Pos-AustemYantai	88.9	KB오토시스	92

매출구성		비용구성		수출비중	
CHASSIS PARTS	52.6	매출원가율	83.7	수출	36.6
금형,원재료, FILTER 등	19.5	판관비율	14.6	내수	63.4
SEAT MECHANISM	19.0				

회사 개요

동사는 섀시 모듈, 시트 메커니즘 등 자동차 부품을 생산하는 업체임. 1990년 설립됐으며 1997년 코스닥시장에 상장됨. 한국GM, 및 글로벌GM 등에 제품을 공급하고 있음. 신공법 도입, 신소재 개발을 위해 지속적인 R&D 투자를 하는 중임. 인터넷 관련 사업, 전자상거래, 벤처사업 관련 지분 출자, 소프트웨어 제공 등 신규 해외사장에서 안정적 성과를 보임.

실적 분석

동사의 2017년 연간 실적은 매출액 1,794.9억원, 영업이익 29.1억원, 당기순이익 5.4억원을 기록함. 전년 대비 매출액은 9.9% 감소하였고, 영업이익과 당기순이익은 각각 66.3%, 94.8% 감소함. 완성차 업체의 판매부진으로 인해 외형축소와 감익이 발생함. 또한 원화 강세에 따른 외환차손, 외환환산손실이 가중되어 전기대비 큰 폭으로 당기순이익이 감소함.

현금 흐름 〈단위 : 억원〉

항목	2016	2017
영업활동	479	12
투자활동	-130	-125
재무활동	-231	86
순현금흐름	124	-35
기말현금	161	126

시장 대비 수익률

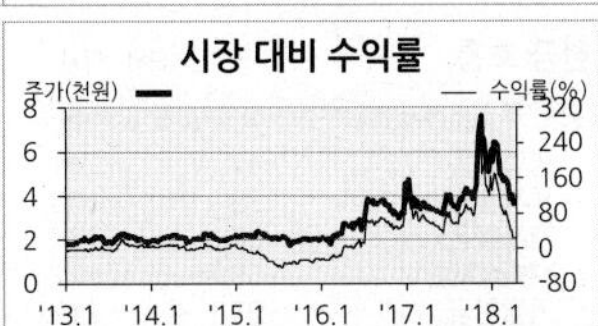

결산 실적 〈단위 : 억원〉

항목	2012	2013	2014	2015	2016	2017
매출액	2,403	2,550	2,181	2,092	1,993	1,795
영업이익	138	124	38	91	86	29
당기순이익	98	100	99	137	104	5

분기 실적 〈단위 : 억원〉

항목	2016.3Q	2016.4Q	2017.1Q	2017.2Q	2017.3Q	2017.4Q
매출액	446	548	474	502	435	383
영업이익	10	28	12	8	0	9
당기순이익	17	37	-8	17	10	-13

재무 상태 〈단위 : 억원〉

항목	2012	2013	2014	2015	2016	2017
총자산	2,846	2,745	2,666	2,849	2,581	2,535
유형자산	1,242	1,173	1,158	1,106	1,000	894
무형자산	68	35	35	35	41	41
유가증권	1	1	1	0	0	0
총부채	1,921	1,730	1,555	1,613	1,237	1,251
총차입금	1,261	1,097	1,055	1,064	810	903
자본금	130	130	130	130	130	130
총자본	925	1,015	1,111	1,236	1,345	1,284
지배주주지분	922	1,015	1,111	1,235	1,344	1,283

기업가치 지표

항목	2012	2013	2014	2015	2016	2017
주가(최고/저)(천원)	2.7/1.7	2.4/1.7	2.3/1.9	2.4/1.7	4.5/1.8	7.8/3.1
PER(최고/저)(배)	7.8/5.0	6.7/4.8	6.5/5.3	4.8/3.5	11.4/4.6	381.1/154.1
PBR(최고/저)(배)	0.8/0.5	0.7/0.5	0.6/0.5	0.5/0.4	0.9/0.4	1.6/0.6
EV/EBITDA(배)	6.7	5.9	10.0	7.1	8.5	15.8
EPS(원)	395	396	379	528	401	20
BPS(원)	3,702	4,059	4,428	4,906	5,235	5,002
CFPS(원)	818	882	856	1,029	900	464
DPS(원)	60	60	40	60	50	30
EBITDAPS(원)	953	964	623	853	831	555

재무 비율 〈단위 : %〉

연도	영업이익률	순이익률	부채비율	차입금비율	ROA	ROE	유보율	자기자본비율	EBITDA 마진율
2017	1.6	0.3	97.5	70.4	0.2	0.4	900.3	50.6	8.0
2016	4.3	5.2	92.0	60.2	3.8	8.1	947.1	52.1	10.8
2015	4.4	6.6	130.5	86.1	5.0	11.7	881.2	43.4	10.6
2014	1.7	4.5	140.0	94.9	3.6	9.3	785.5	41.7	7.4

오스템임플란트 (A048260)

Osstemimplant

업 종 : 의료 장비 및 서비스 | 시 장 : KOSDAQ
신용등급 : (Bond) — (CP) — | 기업규모 : 우량
홈페이지 : www.osstem.com | 연 락 처 : 02)2016-7000
본 사 : 서울시 금천구 가산디지털 2로 123 월드메르디앙벤처센터 2차 8층

설 립 일	1997.01.08	**종업원수**	1,480명	**대 표 이 사**	엄태관
상 장 일	2007.02.07	**감사의견**	적정(인덕)	**계 열**	
결 산 기	12월	**보 통 주**		**종속회사수**	32개사
액 면 가	500원	**우 선 주**		**구 상 호**	

주주구성 (지분율,%)		출자관계 (지분율,%)		주요경쟁사 (외형,%)	
최규옥	20.6	코잔	95.7	오스템임플란트	100
SMALLCAP World Fund, Inc.	7.0	탑플란	95.7	디오	24
(외국인)	41.8	오스템글로벌	93.7	바텍	55

매출구성		비용구성		수출비중	
치과용임플란트,체어외	78.3	매출원가율	41.7	수출	—
치과용기자재	17.9	판관비율	52.9	내수	—
교육,A/S	1.9				

회사 개요

동사는 본사를 중심으로 해외 21개 생산 및 판매법인으로 구성된 치과용 임플란트 생산업체로, 치과용 임플란트 제품 부문이 매출의 72.7%, 상품 및 용역, 기타 부문이 27.3%를 차지하고 있음. 2013년 국내 임플란트시장은 2억 4천만달러의 규모를 형성함. 국내에는 서울 본사 및 부산 연구소, 생산 본부를 비롯하여 47개 판매 지점을 구축하고 있음. 해외지역은 미주, 유럽, 아시아, 중국 등 총 4개 지역으로 구성되어 있음.

실적 분석

국내외 임플란트 판매가 호조세를 보이며 동사의 2017년 연결기준 매출액은 3,977.9억원으로 전년동기 대비 15.4% 증가함. Digital Dentistry 등 신사업 개발에 따른 인건비 증가 인하여 영업이익이 하락함. 환율하락에 따른 외화관련손실 증가로 순이익 역시 감소하였음. 다만, 장년층 의료비부담 상한관리안 적용 시 개인 부담 임플란트 비율이 30%로 축소 됨에 따라 내수 시장 수요 증대 가능.

현금 흐름 〈단위 : 억원〉

항목	2016	2017
영업활동	401	468
투자활동	-738	-466
재무활동	219	361
순현금흐름	-116	355
기말현금	756	1,110

시장 대비 수익률

결산 실적 〈단위 : 억원〉

항목	2012	2013	2014	2015	2016	2017
매출액	1,989	2,157	2,359	2,777	3,446	3,978
영업이익	192	187	280	333	342	217
당기순이익	37	79	130	163	203	57

분기 실적 〈단위 : 억원〉

항목	2016.3Q	2016.4Q	2017.1Q	2017.2Q	2017.3Q	2017.4Q
매출액	875	1,029	935	1,010	996	1,037
영업이익	118	62	79	96	44	-3
당기순이익	33	59	-3	79	44	-63

재무 상태 〈단위 : 억원〉

항목	2012	2013	2014	2015	2016	2017
총자산	2,715	3,025	3,631	3,933	4,753	5,557
유형자산	445	585	702	570	1,230	1,899
무형자산	49	57	45	49	158	138
유가증권	107	58	191	194	155	181
총부채	2,026	2,259	2,731	2,812	3,635	4,353
총차입금	961	950	1,009	817	1,325	1,689
자본금	71	71	71	71	71	71
총자본	689	766	900	1,121	1,117	1,204
지배주주지분	639	735	891	1,088	1,044	1,130

기업가치 지표

항목	2012	2013	2014	2015	2016	2017
주가(최고/저)(천원)	33.0/10.0	38.4/21.1	45.6/21.3	81.8/37.2	86.0/52.0	74.9/50.5
PER(최고/저)(배)	95.3/28.8	55.6/30.5	43.1/20.2	65.1/29.6	52.3/31.6	105.9/71.4
PBR(최고/저)(배)	7.3/2.2	7.4/4.1	7.3/3.4	10.7/4.9	9.5/5.7	7.7/5.2
EV/EBITDA(배)	19.6	15.7	15.5	29.4	22.1	28.5
EPS(원)	346	690	1,056	1,256	1,645	708
BPS(원)	4,502	5,177	6,276	7,615	9,088	9,691
CFPS(원)	634	1,020	1,391	1,608	2,124	1,351
DPS(원)	—	—	—	—	—	—
EBITDAPS(원)	1,640	1,647	2,306	2,683	2,877	2,163

재무 비율 〈단위 : %〉

연도	영업이익률	순이익률	부채비율	차입금비율	ROA	ROE	유보율	자기자본비율	EBITDA 마진율
2017	5.5	1.4	361.6	140.3	1.1	9.3	1,838.3	21.7	7.8
2016	9.9	5.9	325.4	118.6	4.7	22.1	1,717.6	23.5	11.9
2015	12.0	5.9	250.9	72.9	4.3	18.1	1,423.0	28.5	13.8
2014	11.9	5.5	303.6	112.2	3.9	18.5	1,155.1	24.8	13.9

오씨아이 (A010060)
OCI

업 종 : 에너지 시설 및 서비스 | 시 장 : 거래소
신용등급 : (Bond) A+ (CP) A2+ | 기업규모 : 시가총액 대형주
홈페이지 : www.oci.co.kr | 연 락 처 : 02)727-9500
본 사 : 서울시 중구 소공로 94 OCI빌딩

설립일	1974.07.01	**종업원수**	2,357명	**대표이사**	백우석,이우현
상장일	1985.07.09	**감사의견**	적정(안진)	**계열**	
결산기	12월	**보통주**		**종속회사수**	39개사
액면가	5,000원	**우선주**		**구상호**	

주주구성 (지분율,%)		출자관계 (지분율,%)		주요경쟁사 (외형,%)	
국민연금공단	8.1	디씨알이	100.0	OCI	100
이우현	6.1	OCISE	100.0	세원셀론텍	4
(외국인)	31.5	OCI파워	100.0	신성이엔지	27

매출구성		비용구성		수출비중	
폴리실리콘,과산화수소 등	46.2	매출원가율	86.3	수출	77.5
Tar 유도체,BTX 유도체, P/A 및 유도체 등	21.0	판관비율	5.9	내수	22.5
열병합 발전,태양광 발전	14.2				

회사 개요

동사는 특수화학제품을 생산하는 업체로 1959년에 설립돼 2009년 상호를 동양제철화학에서 현 OCI로 변경함. 동사의 주요사업 부문으로 베이직케미컬 사업 부문, 카본케미컬 사업 부문, 에너지솔루션 사업 부문, 기타 사업 부문이 있음. 폴리실리콘은 Mg-Si를 정제하여 만드는 초고순도 제품으로, 태양전지 및 반도체 웨이퍼의 핵심소재로 사용되며 동사는 대만, 중국 등 세계 주요 태양광업체들과 실리콘 장기계약을 맺고 있음.

실적 분석

동사의 2017년 연간 매출액은 전년동기대비 32.7% 상승한 36,316.3억원을 기록하였음. 전세계적으로 태양광 설치량 증가세가 이어져 폴리실리콘 수요량이 증가하였고 특히 4분기에는 미국과 인도의 태양광 제품에 대한 수입규제 조치 우려에 따라 태양광 전지 및 모듈에 대한 재고를 비축하려는 움직임으로 인해 폴리실리콘의 수요가 크게 증가하였기 때문으로 보임. 최종적으로 전년동기대비 당기순이익은 상승하여 2,326.4억원을 기록함.

현금 흐름 〈단위 : 억원〉

항목	2016	2017
영업활동	4,076	4,803
투자활동	-1,393	4,157
재무활동	-4,039	-2,951
순현금흐름	-1,382	5,754
기말현금	3,386	9,140

시장 대비 수익률

결산 실적 〈단위 : 억원〉

항목	2012	2013	2014	2015	2016	2017
매출액	32,185	29,555	24,205	23,015	27,367	36,316
영업이익	1,548	-1,062	-760	-1,446	1,325	2,844
당기순이익	127	-2,878	423	1,821	2,194	2,326

분기 실적 〈단위 : 억원〉

항목	2016.3Q	2016.4Q	2017.1Q	2017.2Q	2017.3Q	2017.4Q
매출액	5,355	6,478	11,384	6,994	9,419	8,519
영업이익	23	93	694	314	787	1,050
당기순이익	-993	-524	356	899	419	652

재무 상태 〈단위 : 억원〉

항목	2012	2013	2014	2015	2016	2017
총자산	72,830	73,023	74,187	72,988	62,486	60,778
유형자산	48,182	47,793	48,690	42,588	34,631	32,908
무형자산	1,362	1,456	1,444	468	343	428
유가증권	624	152	154	290	495	38
총부채	36,914	40,290	41,632	40,566	29,840	26,621
총차입금	21,986	23,799	27,437	26,302	22,546	19,182
자본금	1,272	1,272	1,272	1,272	1,272	1,272
총자본	35,916	32,733	32,555	32,422	32,646	34,157
지배주주지분	31,737	28,325	27,867	29,553	31,957	33,523

기업가치 지표

항목	2012	2013	2014	2015	2016	2017
주가(최고/저)(천원)	297/143	207/128	209/76.3	125/68.7	121/59.3	136/76.6
PER(최고/저)(배)	—/—	—/—	—/—	30.4/16.7	12.1/6.0	13.8/7.9
PBR(최고/저)(배)	2.3/1.1	1.8/1.1	1.8/0.7	1.0/0.6	0.9/0.5	1.0/0.6
EV/EBITDA(배)	8.3	16.1	10.0	19.1	8.4	7.1
EPS(원)	-2,866	-13,741	-835	4,206	10,152	9,849
BPS(원)	133,074	118,766	116,845	123,914	133,995	140,563
CFPS(원)	19,936	8,412	21,228	19,464	22,976	22,644
DPS(원)	400	—	200	—	400	1,950
EBITDAPS(원)	29,292	17,700	18,875	9,194	18,381	24,722

재무 비율 〈단위 : %〉

연도	영업이익률	순이익률	부채비율	차입금비율	ROA	ROE	유보율	자기자본비율	EBITDA마진율
2017	7.8	6.4	77.9	56.2	3.8	7.2	2,534.5	56.2	16.2
2016	4.8	8.0	91.4	69.1	3.2	7.9	2,411.4	52.3	16.0
2015	-6.3	7.9	125.1	81.1	2.5	3.5	2,222.5	44.4	9.5
2014	-3.1	1.8	127.9	84.3	0.6	-0.7	2,090.0	43.9	18.6

오이솔루션 (A138080)
OE Solutions

업 종 : 통신장비 | 시 장 : KOSDAQ
신용등급 : (Bond) — (CP) — | 기업규모 : 벤처
홈페이지 : www.oesolution.com | 연 락 처 : 062)960-5252
본 사 : 광주시 북구 첨단연신로30번길 53

설립일	2003.08.07	**종업원수**	337명	**대표이사**	박용관
상장일	2014.02.27	**감사의견**	적정(승일)	**계열**	
결산기	12월	**보통주**		**종속회사수**	2개사
액면가	500원	**우선주**		**구상호**	

주주구성 (지분율,%)		출자관계 (지분율,%)		주요경쟁사 (외형,%)	
박찬	19.7			오이솔루션	100
박용관	8.2			콤텍시스템	188
(외국인)	1.3			아이즈비전	218

매출구성		비용구성		수출비중	
광통신용 모듈	93.7	매출원가율	70.5	수출	76.8
광통신용 소자	6.3	판관비율	32.0	내수	23.2
상품	0.0				

회사 개요

동사는 2003년 8월에 설립되어 전자, 전기, 정보통신 관련 제품의 연구개발과 제조 및 판매업을 주요 사업으로 하고 있는 기업으로 2014년 2월에 코스닥시장에 상장함. 광트랜시버 제조 및 판매를 주력사업으로 하고 있음. 국내에서 현재 광트랜시버를 생산하는 회사는 대략 10개사 정도이며 7~8개의 해외 경쟁사도 한국시장에서 영업을 하고 있는 것으로 파악됨. 동사는 미국과 일본에 해외 자회사를 설립하여 광트랜시버를 판매중임.

실적 분석

돈사의 2017년 연결기준 연간 누적 매출액은 신제품 매출부진, 판매단가 하락 및 연말 급격한 환율하락 등의 요인으로 전년동기 대비 3.9% 감소한 765.9억원을 기록함. 또한 신제품 개발을 위한 개발비의 증가로 영업이익은 전년동기 대비 감소하여 19.2억원의 손실을 기록함. 동사는 현재 40Gb/sec 및 100Gb/sec 광트랜시버, Tunable 광트랜시버 등을 개발 중에 있음.

현금 흐름 〈단위 : 억원〉

항목	2016	2017
영업활동	-47	41
투자활동	-79	-43
재무활동	65	137
순현금흐름	-59	127
기말현금	93	219

시장 대비 수익률

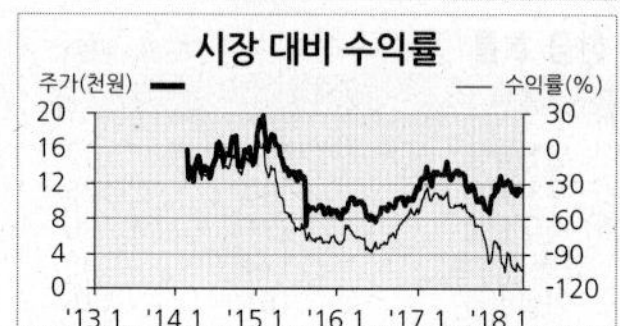

결산 실적 〈단위 : 억원〉

항목	2012	2013	2014	2015	2016	2017
매출액	666	605	720	594	797	766
영업이익	65	85	107	5	47	-19
당기순이익	51	76	117	19	61	-18

분기 실적 〈단위 : 억원〉

항목	2016.3Q	2016.4Q	2017.1Q	2017.2Q	2017.3Q	2017.4Q
매출액	190	288	233	196	167	169
영업이익	-0	45	12	2	-16	-17
당기순이익	-6	52	1	11	-16	-14

재무 상태 〈단위 : 억원〉

항목	2012	2013	2014	2015	2016	2017
총자산	408	567	703	747	899	961
유형자산	76	150	268	267	300	296
무형자산	2	2	2	7	8	8
유가증권	0	0	0	0	0	—
총부채	305	393	213	252	346	291
총차입금	237	285	106	130	200	200
자본금	22	22	26	26	26	39
총자본	103	174	490	495	553	669
지배주주지분	103	174	490	495	553	669

기업가치 지표

항목	2012	2013	2014	2015	2016	2017
주가(최고/저)(천원)	—/—	—/—	17.8/12.0	19.7/7.2	11.7/7.6	14.6/8.5
PER(최고/저)(배)	0.0/0.0	0.0/0.0	9.8/6.6	68.7/25.2	12.3/8.1	—/—
PBR(최고/저)(배)	0.0/0.0	0.0/0.0	2.4/1.6	2.6/1.0	1.4/0.9	1.7/1.0
EV/EBITDA(배)	0.9	1.3	7.3	14.6	10.4	32.6
EPS(원)	986	1,392	1,876	294	959	-255
BPS(원)	2,336	3,953	9,453	9,561	10,676	8,652
CFPS(원)	1,619	2,197	2,828	1,025	1,906	400
DPS(원)	—	150	200	100	125	100
EBITDAPS(원)	1,935	2,404	2,624	759	1,635	381

재무 비율 〈단위 : %〉

연도	영업이익률	순이익률	부채비율	차입금비율	ROA	ROE	유보율	자기자본비율	EBITDA마진율
2017	-2.5	-2.3	43.5	29.9	-1.9	-2.9	1,630.4	69.7	3.5
2016	5.9	7.7	62.6	36.2	7.4	11.7	2,035.1	61.5	10.6
2015	0.9	3.2	50.9	26.3	2.6	3.8	1,812.2	66.3	6.6
2014	14.9	16.3	43.5	21.6	18.5	35.4	1,790.5	69.7	18.5

오킨스전자 (A080580)

OKins Electronics

업 종 : 반도체 및 관련장비 | 시 장 : KOSDAQ
신용등급 : (Bond) — (CP) — | 기업규모 : 벤처
홈페이지 : www.okins.co.kr | 연 락 처 : 031)460-3500
본 사 : 경기도 의왕시 오전공업길 13, 6층 (오전동, 벽산선영테크노피아)

설 립 일	1998.04.13	**종업원수**	146명	**대표이사**	전진국
상 장 일	2014.12.24	**감사의견**	적정(태성)	**계 열**	
결 산 기	12월	**보 통 주**		**종속회사수**	1개사
액 면 가	500원	**우 선 주**		**구 상 호**	

주주구성 (지분율,%)		출자관계 (지분율,%)		주요경쟁사 (외형,%)	
전진국	20.2			오킨스전자	100
김종휘	6.9			GST	414
(외국인)	0.8			키다리스튜디오	36

매출구성		비용구성		수출비중	
제품매출	66.9	매출원가율	83.8	수출	24.9
테스트 용역	25.4	판관비율	16.0	내수	75.1
기타	7.7				

회사 개요

동사는 1998년 4월 13일에 반도체 검사용 소켓 등의 제조 및 판매를 주사업목적으로 설립된 회사임. 동사는 반도체 검사용 소켓 제조사업 (BiTS 사업부)과 반도체 테스트 용역 사업(반도체 사업부)을 영위하고 있으며, 설립 이래 국내 최초로 번인 소켓 (Burn-In Socket) 을 개발, 기존 해외 메이커 제품이 독식하고 있던 번인 소켓 시장에 진입함. 주고객사는 삼성전자, SK하이닉스 등이 있음.

실적 분석

동사의 2017년 결산 매출액은 393.2억원을 기록하며 전년동기 대비 56.7% 증가한 상황. 매출 증가와 더불어 원가율 하락 및 판관비 비중 축소 동반되어 0.8억원의 영업이익 시현하며 흑자전환에 성공. 동사는 반도체 검사용 소켓 제조업체로 삼성전자, SK하이닉스, 서울바이오시스 등을 주요고객사로 보유하고 있음. 품질 및 가격경쟁력 강화에 따라 주력제품인 반도체 검사용 소켓의 시장점유율이 지속적으로 증가하는 추세에 있음.

현금 흐름 <단위 : 억원>

항목	2016	2017
영업활동	-11	33
투자활동	-98	-61
재무활동	103	6
순현금흐름	-5	-22
기말현금	39	18

시장 대비 수익률

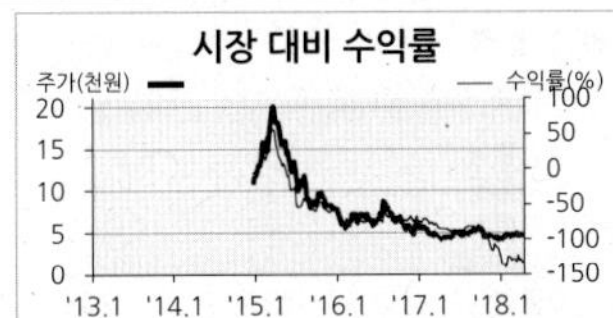

결산 실적 <단위 : 억원>

항목	2012	2013	2014	2015	2016	2017
매출액	362	373	470	383	251	393
영업이익	32	27	67	-52	-92	1
당기순이익	15	15	50	-53	-98	-10

분기 실적 <단위 : 억원>

항목	2016.3Q	2016.4Q	2017.1Q	2017.2Q	2017.3Q	2017.4Q
매출액	61	64	82	111	108	92
영업이익	-21	-27	-11	7	2	2
당기순이익	-23	-28	-13	6	-0	-3

재무 상태 <단위 : 억원>

항목	2012	2013	2014	2015	2016	2017
총자산	480	482	660	582	575	569
유형자산	284	275	328	350	303	270
무형자산	42	34	29	31	29	34
유가증권	0	2	11	20	79	85
총부채	290	279	278	257	328	330
총차입금	239	220	193	190	272	275
자본금	14	14	31	31	31	31
총자본	189	204	381	324	247	239
지배주주지분	189	203	380	323	246	238

기업가치 지표

항목	2012	2013	2014	2015	2016	2017
주가(최고/저)(천원)	—/—	—/—	12.7/11.0	20.2/7.6	9.3/4.7	6.0/4.1
PER(최고/저)(배)	0.0/0.0	0.0/0.0	11.1/9.7	—/—	—/—	—/—
PBR(최고/저)(배)	0.0/0.0	0.0/0.0	2.1/1.8	3.9/1.5	2.4/1.2	1.6/1.1
EV/EBITDA(배)	1.8	1.6	5.3	19.3	—	6.2
EPS(원)	341	334	1,144	-856	-1,575	-164
BPS(원)	6,557	7,046	6,127	5,207	3,967	3,834
CFPS(원)	2,982	3,074	2,924	501	-294	984
DPS(원)	—	—	70	—	—	—
EBITDAPS(원)	3,585	3,503	3,301	523	-200	1,160

재무 비율 <단위 : %>

연도	영업이익률	순이익률	부채비율	차입금비율	ROA	ROE	유보율	자기자본비율	EBITDA마진율
2017	0.2	-2.6	138.4	115.3	-1.8	-4.2	666.7	41.9	18.3
2016	-36.6	-39.0	132.8	109.9	-16.9	-34.3	693.4	43.0	-4.9
2015	-13.5	-13.9	79.4	58.7	-8.6	-15.1	941.4	55.8	8.5
2014	14.2	10.7	72.9	50.5	8.8	17.2	1,125.4	57.8	30.8

오텍 (A067170)

Autech

업 종 : 기계 | 시 장 : KOSDAQ
신용등급 : (Bond) — (CP) — | 기업규모 : 우량
홈페이지 : www.autech.co.kr | 연 락 처 : 041)339-3300
본 사 : 충남 예산군 고덕면 예덕로 1033-36

설 립 일	1991.07.31	**종업원수**	98명	**대표이사**	강성희
상 장 일	2003.11.14	**감사의견**	적정(삼정)	**계 열**	
결 산 기	12월	**보 통 주**		**종속회사수**	7개사
액 면 가	500원	**우 선 주**		**구 상 호**	

주주구성 (지분율,%)		출자관계 (지분율,%)		주요경쟁사 (외형,%)	
강성희	23.9	한국터치스크린	10.2	오텍	100
Morgan Stanley & co. International Limited	3.8			큐로	19
(외국인)	7.0			비에이치아이	39

매출구성		비용구성		수출비중	
자동차 부품 외(제품)	45.7	매출원가율	84.1	수출	—
특수형앰블런스(제품)	17.5	판관비율	11.4	내수	—
기타	14.3				

회사 개요

동사는 특수차량 제조 전문기업으로서 최첨단 한국형 앰뷸런스와 복지차량, 암검진 및 전문 진료차량, 특수 물류차량, 의료기기, 기타 자동차부품을 생산함. 연결대상 종속회사인 오텍캐리어는 냉난방기기와 공조 관련 제품을 상산하며 오텍캐리어내장은 상업용 냉동 냉장설비 등을 제조함. 이밖에도 오텍솔루션즈, 오텍오티스파킹시스템, 에이티디비제일차 등을 연결대상 종속회사로 보유함.

실적 분석

2017년 연결기준 동사는 매출액 8241.2억원을 기록함. 전년도 대비 16.1% 증가함. 매출원가와 판매비와 관리비가 증가했으나 매출 증가폭이 이를 웃돌아 영업이익은 전년도에 비해 29.8% 증가한 363.5억원을 시현함. 비영업부문은 적자가 지속됐으나 손실폭은 줄어들었음. 이에 힘입어 당기순이익은 전년도 대비 78.8% 증가한 255억원을 기록함. 전자상거래 시장이 성장하며 물류, 운송산업도 함께 성장한 것이 호실적 요인으로 분석됨.

현금 흐름 <단위 : 억원>

항목	2016	2017
영업활동	540	-170
투자활동	-387	-13
재무활동	415	63
순현금흐름	568	-125
기말현금	1,183	1,058

시장 대비 수익률

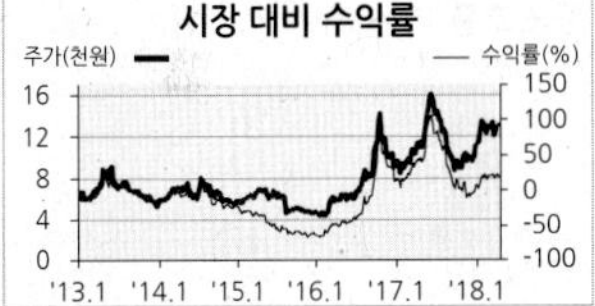

결산 실적 <단위 : 억원>

항목	2012	2013	2014	2015	2016	2017
매출액	4,376	4,491	4,939	5,644	7,097	8,241
영업이익	56	71	100	114	280	364
당기순이익	7	13	21	34	143	255

분기 실적 <단위 : 억원>

항목	2016.3Q	2016.4Q	2017.1Q	2017.2Q	2017.3Q	2017.4Q
매출액	2,051	1,778	1,580	2,467	2,529	1,665
영업이익	95	54	43	116	146	59
당기순이익	94	-27	53	68	96	37

재무 상태 <단위 : 억원>

항목	2012	2013	2014	2015	2016	2017
총자산	2,761	3,003	3,195	3,329	4,331	4,668
유형자산	723	743	745	750	815	792
무형자산	81	100	105	114	245	246
유가증권	8	13	9	9	130	130
총부채	1,761	1,982	2,155	2,270	2,977	3,021
총차입금	792	995	964	1,178	1,462	1,471
자본금	57	57	57	57	69	74
총자본	1,000	1,021	1,040	1,059	1,354	1,647
지배주주지분	766	775	785	792	1,011	1,246

기업가치 지표

항목	2012	2013	2014	2015	2016	2017
주가(최고/저)(천원)	10.2/5.6	9.4/5.3	8.1/5.5	7.1/4.4	14.3/4.4	16.3/8.5
PER(최고/저)(배)	—/—	304.9/172.4	80.7/54.1	44.1/27.6	18.0/5.5	11.6/6.1
PBR(최고/저)(배)	1.6/0.9	1.4/0.8	1.2/0.8	1.0/0.6	2.0/0.6	1.9/1.0
EV/EBITDA(배)	15.0	10.5	9.3	8.0	5.3	5.6
EPS(원)	-48	32	105	165	810	1,413
BPS(원)	6,869	6,951	7,038	7,096	7,462	8,559
CFPS(원)	240	386	531	580	1,245	1,853
DPS(원)	50	50	70	70	70	100
EBITDAPS(원)	807	971	1,299	1,410	2,584	3,049

재무 비율 <단위 : %>

연도	영업이익률	순이익률	부채비율	차입금비율	ROA	ROE	유보율	자기자본비율	EBITDA마진율
2017	4.4	3.1	183.5	89.3	5.7	17.5	1,611.8	35.3	5.2
2016	4.0	2.0	219.8	107.9	3.7	11.7	1,392.4	31.3	4.8
2015	2.0	0.6	214.4	111.3	1.0	2.4	1,319.2	31.8	2.9
2014	2.0	0.4	207.2	92.7	0.7	1.5	1,307.7	32.6	3.0

오파스넷 (A173130)

OPASNET COLTD

업 종 : IT 서비스　　시 장 : KONEX
신용등급 : (Bond) — (CP) —　　기업규모 : —
홈페이지 : www.opasnet.co.kr　　연 락 처 : 1899-4507
본 사 : 서울시 강남구 삼성로 524, 2층(삼성동,세화빌딩)

설 립 일	2004.10.25	종업원수	171명	대표이사	장수현
상 장 일	2016.12.20	감사의견	적정(대주)	계 열	
결 산 기	12월	보 통 주		종속회사수	
액 면 가	—	우 선 주		구 상 호	

주주구성 (지분율,%)		출자관계 (지분율,%)		주요경쟁사 (외형,%)	
장수현	33.1			오파스넷	100
박건상	11.8			링네트	208
				DB	279

매출구성		비용구성		수출비중	
네트워크(상품)	54.4	매출원가율	84.7	수출	1.3
용역(용역)	27.2	판관비율	10.4	내수	98.7
기타	10.6				

회사 개요

2004년 10월 설립한 동사는 컴퓨터시스템 통합 자문 및 구축 서비스업을 영위. 동사의 주요 사업은 네트워크 통합(NI) 시스템 구축 및 자문. 기업체의 네크워크 통합, 공공기관 및 금융권 네트워크 통합과 다양한 솔루션 등을 제공. 최근에는 SI분야 및 컨설팅을 포함한 Total ICT 서비스 업체로 성장하고 있으며 기업이나 공공기관 네트워크 설비를 구축하고 시스템 원활히 작동하도록 유지 보수 서비스 제공.

실적 분석

동사의 연결기준 2017년 매출액은 전년 대비 0.3% 감소한 714.2억원을 기록한 반면, 판관비는 인건비 및 관리비 증가의 영향으로 전년 동기 대비 16.4% 증가함. 동기간 영업이익은 전년 대비 8.3% 증가한 34.7억원을 기록함. 당기순이익은 전년 대비 48.1% 증가한 30.8억원을 기록함.

현금 흐름 *IFRS 별도 기준 〈단위 : 억원〉

항목	2016	2017
영업활동	31	23
투자활동	2	-4
재무활동	-6	-23
순현금흐름	27	-4
기말현금	115	111

시장 대비 수익률

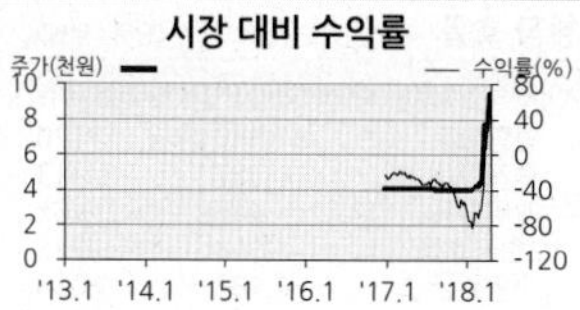

결산 실적 〈단위 : 억원〉

항목	2012	2013	2014	2015	2016	2017
매출액	360	551	622	726	716	714
영업이익	17	36	36	30	32	35
당기순이익	16	27	23	14	21	31

분기 실적 *IFRS 별도 기준 〈단위 : 억원〉

항목	2016.3Q	2016.4Q	2017.1Q	2017.2Q	2017.3Q	2017.4Q
매출액	—	—	—	—	—	—
영업이익	—	—	—	—	—	—
당기순이익	—	—	—	—	—	—

재무 상태 *IFRS 별도 기준 〈단위 : 억원〉

항목	2012	2013	2014	2015	2016	2017
총자산	152	216	268	254	293	340
유형자산	3	2	2	1	1	1
무형자산	—	—	—	—	—	2
유가증권	3	14	14	14	11	9
총부채	107	146	176	147	160	174
총차입금	64	41	96	69	66	27
자본금	10	10	10	10	14	15
총자본	44	69	93	107	133	166
지배주주지분	44	69	93	107	133	166

기업가치 지표 *IFRS 별도 기준

항목	2012	2013	2014	2015	2016	2017
주가(최고/저)(천원)	—/—	—/—	—/—	—/—	4.1/4.1	4.1/4.0
PER(최고/저)(배)	0.0/0.0	0.0/0.0	0.0/0.0	0.0/0.0	5.5/5.5	3.9/3.8
PBR(최고/저)(배)	0.0/0.0	0.0/0.0	0.0/0.0	0.0/0.0	0.9/0.9	0.7/0.7
EV/EBITDA(배)	2.7	—	—	—	1.8	0.8
EPS(원)	571	970	817	516	745	1,061
BPS(원)	22,170	34,700	46,263	53,428	4,764	5,608
CFPS(원)	8,551	14,329	12,095	7,763	771	1,088
DPS(원)	—	—	—	—	—	—
EBITDAPS(원)	9,266	19,034	18,823	15,661	1,174	1,223

재무 비율 〈단위 : %〉

연도	영업이익률	순이익률	부채비율	차입금비율	ROA	ROE	유보율	자기자본비율	EBITDA마진율
2017	4.9	4.3	104.4	16.3	9.7	20.6	1,021.6	48.9	5.0
2016	4.5	2.9	120.6	49.5	7.6	17.4	852.9	45.3	4.6
2015	4.2	2.0	137.7	64.5	5.5	14.4	968.6	42.1	4.3
2014	5.8	3.7	189.8	103.6	9.4	28.1	825.3	34.5	6.1

오픈베이스 (A049480)

Openbase

업 종 : IT 서비스　　시 장 : KOSDAQ
신용등급 : (Bond) — (CP) —　　기업규모 : 중견
홈페이지 : www.openbase.co.kr　　연 락 처 : 02)3404-5700
본 사 : 서울시 서초구 매헌로 16 하이브랜드빌딩 4층

설 립 일	1992.09.16	종업원수	150명	대표이사	송규헌
상 장 일	2000.12.24	감사의견	적정(길인)	계 열	
결 산 기	12월	보 통 주		종속회사수	6개사
액 면 가	500원	우 선 주		구 상 호	

주주구성 (지분율,%)		출자관계 (지분율,%)		주요경쟁사 (외형,%)	
정진섭	22.6	오픈인텔렉스	100.0	오픈베이스	100
한국증권금융	4.0	시큐웨이브	100.0	신세계 I&C	234
(외국인)	1.9	데이타솔루션	69.2	미래아이앤지	6

매출구성		비용구성		수출비중	
솔루션,서비스	90.4	매출원가율	77.3	수출	0.0
소프트웨어 판매	8.0	판관비율	21.4	내수	100.0
부동산 임대	0.8				

회사 개요

동사는 각종 컴퓨터 및 관련 기자재의 제조/판매업, 각종 컴퓨터 통신장비 제조 판매및 통신 소프트웨어 개발업 등을 영위할 목적으로 1992년 9월에 설립됨. 7개의 종속회사에 대해 100%의 지분을 확보하고 있고, 3개의 관계회사를 보유하고 있음. 컴퓨터 시스템과 주변기기, 스토리지, 모바일 기기 및 네트워크 장비 등 IT부문에 대한 지출의 증가여부가 동사의 솔루션 사업에 영향을 미치고 있음.

실적 분석

동사의 2017년 결산 연결기준 누적 매출액은 1,366억원으로 전년 동기 대비 12.8% 감소함. 매출이 줄면서 매출원가도 감소했지만 판매비와 관리비는 오히려 증가함에 따라 영업이익 18.3억원을 기록하며 전년 동기 대비 74% 감소함. 당기순이익 또한 17.1억원을 기록하며 전년 동기 대비 69.1% 감소. 기업의 내부데이터 유출 방지 노력으로 관련 솔루션 도입이 증가하는 추세로 시장 전망은 긍정적임.

현금 흐름 〈단위 : 억원〉

항목	2016	2017
영업활동	96	17
투자활동	-25	-84
재무활동	23	40
순현금흐름	94	-28
기말현금	233	205

시장 대비 수익률

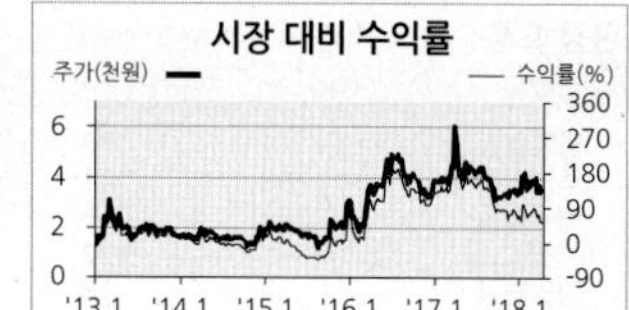

결산 실적 〈단위 : 억원〉

항목	2012	2013	2014	2015	2016	2017
매출액	1,126	1,142	1,141	1,186	1,566	1,366
영업이익	22	19	54	50	70	18
당기순이익	33	32	33	40	55	17

분기 실적 〈단위 : 억원〉

항목	2016.3Q	2016.4Q	2017.1Q	2017.2Q	2017.3Q	2017.4Q
매출액	338	518	212	316	249	589
영업이익	22	44	-8	-10	-7	42
당기순이익	21	30	-3	-10	-16	47

재무 상태 〈단위 : 억원〉

항목	2012	2013	2014	2015	2016	2017
총자산	775	1,074	1,068	1,089	1,126	1,329
유형자산	136	133	166	160	131	175
무형자산	103	68	57	46	39	34
유가증권	3	3	6	6	7	17
총부채	358	630	595	583	563	595
총차입금	115	375	371	306	331	256
자본금	155	155	157	157	157	157
총자본	417	443	474	506	563	734
지배주주지분	414	442	473	506	563	644

기업가치 지표

항목	2012	2013	2014	2015	2016	2017
주가(최고/저)(천원)	3.6/0.7	3.2/1.2	2.1/1.3	3.1/1.2	5.2/1.9	6.3/3.1
PER(최고/저)(배)	35.5/7.0	30.9/11.9	19.7/11.8	24.4/9.3	30.0/10.7	162.8/80.3
PBR(최고/저)(배)	2.9/0.6	2.3/0.9	1.5/0.9	1.9/0.7	2.9/1.0	3.1/1.5
EV/EBITDA(배)	10.1	11.0	7.9	13.0	13.2	19.3
EPS(원)	108	107	110	129	176	39
BPS(원)	1,340	1,429	1,505	1,640	1,809	2,060
CFPS(원)	137	248	234	247	254	160
DPS(원)	25	25	25	25	25	15
EBITDAPS(원)	99	202	300	278	302	179

재무 비율 〈단위 : %〉

연도	영업이익률	순이익률	부채비율	차입금비율	ROA	ROE	유보율	자기자본비율	EBITDA마진율
2017	1.3	1.3	81.0	34.9	1.4	2.0	312.1	55.2	4.1
2016	4.5	3.5	100.1	58.8	5.0	10.3	261.8	50.0	6.1
2015	4.3	3.4	115.4	60.5	3.7	8.3	228.0	46.4	7.4
2014	4.8	2.9	125.6	78.3	3.1	7.5	201.0	44.3	8.2

옴니시스템 (A057540)
OMNI SYSTEM

업　　종 : 전기장비　　　시　　장 : KOSDAQ
신용등급 : (Bond) —　(CP) —　　　기업규모 : 우량
홈페이지 : www.omnisystem.co.kr　　　연 락 처 : 031)883-5400
본　　사 : 경기도 여주군 가남면 연삼로 284

설립일	1997.02.17	종업원수	275명	대표이사	박혜린
상장일	2007.09.19	감사의견	적정(한경)	계열	
결산기	12월	보통주		종속회사수	2개사
액면가	500원	우선주		구상호	

주주구성 (지분율,%)		출자관계 (지분율,%)		주요경쟁사 (외형,%)	
바이오스마트	21.2	위지트에너지	81.0	옴니시스템	100
한국증권금융	4.1	한생화장품	34.8	삼영전자	190
(외국인)	4.2	비즈니스온커뮤니케이션	20.6	일진전기	632

매출구성		비용구성		수출비중	
계량기(제품)	50.0	매출원가율	84.8	수출	0.5
카드(제품)	28.6	판관비율	12.4	내수	99.5
계량기(상품)	9.8				

회사 개요
위지트, 동도조명 등을 자회사로 두고 원격검침이 가능한 디지털 전력량계를 국내 최초로 개발하였으며, 지속적인 연구개발로 전기를 비롯한 가스, 수도, 온수, 열량계 등의 설비미터도 디지털 방식으로 개발한 계측기 분야를 선도하는 회사임. 정부에서 정책적으로 추진하고 있는 스마트그리드 사업 부문에서도 동사가 개발예정인 스마트계량기 및 원격검침 시스템을 통하여 상당한 기여를 할 것으로 예상됨.

실적 분석
동사의 2017년 연결기준 4분기 누적 매출액은 1206.4억원으로 전년동기(697억원) 대비 73.1% 급증하였음. 부문별로는 카드부문과 조명부문 매출이 증가했고 매출비중 높은 계량기부문 매출도 회복했음. 영업이익은 전년보다 36.3% 늘어난 34.8억원을 기록함. 영업이익 개선과 더불어 비영업 부문 순익 증가로 당기순이익은 전년보다 141% 늘어난 65.4억원을 달성함.

현금 흐름 <단위 : 억원>

항목	2016	2017
영업활동	-14	131
투자활동	-15	-70
재무활동	15	9
순현금흐름	-14	70
기말현금	83	153

시장 대비 수익률
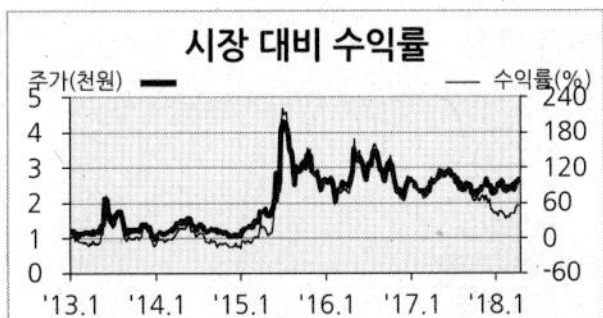

결산 실적 <단위 : 억원>

항목	2012	2013	2014	2015	2016	2017
매출액	492	490	737	778	697	1,206
영업이익	-68	1	46	69	26	35
당기순이익	-72	-54	30	78	27	65

분기 실적 <단위 : 억원>

항목	2016.3Q	2016.4Q	2017.1Q	2017.2Q	2017.3Q	2017.4Q
매출액	196	186	203	247	367	389
영업이익	13	4	4	12	15	4
당기순이익	15	6	6	13	18	29

재무 상태 <단위 : 억원>

항목	2012	2013	2014	2015	2016	2017
총자산	546	725	794	961	1,016	1,271
유형자산	142	184	286	368	380	435
무형자산	26	104	107	107	104	101
유가증권	9	17	12	25	20	18
총부채	226	190	228	297	332	525
총차입금	108	71	89	184	203	212
자본금	114	203	203	203	203	203
총자본	319	535	565	664	684	746
지배주주지분	317	533	565	645	664	723

기업가치 지표

항목	2012	2013	2014	2015	2016	2017
주가(최고/저)(천원)	2.0/0.9	2.2/1.0	1.6/1.0	4.6/1.1	4.0/2.0	3.0/2.2
PER(최고/저)(배)	—/—	—/—	20.8/13.1	24.7/5.8	63.9/32.3	19.4/14.1
PBR(최고/저)(배)	1.4/0.7	1.7/0.8	1.2/0.7	2.9/0.7	2.4/1.2	1.7/1.2
EV/EBITDA(배)	—	18.3	6.5	11.3	21.6	15.8
EPS(원)	-372	-163	77	187	62	155
BPS(원)	1,396	1,313	1,390	1,588	1,633	1,778
CFPS(원)	-271	-101	138	261	134	228
DPS(원)	—	—	—	—	—	—
EBITDAPS(원)	-252	65	174	244	135	159

재무 비율 <단위 : %>

연도	영업이익률	순이익률	부채비율	차입금비율	ROA	ROE	유보율	자기자본비율	EBITDA마진율
2017	2.9	5.4	70.4	28.5	5.7	9.1	255.7	58.7	5.4
2016	3.7	3.9	48.5	29.7	2.8	3.9	226.6	67.3	7.9
2015	8.9	10.0	44.7	27.6	8.9	12.6	217.6	69.1	12.8
2014	6.2	4.1	40.4	15.7	4.0	5.7	177.9	71.2	9.6

옴니텔 (A057680)
Omnitel

업　　종 : 인터넷 서비스　　　시　　장 : KOSDAQ
신용등급 : (Bond) —　(CP) —　　　기업규모 : 중견
홈페이지 : www.omnitel.co.kr　　　연 락 처 : 02)2181-8000
본　　사 : 서울시 동작구 여의대방로62길 1, 3층

설립일	1998.08.21	종업원수	56명	대표이사	김상우
상장일	2002.06.08	감사의견	적정(대성삼경)	계열	
결산기	12월	보통주		종속회사수	
액면가	500원	우선주		구상호	

주주구성 (지분율,%)		출자관계 (지분율,%)		주요경쟁사 (외형,%)	
위지트동도	16.1	코인스닥	33.3	옴니텔	100
비덴트	5.7	옴니네트웍스	20.0	이지웰페어	134
(외국인)	1.3	비티씨코리아닷컴	8.4	이상네트웍스	117

매출구성		비용구성		수출비중	
모바일커머스	87.4	매출원가율	95.9	수출	1.4
모바일광고/DMB	9.5	판관비율	13.7	내수	98.6
해외사업	2.2				

회사 개요
동사는 1998년에 설립돼 이동통신에 방송서비스를 도입한 업체로 지상파DMB, 모바일앱, 모바일게임 등을 서비스하는 업체임. '한국DMB'와 몽골의 'Mongol Content, LLC', '한국난방필름', 홍콩의 '전천통집단유한공사', '방화집단유한공사', 모바일커머스 업체 '이스크라' 6개의 계열회사를 보유하고 있음. 한국DMB는 뉴스와 스포츠 중심채널인 QBS를 운영하고 있고, 2010년 게임사업을 시작해 모바일용 게임을 출시함.

실적 분석
동사의 2017년도 누적 매출액은 434.9억원으로 전년대비 46.1% 증가함. 회사의 주력사업부문인 모바일쿠폰 사업의 영업 확대에 따라 전년대비 매출액이 증가하고 영업손실폭이 감소하였으나 모바일쿠폰 외 손실사업의 구조조정 비용이 당기 중 반영되어 영업손실을 기록함. 매출은 모바일커머스, 모바일광고/DMB, 해외사업 유형으로 구성됨. B2B 사업에 주력해왔으나 카카오선물하기 입점을 통해 B2C로 영역을 확대중임.

현금 흐름 <단위 : 억원>

항목	2016	2017
영업활동	-7	-29
투자활동	-36	-91
재무활동	58	231
순현금흐름	15	111
기말현금	34	145

시장 대비 수익률
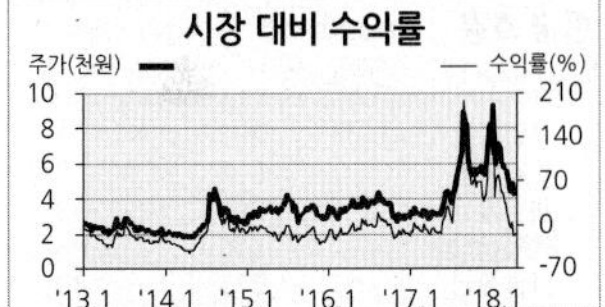

결산 실적 <단위 : 억원>

항목	2012	2013	2014	2015	2016	2017
매출액	97	87	251	370	298	435
영업이익	-33	-36	13	-21	-70	-42
당기순이익	-26	-48	10	-23	-108	-56

분기 실적 <단위 : 억원>

항목	2016.3Q	2016.4Q	2017.1Q	2017.2Q	2017.3Q	2017.4Q
매출액	109	69	105	—	—	—
영업이익	-5	-39	-13	—	—	—
당기순이익	-9	-70	-17	—	—	—

재무 상태 <단위 : 억원>

항목	2012	2013	2014	2015	2016	2017
총자산	204	245	226	252	231	453
유형자산	22	24	22	21	36	3
무형자산	3	56	58	54	26	26
유가증권	1	1	1	1	38	129
총부채	75	131	97	142	153	317
총차입금	31	86	63	96	93	229
자본금	69	74	78	78	90	104
총자본	130	114	129	111	77	136
지배주주지분	130	114	129	111	77	136

기업가치 지표

항목	2012	2013	2014	2015	2016	2017
주가(최고/저)(천원)	3.8/1.9	3.0/1.9	5.2/1.8	4.4/2.6	4.4/2.8	10.5/2.9
PER(최고/저)(배)	—/—	—/—	76.2/27.0	—/—	—/—	—/—
PBR(최고/저)(배)	3.7/1.9	3.6/2.3	5.8/2.1	5.6/3.4	9.0/5.7	15.3/4.2
EV/EBITDA(배)	—	—	27.6	—	—	—
EPS(원)	-186	-347	68	-150	-625	-273
BPS(원)	1,018	840	896	775	485	683
CFPS(원)	-169	-330	92	-112	-591	-261
DPS(원)	—	—	—	—	—	—
EBITDAPS(원)	-227	-244	111	-97	-371	-192

재무 비율 <단위 : %>

연도	영업이익률	순이익률	부채비율	차입금비율	ROA	ROE	유보율	자기자본비율	EBITDA마진율
2017	-9.6	-12.9	232.4	168.1	-16.4	-52.5	36.6	30.1	-9.1
2016	-23.6	-36.4	일부잠식	일부잠식	-44.9	-115.3	-3.0	33.6	-21.6
2015	-5.7	-6.3	128.1	86.9	-9.8	-19.4	55.0	43.9	-4.1
2014	5.2	4.1	74.7	48.6	4.4	8.4	79.2	57.2	6.6

옵토팩 (A123010)
OptoPAC

업 종 : 반도체 및 관련장비
신용등급 : (Bond) — (CP) —
홈페이지 : www.optopac.com
본 사 : 충북 청주시 흥덕구 옥산면 과학산업1로 114
시 장 : KOSDAQ
기업규모 : 기술성
연 락 처 : 043)218-7866

설 립 일	2003.10.15	**종업원수**	91명	**대표이사**	김덕훈
상 장 일	2014.10.31	**감사의견**	적정(대성삼경)	**계 열**	
결 산 기	12월	**보 통 주**		**종속회사수**	
액 면 가	500원	**우 선 주**		**구 상 호**	

주주구성 (지분율,%)		출자관계 (지분율,%)		주요경쟁사 (외형,%)	
김덕훈	25.2			옵토팩	100
플래티넘-큰성장펀드	2.8			제이티	227
(외국인)	1.4			성우테크론	269

매출구성		비용구성		수출비중	
이미지센서패키지(NeoPAC®)	100.0	매출원가율	107.8	수출	91.4
		판관비율	14.1	내수	8.6

회사 개요
동사는 CMOS 및 CCD Image Sensor 용 WLCSP(Wafer Level Chip Scale Package) 전문회사로서 이미지센서 패키징 분야의 특허기술을 기반으로 2003년 10월 15일에 설립됨. 동사의 관련 산업분야인 CMOS 이미지센서는 비 메모리분야에 속해 있으며 CMOS 이미지센서는 2017년 전체시장 이미지 센서 시장 대비 95% 이상을 차지할 것으로 예측됨.

실적 분석
동사의 2017년 실적은 전년 대비 매출은 약 50.7% 감소한 142억원, 영업이익은 영업 손실로 전환되었고, 당기순손실은 적자폭이 716.5% 증가하여 약 32억원을 기록함. 자산총계는 전년 대비 62억원 감소한 218억원을 기록함. 매출액 감소의 영향으로 매출채권 및 기타채권이 16억원 감소하였고, 전환상환우선주의 상환 등으로 현금및현금성자산이 8억원 감소함.

현금 흐름
*IFRS 별도 기준 〈단위 : 억원〉

항목	2016	2017
영업활동	28	-1
투자활동	-50	7
재무활동	29	-13
순현금흐름	7	-8
기말현금	27	20

시장 대비 수익률
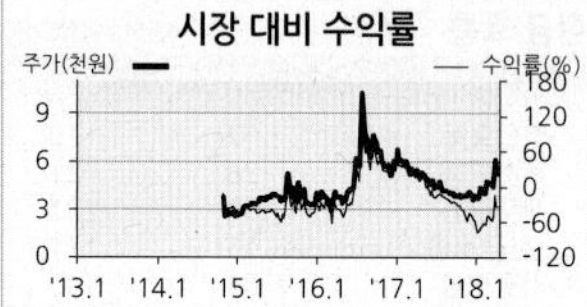

결산 실적
〈단위 : 억원〉

항목	2012	2013	2014	2015	2016	2017
매출액	270	257	339	317	288	142
영업이익	-2	4	31	-0	0	-31
당기순이익	-16	-8	12	-4	-4	-32

분기 실적
*IFRS 별도 기준 〈단위 : 억원〉

항목	2016.3Q	2016.4Q	2017.1Q	2017.2Q	2017.3Q	2017.4Q
매출액	53	75	37	30	41	33
영업이익	-7	-1	-10	-8	-3	-10
당기순이익	-9	1	-13	-5	-3	-11

재무 상태
*IFRS 별도 기준 〈단위 : 억원〉

항목	2012	2013	2014	2015	2016	2017
총자산	280	244	287	269	281	218
유형자산	170	148	184	167	158	133
무형자산	15	14	5	3	2	2
유가증권	—	—	—	—	—	—
총부채	248	220	259	203	159	114
총차입금	214	180	177	140	113	92
자본금	22	22	18	21	26	27
총자본	32	24	28	66	122	104
지배주주지분	32	24	28	66	122	104

기업가치 지표
*IFRS 별도 기준

항목	2012	2013	2014	2015	2016	2017
주가(최고/저)(천원)	—/—	—/—	3.8/2.3	5.2/2.6	10.3/2.9	6.7/3.6
PER(최고/저)(배)	0.0/0.0	0.0/0.0	12.2/7.5	—/—	—/—	—/—
PBR(최고/저)(배)	0.0/0.0	0.0/0.0	3.8/2.3	2.7/1.4	3.8/1.1	2.9/1.6
EV/EBITDA(배)	5.5	4.3	4.1	9.7	10.8	—
EPS(원)	-397	-215	313	-89	-86	-636
BPS(원)	1,365	1,151	1,014	1,905	2,680	2,291
CFPS(원)	596	700	1,084	674	574	-67
DPS(원)	—	—	—	—	—	—
EBITDAPS(원)	931	1,019	1,565	755	667	-45

재무 비율
〈단위 : %〉

연도	영업이익률	순이익률	부채비율	차입금비율	ROA	ROE	유보율	자기자본비율	EBITDA마진율
2017	-21.9	-22.7	108.8	87.8	-12.9	-28.4	328.0	47.9	-1.6
2016	0.1	-1.4	129.7	92.4	-1.4	-4.2	421.8	43.5	10.6
2015	-0.1	-1.1	305.5	210.4	-1.3	-7.5	277.8	24.7	9.5
2014	9.3	3.7	911.8	625.5	—	—	125.6	9.9	18.2

옵트론텍 (A082210)
Optrontec

업 종 : 전자 장비 및 기기
신용등급 : (Bond) — (CP) —
홈페이지 : www.optrontec.com
본 사 : 경남 창원시 의창구 평산로8번길 19-15
시 장 : KOSDAQ
기업규모 : 벤처
연 락 처 : 055)250-2700

설 립 일	1999.05.26	**종업원수**	344명	**대표이사**	홍사관
상 장 일	2005.06.24	**감사의견**	적정(대영)	**계 열**	
결 산 기	12월	**보 통 주**		**종속회사수**	6개사
액 면 가	500원	**우 선 주**		**구 상 호**	

주주구성 (지분율,%)		출자관계 (지분율,%)		주요경쟁사 (외형,%)	
임지윤	18.8	티알제1호콘텐트&코스메틱합자조합	61.1	옵트론텍	100
옵트론텍우리사주조합	5.1	미래이노텍	44.1	에스씨디	95
(외국인)	2.8	옵트론티에스	41.0	코아시아홀딩스	274

매출구성		비용구성		수출비중	
이미지센서용 필터	80.8	매출원가율	67.6	수출	83.5
광학렌즈 및 모듈	9.3	판관비율	21.3	내수	16.5
광픽업용 필터	6.6				

회사 개요
동사는 광학부품 전문기업으로 모바일폰 등 스마트 기기의 카메라에 적용되는 이미지센서용 필터와 CCTV, 차량용 카메라에 사용되는 광학렌즈 및 렌즈모듈, 그리고 DVD, 블루레이용 광픽업장치에 사용되는 광픽업용 필터 등의 제조, 조립 및 판매 사업을 영위하고 있음. 옵트론광전자(천진)유한공사, 옵트론광전자(동관)유한공사, 옵트론전자(홍콩)유한공사, 티알에스 등을 연결대상 종속회사로 보유함.

실적 분석
2017년 연결기준 매출액은 1,546.1억원을 기록해 전년 동기 대비 12% 증가함. 동사의 제품군 중 매출 비중이 높은 광학필터 매출 증가 및 고부가가치제품 Mix에 따라 수익성이 개선됨. 판관비가 다소 증가하며 영업이익은 전년 동기 수준을 기록하였지만 비영업손익 중 지분법적용 투자주식 처분이익의 발생으로 당기순이익은 215.2% 증가한 69.4억원을 기록함.

현금 흐름
〈단위 : 억원〉

항목	2016	2017
영업활동	234	385
투자활동	-115	-290
재무활동	-132	-98
순현금흐름	-13	-3
기말현금	26	22

시장 대비 수익률
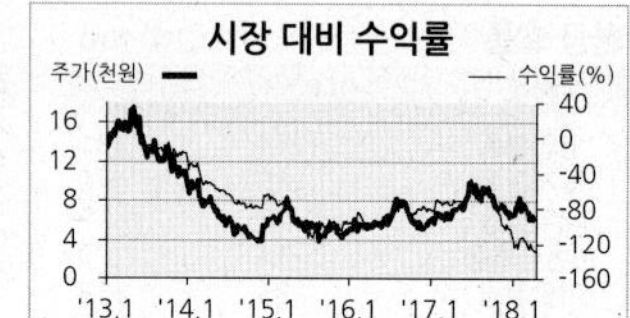

결산 실적
〈단위 : 억원〉

항목	2012	2013	2014	2015	2016	2017
매출액	1,713	2,027	830	1,355	1,381	1,546
영업이익	209	278	-284	22	169	171
당기순이익	101	141	-356	-6	22	69

분기 실적
〈단위 : 억원〉

항목	2016.3Q	2016.4Q	2017.1Q	2017.2Q	2017.3Q	2017.4Q
매출액	336	328	412	472	388	274
영업이익	33	65	41	47	38	45
당기순이익	1	1	11	23	25	11

재무 상태
〈단위 : 억원〉

항목	2012	2013	2014	2015	2016	2017
총자산	1,898	2,230	2,319	2,388	2,250	2,210
유형자산	843	1,121	962	903	841	952
무형자산	68	155	106	145	160	132
유가증권	58	26	49	38	44	118
총부채	1,022	1,168	1,605	1,656	1,473	1,290
총차입금	847	1,006	1,482	1,352	1,203	983
자본금	100	101	101	101	103	113
총자본	876	1,062	714	732	777	920
지배주주지분	876	1,032	708	749	827	947

기업가치 지표

항목	2012	2013	2014	2015	2016	2017
주가(최고/저)(천원)	13.7/3.9	17.5/10.2	10.2/3.7	8.4/3.8	8.4/4.9	10.7/5.6
PER(최고/저)(배)	26.8/7.7	22.7/13.2	—/—	99.4/45.8	31.3/18.2	51.8/27.0
PBR(최고/저)(배)	3.1/0.9	3.4/2.0	2.8/1.0	2.1/1.0	2.0/1.2	2.5/1.3
EV/EBITDA(배)	10.9	7.8	—	13.4	7.3	7.3
EPS(원)	510	770	-1,527	84	268	207
BPS(원)	4,382	5,209	3,699	3,901	4,188	4,357
CFPS(원)	990	1,367	-834	799	991	850
DPS(원)	—	—	—	—	—	—
EBITDAPS(원)	1,534	1,975	-714	824	1,540	1,401

재무 비율
〈단위 : %〉

연도	영업이익률	순이익률	부채비율	차입금비율	ROA	ROE	유보율	자기자본비율	EBITDA마진율
2017	11.1	4.5	140.3	106.9	3.1	5.3	771.4	41.6	20.5
2016	12.2	1.6	189.6	154.8	1.0	7.0	737.6	34.5	23.1
2015	1.6	-0.4	226.3	184.8	-0.2	2.3	680.2	30.6	12.3
2014	-34.2	-43.0	225.0	207.7	-15.7	-35.4	639.8	30.8	-17.4

옵티시스 (A109080)

Opticis

업 종 : 통신장비
신용등급 : (Bond) — (CP) —
홈페이지 : www.opticis.com
본 사 : 경기도 성남시 분당구 정자일로 166, 7층(정자동SPG Dream 빌딩)
시 장 : KOSDAQ
기업규모 : 벤처
연 락 처 : 031)719-8033

설 립 일	1999.11.29	**종 업 원 수**	100명	**대 표 이 사**	신현국
상 장 일	2011.07.12	**감 사 의 견**	적정(삼일)	**계 열**	
결 산 기	12월	**보 통 주**		**종속회사수**	
액 면 가	500원	**우 선 주**		**구 상 호**	

주주구성 (지분율,%)		출자관계 (지분율,%)		주요경쟁사 (외형,%)	
신현국	14.1			옵티시스	100
김일	6.0			텔레필드	209
(외국인)	0.9			이그잭스	243

매출구성		비용구성		수출비중	
[제품]영상신호용 광링크	90.4	매출원가율	60.7	수출	92.6
[상품]스위치류 외	9.0	판관비율	27.5	내수	7.4
기타	0.6				

회사 개요

1999년 설립되어 컴퓨터와 디지털 디스플레이 기기를 포함해 각종 디지털 멀티미디어 기기들 사이에 고속의 디지털 신호를 광전송 모듈을 이용해 전송하는 디지털 광링크의 개발 제조 판매하는 수출 중심 기업임. 동사는 세계 최초로 디지털광링크를 개발, 판매했으며, 특히 의료영상, 디지털 싸이니지, 교육, 방송 등 여러 분야에 신호 손실 없고 선명한 장거리 영상 전송을 가능케하는 제품을 제조하고 있음. 철도 차량용 디지털 영상시스템을 KTX에 납품함.

실적 분석

영상신호용 광링크와 PC인터페이스용 광링크가 해외를 중심으로 판매가 회복되어 달러기준 수출액은 16.8% 증가함. 그러나 환율 하락 영향으로 2017년 원화 기준 전체 매출액은 전년동기 대비 4.7% 증가에 그침. 원가율 상승과 고정비용 부담으로 영업이익은 전년 수준에 머물렀으며, 외환관련손실이 늘어나 영업외수지도 악화됨. UHD TV 수도권 본방송 시작과 사물인터넷 관련 신모바일 기기의 증가 등 시장 트렌드 변화에 따른 수혜가 기대됨.

현금 흐름 *IFRS 별도 기준

〈단위 : 억원〉

항목	2016	2017
영업활동	39	26
투자활동	-16	-27
재무활동	-12	-19
순현금흐름	13	-25
기말현금	83	58

시장 대비 수익률

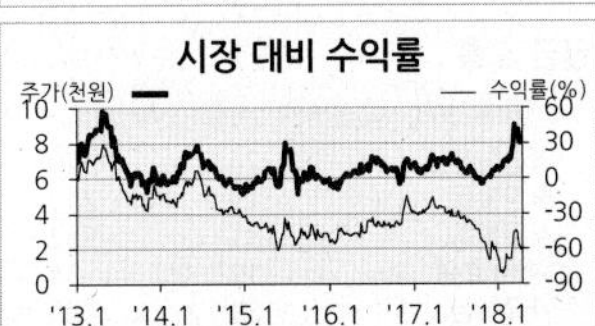

결산 실적

〈단위 : 억원〉

항목	2012	2013	2014	2015	2016	2017
매출액	175	155	188	159	171	179
영업이익	39	22	30	19	21	21
당기순이익	34	18	29	22	23	17

분기 실적 *IFRS 별도 기준

〈단위 : 억원〉

항목	2016.3Q	2016.4Q	2017.1Q	2017.2Q	2017.3Q	2017.4Q
매출액	38	47	46	40	43	50
영업이익	2	5	5	4	5	8
당기순이익	2	7	4	3	6	4

재무 상태 *IFRS 별도 기준

〈단위 : 억원〉

항목	2012	2013	2014	2015	2016	2017
총자산	303	318	340	360	376	369
유형자산	58	59	33	31	31	28
무형자산	30	26	30	29	22	18
유가증권	6	6	13	8	19	39
총부채	65	68	64	65	61	39
총차입금	44	51	41	41	33	15
자본금	28	28	28	28	28	28
총자본	238	250	277	296	315	330
지배주주지분	238	250	277	296	315	330

기업가치 지표 *IFRS 별도 기준

항목	2012	2013	2014	2015	2016	2017
주가(최고/저)(천원)	7.3/4.5	9.9/5.2	8.2/5.1	8.0/5.1	7.3/5.4	7.3/5.6
PER(최고/저)(배)	12.7/7.8	31.9/16.9	16.7/10.4	21.5/13.6	18.1/13.2	24.5/18.7
PBR(최고/저)(배)	1.6/1.0	2.0/1.1	1.5/1.0	1.4/0.9	1.2/0.9	1.1/0.9
EV/EBITDA(배)	6.5	7.5	4.2	6.2	6.2	6.2
EPS(원)	600	322	507	383	414	302
BPS(원)	4,781	5,096	5,585	5,925	6,295	6,554
CFPS(원)	761	523	730	611	662	493
DPS(원)	20	20	50	50	50	70
EBITDAPS(원)	851	591	761	563	614	566

재무 비율

〈단위 : %〉

연도	영업이익률	순이익률	부채비율	차입금비율	ROA	ROE	유보율	자기자본비율	EBITDA마진율
2017	11.8	9.5	12.0	4.6	4.6	5.3	1,210.7	89.3	17.8
2016	12.0	13.6	19.3	10.4	6.3	7.6	1,159.0	83.8	20.2
2015	11.9	13.6	21.9	13.9	6.2	7.5	1,085.0	82.1	20.0
2014	16.2	15.2	23.0	14.7	8.7	10.9	1,017.1	81.3	22.8

와이더블유 (A051390)

YW

업 종 : 내구소비재
신용등급 : (Bond) — (CP) —
홈페이지 : www.ywtc.com
본 사 : 경기도 성남시 분당구 판교로 744, C동 801호 (야탑동, 분당테크노파크)
시 장 : KOSDAQ
기업규모 : 벤처
연 락 처 : 031)703-7118

설 립 일	1995.07.26	**종 업 원 수**	14명	**대 표 이 사**	우병일
상 장 일	2001.11.07	**감 사 의 견**	적정(세일)	**계 열**	
결 산 기	12월	**보 통 주**		**종속회사수**	1개사
액 면 가	500원	**우 선 주**		**구 상 호**	영우통신

주주구성 (지분율,%)		출자관계 (지분율,%)		주요경쟁사 (외형,%)	
우병일	23.3	나가토모	100.0	YW	100
심영섭	9.7	모비슨	65.0	한국가구	207
(외국인)	0.5	한국DMB	2.5	코아스	431

매출구성		비용구성		수출비중	
상품매출	80.3	매출원가율	70.2	수출	0.0
이자수익	14.0	판관비율	13.8	내수	100.0
제품	5.7				

회사 개요

주된 사업내용은 도매업(85%), 기업금융(10%), 그리고 부동산 임대업 등 기타부문으로 구성됨. 렌탈은 렌탈고객들로 하여금 렌탈기간동안 렌탈물건을 사용하면서 렌탈료를 분할하여 납부하도록 함으로써 일시불로 구입하기 부담스러운 고가의 생활용품, 산업용 기계 장비등의 사용을 가능하게 하며, 기업금융이란 안전한 기업의 회사채를 매입 운용하여 자금의 효율적인 활용을 도모함.

실적 분석

동사의 2017년 매출과 영업이익은 264.4억원, 42.1억원으로 전년 대비 매출은 10.5% 감소하고 영업이익은 6.1% 증가함. 당기순이익은 28.6억원으로 전년 대비 10.9% 증가함. 동사의 자산총계는 전기 대비 6.8% 증가한 1,011억원이며 부채총계는 전기 대비 24.6% 증가한 311억원, 자본총계는 전기 대비 0.4% 증가한 700억원임. 유동비율은 274.4%로서 매우 우수한 지급능력을 보유함.

현금 흐름

〈단위 : 억원〉

항목	2016	2017
영업활동	122	162
투자활동	-139	-110
재무활동	-21	-8
순현금흐름	-38	44
기말현금	30	74

시장 대비 수익률

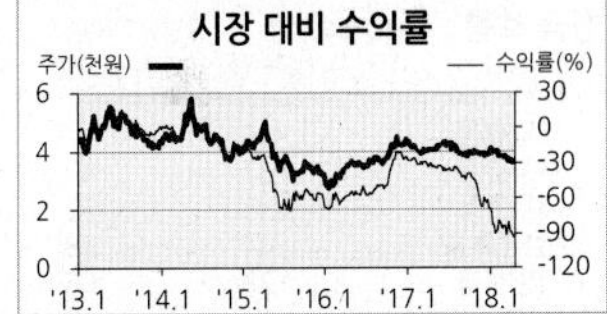

결산 실적

〈단위 : 억원〉

항목	2012	2013	2014	2015	2016	2017
매출액	624	296	89	112	295	264
영업이익	17	61	2	16	40	42
당기순이익	39	47	11	-11	26	29

분기 실적

〈단위 : 억원〉

항목	2016.3Q	2016.4Q	2017.1Q	2017.2Q	2017.3Q	2017.4Q
매출액	98	66	101	56	55	53
영업이익	17	12	13	11	10	7
당기순이익	11	6	10	8	7	4

재무 상태

〈단위 : 억원〉

항목	2012	2013	2014	2015	2016	2017
총자산	866	895	890	910	946	1,011
유형자산	145	53	48	43	23	14
무형자산	11	11	10	9	7	6
유가증권	342	1	1	2	11	1
총부채	171	162	157	218	249	311
총차입금	100	100	100	190	186	204
자본금	57	57	57	57	57	57
총자본	695	733	733	692	697	700
지배주주지분	695	733	733	692	697	700

기업가치 지표

항목	2012	2013	2014	2015	2016	2017
주가(최고/저)(천원)	6.6/3.9	5.7/3.9	6.1/3.6	5.2/2.9	4.7/2.7	4.4/3.7
PER(최고/저)(배)	21.5/12.6	15.2/10.4	70.1/40.9	—/—	21.5/12.6	18.1/15.1
PBR(최고/저)(배)	1.2/0.7	1.0/0.7	1.0/0.6	0.9/0.5	0.7/0.4	0.7/0.6
EV/EBITDA(배)	6.7	6.0	12.7	11.0	3.4	3.6
EPS(원)	344	414	94	-93	227	251
BPS(원)	6,295	6,628	6,633	6,442	6,666	6,836
CFPS(원)	408	497	194	-4	302	310
DPS(원)	100	100	100	—	100	100
EBITDAPS(원)	210	617	121	228	425	429

재무 비율

〈단위 : %〉

연도	영업이익률	순이익률	부채비율	차입금비율	ROA	ROE	유보율	자기자본비율	EBITDA마진율
2017	15.9	10.8	44.4	29.2	2.9	4.1	1,267.2	69.3	18.4
2016	13.4	8.7	35.8	26.7	2.8	3.7	1,233.3	73.7	16.4
2015	14.0	-9.4	31.5	27.5	-1.2	-1.5	1,188.4	76.0	23.0
2014	2.6	12.0	21.4	13.6	1.2	1.5	1,226.7	82.4	15.4

*관리종목

와이디온라인 (A052770)

YD Online

업 종 : 게임 소프트웨어 | 시 장 : KOSDAQ
신용등급 : (Bond) — (CP) — | 기업규모 :
홈페이지 : www.ydonline.co.kr | 연 락 처 : 02)3475-2900
본 사 : 서울시 강남구 학동로 97길 20 성호빌딩

설 립 일	1997.06.30	종업원수	284명	대표이사	변종섭,김남규
상 장 일	2002.08.22	감사의견	적정(삼일)	계 열	
결 산 기	12월	보 통 주		종속회사수	
액 면 가	500원	우 선 주		구 상 호	

주주구성 (지분율,%)		출자관계 (지분율,%)		주요경쟁사 (외형,%)	
클라우드매직	22.4			와이디온라인	100
시니안	19.7			액토즈소프트	263
(외국인)	1.7			액션스퀘어	45

매출구성		비용구성		수출비중	
[모바일]게임유료 아이템 등	56.2	매출원가율	64.9	수출	3.2
[온라인]게임유료 아이템 등	43.1	판관비율	82.9	내수	96.8
서비스 대행	0.7				

회사 개요

동사는 1997년 설립되어 2002년 8월 코스닥에 상장된, 현재 모바일게임 개발 및 퍼블리싱을 하고 있는 게임기업임. 흥행에 성공한 '갓 오브 하이스쿨'로 웹툰 IP를 활용한 첫 성공게임을 만들어 냈으며 다양한 모바일 게임을 국내는 물론 전세계에 서비스 중. 2016년 6월부터는 이카루스, 미르의 전설2, 미르의 전설3를 퍼블리싱 서비스중이며 2017년부터는 웹툰 원작 모바일 게임인 노블레스, 외모지상주의 등을 서비스하고 있음.

실적 분석

동사의 2017년 연간 매출액은 전년 대비 43.7% 감소한 210.8억원을 기록함. 외형축소의 영향으로 매출원가가 전년 대비 11.3% 감소했으며 판관비 역시 23.8% 감소했음에도 불구하고 100.7억원의 영업손실을 기록하며 적자를 지속했음. 비영업부문에서도 109.8억원의 손실을 기록함에 따라 적자 폭이 확대됨. 이에 따라 2017년 연간 순손실은 211.1억원을 기록하며 적자를 지속했음.

현금 흐름 *IFRS 별도 기준 〈단위 : 억원〉

항목	2016	2017
영업활동	-4	-7
투자활동	-37	-47
재무활동	-3	92
순현금흐름	-44	38
기말현금	28	66

시장 대비 수익률

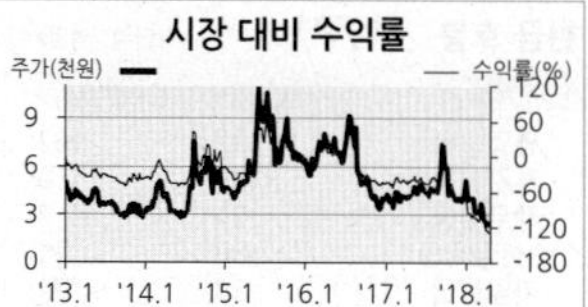

결산 실적 〈단위 : 억원〉

항목	2012	2013	2014	2015	2016	2017
매출액	367	345	275	439	374	211
영업이익	2	58	-33	47	-9	-101
당기순이익	-23	11	-60	2	-38	-211

분기 실적 *IFRS 별도 기준 〈단위 : 억원〉

항목	2016.3Q	2016.4Q	2017.1Q	2017.2Q	2017.3Q	2017.4Q
매출액	76	80	53	62	42	54
영업이익	-23	-0	-17	-19	-20	-44
당기순이익	-28	-15	-20	-41	-22	-128

재무 상태 *IFRS 별도 기준 〈단위 : 억원〉

항목	2012	2013	2014	2015	2016	2017
총자산	322	313	265	314	241	153
유형자산	12	11	10	15	16	12
무형자산	101	106	128	117	108	28
유가증권	37	20	12	5	—	—
총부채	172	162	166	208	153	151
총차입금	62	78	80	110	94	62
자본금	109	110	110	111	113	127
총자본	150	151	99	106	89	2
지배주주지분	150	151	99	106	89	2

기업가치 지표 *IFRS 별도 기준

항목	2012	2013	2014	2015	2016	2017
주가(최고/저)(천원)	8.4/1.6	5.0/2.6	8.0/2.7	11.0/3.9	9.5/3.4	7.8/3.4
PER(최고/저)(배)	—/—	106.4/56.3	—/—	1,458.2/519.7	—/—	—/—
PBR(최고/저)(배)	11.3/2.1	6.8/3.6	16.1/5.4	20.8/7.4	21.3/7.7	143.8/63.3
EV/EBITDA(배)	26.5	8.9	—	16.1	38.3	—
EPS(원)	-113	47	-273	8	-170	-886
BPS(원)	739	738	499	530	445	54
CFPS(원)	73	176	-129	208	-16	-735
DPS(원)	—	—	—	—	—	—
EBITDAPS(원)	189	384	-6	412	113	-272

재무 비율 〈단위 : %〉

연도	영업이익률	순이익률	부채비율	차입금비율	ROA	ROE	유보율	자기자본비율	EBITDA마진율
2017	-47.8	-100.1	일부잠식	일부잠식	-107.1	-463.2	-89.2	1.6	-30.8
2016	-2.5	-10.2	일부잠식	일부잠식	-13.8	-39.3	-11.1	36.8	6.8
2015	10.6	0.4	일부잠식	일부잠식	0.6	1.6	6.0	33.8	20.8
2014	-12.1	-21.9	일부잠식	일부잠식	-20.2	-47.1	-0.3	37.3	-0.5

와이비로드 (A010600)

YBROAD

업 종 : 섬유 및 의복 | 시 장 : 거래소
신용등급 : (Bond) — (CP) — | 기업규모 : 시가총액 소형주
홈페이지 : www.ybroad.co.kr | 연 락 처 : 02)6902-1300
본 사 : 서울시 강남구 선릉로 433 세방빌딩 신관 6층

설 립 일	1975.04.19	종업원수	32명	대표이사	김기태
상 장 일	1997.07.03	감사의견	적정(정동)	계 열	
결 산 기	12월	보 통 주		종속회사수	2개사
액 면 가	500원	우 선 주		구 상 호	와이비로드

주주구성 (지분율,%)		출자관계 (지분율,%)		주요경쟁사 (외형,%)	
파티게임즈	11.6			웰바이오텍	100
에이취아이엠테크	7.0				
(외국인)	1.0			덕성	142

매출구성		비용구성		수출비중	
피혁외(상품)	96.9	매출원가율	96.1	수출	—
피혁외(제품)	3.1	판관비율	11.2	내수	—

회사 개요

1975년 설립된 동사는 피혁원단 가공 및 피혁제품 제조, 판매 등의 사업을 영위함. 연결자회사는 청도영창인특피혁(유)와 로드스타씨앤에어로 주 사업목적은 각각 피혁제품의 생산판매 및 복합운송주선업 등임. 2015년 기준 피혁원단부문의 시장 점유율은 3위 수준을 기록함. 복합운송서비스의 경우 벌크, 항공운송, 컨테이너서비스 등을 제공하며 네트워크를 확장 중임.

실적 분석

동사의 2017년 결산 연결기준 매출액은 전년대비 17.0% 감소한 707.9억원을 기록함. 매출액 감소는 경기 침체에 따른 수요 부진에 기인함. 외형 축소로 원가율은 100%를 상회하여 영업손실 51.3억원, 당기순손실 87.4억원을 보이며 대규모 결손을 시현함. 부실재고자산 감모손실과 환차손 등이 발생하여 실적 악화 요인으로 작용함. 동사는 당기 결산일 이후 사업다각화를 위해 바이오제닉스코리아의 지분 취득 결정을 공시함.

현금 흐름 〈단위 : 억원〉

항목	2016	2017
영업활동	-24	-40
투자활동	-19	-241
재무활동	31	322
순현금흐름	-12	54
기말현금	31	85

시장 대비 수익률

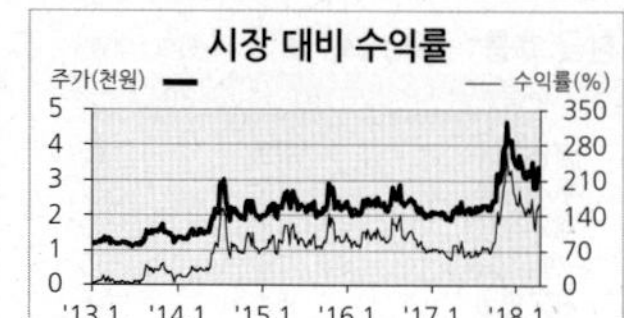

결산 실적 〈단위 : 억원〉

항목	2012	2013	2014	2015	2016	2017
매출액	1,367	1,378	1,196	1,125	853	708
영업이익	32	19	2	21	-4	-51
당기순이익	-29	24	-67	6	-25	-87

분기 실적 〈단위 : 억원〉

항목	2016.3Q	2016.4Q	2017.1Q	2017.2Q	2017.3Q	2017.4Q
매출액	227	204	163	198	174	174
영업이익	-0	-22	8	-7	-9	-43
당기순이익	-21	-9	-13	-6	-2	-67

재무 상태 〈단위 : 억원〉

항목	2012	2013	2014	2015	2016	2017
총자산	618	612	613	591	599	870
유형자산	68	51	135	138	145	154
무형자산	59	59	0	0	4	35
유가증권	2	5	2	2	2	7
총부채	258	205	261	225	260	602
총차입금	128	87	177	156	187	505
자본금	61	71	76	76	76	76
총자본	360	407	351	366	339	268
지배주주지분	358	404	349	364	337	255

기업가치 지표

항목	2012	2013	2014	2015	2016	2017
주가(최고/저)(천원)	2.0/1.0	1.7/1.1	3.1/1.3	2.9/1.9	3.1/2.0	4.6/1.8
PER(최고/저)(배)	—/—	9.4/5.8	—/—	81.5/52.5	—/—	—/—
PBR(최고/저)(배)	0.7/0.4	0.6/0.4	1.4/0.6	1.2/0.8	1.4/0.9	2.8/1.1
EV/EBITDA(배)	4.3	6.9	38.2	17.3	293.3	—
EPS(원)	-244	183	-460	36	-161	-573
BPS(원)	2,915	2,849	2,290	2,385	2,207	1,670
CFPS(원)	-63	320	-389	82	-124	-533
DPS(원)	—	—	—	—	—	—
EBITDAPS(원)	447	286	83	182	10	-296

재무 비율 〈단위 : %〉

연도	영업이익률	순이익률	부채비율	차입금비율	ROA	ROE	유보율	자기자본비율	EBITDA마진율
2017	-7.3	-12.4	224.1	188.1	-11.9	-29.6	233.9	30.9	-6.4
2016	-0.5	-2.9	76.8	55.3	-4.1	-7.0	341.5	56.6	0.2
2015	1.9	0.5	61.6	42.6	0.9	1.5	377.0	61.9	2.5
2014	0.1	-5.6	74.4	50.3	-11.0	-17.7	358.0	57.3	1.0

와이비엠넷 (A057030)

YBM NET

업　　종 : 교육　　시　　장 : KOSDAQ
신용등급 : (Bond) —　　(CP) —　　기업규모 : 중견
홈페이지 : www.ybmnet.co.kr　　연 락 처 : 02)2008-5229
본　　사 : 경기도 성남시 분당구 대왕판교로 670 유스페이스 2A동 8,9층

설 립 일	2000.06.07	**종 업 원 수**	437명	**대 표 이 사**	오재환
상 장 일	2004.06.08	**감 사 의 견**	적정(삼덕)	**계　　열**	
결 산 기	12월	**보 통 주**		**종속회사수**	4개사
액 면 가	500원	**우 선 주**		**구 상 호**	YBM시사닷컴

주주구성 (지분율,%)		출자관계 (지분율,%)		주요경쟁사 (외형,%)	
와이비엠시사	33.2	와이비엠인재교육원	100.0	와이비엠넷	100
민선식	13.8	무나투나	100.0	더블유에프엠	21
(외국인)	2.7	중앙일보에이치티에이	28.9	메가엠디	114

매출구성		비용구성		수출비중	
기타	41.9	매출원가율	60.1	수출	3.5
동영상강의(기타)	18.2	판관비율	38.1	내수	96.5
수강료(기타)	15.6				

회사 개요

동사는 2000년 설립되어 2004년 코스닥 시장에서 주식 매매가 개시됨. 온라인 교육, 컨텐츠제공업, 데이타베이스업 및 교육서비스업 등을 영위하고 있으며, 국내 이러닝 산업의 대표 온라인 교육기업임. 오프라인에서도 학원사업과 직무 교육, 교원연수, 학점은행 등 다양한 교육 프로그램을 제공함. 와이비엠인재교육원, 시사교육자문(청도)유한공사, 무나투나 등을 연결대상 종속회사로 보유하고 있음.

실적 분석

2017년 연결기준 동사 매출액은 609.3억원을 기록함. 전년도 매출액인 662.1억원에 비히 8% 감소한 금액임. 매출원가가 5.4% 감소하고 판매비와 관리비는 7.9% 줄었으나 매출 감소폭이 이를 웃돌아 영어빙익은 전년도 23.1억원에서 52.2% 감소한 11.1억원을 시현하는데 그침. 비영업부문도 적자가 지속됐으며 손실폭이 커짐. 당기순손실은 적자가 지속됐으나 손실폭은 줄어들었음.

현금 흐름

<단위 : 억원>

항목	2016	2017
영업활동	-40	19
투자활동	-3	-45
재무활동	-6	81
순현금흐름	-49	11
기말현금	122	133

시장 대비 수익률

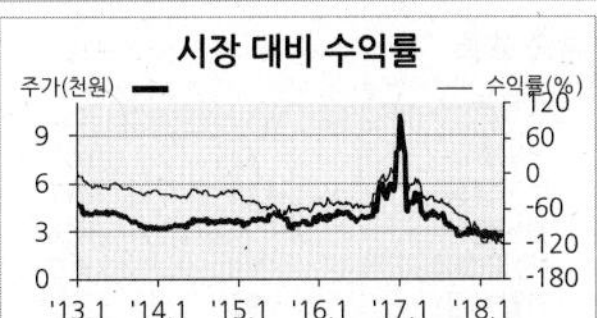

결산 실적

〈단위 : 억원〉

항목	2012	2013	2014	2015	2016	2017
매출액	961	846	739	668	662	609
영업이익	28	22	17	4	23	11
당기순이익	35	36	10	1	-82	-27

분기 실적

〈단위 : 억원〉

항목	2016.3Q	2016.4Q	2017.1Q	2017.2Q	2017.3Q	2017.4Q
매출액	174	144	157	152	161	139
영업이익	-5	39	1	-6	-2	17
당기순이익	-9	-37	-7	-8	-4	-8

재무 상태

〈단위 : 억원〉

항목	2012	2013	2014	2015	2016	2017
총자산	930	937	872	1,000	906	792
유형자산	275	260	245	343	356	244
무형자산	87	77	73	70	75	70
유가증권	13	14	13	12	12	12
총부채	293	302	259	416	434	361
총차입금	109	109	109	230	274	189
자본금	82	82	82	82	82	82
총자본	637	635	613	584	472	431
지배주주지분	637	635	613	583	473	431

기업가치 지표

항목	2012	2013	2014	2015	2016	2017
주가(최고/저)(천원)	5.4/4.5	4.8/3.2	3.8/3.2	4.4/3.1	8.3/3.6	12.4/2.6
PER(최고/저)(배)	32.3/27.3	26.8/17.5	72.9/60.3	524.3/375.7	—/—	—/—
PBR(최고/저)(배)	1.7/1.5	1.5/1.0	1.2/1.0	1.3/1.0	2.9/1.3	4.7/1.0
EV/EBITDA(배)	13.1	8.3	10.9	21.1	25.2	11.1
EPS(원)	212	218	61	9	-479	-169
BPS(원)	4,003	3,989	3,831	3,649	2,972	2,716
CFPS(원)	438	440	261	177	-259	18
DPS(원)	250	210	210	210	150	100
EBITDAPS(원)	398	357	305	191	362	254

재무 비율

〈단위 : %〉

연도	영업 이익률	순 이익률	부채 비율	차입금 비율	ROA	ROE	유보율	자기자본 비율	EBITDA 마진율
2017	1.8	-4.4	83.8	44.0	-3.2	-6.1	443.3	54.4	6.8
2016	3.5	-12.3	92.0	58.0	-8.6	-14.8	494.4	52.1	8.9
2015	0.6	0.2	71.2	39.3	0.2	0.3	629.8	58.4	4.7
2014	2.3	1.4	42.3	17.7	1.1	1.6	666.2	70.3	6.7

와이솔 (A122990)

WilSoL

업　　종 : 휴대폰 및 관련부품　　시　　장 : KOSDAQ
신용등급 : (Bond) —　　(CP) —　　기업규모 : 우량
홈페이지 : www.wisol.co.kr　　연 락 처 : 070)7837-2740
본　　사 : 경기도 오산시 가장로 531-7 (가장동)

설 립 일	2008.06.24	**종 업 원 수**	621명	**대 표 이 사**	김지호
상 장 일	2010.09.10	**감 사 의 견**	적정(한영)	**계　　열**	
결 산 기	12월	**보 통 주**		**종속회사수**	3개사
액 면 가	500원	**우 선 주**		**구 상 호**	

주주구성 (지분율,%)		출자관계 (지분율,%)		주요경쟁사 (외형,%)	
대덕지디에스	20.9	위매스	80.0	와이솔	100
한국증권금융	3.0	엠플러스	35.9	삼성전자	53,702
(외국인)	12.8			영풍	835

매출구성		비용구성		수출비중	
SAW 제품군(제품)	80.6	매출원가율	78.3	수출	90.8
RF Module군(제품)	18.3	판관비율	9.9	내수	9.2
로열티(기타)	1.1				

회사 개요

동사는 자체 기술을 바탕으로 개발한 SAW Filter 및 Duplexer 등 휴대폰에서 사용되는 RF(Radio Frequency: 무선 주파수) 솔루션 제품을 국내외 휴대폰 제조업체에게 공급하는 것을 주사업으로 2008년 6월에 설립되어 2010년 9월 코스닥시장에 상장됨. 그 밖에 무선통신을 목적으로 하는 제품에서 무선 기능의 독자적 수행영역을 모듈화하는 RF 모듈 사업을 영위하고 있음.

실적 분석

동사의 연결기준 2017년 연간 누적 매출액은 SAW Filter 신제품 출시와 고객사 증가로 인해 전년동기 대비 2.4% 증가한 4,461.2억원을 기록함. SAW제품군과 RF Module군에서 모두 수출 실적이 향상됨. 매출 증가와 더불어 매출원가는 감소하며 영업이익은 전년동기 대비 22.1% 증가한 525.6억원을 시현함. 비영업손실은 적자폭이 감소하며 당기순이익은 전년동기 대비 40.0% 증가한 445.4억원을 시현함.

현금 흐름

<단위 : 억원>

항목	2016	2017
영업활동	717	846
투자활동	-540	-564
재무활동	6	-122
순현금흐름	186	180
기말현금	419	599

시장 대비 수익률

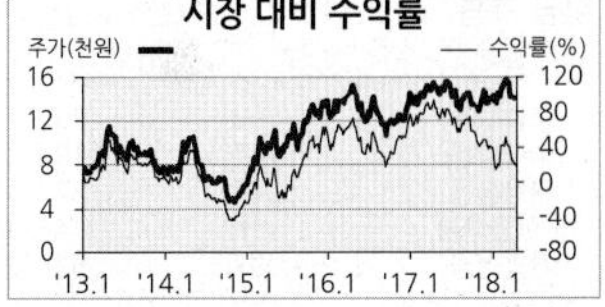

결산 실적

〈단위 : 억원〉

항목	2012	2013	2014	2015	2016	2017
매출액	1,226	1,741	2,294	3,549	4,357	4,461
영업이익	109	147	129	365	430	526
당기순이익	83	123	120	285	318	445

분기 실적

〈단위 : 억원〉

항목	2016.3Q	2016.4Q	2017.1Q	2017.2Q	2017.3Q	2017.4Q
매출액	1,116	1,081	1,177	1,006	1,226	1,052
영업이익	111	112	116	99	120	191
당기순이익	59	151	37	104	123	182

재무 상태

〈단위 : 억원〉

항목	2012	2013	2014	2015	2016	2017
총자산	1,220	1,540	2,087	2,762	2,987	3,431
유형자산	626	819	1,034	1,434	1,462	1,728
무형자산	16	29	53	36	53	60
유가증권	2	1	0	0	1	—
총부채	674	755	1,199	1,439	1,405	1,238
총차입금	546	591	864	788	845	538
자본금	54	80	85	97	101	115
총자본	547	785	888	1,323	1,582	2,193
지배주주지분	547	785	886	1,321	1,584	2,196

기업가치 지표

항목	2012	2013	2014	2015	2016	2017
주가(최고/저)(천원)	9.6/5.6	11.8/7.0	10.7/4.4	14.0/6.2	15.3/10.7	15.9/12.6
PER(최고/저)(배)	21.5/12.6	18.4/10.9	18.5/7.5	10.8/4.8	10.4/7.2	8.0/6.3
PBR(최고/저)(배)	3.2/1.9	2.9/1.7	2.3/0.9	2.3/1.0	2.0/1.4	1.6/1.3
EV/EBITDA(배)	7.7	6.3	6.4	5.6	4.7	3.7
EPS(원)	475	682	616	1,359	1,514	2,022
BPS(원)	5,258	5,162	5,796	7,101	8,134	9,847
CFPS(원)	1,858	1,890	1,827	2,771	3,259	3,740
DPS(원)	25	50	125	225	275	275
EBITDAPS(원)	2,101	2,053	1,873	3,174	3,795	4,099

재무 비율

〈단위 : %〉

연도	영업 이익률	순 이익률	부채 비율	차입금 비율	ROA	ROE	유보율	자기자본 비율	EBITDA 마진율
2017	11.8	10.0	56.5	24.5	13.9	23.6	1,869.5	63.9	20.3
2016	9.9	7.3	88.8	53.4	11.1	22.2	1,526.8	53.0	17.7
2015	10.3	8.0	108.8	59.6	11.8	26.0	1,320.2	47.9	17.2
2014	5.6	5.3	135.0	97.2	6.6	14.5	1,059.1	42.6	13.9

와이아이케이 (A232140)

YIK

업　　종 : 반도체 및 관련장비　　시　　장 : KOSDAQ
신용등급 : (Bond) —　(CP) —　　기업규모 : 벤처
홈페이지 : www.yikcorp.com　　연 락 처 : 031)8038-8200
본　　사 : 경기도 성남시 분당구 판교로255번길 28(삼평동, 디에이치케이솔루션빌딩 7층)

설 립 일	2015.10.22	**종업원수**	115명	**대표이사**	최명배
상 장 일	2015.12.24	**감사의견**	적정(삼일)	**계　　열**	
결 산 기	12월	**보 통 주**		**종속회사수**	1개사
액 면 가	100원	**우 선 주**		**구 상 호**	대신밸런스제2호스팩

주주구성 (지분율,%)		출자관계 (지분율,%)		주요경쟁사 (외형,%)	
샘텍	64.7	샘씨엔에스	46.6	와이아이케이	100
디에이치케이솔루션	8.1	엑시콘	7.4	마이크로프랜드	33
(외국인)	1.3	YIKJAPAN	100.0	테크윙	148

매출구성	비용구성		수출비중	
	매출원가율	78.1	수출	0.6
	판관비율	9.1	내수	99.4

회사 개요

동사는 반도체 장비 제조업을 영위하는 회사로, 17년 3월 스팩기업에서 제조업으로 합병 신규상장한 기업. 주요 사업인 반도체 메모리 웨이퍼 테스터는 전방산업인 반도체 업황과 납품처인 반도체 소자업체의 해당 제품 투자 규모, 가동률, 공정 전환 등에 큰 영향을 받음. 주력 매출처인 삼성전자는 반도체 소자로 빠른 기술 개발 및 양산 투자 확대를 실시. 매출처 다변화를 위한 노력을 하고 있음.

실적 분석

글로벌 반도체 테스트 장비 시장 규모는 DDR4 속도 다양화 및 SSD 수요 증가로 빠르게 성장할 것으로 예상됨. 이러한 반도체 시장의 호황으로 2017년 연결기준 결산 매출액은 전년동기 대비 122.4% 성장한 1,504.9억원을 시현. 매출호조로 인하여 영업이익은 전년동기 대비 94.7%증가, 순이익 76.2% 증가한 호실적 기록함. 앞으로도 SSD 관련 검사장비 수요가 증가할 것으로 기대됨.

현금 흐름

〈단위 : 억원〉

항목	2016	2017
영업활동	-96	29
투자활동	-167	110
재무활동	245	-182
순현금흐름	-18	-44
기말현금	97	52

시장 대비 수익률

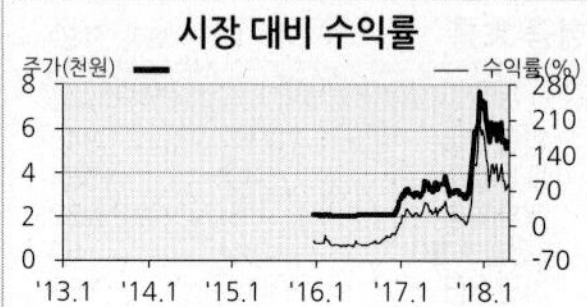

결산 실적

〈단위 : 억원〉

항목	2012	2013	2014	2015	2016	2017
매출액	—	708	—	1,068	677	1,505
영업이익	—	91	—	154	99	194
당기순이익	—	65	—	128	82	144

분기 실적

〈단위 : 억원〉

항목	2016.3Q	2016.4Q	2017.1Q	2017.2Q	2017.3Q	2017.4Q
매출액	10	277	328	544	311	322
영업이익	-26	69	33	85	26	49
당기순이익	-14	50	21	85	14	25

재무 상태

〈단위 : 억원〉

항목	2012	2013	2014	2015	2016	2017
총자산	—	561	—	656	957	1,330
유형자산	—	16	—	86	152	169
무형자산	—	49	—	38	32	29
유가증권	—	51	—	46	95	210
총부채	—	453	—	353	554	520
총차입금	—	50	—	32	278	95
자본금	—	40	—	40	50	62
총자본	—	108	—	302	403	810
지배주주지분	—	108	—	302	403	810

기업가치 지표

항목	2012	2013	2014	2015	2016	2017
주가(최고/저)(천원)	#VALUE!	—/—	—/—	—/—	—/—	—/—
PER(최고/저)(배)	0.0/0.0	0.0/0.0	0.0/0.0	9.9/9.9	20.8/15.2	33.5/11.5
PBR(최고/저)(배)	0.0/0.0	0.0/0.0	0.0/0.0	4.2/4.2	4.2/3.1	6.0/2.0
EV/EBITDA(배)	0.0	—	0.0	0.6	3.7	20.8
EPS(원)	—	107	—	212	135	233
BPS(원)	—	13,449	—	37,782	50,409	1,311
CFPS(원)	—	9,715	—	18,422	12,812	266
DPS(원)	—	—	—	—	—	—
EBITDAPS(원)	—	12,978	—	21,650	15,029	346

재무 비율

〈단위 : %〉

연도	영업이익률	순이익률	부채비율	차입금비율	ROA	ROE	유보율	자기자본비율	EBITDA마진율
2017	12.9	9.6	64.3	11.8	12.6	23.7	1,210.5	60.9	14.2
2016	14.7	12.1	137.3	68.9	10.1	23.2	706.7	42.2	17.8
2015	14.4	12.0	116.9	10.6	0.0	0.0	655.6	46.1	16.2
2014	0.0	0.0	0.0	0.0	0.0	0.0	0.0	0.0	0.0

와이엔텍 (A067900)

Y-Entec

업　　종 : 상업서비스　　시　　장 : KOSDAQ
신용등급 : (Bond) —　(CP) —　　기업규모 : 중견
홈페이지 : www.y-entec.co.kr　　연 락 처 : 061)690-6900
본　　사 : 전남 여수시 여수산단로 1232 (월내동)

설 립 일	1990.08.31	**종업원수**	184명	**대표이사**	김연석,박용하
상 장 일	2005.12.23	**감사의견**	적정(승일)	**계　　열**	
결 산 기	12월	**보 통 주**		**종속회사수**	1개사
액 면 가	500원	**우 선 주**		**구 상 호**	

주주구성 (지분율,%)		출자관계 (지분율,%)		주요경쟁사 (외형,%)	
박용하	32.6	비에스쉬핑	100.0	와이엔텍	100
박지영	8.5			인선이엔티	213
(외국인)	1.4			C&S자산관리	269

매출구성		비용구성		수출비중	
해상운송	35.1	매출원가율	78.1	수출	—
퍼블릭골프장 외	21.0	판관비율	5.3	내수	—
중간처리	17.6				

회사 개요

동사는 폐기물소각, 골프장 운영, 해상운송, 레미콘, 전문건설 등을 주요사업으로 영위하고 있음. 전체 매출에서 차지하는 비중은 폐기물의 중간 및 최종처리사업이 약 27%, 해상운송(탱커선)이 41.3%, 레미콘 부문이 11.8%를 차지하고 있음. 퍼블릭골프장을 운영함으로써 신규 매출을 올리고 있음. 전라남도의 산업단지와 공업단지 중 동양최대의 석유화학산업단지로 불리는 여수국가산업단지를 중심으로 폐기물 사업을 영위하고 있음.

실적 분석

동사의 2017년 4분기 연결기준 누적 매출액은 전년 동기(580.6억원) 대비 29.6% 증가한 752.3억원을 기록함. 해상운송(탱커선 화물운반) 사업 확장이 전사 매출 성장을 견인함. 외형 성장에 힘입어 영업이익 역시 전년보다 33.9% 늘어난 125.3억원을 달성함. 비영업부문 손익도 흑자전환에 성공하며 당기순이익은 전년보다 111.2% 급증한 115.8억원을 시현함.

현금 흐름

〈단위 : 억원〉

항목	2016	2017
영업활동	94	165
투자활동	-171	-297
재무활동	96	123
순현금흐름	19	-10
기말현금	95	85

시장 대비 수익률

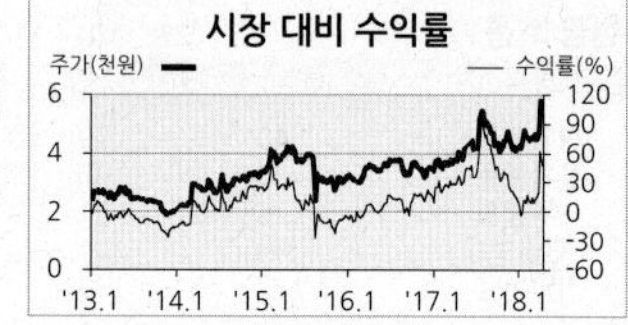

결산 실적

〈단위 : 억원〉

항목	2012	2013	2014	2015	2016	2017
매출액	485	404	486	488	581	752
영업이익	70	70	70	76	94	125
당기순이익	43	50	37	38	55	116

분기 실적

〈단위 : 억원〉

항목	2016.3Q	2016.4Q	2017.1Q	2017.2Q	2017.3Q	2017.4Q
매출액	164	182	181	187	196	188
영업이익	28	31	26	26	43	30
당기순이익	40	-11	41	12	30	33

재무 상태

〈단위 : 억원〉

항목	2012	2013	2014	2015	2016	2017
총자산	1,060	1,199	1,273	1,289	1,733	1,883
유형자산	816	942	1,075	1,063	1,468	1,627
무형자산	34	34	34	34	34	34
유가증권	12	9	4	4	4	4
총부채	377	471	505	481	763	807
총차입금	258	347	341	321	597	622
자본금	70	70	70	70	89	89
총자본	683	728	767	808	970	1,076
지배주주지분	683	728	767	808	961	1,076

기업가치 지표

항목	2012	2013	2014	2015	2016	2017
주가(최고/저)(천원)	5.3/2.2	2.9/1.9	3.4/2.1	4.4/2.4	4.0/3.1	6.0/3.4
PER(최고/저)(배)	18.3/7.7	8.6/5.8	13.7/8.4	16.9/9.5	10.8/8.3	9.5/5.3
PBR(최고/저)(배)	1.2/0.5	0.6/0.4	0.7/0.4	0.8/0.5	0.7/0.6	1.0/0.6
EV/EBITDA(배)	4.8	5.8	8.0	6.2	7.5	6.8
EPS(원)	285	327	247	253	361	632
BPS(원)	4,887	5,210	5,474	5,744	5,386	6,028
CFPS(원)	656	582	514	575	748	1,022
DPS(원)	—	—	—	10	—	10
EBITDAPS(원)	847	728	748	843	992	1,079

재무 비율

〈단위 : %〉

연도	영업이익률	순이익률	부채비율	차입금비율	ROA	ROE	유보율	자기자본비율	EBITDA마진율
2017	16.7	15.4	75.1	57.8	6.4	11.3	1,105.6	57.1	25.6
2016	16.1	9.5	78.7	61.6	3.6	6.4	977.2	56.0	26.1
2015	15.6	7.9	59.6	39.7	3.0	4.9	1,048.7	62.7	24.3
2014	14.5	7.7	65.9	44.4	3.0	5.0	994.8	60.3	21.6

와이엠씨 (A155650)

YMC

업　　종 : 디스플레이 및 관련부품　　시　　장 : KOSDAQ
신용등급 : (Bond) —　(CP) —　　기업규모 : 벤처
홈페이지 : www.ymc-inc.com　　연 락 처 : 041)538-5200
본　　사 : 충남 아산시 둔포면 아산밸리중앙로 154-25

설 립 일	2008.02.12	**종업원수**	218명	**대표이사**	이윤용
상 장 일	2012.11.15	**감사의견**	적정(삼화)	**계　열**	
결 산 기	12월	**보 통 주**		**종속회사수**	4개사
액 면 가	500원	**우 선 주**		**구　상　호**	

주주구성 (지분율,%)		출자관계 (지분율,%)		주요경쟁사 (외형,%)	
이윤용	31.7	와이컴	48.0	와이엠씨	100
Morgan Stanley & co. International Limited	6.0	와이엠씨홀딩스	100.0	한국컴퓨터	144
(외국인)	19.1			케이맥	58

매출구성		비용구성		수출비중	
기타및용역(제품)	46.7	매출원가율	80.4	수출	65.5
FPD소재(제품)	30.2	판관비율	6.6	내수	34.5
FPD부품(제품)	16.9				

회사 개요

동사는 2008년에 설립된 FPD(평판디스플레이)산업용 부품 및 소재 제조기업으로 2012년에 코스닥시장에 상장됨. 주요 거래처로 삼성디스플레이 등 디스플레이기업 30개사를 보유함. 2013년에 와이엠씨홀딩스홍콩에 출자를 완료하였으며(지분율 100%), 자회사 및 자회사가 지분을 보유한 평판디스플레이 제조기업 와이엠씨전자재료소주유한공사 외 와이컴 및 와이엠피가 동사의 연결대상 종속회사에 속함.

실적 분석

동사의 2017년 연간 매출액은 전년동기대비 25.4% 상승한 1,540.2억원을 기록하였음. 비용면에서 전년동기대비 매출원가는 증가 하였으며 인건비도 증가, 기타판매비와관리비는 증가함. 이와 같이 상승한 매출액 만큼 비용증가도 있었으나 매출액의 더 큰 상승에 힘입어 최종적으로 전년동기대비 당기순이익은 상승하여 165.2억원을 기록함. 비영업손익의 큰 증가폭이 영향을 미친것으로 보임.

현금 흐름 〈단위 : 억원〉

항목	2016	2017
영업활동	207	551
투자활동	-113	-407
재무활동	19	49
순현금흐름	114	180
기말현금	217	398

시장 대비 수익률

결산 실적 〈단위 : 억원〉

항목	2012	2013	2014	2015	2016	2017
매출액	457	470	472	531	1,228	1,540
영업이익	83	57	16	29	109	200
당기순이익	73	48	1	21	92	165

분기 실적 〈단위 : 억원〉

항목	2016.3Q	2016.4Q	2017.1Q	2017.2Q	2017.3Q	2017.4Q
매출액	229	502	350	452	446	291
영업이익	16	51	46	89	45	20
당기순이익	11	46	31	80	39	14

재무 상태 〈단위 : 억원〉

항목	2012	2013	2014	2015	2016	2017
총자산	473	508	516	548	977	2,286
유형자산	176	177	219	218	316	360
무형자산	6	22	17	12	15	43
유가증권	—	—	—	—	1	1
총부채	119	104	118	139	479	1,500
총차입금	58	51	70	78	97	43
자본금	49	49	49	49	49	49
총자본	354	404	398	409	498	786
지배주주지분	354	404	398	409	498	739

기업가치 지표

항목	2012	2013	2014	2015	2016	2017
주가(최고/저)(천원)	7.1/5.4	7.9/4.5	6.8/2.7	3.8/2.6	10.5/3.1	32.1/9.9
PER(최고/저)(배)	7.9/6.0	16.4/9.4	958.7/383.5	18.8/13.0	11.5/3.4	19.4/6.0
PBR(최고/저)(배)	2.0/1.5	2.0/1.1	1.7/0.7	0.9/0.6	2.0/0.6	4.3/1.3
EV/EBITDA(배)	6.2	4.9	6.0	4.2	6.7	10.1
EPS(원)	929	493	7	209	930	1,670
BPS(원)	3,636	4,116	4,134	4,347	5,246	7,539
CFPS(원)	1,152	704	270	474	1,194	2,024
DPS(원)	—	—	—	—	200	300
EBITDAPS(원)	1,273	798	427	561	1,365	2,380

재무 비율 〈단위 : %〉

연도	영업이익률	순이익률	부채비율	차입금비율	ROA	ROE	유보율	자기자본비율	EBITDA마진율
2017	13.0	10.7	190.8	5.5	10.1	26.7	1,407.8	34.4	15.3
2016	8.8	7.5	96.3	19.4	12.0	20.2	949.3	51.0	11.0
2015	5.5	3.9	34.1	19.1	3.9	5.1	769.4	74.6	10.4
2014	3.4	0.2	29.7	17.6	0.1	0.2	726.7	77.1	8.9

와이엠티 (A251370)

YMT CO

업　　종 : 반도체 및 관련장비　　시　　장 : KOSDAQ
신용등급 : (Bond) —　(CP) —　　기업규모 : 벤처
홈페이지 : www.ymtechnology.com　　연 락 처 : 032)821-8277
본　　사 : 인천시 남동구 남동동로153번길 30(고잔동, 남동공단)

설 립 일	1999.02.11	**종업원수**	133명	**대표이사**	전성욱
상 장 일	2017.04.27	**감사의견**	적정(신승)	**계　열**	
결 산 기	12월	**보 통 주**		**종속회사수**	3개사
액 면 가	500원	**우 선 주**		**구　상　호**	

주주구성 (지분율,%)		출자관계 (지분율,%)		주요경쟁사 (외형,%)	
전성욱	34.6	와이피티	84.8	와이엠티	100
전상욱	9.7	비욘드솔루션	50.3	디엔에프	107
(외국인)	4.8	YMTShenzhen	51.0	유니테스트	244

매출구성		비용구성		수출비중	
제품 - 최종표면처리	65.4	매출원가율	60.0	수출	31.6
제품 - 동도금	15.9	판관비율	16.7	내수	68.4
제품 - Process Chemical	15.5				

회사 개요

동사는 PCB, 반도체의 제조 공정에 필수적으로 사용되는 화학소재를 독자 개발, 판매하는 회사로써 모바일, 전기자동차, 바이오 분야 등에서 제품이 사용되고 있음. PCB의 최종표면처리, 동도금 등 기존 회상이 점유하던 시장에 순수 독자기술로 개발에 성공하여 현재는 한국, 중국, 대만에 공급하고 있음. 또한 원천기술을 이용하여 반도체, 디스플레이 극동박의 분야로도 진출함.

실적 분석

동사의 2017년 연결기준 매출액은 691.9억원으로 전년 동기 대비 38.6% 증가함. 그 동안 시장을 점유하던 일본산 제품을 따돌리고 국내 메이저 PCB 업체인 삼성전기에 공급권을 확보, 국내 F/RF-PCB 생산량이 증가함. 또한, 품질 및 기술서비스 경쟁력 강화를 통한 PCB 최종표면처리 및 동도금 생산라인의 점유율이 상승함. 원가절감 및 고정비 레버리지 효과로 인한 영업이익율이 크게 확대됨.

현금 흐름 〈단위 : 억원〉

항목	2016	2017
영업활동	99	82
투자활동	-54	-168
재무활동	-14	211
순현금흐름	31	116
기말현금	108	224

시장 대비 수익률

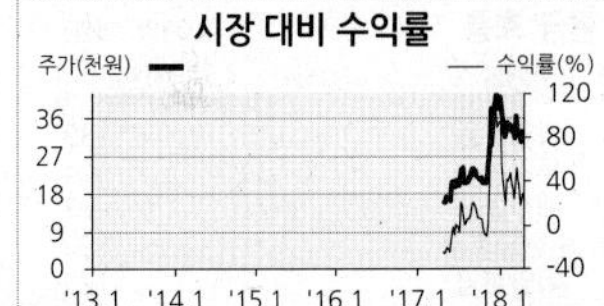

결산 실적 〈단위 : 억원〉

항목	2012	2013	2014	2015	2016	2017
매출액	284	338	358	459	499	692
영업이익	56	57	40	80	111	161
당기순이익	45	29	29	47	77	90

분기 실적 〈단위 : 억원〉

항목	2016.3Q	2016.4Q	2017.1Q	2017.2Q	2017.3Q	2017.4Q
매출액	130	—	—	156	194	—
영업이익	32	—	—	27	59	—
당기순이익	18	—	—	-4	47	—

재무 상태 〈단위 : 억원〉

항목	2012	2013	2014	2015	2016	2017
총자산	385	538	670	738	801	1,140
유형자산	164	283	300	300	317	465
무형자산	10	8	22	26	33	34
유가증권	0	0	0	0	1	0
총부채	252	376	468	462	369	475
총차입금	209	330	361	359	265	347
자본금	11	11	11	11	15	19
총자본	133	162	202	276	432	665
지배주주지분	125	153	183	229	374	583

기업가치 지표

항목	2012	2013	2014	2015	2016	2017
주가(최고/저)(천원)	—/—	—/—	—/—	—/—	—/—	—/—
PER(최고/저)(배)	0.0/0.0	0.0/0.0	0.0/0.0	0.0/0.0	0.0/0.0	44.4/16.2
PBR(최고/저)(배)	0.0/0.0	0.0/0.0	0.0/0.0	0.0/0.0	0.0/0.0	5.4/2.0
EV/EBITDA(배)	2.5	4.1	5.2	3.1	1.4	16.9
EPS(원)	919	593	659	871	1,351	958
BPS(원)	45,209	55,191	65,713	74,164	12,283	15,734
CFPS(원)	20,882	14,815	16,520	20,016	3,750	2,683
DPS(원)	—	—	—	—	—	—
EBITDAPS(원)	26,377	25,304	20,112	32,862	5,705	5,303

재무 비율 〈단위 : %〉

연도	영업이익률	순이익률	부채비율	차입금비율	ROA	ROE	유보율	자기자본비율	EBITDA마진율
2017	23.2	13.0	71.4	52.1	9.3	14.2	3,046.8	58.4	27.2
2016	22.2	15.5	85.4	61.4	10.1	21.4	2,356.5	54.0	27.0
2015	17.4	10.4	167.6	130.1	6.8	19.7	1,902.4	37.4	21.9
2014	11.3	8.2	231.2	178.7	4.9	18.1	1,501.8	30.2	15.6

와이오엠 (A066430)
Y-OPTICS MANUFACTURE

업 종 : 섬유 및 의복 | 시 장 : KOSDAQ
신용등급 : (Bond) — (CP) — | 기업규모 : 중견
홈페이지 : www.yopticsm.com | 연 락 처 : 051)972-7175
본 사 : 부산시 강서구 호계로 145번길 36 (죽동동)

설 립 일	1999.01.11	**종업원수**	34명	**대표이사**	염현규
상 장 일	2002.12.20	**감사의견**	적정(동명)	**계 열**	
결 산 기	12월	**보 통 주**		**종속회사수**	
액 면 가	500원	**우 선 주**		**구 상 호**	케이엠알앤씨

주주구성 (지분율,%)		출자관계 (지분율,%)		주요경쟁사 (외형,%)	
김수현	12.6	에스에이치제약	31.5	와이오엠	100
염현규	10.6	디유에이엔아이	19.4	진도	425
(외국인)	10.4	디지털베이시스템	19.0	대한방직	691

매출구성		비용구성		수출비중	
PE 산업용 필름	67.0	매출원가율	90.6	수출	0.0
PE 원료	33.0	판관비율	5.2	내수	100.0

회사 개요

동사는 1999년 설립된 화장품 제조판매 기업으로 2002년 코스닥 시장에 상장되었으며, 2009년 이그린어지에서 스템싸이언스로 사명을 변경한 후, 케이엠알앤씨, 신후를 거쳐 2016년 7월에 와이오엠으로 사명을 변경함. HDPE 필름, VCI 필름, LDPE 필름을 현대모비스, LG전자 등에 공급함. 손익구조 개선 및 사업수익성 개선을 위해 2016년 12월 패션(신발)사업 영업을 중단함.

실적 분석

동사의 2017년 매출액은 301.8억원, 영업이익은 12.4억원을 기록함. 폴리에틸렌(PE) 필름 수요증가에 따른 매출액 증가 및 수익성 개선으로 영업이익이 크게 증가함. 다만, 기타 수익 감소에 따른 영업외이익 감소 및 전기 중단사업 추가손실 계상으로 당기순손실 발생. 동사는 원가 경쟁력 향상을 위한 원재료의 안정적인 수급과 설비의 효율화를 통한 비용절감으로 가격 경쟁력 향상을 도모하고 있음.

현금 흐름
<단위 : 억원>

항목	2016	2017
영업활동	15	39
투자활동	39	-14
재무활동	-21	-3
순현금흐름	-1	20
기말현금	3	23

시장 대비 수익률

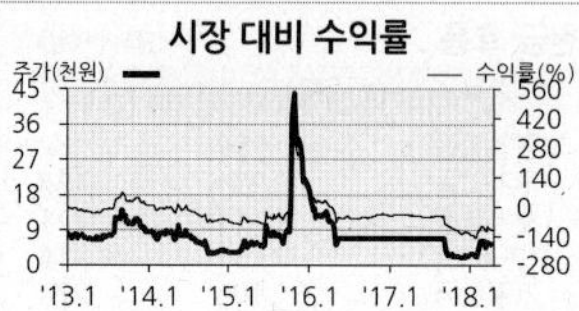

결산 실적
<단위 : 억원>

항목	2012	2013	2014	2015	2016	2017
매출액	48	64	59	—	146	302
영업이익	-7	3	-55	—	5	12
당기순이익	-140	5	-156	-68	-106	-28

분기 실적
<단위 : 억원>

항목	2016.3Q	2016.4Q	2017.1Q	2017.2Q	2017.3Q	2017.4Q
매출액	78	—	—	—	75	—
영업이익	1	—	—	—	1	—
당기순이익	-2	—	—	—	-20	—

재무 상태
<단위 : 억원>

항목	2012	2013	2014	2015	2016	2017
총자산	90	96	73	257	147	142
유형자산	2	1	62	7	16	29
무형자산	2	0	0	77	0	—
유가증권	1	10	—	0	0	0
총부채	25	16	29	114	55	48
총차입금	5	4	4	76	31	0
자본금	165	49	119	131	157	58
총자본	65	80	44	143	92	94
지배주주지분	65	80	44	139	92	94

기업가치 지표

항목	2012	2013	2014	2015	2016	2017
주가(최고/저)(천원)	11.9/3.3	8.1/1.4	3.2/1.5	11.3/0.7	4.4/1.0	6.8/2.0
PER(최고/저)(배)	—/—	101.2/17.3	—/—	—/—	—/—	—/—
PBR(최고/저)(배)	9.8/2.7	6.6/1.1	10.5/4.8	29.3/1.8	19.9/4.4	7.6/2.3
EV/EBITDA(배)	10.6	7.8	—	0.0	92.8	19.5
EPS(원)	-10,885	354	-8,613	-1,131	-1,068	-256
BPS(원)	225	909	223	566	323	890
CFPS(원)	-367	77	-1,421	-377	-355	-238
DPS(원)	—	—	—	—	—	—
EBITDAPS(원)	63	53	-494	—	18	134

재무 비율
<단위 : %>

연도	영업이익률	순이익률	부채비율	차입금비율	ROA	ROE	유보율	자기자본비율	EBITDA마진율
2017	4.1	-9.2	51.4	0.1	-19.1	-29.7	77.9	66.0	4.8
2016	3.4	-72.8	일부잠식	일부잠식	-52.5	-91.8	-35.4	62.6	3.7
2015	0.0	0.0	80.2	53.4	-27.7	-67.4	13.3	55.5	0.0
2014	-93.4	-264.2	일부잠식	일부잠식	-184.1	-250.9	-55.5	60.0	-90.8

와이제이엠게임즈 (A193250)
YJM Games

업 종 : 휴대폰 및 관련부품 | 시 장 : KOSDAQ
신용등급 : (Bond) — (CP) — | 기업규모 : 벤처
홈페이지 : www.yjmgames.com | 연 락 처 : 02)591-1310
본 사 : 서울시 강남구 테헤란로77길 11-9 삼성타워 8층

설 립 일	2004.05.21	**종업원수**	41명	**대표이사**	민용재
상 장 일	2014.12.29	**감사의견**	적정(참)	**계 열**	
결 산 기	12월	**보 통 주**		**종속회사수**	6개사
액 면 가	100원	**우 선 주**		**구 상 호**	영백씨엠

주주구성 (지분율,%)		출자관계 (지분율,%)		주요경쟁사 (외형,%)	
민용재	10.2	시그널앤코	98.3	와이제이엠게임즈	100
YJM소프트	5.0	서울브이알스타트업스	66.0	삼성전자	683,119
(외국인)	1.3	주연와이제이엠	64.1	영풍	10,621

매출구성		비용구성		수출비중	
코인타입진동모터(제품)	90.3	매출원가율	84.5	수출	—
하네스(제품)	4.6	판관비율	22.5	내수	—
게임(용역)	4.3				

회사 개요

동사는 스마트폰/IT 핵심부품인 코인타입 진동모터 제조와, 게임 콘텐츠 글로벌 퍼블리싱, VR사업을 주요 사업으로 영위하고 있음. 관계사로 중국 내 3개의 진동모터 생산공장과 게임개발사인 와이제이엠엔터테이먼트가 있음. 진동 모터 주 고객으로 국내 최대 스마트폰 제조사를 보유하고 있으며, 게임사업부분은 자체 개발 게임 및 파트너 개발사의 모바일게임을 국내외 퍼블리싱하고 VR게임 게임 제작, 인력육성 등의 사업을 포함하고 있음.

실적 분석

동사의 2017년 매출액은 350.7억원으로 전년 동기 대비 20.4% 감소함. 환손실 발생, 관계기업 투자 주식 손상차손 및 지분법 손실에 따라 영업외 비용이 증가하여 적자가 지속됨. 국내 휴대폰 시장의 위축과 동일한 제품 중 주요 경쟁업체간의 경쟁으로 수익성은 부진하여 전년대비 적자전환. 인도, 중국 등 주요 중저가 스마트폰 시장 성장을 향한 진동모터 사업부문의 신제품 적용 확대 노력과 가상현실(이하 VR) 게임사업을 다각적으로 추진중임.

현금 흐름
<단위 : 억원>

항목	2016	2017
영업활동	10	-14
투자활동	-518	-167
재무활동	700	258
순현금흐름	198	70
기말현금	315	385

시장 대비 수익률

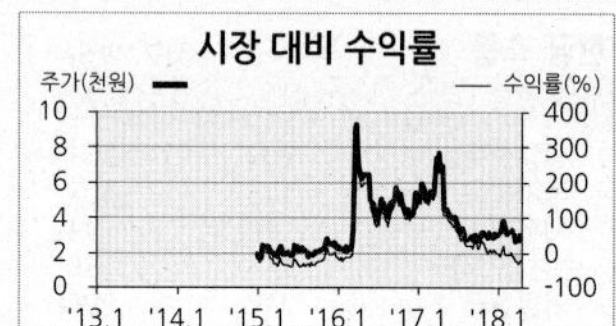

결산 실적
<단위 : 억원>

항목	2012	2013	2014	2015	2016	2017
매출액	303	469	396	406	440	351
영업이익	27	65	26	59	23	-25
당기순이익	20	52	23	52	-10	-104

분기 실적
<단위 : 억원>

항목	2016.3Q	2016.4Q	2017.1Q	2017.2Q	2017.3Q	2017.4Q
매출액	128	85	88	77	117	69
영업이익	-4	0	1	-11	2	-16
당기순이익	-7	-18	-4	-23	-1	-77

재무 상태
<단위 : 억원>

항목	2012	2013	2014	2015	2016	2017
총자산	93	192	209	308	952	1,120
유형자산	12	16	26	31	29	35
무형자산	0	0	0	0	2	6
유가증권	—	1	2	24	187	235
총부채	49	97	54	99	75	321
총차입금	0	30	17	11	10	262
자본금	10	10	13	13	45	46
총자본	44	95	155	209	877	799
지배주주지분	44	95	155	209	874	788

기업가치 지표

항목	2012	2013	2014	2015	2016	2017
주가(최고/저)(천원)	—/—	—/—	1.9/1.9	2.8/1.6	9.8/2.1	7.7/2.7
PER(최고/저)(배)	0.0/0.0	0.0/0.0	8.3/8.1	7.4/4.3	—/—	—/—
PBR(최고/저)(배)	0.0/0.0	0.0/0.0	1.7/1.6	1.8/1.1	5.1/1.1	4.5/1.6
EV/EBITDA(배)	—	0.1	6.6	2.8	47.6	—
EPS(원)	202	518	229	382	-27	-219
BPS(원)	2,224	4,746	5,747	7,750	1,931	1,726
CFPS(원)	1,143	2,768	1,437	2,251	6	-191
DPS(원)	—	—	—	50	—	—
EBITDAPS(원)	1,498	3,407	1,581	2,537	97	-26

재무 비율
<단위 : %>

연도	영업이익률	순이익률	부채비율	차입금비율	ROA	ROE	유보율	자기자본비율	EBITDA마진율
2017	-7.1	-29.7	40.1	32.8	-10.1	-12.0	1,626.4	71.4	-3.3
2016	5.2	-2.3	8.6	1.1	-1.6	-1.8	1,831.1	92.1	8.0
2015	14.6	12.7	47.5	5.4	19.9	28.3	1,450.1	67.8	16.8
2014	6.6	5.8	35.0	11.2	11.5	18.5	1,049.3	74.1	8.1

와이지엔터테인먼트 (A122870)

YG Entertainment

업 종	미디어	시 장	KOSDAQ
신용등급	(Bond) — (CP) —	기업규모	우량
홈페이지	www.ygfamily.com	연 락 처	02)3142-1104
본 사	서울시 마포구 희우정로 1길 3		

설 립 일	1998.02.24	**종 업 원 수**	376명	**대 표 이 사**	양민석
상 장 일	2011.11.23	**감 사 의 견**	적정(한영)	**계 열**	
결 산 기	12월	**보 통 주**		**종속회사수**	19개사
액 면 가	500원	**우 선 주**		**구 상 호**	

주주구성 (지분율,%)		출자관계 (지분율,%)		주요경쟁사 (외형,%)	
양현석	17.3	하이그라운드	100.0	와이지엔터테인먼트	100
네이버	9.1	컴퍼니엑스	70.0	에스엠	104
(외국인)	15.5	네추럴나인	51.0	스카이라이프	196

매출구성		비용구성		수출비중	
음반/음원등 제품매출	28.1	매출원가율	71.2	수출	47.8
로열티매출	23.5	판관비율	21.9	내수	52.2
기타매출	19.8				

회사 개요

동사는 음악 및 기타 오디오물 출판, 아티스트의 육성 및 매니지먼트 등의 사업을 영위하는 기업으로 1998년 설립되어 2011년에 코스닥 시장에 상장됨. 빅뱅, 2NE1, 싸이 등의 대표가수를 중심으로 브랜드파워를 가진 엔터테인먼트사이자, 전 앨범을 회사내에서 만들 수 있는 자체 제작 시스템을 보유한 음원제작사임. 최대주주 양현석이 지분 23.3%를 보유. 연결대상 종속법인은 국내, 일본, 홍콩, 미국의 현지 엔터테인먼트 법인 등 다수가 있음.

실적 분석

동사의 2017년 결산 연결기준 매출액은 전년동기 대비 8.7% 증가한 3,498.6억원임. 원가 및 비용상승으로 영업이익은 24.3% 감소한 241.6억원을 시현하였음. 빅뱅의 군입대 공백에도 불구하고 지난 2월 컴백한 아이콘과 지난 달 발매한 빅뱅의 음원, 그리고 이번달 컴백한 위너의 타이틀곡 등이 오랜 기간 톱텐을 유지하고 있고 다음달에는 블랙핑크도 첫앨범으로 컴백할 예정으로 지속적인 이익증대 기대됨.

현금 흐름 〈단위 : 억원〉

항목	2016	2017
영업활동	324	150
투자활동	-678	-469
재무활동	633	708
순현금흐름	279	365
기말현금	624	989

시장 대비 수익률

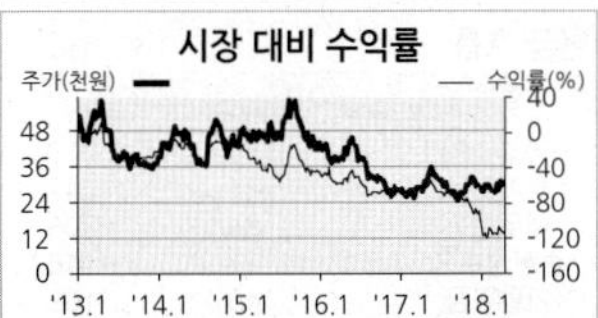

결산 실적 〈단위 : 억원〉

항목	2012	2013	2014	2015	2016	2017
매출액	1,066	1,163	1,563	1,931	3,218	3,499
영업이익	215	222	219	218	319	252
당기순이익	188	151	183	240	141	119

분기 실적 〈단위 : 억원〉

항목	2016.3Q	2016.4Q	2017.1Q	2017.2Q	2017.3Q	2017.4Q
매출액	1,013	703	1,069	723	752	955
영업이익	121	35	148	43	15	46
당기순이익	23	-12	60	47	53	-41

재무 상태 〈단위 : 억원〉

항목	2012	2013	2014	2015	2016	2017
총자산	1,175	1,320	3,405	3,754	4,868	5,836
유형자산	105	127	281	469	614	867
무형자산	79	87	209	359	332	631
유가증권	177	491	958	793	1,275	1,257
총부채	201	198	943	1,061	1,365	1,515
총차입금	—	—	605	630	669	772
자본금	53	54	77	77	84	93
총자본	974	1,123	2,462	2,693	3,504	4,321
지배주주지분	974	1,104	1,773	2,037	2,809	3,428

기업가치 지표

항목	2012	2013	2014	2015	2016	2017
주가(최고/저)(천원)	77.1/26.3	62.8/33.6	52.8/34.9	58.6/39.7	46.1/25.1	36.0/24.7
PER(최고/저)(배)	56.8/19.3	57.0/30.5	41.8/27.6	35.2/23.9	42.7/23.2	38.8/26.7
PBR(최고/저)(배)	11.1/3.8	8.0/4.3	5.0/3.3	4.8/3.3	2.9/1.6	2.0/1.4
EV/EBITDA(배)	23.2	19.1	22.3	23.1	10.3	13.8
EPS(원)	1,409	1,138	1,297	1,700	1,094	931
BPS(원)	9,437	10,615	10,830	12,440	16,007	17,816
CFPS(원)	2,130	1,770	1,556	1,979	1,516	1,461
DPS(원)	300	300	250	350	200	150
EBITDAPS(원)	2,397	2,422	1,734	1,608	2,286	1,793

재무 비율 〈단위 : %〉

연도	영업이익률	순이익률	부채비율	차입금비율	ROA	ROE	유보율	자기자본비율	EBITDA마진율
2017	7.2	3.4	35.1	17.9	2.2	5.7	3,663.3	74.0	9.8
2016	9.9	4.4	39.0	19.1	3.3	7.7	3,299.0	72.0	12.2
2015	11.3	12.4	39.4	23.4	6.7	14.7	2,556.3	71.7	13.7
2014	14.0	11.7	38.3	24.6	7.7	13.4	2,212.5	72.3	16.5

와이지-원 (A019210)

YG-1

업 종	기계	시 장	KOSDAQ
신용등급	(Bond) BBB (CP) —	기업규모	우량
홈페이지	www.yg1.co.kr	연 락 처	032)526-0909
본 사	인천시 부평구 세월천로 211		

설 립 일	1981.12.20	**종 업 원 수**	1,733명	**대 표 이 사**	송호근
상 장 일	1997.05.31	**감 사 의 견**	적정(안진)	**계 열**	
결 산 기	12월	**보 통 주**		**종속회사수**	19개사
액 면 가	500원	**우 선 주**		**구 상 호**	

주주구성 (지분율,%)		출자관계 (지분율,%)		주요경쟁사 (외형,%)	
송호근	28.5	인천북항개발전문위탁관리부동산투자회사	20.0	와이지-원	100
국민연금공단	9.8	QingdaoYG-1Tool	100.0	태광	48
(외국인)	11.7	QingdaoNewCenturyTool	100.0	삼익THK	96

매출구성		비용구성		수출비중	
절삭공구 부문	100.0	매출원가율	64.9	수출	77.0
		판관비율	19.7	내수	23.0

회사 개요

1982년 설립된 동사는 공작기계, IT기기, 자동차, 선박, 항공기 등을 정밀 가공하는 절삭공구를 제조해 판매하는 사업을 영위함. 한국 OSG 등이 주요 경쟁사임. Qingdao New Century Tool Co.,Ltd, Qingdao YG-1 Tool Co.,Ltd, YG-1 Europe SAS 등을 연결대상 종속회사로 보유하고 있음. 2017년 4월 중동 시장 진출을 위해 아랍에미리트에 신규 판매법인을 설립함.

실적 분석

2017년 연결기준 동사 매출액은 3,866억원임. 전년도 매출인 3347.2억원에 비해 15.5% 증가한 금액임. 매출원가가 9.8% 증가하고 판매비와 관리비가 18.5% 늘었으나 매출 상승폭이 이를 웃돌아 영업이익은 전년도 417.6억원에서 42.1% 증가한 593.3억원을 기록함. 비영업부문은 적자가 지속됐으나 적자폭은 줄어들었음. 이에 당기순이익은 전년도에 비해 93.6% 증가한 355.6억원을 기록함.

현금 흐름 〈단위 : 억원〉

항목	2016	2017
영업활동	582	505
투자활동	-693	-723
재무활동	8	280
순현금흐름	-103	57
기말현금	140	196

시장 대비 수익률

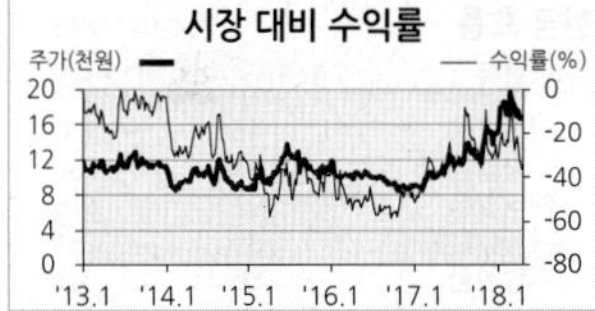

결산 실적 〈단위 : 억원〉

항목	2012	2013	2014	2015	2016	2017
매출액	2,790	2,806	2,977	3,219	3,347	3,866
영업이익	355	224	317	394	418	593
당기순이익	125	69	116	141	184	356

분기 실적 〈단위 : 억원〉

항목	2016.3Q	2016.4Q	2017.1Q	2017.2Q	2017.3Q	2017.4Q
매출액	909	869	804	928	1,078	1,055
영업이익	121	117	87	153	181	172
당기순이익	74	47	42	111	129	73

재무 상태 〈단위 : 억원〉

항목	2012	2013	2014	2015	2016	2017
총자산	5,895	5,907	6,083	6,211	6,661	7,415
유형자산	2,542	2,704	2,847	3,109	3,571	3,928
무형자산	19	15	23	52	43	22
유가증권	17	16	16	14	11	10
총부채	3,983	3,896	4,021	3,667	3,954	4,206
총차입금	3,294	3,239	3,528	3,066	3,190	3,314
자본금	120	124	124	143	150	160
총자본	1,911	2,011	2,062	2,544	2,707	3,209
지배주주지분	1,912	2,017	2,061	2,542	2,705	3,168

기업가치 지표

항목	2012	2013	2014	2015	2016	2017
주가(최고/저)(천원)	14.9/8.3	12.9/10.5	12.2/8.3	13.8/8.6	11.9/8.5	16.0/8.8
PER(최고/저)(배)	28.8/16.1	46.3/37.8	26.1/17.7	28.2/17.6	19.3/13.7	13.7/7.5
PBR(최고/저)(배)	2.1/1.1	1.7/1.4	1.6/1.1	1.6/1.0	1.3/1.0	1.6/0.9
EV/EBITDA(배)	10.1	12.8	9.6	8.5	7.4	8.2
EPS(원)	566	299	498	512	638	1,186
BPS(원)	7,964	8,124	8,407	8,979	9,275	10,074
CFPS(원)	1,502	1,274	1,506	1,485	1,641	2,272
DPS(원)	200	150	150	150	170	200
EBITDAPS(원)	2,526	1,904	2,286	2,401	2,455	3,078

재무 비율 〈단위 : %〉

연도	영업이익률	순이익률	부채비율	차입금비율	ROA	ROE	유보율	자기자본비율	EBITDA마진율
2017	15.4	9.2	131.1	103.3	5.1	12.0	1,878.8	43.3	23.7
2016	12.5	5.5	146.1	117.8	2.9	7.0	1,719.8	40.6	21.1
2015	12.2	4.4	144.2	120.5	2.3	6.1	1,695.8	41.0	20.6
2014	10.7	3.9	195.0	171.1	1.9	6.1	1,581.4	33.9	19.1

와이지플러스 (A037270)

YG PLUS

업　　종 : 미디어　　시　　장 : 거래소
신용등급 : (Bond) —　　(CP) —　　기업규모 : 시가총액 소형주
홈페이지 : www.ygplus.com　　연 락 처 : 02)3140-4600
본　　사 : 서울시 강남구 도산대로15길 12

설 립 일	1996.11.15	**종업원수**	48명	**대표이사**	양민석
상 장 일	2003.08.01	**감사의견**	적정(한영)	**계　열**	
결 산 기	12월	**보 통 주**		**종속회사수**	8개사
액 면 가	500원	**우 선 주**		**구 상 호**	휘닉스홀딩스

주주구성 (지분율,%)		출자관계 (지분율,%)		주요경쟁사 (외형,%)	
와이지엔터테인먼트	38.2	YG스포츠	100.0	YG PLUS	100
양현석	7.5	YG인베스트먼트	100.0	초록뱀	81
(외국인)	1.4	YG케이플러스	100.0	씨그널엔터테인먼트그룹	43

매출구성		비용구성		수출비중	
상 · 제품매출	54.1	매출원가율	67.9	수출	9.2
용 역 매 출	35.4	판관비율	41.9	내수	90.8
광고사업매출	10.5				

회사 개요

동사의 주요사업은 광고대행업과 MD제조 및 유통판매업이며, 종속회사를 통해 화장품, 골프매니지먼트, 모델매니지먼트 및 외식프랜차이즈 등의 사업을 영위하고 있음. 2014년 12월 와이지엔터테인먼트의 종속회사로 편입되어, 향후 YG의 브랜드를 활용한 광고 사업 확장의 가능성이 있다고 판단됨. 2017년 ㈜YG스포츠에서 ㈜그린웍스를 지분 100% 자회사로 인수하였으며 9월에는 음악사업본부를 신설함.

실적 분석

동사의 연결 기준 2017년 매출액은 전년대비 3.0% 증가한 724.6억원을 기록하였음. 인건비가 21% 증가하였으나 판관비 전체는 전년 수준을 유지하였음. 다만 전년 67.6억원의 영업적자가 2017년에도 70.9억원을 기록, 적자폭이 소폭 확대되었음. 최종적으로 동사는 99.8억원의 당기순손실을 기록해 적자가 지속되었음. 매출액 상승과 더불어 비용절감에도 힘을 기울여야 할 것으로 보임.

현금 흐름

〈단위 : 억원〉

항목	2016	2017
영업활동	-46	-50
투자활동	-134	-167
재무활동	93	216
순현금흐름	-89	-1
기말현금	86	85

시장 대비 수익률

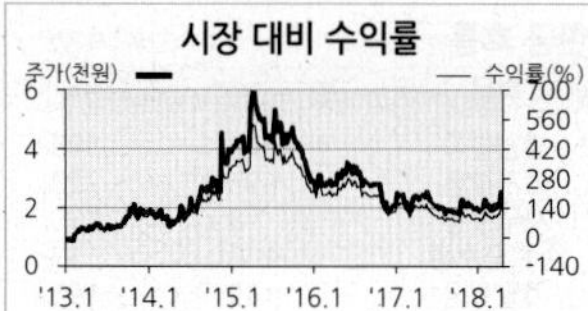

결산 실적

〈단위 : 억원〉

항목	2012	2013	2014	2015	2016	2017
매출액	306	202	102	292	704	725
영업이익	-24	-24	-16	-70	-68	-60
당기순이익	-20	-29	-35	-45	-54	-100

분기 실적

〈단위 : 억원〉

항목	2016.3Q	2016.4Q	2017.1Q	2017.2Q	2017.3Q	2017.4Q
매출액	191	184	142	218	173	191
영업이익	-9	-33	-16	-9	-12	-23
당기순이익	-18	-41	-17	1	-12	-72

재무 상태

〈단위 : 억원〉

항목	2012	2013	2014	2015	2016	2017
총자산	468	421	1,098	1,165	1,230	1,360
유형자산	129	127	13	35	67	65
무형자산	36	33	20	131	134	464
유가증권	4	4	—	487	423	181
총부채	146	128	48	124	157	219
총차입금	—	—	—	11	34	85
자본금	125	125	287	294	297	297
총자본	322	293	1,050	1,040	1,073	1,141
지배주주지분	315	283	1,024	1,031	1,032	958

기업가치 지표

항목	2012	2013	2014	2015	2016	2017
주가(최고/저)(천원)	1.9/0.8	2.1/0.9	4.5/1.4	6.1/2.8	3.6/1.8	2.7/1.7
PER(최고/저)(배)	—/—	—/—	—/—	—/—	—/—	—/—
PBR(최고/저)(배)	1.3/0.6	1.6/0.7	2.5/0.8	3.4/1.6	2.0/1.1	1.7/1.1
EV/EBITDA(배)	—	—	—	—	—	—
EPS(원)	-89	-132	-130	-63	-71	-138
BPS(원)	2,891	2,627	3,646	1,792	1,749	1,623
CFPS(원)	-140	-233	-242	-47	-38	-95
DPS(원)	—	—	—	—	—	—
EBITDAPS(원)	-160	-169	-103	-106	-83	-77

재무 비율

〈단위 : %〉

연도	영업이익률	순이익률	부채비율	차입금비율	ROA	ROE	유보율	자기자본비율	EBITDA마진율
2017	-8.3	-13.8	19.2	7.5	-7.7	-8.2	222.4	83.9	-6.3
2016	-9.6	-7.7	14.7	3.2	-4.6	-4.0	247.5	87.2	-6.9
2015	-23.9	-15.5	11.9	1.1	-4.0	-3.5	250.8	89.3	-20.8
2014	-15.9	-33.8	4.6	0.0	-4.6	-5.3	256.7	95.6	-13.5

와이티엔 (A040300)

YTN

업　　종 : 미디어　　시　　장 : KOSDAQ
신용등급 : (Bond) A-　　(CP) —　　기업규모 : 우량
홈페이지 : www.ytn.co.kr　　연 락 처 : 02)398-8000
본　　사 : 서울시 마포구 상암산로 76 와이티엔뉴스퀘어

설 립 일	1993.09.14	**종업원수**	676명	**대표이사**	최남수
상 장 일	2001.09.04	**감사의견**	적정(삼정)	**계　열**	
결 산 기	12월	**보 통 주**		**종속회사수**	2개사
액 면 가	1,000원	**우 선 주**		**구 상 호**	

주주구성 (지분율,%)		출자관계 (지분율,%)		주요경쟁사 (외형,%)	
한전케이디엔	21.4	와이티엔인재개발원	100.0	YTN	100
한국인삼공사	20.0	와이티엔플러스	50.0	지투알	383
(외국인)	0.4	와이티엔라디오	37.1	디지틀조선	30

매출구성		비용구성		수출비중	
YTN채널(방송 매출액)	71.8	매출원가율	93.1	수출	—
임대 매출액	16.2	판관비율	5.2	내수	—
기타(방송 매출액)	6.8				

회사 개요

동사는 방송법에 근거하여 종합 뉴스 프로그램의 제작 및 공급 등을 영위하는 목적으로 1993년 9월 설립됨. 2001년 9월 코스닥시장에 상장함. 방송법상 방송채널사용사업을 영위하면서 종합 뉴스 프로그램의 제작 및 공급을 하는 YTN채널, 과학 프로그램의 제작 및 공급을 하는 사이언스TV 채널 그리고 날씨와 그 밖의 관련 정보를 제공하는 YTN Weather 채널을 운영하고 있음.

실적 분석

동사는 2017년 매출액 1,310.5억원, 영업이익 21.6억원, 당기순이익 45.4억원을 기록함. 영업이익은 전년보다 67.7% 증가했고 순이익은 30.9% 늘어남. 주 수입원인 광고와 협찬 수입은 소폭 증가에 그쳤지만 상암동 사옥 임대수입이 매출 확대에 기여하였음. YTN 미디어그룹을 이루고 있는 YTN라디오와 DMB, 인터넷 자회사인 YTN플러스도 지난해 모두 순익을 기록하며 2년 연속 YTN미디어그룹 전체가 흑자경영을 달성함.

현금 흐름

〈단위 : 억원〉

항목	2016	2017
영업활동	156	213
투자활동	-41	47
재무활동	-84	-306
순현금흐름	32	-46
기말현금	149	103

시장 대비 수익률

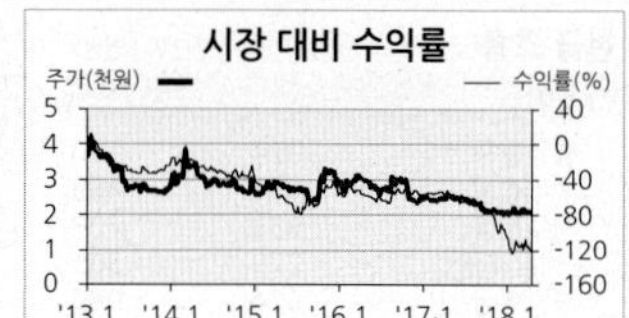

결산 실적

〈단위 : 억원〉

항목	2012	2013	2014	2015	2016	2017
매출액	1,239	1,098	1,064	1,174	1,308	1,311
영업이익	120	33	-261	-55	13	22
당기순이익	49	33	109	-36	35	45

분기 실적

〈단위 : 억원〉

항목	2016.3Q	2016.4Q	2017.1Q	2017.2Q	2017.3Q	2017.4Q
매출액	314	442	250	329	303	429
영업이익	-25	110	-71	31	-12	74
당기순이익	-23	76	-73	47	-11	81

재무 상태

〈단위 : 억원〉

항목	2012	2013	2014	2015	2016	2017
총자산	3,458	4,091	3,402	3,045	3,124	2,990
유형자산	1,115	1,761	753	808	667	652
무형자산	173	171	181	200	193	186
유가증권	17	18	18	83	76	4
총부채	1,696	2,296	1,535	1,263	1,281	1,085
총차입금	948	1,218	699	599	500	206
자본금	420	420	420	420	420	420
총자본	1,762	1,795	1,867	1,782	1,843	1,905
지배주주지분	1,762	1,795	1,867	1,774	1,835	1,905

기업가치 지표

항목	2012	2013	2014	2015	2016	2017
주가(최고/저)(천원)	4.7/2.7	4.5/2.5	4.2/2.6	3.4/2.4	3.2/2.3	2.6/2.0
PER(최고/저)(배)	41.0/23.6	58.9/32.5	16.5/10.2	—/—	39.4/28.8	24.3/18.9
PBR(최고/저)(배)	1.2/0.7	1.1/0.6	1.0/0.6	0.8/0.6	0.7/0.5	0.6/0.5
EV/EBITDA(배)	11.1	18.9	—	48.9	13.3	8.4
EPS(원)	118	78	259	-88	81	108
BPS(원)	4,195	4,274	4,445	4,224	4,369	4,536
CFPS(원)	328	285	562	124	297	328
DPS(원)	10	10	10	—	15	20
EBITDAPS(원)	495	287	-317	81	246	271

재무 비율

〈단위 : %〉

연도	영업이익률	순이익률	부채비율	차입금비율	ROA	ROE	유보율	자기자본비율	EBITDA마진율
2017	1.7	3.5	56.9	10.8	1.5	2.4	353.6	63.7	8.7
2016	1.0	2.7	69.5	27.1	1.1	1.9	336.9	59.0	7.9
2015	-4.7	-3.1	70.8	33.6	-1.1	-2.0	322.4	58.5	2.9
2014	-24.5	10.2	82.2	37.4	2.9	5.9	344.5	54.9	-12.5

와토스코리아 (A079000)
Watos Corea

업 종 : 건축자재　　시 장 : KOSDAQ
신용등급 : (Bond) — (CP) —　　기업규모 : 중견
홈페이지 : www.watos.com　　연 락 처 : 061)392-3685
본 사 : 전남 장성군 동화면 전자농공단지1길 31

설립일	1997.06.13	종업원수	107명	대표이사	송공석
상장일	2005.11.15	감사의견	적정(우리)	계열	
결산기	12월	보통주		종속회사수	
액면가	500원	우선주		구상호	

주주구성 (지분율,%)		출자관계 (지분율,%)		주요경쟁사 (외형,%)	
송공석	50.8			와토스코리아	100
박영옥	4.6			스페코	321
(외국인)	1.0			윈하이텍	320

매출구성		비용구성		수출비중	
양변기용 부속	67.8	매출원가율	64.6	수출	—
기 타	13.0	판관비율	18.9	내수	—
세면기&트랩류 외 기타	13.0				

회사 개요

동사는 위생도기에 사용되는 플라스틱 부속류의 제조, 판매 등을 영위하고 있으며 대림요업, 계림요업, 동서산업 등 국내 주요 위생도기 회사들과 안정적인 공급계약을 맺어 성장하였음. 동사의 사업은 국내 건설경기에 영향을 받으며, 특히 국내 주거부문 건축 수주액과 주택공급 및 입주물량에 따라 좌우됨. 향후 부속 납품업체에서 초절수 양변기, 통합배수트랩, 절수세척밸브 등의 완제품으로 시장 진출을 준비 중임.

실적 분석

동사의 2017년 연간 매출액은 전년동기대비 21% 상승한 214.2억원을 기록하였음. 비용면에서 전년동기대비 매출원가는 증가 하였으며 인건비도 증가, 광고선전비도 크게 증가, 기타판매비와관리비는 증가함. 이와 같이 상승한 매출액 만큼 비용증가도 있었으나 매출액의 더 큰 상승에 힘입어 최종적으로 전년동기대비 당기순이익은 상승하여 36.4억원을 기록함. 앞으로도 꾸준한 매출 증가가 기대됨.

현금 흐름 *IFRS 별도 기준 〈단위 : 억원〉

항목	2016	2017
영업활동	39	53
투자활동	-23	-99
재무활동	-8	-10
순현금흐름	7	-57
기말현금	95	38

시장 대비 수익률

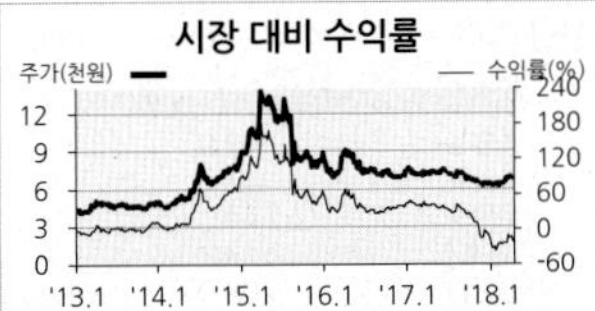

결산 실적 〈단위 : 억원〉

항목	2012	2013	2014	2015	2016	2017
매출액	181	189	196	197	177	214
영업이익	29	26	39	42	26	35
당기순이익	33	33	69	52	34	36

분기 실적 *IFRS 별도 기준 〈단위 : 억원〉

항목	2016.3Q	2016.4Q	2017.1Q	2017.2Q	2017.3Q	2017.4Q
매출액	45	50	45	51	53	65
영업이익	5	8	3	10	3	19
당기순이익	8	8	3	11	6	16

재무 상태 *IFRS 별도 기준 〈단위 : 억원〉

항목	2012	2013	2014	2015	2016	2017
총자산	567	592	660	698	724	753
유형자산	88	123	112	107	110	118
무형자산	1	2	2	2	1	3
유가증권	28	25	58	48	53	66
총부채	35	34	34	26	26	30
총차입금	—	—	—	—	—	—
자본금	21	23	26	29	32	34
총자본	532	558	627	672	697	722
지배주주지분	532	558	627	672	697	722

기업가치 지표 *IFRS 별도 기준

항목	2012	2013	2014	2015	2016	2017
주가(최고/저)(천원)	6.0/3.6	5.3/4.2	8.8/4.5	13.7/7.5	9.1/6.8	7.7/6.3
PER(최고/저)(배)	14.5/8.8	12.4/9.9	9.8/5.1	20.1/10.9	20.3/15.1	15.7/12.8
PBR(최고/저)(배)	0.9/0.5	0.7/0.6	1.1/0.6	1.6/0.9	1.0/0.7	0.8/0.6
EV/EBITDA(배)	1.4	5.8	7.6	5.5	4.1	0.6
EPS(원)	453	460	956	727	472	506
BPS(원)	12,668	12,258	12,049	11,784	11,072	10,620
CFPS(원)	906	922	1,506	1,069	681	691
DPS(원)	165	—	150	150	150	200
EBITDAPS(원)	830	761	926	895	548	676

재무 비율 〈단위 : %〉

연도	영업이익률	순이익률	부채비율	차입금비율	ROA	ROE	유보율	자기자본비율	EBITDA마진율
2017	16.5	17.0	4.2	0.0	4.9	5.1	2,024.1	96.0	21.5
2016	14.5	19.2	3.8	0.0	4.8	5.0	2,114.3	96.4	19.5
2015	21.6	26.6	3.9	0.0	7.7	8.1	2,256.7	96.3	25.9
2014	19.7	35.2	5.4	0.0	11.0	11.6	2,309.8	94.9	24.6

*관리종목

완리 (A900180)
WANLI INTERNATIONAL HOLDINGS

업 종 : 건축자재　　시 장 : KOSDAQ
신용등급 : (Bond) — (CP) —　　기업규모 :
홈페이지 : www.wanli.co.kr　　연 락 처 : +852-2523-1819
본 사 : Unit 3201, 32nd Floor, Jardine House, 1 Connaught Place, Central, Hong Kong

설립일	2008.07.04	종업원수	6명	대표이사	우웨이비아오
상장일	2011.06.13	감사의견	적정(이촌)	계열	
결산기	12월	보통주		종속회사수	
액면가	—	우선주		구상호	

주주구성 (지분율,%)		출자관계 (지분율,%)		주요경쟁사 (외형,%)	
WU RUI BIAO	12.1	만리(중국)유한공사	100.0	완리	100
KB자산운용	4.2	복건성진강만리자업유한공사	100.0	노루홀딩스	352
(외국인)	13.2	하문흠만리유한공사	100.0	삼화페인트	223

매출구성		비용구성		수출비중	
		매출원가율	0.0	수출	—
		판관비율	0.0	내수	—

회사 개요

동사는 복건성진강만리자업유한공사, 만리(중국)유한공사 및 하문흠만리유한공사를 소유하는 순수지주회사로 2008년에 설립, 2011년 6월 코스닥에 상장됨. 복건성진강만리자업유한공사는 통체타일, 벽개암석타일, 벽개타일을 판매하며 만리(중국)유한공사는 고부가가치 제품인 도자태양열타일과 테라코타 패널의 생산 및 판매를 담당. 하문흠만리유한공사는 원재료 조달과 완제품의 마케팅 및 해외수출을 담당함.

실적 분석

동사의 연결기준 2017년 3분기 누적매출액은 1,403.6억원으로 전년동기 대비 23.0% 감소하였음. 영업이익 또한 전년동기 대비 32.7% 감소한한 281.3억원을 기록함. 당기순이익은 전년동기 대비 11.8% 감소한 200.2억원에 그침. 동사는 2016년 재감사보고서상의 상장폐지 사유는 해소하였으나 외부감사인 미선임으로 현재 주권매매거래정지 지속상태임.

현금 흐름 〈단위 : 억원〉

항목	2016	2017
영업활동	518	—
투자활동	-253	—
재무활동	-218	—
순현금흐름	47	—
기말현금	800	—

시장 대비 수익률

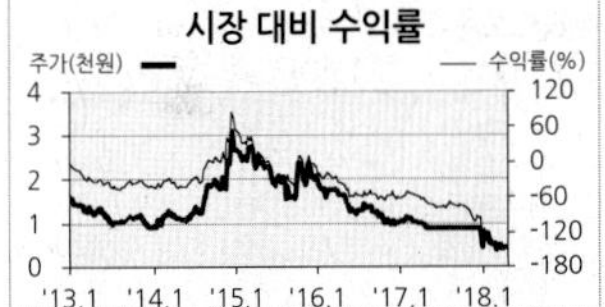

결산 실적 〈단위 : 억원〉

항목	2012	2013	2014	2015	2016	2017
매출액	2,126	2,229	2,378	2,698	2,193	—
영업이익	393	411	554	577	419	—
당기순이익	257	271	368	356	220	—

분기 실적 〈단위 : 억원〉

항목	2016.3Q	2016.4Q	2017.1Q	2017.2Q	2017.3Q	2017.4Q
매출액	644	335	419	560	433	—
영업이익	159	7	96	106	77	—
당기순이익	94	-11	52	75	56	—

재무 상태 〈단위 : 억원〉

항목	2012	2013	2014	2015	2016	2017
총자산	2,781	3,529	4,093	4,952	4,869	—
유형자산	1,700	2,214	2,780	2,990	2,883	—
무형자산	0	0	0	0	0	—
유가증권	—	—	—	—	—	—
총부채	835	1,293	1,436	1,865	1,428	—
총차입금	606	1,054	1,257	1,669	1,227	—
자본금	72	73	801	816	1,054	—
총자본	1,946	2,236	2,658	3,087	3,440	—
지배주주지분	1,946	2,236	2,658	3,087	3,440	—

기업가치 지표

항목	2012	2013	2014	2015	2016	2017
주가(최고/저)(천원)	—/—	—/—	—/—	—/—	—/—	—/—
PER(최고/저)(배)	9.2/4.8	6.1/3.2	9.2/2.4	7.8/4.1	9.8/4.7	0.0/0.0
PBR(최고/저)(배)	1.2/0.6	0.7/0.4	1.3/0.3	0.9/0.5	0.6/0.3	0.0/0.0
EV/EBITDA(배)	4.1	2.9	5.3	3.9	2.4	0.0
EPS(원)	271	287	389	376	204	—
BPS(원)	3,995	4,592	2,950	3,427	3,356	—
CFPS(원)	702	838	609	625	427	—
DPS(원)	—	—	—	—	—	—
EBITDAPS(원)	1,059	1,147	829	890	690	—

재무 비율 〈단위 : %〉

연도	영업이익률	순이익률	부채비율	차입금비율	ROA	ROE	유보율	자기자본비율	EBITDA마진율
2017	0.0	0.0	0.0	0.0	0.0	0.0	0.0	0.0	0.0
2016	19.1	10.0	41.5	35.7	4.5	6.7	226.4	70.7	32.3
2015	21.4	13.2	60.4	54.1	7.9	12.4	278.1	62.3	29.7
2014	23.3	15.5	54.0	47.3	9.7	15.0	231.6	64.9	31.4

용평리조트 (A070960)
YONG PYONG RESORT

업　　종 : 호텔 및 레저
신용등급 : (Bond) —　　(CP) —
홈페이지 : www.yongpyong.co.kr
본　　사 : 강원도 평창군 대관령면 올림픽로 715
시　　장 : 거래소
기업규모 : 시가총액 중형주
연 락 처 : 033)330-8356

설 립 일	2000.02.07	**종 업 원 수**	324명	**대 표 이 사**	신달순
상 장 일	2016.05.27	**감 사 의 견**	적정(한울)	**계　　열**	
결 산 기	12월	**보　통　주**		**종속회사수**	3개사
액 면 가	5,000원	**우　선　주**		**구　상　호**	

주주구성 (지분율,%)		출자관계 (지분율,%)		주요경쟁사 (외형,%)	
세계기독교통일신령협회	36.0	비체팰리스	100.0	용평리조트	100
선원건설	9.8	피크아일랜드	100.0		
(외국인)	3.6	해피마루	90.0		

매출구성		비용구성		수출비중	
콘도분양	50.4	매출원가율	77.4	수출	0.0
호텔,콘도	25.2	판관비율	6.6	내수	100.0
스키	10.6				

회사 개요

동사는 2000년 2월 7일 설립된 회사로 호텔, 콘도, 스키, 골프사업, 콘도분양사업 등을 주요사업으로 영위하고 있으며 강원도 평창군 대관령면과 충청남도 보령시 웅천읍에 종합 관광단지를 보유함. 지배기업은 2016년 5월 27일자로 한국거래소가 개설하는 유가증권 시장에 주식을 상장하였음. 동사는 안정적인 리조트 운영수입과 국내 최고급 콘도의 명맥을 잇는 버치힐테라스 레지던스의 성공적인 분양함.

실적 분석

동사의 연결기준 2017년 매출액은 전년 동기대비 0.5% 감소한 2,096.8억원을 기록함. 올림픽 대회 준비 기간 동안 개발이 중단되면서 버치힐테라스, 올림픽빌리지(선수촌 아파트) 이후 신규분양사업 진행이 지연되고 있었음. 그러나 올림픽이 종료된 이후 개발 검토 중이었던 베르데힐2차와 용평빌리지2차 분양이 구체화되면서 2018년 하반기 사업 착공이 가능할 것으로 전망.

현금 흐름 〈단위 : 억원〉

항목	2016	2017
영업활동	-190	178
투자활동	156	-615
재무활동	296	17
순현금흐름	262	-420
기말현금	745	325

시장 대비 수익률

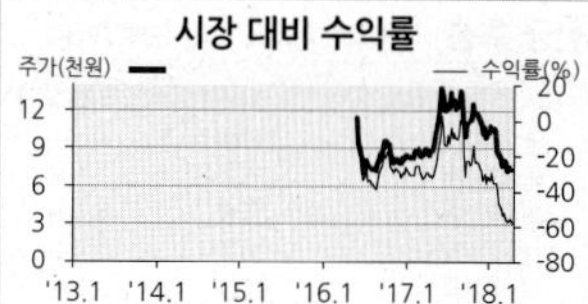

결산 실적 〈단위 : 억원〉

항목	2012	2013	2014	2015	2016	2017
매출액	1,602	1,538	1,336	1,763	2,107	2,097
영업이익	184	246	172	264	304	335
당기순이익	119	117	40	116	143	170

분기 실적 〈단위 : 억원〉

항목	2016.3Q	2016.4Q	2017.1Q	2017.2Q	2017.3Q	2017.4Q
매출액	648	508	491	526	644	436
영업이익	133	76	106	34	128	66
당기순이익	76	37	61	4	73	32

재무 상태 〈단위 : 억원〉

항목	2012	2013	2014	2015	2016	2017
총자산	7,753	7,580	8,189	9,707	9,289	8,682
유형자산	7,058	6,951	6,825	6,770	6,852	7,124
무형자산	22	31	31	32	52	112
유가증권	3	1	1	1	1	2
총부채	5,015	4,599	5,174	6,578	5,325	4,600
총차입금	1,366	2,259	1,863	1,703	1,300	1,424
자본금	1,900	1,900	1,900	1,900	2,407	2,407
총자본	2,738	2,981	3,015	3,128	3,964	4,082
지배주주지분	2,738	2,980	3,015	3,128	3,964	4,082

기업가치 지표

항목	2012	2013	2014	2015	2016	2017
주가(최고/저)(천원)	—/—	—/—	—/—	—/—	11.5/7.1	13.9/8.1
PER(최고/저)(배)	0.0/0.0	0.0/0.0	0.0/0.0	0.0/0.0	36.1/22.4	39.8/23.3
PBR(최고/저)(배)	0.0/0.0	0.0/0.0	0.0/0.0	0.0/0.0	1.4/0.9	1.7/1.0
EV/EBITDA(배)	3.2	5.1	3.4	2.3	10.7	12.7
EPS(원)	314	308	104	306	324	352
BPS(원)	7,204	7,843	7,933	8,231	8,236	8,480
CFPS(원)	736	688	467	649	629	661
DPS(원)	—	—	—	—	100	100
EBITDAPS(원)	906	1,027	816	1,039	992	1,005

재무 비율 〈단위 : %〉

연도	영업이익률	순이익률	부채비율	차입금비율	ROA	ROE	유보율	자기자본비율	EBITDA마진율
2017	16.0	8.1	112.7	34.9	1.9	4.2	69.6	47.0	23.1
2016	14.4	6.8	134.3	32.8	1.5	4.0	64.7	42.7	20.8
2015	15.0	6.6	210.3	54.4	1.3	3.8	64.6	32.2	22.4
2014	12.9	3.0	171.6	61.8	0.5	1.3	58.7	36.8	23.2

우노앤컴퍼니 (A114630)
UNO&COMPANY

업　　종 : 섬유 및 의복
신용등급 : (Bond) —　　(CP) —
홈페이지 : www.unon.co.kr
본　　사 : 전북 완주군 봉동읍 완주산단3로 158-15
시　　장 : KOSDAQ
기업규모 : 중견
연 락 처 : 063)261-7555

설 립 일	1999.07.19	**종 업 원 수**	155명	**대 표 이 사**	김종천
상 장 일	2010.01.15	**감 사 의 견**	적정(신한)	**계　　열**	
결 산 기	12월	**보　통　주**		**종속회사수**	1개사
액 면 가	500원	**우　선　주**		**구　상　호**	

주주구성 (지분율,%)		출자관계 (지분율,%)		주요경쟁사 (외형,%)	
김승호 (KIM JIM)	15.6			우노앤컴퍼니	100
김종천	10.2			좋은사람들	308
(외국인)	15.8			아즈텍WB	89

매출구성		비용구성		수출비중	
[합성사사업부]난연사	54.1	매출원가율	77.5	수출	95.6
[합성사사업부]비난연사	14.3	판관비율	18.9	내수	4.4
[합성사사업부]상품	14.2				

회사 개요

동사는 가발용 합성섬유의 개발 및 판매를 목적으로 1999년 설립됨. 2011년 3월 31일자로 의료 및 산업용 화학제품의 제조 및 판매를 목적으로 하는 우노켐과 합병함. 난연사와 비난연사를 주요품목으로 하는 합성사 사업부와 광학모노머를 주요 품목으로 하는 화학사업부로 나뉘어져 있음. PVC 원사는 일본 업체 2곳이 약 90%의 점유율을 보임. 동사는 3위. 난연고열사와 브레이드 시장에선 2위로 추정됨.

실적 분석

동사의 2017년 연간 매출액은 전년동기대비 0.6% 소폭 변동한 387.7억원을 기록하였음. 수요산업인 가발 봉제 산업은 노동 집약적인 산업으로 인건비가 큰 영향을 미치고 있음. 시장은 꾸준히 성장하고 있으나 인건비 상승에 따른 경쟁력 악화로 수익이 축소되고 있으며 이에 따라 전년동기대비 영업이익은 13.8억원으로 74.2% 크게 하락 하였음. 최종적으로 전년동기대비 당기순손실은 적자전환하여 5.6억원을 기록함.

현금 흐름 〈단위 : 억원〉

항목	2016	2017
영업활동	49	27
투자활동	-23	-34
재무활동	-44	30
순현금흐름	-13	8
기말현금	208	217

시장 대비 수익률

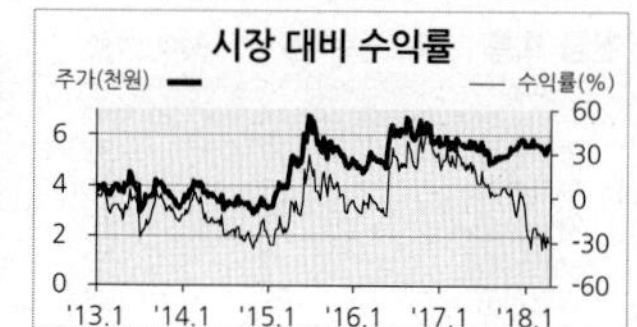

결산 실적 〈단위 : 억원〉

항목	2012	2013	2014	2015	2016	2017
매출액	653	621	487	397	390	388
영업이익	54	20	39	33	53	14
당기순이익	47	23	40	35	3	-6

분기 실적 〈단위 : 억원〉

항목	2016.3Q	2016.4Q	2017.1Q	2017.2Q	2017.3Q	2017.4Q
매출액	87	82	101	92	99	96
영업이익	7	5	-7	8	7	5
당기순이익	1	18	-18	14	9	-11

재무 상태 〈단위 : 억원〉

항목	2012	2013	2014	2015	2016	2017
총자산	715	708	669	716	779	839
유형자산	136	145	164	162	157	163
무형자산	7	7	7	7	7	7
유가증권	1	1	18	20	109	150
총부채	145	125	73	68	106	101
총차입금	105	92	45	32	—	—
자본금	65	65	65	69	69	69
총자본	569	583	597	648	673	739
지배주주지분	569	583	597	648	671	732

기업가치 지표

항목	2012	2013	2014	2015	2016	2017
주가(최고/저)(천원)	4.6/2.6	4.5/2.9	4.2/2.9	7.5/3.1	6.9/4.5	6.0/4.9
PER(최고/저)(배)	14.6/8.3	29.3/18.8	15.4/10.5	30.9/12.6	291.2/190.2	—/—
PBR(최고/저)(배)	1.2/0.7	1.1/0.7	1.0/0.7	1.6/0.7	1.4/0.9	1.2/0.9
EV/EBITDA(배)	4.5	7.0	3.5	8.2	7.1	15.7
EPS(원)	362	174	305	264	25	-77
BPS(원)	4,500	4,627	4,839	5,038	5,229	5,391
CFPS(원)	432	248	401	365	126	17
DPS(원)	75	50	100	100	150	200
EBITDAPS(원)	482	228	393	350	493	195

재무 비율 〈단위 : %〉

연도	영업이익률	순이익률	부채비율	차입금비율	ROA	ROE	유보율	자기자본비율	EBITDA마진율
2017	3.6	-1.4	13.7	0.0	-0.7	-1.5	962.6	88.0	6.8
2016	13.7	0.9	15.8	0.0	0.5	0.5	930.7	86.4	17.2
2015	8.4	8.9	10.4	4.9	5.1	5.7	907.7	90.6	11.8
2014	7.9	8.1	12.2	7.5	5.8	6.7	867.7	89.2	10.5

우리기술 (A032820)

Woori Technology

업　　종 : 에너지 시설 및 서비스　　시　　장 : KOSDAQ
신용등급 : (Bond) —　(CP) —　　기업규모 : 벤처
홈페이지 : www.wooritg.com　　연 락 처 : 02)2102-5100
본　　사 : 서울시 마포구 월드컵북로 56길 9, DMC단지 우리기술빌딩 4층

설 립 일	1995.01.12	**종업원수**	118명	**대표이사**	노갑선
상 장 일	2000.06.22	**감사의견**	적정(대현)	**계　　열**	
결 산 기	12월	**보 통 주**		**종속회사수**	2개사
액 면 가	500원	**우 선 주**		**구 상 호**	

주주구성 (지분율,%)		출자관계 (지분율,%)		주요경쟁사 (외형,%)	
노갑선	2.7			우리기술	100
김덕우	2.5			일진파워	466
(외국인)	3.8			제이씨케미칼	569

매출구성		비용구성		수출비중	
원전사업 제품	62.5	매출원가율	56.2	수출	4.5
임대	10.8	판관비율	27.1	내수	95.5
상품매출	9.6				

회사 개요

동사는 국내원전제어계측설비 전문업체로 발전시스템시장 중 원자력발전분야에 대한 사업에 주력하고 있음. 정부의 2024년까지 원자력 발전소를 14기를 신설 방침에 따라 성장성도 확보한 상태여서 모멘텀으로 작용할 전망임. 원자력계측기기 부문의 매출 비중이 연결기준 약 50%를 차지하고 있으며, 자재 및 물품공급대행 및 면사사업 등이 신규사업의 주력 매출원으로 자리잡고 있음.

실적 분석

동사의 연결기준 2017년 매출액은 301.8억원으로 전년 314.5억원 대비 4.1% 감소하였음. 외형은 작아졌으나 매출원가가 12.3% 감소하면서 원가율이 좋아졌으며 매출총이익이 9.1% 증가함. 판관비등 고정비용 또한 소폭 감소하였으며 동사는 전년보다 30.8% 증가한 50.3억원의 영업이익을 기록하였음. 다만 비영업부분에서 손실이 발생해 적자전환하였으며 당기순이익은 전년보다 34.5% 감소한 32.7억원을 기록하였음.

현금 흐름

〈단위 : 억원〉

항목	2016	2017
영업활동	39	56
투자활동	-21	-45
재무활동	9	-22
순현금흐름	26	-11
기말현금	71	60

시장 대비 수익률

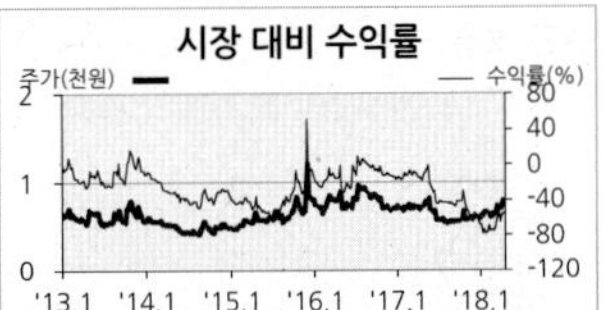

결산 실적

〈단위 : 억원〉

항목	2012	2013	2014	2015	2016	2017
매출액	223	195	261	397	315	302
영업이익	-47	-73	-44	27	38	50
당기순이익	-98	-92	-73	-106	50	33

분기 실적

〈단위 : 억원〉

항목	2016.3Q	2016.4Q	2017.1Q	2017.2Q	2017.3Q	2017.4Q
매출액	24	166	38	64	83	117
영업이익	-11	55	-9	13	33	13
당기순이익	-14	88	-13	13	32	-0

재무 상태

〈단위 : 억원〉

항목	2012	2013	2014	2015	2016	2017
총자산	872	956	952	806	823	852
유형자산	470	562	557	94	100	98
무형자산	85	105	112	64	62	92
유가증권	21	23	10	8	8	18
총부채	467	567	625	543	514	476
총차입금	366	439	475	414	386	330
자본금	278	331	331	384	384	418
총자본	405	389	327	263	309	376
지배주주지분	406	411	360	263	309	376

기업가치 지표

항목	2012	2013	2014	2015	2016	2017
주가(최고/저)(천원)	1.5/0.5	0.8/0.5	0.6/0.4	1.2/0.5	1.1/0.6	0.8/0.5
PER(최고/저)(배)	—/—	—/—	—/—	—/—	16.2/9.8	21.0/13.3
PBR(최고/저)(배)	2.1/0.7	1.4/0.8	1.2/0.7	3.5/1.4	2.6/1.6	1.8/1.2
EV/EBITDA(배)	—	—	—	16.8	13.4	9.6
EPS(원)	-154	-118	-94	-133	65	39
BPS(원)	732	620	543	342	403	450
CFPS(원)	-100	-59	-32	-96	92	66
DPS(원)	—	—	—	—	—	—
EBITDAPS(원)	-33	-58	-5	72	77	87

재무 비율

〈단위 : %〉

연도	영업이익률	순이익률	부채비율	차입금비율	ROA	ROE	유보율	자기자본비율	EBITDA마진율
2017	16.7	10.8	일부잠식	일부잠식	3.9	9.5	-10.0	44.2	24.2
2016	12.2	15.9	일부잠식	일부잠식	6.1	17.4	-19.5	37.6	18.8
2015	6.7	-26.8	일부잠식	일부잠식	-12.1	-32.7	-31.6	32.6	13.8
2014	-16.9	-28.1	일부잠식	일부잠식	-7.7	-16.2	8.7	34.3	-1.2

우리기술투자 (A041190)

Woori Technology Investment

업　　종 : 창업투자 및 종금　　시　　장 : KOSDAQ
신용등급 : (Bond) —　(CP) —　　기업규모 : 중견
홈페이지 : www.wooricapital.co.kr　　연 락 처 : 02)2008-3100
본　　사 : 서울시 강남구 테헤란로 522 (대치동, 홍우빌딩 14층)

설 립 일	1996.12.18	**종업원수**	8명	**대표이사**	정만회,이정훈
상 장 일	2000.06.09	**감사의견**	적정(삼정)	**계　　열**	
결 산 기	12월	**보 통 주**		**종속회사수**	
액 면 가	500원	**우 선 주**		**구 상 호**	

주주구성 (지분율,%)		출자관계 (지분율,%)		주요경쟁사 (외형,%)	
이정훈	12.7			우리기술투자	100
신성이엔지	9.0			대성창투	213
(외국인)	1.8			에이티넘인베스트	681

수익구성		비용구성		수출비중	
신기술금융수익	67.1	이자비용	0.6	수출	—
매도가능증권처분이익	62.7	파생상품손실	0.0	내수	—
기타영업수익	50.0	판관비	43.4		

회사 개요

동사는 1996년 12월 중소·벤처기업창업지원을 목적으로 국내 반도체 장비 및 설비관련제품을 생산하는 기업 및 개인들이 출자하여 설립된 창업투자회사로서 중소창업기업에 대한 투자지원과 창업투자조합의 결성·관리, 그리고 성장지원을 위한 경영지도 등을 주된 사업으로 영위하고 있음. 설립후 국내 벤처산업 전반(정보통신, 반도체, 소프트웨어, 바이오, 환경 등)에 걸친 투자활동 지속중.

실적 분석

동사의 2017년 4분기 기준 누적 영업수익은 84.4억원으로 전년 동기(63.3억원) 대비 33% 증가함. 영업이익은 0.5억원으로 전년 8.7억원보다 감소함. 당기순이익은 33.2억원으로 전년 10.6억원에서 크게 증가함. 2016년 파이버프로, 두나무(일부회수) 등의 투자주식 회수로 이익실현. 신정부 벤처기업 육성 정책이 이어질 것으로 전망, 정부정책 수혜가 기대됨. 신기술사업투자는 증시 변화에 민감하기 때문에 유의가 필요.

현금 흐름 *IFRS 별도 기준

〈단위 : 억원〉

항목	2016	2017
영업활동	-63	159
투자활동	5	-25
재무활동	—	-38
순현금흐름	-57	95
기말현금	127	222

시장 대비 수익률

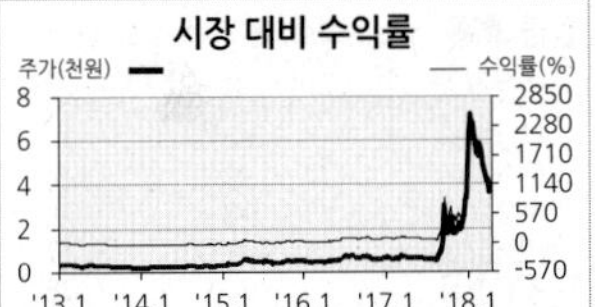

결산 실적

〈단위 : 억원〉

항목	2012	2013	2014	2015	2016	2017
순영업손익	35	27	58	36	41	37
영업이익	-34	1	32	12	9	1
당기순이익	-30	13	31	12	11	33

분기 실적 *IFRS 별도 기준

〈단위 : 억원〉

항목	2016.3Q	2016.4Q	2017.1Q	2017.2Q	2017.3Q	2017.4Q
순영업손익	4	22	10	-1	45	-18
영업이익	-4	14	1	-8	38	-31
당기순이익	-4	14	1	-8	38	3

재무 상태 *IFRS 별도 기준

〈단위 : 억원〉

항목	2012	2013	2014	2015	2016	2017
총자산	764	626	578	586	610	598
유형자산	41	1	0	0	0	1
무형자산	17	7	7	7	6	6
유가증권	—	14	48	23	62	46
총부채	211	122	35	35	36	10
총차입금	172	107	27	27	27	—
자본금	420	420	420	420	420	420
총자본	553	503	543	551	574	588
지배주주지분	553	503	543	551	574	588

기업가치 지표 *IFRS 별도 기준

항목	2012	2013	2014	2015	2016	2017
주가(최고/저)(천원)	0.8/0.3	0.4/0.2	0.3/0.2	0.7/0.3	0.8/0.5	4.1/0.6
PER(최고/저)(배)	—/—	28.1/14.8	9.7/6.4	50.3/21.6	68.1/37.6	103.7/14.6
PBR(최고/저)(배)	1.2/0.4	0.7/0.4	0.5/0.3	1.0/0.4	1.2/0.7	5.5/0.8
PSR(최고/저)(배)	-487/-170	14/7	5/3	17/7	18/10	93/13
EPS(원)	-23	16	37	14	13	40
BPS(원)	705	645	692	702	730	746
CFPS(원)	-8	17	38	15	13	40
DPS(원)	—	—	15	—	15	20
EBITDAPS(원)	-39	1	38	15	10	1

재무 비율

〈단위 : %〉

연도	계속사업이익률	순이익률	부채비율	차입금비율	ROA	ROE	유보율	자기자본비율	총자산증가율
2017	2.5	90.0	1.7	0.0	5.5	5.7	49.3	98.4	-1.9
2016	26.7	26.0	6.2	4.7	1.8	1.9	45.9	94.2	4.1
2015	33.4	33.4	6.3	4.9	2.1	2.2	40.5	94.1	1.4
2014	53.4	53.4	6.5	5.0	5.2	6.0	38.4	93.9	-7.7

우리넷 (A115440)

WooriNet

업 종 : 통신장비
신용등급 : (Bond) — (CP) —
홈페이지 : www.woori-net.com
본 사 : 경기도 안양시 동안구 시민대로 353 (관양동)

시 장 : KOSDAQ
기업규모 : 벤처
연 락 처 : 031)276-5101

설 립 일	2000.01.04	**종 업 원 수**	120명	**대 표 이 사**	김광수
상 장 일	2010.01.27	**감 사 의 견**	적정(세일)	**계 열**	
결 산 기	12월	**보 통 주**		**종속회사수**	
액 면 가	500원	**우 선 주**		**구 상 호**	

주주구성 (지분율,%)		출자관계 (지분율,%)		주요경쟁사 (외형,%)	
세티밸류업홀딩스	45.3			우리넷	100
장현국	3.8			기산텔레콤	123
(외국인)	3.1			백금T&A	197

매출구성		비용구성		수출비중	
기타	34.7	매출원가율	70.5	수출	0.1
AGW(제품)	30.0	판관비율	23.2	내수	99.9
ETC(상품)	13.2				

회사 개요

동사는 2000년 삼성전자 네트워크부문 출신 연구원들이 주축이 되어 설립된 벤처회사임. 기존 음성서비스 중심의 제품군에 데이터서비스 기술을 접목하여 하나의 장비로 통합솔루션을 제공하는 광통신장비인 MSPP 제품군과 음성서비스를 기반으로 한 AGW 장비를 제조하여 기간통신사업자에게 판매하는 사업을 영위함. 개별적으로는 케이티가 최대 매출처이며, 수출은 거의 없음.

실적 분석

동사의 2017년 전체 매출은 517억원으로 전년대비 19.1% 증가, 영업이익은 32.3억원으로 전년대비 46.3% 증가, 당기순이익은 34.3억원으로 전년대비 26.2% 증가하는 양호한 실적 시현.MSPP관련 장비시장 매출은 감소추세이지만 PTN장비는 MSPP 대체시장 및 신규시장 형성으로 매출지속을 전망함. AGW 내수 매출이 증가했으며, AGW 장비는 기존음성서비스용 교환기의 대체와 신규 아파트 전화공급용으로 공급될 전망임.

현금 흐름 *IFRS 별도 기준 〈단위 : 억원〉

항목	2016	2017
영업활동	-64	70
투자활동	31	-44
재무활동	-7	-8
순현금흐름	-41	17
기말현금	20	38

시장 대비 수익률

결산 실적 〈단위 : 억원〉

항목	2012	2013	2014	2015	2016	2017
매출액	471	447	453	496	434	517
영업이익	45	42	49	63	22	32
당기순이익	47	40	44	56	27	34

분기 실적 *IFRS 별도 기준 〈단위 : 억원〉

항목	2016.3Q	2016.4Q	2017.1Q	2017.2Q	2017.3Q	2017.4Q
매출액	76	229	29	58	123	307
영업이익	-12	38	-17	-8	13	44
당기순이익	-6	30	-10	-5	13	37

재무 상태 *IFRS 별도 기준 〈단위 : 억원〉

항목	2012	2013	2014	2015	2016	2017
총자산	451	568	544	649	653	721
유형자산	6	157	155	153	152	154
무형자산	25	17	10	4	8	21
유가증권	—	—	—	6	12	18
총부채	100	188	130	188	174	215
총차입금	18	72	67	74	77	76
자본금	32	32	32	32	32	32
총자본	350	380	414	461	479	506
지배주주지분	350	380	414	461	479	506

기업가치 지표 *IFRS 별도 기준

항목	2012	2013	2014	2015	2016	2017
주가(최고/저)(천원)	3.5/2.2	3.9/2.5	4.8/2.8	4.9/3.4	7.9/4.2	7.3/5.3
PER(최고/저)(배)	5.8/3.6	7.2/4.6	7.8/4.6	6.0/4.2	19.3/10.2	13.8/10.0
PBR(최고/저)(배)	0.8/0.5	0.8/0.5	0.8/0.5	0.7/0.5	1.1/0.6	0.9/0.7
EV/EBITDA(배)	0.5	2.3	2.4	0.8	9.7	6.0
EPS(원)	748	628	691	884	427	539
BPS(원)	5,502	5,970	6,511	7,245	7,522	7,941
CFPS(원)	867	766	825	1,000	487	604
DPS(원)	160	150	150	150	120	150
EBITDAPS(원)	847	792	896	1,098	407	572

재무 비율 〈단위 : %〉

연도	영업이익률	순이익률	부채비율	차입금비율	ROA	ROE	유보율	자기자본비율	EBITDA마진율
2017	6.3	6.6	42.6	15.1	5.0	7.0	1,488.3	70.1	7.1
2016	5.1	6.3	36.3	16.2	4.2	5.8	1,404.5	73.4	6.0
2015	12.6	11.3	40.8	16.1	9.4	12.9	1,349.0	71.0	14.1
2014	10.7	9.7	31.3	16.1	7.9	11.1	1,202.2	76.2	12.6

우리들제약 (A004720)

Wooridul Pharmaceutical

업 종 : 제약
신용등급 : (Bond) — (CP) —
홈페이지 : www.wooridulpharm.com
본 사 : 경기도 화성시 향남읍 제약공단2길 50

시 장 : 거래소
기업규모 : 시가총액 소형주
연 락 처 : 031)370-6000

설 립 일	1966.08.22	**종 업 원 수**	251명	**대 표 이 사**	류남현
상 장 일	1990.06.15	**감 사 의 견**	적정(삼일)	**계 열**	
결 산 기	12월	**보 통 주**		**종속회사수**	2개사
액 면 가	500원	**우 선 주**		**구 상 호**	

주주구성 (지분율,%)		출자관계 (지분율,%)		주요경쟁사 (외형,%)	
김수경	7.7	포레스토리	51.7	우리들제약	100
한국증권금융	4.1	수도정밀화학	50.3	하이텍팜	83
(외국인)	1.1	코스모지놈	39.0	화일약품	128

매출구성		비용구성		수출비중	
기타	92.9	매출원가율	48.4	수출	0.3
바르디핀	3.6	판관비율	44.1	내수	99.7
알포레인연질	3.6				

회사 개요

동사는 1966년 8월에 설립되어 치료제 중심의 의약품 제조 및 판매업체로 순환기, 소화기, CNS약물, 항생제 등의 전문의약품과 네프리스, 미가펜 등의 일반의약품을 중심으로 내수 시장에 집중하고 있음. 종속회사로는 의약품을 제조하여 판매하는 수도정밀화학과 기능성 화장품을 제조하고 판매하는 포레스토리가 있음. 2017년 기준 매출액은 혈압강하제인 바르디핀(3.6%), 혈관 치료제인 리바틴(3.5%), 기타(93.0%)로 구성됨.

실적 분석

동사의 연결기준 2017년 매출액은 전년 동기대비 11.7% 증가한 798.9억원을 기록한 가운데 판관비는 전년 동기 대비 0.3% 증가에 그침에 따라 동기간 영업이익은 전년 동기 대비 24.3% 증가한 60.1억원을 기록하였음. 또한 일회성 비용인 매도가능금융자산손상차손환입이 발생하여 비영업손익은 흑자로 전환하였음. 이에 따라 동사의 2017년 당기순이익은 전년 대비 27.7% 증가한 44.3억원을 시현함.

현금 흐름 〈단위 : 억원〉

항목	2016	2017
영업활동	61	31
투자활동	-158	-20
재무활동	116	-13
순현금흐름	19	-2
기말현금	54	52

시장 대비 수익률

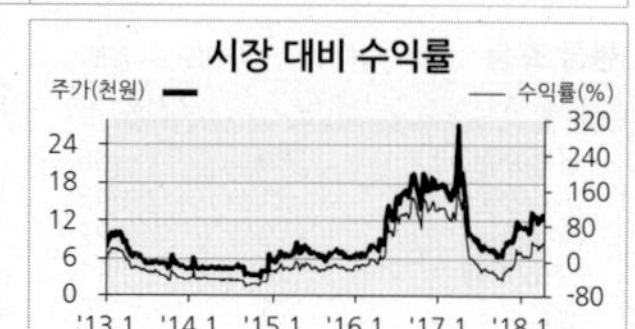

결산 실적 〈단위 : 억원〉

항목	2012	2013	2014	2015	2016	2017
매출액	303	390	442	604	715	799
영업이익	-50	-34	-36	45	48	60
당기순이익	-53	-38	-46	21	35	44

분기 실적 〈단위 : 억원〉

항목	2016.3Q	2016.4Q	2017.1Q	2017.2Q	2017.3Q	2017.4Q
매출액	182	171	192	190	201	216
영업이익	7	20	9	16	20	15
당기순이익	5	14	7	13	17	7

재무 상태 〈단위 : 억원〉

항목	2012	2013	2014	2015	2016	2017
총자산	426	393	420	464	643	685
유형자산	71	64	59	59	83	88
무형자산	10	8	7	7	10	10
유가증권	1	1	1	1	1	11
총부채	167	155	219	178	279	174
총차입금	69	50	94	44	103	2
자본금	386	397	41	47	50	56
총자본	259	238	201	287	364	511
지배주주지분	259	239	202	287	364	510

기업가치 지표

항목	2012	2013	2014	2015	2016	2017
주가(최고/저)(천원)	37.6/5.0	12.1/4.3	6.7/3.1	9.2/5.2	20.0/6.3	27.3/6.1
PER(최고/저)(배)	—/—	—/—	—/—	41.9/23.9	58.1/18.3	71.3/15.9
PBR(최고/저)(배)	11.0/1.5	3.9/1.4	2.6/1.2	3.0/1.7	5.4/1.7	6.0/1.3
EV/EBITDA(배)	—	—	—	10.8	28.7	15.1
EPS(원)	-707	-467	-576	219	343	383
BPS(원)	342	308	2,550	3,108	3,683	4,568
CFPS(원)	-57	-34	-461	306	419	483
DPS(원)	—	—	—	—	—	—
EBITDAPS(원)	-54	-30	-339	567	556	633

재무 비율 〈단위 : %〉

연도	영업이익률	순이익률	부채비율	차입금비율	ROA	ROE	유보율	자기자본비율	EBITDA마진율
2017	7.5	5.6	34.1	0.5	6.7	9.9	813.6	74.6	8.9
2016	6.8	4.9	76.6	28.3	6.3	10.6	636.6	56.6	7.8
2015	7.5	3.5	62.1	15.3	4.7	8.5	521.6	61.7	8.9
2014	-8.2	-10.5	109.0	46.6	-11.4	-20.8	410.0	47.9	-6.1

우리들휴브레인 (A118000)
WOORIDUL HUE BRAIN

업　　종 : IT 서비스
신용등급 : (Bond) —　　(CP) —
홈페이지 : www.wooridulls.co.kr
본　　사 : 경기도 화성시 향남읍 제약공단2길 50
시　　장 : 거래소
기업규모 : 시가총액 소형주
연 락 처 : 02)2186-1346

설 립 일	2009.12.01	**종업원수**	38명	**대 표 이 사**	이근형
상 장 일	2009.12.30	**감사의견**	적정(정동)	**계　열**	
결 산 기	12월	**보 통 주**		**종속회사수**	3개사
액 면 가	500원	**우 선 주**		**구　상　호**	우리들생명과학

주주구성 (지분율,%)		출자관계 (지분율,%)		주요경쟁사 (외형,%)	
김수경	3.9	우리들교육	100.0	우리들휴브레인	100
최효정	1.4	그린벨시스템즈	95.3	오상자이엘	182
(외국인)	0.9	셀코스	1.4	동양네트웍스	234

매출구성		비용구성		수출비중	
수강료수입	37.6	매출원가율	89.4	수출	0.0
[생활건강]기타	27.6	판관비율	23.1	내수	100.0
[메디컬]기타	16.3				

회사 개요

2009년 12월 우리들제약주식회사의 메디컬 사업부문을 인적분할하여 설립되어 2009년 12월 한국거래소 유가증권시장에 재상장됨. 의료기기, 의료용품 공급 및 골질환치료 목적의 줄기세포를 연구하는 메디컬 사업부문과 휘트니스 서비스 및 기구, 기능성 의자 등을 공급하는 생활건강 사업부문, 입시 컨설팅 서비스를 제공하는 교육 사업부문, 그리고 종속회사인 휴브레인의 교육서비스 사업부문을 영위하고 있음.

실적 분석

2017년 연결기준 누적 매출액과 영업이익은 전년동기대비 각각 343.7% 증가, 적자지속한 368.8억원, -46억원을 기록함. 당기순손실 29억원 기록함. 의약품과 스토리지 신규 매출 발생으로 외형 성장. 그러나 해당 사업부문을 제외한 사업부 영업적자를 기록하며 적자지속함. 종속회사 다미팜 흡수합병, 그린벨시스템즈 지분 인수를 통해 기업 경쟁력 강화와 신규투자를 진행할 예정.

현금 흐름 〈단위 : 억원〉

항목	2016	2017
영업활동	-49	-127
투자활동	-153	132
재무활동	202	5
순현금흐름	0	11
기말현금	3	14

시장 대비 수익률

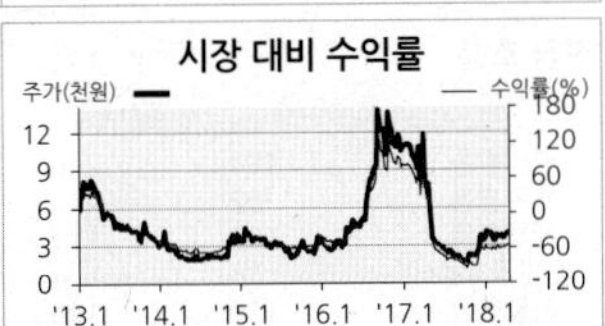

결산 실적 〈단위 : 억원〉

항목	2012	2013	2014	2015	2016	2017
매출액	223	125	118	115	83	369
영업이익	-34	-47	-61	-75	-48	-46
당기순이익	-64	-46	-90	-78	-86	-29

분기 실적 〈단위 : 억원〉

항목	2016.3Q	2016.4Q	2017.1Q	2017.2Q	2017.3Q	2017.4Q
매출액	19	-1	23	65	106	174
영업이익	-18	-4	-13	-17	-21	4
당기순이익	-13	-47	-10	-23	-23	27

재무 상태 〈단위 : 억원〉

항목	2012	2013	2014	2015	2016	2017
총자산	304	220	197	164	288	367
유형자산	20	14	13	21	10	29
무형자산	15	69	42	39	18	42
유가증권	34	31	25	23	85	20
총부채	80	59	114	102	154	180
총차입금	19	31	73	58	115	103
자본금	399	399	42	54	92	108
총자본	224	160	83	62	134	187
지배주주지분	224	157	82	62	134	185

기업가치 지표

항목	2012	2013	2014	2015	2016	2017
주가(최고/저)(천원)	40.2/6.3	11.0/3.6	5.1/2.2	4.9/2.0	13.8/2.5	12.9/1.7
PER(최고/저)(배)	—/—	—/—	—/—	—/—	—/—	—/—
PBR(최고/저)(배)	14.1/2.2	5.5/1.8	5.2/2.3	10.0/4.1	18.9/3.5	15.0/2.0
EV/EBITDA(배)	—	—	—	—	—	—
EPS(원)	-715	-490	-937	-600	-476	-135
BPS(원)	281	197	964	570	729	860
CFPS(원)	-73	-46	-964	-619	-437	-99
DPS(원)	—	—	—	—	—	—
EBITDAPS(원)	-33	-48	-621	-610	-225	-177

재무 비율 〈단위 : %〉

연도	영업이익률	순이익률	부채비율	차입금비율	ROA	ROE	유보율	자기자본비율	EBITDA마진율
2017	-12.5	-7.9	96.4	54.9	-8.9	-18.2	71.9	50.9	-10.3
2016	-57.5	-103.7	114.7	85.7	-38.1	-87.9	45.9	46.6	-48.9
2015	-65.5	-67.7	165.2	93.5	-43.0	-105.8	14.1	37.7	-57.9
2014	-51.6	-76.9	136.6	87.2	-43.4	-74.1	92.8	42.3	-42.7

우리로 (A046970)
WOORIRO

업　　종 : 통신장비
신용등급 : (Bond) —　　(CP) —
홈페이지 : www.wooriro.com
본　　사 : 광주시 광산구 평동산단6번로 102-22 (월전동)
시　　장 : KOSDAQ
기업규모 : 벤처
연 락 처 : 062)602-8100

설 립 일	1998.12.29	**종업원수**	129명	**대 표 이 사**	박세철
상 장 일	2012.11.27	**감사의견**	적정(서우)	**계　열**	
결 산 기	12월	**보 통 주**		**종속회사수**	2개사
액 면 가	500원	**우 선 주**		**구　상　호**	우리로광통신

주주구성 (지분율,%)		출자관계 (지분율,%)		주요경쟁사 (외형,%)	
인피온	17.0	씨제이에스	100.0	우리로	100
미래창조티에스M&A7호투자조합	3.1	모바일에코	62.6	콤텍시스템	350
(외국인)	1.9	로얄디엔엘	32.7	오이솔루션	187

매출구성		비용구성		수출비중	
광통신사업부문	85.0	매출원가율	87.2	수출	44.0
SI 사업부문	15.0	판관비율	27.1	내수	56.0

회사 개요

동사는 FTTx 초고속 광통신망 구축에 필수적으로 필요한 광분배기칩과 광모듈 및 Wafer를 생산하여 통신산업에 공급하는 회사로, 1998년에 설립되어 2012년 11월에 코스닥 시장에 상장됨. 2015년 3월 상호명을 우리로로 변경함. 광분배기 시장은 동사 등 국내 업체가 세계시장의 약 80% 이상을 점유하고 있음. 2014년에 고성능 저전력 스토리지를 개발하고 공급하는 사업에 진출함.

실적 분석

동사의 2017년 연간 매출액은 전년동기대비 2.8% 소폭 변동한 410.6억원을 기록하였음. 비용면에서 전년동기대비 매출원가는 감소 하였으며 인건비도 감소, 광고선전비는 증가 했고 기타판매비와관리비는 증가함. 주춤한 모습의 매출액에 의해 전년동기대비 영업손실은 58.6억원으로 적자지속 하였음. 최종적으로 전년동기대비 당기순손실은 적자전환하여 106.2억원을 기록함.

현금 흐름 〈단위 : 억원〉

항목	2016	2017
영업활동	-4	-29
투자활동	32	-44
재무활동	-18	48
순현금흐름	10	-25
기말현금	46	21

시장 대비 수익률

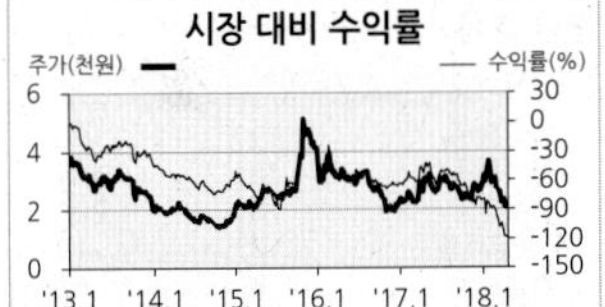

결산 실적 〈단위 : 억원〉

항목	2012	2013	2014	2015	2016	2017
매출액	188	179	152	532	422	411
영업이익	23	-117	-53	25	-20	-59
당기순이익	25	-131	-47	20	1	-106

분기 실적 〈단위 : 억원〉

항목	2016.3Q	2016.4Q	2017.1Q	2017.2Q	2017.3Q	2017.4Q
매출액	92	134	120	104	96	91
영업이익	-1	1	-1	-12	-10	-36
당기순이익	-11	-6	3	-14	-18	-78

재무 상태 〈단위 : 억원〉

항목	2012	2013	2014	2015	2016	2017
총자산	484	375	415	672	658	614
유형자산	165	153	135	140	129	127
무형자산	29	0	7	68	73	43
유가증권	0	0	64	70	127	160
총부채	71	95	184	371	322	288
총차입금	47	58	131	285	239	199
자본금	35	35	35	85	93	117
총자본	412	280	231	301	335	326
지배주주지분	412	280	231	293	329	323

기업가치 지표

항목	2012	2013	2014	2015	2016	2017
주가(최고/저)(천원)	9.7/6.9	7.9/4.0	4.6/2.9	5.1/2.0	4.2/1.9	3.3/2.2
PER(최고/저)(배)	19.6/13.9	—/—	—/—	44.1/17.7	387.3/176.7	—/—
PBR(최고/저)(배)	1.6/1.2	2.0/1.0	1.4/0.9	2.8/1.1	2.3/1.0	2.3/1.5
EV/EBITDA(배)	8.0	—	—	17.0	143.8	—
EPS(원)	247	-943	-338	116	11	-427
BPS(원)	5,940	4,036	3,353	1,842	1,865	1,467
CFPS(원)	946	-1,548	-418	259	143	-298
DPS(원)	25	—	—	—	—	—
EBITDAPS(원)	906	-1,348	-500	290	20	-122

재무 비율 〈단위 : %〉

연도	영업이익률	순이익률	부채비율	차입금비율	ROA	ROE	유보율	자기자본비율	EBITDA마진율
2017	-14.3	-25.9	88.5	61.1	-16.7	-30.5	193.5	53.1	-6.9
2016	-4.8	0.3	96.1	71.2	0.2	0.6	273.0	51.0	0.8
2015	4.7	3.9	123.3	94.9	3.8	7.5	268.4	44.8	9.2
2014	-34.6	-30.9	79.6	56.9	-11.9	-18.4	570.7	55.7	-22.8

우리산업 (A215360)
WOORY INDUSTRIAL COLTD

업　　종 : 자동차부품
신용등급 : (Bond) —　　(CP) —
홈페이지 : www.woory.com
본　　사 : 경기도 용인시 기흥구 지삼로 89
시　　장 : KOSDAQ
기업규모 : 우량
연 락 처 : 031)201-6500

설 립 일	2015.04.01	**종 업 원 수**	319명	**대 표 이 사**	김정우
상 장 일	2015.05.06	**감 사 의 견**	적정(대주)	**계　열**	
결 산 기	12월	**보 통 주**		**종속회사수**	1개사
액 면 가	500원	**우 선 주**		**구　상　호**	

주주구성 (지분율,%)		출자관계 (지분율,%)		주요경쟁사 (외형,%)	
우리산업홀딩스	39.5	우리엠오토모티브	100.0	우리산업	100
Standard Life Investments Limited	8.6	우리앤계명	79.6	S&T홀딩스	540
(외국인)	9.7			S&T중공업	156

매출구성		비용구성		수출비중	
HVAC ACTUATOR	29.6	매출원가율	85.6	수출	50.5
CLUTCH COIL ASSEMBLY	21.5	판관비율	8.3	내수	49.5
PTC Heater	17.2				

회사 개요
동사는 2015년 4월 1일을 분할기일로 하여 우리산업홀딩스 주식회사로부터 자동차 부품 제조 및 판매사업을 인적분할하여 설립됨. 주요 생산품은 HVAC Actuator, 공조제어기, 클러치 코일등으로 전체매출액 중 공조 시스템 매출 비중이 70% 이상임. 또한 테슬라 전기차 모델에 대한 PTC 히터를 독점 납품하고 있음. 동사는 중국(천진, 대련), 인도, 태국, 미국, 슬로바키아, 헝가리 등 현지법인을 설립하여 운영 중.

실적 분석
동사의 2017년 매출액 2,794억원, 영업이익 172억원을 각각 기록. 완성차 업체들의 부품 구매 추세가 급격히 다국적화되어 감에 따라 중국, 인도, 태국, 미국, 슬로바키아 등 현지법인을 설립하여 운영하고 있으며, 글로벌 영업 활동을 확대하고 있음. 매출구성은 HVAC ACTUATOR 27.11%, HEATER CONTROL ASSEMBLY 17.77%, PTC/COD HTR 17.57%, 기타 15.81%, 원재료외 11.19% 등으로 구성

현금 흐름 〈단위 : 억원〉

항목	2016	2017
영업활동	190	190
투자활동	-85	-409
재무활동	-84	206
순현금흐름	23	-19
기말현금	81	62

시장 대비 수익률
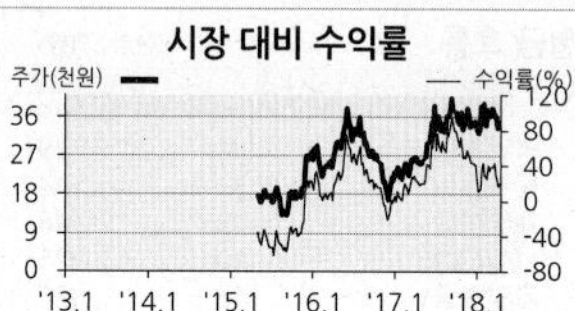

결산 실적 〈단위 : 억원〉

항목	2012	2013	2014	2015	2016	2017
매출액	—	—	—	1,967	2,588	2,794
영업이익	—	—	—	108	160	171
당기순이익	—	—	—	103	131	118

분기 실적 〈단위 : 억원〉

항목	2016.3Q	2016.4Q	2017.1Q	2017.2Q	2017.3Q	2017.4Q
매출액	642	691	683	673	704	733
영업이익	44	45	33	45	48	46
당기순이익	23	47	15	16	40	47

재무 상태 〈단위 : 억원〉

항목	2012	2013	2014	2015	2016	2017
총자산	—	—	—	1,862	1,888	2,307
유형자산	—	—	—	531	556	656
무형자산	—	—	—	59	74	108
유가증권	—	—	—	0	0	0
총부채	—	—	—	1,315	1,222	1,320
총차입금	—	—	—	687	619	614
자본금	—	—	—	46	46	46
총자본	—	—	—	547	666	987
지배주주지분	—	—	—	547	666	987

기업가치 지표

항목	2012	2013	2014	2015	2016	2017
주가(최고/저)(천원)	—/—	—/—	—/—	28.0/13.1	38.1/16.4	42.5/21.3
PER(최고/저)(배)	0.0/0.0	0.0/0.0	0.0/0.0	24.9/11.6	26.5/11.4	33.1/16.6
PBR(최고/저)(배)	0.0/0.0	0.0/0.0	0.0/0.0	4.7/2.2	5.2/2.2	4.0/2.0
EV/EBITDA(배)	0.0	0.0	0.0	18.9	10.9	13.8
EPS(원)	—	—	—	1,131	1,441	1,289
BPS(원)	—	—	—	5,991	7,390	10,805
CFPS(원)	—	—	—	1,792	2,349	2,277
DPS(원)	—	—	—	50	50	100
EBITDAPS(원)	—	—	—	1,844	2,655	2,866

재무 비율 〈단위 : %〉

연도	영업이익률	순이익률	부채비율	차입금비율	ROA	ROE	유보율	자기자본비율	EBITDA마진율
2017	6.1	4.2	133.8	62.2	5.6	14.3	2,061.0	42.8	9.4
2016	6.2	5.1	183.6	93.0	7.0	21.7	1,378.0	35.3	9.4
2015	5.5	5.3	240.3	125.5	0.0	0.0	1,098.3	29.4	8.6
2014	0.0	0.0	0.0	0.0	0.0	0.0	0.0	0.0	0.0

우리산업홀딩스 (A072470)
Woory Industrial Holdings

업　　종 : 자동차부품
신용등급 : (Bond) —　　(CP) —
홈페이지 : www.wooryholdings.com
본　　사 : 경기도 용인시 기흥구 지삼로 89 (지곡동)
시　　장 : KOSDAQ
기업규모 : 우량
연 락 처 : 031)201-6500

설 립 일	1989.02.27	**종 업 원 수**	13명	**대 표 이 사**	김명준
상 장 일	2003.10.28	**감 사 의 견**	적정(대주)	**계　열**	
결 산 기	12월	**보 통 주**		**종속회사수**	11개사
액 면 가	500원	**우 선 주**		**구　상　호**	우리산업

주주구성 (지분율,%)		출자관계 (지분율,%)		주요경쟁사 (외형,%)	
김명준	49.7	우리플라텍	100.0	우리산업홀딩스	100
김정우	29.0	위캠	50.0	디아이씨	190
(외국인)	0.7	우리산업와그종속기업	39.5	세종공업	311

매출구성		비용구성		수출비중	
기타	31.3	매출원가율	83.4	수출	—
HVAC ACTUATOR	27.1	판관비율	10.9	내수	—
HEATER CONTROL ASSEMBLY	23.8				

회사 개요
동사는 자동차 공조장치 관련 부품을 생산하는 완성차업계의 2차 공급업체로 국내 주요 거래처는 한라비스테온공조, 현대모비스, 만도 등이며, 국외 수출 거래선은 DENSO, VALEO, BEHR, DELPHI등으로 영업활동을 확장하고 있음. 동사의 수요자는 대부분 완성차 업체의 1차 공급업체로서의 확고한 시장 지위를 가지고 있음. 완성차 업체들의 부품구매 추세가 급격히 다국적화되어감에 따라 동사 또한 현지법인 설립 등으로 글로벌 영업활동 확대중.

실적 분석
동사는 지난해 매출액 3328억원, 영업이익 188억원을 각각 기록하였음. 동사는 투자, 브랜드수수료, 경영자문수수료, 임대수익 등 지주회사 사업을 영위하고 있음. 동사는 자동차 부품 시장이 향후 국내외 완성차업체의 부품 Global Sourcing이 구체화되면 국내경쟁업체 뿐만 아니라 해외경쟁 업체와의 경쟁이 격화될 것으로 예상됨. 고객사 다변화에 적극 나설 필요가 있음.

현금 흐름 〈단위 : 억원〉

항목	2016	2017
영업활동	194	246
투자활동	-52	-413
재무활동	-107	171
순현금흐름	36	-4
기말현금	150	146

시장 대비 수익률
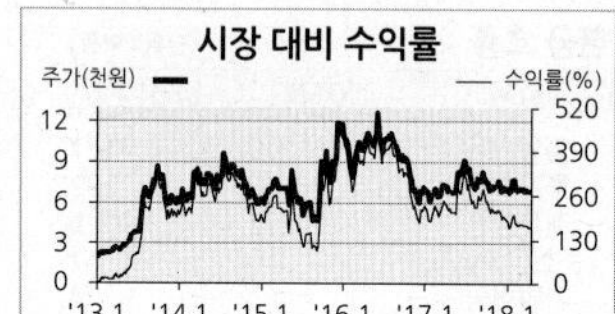

결산 실적 〈단위 : 억원〉

항목	2012	2013	2014	2015	2016	2017
매출액	2,431	2,903	1,156	2,253	3,209	3,328
영업이익	134	177	42	145	237	188
당기순이익	68	134	144	283	161	92

분기 실적 〈단위 : 억원〉

항목	2016.3Q	2016.4Q	2017.1Q	2017.2Q	2017.3Q	2017.4Q
매출액	768	865	851	799	869	809
영업이익	59	64	41	51	52	44
당기순이익	22	45	15	10	41	27

재무 상태 〈단위 : 억원〉

항목	2012	2013	2014	2015	2016	2017
총자산	1,728	1,977	2,457	3,150	3,200	3,536
유형자산	436	486	610	639	679	813
무형자산	54	63	65	669	663	677
유가증권	0	0	31	33	1	3
총부채	1,152	1,233	1,581	1,602	1,516	1,578
총차입금	638	665	846	831	746	715
자본금	72	78	78	94	94	94
총자본	576	744	876	1,548	1,684	1,958
지배주주지분	561	725	857	1,200	1,265	1,356

기업가치 지표

항목	2012	2013	2014	2015	2016	2017
주가(최고/저)(천원)	3.7/1.8	8.7/2.0	10.1/5.7	12.4/4.3	12.6/5.9	9.4/6.0
PER(최고/저)(배)	8.8/4.4	11.2/2.6	11.4/6.4	7.2/2.5	29.8/14.0	74.2/47.7
PBR(최고/저)(배)	1.0/0.5	1.9/0.4	1.9/1.1	2.0/0.7	1.9/0.9	1.3/0.8
EV/EBITDA(배)	5.7	9.3	17.7	14.0	6.5	7.2
EPS(원)	436	795	904	1,751	430	127
BPS(원)	3,910	4,631	5,477	6,352	6,701	7,180
CFPS(원)	832	1,206	1,415	2,369	1,031	822
DPS(원)	30	30	30	50	50	50
EBITDAPS(원)	1,335	1,544	778	1,672	1,854	1,690

재무 비율 〈단위 : %〉

연도	영업이익률	순이익률	부채비율	차입금비율	ROA	ROE	유보율	자기자본비율	EBITDA마진율
2017	5.7	2.8	80.6	36.5	2.7	1.8	1,335.9	55.4	9.6
2016	7.4	5.0	90.0	44.3	5.1	6.6	1,240.2	52.6	10.9
2015	6.4	12.6	103.5	53.7	10.1	23.4	1,170.5	49.1	10.2
2014	3.6	12.5	180.5	96.6	6.5	17.9	995.5	35.7	10.5

우리손에프앤지 (A073560)

Woorison F&G CO

업 종 : 식료품
신용등급 : (Bond) — (CP) —
홈페이지 : www.woorisonfng.co.kr
본 사 : 전남 나주시 반남면 장송길 73

시 장 : KOSDAQ
기업규모 : 벤처
연 락 처 : 041)563-1055

설 립 일	2001.02.22	**종업원수**	127명	**대 표 이 사**	조창현,편명식
상 장 일	2016.07.27	**감사의견**	적정(삼덕)	**계 열**	
결 산 기	12월	**보 통 주**		**종속회사수**	9개사
액 면 가	500원	**우 선 주**		**구 상 호**	

주주구성 (지분율,%)		출자관계 (지분율,%)		주요경쟁사 (외형,%)	
이지바이오	43.8	부여육종	100.0	우리손에프앤지	100
팜스토리	12.0	우포월드	100.0	하림	414
(외국인)	2.5	안성	100.0	CJ프레시웨이	1,194

매출구성		비용구성		수출비중	
비육돈	50.5	매출원가율	71.5	수출	15.1
가공유통사업	22.5	판관비율	8.7	내수	84.9
해외사업	15.9				

회사 개요

동사는 2001년 2월 22일에 설립됐으며 총 11개 기업을 종속기업으로 보유하고 있음. 동사와 연결종속회사는 양돈사업 및 가공유통사업으로 구성돼 있으며 가축사육이나 판매를 주업으로 영위하고 있음. 돼지는 분뇨 배설량이 많아서 수질 오염 등 공해문제를 일으킬 수 있으며, 분뇨 처리 시설에 상당히 많은 비용이 소모. 환경규제가 점차 강화돼 관련 비용이 증가하고 있음.

실적 분석

동사의 2017년 연결 기준 연간 누적 매출액은 2097.3억원으로 전년 동기 대비 12.3% 증가함. 매출이 증가하면서 매출원가도 늘었지만 매출 증가율 대비 매출원가 증가율이 낮고 매출 증가에 따른 고정 비용 감소 효과로 영업이익은 전년 동기 대비 52.6% 증가한 414.2억원을 기록함. 비영업 부문에서도 금융 손실 등으로 적자가 지속됐지만 적자 폭이 줄어들면서 당기순이익은 전년 동기 대비 98.8% 증가한 275억원을 시현함.

현금 흐름

<단위 : 억원>

항목	2016	2017
영업활동	222	403
투자활동	-352	-341
재무활동	178	-20
순현금흐름	44	42
기말현금	118	160

시장 대비 수익률

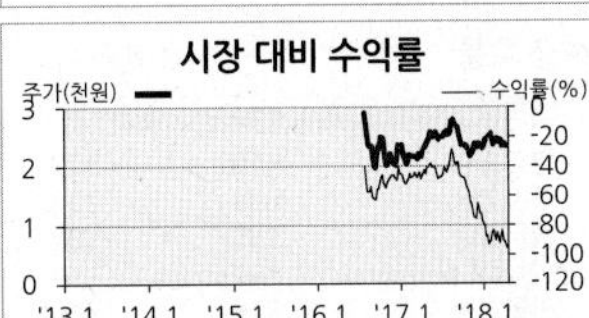

결산 실적

<단위 : 억원>

항목	2012	2013	2014	2015	2016	2017
매출액	65	222	1,662	1,550	1,867	2,097
영업이익	-25	-4	339	263	272	414
당기순이익	-9	-21	210	150	138	275

분기 실적

<단위 : 억원>

항목	2016.3Q	2016.4Q	2017.1Q	2017.2Q	2017.3Q	2017.4Q
매출액	456	481	462	543	581	511
영업이익	56	10	94	230	96	-4
당기순이익	32	-18	63	155	67	-10

재무 상태

<단위 : 억원>

항목	2012	2013	2014	2015	2016	2017
총자산	1,100	1,078	2,203	2,381	2,659	2,904
유형자산	343	336	1,126	1,411	1,524	1,583
무형자산	1	0	2	2	1	0
유가증권	52	70	15	17	12	12
총부채	426	510	1,547	1,450	1,277	1,263
총차입금	383	419	1,152	975	841	804
자본금	286	186	186	258	346	346
총자본	674	568	656	931	1,381	1,641
지배주주지분	674	568	643	913	1,344	1,598

기업가치 지표

항목	2012	2013	2014	2015	2016	2017
주가(최고/저)(천원)	—/—	—/—	—/—	—/—	3.0/2.0	2.8/2.0
PER(최고/저)(배)	0.0/0.0	0.0/0.0	0.0/0.0	0.0/0.0	14.7/9.7	7.4/5.2
PBR(최고/저)(배)	0.0/0.0	0.0/0.0	0.0/0.0	0.0/0.0	1.5/1.0	1.2/0.9
EV/EBITDA(배)	—	32.8	2.7	2.8	6.3	4.1
EPS(원)	-16	-37	553	389	203	382
BPS(원)	11,768	15,260	17,277	1,770	1,941	2,308
CFPS(원)	-63	-64	7,300	567	339	539
DPS(원)	—	—	—	—	—	—
EBITDAPS(원)	-349	229	10,875	884	561	755

재무 비율

<단위 : %>

연도	영업이익률	순이익률	부채비율	차입금비율	ROA	ROE	유보율	자기자본비율	EBITDA마진율
2017	19.8	13.1	77.0	49.0	9.9	18.0	361.6	56.5	24.9
2016	14.5	7.4	92.5	60.9	5.5	11.5	288.1	52.0	19.2
2015	17.0	9.7	155.8	104.8	6.5	18.6	253.9	39.1	21.3
2014	20.4	12.6	235.8	175.6	12.8	34.0	245.5	29.8	24.4

우리은행 (A000030)

Woori Bank

업 종 : 상업은행
신용등급 : (Bond) — (CP) —
홈페이지 : www.wooribank.com
본 사 : 서울시 중구 소공로 51 (회현동 1가 203)

시 장 : 거래소
기업규모 : 시가총액 대형주
연 락 처 : 02)2002-3000

설 립 일	1899.01.30	**종업원수**	14,963명	**대 표 이 사**	손태승
상 장 일	2014.11.19	**감사의견**	적정(안진)	**계 열**	
결 산 기	12월	**보 통 주**		**종속회사수**	68개사
액 면 가	5,000원	**우 선 주**		**구 상 호**	

주주구성 (지분율,%)		출자관계 (지분율,%)		주요경쟁사 (외형,%)	
예금보험공사	18.4	우리카드	100.0	우리은행	100
국민연금공단	9.5	우리PE자산운용	100.0	신한지주	138
(외국인)	26.1	우리에프아이에스	100.0	KB금융	133

수익구성		비용구성		수출비중	
환전업무 및 해외송금업무	0.0	이자비용	15.5	수출	—
유가증권관련및기타	0.0	파생상품손실	0.5	내수	—
신탁보수	0.0	판관비	16.4		

회사 개요

1998년 외환위기 이후 상업/한일은행은 부실로 인해 통합, 한빛은행으로 재탄생함. 이후 경남, 광주, 평화 등 3개 은행이 추가 합병해 2001년 우리금융지주가 됨. 이 과정에서 정부가 예금보험공사를 통해 약 12.8조원의 공적자금을 투입, 지분 100%를 소유하게 됨. 민영화를 목적으로 2014년 11월 우리금융지주를 흡수합병했으며, 2016년 말에 과점주주 매각방식으로 민영화에 성공함. 종속회사는 우리카드, 우리종금, 우리FIS 등임.

실적 분석

2017년 4분기 연결기준 누적 당기순이익은 전년 동기 대비 19.8% 증가한 1조 5300억원을 달성함. 자기자본순이익률(ROE)은 7.42%, 순이자마진(NIM)은 1.47%를 기록. 전년 대비 각각 1.06%포인트, 0.06%포인트 올라 수익성이 현저히 개선됨. 2017년 10월에는 경쟁은행을 제치고 국민연금공단 주거래은행에 선정됐으며 2018년 1월에는 주택도시기금 간사수탁은행에 재선정됨.

현금 흐름

<단위 : 억원>

항목	2016	2017
영업활동	49,053	-19,790
투자활동	-42,256	18,837
재무활동	3,331	-611
순현금흐름	9,473	-6,830
기말현금	75,913	69,083

시장 대비 수익률

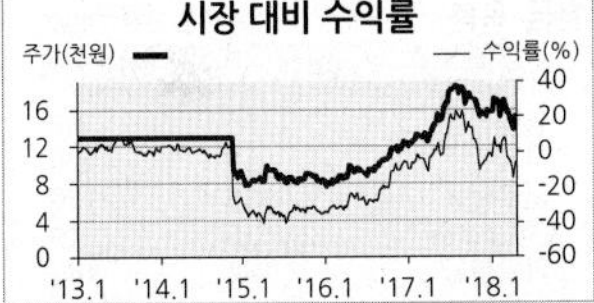

결산 실적

<단위 : 억원>

항목	2012	2013	2014	2015	2016	2017
이자수익	105,110	94,934	92,112	86,982	85,123	85,507
영업이익	14,515	2,396	8,977	13,516	15,742	21,567
당기순이익	14,969	-7,134	12,080	10,754	12,775	15,301

분기 실적

<단위 : 억원>

항목	2016.3Q	2016.4Q	2017.1Q	2017.2Q	2017.3Q	2017.4Q
이자수익	21,089	21,098	20,838	21,058	21,878	21,733
영업이익	4,401	1,850	8,797	6,045	3,177	3,548
당기순이익	3,594	1,604	6,427	4,663	2,834	1,376

재무 상태

<단위 : 억원>

항목	2012	2013	2014	2015	2016	2017
총자산	2,485,466	3,406,904	2,701,572	2,918,591	3,106,827	3,162,955
유형자산	23,857	25,364	25,011	24,712	24,580	24,775
무형자산	1,089	2,689	1,882	3,163	3,589	4,099
유가증권	368,802	317,460	342,781	335,095	374,541	348,036
총부채	2,299,517	3,178,136	2,520,638	2,725,492	2,901,368	2,957,306
총차입금	352,889	399,092	426,628	420,296	423,350	426,544
자본금	38,298	40,301	33,814	33,814	33,814	33,814
총자본	185,949	228,768	180,934	193,099	205,460	205,649
지배주주지분	185,873	178,476	179,835	191,885	203,862	203,659

기업가치 지표

항목	2012	2013	2014	2015	2016	2017
주가(최고/저)(천원)	—/—	—/—	11.1/8.6	9.9/7.8	12.5/7.7	19.0/11.9
PER(최고/저)(배)	0.0/0.0	0.0/0.0	7.6/5.8	7.2/5.6	7.2/4.4	8.7/5.5
PBR(최고/저)(배)	0.0/0.0	0.0/0.0	0.5/0.4	0.4/0.3	0.4/0.3	0.7/0.4
PSR(최고/저)(배)	0/0	0/0	1/1	1/1	1/1	2/1
EPS(원)	1,953	-842	1,720	1,566	1,866	2,237
BPS(원)	24,267	29,911	26,647	28,436	30,208	30,178
CFPS(원)	2,130	-372	2,070	1,922	2,239	2,586
DPS(원)	—	—	500	250	400	500
EBITDAPS(원)	1,895	375	1,272	1,999	2,329	3,190

재무 비율

<단위 : %>

연도	계속사업이익률	순이익률	부채비율	차입금비율	ROA	ROE	유보율	자기자본비율	총자산증가율
2017	22.8	17.9	1,438.0	207.4	0.5	7.4	503.3	6.5	1.8
2016	18.3	15.0	1,412.1	206.1	0.4	6.4	503.9	6.6	6.5
2015	16.7	12.4	1,411.5	217.7	0.4	5.7	468.5	6.6	8.0
2014	9.1	13.1	1,393.1	235.8	0.4	6.8	433.0	6.7	-20.7

우리이앤엘 (A153490)

WOOREE E&L CO

업 종 : 디스플레이 및 관련부품
시 장 : KOSDAQ
신용등급 : (Bond) — (CP) —
기업규모 : 중견
홈페이지 : www.wooreeenl.co.kr
연 락 처 : 031)310-1416
본 사 : 경기도 안산시 단원구 성곡로 79

설 립 일	2008.06.09	**종업원수**	147명	**대표이사**	권경환
상 장 일	2013.02.05	**감사의견**	적정(대주)	**계 열**	
결 산 기	12월	**보 통 주**		**종속회사수**	2개사
액 면 가	500원	**우 선 주**		**구 상 호**	

주주구성 (지분율,%)		출자관계 (지분율,%)		주요경쟁사 (외형,%)	
우리이티아이	38.0	우리ATEC	100.0	우리이앤엘	100
LG디스플레이	13.6	우리VINA	44.5	우리조명	943
(외국인)	0.9	YANGZHOUWOOREEELECTRONIC	100.0	상보	81

매출구성		비용구성		수출비중	
LED Ligjht Bar 및 PKG	99.9	매출원가율	88.0	수출	81.5
LED 설비 판매	0.1	판관비율	16.3	내수	18.5

회사 개요

동사는 2008년 설립돼 차세대 광원으로 부각되고 있는 LED제품을 생산하는 업체로 LED소자를 이용한 모듈 제품군, 일반조명군 등 각종 LED 관련 제품을 개발, 출시하고 있음. TV, 모니터, 노트북PC 등에 사용되는 LED BLU는 소형에서부터 대형사이즈까지 모두 대응할 수 있는 생산설비를 갖추고 있음. 동사의 주요 고객은 LG디스플레이로 2009년 투자 유치 후, LED Display 부문의 50~60% 물량을 공급 중임.

실적 분석

동사의 2017년 연결 기준 연간 매출액은 1,586.5억원으로 전년 대비 7.9% 증가함. 매출이 증가했지만 매출 증가율 대비 매출원가 증가율이 높아 원가 부담이 가중되면서 영업손실은 68.1억원으로 전년 대비 적자 폭이 확대됨. 비영업 부문에서도 금융과 외환손실은 물론 관련기업 투자 손실로 인해 막대한 적자가 발생하면서 당기순손실은 290.7억원으로 전년 대비 손실 규모가 늘어남.

현금 흐름

〈단위 : 억원〉

항목	2016	2017
영업활동	199	86
투자활동	-61	26
재무활동	-139	-130
순현금흐름	-6	-19
기말현금	162	143

시장 대비 수익률

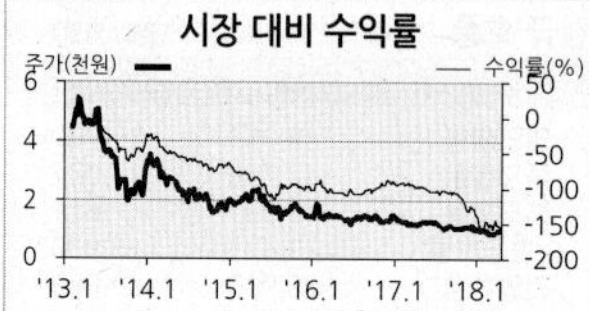

결산 실적

〈단위 : 억원〉

항목	2012	2013	2014	2015	2016	2017
매출액	5,089	2,561	1,975	1,895	1,471	1,586
영업이익	295	-62	-25	2	-46	-68
당기순이익	160	-77	-57	-58	-178	-291

분기 실적

〈단위 : 억원〉

항목	2016.3Q	2016.4Q	2017.1Q	2017.2Q	2017.3Q	2017.4Q
매출액	373	375	380	432	448	327
영업이익	-6	-13	5	17	3	-94
당기순이익	-35	-47	-52	26	14	-278

재무 상태

〈단위 : 억원〉

항목	2012	2013	2014	2015	2016	2017
총자산	2,899	2,675	2,301	1,960	1,788	1,280
유형자산	604	421	277	187	115	85
무형자산	13	11	8	12	19	15
유가증권	17	59	45	9	7	0
총부채	2,295	1,751	1,444	1,132	949	740
총차입금	1,299	1,101	832	799	486	337
자본금	115	160	160	160	250	250
총자본	604	924	857	828	839	540
지배주주지분	604	924	857	828	839	540

기업가치 지표

항목	2012	2013	2014	2015	2016	2017
주가(최고/저)(천원)	—/—	6.3/2.2	4.2/1.7	2.5/1.4	2.0/1.2	1.5/1.0
PER(최고/저)(배)	0.0/0.0	—/—	—/—	—/—	—/—	—/—
PBR(최고/저)(배)	0.0/0.0	2.6/0.9	1.8/0.7	1.2/0.7	1.2/0.7	1.3/0.9
EV/EBITDA(배)	2.5	20.8	15.5	11.8	32.9	—
EPS(원)	472	-176	-129	-139	-362	-582
BPS(원)	2,060	2,470	2,472	2,389	1,727	1,129
CFPS(원)	1,101	218	140	146	-204	-490
DPS(원)	—	—	—	—	—	—
EBITDAPS(원)	1,561	259	226	314	64	-44

재무 비율

〈단위 : %〉

연도	영업이익률	순이익률	부채비율	차입금비율	ROA	ROE	유보율	자기자본비율	EBITDA 마진율
2017	-4.3	-18.3	136.9	62.3	-18.9	-42.1	125.7	42.2	-1.4
2016	-3.1	-12.1	113.1	57.9	-9.5	-21.4	245.5	46.9	2.2
2015	0.1	-3.1	136.7	96.5	-2.7	-6.9	431.6	42.3	5.9
2014	-1.2	-2.9	168.4	97.0	-2.3	-6.4	450.1	37.3	4.4

우리이티아이 (A082850)

WooreeETI

업 종 : 디스플레이 및 관련부품
시 장 : KOSDAQ
신용등급 : (Bond) — (CP) —
기업규모 : 중견
홈페이지 : www.wooreeeti.co.kr
연 락 처 : 031)599-3100
본 사 : 경기도 안산시 단원구 성곡로 79 (608블럭30롯트)

설 립 일	2000.05.25	**종업원수**	218명	**대표이사**	윤철주,차기현
상 장 일	2005.07.29	**감사의견**	적정(삼정)	**계 열**	
결 산 기	12월	**보 통 주**		**종속회사수**	12개사
액 면 가	500원	**우 선 주**		**구 상 호**	

주주구성 (지분율,%)		출자관계 (지분율,%)		주요경쟁사 (외형,%)	
우리조명	34.1	우리VINA	55.5	우리이티아이	100
MIC2001-3우리투자조합7호	4.1	뉴옵틱스	54.1	유테크	2
(외국인)	0.8	우리E&L	38.7	씨엔플러스	2

매출구성		비용구성		수출비중	
SET TV,LED PKG	90.7	매출원가율	95.3	수출	89.5
LED Light Bar 및 PKG	7.3	판관비율	5.0	내수	10.5
M,F-PCB 단면/양면	1.9				

회사 개요

동사는 CCFL(Cold Cathode Fluorescent Lamp)를 개발, 제조, 판매 목적으로 2000년에 설립됐으나, LED 산업의 성장에 따른 수요 감소로 인해 2012년 설비를 전량 폐기하고 생산 중단함. 현재는 잔여 제품재고의 판매만 하고 있고, 2013년 연성회로기판(F-PCB) 제조판매업에 진출함. F-PCB 제품의 주요 목표 시장은 휴대폰, LCD모듈, 카메라모듈, 디지털카메라, 광픽업(ODD) 등을 생산하는 제조업체.

실적 분석

동사의 2017년 연간 매출액은 전년동기대비 3.8% 하락한 14,746.3억원을 기록하였음. 비용면에서 전년동기대비 매출원가는 감소하였으며 인건비도 감소, 광고선전비도 크게 감소, 기타판매비와관리비도 마찬가지로 감소함. 주춤한 모습의 매출액에 의해 전년동기대비 영업손실은 42.2억원으로 적자지속 하였음. 최종적으로 전년동기대비 당기순손실은 적자지속하여 233.5억원을 기록함.

현금 흐름

〈단위 : 억원〉

항목	2016	2017
영업활동	-19	339
투자활동	-294	258
재무활동	355	-588
순현금흐름	-50	4
기말현금	376	380

시장 대비 수익률

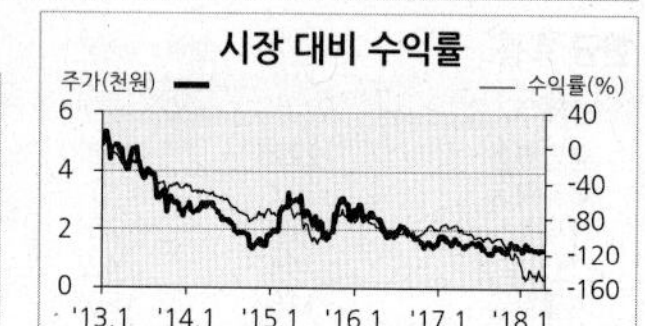

결산 실적

〈단위 : 억원〉

항목	2012	2013	2014	2015	2016	2017
매출액	6,284	10,398	13,055	17,646	15,335	14,746
영업이익	280	111	17	177	-86	-42
당기순이익	29	-82	-273	-214	-646	-233

분기 실적

〈단위 : 억원〉

항목	2016.3Q	2016.4Q	2017.1Q	2017.2Q	2017.3Q	2017.4Q
매출액	3,903	3,173	3,941	3,688	2,839	4,277
영업이익	1	-28	-9	8	32	-74
당기순이익	-63	-334	92	-32	10	-303

재무 상태

〈단위 : 억원〉

항목	2012	2013	2014	2015	2016	2017
총자산	4,397	6,952	8,009	9,102	8,179	6,134
유형자산	1,138	2,484	2,637	2,381	2,248	1,912
무형자산	57	123	124	136	99	95
유가증권	172	215	192	138	91	58
총부채	2,211	4,131	5,525	6,745	5,845	4,515
총차입금	1,492	1,826	1,569	2,240	2,021	1,434
자본금	207	207	207	207	208	208
총자본	2,187	2,820	2,485	2,357	2,334	1,619
지배주주지분	1,917	1,837	1,476	1,269	1,290	1,300

기업가치 지표

항목	2012	2013	2014	2015	2016	2017
주가(최고/저)(천원)	5.8/3.2	5.3/2.4	3.0/1.3	3.3/1.7	3.0/1.3	1.9/1.2
PER(최고/저)(배)	—/—	—/—	—/—	—/—	—/—	—/—
PBR(최고/저)(배)	1.2/0.7	1.2/0.5	0.8/0.3	1.0/0.5	0.9/0.4	0.6/0.4
EV/EBITDA(배)	6.9	6.5	7.3	6.6	11.9	5.3
EPS(원)	-100	-263	-707	-697	-968	-300
BPS(원)	4,886	4,749	3,877	3,228	3,269	3,292
CFPS(원)	328	697	218	256	-104	653
DPS(원)	50	25	25	—	—	—
EBITDAPS(원)	1,104	1,227	966	1,381	657	851

재무 비율

〈단위 : %〉

연도	영업이익률	순이익률	부채비율	차입금비율	ROA	ROE	유보율	자기자본비율	EBITDA 마진율
2017	-0.3	-1.6	278.8	88.6	-3.3	-9.6	558.3	26.4	2.4
2016	-0.6	-4.2	250.4	86.6	-7.5	-31.4	553.7	28.5	1.8
2015	1.0	-1.2	286.1	95.0	-2.5	-21.1	545.6	25.9	3.2
2014	0.1	-2.1	222.4	63.1	-3.7	-17.7	675.4	31.0	3.1

우리조명 (A037400)
Wooree Lighting

업종 : 디스플레이 및 관련부품
신용등급 : (Bond) — (CP) —
홈페이지 : www.wooreelighting.co.kr
본사 : 경기도 안산시 단원구 성곡로 79
시장 : KOSDAQ
기업규모 : 중견
연락처 : 031)599-3240

설립일 1966.01.18	**종업원수** 55명	**대표이사** 윤철주,박길수
상장일 1999.12.08	**감사의견** 적정(삼정)	**계열**
결산기 12월	**보통주**	**종속회사수** 13개사
액면가 500원	**우선주**	**구상호** 우리조명지주

주주구성 (지분율,%)		출자관계 (지분율,%)		주요경쟁사 (외형,%)	
윤철주	23.2	우리ETI	34.2	우리조명	100
뉴옵틱스	6.3	우리LITECH	22.5	우리이앤엘	11
(외국인)	1.0			상보	9

매출구성		비용구성		수출비중	
SET TV,LED PKG	89.0	매출원가율	94.9	수출	88.3
LED Light Bar 및 PKG	7.2	판관비율	5.3	내수	11.7
일반조명,LED조명	1.9				

회사 개요

동사는 1966년 설립되었으며 1999년 코스닥 시장에 상장함. 2015년 중 우리컬러원이 자회사로 신규 포함되며 14개의 종속회사를 보유하고 있음. 동사는 가정용 및 광고용 램프, 조명기기 제조, 판매, LED조명 및 부동산 임대를 영위하고 있음. 2015년 중 자회사 및 계열회사를 통한 LED 광원 사업을 진행하여 현재 LED 조명제품이 개발돼 생산 판매하고 있음.

실적 분석

동사의 2017년 연결 기준 연간 누적 매출액은 전년 동기 대비 4.3% 감소한 1조 4,961.7억원을 기록함. 매출이 감소하면서 매출원가와 판관비도 큰 폭으로 감소해 영업손실은 37.2억원을 기록함. 전년 동기 대비 적자지속됐지만 적자규모는 감소함. 비영업손익 부문에서도 적자가 지속됐지만 적자규모는 줄면서 당기순손실은 232.8억원으로 전년 동기(681.2억원 순손실) 대비 적자 지속함.

현금 흐름

<단위 : 억원>

항목	2016	2017
영업활동	-37	332
투자활동	-310	263
재무활동	377	-583
순현금흐름	-62	7
기말현금	396	403

시장 대비 수익률

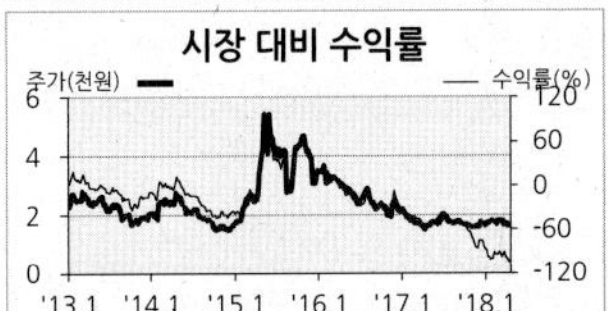

결산 실적

<단위 : 억원>

항목	2012	2013	2014	2015	2016	2017
매출액	6,561	10,604	13,271	17,887	15,639	14,962
영업이익	298	120	10	117	-115	-37
당기순이익	49	-77	-282	-259	-681	-233

분기 실적

<단위 : 억원>

항목	2016.3Q	2016.4Q	2017.1Q	2017.2Q	2017.3Q	2017.4Q
매출액	3,968	3,251	4,010	3,741	2,918	4,293
영업이익	-8	-44	-13	13	34	-72
당기순이익	-70	-357	87	-45	23	-298

재무 상태

<단위 : 억원>

항목	2012	2013	2014	2015	2016	2017
총자산	5,060	7,603	8,639	9,581	8,889	6,828
유형자산	1,647	3,002	3,151	2,891	2,844	2,493
무형자산	69	134	134	146	109	104
유가증권	597	470	268	333	68	44
총부채	2,465	4,431	5,811	6,940	6,218	4,873
총차입금	1,545	1,887	1,647	2,343	2,144	1,562
자본금	119	119	119	125	125	125
총자본	2,596	3,172	2,828	2,640	2,671	1,955
지배주주지분	1,059	999	869	780	820	806

기업가치 지표

항목	2012	2013	2014	2015	2016	2017
주가(최고/저)(천원)	3.1/1.5	2.9/1.7	2.8/1.4	5.8/1.6	3.7/1.9	2.2/1.5
PER(최고/저)(배)	175.2/86.6	—/—	—/—	—/—	—/—	—/—
PBR(최고/저)(배)	0.7/0.4	0.7/0.4	0.8/0.4	1.7/0.5	1.1/0.6	0.7/0.5
EV/EBITDA(배)	6.0	7.3	8.9	8.4	16.0	7.2
EPS(원)	19	-145	-537	-644	-714	-218
BPS(원)	4,541	4,361	3,764	3,298	3,456	3,368
CFPS(원)	799	1,555	1,093	1,028	760	1,404
DPS(원)	30	25	25	—	—	—
EBITDAPS(원)	2,034	2,202	1,671	2,153	1,013	1,473

재무 비율

<단위 : %>

연도	영업이익률	순이익률	부채비율	차입금비율	ROA	ROE	유보율	자기자본비율	EBITDA마진율
2017	-0.3	-1.6	249.3	79.9	-3.0	-6.7	573.5	28.6	2.5
2016	-0.7	-4.4	232.8	80.3	-7.4	-22.3	591.1	30.1	1.6
2015	0.7	-1.5	262.9	88.8	-2.8	-18.9	559.5	27.6	2.9
2014	0.1	-2.1	205.5	58.3	-3.5	-13.7	652.9	32.7	3.0

우리종합금융 (A010050)
Woori Investment Bank

업종 : 창업투자 및 종금
신용등급 : (Bond) A (CP) —
홈페이지 : www.wooriib.com
본사 : 광주시 동구 금남로 182 (금남로5가)
시장 : 거래소
기업규모 : 시가총액 소형주
연락처 : 062)221-6600

설립일 1974.06.29	**종업원수** 110명	**대표이사** 김재원
상장일 1974.09.11	**감사의견** 적정(삼정)	**계열**
결산기 12월	**보통주**	**종속회사수** 3개사
액면가 500원	**우선주**	**구상호** 금호종금

주주구성 (지분율,%)		출자관계 (지분율,%)		주요경쟁사 (외형,%)	
우리은행	59.8	김포양곡주택위탁관리부동산투자회사	17.5	우리종금	100
아시아나항공	2.3	케이에스신용정보	12.5	글로본	4
(외국인)	1.8	JR제13호위탁관리부동산투자회사	10.8	SBI인베스트먼트	10

수익구성		비용구성		수출비중	
외환거래이익	36.8	이자비용	13.0	수출	—
금융상품 관련이익	30.7	파생상품손실	0.0	내수	—
이자수익	25.8	판관비	11.4		

회사 개요

동사는 1974년 광주투자금융으로 설립되어 단기금융업무를 영위해오다 1994년 종합금융회사로 전환하여 국제금융업무, 리스업무, 증권업무 등으로 업무영역 확대함. 현재 우리금융그룹의 시너지를 기반으로 신규수익원을 지속적으로 개발하고 국내 유일의 종합금융회사로서 다양한 라이센스를 충분히 활용하는 성장전략 모색 중임. 주요 업무는 수신, 단기 및 중장기 여신, 유가증권 운용, 금융상품 판매, 프로젝트 파이낸스, 국제금융, M&A 업무 등임.

실적 분석

동사의 2017년 4분기 연결기준 누적 영업수익은 1836억원으로 전년 동기 대비 3.5%(62억원) 증가함. 여신운용증대에 따라 이자수익이 증가한 반면, 대손충당금 환입액과 당기손익인식금융자산관련수익이 전기에 비해 감소함. 영업이익은 233억원으로 전기 214억원에 비하여 소폭 증가함. 당기순이익은 217억원으로 전년 239억원 대비 감소. 전년 이연법인세자산 증가로 -33억원이었던 법인세비용이 13억원으로 늘어난 탓임.

현금 흐름

<단위 : 억원>

항목	2016	2017
영업활동	742	-1,315
투자활동	142	-112
재무활동	-104	1,146
순현금흐름	778	-282
기말현금	1,136	854

시장 대비 수익률

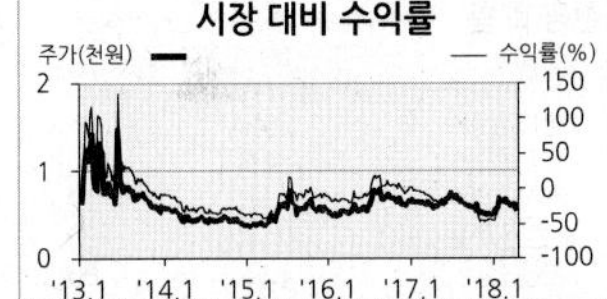

결산 실적

<단위 : 억원>

항목	2012	2013	2014	2015	2016	2017
영업수익	2,080	1,129	689	1,294	1,786	1,835
영업이익	-417	-804	22	108	214	217
당기순이익	-337	-864	24	104	239	202

분기 실적

<단위 : 억원>

항목	2016.3Q	2016.4Q	2017.1Q	2017.2Q	2017.3Q	2017.4Q
영업수익	482	516	685	366	379	405
영업이익	54	45	50	79	38	50
당기순이익	48	79	42	79	35	46

재무 상태

<단위 : 억원>

항목	2012	2013	2014	2015	2016	2017
총자산	11,584	8,627	10,015	12,063	15,768	18,803
유형자산	31	32	32	39	38	37
무형자산	53	34	35	29	29	31
유가증권	1,160	1,563	2,580	4,100	3,822	4,064
총부채	11,348	7,916	8,612	10,581	14,047	15,885
총차입금	622	350	202	177	73	226
자본금	900	1,673	2,371	2,371	2,371	3,371
총자본	236	711	1,403	1,482	1,721	2,917
지배주주지분	142	668	1,403	1,482	1,721	2,917

기업가치 지표

항목	2012	2013	2014	2015	2016	2017
주가(최고/저)(천원)	1.7/0.5	1.8/0.4	0.5/0.4	0.9/0.4	0.8/0.4	0.8/0.5
PER(최고/저)(배)	—/—	—/—	92.8/72.0	38.0/16.8	15.9/9.5	18.2/12.1
PBR(최고/저)(배)	14.1/3.9	8.8/2.1	1.7/1.3	2.7/1.2	2.2/1.3	1.8/1.2
PSR(최고/저)(배)	1/0	4/1	3/2	3/1	2/1	2/1
EPS(원)	-299	-297	5	22	50	42
BPS(원)	80	200	296	313	363	433
CFPS(원)	-202	-296	7	23	52	44
DPS(원)	—	—	—	—	—	—
EBITDAPS(원)	-232	-279	5	23	45	45

재무 비율

<단위 : %>

연도	계속사업이익률	순이익률	부채비율	차입금비율	ROA	ROE	유보율	자기자본비율	총자산증가율
2017	11.7	11.0	일부잠식	일부잠식	1.2	8.7	-13.4	15.5	19.3
2016	11.5	13.4	일부잠식	일부잠식	1.7	14.9	-27.3	10.9	30.7
2015	7.8	8.1	일부잠식	일부잠식	1.0	7.2	-37.4	12.3	39.8
2014	2.9	3.5	일부잠식	일부잠식	0.3	2.3	-40.7	14.0	16.1

우림기계 (A101170)
WOORIM MACHINERY

업종 : 기계 / 시장 : KOSDAQ
신용등급 : (Bond) — (CP) — / 기업규모 : 우량
홈페이지 : www.woorimgear.co.kr / 연락처 : 055)260-0300
본사 : 경남 창원시 성산구 남면로 613 (외동)

설립일	2000.03.01	**종업원수**	143명	**대표이사**	한규석
상장일	2009.04.28	**감사의견**	적정(삼일)	**계열**	
결산기	12월	**보통주**		**종속회사수**	
액면가	500원	**우선주**		**구상호**	

주주구성 (지분율,%)		출자관계 (지분율,%)		주요경쟁사 (외형,%)	
한현석	52.9	우림하이비스	40.0	우림기계	100
블랙스완투자조합	18.1	우림에이치에스	30.0	아세아텍	188
(외국인)	2.3			나라엠앤디	260

매출구성		비용구성		수출비중	
산업용감속기	62.4	매출원가율	89.7	수출	33.1
트랜스미션	37.6	판관비율	13.7	내수	66.9

회사 개요
동사는 2000년 설립돼 2009년 코스닥 시장에 상장함. 트랜스미션, 기어전동축, 감속기, 자동차부품, 항공부품, 방위산업부품, 풍력발전설비부품 제조 등의 사업을 영위하고 있음. 신성장 동력을 위한 새로운 사업으로 철도차량 부품과 전기차 기어박스 생산을 진행하고 있으며 기존 사업과 연계해 시너지가 창출되는 항공기, 방산, 로봇 분야로 사업영역을 확장하고 있음.

실적 분석
2017년 연결기준 동사 매출액은 541.6억원을 기록함. 전년도 매출액인 456.8억원에 비해 18.6% 증가한 금액임. 매출액이 늘었으나 매출원가가 27.5% 증가하고 판매비와 관리비가 6.9% 증가함. 이에 전년도 6.4억원을 기록한 영업이익은 18.3억원의 손실을 기록하며 적자로 돌아섰음. 비영업부문 또한 적자전환함. 전년도 11.7억원을 기록한 당기순이익도 20.1억원의 손실을 기록하며 적자로 돌아섰음.

현금 흐름 *IFRS 별도 기준 〈단위 : 억원〉

항목	2016	2017
영업활동	35	67
투자활동	-29	-114
재무활동	-7	12
순현금흐름	3	-39
기말현금	132	93

시장 대비 수익률
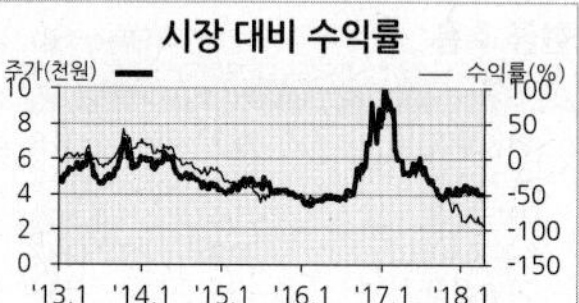

결산 실적 〈단위 : 억원〉

항목	2012	2013	2014	2015	2016	2017
매출액	527	570	603	490	457	542
영업이익	53	31	47	20	6	-18
당기순이익	51	16	48	45	12	-20

분기 실적 *IFRS 별도 기준 〈단위 : 억원〉

항목	2016.3Q	2016.4Q	2017.1Q	2017.2Q	2017.3Q	2017.4Q
매출액	100	127	139	132	140	131
영업이익	3	-3	5	-8	4	-20
당기순이익	-3	5	-6	-1	8	-21

재무 상태 *IFRS 별도 기준 〈단위 : 억원〉

항목	2012	2013	2014	2015	2016	2017
총자산	937	969	980	982	964	953
유형자산	600	592	590	549	523	518
무형자산	15	14	12	11	10	9
유가증권	—	—	—	—	—	21
총부채	147	165	148	115	91	105
총차입금	40	39	25	4	7	19
자본금	45	68	68	68	68	68
총자본	790	804	832	867	873	849
지배주주지분	790	804	832	867	873	849

기업가치 지표 *IFRS 별도 기준

항목	2012	2013	2014	2015	2016	2017
주가(최고/저)(천원)	7.5/4.4	7.2/4.6	6.4/4.2	5.0/3.8	9.2/3.4	10.5/3.6
PER(최고/저)(배)	21.0/12.2	63.7/40.5	18.7/12.4	15.4/11.7	107.1/39.5	—/—
PBR(최고/저)(배)	1.4/0.8	1.3/0.8	1.1/0.7	0.8/0.6	1.4/0.5	1.7/0.6
EV/EBITDA(배)	6.8	9.5	5.5	5.4	16.9	11.9
EPS(원)	380	118	355	330	87	-149
BPS(원)	8,781	5,953	6,271	6,533	6,574	6,396
CFPS(원)	1,034	472	728	728	468	235
DPS(원)	50	35	75	50	50	25
EBITDAPS(원)	1,058	584	723	549	429	248

재무 비율 〈단위 : %〉

연도	영업이익률	순이익률	부채비율	차입금비율	ROA	ROE	유보율	자기자본비율	EBITDA마진율
2017	-3.4	-3.7	12.3	2.2	-2.1	-2.3	1,179.1	89.0	6.2
2016	1.4	2.6	10.4	0.8	1.2	1.4	1,214.8	90.6	12.7
2015	4.2	9.1	13.2	0.5	4.5	5.2	1,206.7	88.3	15.1
2014	7.9	7.9	17.8	3.0	4.9	5.9	1,154.2	84.9	16.2

우성사료 (A006980)
Woosung Feed

업종 : 식료품 / 시장 : 거래소
신용등급 : (Bond) — (CP) — / 기업규모 : 시가총액 소형주
홈페이지 : www.woosungfeed.co.kr / 연락처 : 042)670-1724
본사 : 대전시 대덕구 한밭대로 1027 (오정동)

설립일	1970.12.30	**종업원수**	282명	**대표이사**	지평은
상장일	1988.10.10	**감사의견**	적정(안진)	**계열**	
결산기	12월	**보통주**		**종속회사수**	3개사
액면가	500원	**우선주**		**구상호**	

주주구성 (지분율,%)		출자관계 (지분율,%)		주요경쟁사 (외형,%)	
정보연	24.6	대전방송	39.8	우성사료	100
타오기획	4.6	우성양행	35.8	팜스코	371
(외국인)	5.0	우성운수	26.5	이지바이오	508

매출구성		비용구성		수출비중	
[제품]양어, 애완용 외	98.1	매출원가율	83.2	수출	0.0
임대료 외	1.4	판관비율	17.5	내수	100.0
[상품]양돈, 양계, 축우	0.5				

회사 개요
동사는 1970년 12월 설립되어 배합사료 제조, 판매업을 영위하고 있음. 지배회사의 주요사업은 배합사료 제조, 판매업으로 본점 및 3개 지점을 통하여 국내 전지역을 대상으로 사업활동을 수행하고 있고, 동사의 해외종속기업을 통해 베트남과 중국에서 배합사료 제조 및 판매업을 영위하고 있음. 동사는 배합사료 제조, 판매의 단일업종으로서 주요 매출은 배합사료 제품에서 발생하며 2017년 기준 매출은 제품에서 97.6%가 발생함.

실적 분석
동사의 연결기준 2017년 매출액은 전년 동기 대비 0.1% 감소한 2,754.5억원을 기록한 반면, 동기간 판관비는 전년 동기 대비 4.0% 증가함에 따라 2017년 영업이익은 -19.0억원으로 적자전환하였음. 한편, 전년 대비 외환차손 및 외화환산손실이 크게 감소하면서 영업손실폭을 일부 만회하였음. 따라서 동사의 2017년 당기순이익은 전년대비 30.2% 증가한 10.5억원을 기록하였음.

현금 흐름 〈단위 : 억원〉

항목	2016	2017
영업활동	108	19
투자활동	113	-319
재무활동	-48	15
순현금흐름	171	-290
기말현금	484	194

시장 대비 수익률
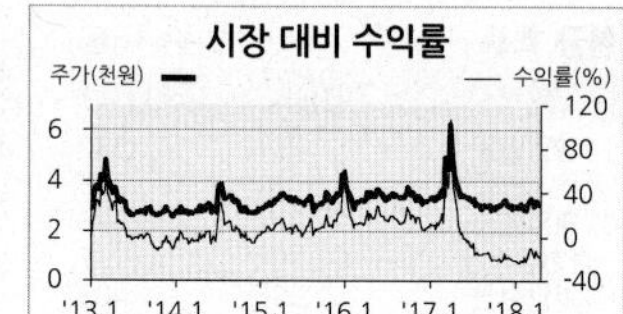

결산 실적 〈단위 : 억원〉

항목	2012	2013	2014	2015	2016	2017
매출액	3,919	3,584	3,377	3,139	2,757	2,755
영업이익	40	29	61	35	11	-19
당기순이익	70	30	40	-55	8	10

분기 실적 〈단위 : 억원〉

항목	2016.3Q	2016.4Q	2017.1Q	2017.2Q	2017.3Q	2017.4Q
매출액	742	676	621	657	781	696
영업이익	6	14	-23	-10	8	6
당기순이익	0	12	-12	-9	10	21

재무 상태 〈단위 : 억원〉

항목	2012	2013	2014	2015	2016	2017
총자산	2,938	2,711	2,750	2,565	2,459	2,514
유형자산	393	424	408	461	488	724
무형자산	2	2	2	2	2	1
유가증권	17	17	19	24	42	48
총부채	1,240	992	1,006	903	804	860
총차입금	718	505	509	357	332	338
자본금	155	155	155	155	155	155
총자본	1,698	1,719	1,744	1,662	1,656	1,654
지배주주지분	1,699	1,720	1,744	1,664	1,656	1,656

기업가치 지표

항목	2012	2013	2014	2015	2016	2017
주가(최고/저)(천원)	8.5/2.0	4.8/2.4	3.8/2.6	4.4/2.8	4.1/2.9	6.6/2.7
PER(최고/저)(배)	40.0/9.4	49.9/25.4	30.1/20.6	—/—	144.1/101.0	174.8/72.8
PBR(최고/저)(배)	1.6/0.4	0.9/0.5	0.7/0.5	0.8/0.5	0.8/0.5	1.2/0.5
EV/EBITDA(배)	9.7	10.1	6.5	15.4	17.2	55.9
EPS(원)	230	102	133	-175	29	38
BPS(원)	5,670	5,740	5,819	5,558	5,533	5,532
CFPS(원)	366	227	252	-57	144	157
DPS(원)	60	50	50	25	25	25
EBITDAPS(원)	265	220	319	231	150	57

재무 비율 〈단위 : %〉

연도	영업이익률	순이익률	부채비율	차입금비율	ROA	ROE	유보율	자기자본비율	EBITDA마진율
2017	-0.7	0.4	52.0	20.4	0.4	0.7	1,006.4	65.8	0.6
2016	0.4	0.3	48.5	20.0	0.3	0.5	1,006.6	67.3	1.7
2015	1.1	-1.8	54.3	21.5	-2.1	-3.2	1,011.5	64.8	2.3
2014	1.8	1.2	57.7	29.2	1.5	2.4	1,063.7	63.4	2.9

*관리종목

우성아이비 (A194610)
WOOSUNG IB CO

업 종 : 레저용품 | 시 장 : KOSDAQ
신용등급 : (Bond) — (CP) — | 기업규모 :
홈페이지 : www.zebec.co.kr | 연 락 처 : 032)550-1000
본 사 : 인천시 부평구 평천로 251(청천동)

설 립 일	2014.02.19	종업원수	159명	대표이사	이희재
상 장 일	2014.06.10	감사의견	거절(불확실성)(삼일)	계 열	
결 산 기	12월	보 통 주		종속회사수	3개사
액 면 가	100원	우 선 주		구 상 호	하나머스트스팩

주주구성 (지분율,%)		출자관계 (지분율,%)		주요경쟁사 (외형,%)	
이희재	19.0	스플래쉬워터	32.7	우성아이비	100
자이글	5.9				
(외국인)	1.0				

매출구성		비용구성		수출비중	
기타	44.3	매출원가율	95.6	수출	—
SUP(제품)	29.7	판관비율	50.7	내수	—
보트(제품)	9.7				

회사 개요
동사는 1992년 수상레저산업분야에 진출한 후 공기주입식 보트류 만을 생산하여, 세계 약 40개국 140여 고객사에게 자체브랜드인 "ZEBEC" 및 "Z-pro"제품과 고객사 주문개발품(OEM/ODM) 방식으로 생산한 제품을 판매하고 있음. 업계 최초로 품질보증업체지정, ISO 9002 획득 및 유럽인증마크인 "CE"등을 획득하였고, 보트의 최고봉이라는 급류타기 보트를 개발하여, 상업용, 경기용, 선수용으로 제품을 판매하고 있음.

실적 분석
동사의 2017년 4분기 연결기준 누적 매출액은 298.7억원으로 전년 동기(335.6억원)대비 11% 감소한 수치임. 원가율 악화와 판매관리비용 증가에 따라 영업이익이 -138.5억원을 기록하며 적자전환하였음. 금융손실, 외환손실 등 비영업부문에서도 적자폭이 확대되었으며 최종적으로 동사는 174.1억원의 당기순손실을 기록함. 공기주입식 보트 1위 업체로 스포츠산업대상을 수상하였으나 실적은 부진.

현금 흐름 〈단위 : 억원〉

항목	2016	2017
영업활동	-70	-62
투자활동	-74	66
재무활동	140	21
순현금흐름	3	4
기말현금	11	14

시장 대비 수익률
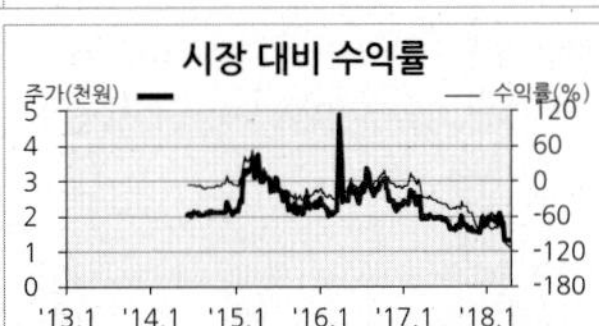

결산 실적 〈단위 : 억원〉

항목	2012	2013	2014	2015	2016	2017
매출액	233	313	407	335	336	299
영업이익	18	33	33	35	12	-138
당기순이익	16	29	19	3	2	-174

분기 실적 〈단위 : 억원〉

항목	2016.3Q	2016.4Q	2017.1Q	2017.2Q	2017.3Q	2017.4Q
매출액	64	72	102	78	61	58
영업이익	0	-5	5	-19	-16	-108
당기순이익	-6	1	-3	-21	-20	-130

재무 상태 〈단위 : 억원〉

항목	2012	2013	2014	2015	2016	2017
총자산	261	414	467	499	694	570
유형자산	87	106	110	124	197	114
무형자산	15	1	1	25	26	28
유가증권	11	12	17	15	11	6
총부채	176	330	366	328	495	440
총차입금	131	268	297	284	416	328
자본금	23	23	23	13	14	21
총자본	85	84	101	170	199	130
지배주주지분	85	84	101	170	199	130

기업가치 지표

항목	2012	2013	2014	2015	2016	2017
주가(최고/저)(천원)	—/—	—/—	2.7/2.2	4.1/2.3	5.4/2.2	2.8/1.5
PER(최고/저)(배)	0.0/0.0	0.0/0.0	18.3/15.1	213.4/116.7	305.4/125.1	—/—
PBR(최고/저)(배)	0.0/0.0	0.0/0.0	3.4/2.9	3.3/1.8	3.7/1.5	4.4/2.4
EV/EBITDA(배)	4.2	6.4	8.0	13.7	33.5	—
EPS(원)	127	202	133	18	16	-953
BPS(원)	1,558	1,541	1,849	1,220	1,411	640
CFPS(원)	536	615	467	79	92	-887
DPS(원)	—	—	—	—	—	—
EBITDAPS(원)	572	699	721	308	156	-696

재무 비율 〈단위 : %〉

연도	영업이익률	순이익률	부채비율	차입금비율	ROA	ROE	유보율	자기자본비율	EBITDA마진율
2017	-46.4	-58.3	338.7	252.4	-27.5	-105.3	539.5	22.8	-42.4
2016	3.5	0.6	248.1	208.7	0.3	1.3	1,362.9	28.7	6.7
2015	10.5	0.8	192.7	166.7	0.6	2.0	1,283.5	34.2	13.0
2014	8.1	4.7	362.1	294.3	4.3	20.5	338.7	21.6	9.7

우수에이엠에스 (A066590)
Woosu AMS

업 종 : 자동차부품 | 시 장 : KOSDAQ
신용등급 : (Bond) — (CP) — | 기업규모 : 중견
홈페이지 : www.woosu.co.kr | 연 락 처 : 055)274-5011
본 사 : 경남 창원시 성산구 월림로 62(신촌동 192-4)

설 립 일	1995.06.13	종업원수	259명	대표이사	전종인
상 장 일	2003.02.04	감사의견	적정(대주)	계 열	
결 산 기	12월	보 통 주		종속회사수	2개사
액 면 가	500원	우 선 주		구 상 호	

주주구성 (지분율,%)		출자관계 (지분율,%)		주요경쟁사 (외형,%)	
전종인	20.0	우수정기주식회사	49.0	우수AMS	100
한국증권금융	5.6	WOOSUAUTOMOTIVEINDIAPRIVATE	100.0	KB오토시스	72
(외국인)	1.8	WOOSUCZECHS.R.O	100.0	대성엘텍	154

매출구성		비용구성		수출비중	
기타	69.4	매출원가율	90.7	수출	74.6
6속 DIFF-CASE	25.4	판관비율	8.0	내수	25.4
BRKT ASS'Y TM SUPT	3.7				

회사 개요
동사는 자동차 부품 전문 생산 업체로서 조향부품, 구동부품 등 자동차부품의 제조를 그 주된 사업으로 하고 있으며, 동사에서 생산한 여러 부품들이 국내시장에서 생산되고 있는 승용차 및 상용차 등 전 차종에 다양하게 공급되고 있음. 현대자동차, 한국GM, 기아자동차의 1차 협력업체이며, 가격경쟁력, 자동화설비 시스템 및 완벽품질을 기반으로 신차종 부품 개발에 적극 참여하고 있음.

실적 분석
동사는 지난해 연결기준 영업이익 2,280.6억원을 기록해 전년 대비 39% 감소. 같은 기간 매출액은 5.7% 줄어든 2,280.6억원으로, 당기순이익은 5.6% 감소한 49.7억원으로 각각 잠정 집계. 현재 국내자동차 3사 등에 엔진브라켓트, 샤시파트, 변속기부품 등 기존 물량을 계속 공급 및 신차개발에 적극 참여하고 있으며 국내자동차 메이커의 신뢰성확보로 안정적인 성장기반을 확보.

현금 흐름 〈단위 : 억원〉

항목	2016	2017
영업활동	85	101
투자활동	-120	-82
재무활동	22	6
순현금흐름	-13	21
기말현금	81	102

시장 대비 수익률
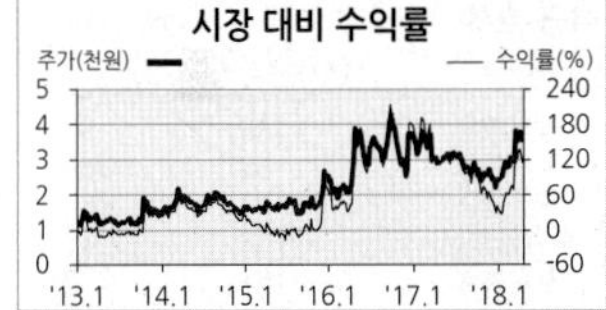

결산 실적 〈단위 : 억원〉

항목	2012	2013	2014	2015	2016	2017
매출액	1,887	2,089	2,189	2,304	2,418	2,281
영업이익	6	47	27	40	45	28
당기순이익	-11	26	40	24	53	50

분기 실적 〈단위 : 억원〉

항목	2016.3Q	2016.4Q	2017.1Q	2017.2Q	2017.3Q	2017.4Q
매출액	567	675	619	498	563	601
영업이익	21	3	12	10	8	-2
당기순이익	13	15	15	12	20	3

재무 상태 〈단위 : 억원〉

항목	2012	2013	2014	2015	2016	2017
총자산	1,268	1,396	1,372	1,455	1,512	1,571
유형자산	582	566	569	693	735	746
무형자산	4	22	27	26	26	26
유가증권	0	0	3	3	3	0
총부채	1,023	1,138	1,060	1,125	972	980
총차입금	321	322	242	516	396	408
자본금	80	80	85	85	118	123
총자본	245	258	312	330	540	592
지배주주지분	245	258	312	330	540	592

기업가치 지표

항목	2012	2013	2014	2015	2016	2017
주가(최고/저)(천원)	2.5/1.0	2.0/1.1	2.2/1.5	2.8/1.4	4.3/1.9	3.9/2.2
PER(최고/저)(배)	—/—	13.3/7.6	10.0/6.7	22.4/11.0	16.9/7.6	18.9/10.4
PBR(최고/저)(배)	1.8/0.7	1.4/0.8	1.3/0.9	1.6/0.8	1.9/0.9	1.7/0.9
EV/EBITDA(배)	8.9	3.9	5.3	8.8	9.9	7.9
EPS(원)	-64	151	226	130	258	210
BPS(원)	1,535	1,614	1,838	1,943	2,289	2,398
CFPS(원)	199	463	549	501	621	567
DPS(원)	—	—	—	—	30	30
EBITDAPS(원)	308	593	466	598	586	474

재무 비율 〈단위 : %〉

연도	영업이익률	순이익률	부채비율	차입금비율	ROA	ROE	유보율	자기자본비율	EBITDA마진율
2017	1.2	2.2	165.5	68.9	3.2	8.8	379.6	37.7	4.9
2016	1.9	2.2	180.1	73.3	3.6	12.1	357.7	35.7	4.9
2015	1.8	1.0	341.1	156.5	1.7	7.5	288.6	22.7	4.4
2014	1.2	1.8	339.6	77.5	2.9	14.1	267.7	22.8	3.5

우신시스템 (A017370)

Wooshin Systems

업 종 : 자동차부품
신용등급 : (Bond) — (CP) —
홈페이지 : www.wooshinsys.co.kr
본 사 : 서울시 영등포구 영등포로 20

시 장 : 거래소
기업규모 : 시가총액 소형주
연 락 처 : 02)2677-6934

설 립 일	1984.02.23	**종 업 원 수**	298명	**대 표 이 사**	허우영
상 장 일	2001.07.28	**감 사 의 견**	적정(대주)	**계 열**	
결 산 기	12월	**보 통 주**		**종속회사수**	8개사
액 면 가	500원	**우 선 주**		**구 상 호**	

주주구성 (지분율,%)		출자관계 (지분율,%)		주요경쟁사 (외형,%)	
허우영	35.7	우신세이프티시스템	100.0	우신시스템	100
더블유자산운용	9.0	에이에프에프씨	100.0	넥센테크	34
(외국인)	10.2	한국용접공업협동조합	5.2	동국실업	247

매출구성		비용구성		수출비중	
자동차 Door 가공, 자동차 안전벨트외	58.2	매출원가율	88.7	수출	66.6
차체자동용접라인제조	41.8	판관비율	8.6	내수	33.4

회사 개요

동사는 자동차 차체 자동용접 라인 설비에 대한 제조 및 판매를 주요 사업으로 영위하고 있는 자동차 차체 설비에 대한 Total Engineering업체임. 동사의 사업은 총 2개의 사업부문으로 구성돼 있음. 각 사업부문의 생산제품 및 제품 판매 유형에 따라 차체자동용접라인제조를 담당하는 차체설비 부문과 자동차 도어나 안전벨트를 제작하는 자동차부품 부문으로 구분됨.

실적 분석

동사의 2017년 연결기준 연간 매출액은 2,439.7억원으로 전년 대비 7.7% 감소함. 국내외 수주물량 감소 및 매출원가 상승으로 인해 영업이익 또한 67.1억원으로 41.9% 감소됨. GM KOREA에 납품하는 DOOR 부품은 고유 모델에 대한 부품으로서, 동사만이 납품을 하고 있음. 자동차 차체 자동용접 라인의 신규제작 및 설비변경은 계속해서 수요가 발생하여 차체설비부문은 지속적으로 성장이 예상.

현금 흐름

〈단위 : 억원〉

항목	2016	2017
영업활동	188	53
투자활동	-53	-369
재무활동	-17	384
순현금흐름	118	62
기말현금	161	224

시장 대비 수익률

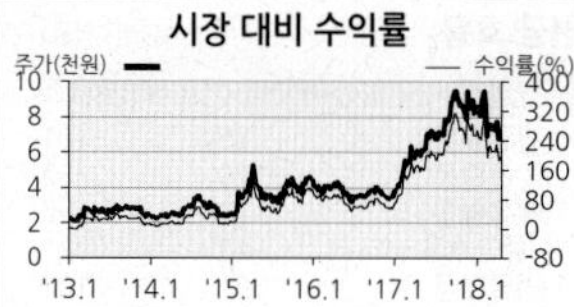

결산 실적

〈단위 : 억원〉

항목	2012	2013	2014	2015	2016	2017
매출액	1,330	1,702	2,577	2,630	2,643	2,440
영업이익	94	52	166	161	115	67
당기순이익	57	37	121	152	92	-8

분기 실적

〈단위 : 억원〉

항목	2016.3Q	2016.4Q	2017.1Q	2017.2Q	2017.3Q	2017.4Q
매출액	612	718	542	639	572	688
영업이익	12	56	-2	36	-12	46
당기순이익	-22	71	-34	41	-24	9

재무 상태

〈단위 : 억원〉

항목	2012	2013	2014	2015	2016	2017
총자산	1,547	2,061	2,060	2,570	2,525	2,895
유형자산	573	760	766	1,075	1,091	1,349
무형자산	18	17	24	23	22	22
유가증권	15	52	82	64	2	2
총부채	786	1,268	1,133	1,467	1,308	1,711
총차입금	212	439	293	566	547	965
자본금	70	70	73	79	91	92
총자본	762	793	927	1,103	1,216	1,184
지배주주지분	744	778	911	1,086	1,202	1,170

기업가치 지표

항목	2012	2013	2014	2015	2016	2017
주가(최고/저)(천원)	3.1/1.9	3.0/2.1	3.6/2.2	5.3/2.4	4.3/3.2	9.6/3.8
PER(최고/저)(배)	8.0/4.9	11.0/7.7	4.3/2.7	5.5/2.6	7.9/5.9	—/—
PBR(최고/저)(배)	0.6/0.4	0.6/0.4	0.6/0.4	0.8/0.4	0.6/0.5	1.4/0.6
EV/EBITDA(배)	2.0	5.8	2.4	5.5	5.6	15.0
EPS(원)	407	285	844	971	548	-43
BPS(원)	5,440	5,726	6,380	7,010	6,799	6,669
CFPS(원)	617	563	1,216	1,336	969	403
DPS(원)	60	20	20	30	30	20
EBITDAPS(원)	879	649	1,530	1,402	1,098	812

재무 비율

〈단위 : %〉

연도	영업이익률	순이익률	부채비율	차입금비율	ROA	ROE	유보율	자기자본비율	EBITDA마진율
2017	2.8	-0.3	144.4	81.5	-0.3	-0.7	1,233.8	40.9	6.1
2016	4.4	3.5	107.6	45.0	3.6	8.2	1,259.9	48.2	7.1
2015	6.1	5.8	133.0	51.4	6.6	15.1	1,302.0	42.9	8.3
2014	6.4	4.7	122.2	31.6	5.9	14.3	1,175.9	45.0	8.5

우원개발 (A046940)

Woowon Development

업 종 : 건설
신용등급 : (Bond) — (CP) —
홈페이지 : www.woowon.com
본 사 : 서울시 서초구 강남대로 279 백향빌딩 8층

시 장 : KOSDAQ
기업규모 : 중견
연 락 처 : 02)3490-1900

설 립 일	1998.10.28	**종 업 원 수**	179명	**대 표 이 사**	김기영
상 장 일	2002.06.18	**감 사 의 견**	적정(신우)	**계 열**	
결 산 기	12월	**보 통 주**		**종속회사수**	1개사
액 면 가	500원	**우 선 주**		**구 상 호**	

주주구성 (지분율,%)		출자관계 (지분율,%)		주요경쟁사 (외형,%)	
신영임	25.4	대상종합개발	100.0	우원개발	100
김기영	17.7	실크우드	38.5	성도이엔지	213
(외국인)	0.3	서희아이엔디	15.0	희림	87

매출구성		비용구성		수출비중	
공사수입(공사)	97.7	매출원가율	92.4	수출	0.0
기타매출(기타)	2.2	판관비율	4.2	내수	100.0
부동산임대수입 외(기타)	0.0				

회사 개요

동사는 토목에 특화된 건설사로서 도로공사, 산업단지조성공사, 철도공사, 지하철공사, 특수공법공사, 하천공사, 항만공사와 주택건설 및 부동산개발 등을 주로 영위함. 설립 당시 주된 사업은 소프트웨어 개발, 유지보수 등이었으나, 2010년 자회사 우원개발과의 합병을 통해 건설업을 주된 사업으로 영위하게 됨. 경기 침체에 대비하여 정부에서는 공공 토목사업을 통하여 경제위기를 조기에 극복하고자 건설 진흥을 위하여 관련 예산을 늘이는 추세임.

실적 분석

동사의 2017년 연간 매출액은 전년동기대비 11.3% 하락한 1,836.4억원을 기록하였음. 비용면에서 전년동기대비 매출원가는 감소하였으며 인건비는 증가 하였고 기타판매비와관리비는 감소함. 이와 같이 매출액은 전년동기 크게 성장하지 않았으나 이에 비해서 전년동기대비 영업이익은 63.2억원으로 57.3% 상승 하였음. 아마 매출원가의 감소 효과가 달성한 매출액 대비 컸기 때문이라 판단됨.

현금 흐름

〈단위 : 억원〉

항목	2016	2017
영업활동	-50	-271
투자활동	13	-375
재무활동	39	616
순현금흐름	2	-30
기말현금	109	78

시장 대비 수익률

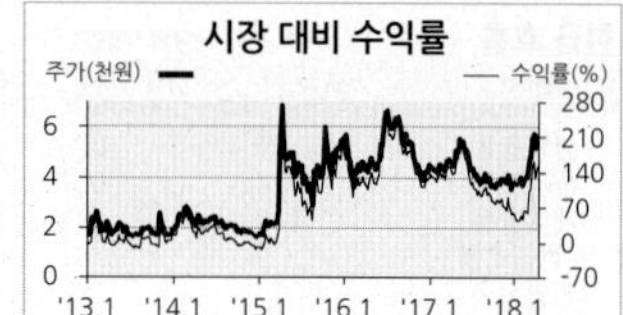

결산 실적

〈단위 : 억원〉

항목	2012	2013	2014	2015	2016	2017
매출액	1,735	1,925	2,101	2,534	2,071	1,836
영업이익	17	0	47	152	40	63
당기순이익	-9	-55	25	88	67	-4

분기 실적

〈단위 : 억원〉

항목	2016.3Q	2016.4Q	2017.1Q	2017.2Q	2017.3Q	2017.4Q
매출액	504	557	443	510	470	413
영업이익	1	30	14	12	5	32
당기순이익	1	57	10	-30	-2	18

재무 상태

〈단위 : 억원〉

항목	2012	2013	2014	2015	2016	2017
총자산	1,223	1,153	1,160	1,224	1,172	1,892
유형자산	79	80	82	89	78	487
무형자산	201	166	166	165	165	165
유가증권	84	85	90	90	103	96
총부채	742	731	718	695	580	1,303
총차입금	267	235	177	6	46	671
자본금	73	73	73	73	73	73
총자본	481	422	443	529	592	589
지배주주지분	478	422	443	529	592	589

기업가치 지표

항목	2012	2013	2014	2015	2016	2017
주가(최고/저)(천원)	4.6/0.9	2.8/1.6	3.0/1.6	7.3/1.7	8.8/3.6	5.5/3.5
PER(최고/저)(배)	—/—	—/—	18.0/9.6	12.5/2.9	19.9/8.1	—/—
PBR(최고/저)(배)	1.4/0.3	1.0/0.6	1.0/0.5	2.1/0.5	2.3/0.9	1.4/0.9
EV/EBITDA(배)	14.8	29.0	4.1	3.4	8.7	13.3
EPS(원)	-56	-377	169	602	456	-26
BPS(원)	3,263	2,878	3,021	3,610	4,044	4,023
CFPS(원)	8	-299	253	831	562	77
DPS(원)	—	—	—	—	—	100
EBITDAPS(원)	181	80	403	1,268	380	535

재무 비율

〈단위 : %〉

연도	영업이익률	순이익률	부채비율	차입금비율	ROA	ROE	유보율	자기자본비율	EBITDA마진율
2017	3.4	-0.2	221.0	113.8	-0.3	-0.7	704.6	31.2	4.3
2016	1.9	3.2	97.9	7.7	5.6	11.9	708.8	50.5	2.7
2015	6.0	3.5	131.4	1.2	7.4	18.1	622.0	43.2	7.3
2014	2.2	1.2	162.2	40.0	2.2	5.8	504.2	38.1	2.8

우정비에스씨 (A215380)

WOOJUNG BSC

업 종 : 바이오　　시 장 : KOSDAQ
신용등급 : (Bond) —　(CP) —　　기업규모 : 벤처
홈페이지 : www.woojungbsc.co.kr　　연 락 처 : 031)888-9369
본 사 : 경기도 수원시 영통구 광교로 145(이의동) 차세대융합기술원 B동 3층

설 립 일	2015.02.25	**종 업 원 수**	102명	**대 표 이 사**	천병년
상 장 일	2015.05.18	**감 사 의 견**	적정(정진)	**계 열**	
결 산 기	12월	**보 통 주**		**종속회사수**	
액 면 가	100원	**우 선 주**		**구 상 호**	우정비에스씨

주주구성 (지분율,%)		출자관계 (지분율,%)		주요경쟁사 (외형,%)	
천병년	41.4			우정바이오	100
세종 농식품바이오 투자조합 1호	3.5			바이오니아	80
				이수앱지스	67

매출구성		비용구성		수출비중	
		매출원가율	79.7	수출	2.2
		판관비율	28.5	내수	97.8

회사 개요

동사는 1989년에 설립해 신약개발에 필요한 실험동물사업으로 시작. 현재는 최첨단 실험동물시설을 기반으로 하는 제약바이오연구소 구축사업으로 사업영역을 넓혔으며 메르스 사태 이후, 병원 등의 감염관리 전문기업임. 15년 전부터 고병원성 미생물취급 안전시설(생물안전 3등급이상 시설)분야의 감염관리 전문기업으로 질병관리본부로부터 인정 받아옴. 2017년 4월 28일 코스닥 상장함.

실적 분석

2017년 연결기준 결산 매출액은 전년동기 대비 34.7% 증가한 289.3억원을 시현하였으나, 원가의 대폭 상승으로 영업이익 적자전환함. 동사가 중점적으로 추진하는 사업은 HPV 멸균기 제작 및 판매를 위한 공장 설립임. 동사는 기존에 사용해오던 고가의 수입 멸균기 국산화를 위해 KIST와 국산 HPV 멸균기를 개발함. 이를 통해 외국산 멸균장비 수입을 대체하고 감염관리 전문기업으로 자리잡기 위해 노력하고 있음.

현금 흐름 *IFRS 별도 기준 〈단위 : 억원〉

항목	2016	2017
영업활동	-15	-24
투자활동	-22	3
재무활동	39	3
순현금흐름	2	-3
기말현금	25	23

시장 대비 수익률

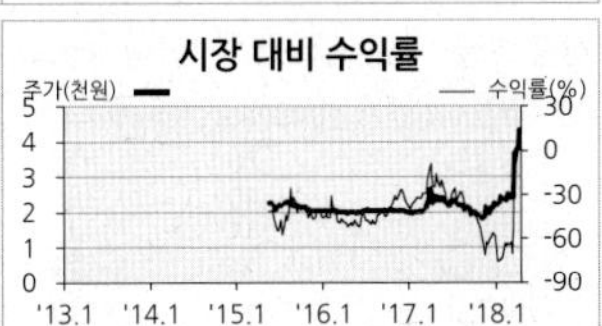

결산 실적 〈단위 : 억원〉

항목	2012	2013	2014	2015	2016	2017
매출액	—	—	149	187	215	289
영업이익	—	—	13	14	7	-24
당기순이익	—	—	9	14	11	-69

분기 실적 *IFRS 별도 기준 〈단위 : 억원〉

항목	2016.3Q	2016.4Q	2017.1Q	2017.2Q	2017.3Q	2017.4Q
매출액	67	62	61	77	61	91
영업이익	7	0	5	-12	-9	-7
당기순이익	9	-1	5	-65	3	-12

재무 상태 *IFRS 별도 기준 〈단위 : 억원〉

항목	2012	2013	2014	2015	2016	2017
총자산	—	—	125	142	193	314
유형자산	—	—	32	45	55	73
무형자산	—	—	2	3	2	6
유가증권	—	—	1	1	1	2
총부채	—	—	69	67	95	131
총차입금	—	—	37	32	58	77
자본금	—	—	11	11	14	22
총자본	—	—	56	75	98	183
지배주주지분	—	—	56	75	98	183

기업가치 지표 *IFRS 별도 기준

항목	2012	2013	2014	2015	2016	2017
주가(최고/저)(천원)	—/—	—/—	—/—	2.5/2.0	2.1/2.0	2.8/1.8
PER(최고/저)(배)	0.0/0.0	0.0/0.0	0.0/0.0	34.3/27.7	34.6/32.8	—/—
PBR(최고/저)(배)	0.0/0.0	0.0/0.0	0.0/0.0	6.2/5.0	4.1/3.9	3.2/2.1
EV/EBITDA(배)	0.0	0.0	—	7.3	13.4	—
EPS(원)	—	—	48	73	60	-319
BPS(원)	—	—	25,365	3,371	4,233	862
CFPS(원)	—	—	4,531	703	641	-297
DPS(원)	—	—	—	—	—	—
EBITDAPS(원)	—	—	6,349	716	458	-87

재무 비율 〈단위 : %〉

연도	영업이익률	순이익률	부채비율	차입금비율	ROA	ROE	유보율	자기자본비율	EBITDA마진율
2017	-8.2	-23.9	71.4	41.9	-27.3	-49.2	761.9	58.4	-6.6
2016	3.3	5.2	96.4	59.3	6.7	13.0	610.2	50.9	4.8
2015	7.4	7.2	89.7	42.9	10.2	20.7	574.2	52.7	8.5
2014	8.6	5.9	122.3	66.0	0.0	0.0	407.3	45.0	9.5

우주일렉트로닉스 (A065680)

Uju Electronics

업 종 : 휴대폰 및 관련부품　　시 장 : KOSDAQ
신용등급 : (Bond) —　(CP) —　　기업규모 : 우량
홈페이지 : www.uju.com　　연 락 처 : 031)371-3700
본 사 : 경기도 화성시 양감면 초록로 532번길 61

설 립 일	1999.08.16	**종 업 원 수**	590명	**대 표 이 사**	노영백
상 장 일	2004.01.02	**감 사 의 견**	적정(삼정)	**계 열**	
결 산 기	12월	**보 통 주**		**종속회사수**	6개사
액 면 가	500원	**우 선 주**		**구 상 호**	

주주구성 (지분율,%)		출자관계 (지분율,%)		주요경쟁사 (외형,%)	
노영백	21.3	우주쏠라	100.0	우주일렉트로	100
신영자산운용	7.7	에너테크	52.0	이엠텍	94
(외국인)	14.1	에프아이티글로벌	51.0	일야	21

매출구성		비용구성		수출비중	
모바일커넥터	72.4	매출원가율	79.8	수출	70.8
디스플레이 커넥터	16.1	판관비율	15.7	내수	29.2
차량용 커넥터	10.0				

회사 개요

동사는 전지, 전자부품의 제조 및 판매업을 영위할 목적으로 설립됨. 주요사업 내용은 초정밀 커넥터 제조회사로서 우수한 기술력을 바탕으로 생산된 제품을 국내 시장은 물론 해외 시장으로도 그 범위를 점차 확대하여 공급함. 삼성과 LG 이외에 글로벌 세트업체들로의 납품비중이 상승하고 있어 글로벌 부품업체로 도약하고 있음. 기존의 커넥터 이외에 FFC 등 신규제품의 매출 비중이 상승하고 있어 타사 대비 높은 성장성이 예상됨.

실적 분석

동사의 2017년 전체 매출은 2,076억원으로 전년대비 4.8% 감소, 영업이익은 93.7억원으로 50.8% 감소. 당기순이익은 105.5억원으로 전년대비 24.6% 감소. 글로벌 IT 시장은 외형적 증가가 제한적인 가운데 주요 부품의 사양 둔화로 가격하락이 지속되고 있음. 외형 정체로 고정비 부담은 지속. 향후 차량용 부품 산업 전장부품에 대한 수요가 빠르게 증가할 것으로 보여 동사가 생산하는 정밀 커넥터의 수요 또한 증가 예상

현금 흐름 〈단위 : 억원〉

항목	2016	2017
영업활동	309	114
투자활동	-157	-200
재무활동	-180	46
순현금흐름	-24	-50
기말현금	357	307

시장 대비 수익률

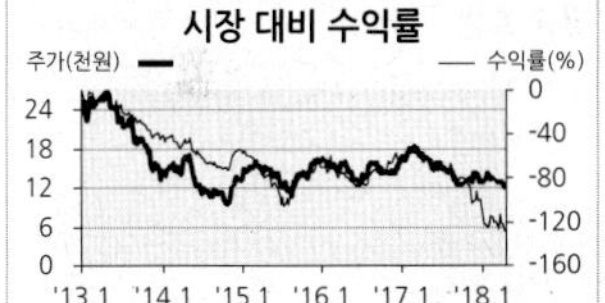

결산 실적 〈단위 : 억원〉

항목	2012	2013	2014	2015	2016	2017
매출액	1,820	2,223	1,820	1,838	2,180	2,076
영업이익	159	173	103	141	190	94
당기순이익	87	137	87	129	140	105

분기 실적 〈단위 : 억원〉

항목	2016.3Q	2016.4Q	2017.1Q	2017.2Q	2017.3Q	2017.4Q
매출액	573	515	523	493	578	482
영업이익	56	43	17	18	31	28
당기순이익	44	33	13	20	56	16

재무 상태 〈단위 : 억원〉

항목	2012	2013	2014	2015	2016	2017
총자산	2,001	2,122	2,244	2,287	2,360	2,351
유형자산	753	765	759	753	717	752
무형자산	23	21	17	26	33	29
유가증권	24	18	18	14	13	12
총부채	452	459	525	571	600	536
총차입금	215	278	292	303	225	271
자본금	50	50	50	50	50	50
총자본	1,549	1,663	1,719	1,716	1,761	1,815
지배주주지분	1,549	1,663	1,719	1,714	1,759	1,814

기업가치 지표

항목	2012	2013	2014	2015	2016	2017
주가(최고/저)(천원)	27.5/18.4	27.6/13.0	17.1/9.6	16.6/10.6	16.8/12.4	18.2/12.3
PER(최고/저)(배)	34.2/22.9	21.7/10.2	20.9/11.7	13.5/8.7	12.4/9.1	17.2/11.6
PBR(최고/저)(배)	1.9/1.3	1.8/0.8	1.0/0.6	0.9/0.6	0.9/0.7	0.9/0.6
EV/EBITDA(배)	8.2	3.2	3.1	3.8	2.8	2.7
EPS(원)	876	1,384	880	1,294	1,412	1,080
BPS(원)	15,646	16,965	17,701	18,786	19,983	20,537
CFPS(원)	2,350	3,356	2,450	2,657	2,781	2,406
DPS(원)	100	200	250	250	300	250
EBITDAPS(원)	3,076	3,712	2,608	2,787	3,284	2,268

재무 비율 〈단위 : %〉

연도	영업이익률	순이익률	부채비율	차입금비율	ROA	ROE	유보율	자기자본비율	EBITDA마진율
2017	4.5	5.1	29.6	14.9	4.5	6.0	4,007.4	77.2	10.9
2016	8.7	6.4	34.1	12.8	6.0	8.1	3,896.7	74.6	15.0
2015	7.7	7.0	33.3	17.7	5.7	7.5	3,657.1	75.0	15.1
2014	5.7	4.8	30.5	17.0	4.0	5.2	3,440.1	76.6	14.2

우진 (A105840)
WOOJIN

업 종 : 기계 | 시 장 : 거래소
신용등급 : (Bond) — (CP) — | 기업규모 : 시가총액 소형주
홈페이지 : www.woojininc.com | 연 락 처 : 031)379-3114
본 사 : 경기도 화성시 동탄면 동부대로 970번길 110

설립일	1980.05.13	**종업원수**	155명	**대표이사**	이성범,이재상
상장일	2010.07.26	**감사의견**	적정(삼일)	**계 열**	
결산기	12월	**보통주**		**종속회사수**	8개사
액면가	500원	**우선주**		**구 상 호**	

주주구성 (지분율,%)		출자관계 (지분율,%)		주요경쟁사 (외형,%)	
이재원	20.0	동양인스텍	100.0	우진	100
이재상	17.8	우진엔텍	66.7	SIMPAC	235
(외국인)	1.5	우진코리센	61.5	영풍정밀	67

매출구성		비용구성		수출비중	
원자력 계측기(제품)	51.1	매출원가율	80.9	수출	15.8
자동화 장치(제품)	15.7	판관비율	22.0	내수	84.2
CMS(제품)	13.2				

회사 개요

동사는 원자력발전소용 계측기, 철강산업용 자동화장치, 설비진단시스템, 유량계측시스템 등의 사업을 영위하고 있음. 제철 현장에서 쇳물의 온도와 각종 성분을 측정하고 시료를 채취하는 철강용 계측기의 개발 및 판매를 주요 사업으로 시작한 동사는 1987년 국내 최초로 계측전문연구소를 설립하여 산업용 계측기의 표준화와 국산화를 위해 많은 투자를 진행해 왔음. 최근 동사는 정부 지원으로 해외 진출 기대를 받고 있음.

실적 분석

동사의 2017년 연간 매출액은 전년동기대비 9.4% 하락한 982.6억원을 기록하였음. 원자력계측기 관련 매출은 소폭 감소하였고 자동화 사업부문 또한 철강산업 수익성 악화로 설비개선 계획이 취소되면서 매출이 감소하였음. 최종적으로 전년동기대비 당기순손실은 적자지속하여 154.6억원을 기록함. 편중된 시장을 다른 분야로 확대하고 신소재 사업을 개척하는 노력으로 수익 개선을 기대중임.

현금 흐름 〈단위 : 억원〉

항목	2016	2017
영업활동	-140	141
투자활동	-24	-135
재무활동	-68	32
순현금흐름	-232	88
기말현금	141	229

시장 대비 수익률

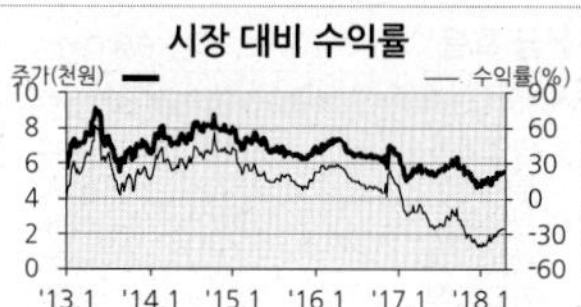

결산 실적 〈단위 : 억원〉

항목	2012	2013	2014	2015	2016	2017
매출액	828	783	1,051	1,062	1,084	983
영업이익	54	-15	11	16	-3	-28
당기순이익	80	33	19	140	-3	-155

분기 실적 〈단위 : 억원〉

항목	2016.3Q	2016.4Q	2017.1Q	2017.2Q	2017.3Q	2017.4Q
매출액	286	442	250	262	324	146
영업이익	3	57	-1	-34	11	-4
당기순이익	-9	67	0	-30	4	-129

재무 상태 〈단위 : 억원〉

항목	2012	2013	2014	2015	2016	2017
총자산	1,340	1,479	1,770	1,947	1,813	1,895
유형자산	226	340	551	588	595	875
무형자산	41	304	308	279	269	245
유가증권	32	3	6	8	8	11
총부채	255	309	598	671	579	535
총차입금	25	65	342	414	345	332
자본금	87	87	87	87	87	87
총자본	1,085	1,170	1,171	1,277	1,234	1,360
지배주주지분	992	1,006	1,003	1,103	1,064	1,151

기업가치 지표

항목	2012	2013	2014	2015	2016	2017
주가(최고/저)(천원)	6.2/4.3	9.4/5.4	8.8/6.4	8.0/6.2	7.4/5.7	6.6/4.6
PER(최고/저)(배)	18.9/13.0	73.1/41.6	92.2/67.2	11.3/8.8	—/—	—/—
PBR(최고/저)(배)	1.3/0.9	1.9/1.1	1.7/1.3	1.4/1.1	1.3/1.0	1.0/0.7
EV/EBITDA(배)	13.7	168.7	48.6	30.1	46.3	—
EPS(원)	390	148	108	789	-22	-900
BPS(원)	5,714	5,797	5,775	6,355	6,129	6,791
CFPS(원)	454	281	277	981	185	-745
DPS(원)	315	130	170	200	220	—
EBITDAPS(원)	378	49	234	283	190	-5

재무 비율 〈단위 : %〉

연도	영업이익률	순이익률	부채비율	차입금비율	ROA	ROE	유보율	자기자본비율	EBITDA마진율
2017	-2.8	-15.7	39.3	24.4	-8.3	-14.1	1,258.1	71.8	-0.1
2016	-0.3	-0.2	47.0	28.0	-0.1	-0.4	1,125.9	68.1	3.1
2015	1.5	13.2	52.5	32.5	7.5	13.0	1,170.9	65.6	4.6
2014	1.1	1.8	51.1	29.2	1.2	1.9	1,055.0	66.2	3.9

우진비앤지 (A018620)
WooGene B&G

업 종 : 제약 | 시 장 : KOSDAQ
신용등급 : (Bond) — (CP) — | 기업규모 : 벤처
홈페이지 : www.woogenebng.com | 연 락 처 : 031)352-0185
본 사 : 경기도 화성시 양감면 정문송산로 230

설립일	1985.12.17	**종업원수**	114명	**대표이사**	강석진,강재구
상장일	2008.05.20	**감사의견**	적정(도원)	**계 열**	
결산기	12월	**보통주**		**종속회사수**	
액면가	500원	**우선주**		**구 상 호**	

주주구성 (지분율,%)		출자관계 (지분율,%)		주요경쟁사 (외형,%)	
강재구	21.0			우진비앤지	100
강석진	10.0			명문제약	530
(외국인)	2.0			유유제약	238

매출구성		비용구성		수출비중	
동물용의약품 등	38.9	매출원가율	80.8	수출	24.0
상품	24.8	판관비율	32.1	내수	76.0
안티펜-SM 외	14.3				

회사 개요

동사는 동물약품 및 미생물제제(동물약품, 인체 원료의약, 미생물 농자재) 등을 제조, 판매하는 업체임. 또한 다국적 기업들의 우수 제품을 국내 도입하여 국내 양축 농가와 사료 회사의 생산성 향상과 수익 증대에 기여하고 있음. 동사의 주력 제품은 경제 동물의 생산을 위해 사용되며 주요 가축 질병 부문에서 세계적인 제품을 공급하고 있고 다국적 기업들의 국내 파트너로서의 지위를 확고히 하고 있음.

실적 분석

동사의 2017년 4분기 연결기준 누적매출액은 전년동기 대비 5.0% 감소한 264.3억원을 기록함. 외형축소에도 불구하고 매출원가와 판관비가 전년동기 대비 각각 1.1%, 29.2% 증가함에 따라 34.1억원의 영업손실을 기록하며 적자를 지속했음. 비영업부문에서도 9.3억원의 손실을 기록함에 따라 손실폭은 더욱 확대되어 41.9억원의 당기순손실을 기록하며 적자 전환되었음.

현금 흐름 *IFRS 별도 기준 〈단위 : 억원〉

항목	2016	2017
영업활동	28	-15
투자활동	-140	-85
재무활동	145	47
순현금흐름	33	-54
기말현금	67	13

시장 대비 수익률

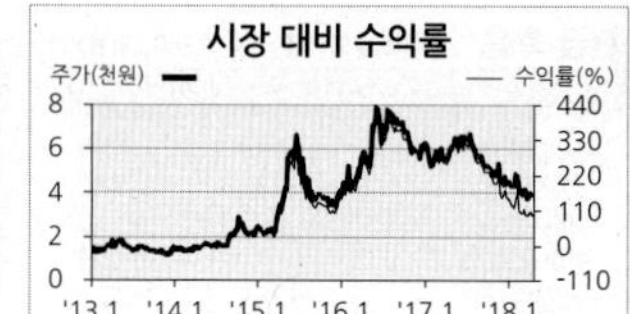

결산 실적 〈단위 : 억원〉

항목	2012	2013	2014	2015	2016	2017
매출액	213	205	221	235	278	264
영업이익	18	8	9	-0	1	-34
당기순이익	13	6	8	4	2	-42

분기 실적 *IFRS 별도 기준 〈단위 : 억원〉

항목	2016.3Q	2016.4Q	2017.1Q	2017.2Q	2017.3Q	2017.4Q
매출액	57	79	58	67	75	65
영업이익	-0	4	-6	-6	-10	-13
당기순이익	-1	3	-6	-21	-12	-2

재무 상태 *IFRS 별도 기준 〈단위 : 억원〉

항목	2012	2013	2014	2015	2016	2017
총자산	262	274	291	422	581	606
유형자산	136	143	158	241	372	448
무형자산	1	1	1	0	7	10
유가증권	1	0	0	0	0	0
총부채	76	84	84	203	360	376
총차입금	40	47	44	172	320	320
자본금	20	22	48	49	54	60
총자본	186	190	207	219	221	230
지배주주지분	186	190	207	219	221	230

기업가치 지표 *IFRS 별도 기준

항목	2012	2013	2014	2015	2016	2017
주가(최고/저)(천원)	1.8/1.0	2.3/1.4	3.4/1.5	8.4/2.4	9.2/4.7	7.4/4.8
PER(최고/저)(배)	15.5/8.5	41.6/25.2	46.2/20.9	263.3/76.4	589.1/298.8	—/—
PBR(최고/저)(배)	1.0/0.6	1.3/0.8	1.8/0.8	4.3/1.3	4.7/2.4	4.0/2.6
EV/EBITDA(배)	9.0	14.9	19.9	76.9	106.5	—
EPS(원)	101	48	65	28	14	-305
BPS(원)	4,765	4,429	2,160	2,246	2,064	1,922
CFPS(원)	488	309	176	127	99	-225
DPS(원)	54	54	20	50	25	—
EBITDAPS(원)	616	346	179	90	94	-160

재무 비율 〈단위 : %〉

연도	영업이익률	순이익률	부채비율	차입금비율	ROA	ROE	유보율	자기자본비율	EBITDA마진율
2017	-12.9	-15.9	163.2	139.0	-7.1	-18.6	284.4	38.0	-7.3
2016	0.5	0.6	162.7	144.4	0.4	0.8	312.9	38.1	3.6
2015	0.0	1.5	92.9	78.4	1.0	1.7	349.3	51.9	3.7
2014	3.9	3.7	40.6	21.4	2.9	4.1	332.1	71.1	7.8

우진플라임 (A049800)

WOOJIN PLAIMM CO

업 종 : 기계 | 시 장 : 거래소
신용등급 : (Bond) — (CP) — | 기업규모 : 시가총액 소형주
홈페이지 : www.woojinplaimm.com | 연 락 처 : 043)540-9000
본 사 : 충북 보은군 장안면 우진플라임로 100 본관동

설 립 일	1991.12.17	**종 업 원 수**	716명	**대 표 이 사**	김익환
상 장 일	2001.07.12	**감 사 의 견**	적정(천지)	**계 열**	
결 산 기	12월	**보 통 주**		**종속회사수**	5개사
액 면 가	500원	**우 선 주**		**구 상 호**	

주주구성 (지분율,%)		출자관계 (지분율,%)		주요경쟁사 (외형,%)	
김익환	25.1	에어로젤애플리케이션그룹	22.8	우진플라임	100
김정순	15.4			파라텍	113
(외국인)	2.6			화성밸브	19

매출구성		비용구성		수출비중	
사출성형기	87.0	매출원가율	74.9	수출	43.3
취출로보트외	9.4	판관비율	22.4	내수	56.7
스크류외	2.5				

회사 개요

동사는 모든 플라스틱 재질의 제품을 성형할 수 있는 사출성형기 제조업체로서, 기존유압식 사출성형기는 물론 전동식 사출성형기까지 개발, 생산, 판매하는 기계장비 전문업체임. 우진주소기계유한공사, WOOJIN PLAIMM AMERICA. Inc, WJP MACHINERY, S.A. DE C.V., WPM엔지니어링, WOOJIN PLAIMM GmbH를 연결대상 종속회사로 보유하고 있음.

실적 분석

2017년 연결기준 동사 매출액은 2295.9억원을 기록함. 전년도 매출인 2283.1억원에서 소폭 상승함. 그러나 매출원가가 3.5% 증가하고 판매비와 관리비가 11.6% 증가해 영업이익은 61.5% 감소함. 전년도엔 161.4억원을 기록했으나 2017년엔 62.2억원을 기록하는 데 그침. 비영업부문 역시 적자가 지속됐으며 손실폭이 커짐. 이에 당기순이익은 전년도에 비해 95% 감소한 7.4억원을 시현함.

현금 흐름 〈단위 : 억원〉

항목	2016	2017
영업활동	285	-134
투자활동	27	-106
재무활동	-184	107
순현금흐름	128	-134
기말현금	189	55

시장 대비 수익률

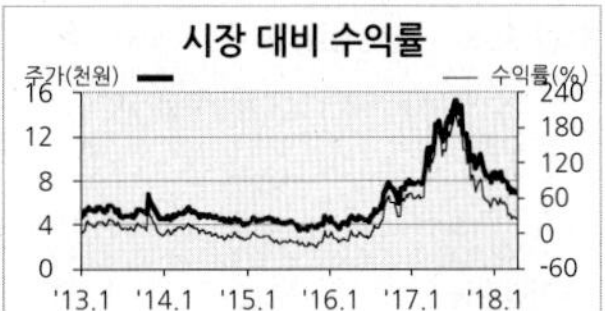

결산 실적 〈단위 : 억원〉

항목	2012	2013	2014	2015	2016	2017
매출액	1,573	1,967	1,898	1,832	2,283	2,296
영업이익	95	103	-72	-107	161	62
당기순이익	69	68	-2	-173	148	7

분기 실적 〈단위 : 억원〉

항목	2016.3Q	2016.4Q	2017.1Q	2017.2Q	2017.3Q	2017.4Q
매출액	489	661	493	717	503	583
영업이익	34	66	2	57	7	-4
당기순이익	41	74	-27	57	3	-26

재무 상태 〈단위 : 억원〉

항목	2012	2013	2014	2015	2016	2017
총자산	1,805	2,252	3,575	2,943	3,040	3,131
유형자산	867	992	2,224	1,695	1,608	1,706
무형자산	21	21	14	12	9	8
유가증권	1	3	5	5	5	4
총부채	1,044	1,420	2,747	2,286	2,241	2,320
총차입금	506	792	1,971	1,687	1,506	1,612
자본금	50	50	50	50	50	50
총자본	761	832	827	658	799	811
지배주주지분	761	832	827	658	799	811

기업가치 지표

항목	2012	2013	2014	2015	2016	2017
주가(최고/저)(천원)	6.9/3.9	6.8/4.3	5.6/4.0	4.8/3.4	8.6/3.6	15.5/7.6
PER(최고/저)(배)	10.0/5.6	10.0/6.4	—/—	—/—	5.8/2.5	208.5/101.7
PBR(최고/저)(배)	0.9/0.5	0.8/0.5	0.7/0.5	0.7/0.5	1.1/0.5	1.9/0.9
EV/EBITDA(배)	7.1	7.2	—	—	8.0	14.3
EPS(원)	691	679	-17	-1,725	1,480	74
BPS(원)	7,609	8,318	8,274	6,578	7,991	8,114
CFPS(원)	1,088	1,123	665	-750	2,502	1,148
DPS(원)	—	—	—	—	—	—
EBITDAPS(원)	1,347	1,474	-37	-96	2,636	1,695

재무 비율 〈단위 : %〉

연도	영업이익률	순이익률	부채비율	차입금비율	ROA	ROE	유보율	자기자본비율	EBITDA마진율
2017	2.7	0.3	285.9	198.7	0.2	0.9	1,522.8	25.9	7.4
2016	7.1	6.5	280.5	188.5	5.0	20.3	1,498.1	26.3	11.6
2015	-5.9	-9.4	347.5	256.4	-5.3	-23.2	1,215.6	22.4	-0.5
2014	-3.8	-0.1	332.0	238.2	-0.1	-0.2	1,554.9	23.2	-0.2

웅진 (A016880)

WOONGJIN CO

업 종 : 복합 산업 | 시 장 : 거래소
신용등급 : (Bond) BBB+ (CP) — | 기업규모 : 시가총액 소형주
홈페이지 : www.woongjin.co.kr | 연 락 처 : 02)2076-4701
본 사 : 서울시 종로구 창경궁로 120 종로플레이스빌딩 14층

설 립 일	1983.03.21	**종 업 원 수**	623명	**대 표 이 사**	이재진,신승철
상 장 일	1994.10.06	**감 사 의 견**	적정(안진)	**계 열**	
결 산 기	12월	**보 통 주**		**종속회사수**	9개사
액 면 가	500원	**우 선 주**		**구 상 호**	웅진홀딩스

주주구성 (지분율,%)		출자관계 (지분율,%)		주요경쟁사 (외형,%)	
윤형덕	12.5	태승엘피	100.0	웅진	100
윤새봄	12.5	웅진플레이도시	80.3	SK네트웍스	5,375
(외국인)	5.5	웅진에버스카이	75.0	코오롱	1,553

매출구성		비용구성		수출비중	
SM(기타)	29.3	매출원가율	81.7	수출	—
쉐어드서비스(인쇄제작)(기타)	27.9	판관비율	14.6	내수	—
기타	16.6				

회사 개요

웅진그룹의 지주회사로서 2015년 3월 27일 주식회사 웅진홀딩스에서 주식회사 웅진으로 사명 변경함. 웅진 브랜드의 소유주로서 2008년 1월 1일부터 웅진브랜드를 사용하는 회사와 상호 간에 상표권 사용계약을 체결함. 동사의 연결종속회사로는 웅진그룹의 모태가 되는 웅진씽크빅을 중심으로 북센, 웅진에너지, 웅진플레이도시 등이 있음. 종속회사는 출판 및 교육서비스업을 영위하고 있음.

실적 분석

동사의 2017년 연결 기준 누적 매출액은 출판유통 부문 약진으로 2828.3억원을 기록. 전년 동기 대비 16.4% 증가함. 매출이 증가하면서 매출원가도 늘었지만 판매비와 관리비가 감소하고 매출 증가에 따른 고정 비용 감소효과로 영업이익은 103.8억원을 기록해 전년 동기 대비 흑자전환에 성공함. 비영업손익부문에서 적자로 전환했지만 영업이익 증가폭이 커 당기순이익은 전년 동기 대비 흑자전환한 9.3억원을 시현함.

현금 흐름 〈단위 : 억원〉

항목	2016	2017
영업활동	163	148
투자활동	1,589	-1,302
재무활동	-1,146	507
순현금흐름	520	-650
기말현금	1,183	533

시장 대비 수익률

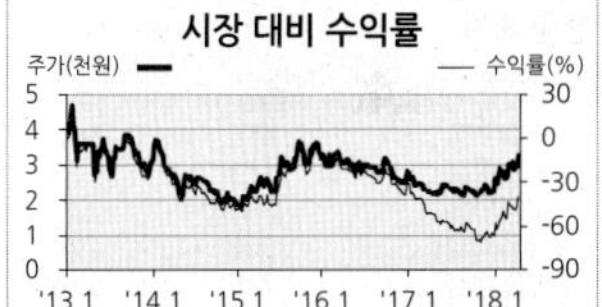

결산 실적 〈단위 : 억원〉

항목	2012	2013	2014	2015	2016	2017
매출액	5,327	3,828	4,569	4,373	2,430	2,828
영업이익	-1,962	-266	47	187	-118	104
당기순이익	-17,327	2,300	1,132	204	-26	9

분기 실적 〈단위 : 억원〉

항목	2016.3Q	2016.4Q	2017.1Q	2017.2Q	2017.3Q	2017.4Q
매출액	602	527	672	691	747	718
영업이익	-14	-103	29	13	39	23
당기순이익	5	-117	27	-1	60	-77

재무 상태 〈단위 : 억원〉

항목	2012	2013	2014	2015	2016	2017
총자산	27,572	23,119	16,383	12,037	8,380	9,108
유형자산	9,400	5,727	5,163	3,087	781	795
무형자산	157	130	74	85	134	128
유가증권	16	15	8	7	7	7
총부채	33,309	18,614	12,686	8,462	4,819	5,525
총차입금	21,822	4,895	2,980	675	520	1,098
자본금	324	287	287	323	386	386
총자본	-5,737	4,505	3,697	3,575	3,561	3,583
지배주주지분	-5,130	2,107	3,198	3,526	3,578	3,614

기업가치 지표

항목	2012	2013	2014	2015	2016	2017
주가(최고/저)(천원)	13.2/2.7	4.8/2.6	3.7/1.9	3.7/1.8	3.5/2.4	2.8/2.1
PER(최고/저)(배)	—/—	0.4/0.2	1.4/0.7	6.4/3.2	—/—	78.6/59.2
PBR(최고/저)(배)	0.0/0.0	1.2/0.6	0.6/0.3	0.6/0.3	0.7/0.5	0.6/0.4
EV/EBITDA(배)	—	42.5	2.2	—	—	0.7
EPS(원)	-1,352,220	11,108	2,633	579	-9	35
BPS(원)	-7,980	4,027	6,089	5,906	4,953	5,003
CFPS(원)	-20,078	12,151	3,088	910	77	86
DPS(원)	—	—	—	—	—	—
EBITDAPS(원)	-1,885	305	545	683	-107	194

재무 비율 〈단위 : %〉

연도	영업이익률	순이익률	부채비율	차입금비율	ROA	ROE	유보율	자기자본비율	EBITDA마진율
2017	3.7	0.3	154.2	30.6	0.1	0.7	842.2	39.3	5.0
2016	-4.9	-1.1	135.4	14.6	-0.3	-0.2	832.9	42.5	-2.7
2015	4.3	4.7	236.7	18.9	1.4	9.2	998.9	29.7	8.3
2014	1.0	24.8	343.2	80.6	5.7	52.5	1,022.3	22.6	6.3

웅진씽크빅 (A095720)
Woongjin Thinkbig

업 종 : 교육
신용등급 : (Bond) — (CP) —
홈페이지 : www.wjthinkbig.com
본 사 : 경기도 파주시 회동길 20
시 장 : 거래소
기업규모 : 시가총액 소형주
연 락 처 : 031)956-7365

설 립 일	2007.05.09	**종 업 원 수**	2,497명	**대 표 이 사**	윤새봄
상 장 일	2007.05.31	**감 사 의 견**	적정(삼정)	**계 열**	
결 산 기	12월	**보 통 주**		**종속회사수**	1개사
액 면 가	500원	**우 선 주**		**구 상 호**	

주주구성 (지분율,%)		출자관계 (지분율,%)		주요경쟁사 (외형,%)	
웅진홀딩스	24.3	웅진컴퍼스	80.0	웅진씽크빅	100
KB자산운용	7.2	라슨시스템	12.1	대교	130
(외국인)	15.0	학교도서관저널	10.0	멀티캠퍼스	32

매출구성		비용구성		수출비중	
[교육문화사업본부(학습관리 서비스)]기타제품	44.8	매출원가율	44.1	수출	—
웅진씽크빅 수학	29.7	판관비율	50.4	내수	—
[미래교육사업본부(독서관리 서비스)]기타제품	14.2				

회사 개요

동사는 2007년 웅진홀딩스를 존속법인으로 인적분할에 의해 설립됨. 학습지, 전집류, 아동 및 성인단행본, 홈스쿨, 영어교육사업 등 출판 및 교육서비스 사업을 영위하고 있음. 모바일 기반 플랫폼 증가로 콘텐츠 수요가 확대됨에 따라 동사는 스마트 러닝사업 영역을 꾸준히 확대중. 2015년 태블릿 기반의 학습 서비스 <웅진북클럽 스터디>를 출시하였으며, 2016년부터 교사의 회원제 학습 관리 비즈니스인 학습지 사업과 홈스쿨 사업을 통합 운영함.

실적 분석

동사의 2017년 연간 매출액은 전년동기대비 0.1% 소폭 변동한 6,243.1억원을 기록하였음. 비용면에서 전년동기대비 매출원가는 감소 하였으며 인건비는 증가 했고 광고선전비도 증가, 기타판매비와관리비는 증가함. 추출한 모습의 매출액에 의해 전년동기대비 영업이익은 342.2억원으로 9.3% 하락 하였음. 최종적으로 전년동기대비 당기순이익은 상승하여 249.4억원을 기록함. 손실폭에도 당기순이익이 성장한 것은 지배주주지분에 따른 것으로 보임

현금 흐름 〈단위 : 억원〉

항목	2016	2017
영업활동	656	599
투자활동	-113	-102
재무활동	-36	-270
순현금흐름	508	225
기말현금	746	970

시장 대비 수익률

결산 실적 〈단위 : 억원〉

항목	2012	2013	2014	2015	2016	2017
매출액	7,120	6,488	6,429	6,505	6,240	6,243
영업이익	31	129	180	234	377	342
당기순이익	-577	31	104	134	237	249

분기 실적 〈단위 : 억원〉

항목	2016.3Q	2016.4Q	2017.1Q	2017.2Q	2017.3Q	2017.4Q
매출액	1,519	1,583	1,555	1,539	1,544	1,606
영업이익	69	114	72	63	108	100
당기순이익	48	48	57	54	93	45

재무 상태 〈단위 : 억원〉

항목	2012	2013	2014	2015	2016	2017
총자산	5,737	4,594	4,658	4,942	5,087	5,340
유형자산	833	757	747	799	784	733
무형자산	1,194	886	859	754	626	521
유가증권	20	16	22	21	23	10
총부채	3,599	2,577	2,221	2,350	2,276	2,310
총차입금	1,841	1,200	1,000	1,100	1,100	900
자본금	145	145	173	173	173	173
총자본	2,138	2,016	2,437	2,593	2,811	3,030
지배주주지분	1,972	1,996	2,416	2,569	2,785	3,003

기업가치 지표

항목	2012	2013	2014	2015	2016	2017
주가(최고/저)(천원)	15.9/5.8	9.4/5.6	8.2/5.6	11.1/6.9	15.5/8.2	9.9/6.3
PER(최고/저)(배)	—/—	92.8/55.3	24.6/16.8	29.8/18.5	23.5/12.4	14.0/9.0
PBR(최고/저)(배)	2.3/0.9	1.4/0.8	1.2/0.8	1.5/0.9	1.9/1.0	1.1/0.7
EV/EBITDA(배)	9.6	6.5	6.5	8.1	5.3	4.0
EPS(원)	-1,982	104	339	380	676	720
BPS(원)	7,163	7,245	7,269	7,712	8,333	9,086
CFPS(원)	-738	1,160	1,269	1,274	1,543	1,476
DPS(원)	—	—	—	—	—	164
EBITDAPS(원)	1,426	1,498	1,516	1,568	1,957	1,745

재무 비율 〈단위 : %〉

연도	영업이익률	순이익률	부채비율	차입금비율	ROA	ROE	유보율	자기자본비율	EBITDA마진율
2017	5.5	4.0	76.2	29.7	4.8	8.6	1,717.2	56.7	9.7
2016	6.0	3.8	81.0	39.1	4.7	8.7	1,566.6	55.3	10.9
2015	3.6	2.1	90.6	42.4	2.8	5.3	1,442.3	52.5	8.4
2014	2.8	1.6	91.2	41.0	2.3	4.7	1,353.7	52.3	7.2

웅진에너지 (A103130)
Woongjin Energy

업 종 : 에너지 시설 및 서비스
신용등급 : (Bond) — (CP) —
홈페이지 : www.woongjinenergy.com
본 사 : 대전시 유성구 테크노2로 37(관평동)
시 장 : 거래소
기업규모 : 시가총액 소형주
연 락 처 : 042)939-8114

설 립 일	2006.11.17	**종 업 원 수**	472명	**대 표 이 사**	신광수
상 장 일	2010.06.30	**감 사 의 견**	적정(삼정)	**계 열**	
결 산 기	12월	**보 통 주**		**종속회사수**	
액 면 가	5,000원	**우 선 주**		**구 상 호**	

주주구성 (지분율,%)		출자관계 (지분율,%)		주요경쟁사 (외형,%)	
웅진	30.8			웅진에너지	100
한화케미칼	6.7			S&TC	76
(외국인)	2.0			신성이엔지	408

매출구성		비용구성		수출비중	
웨이퍼	48.0	매출원가율	89.8	수출	42.4
잉곳(제품)	43.4	판관비율	8.7	내수	57.6
기타	8.6				

회사 개요

태양광 발전의 소재인 태양전지용 잉곳의 제조및 판매의 목적으로 2006년 웅진그룹과 SunPower 간의 조인트벤처로 설립됨. 태양광 발전산업과 관련하여 태양전지용 잉곳 및 웨이퍼의 사업, 태양광 시공 설치 사업과 태양광 발전사업을 영위하고 있음. 태양광 제품가격은 2008년 글로벌 금융위기로 급락한 이후 2013년 중국, 미국, 일본의 수요증가에 힘입어 회복세를 보이기도 했으나 기술개발로 인한 발전단가 인하 및 공급과잉으로 하락기조가 이어짐.

실적 분석

태양광산업 내에서도 최근 성장세가 두드러지는 단결정 웨이퍼 시장에서 제조 및 판매를 주요 사업영역으로 영위하고 있으며, 경쟁력 강화를 위하여 생산체제 전환을 중심으로 생산능력 및 제조원가 개선을 목표로 시설투자를 진행함. 그 결과 2017년 매출액은 39.8% 증가하였으며, 영업이익은 흑자로 전환되는 등 양호한 실적을 나타냄. 사업체제 전환 이전 잉곳매출처의 경영악화에 따른 매출채권 대손충당금으로 약 108억원을 일시에 비경상비용으로 인식함.

현금 흐름 *IFRS 별도 기준 〈단위 : 억원〉

항목	2016	2017
영업활동	-31	206
투자활동	-427	-235
재무활동	519	-35
순현금흐름	63	-69
기말현금	129	60

시장 대비 수익률

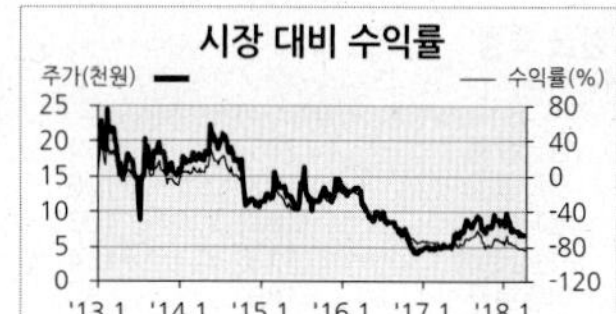

결산 실적 〈단위 : 억원〉

항목	2012	2013	2014	2015	2016	2017
매출액	1,430	1,199	1,633	1,643	1,739	2,431
영업이익	-1,068	-312	-131	5	-533	38
당기순이익	-1,995	-513	-357	-241	-843	14

분기 실적 *IFRS 별도 기준 〈단위 : 억원〉

항목	2016.3Q	2016.4Q	2017.1Q	2017.2Q	2017.3Q	2017.4Q
매출액	420	341	534	658	712	526
영업이익	-91	-336	10	10	27	-9
당기순이익	-79	-599	28	-16	-16	18

재무 상태 *IFRS 별도 기준 〈단위 : 억원〉

항목	2012	2013	2014	2015	2016	2017
총자산	4,220	3,517	3,397	3,231	3,080	3,374
유형자산	2,616	2,177	2,032	1,876	1,994	2,080
무형자산	21	19	17	15	14	14
유가증권	7	1	1	1	1	1
총부채	2,782	2,594	2,680	2,733	2,197	2,280
총차입금	2,565	2,236	2,257	2,331	1,742	1,518
자본금	334	334	370	370	1,144	1,279
총자본	1,439	923	718	498	883	1,094
지배주주지분	1,439	923	718	498	883	1,094

기업가치 지표 *IFRS 별도 기준

항목	2012	2013	2014	2015	2016	2017
주가(최고/저)(천원)	72.8/13.8	25.0/7.9	22.5/10.4	17.4/10.1	13.9/3.9	10.0/4.6
PER(최고/저)(배)	—/—	—/—	—/—	—/—	—/—	184.7/85.9
PBR(최고/저)(배)	3.8/0.7	2.0/0.6	2.6/1.2	2.9/1.7	3.6/1.0	2.3/1.1
EV/EBITDA(배)	—	—	140.4	23.1	—	19.2
EPS(원)	-27,196	-6,923	-4,515	-2,929	-6,150	54
BPS(원)	2,156	1,383	970	674	3,858	4,281
CFPS(원)	-2,394	-336	-285	-125	-5,119	629
DPS(원)	—	—	—	—	—	—
EBITDAPS(원)	-990	-36	32	207	-2,855	725

재무 비율 〈단위 : %〉

연도	영업이익률	순이익률	부채비율	차입금비율	ROA	ROE	유보율	자기자본비율	EBITDA마진율
2017	1.6	0.6	일부잠식	일부잠식	0.4	1.4	-14.4	32.4	7.5
2016	-30.6	-48.5	일부잠식	일부잠식	-26.7	-122.1	-22.9	28.7	-22.5
2015	0.3	-14.6	548.5	467.8	-7.3	-39.6	34.7	15.4	9.3
2014	-8.0	-21.9	373.5	314.5	-10.3	-43.5	94.0	21.1	1.4

원림 (A005820)

Wonlim

업 종 : 용기 및 포장
신용등급 : (Bond) — (CP) —
홈페이지 : www.wonlim.co.kr
본 사 : 서울시 서초구 남부순환로 2495, 원림빌딩 9층
시 장 : 거래소
기업규모 : 시가총액 소형주
연 락 처 : 02)523-9231

설립일	1968.10.28	종업원수	35명	대표이사	신성엽
상장일	1990.04.20	감사의견	적정(삼정)	계열	
결산기	12월	보통주		종속회사수	
액면가	5,000원	우선주		구상호	

주주구성 (지분율,%)		출자관계 (지분율,%)		주요경쟁사 (외형,%)	
신성엽	41.8	아미커스와이어리스	16.6	원림	100
신용기	10.0	서울투자-HBIC청년창업벤처조합	10.0	지엠피	94
(외국인)	1.1	동부월드	0.2	한국팩키지	77

매출구성		비용구성		수출비중	
PP BAG(제품)	39.5	매출원가율	77.0	수출	8.5
인공관절	23.8	판관비율	16.3	내수	91.5
투자주식처분이익 外	18.7				

회사 개요

동사는 산업용 포장재 제조 및 도매업, 부동산업을 영위하는 회사임. 주요 사업부문은 화성사업(포장재제조 및 도매), 임대사업, 금융투자업, 의료기 도매업의 4가지 사업부문으로 구성되어 있으며, 연결대상 종속회사는 의료기기 도매업체인 스타바이오를 포함한 3개사를 보유하고 있음. 매출구성은 화성사업부문 61.9%, 금융투자부문 8.2%, 의료기기부문 27%, 임대부문 2.9%로 구성됨.

실적 분석

2017년 연결기준 결산 매출액은 전년동기 대비 13.2% 감소한 740.8억원을 기록함. 매출감소함에 따라 수익성 악화되어 영업이익은 52.1% 감소한 49.8억원 시현에 그침. 당기순이익 또한 47.2% 감소한 55.1억원을 기록함. 정책 활성화에 기반한 인공관절 수술 확대에 따른 의료기기 수주 증가가 기대되며, 산업포장재 수요가 늘어나 외형 신장 가능할 것으로 전망됨. 사업다각화를 통한 지주회사로서의 성장을 꾀하고 있음.

현금 흐름 〈단위 : 억원〉

항목	2016	2017
영업활동	0	6
투자활동	100	-93
재무활동	-25	5
순현금흐름	75	-83
기말현금	139	56

시장 대비 수익률

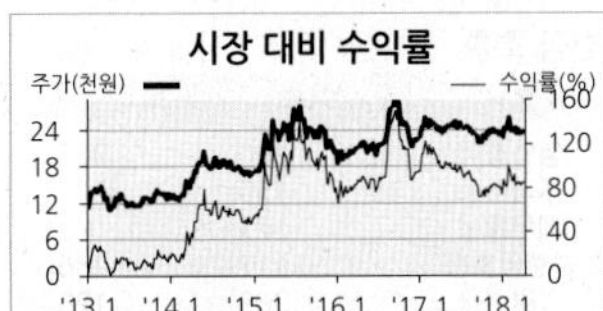

결산 실적 〈단위 : 억원〉

항목	2012	2013	2014	2015	2016	2017
매출액	818	853	826	800	854	741
영업이익	23	50	50	70	104	50
당기순이익	45	86	53	51	104	55

분기 실적 〈단위 : 억원〉

항목	2016.3Q	2016.4Q	2017.1Q	2017.2Q	2017.3Q	2017.4Q
매출액	169	192	203	178	182	177
영업이익	4	-10	20	6	13	10
당기순이익	8	-5	23	9	13	11

재무 상태 〈단위 : 억원〉

항목	2012	2013	2014	2015	2016	2017
총자산	1,287	1,269	1,290	1,333	1,415	1,475
유형자산	205	192	184	198	219	222
무형자산	38	37	36	17	25	21
유가증권	99	114	130	170	130	154
총부채	461	351	322	313	328	342
총차입금	246	205	157	157	146	158
자본금	110	110	110	110	110	110
총자본	826	918	968	1,021	1,087	1,133
지배주주지분	670	743	783	813	862	892

기업가치 지표

항목	2012	2013	2014	2015	2016	2017
주가(최고/저)(천원)	17.4/7.8	15.3/10.3	20.6/12.3	30.6/17.1	29.4/18.6	26.2/21.6
PER(최고/저)(배)	9.8/4.4	4.9/3.3	11.4/6.8	24.6/13.7	9.5/6.0	15.7/13.0
PBR(최고/저)(배)	0.6/0.3	0.5/0.3	0.6/0.4	0.9/0.5	0.8/0.5	0.6/0.5
EV/EBITDA(배)	13.7	6.9	7.7	6.9	4.3	9.2
EPS(원)	2,017	3,436	1,917	1,302	3,203	1,685
BPS(원)	31,061	34,405	36,216	37,590	39,792	41,155
CFPS(원)	2,549	4,082	2,411	1,719	3,617	2,148
DPS(원)	400	500	350	250	500	250
EBITDAPS(원)	1,579	2,936	2,779	3,620	5,138	2,727

재무 비율 〈단위 : %〉

연도	영업이익률	순이익률	부채비율	차입금비율	ROA	ROE	유보율	자기자본비율	EBITDA마진율
2017	6.7	7.4	30.2	13.9	3.8	4.2	723.1	76.8	8.1
2016	12.2	12.2	30.1	13.4	7.6	8.4	695.8	76.8	13.2
2015	8.8	6.4	30.6	15.4	3.9	3.6	651.8	76.6	10.0
2014	6.1	6.4	33.2	16.2	4.1	5.5	624.3	75.1	7.4

원익 (A032940)

Wonik

업 종 : 의료 장비 및 서비스
신용등급 : (Bond) — (CP) —
홈페이지 : www.wonik.co.kr
본 사 : 경기도 성남시 분당구 판교로255번길 20 (삼평동, 원익빌딩)
시 장 : KOSDAQ
기업규모 : 중견
연 락 처 : 031)8038-9000

설립일	1983.10.31	종업원수	51명	대표이사	백상천
상장일	1997.07.18	감사의견	적정(삼정)	계열	
결산기	12월	보통주		종속회사수	8개사
액면가	500원	우선주		구상호	

주주구성 (지분율,%)		출자관계 (지분율,%)		주요경쟁사 (외형,%)	
이용한	38.1	씨엠에스랩	93.5	원익	100
호라이즌캐피탈	6.8	하늘물빛정원	90.0	루트로닉	128
(외국인)	0.5	농업회사법인주식회사장산	80.0	인피니트헬스케어	108

매출구성		비용구성		수출비중	
의료장비(내시경, 레이저, 초음파 등), 화장품	33.8	매출원가율	56.1	수출	—
HIC(일반,센서,전장), RF Filter,GPS	19.9	판관비율	43.3	내수	—
산업원자재, 조명기기, 전기.전자.통신용 부품	19.4				

회사 개요

동사는 1983년 설립, 2004년부터 주력사업을 전가의료기기 판매로 전환함. 주요 사업부문은 내시경, 레이저, 초음파진단기 등 첨단 의료장비와 조명기기, 반도체, 전기, 전자, 통신용 원료 및 부품을 수입하여 판매하는 메디칼, 통상부문과 Hybrid IC, RF FILTER, GPS 등 전자 통신부품, 제품을 생산/판매하고 있는 전자부품부문 및 부동산임대 및 관리업, 사우나업을 영위하고 있는 기타사업부문으로 구성됨.

실적 분석

2017년 연결기준 누적 매출액은 672.4억원으로 전년동기 대비 3.8% 증가하며 외형성장. 헬스케어, 레저사업 부문이 축소되었으나 전자부품 부문이 성장한 영향. 영업이익은 82.3% 감소한 4.2억원을 기록함. 전문 의료용 화장품 외 일반 소비자 대상 판매 품목 개발 중이며, 중국 진출 예정 중에 있음. 기업지배력 강화를 위해 원익홀딩스 주식 231만 7140주를 취득하고 230억원의 유상증자를 결정.

현금 흐름 〈단위 : 억원〉

항목	2016	2017
영업활동	14	29
투자활동	137	-196
재무활동	-157	165
순현금흐름	-6	-3
기말현금	14	11

시장 대비 수익률

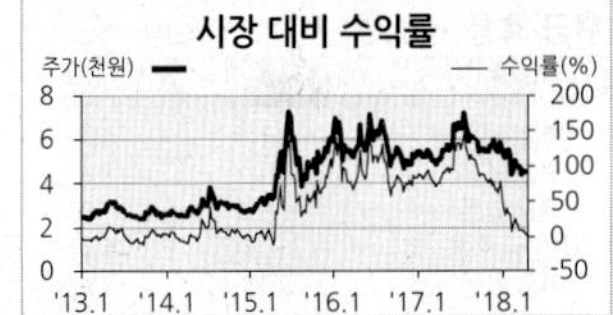

결산 실적 〈단위 : 억원〉

항목	2012	2013	2014	2015	2016	2017
매출액	648	573	568	563	648	672
영업이익	25	2	5	-30	24	4
당기순이익	-96	78	3	-16	841	152

분기 실적 〈단위 : 억원〉

항목	2016.3Q	2016.4Q	2017.1Q	2017.2Q	2017.3Q	2017.4Q
매출액	170	125	153	162	166	193
영업이익	8	-0	6	9	6	-16
당기순이익	727	95	30	57	33	32

재무 상태 〈단위 : 억원〉

항목	2012	2013	2014	2015	2016	2017
총자산	991	1,074	1,024	1,277	1,892	2,227
유형자산	28	42	39	222	255	284
무형자산	12	11	9	19	13	11
유가증권	0	0	0	0	0	15
총부채	704	698	625	821	637	815
총차입금	574	543	473	625	424	588
자본금	54	54	60	63	63	63
총자본	287	376	400	456	1,255	1,411
지배주주지분	331	416	439	433	1,244	1,390

기업가치 지표

항목	2012	2013	2014	2015	2016	2017
주가(최고/저)(천원)	5.6/2.4	3.6/2.5	4.3/2.7	8.4/2.9	8.0/5.1	7.9/5.3
PER(최고/저)(배)	—/—	4.7/3.3	244.9/156.0	—/—	1.1/0.7	6.4/4.3
PBR(최고/저)(배)	1.7/0.7	0.9/0.6	1.1/0.7	2.3/0.8	0.7/0.5	0.7/0.4
EV/EBITDA(배)	20.5	71.6	55.8	—	28.9	71.8
EPS(원)	-664	704	16	-96	6,634	1,121
BPS(원)	3,086	3,880	3,634	3,430	9,850	11,002
CFPS(원)	-531	792	102	3	6,756	1,238
DPS(원)	—	—	—	—	—	—
EBITDAPS(원)	361	103	126	-142	312	150

재무 비율 〈단위 : %〉

연도	영업이익률	순이익률	부채비율	차입금비율	ROA	ROE	유보율	자기자본비율	EBITDA마진율
2017	0.6	22.6	57.8	41.7	7.4	10.8	2,100.3	63.4	2.8
2016	3.7	129.9	50.7	33.8	53.1	99.9	1,870.0	66.4	6.1
2015	-5.3	-2.9	179.8	136.8	-1.4	-2.7	586.0	35.7	-3.1
2014	0.8	0.5	156.4	118.4	0.3	0.4	626.8	39.0	2.5

원익머트리얼즈 (A104830)

WONIK Materials

업　　종 : 반도체 및 관련장비　　시　　장 : KOSDAQ
신용등급 : (Bond) —　(CP) —　　기업규모 : 우량
홈페이지 : www.wimco.co.kr　　연 락 처 : 043)210-4600
본　　사 : 충북 청주시 청원구 오창읍 양청3길 30

설 립 일	2006.12.04	**종업원수**	281명	**대표이사**	한우성
상 장 일	2011.12.28	**감사의견**	적정(한영)	**계　　열**	
결 산 기	12월	**보 통 주**		**종속회사수**	3개사
액 면 가	500원	**우 선 주**		**구 상 호**	

주주구성 (지분율,%)		출자관계 (지분율,%)		주요경쟁사 (외형,%)	
원익홀딩스	45.7	사이언스앳홈	28.6	원익머트리얼즈	100
신영자산운용	7.1	원익큐브	20.1	유진테크	64
(외국인)	7.4	함양원익반도체무역유한공사	100.0	ISC	56

매출구성		비용구성		수출비중	
NH3(암모니아),NO(산화질소)N20(아산화질소) 등	62.0	매출원가율	66.1	수출	14.2
기타 가스 매출	38.0	판관비율	17.7	내수	85.8
기타 매출	0.0				

회사 개요

동사는 2006년 12월1일을 기준으로 주식회사 아토(현 원익IPS)의 특수가스 사업부문을 물적분할하여 설립되었으며, 충청북도 청원군에 본점 및 공장을 두고 반도체용 특수가스 및 일반산업용 가스의 충전/제조/정제/판매 등을 영위함. 동사가 제조하는 특수가스는 반도체, 디스플레이(LCD, AMOLED 등) LED 등의 생산에 사용되며 주요제품은 NH3와 NO, 상품은 GeH4와 Si2H6, 주 거래선은 삼성전자로 매출비중은 57.74%임.

실적 분석

동사의 2017년 매출과 영업이익은 2,030억원, 329억원으로 전년 대비 각각 16%, 40.5% 증가함. 당기순이익은 178억원으로 13.3% 증가함. 반도체 산업에서 3D Nand 시장의 성장에 따른 기업들의 공격적인 신규라인 증설과 고객사 신규 미세공정 투자 등의 영향으로 분석됨. 연결 기준 자산총계는 전기대비 7% 증가한 2,796억원, 부채는 8% 감소한 378억원, 자본은 9% 증가한 2,418억원을 기록함.

현금 흐름

〈단위 : 억원〉

항목	2016	2017
영업활동	334	409
투자활동	-398	-322
재무활동	19	46
순현금흐름	-43	131
기말현금	200	332

시장 대비 수익률

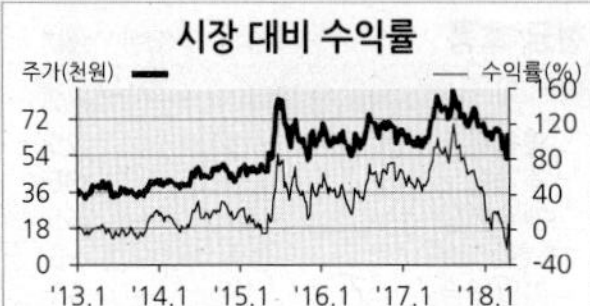

결산 실적

〈단위 : 억원〉

항목	2012	2013	2014	2015	2016	2017
매출액	1,101	1,300	1,452	1,925	1,750	2,030
영업이익	235	257	273	333	234	329
당기순이익	199	191	200	212	157	178

분기 실적

〈단위 : 억원〉

항목	2016.3Q	2016.4Q	2017.1Q	2017.2Q	2017.3Q	2017.4Q
매출액	420	441	453	494	520	563
영업이익	65	39	72	81	86	89
당기순이익	40	5	56	74	66	-19

재무 상태

〈단위 : 억원〉

항목	2012	2013	2014	2015	2016	2017
총자산	1,521	1,805	2,117	2,342	2,623	2,796
유형자산	511	666	728	976	1,341	1,597
무형자산	19	28	189	128	86	30
유가증권	9	108	63	70	79	68
총부채	219	260	329	317	413	378
총차입금	1	59	88	54	52	48
자본금	30	31	31	31	31	32
총자본	1,302	1,546	1,787	2,025	2,210	2,418
지배주주지분	1,302	1,520	1,720	1,962	2,146	2,359

기업가치 지표

항목	2012	2013	2014	2015	2016	2017
주가(최고/저)(천원)	47.7/28.8	41.7/31.7	50.9/37.5	83.4/43.8	74.5/53.0	86.4/57.9
PER(최고/저)(배)	14.2/8.6	13.4/10.1	15.2/11.2	23.9/12.5	30.0/21.4	26.7/17.9
PBR(최고/저)(배)	2.2/1.3	1.7/1.3	1.8/1.4	2.7/1.4	2.2/1.6	2.3/1.6
EV/EBITDA(배)	5.2	6.8	7.0	8.9	11.4	8.6
EPS(원)	3,391	3,149	3,365	3,523	2,501	3,255
BPS(원)	22,038	24,754	27,914	31,689	34,355	37,422
CFPS(원)	4,276	4,256	4,839	5,281	4,426	5,727
DPS(원)	—	—	—	—	—	—
EBITDAPS(원)	4,879	5,302	5,918	7,154	5,695	7,717

재무 비율

〈단위 : %〉

연도	영업이익률	순이익률	부채비율	차입금비율	ROA	ROE	유보율	자기자본비율	EBITDA마진율
2017	16.2	8.7	15.6	2.0	6.6	9.1	7,384.4	86.5	23.8
2016	13.4	9.0	18.7	2.4	6.3	7.6	6,771.0	84.3	20.2
2015	17.3	11.0	15.6	2.7	9.5	11.8	6,237.8	86.5	23.0
2014	18.8	13.8	18.4	4.9	10.2	12.8	5,482.8	84.4	25.1

원익아이피에스 (A240810)

WONIK IPS CO

업　　종 : 반도체 및 관련장비　　시　　장 : KOSDAQ
신용등급 : (Bond) —　(CP) —　　기업규모 : 우량
홈페이지 : www.ips.co.kr　　연 락 처 : 031)8047-7222
본　　사 : 경기도 평택시 진위면 진위산단로 75

설 립 일	2016.04.04	**종업원수**	650명	**대표이사**	이현덕
상 장 일	2016.05.02	**감사의견**	적정(한영)	**계　　열**	
결 산 기	12월	**보 통 주**		**종속회사수**	2개사
액 면 가	500원	**우 선 주**		**구 상 호**	

주주구성 (지분율,%)		출자관계 (지분율,%)		주요경쟁사 (외형,%)	
원익홀딩스	32.9	WONIKIPSUSA	100.0	원익IPS	100
삼성전자	4.5	원익아이피에스반도체설비유한공사	100.0	SK하이닉스	4,773
(외국인)	28.9			이오테크닉스	64

매출구성		비용구성		수출비중	
반도체 Display Solar Cell	87.3	매출원가율	60.2	수출	6.0
상품/용역	12.7	판관비율	20.4	내수	94.0

회사 개요

동사는 원익티지에스에서 사업 부문별로 필요한 역량 확보를 위한 집중투자를 용이하게 하여 각 부문별 지속성장을 위한 전문성을 확보하고자 반도체장비, 디스플레이장비 및 Solar cell장비 사업부문이 2016년 4월 1일을 기일로 인적분할하여 신설된 법인임. 연결대상 종속회사로 원익아이피에서반도체설비기술유한공사, WONIK IPS USA INC 등이 있음. 주요 고객사로 삼성전자, 삼성디스플레이, SK하이닉스반도체, 동부하이텍 등이 있음.

실적 분석

동사는 반도체 및 디스플레이 장비 판매 증가로 전기 대비 158.45% 증가한 매출액 6,308.6억원을 달성함. 영업이익은 전기 대비 325.67% 증가한 1,222억원, 법인세 비용차감전 순이익은 전기 대비 345.41% 증가한 1,242억원, 당기순이익은 전기 대비 323.5% 증가한 953억원을 달성함. 연결기준 자산은 45.95% 증가한 4,096억원, 부채는 55.75% 증가한 961억원, 자본은 43.19% 증가한 3,135억원.

현금 흐름

〈단위 : 억원〉

항목	2016	2017
영업활동	190	965
투자활동	-150	-224
재무활동	77	-2
순현금흐름	117	736
기말현금	389	1,125

시장 대비 수익률

결산 실적

〈단위 : 억원〉

항목	2012	2013	2014	2015	2016	2017
매출액	—	—	—	—	2,441	6,309
영업이익	—	—	—	—	287	1,223
당기순이익	—	—	—	—	225	954

분기 실적

〈단위 : 억원〉

항목	2016.3Q	2016.4Q	2017.1Q	2017.2Q	2017.3Q	2017.4Q
매출액	956	959	1,375	2,053	1,982	899
영업이익	107	143	323	469	302	129
당기순이익	88	109	249	367	217	121

재무 상태

〈단위 : 억원〉

항목	2012	2013	2014	2015	2016	2017
총자산	—	—	—	—	2,807	4,096
유형자산	—	—	—	—	1,048	1,082
무형자산	—	—	—	—	113	104
유가증권	—	—	—	—	14	28
총부채	—	—	—	—	617	961
총차입금	—	—	—	—	120	120
자본금	—	—	—	—	206	206
총자본	—	—	—	—	2,189	3,135
지배주주지분	—	—	—	—	2,189	3,135

기업가치 지표

항목	2012	2013	2014	2015	2016	2017
주가(최고/저)(천원)	—/—	—/—	—/—	—/—	—/—	—/—
PER(최고/저)(배)	0.0/0.0	0.0/0.0	0.0/0.0	0.0/0.0	48.0/30.5	17.4/9.6
PBR(최고/저)(배)	0.0/0.0	0.0/0.0	0.0/0.0	0.0/0.0	4.9/3.1	5.3/2.9
EV/EBITDA(배)	0.0	0.0	0.0	0.0	26.4	9.2
EPS(원)	—	—	—	—	546	2,311
BPS(원)	—	—	—	—	5,309	7,600
CFPS(원)	—	—	—	—	817	2,724
DPS(원)	—	—	—	—	—	200
EBITDAPS(원)	—	—	—	—	967	3,375

재무 비율

〈단위 : %〉

연도	영업이익률	순이익률	부채비율	차입금비율	ROA	ROE	유보율	자기자본비율	EBITDA마진율
2017	19.4	15.1	30.7	3.8	27.6	35.8	1,420.0	76.5	22.1
2016	11.8	9.2	28.2	5.5	0.0	0.0	961.8	78.0	16.4
2015	0.0	0.0	0.0	0.0	0.0	0.0	0.0	0.0	0.0
2014	0.0	0.0	0.0	0.0	0.0	0.0	0.0	0.0	0.0

원익큐브 (A014190)

Wonik Cube

업 종 : 화학 / 시 장 : KOSDAQ
신용등급 : (Bond) — (CP) — / 기업규모 : 중견
홈페이지 : www.wonikcube.com / 연 락 처 : 031)8038-9300
본 사 : 경기도 성남시 분당구 판교로255번길 20 원익빌딩

설 립 일	1979.06.12	종업원수	131명	대표이사	오영신
상 장 일	1996.04.26	감사의견	적정(삼일)	계 열	
결 산 기	12월	보 통 주		종속회사수	1개사
액 면 가	500원	우 선 주		구 상 호	후너스

주주구성 (지분율,%)		출자관계 (지분율,%)		주요경쟁사 (외형,%)	
원익머트리얼즈	20.1	원탱크터미널	100.0	원익큐브	100
원익큐엔씨	6.4	나노이닉스	83.2	코오롱머티리얼	148
(외국인)	0.5	에프이엔터테인먼트	36.4	씨큐브	17

매출구성		비용구성		수출비중	
케미칼 부문	38.6	매출원가율	90.5	수출	—
건축자재 부문	26.7	판관비율	8.1	내수	—
폴리머 부문	22.0				

회사 개요

각종 화학제품 및 건자재(지붕과 마루), 폴리머&실리콘의 제조 및 수출입과 고급 디지털 인쇄기 유통을 주요사업으로 영위하고 있으며, 2013년 4월 원익그룹에 편입됨. 최대주주는 원익머트리얼즈임. 2017년 기준 매출구성은 케미칼이 약 45%, 건축자재 25%, 폴리머 20%, PnP 10% 수준임. 화학제품, 건자재, 폴리머, 고급디지털 인쇄기 및 자회사 나노이닉스를 통해 전도성 폴리머를 판매하고 있으며, 건축용 실리콘의 일부는 자체 생산함.

실적 분석

매출의 대부분을 차지하는 케미컬과 건축자재 부문의 판매와 수익성이 회복되면서 2017년 매출액은 전년동기 대비 15.6% 성장하였으며, 영업이익도 늘어남. 자회사 원탱크터미널을 설립하면서 금융기관 차입금이 늘어나 이자비용이 크게 증가함에 따라 당기순이익은 20.1% 감소함. 삼성전자가 폴더블 스마트폰을 올해 양산할 계획을 밝힘에 따라 플렉시블 디스플레이를 구현할 수 있는 소재(은나노 와이어)를 개발하고 있는 동사의 전자소재 부문 수혜가 기대됨.

현금 흐름

<단위 : 억원>

항목	2016	2017
영업활동	15	-37
투자활동	-16	-406
재무활동	24	431
순현금흐름	23	-12
기말현금	34	23

시장 대비 수익률

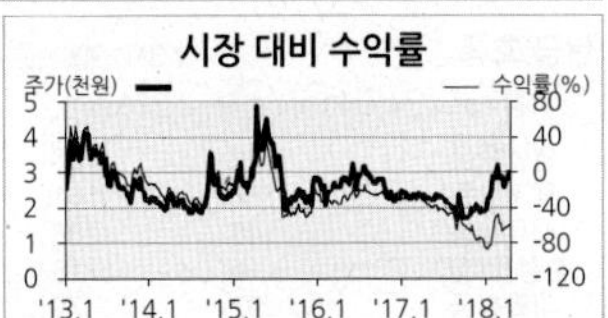

결산 실적

<단위 : 억원>

항목	2012	2013	2014	2015	2016	2017
매출액	1,999	1,777	1,593	1,766	2,077	2,402
영업이익	31	14	32	9	25	34
당기순이익	-7	21	-90	16	20	16

분기 실적

<단위 : 억원>

항목	2016.3Q	2016.4Q	2017.1Q	2017.2Q	2017.3Q	2017.4Q
매출액	500	589	543	638	653	568
영업이익	5	7	11	15	16	-8
당기순이익	5	2	6	12	7	-10

재무 상태

<단위 : 억원>

항목	2012	2013	2014	2015	2016	2017
총자산	1,058	1,158	912	1,020	1,151	1,551
유형자산	173	179	176	198	208	207
무형자산	25	80	38	31	32	32
유가증권	—	285	107	100	132	110
총부채	531	436	358	378	464	771
총차입금	382	259	215	211	240	574
자본금	102	137	137	137	137	177
총자본	527	722	553	642	687	779
지배주주지분	527	719	556	641	688	779

기업가치 지표

항목	2012	2013	2014	2015	2016	2017
주가(최고/저)(천원)	12.9/2.4	4.8/2.3	3.8/1.9	5.2/2.0	3.6/2.2	2.5/1.6
PER(최고/저)(배)	—/—	54.0/25.1	—/—	90.2/35.1	46.7/29.2	46.3/30.0
PBR(최고/저)(배)	5.0/0.9	1.7/0.8	1.7/0.9	2.3/0.9	1.4/0.9	1.1/0.7
EV/EBITDA(배)	19.5	28.4	20.5	50.6	25.8	22.6
EPS(원)	-34	84	-302	54	72	54
BPS(원)	2,585	2,896	2,284	2,341	2,510	2,202
CFPS(원)	24	141	-282	97	108	120
DPS(원)	—	—	—	—	—	—
EBITDAPS(원)	236	105	159	72	123	176

재무 비율

<단위 : %>

연도	영업이익률	순이익률	부채비율	차입금비율	ROA	ROE	유보율	자기자본비율	EBITDA마진율
2017	1.4	0.7	99.0	73.7	1.2	2.3	340.4	50.3	2.2
2016	1.2	1.0	67.5	34.9	1.8	3.2	402.0	59.7	1.6
2015	0.5	0.9	58.8	32.8	1.6	2.7	368.2	63.0	1.1
2014	2.0	-5.6	64.8	38.8	-8.7	-14.0	356.8	60.7	2.7

원익큐엔씨 (A074600)

WONIK QnC

업 종 : 반도체 및 관련장비 / 시 장 : KOSDAQ
신용등급 : (Bond) — (CP) — / 기업규모 : 우량
홈페이지 : www.wonikqnc.com / 연 락 처 : 054)479-9500
본 사 : 경북 구미시 옥계2공단로 117

설 립 일	2003.11.12	종업원수	460명	대표이사	임창빈
상 장 일	2003.12.12	감사의견	적정(삼일)	계 열	
결 산 기	12월	보 통 주		종속회사수	3개사
액 면 가	500원	우 선 주		구 상 호	

주주구성 (지분율,%)		출자관계 (지분율,%)		주요경쟁사 (외형,%)	
원익홀딩스	21.0	원익엘앤디	40.0	원익QnC	100
이용한	19.4	위닉스	37.9	이엔에프테크놀로지	196
(외국인)	7.9	원익인사이트	33.3	원익홀딩스	244

매출구성		비용구성		수출비중	
QUARTZ WARE(한국)	48.1	매출원가율	71.2	수출	—
QUARTZ WARE(대만)	15.7	판관비율	13.8	내수	—
QUARTZ WARE(독일) 외	14.6				

회사 개요

동사는 반도체 제조용 석영제품 및 반도체·DISPLAY 등의 세라믹제품을 전문 생산하는 업체로 성장하기 위해 주식회사 원익으로부터 2003년 11월 기업분할로 설립됨. 동사는 원익홀딩스 등 7개 상장사와 27개 비상장사를 계열회사로 두고 있고, 석영제품을 제조판매하는 해외법인 3개를 종속회사로 두고 있음. 사업군별로 보면 반도체용 석영유리를 제조하는 쿼츠사업부, 세라믹스사업부, 램프사업부와 세정사업부로 구성됨.

실적 분석

동사의 2017년 연결기준 매출액은 1,972.6억원을 기록함. 반도체, 디스플레이 제조사 및 장비사의 투자증가로 인하여 매출액 및 영업이익 증가함. 주력 아이템인 쿼츠와 세라믹 부문에서 주요 고객사의 증설효과에 따른 외형 성장세가 가파르게 진행되고 있음. 동사의 쿼츠 제품은 주로 반도체 확산(Diffusion) 및 식각 공정에서 웨이퍼를 담는 용기로 쓰임. 이는 반복적 구매가 일어나는 소모성 부품이기 때문에 앞으로도 꾸준한 수요 증가가 기대됨

현금 흐름

<단위 : 억원>

항목	2016	2017
영업활동	123	185
투자활동	-17	-110
재무활동	-132	28
순현금흐름	-24	101
기말현금	86	186

시장 대비 수익률

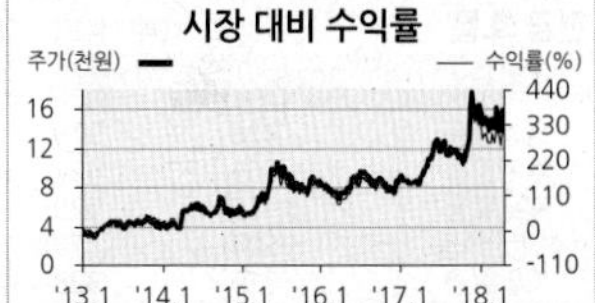

결산 실적

<단위 : 억원>

항목	2012	2013	2014	2015	2016	2017
매출액	1,201	1,227	1,208	1,402	1,390	1,973
영업이익	133	122	151	203	180	296
당기순이익	48	73	89	159	442	294

분기 실적

<단위 : 억원>

항목	2016.3Q	2016.4Q	2017.1Q	2017.2Q	2017.3Q	2017.4Q
매출액	342	358	439	481	535	518
영업이익	38	42	75	88	110	23
당기순이익	313	44	79	68	108	39

재무 상태

<단위 : 억원>

항목	2012	2013	2014	2015	2016	2017
총자산	1,549	1,655	1,627	1,726	2,228	2,569
유형자산	654	669	672	649	674	987
무형자산	51	50	49	52	26	58
유가증권	10	29	27	25	27	24
총부채	727	753	661	602	643	759
총차입금	557	571	470	376	244	267
자본금	63	65	65	66	66	131
총자본	823	902	966	1,124	1,585	1,810
지배주주지분	734	810	884	1,035	1,485	1,709

기업가치 지표

항목	2012	2013	2014	2015	2016	2017
주가(최고/저)(천원)	8.5/6.0	9.8/5.8	14.4/7.6	21.5/10.1	19.6/13.5	17.8/8.4
PER(최고/저)(배)	24.0/16.8	18.7/11.2	23.0/12.2	18.4/8.6	5.9/4.1	16.2/7.6
PBR(최고/저)(배)	1.5/1.0	1.6/0.9	2.1/1.1	2.7/1.3	1.7/1.2	2.7/1.3
EV/EBITDA(배)	7.5	9.3	9.5	10.0	10.7	12.4
EPS(원)	178	262	314	585	1,659	1,100
BPS(원)	5,791	6,271	6,779	7,890	11,297	6,503
CFPS(원)	718	949	1,067	1,635	3,808	1,362
DPS(원)	—	—	—	—	—	—
EBITDAPS(원)	1,410	1,385	1,600	2,011	1,861	1,388

재무 비율

<단위 : %>

연도	영업이익률	순이익률	부채비율	차입금비율	ROA	ROE	유보율	자기자본비율	EBITDA마진율
2017	15.0	14.9	41.9	14.8	12.3	18.1	1,200.5	70.5	18.5
2016	13.0	31.8	40.6	15.4	22.4	34.6	2,159.4	71.2	17.6
2015	14.5	11.3	53.6	33.5	9.5	16.0	1,478.0	65.1	18.8
2014	12.5	7.4	68.5	48.7	5.5	9.6	1,255.7	59.4	17.2

원익홀딩스 (A030530)
WONIK HOLDINGS COLTD

업　　종 : 반도체 및 관련장비　　시　　장 : KOSDAQ
신용등급 : (Bond) —　(CP) —　　기업규모 : 우량
홈페이지 : www.wonikholdings.kr　　연 락 처 : 031)659-2000
본　　사 : 경기도 평택시 칠괴길 78-40 (지제동)

설 립 일	1991.09.27	**종업원수**	196명	**대표이사**	이재현,박영규
상 장 일	1996.09.24	**감사의견**	적정(삼일)	**계　열**	
결 산 기	12월	**보 통 주**		**종속회사수**	5개사
액 면 가	500원	**우 선 주**		**구 상 호**	

주주구성 (지분율,%)		출자관계 (지분율,%)		주요경쟁사 (외형,%)	
원익	26.9	원익로보틱스	95.7	원익홀딩스	100
이용한	18.1	원익투자파트너스	79.0	이엔에프테크놀로지	80
(외국인)	9.2	원익머트리얼즈	45.7	테스	57

매출구성		비용구성		수출비중	
반도체Display Solar Cell	44.7	매출원가율	71.0	수출	—
GSS, CPU	44.4	판관비율	13.2	내수	—
기타	10.7				

회사 개요
동사는 1991년에 설립된 반도체장비 제조업체로 2010년 아이피에스를 흡수합병하면서 사명을 아토에서 원익아이피에스로 변경했고, 2015년 인적분할로 존속법인 원익홀딩스와 신설회사 원익아이피에스로 분할됨. 동사는 동사를 제외한 33개의 계열회사를 두고 있고, 연결대상 종속회사로는 원익머트리얼즈 등 5개가 있음. 동사는 2016년 9월 삼성전자로부터 '베스트 파트너 어워드'를 수상함.

실적 분석
동사의 2017년 매출과 영업이익은 4820억원, 763억원으로 전년 대비 각각 63.4%, 88.8% 증가함. 당기순이익은 806억원으로 전년 대비 61% 감소함. 전년 대비 고객사 시설투자가 증가하고 배관공사 진행율 수익인식 등으로 인하여 매출 및 영업이익이 증가함. 전년도 인적분할 관련 회계처리로 인하여 중단영업처분이익이 발생, 전년대비 당기순이익은 감소함.

현금 흐름 〈단위 : 억원〉

항목	2016	2017
영업활동	426	529
투자활동	-665	-1,427
재무활동	6	979
순현금흐름	-504	79
기말현금	319	398

시장 대비 수익률
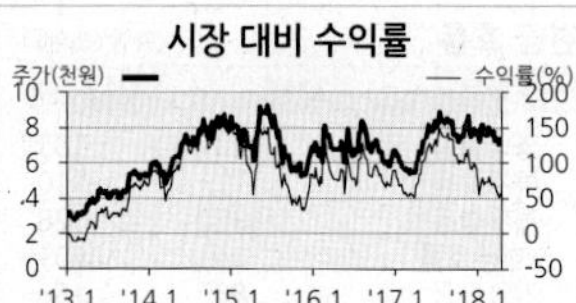

결산 실적 〈단위 : 억원〉

항목	2012	2013	2014	2015	2016	2017
매출액	3,487	4,230	5,572	2,944	2,949	4,820
영업이익	265	551	919	462	404	763
당기순이익	179	374	571	730	2,068	807

분기 실적 〈단위 : 억원〉

항목	2016.3Q	2016.4Q	2017.1Q	2017.2Q	2017.3Q	2017.4Q
매출액	612	1,211	926	1,097	896	1,902
영업이익	76	205	136	210	138	279
당기순이익	50	228	177	275	185	170

재무 상태 〈단위 : 억원〉

항목	2012	2013	2014	2015	2016	2017
총자산	4,779	5,901	6,589	6,585	8,626	10,612
유형자산	1,506	1,665	1,759	2,141	1,540	1,770
무형자산	272	238	321	279	205	135
유가증권	65	219	292	152	213	281
총부채	1,425	1,864	2,032	1,181	1,327	2,457
총차입금	736	543	523	257	391	1,413
자본금	366	403	403	403	386	386
총자본	3,353	4,037	4,557	5,404	7,300	8,155
지배주주지분	2,681	3,201	3,569	4,210	5,965	6,701

기업가치 지표

항목	2012	2013	2014	2015	2016	2017
주가(최고/저)(천원)	6.2/2.5	5.6/2.8	8.8/4.8	9.9/5.1	8.4/5.6	9.2/5.4
PER(최고/저)(배)	57.5/23.4	16.3/8.1	15.1/8.3	12.8/6.6	2.8/1.9	9.9/5.8
PBR(최고/저)(배)	1.6/0.6	1.3/0.7	1.9/1.0	1.8/0.9	1.1/0.7	1.0/0.6
EV/EBITDA(배)	9.3	9.0	10.2	13.7	11.1	8.8
EPS(원)	108	341	581	768	3,011	931
BPS(원)	3,966	4,248	4,706	5,494	7,858	8,812
CFPS(원)	278	554	848	1,074	3,270	1,181
DPS(원)	—	—	—	—	—	—
EBITDAPS(원)	534	898	1,408	880	870	1,238

재무 비율 〈단위 : %〉

연도	영업이익률	순이익률	부채비율	차입금비율	ROA	ROE	유보율	자기자본비율	EBITDA마진율
2017	15.8	16.7	30.1	17.3	8.4	11.4	1,662.4	76.9	19.8
2016	13.7	70.1	18.2	5.4	27.2	39.2	1,471.6	84.6	19.5
2015	15.7	24.8	21.9	4.8	11.1	15.9	998.9	82.1	24.1
2014	16.5	10.3	44.6	11.5	9.2	13.8	841.3	69.2	20.4

원일특강 (A012620)
WONIL SPECIAL STEEL

업　　종 : 금속 및 광물　　시　　장 : KOSDAQ
신용등급 : (Bond) —　(CP) —　　기업규모 : 우량
홈페이지 : www.wonilsteel.co.kr　　연 락 처 : 031)434-1221
본　　사 : 경기도 시흥시 공단2대로256번길 4 (정왕동, 시화공단3바104)

설 립 일	1977.10.14	**종업원수**	136명	**대표이사**	신용문
상 장 일	1994.06.28	**감사의견**	적정(삼일)	**계　열**	
결 산 기	12월	**보 통 주**		**종속회사수**	2개사
액 면 가	500원	**우 선 주**		**구 상 호**	

주주구성 (지분율,%)		출자관계 (지분율,%)		주요경쟁사 (외형,%)	
박성진	36.2	원일스틸	100.0	원일특강	100
신라문화장학재단	5.0	신라몰드텍	100.0	대양금속	74
(외국인)	1.2	광장오토모티브	23.5	SIMPAC Metal	98

매출구성		비용구성		수출비중	
구조용강 등	32.0	매출원가율	91.1	수출	0.2
후판 등	23.4	판관비율	5.0	내수	99.8
공구강 등	23.4				

회사 개요
동사는 1977년에 설립되어 포스코특수강, 두산중공업, 세아베스틸, 한국철강의 대리점을 획득하여 특수강 제조 및 판매를 영위하고 있음. 종속회사로는 주형 및 금형가공업을 영위하는 신라몰드텍과 금속판매 및 금형류 가공업체인 원일스틸이 있음. 계열회사로는 상장사인 신라교역, 신라섬유, 신라에스지 등의 상장사를 포함해 동사를 포함 국내외 23개임. 동사 매출의 대부분을 차지하는 특수강은 자동차, 전자, 조선 산업과 연관성이 깊음.

실적 분석
2017년 자동차, 전자제품 등 전방산업은 저조하였으나, 건설업 호조에 따른 철강 자재 판매량 증가와 판매단가 상승에 힘입어 연결기준 결산 매출액은 전년동기 대비 13.4% 증가한 2,339.7 억원임. 영업이익은 매출 증가 및 원가절감으로 전년동기대비 25.6% 증가한 92.3억원이며, 순이익 역시 38.2% 증가한 71.9억원을 시현함. 유동비율은 204.1%, 부채비율은 90.6%로 건실한 재무안정성을 유지하고 있음.

현금 흐름 〈단위 : 억원〉

항목	2016	2017
영업활동	129	-100
투자활동	-86	-101
재무활동	-48	188
순현금흐름	-6	-13
기말현금	92	79

시장 대비 수익률
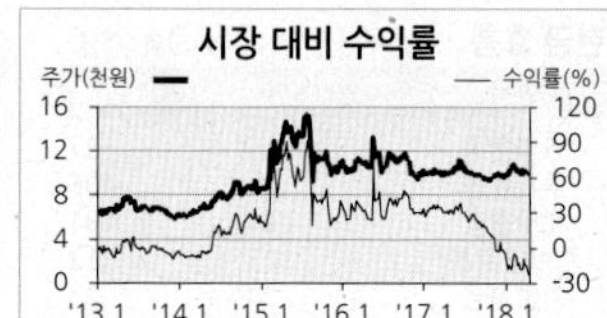

결산 실적 〈단위 : 억원〉

항목	2012	2013	2014	2015	2016	2017
매출액	2,240	2,217	2,335	2,353	2,064	2,340
영업이익	112	105	121	74	74	92
당기순이익	64	59	78	46	52	72

분기 실적 〈단위 : 억원〉

항목	2016.3Q	2016.4Q	2017.1Q	2017.2Q	2017.3Q	2017.4Q
매출액	451	561	520	569	657	594
영업이익	6	16	24	17	25	26
당기순이익	3	10	16	20	20	15

재무 상태 〈단위 : 억원〉

항목	2012	2013	2014	2015	2016	2017
총자산	1,549	1,589	1,672	1,643	1,658	1,967
유형자산	377	375	381	406	520	611
무형자산	10	11	13	12	17	17
유가증권	1	1	0	1	1	1
총부채	809	795	804	733	697	935
총차입금	616	617	587	564	520	711
자본금	22	22	22	22	22	22
총자본	740	794	867	910	961	1,032
지배주주지분	740	794	867	910	961	1,032

기업가치 지표

항목	2012	2013	2014	2015	2016	2017
주가(최고/저)(천원)	10.1/4.7	8.0/5.9	9.4/6.0	16.0/8.5	13.3/9.4	11.1/9.4
PER(최고/저)(배)	7.3/3.5	6.3/4.6	5.5/3.5	15.5/8.3	11.4/8.1	6.9/5.8
PBR(최고/저)(배)	0.6/0.3	0.5/0.3	0.5/0.3	0.8/0.4	0.6/0.4	0.5/0.4
EV/EBITDA(배)	6.4	7.1	6.2	10.8	10.2	10.1
EPS(원)	1,456	1,334	1,780	1,055	1,184	1,635
BPS(원)	16,810	18,045	19,709	20,687	21,840	23,457
CFPS(원)	1,709	1,569	2,024	1,319	1,457	1,924
DPS(원)	70	70	80	80	80	100
EBITDAPS(원)	2,804	2,617	2,997	1,941	1,944	2,387

재무 비율 〈단위 : %〉

연도	영업이익률	순이익률	부채비율	차입금비율	ROA	ROE	유보율	자기자본비율	EBITDA마진율
2017	4.0	3.1	90.6	68.9	4.0	7.2	4,591.4	52.5	4.5
2016	3.6	2.5	72.5	54.1	3.2	5.6	4,268.0	58.0	4.1
2015	3.1	2.0	80.5	62.0	2.8	5.2	4,037.5	55.4	3.6
2014	5.2	3.4	92.8	67.7	4.8	9.4	3,841.7	51.9	5.7

원텍 (A216280)
WON TECH

업　　종 : 의료 장비 및 서비스
시　　장 : KONEX
신용등급 : (Bond) —　(CP) —
기업규모 : —
홈페이지 : www.wtlaser.com
연 락 처 : 042)934-6802
본　　사 : 대전시 유성구 테크노8로 64

설 립 일	1999.06.19	**종업원수**	123명	**대 표 이 사**	김종원,김정현
상 장 일	2015.04.29	**감사의견**	적정(이촌)	**계　　열**	
결 산 기	12월	**보　　통　주**		**종속회사수**	
액 면 가	—	**우　선　주**		**구　상　호**	

주주구성 (지분율,%)		출자관계 (지분율,%)		주요경쟁사 (외형,%)	
김종원	55.2	WONTECH,LLC	100.0	원텍	100
김정현	7.7	WONTECHJAPAN	100.0	루트로닉	198
				인피니트헬스케어	168

매출구성		비용구성		수출비중	
HairBeam	42.8	매출원가율	43.4	수출	40.5
기타	30.1	판관비율	47.4	내수	59.5
PASTELLE	14.6				

회사 개요

동사는 1999년 설립돼, 의료장비의 제조, 수출입업 등을 주요 사업으로 영위하고 있음. 의료기기 산업 중 피부, 미용 관련 시장에 속해 있으며, 피부과 등에서 사용되는 치료용 레이저 의료기기, 초음파 및 레이저 기술을 활용한 외과 의료기기 등을 제작, 납품하고 있음. 다양한 제품 라인업과 다수의 지적재산권을 확보하며 사업을 확장하고 있음. 2017년 매출액은 HairBeam(42.3%), PICOCARE(14.1%) 등으로 구성.

실적 분석

동사의 2017년 연결기준 매출액은 전년 대비 36.2% 증가한 433.6억원을 기록한 반면 동기간 매출원가는 27.9% 증가에 그침에 따라 매출총이익율은 개선되었고, 영업이익 또한 전년 대비 47.3% 증가한 39.9억원을 기록함. 한편 외환차손 및 외화환산손실 확대로 비영업손실 규모는 전년 대비 확대되었음. 이에 따라 동사의 2017년 당기순이익은 전년 대비 2.7% 감소한 24.6억원을 기록함.

현금 흐름 *IFRS 별도 기준 〈단위 : 억원〉

항목	2016	2017
영업활동	-9	-0
투자활동	-27	-26
재무활동	62	20
순현금흐름	26	-6
기말현금	31	25

시장 대비 수익률

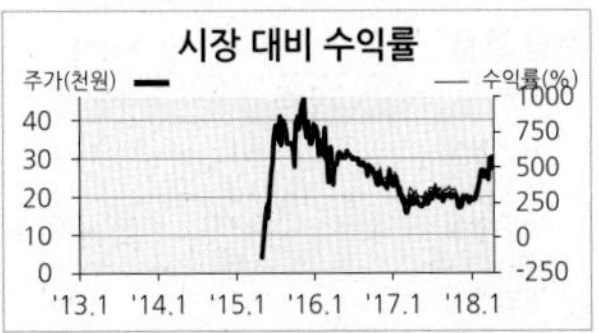

결산 실적 〈단위 : 억원〉

항목	2012	2013	2014	2015	2016	2017
매출액	120	152	175	287	318	434
영업이익	2	10	-2	58	27	40
당기순이익	2	4	-11	46	25	25

분기 실적 *IFRS 별도 기준 〈단위 : 억원〉

항목	2016.3Q	2016.4Q	2017.1Q	2017.2Q	2017.3Q	2017.4Q
매출액	—	—	—	—	—	—
영업이익	—	—	—	—	—	—
당기순이익	—	—	—	—	—	—

재무 상태 *IFRS 별도 기준 〈단위 : 억원〉

항목	2012	2013	2014	2015	2016	2017
총자산	91	110	127	175	294	355
유형자산	18	20	26	26	53	52
무형자산	13	15	7	9	19	24
유가증권	0	0	0	0	0	0
총부채	70	79	73	76	148	182
총차입금	61	63	49	46	110	131
자본금	17	19	20	20	20	20
총자본	20	31	53	99	145	173
지배주주지분	20	31	53	99	145	173

기업가치 지표 *IFRS 별도 기준

항목	2012	2013	2014	2015	2016	2017
주가(최고/저)(천원)	—/—	—/—	—/—	52.5/3.7	44.1/21.0	25.1/15.7
PER(최고/저)(배)	0.0/0.0	0.0/0.0	0.0/0.0	45.5/3.2	69.5/33.2	35.7/22.3
PBR(최고/저)(배)	0.0/0.0	0.0/0.0	0.0/0.0	21.1/1.5	12.1/5.8	5.8/3.6
EV/EBITDA(배)	11.7	4.0	12.4	23.9	29.6	16.4
EPS(원)	69	124	-284	1,154	633	703
BPS(원)	6,017	841	1,331	2,485	3,645	4,341
CFPS(원)	1,606	265	-137	1,365	826	946
DPS(원)	—	—	—	—	—	—
EBITDAPS(원)	1,530	427	91	1,670	872	1,329

재무 비율 〈단위 : %〉

연도	영업이익률	순이익률	부채비율	차입금비율	ROA	ROE	유보율	자기자본비율	EBITDA마진율
2017	9.2	5.7	107.5	77.2	7.6	15.6	751.1	48.2	11.4
2016	8.5	7.9	101.9	75.6	10.8	20.7	629.1	49.5	10.9
2015	20.3	16.1	76.9	46.1	30.5	60.5	397.0	56.5	23.2
2014	-1.3	-6.4	138.3	92.9	-9.4	-26.4	166.2	42.0	2.0

원풍 (A008370)
WONPOONG

업　　종 : 화학
시　　장 : KOSDAQ
신용등급 : (Bond) —　(CP) —
기업규모 : 우량
홈페이지 : www.wonpoong.co.kr
연 락 처 : 02)3665-5321
본　　사 : 서울시 강서구 공항대로 343

설 립 일	1973.01.06	**종업원수**	196명	**대 표 이 사**	윤기로
상 장 일	1992.12.18	**감사의견**	적정(삼덕)	**계　　열**	
결 산 기	12월	**보　　통　주**		**종속회사수**	1개사
액 면 가	500원	**우　선　주**		**구　상　호**	

주주구성 (지분율,%)		출자관계 (지분율,%)		주요경쟁사 (외형,%)	
서승민	17.5	원풍C&S	33.3	원풍	100
서원선	9.0	WONPOONGCORP.(M)	84.0	진양화학	70
(외국인)	2.0			조비	84

매출구성		비용구성		수출비중	
산업용자재외(Any Sign any FlexSuper TarpKOSKI	100.0	매출원가율	88.4	수출	66.0
		판관비율	7.4	내수	34.0

회사 개요

동사는 산업용자재 부문에 고부가가치를 창출할 수 있는 수출업 등을 영위할 목적으로 1973년 1월 6일에 설립되었음. 산업용 타포린 및 광고용 플렉스 원단을 생산하여 국내 및 해외 60여 개국에 공급하고 있으며, 열가소성 폴리올레핀시트 지붕방수재를 국내 최초로 개발하였음. 환경문제에 대응할 수 있는 환경친화성 제품인 TPO 및 100% 재활용이 가능한 INNO GREEN을 생산하고 있음..

실적 분석

동사의 2017년 결산 연결기준 누적 매출액은 712.7억원으로 전년동기 대비 5.0% 감소함. 판관비 절감에도 불구하고 매출 축소 영향으로 영업이익은 전년동기 대비 47.0% 줄어든 30.3억원을 기록함. 고부가가치 사업으로 영역을 확대하여 신소재 부문 제품개발, 신공장 건축 및 설비투자로 품질향상과 미래경쟁력 확보에 주력하고 있음. 건축자재사업팀을 별도로 운용, 종합 서비스 제공에 힘쓰고 있음.

현금 흐름 〈단위 : 억원〉

항목	2016	2017
영업활동	48	63
투자활동	-27	-7
재무활동	-24	-32
순현금흐름	3	20
기말현금	79	100

시장 대비 수익률

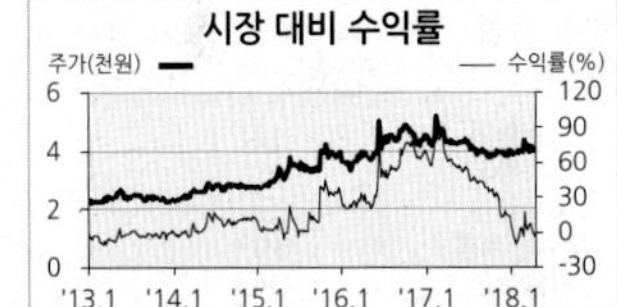

결산 실적 〈단위 : 억원〉

항목	2012	2013	2014	2015	2016	2017
매출액	1,044	894	829	826	750	713
영업이익	68	50	42	91	57	30
당기순이익	43	45	39	59	52	22

분기 실적 〈단위 : 억원〉

항목	2016.3Q	2016.4Q	2017.1Q	2017.2Q	2017.3Q	2017.4Q
매출액	195	178	175	191	180	166
영업이익	15	-5	6	13	6	5
당기순이익	5	8	2	14	6	0

재무 상태 〈단위 : 억원〉

항목	2012	2013	2014	2015	2016	2017
총자산	795	796	807	838	868	854
유형자산	306	288	310	299	392	384
무형자산	3	2	2	2	2	2
유가증권	21	0	2	2	2	2
총부채	186	155	138	123	117	98
총차입금	27	23	30	19	14	1
자본금	60	60	60	60	60	60
총자본	609	640	669	715	751	756
지배주주지분	604	636	668	715	752	755

기업가치 지표

항목	2012	2013	2014	2015	2016	2017
주가(최고/저)(천원)	3.4/1.8	2.7/2.2	2.9/2.3	4.3/2.7	5.2/3.4	6.0/3.6
PER(최고/저)(배)	12.0/6.5	8.6/6.9	9.6/7.4	9.5/6.0	12.7/8.2	33.2/19.9
PBR(최고/저)(배)	0.8/0.5	0.6/0.5	0.6/0.5	0.8/0.5	0.9/0.6	1.0/0.6
EV/EBITDA(배)	2.6	2.5	4.0	2.5	5.2	5.2
EPS(원)	353	379	352	501	442	190
BPS(원)	5,064	5,328	5,581	5,960	6,264	6,289
CFPS(원)	621	643	551	694	644	448
DPS(원)	110	110	125	140	155	171
EBITDAPS(원)	833	685	547	951	677	511

재무 비율 〈단위 : %〉

연도	영업이익률	순이익률	부채비율	차입금비율	ROA	ROE	유보율	자기자본비율	EBITDA마진율
2017	4.2	3.1	12.9	0.2	2.6	3.0	1,157.7	88.6	8.6
2016	7.6	7.0	15.6	1.8	6.1	7.2	1,152.7	86.5	10.8
2015	11.0	7.2	17.2	2.7	7.2	8.7	1,092.0	85.3	13.8
2014	5.0	4.7	20.6	4.5	4.9	6.5	1,016.2	82.9	7.9

원풍물산 (A008290)

Won Pung Mulsan

업 종 : 섬유 및 의복
신용등급 : (Bond) — (CP) —
홈페이지 : www.wonpung.com
본 사 : 인천시 서구 가좌로 31 (가좌동)
시 장 : KOSDAQ
기업규모 : 중견
연 락 처 : 032)569-0433

설 립 일	1972.12.20	**종업원수**	48명	**대표이사**	이원기,이두식
상 장 일	1997.06.13	**감사의견**	적정(삼덕)	**계 열**	
결 산 기	12월	**보 통 주**		**종속회사수**	
액 면 가	500원	**우 선 주**		**구 상 호**	

주주구성 (지분율,%)		출자관계 (지분율,%)		주요경쟁사 (외형,%)	
이두식	20.0	Sundiode	31.0	원풍물산	100
이원기	13.5	RELMADA	6.0	제이에스코퍼레이션	536
(외국인)	2.7			SG세계물산	647

매출구성		비용구성		수출비중	
신사복(제품)	54.2	매출원가율	38.3	수출	0.2
점퍼외	41.2	판관비율	60.8	내수	99.8
신사복(임가공품)	3.0				

회사 개요

동사는 남성복 중 신사복의 제조 및 판매를 주된 사업으로 영위하는 업체임. 고가의 수입 브랜드인 '킨로크 앤더슨'과 자체 브랜드인 맞춤형 신사복 '보스턴 매너' 등을 백화점, 직영점, 대리점 등을 통해 판매함. 최근 몇 년간 정장 신사복에 대한 수요가 위축됐지만 캐릭터 캐주얼복이 새로운 아이템으로 부상하면서 별도의 '킨로크2'를 판매 중임.2007년 의약품 등 생명공학 관련 목적사업을 정관에 추가함.

실적 분석

동사의 2017년 연간 매출액은 441.2억원으로 전년 대비 4.9% 감소함. 경비절감을 위한 노력으로 판관비가 감소하며 영업이익은 3.8억원으로 전년 대비 42.3% 증가함. 동사는 젊은층이 선호하는 정장 신사복의 강화와 캐릭터 캐주얼복의 구성으로 매출액을 끌어올릴 계획임. 미국 신약개발업체에 투자해 현재 6% 지분을 확보했으며, 동사는 신약이 미국 식품의약국(FDA) 승인을 얻을 경우 아시아 지역의 판권 독점으로 높은 투자수익 창출을 기대.

현금 흐름 *IFRS 별도 기준

〈단위 : 억원〉

항목	2016	2017
영업활동	12	-5
투자활동	-25	-7
재무활동	3	6
순현금흐름	-10	-6
기말현금	34	29

시장 대비 수익률

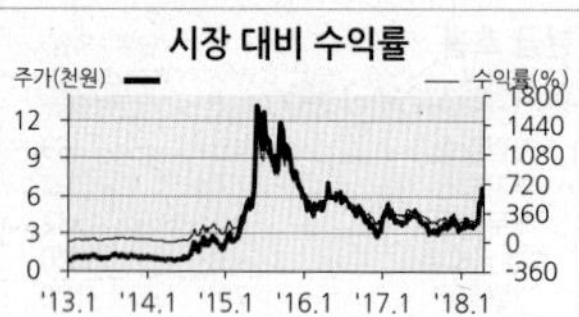

결산 실적

〈단위 : 억원〉

항목	2012	2013	2014	2015	2016	2017
매출액	454	478	479	483	464	441
영업이익	26	20	12	19	3	4
당기순이익	4	-2	0	-115	-6	1

분기 실적 *IFRS 별도 기준

〈단위 : 억원〉

항목	2016.3Q	2016.4Q	2017.1Q	2017.2Q	2017.3Q	2017.4Q
매출액	77	159	112	108	70	151
영업이익	4	-7	-1	1	5	-1
당기순이익	3	-13	-1	-2	4	-1

재무 상태 *IFRS 별도 기준

〈단위 : 억원〉

항목	2012	2013	2014	2015	2016	2017
총자산	509	549	573	468	473	470
유형자산	165	167	163	157	157	155
무형자산	0	0	0	0	0	1
유가증권	24	25	23	23	35	34
총부채	298	322	336	186	182	168
총차입금	204	228	236	107	98	92
자본금	149	161	168	181	184	192
총자본	211	227	236	282	291	302
지배주주지분	211	227	236	282	291	302

기업가치 지표 *IFRS 별도 기준

항목	2012	2013	2014	2015	2016	2017
주가(최고/저)(천원)	1.4/0.5	1.3/0.8	3.0/0.9	14.4/2.1	7.6/2.8	5.3/3.0
PER(최고/저)(배)	92.7/35.8	235.0/140.5	5,051.3/1,485.3	—/—	—/—	2,427.1/1,357.8
PBR(최고/저)(배)	2.0/0.8	1.9/1.1	4.3/1.3	18.5/2.8	9.6/3.6	6.7/3.8
EV/EBITDA(배)	11.6	16.6	38.8	78.5	126.6	110.7
EPS(원)	15	6	1	-326	-17	2
BPS(원)	707	706	703	779	790	787
CFPS(원)	49	41	33	-298	7	24
DPS(원)	—	—	—	—	—	—
EBITDAPS(원)	122	106	68	82	32	31

재무 비율

〈단위 : %〉

연도	영업 이익률	순 이익률	부채 비율	차입금 비율	ROA	ROE	유보율	자기자본 비율	EBITDA 마진율
2017	0.9	0.2	55.6	30.5	0.2	0.3	57.4	64.3	2.7
2016	0.6	-1.4	62.4	33.6	-1.4	-2.2	58.0	61.6	2.5
2015	3.9	-23.9	65.9	38.0	-22.2	-44.0	55.8	60.3	6.0
2014	2.5	0.0	142.3	99.6	0.0	0.7	43.7	41.3	4.6

월덱스 (A101160)

WORLDEX INDUSTRY&TRADING

업 종 : 반도체 및 관련장비
신용등급 : (Bond) — (CP) —
홈페이지 : www.worldexint.com
본 사 : 경북 구미시 구포동 4공단로7길 53-77
시 장 : KOSDAQ
기업규모 : 벤처
연 락 처 : 054)456-9980

설 립 일	2000.01.17	**종업원수**	200명	**대표이사**	배종식
상 장 일	2008.06.19	**감사의견**	적정(삼일)	**계 열**	
결 산 기	12월	**보 통 주**		**종속회사수**	2개사
액 면 가	500원	**우 선 주**		**구 상 호**	

주주구성 (지분율,%)		출자관계 (지분율,%)		주요경쟁사 (외형,%)	
배종식	34.8	이코루미	88.0	월덱스	100
타이거투자자문	5.3	WestCoastQuartzCorporation	100.0	아진엑스텍	35
(외국인)	1.0	WCQTaiwan	100.0	하이셈	26

매출구성		비용구성		수출비중	
실리콘	50.6	매출원가율	72.1	수출	67.6
쿼츠	41.3	판관비율	15.1	내수	32.4
알루미나 외	8.2				

회사 개요

동사는 2000년 설립된 반도체 에칭공정에 사용되는 반도체용 실리콘 전극과 링을 제조 판매 전문회사이고, 파인세라믹부문으로 사업영역을 확장했음. 동사는 2009년 반도체용 실리콘 잉곳 및 실리콘부품과 쿼츠부품을 제조 및 판매하는 회사인 West Coast Quartz Corporation과 WCQ의 해외 자회사들을 인수함. 동사는 2017년 생산공장 이전 및 구조조정의 일환으로 WCQ가 보유한 WCQ타이완의 지분을 감자하고 생산설비를 이전함.

실적 분석

동사의 2017년 연결기준 매출은 전년대비 28% 증가한 888억을 기록하였으며 영업이익은 114억원으로 전년 대비 205% 증가함. 영업이익의 4년 연속 흑자실현 및 매출액 증가 기조를 이어 나감. 매출액 증가는 원화가치 상승에 따라 상대적으로 해외부문(수출) 증가율이 12%에 그쳤지만, 국내부문에서 신규 세라믹 제품 매출 등이 상승을 주도하여 내수증가율은 80%를 상회함.

현금 흐름

〈단위 : 억원〉

항목	2016	2017
영업활동	61	134
투자활동	-13	-3
재무활동	-43	-86
순현금흐름	6	41
기말현금	59	100

시장 대비 수익률

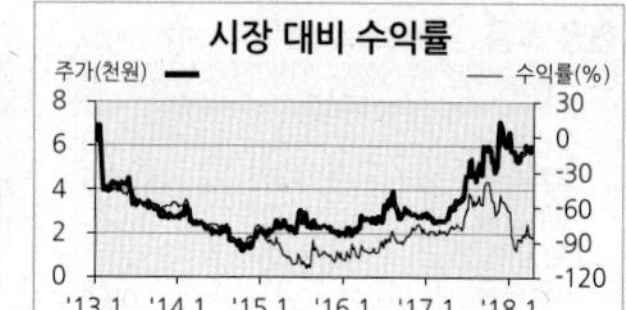

결산 실적

〈단위 : 억원〉

항목	2012	2013	2014	2015	2016	2017
매출액	742	683	645	676	695	888
영업이익	-8	-51	27	17	37	114
당기순이익	6	-84	-48	-35	5	69

분기 실적

〈단위 : 억원〉

항목	2016.3Q	2016.4Q	2017.1Q	2017.2Q	2017.3Q	2017.4Q
매출액	152	219	194	222	257	215
영업이익	10	5	21	31	40	22
당기순이익	9	-11	18	22	30	-1

재무 상태

〈단위 : 억원〉

항목	2012	2013	2014	2015	2016	2017
총자산	1,461	1,312	1,253	1,147	1,148	1,098
유형자산	622	626	585	541	488	441
무형자산	161	122	136	116	114	88
유가증권	2	2	2	67	65	35
총부채	958	900	825	744	685	566
총차입금	836	804	712	649	570	445
자본금	35	35	68	68	79	83
총자본	503	412	428	402	464	532
지배주주지분	503	412	428	403	464	533

기업가치 지표

항목	2012	2013	2014	2015	2016	2017
주가(최고/저)(천원)	7.8/3.9	7.2/2.7	3.3/1.1	3.4/1.9	3.9/1.9	7.1/2.4
PER(최고/저)(배)	85.8/43.2	—/—	—/—	—/—	117.5/56.2	17.0/5.8
PBR(최고/저)(배)	1.2/0.6	1.3/0.5	1.1/0.4	1.2/0.6	1.4/0.6	2.2/0.8
EV/EBITDA(배)	20.3	30.5	8.2	10.0	8.5	7.8
EPS(원)	94	-1,092	-541	-257	34	421
BPS(원)	7,183	5,887	3,169	2,982	2,929	3,228
CFPS(원)	1,093	-6	330	217	448	787
DPS(원)	100	50	—	—	—	40
EBITDAPS(원)	879	445	1,185	599	649	1,055

재무 비율

〈단위 : %〉

연도	영업 이익률	순 이익률	부채 비율	차입금 비율	ROA	ROE	유보율	자기자본 비율	EBITDA 마진율
2017	12.8	7.8	106.4	83.7	6.2	13.9	545.6	48.5	19.6
2016	5.4	0.7	147.7	123.0	0.4	1.2	485.8	40.4	14.8
2015	2.5	-5.2	185.0	161.2	-2.9	-8.3	496.3	35.1	12.0
2014	4.2	-7.4	192.7	166.4	-3.7	-11.2	533.7	34.2	16.0

웨이브일렉트로닉스 (A095270)

Wave Electronics

업　　종 : 통신장비　　시　　장 : KOSDAQ
신용등급 : (Bond) —　(CP) —　　기업규모 : 벤처
홈페이지 : www.wavetc.com　　연 락 처 : 031)269-0010
본　　사 : 경기도 수원시 권선구 수인로 47 (서둔동 14-10)

설 립 일	1999.10.13	**종업원수**	130명	**대표이사**	박천석,이순환
상 장 일	2007.09.12	**감사의견**	적정(정현)	**계　　열**	
결 산 기	12월	**보 통 주**		**종속회사수**	7개사
액 면 가	500원	**우 선 주**		**구　　상　　호**	

주주구성 (지분율,%)		출자관계 (지분율,%)		주요경쟁사 (외형,%)	
박천석	18.7	웨이브엔티	100.0	웨이브일렉트로	100
Ardon Maroon Asia Master Fund	4.4	웨이브파워	100.0	유비쿼스홀딩스	14
(외국인)	2.8	더블유이엠에스	100.0	아이쓰리시스템	126

매출구성		비용구성		수출비중	
케이블모뎀, HFC장비(국내)	31.0	매출원가율	63.9	수출	38.9
OLED 디스플레이용 증착용 Mask(국내) 외	28.6	판관비율	32.2	내수	61.1
중계기용 부품(전파증폭시스템)(국내)	21.3				

회사 개요

동사는 이동통신 기지국 및 중계기용 전력증폭기와 무선통신 시스템 관련 핵심모듈을 공급하는 통신장비 전문업체임. 비디오 및 기타 영상기기 제조업체 세인텍과 평판 디스플레이 관련 부품 개발업체 엠비스텐실즈 등을 자회사로 두고 있음. 동 시장은 신규 통신서비스에 따른 수요 외에 기존 시스템에 대한 유지보수 수요가 존재하고 있어 상대적으로 안정적이고 연속적인 수요가 형성되는 강점을 지님. 웨이브파워외 총 7개의 연결대상 자회사가 있음.

실적 분석

동사는 2017년 연결기준 연간 매출액은 553.2 억원으로 전년 대비 23.7% 증가함. 이는 자회사 연결 매출 증가 및 방산사업 매출 증가 영향임. 외형 확대에 힘입어 영업이익과 당기순이익은 각각 21.2억원, 10.2억원으로 흑자전환됨. 동사는 신성장동력 기반을 확보하기 위해 유기발광다이오드(OLED) 디스플레이 패널 관련신제품(증착용 Mask) 개발에 전념하고 있으며, 시장에 조기 진입을 목표로 삼고 있음.

현금 흐름

〈단위 : 억원〉

항목	2016	2017
영업활동	-20	22
투자활동	-154	-94
재무활동	148	79
순현금흐름	-26	7
기말현금	12	19

시장 대비 수익률

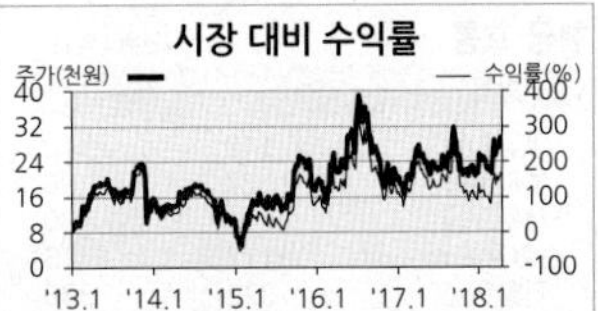

결산 실적

〈단위 : 억원〉

항목	2012	2013	2014	2015	2016	2017
매출액	270	393	403	306	447	553
영업이익	-25	-48	-4	-41	-31	21
당기순이익	-10	-67	-7	-41	-30	10

분기 실적

〈단위 : 억원〉

항목	2016.3Q	2016.4Q	2017.1Q	2017.2Q	2017.3Q	2017.4Q
매출액	115	145	106	167	148	133
영업이익	-2	7	-7	22	2	4
당기순이익	-7	17	-12	21	-7	9

재무 상태

〈단위 : 억원〉

항목	2012	2013	2014	2015	2016	2017
총자산	400	407	398	592	890	882
유형자산	120	127	169	256	330	293
무형자산	20	5	35	118	245	320
유가증권	6	5	4	2	0	17
총부채	102	149	97	271	497	439
총차입금	29	35	22	192	316	343
자본금	53	53	53	53	53	53
총자본	298	258	301	320	393	443
지배주주지분	294	258	301	322	379	418

기업가치 지표

항목	2012	2013	2014	2015	2016	2017
주가(최고/저)(천원)	8.4/1.8	23.8/8.5	19.1/10.2	27.1/5.1	39.6/15.1	31.9/16.4
PER(최고/저)(배)	—/—	—/—	—/—	—/—	—/—	841.6/432.7
PBR(최고/저)(배)	2.4/0.5	7.5/2.7	5.6/3.0	7.8/1.5	10.2/3.9	7.7/3.9
EV/EBITDA(배)	—	—	144.9	—	—	68.0
EPS(원)	-99	-594	-45	-372	-354	38
BPS(원)	3,569	3,149	3,410	3,456	3,883	4,162
CFPS(원)	19	-486	68	-240	-185	198
DPS(원)	—	—	—	—	—	—
EBITDAPS(원)	-120	-348	75	-260	-123	359

재무 비율

〈단위 : %〉

연도	영업이익률	순이익률	부채비율	차입금비율	ROA	ROE	유보율	자기자본비율	EBITDA마진율
2017	3.8	1.9	99.0	77.3	1.2	1.0	732.3	50.3	6.9
2016	-6.9	-6.6	126.5	80.4	-4.0	-10.7	676.7	44.2	-2.9
2015	-13.6	-13.4	84.7	59.8	-8.3	-12.7	591.2	54.1	-9.0
2014	-1.0	-1.7	32.2	7.4	-1.7	-1.7	581.9	75.7	2.0

웰크론 (A065950)

Welcron

업　　종 : 내구소비재　　시　　장 : KOSDAQ
신용등급 : (Bond) —　(CP) —　　기업규모 : 벤처
홈페이지 : www.welcron.com　　연 락 처 : 02)830-5975
본　　사 : 서울시 구로구 디지털로 27길 12

설 립 일	1992.05.27	**종업원수**	210명	**대표이사**	이영규
상 장 일	2003.07.29	**감사의견**	적정(대현)	**계　　열**	
결 산 기	12월	**보 통 주**		**종속회사수**	6개사
액 면 가	500원	**우 선 주**		**구　　상　　호**	

주주구성 (지분율,%)		출자관계 (지분율,%)		주요경쟁사 (외형,%)	
이영규	17.1	웰크론헬스케어	55.5	웰크론	100
웰크론강원	3.8	웰크론한텍	27.6	LG전자	16,216
(외국인)	1.0	제주그린파워	23.6	위닉스	69

매출구성		비용구성		수출비중	
생활용품(제품)	71.3	매출원가율	83.2	수출	19.9
청소용품(제품)	11.7	판관비율	15.8	내수	80.1
기타	8.7				

회사 개요

동사는 1992년 설립되어 고기능성 극세사 섬유를 이용한 침구 및 섬유 제품 제조업, 복합방사방식의 나노섬유를 이용한 부직포 필터여제 제조업, 방위산업 관련품목의 제조가공 판매 및 수출입업을 영위하고 있음. 동사의 종속회사는 플랜트 제조업과 건설업을 영위하는 웰크론한텍, 보일러 업체인 웰크론강원, 신재생에너지발전업체인 제주그린파워 등 총 6개임. 2017년 5월 이사회에서 동사의 종속회사 엘림하이드로가 웰크론한텍에 흡수합병됨.

실적 분석

동사의 2017년 4/4분기 연결기준 누적매출액은 3,786.3억원으로 전년동기 대비 50.6% 증가했음. 외형성장의 영향으로 매출원가 및 판관비가 전년동기 대비 각각 64.4%, 0.1% 증가했음에도 영업이익은 전년동기 2.7억원에서 38.7억원으로 대폭 증가했음. 그러나 비영업부문에서 97.7억원의 손실을 기록해 64.1억원의 당기순손실을 기록하며 적자를 지속했음. 비영업부문 손실폭이 크게 증가해 적자폭 또한 확대되었음.

현금 흐름

〈단위 : 억원〉

항목	2016	2017
영업활동	-152	93
투자활동	-17	-150
재무활동	15	166
순현금흐름	-142	100
기말현금	380	480

시장 대비 수익률

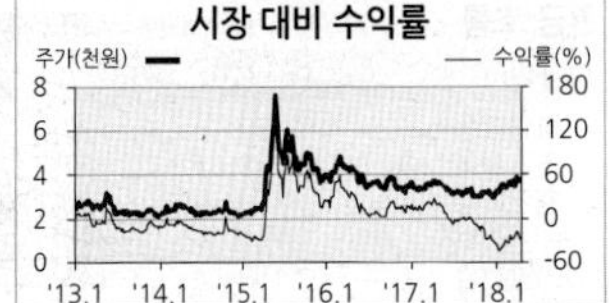

결산 실적

〈단위 : 억원〉

항목	2012	2013	2014	2015	2016	2017
매출액	2,639	2,301	2,209	2,355	2,515	3,786
영업이익	200	79	-36	57	3	39
당기순이익	135	64	-65	-14	-26	-64

분기 실적

〈단위 : 억원〉

항목	2016.3Q	2016.4Q	2017.1Q	2017.2Q	2017.3Q	2017.4Q
매출액	531	751	805	989	1,041	951
영업이익	-22	20	15	27	30	-34
당기순이익	-35	20	-7	34	19	-110

재무 상태

〈단위 : 억원〉

항목	2012	2013	2014	2015	2016	2017
총자산	2,678	2,536	2,416	2,637	2,916	3,216
유형자산	620	622	685	694	920	937
무형자산	350	367	354	332	327	278
유가증권	501	365	200	189	148	160
총부채	1,428	1,160	1,091	1,298	1,615	1,955
총차입금	598	558	580	660	669	834
자본금	114	114	119	127	127	127
총자본	1,250	1,377	1,325	1,339	1,301	1,261
지배주주지분	533	522	489	517	497	487

기업가치 지표

항목	2012	2013	2014	2015	2016	2017
주가(최고/저)(천원)	3.8/2.2	3.5/2.1	2.8/2.1	9.1/2.2	4.8/3.1	3.9/3.0
PER(최고/저)(배)	437.7/254.1	—/—	—/—	645.5/155.7	—/—	—/—
PBR(최고/저)(배)	1.6/0.9	1.5/0.9	1.3/1.0	4.3/1.0	2.4/1.5	2.0/1.5
EV/EBITDA(배)	5.2	10.2	634.3	19.2	52.4	23.2
EPS(원)	9	-77	-141	14	-27	-69
BPS(원)	2,345	2,293	2,147	2,123	2,036	1,998
CFPS(원)	162	76	26	161	100	77
DPS(원)	—	—	—	—	—	—
EBITDAPS(원)	1,060	499	10	378	137	298

재무 비율

〈단위 : %〉

연도	영업이익률	순이익률	부채비율	차입금비율	ROA	ROE	유보율	자기자본비율	EBITDA마진율
2017	1.0	-1.7	155.0	66.2	-2.1	-3.6	299.7	39.2	2.0
2016	0.1	-1.0	124.1	51.4	-0.9	-1.4	307.3	44.6	1.4
2015	2.4	-0.6	96.9	49.3	-0.6	0.7	324.5	50.8	4.0
2014	-1.6	-2.9	82.3	43.7	-2.6	-6.4	329.4	54.9	0.1

웰크론강원 (A114190)

WELCRON KANGWON

업종 : 에너지 시설 및 서비스 | 시장 : KOSDAQ
신용등급 : (Bond) — (CP) — | 기업규모 : 중견
홈페이지 : www.kwb21.com | 연락처 : 031)358-7683
본사 : 경기도 화성시 장안면 장안리 포승장안로 919-18

설립일 1976.02.06 **종업원수** 134명 **대표이사** 이영규,손기태
상장일 2009.11.20 **감사의견** 적정(대현) **계열**
결산기 12월 **보통주** **종속회사수** 1개사
액면가 500원 **우선주** **구상호**

주주구성 (지분율,%)		출자관계 (지분율,%)		주요경쟁사 (외형,%)	
웰크론한텍	40.6	제주그린파워	52.8	웰크론강원	100
이영규	11.3	웰크론	3.8	에스에프씨	54
(외국인)	0.4	매일방송	0.1	제이엔케이히터	146

매출구성		비용구성		수출비중	
산업용보일러설비	43.5	매출원가율	98.9	수출	79.7
화공설비	42.1	판관비율	7.9	내수	20.3
기타	13.1				

회사 개요

동사는 1976년 강원보일러제작소로 설립되어 현재 산업용플랜트설비산업과 신재생에너지사업을 영위하고 있음. 지배회사 및 종속회사는 산업용플랜트설비사업과 신재생에너지사업을 영위하고 있음. 산업용플랜트설비사업은 제품 및 시장의 특성에 따라 산업용보일러설비, 화공설비, 발전플랜트설비로 세분되며, 신재생에너지사업은 폐기물 가스화 발전사업과 폐기물 고형연료화 사업으로 구분됨. 플랜트설비는 아시아와 중동지역에 집중 공급되고 있음.

실적 분석

주요 프로젝트 진행에 따른 매출인식이 증가되며 동사의 연결기준 2017년 연간 누적 매출액은 전년동기 대비 94.0% 증가한 820.4억원을 기록함. 하지만 예상공사손실 및 환율하락에 따른 원가 증가로 인하여 영업손실은 55.9억원을 기록함. 외환차손 및 외화환산손실의 증가로 비영업손익이 전년동기 대비 적자전환하며 당기순손실은 적자폭을 확대하며 64.5억원을 기록함.

현금 흐름 〈단위 : 억원〉

항목	2016	2017
영업활동	-158	-37
투자활동	-3	-7
재무활동	-0	30
순현금흐름	-160	-18
기말현금	159	141

시장 대비 수익률

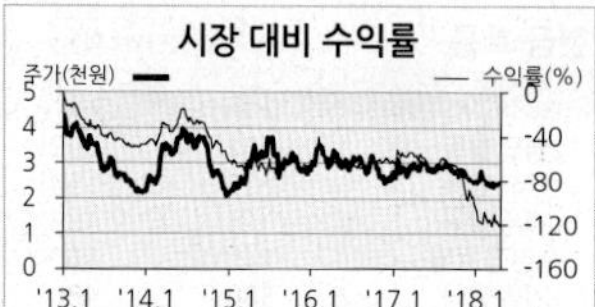

결산 실적 〈단위 : 억원〉

항목	2012	2013	2014	2015	2016	2017
매출액	1,065	507	515	462	423	820
영업이익	116	32	16	4	-13	-56
당기순이익	90	39	11	1	-11	-65

분기 실적 〈단위 : 억원〉

항목	2016.3Q	2016.4Q	2017.1Q	2017.2Q	2017.3Q	2017.4Q
매출액	65	126	106	194	290	231
영업이익	-22	8	1	7	4	-67
당기순이익	-25	22	-7	14	5	-76

재무 상태 〈단위 : 억원〉

항목	2012	2013	2014	2015	2016	2017
총자산	893	724	670	855	772	932
유형자산	44	48	100	128	148	154
무형자산	9	9	17	16	14	9
유가증권	154	59	107	128	113	99
총부채	532	266	166	289	221	449
총차입금	122	32	1	107	105	135
자본금	53	63	72	76	76	76
총자본	361	459	504	566	551	483
지배주주지분	361	459	504	541	527	461

기업가치 지표

항목	2012	2013	2014	2015	2016	2017
주가(최고/저)(천원)	4.5/2.1	4.4/2.1	4.2/2.1	4.0/2.1	3.8/2.4	3.3/2.4
PER(최고/저)(배)	6.4/3.0	14.3/7.0	52.3/25.8	629.7/321.1	—/—	—/—
PBR(최고/저)(배)	1.6/0.8	1.2/0.6	1.2/0.6	1.1/0.6	1.1/0.7	1.1/0.8
EV/EBITDA(배)	2.3	—	5.2	15.7	—	—
EPS(원)	720	310	80	6	-70	-407
BPS(원)	2,851	3,622	3,505	3,546	3,453	3,023
CFPS(원)	751	340	120	45	-34	-374
DPS(원)	50	30	—	—	—	—
EBITDAPS(원)	963	286	156	69	-51	-333

재무 비율 〈단위 : %〉

연도	영업이익률	순이익률	부채비율	차입금비율	ROA	ROE	유보율	자기자본비율	EBITDA마진율
2017	-6.8	-7.9	92.9	27.9	-7.6	-12.6	504.6	51.8	-6.2
2016	-3.1	-2.7	40.1	19.0	-1.4	-2.0	590.5	71.4	-1.8
2015	1.0	0.2	51.0	19.0	0.1	0.2	609.3	66.2	2.3
2014	3.2	2.2	32.9	0.2	1.6	2.3	601.1	75.3	4.3

웰크론한텍 (A076080)

WELCRON HANTEC CO

업종 : 건설 | 시장 : KOSDAQ
신용등급 : (Bond) — (CP) — | 기업규모 : 중견
홈페이지 : www.hantec.co.kr | 연락처 : 031)350-8900
본사 : 경기도 화성시 향남읍 발안공단로 92-36

설립일 1995.01.12 **종업원수** 170명 **대표이사** 이영규
상장일 2008.07.15 **감사의견** 적정(대현) **계열**
결산기 12월 **보통주** **종속회사수** 3개사
액면가 500원 **우선주** **구상호**

주주구성 (지분율,%)		출자관계 (지분율,%)		주요경쟁사 (외형,%)	
웰크론	27.6	동원건축사사무소	100.0	웰크론한텍	100
이영규	5.2	웰크론강원	40.6	범양건영	54
(외국인)	1.6	제주그린파워	23.6	한국종합기술	79

매출구성		비용구성		수출비중	
플랜트건설	36.1	매출원가율	94.5	수출	32.1
발전,화공,플랜트설비	32.0	판관비율	5.2	내수	67.9
	30.9				

회사 개요

동사는 물, 환경, 에너지 분야 플랜트 제조 및 종합건설을 영위하는 전문기업이며 MVR 농축설비 등의 에너지절감 산업설비, 폐수처리설비, 식품제약설비, 담수설비를 공급하고 있음. 모회사인 웰크론의 멤브레인 필터 개발을 통한 RO 담수 설비부문에서의 수직계열화 및 시너지 효과를 내고 있으며, 자회사 웰크론강원은 화공플랜트 쪽 보일러 설비에 특화되어 시너지를 일으키고 있음.

실적 분석

동사의 2017년 연결기준 매출액은 전년 대비 90.4% 증가한 2,519.1억원을 기록하였음. 매출원가가 96.3% 증가하였음에도 비용 절감 노력에 따라 영업이익의 흑자전환에 성공함. 건설부문과 플랜트부문의 고른 성장세에 힘입어 매출은 대폭 증가했으나 종속회사 손실반영에 따라 이익은 감소함. 국가적인 환경보전 중요성에 대한 인식이 증가함에 따라 폐수처리시설 등 친환경부문에서 지속적인 수요 확대가 기대되고 있음.

현금 흐름 〈단위 : 억원〉

항목	2016	2017
영업활동	-149	40
투자활동	27	-99
재무활동	-2	80
순현금흐름	-112	13
기말현금	322	336

시장 대비 수익률

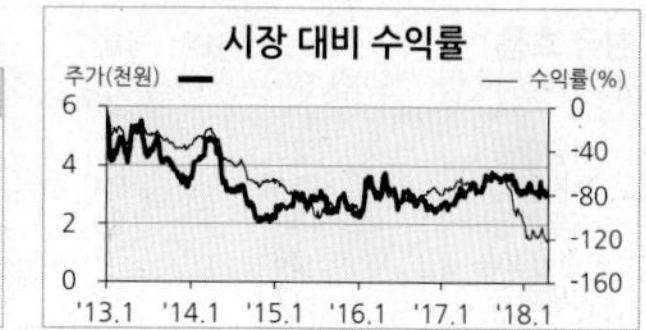

결산 실적 〈단위 : 억원〉

항목	2012	2013	2014	2015	2016	2017
매출액	1,829	1,458	1,295	1,349	1,323	2,519
영업이익	198	106	-60	19	-13	6
당기순이익	156	113	-59	-22	-7	-50

분기 실적 〈단위 : 억원〉

항목	2016.3Q	2016.4Q	2017.1Q	2017.2Q	2017.3Q	2017.4Q
매출액	240	417	511	685	736	587
영업이익	-17	5	12	25	26	-57
당기순이익	-25	27	-4	33	19	-99

재무 상태 〈단위 : 억원〉

항목	2012	2013	2014	2015	2016	2017
총자산	1,640	1,560	1,436	1,632	1,878	2,117
유형자산	176	180	258	283	500	505
무형자산	115	126	147	128	123	99
유가증권	483	350	205	221	177	171
총부채	796	545	471	675	940	1,167
총차입금	139	125	158	247	223	252
자본금	89	89	89	89	90	97
총자본	843	1,015	965	958	938	950
지배주주지분	627	720	635	624	615	667

기업가치 지표

항목	2012	2013	2014	2015	2016	2017
주가(최고/저)(천원)	5.7/2.3	5.7/3.1	5.0/2.0	3.1/2.2	4.1/2.3	3.9/2.5
PER(최고/저)(배)	9.5/3.9	11.6/6.4	—/—	—/—	—/—	—/—
PBR(최고/저)(배)	1.6/0.7	1.4/0.8	1.4/0.6	0.9/0.6	1.2/0.7	1.1/0.7
EV/EBITDA(배)	3.6	2.9	—	12.4	—	43.6
EPS(원)	613	496	-376	-127	-2	-54
BPS(원)	3,540	4,063	3,580	3,518	3,412	3,447
CFPS(원)	682	554	-300	-55	60	-2
DPS(원)	50	50	—	—	—	—
EBITDAPS(원)	1,386	656	-260	177	-10	86

재무 비율 〈단위 : %〉

연도	영업이익률	순이익률	부채비율	차입금비율	ROA	ROE	유보율	자기자본비율	EBITDA마진율
2017	0.3	-2.0	122.8	26.5	-2.5	-1.5	589.3	44.9	0.6
2016	-1.0	-0.5	100.2	23.7	-0.4	-0.1	582.3	49.9	-0.1
2015	1.4	-1.7	70.5	25.8	-1.5	-3.6	603.7	58.7	2.3
2014	-4.6	-4.6	48.8	16.4	-4.0	-9.9	616.0	67.2	-3.6

웹스 (A196700)

WAPS

업 종 : 화학 | 시 장 : KOSDAQ
신용등급 : (Bond) — (CP) — | 기업규모 : 벤처
홈페이지 : www.waps.co.kr | 연 락 처 : 051)896-6390
본 사 : 부산시 해운대구 센텀동로 45 901호

설 립 일	2001.09.25	**종업원수**	87명	**대 표 이 사**	이재춘
상 장 일	2015.08.24	**감사의견**	적정(보명)	**계 열**	
결 산 기	12월	**보 통 주**		**종속회사수**	1개사
액 면 가	500원	**우 선 주**		**구 상 호**	

주주구성 (지분율,%)		출자관계 (지분율,%)		주요경쟁사 (외형,%)	
이재춘	40.9	WAPSVIETNAM	100.0	웹스	100
김현진	4.4			세우글로벌	119
(외국인)	1.0			리켐	78

매출구성		비용구성		수출비중	
GELAST, TUFION	74.1	매출원가율	74.5	수출	16.6
WoodSquare	25.9	판관비율	23.3	내수	83.4

회사 개요

동사는 건자재 신제품 생산 공정 확보 및 경영컨설팅을 통한 신규사업 발굴과 기존사업과의 시너지 창출을 위해 2015년 9월 11일 설립됨. 고분자 신소재 개발기술을 바탕으로, 자동차 내장재용, 건축용 외장재 등 고부가 신소재를 제조하여 판매함. 주요제품의 매출액 비중은 2016년 3분기 Compound 76.22%, 건축용외장재 23.78%로 나누어짐. 시장점유율은 자동차용 소재 56%, 건축용 소재 18%를 차지하고 있음.

실적 분석

동사의 2017년 연결기준 누적 매출액과 영업이익은 전년동기대비 각각 12.6% 증가, 65.1% 감소한 306.8억원, 6.6억원을 기록함. 매출원가가 크게 증가하며 수익성이 큰 폭으로 악화됨. 비영업손익이 적자전환하며 당기순이익은 적자전환함. 자동차용소재 전방산업 환경이 비우호적으로 변화함에 따라 연구개발에 따른 신제품 매출 가시화 등의 성장 모멘텀이 필요한 상황.

현금 흐름 <단위 : 억원>

항목	2016	2017
영업활동	36	-6
투자활동	-76	-30
재무활동	11	29
순현금흐름	-28	-10
기말현금	123	113

시장 대비 수익률

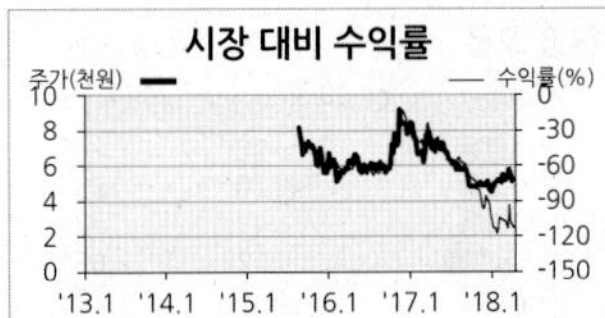

결산 실적 <단위 : 억원>

항목	2012	2013	2014	2015	2016	2017
매출액	326	281	279	278	273	307
영업이익	28	36	43	33	19	7
당기순이익	30	31	33	27	19	-8

분기 실적 <단위 : 억원>

항목	2016.3Q	2016.4Q	2017.1Q	2017.2Q	2017.3Q	2017.4Q
매출액	63	79	58	86	78	85
영업이익	2	2	0	6	-1	2
당기순이익	0	5	-7	6	-1	-5

재무 상태 <단위 : 억원>

항목	2012	2013	2014	2015	2016	2017
총자산	236	278	365	619	663	660
유형자산	106	127	158	254	303	272
무형자산	0	0	28	28	26	23
유가증권	1	1	1	1	2	3
총부채	112	144	160	238	261	271
총차입금	77	114	120	199	210	240
자본금	11	10	23	34	34	34
총자본	124	134	205	381	401	390
지배주주지분	124	134	205	381	401	390

기업가치 지표

항목	2012	2013	2014	2015	2016	2017
주가(최고/저)(천원)	—/—	—/—	—/—	8.4/5.5	9.2/5.1	8.9/4.4
PER(최고/저)(배)	0.0/0.0	0.0/0.0	0.0/0.0	18.1/11.9	32.3/18.0	—/—
PBR(최고/저)(배)	0.0/0.0	0.0/0.0	0.0/0.0	1.5/1.0	1.6/0.9	1.6/0.8
EV/EBITDA(배)	1.0	1.2	0.7	7.9	12.9	10.7
EPS(원)	759	695	703	466	284	-113
BPS(원)	55,382	59,862	4,028	5,559	5,858	5,687
CFPS(원)	21,737	19,525	1,057	837	712	361
DPS(원)	—	—	—	—	—	—
EBITDAPS(원)	20,478	21,877	1,255	950	703	571

재무 비율 <단위 : %>

연도	영업이익률	순이익률	부채비율	차입금비율	ROA	ROE	유보율	자기자본비율	EBITDA마진율
2017	2.2	-2.5	69.5	61.5	-1.2	-2.0	1,037.4	59.0	12.7
2016	6.9	7.1	65.1	52.4	3.0	5.0	1,071.7	60.6	17.7
2015	12.0	9.6	62.5	52.4	5.4	9.1	1,011.9	61.6	19.7
2014	15.3	11.9	78.3	58.5	10.4	19.6	789.5	56.1	21.3

웹젠 (A069080)

Webzen

업 종 : 게임 소프트웨어 | 시 장 : KOSDAQ
신용등급 : (Bond) — (CP) — | 기업규모 : 우량
홈페이지 : company.webzen.com | 연 락 처 : 031)627-6600
본 사 : 경기도 성남시 분당구 판교로 242(삼평동, 판교디지털콘텐츠파크 B동)

설 립 일	2000.04.28	**종업원수**	555명	**대 표 이 사**	김태영
상 장 일	2003.05.23	**감사의견**	적정(삼일)	**계 열**	
결 산 기	12월	**보 통 주**		**종속회사수**	11개사
액 면 가	500원	**우 선 주**		**구 상 호**	

주주구성 (지분율,%)		출자관계 (지분율,%)		주요경쟁사 (외형,%)	
김병관	26.7	웹젠체리힐	100.0	웹젠	100
FunGame International Limited	19.2	더사랑	100.0	엔씨소프트	1,058
(외국인)	26.8	웹젠온네트	86.0	컴투스	306

매출구성		비용구성		수출비중	
[게임 개발 및 서비스]뮤(주1)	81.0	매출원가율	0.0	수출	35.1
[게임 개발 및 서비스]Webzen.com 외	6.0	판관비율	73.5	내수	64.9
[게임 개발 및 서비스]R2	5.0				

회사 개요

2000년 4월 설립된 온라인게임 개발사. 대표 게임은 뮤온라인으로 2000년 초반 중국 게임 한류를 이끎. 이후 C9, R2, 썬, 아크로드, 배터리, 메틴1,2 등의 게임을 출시하였음. 2016년 3월 기준 최대주주는 김병관 의장, 2대주주는 NHN엔터였으나 중국의 '펀게임'에게 전량 매도. 웹젠의 중국시장 개발, 퍼블리싱 시너지 효과 기대. 신작 뮤레전드의 외의 다른 신작 흥행은 부재.

실적 분석

동사의 2017년 연간 매출액은 전년 대비 24.4% 감소한 1,662.7억원 기록. 영업이익은 전년대비 23% 감소한 440.1억원을 기록했으며 당기순이익은 전년대비 33.2% 감소한 299.6억원을 기록함. 향후 자체 플랫폼 유저 DB를 활용한 크로스 프로모션 등을 통해 자사의 온라인게임 IP를 활용한 게임의 북미, 유럽 진출을 가속화 할 계획임. 2018년 상반기 신작 게임 '뮤 오리진2'를 국내 및 중국/대만 시장에 출시 예정.

현금 흐름 <단위 : 억원>

항목	2016	2017
영업활동	574	481
투자활동	-407	-134
재무활동	-152	-104
순현금흐름	17	240
기말현금	283	524

시장 대비 수익률

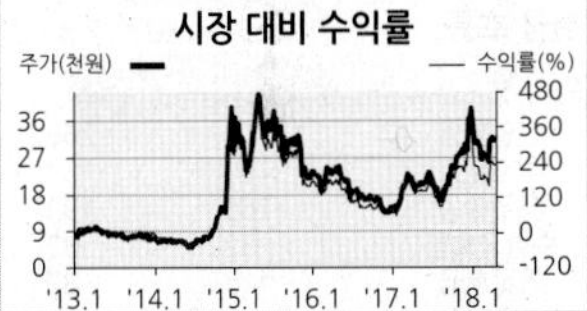

결산 실적 <단위 : 억원>

항목	2012	2013	2014	2015	2016	2017
매출액	573	721	735	2,422	2,200	1,663
영업이익	85	28	142	747	572	440
당기순이익	24	18	84	602	449	300

분기 실적 <단위 : 억원>

항목	2016.3Q	2016.4Q	2017.1Q	2017.2Q	2017.3Q	2017.4Q
매출액	486	574	431	437	358	436
영업이익	99	156	109	112	75	144
당기순이익	78	134	74	100	28	97

재무 상태 <단위 : 억원>

항목	2012	2013	2014	2015	2016	2017
총자산	1,590	1,576	1,603	2,777	3,017	3,235
유형자산	224	287	307	312	329	411
무형자산	555	631	552	466	421	405
유가증권	241	130	105	718	1,278	1,435
총부채	334	278	208	768	620	540
총차입금	31	—	8	13	—	5
자본금	177	177	177	177	177	177
총자본	1,256	1,297	1,395	2,009	2,397	2,695
지배주주지분	1,256	1,297	1,394	1,998	2,390	2,692

기업가치 지표

항목	2012	2013	2014	2015	2016	2017
주가(최고/저)(천원)	15.5/7.1	10.6/6.8	39.8/5.0	43.0/20.2	25.0/13.2	39.5/14.1
PER(최고/저)(배)	241.0/110.8	203.1/131.1	168.2/20.9	25.1/11.8	19.5/10.3	46.1/16.4
PBR(최고/저)(배)	3.2/1.5	2.2/1.4	7.9/1.0	6.4/3.0	3.1/1.7	4.5/1.6
EV/EBITDA(배)	15.4	23.3	45.2	8.5	5.4	22.4
EPS(원)	64	52	236	1,713	1,280	857
BPS(원)	4,844	4,859	5,064	6,748	8,007	8,863
CFPS(원)	219	258	451	1,920	1,525	1,108
DPS(원)	—	—	—	—	—	—
EBITDAPS(원)	397	285	618	2,323	1,865	1,497

재무 비율 <단위 : %>

연도	영업이익률	순이익률	부채비율	차입금비율	ROA	ROE	유보율	자기자본비율	EBITDA마진율
2017	26.5	18.0	20.1	0.2	9.6	11.9	1,672.7	83.3	31.8
2016	26.0	20.4	25.9	0.0	15.5	20.6	1,501.3	79.4	29.9
2015	30.9	24.9	38.2	0.7	27.5	35.7	1,249.5	72.3	33.9
2014	19.4	11.5	15.0	0.6	5.3	6.2	912.8	87.0	29.7

위닉스 (A044340)

Winix

업　　종 : 내구소비재　　시　　장 : KOSDAQ
신용등급 : (Bond) —　　(CP) —　　기업규모 : 중견
홈페이지 : www.e-winix.co.kr　　연 락 처 : 031)499-5085
본　　사 : 경기도 시흥시 공단1대로 295 시화공단 3나 607호

설립일	1986.09.22	종업원수	502명	대표이사	윤희종,윤철민
상장일	2000.10.24	감사의견	적정(신성)	계열	
결산기	12월	보통주		종속회사수	5개사
액면가	500원	우선주		구상호	

주주구성 (지분율,%)		출자관계 (지분율,%)		주요경쟁사 (외형,%)	
윤희종	30.5	유원전자(소주)유한공사	100.0	위닉스	100
윤철민	19.6	WINIXAMERICA	100.0	LG전자	23,548
(외국인)	1.3	WINIXEUROPEBV	100.0	신일산업	55

매출구성		비용구성		수출비중	
공조기군	61.9	매출원가율	76.0	수출	27.3
EVAPORATOR	12.6	판관비율	17.4	내수	72.7
정수기군	10.3				

회사 개요

동사는 1986년에 설립되어 냉각기 및 공기청정기, 정수기, 팬히터, Air 정수기, 제습기 등 친환경 생활가전 제품과 냉장고, 에어컨용 열교환기를 생산하는 판매하는 업체임. 동사는 30년간 열교환기를 제조한 업체로 제습기와 에어컨의 계절적 수요변화에 대응하기 위해 팬히터, 에어워셔 등 겨울용상품과 공기청정기, 정수기 등으로 제품을 확대하고 있음. 최근 미세먼지 이슈로 공기청정기 수요가 증가하고 있음.

실적 분석

동사의 2017년 매출과 영업이익은 2607억원, 173억원으로 전년 대비 각각 22.3%, 592% 증가함. 당기순이익은 113억원으로 흑자전환함. 내수시장에서의 미세먼지 이슈로 수요가 급증한 공기청정기 매출 증가와 미국시장에서의 공기청정기 수출증가 등으로 공기청정기 매출이 전년대비 168% 증가함에 따라 제품매출총액(별도기준)이 27% 성장한 1980억원을 달성함.

현금 흐름

<단위 : 억원>

항목	2016	2017
영업활동	263	266
투자활동	-50	-154
재무활동	-265	-139
순현금흐름	-52	-32
기말현금	114	82

시장 대비 수익률

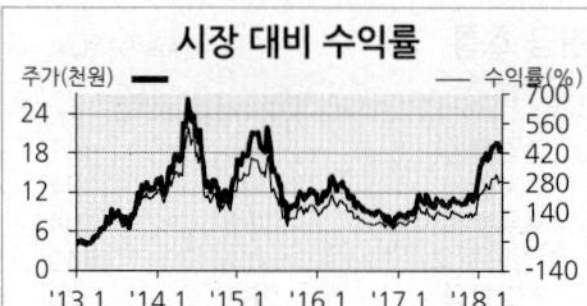

결산 실적

<단위 : 억원>

항목	2012	2013	2014	2015	2016	2017
매출액	1,921	2,578	2,632	1,975	2,132	2,607
영업이익	42	206	97	-108	25	173
당기순이익	54	151	58	-171	-139	113

분기 실적

<단위 : 억원>

항목	2016.3Q	2016.4Q	2017.1Q	2017.2Q	2017.3Q	2017.4Q
매출액	537	377	532	791	732	552
영업이익	-26	0	44	83	41	5
당기순이익	-103	-69	26	75	22	-10

재무 상태

<단위 : 억원>

항목	2012	2013	2014	2015	2016	2017
총자산	1,040	1,504	2,794	2,369	2,053	2,010
유형자산	360	395	689	660	624	644
무형자산	12	12	535	494	436	435
유가증권	141	135	29	7	7	9
총부채	412	729	1,540	1,315	1,137	1,035
총차입금	248	278	1,231	1,054	807	686
자본금	64	64	82	82	82	82
총자본	628	775	1,254	1,054	916	975
지배주주지분	628	775	1,254	1,054	916	975

기업가치 지표

항목	2012	2013	2014	2015	2016	2017
주가(최고/저)(천원)	4.5/2.8	13.7/4.0	26.5/10.0	22.1/7.9	14.5/7.2	13.8/8.0
PER(최고/저)(배)	11.4/6.9	12.1/3.5	66.7/25.1	—/—	—/—	19.9/11.7
PBR(최고/저)(배)	1.0/0.6	2.3/0.7	3.2/1.2	3.1/1.1	2.3/1.1	1.9/1.1
EV/EBITDA(배)	5.6	6.6	20.5	—	18.4	11.3
EPS(원)	419	1,174	409	-1,046	-849	692
BPS(원)	4,998	6,131	8,625	7,399	6,558	7,100
CFPS(원)	901	1,656	886	-515	-321	1,181
DPS(원)	50	100	100	—	50	200
EBITDAPS(원)	807	2,082	1,158	-127	680	1,545

재무 비율

<단위 : %>

연도	영업이익률	순이익률	부채비율	차입금비율	ROA	ROE	유보율	자기자본비율	EBITDA마진율
2017	6.6	4.3	106.1	70.4	5.6	12.0	1,320.0	48.5	9.7
2016	1.2	-6.5	124.1	88.1	-6.3	-14.1	1,211.6	44.6	5.2
2015	-5.5	-8.7	124.8	100.0	-6.6	-14.8	1,379.8	44.5	-1.1
2014	3.7	2.2	122.8	98.2	2.7	5.8	1,624.9	44.9	6.3

위메이드엔터테인먼트 (A112040)

Wemade Entertainment

업　　종 : 게임 소프트웨어　　시　　장 : KOSDAQ
신용등급 : (Bond) —　　(CP) —　　기업규모 : 우량
홈페이지 : www.wemade.com, corp.wemade.co　　연 락 처 : 02)3709-2000
본　　사 : 경기도 성남시 분당구 대왕판교로 644번길 49 위메이드타워

설립일	2000.02.10	종업원수	50명	대표이사	장현국
상장일	2009.12.18	감사의견	적정(한영)	계열	
결산기	12월	보통주		종속회사수	12개사
액면가	500원	우선주		구상호	

주주구성 (지분율,%)		출자관계 (지분율,%)		주요경쟁사 (외형,%)	
박관호	46.8	전기아이피	100.0	위메이드	100
KB자산운용	5.0	이보게임즈	100.0	넥슨지티	45
(외국인)	4.8	위메이드넥스트	85.5	선데이토즈	66

매출구성		비용구성		수출비중	
기타라이선스	27.6	매출원가율	0.0	수출	67.6
로스트사가 외	24.2	판관비율	94.5	내수	32.4
캐주얼게임	22.5				

회사 개요

동사는 2000년 설립된 온라인 및 모바일게임 개발 회사임. 창립 초기 정통 MMO '미르의 전설2', '미르의전설3' 등을 개발하며 중국 샨다게임즈를 통해 서비스하였음. 2010년부터 모바일게임 개발회사를 설립하고 적극적인 투자 진행. 윈드러너, 캔디팡의 흥행으로 모바일게임 개발사로 변모하였음. 2017년말 기준 18개의 연결 자회사를 보유하고 있음. 신규로 5개 기업을 편입함.

실적 분석

동사의 2017년 연결기준 연간 매출액은 1,095.7억원으로 전년 대비 소폭 증가함. 라이센스 매출 증가 및 지속적인 비용절감 활동으로 영업이익은 59.8억원으로 전년대비 44.7% 증가함. 당기순손실은 카카오 및 넥스트플로어 지분매각을 통한 영업외 금융이익 반영으로 8.9억원보이며 전년 대비 적자폭이 큰폭으로 감소함. 상반기에는 '미르의 전설2' 및 '미르의 전설3-ei' 사업 부문을 물적분할하여 ㈜전기아이피를 설립함.

현금 흐름

<단위 : 억원>

항목	2016	2017
영업활동	96	-88
투자활동	-170	851
재무활동	43	-77
순현금흐름	-12	651
기말현금	620	1,271

시장 대비 수익률

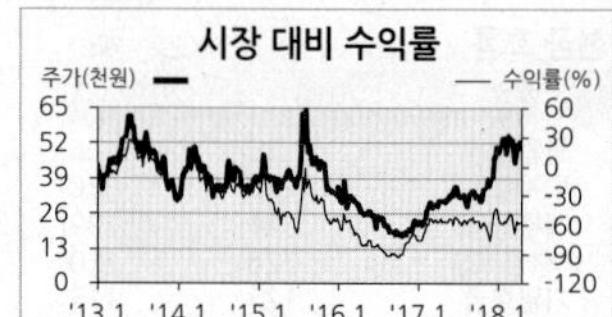

결산 실적

<단위 : 억원>

항목	2012	2013	2014	2015	2016	2017
매출액	1,199	2,274	1,627	1,266	1,080	1,096
영업이익	-20	123	-315	-117	41	60
당기순이익	-79	123	2,063	-1,239	-730	-9

분기 실적

<단위 : 억원>

항목	2016.3Q	2016.4Q	2017.1Q	2017.2Q	2017.3Q	2017.4Q
매출액	278	223	338	222	244	291
영업이익	40	-4	24	-28	10	54
당기순이익	-221	-90	-25	-1	30	-14

재무 상태

<단위 : 억원>

항목	2012	2013	2014	2015	2016	2017
총자산	3,606	3,694	5,420	4,935	4,033	4,533
유형자산	246	661	626	567	528	494
무형자산	996	953	404	261	155	195
유가증권	756	739	3,168	2,998	2,254	1,345
총부채	217	254	738	787	552	1,113
총차입금	—	—	—	139	120	141
자본금	87	87	87	87	87	87
총자본	3,389	3,440	4,682	4,148	3,482	3,420
지배주주지분	2,759	2,742	4,030	3,594	2,939	2,961

기업가치 지표

항목	2012	2013	2014	2015	2016	2017
주가(최고/저)(천원)	62.1/33.1	62.9/29.9	50.9/30.7	64.5/31.4	38.3/17.6	51.0/21.0
PER(최고/저)(배)	—/—	334,177.1/159,156.3	4.2/2.5	—/—	—/—	88.0/36.6
PBR(최고/저)(배)	3.8/2.0	3.9/1.9	2.2/1.3	3.1/1.5	2.2/1.0	2.8/1.2
EV/EBITDA(배)	121.0	23.0	—	—	28.2	53.6
EPS(원)	-255	0	12,608	-6,390	-4,224	580
BPS(원)	16,888	16,801	24,347	21,927	18,029	18,071
CFPS(원)	225	613	13,300	-5,771	-3,737	955
DPS(원)	—	—	—	—	600	600
EBITDAPS(원)	363	1,347	-1,180	-75	732	732

재무 비율

<단위 : %>

연도	영업이익률	순이익률	부채비율	차입금비율	ROA	ROE	유보율	자기자본비율	EBITDA마진율
2017	5.5	-0.8	32.5	4.1	-0.2	3.3	3,397.6	75.5	11.2
2016	3.8	-67.6	15.8	3.4	-16.3	-21.7	3,389.5	86.3	11.4
2015	-9.2	-97.9	19.0	3.3	-23.9	-28.2	4,143.9	84.1	-1.0
2014	-19.3	126.8	15.8	0.0	45.3	62.6	4,612.2	86.4	-12.2

위세아이텍 (A065370)

WISE iTech

업 종 : IT 서비스
시 장 : KONEX
신용등급 : (Bond) — (CP) —
기업규모 : —
홈페이지 : www.wise.co.kr
연 락 처 : 02)6246-1400
본 사 : 경기도 성남시 분당구 판교로 253 이노벨리C동 5층

설립일	1990.09.27	**종업원수**	명	**대표이사**	김종현
상장일	2018.04.02	**감사의견**	적정(우리)	**계열**	
결산기	12월	**보통주**		**종속회사수**	
액면가	—	**우선주**		**구상호**	

주주구성 (지분율,%)		출자관계 (지분율,%)		주요경쟁사 (외형,%)	
김종현	36.1			위세아이텍	100
김영진	5.3			에프앤가이드	58
				바른테크놀로지	126

매출구성		비용구성		수출비중	
용역	69.0	매출원가율	73.2	수출	0.2
WISE DQ	16.1	판관비율	20.2	내수	99.8
WISE OLAP	10.5				

회사 개요

동사는 응용소프트웨어 개발 및 공급업을 주요 사업으로 영위하는 업체로 1990년 9월 27일에 설립됨. 동사는 총 7개의 제품라인을 구성하여 AI운용, 빅데이터 분석, 데이터 품질, 공공데이터 개방, 클라우드 사업분야를 진출하고 있음. 동사가 속한 산업은 경쟁이 치열하나 현재 SW산업/데이터베이스산업 관련 정부 정책은 4차산업 혁명 관련 각종 지원 사업과 독려 정책을 통해 매우 긍정적으로 판단됨.

실적 분석

동사의 2017년 연간 매출액은 전년동기대비 5.6% 하락한 161.8억원을 기록하였음. 비용면에서 전년동기대비 매출원가는 감소 하였으며 인건비도 감소, 광고선전비도 감소, 기타판매비와관리비도 마찬가지로 크게 감소함. 이와 같이 매출액은 전년동기 크게 성장하지 않았으나 이에 비해서 전년동기대비 영업이익은 10.6억원으로 46.8% 상승 하였음. 아마 매출원가의 감소효과가 달성한 매출액 대비 컸기 때문이라 판단됨.

현금 흐름 *IFRS 별도 기준 〈단위 : 억원〉

항목	2016	2017
영업활동	6	18
투자활동	-1	-12
재무활동	-11	-11
순현금흐름	-7	-4
기말현금	13	9

시장 대비 수익률

결산 실적 〈단위 : 억원〉

항목	2012	2013	2014	2015	2016	2017
매출액	102	120	—	168	171	162
영업이익	9	13	13	3	7	11
당기순이익	5	7	7	12	8	12

분기 실적 *IFRS 별도 기준 〈단위 : 억원〉

항목	2016.3Q	2016.4Q	2017.1Q	2017.2Q	2017.3Q	2017.4Q
매출액	—	—	—	—	—	—
영업이익	—	—	—	—	—	—
당기순이익	—	—	—	—	—	—

재무 상태 *IFRS 별도 기준 〈단위 : 억원〉

항목	2012	2013	2014	2015	2016	2017
총자산	107	110	125	106	93	107
유형자산	36	42	51	43	41	35
무형자산	15	17	16	2	2	1
유가증권	3	3	4	3	3	4
총부채	50	48	58	53	33	37
총차입금	39	30	33	25	16	6
자본금	17	17	17	17	17	17
총자본	57	62	67	54	60	70
지배주주지분	57	62	67	54	60	70

기업가치 지표 *IFRS 별도 기준

항목	2012	2013	2014	2015	2016	2017
주가(최고/저)(천원)	—/—	—/—	—/—	—/—	—/—	—/—
PER(최고/저)(배)	0.0/0.0	0.0/0.0	0.0/0.0	0.0/0.0	0.0/0.0	0.0/0.0
PBR(최고/저)(배)	0.0/0.0	0.0/0.0	0.0/0.0	0.0/0.0	0.0/0.0	0.0/0.0
EV/EBITDA(배)	2.3	1.1	1.3	0.6	0.0	—
EPS(원)	150	194	207	349	222	341
BPS(원)	1,670	1,834	1,980	1,576	1,758	2,059
CFPS(원)	323	323	399	442	306	398
DPS(원)	—	—	—	—	—	—
EBITDAPS(원)	448	525	570	167	296	367

재무 비율 〈단위 : %〉

연도	영업이익률	순이익률	부채비율	차입금비율	ROA	ROE	유보율	자기자본비율	EBITDA마진율
2017	6.5	7.2	52.9	8.6	11.6	17.9	311.9	65.4	7.7
2016	4.2	4.4	54.9	26.1	7.6	13.3	251.6	64.6	5.9
2015	1.5	7.1	98.7	47.1	—	—	215.2	50.3	3.4
2014	7.7	4.2	85.9	49.0	6.0	10.8	296.1	53.8	11.7

위스컴 (A024070)

Wiscom

업 종 : 화학
시 장 : 거래소
신용등급 : (Bond) — (CP) —
기업규모 : 시가총액 소형주
홈페이지 : www.wiscom.co.kr
연 락 처 : 031)495-1181
본 사 : 경기도 안산시 단원구 강촌로 237 (목내동)

설립일	1978.05.09	**종업원수**	249명	**대표이사**	구영일
상장일	1996.10.20	**감사의견**	적정(삼영)	**계열**	
결산기	12월	**보통주**		**종속회사수**	1개사
액면가	500원	**우선주**		**구상호**	

주주구성 (지분율,%)		출자관계 (지분율,%)		주요경쟁사 (외형,%)	
구조웅	30.6	위스텍	15.0	WISCOM	100
신영자산운용	10.7	위사강공경소료(무석)유한공사	100.0	한솔씨앤피	39
(외국인)	6.6			진양산업	38

매출구성		비용구성		수출비중	
PVC COMPOUND 등	69.6	매출원가율	94.5	수출	3.2
PVC COMPOUND등	21.3	판관비율	5.2	내수	96.8
PVC RESIN 등	8.8				

회사 개요

동사는 1978년 5월 우신산업주식회사로 설립됐으며, 화학합성수지 물질제조 및 가공판매업, 플라스틱 제품제조/가공판매업을 영위하고 있음. 동사는 LG화학의 협력업체로, LG화학의 컴파운딩 가공을 대행함. 동사가 생산하는 합성수지는 주요 원재료(PVC, PE, PP, PC, PS 등)에 각종 첨가물을 배합해 수요처의 물성요구에 부합하는 중간제품을 말하며, 생산된 제품은 전력용, 통신용 케이블, 내장재, 건축용자재, 호스, 생활용품 등에 사용됨.

실적 분석

동사의 2017년 연간 매출액은 전년동기대비 13.1% 하락한 1,168.5억원을 기록하였음. 비용면에서 전년동기대비 매출원가는 감소 하였으며 인건비는 증가 했고 기타판매비와 관리비는 감소함. 주춤한 모습의 매출액에 의해 전년동기대비 영업이익은 3.4억원으로 77.2% 크게 하락 하였음. 최종적으로 전년동기대비 당기순이익은 크게 하락하여 0.7억원을 기록함. 외환손익 등 비영업손익 부분에서 적자전환한것이 영향을 미친것으로 보임.

현금 흐름 〈단위 : 억원〉

항목	2016	2017
영업활동	53	50
투자활동	-28	-83
재무활동	-15	-13
순현금흐름	11	-46
기말현금	79	33

시장 대비 수익률

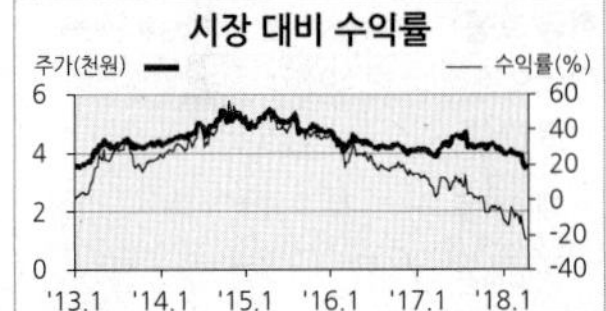

결산 실적 〈단위 : 억원〉

항목	2012	2013	2014	2015	2016	2017
매출액	1,653	1,508	1,430	1,411	1,345	1,168
영업이익	76	63	54	22	15	3
당기순이익	73	49	55	28	19	1

분기 실적 〈단위 : 억원〉

항목	2016.3Q	2016.4Q	2017.1Q	2017.2Q	2017.3Q	2017.4Q
매출액	322	336	304	278	306	281
영업이익	0	0	1	0	2	1
당기순이익	-4	7	-2	3	2	-3

재무 상태 〈단위 : 억원〉

항목	2012	2013	2014	2015	2016	2017
총자산	1,338	1,306	1,340	1,306	1,338	1,297
유형자산	407	395	411	426	415	414
무형자산	20	19	19	18	15	13
유가증권	7	7	6	53	37	1
총부채	170	132	152	127	155	132
총차입금	—	—	—	—	—	—
자본금	75	75	75	75	75	75
총자본	1,168	1,174	1,188	1,179	1,182	1,165
지배주주지분	1,168	1,174	1,188	1,179	1,182	1,165

기업가치 지표

항목	2012	2013	2014	2015	2016	2017
주가(최고/저)(천원)	3.6/3.1	4.5/3.5	5.5/4.2	5.5/4.5	4.7/4.0	4.7/3.9
PER(최고/저)(배)	9.4/8.2	16.3/12.9	16.6/13.0	31.9/26.2	39.4/32.9	1,113.4/915.9
PBR(최고/저)(배)	0.6/0.5	0.7/0.5	0.8/0.6	0.8/0.6	0.6/0.5	0.6/0.5
EV/EBITDA(배)	2.3	3.4	4.3	6.9	4.4	4.2
EPS(원)	489	328	367	186	126	4
BPS(원)	7,774	7,812	7,908	7,847	7,868	7,754
CFPS(원)	661	506	545	376	321	200
DPS(원)	300	300	250	150	100	—
EBITDAPS(원)	681	594	535	333	293	218

재무 비율 〈단위 : %〉

연도	영업이익률	순이익률	부채비율	차입금비율	ROA	ROE	유보율	자기자본비율	EBITDA마진율
2017	0.3	0.1	11.4	0.0	0.1	0.1	1,450.9	89.8	2.8
2016	1.1	1.4	13.1	0.0	1.4	1.6	1,473.5	88.4	3.3
2015	1.5	2.0	10.8	0.0	2.1	2.4	1,469.5	90.3	3.6
2014	3.8	3.9	12.8	0.0	4.2	4.7	1,481.7	88.7	5.6

위월드 (A140660)

WIWORLD

업　　종 : 자동차부품　　시　　장 : KONEX
신용등급 : (Bond) —　(CP) —　　기업규모 : —
홈페이지 : www.wiworld.co.kr　　연 락 처 : 042)630-0600
본　　사 : 대전시 유성구 테크노7로 32-4

설 립 일	2000.07.07	**종업원수**	52명	**대표이사**	박찬구
상 장 일	2013.12.26	**감사의견**	적정(태영)	**계　열**	
결 산 기	12월	**보 통 주**		**종속회사수**	
액 면 가	—	**우 선 주**		**구　상　호**	

주주구성 (지분율,%)		출자관계 (지분율,%)		주요경쟁사 (외형,%)	
박찬구	65.1	대덕벤처타워	5.5	위월드	100
남미정	9.6			미동앤씨네마	372
				팅크웨어	2,613

매출구성		비용구성		수출비중	
VM200P	52.4	매출원가율	77.3	수출	47.9
LP416P	18.8	판관비율	35.0	내수	52.1
해양용안테나 로열티	14.9				

회사 개요

동사는 2000년 7월 7일에 설립되었으며 위성 안테나 제조 등을 전문적으로 수행하는 기업임. 주요 사업분야는 위성을 이용한 MSS(Mobile Satellite Service) 제공 무선 안테나 장비 제조임. 주요 제품 제조 기술력을 근간으로, 국방산업, 위성하이브리드 시스템 등 사업영역을 지속적으로 확장하고 있음. 동사는 기술혁신형 중소기업에 해당됨. 현재 독자적인 브랜드 인지도를 구축해 전 세계 27개국에 제품을 수출하고 있음.

실적 분석

동사의 2017년 매출액은 75.7억원을 기록하였음. 영업손익은 9.3억원을 시현. 당기순손실도 9.6억원으로 적자를 이어갔음. 사업 다각화로 국방부문과 IT융합부문의 매출 확대가 수익성 개선도 이끌었음. 국내 시장 다변화와 적극적인 해외 시장 개척으로 시장 점유율이 커질 것으로 전망됨. 동사는 2011년부터 외주 생산을 늘리고 신규 제품 및 고부가가치 위주의 제품에 집중함.

현금 흐름 *IFRS 별도 기준 〈단위 : 억원〉

항목	2016	2017
영업활동	27	4
투자활동	-1	-1
재무활동	-23	1
순현금흐름	3	4
기말현금	16	20

시장 대비 수익률

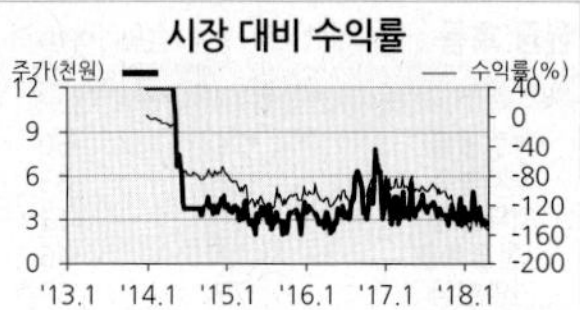

결산 실적 〈단위 : 억원〉

항목	2012	2013	2014	2015	2016	2017
매출액	105	80	93	123	104	76
영업이익	12	1	-5	22	14	-9
당기순이익	10	-10	-13	21	13	-10

분기 실적 *IFRS 별도 기준 〈단위 : 억원〉

항목	2016.3Q	2016.4Q	2017.1Q	2017.2Q	2017.3Q	2017.4Q
매출액	—	—	—	—	—	—
영업이익	—	—	—	—	—	—
당기순이익	—	—	—	—	—	—

재무 상태 *IFRS 별도 기준 〈단위 : 억원〉

항목	2012	2013	2014	2015	2016	2017
총자산	149	138	137	120	110	102
유형자산	42	44	41	39	38	37
무형자산	37	26	12	7	4	2
유가증권	—	—	10	1	4	1
총부채	43	43	55	67	43	44
총차입금	33	36	46	58	35	36
자본금	13	15	15	15	15	15
총자본	105	95	83	54	67	58
지배주주지분	105	95	83	54	67	58

기업가치 지표 *IFRS 별도 기준

항목	2012	2013	2014	2015	2016	2017
주가(최고/저)(천원)	—/—	13.4/12.0	12.0/3.2	4.7/1.7	8.0/2.0	5.7/2.3
PER(최고/저)(배)	0.0/0.0	—/—	—/—	6.4/2.3	15.3/3.8	—/—
PBR(최고/저)(배)	0.0/0.0	4.3/3.9	4.5/1.2	2.2/0.8	3.0/0.7	2.5/1.0
EV/EBITDA(배)	0.9	31.5	20.8	4.7	5.8	—
EPS(원)	349	-337	-430	742	522	-384
BPS(원)	4,081	3,093	2,678	2,163	2,700	2,325
CFPS(원)	833	-34	-116	1,016	759	-227
DPS(원)	—	—	—	—	—	—
EBITDAPS(원)	937	340	166	1,059	809	-218

재무 비율 〈단위 : %〉

연도	영업이익률	순이익률	부채비율	차입금비율	ROA	ROE	유보율	자기자본비율	EBITDA마진율
2017	-12.3	-12.6	75.7	62.3	-9.0	-15.3	275.1	56.9	-7.2
2016	13.7	12.5	64.4	52.1	11.3	21.5	335.6	60.8	19.3
2015	17.7	16.7	123.7	106.9	15.9	30.1	248.9	44.7	23.8
2014	-4.9	-14.3	66.4	55.7	-9.6	-14.9	435.6	60.1	5.5

위즈코프 (A038620)

Wiz

업　　종 : 운송인프라　　시　　장 : KOSDAQ
신용등급 : (Bond) —　(CP) —　　기업규모 : 벤처
홈페이지 : www.wizcorp.co.kr　　연 락 처 : 02)2007-0300
본　　사 : 서울시 강남구 봉은사로 429, 8층 (삼성동, 위즈빌딩)

설 립 일	1995.03.06	**종업원수**	47명	**대표이사**	정승환
상 장 일	2000.05.04	**감사의견**	적정(한경)	**계　열**	
결 산 기	12월	**보 통 주**		**종속회사수**	2개사
액 면 가	500원	**우 선 주**		**구　상　호**	위즈정보기술

주주구성 (지분율,%)		출자관계 (지분율,%)		주요경쟁사 (외형,%)	
정승환	18.9	위즈기술투자	100.0	위즈코프	100
에스에이치에셋	9.4	하나나노텍	59.6	현대로템	7,514
(외국인)	2.1			동방	1,395

매출구성		비용구성		수출비중	
주유소	60.2	매출원가율	74.0	수출	0.0
휴게소	34.6	판관비율	23.5	내수	100.0
임대수익	3.3				

회사 개요

동사는 정보시스템 소프트웨어 개발 및 관리용역, 통합서비스업을 주 영업목적으로 1995년 3월 설립되었으며, 2000년 5월 발행주식을 코스닥시장에 상장한 주권상장법인임. 그에 따라 정보시스템 소프트웨어 개발 및 관리용역, 통합서비스업을 주된 사업영역으로 하고 있으며, 2008년 2월 한국도로공사로부터 정읍하행선 고속도로 휴게소 및 주유소의 운영권을 낙찰받아 휴게소 및 주유소의 관리운영을 영위하고 있음.

실적 분석

2017년 연결기준 누적 매출액은 전년 대비 22.4% 증가한 362.7억원을 기록함. 전년대비 IT사업부문 매출비중은 감소하였으며 2015년 10월 신규로 운영권을 취득한 휴게, 주유소로 인해 휴게소 부문 매출액은 증가함. 전지소재 사업 매출이 새로 반영되기 시작하며 외형 확대에 기여함. 지배회사의 매출증가 및 판매관리비 절감에도 불구하고 영업이익은 전년도보다 감소하였고, 자회사의 손실로 인해 당기순이익도 감소함.

현금 흐름 〈단위 : 억원〉

항목	2016	2017
영업활동	13	28
투자활동	-43	-51
재무활동	17	10
순현금흐름	-12	-13
기말현금	59	46

시장 대비 수익률

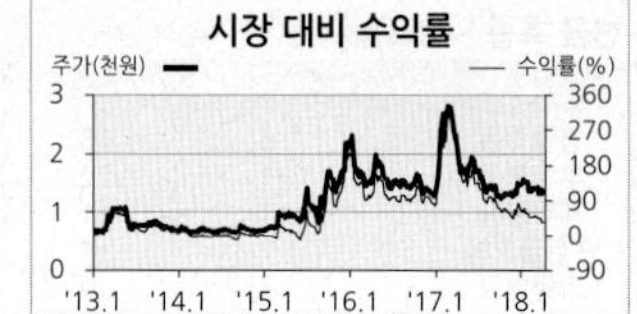

결산 실적 〈단위 : 억원〉

항목	2012	2013	2014	2015	2016	2017
매출액	104	106	111	139	296	363
영업이익	-1	-8	2	3	9	9
당기순이익	4	-16	-2	9	15	12

분기 실적 〈단위 : 억원〉

항목	2016.3Q	2016.4Q	2017.1Q	2017.2Q	2017.3Q	2017.4Q
매출액	77	79	88	92	94	90
영업이익	3	3	2	5	1	1
당기순이익	3	10	3	5	2	2

재무 상태 〈단위 : 억원〉

항목	2012	2013	2014	2015	2016	2017
총자산	322	378	378	361	437	459
유형자산	191	190	190	197	240	230
무형자산	0	—	—	—	9	6
유가증권	75	136	67	45	66	119
총부채	12	61	61	17	53	48
총차입금	—	43	48	—	28	24
자본금	137	137	137	157	168	178
총자본	310	317	317	344	384	412
지배주주지분	310	317	317	344	377	407

기업가치 지표

항목	2012	2013	2014	2015	2016	2017
주가(최고/저)(천원)	1.1/0.6	1.2/0.6	0.8/0.6	2.2/0.7	2.3/1.2	3.0/1.2
PER(최고/저)(배)	83.0/45.6	—/—	—/—	78.0/24.4	51.9/27.5	71.9/29.3
PBR(최고/저)(배)	0.9/0.5	0.9/0.5	0.7/0.5	1.9/0.6	2.0/1.0	2.5/1.0
EV/EBITDA(배)	—	—	17.0	113.6	26.4	16.7
EPS(원)	13	-55	-7	29	45	42
BPS(원)	1,293	1,317	1,316	1,234	1,255	1,269
CFPS(원)	18	-52	-3	40	60	96
DPS(원)	—	—	—	—	—	45
EBITDAPS(원)	-27	-2	22	19	47	80

재무 비율 〈단위 : %〉

연도	영업이익률	순이익률	부채비율	차입금비율	ROA	ROE	유보율	자기자본비율	EBITDA마진율
2017	2.6	3.3	11.6	5.9	2.7	3.7	153.8	89.6	7.4
2016	3.1	5.1	13.9	7.3	3.8	4.2	151.0	87.8	5.0
2015	2.4	6.3	4.9	0.0	2.4	2.6	146.9	95.3	4.0
2014	1.6	-1.9	19.2	15.2	-0.6	-0.7	163.2	83.9	5.5

위지트 (A036090)

wizit

업　　종 : 디스플레이 및 관련부품
신용등급 : (Bond) —　　(CP) —
홈페이지 : www.wizit.co.kr
본　　사 : 인천시 남동구 남동서로 187(고잔동, 58B/5L)
시　　장 : KOSDAQ
기업규모 : 중견
연 락 처 : 032)820-9900

설 립 일	1997.02.04	**종업원수**	127명	**대표이사**	김상우
상 장 일	1999.11.24	**감사의견**	적정(유진)	**계　　열**	
결 산 기	12월	**보 통 주**		**종속회사수**	2개사
액 면 가	500원	**우 선 주**		**구 상 호**	

주주구성 (지분율,%)		출자관계 (지분율,%)		주요경쟁사 (외형,%)	
제이에스아이코리아	10.9	베니스1호투자조합	66.7	위지트	100
제이더블유인베스트먼트	6.3	트러스트이투데이컨텐츠투자조합	50.0	베셀	206
(외국인)	1.7	이페이코리아	47.2	휘닉스소재	97

매출구성		비용구성		수출비중	
LCD	92.5	매출원가율	73.8	수출	36.7
반도체	7.2	판관비율	15.5	내수	63.3
기타	0.3				

회사 개요

동사는 LCD 생산부품 및 반도체 생산 부품을 주력제품으로 하는 업체로서 반도체 핵심공정의 소모성 부품의 국산화 개발에 성공함. 동사 제품의 수요자는 크게 LCD 패널 생산업체, 소자 생산 업체, LCD 및 반도체 장비업체로 국내외 다양한 업체를 가지고 있음. 2017년 들어 사업 다각화와 신규사업 진출을 위해 응용소프트웨어 개발·공급업체인 옴니텔(100억원), 전력변환장치 제조 전문업체인 파워넷(170억원)을 인수함.

실적 분석

동사의 2017년 연결 기준 연간 누적 매출액은 전년 동기 대비 21.6% 증가한 391.7억원을 기록함. 매출이 증가하면서 매출원가도 증가하고 판관비도 늘었지만 매출 증가에 따른 고정비용 감소효과로 인해 영업이익은 전년 동기 대비 3.3% 증가한 41.9억원을 기록함. 비영업손익 부문에서 관련기업투자 등 1회성 이익이 증가하면서 당기순이익은 전년 동기 대비 5.9% 증가한 44.7억원을 기록함.

현금 흐름

<단위 : 억원>

항목	2016	2017
영업활동	42	54
투자활동	-74	-283
재무활동	14	188
순현금흐름	-18	-45
기말현금	148	103

시장 대비 수익률

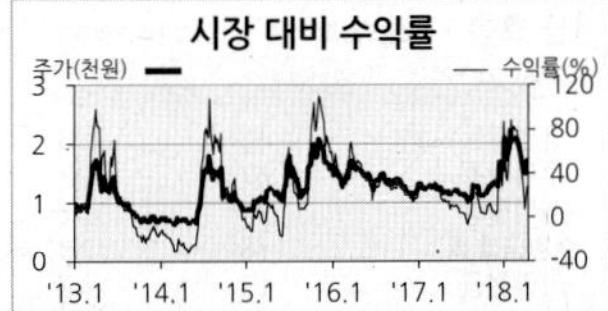

결산 실적

<단위 : 억원>

항목	2012	2013	2014	2015	2016	2017
매출액	261	258	281	321	322	392
영업이익	29	27	32	38	41	42
당기순이익	20	25	30	39	42	45

분기 실적

<단위 : 억원>

항목	2016.3Q	2016.4Q	2017.1Q	2017.2Q	2017.3Q	2017.4Q
매출액	79	93	84	96	109	103
영업이익	9	16	6	10	20	6
당기순이익	3	24	3	12	29	1

재무 상태

<단위 : 억원>

항목	2012	2013	2014	2015	2016	2017
총자산	308	310	480	533	589	859
유형자산	188	185	183	178	171	171
무형자산	16	15	15	14	14	14
유가증권	0	0	—	7	51	49
총부채	163	142	121	136	89	243
총차입금	105	100	65	77	32	148
자본금	194	194	309	309	332	364
총자본	146	168	358	397	500	616
지배주주지분	146	168	358	396	489	606

기업가치 지표

항목	2012	2013	2014	2015	2016	2017
주가(최고/저)(천원)	3.1/0.7	1.7/0.7	1.9/0.6	2.2/0.8	1.7/1.1	2.2/1.0
PER(최고/저)(배)	62.4/14.9	29.0/11.3	27.3/8.7	34.6/13.2	25.5/15.8	35.2/16.2
PBR(최고/저)(배)	8.5/2.0	4.2/1.6	3.3/1.1	3.4/1.3	2.3/1.5	2.6/1.2
EV/EBITDA(배)	13.7	9.5	9.7	17.9	12.3	22.1
EPS(원)	49	60	71	64	68	62
BPS(원)	387	443	588	649	744	839
CFPS(원)	68	99	106	86	87	77
DPS(원)	—	—	—	—	—	—
EBITDAPS(원)	90	104	110	83	80	74

재무 비율

<단위 : %>

연도	영업이익률	순이익률	부채비율	차입금비율	ROA	ROE	유보율	자기자본비율	EBITDA마진율
2017	10.7	11.4	39.4	24.0	6.2	8.2	67.8	71.7	13.5
2016	12.6	13.1	17.8	6.4	7.5	10.2	48.7	84.9	16.4
2015	11.8	12.2	34.3	19.4	7.7	10.6	29.8	74.5	15.9
2014	11.5	10.7	33.9	18.1	7.6	11.5	17.5	74.7	16.7

윈스 (A136540)

Wins

업　　종 : 일반 소프트웨어
신용등급 : (Bond) —　　(CP) —
홈페이지 : www.wins21.co.kr
본　　사 : 경기도 성남시 분당구 판교로228번길 17 2단지 1동 7층(삼평동,판교세븐벤처밸리)
시　　장 : KOSDAQ
기업규모 : 우량
연 락 처 : 031)622-8600

설 립 일	2011.01.05	**종업원수**	389명	**대표이사**	김대연
상 장 일	2011.05.02	**감사의견**	적정(신우)	**계　　열**	
결 산 기	12월	**보 통 주**		**종속회사수**	1개사
액 면 가	500원	**우 선 주**		**구 상 호**	윈스테크넷

주주구성 (지분율,%)		출자관계 (지분율,%)		주요경쟁사 (외형,%)	
금양통신	25.2	시스메이트	57.3	윈스	100
신영자산운용	5.0			알서포트	32
(외국인)	11.2			SGA	136

매출구성		비용구성		수출비중	
[제품]IPS, IDS, DDX 등	47.2	매출원가율	58.0	수출	5.1
[상품]정보보안솔루션	29.8	판관비율	31.6	내수	94.9
[용역]기술지원보안관제	23.0				

회사 개요

동사는 나우콤으로부터 네트워크 보안사업부문의 인적분할을 통하여 2011년 1월 1일에 설립되었으며 2011년 5월 2일에 한국거래소에 재상장함. 정보보안솔루션 개발, 공급 및 네트워크 보안과 관련된 소프트웨어의 개발 등을 주력으로 하는 업체로서 오랜 사업 경험과 노하우, 관련업계 선두 기술력과 경쟁력을 바탕으로 스나이퍼라는 대표 브랜드를 구축함. 8년 연속 네트워크 보안 솔루션 대표기업으로 시장점유율 1위를 기록함.

실적 분석

동사의 2017년 연간 매출액은 전년동기대비 2.1% 소폭 변동한 719.9억원을 기록하였음. 비용면에서 전년동기대비 매출원가는 감소 하였으며 인건비는 증가 했고 광고선전비도 증가, 기타판매비와관리비는 증가함. 주춤한 모습의 매출액에 의해 전년동기대비 영업이익은 74.6억원으로 11.8% 하락 하였음. 최종적으로 전년동기대비 당기순이익은 하락하여 77.2억원을 기록함.

현금 흐름

<단위 : 억원>

항목	2016	2017
영업활동	75	164
투자활동	-226	-70
재무활동	190	-67
순현금흐름	39	26
기말현금	80	106

시장 대비 수익률

결산 실적

<단위 : 억원>

항목	2012	2013	2014	2015	2016	2017
매출액	622	724	688	649	736	720
영업이익	162	124	63	80	85	75
당기순이익	126	128	64	102	88	77

분기 실적

<단위 : 억원>

항목	2016.3Q	2016.4Q	2017.1Q	2017.2Q	2017.3Q	2017.4Q
매출액	214	252	109	193	155	263
영업이익	29	32	1	33	10	31
당기순이익	28	25	2	36	11	29

재무 상태

<단위 : 억원>

항목	2012	2013	2014	2015	2016	2017
총자산	649	843	935	1,021	1,261	1,336
유형자산	139	133	136	130	119	406
무형자산	6	10	8	6	7	38
유가증권	121	223	247	283	418	361
총부채	121	166	202	217	400	394
총차입금	—	—	—	20	237	264
자본금	53	57	57	57	57	57
총자본	528	677	733	804	862	942
지배주주지분	528	677	733	804	862	903

기업가치 지표

항목	2012	2013	2014	2015	2016	2017
주가(최고/저)(천원)	12.3/5.5	20.4/11.9	15.4/6.3	14.3/8.2	11.9/8.5	13.5/11.1
PER(최고/저)(배)	11.4/5.1	19.4/11.3	30.1/12.3	17.0/9.7	16.1/11.4	19.7/16.2
PBR(최고/저)(배)	2.7/1.2	3.7/2.2	2.5/1.0	2.1/1.2	1.6/1.1	1.6/1.3
EV/EBITDA(배)	6.4	11.7	6.9	7.3	8.1	12.1
EPS(원)	1,223	1,169	562	906	778	702
BPS(원)	5,194	6,166	6,660	7,311	8,022	8,592
CFPS(원)	1,346	1,336	763	1,118	992	931
DPS(원)	200	200	200	240	270	310
EBITDAPS(원)	1,695	1,300	756	922	962	883

재무 비율

<단위 : %>

연도	영업이익률	순이익률	부채비율	차입금비율	ROA	ROE	유보율	자기자본비율	EBITDA마진율
2017	10.4	10.7	41.9	28.0	6.0	9.1	1,618.4	70.5	14.0
2016	11.5	12.0	46.4	27.6	7.7	10.6	1,504.5	68.3	14.8
2015	12.4	15.8	27.0	2.5	10.5	13.3	1,362.2	78.8	16.1
2014	9.1	9.2	27.6	0.0	7.2	9.0	1,232.1	78.4	12.4

윈팩 (A097800)

Winpac

업종	반도체 및 관련장비	시장	KOSDAQ
신용등급	(Bond) — (CP) —	기업규모	중견
홈페이지	www.winpac.co.kr	연락처	031)8020-4400
본사	경기도 용인시 처인구 백암면 청강가창로 50		

설립일	2002.04.03	종업원수	275명	대표이사	이한규,이민석
상장일	2013.03.07	감사의견	적정(삼정)	계열	
결산기	12월	보통주		종속회사수	
액면가	500원	우선주		구상호	

주주구성 (지분율,%)		출자관계 (지분율,%)		주요경쟁사 (외형,%)	
티엘아이	14.2	티더블유메디칼	32.0	윈팩	100
커넬씨엔씨	4.6	TransdermalSpecialtiesGlobal,,	11.2	오디텍	104
(외국인)	0.4			엘비세미콘	280

매출구성		비용구성		수출비중	
제품패키징	64.5	매출원가율	101.9	수출	56.0
용역테스트	33.9	판관비율	5.7	내수	44.0
상품	1.6				

회사 개요

동사는 2002년 반도체 외주생산 서비스 및 반도체 제조, 생산, 판매업을 주요사업으로 설립되었으며, 현재 반도체 후공정 패키징 및 테스트 외주사업을 진행중임. 기존 국내 반도체 후공정 업체들이 패키징 사업 또는 테스트 사업으로 양분되어 사업을 진행하고 있는 것과는 달리 두 가지 후공정 분야를 동시에 진행함. 신규로 추진하고자 하는 사업은 당뇨인슐린 패치 사업임. 동사는 상장사인 티엘아이의 기업집단에 속해 있으며, 계열회사는 동사를 포함 7개임

실적 분석

동사는 2017년 매출이 472억원으로서 전기대비 124억원(35.7%) 증가하였으며, 영업손실은 36억원으로 전기(96억원) 대비 60억원 적자가 축소됨. 당기순손실은 71억원으로 전기(129억원) 대비 58억원 적자가 축소됨. 거래선 다변화 및 고객사 수주물량 증가에 따라 매출액이 증가하였으며, 이로 인하여 영업손실 및 당기순손실이 적자축소됨. 자기자본비율은 유상증자 165억원으로 자본총계가 증가해 전기 34.1%에서 46.7%로 증가함.

현금 흐름 *IFRS 별도 기준 〈단위 : 억원〉

항목	2016	2017
영업활동	-4	27
투자활동	-100	22
재무활동	56	55
순현금흐름	-48	105
기말현금	4	109

시장 대비 수익률

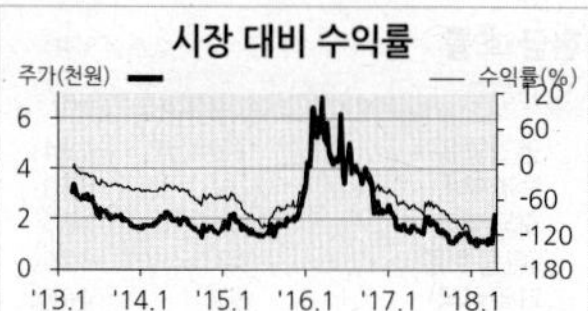

결산 실적 〈단위 : 억원〉

항목	2012	2013	2014	2015	2016	2017
매출액	667	505	503	433	347	472
영업이익	73	-84	1	-57	-96	-36
당기순이익	65	-99	-51	-81	-129	-71

분기 실적 *IFRS 별도 기준 〈단위 : 억원〉

항목	2016.3Q	2016.4Q	2017.1Q	2017.2Q	2017.3Q	2017.4Q
매출액	79	130	101	105	122	144
영업이익	-25	3	-22	-13	-3	1
당기순이익	-31	8	-29	-11	-7	-24

재무 상태 *IFRS 별도 기준 〈단위 : 억원〉

항목	2012	2013	2014	2015	2016	2017
총자산	909	910	910	777	708	712
유형자산	728	738	752	653	543	436
무형자산	17	23	24	15	10	3
유가증권	—	—	—	—	59	59
총부채	467	465	515	458	466	379
총차입금	350	409	443	389	400	297
자본금	58	71	71	73	85	170
총자본	442	445	395	320	241	332
지배주주지분	442	445	395	320	241	332

기업가치 지표 *IFRS 별도 기준

항목	2012	2013	2014	2015	2016	2017
주가(최고/저)(천원)	—/—	4.4/2.1	3.1/1.7	4.2/1.7	9.0/2.9	2.6/1.1
PER(최고/저)(배)	0.0/0.0	—/—	—/—	—/—	—/—	—/—
PBR(최고/저)(배)	0.0/0.0	1.3/0.6	1.0/0.5	1.7/0.7	5.8/1.9	2.7/1.1
EV/EBITDA(배)	1.4	7.1	5.5	15.3	83.8	11.4
EPS(원)	505	-599	-298	-462	-631	-336
BPS(원)	3,782	3,135	2,779	2,199	1,412	974
CFPS(원)	2,093	556	529	263	-132	66
DPS(원)	—	—	—	—	—	—
EBITDAPS(원)	2,171	664	893	426	63	231

재무 비율 〈단위 : %〉

연도	영업이익률	순이익률	부채비율	차입금비율	ROA	ROE	유보율	자기자본비율	EBITDA마진율
2017	-7.7	-15.1	114.2	89.4	-10.1	-24.9	94.9	46.7	10.4
2016	-27.7	-37.2	193.2	165.6	-17.4	-46.1	182.4	34.1	3.1
2015	-13.2	-18.7	143.0	121.7	-9.6	-22.6	339.8	41.2	14.3
2014	0.2	-10.1	130.6	112.3	-5.6	-12.1	455.7	43.4	25.2

윈하이텍 (A192390)

WINHITECH CO

업종	건축자재	시장	KOSDAQ
신용등급	(Bond) — (CP) —	기업규모	중견
홈페이지	www.winhitech.co.kr	연락처	043)883-0048
본사	충북 음성군 삼성면 하이텍산단로 99		

설립일	2011.09.15	종업원수	131명	대표이사	변천섭
상장일	2014.07.25	감사의견	적정(삼덕)	계열	
결산기	12월	보통주		종속회사수	
액면가	500원	우선주		구상호	

주주구성 (지분율,%)		출자관계 (지분율,%)		주요경쟁사 (외형,%)	
송규정	26.8	전문건설공제조합	0.0	윈하이텍	100
에스앤글로벌	18.8	건설공제조합	0.0	스페코	100
(외국인)	1.1			하츠	149

매출구성		비용구성		수출비중	
제품매출	57.1	매출원가율	84.2	수출	1.3
건설형공사매출	42.5	판관비율	8.9	내수	98.7
상품매출	0.5				

회사 개요

2011년 강구조물 제작 설치 및 판매업 등을 목적으로 설립된 동사는 2014년 7월 코스닥 시장에 상장함. 데크플레이트 제조 판매 및 설치의 단일사업만을 영위하고 있음. 일체형데크는 건설현장에서 공사기간 단축, 공사비용 절감, 공장생산을 통한 품질표준화, 안전사고 예방 등으로 사용범위가 증가하고 있음. 데크플레이트 시장은 8개 정도의 업체가 경쟁, 동사는 M/S기준 3위권을 형성하고 있음.

실적 분석

동사는 2017년 부동산 종합디벨로퍼 사업을 개시하여 연결기준 전년대비 6.1% 증가한 매출액 685.7억원을 달성하였음. 데크플레이트 사업의 원가절감 등 매출원가율이 개선되면서 매출총이익이 22.0% 증가하였고 영업이익은 전년대비 188.4% 증가한 46.9억원, 당기순이익은 전년대비 139.5% 증가한 38.7억원을 달성하였음. 동사는 주거용 아파트에 적용하기 위한 데크플레이트를 업계 최초로 개발 출시하여 신시장 창출을 위해 노력중.

현금 흐름 *IFRS 별도 기준 〈단위 : 억원〉

항목	2016	2017
영업활동	-8	-0
투자활동	27	-303
재무활동	-26	332
순현금흐름	-6	28
기말현금	13	42

시장 대비 수익률

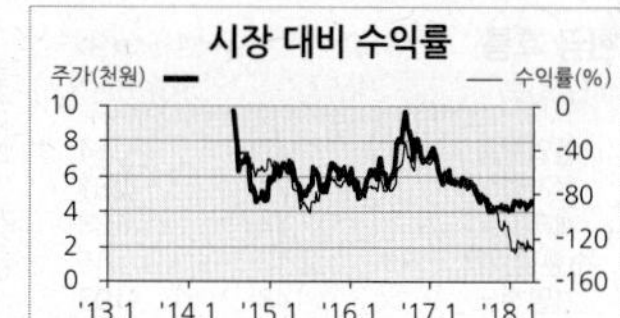

결산 실적 〈단위 : 억원〉

항목	2012	2013	2014	2015	2016	2017
매출액	449	574	582	583	646	686
영업이익	40	93	84	79	16	47
당기순이익	26	71	69	65	16	39

분기 실적 *IFRS 별도 기준 〈단위 : 억원〉

항목	2016.3Q	2016.4Q	2017.1Q	2017.2Q	2017.3Q	2017.4Q
매출액	152	209	146	164	167	209
영업이익	1	-10	4	9	16	17
당기순이익	3	-8	4	6	13	16

재무 상태 *IFRS 별도 기준 〈단위 : 억원〉

항목	2012	2013	2014	2015	2016	2017
총자산	401	423	528	591	589	1,028
유형자산	214	206	203	254	275	258
무형자산	2	1	1	6	7	7
유가증권	4	4	4	5	6	7
총부채	242	193	93	103	106	509
총차입금	178	109	14	24	20	372
자본금	5	5	33	49	49	49
총자본	159	230	435	488	482	519
지배주주지분	159	230	435	488	482	519

기업가치 지표 *IFRS 별도 기준

항목	2012	2013	2014	2015	2016	2017
주가(최고/저)(천원)	—/—	—/—	9.7/4.3	7.3/4.6	9.8/4.8	7.7/3.9
PER(최고/저)(배)	0.0/0.0	0.0/0.0	12.5/5.5	11.5/7.1	61.1/30.1	20.0/10.2
PBR(최고/저)(배)	0.0/0.0	0.0/0.0	2.3/1.0	1.5/0.9	2.0/1.0	1.4/0.7
EV/EBITDA(배)	3.5	0.5	5.0	5.7	23.2	9.7
EPS(원)	351	979	815	662	164	392
BPS(원)	16,362	23,581	6,592	5,012	5,092	5,461
CFPS(원)	3,600	8,271	1,391	767	293	523
DPS(원)	—	—	100	70	30	80
EBITDAPS(원)	5,054	10,522	1,654	907	294	607

재무 비율 〈단위 : %〉

연도	영업이익률	순이익률	부채비율	차입금비율	ROA	ROE	유보율	자기자본비율	EBITDA마진율
2017	6.8	5.6	98.1	71.8	4.8	7.7	992.2	50.5	8.7
2016	2.5	2.5	22.1	4.1	2.7	3.3	918.5	81.9	4.5
2015	13.6	11.2	21.2	4.9	11.7	14.2	902.4	82.5	15.3
2014	14.4	11.8	21.4	3.3	14.5	20.7	1,218.5	82.4	16.0

윌비스 (A008600)
The Willbes &

업　　종 : 섬유 및 의복
신용등급 : (Bond) —　　(CP) —
홈페이지 : www.willbes.com
본　　사 : 충남 천안시 동남구 만남로 76

시　　장 : 거래소
기업규모 : 시가총액 소형주
연 락 처 : 041)529-5700

설 립 일	1973.03.09	**종업원수**	214명	**대 표 이 사**	임찬혁대표집행임원,송주호대표집행임원
상 장 일	1989.07.28	**감사의견**	적정(신한)	**계 열**	
결 산 기	12월	**보 통 주**		**종속회사수**	13개사
액 면 가	1,000원	**우 선 주**		**구 상 호**	

주주구성 (지분율,%)		출자관계 (지분율,%)		주요경쟁사 (외형,%)	
전병현	13.7	나무경영아카데미	100.0	윌비스	100
한국증권금융	4.2	윌비스에듀	100.0	형지엘리트	60
(외국인)	5.7	미래넷	50.0	LS네트웍스	152

매출구성		비용구성		수출비중	
제품, 상품	80.6	매출원가율	80.9	수출	74.8
학원	19.3	판관비율	16.7	내수	25.2
컴퓨터서비스	0.0				

회사 개요

동사는 1973년 의복제조업을 주사업목적으로 설립돼 1989년 유가증권시장에 상장함. 성인, 아동용 의복과 추가로 수영복, 극세사 등을 주로 수출하고 있음. 주요 바이어로는 타겟, 올드 네이비, 월마트 등이 있음. OEM 방식의 의류수출사업은 대부분 바이어 및 판매시장이 주로 미국, 유럽에 기반을 두고 있어 선진국 경기에 크게 영향받음. 2008년 한림법학원을 인수해 교육 사업에 추가하기도 했음. 공무원시험, 성인자격증교육 시장 등에 주력함.

실적 분석

동사의 2017년 결산 연결기준 매출액은 전년대비 6.4% 감소한 2,909.7억원을 기록함. 매출액 감소는 섬유사업의 축소에 기인하나 학원사업은 성장성이 확보됨. 외형 축소와 원가율 개선 미진으로 영업이익과 당기순이익은 각각 70.0억원과 6.5억원을 보이며 전년대비 크게 감소함. 실적 부진은 미국내 소비경기 부진 및 환율 하락에 따른 섬유영업 매출감소, 외환손실 증가 등에 기인함.

현금 흐름

<단위 : 억원>

항목	2016	2017
영업활동	46	111
투자활동	-189	-108
재무활동	133	20
순현금흐름	-9	21
기말현금	26	47

시장 대비 수익률

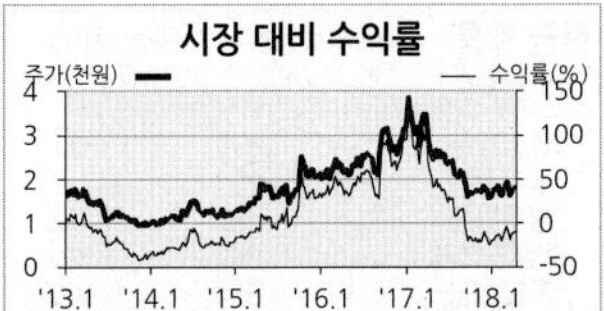

결산 실적

<단위 : 억원>

항목	2012	2013	2014	2015	2016	2017
매출액	2,488	2,410	2,378	2,917	3,108	2,910
영업이익	-19	82	69	98	101	70
당기순이익	-64	-33	31	42	40	7

분기 실적

<단위 : 억원>

항목	2016.3Q	2016.4Q	2017.1Q	2017.2Q	2017.3Q	2017.4Q
매출액	683	776	891	670	686	663
영업이익	0	44	42	8	3	17
당기순이익	-3	18	39	-9	-16	-7

재무 상태

<단위 : 억원>

항목	2012	2013	2014	2015	2016	2017
총자산	2,358	2,427	2,453	3,050	3,415	3,079
유형자산	566	511	524	507	526	474
무형자산	132	149	165	443	601	539
유가증권	25	5	—	—	—	0
총부채	1,135	1,215	1,184	1,708	2,023	1,761
총차입금	932	956	893	1,168	1,346	1,289
자본금	626	626	626	626	626	626
총자본	1,223	1,212	1,269	1,342	1,393	1,318
지배주주지분	1,253	1,240	1,293	1,365	1,415	1,339

기업가치 지표

항목	2012	2013	2014	2015	2016	2017
주가(최고/저)(천원)	4.2/1.2	1.9/0.9	1.6/1.0	2.7/1.2	3.4/2.0	3.9/1.5
PER(최고/저)(배)	—/—	—/—	33.4/20.3	39.2/17.5	49.8/29.2	381.3/151.7
PBR(최고/저)(배)	1.9/0.5	0.9/0.4	0.7/0.4	1.1/0.5	1.3/0.8	1.6/0.6
EV/EBITDA(배)	18.8	7.1	8.3	10.1	12.1	8.9
EPS(원)	-106	-59	48	71	68	10
BPS(원)	2,256	2,278	2,373	2,498	2,586	2,453
CFPS(원)	71	121	225	274	317	279
DPS(원)	—	—	20	20	—	—
EBITDAPS(원)	144	322	297	376	426	392

재무 비율

<단위 : %>

연도	영업이익률	순이익률	부채비율	차입금비율	ROA	ROE	유보율	자기자본비율	EBITDA마진율
2017	2.4	0.2	133.6	97.8	0.2	0.4	123.2	42.8	7.7
2016	3.3	1.3	145.3	96.6	1.2	2.8	135.3	40.8	7.8
2015	3.4	1.4	127.3	87.1	1.5	3.0	127.3	44.0	7.3
2014	2.9	1.3	93.3	70.4	1.3	2.2	115.9	51.7	7.1

유니더스 (A044480)
Unidus

업　　종 : 개인생활용품
신용등급 : (Bond) —　　(CP) —
홈페이지 : www.unidusok.com
본　　사 : 충북 증평군 증평읍 광장로 473-3

시　　장 : KOSDAQ
기업규모 :
연 락 처 : 043)836-0025

설 립 일	1973.05.23	**종업원수**	104명	**대 표 이 사**	하관호,안주훈
상 장 일	2000.12.23	**감사의견**	적정(삼덕)	**계 열**	
결 산 기	12월	**보 통 주**		**종속회사수**	1개사
액 면 가	500원	**우 선 주**		**구 상 호**	유니더스

주주구성 (지분율,%)		출자관계 (지분율,%)		주요경쟁사 (외형,%)	
바이오제네틱스투자조합	14.4	유니더스(장가항)유교제업유한공사	100.0	바이오제네틱스	100
라이브플렉스	5.1			케이엠제약	118
(외국인)	4.4			하우동천	138

매출구성		비용구성		수출비중	
[한국](증 평)콘돔 등	55.0	매출원가율	90.0	수출	22.5
[한국](증 평)콘돔,지삭크,장갑 등	27.8	판관비율	20.3	내수	77.5
[중국](장가항)콘돔,지삭크	17.2				

회사 개요

동사는 라텍스 고무제품 생산, 판매를 주 사업으로 하고 있음. 주력 매출 품목은 콘돔, 지삭크, 장갑 등임. 천연고무로 제조되는 해당 품목의 주 원재료는 라텍스로 전량 수입을 통해 공급함. 동사는 국내 콘돔 시장 점유율 60~70%를 차지하고 있음. 2003년 중국 시장에 진출. 매출 비중은 국내 콘돔이 약 절반 수준을 유지하고 있으며 그 외는 장갑 및 기타 상품들로 구성됨.

실적 분석

동사의 2017년 누적매출액은 149.3억원으로 전년대비 2.6% 감소함. 비용측면에서 판관비가 26.1% 상승하면서 영업손실이 15.4억원으로 적자폭이 확대됨. 지삭크 부문 생산시설 중국이전을 통해 매출증대를 도모하고, 콘돔은 미국과 중국 시장을 적극적으로 개척할 계획임. 장갑 또한 동사의 기술력을 접목한 제품을 OEM화하여 국내시장 점유율 개선 노력을 기울일 예정임.

현금 흐름

<단위 : 억원>

항목	2016	2017
영업활동	14	-15
투자활동	-10	-21
재무활동	—	—
순현금흐름	5	-36
기말현금	46	9

시장 대비 수익률

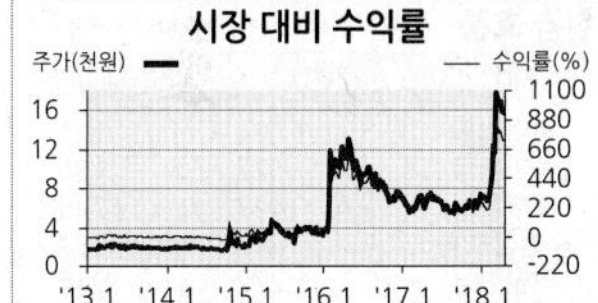

결산 실적

<단위 : 억원>

항목	2012	2013	2014	2015	2016	2017
매출액	273	247	183	174	153	149
영업이익	12	8	-12	-15	-11	-15
당기순이익	14	2	-9	-16	-11	-14

분기 실적

<단위 : 억원>

항목	2016.3Q	2016.4Q	2017.1Q	2017.2Q	2017.3Q	2017.4Q
매출액	40	35	33	41	40	35
영업이익	-7	3	-3	-0	-4	-8
당기순이익	-7	4	-2	-0	-4	-9

재무 상태

<단위 : 억원>

항목	2012	2013	2014	2015	2016	2017
총자산	291	287	278	262	249	232
유형자산	81	75	72	65	63	57
무형자산	5	5	5	5	4	4
유가증권	45	44	39	49	51	70
총부채	34	26	26	24	24	22
총차입금	10	8	6	6	6	6
자본금	43	43	43	43	43	43
총자본	258	261	252	238	225	210
지배주주지분	258	261	252	238	225	210

기업가치 지표

항목	2012	2013	2014	2015	2016	2017
주가(최고/저)(천원)	2.2/1.3	2.4/1.7	3.9/1.7	5.5/2.1	13.6/3.3	7.6/5.5
PER(최고/저)(배)	13.6/7.7	96.0/67.1	—/—	—/—	—/—	—/—
PBR(최고/저)(배)	0.7/0.4	0.8/0.6	1.4/0.6	2.0/0.8	5.2/1.2	3.1/2.2
EV/EBITDA(배)	4.2	4.8	—	—	—	—
EPS(원)	163	25	-104	-183	-124	-165
BPS(원)	2,996	3,031	2,926	2,765	2,615	2,438
CFPS(원)	296	150	10	-76	-35	-88
DPS(원)	—	—	—	—	—	—
EBITDAPS(원)	275	223	-23	-72	-35	-102

재무 비율

<단위 : %>

연도	영업이익률	순이익률	부채비율	차입금비율	ROA	ROE	유보율	자기자본비율	EBITDA마진율
2017	-10.3	-9.5	10.5	2.7	-5.9	-6.5	387.7	90.5	-5.9
2016	-6.9	-6.9	10.8	2.7	-4.2	-4.6	423.1	90.2	-1.9
2015	-8.8	-9.0	10.1	2.7	-5.8	-6.4	453.1	90.8	-3.6
2014	-6.5	-4.9	10.4	2.5	-3.2	-3.5	485.2	90.6	-1.1

유니드 (A014830)

UNID

업 종 : 화학 | 시 장 : 거래소
신용등급 : (Bond) — (CP) — | 기업규모 : 시가총액 중형주
홈페이지 : www.unid.co.kr | 연 락 처 : 02)3709-9500
본 사 : 서울시 중구 을지로5길 19 페럼타워 17층

설 립 일	1980.05.10	**종 업 원 수**	452명	**대 표 이 사**	이화영,정의승
상 장 일	2004.12.03	**감 사 의 견**	적정(한영)	**계 열**	
결 산 기	12월	**보 통 주**		**종속회사수**	4개사
액 면 가	5,000원	**우 선 주**		**구 상 호**	

주주구성 (지분율,%)		출자관계 (지분율,%)		주요경쟁사 (외형,%)	
OCI 상사	25.1	유니드엘이디	69.0	유니드	100
국민연금공단	12.5	이테크건설	7.3	후성	33
(외국인)	7.4	삼광글라스	6.0	미원홀딩스	15

매출구성		비용구성		수출비중	
가성칼륨등	63.5	매출원가율	75.6	수출	44.6
MDF등	36.6	판관비율	15.6	내수	55.4

회사 개요

동사는 가성칼륨과 탄산칼륨의 제조 및 판매를 주 사업목적으로 1980년 5월 설립됨. 동사의 주요 사업장은 가성칼륨, 탄산칼륨, 염산 등 화학제품을 제조 및 판매하는 화학부문, 목재 제품의 제조와 판매를 담당하는 보드부문, 사파이어잉곳, 웨이퍼를 제조 및 판매하는 LED부문, 증기 및 온수 공급, 발전전기의 제조 및 판매를 담당하는 발전부문, 산림개발 및 조림사업을 담당하는 기타부문으로 구성되어 있음.

실적 분석

동사의 연결기준 2017년 연간 누적 매출액은 전년동기 대비 2.9% 증가한 7,623.9억원을 시현함. 수요 회복 지연에 따른 공급 경쟁 심화와 유가 하락 및 주요 원부자재 가격 하락 압력으로 단가가 하락하며 화학사업부의 매출이 감소하였으나, 보드사업부와 해외사업부의 매출이 전년동기 대비 증가함. 하지만 매출원가와 판관비 증가의 영향으로 영업이익은 전년동기 대비 1.4% 감소한 670.9억원을 시현함.

현금 흐름 〈단위 : 억원〉

항목	2016	2017
영업활동	1,494	121
투자활동	-627	-1,180
재무활동	-427	746
순현금흐름	463	-357
기말현금	1,272	915

시장 대비 수익률

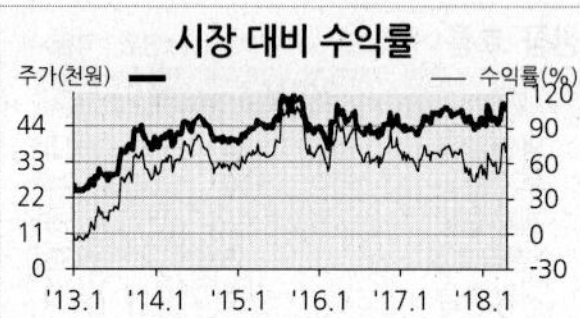

결산 실적 〈단위 : 억원〉

항목	2012	2013	2014	2015	2016	2017
매출액	6,484	6,819	6,691	7,082	7,409	7,624
영업이익	291	486	634	531	680	671
당기순이익	49	359	457	709	485	411

분기 실적 〈단위 : 억원〉

항목	2016.3Q	2016.4Q	2017.1Q	2017.2Q	2017.3Q	2017.4Q
매출액	1,661	1,821	1,851	1,937	1,916	1,919
영업이익	132	181	174	210	118	168
당기순이익	86	245	126	158	78	49

재무 상태 〈단위 : 억원〉

항목	2012	2013	2014	2015	2016	2017
총자산	8,431	8,809	8,315	10,368	10,468	11,131
유형자산	3,812	3,608	3,604	4,388	4,584	5,074
무형자산	176	112	116	212	195	189
유가증권	950	412	302	1,188	803	1,041
총부채	3,713	3,866	3,019	4,296	4,150	4,637
총차입금	2,690	2,901	2,142	3,344	3,151	3,910
자본금	329	329	329	444	444	444
총자본	4,718	4,943	5,296	6,072	6,317	6,495
지배주주지분	4,686	4,921	5,254	5,996	6,277	6,515

기업가치 지표

항목	2012	2013	2014	2015	2016	2017
주가(최고/저)(천원)	36.7/20.5	44.4/23.7	47.1/37.2	53.8/37.7	50.5/36.7	50.4/40.3
PER(최고/저)(배)	45.2/25.3	10.1/5.4	9.2/7.3	6.8/4.7	9.4/6.9	11.6/9.3
PBR(최고/저)(배)	0.8/0.4	0.9/0.5	0.9/0.7	0.9/0.6	0.8/0.6	0.7/0.6
EV/EBITDA(배)	8.1	6.3	4.9	6.2	5.1	6.1
EPS(원)	921	4,900	5,603	8,536	5,609	4,454
BPS(원)	71,591	74,727	79,790	67,452	70,619	73,288
CFPS(원)	5,747	11,666	12,498	12,744	9,913	8,672
DPS(원)	750	1,000	1,100	1,100	1,100	1,100
EBITDAPS(원)	8,918	12,427	14,565	10,177	11,959	11,765

재무 비율 〈단위 : %〉

연도	영업이익률	순이익률	부채비율	차입금비율	ROA	ROE	유보율	자기자본비율	EBITDA 마진율
2017	8.8	5.4	71.4	60.2	3.8	6.2	1,365.8	58.4	13.7
2016	9.2	6.5	65.7	49.9	4.7	8.1	1,312.4	60.4	14.4
2015	7.5	10.0	70.8	55.1	7.6	13.5	1,249.1	58.6	12.8
2014	9.5	6.8	57.0	40.5	5.3	9.8	1,495.8	63.7	14.3

유니맥스정보시스템 (A215090)

EUGENE ACPC SPECIAL PURPOSE ACQUISITION 2 CO

업 종 : 상업서비스 | 시 장 : KOSDAQ
신용등급 : (Bond) — (CP) — | 기업규모 : 벤처
홈페이지 : 0 | 연 락 처 : 02)368-6298
본 사 : 서울시 영등포구 국제금융로 24 유진그룹빌딩 9층

설 립 일	2015.02.12	**종 업 원 수**	1명	**대 표 이 사**	김선태,한진석
상 장 일	2015.04.28	**감 사 의 견**	적정(이촌)	**계 열**	
결 산 기	12월	**보 통 주**		**종속회사수**	
액 면 가	100원	**우 선 주**		**구 상 호**	유진에이씨피씨스팩2호

주주구성 (지분율,%)		출자관계 (지분율,%)		주요경쟁사 (외형,%)	
한컴MDS	45.3			유니맥스정보시스템	100
이재완	11.3			빅텍	211
(외국인)	0.3			퍼스텍	835

매출구성		비용구성		수출비중	
		매출원가율	82.1	수출	0.0
		판관비율	9.8	내수	100.0

회사 개요

동사는 1999년 설립된 국방분야 전자/제어 전문기업으로 2005년부터 군수사업 개발을 본격적으로 시작함. 유도무기, 항공전자, 과학화훈련체계, 전술통신체계 분야의 사업을 영위중임. 2013년 MDS테크의 지분 투자 이후 2014년 한글과컴퓨터의 MDS테크 인수로 한글과컴퓨터 그룹의 계열사에 편입됨. 유진에이피씨기업인수목적2호와 스팩합병을 통해 2018년 3월 23일 코스닥시장에 상장함.

실적 분석

동사는 과거 국방/항공 분야의 프로젝트 연구개발을 수행하며 기술력을 확보하고, 2013년 한컴MDS에 인수된 이후 방산용 보드센서 공장을 설립하여 하드웨어까지 사업영역을 확장함. 유도무기의 유도제어 컴퓨터 등의 핵심부품과 전술통신체계 연동장치 등을 개발 및 생산하고 있으며 한화, 한화디펜스, KAI, 한화시스템, 두산엔진 등을 고객사로 확보중임. 최근 한컴유니맥스로 사명을 변경함.

현금 흐름 *IFRS 별도 기준 〈단위 : 억원〉

항목	2016	2017
영업활동	37	-21
투자활동	-19	3
재무활동	46	-2
순현금흐름	64	-20
기말현금	65	45

시장 대비 수익률

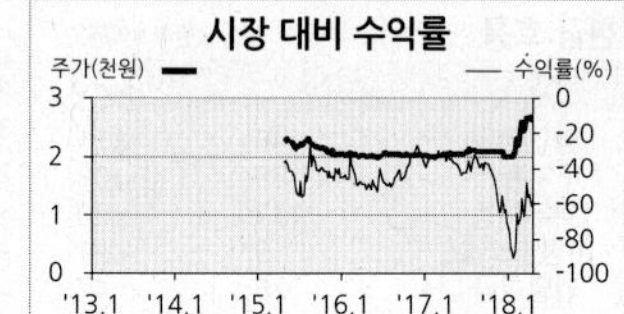

결산 실적 〈단위 : 억원〉

항목	2012	2013	2014	2015	2016	2017
매출액	—	—	—	—	170	194
영업이익	—	—	—	—	20	16
당기순이익	—	—	—	—	17	7

분기 실적 *IFRS 별도 기준 〈단위 : 억원〉

항목	2016.3Q	2016.4Q	2017.1Q	2017.2Q	2017.3Q	2017.4Q
매출액	—	—	—	—	—	—
영업이익	—	—	—	—	—	—
당기순이익	—	—	—	—	—	—

재무 상태 *IFRS 별도 기준 〈단위 : 억원〉

항목	2012	2013	2014	2015	2016	2017
총자산	—	—	—	—	184	199
유형자산	—	—	—	—	38	36
무형자산	—	—	—	—	2	3
유가증권	—	—	—	—	18	10
총부채	—	—	—	—	116	121
총차입금	—	—	—	—	62	71
자본금	—	—	—	—	9	9
총자본	—	—	—	—	69	77
지배주주지분	—	—	—	—	69	77

기업가치 지표 *IFRS 별도 기준

항목	2012	2013	2014	2015	2016	2017
주가(최고/저)(천원)	—/—	—/—	—/—	2.3/2.0	2.0/1.9	2.1/2.0
PER(최고/저)(배)	0.0/0.0	0.0/0.0	0.0/0.0	0.0/0.0	22.1/21.2	55.2/51.1
PBR(최고/저)(배)	0.0/0.0	0.0/0.0	0.0/0.0	0.0/0.0	5.3/5.1	5.0/4.6
EV/EBITDA(배)	0.0	0.0	0.0	0.0	3.4	5.9
EPS(원)	—	—	—	—	93	39
BPS(원)	—	—	—	—	38,277	41,968
CFPS(원)	—	—	—	—	12,281	7,071
DPS(원)	—	—	—	—	—	—
EBITDAPS(원)	—	—	—	—	14,378	11,806

재무 비율 〈단위 : %〉

연도	영업이익률	순이익률	부채비율	차입금비율	ROA	ROE	유보율	자기자본비율	EBITDA 마진율
2017	8.1	3.6	156.8	91.9	3.6	9.5	739.4	38.9	11.2
2016	12.0	9.7	167.7	89.5	0.0	0.0	665.5	37.4	15.2
2015	0.0	0.0	0.0	0.0	0.0	0.0	0.0	0.0	0.0
2014	0.0	0.0	0.0	0.0	0.0	0.0	0.0	0.0	0.0

유니셈 (A036200)
Unisem

업 종	반도체 및 관련장비	시 장	KOSDAQ
신용등급	(Bond) — (CP) —	기업규모	우량
홈페이지	www.unisem.co.kr	연 락 처	031)379-5800
본 사	경기도 화성시 동탄면 장지남길 10-7		

설 립 일	1988.11.15	**종업원수**	499명	**대표이사**	김형균
상 장 일	1999.12.01	**감사의견**	적정(대주)	**계 열**	
결 산 기	12월	**보 통 주**		**종속회사수**	4개사
액 면 가	500원	**우 선 주**		**구 상 호**	

주주구성 (지분율,%)		출자관계 (지분율,%)		주요경쟁사 (외형,%)	
김형균	13.1	한국스마트아이디	50.0	유니셈	100
천정현	6.7	유니셈주산	23.4	이엔에프테크놀로지	185
(외국인)	19.8	UNISEMXIAN	100.0	원익홀딩스	230

매출구성		비용구성		수출비중	
CHILLER UNIT	36.2	매출원가율	67.6	수출	30.1
GAS SCRUBBER	35.2	판관비율	18.0	내수	69.9
유지보수	25.3				

회사 개요

1988년에 설립된 동사는 반도체장비인 Scrubber을 국내 최초 개발한 업체로서 반도체, LCD, LED, 태양광 장비 및 카메라 모듈 등을 제작, 판매 및 A/S를 제공하고 있음. 사업부문은 SCRUBBER 및 CHILLER 부문의 반도체 장비사업, 카메라모듈을 포함한 CIS사업부로 나뉨. 국내 시장점유율은 동사의 공시기준으로 SCRUBBER 45%, CHILLER 40%를 차지함. 신규사업으로 모바일 인증사업에 진출함.

실적 분석

동사의 2017년 매출과 영업이익은 2093억원, 300억원으로 전년 대비 각각 81.3%, 236.8% 증가함. 당기순이익은 223억원으로 전년 대비 323% 증가함. 반도체 업황 호조에 따른 실적 상승으로 분석됨. 자산총계는 전기 매출채권의 회수 및 당기 매출 증가로 현금성자산이 늘어나는 등 33.55% 증가한 1334억원을 기록함. 부채총계는 매출 증가로 인한 외상매입채무의 증가 등의 이유로 57.5% 증가한 426억원을 기록함.

현금 흐름 〈단위 : 억원〉

항목	2016	2017
영업활동	-30	271
투자활동	-3	-63
재무활동	-25	40
순현금흐름	-58	249
기말현금	42	291

시장 대비 수익률

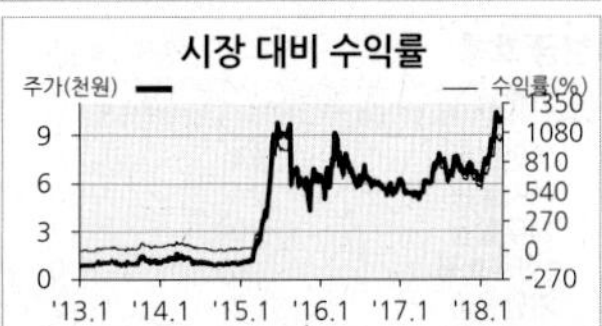

결산 실적 〈단위 : 억원〉

항목	2012	2013	2014	2015	2016	2017
매출액	767	777	891	1,096	1,154	2,093
영업이익	34	34	46	86	89	300
당기순이익	12	19	21	24	53	223

분기 실적 〈단위 : 억원〉

항목	2016.3Q	2016.4Q	2017.1Q	2017.2Q	2017.3Q	2017.4Q
매출액	287	344	512	524	544	512
영업이익	26	9	74	74	78	74
당기순이익	11	1	40	66	67	49

재무 상태 〈단위 : 억원〉

항목	2012	2013	2014	2015	2016	2017
총자산	826	970	1,011	940	957	1,300
유형자산	279	280	288	229	251	254
무형자산	18	16	19	15	17	22
유가증권	1	1	1	77	80	124
총부채	336	449	427	299	276	432
총차입금	209	260	146	122	107	178
자본금	55	57	71	79	153	153
총자본	490	521	584	641	680	868
지배주주지분	487	513	579	639	690	891

기업가치 지표

항목	2012	2013	2014	2015	2016	2017
주가(최고/저)(천원)	1.0/0.8	1.5/0.8	1.6/0.9	9.9/1.0	9.3/5.1	8.1/5.0
PER(최고/저)(배)	19.1/13.9	18.3/10.4	17.3/9.8	95.5/10.0	45.3/24.7	10.6/6.6
PBR(최고/저)(배)	0.5/0.3	0.6/0.4	0.8/0.4	4.8/0.5	4.1/2.2	2.7/1.7
EV/EBITDA(배)	6.7	9.2	5.1	19.1	19.5	5.4
EPS(원)	56	82	94	106	210	769
BPS(원)	4,599	4,614	4,177	4,154	2,305	3,025
CFPS(원)	259	293	315	308	238	797
DPS(원)	—	—	—	60	40	60
EBITDAPS(원)	464	440	481	645	319	1,005

재무 비율 〈단위 : %〉

연도	영업이익률	순이익률	부채비율	차입금비율	ROA	ROE	유보율	자기자본비율	EBITDA마진율
2017	14.3	10.6	49.8	20.5	19.7	29.8	505.0	66.8	14.7
2016	7.7	4.6	40.6	15.7	5.6	9.7	361.0	71.1	8.5
2015	7.8	2.2	46.6	19.1	2.5	5.3	730.9	68.2	9.3
2014	5.2	2.3	73.2	25.0	2.1	4.5	735.5	57.7	7.2

유니슨 (A018000)
Unison

업 종	에너지 시설 및 서비스	시 장	KOSDAQ
신용등급	(Bond) — (CP) —	기업규모	중견
홈페이지	www.unison.co.kr	연 락 처	055)851-8777
본 사	경남 사천시 사남면 해안산업로 513		

설 립 일	1984.09.24	**종업원수**	194명	**대표이사**	류지윤
상 장 일	1996.01.10	**감사의견**	적정(현대)	**계 열**	
결 산 기	12월	**보 통 주**		**종속회사수**	2개사
액 면 가	500원	**우 선 주**		**구 상 호**	

주주구성 (지분율,%)		출자관계 (지분율,%)		주요경쟁사 (외형,%)	
Toshiba Tec Corporation	16.6	윈앤피	100.0	유니슨	100
이정수	4.8	울산풍력발전	100.0	파루	15
(외국인)	22.2	울산풍력발전	100.0	KG ETS	58

매출구성		비용구성		수출비중	
풍력발전사업(풍력발전기,풍력발전타워)	100.0	매출원가율	82.3	수출	18.7
		판관비율	9.1	내수	81.3

회사 개요

동사는 1984년에 설립돼 대규모 풍력발전 단지 운영 및 유지보수 등을 주된 사업으로 영위하고 있음. 동사는 750㎾, 2㎿ 및 2.3MW 풍력발전시스템과 풍력발전 타워 등 풍력발전기 완제품을 생산하여 국내외에 판매, 설치하고 있음. 동사는 대규모 풍력발전단지 조성 및 운영, 유지보수사업도 영위하고 있으며, 강원풍력발전단지(98㎿)와 영덕풍력발전단지(39.6㎿) 등 국내 최초, 최대 규모의 상업 풍력발전단지를 조성해 운영하고 있음.

실적 분석

동사는 하장, 경주 프로젝트 준공 및 영광풍력 프로젝트 수행에 따라 연결 기준 2017년 매출이 1,866.5억원을 기록 전년 525.2억원 대비 255.4% 증가하였고, 영업이익 및 당기순이익이 발생하여 흑자전환 되었음. 영업이익은 160.8억원이며, 계열회사인 영광풍력 매출에 따른 지분법 평가손실 131억원이 반영되어 당기순이익은 11.2억원을 시현함.

현금 흐름 〈단위 : 억원〉

항목	2016	2017
영업활동	-84	354
투자활동	-131	-269
재무활동	66	23
순현금흐름	-141	109
기말현금	7	115

시장 대비 수익률

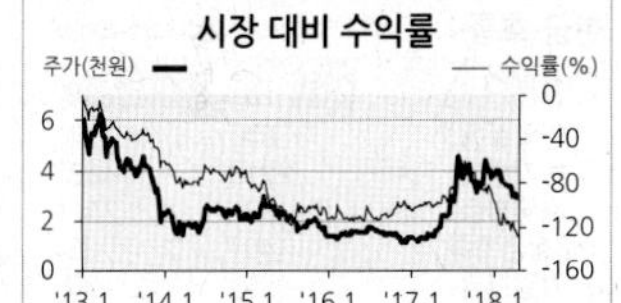

결산 실적 〈단위 : 억원〉

항목	2012	2013	2014	2015	2016	2017
매출액	1,139	407	820	1,183	525	1,867
영업이익	-14	-255	19	32	-98	161
당기순이익	-228	-751	-169	-291	-326	11

분기 실적 〈단위 : 억원〉

항목	2016.3Q	2016.4Q	2017.1Q	2017.2Q	2017.3Q	2017.4Q
매출액	84	287	323	337	645	561
영업이익	-22	-38	36	26	79	20
당기순이익	-56	-185	2	-21	45	-15

재무 상태 〈단위 : 억원〉

항목	2012	2013	2014	2015	2016	2017
총자산	3,324	2,911	3,073	2,378	2,398	2,670
유형자산	1,256	1,204	1,222	1,201	1,236	1,147
무형자산	85	62	86	97	55	57
유가증권	51	10	17	17	16	44
총부채	1,989	2,295	2,603	1,964	2,109	2,222
총차입금	1,284	1,614	1,590	1,321	1,219	1,197
자본금	228	228	228	308	345	399
총자본	1,335	616	470	414	290	448
지배주주지분	1,334	616	470	414	231	448

기업가치 지표

항목	2012	2013	2014	2015	2016	2017
주가(최고/저)(천원)	9.3/5.5	6.6/2.1	2.9/1.5	3.4/1.4	1.9/1.2	5.0/1.3
PER(최고/저)(배)	—/—	—/—	—/—	—/—	—/—	348.3/89.4
PBR(최고/저)(배)	3.3/2.0	5.1/1.6	2.9/1.5	5.0/2.1	5.7/3.5	8.7/2.2
EV/EBITDA(배)	103.3	—	39.1	24.1	—	18.8
EPS(원)	-466	-1,517	-340	-581	-460	14
BPS(원)	2,925	1,351	1,030	671	335	561
CFPS(원)	-389	-1,543	-267	-491	-385	85
DPS(원)	—	—	—	—	—	—
EBITDAPS(원)	85	-455	144	169	-56	272

재무 비율 〈단위 : %〉

연도	영업이익률	순이익률	부채비율	차입금비율	ROA	ROE	유보율	자기자본비율	EBITDA마진율
2017	8.6	0.6	495.9	267.2	0.4	3.3	12.2	16.8	11.7
2016	-18.7	-62.0	일부잠식	일부잠식	-13.6	-100.8	-33.1	12.1	-7.4
2015	2.7	-24.6	474.4	319.2	-10.7	-65.9	34.3	17.4	7.0
2014	2.3	-20.6	554.0	338.4	-5.6	-31.0	106.0	15.3	8.0

유니온 (A000910)

Union

업종	건축소재	시장	거래소
신용등급	(Bond) — (CP) —	기업규모	시가총액 소형주
홈페이지	www.unioncement.com	연락처	02)757-3801
본사	서울시 중구 소공로 94 OCI빌딩 13층		

설립일	1952.12.06	종업원수	226명	대표이사	이건영,강병호
상장일	1996.06.05	감사의견	적정(한영)	계열	
결산기	12월	보통주		종속회사수	3개사
액면가	500원	우선주		구상호	

주주구성 (지분율,%)		출자관계 (지분율,%)		주요경쟁사 (외형,%)	
이건영	24.6	유니온머티리얼	52.2	유니온	100
이우선	15.4	불스원	10.1	서산	55
(외국인)	2.8	OCI	2.6	동원	9

매출구성		비용구성		수출비중	
용융알루미나 외	29.1	매출원가율	85.8	수출	39.9
백시멘트	21.7	판관비율	13.9	내수	60.1
알루미나시멘트	21.5				

회사 개요

동사는 OCI 기업집단에 속해 있는 국내 유일의 백시멘트, 알루미나시멘트 생산 업체임. 시멘트 제조부문과 폐기물로부터 추출하는 바나듐·몰리브덴과 여과기·탈수기의 환경기계 등을 판매하는 회유금속부문 등의 두가지 사업부문을 영위하고 있음. 각 사업부문별 매출비중은 시멘트제조 39.93%, 회유금속등 10.80%, 페라이트 사업 32.48% 등임. 동사는 2017년 3월 자동차용 모터 소재 회사 쌍용머티리얼 인수를 완료하였음.

실적 분석

동사의 2017년 연결기준 매출액은 1,811.4억원으로 전년 대비 96.2% 증가함. 이는 3월에 인수한 쌍용머티리얼 인수의 영향으로 볼 수 있음. 외형은 확대되었지만 판관비 등이 크게 증가하면서 영업이익은 전년보다 72.5% 감소한 4.6억원을 기록하는 데 그침. 건설경기와 철강산업의 업황이 크게 개선될 것으로 기대하기 어려운 상황으로 단기간내 급격한 실적 개선은 어려울 것으로 전망되는 바 효율적인 리스크관리 전략이 필요한 상황.

현금 흐름 〈단위 : 억원〉

항목	2016	2017
영업활동	64	122
투자활동	-71	-483
재무활동	-33	356
순현금흐름	-40	-5
기말현금	35	30

시장 대비 수익률

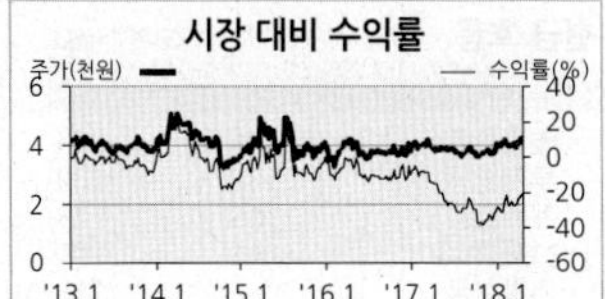

결산 실적 〈단위 : 억원〉

항목	2012	2013	2014	2015	2016	2017
매출액	1,255	1,143	1,179	1,005	923	1,811
영업이익	46	44	51	3	17	5
당기순이익	54	-39	37	-32	2	19

분기 실적 〈단위 : 억원〉

항목	2016.3Q	2016.4Q	2017.1Q	2017.2Q	2017.3Q	2017.4Q
매출액	224	225	198	574	533	506
영업이익	2	9	-6	28	8	-25
당기순이익	0	-1	-7	30	6	-10

재무 상태 〈단위 : 억원〉

항목	2012	2013	2014	2015	2016	2017
총자산	2,624	2,755	1,768	1,640	1,643	3,633
유형자산	516	438	504	443	415	1,701
무형자산	15	15	15	16	9	77
유가증권	1,557	1,794	748	718	761	885
총부채	688	698	463	413	393	1,540
총차입금	101	101	101	101	100	720
자본금	78	78	78	78	78	78
총자본	1,936	2,058	1,305	1,227	1,250	2,093
지배주주지분	1,933	2,055	1,304	1,229	1,250	1,489

기업가치 지표

항목	2012	2013	2014	2015	2016	2017
주가(최고/저)(천원)	6.4/3.6	4.4/3.7	5.1/3.2	5.8/3.5	4.3/3.3	4.3/3.6
PER(최고/저)(배)	21.1/11.8	—/—	23.1/14.5	—/—	604.7/464.6	13.9/11.6
PBR(최고/저)(배)	0.6/0.3	0.4/0.3	0.7/0.4	0.8/0.5	0.5/0.4	0.4/0.4
EV/EBITDA(배)	8.3	8.8	8.1	18.3	14.5	15.6
EPS(원)	348	-243	243	-186	8	323
BPS(원)	12,702	13,486	8,672	8,320	8,583	10,113
CFPS(원)	646	24	422	43	204	1,078
DPS(원)	60	60	70	70	70	200
EBITDAPS(원)	594	551	502	249	304	785

재무 비율 〈단위 : %〉

연도	영업이익률	순이익률	부채비율	차입금비율	ROA	ROE	유보율	자기자본비율	EBITDA마진율
2017	0.3	1.0	73.6	34.4	0.7	3.7	1,922.6	57.6	6.8
2016	1.8	0.2	31.5	8.0	0.1	0.1	1,616.7	76.1	5.2
2015	0.3	-3.2	33.7	8.2	-1.9	-2.3	1,564.0	74.8	3.9
2014	4.3	3.1	35.5	7.7	1.6	2.3	1,634.4	73.8	6.7

유니온머티리얼 (A047400)

Union Materials

업종	자동차부품	시장	거래소
신용등급	(Bond) — (CP) —	기업규모	시가총액 소형주
홈페이지	www.ssym.com	연락처	053)580-4135
본사	대구시 달서구 성서공단남로 151 (월암동)		

설립일	2000.06.30	종업원수	275명	대표이사	김진영,이우선
상장일	2009.09.29	감사의견	적정(삼정)	계열	
결산기	12월	보통주		종속회사수	2개사
액면가	500원	우선주		구상호	

주주구성 (지분율,%)		출자관계 (지분율,%)		주요경쟁사 (외형,%)	
유니온	52.2	유니온툴텍	85.7	유니온머티리얼	100
대원지에스아이	7.9			삼원강재	251
(외국인)	1.6			코프라	123

매출구성		비용구성		수출비중	
모터용자석 외	67.1	매출원가율	85.0	수출	71.2
절삭공구 외	29.5	판관비율	13.4	내수	28.8
스페셜 공구 외	3.5				

회사 개요

동사는 2000년 설립된 후, 자동차용 및 가전용 모터의 소재인 페라이트 마그네트 사업과 절삭공구, 전자레인지의 핵심부품인 마그네트론 스템, 수도밸브용 디스크를 생산하는 세라믹 사업 등을 영위하고 있는 대표적인 소재부품업체임. 전세계 페라이트 마그네트 시장의 약 10%, 국내시장의 약 30% 정도를 점유하고 있으며, 꾸준한 영업 및 연구개발 등으로 세계적으로 품질을 인정받으며 시장점유율을 확대해 나가고 있음.

실적 분석

동사는 지난해 영업이익이 17.1억원으로 전년대비 78.7% 감소. 당기순손실은 8.4억원이 발생해 적자로 돌아서. 매출액은 2.5% 증가한 1,098억원을 기록. 전년 대비 원재료 가격인상으로 영업이익이 감소하고 환율하락으로 인해 외환손실에 따른 이익 감소로 당기순이익이 줄었음. 매출구성은 페라이트 66.33%, 세라믹 29.82%, 호환성공구 3.85% 등으로 구성.

현금 흐름 〈단위 : 억원〉

항목	2016	2017
영업활동	94	75
투자활동	-24	-58
재무활동	-70	-17
순현금흐름	0	0
기말현금	2	2

시장 대비 수익률

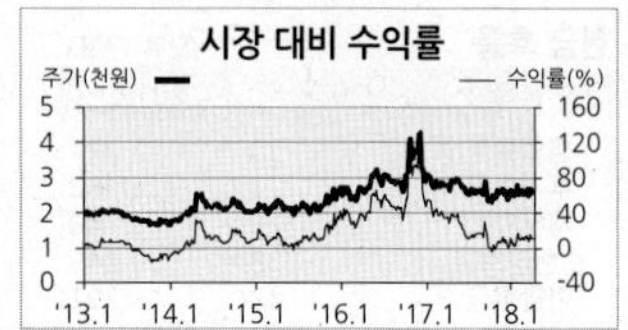

결산 실적 〈단위 : 억원〉

항목	2012	2013	2014	2015	2016	2017
매출액	985	980	1,057	1,066	1,072	1,099
영업이익	70	64	57	62	80	17
당기순이익	42	54	36	51	67	-8

분기 실적 〈단위 : 억원〉

항목	2016.3Q	2016.4Q	2017.1Q	2017.2Q	2017.3Q	2017.4Q
매출액	267	284	266	272	285	276
영업이익	26	22	1	21	13	-18
당기순이익	6	32	-19	26	14	-30

재무 상태 〈단위 : 억원〉

항목	2012	2013	2014	2015	2016	2017
총자산	1,432	1,444	1,467	1,457	1,448	1,405
유형자산	797	821	877	853	820	804
무형자산	13	12	12	11	9	11
유가증권	0	0	0	0	0	0
총부채	557	533	540	508	455	494
총차입금	271	233	207	188	138	210
자본금	210	210	210	210	210	210
총자본	875	911	927	949	993	911
지배주주지분	870	907	923	945	989	908

기업가치 지표

항목	2012	2013	2014	2015	2016	2017
주가(최고/저)(천원)	3.3/1.7	2.1/1.6	2.6/1.7	2.7/1.9	4.7/2.4	3.1/2.3
PER(최고/저)(배)	36.2/18.7	18.0/13.8	32.9/20.8	23.1/16.6	30.3/15.3	—/—
PBR(최고/저)(배)	1.7/0.9	1.1/0.8	1.3/0.8	1.3/0.9	2.1/1.0	1.4/1.0
EV/EBITDA(배)	9.0	8.4	10.1	11.1	9.8	15.4
EPS(원)	99	128	85	122	159	-19
BPS(원)	2,072	2,158	2,197	2,250	2,355	2,328
CFPS(원)	222	251	216	268	304	132
DPS(원)	35	35	35	35	35	50
EBITDAPS(원)	290	275	266	294	336	192

재무 비율 〈단위 : %〉

연도	영업이익률	순이익률	부채비율	차입금비율	ROA	ROE	유보율	자기자본비율	EBITDA마진율
2017	1.6	-0.8	54.2	23.1	-0.6	-0.9	365.6	64.9	7.3
2016	7.5	6.2	45.8	13.9	4.6	6.9	371.0	68.6	13.2
2015	5.8	4.8	53.5	19.8	3.5	5.5	350.0	65.1	11.6
2014	5.4	3.4	58.2	22.4	2.4	3.9	339.4	63.2	10.6

유니온커뮤니티 (A203450)

Union community

업종 : 보안장비 | 시장 : KOSDAQ
신용등급 : (Bond) — (CP) — | 기업규모 : 기술성
홈페이지 : www.unioncomm.co.kr | 연락처 : 02)6488-3127
본사 : 서울시 송파구 법원로 127(문정동, 문정대명벨리온)

설립일	2000.02.29	**종업원수**	117명	**대표이사**	신요식
상장일	2014.07.23	**감사의견**	적정(신한)	**계열**	
결산기	12월	**보통주**		**종속회사수**	2개사
액면가	500원	**우선주**		**구상호**	

주주구성 (지분율,%)		출자관계 (지분율,%)		주요경쟁사 (외형,%)	
신요식	20.7			유니온커뮤니티	100
DREAM INCUBATOR INC.	9.5	Hozumi	7.7	코콤	383
(외국인)	17.7			슈프리마	126

매출구성		비용구성		수출비중	
지문인식 출입통제기	45.6	매출원가율	59.7	수출	49.5
카드인식출입통제기	23.4	판관비율	34.3	내수	50.5
지문 모듈 및 등록기	22.3				

회사 개요

2000년에 설립된 동사는 지문인식, 얼굴인식, 홍채인식, 정맥인식 등을 포함하는 바이오 인식 전문업체로 지문 인식 분야를 주력 사업으로 하고 있음. 위조방지 지문인식 기술을 세계에서 유일하게 보유하고 있다는 점에서 높은 평가를 받고 있음. 연결회사는 지문인식 단말기를 주로 제조하는 유니온커뮤니티와, 그 종속회사인 니트젠, 영상 보안장치 사업을 영위하는 씨큐트로닉스로 구성되어 있음.

실적 분석

동사의 2017년 연결 기준 연간 누적 매출액은 373.4억원으로 전년 동기 대비 7.9% 감소함. 매출이 감소하면서 매출원가도 줄었지만 매출 감소율이 매출원가 감소율 보다 높고 판매비와 관리비는 오히려 증가해 영업이익은 전년 동기 대비 56.2% 감소한 22.4억원을 시현함. 비영업 부문에서도 외환손실이 발생하면서 적자로 전환해 당기순이익은 전년 동기 대비 66.7% 감소한 18억원을 기록함.

현금 흐름 〈단위 : 억원〉

항목	2016	2017
영업활동	56	18
투자활동	-65	-48
재무활동	128	-44
순현금흐름	119	-75
기말현금	138	63

시장 대비 수익률

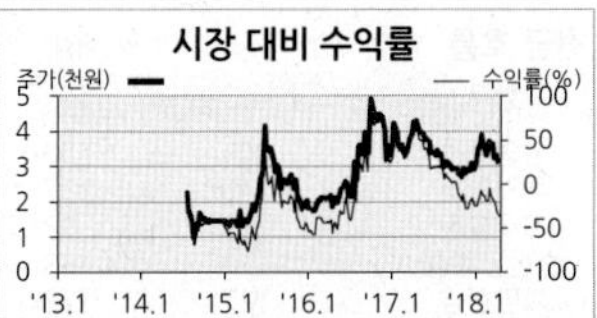

결산 실적 〈단위 : 억원〉

항목	2012	2013	2014	2015	2016	2017
매출액	235	277	328	428	406	373
영업이익	11	17	5	20	51	22
당기순이익	7	8	6	23	54	18

분기 실적 〈단위 : 억원〉

항목	2016.3Q	2016.4Q	2017.1Q	2017.2Q	2017.3Q	2017.4Q
매출액	94	113	94	90	95	95
영업이익	13	11	4	6	5	7
당기순이익	10	12	1	8	8	1

재무 상태 〈단위 : 억원〉

항목	2012	2013	2014	2015	2016	2017
총자산	166	217	292	336	515	488
유형자산	17	33	50	64	96	96
무형자산	15	8	23	20	19	17
유가증권	4	1	5	2	3	44
총부채	67	109	238	220	198	174
총차입금	33	48	166	149	122	99
자본금	62	62	55	58	73	73
총자본	99	107	54	116	317	314
지배주주지분	99	107	55	116	317	315

기업가치 지표

항목	2012	2013	2014	2015	2016	2017
주가(최고/저)(천원)	—/—	—/—	3.0/0.9	4.2/1.1	4.9/1.8	4.5/2.6
PER(최고/저)(배)	0.0/0.0	0.0/0.0	60.8/17.9	23.9/6.5	11.1/4.0	37.7/21.8
PBR(최고/저)(배)	0.0/0.0	0.0/0.0	6.9/2.0	4.6/1.3	2.3/0.8	2.0/1.2
EV/EBITDA(배)	1.2	1.7	24.8	13.3	8.0	13.2
EPS(원)	53	61	50	181	454	123
BPS(원)	803	868	444	942	2,162	2,278
CFPS(원)	111	119	116	258	536	201
DPS(원)	—	—	—	—	—	70
EBITDAPS(원)	151	193	109	241	509	230

재무 비율 〈단위 : %〉

연도	영업이익률	순이익률	부채비율	차입금비율	ROA	ROE	유보율	자기자본비율	EBITDA 마진율
2017	6.0	4.8	55.3	31.4	3.6	5.7	355.6	64.4	9.1
2016	12.6	13.3	62.5	38.6	12.7	25.1	332.5	61.5	15.0
2015	4.8	5.3	189.6	128.6	7.2	26.1	100.1	34.5	7.0
2014	1.7	1.7	일부잠식	일부잠식	—	—	0.7	18.6	4.1

유니켐 (A011330)

Uni Chem

업종 : 섬유 및 의복 | 시장 : 거래소
신용등급 : (Bond) — (CP) — | 기업규모 : 시가총액 소형주
홈페이지 : www.uni-chem.net | 연락처 : 031)491-3751
본사 : 경기도 안산시 단원구 해봉로 38

설립일	1979.04.27	**종업원수**	194명	**대표이사**	이장원
상장일	1989.12.14	**감사의견**	적정(중앙)	**계열**	
결산기	12월	**보통주**		**종속회사수**	
액면가	500원	**우선주**		**구상호**	

주주구성 (지분율,%)		출자관계 (지분율,%)		주요경쟁사 (외형,%)	
태주원	20.7	디베스트인베스트먼트	16.7	유니켐	100
이정원	8.9	파스텍	5.2	방림	224
(외국인)	0.9	삼애	4.3	형지I&C	172

매출구성		비용구성		수출비중	
피혁(제품)	91.1	매출원가율	88.0	수출	42.9
SPLIT	6.3	판관비율	6.5	내수	57.1
피혁(상품)	2.6				

회사 개요

동사는 1976년에 설립돼 1989년 유가증권 시장에 상장함. 피혁원단 제조와 판매를 주요 사업으로 영위하며 경기도 안산에 위치한 유니원을 연결대상 종속회사로 보유하고 있음. 현대자동차, 기아자동차, 르노삼성자동차, Tumi, Coach 등이 주요 고객사임. 2017년 기준 시장 점유율은 16%로 추산됨. 주요 경쟁사로는 조광피혁, 삼양통상 등을 꼽을 수 있음.

실적 분석

2017년 연결기준 동사 매출은 660.5억원을 기록하여 전년대비 79.7% 증가함. 영업이익은 36.4억원으로 전년대비 57.6% 늘어남. 매출, 영업이익이 늘어난 데 이어 비영업부문이 흑자전환해 당기순이익은 235.8% 증가한 58.7억원을 기록함. 핸드백, 신발부분은 신규 고가 브랜드의 우량 거래처를 통한 매출증가에 노력하여 매출액 증가를 달성 하였으며. 자동차 매출은 신규 CK 차종을 수주하여 2017년 하반기부터 납품하고 있음.

현금 흐름 *IFRS 별도 기준 〈단위 : 억원〉

항목	2016	2017
영업활동	-181	21
투자활동	-14	-46
재무활동	181	51
순현금흐름	-15	25
기말현금	1	27

시장 대비 수익률

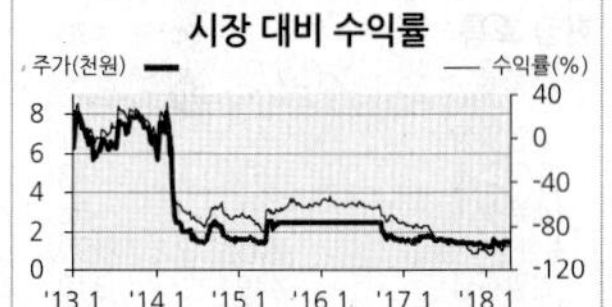

결산 실적 〈단위 : 억원〉

항목	2012	2013	2014	2015	2016	2017
매출액	994	868	184	87	368	661
영업이익	-88	-120	-262	-54	23	36
당기순이익	-85	-130	-349	-124	17	59

분기 실적 *IFRS 별도 기준 〈단위 : 억원〉

항목	2016.3Q	2016.4Q	2017.1Q	2017.2Q	2017.3Q	2017.4Q
매출액	79	138	150	167	154	189
영업이익	6	7	9	10	9	8
당기순이익	4	8	6	7	6	6

재무 상태 *IFRS 별도 기준 〈단위 : 억원〉

항목	2012	2013	2014	2015	2016	2017
총자산	644	649	392	408	669	747
유형자산	264	234	274	235	242	257
무형자산	8	6	3	3	2	4
유가증권	3	1	1	1	1	1
총부채	565	534	510	312	384	433
총차입금	329	304	387	182	294	343
자본금	164	325	96	206	255	255
총자본	79	115	-117	95	285	314
지배주주지분	79	115	-117	95	285	314

기업가치 지표 *IFRS 별도 기준

항목	2012	2013	2014	2015	2016	2017
주가(최고/저)(천원)	15.7/5.6	8.5/5.7	8.8/1.5	3.0/1.3	2.4/1.5	1.8/1.3
PER(최고/저)(배)	—/—	—/—	—/—	—/—	69.1/41.8	39.2/28.0
PBR(최고/저)(배)	6.0/2.1	4.5/3.0	-7.2/-1.2	13.1/5.6	4.4/2.6	3.0/2.1
EV/EBITDA(배)	—	—	—	—	32.2	20.4
EPS(원)	-3,026	-2,163	-4,965	-557	35	47
BPS(원)	268	190	-606	233	560	617
CFPS(원)	-236	-192	-2,433	-508	57	69
DPS(원)	—	—	—	—	—	—
EBITDAPS(원)	-245	-175	-1,814	-195	68	94

재무 비율 〈단위 : %〉

연도	영업이익률	순이익률	부채비율	차입금비율	ROA	ROE	유보율	자기자본비율	EBITDA 마진율
2017	5.5	8.9	143.1	115.6	7.4	18.5	37.1	41.1	7.2
2016	6.3	4.8	135.1	103.4	3.0	7.4	12.0	42.5	9.2
2015	-62.6	-142.8	일부잠식	일부잠식	-31.0	전기잠식	-53.5	23.4	-50.1
2014	-142.1	-189.2	완전잠식	완전잠식	-67.0	당기잠식	-221.2	-29.9	-138.3

유니퀘스트 (A077500)

Uniquest

업 종 : 반도체 및 관련장비 | 시 장 : 거래소
신용등급 : (Bond) — (CP) — | 기업규모 : 시가총액 소형주
홈페이지 : www.uniquest.co.kr | 연 락 처 : 031)708-9988
본 사 : 경기도 성남시 분당구 황새울로 314, 유니퀘스트빌딩

설 립 일	1995.11.25	**종 업 원 수**	156명	**대 표 이 사**	앤드류김
상 장 일	2004.08.05	**감 사 의 견**	적정(삼일)	**계 열**	
결 산 기	12월	**보 통 주**		**종속회사수**	7개사
액 면 가	500원	**우 선 주**		**구 상 호**	

주주구성 (지분율,%)		출자관계 (지분율,%)		주요경쟁사 (외형,%)	
임창완	44.2	드림텍	43.4	유니퀘스트	100
신정옥	7.4	스타빛시스템	39.0	엘비세미콘	54
(외국인)	55.5	에너지융합UQIP투자조합	33.0	에스엔텍	25

매출구성		비용구성		수출비중	
반도체IC 및 기타전기 및 영상관련부품등	98.5	매출원가율	87.8	수출	3.3
영업 및 기술지원에 대한 수수료	0.5	판관비율	8.6	내수	96.7
부동산 임대 수입 외	0.4				

회사 개요

동사는 비메모리반도체 솔루션 공급사업을 영위할 목적으로 1993년에 설립됨. 해외 유수의 비메모리 반도체 제조사와의 대리점계약을 통해 국내의 IT제조사 등 고객사들이 개발하고자하는 제품에 부합되는 우수한 반도체를 국내시장에 공급하고, 기술지원 및 교육 등 토탈솔루션사업을 영위하고 있음. 반도체 유통, 기술서비스를 하는 엑시오스, 매그나텍, 유비컴 등 7개 종속회사를 두고 있고, 드림텍 등 계열회사가 5개임.

실적 분석

동사의 2017년 매출과 영업이익은 2461억원, 88억원으로 전년 대비 매출은 6.6% 감소하고 영업이익은 12.3% 증가함. 동사의 매출원가율은 해외 시스템 반도체 회사들의 국내시장 확대 및 국내 시스템반도체 시장의 성장 등으로 인한 경쟁 확대로 지속적으로 소폭 상승하는 추세임. 다만, 벤처투자조합(종속기업)의 투자주식처분이익의 증가로 매출액이 증가하여 전체적인 총이익은 개선됨.

현금 흐름 〈단위 : 억원〉

항목	2016	2017
영업활동	-66	21
투자활동	-153	-13
재무활동	-11	-58
순현금흐름	-205	-139
기말현금	449	310

시장 대비 수익률

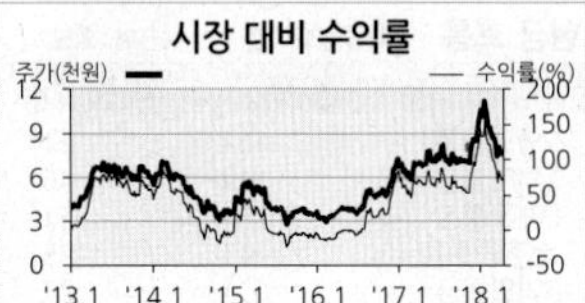

결산 실적 〈단위 : 억원〉

항목	2012	2013	2014	2015	2016	2017
매출액	2,012	2,112	2,823	2,960	2,636	2,461
영업이익	75	55	103	90	78	88
당기순이익	181	272	155	23	28	136

분기 실적 〈단위 : 억원〉

항목	2016.3Q	2016.4Q	2017.1Q	2017.2Q	2017.3Q	2017.4Q
매출액	716	586	611	578	576	696
영업이익	25	20	10	7	4	67
당기순이익	-12	-2	80	35	51	-29

재무 상태 〈단위 : 억원〉

항목	2012	2013	2014	2015	2016	2017
총자산	1,874	2,183	2,440	2,444	2,829	2,669
유형자산	91	92	92	89	111	128
무형자산	12	12	11	11	108	119
유가증권	136	177	287	461	575	513
총부채	621	626	595	573	804	679
총차입금	106	110	104	165	243	236
자본금	66	67	67	135	135	135
총자본	1,253	1,557	1,845	1,871	2,025	1,990
지배주주지분	1,179	1,462	1,723	1,690	1,795	1,738

기업가치 지표

항목	2012	2013	2014	2015	2016	2017
주가(최고/저)(천원)	4.0/1.5	7.1/3.9	7.2/3.1	6.1/2.7	7.3/3.0	9.7/5.9
PER(최고/저)(배)	6.5/2.5	8.2/4.5	14.8/6.3	76.4/34.3	46.0/19.3	21.5/13.2
PBR(최고/저)(배)	1.0/0.4	1.5/0.8	1.3/0.6	1.0/0.5	1.1/0.5	1.5/0.9
EV/EBITDA(배)	13.6	28.2	10.2	7.4	23.3	27.4
EPS(원)	722	1,008	570	86	160	449
BPS(원)	9,123	11,068	12,790	6,326	6,706	6,494
CFPS(원)	1,489	2,059	1,185	109	182	499
DPS(원)	—	—	750	200	80	100
EBITDAPS(원)	617	458	812	357	312	375

재무 비율 〈단위 : %〉

연도	영업이익률	순이익률	부채비율	차입금비율	ROA	ROE	유보율	자기자본비율	EBITDA마진율
2017	3.6	5.5	34.2	11.9	5.0	6.9	1,198.8	74.5	4.1
2016	3.0	1.1	39.7	12.0	1.1	2.5	1,241.2	71.6	3.2
2015	3.0	0.8	30.6	8.8	0.9	1.4	1,165.2	76.6	3.3
2014	3.7	5.5	32.2	5.6	6.7	9.6	2,457.9	75.6	3.9

유니크 (A011320)

Unick

업 종 : 자동차부품 | 시 장 : KOSDAQ
신용등급 : (Bond) — (CP) — | 기업규모 : 우량
홈페이지 : www.unick.co.kr | 연 락 처 : 055)340-2000
본 사 : 경남 김해시 진영읍 서부로 179번길 90 (진영농공단지내)

설 립 일	1976.04.21	**종 업 원 수**	575명	**대 표 이 사**	안정구
상 장 일	1993.12.29	**감 사 의 견**	적정(삼일)	**계 열**	
결 산 기	12월	**보 통 주**		**종속회사수**	1개사
액 면 가	500원	**우 선 주**		**구 상 호**	

주주구성 (지분율,%)		출자관계 (지분율,%)		주요경쟁사 (외형,%)	
안영구	19.7			유니크	100
안정구	9.3			삼성공조	39
(외국인)	5.2			현대공업	75

매출구성		비용구성		수출비중	
유압 SOLENOID VALVE	49.3	매출원가율	89.0	수출	—
CIGAR LIGHTER 외 기타	17.8	판관비율	9.3	내수	—
DCT SOLENOID VALVE	15.2				

회사 개요

동사는 1976년에 설립, 김해 제조공장에서 20여종의 차량부품을 제조 및 판매하고 있으며 1993년 코스닥시장에 상장됨. 자동변속기의 핵심부품으로 밸브바디의 유압을 조정하는 기능을 갖고 있는 유압솔레노이드 밸브를 국산화하는데 성공하여 현대·기아자동차, 현대파워텍 등에 납품하고 있으며, 국내시장의 약 80% 이상을 점유 중임. 2002년부터 청도유니크부건유한공사를 설립하여 연결대상 종속회사로 보유 중임.

실적 분석

동사는 2017년 한 해 완성차 판매대수 감소, 환율 하락 등 비우호적인 경영환경을 견뎌냄. 당기 매출액은 전기 대비 7.7% 감소한 2,351.5억원을 기록. 매출총이익은 20.6% 하락한 259.3억원을 기록함. 외형축소로 영업이익과 당기순이익은 각각 41.7억원과 32.6억원을 시현하며 전기 대비 각각 52.9%, 58.5% 하락함. 생산라인 증설로 당기에 37.4억원을 건설중인자산으로 계상하였고 완공된 46.5억원을 기계장치로 대체함.

현금 흐름 〈단위 : 억원〉

항목	2016	2017
영업활동	201	50
투자활동	-246	-137
재무활동	39	93
순현금흐름	-7	133
기말현금	127	128

시장 대비 수익률

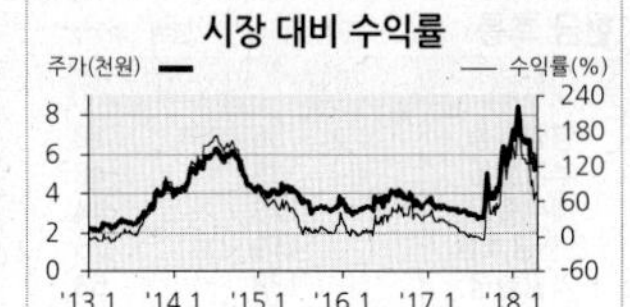

결산 실적 〈단위 : 억원〉

항목	2012	2013	2014	2015	2016	2017
매출액	1,977	2,169	2,258	2,309	2,547	2,352
영업이익	86	166	100	61	89	42
당기순이익	84	156	101	72	79	33

분기 실적 〈단위 : 억원〉

항목	2016.3Q	2016.4Q	2017.1Q	2017.2Q	2017.3Q	2017.4Q
매출액	604	673	618	579	578	576
영업이익	11	35	15	5	9	13
당기순이익	8	29	4	7	16	5

재무 상태 〈단위 : 억원〉

항목	2012	2013	2014	2015	2016	2017
총자산	1,398	1,597	1,681	1,769	1,873	1,984
유형자산	706	699	801	896	1,018	1,049
무형자산	11	10	8	8	13	12
유가증권	17	20	39	39	41	43
총부채	881	946	949	995	1,041	1,095
총차입금	524	559	535	510	567	646
자본금	97	97	97	97	97	97
총자본	516	650	731	773	832	889
지배주주지분	516	650	731	773	832	889

기업가치 지표

항목	2012	2013	2014	2015	2016	2017
주가(최고/저)(천원)	3.0/2.0	4.6/2.1	6.4/3.9	4.6/2.9	4.3/2.9	7.4/2.7
PER(최고/저)(배)	7.8/5.3	6.3/2.8	13.3/8.0	13.2/8.4	11.1/7.4	44.7/16.3
PBR(최고/저)(배)	1.2/0.8	1.4/0.7	1.8/1.1	1.2/0.8	1.0/0.7	1.6/0.6
EV/EBITDA(배)	5.4	4.5	6.4	7.5	6.0	11.5
EPS(원)	437	810	523	370	407	169
BPS(원)	2,761	3,542	3,955	4,173	4,477	4,718
CFPS(원)	791	1,192	900	749	872	725
DPS(원)	50	65	75	100	90	—
EBITDAPS(원)	799	1,242	897	693	924	772

재무 비율 〈단위 : %〉

연도	영업이익률	순이익률	부채비율	차입금비율	ROA	ROE	유보율	자기자본비율	EBITDA마진율
2017	1.8	1.4	123.2	72.7	1.7	3.8	843.6	44.8	6.3
2016	3.5	3.1	125.1	68.2	4.3	9.8	795.5	44.4	7.0
2015	2.6	3.1	128.7	66.0	4.2	9.5	734.6	43.7	5.8
2014	4.4	4.5	129.8	73.1	6.2	14.6	691.0	43.5	7.7

유니테스트 (A086390)
UniTestorporation

업 종 : 반도체 및 관련장비 | 시 장 : KOSDAQ
신용등급 : (Bond) — (CP) — | 기업규모 : 우량
홈페이지 : www.uni-test.com | 연 락 처 : 031)205-6111
본 사 : 경기도 용인시 기흥구 기곡로 27

설 립 일	2000.03.21	**종 업 원 수**	163명	**대 표 이 사**	김종현
상 장 일	2006.12.05	**감 사 의 견**	적정(인덕)	**계 열**	
결 산 기	12월	**보 통 주**		**종속회사수**	5개사
액 면 가	500원	**우 선 주**		**구 상 호**	

주주구성 (지분율,%)		출자관계 (지분율,%)		주요경쟁사 (외형,%)	
김종현	18.9	유니청정에너지	100.0	유니테스트	100
신한비엔피파리바자산운용	3.6	유니솔라에너지	100.0	에스앤에스텍	32
(외국인)	15.0	테스티안	74.8	디엔에프	44

매출구성		비용구성		수출비중	
메모리 컴포넌트테스트 장비/고속의 번인장비	93.7	매출원가율	63.5	수출	44.2
PL램프/태양광 시스템, 인버터 등	4.7	판관비율	17.2	내수	55.8
메모리 모듈테스트 장비	1.1				

회사 개요

동사는 반도체 검사 장비를 전문으로 개발 생산하는 업체로서, 메모리 모듈 테스터 및 메모리 컴포넌트 테스터의 개발 판매를 주력으로 함. 메모리 테스트 장비는 90% 이상의 매출액을 구성. 동사는 국내 최초로 D램 주검장비의 국산화 및 상용화에 성공하여 이를 바탕으로 사업영역을 확장함. 뿐만 아니라 2015년 유니솔라에너지와 유니청정에너지 지분을 100% 인수해 태양광 사업으로도 사업 확장.

실적 분석

2017년 동사의 연결기준 결산 매출액은 전년동기 대비 44.3% 증가한 1,685.5억원으로 국내외 주요고객사로 반도체 검사장비 및 태양광 매출증가로 창사이래 최대 매출을 기록함. 매출호조로 영업이익은 181.3% 증가한 325.7억원이며, 순이익은 192.3% 증가한 240.5억을 시현함. 동사는 장쑤성에 대표사무소를 설립하면서 중국시장 공략에도 나서기 시작하였음.

현금 흐름 〈단위 : 억원〉

항목	2016	2017
영업활동	2	323
투자활동	-43	-74
재무활동	-95	38
순현금흐름	-135	280
기말현금	111	390

시장 대비 수익률

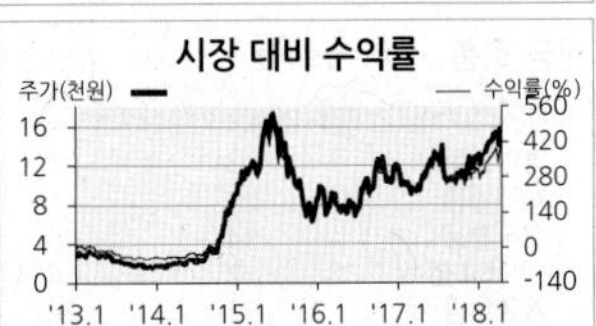

결산 실적 〈단위 : 억원〉

항목	2012	2013	2014	2015	2016	2017
매출액	435	163	625	1,335	1,168	1,686
영업이익	46	-77	82	301	116	326
당기순이익	24	-84	65	259	82	240

분기 실적 〈단위 : 억원〉

항목	2016.3Q	2016.4Q	2017.1Q	2017.2Q	2017.3Q	2017.4Q
매출액	517	371	498	525	159	504
영업이익	86	58	117	71	8	130
당기순이익	75	49	81	72	16	72

재무 상태 〈단위 : 억원〉

항목	2012	2013	2014	2015	2016	2017
총자산	650	585	812	1,009	1,050	1,498
유형자산	239	233	221	277	260	272
무형자산	29	71	79	48	32	32
유가증권	4	5	7	21	46	60
총부채	287	316	425	359	331	574
총차입금	236	242	205	173	101	170
자본금	79	79	93	97	106	106
총자본	363	269	387	649	719	924
지배주주지분	362	270	387	650	720	927

기업가치 지표

항목	2012	2013	2014	2015	2016	2017
주가(최고/저)(천원)	3.7/1.9	3.3/1.5	9.1/1.6	18.3/5.8	13.1/6.9	14.0/9.1
PER(최고/저)(배)	26.6/13.9	—/—	25.5/4.5	13.8/4.4	32.8/17.1	12.4/8.1
PBR(최고/저)(배)	1.6/0.9	1.9/0.8	4.3/0.8	5.5/1.7	3.8/2.0	3.1/2.0
EV/EBITDA(배)	7.4	—	15.6	4.6	15.1	6.9
EPS(원)	148	-526	376	1,394	412	1,143
BPS(원)	2,411	1,883	2,240	3,496	3,591	4,568
CFPS(원)	320	-405	607	1,698	666	1,306
DPS(원)	—	—	80	200	150	200
EBITDAPS(원)	463	-362	708	1,924	824	1,703

재무 비율 〈단위 : %〉

연도	영업 이익률	순 이익률	부채 비율	차입금 비율	ROA	ROE	유보율	자기자본 비율	EBITDA 마진율
2017	19.3	14.3	62.1	18.4	18.9	29.3	813.5	61.7	21.4
2016	9.9	7.1	46.1	14.1	8.0	12.2	618.2	68.5	14.4
2015	22.5	19.4	55.3	26.6	28.5	49.9	599.2	64.4	26.8
2014	13.2	10.3	110.1	53.0	9.3	19.7	348.0	47.6	19.5

유니테크노 (A241690)
UNITEKNO

업 종 : 자동차부품 | 시 장 : KOSDAQ
신용등급 : (Bond) — (CP) — | 기업규모 : 벤처
홈페이지 : www.unitekno.co.kr | 연 락 처 : 051)203-5460
본 사 : 부산시 사하구 신산로13번길 54 (신평동)

설 립 일	2000.06.23	**종 업 원 수**	260명	**대 표 이 사**	이좌영
상 장 일	2016.09.20	**감 사 의 견**	적정(지평)	**계 열**	
결 산 기	12월	**보 통 주**		**종속회사수**	2개사
액 면 가	500원	**우 선 주**		**구 상 호**	

주주구성 (지분율,%)		출자관계 (지분율,%)		주요경쟁사 (외형,%)	
이좌영	69.1	유니기전(강소)	100.0	유니테크노	100
김윤정	3.4	유니기전(위해)	100.0	인지컨트롤스	818
(외국인)	0.5			삼보모터스	1,419

매출구성		비용구성		수출비중	
모터용 부품	66.3	매출원가율	80.4	수출	15.9
엔진파워트레인용 부품	22.8	판관비율	9.1	내수	84.1
상품	10.5				

회사 개요

동사는 현재 자동차 엔진 파워트레인용 플라스틱 사출품, 자동차용 전장품의 플라스틱 부품 및 조립, 전동식파워스티어링 휠의 핵심 부품인 모터의 일부 부품 생산 및 조립의 사업을 영위하고 있으며, 주요 고객사는 디와이오토, S&T모티브, 델파이파워트레인, Behr 사 등의 자동차 부품 제조 업체임. 현재 전기자동차 관련 핵심부품인 배터리를 의뢰 받아 개발중에 있음.

실적 분석

동사의 2017년 연간 매출액은 전년동기 683.1억원 대비 3.2% 하락한 661.4억원을 기록하였음. 영업이익은 44.7% 하락한 69억원을 시현함. 당기순이익은 40.8& 하락하여 62억원을 기록. 동사가 제작하는 와이퍼 모터 부품은 Brush를 이용한 전기를 공급하는 기능과 Motor 내부에 수분 유입을 방지하고 Motor 작동 시 발생되는 열로 인한 내 외부 기압 차이 조정.

현금 흐름 〈단위 : 억원〉

항목	2016	2017
영업활동	101	58
투자활동	-29	-86
재무활동	85	-8
순현금흐름	159	-35
기말현금	199	164

시장 대비 수익률

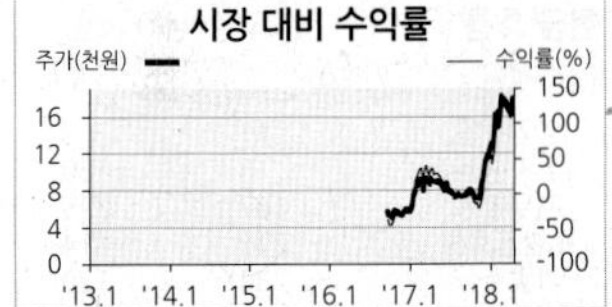

결산 실적 〈단위 : 억원〉

항목	2012	2013	2014	2015	2016	2017
매출액	156	199	345	584	683	661
영업이익	10	4	29	53	125	69
당기순이익	11	3	29	80	105	62

분기 실적 〈단위 : 억원〉

항목	2016.3Q	2016.4Q	2017.1Q	2017.2Q	2017.3Q	2017.4Q
매출액	175	179	179	156	155	171
영업이익	26	30	33	14	17	4
당기순이익	23	27	28	13	15	7

재무 상태 〈단위 : 억원〉

항목	2012	2013	2014	2015	2016	2017
총자산	231	244	310	515	697	755
유형자산	123	126	176	283	281	326
무형자산	0	0	6	13	22	24
유가증권	—	—	1	1	1	8
총부채	142	152	162	267	200	202
총차입금	117	116	104	135	73	67
자본금	20	20	20	22	30	60
총자본	89	92	148	247	497	552
지배주주지분	89	92	148	247	497	552

기업가치 지표

항목	2012	2013	2014	2015	2016	2017
주가(최고/저)(천원)	—/—	—/—	—/—	—/—	—/—	—/—
PER(최고/저)(배)	0.0/0.0	0.0/0.0	0.0/0.0	0.0/0.0	6.6/4.8	23.9/11.0
PBR(최고/저)(배)	0.0/0.0	0.0/0.0	0.0/0.0	0.0/0.0	1.7/1.2	2.7/1.2
EV/EBITDA(배)	5.4	5.3	2.2	1.3	3.8	14.1
EPS(원)	134	32	357	944	1,062	520
BPS(원)	44,640	45,938	74,071	5,536	8,334	4,631
CFPS(원)	10,995	9,659	21,014	2,311	2,580	734
DPS(원)	—	—	—	—	—	—
EBITDAPS(원)	10,625	10,596	21,411	1,682	2,988	793

재무 비율 〈단위 : %〉

연도	영업 이익률	순 이익률	부채 비율	차입금 비율	ROA	ROE	유보율	자기자본 비율	EBITDA 마진율
2017	10.4	9.4	36.6	12.1	8.6	11.8	826.2	73.2	14.3
2016	18.3	15.3	40.3	14.7	17.3	28.2	1,566.7	71.3	21.6
2015	9.2	13.7	108.2	54.8	19.4	40.5	1,007.1	48.0	12.2
2014	8.5	8.3	109.3	69.9	—	—	640.7	47.8	12.4

유니트론텍 (A142210)
Unitrontech

업종 : 반도체 및 관련장비 | 시장 : KOSDAQ
신용등급 : (Bond) — (CP) — | 기업규모 : 벤처
홈페이지 : www.unitrontech.com | 연락처 : 02)573-6800
본사 : 서울시 강남구 영동대로 638 삼보빌딩 9층

설립일	1996.06.25	**종업원수**	57명	**대표이사**	남궁선
상장일	2016.02.02	**감사의견**	적정(삼정)	**계열**	
결산기	12월	**보통주**		**종속회사수**	2개사
액면가	500원	**우선주**		**구상호**	

주주구성 (지분율,%)		출자관계 (지분율,%)		주요경쟁사 (외형,%)	
남궁선	29.4	모비핀테크놀러지	15.0	유니트론텍	100
SERIAL MICROELECTRONICS PTE LTD	7.2	UnitrontechHK	100.0	SKC 솔믹스	75
(외국인)	2.9	UnitrontechChinaCompany	55.0	프로텍	84

매출구성		비용구성		수출비중	
[반도체]DRAM SSD 등	58.7	매출원가율	92.2	수출	26.5
[디스플레이외]TFT-LCD 등	41.3	판관비율	4.8	내수	73.5

회사 개요
동사는 1996년 6월 19일 주식회사 일지텔레콤으로 설립했으며, 2003년 4월 30일 사명을 주식회사 유니트론텍으로 변경함. 전자제품 제조 및 판매, 전자부품 및 반제품 무역과 도매를 주요 사업으로 영위함. 주요 매출상품은 자동차용 반도체, 디스플레이 등이며 내수시장에서 반도체 매출이 전체 매출의 대부분을 차지함. 반도체 수출은 국가별로 중국이 88억원, 대만 9억원을 기록함.

실적 분석
동사의 2017년 연간 매출액은 전년동기대비 19.5% 상승한 1,773.2억원을 기록하였음. 선진국 거시경제 순환 사이클과 연관성이 크게 나타났으나, 최근에는 중국 등 신흥시장 비중이 확대되면서 수요처가 증가하고 있음. 차량용 디스플레이도 커넥티드카의 수요 증가로 시장이 확대되고 있는 상황임. 상승한 매출액은 이에 따른 결과로 보이나 원가 증가로 인해 전년동기대비 영업이익은 53.5억원으로 37.2% 크게 하락 하였음.

현금 흐름
〈단위 : 억원〉

항목	2016	2017
영업활동	47	-78
투자활동	-6	-60
재무활동	167	25
순현금흐름	212	-114
기말현금	234	120

시장 대비 수익률
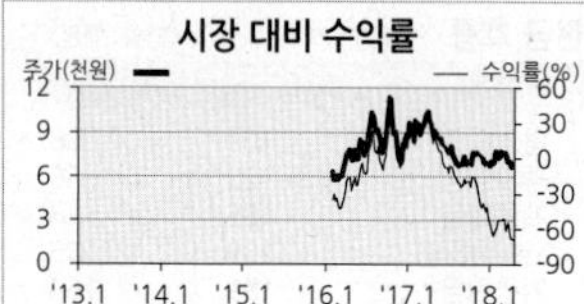

결산 실적
〈단위 : 억원〉

항목	2012	2013	2014	2015	2016	2017
매출액	429	750	864	927	1,484	1,773
영업이익	32	77	78	80	85	53
당기순이익	18	50	57	61	72	30

분기 실적
〈단위 : 억원〉

항목	2016.3Q	2016.4Q	2017.1Q	2017.2Q	2017.3Q	2017.4Q
매출액	356	385	437	380	458	499
영업이익	13	28	14	7	23	9
당기순이익	3	40	5	7	18	0

재무 상태
〈단위 : 억원〉

항목	2012	2013	2014	2015	2016	2017
총자산	157	218	326	363	699	671
유형자산	1	1	2	2	2	1
무형자산	—	3	3	3	8	8
유가증권	2	1	1	4	3	3
총부채	118	132	181	169	374	346
총차입금	100	93	109	119	222	278
자본금	4	4	14	14	50	50
총자본	39	86	145	194	326	325
지배주주지분	39	86	145	194	321	322

기업가치 지표

항목	2012	2013	2014	2015	2016	2017
주가(최고/저)(천원)	—/—	—/—	—/—	—/—	13.5/5.4	10.5/6.6
PER(최고/저)(배)	0.0/0.0	0.0/0.0	0.0/0.0	0.0/0.0	18.8/7.5	34.2/21.3
PBR(최고/저)(배)	0.0/0.0	0.0/0.0	0.0/0.0	0.0/0.0	4.3/1.7	3.1/2.0
EV/EBITDA(배)	2.5	1.0	0.7	1.2	10.2	14.8
EPS(원)	228	631	687	731	739	312
BPS(원)	48,390	107,721	5,181	6,919	3,263	3,411
CFPS(원)	23,369	63,585	2,089	2,223	748	320
DPS(원)	—	—	—	425	150	70
EBITDAPS(원)	41,165	97,135	2,867	2,890	875	546

재무 비율
〈단위 : %〉

연도	영업이익률	순이익률	부채비율	차입금비율	ROA	ROE	유보율	자기자본비율	EBITDA마진율
2017	3.0	1.7	106.3	85.4	4.4	9.6	582.3	48.5	3.1
2016	5.7	4.9	114.8	68.2	13.6	28.2	552.5	46.6	5.8
2015	8.6	6.6	87.3	61.5	17.8	36.2	1,283.7	53.4	8.7
2014	9.0	6.6	124.6	75.3	20.8	48.9	936.2	44.5	9.1

유니포인트 (A121060)
UNIPOINT

업종 : IT 서비스 | 시장 : KONEX
신용등급 : (Bond) — (CP) — | 기업규모 : —
홈페이지 : www.unipoint.co.kr | 연락처 : 02)6676-5500
본사 : 서울시 동작구 남부순환로 2049 사당동 네오티스빌딩 2층

설립일	1996.12.12	**종업원수**	151명	**대표이사**	권은영
상장일	2014.10.24	**감사의견**	적정(삼일)	**계열**	
결산기	12월	**보통주**		**종속회사수**	
액면가	—	**우선주**		**구상호**	

주주구성 (지분율,%)		출자관계 (지분율,%)		주요경쟁사 (외형,%)	
하이드렉스	20.9			유니포인트	100
안국필	15.0			바른테크놀로지	23
				씨아이테크	23

매출구성		비용구성		수출비중	
SI사업(용역)	37.1	매출원가율	87.5	수출	0.1
Software사업(상품)	23.3	판관비율	10.6	내수	99.9
기타	16.4				

회사 개요
동사는 SI 및 솔루션 유통과 시스템소프트웨어 개발 및 공급 등 IT 관련 사업을 영위하며 1996년 12월 12일 우노시스템으로 설립돼 2006년 유니포인트로 사명을 변경함. 동사의 사업은 IT 서비스 산업에 포함되며 사업의 특성상 시스템통합과 유지보수가 연계된 형태로 추진되는 경우가 많음. 동사는 현재 상장사인 네오티스, 비상장사인 하이드렉스 등 여러 계열사를 거느리고 있음.

실적 분석
동사의 2017년 연결 기준 연간 누적 매출액은 939.2억원으로 전년 대비 32.7% 증가함. 매출이 증가하면서 매출원가와 판관비도 늘었지만 매출 증가에 따른 고정비용 감소 효과로 영업이익은 전년 대비 77.1% 증가한 17.8억원을 시현함. 비영업 부문에서 적자가 지속됐지만 영업이익 증가로 당기순이익은 전년 대비 1.1% 증가한 13.7억원을 기록함.

현금 흐름 *IFRS 별도 기준
〈단위 : 억원〉

항목	2016	2017
영업활동	13	21
투자활동	-29	-1
재무활동	14	45
순현금흐름	-2	64
기말현금	32	96

시장 대비 수익률
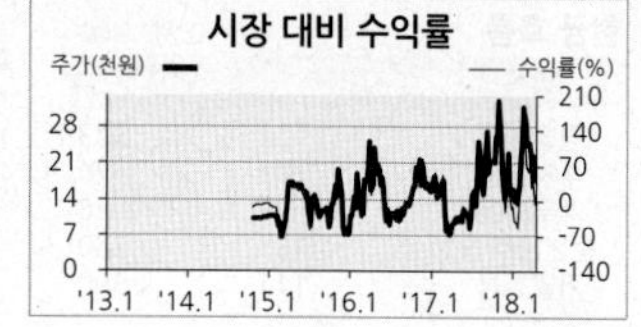

결산 실적
〈단위 : 억원〉

항목	2012	2013	2014	2015	2016	2017
매출액	751	782	670	829	922	939
영업이익	12	13	11	16	20	18
당기순이익	8	6	8	7	14	14

분기 실적 *IFRS 별도 기준
〈단위 : 억원〉

항목	2016.3Q	2016.4Q	2017.1Q	2017.2Q	2017.3Q	2017.4Q
매출액	—	—	—	—	—	—
영업이익	—	—	—	—	—	—
당기순이익	—	—	—	—	—	—

재무 상태 *IFRS 별도 기준
〈단위 : 억원〉

항목	2012	2013	2014	2015	2016	2017
총자산	400	405	384	376	395	550
유형자산	8	6	6	6	6	5
무형자산	2	3	2	3	9	8
유가증권	3	3	2	7	7	14
총부채	348	349	330	317	326	472
총차입금	53	66	96	75	91	137
자본금	30	30	30	30	30	30
총자본	52	56	54	59	69	78
지배주주지분	52	56	54	59	69	78

기업가치 지표 *IFRS 별도 기준

항목	2012	2013	2014	2015	2016	2017
주가(최고/저)(천원)	—/—	—/—	10.7/10.3	19.7/6.7	25.2/6.7	33.2/6.6
PER(최고/저)(배)	0.0/0.0	0.0/0.0	9.0/8.8	17.9/6.0	11.7/3.1	17.2/3.4
PBR(최고/저)(배)	0.0/0.0	0.0/0.0	1.1/1.1	1.8/0.6	2.0/0.5	2.3/0.5
EV/EBITDA(배)	—	—	10.9	4.7	6.0	6.2
EPS(원)	1,319	1,014	1,312	1,208	2,260	1,992
BPS(원)	10,709	11,404	11,069	11,978	13,527	15,097
CFPS(원)	1,760	1,442	1,735	1,714	2,749	2,375
DPS(원)	—	—	300	300	400	500
EBITDAPS(원)	2,409	2,656	2,300	3,196	3,863	3,039

재무 비율
〈단위 : %〉

연도	영업이익률	순이익률	부채비율	차입금비율	ROA	ROE	유보율	자기자본비율	EBITDA마진율
2017	1.9	1.5	621.6	172.5	2.8	18.5	207.8	13.9	2.2
2016	2.2	1.5	475.8	132.2	3.5	21.2	170.5	17.4	2.5
2015	1.9	0.9	535.2	126.2	1.9	12.8	139.6	15.7	2.3
2014	1.7	1.2	613.0	178.0	2.0	14.3	121.4	14.0	2.1

유라테크 (A048430)

Yura Tech

업 종 : 자동차부품
신용등급 : (Bond) — (CP) —
홈페이지 : www.yuratech.co.kr
본 사 : 세종시 전동면 아래깊은내길 25

시 장 : KOSDAQ
기업규모 : 우량
연 락 처 : 070)7878-3500

설 립 일	1987.05.07	**종업원수**	325명	**대표이사**	엄대열
상 장 일	2000.12.28	**감사의견**	적정(신성)	**계 열**	
결 산 기	12월	**보 통 주**		**종속회사수**	1개사
액 면 가	500원	**우 선 주**		**구 상 호**	

주주구성 (지분율,%)		출자관계 (지분율,%)		주요경쟁사 (외형,%)	
엄대열	41.1	일조승우무역유한공사	100.0	유라테크	100
엄병윤	25.8	유라(일조)전자과기유한공사	48.8	동원금속	254
(외국인)	1.1			엔브이에이치코리아	285

매출구성		비용구성		수출비중	
점화부품(제품)	52.7	매출원가율	94.3	수출	19.3
점화부품(상품)	27.0	판관비율	5.0	내수	80.7
와이어링하네스(제품)	16.7				

회사 개요

자동차용 점화 코일, 점화 플러그를 제조하는 업체로 주요 고객은 현대, 기아차와 현대모비스임. 1987년 설립 이후 점화장치 부품만을 20년 이상 생산해 점화장치에 대한 노하우를 바탕으로 완성차 업체의 다양한 요구에 빠른 대응을 하고 있으며, 실제로 신차종 개발 초기 단계부터 완성차 업체와 협의를 하고 있음. 또한 완벽한 품질과 납기 100% 준수에 힘쓰고 있으며, 지속적인 국산화 작업과 연구개발을 통한 품질 및 가격 경쟁력 향상에 힘쓰고 있음.

실적 분석

동사는 지난해 연결기준 영업이익이 13.7억원으로 집계. 같은 기간 매출액과 당기순이익은 1,939억원, 35억원을 기록해 각각 8.2%, 64.2% 감소. 동사는 결산배당으로 보통주 1주당 65원을 지급하는 현금배당을 실시. 시가배당율은 1%, 배당금 총액은 7.4억원. 동사의 주요 고객인 현대, 기아자동차의 국내 자동차시장과 관계가 높음. 마케팅 강화 등을 통한 납품선의 다변화가 필요한 상황임.

현금 흐름

<단위 : 억원>

항목	2016	2017
영업활동	85	117
투자활동	-91	-59
재무활동	-75	-15
순현금흐름	-81	42
기말현금	111	153

시장 대비 수익률

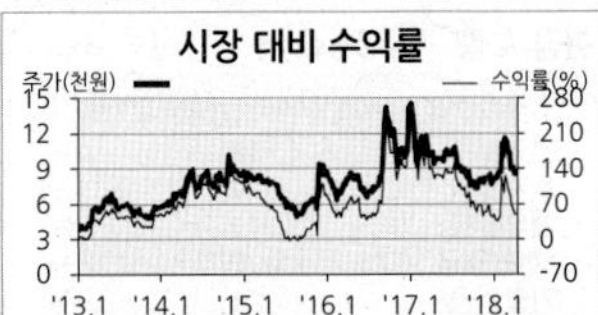

결산 실적

<단위 : 억원>

항목	2012	2013	2014	2015	2016	2017
매출액	1,425	1,621	1,713	1,901	2,112	1,939
영업이익	111	95	85	82	90	14
당기순이익	124	142	162	115	98	35

분기 실적

<단위 : 억원>

항목	2016.3Q	2016.4Q	2017.1Q	2017.2Q	2017.3Q	2017.4Q
매출액	477	589	541	429	478	491
영업이익	12	39	7	-1	11	-2
당기순이익	8	49	2	4	14	15

재무 상태

<단위 : 억원>

항목	2012	2013	2014	2015	2016	2017
총자산	1,023	1,071	1,251	1,385	1,313	1,314
유형자산	447	466	507	551	556	530
무형자산	8	9	18	18	16	13
유가증권	46	50	34	30	29	31
총부채	434	364	404	447	297	279
총차입금	71	—	60	60	—	—
자본금	58	58	58	58	58	58
총자본	589	706	847	938	1,015	1,035
지배주주지분	589	706	847	938	1,015	1,035

기업가치 지표

항목	2012	2013	2014	2015	2016	2017
주가(최고/저)(천원)	6.7/2.8	6.9/3.9	10.1/5.7	10.0/4.7	16.0/6.4	14.6/7.2
PER(최고/저)(배)	6.7/2.8	5.9/3.3	7.6/4.3	10.4/4.9	19.1/7.7	48.5/23.7
PBR(최고/저)(배)	1.4/0.6	1.2/0.7	1.4/0.8	1.3/0.6	1.8/0.7	1.6/0.8
EV/EBITDA(배)	2.9	4.3	6.0	5.5	8.7	6.9
EPS(원)	1,075	1,233	1,403	994	850	304
BPS(원)	5,127	6,148	7,367	8,153	8,828	9,003
CFPS(원)	1,597	1,746	2,043	1,694	1,606	1,134
DPS(원)	100	100	100	135	135	65
EBITDAPS(원)	1,490	1,338	1,375	1,416	1,537	949

재무 비율

<단위 : %>

연도	영업 이익률	순 이익률	부채 비율	차입금 비율	ROA	ROE	유보율	자기자본 비율	EBITDA 마진율
2017	0.7	1.8	26.9	0.0	2.7	3.4	1,700.6	78.8	5.6
2016	4.3	4.6	29.3	0.0	7.3	10.0	1,665.6	77.4	8.4
2015	4.3	6.0	47.7	6.4	8.7	12.8	1,530.7	67.7	8.6
2014	4.9	9.4	47.7	7.1	13.9	20.8	1,373.3	67.7	9.3

유바이오로직스 (A206650)

EuBiologics

업 종 : 바이오
신용등급 : (Bond) — (CP) —
홈페이지 : www.eubiologics.com
본 사 : 서울시 서초구 마방로 8 (양재동, 봄날아침빌딩)6층

시 장 : KOSDAQ
기업규모 : 기술성
연 락 처 : 02)572-6675

설 립 일	2010.03.10	**종업원수**	85명	**대표이사**	백영옥
상 장 일	2017.01.24	**감사의견**	적정(예교)	**계 열**	
결 산 기	12월	**보 통 주**		**종속회사수**	
액 면 가	500원	**우 선 주**		**구 상 호**	

주주구성 (지분율,%)		출자관계 (지분율,%)		주요경쟁사 (외형,%)	
바이오써포트	10.3			유바이오로직스	100
녹십자	8.8			팬젠	21
				랩지노믹스	214

매출구성		비용구성		수출비중	
바이오의약품 수탁연구 및 생산 서비스	50.8	매출원가율	104.9	수출	90.8
유비콜	49.3	판관비율	32.7	내수	9.2

회사 개요

동사는 2010년 03월 10일에 설립되었으며 업종은 물리, 화학 및 생물학 연구개발업으로서 세계 공중보건 증진에 기여할 수 있는 안전하고 효과적인 백신 개발 및 공급 사업과 신규의 백신제품 개발 및 바이오의약품에 대한 CRMO(수탁 연구 및 제조) 서비스 사업을 병행하고 있는 바이오벤처임. 주요제품은 콜레라백신 치료제(유비콜)과 바이오의약품 수탁연구 및 수탁 제조 등이 있음.

실적 분석

동사의 연결기준 2017년 매출액은 전년 대비 138.8% 증가한 115.7억원을 기록한 반면, 판관비는 인건비와 경상개발비 증가의 영향으로 전년 동기 대비 45.5% 증가함에 따라 동기간 영업손실은 43.5억원을 기록하며 적자지속함. 반면, 비영업손실은 외환이익이 흑자전환함에도 불구하고 여전히 적자를 기록함. 이에 따라 동사의 2017년 당기순이익은 47.2억원을 기록하며 적자지속함.

현금 흐름 *IFRS 별도 기준

<단위 : 억원>

항목	2016	2017
영업활동	-37	-26
투자활동	16	-68
재무활동	28	181
순현금흐름	8	86
기말현금	11	96

시장 대비 수익률

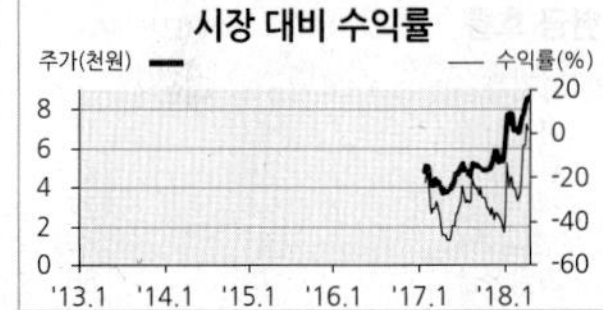

결산 실적

<단위 : 억원>

항목	2012	2013	2014	2015	2016	2017
매출액	10	—	31	16	48	116
영업이익	-21	—	-18	-27	-69	-43
당기순이익	-23	—	-138	-28	-67	-47

분기 실적 *IFRS 별도 기준

<단위 : 억원>

항목	2016.3Q	2016.4Q	2017.1Q	2017.2Q	2017.3Q	2017.4Q
매출액	5	28	20	43	34	19
영업이익	-17	-9	-10	-16	-12	-6
당기순이익	-15	-11	-8	-14	-12	-13

재무 상태 *IFRS 별도 기준

<단위 : 억원>

항목	2012	2013	2014	2015	2016	2017
총자산	35	—	101	141	135	269
유형자산	8	—	44	65	59	103
무형자산	22	—	10	10	9	11
유가증권	—	—	—	—	—	—
총부채	34	—	264	258	101	87
총차입금	6	—	239	232	46	33
자본금	37	—	39	51	105	122
총자본	1	—	-162	-116	34	182
지배주주지분	1	—	-162	-116	34	182

기업가치 지표 *IFRS 별도 기준

항목	2012	2013	2014	2015	2016	2017
주가(최고/저)(천원)	—/—	—/—	—/—	—/—	—/—	6.1/3.7
PER(최고/저)(배)	0.0/0.0	0.0/0.0	0.0/0.0	0.0/0.0	0.0/0.0	—/—
PBR(최고/저)(배)	0.0/0.0	0.0/0.0	0.0/0.0	0.0/0.0	0.0/0.0	8.3/4.9
EV/EBITDA(배)	—	0.0	—	—	—	—
EPS(원)	-317	—	-1,007	-176	-340	-195
BPS(원)	119	—	-10,726	-6,605	162	742
CFPS(원)	-2,627	—	-9,389	-959	-260	-120
DPS(원)	—	—	—	—	—	—
EBITDAPS(원)	-2,395	—	-647	-893	-270	-105

재무 비율

<단위 : %>

연도	영업 이익률	순 이익률	부채 비율	차입금 비율	ROA	ROE	유보율	자기자본 비율	EBITDA 마진율
2017	-37.6	-40.8	47.9	18.0	-23.4	-43.8	48.5	67.6	-22.0
2016	-142.7	-138.3	일부잠식	일부잠식	-48.5	전기잠식	-67.6	25.2	-110.0
2015	-169.8	-176.5	완전잠식	완전잠식	-23.3	잠식지속	-329.0	-82.2	-89.5
2014	-58.9	-447.0	완전잠식	완전잠식	0.0	0.0	-511.3	-160.1	-28.7

유비벨록스 (A089850)

UbiVelox

업　　종 : 전자 장비 및 기기
신용등급 : (Bond) —　　(CP) —
홈페이지 : www.ubivelox.com
본　　사 : 서울시 구로구 디지털로31길 12 13-14층

시　　장 : KOSDAQ
기업규모 : 벤처
연 락 처 : 02)597-3023

설 립 일	2000.09.01	**종업원수**	272명	**대표이사**	이흥복
상 장 일	2010.06.18	**감사의견**	적정(삼일)	**계　열**	
결 산 기	12월	**보 통 주**		**종속회사수**	3개사
액 면 가	500원	**우 선 주**		**구　상　호**	

주주구성 (지분율,%)		출자관계 (지분율,%)		주요경쟁사 (외형,%)	
이흥복	19.6	라임아이	67.8	유비벨록스	100
엔에이치엔엔터테인먼트	8.8	페이잇	50.0	파크시스템스	33
(외국인)	2.2	유비벨록스모바일	42.3	엔에스	42

매출구성		비용구성		수출비중	
스마트카드	69.8	매출원가율	76.8	수출	14.3
스마트폰, 스마트카 등	15.5	판관비율	21.3	내수	85.7
시스템구축, 스마트카드 OS S/W등	9.6				

회사 개요

동사는 Embedded S/W 기반의 Smart Card, Smart Mobile 사업을 영위하고 있으며, 이 사업들간의 시너지를 통해 IT Convergence까지 사업영역을 확대해 나가고 있음. 스마트카드 부문 종속기업은 유비벨록스, Beijing UBIVELOX Information System Co., Ltd가 존재하며, 모바일 부분은 유비벨록스, 라임아이,유비벨록스 모바일이 연결대상 종속회사임.

실적 분석

동사는 2017년 결산 연결기준 누적 매출액 993.6억원을 기록하여 전년동기 대비 3%의 외형성장을 보임. 영업이익은 전년동기 대비 41% 감소한 19.2억원을 기록하며 수익성 저하. 비영업손실 또한 88억원을 기록하며 당기순손실은 103억원으로 적자지속. 동사는 2018년 3월 말 중국 스마트카드 수출이 1300만장을 돌파함. 중국 스마트카드 공급 물량이 폭발적으로 증가하는 추세로 매출 성장 기대.

현금 흐름

<단위 : 억원>

항목	2016	2017
영업활동	43	16
투자활동	14	-123
재무활동	9	117
순현금흐름	67	6
기말현금	79	86

시장 대비 수익률

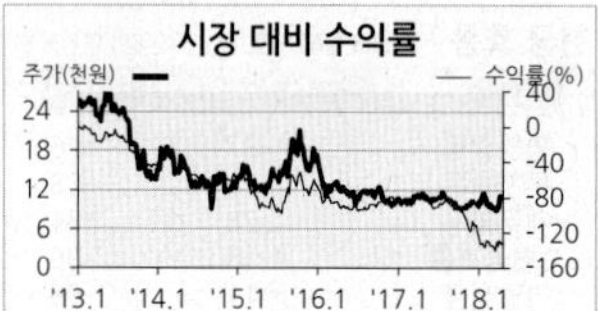

결산 실적

〈단위 : 억원〉

항목	2012	2013	2014	2015	2016	2017
매출액	872	809	619	819	964	994
영업이익	98	41	1	-25	33	19
당기순이익	66	-11	-43	-71	-31	-103

분기 실적

〈단위 : 억원〉

항목	2016.3Q	2016.4Q	2017.1Q	2017.2Q	2017.3Q	2017.4Q
매출액	225	254	227	260	260	247
영업이익	10	8	3	6	11	-1
당기순이익	3	-43	-7	28	11	-135

재무 상태

〈단위 : 억원〉

항목	2012	2013	2014	2015	2016	2017
총자산	1,096	1,227	1,108	1,197	1,250	1,270
유형자산	138	146	136	142	165	160
무형자산	117	115	120	273	221	121
유가증권	9	7	24	52	18	16
총부채	406	541	447	535	514	594
총차입금	288	471	368	451	405	485
자본금	30	30	30	32	36	36
총자본	690	686	661	662	736	676
지배주주지분	690	686	661	660	721	681

기업가치 지표

항목	2012	2013	2014	2015	2016	2017
주가(최고/저)(천원)	31.4/13.4	27.2/9.0	18.5/11.2	21.0/9.4	17.2/9.0	11.9/8.8
PER(최고/저)(배)	27.1/19.6	—/—	—/—	—/—	—/—	—/—
PBR(최고/저)(배)	2.7/1.9	2.4/1.2	1.7/0.8	2.0/1.1	1.6/0.9	1.2/0.9
EV/EBITDA(배)	13.8	14.3	25.3	89.9	13.4	15.2
EPS(원)	1,159	-191	-714	-1,100	-283	-808
BPS(원)	11,739	11,535	10,979	10,350	10,556	10,001
CFPS(원)	1,566	418	-97	-460	374	-147
DPS(원)	—	—	—	—	—	—
EBITDAPS(원)	2,139	1,286	642	251	1,114	931

재무 비율

〈단위 : %〉

연도	영업이익률	순이익률	부채비율	차입금비율	ROA	ROE	유보율	자기자본비율	EBITDA마진율
2017	1.9	-10.4	87.9	71.7	-8.2	-8.2	1,900.3	53.2	6.7
2016	3.4	-3.2	69.9	55.1	-2.5	-2.9	2,011.2	58.9	8.2
2015	-3.1	-8.7	80.8	68.1	-6.2	-10.8	1,970.1	55.3	2.0
2014	0.2	-7.0	67.7	55.8	-3.7	-6.4	2,095.7	59.6	6.3

유비온 (A084440)

UBION

업　　종 : 교육
신용등급 : (Bond) —　　(CP) —
홈페이지 : www.ubion.co.kr
본　　사 : 서울시 구로구 디지털로 34길 27 대륭포스트타워 3차 601호

시　　장 : KONEX
기업규모 : —
연 락 처 : 02)2023-8778

설 립 일	2000.01.11	**종업원수**	170명	**대표이사**	임재환
상 장 일	2014.01.21	**감사의견**	적정(세림)	**계　열**	
결 산 기	09월	**보 통 주**		**종속회사수**	
액 면 가	—	**우 선 주**		**구　상　호**	

주주구성 (지분율,%)		출자관계 (지분율,%)		주요경쟁사 (외형,%)	
임재환	18.1	베리타스에듀	20.0	유비온	100
아주아이비투자	13.9			UCI	100
				피엠디아카데미	34

매출구성		비용구성		수출비중	
이러닝	71.2	매출원가율	59.0	수출	—
에듀테크	19.2	판관비율	49.7	내수	—
도서출판	9.6				

회사 개요

2000년 설립된 동사의 주요 사업은 크게 이러닝서비스, 출판, 그리고 이러닝 솔루션 및 콘텐츠를 개발하여 납품하는 에듀테크(EduTech)사업으로 나눌 수 있음. 이 중 이러닝서비스사업의 비중이 80% 정도로 가장 주된 사업임. 금융자격증 교육브랜드인 와우패스와 시장점유율 2위인 부동산자격증 교육브랜드 무크랜드, 고시콘텐츠 전문 브랜드 고시닷컴을 보유하고 있음.

실적 분석

동사는 9월 결산법인으로 2017년 11월에 제출된 감사보고서 상 매출액은 전년대비 4.2% 감소한 194.0억원을 기록했으며, 동기간 매출원가 및 판관비는 각각 17.4%, 14.1% 감소함에 따라 동사의 2017년 영업이익은 88.5억원으로 흑자 전환하였음. 한편, 이자비용 및 지분법손실 등이 커지면서 비영업이익 규모는 전년 대비 축소되었음. 이에 따라 동사의 2017년 당기순이익은 27.0억원 기록하며 흑자 전환하였음.

현금 흐름 *IFRS 별도 기준

<단위 : 억원>

항목	2017	2018.1Q
영업활동	18	—
투자활동	-7	—
재무활동	-11	—
순현금흐름	0	—
기말현금	1	—

시장 대비 수익률

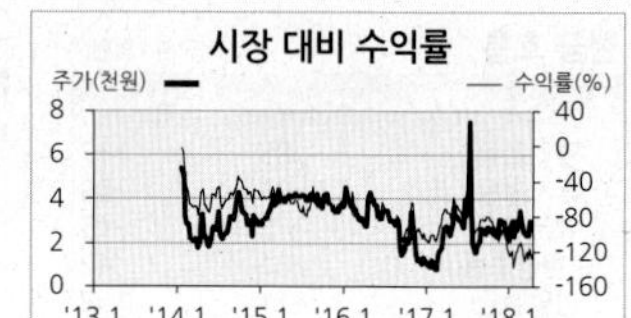

결산 실적

〈단위 : 억원〉

항목	2013	2014	2015	2016	2017	2018
매출액	172	220	194	202	194	—
영업이익	11	7	-26	-18	9	—
당기순이익	5	3	-34	-66	27	—

분기 실적 *IFRS 별도 기준

〈단위 : 억원〉

항목	2016.4Q	2017.1Q	2017.2Q	2017.3Q	2017.4Q	2018.1Q
매출액	—	—	—	—	—	—
영업이익	—	—	—	—	—	—
당기순이익	—	—	—	—	—	—

재무 상태 *IFRS 별도 기준

〈단위 : 억원〉

항목	2013	2014	2015	2016	2017	2018.1Q
총자산	204	162	143	90	110	—
유형자산	31	2	2	2	1	—
무형자산	52	41	36	28	26	—
유가증권	12	3	3	0	1	—
총부채	147	104	118	116	108	—
총차입금	101	74	81	76	66	—
자본금	15	15	15	17	17	—
총자본	57	58	25	-26	1	—
지배주주지분	57	58	25	-26	1	—

기업가치 지표 *IFRS 별도 기준

항목	2013	2014	2015	2016	2017	2018.1Q
주가(최고/저)(천원)	—/—	7.6/1.8	4.3/2.0	4.5/1.2	7.5/0.7	3.4/2.2
PER(최고/저)(배)	0.0/0.0	75.8/17.5	—/—	—/—	9.4/0.9	—/—
PBR(최고/저)(배)	0.0/0.0	3.8/0.9	4.8/2.2	-6.9/-1.9	50.0/4.7	0.0/0.0
EV/EBITDA(배)	4.1	10.1	—	—	6.7	—/—
EPS(원)	181	100	-1,123	-2,014	804	—
BPS(원)	1,909	2,009	898	-655	150	—
CFPS(원)	530	557	-631	-1,561	1,183	—
DPS(원)	—	—	—	—	—	—
EBITDAPS(원)	711	691	-361	-92	643	—

재무 비율

〈단위 : %〉

연도	영업이익률	순이익률	부채비율	차입금비율	ROA	ROE	유보율	자기자본비율	EBITDA마진율
2017	4.6	13.9	일부잠식	일부잠식	27.0	전기잠식	-70.0	1.2	11.1
2016	-8.8	-32.4	완전잠식	완전잠식	-56.3	당기잠식	-231.0	-28.5	-1.5
2015	-13.2	-17.3	481.7	328.1	-22.1	-81.5	79.5	17.2	-5.6
2014	3.2	1.4	178.8	127.1	1.6	5.2	301.9	35.9	9.4

유비케어 (A032620)

UBcare

업　　종	의료 장비 및 서비스	시　　장	KOSDAQ
신용등급	(Bond) —　　(CP) —	기업규모	우량
홈페이지	www.ubcare.co.kr	연 락 처	02)2105-5000
본　　사	서울시 구로구 디지털로33길 28, 우림e-BIZCenter1차 10층		

설 립 일	1994.01.20	종업원수	206명	대표이사	이상경
상 장 일	1997.05.02	감사의견	적정(안진)	계　　열	
결 산 기	12월	보 통 주		종속회사수	2개사
액 면 가	500원	우 선 주		구 상 호	

주주구성 (지분율,%)		출자관계 (지분율,%)		주요경쟁사 (외형,%)	
유니머스홀딩스	44.0	바로케어	94.7	유비케어	100
한국증권금융	4.3	유팜몰	45.0	메디아나	64
(외국인)	3.3	비브로스	39.8	대한과학	50

매출구성		비용구성		수출비중	
의사랑,유팜시스템,자동조제기 등	93.6	매출원가율	48.3	수출	0.0
건강관리서비스 등	6.4	판관비율	42.6	내수	100.0

회사 개요

동사는 의료용 IT, 유통, 제약 솔루션 전문업체로, 12,000여개의 병의원과 7,000여개의 약국 등 국내 최대의 병의원 네트워크를 확보중임. 동사는 특화된 서비스로 뚜렷한 경쟁사가 없이 독점적인 영업망을 확보하고 있음. 국내 의료기술의 지속적인 발전에 따른 해외 환자 유입과 병의원 시스템 개선 추세에 따라 동사의 성장 전망도 비교적 양호한 편임. 건강서비스 및 컨설팅 업체 에버헬스케어 등을 자회사로 두고 있음.

실적 분석

동사의 2017년 누적매출액은 820.9억원으로 전년대비 20.3% 증가함. 비용측면에서 매출원가와 판관비는 각각 29%, 12.1% 상승했음에도 불구하고 매출 확대에 힘입어 영업이익은 전년보다 18.4% 늘어난 75.1억원을 기록함. 비영업손실이 29.4억원 발생하면서 당기순이익은 전년대비 30.2% 감소한 35.4억원을 기록함.EMR 솔루션 비즈니스를 더욱 확대하며 수익구조를 다각화해 매출 확대를 시현한 것이 실적 개선을 이끈 주요 원인임.

현금 흐름 〈단위 : 억원〉

항목	2016	2017
영업활동	31	93
투자활동	52	31
재무활동	-38	-34
순현금흐름	45	91
기말현금	135	226

시장 대비 수익률

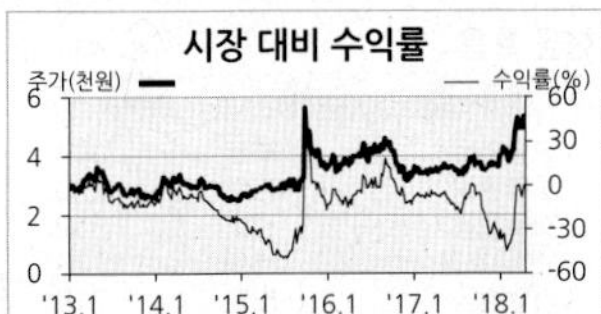

결산 실적 〈단위 : 억원〉

항목	2012	2013	2014	2015	2016	2017
매출액	650	655	558	594	682	821
영업이익	6	19	43	45	63	75
당기순이익	1	-43	-30	62	51	35

분기 실적 〈단위 : 억원〉

항목	2016.3Q	2016.4Q	2017.1Q	2017.2Q	2017.3Q	2017.4Q
매출액	171	185	175	207	199	240
영업이익	21	10	17	23	18	17
당기순이익	26	2	12	13	15	-5

재무 상태 〈단위 : 억원〉

항목	2012	2013	2014	2015	2016	2017
총자산	615	550	528	642	648	691
유형자산	69	63	60	58	59	61
무형자산	131	106	36	26	18	33
유가증권	14	11	8	9	5	6
총부채	152	111	133	189	183	225
총차입금	—	—	—	—	—	—
자본금	201	201	201	201	201	201
총자본	463	438	395	453	466	466
지배주주지분	477	441	395	453	466	465

기업가치 지표

항목	2012	2013	2014	2015	2016	2017
주가(최고/저)(천원)	4.7/2.2	3.7/2.6	3.4/2.4	5.6/2.6	4.7/2.9	4.0/3.3
PER(최고/저)(배)	186.7/86.0	—/—	—/—	37.5/17.3	37.8/23.8	45.8/38.0
PBR(최고/저)(배)	4.1/1.9	3.4/2.4	3.5/2.6	5.1/2.4	3.9/2.5	3.2/2.6
EV/EBITDA(배)	43.2	24.2	13.7	19.1	14.6	13.5
EPS(원)	26	-88	-64	154	126	88
BPS(원)	1,185	1,094	980	1,125	1,220	1,279
CFPS(원)	61	-52	-34	180	150	110
DPS(원)	—	—	—	30	30	30
EBITDAPS(원)	51	83	136	139	181	208

재무 비율 〈단위 : %〉

연도	영업이익률	순이익률	부채비율	차입금비율	ROA	ROE	유보율	자기자본비율	EBITDA마진율
2017	9.2	4.3	48.3	0.0	5.3	7.7	155.9	67.5	10.2
2016	9.3	7.4	39.2	0.0	7.9	11.0	143.9	71.8	10.7
2015	7.6	10.4	41.8	0.0	10.6	14.6	124.9	70.5	9.4
2014	7.7	-5.4	33.6	0.0	-5.6	-6.2	96.1	74.8	9.8

유비쿼스 (A264450)

Ubiquoss

업　　종	통신장비	시　　장	KOSDAQ
신용등급	(Bond) —　　(CP) —	기업규모	중견
홈페이지	www.ubiquoss.com	연 락 처	070)4865-0500
본　　사	경기도 성남시 분당구 판교로255번길 68		

설 립 일	2017.03.01	종업원수	187명	대표이사	이상근
상 장 일	2017.03.31	감사의견	적정(지암)	계　　열	
결 산 기	12월	보 통 주		종속회사수	
액 면 가	500원	우 선 주		구 상 호	

주주구성 (지분율,%)		출자관계 (지분율,%)		주요경쟁사 (외형,%)	
유비쿼스홀딩스	38.0			유비쿼스	100
가치투자자문	5.6			웨이브일렉트로	73
(외국인)	9.9			아이쓰리시스템	91

매출구성		비용구성		수출비중	
		매출원가율	64.5	수출	5.3
		판관비율	17.5	내수	94.7

회사 개요

동사는 스위치, FTTH 등을 주력 제품으로 하는 업체로서, KT, LG U+ 등의 인터넷가입자망을 구성하는데 사용됨. 통신과 방송의 융합 및 스마트폰, 스마트TV 보급이 활성화 됨에 따라 트래픽이 급격히 증가하는 추세로 서비스 품질 향상을 위해 망고도화가 필요함. 네트워크 장비 사업 분야에서 FTTH 솔루션의 Full Line-Up 구축과 대형, 고부가 Carrier Class Ethernet 장비의 확보를 통해 시장우위를 지키고자 함.

실적 분석

동사는 유비쿼스에서 네트워크 사업부문이 인적 분할되어 신설된 회사임. 동사의 2017년도 결산 매출액은 762.3억원, 영업이익은 137.9억원, 당기순이익은 122.5억원을 기록함. 통신 3사의 투자가 5G 표준이 확립되기 전까지는 하향 안정화 흐름을 보일 가능성이 높아 국내 사업의 가파른 성장을 기대하긴 어려우나 중장기적 측면에서 성장 가능성이 매우 큼. 향후 국내 이동통신 시장에서 5G 투자가 이루어지면 본격적인 성장이 예상됨.

현금 흐름 *IFRS 별도 기준 〈단위 : 억원〉

항목	2016	2017
영업활동	—	130
투자활동	—	-233
재무활동	—	-0
순현금흐름	—	-106
기말현금	—	230

시장 대비 수익률

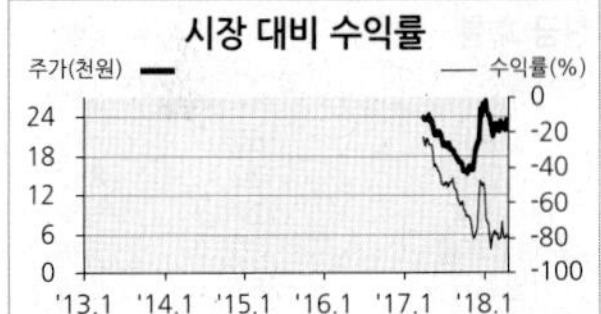

결산 실적 〈단위 : 억원〉

항목	2012	2013	2014	2015	2016	2017
매출액	—	—	—	—	—	762
영업이익	—	—	—	—	—	138
당기순이익	—	—	—	—	—	122

분기 실적 *IFRS 별도 기준 〈단위 : 억원〉

항목	2016.3Q	2016.4Q	2017.1Q	2017.2Q	2017.3Q	2017.4Q
매출액	—	—	66	225	192	280
영업이익	—	—	9	33	33	63
당기순이익	—	—	7	29	34	52

재무 상태 *IFRS 별도 기준 〈단위 : 억원〉

항목	2012	2013	2014	2015	2016	2017
총자산	—	—	—	—	—	904
유형자산	—	—	—	—	—	100
무형자산	—	—	—	—	—	20
유가증권	—	—	—	—	—	218
총부채	—	—	—	—	—	226
총차입금	—	—	—	—	—	—
자본금	—	—	—	—	—	26
총자본	—	—	—	—	—	678
지배주주지분	—	—	—	—	—	678

기업가치 지표 *IFRS 별도 기준

항목	2012	2013	2014	2015	2016	2017
주가(최고/저)(천원)	—/—	—/—	—/—	—/—	—/—	—/—
PER(최고/저)(배)	0.0/0.0	0.0/0.0	0.0/0.0	0.0/0.0	0.0/0.0	11.2/6.5
PBR(최고/저)(배)	0.0/0.0	0.0/0.0	0.0/0.0	0.0/0.0	0.0/0.0	2.0/1.2
EV/EBITDA(배)	0.0	0.0	0.0	0.0	0.0	5.9
EPS(원)	—	—	—	—	—	2,391
BPS(원)	—	—	—	—	—	13,236
CFPS(원)	—	—	—	—	—	2,670
DPS(원)	—	—	—	—	—	500
EBITDAPS(원)	—	—	—	—	—	2,971

재무 비율 〈단위 : %〉

연도	영업이익률	순이익률	부채비율	차입금비율	ROA	ROE	유보율	자기자본비율	EBITDA마진율
2017	18.1	16.1	33.3	0.0	0.0	0.0	2,547.3	75.0	20.0
2016	0.0	0.0	0.0	0.0	0.0	0.0	0.0	0.0	0.0
2015	0.0	0.0	0.0	0.0	0.0	0.0	0.0	0.0	0.0
2014	0.0	0.0	0.0	0.0	0.0	0.0	0.0	0.0	0.0

유비쿼스홀딩스 (A078070)
Ubiquoss Holdings

업 종 : 통신장비
신용등급 : (Bond) — (CP) —
홈페이지 : www.ubiquoss.com
본 사 : 경기도 성남시 분당구 판교로255번길 68 유비쿼스B/D

시 장 : KOSDAQ
기업규모 : 우량
연 락 처 : 070)4865-0500

설 립 일	2000.07.11	**종업원수**	11명	**대표이사**	이상근
상 장 일	2009.01.23	**감사의견**	적정(지암)	**계 열**	
결 산 기	12월	**보 통 주**		**종속회사수**	4개사
액 면 가	500원	**우 선 주**		**구 상 호**	유비쿼스

주주구성 (지분율,%)		출자관계 (지분율,%)		주요경쟁사 (외형,%)	
이상근	42.6	유비쿼스이앤엠	100.0	유비쿼스홀딩스	100
국민연금04-1기업구조조정조합QCP11호	2.8	UI벤처투자조합2호	100.0	웨이브일렉트로	712
(외국인)	5.5	유비쿼스인베스트먼트	100.0	아이쓰리시스템	895

매출구성		비용구성		수출비중	
스위치	65.1	매출원가율	14.7	수출	—
FTTH	22.1	판관비율	65.1	내수	—
기타	12.8				

회사 개요

동사는 스위치, FTTH 등을 주력 제품으로 하는 업체로서, KT, LG U+ 등의 인터넷가입자망을 구성하는데 사용됨. 통신과 방송의 융합 및 스마트폰, 스마트TV 보급이 활성화 됨에 따라 트래픽이 급격히 증가하는 추세로 서비스 품질 향상을 위해 망고도화가 필요함. 네트워크 장비 사업 분야에서 FTTH 솔루션의 Full Line-Up 구축과 대형, 고부가 Carrier Class Ethernet 장비의 확보를 통해 시장우위를 지키고자 함.

실적 분석

동사의 2017년 전체 매출은 77.7억원으로 전년대비 1.5% 증가, 영업이익은 15.7억원으로 전년대비 36.9% 감소, 당기순이익은 966.9억원으로 전년대비 304.2% 증가. 동사는 2017년 4월부로 유비쿼스이앤엠과 유비쿼스인베스트먼트를 자회사로 하는 지주회사의 요건을 충족함. 네트워크 사업부문을 인적분할하여 유비쿼스를 신설.2018년 신규시장 개척 및 포트폴리오 다변화 노력에 주력

현금 흐름 <단위 : 억원>

항목	2016	2017
영업활동	160	-15
투자활동	-30	852
재무활동	-124	-508
순현금흐름	5	328
기말현금	287	615

시장 대비 수익률

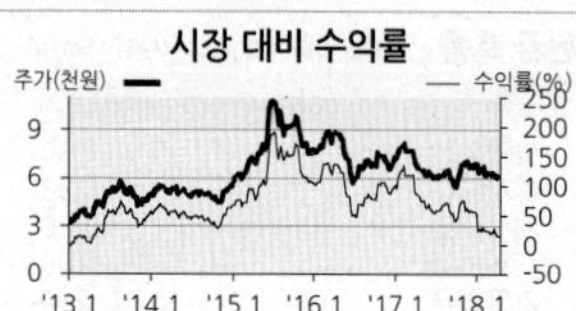

결산 실적 <단위 : 억원>

항목	2012	2013	2014	2015	2016	2017
매출액	748	1,184	1,199	1,623	77	78
영업이익	123	206	214	295	25	16
당기순이익	150	214	212	295	239	967

분기 실적 <단위 : 억원>

항목	2016.3Q	2016.4Q	2017.1Q	2017.2Q	2017.3Q	2017.4Q
매출액	7	-1	12	18	18	30
영업이익	-3	-3	5	3	1	7
당기순이익	48	62	935	11	9	12

재무 상태 <단위 : 억원>

항목	2012	2013	2014	2015	2016	2017
총자산	1,668	1,892	2,256	2,600	2,501	1,611
유형자산	159	360	434	420	399	276
무형자산	48	43	17	26	22	0
유가증권	850	941	828	1,218	1,287	503
총부채	252	284	456	556	324	53
총차입금	55	28	21	22	1	—
자본금	106	106	106	106	106	80
총자본	1,416	1,608	1,800	2,044	2,178	1,557
지배주주지분	1,411	1,598	1,791	2,044	2,178	1,557

기업가치 지표

항목	2012	2013	2014	2015	2016	2017
주가(최고/저)(천원)	3.3/2.2	5.8/3.1	5.7/4.4	11.4/5.7	8.9/5.7	8.2/5.2
PER(최고/저)(배)	5.4/3.5	6.6/3.5	6.2/4.8	8.9/4.5	8.4/5.4	1.5/1.0
PBR(최고/저)(배)	0.5/0.4	0.8/0.4	0.7/0.6	1.2/0.6	0.9/0.6	0.8/0.5
EV/EBITDA(배)	3.0	5.2	5.5	3.9	17.6	7.2
EPS(원)	713	992	1,013	1,392	1,129	5,715
BPS(원)	7,107	7,990	8,901	10,095	10,959	11,275
CFPS(원)	768	1,075	1,153	1,531	1,277	5,806
DPS(원)	100	120	200	300	250	—
EBITDAPS(원)	635	1,056	1,149	1,531	266	183

재무 비율 <단위 : %>

연도	영업이익률	순이익률	부채비율	차입금비율	ROA	ROE	유보율	자기자본비율	EBITDA마진율
2017	20.2	1,244.0	3.4	0.0	47.0	51.8	2,155.0	96.7	39.9
2016	32.4	312.4	14.9	0.1	9.4	11.3	2,091.8	87.1	73.5
2015	18.2	18.2	27.2	1.1	12.2	15.4	1,919.1	78.6	20.0
2014	17.9	17.7	25.4	1.2	10.2	12.7	1,680.2	79.8	20.3

유성기업 (A002920)
Yoosung Enterprise

업 종 : 자동차부품
신용등급 : (Bond) — (CP) —
홈페이지 : www.ypr.co.kr
본 사 : 충남 아산시 둔포면 아산밸리동로 22

시 장 : 거래소
기업규모 : 시가총액 소형주
연 락 처 : 02)564-2351

설 립 일	1960.03.15	**종업원수**	649명	**대표이사**	류시영,최철규
상 장 일	1988.10.10	**감사의견**	적정(삼정)	**계 열**	
결 산 기	12월	**보 통 주**		**종속회사수**	2개사
액 면 가	500원	**우 선 주**		**구 상 호**	

주주구성 (지분율,%)		출자관계 (지분율,%)		주요경쟁사 (외형,%)	
유시영	20.1	동성금속	42.2	유성기업	100
유시훈	5.6	동서페더럴모굴	40.0	동원금속	196
(외국인)	18.2	신화정밀	35.0	유라테크	77

매출구성		비용구성		수출비중	
HLA,발브시트외	29.7	매출원가율	94.6	수출	44.1
피스턴,S/P라이너	27.5	판관비율	4.1	내수	55.9
실린더라이너외	22.0				

회사 개요

동사는 내연기관 부품인 피스터링, 실린더라이너, 카운터 SPINY 실린더라이너, 캠샤프트 등을 생산하여 주로 국내 자동차 회사, 중장비, 농기계회사 및 내연기관 생산업체등에 OEM 및 보수용 부품으로 공급함. 국내 A/S용 시판과 미국, 동남아, 중동, 남미, 유럽등 세계 각국에 수출하고 있음. 동사관계회사에서 생산하는 자동차 및 내연기관 부품인 SPINY 실린더라이너, 피스턴, 핀, 발브시트 등을 국내외 자동차, 중장비 회사에 공급함.

실적 분석

동사의 2017년도 결산 연결기준 누적 매출액은 2,517.3억원으로 전년 대비 2.4% 소폭 감소함. 영업이익과 당기순이익도 각 32.5억원, 67.3억원을 기록하며 전년 대비 50.3%, 37.7% 감소함. 동사는 2011년 5월 노동조합 파업사태와 관련하여 금속노조 유성지회와 다수의 소송이 진행중임. 파업사태 이후 공장생상에 영향을 받고 있으며, 안정적인 생산을 노력중임.

현금 흐름 <단위 : 억원>

항목	2016	2017
영업활동	365	304
투자활동	-350	-230
재무활동	-72	-38
순현금흐름	-56	34
기말현금	185	219

시장 대비 수익률

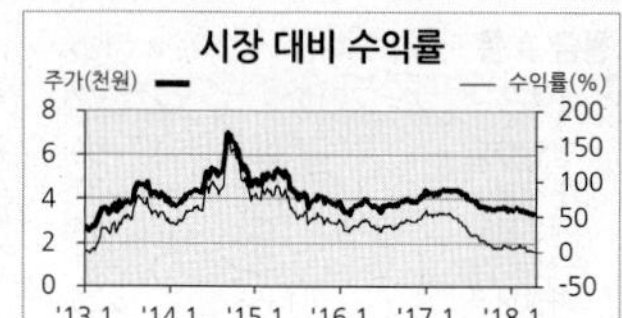

결산 실적 <단위 : 억원>

항목	2012	2013	2014	2015	2016	2017
매출액	2,987	2,843	3,035	2,679	2,578	2,517
영업이익	211	161	159	50	65	32
당기순이익	268	237	203	166	108	67

분기 실적 <단위 : 억원>

항목	2016.3Q	2016.4Q	2017.1Q	2017.2Q	2017.3Q	2017.4Q
매출액	559	705	650	629	625	613
영업이익	-15	-1	48	33	9	-57
당기순이익	-21	38	50	21	20	-24

재무 상태 <단위 : 억원>

항목	2012	2013	2014	2015	2016	2017
총자산	3,290	3,537	3,777	3,738	3,773	3,827
유형자산	1,206	1,252	1,155	1,194	1,101	941
무형자산	6	6	6	2	2	2
유가증권	230	367	627	660	919	1,100
총부채	1,096	1,040	1,104	912	882	910
총차입금	253	182	102	33	—	—
자본금	130	130	130	130	130	130
총자본	2,194	2,496	2,673	2,826	2,891	2,918
지배주주지분	2,029	2,309	2,457	2,569	2,623	2,650

기업가치 지표

항목	2012	2013	2014	2015	2016	2017
주가(최고/저)(천원)	2.8/1.9	4.9/2.5	7.1/3.6	5.5/3.6	4.3/3.3	4.5/3.5
PER(최고/저)(배)	4.1/2.8	6.9/3.6	12.4/6.3	13.1/8.4	13.2/10.3	19.5/14.8
PBR(최고/저)(배)	0.4/0.3	0.6/0.3	0.8/0.4	0.6/0.4	0.4/0.3	0.5/0.4
EV/EBITDA(배)	2.5	3.4	2.9	2.3	1.7	0.2
EPS(원)	832	815	643	462	338	240
BPS(원)	7,839	8,918	9,486	9,919	10,126	10,232
CFPS(원)	1,419	1,395	1,337	1,268	1,126	1,010
DPS(원)	130	130	130	120	120	120
EBITDAPS(원)	1,401	1,200	1,306	997	1,040	895

재무 비율 <단위 : %>

연도	영업이익률	순이익률	부채비율	차입금비율	ROA	ROE	유보율	자기자본비율	EBITDA마진율
2017	1.3	2.7	31.2	0.0	1.8	2.4	1,946.5	76.2	9.2
2016	2.5	4.2	30.5	0.0	2.9	3.4	1,925.1	76.6	10.5
2015	1.9	6.2	32.3	1.2	4.4	4.8	1,883.8	75.6	9.7
2014	5.2	6.7	41.3	3.8	5.6	7.0	1,797.3	70.8	11.2

유성티엔에스 (A024800)
Yoosung T&S

업종 : 금속 및 광물 | 시장 : KOSDAQ
신용등급 : (Bond) BB+ (CP) — | 기업규모 : 우량
홈페이지 : www.ystns.co.kr | 연락처 : 02)3416-6600
본사 : 서울시 서초구 남부순환로 2583, 9층(서초동, 서희타워)

설립일	1977.08.10	**종업원수**	553명	**대표이사**	이명호
상장일	1999.12.01	**감사의견**	적정(대주)	**계열**	
결산기	12월	**보통주**		**종속회사수**	4개사
액면가	500원	**우선주**		**구상호**	

주주구성 (지분율,%)		출자관계 (지분율,%)		주요경쟁사 (외형,%)	
이봉관	8.7	유성강업	100.0	유성티엔에스	100
서희건설	6.2	동화실업	100.0	세아특수강	168
(외국인)	2.5	서유이엔씨	100.0	현대비앤지스틸	167

매출구성		비용구성		수출비중	
운송	38.9	매출원가율	93.8	수출	0.0
철근, 강판	25.1	판관비율	3.1	내수	100.0
강관외	18.1				

회사 개요

동사는 철강재 전문 물류회사로 1986년 포스코를 시작으로 동부제철, 현대제철 등 다수의 업체와 철강 물류사업을 수행함. 광양제철소 연관단지 내에 소재한 공장에서 1992년부터 강관, C형강 제조 및 강판 가공을 하고 있음. 에너지사업은 CNG 이동식 및 파주 고정식 충전소사업을 근간으로 LNG사업을 확대함. 2015년 4월부터 한국도로공사로부터 화서(상주) 휴게소 등 고속도로 휴게소 및 주유소 10개소의 운영권을 재획득하여 운영중임.

실적 분석

동사의 2017년 매출과 영업이익은 4,335.8억원, 131.2억원으로 전년 대비 각각 1.6%, 18.7% 감소함. 당기순이익은 120억원으로 전년 대비 9.8% 증가함. 판매이와 관리비는 136억원으로 전년 145억원 대비 6.6% 감소함. 총차입금 잔액은 1301억원으로 전년 대비 31억원이 증가하였으나 부채비율은 전년 138%에서 21%포인트 감소한 117%를 기록함.

현금 흐름 (단위 : 억원)

항목	2016	2017
영업활동	393	64
투자활동	-405	-117
재무활동	-19	61
순현금흐름	-24	6
기말현금	355	361

시장 대비 수익률

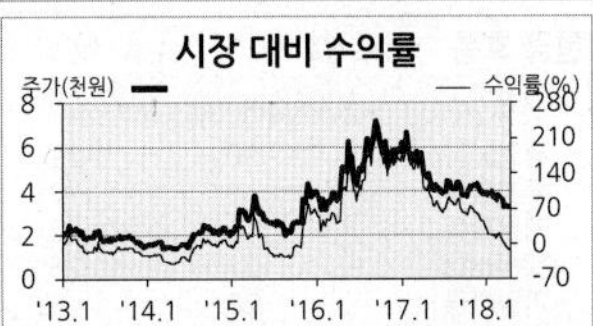

결산 실적 (단위 : 억원)

항목	2012	2013	2014	2015	2016	2017
매출액	3,915	4,970	5,377	5,171	4,407	4,336
영업이익	43	107	117	129	161	131
당기순이익	-31	-15	64	66	110	120

분기 실적 (단위 : 억원)

항목	2016.3Q	2016.4Q	2017.1Q	2017.2Q	2017.3Q	2017.4Q
매출액	1,025	1,161	1,091	1,050	1,076	1,119
영업이익	37	40	40	17	34	40
당기순이익	10	35	29	20	51	20

재무 상태 (단위 : 억원)

항목	2012	2013	2014	2015	2016	2017
총자산	3,413	3,477	3,621	3,401	3,455	3,675
유형자산	877	790	845	756	718	671
무형자산	27	85	75	82	69	58
유가증권	100	101	119	112	381	315
총부채	2,143	2,223	2,310	2,039	2,004	1,983
총차입금	1,568	1,426	1,485	1,330	1,322	1,354
자본금	114	114	114	114	114	114
총자본	1,271	1,254	1,311	1,362	1,451	1,693
지배주주지분	1,271	1,254	1,311	1,339	1,385	1,615

기업가치 지표

항목	2012	2013	2014	2015	2016	2017
주가(최고/저)(천원)	7.5/1.7	2.6/1.5	2.5/1.4	4.5/2.0	7.2/3.1	6.7/3.7
PER(최고/저)(배)	—/—	—/—	8.9/4.9	17.2/7.6	24.8/10.5	13.6/7.5
PBR(최고/저)(배)	1.4/0.3	0.5/0.3	0.4/0.2	0.7/0.3	1.1/0.5	0.9/0.5
EV/EBITDA(배)	16.8	7.7	7.4	7.6	8.5	7.7
EPS(원)	-175	-66	280	263	293	494
BPS(원)	5,693	5,621	5,869	6,217	6,473	7,585
CFPS(원)	160	228	698	704	695	793
DPS(원)	10	10	10	10	10	15
EBITDAPS(원)	578	766	932	1,009	1,112	876

재무 비율 (단위 : %)

연도	영업이익률	순이익률	부채비율	차입금비율	ROA	ROE	유보율	자기자본비율	EBITDA마진율
2017	3.0	2.8	117.1	80.0	3.4	7.5	1,417.1	46.1	4.6
2016	3.7	2.5	138.1	91.1	3.2	4.9	1,194.7	42.0	5.7
2015	2.5	1.3	149.7	97.6	1.9	4.5	1,143.3	40.1	4.4
2014	2.2	1.2	176.2	113.3	1.8	5.0	1,073.8	36.2	3.9

유수홀딩스 (A000700)
EUSU HOLDINGS COLTD

업종 : 해상운수 | 시장 : 거래소
신용등급 : (Bond) — (CP) — | 기업규모 : 시가총액 소형주
홈페이지 : www.eusu-holdings.com | 연락처 : 02)6716-3000
본사 : 서울시 영등포구 국제금융로2길 25 (여의도동)

설립일	1949.12.23	**종업원수**	18명	**대표이사**	최은영,송영규
상장일	1956.03.03	**감사의견**	적정(삼정)	**계열**	
결산기	12월	**보통주**		**종속회사수**	3개사
액면가	2,500원	**우선주**		**구상호**	한진해운홀딩스

주주구성 (지분율,%)		출자관계 (지분율,%)		주요경쟁사 (외형,%)	
최은영	18.1	유수로지스틱스	100.0	유수홀딩스	100
(재)양현	9.9	몬도브릿지	100.0	팬오션	539
(외국인)	6.6	싸이버로지텍	40.1	흥아해운	193

매출구성		비용구성		수출비중	
운송주선 등	64.5	매출원가율	70.5	수출	—
IT, 선박관리 등	31.8	판관비율	16.2	내수	—
임대업, 운송지원 등	6.2				

회사 개요

2009년 12월 1일부로 투자부문을 존속법인으로 하는 지주회사인 한진해운홀딩스와 기존의 해운사업을 영위하는 신설 한진해운으로 인적분할하여 지주회사로 전환함. 2014년 6월 해운지주 부문과 상표권관리 부문을 인적 분할하여 한진해운에 합병시킴으로써 한진해운이 주요 자회사에서 제외됨. 2017년 12월말 현재 기업집단 유수에 속해 있는 회사는 국내 4개사(상장 1개사, 비상장 3개사), 해외 비상장 29개사로 구성되어 있음.

실적 분석

2017년 연결 기준으로 전년 대비 영업이익과 당기순이익이 대폭 증가한 것은 싸이버로지텍이 영업이익 709억원과 468억원의 당기순이익을 실현하였기 때문임. 반면, 유수로지스틱스는 투자손실, 한진해운 영향 등에 따른 영업 저조 등으로 165억원의 영업손실과 255억원의 순손실이 발생함. 별도 기준으로는 유수에스엠이 한진해운 법정관리에 따른 대손증가로 배당을 하지 못하였으며, 유수에스엠 매각에 따른 매각손실 69억원이 반영되어 손익이 악화됨.

현금 흐름 (단위 : 억원)

항목	2016	2017
영업활동	163	297
투자활동	-251	-156
재무활동	-76	89
순현금흐름	-157	214
기말현금	697	911

시장 대비 수익률

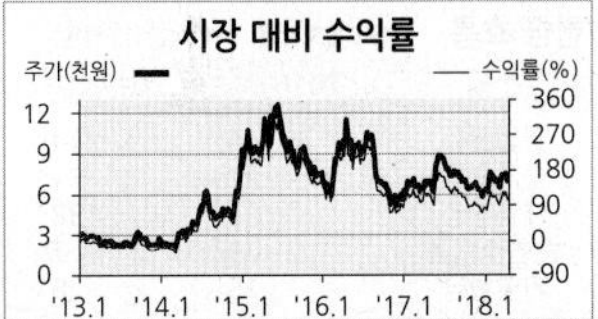

결산 실적 (단위 : 억원)

항목	2012	2013	2014	2015	2016	2017
매출액	106,065	4,729	4,808	5,164	4,159	4,336
영업이익	-793	217	372	672	212	579
당기순이익	-6,227	-6,591	-445	475	72	224

분기 실적 (단위 : 억원)

항목	2016.3Q	2016.4Q	2017.1Q	2017.2Q	2017.3Q	2017.4Q
매출액	1,009	764	814	858	1,144	1,520
영업이익	-62	-28	8	32	127	413
당기순이익	-96	-23	-24	49	90	108

재무 상태 (단위 : 억원)

항목	2012	2013	2014	2015	2016	2017
총자산	112,764	108,288	4,104	4,645	4,736	5,206
유형자산	78,439	76,135	2,017	2,105	2,222	2,044
무형자산	1,218	1,189	34	53	183	211
유가증권	240	427	58	32	32	25
총부채	99,504	101,089	1,893	1,974	1,983	2,284
총차입금	67,825	67,046	846	853	843	935
자본금	2,190	2,190	651	651	651	651
총자본	13,260	7,199	2,211	2,671	2,753	2,922
지배주주지분	4,633	2,533	1,910	2,106	2,084	1,935

기업가치 지표

항목	2012	2013	2014	2015	2016	2017
주가(최고/저)(천원)	5.4/2.6	3.3/2.1	8.1/2.0	13.1/6.9	11.7/5.0	9.0/5.7
PER(최고/저)(배)	—/—	—/—	2.0/0.5	16.8/8.8	—/—	—/—
PBR(최고/저)(배)	0.9/0.5	0.9/0.6	1.0/0.3	1.5/0.8	1.4/0.6	1.1/0.7
EV/EBITDA(배)	19.9	13.9	1.2	3.4	8.4	3.8
EPS(원)	-2,465	-2,723	4,156	804	-20	-163
BPS(원)	12,152	7,356	8,126	8,877	8,794	8,222
CFPS(원)	4,960	4,938	7,779	950	125	147
DPS(원)	—	—	—	75	50	—
EBITDAPS(원)	8,079	10,881	4,339	2,727	959	2,534

재무 비율 (단위 : %)

연도	영업이익률	순이익률	부채비율	차입금비율	ROA	ROE	유보율	자기자본비율	EBITDA마진율
2017	13.4	5.2	78.2	32.0	4.5	-2.1	228.9	56.1	15.2
2016	5.1	1.7	72.1	30.6	1.6	-0.2	251.8	58.1	6.0
2015	13.0	9.2	73.9	31.9	10.9	10.4	255.1	57.5	13.8
2014	7.7	-9.3	85.6	38.3	-0.8	97.0	225.1	53.9	46.8

유신 (A054930)

Yooshin Engineering

업　　종 : 건설　　시　　장 : KOSDAQ
신용등급 : (Bond) —　　(CP) —　　기업규모 : 중견
홈페이지 : www.yooshin.com　　연 락 처 : 02)6202-0114
본　　사 : 서울시 강남구 역삼로 4길 8 (역삼동)

설 립 일	1966.01.17	**종업원수**	1,148명	**대표이사**	성낙일
상 장 일	2002.01.15	**감사의견**	적정(삼덕)	**계　　열**	
결 산 기	12월	**보 통 주**		**종속회사수**	
액 면 가	5,000원	**우 선 주**		**구 상 호**	

주주구성 (지분율,%)		출자관계 (지분율,%)		주요경쟁사 (외형,%)	
전금렬	25.2			유신	100
전경수	23.3			삼일기업공사	38
(외국인)	0.5			신원종합개발	132

매출구성		비용구성		수출비중	
감리(기타)	29.4	매출원가율	87.9	수출	15.8
기타설계(기타)	26.8	판관비율	11.4	내수	84.2
기타	16.2				

회사 개요

동사는 도로, 철도, 공항, 교량, 항만 등 교통 시설분야와 함께 수공분야, 도시계획, 레저조경 및 환경 등 생활환경과 직결된 분야, 엔지니어링 전분야에서 시공을 제외한 타당성 조사, 기본 및 실시설계, 감리, 준공 후 유지관리 업무 등 건설사업의 모든 분야를 대상으로 하고 있음. 사회간접자본(SOC)의 지속적인 수요증가가 예상되는 아시아, 중동, 아프리카 및 남미 시장에서 해외시장 진출의 교두보를 마련하기 위한 방안을 모색함.

실적 분석

동사의 2017년 매출액은 전년대비 소폭 감소한 1,484.9억원이며, 수주금액은 약 1,708억원의 실적을 올렸음. 영업이익은 전년대비 소폭 감소한 10.3억원, 당기순이익은 1.6억원 감소한 15.3억원임. 국내 SOC 발주물량의 감소로 해외사업 비중을 늘려나가고 있는 과정. 수행 중인 동남아시아, 중앙아시아 프로젝트를 기반으로 인도, 파키스탄, 아프리카 10여 개국의 사업을 기반으로 더욱 많은 해외사업 수주에 많은 노력을 기울일 예정

현금 흐름 *IFRS 별도 기준 〈단위 : 억원〉

항목	2016	2017
영업활동	144	-114
투자활동	-22	-31
재무활동	-132	138
순현금흐름	-9	-7
기말현금	15	8

시장 대비 수익률

결산 실적 〈단위 : 억원〉

항목	2012	2013	2014	2015	2016	2017
매출액	1,503	1,538	1,410	1,457	1,516	1,485
영업이익	-20	10	4	4	14	10
당기순이익	-58	8	-29	10	17	15

분기 실적 *IFRS 별도 기준 〈단위 : 억원〉

항목	2016.3Q	2016.4Q	2017.1Q	2017.2Q	2017.3Q	2017.4Q
매출액	376	388	374	360	386	365
영업이익	-2	17	2	-1	8	1
당기순이익	1	12	3	8	8	-4

재무 상태 *IFRS 별도 기준 〈단위 : 억원〉

항목	2012	2013	2014	2015	2016	2017
총자산	1,402	1,386	1,472	1,470	1,424	1,494
유형자산	238	236	236	254	254	254
무형자산	4	4	4	4	4	5
유가증권	26	26	26	27	26	26
총부채	538	492	638	626	559	587
총차입금	235	200	247	224	91	236
자본금	150	150	150	150	150	150
총자본	864	895	834	844	865	907
지배주주지분	864	895	834	844	865	907

기업가치 지표 *IFRS 별도 기준

항목	2012	2013	2014	2015	2016	2017
주가(최고/저)(천원)	13.9/8.3	12.3/6.6	10.1/6.9	11.9/7.6	14.5/9.2	15.9/11.2
PER(최고/저)(배)	—/—	46.1/24.5	—/—	36.0/23.2	26.5/16.8	31.8/22.4
PBR(최고/저)(배)	0.5/0.3	0.4/0.2	0.4/0.3	0.4/0.3	0.5/0.3	0.5/0.4
EV/EBITDA(배)	—	—	—	—	—	—
EPS(원)	-1,933	277	-980	340	564	510
BPS(원)	28,784	29,820	27,814	28,123	28,835	30,234
CFPS(원)	-1,851	361	-854	431	687	664
DPS(원)	—	—	—	—	200	200
EBITDAPS(원)	-575	428	265	229	574	497

재무 비율 〈단위 : %〉

연도	영업이익률	순이익률	부채비율	차입금비율	ROA	ROE	유보율	자기자본비율	EBITDA마진율
2017	0.7	1.0	64.8	26.1	1.1	1.7	504.7	60.7	1.0
2016	0.9	1.1	64.6	10.5	1.2	2.0	476.7	60.7	1.1
2015	0.3	0.7	74.2	26.6	0.7	1.2	462.5	57.4	0.5
2014	0.3	-2.1	76.5	29.6	-2.1	-3.4	456.3	56.7	0.6

유쎌 (A252370)

YOUCEL

업　　종 : 개인생활용품　　시　　장 : KONEX
신용등급 : (Bond) —　　(CP) —　　기업규모 : —
홈페이지 : www.youcel.co.kr　　연 락 처 : 063)834-6877
본　　사 : 전북 익산시 함열읍 익산대로78길 265

설 립 일	2008.08.18	**종업원수**	64명	**대표이사**	차재영
상 장 일	2016.09.29	**감사의견**	적정(한울)	**계　　열**	
결 산 기	12월	**보 통 주**		**종속회사수**	
액 면 가	—	**우 선 주**		**구 상 호**	

주주구성 (지분율,%)		출자관계 (지분율,%)		주요경쟁사 (외형,%)	
차재영	45.7			유쎌	100
신상민	31.4			제닉	1,215
				한국화장품	2,840

매출구성		비용구성		수출비중	
OEM 및 ODM(마스크팩)	70.0	매출원가율	113.7	수출	25.3
건조 바이오 셀룰로오스 시트 및 패치	28.2	판관비율	34.9	내수	74.7
원료	1.9				

회사 개요

동사는 포도당(glucose, C6H12O6)의 발효 결합 산물인 바이오 셀룰로오스 다당체를 제조하여 화장품 마스크 팩, 화상치료용 패치 등 제품으로 개발, 판매하는 회사임. 건조 바이오 셀룰로오스기술은 동사가 독자적으로 개발하였고 2013년 기술안정화를 이룸. 의료기기 창상피복재로 건조 바이오 셀룰로오스 시트를 국내외 식약청에 등록하고 본격적인 바이오 셀룰로오스 소재 개발사로서의 위상을 가지려는 계획을 진행 중.

실적 분석

동사의 2017년도 연간 매출액은 53.3억원으로 전년 대비 큰 폭의 성장세를 보임. 영업손실은 25.9억원, 당기순손실은 24.7억원으로 적자를 지속하는 모습을 보임. 메디컬 부문은 화상/창상 패치 제품의 미국 약력(USP) 등록이 진행 중에 있으며, 가격 경쟁력은 양산설비 확충 또는 생산 파트너사의 확보 여부에 따라 재고가 가능할 것으로 기대됨. 마스크팩 뿐 아니라 클렌저, 보습제 등 라인업이 보강된 것도 긍정적임.

현금 흐름 *IFRS 별도 기준 〈단위 : 억원〉

항목	2016	2017
영업활동	-30	-21
투자활동	2	-7
재무활동	1	2
순현금흐름	-27	-25
기말현금	28	3

시장 대비 수익률

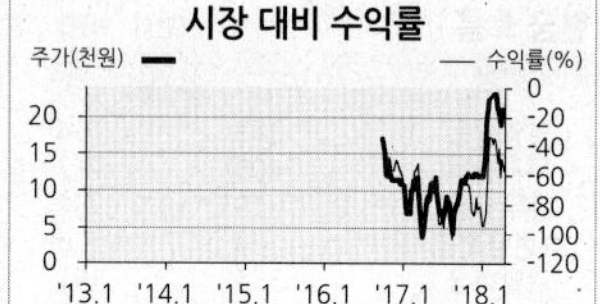

결산 실적 〈단위 : 억원〉

항목	2012	2013	2014	2015	2016	2017
매출액	—	7	40	25	17	53
영업이익	—	-10	5	-19	-19	-26
당기순이익	—	-10	4	-20	-18	-25

분기 실적 *IFRS 별도 기준 〈단위 : 억원〉

항목	2016.3Q	2016.4Q	2017.1Q	2017.2Q	2017.3Q	2017.4Q
매출액	—	—	—	—	—	—
영업이익	—	—	—	—	—	—
당기순이익	—	—	—	—	—	—

재무 상태 *IFRS 별도 기준 〈단위 : 억원〉

항목	2012	2013	2014	2015	2016	2017
총자산	—	15	27	106	95	70
유형자산	—	6	12	24	22	30
무형자산	—	—	—	—	0	0
유가증권	—	—	—	—	—	—
총부채	—	15	24	23	30	29
총차입금	—	11	13	16	17	19
자본금	—	4	4	10	10	10
총자본	—	-0	4	84	65	41
지배주주지분	—	-0	4	84	65	41

기업가치 지표 *IFRS 별도 기준

항목	2012	2013	2014	2015	2016	2017
주가(최고/저)(천원)	—/—	—/—	—/—	—/—	—/—	—/—
PER(최고/저)(배)	0.0/0.0	0.0/0.0	0.0/0.0	0.0/0.0	—/—	—/—
PBR(최고/저)(배)	0.0/0.0	0.0/0.0	0.0/0.0	0.0/0.0	6.1/3.4	6.1/1.7
EV/EBITDA(배)	0.0	—	1.4	—	—	—
EPS(원)	—	-851	317	-1,608	-917	-1,233
BPS(원)	—	-253	4,881	4,178	3,261	2,027
CFPS(원)	—	-15,679	5,498	-1,489	-815	-1,162
DPS(원)	—	—	—	—	—	—
EBITDAPS(원)	—	-14,790	6,624	-1,386	-852	-1,221

재무 비율 〈단위 : %〉

연도	영업이익률	순이익률	부채비율	차입금비율	ROA	ROE	유보율	자기자본비율	EBITDA마진율
2017	-48.6	-46.3	72.7	47.2	-29.8	-46.7	305.5	57.9	-45.9
2016	-112.5	-108.1	46.4	25.8	-18.2	-24.7	552.2	68.3	-100.5
2015	-74.3	-79.4	27.2	18.8	-30.0	-45.9	735.5	78.6	-68.4
2014	11.8	9.6	일부잠식	일부잠식	18.1	전기잠식	-2.4	13.3	12.4

유씨아이 (A038340)
GY COMMERCE

업 종 : 교육
신용등급 : (Bond) — (CP) —
홈페이지 : www.regengroup.co.kr
본 사 : 서울시 구로구 디지털로31길 38-21 605호(구로동, 이앤씨벤처드림타워 3차)
시 장 : KOSDAQ
기업규모 : 중견
연 락 처 : 02)3438-6900

설 립 일	1967.04.07	**종업원수**	57명	**대 표 이 사**	김병양
상 장 일	2001.11.12	**감사의견**	적정(태성)	**계 열**	
결 산 기	12월	**보 통 주**		**종속회사수**	4개사
액 면 가	500원	**우 선 주**		**구 상 호**	리젠

주주구성 (지분율,%)		출자관계 (지분율,%)		주요경쟁사 (외형,%)	
머큐리어드바이저	10.7			UCI	100
더포티스퀘어	2.0			메가엠디	357
(외국인)	0.8			더블유에프엠	66

매출구성		비용구성		수출비중	
교육서비스, 입시학원운영 등	79.8	매출원가율	58.7	수출	—
캐패시터 외	20.2	판관비율	42.0	내수	—

회사 개요

동사는 캐패시터 제조를 목적으로 1967년에 설립됨. 매출역량 강화를 위해 2016년 02월 교육서비스·입시학원 등 교육사업 관련한 사업을 운영하는 세정에듀와 평촌다수인학원의 지분을 각각 100% 인수하여 2016년 1분기부터 신규사업으로 영위하고 있음. 2017년 말 기준 제조사업은 전체 매출의 20%, 교육서비스와 입시학원을 운영하는 교육사업은 총 매출의 약 80%를 차지하고 있음.

실적 분석

동사의 2017년 연간 매출액은 전년 동기(231.8억원) 대비 16.4% 감소한 193.8억원을 기록하였음. 판매비와 관리비 감소에도 불구하고 매출 부진에 따라 영업손실 1.4억원을 기록하며 적자전환함. 당기순손실은 129.9억원으로 전년에 이어 적자가 지속되고 있음. 안정적인 핵심사업인 콘덴서 제조 및 학원 교육사업에 집중을 통한 지속적인 성장발전을 도모하기 위해 2017년 1월 17일 유류사업을 중단하였음.

현금 흐름 〈단위 : 억원〉

항목	2016	2017
영업활동	60	-18
투자활동	-154	-13
재무활동	93	35
순현금흐름	1	4
기말현금	3	7

시장 대비 수익률

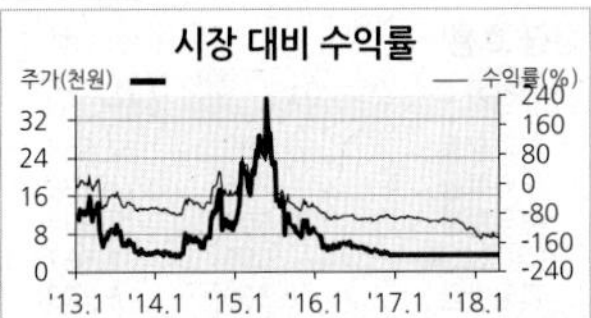

결산 실적 〈단위 : 억원〉

항목	2012	2013	2014	2015	2016	2017
매출액	351	1,295	247	59	232	194
영업이익	-17	-35	-31	-16	4	-1
당기순이익	-39	-70	-118	-63	-120	-130

분기 실적 〈단위 : 억원〉

항목	2016.3Q	2016.4Q	2017.1Q	2017.2Q	2017.3Q	2017.4Q
매출액	68	33	53	48	47	46
영업이익	12	-16	-4	-2	4	0
당기순이익	-10	-103	-9	-90	4	-34

재무 상태 〈단위 : 억원〉

항목	2012	2013	2014	2015	2016	2017
총자산	375	346	224	243	299	182
유형자산	151	49	46	43	56	49
무형자산	55	83	31	35	110	55
유가증권	1	3	12	30	5	5
총부채	275	294	83	60	156	144
총차입금	215	202	35	19	86	87
자본금	51	63	195	224	271	58
총자본	100	52	141	183	143	38
지배주주지분	100	55	136	178	143	38

기업가치 지표

항목	2012	2013	2014	2015	2016	2017
주가(최고/저)(천원)	5.2/0.7	3.2/0.7	3.7/0.7	7.5/1.4	1.7/0.7	3.6/3.6
PER(최고/저)(배)	—/—	—/—	—/—	—/—	—/—	—/—
PBR(최고/저)(배)	5.0/0.7	7.3/1.6	10.5/1.9	18.7/3.6	6.5/2.7	10.9/10.9
EV/EBITDA(배)	—	—	—	—	24.6	83.1
EPS(원)	-1,983	-3,146	-2,470	-716	-1,267	-1,155
BPS(원)	1,044	443	350	398	265	331
CFPS(원)	-354	-557	-461	-130	-228	-1,091
DPS(원)	—	—	—	—	—	—
EBITDAPS(원)	-134	-256	-97	-24	33	51

재무 비율 〈단위 : %〉

연도	영업이익률	순이익률	부채비율	차입금비율	ROA	ROE	유보율	자기자본비율	EBITDA마진율
2017	-0.7	-67.0	일부잠식	일부잠식	-54.0	-143.3	-34.4	20.9	3.0
2016	1.5	-52.0	일부잠식	일부잠식	-44.4	-73.9	-47.1	48.0	6.7
2015	-27.7	-106.0	일부잠식	일부잠식	-26.9	-40.0	-20.5	75.2	-18.1
2014	-12.6	-47.7	일부잠식	일부잠식	-41.3	-123.6	-30.2	62.9	-9.4

유아이디 (A069330)
UID CO

업 종 : 디스플레이 및 관련부품
신용등급 : (Bond) — (CP) —
홈페이지 : www.uidkorea.co.kr
본 사 : 세종시 전동면 노장공단길 25-9
시 장 : KOSDAQ
기업규모 : 벤처
연 락 처 : 044)862-7576

설 립 일	1990.05.18	**종업원수**	80명	**대 표 이 사**	박종수
상 장 일	2003.08.18	**감사의견**	적정(삼덕)	**계 열**	
결 산 기	12월	**보 통 주**		**종속회사수**	
액 면 가	500원	**우 선 주**		**구 상 호**	

주주구성 (지분율,%)		출자관계 (지분율,%)		주요경쟁사 (외형,%)	
박종수	38.1	송도애니파크	37.0	유아이디	100
KB자산운용	4.7	서우로이엘	30.0	리드	419
(외국인)	1.8			상보	1,432

매출구성		비용구성		수출비중	
ITO COATING	78.1	매출원가율	110.0	수출	0.0
GLASS FILTER	21.9	판관비율	43.7	내수	100.0

회사 개요

동사는 1990년 설립돼 TN/STN용 ITO, 터치패널용 ITO, 유기EL용 ITO 등 액정표시장치(LCD)에 사용되는 ITO 코팅 및 PDP TV의 핵심 소재인 PDP 필터용 강화유리를 생산하는 회사임. 조치원, 구미공장에서는 PDP 필터용 강화유리를 생산하고, 오창 2공장에서는 PDP 필터용 강화유리 완제품을 생산함. 오창공장에서는 ITO 코팅유리를 전문으로 생산함.

실적 분석

동사의 2017년 연결 기준 연간 누적 매출액은 89.2억원으로 전년 동기 대비 53.6% 감소함. 매출이 감소하면서 매출원가와 판관비도 줄었지만 매출 감소에 따른 고정비용 증가 효과가 커 영업손실은 47.9억원으로 전년 동기 대비 적자 규모가 확대됨. 비영업 부문에서도 금융 등에서 막대한 손실이 발생하면서 당기순손실은 86.5억원으로 전년 동기 대비 적자 규모가 늘어남.

현금 흐름 *IFRS 별도 기준 〈단위 : 억원〉

항목	2016	2017
영업활동	24	-18
투자활동	7	-7
재무활동	-32	25
순현금흐름	-1	0
기말현금	2	3

시장 대비 수익률

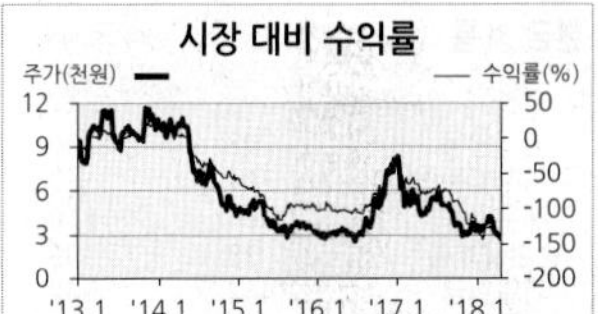

결산 실적 〈단위 : 억원〉

항목	2012	2013	2014	2015	2016	2017
매출액	580	734	467	214	192	89
영업이익	161	176	64	-17	-8	-48
당기순이익	124	141	36	-29	-49	-87

분기 실적 *IFRS 별도 기준 〈단위 : 억원〉

항목	2016.3Q	2016.4Q	2017.1Q	2017.2Q	2017.3Q	2017.4Q
매출액	48	45	33	30	21	6
영업이익	-3	-0	-6	-10	-16	-16
당기순이익	-2	-38	-7	-7	-18	-55

재무 상태 *IFRS 별도 기준 〈단위 : 억원〉

항목	2012	2013	2014	2015	2016	2017
총자산	630	738	715	700	607	543
유형자산	397	416	463	439	345	288
무형자산	8	8	6	4	3	3
유가증권	0	0	4	0	0	5
총부채	243	223	180	214	169	186
총차입금	173	99	162	194	161	180
자본금	59	59	59	59	59	59
총자본	387	515	535	486	437	357
지배주주지분	387	515	535	486	437	357

기업가치 지표 *IFRS 별도 기준

항목	2012	2013	2014	2015	2016	2017
주가(최고/저)(천원)	10.5/4.1	12.0/7.7	11.1/4.3	5.6/2.8	8.3/2.6	8.4/2.9
PER(최고/저)(배)	10.5/4.2	10.5/6.7	37.6/14.7	—/—	—/—	—/—
PBR(최고/저)(배)	3.2/1.3	2.7/1.8	2.4/0.9	1.3/0.6	2.1/0.7	2.5/0.9
EV/EBITDA(배)	6.6	6.4	5.7	19.4	37.4	—
EPS(원)	1,047	1,188	302	-246	-409	-728
BPS(원)	3,482	4,560	4,723	4,404	3,995	3,312
CFPS(원)	1,226	1,433	579	62	-131	-494
DPS(원)	150	150	100	—	—	—
EBITDAPS(원)	1,535	1,729	817	166	212	-169

재무 비율 〈단위 : %〉

연도	영업이익률	순이익률	부채비율	차입금비율	ROA	ROE	유보율	자기자본비율	EBITDA마진율
2017	-53.7	-97.0	52.0	50.4	-15.1	-21.8	562.5	65.8	-22.6
2016	-4.1	-25.3	38.7	36.7	-7.4	-10.5	699.0	72.1	13.1
2015	-7.9	-13.7	44.1	40.0	-4.1	-5.7	780.7	69.4	9.3
2014	13.8	7.7	33.7	30.3	4.9	6.8	844.7	74.8	20.8

유아이엘 (A049520)

UIL

업 종 : 휴대폰 및 관련부품 | 시 장 : KOSDAQ
신용등급 : (Bond) — (CP) — | 기업규모 : 우량
홈페이지 : www.dkuil.com | 연 락 처 : 031)948-1234
본 사 : 경기도 파주시 광탄면 보광로 869-26

설 립 일	1982.06.17	**종업원수**	417명	**대표이사**	이순영
상 장 일	2001.07.25	**감사의견**	적정(삼일)	**계 열**	
결 산 기	12월	**보 통 주**		**종속회사수**	4개사
액 면 가	500원	**우 선 주**		**구 상 호**	

주주구성 (지분율,%)		출자관계 (지분율,%)		주요경쟁사 (외형,%)	
유아이엘홀딩스	36.4	유테크	100.0	유아이엘	100
케이티씨	11.7	대일테크	30.0	이엠텍	41
(외국인)	10.9	UILInternational	100.0	우주일렉트로	43

매출구성		비용구성		수출비중	
스마트폰 홈버튼, Side Key 및 피쳐폰 키패드 등	28.1	매출원가율	91.6	수출	—
금속 소재의 내장 외장 부품 등	25.5	판관비율	3.3	내수	—
방수, 방진 및 방열 부품 등	20.9				

회사 개요

동사는 삼성전자와 LG전자를 주요 매출사로 휴대폰용 키패드를 공급하고 있음. 2010년 베트남 공장을 설립하여 삼성전자 전체 휴대폰 생산의 약 50%를 담당하고 있는 베트남 법인 및 혜주 법인에 키패드 공급을 점차 확대하고 있음. 사업경쟁력 확보를 위한 원가절감, 핵심요소 부품 내재화, Keypad 선행개발 역량강화를 중점적으로 추진할 것을 계획하고 있음.

실적 분석

동사의 2017년 매출액은 4,797.8억원으로 전년 동기 대비 8% 증가, 영업이익은 243.4억원으로 전년대비 21.3% 증가함. 삼성전자의 프리미엄 스마트폰의 정상화, 베트남 법인의 가동율 확대로 전년대비 전체 외형 성장을 기록. 내부적인 원가개선 영향으로 수익성은 전년대비 큰 폭으로 개선. 삼성전자 갤럭시노트8에 방수/방진 관련 부자재 공급으로 하반기 안정적인 매출이 발생.

현금 흐름 〈단위 : 억원〉

항목	2016	2017
영업활동	298	266
투자활동	-214	-45
재무활동	-60	-110
순현금흐름	28	99
기말현금	442	542

시장 대비 수익률

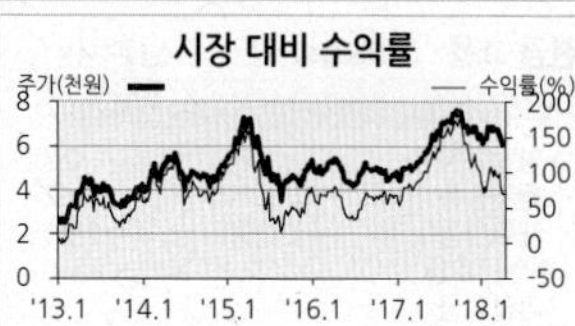

결산 실적 〈단위 : 억원〉

항목	2012	2013	2014	2015	2016	2017
매출액	1,575	2,863	4,169	4,540	4,443	4,798
영업이익	79	194	270	241	201	243
당기순이익	62	173	236	135	166	153

분기 실적 〈단위 : 억원〉

항목	2016.3Q	2016.4Q	2017.1Q	2017.2Q	2017.3Q	2017.4Q
매출액	1,105	1,094	1,226	1,256	1,132	1,183
영업이익	50	47	66	74	54	50
당기순이익	2	84	31	79	56	-13

재무 상태 〈단위 : 억원〉

항목	2012	2013	2014	2015	2016	2017
총자산	1,331	1,867	2,345	2,375	2,514	2,443
유형자산	418	660	733	767	784	739
무형자산	34	20	35	31	67	58
유가증권	41	188	203	69	155	1
총부채	271	648	969	919	777	701
총차입금	30	258	273	158	0	—
자본금	57	57	57	57	57	111
총자본	1,060	1,219	1,376	1,456	1,737	1,742
지배주주지분	1,060	1,219	1,376	1,456	1,737	1,742

기업가치 지표

항목	2012	2013	2014	2015	2016	2017
주가(최고/저)(천원)	2.7/0.9	4.6/2.4	5.6/3.9	7.4/3.5	5.4/4.1	7.8/4.5
PER(최고/저)(배)	13.1/4.2	8.1/4.2	6.9/4.7	15.2/7.2	8.6/6.5	12.0/7.0
PBR(최고/저)(배)	0.7/0.2	1.1/0.6	1.1/0.7	1.3/0.6	0.8/0.6	1.0/0.6
EV/EBITDA(배)	3.3	4.3	3.7	3.0	1.7	2.0
EPS(원)	273	759	1,037	590	729	685
BPS(원)	10,059	11,454	13,392	14,094	15,619	7,994
CFPS(원)	982	2,090	2,771	2,126	2,534	1,227
DPS(원)	100	500	600	620	700	650
EBITDAPS(원)	1,125	2,277	3,071	3,057	2,838	1,632

재무 비율 〈단위 : %〉

연도	영업이익률	순이익률	부채비율	차입금비율	ROA	ROE	유보율	자기자본비율	EBITDA마진율
2017	5.1	3.2	40.3	0.0	6.2	8.8	1,463.0	71.3	7.6
2016	4.5	3.7	44.7	0.0	6.8	10.4	3,023.8	69.1	7.3
2015	5.3	3.0	63.1	10.9	5.7	9.5	2,718.7	61.3	7.7
2014	6.5	5.7	70.4	19.8	11.2	18.2	2,578.5	58.7	8.4

유안타증권 (A003470)

Yuanta Securities Korea

업 종 : 증권 | 시 장 : 거래소
신용등급 : (Bond) A (CP) A2+ | 기업규모 : 시가총액 중형주
홈페이지 : www.yuantakorea.com | 연 락 처 : 02)3770-2000
본 사 : 서울시 중구 을지로 76 동양종합금융증권빌딩

설 립 일	1962.06.04	**종업원수**	1,683명	**대표이사**	서명석,황웨이청
상 장 일	1988.01.21	**감사의견**	적정(삼일)	**계 열**	
결 산 기	12월	**보 통 주**		**종속회사수**	20개사
액 면 가	5,000원	**우 선 주**		**구 상 호**	동양증권

주주구성 (지분율,%)		출자관계 (지분율,%)		주요경쟁사 (외형,%)	
Yuanta Securities Asia Financial Services Limited	54.2	유안타인베스트먼트	100.0	유안타증권	100
미래에셋자산운용투자자문	2.7	OrionSquireCapital	47.0	키움증권	164
(외국인)	59.9	동양자산운용	27.0	대신증권	130

수익구성		비용구성		수출비중	
금융상품 관련이익	67.2	이자비용	5.3	수출	—
수수료수익	14.0	파생상품손실	0.0	내수	—
이자수익	10.5	판관비	16.1		

회사 개요

동사는 대만, 홍콩, 중국 등에서 증권, 은행, 벤쳐캐피탈 등의 금융업을 영위하는 대만 유안타그룹에 속한 계열회사임. 2001년 동양현대종합금융을 흡수합병하면서 동양종합금융증권으로 사명을 변경했으며, 2014년 유안타그룹이 동양증권을 인수하면서 유안타증권으로 사명을 변경함. 동사는 투자매매업, 투자중개업, 투자자문업, 투자일임업, 신탁업 및 겸영업무와 부수업무를 영위 중임.

실적 분석

지난해 동사의 연결기준 순이익은 718억9398만원으로 전년 대비 129.6% 증가했고, 같은 기간 영업이익 역시 589억9299만원으로 347.9% 증가하였음. 후(선)강퉁과 RQFII를 활용하여 중국 시장의 다양한 금융상품 개발함으로써 시장을 선도할 수 있는 혁신적이고 지속 성장 가능한 사업구조를 구축하고 있음. 67개의 국내 지점망을 갖추고 있으며, 대만 유안타금융그룹의 중국, 대만, 홍콩 등의 폭넓은 네트워크를 적극 활용 중.

현금 흐름 〈단위 : 억원〉

항목	2016	2017
영업활동	-9,905	-2,663
투자활동	-206	198
재무활동	9,504	904
순현금흐름	-595	-1,567
기말현금	8,360	6,793

시장 대비 수익률

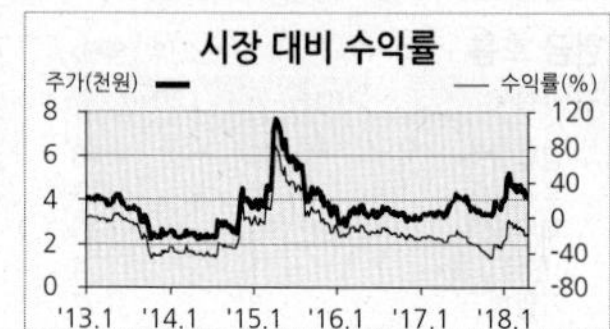

결산 실적 〈단위 : 억원〉

항목	2012	2013	2014	2015	2016	2017
순영업손익	4,079	1,120	1,861	3,457	3,055	3,599
영업이익	-289	-2,070	-1,149	220	132	585
당기순이익	-33	-3,873	-1,695	581	313	707

분기 실적 〈단위 : 억원〉

항목	2016.3Q	2016.4Q	2017.1Q	2017.2Q	2017.3Q	2017.4Q
순영업손익	800	745	812	847	905	1,035
영업이익	69	23	89	107	143	245
당기순이익	147	42	80	138	228	260

재무 상태 〈단위 : 억원〉

항목	2012	2013	2014	2015	2016	2017
총자산	145,775	59,681	71,498	89,232	103,631	116,512
유형자산	791	753	691	681	670	643
무형자산	1,204	915	693	576	515	422
유가증권	54,452	22,839	22,165	24,633	35,894	41,362
총부채	132,671	50,700	62,302	79,335	93,303	105,517
총차입금	44,284	17,584	24,892	37,289	49,426	52,606
자본금	6,885	6,885	10,456	10,624	10,624	10,624
총자본	13,104	8,981	9,196	9,897	10,327	10,994
지배주주지분	13,103	8,964	9,176	9,897	10,327	10,994

기업가치 지표

항목	2012	2013	2014	2015	2016	2017
주가(최고/저)(천원)	5.4/3.6	4.3/2.1	5.4/2.3	7.9/3.2	3.8/2.8	4.4/3.2
PER(최고/저)(배)	—/—	—/—	—/—	28.9/11.7	25.8/18.8	13.1/9.5
PBR(최고/저)(배)	0.6/0.4	0.6/0.3	1.2/0.5	1.6/0.6	0.7/0.5	0.8/0.6
PSR(최고/저)(배)	2/1	5/3	5/2	5/2	3/2	3/2
EPS(원)	-23	-2,812	-957	272	147	333
BPS(원)	9,925	6,919	4,657	4,923	5,125	5,439
CFPS(원)	206	-2,651	-807	380	241	421
DPS(원)	50	—	—	—	—	—
EBITDAPS(원)	-210	-1,503	-648	104	62	275

재무 비율 〈단위 : %〉

연도	계속사업이익률	순이익률	부채비율	차입금비율	ROA	ROE	유보율	자기자본비율	총자산증가율
2017	19.8	19.6	959.8	478.5	0.6	6.6	8.8	9.4	12.4
2016	10.8	10.3	일부잠식	일부잠식	0.3	3.1	2.5	10.0	16.1
2015	13.9	16.8	일부잠식	일부잠식	0.7	6.1	-1.6	11.1	24.8
2014	-90.4	-91.1	일부잠식	일부잠식	-2.6	-18.7	-6.9	12.9	-51.0

유앤아이 (A056090)

U&I

업종 : 의료 장비 및 서비스
신용등급 : (Bond) — (CP) —
홈페이지 : www.youic.com
본사 : 경기도 의정부시 산단로76번길 20

시장 : KOSDAQ
기업규모 : 기술성
연락처 : 031)860-6800

설립일	1997.08.21	**종업원수**	127명	**대표이사**	구자교
상장일	2015.11.12	**감사의견**	적정(한영)	**계열**	
결산기	12월	**보통주**		**종속회사수**	1개사
액면가	500원	**우선주**		**구상호**	

주주구성 (지분율,%)		출자관계 (지분율,%)		주요경쟁사 (외형,%)	
구자교	19.9	디엠파워	100.0	유앤아이	100
케이티앤지	12.6	U&IMEDICALTECHNOLOGIESUSA	100.0	제이브이엠	799
(외국인)	2.8			엘앤케이바이오	279

매출구성		비용구성		수출비중	
척추고정장치 OPTIMA外 8종	29.9	매출원가율	68.7	수출	—
척추통증 치료용 미세침습 의료기기 INTERVENTIO	22.7	판관비율	71.5	내수	—
척추고정장치 PERFIX	19.5				

회사 개요

동사가 영위하는 의료기기 시장은 선진국의 고령화와 중국 등 신흥국의 급성장에 따라 수요가 지속적으로 증가할 것으로 예상됨. 동사가 생산하는 제품은 크게 정형외과용 척추고정장치, 척추통증치료용 미세침습 의료기기, 골절치료장치, 생체흡수성 금속 임플란트 등 4개의 제품군임. 2010년 개발한 척추통증치료용 미세침습 의료기기 L'disQ는 세계 최초로 방향제어가 가능한 전극과 플라즈마를 이용한 디스크 수핵 제거용 의료기기로 국내 시장 점유율 1위임.

실적 분석

동사의 2017년 4/4분기 누적 매출액은 132.9억원으로 전년동기대비 13.7% 증가함. 매출의 상당 부분을 차지하고 있는 척추고정장치, 척추통증 치료용 미세침습 의료기기, 골절치료장치의 판매가 늘어남. 매출확대에도 불구하고 매출원가가 전년동기 대비 71.6% 증가함에 따라 53.4억원의 영업손실을 기록하며 적자를 지속했음. 비영업부문에서도 9.8억원의 손실을 기록해 적자폭이 확대되어 65.5억원의 당기순손실을 기록했음.

현금 흐름 <단위 : 억원>

항목	2016	2017
영업활동	-35	-15
투자활동	52	-95
재무활동	-81	159
순현금흐름	-64	48
기말현금	66	114

시장 대비 수익률

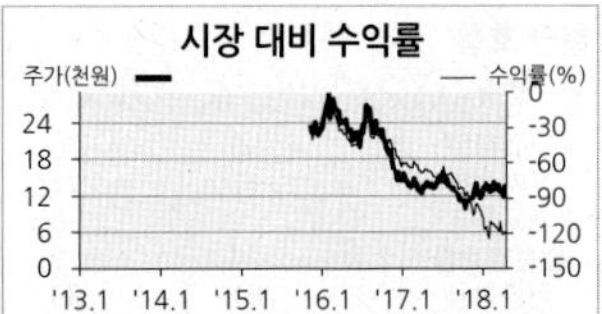

결산 실적 <단위 : 억원>

항목	2012	2013	2014	2015	2016	2017
매출액	136	141	156	146	117	133
영업이익	7	16	21	-12	-32	-53
당기순이익	-36	10	16	-8	-21	-65

분기 실적 <단위 : 억원>

항목	2016.3Q	2016.4Q	2017.1Q	2017.2Q	2017.3Q	2017.4Q
매출액	43	24	30	32	38	33
영업이익	11	-34	1	-12	-10	-32
당기순이익	7	-23	-8	-9	-10	-38

재무 상태 <단위 : 억원>

항목	2012	2013	2014	2015	2016	2017
총자산	278	284	351	774	662	791
유형자산	119	121	119	130	136	159
무형자산	7	11	21	26	45	145
유가증권	—	—	—	—	—	4
총부채	209	204	259	146	71	248
총차입금	160	159	207	94	32	166
자본금	22	22	22	38	38	38
총자본	69	80	93	628	591	543
지배주주지분	69	80	93	628	591	543

기업가치 지표

항목	2012	2013	2014	2015	2016	2017
주가(최고/저)(천원)	—/—	—/—	—/—	24.7/21.3	29.3/14.3	15.9/10.0
PER(최고/저)(배)	0.0/0.0	0.0/0.0	0.0/0.0	—/—	—/—	—/—
PBR(최고/저)(배)	0.0/0.0	0.0/0.0	0.0/0.0	3.0/2.6	3.7/1.8	2.2/1.4
EV/EBITDA(배)	10.7	5.6	4.9	—	—	—
EPS(원)	-707	203	302	-131	-271	-852
BPS(원)	1,350	1,570	1,651	8,234	7,952	7,320
CFPS(원)	-583	339	440	13	-103	-633
DPS(원)	—	—	—	—	—	—
EBITDAPS(원)	256	446	554	-56	-243	-476

재무 비율 <단위 : %>

연도	영업이익률	순이익률	부채비율	차입금비율	ROA	ROE	유보율	자기자본비율	EBITDA마진율
2017	-40.2	-49.2	45.7	30.6	-9.0	-11.6	1,364.0	68.7	-27.5
2016	-27.0	-17.8	12.0	5.4	-2.9	-3.4	1,490.3	89.3	-16.0
2015	-8.5	-5.6	23.2	15.0	-1.4	-2.3	1,546.8	81.2	-2.4
2014	13.7	9.9	279.5	223.9	4.9	18.0	317.0	26.4	18.2

유양디앤유 (A011690)

YUYANG D&U

업종 : 전자 장비 및 기기
신용등급 : (Bond) — (CP) —
홈페이지 : www.yuyang.co.kr
본사 : 경기도 화성시 팔탄면 율암길 223

시장 : 거래소
기업규모 : 시가총액 소형주
연락처 : 031)350-7400

설립일	1976.11.04	**종업원수**	176명	**대표이사**	김상옥,박일
상장일	1995.11.23	**감사의견**	적정(한영)	**계열**	
결산기	12월	**보통주**		**종속회사수**	1개사
액면가	500원	**우선주**		**구상호**	

주주구성 (지분율,%)		출자관계 (지분율,%)		주요경쟁사 (외형,%)	
유양투자1호조합	13.2	클린일렉스	20.9	유양디앤유	100
이오투자1호조합	10.0	지트리비앤티	9.5	옵트론텍	138
(외국인)	2.5	뉴온시스	5.9	에스씨디	130

매출구성		비용구성		수출비중	
TV전원	89.7	매출원가율	94.1	수출	84.8
석유화학원료	9.3	판관비율	8.8	내수	15.2
기타	0.4				

회사 개요

동사는 1976년에 설립돼 전원공급장치, 혼성집적회로 및 LED SOLUTION의 제조, 판매를 주요 사업으로 영위함. 1995년 한국거래소에 상장된 업체로 지분 100%를 보유한 청도유양전자유한공사를 자회사로 둠. 주거래처는 LG전자로 전체 평판 TV의 전원공급장치 중 약 30%를 담당하며, TV 전원(POWER) 매출비중이 90%를 차지함. 2015년 중소기업청이 LED 조명시장에 대기업의 공공조달시장 참여에 따른 변화는 아직 없음.

실적 분석

동사의 2017년 매출액은 전년 대비 14.5% 증가한 1,121억원, 영업손실은 32억원으로 적자를 지속함. 당기순이익은 전기대비 흑자전환하여 41억원임. 재무상태는 자산이 2020억원으로 전기 대비 97.93% 증가하였고, 부채는 758억원으로 75.57% 증가함. 동사의 부채비율은 전기 73.28%에서 당기 60.04%로 감소함. 운용자금은 저금리인 구매자금대출과 무역금융대출 등으로 조달함.

현금 흐름 <단위 : 억원>

항목	2016	2017
영업활동	31	-38
투자활동	-156	-256
재무활동	194	396
순현금흐름	69	101
기말현금	136	237

시장 대비 수익률

결산 실적 <단위 : 억원>

항목	2012	2013	2014	2015	2016	2017
매출액	1,435	1,157	1,371	1,279	979	1,121
영업이익	17	-5	34	42	-48	-32
당기순이익	-15	-44	3	16	-51	41

분기 실적 <단위 : 억원>

항목	2016.3Q	2016.4Q	2017.1Q	2017.2Q	2017.3Q	2017.4Q
매출액	267	229	238	214	383	287
영업이익	2	-51	1	-13	8	-29
당기순이익	-4	-44	-8	-19	1	67

재무 상태 <단위 : 억원>

항목	2012	2013	2014	2015	2016	2017
총자산	1,055	1,033	1,055	970	1,021	2,021
유형자산	225	229	269	256	262	254
무형자산	41	38	43	57	50	44
유가증권	7	8	9	9	5	969
총부채	678	699	679	582	432	758
총차입금	555	553	560	450	315	504
자본금	187	187	187	187	231	262
총자본	377	335	376	388	589	1,263
지배주주지분	377	335	376	388	589	1,263

기업가치 지표

항목	2012	2013	2014	2015	2016	2017
주가(최고/저)(천원)	1.1/0.6	1.0/0.6	1.7/0.7	1.7/1.0	3.8/1.5	5.4/3.4
PER(최고/저)(배)	—/—	—/—	208.7/90.1	39.6/23.1	—/—	67.5/42.3
PBR(최고/저)(배)	1.0/0.5	1.0/0.6	1.7/0.7	1.7/1.0	3.0/1.2	2.3/1.4
EV/EBITDA(배)	15.4	23.8	12.5	12.0	—	518.3
EPS(원)	-41	-117	8	43	-129	81
BPS(원)	1,112	999	1,006	1,039	1,277	2,413
CFPS(원)	44	-30	108	141	-34	154
DPS(원)	—	—	—	—	—	—
EBITDAPS(원)	130	73	192	211	-26	10

재무 비율 <단위 : %>

연도	영업이익률	순이익률	부채비율	차입금비율	ROA	ROE	유보율	자기자본비율	EBITDA마진율
2017	-2.9	3.7	60.0	39.9	2.7	4.4	382.5	62.5	0.5
2016	-4.9	-5.2	73.3	53.6	-5.1	-10.5	155.3	57.7	-1.1
2015	3.3	1.3	150.0	116.0	1.6	4.2	107.7	40.0	6.2
2014	2.5	0.2	180.6	148.9	0.3	0.9	101.1	35.6	5.2

유에스티 (A263770)
SHINYOUNGHAPPYTOMORROW NO3 SPAC

업 종 : 금속 및 광물 | 시 장 : KOSDAQ
신용등급 : (Bond) — (CP) — | 기업규모 : 중견
홈페이지 : 0 | 연 락 처 : 02)2004-9142
본 사 : 서울시 영등포구 국제금융로8길 16 신영증권빌딩 10층

설 립 일	2017.01.23	**종 업 원 수**	2명	**대 표 이 사**	김종식
상 장 일	2017.04.06	**감 사 의 견**	적정(신우)	**계 열**	
결 산 기	12월	**보 통 주**		**종속회사수**	
액 면 가	100원	**우 선 주**		**구 상 호**	신영스팩3호

주주구성 (지분율,%)		출자관계 (지분율,%)		주요경쟁사 (외형,%)	
황금에스티	73.0			유에스티	100
김종현	8.4			코센	114
(외국인)	0.0			NI스틸	300

매출구성		비용구성		수출비중	
		매출원가율	84.5	수출	—
		판관비율	5.2	내수	—

회사 개요
동사는 스테인리스 강관를 제조, 판매하는 업체임. 스테인리스 강관산업은 상대적으로 소규모의 시설투자로도 생산이 가능하고 생산공정도 비교적 단순한 편이어서 중소기업의 시장진입이 용이하여 수요산업의 경기변동에 따라 신규기업의 수가 증가하는 특성을 보이나 대구경 스테인리스 강관을 생산 가능한 회사는 동사포함 세아제강, 성원, LS메탈, 코센 등이 존재함. 동사는 2018년 3월 23일 신영해피투모로우제30기업인수목적과 합병하여 3월 23일 상장함.

실적 분석
동사는 스테인리스강관 제조 업체로서 304 및 316 강종의 스테인리스강관 제조에 특화되어 있으며 2016년 기준으로 11.36%의 점유율을 보임. 동사는 설립 이래로 KC, KS, JIS, ISO9001/14001등의 국내외 인증과 KR, LR, BV, DNV, ABS, NK, RINA등의 선급을 통해 세계적으로 인정받고 있으며 국내외 반도체, LNG기지, 해양 구조물, 조선, 발전설비 등의 소요자재로 공급하고 있음.

현금 흐름 *IFRS 별도 기준 (단위 : 억원)

항목	2016	2017
영업활동	107	105
투자활동	-14	-106
재무활동	-105	-4
순현금흐름	-13	-4
기말현금	6	1

시장 대비 수익률
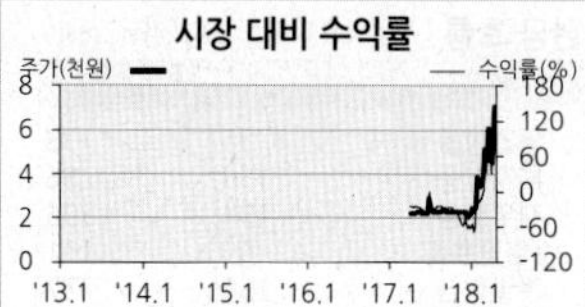

결산 실적 (단위 : 억원)

항목	2012	2013	2014	2015	2016	2017
매출액	362	405	446	466	506	502
영업이익	6	18	39	44	47	52
당기순이익	9	13	26	30	34	43

분기 실적 *IFRS 별도 기준 (단위 : 억원)

항목	2016.3Q	2016.4Q	2017.1Q	2017.2Q	2017.3Q	2017.4Q
매출액	—	506	—	—	—	—
영업이익	—	47	—	—	—	—
당기순이익	—	34	—	—	—	—

재무 상태 *IFRS 별도 기준 (단위 : 억원)

항목	2012	2013	2014	2015	2016	2017
총자산	431	483	472	533	443	501
유형자산	207	204	200	188	176	222
무형자산	0	0	0	0	0	0
유가증권	—	—	—	—	—	—
총부채	222	260	223	255	131	146
총차입금	209	221	192	201	99	90
자본금	14	14	14	14	14	14
총자본	210	222	249	278	312	355
지배주주지분	210	222	249	278	312	355

기업가치 지표 *IFRS 별도 기준

항목	2012	2013	2014	2015	2016	2017
주가(최고/저)(천원)	#VALUE!	—/—	—/—	—/—	—/—	—/—
PER(최고/저)(배)	0.0/0.0	0.0/0.0	0.0/0.0	0.0/0.0	0.0/0.0	15.7/10.6
PBR(최고/저)(배)	0.0/0.0	0.0/0.0	0.0/0.0	0.0/0.0	0.0/0.0	1.9/1.3
EV/EBITDA(배)	14.6	8.2	3.8	3.0	1.3	1.3
EPS(원)	38	57	116	131	148	188
BPS(원)	73,736	78,279	87,539	97,970	109,800	124,790
CFPS(원)	5,784	7,391	12,698	15,486	16,890	20,347
DPS(원)	—	—	—	—	—	—
EBITDAPS(원)	4,745	9,024	17,180	20,605	21,623	23,453

재무 비율 (단위 : %)

연도	영업이익률	순이익률	부채비율	차입금비율	ROA	ROE	유보율	자기자본비율	EBITDA마진율
2017	10.3	8.5	41.2	25.4	9.1	12.9	2,395.8	70.8	13.3
2016	9.4	6.7	42.1	31.8	6.9	11.5	2,096.0	70.4	12.2
2015	9.5	6.4	91.7	72.1	—	—	1,859.4	52.2	12.6
2014	8.8	5.9	89.7	77.0	5.5	11.2	1,650.8	52.7	11.0

유엔젤 (A072130)
Uangel

업 종 : IT 서비스 | 시 장 : 거래소
신용등급 : (Bond) — (CP) — | 기업규모 : 시가총액 소형주
홈페이지 : www.uangel.com | 연 락 처 : 031)710-6200
본 사 : 경기도 성남시 분당구 황새울로 240번길 3 현대오피스빌딩 10층

설 립 일	1999.07.14	**종 업 원 수**	204명	**대 표 이 사**	유지원
상 장 일	2003.07.01	**감 사 의 견**	적정(바른)	**계 열**	
결 산 기	12월	**보 통 주**		**종속회사수**	4개사
액 면 가	500원	**우 선 주**		**구 상 호**	

주주구성 (지분율,%)		출자관계 (지분율,%)		주요경쟁사 (외형,%)	
박지향	8.3			유엔젤	100
유엔젤근로복지기금	6.2			케이사인	83
(외국인)	0.5			아이크래프트	290

매출구성		비용구성		수출비중	
핵심망(지능망, 메세징)	54.0	매출원가율	57.0	수출	—
플랫폼	34.1	판관비율	46.1	내수	—
Service	18.4				

회사 개요
동사는 1999년 7월 설립돼 국내외 유무선 통신사업자 및 단말제조사 등에게 지능망, 메세징, 해외 RBT 서비스, 유아교육 스마트러닝 및 스마트 금융 솔루션을 개발 및 공급하는 것을 주요 사업으로 하고 있음. 2003년 7월 유가증권시장에 상장됐으며, 태국, 브라질 등 해외에 4개의 종속회사가 있음. 이동통신사들과 함께 동사의 성장성도 둔화됐으나, 스마트폰용 어플리케이션 제작과 해외 솔루션시장 진출 등으로 성장성 회복이 기대됨.

실적 분석
동사의 2017년 연결 기준 연간 누적 매출액은 319.1억원으로 전년 동기 대비 5.2% 증가함. 매출은 증가했지만 매출원가는 오히려 감소했고 판매비와 관리비도 줄어들면서 영업손실은 9.8억원으로 전년 동기 대비 적자규모가 감소함. 비영업 부문에서는 외환 손실 등으로 손실 규모가 확대되면서 당기순손실은 66.2억원으로 전년 동기 대비 손실 규모가 확대됨.

현금 흐름 (단위 : 억원)

항목	2016	2017
영업활동	-36	-20
투자활동	-17	31
재무활동	8	-0
순현금흐름	-44	8
기말현금	81	89

시장 대비 수익률
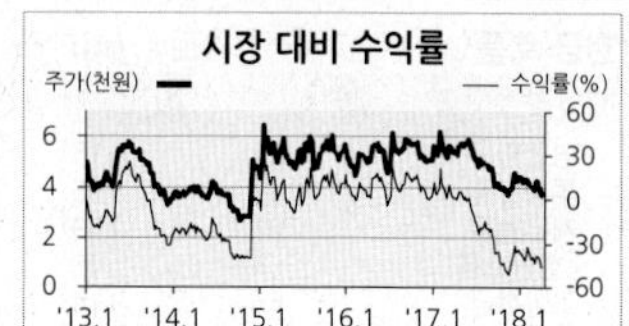

결산 실적 (단위 : 억원)

항목	2012	2013	2014	2015	2016	2017
매출액	497	481	354	412	303	319
영업이익	-3	19	-42	6	-47	-10
당기순이익	-92	-41	-96	11	-47	-66

분기 실적 (단위 : 억원)

항목	2016.3Q	2016.4Q	2017.1Q	2017.2Q	2017.3Q	2017.4Q
매출액	68	98	65	78	75	102
영업이익	-8	-9	-10	1	-4	3
당기순이익	-18	-10	-18	5	-3	-50

재무 상태 (단위 : 억원)

항목	2012	2013	2014	2015	2016	2017
총자산	814	726	602	621	583	512
유형자산	130	116	103	96	95	93
무형자산	31	30	25	26	20	16
유가증권	41	41	48	66	64	68
총부채	119	83	72	94	120	114
총차입금	57	35	30	30	50	50
자본금	66	66	66	66	66	66
총자본	695	643	530	527	463	398
지배주주지분	689	642	526	526	467	405

기업가치 지표

항목	2012	2013	2014	2015	2016	2017
주가(최고/저)(천원)	7.2/3.9	5.9/3.2	5.4/2.6	6.8/4.3	6.2/4.5	6.3/3.6
PER(최고/저)(배)	—/—	—/—	—/—	62.6/39.6	—/—	—/—
PBR(최고/저)(배)	1.3/0.7	1.1/0.6	1.2/0.6	1.5/0.9	1.4/1.0	1.6/0.9
EV/EBITDA(배)	22.6	6.6	—	32.4	—	—
EPS(원)	-682	-269	-732	111	-325	-485
BPS(원)	6,006	5,650	4,765	4,767	4,319	3,853
CFPS(원)	-515	-127	-625	188	-275	-443
DPS(원)	150	150	100	100	—	—
EBITDAPS(원)	142	283	-211	126	-308	-32

재무 비율 (단위 : %)

연도	영업이익률	순이익률	부채비율	차입금비율	ROA	ROE	유보율	자기자본비율	EBITDA마진율
2017	-3.1	-20.8	28.7	12.6	-12.1	-14.7	670.7	77.7	-1.3
2016	-15.6	-15.7	26.0	10.8	-7.9	-8.6	763.8	79.4	-13.4
2015	1.6	2.7	17.8	5.7	1.8	2.8	853.4	84.9	4.0
2014	-11.8	-27.2	13.6	5.7	-14.5	-16.5	852.9	88.0	-7.9

유유제약 (A000220)

Yuyu Pharma

업 종 : 제약
신용등급 : (Bond) — (CP) —
홈페이지 : www.yuyu.co.kr
본 사 : 충북 제천시 바이오밸리1로 94
시 장 : 거래소
기업규모 : 시가총액 소형주
연 락 처 : 043)652-7981~6

설 립 일	1941.02.28	**종업원수**	279명	**대 표 이 사**	유승필,최인석
상 장 일	1975.11.18	**감사의견**	적정(한영)	**계 열**	
결 산 기	03월	**보 통 주**		**종속회사수**	
액 면 가	1,000원	**우 선 주**		**구 상 호**	

주주구성 (지분율,%)		출자관계 (지분율,%)		주요경쟁사 (외형,%)	
유승필	12.6	유유테이진	50.0	유유제약	100
유원상	11.3	유유헬스케어	49.8	명문제약	223
(외국인)	3.2	헤이리프라자	2.7	씨트리	33

매출구성		비용구성		수출비중	
맥스마빌 외	37.3	매출원가율	53.4	수출	—
피지오머 외	29.5	판관비율	41.4	내수	—
본키캅셀 외	19.9				

회사 개요

동사는 1941년 2월 유한무역이라는 회사로 설립된 후 1975년 11월 한국거래소에 상장됨. 2008년 5월 주식회사 유유제약으로 상호변경함. 의약품 제조 및 판매를 하고 있으며 제천 본사에 제조공장을 가지고 있음. 건강기능식품 제조 및 판매를 하고 있는 유유헬스케어와 산소발생기 렌탈 사업을 하고 있는 유유테이진메디케어를 계열회사로 두고 있음. 주요 품목은 골다공증 치료제 '맥스마빌'과 혈약순환 개선제 '티나민', 항혈전제 '유크리드' 임.

실적 분석

동사의 2017년 누적매출액은 628.5억원으로 전년대비 12.2% 감소함. 비용측면에서는 매출원가와 판관비가 각각 14%, 10.9% 하락함. 영업이익은 전년보다 4.5% 줄어든 35.7억원을 기록함. 특히 건강기능식품 부문 실적이 부진함. 동사는 신약개발에 박차를 가하고 있는데 최근 식약처로부터 전립선비대증 복합 개량신약의 3상 임상 허가를 받았고, 안구건조증 치료 펩타이드 신약이 임상 1상에 진입함.

현금 흐름

〈단위 : 억원〉

항목	2016	2017.3Q
영업활동	98	—
투자활동	15	—
재무활동	-22	—
순현금흐름	91	—
기말현금	189	—

시장 대비 수익률

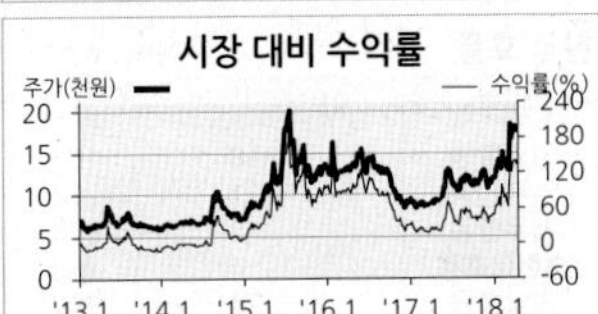

결산 실적

〈단위 : 억원〉

항목	2012	2013	2014	2015	2016	2017
매출액	620	620	628	697	716	629
영업이익	37	18	14	16	37	36
당기순이익	30	19	-74	-4	61	43

분기 실적

〈단위 : 억원〉

항목	2016.2Q	2016.3Q	2016.4Q	2017.1Q	2017.2Q	2017.3Q
매출액	164	191	209	203	211	—
영업이익	9	18	17	16	14	—
당기순이익	22	18	17	16	15	—

재무 상태

〈단위 : 억원〉

항목	2012	2013	2014	2015	2016	2017.3Q
총자산	887	963	1,014	1,043	1,113	—
유형자산	458	448	465	472	476	—
무형자산	22	22	21	22	20	—
유가증권	9	20	30	23	11	—
총부채	192	240	299	306	330	—
총차입금	11	89	61	174	169	—
자본금	75	75	77	78	78	—
총자본	695	723	715	737	783	—
지배주주지분	694	714	704	729	772	—

기업가치 지표

항목	2012	2013	2014	2015	2016	2017.3Q
주가(최고/저)(천원)	7.9/4.4	8.8/6.0	11.2/6.6	21.0/10.1	15.7/8.2	—/9.0
PER(최고/저)(배)	20.8/11.6	36.1/24.4	—/—	—/—	20.3/10.6	—/—
PBR(최고/저)(배)	0.8/0.4	0.9/0.6	1.1/0.7	2.1/1.0	1.5/0.8	0.0/0.0
EV/EBITDA(배)	8.3	13.0	21.6	32.2	11.7	—/—
EPS(원)	418	263	-1,035	-34	789	—
BPS(원)	10,889	11,162	10,276	10,164	10,741	—
CFPS(원)	635	492	-826	174	1,004	—
DPS(원)	160	180	180	180	180	—
EBITDAPS(원)	739	475	399	425	715	—

재무 비율

〈단위 : %〉

연도	영업이익률	순이익률	부채비율	차입금비율	ROA	ROE	유보율	자기자본비율	EBITDA마진율
2016	5.2	8.6	42.2	21.6	5.7	7.9	922.5	70.3	7.5
2015	2.3	-0.6	41.5	23.7	-0.4	-0.4	867.5	70.7	4.5
2014	2.2	-11.7	41.8	8.6	-7.5	-10.5	877.1	70.5	4.6
2013	2.8	3.1	33.2	12.3	2.1	2.7	960.1	75.1	5.5

유지인트 (A195990)

Ugint

업 종 : 기계
신용등급 : (Bond) — (CP) —
홈페이지 : www.ugint.co.kr
본 사 : 대구시 달성군 유가면 테크노중앙대로 139
시 장 : KOSDAQ
기업규모 : 우량
연 락 처 : 053)582-8036

설 립 일	2004.08.12	**종업원수**	90명	**대 표 이 사**	이성민,정성진
상 장 일	2015.04.13	**감사의견**	적정(대경)	**계 열**	
결 산 기	12월	**보 통 주**		**종속회사수**	6개사
액 면 가	500원	**우 선 주**		**구 상 호**	

주주구성 (지분율,%)		출자관계 (지분율,%)		주요경쟁사 (외형,%)	
딜던쉐어즈	11.6	수메르1호투자조합	100.0	유지인트	100
이현우	4.6	유지글로벌	100.0	기신정기	235
(외국인)	1.3	유지에셋	75.0	에버다임	741

매출구성		비용구성		수출비중	
머시닝센터(제품)	81.6	매출원가율	95.6	수출	50.6
ATC & SPINDLE 및 기타(제품)	18.4	판관비율	29.8	내수	49.4

회사 개요

동사는 공작기계의 한 분류인 머시닝센터(MCT) 등을 제작하는 금속절삭기계 제조업을 영위하고 있음. 머시닝센터를 대/중/소형으로 나누었을 경우 소형급을 전문으로 제작 공급함. 중국에 위치한 위해유지인트수공유한공사, 홍콩에 위치한 UGINT HK LIMITED 서울에 위치한 유지에셋주식회사, 유지글로벌, 인천에 위치한 앨피스 등을 연결대상 종속회사로 보유하고 있음.

실적 분석

2017년 결산 연결기준 동사 매출은 전년 동기 대비 7.2% 축소된 459.4억원을 기록함. 매출원가와 판관비가 증가하며 영업손실 116.7억원을 기록하며 적자전환함. 당기순손실 또한 115.3억원을 기록하며 적자지속. 동사는 수익처 다각화를 위해 Bedless머신 및 Dental Machine 사업을 추진하는 중임. 또한 스마트폰 급성장으로 인하여 동사가 생산하는 소형머시닝센터 시장이 지속적으로 성장중임.

현금 흐름

〈단위 : 억원〉

항목	2016	2017
영업활동	-113	-255
투자활동	25	-31
재무활동	250	119
순현금흐름	163	-168
기말현금	211	42

시장 대비 수익률

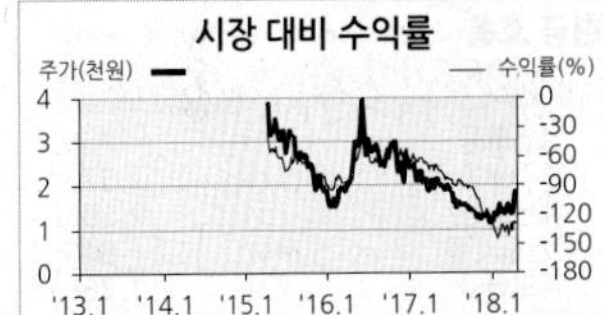

결산 실적

〈단위 : 억원〉

항목	2012	2013	2014	2015	2016	2017
매출액	602	532	860	771	495	459
영업이익	147	87	172	127	10	-117
당기순이익	121	65	148	150	-2	-115

분기 실적

〈단위 : 억원〉

항목	2016.3Q	2016.4Q	2017.1Q	2017.2Q	2017.3Q	2017.4Q
매출액	116	76	86	143	81	150
영업이익	-3	-23	-27	-3	-20	-67
당기순이익	-9	-20	-38	3	-31	-49

재무 상태

〈단위 : 억원〉

항목	2012	2013	2014	2015	2016	2017
총자산	491	657	1,194	1,370	1,664	1,719
유형자산	145	142	306	314	309	395
무형자산	2	2	2	5	6	90
유가증권	—	4	38	273	180	174
총부채	156	250	526	332	522	699
총차입금	38	115	281	251	378	539
자본금	39	39	49	115	367	369
총자본	336	407	668	1,038	1,142	1,021
지배주주지분	336	407	668	1,038	1,097	976

기업가치 지표

항목	2012	2013	2014	2015	2016	2017
주가(최고/저)(천원)	—/—	—/—	—/—	0.8/0.4	0.8/0.3	2.5/1.1
PER(최고/저)(배)	0.0/0.0	0.0/0.0	0.0/0.0	17.8/7.9	16,280.4/5,988.3	—/—
PBR(최고/저)(배)	0.0/0.0	0.0/0.0	0.0/0.0	2.8/1.2	2.7/1.0	1.9/0.9
EV/EBITDA(배)	—	—	—	6.6	58.9	—
EPS(원)	257	137	292	232	0	-158
BPS(원)	4,067	4,288	6,797	4,496	298	1,323
CFPS(원)	1,636	869	1,611	759	5	-112
DPS(원)	—	—	—	140	—	—
EBITDAPS(원)	1,963	1,126	1,859	653	8	-113

재무 비율

〈단위 : %〉

연도	영업이익률	순이익률	부채비율	차입금비율	ROA	ROE	유보율	자기자본비율	EBITDA마진율
2017	-25.4	-25.1	68.5	52.8	-6.8	-11.2	164.6	59.4	-18.1
2016	2.1	-0.4	45.7	33.1	-0.1	0.0	198.4	68.6	5.7
2015	16.5	19.5	32.0	24.2	11.7	17.6	799.2	75.8	18.5
2014	19.9	17.2	78.8	42.1	15.9	27.5	1,259.3	55.9	20.9

유진기업 (A023410)

Eugene

업 종 : 건축소재
신용등급 : (Bond) — (CP) A3-
홈페이지 : www.eugenes.co.kr
본 사 : 경기도 부천시 오정구 석천로 457 (삼정동)
시 장 : KOSDAQ
기업규모 : 우량
연 락 처 : 032)677-5111

설 립 일	1984.06.13	종업원수	771명	대표이사	최종성
상 장 일	1994.10.07	감사의견	적정(삼정)	계 열	
결 산 기	12월	보 통 주		종속회사수	29개사
액 면 가	500원	우 선 주		구 상 호	

주주구성 (지분율,%)		출자관계 (지분율,%)		주요경쟁사 (외형,%)	
유경선	11.9	동화기업	100.0	유진기업	100
유창수	7.1	한국통운	100.0	쌍용양회	117
(외국인)	9.1	유진로텍	100.0	동양	37

매출구성		비용구성		수출비중	
레미콘	82.7	매출원가율	83.4	수출	0.3
건자재유통	13.8	판관비율	8.3	내수	99.7
기타	1.8				

회사 개요

동사는 구축물 등에 사용되는 레미콘을 생산, 판매하고 있으며 유진AMC(유) 등 25개의 연결자회사를 두고 있음. 당분기 기준 연결자회사를 제외한 제품별 매출비중은 레미콘이 73.8%, 건자재유통이 22.2%, 골재 및 기타가 1.6%를 차지함. 주 사업부문인 레미콘의 주요 원자재는 시멘트, 모래, 자갈이며 원자재가 레미콘 제품의 매출구성에서 50% 이상을 차지하고 있어 원자재의 조달이 매우 중요함.

실적 분석

동사는 2017년 수도권을 중심으로 한 건설경기의 점진적 회복에 힘입은 출하량 증가와 건자재부문 외형확대로 인하여 전년 대비 20.9% 증가한 1조2,990.4억원을 기록하였으며 HI부문 등 신규사업 확대와 일부 원가 상승 등의 요인이 있었음에도 영업이익은 11.3% 증가한 1,075.7억원을 기록하였음. 최종적으로 당기순이익은 6년 연속 흑자를 기록하며 846.9억원을 달성하였음.

현금 흐름

〈단위 : 억원〉

항목	2016	2017
영업활동	1,035	756
투자활동	-1,726	-2,376
재무활동	244	2,268
순현금흐름	-447	646
기말현금	721	1,368

시장 대비 수익률

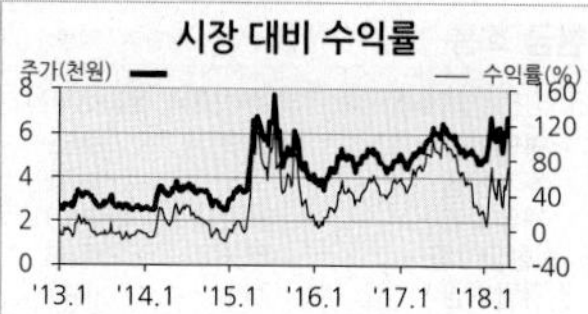

결산 실적

〈단위 : 억원〉

항목	2012	2013	2014	2015	2016	2017
매출액	6,657	6,788	7,390	8,896	10,746	12,990
영업이익	-67	381	304	542	967	1,076
당기순이익	-290	922	-52	129	607	847

분기 실적

〈단위 : 억원〉

항목	2016.3Q	2016.4Q	2017.1Q	2017.2Q	2017.3Q	2017.4Q
매출액	2,618	3,131	2,643	3,330	3,098	3,920
영업이익	236	274	170	401	214	290
당기순이익	172	126	115	295	34	402

재무 상태

〈단위 : 억원〉

항목	2012	2013	2014	2015	2016	2017
총자산	12,211	12,384	12,424	13,845	15,196	36,773
유형자산	3,222	3,268	4,018	4,177	4,194	4,282
무형자산	369	366	359	365	402	528
유가증권	684	475	413	558	113	987
총부채	6,925	6,532	6,677	7,917	8,716	29,512
총차입금	4,548	4,417	4,738	5,115	5,603	8,593
자본금	386	386	375	370	370	378
총자본	5,286	5,852	5,747	5,928	6,480	7,261
지배주주지분	5,286	5,852	5,747	5,783	6,331	7,106

기업가치 지표

항목	2012	2013	2014	2015	2016	2017
주가(최고/저)(천원)	5.5/2.3	3.5/2.4	3.9/2.4	7.7/3.0	5.4/3.4	6.6/4.4
PER(최고/저)(배)	—/—	3.3/2.3	—/—	50.2/19.2	7.1/4.5	6.1/4.1
PBR(최고/저)(배)	0.9/0.4	0.5/0.3	0.5/0.3	1.0/0.4	0.6/0.4	0.7/0.5
EV/EBITDA(배)	69.9	9.3	12.5	9.5	7.5	—
EPS(원)	-393	1,195	-68	166	815	1,107
BPS(원)	7,450	8,405	8,319	8,392	9,133	9,961
CFPS(원)	-225	1,340	106	351	1,013	1,313
DPS(원)	100	50	50	70	150	150
EBITDAPS(원)	77	639	575	914	1,505	1,631

재무 비율

〈단위 : %〉

연도	영업이익률	순이익률	부채비율	차입금비율	ROA	ROE	유보율	자기자본비율	EBITDA마진율
2017	8.3	6.5	406.5	118.4	3.3	12.4	1,892.2	19.7	9.5
2016	9.0	5.7	134.5	86.5	4.2	10.0	1,726.6	42.6	10.4
2015	6.1	1.5	133.6	86.3	1.0	2.1	1,578.4	42.8	7.6
2014	4.1	-0.7	116.2	82.4	-0.4	-0.9	1,563.9	46.3	5.9

유진로봇 (A056080)

Yujin Robot

업 종 : 레저용품
신용등급 : (Bond) — (CP) —
홈페이지 : www.yujinrobot.com
본 사 : 서울시 금천구 디지털로 130, 남성프라자 1214호
시 장 : KOSDAQ
기업규모 : 벤처
연 락 처 : 02)2026-1406

설 립 일	1993.12.07	종업원수	132명	대표이사	신경철
상 장 일	2001.10.28	감사의견	적정(삼정)	계 열	
결 산 기	12월	보 통 주		종속회사수	2개사
액 면 가	500원	우 선 주		구 상 호	

주주구성 (지분율,%)		출자관계 (지분율,%)		주요경쟁사 (외형,%)	
시만	39.1	가이아코퍼레이션	50.3	유진로봇	100
Imanto AG	12.3	파텍시스템	33.3	손오공	160
(외국인)	13.2	심스미디어	22.5	오로라	221

매출구성		비용구성		수출비중	
지능형서비스로봇(기타)	50.9	매출원가율	75.9	수출	29.7
장난감 및 취미용품 도매업	49.1	판관비율	26.1	내수	70.3

회사 개요

동사는 2006년부터 청소 로봇, 지능형 로봇, 유비쿼터스 서비스 로봇 판매를 시작하고, 군사용로봇 및 엔터테인먼트 로봇류를 개발해 기존의 완구 및 캐릭터 사업부문과 더불어 다양한 제품을 제조하고 있음. 사업부문은 지능형 서비스 로봇 등 판매, 제조와 장난감 및 취미용품 도매업으로 이뤄져 있으며 2017년 반기 기준 각각 전체 매출의 33.9%, 66.1%를 차지하고 있음. 로봇사업부의 주요 고객은 현대모비스와, 콘티넨탈오토모티브 등이 있음.

실적 분석

동사의 2017년 4분기 연결기준 누적 매출액은 649.6억원으로 전년 동기(602.8억원)대비 7.8% 증가함. 단 인건비를 비롯한 판매 관리비가 전년보다 크게 늘어 외형확대에도 불구하고 영업이익은 -13억원을 기록하며 전년에 이어 적자가 지속됨. 캐릭터 완구, 팬시용품 등 완구 및 캐릭터 사업부문 매출은 증가추세로 인지도가 높은 유명 캐릭터를 활용해 0~5세 유아 중심으로 인기를 누리는 중으로 향후 수익개선 기대감.

현금 흐름

〈단위 : 억원〉

항목	2016	2017
영업활동	-18	-108
투자활동	21	-204
재무활동	1	674
순현금흐름	4	363
기말현금	24	387

시장 대비 수익률

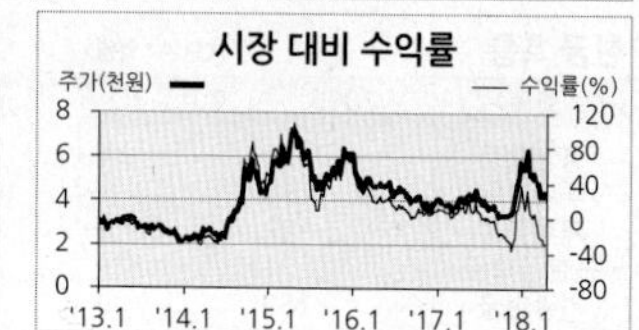

결산 실적

〈단위 : 억원〉

항목	2012	2013	2014	2015	2016	2017
매출액	239	260	368	423	603	650
영업이익	-28	-25	4	4	-5	-13
당기순이익	-33	-34	-2	-19	-35	-41

분기 실적

〈단위 : 억원〉

항목	2016.3Q	2016.4Q	2017.1Q	2017.2Q	2017.3Q	2017.4Q
매출액	138	203	122	133	181	213
영업이익	-2	4	1	-1	1	-14
당기순이익	-10	-17	2	-6	2	-38

재무 상태

〈단위 : 억원〉

항목	2012	2013	2014	2015	2016	2017
총자산	365	362	398	517	544	1,170
유형자산	87	89	90	98	135	238
무형자산	30	27	28	48	54	40
유가증권	16	13	13	12	12	10
총부채	178	208	147	256	285	429
총차입금	138	155	95	135	109	267
자본금	96	96	111	114	117	186
총자본	187	154	251	261	258	740
지배주주지분	187	154	251	246	233	707

기업가치 지표

항목	2012	2013	2014	2015	2016	2017
주가(최고/저)(천원)	5.3/2.6	3.4/2.1	5.9/2.2	7.5/4.3	6.3/3.5	5.8/3.1
PER(최고/저)(배)	—/—	—/—	—/—	—/—	—/—	—/—
PBR(최고/저)(배)	5.4/2.6	4.2/2.6	5.2/1.9	6.9/4.0	6.3/3.5	3.0/1.6
EV/EBITDA(배)	—	—	81.6	106.8	165.4	646.5
EPS(원)	-171	-180	-12	-92	-196	-192
BPS(원)	974	800	1,132	1,081	1,000	1,936
CFPS(원)	-109	-127	35	-45	-148	-129
DPS(원)	—	—	—	—	—	—
EBITDAPS(원)	-86	-80	66	63	27	8

재무 비율

〈단위 : %〉

연도	영업이익률	순이익률	부채비율	차입금비율	ROA	ROE	유보율	자기자본비율	EBITDA마진율
2017	-2.0	-6.3	58.0	36.1	-4.8	-9.7	287.2	63.3	0.3
2016	-0.8	-5.8	110.4	42.4	-6.6	-19.0	99.9	47.5	1.0
2015	0.9	-4.5	98.4	51.8	-4.2	-8.4	116.2	50.4	3.4
2014	1.1	-0.7	58.6	37.9	-0.6	-1.2	126.5	63.0	3.6

유진테크 (A084370)

Eugene Technology

업 종 : 반도체 및 관련장비 | 시 장 : KOSDAQ
신용등급 : (Bond) — (CP) — | 기업규모 : 우량
홈페이지 : www.eugenetech.co.kr | 연 락 처 : 031)323-5700
본 사 : 경기도 용인시 처인구 양지면 추계로 42

설 립 일	2000.01.05	**종업원수**	148명	**대표이사**	엄평용
상 장 일	2006.01.13	**감사의견**	적정(신한)	**계 열**	
결 산 기	12월	**보 통 주**		**종속회사수**	3개사
액 면 가	500원	**우 선 주**		**구 상 호**	

주주구성 (지분율,%)		출자관계 (지분율,%)		주요경쟁사 (외형,%)	
엄평용	35.6	유진테크머티리얼즈	45.0	유진테크	100
가치투자자문	4.5	에콜라이트	44.5	원익머트리얼즈	156
(외국인)	19.7	Eugenus	100.0	ISC	88

매출구성		비용구성		수출비중	
LPCVD, Plasma	91.1	매출원가율	51.1	수출	22.8
원부자재	9.0	판관비율	29.2	내수	77.2

회사 개요

2000년에 설립되어 2006년에 코스닥시장에 상장된 기업으로, 반도체의 박막을 형성시키는 전공정 프로세스 장비를 개발, 생산하고 있음. SK하이닉스, 삼성전자 외 대만과 미국 등에도 매출처를 보유함. 2009년에 미국법인을 설립하고, 2012년 반도체용 산업가스의 충전, 제조, 정제 및 판매를 사업목적으로 하는 유진테크머티리얼즈를 설립함. 2013년 9월 중국에 반도체 장비 유지보수업을 사업목적으로 하는 유진태극무역(무석)유한공사를 설립함.

실적 분석

동사의 2017년 연간 매출액은 전년동기대비 7.7% 하락한 1,301.5억원을 기록하였음. 비용면에서 전년동기대비 매출원가는 감소 하였으며 인건비는 증가 했고 광고선전비도 증가, 기타판매비와관리비는 증가함. 주춤한 모습의 매출액에 의해 전년동기대비 영업이익은 257.3억원으로 29.4% 크게 하락 하였음. 최종적으로 전년동기대비 당기순이익은 하락 하여 273.8억원을 기록함.

현금 흐름

〈단위 : 억원〉

항목	2016	2017
영업활동	436	-209
투자활동	-320	67
재무활동	-42	-43
순현금흐름	74	-220
기말현금	501	280

시장 대비 수익률

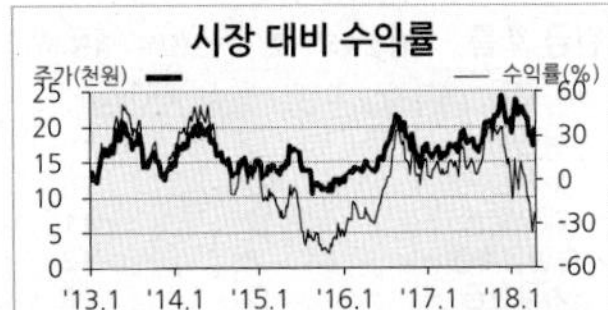

결산 실적

〈단위 : 억원〉

항목	2012	2013	2014	2015	2016	2017
매출액	1,683	1,064	784	947	1,411	1,302
영업이익	528	305	123	186	365	257
당기순이익	502	379	150	201	320	274

분기 실적

〈단위 : 억원〉

항목	2016.3Q	2016.4Q	2017.1Q	2017.2Q	2017.3Q	2017.4Q
매출액	292	171	363	220	164	554
영업이익	85	14	102	32	6	117
당기순이익	71	35	88	47	4	134

재무 상태

〈단위 : 억원〉

항목	2012	2013	2014	2015	2016	2017
총자산	1,645	1,977	1,910	2,016	2,397	2,658
유형자산	161	334	359	368	370	432
무형자산	41	41	91	104	145	584
유가증권	4	12	16	70	178	30
총부채	395	363	178	177	279	347
총차입금	2	8	3	—	—	—
자본금	102	105	109	112	115	115
총자본	1,251	1,614	1,732	1,839	2,117	2,312
지배주주지분	1,246	1,598	1,722	1,826	2,109	2,300

기업가치 지표

항목	2012	2013	2014	2015	2016	2017
주가(최고/저)(천원)	21.4/9.4	21.4/12.0	20.7/12.7	17.2/10.5	21.7/11.9	24.6/15.5
PER(최고/저)(배)	10.4/4.6	13.6/7.6	32.1/19.6	20.1/12.3	15.7/8.6	20.6/13.0
PBR(최고/저)(배)	4.1/1.8	3.2/1.8	2.9/1.8	2.1/1.3	2.3/1.3	2.4/1.5
EV/EBITDA(배)	3.1	7.7	16.9	7.2	6.0	14.0
EPS(원)	2,203	1,673	678	892	1,412	1,204
BPS(원)	6,214	7,707	8,034	8,566	9,589	10,414
CFPS(원)	2,626	1,872	804	1,079	1,576	1,341
DPS(원)	150	150	150	200	230	230
EBITDAPS(원)	2,740	1,499	656	995	1,754	1,259

재무 비율

〈단위 : %〉

연도	영업이익률	순이익률	부채비율	차입금비율	ROA	ROE	유보율	자기자본비율	EBITDA마진율
2017	19.8	21.0	15.0	0.0	10.8	12.5	1,982.7	87.0	22.2
2016	25.8	22.7	13.2	0.0	14.5	16.5	1,817.8	88.4	28.5
2015	19.6	21.2	9.6	0.0	10.2	11.5	1,613.2	91.2	23.5
2014	15.7	19.1	10.3	0.2	7.7	9.4	1,506.8	90.7	18.2

유진투자증권 (A001200)

EUGENE INVESTMENT & SECURITIES CO

업 종 : 증권 | 시 장 : 거래소
신용등급 : (Bond) A (CP) A2+ | 기업규모 : 시가총액 소형주
홈페이지 : www.eugenefn.com | 연 락 처 : 02)368-6000
본 사 : 서울시 영등포구 국제금융로 24 (여의도동, 유진그룹빌딩)

설 립 일	1954.05.12	**종업원수**	687명	**대표이사**	유창수
상 장 일	1987.08.24	**감사의견**	적정(삼정)	**계 열**	
결 산 기	12월	**보 통 주**		**종속회사수**	5개사
액 면 가	5,000원	**우 선 주**		**구 상 호**	

주주구성 (지분율,%)		출자관계 (지분율,%)		주요경쟁사 (외형,%)	
유진기업	27.3	RodoMedical	13.7	유진투자증권	100
영남상호저축은행	2.2	켑코우데	9.5	SK증권	86
(외국인)	8.1	동양	4.8	현대차투자증권	88

수익구성		비용구성		수출비중	
금융상품 관련이익	36.8	이자비용	7.4	수출	—
이자수익	21.1	파생상품손실	28.9	내수	—
파생상품거래이익	20.7	판관비	25.6		

회사 개요

1954년 대림그룹 계열사인 서울증권으로 설립된 동사는 2001년 대림에서 계열분리 이후 2006년 유진기업으로 최대주주 변경 및 2007년 유진그룹에 편입되면서 유진투자증권으로 사명을 변경함. 동사는 자회사로 유진자산운용과 유진투자선물, 유진프라이빗에쿼티를 두고 있음. 2016년 기준 동사의 증권 주식 수탁수수료 시장 점유율은 1.35%, 유진투자선물의 국내선물 위탁 시장점유율은 9%를 기록함.

실적 분석

동사는 2017년 당기순이익이 561억1700만원으로 전년보다 22.1% 증가하였음. 매출액은 7,318억1600만원으로 2.3% 증가했고 영업이익은 714억2,200만원으로 16.5% 늘어남. 주식시장 거래대금이 급증하면서 브로커리지 수수료 수익이 늘어난 영향으로 풀이됨. 본점 영업 활성화가 지속되면서 영업수익이 증가한 영향도 있어 보임. 투자영업이익은 지난해 1월 을지로 사옥 처분이익 등에 따라 전년보다 18.6% 증가한 2조15억원을 기록

현금 흐름

〈단위 : 억원〉

항목	2016	2017
영업활동	456	-2,699
투자활동	-12	6
재무활동	-264	3,511
순현금흐름	175	832
기말현금	873	1,705

시장 대비 수익률

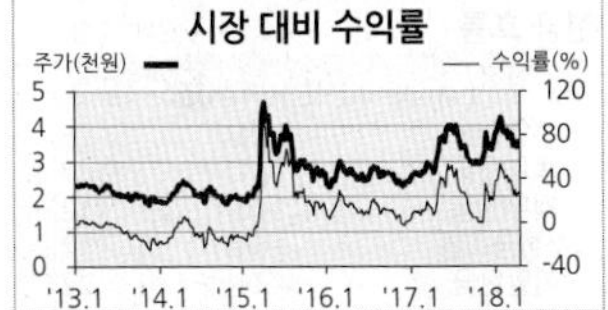

결산 실적

〈단위 : 억원〉

항목	2012	2013	2014	2015	2016	2017
순영업손익	931	1,206	1,521	2,310	2,290	2,407
영업이익	-586	144	149	612	613	714
당기순이익	-562	101	64	519	460	561

분기 실적

〈단위 : 억원〉

항목	2016.3Q	2016.4Q	2017.1Q	2017.2Q	2017.3Q	2017.4Q
순영업손익	528	559	569	666	631	540
영업이익	140	146	172	169	193	180
당기순이익	106	103	132	144	147	138

재무 상태

〈단위 : 억원〉

항목	2012	2013	2014	2015	2016	2017
총자산	37,103	38,157	46,632	55,843	58,908	72,099
유형자산	288	269	286	316	315	295
무형자산	258	230	365	356	344	332
유가증권	23,693	27,330	33,123	34,690	36,380	40,682
총부채	32,152	33,308	40,934	49,707	52,264	65,019
총차입금	21,749	21,314	24,275	26,389	27,656	32,450
자본금	3,431	3,431	5,376	5,376	5,376	5,376
총자본	4,951	4,849	5,698	6,135	6,644	7,080
지배주주지분	4,951	4,849	5,698	6,135	6,644	7,080

기업가치 지표

항목	2012	2013	2014	2015	2016	2017
주가(최고/저)(천원)	3.2/2.2	2.5/1.8	2.5/1.7	4.7/1.9	3.0/2.2	4.2/2.4
PER(최고/저)(배)	—/—	14.8/10.6	26.9/19.0	8.8/3.5	6.3/4.6	7.2/4.2
PBR(최고/저)(배)	0.4/0.3	0.3/0.2	0.4/0.3	0.7/0.3	0.4/0.3	0.6/0.3
PSR(최고/저)(배)	2/1	1/1	1/1	2/1	1/1	2/1
EPS(원)	-932	168	92	536	475	579
BPS(원)	8,545	8,368	5,886	6,337	6,862	7,312
CFPS(원)	-869	241	178	604	550	660
DPS(원)	—	—	—	—	—	—
EBITDAPS(원)	-1,011	249	214	632	633	737

재무 비율

〈단위 : %〉

연도	계속사업이익률	순이익률	부채비율	차입금비율	ROA	ROE	유보율	자기자본비율	총자산증가율
2017	29.6	23.3	918.4	458.3	0.9	8.2	31.8	9.8	22.4
2016	26.6	20.1	786.7	416.3	0.8	7.2	23.6	11.3	5.5
2015	26.2	22.5	810.2	430.1	1.0	8.8	14.2	11.0	19.8
2014	7.8	4.2	718.4	426.0	0.2	1.2	6.1	12.2	25.7

유테크 (A178780)

U-Tech

업 종 : 디스플레이 및 관련부품
신용등급 : (Bond) — (CP) —
홈페이지 : www.u-tech.co.kr
본 사 : 경기도 안양시 만안구 전파로 48

시 장 : KOSDAQ
기업규모 : 중견
연 락 처 : 031)444-0202

설 립 일	2006.08.01	**종 업 원 수**	69명	**대 표 이 사**	김덕용
상 장 일	2015.06.30	**감 사 의 견**	적정(정동)	**계 열**	
결 산 기	12월	**보 통 주**		**종속회사수**	2개사
액 면 가	500원	**우 선 주**		**구 상 호**	

주주구성 (지분율,%)		출자관계 (지분율,%)		주요경쟁사 (외형,%)	
에스앤피홀딩스	5.9	에버메이트	100.0	유테크	100
조진호	3.7	비에프테크	49.8	우리이티아이	4,610
(외국인)	0.3	에이디이	31.9	씨엔플러스	96

매출구성		비용구성		수출비중	
Mold Frame(제품)	41.9	매출원가율	97.1	수출	—
LGP(제품)	31.1	판관비율	29.7	내수	—
(상품)	25.2				

회사 개요

동사는 2006년 8월 금형개발업체로서 금형제조 및 판매업을 주요 사업목적으로 설립됐으며 현재는 모바일 디스플레이 부품 제조 및 판매업을 영위하고 있음. 현재 영위하고 있는 사업 이외에 신규 추진하고자 하는 사업은 의료용 기기 제조업 등이 있음. 현재 모바일 디스플레이 시장에서는 스마트폰과 태블릿 PC 외에도 스마트 와치 등의 다양한 디스플레이 시장이 형성되고 있음.

실적 분석

동사의 2017년 연결 기준 연간 누적 매출액은 319.9억원으로 전년 동기 대비 12.8% 증가함. 매출원가는 오히려 감소했음에도 워낙 원감 부담이 크고 판매비와 관리비 또한 큰 폭으로 늘어나면서 영업손실은 85.6억원으로 전년 동기 대비 적자 지속됨. 비영업 부문에서 관련기업 투자 손실로 인해 적자가 확대되면서 당기순손실은 157.5억원으로 전년 동기 대비 적자 규모 늘어남.

현금 흐름

<단위 : 억원>

항목	2016	2017
영업활동	-126	25
투자활동	-41	-147
재무활동	102	112
순현금흐름	-64	-12
기말현금	34	22

시장 대비 수익률

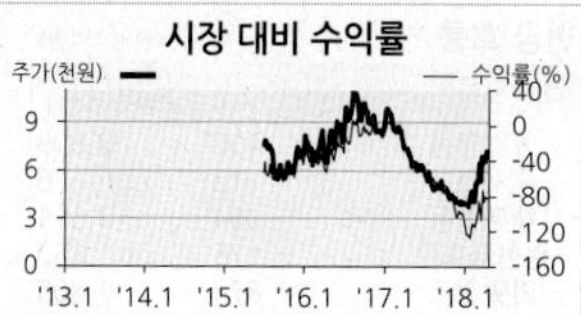

결산 실적

<단위 : 억원>

항목	2012	2013	2014	2015	2016	2017
매출액	389	467	514	439	284	320
영업이익	26	60	67	32	-103	-86
당기순이익	25	45	42	21	-114	-157

분기 실적

<단위 : 억원>

항목	2016.3Q	2016.4Q	2017.1Q	2017.2Q	2017.3Q	2017.4Q
매출액	70	83	74	92	96	59
영업이익	-21	-28	-4	-1	0	-82
당기순이익	-25	-32	-15	-41	-7	-94

재무 상태

<단위 : 억원>

항목	2012	2013	2014	2015	2016	2017
총자산	287	442	639	676	643	599
유형자산	135	230	402	357	358	312
무형자산	0	1	1	2	12	18
유가증권	—	0	1	91	30	25
총부채	208	292	404	309	374	417
총차입금	114	198	305	256	327	374
자본금	15	16	19	25	51	55
총자본	79	151	235	367	268	183
지배주주지분	79	151	235	367	268	183

기업가치 지표

항목	2012	2013	2014	2015	2016	2017
주가(최고/저)(천원)	—/—	—/—	—/—	8.1/5.3	11.3/6.4	9.9/3.8
PER(최고/저)(배)	0.0/0.0	0.0/0.0	0.0/0.0	35.8/23.2	—/—	—/—
PBR(최고/저)(배)	0.0/0.0	0.0/0.0	0.0/0.0	2.2/1.5	4.3/2.4	6.0/2.3
EV/EBITDA(배)	1.5	1.2	2.2	8.2	—	—
EPS(원)	422	743	576	227	-1,123	-1,439
BPS(원)	26,483	37,284	58,279	7,225	2,641	1,652
CFPS(원)	23,786	27,648	24,757	1,831	-495	-940
DPS(원)	—	—	—	—	—	—
EBITDAPS(원)	23,983	32,746	30,883	2,071	-383	-283

재무 비율

<단위 : %>

연도	영업이익률	순이익률	부채비율	차입금비율	ROA	ROE	유보율	자기자본비율	EBITDA마진율
2017	-26.8	-49.2	228.2	205.0	-25.4	-69.8	230.3	30.5	-9.7
2016	-36.2	-40.2	139.4	121.9	-17.3	-35.9	428.3	41.8	-13.7
2015	7.2	4.7	84.1	69.8	3.1	6.8	1,344.9	54.3	21.6
2014	13.0	8.2	171.5	129.4	7.7	21.7	1,115.2	36.8	24.3

유투바이오 (A221800)

U2BIO COLTD

업 종 : 의료 장비 및 서비스
신용등급 : (Bond) — (CP) —
홈페이지 : www.u2bio.co.kr
본 사 : 서울시 송파구 거마로 65 4층(마천동)

시 장 : KONEX
기업규모 : —
연 락 처 : 02)910-2100

설 립 일	2009.01.02	**종 업 원 수**	50명	**대 표 이 사**	김진태
상 장 일	2015.06.29	**감 사 의 견**	적정(삼영)	**계 열**	
결 산 기	12월	**보 통 주**		**종속회사수**	
액 면 가	—	**우 선 주**		**구 상 호**	

주주구성 (지분율,%)		출자관계 (지분율,%)		주요경쟁사 (외형,%)	
김진태	18.4	U2BIOThailand	34.0	유투바이오	100
휴맥스홀딩스	14.0			비트컴퓨터	180
				하이로닉	102

매출구성		비용구성		수출비중	
일반 진단 검사 서비스(용역)	52.0	매출원가율	77.0	수출	0.4
상품(상품)	30.6	판관비율	21.6	내수	99.6
분자 진단 검사 서비스(용역)	13.7				

회사 개요

동사는 2009년 1월 2일에 설립되었으며 2015년 6월 29일 한국거래소 코넥스 시장에 주식을 상장함. 분자진단검사를 진행한 후 상세 분석결과를 전국 병-의원에 통보해 주는 BT(Bio Technology) 서비스와 BT service 과정에서 산출된 검사 결과들을 병-의원의 전자의무기록 프로그램에 실시간으로 연동하여 검사결과를 전송하는 IT(Information Technology) service를 병-의원에 제공하고 있음.

실적 분석

동사의 2017년 누적매출액은 177.2억원으로 전년 동기 대비 11.7% 증가함. 외형 성장에 따른 원가와 판관비 증가로 영업이익은 전년 동기 대비 63.2% 감소한 2.5억원을 기록함. 당기순이익은 적자전환한 -2억원을 기록. 병의원 모바일 홈페이지 개념의 솔루션 개발과 보급을 진행 중. 검체 검사·IT솔루션뿐 아니라 신수종 사업영역으로 다각화를 추진. 동남아시아지역을 중심으로 해외 체외진단검사 시장 개척에도 속도를 내고 있음.

현금 흐름 *IFRS 별도 기준

<단위 : 억원>

항목	2016	2017
영업활동	-2	-17
투자활동	-2	-6
재무활동	12	11
순현금흐름	8	-12
기말현금	12	0

시장 대비 수익률

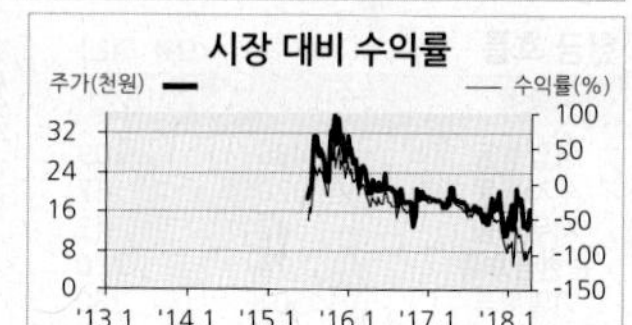

결산 실적

<단위 : 억원>

항목	2012	2013	2014	2015	2016	2017
매출액	—	94	110	130	159	177
영업이익	—	4	7	6	7	2
당기순이익	—	1	3	4	3	-2

분기 실적 *IFRS 별도 기준

<단위 : 억원>

항목	2016.3Q	2016.4Q	2017.1Q	2017.2Q	2017.3Q	2017.4Q
매출액	—	—	—	—	—	—
영업이익	—	—	—	—	—	—
당기순이익	—	—	—	—	—	—

재무 상태 *IFRS 별도 기준

<단위 : 억원>

항목	2012	2013	2014	2015	2016	2017
총자산	—	87	122	136	161	174
유형자산	—	3	6	5	5	6
무형자산	—	0	2	5	8	7
유가증권	—	1	1	4	—	0
총부채	—	71	81	91	78	88
총차입금	—	37	44	49	26	31
자본금	—	6	7	7	9	10
총자본	—	16	41	45	83	87
지배주주지분	—	16	41	45	83	87

기업가치 지표 *IFRS 별도 기준

항목	2012	2013	2014	2015	2016	2017
주가(최고/저)(천원)	—/—	—/—	—/—	37.0/10.8	35.0/13.1	21.6/10.4
PER(최고/저)(배)	0.0/0.0	0.0/0.0	0.0/0.0	148.7/43.2	185.0/69.0	—/—
PBR(최고/저)(배)	0.0/0.0	0.0/0.0	0.0/0.0	12.0/3.5	7.7/2.9	4.7/2.3
EV/EBITDA(배)	0.0	5.2	3.7	54.9	39.8	39.1
EPS(원)	—	116	250	249	189	-118
BPS(원)	—	1,347	2,842	3,092	4,573	4,567
CFPS(원)	—	283	440	447	308	82
DPS(원)	—	—	—	—	—	—
EBITDAPS(원)	—	543	755	623	489	330

재무 비율

<단위 : %>

연도	영업이익률	순이익률	부채비율	차입금비율	ROA	ROE	유보율	자기자본비율	EBITDA마진율
2017	1.4	-1.3	100.9	35.6	-1.3	-2.7	813.4	49.8	3.5
2016	4.2	2.2	93.9	31.3	2.3	5.4	814.5	51.6	5.6
2015	4.7	2.8	204.5	110.1	2.8	8.4	518.4	32.8	6.9
2014	6.2	2.8	196.7	106.5	2.9	10.7	468.3	33.7	8.3

유티아이 (A179900)

UTI

업 종 : 휴대폰 및 관련부품
신용등급 : (Bond) — (CP) —
홈페이지 : www.utikorea.com
본 사 : 충남 예산군 응봉면 응봉로 50-16
시 장 : KOSDAQ
기업규모 : 벤처
연 락 처 : 041)333-4352

설 립 일	2010.04.16	**종 업 원 수**	140명	**대 표 이 사**	박덕영
상 장 일	2017.09.27	**감 사 의 견**	적정(삼정)	**계 열**	
결 산 기	12월	**보 통 주**		**종속회사수**	
액 면 가	500원	**우 선 주**		**구 상 호**	

주주구성 (지분율,%)		출자관계 (지분율,%)		주요경쟁사 (외형,%)	
박덕영	31.4	케이런3호하이엑스피트투자조합	13.3	유티아이	100
큐브-MEGI투자조합	3.8			시노펙스	356
(외국인)	0.2			에스맥	330

매출구성		비용구성		수출비중	
카메라윈도우	98.5	매출원가율	50.2	수출	95.4
기타	1.0	판관비율	20.8	내수	4.6
커버글라스	0.6				

회사 개요

동사는 2010년 4월 설립되어 터치패널 부품 제조 및 판매업을 영위하고 있으며, 1개의 해외법인 계열사를 보유 중임. 동사는 휴대폰, 태블릿PC, 캠코더, 휴대용 게임기 등에 사용되는 Camera Moduel, Touch Panel 등을 보호하고 성능 향상을 채용되는 강화유리 가공을 주력사업으로 함. 2017년 3분기 기준 매출액은 카메라윈도우(98.4%), 커버글라스(0.7%), 기타(0.9%)로 구성되어 있음.

실적 분석

동사의 연결기준 2017년 매출액은 전년 대비 30.9% 증가한 509.1억원을 기록한 반면, 동기간 매출원가는 20.8% 증가에 그침에 따라 매출총이익율이 크게 개선되었고, 영업이익 또한 전년 대비 20.1% 증가한 147.5억원을 기록함. 한편, 금융자산의 외화환산손실 규모가 확대됨에 따라 비업업손실규모는 전년 대비 증가하였음. 이에 따라 동사의 2017년 당기순이익은 전년 대비 16.1% 감소한 107.8억원을 기록함.

현금 흐름 〈단위 : 억원〉

항목	2016	2017
영업활동	140	191
투자활동	-9	-214
재무활동	-25	46
순현금흐름	109	13
기말현금	128	141

시장 대비 수익률

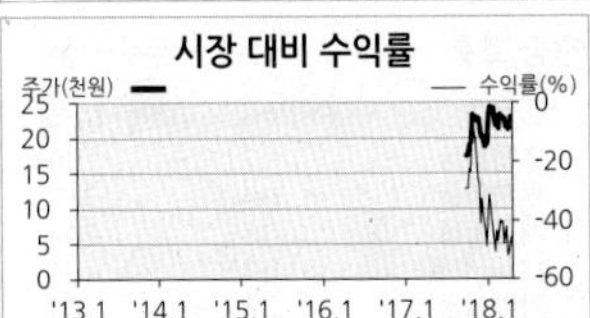

결산 실적 〈단위 : 억원〉

항목	2012	2013	2014	2015	2016	2017
매출액	81	502	19	153	389	509
영업이익	28	236	-123	-73	123	148
당기순이익	25	187	-164	-69	128	108

분기 실적 〈단위 : 억원〉

항목	2016.3Q	2016.4Q	2017.1Q	2017.2Q	2017.3Q	2017.4Q
매출액	99	—	—	136	133	—
영업이익	37	—	—	45	37	—
당기순이익	31	—	—	41	31	—

재무 상태 〈단위 : 억원〉

항목	2012	2013	2014	2015	2016	2017
총자산	163	597	430	388	487	701
유형자산	101	290	314	305	262	251
무형자산	—	5	9	8	3	8
유가증권	—	—	5	1	—	124
총부채	128	331	322	334	303	149
총차입금	112	266	298	293	268	100
자본금	16	20	20	21	21	27
총자본	35	267	108	55	184	552
지배주주지분	35	267	108	55	184	552

기업가치 지표

항목	2012	2013	2014	2015	2016	2017
주가(최고/저)(천원)	—/—	—/—	—/—	—/—	—/—	23.4/17.2
PER(최고/저)(배)	0.0/0.0	0.0/0.0	0.0/0.0	0.0/0.0	0.0/0.0	10.4/7.7
PBR(최고/저)(배)	0.0/0.0	0.0/0.0	0.0/0.0	0.0/0.0	0.0/0.0	2.3/1.7
EV/EBITDA(배)	2.7	0.0	—	—	0.8	4.0
EPS(원)	847	5,827	-3,773	-1,535	2,841	2,262
BPS(원)	8,085	6,131	2,473	1,210	4,067	10,251
CFPS(원)	9,188	6,556	-2,774	-412	4,090	3,479
DPS(원)	—	—	—	—	—	190
EBITDAPS(원)	10,116	8,075	-1,823	-495	3,965	4,313

재무 비율 〈단위 : %〉

연도	영업이익률	순이익률	부채비율	차입금비율	ROA	ROE	유보율	자기자본비율	EBITDA마진율
2017	29.0	21.2	27.1	18.1	18.1	29.3	1,969.5	78.7	40.4
2016	31.6	33.1	164.8	145.6	29.4	107.7	764.0	37.8	46.1
2015	-47.9	-45.5	609.6	536.0	-17.0	-85.6	157.0	14.1	-14.7
2014	-647.6	-865.7	299.5	277.0	-32.0	-87.7	426.7	25.0	-418.2

유한양행 (A000100)

Yuhan

업 종 : 제약
신용등급 : (Bond) — (CP) —
홈페이지 : www.yuhan.co.kr
본 사 : 서울시 동작구 노량진로 74
시 장 : 거래소
기업규모 : 시가총액 대형주
연 락 처 : 02)828-0181

설 립 일	1926.06.20	**종 업 원 수**	1,769명	**대 표 이 사**	이정희
상 장 일	1962.11.01	**감 사 의 견**	적정(삼일)	**계 열**	
결 산 기	12월	**보 통 주**		**종속회사수**	3개사
액 면 가	5,000원	**우 선 주**		**구 상 호**	

주주구성 (지분율,%)		출자관계 (지분율,%)		주요경쟁사 (외형,%)	
유한재단	15.5	유한화학	100.0	유한양행	100
국민연금공단	12.4	유한메디카	100.0	한미사이언스	45
(외국인)	24.2	유한필리아	100.0	한미약품	63

매출구성		비용구성		수출비중	
트라젠타 외	31.7	매출원가율	71.0	수출	17.8
기타	25.9	판관비율	23.0	내수	82.2
FTC등	18.7				

회사 개요

국내 최대 제약 업체 중 하나로 전문의약품, 해외사업, 생활용품 등의 사업을 영위하고 있음. 2017년말 기준 전체 사업에서 의약품 비중이 약 70%를 차지하고 있고, 해외사업이 약 20%, 생활용품이 약 10%를 차지하고 있음. 의약품 부문 시장점유율은 7%임. 내수 부진을 타개하기 위해 외자 업체들의 전문의 약품을 도입해 판매함. 길리어드의 비리어드, 베링거인겔하임의 트라젠타를 도입해 양호한 성과를 내고 있음.

실적 분석

동사의 2017년 매출액은 1조 4,622.5억원으로 전년대비 10.7% 증가함. 비용측면에서 매출원가와 판관비가 각각 11.4%, 15.2% 상승하면서 영업이익은 전년보다 9.3% 줄어든 887.1억원을 기록함. 소발디, 하보니 등의 주요 도입품목과 개량신약 제품의 판매 증가로 처방의약품 매출이 증가하였으나 원료의 약품 수출은 C형 간염 치료제 시장 축소 영향으로 감소함. 유한킴벌리는 내수 매출과 중국 수출이 다소 감소함.

현금 흐름 〈단위 : 억원〉

항목	2016	2017
영업활동	741	1,261
투자활동	-771	-422
재무활동	233	-682
순현금흐름	230	118
기말현금	2,449	2,566

시장 대비 수익률

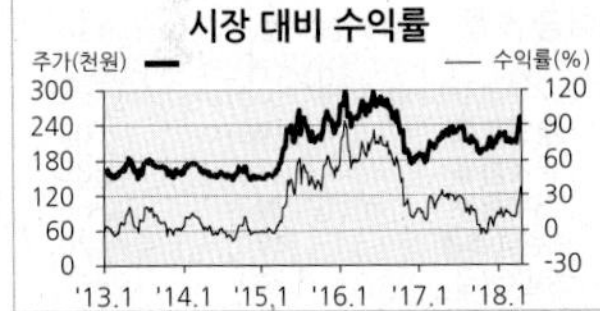

결산 실적 〈단위 : 억원〉

항목	2012	2013	2014	2015	2016	2017
매출액	7,765	9,436	10,175	11,287	13,208	14,622
영업이익	346	618	744	858	978	887
당기순이익	808	865	909	1,260	1,612	1,096

분기 실적 〈단위 : 억원〉

항목	2016.3Q	2016.4Q	2017.1Q	2017.2Q	2017.3Q	2017.4Q
매출액	3,618	3,498	3,512	3,551	3,787	3,773
영업이익	252	280	355	207	220	105
당기순이익	241	518	295	324	265	213

재무 상태 〈단위 : 억원〉

항목	2012	2013	2014	2015	2016	2017
총자산	14,031	15,140	16,160	18,803	20,459	20,947
유형자산	1,853	2,251	2,364	3,078	3,339	3,554
무형자산	85	98	97	118	159	257
유가증권	2,453	1,934	3,065	3,650	3,773	3,538
총부채	2,149	2,857	3,401	5,164	5,494	4,883
총차입금	81	521	702	1,516	1,966	1,338
자본금	569	569	569	569	569	595
총자본	11,882	12,282	12,759	13,639	14,966	16,063
지배주주지분	11,882	12,282	12,759	13,639	14,966	16,000

기업가치 지표

항목	2012	2013	2014	2015	2016	2017
주가(최고/저)(천원)	169/92.4	188/149	180/147	274/147	302/168	247/177
PER(최고/저)(배)	27.4/15.0	28.3/22.5	25.5/20.9	27.7/14.9	23.8/13.3	28.5/20.3
PBR(최고/저)(배)	1.7/0.9	1.8/1.4	1.6/1.3	2.3/1.2	2.3/1.3	1.8/1.3
EV/EBITDA(배)	30.9	22.4	15.4	23.6	14.7	16.7
EPS(원)	6,490	6,947	7,308	10,128	12,956	8,761
BPS(원)	113,958	119,850	125,883	134,142	145,888	147,266
CFPS(원)	8,623	9,252	10,314	13,795	17,927	13,546
DPS(원)	1,250	1,500	1,750	2,000	2,000	2,000
EBITDAPS(원)	4,569	7,090	8,860	10,264	12,355	11,839

재무 비율 〈단위 : %〉

연도	영업이익률	순이익률	부채비율	차입금비율	ROA	ROE	유보율	자기자본비율	EBITDA마진율
2017	6.1	7.5	30.4	8.3	5.3	7.0	2,845.3	76.7	9.6
2016	7.4	12.2	36.7	13.1	8.2	11.3	2,817.8	73.2	10.7
2015	7.6	11.2	37.9	11.1	7.2	9.6	2,582.8	72.5	10.4
2014	7.3	8.9	26.7	5.5	5.8	7.3	2,417.7	79.0	9.9

유화증권 (A003460)

Yuhwa Securities

업 종 : 증권
신용등급 : (Bond) — (CP) —
홈페이지 : www.yhs.co.kr
본 사 : 서울시 영등포구 국제금융로2길 36 유화증권빌딩
시 장 : 거래소
기업규모 : 시가총액 소형주
연 락 처 : 02)3770-0100

설 립 일	1962.06.02	**종업원수**	63명	**대표이사**	윤경립
상 장 일	1987.08.24	**감사의견**	적정(삼덕)	**계 열**	
결 산 기	12월	**보 통 주**		**종속회사수**	
액 면 가	5,000원	**우 선 주**		**구 상 호**	

주주구성 (지분율,%)		출자관계 (지분율,%)		주요경쟁사 (외형,%)	
윤경립	22.0	한국예탁결제원	3.4	유화증권	100
윤승현	4.2	한국거래소	2.9	SK증권	1,217
(외국인)	2.9	한국증권금융	0.4	현대차투자증권	1,250

수익구성		비용구성		수출비중	
이자수익	64.8	이자비용	10.5	수출	—
수수료수익	16.6	파생상품손실	0.0	내수	—
기타영업수익	11.8	판관비	84.0		

회사 개요

1962년에 설립된 동사는 자본시장법에 따라 사업을 영위하는 금융투자회사로서 투자매매업, 투자중개업, 투자자문업, 투자일임업 등을 영위하고 있음. 동사는 2017년 거래실적 기준으로 업계 시장점유율이 0.14%인 소형사임. 동사는 높은 영업용순자본비율 등 회사의 안정성 측면에서는 업계 최고를 기록하고 있으나, 1990년대 중후반 이후 지점 15개 이상을 지속적으로 폐점하며 브로커리지 영업의 열세와 신규사업 진출에 약점이 있음.

실적 분석

동사는 지난해 연간 영업이익 73억원을 기록, 전년 대비 16% 증가하였음. 매출은 188억원, 순이익은 79억원으로 매출은 전년과 비슷한 수준이며, 순이익은 3% 늘었음. 동사의 조직은 소수정예화로 변화에 유연성을 가지고 대처할 수 있으며, 안전자산 투자로 높은 영업용 순자본비율을 기록하고 있음 증권사간 경쟁이 심화되고 있는 상황인데, 조직 및 점포 수의 열세로 브로커리지 영업의 열세와 신규사업 진출에 애로점을 보이고 있음.

현금 흐름 *IFRS 별도 기준

<단위 : 억원>

항목	2016	2017
영업활동	105	-103
투자활동	-135	289
재무활동	207	-66
순현금흐름	177	120
기말현금	202	321

시장 대비 수익률

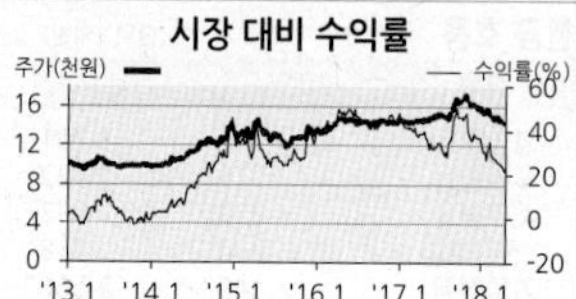

결산 실적

<단위 : 억원>

항목	2012	2013	2014	2015	2016	2017
순영업손익	193	171	147	210	163	170
영업이익	81	62	64	106	63	73
당기순이익	128	125	82	105	77	79

분기 실적 *IFRS 별도 기준

<단위 : 억원>

항목	2016.3Q	2016.4Q	2017.1Q	2017.2Q	2017.3Q	2017.4Q
순영업손익	39	27	35	78	29	28
영업이익	12	3	11	55	4	3
당기순이익	15	10	14	50	10	6

재무 상태 *IFRS 별도 기준

<단위 : 억원>

항목	2012	2013	2014	2015	2016	2017
총자산	6,556	6,112	6,416	6,082	6,308	6,356
유형자산	92	89	78	74	71	59
무형자산	12	10	9	8	2	3
유가증권	5,611	5,125	4,839	4,788	5,145	5,006
총부채	1,867	1,502	1,753	1,389	1,732	1,762
총차입금	1,201	819	719	474	924	965
자본금	742	742	742	742	742	742
총자본	4,689	4,610	4,663	4,694	4,576	4,594
지배주주지분	4,689	4,610	4,663	4,694	4,576	4,594

기업가치 지표 *IFRS 별도 기준

항목	2012	2013	2014	2015	2016	2017
주가(최고/저)(천원)	11.1/9.5	10.7/9.6	14.5/10.3	15.2/11.6	14.9/13.1	17.2/14.2
PER(최고/저)(배)	16.2/13.7	15.3/13.7	30.1/21.4	24.6/18.8	31.6/27.9	33.5/27.7
PBR(최고/저)(배)	0.4/0.4	0.4/0.4	0.5/0.4	0.5/0.4	0.5/0.4	0.5/0.4
PSR(최고/저)(배)	11/9	11/10	17/12	12/9	15/13	16/13
EPS(원)	864	845	553	707	516	531
BPS(원)	32,402	32,086	32,444	32,819	32,944	33,059
CFPS(원)	997	963	636	818	633	638
DPS(원)	600	600	450	700	850	600
EBITDAPS(원)	544	418	429	715	421	489

재무 비율

<단위 : %>

연도	계속사업 이익률	순 이익률	부채 비율	차입금 비율	ROA	ROE	유보율	자기자본 비율	총자산 증가율
2017	58.4	46.4	38.4	21.0	1.2	1.7	561.2	72.3	0.8
2016	58.9	46.9	37.9	20.2	1.2	1.7	558.9	72.5	3.7
2015	63.3	50.0	29.6	10.1	1.7	2.2	556.4	77.2	-0.5
2014	71.6	56.0	37.6	15.4	1.3	1.8	548.9	72.7	5.0

육일씨엔에쓰 (A191410)

RYUK-IL C&S

업 종 : 휴대폰 및 관련부품
신용등급 : (Bond) — (CP) —
홈페이지 : www.61cns.co.kr
본 사 : 서울시 영등포구 여의도동 70길 15-1 극동VIP빌딩 702호
시 장 : KOSDAQ
기업규모 : 중견
연 락 처 : 02)2659-1116

설 립 일	2007.03.14	**종업원수**	104명	**대표이사**	구자옥
상 장 일	2015.12.24	**감사의견**	적정(삼정)	**계 열**	
결 산 기	12월	**보 통 주**		**종속회사수**	4개사
액 면 가	500원	**우 선 주**		**구 상 호**	

주주구성 (지분율,%)		출자관계 (지분율,%)		주요경쟁사 (외형,%)	
구자옥	49.7	알와이	60.0	육일씨엔에쓰	100
에디치2014-1 세컨더리 투자조합	2.2	SDGLOBALVIETNAM.	100.0	디스플레이텍	56
(외국인)	0.6	HEADRIGHT	35.0	이엘케이	169

매출구성		비용구성		수출비중	
임가공 매출	44.1	매출원가율	79.8	수출	67.8
모바일폰 용	38.6	판관비율	9.7	내수	32.2
기타	10.2				

회사 개요

동사는 윈도렌즈(강화유리) 제조 및 판매 등을 목적으로 2007년 3월 14일에 설립된 벤처기업으로 2007년 5월 LG전자 협력업체로 등록되었음. 동사의 제품은 형상에 따라 2D, 2.5D, 3D로 구분되며, 용도에 따라 Main CG, Back CG, Camera CG로 구분될 수 있음. 동사의 현재 목표시장은 휴대폰 CG 시장에 집중되어 있으며, 미래의 목표시장으로서 자동차용 CG시장을 설정함

실적 분석

동사의 2017년 전체 매출은 1,483억원으로 전년대비 243.2% 증가, 영업이익은 155.6억원으로 흑자전환, 당기순이익은 136.5억원으로 흑자전환 시현. 2016년 부진한 실적에서 턴어라운드, 2017년 글로벌 3D 강화 유리 시장 확대 및 중화권 업체향 수출 확대 노력으로 외형 성장을 거두면서 3D 강화 유리 생산능력을 확대하여 매출 확대 시현하고 LG 프리미엄전략폰 V30에 부품을 공급하며 매출 향상 중.

현금 흐름

<단위 : 억원>

항목	2016	2017
영업활동	-21	80
투자활동	-148	-316
재무활동	135	244
순현금흐름	-35	-4
기말현금	67	63

시장 대비 수익률

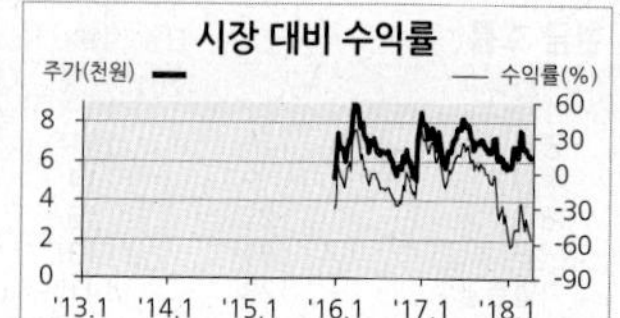

결산 실적

<단위 : 억원>

항목	2012	2013	2014	2015	2016	2017
매출액	1,161	1,398	1,069	795	432	1,483
영업이익	-2	104	81	23	-128	156
당기순이익	11	55	28	-5	-148	136

분기 실적

<단위 : 억원>

항목	2016.3Q	2016.4Q	2017.1Q	2017.2Q	2017.3Q	2017.4Q
매출액	90	182	283	244	397	559
영업이익	-5	-64	35	36	-26	111
당기순이익	-10	-87	45	23	-29	98

재무 상태

<단위 : 억원>

항목	2012	2013	2014	2015	2016	2017
총자산	467	467	680	643	880	1,368
유형자산	151	194	238	336	450	540
무형자산	3	2	2	1	1	22
유가증권	—	3	—	15	15	10
총부채	410	312	497	330	709	1,080
총차입금	148	221	302	226	362	490
자본금	10	13	39	43	43	43
총자본	57	155	183	313	171	288
지배주주지분	57	152	181	311	170	287

기업가치 지표

항목	2012	2013	2014	2015	2016	2017
주가(최고/저)(천원)	—/—	—/—	—/—	5.6/5.0	9.1/5.0	8.6/5.6
PER(최고/저)(배)	0.0/0.0	0.0/0.0	0.0/0.0	—/—	—/—	5.3/3.5
PBR(최고/저)(배)	0.0/0.0	0.0/0.0	0.0/0.0	1.5/1.3	4.4/2.4	2.5/1.7
EV/EBITDA(배)	5.3	0.7	1.4	10.3	—	4.2
EPS(원)	178	972	369	-62	-1,733	1,601
BPS(원)	34,997	60,669	2,391	3,714	2,061	3,364
CFPS(원)	19,572	48,469	745	370	-1,324	2,208
DPS(원)	—	—	—	—	—	—
EBITDAPS(원)	13,458	70,159	1,420	727	-1,093	2,433

재무 비율

<단위 : %>

연도	영업 이익률	순 이익률	부채 비율	차입금 비율	ROA	ROE	유보율	자기자본 비율	EBITDA 마진율
2017	10.5	9.2	375.6	170.4	12.1	59.7	572.9	21.0	14.0
2016	-29.6	-34.3	414.5	211.7	-19.5	-61.4	312.3	19.4	-21.6
2015	2.9	-0.7	105.7	72.3	-0.8	-2.0	642.8	48.6	7.2
2014	7.6	2.6	271.7	165.0	4.9	17.3	378.2	26.9	10.4

율촌화학 (A008730)
YoulChon Chemical

업　　종 : 용기 및 포장
신용등급 : (Bond) A+　(CP) A1
홈페이지 : www.youlchon.com
본　　사 : 서울시 동작구 여의대방로 112, 도연관 15층 (신대방동)

시　　장 : 거래소
기업규모 : 시가총액 중형주
연 락 처 : 02)822-0022

설 립 일	1973.05.01	**종업원수**	857명	**대표이사**	송녹정,신동윤
상 장 일	1988.08.30	**감사의견**	적정(한영)	**계　열**	
결 산 기	12월	**보 통 주**		**종속회사수**	
액 면 가	500원	**우 선 주**		**구 상 호**	

주주구성 (지분율,%)		출자관계 (지분율,%)		주요경쟁사 (외형,%)	
농심홀딩스	31.9	YOULCHONVINAPLASTICJSC	62.0	율촌화학	100
신동윤	13.9			태림포장	115
(외국인)	7.0			GRT	49

매출구성		비용구성		수출비중	
[제품]연포장, BOPP, CPP, 골판지 등	60.3	매출원가율	84.3	수출	8.7
[제품]이형지,전자소재 외	26.8	판관비율	7.5	내수	91.3
[상품]연포장, BOPP, CPP, 골판지 등	9.6				

회사 개요

동사는 1973년에 설립돼 연포장, Film, 골판지등 포장재 및 포장관련 소재를 제조하는 업체임. 동사는 라면, 스낵, 냉동식품, 레토르트 등과 생활 용품류인 섬유유연제, 세제류 및 화장품, 의약품, 산업용 포장지 등 각종 포장지를 제조, 판매함. 동사의 최대주주는 농심으로 식품회사인 계열사들과 긴밀한 협력관계를 유지해 시장점유율 1위를 유지하고 있음. 최근 몇년간 터치패드용 필름, 2차전지용 파우치 등 IT소재로 영역을 확장함.

실적 분석

연포장, 골판지 등을 생산하는 포장사업부문의 매출은 정체하였으나, 이형지와 전재소재 부문의 매출이 약 37% 가량 증가함. 이에 따라 2017년 전체 매출액은 전년동기 대비 11% 증가한 4,922억원을 기록함. 제품군의 다양화, 고부가가치 상품의 매출비중 확대를 통해 전자소재사업부의 이익 증가로 영업이익도 38.7% 늘어남. 연포장사업의 증설은 농심 외 고객 다변화에 기여할 전망임.

현금 흐름 *IFRS 별도 기준 〈단위 : 억원〉

항목	2016	2017
영업활동	545	626
투자활동	-230	-777
재무활동	-250	76
순현금흐름	66	-75
기말현금	171	96

시장 대비 수익률

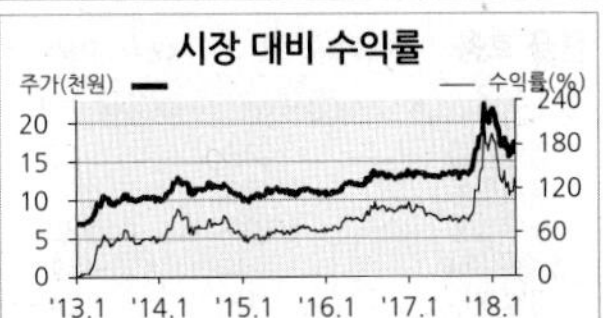

결산 실적 〈단위 : 억원〉

항목	2012	2013	2014	2015	2016	2017
매출액	4,057	4,407	4,519	4,362	4,435	4,922
영업이익	274	368	144	222	291	404
당기순이익	226	275	91	140	209	273

분기 실적 *IFRS 별도 기준 〈단위 : 억원〉

항목	2016.3Q	2016.4Q	2017.1Q	2017.2Q	2017.3Q	2017.4Q
매출액	1,103	1,090	1,120	1,216	1,329	1,257
영업이익	43	49	87	94	128	94
당기순이익	23	51	56	77	99	42

재무 상태 *IFRS 별도 기준 〈단위 : 억원〉

항목	2012	2013	2014	2015	2016	2017
총자산	4,446	5,229	5,662	5,152	5,268	5,777
유형자산	2,481	3,074	3,092	3,018	3,031	3,513
무형자산	75	72	69	68	72	81
유가증권	6	7	7	3	3	2
총부채	1,404	2,040	2,521	2,004	2,056	2,419
총차입금	482	1,083	1,662	1,125	999	1,200
자본금	148	148	148	148	148	148
총자본	3,042	3,189	3,141	3,148	3,212	3,357
지배주주지분	3,042	3,189	3,141	3,148	3,212	3,357

기업가치 지표 *IFRS 별도 기준

항목	2012	2013	2014	2015	2016	2017
주가(최고/저)(천원)	7.0/6.0	11.1/6.8	13.0/10.0	11.8/9.5	13.8/10.6	23.0/12.8
PER(최고/저)(배)	9.9/8.5	12.0/7.3	41.0/31.5	23.1/18.5	17.3/13.3	21.4/11.9
PBR(최고/저)(배)	0.7/0.6	1.0/0.6	1.2/0.9	1.0/0.8	1.1/0.9	1.7/1.0
EV/EBITDA(배)	5.4	7.1	11.7	8.6	8.2	9.9
EPS(원)	912	1,108	365	564	844	1,101
BPS(원)	12,265	12,859	12,665	12,694	12,951	13,537
CFPS(원)	1,546	1,812	1,208	1,475	1,752	2,014
DPS(원)	500	500	500	500	500	500
EBITDAPS(원)	1,740	2,187	1,422	1,805	2,083	2,542

재무 비율 〈단위 : %〉

연도	영업이익률	순이익률	부채비율	차입금비율	ROA	ROE	유보율	자기자본비율	EBITDA마진율
2017	8.2	5.6	72.1	35.7	4.9	8.3	2,172.1	58.1	12.8
2016	6.6	4.7	64.0	31.1	4.0	6.6	2,073.7	61.0	11.7
2015	5.1	3.2	63.7	35.7	2.6	4.5	2,030.5	61.1	10.3
2014	3.2	2.0	80.3	52.9	1.7	2.9	2,025.7	55.5	7.8

이건산업 (A008250)
Eagon Industrial

업　　종 : 종이 및 목재
신용등급 : (Bond) —　(CP) —
홈페이지 : www.eagon.com
본　　사 : 인천시 남구 염전로 91 (도화동)

시　　장 : 거래소
기업규모 : 시가총액 소형주
연 락 처 : 032)760-0800

설 립 일	1972.12.07	**종업원수**	270명	**대표이사**	박승준
상 장 일	1988.10.21	**감사의견**	적정(삼정)	**계　열**	
결 산 기	12월	**보 통 주**		**종속회사수**	5개사
액 면 가	5,000원	**우 선 주**		**구 상 호**	

주주구성 (지분율,%)		출자관계 (지분율,%)		주요경쟁사 (외형,%)	
이건창호	16.2	이건에너지	74.7	이건산업	100
박영주	10.0	한빛인베스트먼트	4.0	무림페이퍼	346
(외국인)	4.4	전문건설공제조합	0.0	페이퍼코리아	186

매출구성		비용구성		수출비중	
합판, 합판마루	84.9	매출원가율	85.5	수출	26.6
건축자재, 강화마루	15.3	판관비율	9.1	내수	73.4
증기, 전기	7.1				

회사 개요

동사는 1972년 설립된 이후 국내 건설용 합판 사업을 주도해 왔음. 2000년대 중반 이후 건설경기 부진 및 수입물량 증가 등으로 사업 역량이 약화되면서 합판 위주의 사업구조를 개편하여, 목질계 바닥재 사업을 영위하는 이건리빙을 흡수합병하고, 현재에는 합판 및 마루사업에 주력하는 사업구조를 보유하고 있음. 합판 및 마루의 매출비중이 전체매출의 90%를 차지하고 있음.

실적 분석

동사의 2017년 4분기 기준 누적 매출액은 2986.7억원으로 전년 동기(2903.4억원) 대비 소폭 증가함. 매출원가 상승에 따른 매출총이익 감소가 영업이익 감소를 부름. 영업이익은 160억원으로 전년 대비 10.2% 줄어든 액수를 기록함. 다만 금융손실 폭이 줄고 환율효과에 따른 외환수익에 증가로 당기순이익은 전년 4.9억원에서 크게 오른 54.5억원을 달성함.

현금 흐름 〈단위 : 억원〉

항목	2016	2017
영업활동	356	416
투자활동	-208	-52
재무활동	-100	-438
순현금흐름	50	-84
기말현금	217	132

시장 대비 수익률

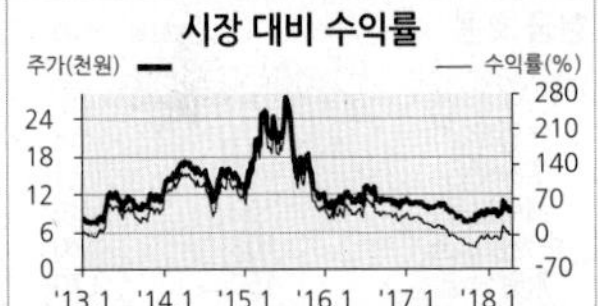

결산 실적 〈단위 : 억원〉

항목	2012	2013	2014	2015	2016	2017
매출액	2,464	2,285	2,460	2,677	2,903	2,987
영업이익	219	230	259	185	178	160
당기순이익	45	105	130	25	5	54

분기 실적 〈단위 : 억원〉

항목	2016.3Q	2016.4Q	2017.1Q	2017.2Q	2017.3Q	2017.4Q
매출액	718	755	639	732	777	838
영업이익	41	30	34	40	71	15
당기순이익	34	-58	31	5	49	-31

재무 상태 〈단위 : 억원〉

항목	2012	2013	2014	2015	2016	2017
총자산	3,521	3,825	4,217	4,676	4,714	4,393
유형자산	1,520	1,648	2,003	2,406	2,423	2,283
무형자산	18	20	19	19	18	13
유가증권	31	25	23	54	59	15
총부채	2,282	2,394	2,625	3,072	3,093	2,859
총차입금	1,551	1,662	1,742	1,993	1,998	1,666
자본금	391	444	468	469	469	469
총자본	1,239	1,431	1,592	1,604	1,621	1,533
지배주주지분	1,224	1,358	1,580	1,585	1,603	1,523

기업가치 지표

항목	2012	2013	2014	2015	2016	2017
주가(최고/저)(천원)	7.6/4.2	13.1/7.2	17.7/10.5	28.6/10.5	14.3/9.6	11.5/7.4
PER(최고/저)(배)	14.5/8.1	11.7/6.4	14.2/8.5	167.0/61.6	217.5/145.7	20.6/13.3
PBR(최고/저)(배)	0.5/0.3	0.9/0.5	1.1/0.7	1.8/0.7	0.9/0.6	0.7/0.5
EV/EBITDA(배)	7.0	8.5	8.9	10.1	9.3	8.5
EPS(원)	563	1,198	1,324	180	68	570
BPS(원)	15,668	15,297	16,904	16,913	17,112	16,372
CFPS(원)	1,517	1,950	2,052	1,345	1,360	1,885
DPS(원)	—	150	150	150	150	250
EBITDAPS(원)	3,892	3,436	3,536	3,146	3,192	3,022

재무 비율 〈단위 : %〉

연도	영업이익률	순이익률	부채비율	차입금비율	ROA	ROE	유보율	자기자본비율	EBITDA마진율
2017	5.4	1.8	186.5	108.6	1.2	3.4	227.4	34.9	9.5
2016	6.1	0.2	190.8	123.3	0.1	0.4	242.2	34.4	10.3
2015	6.9	0.9	191.5	124.3	0.6	1.1	238.3	34.3	11.0
2014	10.5	5.3	164.9	109.4	3.2	8.3	238.1	37.8	13.3

이건홀딩스 (A039020)

Eagon Holdings

업 종 : 건축자재
신용등급 : (Bond) — (CP) —
홈페이지 : www.eagon.com
본 사 : 인천시 남구 염전로 91

시 장 : KOSDAQ
기업규모 : 중견
연 락 처 : 032)760-0001

설 립 일 1988.04.14		**종업원수** 39명		**대표이사** 안기명	
상 장 일 2000.05.04		**감사의견** 적정(삼정)		**계 열**	
결 산 기 12월		**보 통 주**		**종속회사수** 3개사	
액 면 가 1,000원		**우 선 주**		**구 상 호**	

주주구성 (지분율,%)		출자관계 (지분율,%)		주요경쟁사 (외형,%)	
박승준	20.0	이건창호	100.0	이건홀딩스	100
박은정	8.5	이건그린텍	100.0	덕신하우징	61
(외국인)	1.3	뉴텍화이브	19.0	코리아에스이	8

매출구성		비용구성		수출비중	
주택용창호	56.3	매출원가율	84.4	수출	—
빌딩용 및 태양광창호	25.0	판관비율	12.6	내수	—
파레트류	18.1				

회사 개요

2017년 4월 창호 부문을 물적분할함에 따라 지주회사로 전환됨. 계열회사로는 시스템창호와 커튼월, 태양광창호의 제조, 판매, 시공사업을 영위하는 이건창호와 물류포장재(파레트)의 제조 및 판매를 하는 이건그린텍이 있음. 인건창호는 시스템창호를 국내에 최초로 도입한 업체로서 염료감응형 태양전지 창호를 상용화했으며, 향후 태양전지를 조명에 사용할 수 있는 충전용 방식이나 특수 모듈로 개발하는 등 DSSC기술의 적용 상품군을 확대할 계획임.

실적 분석

창호 부문의 내수 판매가 호조세를 보여 2017년 연결 기준 매출액이 전년 대비 27.0% 성장했음. 외형 확대에 따른 고정비용 부담 완화로 영업이익도 크게 호전됨. 과거 공사로 인한 손실을 제거하기 위하여 제품 수출 위주로 사업정책을 바꾸었음. 특히, 북미 시장의 커튼월 사업을 성공적으로 진행하고 있음. 또한, B2B 위주의 사업구조를 B2C로 전환하여 건설경기의 영향을 덜 받는 사업구조를 만들어 가고 있음.

현금 흐름 〈단위 : 억원〉

항목	2016	2017
영업활동	109	63
투자활동	50	-3
재무활동	-52	-39
순현금흐름	108	20
기말현금	150	170

시장 대비 수익률

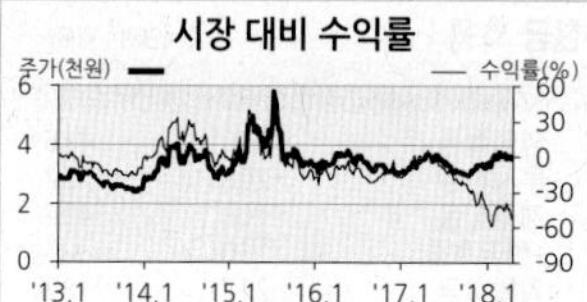

결산 실적 〈단위 : 억원〉

항목	2012	2013	2014	2015	2016	2017
매출액	1,754	1,685	1,920	1,608	1,629	2,070
영업이익	36	44	-41	-58	47	61
당기순이익	-7	-18	-68	-78	39	29

분기 실적 〈단위 : 억원〉

항목	2016.3Q	2016.4Q	2017.1Q	2017.2Q	2017.3Q	2017.4Q
매출액	397	521	392	506	615	556
영업이익	4	48	-2	14	31	19
당기순이익	-3	21	-3	5	23	4

재무 상태 〈단위 : 억원〉

항목	2012	2013	2014	2015	2016	2017
총자산	2,937	2,851	2,943	2,477	2,596	2,580
유형자산	1,069	1,055	1,174	1,166	1,179	1,182
무형자산	65	69	72	16	20	23
유가증권	81	84	82	82	71	72
총부채	1,917	1,861	1,915	1,537	1,623	1,594
총차입금	1,164	1,121	1,048	814	766	732
자본금	143	143	143	143	143	143
총자본	1,020	990	1,028	940	973	986
지배주주지분	1,020	990	1,028	940	973	986

기업가치 지표

항목	2012	2013	2014	2015	2016	2017
주가(최고/저)(천원)	5.2/2.6	3.2/2.4	4.2/2.5	6.1/3.0	3.8/3.0	3.7/3.0
PER(최고/저)(배)	—/—	—/—	—/—	—/—	14.4/11.5	19.0/15.0
PBR(최고/저)(배)	0.8/0.4	0.5/0.4	0.6/0.4	0.9/0.5	0.5/0.4	0.5/0.4
EV/EBITDA(배)	19.7	17.7	—	—	13.4	10.7
EPS(원)	-51	-126	-474	-546	270	200
BPS(원)	7,505	7,296	7,562	6,946	7,179	7,270
CFPS(원)	213	124	-252	-330	475	434
DPS(원)	50	50	30	30	30	50
EBITDAPS(원)	517	555	-61	-192	530	662

재무 비율 〈단위 : %〉

연도	영업이익률	순이익률	부채비율	차입금비율	ROA	ROE	유보율	자기자본비율	EBITDA마진율
2017	3.0	1.4	161.6	74.2	1.1	2.9	627.0	38.2	4.6
2016	2.9	2.4	166.8	78.7	1.5	4.0	617.9	37.5	4.7
2015	-3.6	-4.9	163.5	86.6	-2.9	-8.0	594.7	38.0	-1.7
2014	-2.1	-3.5	186.2	102.0	-2.3	-6.7	656.2	34.9	-0.5

이구산업 (A025820)

Lee Ku Industrial

업 종 : 금속 및 광물
신용등급 : (Bond) — (CP) —
홈페이지 : www.leeku.net
본 사 : 경기도 평택시 포승읍 포승공단로 42

시 장 : 거래소
기업규모 : 시가총액 소형주
연 락 처 : 031)494-2929

설 립 일 1971.01.16		**종업원수** 151명		**대표이사** 손인국,김영길	
상 장 일 1995.07.20		**감사의견** 적정(한울)		**계 열**	
결 산 기 12월		**보 통 주**		**종속회사수**	
액 면 가 500원		**우 선 주**		**구 상 호**	

주주구성 (지분율,%)		출자관계 (지분율,%)		주요경쟁사 (외형,%)	
손인국	25.4			이구산업	100
손재영	4.6			삼아알미늄	60
(외국인)	4.7			피제이메탈	59

매출구성		비용구성		수출비중	
[제품]황 동	56.5	매출원가율	91.1	수출	25.2
[제품]동	30.9	판관비율	2.7	내수	74.8
[제품]인청동	6.3				

회사 개요

동사는 1968년 산업용 동판 제조 및 판매를 목적으로 설립됨. 동, 황동, 인청동 등 동제품을 전문으로 생산하는 비철금속 전문 제조업체임. 제품생산을 위해 대단위 규모의 설비와 자본이 투자되는 장치산업으로 분류되며, 자동차, 전기전자부품 및 일반 생활용품 제조업 등 다양한 전방산업에 제품 공급중. 공급과잉 상태의 내수시장을 벗어나 중국 및 동남아 지역의 시장확대를 위해 노력중.

실적 분석

동사의 2017년 연간 매출액은 전년동기대비 16.1% 상승한 2,292.7억원을 기록하였음. 비용면에서 전년동기대비 매출원가는 증가하였으며 인건비도 증가, 광고선전비도 증가, 기타판매비와관리비는 증가함. 이와 같이 상승한 매출액 만큼 비용증가도 있었으나 매출액의 더 큰 상승에 힘입어 최종적으로 전년동기대비 당기순이익은 크게 상승하여 112.5억원을 기록함.외환손익 등 비영업손익의 흑자전환이 영향을 미친것으로 판단됨.

현금 흐름 *IFRS 별도 기준 〈단위 : 억원〉

항목	2016	2017
영업활동	83	-22
투자활동	20	155
재무활동	-109	-122
순현금흐름	-6	11
기말현금	13	24

시장 대비 수익률

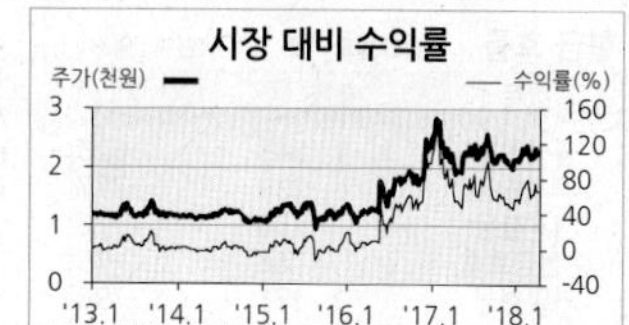

결산 실적 〈단위 : 억원〉

항목	2012	2013	2014	2015	2016	2017
매출액	2,444	2,440	2,386	2,106	1,975	2,293
영업이익	-65	-84	48	-90	100	142
당기순이익	-83	-97	21	-110	45	112

분기 실적 *IFRS 별도 기준 〈단위 : 억원〉

항목	2016.3Q	2016.4Q	2017.1Q	2017.2Q	2017.3Q	2017.4Q
매출액	452	562	564	572	566	591
영업이익	12	42	42	22	38	41
당기순이익	24	-9	24	9	22	57

재무 상태 *IFRS 별도 기준 〈단위 : 억원〉

항목	2012	2013	2014	2015	2016	2017
총자산	3,017	2,757	2,750	2,497	2,619	2,698
유형자산	1,526	1,512	1,504	1,471	1,247	1,254
무형자산	1	1	1	1	1	7
유가증권	2	2	2	1	1	1
총부채	1,854	1,689	1,660	1,528	1,609	1,594
총차입금	1,561	1,443	1,438	1,309	1,223	1,095
자본금	167	167	167	167	167	167
총자본	1,163	1,068	1,089	969	1,010	1,104
지배주주지분	1,163	1,068	1,089	969	1,010	1,104

기업가치 지표 *IFRS 별도 기준

항목	2012	2013	2014	2015	2016	2017
주가(최고/저)(천원)	1.6/1.2	1.4/1.1	1.3/1.0	1.4/1.0	2.8/1.1	3.0/1.9
PER(최고/저)(배)	—/—	—/—	21.7/16.6	—/—	22.1/8.4	9.2/5.8
PBR(최고/저)(배)	0.5/0.4	0.5/0.4	0.4/0.3	0.5/0.4	1.0/0.4	0.9/0.6
EV/EBITDA(배)	—	—	19.7	—	13.8	9.5
EPS(원)	-250	-291	64	-328	135	336
BPS(원)	3,477	3,193	3,257	2,899	3,020	3,302
CFPS(원)	-121	-159	197	-188	275	475
DPS(원)	—	—	20	—	50	80
EBITDAPS(원)	-67	-119	275	-128	438	565

재무 비율 〈단위 : %〉

연도	영업이익률	순이익률	부채비율	차입금비율	ROA	ROE	유보율	자기자본비율	EBITDA마진율
2017	6.2	4.9	144.4	99.1	4.2	10.6	560.4	40.9	8.2
2016	5.0	2.3	159.3	121.1	1.8	4.6	504.0	38.6	7.4
2015	-4.3	-5.2	157.6	135.0	-4.2	-10.7	479.8	38.8	-2.0
2014	2.0	0.9	152.4	132.0	0.8	2.0	551.4	39.6	3.9

이그잭스 (A060230)

Exax

업　　종 : 통신장비　　　　　　　　　시　　장 : KOSDAQ
신용등급 : (Bond) —　　(CP) —　　　　기업규모 : 벤처
홈페이지 : www.exax.co.kr　　　　　　연 락 처 : 054)465-7395
본　　사 : 대구시 달성군 논공읍 논공로 556

설 립 일	1999.12.22	**종 업 원 수**	124명	**대 표 이 사**	정집훈
상 장 일	2002.06.15	**감 사 의 견**	적정(대주)	**계　　열**	
결 산 기	12월	**보 통 주**		**종속회사수**	2개사
액 면 가	500원	**우 선 주**		**구 상 호**	

주주구성 (지분율,%)		출자관계 (지분율,%)		주요경쟁사 (외형,%)	
제이앤제이인베스트먼트	15.3			이그잭스	100
일동케미칼	5.6			라이트론	189
(외국인)	1.3			텔레필드	86

매출구성		비용구성		수출비중	
NFC안테나, RFID태그,NFC태그	65.1	매출원가율	84.3	수출	47.2
OCR, PR, Resin, Ag Paste, BOE Etchant 등	34.2	판관비율	20.1	내수	52.8
기타	0.8				

회사 개요

동사는 1999년 설립된 화공약품류 및 전자재료 전문 생산업체로서 LCD, OLED 등의 디스플레이 제조공정에 필요한 세정액, 현상액 등의 화공약품 및 전자재료와 NFC안테나, RFID 태그 및 NFC태그 등의 전자부품이 주력상품임. 다양한 성질의 잉크 및 점성액체를 필름, 유리 등에 인쇄하여 전자소자를 만드는 인쇄전자사업도 영위중임. 당분기 기준 전자소재와 전자부품이 각각 매출의 39.5%, 59.5% 가량을 차지하고 있음.

실적 분석

동사의 2017년 누적 매출액은 436.1억원으로 전년동기대비 5.6% 감소함. 영업이익은 적자전환한 -19.4억원을 기록함. NFC안테나, RFID태그, NFC태그를 생산하는 전자부품 부문 매출이 소폭 축소. 전방산업인 LCD 시장 경쟁 심화로 국내 업체의 생산 축소로 매출 정체 현상을 보임. 디스플레이 소재에 대한 중국 시장 수요를 타겟으로 현지 시장 공략을 본격화할 계획.

현금 흐름

<단위 : 억원>

항목	2016	2017
영업활동	23	-27
투자활동	-10	-201
재무활동	45	178
순현금흐름	58	-50
기말현금	61	12

시장 대비 수익률

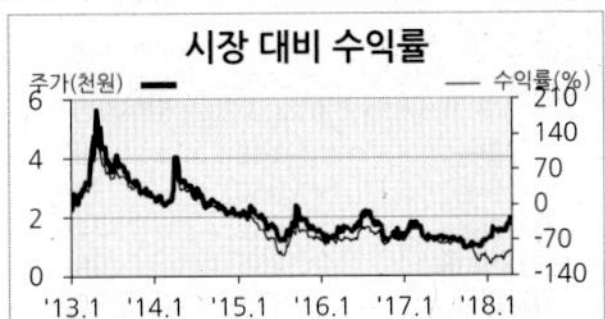

결산 실적

<단위 : 억원>

항목	2012	2013	2014	2015	2016	2017
매출액	556	721	771	512	462	436
영업이익	23	35	-15	-11	2	-19
당기순이익	34	45	-124	-67	-86	-93

분기 실적

<단위 : 억원>

항목	2016.3Q	2016.4Q	2017.1Q	2017.2Q	2017.3Q	2017.4Q
매출액	119	133	102	105	150	79
영업이익	1	0	0	1	1	-21
당기순이익	-4	-32	-8	-17	-8	-60

재무 상태

<단위 : 억원>

항목	2012	2013	2014	2015	2016	2017
총자산	538	863	674	574	542	625
유형자산	358	476	367	320	292	329
무형자산	11	68	65	54	12	12
유가증권	4	10	6	2	0	38
총부채	454	698	591	392	335	399
총차입금	329	552	426	302	241	311
자본금	34	38	43	91	156	207
총자본	84	165	83	182	207	226
지배주주지분	84	165	83	182	207	226

기업가치 지표

항목	2012	2013	2014	2015	2016	2017
주가(최고/저)(천원)	2.9/0.8	5.6/2.0	4.2/2.0	2.5/1.1	2.2/1.1	1.8/0.9
PER(최고/저)(배)	6.8/1.8	12.4/4.4	—/—	—/—	—/—	—/—
PBR(최고/저)(배)	1.7/0.5	2.4/0.9	3.1/1.5	2.1/0.9	2.4/1.2	3.3/1.6
EV/EBITDA(배)	10.3	12.9	36.0	24.4	14.7	54.0
EPS(원)	424	454	-1,118	-468	-398	-269
BPS(원)	2,331	3,174	1,831	1,421	907	547
CFPS(원)	1,041	986	-1,103	-253	-235	-173
DPS(원)	—	—	—	—	—	—
EBITDAPS(원)	862	845	227	206	171	40

재무 비율

<단위 : %>

연도	영업 이익률	순 이익률	부채 비율	차입금 비율	ROA	ROE	유보율	자기자본 비율	EBITDA 마진율
2017	-4.5	-21.4	176.8	137.6	-16.0	-43.2	9.3	36.1	3.2
2016	0.4	-18.7	162.1	116.8	-15.5	-44.5	81.4	38.2	8.1
2015	-2.2	-13.0	215.0	165.6	-10.7	-50.3	184.2	31.7	4.9
2014	-2.0	-16.1	713.2	513.9	-16.2	-100.2	266.1	12.3	2.4

이글루시큐리티 (A067920)

IGLOO SECURITY

업　　종 : 일반 소프트웨어　　　　　시　　장 : KOSDAQ
신용등급 : (Bond) —　　(CP) —　　　　기업규모 : 벤처
홈페이지 : www.igloosec.co.kr　　　　연 락 처 : 02)3452-8814
본　　사 : 서울시 송파구 정의로8길 7 한스빌딩

설 립 일	1999.11.02	**종 업 원 수**	694명	**대 표 이 사**	이득춘
상 장 일	2010.08.04	**감 사 의 견**	적정(삼덕)	**계　　열**	
결 산 기	12월	**보 통 주**		**종속회사수**	3개사
액 면 가	500원	**우 선 주**		**구 상 호**	

주주구성 (지분율,%)		출자관계 (지분율,%)		주요경쟁사 (외형,%)	
이득춘	13.9	씨아이씨	90.9	이글루시큐리티	100
에스원	11.0	코바이노베이션	50.0	포시에스	21
(외국인)	1.1	디아이섹	20.0	한컴시큐어	27

매출구성		비용구성		수출비중	
보안관제 서비스 외	81.6	매출원가율	0.0	수출	2.6
통합보안관리 솔루션 외	18.4	판관비율	94.8	내수	97.4

회사 개요

동사는 통합보안관리 서비스 전문 업체로서, 보안관리 솔루션을 구축해 주는 솔루션 사업부문과 보안시스템의 관리 및 정책 수립, 원격관리 등의 서비스를 제공하는 보안관제 서비스를 영위함. 통합보안관리솔루션 IS-ESM이 대표 브랜드로서, 공공기관, 금융권, 통신 등 다양한 분야에 도입됨. 관제서비스 부문이 전체 매출의 70% 이상을 차지하며 새로이 이메일 보안 솔루션 출시, 수출은 점차 증가세이며 루마니아, 에티오피아 등 해외 시장 개척 노력 중.

실적 분석

동사의 2017년 연간 매출액은 전년 대비 3.4% 증가한 600.9억원을 기록함. 영업이익은 31억원을 기록하며 전년 대비 12.8% 증가함. 당기순이익 역시 전년 대비 19.9% 증가한 41.8억원을 기록함. 정보 보안의 중요성이 부각되고 있으며, ISO27001와 같은 국제규격인증을 획득하는 동시에 해외 수출성과를 거두고 있어 향후 성장성 기대는 유효함. 정보보호산업진흥법 반영에 의한 매출 성장 기대.

현금 흐름

<단위 : 억원>

항목	2016	2017
영업활동	32	74
투자활동	-22	-77
재무활동	-10	7
순현금흐름	1	4
기말현금	85	89

시장 대비 수익률

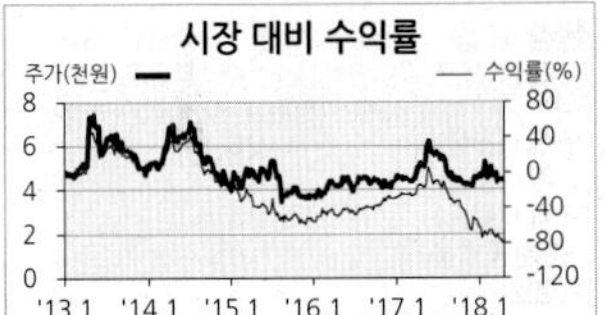

결산 실적

<단위 : 억원>

항목	2012	2013	2014	2015	2016	2017
매출액	470	540	564	549	581	601
영업이익	31	-7	-87	-28	28	31
당기순이익	37	2	-102	-38	35	42

분기 실적

<단위 : 억원>

항목	2016.3Q	2016.4Q	2017.1Q	2017.2Q	2017.3Q	2017.4Q
매출액	122	187	182	113	120	186
영업이익	-4	12	41	-22	-10	23
당기순이익	-4	17	42	-19	-9	28

재무 상태

<단위 : 억원>

항목	2012	2013	2014	2015	2016	2017
총자산	630	647	480	445	437	493
유형자산	80	79	75	76	8	16
무형자산	42	20	19	22	29	35
유가증권	14	12	19	15	17	14
총부채	202	223	100	105	72	78
총차입금	118	122	—	—	—	0
자본금	38	38	51	51	51	55
총자본	427	424	380	340	366	415
지배주주지분	427	424	380	339	365	414

기업가치 지표

항목	2012	2013	2014	2015	2016	2017
주가(최고/저)(천원)	5.6/4.4	7.9/4.5	7.4/4.0	5.4/3.5	4.7/3.6	6.3/4.1
PER(최고/저)(배)	14.4/11.5	376.6/217.6	—/—	—/—	13.9/10.6	16.4/10.7
PBR(최고/저)(배)	1.2/0.9	1.7/1.0	2.0/1.1	1.6/1.0	1.3/1.0	1.5/1.0
EV/EBITDA(배)	6.9	59.8	—	—	6.6	5.7
EPS(원)	411	22	-1,042	-373	346	391
BPS(원)	6,015	5,964	3,939	3,536	3,872	4,215
CFPS(원)	614	202	-934	-263	444	485
DPS(원)	70	50	30	30	50	70
EBITDAPS(원)	537	78	-779	-161	366	383

재무 비율

<단위 : %>

연도	영업 이익률	순 이익률	부채 비율	차입금 비율	ROA	ROE	유보율	자기자본 비율	EBITDA 마진율
2017	5.2	7.0	18.8	0.0	9.0	10.8	743.0	84.2	6.8
2016	4.7	6.0	19.6	0.0	7.9	10.1	674.4	83.6	6.4
2015	-5.1	-7.0	30.9	0.0	-8.3	-10.6	607.3	76.4	-3.0
2014	-15.4	-18.1	26.4	0.0	-18.1	-25.4	687.9	79.1	-13.5

이-글벳 (A044960)
Eagle Vetrinary Technology

업　　종 : 제약　　시　　장 : KOSDAQ
신용등급 : (Bond) —　(CP) —　　기업규모 : 중견
홈페이지 : www.eaglevet.com　　연 락 처 : 041)331-4100
본　　사 : 충남 예산군 신암면 추사로 235-34

설 립 일	1983.12.06	**종 업 원 수**	132명	**대 표 이 사**	강승조,강태성
상 장 일	2000.11.16	**감 사 의 견**	적정(대주)	**계　　열**	
결 산 기	12월	**보 통 주**		**종속회사수**	
액 면 가	500원	**우 선 주**		**구 상 호**	

주주구성 (지분율,%)		출자관계 (지분율,%)		주요경쟁사 (외형,%)	
강태성	14.5	르완다	19.0	이-글 벳	100
강승조	14.2	우간다	19.0	한국비엔씨	44
(외국인)	4.9	동물약품공업협동조합	3.6	삼일제약	269

매출구성		비용구성		수출비중	
기타(상품)	33.7	매출원가율	69.5	수출	14.7
기타(제품)	28.9	판관비율	22.5	내수	85.3
NOW SB A/D Dog 6LB 외	24.7				

회사 개요

동사는 동물약품제조, 판매 등을 영위할 목적으로 1970년 10월 개인기업인 이글케미칼공업사로 설립됨. 이후 1983년 12월 주식회사 이글케미칼 법인으로 전환, 2000년 6월 이-글 벳으로 상호를 변경. 2000년 11월 코스닥 시장에 상장됨. 설립 당시 순수 제조 및 판매에 주력하다가 1980년 초반부터 외국의 유명 제품도 수입, 판매하기 시작함. 애완동물 사료 및 부외품 사업을 신규 사업으로 진행하고 있음.

실적 분석

동사의 2017년 연간 매출액은 전년동기대비 18.4% 상승한 341.6억원을 기록하였음. 비용면에서 전년동기대비 매출원가는 증가 하였으며 인건비도 증가, 광고선전비는 감소, 기타판매비와관리비는 증가함. 이와 같이 상승한 매출액 만큼 비용증가도 있었으나 매출액의 더 큰 상승에 힘입어 영업이익은 142.8% 증가함. 그러나 비영업손익의 적자전환으로 전년동기대비 당기순이익은 15.6억원을 기록함.

현금 흐름 *IFRS 별도 기준 〈단위 : 억원〉

항목	2016	2017
영업활동	26	3
투자활동	-21	-8
재무활동	-4	7
순현금흐름	0	1
기말현금	6	8

시장 대비 수익률

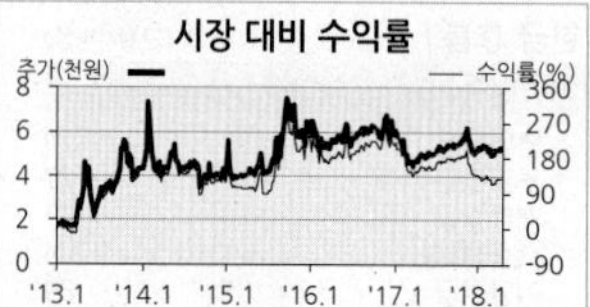

결산 실적 〈단위 : 억원〉

항목	2012	2013	2014	2015	2016	2017
매출액	150	165	203	251	288	342
영업이익	10	10	16	21	11	27
당기순이익	7	7	10	10	22	16

분기 실적 *IFRS 별도 기준 〈단위 : 억원〉

항목	2016.3Q	2016.4Q	2017.1Q	2017.2Q	2017.3Q	2017.4Q
매출액	69	83	88	95	78	81
영업이익	1	0	9	9	5	3
당기순이익	-1	17	6	7	3	-0

재무 상태 *IFRS 별도 기준 〈단위 : 억원〉

항목	2012	2013	2014	2015	2016	2017
총자산	214	273	417	440	462	498
유형자산	97	136	273	278	269	269
무형자산	1	1	1	2	2	3
유가증권	9	9	8	9	9	7
총부채	52	99	125	131	145	179
총차입금	37	81	105	112	118	126
자본금	35	35	56	58	58	58
총자본	162	174	291	309	317	319
지배주주지분	162	174	291	309	317	319

기업가치 지표 *IFRS 별도 기준

항목	2012	2013	2014	2015	2016	2017
주가(최고/저)(천원)	2.0/1.3	5.8/1.7	8.5/3.4	7.7/3.9	7.2/5.0	6.3/4.4
PER(최고/저)(배)	24.0/16.0	67.5/19.2	70.8/28.1	88.6/44.5	37.8/26.5	47.3/33.3
PBR(최고/저)(배)	1.0/0.7	2.8/0.8	3.3/1.3	3.0/1.5	2.6/1.8	2.2/1.5
EV/EBITDA(배)	12.8	29.4	25.7	27.3	27.8	15.5
EPS(원)	87	90	123	89	191	133
BPS(원)	2,281	2,455	2,611	2,651	2,794	2,915
CFPS(원)	136	148	178	183	336	292
DPS(원)	60	60	60	60	20	20
EBITDAPS(원)	187	190	247	270	241	393

재무 비율 〈단위 : %〉

연도	영업이익률	순이익률	부채비율	차입금비율	ROA	ROE	유보율	자기자본비율	EBITDA마진율
2017	8.0	4.6	56.0	39.5	3.2	4.9	482.9	64.1	13.4
2016	3.9	7.8	45.9	37.3	5.0	7.1	458.7	68.6	9.7
2015	8.2	4.1	42.3	36.3	2.4	3.4	430.1	70.3	12.6
2014	7.9	5.1	43.1	36.0	3.0	4.4	422.3	69.9	10.2

이노션 (A214320)
Innocean Worldwide

업　　종 : 미디어　　시　　장 : 거래소
신용등급 : (Bond) —　(CP) —　　기업규모 : 시가총액 중형주
홈페이지 : www.innocean.com　　연 락 처 : 02)2016-2300
본　　사 : 서울시 강남구 강남대로 308 (역삼동, 837-36)

설 립 일	2005.05.17	**종 업 원 수**	664명	**대 표 이 사**	안건희
상 장 일	2015.07.17	**감 사 의 견**	적정(한영)	**계　　열**	
결 산 기	12월	**보 통 주**		**종속회사수**	18개사
액 면 가	500원	**우 선 주**		**구 상 호**	

주주구성 (지분율,%)		출자관계 (지분율,%)		주요경쟁사 (외형,%)	
정성이	28.0	인스파이어코프	29.1	이노션	100
NHPEA IV Highlight Holdings AB	18.0	메이트커뮤니케이션즈	28.3	CJ E&M	154
(외국인)	33.6	유니온컨텐츠벨류업투자조합	27.3	CJ CGV	151

매출구성		비용구성		수출비중	
기타	48.9	매출원가율	65.5	수출	—
옥외광고(기타)	23.3	판관비율	26.0	내수	—
프로모션(기타)	13.5				

회사 개요

2005년 설립된 동사는 광고업(광고대행 및 광고물 제작 등)을 영위하는 현대자동차 그룹의 주력 광고계열사임. 광고 취급액이 제일기획에 이어 국내에서 두 번째로 많음. 현대차 계열사인 덕분에 안정적인 매출을 낼 수 있는 배경을 갖고 있음. 2018년 1월에는 미국 광고제작 대행사인 'D&G'를 인수. D&G는 유니버설 스튜디오, HBO, 잭인더박스 등 유수의 현지 고객을 보유하고 있음.

실적 분석

2017년 동사의 연결기준 결산 매출액은 미국 캔버스 사업 안정화와 비계열 확대, 신흥시장 회복, 제네시스 G70과 코나, 스토닉, 스팅어 등의 성공적 글로벌 신차대행으로 전년동기 대비 8.3% 증가한 1조 1,387억원, 매출총이익은 3.1% 성장한 3,932억원을 시현. 영업이익은 2.8% 감소한 967억원, 중국 북광법인의 지분법 수익 감소와 원화강세로 인한 외화 환산손익 감소로 당기순이익은 전년대비 3.0.% 감소한 756.6억원을 시현

현금 흐름 〈단위 : 억원〉

항목	2016	2017
영업활동	1,146	1,159
투자활동	-1,060	346
재무활동	-252	-316
순현금흐름	-105	990
기말현금	2,312	3,302

시장 대비 수익률

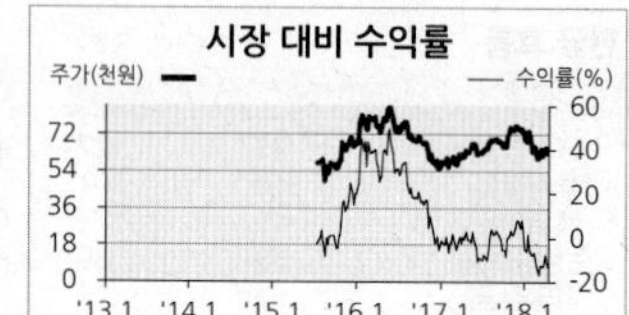

결산 실적 〈단위 : 억원〉

항목	2012	2013	2014	2015	2016	2017
매출액	7,105	6,341	7,447	9,879	10,516	11,387
영업이익	1,058	823	835	929	994	967
당기순이익	819	708	838	780	780	757

분기 실적 〈단위 : 억원〉

항목	2016.3Q	2016.4Q	2017.1Q	2017.2Q	2017.3Q	2017.4Q
매출액	2,317	3,080	2,873	2,659	2,752	3,103
영업이익	214	314	214	258	253	242
당기순이익	160	212	140	247	201	168

재무 상태 〈단위 : 억원〉

항목	2012	2013	2014	2015	2016	2017
총자산	8,317	8,667	11,742	14,305	16,751	16,265
유형자산	60	89	112	206	312	326
무형자산	45	196	562	636	602	541
유가증권	5	25	972	23	25	18
총부채	5,458	5,191	7,469	8,069	9,968	9,409
총차입금	—	—	0	0	11	198
자본금	90	90	90	100	100	100
총자본	2,859	3,476	4,273	6,236	6,783	6,856
지배주주지분	2,795	3,476	4,153	6,049	6,546	6,723

기업가치 지표

항목	2012	2013	2014	2015	2016	2017
주가(최고/저)(천원)	—/—	—/—	—/—	70.5/49.1	86.2/54.6	76.7/55.4
PER(최고/저)(배)	0.0/0.0	0.0/0.0	0.0/0.0	19.9/13.9	27.2/17.2	25.3/18.3
PBR(최고/저)(배)	0.0/0.0	0.0/0.0	0.0/0.0	2.4/1.7	2.7/1.7	2.3/1.7
EV/EBITDA(배)	—	—	—	8.4	4.7	7.5
EPS(원)	4,430	3,932	4,551	3,697	3,267	3,074
BPS(원)	155,275	193,135	230,720	30,246	32,728	33,615
CFPS(원)	46,174	41,433	48,356	3,999	3,559	3,394
DPS(원)	—	—	—	900	950	1,000
EBITDAPS(원)	60,638	47,836	49,226	5,209	5,264	5,154

재무 비율 〈단위 : %〉

연도	영업이익률	순이익률	부채비율	차입금비율	ROA	ROE	유보율	자기자본비율	EBITDA마진율
2017	8.5	6.6	137.2	2.9	4.6	9.3	6,623.1	42.2	9.1
2016	9.5	7.4	147.0	0.2	5.0	10.4	6,445.6	40.5	10.0
2015	9.4	7.9	129.4	0.0	6.0	13.7	5,949.2	43.6	10.0
2014	11.2	11.3	174.8	0.0	8.2	21.5	4,514.4	36.4	11.9

이노와이어리스 (A073490)

Innowireless

업 종 : 통신장비 | 시 장 : KOSDAQ
신용등급 : (Bond) — (CP) — | 기업규모 : 벤처
홈페이지 : www.innowireless.co.kr | 연 락 처 : 031)788-1700
본 사 : 경기도 성남시 분당구 서현로 190

설 립 일	2000.09.27	**종업원수**	227명	**대 표 이 사**	정종태
상 장 일	2005.02.04	**감사의견**	적정(삼정)	**계 열**	
결 산 기	12월	**보 통 주**		**종속회사수**	9개사
액 면 가	500원	**우 선 주**		**구 상 호**	이노와이어

주주구성 (지분율,%)		출자관계 (지분율,%)		주요경쟁사 (외형,%)	
정종태	22.9			이노와이어리스	100
신영자산운용	15.3			AP위성	50
(외국인)	3.5			쏠리드	427

매출구성		비용구성		수출비중	
무선망 최적화 솔루션	32.1	매출원가율	65.8	수출	61.3
용역	18.8	판관비율	33.2	내수	38.7
SmallCell 솔루션 외	18.2				

회사 개요

동사는 유무선 자동측정 및 제어 시스템 개발 및 제조 등을 영위할 목적으로 2000년에 설립됨. 2015년 반기 기준 매출 비중은 무선망 최적화 솔루션이 25.7%, Big Data 솔루션이 30.3%, 통신 T&M 솔루션이 2.5%, Small Cell 솔루션이 7.2%, 용역 및 기타 부문이 34.3%로 구성되어 있음. 연결종속회사는 총 8개 업체로 모두 비상장이며 국내를 비롯 일본, 영국, 미국 등에 분포되어 있음.

실적 분석

2017년 누적 매출액과 영업이익은 전년동기 대비 각각 15.1% 증가, 흑자전환한 606.7억원, 6.2억원을 기록함. 타 품목 매출 모두 감소하였으나 SmallCell 부문 크게 성장하며 외형 성장. 늦어도 2018년 하반기엔 국내 5G투자가 본격화될 전망이고, 국내 28GHz 투자가 예상보다 빨리 진행될 것으로 보여 시험장비/단말기 계측장비 매출액 증가 양상이 2018년 본격화될 것. 스몰셀 사업부문이 향후 외형성장을 주도할 것으로 전망.

현금 흐름 <단위 : 억원>

항목	2016	2017
영업활동	-6	-24
투자활동	-11	-44
재무활동	50	30
순현금흐름	34	-45
기말현금	204	159

시장 대비 수익률

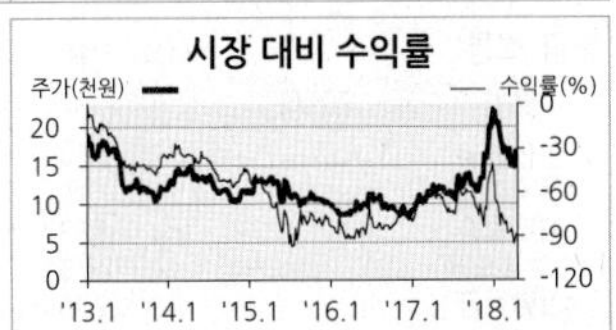

결산 실적 <단위 : 억원>

항목	2012	2013	2014	2015	2016	2017
매출액	768	749	560	549	527	607
영업이익	118	44	-3	-25	-37	6
당기순이익	99	47	13	-45	-98	-2

분기 실적 <단위 : 억원>

항목	2016.3Q	2016.4Q	2017.1Q	2017.2Q	2017.3Q	2017.4Q
매출액	108	139	202	96	108	200
영업이익	-20	-12	17	-34	-18	42
당기순이익	-25	-57	6	-31	-17	40

재무 상태 <단위 : 억원>

항목	2012	2013	2014	2015	2016	2017
총자산	913	928	978	903	822	858
유형자산	114	122	434	381	373	336
무형자산	29	30	25	24	20	19
유가증권	6	26	13	6	0	24
총부채	147	134	170	134	150	197
총차입금	9	—	50	—	50	80
자본금	30	30	30	30	30	30
총자본	766	795	808	769	672	661
지배주주지분	761	788	806	769	672	661

기업가치 지표

항목	2012	2013	2014	2015	2016	2017
주가(최고/저)(천원)	29.7/16.8	19.0/10.2	14.9/9.9	13.8/9.6	11.5/8.0	22.3/8.8
PER(최고/저)(배)	18.9/10.7	24.9/13.4	50.2/33.5	—/—	—/—	—/—
PBR(최고/저)(배)	2.4/1.3	1.5/0.8	1.1/0.7	1.1/0.8	1.0/0.7	2.0/0.8
EV/EBITDA(배)	5.5	6.2	33.1	—	—	48.9
EPS(원)	1,586	763	297	-747	-1,636	-36
BPS(원)	12,670	13,135	13,432	12,808	11,194	11,013
CFPS(원)	1,898	1,090	608	-407	-1,316	280
DPS(원)	150	—	—	—	—	—
EBITDAPS(원)	2,278	1,063	265	-73	-302	418

재무 비율 <단위 : %>

연도	영업이익률	순이익률	부채비율	차입금비율	ROA	ROE	유보율	자기자본비율	EBITDA마진율
2017	1.0	-0.4	29.7	12.1	-0.3	-0.3	2,102.7	77.1	4.1
2016	-7.1	-18.6	22.3	7.4	-11.4	-13.6	2,138.9	81.8	-3.4
2015	-4.5	-8.2	17.4	0.0	-4.8	-5.7	2,461.6	85.2	-0.8
2014	-0.5	2.4	21.0	6.2	1.4	2.2	2,586.4	82.6	2.8

이노인스트루먼트 (A215790)

INNO INSTRUMENT

업 종 : 통신장비 | 시 장 : KOSDAQ
신용등급 : (Bond) — (CP) — | 기업규모 : 중견
홈페이지 : www.innoinstrument.com | 연 락 처 : 032)837-5600
본 사 : 인천시 연수구 송도미래로 30 송도스마트밸리 E-2206

설 립 일	2015.03.06	**종업원수**	74명	**대 표 이 사**	권대환
상 장 일	2015.05.08	**감사의견**	적정(삼일)	**계 열**	
결 산 기	12월	**보 통 주**		**종속회사수**	10개사
액 면 가	100원	**우 선 주**		**구 상 호**	NH스팩5호

주주구성 (지분율,%)		출자관계 (지분율,%)		주요경쟁사 (외형,%)	
조봉일	60.4	INNOINSTRUMENT(CHINA)	100.0	이노인스트루먼트	100
Tongguang Group Co.,Ltd.	5.6	DAEHOVINA	100.0	텔콘	61
(외국인)	21.4	SUITAELECTRICCORPORATION	100.0	웨이브일렉트로	81

매출구성		비용구성		수출비중	
		매출원가율	40.4	수출	91.5
		판관비율	48.2	내수	8.5

회사 개요

동사는 자본시장과 금융투자업에 관한 법률 제373조에 따라 설립된 유가증권시장 또는 코스닥시장에 상장한 후 다른 회사와 합병하는 것을 유일한 사업목적으로 하는 회사임. 동사는 2016년 11월 18일 주권 비상장법인 이노인스트루먼트와의 합병을 위한 상장예비심사 청구를 하였으며 합병예비심사 승인을 득한 후 2017년 3월 21일 주주총회의 승인을 받았음. 합병후 (이노인스트루먼트의 사업을 영위함.

실적 분석

동사의 2017년 연결기준 매출액은 전년 대비 22.5% 감소한 685.3억원을 기록한 반면, 동기간 판관비는 경상개발비 중심으로 18.6% 증가함에 따라 영업이익은 전년 대비 68.3% 감소한 77.8억원을 기록하였음. 한편, 일회성 비용인 합병상장비용의 발생으로 비영업손익은 적자전환되었음. 이에 따라 동사의 2017년 당기순이익은 전년 대비 70.0% 감소한 42.1억원을 기록함.

현금 흐름 <단위 : 억원>

항목	2016	2017
영업활동	52	40
투자활동	-66	-17
재무활동	3	33
순현금흐름	-12	53
기말현금	62	115

시장 대비 수익률

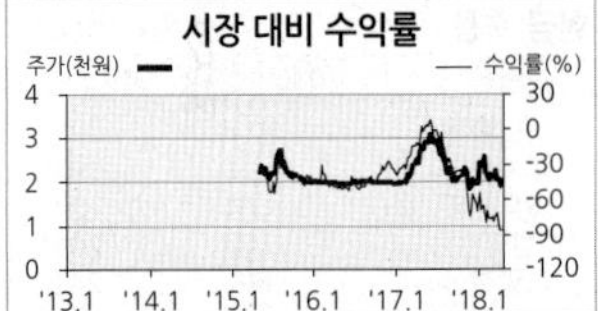

결산 실적 <단위 : 억원>

항목	2012	2013	2014	2015	2016	2017
매출액	—	—	429	574	884	685
영업이익	—	—	50	145	245	78
당기순이익	—	—	41	124	210	42

분기 실적 <단위 : 억원>

항목	2016.3Q	2016.4Q	2017.1Q	2017.2Q	2017.3Q	2017.4Q
매출액	182	—	—	162	140	—
영업이익	39	—	—	16	-5	—
당기순이익	34	—	—	-17	-8	—

재무 상태 <단위 : 억원>

항목	2012	2013	2014	2015	2016	2017
총자산	—	—	273	390	683	816
유형자산	—	—	67	62	131	219
무형자산	—	—	1	8	20	19
유가증권	—	—	—	—	—	—
총부채	—	—	174	167	257	209
총차입금	—	—	86	78	81	112
자본금	—	—	7	7	93	100
총자본	—	—	99	223	426	607
지배주주지분	—	—	99	223	426	607

기업가치 지표

항목	2012	2013	2014	2015	2016	2017
주가(최고/저)(천원)	—/—	—/—	—/—	2.8/2.0	2.1/2.0	3.1/1.8
PER(최고/저)(배)	0.0/0.0	0.0/0.0	0.0/0.0	22.5/16.1	9.8/9.3	73.7/42.2
PBR(최고/저)(배)	0.0/0.0	0.0/0.0	0.0/0.0	12.5/9.0	4.8/4.6	5.2/3.0
EV/EBITDA(배)	0.0	0.0	0.9	0.9	0.6	19.2
EPS(원)	—	—	41	124	210	43
BPS(원)	—	—	7,269	16,373	31,331	607
CFPS(원)	—	—	3,633	9,795	16,221	67
DPS(원)	—	—	—	—	—	—
EBITDAPS(원)	—	—	4,310	11,313	18,815	103

재무 비율 <단위 : %>

연도	영업이익률	순이익률	부채비율	차입금비율	ROA	ROE	유보율	자기자본비율	EBITDA마진율
2017	11.4	6.1	34.4	18.4	5.6	8.3	507.5	74.4	15.0
2016	27.8	23.8	60.4	18.9	39.1	64.8	358.6	62.4	29.0
2015	25.2	21.6	75.2	34.9	37.5	77.3	3,174.5	57.1	26.8
2014	11.7	9.5	175.9	87.1	0.0	0.0	1,353.8	36.2	13.7

이녹스 (A088390)

Innox

업　　종 : 레저용품
신용등급 : (Bond) —　　(CP) —
홈페이지 : www.innoxcorp.com
본　　사 : 충남 아산시 둔포면 아산밸리로 171

시　　장 : KOSDAQ
기업규모 : 우량
연 락 처 : 041)536-9999

설 립 일	2001.11.08	**종업원수**	7명	**대표이사**	박정진
상 장 일	2006.10.20	**감사의견**	적정(삼일)	**계　열**	
결 산 기	12월	**보 통 주**		**종속회사수**	1개사
액 면 가	500원	**우 선 주**		**구 상 호**	

주주구성 (지분율,%)		출자관계 (지분율,%)		주요경쟁사 (외형,%)	
장경호	48.7	아이베스트	100.0	이녹스	100
박정진	20.8	알톤스포츠	46.6	삼천리자전거	241
(외국인)	0.8	이녹스첨단소재	25.0	엔에스엔	11

매출구성		비용구성		수출비중	
FPCB용 소재	62.0	매출원가율	77.4	수출	—
반도체 PKG용 소재	20.0	판관비율	55.8	내수	—
디스플레이용 OLED 소재	18.0				

회사 개요

동사는 자회사의 지분 소유를 통해 자회사의 사업내용을 지배하는 지주회사임. 동사의 계열사로는 IT소재 제조 및 판매업을 영위하는 이녹스 첨단소재, 자전거 제조 및 판매업을 영위하는 알톤스포츠, IT소재를 판매하는 INNOX HONGKONG CO., Ltd.와 INNOX SHENXHEN Co.,Ltd., 소프트웨어 개발 및 공급을 영위하는 아이베스트 등이 있음.

실적 분석

동사의 2017년 연간 매출액은 461.3억원으로 전년 525.1억원 대비 12.2% 감소함. 외형 축소에 원가율도 개선되지 않아 영업이익은 153.6억원 손실을 기록함. 전년 102.4억원보다 적자폭이 커짐. 지난해 자회사 알톤스포츠의 업황이 좋지 않았던 영향이 큼. 기업분할에 따른 중단영업이익으로 당기순이익은 일시적으로 큰 수치를 나타내며 1,676.9억원을 기록함.

현금 흐름 <단위 : 억원>

항목	2016	2017
영업활동	-73	-31
투자활동	14	-194
재무활동	72	27
순현금흐름	19	-206
기말현금	448	242

시장 대비 수익률

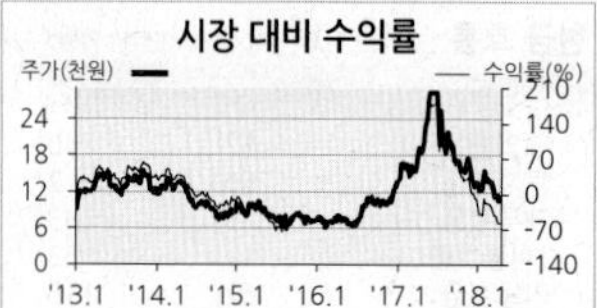

결산 실적 <단위 : 억원>

항목	2012	2013	2014	2015	2016	2017
매출액	1,423	1,861	1,448	2,134	525	461
영업이익	194	341	207	106	-102	-154
당기순이익	127	277	156	68	32	1,677

분기 실적 <단위 : 억원>

항목	2016.3Q	2016.4Q	2017.1Q	2017.2Q	2017.3Q	2017.4Q
매출액	120	-305	748	160	123	-569
영업이익	-31	-80	28	-28	-47	-106
당기순이익	38	-50	13	1,595	-33	102

재무 상태 <단위 : 억원>

항목	2012	2013	2014	2015	2016	2017
총자산	1,474	1,873	1,831	2,900	3,128	2,617
유형자산	737	917	1,020	1,174	1,081	152
무형자산	34	28	25	436	380	136
유가증권	2	2	—	15	20	99
총부채	712	618	476	1,191	1,409	770
총차입금	549	375	271	880	991	584
자본금	46	62	62	62	62	47
총자본	761	1,255	1,355	1,709	1,719	1,847
지배주주지분	761	1,255	1,355	1,369	1,418	1,636

기업가치 지표

항목	2012	2013	2014	2015	2016	2017
주가(최고/저)(천원)	19.6/11.7	27.4/15.9	24.6/12.9	18.6/10.5	24.0/10.9	28.3/13.0
PER(최고/저)(배)	9.8/5.9	6.6/3.8	11.2/5.8	13.0/7.3	24.4/11.1	1.3/0.6
PBR(최고/저)(배)	1.6/1.0	1.5/0.9	1.2/0.6	0.9/0.5	1.1/0.5	1.6/0.7
EV/EBITDA(배)	8.2	6.3	5.8	9.2	85.7	—
EPS(원)	1,154	2,400	1,269	824	565	21,163
BPS(원)	8,435	10,347	11,536	12,349	12,944	18,070
CFPS(원)	2,153	3,188	2,077	2,043	1,755	22,205
DPS(원)	—	—	—	—	—	—
EBITDAPS(원)	2,900	3,742	2,488	2,084	357	-800

재무 비율 <단위 : %>

연도	영업이익률	순이익률	부채비율	차입금비율	ROA	ROE	유보율	자기자본비율	EBITDA마진율
2017	-33.3	363.5	41.7	31.6	58.4	115.5	3,514.1	70.6	-14.5
2016	-19.5	6.0	82.0	57.6	1.1	5.0	2,488.8	55.0	8.4
2015	5.0	3.2	69.7	51.5	2.9	7.4	2,369.8	58.9	12.0
2014	14.3	10.8	35.2	20.0	8.4	12.0	2,207.2	74.0	21.2

이녹스첨단소재 (A272290)

INNOX Advanced Materials

업　　종 : 전자 장비 및 기기
신용등급 : (Bond) —　　(CP) —
홈페이지 : www.innoxamc.com
본　　사 : 충남 아산시 둔포면 아산밸리로 171

시　　장 : KOSDAQ
기업규모 : 중견
연 락 처 : 041)536-9999

설 립 일	2017.06.01	**종업원수**	492명	**대표이사**	장경호,김필영
상 장 일	2017.07.10	**감사의견**	적정(삼일)	**계　열**	
결 산 기	12월	**보 통 주**		**종속회사수**	1개사
액 면 가	500원	**우 선 주**		**구 상 호**	

주주구성 (지분율,%)		출자관계 (지분율,%)		주요경쟁사 (외형,%)	
이녹스	24.9	INNOXHONGKONG	100.0	이녹스첨단소재	100
장경호	4.6			엘앤에프	209
(외국인)	12.6			비츠로셀	13

매출구성		비용구성		수출비중	
		매출원가율	72.5	수출	53.4
		판관비율	16.1	내수	46.6

회사 개요

동사는 2017년 6월 1일 이녹스로부터 인적분할 해 신규 설립돼 2017년 7월 10일 코스닥에 상장됨. 고분자 합성/배합기술을 기반으로하여 FPCB용 소재, 반도체 PKG용 소재, 디스플레이용 OLED 소재등을 개발, 제조 및 판매하는 IT소재 부문을 영위하고 있음. 홍콩에 위치한 INNOX HONGKONG Co., LTD를 연결대상 종속회사로 보유하고 있음. 중화권 매출 신장을 목표로 중국에 설립된 판매법인임.

실적 분석

2017년 6월 1일 인적분할을 통해 신규 설립된 동사의 2017년 12월 31일까지 연결기준 누적 매출액은 1,931.0억원임. 영업이익과 비영업손익은 각각 221.7억원, 173.0억원을 시현함. FPCB용 소재의 매출이 1,251.0억원으로 가장 큰 비중을 차지하고 있으며, OLED용 소재, 반도체PKG용 소재가 차례대로 매출비중을 차지하고 있음. 수출이 전체 매출의 53.4%를 차지함.

현금 흐름 <단위 : 억원>

항목	2016	2017
영업활동	—	224
투자활동	—	-116
재무활동	—	-183
순현금흐름	—	-75
기말현금	—	236

시장 대비 수익률

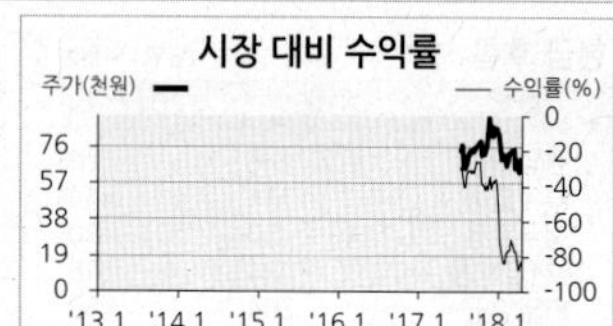

결산 실적 <단위 : 억원>

항목	2012	2013	2014	2015	2016	2017
매출액	—	—	—	—	—	1,931
영업이익	—	—	—	—	—	222
당기순이익	—	—	—	—	—	173

분기 실적 <단위 : 억원>

항목	2016.3Q	2016.4Q	2017.1Q	2017.2Q	2017.3Q	2017.4Q
매출액	—	—	—	262	865	804
영업이익	—	—	—	26	126	70
당기순이익	—	—	—	21	101	51

재무 상태 <단위 : 억원>

항목	2012	2013	2014	2015	2016	2017
총자산	—	—	—	—	—	2,230
유형자산	—	—	—	—	—	1,002
무형자산	—	—	—	—	—	8
유가증권	—	—	—	—	—	—
총부채	—	—	—	—	—	977
총차입금	—	—	—	—	—	531
자본금	—	—	—	—	—	43
총자본	—	—	—	—	—	1,253
지배주주지분	—	—	—	—	—	1,253

기업가치 지표

항목	2012	2013	2014	2015	2016	2017
주가(최고/저)(천원)	—/—	—/—	—/—	—/—	—/—	—/—
PER(최고/저)(배)	0.0/0.0	0.0/0.0	0.0/0.0	0.0/0.0	0.0/0.0	48.6/32.3
PBR(최고/저)(배)	0.0/0.0	0.0/0.0	0.0/0.0	0.0/0.0	0.0/0.0	6.7/4.5
EV/EBITDA(배)	0.0	0.0	0.0	0.0	0.0	28.7
EPS(원)	—	—	—	—	—	1,948
BPS(원)	—	—	—	—	—	14,500
CFPS(원)	—	—	—	—	—	2,636
DPS(원)	—	—	—	—	—	15
EBITDAPS(원)	—	—	—	—	—	3,200

재무 비율 <단위 : %>

연도	영업이익률	순이익률	부채비율	차입금비율	ROA	ROE	유보율	자기자본비율	EBITDA마진율
2017	11.5	9.0	77.9	42.4	0.0	0.0	2,800.0	56.2	14.3
2016	0.0	0.0	0.0	0.0	0.0	0.0	0.0	0.0	0.0
2015	0.0	0.0	0.0	0.0	0.0	0.0	0.0	0.0	0.0
2014	0.0	0.0	0.0	0.0	0.0	0.0	0.0	0.0	0.0

이니텍 (A053350)
Initech

업 종 : 일반 소프트웨어 | 시 장 : KOSDAQ
신용등급 : (Bond) — (CP) — | 기업규모 : 우량
홈페이지 : www.initech.com | 연 락 처 : 02)6445-7133
본 사 : 서울시 구로구 디지털로26길 61, 11층 (구로동, 에이스하이앤드2차)

설 립 일	1997.06.13	**종업원수**	276명	**대표이사**	장홍식
상 장 일	2001.11.02	**감사의견**	적정(삼일)	**계 열**	
결 산 기	12월	**보 통 주**		**종속회사수**	1개사
액 면 가	500원	**우 선 주**		**구 상 호**	

주주구성 (지분율,%)		출자관계 (지분율,%)		주요경쟁사 (외형,%)	
에이치엔씨네트워크	57.0	스마트로	61.2	이니텍	100
Torrey Pines Master Fund Ltd	2.3			한컴MDS	61
(외국인)	3.9			포비스티앤씨	46

매출구성		비용구성		수출비중	
SI	35.2	매출원가율	83.7	수출	0.0
인증 및 암호화 외	20.0	판관비율	7.5	내수	100.0
ITO	17.7				

회사 개요

동사는 인터넷 보안전문 기업으로서, 1997년 설립, 2001년 코스닥 시장 상장. 크게 보안사업과 금융사업 영위. 사용자에 대한 인증과 중요한 데이터의 암호화를 통해 개인 정보를 보호하는 공개키 기반의 보안 소프트웨어 개발 및 공급을 주력으로 함. 은행 등 금융권이 주요 거래처임. 최근 해킹 등 보안사고의 빈번한 발생으로 보안의 중요성이 부각되고 있어 우호적인 영업환경임.

실적 분석

동사의 2017년 연간 매출액은 전년 대비 5.3% 증가한 2,437.4억원을 기록함. 비용통제의 영향으로 판매비와 관리비는 전년 대비 감소하였으나 원가 부담 확대로 인해 연간 영업이익은 전년 대비 8.5% 감소한 215.6억원을 기록함. 최근 인터넷전문은행 돌풍으로 비대면 계좌 개설이 활성화되고 오픈뱅킹, 생체인증 등 새로운 분야의 전자금융 시장이 확대될 것으로 전망되고 있어 새로운 금융 보안 인프라로 인한 수혜가 기대됨.

현금 흐름 〈단위 : 억원〉

항목	2016	2017
영업활동	108	397
투자활동	-27	-75
재무활동	38	-154
순현금흐름	118	169
기말현금	282	451

시장 대비 수익률

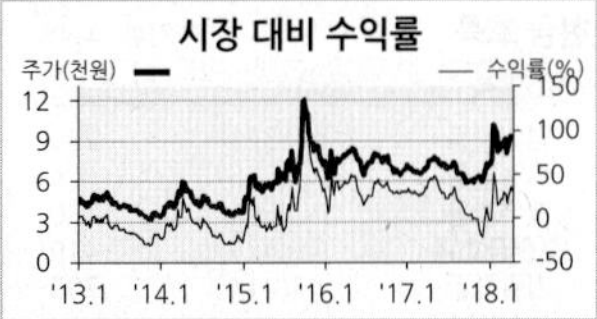

결산 실적 〈단위 : 억원〉

항목	2012	2013	2014	2015	2016	2017
매출액	1,760	1,919	1,867	2,090	2,315	2,437
영업이익	210	172	178	287	236	216
당기순이익	91	158	84	188	151	156

분기 실적 〈단위 : 억원〉

항목	2016.3Q	2016.4Q	2017.1Q	2017.2Q	2017.3Q	2017.4Q
매출액	592	625	586	566	583	703
영업이익	79	24	28	39	67	83
당기순이익	51	15	18	25	44	68

재무 상태 〈단위 : 억원〉

항목	2012	2013	2014	2015	2016	2017
총자산	2,267	2,304	1,987	2,175	2,484	2,423
유형자산	418	431	441	449	403	287
무형자산	414	412	407	444	460	442
유가증권	80	13	141	141	39	68
총부채	1,138	1,045	650	647	805	589
총차입금	783	669	303	275	315	163
자본금	99	99	99	99	99	99
총자본	1,129	1,259	1,337	1,528	1,678	1,834
지배주주지분	865	966	1,012	1,137	1,240	1,343

기업가치 지표

항목	2012	2013	2014	2015	2016	2017
주가(최고/저)(천원)	4.9/3.2	5.3/3.1	6.0/3.4	12.0/3.7	8.7/6.1	7.9/5.9
PER(최고/저)(배)	20.9/13.4	8.4/4.9	23.5/13.2	19.9/6.1	17.3/12.0	15.7/11.7
PBR(최고/저)(배)	1.2/0.7	1.1/0.6	1.2/0.7	2.1/0.7	1.4/1.0	1.2/0.9
EV/EBITDA(배)	4.5	3.4	3.0	4.1	3.9	3.6
EPS(원)	245	651	261	616	514	512
BPS(원)	4,429	4,933	5,166	5,789	6,306	6,829
CFPS(원)	899	1,387	1,031	1,483	1,640	1,473
DPS(원)	—	50	—	—	—	—
EBITDAPS(원)	1,717	1,607	1,669	2,316	2,316	2,050

재무 비율 〈단위 : %〉

연도	영업이익률	순이익률	부채비율	차입금비율	ROA	ROE	유보율	자기자본비율	EBITDA마진율
2017	8.8	6.4	32.1	8.9	6.4	7.9	1,265.8	75.7	16.7
2016	10.2	6.5	48.0	18.8	6.5	8.6	1,161.2	67.6	19.8
2015	13.7	9.0	42.4	18.0	9.0	11.4	1,057.8	70.2	21.9
2014	9.5	4.5	48.6	22.7	3.9	5.2	933.3	67.3	17.7

이더블유케이 (A258610)
EWK

업 종 : 에너지 시설 및 서비스 | 시 장 : KOSDAQ
신용등급 : (Bond) — (CP) — | 기업규모 : 벤처
홈페이지 : www.ewkinc.co.kr | 연 락 처 : 051)941-3511
본 사 : 부산시 강서구 범방2로 6

설 립 일	2009.05.19	**종업원수**	30명	**대표이사**	부태성
상 장 일	2017.08.22	**감사의견**	적정(부영)	**계 열**	
결 산 기	12월	**보 통 주**		**종속회사수**	
액 면 가	500원	**우 선 주**		**구 상 호**	

주주구성 (지분율,%)		출자관계 (지분율,%)		주요경쟁사 (외형,%)	
부태성	55.7			이더블유케이	100
이명숙	1.6			한솔신텍	531
(외국인)	0.8			S&TC	767

매출구성		비용구성		수출비중	
지열발전설비	84.4	매출원가율	75.7	수출	100.0
화공/LNG설비	15.6	판관비율	14.9	내수	0.0

회사 개요

동사는 지열발전설비(열수기화기, 응축기 등)와 화공/LNG설비를 개발/생산하는 기업임. 2009년 5월 엘리스앤왓츠코리아 법인으로 설립되어 2013년 3월 이더블유케이로 사명 변경함. 동사는 2016년 매출액 기준 지열발전설비 79%, 화공/LNG설비 21%의 비중을 기록. 동사는 지열발전의 핵심파츠인 열수기화기, 응축기 부문 M/S 글로벌 2위, 국내기업 중 독보적 사업역량 보유하고 있으며 2017년 8월 22일 코스닥시장에 상장함.

실적 분석

동사의 2017년 연간 매출액은 전년동기대비 15.9% 하락한 240.2억원을 기록하였음. 비용면에서 전년동기대비 매출원가는 감소 하였으며 인건비도 감소, 기타판매비와관리비는 증가함. 주춤한 모습의 매출액에 의해 전년동기대비 영업이익은 22.4억원으로 49.4% 크게 하락 하였음. 최종적으로 전년동기대비 당기순이익은 크게 하락하여 7.1억원을 기록함. 비영업손익의 전저지속이 영향을 미친것으로 판단됨.

현금 흐름 *IFRS 별도 기준 〈단위 : 억원〉

항목	2016	2017
영업활동	98	-72
투자활동	-35	-25
재무활동	-26	68
순현금흐름	37	-30
기말현금	63	33

시장 대비 수익률

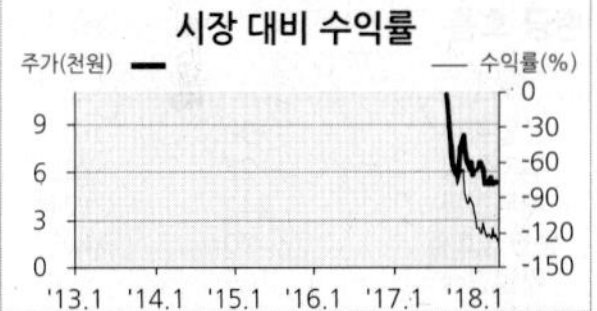

결산 실적 〈단위 : 억원〉

항목	2012	2013	2014	2015	2016	2017
매출액	179	157	93	167	286	240
영업이익	18	15	1	18	44	22
당기순이익	11	11	-2	9	32	7

분기 실적 *IFRS 별도 기준 〈단위 : 억원〉

항목	2016.3Q	2016.4Q	2017.1Q	2017.2Q	2017.3Q	2017.4Q
매출액	63	—	110	—	47	—
영업이익	2	—	17	—	4	—
당기순이익	1	—	8	—	3	—

재무 상태 *IFRS 별도 기준 〈단위 : 억원〉

항목	2012	2013	2014	2015	2016	2017
총자산	121	180	168	314	402	418
유형자산	61	74	51	200	223	230
무형자산	—	—	—	1	0	1
유가증권	0	0	1	1	1	0
총부채	94	129	120	266	300	190
총차입금	77	99	96	208	184	135
자본금	12	13	13	12	24	37
총자본	27	50	48	48	103	229
지배주주지분	27	50	48	48	103	229

기업가치 지표 *IFRS 별도 기준

항목	2012	2013	2014	2015	2016	2017
주가(최고/저)(천원)	—/—	—/—	—/—	—/—	—/—	—/—
PER(최고/저)(배)	0.0/0.0	0.0/0.0	0.0/0.0	0.0/0.0	0.0/0.0	105.9/49.3
PBR(최고/저)(배)	0.0/0.0	0.0/0.0	0.0/0.0	0.0/0.0	0.0/0.0	3.9/1.8
EV/EBITDA(배)	2.3	2.2	8.0	7.7	1.5	16.2
EPS(원)	315	230	-50	176	668	113
BPS(원)	11,104	18,887	17,975	18,169	1,903	3,100
CFPS(원)	8,364	5,966	290	4,578	793	230
DPS(원)	—	—	—	—	—	—
EBITDAPS(원)	11,941	7,663	1,630	8,232	1,042	472

재무 비율 〈단위 : %〉

연도	영업이익률	순이익률	부채비율	차입금비율	ROA	ROE	유보율	자기자본비율	EBITDA마진율
2017	9.3	3.0	82.9	58.9	1.7	4.3	520.0	54.7	12.4
2016	15.5	11.3	292.2	179.2	9.0	42.7	322.3	25.5	17.6
2015	10.9	5.1	548.8	430.0	—	—	303.7	15.4	13.1
2014	1.2	-2.6	250.7	199.7	-1.4	-5.0	259.5	28.5	4.7

*관리종목

이디 (A033110)
ED

업 종 : 교육 | 시 장 : KOSDAQ
신용등급 : (Bond) — (CP) — | 기업규모 :
홈페이지 : www.ed.co.kr | 연 락 처 : 031)730-7300
본 사 : 경기도 성남시 중원구 사기막골로45번길 14 제19층 제에이-1902호

설 립 일	1986.04.07	**종업원수**	49명	**대표이사**	이호풍,박용후
상 장 일	1997.08.18	**감사의견**	적정(삼화)	**계 열**	
결 산 기	12월	**보 통 주**		**종속회사수**	1개사
액 면 가	500원	**우 선 주**		**구 상 호**	

주주구성 (지분율,%)		출자관계 (지분율,%)		주요경쟁사 (외형,%)	
파라다이스포인트	12.3			이디	100
글로벌익스프레스	4.8			메가스터디교육	6,377
(외국인)	0.6			정상제이엘에스	2,134

매출구성		비용구성		수출비중	
오실로스코프외	67.8	매출원가율	85.1	수출	21.9
ED-4230 외	19.5	판관비율	175.4	내수	78.1
기 타	11.0				

회사 개요

동사는 교육장비 및 지능형 로봇 및 전자계측기 제조 전문업체로 사업부문은 전자 교육장비, 전자 계측기, 전원 공급기 사업 등으로 구분되며 전자 교육장비부문이 주력사업임. 축적한 기술력과 개발 장비를 바탕으로 신재생에너지 교육장비, 산업용로봇 시뮬레이터 S/W, 바이오로봇, 로봇응용교육장비 등의 개발과 줄기세포성형상품을 통하여 의료 사업 진출 등 사업다각화를 위해 노력할 예정임.

실적 분석

동사의 2017년 4/4분기 연결기준 누적매출액은 전년동기 대비 87.3% 감소한 39.5억원을 기록하였음. 외형축소의 영향으로 매출원가 및 판관비가 전년동기 대비 각각 84.2%, 27.8% 감소했음에도 불구하고 63.5억원의 영업손실을 기록하며 적자 전환되었음. 비영업부문에서도 474.9억원의 손실을 시현함에 따라 적자폭이 확대되어 561.6억원의 당기순손실을 기록했음. 전년동기 대비 적자폭이 확대되었음.

현금 흐름 〈단위 : 억원〉

항목	2016	2017
영업활동	-90	-37
투자활동	-122	-239
재무활동	242	171
순현금흐름	90	-105
기말현금	109	4

시장 대비 수익률

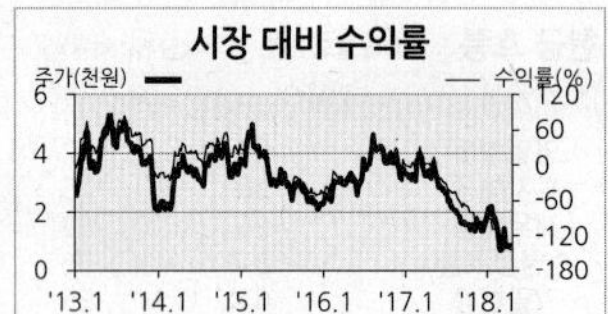

결산 실적 〈단위 : 억원〉

항목	2012	2013	2014	2015	2016	2017
매출액	138	192	97	88	311	40
영업이익	-21	7	-42	-45	1	-63
당기순이익	-10	3	-79	-91	-81	-562

분기 실적 〈단위 : 억원〉

항목	2016.3Q	2016.4Q	2017.1Q	2017.2Q	2017.3Q	2017.4Q
매출액	108	37	16	6	8	10
영업이익	5	-4	-36	23	-22	-29
당기순이익	-16	-37	-38	-75	-98	-351

재무 상태 〈단위 : 억원〉

항목	2012	2013	2014	2015	2016	2017
총자산	356	414	373	327	1,081	416
유형자산	114	79	77	75	35	6
무형자산	28	28	28	14	294	5
유가증권	14	19	18	20	148	194
총부채	122	116	135	171	672	211
총차입금	64	44	71	81	516	180
자본금	104	119	126	127	164	271
총자본	234	298	238	157	409	205
지배주주지분	231	295	234	156	211	205

기업가치 지표

항목	2012	2013	2014	2015	2016	2017
주가(최고/저)(천원)	3.0/1.3	5.4/2.0	4.4/2.1	5.0/2.0	4.7/2.2	4.0/1.3
PER(최고/저)(배)	—/—	312.8/116.1	—/—	—/—	—/—	—/—
PBR(최고/저)(배)	2.5/1.1	4.1/1.5	4.4/2.1	7.4/3.0	7.2/3.4	10.6/3.5
EV/EBITDA(배)	—	38.2	—	—	118.0	—
EPS(원)	-51	17	-317	-354	-89	-1,239
BPS(원)	1,184	1,301	994	677	645	377
CFPS(원)	-21	40	-297	-335	-49	-1,226
DPS(원)	—	—	—	—	—	—
EBITDAPS(원)	-89	52	-152	-160	44	-131

재무 비율 〈단위 : %〉

연도	영업이익률	순이익률	부채비율	차입금비율	ROA	ROE	유보율	자기자본비율	EBITDA마진율
2017	-160.5	-1,420.4	일부잠식	일부잠식	-75.1	-262.7	-24.6	49.2	-146.2
2016	0.4	-26.0	164.3	126.2	-11.5	-14.0	29.0	37.8	4.1
2015	-51.8	-103.5	109.0	51.4	-26.0	-46.1	-35.4	47.9	-46.1
2014	-43.6	-82.0	56.6	30.0	-20.2	-29.5	98.7	63.9	-38.7

이라이콤 (A041520)
e-Litecom

업 종 : 휴대폰 및 관련부품 | 시 장 : KOSDAQ
신용등급 : (Bond) — (CP) — | 기업규모 : 우량
홈페이지 : www.e-litecom.com | 연 락 처 : 031)213-3881
본 사 : 경기도 수원시 영통구 신원로250번길 32 (매탄동)

설 립 일	1984.04.23	**종업원수**	231명	**대표이사**	김성익
상 장 일	2003.07.02	**감사의견**	적정(대성삼경)	**계 열**	
결 산 기	12월	**보 통 주**		**종속회사수**	4개사
액 면 가	500원	**우 선 주**		**구 상 호**	

주주구성 (지분율,%)		출자관계 (지분율,%)		주요경쟁사 (외형,%)	
김중헌	36.5	엠앤이텍	35.0	이라이콤	100
이근영	8.2	카레클린트	11.1	에스맥	49
(외국인)	19.6	스틱4차산업혁명펀드	1.9	에너전트	10

매출구성		비용구성		수출비중	
BLU	100.0	매출원가율	94.2	수출	99.7
		판관비율	6.0	내수	0.3

회사 개요

동사는 1984년 담배필터 제조업을 목적으로 신평물산으로 설립되었으나, 전자부품 제조업으로 업종 전환이 이루어져 2000년 7월 회사분할을 통해 존속법인인 이라이콤과 신설법인인 신평으로 나뉘어지고 상호가 변경되었음. 동사가 영위하는 업종은 TFT-LCD용 Back light Unit와 STN-LCD 용 Back light Unit 부문이며 이중 휴대폰용 TFT-LCD용 Back light Unit가 주력제품임.

실적 분석

동사의 2017년 매출액은 전년 대비 12.4% 증가한 3,440.1억원을 기록했으나, 동기간 매출원가는 15.5% 증가함에 따라 매출총이익율이 감소한 영향으로 동사의 2017년 영업이익은 -9.3억원으로 적자전환하였음. 또한 외환차익과 단기매매금융자산평가이익 규모가 전년 대비 급감함에 따라 비영업손익은 적자전환하였음. 따라서 동사의 2017년 당기순이익은 -156.6억원을 기록하면서 적자전환되었음.

현금 흐름 〈단위 : 억원〉

항목	2016	2017
영업활동	521	-239
투자활동	55	4
재무활동	-91	-130
순현금흐름	421	-419
기말현금	1,214	795

시장 대비 수익률

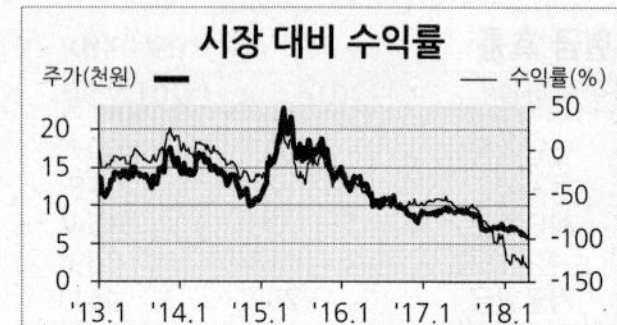

결산 실적 〈단위 : 억원〉

항목	2012	2013	2014	2015	2016	2017
매출액	5,421	6,899	6,478	6,355	3,060	3,440
영업이익	424	467	484	409	46	-9
당기순이익	174	367	410	390	29	-157

분기 실적 〈단위 : 억원〉

항목	2016.3Q	2016.4Q	2017.1Q	2017.2Q	2017.3Q	2017.4Q
매출액	702	944	814	907	912	807
영업이익	-4	39	-4	-8	23	-21
당기순이익	-71	100	-60	14	23	-134

재무 상태 〈단위 : 억원〉

항목	2012	2013	2014	2015	2016	2017
총자산	2,394	3,422	3,661	3,423	3,338	2,732
유형자산	427	529	670	734	590	510
무형자산	22	20	25	32	22	21
유가증권	42	53	66	271	268	289
총부채	1,097	1,785	1,645	1,089	1,055	686
총차입금	385	465	195	198	202	153
자본금	61	61	61	61	61	61
총자본	1,297	1,638	2,016	2,333	2,283	2,046
지배주주지분	1,297	1,638	2,016	2,333	2,283	2,046

기업가치 지표

항목	2012	2013	2014	2015	2016	2017
주가(최고/저)(천원)	15.4/10.0	17.9/11.0	17.2/9.5	22.7/11.3	14.7/7.6	10.0/6.6
PER(최고/저)(배)	13.3/8.6	7.2/4.4	6.1/3.4	8.2/4.1	69.3/35.9	—/—
PBR(최고/저)(배)	1.8/1.2	1.6/1.0	1.3/0.7	1.4/0.7	0.9/0.5	0.6/0.4
EV/EBITDA(배)	3.8	4.3	1.7	2.4	—	—
EPS(원)	1,427	3,009	3,363	3,196	236	-1,285
BPS(원)	10,643	13,438	16,543	19,144	18,727	16,789
CFPS(원)	1,981	3,389	3,876	3,818	858	-833
DPS(원)	200	200	500	700	770	200
EBITDAPS(원)	4,031	4,216	4,488	3,974	998	376

재무 비율 〈단위 : %〉

연도	영업이익률	순이익률	부채비율	차입금비율	ROA	ROE	유보율	자기자본비율	EBITDA마진율
2017	-0.3	-4.6	33.5	7.5	-5.2	-7.2	3,257.9	74.9	1.3
2016	1.5	0.9	46.2	8.8	0.9	1.3	3,645.4	68.4	4.0
2015	6.4	6.1	46.7	8.5	11.0	17.9	3,728.8	68.2	7.6
2014	7.5	6.3	81.6	9.7	11.6	22.4	3,208.6	55.1	8.4

이랜텍 (A054210)
Elentec

업 종 : 휴대폰 및 관련부품 | 시 장 : KOSDAQ
신용등급 : (Bond) — (CP) — | 기업규모 : 우량
홈페이지 : www.elentec.co.kr | 연 락 처 : 070)7098-8009
본 사 : 경기도 수원시 영통구 삼성로 268번길 37

설립일	1982.01.21	**종업원수**	297명	**대표이사**	이세용
상장일	2002.04.30	**감사의견**	적정(안경)	**계열**	
결산기	12월	**보통주**		**종속회사수**	9개사
액면가	500원	**우선주**		**구상호**	

주주구성 (지분율,%)		출자관계 (지분율,%)		주요경쟁사 (외형,%)	
이세용	24.2	라이페코리아	100.0	이랜텍	100
이해성	6.8	이랜시스	49.0	슈피겐코리아	38
(외국인)	3.3	제이엠피솔루텍	29.0	모베이스	54

매출구성		비용구성		수출비중	
휴대폰용Case	35.8	매출원가율	90.9	수출	—
Mobile Phone Battery Pack	23.7	판관비율	8.5	내수	—
NOTE PC Battery Pack	14.5				

회사 개요
동사의 사업은 무선부문과 DM부문으로 구분되며 무선부문은 휴대폰용 배터리팩, 케이스, 충전기를 주로 생산하며, DM부문은 노트북, 로봇청소기, 전기자전거 등을 포함한 중소형 Battery Pack, 3D TV용 안경, 리모컨, 펑션보드 등 TV용 부품, 기타 SET OEM 제품 등을 생산하고 있음. 배터리팩이 전체매출의 26.5%를 차지하며, 삼성전자 등의 업체들에 공급하고 있고 삼성전자 및 삼성SDI로의 매출이 전체의 90% 이상을 차지함.

실적 분석
동사의 2017년 4/4분기 연결기준 누적매출액은 5,892.0원으로 전년동기 대비 2.2% 감소했음. 매출원가가 전년동기 대비 소폭감소했으나 매출 축소 및 판관비 증가의 영향으로 영업이익은 전년동기 대비 82.2% 감소한 34.3억원을 시현했음. 비영업부문에서도 66.6억원의 손실을 기록해 이익폭이 축소되어 14.6억원의 당기순손실을 기록하며 적자전환되었음

현금 흐름 〈단위 : 억원〉

항목	2016	2017
영업활동	468	1
투자활동	-277	-314
재무활동	-176	112
순현금흐름	16	-217
기말현금	601	384

시장 대비 수익률
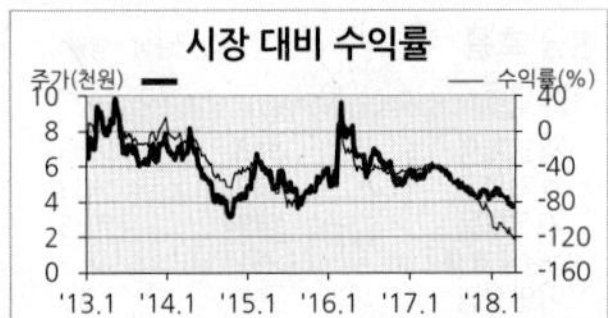

결산 실적 〈단위 : 억원〉

항목	2012	2013	2014	2015	2016	2017
매출액	5,489	6,547	5,793	6,161	6,022	5,892
영업이익	137	268	85	223	192	34
당기순이익	61	132	49	149	136	-15

분기 실적 〈단위 : 억원〉

항목	2016.3Q	2016.4Q	2017.1Q	2017.2Q	2017.3Q	2017.4Q
매출액	1,512	1,590	1,261	1,414	1,947	1,270
영업이익	69	43	27	-21	35	-6
당기순이익	31	62	20	-71	47	-11

재무 상태 〈단위 : 억원〉

항목	2012	2013	2014	2015	2016	2017
총자산	3,747	4,327	4,207	4,203	4,367	4,250
유형자산	1,251	1,599	1,617	1,593	1,589	1,512
무형자산	47	48	55	52	81	73
유가증권	56	49	30	33	57	125
총부채	2,758	3,194	3,045	2,913	2,735	2,716
총차입금	1,659	2,145	2,154	2,017	1,638	1,746
자본금	71	78	78	80	102	102
총자본	989	1,133	1,163	1,290	1,632	1,534
지배주주지분	967	1,133	1,163	1,290	1,632	1,534

기업가치 지표

항목	2012	2013	2014	2015	2016	2017
주가(최고/저)(천원)	6.6/2.5	10.2/5.8	8.3/3.1	7.3/3.7	9.6/4.7	6.2/4.2
PER(최고/저)(배)	17.1/6.6	12.9/7.3	28.6/10.6	8.5/4.2	13.6/6.7	—/—
PBR(최고/저)(배)	1.1/0.4	1.5/0.9	1.2/0.5	1.0/0.5	1.3/0.6	0.8/0.6
EV/EBITDA(배)	8.2	5.9	8.5	6.5	5.9	10.4
EPS(원)	413	846	307	906	729	-71
BPS(원)	6,768	7,284	7,453	8,019	7,970	7,492
CFPS(원)	1,320	2,009	1,424	1,833	1,656	765
DPS(원)	50	75	50	75	80	—
EBITDAPS(원)	1,857	2,939	1,656	2,295	1,959	1,004

재무 비율 〈단위 : %〉

연도	영업이익률	순이익률	부채비율	차입금비율	ROA	ROE	유보율	자기자본비율	EBITDA마진율
2017	0.6	-0.3	177.0	113.8	-0.3	-0.9	1,398.3	36.1	3.5
2016	3.2	2.3	167.6	100.3	3.2	9.3	1,494.1	37.4	6.1
2015	3.6	2.4	225.8	156.4	3.5	12.1	1,503.8	30.7	6.0
2014	1.5	0.9	261.9	185.3	1.2	4.3	1,390.6	27.6	4.5

이루온 (A065440)
ELUON

업 종 : IT 서비스 | 시 장 : KOSDAQ
신용등급 : (Bond) — (CP) — | 기업규모 : 벤처
홈페이지 : www.eluon.com | 연 락 처 : 070)4489-1000
본 사 : 경기도 성남시 분당구 대왕판교로 660 유스페이스1 A동 905호

설립일	1998.04.23	**종업원수**	93명	**대표이사**	이승구,이영성
상장일	2003.01.24	**감사의견**	적정(서린)	**계열**	
결산기	12월	**보통주**		**종속회사수**	3개사
액면가	500원	**우선주**		**구상호**	

주주구성 (지분율,%)		출자관계 (지분율,%)		주요경쟁사 (외형,%)	
이승구	21.0			이루온	100
원태환	2.6			케이사인	76
(외국인)	1.8			유엔젤	91

매출구성		비용구성		수출비중	
카드발급/발송 시스템 및 디지털 아카이브 시스	56.4	매출원가율	69.3	수출	1.6
핵심망, 부가망 통신 솔루션 및 서비스(기타)	43.6	판관비율	31.7	내수	98.4

회사 개요
동사는 1998년 설립되어 이동통신 핵심망 솔루션, 통신 부가서비스 솔루션을 비롯 서비스 사업 및 해외시장 진출을 적극 추진하고 있으며, 이동통신 트렌드 변화에 한발 앞서 진입하기 위하여 지속적인 국내외 사업 다각화와 기술개발을 통하여 WCDMA/HSDPA, Wibro, IMS 및 LTE 관련 다양한 솔루션 사업을 영위함. 해외사업으로는 영국의 통신사인 3UK의 전국 LTE망 구축에 영상처리시스템인 MRF를 담당함.

실적 분석
동사의 2017년 연결 기준 연간 누적 매출액은 349.4억원으로 전년 동기 대비 33.5% 감소함. 매출이 감소하면서 매출원가와 판관비는 줄었지만 매출 감소에 따른 고정 비용 증가 효과로 인해 영업손실은 3.6억원으로 전년 동기 대비 적자전환함. 비영업 부문에서도 금융손실 등으로 적자가 지속되면서 당기순손실은 16.9억원으로 전년 동기 대비 적자 규모가 확대됨.

현금 흐름 〈단위 : 억원〉

항목	2016	2017
영업활동	18	20
투자활동	-49	-32
재무활동	81	-18
순현금흐름	50	-30
기말현금	77	47

시장 대비 수익률
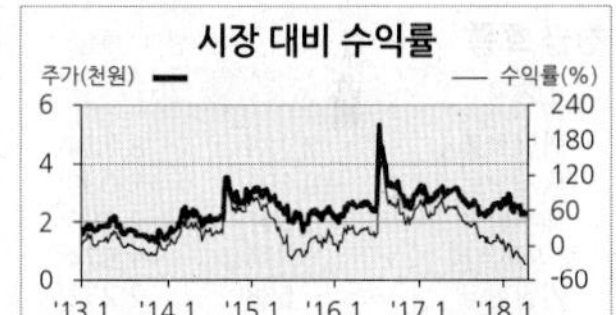

결산 실적 〈단위 : 억원〉

항목	2012	2013	2014	2015	2016	2017
매출액	386	505	472	515	526	349
영업이익	-30	29	-27	17	5	-4
당기순이익	-30	14	-69	0	-10	-17

분기 실적 〈단위 : 억원〉

항목	2016.3Q	2016.4Q	2017.1Q	2017.2Q	2017.3Q	2017.4Q
매출액	156	197	50	50	74	176
영업이익	-15	44	-14	-13	-2	25
당기순이익	-17	34	-15	-15	-2	15

재무 상태 〈단위 : 억원〉

항목	2012	2013	2014	2015	2016	2017
총자산	482	491	491	483	472	479
유형자산	142	136	132	137	130	123
무형자산	52	49	44	42	45	40
유가증권	24	8	8	7	8	8
총부채	320	310	385	376	274	296
총차입금	209	200	234	209	183	159
자본금	48	48	48	51	76	76
총자본	162	181	107	107	198	183
지배주주지분	163	181	107	107	198	183

기업가치 지표

항목	2012	2013	2014	2015	2016	2017
주가(최고/저)(천원)	4.4/1.3	2.3/1.3	3.6/1.5	3.4/1.7	5.3/2.0	3.3/2.1
PER(최고/저)(배)	—/—	17.2/10.2	—/—	1,415.2/699.8	—/—	—/—
PBR(최고/저)(배)	2.4/0.7	1.1/0.7	2.8/1.2	2.7/1.3	3.6/1.3	2.4/1.5
EV/EBITDA(배)	—	5.6	—	12.1	28.3	53.6
EPS(원)	-287	131	-673	2	-85	-111
BPS(원)	1,969	2,156	1,383	1,318	1,470	1,377
CFPS(원)	-98	291	-578	147	18	-37
DPS(원)	—	—	—	—	—	—
EBITDAPS(원)	-102	449	-142	324	144	50

재무 비율 〈단위 : %〉

연도	영업이익률	순이익률	부채비율	차입금비율	ROA	ROE	유보율	자기자본비율	EBITDA마진율
2017	-1.0	-4.8	161.5	86.5	-3.6	-8.9	175.3	38.3	2.2
2016	0.9	-2.0	138.8	92.6	-2.2	-6.8	194.0	41.9	3.3
2015	3.4	0.0	352.0	196.0	0.0	0.2	163.7	22.1	6.1
2014	-5.8	-14.7	360.2	219.1	-14.1	-48.2	176.5	21.7	-2.9

이마트 (A139480)

E-MART

업 종 : 도소매
신용등급 : (Bond) AA+ (CP) A1
홈페이지 : www.emartcompany.com
본 사 : 서울시 성동구 뚝섬로 377
시 장 : 거래소
기업규모 : 시가총액 대형주
연 락 처 : 02)380-9271

설 립 일	2011.05.03	**종 업 원 수**	27,582명	**대 표 이 사**	이갑수
상 장 일	2011.06.10	**감 사 의 견**	적정(삼일)	**계 열**	
결 산 기	12월	**보 통 주**		**종속회사수**	20개사
액 면 가	5,000원	**우 선 주**		**구 상 호**	

주주구성 (지분율,%)		출자관계 (지분율,%)		주요경쟁사 (외형,%)	
이명희	18.2	신세계프라퍼티	100.0	이마트	100
국민연금공단	10.0	신세계영랑호리조트	100.0	BGF	1
(외국인)	49.4	제주소주	100.0	GS리테일	52

매출구성		비용구성		수출비중	
[㈜이마트]식품 등(상품)	75.5	매출원가율	71.5	수출	0.3
기타	10.4	판관비율	24.9	내수	99.7
[㈜에브리데이리테일] 상품매출(상품)	6.5				

회사 개요

동사는 2011년 신세계에서 인적분할하여 대형마트 사업을 단독으로 영위하고 있음. 이마트를 비롯해 종속회사로 신세계조선호텔, 신세계푸드, 에브리데이리테일 등이 있음. 이마트는 PL상품과 해외소싱상품 확대를 통해 경쟁력을 확보하고 있음. 온라인 경쟁력을 위해 2016년 1월 아시아 최대의 온라인 그로서리 자동화 전용물류센터인 김포센터를 오픈, 온라인 물류인프라를 업계 최고수준으로 강화함.

실적 분석

동사의 2017년 연간 매출액은 15조 8,766.9억원으로 전년 대비 8.6% 증가함. 이마트는 트레이더스, 전문점 및 온라인사업의 외형 확대로 전년 대비 매출이 8195억원 증가함. 이마트24는 신규점 출점 가속화로 전년 대비 매출이 3057억원 증가함. 신세계푸드는 식품유통사업부문 호조로 매출이 1464억원 증가함. 영업이익은 5,669.2억원으로 0.3% 감소했으나 당기순이익은 6,279.4억원으로 64.5% 증가함.

현금 흐름

〈단위 : 억원〉

항목	2016	2017
영업활동	7,223	8,784
투자활동	-10,692	-5,039
재무활동	3,511	-2,196
순현금흐름	24	1,574
기말현금	658	2,232

시장 대비 수익률

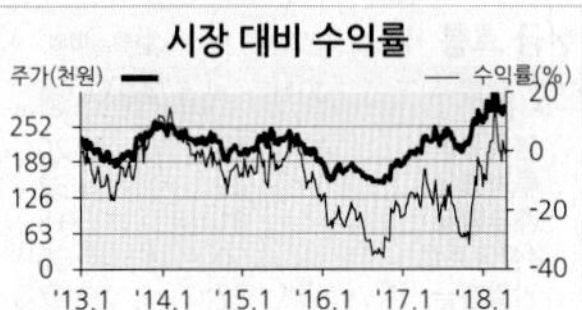

결산 실적

〈단위 : 억원〉

항목	2012	2013	2014	2015	2016	2017
매출액	126,850	130,353	131,536	136,400	146,151	158,767
영업이익	7,350	7,351	5,830	5,038	5,686	5,669
당기순이익	4,351	4,762	2,919	4,559	3,816	6,279

분기 실적

〈단위 : 억원〉

항목	2016.3Q	2016.4Q	2017.1Q	2017.2Q	2017.3Q	2017.4Q
매출액	40,340	34,977	38,988	38,068	42,840	38,871
영업이익	2,146	1,510	1,601	554	1,827	1,687
당기순이익	1,497	997	1,315	256	3,812	896

재무 상태

〈단위 : 억원〉

항목	2012	2013	2014	2015	2016	2017
총자산	122,540	130,518	138,275	144,938	154,301	160,665
유형자산	82,413	87,280	92,656	98,054	97,092	97,999
무형자산	3,806	3,988	3,713	3,832	4,005	3,767
유가증권	14,157	15,631	17,511	13,301	13,631	14,673
총부채	61,248	63,539	67,677	72,544	73,059	72,951
총차입금	34,235	35,642	38,699	41,145	38,774	36,997
자본금	1,394	1,394	1,394	1,394	1,394	1,394
총자본	61,292	66,979	70,597	72,394	81,242	87,714
지배주주지분	60,234	65,680	69,078	69,861	76,962	82,417

기업가치 지표

항목	2012	2013	2014	2015	2016	2017
주가(최고/저)(천원)	275/209	262/179	262/192	247/186	192/151	280/178
PER(최고/저)(배)	18.9/14.3	16.2/11.1	26.0/19.0	15.5/11.6	14.5/11.4	12.8/8.1
PBR(최고/저)(배)	1.3/1.0	1.2/0.8	1.1/0.8	1.0/0.8	0.7/0.6	1.0/0.6
EV/EBITDA(배)	9.2	9.7	9.5	10.1	8.9	10.9
EPS(원)	15,213	16,762	10,404	16,312	13,497	22,101
BPS(원)	216,175	235,709	247,900	250,707	276,181	295,750
CFPS(원)	28,110	30,904	25,251	31,875	29,871	39,385
DPS(원)	1,500	1,500	1,500	1,500	1,500	1,750
EBITDAPS(원)	39,264	40,514	35,761	33,635	36,772	37,621

재무 비율

〈단위 : %〉

연도	영업이익률	순이익률	부채비율	차입금비율	ROA	ROE	유보율	자기자본비율	EBITDA마진율
2017	3.6	4.0	83.2	42.2	4.0	7.7	5,815.0	54.6	6.6
2016	3.9	2.6	89.9	47.7	2.6	5.1	5,423.6	52.7	7.0
2015	3.7	3.3	100.2	56.8	3.2	6.6	4,914.1	50.0	6.9
2014	4.4	2.2	95.9	54.8	2.2	4.3	4,858.0	51.1	7.6

이매진아시아 (A036260)

IMAGINE ASIA

업 종 : 미디어
신용등급 : (Bond) — (CP) —
홈페이지 : www.imagineasia.com
본 사 : 서울시 강남구 압구정로 113 (압구정동, 뉴타운빌딩3층)
시 장 : KOSDAQ
기업규모 : 중견
연 락 처 : 02)3443-1960

설 립 일	1976.07.02	**종 업 원 수**	42명	**대 표 이 사**	심재현
상 장 일	1999.12.01	**감 사 의 견**	적정(광교)	**계 열**	
결 산 기	12월	**보 통 주**		**종속회사수**	8개사
액 면 가	500원	**우 선 주**		**구 상 호**	웰메이드예당

주주구성 (지분율,%)		출자관계 (지분율,%)		주요경쟁사 (외형,%)	
청호컴넷	28.4	아이엠에스이앤엠	100.0	이매진아시아	100
신형란	4.1	이매진쇼	100.0	티비씨	140
(외국인)	1.8	스타아시아엔터테인먼트	100.0	오리콤	554

매출구성		비용구성		수출비중	
영화·드라마 제작(기타)	54.0	매출원가율	92.0	수출	6.6
매니지먼트(기타)	46.0	판관비율	26.9	내수	93.4

회사 개요

1976년 텐트 제조 등의 사업을 목적으로 설립되었으며, 2006년 스타엠엔터테인먼트와 주식교환으로 엔터테인먼트 및 매니지먼트업을 영위함. 2007년 이너테인먼트 및 매니지먼트 사업을 주사업으로 코스닥 시장에 상장됨. 주요 사업부문으로는 광고 및 영화, 드라마 매니지먼트 부문 이외에 영화제작과 음반부문이 매출 규모면에서 증가 추세임. 동사에 소속된 가수로는 '씨클라운, 걸스데이, 주비스, 엠씨몽' 등 이 있음.

실적 분석

동사의 2017년 연간 매출액은 전년동기대비 5.9% 하락한 302.1억원을 기록하였음. 비용면에서 전년동기대비 매출원가는 감소 하였으며 인건비는 증가 했고 광고선전비도 크게 증가, 기타판매비와관리비는 증가함. 주춤한 모습의 매출액에 의해 전년동기대비 영업손실은 57.2억원으로 적자지속 하였음. 최종적으로 전년동기대비 당기순손실은 적자지속하여 150.9억원을 기록함.

현금 흐름

〈단위 : 억원〉

항목	2016	2017
영업활동	-18	-65
투자활동	-176	-83
재무활동	143	153
순현금흐름	-51	5
기말현금	7	12

시장 대비 수익률

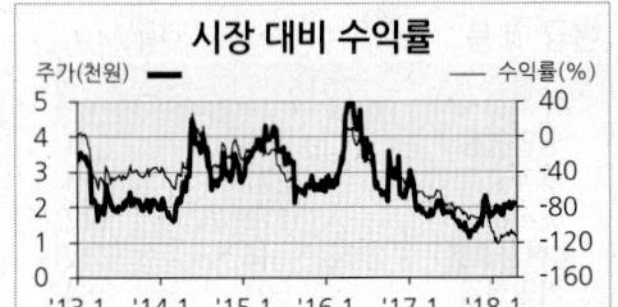

결산 실적

〈단위 : 억원〉

항목	2012	2013	2014	2015	2016	2017
매출액	137	152	387	458	321	302
영업이익	-11	-20	-1	1	-38	-57
당기순이익	-48	-55	-32	-30	-26	-151

분기 실적

〈단위 : 억원〉

항목	2016.3Q	2016.4Q	2017.1Q	2017.2Q	2017.3Q	2017.4Q
매출액	78	29	36	55	102	109
영업이익	-6	-24	-20	-19	-9	-9
당기순이익	7	-41	-17	-23	-9	-102

재무 상태

〈단위 : 억원〉

항목	2012	2013	2014	2015	2016	2017
총자산	164	225	345	507	413	547
유형자산	1	3	3	65	6	75
무형자산	11	42	42	78	2	163
유가증권	5	28	9	7	50	64
총부채	63	137	246	315	74	170
총차입금	2	62	86	148	42	87
자본금	170	54	66	85	125	176
총자본	101	88	100	192	338	376
지배주주지분	101	88	101	185	339	362

기업가치 지표

항목	2012	2013	2014	2015	2016	2017
주가(최고/저)(천원)	7.2/3.3	3.6/1.6	4.7/1.6	4.4/2.1	5.4/2.0	3.0/1.1
PER(최고/저)(배)	—/—	—/—	—/—	—/—	—/—	—/—
PBR(최고/저)(배)	6.1/2.8	4.3/1.9	6.0/2.0	4.0/1.9	4.0/1.5	3.0/1.1
EV/EBITDA(배)	—	—	77.1	42.5	—	—
EPS(원)	-673	-636	-273	-206	-175	-500
BPS(원)	298	848	790	1,110	1,363	1,030
CFPS(원)	-163	-613	-225	-149	-141	-464
DPS(원)	—	—	—	—	—	—
EBITDAPS(원)	-34	-202	43	67	-184	-154

재무 비율

〈단위 : %〉

연도	영업이익률	순이익률	부채비율	차입금비율	ROA	ROE	유보율	자기자본비율	EBITDA마진율
2017	-18.9	-49.9	45.3	23.1	-31.5	-43.1	106.0	68.8	-15.4
2016	-11.9	-8.2	21.9	12.3	-5.7	-11.7	172.6	82.1	-10.0
2015	0.3	-6.6	164.2	77.2	-7.1	-22.3	122.1	37.9	2.3
2014	-0.2	-8.3	245.8	86.3	-11.2	-33.8	58.0	28.9	1.3

이미지스테크놀로지 (A115610)

IMAGIS

업　　종 : 휴대폰 및 관련부품　　시　　장 : KOSDAQ
신용등급 : (Bond) —　(CP) —　　기업규모 : 벤처
홈페이지 : www.imagis.co.kr　　연 락 처 : 031)888-5280
본　　사 : 경기도 수원시 영통구 광교로 105 경기R&DB센터 3층 301호

설 립 일	2004.03.25	**종업원수**	52명	**대표이사**	김정철
상 장 일	2010.02.26	**감사의견**	적정(신한)	**계　　열**	
결 산 기	12월	**보 통 주**		**종속회사수**	1개사
액 면 가	500원	**우 선 주**		**구 상 호**	

주주구성 (지분율,%)		출자관계 (지분율,%)		주요경쟁사 (외형,%)	
김정철	28.4	이미지스시스템즈	51.0	이미지스	100
한국증권금융	4.0	넥스트랩	30.0	디스플레이텍	299
(외국인)	1.9			육일씨엔에쓰	537

매출구성		비용구성		수출비중	
(Touch)IST3026C, IST3038C	78.0	매출원가율	92.1	수출	78.7
(MST)ISP7022	15.1	판관비율	27.0	내수	21.3
(네비게이션외)T770,TX200S등 다수	3.5				

회사 개요

동사는 2004년 3월 25일 설립되어 메모리 반도체 집적회로(IC)를 연구, 개발, 외주생산 및 판매에 관한사항을 주요사업으로 영위하고 있으며, 주요 제품인 Haptic Driver IC(힘과 운동감을 느끼도록 하는 촉각用 감성칩), Touch Controller IC(Touch & haptic Chip = One Chip)외에 xView(Mobile Display Image 화질개선칩) 등을 고객에게 판매를 하고 있음.

실적 분석

동사의 2017년 매출은 276.2억원으로 전년대비 38.7% 감소, 영업이익은 -52.7억원으로 적자전환, 당기순이익은 -51.8억원으로 전년대비 적자전환. 경쟁심화로 전체 외형이 감소, 또한 고정비 부담 가중으로 수익성이 하락하여 적자전환 을 시현함. 전방산업인 반도체 경기가 호조세를 바탕으로 향후에 수익성 중심의 제품 비중 확대, 거래선 다변화를 추진하여 흑자기조를 유지하는데 초점을 맞춤.

현금 흐름 〈단위 : 억원〉

항목	2016	2017
영업활동	47	-13
투자활동	-27	-3
재무활동	—	—
순현금흐름	20	-22
기말현금	87	65

시장 대비 수익률

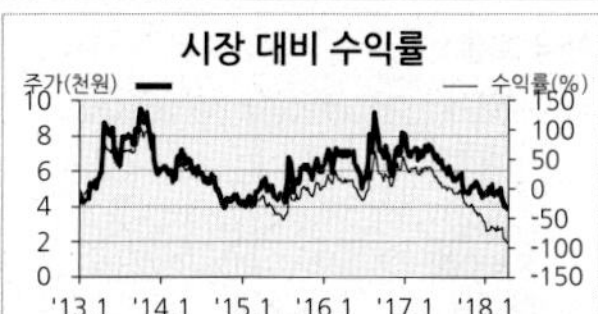

결산 실적 〈단위 : 억원〉

항목	2012	2013	2014	2015	2016	2017
매출액	139	311	500	493	450	276
영업이익	-7	14	9	8	6	-53
당기순이익	2	20	14	15	8	-52

분기 실적 〈단위 : 억원〉

항목	2016.3Q	2016.4Q	2017.1Q	2017.2Q	2017.3Q	2017.4Q
매출액	105	116	88	73	52	64
영업이익	0	4	-11	-11	-15	-15
당기순이익	0	3	-11	-11	-14	-15

재무 상태 〈단위 : 억원〉

항목	2012	2013	2014	2015	2016	2017
총자산	288	350	363	362	373	305
유형자산	3	9	7	5	4	2
무형자산	13	43	32	33	42	47
유가증권	1	1	—	—	—	—
총부채	21	67	67	51	54	38
총차입금	5	4	1	—	—	—
자본금	38	38	38	38	38	38
총자본	267	283	296	311	319	267
지배주주지분	267	280	294	308	317	266

기업가치 지표

항목	2012	2013	2014	2015	2016	2017
주가(최고/저)(천원)	6.4/3.1	9.9/4.1	7.2/3.9	7.5/4.0	9.3/5.0	8.1/4.5
PER(최고/저)(배)	230.5/112.2	39.8/16.7	40.7/22.1	39.7/21.2	76.9/41.4	—/—
PBR(최고/저)(배)	1.8/0.9	2.6/1.1	1.8/1.0	1.8/1.0	2.2/1.2	2.3/1.3
EV/EBITDA(배)	—	15.1	4.8	17.0	29.6	—
EPS(원)	28	248	177	189	121	-666
BPS(원)	3,492	3,741	3,918	4,107	4,228	3,562
CFPS(원)	116	361	442	342	228	-404
DPS(원)	—	—	—	—	—	—
EBITDAPS(원)	-1	301	385	252	188	-426

재무 비율 〈단위 : %〉

연도	영업이익률	순이익률	부채비율	차입금비율	ROA	ROE	유보율	자기자본비율	EBITDA마진율
2017	-19.1	-18.8	14.2	0.0	-15.3	-17.5	612.3	87.6	-11.8
2016	1.4	1.8	17.0	0.0	2.1	3.0	745.6	85.5	3.2
2015	1.5	3.0	16.5	0.0	4.1	4.8	721.4	85.9	3.9
2014	1.8	2.8	22.7	0.4	3.9	4.7	683.6	81.5	5.9

이베스트투자증권 (A078020)

EBEST INVESTMENT & SECURITIES

업　　종 : 증권　　시　　장 : KOSDAQ
신용등급 : (Bond) A　(CP) A2+　　기업규모 : 우량
홈페이지 : www.ebestsec.co.kr　　연 락 처 : 02)3779-0100
본　　사 : 서울시 영등포구 여의대로 14, KT빌딩 17층

설 립 일	1999.12.15	**종업원수**	429명	**대표이사**	홍원식
상 장 일	2007.02.21	**감사의견**	적정(안진)	**계　　열**	
결 산 기	12월	**보 통 주**		**종속회사수**	
액 면 가	5,000원	**우 선 주**		**구 상 호**	이트레이드증권

주주구성 (지분율,%)		출자관계 (지분율,%)		주요경쟁사 (외형,%)	
지앤에이사모투자전문회사	84.6	이베스트신기술조합제2호	24.0	이베스트투자증권	100
홍원식	0.3	에스지아르게스제일호사모투자합자회사	8.0	키움증권	412
(외국인)	0.0	AKGI상생경제투자조합1호	6.7	유안타증권	252

수익구성		비용구성		수출비중	
파생상품평가 및 처분이익	59.6	이자비용	4.1	수출	—
금융상품평가 및 처분이익	17.9	파생상품손실	55.1	내수	—
수수료 수익	10.8	판관비	15.2		

회사 개요

동사는 1999년에 국내 최초의 온라인 증권사로 출범하였으며 2007년 코스닥에 상장됨. 현재는 온라인을 근간으로 하는 종합증권사로서 기존의 온라인 사업부문과 홀세일, IB, Trading 부문이 시너지를 창출하고 있음. 차세대 HTS인 eBEST PRO를 통해 주식, 선물/옵션, 펀드 등의 실시간 주문 및 시세, 증권 정보를 조회할 수 있는 서비스를 제공하고 있음. 2015년 4월 1일부터 상호가 "이베스트투자증권주식회사"로 변경됨.

실적 분석

동사는 지난해 개별기준 영업이익이 530억 2,353만원으로 전년 동기 대비 64.7% 증가. 같은 기간 매출액은 6,549억5,442만원으로 0.5%줄었지만 당기순이익은 402억8,962만원으로 65.3% 늘어남. 온라인 위탁매매를 핵심 영업으로 하고 있으며, 기존 온라인 브로커리지를 포함하는 리테일 부문과 홀세일, IB, Trading 부문이 시너지를 창출하며 그 규모를 확대해 나가고 있음.

현금 흐름 *IFRS 별도 기준 〈단위 : 억원〉

항목	2016	2017
영업활동	-1,012	-1,048
투자활동	-11	-64
재무활동	886	1,086
순현금흐름	-137	-26
기말현금	82	56

시장 대비 수익률

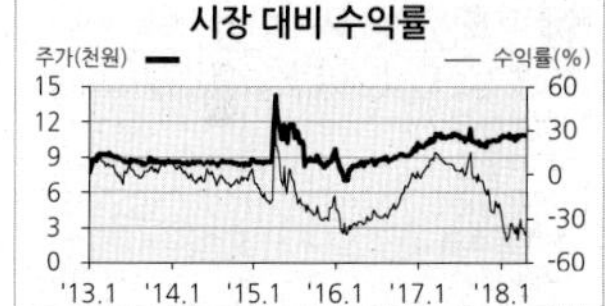

결산 실적 〈단위 : 억원〉

항목	2012	2013	2014	2015	2016	2017
순영업손익	866	629	1,114	1,652	1,214	1,429
영업이익	119	71	292	618	322	511
당기순이익	91	27	223	485	244	388

분기 실적 *IFRS 별도 기준 〈단위 : 억원〉

항목	2016.3Q	2016.4Q	2017.1Q	2017.2Q	2017.3Q	2017.4Q
순영업손익	291	300	315	486	276	352
영업이익	62	85	96	215	74	126
당기순이익	47	65	67	171	56	95

재무 상태 *IFRS 별도 기준 〈단위 : 억원〉

항목	2012	2013	2014	2015	2016	2017
총자산	18,084	18,397	19,685	26,540	26,693	31,234
유형자산	124	95	67	55	41	29
무형자산	363	316	247	193	138	112
유가증권	8,177	8,976	10,381	13,689	14,451	14,948
총부채	14,919	15,304	16,408	22,838	22,968	27,337
총차입금	8,536	9,488	10,050	12,877	13,823	14,848
자본금	2,024	2,024	2,024	2,024	2,024	2,024
총자본	3,165	3,093	3,277	3,701	3,724	3,897
지배주주지분	3,165	3,093	3,277	3,701	3,724	3,897

기업가치 지표 *IFRS 별도 기준

항목	2012	2013	2014	2015	2016	2017
주가(최고/저)(천원)	9.4/6.1	9.3/8.3	8.9/8.3	15.3/7.8	10.2/6.9	11.4/9.8
PER(최고/저)(배)	48.7/31.9	159.5/142.9	18.6/17.5	14.7/7.5	17.9/12.5	12.4/10.7
PBR(최고/저)(배)	1.3/0.9	1.3/1.2	1.1/1.1	1.7/0.9	1.1/0.7	1.1/1.0
PSR(최고/저)(배)	5/3	7/6	4/3	4/2	4/3	3/3
EPS(원)	224	67	550	1,197	602	960
BPS(원)	8,397	8,401	8,938	10,069	10,211	10,732
CFPS(원)	437	264	808	1,431	817	1,111
DPS(원)	70	—	73	510	515	485
EBITDAPS(원)	294	176	722	1,528	795	1,263

재무 비율 〈단위 : %〉

연도	계속사업이익률	순이익률	부채비율	차입금비율	ROA	ROE	유보율	자기자본비율	총자산증가율
2017	35.9	27.2	701.5	381.0	1.3	10.2	114.7	12.5	17.0
2016	26.6	20.1	616.7	371.2	0.9	6.6	104.2	14.0	0.6
2015	38.5	29.3	617.1	347.9	2.1	13.9	101.4	14.0	34.8
2014	26.5	20.0	500.8	306.7	1.2	7.0	78.8	16.7	8.9

이비테크 (A208850)

EB TECH COLTD

업 종 : 전기장비
신용등급 : (Bond) — (CP) —
홈페이지 : www.eb-tech.com
본 사 : 대전시 유성구 테크노2로 170-9

시 장 : KONEX
기업규모 : —
연 락 처 : 042)930-7501

설 립 일	2000.10.28	**종 업 원 수**	18명	**대 표 이 사**	김진규
상 장 일	2016.06.22	**감 사 의 견**	적정(우리)	**계 열**	
결 산 기	12월	**보 통 주**		**종속회사수**	
액 면 가	—	**우 선 주**		**구 상 호**	

주주구성 (지분율,%)		출자관계 (지분율,%)		주요경쟁사 (외형,%)	
IXYSCH GmbH	19.1			이비테크	100
한범수	16.4			지엔씨에너지	3,120
				선도전기	3,498

매출구성		비용구성		수출비중	
전자 가속기(제품)	52.2	매출원가율	85.7	수출	16.6
조사 서비스(제품)	30.8	판관비율	49.5	내수	83.4
기타	17.0				

회사 개요

동사는 전자가속기 제작/판매와 전자선조사 서비스를 주 사업으로 영위함. 현재까지 50여 기의 전자가속기를 국내외에 설치했으며, 국내에서는 유일한 제작업체임. 전자가속기 제조, 판매 및 전자선조사서비스사업을 중심으로 연관 응용분야 확대를 위해 지속적인 연구개발 및 시설투자를 추진 중임. 국내시장의 부진을 극복하기 위해 인도, 중동, 동남아 등 새로운 시장개척을 준비 중임.

실적 분석

동사는 2017년도 연간 매출액은 31.0억원으로 전년도 대비 18.1% 감소하면서 영업손실은 -11억원을 시현, 적자지속함. 해외 영업망과 A/S망을 구축하기 위해 해외 에이전트 채널을 확대하고 파트너쉽을 강화하는데 집중하고 있음. 국내는 신규 수주보다는 기존 고객을 대상으로 A/S를 강화하고 있음. 신규사업으로 전자선과 관련된 제품의 생산 및 영업 분야로의 다각화를 준비하고 있음.

현금 흐름 *IFRS 별도 기준 〈단위 : 억원〉

항목	2016	2017
영업활동	-6	0
투자활동	-4	-1
재무활동	18	-5
순현금흐름	8	-6
기말현금	15	10

시장 대비 수익률

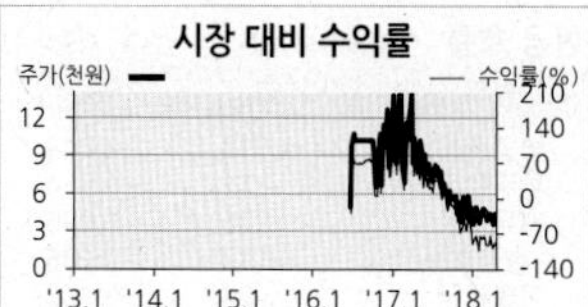

결산 실적 〈단위 : 억원〉

항목	2012	2013	2014	2015	2016	2017
매출액	—	63	42	39	38	31
영업이익	—	11	5	2	-6	-11
당기순이익	—	10	7	3	-6	-11

분기 실적 *IFRS 별도 기준 〈단위 : 억원〉

항목	2016.3Q	2016.4Q	2017.1Q	2017.2Q	2017.3Q	2017.4Q
매출액	—	—	—	—	—	—
영업이익	—	—	—	—	—	—
당기순이익	—	—	—	—	—	—

재무 상태 *IFRS 별도 기준 〈단위 : 억원〉

항목	2012	2013	2014	2015	2016	2017
총자산	—	85	98	91	105	85
유형자산	—	49	52	49	46	44
무형자산	—	0	0	2	2	1
유가증권	—	—	—	—	—	—
총부채	—	25	32	22	40	31
총차입금	—	20	18	16	30	25
자본금	—	22	22	22	23	23
총자본	—	59	66	69	65	54
지배주주지분	—	59	66	69	65	54

기업가치 지표 *IFRS 별도 기준

항목	2012	2013	2014	2015	2016	2017
주가(최고/저)(천원)	—/—	—/—	—/—	—/—	13.0/3.7	14.8/3.8
PER(최고/저)(배)	0.0/0.0	0.0/0.0	0.0/0.0	0.0/0.0	—/—	—/—
PBR(최고/저)(배)	0.0/0.0	0.0/0.0	0.0/0.0	0.0/0.0	4.5/1.3	6.2/1.6
EV/EBITDA(배)	0.0	0.0	—	1.5	—	—
EPS(원)	—	477	308	128	-276	-481
BPS(원)	—	13,751	15,289	15,927	2,861	2,380
CFPS(원)	—	3,192	2,032	1,356	-135	-275
DPS(원)	—	—	—	—	—	—
EBITDAPS(원)	—	3,367	1,730	1,161	-134	-277

재무 비율 〈단위 : %〉

연도	영업이익률	순이익률	부채비율	차입금비율	ROA	ROE	유보율	자기자본비율	EBITDA마진율
2017	-35.2	-35.0	58.2	46.6	-11.4	-18.4	138.1	63.2	-20.2
2016	-16.2	-16.2	62.7	46.5	-6.3	-9.2	186.1	61.5	-7.9
2015	4.9	7.1	32.4	22.8	2.9	4.1	218.6	75.5	12.9
2014	12.8	15.9	48.5	27.8	7.3	10.6	205.8	67.3	17.9

이상네트웍스 (A080010)

eSang Networks

업 종 : 인터넷 서비스
신용등급 : (Bond) — (CP) —
홈페이지 : www.e-sang.net
본 사 : 서울시 금천구 가산로9길 109 (가산동, 이에스빌딩)

시 장 : KOSDAQ
기업규모 : 중견
연 락 처 : 02)3397-0500

설 립 일	2000.02.28	**종 업 원 수**	93명	**대 표 이 사**	조원표
상 장 일	2005.09.30	**감 사 의 견**	적정(호연)	**계 열**	
결 산 기	12월	**보 통 주**		**종속회사수**	3개사
액 면 가	500원	**우 선 주**		**구 상 호**	

주주구성 (지분율,%)		출자관계 (지분율,%)		주요경쟁사 (외형,%)	
황금에스티	24.8	아시아플러스대부	100.0	이상네트웍스	100
Macquarie Bank Limited	9.8	핸드아티	100.0	이크레더블	67
(외국인)	30.6	이상엠앤씨	56.0	가비아	227

매출구성		비용구성		수출비중	
전자상거래, 전시 및 IT사업 등	62.1	매출원가율	67.2	수출	—
철강 상품 매입 및 제조, 구매대행	37.2	판관비율	17.2	내수	—
부동산 임대업 및 모바일 판매	0.7				

회사 개요

동사는 철강상품 매입및 제조와 기업간 전자상거래의 e-마켓플레이스로 다수의 공급자와 다수의 판매자간 거래를 할 수 있도록 구축된 온라인 시장과 컨벤션 사업을 영위하고 있음. 종속회사인 이상글로벌은 글로벌 마케팅 및 온라인 무역지원 사업, 이상리테일은 동남아 식품수입 및 유통 사업을 영위중임. 한편 동사의 컨벤션사업은 경향하우징의 전시사업부문을 흡수합병하여 현재까지 경쟁력을 확보하고 있음.

실적 분석

2017년 누적 매출액과 영업이익은 전년동기대비 각각 31.8%, 21.3% 증가한 511억원, 79.7억원을 기록함. 철강과 기타사업 부문 외형이 크게 성장한 영향으로 매출액 증가. 국내 유일의 전시관련 상장사. 리빙앤라이프스타일, K-Pet페어, 코엑스베이비페어 등 다수의 전시회를 개최하고 있으며, 매년 개최 전시횟수가 증가하고 있음. 개최 전시횟수 확대에 따른 외형 성장과 수익성 개선이 기대.

현금 흐름 〈단위 : 억원〉

항목	2016	2017
영업활동	57	33
투자활동	-0	-33
재무활동	-11	2
순현금흐름	47	2
기말현금	114	116

시장 대비 수익률

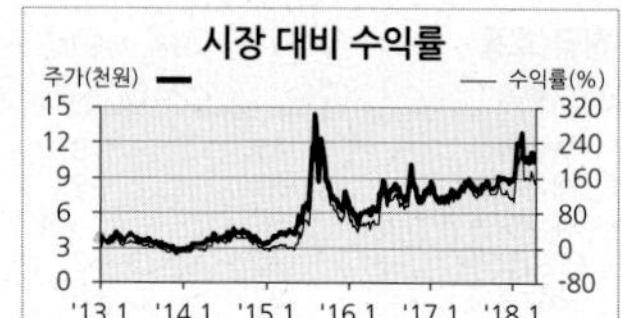

결산 실적 〈단위 : 억원〉

항목	2012	2013	2014	2015	2016	2017
매출액	361	288	417	378	388	511
영업이익	22	16	25	40	66	80
당기순이익	24	18	24	27	62	80

분기 실적 〈단위 : 억원〉

항목	2016.3Q	2016.4Q	2017.1Q	2017.2Q	2017.3Q	2017.4Q
매출액	86	102	157	107	145	102
영업이익	10	9	39	17	22	1
당기순이익	7	17	33	16	21	10

재무 상태 〈단위 : 억원〉

항목	2012	2013	2014	2015	2016	2017
총자산	606	652	678	699	814	922
유형자산	106	107	106	104	106	120
무형자산	106	107	145	155	179	186
유가증권	64	65	78	87	49	44
총부채	37	68	73	69	74	96
총차입금	17	38	34	29	19	26
자본금	45	45	45	45	45	45
총자본	568	584	605	630	740	826
지배주주지분	564	582	604	631	704	769

기업가치 지표

항목	2012	2013	2014	2015	2016	2017
주가(최고/저)(천원)	6.2/2.8	4.4/2.7	4.7/2.8	14.3/3.5	10.4/5.1	9.4/7.0
PER(최고/저)(배)	25.3/11.6	20.2/12.5	17.5/10.3	47.2/11.4	16.4/8.0	10.7/8.0
PBR(최고/저)(배)	1.0/0.5	0.7/0.4	0.7/0.4	2.0/0.5	1.3/0.7	1.1/0.8
EV/EBITDA(배)	6.9	9.9	9.3	11.5	8.8	8.3
EPS(원)	255	225	279	309	643	885
BPS(원)	6,411	6,607	6,855	7,152	7,965	8,675
CFPS(원)	302	269	325	384	717	966
DPS(원)	30	30	40	—	50	100
EBITDAPS(원)	289	220	320	517	804	965

재무 비율 〈단위 : %〉

연도	영업이익률	순이익률	부채비율	차입금비율	ROA	ROE	유보율	자기자본비율	EBITDA마진율
2017	15.6	15.8	11.6	3.2	9.3	10.8	1,634.9	89.6	17.0
2016	17.0	16.0	10.0	2.6	8.2	8.7	1,493.0	91.0	18.7
2015	10.6	7.0	10.9	4.6	3.9	4.5	1,330.4	90.2	12.3
2014	5.9	5.9	12.0	5.7	3.7	4.2	1,271.1	89.3	6.9

이수앱지스 (A086890)
ISU Abxis

업 종 : 바이오
신용등급 : (Bond) — (CP) —
홈페이지 : www.abxis.com
본 사 : 경기도 성남시 분당구 대왕판교로712번길 22, 씨동 5층 (삼평동, 글로벌알앤디센터)

시 장 : KOSDAQ
기업규모 : 기술성
연 락 처 : 031)696-4700

설 립 일	2001.03.29	**종업원수**	134명	**대 표 이 사**	김상범,이석주
상 장 일	2009.02.03	**감사의견**	적정(도원)	**계 열**	
결 산 기	12월	**보 통 주**		**종속회사수**	
액 면 가	500원	**우 선 주**		**구 상 호**	

주주구성 (지분율,%)		출자관계 (지분율,%)		주요경쟁사 (외형,%)	
이수화학	30.4			이수앱지스	100
김상범	5.1			바이오니아	120
(외국인)	2.4			녹십자엠에스	506

매출구성		비용구성		수출비중	
바이오제약	98.3	매출원가율	47.6	수출	31.9
기타	1.7	판관비율	77.1	내수	68.1

회사 개요
2001년에 설립된 동사는 심혈관질환 재발을 예방하기 위해 혈전형성을 억제하는 항체치료제인 클로티넵을 생산해 판매하고 있음. 또 유전성 희귀질환인 고셔병과 파브리병 환자들을 치료하기 위한 효소치료제로서 애브서틴과 파바갈 등 2개 제품을 판매 중임. 시장점유율은 클로티넵이 80%, 애브서틴이 35%임. 파바갈은 2015년부터 본격적인 매출이 발생하고 있음. 동사는 이수화학을 비롯해 국내 계열사 11개, 해외 계열사 10개를 두고 있음.

실적 분석
동사의 2017년 누적매출액은 194.6억원으로 전년대비 2.1% 증가함. 비용측면에서 매출원가와 판관비가 각각 24.8%, 20.7% 상승하면서 영업손실 48억원을 기록해 적자폭이 확대됨. 2021년 세레자임 및 파브라자임 바이오시밀러의 미국 및 유럽 진출 예정임. 또한 후속 희귀의약품 대상 바이오시밀러 및 바이오신약 개발, 기술 수출 추진 중에 있음. 애브서틴 해외수출이 늘고 있으며 2017년 4분기 터키 수출 개시함.

현금 흐름 *IFRS 별도 기준
<단위 : 억원>

항목	2016	2017
영업활동	-4	-36
투자활동	163	-187
재무활동	-100	267
순현금흐름	59	43
기말현금	125	169

시장 대비 수익률
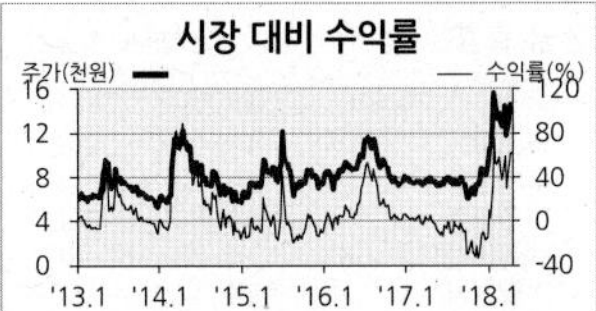

결산 실적
<단위 : 억원>

항목	2012	2013	2014	2015	2016	2017
매출액	56	82	71	115	191	195
영업이익	-64	-63	-63	-51	-8	-48
당기순이익	-64	-82	-112	-98	-20	-55

분기 실적 *IFRS 별도 기준
<단위 : 억원>

항목	2016.3Q	2016.4Q	2017.1Q	2017.2Q	2017.3Q	2017.4Q
매출액	61	41	38	60	55	42
영업이익	1	-9	-19	2	-5	-26
당기순이익	-1	-11	-21	0	-8	-26

재무 상태 *IFRS 별도 기준
<단위 : 억원>

항목	2012	2013	2014	2015	2016	2017
총자산	335	549	490	700	598	833
유형자산	73	115	116	112	113	126
무형자산	81	94	94	86	109	139
유가증권	—	—	—	—	—	—
총부채	191	326	316	234	143	157
총차입금	157	291	290	183	84	76
자본금	56	64	69	98	99	125
총자본	144	223	174	466	456	676
지배주주지분	144	223	174	466	456	676

기업가치 지표 *IFRS 별도 기준

항목	2012	2013	2014	2015	2016	2017
주가(최고/저)(천원)	8.4/6.3	10.1/5.5	12.9/6.0	13.2/6.0	12.7/7.2	9.2/5.6
PER(최고/저)(배)	—/—	—/—	—/—	—/—	—/—	—/—
PBR(최고/저)(배)	7.2/5.4	6.3/3.5	11.3/5.2	5.8/2.6	5.7/3.2	3.4/2.1
EV/EBITDA(배)	—	—	—	—	83.7	—
EPS(원)	-494	-594	-725	-528	-95	-251
BPS(원)	1,278	1,742	1,254	2,379	2,308	2,709
CFPS(원)	-452	-492	-664	-443	34	-123
DPS(원)	—	—	—	—	—	—
EBITDAPS(원)	-454	-336	-303	-168	97	-91

재무 비율
<단위 : %>

연도	영업이익률	순이익률	부채비율	차입금비율	ROA	ROE	유보율	자기자본비율	EBITDA마진율
2017	-24.7	-28.2	23.2	11.3	-7.7	-9.7	441.9	81.1	-10.2
2016	-4.2	-10.7	31.3	18.4	-3.1	-4.4	361.6	76.2	10.0
2015	-44.4	-85.2	50.3	39.3	-16.4	-30.5	375.9	66.6	-24.8
2014	-89.3	-157.8	181.4	166.8	-21.6	-56.4	150.9	35.5	-57.3

이수페타시스 (A007660)
ISU PETASYS

업 종 : 전자 장비 및 기기
신용등급 : (Bond) — (CP) —
홈페이지 : www.petasys.com
본 사 : 대구시 달성군 논공읍 논공로 53길 36

시 장 : 거래소
기업규모 : 시가총액 소형주
연 락 처 : 053)610-0300

설 립 일	1972.02.14	**종업원수**	852명	**대 표 이 사**	김성민
상 장 일	2000.08.05	**감사의견**	적정(대성삼경)	**계 열**	
결 산 기	12월	**보 통 주**		**종속회사수**	3개사
액 면 가	1,000원	**우 선 주**		**구 상 호**	

주주구성 (지분율,%)		출자관계 (지분율,%)		주요경쟁사 (외형,%)	
이수	22.8	이수엑사보드	100.0	이수페타시스	100
국민연금공단	7.0	이수세컨더리1호투자조합출자	49.2	에코프로	62
(외국인)	3.6	엠투엔	2.5	자화전자	84

매출구성		비용구성		수출비중	
PCB인쇄회로기판(제품)	81.5	매출원가율	92.8	수출	94.4
PCB인쇄회로기판(상품)	18.6	판관비율	8.7	내수	5.6

회사 개요
동사는 1972년 설립돼 2003년 유가증권시장에 상장돼 매매가 개시됐음. 동사는 인쇄회로기판(PCB)의 제조, 판매를 주요사업으로 영위함. 인쇄회로기판 제조업을 영위하는 이수엑사보드, 제조업 및 수출입업 등을 영위하는 ISU Petasys Corp., 인쇄회로기판 제조업을 영위하는 ISU Petasys Asia Limited를 연결대상 종속회사로 보유하고 있음. 상황인지 스마트카 퓨전 플랫폼 개발, 신소재 개발 등 여러 연구를 진행 중임.

실적 분석
동사의 2017년 결산 연결기준 매출액은 전년대비 4.1% 감소한 5,313.4억원을 기록함. 외형 축소와 비용 증가로 원가율은 100%를 상회하여 영업손실 80.3억원, 당기순손실 148.8억원을 보이며 대규모 적자를 시현함. 특히 대규모 외환손실이 발생하는 등 비영업손익이 크게 악화됨. 환율 변동성 증가, 유가 및 원자재 가격 불안 등이 수익성 부진의 주요 원인으로 분석됨.

현금 흐름
<단위 : 억원>

항목	2016	2017
영업활동	-1	67
투자활동	-105	110
재무활동	114	-90
순현금흐름	-15	50
기말현금	604	654

시장 대비 수익률
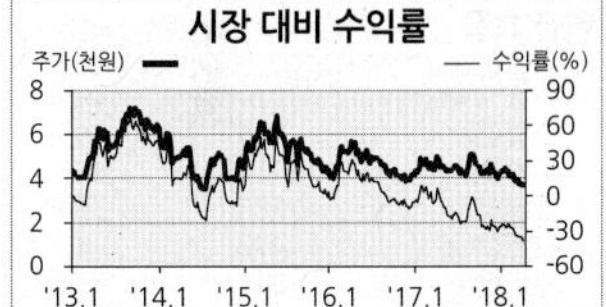

결산 실적
<단위 : 억원>

항목	2012	2013	2014	2015	2016	2017
매출액	4,182	5,354	5,048	5,209	5,542	5,313
영업이익	305	472	103	202	111	-80
당기순이익	201	334	26	65	2	-149

분기 실적
<단위 : 억원>

항목	2016.3Q	2016.4Q	2017.1Q	2017.2Q	2017.3Q	2017.4Q
매출액	1,389	1,426	1,438	1,422	1,326	1,128
영업이익	29	-11	3	28	-4	-107
당기순이익	-4	-61	-18	9	-35	-104

재무 상태
<단위 : 억원>

항목	2012	2013	2014	2015	2016	2017
총자산	3,410	4,676	5,216	5,063	5,511	4,833
유형자산	880	1,502	2,006	2,053	1,542	1,623
무형자산	80	134	147	161	156	156
유가증권	24	20	18	18	15	15
총부채	1,723	2,602	3,230	3,082	3,530	3,102
총차입금	1,025	1,508	2,120	2,034	2,281	2,154
자본금	413	413	413	413	413	413
총자본	1,687	2,073	1,986	1,981	1,981	1,731
지배주주지분	1,687	1,994	1,978	1,967	1,976	1,727

기업가치 지표

항목	2012	2013	2014	2015	2016	2017
주가(최고/저)(천원)	5.3/3.6	7.5/3.9	6.3/3.4	6.9/4.2	5.8/3.8	5.3/4.0
PER(최고/저)(배)	12.1/8.1	10.2/5.3	29.1/15.9	19.3/11.7	66.6/44.3	—/—
PBR(최고/저)(배)	1.5/1.0	1.7/0.9	1.4/0.8	1.5/0.9	1.2/0.8	1.2/0.9
EV/EBITDA(배)	5.5	6.1	8.8	6.7	8.5	18.4
EPS(원)	493	809	233	379	90	-340
BPS(원)	4,105	4,855	4,922	4,896	4,927	4,362
CFPS(원)	796	1,108	897	1,023	748	266
DPS(원)	90	100	80	90	100	70
EBITDAPS(원)	1,041	1,441	914	1,134	925	412

재무 비율
<단위 : %>

연도	영업이익률	순이익률	부채비율	차입금비율	ROA	ROE	유보율	자기자본비율	EBITDA마진율
2017	-1.5	-2.8	179.2	124.4	-2.9	-7.6	336.2	35.8	3.2
2016	2.0	0.0	178.2	115.2	0.0	1.9	392.7	35.9	6.9
2015	3.9	1.2	155.6	102.7	1.3	7.9	389.6	39.1	9.0
2014	2.0	0.5	162.6	106.7	0.5	4.8	392.2	38.1	7.5

이수화학 (A005950)
Isu Chemical

업 종 : 화학 | 시 장 : 거래소
신용등급 : (Bond) BBB- (CP) — | 기업규모 : 시가총액 소형주
홈페이지 : www.isuchemical.co.kr | 연 락 처 : 02)590-6600
본 사 : 서울시 서초구 사평대로 84 이수화학빌딩

설 립 일	1969.01.17	**종 업 원 수**	387명	**대 표 이 사**	류승호
상 장 일	1988.04.28	**감 사 의 견**	적정(선진)	**계 열**	
결 산 기	12월	**보 통 주**		**종속회사수**	4개사
액 면 가	5,000원	**우 선 주**		**구 상 호**	

주주구성 (지분율,%)		출자관계 (지분율,%)		주요경쟁사 (외형,%)	
이수	34.8	하이씨네큐사모특별자산	75.0	이수화학	100
에셋플러스자산운용	4.9	이수건설	68.1	한국쉘석유	14
(외국인)	5.5	ISU-세컨더리1호투자조합	49.2	남해화학	74

매출구성		비용구성		수출비중	
LAB, NP, Kerosene	48.4	매출원가율	92.9	수출	—
건축사업	17.7	판관비율	4.9	내수	—
주택사업	14.4				

회사 개요

동사는 합성세제(계면활성제)의 주원료로 사용되는 LAB(연성알킬벤젠)와 NP(노말파라핀)의 국내 유일 생산업체임. 생산능력은 연 22만톤. 국내 시장점유율은 LAB 80%, NP 98%로 독점적 지위를 확보하고 있음. 주력 제품에 대한 장단기 수요 변동 요인은 크게 없으나 국제유가 변동에 큰 영향을 받음. 건설사업과 의약사업을 함께 영위하나 석유화학부문이 매출의 약 70%를 차지함.

실적 분석

동사의 2017년 매출액은 1조 5,077.5억원으로 전년대비 0.5% 감소함. 비용측면에서 매출원가와 판관비가 각각 1.2%, 9.9% 상승함. 석유화학 부문은 선방했으나 의약 부문의 적자폭이 확대되었고 건설 부문도 영업이익이 대폭 축소되면서 전체 영업이익은 전년보다 47.1% 줄어든 343.7억원을 기록함. 비영업손실 296.7억원이 발생해 당기순이익도 전년대비 77.2% 감소한 23.2억원을 기록함.

현금 흐름 <단위 : 억원>

항목	2016	2017
영업활동	775	200
투자활동	-113	-495
재무활동	-186	354
순현금흐름	479	42
기말현금	844	886

시장 대비 수익률

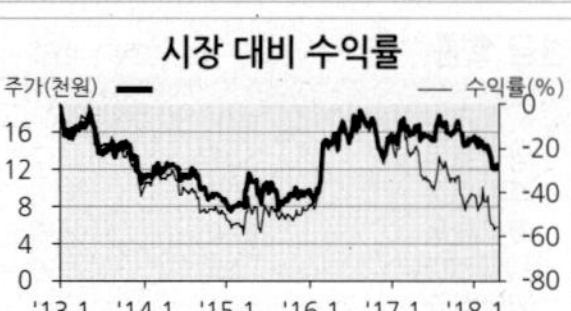

결산 실적 <단위 : 억원>

항목	2012	2013	2014	2015	2016	2017
매출액	22,367	20,727	18,516	14,712	15,154	15,078
영업이익	633	-1	-357	1	650	344
당기순이익	150	-605	-864	-546	102	23

분기 실적 <단위 : 억원>

항목	2016.3Q	2016.4Q	2017.1Q	2017.2Q	2017.3Q	2017.4Q
매출액	4,047	3,803	4,051	4,123	3,806	3,098
영업이익	168	159	62	153	91	38
당기순이익	66	-260	26	89	39	-130

재무 상태 <단위 : 억원>

항목	2012	2013	2014	2015	2016	2017
총자산	13,089	12,913	10,938	10,286	11,002	10,051
유형자산	1,863	1,925	1,957	1,914	2,006	2,132
무형자산	152	166	167	157	185	209
유가증권	575	487	456	537	574	533
총부채	8,355	8,876	7,200	6,777	7,538	6,554
총차입금	5,887	6,780	5,484	4,545	4,433	4,718
자본금	764	764	764	764	764	764
총자본	4,734	4,037	3,738	3,508	3,464	3,497
지배주주지분	4,604	3,914	3,341	2,961	2,947	2,834

기업가치 지표

항목	2012	2013	2014	2015	2016	2017
주가(최고/저)(천원)	25.2/14.8	19.2/10.6	12.8/8.3	11.7/7.3	18.8/8.4	17.8/14.5
PER(최고/저)(배)	19.9/11.6	—/—	—/—	—/—	26.5/11.8	62.2/50.7
PBR(최고/저)(배)	1.0/0.6	0.8/0.5	0.6/0.4	0.6/0.4	1.0/0.4	1.0/0.8
EV/EBITDA(배)	9.5	71.8	—	54.5	8.3	13.4
EPS(원)	1,486	-3,679	-3,813	-2,840	753	295
BPS(원)	30,784	26,265	22,517	20,166	20,143	19,409
CFPS(원)	2,704	-3,027	-3,093	-2,144	1,520	1,132
DPS(원)	450	450	100	300	500	500
EBITDAPS(원)	5,477	646	-1,618	700	5,018	3,087

재무 비율 <단위 : %>

연도	영업이익률	순이익률	부채비율	차입금비율	ROA	ROE	유보율	자기자본비율	EBITDA마진율
2017	2.3	0.2	187.4	134.9	0.2	1.6	288.2	34.8	3.1
2016	4.3	0.7	217.6	127.9	1.0	3.9	302.9	31.5	5.1
2015	0.0	-3.7	193.2	129.6	-5.2	-13.8	303.3	34.1	0.7
2014	-1.9	-4.7	192.6	146.7	-7.3	-16.1	350.3	34.2	-1.3

이스타코 (A015020)
e-Starco

업 종 : 미디어 | 시 장 : 거래소
신용등급 : (Bond) — (CP) — | 기업규모 : 시가총액 소형주
홈페이지 : www.e-starco.co.kr | 연 락 처 : 02)2643-7922
본 사 : 서울시 양천구 오목로 325, 대학빌딩 5층

설 립 일	1980.09.30	**종 업 원 수**	68명	**대 표 이 사**	김승제
상 장 일	1988.12.23	**감 사 의 견**	적정(다산)	**계 열**	
결 산 기	12월	**보 통 주**		**종속회사수**	4개사
액 면 가	500원	**우 선 주**		**구 상 호**	

주주구성 (지분율,%)		출자관계 (지분율,%)		주요경쟁사 (외형,%)	
김승제	31.5	얼반웍스미디어	60.0	이스타코	100
Morgan Stanley & co. International Limited	3.0	케이원제2호위탁관리부동산투자회사	26.3	티비씨	78
(외국인)	2.5			오리콤	311

매출구성		비용구성		수출비중	
영상제작, 광고서비스, 드라마, 영화매출(기타)	66.2	매출원가율	86.2	수출	0.6
주거용오피스텔및상가,건물(기타)	16.4	판관비율	13.8	내수	99.4
주상복합아파트,상가(기타)	7.5				

회사 개요

동사는 1980년 9월 30일에 설립되었고, 1988년 12월 23일자로 상장되었음. 동사의 사업부문은 주택 및 상가를 신축 및 분양하는 부동산분양사업, 입시학원과 보습학원을 운영하는 교육사업, 소유부동산 및 미분양 부동산을 일시 임대하는 임대사업, 식음료를 판매하는 외식사업 등 크게 4가지 사업 부문으로 구분됨. 종속기업인 얼반웍스미디어는 광고대행, 프로모션 등의사업을 영위하고 있음.

실적 분석

동사의 연결기준 2017년 매출액은 538.8억원으로 전년 대비 292.7% 급증하였음. 매출원가 역시 큰폭으로 증가했지만 0.3억원의 영업이익을 시현, 흑자전환에 성공하였음. 비영업 부문의 적자폭을 좁혔으며 최종적으로 29.8억원의 당기순손실을 기록함. 동사는 하남 수산물 상가 분양을 진행 중이며외식사업, 유치부 초등부를 대상으로 하는 영어 어학원을 적극적으로 펼치고 있음.

현금 흐름 <단위 : 억원>

항목	2016	2017
영업활동	-11	242
투자활동	-50	20
재무활동	56	-226
순현금흐름	-4	36
기말현금	14	50

시장 대비 수익률

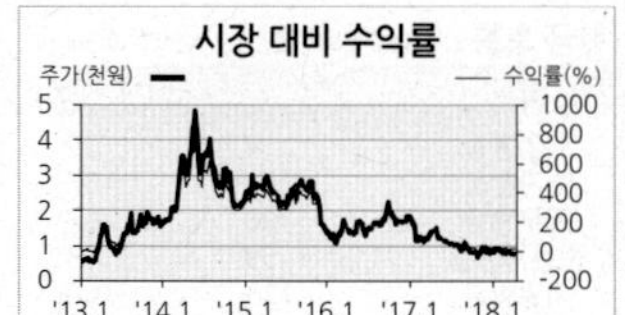

결산 실적 <단위 : 억원>

항목	2012	2013	2014	2015	2016	2017
매출액	109	481	236	239	137	539
영업이익	-21	245	-27	-19	-44	0
당기순이익	-57	183	-31	12	-95	-30

분기 실적 <단위 : 억원>

항목	2016.3Q	2016.4Q	2017.1Q	2017.2Q	2017.3Q	2017.4Q
매출액	35	29	23	31	397	88
영업이익	-12	-16	-15	-4	31	-11
당기순이익	-22	-36	-27	-22	37	-18

재무 상태 <단위 : 억원>

항목	2012	2013	2014	2015	2016	2017
총자산	771	923	705	1,154	1,173	881
유형자산	394	396	388	384	380	379
무형자산	19	22	19	17	8	8
유가증권	12	11	5	1	15	8
총부채	438	405	218	638	751	488
총차입금	270	120	95	523	578	354
자본금	214	214	214	214	214	214
총자본	333	519	487	517	422	393
지배주주지분	334	517	486	509	429	413

기업가치 지표

항목	2012	2013	2014	2015	2016	2017
주가(최고/저)(천원)	1.7/0.3	2.1/0.5	5.0/1.6	3.0/1.5	2.3/1.1	1.9/0.7
PER(최고/저)(배)	—/—	4.9/1.2	—/—	111.0/53.4	—/—	—/—
PBR(최고/저)(배)	2.1/0.4	1.7/0.4	4.3/1.4	2.5/1.2	2.2/1.0	1.9/0.7
EV/EBITDA(배)	—	2.3	—	—	—	112.1
EPS(원)	-131	426	-71	27	-190	-43
BPS(원)	818	1,245	1,172	1,226	1,040	1,003
CFPS(원)	-104	457	-46	43	-177	-31
DPS(원)	—	—	—	—	—	—
EBITDAPS(원)	-21	603	-38	-28	-91	13

재무 비율 <단위 : %>

연도	영업이익률	순이익률	부채비율	차입금비율	ROA	ROE	유보율	자기자본비율	EBITDA마진율
2017	0.1	-5.5	124.3	90.1	-2.9	-4.4	100.7	44.6	1.0
2016	-32.4	-69.6	177.7	136.7	-8.2	-17.3	108.1	36.0	-28.5
2015	-7.8	5.1	123.4	101.3	1.3	2.4	145.1	44.8	-5.0
2014	-11.4	-13.2	44.9	19.6	-3.8	-6.1	134.3	69.0	-6.9

이스트소프트 (A047560)

ESTsoft

업 종	일반 소프트웨어	시 장	KOSDAQ
신용등급	(Bond) — (CP) —	기업규모	벤처
홈페이지	www.estsoft.co.kr	연 락 처	02)583-4620
본 사	서울시 서초구 반포대로3 (서초동, 이스트빌딩)		

설 립 일	1993.10.02	**종업원수**	161명	**대표이사**	정상원
상 장 일	2008.07.01	**감사의견**	적정(삼정)	**계 열**	
결 산 기	12월	**보 통 주**		**종속회사수**	12개사
액 면 가	500원	**우 선 주**		**구 상 호**	

주주구성 (지분율,%)		출자관계 (지분율,%)		주요경쟁사 (외형,%)	
김장중	25.0	엑스포넨셜자산운용	100.0	이스트소프트	100
이엔피게임즈	4.9	이스트글로벌	100.0	라온시큐어	36
(외국인)	1.0	이스트시큐리티	100.0	알서포트	39

매출구성		비용구성		수출비중	
알툴즈패키지/인터넷디스크 등	63.9	매출원가율	0.0	수출	0.2
제휴서비스 & 광고 등	33.0	판관비율	101.5	내수	99.8
위탁개발서비스	3.1				

회사 개요

동사는 1993년 설립된 소프트웨어 개발회사로 알약, 알송, 알집 등 알툴즈 패키지 7개 제품 중 5개 제품은 사용자 기준 국내 1위를 기록하고 있음. 소프트웨어는 신버전 출시로 재구매를 유도하고 신규고객을 창출하는 효과가 있음. 이에 알약의 해외버전 및 업그레이드 버전을 개발하고, 신작게임 하울링쏘드의 마케팅을 강화하고 있음. 2017년 1월 '알약'으로 대표되는 보안사업부분이 자회사 '이스트시큐리티'로 물적 분할됨.

실적 분석

알툴즈 패키지의 안정적인 판매 확대와 알툴즈 제품에서 파생된 부가 서비스 및 광고/웹스토리지 서비스 등의 매출도 증가함. 외형확대에 따른 고정비용 부담 완화로 영업손실 규모는 크게 줄어듦. 2017년 인공지능 기술을 활용한 미래 성장 동력 확보를 위해 보안 자회사 분사 및 금융, 커머스로의 사업확대, 개발인력 확충 등 투자를 실시함. 이스트게임즈는 현재 테스트가 진행 중인 신작 모바일 게임이 출시되면 실적이 증가세로 돌아설 것으로 기대됨.

현금 흐름

〈단위 : 억원〉

항목	2016	2017
영업활동	33	-2
투자활동	-25	-69
재무활동	121	-6
순현금흐름	125	-79
기말현금	180	100

시장 대비 수익률

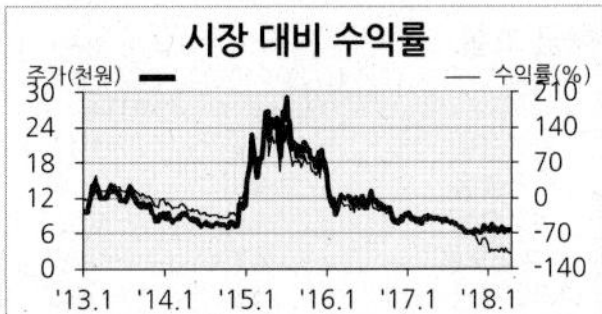

결산 실적

〈단위 : 억원〉

항목	2012	2013	2014	2015	2016	2017
매출액	313	365	429	441	505	585
영업이익	-55	-36	-16	-16	-26	-9
당기순이익	-78	-43	-20	-21	-23	-29

분기 실적

〈단위 : 억원〉

항목	2016.3Q	2016.4Q	2017.1Q	2017.2Q	2017.3Q	2017.4Q
매출액	116	127	136	146	138	166
영업이익	-21	-10	1	2	-7	-4
당기순이익	-24	8	-7	-1	-9	-12

재무 상태

〈단위 : 억원〉

항목	2012	2013	2014	2015	2016	2017
총자산	823	778	766	709	822	769
유형자산	400	426	404	391	421	410
무형자산	54	48	42	37	34	21
유가증권	3	2	0	3	4	0
총부채	535	527	498	428	502	518
총차입금	338	330	273	250	320	326
자본금	25	25	25	49	49	49
총자본	287	250	268	281	320	251
지배주주지분	306	273	275	286	303	231

기업가치 지표

항목	2012	2013	2014	2015	2016	2017
주가(최고/저)(천원)	20.1/9.3	14.8/7.7	11.9/6.9	29.6/10.7	15.6/7.4	9.5/5.8
PER(최고/저)(배)	—/—	—/—	—/—	—/—	—/—	—/—
PBR(최고/저)(배)	6.0/2.8	4.9/2.5	4.3/2.5	10.3/3.7	4.9/2.4	3.8/2.3
EV/EBITDA(배)	—	—	75.9	105.6	223.4	44.3
EPS(원)	-670	-391	-173	-219	-278	-342
BPS(원)	6,692	6,038	5,576	2,887	3,162	2,517
CFPS(원)	-829	-181	295	105	30	-64
DPS(원)	—	—	—	—	—	—
EBITDAPS(원)	-603	-123	315	166	45	191

재무 비율

〈단위 : %〉

연도	영업이익률	순이익률	부채비율	차입금비율	ROA	ROE	유보율	자기자본비율	EBITDA 마진율
2017	-1.5	-5.0	206.8	129.9	-3.7	-12.7	403.4	32.6	3.2
2016	-5.2	-4.6	157.0	99.9	-3.0	-9.4	532.5	38.9	0.9
2015	-3.5	-4.9	152.4	89.0	-2.9	-7.7	477.3	39.6	3.7
2014	-3.8	-4.7	185.8	101.9	-2.6	-6.3	1,015.1	35.0	3.6

이스트아시아홀딩스 (A900110)

East Asia Holdings Investment

업 종	레저용품	시 장	KOSDAQ
신용등급	(Bond) — (CP) —	기업규모	
홈페이지	www.eastasiasports.co.kr	연 락 처	+852-8203-1868
본 사	Suite 501-2 5th Floor, ICBC Tower, 3 Garden Road, Central, Hong Kong		

설 립 일	2009.07.22	**종업원수**	1,593명	**대표이사**	정강위,정소영
상 장 일	2010.04.23	**감사의견**	적정(이촌)	**계 열**	
결 산 기	12월	**보 통 주**		**종속회사수**	8개사
액 면 가	—	**우 선 주**		**구 상 호**	

주주구성 (지분율,%)		출자관계 (지분율,%)		주요경쟁사 (외형,%)	
Ting Keung Wai	17.3	치우즈	100.0	이스트아시아홀딩스	100
Ding Shao Ying	15.2	동아(중국)혜복	100.0	손오공	96
(외국인)	4.5	신동아	100.0	오로라	132

매출구성		비용구성		수출비중	
		매출원가율	0.0	수출	—
		판관비율	0.0	내수	—

회사 개요

동사는 중국에 소재하는 종속기업을 지배하는 것을 주된 사업목적으로 2009년에 홍콩에 설립된 지주회사임. 2012년 현재 사명으로 회사명을 변경. 2010년 한국 코스닥시장에 상장. 동사와 종속기업을 포함한 연결실체는 중국에서 스포츠용 신발제품 및 스포츠용 의류 제품의 판매를 주된 영업활동으로 하고 있음. 연결실체의 주요 영업활동은 QiuZhi에 의하여 수행되고 있으며, 제품은 프랜차이즈 영업점 및 아울렛을 통하여 최종소비자에게 판매됨.

실적 분석

동사의 2017년 3분기기준 누적 매출액은 전년동기대비 10% 하락한 728.5억원을 기록하였음. 비용면에서 전년동기대비 매출원가는 감소 하였으며 인건비도 감소, 광고선전비는 거의 동일 했고 기타판매비와관리비는 크게 감소함. 주춤한 모습의 매출액에 의해 전년동기대비 영업이익은 66.4억원으로 19.1% 하락 하였음. 최종적으로 전년동기대비 당기순이익은 하락하여 48.1억원을 기록함. 작성일 현재 보고서 없음.

현금 흐름

〈단위 : 억원〉

항목	2016	2017
영업활동	172	—
투자활동	-123	—
재무활동	2	—
순현금흐름	52	—
기말현금	547	—

시장 대비 수익률

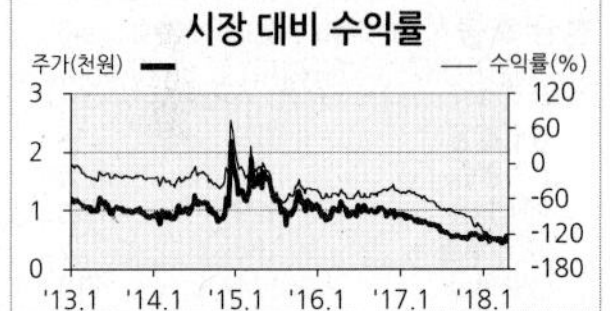

결산 실적

〈단위 : 억원〉

항목	2012	2013	2014	2015	2016	2017
매출액	1,733	1,521	1,063	1,192	1,084	—
영업이익	260	229	128	162	101	—
당기순이익	191	187	-84	35	-96	—

분기 실적

〈단위 : 억원〉

항목	2016.3Q	2016.4Q	2017.1Q	2017.2Q	2017.3Q	2017.4Q
매출액	292	259	189	277	261	—
영업이익	39	9	22	30	19	—
당기순이익	28	-148	16	21	11	—

재무 상태

〈단위 : 억원〉

항목	2012	2013	2014	2015	2016	2017
총자산	1,830	2,072	2,067	2,324	2,154	—
유형자산	348	430	425	369	187	—
무형자산	—	—	—	—	—	—
유가증권	17	53	54	37	36	—
총부채	549	560	610	398	220	—
총차입금	304	304	190	74	52	—
자본금	35	45	379	689	831	—
총자본	1,281	1,513	1,457	1,927	1,934	—
지배주주지분	1,281	1,513	1,457	1,927	1,934	—

기업가치 지표

항목	2012	2013	2014	2015	2016	2017
주가(최고/저)(천원)	—/—	—/—	—/—	—/—	—/—	—/—
PER(최고/저)(배)	3.1/2.0	2.7/1.9	—/—	35.1/12.5	—/—	0.0/0.0
PBR(최고/저)(배)	0.5/0.3	0.4/0.3	0.8/0.2	0.7/0.3	0.5/0.4	0.0/0.0
EV/EBITDA(배)	0.6	0.1	3.6	—	—	0.0
EPS(원)	472	461	-189	60	-120	—
BPS(원)	5,570	5,005	4,383	3,449	2,484	—
CFPS(원)	884	721	-212	99	-117	—
DPS(원)	—	—	—	—	—	—
EBITDAPS(원)	1,161	845	326	339	145	—

재무 비율

〈단위 : %〉

연도	영업이익률	순이익률	부채비율	차입금비율	ROA	ROE	유보율	자기자본비율	EBITDA 마진율
2017	0.0	0.0	0.0	0.0	0.0	0.0	0.0	0.0	0.0
2016	9.3	-8.9	11.4	2.7	-4.3	-5.0	132.7	89.8	9.7
2015	13.6	2.9	20.6	3.8	1.6	2.1	179.7	82.9	13.6
2014	12.1	-7.9	41.9	13.1	-4.0	-5.6	284.8	70.5	10.2

이씨에스텔레콤 (A067010)
ECS Telecom

업 종 : IT 서비스
신용등급 : (Bond) — (CP) —
홈페이지 : www.ecstel.co.kr
본 사 : 서울시 서초구 반포대로28길 8 (서초동, 일홍빌딩 2~6층)
시 장 : KOSDAQ
기업규모 : 벤처
연 락 처 : 02)3415-8300

설 립 일	1999.10.07	**종업원수**	149명	**대표이사**	현해남
상 장 일	2007.12.18	**감사의견**	적정(삼일)	**계 열**	
결 산 기	03월	**보 통 주**		**종속회사수**	
액 면 가	500원	**우 선 주**		**구 상 호**	

주주구성 (지분율,%)		출자관계 (지분율,%)		주요경쟁사 (외형,%)	
현해남	18.0			이씨에스	100
스틱세컨더리펀드(한국모태펀드 05-08)	5.0			민앤지	144
(외국인)	1.1			케이엘넷	65

매출구성		비용구성		수출비중	
Unified Communication(통합커뮤니케이션)	41.6	매출원가율	74.9	수출	0.1
IT Outsourcing(통합유지보수)	26.4	판관비율	20.5	내수	99.9
Contact Center(컨택센터솔루션)	25.7				

회사 개요

동사는 IP Telephony, 업무용 교환기 등 IT 솔루션 및 용역서비스 사업을 영위하는 기업 음성 전문회사임. 주요 사업부문은 IP Telephony, TDM교환시스템, 컨택센타용솔루션, Trading시스템, 유지보수 등이 있음. IP Telephony 기술의 확산단계로 기존의 TDM 방식의 기업음성시장이 IP방식의 솔루션으로 본격적인 전환이 이루어지고 있으며, 이러한 변화는 약 2018년까지 지속될 것으로 예상됨.

실적 분석

3월 결산법인인 동사의 2017년(1~3분기) 누적 매출은 449.7억원으로 전년 동기 대비 7.1% 증가함. 매출은 증가했지만 매출 증가율 대비 매출원가 증가율이 높아 원가 부담이 가중되면서 영업이익은 전년 동기 대비 16.7% 감소한 21억원을 시현함. 비영업 부문에서 소폭 흑자를 기록했지만 영업이익 감소폭이 커 당기순이익은 전년 동기 대비 5.6% 감소한 22.4억원을 기록함.

현금 흐름 *IFRS 별도 기준 〈단위 : 억원〉

항목	2016	2017.3Q
영업활동	129	11
투자활동	-12	8
재무활동	-29	-16
순현금흐름	88	2
기말현금	111	113

시장 대비 수익률

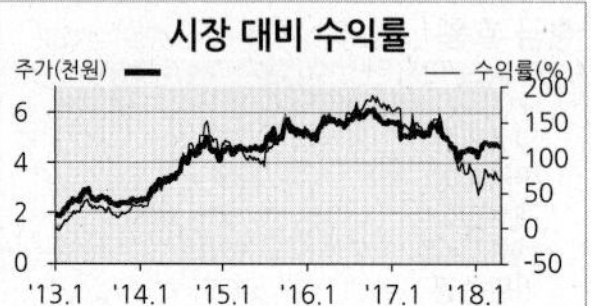

결산 실적 〈단위 : 억원〉

항목	2012	2013	2014	2015	2016	2017
매출액	546	581	623	757	557	—
영업이익	29	39	48	51	26	—
당기순이익	35	44	46	50	27	—

분기 실적 *IFRS 별도 기준 〈단위 : 억원〉

항목	2016.2Q	2016.3Q	2016.4Q	2017.1Q	2017.2Q	2017.3Q
매출액	135	135	137	129	160	161
영업이익	4	11	0	4	11	7
당기순이익	6	9	3	4	10	8

재무 상태 *IFRS 별도 기준 〈단위 : 억원〉

항목	2012	2013	2014	2015	2016	2017.3Q
총자산	444	478	508	632	528	584
유형자산	12	10	8	14	11	10
무형자산	30	30	31	32	33	33
유가증권	1	1	1	0	0	0
총부채	145	145	141	230	114	161
총차입금	45	17	8	17	5	2
자본금	38	38	38	38	38	38
총자본	299	333	368	402	414	423
지배주주지분	299	333	368	402	414	423

기업가치 지표 *IFRS 별도 기준

항목	2012	2013	2014	2015	2016	2017.3Q
주가(최고/저)(천원)	2.8/1.6	3.3/2.3	5.0/3.1	5.8/4.5	6.1/5.0	5.6/4.1
PER(최고/저)(배)	8.0/4.5	7.0/4.8	9.5/5.9	9.8/7.5	18.5/14.8	—/—
PBR(최고/저)(배)	0.9/0.5	0.9/0.6	1.1/0.7	1.2/0.9	1.1/0.9	1.0/0.7
EV/EBITDA(배)	2.1	1.3	2.9	4.0	2.3	—/—
EPS(원)	462	584	620	667	359	298
BPS(원)	4,290	4,738	5,201	5,662	5,818	5,940
CFPS(원)	602	727	781	830	537	433
DPS(원)	180	200	220	250	200	—
EBITDAPS(원)	529	666	795	848	519	415

재무 비율 〈단위 : %〉

연도	영업이익률	순이익률	부채비율	차입금비율	ROA	ROE	유보율	자기자본비율	EBITDA마진율
2016	4.6	4.8	27.6	1.2	4.6	6.6	1,063.6	78.4	7.0
2015	6.8	6.6	57.1	4.3	8.8	13.0	1,032.4	63.6	8.4
2014	7.6	7.5	38.3	2.2	9.4	13.3	940.1	72.3	9.6
2013	6.8	7.5	43.6	5.2	9.5	13.9	847.6	69.7	8.6

이아이디 (A093230)
E Investment&Development

업 종 : 석유 및 가스
신용등급 : (Bond) — (CP) —
홈페이지 : www.eid21.co.kr
본 사 : 경기도 광주시 곤지암읍 경충대로 425,4층
시 장 : 거래소
기업규모 : 시가총액 소형주
연 락 처 : 031)766-1331

설 립 일	2002.06.27	**종업원수**	41명	**대표이사**	김원욱
상 장 일	2007.11.01	**감사의견**	적정(세정)	**계 열**	
결 산 기	12월	**보 통 주**		**종속회사수**	1개사
액 면 가	200원	**우 선 주**		**구 상 호**	이필름

주주구성 (지분율,%)		출자관계 (지분율,%)		주요경쟁사 (외형,%)	
이화전기공업	15.9	에이치비인베스트	100.0	이아이디	100
에이치씨엠인베스트먼트	2.0	한양홀딩스	61.7	E1	5,224
(외국인)	1.9	모메이	50.0	리드코프	524

매출구성		비용구성		수출비중	
유류상품(상품)	98.5	매출원가율	98.9	수출	—
임대 등(기타)	1.5	판관비율	6.4	내수	—

회사 개요

동사는 2002년에 설립되어 2007년 11월에 유가증권시장에 상장되었음. 유류도소매, OMS 및 이동통신기기등이 주요사업부문으로 유류도소매는 국제유가정세 및 환율에 따른 가격변동에 대한 영향이 심해 정밀한 예측이 필요한 경향이 있음. 이동통신기기는 기구 Ass'y(Assembly:조립) 제조산업에 해당되어 있음. 유류사업은 현재 후발주자이므로 단가 경쟁등의 노력을 통해 시장확보를 꾀하는 중임.

실적 분석

동사의 2017년 4분기 기준 누적 매출액은 전년 동기(360.5억원) 대비 134.1% 급증한 843.8억원을 기록함. 그러나 매출원가 역시 크게 증가했고 인건비를 비롯한 판매비와 관리비가 전년 대비 64.2억원을 기록하면서 실적개선에는 실패함. 영업손실은 전년 27.9억원에서 45억원까지 늘어남. 다만 비영업부문에서 흑자전환에 성공하며 전년 140.9억원 당기순손실에서 흑자전환해 2017년 당기순이익은 7.1억원을 시현함.

현금 흐름 〈단위 : 억원〉

항목	2016	2017
영업활동	-23	-197
투자활동	85	-459
재무활동	-18	682
순현금흐름	43	26
기말현금	68	94

시장 대비 수익률

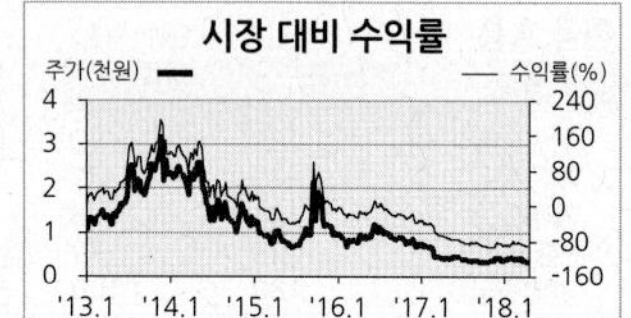

결산 실적 〈단위 : 억원〉

항목	2012	2013	2014	2015	2016	2017
매출액	159	61	256	398	360	844
영업이익	-96	-40	-74	-47	-28	-45
당기순이익	-273	-159	-227	-25	-141	7

분기 실적 〈단위 : 억원〉

항목	2016.3Q	2016.4Q	2017.1Q	2017.2Q	2017.3Q	2017.4Q
매출액	77	129	133	175	228	309
영업이익	-9	24	-10	-11	-12	-12
당기순이익	-32	4	24	-19	25	-23

재무 상태 〈단위 : 억원〉

항목	2012	2013	2014	2015	2016	2017
총자산	483	456	462	789	387	998
유형자산	137	121	292	334	165	163
무형자산	2	22	1	49	0	1
유가증권	2	21	4	260	32	290
총부채	173	261	298	412	104	308
총차입금	127	223	279	360	87	292
자본금	48	53	74	128	145	245
총자본	310	195	165	377	283	691
지배주주지분	310	195	159	377	279	686

기업가치 지표

항목	2012	2013	2014	2015	2016	2017
주가(최고/저)(천원)	3.2/0.9	3.2/1.0	2.8/1.0	2.5/0.6	1.4/0.7	0.8/0.3
PER(최고/저)(배)	—/—	—/—	—/—	—/—	—/—	122.1/51.3
PBR(최고/저)(배)	1.6/0.5	2.4/0.8	6.4/2.3	4.3/1.0	3.6/1.8	1.4/0.6
EV/EBITDA(배)	—	—	—	—	—	—
EPS(원)	-1,138	-656	-743	-34	-191	6
BPS(원)	1,960	1,335	428	589	384	560
CFPS(원)	-1,088	-631	-722	-3	-188	9
DPS(원)	—	—	—	—	—	—
EBITDAPS(원)	-349	-141	-227	-53	-35	-37

재무 비율 〈단위 : %〉

연도	영업이익률	순이익률	부채비율	차입금비율	ROA	ROE	유보율	자기자본비율	EBITDA마진율
2017	-5.3	0.8	44.5	42.3	1.0	1.5	179.8	69.2	-5.0
2016	-7.7	-39.1	36.5	30.5	-24.0	-42.3	91.9	73.2	-7.0
2015	-11.8	-6.3	109.1	95.4	-4.0	-7.2	194.3	47.8	-7.4
2014	-29.1	-89.0	180.6	169.2	-49.5	-126.0	113.9	35.6	-26.6

이에스브이 (A223310)

ESV

업　　종 : 자동차부품
시　　장 : KOSDAQ
신용등급 : (Bond) —　　(CP) —
기업규모 : 벤처
홈페이지 : www.esv.co.kr
연 락 처 : 070)7860-9660
본　　사 : 경기도 성남시 분당구 판교로 744 분당테크노파크 C동 403-1호

설 립 일	2011.01.19	**종업원수**	50명	**대표이사**	진종필
상 장 일	2015.12.24	**감사의견**	적정(대주)	**계　열**	
결 산 기	12월	**보 통 주**		**종속회사수**	5개사
액 면 가	100원	**우 선 주**		**구 상 호**	

주주구성 (지분율,%)		출자관계 (지분율,%)		주요경쟁사 (외형,%)	
코디엠	12.4	피에스엠씨	12.0	이에스브이	100
코오롱 소재부품 투자펀드 2014-2호	4.0	텔루스(온다엔터테인먼트)	0.9	미동앤씨네마	185
				팅크웨어	1,304

매출구성		비용구성		수출비중	
스마트카(대시 캠, 내비게이션 등)	92.6	매출원가율	106.7	수출	0.0
홈IoT(프리미엄 오디오, 로봇청소기 엔진 등)	5.0	판관비율	95.8	내수	100.0
기타(드론, 기타)	2.4				

회사 개요

동사는 2011년 1월 전자제품 부품 개발, 제조 및 판매를 주사업 목적으로 설립됨. 현재 영상처리 기술을 바탕으로 하여 대시 캠, 내비게이션, 드론, 프리미엄 오디오, 로봇청소기 관련 제품 등의 제조, 판매 사업을 영위중임. 향후 고성장이 예상되는 홈 IoT(사물인터넷)와 드론부문을 차세대 성장 사업으로 추진하고 있음. 2017년 3분기 중 에잇디크리에이티브 등 4개사를 연결대상 종속회사로 신규편입했음.

실적 분석

동사의 2017년 연결기준 누적 매출액은 152억원, 영업손실은 156억원을 각각 기록. 동사는 대시캠을 국내 다양한 브랜드 제조사에 납품하고 있으며 향후 홈쇼핑, 주유소, 해당 대기업의 계열사로 비즈니스 확장을 기대하고 있고, 수출을 위해 5개 국어 반영을 완료하였음. 최근 레이싱 드론은 해외 수출을 진행하였으며 향후 VR드론, 촬영용 드론, 교육용 드론 등 다양한 드론을 지속적으로 출시할 예정임.

현금 흐름

〈단위 : 억원〉

항목	2016	2017
영업활동	-64	-110
투자활동	88	-196
재무활동	23	410
순현금흐름	47	104
기말현금	51	154

시장 대비 수익률

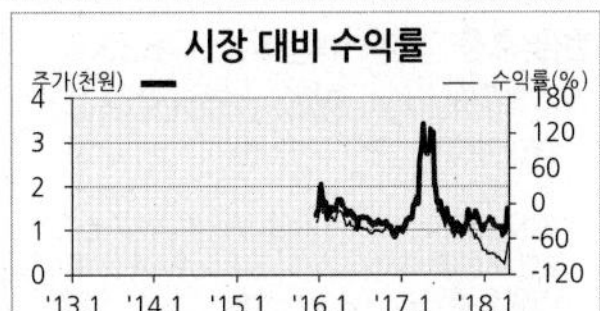

결산 실적

〈단위 : 억원〉

항목	2012	2013	2014	2015	2016	2017
매출액	—	138	336	594	329	152
영업이익	—	1	28	66	-35	-156
당기순이익	—	2	27	51	-22	-276

분기 실적

〈단위 : 억원〉

항목	2016.3Q	2016.4Q	2017.1Q	2017.2Q	2017.3Q	2017.4Q
매출액	66	—	—	52	12	—
영업이익	-9	—	—	-52	-33	—
당기순이익	-7	—	—	-93	-29	—

재무 상태

〈단위 : 억원〉

항목	2012	2013	2014	2015	2016	2017
총자산	—	26	171	348	318	559
유형자산	—	0	7	4	6	53
무형자산	—	—	0	0	13	37
유가증권	—	—	—	2	11	137
총부채	—	19	136	66	49	407
총차입금	—	—	58	17	29	331
자본금	—	6	18	32	33	79
총자본	—	8	35	281	269	152
지배주주지분	—	8	33	281	269	142

기업가치 지표

항목	2012	2013	2014	2015	2016	2017
주가(최고/저)(천원)	#VALUE!	—/—	—/—	—/—	—/—	—/—
PER(최고/저)(배)	0.0/0.0	0.0/0.0	0.0/0.0	10.8/9.0	—/—	—/—
PBR(최고/저)(배)	0.0/0.0	0.0/0.0	0.0/0.0	3.3/2.8	5.0/1.9	19.2/5.3
EV/EBITDA(배)	0.0	—	—	8.8	—	—
EPS(원)	—	14	68	134	-34	-354
BPS(원)	—	6,423	6,800	4,247	4,060	178
CFPS(원)	—	4,241	5,764	1,051	-281	-346
DPS(원)	—	—	—	100	—	—
EBITDAPS(원)	—	1,969	6,428	1,349	-474	-194

재무 비율

〈단위 : %〉

연도	영업이익률	순이익률	부채비율	차입금비율	ROA	ROE	유보율	자기자본비율	EBITDA마진율
2017	-102.5	-182.0	267.9	217.7	-63.0	-133.0	78.3	27.2	-98.7
2016	-10.7	-6.8	18.3	10.8	-6.8	-8.2	712.0	84.5	-9.6
2015	11.0	8.6	23.5	6.0	19.6	32.3	775.9	81.0	11.2
2014	8.4	8.0	385.7	165.0	27.3	124.2	81.3	20.6	8.6

이에스산업 (A241510)

ES INDUSTRY COLTD

업　　종 : 기계
시　　장 : KONEX
신용등급 : (Bond) —　　(CP) —
기업규모 : —
홈페이지 : www.es-is.co.kr
연 락 처 : 070)8667-4522
본　　사 : 충남 아산시 둔포면 봉신로 104-10

설 립 일	2011.11.01	**종업원수**	45명	**대표이사**	장지엔핑
상 장 일	2016.04.26	**감사의견**	적정(이촌)	**계　열**	
결 산 기	12월	**보 통 주**		**종속회사수**	
액 면 가	—	**우 선 주**		**구 상 호**	

주주구성 (지분율,%)		출자관계 (지분율,%)		주요경쟁사 (외형,%)	
HONGKONG K&P INVESTMENT LIMITED	83.3			이에스산업	100
GUOPIN INVESTMENT (AUST) PTY LTD	15.4			수성	261
				흥국	826

매출구성		비용구성		수출비중	
ES산업	55.3	매출원가율	80.2	수출	—
ES POWER	18.8	판관비율	17.5	내수	—
ES전동공구	18.7				

회사 개요

동사는 2011년 설립되어 2014년부터 영업을 개시하였음. 2016년 한국거래소 코넥스증권시장에 주식을 상장함. 동사는 산업용품인 전동공구제조 관련사업을 운영하고 있음. 전동공구는 모터를 동력원으로 하여 기계, 기구, 장치를 만들 때 사용되는 연장임. 2017년 12월 해외 자회사(Hong Kong KPD Investment co.,Ltd)를 청산하였음.

실적 분석

코넥스 상장 기업인 동사의 2017년 연결기준 누적 매출액은 111억원으로 전년동기 대비 19% 외형 감소. 매출원가율 개선과 판매비와 관리비 감소에 힘입어 영업이익은 2.6억원을 시현하며 전년동기 대비 9% 성장함. 다만 비영업손실을 4.5억원 기록하여 당기순손실은 3억원으로 전년 대비 116% 감소함. 이는 내수경기의 침체 및 제조업체의 설비투자 부진으로 시장 규모가 정체된 것과 수입품과의 경쟁이 더욱 치열해진 것이 원인으로 보임.

현금 흐름 *IFRS 별도 기준

〈단위 : 억원〉

항목	2016	2017
영업활동	-25	9
투자활동	-21	30
재무활동	15	-1
순현금흐름	-31	39
기말현금	6	45

시장 대비 수익률

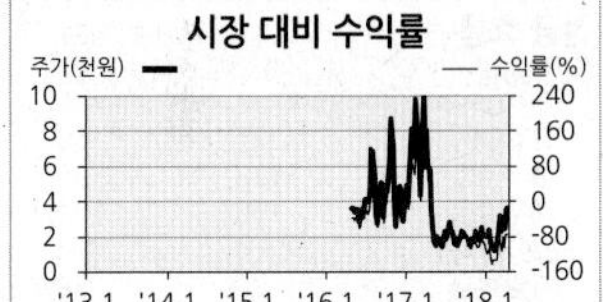

결산 실적

〈단위 : 억원〉

항목	2012	2013	2014	2015	2016	2017
매출액	—	—	102	134	195	111
영업이익	—	-0	-6	-5	10	3
당기순이익	—	-0	-25	9	19	-3

분기 실적 *IFRS 별도 기준

〈단위 : 억원〉

항목	2016.3Q	2016.4Q	2017.1Q	2017.2Q	2017.3Q	2017.4Q
매출액	—	—	—	—	—	—
영업이익	—	—	—	—	—	—
당기순이익	—	—	—	—	—	—

재무 상태 *IFRS 별도 기준

〈단위 : 억원〉

항목	2012	2013	2014	2015	2016	2017
총자산	—	22	58	105	135	109
유형자산	—	—	6	6	3	6
무형자산	—	—	0	0	0	0
유가증권	—	—	—	—	—	—
총부채	—	2	63	74	43	23
총차입금	—	2	44	32	8	—
자본금	—	20	20	22	30	30
총자본	—	20	-5	31	91	86
지배주주지분	—	20	-5	31	91	86

기업가치 지표 *IFRS 별도 기준

항목	2012	2013	2014	2015	2016	2017
주가(최고/저)(천원)	—/—	—/—	—/—	—/—	—/—	—/—
PER(최고/저)(배)	0.0/0.0	0.0/0.0	0.0/0.0	0.0/0.0	23.6/5.7	—/—
PBR(최고/저)(배)	0.0/0.0	0.0/0.0	0.0/0.0	0.0/0.0	6.0/1.5	7.4/0.9
EV/EBITDA(배)	0.0	—	—	—	70.2	20.2
EPS(원)	—	-4	-620	219	387	-52
BPS(원)	—	9,922	-2,517	13,782	1,529	1,435
CFPS(원)	—	-78	-11,866	5,080	415	-28
DPS(원)	—	—	—	—	—	—
EBITDAPS(원)	—	-51	-2,286	-1,843	75	67

재무 비율

〈단위 : %〉

연도	영업이익률	순이익률	부채비율	차입금비율	ROA	ROE	유보율	자기자본비율	EBITDA마진율
2017	2.3	-2.8	26.6	0.0	-1.9	-3.5	187.0	79.0	3.6
2016	5.0	9.5	141.4	8.7	11.5	30.6	203.5	41.4	6.2
2015	-3.8	6.5	241.6	104.1	10.8	전기잠식	37.8	29.3	-2.7
2014	-5.5	-24.4	완전잠식	완전잠식	-62.2	당기잠식	-125.2	-8.7	-4.5

*관리종목

이에스에이 (A052190)

ESA

업 종 : 게임 소프트웨어 | 시 장 : KOSDAQ
신용등급 : (Bond) — (CP) — | 기업규모 :
홈페이지 : www.esa.co.kr | 연 락 처 : 02)598-2554
본 사 : 서울시 강남구 테헤란로 413, 8층(삼성동, 태양빌딩)

설 립 일	1994.10.28	**종업원수**	18명	**대표이사**	박광원
상 장 일	2001.06.13	**감사의견**	한경(GAAP위반)(안세)	**계 열**	
결 산 기	12월	**보 통 주**		**종속회사수**	2개사
액 면 가	500원	**우 선 주**		**구 상 호**	

주주구성 (지분율,%)		출자관계 (지분율,%)		주요경쟁사 (외형,%)	
제이콘 투자조합	15.3	디지털스튜디오투엘	100.0	이에스에이	100
이에스에이제2호투자조합	7.4	오형제	100.0	엔터메이트	162
(외국인)	0.1	에스에프에이치	49.7	엠게임	236

매출구성		비용구성		수출비중	
마케팅 용역	43.3	매출원가율	66.8	수출	0.0
모바일게임	20.4	판관비율	28.0	내수	100.0
온라인게임	19.2				

회사 개요

동사는 1994년 설립되어 게임소프트웨어 개발과 공급 등을 주영업목적으로 하며 온라인 및 모바일 게임을 주력제품으로 하는 업체임. 현재 서비스 중인 온라인 게임의 해외 시장 진출 확대, 지속적인 온라인 게임 및 모바일 게임 개발을 통해 장기적인 매출 증대와 수익이 기대됨. 콘솔 게임의 매출은 미미한 편임. 또한, 개발에 집중되어 있던 사업 구조에서 벗어나 본격적인 퍼블리셔로 전환하기 위해 노력중임.

실적 분석

동사의 2017년 연간 매출액은 전년 대비 792.1% 증가한 116.6억원을 기록함. 영업익은 6.1억원을 기록하며 전년 대비 흑자전환함. 당기순손실은 비영업손익 확대의 영향으로 159.3억원을 기록하며 적자지속함. 모바일 시장의 성장률이 점차 둔화되면서 신규 콘텐츠의 개발이 중요시되는 상황이므로 이에 발맞춘다면 향후 수익 개선이 일어날 수 있을 것이라 기대됨.

현금 흐름

〈단위 : 억원〉

항목	2016	2017
영업활동	-37	-60
투자활동	-128	-95
재무활동	169	164
순현금흐름	4	10
기말현금	28	38

시장 대비 수익률

결산 실적

〈단위 : 억원〉

항목	2012	2013	2014	2015	2016	2017
매출액	56	127	31	32	13	117
영업이익	-7	28	-52	-102	-0	6
당기순이익	28	34	-53	-177	-80	-159

분기 실적

〈단위 : 억원〉

항목	2016.3Q	2016.4Q	2017.1Q	2017.2Q	2017.3Q	2017.4Q
매출액	4	-1	17	37	37	26
영업이익	-22	69	-5	0	4	7
당기순이익	-31	3	-12	-84	-0	-63

재무 상태

〈단위 : 억원〉

항목	2012	2013	2014	2015	2016	2017
총자산	261	302	248	201	369	374
유형자산	2	2	1	2	64	60
무형자산	62	75	84	57	90	71
유가증권	14	14	14	25	44	29
총부채	11	18	16	138	199	164
총차입금	—	1	3	129	160	124
자본금	31	31	31	31	41	67
총자본	250	284	232	63	170	210
지배주주지분	250	284	232	63	154	210

기업가치 지표

항목	2012	2013	2014	2015	2016	2017
주가(최고/저)(천원)	21.7/8.1	25.5/10.3	22.2/10.5	20.7/7.0	13.6/5.7	7.0/2.7
PER(최고/저)(배)	49.0/18.3	46.5/18.8	—/—	—/—	—/—	—/—
PBR(최고/저)(배)	5.4/2.0	5.6/2.3	6.0/2.8	20.4/6.9	7.3/3.0	4.5/1.7
EV/EBITDA(배)	—	13.1	—	—	16.7	32.4
EPS(원)	443	549	-847	-2,852	-1,230	-1,349
BPS(원)	4,028	4,577	3,729	1,013	1,865	1,555
CFPS(원)	553	694	-716	-2,290	-697	-1,252
DPS(원)	—	—	—	—	—	—
EBITDAPS(원)	-6	602	-699	-1,087	528	148

재무 비율

〈단위 : %〉

연도	영업이익률	순이익률	부채비율	차입금비율	ROA	ROE	유보율	자기자본비율	EBITDA마진율
2017	5.2	-136.7	78.2	59.0	-42.9	-87.5	211.1	56.1	15.0
2016	-2.3	-611.9	117.6	94.4	-28.0	-73.6	273.0	46.0	262.8
2015	-321.8	-556.7	219.7	205.8	-78.9	-120.3	102.5	31.3	-212.1
2014	-163.9	-167.3	7.1	1.3	-19.1	-20.4	645.9	93.4	-138.0

이엔드디 (A101360)

E&D

업 종 : 자동차부품 | 시 장 : KONEX
신용등급 : (Bond) — (CP) — | 기업규모 : —
홈페이지 : www.endss.com | 연 락 처 : 043)268-8588
본 사 : 충북 청주시 흥덕구 직지대로 409번길 37

설 립 일	2004.09.16	**종업원수**	72명	**대표이사**	김민용
상 장 일	2013.07.01	**감사의견**	적정(이산)	**계 열**	
결 산 기	12월	**보 통 주**		**종속회사수**	
액 면 가	—	**우 선 주**		**구 상 호**	

주주구성 (지분율,%)		출자관계 (지분율,%)		주요경쟁사 (외형,%)	
김민용	30.1	합비신주최화정화기유한공사	20.0	이엔드디	100
정재훈	8.1			구영테크	822
				티에이치엔	1,716

매출구성		비용구성		수출비중	
시스템(매연저감장치)	36.6	매출원가율	89.3	수출	22.6
촉매/촉매OEM	31.6	판관비율	23.7	내수	77.4
이차전지	30.5				

회사 개요

동사는 매연저감장치, 촉매 OEM 사업 등을 영위하는 회사로 2004년 설립됨. 중소기업 최초로 제1종 DPF 인증을 획득하고, 국내 기업 최초로 독자기술 제2종 PPF 박막코팅 기술을 개발해 인증을 받음. 2차전지 사업에도 진출해 양극활물질 전구체를 제조함. 동사는 관련 제품을 하이브리드차와 전기차에도 공급할 계획임. 중국시장 진출을 위해 2012년 9월 중국 합비시에 유한공사(지분율 20%)을 설립하고 연간 50만대 규모의 공장을 설립함.

실적 분석

동사는 코넥스 상장 기업으로 분기보고서 공시 의무없음. 동사의 2017년 매출액은 182.3억원으로 전년 대비 30.3% 감소함. 영업손실은 23.6억원으로 적자지속됨. 당기순손실 또한 37.4억원으로 적자를 이어갔음. 동사의 매연저감장치는 환경부 예산 집행에 의해 수행되는 사업임. 정부 정책의 변동이 수요에 직간접적인 영향을 미침. 동사가 신성장동력으로 추진하는 2차전지 시장은 수요 증가로 성장세를 보일 전망임.

현금 흐름 *IFRS 별도 기준

〈단위 : 억원〉

항목	2016	2017
영업활동	10	23
투자활동	-6	-1
재무활동	7	-6
순현금흐름	10	16
기말현금	16	32

시장 대비 수익률

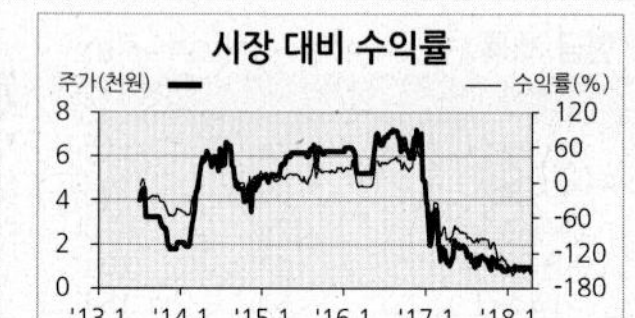

결산 실적

〈단위 : 억원〉

항목	2012	2013	2014	2015	2016	2017
매출액	201	224	179	203	262	182
영업이익	8	9	2	-43	-13	-24
당기순이익	3	6	2	-40	-15	-37

분기 실적 *IFRS 별도 기준

〈단위 : 억원〉

항목	2016.3Q	2016.4Q	2017.1Q	2017.2Q	2017.3Q	2017.4Q
매출액	—	—	—	—	—	—
영업이익	—	—	—	—	—	—
당기순이익	—	—	—	—	—	—

재무 상태 *IFRS 별도 기준

〈단위 : 억원〉

항목	2012	2013	2014	2015	2016	2017
총자산	294	309	346	355	350	312
유형자산	130	136	135	148	139	131
무형자산	36	48	50	51	47	40
유가증권	0	0	0	1	1	0
총부채	187	193	224	273	282	282
총차입금	163	172	213	259	266	260
자본금	30	31	31	31	31	31
총자본	107	115	122	82	68	30
지배주주지분	107	115	122	82	68	30

기업가치 지표 *IFRS 별도 기준

항목	2012	2013	2014	2015	2016	2017
주가(최고/저)(천원)	—/—	4.7/1.8	6.7/1.9	6.5/4.4	7.3/4.8	4.8/0.7
PER(최고/저)(배)	0.0/0.0	45.2/17.3	165.7/46.7	—/—	—/—	—/—
PBR(최고/저)(배)	0.0/0.0	2.4/0.9	3.6/1.0	5.0/3.4	6.7/4.5	9.3/1.4
EV/EBITDA(배)	7.6	14.3	30.0	—	62.8	—
EPS(원)	57	104	40	-597	-229	-561
BPS(원)	1,845	1,945	1,887	1,296	1,080	516
CFPS(원)	244	280	262	-319	101	-236
DPS(원)	—	—	—	—	—	—
EBITDAPS(원)	315	327	260	-364	128	-29

재무 비율

〈단위 : %〉

연도	영업이익률	순이익률	부채비율	차입금비율	ROA	ROE	유보율	자기자본비율	EBITDA마진율
2017	-13.0	-20.5	일부잠식	일부잠식	-11.3	-76.2	12.2	9.7	-1.1
2016	-5.2	-5.8	415.7	392.4	-4.3	-20.3	134.5	19.4	3.3
2015	-21.1	-19.6	331.5	314.6	-11.4	-39.0	181.6	23.2	-11.9
2014	1.3	1.4	184.3	175.3	—	—	309.9	35.2	9.0

이엔쓰리 (A074610)

EN3

업 종 : 기계 | 시 장 : 거래소
신용등급 : (Bond) — (CP) — | 기업규모 : 시가총액 소형주
홈페이지 : www.en3.co.kr | 연 락 처 : 031)366-9600
본 사 : 경기도 화성시 비봉면 현대기아로 818-11

설 립 일	2003.12.03	**종 업 원 수**	81명	**대 표 이 사**	정영우
상 장 일	2003.12.23	**감 사 의 견**	적정(삼정)	**계 열**	
결 산 기	12월	**보 통 주**		**종속회사수**	2개사
액 면 가	500원	**우 선 주**		**구 상 호**	이엔쓰리

주주구성 (지분율,%)		출자관계 (지분율,%)		주요경쟁사 (외형,%)	
오에스티에이	7.9	네오나노메딕스코리아	100.0	나노메딕스	100
전태랑	4.9			디케이락	120
(외국인)	0.4			서암기계공업	91

매출구성		비용구성		수출비중	
중형물탱크차 등	98.8	매출원가율	84.1	수출	28.5
부품, 외주가공품 등	1.2	판관비율	17.0	내수	71.5

회사 개요

동사는 2000년 오염정화업을 목적으로 설립되었으나, 2006년 소방용 기계기구의 제조업을 영위하는 스타코넷을 인수합병하며 상장한 후, 2008년에 기존 사업부문 중 환경사업부문을 물적분할하고 소방사업만을 영위함. 2006년 인도네시아 술라웨시 주정부와 바이오에탄올사업을 위한 협력개발 합의서를 체결하고 PT. EN3 GREEN ENERGY를 설립하여 원료가공플랜트를 운영 중임.

실적 분석

동사의 2017년 연간 매출액은 전년동기대비 16.5% 상승한 446.8억원을 기록하였음. 비용면에서 전년동기대비 매출원가는 증가 했으며 인건비도 증가, 광고선전비도 크게 증가, 기타판매비와관리비는 증가함. 이와 같이 상승한 매출액 대비 비용증가가 높아 매출액은 성장했지만 원가 증가로 인해 전년동기대비 영업손실은 4.7억원으로 적자전환 하였음. 최종적으로 전년동기대비 당기순손실은 적자전환하여 117.7억원을 기록함.

현금 흐름 〈단위 : 억원〉

항목	2016	2017
영업활동	19	-214
투자활동	-19	-182
재무활동	30	426
순현금흐름	31	28
기말현금	59	87

시장 대비 수익률

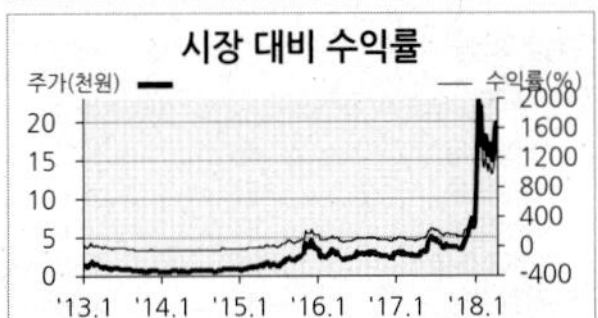

결산 실적 〈단위 : 억원〉

항목	2012	2013	2014	2015	2016	2017
매출액	159	158	167	181	384	447
영업이익	-18	4	12	16	43	-5
당기순이익	-37	-13	8	7	21	-118

분기 실적 〈단위 : 억원〉

항목	2016.3Q	2016.4Q	2017.1Q	2017.2Q	2017.3Q	2017.4Q
매출액	88	142	66	91	155	134
영업이익	7	19	2	-12	4	2
당기순이익	6	15	2	-14	1	-106

재무 상태 〈단위 : 억원〉

항목	2012	2013	2014	2015	2016	2017
총자산	125	98	123	142	218	518
유형자산	72	67	64	57	59	194
무형자산	3	4	5	3	3	3
유가증권	1	2	2	0	0	56
총부채	45	37	45	57	80	385
총차입금	23	21	8	26	21	292
자본금	73	73	81	81	88	109
총자본	80	61	77	84	138	133
지배주주지분	80	62	78	86	140	135

기업가치 지표

항목	2012	2013	2014	2015	2016	2017
주가(최고/저)(천원)	4.5/1.0	1.9/0.6	1.0/0.5	4.8/0.8	3.6/2.0	7.2/2.5
PER(최고/저)(배)	—/—	—/—	19.4/10.7	110.0/17.4	28.6/15.9	—/—
PBR(최고/저)(배)	8.1/1.9	4.5/1.3	2.0/1.1	9.1/1.4	4.5/2.5	10.4/3.6
EV/EBITDA(배)	—	11.7	9.6	32.2	9.6	—
EPS(원)	-255	-86	50	44	124	-580
BPS(원)	554	428	484	529	790	693
CFPS(원)	-197	-60	61	55	134	-566
DPS(원)	—	—	—	—	—	—
EBITDAPS(원)	-67	54	94	108	265	-10

재무 비율 〈단위 : %〉

연도	영업이익률	순이익률	부채비율	차입금비율	ROA	ROE	유보율	자기자본비율	EBITDA마진율
2017	-1.1	-26.3	288.4	218.5	-32.0	-85.8	38.5	25.8	-0.4
2016	11.1	5.4	57.7	15.4	11.5	18.4	58.1	63.4	11.5
2015	8.7	3.8	68.0	31.1	5.2	8.7	5.8	59.5	9.7
2014	7.4	4.5	일부잠식	일부잠식	6.8	10.8	-3.3	63.0	8.5

이엔에프테크놀로지 (A102710)

ENF Technology

업 종 : 반도체 및 관련장비 | 시 장 : KOSDAQ
신용등급 : (Bond) — (CP) — | 기업규모 : 우량
홈페이지 : www.enftech.com | 연 락 처 : 031)881-8200
본 사 : 경기도 용인시 기흥구 탑실로35번길 14 한국알콜산업그룹빌딩

설 립 일	2000.05.01	**종 업 원 수**	389명	**대 표 이 사**	지용석,정진배
상 장 일	2009.05.28	**감 사 의 견**	적정(세일)	**계 열**	
결 산 기	12월	**보 통 주**		**종속회사수**	2개사
액 면 가	500원	**우 선 주**		**구 상 호**	

주주구성 (지분율,%)		출자관계 (지분율,%)		주요경쟁사 (외형,%)	
한국알콜	26.1	엘바텍	74.0	이엔에프테크놀로지	100
지용석	7.0	진솔원	40.0	원익홀딩스	125
(외국인)	8.9	팸테크놀로지	39.0	테스	71

매출구성		비용구성		수출비중	
프로세스 케미칼 등	99.2	매출원가율	78.6	수출	23.7
전구체	0.8	판관비율	9.6	내수	76.3

회사 개요

동사는 2000년에 설립되어 반도체 및 TFT LCD 소재인 프로세스 케미칼, 반도체 포토레지스트용 핵심원료 및 TFT LCD의 칼라필터용 칼라페이스트를 제조하며, 전방 산업은 반도체 및 TFT LCD 제조업임. 종속회사로는 엘바텍과 이엔에프차이나홀딩스 등 2개사가 있음. 엘바텍은 2차전지에서 양극활물질의 재료인 전구체를 생산함. 이차전지 재료는 내수로만 판매하다가 2016년부터 수출을 시작하며 납품처를 확대하고 있음.

실적 분석

전방산업의 호황으로 양호한 실적을 이어가고 있음. 반도체, 디스플레이 업체 가동률 상승이 예상되는 가운데 아직 점유율이 높지 않은 삼성디스플레이 유기발광다이오드 박리액, 시너 등 출하가 점진적으로 확대되고 있음. 3분기부터 본격 가동 시작한 삼성전자 평택라인 3D 낸드 식각액 출하가 증가한 것도 실적 증가에 기여함. 2018년에도 전방업체들의 출하량 증가에 따른 가동률 상승이 화학 공정 수요 확대를 이끌어 실적 상승세가 이어질 전망임.

현금 흐름 〈단위 : 억원〉

항목	2016	2017
영업활동	451	329
투자활동	-247	-387
재무활동	34	-100
순현금흐름	226	-162
기말현금	320	158

시장 대비 수익률

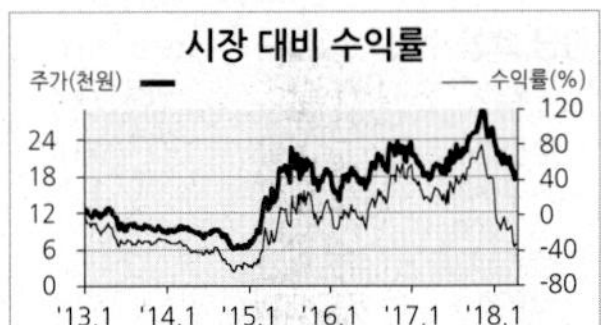

결산 실적 〈단위 : 억원〉

항목	2012	2013	2014	2015	2016	2017
매출액	2,324	2,201	2,486	3,119	3,317	3,870
영업이익	196	120	138	379	451	453
당기순이익	133	67	78	290	216	260

분기 실적 〈단위 : 억원〉

항목	2016.3Q	2016.4Q	2017.1Q	2017.2Q	2017.3Q	2017.4Q
매출액	848	865	915	941	1,012	1,002
영업이익	106	140	77	110	130	137
당기순이익	77	-0	43	93	107	18

재무 상태 〈단위 : 억원〉

항목	2012	2013	2014	2015	2016	2017
총자산	1,574	1,695	1,863	2,216	2,556	2,652
유형자산	818	976	991	1,122	1,166	1,270
무형자산	59	86	63	66	61	61
유가증권	—	—	—	—	—	—
총부채	565	603	698	759	893	744
총차입금	273	326	361	321	363	247
자본금	71	71	71	71	71	71
총자본	1,009	1,093	1,165	1,457	1,663	1,908
지배주주지분	901	999	1,095	1,397	1,617	1,881

기업가치 지표

항목	2012	2013	2014	2015	2016	2017
주가(최고/저)(천원)	14.6/8.2	13.4/8.5	10.2/5.9	23.9/6.6	24.5/14.0	29.0/17.1
PER(최고/저)(배)	14.8/8.3	22.0/14.0	14.4/8.3	11.4/3.2	14.1/8.1	14.9/8.8
PBR(최고/저)(배)	2.3/1.3	1.9/1.2	1.3/0.8	2.4/0.7	2.2/1.2	2.2/1.3
EV/EBITDA(배)	7.8	7.4	4.7	5.6	5.6	6.2
EPS(원)	1,016	620	718	2,121	1,741	1,958
BPS(원)	6,536	7,191	7,838	9,885	11,423	13,258
CFPS(원)	1,563	1,355	1,661	3,127	2,893	3,061
DPS(원)	50	50	50	50	50	100
EBITDAPS(원)	1,928	1,579	1,918	3,672	4,326	4,297

재무 비율 〈단위 : %〉

연도	영업이익률	순이익률	부채비율	차입금비율	ROA	ROE	유보율	자기자본비율	EBITDA마진율
2017	11.7	6.7	39.0	12.9	10.0	15.9	2,551.7	72.0	15.8
2016	13.6	6.5	53.7	21.8	9.1	16.4	2,184.5	65.1	18.5
2015	12.1	9.3	52.1	22.0	14.3	24.2	1,877.1	65.8	16.7
2014	5.6	3.1	59.9	31.0	4.4	9.7	1,467.6	62.5	11.0

이엘케이 (A094190)

ELK

업 종	휴대폰 및 관련부품	시 장	KOSDAQ
신용등급	(Bond) B (CP) —	기업규모	중견
홈페이지	www.elk.co.kr	연 락 처	042)939-9300
본 사	대전시 유성구 테크노2로 89		

설 립 일	1999.04.28	**종 업 원 수**	398명	**대 표 이 사**	신동혁
상 장 일	2007.10.26	**감 사 의 견**	적정(삼정)	**계 열**	
결 산 기	12월	**보 통 주**		**종속회사수**	5개사
액 면 가	500원	**우 선 주**		**구 상 호**	

주주구성 (지분율,%)		출자관계 (지분율,%)		주요경쟁사 (외형,%)	
신동혁	11.1	두모전자	100.0	이엘케이	100
알리안츠글로벌인베스터스자산운용	1.0	비씨앤티	100.0	디스플레이텍	33
(외국인)	1.6	유성전자	100.0	육일씨엔에쓰	59

매출구성		비용구성		수출비중	
Touch Panel 외	98.5	매출원가율	94.6	수출	—
EL제품 외	1.5	판관비율	6.3	내수	—

회사 개요

동사는 1999년 설립된 휴대폰 부품 전문 업체로서, 정전용량 방식의 터치패널을 주로 생산 중임. 정전용량 방식 터치패널은 스마트폰을 통해 이미 소비자들에게 익숙해져 있으며, 태블릿PC 시장 확대까지 가세하여 지속적으로 수요 증가 추세에 있음. 동사는 국내 최대 규모의 정전용량 방식 터치패널 생산설비를 보유하고 있으며, LG전자, 모토로라, 소니 등 안정적인 거래처를 확보. 매출의 대부분을 수출이 차지. 최근 유상증자 및 투자유치에 성공함.

실적 분석

동사의 2017년 누적 매출은 2,509.8억원으로 전년대비 43.8% 증가, 영업이익은 -22.2억원으로 적자지속함. 당기순이익은 전년 대비 적자폭 축소되었으나 -75.8억원으로 적자지속. EL 제품부문과 Touch Panel 제품부문 모두 외형성장 하였으나 원가율 상승으로 수익성 악화. IOT(사물인터넷)의 확산으로 최근 냉장고, 세탁기, 에어컨 등에 TSP 적용이 확대되고 있어 신규 거래선 등록이 전망됨.

현금 흐름 〈단위 : 억원〉

항목	2016	2017
영업활동	-137	-137
투자활동	45	135
재무활동	3	-57
순현금흐름	-88	-62
기말현금	77	15

시장 대비 수익률

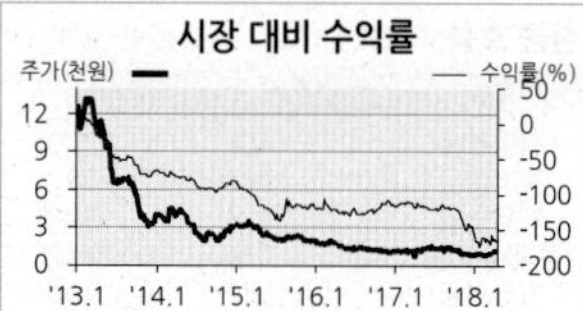

결산 실적 〈단위 : 억원〉

항목	2012	2013	2014	2015	2016	2017
매출액	1,839	2,878	3,456	2,219	1,746	2,510
영업이익	-60	-425	117	-146	-509	-22
당기순이익	-74	-414	15	-348	-717	-76

분기 실적 〈단위 : 억원〉

항목	2016.3Q	2016.4Q	2017.1Q	2017.2Q	2017.3Q	2017.4Q
매출액	409	717	549	601	720	641
영업이익	-60	-119	12	-28	4	-9
당기순이익	-63	-234	7	-24	-22	-37

재무 상태 〈단위 : 억원〉

항목	2012	2013	2014	2015	2016	2017
총자산	3,139	3,233	2,909	2,301	1,835	1,605
유형자산	1,309	1,515	1,459	1,054	820	692
무형자산	52	45	30	21	6	3
유가증권	9	9	9	9	9	3
총부채	2,209	2,288	1,865	1,589	1,666	1,209
총차입금	1,745	1,955	1,628	1,361	1,203	828
자본금	70	88	88	88	155	330
총자본	929	945	1,044	713	169	396
지배주주지분	929	945	1,044	713	169	396

기업가치 지표

항목	2012	2013	2014	2015	2016	2017
주가(최고/저)(천원)	21.0/7.6	18.3/4.1	6.2/2.6	4.7/2.4	2.6/1.3	1.7/0.7
PER(최고/저)(배)	—/—	—/—	71.3/29.4	—/—	—/—	—/—
PBR(최고/저)(배)	2.8/1.0	3.4/0.8	1.0/0.4	1.1/0.6	4.0/2.0	2.7/1.2
EV/EBITDA(배)	61.2	—	7.7	92.3	—	11.6
EPS(원)	-407	-2,143	65	-1,483	-2,316	-143
BPS(원)	7,544	5,383	5,936	4,132	592	622
CFPS(원)	429	-1,615	1,119	-1,040	-2,240	117
DPS(원)	—	—	—	—	—	—
EBITDAPS(원)	529	-1,692	1,697	105	-1,410	218

재무 비율 〈단위 : %〉

연도	영업이익률	순이익률	부채비율	차입금비율	ROA	ROE	유보율	자기자본비율	EBITDA마진율
2017	-0.9	-3.0	305.3	209.0	-4.4	-26.8	24.4	24.7	4.6
2016	-29.2	-41.1	985.8	711.7	-34.7	-162.7	18.3	9.2	-20.3
2015	-6.6	-15.7	223.0	191.0	-13.4	-39.6	726.3	31.0	0.8
2014	3.4	0.4	178.6	155.9	0.5	1.5	1,087.1	35.9	8.6

이엘피 (A063760)

ELP

업 종	디스플레이 및 관련부품	시 장	KOSDAQ
신용등급	(Bond) — (CP) —	기업규모	벤처
홈페이지	www.elp.co.kr	연 락 처	031)8036-5800
본 사	경기도 화성시 삼성1로5길 36		

설 립 일	1999.10.16	**종 업 원 수**	105명	**대 표 이 사**	이재혁
상 장 일	2015.04.28	**감 사 의 견**	적정(이촌)	**계 열**	
결 산 기	12월	**보 통 주**		**종속회사수**	2개사
액 면 가	500원	**우 선 주**		**구 상 호**	

주주구성 (지분율,%)		출자관계 (지분율,%)		주요경쟁사 (외형,%)	
이재혁	20.2	ELPSuzhouTechnologyCorporation	100.0	이엘피	100
코오롱2011신성장투자조합	4.1	GNKHONGKONG	100.0	디이엔티	395
(외국인)	8.9			세진티에스	50

매출구성		비용구성		수출비중	
OLED패널검사기 등	99.7	매출원가율	47.0	수출	24.0
임대료수익	0.3	판관비율	13.2	내수	76.0

회사 개요

측정, 시험, 항해 제어 및 기타 정밀기기 제조업체이며, 주 제품으로는 AMOLED, LCD 디스플레이 검사장비를 생산하는 업체로서, 2015년 4월 28일 코넥스에 상장했음. AMOLED 패널에 대한 에이징 시스템과, 검사 시스템, 그리고 모듈 단위의 에이징 시스템을 판매하고 있으며 신뢰성 검사 등을 위한 시스템을 판매하고 있음. 연구개발에서 지속적으로 투자하고 있으며, 차세대 플렉시블 디스플레이로 영역을 넓히고 있음.

실적 분석

동사의 2017년 연결 기준 연간 누적 매출액은 456.3억원으로 전년 동기 대비 47.6% 증가함. 매출이 증가하면서 매출원가와 판관비도 늘었지만 매출 증가에 따른 고정비용 감소효과로 영업이익은 전년 동기 대비 58.7% 증가한 181.7억원을 시현함. 비영업 부문에서 적자가 지속됐지만 영업이익 증가폭이 워낙 커 당기순이익은 전년 동기 대비 49.6% 증가한 160.8억원을 기록함.

현금 흐름 〈단위 : 억원〉

항목	2016	2017
영업활동	46	147
투자활동	-93	-38
재무활동	21	56
순현금흐름	-26	163
기말현금	43	206

시장 대비 수익률

결산 실적 〈단위 : 억원〉

항목	2012	2013	2014	2015	2016	2017
매출액	61	147	102	161	309	456
영업이익	9	40	12	31	114	182
당기순이익	9	38	11	31	107	161

분기 실적 〈단위 : 억원〉

항목	2016.3Q	2016.4Q	2017.1Q	2017.2Q	2017.3Q	2017.4Q
매출액	80	121	120	93	120	123
영업이익	38	44	55	39	59	30
당기순이익	31	45	46	36	56	22

재무 상태 〈단위 : 억원〉

항목	2012	2013	2014	2015	2016	2017
총자산	71	123	166	204	369	602
유형자산	10	17	74	65	121	121
무형자산	0	1	1	1	2	2
유가증권	0	0	0	—	—	—
총부채	6	20	49	80	110	65
총차입금	—	—	40	67	60	—
자본금	19	19	20	16	20	25
총자본	65	103	117	124	260	536
지배주주지분	65	103	117	124	260	536

기업가치 지표

항목	2012	2013	2014	2015	2016	2017
주가(최고/저)(천원)	—/—	—/—	—/—	6.2/2.0	24.9/5.1	31.4/17.6
PER(최고/저)(배)	0.0/0.0	0.0/0.0	0.0/0.0	7.0/2.2	8.0/1.6	9.1/5.1
PBR(최고/저)(배)	0.0/0.0	0.0/0.0	0.0/0.0	1.7/0.6	3.3/0.7	2.7/1.5
EV/EBITDA(배)	—	—	—	4.4	7.4	6.4
EPS(원)	252	971	270	767	2,688	3,441
BPS(원)	1,680	2,654	2,946	3,112	6,467	11,844
CFPS(원)	274	996	373	873	2,798	3,544
DPS(원)	—	—	—	—	—	—
EBITDAPS(원)	280	1,059	416	886	2,973	3,990

재무 비율 〈단위 : %〉

연도	영업이익률	순이익률	부채비율	차입금비율	ROA	ROE	유보율	자기자본비율	EBITDA마진율
2017	39.8	35.2	12.2	0.0	33.1	40.4	2,268.7	89.1	40.9
2016	37.0	34.8	42.3	23.1	37.5	56.1	1,193.4	70.3	38.5
2015	19.3	19.0	64.8	53.9	—	—	679.2	60.7	21.9
2014	12.1	10.5	41.7	34.1	7.4	9.7	489.3	70.6	16.1

이엠넷 (A123570)

EMNET

업 종 : 미디어 | 시 장 : KOSDAQ
신용등급 : (Bond) — (CP) — | 기업규모 : 중견
홈페이지 : www.emnet.co.kr | 연 락 처 : 02)2277-8877
본 사 : 서울시 구로구 디지털로34길 27 (구로동, 대륭포스트타워 3차 14층)

설 립 일	2000.04.20	**종업원수**	244명	**대표이사**	김영원
상 장 일	2011.11.25	**감사의견**	적정(삼일)	**계 열**	
결 산 기	12월	**보 통 주**		**종속회사수**	3개사
액 면 가	500원	**우 선 주**		**구 상 호**	

주주구성 (지분율,%)		출자관계 (지분율,%)		주요경쟁사 (외형,%)	
김영원	32.5	네프미디어	100.0	이엠넷	100
Transcosmos inc	25.1	eMnetJapan.	100.0	팬엔터테인먼트	147
(외국인)	26.1	BeijingeMnetCo.	100.0	에프엔씨애드컬쳐	116

매출구성		비용구성		수출비중	
네이버(국내)	37.9	매출원가율	0.0	수출	32.9
용역 / 임대수입(국내) 외	23.2	판관비율	85.5	내수	67.1
구글(일본)	16.5				

회사 개요

동사의 주요서비스는 광고주 비즈니스의 목적과 마케팅 방향에 따라 온라인마케팅 전략을 수립하며, 동사와 제휴된 온라인 매체를 통하여 디지털 환경에서의 광고(검색, 배너, 모바일, 바이럴 등)을 설계하고 집행함. 자체 기술력으로 개발한 솔루션은 국내와 일본에 특허 등록 되었으며, 각 솔루션은 광고 집행의 효율성 개선은 물론 광고 성과에 대한 객관적인 지표들을 제공함.

실적 분석

동사의 2017년도는 국내부문, 해외부문 모두 경영성과 개선에 기여하였고, 2016년 중단영업을 결정한 네프미디어의 중단영업손실 영향이 제거되었음. 이에 따라 2017년 영업수익(매출액) 288.1억, 영업이익 41.8억, 당기순이익 38.5억을 달성하였음. 이러한 경영성과의 영향으로 유동비율 231%, 부채비율 60%로 재무건전성이 지속적으로 개선되고 있음.

현금 흐름

<단위 : 억원>

항목	2016	2017
영업활동	-3	60
투자활동	26	-18
재무활동	11	1
순현금흐름	37	39
기말현금	122	161

시장 대비 수익률

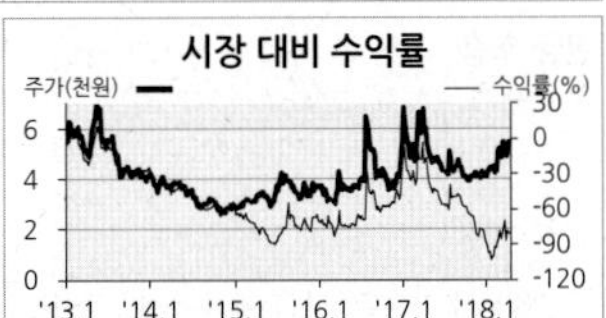

결산 실적

< 단위 : 억원 >

항목	2012	2013	2014	2015	2016	2017
매출액	321	286	267	251	273	288
영업이익	64	33	22	28	33	42
당기순이익	52	25	22	27	22	38

분기 실적

< 단위 : 억원 >

항목	2016.3Q	2016.4Q	2017.1Q	2017.2Q	2017.3Q	2017.4Q
매출액	67	73	73	71	70	75
영업이익	8	9	14	9	11	9
당기순이익	6	8	12	9	10	7

재무 상태

< 단위 : 억원 >

항목	2012	2013	2014	2015	2016	2017
총자산	548	588	641	619	644	700
유형자산	96	93	92	102	99	102
무형자산	2	3	2	2	2	1
유가증권	—	—	1	—	—	1
총부채	233	274	322	273	254	264
총차입금	4	70	95	24	5	0
자본금	28	28	28	28	55	56
총자본	315	314	319	345	390	436
지배주주지분	315	314	319	345	390	436

기업가치 지표

항목	2012	2013	2014	2015	2016	2017
주가(최고/저)(천원)	5.7/3.0	7.2/3.8	4.2/2.6	4.3/2.7	6.7/3.0	7.0/3.8
PER(최고/저)(배)	12.5/6.7	33.1/17.5	21.6/13.3	18.1/11.5	33.0/15.1	20.4/11.2
PBR(최고/저)(배)	2.1/1.1	2.5/1.3	1.4/0.9	1.3/0.8	1.9/0.9	1.8/1.0
EV/EBITDA(배)	5.5	6.5	2.7	7.2	10.6	4.2
EPS(원)	471	224	200	242	204	346
BPS(원)	5,725	5,982	6,200	6,719	3,546	3,915
CFPS(원)	1,007	519	476	563	256	401
DPS(원)	90	50	40	50	20	30
EBITDAPS(원)	1,235	672	469	589	348	431

재무 비율

< 단위 : % >

연도	영업이익률	순이익률	부채비율	차입금비율	ROA	ROE	유보율	자기자본비율	EBITDA마진율
2017	14.5	13.4	60.5	0.1	5.7	9.3	683.0	62.3	16.7
2016	11.9	8.2	65.0	1.2	3.6	6.1	609.2	60.6	14.0
2015	11.2	10.6	79.1	6.8	4.2	8.0	1,243.8	55.8	12.9
2014	8.1	8.2	100.8	29.8	3.6	6.9	1,139.9	49.8	9.7

이엠따블유 (A079190)

EMW

업 종 : 휴대폰 및 관련부품 | 시 장 : KOSDAQ
신용등급 : (Bond) — (CP) — | 기업규모 : 중견
홈페이지 : www.emw.co.kr | 연 락 처 : 02)2107-5500
본 사 : 인천시 남동구 남동서로 155(고잔동,남동공단 80블럭 4로트)

설 립 일	1998.06.01	**종업원수**	278명	**대표이사**	유병훈
상 장 일	2005.11.29	**감사의견**	적정(삼화)	**계 열**	
결 산 기	12월	**보 통 주**		**종속회사수**	2개사
액 면 가	500원	**우 선 주**		**구 상 호**	

주주구성 (지분율,%)		출자관계 (지분율,%)		주요경쟁사 (외형,%)	
유병훈	18.3	EMW	100.0	EMW	100
성원모	4.1	메드믹스	51.0	제주반도체	164
(외국인)	2.5			성우전자	256

매출구성		비용구성		수출비중	
안테나	92.3	매출원가율	76.8	수출	29.8
소재	4.2	판관비율	22.6	내수	70.2
자재등 기타	1.7				

회사 개요

동사는 1998년 설립되어 소형 안테나 사업을 영위하고 있으며 특히 휴대폰 안테나 사업부문에서 90% 이상 매출비중을 차지하고 있음. 또한 무선통신 설계 및 소재 관련 사업 등을 영위하고 있음. 안테나 부문 선도 기업으로 안테나와 연관된 RF 사업부문이나, 단말기 모듈화 사업 또는 다른 부품 사업에 진출할 계획을 가지고 있으며, 비교적 적은 투자비용으로 빠른 시간내 사업다각화가 가능할 것으로 판단됨.

실적 분석

동사의 2017년 전체 매출은 715.5억원으로 전년대비 17.1% 감소, 영업이익은 4.8억원으로 전년대비 88.5% 감소. 당기순이익은 -33.3억원으로 적자전환 시현. 전방산업인 휴대폰 경기 둔화로 관련 매출 감소. 전체 외형 축소로 고정비 부담이 가중되면서 수익성은 부진. 2018년에 5G 관련 투자 진행으로 일부 반사이익 기대. 신규사업으로 공기정화살균기(클라로) 사확대로 신성장 도모에 주력.

현금 흐름

<단위 : 억원>

항목	2016	2017
영업활동	108	23
투자활동	-56	-54
재무활동	-2	-10
순현금흐름	49	-34
기말현금	148	115

시장 대비 수익률

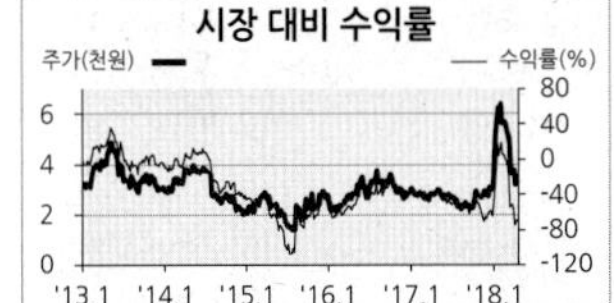

결산 실적

< 단위 : 억원 >

항목	2012	2013	2014	2015	2016	2017
매출액	348	826	659	654	863	716
영업이익	-51	61	-95	-34	41	5
당기순이익	-40	35	-110	-69	22	-33

분기 실적

< 단위 : 억원 >

항목	2016.3Q	2016.4Q	2017.1Q	2017.2Q	2017.3Q	2017.4Q
매출액	217	176	152	209	178	177
영업이익	18	-14	8	5	-4	-4
당기순이익	3	2	-9	9	-9	-25

재무 상태

< 단위 : 억원 >

항목	2012	2013	2014	2015	2016	2017
총자산	772	924	1,054	1,063	1,070	1,110
유형자산	364	454	635	579	509	505
무형자산	73	60	51	53	44	74
유가증권	11	9	9	1	22	47
총부채	450	546	682	624	627	587
총차입금	327	404	554	466	489	436
자본금	63	91	91	137	139	151
총자본	322	378	372	439	444	523
지배주주지분	302	378	372	439	444	523

기업가치 지표

항목	2012	2013	2014	2015	2016	2017
주가(최고/저)(천원)	3.3/1.3	4.9/2.8	3.9/2.0	3.2/1.4	3.8/2.1	3.4/2.1
PER(최고/저)(배)	—/—	29.3/16.5	—/—	—/—	47.9/26.9	—/—
PBR(최고/저)(배)	2.1/0.8	2.7/1.5	2.2/1.1	2.0/0.9	2.2/1.2	2.0/1.2
EV/EBITDA(배)	225.3	7.6	—	20.8	8.8	17.4
EPS(원)	-213	169	-540	-319	79	-112
BPS(원)	2,401	2,083	2,040	1,607	1,708	1,728
CFPS(원)	100	571	-170	88	375	105
DPS(원)	—	—	—	—	—	—
EBITDAPS(원)	30	737	-91	248	446	233

재무 비율

< 단위 : % >

연도	영업이익률	순이익률	부채비율	차입금비율	ROA	ROE	유보율	자기자본비율	EBITDA마진율
2017	0.7	-4.7	112.3	83.4	-3.1	-6.9	245.6	47.1	9.7
2016	4.8	2.5	141.2	110.1	2.0	4.9	241.5	41.5	14.2
2015	-5.3	-10.6	142.1	106.2	-6.6	-17.1	221.4	41.3	8.3
2014	-14.5	-16.7	183.2	148.7	-11.1	-29.3	308.1	35.3	-2.5

이엠코리아 (A095190)
ENERGY&MACHINERY KOREA

업 종 : 기계
신용등급 : (Bond) — (CP) —
홈페이지 : www.yesemk.com
본 사 : 경남 함안군 군북면 함마대로 290-34
시 장 : KOSDAQ
기업규모 : 중견
연 락 처 : 055)211-9600

설 립 일	2003.03.20	**종 업 원 수**	325명	**대 표 이 사**	강삼수
상 장 일	2007.10.29	**감 사 의 견**	적정(삼덕)	**계 열**	
결 산 기	12월	**보 통 주**		**종속회사수**	2개사
액 면 가	500원	**우 선 주**		**구 상 호**	

주주구성 (지분율,%)		출자관계 (지분율,%)		주요경쟁사 (외형,%)	
강삼수	20.5	이엠솔루션	100.0	이엠코리아	100
한화자산운용	3.0	엘켐텍	51.0	신진에스엠	54
(외국인)	0.9	로테이팅시스템즈코리아	20.0	동양물산	357

매출구성		비용구성		수출비중	
공작기계 완제품 및 부품	50.9	매출원가율	91.6	수출	18.5
방산부품/항공부품	45.0	판관비율	8.6	내수	81.5
발전설비 부품	3.1				

회사 개요

동사는 공작기계를 주로 생산하는 업체임. 2005년 공작기계 핵심부품 및 방산제품, 발전설비제품 등을 생산하는 동우정밀을 인수했음. 자동차, 항공기, 선반, IT부품 및 기계부품 등의 초정밀 가공을 위한 '기계를 만드는 기계'를 생산함. 장갑차, 항공기, 구축함 등 방산정밀부품 시장 및 원자력발전 제어설비 시장도 진출. 공작기계 50.9%, 방산부품 45%, 발전설비부품 3.1%, 건설기계장비 0.3%, 기타부문 0.7%로 매출 구성.

실적 분석

동사의 2017년 결산 연결기준 누적 매출액은 1,046.2억원으로 전년동기 대비 2% 증가함. 영업손실도 2.8억원을 기록하며 적자지속, 당기순손실또한 24.3억원을 기록하며 적자지속으로 수익성 악화. 동사의 자회사 이엠솔루션이 제주, 전남새만금, 광주, 평창, 강릉 등 총 8개의 수소충전소를 건설하며 국내 기업 가운데 최대의 수소충전소 건설실적을 냄. 향후 해외 수주에도 유리한 위치를 선점한 것으로 보임.

현금 흐름 (단위 : 억원)

항목	2016	2017
영업활동	39	97
투자활동	-134	-100
재무활동	109	162
순현금흐름	14	159
기말현금	43	202

시장 대비 수익률

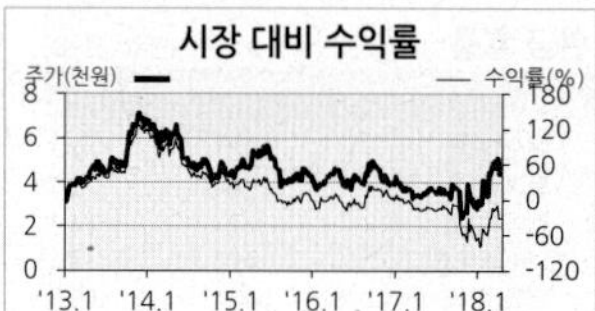

결산 실적 〈단위 : 억원〉

항목	2012	2013	2014	2015	2016	2017
매출액	878	922	1,114	1,062	1,026	1,046
영업이익	29	30	46	42	-36	-3
당기순이익	41	23	22	16	-68	-24

분기 실적 〈단위 : 억원〉

항목	2016.3Q	2016.4Q	2017.1Q	2017.2Q	2017.3Q	2017.4Q
매출액	231	292	248	240	244	314
영업이익	-13	2	-4	-10	-1	13
당기순이익	-25	1	-17	-20	-8	20

재무 상태 〈단위 : 억원〉

항목	2012	2013	2014	2015	2016	2017
총자산	1,320	1,425	1,682	1,673	1,746	1,970
유형자산	787	825	989	1,010	1,013	1,052
무형자산	96	126	115	104	108	95
유가증권	—	8	8	—	9	12
총부채	739	827	1,051	1,050	1,153	1,189
총차입금	598	699	860	871	941	899
자본금	82	82	107	107	107	161
총자본	581	598	631	622	593	781
지배주주지분	582	594	619	602	572	765

기업가치 지표

항목	2012	2013	2014	2015	2016	2017
주가(최고/저)(천원)	5.7/3.1	8.0/3.4	7.8/4.4	6.4/4.1	5.5/4.0	4.3/2.3
PER(최고/저)(배)	29.1/15.6	98.3/41.9	116.4/66.1	170.6/108.6	—/—	—/—
PBR(최고/저)(배)	2.1/1.2	2.9/1.2	2.7/1.5	2.2/1.4	2.0/1.4	1.7/0.9
EV/EBITDA(배)	17.6	29.6	17.6	17.9	61.7	23.4
EPS(원)	177	73	60	34	-288	-78
BPS(원)	3,535	3,603	2,892	2,951	2,811	2,477
CFPS(원)	516	383	331	327	-20	206
DPS(원)	50	—	—	—	—	—
EBITDAPS(원)	439	461	478	486	135	272

재무 비율 〈단위 : %〉

연도	영업이익률	순이익률	부채비율	차입금비율	ROA	ROE	유보율	자기자본비율	EBITDA마진율
2017	-0.3	-2.3	152.2	115.1	-1.3	-2.8	395.5	39.7	6.3
2016	-3.5	-6.7	194.4	158.7	-4.0	-11.8	462.1	34.0	2.8
2015	4.0	1.6	168.8	139.9	1.0	1.3	490.3	37.2	9.8
2014	4.1	2.0	166.5	136.3	1.4	2.4	478.4	37.5	9.2

이엠텍 (A091120)
EM-Tech

업 종 : 휴대폰 및 관련부품
신용등급 : (Bond) — (CP) —
홈페이지 : www.em-tech.co.kr
본 사 : 부산시 금정구 부산대학로63번길 2-1 특성화공학관 401호
시 장 : KOSDAQ
기업규모 : 우량
연 락 처 : 055)710-6000

설 립 일	2001.01.18	**종 업 원 수**	282명	**대 표 이 사**	정승규
상 장 일	2007.05.02	**감 사 의 견**	적정(남경)	**계 열**	
결 산 기	12월	**보 통 주**		**종속회사수**	4개사
액 면 가	500원	**우 선 주**		**구 상 호**	

주주구성 (지분율,%)		출자관계 (지분율,%)		주요경쟁사 (외형,%)	
정승규	14.3	비에스엘	8.0	이엠텍	100
더블유자산운용	5.3	안트로젠	6.2	우주일렉트로	107
(외국인)	4.9	지앤텍명장세컨더리투자조합	5.7	일야	22

매출구성		비용구성		수출비중	
단방향 리시버	50.7	매출원가율	78.1	수출	77.6
모듈일체형	18.7	판관비율	14.9	내수	22.4
단방향 스피커	18.0				

회사 개요

동사는 2001년 1월에 부산대 연구소에서 설립된 이동통신단말기용 마이크로 스피커 및 리시버 전문 제조업체로 스피커에 대한 해석 기술을 기반으로 제품 개발 기간을 단축시키고 다양한 휴대 단말기에 대응한 마이크로 스피커 및 리시버 개발 능력을 보유하고 있음. 기존 62개 특허(국제특허 5건 포함) 외에 2013년 14건, 2014년 43건의 특허를 등록하였으며, 국내외 출원중인 특허는 총 344건(국제특허 100건 포함)임.

실적 분석

동사의 2017년 누적 매출은 1,943.8억원으로 전년대비 14.9% 감소, 영업이익은 136.3억원으로 전년대비 17.9% 감소. 국내 최초로 BA스피커(초소형 스피커-보청기) 개발을 완료하여 블루투스 헤드셋(LG Tone Free: HBS-F110) 등을 개발 납품하고 있음. 또한 전자담배 '릴' 호조와 자동화라인 구축으로 향후 실적 전망이 밝음. 보청기 전문회사 '비에스엘'과 주식교환을 통해 100% 자회사로 편입하기로 결정.

현금 흐름 (단위 : 억원)

항목	2016	2017
영업활동	282	124
투자활동	-59	-353
재무활동	-33	74
순현금흐름	189	-158
기말현금	543	384

시장 대비 수익률

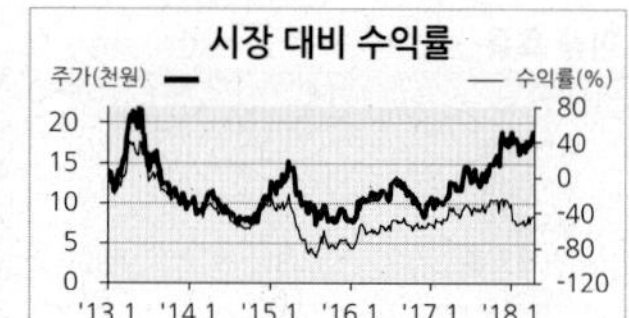

결산 실적 〈단위 : 억원〉

항목	2012	2013	2014	2015	2016	2017
매출액	2,997	2,675	1,836	2,066	2,284	1,944
영업이익	288	243	130	130	166	136
당기순이익	196	231	103	123	123	59

분기 실적 〈단위 : 억원〉

항목	2016.3Q	2016.4Q	2017.1Q	2017.2Q	2017.3Q	2017.4Q
매출액	547	461	448	525	458	513
영업이익	32	18	31	39	31	35
당기순이익	26	26	2	32	27	-2

재무 상태 〈단위 : 억원〉

항목	2012	2013	2014	2015	2016	2017
총자산	1,214	1,263	1,749	1,798	1,934	2,026
유형자산	269	361	516	548	695	671
무형자산	6	7	65	60	57	52
유가증권	0	—	—	10	26	261
총부채	606	405	751	655	692	554
총차입금	95	157	380	319	324	278
자본금	67	67	68	70	70	73
총자본	608	858	998	1,143	1,242	1,472
지배주주지분	608	858	979	1,121	1,213	1,438

기업가치 지표

항목	2012	2013	2014	2015	2016	2017
주가(최고/저)(천원)	14.0/4.8	22.4/8.7	11.6/7.3	15.2/7.1	13.5/7.4	18.9/9.4
PER(최고/저)(배)	9.7/3.4	13.4/5.2	15.8/9.9	18.1/8.5	16.9/9.4	51.1/25.4
PBR(최고/저)(배)	3.2/1.1	3.6/1.4	1.7/1.0	1.9/0.9	1.5/0.9	1.9/1.0
EV/EBITDA(배)	4.5	3.1	6.6	4.2	4.3	8.5
EPS(원)	1,481	1,714	753	861	816	372
BPS(원)	4,507	6,356	7,187	8,204	9,001	9,871
CFPS(원)	1,874	2,287	1,289	1,547	1,712	1,445
DPS(원)	—	—	—	—	200	100
EBITDAPS(원)	2,576	2,372	1,492	1,611	2,078	2,033

재무 비율 〈단위 : %〉

연도	영업이익률	순이익률	부채비율	차입금비율	ROA	ROE	유보율	자기자본비율	EBITDA마진율
2017	7.0	3.1	37.6	18.9	3.0	4.0	1,874.2	72.7	14.9
2016	7.3	5.4	55.7	26.1	6.6	9.8	1,700.1	64.2	12.8
2015	6.3	6.0	57.3	27.9	7.0	11.5	1,540.8	63.6	10.9
2014	7.1	5.6	75.2	38.1	6.8	11.1	1,337.3	57.1	11.0

이엠티 (A232530)
Energy Material Technology

업종 : 전자 장비 및 기기
시장 : KONEX
신용등급 : (Bond) — (CP) —
기업규모 : —
홈페이지 : www.emtcorp.com
연락처 : 070)7166-0203
본사 : 충북 충주시 대소원면 첨단산업3로 85-1

설립일 2010.02.23	**종업원수** 23명	**대표이사** 유상열	
상장일 2015.12.30	**감사의견** 적정(삼정)	**계열**	
결산기 12월	**보통주**	**종속회사수**	
액면가 —	**우선주**	**구상호**	

주주구성 (지분율,%)		출자관계 (지분율,%)		주요경쟁사 (외형,%)	
NINGBO JINHE LITHIUM BATTERY MATERIAL CO.,LTD	42.0			이엠티	100
재세능원	25.3			대주전자재료	952
				상신이디피	1,018

매출구성		비용구성		수출비중	
전구체(NCM계)	95.6	매출원가율	106.5	수출	99.9
기 타	4.4	판관비율	14.0	내수	0.1

회사 개요
동사는 2010년 설립, 2015년 코넥스 시장에 상장함. 동사는 리튬이차전지 주요 소재 양극재의 핵심 원료인 전구체를 생산 및 판매하고 있음. 양극재는 이차전지 제조원가의44%를 차지하고 있으며, 배합소재인 전구체의 물성에 따라 LCO, NCM, NCA 및 LMO 등으로 나눌 수 있음. 현재 양극재 시장은 가격 경쟁력이 높은LCO와 NCM 계열이 시장의 대부분을 차지하고 있으며, 동사는 가격 경쟁력이 우수한NCM 계열의 전구체 생산에 주력.

실적 분석
동사의 2017년 누적매출액은 98.1억원으로 전년 동기 대비 9.1% 외형성장함. 외형 성장에 따른 원가와 판관비 증가로 영업이익은 적자지속하며 -20.1억원을 기록. 당기순이익 또한 비영업손실이 지속되며 적자폭 늘린 -21.5원을 기록. 2018년 생산능력(CAPA)을 현재 대비 3배로 키우고 중대형 배터리용 하이니켈 양극재인 NCM 622와 NCA(니켈·코발트·알루미늄) 등 고밀도 양극재용 전구체로 생산 분야를 넓힐 예정.

현금 흐름 *IFRS 별도 기준
〈단위 : 억원〉

항목	2016	2017
영업활동	1	-25
투자활동	-3	1
재무활동	12	12
순현금흐름	9	-12
기말현금	13	1

시장 대비 수익률
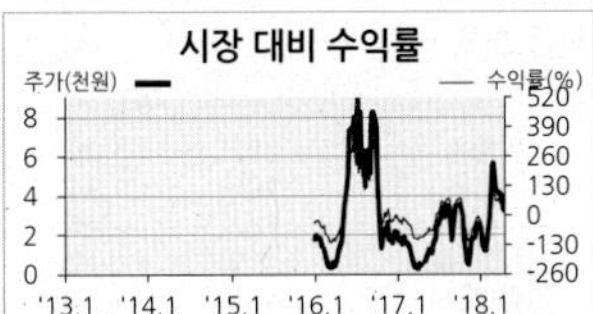

결산 실적
〈단위 : 억원〉

항목	2012	2013	2014	2015	2016	2017
매출액	2	—	—	9	90	98
영업이익	-22	-18	-4	-16	-21	-20
당기순이익	-26	-22	-76	-22	-4	-22

분기 실적 *IFRS 별도 기준
〈단위 : 억원〉

항목	2016.3Q	2016.4Q	2017.1Q	2017.2Q	2017.3Q	2017.4Q
매출액	—	—	—	—	—	—
영업이익	—	—	—	—	—	—
당기순이익	—	—	—	—	—	—

재무 상태 *IFRS 별도 기준
〈단위 : 억원〉

항목	2012	2013	2014	2015	2016	2017
총자산	155	164	97	104	110	101
유형자산	106	100	93	86	81	77
무형자산	12	31	0	0	0	0
유가증권	—	—	—	—	—	—
총부채	82	107	109	77	61	74
총차입금	75	100	107	52	39	50
자본금	53	53	53	25	50	50
총자본	73	56	-12	28	48	27
지배주주지분	73	56	-12	28	48	27

기업가치 지표 *IFRS 별도 기준

항목	2012	2013	2014	2015	2016	2017
주가(최고/저)(천원)	#VALUE!	—/—	—/—	—/—	—/—	—/—
PER(최고/저)(배)	0.0/0.0	0.0/0.0	0.0/0.0	—/—	—/—	—/—
PBR(최고/저)(배)	0.0/0.0	0.0/0.0	0.0/0.0	3.3/3.3	19.0/0.5	17.4/1.0
EV/EBITDA(배)	—	—	36.3	—	—	—
EPS(원)	-1,965	-1,606	-5,428	-614	-47	-214
BPS(원)	690	530	-111	540	482	266
CFPS(원)	-196	-148	-650	-428	28	-163
DPS(원)	—	—	—	—	—	—
EBITDAPS(원)	-161	-107	27	-248	-167	-149

재무 비율
〈단위 : %〉

연도	영업이익률	순이익률	부채비율	차입금비율	ROA	ROE	유보율	자기자본비율	EBITDA마진율
2017	-20.5	-22.0	일부잠식	일부잠식	-20.4	-57.4	-46.8	26.4	-15.2
2016	-23.3	-4.6	일부잠식	일부잠식	-3.8	-10.8	-3.7	44.1	-16.1
2015	-182.3	-257.4	279.0	190.6	-22.2	전기잠식	8.1	26.4	-104.2
2014	0.0	0.0	완전잠식	완전잠식	-58.3	당기잠식	-122.2	-12.2	0.0

이연제약 (A102460)
REYON PHARMACEUTICAL

업종 : 제약
시장 : 거래소
신용등급 : (Bond) — (CP) —
기업규모 : 시가총액 소형주
홈페이지 : www.reyonpharm.co.kr
연락처 : 02)793-5557
본사 : 서울시 강남구 영동대로 416 8층 (대치동, 코스모타워)

설립일 1964.11.25	**종업원수** 365명	**대표이사** 정순옥,유용환	
상장일 2010.06.10	**감사의견** 적정(삼덕)	**계열**	
결산기 12월	**보통주**	**종속회사수**	
액면가 500원	**우선주**	**구상호**	

주주구성 (지분율,%)		출자관계 (지분율,%)		주요경쟁사 (외형,%)	
유용환	31.7	브라만인베스트먼트	100.0	이연제약	100
정순옥	9.5	리온즈신약연구소	49.3	삼진제약	194
(외국인)	5.9	바이로메드	3.8	종근당홀딩스	357

매출구성		비용구성		수출비중	
기타(제품)	30.6	매출원가율	42.5	수출	1.7
조영제	25.4	판관비율	44.3	내수	98.3
소염제 외	19.6				

회사 개요
동사는 1964년 설립 이후 전문의약품과 원료의약품의 제조 및 판매를 주요 영업으로 하고 있음. 오리지널 약품으로 주력 제품인 CT용 조영제 '옵티레이'는 미국 타이코사와 장기 공급 계약을 체결하여 국내 독점 공급권을 가지고 있음. 혈관 및 신경질환 유전자치료제 시리즈 VM202RY, 항암DNA 백신 VM206RY의 임상 시험이 진행되고 있어 상용화될 경우 바이오의약품 사업과 바이오의약품 CMO 사업이 전개될 예정임.

실적 분석
동사의 2017년 연결기준 누적 매출액은 전년 대비 3.6% 증가한 1,262.5억원을 기록한 반면, 동기간 판관비는 경상개발비가 큰 폭으로 감소하는 등 전년 대비 2.0% 증가에 그침에 따라 2017년 영업이익은 전년 대비 7.9% 증가한 166.9억원을 기록함. 한편, 외환환산이익이 크게 증가함에 따라 비영업손익은 흑자로 전환되었음. 이에 따라 동사의 2017년 당기순이익은 전년 대비 13.8% 증가한 134.2억원을 기록함.

현금 흐름
〈단위 : 억원〉

항목	2016	2017
영업활동	109	175
투자활동	-81	-515
재무활동	-39	331
순현금흐름	-11	-10
기말현금	16	5

시장 대비 수익률
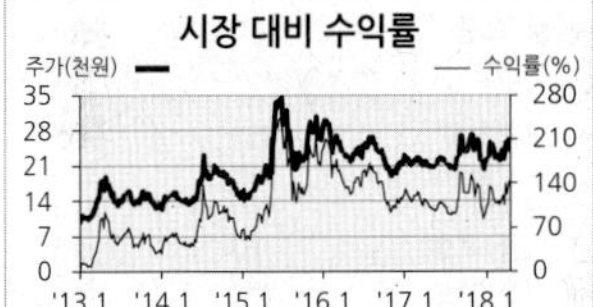

결산 실적
〈단위 : 억원〉

항목	2012	2013	2014	2015	2016	2017
매출액	1,143	1,097	1,121	1,145	1,218	1,263
영업이익	212	174	167	198	155	167
당기순이익	170	113	116	113	118	134

분기 실적
〈단위 : 억원〉

항목	2016.3Q	2016.4Q	2017.1Q	2017.2Q	2017.3Q	2017.4Q
매출액	311	—	—	—	318	—
영업이익	32	—	—	—	44	—
당기순이익	23	—	—	—	35	—

재무 상태
〈단위 : 억원〉

항목	2012	2013	2014	2015	2016	2017
총자산	1,569	1,784	1,912	2,609	2,239	3,057
유형자산	195	181	188	184	189	207
무형자산	96	130	149	186	208	215
유가증권	146	216	291	1,006	633	998
총부채	306	380	357	431	304	712
총차입금	130	208	148	20	20	340
자본금	65	65	65	65	65	84
총자본	1,264	1,404	1,555	2,178	1,934	2,345
지배주주지분	1,264	1,404	1,555	2,178	1,934	2,345

기업가치 지표

항목	2012	2013	2014	2015	2016	2017
주가(최고/저)(천원)	11.7/6.5	18.8/9.8	23.2/12.5	34.6/14.2	31.3/18.0	28.4/19.8
PER(최고/저)(배)	12.4/6.9	29.5/15.4	35.2/18.9	53.0/21.8	45.8/26.3	36.0/25.2
PBR(최고/저)(배)	1.7/0.9	2.4/1.2	2.6/1.4	2.8/1.1	2.8/1.6	2.1/1.4
EV/EBITDA(배)	6.1	10.5	12.6	20.8	19.6	16.6
EPS(원)	1,013	673	691	676	703	801
BPS(원)	9,795	10,883	12,055	16,886	14,994	13,986
CFPS(원)	1,499	1,061	1,042	1,015	1,065	920
DPS(원)	200	150	250	300	350	350
EBITDAPS(원)	1,827	1,537	1,440	1,674	1,350	1,115

재무 비율
〈단위 : %〉

연도	영업이익률	순이익률	부채비율	차입금비율	ROA	ROE	유보율	자기자본비율	EBITDA마진율
2017	13.2	10.6	30.4	14.5	5.1	6.3	2,697.3	76.7	14.8
2016	12.7	9.7	15.7	1.0	4.9	5.7	2,898.7	86.4	14.3
2015	17.3	9.9	19.8	0.9	5.0	6.1	3,277.2	83.5	18.9
2014	14.9	10.3	23.0	9.5	6.3	7.8	2,310.9	81.3	16.6

이오테크닉스 (A039030)

EO Technics

업　　종 : 반도체 및 관련장비
신용등급 : (Bond) —　　(CP) —
홈페이지 : www.eotechnics.com
본　　사 : 경기도 안양시 동안구 동편로 91

시　　장 : KOSDAQ
기업규모 : 우량
연 락 처 : 031)422-2501

설 립 일	1993.12.30	**종업원수**	681명	**대표이사**	성규동,박종구
상 장 일	2000.08.24	**감사의견**	적정(대주)	**계　　열**	
결 산 기	12월	**보 통 주**		**종속회사수**	9개사
액 면 가	500원	**우 선 주**		**구　　상　　호**	

주주구성 (지분율,%)		출자관계 (지분율,%)		주요경쟁사 (외형,%)	
성규동	28.4	레비아텍부산	100.0	이오테크닉스	100
국민연금공단	5.1	레비아텍청주	100.0	SK하이닉스	7,450
(외국인)	15.3	레비아텍안산	100.0	SK머티리얼즈	127

매출구성		비용구성		수출비중	
레이저마커 및 응용기기	77.1	매출원가율	76.8	수출	50.9
상품 등	22.9	판관비율	8.3	내수	49.1

회사 개요

동사는 반도체 레이저마커, 레이저응용기기 제조 및 판매를 주된 사업으로 하며 1989년 4월 1일 설립되어 2000년 8월 24일 코스닥 시장에 상장됨. 동사를 제외하고 레비아텍 등을 포함하여 16개의 계열사를 가지고 있음. 설립 이래로 레이저 마킹분야를 시작으로 드릴링, 트리밍, 커팅 등 다양한 레이저 응용분야에 진출해오고 있음. 주요 제품들이 반도체 및 Display, PCB 등 경기의 부침이 심한 업종이지만 전반적인 성장세를 유지하고 있음.

실적 분석

동사의 연결기준 2017년 연간 누적 매출액은 4,041.5억원으로 전년동기 대비 31.3% 증가함. 이는 전방산업인 반도체, 디스플레이 산업의 투자 증가에 기인함. 영업이익은 매출 성장과 매출원가 및 판관비 절감에 힘입어 전년동기 대비 182.1% 증가한 599.8억원을 시현함. 비영업손실이 전년동기 대비 확대됐으나, 매출성장에 힘입어 당기순이익은 전년동기 대비 121.1% 증가한 429.9억원을 시현함.

현금 흐름

〈단위 : 억원〉

항목	2016	2017
영업활동	351	367
투자활동	-96	-325
재무활동	-197	-24
순현금흐름	63	-15
기말현금	447	432

시장 대비 수익률

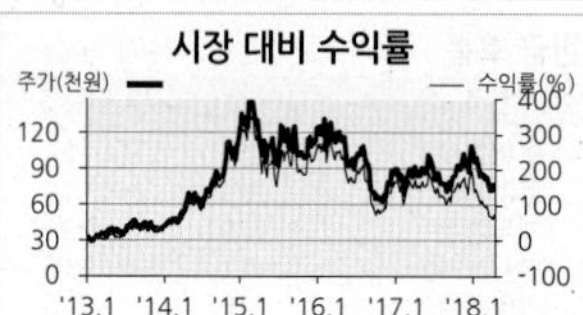

결산 실적

〈단위 : 억원〉

항목	2012	2013	2014	2015	2016	2017
매출액	1,906	2,322	3,018	2,700	3,077	4,042
영업이익	343	431	567	285	213	600
당기순이익	276	345	423	247	194	430

분기 실적

〈단위 : 억원〉

항목	2016.3Q	2016.4Q	2017.1Q	2017.2Q	2017.3Q	2017.4Q
매출액	775	1,092	1,084	1,049	1,022	886
영업이익	80	77	148	164	181	107
당기순이익	57	113	67	147	162	54

재무 상태

〈단위 : 억원〉

항목	2012	2013	2014	2015	2016	2017
총자산	3,137	3,519	3,796	3,729	4,086	4,385
유형자산	1,418	1,578	1,502	1,389	1,300	1,472
무형자산	99	101	69	72	62	66
유가증권	79	59	58	65	40	55
총부채	1,092	1,146	995	678	864	771
총차입금	654	856	531	442	288	260
자본금	61	61	61	61	61	61
총자본	2,045	2,373	2,801	3,051	3,222	3,614
지배주주지분	2,019	2,343	2,767	3,008	3,176	3,567

기업가치 지표

항목	2012	2013	2014	2015	2016	2017
주가(최고/저)(천원)	36.2/23.1	46.8/29.2	125/41.3	150/83.9	135/61.8	109/68.8
PER(최고/저)(배)	16.4/10.5	17.0/10.6	36.6/12.1	76.4/42.6	87.0/39.8	31.3/19.8
PBR(최고/저)(배)	2.2/1.4	2.5/1.5	5.6/1.8	6.2/3.4	5.2/2.4	3.8/2.4
EV/EBITDA(배)	9.2	9.8	21.0	35.8	29.2	17.9
EPS(원)	2,237	2,783	3,421	1,977	1,558	3,487
BPS(원)	16,505	19,152	22,552	24,518	25,868	29,049
CFPS(원)	3,226	4,074	4,815	3,157	2,854	4,609
DPS(원)	100	100	200	100	100	200
EBITDAPS(원)	3,793	4,812	6,022	3,507	3,028	6,006

재무 비율

〈단위 : %〉

연도	영업이익률	순이익률	부채비율	차입금비율	ROA	ROE	유보율	자기자본비율	EBITDA마진율
2017	14.8	10.6	21.3	7.2	10.2	12.7	5,709.8	82.4	18.3
2016	6.9	6.3	26.8	8.9	5.0	6.2	5,073.5	78.9	12.1
2015	10.6	9.2	22.2	14.5	6.6	8.4	4,803.5	81.8	15.9
2014	18.8	14.0	35.5	19.0	11.6	16.4	4,410.4	73.8	24.4

이원 (A017940)

E1

업　　종 : 석유 및 가스
신용등급 : (Bond) AA-　　(CP) —
홈페이지 : www.e1.co.kr
본　　사 : 서울시 강남구 영동대로 517, 아셈타워 13,14층

시　　장 : 거래소
기업규모 : 시가총액 중형주
연 락 처 : 02)3441-4114

설 립 일	1984.09.06	**종업원수**	261명	**대표이사**	구자용
상 장 일	1997.08.08	**감사의견**	적정(한영)	**계　　열**	
결 산 기	12월	**보 통 주**		**종속회사수**	13개사
액 면 가	5,000원	**우 선 주**		**구　　상　　호**	

주주구성 (지분율,%)		출자관계 (지분율,%)		주요경쟁사 (외형,%)	
구자열	15.7	E1컨테이너터미널	100.0	E1	100
구자용	11.8	동방도시가스산업	100.0	리드코프	10
(외국인)	4.6	E1물류	100.0	에이치엘비파워	1

매출구성		비용구성		수출비중	
상품매출(상품)	100.0	매출원가율	90.2	수출	66.0
		판관비율	7.7	내수	34.0

회사 개요

동사는 1984년 설립됐으며, 주요사업으로 액화 석유 가스를 포함한 석유 제품과 각종 가스 및 가스 기기의 수출입, 제조, 저장, 운송 및 판매업과 부동산 임대업을 영위하고 있음. 연결대상 종속회사로는 LS네트웍스, 엠비케이코퍼레이션, 동방도시가스산업, 케이제이모터라드, E1물류 등이 있음. LPG부문 국내 시장점유율은 2017년 민수용 자사판매 기준 19.7%, 매출의 수출비중은 약 66% 수준임.

실적 분석

동사의 2017년 연간 매출액은 전년동기대비 10.3% 상승한 44,082.2억원을 기록하였음. 비용면에서 전년동기대비 매출원가는 증가하였으며 인건비는 크게 감소 하였고 광고선전비도 감소, 기타판매비와관리비도 마찬가지로 감소함. 이처럼 매출액 상승과 더불어 비용절감에도 힘을 기울였음. 최종적으로 전년동기대비 당기순이익은 흑자전환하여 867.6억원을 기록함.

현금 흐름

〈단위 : 억원〉

항목	2016	2017
영업활동	282	-1,290
투자활동	-105	1,942
재무활동	-167	-460
순현금흐름	9	188
기말현금	1,442	1,630

시장 대비 수익률

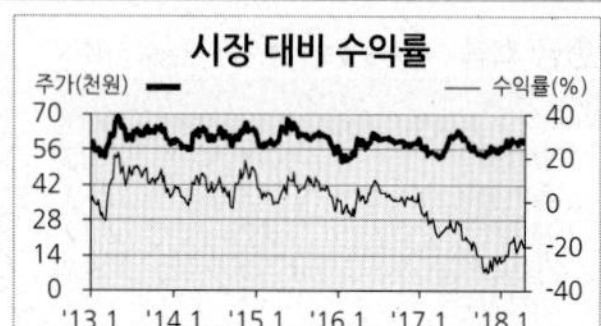

결산 실적

〈단위 : 억원〉

항목	2012	2013	2014	2015	2016	2017
매출액	74,133	72,054	69,005	46,143	39,959	44,082
영업이익	1,099	1,089	870	317	111	937
당기순이익	905	338	409	1	-379	868

분기 실적

〈단위 : 억원〉

항목	2016.3Q	2016.4Q	2017.1Q	2017.2Q	2017.3Q	2017.4Q
매출액	9,011	11,552	12,249	9,046	9,007	13,780
영업이익	-284	-30	231	181	214	311
당기순이익	-315	-607	192	272	137	267

재무 상태

〈단위 : 억원〉

항목	2012	2013	2014	2015	2016	2017
총자산	35,124	36,297	36,582	35,098	35,442	34,601
유형자산	9,837	10,360	10,586	10,058	9,525	8,958
무형자산	273	261	255	236	198	192
유가증권	134	55	375	399	399	353
총부채	23,123	24,084	24,114	22,738	23,610	22,091
총차입금	14,592	15,286	17,338	16,925	17,139	16,489
자본금	343	343	343	343	343	343
총자본	12,002	12,213	12,468	12,360	11,832	12,510
지배주주지분	10,627	11,087	11,410	11,504	11,089	11,743

기업가치 지표

항목	2012	2013	2014	2015	2016	2017
주가(최고/저)(천원)	61.2/37.6	69.1/52.2	66.8/55.0	68.3/54.3	62.7/50.1	63.8/52.5
PER(최고/저)(배)	5.8/3.6	15.0/11.3	12.8/10.5	52.3/41.6	—/—	5.4/4.4
PBR(최고/저)(배)	0.5/0.3	0.5/0.4	0.5/0.4	0.4/0.4	0.4/0.3	0.4/0.3
EV/EBITDA(배)	11.4	11.7	15.0	22.8	30.2	13.9
EPS(원)	12,723	5,446	5,981	1,454	-3,869	12,306
BPS(원)	158,508	165,206	169,923	171,291	165,237	174,779
CFPS(원)	21,283	13,605	13,702	8,842	2,798	18,536
DPS(원)	1,600	2,000	2,000	2,600	2,000	2,000
EBITDAPS(원)	24,578	24,029	20,399	12,010	8,284	19,888

재무 비율

〈단위 : %〉

연도	영업이익률	순이익률	부채비율	차입금비율	ROA	ROE	유보율	자기자본비율	EBITDA마진율
2017	2.1	2.0	176.6	131.8	2.5	7.4	3,395.6	36.2	3.1
2016	0.3	-1.0	199.5	144.9	-1.1	-2.4	3,204.7	33.4	1.4
2015	0.7	0.0	184.0	136.9	0.0	0.9	3,325.8	35.2	1.8
2014	1.3	0.6	193.4	139.1	1.1	3.7	3,298.5	34.1	2.0

이원컴포텍 (A088290)
EWON COMFORTECH

업 종 : 자동차부품 / 시 장 : KOSDAQ
신용등급 : (Bond) — (CP) — / 기업규모 : 중견
홈페이지 : www.ewonseat.com / 연 락 처 : 041)742-6688
본 사 : 충남 논산시 연무읍 원앙로 503번길 127-33

설 립 일	1994.11.18	**종업원수**	99명	**대표이사**	류일주
상 장 일	2009.12.01	**감사의견**	적정(하나로)	**계 열**	
결 산 기	12월	**보 통 주**		**종속회사수**	2개사
액 면 가	500원	**우 선 주**		**구 상 호**	

주주구성 (지분율,%)		출자관계 (지분율,%)		주요경쟁사 (외형,%)	
디이시	54.1			이원컴포텍	100
이지창	3.5			세동	292
(외국인)	0.8			영신금속	288

매출구성		비용구성		수출비중	
에어 서스펜션 시트	36.5	매출원가율	100.7	수출	9.4
일반 고정형 시트	34.3	판관비율	4.7	내수	90.6
내장제품	12.9				

회사 개요
동사는 충남 논산에 소재하며 1994년에 설립되어 버스나 트럭의 시트 및 내장제품을 전문적으로 생산하여 현대· 기아자동차, 현대모비스에 납품하는 사업을 영위하고 있으며, 2009년 12월 코스닥시장에 상장되었음. 2톤 이상 트럭 시트 및 내장제품과 11인승 초과 버스운전석에 대해서는 동사가 현대자동차와 기아자동차에 독점 생산. 주요 매출처 점유율은 현대차, 현대모비스, 기아차가 90% 이상을 차지.

실적 분석
동사의 2017년 연결기준 연간 매출액은 409억원으로 전년 대비 9.7% 증가함. 주 거래처인 현대자동차로부터 에어 서스펜션시트 및 고정침대 수주물량 확대와 외형 성장에 따른 고정비 분산효과로 매출 성장. 그러나 원가상승 부담으로 영업손실은 22.1억원으로 적자지속. 해외법인 환율변동으로 인한 환차손 및 지분법 손실이 발생되며 당기순손실 역시 37.7억원을 기록하면서 적자지속됨.

현금 흐름 〈단위 : 억원〉

항목	2016	2017
영업활동	30	-17
투자활동	-6	-87
재무활동	-24	100
순현금흐름	1	-4
기말현금	9	5

시장 대비 수익률
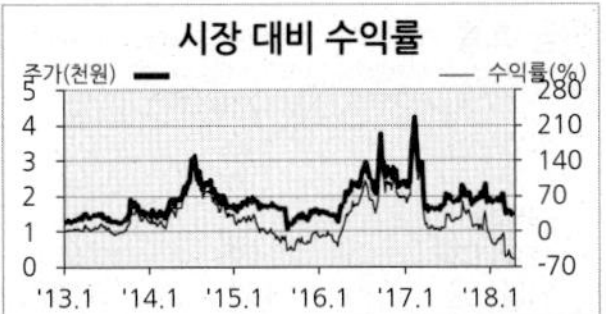

결산 실적 〈단위 : 억원〉

항목	2012	2013	2014	2015	2016	2017
매출액	241	245	345	389	373	409
영업이익	-1	-32	-7	-12	-45	-22
당기순이익	1	-28	-14	7	-39	-38

분기 실적 〈단위 : 억원〉

항목	2016.3Q	2016.4Q	2017.1Q	2017.2Q	2017.3Q	2017.4Q
매출액	81	120	101	131	92	86
영업이익	-10	-6	-5	8	-9	-17
당기순이익	-13	1	-8	9	-10	-28

재무 상태 〈단위 : 억원〉

항목	2012	2013	2014	2015	2016	2017
총자산	201	288	310	333	279	357
유형자산	80	121	135	125	125	185
무형자산	4	18	16	27	23	17
유가증권	0	0	0	0	0	0
총부채	72	160	195	213	182	263
총차입금	10	38	76	98	73	141
자본금	49	63	63	63	63	71
총자본	129	128	115	120	97	94
지배주주지분	129	128	115	120	97	94

기업가치 지표

항목	2012	2013	2014	2015	2016	2017
주가(최고/저)(천원)	1.8/1.2	1.9/1.2	3.2/1.4	2.1/1.1	3.8/1.3	4.6/1.6
PER(최고/저)(배)	306.5/206.6	—/—	—/—	36.4/18.6	—/—	—/—
PBR(최고/저)(배)	1.4/0.9	1.9/1.2	3.4/1.5	2.2/1.1	4.9/1.7	6.9/2.4
EV/EBITDA(배)	7.8	—	33.6	57.3	—	—
EPS(원)	6	-269	-108	58	-310	-297
BPS(원)	1,322	1,018	919	960	776	661
CFPS(원)	108	-166	15	195	-162	-146
DPS(원)	15	—	—	—	—	—
EBITDAPS(원)	96	-201	69	40	-210	-23

재무 비율 〈단위 : %〉

연도	영업이익률	순이익률	부채비율	차입금비율	ROA	ROE	유보율	자기자본비율	EBITDA마진율
2017	-5.4	-9.2	279.0	149.1	-11.9	-39.4	32.3	26.4	-0.7
2016	-12.0	-10.4	187.1	74.6	-12.7	-35.7	55.2	34.8	-7.0
2015	-3.1	1.9	177.1	81.9	2.3	6.2	92.0	36.1	1.3
2014	-2.0	-3.9	169.1	66.2	-4.5	-11.2	83.8	37.2	2.5

이월드 (A084680)
E-WORLD

업 종 : 호텔 및 레저 / 시 장 : 거래소
신용등급 : (Bond) — (CP) — / 기업규모 : 시가총액 소형주
홈페이지 : www.eworld.kr / 연 락 처 : 053)620-0001
본 사 : 대구시 달서구 두류공원로 200 (두류동)

설 립 일	2005.07.05	**종업원수**	249명	**대표이사**	유병천
상 장 일	2005.07.26	**감사의견**	적정(삼일)	**계 열**	
결 산 기	12월	**보 통 주**		**종속회사수**	
액 면 가	1,000원	**우 선 주**		**구 상 호**	

주주구성 (지분율,%)		출자관계 (지분율,%)		주요경쟁사 (외형,%)	
이랜드파크	60.7			이월드	100
E-LAND FASHION HONG KONG LIMITED	14.6			골프존뉴딘홀딩스	610
(외국인)	15.3			AJ렌터카	1,818

매출구성		비용구성		수출비중	
시설이용료 외	76.8	매출원가율	68.8	수출	0.0
수수료 외	13.2	판관비율	12.1	내수	100.0
식음료	10.0				

회사 개요
동사는 1995년 우방타워랜드 개장을 시작으로 이랜드 그룹의 계열기업군으로 통합됨. 물가상승률, 새로운 어트랙션 도입에 따른 원가상승분 등을 반영하고, 경쟁업체 가격 현황을 고려하여 입장가격을 변동하고 있음. 최근 소셜커머스 및 오픈마켓을 통한 이용권 판매를 강화하고 있으며, 사내의 영업조직과 외부의 대행사를 이용하고 있음. 도심에 위치한 지역밀착형 테마파크라는 강점을 바탕으로 브랜드 이미지를 제고하고 있음.

실적 분석
동사의 2017년 연결기준 매출액은 350.3억원으로 전년대비 18% 증가하였음. 이는 신규 어트랙션과 더불어 다양한 컨텐츠 개발로 입장객 증가에 따른 것임. 원가율 개선에 따라 매출총이익은 32.8% 증가하였으며 판관비 증가에도 불구 영업이익은 전년대비 56.2% 증가한 66.9억원의 시현하였음. 당기순이익은 37.6억원으로 전년대비 81% 증가함. 글로벌 테마파크로의 성장을 위해 인공지능, 증강현실 등의 신기술 도입을 계획중임.

현금 흐름 *IFRS 별도 기준 〈단위 : 억원〉

항목	2016	2017
영업활동	62	83
투자활동	-131	-166
재무활동	-7	80
순현금흐름	-77	-3
기말현금	22	19

시장 대비 수익률
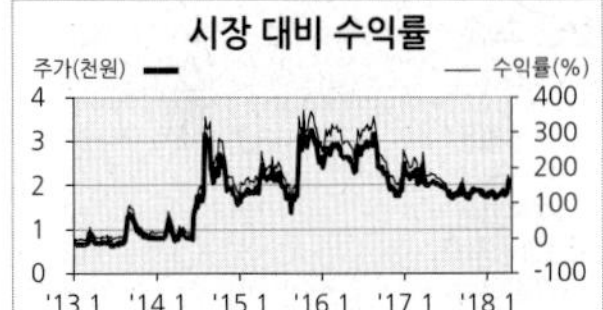

결산 실적 〈단위 : 억원〉

항목	2012	2013	2014	2015	2016	2017
매출액	281	307	219	243	297	350
영업이익	-37	-60	-36	5	43	67
당기순이익	-183	-181	40	-24	21	38

분기 실적 *IFRS 별도 기준 〈단위 : 억원〉

항목	2016.3Q	2016.4Q	2017.1Q	2017.2Q	2017.3Q	2017.4Q
매출액	59	87	75	122	63	90
영업이익	-2	20	11	43	-1	14
당기순이익	-7	14	4	36	-4	2

재무 상태 *IFRS 별도 기준 〈단위 : 억원〉

항목	2012	2013	2014	2015	2016	2017
총자산	1,865	2,044	1,775	2,180	2,202	2,331
유형자산	1,648	1,929	1,701	2,019	2,011	1,969
무형자산	1	1	1	0	0	0
유가증권	—	—	—	—	—	—
총부채	923	1,379	851	917	922	1,014
총차입금	595	730	572	557	550	632
자본금	701	847	872	905	905	905
총자본	943	665	925	1,263	1,280	1,317
지배주주지분	943	665	925	1,263	1,280	1,317

기업가치 지표 *IFRS 별도 기준

항목	2012	2013	2014	2015	2016	2017
주가(최고/저)(천원)	1.3/0.6	1.4/0.6	3.6/0.7	3.9/1.4	3.2/1.7	2.5/1.7
PER(최고/저)(배)	—/—	—/—	76.8/15.9	—/—	137.7/75.4	60.2/40.2
PBR(최고/저)(배)	0.9/0.5	1.7/0.8	3.4/0.7	2.8/1.0	2.2/1.2	1.7/1.2
EV/EBITDA(배)	171.2	106.8	62.2	55.1	30.5	17.4
EPS(원)	-97	-223	47	-28	23	42
BPS(원)	1,345	786	1,060	1,396	1,415	1,455
CFPS(원)	-56	-157	125	24	71	87
DPS(원)	—	—	—	—	—	—
EBITDAPS(원)	8	16	36	58	95	119

재무 비율 〈단위 : %〉

연도	영업이익률	순이익률	부채비율	차입금비율	ROA	ROE	유보율	자기자본비율	EBITDA마진율
2017	19.1	10.7	77.0	48.0	1.7	2.9	45.5	56.5	30.8
2016	14.4	7.0	72.0	43.0	1.0	1.6	41.5	58.1	29.1
2015	2.1	-10.0	72.6	44.1	-1.2	-2.2	39.6	57.9	21.0
2014	-16.3	18.1	92.0	61.9	2.1	4.6	6.0	52.1	13.9

이젠텍 (A033600)
Ezen Tech

업종	자동차부품	시장	KOSDAQ
신용등급	(Bond) — (CP) —	기업규모	중견
홈페이지	www.ezentech.co.kr	연락처	031)660-9900
본사	경기도 평택시 산단로 255 (칠괴동)		

설립일	1979.06.20	**종업원수**	107명	**대표이사**	김희재
상장일	2000.11.08	**감사의견**	적정(인덕)	**계열**	
결산기	12월	**보통주**		**종속회사수**	
액면가	500원	**우선주**		**구상호**	

주주구성 (지분율,%)		출자관계 (지분율,%)		주요경쟁사 (외형,%)	
에이치바이오홀딩스	17.3	대신증권	0.4	이젠텍	100
신영투자신탁운용	4.0	한화투자증권	0.3	이원컴포텍	161
(외국인)	1.0	NH투자증권	0.0	세동	468

매출구성		비용구성		수출비중	
FRONT HEAD 외	100.0	매출원가율	112.5	수출	0.0
		판관비율	7.2	내수	100.0

회사 개요

동사는 1979년 자동차매출 증가, 흑자전환 부품 및 전자부품 제조 판매업 등을 영위할 목적으로 경기도 부천에 조양정밀공업이란 상호로 설립됨. 수차례 상호변경을 통해 현재의 이젠텍으로 변경됨. 2000년 코스닥 시장에 상장됨. 현대차 국산 1호 모델인 포니 승용차용 부품을 생산, 납품하기 시작해 현재 만도 브레이크, 핸들 조향 장치 부품, 한라비스테온공조의 자동차 에어컨 콤푸레샤 부품, 세정의 엔진 정화장치, 소음기용 부품을 생산함.

실적 분석

동사는 지난해 매출액 254.7억원, 영업손실 50.2억원을 각각 기록하였음. 동사는 만도의 자동차 브레이크 및 핸들조향장치부품, 한온시스템의 자동차 에어컨콤푸레샤부품, 세정의 자동차 엔진정화장치 및 소음기용부품을 생산하고 있음. 알루미늄다이캐스팅주물의 가격이 다소 변동성은 있으나, 수요자측에서 가격변동을 감안하여 원가 산정이 이루어짐으로 다이캐스팅가공 제조업체의 부담은 적은 실정임.

현금 흐름 *IFRS 별도 기준 〈단위 : 억원〉

항목	2016	2017
영업활동	-33	-28
투자활동	-1	15
재무활동	32	-0
순현금흐름	-3	-13
기말현금	14	1

시장 대비 수익률

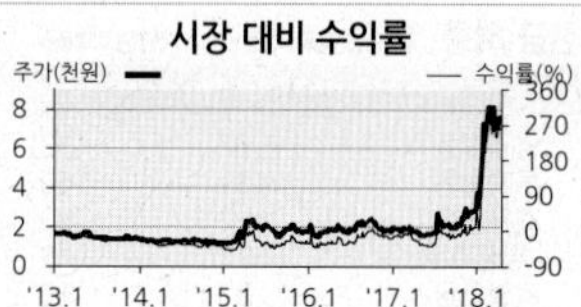

결산 실적 〈단위 : 억원〉

항목	2012	2013	2014	2015	2016	2017
매출액	472	484	628	482	388	255
영업이익	-23	-25	6	-38	-51	-50
당기순이익	-37	-58	-20	-31	-122	-102

분기 실적 *IFRS 별도 기준 〈단위 : 억원〉

항목	2016.3Q	2016.4Q	2017.1Q	2017.2Q	2017.3Q	2017.4Q
매출액	85	122	71	74	56	53
영업이익	-23	-14	-3	-5	-18	-24
당기순이익	-21	-86	-1	-3	-7	-91

재무 상태 *IFRS 별도 기준 〈단위 : 억원〉

항목	2012	2013	2014	2015	2016	2017
총자산	777	760	734	606	549	546
유형자산	494	489	471	447	401	407
무형자산	3	3	3	3	7	2
유가증권	71	60	64	67	61	69
총부채	380	415	432	343	337	378
총차입금	252	274	277	258	263	263
자본금	58	58	58	58	58	58
총자본	397	345	302	263	212	168
지배주주지분	397	345	302	263	212	168

기업가치 지표 *IFRS 별도 기준

항목	2012	2013	2014	2015	2016	2017
주가(최고/저)(천원)	2.6/1.1	1.8/1.3	1.4/1.2	2.5/1.2	2.5/1.5	3.0/1.6
PER(최고/저)(배)	—/—	—/—	—/—	—/—	—/—	—/—
PBR(최고/저)(배)	0.7/0.3	0.5/0.4	0.5/0.4	0.9/0.4	1.4/0.8	2.1/1.1
EV/EBITDA(배)	179.9	147.0	10.9	—	—	—
EPS(원)	-272	-297	-170	-266	-1,058	-886
BPS(원)	3,943	3,492	3,116	2,773	1,842	1,460
CFPS(원)	-48	-58	97	-10	-872	-707
DPS(원)	100	—	—	—	—	—
EBITDAPS(원)	19	26	323	-78	-256	-257

재무 비율 〈단위 : %〉

연도	영업이익률	순이익률	부채비율	차입금비율	ROA	ROE	유보율	자기자본비율	EBITDA마진율
2017	-19.7	-40.0	225.3	156.8	-18.6	-53.7	192.0	30.7	-11.6
2016	-13.1	-31.4	159.2	124.3	-21.1	-51.3	268.4	38.6	-7.6
2015	-8.0	-6.3	130.7	98.3	-4.6	-11.4	454.6	43.3	-1.9
2014	1.0	-3.1	142.9	91.8	-2.7	-7.0	472.8	41.2	5.9

이즈미디어 (A181340)
isMedia

업종	휴대폰 및 관련부품	시장	KOSDAQ
신용등급	(Bond) — (CP) —	기업규모	벤처
홈페이지	www.ismedia.com	연락처	031)427-8411
본사	경기도 안양시 동안구 시민대로327번길 12-18		

설립일	2002.11.20	**종업원수**	130명	**대표이사**	홍성철
상장일	2017.07.26	**감사의견**	적정(삼정)	**계열**	
결산기	12월	**보통주**		**종속회사수**	
액면가	500원	**우선주**		**구상호**	

주주구성 (지분율,%)		출자관계 (지분율,%)		주요경쟁사 (외형,%)	
홍성철	34.7	isMediaTechnology(Shenzhen)Co.	100.0	이즈미디어	100
이즈미디어 우리사주조합	7.1			하이비젼시스템	317
(외국인)	0.3			세코닉스	622

매출구성		비용구성		수출비중	
CCM 검사장비	81.0	매출원가율	72.0	수출	77.8
기타	19.0	판관비율	23.5	내수	22.2

회사 개요

지배회사인 ㈜이즈미디어는 CCM(Compact Camera Module : 초소형 카메라 모듈)에 대한 검사 및 조립장비의 개발, 제조 및 판매를 주 사업으로 영위하고 있으며, 한국채택국제회계기준 도입에 따른 연결대상 종속회사 중 주요 종속회사인 isMedia Technology (Shenzhen) Co.,Ltd. 의 주요 사업은 용역제공 및 상품판매를 영위하고 있음. 전 세계적으로 생체인식 관련 시장 규모는 지속적으로 성장 전망.

실적 분석

동사의 2017년 전체 매출은 532.3억원으로 전년대비 23.5% 증가, 영업이익은 24.1억원으로 전년대비 44.2% 감소, 당기순이익은 3.3억원으로 전년대비 92.1% 감소. 신규 매출 가세로 높은 외형 증가세를 시현하였으나 원가율 상승, 판매관리비 증가로 이익은 전년대비 감소. 중국내 카메라모듈 생산업체의 듀얼 카메라 확대로 듀얼 카메라 검사장비 공급이 증가하고 있어 신규 아이템인 3D 센싱 카메라 검사장비 매출 기대

현금 흐름 〈단위 : 억원〉

항목	2016	2017
영업활동	46	-7
투자활동	4	-46
재무활동	-1	110
순현금흐름	52	57
기말현금	102	160

시장 대비 수익률

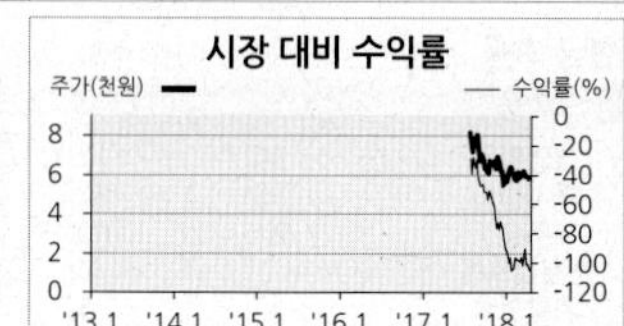

결산 실적 〈단위 : 억원〉

항목	2012	2013	2014	2015	2016	2017
매출액	315	144	293	382	431	532
영업이익	78	5	24	23	43	24
당기순이익	58	11	26	24	42	3

분기 실적 〈단위 : 억원〉

항목	2016.3Q	2016.4Q	2017.1Q	2017.2Q	2017.3Q	2017.4Q
매출액	131	—	111	—	98	—
영업이익	11	—	6	—	-20	—
당기순이익	1	—	-15	—	-20	—

재무 상태 〈단위 : 억원〉

항목	2012	2013	2014	2015	2016	2017
총자산	193	218	306	400	565	690
유형자산	66	94	112	140	138	141
무형자산	2	1	2	4	3	3
유가증권	—	4	1	1	—	—
총부채	65	54	160	233	356	344
총차입금	25	25	81	109	108	93
자본금	3	3	25	25	25	35
총자본	128	164	146	167	209	346
지배주주지분	128	164	146	167	209	346

기업가치 지표

항목	2012	2013	2014	2015	2016	2017
주가(최고/저)(천원)	—/—	—/—	—/—	—/—	—/—	9.4/5.2
PER(최고/저)(배)	0.0/0.0	0.0/0.0	0.0/0.0	0.0/0.0	0.0/0.0	177.6/98.9
PBR(최고/저)(배)	0.0/0.0	0.0/0.0	0.0/0.0	0.0/0.0	0.0/0.0	1.9/1.0
EV/EBITDA(배)	—	—	0.8	1.9	0.1	9.7
EPS(원)	1,152	198	471	437	744	53
BPS(원)	213,425	245,601	26,151	2,979	3,724	4,988
CFPS(원)	101,939	20,450	5,320	512	828	131
DPS(원)	—	—	—	—	—	—
EBITDAPS(원)	135,148	11,239	4,833	484	855	464

재무 비율 〈단위 : %〉

연도	영업이익률	순이익률	부채비율	차입금비율	ROA	ROE	유보율	자기자본비율	EBITDA마진율
2017	4.5	0.6	99.3	26.8	0.5	1.2	897.6	50.2	5.5
2016	10.0	9.7	170.9	51.9	8.6	22.2	727.6	36.9	11.1
2015	6.0	6.4	139.5	65.2	6.9	15.6	562.0	41.8	7.1
2014	8.1	9.0	108.9	55.2	—	—	481.1	47.9	9.3

이지 (A037370)

EG

업 종 : 금속 및 광물
신용등급 : (Bond) — (CP) —
홈페이지 : www.egcorp.co.kr
본 사 : 충남 금산군 추부면 서대산로 459

시 장 : KOSDAQ
기업규모 : 중견
연 락 처 : 041)750-7777

설 립 일	1987.05.15	**종업원수**	113명	**대표이사**	문경환
상 장 일	2000.01.11	**감사의견**	적정(예교)	**계 열**	
결 산 기	12월	**보 통 주**		**종속회사수**	4개사
액 면 가	1,000원	**우 선 주**		**구 상 호**	

주주구성 (지분율,%)		출자관계 (지분율,%)		주요경쟁사 (외형,%)	
박지만	26.0	EG포텍	100.0	EG	100
티디케이한국	4.8	EG메탈	88.1	NI스틸	92
(외국인)	3.6	EG라이텍	20.7	대호피앤씨	125

매출구성		비용구성		수출비중	
무역사업CCL외	60.7	매출원가율	91.1	수출	53.8
엔지니어링환경플랜트	16.9	판관비율	8.1	내수	46.2
SKM	12.4				

회사 개요

동사는 1987년 페라이트 자성소재의 제조 판매를 영위할 목적으로 설립됨. 종속회사로 바나듐 몰리브덴 제조 판매하는 EG메탈, 산회수설비관리 업체인 EG테크와 EG포텍, LED조명 제조업체인 EG라이텍 등을 두고 있고, Mn-Zn용 고급산화철 세계시장 점유율 1위를 차지하고 있음. 동사가 제조하는 산화철과 복합재료는 자동차용 모터와 티브이, 컴퓨터 등 가전기기 등에 사용됨.

실적 분석

동사의 2017년 연결기준 누적 매출액은 1,639.7억원으로 전년 대비 11.7% 증가했음. 외형성장의 영향으로 매출원가가 12.4% 증가했음에도 판매관리비 절감에 따라 영업이익은 전년 동기에 비해 0.4%증가한 13억원을 달성함. 그러나 영업외비용 증가에 따른 법인세비용차감전 계속사업손실이 증가함으로써 당기순이익 또한 적자지속됨. 해외시장의 지속적 확대와 고부가가치 신제품 출시를 통하여 매출 확장을 꾀하고 있음.

현금 흐름

〈단위 : 억원〉

항목	2016	2017
영업활동	-23	30
투자활동	-9	-39
재무활동	18	-28
순현금흐름	-11	-34
기말현금	104	70

시장 대비 수익률

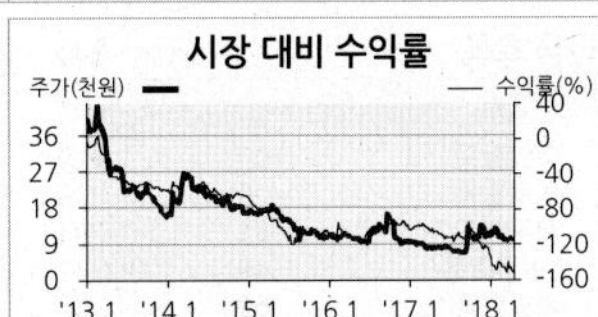

결산 실적

〈단위 : 억원〉

항목	2012	2013	2014	2015	2016	2017
매출액	1,017	1,230	1,562	1,516	1,468	1,640
영업이익	7	63	53	-13	13	13
당기순이익	-12	47	32	-49	-3	-10

분기 실적

〈단위 : 억원〉

항목	2016.3Q	2016.4Q	2017.1Q	2017.2Q	2017.3Q	2017.4Q
매출액	316	459	386	407	417	429
영업이익	1	-3	7	3	14	-10
당기순이익	-2	-11	5	-1	-0	-14

재무 상태

〈단위 : 억원〉

항목	2012	2013	2014	2015	2016	2017
총자산	850	866	939	987	967	974
유형자산	429	421	423	412	400	408
무형자산	11	10	26	9	9	12
유가증권	7	6	7	21	6	7
총부채	342	314	362	463	442	457
총차입금	172	142	146	178	190	164
자본금	75	75	75	75	75	75
총자본	508	552	578	524	524	517
지배주주지분	501	544	567	525	518	507

기업가치 지표

항목	2012	2013	2014	2015	2016	2017
주가(최고/저)(천원)	79.0/33.1	45.7/15.6	26.7/16.5	18.7/9.8	17.7/8.7	14.4/6.6
PER(최고/저)(배)	—/—	74.3/25.4	68.3/42.0	—/—	246.5/121.3	—/—
PBR(최고/저)(배)	12.1/5.1	6.4/2.2	3.6/2.2	2.7/1.4	2.6/1.3	2.1/1.0
EV/EBITDA(배)	111.9	15.7	18.2	101.2	21.6	31.9
EPS(원)	-172	627	398	-518	73	-84
BPS(원)	6,680	7,257	7,564	6,995	6,912	6,764
CFPS(원)	103	890	686	-229	389	128
DPS(원)	50	50	50	50	50	50
EBITDAPS(원)	366	1,110	994	118	492	388

재무 비율

〈단위 : %〉

연도	영업이익률	순이익률	부채비율	차입금비율	ROA	ROE	유보율	자기자본비율	EBITDA마진율
2017	0.8	-0.6	88.4	31.8	-1.0	-1.2	576.4	53.1	1.8
2016	0.9	-0.2	84.3	36.2	-0.3	1.0	591.2	54.3	2.5
2015	-0.8	-3.3	88.3	33.9	-5.1	-7.1	599.5	53.1	0.6
2014	3.4	2.0	62.7	25.4	3.5	5.4	656.4	61.5	4.8

이지바이오 (A035810)

EASY BIO

업 종 : 식료품
신용등급 : (Bond) BBB (CP) —
홈페이지 : www.easybio.co.kr
본 사 : 서울시 강남구 강남대로 310 (역삼동 837-11), 유니온센타 3층

시 장 : KOSDAQ
기업규모 : 우량
연 락 처 : 02)501-9988

설 립 일	1988.03.14	**종업원수**	241명	**대표이사**	지현욱,김지범
상 장 일	1999.11.13	**감사의견**	적정(삼덕)	**계 열**	
결 산 기	12월	**보 통 주**		**종속회사수**	27개사
액 면 가	500원	**우 선 주**		**구 상 호**	

주주구성 (지분율,%)		출자관계 (지분율,%)		주요경쟁사 (외형,%)	
지현욱	16.7	이지팜스	100.0	이지바이오	100
지원철	11.6	티앤엘	100.0	팜스코	73
(외국인)	11.2	금호영농조합법인	100.0	대한제당	91

매출구성		비용구성		수출비중	
배합사료	38.3	매출원가율	80.0	수출	—
닭고기 등	24.7	판관비율	12.4	내수	—
오리 등 외	17.7				

회사 개요

동사는 1988년에 설립된 축산사업 관련 사업지주회사로서 사료 및 사료첨가제 사업을 영위함. 사료, 육가공, 가금사업, 기타 곡물 및 수의서비스, 금융사업 등을 영위하는 자회사 38개를 보유하고 있음. 2003년부터 팜스토리, 강원LPC, 한국냉장 등의 인수로 양돈 수직계열화를 이룸. 매출 비중은 사료사업부가 절반 가까이 차지하는 가운데 육가공사업부와 가금사업부 등이 높은 비중을 차지하고 있음.

실적 분석

동사의 2017년 연결기준 매출액은 1조 3,980.9억원으로 전년 동기 수준을 기록함. 캐시카우인 사료 부문이 하반기부터 조류독감의 영향에서 벗어나 정상화되는 모습을 보이고 있으며 평균 돈가는 긍정적인 흐름을 보임. 원가 감소 및 축산물 가격의 안정화로 인하여 영업이익률이 크게 증가함. 또한, 재무구조 개선을 통한 금융비용 절감으로 순이익 역시 크게 증가함.

현금 흐름

〈단위 : 억원〉

항목	2016	2017
영업활동	1,365	1,285
투자활동	-405	-835
재무활동	-1,677	-513
순현금흐름	-721	-63
기말현금	622	559

시장 대비 수익률

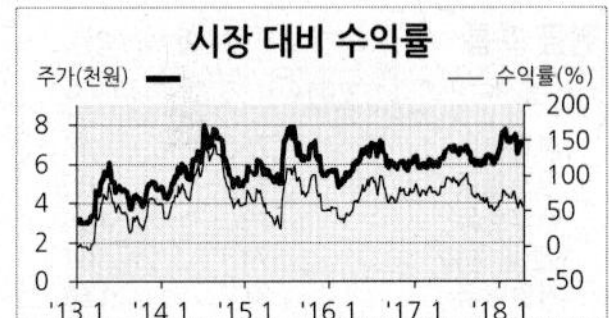

결산 실적

〈단위 : 억원〉

항목	2012	2013	2014	2015	2016	2017
매출액	15,446	15,045	14,808	14,406	14,014	13,981
영업이익	274	393	821	679	790	1,060
당기순이익	88	108	174	155	331	509

분기 실적

〈단위 : 억원〉

항목	2016.3Q	2016.4Q	2017.1Q	2017.2Q	2017.3Q	2017.4Q
매출액	3,362	3,688	3,291	3,463	3,920	3,307
영업이익	234	78	286	466	244	65
당기순이익	129	-19	179	268	121	-59

재무 상태

〈단위 : 억원〉

항목	2012	2013	2014	2015	2016	2017
총자산	14,729	14,747	14,944	15,810	15,099	14,808
유형자산	5,759	6,071	5,977	6,442	6,459	6,596
무형자산	751	739	614	569	567	491
유가증권	117	127	190	168	204	211
총부채	11,306	11,135	11,269	11,817	9,718	8,952
총차입금	8,925	8,768	9,241	9,599	7,286	6,670
자본금	239	239	256	269	269	285
총자본	3,423	3,613	3,675	3,993	5,380	5,856
지배주주지분	1,989	2,168	2,545	2,712	3,135	3,458

기업가치 지표

항목	2012	2013	2014	2015	2016	2017
주가(최고/저)(천원)	4.0/2.2	6.2/2.9	8.1/4.1	8.6/4.9	7.3/4.8	7.2/5.7
PER(최고/저)(배)	11.4/6.3	24.5/11.5	13.9/7.0	20.1/11.4	17.0/11.2	13.7/10.9
PBR(최고/저)(배)	1.0/0.5	1.4/0.7	1.7/0.8	1.7/1.0	1.3/0.8	1.2/0.9
EV/EBITDA(배)	19.2	15.5	10.0	11.5	10.0	7.9
EPS(원)	367	263	603	439	437	530
BPS(원)	4,318	4,698	5,036	5,117	5,914	6,154
CFPS(원)	914	885	1,225	1,101	1,104	1,200
DPS(원)	50	50	50	50	50	50
EBITDAPS(원)	1,131	1,458	2,246	1,943	2,159	2,557

재무 비율

〈단위 : %〉

연도	영업이익률	순이익률	부채비율	차입금비율	ROA	ROE	유보율	자기자본비율	EBITDA마진율
2017	7.6	3.6	152.9	113.9	3.4	9.0	1,114.6	39.6	10.3
2016	5.6	2.4	180.6	135.4	2.1	7.9	1,066.3	35.6	8.2
2015	4.7	1.1	295.9	240.4	1.0	8.9	909.0	25.3	7.2
2014	5.5	1.2	306.7	251.5	1.2	12.9	892.5	24.6	7.7

이지웰페어 (A090850)

Ezwelfare

업　　종 : 인터넷 서비스　　시　　장 : KOSDAQ
신용등급 : (Bond) —　(CP) —　　기업규모 : 벤처
홈페이지 : www.ezwel.com　　연 락 처 : 02)3282-7900
본　　사 : 서울시 구로구 디지털로34길 43, 코오롱사이언스밸리1차 1401호

설 립 일	2003.01.14	종업원수	269명	대표이사	조현철
상 장 일	2013.12.27	감사의견	적정(대주)	계　　열	
결 산 기	12월	보 통 주		종속회사수	2개사
액 면 가	500원	우 선 주		구 상 호	

주주구성 (지분율,%)		출자관계 (지분율,%)		주요경쟁사 (외형,%)	
김상용	24.5			이지웰페어	100
트러스톤자산운용	5.0			이상네트웍스	88
(외국인)	6.2			SBI핀테크솔루션즈	147

매출구성		비용구성		수출비중	
(이지웰페어)복지품목 여행, 컨텐츠 등	96.3	매출원가율	49.8	수출	—
(이지웰마인드)EAP Program	3.2	판관비율	42.7	내수	—
(이지웰인터치)여행	0.5				

회사 개요

동사는 선택적 복지시장에서 약 50%의 시장점유율을 확보하고 있는 선도 업체로서 경쟁우위를 바탕으로 대구도시철도공사, 아워홈 등 대규모 고객사를 잇따라 수주하였음. 선택적 복지산업은 국내에 있는 기업 및 공공기관을 대상으로 선택적 복지서비스를 제공하며 국외사업자의 시장 진출은 없기 때문에, 국내 업체간 경쟁만 이루어지고 있음. 당기 중 제주도 신규사업을 위해 신규 자회사인 이지웰인터치를 설립, 연결대상 종속회사로 편입하였음.

실적 분석

동사의 2017년 결산 연결기준 매출액은 583.7억원으로 전년대비 11.6% 증가함. 매출원가는 12.8% 증가하였으며, 영업이익은 전년동기 대비 616.9% 증가한 43.3억임. 비영업손실 지속되었으며, 순이익은 22.2억원으로 흑자전환함. 동사는 신규사업으로 중국 등에서 경쟁력 있는 유망 상품을 국내에 공급하는 총판사업자로써의 역량을 확대하고 있음. 향후 비용 효율화를 통한 이익 개선이 기대됨.

현금 흐름 〈단위 : 억원〉

항목	2016	2017
영업활동	25	48
투자활동	-74	-85
재무활동	-23	104
순현금흐름	-71	67
기말현금	81	148

시장 대비 수익률

결산 실적 〈단위 : 억원〉

항목	2012	2013	2014	2015	2016	2017
매출액	271	326	340	409	523	584
영업이익	45	47	49	46	6	43
당기순이익	29	37	38	31	-3	22

분기 실적 〈단위 : 억원〉

항목	2016.3Q	2016.4Q	2017.1Q	2017.2Q	2017.3Q	2017.4Q
매출액	119	160	151	121	130	182
영업이익	-3	-16	20	7	5	11
당기순이익	-3	-17	12	4	3	3

재무 상태 〈단위 : 억원〉

항목	2012	2013	2014	2015	2016	2017
총자산	330	415	493	595	585	803
유형자산	49	46	51	54	51	105
무형자산	76	83	105	120	122	37
유가증권	3	3	1	1	56	56
총부채	173	179	276	341	357	553
총차입금	5	—	—	—	—	110
자본금	44	49	49	49	49	49
총자본	157	236	216	254	229	250
지배주주지분	157	236	216	254	229	250

기업가치 지표

항목	2012	2013	2014	2015	2016	2017
주가(최고/저)(천원)	—/—	8.2/7.8	14.4/7.2	19.3/8.0	12.8/6.4	8.1/5.0
PER(최고/저)(배)	0.0/0.0	20.2/19.3	38.6/19.3	62.6/26.1	—/—	36.4/22.5
PBR(최고/저)(배)	0.0/0.0	3.5/3.4	5.5/2.7	6.5/2.7	4.4/2.2	2.6/1.6
EV/EBITDA(배)	—	12.3	15.2	17.8	27.5	6.4
EPS(원)	369	417	384	315	-33	225
BPS(원)	1,774	2,384	2,696	3,031	2,932	3,145
CFPS(원)	489	533	482	438	124	391
DPS(원)	—	50	75	75	40	60
EBITDAPS(원)	686	649	597	586	218	604

재무 비율 〈단위 : %〉

연도	영업이익률	순이익률	부채비율	차입금비율	ROA	ROE	유보율	자기자본비율	EBITDA마진율
2017	7.4	3.8	221.4	43.9	3.2	9.3	529.0	31.1	10.2
2016	1.2	-0.6	155.9	0.0	-0.6	-1.4	486.3	39.1	4.1
2015	11.2	7.6	134.0	0.0	5.7	13.2	506.2	42.7	14.2
2014	14.5	11.2	127.7	0.0	8.4	16.8	439.3	43.9	17.4

이크레더블 (A092130)

e-Credible

업　　종 : 인터넷 서비스　　시　　장 : KOSDAQ
신용등급 : (Bond) —　(CP) —　　기업규모 : 벤처
홈페이지 : www.ecredible.co.kr　　연 락 처 : 02)2101-9100
본　　사 : 서울시 구로구 디지털로33길 27, 삼성IT밸리 8층

설 립 일	2001.08.06	종업원수	170명	대표이사	이진옥
상 장 일	2008.10.24	감사의견	적정(삼일)	계　　열	
결 산 기	12월	보 통 주		종속회사수	1개사
액 면 가	500원	우 선 주		구 상 호	

주주구성 (지분율,%)		출자관계 (지분율,%)		주요경쟁사 (외형,%)	
한국기업평가	67.8	이크레더블네트웍스	100.0	이크레더블	100
황배수	5.0			가비아	341
(외국인)	12.8			인포바인	67

매출구성		비용구성		수출비중	
전자신용인증서 등	86.6	매출원가율	0.0	수출	1.0
TAMZ 서비스 등	7.4	판관비율	60.5	내수	99.0
위더스풀서비스	6.0				

회사 개요

동사는 신용인증서비스 및 B2B e-Market Place를 주 사업내용으로 설립되었으며, 450여 대기업과 60,000여 개사의 협력회사에 네트워크를 두고 서비스를 공급하고 있음. 전자신용인증사업은 협력업체(중소기업)의 재무상태 등을 분석하여 신용능력 정보를 생성, 대기업의 협력업체관리에 활용되는 서비스임. B2B e-Market Place는 B2B 전자상거래 사이트임.

실적 분석

동사의 2017년 연간 매출액은 전년 대비 8.1% 증가한 340.6억원을 기록함. 영업이익은 전년 대비 10.7% 증가한 134.4억원 기록, 당기순이익은 전년 대비 10/8% 증가한 109.1억원을 기록함. 주 매출원인 신용인증서비스 외에 B2B 전자상거래서비스인 TAMZ 서비스의 매출이 지속적으로 성장하면서 실적이 개선됨. 또한 신용정보회사의 신용등급서 제출이 의무화되고 있어 민간 영역에서도 신용인증서 수요가 늘어 지속하여 성장 중.

현금 흐름 〈단위 : 억원〉

항목	2016	2017
영업활동	109	119
투자활동	-9	-76
재무활동	-51	-64
순현금흐름	49	-21
기말현금	69	48

시장 대비 수익률

결산 실적 〈단위 : 억원〉

항목	2012	2013	2014	2015	2016	2017
매출액	184	191	201	256	315	341
영업이익	65	70	76	94	121	134
당기순이익	56	60	65	78	98	109

분기 실적 〈단위 : 억원〉

항목	2016.3Q	2016.4Q	2017.1Q	2017.2Q	2017.3Q	2017.4Q
매출액	62	55	61	162	67	50
영업이익	18	3	17	99	19	-0
당기순이익	15	3	14	78	16	1

재무 상태 〈단위 : 억원〉

항목	2012	2013	2014	2015	2016	2017
총자산	283	313	342	384	446	494
유형자산	29	29	28	27	29	27
무형자산	9	11	12	15	12	12
유가증권	0	0	0	0	0	0
총부채	43	48	51	57	72	74
총차입금	—	—	—	—	—	—
자본금	61	61	61	61	61	61
총자본	240	265	291	327	375	420
지배주주지분	240	265	291	327	375	420

기업가치 지표

항목	2012	2013	2014	2015	2016	2017
주가(최고/저)(천원)	5.9/4.6	6.3/5.0	8.2/6.0	10.9/7.1	13.5/8.0	15.2/11.2
PER(최고/저)(배)	16.1/12.6	15.6/12.3	17.8/13.0	19.0/12.4	17.9/10.6	17.5/12.9
PBR(최고/저)(배)	3.8/2.9	3.5/2.8	4.0/2.9	4.5/3.0	4.7/2.8	4.5/3.3
EV/EBITDA(배)	8.1	8.0	9.2	8.6	9.6	9.5
EPS(원)	467	495	537	647	817	905
BPS(원)	1,994	2,199	2,416	2,714	3,111	3,486
CFPS(원)	508	543	587	708	880	970
DPS(원)	300	320	350	420	530	530
EBITDAPS(원)	578	632	681	845	1,071	1,180

재무 비율 〈단위 : %〉

연도	영업이익률	순이익률	부채비율	차입금비율	ROA	ROE	유보율	자기자본비율	EBITDA마진율
2017	39.5	32.0	17.7	0.0	23.2	27.5	583.1	85.0	41.7
2016	38.5	31.3	19.1	0.0	23.7	28.1	509.5	84.0	40.9
2015	37.0	30.5	17.5	0.0	21.5	25.2	431.7	85.1	39.8
2014	37.8	32.2	17.6	0.0	19.8	23.3	373.5	85.0	40.8

이테크건설 (A016250)

eTEC E&C

업 종 : 건설
신용등급 : (Bond) — (CP) —
홈페이지 : www.etecenc.com
본 사 : 서울시 서초구 양재대로 246 송암빌딩 3~6층, 13층

시 장 : KOSDAQ
기업규모 : 우량
연 락 처 : 02)489-8211

설 립 일	1982.09.14	**종업원수**	688명	**대표이사**	이복영,안찬규
상 장 일	1999.12.16	**감사의견**	적정(한영)	**계 열**	
결 산 기	12월	**보 통 주**		**종속회사수**	5개사
액 면 가	5,000원	**우 선 주**		**구 상 호**	

주주구성 (지분율,%)		출자관계 (지분율,%)		주요경쟁사 (외형,%)	
삼광유리공업	30.7	군장에너지	47.7	이테크건설	100
유니드	7.3	에스지개발	24.6	아이콘트롤스	18
(외국인)	4.2	에스엠지에너지	20.4	코오롱글로벌	249

매출구성		비용구성		수출비중	
플랜트사업(공사)	53.5	매출원가율	86.8	수출	—
발전사업	25.2	판관비율	3.3	내수	—
토건사업	21.2				

회사 개요

동사는 1982년 설립된 영창건설이 모태로서 주요 사업부문은 플랜트, 토건, 터미널, 발전/에너지 사업 등임. 주력으로 영위하는 플랜트 사업은 신재생에너지, 정밀화학, 석유화학 등 다양한 산업의 플랜트 EPC를 제공함. 발전/에너지 사업은 군장에너지가 주 공급원이며 생산된 전기는 한국전력거래소에 역송하여 판매하고 있음. 주요 종속회사인 군장에너지는 총 5,500억원 투입한 GE4 열병합발전소 증설 사업 준공을 완료함.

실적 분석

동사의 연결 기준 2017년 매출액은 종속회사인 군장에너지의 REC 매출 본격화되며 전년대비 23.0% 증가, 1조4,657.5억원을 시현하였음. 매출액 증가에 따른 판관비 감소로 영업이익은 전년 대비 61.5% 증가한 1,453.1억원을 기록함. 법인세비용 등 영업외비용이 증가하였으며 최종적으로 당기순이익은 전년대비 7.4% 증가한 652.1억원을 기록함.

현금 흐름 〈단위 : 억원〉

항목	2016	2017
영업활동	1,258	1,846
투자활동	-779	-910
재무활동	257	-764
순현금흐름	735	180
기말현금	1,175	1,355

시장 대비 수익률

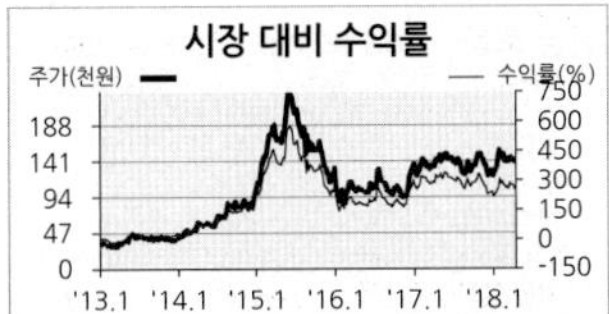

결산 실적 〈단위 : 억원〉

항목	2012	2013	2014	2015	2016	2017
매출액	7,855	6,675	8,772	11,007	11,916	14,658
영업이익	147	13	583	799	900	1,453
당기순이익	198	-115	446	418	607	652

분기 실적 〈단위 : 억원〉

항목	2016.3Q	2016.4Q	2017.1Q	2017.2Q	2017.3Q	2017.4Q
매출액	2,707	3,608	3,105	3,482	3,634	4,436
영업이익	197	266	344	205	366	538
당기순이익	97	266	202	73	210	167

재무 상태 〈단위 : 억원〉

항목	2012	2013	2014	2015	2016	2017
총자산	4,769	10,280	13,156	14,954	16,423	17,812
유형자산	23	5,406	8,419	10,694	11,231	11,248
무형자산	24	32	30	38	35	49
유가증권	136	234	206	185	165	179
총부채	2,952	7,682	10,170	11,600	12,536	13,366
총차입금	729	4,716	7,156	9,406	9,575	9,163
자본금	140	140	140	140	140	140
총자본	1,817	2,597	2,986	3,354	3,886	4,446
지배주주지분	1,829	1,570	1,787	2,006	2,336	2,601

기업가치 지표

항목	2012	2013	2014	2015	2016	2017
주가(최고/저)(천원)	55.0/30.4	46.5/29.1	104/40.5	235/106	136/83.5	157/120
PER(최고/저)(배)	7.7/4.2	—/—	15.8/6.2	28.1/12.6	10.7/6.6	15.3/11.7
PBR(최고/저)(배)	0.9/0.5	0.8/0.5	1.6/0.6	3.3/1.5	1.6/1.0	1.7/1.3
EV/EBITDA(배)	7.8	32.4	13.8	12.5	9.7	6.2
EPS(원)	7,438	-9,538	6,705	8,518	12,859	10,344
BPS(원)	66,059	56,899	64,651	72,477	84,240	93,729
CFPS(원)	7,865	-3,102	13,662	19,887	31,518	33,745
DPS(원)	500	—	500	500	750	750
EBITDAPS(원)	5,685	6,901	27,769	39,922	50,787	75,298

재무 비율 〈단위 : %〉

연도	영업이익률	순이익률	부채비율	차입금비율	ROA	ROE	유보율	자기자본비율	EBITDA마진율
2017	9.9	4.5	300.6	206.1	3.8	11.7	1,774.6	25.0	14.4
2016	7.6	5.1	322.6	246.4	3.9	16.6	1,584.8	23.7	11.9
2015	7.3	3.8	345.9	280.4	3.0	12.6	1,349.5	22.4	10.2
2014	6.6	5.1	340.6	239.7	3.8	11.2	1,193.0	22.7	8.9

이트론 (A096040)

E-TRON

업 종 : IT 서비스
신용등급 : (Bond) — (CP) —
홈페이지 : www.e-trons.co.kr
본 사 : 서울시 금천구 범안로 1130, 1203층(가산동, 디지털엠파이어)

시 장 : KOSDAQ
기업규모 : 중견
연 락 처 : 02)528-9377

설 립 일	1999.11.08	**종업원수**	23명	**대표이사**	노성혁
상 장 일	2008.01.25	**감사의견**	적정(세정)	**계 열**	
결 산 기	12월	**보 통 주**		**종속회사수**	
액 면 가	200원	**우 선 주**		**구 상 호**	네오엠텔

주주구성 (지분율,%)		출자관계 (지분율,%)		주요경쟁사 (외형,%)	
이아이디	8.9			이트론	100
네오엠텔우리사주조합	0.4			동양네트웍스	554
(외국인)	3.3			오상자이엘	430

매출구성		비용구성		수출비중	
서버 및 스토리지(제품)	98.9	매출원가율	87.7	수출	0.0
기타사업(기타)	1.1	판관비율	10.9	내수	100.0

회사 개요

동사는 1999년 설립돼 서버 및 스토리지 시스템 구축, IT 컨설팅, Intel Products(SSD, 메인보드 등) 기술 지원, 운영 및 유지보수 등 컴퓨터 관련 핵심 부품을 공급하는 IT 관련 제조 유통 전문 기업임. 상장 폐지 위기를 겪었지만 상폐 미해당에 해당되면서 거래 재개. 2015년 12월 동사의 서버 및 스토리지 제품이 중소기업간 경쟁제품으로 지정됨.

실적 분석

동사의 2017년 연결 기준 연간 누적 매출액은 155.6억원으로 전년 동기 대비 35.6% 감소함. 매출이 감소했지만 매출 감소율 대비 매출원가 감소율이 크고 판매비와 관리비 또한 줄어드는 등 원가 절감 노력으로 영업이익은 전년 동기 대비 흑자전환한 2.1억원을 기록함. 비영업 부문에서도 금융손익 등이 발생하면서 흑자전환하면서 당기순손실은 18.6억원으로 전년 동기 대비 적자 규모가 감소함.

현금 흐름 *IFRS 별도 기준 〈단위 : 억원〉

항목	2016	2017
영업활동	-40	9
투자활동	-27	52
재무활동	212	-0
순현금흐름	145	61
기말현금	275	336

시장 대비 수익률

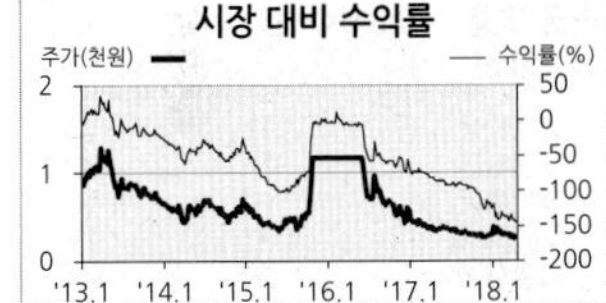

결산 실적 〈단위 : 억원〉

항목	2012	2013	2014	2015	2016	2017
매출액	34	419	235	258	242	156
영업이익	-10	17	1	-51	-23	2
당기순이익	-42	16	-21	-81	-98	-19

분기 실적 *IFRS 별도 기준 〈단위 : 억원〉

항목	2016.3Q	2016.4Q	2017.1Q	2017.2Q	2017.3Q	2017.4Q
매출액	54	101	40	28	18	69
영업이익	-8	-2	-5	-3	-3	14
당기순이익	-39	-46	-4	-1	-21	6

재무 상태 *IFRS 별도 기준 〈단위 : 억원〉

항목	2012	2013	2014	2015	2016	2017
총자산	190	491	406	453	579	531
유형자산	2	102	15	16	16	12
무형자산	3	99	71	55	35	24
유가증권	9	6	36	28	42	4
총부채	15	308	97	116	74	44
총차입금	—	156	48	50	—	—
자본금	32	40	111	200	363	363
총자본	175	183	308	337	505	487
지배주주지분	175	183	308	337	505	487

기업가치 지표 *IFRS 별도 기준

항목	2012	2013	2014	2015	2016	2017
주가(최고/저)(천원)	1.2/0.5	1.3/0.6	0.7/0.4	1.2/0.3	1.3/0.4	0.6/0.3
PER(최고/저)(배)	—/—	19.7/9.7	—/—	—/—	—/—	—/—
PBR(최고/저)(배)	1.4/0.6	2.0/1.0	1.5/0.9	3.5/1.0	4.7/1.5	2.2/1.0
EV/EBITDA(배)	—	14.0	51.5	—	—	26.8
EPS(원)	-65	66	-49	-104	-83	-10
BPS(원)	2,879	914	556	337	278	269
CFPS(원)	-155	114	-49	-100	-78	-8
DPS(원)	—	—	—	—	—	—
EBITDAPS(원)	-110	105	11	-61	-15	3

재무 비율 〈단위 : %〉

연도	영업이익률	순이익률	부채비율	차입금비율	ROA	ROE	유보율	자기자본비율	EBITDA마진율
2017	1.4	-12.0	9.0	0.0	-3.4	-3.8	34.3	91.8	3.6
2016	-9.6	-40.6	14.8	0.0	-19.0	-23.3	39.2	87.1	-7.5
2015	-19.8	-31.5	34.3	14.9	-18.9	-25.2	68.3	74.5	-18.7
2014	0.6	-8.8	31.6	15.7	-4.6	-8.4	177.8	76.0	1.7

이퓨쳐 (A134060)

e-futureCo

업 종 : 교육　　시 장 : KOSDAQ
신용등급 : (Bond) — (CP) —　　기업규모 : 벤처
홈페이지 : www.e-future.co.kr　　연 락 처 : 02)3400-0525
본 사 : 서울시 송파구 백제고분로 91, 엘케이빌딩 4~6층

설 립 일	2000.01.21	종업원수	98명	대표이사	황경호
상 장 일	2011.04.27	감사의견	적정(삼일)	계 열	
결 산 기	12월	보 통 주		종속회사수	
액 면 가	500원	우 선 주		구 상 호	

주주구성 (지분율,%)		출자관계 (지분율,%)		주요경쟁사 (외형,%)	
이기현	23.8			이퓨쳐	100
황경호	16.8			더블유에프엠	149
(외국인)	0.4			메가엠디	806

매출구성		비용구성		수출비중	
Smart Phonics	40.8	매출원가율	36.1	수출	18.4
Phonics Fun Readers	16.9	판관비율	66.5	내수	81.6
My First Grammar	16.9				

회사 개요

동사는 인터넷교육콘텐츠 서비스 기업이며, 특히 콘텐츠 개발 및 도서 출판업을 주요사업으로 영위하고 있음. 컨텐츠 중에서도 ELT(English Language Teaching) 관련 영어 콘텐츠가 핵심임. 저출산으로 시장규모가 다소 정체됐으나 영어 사교육 시장 수요가 유아, 초, 중학생에서 점차 성인층으로 확대되고 있음. 특히 의사소통에 중점을 둔 영어 학습에 대한 수요는 증가하고 있음.

실적 분석

2017년 동사 매출액은 85.9억원으로 전년동기 수준을 유지함. 그러나 원가 및 판관비 상승으로 부담이 증가됨. 영업이익 및 순이익은 중국에 대한 수출 감소, 재고자산 평가충당금 추가 설정으로 인한 변동, 환율하락으로 인한 외환손실 증가로 적자전환함. 2018년부터 수능절대평가 도입을 통해 사교육지출을 줄이는 정책을 추진하고 있으며 선행학습금지법을 통해 공교육시장을 정상화하려고 노력하고 있음.

현금 흐름 *IFRS 별도 기준 〈단위 : 억원〉

항목	2016	2017
영업활동	12	17
투자활동	-14	2
재무활동	—	0
순현금흐름	-2	18
기말현금	20	38

시장 대비 수익률

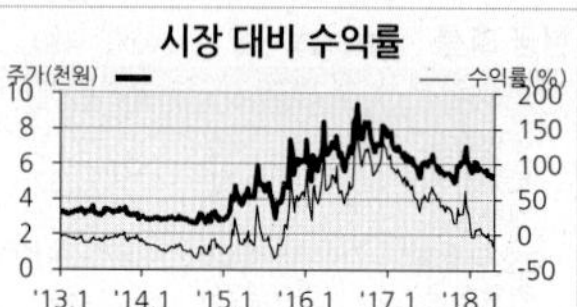

결산 실적 〈단위 : 억원〉

항목	2012	2013	2014	2015	2016	2017
매출액	74	84	80	75	85	86
영업이익	-1	11	4	1	3	-2
당기순이익	0	8	6	-4	2	-6

분기 실적 *IFRS 별도 기준 〈단위 : 억원〉

항목	2016.3Q	2016.4Q	2017.1Q	2017.2Q	2017.3Q	2017.4Q
매출액	18	27	25	18	19	24
영업이익	-0	-0	3	-1	-2	-2
당기순이익	-1	-2	2	-0	-1	-6

재무 상태 *IFRS 별도 기준 〈단위 : 억원〉

항목	2012	2013	2014	2015	2016	2017
총자산	190	203	197	197	213	197
유형자산	32	31	30	29	29	28
무형자산	19	21	26	29	39	33
유가증권	7	10	14	22	20	19
총부채	26	36	25	29	44	32
총차입금	—	11	—	—	—	0
자본금	24	24	24	24	24	24
총자본	163	167	172	168	169	165
지배주주지분	163	167	172	168	169	165

기업가치 지표 *IFRS 별도 기준

항목	2012	2013	2014	2015	2016	2017
주가(최고/저)(천원)	5.2/3.1	3.6/2.8	3.7/2.6	9.9/2.8	9.5/5.1	8.1/4.9
PER(최고/저)(배)	600.8/359.9	22.1/17.4	28.4/19.8	—/—	239.5/128.0	—/—
PBR(최고/저)(배)	1.5/0.9	1.0/0.8	1.0/0.7	2.7/0.8	2.5/1.3	2.2/1.3
EV/EBITDA(배)	60.4	5.5	8.9	33.1	24.1	26.1
EPS(원)	9	162	131	-75	39	-122
BPS(원)	3,532	3,704	3,807	3,727	3,762	3,667
CFPS(원)	72	259	236	57	248	124
DPS(원)	—	—	—	—	—	—
EBITDAPS(원)	36	329	189	154	280	200

재무 비율 〈단위 : %〉

연도	영업이익률	순이익률	부채비율	차입금비율	ROA	ROE	유보율	자기자본비율	EBITDA마진율
2017	-2.5	-6.8	19.3	0.0	-2.8	-3.5	633.4	83.8	11.1
2016	4.0	2.2	25.8	0.0	0.9	1.1	652.3	79.5	15.7
2015	1.4	-4.8	17.5	0.0	-1.8	-2.1	645.4	85.1	9.8
2014	5.0	7.8	14.5	0.0	3.1	3.7	661.4	87.3	11.3

이화공영 (A001840)

Ee-Hwa Construction

업 종 : 건설　　시 장 : KOSDAQ
신용등급 : (Bond) — (CP) —　　기업규모 : 중견
홈페이지 : www.ee-hwa.co.kr　　연 락 처 : 02)3771-6000
본 사 : 서울시 마포구 양화로 104 (서교동,삼윤빌딩)

설 립 일	1956.08.30	종업원수	176명	대표이사	최삼규,최종찬
상 장 일	1994.11.23	감사의견	적정(삼덕)	계 열	
결 산 기	12월	보 통 주		종속회사수	
액 면 가	500원	우 선 주		구 상 호	

주주구성 (지분율,%)		출자관계 (지분율,%)		주요경쟁사 (외형,%)	
최삼규	35.9	상명민자학사	19.0	이화공영	100
최종찬	4.9	푸른용산	12.0	범양건영	65
(외국인)	2.5	광장비태엘교육	2.0	한국종합기술	95

매출구성		비용구성		수출비중	
국내도급 건축공사 민간	80.8	매출원가율	95.6	수출	—
국내도급 건축공사 관급	16.5	판관비율	3.6	내수	—
국내도급 토목공사 관급	2.7				

회사 개요

동사는 1956년 주식회사 동지로 설립된 기업으로 1971년 이화공영주식회사로 상호가 변경됨. 건축, 토목, 전기, 소방 등 건설관련 면허를 가지고 여러 분야에서 건설업을 영위하고 있음. 건축공사는 오피스, 학교, 제시설물 건설을 중점사업으로 시행하고 있으며, 토목공사는 정수처리시설공사, 교량공사, 토지조성공사 등을 중심으로 한 공동도급이행방식으로 시행하고 있음.

실적 분석

동사의 연결기준 2017년 결산 매출액은 공사계약잔액 이월물량 증가와 신규수주로 인하여 전년동기 대비 27.7% 증가한 2,108억원을 시현함. 건축부문이 전체 매출의 95%를 상회하고 있으며, 사업주체별로는 공공부문이 약 15%, 민간부문이 약 85%인 사업구조를 갖고 있음. 영업이익은 원가율 상승에도 불구하고 판관비 비중 축소 영향으로 전년동기 대비 7.5% 증가하였으며, 당기순이익 또한 16.1% 증가한 16.4억원을 시현함.

현금 흐름 *IFRS 별도 기준 〈단위 : 억원〉

항목	2016	2017
영업활동	4	157
투자활동	-27	-46
재무활동	-6	-7
순현금흐름	-29	103
기말현금	43	146

시장 대비 수익률

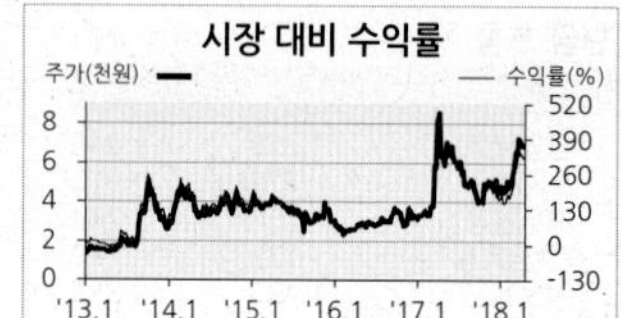

결산 실적 〈단위 : 억원〉

항목	2012	2013	2014	2015	2016	2017
매출액	1,041	1,343	1,796	1,300	1,650	2,108
영업이익	7	8	15	14	16	17
당기순이익	11	8	15	15	14	16

분기 실적 *IFRS 별도 기준 〈단위 : 억원〉

항목	2016.3Q	2016.4Q	2017.1Q	2017.2Q	2017.3Q	2017.4Q
매출액	431	545	462	539	515	592
영업이익	3	5	4	7	1	5
당기순이익	3	4	4	7	0	5

재무 상태 *IFRS 별도 기준 〈단위 : 억원〉

항목	2012	2013	2014	2015	2016	2017
총자산	618	587	710	620	817	845
유형자산	65	65	68	67	66	66
무형자산	9	9	9	9	9	14
유가증권	59	55	48	48	55	77
총부채	292	255	303	206	395	420
총차입금	0	-0	0	0	0	0
자본금	72	72	99	99	99	99
총자본	326	332	407	414	422	425
지배주주지분	326	332	407	414	422	425

기업가치 지표 *IFRS 별도 기준

항목	2012	2013	2014	2015	2016	2017
주가(최고/저)(천원)	3.1/1.3	5.0/1.3	4.8/2.7	4.3/2.5	4.0/2.3	8.6/3.2
PER(최고/저)(배)	54.3/22.6	109.0/29.2	61.8/35.1	59.9/34.0	56.7/33.4	104.4/38.8
PBR(최고/저)(배)	1.8/0.7	2.8/0.7	2.4/1.4	2.1/1.2	1.9/1.1	4.0/1.5
EV/EBITDA(배)	3.4	29.2	33.6	23.3	22.0	28.7
EPS(원)	60	48	81	75	71	83
BPS(원)	2,273	2,314	2,056	2,093	2,129	2,147
CFPS(원)	91	76	92	86	82	92
DPS(원)	—	—	35	35	35	40
EBITDAPS(원)	66	75	89	80	91	96

재무 비율 〈단위 : %〉

연도	영업이익률	순이익률	부채비율	차입금비율	ROA	ROE	유보율	자기자본비율	EBITDA마진율
2017	0.8	0.8	98.7	0.0	2.0	3.9	329.3	50.3	0.9
2016	1.0	0.9	93.7	0.0	2.0	3.4	325.8	51.6	1.1
2015	1.1	1.1	49.7	0.0	2.2	3.6	318.6	66.8	1.2
2014	0.8	0.8	74.3	0.0	2.3	4.1	311.3	57.4	0.9

이화산업 (A000760)

RIFA CO

업　　종 : 화학
신용등급 : (Bond) —　　(CP) —
홈페이지 : www.rifa.co.kr
본　　사 : 서울시 영등포구 선유동2로 70 (당산동 5가)

시　　장 : 거래소
기업규모 : 시가총액 소형주
연 락 처 : 02)2007-5555

설 립 일	1950.03.29	**종 업 원 수**	54명	**대 표 이 사**	홍성우
상 장 일	1994.04.29	**감 사 의 견**	적정(신한)	**계　　열**	
결 산 기	12월	**보 통 주**		**종속회사수**	3개사
액 면 가	5,000원	**우 선 주**		**구　상　호**	

주주구성 (지분율,%)		출자관계 (지분율,%)		주요경쟁사 (외형,%)	
조규완	29.9	이화물산	69.3	이화산업	100
이화소재	22.9	영화기업	44.4	동남합성	209
(외국인)	0.0	염료공업협동조합	19.9	엔피케이	111

매출구성		비용구성		수출비중	
염료상품(상품)	44.8	매출원가율	81.2	수출	12.1
화성품 상품(상품)	26.2	판관비율	17.6	내수	87.9
임대료등(기타)	14.0				

회사 개요

동사는 식품 첨가물 및 용제류 등 유무기 화학품과 섬유 염색을 위한 염료의 도소매를 주요 사업으로 영위함. 섬유산업이 주된 전방산업으로서, 사업부문은 섬유염색을 위한 각종 염료 등을 판매하는 염료사업부문과 식품첨가물, 공업용첨가물, 용제류 등 유무기 화학품을 판매하는 유통사업부문으로 구분됨. 염료사업부문이 전체 매출의 51.4%, 유통사업부문이 38.0%이며 임대사업부문이 나머지를 차지함.

실적 분석

동사의 2017년 누적매출액은 656.6억원으로 전년대비 19.1% 증가함. 비용측면에서 매출원가와 판관비가 각각 20.5%, 19% 상승하면서 매출 확대에도 불구하고 영업이익이 전년보다 34.4% 줄어든 7.8억원을 기록함. 비영업손실이 36.8억원으로 적자폭이 커지면서 당기순손실도 29.7억원으로 전년 1.2억원 대비 적자폭이 확대됨. 연관산업인 섬유산업의 경기상황에 큰 영향을 받는데 환경오염 부담과 제조원가 상승 등으로 수익성이 악화됨.

현금 흐름

〈단위 : 억원〉

항목	2016	2017
영업활동	12	-29
투자활동	-37	-66
재무활동	1	50
순현금흐름	-23	-44
기말현금	141	96

시장 대비 수익률

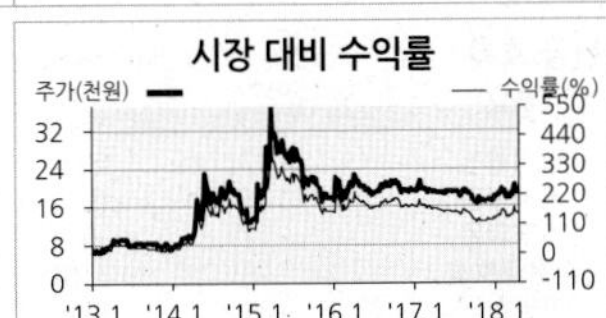

결산 실적

〈단위 : 억원〉

항목	2012	2013	2014	2015	2016	2017
매출액	714	794	833	669	552	657
영업이익	11	-15	3	15	12	8
당기순이익	-73	-29	73	-1	-1	-30

분기 실적

〈단위 : 억원〉

항목	2016.3Q	2016.4Q	2017.1Q	2017.2Q	2017.3Q	2017.4Q
매출액	—	192	165	166	171	154
영업이익	—	-5	6	9	-1	-6
당기순이익	—	-11	1	-1	-5	-24

재무 상태

〈단위 : 억원〉

항목	2012	2013	2014	2015	2016	2017
총자산	2,776	2,681	2,733	2,783	2,779	2,808
유형자산	206	203	82	86	84	84
무형자산	9	9	9	7	9	9
유가증권	1	0	0	0	0	0
총부채	936	869	856	905	896	960
총차입금	770	677	690	750	750	802
자본금	140	140	140	140	140	140
총자본	1,840	1,812	1,877	1,878	1,883	1,848
지배주주지분	1,064	1,031	1,095	1,095	1,103	1,077

기업가치 지표

항목	2012	2013	2014	2015	2016	2017
주가(최고/저)(천원)	9.0/6.1	10.0/7.4	36.8/9.6	32.8/16.7	23.6/18.1	21.7/16.4
PER(최고/저)(배)	24.0/16.2	—/—	14.4/3.8	—/—	245.8/188.9	—/—
PBR(최고/저)(배)	0.2/0.2	0.3/0.2	0.9/0.3	0.8/0.4	0.6/0.5	0.6/0.4
EV/EBITDA(배)	87.3	—	239.8	84.2	91.8	108.7
EPS(원)	375	-1,206	2,560	-93	96	-766
BPS(원)	38,013	36,828	39,123	39,104	39,405	38,463
CFPS(원)	603	-982	2,776	161	414	-401
DPS(원)	—	—	—	—	—	—
EBITDAPS(원)	638	-322	333	808	742	643

재무 비율

〈단위 : %〉

연도	영업 이익률	순 이익률	부채 비율	차입금 비율	ROA	ROE	유보율	자기자본 비율	EBITDA 마진율
2017	1.2	-4.5	52.0	43.4	-1.1	-2.0	669.3	65.8	2.7
2016	2.2	-0.2	47.6	39.9	0.0	0.2	688.1	67.8	3.8
2015	2.3	-0.2	48.2	39.9	0.0	-0.2	682.1	67.5	3.4
2014	0.4	8.8	45.6	36.8	2.7	6.7	682.5	68.7	1.1

이화전기공업 (A024810)

Ehwa Technologies Information

업　　종 : 전기장비
신용등급 : (Bond) —　　(CP) —
홈페이지 : www.eti21.com
본　　사 : 서울시 강남구 논현로 746, 석호빌딩 7층

시　　장 : KOSDAQ
기업규모 : 중견
연 락 처 : 02)3440-0215

설 립 일	1965.06.03	**종 업 원 수**	186명	**대 표 이 사**	윤상돈
상 장 일	1994.12.29	**감 사 의 견**	적정(이현)	**계　　열**	
결 산 기	12월	**보 통 주**		**종속회사수**	
액 면 가	200원	**우 선 주**		**구　상　호**	

주주구성 (지분율,%)		출자관계 (지분율,%)		주요경쟁사 (외형,%)	
최완식	4.0	이아이디	19.7	이화전기	100
칸인베스텍코리아	2.4	제이씨스퀘어	7.2	성문전자	97
(외국인)	0.5			가온전선	1,766

매출구성		비용구성		수출비중	
무정전 전원장치(UPS)	26.3	매출원가율	80.0	수출	4.3
정류기(RECT)	20.0	판관비율	19.1	내수	95.7
주파수변환기(RF)	19.3				

회사 개요

동사는 UPS(무정전 전원장치) 및 몰드변압기, 정류기(통신용 정류기 포함), SCADA 등 다양한 전원공급장치 및 전력변환장치를 생산 공급하는 중전기기 전문회사로 발전소, 대규모 시설단지, 산업전원 설비, 전산센터 등의 민간분야와 철도, 지하철 등의 공공분야 및 방산분야의 사업영역에 진출하고 있음. 2015년 8월 10일 유상신주 취득을 통해 이아이디의 지분율 19.74% 보유 중.

실적 분석

동사의 2017년 연간 매출액은 473.8억원으로 전년 대비 3.6% 증가함. 내수는 전년과 비슷한 수준이나 수출이 소폭 증가함. 매출원가와 판관비는 각각 1.6%, 18.6% 상승함. 영업이익은 전년 8.5억원에서 3.9억원 감소한 4.6억원을 시현하는데 그침. 유형자산처분이익 발생으로 당기순이익은 개선됨. 고품질, 소형화, 경량화 등의 첨단화 제품에 대한 수요가 높아지고 있어 성장 가능성이 큼.

현금 흐름 *IFRS 별도 기준

〈단위 : 억원〉

항목	2016	2017
영업활동	-5	33
투자활동	-46	-201
재무활동	101	214
순현금흐름	50	46
기말현금	80	126

시장 대비 수익률

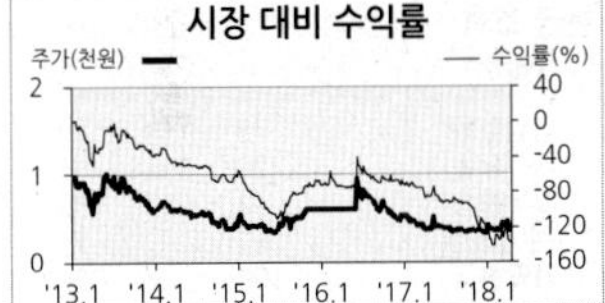

결산 실적

〈단위 : 억원〉

항목	2012	2013	2014	2015	2016	2017
매출액	1,267	1,205	1,074	410	457	474
영업이익	-71	-52	-154	13	9	5
당기순이익	-269	-331	-370	-18	-43	56

분기 실적 *IFRS 별도 기준

〈단위 : 억원〉

항목	2016.3Q	2016.4Q	2017.1Q	2017.2Q	2017.3Q	2017.4Q
매출액	57	204	95	143	85	151
영업이익	-12	19	3	21	-9	-11
당기순이익	-13	17	5	17	-7	41

재무 상태 *IFRS 별도 기준

〈단위 : 억원〉

항목	2012	2013	2014	2015	2016	2017
총자산	931	950	1,136	815	920	1,130
유형자산	292	250	536	321	317	214
무형자산	20	15	6	4	4	3
유가증권	14	73	15	19	56	414
총부채	270	356	604	318	258	88
총차입금	145	245	438	212	140	20
자본금	232	292	292	382	491	736
총자본	661	593	532	498	663	1,042
지배주주지분	661	593	532	498	663	1,042

기업가치 지표 *IFRS 별도 기준

항목	2012	2013	2014	2015	2016	2017
주가(최고/저)(천원)	1.7/0.6	1.1/0.5	0.7/0.4	0.6/0.3	1.0/0.4	0.6/0.3
PER(최고/저)(배)	—/—	—/—	—/—	—/—	—/—	32.6/18.8
PBR(최고/저)(배)	3.6/1.3	2.9/1.4	2.2/1.1	2.5/1.3	3.5/1.6	2.0/1.1
EV/EBITDA(배)	—	—	—	44.2	77.5	52.8
EPS(원)	-88	-124	-234	-10	-19	17
BPS(원)	570	406	364	260	270	283
CFPS(원)	-83	-123	-239	-4	-16	20
DPS(원)	—	—	—	—	—	—
EBITDAPS(원)	-22	-3	-39	13	8	4

재무 비율

〈단위 : %〉

연도	영업 이익률	순 이익률	부채 비율	차입금 비율	ROA	ROE	유보율	자기자본 비율	EBITDA 마진율
2017	1.0	11.9	8.5	1.9	5.5	6.6	41.5	92.2	2.8
2016	1.9	-9.5	38.9	21.1	-5.0	-7.5	35.1	72.0	3.7
2015	3.2	-4.4	63.8	42.6	-1.9	-4.0	30.1	61.0	6.0
2014	-14.3	-34.5	113.7	82.5	-30.4	-39.5	36.3	46.8	-12.4

인디에프 (A014990)

In the F

업　　종 : 섬유 및 의복　　　시　　장 : 거래소
신 용 등 급 : (Bond) —　　(CP) —　　기 업 규 모 : 시가총액 소형주
홈 페 이 지 : www.inthef.co.kr　　연 락 처 : 02)3456-9000
본　　사 : 서울시 강남구 테헤란로104길 21

설 립 일	1980.09.08	**종 업 원 수**	248명	**대 표 이 사**	손수근
상 장 일	1989.06.20	**감 사 의 견**	적정(삼정)	**계 열**	
결 산 기	12월	**보 통 주**		**종속회사수**	1개사
액 면 가	500원	**우 선 주**		**구 상 호**	

주주구성 (지분율,%)		출자관계 (지분율,%)		주요경쟁사 (외형,%)	
세아상역	69.0	나산실업	100.0	인디에프	100
안영숙	5.2			데코앤이	23
(외국인)	0.9			동일방직	421

매출구성		비용구성		수출비중	
조이너스	25.8	매출원가율	47.7	수출	0.2
테이트	22.1	판관비율	51.5	내수	99.8
꼼빠니아	18.5				

회사 개요

동사는 1980년 창립된 나산인 전신인 패션업체로, 종속회사로 나산실업을 보유하고 있으며 자회사는 시설관리 사업을 영위하고 있음. 의류 OEM 업체인 글로벌세아(구.세아상역)가 동사 지분을 69% 보유하여 동사는 동 기업집단에 포함되어 있음. 동사가 보유한 브랜드로는 여성복 '조이너스', '꼼빠니아', '예츠', '예스비', 신사복 '트루젠', 'S+byTrue젠', 'TATE', 편집스토어 "BIND" 등을 보유하고 있음.

실적 분석

동사의 2017년 연간 매출액은 전년동기대비 0.9% 소폭 하락한 2,010.8억원을 기록하였음. 비용면에서 전년동기대비 매출원가는 감소 하였으며 인건비도 감소, 광고선전비도 크게 감소, 기타판매비와관리비도 마찬가지로 감소함. 이와 같이 매출액은 전년동기 크게 성장하지 않았으나 이에 비해서 전년동기대비 영업이익은 16.4억원으로 흑자전환 하였음. 아마 매출원가의 감소효과가 달성한 매출액 대비 컸기 때문이라 판단됨.

현금 흐름 〈단위 : 억원〉

항목	2016	2017
영업활동	78	19
투자활동	-20	3
재무활동	8	-39
순현금흐름	67	-17
기말현금	108	91

시장 대비 수익률

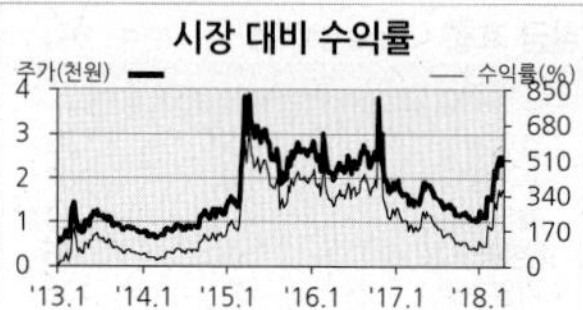

결산 실적 〈단위 : 억원〉

항목	2012	2013	2014	2015	2016	2017
매출액	2,154	1,974	1,873	1,958	2,029	2,011
영업이익	-68	-36	-31	-50	-70	16
당기순이익	-89	-61	-81	-59	-96	8

분기 실적 〈단위 : 억원〉

항목	2016.3Q	2016.4Q	2017.1Q	2017.2Q	2017.3Q	2017.4Q
매출액	385	624	513	504	398	596
영업이익	-44	-33	9	14	-43	36
당기순이익	-47	-46	7	9	-46	37

재무 상태 〈단위 : 억원〉

항목	2012	2013	2014	2015	2016	2017
총자산	2,093	1,988	1,799	1,614	1,597	1,421
유형자산	126	98	93	93	91	80
무형자산	77	53	4	2	1	1
유가증권	—	—	—	—	—	—
총부채	1,138	1,088	987	859	941	756
총차입금	360	297	256	234	254	238
자본금	295	295	295	295	295	295
총자본	955	900	812	755	656	665
지배주주지분	955	900	812	755	656	665

기업가치 지표

항목	2012	2013	2014	2015	2016	2017
주가(최고/저)(천원)	0.9/0.5	1.4/0.5	1.4/0.6	4.0/1.3	4.0/1.6	2.0/1.0
PER(최고/저)(배)	—/—	—/—	—/—	—/—	—/—	151.6/77.9
PBR(최고/저)(배)	0.6/0.3	0.9/0.3	1.0/0.5	3.2/1.0	3.6/1.4	1.7/0.9
EV/EBITDA(배)	108.3	22.0	72.6	—	—	14.0
EPS(원)	-150	-104	-138	-100	-162	13
BPS(원)	1,621	1,527	1,378	1,281	1,114	1,129
CFPS(원)	-27	2	-65	-36	-97	75
DPS(원)	—	—	—	—	—	—
EBITDAPS(원)	8	46	21	-21	-54	90

재무 비율 〈단위 : %〉

연도	영업이익률	순이익률	부채비율	차입금비율	ROA	ROE	유보율	자기자본비율	EBITDA마진율
2017	0.8	0.4	113.6	35.8	0.5	1.2	125.7	46.8	2.6
2016	-3.5	-4.7	143.3	38.7	-6.0	-13.6	122.8	41.1	-1.6
2015	-2.6	-3.0	113.9	31.0	-3.5	-7.5	156.2	46.8	-0.6
2014	-1.6	-4.3	121.5	31.5	-4.3	-9.5	175.7	45.1	0.7

인바디 (A041830)

InBody

업　　종 : 의료 장비 및 서비스　　　시　　장 : KOSDAQ
신 용 등 급 : (Bond) —　　(CP) —　　기 업 규 모 : 벤처
홈 페 이 지 : www.inbody.com　　연 락 처 : 02)501-3939
본　　사 : 서울시 강남구 논현로2길 54(개포동 1164-21) 인바디 빌딩

설 립 일	1996.05.15	**종 업 원 수**	205명	**대 표 이 사**	차기철
상 장 일	2000.12.05	**감 사 의 견**	적정(선진)	**계 열**	
결 산 기	12월	**보 통 주**		**종속회사수**	7개사
액 면 가	500원	**우 선 주**		**구 상 호**	바이오스페이스

주주구성 (지분율,%)		출자관계 (지분율,%)		주요경쟁사 (외형,%)	
차기철	26.9	삼한정공	100.0	인바디	100
Wasatch Advisors, Inc.	5.0	DMBH	34.0	차바이오텍	449
(외국인)	39.4	InbodyEuropeB.V.	100.0	바디텍메드	56

매출구성		비용구성		수출비중	
체성분분석기(제품)	94.0	매출원가율	25.5	수출	71.3
상품(상품)	3.5	판관비율	47.8	내수	28.7
용역매출(용역)	2.5				

회사 개요

동사는 체성분 분석기를 포함한 전자 의료기기 및 생체 신호 측정장치 등을 제조, 판매하는 업체임. 동사의 제품은 치료 및 운동효과, 예방의학 측면에서 양방병원, 한방병원, 스포츠센터, 건강검진센터 등에서 폭 넓게 사용되고 있음. 원활한 유통망 확보를 위해 직판 및 국내외 대리점망 구축하고, 각국 규격인증과 정부의 규제에 준하는 자격들을 획득하여 미국, 일본 등 해외법인을 설립 및 운영 중임.

실적 분석

동사의 2017년도 연결기준 연간 매출액은 932.5억원으로 전년 대비 16.8% 증가함. 일본, 미국, 중국 법인(자회사)에서 모두 전년 대비 매출이 증가함. 체성분분석기의 기술력과 활용도가 시장에서 주목을 받으면서 매출이 크게 증가한 것. 향후 체성분분석기의 제품 라인업을 다양화할 계획이며, 가정용 인바디, 웨어러블 인바디 등 B2C 확대에도 노력 중임.

현금 흐름 〈단위 : 억원〉

항목	2016	2017
영업활동	182	186
투자활동	-126	-131
재무활동	-11	-42
순현금흐름	46	10
기말현금	103	112

시장 대비 수익률

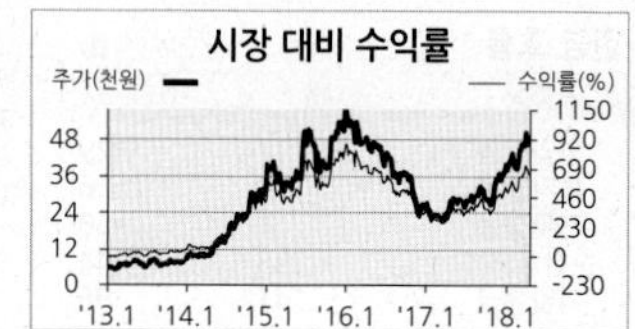

결산 실적 〈단위 : 억원〉

항목	2012	2013	2014	2015	2016	2017
매출액	332	368	489	689	798	933
영업이익	50	65	101	200	220	249
당기순이익	56	62	89	173	170	193

분기 실적 〈단위 : 억원〉

항목	2016.3Q	2016.4Q	2017.1Q	2017.2Q	2017.3Q	2017.4Q
매출액	180	201	197	222	244	269
영업이익	46	43	45	58	70	76
당기순이익	31	44	24	49	58	62

재무 상태 〈단위 : 억원〉

항목	2012	2013	2014	2015	2016	2017
총자산	482	537	632	825	971	1,120
유형자산	80	164	167	230	279	318
무형자산	23	22	22	17	17	15
유가증권	—	—	—	—	—	—
총부채	20	21	36	61	47	55
총차입금	—	—	—	—	—	—
자본금	68	68	68	68	68	68
총자본	461	516	596	763	923	1,065
지배주주지분	461	516	596	763	923	1,065

기업가치 지표

항목	2012	2013	2014	2015	2016	2017
주가(최고/저)(천원)	12.5/4.7	8.6/5.3	33.7/8.8	57.6/29.4	58.0/23.9	40.1/20.7
PER(최고/저)(배)	30.9/11.8	19.3/12.0	52.4/13.7	45.9/23.4	47.0/19.4	28.4/14.7
PBR(최고/저)(배)	3.8/1.4	2.3/1.4	7.8/2.0	10.4/5.3	8.6/3.6	5.0/2.6
EV/EBITDA(배)	9.9	13.1	35.9	35.6	13.7	18.7
EPS(원)	412	453	649	1,265	1,241	1,412
BPS(원)	3,390	3,787	4,373	5,596	6,764	8,008
CFPS(원)	454	520	730	1,365	1,369	1,540
DPS(원)	40	40	60	80	100	120
EBITDAPS(원)	407	542	819	1,562	1,738	1,948

재무 비율 〈단위 : %〉

연도	영업이익률	순이익률	부채비율	차입금비율	ROA	ROE	유보율	자기자본비율	EBITDA마진율
2017	26.7	20.7	5.2	0.0	18.5	19.4	1,501.7	95.1	28.6
2016	27.6	21.3	5.1	0.0	18.9	20.2	1,252.8	95.1	29.8
2015	29.0	25.1	8.0	0.0	23.8	25.5	1,019.2	92.6	31.0
2014	20.6	18.1	6.0	0.0	15.2	16.0	774.6	94.4	22.9

인베니아 (A079950)

INVENIA

업　　종 : 디스플레이 및 관련부품　　시　　장 : KOSDAQ
신용등급 : (Bond) —　　(CP) —　　기업규모 : 벤처
홈페이지 : www.inveniacorp.com　　연 락 처 : 031)778-1114
본　　사 : 경기도 성남시 중원구 갈마치로 214

설 립 일	2001.01.26	**종업원수**	333명	**대표이사**	정호영
상 장 일	2005.02.04	**감사의견**	적정(삼일)	**계　열**	
결 산 기	12월	**보 통 주**		**종속회사수**	1개사
액 면 가	500원	**우 선 주**		**구　상　호**	LIG인베니아

주주구성 (지분율,%)		출자관계 (지분율,%)		주요경쟁사 (외형,%)	
LG디스플레이	12.9	인베니아브이	19.0	인베니아	100
구자준	9.1			신화인터텍	97
(외국인)	1.3			에스엔유	64

매출구성		비용구성		수출비중	
[디스플레이제조장비] 패널 제조장비	96.8	매출원가율	85.6	수출	61.0
[디스플레이제조장비] 기타	3.2	판관비율	9.8	내수	39.0

회사 개요

동사는 2001년 1월 TFT-LCD용 장비제조 전문회사로 설립돼 LG디스플레이에 5세대 장비 납품을 시작으로 현재 8세대 장비를 양산 납품 중에 있음. 2005년 코스닥시장에 상장했으며, 기업가치 향상을 위해 새로운 사업영역 발굴, 장비군의 차세대 개발, 국내외 시장 점유율 확보와 수익성 개선에 노력하고 있음. 국내외 디스플레이 업체들의 설비 투자 증가로 큰 수혜를 보고 있음.

실적 분석

동사의 2017년 연결 기준 연간 누적 매출액은 1,821.8억원으로 전년 동기 대비 20.2% 증가함. 매출이 증가하면서 매출원가와 판관비도 늘었지만 매출 증가에 따른 고정 비용 감소 효과로 인해 영업이익은 전년 동기 대비 58.3% 증가한 84.9억원을 기록함. 비영업부문에서 외환 등에서 대규모 손실이 발생하면서 당기순이익은 전년 동기 대비 86.7% 감소한 11.1억원을 기록함.

현금 흐름

〈단위 : 억원〉

항목	2016	2017
영업활동	61	-43
투자활동	-29	-132
재무활동	-42	226
순현금흐름	-9	50
기말현금	21	71

시장 대비 수익률

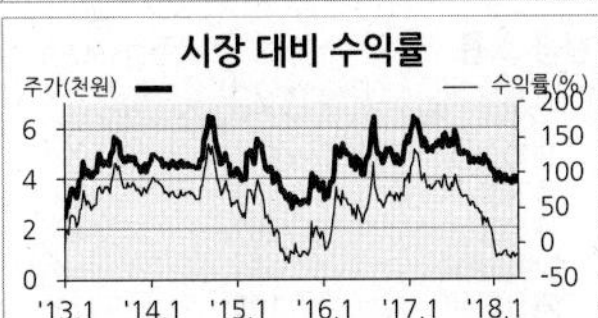

결산 실적

〈단위 : 억원〉

항목	2012	2013	2014	2015	2016	2017
매출액	229	1,516	1,069	895	1,515	1,822
영업이익	-187	76	-62	46	54	85
당기순이익	-201	46	-40	12	83	11

분기 실적

〈단위 : 억원〉

항목	2016.3Q	2016.4Q	2017.1Q	2017.2Q	2017.3Q	2017.4Q
매출액	510	503	413	337	480	591
영업이익	55	36	28	7	20	31
당기순이익	43	63	-1	10	24	-22

재무 상태

〈단위 : 억원〉

항목	2012	2013	2014	2015	2016	2017
총자산	739	1,120	938	872	1,133	1,375
유형자산	247	246	232	222	222	249
무형자산	50	38	35	29	41	35
유가증권	1	1	1	1	11	11
총부채	414	752	607	531	712	943
총차입금	318	356	291	296	261	480
자본금	116	116	116	116	116	116
총자본	325	368	331	342	421	432
지배주주지분	325	368	331	342	421	432

기업가치 지표

항목	2012	2013	2014	2015	2016	2017
주가(최고/저)(천원)	4.2/2.1	5.7/2.4	6.6/3.9	5.7/2.8	6.6/3.0	6.6/4.3
PER(최고/저)(배)	—/—	28.7/12.2	—/—	110.1/53.2	18.4/8.4	138.6/89.5
PBR(최고/저)(배)	2.8/1.4	3.4/1.4	4.2/2.5	3.6/1.7	3.4/1.6	3.3/2.2
EV/EBITDA(배)	—	12.3	—	15.7	19.6	12.4
EPS(원)	-867	200	-173	52	359	48
BPS(원)	1,509	1,713	1,551	1,598	1,941	1,986
CFPS(원)	-691	366	-50	168	470	140
DPS(원)	—	—	—	—	—	10
EBITDAPS(원)	-629	492	-143	314	342	458

재무 비율

〈단위 : %〉

연도	영업이익률	순이익률	부채비율	차입금비율	ROA	ROE	유보율	자기자본비율	EBITDA마진율
2017	4.7	0.6	218.4	111.1	0.9	2.6	297.3	31.4	5.8
2016	3.5	5.5	169.0	61.9	8.3	21.8	288.1	37.2	5.2
2015	5.1	1.4	155.2	86.6	1.3	3.6	219.6	39.2	8.1
2014	-5.8	-3.8	183.5	88.1	-3.9	-11.5	210.1	35.3	-3.1

인산가 (A062580)

INSAN

업　　종 : 식료품　　시　　장 : KONEX
신용등급 : (Bond) —　　(CP) —　　기업규모 : —
홈페이지 : www.insanga.co.kr　　연 락 처 : 055)963-9991
본　　사 : 경남 함양군 수동면 수동농공길 23-26

설 립 일	1992.03.02	**종업원수**	154명	**대표이사**	김윤세
상 장 일	2015.12.21	**감사의견**	적정(대주)	**계　열**	
결 산 기	12월	**보 통 주**		**종속회사수**	
액 면 가	—	**우 선 주**		**구　상　호**	

주주구성 (지분율,%)		출자관계 (지분율,%)		주요경쟁사 (외형,%)	
김윤세	33.1	인산농장	90.0	인산가	100
한국산업은행	22.7	INSANGAJUKYOM(M)SDN.BHD	100.0	사조해표	2,511
				신송홀딩스	1,121

매출구성		비용구성		수출비중	
상품(상품)	34.2	매출원가율	34.5	수출	1.1
기타	29.5	판관비율	48.1	내수	98.9
9회죽염(제품)	25.4				

회사 개요

동사는 1992년 3월 2일에 설립된 죽염 및 죽염응용식품 전문 제조/유통 업체임. 동사의 죽염 및 관련 식품의 제조방식은 가업 대대로 내려오는 경남 함양의 전통적인 방식을 따르고 있으며 죽염의 생산·판매는 2015년 기준 전체 매출의 33.3%를 차지하고 있으며 동사 안정적인 수익기반. 국내 식염시장은 약 2000억원 규모로 2010년 이후 연평균 20% 이상 빠르게 성장하고 있음.

실적 분석

동사의 2017년 연결 기준 연간 누적 매출액은 260.2억원으로 전년 동기 대비 4.2% 증가함. 매출이 증가했지만 매출원가는 오히려 줄었고 판매비와 관리비 또한 감소하면서 영업이익은 전년 동기 대비 무려 97.2% 증가한 45.3억원을 기록함. 비영업 부문이 금융손실 등으로 적자 전환했지만 영업이익 증가폭이 커 당기순이익은 전년 동기 대비 39.7% 증가한 32.3억원을 시현함.

현금 흐름 *IFRS 별도 기준

〈단위 : 억원〉

항목	2016	2017
영업활동	23	35
투자활동	-18	-37
재무활동	27	8
순현금흐름	32	7
기말현금	38	44

시장 대비 수익률

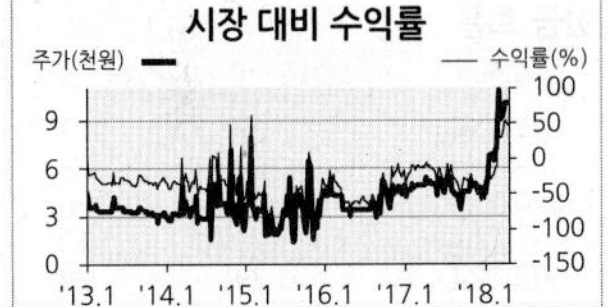

결산 실적

〈단위 : 억원〉

항목	2012	2013	2014	2015	2016	2017
매출액	168	175	200	209	250	260
영업이익	7	8	19	11	23	45
당기순이익	4	3	7	-15	23	32

분기 실적 *IFRS 별도 기준

〈단위 : 억원〉

항목	2016.3Q	2016.4Q	2017.1Q	2017.2Q	2017.3Q	2017.4Q
매출액	—	—	—	—	—	—
영업이익	—	—	—	—	—	—
당기순이익	—	—	—	—	—	—

재무 상태 *IFRS 별도 기준

〈단위 : 억원〉

항목	2012	2013	2014	2015	2016	2017
총자산	165	192	181	177	223	265
유형자산	82	89	85	84	86	91
무형자산	2	2	1	3	6	6
유가증권	0	0	1	—	—	—
총부채	94	117	103	113	126	139
총차입금	72	93	78	78	88	98
자본금	17	17	17	17	22	22
총자본	71	75	78	64	97	127
지배주주지분	71	75	78	64	97	127

기업가치 지표 *IFRS 별도 기준

항목	2012	2013	2014	2015	2016	2017
주가(최고/저)(천원)	6.8/2.4	4.5/2.6	7.2/1.6	10.4/1.4	5.6/2.9	5.5/3.4
PER(최고/저)(배)	58.0/20.5	56.9/33.2	34.3/7.7	—/—	24.3/12.6	8.8/5.5
PBR(최고/저)(배)	3.3/1.2	2.1/1.2	3.0/0.7	5.4/0.7	2.4/1.3	1.9/1.2
EV/EBITDA(배)	10.9	9.9	4.5	13.0	10.8	4.7
EPS(원)	120	81	214	-429	236	638
BPS(원)	2,096	2,204	2,418	1,990	2,385	3,028
CFPS(원)	348	297	385	-268	393	815
DPS(원)	—	—	—	—	30	80
EBITDAPS(원)	425	450	726	475	527	1,062

재무 비율

〈단위 : %〉

연도	영업이익률	순이익률	부채비율	차입금비율	ROA	ROE	유보율	자기자본비율	EBITDA마진율
2017	17.4	12.4	115.6	84.3	12.2	27.3	536.1	46.4	20.8
2016	9.2	9.3	137.4	103.4	11.1	16.0	389.9	42.1	12.1
2015	5.1	-7.0	176.8	122.7	-8.2	-20.6	297.9	36.1	7.7
2014	9.5	3.7	132.0	99.4	3.9	9.5	383.7	43.1	12.4

인선이엔티 (A060150)

INSUN Environmental New Technology

업종 : 상업서비스 | 시장 : KOSDAQ
신용등급 : (Bond) — (CP) — | 기업규모 : 중견
홈페이지 : www.insun.com | 연락처 : 031)969-1500
본사 : 경기도 고양시 일산동구 동국로 240 (식사동)

설립일	1997.11.06	종업원수	342명	대표이사	이준길
상장일	2002.05.31	감사의견	적정(다산)	계열	
결산기	12월	보통주		종속회사수	6개사
액면가	500원	우선주		구상호	

주주구성 (지분율,%)		출자관계 (지분율,%)		주요경쟁사 (외형,%)	
아이에스앰비제일호유한회사	14.2	인선기업	100.0	인선이엔티	100
이앤에프앰버	10.2	인선모터스	78.5	C&S자산관리	126
(외국인)	4.5	아이앤에스	73.3	코엔텍	38

매출구성		비용구성		수출비중	
건설폐기물중간처리	94.2	매출원가율	75.7	수출	—
순환골재판매	3.0	판관비율	10.6	내수	—
임대수익	2.3				

회사 개요

동사는 건설폐기물 수집 운반 및 중간처리사업, 폐자동차 해체재활용 사업, 파쇄재활용사업 등 친환경 자원 재활용 사업을 영위함. 건설폐기물 분야 국내 기업 중 유일하게 비계구조물 해체에서부터 건설폐기물의 수집/운반 및 중간처리, 순환골재 생산, 폐기물의 최종처리(매립)까지 폐기물 일괄처리 기술 및 특허를 보유함. 건설폐기물 수집운반량, 중간처리량 기준 1위 업체임. 2014년 이후 수도권 지역 폐차 처리대수에서도 1위를 유지함.

실적 분석

동사의 2017년 4분기 기준 누적 매출액은 1,602.8억원으로 전년 동기(1,355.2억원) 대비 18.3% 증가함. 매출 확대에 힘입어 영업이익도 21.3% 늘어난 219.2억원을 달성함. 금융손실폭이 축소되고 법인세비용이 감소함에 따라 전년 4.7억원이었던 당기순이익은 31.5억원까지 증가했음. '폐차-부품-중고차' 수직계열화 구조가 자리를 잡아가며 사업이 안정화되는 모습.

현금 흐름 <단위 : 억원>

항목	2016	2017
영업활동	87	93
투자활동	-68	-76
재무활동	-12	-6
순현금흐름	8	18
기말현금	39	57

시장 대비 수익률

결산 실적 <단위 : 억원>

항목	2012	2013	2014	2015	2016	2017
매출액	869	686	672	953	1,355	1,603
영업이익	-46	2	-4	79	181	219
당기순이익	-84	14	-53	-18	5	32

분기 실적 <단위 : 억원>

항목	2016.3Q	2016.4Q	2017.1Q	2017.2Q	2017.3Q	2017.4Q
매출액	335	372	384	417	412	390
영업이익	42	42	45	68	73	33
당기순이익	9	-28	22	44	9	-43

재무 상태 <단위 : 억원>

항목	2012	2013	2014	2015	2016	2017
총자산	2,695	2,651	2,879	2,915	3,010	2,983
유형자산	1,698	1,880	2,093	2,100	2,089	2,202
무형자산	55	48	49	48	27	24
유가증권	17	5	5	5	5	5
총부채	1,206	1,318	1,415	1,466	1,554	1,286
총차입금	867	924	1,055	1,182	1,196	1,011
자본금	171	171	171	171	171	179
총자본	1,490	1,334	1,464	1,450	1,457	1,697
지배주주지분	1,469	1,332	1,462	1,446	1,449	1,643

기업가치 지표

항목	2012	2013	2014	2015	2016	2017
주가(최고/저)(천원)	3.6/2.1	2.7/2.0	4.2/2.1	7.3/3.8	6.8/5.1	8.3/5.6
PER(최고/저)(배)	—/—	60.9/45.7	—/—	—/—	521.8/395.0	100.7/67.8
PBR(최고/저)(배)	0.8/0.5	0.6/0.5	1.0/0.5	1.7/0.9	1.6/1.2	1.8/1.2
EV/EBITDA(배)	—	42.1	85.2	24.6	14.1	12.5
EPS(원)	-239	44	-155	-47	13	82
BPS(원)	4,304	4,382	4,284	4,238	4,239	4,592
CFPS(원)	-108	144	-62	97	181	258
DPS(원)	—	—	—	—	—	—
EBITDAPS(원)	-4	106	82	376	696	788

재무 비율 <단위 : %>

연도	영업이익률	순이익률	부채비율	차입금비율	ROA	ROE	유보율	자기자본비율	EBITDA마진율
2017	13.7	2.0	75.8	59.6	1.1	1.9	818.5	56.9	17.6
2016	13.3	0.4	106.7	82.1	0.2	0.3	747.8	48.4	17.6
2015	8.3	-1.9	101.1	81.5	-0.6	-1.1	747.6	49.7	13.5
2014	-0.6	-7.9	96.7	72.1	-1.9	-3.8	756.9	50.8	4.2

인성정보 (A033230)

Insung Information

업종 : IT 서비스 | 시장 : KOSDAQ
신용등급 : (Bond) — (CP) — | 기업규모 : 중견
홈페이지 : www.insunginfo.co.kr | 연락처 : 02)3400-7000
본사 : 서울시 송파구 위례성대로 22길 28

설립일	1992.02.10	종업원수	173명	대표이사	원종윤
상장일	1999.07.20	감사의견	적정(삼정)	계열	
결산기	12월	보통주		종속회사수	7개사
액면가	500원	우선주		구상호	

주주구성 (지분율,%)		출자관계 (지분율,%)		주요경쟁사 (외형,%)	
윤재승	21.0	아이넷뱅크	100.0	인성정보	100
원종윤	7.6	인성디지탈	85.6	신세계 I&C	125
(외국인)	2.6	벤치비	49.3	오픈베이스	53

매출구성		비용구성		수출비중	
네트워크 장비 및 솔루션 외	38.6	매출원가율	88.4	수출	0.0
네트워크 장비 및 Auto ID 제품 외	33.3	판관비율	10.3	내수	100.0
상용 S/W 및 네트워크 장비 외	26.7				

회사 개요

동사는 1992년 설립돼 정보기술 인프라와 솔루션을 통합 공급하는 IT 전문기업임. Network, Voice(UC) 및 Video(IP-CCTV, DMS, TP), Storage, 가상화 등 IT 핵심 인프라 제품/솔루션를 제공함. 가상화 및 클라우드 컴퓨팅을 위해 시트릭스와 파트너를 체결하여 투자하고 있어 성장성이 예상됨. 동사는 인성디지탈, 아이넷뱅크 외 소수의 계열회사를 보유하고 있음.

실적 분석

동사의 2017년 연결 기준 연간 누적 매출액은 전년 동기 대비 1.3% 증가한 2,558.4억원을 시현함. 매출이 증가하면서 매출원가도 늘고 무엇보다 판매비와 관리비가 전년 동기 대비 대폭 늘어나면서 영업이익은 전년 동기 대비 37.1% 감소한 31.2억원을 시현함. 비영업손익 부문에서 적자 규모가 확대되면서 당기순손실은 37.4억원으로 전년 동기 대비 적자전환함.

현금 흐름 <단위 : 억원>

항목	2016	2017
영업활동	144	33
투자활동	-36	-51
재무활동	-57	-46
순현금흐름	51	-64
기말현금	185	121

시장 대비 수익률

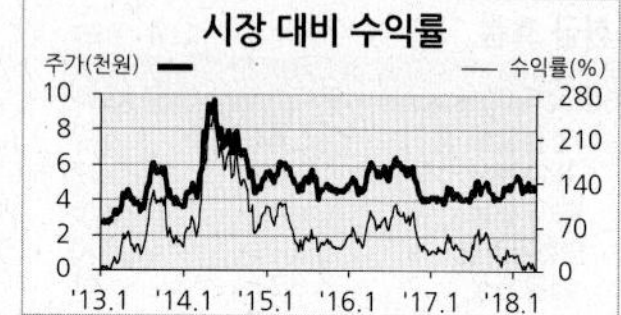

결산 실적 <단위 : 억원>

항목	2012	2013	2014	2015	2016	2017
매출액	2,586	2,556	2,574	2,565	2,527	2,558
영업이익	37	70	31	-31	50	31
당기순이익	25	72	-34	-107	12	-37

분기 실적 <단위 : 억원>

항목	2016.3Q	2016.4Q	2017.1Q	2017.2Q	2017.3Q	2017.4Q
매출액	633	864	517	597	633	812
영업이익	17	28	-11	11	3	28
당기순이익	2	52	-40	12	-21	11

재무 상태 <단위 : 억원>

항목	2012	2013	2014	2015	2016	2017
총자산	1,501	1,480	1,754	1,640	1,567	1,447
유형자산	136	124	120	125	129	129
무형자산	21	24	25	26	22	20
유가증권	34	24	14	17	14	28
총부채	1,060	978	1,297	1,296	1,211	1,010
총차입금	459	382	582	663	594	466
자본금	85	85	85	85	85	96
총자본	441	503	456	344	356	438
지배주주지분	422	489	442	335	346	427

기업가치 지표

항목	2012	2013	2014	2015	2016	2017
주가(최고/저)(천원)	3.7/2.1	6.1/2.6	10.4/3.6	6.3/4.0	6.8/3.8	5.5/3.8
PER(최고/저)(배)	25.6/14.7	14.6/6.2	—/—	—/—	104.1/58.4	—/—
PBR(최고/저)(배)	1.3/0.8	2.0/0.8	3.6/1.3	2.8/1.8	3.0/1.7	2.3/1.6
EV/EBITDA(배)	14.3	10.3	25.5	—	20.7	38.4
EPS(원)	143	417	-201	-617	66	-196
BPS(원)	2,733	3,124	2,848	2,216	2,280	2,446
CFPS(원)	231	507	-109	-513	66	-196
DPS(원)	—	—	—	—	—	—
EBITDAPS(원)	305	501	275	-81	292	163

재무 비율 <단위 : %>

연도	영업이익률	순이익률	부채비율	차입금비율	ROA	ROE	유보율	자기자본비율	EBITDA마진율
2017	1.2	-1.5	230.6	106.5	-2.5	-9.7	389.3	30.3	1.2
2016	2.0	0.5	340.2	166.9	0.7	3.3	356.0	22.7	2.0
2015	-1.2	-4.2	376.1	192.5	-6.3	-27.0	343.2	21.0	-0.5
2014	1.2	-1.3	284.3	127.6	-2.1	-7.3	469.7	26.0	1.8

인스코비 (A006490)

Inscobee

업　　종 : 무선통신
신 용 등 급 : (Bond) —　　(CP) —
홈 페 이 지 : www.inscobee.co.kr
본　　사 : 서울시 금천구 디지털로9길 47 (가산동, 한신아이티타워2차 306-2호)
시　　장 : 거래소
기 업 규 모 : 시가총액 소형주
연 락 처 : 1661-9641

설 립 일	1970.02.27	**종 업 원 수**	52명	**대 표 이 사**	유인수
상 장 일	1985.01.17	**감 사 의 견**	적정(현대)	**계　　열**	
결 산 기	12월	**보 통 주**		**종속회사수**	2개사
액 면 가	500원	**우 선 주**		**구 상 호**	씨앤피로엔

주주구성 (지분율,%)		출자관계 (지분율,%)		주요경쟁사 (외형,%)	
밀레니엄홀딩스	5.6	프리텔레콤	100.0	인스코비	100
유인수	5.2	아이엔에스	67.1	SK텔레콤	35,346
(외국인)	0.3	아피메즈	11.5	KT	47,184

매출구성		비용구성		수출비중	
알뜰폰 통신서비스	93.3	매출원가율	48.1	수출	0.2
AMI 등	4.6	판관비율	52.3	내수	99.8
시계	2.0				

회사 개요

동사는 1970년 설립되어 스마트그리드 관련 사업, 지능형 전력망, 전기선 통신기기 및 시스템 제조 판매, 시계부품 제조 및 판매업 등을 주요 사업으로 영위하고 있음. 또한 2011년 오토컴퍼니를 인수하며 수입 중고차 유통 사업에 진출하였으며 2015년 8월 스페이스네트 인수하며 알뜰폰(MVNP) 시장에도 진출. 매출구성은 스마트그리드 4.6%, MVNO 사업부문 93.3% 으로 구분되어 있음.

실적 분석

동사의 2017년 연결기준 매출액은 495.7억으로 2016년 대비 33.7% 증가. 영업이익과 당기순이익은 각각 -2억원, -3.7억원을 기록하여 전년동기 대비하여 그 손실폭이 큰폭으로 감소함. 매출액 증가는 통신사업부와 스마트그리드사업부의 매출증가가 주된 요인이었고, 영업손실과 당기순손실은 전년 대비하여 기타비용(무형자산상각등) 감소가 주된 원인임.

현금 흐름

<단위 : 억원>

항목	2016	2017
영업활동	-3	15
투자활동	-1	-4
재무활동	17	-2
순현금흐름	13	8
기말현금	50	57

시장 대비 수익률

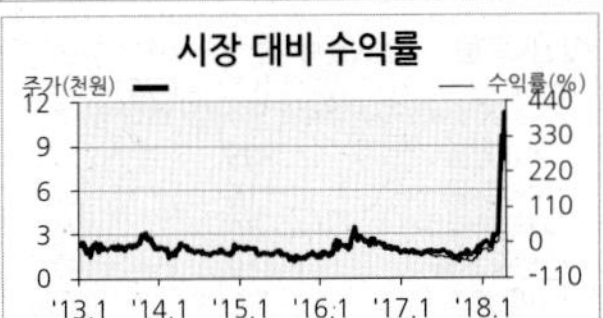

결산 실적

<단위 : 억원>

항목	2012	2013	2014	2015	2016	2017
매출액	80	123	258	163	371	496
영업이익	-57	-69	-58	-48	-25	-2
당기순이익	-87	-71	-80	-245	-69	-4

분기 실적

<단위 : 억원>

항목	2016.3Q	2016.4Q	2017.1Q	2017.2Q	2017.3Q	2017.4Q
매출액	96	99	117	104	116	158
영업이익	-7	-4	1	-10	-2	10
당기순이익	-12	-37	3	-22	-1	16

재무 상태

<단위 : 억원>

항목	2012	2013	2014	2015	2016	2017
총자산	193	261	239	486	452	472
유형자산	42	23	10	8	8	6
무형자산	2	4	2	275	227	209
유가증권	1	1	12	18	43	31
총부채	50	33	30	233	133	121
총차입금	23	12	7	146	40	2
자본금	233	279	298	377	424	436
총자본	142	229	209	254	319	351
지배주주지분	142	229	209	259	332	359

기업가치 지표

항목	2012	2013	2014	2015	2016	2017
주가(최고/저)(천원)	3.9/1.0	3.1/1.4	2.5/1.4	2.3/1.2	3.4/1.4	2.3/1.2
PER(최고/저)(배)	—/—	—/—	—/—	—/—	—/—	—/—
PBR(최고/저)(배)	12.9/3.2	7.5/3.5	7.1/4.0	6.6/3.4	8.7/3.7	5.5/3.0
EV/EBITDA(배)	—	—	—	—	—	97.4
EPS(원)	-200	-144	-136	-353	-73	-6
BPS(원)	306	410	351	344	392	412
CFPS(원)	-198	-138	-128	-338	-52	18
DPS(원)	—	—	—	—	—	—
EBITDAPS(원)	-128	-135	-91	-56	-9	22

재무 비율

<단위 : %>

연도	영업이익률	순이익률	부채비율	차입금비율	ROA	ROE	유보율	자기자본비율	EBITDA마진율
2017	-0.4	-0.8	일부잠식	일부잠식	-0.8	-1.5	-17.6	74.4	3.9
2016	-6.8	-18.5	일부잠식	일부잠식	-14.6	-20.7	-21.7	70.7	-2.1
2015	-29.1	-150.5	일부잠식	일부잠식	-67.7	-100.4	-31.2	52.2	-22.8
2014	-22.6	-30.9	일부잠식	일부잠식	-31.8	-36.4	-29.9	87.5	-20.7

인지디스플레이 (A037330)

Inzi Display

업　　종 : 디스플레이 및 관련부품
신 용 등 급 : (Bond) —　　(CP) —
홈 페 이 지 : www.inzidisplay.co.kr
본　　사 : 경기도 안산시 단원구 동산로 88(원시동)
시　　장 : KOSDAQ
기 업 규 모 : 우량
연 락 처 : 031)330-3051

설 립 일	1992.03.17	**종 업 원 수**	164명	**대 표 이 사**	정구용,김용구
상 장 일	1999.12.08	**감 사 의 견**	적정(신한)	**계　　열**	
결 산 기	12월	**보 통 주**		**종속회사수**	7개사
액 면 가	500원	**우 선 주**		**구 상 호**	

주주구성 (지분율,%)		출자관계 (지분율,%)		주요경쟁사 (외형,%)	
인지컨트롤스	25.0	인지에이원	48.6	인지디스플레	100
인지플러스	8.4	인지솔라	30.7	탑엔지니어링	37
(외국인)	6.7	넥스시스템즈	29.5	DB라이텍	15

매출구성		비용구성		수출비중	
TOP/BTM CHASSIS(기타)	86.1	매출원가율	94.4	수출	85.9
TOP/BTM CHASSIS(제품)	10.6	판관비율	5.0	내수	14.1
SUS, AL 등(상품)	1.8				

회사 개요

동사는 TFT-LCD 부품을 제조 및 판매하는 사업을 주요 사업으로 영위하고 있음. TFT-LCD 패널 모듈에 사용되는 TOP CHASSIS류 제품과 BLU(백라이트유닛)에 사용되는 BTM CHASSIS류의 제품으로 구성됨. 본격적인 경기 회복세와 맞물려 전세계적인 LCD TV의 판매량 증가, 디지털방송의 전환으로 인한 교체 수요 발생의 영향으로 TFT-LCD 산업이 성장할 것으로 예상됨. 해외 사업부의 실적 부진이 부담으로 작용함.

실적 분석

동사의 2017년 연간 매출액은 전년동기대비 22.8% 상승한 4,787.8억원을 기록하였음. 2017년 들어 LCD 판넬 가격 상승으로 SET사의 수익성이 악화되고 글로벌 판매 수량도 전년대비 6% 감소하였음. 반면 OLED를 적용한 TV 판매는 큰 폭으로 증가하였음. 긍정적 영향을 받았지만 주요 원재료 원가가 크게 증가하여 전년동기대비 영업이익은 28.5억원으로 73.2% 크게 하락 하였음.

현금 흐름

<단위 : 억원>

항목	2016	2017
영업활동	279	315
투자활동	-318	-338
재무활동	-75	-39
순현금흐름	-114	-65
기말현금	262	197

시장 대비 수익률

결산 실적

<단위 : 억원>

항목	2012	2013	2014	2015	2016	2017
매출액	3,527	2,729	3,490	3,116	3,898	4,788
영업이익	278	48	119	91	106	29
당기순이익	213	-90	29	39	85	13

분기 실적

<단위 : 억원>

항목	2016.3Q	2016.4Q	2017.1Q	2017.2Q	2017.3Q	2017.4Q
매출액	1,114	1,300	926	1,140	1,292	1,429
영업이익	43	35	-4	43	19	-29
당기순이익	31	35	-12	46	21	-42

재무 상태

<단위 : 억원>

항목	2012	2013	2014	2015	2016	2017
총자산	2,802	2,685	2,577	2,553	2,653	2,697
유형자산	1,234	1,311	1,229	1,075	1,141	1,200
무형자산	22	21	22	19	61	55
유가증권	84	71	56	103	96	140
총부채	1,102	1,080	951	880	952	1,081
총차입금	403	501	373	494	475	446
자본금	178	178	178	178	178	178
총자본	1,701	1,605	1,626	1,674	1,701	1,616
지배주주지분	1,461	1,388	1,400	1,427	1,457	1,398

기업가치 지표

항목	2012	2013	2014	2015	2016	2017
주가(최고/저)(천원)	3.2/1.7	2.9/1.1	1.9/1.3	2.3/1.3	2.4/1.3	2.5/1.7
PER(최고/저)(배)	7.3/3.8	—/—	30.4/19.9	34.6/19.1	16.6/9.2	46.2/30.7
PBR(최고/저)(배)	0.9/0.5	0.9/0.3	0.6/0.4	0.6/0.4	0.6/0.3	0.7/0.4
EV/EBITDA(배)	3.3	4.3	3.9	3.7	5.1	5.4
EPS(원)	514	-179	71	73	154	57
BPS(원)	4,103	3,900	3,934	4,008	4,092	3,927
CFPS(원)	914	302	508	520	546	483
DPS(원)	50	50	50	50	50	75
EBITDAPS(원)	1,184	617	772	703	691	506

재무 비율

<단위 : %>

연도	영업이익률	순이익률	부채비율	차입금비율	ROA	ROE	유보율	자기자본비율	EBITDA마진율
2017	0.6	0.3	66.9	27.6	0.5	1.4	685.4	59.9	3.8
2016	2.7	2.2	56.0	27.9	3.3	3.8	718.5	64.1	6.3
2015	2.9	1.3	52.6	29.5	1.5	1.9	701.7	65.5	8.0
2014	3.4	0.8	58.5	22.9	1.1	1.8	686.8	63.1	7.9

인지컨트롤스 (A023800)

INZI CONTROLS COLTD

업 종 : 자동차부품
신용등급 : (Bond) — (CP) —
홈페이지 : www.inzi.co.kr
본 사 : 경기도 시흥시 군자천로 171 (정왕동, 시화공단2다504)

시 장 : 거래소
기업규모 : 시가총액 소형주
연 락 처 : 031)496-1700

설 립 일	1978.01.31	**종업원수**	580명	**대표이사**	정구용,김양수
상 장 일	1997.06.10	**감사의견**	적정(신한)	**계 열**	
결 산 기	12월	**보 통 주**		**종속회사수**	
액 면 가	500원	**우 선 주**		**구 상 호**	

주주구성 (지분율,%)		출자관계 (지분율,%)		주요경쟁사 (외형,%)	
정구용	18.6	인지개성	100.0	인지컨트롤스	100
인지플러스	12.4	인지에이원	46.7	삼보모터스	174
(외국인)	14.7	이노렉스테크놀러지	36.1	트루윈	7

매출구성		비용구성		수출비중	
PLASTIC류	30.9	매출원가율	89.9	수출	16.9
WTC류	22.5	판관비율	9.2	내수	83.1
SOLENOID류 외	20.1				

회사 개요

동사는 1978년 자동차 부품 제조, 판매를 목적으로 설립됨. 동사는 자동차 엔진 냉각제어 분야에서 핵심적인 기술력을 바탕으로 온도제어시스템 부품 등을 납품함. 현재 관련 부품 시장에서 90% 이상 점유율을 지속적으로 차지함. 친환경차에 적용하게 될 전자식 써모스타트와 멀티밸브의 연구개발, 양산화에 매진하고 있음. 최근 주력품목으로 부상한 엔지니어링 플라스틱 부품도 국내 시장에서 40%를 차지함.

실적 분석

동사는 지난해 매출액 5,408억원, 영업이익 49억원을 각각 기록하였음. 당기순손실은 9억원으로 적자 전환하였음. 국내 자동차용 엔진온도제어 부품 시장에서 국내 점유율 90% 이상을 보이며, 엔지니어링 플라스틱 부품도 국내시장에서 40% 정도의 시장점유율을 차지하고 있음. 비엔진 부품의 연구개발 활동에도 많은 투자를 진행하여, 자동차 시트용 럼버, 볼스터, 통풍 시스템 및 헤드램프용 바이펑션 모듈 등을 신규 개발하여 생산하고 있음.

현금 흐름

〈단위 : 억원〉

항목	2016	2017
영업활동	251	448
투자활동	-243	-322
재무활동	81	1
순현금흐름	89	123
기말현금	271	394

시장 대비 수익률

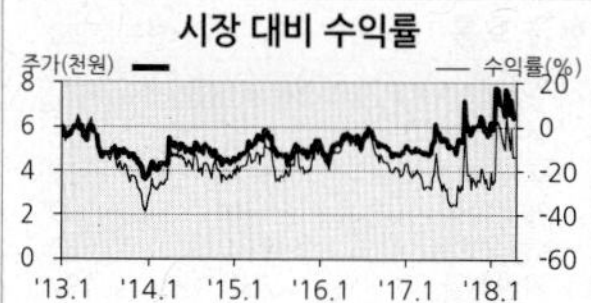

결산 실적

〈단위 : 억원〉

항목	2012	2013	2014	2015	2016	2017
매출액	5,602	5,466	5,933	6,595	6,240	5,409
영업이익	191	96	99	182	184	50
당기순이익	311	-25	7	87	115	-9

분기 실적

〈단위 : 억원〉

항목	2016.3Q	2016.4Q	2017.1Q	2017.2Q	2017.3Q	2017.4Q
매출액	1,446	1,536	1,531	1,360	1,250	1,267
영업이익	42	25	48	-7	-9	18
당기순이익	14	34	24	17	-13	-38

재무 상태

〈단위 : 억원〉

항목	2012	2013	2014	2015	2016	2017
총자산	3,845	4,116	4,463	4,721	4,803	4,569
유형자산	1,534	1,650	1,725	1,683	1,633	1,629
무형자산	101	105	108	123	118	114
유가증권	30	30	29	53	38	39
총부채	1,915	2,161	2,533	2,695	2,725	2,556
총차입금	856	1,131	1,275	1,270	1,393	1,430
자본금	76	76	76	76	76	76
총자본	1,930	1,955	1,930	2,026	2,078	2,013
지배주주지분	1,846	1,866	1,882	2,011	1,971	1,921

기업가치 지표

항목	2012	2013	2014	2015	2016	2017
주가(최고/저)(천원)	7.2/4.6	6.4/3.6	5.5/3.7	6.0/4.1	5.9/4.3	7.2/4.7
PER(최고/저)(배)	8.4/5.4	49.9/28.3	18.9/12.7	8.3/5.6	9.3/6.7	—/—
PBR(최고/저)(배)	0.7/0.4	0.6/0.3	0.5/0.3	0.5/0.3	0.5/0.3	0.6/0.4
EV/EBITDA(배)	3.8	6.2	6.6	4.8	4.7	7.1
EPS(원)	981	143	320	781	670	-1
BPS(원)	12,301	12,437	12,542	13,394	13,131	12,798
CFPS(원)	3,030	1,328	1,568	2,209	2,173	1,423
DPS(원)	100	100	100	150	100	150
EBITDAPS(원)	3,307	1,818	1,902	2,630	2,714	1,753

재무 비율

〈단위 : %〉

연도	영업이익률	순이익률	부채비율	차입금비율	ROA	ROE	유보율	자기자본비율	EBITDA마진율
2017	0.9	-0.2	127.0	71.0	-0.2	0.0	2,459.6	44.1	4.9
2016	2.9	1.9	131.1	67.0	2.4	5.1	2,526.2	43.3	6.6
2015	2.8	1.3	133.0	62.7	1.9	6.1	2,578.9	42.9	6.1
2014	1.7	0.1	131.2	66.1	0.2	2.6	2,408.3	43.3	4.9

인천도시가스 (A034590)

Incheon City Gas

업 종 : 가스
신용등급 : (Bond) — (CP) —
홈페이지 : www.icgas.co.kr
본 사 : 인천시 서구 백범로 934번길 23

시 장 : 거래소
기업규모 : 시가총액 소형주
연 락 처 : 1600-0002

설 립 일	1983.03.07	**종업원수**	196명	**대표이사**	정진혁
상 장 일	2006.11.07	**감사의견**	적정(한영)	**계 열**	
결 산 기	12월	**보 통 주**		**종속회사수**	
액 면 가	5,000원	**우 선 주**		**구 상 호**	

주주구성 (지분율,%)		출자관계 (지분율,%)		주요경쟁사 (외형,%)	
이종훈	40.8	인주이앤이	4.7	인천도시가스	100
인주이앤이	14.1			예스코	207
(외국인)	1.1			대성에너지	142

매출구성		비용구성		수출비중	
도시가스등(기타)	100.0	매출원가율	87.2	수출	0.0
		판관비율	10.0	내수	100.0

회사 개요

동사는 도시가스 공급업을 주요사업으로 영위하고 있으며 도시가스 공급업의 매출이 전체의 100%를 차지함. 인천광역시 부평구, 계양구, 서구, 강화군 전 지역과 남동구 일부, 중구(영종도) 일부, 동구 일부 등에 도시가스를 공급함. 총 76만4000개소에 도시가스를 공급하며, 보급률은 94.3%임. 주택용이 전체 매출액의 약 48%로 가장 높은 비중을 차지하고 산업체, 영업용도 꾸준히 늘고 있음. 시장점유율은 3.6%임.

실적 분석

동사의 2017년 누적매출액은 5,376.2억원으로 전년대비 4.4% 증가함. 비용측면에서는 매출원가와 판관비가 각각 3.7%, 4.2% 상승했으나 매출 확대에 힘입어 영업이익은 전년보다 35.9% 늘어난 148.9억원을 기록함. 지난 2015년 영업이익과 당기순이익이 크게 감소했으나 이후 선순환 이익구조를 만들면서 수익성이 개선됨. 도시가스 요금은 원료비 연동제에 따라 매 홀수 월마다 유가, 환율 등이 3% 변동될 경우 적용됨.

현금 흐름

*IFRS 별도 기준 〈단위 : 억원〉

항목	2016	2017
영업활동	505	222
투자활동	-116	-54
재무활동	-70	-71
순현금흐름	319	97
기말현금	773	870

시장 대비 수익률

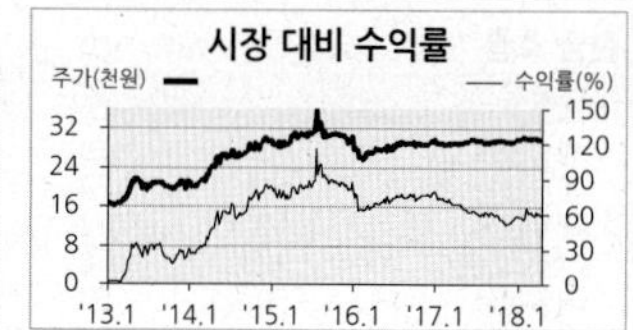

결산 실적

〈단위 : 억원〉

항목	2012	2013	2014	2015	2016	2017
매출액	7,223	7,672	7,993	6,119	5,149	5,376
영업이익	100	119	111	58	110	149
당기순이익	96	103	234	72	86	137

분기 실적

*IFRS 별도 기준 〈단위 : 억원〉

항목	2016.3Q	2016.4Q	2017.1Q	2017.2Q	2017.3Q	2017.4Q
매출액	624	1,540	2,032	917	694	1,734
영업이익	-19	78	56	17	-19	94
당기순이익	-12	46	49	20	-3	71

재무 상태

*IFRS 별도 기준 〈단위 : 억원〉

항목	2012	2013	2014	2015	2016	2017
총자산	3,674	3,555	3,781	3,342	3,603	3,894
유형자산	1,490	1,533	1,583	1,605	1,645	1,707
무형자산	15	45	47	45	40	36
유가증권	9	6	7	46	71	9
총부채	2,349	2,168	2,217	1,746	1,974	2,184
총차입금	208	216	219	217	202	186
자본금	200	200	219	219	219	219
총자본	1,325	1,387	1,565	1,595	1,628	1,710
지배주주지분	1,325	1,387	1,565	1,595	1,628	1,710

기업가치 지표

*IFRS 별도 기준

항목	2012	2013	2014	2015	2016	2017
주가(최고/저)(천원)	16.7/14.2	22.5/16.3	30.4/19.9	35.8/27.9	29.9/25.6	29.8/28.7
PER(최고/저)(배)	9.8/8.4	11.7/8.4	6.6/4.3	24.6/19.2	16.3/14.1	9.9/9.5
PBR(최고/저)(배)	0.7/0.6	0.8/0.6	1.0/0.6	1.1/0.8	0.8/0.7	0.8/0.7
EV/EBITDA(배)	5.2	5.5	5.7	7.2	3.3	2.2
EPS(원)	2,190	2,351	5,354	1,636	1,964	3,138
BPS(원)	34,556	36,110	37,085	37,785	38,537	40,413
CFPS(원)	4,414	4,839	7,606	4,068	4,501	5,788
DPS(원)	1,250	1,250	1,250	1,250	1,250	1,250
EBITDAPS(원)	4,526	5,253	4,789	3,761	5,042	6,054

재무 비율

〈단위 : %〉

연도	영업이익률	순이익률	부채비율	차입금비율	ROA	ROE	유보율	자기자본비율	EBITDA마진율
2017	2.8	2.6	127.7	10.9	3.7	8.2	708.3	43.9	4.9
2016	2.1	1.7	121.3	12.4	2.5	5.3	670.7	45.2	4.3
2015	1.0	1.2	109.5	13.6	2.0	4.5	655.7	47.7	2.7
2014	1.4	2.9	141.7	14.0	6.4	15.9	641.7	41.4	2.6

인카금융서비스 (A211050)
INCAR FINANCE SERVICE CO

업 종 : 보험
신용등급 : (Bond) — (CP) —
홈페이지 : www.incar.co.kr
본 사 : 서울시 성동구 성수이로7길 27 서울숲코오롱디지털타워 2차 201호
시 장 : KONEX
기업규모 : —
연 락 처 : 02)2192-8900

설 립 일	2007.10.22	종업원수	264명	대표이사	최병채
상 장 일	2015.11.16	감사의견	적정(신한)	계 열	
결 산 기	12월	보 통 주		종속회사수	
액 면 가	—	우 선 주		구 상 호	

주주구성 (지분율,%)		출자관계 (지분율,%)		주요경쟁사 (외형,%)	
최병채	38.4			인카금융서비스	100
심두섭	10.7			동양생명	3,057
				한화손해보험	3,140

매출구성		비용구성		수출비중	
수입수수료(기타)	100.0	매출원가율	0.0	수출	—
		판관비율	98.7	내수	—

회사 개요

동사는 보험판매 중개 업무를 목적으로 2007년 10월 22일 설립되어 현재 손해보험, 생명보험 27개사의 보험상품 비교 분석을 통한 전문 보험 판매 사업을 영위하고 있음. 국내의 보험 GA는 크게 기업형 GA, 유니온 GA, 보험회사의 자회사 GA 세 부류로 나눌 수 있으며 대형 GA 사업자는 2016년 9월 기준 꾸준한 증가세를 보임. 보험 상품의 제조와 판매의 분리가 가속화 되며 보험 판매의 전문성을 담보로 핵심적 역할 수행할 것 예상.

실적 분석

동사는 지난해 매출액 1680억원, 영업이익 21억원을 각각 기록. 동사는 2014년 ICT Innovation대상을 수상하여 독보적인 핀테크 선수주자로서의 입지를 갖추었으며 2015년 포브스 최고경영자대상, 벤처 천억 기업에 선정되며 대외적으로 안정적인 매출과 성장을 인정받았음. 보험계약 판매제도에 변경에 맞춰 설계사 상담 툴 개발에 투자하여 고객관리(CRM)의 효율화 단행.

현금 흐름 *IFRS 별도 기준 〈단위 : 억원〉

항목	2016	2017
영업활동	-5	44
투자활동	44	-92
재무활동	-40	51
순현금흐름	-1	2
기말현금	3	5

시장 대비 수익률

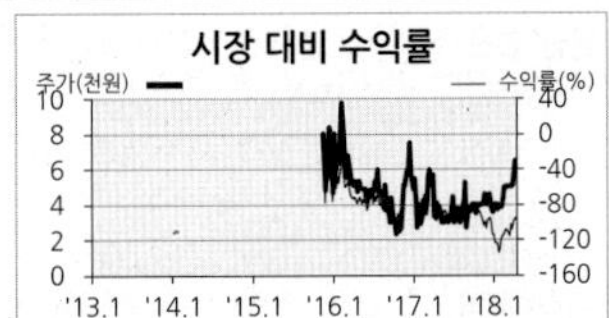

결산 실적 〈단위 : 억원〉

항목	2012	2013	2014	2015	2016	2017
매출액	446	—	1,020	1,196	1,310	1,681
영업이익	3	10	-8	-10	15	22
당기순이익	-1	8	-9	-11	15	17

분기 실적 *IFRS 별도 기준 〈단위 : 억원〉

항목	2016.3Q	2016.4Q	2017.1Q	2017.2Q	2017.3Q	2017.4Q
매출액	366	—	397	—	421	—
영업이익	6	—	11	—	8	—
당기순이익	7	—	11	—	7	—

재무 상태 *IFRS 별도 기준 〈단위 : 억원〉

항목	2012	2013	2014	2015	2016	2017
총자산	113	269	385	485	506	645
유형자산	37	39	43	48	45	43
무형자산	1	16	0	4	4	4
유가증권	5	9	5	—	—	—
총부채	112	227	395	371	378	490
총차입금	55	128	136	95	58	100
자본금	2	2	15	22	22	22
총자본	1	42	-10	115	127	155
지배주주지분	1	42	-10	115	127	155

기업가치 지표 *IFRS 별도 기준

항목	2012	2013	2014	2015	2016	2017
주가(최고/저)(천원)	—/—	—/—	—/—	10.7/4.7	9.8/2.3	6.7/2.6
PER(최고/저)(배)	0.0/0.0	0.0/0.0	0.0/0.0	—/—	29.2/6.9	17.3/6.7
PBR(최고/저)(배)	0.0/0.0	0.0/0.0	0.0/0.0	4.2/1.8	3.4/0.8	2.0/0.8
EV/EBITDA(배)	7.8	5.2	—	—	7.2	2.1
EPS(원)	-56	304	-360	-259	335	389
BPS(원)	278	8,465	-328	2,549	2,833	3,445
CFPS(원)	477	2,653	-272	-151	473	539
DPS(원)	—	—	—	—	—	—
EBITDAPS(원)	1,659	3,195	-234	-133	463	629

재무 비율 〈단위 : %〉

연도	영업이익률	순이익률	부채비율	차입금비율	ROA	ROE	유보율	자기자본비율	EBITDA마진율
2017	1.3	1.0	316.6	64.6	3.0	12.4	589.1	24.0	1.7
2016	1.1	1.2	297.2	45.8	3.0	12.4	466.7	25.2	1.6
2015	-0.8	-0.9	323.6	82.9	-2.5	전기잠식	409.9	23.6	-0.5
2014	-0.8	-0.9	완전잠식	완전잠식	-2.9	당기잠식	-165.7	-2.6	-0.6

인콘 (A083640)
INCON

업 종 : 보안장비
신용등급 : (Bond) — (CP) —
홈페이지 : www.in-con.biz
본 사 : 경기도 안양시 동안구 엘에스로 91번길 16-17(호계동)
시 장 : KOSDAQ
기업규모 : 벤처
연 락 처 : 031)455-8600

설 립 일	2000.08.01	종업원수	132명	대표이사	한기림,김동원
상 장 일	2005.12.27	감사의견	적정(한울)	계 열	
결 산 기	12월	보 통 주		종속회사수	1개사
액 면 가	500원	우 선 주		구 상 호	윈포넷

주주구성 (지분율,%)		출자관계 (지분율,%)		주요경쟁사 (외형,%)	
에이치앤더슨	18.1	인아이앤브이	100.0	인콘	100
더스톤성장제1호조합	16.8	따닥	73.3	아이디스홀딩스	996
(외국인)	3.0	싸이닉스	16.1	아이디스	216

매출구성		비용구성		수출비중	
용역(통합관제센터 구축등)	53.2	매출원가율	78.5	수출	31.1
상품	20.2	판관비율	18.7	내수	68.9
DVR(영상보안장비)	16.2				

회사 개요

동사는 CCTV 영상을 저장하는 Digital Video Recorder 제품을 시작으로 Network Video Recorder, 네트워크 기반의 IP 카메라, 비디오 서버, 등을 연구개발·생산·판매해오고 있는 영상보안전문기업임. DVR이란 아날로그 카메라로부터 들어오는 영상신호를 디지털로 압축/변환하여 하드디스크에 고화질의 디지털영상으로 저장해 주는 장치로 저장된 영상에 대한 감시, 저장, 검색, 분석을 가능하도록 해주는 제품임.

실적 분석

동사의 2017년 연간 매출액은 전년동기대비 21.9% 상승한 440.1억원을 기록하였음. 비용면에서 전년동기대비 매출원가는 증가 하였으며 인건비는 감소 하였고 광고선전비는 크게 증가, 기타판매비와관리비는 감소함. 이처럼 매출액 상승과 더불어 비용절감에도 힘을 기울였음. 최종적으로 전년동기대비 당기순이익은 흑자전환하여 9.5억원을 기록함. 비영업손익의 적자는 꾸준한 관찰 필요해보임.

현금 흐름 〈단위 : 억원〉

항목	2016	2017
영업활동	5	47
투자활동	-24	-197
재무활동	2	160
순현금흐름	-16	8
기말현금	195	203

시장 대비 수익률

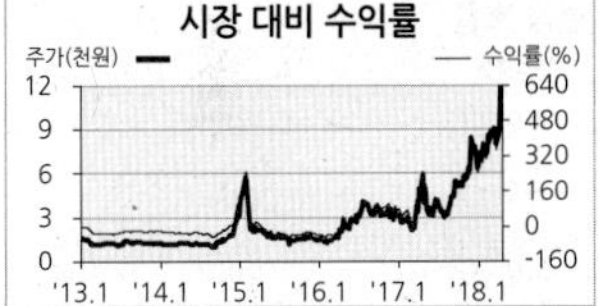

결산 실적 〈단위 : 억원〉

항목	2012	2013	2014	2015	2016	2017
매출액	402	418	386	361	361	440
영업이익	16	37	22	15	-7	13
당기순이익	15	33	24	22	-10	10

분기 실적 〈단위 : 억원〉

항목	2016.3Q	2016.4Q	2017.1Q	2017.2Q	2017.3Q	2017.4Q
매출액	64	149	68	128	93	151
영업이익	-6	10	-7	11	3	5
당기순이익	-7	5	-9	14	5	-1

재무 상태 〈단위 : 억원〉

항목	2012	2013	2014	2015	2016	2017
총자산	345	409	459	556	516	702
유형자산	125	122	120	100	97	67
무형자산	46	48	47	45	32	24
유가증권	4	5	4	56	34	196
총부채	75	97	74	76	44	219
총차입금	8	30	0	—	—	170
자본금	32	32	32	32	32	126
총자본	270	313	385	480	472	482
지배주주지분	270	313	385	480	472	482

기업가치 지표

항목	2012	2013	2014	2015	2016	2017
주가(최고/저)(천원)	7.6/3.4	6.5/4.5	13.2/4.1	23.4/4.6	16.5/5.1	8.5/2.1
PER(최고/저)(배)	18.8/8.3	12.8/8.8	35.4/11.0	68.5/13.6	—/—	216.4/53.6
PBR(최고/저)(배)	1.4/0.6	1.1/0.8	2.0/0.6	3.1/0.6	2.2/0.7	4.4/1.1
EV/EBITDA(배)	10.8	4.4	15.2	3.8	39.8	45.3
EPS(원)	103	129	94	86	-31	39
BPS(원)	5,421	5,987	6,478	7,602	7,476	1,935
CFPS(원)	742	832	642	609	193	108
DPS(원)	—	—	—	—	—	—
EBITDAPS(원)	614	898	619	509	205	119

재무 비율 〈단위 : %〉

연도	영업이익률	순이익률	부채비율	차입금비율	ROA	ROE	유보율	자기자본비율	EBITDA마진율
2017	2.9	2.2	45.5	35.1	1.6	2.1	287.0	68.7	6.8
2016	-2.0	-2.8	9.4	0.0	-1.9	-1.7	1,395.3	91.5	3.6
2015	4.3	6.1	15.8	0.0	4.3	5.1	1,420.3	86.4	9.0
2014	5.8	6.2	19.3	0.1	5.5	6.8	1,195.6	83.8	10.3

인크로스 (A216050)

Incross

업 종 : 미디어
신용등급 : (Bond) — (CP) —
홈페이지 : www.incross.com
본 사 : 서울시 관악구 남부순환로 1926 (경동제약빌딩 5층,8층)
시 장 : KOSDAQ
기업규모 : 중견
연 락 처 : 02)3475-2800

설 립 일	2007.08.13	**종업원수**	161명	**대표이사**	이재원
상 장 일	2016.10.31	**감사의견**	적정(한영)	**계 열**	
결 산 기	12월	**보 통 주**		**종속회사수**	1개사
액 면 가	500원	**우 선 주**		**구 상 호**	

주주구성 (지분율,%)		출자관계 (지분율,%)		주요경쟁사 (외형,%)	
엔에이치엔엔터테인먼트	35.3	인프라커뮤니케이션즈	100.0	인크로스	100
이준호	5.0	이노아이	29.0	에코마케팅	66
(외국인)	9.7	에스피테크놀러지	12.6	나스미디어	327

매출구성		비용구성		수출비중	
미디어렙	53.1	매출원가율	60.5	수출	0.0
광고플랫폼	27.1	판관비율	11.6	내수	100.0
서비스운영	19.3				

회사 개요

동사는 2007년 티노솔루션즈 주식회사로 설립되어, 2009년 인크로스로 상호 변경, 2016년 10월 코스닥에 상장됨. 디지털광고업 중에서도 광고주와 광고대행사를 대신해 매체 전략을 수립하고 광고를 집행하는 디지털 광고 미디어렙 사업과 국내 최초의 동영상 광고 네트워크 플랫폼인 '다윈'사업을 주력 사업으로 영위중임. 이외에도 광고 용역 사업과 통합 모바일 앱 마켓인 및 모바일 콘텐츠 플랫폼을 운영 대행하는 사업도 영위중임.

실적 분석

동사의 연결기준 2017년 연간 누적 매출액은 디지털 미디어렙 사업의 취급고 증대 및 애드네트워크 다윈 사업의 확장으로 전년동기 314.5억원 대비 16.8% 증가한 367.5억원을 기록함. 매출성장에 힘입어 영업이익과 당기순이익은 전년동기 대비 각각 13.9%, 31.1% 증가한 102.5억원, 82.9억원을 시현함. 자회사인 인프라커뮤니케이션즈를 통해 통합 모바일 앱 마켓인 '원스토어' 운영을 대행하는 신규사업을 진행중임.

현금 흐름 <단위 : 억원>

항목	2016	2017
영업활동	30	39
투자활동	-226	-29
재무활동	204	66
순현금흐름	7	76
기말현금	29	104

시장 대비 수익률

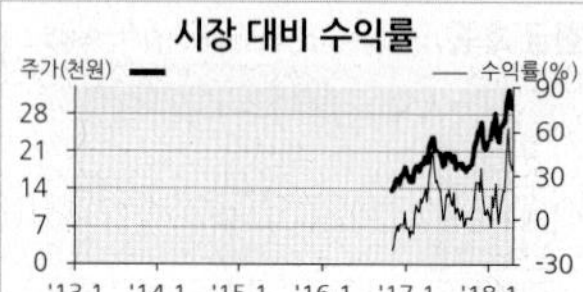

결산 실적 <단위 : 억원>

항목	2012	2013	2014	2015	2016	2017
매출액	834	363	521	265	315	368
영업이익	38	16	29	55	90	102
당기순이익	28	12	9	-2	63	83

분기 실적 <단위 : 억원>

항목	2016.3Q	2016.4Q	2017.1Q	2017.2Q	2017.3Q	2017.4Q
매출액	77	100	63	95	101	109
영업이익	22	28	9	28	29	37
당기순이익	13	18	9	23	23	28

재무 상태 <단위 : 억원>

항목	2012	2013	2014	2015	2016	2017
총자산	931	815	515	530	905	1,249
유형자산	15	15	7	5	3	9
무형자산	13	40	16	15	15	37
유가증권	—	—	26	30	27	37
총부채	561	442	303	316	438	630
총차입금	30	35	18	—	—	—
자본금	16	16	13	13	15	39
총자본	370	372	212	214	467	619
지배주주지분	370	371	214	214	467	619

기업가치 지표

항목	2012	2013	2014	2015	2016	2017
주가(최고/저)(천원)	—/—	—/—	—/—	—/—	47.4/34.6	26.5/15.4
PER(최고/저)(배)	0.0/0.0	0.0/0.0	0.0/0.0	0.0/0.0	20.2/14.7	24.7/14.4
PBR(최고/저)(배)	0.0/0.0	0.0/0.0	0.0/0.0	0.0/0.0	3.0/2.2	3.4/2.0
EV/EBITDA(배)	—	—	—	—	10.4	12.9
EPS(원)	422	165	147	-22	941	1,071
BPS(원)	113,012	113,325	84,883	8,597	15,906	7,851
CFPS(원)	12,557	9,458	7,257	93	2,459	1,128
DPS(원)	—	—	—	—	—	—
EBITDAPS(원)	15,801	10,883	14,660	2,251	3,453	1,380

재무 비율 <단위 : %>

연도	영업이익률	순이익률	부채비율	차입금비율	ROA	ROE	유보율	자기자본비율	EBITDA마진율
2017	27.9	22.6	101.7	0.0	7.7	15.3	1,470.1	49.6	29.1
2016	28.6	20.1	93.7	0.0	8.8	18.6	3,081.3	51.6	29.5
2015	20.9	-0.9	147.5	0.0	-0.4	-0.7	1,619.5	40.4	22.4
2014	5.6	1.7	143.0	8.5	1.3	3.3	1,597.7	41.2	7.4

인탑스 (A049070)

Intops

업 종 : 휴대폰 및 관련부품
신용등급 : (Bond) — (CP) —
홈페이지 : www.intops.co.kr
본 사 : 경기도 안양시 만안구 안양천서로 51
시 장 : KOSDAQ
기업규모 : 우량
연 락 처 : 031)441-4181

설 립 일	1975.09.02	**종업원수**	615명	**대표이사**	김근하,정사진
상 장 일	2002.02.08	**감사의견**	적정(우리)	**계 열**	
결 산 기	12월	**보 통 주**		**종속회사수**	7개사
액 면 가	500원	**우 선 주**		**구 상 호**	

주주구성 (지분율,%)		출자관계 (지분율,%)		주요경쟁사 (외형,%)	
김재경	28.2	스카이브리지	100.0	인탑스	100
신영자산운용	14.4	인탑스위드	100.0	블루콤	17
(외국인)	27.9	플라텔비나	85.0	KH바텍	51

매출구성		비용구성		수출비중	
휴대폰ASS'Y	86.8	매출원가율	88.0	수출	12.1
금형 및 기타	5.7	판관비율	7.8	내수	87.9
프린터ASS'Y	3.5				

회사 개요

동사는 금형기술, 플라스틱 사출성형 기술을 기반으로 현재 이동전화단말기용 케이스 및 프린터 핵심부품의 복수 Item을 전문적으로 생산, 공급하고 있음. 이동통신단말기 사업부문은 동사 제품 전량을 삼성전자로 납품하고 있으며, 주매출처의 글로벌 시장점유율 상승에 따라 매출액이 확대되는 추세임. 동사의 Handset Casing 사업의 지속적인 확대로 내수 휴대폰 제조업체 중 선두업체로 평가 받고 있음.

실적 분석

동사의 2017년 전체 매출은 6,874.9억원으로 전년대비 15.3% 증가, 영업이익은 287.8억원으로 전년대비 20.2% 감소, 당기순이익은 294.9억원으로 전년대비 16.1% 감소. 전방산업인 스마트폰 수요 부진에도 불구하고 국내 전략거래선내 점유율 증가, 신규 사업의 호조로 외형 성장세를 시현. 다만 원가율 상승, 판매관리비 증가로 수익성은 전년대비 감소 시현. 자동차부품은 플라스틱 사출업과 시너지가 높을 전망.

현금 흐름 <단위 : 억원>

항목	2016	2017
영업활동	568	364
투자활동	-714	-56
재무활동	-331	30
순현금흐름	-477	328
기말현금	518	846

시장 대비 수익률

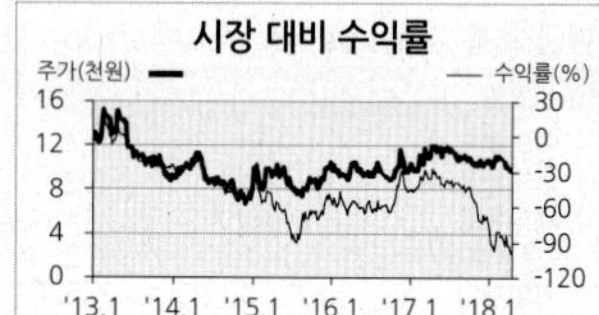

결산 실적 <단위 : 억원>

항목	2012	2013	2014	2015	2016	2017
매출액	9,765	10,527	6,973	6,616	5,961	6,875
영업이익	593	421	-32	318	361	288
당기순이익	560	553	-14	327	351	295

분기 실적 <단위 : 억원>

항목	2016.3Q	2016.4Q	2017.1Q	2017.2Q	2017.3Q	2017.4Q
매출액	1,486	1,823	1,885	1,817	1,939	1,234
영업이익	92	140	82	63	83	60
당기순이익	46	184	40	62	92	100

재무 상태 <단위 : 억원>

항목	2012	2013	2014	2015	2016	2017
총자산	5,408	5,163	5,259	5,287	6,235	6,039
유형자산	1,582	1,671	1,610	1,582	2,172	1,983
무형자산	42	67	68	63	240	236
유가증권	1,156	329	190	486	453	501
총부채	2,078	1,329	1,482	1,207	2,002	1,756
총차입금	753	130	152	352	602	708
자본금	43	43	43	43	86	86
총자본	3,330	3,834	3,776	4,080	4,233	4,283
지배주주지분	3,218	3,591	3,454	3,641	3,810	3,820

기업가치 지표

항목	2012	2013	2014	2015	2016	2017
주가(최고/저)(천원)	13.2/7.0	15.7/8.6	11.5/6.8	10.6/7.1	11.6/8.9	12.3/9.6
PER(최고/저)(배)	5.6/3.0	7.7/4.2	—/—	10.3/6.8	9.6/7.4	12.9/10.1
PBR(최고/저)(배)	0.8/0.4	0.8/0.5	0.6/0.4	0.5/0.4	0.5/0.4	0.6/0.4
EV/EBITDA(배)	2.4	1.1	2.5	1.3	1.8	2.0
EPS(원)	2,590	2,233	-694	1,089	1,247	967
BPS(원)	37,422	41,760	40,158	42,341	22,153	22,211
CFPS(원)	6,611	6,358	473	4,818	2,720	2,800
DPS(원)	450	500	250	350	230	200
EBITDAPS(원)	8,320	6,788	1,485	6,341	3,569	3,505

재무 비율 <단위 : %>

연도	영업이익률	순이익률	부채비율	차입금비율	ROA	ROE	유보율	자기자본비율	EBITDA마진율
2017	4.2	4.3	41.0	16.5	4.8	4.4	4,342.2	70.9	8.8
2016	6.1	5.9	47.3	14.2	6.1	5.8	4,330.7	67.9	10.3
2015	4.8	5.0	29.6	8.6	6.2	5.3	8,368.2	77.2	8.2
2014	-0.5	-0.2	39.3	4.0	-0.3	-3.4	7,931.5	71.8	1.8

인터로조 (A119610)
INTEROJO

업　　종 : 의료 장비 및 서비스　　시　　장 : KOSDAQ
신용등급 : (Bond) —　　(CP) —　　기업규모 : 우량
홈페이지 : www.interojo.com　　연 락 처 : 031)611-4760
본　　사 : 경기도 평택시 산단로 15번길 28

설립일	2000.10.25	**종업원수**	502명	**대표이사**	노시철
상장일	2010.07.28	**감사의견**	적정(이촌)	**계열**	
결산기	12월	**보통주**		**종속회사수**	1개사
액면가	500원	**우선주**		**구상호**	

주주구성 (지분율,%)		출자관계 (지분율,%)		주요경쟁사 (외형,%)	
노시철	28.8			인터로조	100
김승욱	4.8			휴비츠	87
(외국인)	19.2			인바디	116

매출구성		비용구성		수출비중	
1-Day disposable	56.2	매출원가율	42.4	수출	55.9
FRP	38.8	판관비율	27.6	내수	44.1
Conventional	4.7				

회사 개요

콘택트렌즈의 제조 및 판매를 목적으로 2000년 설립된 후 2010년 7월 코스닥 시장에 상장됨. 설립 이후 끊임 없는 기술 개발을 통해 콘택트렌즈 제조를 위한 기반 기술을 확보함. 디자인과 금형 제작 및 사출, 그리고 생산설비 기술측면에서 세계적인 수준에 도달함. 일반 소프트렌즈뿐만 아니라 치료용 렌즈, 노안용 렌즈, 난시용 렌즈 등 기능성 렌즈 제조기술도 보유하고 있음. 국내 콘택트렌즈 시장에서는 아큐브에 이어 점유율 2위를 기록함.

실적 분석

환율하락과 사드로 인한 중국발 악재에도 불구하고 국내와 일본, 중남미시장에서 큰 폭의 성장을 기록하며 전체 매출 신장을 이끌어 사상 최대의 실적을 달성함. 제품부문에서는 지역에 따른 제품 다각화 전략에 집중하며 원데이 뷰티렌즈와 FRP 렌즈 품목에서 10% 이상 성장한 것으로 나타남. 2018년 중국과 내수시장에서는 브랜드 강화전략을 유지하고, 국내 주요 콘택트렌즈 전문유통채널과의 협력으로 PB 제품라인업을 확장하는 투톱체제를 구축할 계획임.

현금 흐름 〈단위 : 억원〉

항목	2016	2017
영업활동	151	113
투자활동	-113	-26
재무활동	-60	-96
순현금흐름	-22	-10
기말현금	61	51

시장 대비 수익률

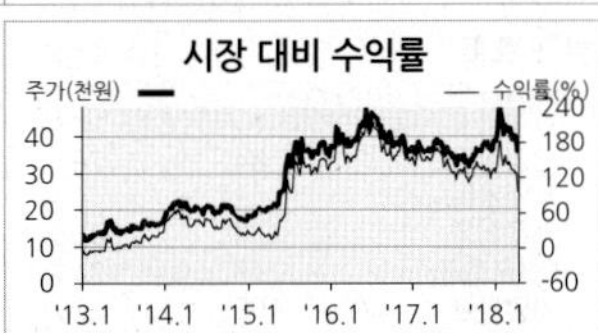

결산 실적 〈단위 : 억원〉

항목	2012	2013	2014	2015	2016	2017
매출액	301	401	454	596	737	806
영업이익	96	105	88	163	233	242
당기순이익	87	90	74	126	193	193

분기 실적 〈단위 : 억원〉

항목	2016.3Q	2016.4Q	2017.1Q	2017.2Q	2017.3Q	2017.4Q
매출액	191	211	176	193	226	211
영업이익	64	61	58	60	73	50
당기순이익	58	47	46	50	56	41

재무 상태 〈단위 : 억원〉

항목	2012	2013	2014	2015	2016	2017
총자산	596	674	758	927	1,070	1,184
유형자산	319	323	335	389	396	408
무형자산	3	3	5	4	8	9
유가증권	1	—	—	46	112	86
총부채	128	123	146	186	163	160
총차입금	89	61	85	79	42	19
자본금	54	54	54	54	54	54
총자본	467	552	612	741	906	1,024
지배주주지분	467	552	612	741	906	1,024

기업가치 지표

항목	2012	2013	2014	2015	2016	2017
주가(최고/저)(천원)	14.4/5.9	17.2/11.8	22.6/17.1	39.7/18.1	47.4/35.3	39.5/31.0
PER(최고/저)(배)	18.7/7.7	21.3/14.6	34.2/25.8	35.1/16.0	27.3/20.3	22.7/17.8
PBR(최고/저)(배)	3.5/1.4	3.5/2.4	4.1/3.1	5.9/2.7	5.7/4.2	4.0/3.1
EV/EBITDA(배)	13.2	14.1	16.8	20.2	14.4	14.4
EPS(원)	794	828	675	1,148	1,761	1,754
BPS(원)	4,366	5,155	5,787	6,932	8,619	10,245
CFPS(원)	1,017	1,131	997	1,519	2,186	2,206
DPS(원)	70	70	70	120	180	310
EBITDAPS(원)	1,101	1,271	1,128	1,863	2,553	2,666

재무 비율 〈단위 : %〉

연도	영업이익률	순이익률	부채비율	차입금비율	ROA	ROE	유보율	자기자본비율	EBITDA마진율
2017	30.1	23.9	15.6	1.9	17.1	20.0	1,948.9	86.5	35.6
2016	31.6	26.3	18.0	4.6	19.4	23.5	1,623.9	84.7	37.3
2015	27.4	21.1	25.1	10.7	15.0	18.6	1,286.4	80.0	33.6
2014	19.3	16.2	23.8	13.9	10.3	12.7	1,057.4	80.8	26.6

인터불스 (A158310)
Interbulls

업　　종 : 기계　　시　　장 : KOSDAQ
신용등급 : (Bond) —　　(CP) —　　기업규모 : 중견
홈페이지 : www.interbulls.co.kr　　연 락 처 : 031)8085-0700
본　　사 : 경기도 안산시 단원구 엠티브이4로48번길 22 (목내동)

설립일	1996.07.26	**종업원수**	15명	**대표이사**	최광복
상장일	2013.04.03	**감사의견**	적정(삼덕)	**계열**	
결산기	12월	**보통주**		**종속회사수**	2개사
액면가	500원	**우선주**		**구상호**	세호로보트

주주구성 (지분율,%)		출자관계 (지분율,%)		주요경쟁사 (외형,%)	
조대희	16.2			인터불스	100
차이나블루	12.2			에이테크솔루션	1,581
(외국인)	1.2			디에스티로봇	531

매출구성		비용구성		수출비중	
부품, AS(기타)	61.5	매출원가율	61.3	수출	23.5
StiffenerBonder(제품)	10.9	판관비율	41.0	내수	76.5
Guide HolePuncher(제품)	10.6				

회사 개요

1996년 설립된 동사는 FPCB 가공 장비, 터치패널 가공 장비, 디스플레이 소재 및 스마트기기용 윈도우 글라스 가공 장비 등의 개발,제조 및 판매사업을 영위하고 있음. 교재 제작 중개업과 도, 소매 판매 사업을 영위하는 샘과나무, 기타 상품 도, 소매와 부품 제조업을 영위하는 아이피엠을 계열회사로 보유하고 있음. 두 계열사 모두 비상장사임. 우리엔지니어링, 바이옵트로, 일본의 BEAC와 야마하파인테크 등이 주요 경쟁 업체임.

실적 분석

동사의 2017년 연결기준 매출액은 134.7억원을 기록함. 전년도 매출액인 51.5억원 대비 161.3% 증가한 금액임. 매출원가가 91.9% 늘었으나 매출이 늘고 판매비와 관리비는 19.2% 감소함. 영업이익은 적자가 지속됐으나 손실폭이 줄어들었음. 비영업부문 손실이 전년도 23.1억원에서 2017년 61억원으로 커짐. 당기순이익은 전년도 -82.9억원에서 -64.1억원으로 줄었으나 적자가 지속됨.

현금 흐름 〈단위 : 억원〉

항목	2016	2017
영업활동	-15	-22
투자활동	-126	-39
재무활동	168	18
순현금흐름	27	-44
기말현금	79	35

시장 대비 수익률

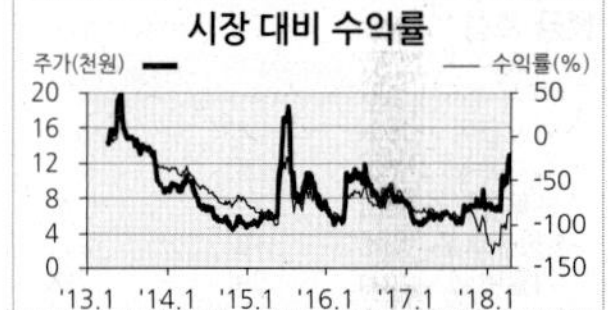

결산 실적 〈단위 : 억원〉

항목	2012	2013	2014	2015	2016	2017
매출액	247	251	126	70	52	135
영업이익	72	44	-10	-91	-60	-3
당기순이익	58	45	-10	-119	-83	-64

분기 실적 〈단위 : 억원〉

항목	2016.3Q	2016.4Q	2017.1Q	2017.2Q	2017.3Q	2017.4Q
매출액	9	14	11	25	26	72
영업이익	-7	-44	-7	0	-0	4
당기순이익	-5	-66	-10	1	-0	-54

재무 상태 〈단위 : 억원〉

항목	2012	2013	2014	2015	2016	2017
총자산	257	353	321	229	354	324
유형자산	49	88	89	57	59	56
무형자산	4	4	5	4	5	4
유가증권	—	5	14	—	30	7
총부채	109	76	62	66	142	133
총차입금	11	—	26	50	103	77
자본금	16	21	21	22	30	35
총자본	149	276	259	162	212	190
지배주주지분	149	276	259	162	209	198

기업가치 지표

항목	2012	2013	2014	2015	2016	2017
주가(최고/저)(천원)	—/—	20.4/8.7	10.8/4.5	19.2/4.8	12.3/5.0	9.0/4.8
PER(최고/저)(배)	0.0/0.0	18.1/7.8	—/—	—/—	—/—	—/—
PBR(최고/저)(배)	0.0/0.0	3.1/1.3	1.7/0.7	5.1/1.3	3.4/1.4	3.1/1.7
EV/EBITDA(배)	—	5.8	—	—	—	—
EPS(원)	2,365	1,127	-239	-2,778	-1,400	-796
BPS(원)	4,759	6,543	6,301	3,777	3,581	2,921
CFPS(원)	2,403	1,177	-179	-2,721	-1,347	-752
DPS(원)	—	—	—	—	—	—
EBITDAPS(원)	2,959	1,169	-179	-2,068	-1,003	-2

재무 비율 〈단위 : %〉

연도	영업이익률	순이익률	부채비율	차입금비율	ROA	ROE	유보율	자기자본비율	EBITDA마진율
2017	-2.3	-47.6	70.0	40.6	-18.9	-26.7	484.3	58.8	-0.1
2016	-115.9	-160.8	67.1	48.9	-28.5	-42.6	616.1	59.9	-110.1
2015	-130.4	-170.4	40.8	30.9	-43.2	-56.4	655.4	71.0	-126.8
2014	-8.0	-8.0	24.1	10.1	-3.0	-3.8	1,160.2	80.6	-6.0

인터엠 (A017250)

INTER-MCo

업 종 : 전자 장비 및 기기 | 시 장 : KOSDAQ
신용등급 : (Bond) — (CP) — | 기업규모 : 중견
홈페이지 : www.inter-m.com | 연 락 처 : 031)860-7101
본 사 : 경기도 양주시 화합로 1402번길 73 (덕정동)

설 립 일	1983.10.05	**종 업 원 수**	323명	**대 표 이 사**	조순구
상 장 일	1996.01.03	**감 사 의 견**	적정(대주)	**계 열**	
결 산 기	09월	**보 통 주**		**종속회사수**	2개사
액 면 가	500원	**우 선 주**		**구 상 호**	

주주구성 (지분율,%)		출자관계 (지분율,%)		주요경쟁사 (외형,%)	
조순구	26.8	일렉트론바이오	10.2	인터엠	100
조영구	6.6			남성	93
(외국인)	2.7			대동전자	42

매출구성		비용구성		수출비중	
제품(P.A SYSTEM)	34.4	매출원가율	71.6	수출	11.1
공사(공사매출)	32.3	판관비율	24.4	내수	88.9
기타(조달 외)	18.1				

회사 개요

동사는 1983년 자본금 1억원으로 시작하여 현재 자본금 93억원의 기업으로 성장한 산업용 전문 음향, 영상기기 생산업체임. 산업용 전문음향영상기기는 호텔, 관공서, 빌딩, 체육관, 학교 등의 장소에서 안내방송 및 BGM을 제공하는 전관방송 분야와 콘서트홀, 강당 등에서 퀄리티 있는 사운드를 전달하는 프로 음향 분야 등이 있음. 국내 음향기기 시장의 9%를 점유하고 있음. 전관방송시스템(PA) 부문 점유율은 60%임.

실적 분석

동사는 9월 결산법인으로 1분기(2017년 10월~12월) 매출은 270.7억원을 기록해 전년동기 대비 4.8% 감소함. 매출이 줄면서 매출원가와 판관비도 감소했지만 매출 감소에 따른 고정비용 증가 효과로 인해 영업이익은 전년 동기 대비 36.8% 감소한 11.8억원을 기록함. 비영업 부문에서 금융손실 등으로 적자전환하면서 당기순이익은 3.7억원으로 전년 동기 대비 84.9% 감소함.

현금 흐름 〈단위 : 억원〉

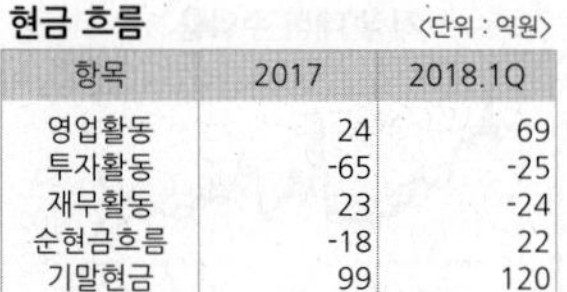

항목	2017	2018.1Q
영업활동	24	69
투자활동	-65	-25
재무활동	23	-24
순현금흐름	-18	22
기말현금	99	120

시장 대비 수익률

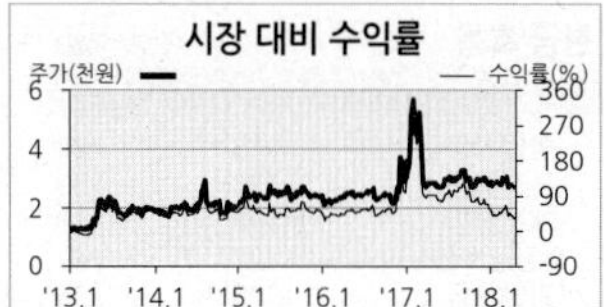

결산 실적 〈단위 : 억원〉

항목	2013	2014	2015	2016	2017	2018
매출액	778	817	848	885	989	—
영업이익	24	50	26	35	31	—
당기순이익	12	33	26	2	20	—

분기 실적 〈단위 : 억원〉

항목	2016.4Q	2017.1Q	2017.2Q	2017.3Q	2017.4Q	2018.1Q
매출액	306	284	201	223	282	271
영업이익	39	19	-3	5	10	12
당기순이익	23	25	-17	4	8	4

재무 상태 〈단위 : 억원〉

항목	2013	2014	2015	2016	2017	2018.1Q
총자산	1,211	1,222	1,219	1,283	1,259	#N/A
유형자산	394	400	385	478	470	#N/A
무형자산	110	123	128	140	133	466
유가증권	39	36	27	22	32	132
총부채	495	486	459	544	438	47
총차입금	285	304	280	345	296	295
자본금	93	95	100	100	105	105
총자본	716	737	759	738	822	800
지배주주지분	712	733	756	736	820	799

기업가치 지표

항목	2013	2014	2015	2016	2017	2018.1Q
주가(최고/저)(천원)	2.4/0.8	2.9/1.2	2.8/1.8	2.8/1.8	6.5/2.1	3.1/2.1
PER(최고/저)(배)	46.0/23.7	19.2/11.5	23.2/14.6	211.1/158.6	68.6/22.0	—/—
PBR(최고/저)(배)	0.7/0.4	0.9/0.5	0.8/0.5	0.8/0.6	1.7/0.6	0.8/0.7
EV/EBITDA(배)	9.1	6.4	9.2	7.9	8.6	—/—
EPS(원)	65	182	139	14	98	19
BPS(원)	4,027	4,088	3,982	3,880	3,954	3,852
CFPS(원)	312	459	420	295	402	89
DPS(원)	100	120	120	120	120	—
EBITDAPS(원)	376	545	416	456	454	126

재무 비율 〈단위 : %〉

연도	영업 이익률	순 이익률	부채 비율	차입금 비율	ROA	ROE	유보율	자기자본 비율	EBITDA 마진율
2017	3.2	2.0	53.3	36.0	1.6	2.6	690.9	65.3	9.5
2016	4.0	0.2	73.7	46.7	0.2	0.4	676.0	57.6	10.3
2015	3.0	3.1	60.5	36.8	2.1	3.5	696.3	62.3	9.3
2014	6.2	4.1	65.9	41.2	2.7	4.7	717.5	60.3	12.5

인터지스 (A129260)

INTERGIS CO

업 종 : 해상운수 | 시 장 : 거래소
신용등급 : (Bond) — (CP) — | 기업규모 : 시가총액 소형주
홈페이지 : www.intergis.co.kr | 연 락 처 : 051)604-3392
본 사 : 부산시 중구 충장대로 9번길 52 마린센터빌딩 13층 1301호

설 립 일	1956.02.23	**종 업 원 수**	551명	**대 표 이 사**	정원우
상 장 일	2011.12.16	**감 사 의 견**	적정(삼일)	**계 열**	
결 산 기	12월	**보 통 주**		**종속회사수**	7개사
액 면 가	500원	**우 선 주**		**구 상 호**	

주주구성 (지분율,%)		출자관계 (지분율,%)		주요경쟁사 (외형,%)	
동국제강	48.3	인터지스중앙부두	100.0	인터지스	100
장효진	1.8	인터지스웅동센터	90.0	흥아해운	167
(외국인)	1.8	인터지스신항센터	70.0	키위미디어그룹	7

매출구성		비용구성		수출비중	
항만하역	38.2	매출원가율	92.7	수출	0.0
육상운송 외	28.0	판관비율	4.3	내수	100.0
해상운송	17.7				

회사 개요

동사는 부두운영사로서 항만하역과 전국 각지의 물류네트워크를 활용해 후판, 형강, 봉강 등의 철강제품과 수출입컨테이너를 운송하는 화물운송을 주요 사업으로 영위하고 있음. 2012년 7월 디케이에스앤드를 합병함으로써 해상운송사업에 진출하여 동국제강의 철강원재료 해상운송과 더불어 국내외 유수의 3PL 고객들을 대상으로 남미, 호주, 미국 등에서 곡물, 철광석, 석탄 등을 운송함.

실적 분석

2017년 연결기준 동사 매출액은 5019.7억원을 기록함. 전년도 매출액인 4654억원에 비해 7.9% 증가한 금액임. 매출원가가 7.4% 증가하고 판매비와 관리비가 2.4% 늘었으나 매출 증가폭이 이를 웃돌아 영업이익은 전년도 107.3억원에서 38.9% 증가한 149.1억원을 시현함. 그러나 비영업부문이 적자가 지속됐으며 손실폭이 전년도에 비해 증가함. 이에 당기순이익은 전년도 73.7억원에서 19.8% 감소한 59.1억원을 기록함.

현금 흐름 〈단위 : 억원〉

항목	2016	2017
영업활동	84	281
투자활동	3	30
재무활동	-134	-195
순현금흐름	-43	111
기말현금	109	219

시장 대비 수익률

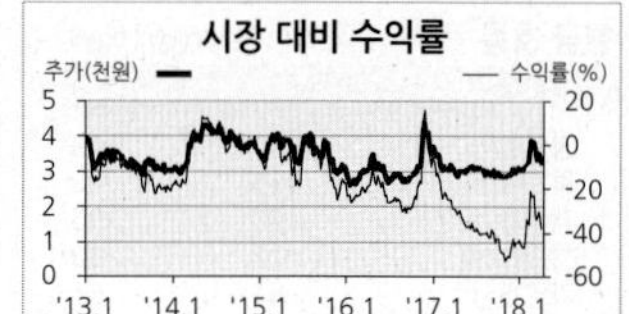

결산 실적 〈단위 : 억원〉

항목	2012	2013	2014	2015	2016	2017
매출액	4,520	5,242	5,775	5,995	4,654	5,020
영업이익	172	177	287	293	107	149
당기순이익	5	-121	36	132	74	59

분기 실적 〈단위 : 억원〉

항목	2016.3Q	2016.4Q	2017.1Q	2017.2Q	2017.3Q	2017.4Q
매출액	1,129	1,121	1,268	1,268	1,243	1,241
영업이익	13	7	54	37	32	25
당기순이익	-9	73	11	24	26	-2

재무 상태 〈단위 : 억원〉

항목	2012	2013	2014	2015	2016	2017
총자산	4,587	4,586	5,005	5,285	5,142	5,092
유형자산	1,515	1,710	1,840	1,860	1,833	2,085
무형자산	336	200	196	237	404	401
유가증권	1	51	59	31	3	9
총부채	2,613	2,728	3,011	3,138	2,933	2,663
총차입금	1,831	1,910	2,171	1,905	1,744	1,568
자본금	149	149	149	149	149	149
총자본	1,975	1,858	1,994	2,147	2,208	2,429
지배주주지분	1,890	1,689	1,770	1,911	1,972	2,210

기업가치 지표

항목	2012	2013	2014	2015	2016	2017
주가(최고/저)(천원)	4.5/3.1	4.0/2.9	4.4/3.0	4.5/2.8	4.4/2.6	3.6/2.8
PER(최고/저)(배)	—/—	—/—	—/—	11.5/7.3	17.8/10.5	18.7/14.6
PBR(최고/저)(배)	0.8/0.5	0.7/0.5	0.8/0.5	0.7/0.5	0.7/0.4	0.5/0.4
EV/EBITDA(배)	11.8	11.9	9.6	8.3	18.0	11.5
EPS(원)	-118	-685	-64	431	266	202
BPS(원)	13,707	12,357	12,542	6,663	6,864	7,666
CFPS(원)	233	-970	202	593	435	369
DPS(원)	120	60	150	100	120	120
EBITDAPS(원)	1,696	1,590	2,260	1,146	530	668

재무 비율 〈단위 : %〉

연도	영업 이익률	순 이익률	부채 비율	차입금 비율	ROA	ROE	유보율	자기자본 비율	EBITDA 마진율
2017	3.0	1.2	109.7	64.6	1.2	2.9	1,433.3	47.7	4.0
2016	2.3	1.6	132.8	79.0	1.4	4.1	1,272.8	43.0	3.4
2015	4.9	2.2	146.2	88.7	2.6	7.0	1,232.6	40.6	5.7
2014	5.0	0.6	151.0	108.9	0.8	-1.1	1,154.2	39.8	5.8

인터코스 (A240340)

Interkos

업　　종 : 개인생활용품　　시　　장 : KONEX
신용등급 : (Bond) —　(CP) —　　기업규모 : —
홈페이지 : www.interkos.co.kr　　연 락 처 : 032)815-8081
본　　사 : 인천시 남동구 남동서로362번길 62

설 립 일	2014.10.10	**종업원수**	56명	**대표이사**	김주덕
상 장 일	2016.04.21	**감사의견**	적정(세림)	**계　　열**	
결 산 기	12월	**보 통 주**		**종속회사수**	
액 면 가	—	**우 선 주**		**구　　상　　호**	

주주구성 (지분율,%)		출자관계 (지분율,%)		주요경쟁사 (외형,%)	
김주덕	26.7	엘모어	6.8	인터코스	100
이재숙	13.6			한국화장품	1,266
				한국화장품제조	562

매출구성		비용구성		수출비중	
ODM 매출(제품)	100.0	매출원가율	87.3	수출	0.1
		판관비율	26.6	내수	99.9

회사 개요

동사는 2011년 8월에 설립되어 2014년 10월에 법인전환 후 2016년 4월에 코넥스 시장에 상장한 화장품 ODM 전문 업체임. 동사는 2016년 2월 식약청에서 CGMP 인증을 취득하였으며 2015년 9월 기준 국내 화장품 분야의 CGMP 인증 업체는 74개사임. 이러한 인증 취득은 향후 중대형 고객사 및 수출 물량 수주의 확대 등 성장 모멘텀으로 작용할 것으로 기대됨.

실적 분석

동사의 2017년 누적매출액은 119.4억원으로 전년 82억원보다 늘었음. 영업손실은 16.6억원으로 적자 상태임. 2017년 2월에 마스크팩 무인 자동화생산설비 구축을 완료하여 월 2000만장의 마스크팩 생산 규모를 추가 확보함. 동사의 화장품 제형은 화장품의 기능 및 품질 뿐만 아니라 소비자들의 오감 만족을 목표로 개발되고 있으며, 이러한 사상이 담긴 제품들은 국내외 화장품 브랜드 업체들에게 각광받고 있음.

현금 흐름 *IFRS 별도 기준 〈단위 : 억원〉

항목	2016	2017
영업활동	1	-27
투자활동	-36	-7
재무활동	12	15
순현금흐름	-23	-19
기말현금	31	12

시장 대비 수익률

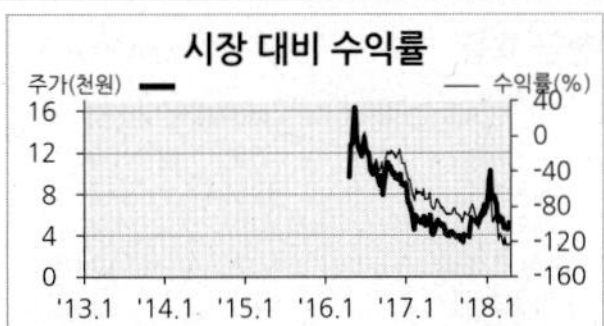

결산 실적 〈단위 : 억원〉

항목	2012	2013	2014	2015	2016	2017
매출액	—	—	18	61	82	119
영업이익	—	—	2	11	1	-17
당기순이익	—	—	2	11	4	-15

분기 실적 *IFRS 별도 기준 〈단위 : 억원〉

항목	2016.3Q	2016.4Q	2017.1Q	2017.2Q	2017.3Q	2017.4Q
매출액	—	—	—	—	—	—
영업이익	—	—	—	—	—	—
당기순이익	—	—	—	—	—	—

재무 상태 *IFRS 별도 기준 〈단위 : 억원〉

항목	2012	2013	2014	2015	2016	2017
총자산	—	—	15	153	189	190
유형자산	—	—	1	82	115	109
무형자산	—	—	—	5	4	5
유가증권	—	—	—	—	1	1
총부채	—	—	12	78	109	124
총차입금	—	—	4	70	81	96
자본금	—	—	1	3	20	20
총자본	—	—	3	75	80	66
지배주주지분	—	—	3	75	80	66

기업가치 지표 *IFRS 별도 기준

항목	2012	2013	2014	2015	2016	2017
주가(최고/저)(천원)	#VALUE!	—/—	—/—	—/—	—/—	—/—
PER(최고/저)(배)	0.0/0.0	0.0/0.0	0.0/0.0	0.0/0.0	175.4/72.3	—/—
PBR(최고/저)(배)	0.0/0.0	0.0/0.0	0.0/0.0	0.0/0.0	9.6/4.0	6.1/1.9
EV/EBITDA(배)	0.0	0.0	0.5	1.2	37.0	—
EPS(원)	—	—	103	570	107	-369
BPS(원)	—	—	13,258	146,158	1,962	1,604
CFPS(원)	—	—	8,608	53,244	305	-79
DPS(원)	—	—	—	—	—	—
EBITDAPS(원)	—	—	9,426	53,091	226	-117

재무 비율 〈단위 : %〉

연도	영업이익률	순이익률	부채비율	차입금비율	ROA	ROE	유보율	자기자본비율	EBITDA마진율
2017	-13.9	-12.6	188.8	146.3	-8.0	-20.7	220.9	34.6	-4.0
2016	1.4	5.3	135.4	101.1	2.6	5.7	292.4	42.5	11.2
2015	18.6	18.7	105.1	93.8	13.5	29.4	2,823.2	48.8	21.7
2014	10.3	9.4	465.1	168.8	0.0	0.0	165.2	17.7	10.7

인터파크 (A108790)

Interpark

업　　종 : 온라인쇼핑　　시　　장 : KOSDAQ
신용등급 : (Bond) —　(CP) —　　기업규모 : 우량
홈페이지 : www.interpark.com/int　　연 락 처 : 02)6004-7777
본　　사 : 서울시 강남구 삼성로 512 삼성동빌딩

설 립 일	2006.12.01	**종업원수**	1,313명	**대표이사**	이상규
상 장 일	2014.02.06	**감사의견**	적정(삼정)	**계　　열**	
결 산 기	12월	**보 통 주**		**종속회사수**	6개사
액 면 가	500원	**우 선 주**		**구　　상　　호**	인터파크INT

주주구성 (지분율,%)		출자관계 (지분율,%)		주요경쟁사 (외형,%)	
인터파크	67.8	인터파크씨어터	100.0	인터파크	100
FID SERIES EMRG MRKTS FUND	9.3	인터파크씨엔이	100.0	현대홈쇼핑	216
(외국인)	12.1	뉴컨텐츠컴퍼니	90.0	GS홈쇼핑	225

매출구성		비용구성		수출비중	
상품(상품)	37.0	매출원가율	54.6	수출	0.0
기타	26.0	판관비율	42.0	내수	100.0
대형매출(상품)	16.7				

회사 개요

동사는 전자상거래에 의한 온라인 쇼핑 전반을 아우르는 도소매업(쇼핑 사업부문)부터 도서 판매(도서 사업부문), 공연장 운영과 공연기획/제작 및 티켓예매와 판매대행업(ENT 사업부문), 일반여행업 및 여행중개업(투어 사업부문) 등을 영위하고 있음. 인터파크씨어터, 인터파크씨엔이, 서클컨텐츠컴퍼니 등을 연결대상 종속회사로 보유하고 있음. 매출은 투어부문 21.9%, ENT 부문 27.7%, 쇼핑부문 17.7%, 도서부문 32.7%로 구성됨.

실적 분석

2017년 연결기준 동사 매출액은 4,825.5억원을 기록함. 전년도 매출인 4,664.9억원에 비해 3.4% 증가한 금액임. 매출원가가 7.7% 늘었으나 매출이 늘고 판매비와 관리비가 4.6% 감소해 영업이익은 전년도 93.2억원 대비 76.8% 증가한 164.8억원을 기록함. 비영업부문은 적자가 지속됐으나 손실폭이 줄어들었음. 이에 당기순이익은 전년도 25.1억원에서 88.3억원으로 증가함.

현금 흐름 〈단위 : 억원〉

항목	2016	2017
영업활동	-46	256
투자활동	72	-419
재무활동	-63	-24
순현금흐름	-37	-189
기말현금	669	480

시장 대비 수익률

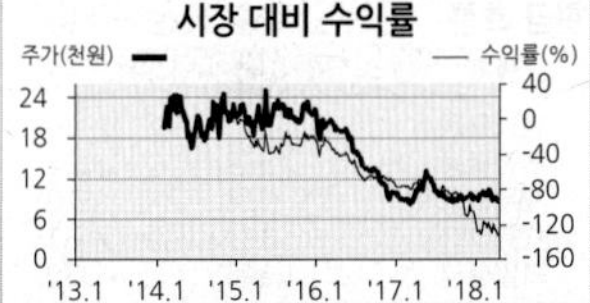

결산 실적 〈단위 : 억원〉

항목	2012	2013	2014	2015	2016	2017
매출액	3,563	3,856	4,073	4,020	4,665	4,826
영업이익	154	205	171	235	93	165
당기순이익	109	130	110	166	25	88

분기 실적 〈단위 : 억원〉

항목	2016.3Q	2016.4Q	2017.1Q	2017.2Q	2017.3Q	2017.4Q
매출액	1,109	1,376	1,243	1,054	1,212	1,316
영업이익	52	39	98	17	21	29
당기순이익	60	-25	63	-0	7	19

재무 상태 〈단위 : 억원〉

항목	2012	2013	2014	2015	2016	2017
총자산	3,577	3,698	4,277	4,649	4,673	5,268
유형자산	442	418	437	437	461	468
무형자산	899	866	891	849	826	875
유가증권	208	259	182	236	115	251
총부채	2,699	2,685	2,740	2,955	3,028	3,581
총차입금	780	563	403	368	380	386
자본금	135	135	163	164	165	166
총자본	877	1,013	1,537	1,694	1,646	1,687
지배주주지분	882	1,019	1,543	1,696	1,646	1,696

기업가치 지표

항목	2012	2013	2014	2015	2016	2017
주가(최고/저)(천원)	—/—	—/—	26.6/16.7	25.1/18.3	21.4/8.6	13.1/8.0
PER(최고/저)(배)	0.0/0.0	0.0/0.0	81.6/51.1	50.2/36.7	310.7/124.7	52.7/32.0
PBR(최고/저)(배)	0.0/0.0	0.0/0.0	5.9/3.7	5.0/3.7	4.4/1.8	2.6/1.6
EV/EBITDA(배)	0.5	—	26.4	20.3	14.3	9.0
EPS(원)	620	487	340	518	71	253
BPS(원)	3,279	3,770	4,737	5,158	4,981	5,120
CFPS(원)	1,052	797	616	803	358	561
DPS(원)	—	—	100	250	100	150
EBITDAPS(원)	1,304	1,069	810	1,002	570	806

재무 비율 〈단위 : %〉

연도	영업이익률	순이익률	부채비율	차입금비율	ROA	ROE	유보율	자기자본비율	EBITDA마진율
2017	3.4	1.8	212.2	22.9	1.8	5.0	923.9	32.0	5.5
2016	2.0	0.5	184.0	23.1	0.5	1.4	896.2	35.2	4.0
2015	5.8	4.1	174.5	21.7	3.7	10.5	931.6	36.4	8.2
2014	4.2	2.7	178.3	26.2	2.8	8.5	847.5	35.9	6.4

인터파크홀딩스 (A035080)

Interpark Holdings

업　　종 : 온라인쇼핑　　　　　　　　　　시　　장 : KOSDAQ
신 용 등 급 : (Bond) —　　(CP) —　　　　기 업 규 모 : 중견
홈 페 이 지 : www.interpark.com/holding　　연　락　처 : 02)6004-7777
본　　사 : 서울시 강남구 삼성로 512 삼성동빌딩

설 립 일	1997.10.01	**종 업 원 수**	12명	**대 표 이 사**	이기형
상 장 일	1999.06.12	**감 사 의 견**	적정(삼정)	**계　　열**	
결 산 기	12월	**보　통　주**		**종속회사수**	26개사
액 면 가	500원	**우　선　주**		**구　상　호**	인터파크

주주구성 (지분율,%)		출자관계 (지분율,%)		주요경쟁사 (외형,%)	
이기형	35.9	인터파크	67.8	인터파크홀딩스	100
Wasatch Advisors, Inc.	6.1	컴퍼니더블유	50.0	현대홈쇼핑	29
(외국인)	24.6	징기프트	49.0	GS홈쇼핑	31

매출구성		비용구성		수출비중	
배당금수익(기타)	77.4	매출원가율	89.1	수출	—
임대료수익(기타)	22.6	판관비율	10.0	내수	—

회사 개요

동사는 1995년 데이콤 소사장제로 출범해 1999년 코스닥 시장에 상장돼 주식 매매가 개시됨. 동사는 출자된 회사의 지원과 관리 업무 및 신규사업 양성 등을 주 사업으로 영위하는 지주회사임. 전자상거래업체 인터파크, MRO 전문 기업 아이마켓코리아, 의약품 도소매업체 안연케어, 공연장 운영 및 공연 기획 전문사 인터파크씨어터 등을 연결대상 종속회사로 보유함.

실적 분석

2017년 연결기준 동사 매출액은 3조5414.9억원을 기록함. 전년도 매출액인 3조8457.6억원에서 7.9% 감소한 금액임. 매출원가가 7.8% 줄고 판매비와 관리비도 4.7% 감소했으나 매출 감소폭이 이를 웃돌아 영업이익은 전년도 대비 39.8% 감소한 298.2억원을 기록하는 데 그침. 당기순손실도 지속됐으며 손실 폭이 커짐. 주요고객 투자 감소에 따른 아이마켓코리아 외형감소가 실적 부진 원인으로 분석됨.

현금 흐름 〈단위 : 억원〉

항목	2016	2017
영업활동	1,042	1,966
투자활동	-549	-1,692
재무활동	-318	-320
순현금흐름	177	-57
기말현금	1,396	1,339

시장 대비 수익률

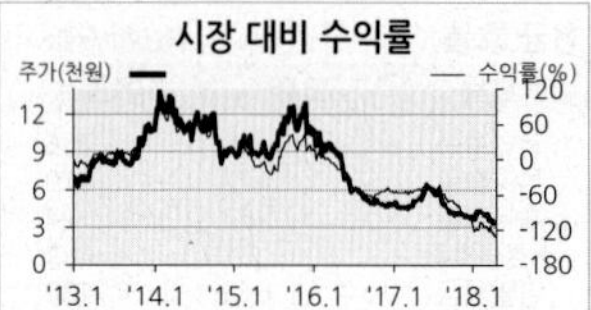

결산 실적 〈단위 : 억원〉

항목	2012	2013	2014	2015	2016	2017
매출액	24,886	29,117	31,350	35,368	38,458	35,415
영업이익	343	474	510	651	495	298
당기순이익	284	240	315	430	-390	-636

분기 실적 〈단위 : 억원〉

항목	2016.3Q	2016.4Q	2017.1Q	2017.2Q	2017.3Q	2017.4Q
매출액	9,140	12,125	9,068	8,953	8,847	8,546
영업이익	116	230	164	55	33	45
당기순이익	113	-616	97	14	19	-767

재무 상태 〈단위 : 억원〉

항목	2012	2013	2014	2015	2016	2017
총자산	15,151	15,985	19,204	21,067	20,735	18,045
유형자산	642	596	580	569	573	590
무형자산	5,360	5,121	6,559	6,524	5,428	4,427
유가증권	115	169	250	253	228	1,375
총부채	7,808	8,466	10,200	12,029	12,332	10,622
총차입금	1,358	1,304	724	719	641	631
자본금	304	304	304	304	304	304
총자본	7,343	7,519	9,003	9,038	8,403	7,423
지배주주지분	3,888	3,964	4,417	4,501	3,869	3,161

기업가치 지표

항목	2012	2013	2014	2015	2016	2017
주가(최고/저)(천원)	8.3/4.3	11.4/6.1	14.1/7.8	13.0/7.9	10.9/4.6	6.6/3.8
PER(최고/저)(배)	42.1/21.6	91.5/49.0	104.4/58.0	62.0/37.8	—/—	—/—
PBR(최고/저)(배)	1.3/0.7	1.7/0.9	1.9/1.1	1.7/1.0	1.6/0.7	1.2/0.7
EV/EBITDA(배)	12.3	12.3	8.7	9.2	6.2	4.8
EPS(원)	205	128	139	215	-1,034	-1,223
BPS(원)	6,867	6,963	7,634	7,863	6,814	5,596
CFPS(원)	755	712	879	972	-312	-482
DPS(원)	30	30	30	30	50	50
EBITDAPS(원)	1,113	1,362	1,587	1,852	1,560	1,249

재무 비율 〈단위 : %〉

연도	영업이익률	순이익률	부채비율	차입금비율	ROA	ROE	유보율	자기자본비율	EBITDA마진율
2017	0.8	-1.8	143.1	8.5	-3.3	-20.4	976.0	41.1	2.1
2016	1.3	-1.0	146.8	7.6	-1.9	-14.6	1,221.5	40.5	2.4
2015	1.8	1.2	133.1	8.0	2.1	2.9	1,437.9	42.9	3.1
2014	1.6	1.0	113.3	8.0	1.8	2.0	1,405.6	46.9	3.1

인터플렉스 (A051370)

Interflex

업　　종 : 전자 장비 및 기기　　　　　　　시　　장 : KOSDAQ
신 용 등 급 : (Bond) —　　(CP) —　　　　기 업 규 모 : 중견
홈 페 이 지 : www.interflex.co.kr　　　　연　락　처 : 031)436-5000
본　　사 : 경기도 안산시 단원구 강촌로 149 스마트센터 (성곡동)

설 립 일	1994.07.19	**종 업 원 수**	757명	**대 표 이 사**	백동원
상 장 일	2003.01.18	**감 사 의 견**	적정(한영)	**계　　열**	
결 산 기	12월	**보　통　주**		**종속회사수**	2개사
액 면 가	500원	**우　선　주**		**구　상　호**	

주주구성 (지분율,%)		출자관계 (지분율,%)		주요경쟁사 (외형,%)	
코리아써키트	30.6	INTERFLEXVINA.	100.0	인터플렉스	100
영풍	11.1	화하선로판(천진)유한공사	50.1	엘앤에프	50
(외국인)	4.0			비츠로셀	3

매출구성		비용구성		수출비중	
FPCB(제품)	53.3	매출원가율	89.4	수출	89.0
FPCB(상품)	46.7	판관비율	2.9	내수	11.0

회사 개요

지배회사인 동사는 연성인쇄회로기판(FPCB) 제조업을 영위하고 있음. 동사의 종속회사인 화하선로판(천진)유한공사(중국)와 INTERFLEX VINA CO.,LTD.(베트남) 또한 연성인쇄회로기판 제조업을 영위함. 영풍전자, 에스아이플렉스, 비에이치 등이 경쟁사로 꼽히며 동사의 시장점유율은 2016년 기준 33.8%로 파악됨. 최근 고기능이 요구되는 스마트폰 및 LED TV 등의 수요 확대로 FPCB 산업 지속 성장이 기대됨.

실적 분석

동사는 2017년 4분기 연결기준 누적 매출은 8,055.4억원을 달성함. 이는 전년 동기 5,756.5억원에서 39.9% 증가한 금액임. 매출원가는 전년보다 20.1% 증가했지만 판관비는 13.2% 감소하였음. 급격한 외형성장에 힘입어 영업이익은 흑자전환에 성공. 전년 515.6억원의 영업손실을 기록했던 동사는 2017년 614.5억원의 영업이익을 올림. 당기순이익도 416.5억원을 시현하며 흑자전환.

현금 흐름 〈단위 : 억원〉

항목	2016	2017
영업활동	64	670
투자활동	333	-753
재무활동	-295	301
순현금흐름	102	218
기말현금	178	396

시장 대비 수익률

결산 실적 〈단위 : 억원〉

항목	2012	2013	2014	2015	2016	2017
매출액	7,654	9,911	6,428	5,295	5,756	8,055
영업이익	465	1	-917	-848	-516	615
당기순이익	544	-7	-588	-827	-557	416

분기 실적 〈단위 : 억원〉

항목	2016.3Q	2016.4Q	2017.1Q	2017.2Q	2017.3Q	2017.4Q
매출액	1,833	1,245	1,203	1,092	2,804	2,956
영업이익	68	-333	-117	-82	625	189
당기순이익	86	-322	-165	-82	566	98

재무 상태 〈단위 : 억원〉

항목	2012	2013	2014	2015	2016	2017
총자산	8,753	7,057	5,807	4,793	4,311	5,543
유형자산	3,218	3,021	2,270	1,623	1,539	1,965
무형자산	20	19	15	19	35	37
유가증권	155	29	—	—	—	—
총부채	5,750	3,362	2,700	2,290	1,788	1,973
총차입금	2,492	1,195	1,252	1,201	361	658
자본금	70	82	82	82	105	117
총자본	3,003	3,695	3,107	2,503	2,523	3,571
지배주주지분	3,003	3,695	3,107	2,200	2,132	3,246

기업가치 지표

항목	2012	2013	2014	2015	2016	2017
주가(최고/저)(천원)	70.7/33.3	49.4/17.5	22.9/9.3	22.4/9.4	25.8/8.4	70.3/22.1
PER(최고/저)(배)	19.6/9.2	—/—	—/—	—/—	—/—	41.9/13.2
PBR(최고/저)(배)	3.6/1.7	2.3/0.8	1.3/0.5	1.8/0.7	2.5/0.8	5.1/1.6
EV/EBITDA(배)	11.7	5.3	—	—	—	13.5
EPS(원)	3,530	-47	-3,315	-5,049	-3,318	1,676
BPS(원)	21,481	22,558	18,968	13,429	10,116	13,914
CFPS(원)	6,301	5,076	1,510	-1,223	-1,687	2,637
DPS(원)	—	—	—	—	—	—
EBITDAPS(원)	5,735	5,130	-500	-933	-1,214	3,822

재무 비율 〈단위 : %〉

연도	영업이익률	순이익률	부채비율	차입금비율	ROA	ROE	유보율	자기자본비율	EBITDA마진율
2017	7.6	5.2	55.3	18.4	8.5	13.4	2,682.8	64.4	10.2
2016	-9.0	-9.7	70.9	14.3	-12.2	-27.7	1,923.2	58.5	-3.7
2015	-16.0	-15.6	91.5	48.0	-15.6	-33.7	2,585.8	52.2	-2.9
2014	-14.3	-9.1	86.9	40.3	-9.1	-17.3	3,693.5	53.5	-1.3

인텍플러스 (A064290)

INTEKPLUS

업 종 : 반도체 및 관련장비　　시 장 : KOSDAQ
신용등급 : (Bond) —　(CP) —　　기업규모 : 벤처
홈페이지 : www.intekplus.com　　연 락 처 : 042)930-9900
본 사 : 대전시 유성구 테크노 2로 263 (탑립동)

설 립 일	1995.10.13	**종업원수**	143명	**대표이사**	이상윤
상 장 일	2011.01.05	**감사의견**	적정(삼정)	**계 열**	
결 산 기	12월	**보 통 주**		**종속회사수**	1개사
액 면 가	500원	**우 선 주**		**구 상 호**	

주주구성 (지분율,%)		출자관계 (지분율,%)		주요경쟁사 (외형,%)	
이상윤	7.9			인텍플러스	100
최이배	7.5			에이티세미콘	425
				코디엠	302

매출구성		비용구성		수출비중	
iPIS, iMAS, iSSD, iSIS 등	79.2	매출원가율	58.4	수출	65.3
기타	10.1	판관비율	41.5	내수	34.7
IDSS/CD Meter 등	8.4				

회사 개요

동사는 제어계측기기 및 컴퓨터 응용기기 제조 및 서비스를 목적으로 1995년에 설립되어 외관검사장비를 주로 생산하고 있음. 동사가 생산한 장비는 반도체분야, 태양광분야, LED 분야의 고속 2D/3D 자동화 외관검사에 사용됨. 동사가 생산한 장비에 적용된 3D 측정 원천 기술, 머신 비전 2D검사 기술 등 빠른 검사속도와 정확한 검사품질을 구현하기 위한 핵심기술을 자체 개발하여 보유하고 있음. 연결대상 종속회사로 인텍바이오가 있음.

실적 분석

동사의 2017년 매출과 영업이익은 각각 243억원, 0.3억원으로 전년 대비 매출은 45.3% 증가하고 흑자전환함. 당기순손실은 2.7억원으로 적자를 지속함. 매출액은 전방 산업 고객사들의 신규 검사장비에 대한 투자와 해외 거래처의 증가 영향을 받음. 동사의 총자산은 전기대비 약 28.1% 증가하였고, 매출채권은 전년대비 약 1.1% 감소함. 부채 총계는 약 35.7%, 자본총계는 약 23% 증가함.

현금 흐름

〈단위 : 억원〉

항목	2016	2017
영업활동	-63	11
투자활동	43	4
재무활동	6	22
순현금흐름	-14	37
기말현금	17	54

시장 대비 수익률

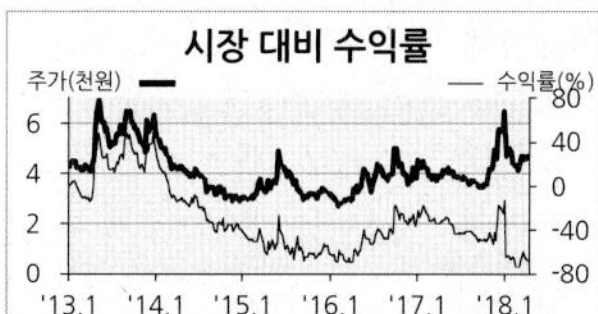

결산 실적

〈단위 : 억원〉

항목	2012	2013	2014	2015	2016	2017
매출액	269	154	126	231	167	243
영업이익	30	-68	-48	4	-36	0
당기순이익	31	-68	-56	5	-36	-3

분기 실적

〈단위 : 억원〉

항목	2016.3Q	2016.4Q	2017.1Q	2017.2Q	2017.3Q	2017.4Q
매출액	50	71	32	27	131	54
영업이익	1	-8	-11	-12	31	-7
당기순이익	1	-8	-13	-13	31	-8

재무 상태

〈단위 : 억원〉

항목	2012	2013	2014	2015	2016	2017
총자산	501	414	333	276	249	319
유형자산	104	103	99	99	97	97
무형자산	17	15	13	10	11	12
유가증권	22	25	20	4	3	5
총부채	204	183	164	100	100	136
총차입금	131	155	103	78	71	54
자본금	46	46	46	46	49	55
총자본	297	231	169	177	149	184
지배주주지분	297	231	169	177	149	183

기업가치 지표

항목	2012	2013	2014	2015	2016	2017
주가(최고/저)(천원)	6.0/3.4	7.0/4.0	6.0/2.6	4.9/2.9	5.6/2.7	6.2/3.3
PER(최고/저)(배)	17.9/10.2	—/—	—/—	100.6/58.6	—/—	—/—
PBR(최고/저)(배)	1.8/1.0	2.8/1.6	3.0/1.3	2.4/1.4	3.3/1.6	3.5/1.8
EV/EBITDA(배)	7.8	—	—	26.2	—	122.9
EPS(원)	337	-737	-607	49	-378	-20
BPS(원)	3,351	2,483	1,985	2,072	1,698	1,800
CFPS(원)	425	-641	-520	123	-319	24
DPS(원)	50	—	—	—	—	—
EBITDAPS(원)	419	-634	-430	123	-319	47

재무 비율

〈단위 : %〉

연도	영업이익률	순이익률	부채비율	차입금비율	ROA	ROE	유보율	자기자본비율	EBITDA마진율
2017	0.1	-1.1	73.8	29.3	-0.9	-1.3	259.9	57.5	2.1
2016	-21.3	-21.2	66.9	47.8	-13.5	-21.8	239.5	59.9	-17.9
2015	1.9	2.0	56.4	43.9	1.5	2.6	314.5	64.0	4.9
2014	-38.2	-44.9	97.4	61.1	-15.1	-28.3	296.9	50.7	-31.8

인텔리안테크놀로지스 (A189300)

Intellian Technologies

업 종 : 통신장비　　시 장 : KOSDAQ
신용등급 : (Bond) —　(CP) —　　기업규모 : 벤처
홈페이지 : www.intelliantech.com　　연 락 처 : 031)379-1000
본 사 : 경기도 평택시 진위면 진위산단로 18-7

설 립 일	2004.02.05	**종업원수**	249명	**대표이사**	성상엽
상 장 일	2016.10.18	**감사의견**	적정(참)	**계 열**	
결 산 기	12월	**보 통 주**		**종속회사수**	4개사
액 면 가	500원	**우 선 주**		**구 상 호**	

주주구성 (지분율,%)		출자관계 (지분율,%)		주요경쟁사 (외형,%)	
성상엽	24.2	신진브이에프	19.9	인텔리안테크	100
인텔리안시스템즈	8.2			삼지전자	1,558
(외국인)	0.6			AP위성	36

매출구성		비용구성		수출비중	
해상용 위성통신 안테나	64.9	매출원가율	55.3	수출	91.7
기타	18.5	판관비율	36.3	내수	8.3
해상용 위성방송 수신안테나	16.6				

회사 개요

동사는 2004년 설립, 2016년 10월 코스닥 시장에 신규상장됨. 환경적으로 통신 및 방송 서비스가 어려운 해상의 remote & mobility 환경에서, 인공 위성을 이용한 데이터 통신서비스(인터넷, VoIP 전화 등 인터넷 서비스)와 위성 방송 수신을 가능하게 하는 해상용 위성 통신 안테나 및 위성 방송 수신안테나 생산이 주요사업임. 현재 해상용 중심에서 향후 육상용, 항공용, 군사용 등으로 사업을 확대할 계획임.

실적 분석

동사의 2017년 결산 연결기준 매출액은 전년대비 7.6% 성장한 837.2억원을 기록함. 견조한 외형 성장에도 매출원가율이 크게 상승하였으며 이를 판관비 통제로 커버하며 영업이익률 하락을 방어함. 다만 원달러 환율 하락과 변동성 심화 등으로 대규모 외환차손이 발생하여 당기순이익은 전년대비 대폭 감소한 34.2억원에 그침. 당기 품목별 매출비중은 해상용위성통신안테나 66.5%, 해상용위성방송안테나 13.1% 및 기타 등으로 구성됨.

현금 흐름

〈단위 : 억원〉

항목	2016	2017
영업활동	8	-27
투자활동	-86	-95
재무활동	306	7
순현금흐름	226	-117
기말현금	259	142

시장 대비 수익률

결산 실적

〈단위 : 억원〉

항목	2012	2013	2014	2015	2016	2017
매출액	280	443	595	595	778	837
영업이익	34	42	57	52	74	70
당기순이익	15	20	61	54	62	34

분기 실적

〈단위 : 억원〉

항목	2016.3Q	2016.4Q	2017.1Q	2017.2Q	2017.3Q	2017.4Q
매출액	129	225	149	201	197	291
영업이익	-17	20	-7	22	11	45
당기순이익	-37	41	-23	27	15	15

재무 상태

〈단위 : 억원〉

항목	2012	2013	2014	2015	2016	2017
총자산	389	558	589	562	982	1,086
유형자산	92	103	143	149	145	173
무형자산	48	61	52	69	95	154
유가증권	11	22	0	0	0	0
총부채	184	334	372	266	348	442
총차입금	139	204	235	152	179	200
자본금	28	28	26	28	36	36
총자본	205	224	217	296	633	645
지배주주지분	205	224	217	296	633	645

기업가치 지표

항목	2012	2013	2014	2015	2016	2017
주가(최고/저)(천원)	—/—	—/—	—/—	—/—	19.5/14.0	18.0/11.6
PER(최고/저)(배)	0.0/0.0	0.0/0.0	0.0/0.0	0.0/0.0	19.2/13.8	38.3/24.6
PBR(최고/저)(배)	0.0/0.0	0.0/0.0	0.0/0.0	0.0/0.0	2.2/1.6	2.0/1.3
EV/EBITDA(배)	2.1	3.3	3.1	1.6	10.5	10.7
EPS(원)	285	357	1,109	959	1,032	474
BPS(원)	3,712	4,068	3,933	5,271	8,841	9,282
CFPS(원)	551	631	1,377	1,316	1,468	930
DPS(원)	—	—	—	—	100	100
EBITDAPS(원)	891	1,028	1,295	1,291	1,670	1,430

재무 비율

〈단위 : %〉

연도	영업이익률	순이익률	부채비율	차입금비율	ROA	ROE	유보율	자기자본비율	EBITDA마진율
2017	8.4	4.1	68.6	31.0	3.3	5.4	1,756.3	59.3	12.3
2016	9.5	7.9	55.0	28.2	8.0	13.3	1,668.2	64.5	12.9
2015	8.8	9.0	89.8	51.3	9.3	20.9	954.2	52.7	12.1
2014	9.5	10.3	171.5	108.6	—	—	731.8	36.8	12.0

인트로메딕 (A150840)

IntroMedic

업 종 : 의료 장비 및 서비스 | 시 장 : KOSDAQ
신용등급 : (Bond) — (CP) — | 기업규모 : 기술성
홈페이지 : www.intromedic.co.kr | 연 락 처 : 02)801-9300
본 사 : 서울시 구로구 디지털로31길 41,1105호(구로동,이앤씨벤처드림타워6차)

설 립 일	2004.09.03	종업원수	52명	대표이사	조용석,김남중
상 장 일	2013.12.19	감사의견	적정(삼덕)	계 열	
결 산 기	12월	보 통 주		종속회사수	
액 면 가	500원	우 선 주		구 상 호	

주주구성 (지분율,%)		출자관계 (지분율,%)		주요경쟁사 (외형,%)	
연우앤컴퍼니	4.9	엔큐라젠	15.3	인트로메딕	100
심한보	4.6	아이지엠	12.2	엑세스바이오	361
(외국인)	2.7			나노엔텍	264

매출구성		비용구성		수출비중	
소장용 캡슐내시경,일회용 연성내시경	96.7	매출원가율	38.0	수출	90.5
소모품	2.5	판관비율	70.8	내수	9.5
기능성음료	0.8				

회사 개요

동사는 정보통신기 제조 및 판매업, 의료기기 제조 및 판매업 등을 주요사업으로 영위하고 있음. 2013년 12월 코스닥시장에 상장되었고, 동사의 종속회사로 INTROMEDIC AMERICA를 비롯해 2개 회사가 속해 있음. 동사의 매출 구성을 살펴보면 소장용 캡슐내시경은 99.2%, 상부위장관용 일회용 연성내시경이 0.8%를 차지하고 있음. 캡슐내시경 검사에 대한 적용범위가 확대되고 있는 추세에 있어 검사건수는 꾸준히 증가 중임.

실적 분석

동사의 2017년 누적매출액은 90.1억원으로 전년대비 6.9% 증가함. 중국지역 영업강화로 원가율은 다소 상승했으나 판관비를 전년보다 28% 줄이면서 같은 기간 영업손실은 7.9억원으로 전년 35.5억원에서 적자폭이 축소됨. 통신 기능이 대폭 강화된 소장 및 대장용 양방향 캡슐내시경 제품의 출시를 앞두고 있고, 데이터 수신 및 저장 시스템도 거의 개발 완료돼 본격적으로 매출에 반영될 것으로 기대됨.

현금 흐름 <단위 : 억원>

항목	2016	2017
영업활동	-25	14
투자활동	-13	67
재무활동	9	-4
순현금흐름	-29	75
기말현금	28	103

시장 대비 수익률

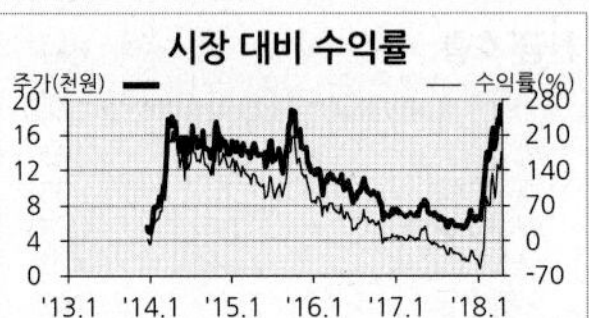

결산 실적 <단위 : 억원>

항목	2012	2013	2014	2015	2016	2017
매출액	86	106	109	83	84	90
영업이익	15	23	8	-13	-36	-8
당기순이익	5	24	12	-9	-70	-42

분기 실적 <단위 : 억원>

항목	2016.3Q	2016.4Q	2017.1Q	2017.2Q	2017.3Q	2017.4Q
매출액	21	29	14	—	—	—
영업이익	-2	-9	-11	—	—	—
당기순이익	-9	-30	-20	—	—	—

재무 상태 <단위 : 억원>

항목	2012	2013	2014	2015	2016	2017
총자산	137	205	212	296	242	213
유형자산	3	2	3	3	7	6
무형자산	21	30	35	36	41	16
유가증권	2	1	1	1	1	9
총부채	131	32	26	101	105	104
총차입금	108	8	—	83	88	87
자본금	30	35	35	36	36	36
총자본	6	173	186	195	137	109
지배주주지분	6	173	186	195	135	109

기업가치 지표

항목	2012	2013	2014	2015	2016	2017
주가(최고/저)(천원)	—/—	5.7/5.1	20.2/5.0	19.0/11.3	13.0/6.4	8.7/5.4
PER(최고/저)(배)	0.0/0.0	14.9/13.2	115.4/28.5	—/—	—/—	—/—
PBR(최고/저)(배)	0.0/0.0	2.3/2.1	7.6/1.9	7.0/4.2	6.9/3.4	5.8/3.6
EV/EBITDA(배)	4.2	11.5	78.2	—	—	—
EPS(원)	76	384	175	-122	-928	-582
BPS(원)	104	2,466	2,640	2,724	1,877	1,511
CFPS(원)	127	432	227	-66	-864	-526
DPS(원)	—	—	—	—	—	—
EBITDAPS(원)	296	415	172	-127	-430	-54

재무 비율 <단위 : %>

연도	영업이익률	순이익률	부채비율	차입금비율	ROA	ROE	유보율	자기자본비율	EBITDA마진율
2017	-8.8	-46.5	95.5	79.9	-18.4	-34.4	202.1	51.2	-4.3
2016	-42.1	-83.5	76.3	64.4	-26.2	-40.4	275.4	56.7	-36.7
2015	-15.8	-10.6	51.6	42.3	-3.4	-4.6	444.8	66.0	-11.0
2014	7.7	11.2	13.9	0.0	5.9	6.8	427.9	87.8	11.0

인트론바이오테크놀로지 (A048530)

iNtRON Biotechnology

업 종 : 바이오 | 시 장 : KOSDAQ
신용등급 : (Bond) — (CP) — | 기업규모 : 기술성
홈페이지 : www.intron.co.kr | 연 락 처 : 031)739-5360
본 사 : 경기도 성남시 중원구 사기막골로 137 중앙인더스피아 701~704호

설 립 일	1999.01.18	종업원수	109명	대표이사	윤성준,윤경원
상 장 일	2011.01.26	감사의견	적정(신한)	계 열	
결 산 기	12월	보 통 주		종속회사수	3개사
액 면 가	500원	우 선 주		구 상 호	

주주구성 (지분율,%)		출자관계 (지분율,%)		주요경쟁사 (외형,%)	
윤성준	18.7	비알디코리아	9.4	인트론바이오	100
미래에셋자산운용투자자문	6.2	더마젝	3.7	셀트리온	8,657
(외국인)	8.1	카브	3.1	바이로메드	29

매출구성		비용구성		수출비중	
유전자추출/증폭 등(상품및제품)	63.0	매출원가율	54.1	수출	10.9
PML100 등(제품)	23.5	판관비율	61.3	내수	89.1
AI, VRE, STI 등(제품)	13.5				

회사 개요

동사는 유전자시약, 분자진단, 동물용 항생제 대체재 분야를 주요 사업으로 하는 바이오 업체임. 다수의 신약개발 파이프라인을 기반으로 바이오신약 개발에 집중하고 있으나, 신약개발은 오랜 투자기간 및 개발비가 소요되는 특성상 다소 시간이 걸릴 것으로 예상됨. 유전자시약 및 분자진단 분야의 주요 원재료는 단백질 효소 및 화학물질류인데 핵심 단백질 효소는 직접 개발 생산하고 있으며 화학물질류는 주로 해외로부터 수입해 사용함.

실적 분석

동사의 2017년 누적매출액은 109.6억원으로 전년대비 7.2% 증가함. 비용측면에서 매출원가와 판관비가 각각 14.2%, 7.9% 상승하면서 영업손실은 16.9억원으로 전년보다 적자폭이 확대됨. 바이오신약, 유전자시약, 분자진단 부문에서 외형 성장하였으나 원가상승으로 수익성이 악화됨. 전문화 및 체계화 강화를 통해 제품의 다양화 및 거래처의 다양화를 위해 노력하고 있음. 동물용 항생제대체재 분야는 관련법 시행에 따른 수혜가 기대됨.

현금 흐름 <단위 : 억원>

항목	2016	2017
영업활동	-20	-22
투자활동	-102	-52
재무활동	220	45
순현금흐름	98	-31
기말현금	195	164

시장 대비 수익률

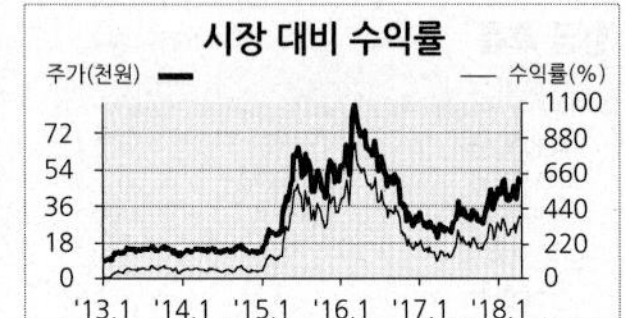

결산 실적 <단위 : 억원>

항목	2012	2013	2014	2015	2016	2017
매출액	82	93	100	118	102	110
영업이익	-11	1	11	21	-12	-17
당기순이익	-12	4	0	16	-6	-83

분기 실적 <단위 : 억원>

항목	2016.3Q	2016.4Q	2017.1Q	2017.2Q	2017.3Q	2017.4Q
매출액	22	32	24	31	23	32
영업이익	-4	-4	-4	-4	-6	-3
당기순이익	-4	1	2	-33	3	-56

재무 상태 <단위 : 억원>

항목	2012	2013	2014	2015	2016	2017
총자산	196	232	344	404	596	565
유형자산	34	34	30	66	78	79
무형자산	66	76	85	100	123	134
유가증권	—	0	34	68	113	100
총부채	77	57	150	59	105	153
총차입금	63	41	134	35	86	128
자본금	47	70	70	75	77	77
총자본	119	175	194	344	491	412
지배주주지분	119	175	194	344	491	411

기업가치 지표

항목	2012	2013	2014	2015	2016	2017
주가(최고/저)(천원)	12.1/6.1	16.9/8.8	17.2/12.5	67.7/13.7	92.5/24.1	44.7/20.6
PER(최고/저)(배)	—/—	641.9/334.2	11,703.2/8,471.2	653.5/132.3	—/—	—/—
PBR(최고/저)(배)	12.3/6.2	13.5/7.0	12.1/8.8	29.1/5.9	28.0/7.3	16.0/7.4
EV/EBITDA(배)	—	158.9	97.8	259.8	8,368.2	—
EPS(원)	-99	26	1	104	-40	-540
BPS(원)	1,280	1,252	1,424	2,323	3,307	2,789
CFPS(원)	-20	103	60	168	42	-458
DPS(원)	—	—	—	—	—	—
EBITDAPS(원)	-12	81	139	206	3	-27

재무 비율 <단위 : %>

연도	영업이익률	순이익률	부채비율	차입금비율	ROA	ROE	유보율	자기자본비율	EBITDA마진율
2017	-15.4	-76.2	37.2	31.2	-14.4	-18.5	457.8	72.9	-3.9
2016	-11.7	-6.0	21.3	17.5	-1.2	-1.5	561.3	82.5	0.5
2015	18.0	13.2	17.2	10.0	4.2	5.8	364.7	85.3	26.2
2014	11.3	0.2	77.4	69.2	0.1	0.1	184.7	56.4	19.4

인팩 (A023810)

Infac

업　　종 : 자동차부품　　시　　장 : 거래소
신용등급 : (Bond) —　(CP) —　　기업규모 : 시가총액 소형주
홈페이지 : www.infac.com　　연 락 처 : 02)3432-3333
본　　사 : 서울시 송파구 백제고분로 450

설 립 일	1972.01.24	**종업원수**	396명	**대표이사**	최오길,최웅선
상 장 일	2004.09.21	**감사의견**	적정(삼정)	**계　　열**	
결 산 기	12월	**보 통 주**		**종속회사수**	4개사
액 면 가	500원	**우 선 주**		**구 상 호**	

주주구성 (지분율,%)		출자관계 (지분율,%)		주요경쟁사 (외형,%)	
최오길	20.0	인팩일렉스	49.0	인팩	100
최웅선	13.2	인팩혼시스템	20.0	삼성공조	38
(외국인)	14.7	인팩케이블	20.0	현대공업	74

매출구성		비용구성		수출비중	
(주)인팩-콘트롤케이블류 등	63.6	매출원가율	87.3	수출	32.8
삼하인파극기차부건유한공사-이그니션케이블 등	33.6	판관비율	13.7	내수	67.2
INFACINDIAPVT.LTD-콘트롤케이블류 등	19.1				

회사 개요

동사는 자동차부품을 전문적으로 생산해온 전문업체로 자동차 케이블, 밸브 및 스위치 등을 생산함. 주요 매출품목은 콘트롤케이블류, 이그니션케이블 및 밸브, 스위치류와 2012년에 신규로 전자식파킹브레이크케이블 및 공기현가장치가 추가되어, 다양한 거래처에 안정적으로 제품을 공급하고 있음. 주요 거래처로는 현대자동차, 기아자동차, 지엠대우, 쌍용 등 국내 완성업체 및 해외 유수의 자동차 생산업체 및 부품업체임.

실적 분석

2017년 매출액은 연결종속회사 증가로 전년대비 2.0% 증가함. 연결실체 증가로 인한 증가분 제외 시 실질적으로는 감소하였음. 이는 중국시장 판매부진에 따른 것. 반면 인도시장 매출은 56억원이 증가함. 판관비는 18.5% 증가하였으며 연결실체 증가로 인한 증가분 제외 시 매출감소로 인해 운반비, 수출제비용 등의 감소로 사실상 감소함. 영업이익 감소는 중국시장 판매부진으로 인한 매출액 감소 및 장치산업 특성 상 고정비 비율이 높았던 탓.

현금 흐름

<단위 : 억원>

항목	2016	2017
영업활동	147	-6
투자활동	-150	-139
재무활동	-12	136
순현금흐름	-17	-11
기말현금	114	102

시장 대비 수익률

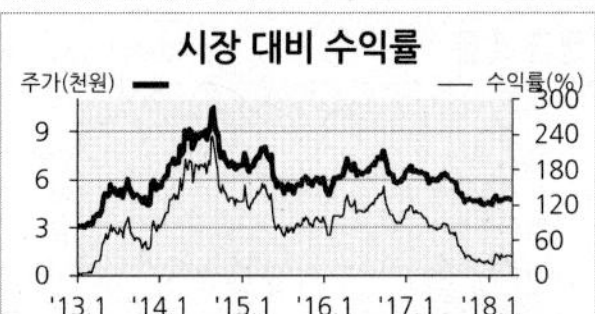

결산 실적

< 단위 : 억원 >

항목	2012	2013	2014	2015	2016	2017
매출액	2,071	2,190	2,184	2,228	2,340	2,388
영업이익	107	139	97	92	108	-24
당기순이익	92	173	143	106	93	-20

분기 실적

< 단위 : 억원 >

항목	2016.3Q	2016.4Q	2017.1Q	2017.2Q	2017.3Q	2017.4Q
매출액	541	632	550	458	497	883
영업이익	16	28	22	-33	-21	7
당기순이익	9	24	26	-37	-9	-1

재무 상태

< 단위 : 억원 >

항목	2012	2013	2014	2015	2016	2017
총자산	1,463	1,588	1,640	1,894	2,014	2,784
유형자산	569	536	532	539	586	1,306
무형자산	38	41	41	42	54	159
유가증권	8	9	8	6	5	7
총부채	817	772	703	880	921	1,634
총차입금	306	210	195	217	225	685
자본금	50	50	50	50	50	50
총자본	646	816	938	1,013	1,093	1,150
지배주주지분	640	810	931	1,006	1,072	1,008

기업가치 지표

항목	2012	2013	2014	2015	2016	2017
주가(최고/저)(천원)	3.8/2.8	6.2/3.0	11.1/5.5	8.0/4.9	7.8/4.9	6.9/4.3
PER(최고/저)(배)	4.9/3.6	4.0/2.0	8.5/4.3	8.2/5.0	8.8/5.5	—/—
PBR(최고/저)(배)	0.7/0.5	0.9/0.4	1.3/0.7	0.9/0.5	0.8/0.5	0.7/0.4
EV/EBITDA(배)	3.6	3.6	4.6	4.3	4.2	16.4
EPS(원)	903	1,715	1,422	1,057	933	-152
BPS(원)	6,404	8,096	9,307	10,063	10,724	10,078
CFPS(원)	1,565	2,407	2,099	1,750	1,652	803
DPS(원)	100	130	140	140	150	130
EBITDAPS(원)	1,735	2,080	1,644	1,617	1,799	711

재무 비율

< 단위 : % >

연도	영업이익률	순이익률	부채비율	차입금비율	ROA	ROE	유보율	자기자본비율	EBITDA마진율
2017	-1.0	-0.9	142.0	59.6	-0.9	-1.5	1,915.5	41.3	3.0
2016	4.6	4.0	84.3	20.6	4.7	9.0	2,044.8	54.3	7.7
2015	4.2	4.8	86.9	21.4	6.0	10.9	1,912.6	53.5	7.3
2014	4.4	6.6	74.9	20.8	8.9	16.3	1,761.4	57.2	7.5

인포마크 (A175140)

INFOMARK

업　　종 : 휴대폰 및 관련부품　　시　　장 : KOSDAQ
신용등급 : (Bond) —　(CP) —　　기업규모 : 벤처
홈페이지 : www.infomark.co.kr　　연 락 처 : 02)6205-0505
본　　사 : 경기도 성남시 분당구 황새울로 216 (수내동,휴맥스빌리지3층)

설 립 일	2002.01.24	**종업원수**	125명	**대표이사**	최혁
상 장 일	2015.09.23	**감사의견**	적정(서일)	**계　　열**	
결 산 기	12월	**보 통 주**		**종속회사수**	
액 면 가	500원	**우 선 주**		**구 상 호**	

주주구성 (지분율,%)		출자관계 (지분율,%)		주요경쟁사 (외형,%)	
최혁	21.0			인포마크	100
에스비팬아시아펀드	16.5			피델릭스	108
(외국인)	0.5			알에프세미	110

매출구성		비용구성		수출비중	
모바일라우터(제품)	57.0	매출원가율	76.7	수출	—
키즈폰(제품)	39.6	판관비율	35.8	내수	—
상품	3.2				

회사 개요

동사는 2002년 설립된 소프트웨어 개발, 정보통신 하드웨어 제조 업체로 주력 제품으로는 키즈폰 및 무선 데이터통신 단말기가 있음. 몸에 부착하여 사용하는 소형 IT기기인 웨어러블 단말 사업의 선도 업체로 키즈폰 시장에서의 시장 점유율을 높이고 있음. 무선데이터통신 단말 분야도 국내 1위 업체로 미국, 일본, 호주 등에 모바일라우터를 250만대 이상 판매함. 매출 구성은 키즈폰 51%, 모바일라우터 46% 등으로 이루어짐.

실적 분석

동사의 2017년 전체 매출은 564.2억원으로 전년대비 11.4% 감소, 영업이익은 -70.3억원으로 적자전환, 당기순이익은 -74억원으로 적자전환. 전체적으로 외형 감소하여 높은 원가율 부담, 판매관리비 증가로 수익성은 부진. 2018년 2월 라인프렌즈와 프렌즈 스마트 스피커 물품공급계약을 체결하는 등 신규 사업 개척에 주력할 전망. AI 스피커 매출 확대 기대.

현금 흐름

<단위 : 억원>

항목	2016	2017
영업활동	53	-28
투자활동	-50	-52
재무활동	-19	201
순현금흐름	-16	121
기말현금	2	123

시장 대비 수익률

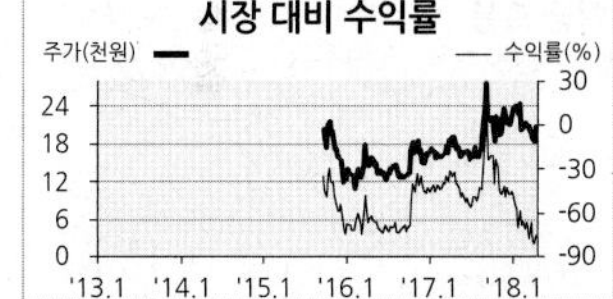

결산 실적

< 단위 : 억원 >

항목	2012	2013	2014	2015	2016	2017
매출액	776	612	707	522	637	564
영업이익	59	38	41	-10	22	-70
당기순이익	27	20	34	-7	11	-74

분기 실적

< 단위 : 억원 >

항목	2016.3Q	2016.4Q	2017.1Q	2017.2Q	2017.3Q	2017.4Q
매출액	135	—	—	—	46	—
영업이익	0	—	—	—	-31	—
당기순이익	1	—	—	—	-33	—

재무 상태

< 단위 : 억원 >

항목	2012	2013	2014	2015	2016	2017
총자산	406	384	372	442	460	760
유형자산	11	14	17	19	19	37
무형자산	56	43	60	80	86	68
유가증권	—	1	1	1	5	3
총부채	315	291	228	174	178	542
총차입금	168	224	196	141	120	323
자본금	8	11	12	18	18	18
총자본	91	93	144	268	282	218
지배주주지분	91	93	144	268	282	216

기업가치 지표

항목	2012	2013	2014	2015	2016	2017
주가(최고/저)(천원)	—/—	—/—	—/—	22.5/12.0	19.3/11.0	27.7/15.4
PER(최고/저)(배)	0.0/0.0	0.0/0.0	0.0/0.0	—/—	62.6/35.7	—/—
PBR(최고/저)(배)	0.0/0.0	0.0/0.0	0.0/0.0	2.9/1.6	2.4/1.4	4.7/2.6
EV/EBITDA(배)	1.9	4.1	3.1	66.7	12.1	—
EPS(원)	1,648	1,081	1,258	-224	308	-2,007
BPS(원)	55,287	37,969	5,202	7,648	7,906	5,946
CFPS(원)	24,636	17,617	1,702	372	1,313	-739
DPS(원)	—	—	—	—	—	—
EBITDAPS(원)	44,017	27,173	1,979	272	1,636	-693

재무 비율

< 단위 : % >

연도	영업이익률	순이익률	부채비율	차입금비율	ROA	ROE	유보율	자기자본비율	EBITDA마진율
2017	-12.5	-13.1	249.0	148.3	-12.1	-28.9	1,089.3	28.7	-4.4
2016	3.5	1.7	63.2	42.6	2.4	3.9	1,481.3	61.3	9.0
2015	-1.9	-1.3	65.1	52.7	-1.7	-3.3	1,429.7	60.6	1.6
2014	5.9	4.8	157.7	135.4	9.0	28.6	1,081.8	38.8	7.6

인포바인 (A115310)

INFOvine co

업 종 : 인터넷 서비스 | 시 장 : KOSDAQ
신용등급 : (Bond) — (CP) — | 기업규모 : 벤처
홈페이지 : www.infovine.co.kr | 연 락 처 : 02)3775-3366
본 사 : 서울시 마포구 마포대로 144 (공덕동, 태영빌딩 5층)

설 립 일 2000.02.14	**종업원수** 66명	**대 표 이 사** 권성준
상 장 일 2010.02.09	**감사의견** 적정(삼일)	**계 열**
결 산 기 12월	**보 통 주**	**종속회사수** 2개사
액 면 가 500원	**우 선 주**	**구 상 호**

주주구성 (지분율,%)		출자관계 (지분율,%)	주요경쟁사 (외형,%)	
권성준	16.6		인포바인	100
FID Low Priced Stock Fund	5.5		이크레더블	150
(외국인)	16.4		가비아	512

매출구성		비용구성		수출비중	
휴대폰인증서 보관서비스	95.8	매출원가율	0.0	수출	1.7
온라인게임 서비스	2.7	판관비율	44.7	내수	98.3
기타	1.5				

회사 개요

동사는 유무선 통신 부가서비스 사업을 영위하는 업체로, 휴대폰 인증서 보관서비스를 주력으로 함. 동 서비스는 유무선 네트워크 연동기술, 데이터 암호화 기술 및 모바일 어플리케이션 개발 기술을 기반으로 공인인증서를 휴대폰에 보관하고, 어느 PC에서나 자유롭게 사용할 수 있도록 하는 서비스임. 온라인 게임인 제4구역을 개발하여 태국 현지 상용화하는 등 게임 사업도 영위함. 휴대폰 인증서 보관서비스는 내수 매출이 전체의 대부분을 차지함.

실적 분석

동사의 2017년 연간 매출액은 전년대비 8.2% 증가한 226.8억원을 기록함. 영업이익은 전년대비 0.3% 증가한 125.4억원을 기록함. 당기순이익은 전년대비 2.3% 감소한 106억원을 기록함. 휴대폰인증서 보관서비스 시장의 경우 독점적 시장경쟁 형태이며, 보안수단으로서 공인인증서의 보급률이 절대적인 상황에서 사업 안정성이 당분간은 유지될 전망임. 모바일게임 및 어플리케이션 개발 및 출시로 부가적인 매출 증대가 기대됨.

현금 흐름 〈단위 : 억원〉

항목	2016	2017
영업활동	98	105
투자활동	-102	55
재무활동	-33	-97
순현금흐름	-36	61
기말현금	134	195

시장 대비 수익률

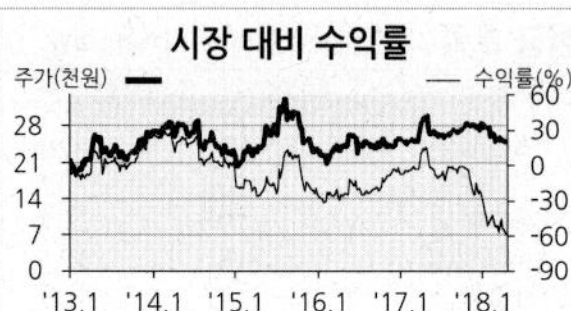

결산 실적 〈단위 : 억원〉

항목	2012	2013	2014	2015	2016	2017
매출액	166	192	201	184	210	227
영업이익	105	127	132	111	125	125
당기순이익	100	117	122	96	109	106

분기 실적 〈단위 : 억원〉

항목	2016.3Q	2016.4Q	2017.1Q	2017.2Q	2017.3Q	2017.4Q
매출액	52	54	57	59	57	53
영업이익	31	28	34	32	33	27
당기순이익	26	25	27	29	28	22

재무 상태 〈단위 : 억원〉

항목	2012	2013	2014	2015	2016	2017
총자산	461	692	777	670	755	768
유형자산	3	2	2	1	5	6
무형자산	4	5	9	10	11	10
유가증권	70	60	110	174	192	163
총부채	25	174	175	25	35	37
총차입금	—	144	145	-0	0	—
자본금	15	15	15	16	16	16
총자본	436	518	602	645	720	730
지배주주지분	436	518	602	645	720	730

기업가치 지표

항목	2012	2013	2014	2015	2016	2017
주가(최고/저)(천원)	23.4/14.2	28.4/19.0	30.2/22.3	34.4/19.5	26.6/20.7	29.9/24.4
PER(최고/저)(배)	8.6/5.2	8.6/5.8	8.7/6.4	12.2/7.2	8.2/6.4	9.1/7.5
PBR(최고/저)(배)	1.6/1.0	1.6/1.1	1.5/1.1	1.5/0.9	1.0/0.8	1.0/0.8
EV/EBITDA(배)	3.3	3.3	1.7	1.7	1.8	2.3
EPS(원)	3,279	3,853	3,981	3,119	3,486	3,398
BPS(원)	17,221	20,447	23,754	26,114	28,925	30,691
CFPS(원)	3,321	3,897	4,032	3,167	3,540	3,483
DPS(원)	780	810	—	1,750	900	1,080
EBITDAPS(원)	3,490	4,215	4,347	3,648	4,067	4,102

재무 비율 〈단위 : %〉

연도	영업이익률	순이익률	부채비율	차입금비율	ROA	ROE	유보율	자기자본비율	EBITDA마진율
2017	55.3	46.8	5.1	0.0	13.9	14.6	6,038.2	95.1	56.5
2016	59.6	51.8	4.9	0.0	15.2	15.9	5,685.0	95.4	60.4
2015	60.6	52.5	3.9	0.0	13.3	15.5	5,122.7	96.2	61.4
2014	65.4	60.6	29.1	24.1	16.6	21.8	4,650.8	77.5	66.1

인포뱅크 (A039290)

InfoBank

업 종 : 일반 소프트웨어 | 시 장 : KOSDAQ
신용등급 : (Bond) — (CP) — | 기업규모 : 중견
홈페이지 : www.infobank.net | 연 락 처 : 031)628-1500
본 사 : 경기도 성남시 분당구 대왕판교로 660 유스페이스1 A동 12층

설 립 일 1995.06.14	**종업원수** 129명	**대 표 이 사** 박태형
상 장 일 2006.07.04	**감사의견** 적정(삼정)	**계 열**
결 산 기 12월	**보 통 주**	**종속회사수** 2개사
액 면 가 500원	**우 선 주**	**구 상 호**

주주구성 (지분율,%)		출자관계 (지분율,%)	주요경쟁사 (외형,%)	
박태형	18.3		인포뱅크	100
장준호	9.6		인프라웨어	13
(외국인)	1.7		피노텍	9

매출구성		비용구성		수출비중	
메시징서비스	89.7	매출원가율	87.3	수출	0.0
기타모바일서비스	7.9	판관비율	10.5	내수	100.0
Smat Car 서비스	1.4				

회사 개요

동사는 유무선 및 방송 통신네트워크 소프트웨어 개발 및 서비스사업을 영위할 목적으로 1995년에 설립되었음. 국내 최초로 모바일 기업메시징 서비스를 개발한 벤처 1세대 기업. 사업분야로는 서비스사업(기업용메시징서비스, 양방향미디어서비스, 스마트카 서비스 등)과 기타사업(단말Embedded S/W 개발 등)을 영위하고 있음. 2006년에 코스닥 시장에 상장. 연결종속회사로 비상장사 2개사(아이하트, 아이모터스)를 소유하고 있음.

실적 분석

동사의 2017년 연간 매출액은 전년 대비 8.5% 성장한 1,191억원을 기록함. 금융권 및 이동통신사 대상 모바일메시징 서비스의 외형성장의 영향이며 동사는 국내 모바일메시징 시장에서 LGU+와 KT, 다우기술에 이어 네 번째로 높은 점유율을 기록하고 있음. 2017년 연간 영업이익은 전년대비 352.3% 크게 증가한 25.4억원, 순이익은 전년 대비 3.5% 증가한 18.5억원을 기록함. 스마트카 분야에서도 선도적 입지 구축 위해 노력 중.

현금 흐름 〈단위 : 억원〉

항목	2016	2017
영업활동	77	19
투자활동	-17	-36
재무활동	5	5
순현금흐름	65	-13
기말현금	152	139

시장 대비 수익률

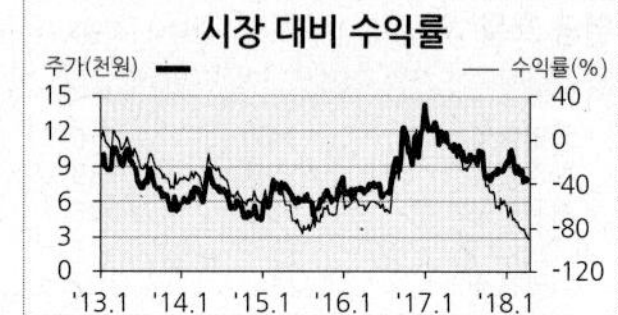

결산 실적 〈단위 : 억원〉

항목	2012	2013	2014	2015	2016	2017
매출액	1,074	979	992	1,033	1,098	1,191
영업이익	13	-42	-29	7	6	25
당기순이익	166	-17	-36	13	18	18

분기 실적 〈단위 : 억원〉

항목	2016.3Q	2016.4Q	2017.1Q	2017.2Q	2017.3Q	2017.4Q
매출액	267	304	260	299	316	317
영업이익	6	-1	7	7	11	1
당기순이익	7	3	10	6	12	-9

재무 상태 〈단위 : 억원〉

항목	2012	2013	2014	2015	2016	2017
총자산	792	723	683	677	726	734
유형자산	246	234	218	197	190	182
무형자산	22	13	13	11	9	9
유가증권	70	42	27	55	55	69
총부채	225	191	202	175	203	185
총차입금	—	—	8	5	3	3
자본금	43	43	43	43	43	43
총자본	567	532	481	503	523	549
지배주주지분	554	514	461	480	498	522

기업가치 지표

항목	2012	2013	2014	2015	2016	2017
주가(최고/저)(천원)	14.0/4.2	11.1/4.9	9.1/4.5	8.3/4.7	14.3/6.3	14.5/7.7
PER(최고/저)(배)	7.5/2.2	—/—	—/—	66.0/37.0	79.2/34.6	77.0/41.1
PBR(최고/저)(배)	2.2/0.6	1.8/0.8	1.7/0.8	1.5/0.8	2.4/1.1	2.4/1.3
EV/EBITDA(배)	20.0	—	—	29.0	62.9	17.8
EPS(원)	1,892	-218	-421	127	182	189
BPS(원)	6,566	6,119	5,584	5,794	5,953	6,168
CFPS(원)	2,106	1	-221	300	319	319
DPS(원)	30	—	—	—	30	50
EBITDAPS(원)	367	-261	-133	250	202	422

재무 비율 〈단위 : %〉

연도	영업이익률	순이익률	부채비율	차입금비율	ROA	ROE	유보율	자기자본비율	EBITDA마진율
2017	2.1	1.6	33.7	0.6	2.5	3.2	1,133.6	74.8	3.1
2016	0.5	1.6	38.8	0.6	2.6	3.2	1,090.6	72.1	1.6
2015	0.7	1.3	34.8	1.0	2.0	2.4	1,058.9	74.2	2.1
2014	-2.9	-3.7	42.0	1.7	-5.2	-7.5	1,016.9	70.4	-1.2

인프라웨어 (A041020)
Infraware

업　　종 : 일반 소프트웨어　　　시　　장 : KOSDAQ
신용등급 : (Bond) ─　　(CP) ─　　기업규모 : 벤처
홈페이지 : www.infraware.co.kr　　연 락 처 : 02)537-0538
본　　사 : 서울시 금천구 가산디지털1로 19, 대륭테크노타운 18차 20층

설 립 일	1997.04.03	**종업원수**	195명	**대 표 이 사**	곽민철,이해석
상 장 일	2005.10.28	**감사의견**	적정(삼정)	**계　　열**	
결 산 기	12월	**보 통 주**		**종속회사수**	4개사
액 면 가	500원	**우 선 주**		**구 상 호**	

주주구성 (지분율,%)		출자관계 (지분율,%)		주요경쟁사 (외형,%)	
셀바스에이아이	11.8	인프라웨어테크놀러지	41.1	인프라웨어	100
국민연금공단	2.7	셀바스	40.0	피노텍	72
(외국인)	2.7	셀바스에이아이	10.0	SGA솔루션즈	364

매출구성		비용구성		수출비중	
오피스 솔루션	67.8	매출원가율	0.0	수출	68.0
기타((제품, 기타용역 등)	32.2	판관비율	193.5	내수	32.0

회사 개요
동사는 1997년 설립된 임베디드 소프트웨어 전문 업체로, 2005년 코스닥 시장에 상장됨. 주력 제품은 모바일 오피스 솔루션인 POLARIS Office이며, 삼성전자, LG전자, HTC 등 글로벌 안드로이드 기반 스마트폰 및 태블릿 PC에 공급하고 있음. 계열회사인 디오텍, 셀바스, 인프라웨어 테크놀러지, 자원메디칼 등을 통해 기업용 오피스 및 PC 버전 오피스 등 오피스를 기반으로 한 사업 다각화에 힘쓰고 있음.

실적 분석
동사의 2017년 매출액은 152.3억원으로 전년 동기 대비 15.4% 증가함. 오피스 사업부문 및 모바일 게임 사업부문이 성장하였음. 비용절감 노력에 따라 판관비가 감소, 영업손실폭이 축소되었음. 동사는 인도 총판 업체인 S2SEA(Software To Southeast Asia)와 함께 인도 주정부에 폴라리스 오피스를 공급하기로 합의했으며, 현재 본 계약을 위한 세부적인 사항을 협의 중에 있음.

현금 흐름
〈단위 : 억원〉

항목	2016	2017
영업활동	-220	-104
투자활동	184	-53
재무활동	5	131
순현금흐름	-31	-27
기말현금	70	42

시장 대비 수익률

결산 실적
〈단위 : 억원〉

항목	2012	2013	2014	2015	2016	2017
매출액	479	534	408	224	132	152
영업이익	85	135	25	-182	-243	-142
당기순이익	27	67	-70	-232	-261	-146

분기 실적
〈단위 : 억원〉

항목	2016.3Q	2016.4Q	2017.1Q	2017.2Q	2017.3Q	2017.4Q
매출액	25	27	29	37	52	34
영업이익	-62	-66	-35	-36	-24	-47
당기순이익	-54	-71	-37	-34	-24	-50

재무 상태
〈단위 : 억원〉

항목	2012	2013	2014	2015	2016	2017
총자산	901	1,216	964	689	463	446
유형자산	18	31	32	15	7	5
무형자산	70	47	39	13	6	7
유가증권	17	32	─	177	213	266
총부채	152	318	120	76	133	78
총차입금	20	181	5	1	37	─
자본금	91	93	93	93	93	158
총자본	749	899	844	613	330	367
지배주주지분	749	908	843	613	330	367

기업가치 지표

항목	2012	2013	2014	2015	2016	2017
주가(최고/저)(천원)	16.7/7.0	17.5/9.6	11.5/6.1	8.0/3.4	6.7/3.3	3.5/1.3
PER(최고/저)(배)	115.9/48.3	34.5/18.9	─/─	─/─	─/─	─/─
PBR(최고/저)(배)	4.2/1.7	3.7/2.0	2.6/1.4	2.5/1.0	3.9/1.9	3.0/1.1
EV/EBITDA(배)	12.0	9.5	21.7	─	─	─
EPS(원)	120	423	-268	-1,014	-1,146	-506
BPS(원)	4,121	4,891	4,543	3,311	1,790	1,171
CFPS(원)	268	639	-235	-1,175	-1,350	-487
DPS(원)	─	─	─	─	─	─
EBITDAPS(원)	587	849	228	-909	-1,249	-475

재무 비율
〈단위 : %〉

연도	영업이익률	순이익률	부채비율	차입금비율	ROA	ROE	유보율	자기자본비율	EBITDA마진율
2017	-93.5	-95.7	21.4	0.0	-32.1	-41.8	134.2	82.4	-89.9
2016	-183.8	-198.1	40.2	11.2	-45.4	-55.4	258.0	71.4	-176.2
2015	-81.0	-103.4	12.4	0.1	-28.1	-31.8	562.2	89.0	-75.4
2014	6.1	-17.1	14.2	0.6	-6.4	-7.0	808.5	87.6	10.4

인프라웨어테크놀러지 (A247300)
INFRAWARE TECHNOLOGY

업　　종 : 일반 소프트웨어　　　시　　장 : KONEX
신용등급 : (Bond) ─　　(CP) ─　　기업규모 : ─
홈페이지 : www.infrawaretech.com　　연 락 처 : 02)6003-8800
본　　사 : 서울시 금천구 가산디지털1로 19 대륭테크노타운 18차 20층

설 립 일	2007.05.10	**종업원수**	79명	**대 표 이 사**	엄태철
상 장 일	2016.07.08	**감사의견**	적정(인덕)	**계　　열**	
결 산 기	12월	**보 통 주**		**종속회사수**	
액 면 가	─	**우 선 주**		**구 상 호**	

주주구성 (지분율,%)		출자관계 (지분율,%)		주요경쟁사 (외형,%)	
인프라웨어	41.1	쉬프트웍스	100.0	인프라웨어테크놀러지	100
곽민철	39.2			이글루시큐리티	985
				포시에스	210

매출구성		비용구성		수출비중	
인프라 서비스	63.6	매출원가율	23.2	수출	4.2
플랫폼 개발	21.5	판관비율	72.8	내수	95.8
보안 솔루션	6.8				

회사 개요
동사는 2007년 설립된 플랫폼 및 보안 솔루션을 보유한 기술 전문 기업으로 플랫폼/보안 솔루션 사업뿐만 아니라 유통, 인프라 서비스 등 IT 관련 사업을 영위 중임. 주요 사업부문은 원격 건강 관리 시스템 사업인 유웰니스 서비스 사업부문, 모바일 보안 및 관제를 담당하는 모바일 보안 사업부문, 스마트 디바이스용 플랫폼 사업부문, 인프라 서비스 사업부문 등으로 분류할 수 있음.

실적 분석
동사의 2017년 연결기준 연간 누적 매출액은 전년동기 71.4억원 대비 14.6% 감소한 61.0억원을 기록함. 이는 플랫폼 사업과 인프라 서비스 사업 부문의 매출이 전년동기 대비 대폭 감소했기 때문임. 하지만 판관비절감 노력으로 영업이익은 2.4억원을 시현, 전년동기 대비 흑자전환함. 영업이익이 흑자전환함에 따라 당기순이익 또한 흑자로 전환됨. 유웰니스 사업 부문의 온핏 플랫폼을 통해 중국 헬스케어 시장 진출을 진행중임.

현금 흐름 *IFRS 별도 기준
〈단위 : 억원〉

항목	2016	2017
영업활동	-3	6
투자활동	-0	-8
재무활동	0	11
순현금흐름	-3	8
기말현금	9	17

시장 대비 수익률
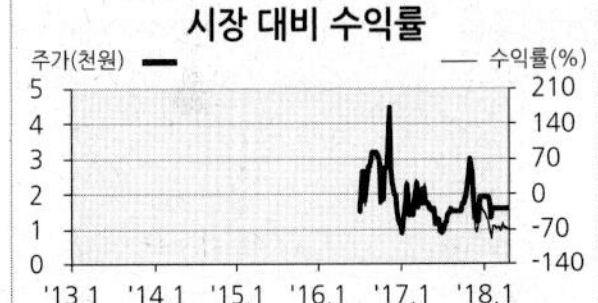

결산 실적
〈단위 : 억원〉

항목	2012	2013	2014	2015	2016	2017
매출액	─	34	─	─	71	61
영업이익	─	0	1	2	-1	2
당기순이익	─	-4	3	3	-2	1

분기 실적 *IFRS 별도 기준
〈단위 : 억원〉

항목	2016.3Q	2016.4Q	2017.1Q	2017.2Q	2017.3Q	2017.4Q
매출액	─	─	─	─	─	─
영업이익	─	─	─	─	─	─
당기순이익	─	─	─	─	─	─

재무 상태 *IFRS 별도 기준
〈단위 : 억원〉

항목	2012	2013	2014	2015	2016	2017
총자산	─	18	21	31	34	39
유형자산	─	1	0	0	0	1
무형자산	─	0	0	0	0	2
유가증권	─	─	─	─	─	─
총부채	─	10	11	18	22	26
총차입금	─	─	─	5	5	15
자본금	─	20	20	20	20	20
총자본	─	8	10	13	12	13
지배주주지분	─	8	10	13	12	13

기업가치 지표 *IFRS 별도 기준

항목	2012	2013	2014	2015	2016	2017
주가(최고/저)(천원)	─/─	─/─	─/─	─/─	─/─	─/─
PER(최고/저)(배)	0.0/0.0	0.0/0.0	0.0/0.0	0.0/0.0	─/─	118.4/26.5
PBR(최고/저)(배)	0.0/0.0	0.0/0.0	0.0/0.0	0.0/0.0	15.6/3.4	9.6/2.2
EV/EBITDA(배)	0.0	─	─	─	─	22.9
EPS(원)	─	-129	81	86	-51	25
BPS(원)	─	1,909	2,573	3,280	286	313
CFPS(원)	─	-733	794	814	-42	42
DPS(원)	─	─	─	─	─	─
EBITDAPS(원)	─	216	475	715	-22	76

재무 비율
〈단위 : %〉

연도	영업이익률	순이익률	부채비율	차입금비율	ROA	ROE	유보율	자기자본비율	EBITDA마진율
2017	4.0	1.7	일부잠식	일부잠식	2.8	8.5	-37.3	32.8	5.1
2016	-1.6	-2.7	일부잠식	일부잠식	-5.9	-15.4	-42.8	34.3	-1.2
2015	4.8	5.6	일부잠식	일부잠식	10.9	24.2	-34.4	42.7	5.7
2014	3.2	6.1	일부잠식	0.0	13.5	29.6	-48.5	48.1	4.4

인피니트헬스케어 (A071200)

INFINITT Healthcare

업　　종 : 의료 장비 및 서비스　　시　　장 : KOSDAQ
신용등급 : (Bond) —　(CP) —　　기업규모 : 중견
홈페이지 : www.infinitt.com　　연 락 처 : 02)2194-1600
본　　사 : 서울시 구로구 디지털로34길 27, 대륭포스트타워3차 12층

설 립 일	2002.12.30	**종업원수**	281명	**대표이사**	홍기태,김동욱
상 장 일	2010.05.26	**감사의견**	적정(우리)	**계　　열**	
결 산 기	12월	**보 통 주**		**종속회사수**	11개사
액 면 가	500원	**우 선 주**		**구　상　호**	

주주구성 (지분율,%)		출자관계 (지분율,%)		주요경쟁사 (외형,%)	
솔본	45.4			인피니트헬스케어	100
포커스신문사	0.4			루트로닉	118
(외국인)	3.9			솔본	102

매출구성		비용구성		수출비중	
영상의학과 PAC,심장학과 등	100.0	매출원가율	44.4	수출	58.1
		판관비율	48.0	내수	41.9

회사 개요

동사는 2002년에 설립된 의료IT 전문기업으로 PACS(의료영상저장전송시스템) 및 3차원 의료영상 S/W를 개발하고 있음. PACS는 촬영 후 DB에 저장된 영상을 의료진의 PC에서 손쉽게 진단에 활용할 수 있도록 하는 디지털 솔루션임. 연결대상 종속회사로 해외 영업 목적의 9개의 해외 법인을 보유하고 있고, 국내 법인으로는 제론헬스케어, 테크하임을 보유하고 있음. 리노셈은 2015년 2월 지분매각을 완료함.

실적 분석

동사의 2017년 연간 매출액은 전년동기대비 1.8% 소폭 변동한 727.7억원을 기록하였음. 비용면에서 전년동기대비 매출원가는 증가 했으며 인건비는 감소 하였고 광고선전비도 감소, 기타판매비와관리비는 증가함. 이처럼 매출액 상승과 더불어 비용절감에도 힘을 기울였음. 매출액은 성장했지만 원가 증가로 인해 전년동기대비 영업이익은 55.4억원으로 16.5% 하락 하였음. 최종적으로 전년동기대비 당기순이익은 크게 하락하여 15억원을 기록함.

현금 흐름 〈단위 : 억원〉

항목	2016	2017
영업활동	57	65
투자활동	-18	-263
재무활동	4	19
순현금흐름	48	-184
기말현금	386	202

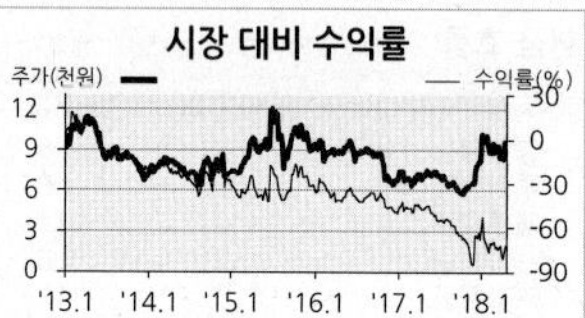

결산 실적 〈단위 : 억원〉

항목	2012	2013	2014	2015	2016	2017
매출액	811	646	628	618	715	728
영업이익	-48	25	31	44	66	55
당기순이익	-71	85	18	56	72	15

분기 실적 〈단위 : 억원〉

항목	2016.3Q	2016.4Q	2017.1Q	2017.2Q	2017.3Q	2017.4Q
매출액	172	193	189	172	177	191
영업이익	20	2	28	8	18	2
당기순이익	15	12	15	7	21	-29

재무 상태 〈단위 : 억원〉

항목	2012	2013	2014	2015	2016	2017
총자산	918	817	789	827	905	903
유형자산	161	114	82	71	69	85
무형자산	115	132	131	91	74	54
유가증권	6	6	3	3	3	3
총부채	466	282	228	208	210	197
총차입금	189	125	95	68	54	62
자본금	122	122	122	122	122	122
총자본	452	535	561	619	695	706
지배주주지분	440	534	564	622	697	708

기업가치 지표

항목	2012	2013	2014	2015	2016	2017
주가(최고/저)(천원)	18.5/6.9	12.2/6.7	9.0/6.3	12.4/7.1	10.0/6.0	9.2/5.7
PER(최고/저)(배)	—/—	33.1/18.3	99.3/69.7	53.2/30.8	34.3/20.6	145.3/89.7
PBR(최고/저)(배)	10.2/3.8	5.5/3.1	3.9/2.7	4.8/2.8	3.5/2.1	3.2/2.0
EV/EBITDA(배)	—	32.6	24.5	25.2	13.4	18.3
EPS(원)	-285	367	91	232	291	63
BPS(원)	1,815	2,198	2,320	2,556	2,863	2,909
CFPS(원)	-126	470	241	379	429	195
DPS(원)	—	—	—	—	—	—
EBITDAPS(원)	-36	208	277	329	409	359

재무 비율 〈단위 : %〉

연도	영업이익률	순이익률	부채비율	차입금비율	ROA	ROE	유보율	자기자본비율	EBITDA마진율
2017	7.6	2.1	27.9	8.8	1.7	2.2	481.8	78.2	12.0
2016	9.3	10.0	30.2	7.8	8.3	10.8	472.7	76.8	14.0
2015	7.2	9.1	33.6	11.1	7.0	9.5	411.2	74.8	13.0
2014	4.9	2.9	40.7	17.0	2.3	4.0	364.0	71.1	10.7

인화정공 (A101930)

Inhwa Precision

업　　종 : 조선　　시　　장 : KOSDAQ
신용등급 : (Bond) —　(CP) —　　기업규모 : 중견
홈페이지 : www.ihpre.co.kr　　연 락 처 : 055)299-0954
본　　사 : 경남 창원시 의창구 차룡로14번길 55 (팔용동)

설 립 일	1999.01.08	**종업원수**	77명	**대표이사**	이인
상 장 일	2010.10.22	**감사의견**	적정(이촌)	**계　　열**	
결 산 기	12월	**보 통 주**		**종속회사수**	4개사
액 면 가	500원	**우 선 주**		**구　상　호**	

주주구성 (지분율,%)		출자관계 (지분율,%)		주요경쟁사 (외형,%)	
이인	50.8	삼환종합기계공업	100.0	인화정공	100
신영자산운용	5.2	대연정공	100.0	에스앤더블류	32
(외국인)	0.6	해동산업	100.0	케이프	223

매출구성		비용구성		수출비중	
기타	58.1	매출원가율	91.5	수출	—
CylinderCover(제품)	21.5	판관비율	9.0	내수	—
FrameBox(제품)	8.8				

회사 개요

1999년 설립된 동사는 선박엔진, 발전설비, 기계설비, 교량(현수교) 등 대형부품을 생산하는 사업을 영위하고 있음. 동사는 자동차 부품을 제조하는 대연정공, 금속성형과 기계제조업을 영위하는 해동산업, 금속구조재를 만드는 삼환종합기계공업 등을 종속회사로 두고 있음. 동사는 선박엔진의 원천기술을 보유한 덴마크의 MAN DIESEL사에 제품을 2012년부터 납품하며 수출 확대를 꾀하고 있음.

실적 분석

동사의 2017년 연간 매출액은 전년동기대비 8.1% 상승한 1,035.1억원을 기록하였음. 불황으로 선박 신규 수주가 극도로 침체되어 조선산업이 어려움을 겪고 있으며 선박엔진부품 또한 그 여파를 겪고 있음. 그러나 비선박엔진제품 및 발전설비, 자동차부품 등 다양한 사업부문으로 매출액을 유지하고 있음. 원가 증가로 전년동기대비 영업손실은 4.9억원을 기록하였으나 비영업손익 흑자전환으로 전년동기대비 당기순이익은 104.2억원을 기록함.

현금 흐름 〈단위 : 억원〉

항목	2016	2017
영업활동	-23	67
투자활동	-105	-135
재무활동	29	82
순현금흐름	-100	13
기말현금	128	141

결산 실적 〈단위 : 억원〉

항목	2012	2013	2014	2015	2016	2017
매출액	881	811	1,138	1,231	958	1,035
영업이익	85	32	85	79	-8	-5
당기순이익	71	97	-19	80	-12	104

분기 실적 〈단위 : 억원〉

항목	2016.3Q	2016.4Q	2017.1Q	2017.2Q	2017.3Q	2017.4Q
매출액	225	268	276	289	238	232
영업이익	-4	14	0	9	-0	-15
당기순이익	1	12	72	42	-6	-4

재무 상태 〈단위 : 억원〉

항목	2012	2013	2014	2015	2016	2017
총자산	2,000	2,756	2,775	2,572	2,625	2,768
유형자산	1,209	1,671	1,291	1,234	1,199	1,154
무형자산	1	1	1	1	1	3
유가증권	41	32	40	24	106	27
총부채	796	1,444	1,485	1,205	1,221	1,321
총차입금	632	1,107	1,228	991	1,024	1,109
자본금	47	47	47	47	47	47
총자본	1,204	1,312	1,290	1,367	1,404	1,447
지배주주지분	1,204	1,312	1,290	1,367	1,404	1,447

기업가치 지표

항목	2012	2013	2014	2015	2016	2017
주가(최고/저)(천원)	7.8/5.0	7.7/5.2	7.1/5.3	6.4/4.9	5.3/4.2	5.3/4.3
PER(최고/저)(배)	10.9/7.0	7.8/5.3	—/—	7.7/5.9	—/—	4.8/3.9
PBR(최고/저)(배)	0.6/0.4	0.6/0.4	0.5/0.4	0.4/0.3	0.4/0.3	0.3/0.3
EV/EBITDA(배)	5.3	13.2	7.7	5.2	11.6	9.1
EPS(원)	760	1,030	-207	857	-121	1,112
BPS(원)	13,076	14,229	13,992	14,820	15,210	15,670
CFPS(원)	1,398	1,717	631	1,686	739	1,964
DPS(원)	50	50	50	50	50	50
EBITDAPS(원)	1,550	1,024	1,745	1,672	777	800

재무 비율 〈단위 : %〉

연도	영업이익률	순이익률	부채비율	차입금비율	ROA	ROE	유보율	자기자본비율	EBITDA마진율
2017	-0.5	10.1	91.3	76.6	3.9	7.3	3,048.2	52.3	7.2
2016	-0.8	-1.2	87.0	73.0	-0.4	-0.8	2,955.7	53.5	7.6
2015	6.4	6.5	88.1	72.5	3.0	6.1	2,877.3	53.2	12.7
2014	7.5	-1.7	115.2	95.2	-0.7	-1.5	2,711.0	46.5	14.4

*관리종목

일경산업개발 (A078940)
ILKYUNG

업　　종 : 에너지 시설 및 서비스　　시　　장 : KOSDAQ
신용등급 : (Bond) —　　(CP) —　　기업규모 :
홈페이지 : www.ilkyung.com　　연 락 처 : 02)820-2649
본　　사 : 충남 공주시 혹수골길 12(신관동 248-3)

설 립 일	2004.07.02	**종업원수**	8명	**대 표 이 사**	김형일
상 장 일	2004.08.27	**감사의견**	적정(삼정)	**계　　열**	
결 산 기	12월	**보 통 주**		**종속회사수**	3개사
액 면 가	500원	**우 선 주**		**구　　상　　호**	

주주구성 (지분율,%)		출자관계 (지분율,%)		주요경쟁사 (외형,%)	
박상돈	4.5	이지모바일	100.0	일경산업개발	100
김형일	4.4	일경개발	100.0	에스에프씨	239
(외국인)	1.2			유니슨	1,002

매출구성		비용구성		수출비중	
평창풍력공사(기타)	60.8	매출원가율	81.4	수출	—
풍력연계용ESS(기타)	32.3	판관비율	54.9	내수	—
기타매출(기타)	6.9				

회사 개요

동사는 2004년 미주제강이 영위하는 사업 중 레일사업부문을 인적분할하여 설립된 기업이나, 엘리베이터레일 사업 부진으로 2014년 엘리베이터레일 제조 및 판매를 중단함. 현재 회사의 주요영업은 태양광발전시설 및 풍력발전시설의 설계와 공사를 영위하는 신재생에너지 사업임. 연결대상 종속회사로 건설업 및 영화상영업을 영위하는 일경개발와 미국 소재의 태양광발전소 공사기업인 ILKYUNG. INC 통신사업자 이지모바일 등 3개사를 보유함.

실적 분석

동사의 2017년 매출액은 전년대비 119.9% 증가한 186.4억원임. 67.7억원의 영업손실, 339.7억원의 순손실 발생. 평창풍력발전단지 공사 완료에 따라 매출액은 감소하였으며, 순손실이 증가한 이유는 2016년도 주식 포괄적 교환으로 인한 100% 완전자회사로 편입한 ㈜이지모바일이 2017년도 대규모의 당기순손실이 발생하였기 때문. 이에 동사가 보유한 ㈜이지모바일 주식 손상차손 210억원을 인식하면서 당기순손실이 크게 증가.

현금 흐름

<단위 : 억원>

항목	2016	2017
영업활동	-4	-15
투자활동	-50	-36
재무활동	51	52
순현금흐름	-3	-0
기말현금	3	3

시장 대비 수익률

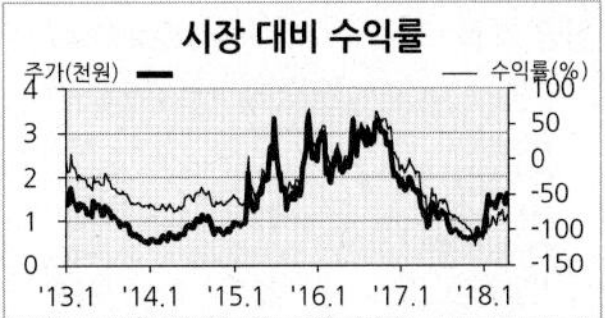

결산 실적

<단위 : 억원>

항목	2012	2013	2014	2015	2016	2017
매출액	180	28	89	109	85	186
영업이익	3	-2	1	-1	-17	-68
당기순이익	-46	-38	-67	-3	-145	-340

분기 실적

<단위 : 억원>

항목	2016.3Q	2016.4Q	2017.1Q	2017.2Q	2017.3Q	2017.4Q
매출액	4	69	49	52	45	40
영업이익	-2	-6	-18	-10	-6	-33
당기순이익	-16	-88	-26	-105	-58	-151

재무 상태

<단위 : 억원>

항목	2012	2013	2014	2015	2016	2017
총자산	386	350	262	289	706	442
유형자산	174	134	0	0	42	18
무형자산	46	15	0	0	225	45
유가증권	2	3	46	46	53	49
총부채	250	243	187	181	354	393
총차입금	162	141	117	149	250	276
자본금	30	34	58	74	150	164
총자본	137	108	75	109	352	50
지배주주지분	137	108	75	109	352	50

기업가치 지표

항목	2012	2013	2014	2015	2016	2017
주가(최고/저)(천원)	7.8/1.1	1.8/0.5	1.2/0.5	3.9/0.8	3.7/1.8	2.0/0.6
PER(최고/저)(배)	—/—	—/—	—/—	—/—	—/—	—/—
PBR(최고/저)(배)	3.5/0.5	1.1/0.3	1.9/0.8	5.3/1.2	3.1/1.5	13.2/3.7
EV/EBITDA(배)	21.6	59.8	57.2	—	—	—
EPS(원)	-753	-564	-658	-19	-731	-1,078
BPS(원)	2,242	1,587	649	735	1,180	151
CFPS(원)	-617	-492	-635	-15	-710	-1,026
DPS(원)	—	—	—	—	—	—
EBITDAPS(원)	185	41	38	-2	-63	-162

재무 비율

<단위 : %>

연도	영업이익률	순이익률	부채비율	차입금비율	ROA	ROE	유보율	자기자본비율	EBITDA마진율
2017	-36.3	-182.3	일부잠식	일부잠식	-59.2	-169.3	-69.9	11.2	-27.4
2016	-19.5	-171.0	100.6	71.0	-29.1	-62.9	135.9	49.8	-14.7
2015	-0.7	-2.5	166.2	137.2	-1.0	-2.9	46.9	37.6	-0.3
2014	1.6	-75.0	247.6	155.7	-21.7	-72.6	29.8	28.8	4.3

일동제약 (A249420)
IL DONG PHARMACEUTICAL CO

업　　종 : 제약　　시　　장 : 거래소
신용등급 : (Bond) —　　(CP) —　　기업규모 : 시가총액 중형주
홈페이지 : www.ildong.com　　연 락 처 : 02)526-3114
본　　사 : 서울시 서초구 바우뫼로27길 2

설 립 일	2016.08.03	**종업원수**	1,392명	**대 표 이 사**	윤웅섭
상 장 일	2016.08.31	**감사의견**	적정(삼정)	**계　　열**	
결 산 기	12월	**보 통 주**		**종속회사수**	1개사
액 면 가	1,000원	**우 선 주**		**구　　상　　호**	

주주구성 (지분율,%)		출자관계 (지분율,%)		주요경쟁사 (외형,%)	
일동홀딩스	25.6	일동이커머스	100.0	일동제약	100
썬라이즈홀딩스	20.0	신한글로벌헬스케어투자조합제1호	6.4	일동홀딩스	9
(외국인)	6.9	셀리버리	3.1	동아쏘시오홀딩스	150

매출구성		비용구성		수출비중	
기타	69.5	매출원가율	50.9	수출	1.8
아로나민류	13.5	판관비율	43.6	내수	98.2
후루마린	6.3				

회사 개요

동사는 2016년 8월 1일을 기준으로 일동홀딩스와 인적분할되었음. 제약산업부분을 영위하고 있는데 첨단 부가가치 산업이라는 특징을 가지고 있음. 신약개발을 위한 연구에서부터 원료 및 완제 의약품의 생산과 판매 등 모든 과정을 포괄하고 있음. 정밀화학분야로서 점진적으로 시장규모가 커지고 있음. 신규사업으로 펩타이드 항암치료제, B형간염 치료제, 복합성분 고혈압치료제, 비만치료제 등을 개발하고 있음.

실적 분석

동사의 2017년 연간 매출액은 전년동기대비 128.8% 이상 크게 상승한 4,606.5억원을 기록하였음. 동사의 종합비타민 아로나민 시리즈가 꾸준히 시장판매 1위를 유지하고 있으며 자체적인 생산 기술, 높은 인지도에 따른 영역 확대등이 매출을 견인한 것으로 보임. 최종적으로 전년동기대비 당기순이익은 상승하여 198.4억원을 기록함. 신사업이 점차 확대되고 도입한 신약이 성장하면 향후 매출이 더욱 상승할 것이라 기대함.

현금 흐름

<단위 : 억원>

항목	2016	2017
영업활동	192	737
투자활동	-138	-479
재무활동	-1	-54
순현금흐름	55	200
기말현금	199	399

시장 대비 수익률

결산 실적

<단위 : 억원>

항목	2012	2013	2014	2015	2016	2017
매출액	—	—	—	—	2,013	4,607
영업이익	—	—	—	—	148	254
당기순이익	—	—	—	—	126	198

분기 실적

<단위 : 억원>

항목	2016.3Q	2016.4Q	2017.1Q	2017.2Q	2017.3Q	2017.4Q
매출액	791	1,222	1,067	1,125	1,280	1,136
영업이익	44	104	30	60	110	54
당기순이익	38	87	24	53	79	43

재무 상태

<단위 : 억원>

항목	2012	2013	2014	2015	2016	2017
총자산	—	—	—	—	5,504	5,646
유형자산	—	—	—	—	2,363	2,283
무형자산	—	—	—	—	760	999
유가증권	—	—	—	—	—	96
총부채	—	—	—	—	2,819	2,796
총차입금	—	—	—	—	1,305	1,304
자본금	—	—	—	—	178	196
총자본	—	—	—	—	2,684	2,851
지배주주지분	—	—	—	—	2,684	2,851

기업가치 지표

항목	2012	2013	2014	2015	2016	2017
주가(최고/저)(천원)	—/—	—/—	—/—	—/—	—/—	—/—
PER(최고/저)(배)	0.0/0.0	0.0/0.0	0.0/0.0	0.0/0.0	36.2/22.2	27.7/17.1
PBR(최고/저)(배)	0.0/0.0	0.0/0.0	0.0/0.0	0.0/0.0	1.7/1.0	1.9/1.2
EV/EBITDA(배)	0.0	0.0	0.0	0.0	23.3	13.6
EPS(원)	—	—	—	—	583	919
BPS(원)	—	—	—	—	15,048	14,532
CFPS(원)	—	—	—	—	1,040	1,951
DPS(원)	—	—	—	—	400	500
EBITDAPS(원)	—	—	—	—	1,164	2,232

재무 비율

<단위 : %>

연도	영업이익률	순이익률	부채비율	차입금비율	ROA	ROE	유보율	자기자본비율	EBITDA마진율
2017	5.5	4.3	98.1	45.8	3.6	7.2	1,353.2	50.5	9.5
2016	7.4	6.3	105.0	48.6	0.0	0.0	1,404.8	48.8	10.3
2015	0.0	0.0	0.0	0.0	0.0	0.0	0.0	0.0	0.0
2014	0.0	0.0	0.0	0.0	0.0	0.0	0.0	0.0	0.0

일동홀딩스 (A000230)
ILDONG HOLDINGS

업종 : 제약
신용등급 : (Bond) — (CP) —
홈페이지 : www.ildong.com
본사 : 서울시 서초구 바우뫼로 27길 2
시장 : 거래소
기업규모 : 시가총액 소형주
연락처 : 02)526-3114

설 립 일	1941.03.14	**종업원수**	71명	**대표이사**	이정치
상 장 일	1975.06.28	**감사의견**	적정(삼일)	**계 열**	
결 산 기	12월	**보 통 주**		**종속회사수**	6개사
액 면 가	1,000원	**우 선 주**		**구 상 호**	일동제약

주주구성 (지분율,%)		출자관계 (지분율,%)		주요경쟁사 (외형,%)	
씨엠제이씨	17.0	유니기획	100.0	일동홀딩스	100
윤원영	14.8	일동바이오사이언스	100.0	동아쏘시오홀딩스	1,681
(외국인)	2.4	일동히알테크	100.0	JW중외제약	1,225

매출구성		비용구성		수출비중	
기타	67.6	매출원가율	55.8	수출	—
[의약품제조]활성비타민	13.3	판관비율	48.7	내수	—
[의약품제조]비만치료제 외	8.3				

회사 개요

2016년 8월 1일 인적 및 물적 분할됨에 따라 투자, 브랜드수수료, 경영자문수수료, 임대수익 등 지주회사 사업을 영위하고 있음. 연결대상 종속회사에 포함된 회사는 유니기획(광고대행업), 일동생활건강(의료기기 및 건강기능식품 판매업), 루텍(소프트웨어 개발 및 공급), 일동에스테틱스(미용성형제품 제조 및 판매업), 일동바이오사이언스(건강기능식품 제조 및 판매업), 일동히알테크(히알루론산 및 필러 제조 및 판매업)임.

실적 분석

동사의 2017년 결산 연결기준 매출액은 전년과 유사한 410.7억원을 기록함. 매출액 성장이 정체되어 있고 원가율은 전년대비 소폭 하락하였으나 여전히 100%를 상회하며 영업손실 18.3억원을 시현함. 다만 비영업손익이 흑자전환하며 당기순이익 0.2억원을 보임. 전년도 당기순이익에는 일회성인 중단영업이익 2,705.3억원이 반영되어 있어 단순 비교는 어려움.

현금 흐름 〈단위 : 억원〉

항목	2016	2017
영업활동	466	-22
투자활동	-424	-191
재무활동	-195	9
순현금흐름	-152	-204
기말현금	548	345

시장 대비 수익률

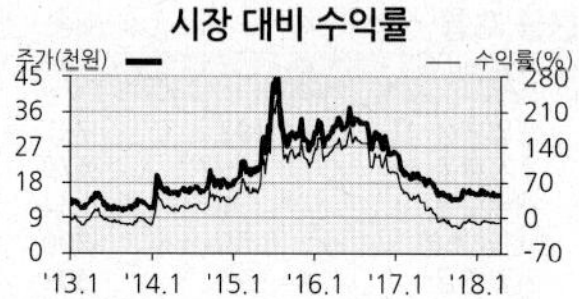

결산 실적 〈단위 : 억원〉

항목	2012	2013	2014	2015	2016	2017
매출액	3,628	3,952	4,175	383	408	411
영업이익	140	238	145	-46	-35	13
당기순이익	171	67	119	213	2,662	0

분기 실적 〈단위 : 억원〉

항목	2016.3Q	2016.4Q	2017.1Q	2017.2Q	2017.3Q	2017.4Q
매출액	100	76	101	114	105	91
영업이익	-14	-23	7	-8	10	4
당기순이익	2,544	-24	3	-11	4	5

재무 상태 〈단위 : 억원〉

항목	2012	2013	2014	2015	2016	2017
총자산	5,417	6,282	6,203	7,056	2,041	2,748
유형자산	2,645	2,987	3,081	3,112	495	497
무형자산	167	286	403	615	13	13
유가증권	95	43	56	82	181	64
총부채	2,173	3,016	2,874	3,557	972	1,002
총차입금	926	1,667	1,443	1,915	636	660
자본금	251	251	251	251	72	105
총자본	3,244	3,266	3,329	3,500	1,068	1,746
지배주주지분	3,238	3,258	3,316	3,481	1,048	1,732

기업가치 지표

항목	2012	2013	2014	2015	2016	2017
주가(최고/저)(천원)	15.9/6.9	15.2/10.7	20.9/11.4	46.6/17.2	37.1/24.3	25.5/13.5
PER(최고/저)(배)	25.3/11.0	62.3/43.7	46.3/25.3	57.4/21.2	2.5/1.7	383.8/203.1
PBR(최고/저)(배)	1.3/0.6	1.2/0.9	1.7/0.9	3.4/1.3	2.6/1.7	1.6/0.8
EV/EBITDA(배)	14.0	9.8	16.5	56.3	22.6	280.0
EPS(원)	674	259	473	837	15,023	67
BPS(원)	12,994	13,073	13,299	13,958	14,605	16,581
CFPS(원)	1,177	826	1,125	1,566	15,715	325
DPS(원)	150	160	200	300	150	200
EBITDAPS(원)	1,060	1,517	1,229	532	481	70

재무 비율 〈단위 : %〉

연도	영업이익률	순이익률	부채비율	차입금비율	ROA	ROE	유보율	자기자본비율	EBITDA마진율
2017	3.1	0.1	57.4	37.8	0.0	0.5	1,558.1	63.5	1.7
2016	-8.6	652.9	91.0	59.5	58.5	117.5	1,360.5	52.4	20.9
2015	-11.9	55.7	101.6	54.7	3.2	6.2	1,295.8	49.6	34.8
2014	3.5	2.9	86.3	43.4	1.9	3.6	1,229.9	53.7	7.4

일성건설 (A013360)
IlSung Construction

업종 : 건설
신용등급 : (Bond) BB+ (CP) —
홈페이지 : www.ilsungconst.co.kr
본사 : 인천시 남동구 인하로507번길 80 (구월동)
시장 : 거래소
기업규모 : 시가총액 소형주
연락처 : 032)429-3270

설 립 일	1978.06.23	**종업원수**	387명	**대표이사**	강영길
상 장 일	1989.12.02	**감사의견**	적정(신우)	**계 열**	
결 산 기	12월	**보 통 주**		**종속회사수**	4개사
액 면 가	500원	**우 선 주**		**구 상 호**	

주주구성 (지분율,%)		출자관계 (지분율,%)		주요경쟁사 (외형,%)	
IB CapitalLtd	64.6	일성개발LLC	100.0	일성건설	100
		일성CMLLC	70.0	성도이엔지	93
(외국인)	65.2	유씨오마케팅	42.0	희림	38

매출구성		비용구성		수출비중	
[국내도급공사]건축(공사)	50.3	매출원가율	92.3	수출	—
[국내도급공사]토목(공사)	27.1	판관비율	4.6	내수	—
자체공사(공사)	15.0				

회사 개요

동사는 1978년 6월에 설립, 시공능력평가 76위의 중견 건설업체임. 턴키(T/K), SOC(BTL) 등으로 발주되는 공사의 입찰에 참여하고 있으며 신탁사업, 소규모 재개발사업, FED 등의 수주 확대와 공공택지 확보를 통한 분양사업 활성화에 주력하고 있음. 자체브랜드인 일성트루엘로 수도권과 몽골 울란바타르에서 분양사업을 진행하였으며 몽골의 분양사업은 100%분양을 달성하였음. 2016년 분양 사업은 부산 반여동에서 100%분양에 성공하였음.

실적 분석

동사의 2017년도 연결종속회사 7개사를 포함한 연결매출액은 전년 대비 47.3% 증가한 4,208.3억원이며, 공사수익 4,179.7억원, 분양수익 16.2억원, 기타수익 12.4억원으로 구성되어 있음. 같은 기간 영업이익은 전년 대비 59.3% 증가한 129.3억원, 투자부동산(하남 토지) 평가 이익 등에 대하여 법인세 비용 인식 등으로 당기순손실은 120.2억원을 기록함.

현금 흐름 〈단위 : 억원〉

항목	2016	2017
영업활동	213	-36
투자활동	-84	-97
재무활동	-126	121
순현금흐름	4	-12
기말현금	221	209

시장 대비 수익률

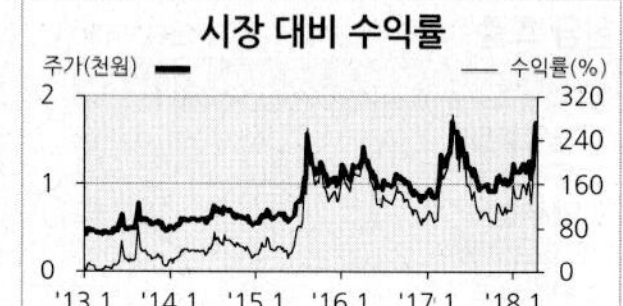

결산 실적 〈단위 : 억원〉

항목	2012	2013	2014	2015	2016	2017
매출액	2,469	2,585	1,921	2,311	2,858	4,208
영업이익	-100	96	-293	73	81	129
당기순이익	-155	-30	-374	37	21	-120

분기 실적 〈단위 : 억원〉

항목	2016.3Q	2016.4Q	2017.1Q	2017.2Q	2017.3Q	2017.4Q
매출액	773	856	917	1,136	1,060	1,096
영업이익	17	18	32	23	25	48
당기순이익	-6	10	12	11	2	-145

재무 상태 〈단위 : 억원〉

항목	2012	2013	2014	2015	2016	2017
총자산	2,651	2,848	2,647	2,590	2,775	3,053
유형자산	18	21	32	27	26	21
무형자산	20	18	19	19	24	37
유가증권	308	301	312	302	292	293
총부채	1,333	1,572	1,759	1,673	1,800	2,211
총차입금	669	849	982	998	865	992
자본금	270	270	270	270	270	270
총자본	1,318	1,276	888	917	974	842
지배주주지분	1,318	1,276	889	917	975	843

기업가치 지표

항목	2012	2013	2014	2015	2016	2017
주가(최고/저)(천원)	0.6/0.4	0.8/0.4	0.8/0.5	1.6/0.6	1.4/0.8	1.7/0.8
PER(최고/저)(배)	—/—	—/—	—/—	23.1/8.2	37.8/21.2	—/—
PBR(최고/저)(배)	0.3/0.2	0.4/0.2	0.5/0.3	0.9/0.3	0.8/0.5	1.1/0.5
EV/EBITDA(배)	—	6.6	—	13.7	8.3	6.2
EPS(원)	-287	-55	-693	69	39	-222
BPS(원)	24,730	23,958	16,787	17,319	18,046	1,560
CFPS(원)	-2,781	-448	-6,720	922	671	-195
DPS(원)	150	150	—	—	200	—
EBITDAPS(원)	-1,766	1,868	-5,216	1,585	1,787	267

재무 비율 〈단위 : %〉

연도	영업이익률	순이익률	부채비율	차입금비율	ROA	ROE	유보율	자기자본비율	EBITDA마진율
2017	3.1	-2.9	262.6	117.8	-4.1	-13.2	212.0	27.6	3.4
2016	2.8	0.7	184.8	88.8	0.8	2.2	260.9	35.1	3.4
2015	3.2	1.6	182.6	108.9	1.4	4.2	246.4	35.4	3.7
2014	-15.3	-19.5	198.0	110.6	-13.6	-34.6	235.7	33.6	-14.7

일성신약 (A003120)
Ilsung Pharmaceuticals

업　　종 : 제약　　시　　장 : 거래소
신용등급 : (Bond) —　(CP) —　기업규모 : 시가총액 소형주
홈페이지 : www.ilsung-ph.co.kr　연 락 처 : 02)3271-8800
본　　사 : 서울시 용산구 원효로 84길 9

설 립 일	1961.02.15	**종업원수**	254명	**대표이사**	윤석근
상 장 일	1985.01.14	**감사의견**	적정(한영)	**계　　열**	
결 산 기	12월	**보 통 주**		**종속회사수**	
액 면 가	5,000원	**우 선 주**		**구 상 호**	

주주구성 (지분율,%)		출자관계 (지분율,%)		주요경쟁사 (외형,%)	
윤석근	8.4	TV조선	1.0	일성신약	100
윤형진	8.0	NH투자증권	0.1	알보젠코리아	283
(외국인)	11.4	매일방송	0.1	유나이티드제약	294

매출구성		비용구성		수출비중	
페니실린계항생제	32.0	매출원가율	60.9	수출	2.3
마취제	22.5	판관비율	35.3	내수	97.7
소화기계용 약품 외	19.4				

회사 개요

동사는 1954년에 설립되어 1985년에 거래소 시장에 상장한 항생제 품목을 주력으로 하는 전문의약품 업체임. 대표 품목으로는 항생제 오구멘틴과 마취제 슈프레인, 골질환치료제 원알파, 복합제 오구멘틴 듀오 등이 있음. 항생제 분야를 특화하기 위해 cGMP수준의 페니실린 생산시설을 완비함. 시설의 활용도를 높이기 위해 제품 개발은 물론 국내외 위수탁 사업을 활발하게 전개할 예정임. 마취제, 조영제분야에서 적극적인 시장 진출을 위해 노력 중임.

실적 분석

2017년 시럽제를 제외하고 정제, 캅셀, 주사제 등 모든 제품의 판매가 줄어들어 전체 매출액은 전년 대비 소폭 감소한 670.4억원을 나타냄. 수입 원재료의 가격하락으로 원가율이 개선되면서 영업이익은 5.5% 증가한 25.9억원을 기록하였으나, 배당금수익이 줄어들고 외환관련손실이 늘어나 영업외수지는 다소 악화됨. 2018년 상반기에는 일성테오캡슐, 일성아세트아미노펜정, 일성세프트리악손주, 일성라모세트론주 등이 새로 발매될 예정임.

현금 흐름 *IFRS 별도 기준 〈단위 : 억원〉

항목	2016	2017
영업활동	-310	102
투자활동	443	5
재무활동	-10	-10
순현금흐름	124	96
기말현금	199	295

시장 대비 수익률

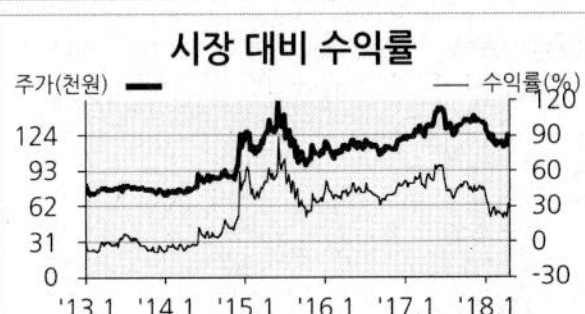

결산 실적 〈단위 : 억원〉

항목	2012	2013	2014	2015	2016	2017
매출액	772	628	628	617	675	670
영업이익	13	14	24	26	25	26
당기순이익	365	80	40	989	30	26

분기 실적 *IFRS 별도 기준 〈단위 : 억원〉

항목	2016.3Q	2016.4Q	2017.1Q	2017.2Q	2017.3Q	2017.4Q
매출액	173	172	172	175	165	159
영업이익	6	5	17	-1	6	3
당기순이익	0	10	19	3	4	-1

재무 상태 *IFRS 별도 기준 〈단위 : 억원〉

항목	2012	2013	2014	2015	2016	2017
총자산	3,836	3,727	3,784	3,670	3,385	3,475
유형자산	319	301	284	290	285	271
무형자산	11	8	7	4	2	2
유가증권	2,995	2,029	2,060	357	391	486
총부채	656	499	497	487	184	246
총차입금	15	—	—	—	—	—
자본금	133	133	133	133	133	133
총자본	3,181	3,227	3,287	3,183	3,201	3,228
지배주주지분	3,181	3,227	3,287	3,183	3,201	3,228

기업가치 지표 *IFRS 별도 기준

항목	2012	2013	2014	2015	2016	2017
주가(최고/저)(천원)	86.8/71.2	82.4/72.1	125/72.0	154/98.1	123/102	150/119
PER(최고/저)(배)	6.5/5.4	28.3/24.7	84.1/48.5	4.2/2.7	109.8/90.8	152.8/121.4
PBR(최고/저)(배)	0.6/0.5	0.5/0.5	0.8/0.5	1.0/0.6	0.8/0.7	1.0/0.8
EV/EBITDA(배)	47.8	23.2	42.4	43.7	53.6	54.3
EPS(원)	13,704	2,991	1,517	37,163	1,134	988
BPS(원)	156,569	159,060	161,292	157,405	158,066	159,090
CFPS(원)	14,937	4,194	2,574	38,201	2,270	2,202
DPS(원)	300	250	500	750	750	750
EBITDAPS(원)	1,730	1,720	1,971	2,012	2,059	2,187

재무 비율 〈단위 : %〉

연도	영업이익률	순이익률	부채비율	차입금비율	ROA	ROE	유보율	자기자본비율	EBITDA마진율
2017	3.9	3.9	7.6	0.0	0.8	0.8	3,081.8	92.9	8.7
2016	3.6	4.5	5.8	0.0	0.9	1.0	3,061.3	94.6	8.1
2015	4.2	160.1	15.3	0.0	26.5	30.6	3,048.1	86.7	8.7
2014	3.9	6.4	15.1	0.0	1.1	1.2	3,125.8	86.9	8.3

일신바이오베이스 (A068330)
ilShinbiobase

업　　종 : 바이오　　시　　장 : KOSDAQ
신용등급 : (Bond) —　(CP) —　기업규모 : 중견
홈페이지 : www.1sbb.com　연 락 처 : 031)867-1384
본　　사 : 경기도 동두천시 삼육사로 548번길 84

설 립 일	1994.09.27	**종업원수**	47명	**대표이사**	홍성대
상 장 일	2007.12.26	**감사의견**	적정(인덕)	**계　　열**	
결 산 기	12월	**보 통 주**		**종속회사수**	
액 면 가	100원	**우 선 주**		**구 상 호**	

주주구성 (지분율,%)		출자관계 (지분율,%)		주요경쟁사 (외형,%)	
홍성대	29.5	아이에스씨	44.0	일신바이오	100
이동건	4.2			바이오니아	181
(외국인)	2.5			이수앱지스	152

매출구성		비용구성		수출비중	
Lyoph-Pride	46.8	매출원가율	52.5	수출	19.4
Cryo-Pride	35.3	판관비율	29.2	내수	80.6
Freeze Dryer	9.7				

회사 개요

동사는 생명공학의 연구 및 식품, 제약업체의 생산, 연구에 필수적으로 사용되는 초저온냉동고, 동결건조기, PLANT형 동결건조기 등을 제조, 판매하는 바이오장비 전문회사임. 해외시장 확대를 목표로 2011년까지 130억원을 투자해 경기도 동두천에 세계 최고 수준의 바이오장비 생산설비를 갖추고 생산성 향상 및 성능 개발에 매진함. 현재 세계일류상품인 초저온냉동고 등 기초바이오장비를 연간 5,000대 이상 양산할 수 있는 능력을 확보함.

실적 분석

동사의 2017년 4/4분기 누적매출액은 128.4억원으로 전년동기 대비 3.9% 감소함. 초저온냉동고와 동결건조기 PVTFD모델이 감소세를 보이면서 실적이 악화됨. 외형축소 및 판관비 증가의 영향으로 매출원가가 전년동기 대비 4.2% 감소했음에도 영업이익은 전년동기 대비 22.2% 감소했음. 한편 비영업부문에서는 1.8억원의 손실을 시현해 이익폭이 축소되었음. 이에 따라 전년동기 대비 32.7% 감소한 18.1억원의 당기순이익을 기록했음.

현금 흐름 〈단위 : 억원〉

항목	2016	2017
영업활동	30	21
투자활동	-74	-7
재무활동	64	—
순현금흐름	20	13
기말현금	40	53

시장 대비 수익률

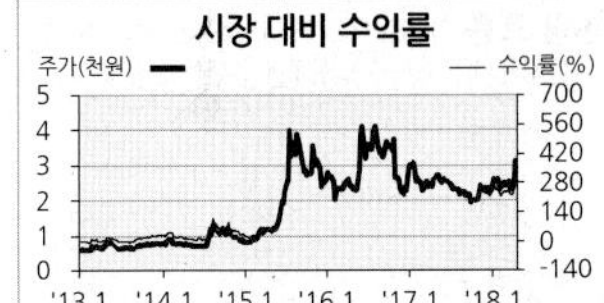

결산 실적 〈단위 : 억원〉

항목	2012	2013	2014	2015	2016	2017
매출액	124	97	124	129	134	128
영업이익	19	11	21	26	30	23
당기순이익	15	10	19	24	27	18

분기 실적 〈단위 : 억원〉

항목	2016.3Q	2016.4Q	2017.1Q	2017.2Q	2017.3Q	2017.4Q
매출액	27	43	24	37	25	44
영업이익	6	11	4	9	0	10
당기순이익	4	13	2	8	2	6

재무 상태 〈단위 : 억원〉

항목	2012	2013	2014	2015	2016	2017
총자산	283	268	282	296	377	385
유형자산	130	126	121	115	113	112
무형자산	8	8	6	4	12	11
유가증권	1	0	0	0	0	0
총부채	69	45	39	53	47	36
총차입금	30	15	—	5	—	—
자본금	40	44	44	44	44	44
총자본	214	223	243	243	329	349
지배주주지분	213	222	242	243	330	352

기업가치 지표

항목	2012	2013	2014	2015	2016	2017
주가(최고/저)(천원)	0.7/0.5	0.8/0.6	1.3/0.7	4.0/0.8	4.3/2.0	3.2/1.9
PER(최고/저)(배)	20.4/13.1	37.6/26.3	31.9/16.5	69.6/13.6	69.8/33.5	68.2/40.3
PBR(최고/저)(배)	1.4/0.9	1.6/1.1	2.4/1.2	6.6/1.3	5.7/2.7	4.1/2.4
EV/EBITDA(배)	10.1	19.2	12.2	35.3	33.4	31.6
EPS(원)	35	23	42	58	61	48
BPS(원)	2,770	2,626	570	611	746	797
CFPS(원)	277	187	56	71	73	60
DPS(원)	50	—	5	—	—	—
EBITDAPS(원)	318	201	61	73	80	65

재무 비율 〈단위 : %〉

연도	영업이익률	순이익률	부채비율	차입금비율	ROA	ROE	유보율	자기자본비율	EBITDA마진율
2017	18.2	14.1	10.3	0.0	4.8	6.2	696.6	90.7	22.4
2016	22.5	20.1	14.3	0.0	8.0	9.4	646.0	87.5	26.6
2015	20.5	18.9	21.8	2.1	8.4	10.5	511.4	82.1	25.0
2014	16.8	15.2	16.2	0.0	6.8	8.0	470.4	86.1	21.8

일신방직 (A003200)

Ilshin Spinning

업 종 : 섬유 및 의복
신용등급 : (Bond) — (CP) —
홈페이지 : www.ilshin.co.kr
본 사 : 서울시 영등포구 은행로 11(여의도동) 일신빌딩
시 장 : 거래소
기업규모 : 시가총액 소형주
연 락 처 : 02)3774-0114

설 립 일	1951.11.03	**종업원수**	1,053명	**대 표 이 사**	김정수
상 장 일	1973.05.23	**감사의견**	적정(인덕)	**계 열**	
결 산 기	12월	**보 통 주**		**종속회사수**	6개사
액 면 가	5,000원	**우 선 주**		**구 상 호**	

주주구성 (지분율,%)		출자관계 (지분율,%)		주요경쟁사 (외형,%)	
김영호	20.7	신동	100.0	일신방직	100
신영자산운용	15.8	일신산업개발	100.0	에프티이앤이	14
(외국인)	6.8	일신창업투자	85.5	BYC	40

매출구성		비용구성		수출비중	
원 사(섬유제품 제조)-제품	37.4	매출원가율	80.5	수출	42.0
상 품	18.4	판관비율	16.6	내수	58.0
원 단(섬유제품 제조)-상품 외	15.9				

회사 개요

동사는 섬유제조업을 주력 사업으로 영위함. 방적설비 보유현황 기준으로 2017년 국내 시장점유율은 약 18.69%임. 매출의 60% 이상을 수출로 거둬들임. 이밖에 투자조합운영업, 화장품판매업, 부동산임대관리업, 주류수입 및 판매업을 영위함. 신동, 일신창업투자, 비에스케이코퍼레이션, ILSHIN VIETNAM CO.,LTD, 신동와인, 일신산업개발 등을 연결대상 종속회사로 보유함.

실적 분석

2017년 연결기준 동사 매출액은 4,924.7억원을 기록함. 전년도 매출인 4,782.7억원에 비해 3% 증가한 금액임. 매출은 늘었으나 매출원가가 6% 증가해 영업이익은 전년도 205.8억원에서 29.7% 감소한 144.6억원을 기록하는 데 그침. 금융부문과 외환부문이 흑자전환해 비영업부문 이익이 늘었으나 영업이익 감소로 인해 당기순이익은 전년도 206.9억원에서 17.6% 감소한 170.4억원을 기록함.

현금 흐름 〈단위 : 억원〉

항목	2016	2017
영업활동	392	370
투자활동	-128	-207
재무활동	-123	-179
순현금흐름	140	-18
기말현금	277	259

시장 대비 수익률

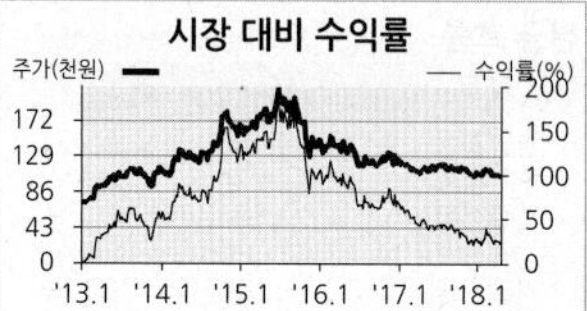

결산 실적 〈단위 : 억원〉

항목	2012	2013	2014	2015	2016	2017
매출액	4,391	4,223	4,318	4,547	4,783	4,925
영업이익	74	406	240	255	277	240
당기순이익	123	328	247	202	207	170

분기 실적 〈단위 : 억원〉

항목	2016.3Q	2016.4Q	2017.1Q	2017.2Q	2017.3Q	2017.4Q
매출액	1,201	1,215	1,230	1,236	1,210	1,248
영업이익	44	114	61	85	24	69
당기순이익	22	73	7	83	22	59

재무 상태 〈단위 : 억원〉

항목	2012	2013	2014	2015	2016	2017
총자산	7,373	7,762	8,183	8,895	9,048	8,959
유형자산	1,615	1,634	1,751	2,228	2,246	2,123
무형자산	43	39	32	26	21	22
유가증권	405	675	1,080	1,468	1,259	1,127
총부채	1,254	1,286	1,522	2,106	2,106	1,910
총차입금	223	270	397	1,059	1,030	842
자본금	120	120	120	120	120	120
총자본	6,119	6,476	6,661	6,789	6,942	7,049
지배주주지분	5,986	6,332	6,507	6,627	6,773	6,870

기업가치 지표

항목	2012	2013	2014	2015	2016	2017
주가(최고/저)(천원)	77.3/62.8	115/71.2	186/103	224/130	156/117	123/104
PER(최고/저)(배)	19.2/15.6	9.4/5.8	20.1/11.2	29.5/17.0	19.5/14.6	18.8/15.9
PBR(최고/저)(배)	0.3/0.3	0.5/0.3	0.7/0.4	0.9/0.5	0.6/0.4	0.4/0.4
EV/EBITDA(배)	8.2	3.3	9.3	9.6	5.8	5.1
EPS(원)	4,411	13,205	9,817	8,026	8,265	6,655
BPS(원)	251,753	265,072	272,553	277,837	283,986	288,935
CFPS(원)	11,043	19,821	16,423	14,110	15,387	13,777
DPS(원)	750	2,000	1,750	2,500	2,800	1,500
EBITDAPS(원)	4,473	18,666	12,893	13,468	15,696	13,148

재무 비율 〈단위 : %〉

연도	영업 이익률	순 이익률	부채 비율	차입금 비율	ROA	ROE	유보율	자기자본 비율	EBITDA 마진율
2017	4.9	3.5	27.1	11.9	1.9	2.3	5,678.7	78.7	6.4
2016	5.8	4.3	30.3	14.8	2.3	3.0	5,579.7	76.7	7.9
2015	5.6	4.5	31.0	15.6	2.4	2.9	5,456.7	76.3	7.1
2014	5.6	5.7	22.9	6.0	3.1	3.7	5,351.1	81.4	7.2

일신석재 (A007110)

IlshinstoneCo

업 종 : 건축소재
신용등급 : (Bond) — (CP) —
홈페이지 : www.ilshinstone.co.kr
본 사 : 서울시 강동구 성내로 19, 서경빌딩 6층
시 장 : 거래소
기업규모 : 시가총액 소형주
연 락 처 : 02)487-9009

설 립 일	1971.02.26	**종업원수**	78명	**대 표 이 사**	김학선
상 장 일	1986.03.04	**감사의견**	적정(삼일)	**계 열**	
결 산 기	12월	**보 통 주**		**종속회사수**	
액 면 가	500원	**우 선 주**		**구 상 호**	

주주구성 (지분율,%)		출자관계 (지분율,%)		주요경쟁사 (외형,%)	
세계기독교통일신령협회	41.3	세일여행사	11.3	일신석재	100
스톤아트	3.9	일화	0.8	보광산업	80
(외국인)	0.6			쎄니트	240

매출구성		비용구성		수출비중	
건축내외장재	80.3	매출원가율	84.8	수출	0.0
석재마감공사	17.5	판관비율	13.3	내수	100.0
임대매출	2.2				

회사 개요

동사는 1971년 2월 26일 설립되어 건축석재 가공 및 판매, 석산개발 및 채석, 석공사, 건축석 수출입, 석재공예품 판매 등의 사업을 영위하고 있음. 원석채취, 원석 및 석제품 가공, 석판재 수출입 및 유통 그리고 석공사 시공을 영위하는 종합석재업체로서 원석채취는 경기도 포천소재의 석산에서, 가공의 경우에는 경기도 이천 소재의 동사 물류센터에 입주한 외주업체에 의해 이루어 지고 있으며, 석재유통 및 석공사는 중국지사 등에서 이루어짐.

실적 분석

동사의 2017년 매출액은 석재시공부문의 회복으로 전년 대비 25.3% 증가하며 527.0억원을 기록. 원가율 및 판관비율 하락으로 영업이익은 흑자전환하며 9.7억원을 기록함. 건설경기 침체로 인해 석재제조 및 유통업 부문과 석공사업 부진해 최근 2년간 적자상태였음. 마감재 고급화로 인한 시장확대, 신규주택물량 증대에 따른 수혜로 인한 실적 턴어라운드의 가능성이 존재함.

현금 흐름 *IFRS 별도 기준 〈단위 : 억원〉

항목	2016	2017
영업활동	8	-18
투자활동	40	6
재무활동	-9	-2
순현금흐름	39	-15
기말현금	67	51

시장 대비 수익률

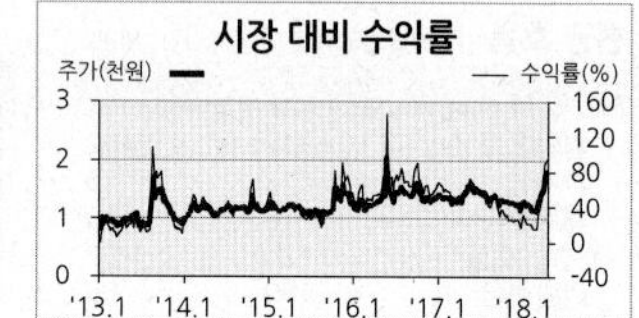

결산 실적 〈단위 : 억원〉

항목	2012	2013	2014	2015	2016	2017
매출액	396	380	394	397	421	527
영업이익	11	11	1	-25	-26	10
당기순이익	8	3	-6	-26	-22	2

분기 실적 *IFRS 별도 기준 〈단위 : 억원〉

항목	2016.3Q	2016.4Q	2017.1Q	2017.2Q	2017.3Q	2017.4Q
매출액	87	117	115	139	147	125
영업이익	-10	1	1	3	3	3
당기순이익	-12	10	-2	2	1	0

재무 상태 *IFRS 별도 기준 〈단위 : 억원〉

항목	2012	2013	2014	2015	2016	2017
총자산	765	824	814	803	783	778
유형자산	402	424	429	429	374	372
무형자산	14	14	14	14	14	15
유가증권	17	17	17	14	14	12
총부채	207	264	261	279	280	270
총차입금	77	122	123	122	122	117
자본금	387	387	387	387	387	387
총자본	557	559	553	524	503	507
지배주주지분	557	559	553	524	503	507

기업가치 지표 *IFRS 별도 기준

항목	2012	2013	2014	2015	2016	2017
주가(최고/저)(천원)	1.7/0.8	1.7/0.8	1.4/0.9	1.6/0.9	2.0/1.1	1.6/1.1
PER(최고/저)(배)	162.7/72.9	399.5/191.1	—/—	—/—	—/—	724.0/522.4
PBR(최고/저)(배)	2.4/1.1	2.3/1.1	2.0/1.3	2.3/1.4	3.1/1.7	2.4/1.7
EV/EBITDA(배)	38.2	47.2	155.9	—	—	63.3
EPS(원)	11	4	-7	-33	-29	2
BPS(원)	724	727	718	681	654	659
CFPS(원)	18	12	-0	-25	-20	10
DPS(원)	—	—	—	—	—	—
EBITDAPS(원)	22	22	9	-24	-25	21

재무 비율 〈단위 : %〉

연도	영업 이익률	순 이익률	부채 비율	차입금 비율	ROA	ROE	유보율	자기자본 비율	EBITDA 마진율
2017	1.9	0.3	53.3	23.1	0.2	0.3	31.9	65.2	3.0
2016	-6.2	-5.3	55.6	24.3	-2.8	-4.4	30.8	64.3	-4.6
2015	-6.2	-6.5	53.3	23.4	-3.2	-4.8	36.2	65.2	-4.7
2014	0.2	-1.4	47.2	22.2	-0.7	-1.0	43.7	67.9	1.7

일야 (A058450)

ILYA

업종 : 휴대폰 및 관련부품
신용등급 : (Bond) — (CP) —
홈페이지 : www.ilya.co.kr
본사 : 인천시 남동구 은봉로 129 (논현동)
시장 : KOSDAQ
기업규모 : 벤처
연락처 : 032)815-3500

설립일	1978.02.24	종업원수	154명	대표이사	강경훈
상장일	2002.01.17	감사의견	적정(우리)	계열	
결산기	12월	보통주		종속회사수	
액면가	500원	우선주		구상호	

주주구성 (지분율,%)		출자관계 (지분율,%)		주요경쟁사 (외형,%)	
강재우	20.1			일야	100
강정훈	12.2			이엠텍	454
(외국인)	1.4			우주일렉트로	485

매출구성		비용구성		수출비중	
휴대폰 부품제품	99.1	매출원가율	95.2	수출	81.3
휴대폰 부품금형	0.9	판관비율	12.1	내수	18.7
합성수지외	0.0				

회사 개요

휴대폰 부품 제품 및 휴대폰 부품 금형의 제작, 생산사업과 터치패널 제조 판매사업을 주력으로 영위. 2010년 하반기부터 향후 차세대 신규사업으로 정전용량방식 터치 패널 제조 기술사업에 진출하여 중소기업기술정보진흥원에 국책과제로 선정되었으며, 정전용량방식 터치 패널 제조기술 특허출원 완료한 상태. 향후 모든 전자기기에 폭넓게 사용될 터치 윈도우 패널 중 멀티터치의 기능이 있는 정전용량방식 터치윈도우 패널의 수요 크게 증가할 전망.

실적 분석

동사의 2017년 전체 매출은 428억원으로 전년대비 42.1% 감소, 영업이익은 -31.1억원으로 적자전환, 당기순이익은 -47.8억원으로 전년대비 적자전환 시현. 전방산업인 휴대폰 경기 부진과 수요 약화로 관련 제품의 매출 감소. 또한 경쟁심화로 판가 하락 영향으로 수익성은 적자전환 됨. 스마트폰 중심의 사업구조에서 벗어나 신시장, 신제품 확대에 주력하고 있음.

현금 흐름 *IFRS 별도 기준 〈단위 : 억원〉

항목	2016	2017
영업활동	70	-67
투자활동	-76	34
재무활동	-16	25
순현금흐름	-22	-8
기말현금	38	30

시장 대비 수익률

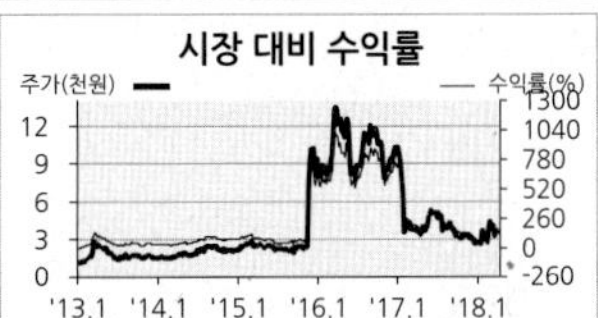

결산 실적 〈단위 : 억원〉

항목	2012	2013	2014	2015	2016	2017
매출액	527	813	1,076	656	739	428
영업이익	-63	13	51	37	26	-31
당기순이익	-86	15	33	28	21	-48

분기 실적 *IFRS 별도 기준 〈단위 : 억원〉

항목	2016.3Q	2016.4Q	2017.1Q	2017.2Q	2017.3Q	2017.4Q
매출액	197	190	180	108	59	81
영업이익	8	3	2	-11	-14	-9
당기순이익	8	-3	1	-13	-14	-22

재무 상태 *IFRS 별도 기준 〈단위 : 억원〉

항목	2012	2013	2014	2015	2016	2017
총자산	366	395	421	375	406	330
유형자산	223	253	250	222	266	219
무형자산	6	5	5	9	5	5
유가증권	20	0	—	5	5	10
총부채	230	239	235	128	149	121
총차입금	126	114	89	49	43	69
자본금	49	49	49	49	49	49
총자본	136	155	186	247	257	209
지배주주지분	136	155	186	247	257	209

기업가치 지표 *IFRS 별도 기준

항목	2012	2013	2014	2015	2016	2017
주가(최고/저)(천원)	2.0/1.0	2.9/1.2	2.6/1.5	10.7/1.9	14.6/7.3	10.3/2.6
PER(최고/저)(배)	—/—	20.1/8.1	8.2/4.7	37.3/6.5	68.7/34.3	—/—
PBR(최고/저)(배)	1.4/0.7	1.8/0.7	1.4/0.8	4.3/0.8	5.5/2.8	4.8/1.2
EV/EBITDA(배)	—	7.2	3.1	14.8	19.2	—
EPS(원)	-881	151	333	291	213	-489
BPS(원)	1,505	1,700	2,010	2,530	2,638	2,144
CFPS(원)	-714	346	571	529	449	-235
DPS(원)	—	—	70	110	—	—
EBITDAPS(원)	-479	328	761	612	501	-64

재무 비율 〈단위 : %〉

연도	영업이익률	순이익률	부채비율	차입금비율	ROA	ROE	유보율	자기자본비율	EBITDA마진율
2017	-7.3	-11.2	57.7	33.2	-13.0	-20.5	328.8	63.4	-1.5
2016	3.5	2.8	57.8	16.8	5.3	8.2	427.7	63.4	6.6
2015	5.6	4.3	52.0	19.8	7.1	13.2	406.0	65.8	9.1
2014	4.8	3.0	126.8	48.0	8.0	19.1	302.0	44.1	6.9

일양약품 (A007570)

Ilyang Pharamaceutical

업종 : 제약
신용등급 : (Bond) — (CP) —
홈페이지 : www.ilyang.co.kr
본사 : 경기도 용인시 기흥구 하갈로 110(하갈동)
시장 : 거래소
기업규모 : 시가총액 중형주
연락처 : 031)281-7851

설립일	1946.07.01	종업원수	623명	대표이사	김동연
상장일	1974.08.28	감사의견	적정(신한)	계열	
결산기	12월	보통주		종속회사수	2개사
액면가	2,500원	우선주		구상호	

주주구성 (지분율,%)		출자관계 (지분율,%)		주요경쟁사 (외형,%)	
정도언	21.9	일양바이오팜	100.0	일양약품	100
국민연금공단	6.1	칸테크	80.2	에스티팜	75
(외국인)	8.4	일양한중(상해)무역유한공사	60.0	종근당	328

매출구성		비용구성		수출비중	
전립선치료제 외	29.3	매출원가율	49.5	수출	11.1
제산제 외	22.0	판관비율	41.6	내수	88.9
건강보조식품 등 외	21.9				

회사 개요

동사는 제약사업을 영위 중이며, 중국 종속법인인 양주일양유한제약공사 외 1개사와 일양바이오팜을 종속회사로 보유하고 있음. 제품의 수요처로는 전국 15,000여개의 약국과 1,200여개의 도매상, 병원을 대상으로 판매함. 정부의 지속적 약가 인하정책과 다수의 제약업체 난립으로 인한 과다 경쟁과 제네릭 위주 제품 출시로 수익성이 악화 위기에 놓여있음. 이에 연구개발에투자 지속하며 신약을 출시, 부가가치 있는 제품으로 시장 점유율을 확대하고 있음.

실적 분석

동사의 연결기준 2017년 누적매출액은 2,698.1억원으로 전년대비 3.1% 증가함. 비용측면에서 매출원가는 3.3% 하락했고 판관비는 12% 상승함. 영업이익은 전년보다 3% 늘어난 238.7억원을 기록함. 비영업손실이 128.6억원으로 적자폭이 확대되면서 당기순이익은 52% 감소함. 백신사업에 진출하여 생산, 판매하고 있으며 지속적인 R&D 투자를 진행 중임. 기타 바이오 신약 개발을 위해 SIS와 바이오업체에 투자하여 공동 개발 중임.

현금 흐름 〈단위 : 억원〉

항목	2016	2017
영업활동	270	228
투자활동	-107	-58
재무활동	-123	-58
순현금흐름	38	102
기말현금	133	236

시장 대비 수익률

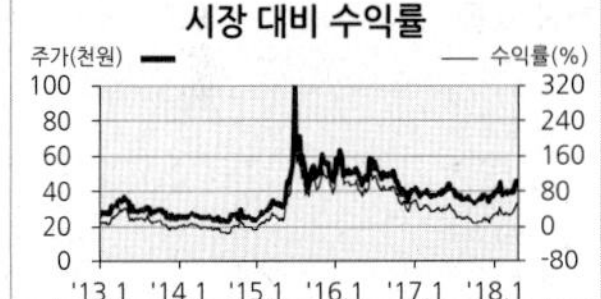

결산 실적 〈단위 : 억원〉

항목	2012	2013	2014	2015	2016	2017
매출액	1,465	1,477	2,118	1,863	2,616	2,698
영업이익	32	47	62	155	232	239
당기순이익	21	40	-57	83	120	57

분기 실적 〈단위 : 억원〉

항목	2016.3Q	2016.4Q	2017.1Q	2017.2Q	2017.3Q	2017.4Q
매출액	807	610	599	608	806	686
영업이익	52	64	59	55	60	65
당기순이익	27	24	34	38	12	-26

재무 상태 〈단위 : 억원〉

항목	2012	2013	2014	2015	2016	2017
총자산	3,777	3,984	4,308	4,316	4,313	4,393
유형자산	1,746	1,823	2,019	2,040	1,981	1,932
무형자산	271	362	404	508	531	471
유가증권	18	21	24	17	13	13
총부채	1,958	2,145	2,474	2,206	2,139	2,254
총차입금	1,494	1,715	1,910	1,641	1,550	1,544
자본금	459	459	459	487	487	487
총자본	1,819	1,839	1,835	2,110	2,174	2,139
지배주주지분	1,819	1,839	1,734	1,949	1,996	1,948

기업가치 지표

항목	2012	2013	2014	2015	2016	2017
주가(최고/저)(천원)	34.5/20.2	37.2/24.1	35.0/22.7	99.4/30.4	64.7/34.2	44.5/32.3
PER(최고/저)(배)	307.5/180.0	173.5/112.7	—/—	538.2/164.9	214.5/113.5	—/—
PBR(최고/저)(배)	3.4/2.0	3.6/2.3	3.6/2.3	9.6/2.9	6.1/3.2	4.3/3.1
EV/EBITDA(배)	112.5	64.8	47.4	45.0	27.9	25.1
EPS(원)	113	216	-598	186	303	-48
BPS(원)	10,335	10,430	9,879	10,420	10,648	10,397
CFPS(원)	314	497	-16	665	887	553
DPS(원)	100	100	—	—	100	—
EBITDAPS(원)	377	539	922	1,275	1,774	1,825

재무 비율 〈단위 : %〉

연도	영업이익률	순이익률	부채비율	차입금비율	ROA	ROE	유보율	자기자본비율	EBITDA마진율
2017	8.9	2.1	105.4	72.2	1.3	-0.5	315.9	48.7	13.2
2016	8.9	4.6	98.4	71.3	2.8	3.0	325.9	50.4	13.2
2015	8.3	4.5	104.6	77.8	1.9	2.0	316.8	48.9	13.3
2014	3.0	-2.7	134.8	104.1	-1.4	-6.1	295.2	42.6	8.0

일정실업 (A008500)

Il Jeong Industrial

업 종 : 자동차부품
신용등급 : (Bond) — (CP) —
홈페이지 : www.iljeong.co.kr
본 사 : 경기도 안산시 단원구 산성로 21 (초지동)
시 장 : 거래소
기업규모 : 시가총액 소형주
연 락 처 : 031)493-0031

설립일 1973.02.26	**종업원수** 139명	**대표이사** 고일영
상장일 1994.07.13	**감사의견** 적정(대주)	**계열**
결산기 12월	**보통주**	**종속회사수** 2개사
액면가 5,000원	**우선주**	**구상호**

주주구성 (지분율,%)		출자관계 (지분율,%)		주요경쟁사 (외형,%)	
고동수	21.7	SuzhouILJEONG	100.0	일정실업	100
고동현	15.0	ILJeongComerciodeProdutosTexteisa	100.0	구영테크	305
(외국인)	3.9			티에이치엔	637

매출구성		비용구성		수출비중	
[LAMI FABRIC 제품]TRICOT	47.1	매출원가율	92.9	수출	72.8
[LAMI FABRIC 제품]WOVEN	23.9	판관비율	20.1	내수	27.2
[RENDY FABRIC 제품]기타 외	11.4				

회사 개요

동사는 1973년 설립되어 자동차 Seat원단의 제조 및 판매업을 영위하고 있으며, 1986년 현대차로 자동차원단 납품업체로 지정되었고 봉재용 원단과 가구용 원단을 생산함. 자동차 원단 시장의 경우 차종에 따른 맞춤형 제작이 필요하여 신규진입장벽이 다소 높은 편에 속함. 2017년 기준 매출액은 자동차 시트용 LAMI Fabric 제품(81.1%), Seat Fabric 제품(6.5%), 기타(12.4%)로 구성됨

실적 분석

동사의 연결기준 2017년 매출액은 전년 대비 37.8% 감소한 490.9억원을 기록한 영향으로 동기간 매출원가 및 판관비가 각각 28.8%, 4.9% 감소했음에도 2017년 영업이익은 -63.8억원을 기록하며 적자로 전환됨. 한편, 비영업손익은 잡손실이 전년 대비 크게 감소했음에도 여전히 적자를 기록하였음. 이에 따라 동사의 2017년 당기순이익은 -57.0억원을 기록하며 적자 전환하였음.

현금 흐름 〈단위 : 억원〉

항목	2016	2017
영업활동	10	-30
투자활동	10	-46
재무활동	-15	58
순현금흐름	3	-20
기말현금	54	34

시장 대비 수익률

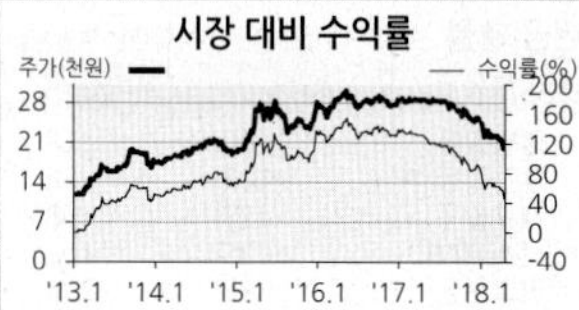

결산 실적 〈단위 : 억원〉

항목	2012	2013	2014	2015	2016	2017
매출액	966	960	786	681	789	491
영업이익	41	51	51	36	44	-64
당기순이익	47	19	30	71	32	-57

분기 실적 〈단위 : 억원〉

항목	2016.3Q	2016.4Q	2017.1Q	2017.2Q	2017.3Q	2017.4Q
매출액	178	186	143	103	105	140
영업이익	5	23	-4	-16	-14	-30
당기순이익	-5	25	-8	-14	-11	-24

재무 상태 〈단위 : 억원〉

항목	2012	2013	2014	2015	2016	2017
총자산	775	702	640	691	682	672
유형자산	337	309	242	286	279	263
무형자산	7	8	8	8	7	7
유가증권	3	3	3	33	10	4
총부채	268	194	120	115	93	163
총차입금	140	110	27	—	—	73
자본금	60	60	60	60	60	60
총자본	507	508	520	576	589	509
지배주주지분	507	508	520	576	589	509

기업가치 지표

항목	2012	2013	2014	2015	2016	2017
주가(최고/저)(천원)	12.3/9.9	19.9/11.6	21.8/17.1	28.7/19.0	30.4/25.4	29.2/24.2
PER(최고/저)(배)	4.2/3.4	15.8/9.3	10.2/8.0	5.4/3.6	12.3/10.2	—/—
PBR(최고/저)(배)	0.4/0.3	0.6/0.3	0.6/0.5	0.7/0.4	0.7/0.6	0.7/0.6
EV/EBITDA(배)	3.7	3.4	2.9	4.6	4.3	—
EPS(원)	3,958	1,563	2,516	5,929	2,641	-4,752
BPS(원)	42,251	42,353	43,324	48,013	49,084	42,431
CFPS(원)	6,254	4,351	4,351	7,540	4,208	-3,138
DPS(원)	1,250	1,250	1,250	1,250	1,250	500
EBITDAPS(원)	5,718	7,037	6,118	4,621	5,271	-3,706

재무 비율 〈단위 : %〉

연도	영업이익률	순이익률	부채비율	차입금비율	ROA	ROE	유보율	자기자본비율	EBITDA마진율
2017	-13.0	-11.6	32.0	14.3	-8.4	-10.4	748.6	75.8	-9.1
2016	5.6	4.0	15.8	0.0	4.6	5.4	881.7	86.4	8.0
2015	5.3	10.5	19.9	0.0	10.7	13.0	860.3	83.4	8.1
2014	6.5	3.8	23.1	5.2	4.5	5.9	766.5	81.2	9.3

일지테크 (A019540)

ILJI TECHNOLOGY CO

업 종 : 자동차부품
신용등급 : (Bond) — (CP) —
홈페이지 : www.iljitech.co.kr
본 사 : 경북 경산시 진량읍 공단 4로 50
시 장 : KOSDAQ
기업규모 : 우량
연 락 처 : 053)856-8080

설립일 1986.11.24	**종업원수** 373명	**대표이사** 구본일,구준모
상장일 1992.11.03	**감사의견** 적정(안경)	**계열**
결산기 12월	**보통주**	**종속회사수** 1개사
액면가 500원	**우선주**	**구상호**

주주구성 (지분율,%)		출자관계 (지분율,%)		주요경쟁사 (외형,%)	
구준모	34.3	북경일지차과기유한공사	100.0	일지테크	100
구본일	5.0			영화금속	69
(외국인)	1.4			엠에스오토텍	270

매출구성		비용구성		수출비중	
차체 Parts	91.9	매출원가율	92.5	수출	22.0
부산물 설비등	8.1	판관비율	7.1	내수	78.0

회사 개요

동사는 1986년 설립되어 자동차부품 제조 및 판매업을 영위하는 업체임. 자동차의 차체를 구성하는 부분 품으로 P/Tray, Dash Compl 등 각종 Pannel류 등을 생산 및 판매하고 있음. 주요 고객사로는 국내외 모두 현대자동차 계열사이며, 자동차 부품 제품 매출이 전체의 96%를 차지하고 있음. 종속회사로는 비상장 업체로서 자동차 차체 부품을 제조하는 북경 일지차과기유한공사가 있음.

실적 분석

동사의 2017년 연결기준 연간 매출액은 2,611.2억원으로 전년 대비 23.9% 감소함. 이는 해외자회사 매출감소 영향임. 고정비 감소에도 불구하고 매출 영향으로 영업이익은 9.2억원으로 전년 대비 96.5% 감소됨. 동사는 기술보강 및 타 산업과의 공동연구를 통해 융합 시스템 기술 확보를 위한 선행기술 개발에 주력하여 세계시장을 선도할 수 있는 경쟁력 우위를 확보하기 위해 노력중임.

현금 흐름 〈단위 : 억원〉

항목	2016	2017
영업활동	363	578
투자활동	-322	-279
재무활동	-53	-254
순현금흐름	-13	34
기말현금	167	201

시장 대비 수익률

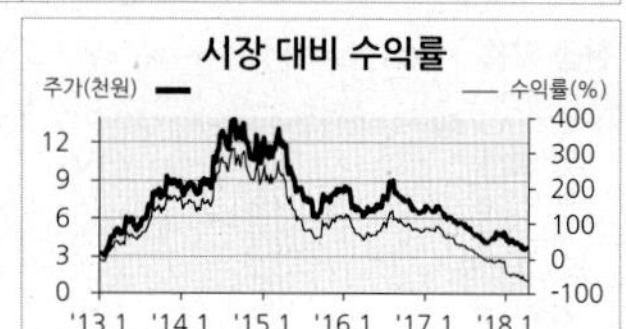

결산 실적 〈단위 : 억원〉

항목	2012	2013	2014	2015	2016	2017
매출액	1,353	1,927	2,445	3,048	3,432	2,611
영업이익	85	117	295	185	266	9
당기순이익	77	114	279	86	189	82

분기 실적 〈단위 : 억원〉

항목	2016.3Q	2016.4Q	2017.1Q	2017.2Q	2017.3Q	2017.4Q
매출액	667	974	722	537	609	743
영업이익	49	80	27	-6	2	-13
당기순이익	10	89	-13	8	59	29

재무 상태 〈단위 : 억원〉

항목	2012	2013	2014	2015	2016	2017
총자산	2,216	2,274	3,161	4,161	4,163	3,641
유형자산	1,054	1,236	1,679	2,486	2,508	2,235
무형자산	4	5	5	5	5	5
유가증권	31	38	19	27	15	20
총부채	1,594	1,514	2,126	3,050	2,918	2,364
총차입금	1,112	995	1,182	1,529	1,504	1,218
자본금	68	68	68	68	68	68
총자본	622	760	1,035	1,111	1,245	1,277
지배주주지분	622	760	1,035	1,111	1,245	1,277

기업가치 지표

항목	2012	2013	2014	2015	2016	2017
주가(최고/저)(천원)	4.0/1.8	9.8/2.9	14.1/7.8	13.1/5.9	9.1/6.2	7.1/4.1
PER(최고/저)(배)	7.6/3.5	12.3/3.7	7.2/4.0	21.7/9.7	6.7/4.6	11.9/6.9
PBR(최고/저)(배)	0.9/0.4	1.9/0.6	2.0/1.1	1.7/0.8	1.0/0.7	0.7/0.4
EV/EBITDA(배)	7.0	7.0	5.0	5.4	3.4	4.5
EPS(원)	567	847	2,064	635	1,401	604
BPS(원)	4,689	5,623	7,656	8,222	9,400	9,634
CFPS(원)	1,394	2,200	3,305	2,594	4,107	3,265
DPS(원)	50	60	100	100	150	70
EBITDAPS(원)	1,456	2,217	3,426	3,330	4,676	2,729

재무 비율 〈단위 : %〉

연도	영업이익률	순이익률	부채비율	차입금비율	ROA	ROE	유보율	자기자본비율	EBITDA마진율
2017	0.4	3.1	185.2	95.4	2.1	6.5	1,826.8	35.1	14.1
2016	7.8	5.5	234.3	120.8	4.6	16.1	1,780.0	29.9	18.4
2015	6.1	2.8	274.5	137.6	2.3	8.0	1,544.4	26.7	14.8
2014	12.1	11.4	205.5	114.2	10.3	31.1	1,431.2	32.7	18.9

일진다이아몬드 (A081000)

Iljin Diamond

업　　종 : 금속 및 광물
신용등급 : (Bond) —　　(CP) —
홈페이지 : www.iljindiamond.co.kr
본　　사 : 충북 음성군 대소면 대금로 157

시　　장 : 거래소
기업규모 : 시가총액 소형주
연 락 처 : 043)879-4800

설립일	2004.12.02	**종업원수**	448명	**대표이사**	정병국
상장일	2004.12.22	**감사의견**	적정(한영)	**계열**	
결산기	12월	**보통주**		**종속회사수**	6개사
액면가	1,000원	**우선주**		**구상호**	

주주구성 (지분율,%)		출자관계 (지분율,%)		주요경쟁사 (외형,%)	
일진홀딩스	55.6	일진복합소재	83.0	일진다이아	100
국민연금공단	4.1			서원	208
(외국인)	0.8			CS홀딩스	98

매출구성		비용구성		수출비중	
Diamond Grit,Cutting Tool Blanks	90.1	매출원가율	73.2	수출	80.4
Hard Metal	9.9	판관비율	17.5	내수	19.6

회사 개요

동사는 2004년에 설립되어 공업용 다이아몬드 분말과 소결체의 제조 및 판매하는 업체임. 동사가 제조하는 공업용 다이아몬드는 기계, 금속, 자동차, 건축, 토목, 광산, 전자산업, 태양광, LED 등 거의 모든 산업에 핵심 소재로 사용되고 있음. 공업용 합성다이아몬드와 그 연관제품을 제조 · 판매하고 있는 회사는 국내에 동사가 유일함. 동사는 분말 야금을 판매하는 마그마툴, 초경량복합재 제조 판매업체인 일진복합소재 등을 종속회사로 두고 있음.

실적 분석

동사의 2017년 연결기준 매출액은 1,236.9억원, 영업이익 114.9억원, 당기순이익 73.6억원, 매출총이익율은 26.79%, 영업이익률은 9.3%를 달성함. 매출과 영업이익, 당기순이익은 전년 대비 각각 14.1%, 79.7%, 58% 증가함. 동사는 신규사업으로 다이아몬드 와이어와 시추용 PDC(다결정 다이아몬드 커터) 개발을 진행 중임.

현금 흐름

〈단위 : 억원〉

항목	2016	2017
영업활동	118	146
투자활동	-35	-242
재무활동	-1	-26
순현금흐름	83	-125
기말현금	232	107

시장 대비 수익률

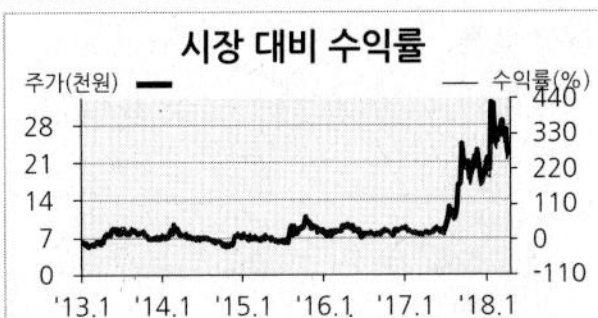

결산 실적

〈단위 : 억원〉

항목	2012	2013	2014	2015	2016	2017
매출액	963	877	909	1,096	1,084	1,237
영업이익	97	69	77	142	64	115
당기순이익	78	33	38	108	47	74

분기 실적

〈단위 : 억원〉

항목	2016.3Q	2016.4Q	2017.1Q	2017.2Q	2017.3Q	2017.4Q
매출액	278	278	280	295	321	340
영업이익	19	5	26	27	40	21
당기순이익	13	5	16	23	30	4

재무 상태

〈단위 : 억원〉

항목	2012	2013	2014	2015	2016	2017
총자산	1,344	1,338	1,390	1,410	1,465	1,569
유형자산	600	561	551	537	526	579
무형자산	35	34	34	32	37	45
유가증권	—	—	—	—	—	5
총부채	662	642	687	604	617	589
총차입금	444	404	356	275	290	215
자본금	113	113	113	113	113	113
총자본	682	696	702	807	848	981
지배주주지분	682	696	702	807	848	966

기업가치 지표

항목	2012	2013	2014	2015	2016	2017
주가(최고/저)(천원)	10.1/5.4	8.7/5.3	9.4/5.2	12.1/6.1	9.4/7.0	24.5/7.5
PER(최고/저)(배)	15.8/8.4	31.7/19.3	29.4/16.2	13.3/6.7	23.3/17.3	36.8/11.3
PBR(최고/저)(배)	1.8/1.0	1.5/0.9	1.6/0.9	1.8/0.9	1.3/1.0	2.9/0.9
EV/EBITDA(배)	6.8	8.3	7.7	5.5	8.6	13.2
EPS(원)	694	295	339	953	413	673
BPS(원)	6,050	6,176	6,229	7,153	7,521	8,568
CFPS(원)	1,251	826	814	1,439	940	1,204
DPS(원)	100	100	100	150	100	250
EBITDAPS(원)	1,420	1,146	1,155	1,749	1,093	1,549

재무 비율

〈단위 : %〉

연도	영업 이익률	순 이익률	부채 비율	차입금 비율	ROA	ROE	유보율	자기자본 비율	EBITDA 마진율
2017	9.3	6.0	60.0	21.9	4.9	8.4	756.8	62.5	14.1
2016	5.9	4.3	72.7	34.2	3.2	5.6	652.1	57.9	11.4
2015	13.0	9.8	74.8	34.1	7.7	14.3	615.3	57.2	18.0
2014	8.4	4.2	97.9	50.7	2.8	5.5	522.9	50.5	14.3

일진디스플레이 (A020760)

Iljin Display

업　　종 : 디스플레이 및 관련부품
신용등급 : (Bond) —　　(CP) —
홈페이지 : www.iljindisplay.co.kr
본　　사 : 충북 음성군 대소면 대금로 157

시　　장 : 거래소
기업규모 : 시가총액 소형주
연 락 처 : 043)879-4747

설립일	1994.04.01	**종업원수**	470명	**대표이사**	박제승
상장일	2001.12.29	**감사의견**	적정(삼정)	**계열**	
결산기	12월	**보통주**		**종속회사수**	
액면가	500원	**우선주**		**구상호**	

주주구성 (지분율,%)		출자관계 (지분율,%)		주요경쟁사 (외형,%)	
허진규	25.1			일진디스플	100
일진머티리얼즈	12.4			신화인터텍	70
(외국인)	5.0			에스엔유	46

매출구성		비용구성		수출비중	
Touch Screen Panel	84.0	매출원가율	85.5	수출	94.8
Sapphire Wafer	16.0	판관비율	6.6	내수	5.2

회사 개요

동사는 LED 기판재료로 사용되는 사파이어웨이퍼 및 태블릿PC/스마트폰 등에 사용되는 터치스크린 공급. 사파이어웨이퍼는 2인치 기준 월 600K 생산라인 가동 중. 2인치와 4인치를 주력으로 양산 납품하고 있음. 터치패널은 정전용량방식 기술을 인정받아 2010년부터 각종 태블릿PC에 납품 중임. 최근에는 OLED 터치모듈 시장에 진출하면서 실적이 급속도로 좋아지고 있음.

실적 분석

동사의 2017년 연결 기준 연간 누적 매출액은 전년 대비 48.9% 증가한 2,512.9억원을 시현함. 매출이 늘면서 매출원가와 판관비도 늘었지만 매출 증가율이 매출원가 증가율을 상회하면서 영업이익은 전년 대비 흑자전환한 197.3억원을 시현함. 비영업손익 부문에서 적자폭이 대폭 감소하면서 당기순이익은 전년 -666.8억원에서 흑자전환한 175.6억원을 기록함.

현금 흐름

*IFRS 별도 기준 〈단위 : 억원〉

항목	2016	2017
영업활동	-215	366
투자활동	17	-59
재무활동	36	-110
순현금흐름	-163	195
기말현금	69	264

시장 대비 수익률

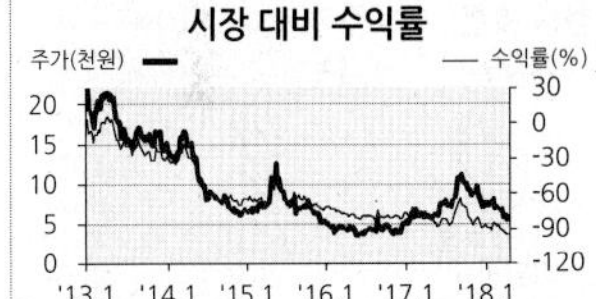

결산 실적

〈단위 : 억원〉

항목	2012	2013	2014	2015	2016	2017
매출액	5,965	6,591	4,542	3,122	1,688	2,513
영업이익	646	599	227	-131	-298	197
당기순이익	641	481	140	-236	-667	176

분기 실적

*IFRS 별도 기준 〈단위 : 억원〉

항목	2016.3Q	2016.4Q	2017.1Q	2017.2Q	2017.3Q	2017.4Q
매출액	410	427	708	596	603	606
영업이익	-63	-74	39	59	59	39
당기순이익	-54	-376	27	67	54	28

재무 상태

*IFRS 별도 기준 〈단위 : 억원〉

항목	2012	2013	2014	2015	2016	2017
총자산	2,726	2,502	2,541	2,213	1,539	1,675
유형자산	870	1,404	1,514	1,438	951	886
무형자산	175	131	72	22	13	10
유가증권	1	1	1	—	—	—
총부채	1,217	998	958	907	901	849
총차입금	368	313	476	557	597	485
자본금	137	142	142	142	142	142
총자본	1,509	1,504	1,583	1,307	638	827
지배주주지분	1,509	1,504	1,583	1,307	638	827

기업가치 지표

*IFRS 별도 기준

항목	2012	2013	2014	2015	2016	2017
주가(최고/저)(천원)	22.6/10.2	22.2/13.8	16.7/5.9	12.6/4.9	5.7/3.5	11.8/4.9
PER(최고/저)(배)	10.1/4.6	13.6/8.4	34.8/12.3	—/—	—/—	19.3/8.0
PBR(최고/저)(배)	4.3/2.0	4.4/2.7	3.1/1.1	2.8/1.1	2.6/1.6	4.1/1.7
EV/EBITDA(배)	7.9	6.4	5.5	30.3	—	7.6
EPS(원)	2,356	1,703	493	-833	-2,355	620
BPS(원)	5,504	5,314	5,594	4,618	2,257	2,922
CFPS(원)	2,705	2,175	1,108	-152	-1,651	1,039
DPS(원)	200	200	100	—	—	100
EBITDAPS(원)	2,721	2,591	1,416	217	-349	1,115

재무 비율

〈단위 : %〉

연도	영업 이익률	순 이익률	부채 비율	차입금 비율	ROA	ROE	유보율	자기자본 비율	EBITDA 마진율
2017	7.9	7.0	102.7	58.7	10.9	24.0	484.5	49.4	12.6
2016	-17.7	-39.5	141.2	93.6	-35.5	-68.6	351.5	41.5	-5.9
2015	-4.2	-7.6	69.4	42.6	-9.9	-16.3	823.5	59.0	2.0
2014	5.0	3.1	60.5	30.1	5.5	9.0	1,018.8	62.3	8.8

일진머티리얼즈 (A020150)
ILJIN MATERIALS

업　　종 : 전자 장비 및 기기
신용등급 : (Bond) —　　(CP) —
홈페이지 : www.iljinm.co.kr
본　　사 : 전북 익산시 석암로3길 63-25
시　　장 : 거래소
기업규모 : 시가총액 중형주
연 락 처 : 063)835-3616

설 립 일	1987.08.11	**종업원수**	468명	**대표이사**	허재명,주재환
상 장 일	2011.03.04	**감사의견**	적정(대주)	**계　　열**	
결 산 기	12월	**보 통 주**		**종속회사수**	5개사
액 면 가	500원	**우 선 주**		**구　상　호**	

주주구성 (지분율,%)		출자관계 (지분율,%)		주요경쟁사 (외형,%)	
허재명	56.4	일진유니스코	100.0	일진머티리얼즈	100
국민연금공단	5.1	오리진앤코	100.0	삼성SDI	1,392
(외국인)	3.5	삼영지주	100.0	삼성전기	1,506

매출구성		비용구성		수출비중	
Elecfoil	88.7	매출원가율	82.2	수출	88.6
기타	11.3	판관비율	6.9	내수	11.4

회사 개요

1987년 설립된 동사는 스마트폰, 텔레비전 등 모든 IT 전자제품과 리튬이온2차전지용 음극집전체에 사용되는 일렉포일(Elecfoil)의 제조 및 판매 사업을 영위함. 토목, 건설업을 영위하는 삼영글로벌, 유리 및 창호 공사업을 영위하는 일진유니스코, 부동산업을 영위하는 삼영지주, 의류 무역 및 도소매업을 영위하는 오리진앰코, 제조업을 영위하는 아이알앰을 연결대상 종속회사로 보유함.

실적 분석

동사의 2017년 연결 기준 연간 누적 매출액은 4540.4억원으로 전년 동기 대비 13.8% 증가함. 매출이 증가하면서 매출원가와 판관비도 늘었지만 매출 증가에 따른 고정비용 감소효과로 인해 영업이익은 전년 동기 대비 70.6% 증가한 495.2억원을 기록함. 금융손익이 흑자전환에 성공하면서 전체 비영업 부문 적자 폭이 줄면서 당기순이익은 전년 동기 대비 3.9% 증가한 421.9억원을 기록함.

현금 흐름 〈단위 : 억원〉

항목	2016	2017
영업활동	729	612
투자활동	-503	-2,195
재무활동	-235	1,802
순현금흐름	-13	197
기말현금	265	462

시장 대비 수익률

결산 실적 〈단위 : 억원〉

항목	2012	2013	2014	2015	2016	2017
매출액	3,932	3,500	4,148	3,934	3,990	4,540
영업이익	-68	-148	-285	144	290	495
당기순이익	-572	-90	-19	-633	406	422

분기 실적 〈단위 : 억원〉

항목	2016.3Q	2016.4Q	2017.1Q	2017.2Q	2017.3Q	2017.4Q
매출액	936	1,010	995	1,121	1,244	1,181
영업이익	62	87	140	144	140	72
당기순이익	40	130	108	185	145	-16

재무 상태 〈단위 : 억원〉

항목	2012	2013	2014	2015	2016	2017
총자산	4,699	5,808	5,961	4,367	3,908	6,503
유형자산	2,226	2,754	2,670	1,787	1,762	1,758
무형자산	227	240	264	71	56	44
유가증권	441	555	449	349	481	2,243
총부채	1,988	2,954	3,034	2,039	961	1,199
총차입금	672	1,167	1,989	940	132	117
자본금	196	196	196	196	196	230
총자본	2,711	2,854	2,927	2,328	2,947	5,304
지배주주지분	2,711	2,690	2,713	2,331	2,864	5,304

기업가치 지표

항목	2012	2013	2014	2015	2016	2017
주가(최고/저)(천원)	17.4/7.4	16.5/7.1	12.8/6.6	11.7/5.5	18.6/10.3	43.5/11.6
PER(최고/저)(배)	—/—	—/—	157.2/80.7	—/—	19.6/10.9	44.4/11.8
PBR(최고/저)(배)	2.7/1.1	2.5/1.1	2.0/1.0	2.1/1.0	2.7/1.5	3.8/1.0
EV/EBITDA(배)	19.2	36.7	81.6	10.3	10.4	20.8
EPS(원)	-1,409	-181	83	-944	968	997
BPS(원)	6,916	6,861	6,921	5,945	7,305	11,531
CFPS(원)	-760	569	962	-24	1,581	1,555
DPS(원)	—	—	—	—	50	650
EBITDAPS(원)	525	377	148	1,322	1,318	1,729

재무 비율 〈단위 : %〉

연도	영업이익률	순이익률	부채비율	차입금비율	ROA	ROE	유보율	자기자본비율	EBITDA마진율
2017	10.9	9.3	22.6	2.2	8.1	10.3	2,206.2	81.6	16.1
2016	7.3	10.2	32.6	4.5	9.8	15.1	1,361.0	75.4	13.0
2015	3.7	-16.1	87.6	40.4	-12.3	-15.2	1,089.0	53.3	13.2
2014	-6.9	-0.5	103.7	68.0	-0.3	1.3	1,284.1	49.1	1.4

일진전기 (A103590)
ILJIN ELECTRIC

업　　종 : 전기장비
신용등급 : (Bond) —　　(CP) —
홈페이지 : www.iljinelectric.co.kr
본　　사 : 경기도 화성시 만년로 905-17 (안녕동)
시　　장 : 거래소
기업규모 : 시가총액 소형주
연 락 처 : 031)220-0500

설 립 일	2008.07.02	**종업원수**	844명	**대표이사**	허정석,김희수
상 장 일	2008.08.01	**감사의견**	적정(한영)	**계　　열**	
결 산 기	12월	**보 통 주**		**종속회사수**	1개사
액 면 가	1,000원	**우 선 주**		**구　상　호**	

주주구성 (지분율,%)		출자관계 (지분율,%)		주요경쟁사 (외형,%)	
일진홀딩스	57.0	스마트파워	22.7	일진전기	100
알리안츠글로벌인베스터스자산운용	4.5	자본재공제조합	1.3	삼영전자	30
(외국인)	3.1			삼화콘덴서	26

매출구성		비용구성		수출비중	
동나선 및 알미늄 나선	39.9	매출원가율	90.2	수출	43.5
중전기기	23.0	판관비율	9.0	내수	56.5
전력 및 알미늄 나선	22.9				

회사 개요

동사는 배전용 금구류를 생산하는 일진금속을 모태로 일진전선, 일진, 일진중공업을 합병한 후 일진홀딩스로부터 인적분할하여 설립됨. 동사의 제품은 사업부문별로 전선(전력 및 절연선, 나선, 광통신케이블), 전력시스템(변압기, 수배전반, 모터 등), 기타부문(매연저감장치 등)으로 구분되며 사업부문별 매출 비중은 전선 79.03%, 전력시스템 20.96% 및 연결조정 -4.3% 등으로 구성됨. 국내 시장 경쟁심화에도 아시아, 중동 시장의 전력수요기대

실적 분석

세계적인 경기 침체 등의 불확실한 환경하에서 지속적인 원가절감활동과 고부가 수주 전략 및 프로세스 개선 등 노력의 결과 동사의 2017년 연결기준 매출액은 7,619.8억원으로 전년대비 12.4% 증가하였음. 외형 확대에도 판관비는 소폭 줄었으며 이에따라 영업이익은 전년대비 33.6% 증가한 59.7억원을 기록함. 다만 20.9억원의 당기순손실이 발생, 적자전환함.

현금 흐름 〈단위 : 억원〉

항목	2016	2017
영업활동	-100	45
투자활동	163	-246
재무활동	-41	159
순현금흐름	26	-42
기말현금	216	174

시장 대비 수익률

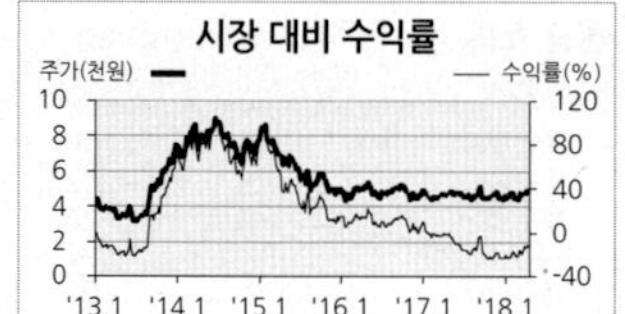

결산 실적 〈단위 : 억원〉

항목	2012	2013	2014	2015	2016	2017
매출액	9,868	8,001	7,707	7,146	6,781	7,620
영업이익	-67	202	305	142	45	60
당기순이익	-126	50	129	83	14	-21

분기 실적 〈단위 : 억원〉

항목	2016.3Q	2016.4Q	2017.1Q	2017.2Q	2017.3Q	2017.4Q
매출액	1,332	2,069	1,630	1,978	1,751	2,261
영업이익	-37	43	-37	75	32	-10
당기순이익	-43	45	-37	48	20	-51

재무 상태 〈단위 : 억원〉

항목	2012	2013	2014	2015	2016	2017
총자산	8,284	8,358	7,945	7,354	7,288	7,568
유형자산	4,874	5,008	3,910	3,786	3,720	3,766
무형자산	128	134	123	115	49	46
유가증권	27	27	26	27	27	32
총부채	5,117	5,294	4,810	4,142	4,088	4,388
총차입금	2,877	3,045	2,706	2,299	2,258	2,376
자본금	371	371	371	371	371	371
총자본	3,166	3,063	3,135	3,213	3,199	3,180
지배주주지분	3,166	3,063	3,135	3,213	3,199	3,180

기업가치 지표

항목	2012	2013	2014	2015	2016	2017
주가(최고/저)(천원)	6.7/3.6	7.5/2.9	9.2/6.3	8.6/4.6	5.4/4.3	5.4/4.4
PER(최고/저)(배)	—/—	58.8/23.1	27.8/18.9	40.0/21.4	144.2/115.2	—/—
PBR(최고/저)(배)	0.8/0.5	1.0/0.4	1.1/0.8	1.0/0.6	0.6/0.5	0.6/0.5
EV/EBITDA(배)	99.6	17.2	12.0	13.8	19.9	17.0
EPS(원)	-339	134	348	225	38	-56
BPS(원)	8,557	8,280	8,473	8,666	8,629	8,575
CFPS(원)	-49	484	732	614	439	356
DPS(원)	50	70	80	80	60	60
EBITDAPS(원)	110	894	1,208	771	522	573

재무 비율 〈단위 : %〉

연도	영업이익률	순이익률	부채비율	차입금비율	ROA	ROE	유보율	자기자본비율	EBITDA마진율
2017	0.8	-0.3	138.0	74.7	-0.3	-0.7	757.5	42.0	2.8
2016	0.7	0.2	127.8	70.6	0.2	0.4	762.9	43.9	2.9
2015	2.0	1.2	128.9	71.6	1.1	2.6	766.6	43.7	4.0
2014	4.0	1.7	153.4	86.3	1.6	4.2	747.3	39.5	5.8

일진파워 (A094820)
ILJIN Power

업　　종 : 에너지 시설 및 서비스
신용등급 : (Bond) —　　(CP) —
홈페이지 : www.ijeng.com
본　　사 : 울산시 울주군 온산읍 산암로 42
시　　장 : KOSDAQ
기업규모 : 중견
연 락 처 : 052)237-5330

설 립 일	1990.03.01	**종업원수**	688명	**대표이사**	이광섭
상 장 일	2007.11.06	**감사의견**	적정(리안)	**계　　열**	
결 산 기	12월	**보 통 주**		**종속회사수**	1개사
액 면 가	500원	**우 선 주**		**구　　상　　호**	일진에너지

주주구성 (지분율,%)		출자관계 (지분율,%)		주요경쟁사 (외형,%)	
신영자산운용	23.9	일진에너지	100.0	일진파워	100
이광섭	23.7	한국파워엔지니어링서비스	35.0	제이씨케미칼	122
(외국인)	2.0	SPC	6.6	제이엔케이히터	85

매출구성		비용구성		수출비중	
공사매출(경상정비사업)(공사)	95.0	매출원가율	82.6	수출	13.2
공사매출(ENG사업부문업)(공사)	5.0	판관비율	4.8	내수	86.8
제품매출(제품)	0.1				

회사 개요

동사는 원자력발전소의 기계설비에 대한 보수 및 제작을 영위하고 있으며 설립이래 화공기계설비제작, 산업기계설비제작, 플랜트설계시공, 플랜트기술용역 등의 수행을 통해 풍부한 경험의 설계인력과 화공기계 자체 제조 능력을 보유하고 있음. 또한 플랜트의 설계부터 구매조달, 시공에 이르기까지의 턴키공사 등의 체계를 갖추었으며 신재생에너지 관련 기기제작 및 시공업을 사업목적 추가하여 영위 중에 있음.

실적 분석

동사는 화공기기 제작회사인 일진에너지를 연결대상 종속회사로 보유 중임. 2017년 4분기 연결기준 누적 매출액은 신규사업소 개소에 따른 증가로 전년동기 대비 6.0% 증가한 1,407.4억원을 시현함. 외형성장의 영향으로 판관비가 전년동기 대비 큰 폭으로 증가했음에도 영업이익은 전년동기 대비 116.6% 증가한 177.7억원을 시현했음. 이에 따라 당기순이익은 전년동기 대비 119.1% 증가한 146.0억원을 기록했음.

현금 흐름 〈단위 : 억원〉

항목	2016	2017
영업활동	251	193
투자활동	-20	4
재무활동	-43	-140
순현금흐름	187	57
기말현금	204	261

시장 대비 수익률

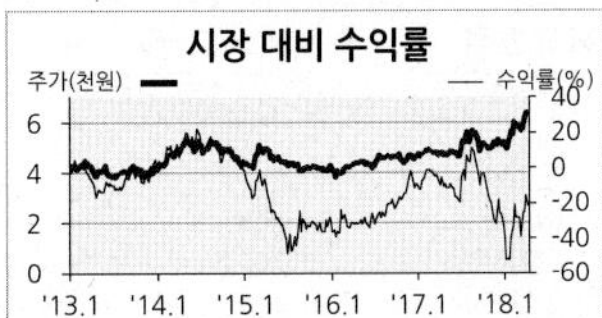

결산 실적 〈단위 : 억원〉

항목	2012	2013	2014	2015	2016	2017
매출액	1,333	1,053	1,133	1,185	1,327	1,407
영업이익	27	63	83	82	82	178
당기순이익	5	44	53	29	67	146

분기 실적 〈단위 : 억원〉

항목	2016.3Q	2016.4Q	2017.1Q	2017.2Q	2017.3Q	2017.4Q
매출액	302	426	341	430	273	363
영업이익	21	4	26	52	33	68
당기순이익	24	1	24	49	42	31

재무 상태 〈단위 : 억원〉

항목	2012	2013	2014	2015	2016	2017
총자산	1,127	1,098	984	1,049	1,147	1,156
유형자산	446	446	424	457	409	400
무형자산	31	24	19	13	12	13
유가증권	5	6	9	10	12	14
총부채	554	511	369	436	494	377
총차입금	314	247	177	166	146	34
자본금	75	75	75	75	75	75
총자본	573	587	615	613	653	780
지배주주지분	573	587	615	613	653	780

기업가치 지표

항목	2012	2013	2014	2015	2016	2017
주가(최고/저)(천원)	5.6/3.6	4.5/3.6	5.3/4.1	5.1/4.0	4.8/3.8	5.8/4.6
PER(최고/저)(배)	196.8/125.9	18.2/14.6	17.8/13.8	29.7/23.0	11.6/9.4	6.3/4.9
PBR(최고/저)(배)	1.8/1.1	1.3/1.1	1.5/1.1	1.4/1.1	1.2/0.9	1.2/0.9
EV/EBITDA(배)	23.7	11.9	8.9	8.3	6.7	2.8
EPS(원)	35	294	348	194	442	968
BPS(원)	3,864	4,011	4,198	4,179	4,446	5,286
CFPS(원)	139	417	481	331	585	1,101
DPS(원)	130	150	170	170	200	220
EBITDAPS(원)	282	538	686	682	687	1,311

재무 비율 〈단위 : %〉

연도	영업이익률	순이익률	부채비율	차입금비율	ROA	ROE	유보율	자기자본비율	EBITDA마진율
2017	12.6	10.4	48.3	4.4	12.7	20.4	957.3	67.4	14.1
2016	6.2	5.0	75.7	22.4	6.1	10.5	789.2	56.9	7.8
2015	6.9	2.5	71.2	27.1	2.9	4.8	735.8	58.4	8.7
2014	7.4	4.6	59.9	28.7	5.0	8.7	739.5	62.5	9.1

일진홀딩스 (A015860)
Iljin Holdings

업　　종 : 전기장비
신용등급 : (Bond) —　　(CP) —
홈페이지 : www.iljin.co.kr
본　　사 : 경기도 화성시 만년로 905-17
시　　장 : 거래소
기업규모 : 시가총액 소형주
연 락 처 : 031)220-0500

설 립 일	1982.01.27	**종업원수**	9명	**대표이사**	허정석
상 장 일	1990.03.22	**감사의견**	적정(한영)	**계　　열**	
결 산 기	12월	**보 통 주**		**종속회사수**	8개사
액 면 가	1,000원	**우 선 주**		**구　　상　　호**	

주주구성 (지분율,%)		출자관계 (지분율,%)		주요경쟁사 (외형,%)	
허정석	29.1	일진디앤코	100.0	일진홀딩스	100
일진파트너스	24.6	알피니언메디칼시스템	94.1	대한전선	168
(외국인)	1.0	아이텍	70.0	LS	1,007

매출구성		비용구성		수출비중	
나동선, 알루미늄, 나선, 전력선,절연선 등	60.9	매출원가율	85.9	수출	—
변압기, 중전기 등	19.3	판관비율	13.4	내수	—
Diamond Grit 외	11.6				

회사 개요

동사는 1982년 1월 27일 일진전기공업으로 설립되었으며, 2008년 7월 1일 순수지주회사로 변경됨. 2016년 12월말 기준 일진전기, 일진다이아몬드, 일진디앤코, 아이텍, 전주방송, 알피니언메디칼시스템, 아트테크 등 총 7개 자회사와 11개의 손자회사를 두고 있음. 동사는 별도의 사업을 영위하지 않는 순수지주회사로 일진상표권의 소유주로 브랜드의 가치 제고 및 육성, 보호 활동을 종합적으로 수행해 나가고 있음.

실적 분석

동사의 2017년 연결기준 연간 누적 매출액은 9447.2억원으로 전년 동기 대비 11.2% 증가함. 매출이 증가하면서 매출원가도 늘었지만 판매비와 관리비는 오히려 감소하면서 영업이익은 전년 동기 대비 138.6% 증가한 63.2억원을 기록함. 비영업 부문에서 외환 손실 등으로 인해 적자 규모가 확대되면서 당기순손실은 197.9억원으로 전년 동기(-114.3억원) 대비 적자 규모가 확대됨.

현금 흐름 〈단위 : 억원〉

항목	2016	2017
영업활동	-7	252
투자활동	108	-533
재무활동	159	149
순현금흐름	202	-177
기말현금	600	423

시장 대비 수익률

결산 실적 〈단위 : 억원〉

항목	2012	2013	2014	2015	2016	2017
매출액	11,090	9,543	9,317	8,909	8,493	9,447
영업이익	-84	326	417	306	16	65
당기순이익	-245	63	205	210	-114	-198

분기 실적 〈단위 : 억원〉

항목	2016.3Q	2016.4Q	2017.1Q	2017.2Q	2017.3Q	2017.4Q
매출액	1,729	2,538	2,052	2,414	2,081	2,900
영업이익	-44	-1	-13	88	-2	-7
당기순이익	-27	-51	-34	-38	-35	-91

재무 상태 〈단위 : 억원〉

항목	2012	2013	2014	2015	2016	2017
총자산	11,088	11,161	11,184	10,565	10,658	10,793
유형자산	5,654	5,742	4,590	4,445	4,542	4,680
무형자산	501	516	461	458	412	347
유가증권	92	87	55	63	63	75
총부채	6,913	7,123	6,788	5,904	6,136	6,292
총차입금	4,220	4,265	3,830	3,442	3,667	3,641
자본금	499	499	499	499	499	499
총자본	4,174	4,038	4,397	4,661	4,522	4,502
지배주주지분	2,413	2,342	2,644	2,969	2,809	2,684

기업가치 지표

항목	2012	2013	2014	2015	2016	2017
주가(최고/저)(천원)	2.2/1.5	3.6/1.5	7.8/3.6	16.9/5.9	12.9/5.3	6.8/4.3
PER(최고/저)(배)	—/—	66.3/28.6	29.0/13.4	66.2/23.1	—/—	—/—
PBR(최고/저)(배)	0.4/0.3	0.7/0.3	1.4/0.7	2.7/0.9	2.2/0.9	1.2/0.8
EV/EBITDA(배)	57.8	15.7	13.0	19.8	27.7	24.1
EPS(원)	-434	56	275	260	-276	-398
BPS(원)	5,630	5,486	5,696	6,356	6,030	5,778
CFPS(원)	-44	502	735	728	247	82
DPS(원)	30	50	70	70	30	—
EBITDAPS(원)	215	944	1,290	1,077	576	608

재무 비율 〈단위 : %〉

연도	영업이익률	순이익률	부채비율	차입금비율	ROA	ROE	유보율	자기자본비율	EBITDA마진율
2017	0.7	-2.1	139.8	80.9	-1.9	-7.1	472.0	41.7	3.2
2016	0.2	-1.4	135.7	81.1	-1.1	-4.7	496.9	42.4	3.4
2015	3.4	2.4	126.7	73.9	1.9	4.6	529.1	44.1	6.0
2014	4.5	2.2	154.4	87.1	1.8	5.5	463.8	39.3	6.8

잇츠한불 (A226320)

IT'S HANBUL CO

업　　종 : 개인생활용품
신용등급 : (Bond) —　　(CP) —
홈페이지 : www.itsskin.com
본　　사 : 서울시 강남구 언주로 634(논현동 249번지)
시　　장 : 거래소
기업규모 : 시가총액 중형주
연 락 처 : 02)3450-0343

설 립 일	2006.02.07	**종업원수**	284명	**대표이사**	홍동석
상 장 일	2015.12.28	**감사의견**	적정(삼덕)	**계　　열**	
결 산 기	12월	**보 통 주**		**종속회사수**	3개사
액 면 가	500원	**우 선 주**		**구 상 호**	

주주구성 (지분율,%)		출자관계 (지분율,%)		주요경쟁사 (외형,%)	
임병철	35.3	네오팜	31.0	잇츠한불	100
임진범	15.7	한불화장품(호주)	100.0	아모레퍼시픽	2,085
(외국인)	3.4	It'sskinChina.	100.0	아모레G	2,453

매출구성		비용구성		수출비중	
스킨케어 기초	70.1	매출원가율	36.8	수출	—
스킨케어 베이직	22.0	판관비율	44.8	내수	—
베이스 메이크업	4.7				

회사 개요

동사는 2006년 2월 7일에 설립된 화장품 산업을 주요목적으로 하는 기업으로 피부 고민별로 해결책을 제시하는 클리니컬 스킨 솔루션 코스메틱 컨셉으로 피부고민을 집중적으로 탐구하는 체계적이고 신뢰적인 뷰티 브랜드임. 동사는 국내에 직영점 3개, 가맹점 115개, 유통점 109개, 면세점 28개 등 총255개의 매장을 보유하고 있으며, 해외 총 22개국에 진출하였음. 동사의 타겟연령대는 20세~40세이며, 서브타겟은 10세~20세임.

실적 분석

2017년 5월 모회사인 한불화장품과의 합병으로 생산부터 R&D, 마케팅, 유통까지 아우르는 종합 화장품 기업 '잇츠한불'로 출범하였음. 동사의 2017년 연간 매출액은 전년동기대비 24.6% 하락한 2,457.4억원을 기록하였으나 성장세는 여전히 유효하다 보고있음. 외형이 확대되었고 자회사 네오팜이 안정적으로 성장하고 있으며 중국 공장도 본격적으로 가동되는 등 다양한 매출 성장 요인이 기대요인으로 작용함.

현금 흐름

〈단위 : 억원〉

항목	2016	2017
영업활동	414	288
투자활동	-138	-312
재무활동	-607	-131
순현금흐름	-329	-167
기말현금	697	530

시장 대비 수익률

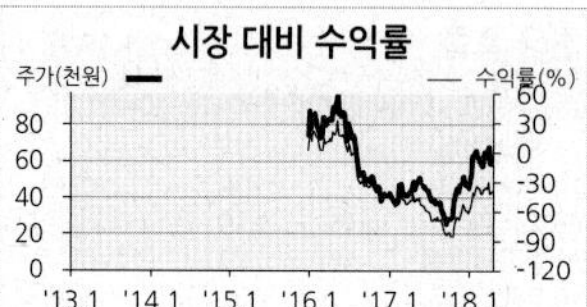

결산 실적

〈단위 : 억원〉

항목	2012	2013	2014	2015	2016	2017
매출액	318	524	2,419	3,096	3,261	2,457
영업이익	28	84	991	1,118	909	454
당기순이익	22	66	763	837	667	420

분기 실적

〈단위 : 억원〉

항목	2016.3Q	2016.4Q	2017.1Q	2017.2Q	2017.3Q	2017.4Q
매출액	685	854	541	427	557	932
영업이익	197	204	133	-15	83	253
당기순이익	131	143	109	12	68	230

재무 상태

〈단위 : 억원〉

항목	2012	2013	2014	2015	2016	2017
총자산	103	266	1,548	3,880	5,394	5,624
유형자산	20	34	77	88	419	447
무형자산	1	3	12	13	730	745
유가증권	—	—	827	2,644	2,890	3,047
총부채	76	165	745	712	1,312	931
총차입금	—	—	—	—	351	401
자본금	40	40	40	44	46	110
총자본	27	100	802	3,168	4,081	4,693
지배주주지분	27	100	802	3,168	2,157	4,373

기업가치 지표

항목	2012	2013	2014	2015	2016	2017
주가(최고/저)(천원)	#VALUE!	—/—	—/—	—/—	—/—	—/—
PER(최고/저)(배)	0.0/0.0	0.0/0.0	0.0/0.0	14.7/14.2	49.0/19.1	39.2/18.3
PBR(최고/저)(배)	0.0/0.0	0.0/0.0	0.0/0.0	4.2/4.1	8.1/3.2	2.6/1.2
EV/EBITDA(배)	—	—	—	8.6	6.3	13.4
EPS(원)	139	412	4,771	5,207	2,033	1,345
BPS(원)	332	1,255	10,529	36,266	12,348	19,940
CFPS(원)	504	1,059	9,877	10,991	2,476	1,752
DPS(원)	—	—	—	1,915	701	600
EBITDAPS(원)	573	1,291	12,718	14,486	5,645	2,625

재무 비율

〈단위 : %〉

연도	영업이익률	순이익률	부채비율	차입금비율	ROA	ROE	유보율	자기자본비율	EBITDA마진율
2017	18.5	17.1	19.8	8.5	7.6	8.4	3,888.0	83.4	21.9
2016	27.9	20.5	32.2	8.6	14.4	13.3	4,542.1	75.7	30.3
2015	36.1	27.0	22.5	0.0	30.8	42.2	7,153.1	81.7	37.6
2014	41.0	31.6	92.9	0.0	84.2	169.1	2,005.8	51.8	42.1

잉글우드랩 (A950140)

ENGLEWOOD LAB

업　　종 : 개인생활용품
신용등급 : (Bond) —　　(CP) —
홈페이지 : www.englewoodlab.com
본　　사 : 88 W. SHEFFIELD AVENUE, ENGLEWOOD, NJ, 07631, USA
시　　장 : KOSDAQ
기업규모 :
연 락 처 : 1-201-567-2267

설 립 일	2015.08.20	**종업원수**	341명	**대표이사**	DavidC.Chung
상 장 일	2016.10.14	**감사의견**	적정(삼일)	**계　　열**	
결 산 기	12월	**보 통 주**		**종속회사수**	3개사
액 면 가	—	**우 선 주**		**구 상 호**	

주주구성 (지분율,%)		출자관계 (지분율,%)		주요경쟁사 (외형,%)	
		아이오케이컴퍼니	11.3	잉글우드랩	100
				한국화장품	191
(외국인)	45.6			코리아나	141

매출구성		비용구성		수출비중	
CREAM	50.2	매출원가율	0.0	수출	—
OTHERS	17.8	판관비율	0.0	내수	—
SERUM	12.9				

회사 개요

동사의 주요 자회사이자 실질적인 영업을 영위하는 잉글우드랩 유한회사는 미국 내에서 화장품 제조업을 영위하고 있으며, 기초화장품의 ODM(생산자 개발방식)제조 및 OEM(주문자 상표부착방식) 제조를 주된 영업활동으로 하고 있음. 잉글우드랩은 한국 및 아시아시장 진출을 위해 2017년 02월 화장품 OEM/ODM 전문 기업인 엔에스텍의 지분 100%를 인수하고 주식회사 잉글우드랩코리아로 사명을 변경함.

실적 분석

동사의 2017년 3분기 매출액은 전년동기 대비 8.6% 상승하였으나, 원가상승 및 비영업손실 발생으로 당기순손실 100.4억원을 시현함. 잉글우드랩코리아를 설립하여 한국 및 아시아 시장으로의 진출을 신규사업으로 준비중임. 설립 이후 주로 기초 화장품 생산에 전념해 왔지만 올해부터는 색조화장품 시장에 진출한다는 계획임. 미국에서는 뉴저지주 토토와에 위치한 약 3000평 규모의 제2공장을 매입했고 국내에서는 인천 남동공단에 공장 설비를 구축함.

현금 흐름

〈단위 : 억원〉

항목	2016	2017
영업활동	-35	—
투자활동	-157	—
재무활동	394	—
순현금흐름	202	—
기말현금	211	—

시장 대비 수익률

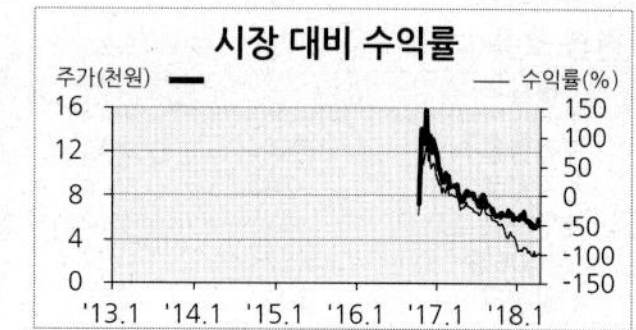

결산 실적

〈단위 : 억원〉

항목	2012	2013	2014	2015	2016	2017
매출액	—	—	390	596	792	—
영업이익	—	—	46	62	70	—
당기순이익	—	—	44	55	-3	—

분기 실적

〈단위 : 억원〉

항목	2016.3Q	2016.4Q	2017.1Q	2017.2Q	2017.3Q	2017.4Q
매출액	227	199	203	230	204	—
영업이익	25	12	16	-31	-27	—
당기순이익	-6	-16	12	-66	-46	—

재무 상태

〈단위 : 억원〉

항목	2012	2013	2014	2015	2016	2017
총자산	—	—	166	464	845	—
유형자산	—	—	16	30	85	—
무형자산	—	—	—	—	—	—
유가증권	—	—	4	—	105	—
총부채	—	—	101	196	97	—
총차입금	—	—	48	111	—	—
자본금	—	—	27	38	59	—
총자본	—	—	65	268	748	—
지배주주지분	—	—	65	268	748	—

기업가치 지표

항목	2012	2013	2014	2015	2016	2017
주가(최고/저)(천원)	—/—	—/—	—/—	—/—	—/—	—/—
PER(최고/저)(배)	0.0/0.0	0.0/0.0	0.0/0.0	0.0/0.0	—/—	0.0/0.0
PBR(최고/저)(배)	0.0/0.0	0.0/0.0	0.0/0.0	0.0/0.0	4.7/1.9	0.0/0.0
EV/EBITDA(배)	0.0	0.0	0.8	1.5	25.6	0.0
EPS(원)	—	—	—	341	-20	—
BPS(원)	—	—	—	2,065	3,863	—
CFPS(원)	—	—	—	380	35	—
DPS(원)	—	—	—	—	—	—
EBITDAPS(원)	—	—	—	421	550	—

재무 비율

〈단위 : %〉

연도	영업이익률	순이익률	부채비율	차입금비율	ROA	ROE	유보율	자기자본비율	EBITDA마진율
2017	0.0	0.0	0.0	0.0	0.0	0.0	0.0	0.0	0.0
2016	8.9	-0.4	12.9	0.0	-0.4	-0.6	1,178.6	88.6	9.9
2015	10.4	9.3	73.4	41.6	17.6	33.3	604.7	57.7	11.4
2014	11.9	11.3	156.7	74.8	0.0	0.0	135.2	39.0	13.2

잉크테크 (A049550)
Inktec

업 종 : 컴퓨터 및 주변기기
신용등급 : (Bond) — (CP) —
홈페이지 : www.inktec.com
본 사 : 경기도 안산시 단원구 능안로 98-12

시 장 : KOSDAQ
기업규모 : 벤처
연 락 처 : 031)494-0001

설 립 일	1992.06.17	종업원수	320명	대표이사	정광춘
상 장 일	2002.02.20	감사의견	적정(정진)	계 열	
결 산 기	12월	보 통 주		종속회사수	
액 면 가	500원	우 선 주		구 상 호	

주주구성 (지분율,%)		출자관계 (지분율,%)		주요경쟁사 (외형,%)	
정광춘	14.8	InkTecEurope	100.0	잉크테크	100
대솔아이엔티	4.1			엠젠플러스	94
(외국인)	0.5			아이리버	121

매출구성		비용구성		수출비중	
산업용잉크	31.2	매출원가율	76.1	수출	59.2
잉크/코팅	20.6	판관비율	35.9	내수	40.8
Media, Toner 등	17.2				

회사 개요

동사는 DESKTOP(OA) 프린터 잉크, 실사용 프린터 잉크, UV잉크젯경화프린터, 인쇄전자 사업의 LCD, LED용 및 반사갓용 반사필름, Paste Ink 등을 생산 판매하고 있으며 미디어 용지, 토너 등과 같은 상품도 판매하고 있음. 고품질 UV잉크와 UV프린터를 동시에 제공하는 토탈 솔루션 차별화 전략으로 관련 시장에서 점유율을 높여 나갈 계획임. 또한 동사는 인쇄전자용 잉크 및 인쇄전자 분야의 응용 제품으로 사업영역을 확대하고 있음.

실적 분석

동사의 2017년 결산 연결기준 매출액은 전년대비 21.7% 감소한 576.1억원을 기록함. 매출액 감소는 전방산업 위축과 신규사업 부진 등에 기인함. 외형 축소에 따른 고정비 부담 증가로 영업손실 69.2억원, 당기순손실 220.4억원을 보임. 당기순손실 확대는 FPCB 사업 철수에 따른 일회성 비용 증가 등에 기인함. 동사는 당기중 운영자금 사용목적으로 보통주 570만주(145.9억원) 규모의 주주배정 유상증자를 실행함.

현금 흐름 〈단위 : 억원〉

항목	2016	2017
영업활동	50	-46
투자활동	-44	133
재무활동	-14	-90
순현금흐름	-8	-4
기말현금	22	18

시장 대비 수익률

결산 실적 〈단위 : 억원〉

항목	2012	2013	2014	2015	2016	2017
매출액	810	898	856	772	735	576
영업이익	55	28	-50	-43	13	-69
당기순이익	18	5	-123	-195	-55	-220

분기 실적 〈단위 : 억원〉

항목	2016.3Q	2016.4Q	2017.1Q	2017.2Q	2017.3Q	2017.4Q
매출액	184	180	155	150	135	136
영업이익	1	10	-19	-34	-28	12
당기순이익	-16	-29	-38	-30	5	-157

재무 상태 〈단위 : 억원〉

항목	2012	2013	2014	2015	2016	2017
총자산	1,046	1,423	1,392	1,267	1,212	1,096
유형자산	411	607	708	637	598	616
무형자산	170	185	162	101	103	41
유가증권	3	3	3	3	3	3
총부채	657	928	971	1,045	973	662
총차입금	441	686	715	746	669	384
자본금	43	45	46	46	50	83
총자본	389	495	421	222	238	434
지배주주지분	388	493	419	222	238	434

기업가치 지표

항목	2012	2013	2014	2015	2016	2017
주가(최고/저)(천원)	29.6/12.8	39.1/20.1	25.6/9.8	13.3/5.2	12.3/4.8	7.6/3.4
PER(최고/저)(배)	130.3/56.4	767.3/394.5	—/—	—/—	—/—	—/—
PBR(최고/저)(배)	5.8/2.5	6.4/3.3	5.1/2.0	4.7/1.8	4.7/1.8	2.8/1.2
EV/EBITDA(배)	21.5	24.5	56.7	39.1	17.4	—
EPS(원)	200	45	-1,297	-2,016	-533	-2,031
BPS(원)	5,071	5,994	4,920	2,761	2,563	2,713
CFPS(원)	981	921	-509	-1,385	117	-1,548
DPS(원)	—	—	—	—	—	—
EBITDAPS(원)	1,470	1,210	354	370	846	-154

재무 비율 〈단위 : %〉

연도	영업이익률	순이익률	부채비율	차입금비율	ROA	ROE	유보율	자기자본비율	EBITDA 마진율
2017	-12.0	-38.3	152.6	88.6	-19.1	-65.6	423.0	39.6	-2.9
2016	1.7	-7.5	408.4	280.5	-4.5	-24.1	381.5	19.7	10.7
2015	-5.6	-25.3	469.5	335.3	-14.7	-60.9	416.4	17.6	4.2
2014	-5.8	-14.4	230.8	169.9	-8.7	-27.0	820.1	30.2	3.5

자비스 (A230400)
XAVIS CO

업 종 : 의료 장비 및 서비스
신용등급 : (Bond) — (CP) —
홈페이지 : www.xavis.co.kr
본 사 : 경기도 성남시 중원구 사기막골로 177, 619

시 장 : KONEX
기업규모 : —
연 락 처 : 031)740-3800

설 립 일	2002.04.06	종업원수	62명	대표이사	김형철
상 장 일	2015.11.17	감사의견	적정(삼정)	계 열	
결 산 기	12월	보 통 주		종속회사수	
액 면 가	—	우 선 주		구 상 호	

주주구성 (지분율,%)		출자관계 (지분율,%)		주요경쟁사 (외형,%)	
김형철	81.9	XAVIS(HK)	100.0	자비스	100
이경구	2.4			아진엑스텍	197
				하이셈	145

매출구성		비용구성		수출비중	
Xscan	52.8	매출원가율	67.0	수출	35.4
Fscan	30.8	판관비율	31.7	내수	64.6
기타(A/S 등)	16.5				

회사 개요

동사는 2002년에 설립돼 X-Ray와 Machine Vision, 공장자동화(FA)장비용 소프트웨어를 활용하여 X-Ray 장비 및 시스템을 개발, 생산함. 주요 제품구성은 X-Ray를 이용한 반도체 및 산업용 부품제 등의 외관 및 내부 상태를 검사하는 제품 Xscan과 식품 내 이물질을 검사하는 제품 Fscan으로 구분됨. 매출 구성은 당기 기준 Fscan 29.0%, Xscan 53.0%임. 2015년 12월 300만불 수출의 탑을 수상함.

실적 분석

동사의 2017년 연결기준 연간 누적 매출액은 전년동기 127.2억원 대비 9.2% 증가한 156.0억원을 기록함. 하지만 매출원가와 판관비 또한 증가하며 영업이익은 전년동기 대비 41.7% 감소한 2.1억원을 기록함. 비영업손실이 19.3억원을 보이며 당기순이익은 적자전환한 14.2억원의 손실을 기록함. 해외 판매 확대를 위해 기존 15여 개국에서 2017년 30개국, 2018년 40개국으로 제품 판매 대리점 확대를 추진중임.

현금 흐름 *IFRS 별도 기준 〈단위 : 억원〉

항목	2016	2017
영업활동	6	3
투자활동	-12	-13
재무활동	6	8
순현금흐름	-0	-2
기말현금	10	8

시장 대비 수익률

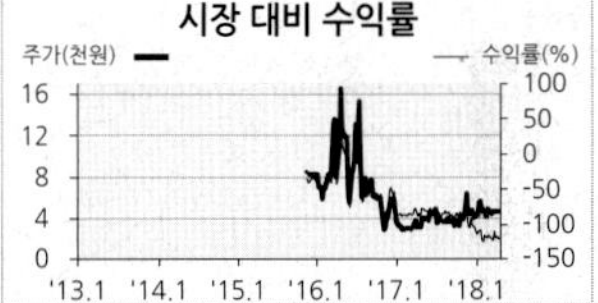

결산 실적 〈단위 : 억원〉

항목	2012	2013	2014	2015	2016	2017
매출액	109	116	124	127	143	156
영업이익	8	4	8	8	4	2
당기순이익	7	3	4	5	4	-14

분기 실적 *IFRS 별도 기준 〈단위 : 억원〉

항목	2016.3Q	2016.4Q	2017.1Q	2017.2Q	2017.3Q	2017.4Q
매출액	—	—	—	—	—	—
영업이익	—	—	—	—	—	—
당기순이익	—	—	—	—	—	—

재무 상태 *IFRS 별도 기준 〈단위 : 억원〉

항목	2012	2013	2014	2015	2016	2017
총자산	116	120	132	142	170	148
유형자산	19	18	21	22	29	26
무형자산	16	22	25	24	27	19
유가증권	2	2	—	—	—	0
총부채	65	67	96	72	96	88
총차입금	44	49	66	46	53	62
자본금	1	1	20	24	24	24
총자본	51	54	36	70	74	60
지배주주지분	51	54	36	70	74	60

기업가치 지표 *IFRS 별도 기준

항목	2012	2013	2014	2015	2016	2017
주가(최고/저)(천원)	—/—	—/—	—/—	—/—	—/—	—/—
PER(최고/저)(배)	0.0/0.0	0.0/0.0	0.0/0.0	64.5/60.7	182.1/27.6	—/—
PBR(최고/저)(배)	0.0/0.0	0.0/0.0	0.0/0.0	4.6/4.4	8.8/1.3	4.3/1.8
EV/EBITDA(배)	3.4	5.8	4.9	19.9	12.0	15.7
EPS(원)	169	63	98	132	93	-369
BPS(원)	391,678	411,592	11,355	1,831	1,924	1,555
CFPS(원)	80,279	50,567	2,007	301	354	-120
DPS(원)	—	—	—	—	—	—
EBITDAPS(원)	87,246	58,572	2,897	392	353	303

재무 비율 〈단위 : %〉

연도	영업이익률	순이익률	부채비율	차입금비율	ROA	ROE	유보율	자기자본비율	EBITDA 마진율
2017	1.3	-9.1	147.8	103.1	-8.9	-21.2	149.2	40.4	7.5
2016	2.5	2.5	130.0	71.5	2.3	5.0	208.3	43.5	9.5
2015	6.6	3.9	101.9	65.4	3.6	9.4	193.4	49.5	11.6
2014	6.0	3.2	270.3	184.2	3.1	8.8	74.3	27.0	9.4

자연과환경 (A043910)
Nature & Environment

업 종 : 상업서비스 | 시 장 : KOSDAQ
신용등급 : (Bond) — (CP) — | 기업규모 : 중견
홈페이지 : www.e-nne.co.kr | 연 락 처 : 041)852-3355
본 사 : 충남 공주시 우성면 보흥1길 116-28

설 립 일	1999.07.05	**종업원수**	53명	**대표이사**	이병용
상 장 일	2005.11.18	**감사의견**	적정(성율)	**계 열**	
결 산 기	12월	**보 통 주**		**종속회사수**	4개사
액 면 가	500원	**우 선 주**		**구 상 호**	

주주구성 (지분율,%)		출자관계 (지분율,%)		주요경쟁사 (외형,%)	
정대열	3.4	자연과환경스틸	100.0	자연과환경	100
쓰리디엔터	2.4	에코트라움	40.0	인선이엔티	1,211
(외국인)	1.6	다원피씨에스	15.4	C&S자산관리	1,527

매출구성		비용구성		수출비중	
조경, 녹화, 수질정화, 건설공사 외	67.1	매출원가율	95.0	수출	0.0
호안블록 및 투수블록등	21.8	판관비율	38.1	내수	100.0
토양오염복원 외 상품	9.0				

회사 개요
1999년 설립된 동사는 환경생태복원사업, 조경사업, 환경플랜트사업을 영위함. 2005년 코스닥 시장에 상장됨. 토양오염정화업을 영위하는 에코바이오, 스테인레스파이프 제조 등을 하는 자연과환경스틸 등 계열사를 두고 있음. 환경생태복원사업의 경우 조달청에 등록된 업체만 270여개 달함. 시장규모는 3000억원 규모로 동사의 점유율은 약 2% 임. 동사는 조경원예사업에서 약 10~15%(법면 자재 시장 기준)의 점유율을 차지함

실적 분석
동사의 2017년도 누적 매출액은 132.4억원으로 전년 동기(101.2억원) 대비 30.9% 증가함. 외형 증가에도 불구하고 영업손실은 43.8억원으로 적자지속함. 다만 전년 영업손실(52억원)보다 적자 폭이 줄어든 모습. 당기순손실도 전년보다 약 30억원 감소한 67.7억원을 기록함. 국토부가 하천정비사업에 총 6196억원을 편성했고 각 지자체에서도하천정비와 관련된 사업을 지속적으로 발주할 예정으로 실적 개선 기대됨.

현금 흐름 (단위 : 억원)

항목	2016	2017
영업활동	-47	-39
투자활동	-4	-62
재무활동	50	169
순현금흐름	1	67
기말현금	22	89

시장 대비 수익률
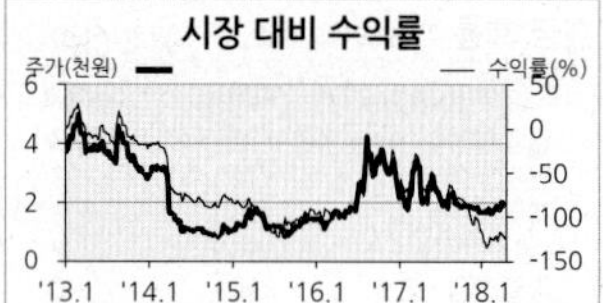

결산 실적 (단위 : 억원)

항목	2012	2013	2014	2015	2016	2017
매출액	458	165	129	98	101	132
영업이익	-71	1	5	4	-52	-44
당기순이익	-68	-69	-253	3	-97	-68

분기 실적 (단위 : 억원)

항목	2016.3Q	2016.4Q	2017.1Q	2017.2Q	2017.3Q	2017.4Q
매출액	28	19	18	35	33	47
영업이익	-4	-19	-7	-11	-7	-20
당기순이익	-5	-44	-7	-18	-8	-35

재무 상태 (단위 : 억원)

항목	2012	2013	2014	2015	2016	2017
총자산	783	654	437	360	356	482
유형자산	230	237	108	185	203	204
무형자산	55	33	7	6	3	0
유가증권	39	4	5	18	8	7
총부채	389	310	313	157	172	177
총차입금	197	163	94	122	120	114
자본금	439	457	59	99	110	170
총자본	395	344	124	202	185	305
지배주주지분	389	338	119	197	167	292

기업가치 지표

항목	2012	2013	2014	2015	2016	2017
주가(최고/저)(천원)	10.4/3.4	5.9/3.2	4.0/0.9	2.4/1.0	5.0/1.3	3.8/1.7
PER(최고/저)(배)	—/—	—/—	—/—	85.2/35.2	—/—	—/—
PBR(최고/저)(배)	2.5/0.8	1.7/0.9	4.3/1.0	2.3/0.9	6.3/1.6	4.4/1.9
EV/EBITDA(배)	—	20.3	17.4	35.7	—	—
EPS(원)	-710	-617	-2,098	24	-405	-211
BPS(원)	442	369	1,006	993	762	860
CFPS(원)	-61	-50	-2,498	77	-407	-187
DPS(원)	—	—	—	—	—	—
EBITDAPS(원)	-64	28	147	75	-212	-126

재무 비율 (단위 : %)

연도	영업이익률	순이익률	부채비율	차입금비율	ROA	ROE	유보율	자기자본비율	EBITDA마진율
2017	-33.1	-51.1	57.9	37.4	-16.1	-27.0	71.9	63.3	-27.9
2016	-51.4	-96.0	92.9	64.9	-27.1	-50.5	52.3	51.8	-43.2
2015	4.0	3.2	77.7	60.0	0.8	2.6	98.6	56.3	12.2
2014	4.1	-196.2	252.7	75.9	-46.4	-109.9	101.2	28.4	11.0

자이글 (A234920)
Zaigle

업 종 : 내구소비재 | 시 장 : KOSDAQ
신용등급 : (Bond) — (CP) — | 기업규모 : 우량
홈페이지 : www.zaigle.com | 연 락 처 : 02)3665-9192
본 사 : 서울시 강서구 허준로 217 가양테크노타운 11층 1114호

설 립 일	2008.12.30	**종업원수**	60명	**대표이사**	이진희
상 장 일	2016.09.06	**감사의견**	적정(광교)	**계 열**	
결 산 기	12월	**보 통 주**		**종속회사수**	1개사
액 면 가	500원	**우 선 주**		**구 상 호**	

주주구성 (지분율,%)		출자관계 (지분율,%)		주요경쟁사 (외형,%)	
이진희	64.7	메타포트	15.1	자이글	100
안선영	1.6	우성아이비	5.9	쿠쿠홀딩스	546
(외국인)	0.5	SHAOXINGZAIGLEELECTRICAPPLIANCE	100.0	코웨이	3,051

매출구성		비용구성		수출비중	
자이글 그릴(제품)	99.4	매출원가율	28.1	수출	10.7
웰빙가전(제품)	0.6	판관비율	64.7	내수	89.3

회사 개요
동사는 "휴먼 웰빙 라이프 전문 기업으로의 도약"을 모토로 건강과 환경을 생각하는 친환경 웰빙 관련 제품을 제조, 개발 및 수출하는 웰빙 생활가전 전문기업으로써, 2008년 12월 30일에 설립된 법인임. 동사 제품은 적외선램프 및 회전팬을 이용하여 상/하 양방향에서 음식물을 조리하는 방식으로 전기 프라이팬, 전기그릴과, 전자레인지, 전기오븐의 응용분야로 볼 수 있으며, 이들 제품들이 복합적으로 구현된 적외선 전기 가열 조리기에 해당됨.

실적 분석
동사의 2017년 매출은 825.0억원, 영업이익 59.5억원이며, 당기순이익은 51.6억원으로 전년 대비 각각 19.1%, 54.6%, 52.3% 감소함. 동사의 자산은 전기대비 3% 증가한 890억원이며 유형자산과 기타비유동금융자산의 증가가 주원인임. 부채는 24.4% 감소한 39억원으로, 기타유동금융부채및 당기법인세부채의 감소가 주원인. 자본은 4.7% 증가한 851억원으로, 주요 증가 원인은 이익잉여금의 증가임.

현금 흐름 (단위 : 억원)

항목	2016	2017
영업활동	98	75
투자활동	-325	-68
재무활동	227	-14
순현금흐름	2	-10
기말현금	78	68

시장 대비 수익률
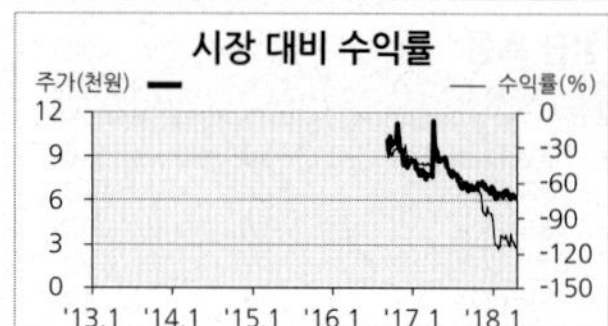

결산 실적 (단위 : 억원)

항목	2012	2013	2014	2015	2016	2017
매출액	—	267	647	1,019	1,020	825
영업이익	—	72	115	167	131	60
당기순이익	—	56	93	135	108	52

분기 실적 (단위 : 억원)

항목	2016.3Q	2016.4Q	2017.1Q	2017.2Q	2017.3Q	2017.4Q
매출액	232	—	—	205	199	—
영업이익	5	—	—	19	8	—
당기순이익	4	—	—	17	8	—

재무 상태 (단위 : 억원)

항목	2012	2013	2014	2015	2016	2017
총자산	—	120	269	574	865	890
유형자산	—	23	37	38	295	412
무형자산	—	7	7	236	210	184
유가증권	—	—	—	—	—	26
총부채	—	47	117	95	51	39
총차입금	—	—	5	—	—	—
자본금	—	6	6	9	68	68
총자본	—	74	152	478	813	851
지배주주지분	—	74	152	478	813	851

기업가치 지표

항목	2012	2013	2014	2015	2016	2017
주가(최고/저)(천원)	—/—	—/—	—/—	—/—	—/—	—/—
PER(최고/저)(배)	0.0/0.0	0.0/0.0	0.0/0.0	0.0/0.0	14.3/9.8	32.5/17.8
PBR(최고/저)(배)	0.0/0.0	0.0/0.0	0.0/0.0	0.0/0.0	2.1/1.5	2.0/1.1
EV/EBITDA(배)	0.0	—	—	—	6.0	8.6
EPS(원)	—	705	1,179	1,695	902	381
BPS(원)	—	57,597	118,791	263,126	6,082	6,366
CFPS(원)	—	46,893	74,887	121,657	1,137	591
DPS(원)	—	—	—	—	300	—
EBITDAPS(원)	—	59,430	92,324	146,465	1,328	650

재무 비율 (단위 : %)

연도	영업이익률	순이익률	부채비율	차입금비율	ROA	ROE	유보율	자기자본비율	EBITDA마진율
2017	7.2	6.3	4.6	0.0	5.9	6.2	1,173.1	95.6	10.7
2016	12.8	10.6	6.3	0.0	15.0	16.8	1,116.4	94.1	15.6
2015	16.4	13.2	19.9	0.0	32.0	42.8	5,162.5	83.4	18.6
2014	17.8	14.4	77.2	3.3	—	—	2,275.8	56.4	18.3

자화전자 (A033240)

Jahwa Electronics

업 종 : 전자 장비 및 기기
신용등급 : (Bond) — (CP) —
홈페이지 : www.jahwa.co.kr
본 사 : 충북 청주시 청원구 북이면 충청대로 1217

시 장 : 거래소
기업규모 : 시가총액 중형주
연 락 처 : 043)210-7124

설 립 일 1981.04.25 **종업원수** 610명 **대 표 이 사** 김상면,류영대
상 장 일 1999.01.06 **감사의견** 적정(한영) **계 열**
결 산 기 12월 **보 통 주** **종속회사수** 13개사
액 면 가 500원 **우 선 주** **구 상 호**

주주구성 (지분율,%)		출자관계 (지분율,%)		주요경쟁사 (외형,%)	
김상면	25.1	개성자화전자	100.0	자화전자	100
국민연금공단	8.4	플래티넘기술투자	28.5	에코프로	74
(외국인)	13.1	플래티넘START-UPFUND	15.0	코리아써키트	133

매출구성		비용구성		수출비중	
AFA ,진동모터OIS	86.9	매출원가율	79.3	수출	94.1
OA부품,PTC,기타	13.1	판관비율	14.4	내수	5.9

회사 개요

동사는 전자부품 제조업 등을 영위할 목적으로 1987년 설립됨. 이동통신기기, 레이져프린터, 디스플레이, 냉장고 에어컨 등 제조업체 등에 자기 엔지니어링이란 원천기술을 기반으로 한 전자부품을 제조·납품하고 해외시장에 수출하는 업체임. 일부 제품은 국내시장에서 독점적인 지위를 갖고 있으며 세계시장에서도 높은 시장점유율을 갖고 있음. 핵심 제품은 카메라 모듈에 적용되는 AF(Auto Focusing) 일체형 액츄에이터임.

실적 분석

동사의 2017년 연결 기준 연간 누적 매출액은 4,456.3억원으로 전년 동기 대비 49.3% 증가함. 매출이 증가하면서 매출원가와 판관비도 큰 폭으로 늘었지만 매출 증가에 따른 고정비용 감소효과로 영업이익은 전년 동기 대비 44.3% 증가한 279억원을 시현함. 비영업부문에서 흑자 규모가 늘어나면서 당기순이익은 전년 동기 대비 66.8% 증가한 249억원을 기록함.

현금 흐름

<단위 : 억원>

항목	2016	2017
영업활동	504	384
투자활동	-568	-790
재무활동	54	552
순현금흐름	-14	142
기말현금	577	719

시장 대비 수익률

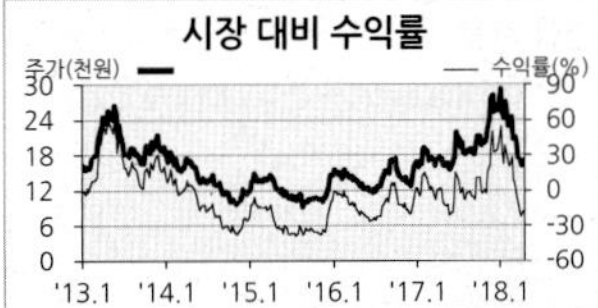

결산 실적

< 단위 : 억원 >

항목	2012	2013	2014	2015	2016	2017
매출액	3,304	4,686	3,261	2,673	2,985	4,456
영업이익	524	554	258	242	193	279
당기순이익	437	433	225	208	149	249

분기 실적

< 단위 : 억원 >

항목	2016.3Q	2016.4Q	2017.1Q	2017.2Q	2017.3Q	2017.4Q
매출액	816	608	749	1,305	1,419	984
영업이익	54	-11	-7	142	158	-15
당기순이익	75	7	-11	106	156	-2

재무 상태

< 단위 : 억원 >

항목	2012	2013	2014	2015	2016	2017
총자산	3,139	3,571	3,596	3,993	4,268	4,608
유형자산	546	692	736	777	1,033	1,317
무형자산	16	17	17	16	14	15
유가증권	1,434	578	622	899	723	249
총부채	1,117	1,171	1,002	1,244	1,421	1,772
총차입금	523	513	596	782	850	1,138
자본금	89	90	90	90	90	90
총자본	2,022	2,400	2,594	2,749	2,847	2,836
지배주주지분	1,922	2,306	2,493	2,653	2,747	2,836

기업가치 지표

항목	2012	2013	2014	2015	2016	2017
주가(최고/저)(천원)	16.7/8.0	27.3/15.1	19.3/9.4	15.1/9.0	17.6/11.5	28.5/15.6
PER(최고/저)(배)	7.9/3.8	12.7/7.0	17.3/8.4	14.5/8.7	22.7/14.9	21.9/12.0
PBR(최고/저)(배)	1.7/0.8	2.3/1.3	1.5/0.7	1.1/0.6	1.2/0.8	1.8/1.0
EV/EBITDA(배)	4.0	3.9	2.8	3.6	5.2	6.1
EPS(원)	2,408	2,399	1,226	1,110	808	1,322
BPS(원)	11,292	13,385	14,430	15,325	15,726	16,223
CFPS(원)	2,876	3,259	2,128	2,523	2,121	3,326
DPS(원)	300	350	400	400	400	450
EBITDAPS(원)	3,405	3,957	2,341	2,764	2,393	3,563

재무 비율

< 단위 : % >

연도	영업이익률	순이익률	부채비율	차입금비율	ROA	ROE	유보율	자기자본비율	EBITDA마진율
2017	6.3	5.6	62.5	40.1	5.6	8.5	3,144.6	61.6	14.3
2016	6.5	5.0	49.9	29.9	3.6	5.4	3,045.2	66.7	14.4
2015	9.1	7.8	45.2	28.5	5.5	7.7	2,965.0	68.9	18.5
2014	7.9	6.9	38.6	23.0	6.3	9.2	2,785.9	72.1	12.9

장원테크 (A174880)

JANG WON TECH COLTD

업 종 : 휴대폰 및 관련부품
신용등급 : (Bond) — (CP) —
홈페이지 : www.jangwontech.co.kr
본 사 : 경북 구미시 1공단로7길 14-9 (공단동)

시 장 : KOSDAQ
기업규모 : 중견
연 락 처 : 070)4016-3509

설 립 일 2000.01.06 **종업원수** 146명 **대 표 이 사** 박세혁
상 장 일 2016.07.15 **감사의견** 적정(대경) **계 열**
결 산 기 12월 **보 통 주** **종속회사수** 1개사
액 면 가 500원 **우 선 주** **구 상 호**

주주구성 (지분율,%)		출자관계 (지분율,%)		주요경쟁사 (외형,%)	
장현	48.0	JANGWONTECHVINA.	100.0	장원테크	100
박희숙	13.2	BORYEONGTECHVINA.	100.0	엘컴텍	57
(외국인)	0.4			블루콤	132

매출구성		비용구성		수출비중	
스마트폰 Bracket	73.4	매출원가율	85.9	수출	91.4
IT외 기타	19.8	판관비율	10.9	내수	8.6
태블릿PC Bracket	6.6				

회사 개요

동사는 마그네슘합금, 알루미늄합금 등의 경량 금속소재를 사용하여 휴대폰, 테블릿 PC, 카메라, 노트북 등의 휴대용 IT기기에 외장 및 내장재, 조립품을 생산하고 있음. 또한 미래 성장 사업으로 초음파 진단기기용 케이스와 X-선 디텍터 등 의료기 부품, 자동차 헤드램프용 히트 싱크, IT 제품인 열화상 카메라용 부품을 생산을 영위하고 있음. 스마트폰의 성장과 테블릿PC의 신규시장이 형성되면서 제품의 슬림화 및 LCD화면의 대형화 추세에 대응.

실적 분석

동사의 2017년 결산 연결기준 누적 매출액은 전년동기대비 12.4% 하락한 886.4억원을 기록하였음. 매출축소의 영향으로 매출원가 및 판관비도 전년동기 대비 각각 10.5%, 12.7% 감소하였음. 그러나 매출액 감소폭에 비해 원가 감소폭이 작음으로 인해 영업이익은 전년동기 대비 44.7% 감소했음. 비영업부문에서도 49.9억원의 손실을 시현해 31.4억원의 당기순손실을 기록하며 적자전환되었음.

현금 흐름

<단위 : 억원>

항목	2016	2017
영업활동	-71	-33
투자활동	45	38
재무활동	175	-64
순현금흐름	152	-75
기말현금	212	137

시장 대비 수익률

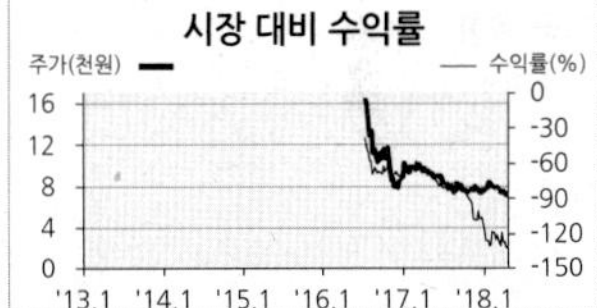

결산 실적

< 단위 : 억원 >

항목	2012	2013	2014	2015	2016	2017
매출액	817	1,057	1,090	2,025	1,012	886
영업이익	40	70	-70	261	51	28
당기순이익	32	50	-59	214	33	-31

분기 실적

< 단위 : 억원 >

항목	2016.3Q	2016.4Q	2017.1Q	2017.2Q	2017.3Q	2017.4Q
매출액	189	224	234	202	214	236
영업이익	-7	12	9	3	1	14
당기순이익	-17	-6	-20	7	2	-20

재무 상태

< 단위 : 억원 >

항목	2012	2013	2014	2015	2016	2017
총자산	395	566	843	812	1,002	892
유형자산	213	237	385	437	524	492
무형자산	1	5	7	7	7	9
유가증권	—	—	—	0	0	0
총부채	271	342	656	412	373	326
총차입금	135	235	474	237	249	184
자본금	2	2	24	24	30	30
총자본	124	224	187	401	629	566
지배주주지분	124	224	187	401	629	566

기업가치 지표

항목	2012	2013	2014	2015	2016	2017
주가(최고/저)(천원)	—/—	—/—	—/—	—/—	16.3/7.9	10.5/7.3
PER(최고/저)(배)	0.0/0.0	0.0/0.0	0.0/0.0	0.0/0.0	27.9/13.4	—/—
PBR(최고/저)(배)	0.0/0.0	0.0/0.0	0.0/0.0	0.0/0.0	1.6/0.8	1.1/0.8
EV/EBITDA(배)	1.6	0.7	—	0.5	5.7	5.6
EPS(원)	801	1,244	-1,229	4,454	614	-519
BPS(원)	619,820	973,032	3,888	8,347	10,690	9,859
CFPS(원)	277,502	355,423	-590	5,567	1,549	483
DPS(원)	—	—	—	—	200	—
EBITDAPS(원)	317,136	454,475	-817	6,545	1,882	1,469

재무 비율

< 단위 : % >

연도	영업이익률	순이익률	부채비율	차입금비율	ROA	ROE	유보율	자기자본비율	EBITDA마진율
2017	3.2	-3.5	57.6	32.6	-3.3	-5.2	1,871.7	63.5	10.0
2016	5.1	3.3	59.2	39.5	3.7	6.4	2,038.0	62.8	10.0
2015	12.9	10.6	102.7	59.2	25.8	72.8	1,569.4	49.3	15.5
2014	-6.4	-5.4	351.6	253.8	-8.4	-28.7	677.5	22.2	-3.6

재영솔루텍 (A049630)
JAEYOUNG SOLUTEC

업 종 : 휴대폰 및 관련부품
신 용 등 급 : (Bond) — (CP) —
홈 페 이 지 : www.jysolutec.com
본 사 : 인천시 연수구 갯벌로 118 (송도동)
시 장 : KOSDAQ
기 업 규 모 : 중견
연 락 처 : 032)850-0700

설 립 일	1984.12.20	**종 업 원 수**	299명	**대 표 이 사**	김학권
상 장 일	2003.01.24	**감 사 의 견**	적정(삼일)	**계 열**	
결 산 기	12월	**보 통 주**		**종속회사수**	5개사
액 면 가	500원	**우 선 주**		**구 상 호**	

주주구성 (지분율,%)		출자관계 (지분율,%)		주요경쟁사 (외형,%)	
김학권	8.4	대일엠티에스보통주	20.0	재영솔루텍	100
케이에스에이투자	7.2	경인방송	0.0	디지탈옵틱	46
(외국인)	0.7	에큐온캐피탈	0.0	바이오로그디바이스	53

매출구성		비용구성		수출비중	
AF모듈 등	42.3	매출원가율	105.2	수출	45.6
금형	25.7	판관비율	14.5	내수	54.4
단말기,전자 등	23.0				

회사 개요

동사는 핸드폰 카메라용 렌즈 등 나노광학부품, 반도체 검사용 IC 소켓 부품 및 플라스틱 사출금형의 제조 및 판매를 주요 사업 목적으로 하는 종합엔지니어링 회사임. 동사는 스마트폰용 8M 렌즈를 양산하기 시작했으며, 최근 시장이 확대되고 있는 CCTV, 자동차용 렌즈의 개발 및 양산을 하고 있음. 2016년 기준 부문별 매출은 나노광학 약 50%, 부품 20%, 금형 30% 등으로 구성됨.

실적 분석

개성공단 가동 전면중단 결정으로 인해서 연결실체의 종속회사인 재영솔루텍 개성의 생산이 사실상 중단됨에 따라 전년 대비 매출액은 4.5% 감소하였으며, 금형 원자재인 몰드베이스의 가격상승과 생산기반 상실로 인한 추가비용 증대로 인하여 매출총이익 및 영업이익은 대규모 적자를 기록함. 개성 대체상산기지인 베트남법인(재영VINA)은 2017년 7월부터 생산을 시작하였으며, 현재 베트남 생산기지는 빠른 안정화 및 생산량 증대가 성공적으로 진행되고 있음.

현금 흐름 〈단위 : 억원〉

항목	2016	2017
영업활동	11	-69
투자활동	50	-148
재무활동	-51	160
순현금흐름	12	-61
기말현금	122	61

시장 대비 수익률

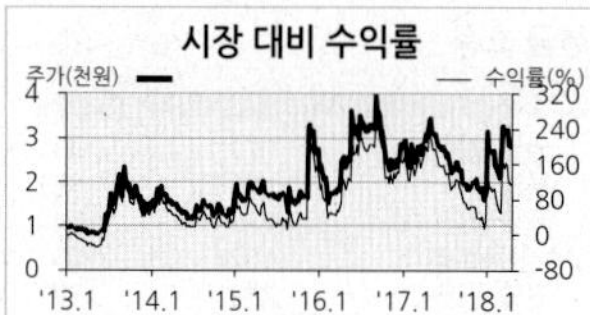

결산 실적 〈단위 : 억원〉

항목	2012	2013	2014	2015	2016	2017
매출액	1,583	1,727	1,515	1,641	1,388	1,326
영업이익	13	7	51	40	-2	-261
당기순이익	-69	-45	7	11	-49	-363

분기 실적 〈단위 : 억원〉

항목	2016.3Q	2016.4Q	2017.1Q	2017.2Q	2017.3Q	2017.4Q
매출액	334	409	298	346	369	312
영업이익	-23	35	-51	-108	-49	-52
당기순이익	-43	27	-64	-131	-56	-112

재무 상태 〈단위 : 억원〉

항목	2012	2013	2014	2015	2016	2017
총자산	1,618	1,599	1,651	1,555	1,536	1,459
유형자산	1,071	958	869	857	794	910
무형자산	5	5	5	6	36	31
유가증권	7	3	3	2	2	1
총부채	1,253	1,283	1,332	1,207	1,138	1,302
총차입금	826	778	696	791	682	734
자본금	159	159	159	159	182	210
총자본	364	316	319	348	398	156
지배주주지분	356	306	309	337	386	151

기업가치 지표

항목	2012	2013	2014	2015	2016	2017
주가(최고/저)(천원)	1.5/0.7	2.5/0.8	2.0/1.1	3.5/1.3	4.0/1.5	3.5/1.6
PER(최고/저)(배)	—/—	—/—	113.6/60.7	104.1/39.3	—/—	—/—
PBR(최고/저)(배)	1.3/0.6	2.6/0.8	2.1/1.1	3.3/1.3	3.8/1.4	9.7/4.4
EV/EBITDA(배)	14.6	20.8	11.0	16.7	38.5	—
EPS(원)	-225	-148	18	34	-136	-874
BPS(원)	1,143	960	969	1,059	1,063	359
CFPS(원)	-43	1	166	186	-20	-748
DPS(원)	—	—	—	—	—	—
EBITDAPS(원)	221	171	307	277	110	-505

재무 비율 〈단위 : %〉

연도	영업 이익률	순 이익률	부채 비율	차입금 비율	ROA	ROE	유보율	자기자본 비율	EBITDA 마진율
2017	-19.7	-27.4	일부잠식	일부잠식	-24.2	-134.9	-28.1	10.7	-15.8
2016	-0.2	-3.5	286.1	171.5	-3.2	-13.7	112.5	25.9	2.9
2015	2.4	0.7	346.4	227.0	0.7	3.3	111.7	22.4	5.4
2014	3.3	0.4	417.6	218.1	0.4	1.9	93.9	19.3	6.5

전방 (A000950)
Chonbang

업 종 : 섬유 및 의복
신 용 등 급 : (Bond) — (CP) —
홈 페 이 지 : www.chonbang.co.kr
본 사 : 서울시 서대문구 서소문로21 충정타워빌딩 13층
시 장 : 거래소
기 업 규 모 : 시가총액 소형주
연 락 처 : 02)2122-6000

설 립 일	1953.02.23	**종 업 원 수**	549명	**대 표 이 사**	조규옥,김형건
상 장 일	1968.10.21	**감 사 의 견**	적정(새시대)	**계 열**	
결 산 기	12월	**보 통 주**		**종속회사수**	4개사
액 면 가	5,000원	**우 선 주**		**구 상 호**	

주주구성 (지분율,%)		출자관계 (지분율,%)		주요경쟁사 (외형,%)	
정덕재단	6.8	광주방송	5.3	전방	100
삼영엔지니어링	4.5	한국경제신문	0.0	진도	70
(외국인)	0.1			대한방직	114

매출구성		비용구성		수출비중	
사류·포류(섬유제품제조)	94.1	매출원가율	104.6	수출	—
상 품, 임대료(섬유제품제조)	5.9	판관비율	5.3	내수	—

회사 개요

동사는 1953년 설립돼 면, 모, 화합섬과 각종 섬유사, 포, 제조 가공과 의류 제조 판매업을 영위함. 자동차 매매업을 영위하는 전방오토, 콘덴사 도매 전문기업 청도콘덴사, 여행업체 타오투어를 연결대상 종속회사로 보유하고 있음. 2017년 10월 경기도 시흥 염색사 제조공장과 광주 임동 면사, 면혼방사 제조공장이 생산을 중단함. 부진한 실적을 끌어올리기 위해 판로를 다각화하고 제품을 다변화할 계획임.

실적 분석

2017년 연결기준 동사 매출액은 1824.9억원을 기록함. 전년도 매출액인 2008억원에 비해 9.1% 감소한 금액임. 매출원가와 판매비와 관리비가 감소했으나 매출축소폭이 커 영업이익 역시 181.5억원의 손실을 기록하며 적자가 지속됨. 다만 전년도 47.8억원의 손실을 기록했던 비영업부문이 흑자로 전환함. 이에 당기순손실 폭이 전년도 175.3억원에서 130.4억원으로 적자폭이 줄어들었음.

현금 흐름 〈단위 : 억원〉

항목	2016	2017
영업활동	44	-115
투자활동	144	470
재무활동	-178	-363
순현금흐름	10	-7
기말현금	22	15

시장 대비 수익률

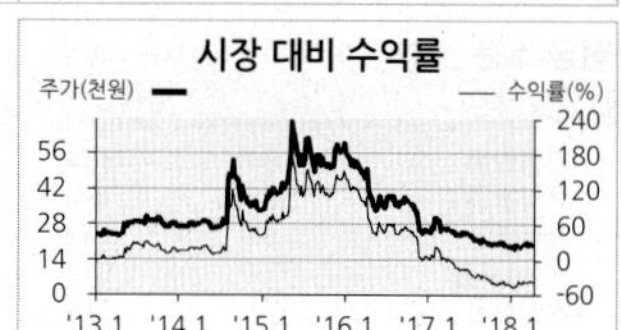

결산 실적 〈단위 : 억원〉

항목	2012	2013	2014	2015	2016	2017
매출액	2,952	2,938	2,452	2,373	2,008	1,825
영업이익	-385	73	-113	-105	-125	-181
당기순이익	-351	-0	-242	-235	-175	-130

분기 실적 〈단위 : 억원〉

항목	2016.3Q	2016.4Q	2017.1Q	2017.2Q	2017.3Q	2017.4Q
매출액	492	480	468	444	488	424
영업이익	-21	-16	-10	-15	-63	-94
당기순이익	-13	-72	-3	-51	-87	10

재무 상태 〈단위 : 억원〉

항목	2012	2013	2014	2015	2016	2017
총자산	5,421	5,255	5,064	5,195	4,841	4,135
유형자산	3,589	3,458	3,339	3,627	3,494	3,321
무형자산	11	10	10	10	3	3
유가증권	51	62	75	73	36	36
총부채	3,405	3,251	3,297	3,336	3,179	2,646
총차입금	2,703	2,614	2,683	2,623	2,472	2,075
자본금	84	84	84	84	84	84
총자본	2,016	2,004	1,767	1,859	1,662	1,489
지배주주지분	1,936	1,946	1,715	1,807	1,616	1,489

기업가치 지표

항목	2012	2013	2014	2015	2016	2017
주가(최고/저)(천원)	32.4/22.1	30.8/23.4	54.6/25.5	68.4/33.3	58.1/24.0	30.6/19.1
PER(최고/저)(배)	—/—	111.1/84.4	—/—	—/—	—/—	—/—
PBR(최고/저)(배)	0.3/0.2	0.3/0.2	0.5/0.2	0.6/0.3	0.6/0.2	0.3/0.2
EV/EBITDA(배)	—	14.5	146.3	127.6	437.8	—
EPS(원)	-21,066	285	-14,024	-13,977	-10,057	-7,169
BPS(원)	127,239	127,800	114,082	119,555	108,195	100,613
CFPS(원)	-13,824	8,649	-5,972	-6,006	-2,236	379
DPS(원)	—	—	—	—	—	500
EBITDAPS(원)	-15,660	12,716	1,323	1,720	399	-3,255

재무 비율 〈단위 : %〉

연도	영업 이익률	순 이익률	부채 비율	차입금 비율	ROA	ROE	유보율	자기자본 비율	EBITDA 마진율
2017	-10.0	-7.2	177.7	139.4	-2.9	-7.8	1,912.3	36.0	-3.0
2016	-6.2	-8.7	191.3	148.7	-3.5	-9.9	2,063.9	34.3	0.3
2015	-4.4	-9.9	179.4	141.1	-4.6	-13.3	2,291.1	35.8	1.2
2014	-4.6	-9.9	186.6	151.9	-4.7	-12.9	2,181.6	34.9	0.9

전우정밀 (A120780)
JEONWOO PRECISION

업　　종 : 자동차부품　시　　장 : KONEX
신용등급 : (Bond) —　(CP) —　기업규모 : —
홈페이지 : www.jwjm.com　연 락 처 : 053)859-5404
본　　사 : 경북 경산시 진량읍 공단8로 24

설 립 일	2001.09.26	종업원수	137명	대표이사	김동진
상 장 일	2016.12.23	감사의견	적정(정연)	계　열	
결 산 기	12월	보 통 주		종속회사수	
액 면 가	—	우 선 주		구　상　호	

주주구성 (지분율,%)		출자관계 (지분율,%)		주요경쟁사 (외형,%)	
김동진	95.3	태창준옥기차배건유한공사	100.0	전우정밀	100
김재구	3.2	전우정밀기차배건유한공사	100.0	체시스	121
				팬스타엔터프라이즈	72

매출구성		비용구성		수출비중	
도어부품(제품)	46.9	매출원가율	87.0	수출	28.4
미션부품(제품)	19.8	판관비율	8.8	내수	71.6
기타	19.2				

회사 개요

동사는 도어 부품 등을 만드는 자동차 부품 제조업체임. 1992년 개인사업체인 전우정밀에서 2001년 9월 출자전환에 의하여 ㈜전우정밀로 법인전환되었으며 경북 경산에 소재하고 있음. 동사는 창립 이후 꾸준한 제품개발 및 저비용·고효율을 달성하기 위하여 로봇라인/트랜스퍼라인화를 통한 공정 자동화에 집중함에 따라 국내외 자동차 완성차 업체의 1차 부품업체에 자동차 부품을 공급함.

실적 분석

동사는 창립 이후 꾸준한 제품개발 및 저비용·고효율을 달성하기 위해 로봇라인/트랜스퍼라인화를 통한 공정 자동화에 집중함에 따라 국내외 자동차 완성차 업체의 1차 부품업체에 자동차 부품을 공급하고 있음. 동사의 주요 매출품목으로는 도어부품으로서 주로 Door Striker Part, Door Latch Part, Door Hinge Part 등이 있음. 2017년 매출액 463.1억원, 영업이익 19.3억원을 각각 기록함.

현금 흐름 *IFRS 별도 기준

〈단위 : 억원〉

항목	2016	2017
영업활동	28	28
투자활동	-26	-80
재무활동	-11	56
순현금흐름	-9	4
기말현금	0	4

시장 대비 수익률

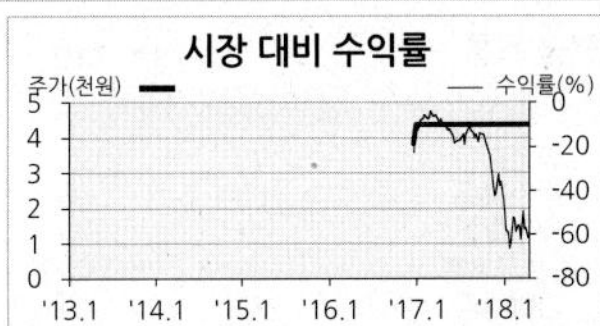

결산 실적

〈단위 : 억원〉

항목	2012	2013	2014	2015	2016	2017
매출액	313	334	319	363	427	463
영업이익	16	2	-10	18	16	19
당기순이익	10	13	-18	8	8	11

분기 실적 *IFRS 별도 기준

〈단위 : 억원〉

항목	2016.3Q	2016.4Q	2017.1Q	2017.2Q	2017.3Q	2017.4Q
매출액	—	—	—	—	—	—
영업이익	—	—	—	—	—	—
당기순이익	—	—	—	—	—	—

재무 상태 *IFRS 별도 기준

〈단위 : 억원〉

항목	2012	2013	2014	2015	2016	2017
총자산	256	371	415	478	486	549
유형자산	148	231	273	300	299	350
무형자산	16	19	27	33	39	49
유가증권	0	—	—	—	—	—
총부채	187	243	265	299	306	343
총차입금	162	215	243	270	259	304
자본금	16	22	22	24	24	24
총자본	69	128	150	179	180	206
지배주주지분	69	128	150	179	180	206

기업가치 지표 *IFRS 별도 기준

항목	2012	2013	2014	2015	2016	2017
주가(최고/저)(천원)	—/—	—/—	—/—	—/—	4.4/3.8	4.4/4.4
PER(최고/저)(배)	0.0/0.0	0.0/0.0	0.0/0.0	0.0/0.0	18.2/15.9	18.9/18.9
PBR(최고/저)(배)	0.0/0.0	0.0/0.0	0.0/0.0	0.0/0.0	1.2/1.0	1.0/1.0
EV/EBITDA(배)	6.0	14.0	—	9.8	9.8	9.4
EPS(원)	314	428	-576	260	241	232
BPS(원)	44,487	58,831	69,014	74,499	3,764	4,301
CFPS(원)	11,316	14,314	-5,450	7,002	983	776
DPS(원)	—	—	—	—	—	—
EBITDAPS(원)	15,382	7,776	-1,686	11,321	1,244	946

재무 비율

〈단위 : %〉

연도	영업이익률	순이익률	부채비율	차입금비율	ROA	ROE	유보율	자기자본비율	EBITDA마진율
2017	4.2	2.4	166.4	147.5	2.2	5.8	760.2	37.5	9.8
2016	3.8	1.8	169.3	143.5	1.6	4.3	652.9	37.1	9.3
2015	4.9	2.3	167.4	151.1	1.8	5.0	645.0	37.4	6.9
2014	-3.1	-5.7	176.2	161.7	-4.6	-13.1	590.1	36.2	-1.2

정다운 (A208140)
JUNGDAWN

업　　종 : 식료품　시　　장 : KOSDAQ
신용등급 : (Bond) —　(CP) —　기업규모 : 중견
홈페이지 : www.jungdawn.co.kr　연 락 처 : 061)334-5289
본　　사 : 전남 나주시 동수농공단지길 137-17 (동수동)

설 립 일	2014.10.20	종업원수	195명	대표이사	김선철
상 장 일	2014.12.17	감사의견	적정(삼덕)	계　열	
결 산 기	12월	보 통 주		종속회사수	1개사
액 면 가	100원	우 선 주		구　상　호	엘아이지스팩2호

주주구성 (지분율,%)		출자관계 (지분율,%)		주요경쟁사 (외형,%)	
이지바이오	33.6	한국원종오리	3.2	정다운	100
한울파트너스	0.9	오비티	1.0	하림	1,077
(외국인)	1.9			동우팜투테이블	287

매출구성		비용구성		수출비중	
신선통오리,정육	49.8	매출원가율	75.8	수출	6.8
기타 외	23.3	판관비율	10.5	내수	93.2
허브를 담은 정다운 훈제오리	10.9				

회사 개요

동사는 2000년에 설립된 가금류 가공 및 저장 처리 기업으로, 주요제품으로는 오리털, 오리육 등이 있음. 연결대상 종속법인으로 보성군에 소재한 오리 사육기업인 농업회사법인제이디팜을 보유하고 있음. 엘아이지기업인수목적2호 주식회사와 2015년 12월 합병계약을 체결하고 2016년 6월 21일 동사가 피흡수합병되었으나 실질적 합병회사로 코넥스 상장법인에서 코스닥 상장법인이 되었음.

실적 분석

동사의 2017년 연간 매출액은 전년동기대비 39.4% 상승한 805.5억원을 기록하였음. 비용면에서 전년동기대비 매출원가는 증가 하였으며 인건비는 감소 하였고 광고선전비도 크게 감소, 기타판매비와관리비는 증가함. 이처럼 매출액 상승과 더불어 비용절감에도 힘을 기울였음. 최종적으로 전년동기대비 당기순이익은 흑자전환하여 98.8억원을 기록함. 비영업손익의 흑자전환이 영향을 미친것으로 보임.

현금 흐름

〈단위 : 억원〉

항목	2016	2017
영업활동	-13	192
투자활동	-23	-126
재무활동	-11	-52
순현금흐름	-48	15
기말현금	19	34

시장 대비 수익률

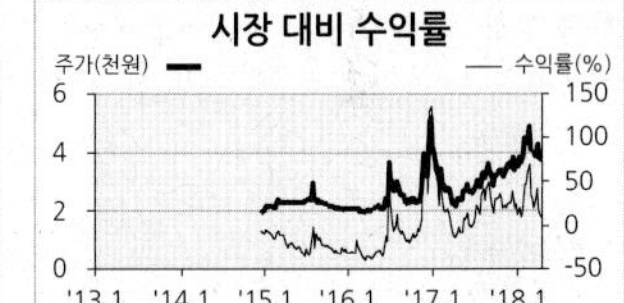

결산 실적

〈단위 : 억원〉

항목	2012	2013	2014	2015	2016	2017
매출액	807	789	551	583	578	806
영업이익	23	66	45	51	33	111
당기순이익	5	22	18	28	-10	99

분기 실적

〈단위 : 억원〉

항목	2016.3Q	2016.4Q	2017.1Q	2017.2Q	2017.3Q	2017.4Q
매출액	146	140	181	229	227	168
영업이익	5	10	25	41	34	11
당기순이익	-2	2	27	45	30	-3

재무 상태

〈단위 : 억원〉

항목	2012	2013	2014	2015	2016	2017
총자산	582	649	568	547	607	674
유형자산	316	359	282	265	239	265
무형자산	—	0	—	—	0	0
유가증권	9	30	2	18	47	4
총부채	437	484	395	332	318	279
총차입금	303	381	303	280	255	201
자본금	20	20	20	16	20	21
총자본	144	165	173	215	290	395
지배주주지분	144	160	172	214	288	393

기업가치 지표

항목	2012	2013	2014	2015	2016	2017
주가(최고/저)(천원)	—/—	—/—	2.0/1.9	3.2/2.0	5.7/2.0	5.2/2.2
PER(최고/저)(배)	0.0/0.0	0.0/0.0	19.5/18.7	21.4/13.6	—/—	10.8/4.5
PBR(최고/저)(배)	0.0/0.0	0.0/0.0	2.0/1.9	2.8/1.8	3.9/1.4	2.7/1.1
EV/EBITDA(배)	7.2	3.5	4.3	3.5	20.7	5.5
EPS(원)	28	133	103	148	-54	482
BPS(원)	3,607	4,007	4,295	4,883	1,439	1,914
CFPS(원)	458	1,048	955	1,094	65	581
DPS(원)	—	—	—	—	—	—
EBITDAPS(원)	915	2,117	1,646	1,625	284	639

재무 비율

〈단위 : %〉

연도	영업이익률	순이익률	부채비율	차입금비율	ROA	ROE	유보율	자기자본비율	EBITDA마진율
2017	13.8	12.3	70.7	51.0	15.4	29.0	1,814.3	58.6	16.3
2016	5.6	-1.7	109.7	87.9	-1.7	-4.2	1,339.0	47.7	9.7
2015	8.8	4.7	154.2	129.9	5.0	14.4	1,231.8	39.3	12.3
2014	8.2	3.2	229.0	175.4	2.9	10.7	758.9	30.4	12.0

정산애강 (A022220)
JEONGSAN AIKANG COLTD

업 종 : 건축자재 | 시 장 : KOSDAQ
신용등급 : (Bond) — (CP) — | 기업규모 : 중견
홈페이지 : www.jsak.co.kr | 연 락 처 : 043)723-2007
본 사 : 충북 충주시 중앙탑면 기업도시로 422

설 립 일	1990.01.22	**종업원수**	138명	**대표이사**	신진용
상 장 일	2006.04.11	**감사의견**	적정(한영)	**계 열**	
결 산 기	12월	**보 통 주**		**종속회사수**	2개사
액 면 가	500원	**우 선 주**		**구 상 호**	애강리메텍

주주구성 (지분율,%)		출자관계 (지분율,%)		주요경쟁사 (외형,%)	
태광실업	47.5	하닌	81.1	정산애강	100
양찬모	4.9	북경대한애강	80.0	대림B&Co	298
(외국인)	2.3	애강량팡	46.4	뉴보텍	52

매출구성		비용구성		수출비중	
C-PVC 외	39.0	매출원가율	75.1	수출	1.0
상 품	28.2	판관비율	10.2	내수	99.0
PB파이프	18.9				

회사 개요

동사는 급수급탕용 배관재 및 난방용 배관재 등 다양한 용도의 배관재를 제조/판매하는 사업과 전자전지스크랩, 슬러지, 촉매 등에서 귀금속을 추출하여 재활용하는 사업 즉, 비철금속의 재생사업을 영위하고 있음. 배관재는 주택, 사무실, 공장 온천 등에 온수, 가스 등을 공급하여 필요로 하는 기능을 구현하게 하는 자재를 의미함. 주택의 건설에 있어서 현재 난방 및 급수 시스템의 가장 기본적인 자재라 할 수 있음.

실적 분석

동사의 2017년 연결기준 매출액은 782.3억원으로 전년 대비 12.9% 증가하였음. 매출원가율이 개선됨에 따라 판관비 상승에도 불구하고 영업이익은 전년 대비 70.0% 증가한 114.7억원을 시현하였음. 전년 손실을 기록한 비영업 부문이 흑자전환에 성공했으며 최종적으로 당기순이익은 전년 대비 70.8% 증가한 95.3억원을 기록함. 동사는 2017년 35.8만호의 분양을 한 것으로 추정되며 또한, 2018년에는 32.1만호의 분양을 예상함.

현금 흐름 〈단위 : 억원〉

항목	2016	2017
영업활동	85	105
투자활동	46	33
재무활동	-129	-131
순현금흐름	2	7
기말현금	2	9

시장 대비 수익률

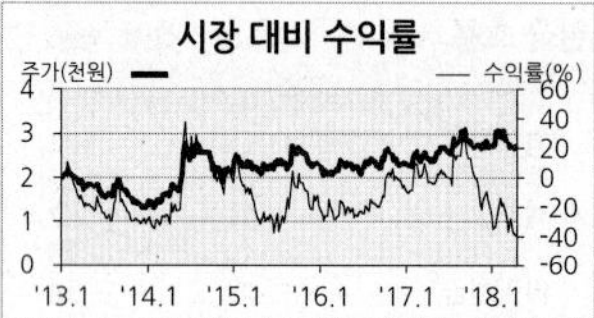

결산 실적 〈단위 : 억원〉

항목	2012	2013	2014	2015	2016	2017
매출액	1,159	856	486	519	693	782
영업이익	-20	-13	-39	22	67	115
당기순이익	75	-92	-137	-19	56	95

분기 실적 〈단위 : 억원〉

항목	2016.3Q	2016.4Q	2017.1Q	2017.2Q	2017.3Q	2017.4Q
매출액	173	190	171	211	208	192
영업이익	17	23	26	38	33	17
당기순이익	30	6	29	30	27	10

재무 상태 〈단위 : 억원〉

항목	2012	2013	2014	2015	2016	2017
총자산	1,184	1,086	881	897	820	774
유형자산	474	406	413	387	214	231
무형자산	46	14	7	6	5	10
유가증권	30	30	25	25	16	0
총부채	715	762	363	401	271	135
총차입금	520	538	216	273	144	13
자본금	146	146	259	259	259	259
총자본	469	324	517	496	549	639
지배주주지분	469	324	517	496	549	639

기업가치 지표

항목	2012	2013	2014	2015	2016	2017
주가(최고/저)(천원)	2.9/1.9	2.2/1.3	2.8/1.3	2.7/2.0	2.8/2.0	3.3/2.2
PER(최고/저)(배)	11.4/7.5	—/—	—/—	—/—	26.0/18.2	17.7/11.9
PBR(최고/저)(배)	1.7/1.1	1.8/1.1	2.8/1.3	2.8/2.1	2.6/1.8	2.6/1.8
EV/EBITDA(배)	—	280.4	—	39.7	16.5	10.4
EPS(원)	255	-316	-338	-36	108	184
BPS(원)	1,677	1,183	998	957	1,060	1,234
CFPS(원)	316	-262	-298	-8	134	216
DPS(원)	—	—	—	—	—	—
EBITDAPS(원)	-7	11	-55	71	157	253

재무 비율 〈단위 : %〉

연도	영업이익률	순이익률	부채비율	차입금비율	ROA	ROE	유보율	자기자본비율	EBITDA 마진율
2017	14.7	12.2	21.1	2.0	12.0	16.0	146.9	82.6	16.8
2016	9.7	8.1	49.3	26.2	6.5	10.7	112.0	67.0	11.7
2015	4.2	-3.6	80.9	55.0	-2.1	-3.7	91.5	55.3	7.1
2014	-8.0	-28.3	70.3	41.7	-14.0	-32.7	99.7	58.7	-4.6

정상제이엘에스 (A040420)
JLS

업 종 : 교육 | 시 장 : KOSDAQ
신용등급 : (Bond) — (CP) — | 기업규모 : 우량
홈페이지 : www.gojls.com | 연 락 처 : 02)3413-9100
본 사 : 서울시 강남구 영동대로 229 (대치동 994-3)

설 립 일	1993.07.31	**종업원수**	248명	**대표이사**	이종현
상 장 일	2000.08.01	**감사의견**	적정(한길)	**계 열**	
결 산 기	12월	**보 통 주**		**종속회사수**	2개사
액 면 가	500원	**우 선 주**		**구 상 호**	

주주구성 (지분율,%)		출자관계 (지분율,%)		주요경쟁사 (외형,%)	
허용석	35.4	홍당무	33.3	정상제이엘에스	100
KB자산운용	12.5	포워드퓨처	14.0	메가스터디교육	299
(외국인)	1.4	애니멀레스큐	11.9	영인프런티어	41

매출구성		비용구성		수출비중	
Off-line 학원매출 강의	62.3	매출원가율	74.8	수출	3.3
상품	19.9	판관비율	12.9	내수	96.7
On-line 학원매출 온라인컨텐츠	14.3				

회사 개요

오프라인 직영어학원을 기반으로 초중등생을 대상으로 활용위주의 영어교육 서비스를 제공하는 학원사업과 온라인 컨텐츠와 교재 출판 및 유통사업 등을 주요 사업으로 영위함. JLS Academy,Inc.와 JLS CHINA Co., Ltd.를 연결대상 종속회사로 보유하고 있음. 수도권에 직영점 위주로 영위했던 학원 사업을 2008년부터 프랜차이즈를 활용해 수도권 외의 지역에도 진출함. 2014년엔 콘텐츠 수출을 시작함.

실적 분석

2017년 연결기준 동사 매출액은 843.7억원을 기록함. 전년도에 비해 1.1% 증가한 금액임. 매출이 소폭 증가한 데다 매출원가는 0.1% 감소하고 판매비와 관리비가 5.7% 감소해 영업이익은 전년도 86.8억원에서 19.1% 증가한 103.4억원을 기록함. 비영업부문이 92.2% 감소했음에도 불구하고 당기순이익은 전년도 72.8억원에서 13.1% 증가한 82.4억원을 기록함.

현금 흐름 〈단위 : 억원〉

항목	2016	2017
영업활동	79	123
투자활동	-94	-95
재무활동	-11	-48
순현금흐름	-26	-21
기말현금	72	51

시장 대비 수익률

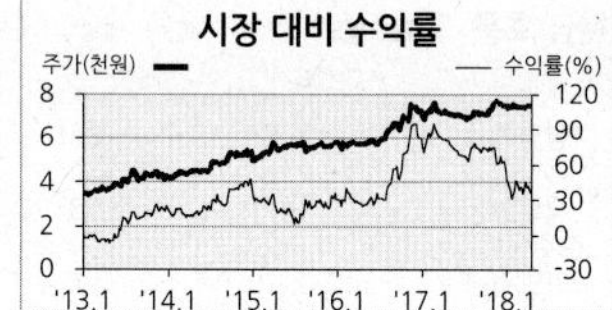

결산 실적 〈단위 : 억원〉

항목	2012	2013	2014	2015	2016	2017
매출액	828	766	782	803	834	844
영업이익	104	80	72	69	87	103
당기순이익	90	65	55	53	73	82

분기 실적 〈단위 : 억원〉

항목	2016.3Q	2016.4Q	2017.1Q	2017.2Q	2017.3Q	2017.4Q
매출액	207	204	227	214	210	193
영업이익	19	14	30	30	27	17
당기순이익	15	9	25	22	20	15

재무 상태 〈단위 : 억원〉

항목	2012	2013	2014	2015	2016	2017
총자산	709	705	711	730	808	829
유형자산	302	318	312	346	449	482
무형자산	73	100	85	69	50	39
유가증권	—	—	—	25	15	47
총부채	110	104	109	130	190	186
총차입금	—	—	—	—	50	60
자본금	85	85	85	85	85	85
총자본	599	600	602	600	619	643
지배주주지분	599	600	602	600	619	643

기업가치 지표

항목	2012	2013	2014	2015	2016	2017
주가(최고/저)(천원)	4.3/3.4	4.5/3.4	5.5/4.1	5.9/5.0	7.6/5.5	7.7/6.8
PER(최고/저)(배)	11.2/8.3	15.0/11.3	19.9/15.0	20.5/17.5	18.2/13.3	15.5/13.7
PBR(최고/저)(배)	1.5/1.1	1.4/1.1	1.6/1.2	1.6/1.4	1.9/1.4	1.8/1.6
EV/EBITDA(배)	4.4	6.1	7.0	8.1	9.3	8.2
EPS(원)	574	413	350	337	464	525
BPS(원)	4,413	4,425	4,406	4,382	4,489	4,640
CFPS(원)	812	678	627	592	712	771
DPS(원)	420	420	420	420	430	430
EBITDAPS(원)	900	774	737	694	801	905

재무 비율 〈단위 : %〉

연도	영업이익률	순이익률	부채비율	차입금비율	ROA	ROE	유보율	자기자본비율	EBITDA 마진율
2017	12.3	9.8	28.8	9.3	10.1	13.1	757.9	77.6	16.8
2016	10.4	8.7	30.7	8.1	9.5	12.0	729.9	76.5	15.1
2015	8.6	6.6	21.7	0.0	7.3	8.8	710.3	82.2	13.6
2014	9.2	7.0	18.1	0.0	7.7	9.1	714.6	84.7	14.8

정원엔시스 (A045510)
Zungwon EN-SYS

업 종 : IT 서비스 | 시 장 : KOSDAQ
신용등급 : (Bond) — (CP) — | 기업규모 : 중견
홈페이지 : www.zungwon.co.kr | 연 락 처 : 02)514-7007
본 사 : 서울시 강남구 도산대로1길 46, (신사동)

설 립 일 1969.06.27	**종업원수** 134명	**대표이사** 백천일,심재갑,한덕희	
상 장 일 2000.09.07	**감사의견** 적정(도원)	**계 열**	
결 산 기 12월	**보 통 주**	**종속회사수**	
액 면 가 500원	**우 선 주**	**구 상 호**	

주주구성 (지분율,%)		출자관계 (지분율,%)		주요경쟁사 (외형,%)	
정원엔시스우리사주조합	11.6	주식회사자	91.4	정원엔시스	100
(유)하트엘	10.0	젠시스	4.7	신세계 I&C	201
(외국인)	1.6	소프트웨어공제조합	0.1	오픈베이스	86

매출구성		비용구성		수출비중	
SI제품 용역 매출	70.7	매출원가율	92.9	수출	0.0
PC외	19.0	판관비율	5.6	내수	100.0
정비 보수	10.3				

회사 개요

동사는 시스템통합(SI)사업을 주요사업으로 영위하고 있으며, 하드웨어 유통사업 및 고객지원 사업부문 등을 보유하고 있음. SI는 국가기관이나 공공기관의 대형 정보화 프로젝트가 시장을 선도하고 있어 정부의 정책에 의한 영향력이 크게 미치고 있음. 국내 IT시장은 정부의 행정부처 이전이 마무리되면서 이전처럼 20~30% 이상 성장률을 기록하긴 어려울 것으로 전망됨.

실적 분석

동사의 2017년 연결 기준 연간 누적 매출액은 전년 동기 대비 13.5% 감소한 1590.2억원을 기록함. 매출 감소로 인해 매출원가도 줄고 판매비와 관리비도 감소했지만 매출 감소폭이 커 영업이익은 전년 동기 대비 9.7% 감소한 23.2억원을 기록함. 비영업손익 부문에서 금융손실 등으로 적자 규모가 확대돼 당기순손실은 27.5억원으로 전년 동기 대비 적자 전환함.

현금 흐름 <단위 : 억원>

항목	2016	2017
영업활동	86	-42
투자활동	-7	-4
재무활동	-30	12
순현금흐름	48	-34
기말현금	59	25

시장 대비 수익률

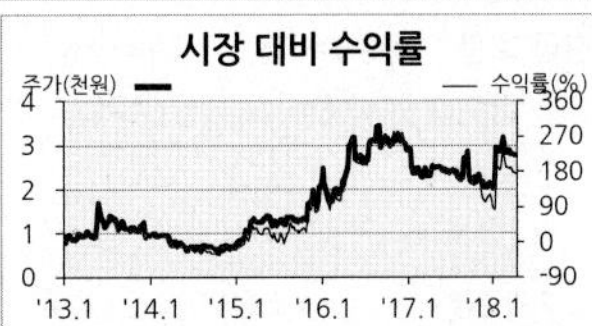

결산 실적 <단위 : 억원>

항목	2012	2013	2014	2015	2016	2017
매출액	1,361	1,180	1,285	1,447	1,839	1,590
영업이익	18	22	44	41	26	23
당기순이익	6	-33	27	33	23	-28

분기 실적 <단위 : 억원>

항목	2016.3Q	2016.4Q	2017.1Q	2017.2Q	2017.3Q	2017.4Q
매출액	420	564	351	333	515	391
영업이익	10	3	10	5	11	-3
당기순이익	8	6	10	4	7	-49

재무 상태 <단위 : 억원>

항목	2012	2013	2014	2015	2016	2017
총자산	616	545	725	809	787	700
유형자산	180	173	169	165	162	160
무형자산	0	0	0	—	0	0
유가증권	3	2	7	2	3	3
총부채	416	378	531	546	408	352
총차입금	206	117	149	195	71	86
자본금	132	132	132	144	161	161
총자본	200	167	194	263	379	349
지배주주지분	200	167	194	263	378	348

기업가치 지표

항목	2012	2013	2014	2015	2016	2017
주가(최고/저)(천원)	1.8/0.3	1.7/0.7	1.0/0.6	2.2/0.7	3.6/1.7	3.0/2.0
PER(최고/저)(배)	79.7/11.6	—/—	10.0/5.8	18.3/6.1	45.4/21.3	—/—
PBR(최고/저)(배)	2.1/0.3	2.3/1.0	1.3/0.7	2.4/0.8	3.0/1.4	2.8/1.9
EV/EBITDA(배)	13.6	12.4	6.3	17.2	31.5	28.1
EPS(원)	23	-124	103	119	78	-87
BPS(원)	844	719	823	910	1,174	1,079
CFPS(원)	64	-97	124	136	90	-81
DPS(원)	—	—	—	—	—	—
EBITDAPS(원)	114	111	189	164	100	78

재무 비율 <단위 : %>

연도	영업이익률	순이익률	부채비율	차입금비율	ROA	ROE	유보율	자기자본비율	EBITDA마진율
2017	1.5	-1.7	100.9	24.7	-3.7	-7.7	115.8	49.8	1.6
2016	1.4	1.3	107.8	18.7	2.9	7.1	134.8	48.1	1.6
2015	2.8	2.3	207.4	74.1	4.3	14.3	82.0	32.5	3.1
2014	3.5	2.1	272.9	76.6	4.3	15.1	64.5	26.8	3.9

제낙스 (A065620)
JENAX

업 종 : 금속 및 광물 | 시 장 : KOSDAQ
신용등급 : (Bond) — (CP) — | 기업규모 : 벤처
홈페이지 : www.jenaxinc.com | 연 락 처 : 051)804-6500
본 사 : 부산시 부산진구 동성로 109

설 립 일 1991.06.18	**종업원수** 39명	**대표이사** 신이현	
상 장 일 2002.06.11	**감사의견** 적정(신한)	**계 열**	
결 산 기 12월	**보 통 주**	**종속회사수** 1개사	
액 면 가 500원	**우 선 주**	**구 상 호** 샤인	

주주구성 (지분율,%)		출자관계 (지분율,%)		주요경쟁사 (외형,%)	
신이현	18.8	양광특수강고분	99.9	제낙스	100
무평산업	8.8			세아홀딩스	77,190
(외국인)	2.9			세아제강	36,868

매출구성		비용구성		수출비중	
와이어제품 등	91.7	매출원가율	122.4	수출	55.8
기타	8.3	판관비율	44.0	내수	44.2

회사 개요

동사는 스테인레스 와이어 및 로프, 용접봉 등의 제조와 판매 등을 주요 사업목적으로 1991년에 설립되어 원재료인 Stainless Steel Wire Rod를 2차 가공하여 스테인레스 제품을 생산하여 자동차, 전기, 전자, 건설 등 전산업분야에 다품종 소량 유통하고 있음. 동사는 2017년 4월 자사주 40만주를 처분해 90.7억원의 자금을 조달했고, 8월엔 추가로 자사주 15만 2684주를 매도해 재무구조를 개선하겠다고 공시함.

실적 분석

동사의 2017년 매출과 영업손실은 62억원, 41억원으로 전년 대비 매출은 2% 증가하고 적자를 지속함. 자산총계는 전기대비 약 27.6% 증가하였으며, 당좌자산에서 예금이 56억원, 자기주식 미수금이 20억원 있음. 무형자산으로 계상하고 있는 개발비가 90억원 증가함. 부채는 당기중에 차입금 상환 등의 영향으로 유동부채가 36억원, 비유동부채가 16억원 감소함. 총 부채는 전기대비 20.2% 감소함.

현금 흐름 <단위 : 억원>

항목	2016	2017
영업활동	-42	-41
투자활동	-11	-57
재무활동	54	111
순현금흐름	0	12
기말현금	2	15

시장 대비 수익률

결산 실적 <단위 : 억원>

항목	2012	2013	2014	2015	2016	2017
매출액	205	163	104	107	61	62
영업이익	-30	-80	-67	-4	-40	-41
당기순이익	-48	-93	-80	-24	-59	-46

분기 실적 <단위 : 억원>

항목	2016.3Q	2016.4Q	2017.1Q	2017.2Q	2017.3Q	2017.4Q
매출액	14	15	14	16	16	16
영업이익	-10	-9	-10	-9	-11	-13
당기순이익	-19	-10	-18	-7	-10	-10

재무 상태 <단위 : 억원>

항목	2012	2013	2014	2015	2016	2017
총자산	445	511	458	533	561	716
유형자산	203	199	184	174	164	156
무형자산	28	193	212	307	354	444
유가증권	0	0	0	0	—	—
총부채	306	286	313	263	261	208
총차입금	268	251	283	234	221	160
자본금	92	105	105	107	107	112
총자본	139	225	145	270	299	507
지배주주지분	139	225	145	270	299	507

기업가치 지표

항목	2012	2013	2014	2015	2016	2017
주가(최고/저)(천원)	18.8/6.6	12.9/8.6	14.0/6.2	24.9/6.4	35.8/14.1	37.0/19.5
PER(최고/저)(배)	—/—	—/—	—/—	—/—	—/—	—/—
PBR(최고/저)(배)	22.8/8.0	11.4/7.6	18.6/8.2	19.2/4.9	25.2/9.9	16.4/8.6
EV/EBITDA(배)	—	—	—	672.8	—	—
EPS(원)	-263	-495	-381	-114	-277	-211
BPS(원)	825	1,134	754	1,294	1,419	2,256
CFPS(원)	-139	-375	-270	-68	-235	-172
DPS(원)	—	—	—	—	—	—
EBITDAPS(원)	-42	-308	-209	27	-143	-152

재무 비율 <단위 : %>

연도	영업이익률	순이익률	부채비율	차입금비율	ROA	ROE	유보율	자기자본비율	EBITDA마진율
2017	-66.4	-73.3	41.1	31.6	-7.1	-11.3	351.2	70.9	-52.9
2016	-65.2	-97.6	87.3	73.9	-10.9	-20.9	183.9	53.4	-50.6
2015	-3.8	-22.8	97.6	86.6	-4.9	-11.7	158.8	50.6	5.4
2014	-64.5	-76.9	215.9	195.2	-16.6	-43.4	50.8	31.7	-42.0

제너셈 (A217190)
GENESEM

업　　종 : 반도체 및 관련장비 | 시　　장 : KOSDAQ
신용등급 : (Bond) —　　(CP) — | 기업규모 : 벤처
홈페이지 : www.genesem.com | 연 락 처 : 032)810-8400
본　　사 : 인천시 연수구 송도과학로 84번길 24

설 립 일	2000.11.21	**종업원수**	82명	**대표이사**	한복우
상 장 일	2015.09.25	**감사의견**	적정(안세)	**계　　열**	
결 산 기	12월	**보 통 주**		**종속회사수**	
액 면 가	500원	**우 선 주**		**구 상 호**	

주주구성 (지분율,%)		출자관계 (지분율,%)		주요경쟁사 (외형,%)	
한복우	44.0			제너셈	100
고정란	0.3			에이디테크놀로지	116
(외국인)	1.0			다믈멀티미디어	66

매출구성		비용구성		수출비중	
Pick & Place(기타)	34.9	매출원가율	73.5	수출	67.9
Laser Marking(기타)	23.1	판관비율	29.4	내수	32.1
기타(장비외)(기타)	15.4				

회사 개요
동사는 반도체 후공정 자동화 장비 개발 및 제조, 판매를 영위할 목적으로 2000년 11월 21일에 설립됨. 주력 상품으로는 Laser Marking, Test Handler, Inspection, Pick & Place 외 기타 자동화 장비가 있으며 대부분의 장비는 customize화 되어 고객에게 납품되고 있음. 현재 동사의 주요 영업국가로는 한국, 미국, 중국, 일본, 필리핀, 대만, 브라질, 멕시코 등이 있음.

실적 분석
동사의 2017년 매출액과 영업손실은 276.7억원, 8억원으로 전년 대비 매출은 55.4% 증가하고 적자를 지속함. 당기순손실은 20억원으로 적자를 지속함. 자산총계는 477억원, 부채총계 217억원, 자본총계 260억원을 기록함. 유동부채의 증가와 비유동부채의 감소는 전기 전환사채으로 계상되어 있던 비유동부채가 유동부채로 전환하면서 계상되어 나타난 효과임.

현금 흐름 *IFRS 별도 기준 〈단위 : 억원〉

항목	2016	2017
영업활동	-57	-17
투자활동	-67	23
재무활동	95	-6
순현금흐름	-29	-1
기말현금	20	19

시장 대비 수익률
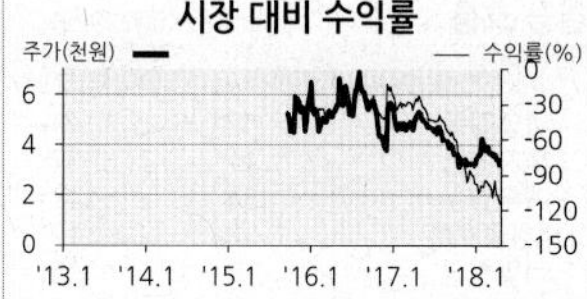

결산 실적 〈단위 : 억원〉

항목	2012	2013	2014	2015	2016	2017
매출액	230	180	322	339	178	277
영업이익	7	6	56	54	-25	-8
당기순이익	2	4	50	48	-18	-20

분기 실적 *IFRS 별도 기준 〈단위 : 억원〉

항목	2016.3Q	2016.4Q	2017.1Q	2017.2Q	2017.3Q	2017.4Q
매출액	20	60	50	77	89	61
영업이익	-10	-2	-4	-1	12	-14
당기순이익	-14	3	-6	-5	7	-16

재무 상태 *IFRS 별도 기준 〈단위 : 억원〉

항목	2012	2013	2014	2015	2016	2017
총자산	157	200	251	450	500	477
유형자산	65	115	118	169	262	259
무형자산	0	1	1	1	2	4
유가증권	—	—	—	—	—	—
총부채	123	135	143	159	221	217
총차입금	79	87	74	82	167	164
자본금	14	11	11	44	44	44
총자본	35	64	108	291	279	260
지배주주지분	35	64	108	291	279	260

기업가치 지표 *IFRS 별도 기준

항목	2012	2013	2014	2015	2016	2017
주가(최고/저)(천원)	—/—	—/—	—/—	6.4/4.4	7.0/3.8	5.9/3.1
PER(최고/저)(배)	0.0/0.0	0.0/0.0	0.0/0.0	9.1/6.2	—/—	—/—
PBR(최고/저)(배)	0.0/0.0	0.0/0.0	0.0/0.0	2.0/1.3	2.2/1.2	2.0/1.0
EV/EBITDA(배)	6.6	8.3	0.9	8.3	—	1,074.3
EPS(원)	24	48	820	712	-204	-225
BPS(원)	1,222	2,874	4,931	3,316	3,186	2,967
CFPS(원)	169	218	2,351	747	-167	-130
DPS(원)	—	—	—	50	—	—
EBITDAPS(원)	339	316	2,610	835	-243	4

재무 비율 〈단위 : %〉

연도	영업이익률	순이익률	부채비율	차입금비율	ROA	ROE	유보율	자기자본비율	EBITDA 마진율
2017	-2.9	-7.2	83.5	63.1	-4.0	-7.3	493.3	54.5	0.1
2016	-13.8	-10.0	79.0	59.9	-3.8	-6.3	537.2	55.9	-12.0
2015	16.1	14.3	54.8	28.4	13.8	24.2	563.2	64.6	16.8
2014	17.4	15.6	131.6	67.9	22.3	58.2	886.2	43.2	18.1

제넥신 (A095700)
Genexine

업　　종 : 바이오 | 시　　장 : KOSDAQ
신용등급 : (Bond) —　　(CP) — | 기업규모 : 기술성
홈페이지 : www.genexine.com | 연 락 처 : 031)628-3200
본　　사 : 경기도 성남시 분당구 대왕판교로 700, 코리아바이오파크 B동 4층

설 립 일	1999.06.08	**종업원수**	138명	**대표이사**	서유석
상 장 일	2009.09.15	**감사의견**	적정(대성삼경)	**계　　열**	
결 산 기	12월	**보 통 주**		**종속회사수**	
액 면 가	500원	**우 선 주**		**구 상 호**	

주주구성 (지분율,%)		출자관계 (지분율,%)		주요경쟁사 (외형,%)	
한독	18.7	에스엘포젠	50.0	제넥신	100
성영철	10.3	에스엘메타젠	49.0	셀트리온	3,335
(외국인)	4.5	아지노모도제넥신	25.0	바이로메드	11

매출구성		비용구성		수출비중	
기타	42.0	매출원가율	37.6	수출	—
GX-H9 개발용역(용역)	19.5	판관비율	156.8	내수	—
GX-H9(인성장호르몬)(기타)	13.8				

회사 개요
동사는 바이오 의약품 전문 제조업체로서, 바이오시밀러 부문과 항체융합단백질 부문, 유전자 및 줄기세포치료제 부문 등 크게 세가지 사업부문을 영위함. 원천기술을 바탕으로 다수의 제약사에 기술을 이전해 매출이 발생함. 항체융합단백질 부문에서는 세계적인 기술력을 보유하고 있으며, 유전자 및 줄기세포치료제 부문은 난치성 질환의 치료제로서 본격적인 시장이 형성될 것을 기대하고 미래 성장동력으로 삼아 지속적인 연구개발을 수행 중임.

실적 분석
동사의 2017년 누적매출액은 284.6억원으로 전년대비 150.7% 증가함. 국내 파트너 제약사인 한독약품으로부터 지속형 인성장호르몬(GX-H9)에 대한 기술이전과 연구용역 수입이 인식된 결과임. 하지만 원가율 상승과 판관비 증가로 영업손실 268.6억원을 기록해 적자 지속함. 지속형 성장호르몬의 임상2상을 성공적으로 마무리했으며, 항암제로 개발 중인 하이루킨에 대한 기대도 높음

현금 흐름 *IFRS 별도 기준 〈단위 : 억원〉

항목	2016	2017
영업활동	-141	-261
투자활동	-536	178
재무활동	811	-36
순현금흐름	134	-120
기말현금	224	104

시장 대비 수익률
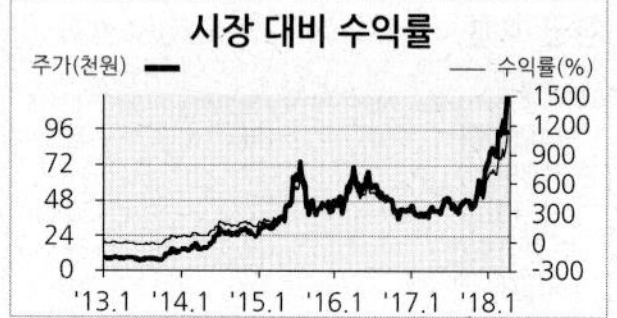

결산 실적 〈단위 : 억원〉

항목	2012	2013	2014	2015	2016	2017
매출액	63	58	167	325	114	285
영업이익	-27	-71	-52	11	-309	-269
당기순이익	-21	-90	-74	-14	-309	-193

분기 실적 *IFRS 별도 기준 〈단위 : 억원〉

항목	2016.3Q	2016.4Q	2017.1Q	2017.2Q	2017.3Q	2017.4Q
매출액	7	58	22	18	60	185
영업이익	-59	-121	-62	-55	-29	-122
당기순이익	-67	-132	-83	-73	40	-78

재무 상태 *IFRS 별도 기준 〈단위 : 억원〉

항목	2012	2013	2014	2015	2016	2017
총자산	634	558	1,141	1,421	1,586	1,407
유형자산	198	199	238	243	236	413
무형자산	63	112	206	357	47	42
유가증권	29	29	41	77	221	261
총부채	176	175	132	163	285	268
총차입금	123	134	73	30	200	168
자본금	31	31	43	45	97	100
총자본	458	383	1,009	1,258	1,301	1,139
지배주주지분	458	383	1,009	1,258	1,301	1,139

기업가치 지표 *IFRS 별도 기준

항목	2012	2013	2014	2015	2016	2017
주가(최고/저)(천원)	9.2/4.7	15.0/6.4	29.5/13.8	74.3/25.4	70.9/36.2	73.0/36.5
PER(최고/저)(배)	—/—	—/—	—/—	—/—	—/—	—/—
PBR(최고/저)(배)	2.5/1.3	4.9/2.1	4.7/2.2	10.2/3.5	10.6/5.4	12.9/6.4
EV/EBITDA(배)	140.1	—	229.4	162.2	—	—
EPS(원)	-199	-721	-498	-86	-1,702	-983
BPS(원)	7,374	6,093	11,814	13,907	6,688	5,676
CFPS(원)	255	-731	-113	248	-1,561	-849
DPS(원)	—	—	—	—	—	—
EBITDAPS(원)	141	-419	179	533	-1,559	-1,232

재무 비율 〈단위 : %〉

연도	영업이익률	순이익률	부채비율	차입금비율	ROA	ROE	유보율	자기자본비율	EBITDA 마진율
2017	-94.4	-67.9	23.6	14.7	-12.9	-15.8	1,035.3	80.9	-85.1
2016	-272.1	-272.5	21.9	15.4	-20.6	-24.2	1,237.7	82.1	-249.6
2015	3.3	-4.4	13.0	2.4	-1.1	-1.3	2,681.4	88.5	14.4
2014	-31.3	-44.5	13.1	7.2	-8.7	-10.7	2,262.7	88.5	8.1

제노텍 (A066830)
GENOTECH CORP

업 종 : 바이오
신용등급 : (Bond) — (CP) —
홈페이지 : www.genotech.co.kr
본 사 : 대전시 유성구 가정북로 26-69
시 장 : KONEX
기업규모 : —
연 락 처 : 042)862-8404

설 립 일 1997.07.08 **종업원수** 67명 **대 표 이 사** 김재종
상 장 일 2016.07.18 **감사의견** 적정(안일) **계 열**
결 산 기 12월 **보 통 주** **종속회사수**
액 면 가 — **우 선 주** **구 상 호**

주주구성 (지분율,%)		출자관계 (지분율,%)		주요경쟁사 (외형,%)	
김재종	32.5			제노텍	100
김일수	16.2			바이오니아	439
				이수앱지스	368

매출구성		비용구성		수출비중	
유전자 합성 등(제품)	42.8	매출원가율	98.4	수출	22.9
바이오의약 (원료의약품)(제품)	35.1	판관비율	32.2	내수	77.1
유전자 분석 등(용역)	19.7				

회사 개요

1997년 설립된 동사는 미생물 유전자정보분석·유전자조작, 신약개발 등의 사업을 영위하고 있는 바이오 벤처기업임. 유전자 기능분석에 필수적인 연구소재 및 유전정보를 활용한 신규 의약소재 등 고부가가치 생물소재를 개발, 생산하고 있음. 1998년 7월 기업부설연구소를 설립하여 미생물 유전체 분석기술과 유전정보 등 생물정보를 활용한 고부가가치 바이오의약품(원료의약품)을 개발해 왔음. 2016년 7월 코넥스시장에 신규상장됨.

실적 분석

동사의 2017년 4/4분기 누적매출액은 52.9억원으로 전년동기 대비 5.9% 감소했음. 외형축소에도 불구하고 매출원가는 전년동기 42.5억원에서 52.1억원으로 22.5% 증가해 16.2억원의 영업손실을 기록하며 적자를 지속했음. 높은 원가율로 인해 영업이익 적자폭은 더욱 확대되었음. 비영업부문에서도 15.2억원의 손실을 기록해 적자폭은 더욱 확대되어 31.4억원의 당기순손실을 시현하였음

현금 흐름 *IFRS 별도 기준 〈단위 : 억원〉

항목	2016	2017
영업활동	-10	-9
투자활동	-4	0
재무활동	4	8
순현금흐름	-10	-0
기말현금	1	0

시장 대비 수익률

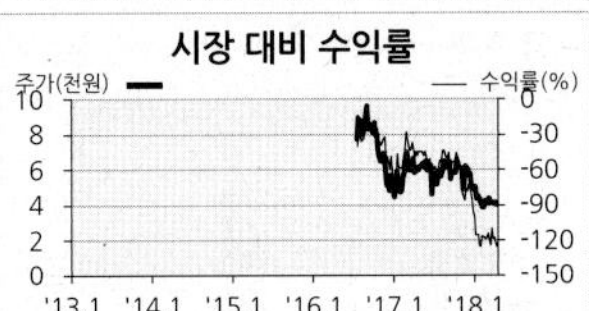

결산 실적 〈단위 : 억원〉

항목	2012	2013	2014	2015	2016	2017
매출액	69	63	64	73	56	53
영업이익	5	-8	0	-10	-5	-16
당기순이익	4	-22	-4	-13	-9	-31

분기 실적 *IFRS 별도 기준 〈단위 : 억원〉

항목	2016.3Q	2016.4Q	2017.1Q	2017.2Q	2017.3Q	2017.4Q
매출액	—	—	—	—	—	—
영업이익	—	—	—	—	—	—
당기순이익	—	—	—	—	—	—

재무 상태 *IFRS 별도 기준 〈단위 : 억원〉

항목	2012	2013	2014	2015	2016	2017
총자산	139	117	155	152	150	132
유형자산	70	64	87	83	80	77
무형자산	9	1	2	2	2	2
유가증권	3	3	3	3	3	2
총부채	68	68	99	104	106	119
총차입금	60	61	85	89	90	100
자본금	26	26	24	24	25	25
총자본	71	49	55	48	44	13
지배주주지분	71	49	55	48	44	13

기업가치 지표 *IFRS 별도 기준

항목	2012	2013	2014	2015	2016	2017
주가(최고/저)(천원)	—/—	—/—	—/—	—/—	10.2/4.2	7.4/4.1
PER(최고/저)(배)	0.0/0.0	0.0/0.0	0.0/0.0	0.0/0.0	—/—	—/—
PBR(최고/저)(배)	0.0/0.0	0.0/0.0	0.0/0.0	0.0/0.0	12.6/5.2	31.7/17.4
EV/EBITDA(배)	2.6	90.4	7.1	—	413.7	—
EPS(원)	77	-421	-71	-250	-157	-570
BPS(원)	1,349	927	1,045	888	804	233
CFPS(원)	323	-264	146	-124	-51	-465
DPS(원)	—	—	—	—	—	—
EBITDAPS(원)	345	12	218	-66	14	-188

재무 비율 〈단위 : %〉

연도	영업이익률	순이익률	부채비율	차입금비율	ROA	ROE	유보율	자기자본비율	EBITDA마진율
2017	-30.5	-59.3	일부잠식	일부잠식	-22.3	-110.0	-47.9	9.7	-19.6
2016	-8.9	-15.3	238.7	203.0	-5.7	-18.6	79.4	29.5	1.4
2015	-13.9	-18.1	217.2	185.1	-8.6	-25.6	98.6	31.5	-4.8
2014	0.1	-5.8	180.2	154.2	—	—	134.3	35.7	17.8

제노포커스 (A187420)
GenoFocus

업 종 : 바이오
신용등급 : (Bond) — (CP) —
홈페이지 : www.genofocus.com
본 사 : 대전시 유성구 테크노1로 65(관평동)
시 장 : KOSDAQ
기업규모 : 기술성
연 락 처 : 042)862-4483

설 립 일 2000.04.01 **종업원수** 59명 **대 표 이 사** 김의중
상 장 일 2015.05.29 **감사의견** 적정(삼정) **계 열**
결 산 기 12월 **보 통 주** **종속회사수** 2개사
액 면 가 500원 **우 선 주** **구 상 호**

주주구성 (지분율,%)		출자관계 (지분율,%)		주요경쟁사 (외형,%)	
반재구	25.8	성운바이오	65.4	제노포커스	100
김의중	10.9	성운파마코피아	3.2	코아스템	157
(외국인)	1.1	GenofocusBiotechnology	100.0	진원생명과학	236

매출구성		비용구성		수출비중	
Lactase	53.8	매출원가율	70.5	수출	—
Catalase	31.5	판관비율	19.1	내수	—
Phytase, 화장품소재 등	14.7				

회사 개요

동사는 2000년 설립된 산업용 효소 전문기업으로 기술성평가 특례를 통해 상장함. 효소는 크게 산업용, 특수용, 의료용으로 구분되며, 전세계 시장 규모는 약 12조원임. 그 중 동사가 주력하는 산업용 효소시장 규모는 약 4조원임. 매출 비중은 카탈라아제가 18.19%이며, 락타아제가 31.73%임. 카탈라아제는 반도체 식각 전공정에 들어가는 과산화수소를 분해하는 효소로, 반도체 제조 공정에 반드시 필요함.

실적 분석

동사의 2017년 연결기준 결산 매출액은 전년동기 대비 63.7 % 증가한 115.1억원이며, 매출원가의 대폭 증가로 영업이익은 10.1% 감소한 11.9억원임. 당기순이익은 16.9% 감소한 13.4억원을 시현. 이러한 변동은 2017년 3월 동사의 종속회사로 편입된 성운바이오를 인수한 것이 주요 원인임. 이로 인하여 자산은 전년동기 대비 11.0% 증가하였으며 부채는 405.7% 증가함.

현금 흐름 〈단위 : 억원〉

항목	2016	2017
영업활동	5	14
투자활동	-383	12
재무활동	310	-19
순현금흐름	-68	7
기말현금	25	32

시장 대비 수익률

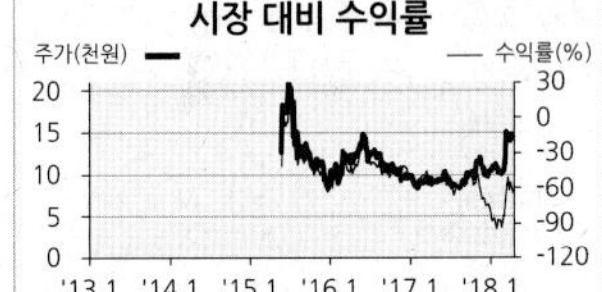

결산 실적 〈단위 : 억원〉

항목	2012	2013	2014	2015	2016	2017
매출액	20	24	61	66	70	115
영업이익	4	2	14	11	13	12
당기순이익	3	1	22	12	16	13

분기 실적 〈단위 : 억원〉

항목	2016.3Q	2016.4Q	2017.1Q	2017.2Q	2017.3Q	2017.4Q
매출액	19	18	26	36	29	24
영업이익	5	2	6	3	1	3
당기순이익	5	6	7	5	2	-1

재무 상태 〈단위 : 억원〉

항목	2012	2013	2014	2015	2016	2017
총자산	22	90	169	305	632	702
유형자산	8	9	57	135	174	288
무형자산	2	7	18	32	45	67
유가증권	—	—	0	0	0	30
총부채	25	66	73	7	7	36
총차입금	18	62	65	—	—	26
자본금	19	28	31	45	54	54
총자본	-3	24	97	298	625	666
지배주주지분	-3	24	97	298	625	642

기업가치 지표

항목	2012	2013	2014	2015	2016	2017
주가(최고/저)(천원)	—/—	—/—	—/—	47.0/16.9	29.7/17.9	24.1/16.7
PER(최고/저)(배)	0.0/0.0	0.0/0.0	0.0/0.0	321.7/115.3	166.3/100.1	168.5/117.0
PBR(최고/저)(배)	0.0/0.0	0.0/0.0	0.0/0.0	14.0/5.0	4.7/2.8	3.7/2.6
EV/EBITDA(배)	2.2	—	0.8	124.1	81.9	69.2
EPS(원)	38	16	195	73	89	71
BPS(원)	-771	426	1,579	3,332	5,796	5,914
CFPS(원)	958	43	395	161	215	245
DPS(원)	—	—	—	—	—	—
EBITDAPS(원)	1,373	61	258	147	184	225

재무 비율 〈단위 : %〉

연도	영업이익률	순이익률	부채비율	차입금비율	ROA	ROE	유보율	자기자본비율	EBITDA마진율
2017	10.4	11.7	5.4	3.9	2.0	2.2	1,082.7	94.9	21.2
2016	18.9	23.0	1.1	0.0	3.5	3.5	1,059.2	98.9	24.2
2015	16.5	18.2	2.5	0.0	5.1	6.1	566.3	97.6	18.8
2014	22.6	35.5	75.4	67.6	16.8	36.3	215.7	57.0	24.1

제놀루션 (A225220)

GENOLUTION

업 종 : 바이오 | 시 장 : KONEX
신용등급 : (Bond) — (CP) — | 기업규모 : —
홈페이지 : www.genolution1.com | 연 락 처 : 02)449-8670
본 사 : 서울시 송파구 법원로11길 11 A동 506호(문정동, 문정현대지식산업센터)

설 립 일	2006.02.20	**종 업 원 수**	17명	**대 표 이 사**	김기옥
상 장 일	2015.08.03	**감 사 의 견**	적정(동서)	**계 열**	
결 산 기	12월	**보 통 주**		**종속회사수**	
액 면 가	—	**우 선 주**		**구 상 호**	

주주구성 (지분율,%)		출자관계 (지분율,%)		주요경쟁사 (외형,%)	
호일바이오메드	17.3			제놀루션	100
김기옥	10.4			진매트릭스	213
				메디젠휴먼케어	123

매출구성		비용구성		수출비중	
핵산추출시약	42.7	매출원가율	22.5	수출	28.0
RNAi 서비스(siRNA/shRNA합성 및 기타서비스)	26.6	판관비율	51.8	내수	72.0
자동화핵산추출기기	19.3				

회사 개요

동사는 유전자 기반으로 하는 분자진단기기 사업과 RNAi 연구 관련 제품생산 및 서비스 사업을 진행하고 있음. 동사가 현재 영위하고 있는 분자진단기기 사업은 인체로부터 유래된 시료(소변, Swab시료, 객담, 혈액, 혈장, 혈청 등)로부터 핵산(RNA/DNA)를 추출할 수 있는 핵산추출 시약과 시료로부터 RNA/DNA를 자동으로 추출할 수 있는 자동화핵산추출기기를 주요 제품으로 판매하고 있음.

실적 분석

동사의 2017년 누적매출액은 24.4억원으로 전년 15억원 대비 증가함. 영업이익은 6.3억원으로 전년 0.8억원보다 크게 늘었음. 현재 식약처에 등록된 동사의 핵산추출 제품은 STD Extraction Kit 외 5종으로 종합병원 및 검사수탁기관에 판매하고 있음. 인체에서 유래된 시료로부터 핵산을 추출하기 위해 핵심 소재로 사용되는 마그네틱 비드를 개발할 예정임. 2016년 3월 중국 포순과 180만달러 규모의 공급계약을 체결함.

현금 흐름 *IFRS 별도 기준 <단위 : 억원>

항목	2016	2017
영업활동	-0	7
투자활동	-4	-9
재무활동	15	—
순현금흐름	11	-2
기말현금	22	20

시장 대비 수익률

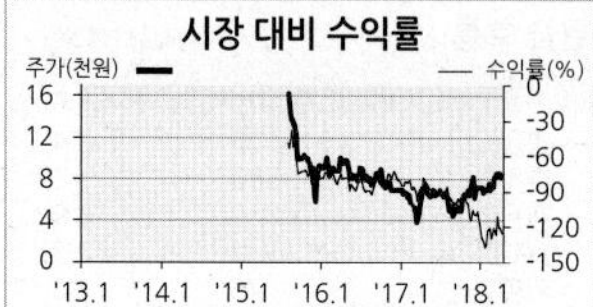

결산 실적 <단위 : 억원>

항목	2012	2013	2014	2015	2016	2017
매출액	12	15	16	12	15	24
영업이익	-5	-6	-7	0	1	6
당기순이익	-3	-5	-8	1	1	6

분기 실적 *IFRS 별도 기준 <단위 : 억원>

항목	2016.3Q	2016.4Q	2017.1Q	2017.2Q	2017.3Q	2017.4Q
매출액	—	—	—	—	—	—
영업이익	—	—	—	—	—	—
당기순이익	—	—	—	—	—	—

재무 상태 *IFRS 별도 기준 <단위 : 억원>

항목	2012	2013	2014	2015	2016	2017
총자산	26	21	14	22	40	47
유형자산	0	0	0	0	2	8
무형자산	2	2	1	1	4	6
유가증권	—	—	—	—	—	—
총부채	3	3	4	3	6	7
총차입금	—	0	0	—	—	—
자본금	15	15	15	16	17	17
총자본	23	18	10	18	34	40
지배주주지분	23	18	10	18	34	40

기업가치 지표 *IFRS 별도 기준

항목	2012	2013	2014	2015	2016	2017
주가(최고/저)(천원)	#VALUE!	—/—	—/—	—/—	—/—	—/—
PER(최고/저)(배)	0.0/0.0	0.0/0.0	0.0/0.0	614.3/216.1	375.4/252.8	47.1/22.4
PBR(최고/저)(배)	0.0/0.0	0.0/0.0	0.0/0.0	27.7/9.7	9.8/6.6	6.8/3.2
EV/EBITDA(배)	—	—	—	357.5	112.2	23.8
EPS(원)	-93	-154	-265	26	27	174
BPS(원)	751	597	332	586	1,030	1,204
CFPS(원)	-75	-137	-243	40	50	220
DPS(원)	—	—	—	—	—	—
EBITDAPS(원)	-149	-184	-207	19	47	236

재무 비율 <단위 : %>

연도	영업이익률	순이익률	부채비율	차입금비율	ROA	ROE	유보율	자기자본비율	EBITDA마진율
2017	25.8	23.7	17.6	0.0	13.3	15.5	140.8	85.0	32.1
2016	5.2	5.9	16.7	0.0	2.9	3.4	106.0	85.7	10.3
2015	1.4	6.9	17.7	0.0	4.6	5.7	17.1	85.0	5.0
2014	-42.4	-49.0	일부잠식	일부잠식	-46.2	-57.0	-33.6	71.6	-38.3

제닉 (A123330)

GENIC

업 종 : 개인생활용품 | 시 장 : KOSDAQ
신용등급 : (Bond) — (CP) — | 기업규모 : 벤처
홈페이지 : www.genic21.com | 연 락 처 : 031)725-5600
본 사 : 경기도 성남시 분당구 판교로 255번길 34 3층

설 립 일	2001.09.27	**종 업 원 수**	308명	**대 표 이 사**	황진선
상 장 일	2011.08.03	**감 사 의 견**	적정(삼정)	**계 열**	
결 산 기	12월	**보 통 주**		**종속회사수**	2개사
액 면 가	500원	**우 선 주**		**구 상 호**	

주주구성 (지분율,%)		출자관계 (지분율,%)		주요경쟁사 (외형,%)	
솔브레인	25.2	제닉상하이화장품유한공사	100.0	제닉	100
한국투자신탁운용	4.3	제닉상하이상무유한공사	100.0	한국화장품	234
(외국인)	2.9			한국화장품제조	104

매출구성		비용구성		수출비중	
[OEM/ODM 사업부문] 하이드로겔 마스크팩 등	63.5	매출원가율	80.9	수출	42.8
[홈쇼핑 사업부문]하이드로겔 마스크팩 등	25.7	판관비율	31.9	내수	57.2
[수출] 하이드로겔 마스크팩 등	8.9				

회사 개요

동사는 2001년 화장품, 의약품 연구개발 제조, 판매를 목적으로 설립됨. 2011년 코스닥 시장에 등록함. 화장품 제조, 판매가 주력이며, 글로벌특허인 하이드로겔 특허를 가지고 있음. 동사는 국내 마스크팩 시장의 약 30%를 차지함. 하이드로겔 마스크팩 시장에서는 대부분을 점유하고 있음. 기존 마스크팩 시장의 브랜드력, 제품력을 인정받아 미샤, 더페이스샵 외 다수 브랜드에 OEM, ODM 공급중임.

실적 분석

2017년 결산 연결기준 매출액은 전년동기 대비 27.9% 감소한 646.9억원을 시현함. 중국 화장품 시장에 의존도가 높았고, 특히 진입장벽이 낮은 마스크팩시장에 급격한 경쟁구도로 인한 한국법인과 중국법인 모두 매출액이 감소하였음. 어려운 영업상황으로 인한 영업적자로 인하여 자본또한 12.4% 감소함. 그러나 충분한 현금유동성을 보유하고 있었기에 부채의 증가는 발생하지 않음.

현금 흐름 <단위 : 억원>

항목	2016	2017
영업활동	9	-48
투자활동	-15	-91
재무활동	92	41
순현금흐름	90	-108
기말현금	190	82

시장 대비 수익률

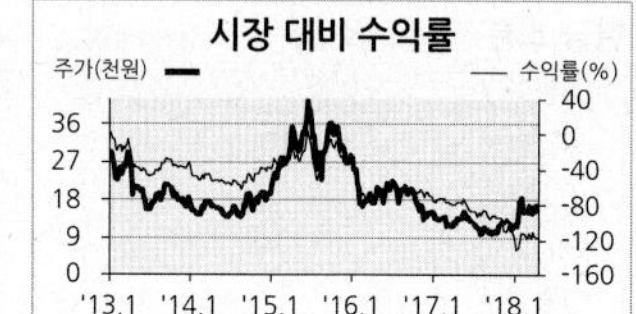

결산 실적 <단위 : 억원>

항목	2012	2013	2014	2015	2016	2017
매출액	858	622	635	737	897	647
영업이익	71	39	19	31	54	-83
당기순이익	57	35	20	29	12	-75

분기 실적 <단위 : 억원>

항목	2016.3Q	2016.4Q	2017.1Q	2017.2Q	2017.3Q	2017.4Q
매출액	199	216	181	150	154	163
영업이익	14	-13	-9	-20	-23	-31
당기순이익	9	-11	-10	-10	-25	-29

재무 상태 <단위 : 억원>

항목	2012	2013	2014	2015	2016	2017
총자산	601	649	755	870	1,016	934
유형자산	229	293	368	438	352	395
무형자산	3	3	3	26	28	26
유가증권	1	2	11	1	40	45
총부채	72	117	203	290	396	391
총차입금	7	31	87	173	265	300
자본금	25	28	30	32	33	35
총자본	529	532	552	580	619	543
지배주주지분	529	532	552	580	619	543

기업가치 지표

항목	2012	2013	2014	2015	2016	2017
주가(최고/저)(천원)	48.1/26.3	31.3/13.6	20.6/13.9	42.1/19.8	28.9/13.0	15.3/9.4
PER(최고/저)(배)	58.1/31.8	63.0/27.3	73.1/49.4	99.8/46.9	163.9/73.6	—/—
PBR(최고/저)(배)	6.3/3.5	3.9/1.7	2.5/1.7	4.8/2.2	3.1/1.4	1.9/1.2
EV/EBITDA(배)	19.2	17.0	25.2	27.8	11.8	—
EPS(원)	820	493	279	418	175	-1,067
BPS(원)	10,644	10,202	9,682	9,695	9,851	8,282
CFPS(원)	1,684	1,164	880	1,114	805	-531
DPS(원)	54	47	26	24	26	5
EBITDAPS(원)	1,975	1,239	873	1,145	1,431	-649

재무 비율 <단위 : %>

연도	영업이익률	순이익률	부채비율	차입금비율	ROA	ROE	유보율	자기자본비율	EBITDA마진율
2017	-12.8	-11.5	72.1	55.2	-7.7	-12.9	1,556.4	58.1	-7.0
2016	6.0	1.4	64.0	42.8	1.3	2.0	1,870.2	61.0	10.5
2015	4.2	4.0	49.9	29.9	3.6	5.2	1,838.9	66.7	9.8
2014	3.0	3.1	36.9	15.7	2.8	3.6	1,836.5	73.1	8.3

제로투세븐 (A159580)

Zero to Seven

업 종 : 섬유 및 의복
신용등급 : (Bond) — (CP) —
홈페이지 : www.zerotoseven.co.kr
본 사 : 서울시 마포구 상암산로 76 YTN뉴스퀘어 17/18층
시 장 : KOSDAQ
기업규모 : 중견
연 락 처 : 02)740-3100

설립일	2000.02.03	종업원수	218명	대표이사	김정민,조성철
상장일	2013.02.19	감사의견	적정(삼일)	계열	
결산기	12월	보통주		종속회사수	3개사
액면가	500원	우선주		구상호	

주주구성 (지분율,%)		출자관계 (지분율,%)		주요경쟁사 (외형,%)	
매일유업	34.7	ZerotoSevenTrading(H.K.)Co.,	100.0	제로투세븐	100
김정민	11.3	영도칠무역(상해)	100.0	방림	80
(외국인)	1.3			형지I&C	62

매출구성		비용구성		수출비중	
의류사업부문[알로앤루,알퐁소,포래즈,섀르반]	46.9	매출원가율	53.8	수출	1.6
유통사업부문[궁중비책,토미피티 외]	39.8	판관비율	47.6	내수	98.4
중국사업부문[알로앤루,마마스앤파파스외]	14.9				

회사 개요

동사는 2000년 라이프파트너로 설립됨. 2007년 제로투세븐으로 사명을 변경함. 2013년 코스닥 시장에 상장함. 설립 초기에는 임신, 출산 및 육아에 관련된 기업들의 고객관계관리(CRM) 서비스의 대행을 시작으로 유아동 의류 및 용품 등의 제조 및 판매를 주력 사업으로 전환해 사업을 영위하고 있음. 동사의 사업부는 의류사업, 유통사업, 중국사업부문으로 나뉨. 중국 상해에도 현지 법인을 설립해 중국 유아동 관련 사업을 영위함.

실적 분석

동사의 2017년 연결기준 연간 매출액은 1,843.2 억원으로 전년 대비 14.8% 감소함. 이는 시장경쟁 심화 및 주요 거래처와의 거래중단의 영향임. 영업손실 및 당기순손실은 각각 25.4억원, 198.5억원으로 적자지속됨. 한계사업 철수 및 경영효율화에 따른 비용절감 노력으로 영업이익, 법인세비용차감전계속사업이익 전년대비 개선됨. 반면 중단영업손실 및 법인세 비용의 일시적 증가로 인하여 당기순손실이 확대됨.

현금 흐름

<단위 : 억원>

항목	2016	2017
영업활동	-8	36
투자활동	-47	-3
재무활동	111	—
순현금흐름	54	31
기말현금	107	138

시장 대비 수익률

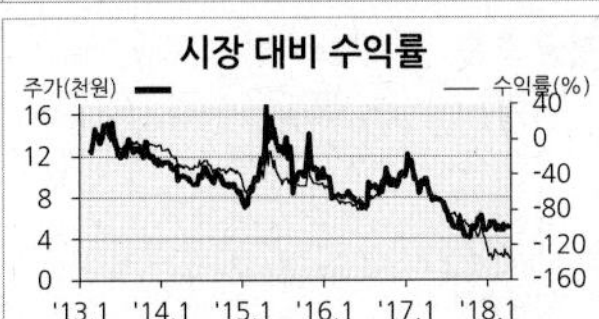

결산 실적

<단위 : 억원>

항목	2012	2013	2014	2015	2016	2017
매출액	2,472	2,401	2,446	2,706	2,163	1,843
영업이익	122	48	-1	-4	-63	-25
당기순이익	85	37	-4	-11	-102	-199

분기 실적

<단위 : 억원>

항목	2016.3Q	2016.4Q	2017.1Q	2017.2Q	2017.3Q	2017.4Q
매출액	506	463	490	465	433	455
영업이익	-20	2	-25	-26	11	15
당기순이익	-18	-46	-22	-38	11	-150

재무 상태

<단위 : 억원>

항목	2012	2013	2014	2015	2016	2017
총자산	833	980	1,096	1,256	1,252	924
유형자산	21	26	33	69	57	43
무형자산	18	18	28	25	47	41
유가증권	—	—	—	—	—	—
총부채	532	401	495	662	771	645
총차입금	115	—	62	196	307	307
자본금	43	58	61	61	61	61
총자본	301	579	601	594	481	279
지배주주지분	301	579	601	594	481	279

기업가치 지표

항목	2012	2013	2014	2015	2016	2017
주가(최고/저)(천원)	—/—	16.0/10.8	11.8/8.2	18.6/6.9	11.6/6.8	12.2/4.0
PER(최고/저)(배)	0.0/0.0	48.0/32.3	—/—	—/—	—/—	—/—
PBR(최고/저)(배)	0.0/0.0	3.2/2.1	2.4/1.7	3.9/1.4	3.0/1.7	5.4/1.8
EV/EBITDA(배)	0.2	19.0	54.8	91.6	—	322.5
EPS(원)	997	333	-34	-91	-832	-1,615
BPS(원)	3,527	5,018	4,893	4,831	3,914	2,271
CFPS(원)	1,176	474	128	74	-640	-1,389
DPS(원)	—	—	—	—	—	—
EBITDAPS(원)	1,609	569	152	129	-323	19

재무 비율

<단위 : %>

연도	영업이익률	순이익률	부채비율	차입금비율	ROA	ROE	유보율	자기자본비율	EBITDA마진율
2017	-1.4	-10.8	230.9	109.8	-18.3	-52.2	354.2	30.2	0.1
2016	-2.9	-4.7	160.3	63.8	-8.2	-19.0	682.8	38.4	-1.8
2015	-0.2	-0.4	111.5	33.0	-1.0	-1.9	866.1	47.3	0.6
2014	-0.1	-0.2	82.3	10.3	-0.4	-0.7	878.6	54.9	0.8

제룡산업 (A147830)

CHERYONG INDUSTRIAL COLTD

업 종 : 기계
신용등급 : (Bond) — (CP) —
홈페이지 : www.cheryong.co.kr
본 사 : 서울시 광진구 아차산로 628
시 장 : KOSDAQ
기업규모 : 벤처
연 락 처 : 02)2204-3700

설립일	2011.11.04	종업원수	39명	대표이사	박종태
상장일	2012.02.13	감사의견	적정(삼정)	계열	
결산기	12월	보통주		종속회사수	
액면가	500원	우선주		구상호	

주주구성 (지분율,%)		출자관계 (지분율,%)		주요경쟁사 (외형,%)	
박종태	18.2			제룡산업	100
박인원	10.5			디케이락	156
(외국인)	0.4			서암기계공업	119

매출구성		비용구성		수출비중	
[금속제품]통신주	72.3	매출원가율	75.9	수출	0.0
[합성수지제품]지중케이블보호판	27.7	판관비율	15.3	내수	100.0

회사 개요

동사는 2011년 제룡전기로부터 송·배전용 금구류 및 합성수지 사업부문이 인적분할되어 설립됨. 금속 및 합성수지제품 제조 및 판매에 관한 사업을 주사업을 영위하고 있는데, 전방산업은 전력산업 시장으로 환경 및 정책변수에 민감하지만, 한국전력공사의 연간 수급계획에 따라 시장예측이 어느 정도 안정적인 특성을 가지고 있음. 전력사업은 4차 산업혁명에 따른 신규수요와 경제성장에 따른 전력수요 증가로 지속적인 성장이 예상됨.

실적 분석

동사의 2017년 연결기준 매출액은 343억원을 기록함. 전년도 매출액인 352.1억원 대비 2.6% 감소한 금액임. 매출은 감소했는데 매출원가가 9.4% 증가하고 판매비와 관리비가 11.9% 늘어 영업이익은 전년도 67.4억원에서 55% 감소한 30.3억원을 기록하는데 그침. 비영업부문 이익이 전년도 42.9억원에서 87.3억원으로 증가했으나 당기순이익은 전년도 대비 5% 감소한 82.7억원을 시현함.

현금 흐름 *IFRS 별도 기준

<단위 : 억원>

항목	2016	2017
영업활동	96	-15
투자활동	-79	-48
재무활동	-75	-13
순현금흐름	-58	-77
기말현금	111	35

시장 대비 수익률

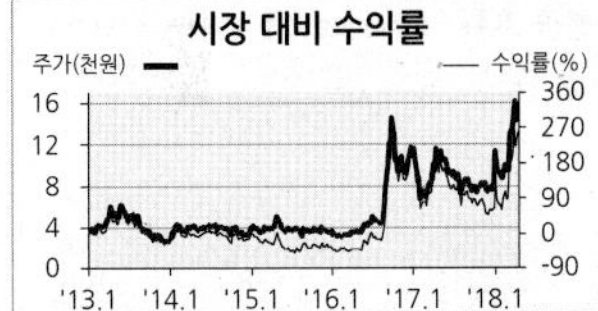

결산 실적

<단위 : 억원>

항목	2012	2013	2014	2015	2016	2017
매출액	315	335	335	315	352	343
영업이익	34	41	31	52	67	30
당기순이익	31	60	29	46	87	83

분기 실적 *IFRS 별도 기준

<단위 : 억원>

항목	2016.3Q	2016.4Q	2017.1Q	2017.2Q	2017.3Q	2017.4Q
매출액	77	73	66	129	75	73
영업이익	8	1	4	20	5	2
당기순이익	8	31	6	76	6	-5

재무 상태 *IFRS 별도 기준

<단위 : 억원>

항목	2012	2013	2014	2015	2016	2017
총자산	356	448	456	494	540	592
유형자산	133	162	158	149	144	137
무형자산	8	6	5	2	2	1
유가증권	10	—	0	0	0	0
총부채	104	141	123	120	84	61
총차입금	66	87	88	75	6	1
자본금	40	40	40	40	50	50
총자본	252	307	333	374	456	531
지배주주지분	252	307	333	374	456	531

기업가치 지표 *IFRS 별도 기준

항목	2012	2013	2014	2015	2016	2017
주가(최고/저)(천원)	4.8/1.5	6.3/2.6	4.6/2.8	5.0/3.2	14.8/3.1	12.2/6.6
PER(최고/저)(배)	16.6/5.1	11.2/4.6	16.2/9.9	11.4/7.2	17.4/3.6	14.9/8.1
PBR(최고/저)(배)	2.1/0.6	2.2/0.9	1.4/0.9	1.4/0.9	3.3/0.7	2.3/1.3
EV/EBITDA(배)	8.7	5.1	7.4	3.7	11.9	12.5
EPS(원)	312	597	294	457	870	827
BPS(원)	3,172	3,874	4,195	4,721	4,558	5,310
CFPS(원)	488	875	502	747	948	891
DPS(원)	50	50	50	70	75	100
EBITDAPS(원)	528	634	525	825	753	368

재무 비율

<단위 : %>

연도	영업이익률	순이익률	부채비율	차입금비율	ROA	ROE	유보율	자기자본비율	EBITDA마진율
2017	8.9	24.1	11.5	0.1	14.6	16.8	962.0	89.7	10.7
2016	19.1	24.7	18.5	1.3	16.8	21.0	811.6	84.4	21.4
2015	16.5	14.5	31.9	20.1	9.6	12.9	844.2	75.8	20.8
2014	9.3	8.8	37.1	26.3	6.5	9.2	738.9	73.0	12.4

제룡전기 (A033100)
CHERYONG ELECTRIC

업　　종 : 전기장비　　시　　장 : KOSDAQ
신용등급 : (Bond) —　(CP) —　　기업규모 : 벤처
홈페이지 : www.cheryongelec.com　　연 락 처 : 02)2204-6300
본　　사 : 서울시 광진구 아차산로 628

설 립 일	1986.12.18	**종업원수**	127명	**대 표 이 사**	박종태
상 장 일	1997.08.18	**감사의견**	적정(삼정)	**계　　열**	
결 산 기	12월	**보 통 주**		**종속회사수**	
액 면 가	500원	**우 선 주**		**구 상 호**	

주주구성 (지분율,%)		출자관계 (지분율,%)		주요경쟁사 (외형,%)	
박종태	17.9			제룡전기	100
박인원	10.3			서울전자통신	193
(외국인)	0.5			비츠로테크	488

매출구성		비용구성		수출비중	
변압기(제품)	100.0	매출원가율	88.7	수출	6.0
		판관비율	13.8	내수	94.0

회사 개요

전압을 조정하기 위해 사용하는 변압기 제조, 판매가 주 사업으로, 변압기 매출 비중은 100%를 차지함. 2011년 신제품으로 개발된 복합형 COS, 리드선 부착형 폴리머 피뢰기 및 에폭시 몰드 개폐기 등의 중전기기로 신규 매출 창출을 기대하고 있으며, 2012년에는 철도용 변압기와 친환경 Switchgear 등의 개발을 통하여 명실상부한 중전기기 업체의 글로벌 리더로서 부상함

실적 분석

동사의 2017년 연결기준 연간 누적 매출액은 476.6억원으로 전년 동기 대비 19.5% 증가함. 매출이 증가하면서 매출원가도 늘고 판매비와 관리비도 증가했지만 매출 증가에 따른 고정비용 감소효과로 영업손실은 12억원을 기록해 전년 동기 대비 적자 지속됐지만 적자 규모 감소함. 비영업 손익 부문에서 외환 손실 등으로 적자전환하면서 당기순손실은 5.5억원으로 적자 지속했지만 적자 규모는 훨씬 감소.

현금 흐름 *IFRS 별도 기준 〈단위 : 억원〉

항목	2016	2017
영업활동	75	47
투자활동	-15	-13
재무활동	-23	-17
순현금흐름	37	16
기말현금	138	155

시장 대비 수익률

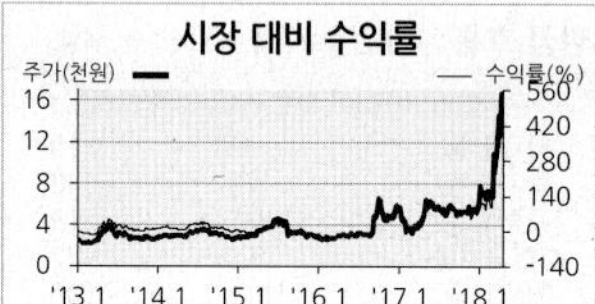

결산 실적 〈단위 : 억원〉

항목	2012	2013	2014	2015	2016	2017
매출액	408	520	573	634	399	477
영업이익	7	47	52	32	-43	-12
당기순이익	8	41	50	36	-27	-6

분기 실적 *IFRS 별도 기준 〈단위 : 억원〉

항목	2016.3Q	2016.4Q	2017.1Q	2017.2Q	2017.3Q	2017.4Q
매출액	80	124	114	130	125	108
영업이익	-17	-10	-13	6	6	-12
당기순이익	-21	9	-11	10	7	-12

재무 상태 *IFRS 별도 기준 〈단위 : 억원〉

항목	2012	2013	2014	2015	2016	2017
총자산	436	474	633	664	622	579
유형자산	193	191	188	249	232	218
무형자산	14	11	26	39	48	39
유가증권	10	1	1	1	1	1
총부채	103	106	119	123	116	87
총차입금	41	35	34	45	31	21
자본금	59	59	80	80	80	80
총자본	333	368	513	541	505	492
지배주주지분	333	368	513	541	505	492

기업가치 지표 *IFRS 별도 기준

항목	2012	2013	2014	2015	2016	2017
주가(최고/저)(천원)	3.2/1.8	4.2/2.2	3.7/2.6	4.7/2.8	7.2/2.6	6.5/3.3
PER(최고/저)(배)	51.6/29.8	13.9/7.4	10.4/7.3	22.2/13.0	—/—	—/—
PBR(최고/저)(배)	1.3/0.8	1.6/0.8	1.2/0.9	1.5/0.9	2.3/0.8	2.1/1.1
EV/EBITDA(배)	12.5	4.8	4.3	8.4	—	50.3
EPS(원)	67	322	377	221	-168	-34
BPS(원)	2,797	3,092	3,196	3,367	3,145	3,060
CFPS(원)	236	507	518	341	-25	140
DPS(원)	50	50	50	55	50	50
EBITDAPS(원)	225	554	529	316	-123	100

재무 비율 〈단위 : %〉

연도	영업이익률	순이익률	부채비율	차입금비율	ROA	ROE	유보율	자기자본비율	EBITDA마진율
2017	-2.5	-1.2	17.7	4.3	-0.9	-1.1	512.1	85.0	3.4
2016	-10.7	-6.8	23.1	6.0	-4.2	-5.2	528.9	81.3	-4.9
2015	5.0	5.6	22.7	8.3	5.5	6.7	573.5	81.5	8.0
2014	9.0	8.8	23.2	6.6	9.1	11.4	539.2	81.2	12.3

제미니투자 (A019570)
Gemini Investment

업　　종 : 창업투자 및 종금　　시　　장 : KOSDAQ
신용등급 : (Bond) —　(CP) —　　기업규모 :
홈페이지 : www.geminivc.co.kr　　연 락 처 : 02)2051-9640
본　　사 : 서울시 송파구 법원로 128 문정SK V1 GL메트로시티 C동 616호, 617호

설 립 일	1986.11.27	**종업원수**	3명	**대 표 이 사**	정진식
상 장 일	1989.03.14	**감사의견**	적정(태경)	**계　　열**	
결 산 기	03월	**보 통 주**		**종속회사수**	
액 면 가	500원	**우 선 주**		**구 상 호**	

주주구성 (지분율,%)		출자관계 (지분율,%)		주요경쟁사 (외형,%)	
비앤에이치투자	13.4	제미니영상투자제1호조합	33.3	제미니투자	100
더리미티드제1호투자조합	8.9	제미니밸류제2호조합	30.8	우리종금	3,982
(외국인)	1.6	한국아스텐종합개발	12.5	글로본	154

수익구성		비용구성		수출비중	
단기매매증권처분이익	66.0	이자비용	7.6	수출	—
수수료수입	15.0	투자및금융비	0.0	내수	—
운용투자주식처분이익	9.6	판관비	0.0		

회사 개요

동사는 중소기업 창업지원을 목적으로 1986년 11월 설립돼 중소기업 창업자에 대한 투자 및 융자와 중소기업창업투자조합의 관리, 창업기업에 대한 경영지원 등을 주된 영업으로 하고 있음. 창업투자회사는 1996년 53개사, 1998년 72개사, 2001년 145개사로 대폭 늘었으며, it산업과 코스닥 시장의 정체로 소폭 줄었다 2015년 말 115개로 줄었음. 창투사의 업무는 주식과 전환사채, 신주인수권부사채 인수, 투자조합 출자 등.

실적 분석

3월 결산법인인 동사의 2017년 3분기 누적 영업수익은 22.1억원으로 전년 동기(46억원) 대비 52% 급감함. 이자수익 3.1억원, 투자조합수익 3.2억원으로 주요 수익원 실적이 미미함. 영업비용이 큰 폭으로 감소했으나 당기순이익은 32.5억원으로 전년 동기 6억원 대비 감소함. 동사는 향후 성장가능성이 큰 ICT, 부품소재, 생명공학, 엔터테인먼트 분야 등에 투자할 계획임.

현금 흐름 *IFRS 별도 기준 〈단위 : 억원〉

항목	2016	2017.3Q
영업활동	-103	-25
투자활동	-5	2
재무활동	115	17
순현금흐름	7	-6
기말현금	11	4

시장 대비 수익률

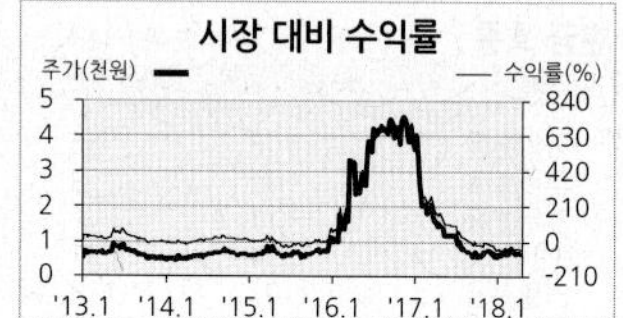

결산 실적 〈단위 : 억원〉

항목	2012	2013	2014	2015	2016	2017
영업수익	65	50	38	3	46	—
영업이익	2	-14	-12	-38	6	—
당기순이익	2	-12	-12	-38	6	—

분기 실적 *IFRS 별도 기준 〈단위 : 억원〉

항목	2016.2Q	2016.3Q	2016.4Q	2017.1Q	2017.2Q	2017.3Q
영업수익	0	-12	5	5	3	14
영업이익	-15	-16	0	-1	-5	8
당기순이익	-14	-16	-0	-3	-5	10

재무 상태 *IFRS 별도 기준 〈단위 : 억원〉

항목	2012	2013	2014	2015	2016	2017.3Q
총자산	107	95	81	74	165	182
유형자산	1	1	0	0	5	4
무형자산	4	4	4	4	4	2
유가증권	—	—	—	—	—	—
총부채	7	7	6	24	9	23
총차입금	—	—	—	—	—	—
자본금	122	122	122	122	200	200
총자본	100	88	75	50	157	159
지배주주지분	100	88	75	50	157	159

기업가치 지표 *IFRS 별도 기준

항목	2012	2013	2014	2015	2016	2017.3Q
주가(최고/저)(천원)	0.8/0.3	0.6/0.3	0.5/0.3	2.2/0.3	2.7/0.9	1.6/0.5
PER(최고/저)(배)	180.3/60.4	—/—	—/—	—/—	300.9/104.4	—/—
PBR(최고/저)(배)	3.4/1.1	2.8/1.3	2.8/1.6	17.8/2.6	11.6/4.0	4.0/1.4
PSR(최고/저)(배)	5/2	5/2	6/3	297/43	39/14	—/—
EPS(원)	8	-50	-50	-155	15	6
BPS(원)	409	359	308	206	392	398
CFPS(원)	9	-49	-49	-154	16	8
DPS(원)	—	—	—	—	—	—
EBITDAPS(원)	8	-59	-50	-156	16	7

재무 비율 〈단위 : %〉

연도	계속사업이익률	순이익률	부채비율	차입금비율	ROA	ROE	유보율	자기자본비율	총자산증가율
2016	14.6	13.0	일부잠식	0.0	5.0	5.8	-21.6	94.7	122.8
2015	-1,258.3	-1,258.3	일부잠식	0.0	-48.8	-60.4	-58.9	67.6	-8.4
2014	-32.4	-32.4	일부잠식	0.0	-13.9	-15.0	-38.4	92.8	-14.7
2013	-24.7	-24.7	일부잠식	0.0	-12.2	-13.1	-28.1	92.3	-10.9

제우스 (A079370)
Zeus

업 종 : 반도체 및 관련장비
신용등급 : (Bond) — (CP) —
홈페이지 : www.globalzeus.com
본 사 : 경기도 오산시 경기동로 161-6 (부산동)
시 장 : KOSDAQ
기업규모 : 우량
연 락 처 : 031)377-9500

설 립 일	1988.12.12	**종업원수**	503명	**대표이사**	이종우
상 장 일	2006.02.01	**감사의견**	적정(한영)	**계 열**	
결 산 기	12월	**보 통 주**		**종속회사수**	8개사
액 면 가	500원	**우 선 주**		**구 상 호**	

주주구성 (지분율,%)		출자관계 (지분율,%)		주요경쟁사 (외형,%)	
이종우	22.0	J.E.T	100.0	제우스	100
이동악	12.6	쓰리젯	100.0	아이에이	17
(외국인)	11.3	제우스이엔피	100.0	에스에이엠티	338

매출구성		비용구성		수출비중	
반도체 세정장비	32.8	매출원가율	72.7	수출	56.5
반도체장비등	28.6	판관비율	18.1	내수	43.5
LCD 및 태양전지용 Glass 반송 등	22.7				

회사 개요

동사는 반도체 및 디스플레이 관련 생산장비 제조업체로 LCD, 반도체 제조장비 외에 산업용 클린룸에 들어가는 진공펌프와 태양전지 장비도 생산하고 있음. 현재 해외 매출이 중국, 대만 등을 중심으로 이루어지고 있음. 그동안 LCD 장비(물류반송, 공정 장비)에 매출이 특화되었으나, 점차 신규사업으로 반도체(세정기)와 태양전지(모듈라인 턴키 제작), 플러그 밸브 등의 제조 판매로 관련 매출이 가시화됨.

실적 분석

동사의 2017년 4분기 누적 매출액은 전년동기 대비 23.5% 증가한 3,591.1억원의 실적을 기록함. 영업이익은 전년동기 대비 37.4% 증가한 330.3억원을 시현했음. 그러나 비영업부문에서 76.2억원의 손실을 시현해 이익폭이 축소되어 당기순이익은 전년동기 대비 3.3% 감소한 188.7억원 시현에 그쳤음

현금 흐름 <단위 : 억원>

항목	2016	2017
영업활동	262	3
투자활동	-285	-245
재무활동	22	90
순현금흐름	4	-192
기말현금	407	216

시장 대비 수익률

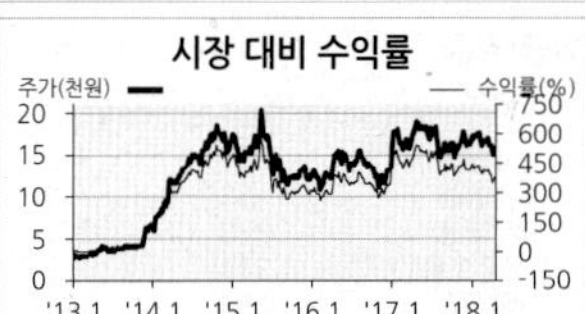

결산 실적 <단위 : 억원>

항목	2012	2013	2014	2015	2016	2017
매출액	1,557	2,049	2,410	2,901	2,908	3,591
영업이익	29	226	205	244	240	330
당기순이익	31	175	172	201	195	189

분기 실적 <단위 : 억원>

항목	2016.3Q	2016.4Q	2017.1Q	2017.2Q	2017.3Q	2017.4Q
매출액	683	900	809	845	1,091	847
영업이익	65	91	85	74	96	76
당기순이익	19	121	30	51	79	28

재무 상태 <단위 : 억원>

항목	2012	2013	2014	2015	2016	2017
총자산	1,616	2,147	2,369	2,522	2,908	3,379
유형자산	453	428	759	819	785	922
무형자산	26	29	63	61	59	59
유가증권	47	73	18	6	66	39
총부채	619	1,008	1,032	986	1,194	1,542
총차입금	323	510	509	433	483	607
자본금	47	47	47	52	52	52
총자본	997	1,138	1,337	1,536	1,714	1,837
지배주주지분	991	1,130	1,316	1,515	1,690	1,812

기업가치 지표

항목	2012	2013	2014	2015	2016	2017
주가(최고/저)(천원)	5.0/2.7	6.8/2.8	18.6/6.0	20.4/11.2	16.9/10.9	19.0/14.4
PER(최고/저)(배)	22.0/11.7	4.5/1.8	12.0/3.9	11.0/6.1	9.2/5.9	10.6/8.1
PBR(최고/저)(배)	0.6/0.3	0.7/0.3	1.6/0.5	1.5/0.8	1.1/0.7	1.1/0.8
EV/EBITDA(배)	4.5	2.6	7.1	4.1	3.7	4.6
EPS(원)	248	1,668	1,633	1,944	1,878	1,806
BPS(원)	10,955	12,434	13,944	14,588	16,276	17,582
CFPS(원)	602	2,263	2,279	2,487	2,383	2,217
DPS(원)	—	200	200	300	200	200
EBITDAPS(원)	637	2,826	2,657	2,891	2,819	3,592

재무 비율 <단위 : %>

연도	영업 이익률	순 이익률	부채 비율	차입금 비율	ROA	ROE	유보율	자기자본 비율	EBITDA 마진율
2017	9.2	5.3	83.9	33.1	6.0	10.7	3,416.5	54.4	10.4
2016	8.3	6.7	69.6	28.2	7.2	12.2	3,155.1	59.0	10.1
2015	8.4	6.9	64.2	28.2	8.2	14.3	2,817.6	60.9	10.4
2014	8.5	7.1	77.2	38.1	7.6	13.9	2,688.8	56.4	10.4

제이더블유생명과학 (A234080)
JW Life Science

업 종 : 제약
신용등급 : (Bond) — (CP) —
홈페이지 : www.jw-lifescience.co.kr
본 사 : 충남 당진시 송악읍 한진1길 28
시 장 : 거래소
기업규모 : 시가총액 소형주
연 락 처 : 041)351-7600

설 립 일	1994.05.21	**종업원수**	275명	**대표이사**	차성남
상 장 일	2016.10.27	**감사의견**	적정(삼정)	**계 열**	
결 산 기	12월	**보 통 주**		**종속회사수**	1개사
액 면 가	5,000원	**우 선 주**		**구 상 호**	

주주구성 (지분율,%)		출자관계 (지분율,%)		주요경쟁사 (외형,%)	
JW홀딩스	46.5	JW케미타운	100.0	JW생명과학	100
신영자산운용	7.0			대한약품	101
(외국인)	5.7			테라젠이텍스	75

매출구성		비용구성		수출비중	
기초수액	39.4	매출원가율	74.1	수출	2.2
TPN	27.9	판관비율	9.3	내수	97.8
특수수액	14.4				

회사 개요

동사는 1994년 5월 중외화학으로 설립되어 2002년 6월 중외, 2011년 3월 JW생명과학으로 사명을 변경하였고 2016년 10월 유가증권 시장에 상장한 의약품 제조, 판매업 전문회사임. 주요 계열회사는 지주회사인 JW홀딩스 외 JW중외제약, JW신약 등이 있으며 현재 JW홀딩스가 50%의 지분을 보유중임. 연결대상종속기업은 화학제품제조 및 도소매업을 영위하는 JW케미타운 1개사임.

실적 분석

2017년 영업실적은 매출액 1,436.0억원, 영업이익 237.8억, 당기순이익 167.8억원을 기록하며 외형확대, 수익선 개선을 보임. 동사의 핵심제품인 수액제의 수요는 증가추세. 국내 연간 1인당 입원일수는 2012년부터 2016년까지 연평균 4.0%의 성장률을 기록하고 있으며, 2016년 병상수 또한 2012년 대비 23.0% 증가를 보임. 시장확대로 인한 동사의 지속적인 외형확대가 전망됨.

현금 흐름 <단위 : 억원>

항목	2016	2017
영업활동	161	221
투자활동	-113	-90
재무활동	-53	-131
순현금흐름	-5	-1
기말현금	4	3

시장 대비 수익률

결산 실적 <단위 : 억원>

항목	2012	2013	2014	2015	2016	2017
매출액	891	886	1,111	1,260	1,323	1,436
영업이익	88	79	146	187	216	238
당기순이익	35	16	94	129	152	168

분기 실적 <단위 : 억원>

항목	2016.3Q	2016.4Q	2017.1Q	2017.2Q	2017.3Q	2017.4Q
매출액	316	336	342	338	376	380
영업이익	54	44	65	62	63	47
당기순이익	38	30	48	44	45	31

재무 상태 <단위 : 억원>

항목	2012	2013	2014	2015	2016	2017
총자산	1,561	1,542	1,638	1,799	1,922	1,985
유형자산	1,284	1,206	1,183	1,331	1,368	1,352
무형자산	38	47	52	43	43	43
유가증권	—	—	—	—	—	—
총부채	877	847	869	970	1,019	964
총차입금	698	638	619	676	687	604
자본금	302	396	396	396	396	396
총자본	684	695	769	828	903	1,021
지배주주지분	684	695	769	828	903	1,021

기업가치 지표

항목	2012	2013	2014	2015	2016	2017
주가(최고/저)(천원)	—/—	—/—	—/—	—/—	—/—	—/—
PER(최고/저)(배)	0.0/0.0	0.0/0.0	0.0/0.0	0.0/0.0	22.4/12.1	20.9/12.5
PBR(최고/저)(배)	0.0/0.0	0.0/0.0	0.0/0.0	0.0/0.0	3.8/2.0	3.4/2.1
EV/EBITDA(배)	3.5	3.3	2.3	2.1	8.2	11.3
EPS(원)	574	231	1,182	1,625	1,915	2,120
BPS(원)	11,321	8,783	9,718	10,462	11,406	12,896
CFPS(원)	2,428	1,862	2,698	3,219	3,579	3,524
DPS(원)	—	—	—	—	600	1,000
EBITDAPS(원)	3,303	2,751	3,362	3,950	4,396	4,408

재무 비율 <단위 : %>

연도	영업 이익률	순 이익률	부채 비율	차입금 비율	ROA	ROE	유보율	자기자본 비율	EBITDA 마진율
2017	16.6	11.7	94.5	59.1	8.6	17.5	157.9	51.4	24.3
2016	16.4	11.5	112.9	76.1	8.2	17.5	128.1	47.0	26.3
2015	14.8	10.2	117.2	81.6	7.5	16.1	109.2	46.1	24.8
2014	13.2	8.4	113.0	80.5	5.9	12.8	94.4	47.0	24.0

제이더블유신약 (A067290)

JW SHINYAK

업 종 : 제약　　시 장 : KOSDAQ
신용등급 : (Bond) — (CP) —　　기업규모 : 중견
홈페이지 : www.jw-shinyak.co.kr　　연 락 처 : 02)840-6856
본 사 : 서울시 서초구 남부순환로 2477 (서초동)

설 립 일	1981.08.13	**종업원수**	325명	**대 표 이 사**	백승호
상 장 일	2003.01.29	**감사의견**	적정(안진)	**계 열**	
결 산 기	12월	**보 통 주**		**종속회사수**	2개사
액 면 가	500원	**우 선 주**		**구 상 호**	JW중외신약

주주구성 (지분율,%)		출자관계 (지분율,%)		주요경쟁사 (외형,%)	
JW홀딩스	25.8	JW크레아젠	70.9	JW신약	100
이종호	5.7			삼진제약	319
(외국인)	2.0			종근당홀딩스	587

매출구성		비용구성		수출비중	
기타	68.3	매출원가율	50.2	수출	0.0
스테로이드제 외	9.3	판관비율	53.9	내수	100.0
모발용제	8.4				

회사 개요

동사는 전문의약품 생산 판매 업체로 항진균제, 비뇨기과용제 등을 제조하고 있음. 주요 고객 채널로는 피부과, 소아과, 비뇨기과, 이비인후과 등 클리닉 시장을 대상으로 함. 클리닉 중심의 영업 활동을 통해 해당 시장에서의 안정적인 매출을 유지하고 있으며, 이를 기반으로 미용, 비만 관련 제품 출시를 통해 제품 다변화에 노력하고 있음. 종속회사인 JW크레아젠은 수지상세포를 이용한 면역세포 치료제를 주력으로 연구 개발하고 있음.

실적 분석

동사의 2017년 4/4분기 연결기준 누적 매출액은 전년동기 대비 7.9% 감소한 768.4억원을 기록했음. 매출축소에도 불구하고 매출원가 및 판관비는 전년동기 대비 각각 6.0%, 2.8% 증가함에 따라 31.7억원의 영업손실을 기록하며 적자전환되었음. 비영업부문에서도 31.1억원의 손실을 기록하며 적자를 지속함에 따라 당기순손실을 전년동기 5.0억원에서 60.8억원으로 확대되었음.

현금 흐름 〈단위 : 억원〉

항목	2016	2017
영업활동	7	-25
투자활동	-114	86
재무활동	111	-68
순현금흐름	4	-7
기말현금	23	16

시장 대비 수익률

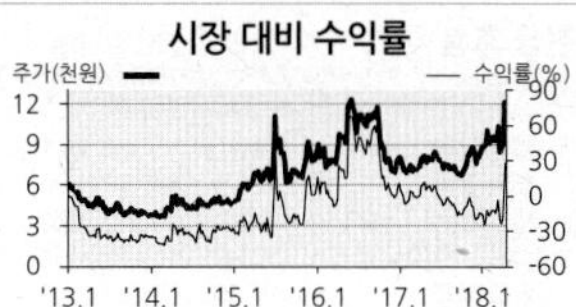

결산 실적 〈단위 : 억원〉

항목	2012	2013	2014	2015	2016	2017
매출액	699	707	730	769	834	768
영업이익	5	24	38	60	67	-32
당기순이익	-23	-31	-6	2	-5	-61

분기 실적 〈단위 : 억원〉

항목	2016.3Q	2016.4Q	2017.1Q	2017.2Q	2017.3Q	2017.4Q
매출액	216	186	204	179	218	167
영업이익	14	-1	18	0	4	-54
당기순이익	-9	-18	-15	2	-9	-39

재무 상태 〈단위 : 억원〉

항목	2012	2013	2014	2015	2016	2017
총자산	1,152	1,263	1,270	1,277	1,436	1,275
유형자산	114	107	101	99	97	99
무형자산	576	565	562	539	542	556
유가증권	1	—	—	—	—	—
총부채	661	814	845	876	1,052	867
총차입금	426	611	672	658	802	668
자본금	179	184	190	195	195	203
총자본	491	449	425	401	384	408
지배주주지분	492	450	426	402	386	409

기업가치 지표

항목	2012	2013	2014	2015	2016	2017
주가(최고/저)(천원)	10.6/4.5	6.2/3.6	5.4/3.6	11.1/4.8	13.6/6.6	9.2/6.6
PER(최고/저)(배)	—/—	—/—	—/—	1,732.1/749.3	—/—	—/—
PBR(최고/저)(배)	8.5/3.6	5.4/3.1	5.0/3.3	10.6/4.6	13.4/6.5	9.0/6.5
EV/EBITDA(배)	91.5	39.8	39.0	45.4	43.1	—
EPS(원)	-60	-79	-14	7	-12	-150
BPS(원)	1,414	1,261	1,161	1,067	1,026	1,027
CFPS(원)	2	-11	57	77	42	-95
DPS(원)	25	25	30	50	60	60
EBITDAPS(원)	82	139	171	223	225	-23

재무 비율 〈단위 : %〉

연도	영업이익률	순이익률	부채비율	차입금비율	ROA	ROE	유보율	자기자본비율	EBITDA마진율
2017	-4.1	-7.9	212.8	164.0	-4.5	-15.3	105.5	32.0	-1.2
2016	8.0	-0.6	273.7	208.8	-0.4	-1.2	105.1	26.8	10.6
2015	7.8	0.3	218.6	164.2	0.2	0.6	113.5	31.4	11.3
2014	5.2	-0.8	199.1	158.3	-0.4	-1.2	132.1	33.4	8.9

제이더블유중외제약 (A001060)

JW PHARMACEUTICAL

업 종 : 제약　　시 장 : 거래소
신용등급 : (Bond) BBB (CP) —　　기업규모 : 시가총액 중형주
홈페이지 : www.jw-pharma.co.kr　　연 락 처 : 02)840-6777
본 사 : 서울시 서초구 남부순환로 2477 (서초동)

설 립 일	1945.08.08	**종업원수**	1,166명	**대 표 이 사**	전재광,신영섭
상 장 일	1976.06.14	**감사의견**	적정(안진)	**계 열**	
결 산 기	12월	**보 통 주**		**종속회사수**	1개사
액 면 가	2,500원	**우 선 주**		**구 상 호**	

주주구성 (지분율,%)		출자관계 (지분율,%)		주요경쟁사 (외형,%)	
JW홀딩스	42.6	C&C신약연구소	50.0	JW중외제약	100
미래에셋자산운용투자자문	2.8	JWTheriacPharmaceuticalCorporation	100.0	동아쏘시오홀딩스	137
(외국인)	6.1			한올바이오파마	17

매출구성		비용구성		수출비중	
기타	39.5	매출원가율	62.5	수출	6.8
특수수액	25.4	판관비율	33.2	내수	93.2
일반수액	15.0				

회사 개요

동사는 1945년 8월 설립되어 의약품의 연구, 개발, 제조, 판매를 주요 사업으로 하고 있음. 동사는 수액, 항생제 등 전문의약품의 제조, 판매를 주요 사업으로 영위하고 있으며, 수액제 매출을 주력으로 고지혈증 치료제, 전해질 첨가제, 항궤양용제, 협심증 치료제 등 전문의약품을 판매하고 있음. 종속회사인 JW Theriac은 활성 화합물을 이용한 세포내 약물 Mechanism 등을 연구하고 있으나 영업활동은 현재 이루어지지 않고 있음.

실적 분석

동사의 연결기준 2017년 매출액은 전년 동기 대비 7.6% 증가한 5,029.2억원을 기록했으나 인건비 및 매출채권손상차손 중심으로 판관비가 크게 증가한 영향으로 영업이익은 전년 동기 대비 11.5% 감소한 217.2억원을 기록했음. 또한 전년 대비 금융손실 규모가 확대되어 실적부진이 지속되었음. 이에 따라 동사의 2017년 당기순손실은 7.4억원으로 적자 상황이 지속되었음.

현금 흐름 〈단위 : 억원〉

항목	2016	2017
영업활동	67	335
투자활동	-88	-99
재무활동	338	-279
순현금흐름	311	-72
기말현금	393	321

시장 대비 수익률

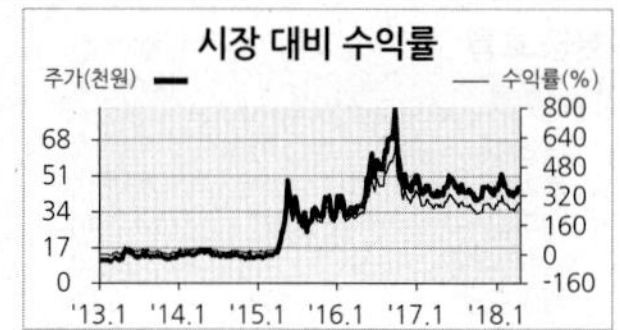

결산 실적 〈단위 : 억원〉

항목	2012	2013	2014	2015	2016	2017
매출액	3,971	3,942	4,128	4,344	4,675	5,029
영업이익	95	259	132	215	245	217
당기순이익	-204	23	-24	20	-109	-7

분기 실적 〈단위 : 억원〉

항목	2016.3Q	2016.4Q	2017.1Q	2017.2Q	2017.3Q	2017.4Q
매출액	1,189	1,128	1,233	1,213	1,333	1,251
영업이익	44	73	79	36	59	43
당기순이익	-48	86	9	-11	58	-63

재무 상태 〈단위 : 억원〉

항목	2012	2013	2014	2015	2016	2017
총자산	6,031	5,894	5,892	6,135	6,511	6,309
유형자산	1,519	1,441	1,363	1,297	1,270	1,221
무형자산	250	281	299	286	234	201
유가증권	14	8	22	20	1	1
총부채	4,395	3,886	3,692	3,881	3,748	3,601
총차입금	3,582	3,146	2,777	2,906	2,512	2,340
자본금	290	350	415	452	501	512
총자본	1,637	2,007	2,200	2,254	2,763	2,708
지배주주지분	1,637	2,007	2,200	2,254	2,763	2,708

기업가치 지표

항목	2012	2013	2014	2015	2016	2017
주가(최고/저)(천원)	14.1/8.9	16.2/10.4	16.1/11.8	57.6/12.3	89.3/31.2	52.7/38.5
PER(최고/저)(배)	—/—	118.6/76.1	—/—	589.9/126.2	—/—	—/—
PBR(최고/저)(배)	1.3/0.8	1.4/0.9	1.4/1.0	5.1/1.1	7.1/2.5	4.2/3.1
EV/EBITDA(배)	22.1	13.0	16.7	24.6	28.4	27.0
EPS(원)	-1,455	141	-128	99	-538	-34
BPS(원)	14,144	14,347	13,258	12,482	13,318	12,814
CFPS(원)	-544	1,378	890	1,094	395	851
DPS(원)	125	125	125	150	250	275
EBITDAPS(원)	2,151	3,144	1,864	2,175	2,210	1,911

재무 비율 〈단위 : %〉

연도	영업이익률	순이익률	부채비율	차입금비율	ROA	ROE	유보율	자기자본비율	EBITDA마진율
2017	4.3	-0.2	133.0	86.4	-0.1	-0.3	430.4	42.9	8.1
2016	5.3	-2.3	135.6	90.9	-1.7	-4.4	452.3	42.4	9.2
2015	5.0	0.5	172.2	128.9	0.3	0.9	399.3	36.7	9.1
2014	3.2	-0.6	167.8	126.2	-0.4	-1.1	430.3	37.3	7.2

제이더블유홀딩스 (A096760)
JW Holdings

업 종 : 제약 | 시 장 : 거래소
신용등급 : (Bond) — (CP) — | 기업규모 : 시가총액 중형주
홈페이지 : www.jw-holdings.co.kr | 연 락 처 : 02)840-6777
본 사 : 서울시 서초구 남부순환로 2477 (서초동)

설 립 일	2007.07.03	**종업원수**	163명	**대표이사**	이경하,한성권
상 장 일	2007.07.31	**감사의견**	적정(삼정)	**계 열**	
결 산 기	12월	**보 통 주**		**종속회사수**	12개사
액 면 가	500원	**우 선 주**		**구 상 호**	

주주구성 (지분율,%)		출자관계 (지분율,%)		주요경쟁사 (외형,%)	
이경하	27.7	JW메디칼	100.0	JW홀딩스	100
중외학술복지재단	7.5	JW산업	100.0	아미코젠	11
(외국인)	4.3	JW중외제약전환상환우선주	59.1	동국제약	52

매출구성		비용구성		수출비중	
기 타	43.2	매출원가율	56.5	수출	—
이미페넴	28.1	판관비율	37.4	내수	—
메로페넴	13.2				

회사 개요

2007년 JW중외제약의 투자사업부문과 해외사업부문 등을 인적 분할하여 설립된 지주회사임. 지주사업, 의약품도소매업, 수출입업, 부동산임대, 브랜드 및 지적재산권 라이선스업, 투자경영자문 및 컨설팅업 등을 목적으로 함. 국내에 JW중외제약 등 10개사와 해외에 4개사 등 총 14개의 계열회사를 보유함. 자회사인 JW중외제약의 주요제품으로는 일반수액, 항생제인 이미페넴, 영양수액인 후리아민, 고지혈증치료제 리바로, 협심증치료제 시그마트가 있음.

실적 분석

JW중외제약은 고지혈증치료제 리바로와 3체임버 영양수액제 위너프 등 대형품목 판매량이 증가하였으며, JW중외신약도 피디정, 리스로마이신정 등 주력제품 판매가 늘어남. 고부가 항생제 이미페넴은 지속적으로 시장 지배력을 확장하고 있으며, 메로페넴도 원료시장 개척을 통해 높은 수출실적을 달성함. JW생명과학은 내년에 박스터로 영양수액제 수출을 추진 중임. 2017년 사상 최대의 매출실적을 달성하였으며, 지분법이익이 급증하여 순이익은 흑자로 전환됨.

현금 흐름
<단위 : 억원>

항목	2016	2017
영업활동	-292	105
투자활동	-510	146
재무활동	1,189	-335
순현금흐름	379	-116
기말현금	532	416

시장 대비 수익률

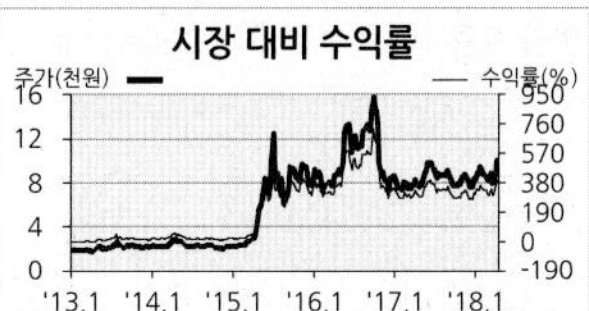

결산 실적
<단위 : 억원>

항목	2012	2013	2014	2015	2016	2017
매출액	5,119	5,303	5,739	6,228	6,848	6,839
영업이익	37	204	182	335	433	414
당기순이익	-415	162	-93	3	-144	569

분기 실적
<단위 : 억원>

항목	2016.3Q	2016.4Q	2017.1Q	2017.2Q	2017.3Q	2017.4Q
매출액	1,752	1,567	1,839	1,733	1,801	1,466
영업이익	101	76	166	106	100	43
당기순이익	4	-49	-8	31	44	501

재무 상태
<단위 : 억원>

항목	2012	2013	2014	2015	2016	2017
총자산	10,771	10,144	10,307	10,829	11,966	13,514
유형자산	3,856	2,476	2,097	2,113	2,069	3,444
무형자산	1,046	1,044	1,071	1,049	1,007	1,986
유가증권	55	125	135	136	122	90
총부채	8,717	7,784	8,230	8,126	9,190	9,766
총차입금	7,400	6,387	6,649	6,509	6,714	7,304
자본금	245	257	270	283	307	310
총자본	2,055	2,360	2,078	2,703	2,776	3,747
지배주주지분	774	1,054	939	1,037	1,166	1,676

기업가치 지표

항목	2012	2013	2014	2015	2016	2017
주가(최고/저)(천원)	2.3/1.8	2.8/1.7	3.0/2.0	12.5/2.1	16.9/7.2	10.5/7.2
PER(최고/저)(배)	—/—	9.6/6.0	—/—	4,156.7/709.4	—/—	12.4/8.5
PBR(최고/저)(배)	1.8/1.4	1.6/1.0	1.9/1.2	7.2/1.2	9.1/3.9	4.0/2.7
EV/EBITDA(배)	29.9	19.4	23.3	23.6	19.4	19.2
EPS(원)	-374	303	-186	3	-139	854
BPS(원)	1,627	2,094	1,784	1,857	1,922	2,712
CFPS(원)	142	841	173	387	221	1,387
DPS(원)	25	25	25	45	75	75
EBITDAPS(원)	666	891	714	974	1,070	1,184

재무 비율
<단위 : %>

연도	영업이익률	순이익률	부채비율	차입금비율	ROA	ROE	유보율	자기자본비율	EBITDA마진율
2017	6.1	8.3	260.6	194.9	4.5	38.0	442.5	27.7	10.7
2016	6.3	-2.1	331.1	241.9	-1.3	-7.9	284.4	23.2	9.6
2015	5.4	0.1	300.6	240.8	0.0	0.2	271.4	25.0	8.9
2014	3.2	-1.6	396.1	320.1	-0.9	-11.0	256.7	20.2	6.7

제이브이엠 (A054950)
JVM

업 종 : 의료 장비 및 서비스 | 시 장 : KOSDAQ
신용등급 : (Bond) — (CP) — | 기업규모 : 우량
홈페이지 : www.myjvm.com | 연 락 처 : 053)584-9999
본 사 : 대구시 달서구 호산동로 121

설 립 일	1996.10.12	**종업원수**	326명	**대표이사**	이용희
상 장 일	2006.06.07	**감사의견**	적정(도원)	**계 열**	
결 산 기	12월	**보 통 주**		**종속회사수**	2개사
액 면 가	500원	**우 선 주**		**구 상 호**	

주주구성 (지분율,%)		출자관계 (지분율,%)		주요경쟁사 (외형,%)	
한미사이언스	37.4			제이브이엠	100
한화자산운용	10.4			엘앤케이바이오	35
(외국인)	2.8			셀루메드	20

매출구성		비용구성		수출비중	
조제시스템	48.6	매출원가율	57.5	수출	49.2
주요소모품 외	38.8	판관비율	24.8	내수	50.8
기타상품	12.6				

회사 개요

동사는 1977년 설립된 병원, 약국의 조제 업무를 자동화하는데 필요한 기기와 시스템, 관련 소프트웨어를 공급하는 전문기업임. 2006년 코스닥 시장에 상장됨. 유럽 시장 확대 및 매출 증대를 위하여 현지 자회사 설립에 나서 2010년 6월 HD Medi B.V.의 지분 50%를 취득하였으며 2014년 7월 나머지 지분 50%를 추가로 취득하여 100% 종속회사로 편입함. 2015년 7월에는 중국에 천진철유명자동화설비유한공사를 설립함.

실적 분석

동사의 2017년 결산 연결기준 매출액은 1,061.8억원으로 전년 동기 대비 8.2% 증가함. 판관비 절감으로 영업이익이 확대됨. 한미약품과의 합병 시너지로 계열사인 북경한미의 영업망 및 영업인력 활용이 기대됨. 제이브이엠은 합병 전 국내외 영업을 직접 수행해 왔으나, 합병을 통해 국내와 해외 영업모두 한미약품 그룹을 통해 영업업무를 수행하게 됨. 또한, 스마트팩토리(대량생산체제) 구축이 완료되어 생산능력이 확대됨.

현금 흐름
<단위 : 억원>

항목	2016	2017
영업활동	149	180
투자활동	-97	-71
재무활동	12	-169
순현금흐름	65	-60
기말현금	93	33

시장 대비 수익률

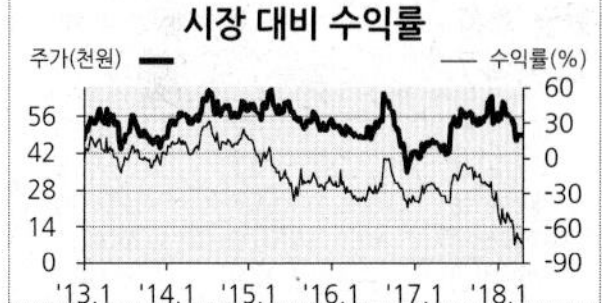

결산 실적
<단위 : 억원>

항목	2012	2013	2014	2015	2016	2017
매출액	779	816	882	885	981	1,062
영업이익	150	182	120	65	148	187
당기순이익	65	150	101	52	111	115

분기 실적
<단위 : 억원>

항목	2016.3Q	2016.4Q	2017.1Q	2017.2Q	2017.3Q	2017.4Q
매출액	223	279	229	287	281	265
영업이익	17	66	27	68	61	32
당기순이익	25	37	19	46	40	9

재무 상태
<단위 : 억원>

항목	2012	2013	2014	2015	2016	2017
총자산	1,636	1,618	1,700	1,623	1,766	1,724
유형자산	398	393	477	561	553	572
무형자산	127	119	190	192	187	145
유가증권	76	127	130	51	52	51
총부채	850	717	711	574	645	513
총차입금	664	542	478	349	405	248
자본금	32	32	32	32	32	32
총자본	786	901	988	1,049	1,122	1,211
지배주주지분	786	901	988	1,049	1,122	1,211

기업가치 지표

항목	2012	2013	2014	2015	2016	2017
주가(최고/저)(천원)	49.2/32.4	60.0/42.5	66.7/48.0	66.7/49.0	65.0/34.9	65.9/40.5
PER(최고/저)(배)	48.2/31.7	25.6/18.1	42.3/30.4	81.9/60.2	37.4/20.1	36.6/22.5
PBR(최고/저)(배)	4.0/2.6	4.1/2.9	4.1/3.0	3.7/2.7	3.3/1.8	3.1/1.9
EV/EBITDA(배)	18.0	14.8	23.6	29.1	13.4	14.9
EPS(원)	1,034	2,374	1,596	824	1,753	1,810
BPS(원)	12,421	14,768	16,314	18,210	19,771	21,428
CFPS(원)	1,556	2,991	2,319	1,781	2,795	2,804
DPS(원)	—	—	—	—	320	300
EBITDAPS(원)	2,889	3,490	2,625	1,979	3,378	3,954

재무 비율
<단위 : %>

연도	영업이익률	순이익률	부채비율	차입금비율	ROA	ROE	유보율	자기자본비율	EBITDA마진율
2017	17.7	10.8	42.3	20.5	6.6	9.8	4,185.7	70.3	23.6
2016	15.1	11.3	57.5	36.2	6.6	10.2	3,854.3	63.5	21.8
2015	7.3	5.9	54.8	33.2	3.1	5.1	3,542.0	64.6	14.2
2014	13.7	11.5	72.0	48.4	6.1	10.7	3,162.9	58.1	18.8

제이비금융지주 (A175330)

JB Financial Group

업 종 : 상업은행 | 시 장 : 거래소
신용등급 : (Bond) AA+ (CP) — | 기업규모 : 시가총액 중형주
홈페이지 : www.jbfg.com | 연 락 처 : 063)250-2754
본 사 : 전북 전주시 덕진구 백제대로 566(금암동 669-2)

설 립 일	2013.07.01	**종 업 원 수**	90명	**대 표 이 사**	김한
상 장 일	2013.07.18	**감 사 의 견**	적정(안진)	**계 열**	
결 산 기	12월	**보 통 주**		**종속회사수**	20개사
액 면 가	5,000원	**우 선 주**		**구 상 호**	

주주구성 (지분율,%)		출자관계 (지분율,%)		주요경쟁사 (외형,%)	
Jubilee Asia B.V.	8.4	전북은행	100.0	JB금융지주	100
삼양사	8.4	JB우리캐피탈	100.0	BNK금융지주	189
(외국인)	44.2	JB자산운용	100.0	DGB금융지주	103

수익구성	비용구성		수출비중	
	이자비용	31.5	수출	—
	파생상품손실	0.1	내수	—
	판관비	32.2		

회사 개요

동사는 2013년 7월 1일 전북은행은 주식의 포괄적 이전 방식에 의하여 JB금융지주를 설립함. 광주은행은 2014년 10월 자회사로 편입됨. 2015년 은행 계열사간 금융공동망 연결 및 공동상품 개발 등 그룹 연계영업 강화를 통해 지속적인 성장 기반을 마련함. 동사의 주 수익원은 자회사의 배당수익이나 그룹의 새로운 수익원 창출 등 수익구조 다변화를 위해 ASEAN 지역으로 해외진출하였음.

실적 분석

동사의 2017년 4분기 연결기준 누적 영업이익은 3,480억원, 당기순이익은 2,644억원으로 전년대비 각각 37.7%, 31% 증가함. 고정이하여신비율은 0.97%로 전년대비 0.21%p 개선되며 양호한 건전성 지표를 달성함. 원화자금의 조달은 양도성예금 증가 등으로 전년대비 약 1조 3,556억원 증가하였으며, 외화자금은 손자회사인 프놈펜상업은행(PPCBank)의 영업력 확대 등으로 외화예수금이 약 1,169억원 증가.

현금 흐름

〈단위 : 억원〉

항목	2016	2017
영업활동	-6,692	11,090
투자활동	21	-645
재무활동	8,557	-12,460
순현금흐름	1,926	-2,004
기말현금	7,049	5,045

시장 대비 수익률

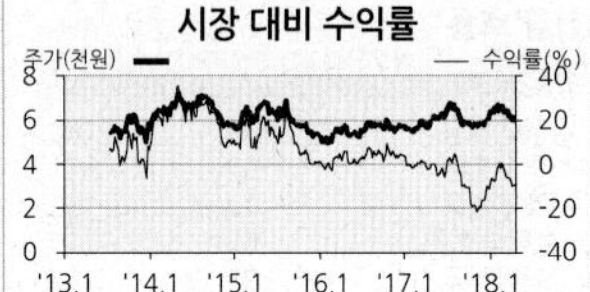

결산 실적

〈단위 : 억원〉

항목	2012	2013	2014	2015	2016	2017
이자수익	—	4,700	11,007	16,036	16,260	17,741
영업이익	—	525	816	1,964	2,527	3,480
당기순이익	—	347	5,576	1,509	2,019	2,644

분기 실적

〈단위 : 억원〉

항목	2016.3Q	2016.4Q	2017.1Q	2017.2Q	2017.3Q	2017.4Q
이자수익	4,131	4,213	4,305	4,327	4,490	4,619
영업이익	756	99	917	1,140	1,081	342
당기순이익	592	138	706	875	835	228

재무 상태

〈단위 : 억원〉

항목	2012	2013	2014	2015	2016	2017
총자산	—	161,861	355,074	398,112	457,989	475,937
유형자산	—	1,734	3,443	3,575	3,683	3,677
무형자산	—	485	1,053	987	1,050	1,304
유가증권	—	24,429	53,322	52,151	49,428	48,905
총부채	—	152,450	332,280	371,324	428,351	445,073
총차입금	—	48,381	86,944	90,893	98,781	87,533
자본금	—	3,341	6,325	7,772	7,772	7,772
총자본	—	9,411	22,794	26,787	29,638	30,864
지배주주지분	—	7,878	18,684	21,399	22,792	24,295

기업가치 지표

항목	2012	2013	2014	2015	2016	2017
주가(최고/저)(천원)	—/—	6.3/5.0	7.2/5.6	7.0/5.2	6.1/4.9	6.9/5.4
PER(최고/저)(배)	0.0/0.0	18.3/14.6	1.5/1.1	8.2/6.1	6.9/5.4	5.9/4.6
PBR(최고/저)(배)	0.0/0.0	0.6/0.5	0.5/0.4	0.5/0.4	0.4/0.3	0.4/0.4
PSR(최고/저)(배)	0/0	1/1	1/1	1/0	1/0	1/0
EPS(원)	—	365	5,176	882	918	1,191
BPS(원)	—	11,789	14,819	13,807	14,703	15,726
CFPS(원)	—	617	5,541	1,326	1,346	1,681
DPS(원)	—	100	100	50	50	100
EBITDAPS(원)	—	786	769	1,510	1,626	2,239

재무 비율

〈단위 : %〉

연도	계속사업 이익률	순 이익률	부채 비율	차입금 비율	ROA	ROE	유보율	자기자본 비율	총자산 증가율
2017	19.5	14.9	1,442.1	283.6	0.6	7.9	214.5	6.5	3.9
2016	16.1	12.4	1,445.3	333.3	0.5	6.5	194.1	6.5	15.0
2015	12.4	9.4	1,386.2	339.3	0.4	5.7	176.1	6.7	12.1
2014	52.7	50.7	1,457.7	381.4	2.2	41.3	196.4	6.4	119.4

제이스테판 (A096690)

J Stephen Lab

업 종 : 컴퓨터 및 주변기기 | 시 장 : KOSDAQ
신용등급 : (Bond) — (CP) — | 기업규모 :
홈페이지 : www.jstephenlab.com | 연 락 처 : 02-2135-7885
본 사 : 경기도 오산시 가장산업동로 28-6

설 립 일	2002.04.08	**종 업 원 수**	147명	**대 표 이 사**	염승용
상 장 일	2010.12.01	**감 사 의 견**	적정(삼정)	**계 열**	
결 산 기	12월	**보 통 주**		**종속회사수**	3개사
액 면 가	100원	**우 선 주**		**구 상 호**	세우테크

주주구성 (지분율,%)		출자관계 (지분율,%)		주요경쟁사 (외형,%)	
제이스테판1호투자조합	19.8	쏠레어인베스트먼트	100.0	제이스테판	100
제이스테판홀딩스	5.4	에버리치파트너스	48.4	빅솔론	244
(외국인)	0.7	NHT컨소시엄	48.1	메디프론	57

매출구성		비용구성		수출비중	
POS Printer(제품)	69.8	매출원가율	72.3	수출	—
Mobile Printer(제품)	17.5	판관비율	31.6	내수	—
기타	6.6				

회사 개요

동사는 특수프린터라 할 수 있는 POS(Point of Sales)용 프린터, Label 프린터와 Mobile 프린터, 프린터 Mechanism 등 미니 프린터를 전문적으로 개발, 제조 및 판매하는 사업을 영위하고 있음. 2016년 10월 제이스테판으로 변경상장함. 연결회사는 관광사업개발을 영위하는 엠제이아이와 투자회사인 쏠레어인베스트먼트, 글로벌바이오조합임.

실적 분석

동사의 2017년도 연결기준 누적 매출액은 366.6억원으로 전년대비 8% 증가함. 비경상적 비용의 감소로 인하여 판관비가 201억원에서 115억원으로 42%가 감소하였으며 기타 비용 중 2016년도에는 종속회사의 투자부동산에 대한 손상 인식이 발생하였으나 2017년도에는 비경상적 비용의 감소로 인하여 기타 수익이 325% 증가함. 당기순손실은 86.6억원으로 전년 동기 대비 적자폭이 크게 감소됨.

현금 흐름

〈단위 : 억원〉

항목	2016	2017
영업활동	-82	99
투자활동	-623	-296
재무활동	1,073	-92
순현금흐름	369	-292
기말현금	457	165

시장 대비 수익률

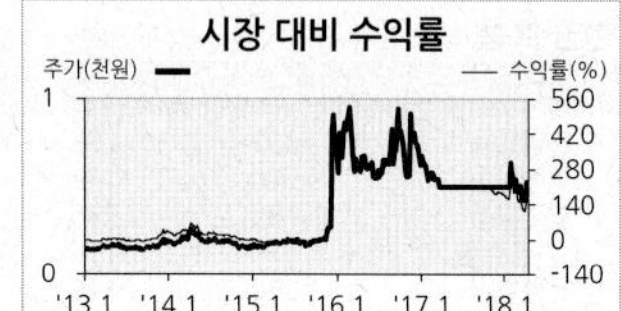

결산 실적

〈단위 : 억원〉

항목	2012	2013	2014	2015	2016	2017
매출액	269	314	278	293	340	367
영업이익	15	30	15	30	-110	-14
당기순이익	13	37	27	25	-372	-87

분기 실적

〈단위 : 억원〉

항목	2016.3Q	2016.4Q	2017.1Q	2017.2Q	2017.3Q	2017.4Q
매출액	90	91	86	140	70	71
영업이익	-1	-106	-3	12	-8	-16
당기순이익	-19	-415	-21	63	-3	-127

재무 상태

〈단위 : 억원〉

항목	2012	2013	2014	2015	2016	2017
총자산	368	408	406	447	1,304	1,164
유형자산	122	119	114	110	106	109
무형자산	35	31	25	25	28	24
유가증권	0	0	12	0	10	9
총부채	45	53	20	40	583	471
총차입금	22	25	8	24	247	70
자본금	50	50	50	50	230	253
총자본	323	355	386	406	722	694
지배주주지분	330	364	386	406	844	827

기업가치 지표

항목	2012	2013	2014	2015	2016	2017
주가(최고/저)(천원)	0.2/0.2	0.3/0.2	0.3/0.2	1.2/0.2	1.4/0.7	0.9/0.6
PER(최고/저)(배)	9.5/6.6	6.0/3.9	11.4/6.5	42.1/7.1	—/—	—/—
PBR(최고/저)(배)	0.7/0.5	0.6/0.4	0.8/0.5	2.6/0.4	2.8/1.4	2.0/1.5
EV/EBITDA(배)	3.5	3.1	2.8	21.2	—	—
EPS(원)	21	35	24	22	-165	-31
BPS(원)	3,298	3,642	3,865	4,063	381	340
CFPS(원)	394	555	408	374	-158	-26
DPS(원)	50	50	50	—	—	—
EBITDAPS(원)	302	465	292	422	-66	-0

재무 비율

〈단위 : %〉

연도	영업 이익률	순 이익률	부채 비율	차입금 비율	ROA	ROE	유보율	자기자본 비율	EBITDA 마진율
2017	-3.9	-23.6	67.8	10.1	-7.0	-9.4	239.8	59.6	-0.3
2016	-32.3	-109.6	80.7	34.3	-42.5	-39.4	281.4	55.3	-28.8
2015	10.1	8.5	9.9	6.0	5.8	6.3	712.6	91.0	14.4
2014	5.4	9.6	5.1	2.1	6.5	7.1	673.0	95.1	10.5

제이스텍 (A090470)

JASTECH

업　　종 : 디스플레이 및 관련부품　　시　　장 : KOSDAQ
신용등급 : (Bond) —　　(CP) —　　기업규모 : 우량
홈페이지 : www.jastech.co.kr　　연 락 처 : 032)510-3000
본　　사 : 인천시 부평구 평천로 221(청천동)

설립일	1995.03.09	종업원수	410명	대표이사	정재송
상장일	2007.01.10	감사의견	적정(대성삼경)	계열	
결산기	12월	보통주		종속회사수	1개사
액면가	500원	우선주		구상호	AST젯텍

주주구성 (지분율,%)		출자관계 (지분율,%)		주요경쟁사 (외형,%)	
정재송	38.1	티에스티	34.5	제이스텍	100
최기열	6.1			오성첨단소재	8
(외국인)	8.7	JASTECHVIETNAM	100.0	미래컴퍼니	32

매출구성		비용구성		수출비중	
디스플레이 장비	64.1	매출원가율	79.0	수출	97.6
레이저 장비	24.0	판관비율	3.4	내수	2.4
기타	7.7				

회사 개요

동사는 워터젯 디프레시장비, 도금장비 등의 반도체 장비와 아몰레드, LED, 모바일장비의 평판 디스플레이와 터치스크린 제조, 판매 등을 주요 사업으로 하고 있음. 2011년 1월 에이에스티와의 흡수합병을 통해 차세대 디스플레이 분야의 기술을 획득함으로써 태블릿 PC및 OLED전용 본딩 장비분야에도 진출할 수 있게 되었음. 장비별 매출 비중은 디스플레이 장비가 약 60% 가량 형성하는 가운데 레이저응용 장비와 워터넷 세정 도금 장비 등으로 구성.

실적 분석

2017년 결산 연결기준 매출액은 전년 동기대비 278.6% 큰폭으로 증가한 5,708.2억원을 시현. 이는 전방산업 대규모 투자에 따른 AMOLED 장비와 Laser 정밀가공장비의 매출이 크게 증가하였기 때문. 매출호조와 원가절감 노력으로 익이 역시 전년동기 대비 493.3% 증가한 1,006.5억원을 나타냄. 또한 터젯세정도금장비 등이 안정된 수익구조를 보였음.

현금 흐름 〈단위 : 억원〉

항목	2016	2017
영업활동	482	627
투자활동	-42	-372
재무활동	-26	-175
순현금흐름	415	60
기말현금	517	577

시장 대비 수익률

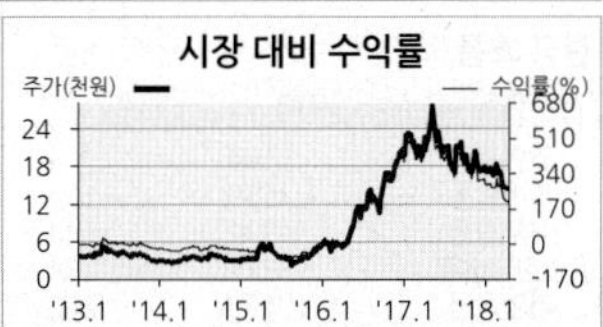

결산 실적 〈단위 : 억원〉

항목	2012	2013	2014	2015	2016	2017
매출액	436	295	507	700	1,508	5,708
영업이익	68	-47	40	41	170	1,006
당기순이익	51	-48	37	46	119	741

분기 실적 〈단위 : 억원〉

항목	2016.3Q	2016.4Q	2017.1Q	2017.2Q	2017.3Q	2017.4Q
매출액	270	737	1,612	2,534	915	647
영업이익	35	104	71	460	280	196
당기순이익	22	68	79	298	227	138

재무 상태 〈단위 : 억원〉

항목	2012	2013	2014	2015	2016	2017
총자산	497	478	510	748	1,473	1,819
유형자산	179	233	240	298	332	667
무형자산	48	39	42	43	39	40
유가증권	2	2	2	2	2	26
총부채	68	102	97	296	910	529
총차입금	11	42	14	184	181	—
자본금	49	73	73	73	73	73
총자본	428	376	413	452	564	1,291
지배주주지분	428	376	413	452	564	1,291

기업가치 지표

항목	2012	2013	2014	2015	2016	2017
주가(최고/저)(천원)	3.8/2.4	5.6/2.8	4.1/2.7	5.8/2.2	20.8/4.4	27.7/16.7
PER(최고/저)(배)	9.9/6.3	—/—	17.0/11.2	18.9/7.4	26.4/5.6	5.6/3.4
PBR(최고/저)(배)	1.4/0.9	2.3/1.1	1.5/1.0	1.9/0.7	5.5/1.2	3.2/1.9
EV/EBITDA(배)	5.3	—	8.6	16.9	15.1	2.0
EPS(원)	409	-326	255	318	812	5,079
BPS(원)	4,443	2,615	2,870	3,138	3,900	8,881
CFPS(원)	744	-255	347	400	911	5,215
DPS(원)	50	—	50	50	100	500
EBITDAPS(원)	943	-250	364	360	1,261	7,030

재무 비율 〈단위 : %〉

연도	영업이익률	순이익률	부채비율	차입금비율	ROA	ROE	유보율	자기자본비율	EBITDA마진율
2017	17.6	13.0	41.0	0.0	45.0	80.0	1,676.2	70.9	18.0
2016	11.3	7.9	161.4	32.2	10.7	23.3	680.1	38.3	12.2
2015	5.8	6.6	65.5	40.7	7.4	10.7	527.6	60.4	7.5
2014	7.8	7.3	23.5	3.5	7.5	9.4	473.9	81.0	10.5

제이씨케미칼 (A137950)

JC CHEMICAL

업　　종 : 에너지 시설 및 서비스　　시　　장 : KOSDAQ
신용등급 : (Bond) —　　(CP) —　　기업규모 : 우량
홈페이지 : www.jcchemical.co.kr　　연 락 처 : 052)707-7700
본　　사 : 울산시 울주군 온산읍 화산1길 70

설립일	2006.03.24	종업원수	39명	대표이사	윤사호
상장일	2011.08.08	감사의견	적정(안진)	계열	
결산기	12월	보통주		종속회사수	3개사
액면가	500원	우선주		구상호	

주주구성 (지분율,%)		출자관계 (지분율,%)		주요경쟁사 (외형,%)	
서울석유	57.4	LinkedHoldingsPTE..	80.0	제이씨케미칼	100
김수남	5.8			일진파워	82
(외국인)	0.5			제이엔케이히터	70

매출구성		비용구성		수출비중	
바이오연료	98.5	매출원가율	90.6	수출	2.2
부산물	1.5	판관비율	6.0	내수	97.8

회사 개요

동사는 친환경 신재생 에너지인 바이오디젤, 바이오디젤연료유를 제조 판매하는 기업이며, 정유사와 방위사업청 등에 제품을 공급하고 있음. 바이오디젤 및 바이오디젤플랜트 해외수출, 원재료 관련사업, 부산물의 용도개발 및 고부가가치화사업 등으로 사업영역을 확대해 나갈 예정임. 동사는 SK에너지, 현대오일뱅크 등에 납품을 하며 시장 점유율이 약 15%정도의 시장점유율을 유지하고 있음.

실적 분석

동사의 2017년 매출액은 1,717.6억원으로 전년 동기 대비 10.9% 증가함. 손자회사 PT.NG의 2017년 CPO Mill(공장) 가동으로 매출이 증가하였지만 공정안정화(시운전)기간에 따른 영업이익 감소. 동사의 바이오디젤 생산능력은 연간 12만㎘로 산업통상자원부에 등록되어 있는 국내 바이오디젤 9개 생산업체 중에서 선두권에 위치함. 신재생연료 의무혼합제도(RFS)에 따라 바이오디젤 보급량에 영향이 있을 것으로 예상.

현금 흐름 〈단위 : 억원〉

항목	2016	2017
영업활동	99	-32
투자활동	-153	-93
재무활동	-2	100
순현금흐름	-67	-31
기말현금	108	77

시장 대비 수익률

결산 실적 〈단위 : 억원〉

항목	2012	2013	2014	2015	2016	2017
매출액	928	1,015	764	1,102	1,548	1,718
영업이익	8	25	-11	40	164	58
당기순이익	27	17	-20	27	119	-21

분기 실적 〈단위 : 억원〉

항목	2016.3Q	2016.4Q	2017.1Q	2017.2Q	2017.3Q	2017.4Q
매출액	366	345	489	379	501	349
영업이익	30	21	27	3	20	7
당기순이익	4	39	-5	-2	11	-25

재무 상태 〈단위 : 억원〉

항목	2012	2013	2014	2015	2016	2017
총자산	594	756	1,061	1,371	1,471	1,471
유형자산	160	183	200	322	390	343
무형자산	55	56	58	58	54	53
유가증권	133	123	132	132	134	134
총부채	143	308	638	799	792	821
총차입금	110	256	578	623	647	726
자본금	67	67	67	97	97	97
총자본	451	448	423	572	679	650
지배주주지분	435	433	412	565	678	671

기업가치 지표

항목	2012	2013	2014	2015	2016	2017
주가(최고/저)(천원)	5.3/2.9	3.8/2.1	4.2/2.3	3.7/2.2	8.0/2.7	5.6/4.0
PER(최고/저)(배)	31.8/17.4	32.7/18.8	—/—	19.2/11.2	12.7/4.3	713.4/506.2
PBR(최고/저)(배)	1.9/1.0	1.3/0.8	1.5/0.9	1.3/0.8	2.3/0.8	1.6/1.1
EV/EBITDA(배)	27.4	17.2	58.3	15.0	8.3	13.2
EPS(원)	182	121	-105	204	646	8
BPS(원)	3,399	3,385	3,232	3,016	3,603	3,548
CFPS(원)	309	276	60	376	802	254
DPS(원)	40	80	—	60	100	60
EBITDAPS(원)	164	329	96	441	1,005	544

재무 비율 〈단위 : %〉

연도	영업이익률	순이익률	부채비율	차입금비율	ROA	ROE	유보율	자기자본비율	EBITDA마진율
2017	3.4	-1.2	126.3	111.6	-1.5	0.2	609.6	44.2	6.1
2016	10.6	7.7	116.6	95.2	8.4	20.1	620.5	46.2	12.6
2015	3.7	2.5	139.8	109.0	2.3	6.3	503.2	41.7	6.0
2014	-1.4	-2.6	150.8	136.5	-2.2	-3.7	546.4	39.9	1.7

제이씨현시스템 (A033320)

JC hyun System

업 종 : 컴퓨터 및 주변기기
신용등급 : (Bond) — (CP) —
홈페이지 : www.jchyun.com
본 사 : 서울시 용산구 새창로45길 74, 제이씨현빌딩

시 장 : KOSDAQ
기업규모 : 벤처
연 락 처 : 02)2105-9100

설 립 일	1991.05.11	**종 업 원 수**	96명	**대 표 이 사**	차현배,차중석
상 장 일	1997.11.10	**감 사 의 견**	적정(삼정)	**계 열**	
결 산 기	12월	**보 통 주**		**종속회사수**	3개사
액 면 가	500원	**우 선 주**		**구 상 호**	제이씨현

주주구성 (지분율,%)		출자관계 (지분율,%)		주요경쟁사 (외형,%)	
차현배	31.9			제이씨현시스템	100
차중석	8.2			엠젠플러스	19
(외국인)	2.8			아이리버	24

매출구성		비용구성		수출비중	
기타	35.1	매출원가율	88.5	수출	1.8
그래픽카드	31.6	판관비율	5.8	내수	98.2
메인보드	17.9				

회사 개요

동사는 컴퓨터 관련 제품 및 카 인포테인먼트 기기 공급 사업부문과 기업용 보안솔루션 및 통합배선 장비, 프로젝터 장비 등을 판매하는 부문을 영위하고 있음. 업계 최고의 브랜드인 GIGABYTE사의 국내 독점공급원으로서 Winodws7의 성능지표, WEI(Windows Experience Index)그래픽 스코어 차트에 최상위 모델로 평가된 GIGABYTE그래픽카드를 주력제품으로 유통하고 있음.

실적 분석

결산 매출액은 2,845억원으로 전년동기 대비 약 50% 증가함. 원가율 상승에도 불구하고 견조한 외형 확대로 영업이익 및 당기순이익은 전년동기 대비 각각 큰 폭으로 증가하며 162.4억원과 133.2억원을 시현하는 등 수익성 개선. 외형 및 수익성 크게 확대되는 모습 고무적. 대만 기가바이트사의 메인보드를 국내 유통하는 등 소비자에게 최고의 IT제품을 제공하기 위해 기술력이 뛰어난 해외 글로벌 IT기업들의 제품을 수입하여 국내시장에 공급중.

현금 흐름 (단위 : 억원)

항목	2016	2017
영업활동	49	16
투자활동	-31	-0
재무활동	4	37
순현금흐름	18	52
기말현금	135	187

시장 대비 수익률

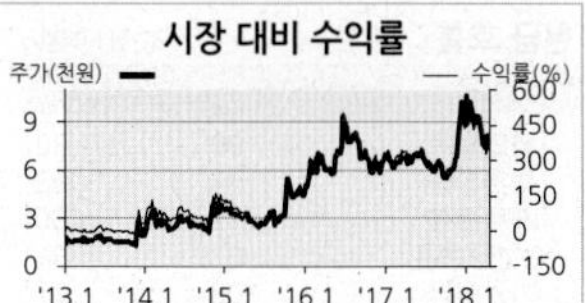

결산 실적 〈단위 : 억원〉

항목	2012	2013	2014	2015	2016	2017
매출액	1,196	1,264	1,253	1,450	1,898	2,845
영업이익	-7	21	15	27	77	162
당기순이익	-3	23	23	11	46	133

분기 실적 〈단위 : 억원〉

항목	2016.3Q	2016.4Q	2017.1Q	2017.2Q	2017.3Q	2017.4Q
매출액	470	558	535	671	854	785
영업이익	21	33	21	37	63	42
당기순이익	19	7	24	28	50	31

재무 상태 〈단위 : 억원〉

항목	2012	2013	2014	2015	2016	2017
총자산	749	800	886	975	1,022	1,139
유형자산	159	158	174	179	133	123
무형자산	15	14	42	44	10	9
유가증권	4	15	2	13	18	12
총부채	183	213	271	348	347	337
총차입금	69	78	118	152	139	185
자본금	96	96	96	96	96	96
총자본	565	587	615	627	674	803
지배주주지분	551	573	600	611	656	778

기업가치 지표

항목	2012	2013	2014	2015	2016	2017
주가(최고/저)(천원)	2.7/1.3	2.8/1.3	4.1/1.9	5.9/2.4	9.5/4.6	13.3/5.5
PER(최고/저)(배)	—/—	25.1/11.7	36.8/17.0	115.2/46.6	42.4/20.5	20.2/8.3
PBR(최고/저)(배)	0.9/0.4	0.9/0.4	1.3/0.6	1.9/0.8	2.8/1.3	3.3/1.3
EV/EBITDA(배)	28.1	10.3	23.7	18.7	14.2	9.7
EPS(원)	-18	114	114	52	227	665
BPS(원)	2,967	3,080	3,187	3,232	3,464	4,135
CFPS(원)	57	178	184	169	299	720
DPS(원)	—	15	15	15	25	100
EBITDAPS(원)	40	175	146	258	478	905

재무 비율 〈단위 : %〉

연도	영업이익률	순이익률	부채비율	차입금비율	ROA	ROE	유보율	자기자본비율	EBITDA마진율
2017	5.7	4.7	42.0	23.0	12.3	17.7	727.0	70.5	6.1
2016	4.1	2.4	51.5	20.7	4.6	6.8	592.8	66.0	4.8
2015	1.9	0.8	55.5	24.2	1.2	1.6	546.3	64.3	3.4
2014	1.2	1.8	44.0	19.1	2.7	3.7	537.3	69.4	2.2

제이에스 (A194370)

JS

업 종 : 섬유 및 의복
신용등급 : (Bond) — (CP) —
홈페이지 : www.jskor.com
본 사 : 서울시 강남구 개포로 640

시 장 : 거래소
기업규모 : 시가총액 소형주
연 락 처 : 02)2040-3413

설 립 일	1987.12.26	**종 업 원 수**	169명	**대 표 이 사**	홍재성
상 장 일	2016.02.04	**감 사 의 견**	적정(삼일)	**계 열**	
결 산 기	12월	**보 통 주**		**종속회사수**	7개사
액 면 가	100원	**우 선 주**		**구 상 호**	

주주구성 (지분율,%)		출자관계 (지분율,%)		주요경쟁사 (외형,%)	
홍재성	23.8			제이에스코퍼레이션	100
홍종훈	20.7			SG세계물산	121
(외국인)	1.4			한세엠케이	139

매출구성		비용구성		수출비중	
[제품]핸드백	79.2	매출원가율	78.3	수출	94.3
[상품]핸드백	20.3	판관비율	15.3	내수	5.7
기타	0.5				

회사 개요

동사는 1987년 설립됐으며, 핸드백 제조, 판매, 수출업을 영위하는 회사임. 생산능력 확대를 위해 베트남 현지 공장에 JS VINA 법인을 설립하고 공장을 착공 중에 있음. 베트남 공장 시범 가동 시점에 청도공장의 중저가 라인을 베트남으로 이관하고, 청도공장에서 비교적 고가 라인업을 생산할 예정임. 핸드백 OEM 제조업체 중 글로벌 시장점유율 2.9%로 추정되며 국내업체중 시몬느에 이어 2위임.

실적 분석

동사의 2017년 연간 매출액은 전년 대비 25.3% 증가한 2,362.8억원을 기록하였음. 원가율 상승으로 영업이익률은 전년 6.6%에서 6.4%로 소폭 하락했으나 영업이익은 매출 증가에 힘입어 전년 대비 22.2% 증가하며 151.5억원을 시현함. 동사는 달러 환율 변동에 노출되어 있음. 당기 외환손실이 93.4억원 발생하여 비영업손익이 -86.5억원 계상됨에 따라 당기순이익은 57.8억원에 그침.

현금 흐름 (단위 : 억원)

항목	2016	2017
영업활동	-64	-4
투자활동	-559	113
재무활동	332	-44
순현금흐름	-287	64
기말현금	199	262

시장 대비 수익률

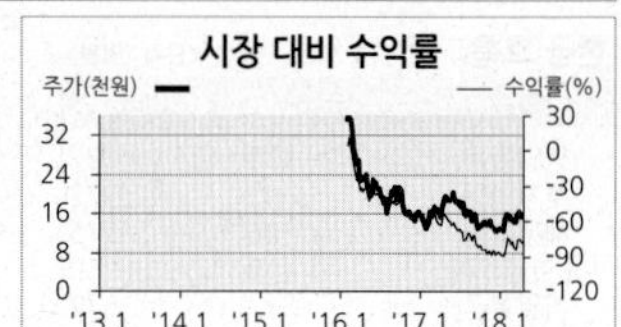

결산 실적 〈단위 : 억원〉

항목	2012	2013	2014	2015	2016	2017
매출액	1,124	1,049	1,620	2,403	1,885	2,363
영업이익	32	119	214	216	124	152
당기순이익	-14	61	191	196	105	58

분기 실적 〈단위 : 억원〉

항목	2016.3Q	2016.4Q	2017.1Q	2017.2Q	2017.3Q	2017.4Q
매출액	531	533	473	616	707	567
영업이익	41	37	23	44	57	28
당기순이익	3	61	-25	45	44	-7

재무 상태 〈단위 : 억원〉

항목	2012	2013	2014	2015	2016	2017
총자산	513	580	1,245	1,590	1,988	1,905
유형자산	255	77	104	153	246	268
무형자산	3	1	7	10	38	34
유가증권	70	62	12	7	223	298
총부채	227	214	683	604	434	340
총차입금	108	103	317	322	129	83
자본금	8	8	11	12	13	13
총자본	286	365	562	986	1,554	1,564
지배주주지분	285	364	550	985	1,552	1,563

기업가치 지표

항목	2012	2013	2014	2015	2016	2017
주가(최고/저)(천원)	—/—	—/—	—/—	—/—	37.6/14.1	20.2/12.3
PER(최고/저)(배)	0.0/0.0	0.0/0.0	0.0/0.0	0.0/0.0	49.1/18.4	47.7/28.9
PBR(최고/저)(배)	0.0/0.0	0.0/0.0	0.0/0.0	0.0/0.0	3.2/1.2	1.7/1.0
EV/EBITDA(배)	2.4	0.4	0.7	—	10.7	6.8
EPS(원)	-170	747	2,167	1,594	796	434
BPS(원)	176,535	225,641	246,081	7,990	12,094	12,312
CFPS(원)	-3,352	42,695	115,747	1,807	1,011	669
DPS(원)	—	—	—	250	250	300
EBITDAPS(원)	24,959	79,073	130,407	1,967	1,151	1,371

재무 비율 〈단위 : %〉

연도	영업이익률	순이익률	부채비율	차입금비율	ROA	ROE	유보율	자기자본비율	EBITDA마진율
2017	6.4	2.4	21.8	5.3	3.0	3.7	12,211.8	82.1	7.7
2016	6.6	5.6	28.0	8.3	5.9	8.3	12,158.0	78.2	8.1
2015	9.0	8.2	61.2	32.7	13.8	25.6	8,190.3	62.0	10.1
2014	13.2	11.8	121.5	56.4	20.9	41.3	4,821.6	45.1	14.0

제이에스티나 (A026040)

JESTINA

업　　종 : 섬유 및 의복　　시　　장 : KOSDAQ
신용등급 : (Bond) —　　(CP) —　　기업규모 : 우량
홈페이지 : www.jestina.com　　연 락 처 : 02)2190-7000
본　　사 : 서울시 송파구 양재대로62길 53

설 립 일	1988.04.02	**종업원수**	482명	**대표이사**	김기석,김기문
상 장 일	1999.12.10	**감사의견**	적정(삼덕)	**계　　열**	
결 산 기	12월	**보 통 주**		**종속회사수**	2개사
액 면 가	500원	**우 선 주**		**구 상 호**	로만손

주주구성 (지분율,%)		출자관계 (지분율,%)		주요경쟁사 (외형,%)	
김기문	20.7	YTN라디오	5.0	제이에스티나	100
김기석	11.2	에스엠이즈튜티프리	2.0	제이에스코퍼레이션	169
(외국인)	1.4	홈&쇼핑	0.4	SG세계물산	204

매출구성		비용구성		수출비중	
주얼리(제품)	54.5	매출원가율	31.8	수출	3.3
핸드백(제품)	31.5	판관비율	68.3	내수	96.7
주얼리(상품)	6.6				

회사 개요

동사는 주얼리와 핸드백, 손목시계를 제조 판매하고 있음. 로만손, 제이에스티나, 제이에스티나 뷰티, 제이에스티나 백 등의 브랜드를 보유함. 생산은 외주생산 시스템을 유지하고 있으며, 디자인과 유통망을 확보하고 있음. 매출은 주얼리 66.7%, 핸드백 21.2%, 손목시계 5.7%, 화장품 0.5%로 구성됨. 주얼리와 핸드백은 현재 내수위주로 영업하고 있으며 손목시계는 수출 45%, 내수 55%로 운영되고 있음.

실적 분석

2017년 연결기준 동사 매출은 1399.5억원을 기록함. 전년도 매출인 1702.5억원에 비해 17.8% 감소한 금액임. 매출원가가 15.5% 줄고 판매비와 관리비도 12.9% 감소했으나 매출 감소 폭이 이를 웃돌아 전년도 78.9억원을 기록한 영업이익이 0.5억원의 손실을 기록하며 적자로 전환함. 비영업부문은 적자폭이 커짐. 이에 전년도 34.2억원을 기록한 당기순이익은 손실 36.3억원을 기록하며 적자로 전환함.

현금 흐름

〈단위 : 억원〉

항목	2016	2017
영업활동	77	52
투자활동	-126	31
재무활동	-53	-87
순현금흐름	-102	-4
기말현금	43	40

시장 대비 수익률

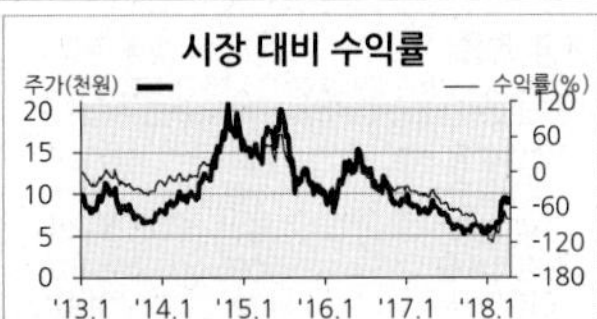

결산 실적

〈단위 : 억원〉

항목	2012	2013	2014	2015	2016	2017
매출액	1,224	1,393	1,586	1,553	1,703	1,399
영업이익	75	101	104	41	79	-0
당기순이익	76	85	90	32	34	-36

분기 실적

〈단위 : 억원〉

항목	2016.3Q	2016.4Q	2017.1Q	2017.2Q	2017.3Q	2017.4Q
매출액	385	409	358	339	352	350
영업이익	9	3	12	-6	2	-8
당기순이익	6	-5	-1	4	2	-41

재무 상태

〈단위 : 억원〉

항목	2012	2013	2014	2015	2016	2017
총자산	963	1,041	1,198	1,308	1,249	1,099
유형자산	213	236	257	261	250	280
무형자산	26	30	30	32	39	40
유가증권	5	5	5	19	19	33
총부채	414	411	439	477	455	378
총차입금	274	261	288	317	322	279
자본금	84	87	87	87	87	87
총자본	549	631	759	831	794	720
지배주주지분	549	631	759	831	794	720

기업가치 지표

항목	2012	2013	2014	2015	2016	2017
주가(최고/저)(천원)	13.0/2.6	11.7/6.4	20.7/7.6	20.9/9.6	15.7/7.8	10.3/5.2
PER(최고/저)(배)	28.2/5.7	23.6/12.9	39.6/14.5	110.4/50.5	77.1/38.5	—/—
PBR(최고/저)(배)	3.9/0.8	3.1/1.7	4.6/1.7	4.1/1.9	3.0/1.5	2.1/1.1
EV/EBITDA(배)	17.9	11.6	20.3	20.3	11.8	19.6
EPS(원)	489	521	543	195	207	-220
BPS(원)	3,571	3,945	4,683	5,315	5,339	4,979
CFPS(원)	637	703	773	464	514	99
DPS(원)	100	125	100	100	100	50
EBITDAPS(원)	634	798	857	519	784	316

재무 비율

〈단위 : %〉

연도	영업이익률	순이익률	부채비율	차입금비율	ROA	ROE	유보율	자기자본비율	EBITDA마진율
2017	0.0	-2.6	52.5	38.8	-3.1	-4.8	846.1	65.6	3.7
2016	4.6	2.0	57.3	40.6	2.7	4.2	914.5	63.6	7.6
2015	2.7	2.1	57.4	38.2	2.6	4.1	910.0	63.5	5.5
2014	6.5	5.7	57.8	37.9	8.0	12.9	790.0	63.4	8.9

제이에스피브이 (A250300)

JSPV COLTD

업　　종 : 에너지 시설 및 서비스　　시　　장 : KONEX
신용등급 : (Bond) —　　(CP) —　　기업규모 : —
홈페이지 : www.jspv.co.kr　　연 락 처 : 041)549-0600
본　　사 : 충남 아산시 둔포면 윤보선로 336번길 28

설 립 일	2008.01.09	**종업원수**	26명	**대표이사**	이정현
상 장 일	2016.08.10	**감사의견**	적정(동명)	**계　　열**	
결 산 기	12월	**보 통 주**		**종속회사수**	
액 면 가	—	**우 선 주**		**구 상 호**	

주주구성 (지분율,%)		출자관계 (지분율,%)		주요경쟁사 (외형,%)	
이정현	40.9	JSPVSOLARTECHNOLOGYSHANGHAI	35.0	제이에스피브이	100
김정남	40.9	JES-SOLARPV.AU.D.H.ETRADINGPTY	35.0	신성이엔지	9,469
				에스에너지	2,209

매출구성		비용구성		수출비중	
태양광모듈	100.0	매출원가율	98.4	수출	43.1
		판관비율	25.0	내수	56.9

회사 개요

동사는 2008년 01월 09일 무역업을 주된 사업으로 하여 설립되었으며 2012년부터 태양광 모듈공장을 건설하고 본격적으로 태양광 사업을 시작함. 설립 당시 회사명은 '원코리아'였으나 2012년 7월 현재의 사명으로 변경함. 동사가 생산하는 태양광모듈은 태양전지를 종 및 횡으로 연결하여 결합한 형태로 개별 태양전지에서 생산된 전기를 모듈에 동시에 모이게 하는 기능을 가지고 있음.

실적 분석

코넥스 상장 기업인 동사의 2017년 연결기준 누적 매출액은 104.6억원으로 전년동기 대비 4.3% 성장함. 영업손실은 전년동기에 이어 적자지속한 24.5억원을 기록하고, 비영업손실도 4.7억원을 기록하며 당기순손실은 29.2억원으로 적자지속되며 수익성 악화. 다만 정부에서 신재생에너지 금융 지원액과 보급지원액을 대폭 늘려 국내시장을 지원 육성할 계획으로 전망은 긍정적임.

현금 흐름 *IFRS 별도 기준

〈단위 : 억원〉

항목	2016	2017
영업활동	26	-11
투자활동	-95	-2
재무활동	61	17
순현금흐름	-7	4
기말현금	1	5

시장 대비 수익률

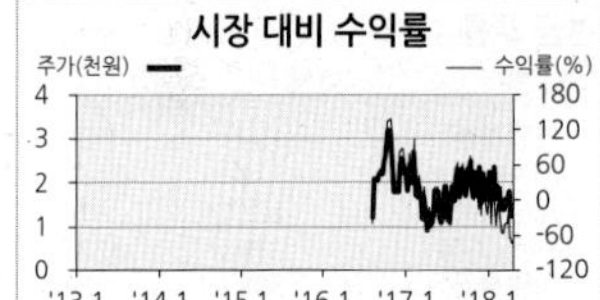

결산 실적

〈단위 : 억원〉

항목	2012	2013	2014	2015	2016	2017
매출액	—	153	193	219	100	105
영업이익	—	7	-1	17	-26	-24
당기순이익	—	4	-2	11	-35	-29

분기 실적 *IFRS 별도 기준

〈단위 : 억원〉

항목	2016.3Q	2016.4Q	2017.1Q	2017.2Q	2017.3Q	2017.4Q
매출액	—	—	—	—	—	—
영업이익	—	—	—	—	—	—
당기순이익	—	—	—	—	—	—

재무 상태 *IFRS 별도 기준

〈단위 : 억원〉

항목	2012	2013	2014	2015	2016	2017
총자산	—	102	144	205	256	264
유형자산	—	24	56	110	196	207
무형자산	—	6	4	3	5	4
유가증권	—	1	1	1	1	1
총부채	—	73	117	154	237	244
총차입금	—	31	78	122	182	186
자본금	—	15	15	22	23	24
총자본	—	30	28	51	18	20
지배주주지분	—	30	28	51	18	20

기업가치 지표 *IFRS 별도 기준

항목	2012	2013	2014	2015	2016	2017
주가(최고/저)(천원)	—/—	—/—	—/—	—/—	—/—	—/—
PER(최고/저)(배)	0.0/0.0	0.0/0.0	0.0/0.0	0.0/0.0	—/—	—/—
PBR(최고/저)(배)	0.0/0.0	0.0/0.0	0.0/0.0	0.0/0.0	40.2/11.5	32.3/10.4
EV/EBITDA(배)	0.0	2.5	34.4	5.6	—	—
EPS(원)	—	42	-13	64	-153	-125
BPS(원)	—	198	184	231	80	83
CFPS(원)	—	79	10	85	-134	-80
DPS(원)	—	—	—	—	—	—
EBITDAPS(원)	—	104	14	119	-95	-60

재무 비율

〈단위 : %〉

연도	영업이익률	순이익률	부채비율	차입금비율	ROA	ROE	유보율	자기자본비율	EBITDA마진율
2017	-23.4	-27.9	일부잠식	일부잠식	-11.2	-153.2	-16.6	7.5	-13.4
2016	-25.7	-34.5	일부잠식	일부잠식	-15.0	-99.1	-20.4	7.2	-21.6
2015	7.6	4.9	298.8	237.9	6.2	27.5	131.3	25.1	9.3
2014	-0.7	-1.0	423.0	282.8	-1.6	-7.0	84.2	19.1	1.1

제이엔케이히터 (A126880)
JNK Heaters

업　　종 : 에너지 시설 및 서비스　　시　　장 : KOSDAQ
신용등급 : (Bond) —　　(CP) —　　기업규모 : 벤처
홈페이지 : www.jnkheaters.co.kr　　연 락 처 : 02)2026-4268
본　　사 : 서울시 금천구 가산디지털1로 168, C-1401호 (우림라이온스밸리)

설 립 일	1998.09.28	**종 업 원 수**	63명	**대 표 이 사**	김방희
상 장 일	2011.01.28	**감 사 의 견**	적정(대주)	**계 열**	
결 산 기	12월	**보 통 주**		**종속회사수**	3개사
액 면 가	500원	**우 선 주**		**구 상 호**	

주주구성 (지분율,%)		출자관계 (지분율,%)		주요경쟁사 (외형,%)	
김방희	21.8	케이씨써멀	40.0	제이엔케이히터	100
현대커머셜	8.1	비제이일렉트론	39.0	일진파워	118
(외국인)	0.3	제이에프케이메탈	30.0	제이씨케미칼	144

매출구성		비용구성		수출비중	
Fired Heater 해외	54.4	매출원가율	90.1	수출	—
Fired Heater 국내	45.4	판관비율	9.0	내수	—
기 타	0.2				

회사 개요

동사는 대림엔지니어링의 Fired Heater사업부에서 정유 및 석유화학 공장의 핵심설비인 산업용가열로를 국내에서 독자적으로 생산한다는 목표로 1986년 사업을 시작한 이래, 원천기술의 습득 및 기술개발과 노하우를 꾸준히 축적하여 선진국의 동종기업들과의 경쟁을 하면서 국내는 물론 해외에도 많은 산업용가열로를 납품하였음. 대림엔지니어링에서 분할 1998년 설립되었음. 미주, 호주 및 멕시코 등의 해외프로젝트에 다수 참여한 업력이 존재함.

실적 분석

동사의 연결기준 2017년 매출액은 1,194.2억원으로 전년대비 16.8% 감소하였으며 이에 따라 매출총이익이 30.1% 감소한 117.8억원에 그쳤음. 이에 따라 판관비 절감 노력에도 불구하고 영업이익은 전년대비 60% 감소, 10.2억원에 그쳤음. 금융손실, 외환손실 등 비영업부문 손실이 확대되었으며 최종적으로 동사의 2017년 당기순손실은 137.4억원을 기록함.

현금 흐름 (단위 : 억원)

항목	2016	2017
영업활동	-199	-86
투자활동	-16	-135
재무활동	228	-14
순현금흐름	10	-227
기말현금	308	81

시장 대비 수익률

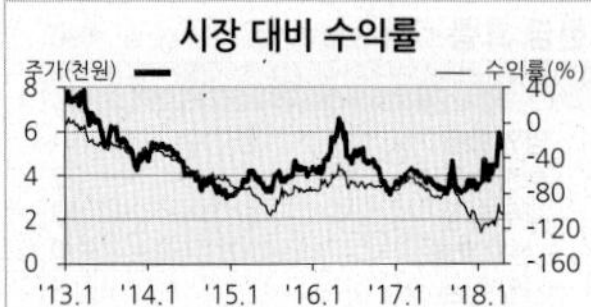

결산 실적 〈단위 : 억원〉

항목	2012	2013	2014	2015	2016	2017
매출액	1,363	1,139	1,415	1,715	1,435	1,194
영업이익	61	5	19	92	26	10
당기순이익	79	4	-176	33	-17	-137

분기 실적 〈단위 : 억원〉

항목	2016.3Q	2016.4Q	2017.1Q	2017.2Q	2017.3Q	2017.4Q
매출액	271	390	324	359	281	230
영업이익	-18	3	7	-21	13	12
당기순이익	-36	-10	-3	24	5	-164

재무 상태 〈단위 : 억원〉

항목	2012	2013	2014	2015	2016	2017
총자산	1,501	1,449	1,606	1,616	1,770	1,444
유형자산	347	430	391	422	459	296
무형자산	24	26	17	19	16	16
유가증권	43	10	3	15	15	14
총부채	729	689	1,031	1,002	1,017	835
총차입금	515	487	680	626	682	528
자본금	40	40	40	40	74	74
총자본	773	759	575	614	754	609
지배주주지분	740	724	537	572	709	595

기업가치 지표

항목	2012	2013	2014	2015	2016	2017
주가(최고/저)(천원)	12.4/6.6	7.8/4.2	5.5/2.9	4.9/3.1	6.7/3.2	4.7/3.1
PER(최고/저)(배)	18.6/9.8	915.3/492.5	—/—	20.0/12.6	—/—	—/—
PBR(최고/저)(배)	1.8/0.9	1.1/0.6	1.0/0.5	0.9/0.6	1.4/0.6	1.1/0.7
EV/EBITDA(배)	15.7	39.4	16.9	7.2	16.7	26.8
EPS(원)	720	9	-1,671	255	-142	-787
BPS(원)	10,068	9,866	7,530	7,758	5,113	4,344
CFPS(원)	1,094	225	-1,867	641	81	-618
DPS(원)	200	100	—	100	50	50
EBITDAPS(원)	894	280	590	1,450	430	238

재무 비율 〈단위 : %〉

연도	영업이익률	순이익률	부채비율	차입금비율	ROA	ROE	유보율	자기자본비율	EBITDA마진율
2017	0.9	-11.5	137.1	86.6	-8.6	-17.9	768.8	42.2	3.0
2016	1.8	-1.2	134.9	90.5	-1.0	-2.7	922.6	42.6	3.7
2015	5.4	1.9	163.1	101.8	2.0	4.9	1,451.6	38.0	6.8
2014	1.3	-12.4	179.5	118.3	-11.5	-28.2	1,406.1	35.8	3.3

제이엠아이 (A033050)
Jeong Moon Information

업　　종 : 디스플레이 및 관련부품　　시　　장 : KOSDAQ
신용등급 : (Bond) —　　(CP) —　　기업규모 : 중견
홈페이지 : www.jmikorea.co.kr　　연 락 처 : 031)376-9494
본　　사 : 경기도 화성시 동탄면 동탄산단 8길 15-20

설 립 일	1993.02.20	**종 업 원 수**	77명	**대 표 이 사**	정광훈
상 장 일	1997.08.18	**감 사 의 견**	적정(신한)	**계 열**	
결 산 기	12월	**보 통 주**		**종속회사수**	4개사
액 면 가	1,000원	**우 선 주**		**구 상 호**	

주주구성 (지분율,%)		출자관계 (지분율,%)		주요경쟁사 (외형,%)	
제이엠티	15.8	엔디에스	43.0	제이엠아이	100
정광훈	12.5	이노비젼	11.0	리드	32
(외국인)	1.1	사운드그래프	5.5	상보	109

매출구성		비용구성		수출비중	
LED 모듈 및 기타 PBA	71.8	매출원가율	95.3	수출	90.2
CD, 매뉴얼, KIT(미국)	11.3	판관비율	4.5	내수	9.8
CD, 매뉴얼, KIT 외 기타	7.6				

회사 개요

동사는 1993년 2월 설립된 후 한 달만인 1993년 3월 미국 마이크로소프트사의 소프트웨어 공식 복제 계약을 체결한 공인복제(AR) 업체로서 MS사의 운영체제를 국내외 PC 제조회사에 공급하고 있음. 2009년부터 LED 조명 사업 시작해 2011년 3월 자체 제조라인을 구축함. 중국(정문전자유한공사)의 기존 LCD모듈에서 LED모듈로의 사업전환에 따라 모든 설비 세팅을 완료, 고객사 주문에 대응하고 있음.

실적 분석

동사의 2017년 연결 기준 연간 누적 매출액은 1,177.2억원으로 전년 동기 대비 5.4% 증가함. 매출이 증가하면서 매출 증가율 대비 매출원가가 증가율이 큰 폭으로 늘어 영업이익은 전년 동기 대비 92.5% 감소한 2.9억원을 시현함. 비영업손익 부문에서 외환 손익 등의 영향으로 흑자전환에 성공하면서 당기순이익은 전년 동기 대비 흑자전환한 5.1억원을 시현함.

현금 흐름 〈단위 : 억원〉

항목	2016	2017
영업활동	132	58
투자활동	-20	11
재무활동	-57	-48
순현금흐름	59	10
기말현금	172	182

시장 대비 수익률

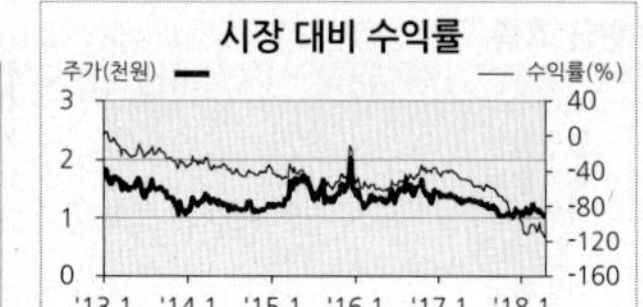

결산 실적 〈단위 : 억원〉

항목	2012	2013	2014	2015	2016	2017
매출액	2,208	2,478	1,948	1,208	1,117	1,177
영업이익	-287	-116	34	16	39	3
당기순이익	-339	-215	-34	-23	-12	5

분기 실적 〈단위 : 억원〉

항목	2016.3Q	2016.4Q	2017.1Q	2017.2Q	2017.3Q	2017.4Q
매출액	302	290	204	267	369	337
영업이익	18	14	0	12	9	-19
당기순이익	6	-1	-8	13	8	-7

재무 상태 〈단위 : 억원〉

항목	2012	2013	2014	2015	2016	2017
총자산	1,677	1,557	1,313	1,167	1,100	1,070
유형자산	847	600	508	454	372	331
무형자산	26	7	5	5	5	4
유가증권	22	19	6	3	3	1
총부채	945	1,030	822	692	634	612
총차입금	365	468	338	318	274	214
자본금	326	326	326	326	326	326
총자본	732	528	491	475	466	458
지배주주지분	727	524	492	475	466	458

기업가치 지표

항목	2012	2013	2014	2015	2016	2017
주가(최고/저)(천원)	3.0/1.4	1.9/1.0	1.4/1.1	2.0/1.2	1.7/1.2	1.5/1.0
PER(최고/저)(배)	—/—	—/—	—/—	—/—	—/—	95.3/64.6
PBR(최고/저)(배)	1.3/0.6	1.2/0.6	0.9/0.7	1.3/0.8	1.1/0.8	1.0/0.7
EV/EBITDA(배)	—	—	4.5	7.3	5.1	7.8
EPS(원)	-1,000	-650	-100	-70	-37	16
BPS(원)	2,293	1,672	1,572	1,522	1,494	1,470
CFPS(원)	-639	-343	112	141	143	140
DPS(원)	—	—	20	—	—	—
EBITDAPS(원)	-520	-49	317	262	299	133

재무 비율 〈단위 : %〉

연도	영업이익률	순이익률	부채비율	차입금비율	ROA	ROE	유보율	자기자본비율	EBITDA마진율
2017	0.3	0.4	133.6	46.8	0.5	1.1	47.0	42.8	3.7
2016	3.5	-1.1	136.0	58.7	-1.1	-2.6	49.4	42.4	8.7
2015	1.4	-1.9	145.6	66.9	-1.8	-4.7	52.2	40.7	7.1
2014	1.8	-1.7	167.2	68.7	-2.4	-6.4	57.2	37.4	5.3

제이엠티 (A094970)

JMT

업 종 : 디스플레이 및 관련부품 | 시 장 : KOSDAQ
신용등급 : (Bond) — (CP) — | 기업규모 : 중견
홈페이지 : www.jmtkorea.com | 연 락 처 : 070)7500-5135
본 사 : 경기도 평택시 산단로 63-19

설립일 1998.06.01	**종업원수** 133명	**대표이사** 정수연
상장일 2007.10.12	**감사의견** 적정(신한)	**계열**
결산기 12월	**보통주**	**종속회사수** 2개사
액면가 500원	**우선주**	**구상호**

주주구성 (지분율,%)		출자관계 (지분율,%)		주요경쟁사 (외형,%)	
정수연	25.1	제이엠시에스	51.0	제이엠티	100
정도연	24.8	제이엠아이	15.8	리드	25
(외국인)	0.6	JMTVN	100.0	상보	86

매출구성		비용구성		수출비중	
TV Source 패널	41.6	매출원가율	84.8	수출	26.6
Note/Monitor패널	27.2	판관비율	5.7	내수	73.4
TV Source 패널(베트남 현지 공급)	24.0				

회사 개요

동사는 1998년 설립되어 TFT-LCD 패널의 주요 부품 중 하나인 PBA를 전문으로 생산하는 업체로서, 생산설비를 이용해 전자제품 제조 및 납품에 관한 서비스를 일괄 제공함. PBA는 TFT-LCD 내에서 신호의 변환 및 송출을 담당하는 장치로서, 모니터, LCD TV 등의 핵심부품으로 이용됨. OLED 관련 모듈 사업 진행을 위해 베트남 현지법인에 관련 설비를 도입, 2017년 중반기 이후 본격적인 생산 및 공급을 진행함.

실적 분석

베트남 현지법인에서의 기존 LCD PBA 사업 안정화와 신규 OLED 관련 PBA 사업 전개에 힘입어 동사의 연결기준 2017년 연간 누적 매출액은 전년동기 대비 53.5% 증가한 1,480.3억원을 기록함. 매출성장에 힘입어 영업이익은 전년동기 대비 1,581.4% 증가한 139.7억원을 시현함. 이에 비영업손익이 적자전환함에도 불구하고 당기순이익은 전년동기 대비 981.0% 증가한 78.0억원을 시현함.

현금 흐름

<단위 : 억원>

항목	2016	2017
영업활동	3	-35
투자활동	-83	-130
재무활동	29	203
순현금흐름	-51	23
기말현금	50	73

시장 대비 수익률

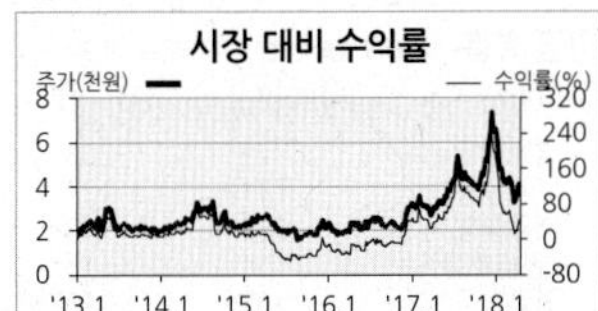

결산 실적

<단위 : 억원>

항목	2012	2013	2014	2015	2016	2017
매출액	1,603	1,519	1,562	895	965	1,480
영업이익	89	98	94	-1	8	140
당기순이익	22	46	46	-71	7	78

분기 실적

<단위 : 억원>

항목	2016.3Q	2016.4Q	2017.1Q	2017.2Q	2017.3Q	2017.4Q
매출액	244	318	308	197	445	530
영업이익	0	5	-4	13	44	87
당기순이익	-5	12	-20	19	39	40

재무 상태

<단위 : 억원>

항목	2012	2013	2014	2015	2016	2017
총자산	805	921	814	458	570	991
유형자산	368	341	276	148	187	253
무형자산	4	4	3	3	13	12
유가증권	—	—	—	—	—	—
총부채	450	520	372	94	198	553
총차입금	227	192	88	20	49	251
자본금	84	84	84	84	84	84
총자본	355	402	442	364	372	438
지배주주지분	355	402	442	364	372	438

기업가치 지표

항목	2012	2013	2014	2015	2016	2017
주가(최고/저)(천원)	4.0/1.6	3.2/1.8	3.3/2.0	2.8/1.5	3.3/1.8	7.9/2.7
PER(최고/저)(배)	32.3/13.0	12.2/6.8	12.2/7.3	—/—	75.5/41.7	17.0/5.8
PBR(최고/저)(배)	2.0/0.8	1.4/0.8	1.3/0.8	1.3/0.7	1.5/0.8	3.0/1.0
EV/EBITDA(배)	3.1	2.4	1.7	4.7	10.2	7.2
EPS(원)	130	276	277	-426	43	466
BPS(원)	2,127	2,405	2,647	2,180	2,229	2,621
CFPS(원)	576	770	804	-62	296	695
DPS(원)	—	50	50	—	—	—
EBITDAPS(원)	977	1,081	1,087	360	303	1,062

재무 비율

<단위 : %>

연도	영업이익률	순이익률	부채비율	차입금비율	ROA	ROE	유보율	자기자본비율	EBITDA마진율
2017	9.4	5.3	126.4	57.3	10.0	19.3	424.2	44.2	12.0
2016	0.9	0.8	53.1	13.2	1.4	2.0	345.8	65.3	5.3
2015	-0.1	-8.0	25.9	5.5	-11.2	-17.7	336.1	79.4	6.7
2014	6.0	3.0	84.2	19.8	5.4	11.0	429.3	54.3	11.7

제이와이피엔터테인먼트 (A035900)

JYP Entertainment

업 종 : 미디어 | 시 장 : KOSDAQ
신용등급 : (Bond) — (CP) — | 기업규모 : 우량
홈페이지 : www.jype.com | 연 락 처 : 02)3438-2300
본 사 : 서울시 강남구 도산대로 537(청담동 운촌빌딩 3층)

설립일 1996.04.25	**종업원수** 143명	**대표이사** 정욱
상장일 2001.08.30	**감사의견** 적정(한미)	**계열**
결산기 12월	**보통주**	**종속회사수** 5개사
액면가 500원	**우선주**	**구상호**

주주구성 (지분율,%)		출자관계 (지분율,%)		주요경쟁사 (외형,%)	
박진영	16.2	제이와이피픽쳐스	100.0	JYP Ent.	100
한국투자밸류자산운용	6.6	진앤튠	50.0	YG PLUS	71
(외국인)	7.5	젝스코코코리아	25.0	초록뱀	58

매출구성		비용구성		수출비중	
음반/음원(기타)	28.3	매출원가율	61.6	수출	35.9
광고(기타)	23.2	판관비율	19.4	내수	64.1
초상권외(기타)	20.4				

회사 개요

동사는 소속연예인의 엔터테인먼트 활동(광고, 행사, 드라마출연, 공연 등)과 음반(CD), 음원의 제작 및 판매와 MD 부가사업을 주요 사업으로 하고 있음. 2013년 말 JYP엔터가 JYP를 흡수 합병한 이후 적자 법인인 미국 크리스탈 벨리와 AQ 레이블을 정리했고, 미국 법인도 사실상 청산하면서 경상화 노력에 힘쓰고 있음. 소속연예인으로는 박진영, 갓세븐, 백아연, G.Soul, 트와이스 등이 있음.

실적 분석

동사의 연결 기준 2017년 매출액은 전년 대비 38.8% 증가한 1,022.4억원을 기록하였음. 주요 아티스트인 GOT7과 TWICE가 10월에 컴백하면서 외형이 커졌으며 이에 따라 영업이익은 전년 대비 40.9% 증가한 194.6억원을 기록. GOT7과 우영(2PM)의 일본 콘서트(합산 8만명), 그리고 트와이스의 일본 정규 앨범 및 굿즈 등이 반영되는 4분기는 사상 최대 분기 실적 기대됨.

현금 흐름

<단위 : 억원>

항목	2016	2017
영업활동	154	271
투자활동	-38	-287
재무활동	-0	25
순현금흐름	120	5
기말현금	248	254

시장 대비 수익률

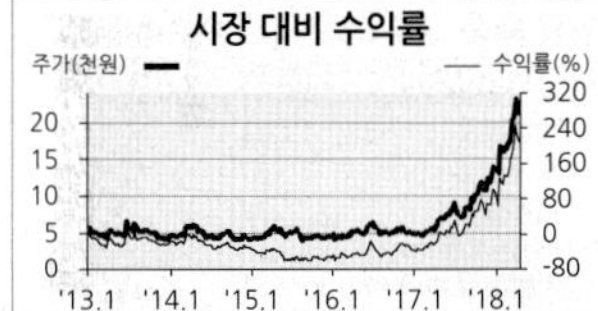

결산 실적

<단위 : 억원>

항목	2012	2013	2014	2015	2016	2017
매출액	151	213	485	506	736	1,022
영업이익	-65	-26	83	42	138	195
당기순이익	-99	-39	79	32	85	164

분기 실적

<단위 : 억원>

항목	2016.3Q	2016.4Q	2017.1Q	2017.2Q	2017.3Q	2017.4Q
매출액	190	257	219	285	175	343
영업이익	36	57	38	69	11	76
당기순이익	33	14	29	68	10	57

재무 상태

<단위 : 억원>

항목	2012	2013	2014	2015	2016	2017
총자산	246	690	739	741	866	1,244
유형자산	11	11	8	5	3	247
무형자산	2	291	311	331	310	291
유가증권	96	113	114	87	99	157
총부채	105	223	179	153	195	387
총차입금	63	51	41	—	—	—
자본금	122	170	170	170	170	173
총자본	141	467	560	588	670	858
지배주주지분	142	464	556	584	664	849

기업가치 지표

항목	2012	2013	2014	2015	2016	2017
주가(최고/저)(천원)	9.1/3.9	6.6/4.1	6.1/4.0	6.0/3.9	6.6/4.1	14.1/4.6
PER(최고/저)(배)	—/—	—/—	26.9/17.7	64.0/41.3	26.8/16.8	30.0/9.9
PBR(최고/저)(배)	15.7/6.8	3.7/2.3	3.0/2.0	2.8/1.8	2.8/1.8	4.9/1.6
EV/EBITDA(배)	—	—	14.3	20.8	8.5	19.6
EPS(원)	-400	-141	226	94	246	471
BPS(원)	581	1,777	2,047	2,129	2,366	2,859
CFPS(원)	-381	-124	240	167	318	553
DPS(원)	—	—	—	—	—	—
EBITDAPS(원)	-262	-80	257	196	478	649

재무 비율

<단위 : %>

연도	영업이익률	순이익률	부채비율	차입금비율	ROA	ROE	유보율	자기자본비율	EBITDA마진율
2017	19.0	16.0	45.1	0.0	15.5	21.4	471.9	68.9	21.8
2016	18.8	11.6	29.1	0.0	10.6	13.4	373.1	77.4	22.1
2015	8.3	6.4	26.0	0.0	4.4	5.6	325.8	79.4	13.2
2014	17.0	16.2	32.1	7.3	11.0	15.1	309.4	75.7	18.0

제이웨이 (A058420)

J way

업 종 : 미디어 | 시 장 : KOSDAQ
신용등급 : (Bond) — (CP) — | 기업규모 : 중견
홈페이지 : www.jway.kr | 연 락 처 : 1566-1505
본 사 : 광주시 광산구 장신로50번길 9-22(장덕동,3층)

설 립 일	1994.04.06	**종 업 원 수**	42명	**대 표 이 사**	이인범
상 장 일	2002.01.10	**감 사 의 견**	적정(대성삼경)	**계 열**	
결 산 기	12월	**보 통 주**		**종속회사수**	2개사
액 면 가	500원	**우 선 주**		**구 상 호**	

주주구성 (지분율,%)		출자관계 (지분율,%)		주요경쟁사 (외형,%)	
김병건	15.9	박스넷	100.0	제이웨이	100
아이리스시스템	8.4	제이삼아시스템	51.1	래몽래인	261
		이프랜드	44.4	세기상사	81

매출구성		비용구성		수출비중	
영상사업부문(컨텐츠)	100.0	매출원가율	88.8	수출	0.0
		판관비율	46.5	내수	100.0

회사 개요

동사는 2000년 설립되어 디지털 영화관 컨텐츠 공급 및 시스템 유지보수, VOD서비스 사업 등을 주요 사업으로 영위 중임. VOD서비스관련 숙박업소위탁 및 유통을 하는 박스넷을 종속회사로 두고 있음. 주력인 영상사업부문에서는 배급사로부터 영화 판권을 구입하여 모텔, DVD 감상실 등에 제공하는 사업을 영위함. 금속구조물, 철물 등을 업종으로 하는 제이삼아시스템을 지분취득을 통해 연결대상 자회사로 편입함.

실적 분석

동사의 연결기준 2017년 매출액은 69.4억원으로 전년대비 7.3% 감소하였음. 중단 사업으로 인하여 매출이 감소하고 손익구조가 악영향을 받으며 영업이익과 순이익 모두 적자가 지속되었음. 영화감상실, 숙박업소, PC방 등의 영화 컨텐츠 공급 산업의 성장과 더불어, 향후 저작권법 강화로 인해 컨텐츠시장이 투명화될 것으로 판단, 매출 확대를 기대중임. 또한 신규 연결된 자회사의 매출 발생을 통한 실적 개선이 필요해 보임.

현금 흐름 〈단위 : 억원〉

항목	2016	2017
영업활동	14	-17
투자활동	-27	-23
재무활동	38	16
순현금흐름	24	-23
기말현금	51	28

시장 대비 수익률

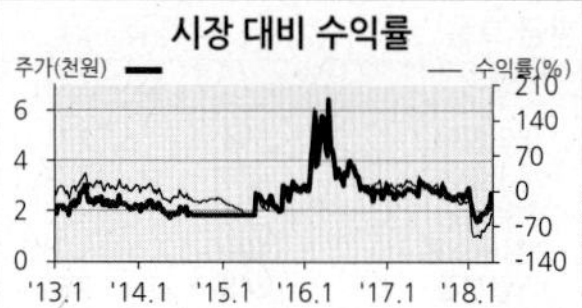

결산 실적 〈단위 : 억원〉

항목	2012	2013	2014	2015	2016	2017
매출액	124	129	138	89	75	69
영업이익	-15	-17	-23	5	-10	-24
당기순이익	-30	-43	-34	2	-16	-41

분기 실적 〈단위 : 억원〉

항목	2016.3Q	2016.4Q	2017.1Q	2017.2Q	2017.3Q	2017.4Q
매출액	19	15	20	18	17	14
영업이익	-1	-5	-2	-6	-6	-10
당기순이익	-1	-12	-2	-6	-7	-26

재무 상태 〈단위 : 억원〉

항목	2012	2013	2014	2015	2016	2017
총자산	147	125	79	89	104	79
유형자산	56	25	15	11	6	4
무형자산	31	16	18	17	12	11
유가증권	—	1	—	—	6	—
총부채	45	37	26	18	13	12
총차입금	17	20	3	—	—	—
자본금	105	120	40	46	54	55
총자본	102	88	53	71	92	67
지배주주지분	102	88	53	71	92	67

기업가치 지표

항목	2012	2013	2014	2015	2016	2017
주가(최고/저)(천원)	4.2/1.9	3.1/1.8	2.4/1.7	3.2/1.9	6.4/2.4	3.2/2.5
PER(최고/저)(배)	—/—	—/—	—/—	181.0/104.6	—/—	—/—
PBR(최고/저)(배)	2.9/1.3	2.8/1.6	3.7/2.6	4.2/2.4	7.5/2.8	5.4/4.1
EV/EBITDA(배)	15.4	15.7	980.8	10.0	33.3	—
EPS(원)	-453	-580	-428	18	-166	-325
BPS(원)	482	367	656	759	856	601
CFPS(원)	2	-46	-141	246	16	-173
DPS(원)	—	—	—	—	—	—
EBITDAPS(원)	80	69	3	283	74	-75

재무 비율 〈단위 : %〉

연도	영업이익률	순이익률	부채비율	차입금비율	ROA	ROE	유보율	자기자본비율	EBITDA마진율
2017	-35.3	-59.4	17.7	0.0	-45.0	-44.4	20.2	85.0	-11.6
2016	-14.0	-21.7	13.7	0.0	-16.8	-19.9	71.3	88.0	9.7
2015	5.4	1.8	25.4	0.0	1.9	2.5	51.8	79.8	28.0
2014	-16.4	-24.8	49.7	5.1	-33.7	-48.7	31.1	66.8	0.2

제이준코스메틱 (A025620)

Jayjun Cosmetic

업 종 : 개인생활용품 | 시 장 : 거래소
신용등급 : (Bond) — (CP) — | 기업규모 : 시가총액 중형주
홈페이지 : www.jayjun.kr | 연 락 처 : 02)2193-9500
본 사 : 인천시 남동구 남동대로 405

설 립 일	1975.04.20	**종 업 원 수**	162명	**대 표 이 사**	이진형,판나
상 장 일	1995.06.09	**감 사 의 견**	적정(새시대)	**계 열**	
결 산 기	12월	**보 통 주**		**종속회사수**	
액 면 가	500원	**우 선 주**		**구 상 호**	제이준

주주구성 (지분율,%)		출자관계 (지분율,%)		주요경쟁사 (외형,%)	
에프앤리퍼블릭	13.2			제이준코스메틱	100
제이준글로벌	7.7			네오팜	41
(외국인)	4.5			코리아나	86

매출구성		비용구성		수출비중	
[화장품]제품	62.2	매출원가율	48.1	수출	34.6
상품	35.0	판관비율	34.7	내수	65.4
[피혁]제품	2.7				

회사 개요

동사는 1972년 6월 30일에 설립되었으며, 1995년 7월 8일 유가증권시장에 상장하였음. 2016년 7월 8일 사명을 에스더블유에이치 주식회사에서 제이준 주식회사로 변경하였으며, 2017년 3월 28일 제이준 주식회사에서 제이준 코스메틱 주식회사로 재변경하였음. 주요 사업부문은 화장품사업 및 피혁사업 부문이었으나 2017년말 현재 피혁사업 부문은 더이상 사업을 영위하고 있지 않음.

실적 분석

동사의 2017년 4/4분기 연결기준 누적 매출액은 1,297.1억원으로 전년동기 대비 55.5% 증가함. 영업이익은 223.0억원으로 전년동기 대비 67.2% 증가했음. 이에 따라 당기순이익도 전년동기 125.4억원에서 274.0억원으로 큰 폭의 성장을 보임. 마스크팩을 OEM 방식으로 생산해 중국에 수출해 오다 에스피엘 인수로 직접 생산 비중이 늘면서 외형 확대와 함께 수익성도 큰 폭으로 개선됐음.

현금 흐름 *IFRS 별도 기준 〈단위 : 억원〉

항목	2016	2017
영업활동	71	-206
투자활동	-731	127
재무활동	659	93
순현금흐름	-1	13
기말현금	32	45

시장 대비 수익률

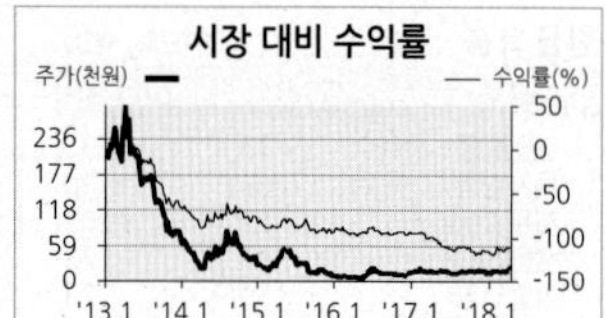

결산 실적 〈단위 : 억원〉

항목	2012	2013	2014	2015	2016	2017
매출액	504	301	71	80	834	1,297
영업이익	-50	-128	-202	-107	133	223
당기순이익	-57	-175	-81	-155	125	274

분기 실적 *IFRS 별도 기준 〈단위 : 억원〉

항목	2016.3Q	2016.4Q	2017.1Q	2017.2Q	2017.3Q	2017.4Q
매출액	431	336	432	233	432	200
영업이익	61	91	119	16	97	-9
당기순이익	51	122	123	52	78	22

재무 상태 *IFRS 별도 기준 〈단위 : 억원〉

항목	2012	2013	2014	2015	2016	2017
총자산	565	853	307	272	1,153	1,528
유형자산	341	382	296	1	141	539
무형자산	1	0	0	0	70	77
유가증권	2	2	—	50	91	76
총부채	436	819	106	139	289	258
총차입금	324	407	10	125	196	180
자본금	212	49	306	62	54	132
총자본	130	34	201	133	864	1,270
지배주주지분	130	34	201	133	864	1,270

기업가치 지표 *IFRS 별도 기준

항목	2012	2013	2014	2015	2016	2017
주가(최고/저)(천원)	175/68.5	123/29.5	36.5/8.7	24.9/3.7	9.3/2.5	22.2/13.2
PER(최고/저)(배)	—/—	—/—	—/—	—/—	30.7/8.4	21.5/12.7
PBR(최고/저)(배)	12.5/4.9	39.0/9.4	37.2/8.8	38.8/5.7	5.8/1.6	4.3/2.6
EV/EBITDA(배)	—	—	—	—	21.4	17.4
EPS(원)	-18,798	-46,606	-10,484	-1,865	765	1,037
BPS(원)	306	345	328	215	1,605	5,149
CFPS(원)	-128	-1,883	-1,203	-235	309	1,069
DPS(원)	—	—	—	—	—	—
EBITDAPS(원)	-108	-1,340	-2,943	-160	328	876

재무 비율 〈단위 : %〉

연도	영업이익률	순이익률	부채비율	차입금비율	ROA	ROE	유보율	자기자본비율	EBITDA마진율
2017	17.2	21.1	20.3	14.2	20.4	25.7	929.8	83.1	17.9
2016	16.0	15.0	33.4	22.7	16.9	25.2	1,504.7	74.9	16.3
2015	-134.1	-193.4	151.0	108.8	-48.9	-93.5	110.9	39.9	-125.6
2014	-282.1	-112.8	일부잠식	일부잠식	-13.9	-72.6	-34.5	65.4	-259.7

제이콘텐트리 (A036420)

Jcontentree corp

업 종 : 미디어 | 시 장 : KOSDAQ
신용등급 : (Bond) BBB+ (CP) — | 기업규모 : 우량
홈페이지 : www.jcontentree.co.kr | 연 락 처 : 02)751-9811
본 사 : 서울시 강남구 도산대로 156(논현동)

설 립 일	1987.09.28	**종업원수**	2,190명	**대표이사**	반용음
상 장 일	2000.03.23	**감사의견**	적정(삼일)	**계 열**	
결 산 기	12월	**보 통 주**		**종속회사수**	9개사
액 면 가	500원	**우 선 주**		**구 상 호**	

주주구성 (지분율,%)		출자관계 (지분율,%)		주요경쟁사 (외형,%)	
중앙미디어네트워크	31.9	메가박스	77.0	제이콘텐트리	100
신영자산운용	5.4	제이티비씨콘텐트허브	42.4	에스엠	87
(외국인)	2.6	중앙트래블서비스	19.9	스카이라이프	163

매출구성		비용구성		수출비중	
극장	76.6	매출원가율	47.5	수출	6.4
방송	23.4	판관비율	44.5	내수	93.6

회사 개요

동사는 일간스포츠 신문의 발행을 주요 사업으로 영위하다 2009년 4월 1일자로 물적분할을 하여 신설회사인 아이에스일간스포츠를 설립하였으며 이후 2011년 5월24일 중앙엠앤비의 흡수합병을 통해 현재 매거진 발행과 메가박스센트럴 극장 운영, 광고 및 SO 영업대행 등을 주요 사업으로 하고 있음. 또한, 종속회사를 통하여 극장 운영, 방송용프로그램의 제작 및 유통, 케이블채널(Qtv) 운영, 일간스포츠 발행, 문화사업(뮤지컬 등) 등을 영위중임.

실적 분석

동사의 연결기준 2017년 매출액은 신규사업인 콘텐트투자로 인하여 전년 동기대비 25.4% 증가한 4,203.2억원이며, 영업이익은 전년 동기대비 15.2% 증가한 333.5억원을 기록. 신규사업인 콘텐트투자의 성장 이외 방송부문의 성장과 메가박스의 직영점 증가 등으로 인한 매출액 증가하였으며, 방송부문의 호황으로 이익이 증가. 다만 비영업부문에서 적자가 발생, 최종적으로 동사의 당기순이익은 전년 대비 51.4% 감소한 108.9억원을 기록함.

현금 흐름

〈단위 : 억원〉

항목	2016	2017
영업활동	176	-44
투자활동	-653	-743
재무활동	703	728
순현금흐름	226	-59
기말현금	553	494

시장 대비 수익률

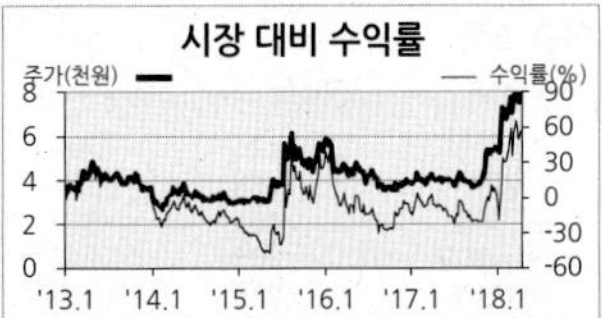

결산 실적

〈단위 : 억원〉

항목	2012	2013	2014	2015	2016	2017
매출액	3,932	3,803	3,695	3,058	3,352	4,203
영업이익	426	380	365	329	289	333
당기순이익	243	37	145	196	224	109

분기 실적

〈단위 : 억원〉

항목	2016.3Q	2016.4Q	2017.1Q	2017.2Q	2017.3Q	2017.4Q
매출액	959	866	869	966	1,158	1,211
영업이익	169	-50	52	89	106	86
당기순이익	123	44	38	63	17	-9

재무 상태

〈단위 : 억원〉

항목	2012	2013	2014	2015	2016	2017
총자산	5,145	5,065	4,811	4,560	5,502	6,619
유형자산	843	990	1,201	1,373	2,130	1,928
무형자산	888	792	822	770	761	844
유가증권	49	78	110	80	117	145
총부채	3,823	3,685	3,159	3,777	4,252	4,262
총차입금	2,289	2,182	1,781	2,466	2,914	2,489
자본금	328	328	330	570	570	570
총자본	1,322	1,380	1,652	782	1,250	2,357
지배주주지분	938	864	900	624	839	1,584

기업가치 지표

항목	2012	2013	2014	2015	2016	2017
주가(최고/저)(천원)	4.1/2.3	5.0/3.4	4.0/2.7	6.2/3.0	6.1/3.5	5.7/3.6
PER(최고/저)(배)	26.6/14.6	—/—	—/—	51.5/24.6	35.9/20.9	100.1/63.9
PBR(최고/저)(배)	3.1/1.7	4.1/2.8	3.2/2.2	10.5/5.0	7.8/4.5	3.9/2.5
EV/EBITDA(배)	6.8	7.8	7.2	17.3	16.7	14.6
EPS(원)	154	-133	-1	120	169	56
BPS(원)	1,510	1,397	1,438	592	780	1,433
CFPS(원)	491	198	332	299	291	283
DPS(원)	—	—	—	—	—	—
EBITDAPS(원)	964	931	885	525	376	519

재무 비율

〈단위 : %〉

연도	영업이익률	순이익률	부채비율	차입금비율	ROA	ROE	유보율	자기자본비율	EBITDA마진율
2017	7.9	2.6	180.8	105.6	1.8	5.3	186.7	35.6	14.1
2016	8.6	6.7	340.1	233.1	4.5	26.3	56.1	22.7	12.8
2015	10.8	6.4	482.9	315.2	4.2	15.0	18.4	17.2	16.3
2014	9.9	3.9	191.3	107.8	2.9	-0.1	187.6	34.3	15.8

제이티 (A089790)

JT

업 종 : 반도체 및 관련장비 | 시 장 : KOSDAQ
신용등급 : (Bond) — (CP) — | 기업규모 : 벤처
홈페이지 : www.jtcorp.co.kr | 연 락 처 : 070)4172-0114
본 사 : 충남 천안시 서북구 직산읍 4산단3로 135

설 립 일	1998.07.07	**종업원수**	156명	**대표이사**	유홍준
상 장 일	2006.10.27	**감사의견**	적정(한신)	**계 열**	
결 산 기	12월	**보 통 주**		**종속회사수**	
액 면 가	500원	**우 선 주**		**구 상 호**	

주주구성 (지분율,%)		출자관계 (지분율,%)		주요경쟁사 (외형,%)	
유홍준	27.2			제이티	100
안다자산운용	7.8			네패스신소재	51
(외국인)	1.5			피에스엠씨	33

매출구성		비용구성		수출비중	
S-LSI Test Handler 등	93.2	매출원가율	72.7	수출	67.5
N2O, CO2, SF6, Mix가스 등	4.9	판관비율	25.5	내수	32.5
LED Probe & Sorter 등	1.8				

회사 개요

동사는 1998년 설립되어 반도체 검사장비 관련 사업과 산업용 특수가스 및 가스설비 제조업을 영위하고 있음. 반도체검사장비는 메모리 및 비메모리 반도체생산의 후공정 전반을 책임지며, 삼성전자에 전량 납품하면서 100% 가까운 시장점유율을 유지하고 있음. 주력상품 외에도 LED 검사장비와 태양광 장비까지 그 영역을 확대함. 2013년 물적분할한 자회사 세인을 매각하고, 2014년 씨앤지머트리얼즈를 종속회사로 편입함.

실적 분석

동사의 2017년 매출과 영업이익은 322억원, 6억원으로 전년 대비 매출은 44% 증가하고 흑자전환함. 동사의 자산 총액은 424억원, 부채 총액 272억원, 자본 총액 152억원으로 부채비율 179.1%의 재무구조를 나타냄. 당기순손실은 2억원이지만 전년 동기 대비 적자비중이 98.2% 감소함. 영업활동으로부터의 순현금유입은 26억원, 투자활동 순현금유출입은 26억원, 재무활동 순현금유입은 -24억원을 기록함.

현금 흐름 *IFRS 별도 기준

〈단위 : 억원〉

항목	2016	2017
영업활동	-11	26
투자활동	-18	26
재무활동	34	-24
순현금흐름	5	27
기말현금	14	41

시장 대비 수익률

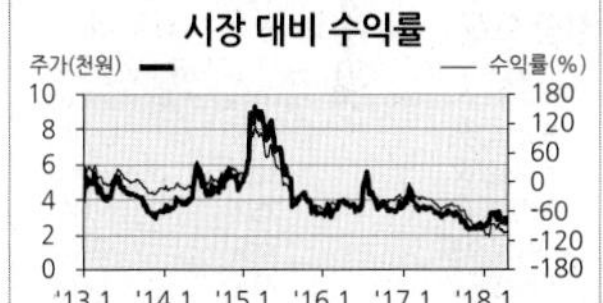

결산 실적

〈단위 : 억원〉

항목	2012	2013	2014	2015	2016	2017
매출액	703	215	444	348	223	322
영업이익	37	-21	63	-34	-86	6
당기순이익	13	-20	63	-35	-98	-2

분기 실적 *IFRS 별도 기준

〈단위 : 억원〉

항목	2016.3Q	2016.4Q	2017.1Q	2017.2Q	2017.3Q	2017.4Q
매출액	63	39	76	70	57	119
영업이익	-14	-42	-1	-21	2	26
당기순이익	-26	-44	-5	-24	-0	27

재무 상태 *IFRS 별도 기준

〈단위 : 억원〉

항목	2012	2013	2014	2015	2016	2017
총자산	293	348	489	508	416	424
유형자산	100	98	151	167	169	158
무형자산	12	12	18	16	13	7
유가증권	—	30	30	—	—	—
총부채	93	161	221	281	268	272
총차입금	41	117	152	213	229	204
자본금	31	31	35	37	37	39
총자본	200	187	268	226	148	152
지배주주지분	200	187	268	226	148	152

기업가치 지표 *IFRS 별도 기준

항목	2012	2013	2014	2015	2016	2017
주가(최고/저)(천원)	7.9/3.5	5.5/2.8	6.1/3.3	9.8/3.1	5.6/3.1	4.8/2.3
PER(최고/저)(배)	38.9/17.2	—/—	6.4/3.5	—/—	—/—	—/—
PBR(최고/저)(배)	2.3/1.0	1.7/0.8	1.5/0.8	2.9/0.9	2.4/1.3	2.1/1.0
EV/EBITDA(배)	4.1	—	5.8	—	—	16.6
EPS(원)	209	-328	967	-478	-1,314	-23
BPS(원)	3,588	3,458	4,248	3,404	2,355	2,330
CFPS(원)	354	-240	1,075	-306	-1,132	157
DPS(원)	—	—	130	—	—	—
EBITDAPS(원)	737	-249	1,072	-292	-965	258

재무 비율

〈단위 : %〉

연도	영업이익률	순이익률	부채비율	차입금비율	ROA	ROE	유보율	자기자본비율	EBITDA마진율
2017	1.9	-0.6	179.1	134.2	-0.4	-1.2	365.9	35.8	6.2
2016	-38.4	-43.9	181.2	154.9	-21.3	-52.5	370.9	35.6	-32.3
2015	-9.9	-10.2	124.4	94.3	-7.1	-14.3	580.7	44.6	-6.2
2014	14.1	14.2	82.5	56.8	15.0	28.2	749.2	54.8	15.7

제이티씨 (A950170)

JTC

업　　종 : 도소매
신용등급 : (Bond) —　　(CP) —
홈페이지 : www.groupjtc.com/korean/
본　　사 : 6F Hakata Prestige Bldg., 2-17-1, Hakata-ekimae, Hakata-Ku,Fukuoka 8120011, Japan
시　　장 : KOSDAQ
기업규모 :
연 락 처 : 81-92-260-8364

설 립 일	1994.03.17	**종업원수**	명	**대표이사**	구철모
상 장 일	2018.04.06	**감사의견**	적정(삼정)	**계　열**	
결 산 기	02월	**보 통 주**		**종속회사수**	
액 면 가	—	**우 선 주**		**구　상　호**	

주주구성 (지분율,%)	출자관계 (지분율,%)	주요경쟁사 (외형,%)	
		JTC	100
		BGF	23
		이마트	2,978

매출구성		비용구성		수출비중	
식품	34.4	매출원가율	27.3	수출	—
생활용품	20.0	판관비율	66.6	내수	—
화장품	18.4				

회사 개요

동사는 일본의 면세 상품 판매 전문 기업으로 방일관광객 대상 최적의 쇼핑 환경을 제공하는 면세 양판점임. 1993년 규슈 벳푸점을 시작으로 2006년 후쿠오카점 및 2017년 오사카 도톤 플라자까지 일본 전역에 24개 점포를 운영 중이며, 본사는 일본 후쿠오카시에 위치함. JTC, 라쿠이치, 쿠스킨, 생활광장, 아카주얼리,도톤프라자 등 6개의 면세점 브랜드를 가지고 있으며 2018년 4월 6일 코스닥시장에 상장함.

실적 분석

동사는 방일 외국인을 대상으로 하는 사후면세점 사업을 25년간 영위하고 있으며, 일본 내 점포 수 기준 2위 업체임. 2017년 기준 방일 관광객은 2,869만명으로 2011년 이후 연평균 29% 증가하고 있음. 국적별로 보면 중국과 한국이 각각 26%,25%로 절반 이상을 차지함. 관세율이 낮은 일본의 특성상 상품 인도 장소의 제약이 적은 사후면세점의 높은 경쟁력은 동사의 매출실적에 도움이 될 것으로 판단됨.

현금 흐름 *IFRS 별도 기준

〈단위 : 억원〉

항목	2016	2017.3Q
영업활동	435	-86
투자활동	-303	-80
재무활동	253	-80
순현금흐름	385	-246
기말현금	777	502

시장 대비 수익률

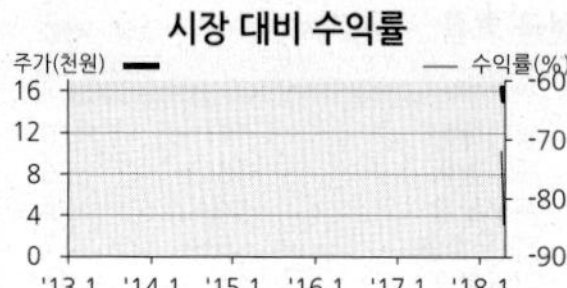

결산 실적

〈단위 : 억원〉

항목	2012	2013	2014	2015	2016	2017
매출액	—	—	—	6,266	5,331	—
영업이익	—	—	—	900	268	—
당기순이익	—	—	—	602	149	—

분기 실적 *IFRS 별도 기준

〈단위 : 억원〉

항목	2016.2Q	2016.3Q	2016.4Q	2017.1Q	2017.2Q	2017.3Q
매출액	—	1,053	—	—	—	1,402
영업이익	—	-2	—	—	—	94
당기순이익	—	-3	—	—	—	50

재무 상태 *IFRS 별도 기준

〈단위 : 억원〉

항목	2012	2013	2014	2015	2016	2017.3Q
총자산	—	—	—	2,529	2,504	2,326
유형자산	—	—	—	309	416	433
무형자산	—	—	—	5	6	7
유가증권	—	—	—	—	—	—
총부채	—	—	—	1,338	1,292	986
총차입금	—	—	—	338	604	462
자본금	—	—	—	69	63	61
총자본	—	—	—	1,191	1,212	1,340
지배주주지분	—	—	—	1,191	1,212	1,340

기업가치 지표 *IFRS 별도 기준

항목	2012	2013	2014	2015	2016	2017.3Q
주가(최고/저)(천원)	#VALUE!	—/—	—/—	—/—	—/—	—/—
PER(최고/저)(배)	0.0/0.0	0.0/0.0	0.0/0.0	0.0/0.0	0.0/0.0	—/—
PBR(최고/저)(배)	0.0/0.0	0.0/0.0	0.0/0.0	0.0/0.0	0.0/0.0	0.0/0.0
EV/EBITDA(배)	0.0	0.0	0.0	—	—	—/—
EPS(원)	—	—	—	2,399	595	762
BPS(원)	—	—	—	23,749	24,169	5,343
CFPS(원)	—	—	—	12,608	3,719	898
DPS(원)	—	—	—	—	—	—
EBITDAPS(원)	—	—	—	18,643	7,217	1,136

재무 비율

〈단위 : %〉

연도	영업이익률	순이익률	부채비율	차입금비율	ROA	ROE	유보율	자기자본비율	EBITDA마진율
2016	5.0	2.8	106.6	49.8	5.9	12.4	1,812.2	48.4	6.8
2015	14.4	9.6	112.3	28.4	0.0	0.0	1,638.7	47.1	14.9
2014	0.0	0.0	0.0	0.0	0.0	0.0	0.0	0.0	0.0
2013	0.0	0.0	0.0	0.0	0.0	0.0	0.0	0.0	0.0

제일기획 (A030000)

Cheil Worldwide

업　　종 : 미디어
신용등급 : (Bond) AA　　(CP) —
홈페이지 : www.cheil.co.kr
본　　사 : 서울시 용산구 이태원로 222 제일기획
시　　장 : 거래소
기업규모 : 시가총액 중형주
연 락 처 : 02)3780-2114

설 립 일	1973.01.17	**종업원수**	1,292명	**대표이사**	유정근
상 장 일	1998.02.11	**감사의견**	적정(삼일)	**계　열**	
결 산 기	12월	**보 통 주**		**종속회사수**	97개사
액 면 가	200원	**우 선 주**		**구　상　호**	

주주구성 (지분율,%)		출자관계 (지분율,%)		주요경쟁사 (외형,%)	
삼성전자	25.2	수원삼성축구단	100.0	제일기획	100
국민연금공단	8.2	SVIC34호신기술사업투자조합	99.0	CJ E&M	52
(외국인)	31.8	삼성라이온즈	67.5	CJ CGV	51

매출구성		비용구성		수출비중	
광고물제작 등	76.2	매출원가율	70.0	수출	—
뉴미디어 등	18.9	판관비율	25.4	내수	—
전파매체	2.8				

회사 개요

광고주의 니즈에 적합한 미디어, 전략, 크리에이티브, 디지털 등 통합적인 광고 서비스를 제공. 삼성 계열사가 주력 광고주이며, 미국과 유럽, 신흥시장 등에 걸쳐 전 세계 43개국 52개 네트워크를 구축하고 있음. 2009년 이후 영국 BMB, 미국 TBG, 중국 OTC를 인수했고, 2012년 미국 매키니, 중국 브라보, 2015년 영국 아이리스를 추가 인수. 2016년에는 영국의 B2B 마케팅 전문기업을, 금년에는 캐나다 컨설팅 회사를 인수함.

실적 분석

동사의 2017년 매출액은 전년 대비 4.4% 증가한 33,749.9억원을 기록함. 원가율이 소폭 높아졌으나 전년보다 4.7% 증가한 영업이익 1,565.4억원을 기록함. 동사의 영업이익은 인도, 동남아 등 신흥 시장과 유럽 시장 중심의 연결 자회사 실적 증가에 따른 것이며 판관비는 해외 영업활동 확대를 위한 우수인력 채용 증가에도 판관비 효율화를 지속적으로 추진한 데 따른 것임. 2018년엔 2월 평창동계올림픽으로 인해 개선된 실적이 예상됨.

현금 흐름

〈단위 : 억원〉

항목	2016	2017
영업활동	1,126	592
투자활동	-458	-354
재무활동	-461	-519
순현금흐름	203	-447
기말현금	3,726	3,279

시장 대비 수익률

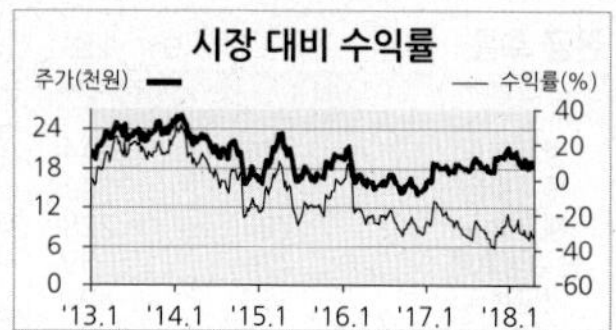

결산 실적

〈단위 : 억원〉

항목	2012	2013	2014	2015	2016	2017
매출액	23,650	27,093	26,663	28,067	32,326	33,750
영업이익	1,264	1,300	1,268	1,272	1,495	1,565
당기순이익	995	1,023	1,020	817	906	1,284

분기 실적

〈단위 : 억원〉

항목	2016.3Q	2016.4Q	2017.1Q	2017.2Q	2017.3Q	2017.4Q
매출액	7,809	9,725	6,746	8,251	8,764	9,989
영업이익	288	545	233	523	351	458
당기순이익	255	221	164	388	417	315

재무 상태

〈단위 : 억원〉

항목	2012	2013	2014	2015	2016	2017
총자산	19,947	17,045	18,439	18,669	21,514	22,383
유형자산	1,143	1,134	1,008	943	1,028	953
무형자산	991	1,537	1,505	2,291	1,693	1,612
유가증권	590	636	156	100	110	162
총부채	12,955	10,360	9,612	10,665	13,751	13,823
총차입금	39	132	184	270	195	133
자본금	230	230	230	230	230	230
총자본	6,992	6,686	8,827	8,003	7,763	8,560
지배주주지분	6,807	6,625	8,785	7,859	7,630	8,461

기업가치 지표

항목	2012	2013	2014	2015	2016	2017
주가(최고/저)(천원)	22.5/16.0	26.2/19.1	26.1/14.6	23.3/15.4	21.4/14.0	21.2/15.4
PER(최고/저)(배)	29.6/20.9	32.8/23.9	31.7/17.7	36.2/23.8	29.5/19.2	19.7/14.4
PBR(최고/저)(배)	3.4/2.4	3.6/2.6	3.2/1.8	2.7/1.8	2.5/1.6	2.2/1.6
EV/EBITDA(배)	13.5	18.3	9.5	12.3	7.6	10.9
EPS(원)	817	857	883	691	767	1,105
BPS(원)	7,020	7,816	8,704	9,289	9,090	9,812
CFPS(원)	975	1,096	1,175	1,032	1,099	1,422
DPS(원)	—	—	—	300	300	760
EBITDAPS(원)	1,256	1,369	1,394	1,447	1,632	1,678

재무 비율

〈단위 : %〉

연도	영업이익률	순이익률	부채비율	차입금비율	ROA	ROE	유보율	자기자본비율	EBITDA마진율
2017	4.6	3.8	161.5	1.6	5.9	15.8	4,806.1	38.2	5.7
2016	4.6	2.8	177.1	2.5	4.5	11.4	4,445.2	36.1	5.8
2015	4.5	2.9	133.3	3.4	4.4	9.6	4,544.7	42.9	5.9
2014	4.8	3.8	108.9	2.1	5.8	13.2	4,252.2	47.9	6.0

제일바이오 (A052670)

CheilBio

업 종 : 제약
신용등급 : (Bond) — (CP) —
홈페이지 : www.cheilbio.com
본 사 : 경기도 안산시 단원구 산단로83번길 131 (목내동)

시 장 : KOSDAQ
기업규모 : 중견
연 락 처 : 031)494-8226

설립일	1977.05.04	종업원수	64명	대표이사	심광경
상장일	2002.01.15	감사의견	적정(인덕)	계열	
결산기	12월	보통주		종속회사수	
액면가	500원	우선주		구상호	

주주구성 (지분율,%)		출자관계 (지분율,%)		주요경쟁사 (외형,%)	
심광경	24.7			제일바이오	100
푸르덴셜 자산운용	1.8			녹원씨엔아이	79
(외국인)	6.3			KPX생명과학	152

매출구성		비용구성		수출비중	
기능성첨가제(제품)	38.1	매출원가율	77.6	수출	14.1
치료제 및 기타(제품)	25.1	판관비율	18.5	내수	85.9
상품(상품)	23.4				

회사 개요

동사는 동물의약품 전문회사로서 1977년 1월에 설립되어 2002년 1월 코스닥시장에 상장됨. 동물 의약품 및 방역 등 환경사업 전문업체로서 축산업이 전방산업임. 국내 동물 의약품시장은 특허를 보유한 다국적 기업으로부터 국내 업체가 원재료를 조달하여 가공 판매하는 특성을 보임. 이로 인해 실질적인 수입 의존도가 매우 높은 편임. 동사는 순수 외국회사를 제외하고 국내 최대의 발효설비를 보유하고 있음.

실적 분석

동사의 2017년 누적매출액은 279.9억원으로 전년대비 21.9% 감소함. 비용측면에서 매출원가와 판관비가 각각 25.7%, 10.9% 하락하면서 영업이익은 전년보다 34.5%늘어난 11.1억원을 기록함. 동사는 원가를 낮추기 위해 발효제품과 일부 수입품에 대해 국산화 작업을 진행 중임. 동물약품 발효분야에서의 업계 최대 기술력과 시설을 바탕으로 식품이나 의약품 분야로 사업다각화를 추진 중임.

현금 흐름 *IFRS 별도 기준 〈단위 : 억원〉

항목	2016	2017
영업활동	22	34
투자활동	2	18
재무활동	-17	-50
순현금흐름	8	2
기말현금	23	25

시장 대비 수익률

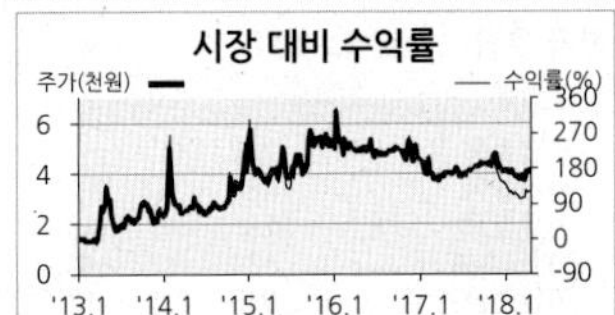

결산 실적 〈단위 : 억원〉

항목	2012	2013	2014	2015	2016	2017
매출액	369	384	395	350	358	280
영업이익	9	3	10	10	8	11
당기순이익	10	4	10	9	10	8

분기 실적 *IFRS 별도 기준 〈단위 : 억원〉

항목	2016.3Q	2016.4Q	2017.1Q	2017.2Q	2017.3Q	2017.4Q
매출액	93	85	68	79	64	68
영업이익	2	-1	1	7	1	2
당기순이익	3	-1	2	6	2	-2

재무 상태 *IFRS 별도 기준 〈단위 : 억원〉

항목	2012	2013	2014	2015	2016	2017
총자산	235	234	238	393	382	329
유형자산	54	52	59	61	67	57
무형자산	0	0	0	1	0	0
유가증권	14	16	0	0	5	132
총부채	73	70	65	60	40	25
총차입금	17	25	19	28	11	5
자본금	48	48	48	75	75	75
총자본	162	164	172	333	342	304
지배주주지분	162	164	172	333	342	304

기업가치 지표 *IFRS 별도 기준

항목	2012	2013	2014	2015	2016	2017
주가(최고/저)(천원)	1.6/1.1	3.7/1.3	5.1/2.2	6.8/3.5	6.5/4.4	4.8/3.7
PER(최고/저)(배)	16.7/11.5	111.3/39.3	57.4/25.4	96.7/50.1	95.9/64.8	91.9/70.8
PBR(최고/저)(배)	1.1/0.7	2.4/0.9	3.2/1.4	3.1/1.6	2.8/1.9	2.1/1.6
EV/EBITDA(배)	12.7	40.2	41.4	43.3	41.6	33.5
EPS(원)	95	33	89	70	68	53
BPS(원)	1,689	1,703	1,793	2,223	2,282	2,327
CFPS(원)	133	73	138	104	94	77
DPS(원)	30	—	—	—	—	—
EBITDAPS(원)	116	62	144	120	81	99

재무 비율 〈단위 : %〉

연도	영업이익률	순이익률	부채비율	차입금비율	ROA	ROE	유보율	자기자본비율	EBITDA마진율
2017	4.0	2.8	8.1	1.8	2.2	2.4	365.4	92.5	5.3
2016	2.3	2.8	11.6	3.1	2.6	3.0	356.4	89.6	3.4
2015	3.0	2.4	18.0	8.3	2.7	3.4	344.6	84.8	4.1
2014	2.6	2.4	38.0	11.1	4.1	5.7	258.6	72.4	3.5

제일약품 (A271980)

JEIL PHARMACEUTICAL COLTD

업 종 : 제약
신용등급 : (Bond) — (CP) —
홈페이지 : www.jeilpharm.co.kr
본 사 : 서울시 서초구 사평대로 343 (반포동, 제일약품사옥)

시 장 : 거래소
기업규모 : 시가총액 중형주
연 락 처 : 02)549-7451

설립일	2017.06.01	종업원수	936명	대표이사	성석제
상장일	2017.07.17	감사의견	적정(한영)	계열	
결산기	12월	보통주		종속회사수	
액면가	500원	우선주		구상호	

주주구성 (지분율,%)		출자관계 (지분율,%)		주요경쟁사 (외형,%)	
한승수	38.2	엔도비젼	33.0	제일약품	100
한응수	9.7			녹십자	347
(외국인)	7.5			녹십자홀딩스	394

매출구성		비용구성		수출비중	
		매출원가율	79.3	수출	6.6
		판관비율	19.4	내수	93.4

회사 개요

동사는 2017년 6월 1일에 제일파마홀딩스 주식회사(구, 제일약품 주식회사)로부터 인적분할되어 설립된 분할신설회사로 2017년 7월 17일에 발행주식을 한국거래소에 재상장함. 한국화이자와 제휴로 비아그라정 등의 품목을 도입하고, 제네릭으로는 앨러지성비염 치료제 나조크린 나잘스프레이, 고혈압치료제 텔미듀오정, 전립선비대증 치료제 하루론디정 등의 제품을 지속적으로 출시함.

실적 분석

동사의 2017년 연간 매출액은 3,715.9억원을 기록함. 영업이익은 49.7억원, 당기순이익은 10.7억원을 시현하였음. 동사는 2017년 6월 1일 중앙개발연구소를 설립하였으며, 항응고제인 나파몬주, 과민성방광치료제인 솔리나신 등 제네릭 제품을 지속적으로 출시할 예정임. 동사는 2018년 3월 10%이상 무상증자를 결정하며 중요내용 공시 관련 매매거래 정지가 된 적이 있음.

현금 흐름 〈단위 : 억원〉

항목	2016	2017
영업활동	—	-42
투자활동	—	-76
재무활동	—	150
순현금흐름	—	30
기말현금	—	162

시장 대비 수익률

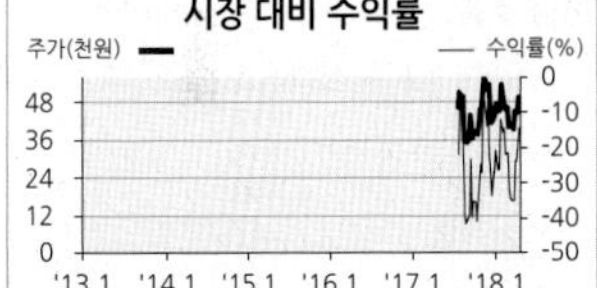

결산 실적 〈단위 : 억원〉

항목	2012	2013	2014	2015	2016	2017
매출액	—	—	—	—	—	3,716
영업이익	—	—	—	—	—	50
당기순이익	—	—	—	—	—	11

분기 실적 〈단위 : 억원〉

항목	2016.3Q	2016.4Q	2017.1Q	2017.2Q	2017.3Q	2017.4Q
매출액	—	—	—	—	—	3,716
영업이익	—	—	—	—	—	50
당기순이익	—	—	—	—	—	11

재무 상태 〈단위 : 억원〉

항목	2012	2013	2014	2015	2016	2017
총자산	—	—	—	—	—	4,137
유형자산	—	—	—	—	—	1,027
무형자산	—	—	—	—	—	41
유가증권	—	—	—	—	—	—
총부채	—	—	—	—	—	2,357
총차입금	—	—	—	—	—	618
자본금	—	—	—	—	—	53
총자본	—	—	—	—	—	1,780
지배주주지분	—	—	—	—	—	1,780

기업가치 지표

항목	2012	2013	2014	2015	2016	2017
주가(최고/저)(천원)	—/—	—/—	—/—	—/—	—/—	—/—
PER(최고/저)(배)	0.0/0.0	0.0/0.0	0.0/0.0	0.0/0.0	0.0/0.0	812.1/461.2
PBR(최고/저)(배)	0.0/0.0	0.0/0.0	0.0/0.0	0.0/0.0	0.0/0.0	4.9/2.8
EV/EBITDA(배)	0.0	0.0	0.0	0.0	0.0	79.1
EPS(원)	—	—	—	—	—	73
BPS(원)	—	—	—	—	—	16,966
CFPS(원)	—	—	—	—	—	469
DPS(원)	—	—	—	—	—	70
EBITDAPS(원)	—	—	—	—	—	841

재무 비율 〈단위 : %〉

연도	영업이익률	순이익률	부채비율	차입금비율	ROA	ROE	유보율	자기자본비율	EBITDA마진율
2017	1.3	0.3	132.5	34.7	0.0	0.0	3,293.2	43.0	2.4
2016	0.0	0.0	0.0	0.0	0.0	0.0	0.0	0.0	0.0
2015	0.0	0.0	0.0	0.0	0.0	0.0	0.0	0.0	0.0
2014	0.0	0.0	0.0	0.0	0.0	0.0	0.0	0.0	0.0

제일연마공업 (A001560)

Cheil Grinding Wheel Ind

업 종 : 금속 및 광물 시 장 : 거래소
신용등급 : (Bond) — (CP) — 기업규모 : 시가총액 소형주
홈페이지 : www.grinding.co.kr 연 락 처 : 054)285-8401
본 사 : 경북 포항시 남구 대송로101번길 34(장흥동)

설 립 일	1974.12.27	**종업원수**	85명	**대표이사**	오유인,오현수
상 장 일	2005.12.09	**감사의견**	적정(안경)	**계 열**	
결 산 기	12월	**보 통 주**		**종속회사수**	5개사
액 면 가	500원	**우 선 주**		**구 상 호**	

주주구성 (지분율,%)		출자관계 (지분율,%)		주요경쟁사 (외형,%)	
오유인	38.6			제일연마	100
오현수	7.7			서원	312
(외국인)	4.2			일진다이아	150

매출구성		비용구성		수출비중	
레지노이드 연마석	72.5	매출원가율	79.6	수출	20.7
비트리파이드 연마석	21.8	판관비율	12.7	내수	79.3
CBN 연마석	4.9				

회사 개요

1955년 11월 공업용 연마지석을 생산 및 판매하기 위하여 설립됨. 연결대상종속회사로는 국내의 금성연마공업을 포함하여 미국, 중국, 인도네시아 등에 총 5개사가 있음. 주요 생산품인 레지노이드 연마지석은 기초소재산업, 비트리파이드 연마지석은 자동차, 선박, 항공기산업, 정밀가공분야, CBN(초지립) 연마지석은 고정밀 연삭이 필요한 작업처에 주로 사용됨. 포스코, 현대중공업, 현대미포조선 등에 제품을 납품함

실적 분석

동사의 2017년 매출과 영업이익은 824억원, 63억원으로 전년 동기 대비 매출은 4.6% 감소했으나 영업이익은 50.7% 증가함. 당기순이익은 전년대비 14.45% 감소한 40억원임. 관련산업의 전반적인 경기 둔화로 인하여 매출액은 감소하였으나, 수익성 개선, 원가절감, 생산성 향상 등으로 영업이익이 증가함. 환율변동에 따른 금융비용의 증가로 당기순이익은 감소함.

현금 흐름 〈단위 : 억원〉

항목	2016	2017
영업활동	121	62
투자활동	-6	-81
재무활동	-48	-27
순현금흐름	67	-50
기말현금	193	143

시장 대비 수익률

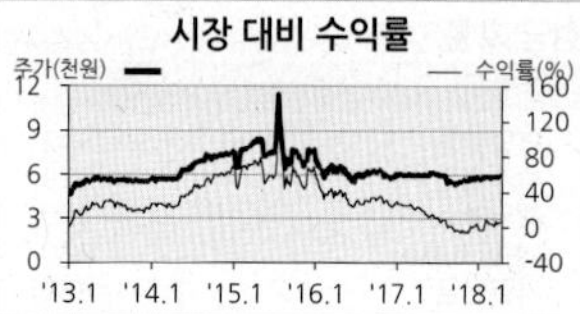

결산 실적 〈단위 : 억원〉

항목	2012	2013	2014	2015	2016	2017
매출액	861	859	882	866	864	825
영업이익	67	51	69	41	42	63
당기순이익	72	67	65	26	47	40

분기 실적 〈단위 : 억원〉

항목	2016.3Q	2016.4Q	2017.1Q	2017.2Q	2017.3Q	2017.4Q
매출액	210	225	204	204	203	213
영업이익	16	1	17	14	22	10
당기순이익	15	5	13	9	18	0

재무 상태 〈단위 : 억원〉

항목	2012	2013	2014	2015	2016	2017
총자산	979	901	966	974	984	990
유형자산	302	302	296	284	277	288
무형자산	30	30	28	24	23	19
유가증권	181	57	44	38	46	44
총부채	221	279	311	306	280	262
총차입금	111	156	178	197	162	134
자본금	50	50	50	50	50	50
총자본	758	622	655	668	704	728
지배주주지분	757	622	655	667	703	726

기업가치 지표

항목	2012	2013	2014	2015	2016	2017
주가(최고/저)(천원)	4.7/4.0	5.8/4.6	7.7/5.4	12.8/6.2	7.5/5.4	6.2/5.2
PER(최고/저)(배)	7.6/6.5	9.9/7.8	12.8/9.2	52.4/25.1	17.1/12.3	16.0/13.5
PBR(최고/저)(배)	0.7/0.6	0.8/0.7	1.0/0.7	1.7/0.8	0.9/0.7	0.7/0.6
EV/EBITDA(배)	4.7	8.2	8.3	10.5	7.3	5.5
EPS(원)	725	664	650	264	466	400
BPS(원)	7,572	7,864	8,197	8,320	8,675	8,911
CFPS(원)	1,085	1,054	1,046	646	815	709
DPS(원)	160	200	200	160	160	180
EBITDAPS(원)	1,032	902	1,082	795	766	938

재무 비율 〈단위 : %〉

연도	영업이익률	순이익률	부채비율	차입금비율	ROA	ROE	유보율	자기자본비율	EBITDA마진율
2017	7.6	4.9	35.9	18.4	4.1	5.6	1,682.2	73.6	11.4
2016	4.8	5.4	39.7	23.0	4.8	6.8	1,635.0	71.6	8.9
2015	4.8	3.0	45.8	29.5	2.7	4.0	1,563.9	68.6	9.2
2014	7.8	7.4	47.5	27.2	7.0	10.2	1,539.5	67.8	12.3

제일제강공업 (A023440)

Jeilsteel MFG

업 종 : 금속 및 광물 시 장 : KOSDAQ
신용등급 : (Bond) — (CP) — 기업규모 : 중견
홈페이지 : www.jeilsteel.co.kr 연 락 처 : 031)499-0771
본 사 : 경기도 안산시 단원구 시화로 60, 301 (성곡동, 시화공단4다)

설 립 일	1964.07.18	**종업원수**	38명	**대표이사**	김홍택
상 장 일	1994.10.07	**감사의견**	적정(세정)	**계 열**	
결 산 기	12월	**보 통 주**		**종속회사수**	
액 면 가	500원	**우 선 주**		**구 상 호**	

주주구성 (지분율,%)		출자관계 (지분율,%)		주요경쟁사 (외형,%)	
최준석	15.3			제일제강	100
양해준	3.7			경남스틸	925
(외국인)	1.3			부국철강	471

매출구성		비용구성		수출비중	
이형철근(상품)	87.4	매출원가율	89.6	수출	0.0
연강선재(제품)	12.6	판관비율	6.8	내수	100.0

회사 개요

동사는 1964년 설립되어 연강선재, BIC이형철근, 보통철선을 제조 판매하는 철강재 제조회사임. 동사는 단일품목(이형철근)의 한계를 극복하기 위해 2012년부터 연강소재를 생산함. 연강선재는 탄소함량이 0.22% 이하인 저탄소강으로 옷걸이, 못, 철망, 스프링 등과 같은 생활용품에서부터 건축 및 토목자재용 소재로 널리 활용되는 동사의 주력 제품임. 동사는 다함, 진스틸 등과 3.1억원 규모의 물품대금청구와 관련 1심 소송을 진행 중임.

실적 분석

동사의 2017년 매출과 영업이익은 310억원, 11억원으로 전년 대비 매출은 18.1% 감소했으나 영업이익은 224% 증가함. 철강재수입 증가와 미국의 보호무역주의 강화 그리고 중국 경기 부진 등으로 매출이 감소했으나 경비절감 및 제품판대단가 상승 덕분에 이익이 증가함. 동사는 주력제품인 선재제품(Wire-Rod) 이외에 국내 철근시장의 새로운 트렌드로 자리잡고 있는 코일형 철근(Bar-in-coil) 제품을 2014년부터 추가 생산에 착수함

현금 흐름 *IFRS 별도 기준 〈단위 : 억원〉

항목	2016	2017
영업활동	78	-7
투자활동	48	12
재무활동	-113	-49
순현금흐름	13	-44
기말현금	61	17

시장 대비 수익률

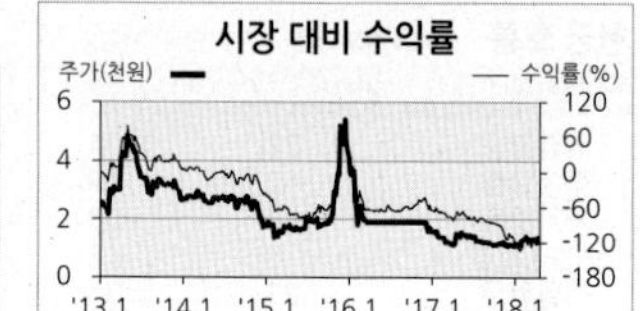

결산 실적 〈단위 : 억원〉

항목	2012	2013	2014	2015	2016	2017
매출액	84	494	420	457	379	310
영업이익	-29	-76	2	-45	3	11
당기순이익	-9	-79	-46	-62	-11	16

분기 실적 *IFRS 별도 기준 〈단위 : 억원〉

항목	2016.3Q	2016.4Q	2017.1Q	2017.2Q	2017.3Q	2017.4Q
매출액	95	111	89	54	73	94
영업이익	3	8	8	-1	2	2
당기순이익	2	-0	10	-4	4	7

재무 상태 *IFRS 별도 기준 〈단위 : 억원〉

항목	2012	2013	2014	2015	2016	2017
총자산	1,115	1,129	1,102	1,070	948	905
유형자산	711	707	691	675	642	618
무형자산	9	9	9	4	1	1
유가증권	0	0	0	0	0	0
총부채	661	704	633	550	373	312
총차입금	536	613	505	447	269	218
자본금	50	51	70	110	130	130
총자본	454	426	470	520	575	593
지배주주지분	454	426	470	520	575	593

기업가치 지표 *IFRS 별도 기준

항목	2012	2013	2014	2015	2016	2017
주가(최고/저)(천원)	3.9/2.3	4.8/2.2	3.0/1.7	5.4/1.4	3.9/1.6	1.6/1.1
PER(최고/저)(배)	—/—	—/—	—/—	—/—	—/—	26.0/16.7
PBR(최고/저)(배)	0.9/0.6	1.3/0.6	1.0/0.6	2.3/0.6	1.8/0.7	0.7/0.5
EV/EBITDA(배)	—	—	24.3	—	18.5	12.2
EPS(원)	-74	-684	-320	-339	-47	63
BPS(원)	4,763	4,203	3,353	2,362	2,210	2,278
CFPS(원)	32	-519	-136	-182	77	173
DPS(원)	—	—	—	—	—	—
EBITDAPS(원)	-169	-490	235	-91	139	153

재무 비율 〈단위 : %〉

연도	영업이익률	순이익률	부채비율	차입금비율	ROA	ROE	유보율	자기자본비율	EBITDA마진율
2017	3.6	5.3	52.6	36.7	1.8	2.8	355.5	65.5	12.9
2016	0.9	-2.9	64.8	46.8	-1.1	-2.0	342.1	60.7	8.5
2015	-9.9	-13.5	105.8	86.0	-5.7	-12.5	372.4	48.6	-3.6
2014	0.5	-11.0	134.6	107.5	-4.1	-10.3	570.7	42.6	7.3

제일테크노스 (A038010)
JEIL TECHNOS

업　　종 : 건축자재
신용등급 : (Bond) — (CP) —
홈페이지 : www.jeil21c.co.kr
본　　사 : 경북 포항시 남구 장흥로39번길 7

시　　장 : KOSDAQ
기업규모 : 중견
연 락 처 : 054)278-2841

설 립 일	1971.03.04	**종업원수**	170명	**대표이사**	나주영
상 장 일	2000.01.11	**감사의견**	적정(삼일)	**계　　열**	
결 산 기	12월	**보 통 주**		**종속회사수**	1개사
액 면 가	500원	**우 선 주**		**구 상 호**	

주주구성 (지분율,%)		출자관계 (지분율,%)		주요경쟁사 (외형,%)	
나주영	34.8	제이아이테크	42.0	제일테크노스	100
				이건홀딩스	135
(외국인)	1.2			덕신하우징	82

매출구성		비용구성		수출비중	
일체형 DECK	46.7	매출원가율	86.6	수출	2.9
STEEL CUTTING	21.7	판관비율	9.7	내수	97.1
합성 DECK	15.3				

회사 개요

동사는 대형고층건물의 시공시 H-Beam위에 설치하는 바닥재료인 DECK PLATE, 강판의 발청을 보호하기 위한 PAINTING 작업인 SHOT BLAST, 조선용 후판을 거래처의요청에 따라 절단가공하는 STEEL CUTTING, 설비를 제작 납품하는 PLANT 등을 하고 있음. 특히 Deck Plate에서 국내 10개 업체가 경쟁관계에 있으며, 동사가 시장점유율 선두권을 유지하고 있음.

실적 분석

동사의 연결 기준 2017년 매출액은 1,530.8억원으로 전년 대비 5.8% 증가하였음. 매출원가율이 상승하면서 매출총이익은 소폭 증가하는데 그쳤으나 판관비가 감소하였음. 영업이익과 당기순이익은 각각 전년 대비 24.6%, 59.6%씩 증가한 56.4억원, 35.6억원을 시현하였음. DECK부문의 CAP DECK의 매출처 다변화로 매출의 지속적 증가와 원자재의 효율적 매입 등으로 영업이익과 당기순이익이 증가함.

현금 흐름 <단위 : 억원>

항목	2016	2017
영업활동	13	-22
투자활동	-32	-43
재무활동	-2	47
순현금흐름	-19	-21
기말현금	76	55

시장 대비 수익률

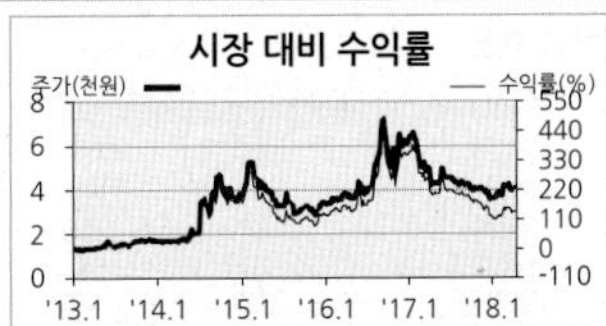

결산 실적 <단위 : 억원>

항목	2012	2013	2014	2015	2016	2017
매출액	1,378	1,358	1,462	1,436	1,446	1,531
영업이익	50	37	99	67	45	56
당기순이익	20	46	51	47	22	36

분기 실적 <단위 : 억원>

항목	2016.3Q	2016.4Q	2017.1Q	2017.2Q	2017.3Q	2017.4Q
매출액	351	412	360	431	371	368
영업이익	0	17	7	25	10	15
당기순이익	-2	7	3	19	7	7

재무 상태 <단위 : 억원>

항목	2012	2013	2014	2015	2016	2017
총자산	1,024	1,221	1,390	1,447	1,486	1,579
유형자산	675	821	952	961	937	919
무형자산	10	10	14	17	17	17
유가증권	27	28	15	14	24	18
총부채	686	837	772	796	821	874
총차입금	461	568	487	540	547	599
자본금	45	45	45	45	45	45
총자본	338	383	618	651	666	705
지배주주지분	338	383	618	651	666	705

기업가치 지표

항목	2012	2013	2014	2015	2016	2017
주가(최고/저)(천원)	2.1/1.2	1.8/1.3	4.8/1.6	5.3/2.8	8.1/3.2	6.7/3.5
PER(최고/저)(배)	10.3/5.7	3.8/2.7	9.1/3.1	10.8/5.7	33.9/13.5	17.2/9.1
PBR(최고/저)(배)	0.6/0.3	0.4/0.3	0.8/0.3	0.8/0.4	1.1/0.4	0.9/0.5
EV/EBITDA(배)	5.0	7.0	4.9	6.0	10.2	7.5
EPS(원)	227	510	562	517	248	396
BPS(원)	39,683	44,685	68,657	7,305	7,523	7,962
CFPS(원)	8,117	11,378	11,893	1,157	856	1,001
DPS(원)	100	100	800	80	60	80
EBITDAPS(원)	11,360	10,394	17,236	1,381	1,111	1,232

재무 비율 <단위 : %>

연도	영업이익률	순이익률	부채비율	차입금비율	ROA	ROE	유보율	자기자본비율	EBITDA마진율
2017	3.7	2.3	124.0	84.9	2.3	5.2	1,492.4	44.7	7.2
2016	3.1	1.5	123.3	82.2	1.5	3.4	1,404.6	44.8	6.9
2015	4.6	3.2	122.4	83.1	3.3	7.3	1,360.9	45.0	8.7
2014	6.8	3.5	124.9	78.8	3.9	10.1	1,273.1	44.5	10.6

제일파마홀딩스 (A002620)
JEIL PHARMA HOLDINGS

업　　종 : 제약
신용등급 : (Bond) — (CP) —
홈페이지 : www.jeilpharm.co.kr
본　　사 : 서울시 서초구 사평대로 343

시　　장 : 거래소
기업규모 : 시가총액 소형주
연 락 처 : 02)549-7451

설 립 일	1959.03.07	**종업원수**	39명	**대표이사**	한상철
상 장 일	1988.01.20	**감사의견**	적정(한영)	**계　　열**	
결 산 기	12월	**보 통 주**		**종속회사수**	2개사
액 면 가	500원	**우 선 주**		**구 상 호**	

주주구성 (지분율,%)		출자관계 (지분율,%)		주요경쟁사 (외형,%)	
한승수	27.3	제일야오	50.0	제일파마홀딩스	100
한응수	6.9	한국오츠카제약	22.5	녹십자	2,898
(외국인)	6.5	제일약품	13.5	녹십자홀딩스	3,298

매출구성		비용구성		수출비중	
쎄레브렉스 캡슐 외	42.2	매출원가율	52.1	수출	—
리피토 정	22.2	판관비율	47.3	내수	—
[제품]기타	15.6				

회사 개요

동사는 6월 1일(분할기일)로 분할존속인 제일파마홀딩스와 분할신설회사인 제일약품으로 인적분할 되었음. 투자, 브랜드수수료, 경영자문수수료, 임대수익 등 지주회사 사업을 영위하고 있음. 동사의 명칭은 분할전 제일약품주식회사에서 분할후 지주사업을 영위하는 제일파마홀딩스로 변경됨. 종속법인으로 제일헬스사이언스와 제일앤파트너스가 있으며, 동사의 지분율은 각각 80% 및 100%이며 비상장임.

실적 분석

동사의 2017년 매출액은 전년 대비 9.5% 증가한 444.4억원이며, 순이익은 6,482.1% 증가한 5,193.4억원을 나타냄. 순이익의 경우 계속영업당기순이익 40억원과 중단영업당기순이익 5,153억원을 시현함. 올해 위염/위궤양 치료제인 알비트리정, 전립선 비대증 치료제인 두타젠 등 제네릭을 신규로 출시할 예정임. 동사의 자산이 2,944억이 감소한 주요 원인으로는 6월 1일 회사분할을 통해 제일약품에 4,027억원이 이전되었기 때문임

현금 흐름 <단위 : 억원>

항목	2016	2017
영업활동	114	59
투자활동	-299	-38
재무활동	348	-238
순현금흐름	165	-213
기말현금	300	88

시장 대비 수익률

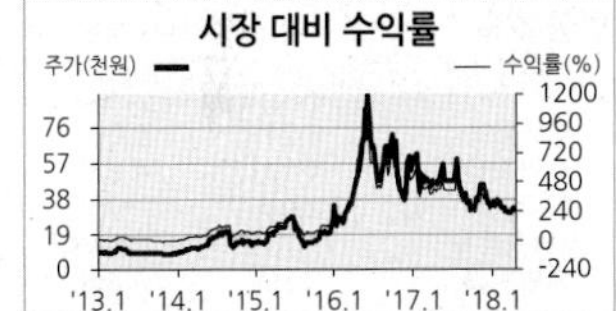

결산 실적 <단위 : 억원>

항목	2012	2013	2014	2015	2016	2017
매출액	4,268	4,520	5,127	5,947	406	444
영업이익	63	14	86	131	31	3
당기순이익	112	5	21	98	79	5,193

분기 실적 <단위 : 억원>

항목	2016.3Q	2016.4Q	2017.1Q	2017.2Q	2017.3Q	2017.4Q
매출액	99	-1,334	1,608	88	104	-1,356
영업이익	11	-7	18	2	4	-21
당기순이익	7	22	10	5,182	18	-17

재무 상태 <단위 : 억원>

항목	2012	2013	2014	2015	2016	2017
총자산	3,908	3,961	4,096	4,452	4,920	1,976
유형자산	1,050	985	933	921	1,152	51
무형자산	38	40	53	48	44	0
유가증권	31	20	21	29	34	914
총부채	1,494	1,585	1,744	2,038	2,399	271
총차입금	281	140	156	263	570	7
자본금	74	74	74	74	74	22
총자본	2,414	2,376	2,352	2,414	2,521	1,704
지배주주지분	2,414	2,376	2,352	2,414	2,489	1,667

기업가치 지표

항목	2012	2013	2014	2015	2016	2017
주가(최고/저)(천원)	14.6/8.6	11.9/8.6	21.1/9.0	28.8/12.5	94.6/23.8	63.4/30.4
PER(최고/저)(배)	19.7/11.6	369.4/266.4	150.9/64.3	44.0/19.2	223.3/56.2	1.1/0.5
PBR(최고/저)(배)	0.9/0.5	0.7/0.5	1.3/0.6	1.7/0.7	5.4/1.4	1.6/0.8
EV/EBITDA(배)	15.2	19.4	19.0	26.9	113.3	36.5
EPS(원)	752	33	141	657	425	58,914
BPS(원)	16,570	16,517	16,358	16,984	17,493	39,157
CFPS(원)	1,193	596	716	1,227	942	59,336
DPS(원)	60	40	60	60	70	60
EBITDAPS(원)	866	656	1,151	1,455	728	455

재무 비율 <단위 : %>

연도	영업이익률	순이익률	부채비율	차입금비율	ROA	ROE	유보율	자기자본비율	EBITDA마진율
2017	0.7	1,168.6	15.9	0.4	150.6	249.6	7,731.4	86.3	9.0
2016	7.7	19.4	95.2	22.6	1.7	2.6	3,398.6	51.2	26.6
2015	2.2	1.6	84.4	10.9	2.3	4.1	3,296.8	54.2	3.6
2014	1.7	0.4	74.1	6.6	0.5	0.9	3,171.6	57.4	3.3

제일홀딩스 (A003380)

JEIL HOLDINGS CO

업 종 : 식료품 | 시 장 : KOSDAQ
신용등급 : (Bond) — (CP) — | 기업규모 : 중견
홈페이지 : www.harimgroup.com | 연 락 처 : 063)861-4597
본 사 : 전북 익산시 고봉로 228, 금강빌딩 1층

설 립 일	1950.04.01	**종 업 원 수**	13명	**대 표 이 사**	민동기
상 장 일	1996.07.01	**감 사 의 견**	적정(삼정)	**계 열**	
결 산 기	12월	**보 통 주**		**종속회사수**	79개사
액 면 가	100원	**우 선 주**		**구 상 호**	

주주구성 (지분율,%)		출자관계 (지분율,%)		주요경쟁사 (외형,%)	
김홍국	29.7	참트레이딩	100.0	제일홀딩스	100
한국인베스트먼트	26.4	디디에프엔비	100.0	하림홀딩스	14
(외국인)	2.7	하림유통	100.0	CJ프레시웨이	36

매출구성		비용구성		수출비중	
식육부문	41.8	매출원가율	79.9	수출	—
사료부문	38.5	판관비율	13.4	내수	—
양돈부문	19.7				

회사 개요

동사는 1950년 5월 설립되어 2011년 물적 분할 및 분할합병을 통해 지주회사로 전환하여 자회사의 제반 사업내용에 대한 지배, 경영지도 등의 지주사업을 주요 사업으로 영위하고 있음. 2017년말 현재 총 83개의 종속회사를 보유하고 있으며 주요 종속회사로는 사료제조부문의 제일사료, 닭 생산 및 가공부문의 하림, 사료제조 및 양돈부문의 선진 등이 있음. 동사는 순수지주회사로 배당, 상표권 사용료 등을 주요 수입원으로 함.

실적 분석

동사의 연결기준 2017년 매출액은 6조 9,343.3억원으로 전년 동기 대비 11.9% 증가하였으나 해운업매출원가 증가와 지급수수료, 운송비 등 판관비 또한 증가세를 보임에 따라 영업이익은 4,646.0억원으로 전년 동기 대비 3.1% 증가하는데 그침. 또한 채무면제이익의 소멸로 금융수익이 전년 대비 크게 감소한 탓에 2017년 당기순이익은 전년 동기 대비 10.2% 감소한 3,337.2억원을 기록함.

현금 흐름 〈단위 : 억원〉

항목	2016	2017
영업활동	5,241	5,092
투자활동	-4,023	-4,616
재무활동	-3,996	-735
순현금흐름	-2,705	-545
기말현금	5,165	4,620

시장 대비 수익률

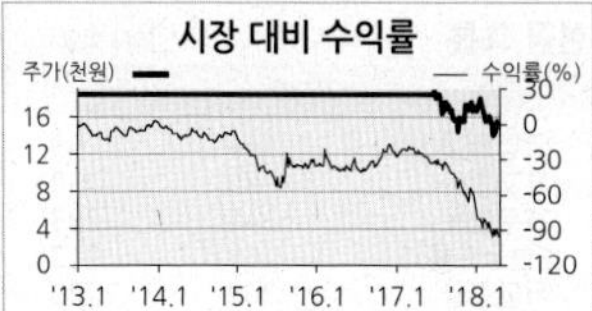

결산 실적 〈단위 : 억원〉

항목	2012	2013	2014	2015	2016	2017
매출액	33,031	36,855	39,192	51,131	61,965	69,343
영업이익	940	1,329	2,289	3,512	4,507	4,646
당기순이익	791	1,346	1,125	1,744	3,718	3,337

분기 실적 〈단위 : 억원〉

항목	2016.3Q	2016.4Q	2017.1Q	2017.2Q	2017.3Q	2017.4Q
매출액	15,870	16,155	15,735	18,693	17,852	17,064
영업이익	1,181	901	1,037	1,572	1,246	791
당기순이익	1,128	365	907	902	828	701

재무 상태 〈단위 : 억원〉

항목	2012	2013	2014	2015	2016	2017
총자산	29,630	27,710	34,802	68,863	70,681	70,339
유형자산	9,943	10,511	12,018	36,015	43,396	38,125
무형자산	856	900	805	3,886	3,936	3,823
유가증권	271	400	451	584	443	453
총부채	19,939	16,555	22,482	49,823	47,536	40,191
총차입금	14,969	11,076	16,550	40,357	39,056	31,216
자본금	251	251	251	254	50	71
총자본	9,692	11,155	12,320	19,040	23,144	30,147
지배주주지분	5,013	5,888	6,270	7,996	8,083	13,472

기업가치 지표

항목	2012	2013	2014	2015	2016	2017
주가(최고/저)(천원)	—/—	—/—	—/—	—/—	—/—	18.9/14.4
PER(최고/저)(배)	0.0/0.0	0.0/0.0	0.0/0.0	0.0/0.0	0.0/0.0	7.5/5.8
PBR(최고/저)(배)	0.0/0.0	0.0/0.0	0.0/0.0	0.0/0.0	0.0/0.0	1.0/0.8
EV/EBITDA(배)	9.1	6.3	4.4	7.6	6.7	7.2
EPS(원)	350	1,220	855	1,256	3,473	2,532
BPS(원)	156,658	174,451	182,073	213,625	16,058	19,050
CFPS(원)	15,533	23,724	21,354	42,080	8,554	6,971
DPS(원)	—	—	—	—	—	180
EBITDAPS(원)	32,369	38,115	58,461	98,890	14,035	12,049

재무 비율 〈단위 : %〉

연도	영업이익률	순이익률	부채비율	차입금비율	ROA	ROE	유보율	자기자본비율	EBITDA마진율
2017	6.7	4.8	133.3	103.5	4.7	14.3	18,950.0	42.9	10.6
2016	7.3	6.0	205.4	168.8	5.3	21.8	15,958.1	32.8	11.4
2015	6.9	3.4	261.7	212.0	3.4	8.8	4,172.5	27.7	9.8
2014	5.8	2.9	182.5	134.3	3.6	7.0	3,541.5	35.4	7.5

제주반도체 (A080220)

Jeju Semiconductor

업 종 : 휴대폰 및 관련부품 | 시 장 : KOSDAQ
신용등급 : (Bond) — (CP) — | 기업규모 : 중견
홈페이지 : www.jeju-semi.com | 연 락 처 : 064)740-1700
본 사 : 제주도 제주시 청사로1길 18-4 제주상공회의소 2층

설 립 일	2000.04.04	**종 업 원 수**	72명	**대 표 이 사**	박성식,조형섭
상 장 일	2005.02.01	**감 사 의 견**	적정(세림)	**계 열**	
결 산 기	12월	**보 통 주**		**종속회사수**	2개사
액 면 가	500원	**우 선 주**		**구 상 호**	EMLSI

주주구성 (지분율,%)		출자관계 (지분율,%)		주요경쟁사 (외형,%)	
박성식	11.9	저지에코밸리	100.0	제주반도체	100
이앤기업성장투자조합5호	7.4	램스웨이	99.0	성우전자	157
(외국인)	9.0	미래비아이	10.0	한일진공	20

매출구성		비용구성		수출비중	
NAND MCP	62.0	매출원가율	79.5	수출	81.6
디램(DRAM)	14.0	판관비율	13.3	내수	18.4
에스램(SRAM) 외	8.9				

회사 개요

동사는 대한민국 상법에 근거하여 "반도체, 정보통신에 관한 제품을 설계, 제조 및 이를 판매하는 사업 등"을 영위할 목적으로 2000년 04월 04일에 설립됨. 연결회사의 사업분야는 반도체사업부와 에너지사업부로 구분됨. 반도체사업부는 회사가 설립된 때로부터 영위한 주요 사업으로 휴대폰 등 모바일 응용기기에 적용되는 메모리 반도체를 개발, 제조하여 이를 판매. 에너지사업부는 사업 부진으로 정리 중에 있음

실적 분석

동사의 2017년 전체 매출은 1,170.4억원으로 전년대비 106.7% 증가, 영업이익은 84.3억원으로 전년대비 1,720% 증가, 당기순이익은 39.4억원으로 전년대비 흑자전환. 이는 최근 전방산업 전반의 활황과 함께 디램, 낸드플래시의 공급부족이 다양한 낸드 MCP 제품들의 매출 증가로 이어진 것에 기인함. 2018년 3월, 로또 등 복권사업 운영, 관리를 위한 신설법인 '동행복권' 주식을 취득 결정으로 신규 사업 진출 추진

현금 흐름 〈단위 : 억원〉

항목	2016	2017
영업활동	35	-88
투자활동	-44	105
재무활동	-4	-58
순현금흐름	-10	-41
기말현금	87	46

시장 대비 수익률

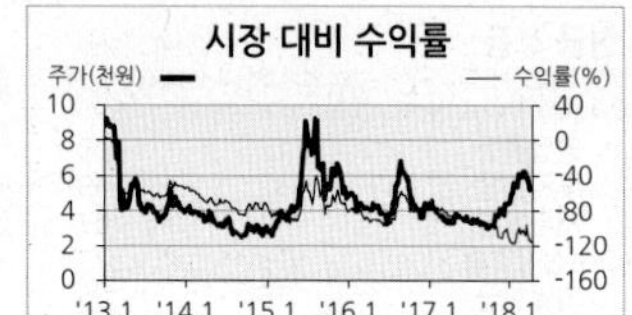

결산 실적 〈단위 : 억원〉

항목	2012	2013	2014	2015	2016	2017
매출액	287	140	333	577	566	1,170
영업이익	-28	-71	-71	11	5	84
당기순이익	-102	-97	-1	-6	-8	39

분기 실적 〈단위 : 억원〉

항목	2016.3Q	2016.4Q	2017.1Q	2017.2Q	2017.3Q	2017.4Q
매출액	126	179	199	270	327	373
영업이익	4	-1	5	1	35	42
당기순이익	9	-11	-7	21	4	21

재무 상태 〈단위 : 억원〉

항목	2012	2013	2014	2015	2016	2017
총자산	539	554	615	862	875	931
유형자산	39	30	42	36	19	38
무형자산	10	3	2	2	2	4
유가증권	38	36	23	16	30	55
총부채	46	158	213	475	497	417
총차입금	16	101	116	383	397	269
자본금	119	119	119	119	119	130
총자본	493	396	402	387	378	514
지배주주지분	492	395	401	386	378	515

기업가치 지표

항목	2012	2013	2014	2015	2016	2017
주가(최고/저)(천원)	10.1/2.9	9.6/3.3	4.3/2.5	9.9/2.6	6.8/3.2	4.5/2.9
PER(최고/저)(배)	—/—	—/—	—/—	—/—	—/—	29.1/18.3
PBR(최고/저)(배)	4.8/1.4	5.6/2.0	2.5/1.4	6.0/1.5	4.2/2.0	2.3/1.4
EV/EBITDA(배)	—	—	—	34.5	45.7	13.5
EPS(원)	-457	-416	-5	-26	-32	156
BPS(원)	2,115	1,701	1,727	1,664	1,629	2,020
CFPS(원)	-410	-351	77	79	50	213
DPS(원)	—	—	—	—	—	—
EBITDAPS(원)	-76	-239	-220	152	102	387

재무 비율 〈단위 : %〉

연도	영업이익률	순이익률	부채비율	차입금비율	ROA	ROE	유보율	자기자본비율	EBITDA마진율
2017	7.2	3.4	81.2	52.4	4.4	8.9	299.4	55.2	8.5
2016	0.8	-1.4	131.6	105.2	-0.9	-2.0	221.6	43.2	4.2
2015	1.9	-1.1	122.7	99.0	-0.8	-1.5	228.5	44.9	6.2
2014	-21.3	-0.3	53.0	28.9	-0.2	-0.3	241.0	65.4	-15.5

제주은행 (A006220)

Jeju Bank

업 종	상업은행	시 장	거래소
신용등급	(Bond) AA+ (CP) —	기업규모	시가총액 소형주
홈페이지	www.e-jejubank.com	연 락 처	064)720-0200
본 사	제주도 제주시 오현길 90번지 (이도일동)		

설 립 일	1969.03.20	**종업원수**	456명	**대표이사**	서현주
상 장 일	1972.12.28	**감사의견**	적정(안진)	**계 열**	
결 산 기	12월	**보 통 주**		**종속회사수**	8개사
액 면 가	5,000원	**우 선 주**		**구 상 호**	

주주구성 (지분율,%)		출자관계 (지분율,%)		주요경쟁사 (외형,%)	
신한금융지주회사	68.9	제주미술관	10.0	제주은행	100
국민연금공단	11.2	청정서귀포	4.0	BNK금융지주	1,900
(외국인)	1.8	제주국제컨벤션센터	0.6	DGB금융지주	1,033

수익구성		비용구성		수출비중	
환전업무 및 해외송금업무	0.0	이자비용	34.7	수출	—
신탁보수	0.0	파생상품손실	0.0	내수	—
대출금이자 등	0.0	판관비	41.2		

회사 개요

1969년 설립된 동사는 1972년 유가증권시장에 상장된 제주 기반의 은행임. 대출 외에 카드, 환, 방카슈랑스, 수익증권 판매, 유가증권 운용, 신탁 등 광범위한 금융 업무 영위 중임. 2017년 4분기 기준 원화예수금 4조 4719억원, 양도성예금증서 1098억원, 외화예수금 232억원 등 총 4조 6049억원의 수신고를 보임. 또 원화대출금 4조 3098억원, 외화대출금 59억원 등 총 4조3157억원의 여신을 취급함.

실적 분석

동사의 2017년 4분기 기준 누적 영업이익은 337억원으로 전년 동기(312억원) 대비 8% 증가함. 순이자이익이 전년보다 150억원 늘어난 영향이 큼. 2017년 BIS자기자본비율은 전년 대비 1.97% 증가한 14.74%를 기록함. 대출자산 증가에 따른 위험가중자산 3.8%의 증가에도 불구하고 당기순이익이 발생했고 2017년 9월 신종자본증권 500억원 발행에 기인함.

현금 흐름

〈단위 : 억원〉

항목	2016	2017
영업활동	-968	230
투자활동	-730	-1,133
재무활동	875	1,020
순현금흐름	-821	107
기말현금	595	703

시장 대비 수익률

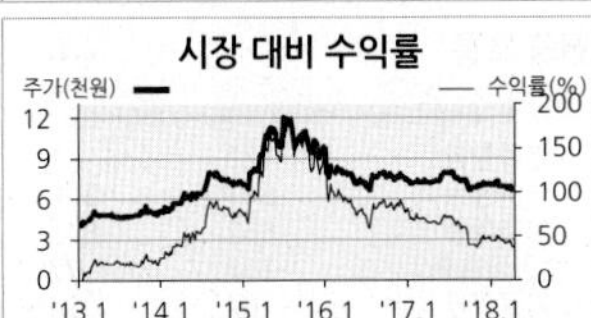

결산 실적

〈단위 : 억원〉

항목	2012	2013	2014	2015	2016	2017
이자수익	1,693	1,488	1,405	1,370	1,594	1,765
영업이익	308	251	176	254	312	337
당기순이익	230	205	139	194	252	251

분기 실적

〈단위 : 억원〉

항목	2016.3Q	2016.4Q	2017.1Q	2017.2Q	2017.3Q	2017.4Q
이자수익	409	417	418	436	448	464
영업이익	48	89	102	97	98	39
당기순이익	36	81	83	72	72	24

재무 상태

〈단위 : 억원〉

항목	2012	2013	2014	2015	2016	2017
총자산	31,467	31,960	34,757	44,646	51,848	55,629
유형자산	303	338	357	371	392	389
무형자산	25	36	38	52	68	85
유가증권	6,078	5,997	5,342	5,252	5,895	6,859
총부채	28,688	29,040	31,702	41,466	48,492	51,581
총차입금	2,434	1,633	1,370	1,593	2,522	3,074
자본금	1,106	1,106	1,106	1,106	1,106	1,106
총자본	2,779	2,921	3,055	3,180	3,357	4,048
지배주주지분	2,779	2,921	3,055	3,180	3,357	4,048

기업가치 지표

항목	2012	2013	2014	2015	2016	2017
주가(최고/저)(천원)	4.9/4.0	5.5/4.1	8.1/5.1	12.2/6.6	9.7/6.6	8.0/6.6
PER(최고/저)(배)	5.1/4.1	6.3/4.7	13.5/8.5	14.4/7.8	8.8/6.0	7.2/5.9
PBR(최고/저)(배)	0.4/0.3	0.4/0.3	0.6/0.4	0.9/0.5	0.7/0.5	0.5/0.4
PSR(최고/저)(배)	1/1	1/1	1/1	2/1	1/1	1/1
EPS(원)	1,041	926	626	877	1,137	1,136
BPS(원)	12,558	13,200	13,805	14,371	15,168	18,293
CFPS(원)	1,172	1,067	816	1,107	1,397	1,412
DPS(원)	50	100	100	100	100	100
EBITDAPS(원)	1,392	1,135	794	1,149	1,410	1,523

재무 비율

〈단위 : %〉

연도	계속사업 이익률	순 이익률	부채 비율	차입금 비율	ROA	ROE	유보율	자기자본 비율	총자산 증가율
2017	19.0	14.2	1,274.2	75.9	0.5	6.8	265.9	7.3	7.3
2016	20.6	15.8	1,444.7	75.1	0.5	7.7	203.4	6.5	16.1
2015	18.1	14.2	1,303.9	50.1	0.5	6.2	187.4	7.1	28.5
2014	12.7	9.9	1,037.8	44.9	0.4	4.6	176.1	8.8	8.8

제주항공 (A089590)

JEJUAIR CO

업 종	항공운수	시 장	거래소
신용등급	(Bond) — (CP) —	기업규모	시가총액 중형주
홈페이지	www.jejuair.net	연 락 처	070)7420-1000
본 사	제주도 제주시 신대로 64 (연동건설공제회관3층)		

설 립 일	2005.01.25	**종업원수**	2,238명	**대표이사**	안용찬,이석주
상 장 일	2015.11.06	**감사의견**	적정(한영)	**계 열**	
결 산 기	12월	**보 통 주**		**종속회사수**	1개사
액 면 가	5,000원	**우 선 주**		**구 상 호**	

주주구성 (지분율,%)		출자관계 (지분율,%)		주요경쟁사 (외형,%)	
AK홀딩스	56.9	모두락	100.0	제주항공	100
제주특별자치도청	7.6	샤프테크닉스	12.4	대한항공	1,214
(외국인)	10.4	퍼시픽제3호전문사모부동산투자유한회사	99.8	한진칼	115

매출구성		비용구성		수출비중	
여객수입	97.0	매출원가율	77.8	수출	—
기타수입	2.4	판관비율	12.1	내수	—
화물수입	0.6				

회사 개요

애경그룹 계열의 저가항공사로서 최대주주는 AK홀딩스임. 2005년 8월 정기항공운송사업 및 노선개설 면허를 취득하고, 국내 및 국제항공 여객운송업을 영위하고 있음. 국내 저가항공사는 동사를 포함하여 총 6개사가 영업 중이며, 항공기 보유대수와 탑승객수 기준으로 동사가 가장 큰 외형을 보유. 국내선 탑승객 점유율은 전체 14.7% 수준. 지난해 국내선에서 453만여명, 국제선에서 413만여명을 운송함.

실적 분석

동사의 연결기준 2017년 매출액은 전년 대비 33.3% 증가한 9,963.6억원을 기록한 반면, 판관비는 광고선전비를 중심으로 전년 동기대비 37.8% 증가함. 동기간 영업이익은 전년 대비 73.5% 증가한 1,013.2억원을 기록함. 반면, 비영업손익은 금융손실과 외환손실의 영향으로 적자를 기록함. 동사의 2017년 당기순이익은 전년 대비 46.9% 증가한 778억원을 기록함.

현금 흐름

〈단위 : 억원〉

항목	2016	2017
영업활동	1,102	1,446
투자활동	-618	-2,234
재무활동	-73	202
순현금흐름	424	-647
기말현금	1,682	1,036

시장 대비 수익률

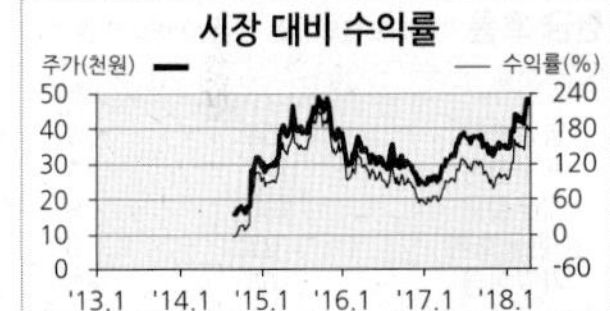

결산 실적

〈단위 : 억원〉

항목	2012	2013	2014	2015	2016	2017
매출액	3,412	4,341	5,106	6,081	7,476	9,964
영업이익	22	170	295	514	584	1,013
당기순이익	53	197	320	472	530	778

분기 실적

〈단위 : 억원〉

항목	2016.3Q	2016.4Q	2017.1Q	2017.2Q	2017.3Q	2017.4Q
매출액	2,217	1,907	2,402	2,280	2,666	2,616
영업이익	382	40	272	162	404	175
당기순이익	285	79	170	153	323	132

재무 상태

〈단위 : 억원〉

항목	2012	2013	2014	2015	2016	2017
총자산	1,225	1,809	2,637	4,777	6,003	8,004
유형자산	437	404	316	412	589	1,706
무형자산	13	19	78	116	119	185
유가증권	2	—	—	—	653	635
총부채	893	1,319	1,836	2,459	3,284	4,690
총차입금	68	—	30	243	204	583
자본금	1,100	1,100	1,100	1,295	1,315	1,318
총자본	332	490	801	2,318	2,719	3,314
지배주주지분	332	490	801	2,318	2,719	3,314

기업가치 지표

항목	2012	2013	2014	2015	2016	2017
주가(최고/저)(천원)	—/—	—/—	33.0/7.0	59.9/27.8	39.5/24.3	39.2/23.9
PER(최고/저)(배)	0.0/0.0	0.0/0.0	23.8/5.0	30.5/14.2	20.1/12.3	13.5/8.2
PBR(최고/저)(배)	0.0/0.0	0.0/0.0	9.5/2.0	7.0/3.3	4.0/2.4	3.1/1.9
EV/EBITDA(배)	—	—	14.8	12.9	4.6	5.1
EPS(원)	239	893	1,454	2,054	2,038	2,954
BPS(원)	1,511	2,228	3,639	8,948	10,342	12,761
CFPS(원)	420	1,246	1,836	2,479	2,580	3,911
DPS(원)	—	—	—	400	500	600
EBITDAPS(원)	279	1,127	1,723	2,664	2,789	4,804

재무 비율

〈단위 : %〉

연도	영업 이익률	순 이익률	부채 비율	차입금 비율	ROA	ROE	유보율	자기자본 비율	EBITDA 마진율
2017	10.2	7.8	141.5	17.6	11.1	25.8	155.2	41.4	12.7
2016	7.8	7.1	120.8	7.5	9.8	21.0	106.8	45.3	9.7
2015	8.5	7.8	106.1	10.5	12.7	30.2	79.0	48.5	10.1
2014	5.8	6.3	일부잠식	일부잠식	14.4	49.6	-27.2	30.4	7.4

젠큐릭스 (A229000)

Gencurix

업 종	의료 장비 및 서비스	시 장	KONEX
신용등급	(Bond) — (CP) —	기업규모	—
홈페이지	www.gencurix.com	연 락 처	070)7508-2340
본 사	서울시 구로구 디지털로 242, 9층 908~910호		

설 립 일	2011.09.21	**종업원수**	40명	**대표이사**	조상래
상 장 일	2015.10.27	**감사의견**	적정(대주)	**계 열**	
결 산 기	12월	**보 통 주**		**종속회사수**	
액 면 가	—	**우 선 주**		**구 상 호**	

주주구성 (지분율,%)		출자관계 (지분율,%)		주요경쟁사 (외형,%)	
조상래	21.7	엔젠바이오	27.2	젠큐릭스	100
김국향	8.2			메디아나	777,934
				유비케어	1,219,597

매출구성		비용구성		수출비중	
의료기기도매(상품)	99.8	매출원가율	0.0	수출	0.0
BRACAKIT제조용역(용역)	0.2	판관비율	94493.3	내수	100.0

회사 개요

동사는 2011년 9월 22일 설립하였으며, 2015년 10월 27일에 코넥스시장에 상장됨. 분자진단 및 동반진단 제품의 생산을 전문적으로 수행하는 벤처기업으로서 각종 질병의 진단, 치료, 경감, 처치, 예방 또는 건강증진을 목적으로 하는 의료기기 개발 사업을 영위함. 특히 체외진단용 의료기기의 연구, 개발, 제조 및 판매와 관련된 서비스를 제공함. 빠르게 성장 중인 체외진단 시장은 2017년 626억 달러 규모로 추산됨.

실적 분석

동사의 2017년 연간 매출액은 0.1억원을 기록하였음. 영업손실 63.5억원, 당기순손실 63.7억원으로 아직 수익을 내지 못하고 있음. 그러나 향후 매출액에 영향을 줄만한 사항으로 국내 최초 식약처 허가를 받은 유방암 예후 진단키트 관련 제한적 의료기술 실시를 위해 각 병원별 IRB와 NECA의 승인을 거쳐 매출을 실현할 예정에 있음. 해외 경쟁사는 진출시 인허가가 필요하는 등 상당기간 동안 경쟁자가 없을 것이라 예상하고 있음.

현금 흐름 *IFRS 별도 기준

<단위 : 억원>

항목	2016	2017
영업활동	-58	-53
투자활동	-17	-3
재무활동	100	38
순현금흐름	25	-18
기말현금	64	45

시장 대비 수익률

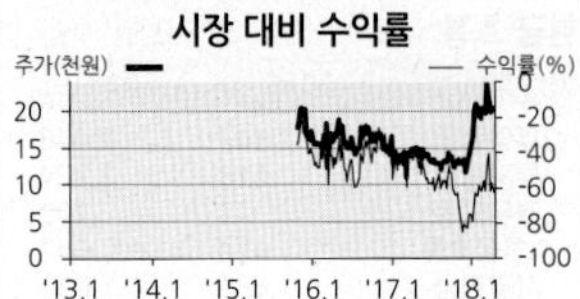

결산 실적

<단위 : 억원>

항목	2012	2013	2014	2015	2016	2017
매출액	—	—	—	6	6	0
영업이익	-2	-6	-18	-40	-79	-64
당기순이익	-1	-6	-18	-40	-88	-64

분기 실적 *IFRS 별도 기준

<단위 : 억원>

항목	2016.3Q	2016.4Q	2017.1Q	2017.2Q	2017.3Q	2017.4Q
매출액	—	—	—	—	—	—
영업이익	—	—	—	—	—	—
당기순이익	—	—	—	—	—	—

재무 상태 *IFRS 별도 기준

<단위 : 억원>

항목	2012	2013	2014	2015	2016	2017
총자산	15	16	32	92	119	97
유형자산	0	2	7	8	9	6
무형자산	10	10	14	22	24	25
유가증권	—	—	—	—	—	—
총부채	1	7	10	26	10	10
총차입금	—	4	8	6	6	6
자본금	12	12	14	20	23	24
총자본	14	9	23	66	109	88
지배주주지분	14	9	23	66	109	88

기업가치 지표 *IFRS 별도 기준

항목	2012	2013	2014	2015	2016	2017
주가(최고/저)(천원)	#VALUE!	—/—	—/—	—/—	—/—	—/—
PER(최고/저)(배)	0.0/0.0	0.0/0.0	0.0/0.0	—/—	—/—	—/—
PBR(최고/저)(배)	0.0/0.0	0.0/0.0	0.0/0.0	12.1/9.4	8.5/5.3	9.5/6.2
EV/EBITDA(배)	—	—	—	—	—	—
EPS(원)	-55	-244	-711	-1,216	-2,055	-1,361
BPS(원)	626	382	791	1,687	2,359	1,791
CFPS(원)	-55	-229	-597	-1,077	-1,928	-1,255
DPS(원)	—	—	—	—	—	—
EBITDAPS(원)	-80	-233	-568	-1,069	-1,716	-1,252

재무 비율

<단위 : %>

연도	영업 이익률	순 이익률	부채 비율	차입금 비율	ROA	ROE	유보율	자기자본 비율	EBITDA 마진율
2017	-94,393.3	-94,583.6	10.9	6.3	-58.8	-64.7	258.2	90.2	-87,008.3
2016	-1,349.7	-1,505.2	9.4	5.0	-83.4	-100.7	371.9	91.4	-1,256.6
2015	-684.4	-689.2	39.2	8.3	-64.0	-89.9	237.4	71.8	-605.9
2014	0.0	0.0	44.0	33.3	-76.0	-116.4	58.3	69.5	0.0

젬백스 (A082270)

GemVax&KAEL

업 종	반도체 및 관련장비	시 장	KOSDAQ
신용등급	(Bond) — (CP) —	기업규모	중견
홈페이지	www.kael.co.kr	연 락 처	042)931-6287
본 사	대전시 유성구 테크노11로 58 (탑립동)		

설 립 일	1998.03.10	**종업원수**	140명	**대표이사**	김상재,송형곤
상 장 일	2005.06.24	**감사의견**	적정(리안)	**계 열**	
결 산 기	12월	**보 통 주**		**종속회사수**	3개사
액 면 가	500원	**우 선 주**		**구 상 호**	

주주구성 (지분율,%)		출자관계 (지분율,%)		주요경쟁사 (외형,%)	
젬앤컴퍼니	9.3	화련젬백스	50.0	젬백스	100
KB자산운용	3.5	젬백스테크놀러지	23.5	지스마트글로벌	201
(외국인)	4.0	삼성제약	8.3	케이씨	1,197

매출구성		비용구성		수출비중	
CA Filter	73.9	매출원가율	66.1	수출	38.5
media	21.5	판관비율	36.9	내수	61.5
환경제품	2.9				

회사 개요

동사는 반도체와 디스플레이용 코팅수지 제조업체임. 본업이 반도체 소재업임에도 100% 지분을 가진 자회사 카엘젬백스가 췌장암 항암백신을 개발하고 있다는 점에서 바이오 종목으로 분류됨. 자회사의 지분인수를 통해 확보하게된 항암백신인 GV1001은 현재 췌장암 임상 3상 시험을 진행하고 있으며, 폐암 또한 임상 3상을 진행하고 있고 간암과 혈액암 그리고 흑색종의 경우 임상 2상이 완료된 보편적인 암백신임.

실적 분석

동사의 2017년 연결기준 매출액은 478.8억원으로 전년 동기 대비 68.6% 증가함. 연결종속회사 변동 및 지배회사 실적 증가에 따라 손익이 개선됨. 공시 대상 기간 중 종속회사를 관계회사 분류하게 됨(젬백스테크놀러지)에 따라 해당 종속회사 손익 효과를 2017년 연결 손익 계산서에 중단사업손익으로 반영했고, 이에 따라 당해 사업연도의 매출액, 영업이익, 법인세차감전계속사업이익, 당기순이익의 변동이 발생.

현금 흐름

<단위 : 억원>

항목	2016	2017
영업활동	-127	-1
투자활동	-643	-566
재무활동	662	643
순현금흐름	-108	27
기말현금	67	94

시장 대비 수익률

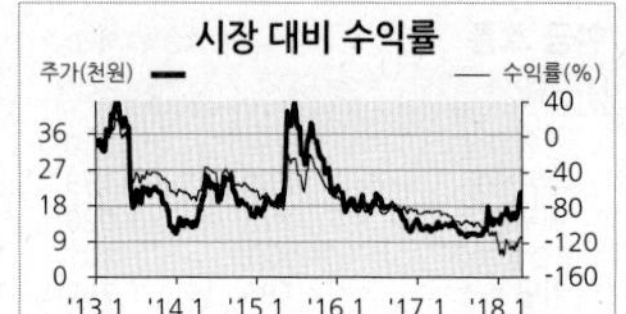

결산 실적

<단위 : 억원>

항목	2012	2013	2014	2015	2016	2017
매출액	318	665	1,011	751	284	479
영업이익	-47	-106	-56	-28	-62	-14
당기순이익	-126	-33	-298	-95	-409	-124

분기 실적

<단위 : 억원>

항목	2016.3Q	2016.4Q	2017.1Q	2017.2Q	2017.3Q	2017.4Q
매출액	357	-529	93	151	114	120
영업이익	-35	63	-1	11	-14	-11
당기순이익	-11	-266	-23	40	4	-144

재무 상태

<단위 : 억원>

항목	2012	2013	2014	2015	2016	2017
총자산	1,330	1,450	1,063	1,802	1,897	1,607
유형자산	240	257	238	239	266	135
무형자산	393	369	337	346	187	77
유가증권	3	135	62	218	166	136
총부채	717	784	624	811	893	937
총차입금	562	669	482	702	709	862
자본금	125	129	135	146	153	154
총자본	613	666	439	992	1,004	669
지배주주지분	448	434	106	477	534	669

기업가치 지표

항목	2012	2013	2014	2015	2016	2017
주가(최고/저)(천원)	47.9/31.2	47.8/10.8	26.1/11.2	43.8/15.4	24.0/11.0	18.6/10.2
PER(최고/저)(배)	—/—	964.7/217.0	—/—	—/—	—/—	—/—
PBR(최고/저)(배)	26.5/17.3	26.8/6.0	20.3/8.7	17.8/6.2	9.5/4.4	8.2/4.5
EV/EBITDA(배)	—	—	—	346.7	1,348.8	312.8
EPS(원)	-372	50	-1,187	-86	-696	-399
BPS(원)	1,806	1,782	1,284	2,463	2,531	2,261
CFPS(원)	-255	224	-1,028	87	-476	-304
DPS(원)	—	—	—	—	—	—
EBITDAPS(원)	-76	-243	-47	76	13	49

재무 비율

<단위 : %>

연도	영업 이익률	순 이익률	부채 비율	차입금 비율	ROA	ROE	유보율	자기자본 비율	EBITDA 마진율
2017	-3.0	-25.9	140.0	128.8	-7.1	-20.4	352.1	41.7	3.1
2016	-21.9	-143.8	89.0	70.6	-22.1	-41.4	406.1	52.9	1.4
2015	-3.7	-12.7	81.7	70.8	-6.6	-8.4	392.6	55.0	2.9
2014	-5.5	-29.5	141.9	109.8	-23.8	-118.3	156.8	41.3	-1.2

조광아이엘아이 (A044060)

Jokwang ILI

업　　종 : 기계　　시　　장 : KOSDAQ
신용등급 : (Bond) —　(CP) —　　기업규모 : 중견
홈페이지 : www.jokwang.co.kr　　연 락 처 : 055)360-0200
본　　사 : 경남 양산시 산막공단북10길 37 (산막동)

설 립 일	1994.05.31	**종업원수**	106명	**대표이사**	임만수
상 장 일	2000.12.30	**감사의견**	적정(부영)	**계　열**	
결 산 기	12월	**보 통 주**		**종속회사수**	1개사
액 면 가	500원	**우 선 주**		**구 상 호**	

주주구성 (지분율,%)		출자관계 (지분율,%)		주요경쟁사 (외형,%)	
임만수	19.4	아론티	39.3	조광ILI	100
임창수	10.1	청도조광특수밸브유한공사	100.0	에이테크솔루션	1,045
(외국인)	1.6			디에스티로봇	351

매출구성		비용구성		수출비중	
안전밸브(제품)	71.1	매출원가율	51.1	수출	21.5
스팀트랩(제품)	8.4	판관비율	29.8	내수	78.5
감압밸브(제품)	7.3				

회사 개요

동사는 산업용 특수밸브 제조업의 단일사업 부문만을 영위하고 있는 특수밸브 전문 생산업체로, 창립초기부터 성장기까지는 경상도 지역으로의 판매시장에 편중되어 있었으나, 최근 전국적인 수요대상을 목표로 국내 29개 대리점망을 구축하여 영업력을 강화하고 있음. 국외로는 동남아를 비롯한 수출파트너를 발굴해 IMF상황을 맞이한 일시적인 매출감소를 제외하고는 매년 매출이 점진적으로 늘어나고 있음. 주력제품 안전밸브는 점유율에 있어서 국내 상위를 점하고 있음.

실적 분석

동사의 연결기준 2017년 매출액은 전년 대비 16.9% 감소한 203.7억원을 기록한 반면, 판관비는 인건비를 중심으로 전년 동기 대비 18.1% 감소함에 따라 동기간 영업이익은 전년 대비 12.7% 증가한 38.8억원을 기록함. 반면, 비영업손익은 외환손실 영향으로 전년대비 90% 감소함. 이에 따라 동사의 2017년 당기순이익은 전년 대비 5.3% 감소한 33.3억원을 기록함.

현금 흐름 〈단위 : 억원〉

항목	2016	2017
영업활동	87	44
투자활동	29	-23
재무활동	-47	-64
순현금흐름	72	-44
기말현금	110	66

시장 대비 수익률

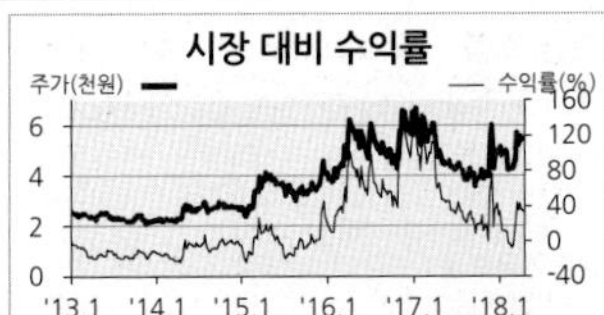

결산 실적 〈단위 : 억원〉

항목	2012	2013	2014	2015	2016	2017
매출액	226	208	267	313	245	204
영업이익	27	23	59	84	34	39
당기순이익	8	22	47	76	35	33

분기 실적 〈단위 : 억원〉

항목	2016.3Q	2016.4Q	2017.1Q	2017.2Q	2017.3Q	2017.4Q
매출액	66	70	45	51	51	56
영업이익	16	13	4	7	10	18
당기순이익	12	13	-0	7	10	16

재무 상태 〈단위 : 억원〉

항목	2012	2013	2014	2015	2016	2017
총자산	420	437	538	652	618	591
유형자산	187	185	285	267	310	296
무형자산	3	3	3	3	3	7
유가증권	70	80	50	36	58	76
총부채	115	116	180	231	133	79
총차입금	42	45	96	154	75	20
자본금	41	41	41	41	49	49
총자본	306	321	358	421	486	513
지배주주지분	306	321	358	421	486	513

기업가치 지표

항목	2012	2013	2014	2015	2016	2017
주가(최고/저)(천원)	3.8/2.0	2.6/2.1	3.0/2.2	4.6/2.4	7.5/3.7	7.0/3.4
PER(최고/저)(배)	46.3/24.5	10.8/8.6	5.6/4.2	5.3/2.7	19.3/9.5	21.2/10.2
PBR(최고/저)(배)	1.2/0.6	0.8/0.6	0.7/0.6	1.0/0.5	1.6/0.8	1.4/0.7
EV/EBITDA(배)	7.1	6.5	4.2	5.1	13.7	8.5
EPS(원)	94	268	570	918	399	337
BPS(원)	3,712	3,892	4,322	5,079	4,914	5,186
CFPS(원)	171	331	636	973	494	420
DPS(원)	80	80	80	80	80	80
EBITDAPS(원)	406	339	786	1,071	486	476

재무 비율 〈단위 : %〉

연도	영업이익률	순이익률	부채비율	차입금비율	ROA	ROE	유보율	자기자본비율	EBITDA마진율
2017	19.0	16.3	15.4	3.9	5.5	6.7	937.1	86.7	23.1
2016	14.0	14.4	27.3	15.5	5.5	7.8	882.8	78.6	17.5
2015	26.9	24.3	54.8	36.6	12.8	19.5	915.8	64.6	28.4
2014	22.3	17.7	50.2	26.8	9.7	13.9	764.3	66.6	24.3

조광페인트 (A004910)

Chokwang Paint

업　　종 : 건축자재　　시　　장 : 거래소
신용등급 : (Bond) —　(CP) —　　기업규모 : 시가총액 소형주
홈페이지 : www.ckpc.co.kr　　연 락 처 : 051)304-7701
본　　사 : 부산시 사상구 삼덕로5번길 148 (삼락동)

설 립 일	1967.01.16	**종업원수**	457명	**대표이사**	문해진,양성아
상 장 일	1976.12.27	**감사의견**	적정(한영)	**계　열**	
결 산 기	12월	**보 통 주**		**종속회사수**	1개사
액 면 가	500원	**우 선 주**		**구 상 호**	

주주구성 (지분율,%)		출자관계 (지분율,%)		주요경쟁사 (외형,%)	
양성아	17.8	조광요턴	50.0	조광페인트	100
양은아	5.8	KNN	3.7	노루홀딩스	383
(외국인)	5.6	CHOKWANGVINA	100.0	삼화페인트	243

매출구성		비용구성		수출비중	
[제품]기타	46.0	매출원가율	82.9	수출	9.2
우 레 탄	24.9	판관비율	14.5	내수	90.8
원 료 외	14.3				

회사 개요

동사는 1967년 설립되어 일반용 도료와 관련 제품을 제조 및 판매하고 있음. 동사는 노르웨이의 도료업체인 요턴과 합작회사인 조광요턴을 50%씩 출자해 부산 강서구 외국인투자 지역에 2009년 공장을 설립했음. 시장점유 4.5%로 KCC와 노루페인트 등에 이어 국내 업체 가운데 매출규모로 5위 수준임. 주요 고객으로 LG하우시스와 연합철강 등이 있으며 베트남에도 현지법인과 생산공장을 두고 있음.

실적 분석

동사의 2017년 결산 매출액은 2,013억원으로 전년동기 대비 6.7% 증가하였으나, 영업이익은 51.7억원으로 전년동기 대비 69% 감소하였음. 바닥방수, UV전기전자재료, 점접착제 및 플라스틱 분야에서 안정된 성장세를 보였주고 있음. 다만 원가율 상승 및 판관비 증가 여파로 영업수익성이 크게 하락한 모습. 비영업손익 또한 크게 악화되어 당기순이익은 지난해 같은 기간 대비 76.4% 감소한 43억원 시현하는데 그침.

현금 흐름 〈단위 : 억원〉

항목	2016	2017
영업활동	182	134
투자활동	-66	-268
재무활동	-107	147
순현금흐름	10	5
기말현금	37	42

시장 대비 수익률

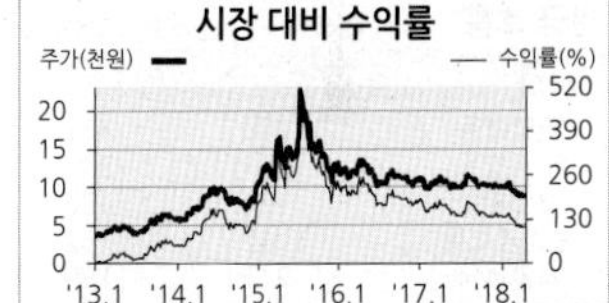

결산 실적 〈단위 : 억원〉

항목	2012	2013	2014	2015	2016	2017
매출액	1,730	1,846	1,938	1,895	1,887	2,012
영업이익	71	102	164	183	167	52
당기순이익	128	117	168	193	182	43

분기 실적 〈단위 : 억원〉

항목	2016.3Q	2016.4Q	2017.1Q	2017.2Q	2017.3Q	2017.4Q
매출액	461	509	463	525	527	498
영업이익	40	34	26	24	14	-13
당기순이익	29	10	26	32	8	-23

재무 상태 〈단위 : 억원〉

항목	2012	2013	2014	2015	2016	2017
총자산	2,176	2,264	2,416	2,408	2,524	2,651
유형자산	816	832	963	969	1,007	1,176
무형자산	23	23	23	23	23	24
유가증권	48	48	64	79	99	102
총부채	905	898	914	747	691	832
총차입금	504	446	445	285	204	393
자본금	64	64	64	64	64	64
총자본	1,271	1,367	1,503	1,661	1,833	1,818
지배주주지분	1,271	1,367	1,503	1,661	1,833	1,818

기업가치 지표

항목	2012	2013	2014	2015	2016	2017
주가(최고/저)(천원)	11.3/2.8	6.7/3.6	10.4/5.6	25.5/10.5	13.6/10.2	11.8/9.6
PER(최고/저)(배)	13.4/3.3	8.2/4.5	8.7/4.7	18.2/7.5	10.1/7.6	36.0/29.4
PBR(최고/저)(배)	1.3/0.3	0.7/0.4	0.9/0.5	2.0/0.8	1.0/0.7	0.8/0.7
EV/EBITDA(배)	11.2	10.2	9.8	9.8	8.4	21.5
EPS(원)	996	918	1,309	1,508	1,422	336
BPS(원)	10,589	11,336	12,398	13,634	14,976	14,864
CFPS(원)	1,138	1,079	1,489	1,697	1,616	527
DPS(원)	180	200	200	250	400	250
EBITDAPS(원)	695	960	1,458	1,620	1,495	595

재무 비율 〈단위 : %〉

연도	영업이익률	순이익률	부채비율	차입금비율	ROA	ROE	유보율	자기자본비율	EBITDA마진율
2017	2.6	2.1	45.8	21.6	1.7	2.4	2,872.8	68.6	3.8
2016	8.8	9.7	37.7	11.1	7.4	10.4	2,895.2	72.6	10.1
2015	9.7	10.2	45.0	17.2	8.0	12.2	2,626.7	69.0	10.9
2014	8.5	8.7	60.8	29.6	7.2	11.7	2,379.6	62.2	9.6

조광피혁 (A004700)
Chokwang Leather

업　　종 : 섬유 및 의복　　시　　장 : 거래소
신용등급 : (Bond) —　(CP) —　　기업규모 : 시가총액 소형주
홈페이지 : www.chokwang.co.kr　　연 락 처 : 043)270-5316
본　　사 : 충북 청주시 흥덕구 공단로126번길 97(송정동, 공단2브럭)

설 립 일	1966.08.03	**종업원수**	192명	**대표이사**	강광석
상 장 일	1977.05.27	**감사의견**	적정(정진)	**계　　열**	
결 산 기	12월	**보 통 주**		**종속회사수**	1개사
액 면 가	5,000원	**우 선 주**		**구　　상　　호**	

주주구성 (지분율,%)		출자관계 (지분율,%)		주요경쟁사 (외형,%)	
박영옥	11.1	삼양통상	6.1	조광피혁	100
이연석	10.9	청주방송	3.0	일신방직	283
(외국인)	0.6	광주신세계	2.5	에프티이앤이	39

매출구성		비용구성		수출비중	
F/G,M/C외	97.9	매출원가율	80.3	수출	42.0
부산물	2.1	판관비율	5.6	내수	58.0
자재등	0.0				

회사 개요
동사는 피혁원단을 전문적으로 제조하는 피혁전문업체로 신발, 핸드백, 가구, 자동차시트용 원단을 제조해 판매함. 가죽원단, 카시트재단품이 전체 매출액의 97.20%를, 가죽원단생산시 생기는 부산물 매출액이 1.58%를 차지함. 부수적으로 서울, 경기등에 부동산임대업을 영위하고 있음. 중국 상해에 위치한 상해조광기차피혁유한공사를 연결대상 종속회사로 보유하고 있음.

실적 분석
국내 완성차업체의 중국 시장 고전과 글로벌 시장 점유율 하락으로 판매량이 감소하고 있음. 가죽시트의 주요 수요처인 고급차 시장에서 외제차의 점유율 확대로 이중고의 상황임. 2017년 매출은 1742.9억원을 기록하여 전년대비 12.2% 감소함. 영업이익은 245.6억원으로 전년도 266억원에 비해 7.7% 줄었음. 다만 금융부문 이익이 증가하며 비영업부문 이익이 21억원에서 47.4억원으로 증가해 당기순이익은 220.2억원으로 1.8% 증가함.

현금 흐름
〈단위 : 억원〉

항목	2016	2017
영업활동	206	327
투자활동	-117	-344
재무활동	-24	-36
순현금흐름	67	-52
기말현금	211	159

시장 대비 수익률
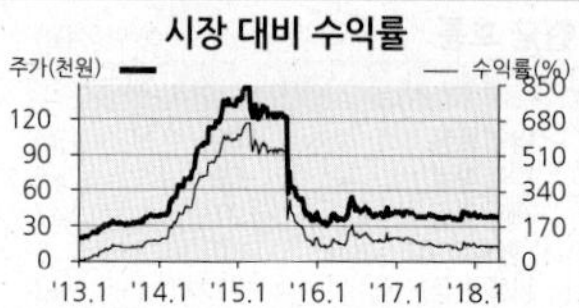

결산 실적
〈단위 : 억원〉

항목	2012	2013	2014	2015	2016	2017
매출액	1,939	1,897	1,982	1,819	1,986	1,743
영업이익	43	93	80	74	266	246
당기순이익	61	110	79	75	216	220

분기 실적
〈단위 : 억원〉

항목	2016.3Q	2016.4Q	2017.1Q	2017.2Q	2017.3Q	2017.4Q
매출액	507	436	472	499	437	335
영업이익	83	46	69	83	64	31
당기순이익	58	46	54	77	59	31

재무 상태
〈단위 : 억원〉

항목	2012	2013	2014	2015	2016	2017
총자산	1,790	1,930	2,037	1,969	2,266	2,447
유형자산	246	242	250	236	246	268
무형자산	2	2	2	2	2	2
유가증권	185	314	546	599	774	1,117
총부채	392	415	333	197	215	191
총차입금	208	228	139	23	2	3
자본금	342	342	342	342	342	342
총자본	1,398	1,515	1,704	1,771	2,052	2,257
지배주주지분	1,398	1,515	1,704	1,771	2,052	2,257

기업가치 지표

항목	2012	2013	2014	2015	2016	2017
주가(최고/저)(천원)	19.8/10.4	39.2/19.4	137/37.3	148/33.1	54.0/30.3	43.5/35.6
PER(최고/저)(배)	21.6/11.4	23.8/11.7	116.6/31.7	132.5/29.6	16.7/9.3	13.2/10.8
PBR(최고/저)(배)	0.9/0.5	1.6/0.8	5.0/1.4	5.2/1.2	1.6/0.9	1.2/1.0
EV/EBITDA(배)	16.6	20.6	84.7	26.3	8.9	9.1
EPS(원)	919	1,656	1,184	1,125	3,254	3,312
BPS(원)	23,240	24,994	27,835	28,796	33,016	36,565
CFPS(원)	1,344	1,993	1,560	1,530	3,695	3,842
DPS(원)	—	—	—	—	100	—
EBITDAPS(원)	1,071	1,740	1,587	1,519	4,440	4,224

재무 비율
〈단위 : %〉

연도	영업이익률	순이익률	부채비율	차입금비율	ROA	ROE	유보율	자기자본비율	EBITDA마진율
2017	14.1	12.6	8.5	0.1	9.3	10.2	610.0	92.2	16.1
2016	13.4	10.9	10.5	0.1	10.2	11.3	541.0	90.5	14.9
2015	4.1	4.1	11.2	1.3	3.7	4.3	459.1	90.0	5.6
2014	4.1	4.0	19.6	8.2	4.0	4.9	440.5	83.6	5.3

조비 (A001550)
Chobi

업　　종 : 화학　　시　　장 : 거래소
신용등급 : (Bond) —　(CP) —　　기업규모 : 시가총액 소형주
홈페이지 : www.chobi.co.kr　　연 락 처 : 02)3488-5840
본　　사 : 서울시 서초구 효령로77길 28 동오빌딩 (서초동 1337-4)

설 립 일	1955.11.15	**종업원수**	101명	**대표이사**	이병일,이병만
상 장 일	1976.12.28	**감사의견**	적정(정진)	**계　　열**	
결 산 기	12월	**보 통 주**		**종속회사수**	
액 면 가	5,000원	**우 선 주**		**구　　상　　호**	

주주구성 (지분율,%)		출자관계 (지분율,%)		주요경쟁사 (외형,%)	
경농	69.6	파이오니아	6.1	조비	100
서영실업	2.4	울산방송	4.0	진양화학	83
(외국인)	0.9			원풍	119

매출구성		비용구성		수출비중	
복합비료 외	73.5	매출원가율	77.2	수출	0.0
유기질/상토 외	15.8	판관비율	20.1	내수	100.0
원재료	10.7				

회사 개요
동사는 과학적 토양검정을 통해 공급되는 친환경 맞춤 비료와 완효성 비료 등을 생산할 수 있는 공정을 갖춘 비료전문메이커로서 100여개 품목의 복합비료를 생산하여 농협 및 대리점을 통하여 판매하고 있음. 비료산업은 천연가스 산유국이나 인광석, 염화칼리 등 주요원료 생산국을 제외하고는 국내수급을 안정적으로 유지하기 위한 내수 충당목적의 사업임. 원자재를 수입에 의존하고 있어 국제 경쟁력이 약하며, 원자재 가격 변동에 영향을 많이 받음.

실적 분석
동사의 2017년 결산 매출액은 599.5억원으로 전년동기 대비 1.5% 증가함. 복합비료와 유기질 비료 부문 모두 매출이 늘었으나 판관비 증가로 영업이익은 지난해 같은 기간보다 31% 감소한 16.1억원을 기록하는데 그침. 동사 매출의 90% 이상이 복합비료 제조 판매 분야이며, '단한번' 브랜드를 보유함. 그 외 '혼합유기질511' 등 친환경 농법에 사용되는 유기질 비료분야 사업도 영위하고 있음.

현금 흐름
*IFRS 별도 기준 〈단위 : 억원〉

항목	2016	2017
영업활동	81	65
투자활동	-87	-58
재무활동	-6	15
순현금흐름	-12	20
기말현금	3	24

시장 대비 수익률
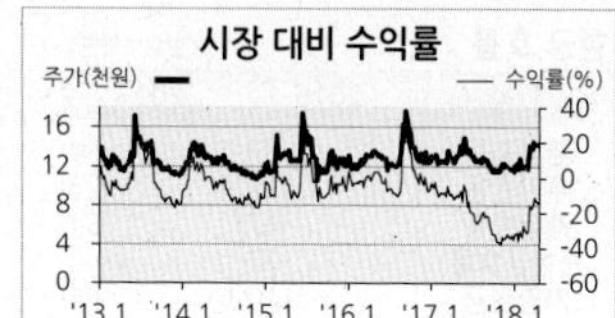

결산 실적
〈단위 : 억원〉

항목	2012	2013	2014	2015	2016	2017
매출액	485	614	548	588	591	599
영업이익	-27	39	9	36	23	16
당기순이익	-64	12	-23	15	9	11

분기 실적
*IFRS 별도 기준 〈단위 : 억원〉

항목	2016.3Q	2016.4Q	2017.1Q	2017.2Q	2017.3Q	2017.4Q
매출액	74	66	150	313	92	44
영업이익	-14	-10	8	39	-16	-15
당기순이익	-13	-13	12	35	-18	-18

재무 상태
*IFRS 별도 기준 〈단위 : 억원〉

항목	2012	2013	2014	2015	2016	2017
총자산	809	814	833	867	887	935
유형자산	385	385	398	395	478	498
무형자산	3	2	3	3	2	2
유가증권	12	12	12	12	12	12
총부채	663	507	548	553	511	471
총차입금	545	383	398	401	353	292
자본금	128	196	196	196	220	252
총자본	146	307	284	313	376	464
지배주주지분	146	307	284	313	376	464

기업가치 지표
*IFRS 별도 기준

항목	2012	2013	2014	2015	2016	2017
주가(최고/저)(천원)	18.4/8.7	17.1/10.9	14.5/10.6	18.1/10.6	17.7/11.6	14.9/11.3
PER(최고/저)(배)	—/—	49.9/31.7	—/—	48.1/28.1	88.7/58.1	71.4/53.9
PBR(최고/저)(배)	3.2/1.5	2.2/1.4	2.0/1.5	2.3/1.3	2.1/1.4	1.6/1.2
EV/EBITDA(배)	—	18.4	61.2	21.2	31.6	32.4
EPS(원)	-3,956	343	-574	376	199	209
BPS(원)	5,706	7,825	7,244	7,977	8,563	9,202
CFPS(원)	-3,612	502	-441	510	314	392
DPS(원)	—	—	—	—	—	—
EBITDAPS(원)	-1,305	1,290	357	1,063	648	503

재무 비율
〈단위 : %〉

연도	영업이익률	순이익률	부채비율	차입금비율	ROA	ROE	유보율	자기자본비율	EBITDA마진율
2017	2.7	1.8	101.4	63.0	1.2	2.5	84.0	49.7	4.2
2016	4.0	1.5	136.0	93.9	1.0	2.5	71.3	42.4	4.8
2015	6.2	2.5	176.7	128.1	1.7	4.9	59.6	36.1	7.1
2014	1.6	-4.1	192.8	140.0	-2.7	-7.6	44.9	34.2	2.6

조선내화 (A000480)
Chosun Refractories

업 종 : 금속 및 광물
신용등급 : (Bond) — (CP) —
홈페이지 : www.chosunref.co.kr
본 사 : 전남 광양시 산업로 55 (태인동 1657-9)
시 장 : 거래소
기업규모 : 시가총액 소형주
연 락 처 : 061)798-8114

설 립 일	1947.05.15	**종업원수**	581명	**대표이사**	이금옥
상 장 일	1978.06.30	**감사의견**	적정(삼일)	**계 열**	
결 산 기	12월	**보 통 주**		**종속회사수**	9개사
액 면 가	5,000원	**우 선 주**		**구 상 호**	

주주구성 (지분율,%)		출자관계 (지분율,%)		주요경쟁사 (외형,%)	
이인옥	19.3	화인테크	100.0	조선내화	100
이화일	17.6	안산포항내화	57.1	세아홀딩스	691
(외국인)	3.2	대한소결금속	51.0	제닉스	1

매출구성		비용구성		수출비중	
부정형	35.1	매출원가율	90.0	수출	—
자동차 부품	27.4	판관비율	10.4	내수	—
정 형	21.8				

회사 개요

동사는 1947년 조선내화학공업주식회사로 설립돼 제철, 제강, 유리, 시멘트 및 기타 요로용 내화물을 제조판매하고 있으며 내화물 구입 및 판매사업, 내화물 관련 원재료 구입, 무역 및 일체의 부대사업, 폐기물 처리시설 및 환경관련 부대사업, 부동산에 대한 투자임대관리 매매 및 개발에 관한 사업, 내화물의 제조도급 및 하청과 축로 사업, 내화공업의 기술용역 등 사업 경영상 필요한 사업에 투자 등을 영위하고 있음. 11개 자회사 보유

실적 분석

동사의 2017년 연간 매출액은 전년동기대비 2.8% 소폭 변동한 6,943.3억원을 기록하였음. 불량추적 365 운동 및 지속적인 원가절감으로 비용을 줄이기 위해 노력하였으나 전년동기대비 영업손실은 31.6억원으로 적자전환 하였음. 주수요처인 현대 및 기아자동차가 장기 파업 영향으로 내수가 소폭 증가하였으나 수출이 감소하였고 해외생산의 큰 비중을 차지하는 중국 생산이 36% 급감하여 글로벌 실적이 감소하였음.

현금 흐름 〈단위 : 억원〉

항목	2016	2017
영업활동	496	284
투자활동	-275	-378
재무활동	-139	35
순현금흐름	81	-79
기말현금	372	293

시장 대비 수익률

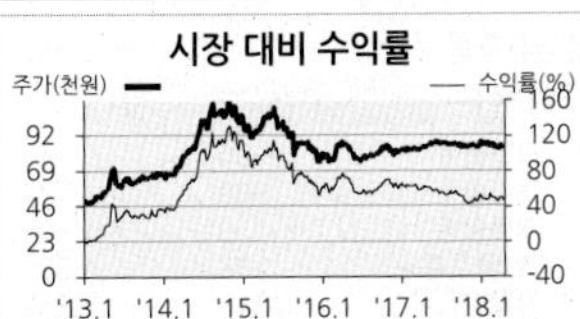

결산 실적 〈단위 : 억원〉

항목	2012	2013	2014	2015	2016	2017
매출액	8,356	8,482	7,578	7,283	7,145	6,943
영업이익	469	502	555	259	360	-32
당기순이익	370	424	487	171	187	227

분기 실적 〈단위 : 억원〉

항목	2016.3Q	2016.4Q	2017.1Q	2017.2Q	2017.3Q	2017.4Q
매출액	1,730	1,854	1,759	1,786	1,878	1,521
영업이익	98	61	103	31	100	-265
당기순이익	77	61	45	139	131	-89

재무 상태 〈단위 : 억원〉

항목	2012	2013	2014	2015	2016	2017
총자산	11,673	11,331	11,109	9,037	9,702	9,992
유형자산	4,618	4,707	4,486	3,774	3,638	3,696
무형자산	447	444	435	91	85	72
유가증권	2,279	2,271	2,074	1,477	1,852	2,265
총부채	5,302	4,946	4,605	3,024	3,360	3,456
총차입금	2,539	2,421	2,178	1,203	1,241	1,375
자본금	200	200	200	200	200	200
총자본	6,370	6,385	6,504	6,013	6,342	6,536
지배주주지분	5,367	5,415	5,479	5,128	5,429	5,573

기업가치 지표

항목	2012	2013	2014	2015	2016	2017
주가(최고/저)(천원)	51.9/45.0	70.6/48.5	115/64.2	110/74.2	87.0/74.2	87.6/81.4
PER(최고/저)(배)	8.0/6.9	9.4/6.4	12.9/7.2	31.9/21.5	27.8/23.7	26.6/24.7
PBR(최고/저)(배)	0.5/0.4	0.6/0.4	1.0/0.5	1.0/0.7	0.7/0.6	0.7/0.6
EV/EBITDA(배)	6.7	6.7	7.8	7.8	7.2	18.3
EPS(원)	8,473	9,270	10,479	3,904	3,388	3,431
BPS(원)	136,015	137,217	138,817	130,042	137,564	141,173
CFPS(원)	17,146	18,646	20,354	12,748	11,362	10,972
DPS(원)	3,500	4,000	4,000	4,000	3,500	3,500
EBITDAPS(원)	20,388	21,915	23,739	15,310	16,976	6,749

재무 비율 〈단위 : %〉

연도	영업이익률	순이익률	부채비율	차입금비율	ROA	ROE	유보율	자기자본비율	EBITDA마진율
2017	-0.5	3.3	52.9	21.0	2.3	2.5	2,723.5	65.4	3.9
2016	5.0	2.6	53.0	19.6	2.0	2.6	2,651.3	65.4	9.5
2015	3.6	2.4	50.3	20.0	1.7	2.9	2,500.9	66.5	8.4
2014	7.3	6.4	70.8	33.5	4.3	7.7	2,676.4	58.6	12.5

조선선재 (A120030)
CHOSUN WELDING POHANG

업 종 : 금속 및 광물
신용등급 : (Bond) — (CP) —
홈페이지 : www.chosunwelding.com
본 사 : 경북 포항시 남구 괴동로 43 (장흥동)
시 장 : 거래소
기업규모 : 시가총액 소형주
연 락 처 : 054)285-8221

설 립 일	2010.01.01	**종업원수**	122명	**대표이사**	장원영
상 장 일	2010.02.19	**감사의견**	적정(가율)	**계 열**	
결 산 기	12월	**보 통 주**		**종속회사수**	
액 면 가	500원	**우 선 주**		**구 상 호**	

주주구성 (지분율,%)		출자관계 (지분율,%)		주요경쟁사 (외형,%)	
CS홀딩스	45.3			조선선재	100
신영자산운용	7.7			서원	390
(외국인)	3.1			일진다이아	187

매출구성		비용구성		수출비중	
용접재료 등	100.0	매출원가율	64.4	수출	—
		판관비율	8.8	내수	—

회사 개요

동사는 용접재료 생산 및 판매 등을 영위할 목적으로 2010년 1월 1일부로 CS홀딩스주식회사로부터 인적분할을 통해서 신설법인으로 설립됨. 피복용접재료 시장은 동사를 포함해 국내 업체들이 전체의 90% 이상을 점유하고 있고, 동사는 국내 내수시장의 70%를 차지하는 업계 선두 업체임. 특히 원자력 발전소용 용접재료에서 국내 업체보다 우위를 점하고 있음. 동사는 CS홀딩스 기업집단의 6개 계열사 중 하나임.

실적 분석

동사의 2017년 매출과 영업이익은 660억원, 177억원으로 전년 대비 각각 4.6%, 2.8% 증가함. 당기순이익은 154억원으로 6.3% 증가함. 유동자산은 전년 대비 105억원 증가한 993억원이며, 비유동자산은 6억원 증가한 126억원임. 유동부채는 전년 대비 13억원 증가한 133억원, 비유동부채는 2억원 증가한 11억원을 기록함. 자본총계는 당기순이익 발생으로 전년 대비 96억원 증가한 975억원을 시현함.

현금 흐름 *IFRS 별도 기준 〈단위 : 억원〉

항목	2016	2017
영업활동	143	161
투자활동	-163	2
재무활동	-14	-41
순현금흐름	-34	121
기말현금	351	472

시장 대비 수익률

결산 실적 〈단위 : 억원〉

항목	2012	2013	2014	2015	2016	2017
매출액	734	722	709	663	631	660
영업이익	102	112	158	176	172	177
당기순이익	75	91	129	146	145	154

분기 실적 *IFRS 별도 기준 〈단위 : 억원〉

항목	2016.3Q	2016.4Q	2017.1Q	2017.2Q	2017.3Q	2017.4Q
매출액	147	165	176	157	168	159
영업이익	37	42	47	39	47	44
당기순이익	30	35	41	34	40	38

재무 상태 *IFRS 별도 기준 〈단위 : 억원〉

항목	2012	2013	2014	2015	2016	2017
총자산	502	603	743	890	1,009	1,120
유형자산	107	107	106	96	98	102
무형자산	0	0	0	0	0	0
유가증권	—	—	—	—	—	—
총부채	100	119	134	137	130	145
총차입금	—	—	23	24	25	41
자본금	6	6	6	6	6	6
총자본	401	484	609	753	879	975
지배주주지분	401	484	609	753	879	975

기업가치 지표 *IFRS 별도 기준

항목	2012	2013	2014	2015	2016	2017
주가(최고/저)(천원)	48.8/30.5	49.6/30.4	69.6/35.6	84.3/58.3	71.3/56.5	94.1/67.9
PER(최고/저)(배)	8.5/5.3	7.1/4.4	7.1/3.6	7.6/5.2	6.3/5.1	7.8/5.7
PBR(최고/저)(배)	1.6/1.0	1.3/0.8	1.5/0.8	1.5/1.0	1.0/0.8	1.2/0.9
EV/EBITDA(배)	2.8	1.8	2.6	1.5	1.3	1.5
EPS(원)	5,948	7,240	10,241	11,578	11,500	12,222
BPS(원)	31,888	38,963	49,088	60,551	69,878	77,519
CFPS(원)	6,344	7,589	10,618	11,977	11,931	12,635
DPS(원)	—	—	—	—	1,500	1,500
EBITDAPS(원)	8,529	9,251	12,934	14,408	14,088	14,457

재무 비율 〈단위 : %〉

연도	영업이익률	순이익률	부채비율	차입금비율	ROA	ROE	유보율	자기자본비율	EBITDA마진율
2017	26.8	23.3	14.9	4.2	14.4	16.6	15,403.8	87.1	27.5
2016	27.2	22.9	14.8	2.9	15.2	17.7	13,875.7	87.1	28.1
2015	26.6	22.0	18.3	3.3	17.8	21.4	12,010.2	84.6	27.3
2014	22.3	18.2	22.0	3.7	19.2	23.6	9,717.7	81.9	22.9

조아제약 (A034940)
CHOA PHARMACEURICAL

업　　종 : 제약　　　　　시　　장 : KOSDAQ
신용등급 : (Bond) —　(CP) —　　기업규모 : 중견
홈페이지 : www.choa.co.kr　　연 락 처 : 02)6670-9200
본　　사 : 서울시 영등포구 당산로2길 12 에이스테크노타워 101호

설 립 일	1996.03.15	**종업원수**	269명	**대표이사**	조성환,조성배
상 장 일	1999.07.29	**감사의견**	적정(삼정)	**계　열**	
결 산 기	12월	**보 통 주**		**종속회사수**	1개사
액 면 가	500원	**우 선 주**		**구 상 호**	

주주구성 (지분율,%)		출자관계 (지분율,%)		주요경쟁사 (외형,%)	
조원기	17.5	케어몰	45.0	조아제약	100
한국증권금융	4.0	에프엔에이취넷	45.0	대한뉴팜	222
(외국인)	2.2	팬바이오텍	30.0	메지온	9

매출구성		비용구성		수출비중	
기타제품	45.1	매출원가율	51.8	수출	—
훼마틴군 외	33.4	판관비율	47.7	내수	—
조아바이톤군	8.0				

회사 개요
동사는 1988년 삼강제약사를 인수해 의약품 제조 및 판매업을 주 목적으로 설립되어 1994년 경남 함안에 생산 공장을 신축하고 1995년 상호 변경이 이루어짐. 동사에서는 조아바이톤, 헤포스, 가레오, 훼마틴, 잘크톤 등 총 200여 가지의 의약품 및 건강기능식품을 생산, 공급하고있음. 전국적 체인망을 갖고 있는 약국 프랜차이즈인 메디팜을 자회사로 두고 있는데, 이는 일반의약품 위주의 제약회사로서의 강점이 될 수 있음.

실적 분석
동사의 2017년 연간 매출액은 전년동기대비 6% 상승한 588.7억원을 기록하였음. 의약품 시장규모는 전년대비 12.9% 증가하였고 생산 및 수출 모두 증가세에 있음. 매출액은 이런 시장세에 따른 영향으로 보이며 이에 따라 전년동기대비 당기순이익은 크게 상승하여 13.8억원을 기록함. 향후 정부정책에 따라 신사업 육성에 대한 지원으로 제약산업이 지속적으로 성장할 것이라 기대되고 있음.

현금 흐름
(단위 : 억원)

항목	2016	2017
영업활동	9	-7
투자활동	-19	8
재무활동	-6	79
순현금흐름	-15	79
기말현금	27	106

시장 대비 수익률
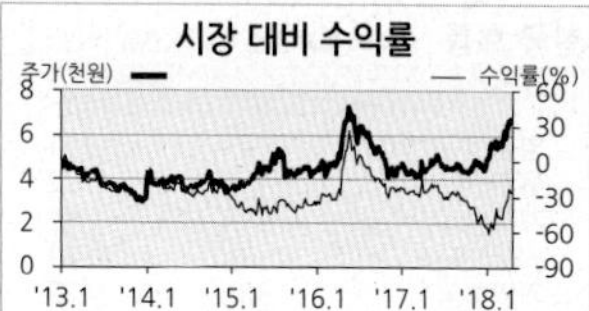

결산 실적
(단위 : 억원)

항목	2012	2013	2014	2015	2016	2017
매출액	423	439	431	501	556	589
영업이익	10	16	-40	1	-0	3
당기순이익	15	18	-41	9	1	14

분기 실적
(단위 : 억원)

항목	2016.3Q	2016.4Q	2017.1Q	2017.2Q	2017.3Q	2017.4Q
매출액	137	150	132	148	154	155
영업이익	1	-3	-7	6	4	1
당기순이익	1	-1	-4	7	4	8

재무 상태
(단위 : 억원)

항목	2012	2013	2014	2015	2016	2017
총자산	653	708	740	743	751	835
유형자산	158	158	201	205	215	199
무형자산	6	5	4	3	5	4
유가증권	29	34	34	25	30	22
총부채	163	202	280	272	280	303
총차입금	54	70	132	137	132	169
자본금	142	142	142	142	142	142
총자본	490	506	461	472	471	532
지배주주지분	495	512	467	479	478	542

기업가치 지표

항목	2012	2013	2014	2015	2016	2017
주가(최고/저)(천원)	7.9/4.0	4.8/2.9	4.5/3.4	6.0/3.5	8.1/4.0	5.3/4.0
PER(최고/저)(배)	155.7/79.6	75.2/46.0	—/—	167.9/97.8	1,405.3/696.6	91.7/70.1
PBR(최고/저)(배)	4.5/2.3	2.7/1.6	2.7/2.1	3.6/2.1	4.8/2.4	2.8/2.1
EV/EBITDA(배)	53.0	27.1	—	62.2	68.0	53.8
EPS(원)	51	64	-144	36	6	57
BPS(원)	1,750	1,808	1,650	1,690	1,690	1,914
CFPS(원)	97	114	-87	103	75	132
DPS(원)	—	—	—	—	—	—
EBITDAPS(원)	81	109	-86	72	69	85

재무 비율
(단위 : %)

연도	영업이익률	순이익률	부채비율	차입금비율	ROA	ROE	유보율	자기자본비율	EBITDA마진율
2017	0.5	2.3	57.0	31.7	1.7	3.2	282.7	63.7	4.1
2016	0.0	0.2	59.6	28.1	0.2	0.3	238.0	62.7	3.5
2015	0.3	1.9	57.7	29.0	1.3	2.1	238.1	63.4	4.1
2014	-9.4	-9.6	60.7	28.7	-5.7	-8.3	230.0	62.2	-5.6

조이맥스 (A101730)
Joymax

업　　종 : 게임 소프트웨어　　　시　　장 : KOSDAQ
신용등급 : (Bond) —　(CP) —　　기업규모 : 중견
홈페이지 : www.joymax.co.kr　　연 락 처 : 02)420-8854
본　　사 : 경기도 성남시 분당구 대왕판교로 644번길 49 (삼평동) 위메이드타워 5층

설 립 일	1997.04.10	**종업원수**	46명	**대표이사**	이길형
상 장 일	2009.06.03	**감사의견**	적정(삼덕)	**계　열**	
결 산 기	12월	**보 통 주**		**종속회사수**	3개사
액 면 가	500원	**우 선 주**		**구 상 호**	

주주구성 (지분율,%)		출자관계 (지분율,%)		주요경쟁사 (외형,%)	
위메이드엔터테인먼트	33.3			조이맥스	100
이길형	11.4			엔터메이트	59
(외국인)	1.6			엠게임	86

매출구성		비용구성		수출비중	
SNG게임	56.0	매출원가율	0.0	수출	8.5
미드코어게임	16.0	판관비율	125.9	내수	91.5
캐주얼게임	13.2				

회사 개요
1997년 4월 설립된 온라인 및 모바일게임 개발 회사로 2009년 코스닥시장에 상장.대표 게임으로는 온라인게임 실크로드, 로스트사가와 모바일게임 에브리타운, 아틀란스토리, 윈드러너, 캔디팡 등이 존재. 주요 개발자회사로 아이오엔터, 피버스튜디오, 리니웍스 등 존재. 2014년 4월 편입된 자회사를 통해 소셜 네트워크 게임의 출시에 따른 매출 성장이 기대. 2017년 기준 모바일게임 88.8%, 온라인게임 8.9%, 기타 2.3%로 매출 구성

실적 분석
2017년 연결기준 누적 매출액은 신작 출시 영향으로 전년 대비 2.1% 상승한 321.7억원을 시현함. 마케팅 및 지급수수료 등의 사업에 필요한 판관비가 증가하여 영업손실은 83.3억원, 당기순손실은 119.5억원으로 전년 대비 적자폭이 확대됨. <에이로 스트라이크>와 <마이 리틀 셰프> 등의 신작 영향과 기 출시 게임의 꾸준한 매출 유지로 전체 모바일게임 매출이 전기대비 6% 증가한 반면 온라인게임 매출은 16% 감소함.

현금 흐름
(단위 : 억원)

항목	2016	2017
영업활동	-30	-84
투자활동	-60	2
재무활동	-0	-0
순현금흐름	-88	-88
기말현금	211	123

시장 대비 수익률
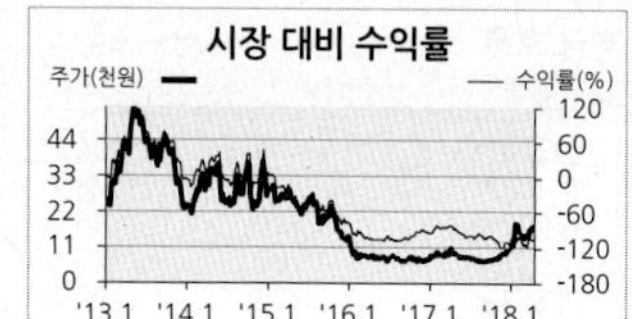

결산 실적
(단위 : 억원)

항목	2012	2013	2014	2015	2016	2017
매출액	276	514	305	303	315	322
영업이익	-16	181	-47	-79	-41	-83
당기순이익	-48	146	-40	-213	-17	-120

분기 실적
(단위 : 억원)

항목	2016.3Q	2016.4Q	2017.1Q	2017.2Q	2017.3Q	2017.4Q
매출액	77	83	71	85	82	83
영업이익	-7	-12	-17	-23	-21	-22
당기순이익	-18	18	-26	-12	-29	-51

재무 상태
(단위 : 억원)

항목	2012	2013	2014	2015	2016	2017
총자산	1,081	1,196	1,080	957	921	823
유형자산	51	48	47	40	40	43
무형자산	345	324	311	108	95	136
유가증권	65	79	100	61	61	3
총부채	82	105	89	205	186	207
총차입금	—	—	—	139	120	141
자본금	35	35	43	43	43	43
총자본	999	1,091	991	752	735	616
지배주주지분	954	969	931	719	701	594

기업가치 지표

항목	2012	2013	2014	2015	2016	2017
주가(최고/저)(천원)	44.6/13.8	55.8/21.4	39.1/21.2	30.8/13.2	13.9/6.9	10.7/6.8
PER(최고/저)(배)	—/—	55.0/21.1	—/—	—/—	—/—	—/—
PBR(최고/저)(배)	3.1/1.0	3.7/1.4	3.1/1.7	3.1/1.3	1.4/0.7	1.3/0.8
EV/EBITDA(배)	102.4	5.8	—	—	—	—
EPS(원)	-577	1,014	-549	-2,404	-206	-1,259
BPS(원)	14,539	14,938	12,460	9,945	9,652	8,382
CFPS(원)	-151	1,539	-59	-2,007	3	-1,047
DPS(원)	—	—	—	—	—	—
EBITDAPS(원)	195	3,096	-116	-530	-267	-768

재무 비율
(단위 : %)

연도	영업이익률	순이익률	부채비율	차입금비율	ROA	ROE	유보율	자기자본비율	EBITDA마진율
2017	-25.9	-37.2	33.6	22.9	-13.7	-16.5	1,576.3	74.9	-20.3
2016	-12.9	-5.5	25.3	16.3	-1.8	-2.5	1,830.5	79.8	-7.2
2015	-26.1	-70.3	27.3	18.5	-20.9	-24.8	1,889.1	78.6	-14.9
2014	-15.4	-13.0	9.0	0.0	-3.5	-4.5	2,392.0	91.8	-3.0

조이시티 (A067000)

JoyCity

업　　종 : 게임 소프트웨어
신용등급 : (Bond) —　　(CP) —
홈페이지 : www.joycity.com
본　　사 : 경기도 성남시 분당구 분당로 55 (서현동, 분당퍼스트타워)
시　　장 : KOSDAQ
기업규모 : 벤처
연 락 처 : 031)789-6500

설 립 일	1994.05.30	**종업원수**	304명	**대표이사**	조성원,박영호
상 장 일	2008.05.30	**감사의견**	적정(삼일)	**계　　열**	
결 산 기	12월	**보 통 주**		**종속회사수**	6개사
액 면 가	500원	**우 선 주**		**구 상 호**	JCE

주주구성 (지분율,%)		출자관계 (지분율,%)		주요경쟁사 (외형,%)	
엔드림	15.9	고도플레이	100.0	조이시티	100
디자인통	9.9	트리플더블	60.5	넥슨지티	53
(외국인)	1.0	화이트아웃	23.7	위메이드	119

매출구성		비용구성		수출비중	
모바일게임	65.7	매출원가율	0.0	수출	79.5
온라인게임	34.3	판관비율	103.0	내수	20.5
기타	0.1				

회사 개요

동사는 1994년 설립된 온라인게임의 개발 및 퍼블리싱 기업으로 2008년 코스닥 시장에 상장함. 온라인 스포츠게임 "프리스타일 시리즈"를 비롯하여, 전략시뮬레이션 전쟁게임, 보드게임, RPG, 캐주얼, 슈팅 등 다양한 장르의 모바일 게임을 서비스함. 총 7개의 비상장 게임회사를 종속회사로 두고 있음. 매출비중은 온라인게임 25.07%, 모바일게임 74.19%, 기타 매출 0.74%로 이루어져 있으며 해외매출의 비중이 약 79.5% 수준임.

실적 분석

동사의 2017년 연간 매출액은 전년 대비 27.1% 증가한 921.8억원을 기록함. 광고선전비 및 기타판관비 증가의 영향으로 판관비가 증가하였으며, 이로 인해 27.5억원의 영업손실을 시현하며 전년 대비 적자전환했음. 비영업부문에서도 0.6억원의 손실을 기록함에 따라 적자폭이 확대되었으며 2017년 연간 당기순손실은 114.9억원을 기록해 적자가 지속됨.

현금 흐름 〈단위 : 억원〉

항목	2016	2017
영업활동	60	63
투자활동	20	5
재무활동	-177	-1
순현금흐름	-98	66
기말현금	122	187

시장 대비 수익률

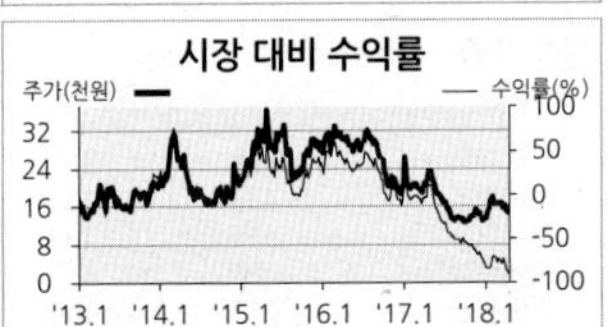

결산 실적 〈단위 : 억원〉

항목	2012	2013	2014	2015	2016	2017
매출액	630	375	465	575	725	922
영업이익	82	-10	56	83	31	-27
당기순이익	78	-93	34	11	-53	-115

분기 실적 〈단위 : 억원〉

항목	2016.3Q	2016.4Q	2017.1Q	2017.2Q	2017.3Q	2017.4Q
매출액	155	150	194	196	267	264
영업이익	10	-15	-10	-29	11	1
당기순이익	2	-63	-40	-31	8	-52

재무 상태 〈단위 : 억원〉

항목	2012	2013	2014	2015	2016	2017
총자산	822	754	728	767	588	506
유형자산	21	21	17	13	12	11
무형자산	66	34	65	66	62	70
유가증권	1	1	14	16	40	39
총부채	141	147	164	85	135	167
총차입금	5	—	—	0	—	1
자본금	58	59	59	59	59	59
총자본	681	607	565	682	453	339
지배주주지분	681	607	565	682	453	339

기업가치 지표

항목	2012	2013	2014	2015	2016	2017
주가(최고/저)(천원)	45.3/15.0	21.5/13.4	31.7/16.4	36.8/20.4	33.0/17.9	27.0/12.5
PER(최고/저)(배)	67.5/22.3	—/—	108.9/56.3	402.5/222.9	—/—	—/—
PBR(최고/저)(배)	7.7/2.5	4.1/2.6	5.6/2.9	5.8/3.2	5.6/3.0	5.4/2.5
EV/EBITDA(배)	12.6	169.4	26.3	27.5	37.3	153.3
EPS(원)	675	-798	291	91	-453	-975
BPS(원)	5,922	5,186	5,627	6,364	5,947	4,980
CFPS(원)	916	-618	470	333	-202	-663
DPS(원)	100	—	—	—	—	—
EBITDAPS(원)	954	97	651	947	512	79

재무 비율 〈단위 : %〉

연도	영업이익률	순이익률	부채비율	차입금비율	ROA	ROE	유보율	자기자본비율	EBITDA마진율
2017	-3.0	-12.5	49.4	0.3	-21.0	-29.0	896.0	67.0	1.0
2016	4.2	-7.4	29.9	0.0	-7.9	-9.4	1,089.4	77.0	8.3
2015	14.4	1.9	12.5	0.0	1.4	1.7	1,172.9	88.9	19.4
2014	12.0	7.4	29.0	0.0	4.6	5.9	1,025.3	77.5	16.5

조일알미늄 (A018470)

Choil Aluminum

업　　종 : 금속 및 광물
신용등급 : (Bond) —　　(CP) —
홈페이지 : www.choilal.co.kr
본　　사 : 경북 경산시 진량읍 공단6로 98
시　　장 : 거래소
기업규모 : 시가총액 소형주
연 락 처 : 053)856-5252

설 립 일	1985.09.19	**종업원수**	383명	**대표이사**	이영호
상 장 일	1988.11.22	**감사의견**	적정(삼정)	**계　　열**	
결 산 기	12월	**보 통 주**		**종속회사수**	
액 면 가	500원	**우 선 주**		**구 상 호**	

주주구성 (지분율,%)		출자관계 (지분율,%)		주요경쟁사 (외형,%)	
이영호	27.4	엠에스상호저축은행	5.7	조일알미늄	100
조광	22.8			고려아연	2,205
(외국인)	6.2			포스코켐텍	400

매출구성		비용구성		수출비중	
알미늄판	100.0	매출원가율	96.3	수출	18.8
알미늄판 임가공	0.0	판관비율	3.9	내수	81.2

회사 개요

동사는 알미늄판 제조 및 판매업을 사업목적으로 1985년 설립됨. Foil Stock과 Fin Stock 등 다양한 종류의 광폭 알미늄 압연제품을 생산하여 국내외에 판매하고 있음. 연속주조 라인과 슬래브주조, 열간압연 라인을 동시에 보유하고 있어 다양한 시장수요에 대처할 수 있음. 이러한 설비상의 장점을 신합금 개발과 접목시켜 경쟁력 강화에도 집중하고 있음.

실적 분석

동사의 2017년도 연간 매출액은 2,991.7억원으로 전년 대비 9.4% 증가함. 영업손실은 4.5억원으로 전년도에 이어 손실을 이어가고 있으나, 매출가격 상승과 원가절감으로 손실폭을 축소시킴. 순손실은 18.3억원으로 적자전환, 특수관계인으로부터 수증 받은 토지의 이익이 포함되어 있음. 동사의 강점인 소량 다품종 생산과 단납기를 통해 시장에 탄력적으로 대응하기 위해 노력 중임.

현금 흐름 *IFRS 별도 기준 〈단위 : 억원〉

항목	2016	2017
영업활동	-159	-79
투자활동	-58	-105
재무활동	166	162
순현금흐름	-50	-23
기말현금	249	226

시장 대비 수익률

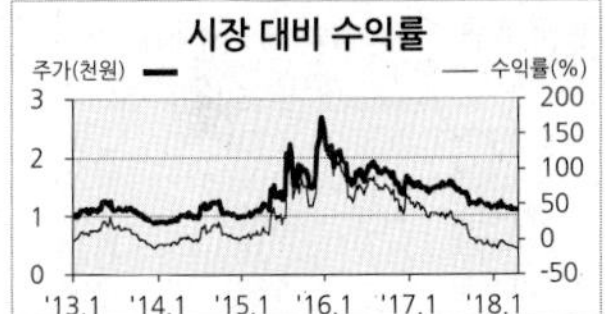

결산 실적 〈단위 : 억원〉

항목	2012	2013	2014	2015	2016	2017
매출액	3,590	3,262	3,090	2,718	2,734	2,992
영업이익	61	26	-41	-54	-20	-4
당기순이익	89	25	-20	-57	331	-18

분기 실적 *IFRS 별도 기준 〈단위 : 억원〉

항목	2016.3Q	2016.4Q	2017.1Q	2017.2Q	2017.3Q	2017.4Q
매출액	604	800	756	676	812	748
영업이익	-9	-21	22	-9	-8	-9
당기순이익	-11	-12	10	-9	-9	-10

재무 상태 *IFRS 별도 기준 〈단위 : 억원〉

항목	2012	2013	2014	2015	2016	2017
총자산	2,504	2,588	2,848	2,755	3,239	3,343
유형자산	870	915	1,167	1,374	1,331	1,326
무형자산	5	5	5	10	9	9
유가증권	12	12	14	16	16	17
총부채	790	861	1,145	1,105	1,266	1,391
총차입금	399	534	759	824	1,001	1,172
자본금	348	348	348	348	348	348
총자본	1,714	1,727	1,703	1,650	1,973	1,951
지배주주지분	1,714	1,727	1,703	1,650	1,973	1,951

기업가치 지표 *IFRS 별도 기준

항목	2012	2013	2014	2015	2016	2017
주가(최고/저)(천원)	1.8/0.8	1.3/0.9	1.3/0.9	2.8/1.0	2.4/1.3	1.6/1.1
PER(최고/저)(배)	14.7/6.6	37.1/25.3	—/—	—/—	5.1/2.9	—/—
PBR(최고/저)(배)	0.8/0.4	0.5/0.4	0.5/0.4	1.2/0.4	0.9/0.5	0.6/0.4
EV/EBITDA(배)	6.7	10.0	78.8	1,621.8	26.3	18.1
EPS(원)	128	36	-28	-82	476	-26
BPS(원)	2,462	2,481	2,447	2,371	2,835	2,804
CFPS(원)	237	115	50	-2	607	116
DPS(원)	20	15	—	15	15	15
EBITDAPS(원)	195	116	20	2	103	136

재무 비율 〈단위 : %〉

연도	영업이익률	순이익률	부채비율	차입금비율	ROA	ROE	유보율	자기자본비율	EBITDA마진율
2017	-0.2	-0.6	71.3	60.1	-0.6	-0.9	460.7	58.4	3.2
2016	-0.7	12.1	64.2	50.7	11.1	18.3	467.1	60.9	2.6
2015	-2.0	-2.1	67.0	49.9	-2.0	-3.4	374.2	59.9	0.1
2014	-1.3	-0.6	67.2	44.6	-0.7	-1.2	389.4	59.8	0.4

조흥 (A002600)

Choheung

업 종 : 식료품
신용등급 : (Bond) — (CP) A1
홈페이지 : www.choheung.co.kr
본 사 : 경기도 안산시 단원구 시화로 38 (성곡동)

시 장 : 거래소
기업규모 : 시가총액 소형주
연 락 처 : 031)310-7000

설 립 일	1959.02.11	**종업원수**	228명	**대표이사**	유익제
상 장 일	1976.12.23	**감사의견**	적정(이현)	**계 열**	
결 산 기	12월	**보 통 주**		**종속회사수**	
액 면 가	5,000원	**우 선 주**		**구 상 호**	

주주구성 (지분율,%)		출자관계 (지분율,%)		주요경쟁사 (외형,%)	
오뚜기	30.0			조흥	100
함영준	7.0			SPC삼립	1,274
				서울식품	35

매출구성		비용구성		수출비중	
이스트,빵크림,치즈 등	74.6	매출원가율	84.1	수출	0.0
치즈 등	25.2	판관비율	7.2	내수	100.0
임대료외	0.2				

회사 개요

동사는 1959년 기초화학물을 제조 판매하는 목적으로 설립하였으나, 화학제품의 생산을 중단한 뒤 현재는 식품 및 식품첨가물을 제조함. 크라운베이커리·샤니·파리크라상·기린식품 등에 제과제빵 재료와 피자치즈를 판매하고 있으며, 최대주주는 오뚜기임. 제빵원료 및 치즈가공사업은 외식산업의 성장과 젊은 층의 서구화된 식생활에 따라 지속적 성장추세임. 치즈사업부분의 시장점유율은 22%로 추정됨.

실적 분석

동사의 2017년 연결기준 연간 누적 매출액은 1621.3억원으로 전년 동기 대비 25% 증가함. 매출이 늘면서 매출 원가와 판관비도 늘었지만 매출 증가 폭이 늘어난데 따른 고정 비용 감소 효과로 영업이익은 전년 동기 대비 22.1% 증가한 140.8억원을 기록함. 비영업손익 부문에서 적자가 지속됐지만 적자 폭이 줄면서 당기순이익은 113억원으로 전년 동기 대비 39.1% 증가함.

현금 흐름 *IFRS 별도 기준 〈단위 : 억원〉

항목	2016	2017
영업활동	71	90
투자활동	-90	-122
재무활동	49	-97
순현금흐름	30	-129
기말현금	232	103

시장 대비 수익률

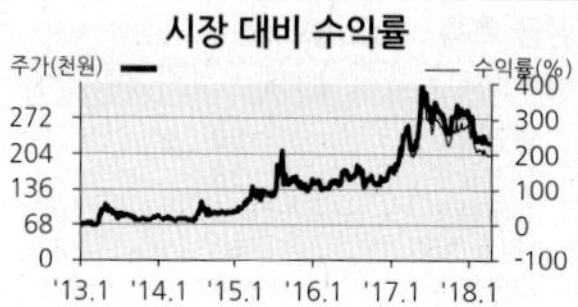

결산 실적 〈단위 : 억원〉

항목	2012	2013	2014	2015	2016	2017
매출액	962	996	1,127	1,132	1,297	1,621
영업이익	65	56	72	66	115	141
당기순이익	79	46	53	66	81	113

분기 실적 *IFRS 별도 기준 〈단위 : 억원〉

항목	2016.3Q	2016.4Q	2017.1Q	2017.2Q	2017.3Q	2017.4Q
매출액	334	355	404	385	435	398
영업이익	30	33	56	47	38	0
당기순이익	30	9	51	32	25	5

재무 상태 *IFRS 별도 기준 〈단위 : 억원〉

항목	2012	2013	2014	2015	2016	2017
총자산	1,266	1,180	1,306	1,490	1,635	1,685
유형자산	526	503	507	515	586	679
무형자산	6	6	6	6	4	5
유가증권	3	2	2	2	0	—
총부채	322	206	289	422	503	481
총차입금	260	128	185	289	367	308
자본금	30	30	30	30	30	30
총자본	944	975	1,017	1,068	1,132	1,204
지배주주지분	944	975	1,017	1,068	1,132	1,204

기업가치 지표 *IFRS 별도 기준

항목	2012	2013	2014	2015	2016	2017
주가(최고/저)(천원)	72.0/53.3	110/66.0	111/75.3	259/93.1	195/136	421/172
PER(최고/저)(배)	6.3/4.7	15.9/9.6	13.8/9.4	25.0/9.0	15.2/10.5	22.8/9.3
PBR(최고/저)(배)	0.5/0.4	0.8/0.5	0.7/0.5	1.6/0.6	1.1/0.8	2.1/0.9
EV/EBITDA(배)	4.6	4.0	4.4	8.5	6.6	9.4
EPS(원)	13,116	7,657	8,792	11,063	13,533	18,830
BPS(원)	157,286	162,441	169,429	177,946	188,612	200,652
CFPS(원)	16,807	12,856	13,168	15,192	18,067	24,337
DPS(원)	2,500	1,500	2,500	2,500	5,000	6,000
EBITDAPS(원)	14,490	14,550	16,312	15,099	23,746	28,965

재무 비율 〈단위 : %〉

연도	영업이익률	순이익률	부채비율	차입금비율	ROA	ROE	유보율	자기자본비율	EBITDA마진율
2017	8.7	7.0	39.9	25.6	6.8	9.7	3,913.0	71.5	10.7
2016	8.9	6.3	44.4	32.4	5.2	7.4	3,672.2	69.2	11.0
2015	5.8	5.9	39.6	27.0	4.8	6.4	3,458.9	71.7	8.0
2014	6.4	4.7	28.5	18.2	4.2	5.3	3,288.6	77.9	8.7

종근당 (A185750)

Chong Kun Dang Pharmaceutical

업 종 : 제약
신용등급 : (Bond) — (CP) —
홈페이지 : www.ckdpharm.com
본 사 : 서울시 서대문구 충정로 8 (충정로 3가) 종근당빌딩

시 장 : 거래소
기업규모 : 시가총액 중형주
연 락 처 : 02)2194-0300

설 립 일	2013.11.05	**종업원수**	1,904명	**대표이사**	김영주
상 장 일	2013.12.06	**감사의견**	적정(한영)	**계 열**	
결 산 기	12월	**보 통 주**		**종속회사수**	
액 면 가	2,500원	**우 선 주**		**구 상 호**	

주주구성 (지분율,%)		출자관계 (지분율,%)		주요경쟁사 (외형,%)	
종근당홀딩스	21.2	씨앤비인터내셔널	10.0	종근당	100
국민연금공단	11.6	한국능률협회컨설팅	4.9	에스티팜	23
(외국인)	16.8	TV조선-대성상생투자조합	2.4	휴젤	21

매출구성		비용구성		수출비중	
기타	67.4	매출원가율	59.3	수출	5.4
자누비아	12.8	판관비율	31.9	내수	94.6
리피로우 외	8.5				

회사 개요

종근당은 2013년 11월 2일을 분할기준일로 투자사업부문을 담당하는 존속법인 종근당홀딩스와 의약품사업부문을 담당하는 신설회사인 동사로 인적분할되어 설립됨. 동사는 2013년 12월 6일에 한국거래소 유가증권시장에 재상장되었음. 동사의 경우 연간 매출액 대비 11% 이상의 R&D 투자를 집행하고 있음. 연구인력 및 R&D 투자비용을 점차 증가시켜 나아갈 예정임.

실적 분석

2017년 연결기준 결산 매출액은 8,844억원으로 전년 매출 8,320억원 대비 6.3%의 성장을 거두었으며, 영업이익은 전년대비 27% 증가한 778억원을 기록. 전년대비 66% 성장하며 491억원의 매출을 달성한 종근당글리아티린을 필두로 동사 대표제품인 리피로우, 텔미누보, 타크로벨 등 기존제품의 성장과 2017년 도입한 센글라, 프롤리아, 프리베나 등이 매출 성장에 기여했으며, 이에 따라 영업이익도 증가함.

현금 흐름 *IFRS 별도 기준 〈단위 : 억원〉

항목	2016	2017
영업활동	578	802
투자활동	-434	-156
재무활동	-56	-409
순현금흐름	89	237
기말현금	217	454

시장 대비 수익률

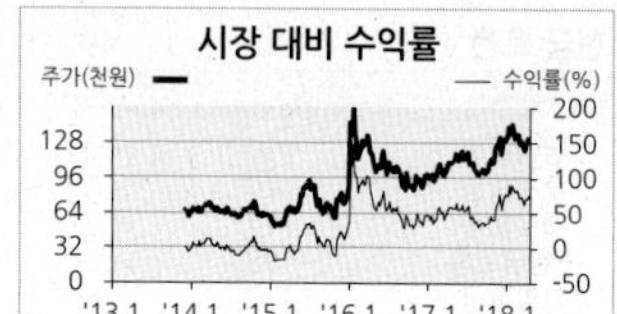

결산 실적 〈단위 : 억원〉

항목	2012	2013	2014	2015	2016	2017
매출액	—	863	5,441	5,925	8,320	8,844
영업이익	—	75	539	427	612	778
당기순이익	—	44	352	-68	409	537

분기 실적 *IFRS 별도 기준 〈단위 : 억원〉

항목	2016.3Q	2016.4Q	2017.1Q	2017.2Q	2017.3Q	2017.4Q
매출액	2,047	2,197	2,097	2,110	2,197	2,439
영업이익	222	202	168	163	237	213
당기순이익	149	132	114	112	166	144

재무 상태 *IFRS 별도 기준 〈단위 : 억원〉

항목	2012	2013	2014	2015	2016	2017
총자산	—	5,220	5,738	5,763	6,417	6,648
유형자산	—	2,147	2,152	2,280	2,447	2,372
무형자산	—	178	161	158	149	143
유가증권	—	74	159	111	99	132
총부채	—	2,238	2,423	2,617	2,874	2,632
총차입금	—	1,246	1,246	1,246	1,246	926
자본금	—	235	235	235	235	235
총자본	—	2,981	3,314	3,146	3,543	4,016
지배주주지분	—	2,981	3,314	3,146	3,543	4,016

기업가치 지표 *IFRS 별도 기준

항목	2012	2013	2014	2015	2016	2017
주가(최고/저)(천원)	—/—	67.0/59.1	74.0/58.5	95.8/51.1	159/85.2	137/92.8
PER(최고/저)(배)	0.0/0.0	155.7/137.4	21.5/17.0	—/—	38.8/20.9	25.4/17.2
PBR(최고/저)(배)	0.0/0.0	2.3/2.0	2.3/1.8	3.1/1.6	4.5/2.4	3.4/2.3
EV/EBITDA(배)	0.0	69.3	9.2	15.5	12.8	13.5
EPS(원)	—	447	3,558	-686	4,145	5,429
BPS(원)	—	31,726	35,267	33,473	37,691	42,718
CFPS(원)	—	818	5,920	1,690	6,895	8,037
DPS(원)	—	300	800	600	900	900
EBITDAPS(원)	—	1,150	7,916	6,949	9,053	10,639

재무 비율 〈단위 : %〉

연도	영업이익률	순이익률	부채비율	차입금비율	ROA	ROE	유보율	자기자본비율	EBITDA마진율
2017	8.8	6.1	67.9	25.4	8.2	14.2	1,609.4	59.6	11.3
2016	7.4	4.9	81.1	35.2	6.7	12.2	1,407.6	55.2	10.2
2015	7.2	-1.1	83.2	39.6	-1.2	-2.1	1,238.9	54.6	11.0
2014	9.9	6.5	73.1	37.6	6.4	11.2	1,310.7	57.8	13.7

종근당바이오 (A063160)

CKD Bio

업 종 : 제약
신용등급 : (Bond) — (CP) —
홈페이지 : www.ckdbio.com
본 사 : 서울시 서대문구 충정로 8 (충청로3가)
시 장 : 거래소
기업규모 : 시가총액 소형주
연 락 처 : 02)2194-0555

설 립 일	2001.11.13	**종업원수**	304명	**대 표 이 사**	이정진
상 장 일	2001.12.11	**감사의견**	적정(한영)	**계 열**	
결 산 기	12월	**보 통 주**		**종속회사수**	
액 면 가	2,500원	**우 선 주**		**구 상 호**	

주주구성 (지분율,%)		출자관계 (지분율,%)		주요경쟁사 (외형,%)	
종근당홀딩스	37.2			종근당바이오	100
국민연금공단	5.0			테라젠이텍스	91
(외국인)	10.5			삼성제약	35

매출구성		비용구성		수출비중	
Potassium Clavulanate	37.7	매출원가율	78.9	수출	80.5
기타	24.8	판관비율	13.4	내수	19.5
Rifampicin	18.6				

회사 개요

동사는 2001년 종근당에서 분할 신설되어 항생제 및 면역억제제 등의 원료의약품을 생산하여 국내외 제약회사에 공급하고 있음. 또한 완제의약품을 국내외에서 구입하여 수출 및 국내공급하고 있으며 국내제약회사의 완제의약품 등의 무역대리업무 등을 수행하고 있음. Potassium Clavulanate, DMCT, Rifampicin 등 항생제 원료가 주요 생산 품목임.

실적 분석

동사의 연결기준 2017년 매출액은 전년 대비 4.6% 증가한 1,181.9억원을 기록한 반면, 판관비는 인건비 및 경상개발비 증가의 영향으로 전년 동기 대비 7.3% 증가함에 따라 동기간 영업이익은 전년 대비 22.2% 감소한 90.3억원을 기록함. 반면, 비영업손익은 금융이익의 영향으로 전년동기대비 22.5% 증가함. 동사의 2017년 당기순이익은 법인세비용 감소에도 불구하고 전년 대비 15% 감소한 80.2억원을 기록함.

현금 흐름 *IFRS 별도 기준 〈단위 : 억원〉

항목	2016	2017
영업활동	155	204
투자활동	-111	-126
재무활동	1	-69
순현금흐름	45	8
기말현금	149	157

시장 대비 수익률

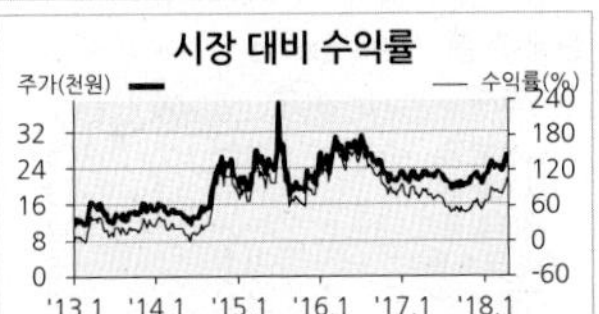

결산 실적 〈단위 : 억원〉

항목	2012	2013	2014	2015	2016	2017
매출액	1,138	1,004	1,064	1,067	1,130	1,182
영업이익	88	19	-26	80	116	90
당기순이익	71	17	-11	67	94	80

분기 실적 *IFRS 별도 기준 〈단위 : 억원〉

항목	2016.3Q	2016.4Q	2017.1Q	2017.2Q	2017.3Q	2017.4Q
매출액	294	271	300	306	288	287
영업이익	25	11	20	22	31	17
당기순이익	13	18	22	24	26	9

재무 상태 *IFRS 별도 기준 〈단위 : 억원〉

항목	2012	2013	2014	2015	2016	2017
총자산	1,854	1,755	1,651	1,706	1,809	1,795
유형자산	1,041	966	899	911	928	935
무형자산	1	1	1	0	0	12
유가증권	0	0	0	0	0	0
총부채	613	516	432	433	457	374
총차입금	287	172	103	86	116	60
자본금	131	131	131	131	131	131
총자본	1,241	1,239	1,218	1,274	1,352	1,420
지배주주지분	1,241	1,239	1,218	1,274	1,352	1,420

기업가치 지표 *IFRS 별도 기준

항목	2012	2013	2014	2015	2016	2017
주가(최고/저)(천원)	16.1/7.8	17.1/11.1	26.9/11.8	39.5/17.2	31.2/20.0	23.6/19.3
PER(최고/저)(배)	13.0/6.3	57.4/37.1	—/—	32.6/14.2	17.9/11.5	15.7/12.8
PBR(최고/저)(배)	0.7/0.4	0.8/0.5	1.2/0.5	1.7/0.7	1.2/0.8	0.9/0.7
EV/EBITDA(배)	3.7	6.6	13.1	7.5	5.7	5.3
EPS(원)	1,358	317	-211	1,272	1,804	1,533
BPS(원)	24,054	24,001	23,613	24,671	26,160	27,476
CFPS(원)	3,566	2,557	1,972	3,357	3,524	3,267
DPS(원)	350	100	100	350	400	400
EBITDAPS(원)	3,891	2,612	1,678	3,623	3,942	3,461

재무 비율 〈단위 : %〉

연도	영업이익률	순이익률	부채비율	차입금비율	ROA	ROE	유보율	자기자본비율	EBITDA마진율
2017	7.6	6.8	26.4	4.2	4.5	5.8	999.1	79.1	15.3
2016	10.3	8.4	33.9	8.6	5.4	7.2	946.4	74.7	18.2
2015	7.5	6.2	34.0	6.7	4.0	5.3	886.8	74.6	17.8
2014	-2.5	-1.0	35.5	8.4	-0.7	-0.9	844.5	73.8	8.3

종근당홀딩스 (A001630)

Chong Kun Dang Holdings

업 종 : 제약
신용등급 : (Bond) — (CP) —
홈페이지 : www.ckd-holdings.com
본 사 : 서울시 서대문구 충정로 8 종근당빌딩
시 장 : 거래소
기업규모 : 시가총액 소형주
연 락 처 : 02)6373-0600

설 립 일	1956.01.10	**종업원수**	16명	**대 표 이 사**	우영수
상 장 일	1976.06.30	**감사의견**	적정(한영)	**계 열**	
결 산 기	12월	**보 통 주**		**종속회사수**	8개사
액 면 가	2,500원	**우 선 주**		**구 상 호**	종근당

주주구성 (지분율,%)		출자관계 (지분율,%)		주요경쟁사 (외형,%)	
이장한	33.7	벨컴	91.0	종근당홀딩스	100
국민연금공단	6.3	CKD바이오헬스케어CorporateFund1호	75.0	삼진제약	54
(외국인)	10.6	종근당산업	58.0	이연제약	28

매출구성		비용구성		수출비중	
오메가3, 홍삼, 유산균, 비타민 등	24.2	매출원가율	62.9	수출	—
Potassium Clavulanate 외	22.1	판관비율	27.4	내수	—
[원료/완제 의약품]기타	21.8				

회사 개요

동사는 투자사업부문을 담당하는 종근당홀딩스(존속법인)와 의약사업부문의 종근당(신설법인)으로 2013년 11월 인적분할을 통해 지주회사 체제로 전환했음. 분할전회사인 종근당이 보유한 자회사 및 관계회사 지분을 계속 유지하게 됨. 주요 자회사는 원료의약품 전문업체인 경보제약(지분율 39.5%)과 종근당바이오(37.2%), 창업투자회사인 CKD창업투자(지분율 56.3%) 등이 있음. 완제의약품 전문 업체인 종근당의 지분은 20.6% 보유하고 있음.

실적 분석

연결대상 종속회사인 경보제약, 종근당바이오, 종근당건강 등의 실적호조에 힘입어 2017년 누적 연결기준 매출액은 전년동기 대비 34% 증가한 4,507억원을 달성함. 인건비와 연구개발비, 광고선전비 등 판관비가 늘었으나, 원가율 개선으로 영업이익은 88.7% 급증한 435억원을 시현함. 종근당 등 관계사에 대한 지분법평가이익도 늘어남에 따라 법인세 증가에도 불구하고 순이익도 57.3% 증가함.

현금 흐름 〈단위 : 억원〉

항목	2016	2017
영업활동	194	578
투자활동	-123	-487
재무활동	-51	-323
순현금흐름	19	-241
기말현금	793	552

시장 대비 수익률

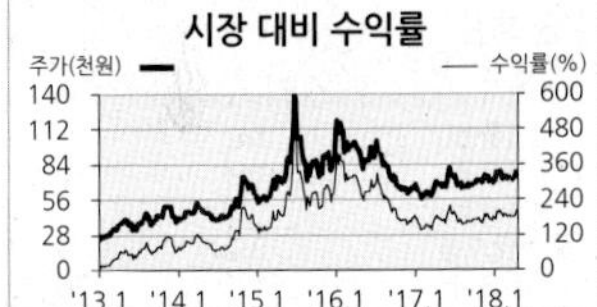

결산 실적 〈단위 : 억원〉

항목	2012	2013	2014	2015	2016	2017
매출액	5,808	5,606	1,814	2,218	3,357	4,507
영업이익	798	824	307	282	231	435
당기순이익	374	4,236	133	306	429	674

분기 실적 〈단위 : 억원〉

항목	2016.3Q	2016.4Q	2017.1Q	2017.2Q	2017.3Q	2017.4Q
매출액	1,012	961	1,050	1,163	1,147	1,148
영업이익	66	49	91	109	144	92
당기순이익	169	91	213	106	151	205

재무 상태 〈단위 : 억원〉

항목	2012	2013	2014	2015	2016	2017
총자산	7,080	2,775	3,027	5,010	7,057	8,189
유형자산	2,521	439	554	835	1,859	1,998
무형자산	200	36	45	48	280	263
유가증권	258	750	318	382	222	454
총부채	3,234	922	1,142	1,198	1,576	1,787
총차입금	1,862	363	570	493	621	474
자본금	326	91	91	112	125	125
총자본	3,847	1,853	1,885	3,812	5,480	6,402
지배주주지분	3,583	1,488	1,580	2,929	3,604	4,089

기업가치 지표

항목	2012	2013	2014	2015	2016	2017
주가(최고/저)(천원)	24.8/8.5	50.9/23.0	78.8/38.9	140/53.5	132/59.1	82.5/56.2
PER(최고/저)(배)	11.3/3.9	1.6/0.7	32.1/15.9	40.0/15.4	21.8/9.8	8.7/5.9
PBR(최고/저)(배)	1.0/0.3	1.3/0.6	1.9/0.9	2.2/0.8	1.9/0.8	1.0/0.7
EV/EBITDA(배)	6.2	1.6	6.7	14.5	12.4	7.9
EPS(원)	2,453	35,899	2,598	3,646	6,227	9,583
BPS(원)	28,554	42,448	44,979	66,689	73,078	81,622
CFPS(원)	3,916	37,729	4,602	5,748	9,756	14,388
DPS(원)	700	1,700	700	1,200	1,400	900
EBITDAPS(원)	7,580	8,948	10,443	8,859	8,406	13,487

재무 비율 〈단위 : %〉

연도	영업이익률	순이익률	부채비율	차입금비율	ROA	ROE	유보율	자기자본비율	EBITDA마진율
2017	9.7	15.0	27.9	7.4	8.8	12.5	3,164.9	78.2	15.0
2016	6.9	12.8	28.8	11.3	7.1	9.0	2,823.1	77.7	11.8
2015	12.7	13.8	31.4	12.9	7.6	6.8	2,567.6	76.1	16.7
2014	16.9	7.3	60.6	30.2	4.6	6.2	1,699.1	62.3	21.0

좋은사람들 (A033340)

GOODPEOPLE

업　　종 : 섬유 및 의복　　시　　장 : KOSDAQ
신용등급 : (Bond) —　(CP) —　　기업규모 : 중견
홈페이지 : www.gpin.co.kr　　연 락 처 : 02)320-6600
본　　사 : 서울시 마포구 양화로 162, 삼성생명동교동빌딩

설 립 일	1993.05.01	**종업원수**	381명	**대표이사**	조민
상 장 일	1997.11.03	**감사의견**	적정(세일)	**계　　열**	
결 산 기	12월	**보 통 주**		**종속회사수**	3개사
액 면 가	500원	**우 선 주**		**구　상　호**	

주주구성 (지분율,%)		출자관계 (지분율,%)		주요경쟁사 (외형,%)	
염덕회	12.0	GoodPeople(CAMBODIA)Co.	100.0	좋은사람들	100
지앤지인베스트	8.0	좋은사람들개성1공장	100.0	우노앤컴퍼니	33
(외국인)	0.6	산동한두가인상무유한공사	49.9	아즈텍WB	29

매출구성		비용구성		수출비중	
남여 내의류	100.0	매출원가율	55.6	수출	0.5
		판관비율	48.6	내수	99.5

회사 개요

동사는 1993년 설립돼 메리야스 제조와 판매업을 주요 사업으로 영위하고 있음. 1997년 코스닥 시장에 상장함. 보디가드, 섹시쿠키, 예스, 돈앤돈스, 제임스딘, 리바이스, 퍼스트올로 등의 브랜드를 운영하고 있음. 좋은사람들개성1공장과 GOOD PEOPLE (CAMBODIA) LTD를 연결대상 종속회사로 보유함. 스포츠기능성 베이스레이어를 개발하여 유통에 전개하는 등 점유율 확대를 위해 다방면으로 힘쓰고 있음.

실적 분석

2017년 연결기준 동사 매출액은 1192.8억원을 기록함. 전년도 매출인 1266.4억원에 비해 5.8% 감소한 금액임. 매출원가가 7.1% 줄고 판매비와 관리비가 2.6% 감소했으나 매출 감소폭이 이를 웃돌아 영업손실 적자폭이 커짐. 전년도엔 손실 41.6억원을 기록했으나 2017년엔 손실 49.4억원을 기록함. 비영업부문은 흑자로 돌아섰으나 당기순손실은 적자폭이 커졌음.

현금 흐름

〈단위 : 억원〉

항목	2016	2017
영업활동	54	42
투자활동	-16	-20
재무활동	0	-3
순현금흐름	35	9
기말현금	117	126

시장 대비 수익률

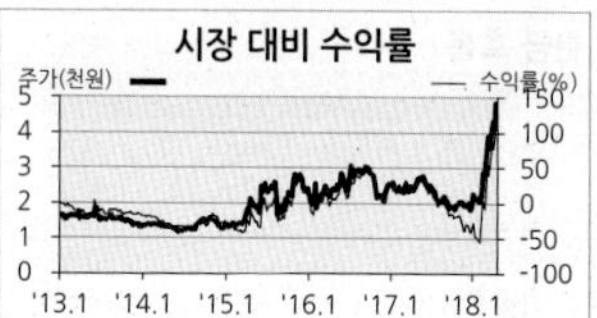

결산 실적

〈단위 : 억원〉

항목	2012	2013	2014	2015	2016	2017
매출액	1,371	1,462	1,355	1,240	1,266	1,193
영업이익	30	7	24	12	-42	-49
당기순이익	16	8	16	10	-42	-99

분기 실적

〈단위 : 억원〉

항목	2016.3Q	2016.4Q	2017.1Q	2017.2Q	2017.3Q	2017.4Q
매출액	341	295	305	328	303	257
영업이익	-4	-12	-2	6	-28	-26
당기순이익	-5	-10	-1	1	-21	-78

재무 상태

〈단위 : 억원〉

항목	2012	2013	2014	2015	2016	2017
총자산	1,173	1,167	1,154	1,143	1,114	991
유형자산	172	160	148	149	105	101
무형자산	31	38	39	40	35	38
유가증권	0	0	0	0	0	0
총부채	377	346	321	296	302	280
총차입금	177	159	132	98	98	95
자본금	122	128	129	132	132	132
총자본	796	821	833	847	811	711
지배주주지분	797	821	833	847	811	711

기업가치 지표

항목	2012	2013	2014	2015	2016	2017
주가(최고/저)(천원)	2.4/1.3	1.8/1.3	1.6/1.2	3.4/1.3	3.2/1.9	3.1/1.8
PER(최고/저)(배)	37.4/20.2	56.1/40.7	26.5/19.2	89.4/34.6	—/—	—/—
PBR(최고/저)(배)	0.7/0.4	0.6/0.4	0.5/0.4	1.0/0.4	1.0/0.6	1.1/0.6
EV/EBITDA(배)	7.8	11.3	6.7	14.8	—	—
EPS(원)	67	33	61	38	-158	-375
BPS(원)	3,372	3,317	3,345	3,311	3,177	2,799
CFPS(원)	213	170	198	158	-60	-284
DPS(원)	20	—	10	—	—	—
EBITDAPS(원)	269	164	230	166	-59	-96

재무 비율

〈단위 : %〉

연도	영업이익률	순이익률	부채비율	차입금비율	ROA	ROE	유보율	자기자본비율	EBITDA마진율
2017	-4.1	-8.3	39.3	13.4	-9.4	-13.0	459.8	71.8	-2.1
2016	-3.3	-3.3	37.3	12.1	-3.7	-5.0	535.4	72.9	-1.2
2015	1.0	0.8	35.0	11.6	0.9	1.2	562.1	74.1	3.5
2014	1.8	1.2	38.5	15.9	1.4	1.9	569.1	72.2	4.4

주노콜렉션 (A221670)

JUNO COLLECTION COLTD

업　　종 : 섬유 및 의복　　시　　장 : KONEX
신용등급 : (Bond) —　(CP) —　　기업규모 : —
홈페이지 : www.laorh.com　　연 락 처 : 031)970-2955
본　　사 : 경기도 고양시 덕양구 지도로 44 주노빌딩 2,3,4층(토당동)

설 립 일	2009.06.23	**종업원수**	명	**대표이사**	김용
상 장 일	2017.06.27	**감사의견**	적정(대주)	**계　　열**	
결 산 기	12월	**보 통 주**		**종속회사수**	
액 면 가	—	**우 선 주**		**구　상　호**	

주주구성 (지분율,%)		출자관계 (지분율,%)		주요경쟁사 (외형,%)	
김용	46.9	CONGTYTHNNJUNOCOLLECTION	100.0	주노콜렉션	100
제이엔엘	39.9			웰바이오텍	262

매출구성		비용구성		수출비중	
가방	100.0	매출원가율	67.9	수출	80.0
		판관비율	24.2	내수	20.0

회사 개요

동사는 설립 초기 핸드백 제조수출사업과 2015년부터 신규 사업으로 진행하는 OBM 국내 유통 사업(자체브랜드제품의 생산 및 판매)을 진행하고 있음. 제조수출사업은 OEM과 ODM으로 주문 받아 제공하는 사업으로 고객사 100%가 일본회사인 일본 수출 사업임. 국내 유통사업에서도 직영점, 백화점, 홈쇼핑 등의 다양한 유통채널에서 본격적인 매출이 발생되고 있음.

실적 분석

동사의 2017년도 연간 매출액은 270.5억원으로 전년도 대비 13.4% 증가함. 2017년부터는 국내 유통사업 매출 비중이 증가하고 있고, 일본 수출사업은 이미 안정기에 들어서있어 전체적인 매출은 당분간 상승곡선을 유지할 전망. 향후 베트남이 가방제조업에 안정적 환경을 제공할 것으로 판단되어 현지 공장 생산량을 3년간 매년 10% 늘려 추가 수주에 대비할 예정.

현금 흐름 *IFRS 별도 기준

〈단위 : 억원〉

항목	2016	2017
영업활동	17	-14
투자활동	-3	-13
재무활동	-2	32
순현금흐름	12	5
기말현금	14	19

시장 대비 수익률

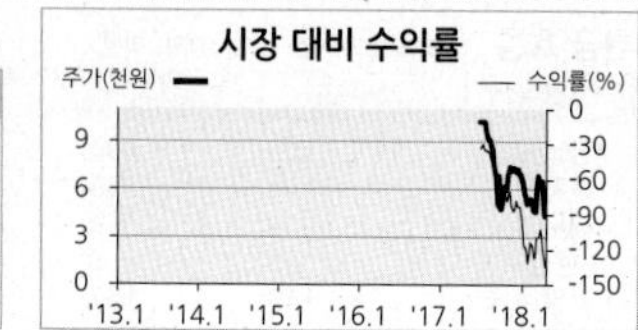

결산 실적

〈단위 : 억원〉

항목	2012	2013	2014	2015	2016	2017
매출액	—	—	195	185	239	271
영업이익	—	—	7	14	16	21
당기순이익	—	—	2	6	10	15

분기 실적 *IFRS 별도 기준

〈단위 : 억원〉

항목	2016.3Q	2016.4Q	2017.1Q	2017.2Q	2017.3Q	2017.4Q
매출액	—	—	58	—	—	—
영업이익	—	—	11	—	—	—
당기순이익	—	—	9	—	—	—

재무 상태 *IFRS 별도 기준

〈단위 : 억원〉

항목	2012	2013	2014	2015	2016	2017
총자산	—	—	125	124	151	203
유형자산	—	—	3	2	19	22
무형자산	—	—	1	1	1	1
유가증권	—	—	14	14	14	0
총부채	—	—	93	86	89	120
총차입금	—	—	79	79	78	103
자본금	—	—	4	4	8	17
총자본	—	—	32	38	61	83
지배주주지분	—	—	32	38	61	83

기업가치 지표 *IFRS 별도 기준

항목	2012	2013	2014	2015	2016	2017
주가(최고/저)(천원)	—/—	—/—	—/—	—/—	—/—	10.2/4.7
PER(최고/저)(배)	0.0/0.0	0.0/0.0	0.0/0.0	0.0/0.0	0.0/0.0	22.4/10.3
PBR(최고/저)(배)	0.0/0.0	0.0/0.0	0.0/0.0	0.0/0.0	0.0/0.0	4.1/1.9
EV/EBITDA(배)	0.0	0.0	6.1	4.4	3.2	12.5
EPS(원)	—	—	176	448	436	455
BPS(원)	—	—	91,485	109,412	77,270	2,504
CFPS(원)	—	—	11,127	23,005	20,209	541
DPS(원)	—	—	—	—	—	—
EBITDAPS(원)	—	—	24,814	45,927	32,103	732

재무 비율

〈단위 : %〉

연도	영업이익률	순이익률	부채비율	차입금비율	ROA	ROE	유보율	자기자본비율	EBITDA마진율
2017	7.9	5.6	144.2	123.6	8.5	20.9	400.8	41.0	9.0
2016	6.9	4.1	145.9	127.1	7.1	19.5	672.7	40.7	7.5
2015	7.7	3.4	224.7	205.2	5.0	17.9	994.1	30.8	8.7
2014	3.7	1.3	290.5	246.1	0.0	0.0	814.9	25.6	4.5

주성엔지니어링 (A036930)

Jusung Engineering

업 종 : 반도체 및 관련장비		시 장 : KOSDAQ	
신용등급 : (Bond) —	(CP) —	기업규모 : 우량	
홈페이지 : www.jseng.com		연 락 처 : 031)760-7000	
본 사 : 경기도 광주시 오포읍 오포로 240			

설 립 일	1995.04.13	**종업원수**	461명	**대표이사**	황철주
상 장 일	1999.12.16	**감사의견**	적정(한영)	**계 열**	
결 산 기	12월	**보 통 주**		**종속회사수**	4개사
액 면 가	500원	**우 선 주**		**구 상 호**	

주주구성 (지분율,%)		출자관계 (지분율,%)		주요경쟁사 (외형,%)	
황철주	24.2	파이온텍	9.0	주성엔지니어링	100
Grantham, Mayo, Van Otterloo & Co. LLC (GMO)	3.0	소프트에피	8.4	지스마트글로벌	35
(외국인)	8.7	제이티비씨	0.6	케이씨	210

매출구성		비용구성		수출비중	
디스플레이 장비(상품및제품)	49.8	매출원가율	57.7	수출	28.1
반도체 장비(상품및제품)	41.7	판관비율	27.0	내수	71.9
태양전지 장비(상품및제품)	8.4				

회사 개요

동사는 1993년에 설립된 현재 반도체 제조장비, 디스플레이 제조장비, 태양전지 제조장비, LED 및 OLED 제조장비 사업을 영위하고 있음. 동사는 반도체와 디스플레이, 태양전지 등에 공통으로 적용되는 증착(CVD)장비를 생산하는 업체임. 매출 비중은 2017년 기준 반도체 40.8%, 디스플레이 55.5%, 태양전지 3.7%임. 동사는 미국, 독일, 대만, 중국 등에 현지법인을 종속회사로 두고 있음.

실적 분석

동사의 2017년 연결기준 매출액은 2727억원으로 2016년 대비 1.7% 증가함. 영업이익은 417억원으로 2016년 377억원 대비 10.6% 증가함. 당기순이익은 420억원으로 2016년 326억원 대비 28.9% 증가함. 2017년은 OLED 대형 및 중소형 신규 라인 설비투자 및 TFT Layer 확대와 반도체 D램 시장의 수요회복과 미세화공정 대응을 위한 설비투자에 힘입어 디스플레이와 반도체를 중심으로 성장 사이클을 이어감.

현금 흐름

〈단위 : 억원〉

항목	2016	2017
영업활동	447	571
투자활동	-45	-152
재무활동	-381	-240
순현금흐름	19	178
기말현금	315	492

시장 대비 수익률

결산 실적

〈단위 : 억원〉

항목	2012	2013	2014	2015	2016	2017
매출액	800	1,537	1,420	1,756	2,680	2,727
영업이익	-838	10	96	153	377	417
당기순이익	-1,103	-363	-211	77	326	420

분기 실적

〈단위 : 억원〉

항목	2016.3Q	2016.4Q	2017.1Q	2017.2Q	2017.3Q	2017.4Q
매출액	630	811	761	764	619	583
영업이익	83	121	126	130	87	74
당기순이익	67	124	139	134	80	67

재무 상태

〈단위 : 억원〉

항목	2012	2013	2014	2015	2016	2017
총자산	4,075	3,709	3,033	3,077	3,275	3,153
유형자산	1,334	1,339	1,402	1,328	1,285	1,432
무형자산	74	71	128	147	122	88
유가증권	649	427	224	188	89	50
총부채	2,763	2,727	1,963	1,935	1,798	1,269
총차입금	2,234	2,065	1,442	943	395	150
자본금	206	206	241	241	241	241
총자본	1,312	982	1,070	1,142	1,477	1,884
지배주주지분	1,302	982	1,070	1,141	1,477	1,884

기업가치 지표

항목	2012	2013	2014	2015	2016	2017
주가(최고/저)(천원)	12.0/4.0	7.1/4.4	5.7/2.8	8.1/3.2	11.2/7.0	17.5/9.5
PER(최고/저)(배)	—/—	—/—	—/—	50.8/20.1	16.7/10.4	20.3/10.9
PBR(최고/저)(배)	3.9/1.3	3.1/1.9	2.6/1.3	3.4/1.4	3.7/2.3	4.5/2.4
EV/EBITDA(배)	—	37.7	14.2	17.3	10.2	11.9
EPS(원)	-2,990	-855	-466	160	676	871
BPS(원)	3,157	2,381	2,218	2,365	3,062	3,905
CFPS(원)	-2,750	-641	-227	376	926	1,093
DPS(원)	—	—	—	—	—	100
EBITDAPS(원)	-2,015	264	451	533	1,031	1,086

재무 비율

〈단위 : %〉

연도	영업이익률	순이익률	부채비율	차입금비율	ROA	ROE	유보율	자기자본비율	EBITDA마진율
2017	15.3	15.4	67.4	8.0	13.1	25.0	680.9	59.8	19.2
2016	14.1	12.2	121.7	26.7	10.3	24.9	512.4	45.1	18.6
2015	8.7	4.4	169.4	82.5	2.5	7.0	373.1	37.1	14.6
2014	6.7	-14.8	183.4	134.7	-6.3	-20.5	343.6	35.3	14.4

주연테크 (A044380)

Jooyontech

업 종 : 컴퓨터 및 주변기기		시 장 : 거래소	
신용등급 : (Bond) —	(CP) —	기업규모 : 시가총액 소형주	
홈페이지 : www.jooyon.co.kr		연 락 처 : 070)7600-3206	
본 사 : 서울시 마포구 양화로 134 (서교동) 5층			

설 립 일	1988.05.10	**종업원수**	120명	**대표이사**	김희라
상 장 일	2006.11.15	**감사의견**	적정(대성삼경)	**계 열**	
결 산 기	12월	**보 통 주**		**종속회사수**	1개사
액 면 가	100원	**우 선 주**		**구 상 호**	

주주구성 (지분율,%)		출자관계 (지분율,%)		주요경쟁사 (외형,%)	
화평홀딩스	15.7	주연글로시스	71.2	주연테크	100
김상범	4.8	주연전자	35.0	딜리	84
(외국인)	1.2	주연와이제이엠	30.5	청호컴넷	78

매출구성		비용구성		수출비중	
PC본체	85.7	매출원가율	85.7	수출	0.0
PC용 모니터외	14.3	판관비율	25.4	내수	100.0
가맹점외	0.0				

회사 개요

동사는 1988년 설립되어 PC완제품 제조 및 유통, 수출입업 등의 사업을 영위하고 있음. 530여개의 전문대리점과 TV홈쇼핑, 양판점, 할인점, 인터넷쇼핑몰 등 일반 소비자들이 접할 수 있는 모든 유통채널을 확보하여 접근성을 높임. 또한 2010년 9월부터 출시되는 전제품에 대해 2년무상 A/S를 실행하고 있으며, 직영체제로 연중무휴콜센터를 운영하는 등 적극적으로 시장에 대응하고 있음.

실적 분석

동사의 2017년 전체 매출은 609억원으로 전년대비 22.6% 증가, 영업이익은 -67.7억원으로 적자전환, 당기순이익은 -61.9억원으로 적자전환.매출 확대에도 불구하고 원가율 상승, 판매관리비 급증으로 수익성은 부진. 최근 와이제이엠게임즈와의 합작법인 주연YJM을 통해 VR(가상현실) PC방 '브리즈'(VRIZ) 홍대 본점을 오픈하고 VR사업에 전격 진출함. 동사는 채굴PC 시장에서 신제품 출시로 매출 확대에 노력

현금 흐름

〈단위 : 억원〉

항목	2016	2017
영업활동	-19	-98
투자활동	-263	60
재무활동	230	127
순현금흐름	-52	99
기말현금	81	180

시장 대비 수익률

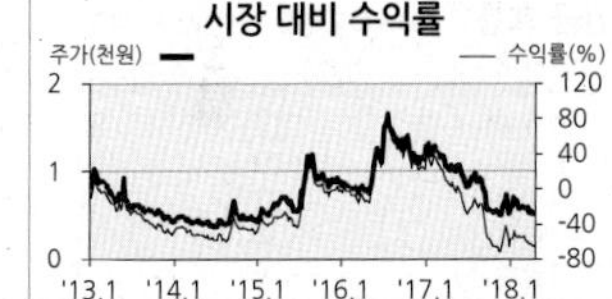

결산 실적

〈단위 : 억원〉

항목	2012	2013	2014	2015	2016	2017
매출액	747	602	428	520	497	609
영업이익	-25	-20	-17	-54	4	-68
당기순이익	-20	-13	-11	-53	9	-62

분기 실적

〈단위 : 억원〉

항목	2016.3Q	2016.4Q	2017.1Q	2017.2Q	2017.3Q	2017.4Q
매출액	109	143	148	105	103	254
영업이익	-1	-1	-27	-18	-14	-9
당기순이익	1	-2	-29	-14	-14	-5

재무 상태

〈단위 : 억원〉

항목	2012	2013	2014	2015	2016	2017
총자산	347	322	306	285	505	551
유형자산	2	1	3	3	4	47
무형자산	3	3	3	2	23	25
유가증권	2	2	0	5	44	68
총부채	71	59	56	86	176	65
총차입금	—	—	—	—	109	3
자본금	43	43	43	43	58	99
총자본	276	263	251	198	329	485
지배주주지분	276	263	251	198	328	474

기업가치 지표

항목	2012	2013	2014	2015	2016	2017
주가(최고/저)(천원)	1.4/0.4	1.2/0.5	0.8/0.4	1.4/0.5	1.9/0.9	1.3/0.5
PER(최고/저)(배)	—/—	—/—	—/—	—/—	105.4/46.5	—/—
PBR(최고/저)(배)	1.9/0.5	1.7/0.7	1.2/0.6	2.7/0.9	3.1/1.4	2.6/1.0
EV/EBITDA(배)	—	—	—	—	102.5	—
EPS(원)	-41	-27	-23	-112	16	-78
BPS(원)	708	677	649	526	612	508
CFPS(원)	-42	-28	-23	-120	21	-68
DPS(원)	—	—	—	—	—	—
EBITDAPS(원)	-56	-44	-37	-123	10	-85

재무 비율

〈단위 : %〉

연도	영업이익률	순이익률	부채비율	차입금비율	ROA	ROE	유보율	자기자본비율	EBITDA마진율
2017	-11.1	-10.2	13.5	0.6	-11.7	-13.9	408.2	88.2	-10.0
2016	0.8	1.8	53.3	33.0	2.3	3.5	512.3	65.2	1.1
2015	-10.4	-10.2	43.6	0.0	-17.9	-23.6	426.3	69.6	-10.2
2014	-4.0	-2.6	22.2	0.0	-3.5	-4.3	548.7	81.9	-3.7

줌인터넷 (A229480)

ZUM internet

업 종 : 인터넷 서비스
시 장 : KONEX
신용등급 : (Bond) — (CP) —
기업규모 : —
홈페이지 : www.zuminternet.com
연 락 처 : 02)583-4640
본 사 : 서울시 서초구 반포대로 3, 7층 (서초동, 이스트빌딩)

설 립 일	2009.06.10	**종 업 원 수**	158명	**대 표 이 사**	김우승
상 장 일	2016.06.10	**감 사 의 견**	적정(삼정)	**계 열**	
결 산 기	12월	**보 통 주**		**종속회사수**	
액 면 가	—	**우 선 주**		**구 상 호**	

주주구성 (지분율,%)		출자관계 (지분율,%)		주요경쟁사 (외형,%)	
이스트소프트	79.7			줌인터넷	100
온네트엠엔에스	7.2				

매출구성		비용구성		수출비중	
검색(용역)	56.5	매출원가율	71.2	수출	—
쇼핑 광고(용역)	23.7	판관비율	21.1	내수	—
디스플레이(용역)	19.6				

회사 개요

2009년 6월 10일 주식회사 이스트엠엔에스로 설립되어 2011년 10월 5일 주식회사 이스트인터넷과 합병하면서 상호를 주식회사 줌인터넷으로 변경함. 2016년 6월 10일 코넥스시장에 상장함. 인터넷 포털 사이트인 "줌닷컴(zum.com)"의 운영을 통해 검색, 뉴스, 커뮤니티, 쇼핑, 블로그 등 다양한 인터넷 기반의 서비스를 제공하고 있으며, 해당 서비스를 기반으로 온라인 광고상품을 판매하고 있음

실적 분석

동사의 2017년 연간 매출액은 전년 대비 16% 증가한 223.7억원을 기록함. 영업이익은 전년 대비 14.5% 증가한 17.2억원, 당기순이익은 전년 대비 67.8% 증가한 25.6억원을 기록함. 동사는 2017년 8월 한국거래소로부터 코스닥 이전상장 예비심사 미승인 통보를 받음. 미승인 사유는 영업활동이 모회사인 이스트소프트에 과도하게 의존하고 있다는 것임. 2018년에 코스닥 이전 상장을 다시 청구할 계획임.

현금 흐름 *IFRS 별도 기준

〈단위 : 억원〉

항목	2016	2017
영업활동	11	12
투자활동	-23	-19
재무활동	7	1
순현금흐름	-4	-6
기말현금	6	0

시장 대비 수익률

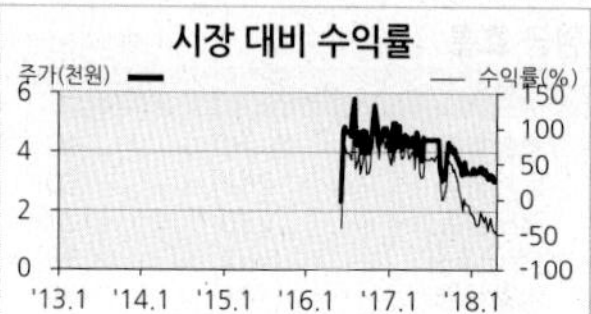

결산 실적

〈단위 : 억원〉

항목	2012	2013	2014	2015	2016	2017
매출액	—	100	152	161	193	224
영업이익	—	—	-11	2	15	17
당기순이익	—	-20	-18	1	15	26

분기 실적 *IFRS 별도 기준

〈단위 : 억원〉

항목	2016.3Q	2016.4Q	2017.1Q	2017.2Q	2017.3Q	2017.4Q
매출액	—	—	—	—	—	—
영업이익	—	—	—	—	—	—
당기순이익	—	—	—	—	—	—

재무 상태 *IFRS 별도 기준

〈단위 : 억원〉

항목	2012	2013	2014	2015	2016	2017
총자산	—	65	69	68	77	105
유형자산	—	28	30	25	22	18
무형자산	—	4	3	3	2	2
유가증권	—	—	—	—	—	—
총부채	—	163	106	101	21	22
총차입금	—	115	50	50	—	—
자본금	—	35	45	45	53	54
총자본	—	-99	-37	-33	56	83
지배주주지분	—	-99	-37	-33	56	83

기업가치 지표 *IFRS 별도 기준

항목	2012	2013	2014	2015	2016	2017
주가(최고/저)(천원)	#VALUE!	—/—	—/—	—/—	—/—	—/—
PER(최고/저)(배)	0.0/0.0	0.0/0.0	0.0/0.0	0.0/0.0	46.7/15.9	23.1/10.8
PBR(최고/저)(배)	0.0/0.0	0.0/0.0	0.0/0.0	0.0/0.0	13.0/4.4	7.2/3.4
EV/EBITDA(배)	0.0	—	—	2.0	16.9	11.4
EPS(원)	—	-238	-197	8	146	239
BPS(원)	—	-1,199	-360	-321	528	770
CFPS(원)	—	-152	-89	119	255	332
DPS(원)	—	—	—	—	—	—
EBITDAPS(원)	—	-66	-11	126	253	254

재무 비율

〈단위 : %〉

연도	영업이익률	순이익률	부채비율	차입금비율	ROA	ROE	유보율	자기자본비율	EBITDA마진율
2017	7.7	11.4	26.2	0.0	28.1	36.9	54.1	79.2	12.1
2016	7.8	7.9	38.2	0.0	21.0	전기잠식	5.6	72.4	13.6
2015	1.0	0.5	완전잠식	완전잠식	1.2	잠식지속	-173.0	-48.2	8.0
2014	-7.0	-11.6	완전잠식	완전잠식	-26.5	잠식지속	-182.0	-53.5	-0.7

중소기업은행 (A024110)

Industrial Bank Of Korea

업 종 : 상업은행
시 장 : 거래소
신용등급 : (Bond) AAA (CP) —
기업규모 : 시가총액 대형주
홈페이지 : www.ibk.co.kr
연 락 처 : 02)729-6114
본 사 : 서울시 중구 을지로 79 (을지로 2가 50), 중소기업은행본점건물

설 립 일	1961.08.01	**종 업 원 수**	12,653명	**대 표 이 사**	Kim,Do-jin
상 장 일	2003.12.24	**감 사 의 견**	적정(삼일)	**계 열**	
결 산 기	12월	**보 통 주**		**종속회사수**	65개사
액 면 가	5,000원	**우 선 주**		**구 상 호**	

주주구성 (지분율,%)		출자관계 (지분율,%)		주요경쟁사 (외형,%)	
기획재정부	51.8	아이비케이캐피탈	100.0	기업은행	100
국민연금공단	9.2	아이비케이연금보험	100.0	신한지주	146
(외국인)	23.4	아이비케이저축은행	100.0	KB금융	141

수익구성		비용구성		수출비중	
예수금,외국환, 신탁업무	0.0	이자비용	19.1	수출	—
		파생상품손실	0.9	내수	—
		판관비	14.8		

회사 개요

동사는 중소기업대출 특화 전문은행으로 중소기업대출 점유율이 22.8%로 1위 자리를 유지함. 자회사로는 캐피탈, 증권, 자산운용 등이 있음. 순이자마진(NIM)은 2017년 2분기 기준 1.94%를 기록함. 2016년 9월, 비대면 전용상품 i-ONE 놀이터예적금과 IBK평생설계 증여신탁의 판매를 개시함. 또한, 2016 아시아투데이 금융대상, 은행 및 저축은행 부문 리스크관리 최우수상을 수상한 바 있음.

실적 분석

동사의 2017년 4분기 기준 누적 영업이익은 2조283억원으로 전년 동기(1조5,236억원) 대비 32.8% 증가함. 이자수익과 비이자수익 모두 개선된 결과임. 당기순이익 역시 1조5,085억원으로 전년 1조1,646억원에서 대폭 증가. 순이자마진(NIM)은 전년(1.91%) 대비 3bp 상승한 1.94%를 기록함. 저원가성 예금 확대 및 고금리 조달구조 개선 등을 통해 순이자마진을 개선시킴.

현금 흐름

〈단위 : 억원〉

항목	2016	2017
영업활동	-40,981	31,985
투자활동	-12,191	-77,726
재무활동	54,346	44,240
순현금흐름	1,743	-2,194
기말현금	28,638	26,445

시장 대비 수익률

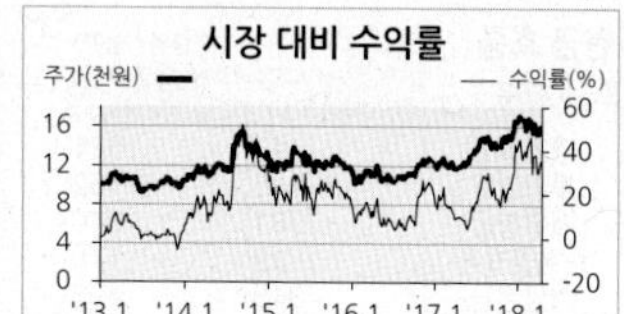

결산 실적

〈단위 : 억원〉

항목	2012	2013	2014	2015	2016	2017
이자수익	94,754	86,941	85,975	79,866	77,789	80,760
영업이익	16,123	11,424	13,883	14,997	15,326	20,283
당기순이익	11,813	8,542	10,320	11,506	11,646	15,085

분기 실적

〈단위 : 억원〉

항목	2016.3Q	2016.4Q	2017.1Q	2017.2Q	2017.3Q	2017.4Q
이자수익	19,375	19,466	19,339	19,874	20,619	20,928
영업이익	3,805	2,788	5,781	4,751	5,881	3,871
당기순이익	2,821	2,151	4,394	3,601	4,511	2,579

재무 상태

〈단위 : 억원〉

항목	2012	2013	2014	2015	2016	2017
총자산	1,982,703	2,125,828	2,197,608	2,398,428	2,568,514	2,740,697
유형자산	15,098	15,052	15,086	14,844	18,209	18,352
무형자산	1,601	2,475	3,372	3,025	2,584	2,137
유가증권	330,603	347,565	345,619	368,601	371,314	458,328
총부채	1,843,311	1,981,537	2,041,145	2,225,490	2,388,040	2,542,680
총차입금	951,648	1,042,717	1,053,565	1,118,048	1,175,336	1,215,403
자본금	32,199	32,408	32,559	32,719	32,898	32,898
총자본	139,392	144,291	156,463	172,938	180,474	198,017
지배주주지분	138,653	143,499	155,623	172,030	179,500	196,974

기업가치 지표

항목	2012	2013	2014	2015	2016	2017
주가(최고/저)(천원)	11.9/9.0	11.3/9.2	15.8/10.4	14.1/11.2	12.9/10.0	16.6/11.5
PER(최고/저)(배)	7.9/6.0	10.1/8.2	11.5/7.5	9.0/7.1	7.9/6.1	7.5/5.2
PBR(최고/저)(배)	0.7/0.5	0.6/0.5	0.8/0.5	0.6/0.5	0.5/0.4	0.6/0.4
PSR(최고/저)(배)	1/1	1/1	1/1	1/1	1/1	1/1
EPS(원)	1,833	1,311	1,578	1,747	1,762	2,282
BPS(원)	21,531	22,603	23,898	26,289	27,282	29,937
CFPS(원)	2,100	1,605	1,863	2,044	2,040	2,548
DPS(원)	400	330	430	450	480	617
EBITDAPS(원)	2,504	1,766	2,134	2,293	2,332	3,083

재무 비율

〈단위 : %〉

연도	계속사업이익률	순이익률	부채비율	차입금비율	ROA	ROE	유보율	자기자본비율	총자산증가율
2017	24.2	18.7	1,284.1	613.8	0.6	8.0	498.8	7.2	6.7
2016	19.5	15.0	1,323.2	651.3	0.5	6.6	445.6	7.0	7.1
2015	18.4	14.4	1,286.9	646.5	0.5	7.0	425.8	7.2	9.1
2014	15.6	12.0	1,304.6	673.4	0.5	6.9	378.0	7.1	3.4

중앙리빙테크 (A051980)
NEXTBIO HOLDINGS

업　　종 : 의료 장비 및 서비스　　시　　장 : KOSDAQ
신용등급 : (Bond) —　(CP) —　　기업규모 : 중견
홈페이지 : www.nextbio-holdings.com　　연 락 처 : 070)5153-3200
본　　사 : 경기도 안양시 동안구 학의로 282 (관양동,금강펜테리움IT타워 B동 617호)

설 립 일	1999.04.23	**종업원수**	6명	**대표이사**	정인철
상 장 일	2001.07.20	**감사의견**	적정(동남)	**계　열**	
결 산 기	12월	**보 통 주**		**종속회사수**	2개사
액 면 가	500원	**우 선 주**		**구　상　호**	넥스트바이오홀딩스

주주구성 (지분율,%)		출자관계 (지분율,%)		주요경쟁사 (외형,%)	
제이엔케이인베스트먼트	5.5	엔에프앤비	100.0	중앙리빙테크	100
머큐리	3.1	넥스트메디컬	100.0	원익	940
(외국인)	2.1			루트로닉	1,199

매출구성		비용구성		수출비중	
[의약품-의료기기]상품-용역	63.5	매출원가율	66.3	수출	—
[통신기기 및 장비]NID/EAD	23.8	판관비율	41.5	내수	—
[통신기기 및 장비]MSPP	7.2				

회사 개요

1994년 설립된 동사는 통신기기 및 장비 사업과 PVC 제품 및 건축자재의 제조업, 기타 생활용품의 유통 사업을 영위하고 있으며, 통신기기 및 장비의 경우 주로 기존 거래처에 대한 유지보수 업무를 수행함.PVC 제품 및 건축자재의 주요 판매처는 전국에 분포되어 있는 대리점 및 특판시장이며, 기타 생활용품의 경우 홈쇼핑, 모바일, 오픈마켓을 통해 B2C 및 B2B로 이루어져 있음. PVC 제품 및 건축자재 제조사업이 매출의 53.9%를 차지함.

실적 분석

동사의 2017년 누적매출액은 71.6억원으로 전년대비 59.9% 감소함. 비용 측면에서 매출원가와 판관비가 각각 69.2%, 36.8% 하락하면서 영업손실이 5.6억원을 기록해 적자폭이 축소됨. 2017년 중앙리빙사시를 흡수합병하고 최근 사명을 중앙리빙테크로 변경함. 사업다각화와 기업이미지 개선이 목적임. 동사는 건축자재 시장에서 친환경, 고효율 제품을 개발하고, 보다 원활한 제품 공급을 위해 주요 거점 내 물류센터를 구축을 검토 중임.

현금 흐름 〈단위 : 억원〉

항목	2016	2017
영업활동	6	-4
투자활동	-35	-4
재무활동	-29	-33
순현금흐름	-57	-40
기말현금	46	6

시장 대비 수익률

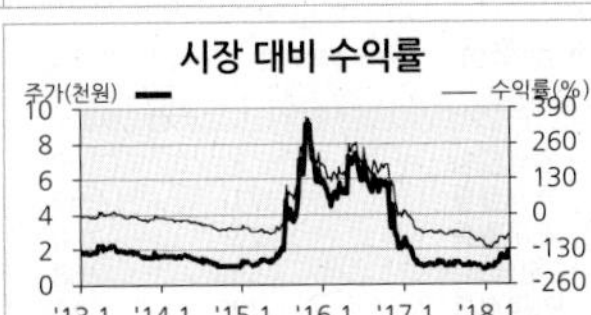

결산 실적 〈단위 : 억원〉

항목	2012	2013	2014	2015	2016	2017
매출액	536	289	205	188	179	72
영업이익	36	-44	-46	-91	-22	-6
당기순이익	38	-70	-95	-217	-37	3

분기 실적 〈단위 : 억원〉

항목	2016.3Q	2016.4Q	2017.1Q	2017.2Q	2017.3Q	2017.4Q
매출액	11	39	4	4	8	56
영업이익	-7	-18	-8	3	-5	4
당기순이익	-9	-26	-8	12	-3	2

재무 상태 〈단위 : 억원〉

항목	2012	2013	2014	2015	2016	2017
총자산	690	610	397	288	194	242
유형자산	43	39	35	34	8	95
무형자산	163	141	127	19	0	7
유가증권	3	4	2	—	17	—
총부채	230	189	80	181	71	112
총차입금	138	62	23	113	36	97
자본금	90	95	95	95	100	105
총자본	460	421	318	107	123	130
지배주주지분	506	391	298	100	117	130

기업가치 지표

항목	2012	2013	2014	2015	2016	2017
주가(최고/저)(천원)	2.3/1.7	2.3/1.5	1.7/1.0	9.1/1.0	8.4/2.0	2.7/0.8
PER(최고/저)(배)	11.7/8.4	—/—	—/—	—/—	—/—	160.7/48.8
PBR(최고/저)(배)	0.8/0.5	1.1/0.7	1.0/0.6	15.3/1.7	12.9/3.0	3.9/1.2
EV/EBITDA(배)	6.4	—	—	—	—	—
EPS(원)	197	-829	-455	-1,112	-182	17
BPS(원)	3,078	2,129	1,671	598	652	685
CFPS(원)	301	-735	-383	-1,086	-151	36
DPS(원)	—	—	—	—	—	—
EBITDAPS(원)	314	-158	-177	-467	-83	-9

재무 비율 〈단위 : %〉

연도	영업이익률	순이익률	부채비율	차입금비율	ROA	ROE	유보율	자기자본비율	EBITDA마진율
2017	-7.8	4.6	86.6	75.0	1.5	2.7	33.7	53.6	-2.5
2016	-12.5	-20.7	57.2	28.8	-15.4	-32.8	27.1	63.6	-9.1
2015	-48.2	-115.4	168.1	104.9	-63.4	-103.1	16.5	37.3	-45.7
2014	-22.3	-46.2	25.1	7.2	-18.8	-24.4	225.3	79.9	-15.9

중앙백신연구소 (A072020)
Choong Ang Vaccine Laboratory

업　　종 : 제약　　시　　장 : KOSDAQ
신용등급 : (Bond) —　(CP) —　　기업규모 : 벤처
홈페이지 : www.cavac.co.kr　　연 락 처 : 042)870-0526
본　　사 : 대전시 유성구 유성대로 1476-37

설 립 일	1994.10.04	**종업원수**	155명	**대표이사**	윤인중
상 장 일	2003.10.31	**감사의견**	적정(영앤진)	**계　열**	
결 산 기	12월	**보 통 주**		**종속회사수**	
액 면 가	500원	**우 선 주**		**구　상　호**	

주주구성 (지분율,%)		출자관계 (지분율,%)		주요경쟁사 (외형,%)	
윤인중	31.8	에스브이씨	19.0	중앙백신	100
김필봉	4.5	한수약품	2.0	테라젠이텍스	338
(외국인)	5.9	앱틱스바이오	1.0	삼성제약	132

매출구성		비용구성		수출비중	
양돈백신	46.1	매출원가율	52.5	수출	23.3
구제역	24.3	판관비율	30.1	내수	76.7
조류백신	13.4				

회사 개요

동사는 2003년 7월 코스닥시장에 상장된 동물약품 전문 제조업체로 동물 백신의 생산 판매를 주력으로 하고 있으며 사료첨가제, 구충제 등의 상품 판매도 하고 있음. 가축 종류에 따라 양돈백신, 포울샷 가금백신, 캐니샷 애견백신, 보비샷 축우백신 등의 동물 백신을 제조 판매하고 있음. 매출 비중은 2017년 기준 양돈 백신이 171.7억원으로 가장 많고, 조류백신 57.8억원, 애견백신 24.5억원을 기록함.

실적 분석

동사의 2017년 누적매출액은 218.7억원으로 전년대비 15.9% 감소함. 비용측면에서 매출원가와 판관비가 각각 20.4%, 3% 하락했지만 매출 부진의 영향으로 영업이익이 전년보다 20.6% 줄어든 55.5억원을 기록함. 구제역 백신, 애견 백신의 매출이 감소한 것이 실적 부진의 가장 큰 영향임. 동남아와 중동지역을 중심으로 13개국에 수출을 하고 있으며 중국, 이집트, 파키스탄 등 수출가능성이 높은 지역을 중심으로 수출 다변화 중임.

현금 흐름 *IFRS 별도 기준 〈단위 : 억원〉

항목	2016	2017
영업활동	77	76
투자활동	-80	-135
재무활동	58	15
순현금흐름	57	-45
기말현금	145	100

시장 대비 수익률

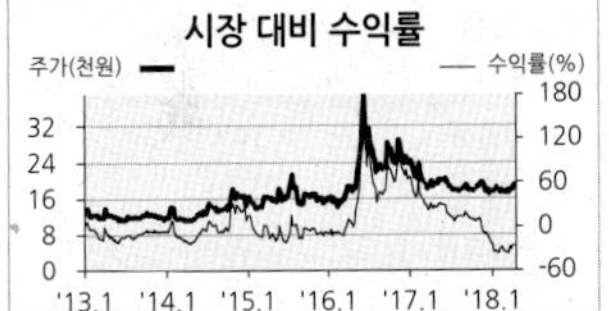

결산 실적 〈단위 : 억원〉

항목	2012	2013	2014	2015	2016	2017
매출액	193	243	296	346	379	319
영업이익	44	51	55	36	70	55
당기순이익	44	44	43	33	62	46

분기 실적 *IFRS 별도 기준 〈단위 : 억원〉

항목	2016.3Q	2016.4Q	2017.1Q	2017.2Q	2017.3Q	2017.4Q
매출액	90	98	77	75	85	82
영업이익	20	19	13	8	18	15
당기순이익	17	20	7	12	18	9

재무 상태 *IFRS 별도 기준 〈단위 : 억원〉

항목	2012	2013	2014	2015	2016	2017
총자산	508	570	606	621	735	816
유형자산	292	306	309	301	339	446
무형자산	8	11	13	13	11	10
유가증권	47	10	3	3	3	1
총부채	67	89	86	72	132	169
총차입금	27	31	35	4	66	85
자본금	37	37	37	37	37	37
총자본	441	481	520	549	604	647
지배주주지분	441	481	520	549	604	647

기업가치 지표 *IFRS 별도 기준

항목	2012	2013	2014	2015	2016	2017
주가(최고/저)(천원)	15.5/10.7	14.7/10.6	19.3/11.1	23.8/13.4	39.5/14.2	24.6/16.8
PER(최고/저)(배)	26.5/18.3	24.6/17.8	33.3/19.1	54.0/30.4	46.7/16.9	39.4/26.9
PBR(최고/저)(배)	2.6/1.8	2.3/1.6	2.8/1.6	3.2/1.8	4.8/1.7	2.8/1.9
EV/EBITDA(배)	13.1	9.6	12.3	14.3	16.6	13.3
EPS(원)	597	608	585	445	848	626
BPS(원)	6,027	6,574	7,102	7,497	8,247	8,836
CFPS(원)	882	1,073	1,006	942	1,256	1,094
DPS(원)	50	50	50	50	50	50
EBITDAPS(원)	889	1,161	1,177	994	1,363	1,226

재무 비율 〈단위 : %〉

연도	영업이익률	순이익률	부채비율	차입금비율	ROA	ROE	유보율	자기자본비율	EBITDA마진율
2017	17.4	14.4	26.2	13.1	5.9	7.3	1,667.1	79.2	28.2
2016	18.4	16.4	21.8	10.9	9.2	10.8	1,549.3	82.1	26.3
2015	10.5	9.4	13.2	0.7	5.3	6.1	1,399.5	88.4	21.0
2014	18.7	14.5	16.6	6.7	7.3	8.6	1,320.5	85.8	29.1

중앙에너비스 (A000440)
Joong Ang Enervis

업　　종 : 석유 및 가스
신용등급 : (Bond) —　　(CP) —
홈페이지 : www.enervis.co.kr
본　　사 : 서울시 용산구 한남대로 82 (한남동)
시　　장 : KOSDAQ
기업규모 : 중견
연 락 처 : 070)8707-4500

설 립 일	1946.10.01	**종업원수**	96명	**대표이사**	한상열,한상은
상 장 일	1993.03.24	**감사의견**	적정(우덕)	**계　　열**	
결 산 기	12월	**보 통 주**		**종속회사수**	1개사
액 면 가	2,500원	**우 선 주**		**구 상 호**	

주주구성 (지분율,%)		출자관계 (지분율,%)		주요경쟁사 (외형,%)	
한상열	17.1	에너비스솔라	100.0	중앙에너비스	100
한상은	16.9				17
(외국인)	0.0			흥구석유	220

매출구성		비용구성		수출비중	
일반유, LPG	73.8	매출원가율	82.8	수출	0.0
산업용, 생활용 세제등	24.9	판관비율	16.3	내수	100.0
임대수입외	1.3				

회사 개요

동사는 석유류 판매업을 주요 사업으로 영위함. 1972년 12월 SK에너지주식회사와 대리점 계약을 맺고 휘발유, 경유, 등유 등의 일반유와 LPG를 매입하여 서울, 경기, 인천지역의 직영 사업장을 판매망으로 하는 도·소매업을 하고 있으며, 직영 사업장의 경우 인근의 고정거래처와 통행차량에 대해 석유제품을 공급하고 있음. 합성세제를 제조 판매하는 대성씨앤에스를 연결대상 종속회사로 두고 있음.

실적 분석

동사의 2017년 매출액은 708.2억원으로 전년 대비 22.7% 감소함. 종속회사 감소로 인하여 매출액 및 영업이익이 감소함. 국내 석유제품 판매시장은 국내외 경기침체 및 고객의 가격 민감도 증대, 정부의 시장 자율화 및 환경 규제 강화 정책 시행, 난방용 등유 및 산업용 중질유의 수요 감소 등으로 업체간 경쟁이 심화되고 시장의 불안정성 또한 증대되고 있음.

현금 흐름

〈단위 : 억원〉

항목	2016	2017
영업활동	34	18
투자활동	1	39
재무활동	-18	-57
순현금흐름	17	0
기말현금	23	1

시장 대비 수익률

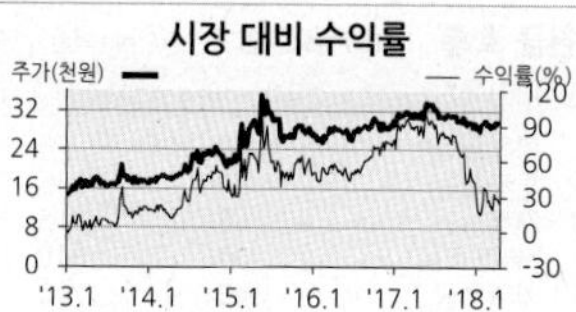

결산 실적

〈단위 : 억원〉

항목	2012	2013	2014	2015	2016	2017
매출액	1,052	864	1,014	904	916	708
영업이익	27	25	27	21	21	6
당기순이익	18	18	28	12	14	16

분기 실적

〈단위 : 억원〉

항목	2016.3Q	2016.4Q	2017.1Q	2017.2Q	2017.3Q	2017.4Q
매출액	243	287	221	167	—	—
영업이익	10	6	2	2	—	—
당기순이익	6	3	1	11	—	—

재무 상태

〈단위 : 억원〉

항목	2012	2013	2014	2015	2016	2017
총자산	580	580	743	774	775	605
유형자산	416	404	485	539	527	457
무형자산	19	21	24	23	22	21
유가증권	0	1	2	1	1	1
총부채	138	131	242	267	268	153
총차입금	104	113	182	195	190	115
자본금	31	31	31	31	31	31
총자본	442	449	501	507	508	452
지배주주지분	442	449	459	462	461	452

기업가치 지표

항목	2012	2013	2014	2015	2016	2017
주가(최고/저)(천원)	19.5/14.0	21.5/17.0	24.1/20.7	35.1/25.5	31.1/28.6	—/—
PER(최고/저)(배)	15.9/10.2	17.5/11.4	12.8/9.0	54.8/32.4	38.8/31.8	27.3/22.4
PBR(최고/저)(배)	0.6/0.4	0.6/0.4	0.6/0.5	0.9/0.5	0.8/0.6	0.8/0.7
EV/EBITDA(배)	10.4	10.8	12.8	14.6	14.9	27.7
EPS(원)	1,484	1,432	2,114	696	849	1,283
BPS(원)	40,217	40,967	42,385	42,667	42,910	42,169
CFPS(원)	2,090	2,122	3,345	2,175	2,384	2,148
DPS(원)	800	800	800	800	800	880
EBITDAPS(원)	2,813	2,735	3,360	3,193	3,226	1,381

재무 비율

〈단위 : %〉

연도	영업이익률	순이익률	부채비율	차입금비율	ROA	ROE	유보율	자기자본비율	EBITDA마진율
2017	0.9	2.3	33.9	25.5	2.3	3.5	1,586.7	74.7	2.4
2016	2.3	1.5	52.7	37.4	1.8	2.3	1,616.4	65.5	4.4
2015	2.4	1.3	52.6	38.5	1.6	1.9	1,606.7	65.5	4.4
2014	2.6	2.8	48.2	36.4	4.3	5.8	1,595.4	67.5	4.1

중앙오션 (A054180)
ChoongAng Ocean

업　　종 : 조선
신용등급 : (Bond) —　　(CP) —
홈페이지 : www.c-ocean.co.kr
본　　사 : 서울시 영등포구 여의나루로 71, 1202 (동화빌딩 12층)
시　　장 : KOSDAQ
기업규모 : 중견
연 락 처 : 02)3218-9500

설 립 일	1999.01.26	**종업원수**	56명	**대표이사**	류진형,한광호
상 장 일	2001.09.19	**감사의견**	적정(성도)	**계　　열**	
결 산 기	06월	**보 통 주**		**종속회사수**	
액 면 가	500원	**우 선 주**		**구 상 호**	

주주구성 (지분율,%)		출자관계 (지분율,%)		주요경쟁사 (외형,%)	
마리투자조합	14.0			중앙오션	100
한아름	11.3			STX중공업	1,575
				삼영이엔씨	237

매출구성		비용구성		수출비중	
조선기자재(선박블록제작)	84.9	매출원가율	82.7	수출	0.0
발전기(발전기제작)	11.3	판관비율	7.6	내수	100.0
기타	3.7				

회사 개요

동사는 씨오텍이라는 상호로 1998년 소프트웨어 개발 및 공급을 목적으로 설립되어 2001년 코스닥 시장에 상장되었으나, 매출 안정성 저하로 2010년에 조선기자재 사업을 영위하는 중앙오션과 합병하여 중앙오션으로 사명을 변경하고 초대형 선박의 선수, 선미, 프로펠아보스, 엔진룸 등의 블록제작을 주요 사업으로 영위하고 있음. 현대중공업 및 현대미포조선의 1차 협력업체임. 당기중 산업용 전동기 기업 씨엠지를 소규모 합병함.

실적 분석

6월 결산인 동사의 2017년 반기 기준 누적 매출액은 전년 동기(84.4억원) 대비 44.4% 감소한 52.5억원을 기록함. 외형 축소에 판관비까지 증가해 영업이익(-6.9억원) 적자전환. 당기순손실은 14.1억원을 시현해 전년 대비 적자폭을 대폭 축소함. 동사는 과거 메가바이온 시절 영위하였던 비수익성, 비영속성 사업 일체를 중단하고 주력사업인 조선기자재 사업에 모든 물적, 인적 역량을 집중하고 있는 것으로 알려짐.

현금 흐름 *IFRS 별도 기준

〈단위 : 억원〉

항목	2017	2018.2Q
영업활동	5	-9
투자활동	-71	-59
재무활동	125	-0
순현금흐름	59	-68
기말현금	78	10

시장 대비 수익률

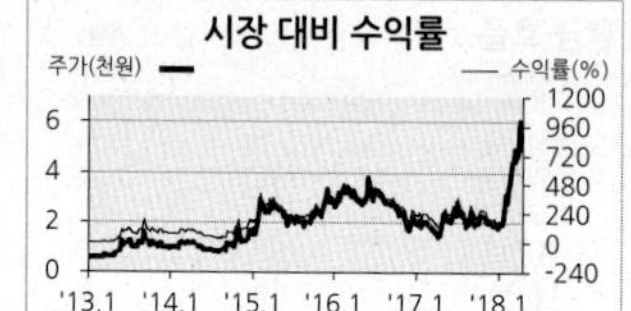

결산 실적

〈단위 : 억원〉

항목	2013	2014	2015	2016	2017	2018
매출액	204	203	178	195	160	—
영업이익	23	25	12	19	-2	—
당기순이익	59	17	36	10	-129	—

분기 실적 *IFRS 별도 기준

〈단위 : 억원〉

항목	2017.1Q	2017.2Q	2017.3Q	2017.4Q	2018.1Q	2018.2Q
매출액	41	53	33	32	26	26
영업이익	2	1	-2	-3	-5	-2
당기순이익	-35	-16	-3	-75	-8	-6

재무 상태 *IFRS 별도 기준

〈단위 : 억원〉

항목	2013	2014	2015	2016	2017	2018.2Q
총자산	464	451	477	475	553	547
유형자산	402	398	314	308	446	443
무형자산	0	0	112	112	0	0
유가증권	1	1	—	—	—	—
총부채	310	280	269	258	362	364
총차입금	244	218	242	233	347	344
자본금	109	109	109	109	109	112
총자본	154	171	207	217	191	183
지배주주지분	154	171	207	217	191	183

기업가치 지표 *IFRS 별도 기준

항목	2013	2014	2015	2016	2017	2018.2Q
주가(최고/저)(천원)	1.3/0.4	1.6/0.9	2.9/0.8	4.0/1.8	3.4/1.4	—/—
PER(최고/저)(배)	5.0/1.3	21.1/11.2	17.7/4.8	83.5/38.6	—/—	—/—
PBR(최고/저)(배)	1.9/0.5	2.1/1.1	3.1/0.8	4.0/1.8	3.9/1.6	3.4/2.1
EV/EBITDA(배)	17.0	12.6	32.9	31.9	85.4	—/—
EPS(원)	270	77	165	47	-592	-63
BPS(원)	707	783	949	993	875	820
CFPS(원)	296	110	203	91	-540	-35
DPS(원)	—	—	—	—	—	—
EBITDAPS(원)	133	146	94	129	41	-3

재무 비율

〈단위 : %〉

연도	영업이익률	순이익률	부채비율	차입금비율	ROA	ROE	유보율	자기자본비율	EBITDA마진율
2017	-1.5	-80.8	189.2	181.4	-25.2	-63.4	75.0	34.6	5.6
2016	9.6	5.3	118.9	107.6	2.2	4.9	98.6	45.7	14.5
2015	6.9	20.3	129.7	116.6	7.8	19.1	89.9	43.5	11.5
2014	12.2	8.3	163.8	127.5	3.7	10.4	56.6	37.9	15.7

지노믹트리 (A228760)

Genomictree

업 종 : 의료 장비 및 서비스
신용등급 : (Bond) — (CP) —
홈페이지 : www.genomictree.com
본 사 : 대전시 유성구 테크노10로 44-6

시 장 : KONEX
기업규모 : —
연 락 처 : 042)861-4551

설 립 일	2000.10.06	**종업원수**	16명	**대표이사**	안성환
상 장 일	2016.07.19	**감사의견**	적정(한영)	**계 열**	
결 산 기	12월	**보 통 주**		**종속회사수**	
액 면 가	—	**우 선 주**		**구 상 호**	

주주구성 (지분율,%)		출자관계 (지분율,%)		주요경쟁사 (외형,%)	
안성환	22.8	이바이오젠	16.7	지노믹트리	100
KB-솔리더스글로벌 헬스케어펀드	10.8			미코나노바이오시스	652
				엑세스바이오	7,162

매출구성		비용구성		수출비중	
유전체분석	100.0	매출원가율	107.4	수출	5.5
		판관비율	434.9	내수	94.5

회사 개요

동사는 2016년 7월에 코넥스 시장에 상장된 기업으로, 분자진단 사업을 영위하고 있음. 신규 DNA 바이오마커를 이용한 암 분자진단을 핵심사업으로 하여, 분자유전진단과 유전체분석 사업을 추진하고 있음. 분자진단 제품인 EarlyTectTM-GI SDC2를 개발하고, 국내 최초로 한국식품의약품안전처로부터 품목허가를 받았음. 2017년 12월 체외분자진단의 료기기인 EarlyTect® Colon Cancer 유럽인증(CE-IVD)을 획득함.

실적 분석

동사의 2017년 연결기준 누적 매출액은 4.5억원으로 전년동기 대비 17% 감소함. 매출원가와 판관비의 증가로 영업손실 20.1억원, 당기순손실 21.1억원을 기록하며 적자 지속함. 동사는 암 특이적 바이오마커 발굴과 이를 이용한 임상적 유용성을 증명한 분자진단 제품을 개발중임. 현재 분변을 이용한 대장암 분자진단 제품, 소변을 이용한 방광암 분자진단 제품 및 혈액을 이용한 폐암 분자진단 제품의 임상 진행 중.

현금 흐름 *IFRS 별도 기준 〈단위 : 억원〉

항목	2016	2017
영업활동	-7	-18
투자활동	20	-26
재무활동	-0	70
순현금흐름	12	26
기말현금	13	39

시장 대비 수익률

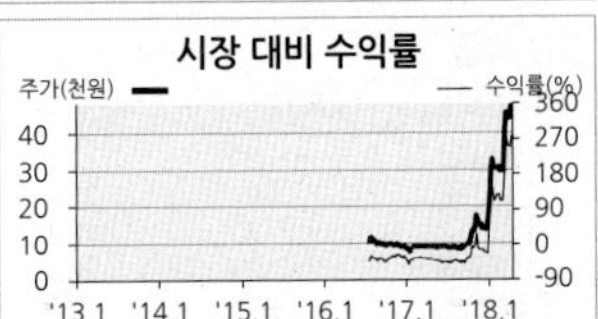

결산 실적 〈단위 : 억원〉

항목	2012	2013	2014	2015	2016	2017
매출액	—	12	—	—	5	5
영업이익	—	-1	-3	-8	-13	-20
당기순이익	—	0	-16	-8	-21	-21

분기 실적 *IFRS 별도 기준 〈단위 : 억원〉

항목	2016.3Q	2016.4Q	2017.1Q	2017.2Q	2017.3Q	2017.4Q
매출액	—	—	—	—	—	—
영업이익	—	—	—	—	—	—
당기순이익	—	—	—	—	—	—

재무 상태 *IFRS 별도 기준 〈단위 : 억원〉

항목	2012	2013	2014	2015	2016	2017
총자산	—	41	49	66	55	104
유형자산	—	16	16	24	25	28
무형자산	—	12	2	4	6	8
유가증권	—	0	1	1	1	1
총부채	—	22	21	17	20	21
총차입금	—	11	9	5	8	5
자본금	—	9	11	12	12	39
총자본	—	19	28	48	35	83
지배주주지분	—	19	28	48	35	83

기업가치 지표 *IFRS 별도 기준

항목	2012	2013	2014	2015	2016	2017
주가(최고/저)(천원)	#VALUE!	—/—	—/—	—/—	—/—	—/—
PER(최고/저)(배)	0.0/0.0	0.0/0.0	0.0/0.0	0.0/0.0	—/—	—/—
PBR(최고/저)(배)	0.0/0.0	0.0/0.0	0.0/0.0	0.0/0.0	24.3/15.6	16.4/6.8
EV/EBITDA(배)	0.0	—	—	—	—	—
EPS(원)	—	0	-284	-135	-319	-296
BPS(원)	—	10,287	12,717	2,101	1,517	1,069
CFPS(원)	—	305	-7,673	-301	-843	-277
DPS(원)	—	—	—	—	—	—
EBITDAPS(원)	—	-488	-1,328	-290	-511	-262

재무 비율 〈단위 : %〉

연도	영업이익률	순이익률	부채비율	차입금비율	ROA	ROE	유보율	자기자본비율	EBITDA마진율
2017	-442.4	-465.9	25.2	6.1	-26.6	-35.8	113.8	79.9	-412.5
2016	-236.1	-375.8	57.3	23.0	-34.1	-49.4	203.3	63.6	-214.8
2015	-73.1	-75.5	36.1	10.3	-13.8	-20.8	320.2	73.5	-61.2
2014	-31.2	-144.7	75.8	32.4	-35.7	-68.8	154.3	56.9	-23.8

지니뮤직 (A043610)

GENIE Music

업 종 : 미디어
신용등급 : (Bond) — (CP) —
홈페이지 : www.ktmusic.co.kr
본 사 : 서울시 강남구 영동대로106길 17

시 장 : KOSDAQ
기업규모 : 우량
연 락 처 : 02)3282-2600

설 립 일	1991.02.07	**종업원수**	195명	**대표이사**	김훈배
상 장 일	2000.07.13	**감사의견**	적정(삼정)	**계 열**	
결 산 기	12월	**보 통 주**		**종속회사수**	
액 면 가	500원	**우 선 주**		**구 상 호**	KT뮤직

주주구성 (지분율,%)		출자관계 (지분율,%)		주요경쟁사 (외형,%)	
케이티	45.3	KT음악컨텐츠투자조합2호	67.0	지니뮤직	100
LG유플러스	15.0	KT음악컨텐츠투자조합1호	50.0	카카오M	373
(외국인)	0.6	오스카이엔티	49.0	NHN벅스	60

매출구성		비용구성		수출비중	
음악사업매출	92.6	매출원가율	75.3	수출	—
기타매출	7.5	판관비율	23.1	내수	—

회사 개요

동사는 1991년 설립된 KT의 계열사로 음악콘텐츠의 제작, 유통 및 유무선 인터넷 기반 음악사업을 주요사업으로 하고 있음. 2013년 6월 KMP홀딩스를 흡수합병함. 동사의 음악서비스 '올레뮤직'은 2012년 기준 디지털 음악서비스 시장에서 4위를 차지하고 있고 있으며, 기존 스마트폰 어플리케이션의 지속적인 업그레이드와 모바일 환경하에서의 다양한 서비스 모델 개발을 추진하고 있음.

실적 분석

2017년 동사는 온라인 음원 스트리밍 등 주요 사업부문의 성장세를 바탕으로 매출액이 전년 동기 대비 39.9% 증가한 1,556.4억원을 기록함. 권리 원가 상승 및 신규 가입자 유치를 위한 마케팅 비용부담 증가로 영업이익이 51% 감소함. 영업권 재평가 반영 및 당해 사업연도 법인세비용 인식에 따른 당기순이익은 적자전환함. LG유플러스의 무선 고객을 위한 음악 서비스를 출시하며 B2C 사업자로서 경쟁력을 갖추어 가고 있음.

현금 흐름 *IFRS 별도 기준 〈단위 : 억원〉

항목	2016	2017
영업활동	134	79
투자활동	-110	-150
재무활동	—	267
순현금흐름	23	197
기말현금	285	481

시장 대비 수익률

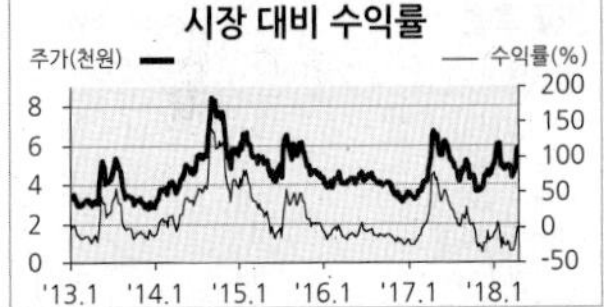

결산 실적 〈단위 : 억원〉

항목	2012	2013	2014	2015	2016	2017
매출액	314	508	863	892	1,113	1,556
영업이익	6	-22	75	19	49	24
당기순이익	-21	-51	32	34	82	-34

분기 실적 *IFRS 별도 기준 〈단위 : 억원〉

항목	2016.3Q	2016.4Q	2017.1Q	2017.2Q	2017.3Q	2017.4Q
매출액	279	327	338	388	418	412
영업이익	12	13	9	-13	11	18
당기순이익	15	43	10	-9	9	-44

재무 상태 *IFRS 별도 기준 〈단위 : 억원〉

항목	2012	2013	2014	2015	2016	2017
총자산	730	830	834	905	1,101	1,395
유형자산	30	24	22	19	14	11
무형자산	211	169	107	98	85	20
유가증권	3	2	2	104	156	3
총부채	331	483	271	308	420	485
총차입금	176	184	—	—	—	—
자본금	181	181	209	209	209	246
총자본	400	347	563	598	681	910
지배주주지분	400	347	563	598	681	910

기업가치 지표 *IFRS 별도 기준

항목	2012	2013	2014	2015	2016	2017
주가(최고/저)(천원)	3.8/1.9	5.6/2.8	9.2/2.9	6.8/3.9	4.8/3.1	6.9/3.2
PER(최고/저)(배)	—/—	—/—	118.1/37.1	84.2/48.4	24.4/15.6	—/—
PBR(최고/저)(배)	3.5/1.7	5.8/2.9	6.8/2.1	4.8/2.7	3.0/1.9	3.7/1.7
EV/EBITDA(배)	29.4	63.7	18.1	29.4	11.9	27.4
EPS(원)	-70	-141	77	81	197	-72
BPS(원)	1,105	959	1,347	1,429	1,629	1,849
CFPS(원)	32	-40	144	146	265	-7
DPS(원)	—	—	—	—	—	—
EBITDAPS(원)	121	40	246	112	185	116

재무 비율 〈단위 : %〉

연도	영업이익률	순이익률	부채비율	차입금비율	ROA	ROE	유보율	자기자본비율	EBITDA마진율
2017	1.5	-2.2	53.3	0.0	-2.7	-4.3	269.9	65.2	3.5
2016	4.4	7.4	61.6	0.0	8.2	12.9	225.9	61.9	7.0
2015	2.2	3.8	51.5	0.0	3.9	5.8	185.8	66.0	5.2
2014	8.7	3.8	48.1	0.0	3.9	7.1	169.4	67.5	11.9

지니언스 (A263860)

GENIANS

업종	일반 소프트웨어	시장	KOSDAQ
신용등급	(Bond) — (CP) —	기업규모	벤처
홈페이지	www.genians.co.kr	연락처	031)422-3823
본사	경기도 안양시 동안구 시민대로 361, 803호		

설립일	2005.01.06	종업원수	98명	대표이사	이동범
상장일	2017.08.02	감사의견	적정(삼정)	계열	
결산기	12월	보통주		종속회사수	
액면가	500원	우선주		구상호	

주주구성 (지분율,%)		출자관계 (지분율,%)		주요경쟁사 (외형,%)	
이동범	29.0	엔키	10.0	지니언스	100
프리미어 Growth-M&A 투자조합	10.0	지란지교	1.2	이글루시큐리티	289
(외국인)	1.4	GENIANS,(USA)	100.0	포시에스	62

매출구성		비용구성		수출비중	
지니안 NAC H/W	60.5	매출원가율	38.6	수출	0.4
지니안 NAC S/W	28.0	판관비율	42.9	내수	99.6
용역매출	9.3				

회사 개요

동사는 2005년 설립된 보안 솔루션 기업으로 2017년 8월 코스닥 시장에 상장하였으며, 클라우드 NAC 서비스 선두주자로 2017년 2월 세계 최대규모 보안행사인 RSA컨퍼런스를 통해 클라우드 기반 지니안 NAC를 출시하고 글로벌 서비스를 시작하였음. 국내 네트워크 접근제어(NAC) 분야 점유율 1위 기업으로 자회사인 지니언스 미국법인을 중심으로 북미, 남미, 아시아, 유럽지역 영업활동 전개 중임.

실적 분석

동사의 연결기준 2017년 연간 매출액은 전년대비 1.0% 증가한 208.1억원을 기록하며 비슷한 수준을 유지함. 매출원가를 전년 대비 12.7% 감소시키는 노력에도 불구하고, 판관비의 증가로 영업이익은 1.1% 증가한 38.5억원에 그침. 비영업손익이 전년 대비 흑자전환하며 당기순이익은7.9% 증가한 35.2억원을 시현함.

현금 흐름 〈단위 : 억원〉

항목	2016	2017
영업활동	51	23
투자활동	-7	-122
재무활동	-15	81
순현금흐름	30	-18
기말현금	58	40

시장 대비 수익률

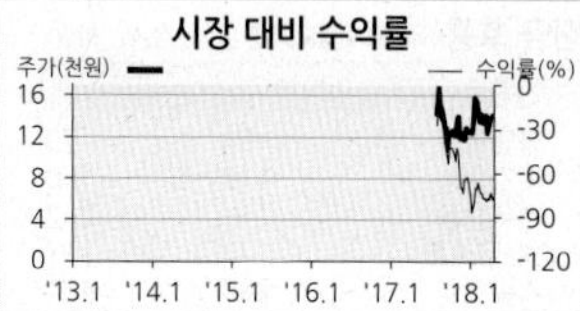

결산 실적 〈단위 : 억원〉

항목	2012	2013	2014	2015	2016	2017
매출액	90	90	126	155	206	208
영업이익	5	5	20	36	38	39
당기순이익	5	4	20	30	33	35

분기 실적 〈단위 : 억원〉

항목	2016.3Q	2016.4Q	2017.1Q	2017.2Q	2017.3Q	2017.4Q
매출액	34	—	38	—	43	—
영업이익	7	—	3	—	5	—
당기순이익	6	—	3	—	6	—

재무 상태 〈단위 : 억원〉

항목	2012	2013	2014	2015	2016	2017
총자산	128	132	157	247	268	379
유형자산	24	25	24	23	27	41
무형자산	0	1	1	7	12	13
유가증권	—	1	1	2	2	4
총부채	78	77	84	148	70	60
총차입금	31	29	31	82	5	—
자본금	5	5	5	5	6	24
총자본	51	55	73	99	197	319
지배주주지분	51	55	73	99	197	319

기업가치 지표

항목	2012	2013	2014	2015	2016	2017
주가(최고/저)(천원)	#VALUE!	—/—	—/—	—/—	—/—	—/—
PER(최고/저)(배)	0.0/0.0	0.0/0.0	0.0/0.0	0.0/0.0	0.0/0.0	21.5/13.5
PBR(최고/저)(배)	0.0/0.0	0.0/0.0	0.0/0.0	0.0/0.0	0.0/0.0	2.4/1.5
EV/EBITDA(배)	0.8	1.0	—	—	—	10.1
EPS(원)	160	129	613	899	941	806
BPS(원)	50,538	54,618	73,211	79,301	15,785	7,083
CFPS(원)	7,271	5,604	21,526	28,764	2,764	879
DPS(원)	—	—	—	—	—	100
EBITDAPS(원)	7,429	6,329	22,362	34,023	3,204	955

재무 비율 〈단위 : %〉

연도	영업이익률	순이익률	부채비율	차입금비율	ROA	ROE	유보율	자기자본비율	EBITDA마진율
2017	18.5	16.9	18.8	0.0	10.9	13.6	1,316.6	84.2	20.0
2016	18.5	15.8	35.6	2.5	12.7	22.0	3,057.0	73.8	19.4
2015	23.0	19.2	149.7	83.1	—	—	1,882.5	40.1	24.3
2014	16.2	15.5	115.0	42.8	13.6	30.7	1,364.2	46.5	17.7

*관리종목

지디 (A155960)

Global Display

업종	디스플레이 및 관련부품	시장	KOSDAQ
신용등급	(Bond) — (CP) —	기업규모	
홈페이지	www.g-display.com	연락처	070)7435-3721
본사	충북 청주시 흥덕구 대신로 146번길 174(송정동)		

설립일	2005.06.21	종업원수	135명	대표이사	신원호
상장일	2013.02.13	감사의견	거절(감사범위제한)(삼일)	계열	
결산기	12월	보통주		종속회사수	2개사
액면가	500원	우선주		구상호	

주주구성 (지분율,%)		출자관계 (지분율,%)		주요경쟁사 (외형,%)	
엘리시움	26.3	지디플러스	99.5	지디	100
송기훈	5.9	엘앤에스지디청년창업투자조합	33.3	우리이앤엘	1,249
(외국인)	5.9	센트럴투자스타웍스	19.1	우리조명	11,783

매출구성		비용구성		수출비중	
Slimming 및 ITO코팅(용역)	100.0	매출원가율	148.9	수출	0.0
		판관비율	50.2	내수	100.0

회사 개요

동사는 디스플레이 패널(LCD)의 두께를 얇게 가공하는 Slimming 및 ITO Coating이 주력 사업부문임. LCD 또는 OLED 패널 제조사로부터 합착패널을 제공받아 패널의 박형화 제조공정을 거친 후 다시 고객사로 납품하는 임가공형태의 사업을 영위하고 있음. 국내 제조사 삼성디스플레이와 LG디스플레이 등과 협력관계를 형성하고 있으며, 사업의 특성인 보안이슈, 제한적인 고객군으로 인해 대형 단일 고객사와 거래할 수 밖에 없는 특성을 가짐

실적 분석

동사의 2017년 연결기준 매출액은 127억원으로 전년대비 60.6% 감소함. 매출 원가 하락에도 불구하고 매출 감소폭이 커지면서 영업손실은 125.9억원을 기록하며 적자가 지속됨. 영업실적 정체로 당기순이익도 245.3억원의 손실 기록하며 적자지속함. 전기 순이익과의 차이는 에이치엠알을 부분 매각하여 발생된 중단영업이익이 실적에 반영된 영향에 따른 것임. 디스플레이 식각 사업 외 에너지 저장장치(ESS) 등의 사업 다각화에 노력하고 있음.

현금 흐름 〈단위 : 억원〉

항목	2016	2017
영업활동	54	2
투자활동	-141	-254
재무활동	79	49
순현금흐름	-7	-203
기말현금	259	56

시장 대비 수익률

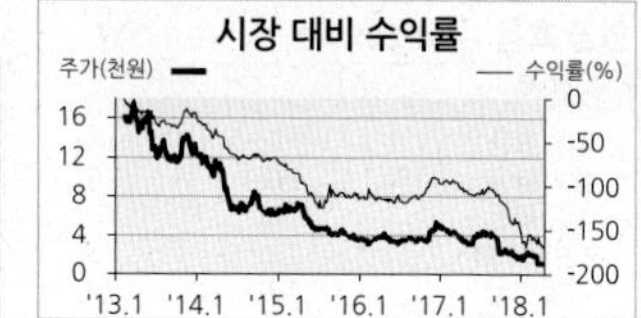

결산 실적 〈단위 : 억원〉

항목	2012	2013	2014	2015	2016	2017
매출액	854	902	723	486	322	127
영업이익	338	248	27	-68	-108	-126
당기순이익	280	238	14	-194	-146	-245

분기 실적 〈단위 : 억원〉

항목	2016.3Q	2016.4Q	2017.1Q	2017.2Q	2017.3Q	2017.4Q
매출액	69	74	54	41	30	1
영업이익	-28	-21	-24	-25	-27	-51
당기순이익	-25	-140	-21	-57	-31	-135

재무 상태 〈단위 : 억원〉

항목	2012	2013	2014	2015	2016	2017
총자산	882	1,450	1,603	1,387	1,248	1,020
유형자산	471	969	995	818	614	307
무형자산	7	12	63	9	6	7
유가증권	19	38	81	104	122	159
총부채	278	191	331	322	323	324
총차입금	119	55	224	259	254	291
자본금	48	60	91	91	91	94
총자본	603	1,259	1,272	1,065	925	696
지배주주지분	603	1,259	1,258	1,065	924	692

기업가치 지표

항목	2012	2013	2014	2015	2016	2017
주가(최고/저)(천원)	—/—	17.5/11.2	12.4/5.9	7.4/3.4	5.4/2.9	5.1/1.6
PER(최고/저)(배)	0.0/0.0	13.3/8.5	128.7/61.6	—/—	—/—	—/—
PBR(최고/저)(배)	0.0/0.0	2.6/1.6	1.8/0.9	1.3/0.6	1.1/0.6	1.4/0.4
EV/EBITDA(배)	—	5.9	4.8	3.8	13.4	—
EPS(원)	1,986	1,351	98	-991	-807	-1,337
BPS(원)	6,327	10,496	6,949	5,869	5,077	3,729
CFPS(원)	3,750	2,960	1,071	101	84	-923
DPS(원)	150	200	100	—	—	—
EBITDAPS(원)	4,370	3,049	1,126	714	296	-276

재무 비율 〈단위 : %〉

연도	영업이익률	순이익률	부채비율	차입금비율	ROA	ROE	유보율	자기자본비율	EBITDA마진율
2017	-99.1	-193.2	46.6	41.8	-21.6	-30.2	645.8	68.2	-39.6
2016	-33.5	-45.5	34.9	27.5	-11.1	-14.7	915.3	74.1	16.7
2015	-14.1	-39.9	30.2	24.3	-13.0	-15.5	1,073.8	76.8	26.7
2014	3.8	1.9	26.1	17.6	0.9	1.4	1,289.9	79.3	28.1

지란지교시큐리티 (A208350)

Jiransecurity

업 종 : 일반 소프트웨어
시 장 : KOSDAQ
신용등급 : (Bond) — (CP) —
기업규모 : 벤처
홈페이지 : www.jiransecurity.com
연 락 처 : 02)569-6110
본 사 : 서울시 강남구 역삼로 542 5층 502호(대치동, 신사제2빌딩)

설 립 일	2014.09.30	**종 업 원 수**	139명	**대 표 이 사**	윤두식
상 장 일	2014.12.24	**감 사 의 견**	적정(이촌)	**계 열**	
결 산 기	12월	**보 통 주**		**종속회사수**	
액 면 가	100원	**우 선 주**		**구 상 호**	케이비제5호스팩

주주구성 (지분율,%)		출자관계 (지분율,%)		주요경쟁사 (외형,%)	
지란지교	51.2	에스에스알	74.2	지란지교시큐리티	100
프리미어성장전략엠앤에이사모투자합자회사	10.3	모비젠	40.8	라온시큐어	49
(외국인)	1.7	쏘마	20.0	알서포트	53

매출구성		비용구성		수출비중	
SpamSniper(APT)	30.3	매출원가율	52.6	수출	—
상품매출	27.8	판관비율	25.3	내수	—
OfficeHard	16.3				

회사 개요

동사는 1994년 설립된 지란지교소프트 보안사업본부에서 2014년 1월 지란지교시큐리티라는 이름으로 분사하였으며 케이비제5호기업인수목적회사와 합병을 통해 2016년 9월 9일 코스닥시장에 상장함. 2000년 국내 정보 보안 시장 규모는 2,000억원에 불과했으나 현재는 약 2조원 규모로 성장하였음. 동사는 일본 외에도 미국 시장과 싱가포르/인도네시아/말레이시아/베트남 등 동남아시아 시장, 스웨덴을 거점으로 한 유럽 시장 진출을 시도중임.

실적 분석

동사의 2017년 연간 매출액은 전년동기대비 119.5% 이상 크게 상승한 436억원을 기록하였음. 비용면에서 전년동기대비 매출원가는 크게 증가 하였으며 인건비도 증가, 광고선전비는 크게 감소, 기타판매비와관리비는 증가함. 이와 같이 상승한 매출액 만큼 비용증가도 있었으나 매출액의 더 큰 상승에 힘입어 최종적으로 전년동기대비 당기순이익은 흑자전환하여 87.6억원을 기록함.

현금 흐름

<단위 : 억원>

항목	2016	2017
영업활동	4	64
투자활동	-17	-115
재무활동	2	150
순현금흐름	-12	99
기말현금	50	149

시장 대비 수익률

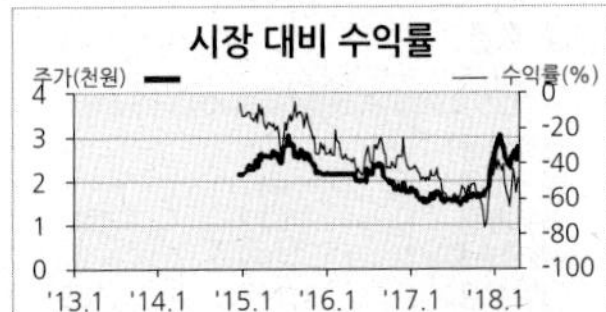

결산 실적

<단위 : 억원>

항목	2012	2013	2014	2015	2016	2017
매출액	—	—	96	155	199	436
영업이익	—	—	14	31	28	97
당기순이익	—	—	7	25	-19	88

분기 실적

<단위 : 억원>

항목	2016.3Q	2016.4Q	2017.1Q	2017.2Q	2017.3Q	2017.4Q
매출액	31	—	—	—	93	—
영업이익	-7	—	—	—	-5	—
당기순이익	-52	—	—	—	-1	—

재무 상태

<단위 : 억원>

항목	2012	2013	2014	2015	2016	2017
총자산	—	—	71	115	281	696
유형자산	—	—	3	3	3	23
무형자산	—	—	7	8	5	259
유가증권	—	—	—	0	47	25
총부채	—	—	51	35	73	208
총차입금	—	—	31	—	22	95
자본금	—	—	10	27	32	39
총자본	—	—	20	80	208	489
지배주주지분	—	—	20	80	208	383

기업가치 지표

항목	2012	2013	2014	2015	2016	2017
주가(최고/저)(천원)	—/—	—/—	2.2/2.1	3.1/2.2	2.5/1.7	2.5/1.5
PER(최고/저)(배)	0.0/0.0	0.0/0.0	92.4/92.1	34.9/24.4	—/—	15.5/9.0
PBR(최고/저)(배)	0.0/0.0	0.0/0.0	31.0/30.9	12.7/8.9	3.9/2.7	2.5/1.5
EV/EBITDA(배)	0.0	0.0	4.8	1.3	13.0	7.8
EPS(원)	—	—	24	90	-59	162
BPS(원)	—	—	852	3,431	642	993
CFPS(원)	—	—	708	1,233	-46	196
DPS(원)	—	—	—	—	17	10
EBITDAPS(원)	—	—	1,072	1,486	98	300

재무 비율

<단위 : %>

연도	영업이익률	순이익률	부채비율	차입금비율	ROA	ROE	유보율	자기자본비율	EBITDA마진율
2017	22.2	20.1	42.5	19.5	17.9	20.0	893.1	70.2	25.0
2016	14.0	-9.6	35.0	10.6	-9.7	-13.3	542.1	74.1	16.1
2015	20.2	16.3	43.5	0.0	27.3	50.8	193.8	69.7	22.4
2014	15.0	6.9	257.2	154.7	0.0	0.0	98.8	28.0	24.0

지성이씨에스 (A138290)

ZISUNG ECS CO

업 종 : 건설
시 장 : KONEX
신용등급 : (Bond) — (CP) —
기업규모 : —
홈페이지 : www.zisung.co.kr
연 락 처 : 02)517-1148
본 사 : 경기도 남양주시 별내3로 340, 4층 403-1(별내동, 천보프라자)

설 립 일	2002.04.18	**종 업 원 수**	42명	**대 표 이 사**	윤남식
상 장 일	2015.11.30	**감 사 의 견**	적정(삼덕)	**계 열**	
결 산 기	12월	**보 통 주**		**종속회사수**	
액 면 가	—	**우 선 주**		**구 상 호**	

주주구성 (지분율,%)		출자관계 (지분율,%)		주요경쟁사 (외형,%)	
윤남식	18.3	에스엔씨건설	100.0	지성이씨에스	100
박재만	15.7			엄지하우스	465
				청광종건	

매출구성		비용구성		수출비중	
사면보강사업	44.8	매출원가율	70.9	수출	0.0
건축공사업	42.9	판관비율	16.0	내수	100.0
토목공사업	11.4				

회사 개요

동사는 2002년 4월 18일 설립되었으며 사면보강사업과 관급공사업, 자체개발사업(마크타워 : 소형오피스텔 및 도시형생활주택 브랜드)등 크게 3가지의 사업을 영위하고 있음. 건설업의 경우 2013년 말 기준 건설협회 등록 약 10,000여개의 업체가 건설시장에 존재함. 2017년 기준 전체 매출액에서 사면보강사업이 49.8%, 건축공사업이 43.17%, 토목공사업이 5.2%를 차지함.

실적 분석

동사의 2017년 매출액은 207.8억원으로 전년 대비 15.4% 감소함. 매출원가 감소로 영업이익은 27.3억원을 시현하며 전년 대비 27.6% 증가. 당기순이익 또한 전년동기대비 36.1% 증가한 24.8억원을 기록함. 국내건설경기의 지속적인 침체로 건설수주 규모 또한 감소한 영향으로 외형 축소함. 시공 시 필요한 자재의 대부분을 자회사인 ㈜에스엔씨건설을 통해 조달함으로써 품질과 가격경쟁력을 확보 중.

현금 흐름 *IFRS 별도 기준

<단위 : 억원>

항목	2016	2017
영업활동	-42	83
투자활동	-7	-20
재무활동	19	-22
순현금흐름	-30	41
기말현금	15	56

시장 대비 수익률

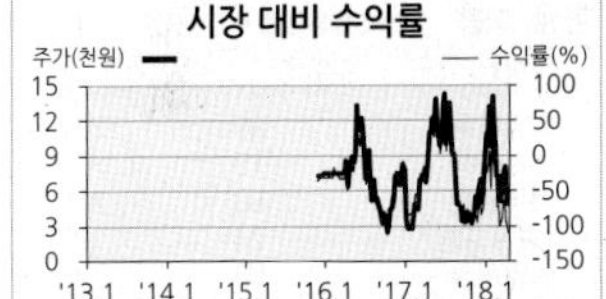

결산 실적

<단위 : 억원>

항목	2012	2013	2014	2015	2016	2017
매출액	151	148	184	187	246	208
영업이익	12	6	16	27	21	27
당기순이익	14	3	14	27	18	25

분기 실적 *IFRS 별도 기준

<단위 : 억원>

항목	2016.3Q	2016.4Q	2017.1Q	2017.2Q	2017.3Q	2017.4Q
매출액	—	—	—	—	—	—
영업이익	—	—	—	—	—	—
당기순이익	—	—	—	—	—	—

재무 상태 *IFRS 별도 기준

<단위 : 억원>

항목	2012	2013	2014	2015	2016	2017
총자산	135	153	154	186	232	233
유형자산	26	25	28	36	35	34
무형자산	3	2	1	0	0	0
유가증권	6	20	20	20	28	5
총부채	39	55	44	61	90	68
총차입금	11	19	16	20	39	20
자본금	24	24	24	24	24	24
총자본	96	98	110	125	142	166
지배주주지분	96	98	110	125	142	166

기업가치 지표 *IFRS 별도 기준

항목	2012	2013	2014	2015	2016	2017
주가(최고/저)(천원)	—/—	—/—	—/—	7.5/6.4	14.2/2.4	15.8/2.5
PER(최고/저)(배)	0.0/0.0	0.0/0.0	0.0/0.0	6.6/5.7	18.8/3.2	15.1/2.4
PBR(최고/저)(배)	0.0/0.0	0.0/0.0	0.0/0.0	1.4/1.2	2.3/0.4	2.2/0.3
EV/EBITDA(배)	—	—	—	5.2	9.1	4.7
EPS(원)	575	147	607	1,168	774	1,053
BPS(원)	4,117	4,186	4,716	5,697	6,420	7,424
CFPS(원)	683	246	687	1,234	815	1,087
DPS(원)	—	—	—	80	80	80
EBITDAPS(원)	616	349	757	1,232	951	1,195

재무 비율

<단위 : %>

연도	영업이익률	순이익률	부채비율	차입금비율	ROA	ROE	유보율	자기자본비율	EBITDA마진율
2017	13.2	11.9	40.8	12.1	10.7	16.1	642.4	71.0	13.5
2016	8.7	7.4	63.0	27.3	8.7	13.6	542.1	61.4	9.1
2015	14.7	14.7	49.0	16.0	16.2	23.4	469.7	67.1	15.5
2014	8.6	7.8	39.7	14.6	9.3	13.8	371.6	71.6	9.7

지스마트글로벌 (A114570)

G-SMATT GLOBAL

업　　종 : 반도체 및 관련장비　　시　　장 : KOSDAQ
신용등급 : (Bond) —　(CP) —　　기업규모 : 우량
홈페이지 : www.niceseti.com, www.g-smattg　　연 락 처 : 070)4896-5047
본　　사 : 서울시 강남구 역삼로 556, 2층, 4층, 5층(대치동, 서울아카데미빌딩)

설 립 일	2000.05.26	**종업원수**	99명	**대표이사**	이기성
상 장 일	2010.02.04	**감사의견**	적정(세림)	**계　　열**	
결 산 기	12월	**보 통 주**		**종속회사수**	
액 면 가	500원	**우 선 주**		**구 상 호**	에스이티아이

주주구성 (지분율,%)		출자관계 (지분율,%)		주요경쟁사 (외형,%)	
지스마트	19.7	디지펀아트협회	33.3	지스마트글로벌	100
조형섭	1.6	평택시민축구단	20.0	케이씨	596
(외국인)	3.0	G-SmattHongKong	20.0	젬백스	50

매출구성		비용구성		수출비중	
[상품]LED전광유리	65.0	매출원가율	60.4	수출	9.6
[제품]PKG	19.9	판관비율	17.4	내수	90.4
[로열티]LED전광유리	11.1				

회사 개요

동사는 2000년에 설립되어 비메모리 반도체의 일종인 CMOS 이미지 센서의 개발과 판매를 전문으로 하는 팹리스(Fabless)업체로 주로 카메라폰과 노트북에 사용되는 2만 5천 화소급부터 2백만 화소급 제품까지의 이미지센서 판매 사업을 영위함. 2014년 1월에 사업다각화를 위하여 LED 투명 전광유리(SMART GLASS) 도소매업을 사업목적에 추가하여 매출 증대를 도모하고 있음.

실적 분석

동사의 2017년 결산 매출액은 전년대비 6.7% 증가한 961.6억원을 기록함. 매출 성장은 주로 SMART GLASS의 판매 증가에 기인함. 매출액 증가에 따른 고정비 부담 완화로 영업이익 213.5억원, 당기순이익 139.7억원을 보이며 수익성이 개선됨. 다만 외환차손 증가로 비영업수지는 다소 악화됨. 당기 품목별 매출비중은 이미지센서 2.8%, SMART GLASS 97.2%로 구성됨.

현금 흐름 *IFRS 별도 기준 〈단위 : 억원〉

항목	2016	2017
영업활동	-99	-244
투자활동	-13	-25
재무활동	88	238
순현금흐름	-24	-32
기말현금	58	26

시장 대비 수익률

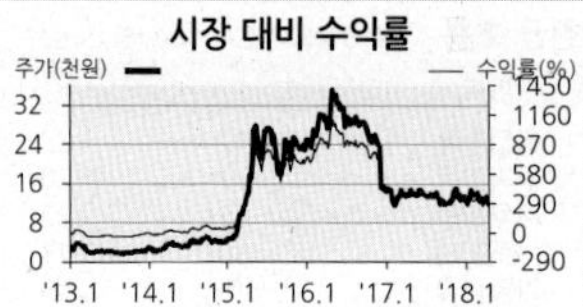

결산 실적 〈단위 : 억원〉

항목	2012	2013	2014	2015	2016	2017
매출액	418	257	262	471	902	962
영업이익	3	-35	21	81	192	213
당기순이익	-48	-52	12	102	133	140

분기 실적 *IFRS 별도 기준 〈단위 : 억원〉

항목	2016.3Q	2016.4Q	2017.1Q	2017.2Q	2017.3Q	2017.4Q
매출액	241	289	144	293	284	240
영업이익	65	41	30	75	65	43
당기순이익	57	-14	21	39	51	28

재무 상태 *IFRS 별도 기준 〈단위 : 억원〉

항목	2012	2013	2014	2015	2016	2017
총자산	292	343	343	882	1,150	1,697
유형자산	11	7	27	11	10	9
무형자산	43	33	46	152	128	122
유가증권	—	—	13	101	107	104
총부채	107	183	102	241	277	586
총차입금	64	73	28	187	192	327
자본금	57	62	80	91	99	103
총자본	184	160	240	641	873	1,112
지배주주지분	184	160	240	641	873	1,112

기업가치 지표 *IFRS 별도 기준

항목	2012	2013	2014	2015	2016	2017
주가(최고/저)(천원)	3.0/1.7	3.8/2.2	5.2/4.5	30.1/14.3	35.5/11.4	—/—
PER(최고/저)(배)	—/—	—/—	65.6/27.6	50.9/7.6	52.3/21.0	22.7/16.6
PBR(최고/저)(배)	1.9/0.8	3.0/1.3	3.5/1.5	8.5/1.3	8.0/3.2	2.9/2.1
EV/EBITDA(배)	11.3	—	19.8	42.6	14.4	13.5
EPS(원)	-576	-438	79	593	679	686
BPS(원)	1,605	1,297	1,510	3,529	4,414	5,385
CFPS(원)	-299	-317	180	716	760	745
DPS(원)	—	—	—	—	—	—
EBITDAPS(원)	324	-172	239	591	1,062	1,107

재무 비율 〈단위 : %〉

연도	영업이익률	순이익률	부채비율	차입금비율	ROA	ROE	유보율	자기자본비율	EBITDA마진율
2017	22.2	14.5	52.7	29.4	9.8	14.1	977.0	65.5	23.5
2016	21.3	14.8	31.8	22.0	13.1	17.6	782.7	75.9	23.1
2015	17.1	21.7	37.5	29.2	16.7	23.2	605.8	72.7	21.6
2014	8.0	4.7	42.5	11.6	3.6	6.1	201.9	70.2	13.8

지알티 (A900290)

Great Rich Technologies

업　　종 : 용기 및 포장　　시　　장 : KOSDAQ
신용등급 : (Bond) —　(CP) —　　기업규모 :
홈페이지 : 0　　연 락 처 : 852-3645-8129
본　　사 : Room 01, 21/F, Prosper Commercial Building, 9 Yin Chong Street, Kowloon, Hong Kong

설 립 일	2012.09.11	**종업원수**	587명	**대표이사**	주영남
상 장 일	2016.10.25	**감사의견**	적정(이촌)	**계　　열**	
결 산 기	06월	**보 통 주**		**종속회사수**	
액 면 가	—	**우 선 주**		**구 상 호**	

주주구성 (지분율,%)		출자관계 (지분율,%)		주요경쟁사 (외형,%)	
주영남	38.8	강소춘휘광전과기유한공사	100.0	GRT	100
CDIB Capital Asia Partners L.P.	12.2	강음통리광전과기유한공사	100.0	삼보판지	136
(외국인)	70.3			율촌화학	206

매출구성		비용구성		수출비중	
광학보호필름	53.3	매출원가율	65.4	수출	—
포장필름	40.3	판관비율	4.9	내수	—
블루라이트 필름	5.8				

회사 개요

동사는 해외상장을 목적으로 2012년 09월 11일 홍콩지주회사인 "그레이트리치과기유한공사(Great Rich Technologies Limited)"를 설립하였음. 동사는 TFT-LCD 광학막, TFT-LCD 광학보호막, 기능성박막재료(표면보호막) 및 기타플라스틱제품, 전자제품의연구, 개발, 제조, 가공, 플라스틱입자, 철물 및 배전교류설비, 방직원료의 판매. 각종상품 및 기술의 수출입업무 및 수출입업무대리 주력사업임.

실적 분석

동사의 2017년 4분기 연결기준 누적 매출액은 전년 동기 대비 41.3% 증가한 1,558.5억원을 기록한 반면, 동기간 판관비는 3.8% 증가에 그침에 따라 영업이익은 전년 동기 대비 12.2% 증가한 347.1억원을 기록하였음. 한편, 외화환산손실 규모가 확대됨에 따라 비영업손익 적자상태가 지속되었음. 이에 따라 동사의 2017년 4분기 누적 당기순이익은 전년동기 대비 12.3% 증가한 285.6억원을 기록함.

현금 흐름 〈단위 : 억원〉

항목	2017	2018.2Q
영업활동	78	257
투자활동	-442	7
재무활동	613	-235
순현금흐름	249	27
기말현금	1,191	1,189

시장 대비 수익률

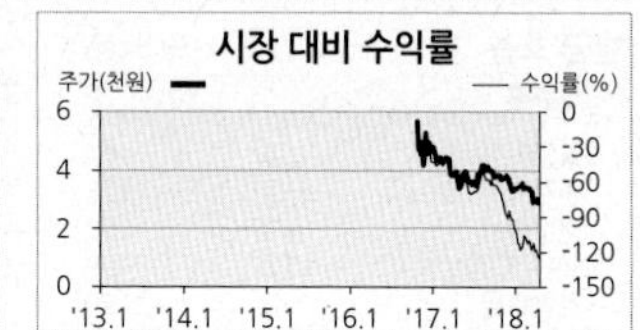

결산 실적 〈단위 : 억원〉

항목	2013	2014	2015	2016	2017	2018
매출액	—	—	1,534	1,708	2,387	—
영업이익	—	—	484	507	591	—
당기순이익	—	—	358	364	481	—

분기 실적 〈단위 : 억원〉

항목	2017.1Q	2017.2Q	2017.3Q	2017.4Q	2018.1Q	2018.2Q
매출액	472	630	570	715	740	823
영업이익	140	169	134	147	163	185
당기순이익	113	141	108	119	132	154

재무 상태 〈단위 : 억원〉

항목	2013	2014	2015	2016	2017	2018.2Q
총자산	—	—	1,783	2,649	3,678	3,814
유형자산	—	—	474	1,205	1,479	1,384
무형자산	—	—	0	0	—	—
유가증권	—	—	—	—	—	—
총부채	—	—	1,067	960	763	741
총차입금	—	—	843	701	478	392
자본금	—	—	0	500	1,292	1,260
총자본	—	—	716	1,689	2,915	3,073
지배주주지분	—	—	716	1,689	2,915	3,073

기업가치 지표

항목	2013	2014	2015	2016	2017	2018.2Q
주가(최고/저)(천원)	—/—	—/—	—/—	—/—	—/—	—/—
PER(최고/저)(배)	0.0/0.0	0.0/0.0	0.0/0.0	0.0/0.0	10.1/4.4	—/—
PBR(최고/저)(배)	0.0/0.0	0.0/0.0	0.0/0.0	0.0/0.0	1.8/0.8	0.9/0.7
EV/EBITDA(배)	0.0	0.0	—	—	2.5	—/—
EPS(원)	—	—	1,626,518,909	1,448	775	424
BPS(원)	—	—	715,985,110	3,378	4,327	4,562
CFPS(원)	—	—	688,957,768	1,560	923	503
DPS(원)	—	—	—	—	—	—
EBITDAPS(원)	—	—	914,165,232	2,129	1,100	595

재무 비율 〈단위 : %〉

연도	영업이익률	순이익률	부채비율	차입금비율	ROA	ROE	유보율	자기자본비율	EBITDA마진율
2017	24.7	20.1	26.2	16.4	15.2	20.9	125.6	79.3	28.6
2016	29.7	21.3	56.8	41.5	16.4	30.3	237.6	63.8	31.3
2015	31.6	23.3	149.1	117.7	0.0	0.0	511,417,835.7	40.2	33.4
2014	0.0	0.0	0.0	0.0	0.0	0.0	0.0	0.0	0.0

지어소프트 (A051160)

GAEASOFT

업 종 : 도소매 | 시 장 : KOSDAQ
신용등급 : (Bond) — (CP) — | 기업규모 : 중견
홈페이지 : www.gaeasoft.co.kr | 연 락 처 : 02)2155-5100
본 사 : 서울시 서초구 강남대로 327, 대륭서초타워 12,13층

설 립 일	1998.08.13	**종업원수**	203명	**대표이사**	오형돈,박승준
상 장 일	2002.05.15	**감사의견**	적정(두레)	**계 열**	
결 산 기	12월	**보 통 주**		**종속회사수**	2개사
액 면 가	500원	**우 선 주**		**구 상 호**	디지털오션

주주구성 (지분율,%)		출자관계 (지분율,%)		주요경쟁사 (외형,%)	
김영준	12.5	오아시스	79.4	지어소프트	100
김수철	9.8	우리인베스트먼트	53.7	피씨디렉트	226
(외국인)	1.1	와이티엔디엠비	9.8	부방	382

매출구성		비용구성		수출비중	
상품매출	49.8	매출원가율	82.4	수출	0.0
모바일 서비스 및 모바일솔루션/플랫폼	35.5	판관비율	16.7	내수	100.0
온라인 광고	14.6				

회사 개요

동사는 1998년에 설립되어 1) 유무선 시스템 개발, 운영, 유지보수 및 마케팅 등 IT 전 영역의 대한 토털 서비스를 제공하는 IT서비스부문과 2) 온/오프라인,모바일,SNS 광고&마케팅 등 온라인을 중심으로 한 통합 마케팅 커뮤니케이션서비스를 제공하는 미디어사업부문, 3) 농,수산물 직거래를 통한 유기농마켓을 운영하는 유통부문의 사업을 영위하고 있음. 동사의 종속회사로는 우리네트웍스와 우리인베스트먼트가 있음.

실적 분석

2017년 결산 연결 기준 누적 매출액은 1,004.7억원으로 전년 동기 대비 56.6% 증가했고, 영업이익은 9.0억원으로 전년 동기 15.8억원 적자에서 흑자전환함. 동사는 2016년도에 시작된 유통부문의 사업이 성장하면서 매출이 크게 늘었음. 매출에서 유기농식품 판매가 차지하는 비중은 58.76%이고, IT서비스가 29.39%, 디지털 온라인 광고대행이 1.85%임.

현금 흐름

〈단위 : 억원〉

항목	2016	2017
영업활동	51	-2
투자활동	-43	-16
재무활동	21	18
순현금흐름	28	3
기말현금	36	39

시장 대비 수익률

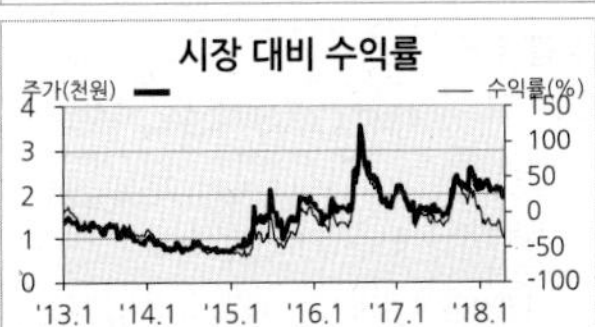

결산 실적

〈단위 : 억원〉

항목	2012	2013	2014	2015	2016	2017
매출액	397	372	362	382	641	1,005
영업이익	-29	-60	-7	-6	-16	9
당기순이익	0	-55	-24	-23	-73	-14

분기 실적

〈단위 : 억원〉

항목	2016.3Q	2016.4Q	2017.1Q	2017.2Q	2017.3Q	2017.4Q
매출액	204	124	261	298	396	50
영업이익	-10	-1	-3	7	11	-6
당기순이익	-14	-46	-3	5	8	-24

재무 상태

〈단위 : 억원〉

항목	2012	2013	2014	2015	2016	2017
총자산	302	322	278	263	286	269
유형자산	8	5	6	9	17	24
무형자산	27	25	24	23	20	14
유가증권	22	39	30	17	8	12
총부채	117	165	145	133	215	194
총차입금	10	15	23	23	36	42
자본금	61	61	61	61	64	68
총자본	185	157	133	130	71	75
지배주주지분	185	137	119	104	64	67

기업가치 지표

항목	2012	2013	2014	2015	2016	2017
주가(최고/저)(천원)	1.7/1.2	1.5/0.9	1.1/0.7	2.2/0.7	3.6/1.4	2.7/1.3
PER(최고/저)(배)	984.5/688.9	—/—	—/—	—/—	—/—	—/—
PBR(최고/저)(배)	1.1/0.8	1.3/0.8	1.1/0.7	2.5/0.8	7.1/2.7	5.4/2.7
EV/EBITDA(배)	—	—	77.2	65.2	484.6	12.4
EPS(원)	2	-426	-145	-139	-436	-91
BPS(원)	1,522	1,124	977	857	500	495
CFPS(원)	91	-340	-76	-60	-309	34
DPS(원)	—	—	—	—	—	—
EBITDAPS(원)	-149	-406	12	32	4	191

재무 비율

〈단위 : %〉

연도	영업이익률	순이익률	부채비율	차입금비율	ROA	ROE	유보율	자기자본비율	EBITDA마진율
2017	0.9	-1.4	258.9	55.6	-5.0	-18.8	-1.0	27.9	2.6
2016	-2.5	-11.3	301.2	50.9	-26.4	-66.5	-0.1	24.9	0.1
2015	-1.5	-6.0	102.4	17.3	-8.5	-15.2	71.4	49.4	1.0
2014	-1.9	-6.6	108.9	17.2	-8.0	-13.8	95.5	47.9	0.4

지에스 (A078930)

GS Holdings

업 종 : 석유 및 가스 | 시 장 : 거래소
신용등급 : (Bond) AA (CP) A1 | 기업규모 : 시가총액 대형주
홈페이지 : www.gs.co.kr | 연 락 처 : 02)2005-8143
본 사 : 서울시 강남구 논현로 508, GS타워 23층

설 립 일	2004.07.01	**종업원수**	26명	**대표이사**	허창수,정택근
상 장 일	2004.08.05	**감사의견**	적정(삼일)	**계 열**	
결 산 기	12월	**보 통 주**		**종속회사수**	50개사
액 면 가	5,000원	**우 선 주**		**구 상 호**	

주주구성 (지분율,%)		출자관계 (지분율,%)		주요경쟁사 (외형,%)	
국민연금공단	11.7	GS에너지	100.0	GS	100
신영자산운용	6.0	GS스포츠	100.0	SK	576
(외국인)	19.8	GS이앤알	89.9	SK이노베이션	285

매출구성		비용구성		수출비중	
기타(정유)	28.7	매출원가율	76.8	수출	—
파라자일렌 외	28.6	판관비율	10.4	내수	—
경 유	23.6				

회사 개요

동사는 2004년 LG를 인적분할해 설립된 회사임. GS에너지, GS리테일, GS홈쇼핑, GS스포츠 등 관련 자회사를 두고 있음. 이중 GS에너지는 GS가 보유하고 있던 GS칼텍스 주식 전부를 물적 분할해 설립한 중간 사업지주회사임. GS칼텍스가 영위하던 자원개발, 가스&파워, 녹색성장 사업 등을 주로 함. 또 자회사 GS칼텍스를 통해 정유, 석유화학, 윤활기유 사업 등에서도 경쟁력을 확보하고 있음.

실적 분석

동사의 연결기준 2017년 연간 매출액은 16조2,099.4억원으로 전년 대비 20.4% 증가함. 매출원가 및 판관비 증가에도 불구 전년동기 대비 18.1% 증가한 2조712.3억원의 영업이익을 시현하였음. 이는 마진 증가 등으로 인한 자회사 실적 개선의 영향임. 비영업 부문에서 적자폭이 확대되었으나, 매출증가에 영향으로 순이익 또한 18.3% 증가로 1조919.0억원을 시현함.

현금 흐름

〈단위 : 억원〉

항목	2016	2017
영업활동	8,517	13,065
투자활동	-5,236	-14,182
재무활동	-3,363	3,345
순현금흐름	-29	2,194
기말현금	5,038	7,232

시장 대비 수익률

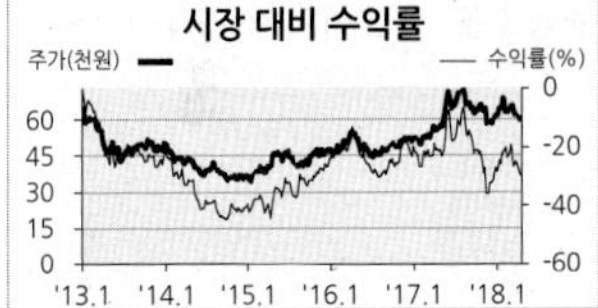

결산 실적

〈단위 : 억원〉

항목	2012	2013	2014	2015	2016	2017
매출액	97,157	95,832	108,661	121,795	134,624	162,099
영업이익	6,843	5,521	-343	16,043	17,542	20,712
당기순이익	5,729	4,352	-3,207	5,093	9,233	10,919

분기 실적

〈단위 : 억원〉

항목	2016.3Q	2016.4Q	2017.1Q	2017.2Q	2017.3Q	2017.4Q
매출액	33,358	37,344	39,181	38,556	42,292	42,071
영업이익	4,178	5,065	6,456	3,919	4,967	5,371
당기순이익	1,819	2,908	4,349	1,645	2,588	2,337

재무 상태

〈단위 : 억원〉

항목	2012	2013	2014	2015	2016	2017
총자산	127,124	126,363	150,728	190,230	203,412	220,037
유형자산	24,468	22,828	42,426	69,443	78,655	84,014
무형자산	5,492	5,913	12,003	19,353	18,901	17,876
유가증권	2,104	1,302	1,781	957	1,436	2,792
총부채	55,394	52,117	78,549	109,252	114,209	123,411
총차입금	38,684	35,825	58,859	84,441	85,535	90,834
자본금	4,735	4,735	4,735	4,735	4,735	4,735
총자본	71,730	74,245	72,179	80,979	89,203	96,626
지배주주지분	63,429	65,744	59,069	63,209	69,642	77,302

기업가치 지표

항목	2012	2013	2014	2015	2016	2017
주가(최고/저)(천원)	64.2/43.3	65.8/42.8	50.2/35.0	48.0/34.6	56.5/44.3	74.5/49.5
PER(최고/저)(배)	14.4/9.7	20.0/13.0	—/—	10.1/7.3	7.0/5.5	7.4/4.9
PBR(최고/저)(배)	1.1/0.8	1.1/0.7	0.9/0.6	0.8/0.6	0.8/0.6	0.9/0.6
EV/EBITDA(배)	14.9	15.4	—	8.9	8.4	7.6
EPS(원)	5,217	3,778	-3,663	5,198	8,508	10,414
BPS(원)	66,984	69,429	62,381	66,752	73,546	81,634
CFPS(원)	5,217	3,778	-3,663	5,198	8,508	10,414
DPS(원)	1,350	1,350	1,200	1,500	1,600	1,800
EBITDAPS(원)	7,226	5,830	-362	16,941	18,524	21,871

재무 비율

〈단위 : %〉

연도	영업이익률	순이익률	부채비율	차입금비율	ROA	ROE	유보율	자기자본비율	EBITDA마진율
2017	12.8	6.7	127.7	94.0	5.2	13.4	1,532.7	43.9	12.8
2016	13.0	6.9	128.0	95.9	4.7	12.1	1,370.9	43.9	13.0
2015	13.2	4.2	134.9	104.3	3.0	8.1	1,235.1	42.6	13.2
2014	-0.3	-3.0	108.8	81.6	-2.3	-5.6	1,147.6	47.9	-0.3

지에스건설 (A006360)

GS Engineering & Construction

업 종 : 건설
신용등급 : (Bond) A- (CP) A2-
홈페이지 : www.gsenc.com
본 사 : 서울시 종로구 종로33 그랑서울
시 장 : 거래소
기업규모 : 시가총액 중형주
연 락 처 : 02)2154-1112

설 립 일	1969.12.19	**종업원수**	7,154명	**대표이사**	허창수,임병용
상 장 일	1981.08.03	**감사의견**	적정(한영)	**계 열**	
결 산 기	12월	**보 통 주**		**종속회사수**	47개사
액 면 가	5,000원	**우 선 주**		**구 상 호**	

주주구성 (지분율,%)		출자관계 (지분율,%)		주요경쟁사 (외형,%)	
국민연금공단	12.2	자이오엔엠	100.0	GS건설	100
허창수	10.5	비에스엠	100.0	현대건설	145
(외국인)	14.1	지에스텍	100.0	현대산업	46

매출구성		비용구성		수출비중	
해외도급공사(공사)	44.9	매출원가율	93.1	수출	—
건축(공사)	33.4	판관비율	4.1	내수	—
기타	10.6				

회사 개요

동사는 토목과 건축, 주택신축판매, 석유정제설비 등을 설치하는 플랜트, 전력 및 해외종합건설업 등을 주요 사업으로 영위하고 있음. 지에스 계열에 속해 있으며 국내 계열회사 69개, 해외 계열회사 109개를 두고 있음. 동사는 과거 GS칼텍스정유 등 풍부한 계열사 플랜트 공사 경험을 축적해 특히 정유 및 석유화학 플랜트 공사에서 높은 수준의 수주 경쟁력을 보유함.

실적 분석

동사의 연결 기준 2017년 매출액은 전년 대비 5.8% 증가하여 11조 6,794.6억원을 기록하였음. 국내 주택사업은 매출증가로 2016년 대비 약 32% 증가하였으나, 해외매출은 해외 플랜트 사업의 매출 감소로 2016년 대비 약 26% 감소하였음. 국내 매출 비중은 전체 매출의 약 69%를 차지. 해외매출의 약 64%는 플랜트 부문 매출이며 건축, 인프라, 전력 부문이 각각 11%, 22%, 3% 수준의 매출 비중을 차지함.

현금 흐름

<단위 : 억원>

항목	2016	2017
영업활동	812	-2,055
투자활동	-2,487	135
재무활동	782	3,000
순현금흐름	-723	860
기말현금	23,563	24,423

시장 대비 수익률

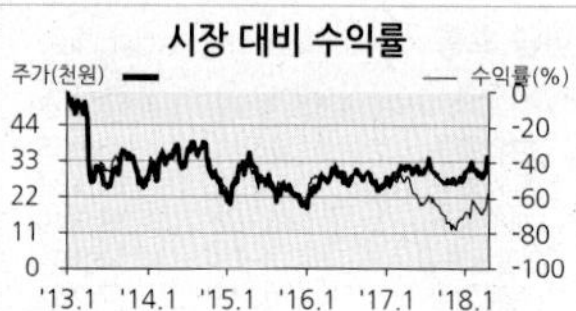

결산 실적

<단위 : 억원>

항목	2012	2013	2014	2015	2016	2017
매출액	95,686	95,658	94,876	105,726	110,356	116,795
영업이익	1,761	-9,355	512	1,221	1,430	3,187
당기순이익	950	-8,273	-225	295	-204	-1,637

분기 실적

<단위 : 억원>

항목	2016.3Q	2016.4Q	2017.1Q	2017.2Q	2017.3Q	2017.4Q
매출액	25,747	31,154	27,009	29,944	28,203	31,638
영업이익	384	528	590	860	711	1,026
당기순이익	-187	-173	-674	103	-84	-982

재무 상태

<단위 : 억원>

항목	2012	2013	2014	2015	2016	2017
총자산	117,760	124,273	130,947	130,055	133,766	136,966
유형자산	22,539	22,429	24,560	13,385	9,781	8,975
무형자산	2,214	1,949	1,700	1,446	1,936	2,095
유가증권	3,077	2,913	5,105	3,555	5,799	5,477
총부채	78,475	92,680	95,131	96,575	100,234	104,569
총차입금	27,961	45,464	41,972	37,052	36,432	40,792
자본금	2,550	2,550	3,550	3,550	3,550	3,584
총자본	39,285	31,593	35,816	33,480	33,532	32,397
지배주주지분	36,282	28,640	32,709	32,843	32,788	31,673

기업가치 지표

항목	2012	2013	2014	2015	2016	2017
주가(최고/저)(천원)	99.7/43.3	54.7/24.3	39.6/22.9	36.3/18.9	31.2/18.7	34.2/25.5
PER(최고/저)(배)	62.4/27.1	—/—	—/—	99.8/52.2	—/—	—/—
PBR(최고/저)(배)	1.5/0.6	1.0/0.4	0.9/0.5	0.8/0.4	0.7/0.4	0.8/0.6
EV/EBITDA(배)	14.6	—	26.7	10.3	12.7	9.0
EPS(원)	1,623	-15,574	-652	367	-363	-2,349
BPS(원)	72,626	57,641	47,136	47,324	47,247	45,246
CFPS(원)	3,743	-14,152	570	1,542	591	-1,552
DPS(원)	250	—	—	—	—	300
EBITDAPS(원)	5,503	-16,255	2,033	2,895	2,968	5,243

재무 비율

<단위 : %>

연도	영업이익률	순이익률	부채비율	차입금비율	ROA	ROE	유보율	자기자본비율	EBITDA마진율
2017	2.7	-1.4	322.8	125.9	-1.2	-5.2	804.9	23.7	3.2
2016	1.3	-0.2	298.9	108.7	-0.2	-0.8	844.9	25.1	1.9
2015	1.2	0.3	288.5	110.7	0.2	0.8	846.5	25.7	1.9
2014	0.5	-0.2	265.6	117.2	-0.2	-1.3	842.7	27.4	1.4

지에스글로벌 (A001250)

GS Global

업 종 : 무역
신용등급 : (Bond) A- (CP) —
홈페이지 : www.gsgcorp.com
본 사 : 서울시 강남구 논현로 508, GS타워 10층
시 장 : 거래소
기업규모 : 시가총액 소형주
연 락 처 : 02)2005-5300

설 립 일	1954.07.31	**종업원수**	237명	**대표이사**	허세홍
상 장 일	1976.06.26	**감사의견**	적정(안진)	**계 열**	
결 산 기	12월	**보 통 주**		**종속회사수**	16개사
액 면 가	2,500원	**우 선 주**		**구 상 호**	

주주구성 (지분율,%)		출자관계 (지분율,%)		주요경쟁사 (외형,%)	
GS	50.7	GS엔텍	92.0	GS글로벌	100
트러스톤자산운용	1.1	피엘에스	90.0	포스코대우	666
(외국인)	4.6	에스피테	29.0	LG상사	379

매출구성		비용구성		수출비중	
철강재 등	103.8	매출원가율	95.9	수출	—
혼다 엔진 등	8.6	판관비율	2.7	내수	—
Heat Exchanger,HRSG 등	8.5				

회사 개요

1954년 금성산업으로 최초 설립된 후, 1975년에 쌍용으로 상호가 변경되었으며, 1976년에 유가증권시장에 상장됨. 2009년 GS로 대주주가 변경되고, 지에스글로벌로 사명이 변경됨. 동사는 크게 산업재 부문과 수입유통 부문 사업을 영위하고 있음. 산업재 부문에는 철강금속, 석유화학, 시멘트 및 석탄, 자원개발 부문이 있으며 수입유통 부문에는 혼다 엔진 수입, 수입자동차PDI 서비스 부문이 있음. 매출의 대부분을 산업재 수출이 차지함.

실적 분석

동사의 2017년 누적매출액은 33,873.9억원으로 전년대비 32.6% 증가함. 비용측면에서 매출원가와 판관비가 각각 32.6%, 33% 상승했음에도 불구하고 매출 확대에 힘입어 영업이익은 전년보다 31.9% 늘어난 480.2억원을 기록함. 이에 따라 비영업손실이 266.3억원으로 적자폭이 커졌음에도 당기순이익은 전년대비 40% 증가한 225억원을 기록함. 해외 자원개발 등 신성장동력 확보를 위한 투자를 적극 추진 중임.

현금 흐름

<단위 : 억원>

항목	2016	2017
영업활동	850	883
투자활동	-1,671	-1,325
재무활동	774	722
순현금흐름	-17	293
기말현금	492	785

시장 대비 수익률

결산 실적

<단위 : 억원>

항목	2012	2013	2014	2015	2016	2017
매출액	31,027	24,012	27,700	22,620	25,538	33,874
영업이익	280	137	234	289	364	480
당기순이익	237	196	70	-467	161	225

분기 실적

<단위 : 억원>

항목	2016.3Q	2016.4Q	2017.1Q	2017.2Q	2017.3Q	2017.4Q
매출액	5,974	7,707	8,119	8,054	9,082	8,619
영업이익	77	117	121	151	149	60
당기순이익	53	-9	99	71	50	6

재무 상태

<단위 : 억원>

항목	2012	2013	2014	2015	2016	2017
총자산	11,440	7,003	8,566	8,007	13,264	13,979
유형자산	3,702	866	1,071	1,071	4,234	3,903
무형자산	791	298	315	312	922	884
유가증권	76	133	179	81	109	284
총부채	8,711	4,436	6,049	5,980	9,722	10,102
총차입금	5,548	2,170	3,356	3,915	5,906	6,029
자본금	563	563	563	563	2,063	2,063
총자본	2,730	2,567	2,517	2,027	3,543	3,877
지배주주지분	2,354	2,522	2,506	2,018	3,126	3,674

기업가치 지표

항목	2012	2013	2014	2015	2016	2017
주가(최고/저)(천원)	10.3/6.9	8.3/5.9	6.9/5.6	6.3/3.9	4.2/2.2	3.7/2.7
PER(최고/저)(배)	13.6/9.1	11.5/8.2	24.9/20.2	—/—	15.5/8.2	14.5/10.5
PBR(최고/저)(배)	1.2/0.8	0.9/0.6	0.7/0.6	0.8/0.5	1.1/0.6	0.8/0.6
EV/EBITDA(배)	24.6	14.3	13.9	10.3	13.1	10.8
EPS(원)	797	745	282	-1,825	272	256
BPS(원)	10,476	11,224	11,152	8,987	3,796	4,461
CFPS(원)	1,035	1,301	829	-1,362	740	532
DPS(원)	125	125	125	—	—	25
EBITDAPS(원)	1,372	1,064	1,547	1,993	1,103	857

재무 비율

<단위 : %>

연도	영업이익률	순이익률	부채비율	차입금비율	ROA	ROE	유보율	자기자본비율	EBITDA마진율
2017	1.4	0.7	260.6	155.5	1.7	6.2	78.4	27.7	2.1
2016	1.4	0.6	274.4	166.7	1.5	6.1	51.8	26.7	2.5
2015	1.3	-2.1	295.0	193.1	-5.6	-20.6	259.5	25.3	2.0
2014	0.8	0.3	240.3	133.3	0.9	2.9	346.1	29.4	1.3

지에스리테일 (A007070)

GS Retail

업 종 : 도소매
신용등급 : (Bond) AA (CP) A1
홈페이지 : www.gsretail.com
본 사 : 서울시 강남구 논현로 508GS타워(역삼동 679)
시 장 : 거래소
기업규모 : 시가총액 대형주
연 락 처 : 02)2006-3111

설 립 일	1971.02.13	**종업원수**	11,805명	**대표이사**	허연수
상 장 일	2011.12.23	**감사의견**	적정(삼정)	**계 열**	
결 산 기	12월	**보 통 주**		**종속회사수**	7개사
액 면 가	1,000원	**우 선 주**		**구 상 호**	

주주구성 (지분율,%)		출자관계 (지분율,%)		주요경쟁사 (외형,%)	
GS	65.8	지에스넷비전	100.0	GS리테일	100
Genesis Asset Managers LLP	5.0	후레시서브	100.0	BGF	1
(외국인)	21.0	씨브이에스넷	74.8	이마트	192

매출구성		비용구성		수출비중	
㈜GS리테일(편의점)-상품	62.5	매출원가율	81.1	수출	—
㈜GS리테일(슈퍼마켓)-상품	18.5	판관비율	16.9	내수	—
㈜GS리테일(편의점)-상품외	12.4				

회사 개요

동사는 2002년 LG수퍼와 LG백화점을 통합하고서 2004년 LG그룹의 계열분리에 따라 최대주주가 GS홀딩스로 변동되었고, 2005년 현재의 GS리테일로 상호를 변경한 이후 편의점(GS25), 슈퍼마켓(GS수퍼마켓)사업을 영위해 옴. 2015년 8월 관광호텔업을 영위하는 파르나스호텔이 종속회사로 편입됐고, 주식 교환을 통해 BGF리테일로부터 택배업체 씨브이에스넷의 주식 32.44%를 추가 취득 완료함.

실적 분석

동사의 2017년도 매출액은 편의점 및 H&B 신규점 출점 증가 등으로 전년대비 8646억원 증가한 8조2666억원을 달성함. 영업이익은 편의점, H&B 경쟁 심화 및 2016년 평촌몰 매각에 따른 임대 수익 감소 등으로 전년 대비 523억원 감소한 1657억원을 기록함. 당기순이익은 파르나스 호텔 법인세율 인상 효과 및 2016년 평촌몰 매각에 따른 일회성 이익 감소 등으로 인하여 전년대비 1584억 감소한 1151억원을 기록함.

현금 흐름

〈단위 : 억원〉

항목	2016	2017
영업활동	4,345	4,422
투자활동	78	-4,233
재무활동	-4,635	282
순현금흐름	-213	467
기말현금	440	907

시장 대비 수익률

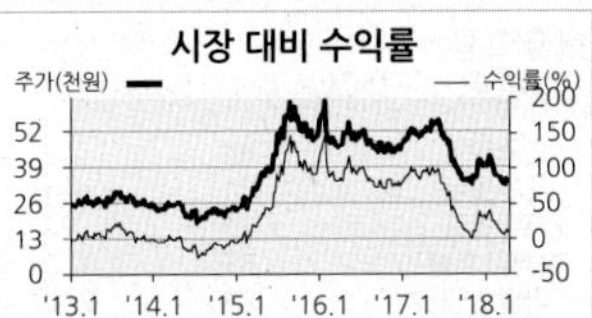

결산 실적

〈단위 : 억원〉

항목	2012	2013	2014	2015	2016	2017
매출액	43,776	47,086	49,624	62,731	74,020	82,666
영업이익	1,405	1,550	1,433	2,258	2,181	1,657
당기순이익	1,235	1,190	1,113	1,662	2,735	1,151

분기 실적

〈단위 : 억원〉

항목	2016.3Q	2016.4Q	2017.1Q	2017.2Q	2017.3Q	2017.4Q
매출액	19,873	19,235	18,458	20,884	22,593	20,731
영업이익	853	384	261	531	556	310
당기순이익	637	1,407	235	412	397	107

재무 상태

〈단위 : 억원〉

항목	2012	2013	2014	2015	2016	2017
총자산	29,138	28,801	29,201	47,355	47,214	50,923
유형자산	7,486	7,069	7,488	20,953	22,824	23,926
무형자산	1,305	1,504	1,491	1,632	1,553	1,708
유가증권	605	696	706	246	430	1,162
총부채	13,894	12,655	12,385	25,765	23,638	26,989
총차입금	7,524	5,981	5,003	11,969	8,190	9,867
자본금	770	770	770	770	770	770
총자본	15,245	16,146	16,815	21,590	23,575	23,933
지배주주지분	15,245	16,146	16,815	17,926	19,898	20,304

기업가치 지표

항목	2012	2013	2014	2015	2016	2017
주가(최고/저)(천원)	31.3/18.3	30.8/24.1	26.6/18.9	63.3/23.3	63.1/43.0	57.0/32.6
PER(최고/저)(배)	21.7/12.7	21.9/17.1	19.9/14.2	31.3/11.6	18.4/12.6	37.7/21.5
PBR(최고/저)(배)	1.8/1.0	1.6/1.3	1.3/0.9	2.9/1.1	2.5/1.7	2.2/1.3
EV/EBITDA(배)	8.8	7.1	6.3	13.1	10.1	9.8
EPS(원)	1,603	1,546	1,445	2,133	3,562	1,535
BPS(원)	19,798	20,969	21,838	23,281	25,842	26,369
CFPS(원)	3,587	3,779	3,788	4,717	6,601	5,056
DPS(원)	400	450	600	850	1,100	600
EBITDAPS(원)	3,808	4,247	4,204	5,517	5,871	5,673

재무 비율

〈단위 : %〉

연도	영업이익률	순이익률	부채비율	차입금비율	ROA	ROE	유보율	자기자본비율	EBITDA마진율
2017	2.0	1.4	112.8	41.2	2.4	5.9	2,536.9	47.0	5.3
2016	3.0	3.7	100.3	34.7	5.8	14.5	2,484.2	49.9	6.1
2015	3.6	2.7	119.3	55.4	4.3	9.5	2,228.1	45.6	6.8
2014	2.9	2.2	73.7	29.8	3.8	6.8	2,083.8	57.6	6.5

지에스이 (A053050)

GSE

업 종 : 가스
신용등급 : (Bond) — (CP) —
홈페이지 : www.yesgse.com
본 사 : 경남 사천시 사천읍 구암두문로 412-30
시 장 : KOSDAQ
기업규모 : 중견
연 락 처 : 055)850-0120

설 립 일	1989.04.21	**종업원수**	71명	**대표이사**	유석형
상 장 일	2001.09.22	**감사의견**	적정(청남)	**계 열**	
결 산 기	12월	**보 통 주**		**종속회사수**	
액 면 가	500원	**우 선 주**		**구 상 호**	

주주구성 (지분율,%)		출자관계 (지분율,%)		주요경쟁사 (외형,%)	
서경산업	33.3			지에스이	100
유수언	11.3			예스코	1,028
(외국인)	0.7			대성에너지	706

매출구성		비용구성		수출비중	
도시가스(LNG,CNG)	99.2	매출원가율	79.5	수출	0.0
기타수익2	0.8	판관비율	14.6	내수	100.0

회사 개요

동사는 도시가스공급사업을 주요사업으로 영위하고 있음. 공급권역은 경상남도 진주, 사천, 함양, 하동, 거창 등임. 함양군, 하동군, 거창군은 2009년 4월 공급권역으로 지정되면서 경상남도 내 공급권역이 10.6%에서 31.5%로 확대됨. 2004년부터는 정부의 CNG버스 보급사업에 동참하여 현재 2곳의 CNG차량충전소를 운영 중임. 공격적인 영업과 투자로 공급권역내 도시가스 수요개발에 힘쓴 결과 연평균 10% 이상의 수요가수 증가율을 유지.

실적 분석

동사의 2017년 누적매출액은 1,084.6억원으로 전년대비 4.1% 증가함. 비용측면에서 매출원가와 판관비가 각각 5.4%, 5.3% 상승하면서 영업이익은 전년보다 11.9% 줄어든 63.9억원을 기록함. 2016년 12월 공급개시한 하동군에 본격적으로 도시가스공급이 이루어지면 동사의 시장점유율은 더욱 상승할 것으로 예상됨. 연중 수요가 비교적 균일한 산업용, 열병합용, 수송용 및 하절기에 수요가 집중되는 냉방용 수요개발에 힘쓰고 있음.

현금 흐름 *IFRS 별도 기준

〈단위 : 억원〉

항목	2016	2017
영업활동	113	125
투자활동	-100	-108
재무활동	-29	-2
순현금흐름	-16	14
기말현금	17	31

시장 대비 수익률

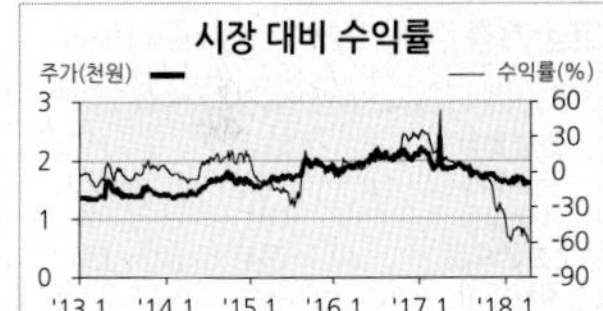

결산 실적

〈단위 : 억원〉

항목	2012	2013	2014	2015	2016	2017
매출액	1,177	1,393	1,444	1,231	1,042	1,085
영업이익	57	59	59	69	73	64
당기순이익	38	39	40	52	57	49

분기 실적 *IFRS 별도 기준

〈단위 : 억원〉

항목	2016.3Q	2016.4Q	2017.1Q	2017.2Q	2017.3Q	2017.4Q
매출액	132	297	411	201	141	332
영업이익	0	18	37	19	-7	15
당기순이익	-1	13	29	16	-5	10

재무 상태 *IFRS 별도 기준

〈단위 : 억원〉

항목	2012	2013	2014	2015	2016	2017
총자산	1,190	1,360	1,371	1,311	1,353	1,455
유형자산	903	980	1,006	1,026	1,082	1,137
무형자산	4	4	4	6	8	9
유가증권	5	16	14	11	2	2
총부채	762	893	892	803	802	828
총차입금	320	364	328	289	279	249
자본금	139	139	141	141	143	153
총자본	428	468	479	508	550	627
지배주주지분	428	468	479	508	550	627

기업가치 지표 *IFRS 별도 기준

항목	2012	2013	2014	2015	2016	2017
주가(최고/저)(천원)	1.8/1.2	1.8/1.3	1.8/1.3	2.1/1.5	2.4/1.7	2.4/1.6
PER(최고/저)(배)	16.0/10.7	14.8/11.2	14.2/10.6	11.8/8.9	12.0/9.0	14.6/9.8
PBR(최고/저)(배)	1.0/0.7	0.9/0.7	0.9/0.7	0.9/0.7	1.0/0.7	0.9/0.6
EV/EBITDA(배)	8.1	7.4	7.9	7.1	7.2	6.2
EPS(원)	141	144	145	189	204	168
BPS(원)	2,164	2,308	2,329	2,435	2,535	2,627
CFPS(원)	279	297	307	355	376	343
DPS(원)	80	80	85	100	60	40
EBITDAPS(원)	349	370	376	418	433	391

재무 비율

〈단위 : %〉

연도	영업이익률	순이익률	부채비율	차입금비율	ROA	ROE	유보율	자기자본비율	EBITDA마진율
2017	5.9	4.6	132.0	39.8	3.5	8.4	414.8	43.1	10.7
2016	7.0	5.4	145.7	50.6	4.3	10.7	396.1	40.7	11.5
2015	5.6	4.2	158.0	56.9	3.9	10.5	376.1	38.8	9.3
2014	4.1	2.7	186.2	68.5	2.9	8.4	355.4	34.9	7.1

지에스홈쇼핑 (A028150)

GS Home Shopping

업 종 : 온라인쇼핑
신용등급 : (Bond) — (CP) —
홈페이지 : company.gsshop.co.kr
본 사 : 서울시 영등포구 선유로 75 GS 강서타워

시 장 : KOSDAQ
기업규모 : 우량
연 락 처 : 02)2007-4153

설 립 일	1994.12.23	**종 업 원 수**	1,015명	**대 표 이 사**	허태수
상 장 일	2000.01.13	**감 사 의 견**	적정(삼정)	**계 열**	
결 산 기	12월	**보 통 주**		**종속회사수**	6개사
액 면 가	5,000원	**우 선 주**		**구 상 호**	

주주구성 (지분율,%)		출자관계 (지분율,%)		주요경쟁사 (외형,%)	
GS	36.1	GS텔레서비스	100.0	GS홈쇼핑	100
베어링자산운용	5.0	에이플러스비	96.8	현대홈쇼핑	96
(외국인)	30.6	텐바이텐	80.0	CJ오쇼핑	208

매출구성		비용구성		수출비중	
수수료매출(기타)	69.5	매출원가율	10.6	수출	1.8
기타 외	16.5	판관비율	76.3	내수	98.2
상품매출(상품)	14.1				

회사 개요

1994년 설립된 동사는 홈쇼핑프로그램 공급사업, 홈쇼핑프로그램의 기획, 제작 및 이에 따른 상품의 유통, 모바일, 컴퓨터 및 카탈로그를 이용한 통신판매 등을 주요 사업으로 영위하고 있음. 1995년 홈쇼핑 TV 방송을 시작했으며 2000년 상장됨. GS텔레서비스, 텐바이텐, 에이플러스비 등을 연결대상 종속회사로 보유함. TV 쇼핑 사업은 방송법에 의거해 5년마다 재승인을 받아야 함.

실적 분석

2017년 연결기준 동사 매출액은 1조862.9억원을 기록하며 전년동기대비 1.1% 감소. 매출이 감소했으나 원가율과 판관비의 효율적인 관리로 영업이익은 1,412.9억원으로 11.8% 증가함. 그러나 비영업부문 이익이 85.1% 감소해 당기순이익은 전년도 1,058.1억원에서 2.9% 감소한 1,027.2억원을 기록함.

현금 흐름 (단위 : 억원)

항목	2016	2017
영업활동	1,922	710
투자활동	-1,549	-623
재무활동	-481	74
순현금흐름	-108	157
기말현금	1,766	1,922

시장 대비 수익률

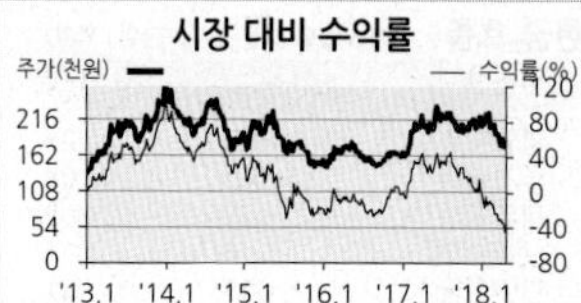

결산 실적 (단위 : 억원)

항목	2012	2013	2014	2015	2016	2017
매출액	10,164	10,491	10,855	11,224	10,978	10,863
영업이익	1,351	1,537	1,373	1,057	1,264	1,413
당기순이익	1,066	1,218	1,145	784	1,058	1,027

분기 실적 (단위 : 억원)

항목	2016.3Q	2016.4Q	2017.1Q	2017.2Q	2017.3Q	2017.4Q
매출액	2,580	2,912	2,786	2,718	2,584	2,775
영업이익	234	450	427	298	298	390
당기순이익	145	357	271	194	218	344

재무 상태 (단위 : 억원)

항목	2012	2013	2014	2015	2016	2017
총자산	10,558	11,793	12,956	12,372	13,594	14,252
유형자산	773	1,046	1,626	1,938	2,054	2,223
무형자산	210	451	539	589	469	387
유가증권	458	408	564	876	926	1,366
총부채	3,732	3,954	4,173	3,217	3,839	3,613
총차입금	—	16	16	4	32	31
자본금	328	328	328	328	328	328
총자본	6,826	7,838	8,783	9,156	9,756	10,639
지배주주지분	6,826	7,830	8,774	9,149	9,747	10,631

기업가치 지표

항목	2012	2013	2014	2015	2016	2017
주가(최고/저)(천원)	132/75.4	268/130	269/163	231/146	184/145	238/158
PER(최고/저)(배)	9.4/5.5	16.5/8.1	17.7/10.7	21.3/13.5	12.2/9.6	15.6/10.3
PBR(최고/저)(배)	1.4/0.8	2.5/1.2	2.2/1.4	1.8/1.1	1.3/1.0	1.5/1.0
EV/EBITDA(배)	2.4	7.7	4.2	3.5	2.5	4.8
EPS(원)	16,246	18,597	17,427	11,987	16,114	15,680
BPS(원)	107,806	123,130	138,114	144,567	156,531	168,527
CFPS(원)	17,757	20,393	19,896	15,564	19,859	19,059
DPS(원)	3,000	3,500	7,700	5,200	7,000	6,500
EBITDAPS(원)	22,092	25,224	23,394	19,683	23,005	24,909

재무 비율 (단위 : %)

연도	영업이익률	순이익률	부채비율	차입금비율	ROA	ROE	유보율	자기자본비율	EBITDA마진율
2017	13.0	9.5	34.0	0.3	7.4	10.1	3,270.5	74.7	15.1
2016	11.5	9.6	39.4	0.3	8.2	11.2	3,030.6	71.8	13.8
2015	9.4	7.0	35.1	0.0	6.2	8.8	2,791.3	74.0	11.5
2014	12.7	10.5	47.5	0.2	9.3	13.8	2,662.3	67.8	14.1

지에이치신소재 (A130500)

GH Advanced Materials

업 종 : 자동차부품
신용등급 : (Bond) — (CP) —
홈페이지 : www.gumho-nt.com/
본 사 : 경북 구미시 1공단로4길 141-54

시 장 : KOSDAQ
기업규모 : 중견
연 락 처 : 054)460-8100

설 립 일	2001.12.07	**종 업 원 수**	79명	**대 표 이 사**	우희구
상 장 일	2013.08.02	**감 사 의 견**	적정(삼일)	**계 열**	
결 산 기	12월	**보 통 주**		**종속회사수**	1개사
액 면 가	500원	**우 선 주**		**구 상 호**	

주주구성 (지분율,%)		출자관계 (지분율,%)		주요경쟁사 (외형,%)	
엔브이에이치코리아	44.0	동남테크	14.0	GH신소재	100
브이피코리아	6.7			구영테크	275
(외국인)	2.6			티에이치엔	574

매출구성		비용구성		수출비중	
PU Foam 외	37.3	매출원가율	86.8	수출	5.9
ISO Dash(한국)	20.7	판관비율	8.9	내수	94.1
Floor Carpet(한국)	14.7				

회사 개요

동사는 1979년 삼창석유화학공업사로 설립됨. 2011년 금호엔티로 상호를 변경하고 법인 전환함. 부직포 및 펠트 제조업을 주요 사업으로 영위함. 구미 공장에서는 부직포 사업을, 경주공장에서는 외부 소음 차단 및 차 실내의 분위기, 안락성을 높이기 위한 목적으로 장착되는 자동차 헤드라이너(천정재)에 적용되는 소재인 PU Form 사업을 담당함. 주력 제품은 니들 펀치 방식의 부직포임. 완성차업체의 1차 납품업체에 판매됨.

실적 분석

동사의 연결기준 2017년 매출액은 전년 대비 1% 감소한 544.8억원을 기록한 반면, 판관비는 대손상각비 및 인건비 감소의 영향으로 전년 동기 대비 6.5% 감소함에 따라 동기간 영업이익은 전년 대비 1.4% 증가한 23.5억원을 기록함. 반면, 비영업손익은 외환손실의 영향으로 전년 동기대비 4.1% 감소함. 이에 따라 동사의 2017년 당기순이익은 전년 대비 5.9% 감소한 23억원을 기록함

현금 흐름 (단위 : 억원)

항목	2016	2017
영업활동	44	49
투자활동	-31	-14
재무활동	23	94
순현금흐름	35	128
기말현금	83	210

시장 대비 수익률

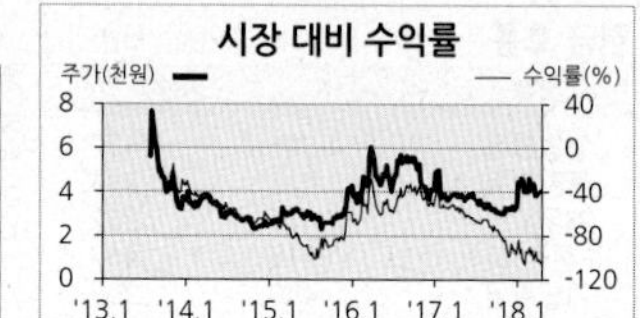

결산 실적 (단위 : 억원)

항목	2012	2013	2014	2015	2016	2017
매출액	505	531	515	561	550	545
영업이익	40	25	7	19	23	24
당기순이익	30	16	12	21	24	23

분기 실적 (단위 : 억원)

항목	2016.3Q	2016.4Q	2017.1Q	2017.2Q	2017.3Q	2017.4Q
매출액	124	147	136	142	133	134
영업이익	7	-0	5	5	7	7
당기순이익	5	5	4	7	7	5

재무 상태 (단위 : 억원)

항목	2012	2013	2014	2015	2016	2017
총자산	384	455	462	429	474	607
유형자산	155	145	145	138	149	190
무형자산	1	0	0	0	0	0
유가증권	1	1	1	1	1	1
총부채	205	194	192	143	169	139
총차입금	82	72	64	10	41	23
자본금	23	35	35	35	35	55
총자본	179	261	270	286	305	468
지배주주지분	179	261	270	286	305	468

기업가치 지표

항목	2012	2013	2014	2015	2016	2017
주가(최고/저)(천원)	—/—	8.5/3.1	4.0/2.3	5.6/2.2	6.3/3.2	5.1/3.0
PER(최고/저)(배)	0.0/0.0	36.5/13.5	29.1/16.5	21.9/8.7	20.7/10.7	22.8/13.4
PBR(최고/저)(배)	0.0/0.0	2.8/1.0	1.2/0.7	1.6/0.6	1.7/0.9	1.2/0.7
EV/EBITDA(배)	1.2	7.7	10.1	10.2	8.3	5.1
EPS(원)	583	256	149	274	317	228
BPS(원)	3,888	3,734	3,856	4,087	4,358	4,255
CFPS(원)	968	555	352	478	530	364
DPS(원)	—	50	75	90	90	90
EBITDAPS(원)	1,205	712	283	454	513	369

재무 비율 (단위 : %)

연도	영업이익률	순이익률	부채비율	차입금비율	ROA	ROE	유보율	자기자본비율	EBITDA마진율
2017	4.3	4.2	29.7	4.9	4.3	6.0	751.0	77.1	6.8
2016	4.2	4.4	55.4	13.3	5.4	8.3	771.5	64.4	6.5
2015	3.5	3.8	50.0	3.5	4.8	7.6	717.4	66.7	5.7
2014	1.3	2.2	71.2	23.8	2.5	4.3	671.2	58.4	3.9

지엔씨에너지 (A119850)
GnCenergy

업 종 : 전기장비
신용등급 : (Bond) — (CP) —
홈페이지 : www.gncenergy.co.kr
본 사 : 서울시 영등포구 양산로 43 우림이비지센터 911,912호(양평동3가)
시 장 : KOSDAQ
기업규모 : 벤처
연 락 처 : 02)2164-9200

설 립 일	1993.06.23	**종 업 원 수**	75명	**대 표 이 사**	안병철
상 장 일	2013.10.02	**감 사 의 견**	적정(대주)	**계 열**	
결 산 기	12월	**보 통 주**		**종속회사수**	
액 면 가	500원	**우 선 주**		**구 상 호**	

주주구성 (지분율,%)		출자관계 (지분율,%)		주요경쟁사 (외형,%)	
안병철	34.0			지엔씨에너지	100
09-5KB벤처조합	3.6			서울전자통신	95
(외국인)	2.7			비츠로테크	241

매출구성		비용구성		수출비중	
디젤엔진발전기	96.0	매출원가율	88.5	수출	6.5
바이오가스발전기(바이오가스열병합 포함)	3.6	판관비율	4.6	내수	93.5
열병합발전기	0.4				

회사 개요

동사의 영업부문은 디젤엔진 발전사업(90.1%), 소형열병합 발전(0%), 바이오가스 발전사업(4.5%), 신재생에너지(5%)으로 구성되어 있음. 현재 회사의 주력사업부는 디젤엔진 비상발전사업에 해당함. 동사가 미래의 수익창출을 위한 신성장동력으로 육성하고 있는 바이오가스 발전은 미래 지향적인 신재생 에너지 사업으로 국산화 연구와 실증사업을 완료 후 상업운전에 돌입하였으며, 환경부로부터 녹색기술인증을 획득하여 타사와 비교해 기술경쟁력을 보유함.

실적 분석

동사의 연결기준 2017년 매출액은 966.7억원으로 전년 1,164.4억원 대비 17% 감소함. 이에 따라 매출총이익은 23.6% 감소한 111.6억원을 기록하였음. 외형 축소에도 불구하고 판관비가 17.8% 늘었고 이에 따라 영업이익은 전년대비 38.1% 감소한 67.0억원에 그침. 비영업부문에서 4.1억원의 이익이 발생해 흑자전환하였으며 최종적으로 당기순이익은 전년 대비 15.8% 감소한 58.3억원을 기록함.

현금 흐름 *IFRS 별도 기준 〈단위 : 억원〉

항목	2016	2017
영업활동	56	123
투자활동	29	-129
재무활동	39	-34
순현금흐름	124	-41
기말현금	162	120

시장 대비 수익률

결산 실적 〈단위 : 억원〉

항목	2012	2013	2014	2015	2016	2017
매출액	605	685	724	1,103	1,164	967
영업이익	41	58	53	92	108	67
당기순이익	37	44	42	64	69	58

분기 실적 *IFRS 별도 기준 〈단위 : 억원〉

항목	2016.3Q	2016.4Q	2017.1Q	2017.2Q	2017.3Q	2017.4Q
매출액	253	421	198	198	220	301
영업이익	32	32	15	7	13	30
당기순이익	24	17	16	7	11	23

재무 상태 *IFRS 별도 기준 〈단위 : 억원〉

항목	2012	2013	2014	2015	2016	2017
총자산	613	653	807	888	980	1,033
유형자산	157	210	211	225	225	285
무형자산	3	2	2	1	1	1
유가증권	10	47	45	52	56	52
총부채	390	251	297	321	373	371
총차입금	280	182	201	176	255	218
자본금	16	28	43	43	43	83
총자본	223	402	510	567	607	661
지배주주지분	223	402	510	567	607	661

기업가치 지표 *IFRS 별도 기준

항목	2012	2013	2014	2015	2016	2017
주가(최고/저)(천원)	—/—	5.1/2.2	5.6/3.0	5.4/3.3	4.2/3.3	5.3/4.0
PER(최고/저)(배)	0.0/0.0	12.9/5.6	22.3/11.7	14.8/9.1	10.5/8.1	15.2/11.5
PBR(최고/저)(배)	0.0/0.0	1.9/0.8	1.9/1.0	1.6/1.0	1.1/0.9	1.3/1.0
EV/EBITDA(배)	4.5	8.1	10.7	7.7	6.4	9.4
EPS(원)	357	418	266	378	411	351
BPS(원)	4,950	7,159	6,172	6,915	7,644	4,172
CFPS(원)	863	1,107	627	867	953	433
DPS(원)	—	50	70	80	120	60
EBITDAPS(원)	976	1,426	761	1,195	1,411	485

재무 비율 〈단위 : %〉

연도	영업이익률	순이익률	부채비율	차입금비율	ROA	ROE	유보율	자기자본비율	EBITDA마진율
2017	6.9	6.0	63.8	32.7	5.5	9.1	720.0	61.1	8.4
2016	9.3	5.9	61.6	42.0	7.4	11.8	1,375.2	61.9	10.3
2015	8.3	5.8	56.7	31.0	7.5	11.9	1,283.0	63.8	9.3
2014	7.3	5.8	58.4	39.4	5.7	9.2	1,134.4	63.2	8.4

지엔코 (A065060)
GNCO

업 종 : 섬유 및 의복
신용등급 : (Bond) — (CP) —
홈페이지 : www.gnco.co.kr
본 사 : 서울시 송파구 동남로4길 41(문정동)
시 장 : KOSDAQ
기업규모 : 중견
연 락 처 : 02)2185-8500

설 립 일	1997.05.31	**종 업 원 수**	164명	**대 표 이 사**	김석주,장지혁
상 장 일	2002.05.24	**감 사 의 견**	적정(신정)	**계 열**	
결 산 기	12월	**보 통 주**		**종속회사수**	4개사
액 면 가	500원	**우 선 주**		**구 상 호**	

주주구성 (지분율,%)		출자관계 (지분율,%)		주요경쟁사 (외형,%)	
큐로컴	30.3	큐로베스티스	100.0	지엔코	100
케이파트너스	2.7	큐로모터스	100.0	데코앤이	33
(외국인)	2.3	아이티엔지니어링	94.7	동일방직	592

매출구성		비용구성		수출비중	
감성 컴퍼터블 캐주얼	63.9	매출원가율	38.4	수출	0.9
남성 어반캐릭터캐주얼	26.3	판관비율	54.7	내수	99.1
투자	8.3				

회사 개요

동사는 캐주얼 의류 전문 업체로 1997년에 설립되어 2002년에 코스닥시장에 상장됨. 컴포터블 감성캐주얼 브랜드인 Thursday Island, 남성 어반캐릭터캐주얼 T.I For Me과 기타 라우드무트 등의 의류 브랜드를 보유하고 있음. 연결대상 종속회사로는 무역 회사인 지엔코국제무역유한공사와 의류사업을 영위하는 큐로베스티스, 투자 기업인 큐캐피탈파트너스, 자동차 판매회사 큐로모터드 등 4개사가 있음.

실적 분석

동사의 2017년 연간 매출액은 전년동기대비 17.5% 상승한 1,431.7억원을 기록하였음. 비용면에서 전년동기대비 매출원가는 증가하였으며 인건비도 증가, 광고선전비도 증가, 기타판매비와관리비는 증가함. 이와 같이 상승한 매출액 만큼 비용증가도 있었으나 매출액의 더 큰 상승에 힘입어 영업이익이 대폭 증가함. 그러나 비영업손익의 적자지속으로 전년동기대비 당기순손실은 135.9억원을 기록함.

현금 흐름 〈단위 : 억원〉

항목	2016	2017
영업활동	5	197
투자활동	-246	-225
재무활동	257	610
순현금흐름	16	581
기말현금	92	673

시장 대비 수익률

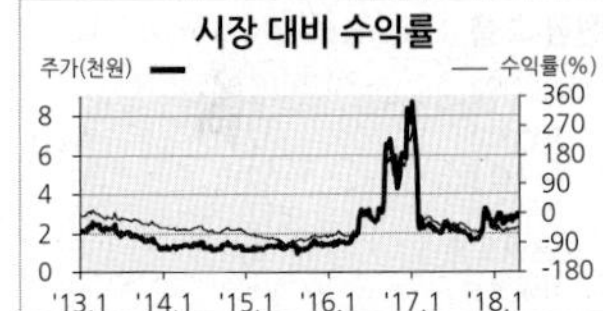

결산 실적 〈단위 : 억원〉

항목	2012	2013	2014	2015	2016	2017
매출액	1,310	1,320	1,295	1,239	1,218	1,432
영업이익	125	87	38	-0	11	100
당기순이익	44	13	-90	0	-59	-136

분기 실적 〈단위 : 억원〉

항목	2016.3Q	2016.4Q	2017.1Q	2017.2Q	2017.3Q	2017.4Q
매출액	246	376	287	336	288	521
영업이익	-11	14	-24	-3	-14	141
당기순이익	-34	-10	-37	-18	-26	-55

재무 상태 〈단위 : 억원〉

항목	2012	2013	2014	2015	2016	2017
총자산	1,477	2,045	2,080	2,173	2,367	2,896
유형자산	209	260	257	250	257	274
무형자산	17	119	118	102	98	124
유가증권	8	135	245	221	177	330
총부채	523	701	817	771	580	848
총차입금	311	506	603	617	417	610
자본금	213	227	227	265	398	490
총자본	954	1,344	1,264	1,403	1,787	2,047
지배주주지분	954	1,004	928	1,017	1,368	1,500

기업가치 지표

항목	2012	2013	2014	2015	2016	2017
주가(최고/저)(천원)	4.0/2.2	2.7/1.2	1.6/1.1	1.7/0.9	9.0/1.4	8.7/1.6
PER(최고/저)(배)	38.6/21.3	97.8/43.8	—/—	64.6/34.8	—/—	—/—
PBR(최고/저)(배)	1.8/1.0	1.2/0.6	0.8/0.5	0.9/0.5	5.2/0.8	5.6/1.0
EV/EBITDA(배)	5.5	8.7	17.1	45.6	139.7	19.2
EPS(원)	104	28	-181	26	-81	-184
BPS(원)	2,252	2,216	2,049	1,976	1,739	1,539
CFPS(원)	160	104	-106	92	-33	-142
DPS(원)	—	—	—	—	—	—
EBITDAPS(원)	353	281	160	65	62	155

재무 비율 〈단위 : %〉

연도	영업이익률	순이익률	부채비율	차입금비율	ROA	ROE	유보율	자기자본비율	EBITDA마진율
2017	7.0	-9.5	41.4	29.8	-5.2	-11.3	207.8	70.7	9.5
2016	0.9	-4.8	32.4	23.4	-2.6	-5.0	247.8	75.5	3.8
2015	0.0	0.0	54.9	44.0	0.0	1.4	295.2	64.5	2.8
2014	3.0	-6.9	64.6	47.7	-4.4	-8.5	309.9	60.7	5.6

지엘팜텍 (A204840)
GL Pharm Tech

업 종 : 제약
신 용 등 급 : (Bond) — (CP) —
홈 페 이 지 : www.glpt.co.kr
본 사 : 경기도 성남시 중원구 사기막골로 137, 중앙인더스피아 5차 714호
시 장 : KOSDAQ
기 업 규 모 : 기술성
연 락 처 : 031)739-5220

설 립 일	2014.07.29	**종 업 원 수**	28명	**대 표 이 사**	왕훈식
상 장 일	2014.11.20	**감 사 의 견**	적정(삼일)	**계 열**	
결 산 기	12월	**보 통 주**		**종속회사수**	
액 면 가	100원	**우 선 주**		**구 상 호**	IBKS제2호스팩

주주구성 (지분율,%)		출자관계 (지분율,%)		주요경쟁사 (외형,%)	
케이씨텍	10.5	크라운제약	32.1	지엘팜텍	100
권민창	6.5			동아에스티	22,994
(외국인)	0.3			녹십자	53,356

매출구성		비용구성		수출비중	
기술이전료 등	29.9	매출원가율	152.4	수출	0.0
지소렌정	27.7	판관비율	123.5	내수	100.0
경상기술료	27.2				

회사 개요

동사는 2002년 8월 1일에 설립되었으며, 아이비케이에스제2호기업인수목적 주식회사와 2016년 9월 22일 합병을 완료한 후 사명을 지엘팜텍로 변경함. 주요 사업으로 의약품 연구개발업, 의약품 제조 및 판매업, 의약품 생산업, 식품 연구개발업 등을 영위하고 있음. 2017년 기준 매출 비중은 지소렌정 51.5%, 경상기술료 28.2%, 기술이전료 11.8% 임.

실적 분석

동사의 2017년 누적매출액은 24.1억원으로 전년대비 47.9% 감소함. 비용측면에서 매출원가는 22.3% 줄었으나 판관비는 12% 증가함. 매출 부진, 판관비 증가로 인해 영업손실은 42.5억원으로 적자폭이 확대됨. 동사는 제네릭 40건, 개량신약 4건의 개발 및 기술이전 실적이 있으며 국내외 17건의 특허를 보유하고 있음. 동사는 현재 자체 신약개발에도 연구를 집중하며 장기적 관점의 매출 개선에 힘쓰고 있음.

현금 흐름 *IFRS 별도 기준 〈단위 : 억원〉

항목	2016	2017
영업활동	-42	-34
투자활동	57	-31
재무활동	-17	63
순현금흐름	-2	-2
기말현금	6	4

시장 대비 수익률

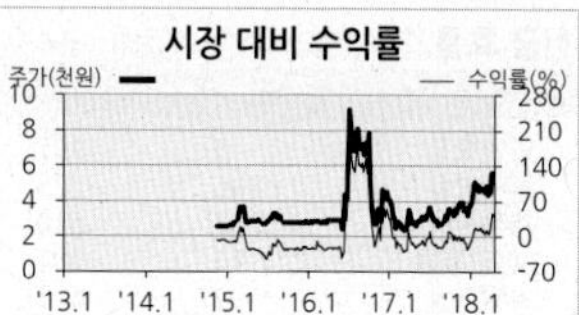

결산 실적 〈단위 : 억원〉

항목	2012	2013	2014	2015	2016	2017
매출액	40	—	73	65	46	24
영업이익	1	—	3	9	-28	-42
당기순이익	0	—	3	11	-55	-42

분기 실적 *IFRS 별도 기준 〈단위 : 억원〉

항목	2016.3Q	2016.4Q	2017.1Q	2017.2Q	2017.3Q	2017.4Q
매출액	8	17	3	6	4	12
영업이익	-15	-3	-16	-12	-11	-3
당기순이익	-41	-4	-16	-12	-11	-3

재무 상태 *IFRS 별도 기준 〈단위 : 억원〉

항목	2012	2013	2014	2015	2016	2017
총자산	59	—	53	89	124	150
유형자산	9	—	10	13	14	21
무형자산	3	—	1	1	1	1
유가증권	17	—	10	37	74	71
총부채	23	—	63	62	38	91
총차입금	17	—	34	30	20	71
자본금	12	—	9	23	30	32
총자본	36	—	-10	27	86	59
지배주주지분	36	—	-10	27	86	59

기업가치 지표 *IFRS 별도 기준

항목	2012	2013	2014	2015	2016	2017
주가(최고/저)(천원)	—/—	—/—	2.6/2.5	3.8/2.5	9.2/2.2	4.2/2.3
PER(최고/저)(배)	0.0/0.0	0.0/0.0	209.3/207.1	88.7/59.4	—/—	—/—
PBR(최고/저)(배)	0.0/0.0	0.0/0.0	-67.1/-66.4	38.9/26.0	32.5/7.6	22.7/12.4
EV/EBITDA(배)	0.1	0.0	25.3	6.1	—	—
EPS(원)	0	—	12	43	-194	-134
BPS(원)	16,512	—	-4,423	1,224	284	187
CFPS(원)	1,275	—	1,927	686	-185	-121
DPS(원)	—	—	—	—	—	—
EBITDAPS(원)	1,888	—	2,004	608	-88	-121

재무 비율 〈단위 : %〉

연도	영업이익률	순이익률	부채비율	차입금비율	ROA	ROE	유보율	자기자본비율	EBITDA마진율
2017	-176.0	-175.5	153.1	120.2	-31.0	-58.4	87.1	39.5	-159.4
2016	-59.6	-118.5	44.2	23.3	-51.8	-97.6	183.6	69.4	-53.7
2015	14.5	16.7	228.8	112.4	15.3	전기잠식	16.0	30.4	17.5
2014	4.5	4.2	완전잠식	완전잠식	0.0	0.0	-205.0	-18.2	6.0

지엠비코리아 (A013870)
GMB Korea

업 종 : 자동차부품
신 용 등 급 : (Bond) — (CP) —
홈 페 이 지 : www.gmb.co.kr
본 사 : 경남 창원시 성산구 웅남로 618
시 장 : 거래소
기 업 규 모 : 시가총액 소형주
연 락 처 : 055)263-2131

설 립 일	1979.03.20	**종 업 원 수**	690명	**대 표 이 사**	변종문
상 장 일	2012.11.20	**감 사 의 견**	적정(안진)	**계 열**	
결 산 기	12월	**보 통 주**		**종속회사수**	6개사
액 면 가	500원	**우 선 주**		**구 상 호**	

주주구성 (지분율,%)		출자관계 (지분율,%)		주요경쟁사 (외형,%)	
GMB CORP.	54.4	에이지테크	60.0	지엠비코리아	100
한국투자밸류자산운용	7.1	지엠비엘피스	60.0	영화금속	39
(외국인)	58.7	삼현	10.0	엠에스오토텍	151

매출구성		비용구성		수출비중	
Transmission Parts	41.8	매출원가율	86.1	수출	57.5
Engine Parts	39.0	판관비율	11.0	내수	42.5
Chassis Parts	27.1				

회사 개요

동사는 1979년에 자동차부품 및 기계공구류의 제조·가공 및 판매를 목적으로 설립되었으며, 1982년 체결된 일본GMB와의 합작투자계약에 의거 외국인투자촉진법에 의한 외국인투자기업으로 기획재정부에 등록하고, 상호를 한국GMB공업주식회사에서 지엠비코리아 주식회사로 변경함. 기술/제품개발, 경쟁력 강화를 통한 매출 7,000억 비전을 제시함(WIND 7000). 미국과 중국이 자동차 산업 성장을 견인할 전망으로 동사의 성장이 기대됨

실적 분석

동사의 2017년 연간 매출액은 전년동기대비 5.7% 하락한 4,668.4억원을 기록하였음. 친환경 부품인 전동식 워터펌프(EWP)의 물량 확대로 인하여 일부 매출은 증가하였으나, 현대 및 기아차의 판매 부진과 더불어 자동변속기 부품인 V/Spool의 사양 변경 등에 따른 영향으로 전년동기대비 영업이익은 135.1억원으로 44.4% 크게 하락 하였음. 최종적으로 전년동기대비 당기순이익은 크게 하락하여 118.3억원을 기록함.

현금 흐름 〈단위 : 억원〉

항목	2016	2017
영업활동	419	263
투자활동	-335	-317
재무활동	-95	122
순현금흐름	-11	48
기말현금	143	191

시장 대비 수익률

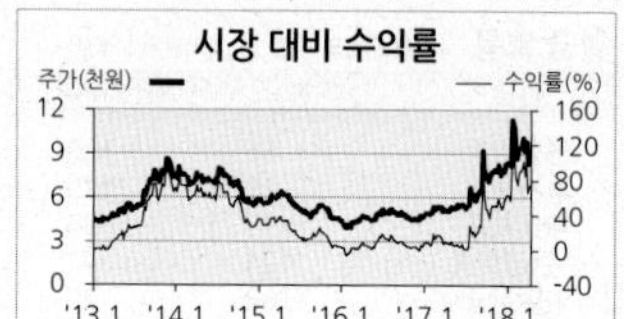

결산 실적 〈단위 : 억원〉

항목	2012	2013	2014	2015	2016	2017
매출액	4,366	4,628	4,594	4,675	4,951	4,668
영업이익	227	251	192	169	243	135
당기순이익	141	199	175	120	195	118

분기 실적 〈단위 : 억원〉

항목	2016.3Q	2016.4Q	2017.1Q	2017.2Q	2017.3Q	2017.4Q
매출액	1,133	1,345	1,232	1,172	1,134	1,131
영업이익	26	91	67	34	5	29
당기순이익	11	93	47	38	16	18

재무 상태 〈단위 : 억원〉

항목	2012	2013	2014	2015	2016	2017
총자산	3,541	3,780	4,308	4,594	4,663	4,689
유형자산	1,551	1,699	2,076	2,214	2,245	2,210
무형자산	5	9	11	19	23	34
유가증권	0	0	11	11	11	11
총부채	1,815	1,835	2,223	2,451	2,374	2,305
총차입금	781	738	1,106	1,335	1,281	1,362
자본금	95	95	95	95	95	95
총자본	1,726	1,945	2,085	2,143	2,290	2,383
지배주주지분	1,695	1,890	2,020	2,076	2,218	2,291

기업가치 지표

항목	2012	2013	2014	2015	2016	2017
주가(최고/저)(천원)	5.1/4.4	8.7/4.3	8.1/5.5	6.4/4.5	5.3/3.9	9.2/4.8
PER(최고/저)(배)	7.1/6.2	9.5/4.7	9.9/6.7	11.1/7.6	5.6/4.1	15.6/8.1
PBR(최고/저)(배)	0.7/0.6	1.0/0.5	0.9/0.6	0.6/0.4	0.5/0.4	0.8/0.4
EV/EBITDA(배)	4.4	5.2	5.7	5.4	4.4	7.1
EPS(원)	823	1,029	902	618	983	601
BPS(원)	8,885	9,909	10,593	10,884	11,628	12,011
CFPS(원)	1,656	1,856	1,839	1,777	2,264	1,947
DPS(원)	120	170	200	120	150	100
EBITDAPS(원)	2,171	2,143	1,943	2,046	2,556	2,054

재무 비율 〈단위 : %〉

연도	영업이익률	순이익률	부채비율	차입금비율	ROA	ROE	유보율	자기자본비율	EBITDA마진율
2017	2.9	2.5	96.7	57.2	2.5	5.1	2,302.1	50.8	8.4
2016	4.9	3.9	103.7	55.9	4.2	8.7	2,225.7	49.1	9.8
2015	3.6	2.6	114.4	62.3	2.7	5.8	2,076.7	46.7	8.4
2014	4.2	3.8	106.6	53.1	4.3	8.8	2,018.6	48.4	8.1

지엠알머티리얼즈 (A032860)
GMR Materials

업 종 : 금속 및 광물
신용등급 : (Bond) — (CP) —
홈페이지 : www.gmrmaterials.com
본 사 : 충남 아산시 인주면 인주산단로 65
시 장 : KOSDAQ
기업규모 : 중견
연 락 처 : 041)533-8449

설 립 일	1986.01.01	**종 업 원 수**	18명	**대 표 이 사**	김동은
상 장 일	1997.07.04	**감 사 의 견**	적정(서린)	**계 열**	
결 산 기	12월	**보 통 주**		**종속회사수**	2개사
액 면 가	500원	**우 선 주**		**구 상 호**	스틸앤리소시즈

주주구성 (지분율,%)		출자관계 (지분율,%)		주요경쟁사 (외형,%)	
지엠알코리아	17.8			GMR 머티리얼즈	100
철강자원협동조합	11.8			황금에스티	196
				금강철강	172

매출구성		비용구성		수출비중	
철스크랩(상품및제품)	100.0	매출원가율	89.4	수출	94.9
		판관비율	10.1	내수	5.1

회사 개요

동사는 1985년에 설립되어 철스크랩의 가공 및 재활용 제품 생산을 중심으로 하는 금속 및 비금속 원료재생사업을 영위하고 있음. 종속회사로는 도원철강, GMR MATERIALS, INC. 등 국내외 2개사가 있음. 동사는 2015년 6월 서울중앙지방법원에서 회생계획인가를 받았고, 2016년 1월 인수합병 우선협상자로 GMR컨소시엄과 투자계약을 체결했고, 4월에 회생채권 변제를 완료해 회생절차를 종결함.

실적 분석

동사의 2017년 연간 매출액은 전년동기대비 71.8% 상승한 1,148.8억원을 기록하였음. 원자재인 철스크랩은 물동량 규모가 매우 중요한데 동사의 철스크랩의 해상운송 시스템은 국내 업계에서 유일하게 도입한 물류 체계로서, 육상운송에 비해 비용이 저렴하며, 대량 운송의 효과와 인력절감 및 운송의 정확성 등에 있어 경쟁 우위에 있음. 이런 비용면의 우위에 힘입어 전년동기대비 당기순이익은 흑자전환하여 2.7억원을 기록함.

현금 흐름
〈단위 : 억원〉

항목	2016	2017
영업활동	-93	-13
투자활동	14	71
재무활동	103	-38
순현금흐름	24	19
기말현금	32	52

시장 대비 수익률

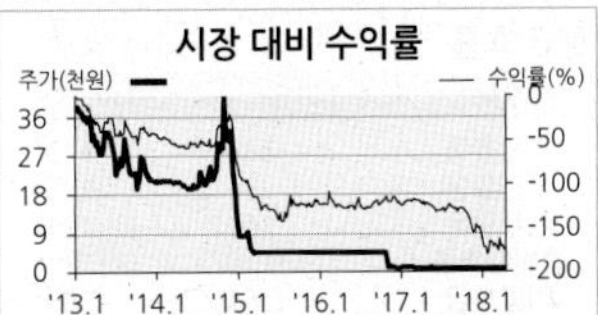

결산 실적
〈단위 : 억원〉

항목	2012	2013	2014	2015	2016	2017
매출액	1,821	1,972	827	553	669	1,149
영업이익	-25	-236	-13	9	-13	5
당기순이익	-139	-284	-336	-347	-63	3

분기 실적
〈단위 : 억원〉

항목	2016.3Q	2016.4Q	2017.1Q	2017.2Q	2017.3Q	2017.4Q
매출액	192	223	241	292	356	260
영업이익	-2	-9	6	-1	5	-5
당기순이익	1	-42	4	-2	2	-1

재무 상태
〈단위 : 억원〉

항목	2012	2013	2014	2015	2016	2017
총자산	1,061	1,168	791	313	392	358
유형자산	356	382	314	2	40	42
무형자산	6	2	1	0	0	0
유가증권	—	—	—	17	15	8
총부채	855	968	818	470	158	85
총차입금	645	684	629	434	135	58
자본금	124	314	376	85	300	338
총자본	206	200	-26	-157	234	273
지배주주지분	206	200	-26	-157	234	273

기업가치 지표

항목	2012	2013	2014	2015	2016	2017
주가(최고/저)(천원)	104/33.1	39.0/19.3	43.2/10.6	11.5/4.1	4.4/0.8	1.1/0.5
PER(최고/저)(배)	—/—	—/—	—/—	—/—	—/—	281.9/126.4
PBR(최고/저)(배)	0.5/0.2	0.4/0.2	32.4/7.9	-0.8/-0.3	10.0/1.7	2.5/1.1
EV/EBITDA(배)	—	—	168.2	33.8	—	49.5
EPS(원)	-122,247	-189,540	-120,725	-59,100	-126	4
BPS(원)	954	367	6	-742	441	449
CFPS(원)	-529	-738	-474	-2,830	-124	7
DPS(원)	—	—	—	—	—	—
EBITDAPS(원)	-53	-604	9	201	-23	11

재무 비율
〈단위 : %〉

연도	영업이익률	순이익률	부채비율	차입금비율	ROA	ROE	유보율	자기자본비율	EBITDA마진율
2017	0.5	0.2	일부잠식	일부잠식	0.7	1.1	-10.2	76.3	0.6
2016	-1.9	-9.5	일부잠식	일부잠식	-17.9	전기잠식	-11.8	59.7	-1.8
2015	1.7	-62.7	완전잠식	완전잠식	-62.8	잠식지속	-248.3	-50.1	4.3
2014	-1.6	-40.7	완전잠식	완전잠식	-34.3	당기잠식	-98.9	-3.3	0.7

지엠피 (A018290)
GMP

업 종 : 용기 및 포장
신용등급 : (Bond) — (CP) —
홈페이지 : www.gmp.co.kr
본 사 : 경기도 파주시 산업단지길 139 (문발동)
시 장 : KOSDAQ
기업규모 : 벤처
연 락 처 : 031)943-4600

설 립 일	1986.11.07	**종 업 원 수**	182명	**대 표 이 사**	정철,김양평
상 장 일	1994.09.07	**감 사 의 견**	적정(현대)	**계 열**	
결 산 기	12월	**보 통 주**		**종속회사수**	1개사
액 면 가	500원	**우 선 주**		**구 상 호**	

주주구성 (지분율,%)		출자관계 (지분율,%)		주요경쟁사 (외형,%)	
박종갑	9.5	지엠피글로벌	100.0	지엠피	100
정철	5.2	브이티코스메틱	40.0	원림	106
(외국인)	4.4			한국팩키지	82

매출구성		비용구성		수출비중	
바인딩기계외	56.5	매출원가율	80.0	수출	71.0
라미네이팅기계	43.5	판관비율	29.5	내수	29.0

회사 개요

동사는 1986년 설립된 라미네이팅 기계 전문 회사로서 사진, 문서, 신분증, 여권 등 각종 보존서류의 장기보존과 위변조 및 훼손방지를 목적으로 하는 라미네이팅 관련 기계와 필름을 제조판매하는 업체임. 전세계 100개국 이상에 수출 중임. 동사의 매출비중은 라미네이팅 필름 61.1%, 기계 38.3%로 구성됨. 다양한 두께의 코팅물을 라미네이팅 할 수 있는 자동 라미네이터에 관한 특허 보유하고 있음.

실적 분석

동사는 지난해 매출액 698억원, 영업손실 66.8억원을 각각 기록하였음. 동사는 각종 보존서류의 장기보존과 위변조 및 훼손방지를 목적으로 라미네이팅 관련 기계와 필름을 제조 및 판매하는 사업을 영위하고 있음. 국내 시장에서 관련 제품의 수요가 크지 않아 수출 주도형 산업의 성격이 큼. 최근 동사의 서멀 라미 시스템 개발로 국내시장 규모 급성장하고 있음. 경쟁업체로 국제적으로는 미국의 GBC, 독일의 Neschen, 영국의 디앤드케이 등이 있음.

현금 흐름
〈단위 : 억원〉

항목	2016	2017
영업활동	2	-55
투자활동	-103	13
재무활동	117	135
순현금흐름	15	92
기말현금	15	108

시장 대비 수익률

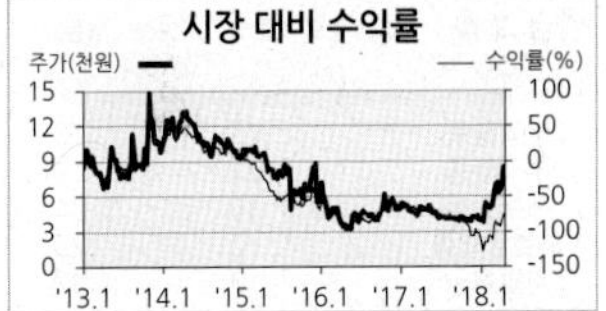

결산 실적
〈단위 : 억원〉

항목	2012	2013	2014	2015	2016	2017
매출액	540	526	538	470	411	699
영업이익	-46	17	4	-125	-87	-67
당기순이익	-10	12	-36	-240	-146	-130

분기 실적
〈단위 : 억원〉

항목	2016.3Q	2016.4Q	2017.1Q	2017.2Q	2017.3Q	2017.4Q
매출액	—	—	175	153	182	189
영업이익	—	—	31	-6	6	-97
당기순이익	—	—	27	-34	6	-129

재무 상태
〈단위 : 억원〉

항목	2012	2013	2014	2015	2016	2017
총자산	789	788	796	624	621	741
유형자산	322	312	301	285	273	289
무형자산	21	22	27	31	35	81
유가증권	0	0	0	0	0	0
총부채	569	554	602	461	287	380
총차입금	433	412	436	312	141	239
자본금	307	307	307	206	87	107
총자본	219	233	194	164	334	361
지배주주지분	219	233	194	164	334	257

기업가치 지표

항목	2012	2013	2014	2015	2016	2017
주가(최고/저)(천원)	30.7/2.9	14.9/6.4	14.1/9.2	10.5/4.9	8.1/3.2	5.5/3.9
PER(최고/저)(배)	—/—	61.2/26.5	—/—	—/—	—/—	—/—
PBR(최고/저)(배)	6.2/0.6	2.8/1.2	3.2/2.1	6.4/3.0	4.2/1.7	4.6/3.2
EV/EBITDA(배)	—	21.1	31.2	—	—	—
EPS(원)	-201	243	-748	-4,917	-1,121	-693
BPS(원)	391	414	351	398	1,918	1,198
CFPS(원)	21	51	-26	-1,088	-958	-600
DPS(원)	—	—	—	—	—	—
EBITDAPS(원)	-38	60	40	-519	-506	-228

재무 비율
〈단위 : %〉

연도	영업이익률	순이익률	부채비율	차입금비율	ROA	ROE	유보율	자기자본비율	EBITDA마진율
2017	-9.6	-18.6	105.2	66.3	-19.1	-48.9	139.6	48.7	-6.8
2016	-21.1	-35.4	85.8	42.3	-23.4	-58.5	283.7	53.8	-16.0
2015	-26.6	-51.1	일부잠식	일부잠식	-33.8	-134.3	-20.4	26.2	-22.4
2014	0.8	-6.7	일부잠식	일부잠식	-4.6	-17.0	-29.8	24.4	4.6

지오씨 (A135160)
GOC

업 종 : 통신장비
신용등급 : (Bond) — (CP) —
홈페이지 : www.goc2001.com
본 사 : 광주시 북구 첨단벤처로 60번길 10
시 장 : KONEX
기업규모 : —
연 락 처 : 062)973-6114

설 립 일	2001.03.02	**종업원수**	104명	**대 표 이 사**	박인철
상 장 일	2015.12.28	**감사의견**	적정(신한)	**계 열**	
결 산 기	12월	**보 통 주**		**종속회사수**	
액 면 가	—	**우 선 주**		**구 상 호**	글로벌광통신

주주구성 (지분율,%)		출자관계 (지분율,%)		주요경쟁사 (외형,%)	
박인철	55.4	피큐브	37.0	지오씨	100
박미정	1.2	GOCI	99.0	라이트론	187
		INTI-GOC	75.0	스카이문스테크놀로지	31

매출구성		비용구성		수출비중	
광섬유 케이블	90.8	매출원가율	78.4	수출	65.0
기타	9.2	판관비율	17.0	내수	35.0

회사 개요

동사는 2001년 3월 2일 광섬유 케이블 제조, 개발, 판매를 목적으로 설립되었으며 본사는 광주광역시에 소재하고 있음. 광케이블은 노동, 기술집약적인 산업으로 신규업체의 시장진입이 여타산업에 비해 불리한 산업으로 경기에 큰 영향을 받음. 세계 경제불황에 의해 부동산시장 및 건설경기가 동반 하락할 경우 동사의 영업에 악영향을 초래할 가능성이 존재함. 2017년 매출액의 35%가 한국, 25.8%가 인도네시아 사업에서 발생함.

실적 분석

회사 사명을 2016년 9월에 글로벌광통신에서 지오씨로 변경함. 2017년 연간 매출은 441.2억원으로 전년대비 9.0% 증가, 영업이익은 20.2억원으로 전년대비 22% 감소함. 당기순이익은 4.3억원으로 전년대비 76.5% 큰 폭 감소함. 동사는 높은 수준의 케이블 구조, 설계 피복 및 보강 재료의 선정과 공정 기술력을 기반으로 국내 시장에서 경쟁력있는 제품을 보유 중이며, 광케이블, 광소자, 광응용센서 등 시장확대전략을 추진중임.

현금 흐름 *IFRS 별도 기준 〈단위 : 억원〉

항목	2016	2017
영업활동	-15	16
투자활동	-22	-12
재무활동	35	24
순현금흐름	-2	28
기말현금	9	37

시장 대비 수익률

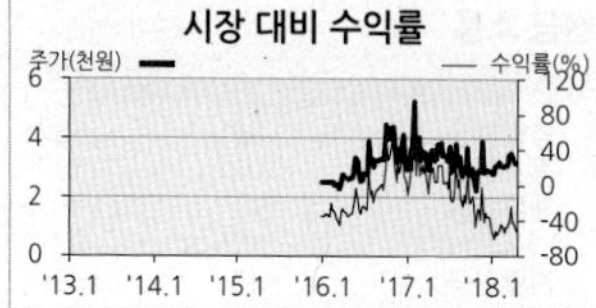

결산 실적 〈단위 : 억원〉

항목	2012	2013	2014	2015	2016	2017
매출액	190	271	287	337	405	441
영업이익	-41	23	20	21	26	20
당기순이익	-35	11	21	18	18	4

분기 실적 *IFRS 별도 기준 〈단위 : 억원〉

항목	2016.3Q	2016.4Q	2017.1Q	2017.2Q	2017.3Q	2017.4Q
매출액	—	—	—	—	—	—
영업이익	—	—	—	—	—	—
당기순이익	—	—	—	—	—	—

재무 상태 *IFRS 별도 기준 〈단위 : 억원〉

항목	2012	2013	2014	2015	2016	2017
총자산	189	231	333	378	426	468
유형자산	73	80	71	66	88	77
무형자산	0	0	0	0	0	0
유가증권	7	21	52	54	50	50
총부채	150	168	239	261	276	314
총차입금	125	119	168	164	186	210
자본금	14	14	15	16	17	35
총자본	39	63	94	117	150	154
지배주주지분	39	63	94	117	150	154

기업가치 지표 *IFRS 별도 기준

항목	2012	2013	2014	2015	2016	2017
주가(최고/저)(천원)	—/—	—/—	—/—	5.0/5.0	10.5/4.4	5.3/2.0
PER(최고/저)(배)	0.0/0.0	0.0/0.0	0.0/0.0	7.8/7.8	17.0/7.2	76.5/28.7
PBR(최고/저)(배)	0.0/0.0	0.0/0.0	0.0/0.0	1.2/1.2	2.2/0.9	2.4/0.9
EV/EBITDA(배)	—	2.6	4.7	9.4	10.8	10.7
EPS(원)	-714	229	410	319	310	69
BPS(원)	1,420	2,311	3,162	3,677	4,318	2,203
CFPS(원)	-635	1,035	1,131	823	748	242
DPS(원)	—	—	—	—	—	—
EBITDAPS(원)	-862	1,449	1,085	919	976	497

재무 비율 〈단위 : %〉

연도	영업이익률	순이익률	부채비율	차입금비율	ROA	ROE	유보율	자기자본비율	EBITDA마진율
2017	4.6	1.0	203.1	136.2	1.0	2.8	340.7	33.0	7.0
2016	6.4	4.5	184.0	124.2	4.6	13.7	763.6	35.2	8.0
2015	6.2	5.3	223.8	140.6	5.0	17.0	635.5	30.9	8.7
2014	6.9	7.4	254.5	178.9	7.5	27.0	532.5	28.2	11.1

지와이커머스 (A111820)
Cheoum & C

업 종 : 상업서비스
신용등급 : (Bond) — (CP) —
홈페이지 : www.mp1.co.kr
본 사 : 서울시 광진구 광나루로56길 85 프라임센터 35층
시 장 : KOSDAQ
기업규모 : 중견
연 락 처 : 02)6950-9500

설 립 일	2006.12.19	**종업원수**	63명	**대 표 이 사**	이기건
상 장 일	2010.06.18	**감사의견**	적정(신한)	**계 열**	
결 산 기	12월	**보 통 주**		**종속회사수**	2개사
액 면 가	500원	**우 선 주**		**구 상 호**	처음앤씨

주주구성 (지분율,%)		출자관계 (지분율,%)		주요경쟁사 (외형,%)	
지파이브투자조합	10.3	큰빛	100.0	지와이커머스	100
금상연	2.1	성은창신(북경)	100.0	KTcs	3,513
(외국인)	10.8			양지사	185

매출구성		비용구성		수출비중	
B2B 공동구매(공동구매,구매대행 상품 및 기타	86.9	매출원가율	56.8	수출	4.2
B2B 전자결제(전자결제 중개 수수료 매출)	8.3	판관비율	38.3	내수	95.8
기타 서비스(용역 및 기타 매출)	4.9				

회사 개요

동사는 2006년 설립된 B2B 전자결제 중개서비스를 목적 사업으로 영위하는 기업임. 2009년 4월 '이엠투네트웍스'에서 '처음앤씨'로 상호를 변경하였고, 약 64,000개의 회원사를 보유한 시장점유율 1위 업체임. 주요사업은 에스크로 B2B e-Marketplace사업으로 이는 결제형 B2B e-MP, 담보형 B2B e-MP, 구매대행 및 공동구매로 구분되며, 부문별 매출 비중은 B2B e-MP 사업 13.15%, 구매대행 86.8%

실적 분석

동사의 2017년 연간 매출액은 전년동기대비 35.1% 하락한 275.5억원을 기록하였음. 비용면에서 전년동기대비 매출원가는 크게 감소 하였으며 인건비는 증가 하였고 광고선전비도 크게 증가, 기타판매비와관리비는 감소함. 이와 같이 매출액은 전년동기 크게 성장하지 않았으나 이에 비해서 전년동기대비 영업이익은 13.7억원으로 18.3% 상승 하였음. 아마 매출원가의 감소효과가 달성한 매출액 대비 컸기 때문이라 판단됨.

현금 흐름 〈단위 : 억원〉

항목	2016	2017
영업활동	-334	125
투자활동	-36	-125
재무활동	261	21
순현금흐름	-110	21
기말현금	64	85

시장 대비 수익률

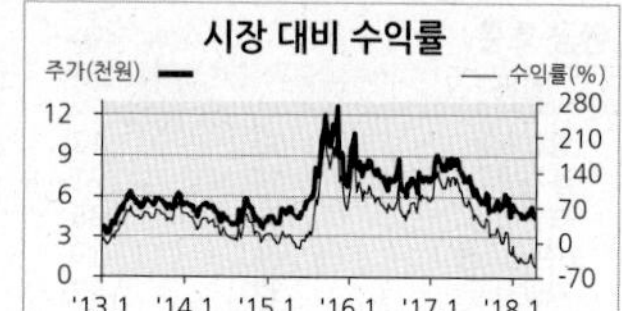

결산 실적 〈단위 : 억원〉

항목	2012	2013	2014	2015	2016	2017
매출액	656	667	488	435	424	276
영업이익	42	62	5	11	12	14
당기순이익	35	22	6	-4	3	9

분기 실적 〈단위 : 억원〉

항목	2016.3Q	2016.4Q	2017.1Q	2017.2Q	2017.3Q	2017.4Q
매출액	97	115	104	79	49	44
영업이익	3	-3	11	-0	5	-2
당기순이익	3	-9	8	-1	4	-2

재무 상태 〈단위 : 억원〉

항목	2012	2013	2014	2015	2016	2017
총자산	423	582	575	609	880	905
유형자산	2	2	31	29	30	28
무형자산	7	6	12	11	10	6
유가증권	37	22	76	40	61	64
총부채	106	219	182	94	81	88
총차입금	67	173	157	60	44	36
자본금	27	29	34	52	96	100
총자본	318	363	393	515	799	818
지배주주지분	318	363	393	515	799	818

기업가치 지표

항목	2012	2013	2014	2015	2016	2017
주가(최고/저)(천원)	4.5/2.2	6.4/3.2	5.9/3.7	12.8/4.0	10.6/6.0	9.2/4.5
PER(최고/저)(배)	12.0/5.9	30.8/15.5	118.6/73.4	—/—	685.7/384.5	204.6/99.2
PBR(최고/저)(배)	1.4/0.7	1.8/0.9	1.7/1.1	3.7/1.2	2.5/1.4	2.2/1.1
EV/EBITDA(배)	7.4	7.2	55.9	64.1	67.8	28.7
EPS(원)	400	216	50	-31	16	45
BPS(원)	6,114	6,439	6,065	5,218	4,202	4,199
CFPS(원)	736	404	122	-22	25	53
DPS(원)	210	260	200	—	—	—
EBITDAPS(원)	879	1,111	106	147	71	79

재무 비율 〈단위 : %〉

연도	영업이익률	순이익률	부채비율	차입금비율	ROA	ROE	유보율	자기자본비율	EBITDA마진율
2017	5.0	3.2	10.7	4.4	1.0	1.1	739.8	90.3	5.6
2016	2.7	0.7	10.2	5.5	0.4	0.4	740.3	90.7	3.1
2015	2.6	-1.0	18.3	11.7	-0.7	-0.9	943.5	84.5	3.0
2014	1.0	1.2	46.4	39.9	1.0	1.6	1,113.1	68.3	1.5

지코 (A010580)

Jico

업　　종 : 자동차부품
신용등급 : (Bond) —　　(CP) —
홈페이지 : www.jico21.com
본　　사 : 충남 아산시 도고면 도고면로 48-15

시　　장 : 거래소
기업규모 : 시가총액 소형주
연 락 처 : 041)529-7714

설 립 일	1975.04.11	**종업원수**	117명	**대 표 이 사**	인귀승
상 장 일	1994.12.27	**감사의견**	적정(한영)	**계　　열**	
결 산 기	12월	**보 통 주**		**종속회사수**	
액 면 가	500원	**우 선 주**		**구　상　호**	

주주구성 (지분율,%)		출자관계 (지분율,%)		주요경쟁사 (외형,%)	
코다코	17.9	정일금속	19.0	지코	100
트윈정	2.3	일정금속	18.3	디젠스	149
(외국인)	0.7	고요지코코리아	15.6	광진윈텍	135

매출구성		비용구성		수출비중	
W/PUMP	62.3	매출원가율	100.7	수출	63.8
AUTO PART	14.9	판관비율	3.3	내수	36.2
TCCM	8.9				

회사 개요

동사는 자동차 부품제조 전문회사로서 Water Pump, Front Case, Auto Part, AL Cylinder Head 등 자동차 엔진 및 미션계통의 제품을 생산하여 국내 완성차 업체 및 부품전문기업(현대자동차, 기아자동차, 현대모비스 등)에 공급하고 있음. 원재료로는 알루미늄과 베어링이 주로 사용되며 위 원재료는 환율에 영향을 받음. 국내 알루미늄 가격과 연동하여 원재료 가격이 변동됨.

실적 분석

동사의 2017년 결산 매출액은 전년대비 6.6% 감소한 721.0억원을 기록함. 매출액 감소는 주로 W/PUMP, AUTO PART 품목의 실적 부진에 기인함. 외형 축소에도 원가율이 일부 개선되었으나 여전히 100%를 상회하고 있어 영업손실 28.9억원, 당기순손실 54.3억원을 보이며 적자를 지속함. 동사는 당기 결산일 이후 전 대표이사의 업무상 배임 혐의에 대한 혐의없음(증거불충분) 판결을 공시함.

현금 흐름 *IFRS 별도 기준 〈단위 : 억원〉

항목	2016	2017
영업활동	29	-37
투자활동	-3	-12
재무활동	-13	43
순현금흐름	12	-6
기말현금	18	12

시장 대비 수익률

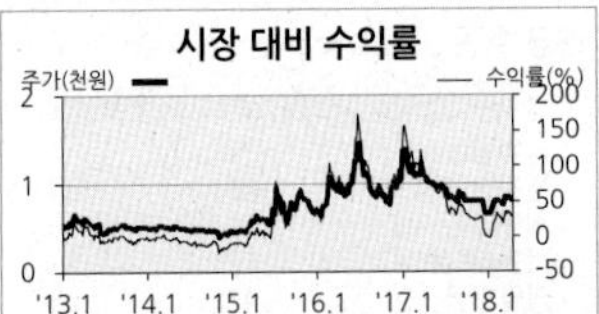

결산 실적 〈단위 : 억원〉

항목	2012	2013	2014	2015	2016	2017
매출액	887	912	924	871	772	721
영업이익	-61	-22	-8	1	-44	-29
당기순이익	-26	-22	-15	-30	-55	-54

분기 실적 *IFRS 별도 기준 〈단위 : 억원〉

항목	2016.3Q	2016.4Q	2017.1Q	2017.2Q	2017.3Q	2017.4Q
매출액	172	206	194	176	206	145
영업이익	-11	-19	-3	-8	-6	-12
당기순이익	-14	-17	-9	-12	-13	-20

재무 상태 *IFRS 별도 기준 〈단위 : 억원〉

항목	2012	2013	2014	2015	2016	2017
총자산	641	786	729	643	604	534
유형자산	369	466	441	441	419	401
무형자산	7	8	10	7	6	1
유가증권	5	5	6	2	2	2
총부채	455	610	568	504	427	338
총차입금	235	315	336	327	219	202
자본금	139	139	139	139	220	251
총자본	186	176	161	139	177	196
지배주주지분	186	176	161	139	177	196

기업가치 지표 *IFRS 별도 기준

항목	2012	2013	2014	2015	2016	2017
주가(최고/저)(천원)	0.8/0.5	0.7/0.4	0.5/0.4	1.0/0.4	1.6/0.6	1.4/0.6
PER(최고/저)(배)	—/—	—/—	—/—	—/—	—/—	—/—
PBR(최고/저)(배)	1.4/0.8	1.2/0.8	1.0/0.8	2.1/1.0	4.1/1.5	3.6/1.6
EV/EBITDA(배)	—	72.4	20.1	17.6	—	295.4
EPS(원)	-83	-71	-50	-98	-157	-114
BPS(원)	672	637	583	501	402	392
CFPS(원)	-2	20	53	-1	-66	-50
DPS(원)	—	—	—	—	—	—
EBITDAPS(원)	-129	21	80	111	-36	3

재무 비율 〈단위 : %〉

연도	영업이익률	순이익률	부채비율	차입금비율	ROA	ROE	유보율	자기자본비율	EBITDA마진율
2017	-4.0	-7.5	일부잠식	일부잠식	-9.5	-29.1	-21.6	36.7	0.2
2016	-5.8	-7.1	일부잠식	일부잠식	-8.8	-34.8	-19.6	29.3	-1.6
2015	0.1	-3.5	363.7	235.7	-4.4	-20.1	0.3	21.6	3.5
2014	-0.9	-1.7	351.9	208.3	-2.0	-9.2	16.7	22.1	2.4

지투알 (A035000)

GIIR

업　　종 : 미디어
신용등급 : (Bond) —　　(CP) —
홈페이지 : www.g2rgroup.com
본　　사 : 서울시 마포구 마포대로 155 LG마포빌딩 15층

시　　장 : 거래소
기업규모 : 시가총액 소형주
연 락 처 : 02)705-2700

설 립 일	1984.05.31	**종업원수**	75명	**대 표 이 사**	김종립
상 장 일	1999.08.11	**감사의견**	적정(삼정)	**계　　열**	
결 산 기	12월	**보 통 주**		**종속회사수**	13개사
액 면 가	1,000원	**우 선 주**		**구　상　호**	GIIR

주주구성 (지분율,%)		출자관계 (지분율,%)		주요경쟁사 (외형,%)	
엘지	35.0	에이치에스애드	100.0	지투알	100
Cavendish Square Holdings B.V.	29.9	엘베스트	100.0	디지틀조선	8
(외국인)	31.8	NH투자증권	0.1	비덴트	5

매출구성		비용구성		수출비중	
[[광고대행사]에이치에스애드]제작매출액 등(기	58.6	매출원가율	69.0	수출	—
[[광고대행사]GIIR America]제작매출액 등(기타)	16.8	판관비율	27.0	내수	—
기타	12.7				

회사 개요

동사는 1984년 LG그룹의 계열사인 LG애드로 설립돼 2004년 8월 자회사에 대한 투자 및 경영자문 등의 사업을 영위하는 지투알과 광고사업을 맡는 엘지애드로 분할됨. 동사가 의사결정권 절반 이상을 소유한 종속회사가 에이치에스애드, 엘베스트 등 13개사임. 종속회사가 영위하는 사업은 모두 광고업이며, 경영관리용역수익 및 배당수익 등을 영업수익의 원천으로 하고 있음. 광고시장 부진에도 불구하고 글로벌 부문의 지속적인 성장을 보이고 있음.

실적 분석

동사는 2016년 광고시장의 저성장기조에도 불구 해외법인 및 국내 비계열 물량증가에 힘입어 전년 대비 성장을 이루어 냈음. 다만 2017년 광고시장은 국내외 정치/경제 여건 불안정으로 저성장이 지속되었음. 이에 따라 동사의 연결 기준 2017년 매출액은 5,013.0억원(전년 대비 22.9% 증가), 매출총이익은 1,551.7억원(7.3% 증가), 영업이익은 197.1억원(0.6% 증가), 당기순이익은 140.8억원(5.8% 감소)을 기록함.

현금 흐름 〈단위 : 억원〉

항목	2016	2017
영업활동	136	515
투자활동	-140	-152
재무활동	-38	-36
순현금흐름	-56	304
기말현금	484	788

시장 대비 수익률

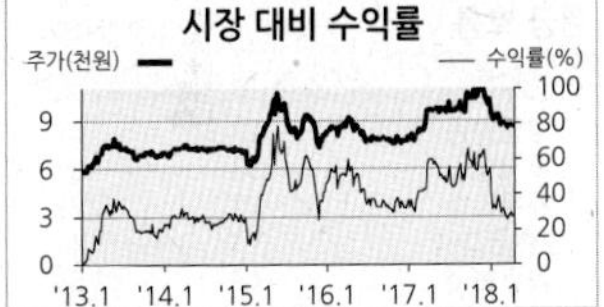

결산 실적 〈단위 : 억원〉

항목	2012	2013	2014	2015	2016	2017
매출액	3,358	3,491	3,856	4,793	4,080	5,013
영업이익	151	161	128	138	196	197
당기순이익	123	124	95	116	149	141

분기 실적 〈단위 : 억원〉

항목	2016.3Q	2016.4Q	2017.1Q	2017.2Q	2017.3Q	2017.4Q
매출액	945	1,358	817	1,245	1,408	1,543
영업이익	12	168	-35	1	27	205
당기순이익	11	133	-54	5	34	156

재무 상태 〈단위 : 억원〉

항목	2012	2013	2014	2015	2016	2017
총자산	3,639	4,085	3,984	4,828	5,071	5,911
유형자산	38	35	35	39	38	50
무형자산	117	115	118	117	119	119
유가증권	32	27	29	27	25	26
총부채	2,507	2,869	2,731	3,479	3,610	4,342
총차입금	27	127	38	107	49	48
자본금	176	176	176	176	176	176
총자본	1,132	1,217	1,254	1,349	1,461	1,569
지배주주지분	1,129	1,209	1,254	1,349	1,461	1,569

기업가치 지표

항목	2012	2013	2014	2015	2016	2017
주가(최고/저)(천원)	7.7/5.4	8.0/5.8	7.6/6.8	10.7/6.2	9.2/7.4	11.3/7.6
PER(최고/저)(배)	12.1/8.6	12.6/9.1	14.3/12.9	16.6/9.6	10.8/8.6	13.6/9.2
PBR(최고/저)(배)	1.2/0.9	1.2/0.9	1.1/0.9	1.4/0.8	1.1/0.8	1.2/0.8
EV/EBITDA(배)	2.1	2.8	3.2	3.6	1.9	1.5
EPS(원)	741	722	584	700	902	850
BPS(원)	7,243	7,726	7,996	8,572	9,245	9,897
CFPS(원)	869	870	739	859	1,064	1,036
DPS(원)	200	200	200	200	250	250
EBITDAPS(원)	1,040	1,122	930	992	1,345	1,376

재무 비율 〈단위 : %〉

연도	영업이익률	순이익률	부채비율	차입금비율	ROA	ROE	유보율	자기자본비율	EBITDA마진율
2017	3.9	2.8	276.7	3.0	2.6	9.3	833.2	26.6	4.6
2016	4.8	3.7	247.1	3.4	3.0	10.6	771.7	28.8	5.5
2015	2.9	2.4	257.9	7.9	2.6	8.9	708.2	27.9	3.4
2014	3.3	2.5	217.8	3.1	2.4	7.9	653.9	31.5	4.0

지트리비앤티 (A115450)
G-treeBNT

업 종 : 일반 소프트웨어 / 시 장 : KOSDAQ
신용등급 : (Bond) — (CP) — / 기업규모 : 중견
홈페이지 : www.gtreebnt.com / 연 락 처 : 031)786-7800
본 사 : 경기도 성남시 분당구 정자일로 248, 파크뷰타워 22층

설 립 일	2000.06.07	**종 업 원 수**	87명	**대 표 이 사**	양원석
상 장 일	2010.03.26	**감 사 의 견**	적정(지울)	**계 열**	
결 산 기	12월	**보 통 주**		**종속회사수**	5개사
액 면 가	500원	**우 선 주**		**구 상 호**	디지탈아리아

주주구성 (지분율,%)		출자관계 (지분율,%)		주요경쟁사 (외형,%)	
유양디앤유	11.3	지트리파마슈티컬	100.0	지트리비앤티	100
인터베스트글로벌제약펀드	4.7	한국영재에듀	51.0	더존비즈온	1,199
(외국인)	7.0	Oblato,	100.0	안랩	876

매출구성		비용구성		수출비중	
펌프(기타)	56.2	매출원가율	85.1	수출	15.5
모터(기타)	25.5	판관비율	41.1	내수	84.5
트랜스(기타)	10.4				

회사 개요

2014년 3월 미국 RegeneRx와 신약공동개발을 체결하며 바이오/제약 사업에 진출하며 지트리비앤티로 사명을 변경. 2017년 10월 안구건조증 치료제 신약(RGN-259)의 미국 2차 임상3상이 완료되었으며 FDA와의 미팅을 통하여 향후 방향을 확정한 후 다음 단계를 추진할 계획임. 2017년 말 현재 뇌종양 임상신약(OKN-007)의 미국 임상 2상 진행 중이며 완료되면 조건부 허가 신청을 할 예정임.

실적 분석

동사의 2017년 연간 매출액은 전년 대비 3.2% 감소한 171.5억원을 기록함. 영업손실은 44.9억원을 기록하며 적자 폭이 확대되었음. 당기순손실 역시 52.2억원을 기록, 적자가 지속됨. 2017년 10월 안구건조증 치료제(RGN-259)의 미국 2차 임상3상이 완료되었으며 이후 RGN-259의 라이센싱 아웃이 구체화되면 동사의 기업가치에 긍정적인 영향을 끼칠 것으로 기대됨.

현금 흐름 〈단위 : 억원〉

항목	2016	2017
영업활동	-27	-47
투자활동	-65	-165
재무활동	77	223
순현금흐름	-15	11
기말현금	43	54

시장 대비 수익률

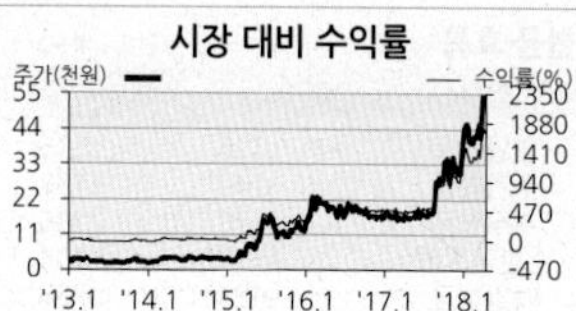

결산 실적 〈단위 : 억원〉

항목	2012	2013	2014	2015	2016	2017
매출액	593	209	176	168	177	172
영업이익	-9	-18	-9	-31	-40	-45
당기순이익	-54	-39	-16	-43	-54	-52

분기 실적 〈단위 : 억원〉

항목	2016.3Q	2016.4Q	2017.1Q	2017.2Q	2017.3Q	2017.4Q
매출액	43	47	42	39	46	45
영업이익	-9	-17	-11	-9	-12	-12
당기순이익	-11	-23	-18	-8	-12	-14

재무 상태 〈단위 : 억원〉

항목	2012	2013	2014	2015	2016	2017
총자산	543	367	585	503	516	627
유형자산	113	102	100	97	95	93
무형자산	129	97	6	126	250	371
유가증권	0	0	31	107	75	36
총부채	402	263	360	169	147	187
총차입금	268	213	85	124	103	141
자본금	50	50	95	101	111	116
총자본	141	104	225	335	370	440
지배주주지분	138	101	223	301	339	384

기업가치 지표

항목	2012	2013	2014	2015	2016	2017
주가(최고/저)(천원)	7.2/2.0	3.6/1.9	4.2/2.1	17.4/2.9	24.8/13.7	35.3/15.7
PER(최고/저)(배)	—/—	—/—	—/—	—/—	—/—	—/—
PBR(최고/저)(배)	4.8/1.4	3.1/1.6	3.0/1.5	10.4/1.7	14.5/8.0	21.0/9.4
EV/EBITDA(배)	711.6	—	—	—	—	—
EPS(원)	-521	-329	-88	-212	-235	-210
BPS(원)	1,806	1,410	1,381	1,673	1,706	1,679
CFPS(원)	-529	-326	-53	-187	-214	-185
DPS(원)	—	—	—	—	—	—
EBITDAPS(원)	8	-112	-13	-130	-161	-171

재무 비율 〈단위 : %〉

연도	영업이익률	순이익률	부채비율	차입금비율	ROA	ROE	유보율	자기자본비율	EBITDA마진율
2017	-26.2	-30.4	42.5	32.1	-9.1	-13.3	235.9	70.2	-22.8
2016	-22.8	-30.5	39.7	27.9	-10.6	-16.3	241.3	71.6	-20.1
2015	-18.7	-25.7	50.4	37.0	-7.9	-16.4	234.6	66.5	-15.7
2014	-5.0	-8.8	159.9	37.8	-3.3	-9.9	176.2	38.5	-1.4

지티지웰니스 (A219750)
GTG Wellness

업 종 : 의료 장비 및 서비스 / 시 장 : KONEX
신용등급 : (Bond) — (CP) — / 기업규모 : —
홈페이지 : www.gtgwellness.co.kr / 연 락 처 : 031)702-4418
본 사 : 경기도 용인시 수지구 신수로 767 (동천동, 분당수지유타워 지식산업센터)

설 립 일	1999.02.12	**종 업 원 수**	64명	**대 표 이 사**	김태현
상 장 일	2015.06.17	**감 사 의 견**	적정(한영)	**계 열**	
결 산 기	12월	**보 통 주**		**종속회사수**	
액 면 가	—	**우 선 주**		**구 상 호**	

주주구성 (지분율,%)		출자관계 (지분율,%)		주요경쟁사 (외형,%)	
김태현	60.9	아바텍	55.2	지티지웰니스	100
SBI-성장사다리 코넥스 활성화펀드	8.8			메디아나	218
		GTGWELLNESSSDNBHD.	100.0	유비케어	341

매출구성		비용구성		수출비중	
[제품]개인용 미용기기 및 솔루션	49.8	매출원가율	45.0	수출	57.3
[제품]전문가용 의료기기	28.4	판관비율	46.5	내수	42.7
[상품]전문가용 의료기기	12.6				

회사 개요

동사는 1999년 설립돼 피부미용 의료기기 관련 사업을 영위하고 있으며, 2015년 6월 17일에 코넥스시장에 상장됨. 1999년 해외영업 독점계약을 시작으로 2007년부터 레이저 의료기기를 OEM방식으로 개발, 본격적인 미용 의료기기 해외 판매를 시작함. 2013년부터 미용 의료기기의 직접 제조를 위해 자체 제조라인 및 기술연구소를 설립함. 2015년엔 소모품 판매 규모 확대 및 홈케어, 에스테틱용 장비, 기능성 화장품을 출시함.

실적 분석

동사의 2017년 누적매출액은 240.5억원으로 전년대비 12.7% 증가함. 같은 기간 영업이익은 전년보다 12.3% 늘어난 20.4억원을 기록했고, 당기순이익도 20.6억원으로 53% 증가함. 의료기기, 뷰티케어 및 홈케어 장비 판매에 이어 이들에 필요한 소모품 매출이 늘어나면서 수익성이 크게 개선됨. 에스테틱 산업 트렌드 변화로 인한 장비 교체 수요 증가로 매출이 확대될 것으로 기대됨.

현금 흐름 *IFRS 별도 기준 〈단위 : 억원〉

항목	2016	2017
영업활동	-6	-4
투자활동	-46	-34
재무활동	64	16
순현금흐름	12	-21
기말현금	47	25

시장 대비 수익률

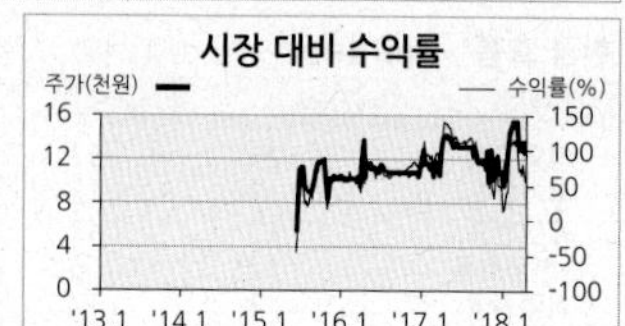

결산 실적 〈단위 : 억원〉

항목	2012	2013	2014	2015	2016	2017
매출액	97	91	66	108	213	240
영업이익	5	5	-2	11	18	20
당기순이익	3	2	0	10	13	21

분기 실적 *IFRS 별도 기준 〈단위 : 억원〉

항목	2016.3Q	2016.4Q	2017.1Q	2017.2Q	2017.3Q	2017.4Q
매출액	—	—	—	—	—	—
영업이익	—	—	—	—	—	—
당기순이익	—	—	—	—	—	—

재무 상태 *IFRS 별도 기준 〈단위 : 억원〉

항목	2012	2013	2014	2015	2016	2017
총자산	36	73	69	145	220	251
유형자산	3	6	10	10	37	42
무형자산	1	—	0	3	8	14
유가증권	—	—	—	—	—	—
총부채	21	53	49	49	161	130
총차입금	12	19	22	26	142	108
자본금	1	3	3	9	8	9
총자본	15	20	20	96	58	121
지배주주지분	15	20	20	96	58	121

기업가치 지표 *IFRS 별도 기준

항목	2012	2013	2014	2015	2016	2017
주가(최고/저)(천원)	—/—	—/—	—/—	31.0/10.6	35.5/24.7	36.8/22.9
PER(최고/저)(배)	0.0/0.0	0.0/0.0	0.0/0.0	47.0/16.1	60.1/41.7	25.9/16.1
PBR(최고/저)(배)	0.0/0.0	0.0/0.0	0.0/0.0	5.3/1.8	10.0/7.0	5.5/3.4
EV/EBITDA(배)	2.3	2.9	—	31.6	30.5	19.4
EPS(원)	477	237	10	254	228	547
BPS(원)	308,909	79,256	80,599	5,359	3,267	6,758
CFPS(원)	73,185	37,502	4,588	804	716	1,653
DPS(원)	—	—	—	—	—	—
EBITDAPS(원)	102,310	72,122	-5,199	874	1,035	1,684

재무 비율 〈단위 : %〉

연도	영업이익률	순이익률	부채비율	차입금비율	ROA	ROE	유보율	자기자본비율	EBITDA마진율
2017	8.5	8.6	110.2	89.7	8.6	24.7	1,221.5	47.6	10.8
2016	8.5	6.3	285.1	248.5	7.4	17.7	631.7	26.0	10.1
2015	10.0	9.0	51.7	26.8	9.1	16.7	971.8	65.9	12.1
2014	-3.2	0.5	243.0	108.4	0.5	1.7	706.0	29.2	-2.0

진도 (A088790)

Jindo

업 종 : 섬유 및 의복
신용등급 : (Bond) — (CP) —
홈페이지 : www.jindofn.co.kr
본 사 : 서울시 금천구 가산디지털 1로 75 (가산동)

시 장 : 거래소
기업규모 : 시가총액 소형주
연 락 처 : 02)850-8263

설 립 일	2006.03.03	**종업원수**	250명	**대 표 이 사**	임영준
상 장 일	2006.03.28	**감사의견**	적정(대현)	**계 열**	
결 산 기	12월	**보 통 주**		**종속회사수**	2개사
액 면 가	500원	**우 선 주**		**구 상 호**	

주주구성 (지분율,%)		출자관계 (지분율,%)		주요경쟁사 (외형,%)	
임오파트너스	40.7	진도유통	100.0	진도	100
신영자산운용	10.3	BEIJINGJINDOFASHION	100.0	대한방직	163
(외국인)	0.9			전방	142

매출구성		비용구성		수출비중	
[모피]모피외	49.2	매출원가율	54.7	수출	0.0
[끌레베]모피외	32.3	판관비율	36.4	내수	100.0
[우바]우븐외	9.7				

회사 개요

동사는 2006년 인적분할을 통해 설립된 국내 모피시장 1위 기업임. 국내 모피판매가 허용된 1988년 9월 이후 모피 시장에서 최고 브랜드로 인정받고 있는 진도모피를 비롯해 젊은 계층을 겨냥한 엘페, 우븐 브랜드인 우바 및 홈쇼핑 브랜드인 끌레베 등의 브랜드를 보유하고 있음. 백화점에 편중된 유통망 구조를 홈쇼핑, 온라인 쇼핑몰, 아울렛 부문으로 확대하고 신규시장 개척을 통해 매출 증대에 나서고 있음. 2005년 중국시장에도 진출했음.

실적 분석

기존 백화점을 주축으로한 영업망을 보유한 자사의 4개 브랜드 (모피/엘페/우바/끌레베) 매출은 국내 소비경기 부진으로 매출감소를 우려하였으나, 겨울철 한파의 영향으로 2017년 매출액은 전년 대비 4.3% 증가함. 고부가 제품의 판매비중 증가와 원재료 가격 하락의 영향으로 당기순이익은 95.0억원을 기록하며 수익성이 큰 폭으로 개선됨. 개별소비세 인하로 모피에 대한 국내수요가 회복되고, 중국인의 수요도 빠르게 증가하는 추세임.

현금 흐름

<단위 : 억원>

항목	2016	2017
영업활동	109	-3
투자활동	-1	-21
재무활동	-99	24
순현금흐름	9	0
기말현금	84	84

시장 대비 수익률

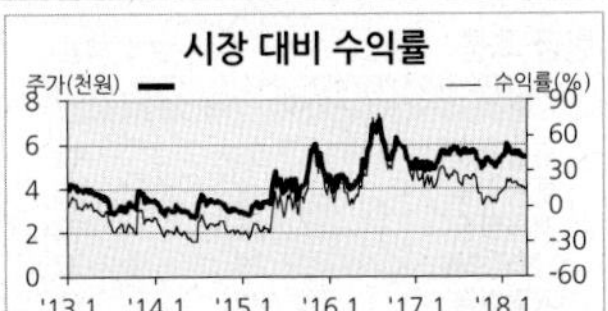

결산 실적

<단위 : 억원>

항목	2012	2013	2014	2015	2016	2017
매출액	1,605	1,526	1,209	1,217	1,230	1,283
영업이익	102	63	49	52	109	115
당기순이익	-49	2	76	33	83	95

분기 실적

<단위 : 억원>

항목	2016.3Q	2016.4Q	2017.1Q	2017.2Q	2017.3Q	2017.4Q
매출액	259	505	365	135	272	511
영업이익	21	53	46	-4	19	54
당기순이익	19	36	42	-2	15	40

재무 상태

<단위 : 억원>

항목	2012	2013	2014	2015	2016	2017
총자산	1,913	1,837	1,565	1,508	1,493	1,584
유형자산	492	485	447	333	330	324
무형자산	3	3	3	3	0	0
유가증권	0	0	0	0	0	0
총부채	1,235	1,156	808	619	538	559
총차입금	861	763	646	436	361	407
자본금	50	50	50	62	62	62
총자본	678	682	757	890	956	1,025
지배주주지분	678	682	757	890	956	1,025

기업가치 지표

항목	2012	2013	2014	2015	2016	2017
주가(최고/저)(천원)	5.8/3.6	4.2/2.8	3.7/2.7	6.0/2.7	7.2/3.9	6.1/4.7
PER(최고/저)(배)	—/—	228.1/152.6	5.5/4.0	22.5/10.3	11.7/6.3	8.3/6.5
PBR(최고/저)(배)	1.0/0.6	0.7/0.5	0.6/0.4	0.9/0.4	1.0/0.6	0.8/0.6
EV/EBITDA(배)	10.8	14.4	15.4	16.4	8.2	8.2
EPS(원)	-492	21	759	299	667	762
BPS(원)	6,752	6,788	7,544	7,138	7,668	8,225
CFPS(원)	-344	156	861	376	728	807
DPS(원)	—	—	—	150	200	270
EBITDAPS(원)	1,166	762	592	550	939	964

재무 비율

<단위 : %>

연도	영업이익률	순이익률	부채비율	차입금비율	ROA	ROE	유보율	자기자본비율	EBITDA 마진율
2017	8.9	7.4	54.5	39.7	6.2	9.6	1,545.0	64.7	9.4
2016	8.9	6.8	56.3	37.8	5.5	9.0	1,433.6	64.0	9.5
2015	4.2	2.7	69.5	49.0	2.1	4.0	1,327.6	59.0	4.9
2014	4.1	6.3	106.6	85.3	4.5	10.6	1,408.9	48.4	4.9

진로발효 (A018120)

Jinro Distillers

업 종 : 음료
신용등급 : (Bond) — (CP) —
홈페이지 : www.jrdcl.com
본 사 : 경기도 안산시 단원구 별망로 594

시 장 : KOSDAQ
기업규모 : 우량
연 락 처 : 031)491-2675

설 립 일	1984.12.31	**종업원수**	52명	**대 표 이 사**	김종식
상 장 일	1993.12.29	**감사의견**	적정(영앤진)	**계 열**	
결 산 기	12월	**보 통 주**		**종속회사수**	1개사
액 면 가	500원	**우 선 주**		**구 상 호**	

주주구성 (지분율,%)		출자관계 (지분율,%)		주요경쟁사 (외형,%)	
서태선	27.4	안동소주일품	49.6	진로발효	100
장진혁	18.3	서안주정	18.0	국순당	71
(외국인)	10.9	대한주정판매	17.5	풍국주정	122

매출구성		비용구성		수출비중	
발효주정	56.7	매출원가율	74.1	수출	0.0
알코올소독제	37.8	판관비율	3.3	내수	100.0
정제주정	5.5				

회사 개요

동사는 소주의 원료가 되는 발효주정과 정제주정을 생산, 판매하고 있으며 부수적으로 주정소비 촉진을 위해 알코올소독제(크린콜 등)를 생산 판매하고 있음. 매출비중은 발효 및 정제주정을 하는 주정사업이 91%, 기타 알콜소독제가 9%를 차지함. 국내 경쟁업체 10개사 중 최대생산 설비를 보유하고 있으며 2017년 기준 시장점유율은 16.6%로 시장 점유율 1위 업체임.

실적 분석

2017년도 동사 매출은 주정이 91%, 기타 부분이 9%를 차지하고 있음. 연간 매출액은 884.6억원으로 전년 대비 1.9% 상승함. 환율하락 등으로 수입원재료비는 감소하였으나 현미 등 국산원료 가격 상승으로 원가율이 큰 폭으로 상승하여 영업이익은 전년 동기 대비 6.8% 감소한 200.0억원에 그침. 비영업수익이 전년 대비 9.4억 감소하였고 영업이익이 줄어든 탓에 당기순이익은 전년 대비 14.2% 감소한 155.0억원을 기록함.

현금 흐름

<단위 : 억원>

항목	2016	2017
영업활동	162	183
투자활동	-134	-67
재무활동	-72	-104
순현금흐름	-35	12
기말현금	9	20

시장 대비 수익률

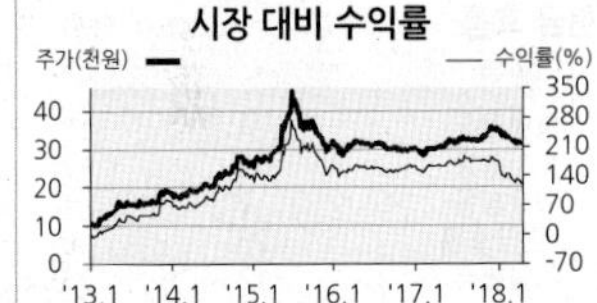

결산 실적

<단위 : 억원>

항목	2012	2013	2014	2015	2016	2017
매출액	806	816	857	887	868	885
영업이익	129	183	194	217	214	200
당기순이익	155	141	163	176	181	155

분기 실적

<단위 : 억원>

항목	2016.3Q	2016.4Q	2017.1Q	2017.2Q	2017.3Q	2017.4Q
매출액	174	237	212	267	195	212
영업이익	41	47	22	73	54	51
당기순이익	33	45	21	58	44	31

재무 상태

<단위 : 억원>

항목	2012	2013	2014	2015	2016	2017
총자산	625	659	781	919	1,011	1,070
유형자산	176	179	169	162	228	231
무형자산	40	25	31	31	31	26
유가증권	31	31	29	33	33	33
총부채	131	99	140	176	163	160
총차입금	48	34	59	59	75	62
자본금	40	40	40	40	40	40
총자본	494	560	642	743	847	910
지배주주지분	494	560	642	743	837	903

기업가치 지표

항목	2012	2013	2014	2015	2016	2017
주가(최고/저)(천원)	10.6/8.4	19.4/10.2	29.1/17.2	45.9/24.7	32.2/28.4	35.8/28.3
PER(최고/저)(배)	7.1/5.6	12.4/6.5	15.4/9.1	21.7/11.7	14.5/12.8	17.5/13.8
PBR(최고/저)(배)	2.1/1.7	3.1/1.6	3.9/2.3	5.1/2.8	3.1/2.7	3.1/2.4
EV/EBITDA(배)	6.3	8.2	9.8	9.7	8.7	10.0
EPS(원)	1,924	1,876	2,164	2,336	2,384	2,107
BPS(원)	6,573	7,446	8,531	9,878	11,123	12,004
CFPS(원)	2,088	2,060	2,354	2,524	2,596	2,417
DPS(원)	1,000	1,000	1,000	1,100	1,210	1,100
EBITDAPS(원)	1,774	2,621	2,771	3,066	3,062	2,968

재무 비율

<단위 : %>

연도	영업이익률	순이익률	부채비율	차입금비율	ROA	ROE	유보율	자기자본비율	EBITDA 마진율
2017	22.6	17.5	17.6	6.8	14.9	18.2	2,166.8	85.0	25.2
2016	24.7	20.8	19.3	8.9	18.7	22.7	2,000.3	83.8	26.5
2015	24.4	19.8	23.6	8.0	20.7	25.4	1,765.3	80.9	26.0
2014	22.7	19.0	21.8	9.2	22.6	27.1	1,510.9	82.1	24.3

진매트릭스 (A109820)

GENEMATRIX

업 종	바이오	시 장	KOSDAQ
신용등급	(Bond) — (CP) —	기업규모	기술성
홈페이지	www.genematrix.net	연 락 처	031)628-2000
본 사	경기도 성남시 분당구 대왕판교로 700 (삼평동, 코리아바이오파크 7~8층)		

설 립 일	2000.12.07	**종업원수**	34명	**대표이사**	김수옥
상 장 일	2009.11.06	**감사의견**	적정(삼일)	**계 열**	
결 산 기	12월	**보 통 주**		**종속회사수**	1개사
액 면 가	500원	**우 선 주**		**구 상 호**	

주주구성 (지분율,%)		출자관계 (지분율,%)		주요경쟁사 (외형,%)	
김수옥	9.2	진매트릭스바이오	53.8	진매트릭스	100
한국산업은행	3.4			에이씨티	464
(외국인)	1.0			듀켐바이오	452

매출구성		비용구성		수출비중	
PapilloTyper등(제품)	52.7	매출원가율	64.2	수출	6.1
생화학 및 래피드(제품)	23.5	판관비율	69.7	내수	93.9
의료장비 등(상품)	15.9				

회사 개요

동사는 생물공학을 통한 항암, 항바이러스, 항생물질 등의 의약품 개발, DNA변이 연구를 통한 진단제 개발을 목적으로 2000년 12월 7일에 설립됨. 현재 진단, 의료기기, 천연물을 포함한 신약과 친환경과 관련된 기술 및 제품을 연구개발, 제조, 판매함. 동사는 2011년 2월 종속회사인 에이치비아이의 지분 53.77%를 인수해 계열회사로 편입함. RFMP 원천기술을 보유해 기술료 수익을 창출하고 있음.

실적 분석

동사의 2017년 연간 매출액은 전년동기대비 2.2% 소폭 변동한 51.9억원을 기록하였음. 비용면에서 전년동기대비 매출원가는 증가 했으며 인건비는 감소 하였고 기타판매비와 관리비는 크게 감소함. 이처럼 매출액 상승과 더불어 비용절감에도 힘을 기울였음. 매출액은 성장했지만 원가 증가로 인해 전년동기대비 영업손실은 17.6억원으로 적자지속 하였음. 최종적으로 전년동기대비 당기순손실은 적자지속하여 17.4억원을 기록함.

현금 흐름

<단위 : 억원>

항목	2016	2017
영업활동	-4	-18
투자활동	-23	17
재무활동	2	1
순현금흐름	-25	0
기말현금	12	13

시장 대비 수익률

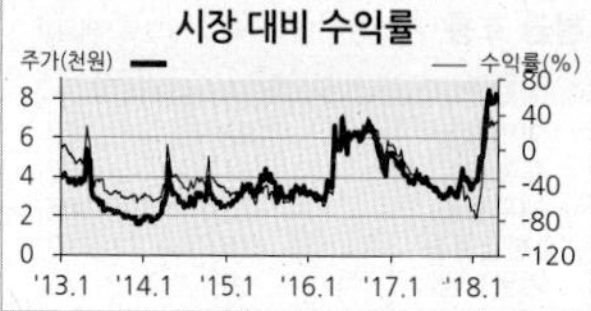

결산 실적

<단위 : 억원>

항목	2012	2013	2014	2015	2016	2017
매출액	81	73	67	53	51	52
영업이익	-12	-14	-13	-22	-40	-18
당기순이익	-25	-14	-11	-24	-41	-17

분기 실적

<단위 : 억원>

항목	2016.3Q	2016.4Q	2017.1Q	2017.2Q	2017.3Q	2017.4Q
매출액	12	13	12	13	14	13
영업이익	-4	-27	-5	-3	-5	-5
당기순이익	-5	-25	-5	-3	-5	-5

재무 상태

<단위 : 억원>

항목	2012	2013	2014	2015	2016	2017
총자산	203	197	171	208	193	177
유형자산	76	73	70	67	67	66
무형자산	7	6	6	2	1	1
유가증권	0	0	0	—	—	—
총부채	64	69	52	107	57	58
총차입금	41	42	37	92	41	41
자본금	21	21	42	42	51	51
총자본	139	128	119	100	136	119
지배주주지분	125	113	102	87	125	111

기업가치 지표

항목	2012	2013	2014	2015	2016	2017
주가(최고/저)(천원)	3.9/2.2	5.5/1.5	5.0/1.7	4.7/2.5	7.7/2.8	5.5/2.9
PER(최고/저)(배)	—/—	—/—	—/—	—/—	—/—	—/—
PBR(최고/저)(배)	2.5/1.5	3.9/1.1	3.9/1.3	4.6/2.4	6.3/2.3	5.0/2.7
EV/EBITDA(배)	—	—	—	—	—	—
EPS(원)	-274	-177	-133	-239	-371	-144
BPS(원)	3,023	2,751	1,269	1,024	1,222	1,083
CFPS(원)	-402	-207	-63	-179	-333	-112
DPS(원)	—	—	—	—	—	—
EBITDAPS(원)	-137	-189	-87	-195	-353	-140

재무 비율

<단위 : %>

연도	영업이익률	순이익률	부채비율	차입금비율	ROA	ROE	유보율	자기자본비율	EBITDA마진율
2017	-34.0	-33.4	48.5	34.3	-9.4	-12.5	116.5	67.3	-27.6
2016	-78.4	-80.4	42.1	30.1	-20.4	-35.7	144.4	70.4	-70.7
2015	-40.7	-44.9	107.1	91.7	-12.6	-21.4	104.8	48.3	-31.1
2014	-19.8	-16.7	43.4	31.1	-6.1	-10.5	153.8	69.7	-11.0

진바이오텍 (A086060)

GeneBioTech

업 종	제약	시 장	KOSDAQ
신용등급	(Bond) — (CP) —	기업규모	중견
홈페이지	www.genebiotech.co.kr	연 락 처	041)853-9961
본 사	충남 공주시 계룡면 신원사로 166		

설 립 일	2000.03.15	**종업원수**	38명	**대표이사**	이찬호
상 장 일	2006.04.28	**감사의견**	적정(신우)	**계 열**	
결 산 기	12월	**보 통 주**		**종속회사수**	2개사
액 면 가	500원	**우 선 주**		**구 상 호**	

주주구성 (지분율,%)		출자관계 (지분율,%)		주요경쟁사 (외형,%)	
이찬호	28.1	다원케미칼	100.0	진바이오텍	100
현대동양농식품사모투자전문회사	4.6	지엘팜텍	7.4	한국비엔씨	27
(외국인)	0.6	Nutraferma	49.6	이-글 벳	62

매출구성		비용구성		수출비중	
동물약품	47.0	매출원가율	82.4	수출	—
기능성사료첨가제(한국)	37.6	판관비율	13.4	내수	—
기능성사료첨가제(미국)	15.4				

회사 개요

동사는 유익 미생물을 이용한 기능성 사료첨가제의 제조, 판매 등을 주 영업 목적으로 2000년 설립되어 2006년 코스닥시장에 상장됨. 유익한 미생물을 이용하여 천연적이며 친환경적인 사료 원료 및 첨가제를 제조하여 배합사료 공장 및 농가에 공급하고 있음. 미국 현지법인인 Nutraferma Inc.를 계열회사로 두고 있음. 주요 제품으로는 기능성 펩타이드, 환경개선생균제, 항생제 대체제, 바이오스타치 등이 있음.

실적 분석

동사의 2017년 누적매출액은 555.3억원으로 전년대비 0.2% 감소함. 비용측면에서 매출원가와 판관비가 각각 1.8%, 3.4% 상승하면서 영업이익이 전년보다 32.9% 줄어든 23.1억원을 기록함. 최근 동물성 단백질 사용이 제한됨에 따라 저가의 식물성 단백질 대신 고가의 대용유 위주의 원료구성으로 전환되고 있는 추세임. 동사의 고급 탄수화물인 '바이오스타치'와 식물성 펩타이드 원료인 '펩소이젠'의 수혜가 예상됨.

현금 흐름

<단위 : 억원>

항목	2016	2017
영업활동	53	11
투자활동	2	-55
재무활동	-26	13
순현금흐름	29	-32
기말현금	87	55

시장 대비 수익률

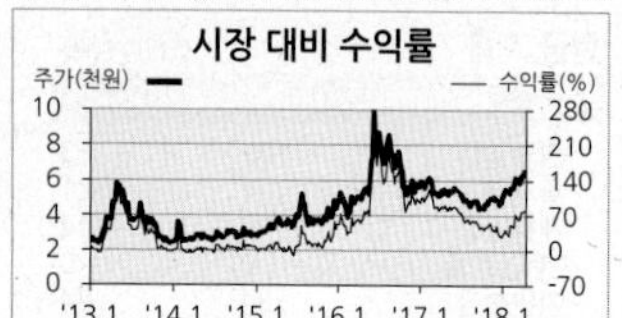

결산 실적

<단위 : 억원>

항목	2012	2013	2014	2015	2016	2017
매출액	589	550	516	523	556	555
영업이익	13	2	10	11	34	23
당기순이익	-1	-8	1	6	25	18

분기 실적

<단위 : 억원>

항목	2016.3Q	2016.4Q	2017.1Q	2017.2Q	2017.3Q	2017.4Q
매출액	140	142	131	148	141	135
영업이익	11	8	7	18	12	-14
당기순이익	5	9	3	19	9	-12

재무 상태

<단위 : 억원>

항목	2012	2013	2014	2015	2016	2017
총자산	458	484	473	492	592	595
유형자산	214	203	198	200	201	183
무형자산	9	9	9	9	9	9
유가증권	6	6	6	6	94	82
총부채	245	253	239	226	226	215
총차입금	188	188	170	148	121	126
자본금	31	34	35	42	43	43
총자본	213	231	234	266	365	381
지배주주지분	203	231	244	288	390	405

기업가치 지표

항목	2012	2013	2014	2015	2016	2017
주가(최고/저)(천원)	3.6/2.1	5.8/2.3	3.6/2.4	5.2/2.8	10.3/3.9	6.4/4.2
PER(최고/저)(배)	39.1/22.5	194.9/78.6	23.2/15.7	24.1/13.1	32.7/12.3	26.5/17.3
PBR(최고/저)(배)	1.1/0.6	1.8/0.7	1.1/0.7	1.5/0.8	2.3/0.9	1.4/0.9
EV/EBITDA(배)	11.5	16.0	11.2	16.3	9.1	9.5
EPS(원)	98	31	160	220	318	243
BPS(원)	3,401	3,398	3,477	3,455	4,532	4,702
CFPS(원)	323	254	369	410	494	418
DPS(원)	30	30	30	30	30	30
EBITDAPS(원)	433	248	357	327	576	444

재무 비율

<단위 : %>

연도	영업이익률	순이익률	부채비율	차입금비율	ROA	ROE	유보율	자기자본비율	EBITDA마진율
2017	4.2	3.3	56.5	33.0	3.1	5.3	840.4	63.9	6.9
2016	6.2	4.6	61.9	33.0	4.7	8.1	806.4	61.8	8.9
2015	2.0	1.1	84.8	55.8	1.2	6.4	590.9	54.1	4.9
2014	2.0	0.3	102.1	72.6	0.3	4.6	595.4	49.5	4.7

진성티이씨 (A036890)
Jinsung TEC

업 종 : 기계
신용등급 : (Bond) — (CP) —
홈페이지 : www.jinsungtec.com
본 사 : 경기도 평택시 세교산단로 3 (세교동)

시 장 : KOSDAQ
기업규모 : 우량
연 락 처 : 031)658-0100

설 립 일	1982.04.28	**종 업 원 수**	218명	**대 표 이 사**	윤우석,윤성수
상 장 일	2000.07.07	**감 사 의 견**	적정(삼일)	**계 열**	
결 산 기	12월	**보 통 주**		**종속회사수**	5개사
액 면 가	500원	**우 선 주**		**구 상 호**	

주주구성 (지분율,%)		출자관계 (지분율,%)		주요경쟁사 (외형,%)	
윤우석	15.1	진성씨에이치	100.0	진성티이씨	100
윤성수	11.2	JINSUNGAMERICACORP	100.0	SIMPAC	94
(외국인)	3.3			영풍정밀	27

매출구성		비용구성		수출비중	
Roller류	100.0	매출원가율	83.4	수출	37.7
		판관비율	8.9	내수	62.3

회사 개요
동사는 1975년 설립돼 2000년 코스닥 시장에 주식을 상장함. 동사는 건설중장비 등을 받쳐주는 하부주행체 중에서 상부 Roller, 하부 Roller, Front Idler(또는 Idler) 및 Sprocket 등의 제품을 생산, 판매함. 진성씨에이치, JINSUNG AMERICA CORPORATION, 진성산업(연대)윤한공사 등을 연결대상 종속회사로 보유하고 있음.

실적 분석
2017년 연결기준 동사 매출액은 2,443.5억원을 기록함. 전년도에 비해 37.4% 증가함. 매출원가가 37.9% 늘고 판매비와 관리비가 16.4% 증가했으나 매출 증가폭이 이를 상회함. 이에 전년도 114.9억원이었던 영업이익은 64.9% 증가한 189.4억원을 기록함. 당기순이익도 전년도 대비 소폭 상승한 100.2억원을 기록함. 중국을 비롯한 글로벌 시장 회복이 실적 개선 이유로 분석됨.

현금 흐름
<단위 : 억원>

항목	2016	2017
영업활동	27	16
투자활동	4	-78
재무활동	-4	34
순현금흐름	27	-27
기말현금	129	101

시장 대비 수익률

결산 실적
<단위 : 억원>

항목	2012	2013	2014	2015	2016	2017
매출액	1,784	1,682	1,864	1,773	1,778	2,444
영업이익	102	82	153	149	115	189
당기순이익	43	21	97	128	99	100

분기 실적
<단위 : 억원>

항목	2016.3Q	2016.4Q	2017.1Q	2017.2Q	2017.3Q	2017.4Q
매출액	424	440	539	584	647	673
영업이익	30	23	51	51	52	36
당기순이익	6	37	18	42	45	-4

재무 상태
<단위 : 억원>

항목	2012	2013	2014	2015	2016	2017
총자산	2,223	1,628	1,681	1,697	1,692	1,924
유형자산	619	648	661	662	632	637
무형자산	14	16	18	18	21	20
유가증권	3	3	1	1	1	0
총부채	1,573	1,001	966	830	698	894
총차입금	1,430	772	720	605	450	336
자본금	100	100	100	106	112	112
총자본	650	627	715	867	994	1,030
지배주주지분	650	627	715	867	994	1,030

기업가치 지표

항목	2012	2013	2014	2015	2016	2017
주가(최고/저)(천원)	11.2/6.2	9.0/4.4	7.2/4.5	7.6/4.3	8.7/4.7	10.7/6.8
PER(최고/저)(배)	55.3/30.5	94.3/46.2	16.2/10.2	13.4/7.6	20.1/11.0	24.4/15.5
PBR(최고/저)(배)	3.5/1.9	2.7/1.3	1.9/1.2	1.7/1.0	1.7/0.9	2.1/1.3
EV/EBITDA(배)	19.0	13.2	8.3	7.3	13.1	10.4
EPS(원)	227	105	484	603	441	446
BPS(원)	3,588	3,680	4,128	4,763	5,127	5,285
CFPS(원)	471	346	750	875	692	708
DPS(원)	100	100	120	150	160	180
EBITDAPS(원)	779	649	1,033	975	762	1,104

재무 비율
<단위 : %>

연도	영업이익률	순이익률	부채비율	차입금비율	ROA	ROE	유보율	자기자본비율	EBITDA마진율
2017	7.8	4.1	86.8	32.7	5.5	9.9	956.9	53.5	10.2
2016	6.5	5.6	70.2	45.3	5.9	10.7	925.4	58.8	9.6
2015	8.4	7.2	95.7	69.8	7.6	16.2	852.7	51.1	11.7
2014	8.2	5.2	135.0	100.6	5.9	14.4	725.6	42.6	11.1

진양산업 (A003780)
Chin Yang Industry

업 종 : 화학
신용등급 : (Bond) — (CP) —
홈페이지 : www.cyc1963.com
본 사 : 경남 양산시 유산공단7길 42-1

시 장 : 거래소
기업규모 : 시가총액 소형주
연 락 처 : 055)382-8981

설 립 일	1963.07.18	**종 업 원 수**	56명	**대 표 이 사**	김상용
상 장 일	1973.06.26	**감 사 의 견**	적정(삼화)	**계 열**	
결 산 기	12월	**보 통 주**		**종속회사수**	1개사
액 면 가	500원	**우 선 주**		**구 상 호**	

주주구성 (지분율,%)		출자관계 (지분율,%)		주요경쟁사 (외형,%)	
진양홀딩스	51.0	VINAFOAM	100.0	진양산업	100
머스트투자자문	3.5			한솔씨앤피	102
(외국인)	2.3			WISCOM	261

매출구성		비용구성		수출비중	
PU Foam	99.2	매출원가율	85.2	수출	0.0
임대	0.8	판관비율	10.7	내수	100.0

회사 개요
원료 상태의 플라스틱 재료를 가공 처리하여 다양한 형태와 용도의 가공품으로 제조한 폴리우레탄 폼을 생산, 판매하는 플라스틱발포성형 업체임. 동사가 생산하고 있는 연질 슬라브폼은 자동차 내장제, 신발, 침구류, 전자, 첨단 산업 등에서 중간소재로 사용되고 있음. 2016년말 기준 진양홀딩스, 진양화학, 진양폴리우레탄, KPX홀딩스, KPX케미칼 등 주력 사업 관련 계열사를 보유하고 있음. 2016년 하반기에 50억원을 투자하여 생산공장을 증축함.

실적 분석
플라스틱발포성형 제품의 수요부진과 국내 경쟁업체의 과다경쟁으로 어려움이 있으나, 독자적인 고부가가치 제품개발과 다양화로 2017년 매출액은 전년 대비 5.7% 신장함. 주요 원재료의 가격 급등으로 인한 원가율 악화로 인건비 등 판관비 축소에도 불구하고 영업이익은 64.3% 줄어든 18.5억원을 기록함. 13.2억원의 투자부동산폐기손실과 법인세 추징이 발생했던 전년에 비해 당기순이익은 24.0% 증가함.

현금 흐름
<단위 : 억원>

항목	2016	2017
영업활동	48	41
투자활동	-32	-40
재무활동	-26	-5
순현금흐름	-9	-7
기말현금	25	18

시장 대비 수익률
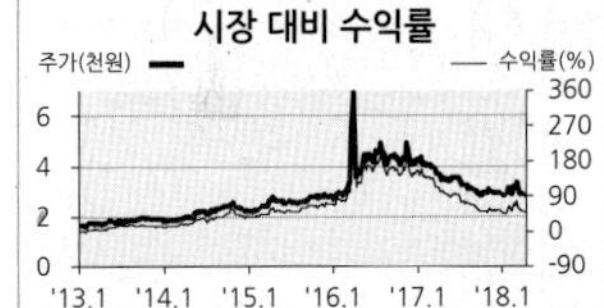

결산 실적
<단위 : 억원>

항목	2012	2013	2014	2015	2016	2017
매출액	364	362	385	437	424	448
영업이익	36	38	41	70	52	18
당기순이익	30	29	30	53	13	17

분기 실적
<단위 : 억원>

항목	2016.3Q	2016.4Q	2017.1Q	2017.2Q	2017.3Q	2017.4Q
매출액	97	114	103	109	112	124
영업이익	8	12	6	6	6	0
당기순이익	6	-8	8	5	4	0

재무 상태
<단위 : 억원>

항목	2012	2013	2014	2015	2016	2017
총자산	318	388	394	431	466	469
유형자산	141	140	142	151	235	243
무형자산	10	10	10	10	10	10
유가증권	2	—	5	5	—	—
총부채	65	65	62	65	112	127
총차입금	18	10	9	6	8	26
자본금	50	65	65	65	65	65
총자본	253	322	332	365	354	342
지배주주지분	253	322	332	365	354	342

기업가치 지표

항목	2012	2013	2014	2015	2016	2017
주가(최고/저)(천원)	2.1/1.3	2.0/1.6	2.7/1.8	2.9/2.2	7.0/2.7	4.4/2.7
PER(최고/저)(배)	9.9/6.4	10.5/8.5	13.6/9.4	8.0/6.1	73.1/27.8	35.9/21.8
PBR(최고/저)(배)	1.2/0.8	1.0/0.8	1.3/0.9	1.2/0.9	2.8/1.1	1.8/1.1
EV/EBITDA(배)	4.8	6.4	6.6	4.6	9.4	12.8
EPS(원)	294	244	234	409	103	128
BPS(원)	2,530	2,480	2,555	2,809	2,726	2,632
CFPS(원)	341	282	276	460	160	218
DPS(원)	200	150	150	200	175	125
EBITDAPS(원)	407	360	361	587	455	232

재무 비율
<단위 : %>

연도	영업이익률	순이익률	부채비율	차입금비율	ROA	ROE	유보율	자기자본비율	EBITDA마진율
2017	4.1	3.7	37.0	7.5	3.6	4.8	426.4	73.0	6.7
2016	12.2	3.2	31.5	2.2	3.0	3.7	445.1	76.0	14.0
2015	15.9	12.2	17.9	1.7	12.9	15.2	461.9	84.8	17.5
2014	10.8	7.9	18.7	2.6	7.8	9.3	411.1	84.2	12.2

진양제약 (A007370)

JIN YANG PHARMACEUTICAL CO

업종 : 제약 | 시장 : KOSDAQ
신용등급 : (Bond) — (CP) — | 기업규모 : 중견
홈페이지 : www.jinyangpharm.com | 연락처 : 02)3470-0300
본사 : 서울시 서초구 효령로 231

설립일	1978.06.07	**종업원수**	210명	**대표이사**	최재준
상장일	2000.07.15	**감사의견**	적정(대성삼경)	**계열**	
결산기	12월	**보통주**		**종속회사수**	
액면가	500원	**우선주**		**구상호**	

주주구성 (지분율,%)		출자관계 (지분율,%)		주요경쟁사 (외형,%)	
최재준	24.5	한국피엠지제약	5.5	진양제약	100
한국증권금융	3.9	이담	2.7	녹원씨엔아이	51
(외국인)	2.5	원주기업도시	2.0	KPX생명과학	98

매출구성		비용구성		수출비중	
크리빅스정 등	37.3	매출원가율	47.3	수출	1.0
기타제품 외	27.6	판관비율	64.9	내수	99.0
에스졸정 등	15.2				

회사 개요

동사는 1971년 설립되어 2000년 7월 코스닥 시장에 상장되었음. 의약품 제조 및 판매(수출입 포함)를 지배적 사업부문으로 영위하고 있으며, 순환계, 소화기계, 중추신경계 치료제 등을 주력으로 하고 있음. 대표 품목으로는 순환계 치료제인 '크리빅스정'과 소화기관용약인 '리베라', 기타 대사성 의약품인 '미아릴정'이 있음. 제품 매출액은 전체의 80% 이상을 차지하며 견고한 구조를 지니고 있음.

실적 분석

동사의 2017년 연간 매출액은 434.5억원으로 전년 대비 20.3% 증가함. 고정비 증가로 영업손실은 52.9억원으로 적자지속됨. 당기순이익 또한 매각예정유동자산평가에 따른 손실반영으로 적자지속중임. 동사 주력제품인 순환기 부문에 대한 마케팅 강화 및 새로운 성장동력 육성을 위한 연구개발 활동과 신제품 개발로 내실 있는 성장을 추구하여 2018년도에는 매출 및 영업이익의 증가를 기대함.

현금 흐름 *IFRS 별도 기준 <단위 : 억원>

항목	2016	2017
영업활동	-0	-10
투자활동	-26	-35
재무활동	-12	45
순현금흐름	-39	-0
기말현금	1	1

시장 대비 수익률

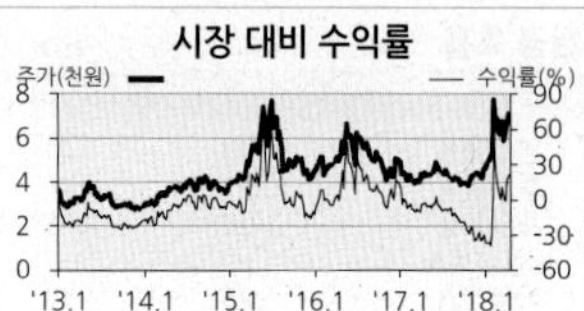

결산 실적 <단위 : 억원>

항목	2012	2013	2014	2015	2016	2017
매출액	371	402	452	401	361	434
영업이익	40	49	61	-11	-100	-53
당기순이익	25	42	40	-10	-91	-58

분기 실적 *IFRS 별도 기준 <단위 : 억원>

항목	2016.3Q	2016.4Q	2017.1Q	2017.2Q	2017.3Q	2017.4Q
매출액	95	99	106	109	110	110
영업이익	-4	-75	2	3	5	-63
당기순이익	-2	-73	0	4	5	-67

재무 상태 *IFRS 별도 기준 <단위 : 억원>

항목	2012	2013	2014	2015	2016	2017
총자산	696	741	767	869	768	738
유형자산	193	193	210	352	389	291
무형자산	11	23	20	20	18	18
유가증권	63	34	21	17	15	15
총부채	131	151	152	277	276	315
총차입금	—	—	20	163	148	197
자본금	60	60	60	60	60	60
총자본	564	590	615	592	491	424
지배주주지분	564	590	615	592	491	424

기업가치 지표 *IFRS 별도 기준

항목	2012	2013	2014	2015	2016	2017
주가(최고/저)(천원)	4.4/2.1	4.1/2.7	4.3/2.9	9.7/3.9	7.4/3.9	5.0/3.7
PER(최고/저)(배)	24.2/11.8	13.2/8.8	14.1/9.4	—/—	—/—	—/—
PBR(최고/저)(배)	1.1/0.5	0.9/0.6	0.9/0.6	2.0/0.8	1.8/0.9	1.4/1.0
EV/EBITDA(배)	5.6	3.2	5.3	—	—	—
EPS(원)	211	349	334	-84	-758	-481
BPS(원)	4,874	5,086	5,374	5,187	4,351	3,788
CFPS(원)	300	432	414	2	-624	-310
DPS(원)	100	100	100	100	100	100
EBITDAPS(원)	423	490	590	-3	-697	-270

재무 비율 <단위 : %>

연도	영업이익률	순이익률	부채비율	차입금비율	ROA	ROE	유보율	자기자본비율	EBITDA마진율
2017	-12.2	-13.3	74.3	46.6	-7.7	-12.6	657.5	57.4	-7.5
2016	-27.6	-25.2	56.2	30.0	-11.1	-16.8	770.3	64.0	-23.2
2015	-2.7	-2.5	46.9	27.5	-1.2	-1.7	937.4	68.1	-0.1
2014	13.5	8.9	24.7	3.3	5.3	6.7	974.7	80.2	15.7

진양폴리우레탄 (A010640)

CHIN YANG POLY-URETHANE COLTD

업종 : 화학 | 시장 : 거래소
신용등급 : (Bond) — (CP) — | 기업규모 : 시가총액 소형주
홈페이지 : www.chinyangpoly.kr | 연락처 : 031)657-2545
본사 : 경기도 평택시 세교산단로 85번지 (세교동)

설립일	1975.06.07	**종업원수**	37명	**대표이사**	김상용,조영태
상장일	1989.09.30	**감사의견**	적정(대주)	**계열**	
결산기	12월	**보통주**		**종속회사수**	
액면가	500원	**우선주**		**구상호**	

주주구성 (지분율,%)		출자관계 (지분율,%)		주요경쟁사 (외형,%)	
진양홀딩스	49.9			진양폴리	100
김성진	3.0			바이오시네틱스	1
(외국인)	1.2			씨앗	115

매출구성		비용구성		수출비중	
Foamtex, 메모리폼	83.0	매출원가율	92.4	수출	0.1
원자재	17.0	판관비율	10.8	내수	99.9

회사 개요

동사는 1975년에 설립되어 1989년 9월에 상장한 상장회사로서 폴리우레탄 제품의 제조, 판매 등을 주 영업목적으로 하고 있음. 계열회사인 진양산업 및 진양화학와 더불어 각 회사의 투자사업부문을 2008년 1월 인적분할함과 동시에 합병하여 진양홀딩스를 설립하는 분할합병을 실시하였으며, 회사명을 현재와 같이 변경함. 폴리우레탄폼이 전체 매출의 100%를 차지하고 있으며 시장점유율은 9%를 유지하고 있음.

실적 분석

동사의 2017년 누적매출액은 236.5억원으로 전년대비 36.6% 증가함. 비용측면에서 매출원가와 판관비가 각각 44.5%, 9.1% 상승하면서 영업손실은 7.7억원을 기록해 적자폭이 확대됨. 공장화재와 관련된 보험금의 감소로 비영업이익이 축소됨에 따라 당기순이익은 5.4억원으로 전년대비 92.4% 감소함. 고급소재의 개발과 자동차, 공업용 수요처의 적극적인 영업활동 및 해외시장 수출을 적극적으로 추진하고 있음.

현금 흐름 *IFRS 별도 기준 <단위 : 억원>

항목	2016	2017
영업활동	-3	-2
투자활동	-139	-2
재무활동	137	5
순현금흐름	-5	0
기말현금	1	1

시장 대비 수익률

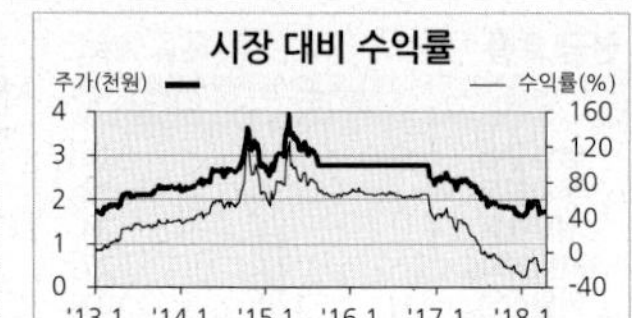

결산 실적 <단위 : 억원>

항목	2012	2013	2014	2015	2016	2017
매출액	217	216	223	190	173	236
영업이익	17	17	9	6	-2	-8
당기순이익	13	13	6	-38	70	5

분기 실적 *IFRS 별도 기준 <단위 : 억원>

항목	2016.3Q	2016.4Q	2017.1Q	2017.2Q	2017.3Q	2017.4Q
매출액	41	52	49	56	64	67
영업이익	2	1	-2	-3	-3	-0
당기순이익	1	33	11	-3	-2	-1

재무 상태 *IFRS 별도 기준 <단위 : 억원>

항목	2012	2013	2014	2015	2016	2017
총자산	239	235	220	196	348	353
유형자산	154	151	151	156	291	282
무형자산	0	0	0	0	—	—
유가증권	—	—	—	—	—	—
총부채	67	71	63	89	172	171
총차입금	21	26	20	1	47	37
자본금	50	50	50	50	50	50
총자본	172	165	157	107	176	182
지배주주지분	172	165	157	107	176	182

기업가치 지표 *IFRS 별도 기준

항목	2012	2013	2014	2015	2016	2017
주가(최고/저)(천원)	1.8/1.2	2.3/1.7	3.9/2.2	4.0/2.5	2.8/2.3	2.6/1.6
PER(최고/저)(배)	17.3/12.2	20.5/14.9	74.5/42.1	—/—	4.0/3.4	48.9/29.9
PBR(최고/저)(배)	1.3/0.9	1.6/1.2	2.6/1.5	3.7/2.4	1.6/1.3	1.4/0.9
EV/EBITDA(배)	8.8	11.3	20.5	24.4	132.3	56.8
EPS(원)	127	127	55	-379	701	54
BPS(원)	1,719	1,646	1,575	1,068	1,764	1,820
CFPS(원)	164	164	93	-345	737	166
DPS(원)	175	125	125	25	—	—
EBITDAPS(원)	208	203	126	92	21	35

재무 비율 <단위 : %>

연도	영업이익률	순이익률	부채비율	차입금비율	ROA	ROE	유보율	자기자본비율	EBITDA마진율
2017	-3.3	2.3	94.1	20.1	1.5	3.0	263.9	51.5	1.5
2016	-0.9	40.5	97.5	26.7	25.7	49.5	252.9	50.6	1.2
2015	3.1	-19.9	83.7	0.7	-18.2	-28.7	113.7	54.5	4.9
2014	3.9	2.5	39.9	12.4	2.4	3.4	214.9	71.5	5.7

진양홀딩스 (A100250)

Chinyang Holdings

업　종 : 자동차부품　　시　장 : 거래소
신용등급 : (Bond) —　(CP) —　　기업규모 : 시가총액 소형주
홈페이지 : www.cyholdings.kr　　연 락 처 : 051)809-8813
본　사 : 부산시 부산진구 시민공원로 20번길 8(부암동)

설 립 일 2008.01.07	종업원수 3명	대표이사 양규모,임규호,양준영
상 장 일 2008.02.15	감사의견 적정(삼화)	계 열
결 산 기 12월	보 통 주	종속회사수 10개사
액 면 가 500원	우 선 주	구 상 호

주주구성 (지분율,%)		출자관계 (지분율,%)		주요경쟁사 (외형,%)	
KPX홀딩스	41.2	진양물산	100.0	진양홀딩스	100
삼락상사	13.7	진양AMC	100.0	대원산업	301
(외국인)	4.3	진양폼테크	100.0	대유에이텍	406

매출구성		비용구성		수출비중	
배당금수익(기타)	68.5	매출원가율	84.1	수출	—
TDI(상품)	27.7	판관비율	10.0	내수	—
경영자문수익(기타)	2.1				

회사 개요

동사는 지주회사로 배당수익, 브랜드 수익, 경영자문 수익 등을 주된 영업활동으로 영위하고 있음. 2015년 6월 말 기준 진양사업, 진양화학, 진양폴리우레탄 등 9개의 자회사를 두고 있음. '진양' 브랜드를 사용하고 있는 자회사 7개로부터 매출의 0.15%를 브랜드사용료로, 경영자문을 제공하는 계열회사 9개로부터 매출의 0.1%를 경영자문료로 받고 있음. 상품수출의 경우 원부자재를 구입하여 가공하지 않고 수출대행업체에 상품으로 판매함.

실적 분석

동사의 2017년도 4분기 연결기준 영업이익은 156.9억원으로 전년 대비 30% 감소. 이 기간 매출액은 2,653억원으로 2.1% 증가했고 당기순이익은 174억원으로 49.9% 감소함. 이는 원자재 가격 상승으로 이익이 크게 줄어든 결과임. 전년도에 보험차익과 조세충당부채환입액 등으로 당기순이익이 일시적으로 증가한 것도 올해 손익에 영향을 미쳤음. 동사는 결산배당으로 보통주 1주당 100원을 현금배당을 결정.

현금 흐름

〈단위 : 억원〉

항목	2016	2017
영업활동	198	297
투자활동	-263	-121
재무활동	35	-139
순현금흐름	-29	33
기말현금	133	166

시장 대비 수익률

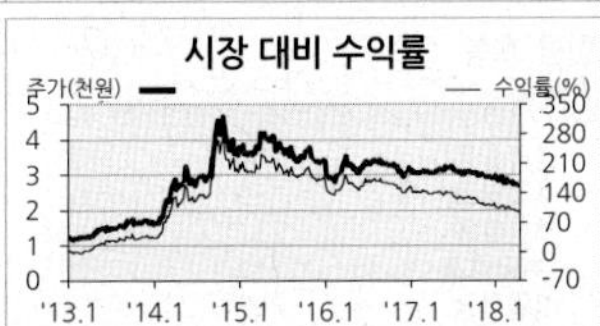

결산 실적

〈단위 : 억원〉

항목	2012	2013	2014	2015	2016	2017
매출액	2,662	2,661	2,736	2,609	2,597	2,652
영업이익	186	223	226	234	224	157
당기순이익	109	244	215	55	348	174

분기 실적

〈단위 : 억원〉

항목	2016.3Q	2016.4Q	2017.1Q	2017.2Q	2017.3Q	2017.4Q
매출액	624	740	661	687	667	637
영업이익	41	59	40	67	42	8
당기순이익	42	35	53	58	37	27

재무 상태

〈단위 : 억원〉

항목	2012	2013	2014	2015	2016	2017
총자산	5,078	5,282	5,339	5,366	5,543	5,527
유형자산	2,250	2,178	2,177	2,175	2,423	2,399
무형자산	71	62	67	69	61	53
유가증권	672	635	632	768	937	1,014
총부채	1,549	1,611	1,571	1,684	1,605	1,524
총차입금	256	253	237	349	367	349
자본금	279	279	279	279	279	279
총자본	3,529	3,671	3,769	3,683	3,938	4,003
지배주주지분	2,777	2,887	2,959	2,910	3,015	3,053

기업가치 지표

항목	2012	2013	2014	2015	2016	2017
주가(최고/저)(천원)	1.7/1.0	1.8/1.2	4.8/1.6	4.3/3.2	3.6/2.8	3.3/2.9
PER(최고/저)(배)	28.7/16.8	7.0/4.7	21.5/7.2	31.5/23.6	13.3/10.2	19.0/16.7
PBR(최고/저)(배)	0.5/0.3	0.4/0.3	1.1/0.4	0.9/0.7	0.7/0.6	0.6/0.6
EV/EBITDA(배)	4.4	4.7	8.7	8.1	8.1	8.4
EPS(원)	78	314	263	153	295	179
BPS(원)	5,001	5,196	5,325	5,237	5,425	5,494
CFPS(원)	242	466	413	286	426	330
DPS(원)	110	135	165	140	140	140
EBITDAPS(원)	496	551	555	552	532	432

재무 비율

〈단위 : %〉

연도	영업 이익률	순 이익률	부채 비율	차입금 비율	ROA	ROE	유보율	자기자본 비율	EBITDA 마진율
2017	5.9	6.6	38.1	8.7	3.2	3.3	998.7	72.4	9.1
2016	8.6	13.4	40.8	9.3	6.4	5.6	985.0	71.0	11.5
2015	9.0	2.1	45.7	9.5	1.0	2.9	947.4	68.6	11.8
2014	8.3	7.9	41.7	6.3	4.1	5.0	965.0	70.6	11.3

진양화학 (A051630)

ChinYang Chemical

업　종 : 화학　　시　장 : 거래소
신용등급 : (Bond) —　(CP) —　　기업규모 : 시가총액 소형주
홈페이지 : www.chinyang.co.kr　　연 락 처 : 052)278-0701
본　사 : 울산시 남구 장생포로 93 (여천동)

설 립 일 2001.01.03	종업원수 98명	대표이사 김상용
상 장 일 2001.01.29	감사의견 적정(삼화)	계 열
결 산 기 12월	보 통 주	종속회사수
액 면 가 500원	우 선 주	구 상 호

주주구성 (지분율,%)		출자관계 (지분율,%)		주요경쟁사 (외형,%)	
진양홀딩스	65.4			진양화학	100
				조비	121
(외국인)	0.6			원풍	144

매출구성		비용구성		수출비중	
바닥재 레쟈류(제품)	91.4	매출원가율	89.2	수출	24.2
바닥재 레쟈류(상품)	8.6	판관비율	12.1	내수	75.8

회사 개요

동사는 PVC 바닥재 전문 제조업체로서, 2001년 진양으로부터 분할 설립됨. KPX케미칼, 진양홀딩스 등과 함께 KPX홀딩스의 계열회사임. 국내 바닥재류 시장에서 5% 가량의 점유율을 보유함. 수출이 전체 매출의 24% 가량을 차지함. 목질계 바닥재의 시장규모가 보합세를 보이고 있는 반면, PVC 바닥재는 제품의 친환경화로 인한 인식 개선의 효과와 전월세 거래량의 증가로 인해 수요가 반등할 것으로 예상됨.

실적 분석

동사의 2017년 누적 매출액은 495.9억원으로 전년대비 13.9% 감소함. 비용측면에서 매출원가와 판관비가 각각 11%, 9% 하락했음에도 매출 부진의 영향으로 영업손실이 6.7억원을 기록해 적자전환함. 동사가 영위하는 사업은 계절적 변동으로 인한 주택경기의 변화로 수요증감의 영향을 받는 편이지만, 기술적인 요인 발달 및 고부가가치 제품개발과 수출확대 마케팅을 통하여 외부적인 변동요인을 최소화하기 위해 노력 중임.

현금 흐름 *IFRS 별도 기준

〈단위 : 억원〉

항목	2016	2017
영업활동	19	12
투자활동	-21	6
재무활동	-12	-9
순현금흐름	-14	8
기말현금	3	11

시장 대비 수익률

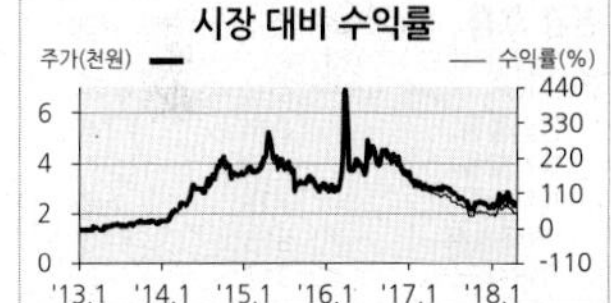

결산 실적

〈단위 : 억원〉

항목	2012	2013	2014	2015	2016	2017
매출액	644	703	793	708	576	496
영업이익	32	51	61	29	13	-7
당기순이익	25	36	52	26	13	-3

분기 실적 *IFRS 별도 기준

〈단위 : 억원〉

항목	2016.3Q	2016.4Q	2017.1Q	2017.2Q	2017.3Q	2017.4Q
매출액	142	148	125	119	122	130
영업이익	-1	4	-1	-4	-3	0
당기순이익	-0	5	-0	-2	-1	1

재무 상태 *IFRS 별도 기준

〈단위 : 억원〉

항목	2012	2013	2014	2015	2016	2017
총자산	406	443	460	425	433	412
유형자산	277	278	281	278	272	264
무형자산	11	14	16	17	16	14
유가증권	—	—	—	—	—	—
총부채	151	170	161	123	127	119
총차입금	3	1	1	1	1	0
자본금	60	60	60	60	60	60
총자본	254	273	299	302	306	293
지배주주지분	254	273	299	302	306	293

기업가치 지표 *IFRS 별도 기준

항목	2012	2013	2014	2015	2016	2017
주가(최고/저)(천원)	1.6/1.0	1.7/1.3	4.3/1.7	5.2/2.8	7.3/2.9	3.7/2.1
PER(최고/저)(배)	9.9/6.6	7.2/5.6	11.2/4.5	26.6/14.1	70.4/27.8	—/—
PBR(최고/저)(배)	1.0/0.7	0.9/0.7	2.0/0.8	2.3/1.2	3.0/1.2	1.6/0.9
EV/EBITDA(배)	4.5	3.3	6.2	9.4	16.9	52.0
EPS(원)	210	298	437	214	109	-28
BPS(원)	2,119	2,277	2,491	2,516	2,549	2,441
CFPS(원)	292	376	523	305	211	67
DPS(원)	100	185	215	125	75	—
EBITDAPS(원)	346	503	590	329	209	40

재무 비율

〈단위 : %〉

연도	영업 이익률	순 이익률	부채 비율	차입금 비율	ROA	ROE	유보율	자기자본 비율	EBITDA 마진율
2017	-1.4	-0.7	40.7	0.1	-0.8	-1.1	388.2	71.1	1.0
2016	2.2	2.3	41.4	0.2	3.1	4.3	409.8	70.7	4.4
2015	4.0	3.6	40.9	0.2	5.8	8.5	403.2	71.0	5.6
2014	7.6	6.6	54.0	0.2	11.6	18.3	398.2	64.9	8.9

진에어 (A272450)
Jin Air

업 종 : 항공운수
신용등급 : (Bond) — (CP) —
홈페이지 : www.jinair.com
본 사 : 서울시 강서구 공항대로 453
시 장 : 거래소
기업규모 : —
연 락 처 : 1600-6200

설 립 일	2008.01.23	**종업원수**	명	**대 표 이 사**	조양호,최정호
상 장 일	2017.12.08	**감사의견**	적정(삼정)	**계 열**	
결 산 기	12월	**보 통 주**		**종속회사수**	
액 면 가	1,000원	**우 선 주**		**구 상 호**	

주주구성 (지분율,%)		출자관계 (지분율,%)		주요경쟁사 (외형,%)	
한진칼	60.0	엠비엔미디어렙	9.5	진에어	100
		HANJININTERNATIONALJAPAN	25.0	제주항공	112
(외국인)	9.5			대한항공	1,361

매출구성		비용구성		수출비중	
여객 국제	73.8	매출원가율	82.6	수출	—
여객 국내	20.7	판관비율	6.5	내수	—
여객 노선부대	3.0				

회사 개요
동사는 2008년 설립돼 2017년 코스피 시장에 상장됨. 국내 대표 저비용항공사(LCC)로 항공기를 이용한 여객 및 화물 운송 서비스를 주요 상품으로 하여 소비자에게 판매하고 있음. 2017년 누계 운송 실적은 국내선 19,209편, 탑승객 374만여명 및 국제선 25,637편, 탑승객 492만여명(부정기편 포함)임. 국내선 광주-제주 노선 및 국제선 부산-방콕, 부산-삿포로 등 신규노선 취항을 통해 노선망을 확대해나가고 있음.

실적 분석
2017년 연결기준 동사 매출액은 8,883.9억원을 기록함. 전년도 대비 23.4% 증가. 영업이익은 전년도 대비 85.4% 증가한 969.1억원을 기록함. 비영업부문은 적자가 지속됐으나 손실폭은 감소함. 당기순이익은 전년도 대비 88.4% 증가한 740.9억원을 기록함. 일부 대형기 탑승률에 대한 우려가 있지만 수요 호조에 따른 요율 상승으로 수익성 호조가 예상됨.

현금 흐름 *IFRS 별도 기준 〈단위 : 억원〉

항목	2016	2017
영업활동	694	1,247
투자활동	-773	-1,713
재무활동	-232	588
순현금흐름	-315	107
기말현금	317	423

시장 대비 수익률
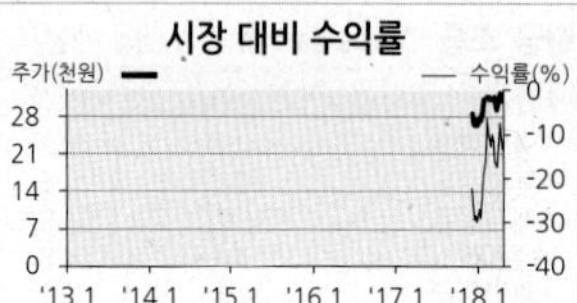

결산 실적 〈단위 : 억원〉

항목	2012	2013	2014	2015	2016	2017
매출액	2,475	2,833	3,511	4,613	7,197	8,884
영업이익	145	71	169	297	523	969
당기순이익	98	42	131	227	393	741

분기 실적 *IFRS 별도 기준 〈단위 : 억원〉

항목	2016.3Q	2016.4Q	2017.1Q	2017.2Q	2017.3Q	2017.4Q
매출액	—	—	—	—	—	—
영업이익	—	—	—	—	—	—
당기순이익	—	—	—	—	—	—

재무 상태 *IFRS 별도 기준 〈단위 : 억원〉

항목	2012	2013	2014	2015	2016	2017
총자산	701	886	1,267	2,035	3,023	4,983
유형자산	135	113	92	71	407	519
무형자산	3	1	1	5	7	9
유가증권	—	—	—	—	15	108
총부채	568	709	967	1,522	2,243	2,665
총차입금	189	152	141	128	472	457
자본금	270	270	270	270	270	300
총자본	133	178	300	513	779	2,318
지배주주지분	133	178	300	513	779	2,318

기업가치 지표 *IFRS 별도 기준

항목	2012	2013	2014	2015	2016	2017
주가(최고/저)(천원)	#VALUE!	—/—	—/—	—/—	—/—	—/—
PER(최고/저)(배)	0.0/0.0	0.0/0.0	0.0/0.0	0.0/0.0	0.0/0.0	10.6/9.6
PBR(최고/저)(배)	0.0/0.0	0.0/0.0	0.0/0.0	0.0/0.0	0.0/0.0	3.7/3.4
EV/EBITDA(배)	—	—	—	—	—	4.3
EPS(원)	364	156	484	841	1,457	2,722
BPS(원)	2,466	3,290	5,556	9,509	14,428	7,727
CFPS(원)	2,337	1,301	2,924	4,724	9,092	3,360
DPS(원)	—	—	—	—	—	250
EBITDAPS(원)	3,199	1,834	3,630	6,014	11,490	4,199

재무 비율 〈단위 : %〉

연도	영업이익률	순이익률	부채비율	차입금비율	ROA	ROE	유보율	자기자본비율	EBITDA마진율
2017	10.9	8.3	115.0	19.7	18.5	47.8	672.7	46.5	12.9
2016	7.3	5.5	287.9	60.6	15.6	60.9	188.6	25.8	8.6
2015	6.4	4.9	296.4	25.0	13.8	55.8	90.2	25.2	7.0
2014	4.8	3.7	322.4	47.0	12.2	54.8	11.1	23.7	5.6

진원생명과학 (A011000)
GeneOne Life Science

업 종 : 바이오
신용등급 : (Bond) — (CP) —
홈페이지 : www.genels.com
본 사 : 서울시 강남구 테헤란로 223, 역삼동 큰길타워 1903호
시 장 : 거래소
기업규모 : 시가총액 소형주
연 락 처 : 02)527-0600

설 립 일	1976.01.27	**종업원수**	31명	**대 표 이 사**	박영근
상 장 일	1987.11.16	**감사의견**	적정(대주)	**계 열**	
결 산 기	12월	**보 통 주**		**종속회사수**	2개사
액 면 가	1,000원	**우 선 주**		**구 상 호**	VGX인터

주주구성 (지분율,%)		출자관계 (지분율,%)		주요경쟁사 (외형,%)	
VGX Pharmaceuticals, Inc.	7.8	VGXI,	100.0	진원생명과학	100
박영근	3.8	Dong-ILInterlining,	100.0	코아스템	67
(외국인)	11.6	INOVIOPharmaceuticals,	0.1	제노포커스	42

매출구성		비용구성		수출비중	
심지(제품)	41.0	매출원가율	79.2	수출	86.0
Plasmid(기타)	40.1	판관비율	112.3	내수	14.0
상품, 자수사(상품)	16.4				

회사 개요
동사는 바이오의약품 사업을 영위하며 바이오의약품 CMO사업과 플라스미드 DNA기반 신약개발사업으로 구분됨. 바이오의약품 CMO사업은 임상시험에 필요한 유전자치료제 및 DNA백신의 원료인 국제규격(cGMP) 플라스미드 DNA 제품을 2008년 6월 미국에 설립한 현지법인인 VGXI, Inc.,에서 생산하여 판매 중임. 동사는 DNA백신사업 및 유전체 기반 맞춤형 치료제 등 신약개발사업을 추진 중임.

실적 분석
동사의 2017년 결산 연결기준 매출액은 전년대비 13.4% 감소한 271.7억원을 기록함. 매출액 감소는 주로 CMO매출과 제품매출의 감소에 기인함. 외형 축소에도 각종 비용은 증가하여 영업손실 248.6억원, 당기순손실 237.3억원을 보이며 적자규모가 확대됨. 특히 경상연구개발비와 주식보상비용은 전년대비 각각 44억원과 17억원 이상 증가하여 손익악화의 원인으로 작용함.

현금 흐름 〈단위 : 억원〉

항목	2016	2017
영업활동	-66	-106
투자활동	-79	61
재무활동	252	-40
순현금흐름	111	-87
기말현금	208	120

시장 대비 수익률
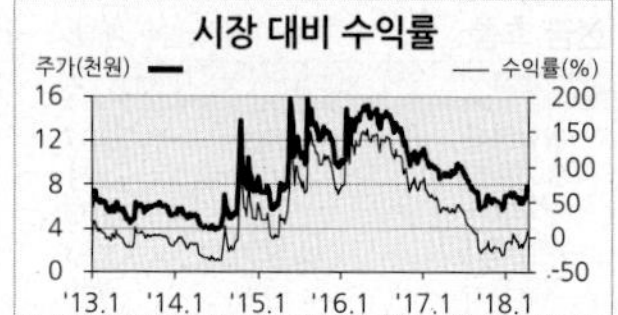

결산 실적 〈단위 : 억원〉

항목	2012	2013	2014	2015	2016	2017
매출액	194	207	246	284	314	272
영업이익	-84	-63	-64	-36	-140	-249
당기순이익	-89	-84	-65	14	-156	-237

분기 실적 〈단위 : 억원〉

항목	2016.3Q	2016.4Q	2017.1Q	2017.2Q	2017.3Q	2017.4Q
매출액	73	90	67	65	77	63
영업이익	-37	-40	-43	-77	-38	-91
당기순이익	-47	-45	-50	-79	-36	-72

재무 상태 〈단위 : 억원〉

항목	2012	2013	2014	2015	2016	2017
총자산	400	318	408	477	657	456
유형자산	19	14	17	30	43	34
무형자산	71	59	49	43	42	40
유가증권	5	12	11	11	14	6
총부채	132	81	60	83	298	91
총차입금	106	27	8	12	221	15
자본금	102	112	156	161	162	212
총자본	267	237	347	394	359	365
지배주주지분	267	237	347	394	359	365

기업가치 지표

항목	2012	2013	2014	2015	2016	2017
주가(최고/저)(천원)	8.7/4.1	9.0/4.6	15.1/4.2	22.8/6.1	21.1/10.5	11.3/5.7
PER(최고/저)(배)	—/—	—/—	—/—	259.2/69.7	—/—	—/—
PBR(최고/저)(배)	3.7/1.8	4.7/2.4	6.4/1.8	8.8/2.4	8.9/4.4	6.1/3.1
EV/EBITDA(배)	—	—	—	—	—	—
EPS(원)	-653	-579	-418	81	-887	-1,313
BPS(원)	569	467	476	2,599	2,367	1,838
CFPS(원)	-134	-119	-68	158	-897	-1,252
DPS(원)	—	—	—	—	—	—
EBITDAPS(원)	-125	-81	-67	-156	-798	-1,315

재무 비율 〈단위 : %〉

연도	영업이익률	순이익률	부채비율	차입금비율	ROA	ROE	유보율	자기자본비율	EBITDA마진율
2017	-91.5	-87.3	24.9	4.0	-42.6	-65.6	83.8	80.1	-87.4
2016	-44.6	-49.7	83.2	61.6	-27.5	-41.4	136.7	54.6	-41.0
2015	-12.8	5.0	20.9	3.0	3.2	3.8	159.9	82.7	-8.8
2014	-26.1	-26.4	17.4	2.4	-17.9	-22.2	137.8	85.2	-19.5

*관리종목

진흥기업 (A002780)
ChinHung International

업 종 : 건설 | 시 장 : 거래소
신용등급 : (Bond) BB (CP) — | 기업규모 : 시가총액 소형주
홈페이지 : www.chinhung.co.kr | 연 락 처 : 032)432-0658
본 사 : 인천시 연수구 컨벤시아대로 69, 송도밀레니엄 807호

설 립 일	1959.09.03	종업원수	219명	대표이사	김동우
상 장 일	1977.06.25	감사의견	적정(안진)	계 열	
결 산 기	12월	보 통 주		종속회사수	1개사
액 면 가	500원	우 선 주		구 상 호	

주주구성 (지분율,%)		출자관계 (지분율,%)		주요경쟁사 (외형,%)	
효성	48.6	태억건설	100.0	진흥기업	100
우리은행	25.5	희망꿈나무	23.6	아이에스동서	320
(외국인)	0.2	대한	19.4	태영건설	570

매출구성		비용구성		수출비중	
건축공사(민간)	69.6	매출원가율	89.9	수출	0.0
토목공사(관급)	18.0	판관비율	2.9	내수	100.0
건축공사(관급)	12.4				

회사 개요

동사는 중견 종합건설업체임. 2002년부터 호황을 누리기 시작한 국내 주택시장에 초점을 맞춰 '진흥 더블파크'브랜드를 성공적으로 런칭하고, 공격적인 주택수주에 나섬. 또한 2008년에는 효성그룹에 인수되면서 도약을 위한 발판을 마련하게 되었음. 그러나 글로벌 금융위기 후 재무구조와 실적 악화로 인해 현재 워크아웃 진행 중임. 2017년 상반기 말 현재 채권자가 워크아웃 기간연장에 반대하며 낸 효력정지 가처분 신청을 법원이 받아들임.

실적 분석

동사의 연결기준 2017년 결산 매출액은 전년동기 대비 11.3% 감소한 5,733억원을 기록하는데 그침. 외형축소에도 불구하고 원가율 상승하고 판관비가 크게 증가한 여파로 전년동기 대비 영업이익은 30.1% 감소한 416.1억원을 시현하는데 그침. 금융손실 축소 등 비영업 부문에서 적자폭이 축소된 덕분에 동사의 당기순손실 규모는 197.8억원 규모로 전기 대비 크게 축소된 모습.

현금 흐름 〈단위 : 억원〉

항목	2016	2017
영업활동	-428	-114
투자활동	684	-18
재무활동	-149	369
순현금흐름	107	237
기말현금	233	470

시장 대비 수익률

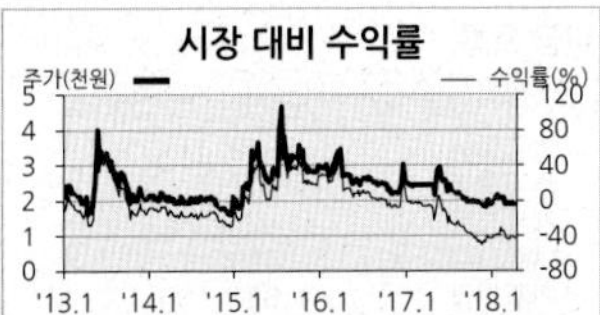

결산 실적 〈단위 : 억원〉

항목	2012	2013	2014	2015	2016	2017
매출액	4,668	4,796	6,381	7,278	6,466	5,733
영업이익	-153	-30	220	95	595	416
당기순이익	-857	-724	-176	-428	-752	218

분기 실적 〈단위 : 억원〉

항목	2016.3Q	2016.4Q	2017.1Q	2017.2Q	2017.3Q	2017.4Q
매출액	1,605	1,834	1,091	1,540	1,483	1,618
영업이익	211	187	78	60	159	118
당기순이익	6	-693	51	28	94	45

재무 상태 〈단위 : 억원〉

항목	2012	2013	2014	2015	2016	2017
총자산	5,402	4,878	4,421	5,305	3,021	3,136
유형자산	47	45	42	42	41	109
무형자산	12	11	10	9	9	4
유가증권	400	360	356	1,202	330	260
총부채	4,339	4,527	3,322	4,646	3,121	2,377
총차입금	1,662	1,666	559	504	328	236
자본금	2,251	473	623	769	769	733
총자본	1,063	351	1,099	659	-100	759
지배주주지분	1,063	351	1,099	659	-100	759

기업가치 지표

항목	2012	2013	2014	2015	2016	2017
주가(최고/저)(천원)	8.3/1.6	3.4/1.2	1.7/1.2	3.9/1.4	2.8/1.7	3.3/1.8
PER(최고/저)(배)	—/—	—/—	—/—	—/—	—/—	19.9/10.9
PBR(최고/저)(배)	5.2/1.0	6.4/2.3	1.4/1.0	6.4/2.2	-29.9/-17.8	6.3/3.5
EV/EBITDA(배)	—	—	6.7	31.2	5.5	6.1
EPS(원)	-2,019	-1,428	-346	-524	-917	164
BPS(원)	237	372	882	429	-65	518
CFPS(원)	-236	-761	-182	-278	-487	167
DPS(원)	—	—	—	—	—	—
EBITDAPS(원)	-40	-27	236	64	389	316

재무 비율 〈단위 : %〉

연도	영업이익률	순이익률	부채비율	차입금비율	ROA	ROE	유보율	자기자본비율	EBITDA마진율
2017	7.3	3.8	313.3	31.2	7.1	전기잠식	3.7	24.2	7.3
2016	9.2	-11.6	완전잠식	완전잠식	-18.1	당기잠식	-112.9	-3.3	9.3
2015	1.3	-5.9	일부잠식	일부잠식	-8.8	-48.7	-14.2	12.4	1.4
2014	3.4	-2.8	302.4	50.9	-3.8	-24.2	76.4	24.9	3.5

차바이오텍 (A085660)
Chabiotech

업 종 : 의료 장비 및 서비스 | 시 장 : KOSDAQ
신용등급 : (Bond) — (CP) — | 기업규모 :
홈페이지 : www.chabio.com | 연 락 처 : 02)3015-5000
본 사 : 서울시 강남구 도산대로 442 청담동 피엔폴루스 3층

설 립 일	2002.11.06	종업원수	158명	대표이사	이영욱
상 장 일	2005.12.27	감사의견	한정(GAAP위반)(삼정)	계 열	
결 산 기	12월	보 통 주		종속회사수	24개사
액 면 가	500원	우 선 주		구 상 호	차바이오앤

주주구성 (지분율,%)		출자관계 (지분율,%)		주요경쟁사 (외형,%)	
차광렬	6.6	서울CRO	88.3	차바이오텍	100
케이에이치그린	4.8	차메디텍	72.6	인바디	22
(외국인)	1.8	차헬스케어	64.7	바디텍메드	13

매출구성		비용구성		수출비중	
의료서비스	54.3	매출원가율	70.4	수출	—
기타매출	23.2	판관비율	29.6	내수	—
화장품/화장품원료 등	8.8				

회사 개요

2002년 휴대폰용 카메라렌즈 및 렌즈모듈 개발/제조를 주 영업목적으로 설립된 동사는 2009년 2월 차바이오텍과 합병해 제대혈 보관 및 공여, 줄기세포연구, 세포치료제 개발 등의 사업에 진출하였으며, 2010년 1월 핸슨바이오텍과 합병을 통해 의료기기사업 및 성장인자관련사업에도 진출함. 2011년 5월 국내 최초로 배아줄기세포 실명 치료제 임상시험을 식약청으로부터 승인을 받았음. 차헬스케어, CMG제약, 차메디텍이 주요 종속회사임.

실적 분석

동사의 2017년 연간 매출액은 전년동기대비 6.8% 하락한 4,188.8억원을 기록하였음. 비용면에서 전년동기대비 매출원가는 거의 동일 했으며 인건비는 증가 했고 광고선전비도 증가, 기타판매비와관리비는 증가함. 주춤한 모습의 매출액에 의해 전년동기대비 영업이익은 0.5억원으로 99.9% 크게 하락 하였음. 최종적으로 전년동기대비 당기순손실은 적자전환하여 575.1억원을 기록함.

현금 흐름 〈단위 : 억원〉

항목	2016	2017
영업활동	443	300
투자활동	-1,548	-793
재무활동	784	370
순현금흐름	-304	-227
기말현금	1,339	1,112

시장 대비 수익률

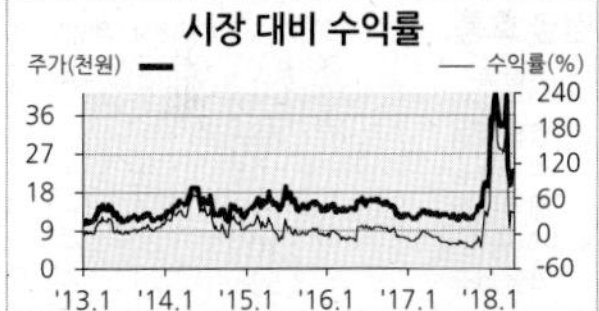

결산 실적 〈단위 : 억원〉

항목	2012	2013	2014	2015	2016	2017
매출액	4,785	3,868	3,453	3,938	4,493	4,189
영업이익	394	272	117	176	398	1
당기순이익	234	259	29	-129	274	-575

분기 실적 〈단위 : 억원〉

항목	2016.3Q	2016.4Q	2017.1Q	2017.2Q	2017.3Q	2017.4Q
매출액	1,065	1,259	930	914	922	1,423
영업이익	57	96	-27	-47	-85	159
당기순이익	10	106	-32	-38	-73	-432

재무 상태 〈단위 : 억원〉

항목	2012	2013	2014	2015	2016	2017
총자산	5,259	6,855	6,209	6,448	7,689	8,033
유형자산	1,304	1,385	1,305	1,435	1,592	1,695
무형자산	695	621	580	503	535	404
유가증권	45	233	122	50	628	635
총부채	1,903	1,731	1,834	1,983	3,901	3,764
총차입금	506	244	235	410	2,233	1,707
자본금	323	343	251	252	253	256
총자본	3,357	5,123	4,375	4,466	3,789	4,269
지배주주지분	3,073	3,838	2,972	2,901	2,863	2,428

기업가치 지표

항목	2012	2013	2014	2015	2016	2017
주가(최고/저)(천원)	15.1/8.9	15.3/10.4	18.9/10.4	19.2/12.6	17.0/11.3	22.5/11.4
PER(최고/저)(배)	39.8/23.5	40.3/27.3	—/—	—/—	50.9/33.7	—/—
PBR(최고/저)(배)	3.1/1.8	2.7/1.8	3.1/1.7	3.3/2.1	2.9/1.9	4.6/2.3
EV/EBITDA(배)	8.9	11.3	20.4	19.3	11.5	91.2
EPS(원)	378	380	-76	-297	334	-1,119
BPS(원)	4,871	5,712	6,038	5,900	5,815	4,889
CFPS(원)	659	735	230	20	637	-862
DPS(원)	—	—	—	—	—	—
EBITDAPS(원)	890	761	512	668	1,090	258

재무 비율 〈단위 : %〉

연도	영업이익률	순이익률	부채비율	차입금비율	ROA	ROE	유보율	자기자본비율	EBITDA마진율
2017	0.0	-13.7	88.2	40.0	-7.3	-21.7	877.8	53.2	3.2
2016	8.9	6.1	103.0	58.9	3.9	5.9	1,063.0	49.3	12.3
2015	4.5	-3.3	44.4	9.2	-2.0	-5.1	1,080.0	69.3	8.5
2014	3.4	0.8	41.9	5.4	0.4	-1.3	1,107.6	70.5	8.4

차이나그레이트 (A900040)
CHINA GREAT STAR INTERNATIONAL

업　　종 : 섬유 및 의복　　시　　장 : KOSDAQ
신용등급 : (Bond) —　(CP) —　　기업규모 :
홈페이지 : www.chinagreatstar.co.kr　　연 락 처 : +86-595-8673-2222
본　　사 : P.O. Box 31119, Grand Pavilion, Hibiscus Way, 802 West Bay Road, KY1-1205, Cayman Islands

설 립 일	2008.05.30	**종업원수**	5명	**대표이사**	우여우즈
상 장 일	2009.05.29	**감사의견**	적정(다산)	**계 열**	
결 산 기	12월	**보 통 주**		**종속회사수**	7개사
액 면 가	—	**우 선 주**		**구 상 호**	

주주구성 (지분율,%)		출자관계 (지분율,%)		주요경쟁사 (외형,%)	
Wu you zhi	37.1	홍싱워덩카	100.0	차이나그레이트	100
김주호	6.5	워덩카경공업	100.0	제이에스코퍼레이션	41
(외국인)	40.5	워덩카신발재료	100.0	SG세계물산	49

매출구성	비용구성		수출비중	
	매출원가율	0.0	수출	—
	판관비율	0.0	내수	—

회사 개요

동사는 캐주얼 신발과 의류를 생산, 판매하는 자회사들을 코스닥시장에 상장시키기 위해 2008년 설립된 역외지주회사임. 2009년 코스닥 시장에 상장됨. 현재 3개 자회사(홍싱워덩카, 워덩카경공업, 워덩카신발재료)와 4개의 손자회사(취엔저우과이루, 워덩카무역, 워덩카연구, 워덩카상무)를 소유하고 있음. 자회사 중 대부분 매출은 홍싱워덩카에서 발생하고 있으며, 다른 자회사의 경우 신규상품 개발 및 디자인과 의류 상품의 매출 등 업무를 담당함.

실적 분석

동사의 2017년 3분기기준 누적 매출액은 전년동기대비 15.8% 하락한 3,786.7억원을 기록하였음. 비용면에서 전년동기대비 매출원가는 감소 하였으며 인건비도 감소, 광고선전비도 감소, 기타판매비와관리비는 크게 증가함. 주춤한 모습의 매출액에 의해 전년동기대비 영업손실은 293.1억원으로 적자지속하였음. 최종적으로 전년동기대비 당기순손실은 적자지속하여 272.6억원을 기록함. 작성일 현재 보고서 없음.

현금 흐름 〈단위 : 억원〉

항목	2016	2017
영업활동	682	—
투자활동	18	—
재무활동	-15	—
순현금흐름	700	—
기말현금	3,528	—

시장 대비 수익률

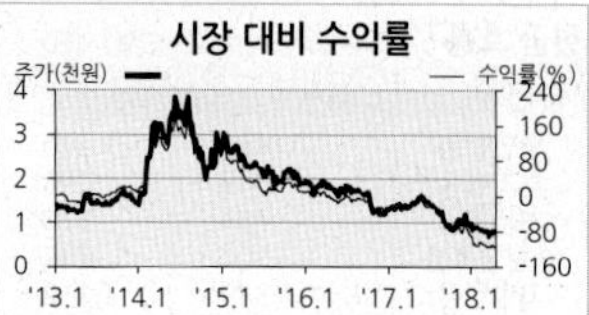

결산 실적 〈단위 : 억원〉

항목	2012	2013	2014	2015	2016	2017
매출액	4,914	5,502	5,870	6,191	5,783	—
영업이익	704	777	801	819	736	—
당기순이익	515	609	204	749	549	—

분기 실적 〈단위 : 억원〉

항목	2016.3Q	2016.4Q	2017.1Q	2017.2Q	2017.3Q	2017.4Q
매출액	1,266	1,186	1,419	1,239	1,124	—
영업이익	141	98	221	-367	-144	—
당기순이익	93	94	139	-298	-111	—

재무 상태 〈단위 : 억원〉

항목	2012	2013	2014	2015	2016	2017
총자산	3,533	4,139	5,347	5,930	6,155	—
유형자산	412	370	340	310	262	—
무형자산	—	—	—	—	—	—
유가증권	—	—	—	—	—	—
총부채	1,040	1,019	1,959	1,289	1,156	—
총차입금	—	—	859	288	257	—
자본금	118	119	121	140	134	—
총자본	2,493	3,121	3,389	4,641	4,999	—
지배주주지분	2,493	3,121	3,389	4,641	4,999	—

기업가치 지표

항목	2012	2013	2014	2015	2016	2017
주가(최고/저)(천원)	#VALUE!	—/—	—/—	—/—	—/—	—/—
PER(최고/저)(배)	3.4/2.3	3.1/2.2	21.0/7.6	5.3/3.0	4.6/2.5	0.0/0.0
PBR(최고/저)(배)	0.7/0.5	0.6/0.4	1.3/0.5	0.9/0.5	0.5/0.3	0.0/0.0
EV/EBITDA(배)	0.9	0.6	1.9	—	—	0.0
EPS(원)	468	554	186	595	436	—
BPS(원)	2,493	3,121	3,389	4,056	4,369	—
CFPS(원)	548	658	240	686	511	—
DPS(원)	—	—	—	—	—	—
EBITDAPS(원)	737	826	837	747	673	—

재무 비율 〈단위 : %〉

연도	영업이익률	순이익률	부채비율	차입금비율	ROA	ROE	유보율	자기자본비율	EBITDA 마진율
2017	0.0	0.0	0.0	0.0	0.0	0.0	0.0	0.0	0.0
2016	12.7	9.5	23.1	5.2	9.1	11.4	3,630.4	81.2	13.3
2015	13.2	12.1	27.8	6.2	13.3	18.7	3,223.2	78.3	13.8
2014	13.6	3.5	57.8	25.3	4.3	6.3	2,691.4	63.4	14.3

차이나하오란 (A900090)
China Hao Ran Recycling

업　　종 : 종이 및 목재　　시　　장 : KOSDAQ
신용등급 : (Bond) —　(CP) —　　기업규모 :
홈페이지 : www.china-haoran.com　　연 락 처 : +852-2533-3618
본　　사 : Suite 3201, Jardine House, 1 Connaught Place Central, Hong Kong

설 립 일	2009.07.15	**종업원수**	3명	**대표이사**	장하오롱
상 장 일	2010.02.05	**감사의견**	적정(이촌)	**계 열**	
결 산 기	12월	**보 통 주**		**종속회사수**	5개사
액 면 가	—	**우 선 주**		**구 상 호**	

주주구성 (지분율,%)		출자관계 (지분율,%)		주요경쟁사 (외형,%)	
Zhang Hao Rong	9.1	장인신하오제지	100.0	차이나하오란	100
Lu Li	4.5	신하오싱가폴	100.0	무림페이퍼	251
(외국인)	16.0	상치우신롱제지	100.0	페이퍼코리아	135

매출구성	비용구성		수출비중	
	매출원가율	0.0	수출	—
	판관비율	0.0	내수	—

회사 개요

동사는 중국 소재 종속기업을 지배하는 것을 주된 사업목적으로 홍콩에 설립된 회사임. 동사 자회사들은 고급코팅백판지, 포커지, 백색카드지의 생산과 원료재생용지의 회수, 분류, 판매를 하는 업체들임. 사업부문별로는 제지사업부문과 제지의 원료인 펄프를 생산하는 펄프사업부문, 재생펄프의 원료인 원료용지를 공급하고 동사가 이용할 수 없는 원료용지를 외부에 판매하는 원료용지 재생사업 부문으로 나뉨.

실적 분석

동사의 2017년도 3분기 연결기준 누적 매출액은 3,627.2억원으로 전년동기 대비 24.4% 증가함. 영업이익은 291.4억원을 기록하며 전년동기 대비 22.3% 성장함. 향후 중국 내수경제의 지속적인 성장세로 백판지 및 원료용지 수요 증가, 식품 포장지용 백색카드지 수요 증가하며 매출 성장 전망. 매출 성장에 따른 고정비 부담의 완화와 고지 및 펄프 가격의 안정세 등으로 수익성 역시 개선될 것으로 보임.

현금 흐름 〈단위 : 억원〉

항목	2016	2017
영업활동	378	—
투자활동	14	—
재무활동	77	—
순현금흐름	469	—
기말현금	881	—

시장 대비 수익률

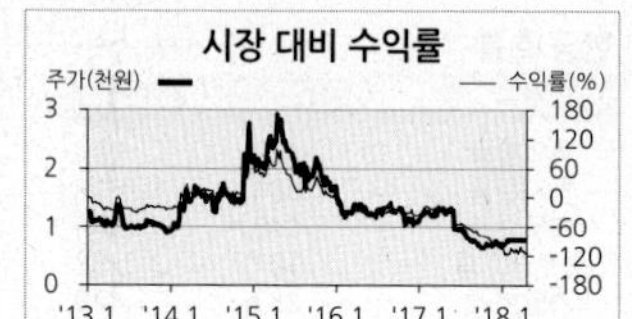

결산 실적 〈단위 : 억원〉

항목	2012	2013	2014	2015	2016	2017
매출액	4,434	3,359	3,485	4,077	4,125	—
영업이익	333	248	305	333	368	—
당기순이익	222	139	169	193	236	—

분기 실적 〈단위 : 억원〉

항목	2016.3Q	2016.4Q	2017.1Q	2017.2Q	2017.3Q	2017.4Q
매출액	1,088	1,153	895	1,231	1,495	—
영업이익	105	122	49	139	155	—
당기순이익	67	87	16	103	103	—

재무 상태 〈단위 : 억원〉

항목	2012	2013	2014	2015	2016	2017
총자산	2,814	3,290	4,121	3,903	4,030	—
유형자산	969	1,148	1,279	1,355	1,244	—
무형자산	—	—	—	—	—	—
유가증권	—	—	—	—	—	—
총부채	1,179	1,502	1,955	1,491	1,469	—
총차입금	700	1,098	1,584	938	958	—
자본금	61	61	701	714	685	—
총자본	1,634	1,788	2,165	2,412	2,561	—
지배주주지분	1,645	1,791	2,158	2,391	2,523	—

기업가치 지표

항목	2012	2013	2014	2015	2016	2017
주가(최고/저)(천원)	—/—	—/—	—/—	—/—	—/—	—/—
PER(최고/저)(배)	5.1/2.2	5.4/3.3	10.3/3.0	10.2/5.3	4.7/2.8	0.0/0.0
PBR(최고/저)(배)	0.7/0.3	0.4/0.2	0.9/0.3	0.8/0.4	0.4/0.2	0.0/0.0
EV/EBITDA(배)	2.8	4.3	6.0	3.4	1.3	0.0
EPS(원)	433	267	308	296	359	—
BPS(원)	4,113	4,477	3,995	4,428	4,673	—
CFPS(원)	624	439	516	502	567	—
DPS(원)	—	—	—	—	—	—
EBITDAPS(원)	791	612	753	730	840	—

재무 비율 〈단위 : %〉

연도	영업이익률	순이익률	부채비율	차입금비율	ROA	ROE	유보율	자기자본비율	EBITDA 마진율
2017	0.0	0.0	0.0	0.0	0.0	0.0	0.0	0.0	0.0
2016	8.9	5.7	57.4	37.4	6.0	8.9	268.1	63.6	11.0
2015	8.2	4.7	61.8	38.9	4.8	7.9	234.8	61.8	9.7
2014	8.8	4.9	90.3	73.2	4.6	8.0	207.7	52.6	9.9

참엔지니어링 (A009310)
Charm Engineering

업 종 : 디스플레이 및 관련부품 | 시 장 : 거래소
신 용 등 급 : (Bond) — (CP) — | 기 업 규 모 : 시가총액 소형주
홈 페 이 지 : www.charmeng.com | 연 락 처 : 031)330-8500
본 사 : 경기도 용인시 처인구 남사면 형제로 5

설 립 일 1973.10.04	**종 업 원 수** 322명	**대 표 이 사** 김규동
상 장 일 1987.11.12	**감 사 의 견** 적정(우리)	**계 열**
결 산 기 12월	**보 통 주**	**종 속 회 사 수** 9개사
액 면 가 500원	**우 선 주**	**구 상 호**

주주구성 (지분율,%)		출자관계 (지분율,%)		주요경쟁사 (외형,%)	
김인한	19.0	참앤씨디벨롭먼트	100.0	참엔지니어링	100
휴넥스젠홀딩스	9.3	참스틸이엔지	100.0	우리이티아이	534
(외국인)	4.0	디씨티파트너스	68.3	유테크	12

매출구성		비용구성		수출비중	
Laser Repair	59.1	매출원가율	73.0	수출	—
상호저축은행업	38.3	판관비율	16.2	내수	—
아파트 분양 등	1.5				

회사 개요
동사는 디스플레이 제조 장비 중 LCD 및 OLED패널 제작 시 발생되는 결함을 레이저로 수리하는 장비를 생산하고 있음. 레이저 리페어 장비는 디스플레이에 들어가는 회로기판에 새겨진 패턴을 분석해 불필요하게 연결된 부분을 레이저로 자르고 파손된 패턴은 금속가스로 복구하는 장비로, 평판디스플레이 패널의 제조공정상 수율을 향상시키는 역할을 함. 현재 반도체 기술을 다변화하여 TSV 관련 장비에 대한 독자적인 기술을 개발 중임.

실적 분석
종속회사의 금융(저축은행)과 부동산(분양) 부문 실적이 부진하였으나, 세계 FPD Panel 제조업체의 설비투자 증대로 인하여 지배회사인 동사의 매출이 전년의 두배 수준으로 급증함에 따라 2017년 연결기준 매출액은 49.5% 급증함. 패널업체들의 납품단가 인하 압박으로 매출원가율이 크게 높아짐에 따라 영업이익은 8.4% 증가에 그쳐 수익성이 악화됨. 환율변동에 따른 손실이 크게 늘어나 영업외수지도 악화됨.

현금 흐름
〈단위 : 억원〉

항목	2016	2017
영업활동	-251	470
투자활동	214	121
재무활동	38	-29
순현금흐름	1	562
기말현금	406	969

시장 대비 수익률
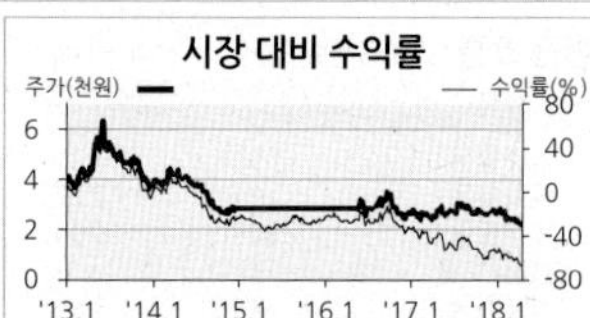

결산 실적
〈단위 : 억원〉

항목	2012	2013	2014	2015	2016	2017
매출액	989	1,359	1,130	1,969	1,848	2,763
영업이익	-132	117	-141	168	275	297
당기순이익	-199	128	-314	-175	130	146

분기 실적
〈단위 : 억원〉

항목	2016.3Q	2016.4Q	2017.1Q	2017.2Q	2017.3Q	2017.4Q
매출액	395	508	755	656	710	643
영업이익	34	-2	90	52	33	122
당기순이익	-8	-14	41	64	32	9

재무 상태
〈단위 : 억원〉

항목	2012	2013	2014	2015	2016	2017
총자산	4,839	5,334	5,663	6,433	6,870	7,469
유형자산	692	803	869	586	550	517
무형자산	246	293	256	217	202	182
유가증권	382	193	360	263	106	107
총부채	3,974	4,393	5,297	6,182	6,334	6,820
총차입금	902	776	766	669	584	558
자본금	167	167	167	206	250	250
총자본	865	941	366	251	536	649
지배주주지분	791	833	308	216	427	480

기업가치 지표

항목	2012	2013	2014	2015	2016	2017
주가(최고/저)(천원)	7.5/3.6	6.4/3.6	4.4/2.4	2.9/2.9	3.6/2.4	3.2/2.3
PER(최고/저)(배)	—/—	29.3/16.6	—/—	—/—	29.5/20.0	18.7/13.8
PBR(최고/저)(배)	2.7/1.3	2.2/1.3	3.4/1.8	3.5/3.5	3.5/2.4	2.8/2.0
EV/EBITDA(배)	—	—	—	—	0.4	—
EPS(원)	-632	219	-990	-509	122	170
BPS(원)	2,755	2,881	1,299	821	1,029	1,153
CFPS(원)	-527	356	-851	-370	227	274
DPS(원)	—	—	—	—	—	—
EBITDAPS(원)	-299	497	-295	644	669	709

재무 비율
〈단위 : %〉

연도	영업이익률	순이익률	부채비율	차입금비율	ROA	ROE	유보율	자기자본비율	EBITDA마진율
2017	10.8	5.3	1,051.3	86.1	2.0	18.4	126.8	8.7	12.6
2016	14.9	7.0	1,181.8	108.9	2.0	18.5	102.3	7.8	17.6
2015	8.5	-8.9	2,459.0	266.2	-2.9	-64.5	60.8	3.9	10.9
2014	-12.5	-27.8	1,447.5	209.3	-5.7	-56.6	153.1	6.5	-8.5

참좋은여행 (A094850)
Very Good Tour

업 종 : 레저용품 | 시 장 : KOSDAQ
신 용 등 급 : (Bond) — (CP) — | 기 업 규 모 : 우량
홈 페 이 지 : www.verygoodtourcompany.com | 연 락 처 : 02)2188-4000
본 사 : 서울시 중구 서소문로 135 (서소문동, 연호빌딩 10층)

설 립 일 2007.02.20	**종 업 원 수** 320명	**대 표 이 사** 이상호
상 장 일 2007.04.30	**감 사 의 견** 적정(삼일)	**계 열**
결 산 기 12월	**보 통 주**	**종 속 회 사 수**
액 면 가 500원	**우 선 주**	**구 상 호** 참좋은레져

주주구성 (지분율,%)		출자관계 (지분율,%)		주요경쟁사 (외형,%)	
삼천리자전거	38.6	참좋은레져	27.5	참좋은여행	100
박영옥	10.0			삼천리자전거	197
(외국인)	3.6			엔에스엔	9

매출구성		비용구성		수출비중	
여행알선수입(기타)	53.3	매출원가율	2.7	수출	0.0
상품(자전거 및 부품)(상품)	22.2	판관비율	71.0	내수	100.0
제품(자전거)(제품)	19.2				

회사 개요
고급자전거, 자전거용 부품 등을 판매하는 자전거사업과 여행패키지, 항공권 등을 판매하는 여행사업을 영위하고 있음. 일반 생활자전거를 위주로 판매하는 삼천리자전거로부터 2007년 2월 인적분할한 기업임. 주요상품으로는 CELLO, BLACKCAT, GT 등의 완성자전거와 MOOTS, BBB 등의 용부품 등이 있음. 동사의 매출구성은 자전거 사업과 여행 사업이 거의 반반씩을 차지함. 수출보단 내수시장 판매에 주력하고 있음.

실적 분석
동사의 2017년 누적 매출액은 전년 동기 대비 31.2% 증가한 565.1억원을 기록함. 매출 증가에 힘입어 판관비,인건비 및 광고선전비의 증가에도 불구하고 영업이익은 전년 대비 59.4% 증가한 148.8억원을 기록함. 비영업부문 수익 또한 30.5% 증가함. 이에 따라 동사의 2017년 당기순이익은 전년 대비 76.2% 증가한 121.7억원을 기록함.

현금 흐름
*IFRS 별도 기준 〈단위 : 억원〉

항목	2016	2017
영업활동	166	137
투자활동	-183	-108
재무활동	174	94
순현금흐름	157	122
기말현금	207	330

시장 대비 수익률
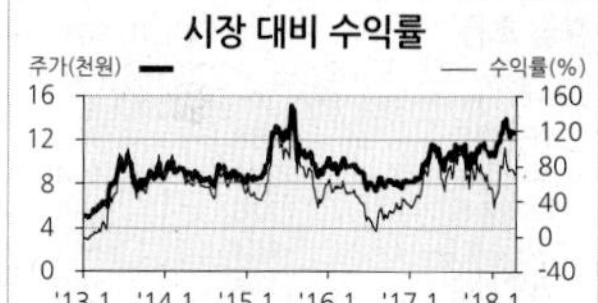

결산 실적
〈단위 : 억원〉

항목	2012	2013	2014	2015	2016	2017
매출액	619	713	755	792	431	565
영업이익	32	58	61	65	93	149
당기순이익	88	50	34	58	69	122

분기 실적
*IFRS 별도 기준 〈단위 : 억원〉

항목	2016.3Q	2016.4Q	2017.1Q	2017.2Q	2017.3Q	2017.4Q
매출액	193	-181	182	224	173	-14
영업이익	41	-10	28	39	27	54
당기순이익	36	-20	24	33	23	42

재무 상태
*IFRS 별도 기준 〈단위 : 억원〉

항목	2012	2013	2014	2015	2016	2017
총자산	872	869	989	1,123	1,458	1,443
유형자산	42	35	24	24	31	8
무형자산	10	10	23	28	33	36
유가증권	10	0	0	0	59	59
총부채	366	330	435	538	825	710
총차입금	200	152	193	248	401	275
자본금	70	70	70	70	70	70
총자본	506	539	554	585	632	733
지배주주지분	506	539	554	585	632	733

기업가치 지표
*IFRS 별도 기준

항목	2012	2013	2014	2015	2016	2017
주가(최고/저)(천원)	5.7/4.1	10.8/5.0	10.4/7.7	16.0/8.1	10.4/7.4	12.3/8.1
PER(최고/저)(배)	10.0/7.1	32.5/15.0	45.9/33.9	40.5/20.7	21.9/15.6	14.4/9.5
PBR(최고/저)(배)	1.7/1.2	3.0/1.4	2.8/2.1	3.9/2.0	2.3/1.7	2.3/1.5
EV/EBITDA(배)	17.6	19.2	18.9	22.1	11.9	8.4
EPS(원)	626	356	241	412	493	869
BPS(원)	3,628	3,862	3,969	4,253	4,650	5,371
CFPS(원)	663	433	282	459	574	960
DPS(원)	100	100	100	100	150	200
EBITDAPS(원)	266	494	477	508	747	1,154

재무 비율
〈단위 : %〉

연도	영업이익률	순이익률	부채비율	차입금비율	ROA	ROE	유보율	자기자본비율	EBITDA마진율
2017	26.3	21.5	96.9	37.6	8.4	17.8	974.3	50.8	28.6
2016	21.7	16.0	130.6	63.5	5.4	11.4	830.0	43.4	24.3
2015	8.2	7.3	92.0	42.3	5.5	10.1	750.5	52.1	9.0
2014	8.1	4.5	78.6	34.9	3.6	6.2	693.8	56.0	8.8

창해에탄올 (A004650)
Changhae Ethanol

업 종 : 음료 | 시 장 : KOSDAQ
신용등급 : (Bond) — (CP) — | 기업규모 : 우량
홈페이지 : www.chethanol.com | 연 락 처 : 063)214-7800
본 사 : 전북 전주시 덕진구 원만성로 15

설 립 일 1966.06.16	**종 업 원 수** 65명	**대 표 이 사** 임성우,이연희
상 장 일 2014.07.30	**감 사 의 견** 적정(신한)	**계 열**
결 산 기 12월	**보 통 주**	**종속회사수** 7개사
액 면 가 500원	**우 선 주**	**구 상 호**

주주구성 (지분율,%)		출자관계 (지분율,%)		주요경쟁사 (외형,%)	
임성우	15.9	창해이엔지	100.0	창해에탄올	100
삼성자산운용	3.7	보해양조	32.0	롯데칠성	1,051
(외국인)	2.1	CHANGHAEVIETNAMJSC	100.0	하이트진로	871

매출구성		비용구성		수출비중	
보해양조 소주 등	49.6	매출원가율	72.9	수출	7.0
창해에탄올 발효주정	16.9	판관비율	21.5	내수	93.0
창해에탄올 정제주정	12.9				

회사 개요

동사는 주요 사업 주정 제조, 부수 사업으로 사료 및 임대업을 함. 주요 계열사 보해양조는 소주를 비롯해 과실주, 탁주 등을 제조, 판매하고 있음. 2017년 2월 전라주정과 흡수합병 완료하여 약 20% 업계 1위 점유율을 차지. 정부의 제조면허제 방식을 통한 주정업은 진입장벽이 높아 기존 사업자의 안정적 운영이 장점임. 일반 주정계와 달리 종합기술원을 설비, 투자하고 있음.

실적 분석

동사의 2017년도 연결기준 연간 매출액은 2,169.4억원으로 전년 대비 2.1% 증가함. 주정 사업부의 매출 증가가 눈에 띔. 종속회사 보해양조의 비용 절감에 따라 영업이익은 전년 대비 55.2% 증가. 보해양조의 불법행위 미수금 손금 인용에 따른 법인세 수익도 발생. 1월 인기제품의 재출시와 보해의 지역 밀착 마케팅 등에 힘입은 지속적인 매출 증대가 기대됨.

현금 흐름
〈단위 : 억원〉

항목	2016	2017
영업활동	88	318
투자활동	-989	-104
재무활동	776	-236
순현금흐름	-104	-45
기말현금	144	100

시장 대비 수익률

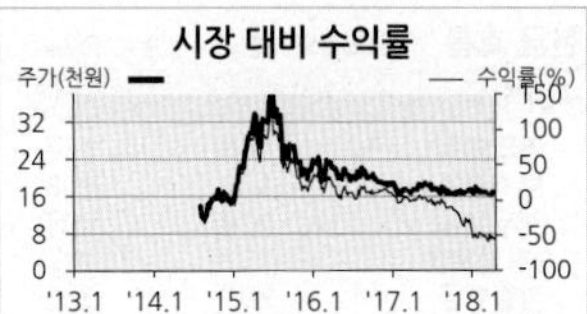

결산 실적
〈단위 : 억원〉

항목	2012	2013	2014	2015	2016	2017
매출액	1,245	1,362	2,352	2,275	2,126	2,169
영업이익	26	87	217	224	78	122
당기순이익	-190	198	121	149	-28	121

분기 실적
〈단위 : 억원〉

항목	2016.3Q	2016.4Q	2017.1Q	2017.2Q	2017.3Q	2017.4Q
매출액	575	502	547	552	530	540
영업이익	17	-4	0	47	50	23
당기순이익	7	-81	-13	32	38	64

재무 상태
〈단위 : 억원〉

항목	2012	2013	2014	2015	2016	2017
총자산	1,216	2,916	3,113	3,437	3,995	3,831
유형자산	308	1,216	1,227	1,466	1,803	1,729
무형자산	30	59	56	55	578	531
유가증권	136	120	153	141	136	115
총부채	567	1,936	1,653	1,540	2,231	2,010
총차입금	402	1,280	900	722	1,613	1,475
자본금	27	27	33	39	42	46
총자본	649	980	1,460	1,897	1,764	1,821
지배주주지분	540	690	941	1,152	1,104	1,092

기업가치 지표

항목	2012	2013	2014	2015	2016	2017
주가(최고/저)(천원)	—/—	—/—	17.4/10.6	39.0/14.3	24.9/18.2	19.4/16.2
PER(최고/저)(배)	0.0/0.0	0.0/0.0	12.9/7.9	28.3/10.4	130.9/95.5	36.4/30.4
PBR(최고/저)(배)	0.0/0.0	0.0/0.0	1.3/0.8	2.9/1.1	2.0/1.4	1.6/1.4
EV/EBITDA(배)	4.1	9.3	6.7	8.2	17.1	13.1
EPS(원)	-3,008	4,643	1,506	1,493	202	551
BPS(원)	10,999	15,115	14,550	14,659	13,383	12,371
CFPS(원)	-2,000	5,944	3,664	3,181	1,872	2,262
DPS(원)	—	—	500	500	500	600
EBITDAPS(원)	1,491	2,939	5,853	4,590	2,610	3,051

재무 비율
〈단위 : %〉

연도	영업이익률	순이익률	부채비율	차입금비율	ROA	ROE	유보율	자기자본비율	EBITDA마진율
2017	5.6	5.6	110.4	81.0	3.1	4.6	2,374.2	47.5	12.8
2016	3.7	-1.3	126.5	91.5	-0.8	1.5	2,576.7	44.2	10.2
2015	9.8	6.6	81.2	38.1	4.6	11.0	2,831.7	55.2	15.6
2014	9.2	5.2	113.2	61.7	4.0	10.8	2,810.0	46.9	14.6

천일고속 (A000650)
Chunil Express

업 종 : 육상운수 | 시 장 : 거래소
신용등급 : (Bond) — (CP) — | 기업규모 : 시가총액 소형주
홈페이지 : www.chunilexpress.com | 연 락 처 : 051)254-5086~7
본 사 : 부산시 동구 중앙대로 168 (초량동)

설 립 일 1949.09.30	**종 업 원 수** 409명	**대 표 이 사** 박도현
상 장 일 1977.06.23	**감 사 의 견** 적정(동원)	**계 열**
결 산 기 12월	**보 통 주**	**종속회사수**
액 면 가 5,000원	**우 선 주**	**구 상 호**

주주구성 (지분율,%)		출자관계 (지분율,%)		주요경쟁사 (외형,%)	
박도현	45.0			천일고속	100
박주현	37.2			현대글로비스	29,610
(외국인)	0.3			CJ대한통운	12,870

매출구성		비용구성		수출비중	
여객운송	98.0	매출원가율	87.2	수출	0.0
임대	2.1	판관비율	16.4	내수	100.0

회사 개요

동사는 1949년에 설립 후 1977년 한국거래소에 주식을 상장한 여객운송업체임. 차량 191대로 노선 40개를 운행함. 운송사업부문 매출이 전체 매출의 97.5%를, 임대사업이 2.5%를 차지함. 인터넷을 이용해 승차권을 예약·발권할 수 있도록 시스템을 개편하고 동사 보유 터미널 시설 중 노후된 편의 시설(대합실 등) 보수공사를 시행하는 등 서비스 개선을 위한 노력을 지속하고 있음.

실적 분석

육상여객운수업 내에서 지배적 위치를 가진 KTX와 SRT가 가격정책과 시간단축을 통해 공격적인 경영에 나서고 있고, 시외버스업체의 운임 경쟁력 약화에 따라 이용 승객의 이탈되면서 이용승객은 2017년도 302만명, 2016년도 323만명으로 전년대비 약 6.5% 감소함. 이에 따라 2017년 동사의 매출액은 5.4% 감소하였으며, 영업이익은 20.1억원의 적자로 전환됨. 유형자산(투자부동산) 처분으로 발생한 이익이 반영되어 순이익은 급증함.

현금 흐름 *IFRS 별도 기준
〈단위 : 억원〉

항목	2016	2017
영업활동	52	-21
투자활동	64	227
재무활동	-128	-204
순현금흐름	-12	2
기말현금	23	25

시장 대비 수익률

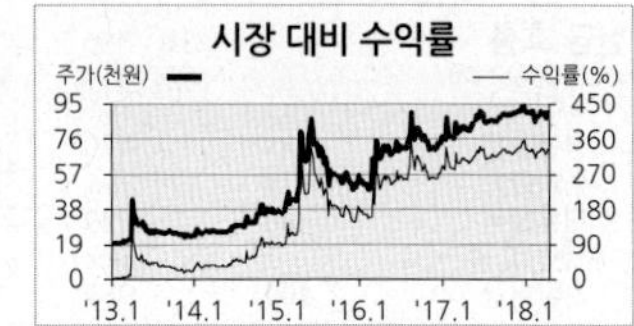

결산 실적
〈단위 : 억원〉

항목	2012	2013	2014	2015	2016	2017
매출액	553	571	602	589	584	552
영업이익	-5	13	26	28	11	-20
당기순이익	18	59	48	46	25	271

분기 실적 *IFRS 별도 기준
〈단위 : 억원〉

항목	2016.3Q	2016.4Q	2017.1Q	2017.2Q	2017.3Q	2017.4Q
매출액	150	146	139	136	138	139
영업이익	4	-7	-2	1	-8	-11
당기순이익	6	-10	1	24	248	-3

재무 상태 *IFRS 별도 기준
〈단위 : 억원〉

항목	2012	2013	2014	2015	2016	2017
총자산	572	603	623	631	525	678
유형자산	104	112	143	152	137	157
무형자산	6	6	7	7	7	7
유가증권	74	74	74	74	74	74
총부채	161	158	160	139	137	207
총차입금	—	—	—	—	—	—
자본금	71	71	71	71	71	71
총자본	412	446	463	492	389	471
지배주주지분	412	446	463	492	389	471

기업가치 지표 *IFRS 별도 기준

항목	2012	2013	2014	2015	2016	2017
주가(최고/저)(천원)	30.6/18.1	43.4/19.5	41.4/24.2	93.3/35.7	104/49.1	97.5/76.0
PER(최고/저)(배)	33.2/19.7	14.6/6.6	17.0/10.0	39.8/15.2	73.2/35.9	6.0/4.7
PBR(최고/저)(배)	1.5/0.9	1.9/0.9	1.8/1.0	3.7/1.4	4.7/2.3	3.5/2.7
EV/EBITDA(배)	9.9	10.3	10.4	15.1	32.1	192.5
EPS(원)	1,275	4,116	3,365	3,238	1,749	18,964
BPS(원)	28,862	31,241	32,418	34,463	27,238	33,034
CFPS(원)	3,036	5,812	5,117	5,108	3,587	20,794
DPS(원)	—	—	—	6,000	8,000	15,300
EBITDAPS(원)	1,406	2,631	3,593	3,845	2,594	422

재무 비율
〈단위 : %〉

연도	영업이익률	순이익률	부채비율	차입금비율	ROA	ROE	유보율	자기자본비율	EBITDA마진율
2017	-3.6	49.1	43.9	0.0	45.0	63.0	560.7	69.5	1.1
2016	1.9	4.3	35.2	0.0	4.3	5.7	444.8	74.0	6.4
2015	4.8	7.9	28.2	0.0	7.4	9.7	589.3	78.0	9.3
2014	4.4	8.0	34.6	0.0	7.8	10.6	548.4	74.3	8.5

청광종합건설 (A140290)
CHUNGKWANG CONSTRUCTION

업 종 : 건설　　시 장 : KONEX
신용등급 : (Bond) — (CP) —　　기업규모 : —
홈페이지 : www.chungkwang.co.kr　　연 락 처 : 02)3461-3600
본 사 : 서울시 강남구 언주로 550 청광빌딩

설 립 일	2006.11.20	**종업원수**	60명	**대표이사**	허숭
상 장 일	2013.12.20	**감사의견**	적정(반석)	**계 열**	
결 산 기	12월	**보 통 주**		**종속회사수**	
액 면 가	—	**우 선 주**		**구 상 호**	

주주구성 (지분율,%)		출자관계 (지분율,%)		주요경쟁사 (외형,%)	
청광건설	85.3	나리	100.0	청광종건	
허찬	0.0	강원저축은행	44.0	엄지하우스	
		인천학교사랑	35.1	상지카일룸	

매출구성		비용구성		수출비중	
자체공사(공사)	74.6	매출원가율	0.0	수출	—
국내도급공사 (건축)	21.6	판관비율	0.0	내수	—
국내도급공사 (토목)	3.2				

회사 개요

동사는 2006년 11월에 설립되어 관공서, 민자/민수, FED, IDIQ, 토목, 주택/오피스텔 등의 다양한 사업을 영위하는 종합건설회사임. 동사는 2015년 말 기준 시공능력평가에서 전체 건설회사 중 213위에 위치하고 있으며, 관급공사 위주의 안정적 매출처를 보유하고 있음. 사업부문별 매출 구성을 보면 2017년 기준 자체사업과 관급도급, 민간도급 순으로 각각 76.36%, 10.77%, 6.48%를 차지함.

실적 분석

코넥스 상장 기업인 동사는 이전년도까지 적용한 한국채택국제회계기준을(K-IFRS)에서 2017년 회계년도부터 일반기업회계기준(K-GAAP)으로 변경 도입함. 동사의 연결기준 2017년 매출액은 1,067.8억원을 기록하며 전년동기 대비 소폭 감소. 영업이익은 121억을 기록하며 전년대비 수익성 증가. 2017년 6월 강원저축은행의 지분을 인수하여 더 많은 사업 다각화를 위하여 노력중임.

현금 흐름 *IFRS 별도 기준 〈단위 : 억원〉

항목	2016	2017
영업활동	338	—
투자활동	29	—
재무활동	-386	—
순현금흐름	-20	—
기말현금	30	—

시장 대비 수익률

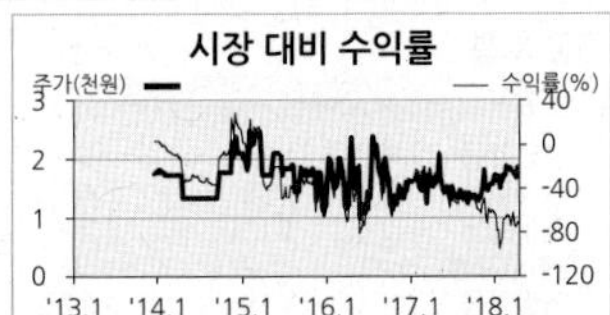

결산 실적 〈단위 : 억원〉

항목	2012	2013	2014	2015	2016	2017
매출액	529	706	730	862	1,224	—
영업이익	45	54	34	36	119	—
당기순이익	26	39	22	17	30	—

분기 실적 *IFRS 별도 기준 〈단위 : 억원〉

항목	2016.3Q	2016.4Q	2017.1Q	2017.2Q	2017.3Q	2017.4Q
매출액	—	—	—	—	—	—
영업이익	—	—	—	—	—	—
당기순이익	—	—	—	—	—	—

재무 상태 *IFRS 별도 기준 〈단위 : 억원〉

항목	2012	2013	2014	2015	2016	2017
총자산	504	519	440	1,169	696	—
유형자산	0	0	1	1	1	—
무형자산	19	—	—	—	—	—
유가증권	38	34	31	35	30	—
총부채	321	284	171	881	378	—
총차입금	129	52	93	513	128	—
자본금	50	50	53	53	53	—
총자본	183	236	269	287	318	—
지배주주지분	183	236	269	287	318	—

기업가치 지표 *IFRS 별도 기준

항목	2012	2013	2014	2015	2016	2017
주가(최고/저)(천원)	—/—	1.8/1.7	2.7/1.3	2.5/1.0	2.8/1.0	2.1/1.2
PER(최고/저)(배)	0.0/0.0	4.4/4.3	11.8/5.9	15.5/5.9	9.9/3.4	0.0/0.0
PBR(최고/저)(배)	0.0/0.0	0.8/0.8	1.1/0.6	1.0/0.4	1.0/0.3	0.0/0.0
EV/EBITDA(배)	0.9	1.9	5.3	17.6	2.2	0.0
EPS(원)	259	423	238	168	292	—
BPS(원)	36,620	2,356	2,502	2,672	2,960	—
CFPS(원)	5,764	427	241	171	295	—
DPS(원)	—	—	—	—	—	—
EBITDAPS(원)	9,599	513	289	294	1,084	—

재무 비율 〈단위 : %〉

연도	영업이익률	순이익률	부채비율	차입금비율	ROA	ROE	유보율	자기자본비율	EBITDA마진율
2017	0.0	0.0	0.0	0.0	0.0	0.0	0.0	0.0	0.0
2016	9.7	2.5	169.9	84.1	2.9	10.4	474.7	37.1	9.8
2015	4.1	2.0	361.3	224.9	1.9	6.5	420.3	21.7	4.2
2014	4.7	3.1	110.5	77.2	3.8	9.2	385.4	47.5	4.8

청담러닝 (A096240)
Chungdahm Learning

업 종 : 교육　　시 장 : KOSDAQ
신용등급 : (Bond) — (CP) —　　기업규모 : 중견
홈페이지 : company.chungdahm.com　　연 락 처 : 02)3429-9407
본 사 : 서울시 강남구 영동대로 731 신영빌딩 15층

설 립 일	2002.06.05	**종업원수**	509명	**대표이사**	이동훈
상 장 일	2008.06.27	**감사의견**	적정(삼일)	**계 열**	
결 산 기	12월	**보 통 주**		**종속회사수**	7개사
액 면 가	500원	**우 선 주**		**구 상 호**	

주주구성 (지분율,%)		출자관계 (지분율,%)		주요경쟁사 (외형,%)	
김영화	12.9	인증교육	91.9	청담러닝	100
김혜련	7.2	씨비전	75.0	메가스터디교육	167
(외국인)	3.6	퓨처북	62.7	정상제이엘에스	56

매출구성		비용구성		수출비중	
수강료(용역)	37.5	매출원가율	0.0	수출	0.9
온라인(용역)	32.0	판관비율	87.5	내수	99.1
교재(제품)	21.0				

회사 개요

동사는 교육 전문 기업으로 오프라인 학원을 직영 및 가맹 형태로 운영하는 학원사업부문과 콘텐츠 사업부문, 스마트러닝 기반의 스마트클래스 사업부문 등 크게 세 가지로 사업을 분류할 수 있음. 씨엠에스에듀, 진에듀, 상상과창조 등을 연결대상 종속회사로 보유하고 있음. 학원사업의 경우 청담어학원, April어학원, 청담아이가르텐 등의 브랜드를 직영 및 가맹 형태로 운영 중임.

실적 분석

동사의 2017년도 결산 연결기준 누적 매출액은 1,510.2억원으로 전년동기대비 7.1%의 외형 성장을 보임. 영업이익 또한 188.5억원을 시현하며 전년동기대비 253.9% 큰 성장을 나타냈으며, 비영업손실 56.3억원에도 불구하고 당기순이익도 108.2억원을 기록하며 흑자전환함. 동사는 2015년도 5월 베트남에 진출하였으며, 작년 로열티 수익이 36억원을 기록함.

현금 흐름 〈단위 : 억원〉

항목	2016	2017
영업활동	154	224
투자활동	-530	-127
재무활동	333	-108
순현금흐름	-38	-17
기말현금	145	128

시장 대비 수익률

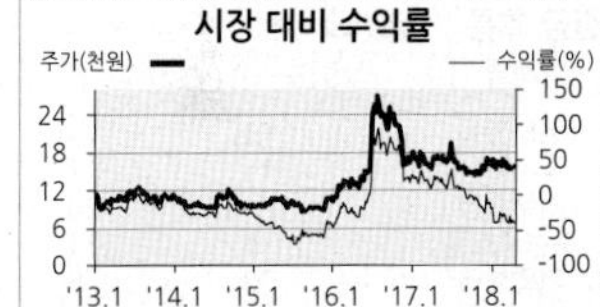

결산 실적 〈단위 : 억원〉

항목	2012	2013	2014	2015	2016	2017
매출액	1,192	1,253	1,305	1,355	1,411	1,510
영업이익	145	159	113	69	53	188
당기순이익	111	91	85	10	-171	108

분기 실적 〈단위 : 억원〉

항목	2016.3Q	2016.4Q	2017.1Q	2017.2Q	2017.3Q	2017.4Q
매출액	343	320	407	374	352	378
영업이익	21	-48	56	37	37	59
당기순이익	9	-229	37	17	29	24

재무 상태 〈단위 : 억원〉

항목	2012	2013	2014	2015	2016	2017
총자산	984	1,219	1,208	1,254	1,492	1,479
유형자산	49	109	150	124	369	275
무형자산	280	308	391	367	318	252
유가증권	95	112	91	97	158	103
총부채	336	545	621	697	699	572
총차입금	25	245	231	292	448	354
자본금	31	31	31	31	34	35
총자본	648	674	587	557	793	907
지배주주지분	627	660	553	497	582	627

기업가치 지표

항목	2012	2013	2014	2015	2016	2017
주가(최고/저)(천원)	12.7/8.1	12.9/9.1	12.1/9.1	12.9/8.5	27.4/10.3	19.7/14.2
PER(최고/저)(배)	9.3/5.9	12.6/8.9	23.0/17.4	—/—	—/—	25.8/18.6
PBR(최고/저)(배)	1.5/0.9	1.3/0.9	1.3/1.0	1.5/1.0	2.9/1.1	1.9/1.4
EV/EBITDA(배)	4.1	3.9	3.7	4.3	9.1	5.5
EPS(원)	1,834	1,331	642	-206	-3,059	787
BPS(원)	11,672	12,629	11,058	10,137	10,305	10,734
CFPS(원)	2,750	2,297	2,348	1,923	-1,157	2,247
DPS(원)	500	500	800	800	800	800
EBITDAPS(원)	3,242	3,522	3,530	3,237	2,712	4,164

재무 비율 〈단위 : %〉

연도	영업이익률	순이익률	부채비율	차입금비율	ROA	ROE	유보율	자기자본비율	EBITDA마진율
2017	12.5	7.2	63.1	39.1	7.3	9.1	2,046.8	61.3	19.2
2016	3.8	-12.1	88.2	56.5	-12.5	-37.3	1,960.9	53.1	12.6
2015	5.1	0.8	125.1	52.4	0.8	-2.4	1,927.4	44.4	14.8
2014	8.7	6.5	105.9	39.5	7.0	6.6	2,111.6	48.6	16.8

청보산업 (A013720)

Cheong Bo Industrial

업 종 : 자동차부품
신용등급 : (Bond) — (CP) —
홈페이지 : www.cheongbo.co.kr
본 사 : 인천시 남동구 남동대로 208 남동공단2단지 71BL 16LT

시 장 : KOSDAQ
기업규모 : 중견
연 락 처 : 032)816-3550

설립일	1979.01.01	종업원수	100명	대표이사	안상욱
상장일	1993.12.29	감사의견	적정(인일)	계열	
결산기	12월	보통주		종속회사수	
액면가	500원	우선주		구상호	

주주구성 (지분율,%)		출자관계 (지분율,%)		주요경쟁사 (외형,%)	
안상욱	11.2			청보산업	100
박순이	10.0			디젠스	485
(외국인)	0.7			광진윈텍	438

매출구성		비용구성		수출비중	
HOUSING	29.9	매출원가율	90.0	수출	58.1
TAPPET	29.4	판관비율	11.0	내수	41.9
LEVER 외	16.2				

회사 개요

동사는 자동차 부품, 주물 제조업 등을 목적으로 1978년 설립됨. 동사는 자동차 엔진 부품, 미션 부품을 제조해 완성차 업체에 납품하는 부품 소재 전문 기업임. 현대기아, 메르세데스-벤츠, 한국GM, 두산인프라코어, 미쓰비시, 푸조 등 안정적인 거래처를 확보함. 동사의 생산품목 대부분은 선진국으로부터의 선진 부품을 독자기술로 국산화한 제품임. 최근 개발된 베어링저널은 다임러벤츠를 통해 전세계 시장 진출을 준비 중임.

실적 분석

동사의 2017년 연간 매출액은 전년동기대비 6.2% 상승한 222.1억원을 기록하였음. 비용면에서 전년동기대비 매출원가는 증가 했으며 인건비는 감소 하였고 기타판매비와관리비는 증가함. 이와 같이 상승한 매출액 대비 비용증가가 높아 매출액은 성장했지만 원가 증가로 인해 전년동기대비 영업손실은 2.2억원으로 적자전환 하였음. 최종적으로 전년동기대비 당기순손실은 적자전환하여 5.6억원을 기록함.

현금 흐름 *IFRS 별도 기준 <단위 : 억원>

항목	2016	2017
영업활동	11	24
투자활동	-11	-11
재무활동	5	-24
순현금흐름	5	-11
기말현금	20	9

시장 대비 수익률

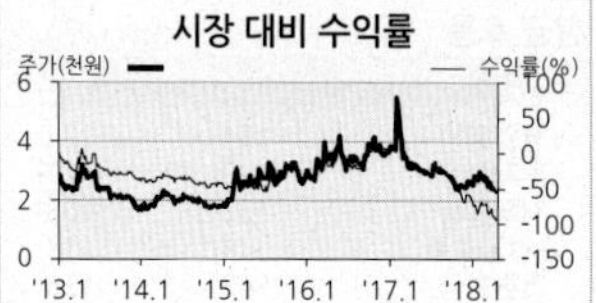

결산 실적 <단위 : 억원>

항목	2012	2013	2014	2015	2016	2017
매출액	239	247	245	211	209	222
영업이익	11	8	8	5	1	-2
당기순이익	17	9	6	3	3	-6

분기 실적 *IFRS 별도 기준 <단위 : 억원>

항목	2016.3Q	2016.4Q	2017.1Q	2017.2Q	2017.3Q	2017.4Q
매출액	52	55	55	63	55	48
영업이익	-2	3	-2	2	-1	-1
당기순이익	-1	1	-4	3	-2	-3

재무 상태 *IFRS 별도 기준 <단위 : 억원>

항목	2012	2013	2014	2015	2016	2017
총자산	324	359	354	356	367	341
유형자산	195	244	241	263	255	239
무형자산	2	2	2	2	2	2
유가증권	1	1	0	0	0	0
총부채	169	195	189	173	164	137
총차입금	125	148	137	125	115	84
자본금	30	30	30	35	39	41
총자본	155	163	165	183	203	204
지배주주지분	155	163	165	183	203	204

기업가치 지표 *IFRS 별도 기준

항목	2012	2013	2014	2015	2016	2017
주가(최고/저)(천원)	4.6/1.5	3.2/1.7	2.4/1.7	3.5/1.8	4.6/2.6	5.5/2.4
PER(최고/저)(배)	17.4/5.8	23.5/12.2	26.3/18.7	65.9/34.0	135.4/76.6	—/—
PBR(최고/저)(배)	1.9/0.6	1.2/0.6	0.9/0.6	1.3/0.7	1.7/1.0	2.2/0.9
EV/EBITDA(배)	9.8	8.2	7.1	11.3	17.0	12.7
EPS(원)	286	145	93	53	34	-70
BPS(원)	2,640	2,770	2,794	2,707	2,653	2,545
CFPS(원)	551	465	466	387	320	246
DPS(원)	50	50	50	25	—	—
EBITDAPS(원)	443	447	513	419	300	288

재무 비율 <단위 : %>

연도	영업이익률	순이익률	부채비율	차입금비율	ROA	ROE	유보율	자기자본비율	EBITDA마진율
2017	-1.0	-2.5	67.1	41.3	-1.6	-2.8	409.0	59.8	10.4
2016	0.5	1.2	80.7	56.7	0.7	1.3	430.7	55.4	10.8
2015	2.6	1.6	94.2	68.2	1.0	2.0	441.4	51.5	13.0
2014	3.5	2.3	114.7	83.3	1.6	3.4	458.8	46.6	12.6

청호컴넷 (A012600)

ChungHo Comnet

업 종 : 컴퓨터 및 주변기기
신용등급 : (Bond) — (CP) —
홈페이지 : www.chunghocomnet.com
본 사 : 서울시 강남구 도산대로 318

시 장 : 거래소
기업규모 : 시가총액 소형주
연 락 처 : 02)3670-7700

설립일	1977.10.13	종업원수	89명	대표이사	지창배,이정우
상장일	1990.07.10	감사의견	적정(한길)	계열	
결산기	12월	보통주		종속회사수	12개사
액면가	5,000원	우선주		구상호	

주주구성 (지분율,%)		출자관계 (지분율,%)		주요경쟁사 (외형,%)	
청호엔터프라이스	22.8	청호메카트로닉스	100.0	청호컴넷	100
글로리1호조합	9.9	청호에스엔지호남	100.0	빅솔론	189
(외국인)	17.9	청호에스엔지경남	100.0	메디프론	44

매출구성		비용구성		수출비중	
내연기관용 필터	32.9	매출원가율	89.6	수출	11.6
Art-9100외	28.1	판관비율	25.2	내수	88.4
기기 A/S 용역수수료	17.7				

회사 개요

1977년 10월 현금자동입출금기의 제조, 판매 목적으로 설립된 동사는 1990년 한국거래소 유가증권 시장에 상장됨. 동사는 18개 종속 계열회사를 두고 있고, 이 중에는 각 지역의 기기를 유지 및 수리하는 업체들이 포함됨. 금융자동화기기(ATM) 시장에 최초주자로 진입한 이후 국내 금융권 시장변화가 급변한 시점에 동사는 FKM을 인수해 국내 모든 은행권에 안정적인 대고객 서비스를 제공 중임.

실적 분석

동사의 2017년 연결기준 연간 매출액은 473.7억원으로 전년 대비 17.7% 감소함. 고정비 감소에도 영업손실은 70.1억원으로 적자지속됨. 금융권의 지점 축소 및 인터넷 거래 비중이 증가하면서 주력 제품(ATM) 매출 정체가 부담으로 작용. 동사는 최근 핀테크 4차산업에 대한 관심이 증가하고 있는 만큼 이에 부합하는 혁신적 ATM 개발을 통해 4차산업혁명 트렌드에 대응해 나갈 전망. 인터넷 전문은행 대상으로 영업 확대 목표임.

현금 흐름 <단위 : 억원>

항목	2016	2017
영업활동	-23	-54
투자활동	-185	40
재무활동	215	13
순현금흐름	7	-2
기말현금	19	17

시장 대비 수익률

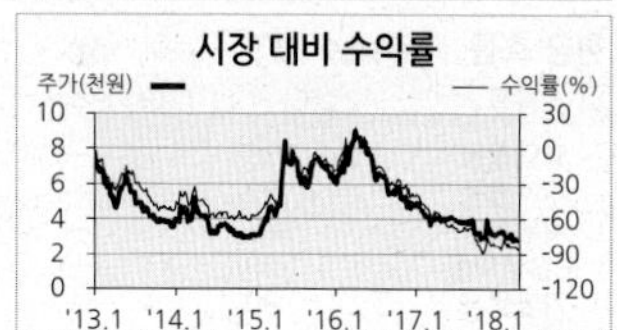

결산 실적 <단위 : 억원>

항목	2012	2013	2014	2015	2016	2017
매출액	733	1,009	957	890	576	474
영업이익	-119	-201	-97	-58	-77	-70
당기순이익	82	-340	-146	-162	-161	-57

분기 실적 <단위 : 억원>

항목	2016.3Q	2016.4Q	2017.1Q	2017.2Q	2017.3Q	2017.4Q
매출액	104	125	162	131	128	53
영업이익	-31	-15	-22	-10	-21	-17
당기순이익	-33	-79	-30	117	-20	-124

재무 상태 <단위 : 억원>

항목	2012	2013	2014	2015	2016	2017
총자산	1,154	1,193	968	747	792	640
유형자산	190	417	403	325	316	246
무형자산	138	250	207	141	108	4
유가증권	34	19	12	12	33	11
총부채	315	679	602	481	449	403
총차입금	205	495	462	341	328	326
자본금	305	305	305	364	419	419
총자본	839	514	366	266	344	237
지배주주지분	836	512	364	265	299	236

기업가치 지표

항목	2012	2013	2014	2015	2016	2017
주가(최고/저)(천원)	7.0/3.2	7.9/3.5	5.4/2.9	8.4/3.0	9.1/4.4	5.1/2.9
PER(최고/저)(배)	5.3/2.4	—/—	—/—	—/—	—/—	—/—
PBR(최고/저)(배)	0.5/0.2	0.8/0.4	0.8/0.4	1.8/0.7	2.1/1.0	1.4/0.8
EV/EBITDA(배)	—	—	—	—	—	—
EPS(원)	1,317	-5,599	-2,392	-2,319	-2,041	-704
BPS(원)	14,853	9,541	7,119	4,618	4,412	3,659
CFPS(원)	2,023	-4,558	-1,564	-1,694	-1,658	-516
DPS(원)	—	—	—	—	—	—
EBITDAPS(원)	-1,243	-2,258	-762	-212	-589	-649

재무 비율 <단위 : %>

연도	영업이익률	순이익률	부채비율	차입금비율	ROA	ROE	유보율	자기자본비율	EBITDA마진율
2017	-14.8	-12.1	일부잠식	일부잠식	-8.0	-22.0	-26.8	37.0	-11.5
2016	-13.5	-28.0	일부잠식	일부잠식	-21.0	-57.7	-11.8	43.4	-8.2
2015	-6.6	-18.2	일부잠식	일부잠식	-18.9	-51.4	-7.7	35.7	-1.7
2014	-10.2	-15.3	164.7	126.4	-13.5	-33.3	42.4	37.8	-4.9

체리부로 (A066360)
Cherrybro

업종 : 식료품 | 시장 : KOSDAQ
신용등급 : (Bond) — (CP) — | 기업규모 : 중견
홈페이지 : www.cherrybro.com | 연락처 : 043)530-3200
본사 : 충북 진천군 이월면 생거진천로 1770

설립일	1991.09.07	종업원수	명	대표이사	김인식
상장일	2017.12.04	감사의견	적정(삼정)	계열	
결산기	12월	보통주		종속회사수	
액면가	500원	우선주		구상호	

주주구성 (지분율,%)		출자관계 (지분율,%)		주요경쟁사 (외형,%)	
김인식	22.0	한국육계유통	100.0	체리부로	100
한국일오삼	21.5	델리퀸	100.0	마니커	70
(외국인)	0.3	한국원종	91.9	하림	240

매출구성		비용구성		수출비중	
육계	78.0	매출원가율	83.7	수출	0.1
병아리	10.9	판관비율	9.5	내수	99.9
사료	6.9				

회사 개요

동사는 1991년 9월 7일 주식회사 체리부로 식품으로 설립. 이후 2002년 3월 현재 상호인 주식회사 체리부로로 변경. 계육제품의 생산 및 판매를 주요 사업으로 하고 있으며 동사 사업은 크게 육계부문, 육가공유통부문, 종계 및 부화부문으로 구성. 국내 육계시장은 약 40여개 어체의 경쟁이 지속되고 있음. 동사는 현재 전국에 분포한 유통망과 대리점, 직영점을 통해 시장 지배력과 점유율을 확대하고 있음.

실적 분석

동사의 2017년 연결 기준 연간 누적 매출액은 3612.5억원으로 전년 동기 대비 14.9% 증가함. 매출은 증가했지만 매출 증가율 대비 매출원가 증가율이 높고 판매비와 관리비 또한 큰 폭으로 늘어나면서 영업이익은 전년 동기 대비 4% 감소한 245.6억원을 시현함. 비영업부문에서 외환이익 등으로 흑자전환에 성공하면서 당기순이익은 전년 동기 대비 27.9% 증가한 211.4억원을 시현함.

현금 흐름 *IFRS 별도 기준 〈단위 : 억원〉

항목	2016	2017
영업활동	71	-26
투자활동	45	88
재무활동	-115	-24
순현금흐름	1	38
기말현금	19	57

시장 대비 수익률

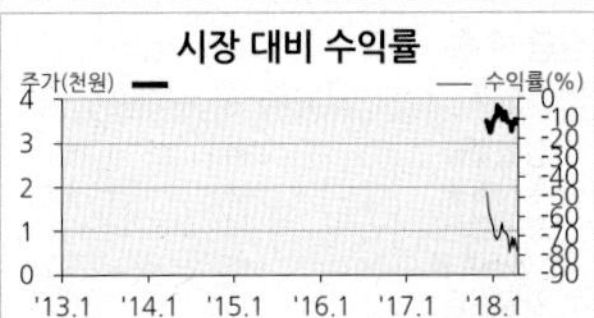

결산 실적 〈단위 : 억원〉

항목	2012	2013	2014	2015	2016	2017
매출액	2,907	3,287	2,574	2,675	3,144	3,613
영업이익	-140	102	-89	81	256	246
당기순이익	-182	65	-120	-2	165	211

분기 실적 *IFRS 별도 기준 〈단위 : 억원〉

항목	2016.3Q	2016.4Q	2017.1Q	2017.2Q	2017.3Q	2017.4Q
매출액	—	—	—	—	—	—
영업이익	—	—	—	—	—	—
당기순이익	—	—	—	—	—	—

재무 상태 *IFRS 별도 기준 〈단위 : 억원〉

항목	2012	2013	2014	2015	2016	2017
총자산	1,725	2,082	2,010	1,646	1,767	2,045
유형자산	810	946	904	816	826	824
무형자산	8	2	3	8	7	5
유가증권	1	1	0	5	5	82
총부채	1,216	1,524	1,535	1,200	1,171	989
총차입금	792	1,362	1,380	1,030	948	704
자본금	111	111	118	118	118	139
총자본	509	557	475	445	595	1,057
지배주주지분	509	557	475	445	595	1,057

기업가치 지표 *IFRS 별도 기준

항목	2012	2013	2014	2015	2016	2017
주가(최고/저)(천원)	—/—	—/—	—/—	—/—	—/3.2	—/—
PER(최고/저)(배)	0.0/0.0	0.0/0.0	0.0/0.0	0.0/0.0	0.0/0.0	4.7/3.8
PBR(최고/저)(배)	0.0/0.0	0.0/0.0	0.0/0.0	0.0/0.0	0.0/0.0	1.1/0.9
EV/EBITDA(배)	—	10.1	—	6.5	3.9	9.8
EPS(원)	-763	271	-544	10	681	860
BPS(원)	2,290	2,506	2,018	1,892	2,530	3,791
CFPS(원)	-467	602	-154	376	985	1,134
DPS(원)	—	—	—	—	—	100
EBITDAPS(원)	-186	514	-116	638	981	669

재무 비율 〈단위 : %〉

연도	영업이익률	순이익률	부채비율	차입금비율	ROA	ROE	유보율	자기자본비율	EBITDA마진율
2017	6.8	5.9	133.6	102.5	8.6	24.6	651.3	42.8	10.0
2016	8.1	5.3	277.4	230.5	7.2	31.0	406.0	26.5	11.9
2015	3.0	-0.1	369.7	322.8	—	—	278.5	21.3	7.0
2014	-3.5	-4.7	362.9	320.6	-5.0	-24.1	303.7	21.6	1.2

체시스 (A033250)
Chasys

업종 : 자동차부품 | 시장 : 거래소
신용등급 : (Bond) — (CP) — | 기업규모 : 시가총액 소형주
홈페이지 : www.chasys.com | 연락처 : 053)851-8511
본사 : 경북 경산시 진량읍 일연로 528

설립일	1989.08.03	종업원수	166명	대표이사	이명곤,김성광
상장일	1999.08.11	감사의견	적정(삼정)	계열	
결산기	06월	보통주		종속회사수	
액면가	500원	우선주		구상호	

주주구성 (지분율,%)		출자관계 (지분율,%)		주요경쟁사 (외형,%)	
엠에스에이치씨	21.9			체시스	100
이명곤	17.6			팬스타엔터프라이즈	60
(외국인)	1.2			두올산업	72

매출구성		비용구성		수출비중	
AXLE	35.2	매출원가율	88.9	수출	—
CROSS MBR	29.4	판관비율	7.8	내수	—
ARM	18.7				

회사 개요

동사의 주요 시장은 자동차 회사로 전량 주문생산에 의해 생산, 공급하고 있으며 전제품이 단독개발제품으로 구성되어 있음. 부품업체의 경쟁력은 설비 및 공정개선, 숙련도 등을 통해 확보되는 생산기술상의 비교우위와 핵심외소로서의 설계능력이 중요함. 동사는 자동차 샤시 부분의 설계능력을 보유하여 Concept Car 개발시점부터 자동차 메이커와 함께 개발에 들어감.

실적 분석

동사는 2017년 12월 반기 누적 기준 매출액 275억원, 영업손실 15억원을 각각 기록하였음. 주요 시장은 자동차 회사로 전량 주문생산에 의해 생산, 공급하고 있으며 전 제품이 단독개발제품으로 구성되어 있음. 자동차 샤시부문에 대한 설계능력을 보유하고 있어, 컨셉카 개발 단계부터 완성차 업체와 협력하기 때문에 제품 수주 시 높은 가격경쟁력을 보유하고 있음. 동사는 전방산업 부진이 아쉬운 상황임.

현금 흐름 〈단위 : 억원〉

항목	2017	2018.2Q
영업활동	-6	13
투자활동	-43	-24
재무활동	-2	2
순현금흐름	-52	-8
기말현금	15	6

시장 대비 수익률

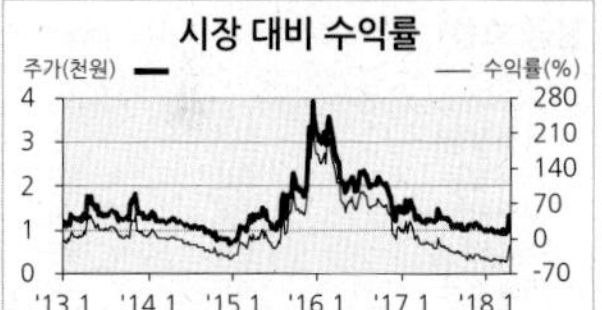

결산 실적 〈단위 : 억원〉

항목	2013	2014	2015	2016	2017	2018
매출액	984	746	587	522	559	—
영업이익	21	-39	-30	17	-25	—
당기순이익	-1	-75	-46	-4	-42	—

분기 실적 〈단위 : 억원〉

항목	2017.1Q	2017.2Q	2017.3Q	2017.4Q	2018.1Q	2018.2Q
매출액	115	149	135	161	112	163
영업이익	-12	-3	-12	2	-16	0
당기순이익	-27	6	-29	8	-9	-15

재무 상태 〈단위 : 억원〉

항목	2013	2014	2015	2016	2017	2018.2Q
총자산	946	891	864	911	849	907
유형자산	484	530	553	537	528	534
무형자산	20	17	13	7	7	6
유가증권	34	34	30	23	17	17
총부채	624	639	613	572	555	638
총차입금	308	423	433	366	363	365
자본금	83	83	83	120	120	120
총자본	323	252	250	339	295	269
지배주주지분	323	252	250	339	295	269

기업가치 지표

항목	2013	2014	2015	2016	2017	2018.2Q
주가(최고/저)(천원)	2.1/1.1	1.8/1.1	1.7/0.7	3.9/1.0	2.4/1.2	—/—
PER(최고/저)(배)	—/—	—/—	—/—	—/—	—/—	—/—
PBR(최고/저)(배)	1.3/0.7	1.5/0.9	1.4/0.6	2.8/0.7	2.0/0.9	1.1/0.9
EV/EBITDA(배)	6.8	31.1	30.0	10.5	22.0	—/—
EPS(원)	-6	-364	-226	-19	-174	-99
BPS(원)	1,945	1,518	1,509	1,411	1,227	1,122
CFPS(원)	307	-100	26	223	53	37
DPS(원)	20	—	—	—	—	—
EBITDAPS(원)	441	116	125	319	123	72

재무 비율 〈단위 : %〉

연도	영업이익률	순이익률	부채비율	차입금비율	ROA	ROE	유보율	자기자본비율	EBITDA마진율
2017	-4.5	-7.5	188.3	123.4	-4.8	-13.2	145.5	34.7	5.3
2016	3.3	-0.8	168.9	108.0	-0.5	-1.5	182.2	37.2	13.8
2015	-5.1	-7.9	244.9	172.8	-5.3	-18.4	201.8	29.0	3.5
2014	-5.2	-10.0	253.5	168.1	-8.1	-26.0	203.7	28.3	2.6

초록뱀미디어 (A047820)
Chorokbaem Media

업 종 : 미디어 / 시 장 : KOSDAQ
신용등급 : (Bond) — (CP) — / 기업규모 : 중견
홈페이지 : www.chorokbaem.com / 연 락 처 : 02)6925-7000
본 사 : 서울시 강남구 언주로148길 19 청호빌딩 4층

설 립 일	1998.05.26	**종업원수**	15명	**대표이사**	김상헌,조형진
상 장 일	2002.12.20	**감사의견**	적정(이현)	**계 열**	
결 산 기	12월	**보 통 주**		**종속회사수**	4개사
액 면 가	500원	**우 선 주**		**구 상 호**	

주주구성 (지분율,%)		출자관계 (지분율,%)		주요경쟁사 (외형,%)	
DMG (Hong Kong) Group Limited	13.3	SH엔터테인먼트그룹	100.0	초록뱀	100
아이오케이컴퍼니	10.2	더스카이팜	71.6	YG PLUS	123
(외국인)	19.7	AsiaDramaTV	70.0	씨그널엔터테인먼트그룹	53

매출구성		비용구성		수출비중	
방영수입	81.9	매출원가율	85.5	수출	6.5
매니지먼트매출	6.1	판관비율	14.3	내수	93.5
판권수입	4.6				

회사 개요

동사는 TV드라마 제작을 중심으로 하는 컨텐츠 제작사업과 드라마 컨텐츠를 기반으로 하는 각종 부가사업(OST, 컬러링, 캐릭터상품, 테마파크 개발)을 영위함. 향후 드라마 제작 사업계획의 기본방향은 인적자원(연출가, 작가, 기획PD)과 작가 및 연기자 양성을 바탕으로 자체제작 역량을 강화하고 해외판권 확보, SPC설립 등을 통한 제작투자 확보 및 제작비 절감으로 수익성 개선을 목표함.

실적 분석

동사의 연결기준 2017년 매출액, 영업이익은 각각 588.4억원, 1.0억원으로 전년 대비 44.4%, 98.7%씩 감소하였음. 당기순이익은 적자전환함. 중국의 한류 제재의 여파가 계속되면서 중국 드라마 시장으로의 진출이 차단되어 회사의 방송프로그램 수출 및 공동제작이 매우 부진했음. 또한 종속기업인 SH엔터테인먼트그룹의 실적 저조로 인하여 사상 최대의 성과를 기록했던 2016년도에 비해 매출액과 영업이익이 큰 폭으로 감소하였음.

현금 흐름 (단위 : 억원)

항목	2016	2017
영업활동	67	6
투자활동	28	-80
재무활동	-46	-9
순현금흐름	53	-83
기말현금	130	47

시장 대비 수익률

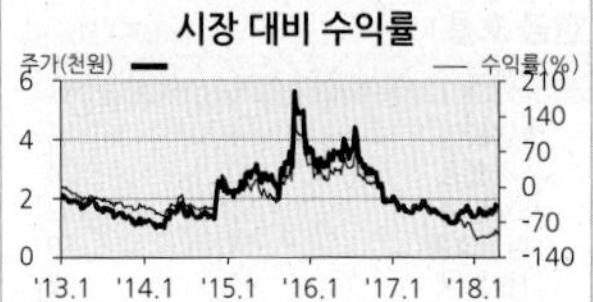

결산 실적 (단위 : 억원)

항목	2012	2013	2014	2015	2016	2017
매출액	293	226	256	248	1,059	588
영업이익	16	-19	-21	-23	77	1
당기순이익	15	-24	-20	-6	49	-133

분기 실적 (단위 : 억원)

항목	2016.3Q	2016.4Q	2017.1Q	2017.2Q	2017.3Q	2017.4Q
매출액	306	420	198	127	107	157
영업이익	36	38	5	-9	2	3
당기순이익	21	60	7	-2	-3	-135

재무 상태 (단위 : 억원)

항목	2012	2013	2014	2015	2016	2017
총자산	279	251	269	1,141	1,242	1,111
유형자산	1	1	1	4	6	55
무형자산	48	44	52	378	315	262
유가증권	1	—	3	21	116	66
총부채	17	15	53	500	519	292
총차입금	—	—	29	428	394	180
자본금	128	128	128	246	247	324
총자본	262	236	216	642	723	819
지배주주지분	258	232	213	636	717	816

기업가치 지표

항목	2012	2013	2014	2015	2016	2017
주가(최고/저)(천원)	3.6/1.9	2.1/1.1	3.2/1.0	6.1/2.0	4.8/1.8	2.1/1.1
PER(최고/저)(배)	62.4/33.1	—/—	—/—	—/—	48.6/17.8	—/—
PBR(최고/저)(배)	3.6/1.9	2.4/1.2	3.8/1.2	4.8/1.6	3.3/1.2	1.7/0.9
EV/EBITDA(배)	21.5	—	—	—	12.2	77.4
EPS(원)	57	-92	-79	-18	98	-206
BPS(원)	1,006	908	831	1,291	1,448	1,258
CFPS(원)	67	-91	-78	-17	115	-192
DPS(원)	—	—	—	—	—	—
EBITDAPS(원)	71	-72	-82	-66	173	16

재무 비율 (단위 : %)

연도	영업이익률	순이익률	부채비율	차입금비율	ROA	ROE	유보율	자기자본비율	EBITDA마진율
2017	0.2	-22.7	35.6	22.0	-11.3	-17.4	151.7	73.7	1.7
2016	7.3	4.6	71.9	54.5	4.1	7.2	189.7	58.2	8.1
2015	-9.4	-2.5	77.9	66.8	-0.9	-1.5	158.3	56.2	-9.3
2014	-8.4	-7.9	24.4	13.6	-7.8	-9.1	66.2	80.4	-8.2

칩스앤미디어 (A094360)
Chips&Media

업 종 : 반도체 및 관련장비 / 시 장 : KOSDAQ
신용등급 : (Bond) — (CP) — / 기업규모 : 벤처
홈페이지 : www.chipsnmedia.com / 연 락 처 : 02)568-3767
본 사 : 서울시 강남구 삼성로 85길 26, 브이앤에스 11~13층

설 립 일	2003.03.06	**종업원수**	70명	**대표이사**	김상현
상 장 일	2013.10.29	**감사의견**	적정(신한)	**계 열**	
결 산 기	12월	**보 통 주**		**종속회사수**	1개사
액 면 가	500원	**우 선 주**		**구 상 호**	

주주구성 (지분율,%)		출자관계 (지분율,%)		주요경쟁사 (외형,%)	
텔레칩스	34.5	비트리	16.7	칩스앤미디어	100
한국증권금융	3.1	심매반도체유한공사	100.0	에이디테크놀로지	356
(외국인)	1.3			제너셈	306

매출구성		비용구성		수출비중	
라이선스	49.3	매출원가율	0.0	수출	94.1
로열티	46.6	판관비율	116.7	내수	5.9
용역	4.1				

회사 개요

동사는 2003년에 설립된 반도체 설계자산 전문업체임. 반도체 설계자산은 "반도체 IP" 또는 간단하게 "IP"라고 통칭하며, 동사의 주요 사업 영역은 "비디오 IP" 기술 분야이며, 비디오 IP는 멀티미디어 반도체 칩 설계도의 일부로, 칩 내부 면적을 차지하여 동영상을 녹화하거나 재생시키는 기능을 담당하는 기술임. 동사는 이 분야 국내 1위 업체임. 수익구조는 라이선스 수수료, 로열티 수수료, 용역 수수료로 구성됨.

실적 분석

동사의 2017년 매출과 영업손실은 91억원, 15억원으로 전년 대비 매출은 33.8% 감소하고 적자전환함. 모바일시장 성장 둔화에 따른 경쟁 심화로 대규모 칩 제조사들이 시장을 독과점하면서 동사 고객의 칩 공급 감소가 로열티 매출에 영향을 끼침. 또한 여러 종류의 IP가 필요한 고객은 비디오 코덱 IP만 제공하는 동사에 비해 한꺼번에 제공할 수 있는 경쟁사의 제품을 선호하여 영업에 제한적인 영향도 있었음.

현금 흐름 (단위 : 억원)

항목	2016	2017
영업활동	39	-19
투자활동	-48	42
재무활동	3	-3
순현금흐름	-5	18
기말현금	45	63

시장 대비 수익률

결산 실적 (단위 : 억원)

항목	2012	2013	2014	2015	2016	2017
매출액	89	100	108	120	137	91
영업이익	9	13	20	23	28	-15
당기순이익	5	7	25	29	36	-23

분기 실적 (단위 : 억원)

항목	2016.3Q	2016.4Q	2017.1Q	2017.2Q	2017.3Q	2017.4Q
매출액	35	45	28	15	28	20
영업이익	10	11	2	-13	4	-9
당기순이익	5	21	-4	-12	6	-13

재무 상태 (단위 : 억원)

항목	2012	2013	2014	2015	2016	2017
총자산	170	178	194	276	316	290
유형자산	3	3	5	5	5	3
무형자산	5	8	11	14	10	7
유가증권	3	4	7	9	20	10
총부채	47	46	38	22	24	25
총차입금	31	33	21	—	—	—
자본금	15	15	15	19	38	38
총자본	123	132	156	254	292	265
지배주주지분	123	132	156	254	292	265

기업가치 지표

항목	2012	2013	2014	2015	2016	2017
주가(최고/저)(천원)	—/—	2.1/1.5	2.1/1.4	7.8/1.4	15.2/4.2	14.5/7.2
PER(최고/저)(배)	0.0/0.0	17.4/12.5	4.9/3.3	17.1/3.1	30.9/8.6	—/—
PBR(최고/저)(배)	0.0/0.0	1.0/0.7	0.8/0.5	2.2/0.4	3.8/1.1	4.1/2.1
EV/EBITDA(배)	—	2.7	0.1	8.5	22.8	—
EPS(원)	87	129	452	480	501	-315
BPS(원)	4,255	4,562	5,544	7,370	4,034	3,578
CFPS(원)	278	370	1,068	1,178	604	-225
DPS(원)	—	—	—	170	95	—
EBITDAPS(원)	411	560	896	992	498	-115

재무 비율 (단위 : %)

연도	영업이익률	순이익률	부채비율	차입금비율	ROA	ROE	유보율	자기자본비율	EBITDA마진율
2017	-16.7	-25.7	9.4	0.0	-7.7	-8.3	589.0	91.4	-9.4
2016	20.5	26.0	8.4	0.0	12.0	13.0	676.1	92.3	25.8
2015	19.5	24.2	8.8	0.0	12.4	14.2	1,260.6	91.9	25.1
2014	18.8	23.3	24.1	13.2	13.5	17.5	938.0	80.6	23.5

카스 (A016920)
CAS

업 종 : 기계　　시 장 : KOSDAQ
신용등급 : (Bond) —　(CP) —　　기업규모 : 중견
홈페이지 : www.cas.co.kr　　연 락 처 : 031)820-1100
본 사 : 경기도 양주시 광적면 그루고개로 262

설 립 일	1983.04.19	**종업원수**	323명	**대 표 이 사**	김태인
상 장 일	1990.01.04	**감사의견**	적정(한영)	**계 열**	
결 산 기	12월	**보 통 주**		**종속회사수**	5개사
액 면 가	500원	**우 선 주**		**구 상 호**	

주주구성 (지분율,%)		출자관계 (지분율,%)		주요경쟁사 (외형,%)	
김동진	22.2	CASZHEJIANG	100.0	카스	100
레이블코리아	11.4	CASSHANGHAI	100.0	맥스로텍	28
(외국인)	1.0	CAS.S.A	100.0	에너토크	18

매출구성		비용구성		수출비중	
산업용전자저울등	45.5	매출원가율	69.9	수출	—
상업용 전자저울	43.1	판관비율	25.3	내수	—
로드셀	11.4				

회사 개요

동사는 전자저울과 로드셀 제조와 판매를 주요사업으로 영위하고 있음. 1983년 설립되어 1989년 코스닥시장에 상장함. 'CAS SHANGHAI', 'CAS USA' 등 4개의 연결대상 종속회사를 보유하고 있음. 미국 법인은 부동산 임대업을 영위함. 국내 전자저울 시장의 약 70%를 점유함. 향후 사업영역을 다각화하기 위해 의료기기 판매업을 추가할 예정임.

실적 분석

동사의 2017년 결산 연결기준 매출액은 전년대비 5.9% 성장한 1,394.1억원을 기록함. 견조한 외형 성장과 원가율 개선으로 영업이익 66.9억원, 당기순이익 18.8억원을 보이며 각각 전년대비 137.3% 증가 및 흑자전환함. 순이익 전환은 주로 금융손실 축소에 기인한 바가 큼. 당기 사업부문별 매출비중은 상업용 전자저울 제조 및 판매 55.34%, 산업용전자저울 등 44.66% 이며 임대수입은 내부거래로 제거됨.

현금 흐름 〈단위 : 억원〉

항목	2016	2017
영업활동	143	39
투자활동	31	-5
재무활동	-120	-19
순현금흐름	54	6
기말현금	96	102

시장 대비 수익률

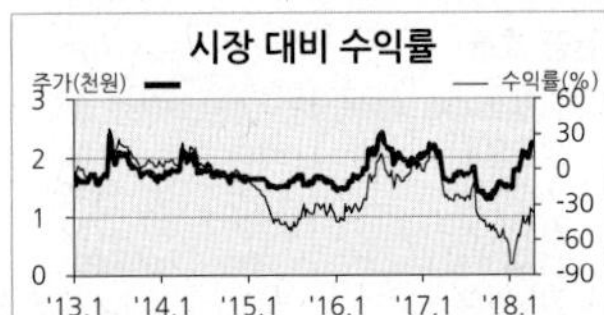

결산 실적 〈단위 : 억원〉

항목	2012	2013	2014	2015	2016	2017
매출액	1,217	1,239	1,312	1,277	1,316	1,394
영업이익	48	39	-24	8	28	67
당기순이익	11	10	-58	-21	-29	19

분기 실적 〈단위 : 억원〉

항목	2016.3Q	2016.4Q	2017.1Q	2017.2Q	2017.3Q	2017.4Q
매출액	323	368	328	354	354	358
영업이익	15	3	22	22	20	3
당기순이익	5	-36	8	9	11	-9

재무 상태 〈단위 : 억원〉

항목	2012	2013	2014	2015	2016	2017
총자산	1,133	1,174	1,309	1,304	1,217	1,162
유형자산	238	271	388	394	373	359
무형자산	34	37	33	46	52	53
유가증권	7	8	6	7	1	0
총부채	727	768	931	957	896	791
총차입금	540	551	662	668	558	475
자본금	81	81	81	81	81	107
총자본	406	406	378	347	321	371
지배주주지분	406	406	378	347	321	371

기업가치 지표

항목	2012	2013	2014	2015	2016	2017
주가(최고/저)(천원)	2.1/1.1	2.4/1.5	2.2/1.6	1.7/1.4	2.5/1.4	2.3/1.3
PER(최고/저)(배)	35.7/19.4	44.3/28.1	—/—	—/—	—/—	22.4/12.4
PBR(최고/저)(배)	1.0/0.5	1.1/0.7	1.1/0.7	0.9/0.7	1.3/0.8	1.3/0.7
EV/EBITDA(배)	10.2	14.2	—	28.3	16.6	8.1
EPS(원)	65	59	-330	-122	-164	104
BPS(원)	2,565	2,566	2,396	2,202	2,040	1,772
CFPS(원)	178	169	-220	6	-48	212
DPS(원)	50	50	25	25	25	20
EBITDAPS(원)	404	349	-12	188	303	476

재무 비율 〈단위 : %〉

연도	영업이익률	순이익률	부채비율	차입금비율	ROA	ROE	유보율	자기자본비율	EBITDA마진율
2017	4.8	1.4	213.0	127.9	1.6	5.4	254.5	32.0	6.2
2016	2.1	-2.2	279.4	174.0	-2.3	-8.6	307.9	26.4	3.7
2015	0.7	-1.7	275.9	192.4	-1.6	-5.9	340.4	26.6	2.4
2014	-1.8	-4.4	246.0	175.1	-4.6	-14.7	379.3	28.9	-0.2

카이노스메드 (A220250)
KAINOS MEDICINE

업 종 : 제약　　시 장 : KONEX
신용등급 : (Bond) —　(CP) —　　기업규모 : —
홈페이지 : www.kainosmedicine.com　　연 락 처 : 02)567-7419
본 사 : 경기도 성남시 분당구 대왕판교로712번길 16 한국파스퇴르연구소 4층

설 립 일	2007.06.15	**종업원수**	19명	**대 표 이 사**	이기섭,유성은
상 장 일	2015.09.10	**감사의견**	적정(청남)	**계 열**	
결 산 기	12월	**보 통 주**		**종속회사수**	
액 면 가	—	**우 선 주**		**구 상 호**	

주주구성 (지분율,%)		출자관계 (지분율,%)		주요경쟁사 (외형,%)	
이기섭	16.9			카이노스메드	100
이애주	6.2			명문제약	6,432
				유유제약	2,885

매출구성		비용구성		수출비중	
기술이전	100.0	매출원가율	9.6	수출	100.0
		판관비율	201.5	내수	0.0

회사 개요

동사는 2007년 설립되어 2015년 9월 코넥스 시장에 상장됨. 합성신약 연구 개발 목적으로 설립되어 의약화학(medicinal chemistry)을 기반으로 합성신약을 연구, 개발하고 있음. 적정 개발 단계에서 신약 후보 물질의 기술 수출을 통한 수익 창출을 주요 사업으로 영위하고 있음. 주요 사업 분야는 항암제, 항바이러스제, 비만당뇨치료제 분야를 중심으로 신약 개발 후보 물질 창출에 전념하고 있음.

실적 분석

동사의 연결기준 2017년 매출액은 전년 대비 0.9% 증가한 21.8억원을 기록한 반면 매출원가는 179.5% 증가함. 판관비는 인건비 및 경상개발비 감소의 영향으로 전년 동기 대비 5.8% 감소함. 동기간 영업손실은 24.2억원을 기록하며 적자지속함. 반면, 비영업손실은 금융손실의 영향으로 2억원의 적자를 기록함. 이에 따라 동사의 2017년 당기순손실은 26.2억원을 기록하며 적자를 지속함.

현금 흐름 *IFRS 별도 기준 〈단위 : 억원〉

항목	2016	2017
영업활동	-24	-40
투자활동	-1	-2
재무활동	7	84
순현금흐름	-17	42
기말현금	3	45

시장 대비 수익률

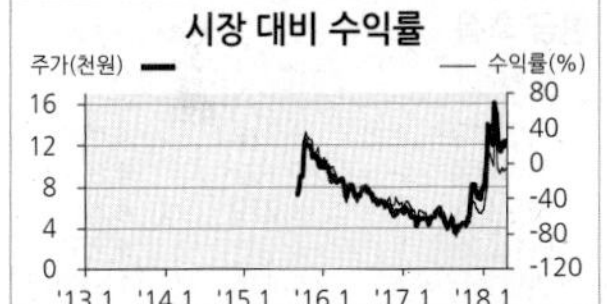

결산 실적 〈단위 : 억원〉

항목	2012	2013	2014	2015	2016	2017
매출액	0	1	1	4	22	22
영업이익	-47	-24	-22	-22	-26	-24
당기순이익	-94	-58	-25	-29	-25	-26

분기 실적 *IFRS 별도 기준 〈단위 : 억원〉

항목	2016.3Q	2016.4Q	2017.1Q	2017.2Q	2017.3Q	2017.4Q
매출액	—	—	—	—	—	—
영업이익	—	—	—	—	—	—
당기순이익	—	—	—	—	—	—

재무 상태 *IFRS 별도 기준 〈단위 : 억원〉

항목	2012	2013	2014	2015	2016	2017
총자산	96	22	14	30	12	76
유형자산	3	0	0	0	1	2
무형자산	72	4	4	5	4	4
유가증권	—	—	—	—	—	—
총부채	47	7	82	9	15	14
총차입금	—	—	76	5	12	9
자본금	49	52	44	58	58	64
총자본	49	15	-68	21	-3	61
지배주주지분	49	15	-68	21	-3	61

기업가치 지표 *IFRS 별도 기준

항목	2012	2013	2014	2015	2016	2017
주가(최고/저)(천원)	—/—	—/—	—/—	13.0/6.8	10.3/5.2	8.3/3.4
PER(최고/저)(배)	0.0/0.0	0.0/0.0	0.0/0.0	—/—	—/—	—/—
PBR(최고/저)(배)	0.0/0.0	0.0/0.0	0.0/0.0	72.6/38.0	-406.6/-205.3	17.4/7.2
EV/EBITDA(배)	—	—	—	—	—	—
EPS(원)	-993	-573	-235	-252	-211	-219
BPS(원)	502	147	-631	179	-25	474
CFPS(원)	-980	-562	-234	-251	-203	-207
DPS(원)	—	—	—	—	—	—
EBITDAPS(원)	-482	-228	-202	-193	-210	-190

재무 비율 〈단위 : %〉

연도	영업이익률	순이익률	부채비율	차입금비율	ROA	ROE	유보율	자기자본비율	EBITDA마진율
2017	-111.2	-120.4	일부잠식	일부잠식	-59.6	전기잠식	-4.2	81.0	-104.8
2016	-119.2	-115.6	완전잠식	완전잠식	-119.3	당기잠식	-105.1	-24.6	-114.7
2015	-618.9	-802.9	일부잠식	일부잠식	-130.6	전기잠식	-63.8	71.3	-616.1
2014	-1,486.4	-1,725.4	완전잠식	완전잠식	—	—	-255.0	-478.0	-1,481.9

카카오 (A035720)

Kakao

업종 : 인터넷 서비스
신용등급 : (Bond) AA- (CP) A1
홈페이지 : www.kakaocorp.com
본사 : 제주도 제주시 첨단로 242 (영평동)

시장 : 거래소
기업규모 : 시가총액 대형주
연락처 : 1577-3321, 1577-37

설립일	1995.02.16	**종업원수**	2,629명	**대표이사**	여민수,조수용
상장일	1999.11.06	**감사의견**	적정(삼일)	**계열**	
결산기	12월	**보통주**		**종속회사수**	64개사
액면가	500원	**우선주**		**구상호**	다음카카오

주주구성 (지분율,%)		출자관계 (지분율,%)		주요경쟁사 (외형,%)	
김범수	16.4	카카오인베스트먼트	100.0	카카오	100
케이큐브홀딩스	13.0	카카오프렌즈	100.0	NAVER	237
(외국인)	24.7	카카오브레인	100.0	KTH	12

매출구성		비용구성		수출비중	
게임(기타)	47.9	매출원가율	0.0	수출	—
광고(기타)	36.5	판관비율	91.6	내수	—
기타	15.6				

회사 개요

동사는 1995년 다음커뮤니케이션으로 설립되었으며 카카오와 합병 후, 2015년 9월 주식회사 카카오로 상호 변경함. 국내 1위 메신저 카카오톡, 국내 1위 SNS 카카오스토리를 포함, 다양한 모바일 서비스를 제공하고 있으며 모바일 게임·광고·커머스·컨텐츠 등의 서비스를 연계해 수익을 창출함. 또한, 카카오택시 등 O2O 서비스와 다음 포털 사이트를 기반으로 한 온라인 광고 상품 판매사업을 영위하고 있음. 최근 인공지능 사업에 적극 투자중.

실적 분석

2017년 매출액은 34.7% 성장한 1조 9,723.3억원을 시현함. 광고, 컨텐츠, 커머스 전 분야가 고른 성장세를 보임. 광고는 카카오톡 플랫폼에 기반한 신규 광고 상품 출시, 광고 단가 상승, 카카오 패밀리 앱으로의 광고 도입 확대 등으로 매출 성장률이 강화되고 있음. 컨텐츠 부문은 게임보다는 멜론과 카카오페이지의 성장이 호조세. 인건비, 광고선전비의 큰 폭의 증가에도 불구하고 영업이익도 42.4% 증가함.

현금 흐름

〈단위 : 억원〉

항목	2016	2017
영업활동	3,328	4,037
투자활동	-10,192	-4,004
재무활동	9,273	4,816
순현금흐름	2,445	4,751
기말현금	6,416	11,168

시장 대비 수익률

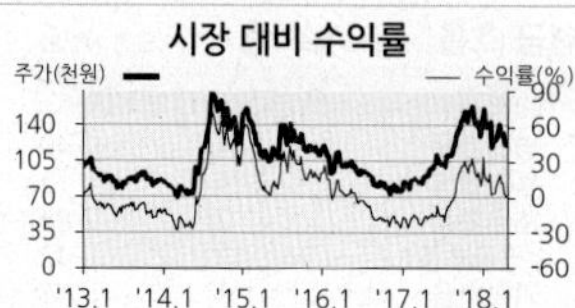

결산 실적

〈단위 : 억원〉

항목	2012	2013	2014	2015	2016	2017
매출액	4,534	2,108	4,989	9,322	14,642	19,723
영업이익	1,018	659	1,764	886	1,161	1,654
당기순이익	766	614	1,498	788	655	1,251

분기 실적

〈단위 : 억원〉

항목	2016.3Q	2016.4Q	2017.1Q	2017.2Q	2017.3Q	2017.4Q
매출액	3,914	4,538	4,438	4,684	5,154	5,447
영업이익	303	382	383	446	474	350
당기순이익	136	276	545	125	399	182

재무 상태

〈단위 : 억원〉

항목	2012	2013	2014	2015	2016	2017
총자산	6,119	2,172	27,680	31,885	54,841	63,494
유형자산	1,012	203	1,969	2,191	2,539	2,710
무형자산	739	14	16,890	18,556	37,332	36,896
유가증권	229	—	253	311	932	1,601
총부채	919	399	3,048	6,030	17,812	18,416
총차입금	1	—	3	2,303	10,072	7,974
자본금	68	210	291	301	339	340
총자본	5,199	1,773	24,632	25,855	37,029	45,078
지배주주지분	5,153	1,773	24,546	25,524	34,325	40,291

기업가치 지표

항목	2012	2013	2014	2015	2016	2017
주가(최고/저)(천원)	129/81.7	108/77.1	177/68.6	157/100	120/71.4	161/76.3
PER(최고/저)(배)	23.5/14.9	24.3/17.4	29.1/11.3	124.5/79.4	137.6/81.9	100.5/47.7
PBR(최고/저)(배)	3.5/2.2	8.4/6.0	4.2/1.6	3.7/2.4	2.4/1.4	2.7/1.3
EV/EBITDA(배)	7.0	13.9	32.6	39.3	24.4	30.5
EPS(원)	5,656	4,532	6,117	1,269	874	1,601
BPS(원)	38,158	13,072	42,651	42,485	50,777	59,344
CFPS(원)	8,310	5,029	7,057	2,534	2,598	3,516
DPS(원)	1,110	1,133	173	167	148	148
EBITDAPS(원)	10,199	5,357	8,129	2,751	3,484	4,353

재무 비율

〈단위 : %〉

연도	영업이익률	순이익률	부채비율	차입금비율	ROA	ROE	유보율	자기자본비율	EBITDA마진율
2017	8.4	6.3	40.9	17.7	2.1	2.9	11,751.3	71.0	15.0
2016	7.9	4.5	48.1	27.2	1.5	1.9	10,040.4	67.5	15.7
2015	9.5	8.5	23.3	8.9	2.6	3.0	8,382.9	81.1	17.6
2014	35.4	30.0	12.4	0.0	10.0	11.4	8,415.6	89.0	40.0

카카오엠 (A016170)

LOEN ENTERTAINMENT

업종 : 미디어
신용등급 : (Bond) — (CP) —
홈페이지 : www.iloen.com
본사 : 서울시 강남구 삼성동 테헤란로103길 17 (삼성동, 정석빌딩)

시장 : KOSDAQ
기업규모 : 우량
연락처 : 02)2280-7700

설립일	1982.07.07	**종업원수**	386명	**대표이사**	이제욱
상장일	2000.12.30	**감사의견**	적정(삼일)	**계열**	
결산기	12월	**보통주**		**종속회사수**	8개사
액면가	500원	**우선주**		**구상호**	로엔

주주구성 (지분율,%)		출자관계 (지분율,%)		주요경쟁사 (외형,%)	
카카오	67.7	크리스피스튜디오	100.0	카카오M	100
NH투자증권	6.0	엠텍크루	100.0	지니뮤직	27
(외국인)	15.6	페이브엔터테인먼트	80.0	NHN벅스	16

매출구성		비용구성		수출비중	
음원제공 및 온라인음원서비스	81.7	매출원가율	0.0	수출	4.8
[상품]CD 외	7.6	판관비율	82.3	내수	95.2
기타매출	7.5				

회사 개요

동사는 음반의 기획, 제작 및 판매와 온라인 음원 서비스를 주요 사업으로 영위하고 있음. 2013년 9월 최대주주 변경으로 SK그룹 계열에서 제외되었으며 2013년 12월 스타쉽엔터테인먼트 지분 70%를 인수. 동사의 멜론 서비스는 지속적인 매출 신장이 이어지며 디지털 음원유통시장 내 브랜드 인지도 1위, 시장점유율 1위를 차지. 최근 오프라인 음반시장의 규모는 축소되고 있으나 온라인 음원시장의 성장이 전체 음악시장 규모를 견인하고 있음.

실적 분석

동사의 2017년 매출액은 5,803.3억원으로 전년보다 28.8% 증가함. 영업이익 역시 28.6% 증가한 1,027.4억원을 기록하였음. 멜론은 시장 점유율 50% 이상을 유지하고 있으며 최근 음성인식 등 AI(인공지능) 연계 서비스가 화두로 등장한 가운데 멜론은 이미 2016년 국내 최초로 음성인식 스피커 서비스 상용화를 이루어냄. 또한 카카오페이, 카카오톡프로필뮤직 연동 등 카카오와의 시너지도 강화하고 있음.

현금 흐름

〈단위 : 억원〉

항목	2016	2017
영업활동	970	1,156
투자활동	-895	-449
재무활동	15	-252
순현금흐름	90	456
기말현금	921	1,377

시장 대비 수익률

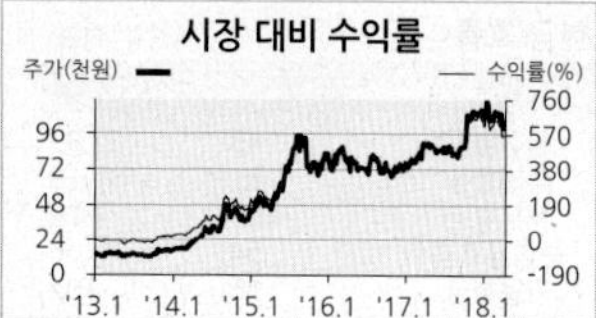

결산 실적

〈단위 : 억원〉

항목	2012	2013	2014	2015	2016	2017
매출액	1,850	2,526	3,233	3,576	4,506	5,803
영업이익	301	373	585	634	799	1,027
당기순이익	238	341	458	503	621	677

분기 실적

〈단위 : 억원〉

항목	2016.3Q	2016.4Q	2017.1Q	2017.2Q	2017.3Q	2017.4Q
매출액	1,106	1,332	1,336	1,349	1,513	1,606
영업이익	207	202	231	262	267	268
당기순이익	160	151	181	199	204	92

재무 상태

〈단위 : 억원〉

항목	2012	2013	2014	2015	2016	2017
총자산	1,731	2,372	3,039	3,628	4,539	5,431
유형자산	101	115	127	117	367	382
무형자산	180	363	340	467	435	338
유가증권	454	820	1,259	1,201	1,575	1,850
총부채	450	768	981	1,168	1,515	1,905
총차입금	—	—	—	—	—	—
자본금	126	126	126	126	126	126
총자본	1,281	1,604	2,058	2,460	3,024	3,526
지배주주지분	1,281	1,570	2,021	2,374	2,928	3,394

기업가치 지표

항목	2012	2013	2014	2015	2016	2017
주가(최고/저)(천원)	16.7/9.5	17.1/12.1	48.1/16.5	95.1/41.5	89.8/64.3	115/72.6
PER(최고/저)(배)	18.6/10.6	13.2/9.3	27.7/9.5	48.9/21.3	36.9/26.4	42.8/26.9
PBR(최고/저)(배)	3.5/2.0	2.9/2.0	6.2/2.1	10.3/4.5	7.9/5.7	8.6/5.4
EV/EBITDA(배)	6.8	6.6	12.4	23.6	16.6	20.1
EPS(원)	943	1,349	1,801	1,983	2,477	2,710
BPS(원)	5,064	6,206	7,993	9,386	11,579	13,421
CFPS(원)	1,384	1,897	2,519	2,742	3,343	3,652
DPS(원)	189	—	711	—	1,004	573
EBITDAPS(원)	1,632	2,025	3,031	3,267	4,026	5,004

재무 비율

〈단위 : %〉

연도	영업이익률	순이익률	부채비율	차입금비율	ROA	ROE	유보율	자기자본비율	EBITDA마진율
2017	17.7	11.7	54.0	0.0	13.6	21.7	2,584.2	64.9	21.8
2016	17.7	13.8	50.1	0.0	15.2	23.6	2,215.7	66.6	22.6
2015	17.7	14.1	47.5	0.0	15.1	22.8	1,777.2	67.8	23.1
2014	18.1	14.2	47.6	0.0	16.9	25.4	1,498.5	67.7	23.7

*관리종목

카테아 (A026260)
CATEA COLTD

업 종 : 바이오 | 시 장 : KOSDAQ
신용등급 : (Bond) — (CP) — | 기업규모 :
홈페이지 : www.idn.co.kr | 연 락 처 : 02)546-6200
본 사 : 서울시 강남구 언주로 620 (논현동, 현대인텔렉스빌딩 8층)

설 립 일 1990.06.27	종업원수 52명	대표이사 최재훈
상 장 일 1996.08.27	감사의견 거절(감사범위제한)(동서)	계 열
결 산 기 12월	보 통 주	종속회사수 6개사
액 면 가 500원	우 선 주	구 상 호 보타바이오

주주구성 (지분율,%)		출자관계 (지분율,%)		주요경쟁사 (외형,%)	
(유)우민	23.0	새봄코리아	100.0	카테아	100
최재민	6.3	팬톰	100.0	바이오니아	194
		평안물산	22.6	이수앱지스	162

매출구성		비용구성		수출비중	
건강기능식품외	51.7	매출원가율	43.6	수출	0.0
통신 서비스,용역,임대수익	48.3	판관비율	154.4	내수	100.0

회사 개요
동사는 2014년 11월 사업목적 변경과 상호변경을 의결하여 바이오 제약사업과 산업안전솔루션 사업, 인터넷서비스 및 통신사업을 주요사업으로 영위함. 2015년 7월 화장품유통사업을 위한 드림스킨코리아와 카바라인의 지분을 취득하여 종속회사로 편입. 매출구조는 바이오 사업부문이 대부분을 차지하며 통신서비스 등 기타부문과 인터넷키워드 부문이 나머지를 차지하고 있음.

실적 분석
동사의 2017년 연결기준 누적매출액은 119.9억원으로 전년대비 60.9% 감소함. 영업손실은 117.4억원으로 적자 지속함. 동사는 결손금 보전을 통한 재무구조 개선을 위해 20분의 1 감자를 결정함. 동사는 2015년부터 2017년 6월말까지 제조 및 출고 전 상품을 매출 등으로 허위 계상하고 거래처에 대여한 자금을 매출 대금이 회수된 것처럼 조작했다는 이유로 증선위로부터 과징금, 검찰고발 등 제재 조치를 받음.

현금 흐름 〈단위 : 억원〉

항목	2016	2017
영업활동	-161	-126
투자활동	-145	-59
재무활동	292	188
순현금흐름	-14	3
기말현금	8	11

시장 대비 수익률
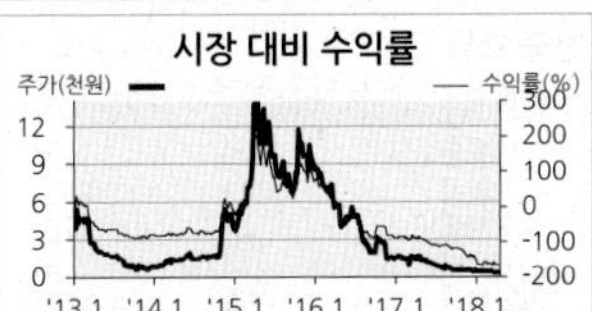

결산 실적 〈단위 : 억원〉

항목	2012	2013	2014	2015	2016	2017
매출액	92	77	67	240	306	120
영업이익	-37	-4	-36	-46	-132	-117
당기순이익	-129	-23	-79	-213	-495	-128

분기 실적 〈단위 : 억원〉

항목	2016.3Q	2016.4Q	2017.1Q	2017.2Q	2017.3Q	2017.4Q
매출액	122	87	66	18	17	19
영업이익	-20	-45	-27	-38	-20	-33
당기순이익	-7	-333	-41	-52	-24	-11

재무 상태 〈단위 : 억원〉

항목	2012	2013	2014	2015	2016	2017
총자산	134	118	220	420	392	517
유형자산	25	18	14	44	24	17
무형자산	16	18	6	60	116	169
유가증권	20	2	38	39	12	44
총부채	107	42	41	287	370	221
총차입금	55	15	11	210	259	146
자본금	178	53	107	122	177	447
총자본	27	75	179	133	21	296
지배주주지분	22	70	171	139	17	296

기업가치 지표

항목	2012	2013	2014	2015	2016	2017
주가(최고/저)(천원)	8.5/3.1	5.4/0.6	5.5/0.8	14.9/3.4	9.1/1.2	1.7/0.4
PER(최고/저)(배)	—/—	—/—	—/—	—/—	—/—	—/—
PBR(최고/저)(배)	13.4/4.9	8.2/0.9	6.9/1.0	26.0/6.0	184.8/24.5	5.2/1.2
EV/EBITDA(배)	—	10.2	—	—	—	—
EPS(원)	-5,084	-527	-592	-706	-1,709	-166
BPS(원)	63	664	797	572	49	331
CFPS(원)	-473	-361	-542	-607	-1,664	-159
DPS(원)	—	—	—	—	—	—
EBITDAPS(원)	-111	72	-226	-96	-425	-158

재무 비율 〈단위 : %〉

연도	영업이익률	순이익률	부채비율	차입금비율	ROA	ROE	유보율	자기자본비율	EBITDA마진율
2017	-98.0	-107.1	일부잠식	일부잠식	-28.2	-75.4	-33.7	57.2	-93.9
2016	-43.0	-161.6	일부잠식	일부잠식	-122.0	-611.0	-90.1	5.5	-38.9
2015	-19.2	-88.7	215.8	158.0	-66.6	-107.7	14.4	31.7	-9.4
2014	-53.8	-117.6	22.8	6.0	-46.7	-64.2	59.3	81.4	-44.0

카페투포 (A042000)
Cafe24

업 종 : 인터넷 서비스 | 시 장 : KOSDAQ
신용등급 : (Bond) — (CP) — | 기업규모 : 기술성
홈페이지 : www.cafe24corp.com | 연 락 처 : 02)3284-0300
본 사 : 서울시 동작구 보라매로5길 15 (신대방동, 전문건설회관)

설 립 일 1999.05.17	종업원수 명	대표이사 이재석
상 장 일 2018.02.08	감사의견 적정(대주)	계 열
결 산 기 12월	보 통 주	종속회사수
액 면 가 500원	우 선 주	구 상 호 심플렉스인터

주주구성 (지분율,%)		출자관계 (지분율,%)		주요경쟁사 (외형,%)	
우창균	10.9	제이씨어패럴	100.0	카페24	100
이재석	7.7	에스아이아이씨	100.0	가비아	82
(외국인)	17.4	패스트박스	100.0	이크레더블	24

매출구성		비용구성		수출비중	
결제솔루션	30.0	매출원가율	13.3	수출	6.7
웹호스팅 등	23.8	판관비율	81.5	내수	93.3
광고솔루션	21.6				

회사 개요
동사는 온라인 비즈니스가 가능할 수 있도록 쇼핑몰 솔루션, 광고 · 마케팅 솔루션, 호스팅 등의 다양한 서비스를 제공하고 있음. 국내 시장에서의 확고한 시장지배력을 바탕으로 쇼핑몰 운영자의 니즈에 부합하는 신규사업을 계획하고 있음. 쇼핑몰 운영자의 원가절감을 위해 자회사를 통한 패션 · 뷰티 상품을 제공하기 위한 사업을 추진중이며, 원스탑 물류서비스를 구축할 예정임. 또한 해외사업의 노하우를 바탕으로 쇼핑몰 솔루션의 해외진출을 추진할 계획임.

실적 분석
동사의 2017년 매출액은 여성 의류 쇼핑몰 '핫핑'의 일본 성과 호조 영향으로 전년 대비 20.8% 증가한 1,425.8억원을 기록함. 해외 성과 호조에 힘입어 영업이익은 74억원을 기록, 전년 대비 흑자전환함. 당기순이익 역시 50.9억원을 기록하며 전년 대비 흑자전환함. 동사는 2017년 거래액 기준으로 국내 온라인 쇼핑 시장의 약 8.4%를 차지하고 있음. 온라인 쇼핑 시장의 성장 지속으로 동사 플랫폼을 통한 거래액 성장도 지속될 전망.

현금 흐름 〈단위 : 억원〉

항목	2016	2017
영업활동	17	123
투자활동	-72	-35
재무활동	77	168
순현금흐름	21	250
기말현금	88	377

시장 대비 수익률
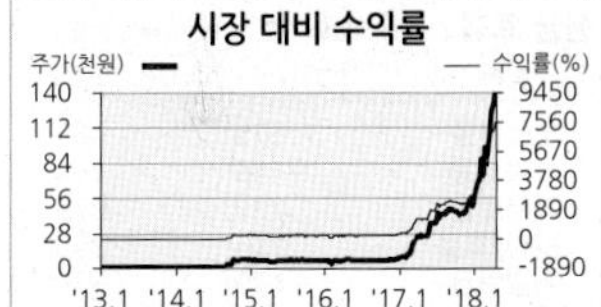

결산 실적 〈단위 : 억원〉

항목	2012	2013	2014	2015	2016	2017
매출액	558	609	703	829	1,019	1,426
영업이익	-31	-28	-42	-20	-21	74
당기순이익	-21	-29	-39	-19	-13	51

분기 실적 〈단위 : 억원〉

항목	2016.3Q	2016.4Q	2017.1Q	2017.2Q	2017.3Q	2017.4Q
매출액	—	—	—	330	331	—
영업이익	—	—	—	12	15	—
당기순이익	—	—	—	8	13	—

재무 상태 〈단위 : 억원〉

항목	2012	2013	2014	2015	2016	2017
총자산	315	326	314	343	445	719
유형자산	95	99	93	87	108	122
무형자산	14	38	29	22	15	10
유가증권	—	—	—	—	—	—
총부채	125	166	194	241	355	582
총차입금	8	31	26	49	127	295
자본금	40	40	40	40	40	40
총자본	190	160	121	102	90	137
지배주주지분	190	160	121	102	90	137

기업가치 지표

항목	2012	2013	2014	2015	2016	2017
주가(최고/저)(천원)	—/—	—/—	8.9/2.0	9.9/4.8	9.5/4.6	59.8/9.4
PER(최고/저)(배)	0.0/0.0	0.0/0.0	—/—	—/—	—/—	83.8/13.2
PBR(최고/저)(배)	0.0/0.0	0.0/0.0	5.3/1.2	6.9/3.4	7.6/3.6	31.1/4.9
EV/EBITDA(배)	—	—	111.5	20.8	29.0	36.3
EPS(원)	-282	-368	-493	-237	-169	641
BPS(원)	2,387	2,013	1,522	1,287	1,129	1,728
CFPS(원)	150	118	106	356	440	1,294
DPS(원)	—	—	—	—	—	—
EBITDAPS(원)	7	133	75	346	341	1,584

재무 비율 〈단위 : %〉

연도	영업이익률	순이익률	부채비율	차입금비율	ROA	ROE	유보율	자기자본비율	EBITDA마진율
2017	5.2	3.6	424.0	215.2	—	—	245.7	19.1	8.8
2016	-2.1	-1.3	396.5	142.0	-3.4	-14.0	125.8	20.1	2.7
2015	-2.4	-2.3	235.7	47.7	-5.7	-16.9	157.4	29.8	3.3
2014	-5.9	-5.6	160.2	21.9	-12.2	-27.9	204.3	38.4	0.9

카프로 (A006380)

Capro

업 종 : 화학
신용등급 : (Bond) — (CP) —
홈페이지 : www.hcccapro.co.kr
본 사 : 서울시 중구 을지로 51 교원내외빌딩 14F

시 장 : 거래소
기업규모 : 시가총액 소형주
연 락 처 : 02)399-1200

설 립 일	1969.12.30	**종업원수**	251명	**대표이사**	권용대
상 장 일	1974.05.28	**감사의견**	적정(삼일)	**계 열**	
결 산 기	12월	**보 통 주**		**종속회사수**	
액 면 가	500원	**우 선 주**		**구 상 호**	

주주구성 (지분율,%)		출자관계 (지분율,%)		주요경쟁사 (외형,%)	
효성	11.7			카프로	100
코오롱인더스트리	9.6			경인양행	55
(외국인)	3.2			한국알콜	39

매출구성		비용구성		수출비중	
카프로락탐 유안비료	92.9	매출원가율	93.0	수출	53.7
기타품목	7.1	판관비율	2.5	내수	46.3

회사 개요

동사는 1969년 설립돼 나일론의 원료인 카프로락탐 및 기타 화학제품을 생산하고 있음. 카프로락탐은 나일론 섬유나 수지를 제조하는 원료로 국내에서는 동사가 독점적으로 생산 중임. 나일론 제조 업체 등 국내 총수요의 약 85%를 동사가 공급하고 있으며, 나머지 물량은 수입으로 대체함. 또한 국내 최대 유안비료 생산업체로서 전체 물량의 90% 이상을 수출하고, 나머지는 농업용, 원료용, 공업용으로 국내에 판매하고 있음.

실적 분석

중국 나일론 수요 증가에 따라 원료인 카프로락탐 수요가 견조하고 유휴부산물을 활용한 신규매출 창출을 위해 BASF와 합작법인 설립 추진으로 전략적 성장을 위한 교두보 마련. 9월 임시주총에서 효성측 임원의 신규이사 선임으로 대주주와의 마찰에 따른 위협요인도 해소국면에 진입함. 2분기 중국발 수요 위축으로 카프로락탐 판매가격이 일시적으로 하락하였으나, 하반기부터는 중국의 환경규제 및 주요 생산업체들의 보수로 공급이 감소하여 시장 상황이 개선됨.

현금 흐름 *IFRS 별도 기준

〈단위 : 억원〉

항목	2016	2017
영업활동	-571	489
투자활동	146	150
재무활동	230	-379
순현금흐름	-194	259
기말현금	79	339

시장 대비 수익률

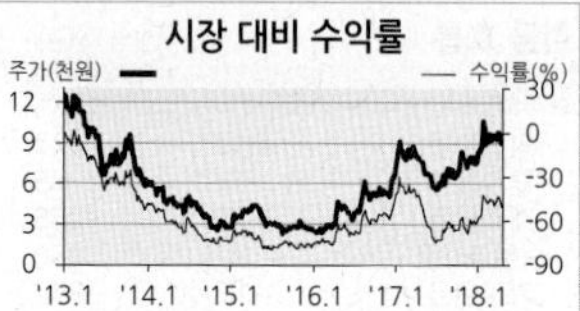

결산 실적

〈단위 : 억원〉

항목	2012	2013	2014	2015	2016	2017
매출액	9,566	7,718	3,915	2,150	3,455	5,413
영업이익	-240	-1,127	-1,014	-483	-160	242
당기순이익	-192	-892	-792	-61	-76	123

분기 실적 *IFRS 별도 기준

〈단위 : 억원〉

항목	2016.3Q	2016.4Q	2017.1Q	2017.2Q	2017.3Q	2017.4Q
매출액	945	1,198	1,589	1,147	1,263	1,414
영업이익	10	10	175	-93	34	128
당기순이익	4	13	120	-76	22	57

재무 상태 *IFRS 별도 기준

〈단위 : 억원〉

항목	2012	2013	2014	2015	2016	2017
총자산	7,346	6,434	4,984	4,374	4,739	4,622
유형자산	3,450	3,261	2,973	2,663	2,295	2,067
무형자산	21	19	17	15	13	12
유가증권	176	199	216	0	0	0
총부채	2,776	2,847	2,169	1,771	2,219	1,986
총차입금	1,028	1,802	1,703	1,300	1,223	844
자본금	200	200	200	200	200	200
총자본	4,570	3,587	2,815	2,602	2,519	2,636
지배주주지분	4,570	3,587	2,815	2,602	2,519	2,636

기업가치 지표 *IFRS 별도 기준

항목	2012	2013	2014	2015	2016	2017
주가(최고/저)(천원)	29.1/10.2	12.9/5.8	6.1/2.4	4.7/2.2	6.8/2.2	9.1/5.4
PER(최고/저)(배)	—/—	—/—	—/—	—/—	—/—	29.6/17.7
PBR(최고/저)(배)	2.6/0.9	1.5/0.7	0.9/0.4	0.7/0.4	1.1/0.4	1.4/0.8
EV/EBITDA(배)	116.2	—	—	—	33.4	6.9
EPS(원)	-481	-2,229	-1,980	-151	-191	309
BPS(원)	11,425	8,969	7,037	6,505	6,298	6,590
CFPS(원)	229	-1,520	-1,249	582	479	970
DPS(원)	250	—	—	—	—	50
EBITDAPS(원)	110	-2,109	-1,805	-474	270	1,267

재무 비율

〈단위 : %〉

연도	영업이익률	순이익률	부채비율	차입금비율	ROA	ROE	유보율	자기자본비율	EBITDA마진율
2017	4.5	2.3	75.3	32.0	2.6	4.8	1,218.0	57.0	9.4
2016	-4.6	-2.2	88.1	48.5	-1.7	-3.0	1,159.7	53.2	3.1
2015	-22.5	-2.8	68.1	50.0	-1.3	-2.2	1,201.1	59.5	-8.8
2014	-25.9	-20.2	77.1	60.5	-13.9	-24.7	1,307.4	56.5	-18.4

캐스텍코리아 (A071850)

CASTEC KOREA COLTD

업 종 : 자동차부품
신용등급 : (Bond) — (CP) —
홈페이지 : www.castec.co.kr
본 사 : 부산시 사상구 학장로 63번길 24

시 장 : KOSDAQ
기업규모 : 우량
연 락 처 : 051)974-4222

설 립 일	1998.12.23	**종업원수**	361명	**대표이사**	윤상원
상 장 일	2014.05.27	**감사의견**	적정(한영)	**계 열**	
결 산 기	12월	**보 통 주**		**종속회사수**	5개사
액 면 가	500원	**우 선 주**		**구 상 호**	

주주구성 (지분율,%)		출자관계 (지분율,%)		주요경쟁사 (외형,%)	
윤상원	14.0	소주과태과기유한공사	100.0	캐스텍코리아	100
신영자산운용	4.8	CASTECVINA	100.0	삼보모터스	448
(외국인)	0.3	진황도과태공업	100.0	트루윈	17

매출구성		비용구성		수출비중	
자동차 터보부품(주물소재 및 가공/부품조립)	64.5	매출원가율	88.7	수출	—
기타 자동차 부품	17.9	판관비율	8.1	내수	—
전자 Comp.부품(Scroll & Rotary Comp.)	12.7				

회사 개요

동사는 1998년 12월에 전자제품 및 자동차의 부품을 주물공정을 통해 생산하는 것을 주 목적으로 하여 설립함. 주요 사업으로 주물제조 및 판매업, 주물기술 컨설팅, 주조 설비 제조, 판매업, 철삭 가공업, 임대업을 영위함. 주력 개발 기술은 자동차 터보 사업부문이며, 그 외에 자동차용 Comp부품, 전자 Comp부품, 기타 자동차 부품, Pump and Motor 부품 등을 생산함.

실적 분석

동사의 2017년도 연결기준 연간 매출액은 2,095.5억원으로 전년 대비 7.5% 감소함. 매출 감소는 중국지역 완성차의 판매수량 감소에 기인함. 영업이익과 순이익 모두 전년 대비 큰 폭으로 감소하였는데, 베트남법인 투자에 따른 초기 개발비용 증대와 원재료 가격 상승에 따른 매출원가 증가 및 유로화 환율하락에 따른 외환차손 때문. 향후 주력 시장인 터보차저 시장의 수요 증가에 따른 매출 성장이 기대됨.

현금 흐름

〈단위 : 억원〉

항목	2016	2017
영업활동	240	73
투자활동	-281	-283
재무활동	44	226
순현금흐름	14	-6
기말현금	58	52

시장 대비 수익률

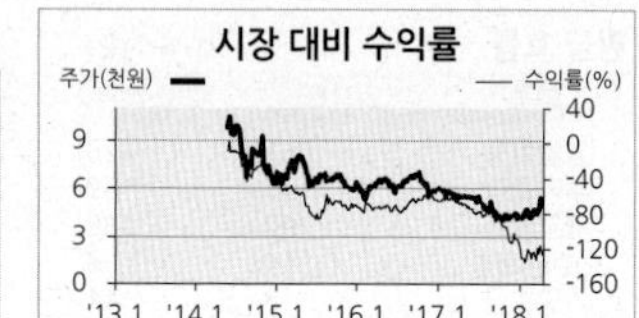

결산 실적

〈단위 : 억원〉

항목	2012	2013	2014	2015	2016	2017
매출액	1,879	2,018	2,032	2,179	2,266	2,095
영업이익	133	136	141	156	137	67
당기순이익	68	95	76	98	74	29

분기 실적

〈단위 : 억원〉

항목	2016.3Q	2016.4Q	2017.1Q	2017.2Q	2017.3Q	2017.4Q
매출액	517	572	550	514	518	513
영업이익	28	7	25	20	18	3
당기순이익	5	-2	4	32	16	-23

재무 상태

〈단위 : 억원〉

항목	2012	2013	2014	2015	2016	2017
총자산	1,848	2,008	2,089	2,295	2,434	2,611
유형자산	881	986	1,063	1,131	1,278	1,329
무형자산	60	54	51	48	40	37
유가증권	2	2	2	0	0	0
총부채	1,172	1,244	1,113	1,245	1,343	1,540
총차입금	834	855	732	784	866	1,107
자본금	40	49	62	62	62	62
총자본	675	764	976	1,050	1,091	1,071
지배주주지분	675	764	976	1,050	1,091	1,071

기업가치 지표

항목	2012	2013	2014	2015	2016	2017
주가(최고/저)(천원)	—/—	—/—	10.8/6.2	8.2/5.7	7.1/5.4	6.1/3.9
PER(최고/저)(배)	0.0/0.0	0.0/0.0	17.5/9.8	11.0/7.7	12.3/9.3	26.6/17.2
PBR(최고/저)(배)	0.0/0.0	0.0/0.0	1.5/0.8	1.0/0.7	0.8/0.6	0.7/0.5
EV/EBITDA(배)	3.3	3.5	6.2	6.2	6.4	8.5
EPS(원)	714	967	670	795	600	234
BPS(원)	8,439	7,802	7,999	8,644	8,971	8,813
CFPS(원)	2,195	1,975	1,512	1,558	1,439	1,139
DPS(원)	—	—	120	130	130	100
EBITDAPS(원)	3,020	2,393	2,079	2,024	1,946	1,444

재무 비율

〈단위 : %〉

연도	영업이익률	순이익률	부채비율	차입금비율	ROA	ROE	유보율	자기자본비율	EBITDA마진율
2017	3.2	1.4	143.7	103.3	1.2	2.7	1,662.6	41.0	8.5
2016	6.1	3.3	123.1	79.3	3.1	6.9	1,694.1	44.8	10.6
2015	7.2	4.5	118.5	74.6	4.5	9.7	1,628.8	45.8	11.5
2014	7.0	3.8	114.0	75.0	3.7	8.8	1,499.8	46.7	11.7

캔서롭 (A180400)

MG MED

업 종 : 바이오 | 시 장 : KOSDAQ
신 용 등 급 : (Bond) — (CP) — | 기 업 규 모 : 기술성
홈 페 이 지 : www.mgmed.co.kr | 연 락 처 : 02)890-8700
본 사 : 서울시 금천구 디지털로 173, 1003호 (가산동, 엘리시아)

설 립 일	2001.06.16	**종 업 원 수**	58명	**대 표 이 사**	이장우
상 장 일	2014.12.15	**감 사 의 견**	적정(안진)	**계 열**	
결 산 기	12월	**보 통 주**		**종속회사수**	
액 면 가	500원	**우 선 주**		**구 상 호**	엠지메드

주주구성 (지분율,%)		출자관계 (지분율,%)		주요경쟁사 (외형,%)	
명지글로벌바이오조합	20.9	프레스티지바이오제약	4.1	캔서롭	100
플랫폼파트너스자산운용	19.4	OxfordCancerBiomarkers	16.5	에이씨티	515
(외국인)	1.1			듀켐바이오	502

매출구성		비용구성		수출비중	
DNA Chip 진단(G-scanning, MG Test, PGS)	85.6	매출원가율	84.3	수출	2.6
바이오시약(효소 및 시약)	9.4	판관비율	85.4	내수	97.4
PCR 진단 Kit	5.0				

회사 개요

동사는 분자 진단 전문 기업으로 염색체 이상을 진단하는 DNA 칩 제품과 각종 질병을 진단하는 PCR 제품을 주요 생산품으로 하고 있으며, 분자진단 및 바이오 연구에 필요한 각종 효소 및 시약을 생산하는 시약 사업도 동시에 진행하고 있음. 염색체 이상 진단용 마이크로어레이 제조 국내 기업으로 동사가 유일함. 체외진단 시장은 글로벌 8개 회사가 전 세계 시장의 80%를 차지하는 과점시장으로, 동사는 해외기업들과 경쟁 중임.

실적 분석

동사의 2017년 연간 매출액은 전년동기대비 8.4% 하락한 46.7억원을 기록하였음. 비용면에서 전년동기대비 매출원가는 증가 했으며 인건비도 크게 증가, 광고선전비는 크게 감소, 기타판매비와관리비는 증가함. 주춤한 모습의 매출액에 의해 전년동기대비 영업손실은 32.5억원으로 적자지속 하였음. 최종적으로 전년동기대비 당기순손실은 적자지속하여 21.8억원을 기록함.

현금 흐름 *IFRS 별도 기준

(단위 : 억원)

항목	2016	2017
영업활동	-15	-21
투자활동	-3	-17
재무활동	80	305
순현금흐름	63	267
기말현금	101	368

시장 대비 수익률

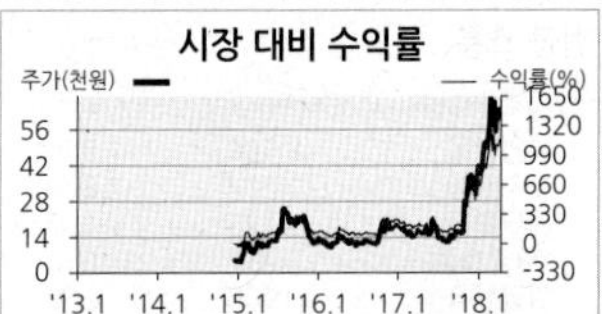

결산 실적

(단위 : 억원)

항목	2012	2013	2014	2015	2016	2017
매출액	34	39	47	54	51	47
영업이익	3	-0	4	6	-7	-33
당기순이익	2	-3	2	6	-5	-22

분기 실적 *IFRS 별도 기준

(단위 : 억원)

항목	2016.3Q	2016.4Q	2017.1Q	2017.2Q	2017.3Q	2017.4Q
매출액	13	13	12	12	11	11
영업이익	-1	-3	-3	-4	-6	-20
당기순이익	-1	-2	-2	-3	-6	-11

재무 상태 *IFRS 별도 기준

(단위 : 억원)

항목	2012	2013	2014	2015	2016	2017
총자산	69	71	77	222	297	572
유형자산	4	33	34	34	36	55
무형자산	3	4	4	3	3	1
유가증권	—	—	—	—	—	74
총부채	54	57	5	6	6	225
총차입금	50	53	—	—	—	210
자본금	6	6	9	10	12	30
총자본	15	14	72	216	291	347
지배주주지분	15	14	72	216	291	347

기업가치 지표 *IFRS 별도 기준

항목	2012	2013	2014	2015	2016	2017
주가(최고/저)(천원)	—/—	—/—	21.1/16.5	63.2/9.7	53.6/24.7	43.0/11.8
PER(최고/저)(배)	0.0/0.0	0.0/0.0	87.1/68.1	180.9/27.9	—/—	—/—
PBR(최고/저)(배)	0.0/0.0	0.0/0.0	3.3/2.5	6.1/0.9	4.3/2.0	8.3/2.3
EV/EBITDA(배)	—	13.7	40.3	56.9	—	—
EPS(원)	67	-84	63	140	-91	-363
BPS(원)	8,576	7,899	4,189	10,391	12,471	5,211
CFPS(원)	2,700	-24	358	530	-67	-276
DPS(원)	—	—	—	—	—	—
EBITDAPS(원)	3,638	1,352	472	500	-163	-456

재무 비율

(단위 : %)

연도	영업이익률	순이익률	부채비율	차입금비율	ROA	ROE	유보율	자기자본비율	EBITDA마진율
2017	-69.7	-46.6	64.7	60.5	-5.0	-6.8	1,046.3	60.7	-58.5
2016	-13.4	-9.4	2.2	0.0	-1.9	-1.9	2,394.1	97.8	-6.8
2015	10.4	11.4	2.9	0.0	4.1	4.3	1,978.1	97.2	16.3
2014	7.7	4.4	7.3	0.0	2.8	4.9	737.9	93.2	13.6

캠시스 (A050110)

CammSys

업 종 : 휴대폰 및 관련부품 | 시 장 : KOSDAQ
신 용 등 급 : (Bond) BB- (CP) — | 기 업 규 모 : 중견
홈 페 이 지 : www.cammsys.net | 연 락 처 : 070)4680-2500
본 사 : 인천시 연수구 벤처로100번길 26 (송도동)

설 립 일	1993.02.01	**종 업 원 수**	194명	**대 표 이 사**	박영태
상 장 일	2001.05.05	**감 사 의 견**	적정(삼정)	**계 열**	
결 산 기	12월	**보 통 주**		**종속회사수**	5개사
액 면 가	500원	**우 선 주**		**구 상 호**	

주주구성 (지분율,%)		출자관계 (지분율,%)		주요경쟁사 (외형,%)	
권현진	10.3	엔제너스	100.0	캠시스	100
권영천	8.6	베프스	92.7	세코닉스	78
(외국인)	0.8	인투메디	47.3	엠씨넥스	157

매출구성		비용구성		수출비중	
휴 대 폰 카메라모듈	98.6	매출원가율	88.9	수출	98.8
블랙박스	1.4	판관비율	7.8	내수	1.2

회사 개요

동사는 1993년 설립 이후 반도체 생산용장비 제조를 시작으로 현재는 휴대폰 카메라모듈 제조 및 관련 원재료, 상품 도소매 판매사업을 영위하고 있음. 해외시장 개척에 주력함으로써 고부가가치를 창출하고 있음. 국내 경쟁사로는 삼성전기, 삼성광통신 등이 있으며, 기술력과 영업망, 고객대응력을 바탕으로 비교우위를 점하고 있음. 휴대폰의 500만 화소 이상급 채택이 늘어남에 따라, 전문개발인력을 보유한 동사의 시장지배력 증대가 기대됨.

실적 분석

동사의 2017년 전체 매출은 4,244억원으로 전년대비 19.2% 증가, 영업이익은 137.2억원으로 전년대비 4.3% 증가, 당기순이익은 -344.2억원으로 전년대비 적자지속. 전방산업인 스마트폰 수요가 부진함에도 불구하고 국내 전략거래선내 전면 카메라모듈의 점유율 증가로 견조한 외형 성장세를 시현, 다만 원가율 상승과 판매관리비 증가로 수익성 개선은 제한적으로 판단. 2018년 후면 카메라모듈 분야 진출 확대로 성장 지속

현금 흐름

(단위 : 억원)

항목	2016	2017
영업활동	159	-42
투자활동	-137	-260
재무활동	-15	350
순현금흐름	9	-2
기말현금	255	253

시장 대비 수익률

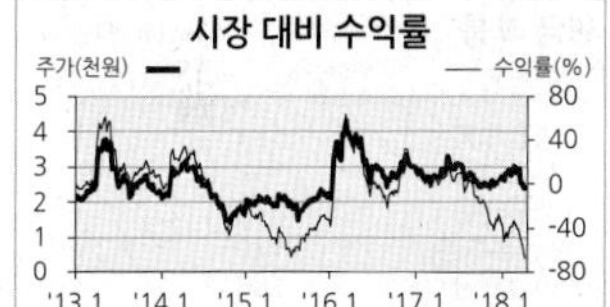

결산 실적

(단위 : 억원)

항목	2012	2013	2014	2015	2016	2017
매출액	2,563	3,809	3,962	4,223	3,562	4,244
영업이익	61	260	191	79	132	137
당기순이익	-52	102	34	9	-281	-344

분기 실적

(단위 : 억원)

항목	2016.3Q	2016.4Q	2017.1Q	2017.2Q	2017.3Q	2017.4Q
매출액	938	955	888	1,091	1,282	984
영업이익	0	256	6	19	32	80
당기순이익	1	-115	-61	32	11	-326

재무 상태

(단위 : 억원)

항목	2012	2013	2014	2015	2016	2017
총자산	1,577	2,254	2,430	2,583	2,555	2,562
유형자산	598	790	973	1,103	1,030	772
무형자산	29	43	65	89	158	170
유가증권	152	39	64	46	3	6
총부채	854	1,376	1,500	1,592	1,664	1,905
총차입금	548	686	947	1,042	802	984
자본금	191	210	210	216	262	289
총자본	723	878	930	991	891	657
지배주주지분	723	874	920	977	877	645

기업가치 지표

항목	2012	2013	2014	2015	2016	2017
주가(최고/저)(천원)	2.4/1.4	4.1/2.0	3.2/1.4	2.3/1.4	4.4/2.1	3.5/2.3
PER(최고/저)(배)	—/—	16.4/7.8	42.8/18.4	193.1/116.5	—/—	—/—
PBR(최고/저)(배)	1.2/0.7	2.0/1.0	1.4/0.6	1.0/0.6	2.6/1.3	3.1/2.1
EV/EBITDA(배)	9.3	4.3	5.1	8.9	7.5	7.6
EPS(원)	-135	256	75	12	-532	-612
BPS(원)	1,970	2,111	2,226	2,278	1,673	1,142
CFPS(원)	-28	418	262	285	-252	-322
DPS(원)	—	30	—	—	—	—
EBITDAPS(원)	267	804	643	455	532	534

재무 비율

(단위 : %)

연도	영업이익률	순이익률	부채비율	차입금비율	ROA	ROE	유보율	자기자본비율	EBITDA마진율
2017	3.2	-8.1	290.1	149.8	-13.5	-45.0	128.5	25.6	7.1
2016	3.7	-7.9	186.6	90.0	-10.9	-29.9	234.6	34.9	7.8
2015	1.9	0.2	160.6	105.2	0.4	0.6	355.5	38.4	4.6
2014	4.8	0.9	161.2	101.7	1.5	3.5	345.3	38.3	6.8

컬러레이 (A900310)

Coloray International Investment

업　　종 : 개인생활용품
신용등급 : (Bond) —　　(CP) —
홈페이지 : www.coloray.com
본　　사 : Room 1501, 15/F, SPA Centre, 53-55 Lockhart Road, Wanchai, Hong Kong
시　　장 : KOSDAQ
기업규모 :
연 락 처 : 86)572-883218

설 립 일	2013.10.14	**종업원수**	112명	**대표이사**	쥐중비아오
상 장 일	2017.08.10	**감사의견**	적정(이촌)	**계　　열**	
결 산 기	12월	**보 통 주**		**종속회사수**	2개사
액 면 가	—	**우 선 주**		**구 상 호**	

주주구성 (지분율,%)		출자관계 (지분율,%)		주요경쟁사 (외형,%)	
ZHUO ZHONGBIAO	54.0	컬러레이홀딩스	100.0	컬러레이	100
		저장컬러레이과기발전유한공사	100.0	코스온	249
(외국인)	77.2	더칭커러신소재과기유한공사	100.0	케어젠	144

매출구성		비용구성		수출비중	
기타시리즈 진주안료	43.5	매출원가율	0.0	수출	—
간섭효과 진주안료시리즈	29.6	판관비율	0.0	내수	—
실버화이트 진주안료시리즈	16.2				

회사 개요

동사는 2008년 설립된 중국의 화장품용 진주광택안료를 연구/개발, 생산/판매하는 기업으로 주력 사업 법인은 중국 저장성 후저우시에 위치한 저장카이서리과기발전유한회사임. 2011년 본격 양산을 시작으로 2013년 미국 코보, 이탈리아 인터코스와 협력 관계 구축, 로레알, 에스티로더 등 글로벌 화장품 브랜드에 공급을 개시했으며 P&G, 유니레버 및 중국 로컬 기업 등과 글로벌 네트워크 구축함.

실적 분석

동사의 2017년 3분기기준 누적 매출액은 전년동기대비 37.3% 상승한 364.9억원을 기록하였음. 비용면에서 전년동기대비 매출원가는 증가 하였으며 인건비도 증가, 광고선전비는 크게 감소, 기타판매비와관리비는 크게 증가함. 이와 같이 상승한 매출액 만큼 비용증가도 있었으나 매출액의 더 큰 상승에 힘입어 최종적으로 전년동기대비 당기순이익은 상승하여 187억원을 기록함. 작성일 현재 보고서 없음.

현금 흐름

〈단위 : 억원〉

항목	2016	2017
영업활동	163	—
투자활동	-12	—
재무활동	-11	—
순현금흐름	140	—
기말현금	188	—

시장 대비 수익률

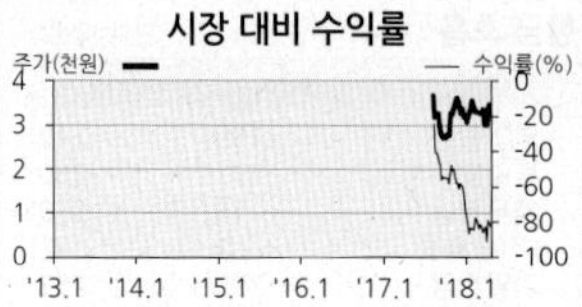

결산 실적

〈단위 : 억원〉

항목	2012	2013	2014	2015	2016	2017
매출액	—	—	—	278	403	—
영업이익	—	—	—	141	233	—
당기순이익	—	—	—	110	199	—

분기 실적

〈단위 : 억원〉

항목	2016.3Q	2016.4Q	2017.1Q	2017.2Q	2017.3Q	2017.4Q
매출액	109	132	111	123	130	—
영업이익	63	79	67	72	75	—
당기순이익	60	64	57	60	70	—

재무 상태

〈단위 : 억원〉

항목	2012	2013	2014	2015	2016	2017
총자산	—	—	—	328	535	—
유형자산	—	—	—	111	112	—
무형자산	—	—	—	—	—	—
유가증권	—	—	—	—	—	—
총부채	—	—	—	164	107	—
총차입금	—	—	—	127	57	—
자본금	—	—	—	0	62	—
총자본	—	—	—	164	429	—
지배주주지분	—	—	—	164	429	—

기업가치 지표

항목	2012	2013	2014	2015	2016	2017
주가(최고/저)(천원)	#VALUE!	—/—	—/—	—/—	—/—	—/—
PER(최고/저)(배)	0.0/0.0	0.0/0.0	0.0/0.0	0.0/0.0	0.0/0.0	0.0/0.0
PBR(최고/저)(배)	0.0/0.0	0.0/0.0	0.0/0.0	0.0/0.0	0.0/0.0	0.0/0.0
EV/EBITDA(배)	0.0	0.0	0.0	0.5	—	0.0
EPS(원)	—	—	—	1,102,701	1,152	—
BPS(원)	—	—	—	1,639,374	1,071	—
CFPS(원)	—	—	—	1,225,841	1,228	—
DPS(원)	—	—	—	—	—	—
EBITDAPS(원)	—	—	—	1,531,601	1,424	—

재무 비율

〈단위 : %〉

연도	영업 이익률	순 이익률	부채 비율	차입금 비율	ROA	ROE	유보율	자기자본 비율	EBITDA 마진율
2017	0.0	0.0	0.0	0.0	0.0	0.0	0.0	0.0	0.0
2016	57.8	49.4	24.9	13.3	46.1	67.2	590.6	80.0	61.0
2015	50.7	39.7	100.2	77.5	0.0	0.0	1,168,377.5	49.9	55.1
2014	0.0	0.0	0.0	0.0	0.0	0.0	0.0	0.0	0.0

컴투스 (A078340)

Com2uS

업　　종 : 게임 소프트웨어
신용등급 : (Bond) —　　(CP) —
홈페이지 : www.com2us.com
본　　사 : 서울시 금천구 가산디지털1로 131 BYC하이시티 A동
시　　장 : KOSDAQ
기업규모 : 우량
연 락 처 : 02)6292-6000

설 립 일	1998.07.31	**종업원수**	743명	**대표이사**	송병준
상 장 일	2007.07.06	**감사의견**	적정(삼일)	**계　　열**	
결 산 기	12월	**보 통 주**		**종속회사수**	3개사
액 면 가	500원	**우 선 주**		**구 상 호**	

주주구성 (지분율,%)		출자관계 (지분율,%)		주요경쟁사 (외형,%)	
게임빌	24.5	미래창조펀드SliCreativeMobile	20.0	컴투스	100
KB자산운용	15.2	클래게임즈	18.2	엔씨소프트	346
(외국인)	30.3	게임빌컴투스플랫폼	16.5	NHN엔터테인먼트	179

매출구성		비용구성		수출비중	
모바일게임 (서머너즈 워, 낚시의 신 등)	99.7	매출원가율	10.1	수출	86.9
기타 (골프스타 등)	0.4	판관비율	51.6	내수	13.1

회사 개요

1998년 설립된 모바일게임 개발사. 2007년 코스닥 시장에 등록. 대표게임으로 홈런배틀, 타이니팜, 컴투스프로야구, 슬라이스잇, 골프스타 등이 있으며 2013년 동종업계인 게임빌이 최대주주가 되며 시너지 효과 발생, 15년 7월 추가주식매수로 24%이상 지분 보유하며 한솥밥을 먹게 됨. 게임시장의 서머너즈워와 북미 유럽 진출과 M&A를 통한 수익처 다각화 추진하며 내부 게임 개발 및 외부 라인 확대에 집중.

실적 분석

동사의 2017년 연간 매출액은 전년 대비 1.0% 감소한 5,079.9억원을 기록, 유사한 수준을 시현함. 영업이익은 전년 대비 1.4% 증가한 1,946.5억원을 기록함. 당기순이익은 비영업손실의 영향으로 전년 대비 6.2% 감소한 1,423.8억원을 기록함. 북미/유럽 등 해외 지역에서 지속되고 있는 서머너즈워의 인기를 통해 견조한 매출을 유지하고 있음.

현금 흐름

〈단위 : 억원〉

항목	2016	2017
영업활동	1,560	1,345
투자활동	-1,314	-1,820
재무활동	-196	-159
순현금흐름	52	-642
기말현금	900	258

시장 대비 수익률

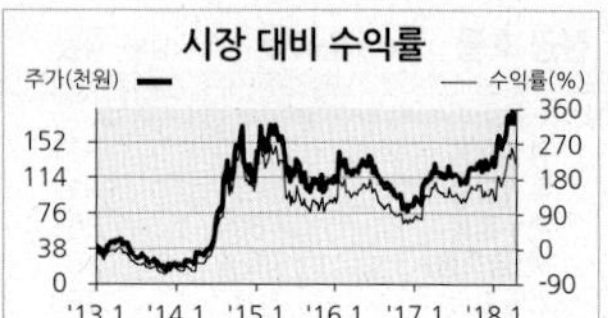

결산 실적

〈단위 : 억원〉

항목	2012	2013	2014	2015	2016	2017
매출액	769	814	2,347	4,335	5,130	5,080
영업이익	161	77	1,012	1,659	1,920	1,946
당기순이익	205	193	792	1,258	1,518	1,424

분기 실적

〈단위 : 억원〉

항목	2016.3Q	2016.4Q	2017.1Q	2017.2Q	2017.3Q	2017.4Q
매출액	1,181	1,332	1,203	1,294	1,257	1,326
영업이익	411	424	501	490	496	460
당기순이익	309	364	367	375	398	283

재무 상태

〈단위 : 억원〉

항목	2012	2013	2014	2015	2016	2017
총자산	1,004	1,183	2,497	5,821	7,120	8,383
유형자산	41	34	29	34	26	29
무형자산	20	26	23	29	26	27
유가증권	211	229	1,245	2,747	2,865	2,897
총부채	93	104	391	731	770	774
총차입금	—	—	0	—	—	—
자본금	50	50	50	64	64	64
총자본	911	1,079	2,106	5,090	6,350	7,609
지배주주지분	911	1,078	2,106	5,090	6,350	7,609

기업가치 지표

항목	2012	2013	2014	2015	2016	2017
주가(최고/저)(천원)	63.3/15.8	51.0/16.0	168/19.2	176/97.3	141/76.5	136/84.6
PER(최고/저)(배)	35.6/8.9	30.1/9.5	24.4/2.8	17.0/9.4	12.3/6.7	12.3/7.7
PBR(최고/저)(배)	7.7/1.9	5.2/1.7	9.1/1.0	4.5/2.5	2.8/1.5	2.2/1.4
EV/EBITDA(배)	24.7	20.2	11.9	6.4	2.8	5.5
EPS(원)	1,822	1,741	7,059	10,599	11,796	11,066
BPS(원)	9,419	11,112	21,185	39,844	51,150	60,724
CFPS(원)	2,263	2,191	8,119	10,869	12,043	11,281
DPS(원)	—	—	—	—	1,400	1,400
EBITDAPS(원)	1,827	1,020	10,295	14,248	15,168	15,343

재무 비율

〈단위 : %〉

연도	영업 이익률	순 이익률	부채 비율	차입금 비율	ROA	ROE	유보율	자기자본 비율	EBITDA 마진율
2017	38.3	28.0	10.2	0.0	18.4	20.4	12,044.7	90.8	38.9
2016	37.4	29.6	12.1	0.0	23.5	26.5	10,130.0	89.2	38.0
2015	38.3	29.0	14.4	0.0	30.3	35.0	7,868.9	87.4	39.0
2014	43.1	33.8	18.6	0.0	43.1	49.8	4,137.0	84.3	44.3

케미메디 (A205290)

KEMIMEDI CO

업종 : 제약 | 시장 : KONEX
신용등급 : (Bond) — (CP) — | 기업규모 : —
홈페이지 : www.wellcan.co.kr | 연락처 : 02)3443-9252
본사 : 경북 안동시 풍산읍 산업단지2길 5, 2층(약용작물개발센터)

설립일	2008.07.02	**종업원수**	17명	**대표이사**	최건섭
상장일	2017.01.13	**감사의견**	적정(삼정)	**계열**	
결산기	12월	**보통주**		**종속회사수**	
액면가	—	**우선주**		**구상호**	

주주구성 (지분율,%)		출자관계 (지분율,%)		주요경쟁사 (외형,%)	
금경수	9.1			케미메디	100
열앤에스농식품6차산업화투자조합	5.1			서울제약	2,266
				하이텍팜	3,209

매출구성		비용구성		수출비중	
닌자블랜더	47.1	매출원가율	90.7	수출	—
기타	20.6	판관비율	217.0	내수	—
스피루리나	17.2				

회사 개요

동사는 신약 연구 개발 등을 영위할 목적으로 2008년 7월에 설립됨. 2017년 1월 코넥스 시장에 신규 상장됨. 중증 난치성 질환에 대한 합성 신약 및 천연물 신약 개발과 건강기능식품(개별인정형) 및 원료를 연구·개발하고 제조 판매하는 양·한방 융합 바이오 연구개발 기업. 창업 이래 양·한방 대학병원과 정부출연 연구소, 산학연과 공동 연구 기반을 구축하였으며, 꾸준한 연구 활동을 통해 독창적인 기술 플랫폼을 확보한 약학 연구개발 업체임.

실적 분석

동사의 2017년 매출액은 전년동기대비 84.6% 감소한 20.6억원을 기록함. 매출 중 닌자블랜더가 47.13%, 스피루니나가 17.17%, 모가득어성초가 11.98%의 비중을 차지하고 있음. 매출원가는 18.7억원, 판매비와관리비는 44.7억원을 기록하여 영업손실 42.8억원을 보임. 동기간 비영업이익은 7.2억원을 기록하였으나, 당기순손실은 35.6억원을 기록하며 적자지속함.

현금 흐름 *IFRS 별도 기준 〈단위 : 억원〉

항목	2016	2017
영업활동	28	-13
투자활동	-62	-14
재무활동	6	13
순현금흐름	-28	-14
기말현금	14	1

시장 대비 수익률

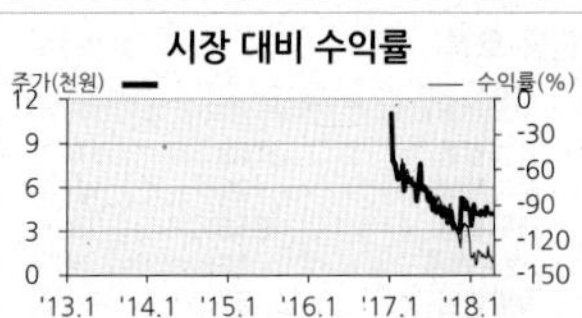

결산 실적 〈단위 : 억원〉

항목	2012	2013	2014	2015	2016	2017
매출액	—	21	—	221	134	21
영업이익	—	-3	-33	-39	-19	-43
당기순이익	—	-13	-40	-47	-44	-36

분기 실적 *IFRS 별도 기준 〈단위 : 억원〉

항목	2016.3Q	2016.4Q	2017.1Q	2017.2Q	2017.3Q	2017.4Q
매출액	17	11	—	—	—	—
영업이익	-10	-10	—	—	—	—
당기순이익	-10	-35	—	—	—	—

재무 상태 *IFRS 별도 기준 〈단위 : 억원〉

항목	2012	2013	2014	2015	2016	2017
총자산	—	27	86	151	114	90
유형자산	—	1	1	3	5	16
무형자산	—	0	1	1	1	1
유가증권	—	—	4	—	20	20
총부채	—	43	99	67	50	61
총차입금	—	33	84	59	44	48
자본금	—	18	23	33	38	38
총자본	—	-16	-13	84	64	29
지배주주지분	—	-16	-13	84	64	29

기업가치 지표 *IFRS 별도 기준

항목	2012	2013	2014	2015	2016	2017
주가(최고/저)(천원)	—/—	—/—	—/—	—/—	—/—	11.1/2.8
PER(최고/저)(배)	0.0/0.0	0.0/0.0	0.0/0.0	0.0/0.0	0.0/0.0	—/—
PBR(최고/저)(배)	0.0/0.0	0.0/0.0	0.0/0.0	0.0/0.0	0.0/0.0	28.9/7.4
EV/EBITDA(배)	0.0	—	—	—	—	—
EPS(원)	—	-368	-952	-785	-612	-474
BPS(원)	—	-452	-270	1,256	854	382
CFPS(원)	—	-368	-939	-769	-598	-462
DPS(원)	—	—	—	—	—	—
EBITDAPS(원)	—	-84	-779	-635	-245	-557

재무 비율 〈단위 : %〉

연도	영업이익률	순이익률	부채비율	차입금비율	ROA	ROE	유보율	자기자본비율	EBITDA마진율
2017	-207.7	-172.9	일부잠식	일부잠식	-34.9	-76.7	-23.6	31.9	-203.2
2016	-14.0	-33.1	77.5	68.7	-33.5	-60.0	70.9	56.3	-13.2
2015	-17.5	-21.1	80.3	70.4	-39.5	전기잠식	151.3	55.5	-17.1
2014	-33.8	-40.7	완전잠식	완전잠식	-70.5	잠식지속	-153.9	-14.7	-33.3

케어랩스 (A263700)

Carelabs

업종 : 의료 장비 및 서비스 | 시장 : KOSDAQ
신용등급 : (Bond) — (CP) — | 기업규모 : 중견
홈페이지 : www.carelabs.co.kr | 연락처 : 02)6929-2340
본사 : 서울시 서초구 반포대로28길 20 2층

설립일	2012.04.10	**종업원수**	명	**대표이사**	김동수
상장일	2018.03.28	**감사의견**	적정(신한)	**계열**	
결산기	12월	**보통주**		**종속회사수**	
액면가	500원	**우선주**		**구상호**	

주주구성 (지분율,%)		출자관계 (지분율,%)		주요경쟁사 (외형,%)	
옐로오투오	37.8	이디비	51.0	케어랩스	100
이종우	12.4			비트컴퓨터	81
(외국인)	2.8			하이로닉	46

매출구성		비용구성		수출비중	
헬스케어 디지털 마케팅	50.1	매출원가율	0.0	수출	0.0
헬스케어 미디어 플랫폼	37.9	판관비율	84.1	내수	100.0
헬스케어 솔루션	12.0				

회사 개요

동사는 국내 1위의 헬스케어 플랫폼 기업으로 옐로모바일의 자회사인 옐로오투오 산하의 헬스케어 주요 사업부들이 통합되어 설립된 기업임. 미디어플랫폼, 디지털마케팅, IT솔루션을 주요 사업으로 영위 중이며 동사는 국내 유일 병/의원 대상 디지털마케팅 사업자로 국내 1위 헬스케어플랫폼을 기반으로 효과적인 마케팅 솔루션을 제공하고 있음, 현재 국내 200여개 병/의원 클라이언트 확보 중임. 2018년 3월 28일 코스닥시장에 상장.

실적 분석

동사의 2017년 연간 매출액은 전년동기대비 111.5% 이상 크게 상승한 393.4억원을 기록하였음. 인건비는 크게 증가 하였고 광고선전비도 크게 증가, 기타판매비와관리비는 증가함. 이와 같이 상승한 매출액 만큼 비용증가도 있었으나 매출액의 더 큰 상승에 힘입어 최종적으로 전년동기대비 당기순이익은 크게 상승하여 51.3억원을 기록함. 동사의 주요 서비스로는 모바일 의료 정보 서비스 '굿닥', 뷰티케어 관련 정보 커뮤니티 '바비톡'이 있음.

현금 흐름 *IFRS 별도 기준 〈단위 : 억원〉

항목	2016	2017
영업활동	26	23
투자활동	0	-125
재무활동	-2	86
순현금흐름	24	-16
기말현금	33	17

시장 대비 수익률

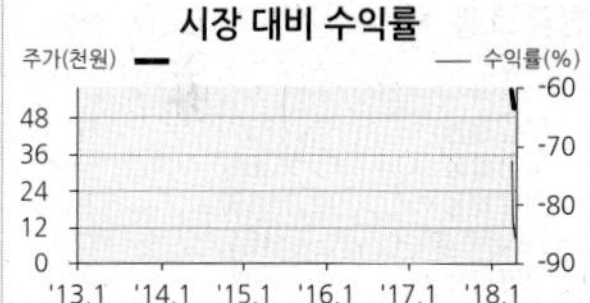

결산 실적 〈단위 : 억원〉

항목	2012	2013	2014	2015	2016	2017
매출액	—	—	—	114	186	393
영업이익	—	—	—	13	21	63
당기순이익	—	—	—	13	19	51

분기 실적 *IFRS 별도 기준 〈단위 : 억원〉

항목	2016.3Q	2016.4Q	2017.1Q	2017.2Q	2017.3Q	2017.4Q
매출액	—	—	—	—	—	—
영업이익	—	—	—	—	—	—
당기순이익	—	—	—	—	—	—

재무 상태 *IFRS 별도 기준 〈단위 : 억원〉

항목	2012	2013	2014	2015	2016	2017
총자산	—	—	—	35	159	332
유형자산	—	—	—	1	2	3
무형자산	—	—	—	0	91	100
유가증권	—	—	—	—	—	—
총부채	—	—	—	17	55	101
총차입금	—	—	—	3	4	62
자본금	—	—	—	1	2	23
총자본	—	—	—	18	104	231
지배주주지분	—	—	—	18	104	231

기업가치 지표 *IFRS 별도 기준

항목	2012	2013	2014	2015	2016	2017
주가(최고/저)(천원)	—/—	—/—	—/—	—/—	—/—	—/—
PER(최고/저)(배)	0.0/0.0	0.0/0.0	0.0/0.0	0.0/0.0	0.0/0.0	0.0/0.0
PBR(최고/저)(배)	0.0/0.0	0.0/0.0	0.0/0.0	0.0/0.0	0.0/0.0	0.0/0.0
EV/EBITDA(배)	0.0	0.0	0.0	—	—	—
EPS(원)	—	—	—	638	773	1,013
BPS(원)	—	—	—	178,245	479,940	4,983
CFPS(원)	—	—	—	128,658	162,698	1,105
DPS(원)	—	—	—	—	—	—
EBITDAPS(원)	—	—	—	132,726	173,935	1,348

재무 비율 〈단위 : %〉

연도	영업이익률	순이익률	부채비율	차입금비율	ROA	ROE	유보율	자기자본비율	EBITDA마진율
2017	15.9	13.0	48.2	26.2	18.4	28.3	911.9	67.5	17.4
2016	11.2	10.4	52.4	3.4	20.0	31.8	4,699.4	65.6	11.7
2015	11.5	11.2	94.9	16.8	0.0	0.0	1,682.5	51.3	11.6
2014	0.0	0.0	0.0	0.0	0.0	0.0	0.0	0.0	0.0

케어젠 (A214370)
CAREGEN CO

업　　종 : 개인생활용품　　시　　장 : KOSDAQ
신용등급 : (Bond) —　(CP) —　　기업규모 : 벤처
홈페이지 : www.caregen.co.kr　　연 락 처 : 031)420-9241
본　　사 : 경기도 안양시 동안구 엘에스로91번길 46-38(호계동)

설 립 일	2001.08.23	**종업원수**	126명	**대표이사**	정용지
상 장 일	2015.11.17	**감사의견**	적정(삼정)	**계　열**	
결 산 기	12월	**보 통 주**		**종속회사수**	3개사
액 면 가	500원	**우 선 주**		**구 상 호**	

주주구성 (지분율,%)		출자관계 (지분율,%)		주요경쟁사 (외형,%)	
정용지	63.0	케어젠코리아	100.0	케어젠	100
김은미	0.3			콜마비앤에이치	725
(외국인)	7.7			에이블씨엔씨	645

매출구성		비용구성		수출비중	
안면미용	39.7	매출원가율	20.6	수출	—
효능원료	17.5	판관비율	24.7	내수	—
기능성 화장품	15.2				

회사 개요

동사는 2001년 8월 23일에 설립된 성장인자와 바이오미메틱 펩타이드 기술을 바탕으로 한 피부 미용 전문기업임. 동사는 테라피제품을 전문테라피용, 홈케어용으로 분류를 하며 이 중 필러를 이용하는 전문 테라피(안면 미용, 탈모 두피, 바디 비만) 매출 비중이 57.8%로 가장 높으며 홈케어와 효능 원료 비중은 각각 34.8%, 6.1%임. 동사의 수출 비중은 90% 이상으로 내수보다는 해외 시장을 타겟으로 하고 있음.

실적 분석

동사의 2017년 연간 매출액은 전년동기대비 23.6% 상승한 578.9억원을 기록하였음. 비용면에서 전년동기대비 매출원가는 증가 하였으며 인건비도 증가, 광고선전비도 증가, 기타판매비와관리비는 증가함. 이와 같이 상승한 매출액 만큼 비용증가도 있었으나 매출액의 더 큰 상승에 힘입어 최종적으로 전년동기대비 당기순이익은 상승하여 240.9억원을 기록함. 비영업손익의 전자전환은 확인할 필요가 있음.

현금 흐름 〈단위 : 억원〉

항목	2016	2017
영업활동	137	181
투자활동	-269	-83
재무활동	-353	-233
순현금흐름	-464	-182
기말현금	705	524

시장 대비 수익률

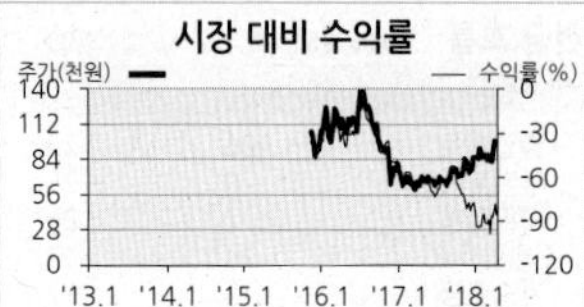

결산 실적 〈단위 : 억원〉

항목	2012	2013	2014	2015	2016	2017
매출액	183	212	286	364	468	579
영업이익	79	87	160	205	257	317
당기순이익	84	83	142	193	228	241

분기 실적 〈단위 : 억원〉

항목	2016.3Q	2016.4Q	2017.1Q	2017.2Q	2017.3Q	2017.4Q
매출액	71	158	101	178	117	183
영업이익	21	99	46	103	55	112
당기순이익	11	94	16	104	51	69

재무 상태 〈단위 : 억원〉

항목	2012	2013	2014	2015	2016	2017
총자산	501	450	631	2,565	2,491	2,470
유형자산	156	160	150	238	264	350
무형자산	5	12	13	12	12	13
유가증권	222	113	89	583	319	457
총부채	89	62	67	76	104	105
총차입금	—	0	1	—	—	—
자본금	15	15	15	54	54	54
총자본	412	388	564	2,489	2,388	2,365
지배주주지분	412	388	564	2,489	2,341	2,318

기업가치 지표

항목	2012	2013	2014	2015	2016	2017
주가(최고/저)(천원)	—/—	—/—	—/—	113/84.5	141/60.2	89.2/59.9
PER(최고/저)(배)	0.0/0.0	0.0/0.0	0.0/0.0	56.5/42.4	67.6/28.9	39.7/26.9
PBR(최고/저)(배)	0.0/0.0	0.0/0.0	0.0/0.0	5.0/3.8	5.8/2.5	3.6/2.4
EV/EBITDA(배)	—	—	—	41.1	25.9	22.9
EPS(원)	928	926	1,570	2,065	2,144	2,264
BPS(원)	13,738	12,940	18,627	23,237	24,991	25,272
CFPS(원)	3,017	3,072	5,011	2,184	2,300	2,442
DPS(원)	—	—	—	600	1,000	1,200
EBITDAPS(원)	2,867	3,206	5,610	2,322	2,554	3,128

재무 비율 〈단위 : %〉

연도	영업이익률	순이익률	부채비율	차입금비율	ROA	ROE	유보율	자기자본비율	EBITDA마진율
2017	54.7	41.6	4.4	0.0	9.7	10.4	4,954.4	95.8	58.0
2016	54.8	48.6	4.4	0.0	9.0	9.5	4,898.1	95.8	58.4
2015	56.4	52.9	3.1	0.0	12.0	12.6	4,547.5	97.0	59.4
2014	55.8	49.5	11.9	0.2	26.2	29.7	3,625.3	89.4	59.0

케이디건설 (A044180)
KD Construction

업　　종 : 건설　　시　　장 : KOSDAQ
신용등급 : (Bond) —　(CP) —　　기업규모 :
홈페이지 : www.kdcon.co.kr　　연 락 처 : 031)491-8577
본　　사 : 경기도 안산시 단원구 광덕서로 102, 406-3호

설 립 일	1976.08.06	**종업원수**	38명	**대표이사**	안태일
상 장 일	2000.11.04	**감사의견**	적정(삼일)	**계　열**	
결 산 기	12월	**보 통 주**		**종속회사수**	3개사
액 면 가	100원	**우 선 주**		**구 상 호**	케이디건설

주주구성 (지분율,%)		출자관계 (지분율,%)		주요경쟁사 (외형,%)	
KD기술투자	3.1	디와이	95.7	KD건설	100
아이벤처투자	0.4	국제건설	64.2	범양건영	611
(외국인)	1.5	시재도시개발	54.1	한국종합기술	891

매출구성		비용구성		수출비중	
아파트	62.6	매출원가율	91.7	수출	12.0
주거용 오피스텔, 상가, 아파트	22.9	판관비율	54.2	내수	88.0
가전 및 Display 금형 등의 틀 제작	13.9				

회사 개요

동사는 플라스틱 사출금형의 틀이 되는 몰드베이스 생산업과, 주거용 오피스텔 및 상가 등의 건설사업을 영위하고 있음. 1980년 3월 국내 최초로 몰드베이스 국산화에 성공하였음. 2000년 11월 코스닥시장에 상장되었으며, 건설분야에 진출하면서 2015년 3월 국제디아이에서 케이디건설로 상호를 변경함. 현재 대주주는 국제실업이며, 연결대상 종속회사는 위해성진금형유한공사, 디와이, 시재도시개발 등 3개사를 보유함.

실적 분석

동사의 2017년 결산 매출액은 전년동기대비 39.5% 하락한 224억원을 기록하였음. 비용면에서 전년동기대비 매출원가는 크게 감소하였으며 인건비는 증가 했고 광고선전비도 크게 증가, 기타판매비와관리비는 크게 증가함. 주춤한 모습의 매출액에 의해 전년동기대비 영업손실은 102.8억원으로 적자전환 하였음. 최종적으로 전년동기대비 당기순손실은 적자전환하여 167.1억원을 기록함.

현금 흐름 〈단위 : 억원〉

항목	2016	2017
영업활동	-209	-121
투자활동	-29	-268
재무활동	255	353
순현금흐름	17	-35
기말현금	37	2

시장 대비 수익률

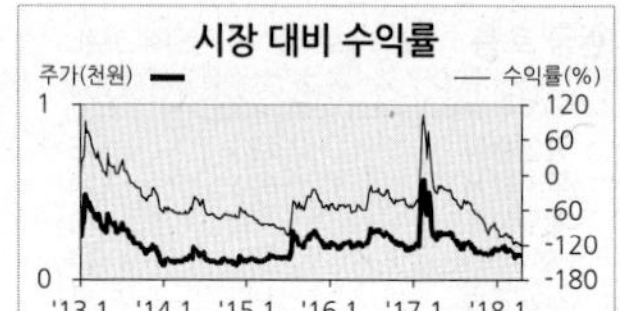

결산 실적 〈단위 : 억원〉

항목	2012	2013	2014	2015	2016	2017
매출액	125	224	226	287	371	224
영업이익	7	-18	-46	11	19	-103
당기순이익	-199	-70	-56	3	3	-167

분기 실적 〈단위 : 억원〉

항목	2016.3Q	2016.4Q	2017.1Q	2017.2Q	2017.3Q	2017.4Q
매출액	80	86	14	38	87	85
영업이익	4	6	-28	-40	-35	0
당기순이익	1	7	-30	-54	-36	-47

재무 상태 〈단위 : 억원〉

항목	2012	2013	2014	2015	2016	2017
총자산	237	232	268	376	595	988
유형자산	80	83	77	97	125	80
무형자산	0	0	0	1	1	1
유가증권	6	10	8	9	9	4
총부채	142	165	129	209	203	580
총차입금	7	27	82	83	131	410
자본금	88	36	136	152	252	356
총자본	96	67	139	167	393	408
지배주주지분	118	67	139	168	393	393

기업가치 지표

항목	2012	2013	2014	2015	2016	2017
주가(최고/저)(천원)	1.0/0.2	0.5/0.1	0.2/0.1	0.3/0.1	0.3/0.2	0.6/0.1
PER(최고/저)(배)	—/—	—/—	—/—	172.6/54.3	190.5/95.5	—/—
PBR(최고/저)(배)	3.5/0.7	3.8/0.7	2.1/0.9	3.2/1.0	2.1/1.1	5.4/1.2
EV/EBITDA(배)	6.3	—	—	20.9	22.1	—
EPS(원)	-442	-146	-56	2	2	-57
BPS(원)	134	187	103	110	156	111
CFPS(원)	-199	-174	-58	6	4	-56
DPS(원)	—	—	—	—	—	—
EBITDAPS(원)	21	-25	-48	12	12	-34

재무 비율 〈단위 : %〉

연도	영업이익률	순이익률	부채비율	차입금비율	ROA	ROE	유보율	자기자본비율	EBITDA마진율
2017	-45.9	-74.6	142.4	100.6	-21.1	-42.1	10.6	41.3	-44.2
2016	5.1	0.9	51.7	33.3	0.7	1.2	55.6	65.9	6.2
2015	3.9	1.1	124.7	49.5	1.0	2.0	10.1	44.5	6.0
2014	-20.6	-24.7	93.2	59.2	-22.3	-53.6	2.6	51.8	-18.8

케이디켐 (A221980)
KDCHEM CO

업　　종 : 화학　　시　　장 : KOSDAQ
신용등급 : (Bond) —　　(CP) —　　기업규모 : 중견
홈페이지 : www.kdchem.co.kr　　연 락 처 : 043)543-8420
본　　사 : 충북 보은군 보은읍 매화구인로 345

설립일	1986.07.18	종업원수	42명	대표이사	민남규
상장일	2015.11.19	감사의견	적정(한주)	계열	
결산기	12월	보통주		종속회사수	1개사
액면가	500원	우선주		구상호	

주주구성 (지분율,%)		출자관계 (지분율,%)		주요경쟁사 (외형,%)	
민남규	47.6	자강산업	25.0	케이디켐	100
자강산업	13.9	제이케이머티리얼즈	10.8	그린케미칼	497
(외국인)	0.1	산동KDC화학유한공사	100.0	세우글로벌	71

매출구성		비용구성		수출비중	
유기액상안정제	64.2	매출원가율	74.2	수출	32.5
상품매출	30.0	판관비율	11.7	내수	67.5
기타안정제	5.9				

회사 개요

동사는 1986년 7월 18일에 한국대협화성으로 설립되어 2008년 6월 회사명을 케이디켐으로 변경하였으며 PVC 안정제(플라스틱 첨가제)의 제조 및 판매를 목적으로 하고 있음. PVC안정제는 크게 분말형태의 납계안정제, Ca-Zn 등 금속 석검계 분말안정제, 액상형태의 유기Tin계안정제와 유기액상안정제로 구분되며, 동사는 유기액상안정제 생산에 주력하고 있음. 최근 친환경이 유행하면서 유기액상안정제 시장도 친환경적으로 빠르게 전환중임.

실적 분석

동사의 2017년 연간 매출액은 전년동기대비 6.9% 상승한 509.9억원을 기록하였음. 비용면에서 전년동기대비 매출원가는 증가 했으며 인건비도 증가, 기타판매비와관리비는 증가함. 이와 같이 상승한 매출액 대비 비용증가가 높아 매출액은 성장했지만 원가 증가로 인해 전년동기대비 영업이익은 71.9억원으로 10.7% 하락 하였음. 최종적으로 전년동기대비 당기순이익은 하락하여 66.4억원을 기록함.

현금 흐름 〈단위 : 억원〉

항목	2016	2017
영업활동	34	64
투자활동	-33	131
재무활동	-19	-36
순현금흐름	-19	160
기말현금	58	218

시장 대비 수익률

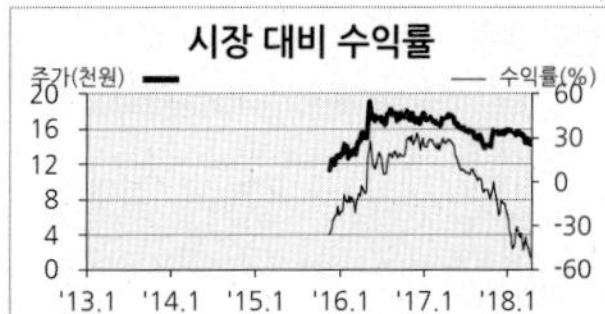

결산 실적 〈단위 : 억원〉

항목	2012	2013	2014	2015	2016	2017
매출액	407	442	433	459	477	510
영업이익	46	42	62	71	81	72
당기순이익	28	34	54	63	82	66

분기 실적 〈단위 : 억원〉

항목	2016.3Q	2016.4Q	2017.1Q	2017.2Q	2017.3Q	2017.4Q
매출액	117	121	119	131	128	132
영업이익	18	22	16	19	19	18
당기순이익	19	22	9	21	22	15

재무 상태 〈단위 : 억원〉

항목	2012	2013	2014	2015	2016	2017
총자산	390	422	427	651	713	741
유형자산	87	85	79	78	105	112
무형자산	—	—	2	2	1	1
유가증권	—	—	—	—	—	—
총부채	153	151	107	69	74	70
총차입금	108	98	61	19	21	21
자본금	4	4	4	20	20	20
총자본	237	271	320	583	640	671
지배주주지분	237	271	320	583	640	671

기업가치 지표

항목	2012	2013	2014	2015	2016	2017
주가(최고/저)(천원)	—/—	—/—	—/—	13.0/10.9	19.9/12.5	17.7/13.7
PER(최고/저)(배)	0.0/0.0	0.0/0.0	0.0/0.0	4.7/3.9	10.4/6.5	11.1/8.6
PBR(최고/저)(배)	0.0/0.0	0.0/0.0	0.0/0.0	1.0/0.8	1.3/0.8	1.1/0.8
EV/EBITDA(배)	1.9	1.8	0.8	4.0	5.9	5.1
EPS(원)	3,584	4,281	6,801	3,075	2,037	1,646
BPS(원)	300,237	34,281	40,501	14,442	15,850	16,990
CFPS(원)	47,289	4,935	7,436	3,323	2,151	1,773
DPS(원)	—	—	—	500	550	500
EBITDAPS(원)	69,125	5,953	8,469	3,712	2,109	1,908

재무 비율 〈단위 : %〉

연도	영업이익률	순이익률	부채비율	차입금비율	ROA	ROE	유보율	자기자본비율	EBITDA마진율
2017	14.1	13.0	10.4	3.1	9.1	10.1	3,298.0	90.6	15.1
2016	16.9	17.2	11.6	3.3	12.1	13.5	3,070.0	89.6	17.8
2015	15.5	13.8	11.8	3.3	11.7	14.0	2,788.4	89.5	16.6
2014	14.3	12.4	33.3	18.9	12.7	18.2	8,000.3	75.0	15.5

케이맥 (A043290)
Korea Materials & Analysis

업　　종 : 디스플레이 및 관련부품　　시　　장 : KOSDAQ
신용등급 : (Bond) —　　(CP) —　　기업규모 : 벤처
홈페이지 : www.kmac.com　　연 락 처 : 042)930-3800
본　　사 : 대전시 유성구 테크노8로 33(용산동)

설립일	1996.11.01	종업원수	268명	대표이사	이재원
상장일	2011.10.25	감사의견	적정(신한)	계열	
결산기	12월	보통주		종속회사수	3개사
액면가	500원	우선주		구상호	

주주구성 (지분율,%)		출자관계 (지분율,%)		주요경쟁사 (외형,%)	
에이치비콥	19.0	수젠텍	6.1	케이맥	100
에이치비테크놀러지	9.8			한국컴퓨터	246
(외국인)	1.5			와이엠씨	171

매출구성		비용구성		수출비중	
FPD 검사장비	88.4	매출원가율	71.3	수출	52.9
상 품	4.6	판관비율	29.2	내수	47.1
바이오/ 의료 진단기기	3.6				

회사 개요

동사는 광학측정의 원천기술 및 설계기술, Mechatronics 기술, Nano 계측, S/W 기술 및 기타 이화학 관련 분석/측정 기술을 기반으로 하는 산업용 초정밀 분석, 측정장비를 제조·판매하는 업체임. 동사는 사업다각화를 위해 FPD 산업, 바이오 및 의료진단 산업, 분석기기 산업에 진출하고 있음. 동사는 최근 DNA칩에 쓰이는 핵심기술 2건의 특허를 취득하였음. 이로 인해 DNA칩을 필두로 세계 바이오 시장 공략을 계획함.

실적 분석

동사의 2017년 누적 매출액은 전년동기 대비 4.7% 증가한 899.4억원, 영업이익은 적자전환한 -4.6억원을 기록함. 외형 성장에도 매출원가와 판관비 증가로 영업이익 급감. 주요 제품인 FPD 박막두께 측정기는 장비 공정 중 마지막 단계인 검사 모듈화 공정에 사용되는 장비로 OLED 시장 급성장에 따른 수혜를 받을 것으로 전망. 바이오 진단기기 주요 고객사는 LG생명과학, 아훼롱이 있음.

현금 흐름 〈단위 : 억원〉

항목	2016	2017
영업활동	-41	-1
투자활동	8	61
재무활동	79	-93
순현금흐름	46	-34
기말현금	54	20

시장 대비 수익률

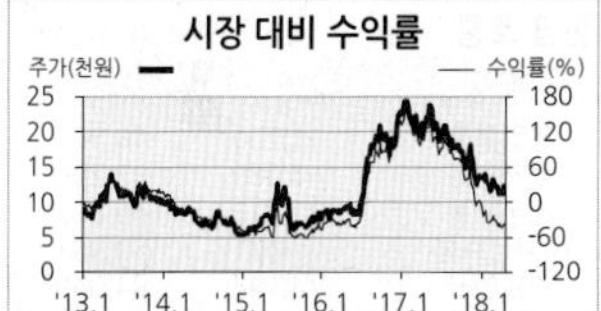

결산 실적 〈단위 : 억원〉

항목	2012	2013	2014	2015	2016	2017
매출액	210	449	274	440	859	899
영업이익	-33	62	-58	29	172	-5
당기순이익	-27	42	-46	27	97	-72

분기 실적 〈단위 : 억원〉

항목	2016.3Q	2016.4Q	2017.1Q	2017.2Q	2017.3Q	2017.4Q
매출액	176	472	237	268	207	188
영업이익	34	119	21	-24	3	-4
당기순이익	23	62	11	-34	4	-52

재무 상태 〈단위 : 억원〉

항목	2012	2013	2014	2015	2016	2017
총자산	608	709	668	737	1,058	788
유형자산	193	241	247	235	231	131
무형자산	114	142	136	135	97	28
유가증권	2	2	0	0	1	51
총부채	247	317	323	366	474	265
총차입금	196	239	250	291	258	160
자본금	32	34	34	34	34	34
총자본	361	391	345	371	583	522
지배주주지분	361	391	345	371	584	523

기업가치 지표

항목	2012	2013	2014	2015	2016	2017
주가(최고/저)(천원)	22.0/8.1	14.0/7.3	10.3/5.3	12.8/5.3	23.0/7.6	24.3/12.5
PER(최고/저)(배)	—/—	22.6/11.8	—/—	32.3/13.3	16.1/5.3	—/—
PBR(최고/저)(배)	3.5/1.3	2.1/1.1	1.7/0.9	2.0/0.8	2.7/0.9	3.2/1.6
EV/EBITDA(배)	—	10.1	—	13.4	8.4	57.6
EPS(원)	-426	619	-674	395	1,422	-1,047
BPS(원)	6,275	6,648	5,974	6,356	8,537	7,644
CFPS(원)	-52	1,015	-258	863	1,990	-714
DPS(원)	—	—	—	—	—	—
EBITDAPS(원)	-143	1,315	-438	893	3,077	265

재무 비율 〈단위 : %〉

연도	영업이익률	순이익률	부채비율	차입금비율	ROA	ROE	유보율	자기자본비율	EBITDA마진율
2017	-0.5	-8.0	50.8	30.5	-7.8	-12.9	1,428.7	66.3	2.0
2016	20.0	11.3	81.3	44.2	10.8	20.4	1,607.3	55.2	24.5
2015	6.6	6.1	98.8	78.6	3.8	7.6	1,171.3	50.3	13.9
2014	-21.3	-16.8	93.6	72.5	-6.7	-12.5	1,094.7	51.7	-10.9

케이비금융지주 (A105560)

KB Financial Group

업 종	상업은행	시 장	거래소
신용등급	(Bond) AAA (CP) A1	기업규모	시가총액 대형주
홈페이지	www.kbfg.com	연 락 처	02)2073-7114
본 사	서울시 영등포구 국제금융로8길 26 여의도동, 국민은행 여의도본점		

설립일	2008.09.29	종업원수	160명	대표이사	윤종규
상장일	2008.10.10	감사의견	적정(삼일)	계열	
결산기	12월	보통주		종속회사수	221개사
액면가	5,000원	우선주		구상호	

주주구성 (지분율,%)		출자관계 (지분율,%)		주요경쟁사 (외형,%)	
국민연금공단	9.6	KB국민은행	100.0	KB금융	100
Citibank(DR)	6.2	KB증권	100.0	신한지주	104
(외국인)	69.6	KB손해보험	100.0	하나금융지주	78

수익구성	비용구성		수출비중	
	이자비용	10.4	수출	—
	파생상품손실	0.0	내수	—
	판관비	16.0		

회사 개요

동사는 2008년 9월 국민은행, KB부동산신탁, KB인베스트먼트(구, KB창업투자), KB신용정보, KB데이타시스템, KB자산운용, KB선물, KB투자증권의 포괄적 주식이전을 통해 설립됨. 2008년 유가증권시장에 상장됨. 항아리형 인력구조, 획일화된 영업점 창구배치 및 영업채널, 노후화된 업무프로세스 등을 개선해 조직 및 경영 효율성 제고 방안을 추진함.

실적 분석

동사의 2017년 4분기 연결기준 총영업수익은 10조1,920억원으로 전년 동기(7조4,450억원) 대비 36.9% 증가함. 이에 힘입어 영업이익은 4조 150억원을 기록 전년 대비 2배 이상 급증함. 최종적으로 당기순이익은 3조3,110억원을 달성하며 전년 대비 54.4% 증가함. 비은행부문에서는 KB증권이 2720억원의 순이익을 거두며 흑자전환했고, KB손해보험과 KB캐피탈 실적 호조가 눈에 띔.

현금 흐름 〈단위 : 억원〉

항목	2016	2017
영업활동	11,250	-48,360
투자활동	-44,385	-87,294
재무활동	31,813	146,887
순현금흐름	-431	9,901
기말현금	74,148	84,049

시장 대비 수익률

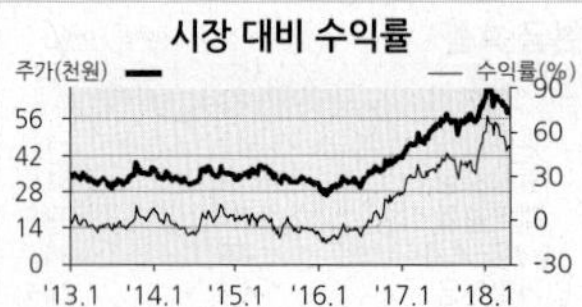

결산 실적 〈단위 : 억원〉

항목	2012	2013	2014	2015	2016	2017
이자수익	142,101	123,569	116,353	103,758	100,219	113,825
영업이익	24,322	20,270	19,591	18,211	16,769	40,153
당기순이익	17,401	12,747	14,151	17,273	21,902	33,435

분기 실적 〈단위 : 억원〉

항목	2016.3Q	2016.4Q	2017.1Q	2017.2Q	2017.3Q	2017.4Q
이자수익	24,816	26,094	26,038	28,350	29,399	30,037
영업이익	7,214	-3,374	8,868	11,161	11,654	8,469
당기순이익	5,774	4,631	8,876	10,047	8,974	5,537

재무 상태 〈단위 : 억원〉

항목	2012	2013	2014	2015	2016	2017
총자산	2,857,511	2,921,676	3,083,557	3,290,655	3,756,737	4,367,856
유형자산	31,004	30,608	30,830	32,874	36,273	42,017
무형자산	2,835	2,376	2,265	2,044	3,899	26,696
유가증권	458,345	439,319	452,164	495,129	716,446	972,222
총부채	2,609,879	2,661,853	2,808,430	3,001,627	3,444,123	4,027,408
총차입금	402,357	411,409	450,652	488,413	612,435	738,137
자본금	19,318	19,318	19,318	19,318	20,906	20,906
총자본	247,631	259,823	275,127	289,027	312,614	340,448
지배주주지분	245,686	259,823	273,151	286,806	309,980	340,387

기업가치 지표

항목	2012	2013	2014	2015	2016	2017
주가(최고/저)(천원)	39.3/28.8	39.0/28.9	38.6/30.7	38.4/31.0	42.0/26.7	63.4/41.1
PER(최고/저)(배)	10.0/7.4	13.4/9.9	11.9/9.4	9.5/7.5	8.1/5.2	8.1/5.4
PBR(최고/저)(배)	0.7/0.5	0.7/0.5	0.6/0.5	0.6/0.5	0.6/0.4	0.8/0.5
PSR(최고/저)(배)	1/1	1/1	1/1	2/1	2/1	2/2
EPS(원)	4,480	3,291	3,626	4,396	5,458	7,920
BPS(원)	63,591	67,250	70,700	74,234	75,865	83,219
CFPS(원)	5,330	4,034	4,302	5,062	6,195	9,236
DPS(원)	600	500	780	980	1,250	1,920
EBITDAPS(원)	6,295	5,246	5,071	4,714	4,270	9,603

재무 비율 〈단위 : %〉

연도	계속사업 이익률	순 이익률	부채 비율	차입금 비율	ROA	ROE	유보율	자기자본 비율	총자산 증가율
2017	36.4	29.4	1,183.0	216.8	0.8	10.2	1,564.4	7.8	16.3
2016	26.2	21.9	1,101.7	195.9	0.6	7.2	1,417.3	8.3	14.2
2015	20.9	16.7	1,038.5	169.0	0.5	6.1	1,384.7	8.8	6.7
2014	16.3	12.2	1,020.8	163.8	0.5	5.3	1,314.0	8.9	5.5

케이비오토시스 (A024120)

KB Autosys

업 종	자동차부품	시 장	KOSDAQ
신용등급	(Bond) — (CP) —	기업규모	우량
홈페이지	www.kbautosys.com	연 락 처	041)537-5345
본 사	충남 아산시 음봉면 아산온천로 528-24		

설립일	1985.10.14	종업원수	258명	대표이사	김신완
상장일	1994.12.07	감사의견	적정(삼정)	계열	
결산기	12월	보통주		종속회사수	3개사
액면가	500원	우선주		구상호	

주주구성 (지분율,%)		출자관계 (지분율,%)		주요경쟁사 (외형,%)	
F-M MOTORPARTS LIMITED	33.6	KBAutosys(Zhangjiagang)Co.,.	100.0	KB오토시스	100
김용웅	15.0	KBAutosysIndiaPrivate	100.0	우수AMS	139
(외국인)	34.0			대성엘텍	213

매출구성		비용구성		수출비중	
[제품 OEM/AM]자동차BRAKEPADS&LINING	95.5	매출원가율	83.7	수출	33.3
[상품/제품 국내외 매출]자동차BRAKEPADS&LINING	4.5	판관비율	5.2	내수	66.7

회사 개요

동사는 브레이크 패드(마찰재)의 제조 및 판매 등을 주요 사업으로 영위하고 있으며, 자동차 산업을 전방산업으로 하고 있음. 마찰재시장의 낮은 진입장벽으로 인해 다수의 소수업체들이 참여하고 있음. 브레이크 패드(마찰재) 제조업의 매출액이 총매출액의 90% 이상을 차지함. 해외 시장에서는 2014년부터 만도 및 TRW를 통한 GM에 D2XX Program PAD를 공급하는 계약을 2011년에 체결해 2014년부터 양산됨.

실적 분석

동사의 연결기준 2017년 연간 매출액은 1,642억원, 영업이익 184억원을 각각 기록하였음. 국내의 아산공장과 경남 의령의 제조시설에서 제품을 제조하고 있으며, 해외 생산법인으로서 중국 북경 및 장가항 법인, 인도 첸나이법인 등 100% 출자 해외현지법인을 자회사로 보유하고 있음. 동사는 내수시장에서 2017년 출시되는 신규 차종에 동사 제품을 적용하기 위해 OEM/AM업체에 대하여 기술개발 및 마케팅 활동을 강화 중.

현금 흐름 〈단위 : 억원〉

항목	2016	2017
영업활동	216	172
투자활동	-166	-133
재무활동	-47	-27
순현금흐름	3	12
기말현금	67	80

시장 대비 수익률

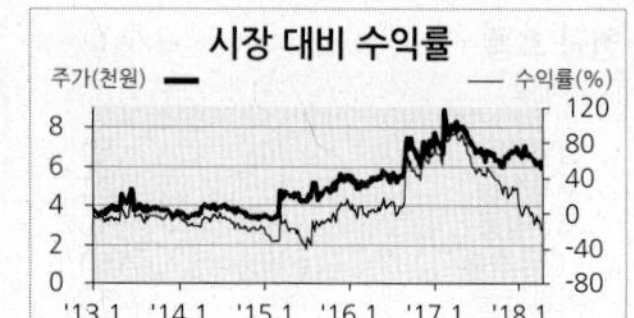

결산 실적 〈단위 : 억원〉

항목	2012	2013	2014	2015	2016	2017
매출액	1,285	1,288	1,155	1,295	1,674	1,643
영업이익	65	76	60	87	185	184
당기순이익	40	42	36	54	143	123

분기 실적 〈단위 : 억원〉

항목	2016.3Q	2016.4Q	2017.1Q	2017.2Q	2017.3Q	2017.4Q
매출액	402	462	389	380	417	458
영업이익	38	81	39	37	40	68
당기순이익	15	79	15	36	39	33

재무 상태 〈단위 : 억원〉

항목	2012	2013	2014	2015	2016	2017
총자산	1,045	1,151	1,157	1,272	1,419	1,498
유형자산	539	597	643	667	766	784
무형자산	29	28	31	31	20	19
유가증권	1	1	1	1	1	1
총부채	481	561	543	623	653	647
총차입금	317	338	388	416	392	396
자본금	58	58	58	58	58	58
총자본	563	590	614	650	766	851
지배주주지분	563	590	614	650	766	851

기업가치 지표

항목	2012	2013	2014	2015	2016	2017
주가(최고/저)(천원)	5.1/3.1	4.8/3.4	4.2/3.3	5.8/3.3	8.2/4.8	9.0/6.0
PER(최고/저)(배)	17.9/10.9	16.0/11.4	15.6/12.3	13.8/7.8	7.1/4.2	8.7/5.8
PBR(최고/저)(배)	1.3/0.8	1.1/0.8	0.9/0.7	1.2/0.7	1.3/0.8	1.3/0.8
EV/EBITDA(배)	5.9	5.5	6.2	6.5	4.5	4.2
EPS(원)	352	363	311	470	1,241	1,068
BPS(원)	4,897	5,133	5,342	5,650	6,665	7,398
CFPS(원)	901	891	889	1,106	1,972	1,795
DPS(원)	120	125	180	200	300	250
EBITDAPS(원)	1,115	1,190	1,100	1,393	2,341	2,324

재무 비율 〈단위 : %〉

연도	영업 이익률	순 이익률	부채 비율	차입금 비율	ROA	ROE	유보율	자기자본 비율	EBITDA 마진율
2017	11.2	7.5	76.0	46.6	8.4	15.2	1,379.6	56.8	16.3
2016	11.1	8.5	85.2	51.1	10.6	20.2	1,233.0	54.0	16.1
2015	6.7	4.2	95.8	64.1	4.5	8.6	1,030.0	51.1	12.4
2014	5.2	3.1	88.4	63.2	3.1	5.9	968.4	53.1	11.0

케이사인 (A192250)
KSIGN

업 종 : IT 서비스 시 장 : KOSDAQ
신용등급 : (Bond) — (CP) — 기업규모 : 벤처
홈페이지 : www.ksign.com 연 락 처 : 02)564-0182
본 사 : 서울시 강남구 논현로64길 18 경풍빌딩 3, 4, 5층

설 립 일	2013.12.26	**종업원수**	99명	**대표이사**	최승락
상 장 일	2014.04.28	**감사의견**	적정(이촌)	**계 열**	
결 산 기	12월	**보 통 주**		**종속회사수**	3개사
액 면 가	100원	**우 선 주**		**구 상 호**	케이비제2호스팩

주주구성 (지분율,%)		출자관계 (지분율,%)		주요경쟁사 (외형,%)	
최승락	26.9	에스씨테크원	98.6	케이사인	100
구자동	4.8	세인트시큐리티	51.0	유엔젤	120
(외국인)	1.4			아이크래프트	349

매출구성		비용구성		수출비중	
SecureDB	69.7	매출원가율	0.0	수출	0.0
기타	20.9	판관비율	119.1	내수	100.0
PKI	6.1				

회사 개요

개인정보보호 솔루션 기업인 케이사인은 '케이비제2호기업인수목적(스팩)'의 과의 합병 이후 2014년 11월에 상장함. 케이사인은 현재 삼성그룹 DB 암호화 표준기업으로 선정됐고 LG그룹, SK그룹, 롯데, 농심 등을 고객사로 보유하고 있음. KTB투자증권과 한국투자증권, 한화생명 등 금융기관도 상당수 확보. 개정된 개인정보보호법에서는 주민번호를 유출하거나 암호화를 통해 안전하게 보관하지 않았을 경우 최대 5억 원까지 과징금을 부과하도록 함.

실적 분석

지속된 개인정보 유출 등에 따른 보안시장 중요성이 부각되며 Secure DB 등 동사의 주요 제품 수요가 확대되고 있었으나 동사의 2017년은 영업실적은 다소 부진했음. 매출액은 전년 대비 17.6% 감소한 264.9억원을 기록함. DB암호화 부문이 매출의 66.2%를 차지. 영업이익은 적자전환하여 -50.7억원을 기록함. 종속기업 4개사는 모두 순손실 상태. 2017년 6월 사업다각화 목적으로 62억에 세인트시큐리티 지분 51% 를 인수함.

현금 흐름 〈단위 : 억원〉

항목	2016	2017
영업활동	9	48
투자활동	-73	-82
재무활동	184	-31
순현금흐름	121	-67
기말현금	301	233

시장 대비 수익률

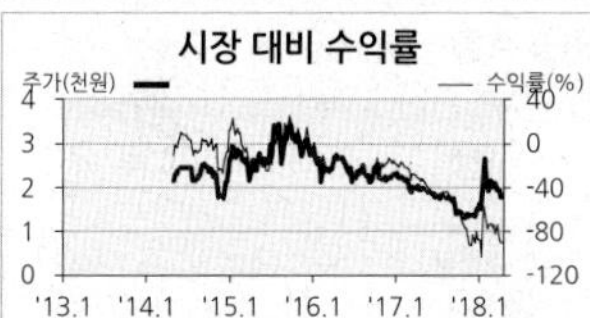

결산 실적 〈단위 : 억원〉

항목	2012	2013	2014	2015	2016	2017
매출액	193	207	261	315	321	265
영업이익	51	54	70	86	54	-51
당기순이익	47	50	9	78	50	-49

분기 실적 〈단위 : 억원〉

항목	2016.3Q	2016.4Q	2017.1Q	2017.2Q	2017.3Q	2017.4Q
매출액	36	143	52	84	43	86
영업이익	7	21	3	14	-6	-62
당기순이익	9	15	3	16	-2	-66

재무 상태 〈단위 : 억원〉

항목	2012	2013	2014	2015	2016	2017
총자산	200	257	455	536	776	732
유형자산	6	7	10	11	11	16
무형자산	14	19	40	69	90	154
유가증권	0	10	43	67	69	82
총부채	67	71	66	54	245	248
총차입금	30	32	27	—	190	195
자본금	25	27	59	61	61	61
총자본	133	186	389	482	531	484
지배주주지분	133	185	389	472	519	457

기업가치 지표

항목	2012	2013	2014	2015	2016	2017
주가(최고/저)(천원)	—/—	—/—	2.6/1.8	3.7/2.1	2.9/2.1	2.3/1.3
PER(최고/저)(배)	0.0/0.0	0.0/0.0	157.3/107.8	29.5/17.2	35.7/25.4	—/—
PBR(최고/저)(배)	0.0/0.0	0.0/0.0	4.0/2.7	4.9/2.9	3.5/2.5	3.2/1.8
EV/EBITDA(배)	—	—	15.7	15.2	17.3	—
EPS(원)	87	89	17	128	83	-70
BPS(원)	2,512	3,345	664	768	844	744
CFPS(원)	1,029	1,022	29	145	109	-34
DPS(원)	—	—	25	30	20	10
EBITDAPS(원)	1,100	1,090	134	158	114	-47

재무 비율 〈단위 : %〉

연도	영업이익률	순이익률	부채비율	차입금비율	ROA	ROE	유보율	자기자본비율	EBITDA마진율
2017	-19.1	-18.6	51.2	40.3	-6.5	-8.8	644.0	66.2	-10.9
2016	16.8	15.6	46.2	35.8	7.7	10.3	744.0	68.4	21.9
2015	27.3	24.7	11.3	0.0	15.7	18.2	668.2	89.9	30.6
2014	26.7	3.4	16.9	6.9	2.5	3.4	563.9	85.6	29.3

케이씨 (A029460)
KC CO

업 종 : 반도체 및 관련장비 시 장 : 거래소
신용등급 : (Bond) — (CP) — 기업규모 : 시가총액 소형주
홈페이지 : www.kctech.com 연 락 처 : 031)670-8900
본 사 : 경기도 안성시 미양면 제2공단2길 39

설 립 일	1987.02.16	**종업원수**	603명	**대표이사**	고석태,이정호
상 장 일	1996.06.21	**감사의견**	적정(삼정)	**계 열**	
결 산 기	12월	**보 통 주**		**종속회사수**	9개사
액 면 가	500원	**우 선 주**		**구 상 호**	케이씨텍

주주구성 (지분율,%)		출자관계 (지분율,%)		주요경쟁사 (외형,%)	
고석태	33.7	케이씨아이앤에스	100.0	케이씨	100
KB자산운용	9.2	케이피씨	58.1	지스마트글로벌	17
(외국인)	13.2	케이씨이앤씨	57.2	젬백스	8

매출구성		비용구성		수출비중	
반도체부문	46.8	매출원가율	85.3	수출	4.2
공사매출부문	30.1	판관비율	5.0	내수	95.8
디스플레이부문	26.6				

회사 개요

동사는 반도체 및 디스플레이 제조를 위한 공정용 장비 및 소재를 생산, 판매함. 반도체 제조장비 산업은 반도체 소자업체에 대한 의존도가 매우 높고, 소자업체의 설비투자계획에 따라 국내외 반도체 제조장비 시장이 형성됨. 소자업체의 설비투자에 따라 매출액이 유동적인 모습을 보이는 상황임. 디스플레이 시장은 스마트폰, 태블릿PC 시장상황과 동행함. 또한 중국 정부의 투자 정책으로 중국 시장을 둘러싸고 치열하게 경쟁함.

실적 분석

동사의 2017년 매출과 영업이익은 5,729.5억원, 555.2억원으로 전년 대비 각각 120%, 155.6% 증가함. 공사부문 2,903억, 유틸리티부문 1,459억, 반도체장비부문 1,101억 등의 매출을 달성. 이는 반도체 및 디스플레이 산업 및 산업전반의 투자 증가에 기인함. 자산은 전기대비 967억원 감소한 3,761억원, 부채는 전기대비 43억원 감소한 1,284억원, 자본은 전기대비 924억원 감소한 2,476억을 시현.

현금 흐름 〈단위 : 억원〉

항목	2016	2017
영업활동	296	562
투자활동	-190	-470
재무활동	-129	-112
순현금흐름	-18	-51
기말현금	355	304

시장 대비 수익률

결산 실적 〈단위 : 억원〉

항목	2012	2013	2014	2015	2016	2017
매출액	1,716	2,841	3,570	4,355	2,604	5,730
영업이익	89	309	312	537	217	555
당기순이익	112	262	256	457	511	850

분기 실적 〈단위 : 억원〉

항목	2016.3Q	2016.4Q	2017.1Q	2017.2Q	2017.3Q	2017.4Q
매출액	916	-147	1,864	2,124	1,558	183
영업이익	87	-121	163	219	143	30
당기순이익	105	155	210	194	211	234

재무 상태 〈단위 : 억원〉

항목	2012	2013	2014	2015	2016	2017
총자산	2,383	3,059	3,524	4,039	4,729	3,761
유형자산	573	630	654	755	1,081	491
무형자산	88	96	87	80	72	39
유가증권	85	58	67	70	34	399
총부채	305	655	897	1,010	1,328	1,285
총차입금	—	—	36	28	81	77
자본금	167	167	167	167	167	68
총자본	2,078	2,404	2,627	3,029	3,401	2,477
지배주주지분	1,992	2,215	2,440	2,832	3,165	2,127

기업가치 지표

항목	2012	2013	2014	2015	2016	2017
주가(최고/저)(천원)	4.7/2.7	4.5/2.9	7.0/4.0	11.7/5.9	14.9/8.5	25.7/10.8
PER(최고/저)(배)	14.7/8.6	6.2/4.0	9.4/5.4	9.4/4.7	10.5/6.0	10.6/4.4
PBR(최고/저)(배)	0.8/0.5	0.7/0.5	1.0/0.6	1.4/0.7	1.5/0.9	1.6/0.7
EV/EBITDA(배)	4.7	2.9	4.8	4.5	14.8	4.3
EPS(원)	338	778	771	1,284	1,436	2,439
BPS(원)	6,024	6,778	7,486	8,675	9,955	16,473
CFPS(원)	558	1,004	1,018	1,549	1,739	2,824
DPS(원)	20	70	100	150	150	180
EBITDAPS(원)	485	1,152	1,181	1,874	954	2,231

재무 비율 〈단위 : %〉

연도	영업이익률	순이익률	부채비율	차입금비율	ROA	ROE	유보율	자기자본비율	EBITDA마진율
2017	9.7	14.8	51.9	3.1	20.0	27.7	3,194.5	65.9	11.7
2016	8.3	19.6	39.1	2.4	11.7	16.0	1,890.9	71.9	12.2
2015	12.3	10.5	33.4	0.9	12.1	16.3	1,634.9	75.0	14.4
2014	8.7	7.2	34.2	1.4	7.8	11.1	1,397.1	74.5	11.1

케이씨그린홀딩스 (A009440)

KC Green Holdings

업종 : 상업서비스
시장 : 거래소
신용등급 : (Bond) — (CP) —
기업규모 : 시가총액 소형주
홈페이지 : www.kcgreenholdings.com
연락처 : 02)320-6114
본사 : 서울시 마포구 상암산로 34 디지털큐브 12층

설립일	1973.11.27	**종업원수**	28명	**대표이사**	이태영
상장일	1994.11.05	**감사의견**	적정(참)	**계열**	
결산기	12월	**보통주**		**종속회사수**	21개사
액면가	500원	**우선주**		**구상호**	

주주구성 (지분율,%)		출자관계 (지분율,%)		주요경쟁사 (외형,%)	
이태영	31.6	KC환경건설	100.0	KC그린홀딩스	100
산연	8.9	KC그린소재	100.0	퍼스텍	46
(외국인)	3.4	KC에코물류	100.0	빅텍	12

매출구성		비용구성		수출비중	
투자사업부문(기타)	100.0	매출원가율	80.9	수출	—
		판관비율	13.5	내수	—

회사 개요

동사는 1973년 11월 한국코트렐공업으로 설립되었고 대기오염방지플랜트, 환경서비스(폐기물 소각/재활용), 신재생에너지, 친환경제조사업을 영위하고 있음. 동사는 2010년 1월 기업분할을 통해 제조사업부문과 투자사업부문을 분리하여 지주회사로 전환하였음. 2017년 매출액은 환경플랜트(61.2%), 신재생에너지(17.7%), 친환경제조(9.6%), 환경서비스(6.5%), 투자(5.0%)로 구성되어 있음.

실적 분석

동사의 연결기준 2017년 4분기 누적 매출액은 전년 동기(3913.7억원) 대비 10% 감소한 3524.1억원을 기록함. 동기간 판관비는 4.7% 증가함에 따라 영업이익은 전년 동기 대비 23.7% 감소한 197.5억원을 기록함. 한편 비영업손익은 이자수익 중심으로 금융수익이 흑자전환했고, 법인세 비용도 소폭 감소함에 따라 당기순이익은 전년(67.4억원) 대비 39%오른 93.6억원을 시현함.

현금 흐름 〈단위 : 억원〉

항목	2016	2017
영업활동	350	146
투자활동	-410	274
재무활동	9	-171
순현금흐름	-50	243
기말현금	361	604

시장 대비 수익률

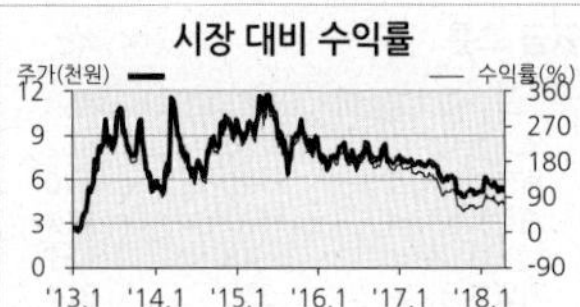

결산 실적 〈단위 : 억원〉

항목	2012	2013	2014	2015	2016	2017
매출액	5,026	4,873	3,841	3,777	3,914	3,524
영업이익	465	209	178	161	259	197
당기순이익	383	145	0	134	67	94

분기 실적 〈단위 : 억원〉

항목	2016.3Q	2016.4Q	2017.1Q	2017.2Q	2017.3Q	2017.4Q
매출액	901	1,111	931	880	764	949
영업이익	55	74	29	59	61	49
당기순이익	34	-59	45	14	60	-26

재무 상태 〈단위 : 억원〉

항목	2012	2013	2014	2015	2016	2017
총자산	4,853	4,299	4,375	4,503	4,628	5,199
유형자산	1,528	1,347	1,465	1,693	1,795	1,684
무형자산	345	360	359	383	384	391
유가증권	39	73	70	90	63	53
총부채	2,931	2,179	2,434	2,545	2,544	2,718
총차입금	903	676	852	892	977	896
자본금	112	112	112	112	112	112
총자본	1,922	2,120	1,941	1,958	2,083	2,482
지배주주지분	1,318	1,473	1,453	1,539	1,580	1,621

기업가치 지표

항목	2012	2013	2014	2015	2016	2017
주가(최고/저)(천원)	2.8/1.7	11.1/2.6	11.5/4.9	12.2/6.4	8.6/6.7	7.6/4.8
PER(최고/저)(배)	2.9/1.8	28.7/6.6	110.9/47.0	21.0/11.0	43.0/33.3	34.1/21.4
PBR(최고/저)(배)	0.5/0.3	1.8/0.4	1.9/0.8	1.8/1.0	1.3/1.0	1.1/0.7
EV/EBITDA(배)	2.2	5.0	10.5	9.6	6.6	6.6
EPS(원)	1,057	413	109	606	208	229
BPS(원)	6,046	6,630	6,542	6,922	7,108	7,290
CFPS(원)	1,904	1,371	654	1,213	918	872
DPS(원)	70	100	50	80	100	110
EBITDAPS(원)	2,919	1,888	1,338	1,325	1,863	1,524

재무 비율 〈단위 : %〉

연도	영업이익률	순이익률	부채비율	차입금비율	ROA	ROE	유보율	자기자본비율	EBITDA마진율
2017	5.6	2.7	109.5	36.1	1.9	3.2	1,357.9	47.7	9.7
2016	6.6	1.7	122.1	46.9	1.5	3.0	1,321.6	45.0	10.7
2015	4.3	3.6	130.0	45.6	3.0	9.1	1,284.5	43.5	7.9
2014	4.6	0.0	125.4	43.9	0.0	1.7	1,208.4	44.4	7.8

케이씨산업 (A112190)

KC INDUSTRY COLTD

업종 : 건축소재
시장 : KONEX
신용등급 : (Bond) — (CP) —
기업규모 : —
홈페이지 : www.kccond.co.kr
연락처 : 031)883-8684
본사 : 경기도 여주시 가남읍 가남로 465

설립일	1995.12.21	**종업원수**	74명	**대표이사**	이강주
상장일	2016.05.31	**감사의견**	적정(한울)	**계열**	
결산기	12월	**보통주**		**종속회사수**	
액면가	—	**우선주**		**구상호**	

주주구성 (지분율,%)		출자관계 (지분율,%)		주요경쟁사 (외형,%)	
이강주	12.3	케이씨	25.0	케이씨산업	100
박광노	10.9				

매출구성		비용구성		수출비중	
PC BOX(제조)	49.8	매출원가율	90.7	수출	—
방음벽 기초	17.0	판관비율	7.6	내수	—
PC BOX(공사)	17.0				

회사 개요

동사는 1995년 12월 21일 건설자재 생산·판매업을 목적으로 주식회사 토암산업으로 설립되었으며, 이후 전문건설업인 상하수도 설비공사, 철근콘크리트 및 토공사종목을 추가하였고 2015년 4월 상호를 주식회사 케이씨산업으로 변경하였음. 동사는 현재 콘크리트관 및 기타구조용 콘크리트제품 제조업을 주요사업으로 영위하고 있음. 토목·건축분야 프리캐스트 공법에 사용되는 PC제품을 전문적으로 생산·시공하고, 특수(특허공법) 토공사를 전문으로 함.

실적 분석

코넥스 상장기업인 동사의 2017년 매출액은 548.5억원으로 전년 520.0억원보다 28.5억원 증가하였음. 영업이익은 전년 27.4억원보다 18.3억원 감소한 9.1억원을 기록함. 영업외 수익 또한 2.3억원 증가해 당기순이익은 6.7억원을 기록, 전년보다는 증가했으나 2015년 25.5억원보다 대폭 감소하였음. 동사는 향후 PC제품 시장의 증대와 도심지 개착공사의 어려움으로 비굴착 공법인 DSM공법의 활용이 기대됨.

현금 흐름 *IFRS 별도 기준 〈단위 : 억원〉

항목	2016	2017
영업활동	4	71
투자활동	-9	-49
재무활동	-5	-10
순현금흐름	-10	12
기말현금	9	21

시장 대비 수익률

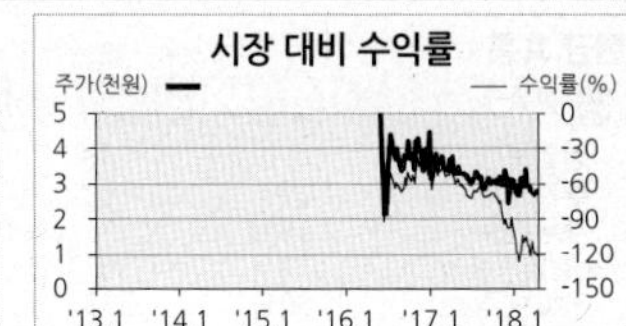

결산 실적 〈단위 : 억원〉

항목	2012	2013	2014	2015	2016	2017
매출액	406	327	333	554	520	548
영업이익	2	2	20	31	27	9
당기순이익	-451	-32	36	25	4	7

분기 실적 *IFRS 별도 기준 〈단위 : 억원〉

항목	2016.3Q	2016.4Q	2017.1Q	2017.2Q	2017.3Q	2017.4Q
매출액	—	—	—	—	—	—
영업이익	—	—	—	—	—	—
당기순이익	—	—	—	—	—	—

재무 상태 *IFRS 별도 기준 〈단위 : 억원〉

항목	2012	2013	2014	2015	2016	2017
총자산	329	305	270	237	326	306
유형자산	129	129	24	48	42	49
무형자산	0	0	0	4	4	4
유가증권	8	13	14	14	14	14
총부채	333	291	264	180	264	237
총차입금	—	71	28	36	55	25
자본금	28	28	15	25	25	33
총자본	-4	14	6	57	62	69
지배주주지분	-4	14	6	57	62	69

기업가치 지표 *IFRS 별도 기준

항목	2012	2013	2014	2015	2016	2017
주가(최고/저)(천원)	—/—	—/—	—/—	—/—	5.0/1.9	5.1/2.5
PER(최고/저)(배)	0.0/0.0	0.0/0.0	0.0/0.0	0.0/0.0	57.0/21.9	40.9/19.9
PBR(최고/저)(배)	0.0/0.0	0.0/0.0	0.0/0.0	0.0/0.0	4.1/1.6	4.9/2.4
EV/EBITDA(배)	—	9.0	0.4	0.3	7.1	12.8
EPS(원)	-284,480	-3,475	2,948	752	88	125
BPS(원)	-79	246	208	1,137	1,228	1,040
CFPS(원)	-46,758	-497	1,621	949	281	187
DPS(원)	—	—	—	—	—	—
EBITDAPS(원)	911	126	944	1,103	740	231

재무 비율 〈단위 : %〉

연도	영업이익률	순이익률	부채비율	차입금비율	ROA	ROE	유보율	자기자본비율	EBITDA마진율
2017	1.7	1.2	343.1	35.7	2.1	10.3	108.1	22.6	2.3
2016	5.3	0.8	427.7	89.3	1.6	7.4	145.6	19.0	7.1
2015	5.6	4.6	316.3	64.0	10.1	80.7	127.5	24.0	6.8
2014	5.9	10.8	일부잠식	일부잠식	12.6	361.4	-58.5	2.4	6.9

케이씨씨 (A002380)

KCC

업　　종 : 건축자재　　시　　장 : 거래소
신용등급 : (Bond) AA　(CP) A1　　기업규모 : 시가총액 대형주
홈페이지 : www.kccworld.co.kr　　연 락 처 : 02)3480-5000
본　　사 : 서울시 서초구 사평대로 344

설 립 일	1958.08.12	**종업원수**	5,178명	**대표이사**	정몽진,정몽익
상 장 일	1973.06.25	**감사의견**	적정(한영)	**계　열**	
결 산 기	12월	**보 통 주**		**종속회사수**	17개사
액 면 가	5,000원	**우 선 주**		**구 상 호**	

주주구성 (지분율,%)		출자관계 (지분율,%)		주요경쟁사 (외형,%)	
정몽진	18.1	KCS	100.0	KCC	100
국민연금공단	11.7	Basildon	100.0	LG하우시스	84
(외국인)	20.5	KCT	100.0	벽산	11

매출구성		비용구성		수출비중	
건축 내외장재,자동차용 유리외	34.4	매출원가율	76.1	수출	13.1
건축용, 자동차용,선박용 외	26.7	판관비율	15.4	내수	86.9
부자재 외	19.4				

회사 개요

동사는 국내 최대의 도료 생산업체로서 자동차용, 선박용, 공업용, 건축용, 중방식용 등 다양한 분야에 적용할 수 있는 제품 포트폴리오를 구축하여 최고의 품질로 생산 공급하고 있음. 사업구조는 건자재부문, 도료부문, 기타부문으로 구성되어 있으며, 건자재부문 사업은 유리, PVC 등이 있으며, 도료부문 사업은 자동차용 도료, 선박용 도료 등으로 구분됨. 또한 기타부문 사업은 유/무기 실리콘, 홈씨씨 등 유통사업으로 구분되어 있음.

실적 분석

동사의 2017년 연간 매출액은 전년동기대비 10.7% 상승한 38,639.9억원을 기록하였음. 비용면에서 전년동기대비 매출원가는 증가 하였으며 인건비는 거의 동일 하였고 광고선전비는 감소, 기타판매비와관리비는 증가함. 매출액은 성장했지만 원가 증가로 인해 전년동기대비 영업이익은 3,298.4억원으로 1% 거의 동일 하였음. 최종적으로 전년동기대비 당기순이익은 크게 하락하여 423억원을 기록함.

현금 흐름 〈단위 : 억원〉

항목	2016	2017
영업활동	4,311	3,329
투자활동	-4,980	-6,585
재무활동	2,019	1,416
순현금흐름	1,438	-2,083
기말현금	5,883	3,800

시장 대비 수익률

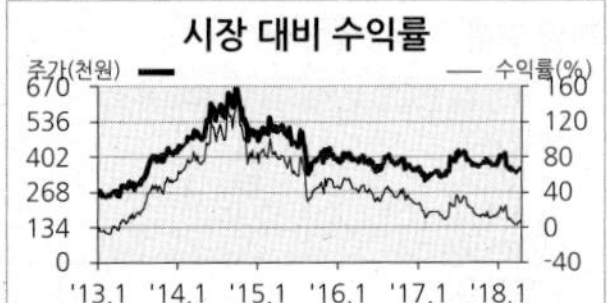

결산 실적 〈단위 : 억원〉

항목	2012	2013	2014	2015	2016	2017
매출액	32,462	32,330	33,998	34,144	34,905	38,640
영업이익	1,989	2,317	2,734	3,092	3,266	3,298
당기순이익	4,463	2,490	3,267	1,851	1,530	423

분기 실적 〈단위 : 억원〉

항목	2016.3Q	2016.4Q	2017.1Q	2017.2Q	2017.3Q	2017.4Q
매출액	8,574	9,378	8,430	9,703	10,251	10,257
영업이익	990	367	712	920	1,121	545
당기순이익	631	-293	341	700	717	-1,336

재무 상태 〈단위 : 억원〉

항목	2012	2013	2014	2015	2016	2017
총자산	68,240	70,517	86,545	86,684	91,624	95,438
유형자산	27,089	26,274	25,630	25,147	25,725	27,658
무형자산	332	331	317	413	401	305
유가증권	19,265	18,516	29,173	30,946	31,584	32,860
총부채	18,621	19,585	24,252	27,998	31,954	36,775
총차입금	8,614	9,953	10,495	16,497	20,078	24,419
자본금	563	563	563	564	564	564
총자본	49,619	50,933	62,293	58,687	59,669	58,663
지배주주지분	49,297	50,610	61,970	58,579	59,560	58,552

기업가치 지표

항목	2012	2013	2014	2015	2016	2017
주가(최고/저)(천원)	326/223	433/251	670/420	551/335	423/346	433/310
PER(최고/저)(배)	8.8/6.0	20.4/11.8	23.5/14.8	33.9/20.5	30.8/24.9	111.8/80.3
PBR(최고/저)(배)	0.8/0.5	1.0/0.6	1.2/0.8	1.0/0.6	0.8/0.6	0.8/0.6
EV/EBITDA(배)	10.0	13.5	12.7	11.6	9.4	10.2
EPS(원)	42,265	23,558	30,964	17,443	14,430	3,958
BPS(원)	480,284	492,764	600,744	566,549	575,837	566,294
CFPS(원)	57,838	38,519	45,662	32,989	33,688	24,980
DPS(원)	8,000	8,000	9,000	9,000	9,000	9,000
EBITDAPS(원)	34,485	36,990	40,686	44,930	50,194	52,267

재무 비율 〈단위 : %〉

연도	영업이익률	순이익률	부채비율	차입금비율	ROA	ROE	유보율	자기자본비율	EBITDA마진율
2017	8.5	1.1	62.7	41.6	0.5	0.7	10,492.9	61.5	14.3
2016	9.4	4.4	53.6	33.7	1.7	2.6	10,671.4	65.1	15.2
2015	9.1	5.4	47.7	28.1	2.1	3.1	10,497.7	67.7	13.9
2014	8.0	9.6	38.9	16.9	4.2	5.8	11,134.8	72.0	12.6

케이씨씨건설 (A021320)

KCC Engineering & Construction

업　　종 : 건설　　시　　장 : KOSDAQ
신용등급 : (Bond) A-　(CP) A2-　　기업규모 : 중견
홈페이지 : www.kccworld.net　　연 락 처 : 02)513-5500
본　　사 : 서울시 서초구 강남대로 587 (잠원동)

설 립 일	1989.01.27	**종업원수**	1,014명	**대표이사**	정몽열,윤희영
상 장 일	2001.08.09	**감사의견**	적정(한영)	**계　열**	
결 산 기	12월	**보 통 주**		**종속회사수**	1개사
액 면 가	5,000원	**우 선 주**		**구 상 호**	

주주구성 (지분율,%)		출자관계 (지분율,%)		주요경쟁사 (외형,%)	
케이씨씨	36.0	대산컴플렉스개발	80.0	KCC건설	100
정몽열	30.0	화랑관사비티엘	25.8	서희건설	78
(외국인)	3.1	블루아일랜드자산관리	24.7	고려개발	50

매출구성		비용구성		수출비중	
건축	74.0	매출원가율	90.4	수출	—
토목	21.4	판관비율	4.2	내수	—
분양	4.6				

회사 개요

동사는 1989년 금강에서 건설부문을 분리하여 설립되고, 2017년도 시공능력평가순위 26위의 KCC그룹 계열 건설사임. 인력자원과 기술개발, 품질관리를 통해 축적된 기술로 지하철, 고속도로 등 토목건설 및 호텔, 병원 등 건축물을 국내외에 건립하고 있음. 동사의 20167의 부문별 매출은 국내 건축 70.60%, 국내 토목 19.90%, 분양공사 9.56%로 구성됨. 전년동기 대비 분양사업 비중이 소폭 늘어남.

실적 분석

동사는 2017년도 국내 현장의 소화물량 증가 및 설계변경, 예산절감에 따른 원가율 하락으로 매출총이익이 전기 대비 352억 증가함. 매출액 증가 대비 금융손익 및 기타손익의 총 증감액이 크지 않아 전기대비 당기순이익이 증가함에 따라 수익성이 비율이 개선되었음. 공사 매출액은 전년 신규 수주물량 증가와 당기 소화물량 증가로 전년 대비 1,303억 증가함.

현금 흐름 〈단위 : 억원〉

항목	2016	2017
영업활동	56	1,025
투자활동	99	603
재무활동	-110	-500
순현금흐름	46	1,126
기말현금	1,247	2,373

시장 대비 수익률

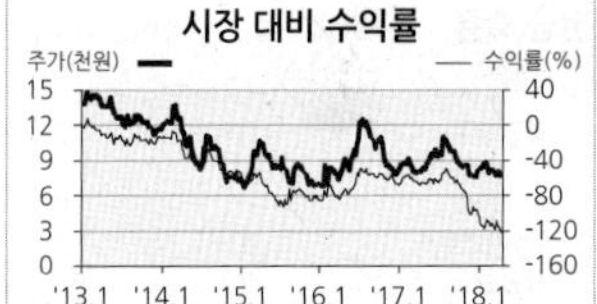

결산 실적 〈단위 : 억원〉

항목	2012	2013	2014	2015	2016	2017
매출액	12,748	10,650	10,003	9,696	11,207	13,264
영업이익	110	-521	10	-936	352	719
당기순이익	85	-1,412	10	-853	166	225

분기 실적 〈단위 : 억원〉

항목	2016.3Q	2016.4Q	2017.1Q	2017.2Q	2017.3Q	2017.4Q
매출액	2,986	3,386	3,165	3,522	2,929	3,648
영업이익	71	50	169	350	113	86
당기순이익	57	6	137	55	91	-57

재무 상태 〈단위 : 억원〉

항목	2012	2013	2014	2015	2016	2017
총자산	10,800	11,178	11,300	8,381	9,028	9,421
유형자산	324	279	68	39	36	21
무형자산	72	66	61	55	49	47
유가증권	628	636	623	529	408	512
총부채	6,575	8,377	7,441	5,392	5,927	6,039
총차입금	3,168	5,011	4,199	3,051	2,898	2,486
자본금	290	290	1,070	1,070	1,070	1,070
총자본	4,225	2,800	3,858	2,989	3,100	3,381
지배주주지분	4,219	2,799	3,861	2,990	3,102	3,383

기업가치 지표

항목	2012	2013	2014	2015	2016	2017
주가(최고/저)(천원)	19.7/12.1	15.0/11.1	13.7/7.1	11.2/6.7	12.7/6.8	11.0/7.4
PER(최고/저)(배)	17.7/10.9	—/—	152.7/79.1	—/—	16.8/9.0	10.7/7.1
PBR(최고/저)(배)	0.3/0.2	0.4/0.3	0.8/0.4	0.8/0.5	0.9/0.5	0.7/0.5
EV/EBITDA(배)	18.4	—	57.3	—	7.2	2.3
EPS(원)	1,203	-20,624	95	-3,984	778	1,051
BPS(원)	72,744	48,262	18,041	13,972	14,493	15,806
CFPS(원)	2,666	-23,055	495	-3,818	883	1,139
DPS(원)	500	—	250	—	100	130
EBITDAPS(원)	3,145	-7,768	467	-4,206	1,749	3,446

재무 비율 〈단위 : %〉

연도	영업이익률	순이익률	부채비율	차입금비율	ROA	ROE	유보율	자기자본비율	EBITDA마진율
2017	5.4	1.7	178.6	73.5	2.4	6.9	216.1	35.9	5.6
2016	3.1	1.5	191.2	93.5	1.9	5.5	189.9	34.3	3.3
2015	-9.7	-8.8	180.4	102.1	-8.7	-24.9	179.4	35.7	-9.3
2014	0.1	0.1	192.9	108.8	0.1	0.4	260.8	34.2	0.7

케이씨아이 (A036670)

KCI

업　종	가정생활용품	시　장	KOSDAQ
신용등급	(Bond) —　(CP) —	기업규모	중견
홈페이지	www.kciltd.com	연 락 처	041)660-7900
본　사	충남 서산시 대산읍 대죽1로 221		

설립일	1991.07.13	**종업원수**	129명	**대표이사**	이진용
상장일	2000.12.23	**감사의견**	적정(한경)	**계　열**	
결산기	12월	**보통주**		**종속회사수**	
액면가	500원	**우선주**		**구　상　호**	

주주구성 (지분율,%)		출자관계 (지분율,%)		주요경쟁사 (외형,%)	
삼양사	44.2	오엔오케미칼	49.0	KCI	100
비오스케미컬	2.3	비오스케미컬	10.0	LG생활건강	12,928
(외국인)	0.9	KCI-Japan	45.0	모나리자	242

매출구성		비용구성		수출비중	
POLYMER	34.5	매출원가율	72.1	수출	—
계면활성제	32.2	판관비율	17.3	내수	—
기타	19.1				

회사 개요

동사는 1991년 설립된 삼양 계열사로 2001년 코스닥 시장에 상장함. 동사는 생활화학 전문기업임. 샴푸와 린스의 고급첨가물로 쓰이는 폴리머와 계면활성제 등을 주로 생산함. 폴리머 시장에서는 세계시장 점유율 2위임. 국내에서는 아모레퍼시픽과 LG생활건강 등을 주요 거래처로 보유하고 있음. 주요 수출처는 로레알과 P&G 등이 있음. 북미, 남미, 유럽, 동남아, 중국, 중동 등으로 제품을 수출함.

실적 분석

2017년 연결기준 동사 매출액은 485억원을 기록함. 전년도 매출인 443.1억원에 비해 9.5% 증가한 금액임. 매출이 증가했으나 매출원가가 21.2% 늘고 판매비와 관리비 또한 16.7% 증가해 영업이익은 37.9% 감소함. 전년도 영업이익은 82.3억원을 기록했으나 2017년엔 51.1억원을 기록하는 데 그침. 비영업부문 또한 적자로 전환함. 이에 당기순이익은 전년도 67.3억원에서 40.9% 감소한 39.8억원을 기록함.

현금 흐름 *IFRS 별도 기준 〈단위 : 억원〉

항목	2016	2017
영업활동	12	77
투자활동	-41	-21
재무활동	-6	0
순현금흐름	-35	54
기말현금	40	94

시장 대비 수익률

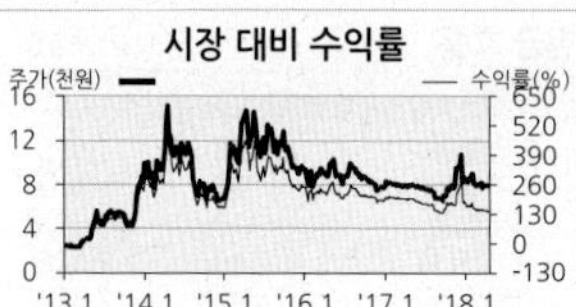

결산 실적 〈단위 : 억원〉

항목	2012	2013	2014	2015	2016	2017
매출액	300	333	392	387	443	485
영업이익	22	24	33	64	82	51
당기순이익	19	23	33	55	67	40

분기 실적 *IFRS 별도 기준 〈단위 : 억원〉

항목	2016.3Q	2016.4Q	2017.1Q	2017.2Q	2017.3Q	2017.4Q
매출액	111	123	118	117	126	124
영업이익	15	20	12	14	13	12
당기순이익	9	19	9	15	12	4

재무 상태 *IFRS 별도 기준 〈단위 : 억원〉

항목	2012	2013	2014	2015	2016	2017
총자산	530	542	562	556	604	627
유형자산	325	322	299	280	281	288
무형자산	7	9	6	6	5	5
유가증권	2	0	2	3	6	4
총부채	195	166	159	114	134	137
총차입금	182	144	124	79	93	106
자본금	55	55	56	56	56	56
총자본	335	376	403	442	470	490
지배주주지분	335	376	403	442	470	490

기업가치 지표 *IFRS 별도 기준

항목	2012	2013	2014	2015	2016	2017
주가(최고/저)(천원)	3.2/1.9	8.7/2.3	15.2/6.4	15.3/6.6	10.4/7.5	10.8/6.4
PER(최고/저)(배)	20.5/12.2	45.5/12.1	55.6/23.3	33.5/14.5	18.3/13.1	31.2/18.6
PBR(최고/저)(배)	1.1/0.7	2.8/0.8	4.5/1.9	4.0/1.7	2.4/1.7	2.3/1.4
EV/EBITDA(배)	8.8	20.8	13.3	12.5	9.2	14.0
EPS(원)	171	208	293	484	597	353
BPS(원)	3,210	3,350	3,612	4,067	4,537	4,716
CFPS(원)	419	483	573	711	779	517
DPS(원)	50	75	90	130	180	180
EBITDAPS(원)	452	494	573	796	911	618

재무 비율 〈단위 : %〉

연도	영업이익률	순이익률	부채비율	차입금비율	ROA	ROE	유보율	자기자본비율	EBITDA마진율
2017	10.5	8.2	28.0	21.6	6.5	8.3	843.1	78.1	14.4
2016	18.6	15.2	28.5	19.7	11.6	14.8	807.5	77.8	23.2
2015	16.6	14.1	25.9	17.9	9.8	12.9	713.3	79.4	23.2
2014	8.5	8.4	39.3	30.6	6.0	8.5	631.5	71.8	16.5

케이씨에스 (A115500)

Korea Computer & Systems

업　종	IT 서비스	시　장	KOSDAQ
신용등급	(Bond) —　(CP) —	기업규모	중견
홈페이지	www.kcins.co.kr	연 락 처	02)6377-5221
본　사	경북 구미시 3공단1로 284 (임수동)		

설립일	2002.12.06	**종업원수**	57명	**대표이사**	이규현
상장일	2010.04.14	**감사의견**	적정(삼정)	**계　열**	
결산기	12월	**보통주**		**종속회사수**	
액면가	500원	**우선주**		**구　상　호**	

주주구성 (지분율,%)		출자관계 (지분율,%)		주요경쟁사 (외형,%)	
한국컴퓨터지주	70.0			케이씨에스	100
이규현	0.5			DB	681
(외국인)	1.0			엑셈	115

매출구성		비용구성		수출비중	
H/W (NSK 외)	36.8	매출원가율	86.6	수출	—
용역 및 유지보수	33.2	판관비율	9.4	내수	—
S/W (Solution 외)	30.0				

회사 개요

동사는 금융기관에 사용되는 중대형 서버 등의 제조,판매 및 유지보수를 목적으로 사업을 영위하고 있음. 핵심사업은 크게 Nonstop SI, Enterprise Solution, 철도 및 도로 교통 인프라 사업, KIOSK 단말 사업 4가지로 구분. 국내 신용카드 승인시스템 시장의 70%이상을 점유하고 있고, 버스운행정보시스템과 단말기 구축사업의 경우 전국 지자체에 공급을 하고 있는 가운데 여전히 국내 BIT 설치율이 낮아 시장성은 높은 상황임.

실적 분석

동사의 2017년 연결기준 연간 매출액은 293.1억원으로 전년 동기 대비 13.6% 증가함. 매출이 증가하면서 매출원가와 판관비도 증가했지만 매출 증가에 따른 고정비용 감소 효과로 인해 영업이익은 전년 동기 대비 4.6% 증가한 11.8억원을 기록함. 비영업 부문에서도 금융과 외환 분야에서 수익을 거둬 당기순이익은 전년 동기 대비 18.5% 증가한 12.3억원을 시현함.

현금 흐름 *IFRS 별도 기준 〈단위 : 억원〉

항목	2016	2017
영업활동	12	9
투자활동	50	-24
재무활동	-8	-8
순현금흐름	54	-23
기말현금	127	104

시장 대비 수익률

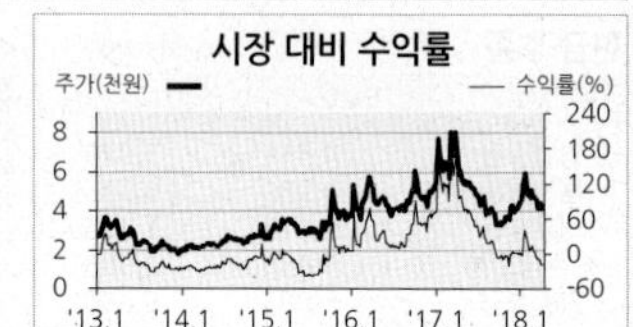

결산 실적 〈단위 : 억원〉

항목	2012	2013	2014	2015	2016	2017
매출액	243	235	241	202	258	293
영업이익	28	20	27	10	11	12
당기순이익	18	14	24	10	10	12

분기 실적 *IFRS 별도 기준 〈단위 : 억원〉

항목	2016.3Q	2016.4Q	2017.1Q	2017.2Q	2017.3Q	2017.4Q
매출액	68	119	43	38	63	149
영업이익	2	11	0	0	1	10
당기순이익	2	9	1	0	1	9

재무 상태 *IFRS 별도 기준 〈단위 : 억원〉

항목	2012	2013	2014	2015	2016	2017
총자산	204	220	249	224	275	285
유형자산	1	1	17	17	16	39
무형자산	6	2	2	2	2	2
유가증권	6	6	2	52	2	3
총부채	34	46	67	48	97	103
총차입금	—	—	—	—	—	—
자본금	60	60	60	60	60	60
총자본	171	173	182	176	177	182
지배주주지분	171	173	182	176	177	182

기업가치 지표 *IFRS 별도 기준

항목	2012	2013	2014	2015	2016	2017
주가(최고/저)(천원)	6.4/0.9	3.9/1.8	3.5/1.9	5.2/2.6	6.3/3.6	8.5/3.0
PER(최고/저)(배)	51.8/7.6	38.8/17.9	19.5/10.7	67.7/33.7	75.4/42.9	84.6/30.3
PBR(최고/저)(배)	5.4/0.8	3.1/1.5	2.6/1.4	3.7/1.9	4.4/2.5	5.7/2.0
EV/EBITDA(배)	8.2	6.3	6.5	30.8	42.5	31.0
EPS(원)	148	117	199	81	86	102
BPS(원)	1,423	1,446	1,515	1,464	1,476	1,517
CFPS(원)	154	122	205	88	92	111
DPS(원)	100	100	140	70	70	90
EBITDAPS(원)	235	168	231	91	100	107

재무 비율 〈단위 : %〉

연도	영업이익률	순이익률	부채비율	차입금비율	ROA	ROE	유보율	자기자본비율	EBITDA마진율
2017	4.0	4.2	56.7	0.0	4.4	6.8	203.3	63.8	4.4
2016	4.4	4.0	55.0	0.0	4.2	5.9	195.2	64.5	4.7
2015	5.0	4.8	27.3	0.0	4.1	5.4	192.8	78.5	5.4
2014	11.2	9.9	37.0	0.0	10.2	13.5	202.9	73.0	11.5

케이씨코트렐 (A119650)
KC Cottrell

업　종 : 상업서비스
신용등급 : (Bond) —　(CP) —
홈페이지 : www.kc-cottrell.com
본　사 : 서울시 마포구 상암산로 34 디지털큐브 12층
시　장 : 거래소
기업규모 : 시가총액 소형주
연 락 처 : 02)320-6114

설 립 일	2010.01.06	**종업원수**	201명	**대표이사**	서동영
상 장 일	2010.01.29	**감사의견**	적정(참)	**계　열**	
결 산 기	12월	**보 통 주**		**종속회사수**	5개사
액 면 가	500원	**우 선 주**		**구 상 호**	

주주구성 (지분율,%)		출자관계 (지분율,%)		주요경쟁사 (외형,%)	
KC그린홀딩스	35.0			KC코트렐	100
국민연금기금	2.9			인선이엔티	95
(외국인)	1.9			C&S자산관리	120

매출구성		비용구성		수출비중	
분진처리설비(제품)	36.5	매출원가율	86.9	수출	52.2
GAS처리설비(제품)	34.1	판관비율	11.0	내수	47.8
기타	29.5				

회사 개요
동사는 2010년 케이씨그린홀딩스로부터 인적분할을 통해 신설됨. 사업군별로 보면 발전소, 제철소, 시멘트 공장 등에서 발생되는 미세먼지를 포집, 제거하는 장치인 전기집진기를 주력상품으로 하는 분진처리부문과 화석연료를 사용하는 시설에서 발생하는 황, 질소산화물을 제거하는 설비를 생산하는 가스처리설비사업부문, 태양광 등의 설비를 생산하는 신재생에너지 사업부분이 있음.

실적 분석
동사의 2017년 매출액은 전년 동기 1,792.8억원 대비 6.0% 감소한 1,684.7억원을 기록하였음. 이와 함께 인건비를 비롯한 판매비와 관리비가 증가하면서 영업이익은 전년보다 42.1% 감소한 34.6억원을 기록함. 단, 파생상품거래 관련 금융수익이 급증하며 당기순이익은 전년대비 약 60억원 순증함. 최근 현대제철 프로젝트를 수주해 기존 사업 입지를 다졌고 스마트에너지사업부를 신설하는 등 새로운 사업도 시작했음.

현금 흐름 <단위 : 억원>

항목	2016	2017
영업활동	119	30
투자활동	-66	-16
재무활동	63	-9
순현금흐름	116	1
기말현금	164	165

시장 대비 수익률
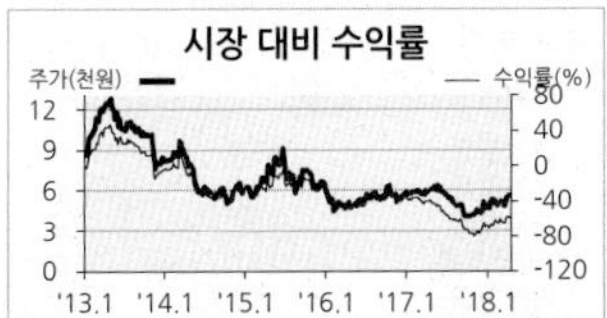

결산 실적 <단위 : 억원>

항목	2012	2013	2014	2015	2016	2017
매출액	3,321	2,909	2,097	1,868	1,793	1,685
영업이익	147	7	-63	-87	60	35
당기순이익	164	38	-76	-68	9	69

분기 실적 <단위 : 억원>

항목	2016.3Q	2016.4Q	2017.1Q	2017.2Q	2017.3Q	2017.4Q
매출액	410	581	470	377	356	482
영업이익	19	30	-11	-9	17	37
당기순이익	14	-5	31	-3	15	26

재무 상태 <단위 : 억원>

항목	2012	2013	2014	2015	2016	2017
총자산	2,355	1,637	1,707	1,467	1,535	1,803
유형자산	387	315	363	365	358	362
무형자산	5	21	21	22	28	24
유가증권	25	25	25	26	24	23
총부채	1,623	919	1,104	907	832	1,026
총차입금	157	111	136	101	66	45
자본금	50	50	50	50	65	65
총자본	731	718	603	561	703	777
지배주주지분	731	718	603	555	690	762

기업가치 지표

항목	2012	2013	2014	2015	2016	2017
주가(최고/저)(천원)	10.7/6.9	12.9/7.6	10.2/5.1	9.8/5.5	6.7/4.5	6.6/3.9
PER(최고/저)(배)	7.5/4.9	37.0/21.7	—/—	—/—	91.3/60.9	13.0/7.6
PBR(최고/저)(배)	1.7/1.1	2.0/1.2	1.8/0.9	1.9/1.1	1.3/0.9	1.2/0.7
EV/EBITDA(배)	4.4	48.5	—	—	9.5	10.9
EPS(원)	1,562	363	-729	-630	76	517
BPS(원)	7,313	7,182	6,032	5,550	5,305	5,861
CFPS(원)	1,806	488	-655	-553	170	608
DPS(원)	470	100	—	—	40	100
EBITDAPS(원)	1,635	180	-525	-764	602	357

재무 비율 <단위 : %>

연도	영업이익률	순이익률	부채비율	차입금비율	ROA	ROE	유보율	자기자본비율	EBITDA마진율
2017	2.1	4.1	132.0	5.8	4.1	9.3	1,072.2	43.1	2.8
2016	3.3	0.5	118.3	9.4	0.6	1.4	961.0	45.8	4.0
2015	-4.7	-3.6	161.7	18.0	-4.3	-11.4	1,010.0	38.2	-4.1
2014	-3.0	-3.7	183.0	22.6	-4.6	-11.6	1,106.4	35.3	-2.5

케이씨텍 (A281820)
KCTECH CO

업　종 : 반도체 및 관련장비
신용등급 : (Bond) —　(CP) —
홈페이지 : www.kctech.co.kr
본　사 : 경기도 안성시 미양면 제2공단3길 30
시　장 : 거래소
기업규모 : 시가총액 중형주
연 락 처 : 031)670-8000

설 립 일	2017.11.01	**종업원수**	명	**대표이사**	주재동,최동규
상 장 일	2017.12.05	**감사의견**	적정(삼정)	**계　열**	
결 산 기	12월	**보 통 주**		**종속회사수**	
액 면 가	500원	**우 선 주**		**구 상 호**	

주주구성 (지분율,%)		출자관계 (지분율,%)		주요경쟁사 (외형,%)	
고석태	33.7			케이씨텍	100
KB자산운용	12.2			지스마트글로벌	128
(외국인)	9.8			젬백스	64

매출구성		비용구성		수출비중	
		매출원가율	65.8	수출	36.6
		판관비율	15.6	내수	63.4

회사 개요
동사는 2017년 11월에 주식회사 케이씨로부터 반도체 장비, 소재 및 디스플레이 장비 사업부문의 인적분할되어 신규로 설립되었으며, 2017년 12월 한국거래소 유가증권시장에 재상장되었음. 동사의 반도체 및 디스플레이 공정에 사용되는 전공정 장비 및 소모성 재료의 제조 및 판매를 주력사업으로 영위하는 기업으로 반도체 CMP/세정장비, 디스플레이 Wet-station/Coater장비 등의 Line-up을 갖추고 있음.

실적 분석
동사는 2017년 11월에 인적분할되었으므로 최근 2개월간의 실적만 발표된 가운데 동기간 매출액은 750.9억원을 기록했으며, 매출원가는 494.2억원을 기록함으로써 매출총이익율은 34.2%를 기록함. 동기간 영업이익은 139.3억원을 기록했곡, 비영업손익은 4.2억원을 기록하였음. 이에 따라 동사의 당기순이익은 111.7억원을 기록함으로써 매출액 대비 당기순이익은 14.9%를 기록함.

현금 흐름 <단위 : 억원>

항목	2016	2017
영업활동	—	71
투자활동	—	-27
재무활동	—	-1
순현금흐름	—	42
기말현금	—	71

시장 대비 수익률
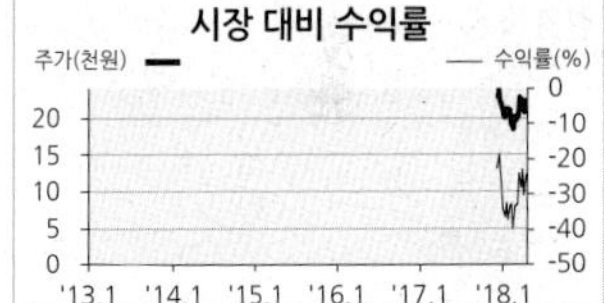

결산 실적 <단위 : 억원>

항목	2012	2013	2014	2015	2016	2017
매출액	—	—	—	—	—	751
영업이익	—	—	—	—	—	139
당기순이익	—	—	—	—	—	112

분기 실적 <단위 : 억원>

항목	2016.3Q	2016.4Q	2017.1Q	2017.2Q	2017.3Q	2017.4Q
매출액	—	—	—	—	—	751
영업이익	—	—	—	—	—	139
당기순이익	—	—	—	—	—	112

재무 상태 <단위 : 억원>

항목	2012	2013	2014	2015	2016	2017
총자산	—	—	—	—	—	2,666
유형자산	—	—	—	—	—	821
무형자산	—	—	—	—	—	44
유가증권	—	—	—	—	—	—
총부채	—	—	—	—	—	616
총차입금	—	—	—	—	—	—
자본금	—	—	—	—	—	99
총자본	—	—	—	—	—	2,050
지배주주지분	—	—	—	—	—	2,050

기업가치 지표

항목	2012	2013	2014	2015	2016	2017
주가(최고/저)(천원)	—/—	—/—	—/—	—/—	—/—	—/—
PER(최고/저)(배)	0.0/0.0	0.0/0.0	0.0/0.0	0.0/0.0	0.0/0.0	43.3/37.8
PBR(최고/저)(배)	0.0/0.0	0.0/0.0	0.0/0.0	0.0/0.0	0.0/0.0	2.4/2.1
EV/EBITDA(배)	0.0	0.0	0.0	0.0	0.0	24.7
EPS(원)	—	—	—	—	—	563
BPS(원)	—	—	—	—	—	10,336
CFPS(원)	—	—	—	—	—	651
DPS(원)	—	—	—	—	—	180
EBITDAPS(원)	—	—	—	—	—	790

재무 비율 <단위 : %>

연도	영업이익률	순이익률	부채비율	차입금비율	ROA	ROE	유보율	자기자본비율	EBITDA마진율
2017	18.5	14.9	30.1	0.0	0.0	0.0	1,967.3	76.9	20.9
2016	0.0	0.0	0.0	0.0	0.0	0.0	0.0	0.0	0.0
2015	0.0	0.0	0.0	0.0	0.0	0.0	0.0	0.0	0.0
2014	0.0	0.0	0.0	0.0	0.0	0.0	0.0	0.0	0.0

케이씨티 (A089150)
Korea Computer Terminal

업 종 : 컴퓨터 및 주변기기 | 시 장 : KOSDAQ
신용등급 : (Bond) — (CP) — | 기업규모 : 중견
홈페이지 : www.kctinc.co.kr | 연 락 처 : 031)2961949
본 사 : 경기도 수원시 권선구 일월천로4번길 7-10 (구운동)

설 립 일 2002.12.14	종 업 원 수 58명	대 표 이 사 이호성
상 장 일 2006.12.13	감 사 의 견 적정(삼정)	계 열
결 산 기 12월	보 통 주	종속회사수
액 면 가 500원	우 선 주	구 상 호

주주구성 (지분율,%)		출자관계 (지분율,%)		주요경쟁사 (외형,%)	
한국컴퓨터지주	63.3	제이티비씨	0.9	케이씨티	100
한국증권금융	4.0	소프트웨어공제조합	0.5	빅솔론	320
(외국인)	1.3	정보통신공제조합	0.0	메디프론	75

매출구성		비용구성		수출비중	
자동화기기	39.6	매출원가율	77.3	수출	1.3
용역	39.3	판관비율	12.8	내수	98.7
단말시스템	21.1				

회사 개요
동사는 각종 금융 단말시스템 솔루션 및 금융 자동화기기 솔루션을 국내 금융 고객에게 공급하고 있으며, 국내사업장을 두고 있는 금융기관 및 한국마사회와 국민체육진흥공단 등의 공공부문 고객들이 주된 고객임. 금융단말기, 자동화기기, 유지보수 등의 용역 부문의 사업분야를 보유. 매출처 다변화를 위해 기존 고객인 은행권에 대하여는 기존 제품 및 신규 개발제품의 판로를 더욱 확대하고 제2금융권인 증권, 보험 등의 고객확대를 위한 지속적 영업노력을 모색.

실적 분석
동사의 2017년 매출은 279.2억원으로 전년대비 6.8% 증가, 영업이익은 27.7억원으로 전년대비 22.7% 증가, 당기순이익은 20.3억원으로 전년대비 31.2% 증가 시현. 금융 부문의 투자 확대로 견조한 외형 성장세를 시현. 원가율 개선과 판매관리비 부문의 비용 절감 노력으로 외형대비 수익성 개선은 높음.이미지 저장 및 조회 등 관련 솔루션 시장이 확대됨에 따라 솔루션 개발을 통한 고객확대에 집중하는 중

현금 흐름 *IFRS 별도 기준 <단위 : 억원>

항목	2016	2017
영업활동	3	5
투자활동	5	-0
재무활동	-20	-10
순현금흐름	-12	-5
기말현금	78	73

시장 대비 수익률
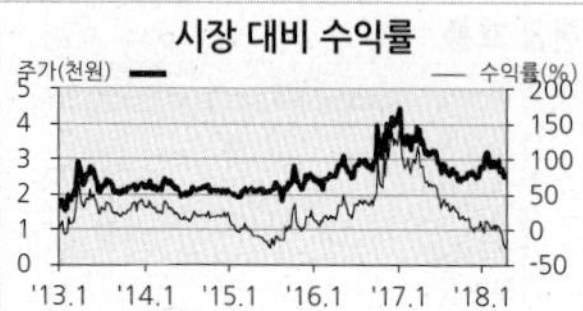

결산 실적 <단위 : 억원>

항목	2012	2013	2014	2015	2016	2017
매출액	549	486	400	374	262	279
영업이익	61	36	9	13	23	28
당기순이익	42	24	23	12	16	20

분기 실적 *IFRS 별도 기준 <단위 : 억원>

항목	2016.3Q	2016.4Q	2017.1Q	2017.2Q	2017.3Q	2017.4Q
매출액	81	86	80	56	99	45
영업이익	4	13	9	5	15	-2
당기순이익	2	11	6	4	12	-2

재무 상태 *IFRS 별도 기준 <단위 : 억원>

항목	2012	2013	2014	2015	2016	2017
총자산	509	480	466	651	634	628
유형자산	5	11	23	19	18	17
무형자산	3	2	1	1	0	0
유가증권	55	65	52	49	43	46
총부채	134	89	72	266	243	224
총차입금	—	—	—	140	130	130
자본금	86	86	86	86	86	86
총자본	376	391	394	385	391	404
지배주주지분	376	391	394	385	391	404

기업가치 지표 *IFRS 별도 기준

항목	2012	2013	2014	2015	2016	2017
주가(최고/저)(천원)	3.3/1.0	3.1/1.5	2.5/1.9	2.9/1.8	4.3/2.2	4.5/2.3
PER(최고/저)(배)	17.3/5.4	26.2/12.6	21.4/16.6	45.1/27.7	50.4/25.1	39.8/20.5
PBR(최고/저)(배)	1.9/0.6	1.6/0.8	1.2/1.0	1.4/0.9	2.0/1.0	2.0/1.0
EV/EBITDA(배)	2.6	6.9	3.8	27.5	27.9	18.1
EPS(원)	245	141	132	70	90	119
BPS(원)	2,190	2,282	2,297	2,243	2,278	2,357
CFPS(원)	272	167	174	100	119	131
DPS(원)	150	120	120	60	60	100
EBITDAPS(원)	382	236	93	107	160	174

재무 비율 <단위 : %>

연도	영업이익률	순이익률	부채비율	차입금비율	ROA	ROE	유보율	자기자본비율	EBITDA마진율
2017	9.9	7.3	55.5	32.2	3.2	5.1	371.4	64.3	10.7
2016	8.6	5.9	62.2	33.3	2.4	4.0	355.6	61.7	10.5
2015	3.6	3.2	69.2	36.4	2.2	3.1	348.5	59.1	4.9
2014	2.2	5.7	18.2	0.0	4.8	5.8	359.4	84.6	4.0

케이씨티시 (A009070)
KCTC

업 종 : 육상운수 | 시 장 : 거래소
신용등급 : (Bond) — (CP) — | 기업규모 : 시가총액 소형주
홈페이지 : www.kctc.co.kr | 연 락 처 : 02)310-0700
본 사 : 서울시 중구 남대문로 63, 한진빌딩 16층

설 립 일 1973.07.20	종 업 원 수 362명	대 표 이 사 이준환
상 장 일 1978.09.29	감 사 의 견 적정(삼일)	계 열
결 산 기 12월	보 통 주	종속회사수 8개사
액 면 가 500원	우 선 주	구 상 호

주주구성 (지분율,%)		출자관계 (지분율,%)		주요경쟁사 (외형,%)	
양재원	12.3	고려강재장	100.0	KCTC	100
이동혁	8.5	고려항만	100.0	동양고속	39
(외국인)	0.3	고려사일로	100.0	W홀딩컴퍼니	9

매출구성		비용구성		수출비중	
운송	43.4	매출원가율	85.8	수출	0.0
소화물	26.3	판관비율	11.0	내수	100.0
하역	16.9				

회사 개요
동사는 컨테이너터미널 사업,항만하역,운송,보관,중량물사업,소화물사업등을 영위하는 종합물류기업으로서 1973년 설립됨. 1978년 한국거래소 승인을 받아 상장됨. 고려종합국제운송, 고려기공, 케이엔로지스틱스 등을 연결대상 종속회사로 보유함. 운송, 항만하역, CY/CFS, 국제물류 주선업 등이 주요 사업임. 시장점유율은 운송 부문 5.6%, 하역 부문 2.9%, 보관 부문 14%임.

실적 분석
동사는 2017년 결산 연결기준 매출액은 전년동기 대비 4.2% 증가한 3,645.5억원을 시현함. 매출은 소폭 상승했으나 매출원가가 6.3% 증가하며 영업이익은 전년동기 대비 15.4% 감소한 115.6억원을 기록. 다만 비영업손익 부문에서 4.6억원을 기록하며 흑자전환하며 당기순이익은 전년동기 대비 9.3% 증가한 90억원을 기록하며 수익성 개선. 정부의 '글로벌 물류강국' 실현을 위한 항만 산업 육성 정책이 긍정적 영향을 미칠것으로 보임.

현금 흐름 <단위 : 억원>

항목	2016	2017
영업활동	158	150
투자활동	6	-241
재무활동	-306	78
순현금흐름	-141	-15
기말현금	173	158

시장 대비 수익률
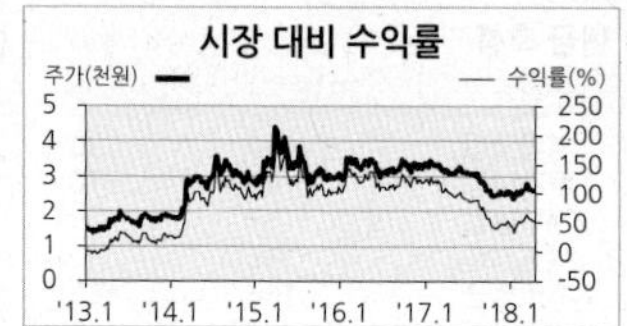

결산 실적 <단위 : 억원>

항목	2012	2013	2014	2015	2016	2017
매출액	3,372	3,758	3,561	3,570	3,498	3,646
영업이익	167	195	153	134	137	116
당기순이익	0	41	171	91	82	90

분기 실적 <단위 : 억원>

항목	2016.3Q	2016.4Q	2017.1Q	2017.2Q	2017.3Q	2017.4Q
매출액	838	864	950	904	876	915
영업이익	27	24	24	35	43	13
당기순이익	-2	17	2	14	25	48

재무 상태 <단위 : 억원>

항목	2012	2013	2014	2015	2016	2017
총자산	2,976	3,041	3,336	3,636	3,421	3,708
유형자산	1,463	1,554	1,859	2,144	2,134	2,290
무형자산	164	154	142	59	65	92
유가증권	177	162	202	131	52	36
총부채	1,488	1,518	1,686	1,915	1,636	1,865
총차입금	834	903	1,063	1,309	1,013	1,106
자본금	150	150	150	150	150	150
총자본	1,488	1,523	1,650	1,720	1,785	1,844
지배주주지분	1,446	1,463	1,631	1,703	1,769	1,827

기업가치 지표

항목	2012	2013	2014	2015	2016	2017
주가(최고/저)(천원)	2.2/1.3	2.1/1.4	3.6/1.7	4.4/2.7	3.7/2.8	3.5/2.3
PER(최고/저)(배)	—/—	21.8/14.6	6.9/3.3	15.4/9.5	14.0/10.7	12.0/8.0
PBR(최고/저)(배)	0.5/0.3	0.5/0.3	0.7/0.3	0.8/0.5	0.6/0.5	0.6/0.4
EV/EBITDA(배)	4.6	4.0	6.9	8.7	8.1	8.5
EPS(원)	-23	100	553	295	271	297
BPS(원)	48,243	48,835	5,447	5,688	5,906	6,100
CFPS(원)	1,900	3,372	798	553	550	579
DPS(원)	250	250	30	35	35	35
EBITDAPS(원)	7,706	8,873	754	704	735	667

재무 비율 <단위 : %>

연도	영업이익률	순이익률	부채비율	차입금비율	ROA	ROE	유보율	자기자본비율	EBITDA마진율
2017	3.2	2.5	101.1	60.0	2.5	5.0	1,119.9	49.7	5.5
2016	3.9	2.4	91.6	56.7	2.3	4.7	1,081.2	52.2	6.3
2015	3.8	2.5	111.3	76.1	2.6	5.3	1,037.6	47.3	5.9
2014	4.3	4.8	102.2	64.5	5.4	10.7	989.5	49.5	6.4

케이씨피드 (A025880)
KC Feed

업　　종 : 식료품　　시　　장 : KOSDAQ
신용등급 : (Bond) —　(CP) —　　기업규모 : 중견
홈페이지 : www.kcfeed.co.kr　　연 락 처 : 054)332-6511~9
본　　사 : 경북 영천시 금호읍 금호로 320

설립일	1970.05.06	**종업원수**	93명	**대표이사**	정한식,김희철
상장일	1995.07.07	**감사의견**	적정(다산)	**계열**	
결산기	12월	**보통주**		**종속회사수**	3개사
액면가	500원	**우선주**		**구상호**	

주주구성 (지분율,%)		출자관계 (지분율,%)		주요경쟁사 (외형,%)	
정한식	19.8	케이씨대부파이낸스	100.0	케이씨피드	100
정혜욱	3.5	케이씨팜	84.7	고려산업	219
(외국인)	11.9	사료회관	2.3	대주산업	107

매출구성		비용구성		수출비중	
배합사료 양계용	65.5	매출원가율	84.4	수출	0.0
배합사료 양돈용	22.7	판관비율	12.0	내수	100.0
배합사료 축우용	9.6				

회사 개요
동사는 1970년 경북축산주식회사로 설립되어 가축, 가금용 배합사료의 제조 및 판매를 주업으로 하고 있으며, 1995년 경축으로 사명을 변경하고 동년 코스닥시장에 상장된후 2007년 상호를 케이씨피드로 변경함. 주 사업인 배합사료 외에 주요 고객인 농가에 대한 대부업, 계란 판매업 등을 영위하기 위해 케이씨팜(농장운영), 케이씨프레쉬(계란가공), 케이씨대부파이낸스(금융) 3개의 종속회사를 두고 있음.

실적 분석
동사의 2017년 연결 기준 연간 누적 매출액은 전년 동기 대비 1.4% 감소한 796.9억원을 기록함. 매출이 감소했지만 매출 감소율 대비 매출원가와 판관비 감소율이 커 영업이익은 오히려 전년 동기 대비 51.2% 증가한 28.8억원을 기록함. 비영업손익 부문에서 외환손익 등으로 흑자 규모가 커지고 법인세 비용도 감소하면서 당기순이익은 전년 동기 대비 794.8% 증가한 67.5억원을 기록함.

현금 흐름 〈단위 : 억원〉

항목	2016	2017
영업활동	24	76
투자활동	14	38
재무활동	60	-90
순현금흐름	100	19
기말현금	171	191

시장 대비 수익률
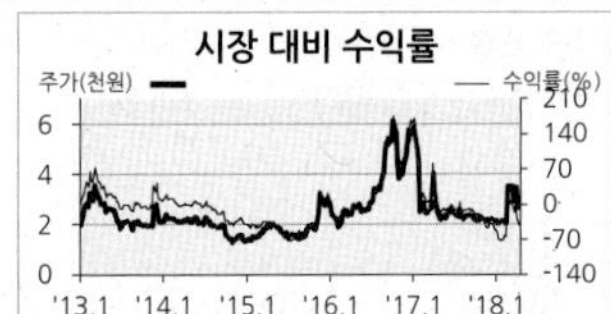

결산 실적 〈단위 : 억원〉

항목	2012	2013	2014	2015	2016	2017
매출액	924	1,018	929	834	808	797
영업이익	21	21	-11	-4	19	29
당기순이익	21	3	-30	-21	8	68

분기 실적 〈단위 : 억원〉

항목	2016.3Q	2016.4Q	2017.1Q	2017.2Q	2017.3Q	2017.4Q
매출액	191	212	206	190	190	211
영업이익	3	1	6	6	3	14
당기순이익	4	-7	12	2	2	51

재무 상태 〈단위 : 억원〉

항목	2012	2013	2014	2015	2016	2017
총자산	1,100	1,050	1,231	997	1,063	1,055
유형자산	315	335	324	311	311	294
무형자산	4	4	4	4	4	6
유가증권	0	0	0	0	0	0
총부채	611	556	766	556	542	469
총차입금	485	465	649	466	464	376
자본금	60	62	62	62	81	84
총자본	490	495	466	441	521	586
지배주주지분	489	494	467	443	523	584

기업가치 지표

항목	2012	2013	2014	2015	2016	2017
주가(최고/저)(천원)	6.7/1.5	4.1/1.7	2.4/1.3	3.2/1.4	6.1/1.9	5.9/2.1
PER(최고/저)(배)	39.9/9.1	120.6/51.3	—/—	—/—	116.6/35.8	14.4/5.2
PBR(최고/저)(배)	1.9/0.4	1.2/0.5	0.7/0.4	1.0/0.4	1.9/0.6	1.7/0.6
EV/EBITDA(배)	19.2	15.8	50.5	44.4	29.3	9.6
EPS(원)	183	36	-201	-153	54	416
BPS(원)	4,121	4,020	3,795	3,606	3,269	3,596
CFPS(원)	282	157	-56	2	192	536
DPS(원)	45	40	25	35	35	35
EBITDAPS(원)	262	293	79	139	268	297

재무 비율 〈단위 : %〉

연도	영업이익률	순이익률	부채비율	차입금비율	ROA	ROE	유보율	자기자본비율	EBITDA마진율
2017	3.6	8.5	80.0	64.1	6.4	12.2	619.3	55.6	6.1
2016	2.4	0.9	104.0	89.0	0.7	1.6	553.8	49.0	4.9
2015	-0.5	-2.6	125.9	105.6	-1.9	-4.6	621.2	44.3	2.1
2014	-1.2	-3.2	164.5	139.4	-2.6	-5.7	659.0	37.8	1.1

케이아이에스씨오홀딩스 (A001940)
KISCO Holdings

업　　종 : 금속 및 광물　　시　　장 : 거래소
신용등급 : (Bond) —　(CP) —　　기업규모 : 시가총액 소형주
홈페이지 : www.kiscoholdings.co.kr　　연 락 처 : 055)260-0500
본　　사 : 경남 창원시 성산구 공단로103번길 12

설립일	1957.02.19	**종업원수**	19명	**대표이사**	장세홍,이병제
상장일	1989.11.13	**감사의견**	적정(삼일)	**계열**	
결산기	12월	**보통주**		**종속회사수**	3개사
액면가	5,000원	**우선주**		**구상호**	

주주구성 (지분율,%)		출자관계 (지분율,%)		주요경쟁사 (외형,%)	
장세홍	35.0	대흥산업	88.7	KISCO홀딩스	100
한국투자밸류자산운용	9.4	환영철강공업	83.5	풍산홀딩스	26
(외국인)	8.2	한국철강	40.8	한국주철관	32

매출구성		비용구성		수출비중	
[철강]철 근	50.9	매출원가율	87.0	수출	—
[제강/압연]철 근	34.7	판관비율	5.0	내수	—
[철강]단조강	8.4				

회사 개요
동사는 다른 회사의 주식을 소유함으로써 그 회사를 지배하는 것을 목적으로 하는 지주회사로 종속기업으로는 철강제조부문의 한국철강, 환영철강공업과 대흥산업(와이어로프제조), 서륭(섬유판매) 등이 있음. 주요 전방산업은 철강부문의 경우 건설산업, 와이어로프는 자동차, 섬유는 의류산업 등임. 지주회사의 영업수익은 배당금수익과 용역수익(경영관리 용역 및 기타용역) 등으로 구성되고 연결매출액의 99% 이상을 철강부문이 차지하고 있음.

실적 분석
동사의 2017년 매출액과 영업이익은 1조 2,212억원, 974억원으로 전년 동기 대비 각각 15.4%, 11.8% 증가함. 매출액 영업이익률이 7.97%로 전기 8.23% 대비 소폭 감소함. 부문별로는 철강부문 매출이 소폭 상승함. 철강제조부문의 2017년 매출은 1조 1,970억으로 전년 대비 15.66% 증가함. 연결회사들의 주력제품인 철근의 건설경기 호전 덕분으로 분석됨.

현금 흐름 〈단위 : 억원〉

항목	2016	2017
영업활동	1,150	1,506
투자활동	-985	-931
재무활동	-72	-79
순현금흐름	93	494
기말현금	992	1,486

시장 대비 수익률
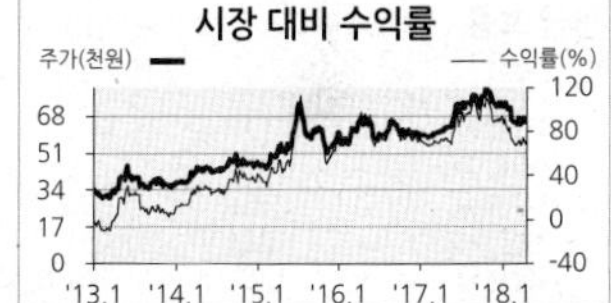

결산 실적 〈단위 : 억원〉

항목	2012	2013	2014	2015	2016	2017
매출액	15,726	13,276	11,594	10,875	10,581	12,213
영업이익	351	73	68	904	871	974
당기순이익	462	200	149	780	779	-72

분기 실적 〈단위 : 억원〉

항목	2016.3Q	2016.4Q	2017.1Q	2017.2Q	2017.3Q	2017.4Q
매출액	2,591	2,852	2,691	3,158	3,067	3,297
영업이익	134	151	186	404	140	244
당기순이익	133	94	173	352	129	-726

재무 상태 〈단위 : 억원〉

항목	2012	2013	2014	2015	2016	2017
총자산	13,987	13,774	13,797	14,071	14,940	14,888
유형자산	6,148	5,979	5,811	5,646	5,431	4,006
무형자산	36	35	43	43	40	44
유가증권	212	1,513	1,944	2,965	3,474	3,765
총부채	2,793	2,418	2,503	2,051	2,200	2,300
총차입금	369	103	154	13	33	47
자본금	185	185	185	185	185	185
총자본	11,194	11,356	11,294	12,020	12,740	12,588
지배주주지분	6,502	6,627	6,559	7,048	7,494	7,601

기업가치 지표

항목	2012	2013	2014	2015	2016	2017
주가(최고/저)(천원)	35.0/29.5	45.0/30.4	50.6/36.8	74.5/43.8	67.8/52.6	80.5/57.8
PER(최고/저)(배)	4.8/4.0	14.3/9.7	39.2/28.5	6.6/3.9	5.6/4.4	23.5/16.9
PBR(최고/저)(배)	0.2/0.2	0.3/0.2	0.3/0.2	0.4/0.2	0.3/0.3	0.4/0.3
EV/EBITDA(배)	4.7	8.1	9.8	2.6	1.9	0.6
EPS(원)	8,215	3,426	1,378	11,825	12,414	3,483
BPS(원)	176,775	180,160	178,317	191,532	203,609	206,512
CFPS(원)	18,734	13,595	11,276	21,413	21,844	13,244
DPS(원)	900	900	900	900	900	1,250
EBITDAPS(원)	20,030	12,140	11,746	34,040	32,989	36,107

재무 비율 〈단위 : %〉

연도	영업이익률	순이익률	부채비율	차입금비율	ROA	ROE	유보율	자기자본비율	EBITDA마진율
2017	8.0	-0.6	18.3	0.4	-0.5	1.7	4,030.2	84.6	10.9
2016	8.2	7.4	17.3	0.3	5.4	6.3	3,972.2	85.3	11.5
2015	8.3	7.2	17.1	0.1	5.6	6.4	3,730.7	85.4	11.6
2014	0.6	1.3	22.2	1.4	1.1	0.8	3,466.3	81.9	3.7

케이아이엔엑스 (A093320)

KINX

업 종 : 인터넷 서비스
시 장 : KOSDAQ
신용등급 : (Bond) — (CP) —
기업규모 : 중견
홈페이지 : www.kinx.net
연 락 처 : 02)526-0900
본 사 : 서울시 서초구 서초대로 396 21층 (서초동, 강남빌딩)

설 립 일 2000.06.17	**종업원수** 108명	**대 표 이 사** 이선영,김지욱
상 장 일 2011.02.08	**감사의견** 적정(대주)	**계 열**
결 산 기 12월	**보 통 주**	**종속회사수** 3개사
액 면 가 500원	**우 선 주**	**구 상 호**

주주구성 (지분율,%)		출자관계 (지분율,%)		주요경쟁사 (외형,%)	
가비아	36.3			케이아이엔엑스	100
한국투자밸류자산운용	7.7			이크레더블	72
(외국인)	6.7			가비아	246

매출구성		비용구성		수출비중	
서비스(용역)	99.0	매출원가율	52.5	수출	—
상품(상품)	1.0	판관비율	28.2	내수	—

회사 개요

동사는 인터넷 연동 및 인터넷 회선 접속 서비스의 제공과 관련하여 전기통신사업법 제4조에 의해 기간통신사업자의 전기통신회선설비 등을 제공하여 기간통신역무를 제공하는 별정통신사업자임. 동 법에 의해 IDC 사업자로서 부가통신사업자로도 등록되어 있음. 동사가 보유한 통신인프라는 국가의 기간통신망의 한 부분으로서, 정보통신기반보호법 제 8조에 의해 주요정보통신기반시설로 지정되어 있음.

실적 분석

동사의 2017년 연결기준 연간 매출액은 전년대비 7% 증가한 472.9억원을 기록함. 인건비와 광고선전비 증가의 영향으로 판매관리비는 전년대비 증가하였으나 매출 증가에 힘입어 영업이익은 전년대비 17.3% 증가한 91.5억원을 기록함. 관련기업투자손실이 지속되고 외환손실이 지속되는 등 비영업부문에서 11.억원의 손실이 발생했음에도 당기순이익은 전년 대비 6.2% 증가했음. 향후 자회사를 통한 클라우드 서비스 매출 확대 기대됨.

현금 흐름 〈단위 : 억원〉

항목	2016	2017
영업활동	112	91
투자활동	-85	-19
재무활동	-5	-30
순현금흐름	28	32
기말현금	136	167

시장 대비 수익률

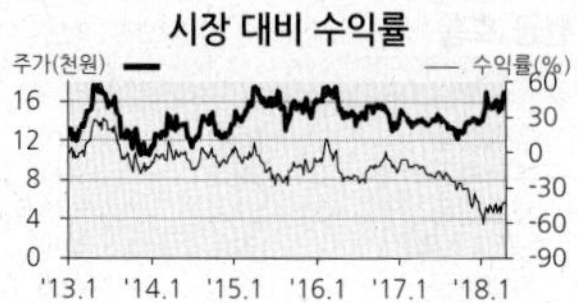

결산 실적 〈단위 : 억원〉

항목	2012	2013	2014	2015	2016	2017
매출액	272	306	365	421	442	473
영업이익	53	54	63	71	78	92
당기순이익	44	51	56	45	63	67

분기 실적 〈단위 : 억원〉

항목	2016.3Q	2016.4Q	2017.1Q	2017.2Q	2017.3Q	2017.4Q
매출액	113	107	107	113	121	131
영업이익	24	10	20	21	25	26
당기순이익	19	5	13	21	22	12

재무 상태 〈단위 : 억원〉

항목	2012	2013	2014	2015	2016	2017
총자산	367	424	478	524	602	653
유형자산	103	106	111	111	102	106
무형자산	27	34	54	36	15	8
유가증권	13	20	46	86	26	16
총부채	23	26	27	31	52	65
총차입금	—	—	—	—	—	—
자본금	24	24	24	24	24	24
총자본	345	398	450	493	550	587
지배주주지분	340	390	438	480	533	567

기업가치 지표

항목	2012	2013	2014	2015	2016	2017
주가(최고/저)(천원)	19.2/7.1	18.1/9.9	17.7/11.2	18.4/12.3	17.8/12.8	15.1/12.2
PER(최고/저)(배)	24.0/8.9	19.2/10.5	17.4/11.0	20.3/13.6	15.4/11.1	11.6/9.4
PBR(최고/저)(배)	2.8/1.0	2.3/1.3	2.0/1.3	1.9/1.3	1.7/1.2	1.3/1.0
EV/EBITDA(배)	6.6	5.2	5.5	5.6	3.8	3.4
EPS(원)	832	984	1,055	934	1,182	1,324
BPS(원)	7,236	8,195	9,173	10,006	11,091	12,310
CFPS(원)	1,255	1,433	1,582	1,548	1,747	1,830
DPS(원)	—	80	80	100	120	220
EBITDAPS(원)	1,521	1,563	1,819	2,069	2,163	2,382

재무 비율 〈단위 : %〉

연도	영업 이익률	순 이익률	부채 비율	차입금 비율	ROA	ROE	유보율	자기자본 비율	EBITDA 마진율
2017	19.4	14.2	11.1	0.0	10.7	11.8	2,361.9	90.0	24.6
2016	17.7	14.3	9.5	0.0	11.2	11.4	2,118.2	91.3	23.9
2015	16.9	10.8	6.2	0.0	9.1	9.9	1,901.3	94.1	24.0
2014	17.2	15.5	6.1	0.0	12.5	12.4	1,734.6	94.3	24.2

케이알모터스 (A000040)

KR Motors

업 종 : 자동차
시 장 : 거래소
신용등급 : (Bond) B- (CP) —
기업규모 : 시가총액 소형주
홈페이지 : www.krmotors.com
연 락 처 : 055)282-7011
본 사 : 경남 창원시 성산구 완암로 28 (성산동)

설 립 일 1917.09.17	**종업원수** 126명	**대 표 이 사** 성상용,서정민
상 장 일 1976.05.25	**감사의견** 적정(대주)	**계 열**
결 산 기 12월	**보 통 주**	**종속회사수** 4개사
액 면 가 500원	**우 선 주**	**구 상 호** S&T모터스

주주구성 (지분율,%)		출자관계 (지분율,%)		주요경쟁사 (외형,%)	
코라오홀딩스	24.7	KR글로벌네트웍스	100.0	KR모터스	100
오세영	14.4	아이티앤티	100.0	현대차	231,329
(외국인)	26.9	KRMAmerica,LLC	100.0	기아차	128,500

매출구성		비용구성		수출비중	
이륜차	69.7	매출원가율	120.7	수출	24.3
부 품	30.3	판관비율	41.8	내수	75.7

회사 개요

사업분야는 이륜차의 제조 및 판매로 국내 유일하게 250cc급 이상 700cc급까지의 고배기량 엔진 자체보유 메이커로서 경쟁이 치열한 125cc이하의 국내시장보다는 250cc급 이상의 고배기량 모터사이클 중심의 수출위주 마케팅 전략을 펴나가고 있으며, 차세대 성장동력인 친환경 전기이륜차의 개발로 경쟁에서 우위를 점할 것으로 전망됨. 시장점유율은 판매대수기준 내수점유율 35%를 기록하고 있음.

실적 분석

동사의 2017년 연간 매출액은 전년동기대비 50.9% 하락한 416.6억원을 기록하였음. 수출주력시장인 유럽의 불경기가 지속됨에 따라 전년동기대비 영업손실은 260.3억원으로 적자지속 하였음. 최종적으로 전년동기대비 당기순손실은 적자지속하여 315억원을 기록함. 아시아의 인륜차시장 성장세가 지속되고 있고 경기회복중인 미국시장의 고배기량 이륜차 매출 성장으로 수익 회복이 기대됨.

현금 흐름 〈단위 : 억원〉

항목	2016	2017
영업활동	-94	-47
투자활동	129	-62
재무활동	-6	33
순현금흐름	32	-81
기말현금	150	69

시장 대비 수익률

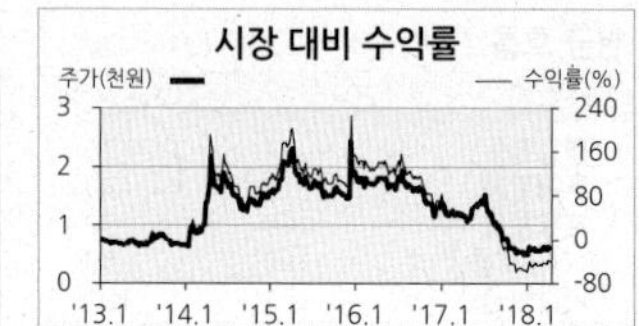

결산 실적 〈단위 : 억원〉

항목	2012	2013	2014	2015	2016	2017
매출액	979	996	808	832	848	417
영업이익	-62	-35	-113	-156	-81	-260
당기순이익	-82	-66	-126	-161	-100	-315

분기 실적 〈단위 : 억원〉

항목	2016.3Q	2016.4Q	2017.1Q	2017.2Q	2017.3Q	2017.4Q
매출액	258	95	96	109	98	114
영업이익	8	-71	-13	-58	-42	-147
당기순이익	-19	-50	-42	-60	-41	-171

재무 상태 〈단위 : 억원〉

항목	2012	2013	2014	2015	2016	2017
총자산	1,193	1,169	1,370	1,582	1,489	1,084
유형자산	558	564	640	664	589	519
무형자산	15	6	46	84	117	101
유가증권	0	0	0	0	0	0
총부채	585	596	911	898	861	632
총차입금	104	106	567	611	624	509
자본금	597	597	597	877	881	599
총자본	608	573	459	684	627	452
지배주주지분	636	573	459	684	584	419

기업가치 지표

항목	2012	2013	2014	2015	2016	2017
주가(최고/저)(천원)	1.1/0.5	0.6/0.4	1.5/0.4	1.6/0.9	1.3/0.8	1.1/0.3
PER(최고/저)(배)	—/—	—/—	—/—	—/—	—/—	—/—
PBR(최고/저)(배)	2.0/0.8	1.2/0.9	3.7/1.1	4.0/2.2	3.8/2.2	4.5/1.4
EV/EBITDA(배)	—	7,085.4	—	—	—	—
EPS(원)	-97	-82	-166	-144	-89	-263
BPS(원)	533	480	385	390	332	350
CFPS(원)	-32	-23	-82	-74	-39	-234
DPS(원)	—	—	—	—	—	—
EBITDAPS(원)	-22	0	-71	-71	-28	-194

재무 비율 〈단위 : %〉

연도	영업 이익률	순 이익률	부채 비율	차입금 비율	ROA	ROE	유보율	자기자본 비율	EBITDA 마진율
2017	-62.5	-75.6	일부잠식	일부잠식	-24.5	-61.3	-30.0	41.7	-54.5
2016	-9.6	-11.8	일부잠식	일부잠식	-6.5	-15.7	-33.7	42.2	-5.9
2015	-18.7	-19.4	일부잠식	일부잠식	-10.9	-28.2	-22.0	43.2	-15.0
2014	-14.0	-15.6	일부잠식	일부잠식	-9.9	-24.4	-23.0	33.5	-10.5

*관리종목

케이에스에스해운 (A044450)

KSS LINE

업 종 : 해상운수 | 시 장 : 거래소
신용등급 : (Bond) — (CP) — | 기업규모 : 시가총액 소형주
홈페이지 : www.kssline.com | 연 락 처 : 02)3702-2700
본 사 : 서울시 종로구 인사동길 12 대일빌딩 8층

설 립 일	1984.06.27	**종업원수**	300명	**대표이사**	이대성
상 장 일	2007.10.26	**감사의견**	적정(삼덕)	**계 열**	
결 산 기	12월	**보 통 주**		**종속회사수**	2개사
액 면 가	500원	**우 선 주**		**구 상 호**	

주주구성 (지분율,%)		출자관계 (지분율,%)		주요경쟁사 (외형,%)	
박종규	21.5	케이에스에스마린	100.0	KSS해운	100
KSS해운우리사주조합	11.7	울산마리타임	29.5	팬오션	1,316
(외국인)	5.8	FAREASTVENTURA	75.0	흥아해운	471

매출구성		비용구성		수출비중	
LPG, NH., VCM,ETHYLENE 등 GAS 화물	78.1	매출원가율	68.8	수출	99.3
MEG, BZ, CUMENE 등CHEMICAL 화물	21.9	판관비율	5.8	내수	0.7

회사 개요

해상 운송서비스의 생산과 판매를 업으로 하는 해운업을 주요 사업으로 영위하고 있음. 케이에스에스마린과 FAR EAST VENTURA을 연결대상 종속회사로 보유함. 매출은 케미칼선 16.6%, 가스선 82.3%, 기타 사업부문 0.2%로 구성됨. E1, LG상사, 한화케미칼, 유럽의 SHELL, PETREDEC, TRAMMO, 일본 MITSUI 등을 주요 고객사로 보유하고 있음.

실적 분석

2017년 연결기준 동사 매출액은 1,775.7억원을 기록함. 전년도 매출액인 1,411.4억원에서 25.8% 증가한 금액임. 매출원가가 23.7% 늘고 판매비와 관리비도 5.7% 증가했으나 매출 증가폭이 이를 상회해 영업이익은 전년도 326.2억원에서 38.2% 증가한 450.8억원을 시현함. 비영업부문은 적자가 지속됐으나 당기순이익은 전년도 132.7억원에 비해 93.5% 증가한 256.9억원을 기록함.

현금 흐름

<단위 : 억원>

항목	2016	2017
영업활동	420	764
투자활동	-144	-29
재무활동	-192	-397
순현금흐름	84	338
기말현금	150	488

시장 대비 수익률

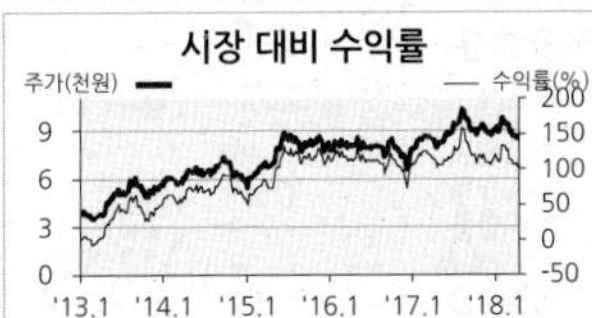

결산 실적

<단위 : 억원>

항목	2012	2013	2014	2015	2016	2017
매출액	1,122	1,187	1,375	1,435	1,411	1,776
영업이익	123	190	220	297	326	451
당기순이익	129	264	210	231	133	257

분기 실적

<단위 : 억원>

항목	2016.3Q	2016.4Q	2017.1Q	2017.2Q	2017.3Q	2017.4Q
매출액	339	374	381	426	455	514
영업이익	83	93	70	123	117	141
당기순이익	39	118	24	88	78	66

재무 상태

<단위 : 억원>

항목	2012	2013	2014	2015	2016	2017
총자산	3,091	3,391	4,949	5,457	6,480	9,048
유형자산	2,753	3,097	4,565	5,101	6,129	8,337
무형자산	5	3	4	4	4	5
유가증권	9	9	9	13	16	17
총부채	1,718	1,783	3,106	3,336	4,120	6,774
총차입금	1,519	1,590	2,871	3,060	3,875	6,481
자본금	58	58	58	58	116	116
총자본	1,373	1,608	1,843	2,121	2,360	2,274
지배주주지분	1,369	1,604	1,843	2,121	2,360	2,274

기업가치 지표

항목	2012	2013	2014	2015	2016	2017
주가(최고/저)(천원)	4.1/1.7	6.1/3.5	7.4/5.4	8.9/5.5	8.6/6.6	10.5/7.8
PER(최고/저)(배)	8.1/3.4	5.8/3.4	8.8/6.5	9.5/5.8	15.8/12.1	9.7/7.3
PBR(최고/저)(배)	0.8/0.3	1.0/0.6	1.0/0.7	1.0/0.6	0.9/0.7	1.1/0.8
EV/EBITDA(배)	9.7	8.9	10.6	9.5	9.8	10.3
EPS(원)	553	1,135	907	998	571	1,108
BPS(원)	11,901	13,836	15,986	18,906	10,235	9,963
CFPS(원)	2,221	3,511	3,371	3,831	1,622	2,567
DPS(원)	90	130	200	260	170	230
EBITDAPS(원)	2,180	2,885	3,458	4,399	2,458	3,403

재무 비율

<단위 : %>

연도	영업이익률	순이익률	부채비율	차입금비율	ROA	ROE	유보율	자기자본비율	EBITDA마진율
2017	25.4	14.5	297.9	285.0	3.3	11.1	1,892.6	25.1	44.4
2016	23.1	9.4	174.6	164.2	2.2	5.9	1,947.1	36.4	40.4
2015	20.7	16.1	157.2	144.3	4.5	11.7	3,681.2	38.9	35.5
2014	16.0	15.3	168.5	155.7	5.0	12.2	3,097.2	37.3	29.2

케이에스피 (A073010)

KSP

업 종 : 조선 | 시 장 : KOSDAQ
신용등급 : (Bond) — (CP) — | 기업규모 :
홈페이지 : www.kspvalve.co.kr | 연 락 처 : 051)979-5732
본 사 : 부산시 강서구 녹산산단381로 86번길 43

설 립 일	2000.06.28	**종업원수**	90명	**대표이사**	류흥목
상 장 일	2004.12.17	**감사의견**	적정(영앤진)	**계 열**	
결 산 기	12월	**보 통 주**		**종속회사수**	
액 면 가	500원	**우 선 주**		**구 상 호**	

주주구성 (지분율,%)		출자관계 (지분율,%)		주요경쟁사 (외형,%)	
한국공작기계	17.8	한국공작기계	18.1	케이에스피	100
국민연금06-2네오플럭스기업구조조정조합	4.2	한국정기공업	7.1	현진소재	774
(외국인)	0.4			대창솔루션	240

매출구성		비용구성		수출비중	
대형(저속)엔진밸브	31.2	매출원가율	110.7	수출	19.8
상품 외	26.7	판관비율	10.5	내수	80.2
콘로드등	17.5				

회사 개요

1991년 한국특수용접공업사로 설립되어 1994년부터 현재 주력사업인 선박용엔진밸브사업을 시작, 2000년 사명을 케이에스피로 바꾸고 법인전환했음. 2004년 코스닥 시장에 상장. 동사는 전체 매출의 60% 이상을 차지하는 엔진부품 사업 이외에 형단조, 특수용접인 F/W 사업 등을 영위하고 있음. 동사의 주력 제품은 선박용 엔진 밸브류로서 주된 영업대상은 국내외 엔진제조사, 조선소, 해운사 및 국내외 대리점임.

실적 분석

동사의 2017년 결산 누적 매출액은 전년 동기(261.9억원)에서 32.1% 감소한 178억원을 기록함. 금융손실 축소로 당기순손실 역시 전년 601.7억원에서 37.5억원까지 줄어. 원자재 구매정책 실패 등으로 과다한 재고자산을 보유하게 되면서 경영 실적이 악화됐고, 대여금 형태로 투자한 중국 무순 엔진생산공장이 불황으로 정상 가동되지 못해 회사의 자금난을 유발. 현재 매매거래 중지된 상태로 회생절차 진행 중.

현금 흐름 *IFRS 별도 기준

<단위 : 억원>

항목	2016	2017
영업활동	19	16
투자활동	-54	46
재무활동	31	-44
순현금흐름	-3	17
기말현금	14	31

시장 대비 수익률

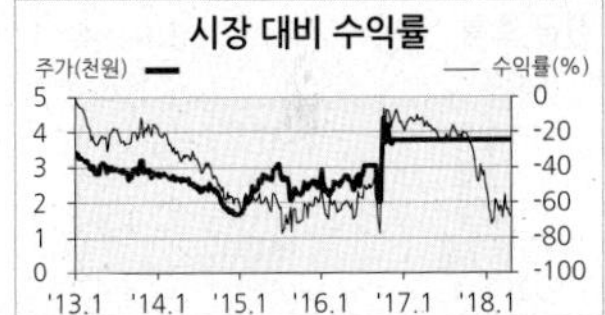

결산 실적

<단위 : 억원>

항목	2012	2013	2014	2015	2016	2017
매출액	501	380	369	403	262	178
영업이익	9	4	-11	-17	-93	-38
당기순이익	4	16	-9	-25	-602	-37

분기 실적 *IFRS 별도 기준

<단위 : 억원>

항목	2016.3Q	2016.4Q	2017.1Q	2017.2Q	2017.3Q	2017.4Q
매출액	58	42	37	44	47	50
영업이익	-28	-36	-5	-2	-4	-27
당기순이익	-117	-111	42	-15	-9	-56

재무 상태 *IFRS 별도 기준

<단위 : 억원>

항목	2012	2013	2014	2015	2016	2017
총자산	844	862	1,122	1,112	575	463
유형자산	279	299	287	298	299	285
무형자산	25	26	27	23	13	3
유가증권	0	0	16	0	0	0
총부채	158	158	429	444	478	380
총차입금	14	12	307	306	285	—
자본금	47	47	47	47	47	38
총자본	686	703	693	668	97	82
지배주주지분	686	703	693	668	97	82

기업가치 지표 *IFRS 별도 기준

항목	2012	2013	2014	2015	2016	2017
주가(최고/저)(천원)	4.9/3.0	3.5/2.6	2.9/1.6	3.1/1.7	4.9/2.0	3.8/3.8
PER(최고/저)(배)	78.4/48.5	14.4/10.7	—/—	—/—	—/—	—/—
PBR(최고/저)(배)	0.5/0.3	0.3/0.2	0.3/0.2	0.3/0.2	2.8/1.1	2.8/2.8
EV/EBITDA(배)	10.3	7.4	29.3	144.5	—	—
EPS(원)	62	244	-130	-385	-9,172	-505
BPS(원)	7,475	7,656	7,553	7,287	1,239	1,357
CFPS(원)	250	384	140	-57	-6,187	-299
DPS(원)	—	—	—	—	—	—
EBITDAPS(원)	302	256	113	29	-796	-302

재무 비율

<단위 : %>

연도	영업이익률	순이익률	부채비율	차입금비율	ROA	ROE	유보율	자기자본비율	EBITDA마진율
2017	-21.2	-21.1	461.1	0.0	-7.2	-41.7	171.4	17.8	-12.6
2016	-35.4	-229.7	491.8	293.4	-71.3	-157.2	147.8	16.9	-28.7
2015	-4.2	-6.3	66.4	45.9	-2.3	-3.7	1,357.4	60.1	0.7
2014	-3.0	-2.3	61.9	44.3	-0.9	-1.2	1,410.5	61.8	2.9

케이에이치바텍 (A060720)
KHVATEC

업 종 : 휴대폰 및 관련부품
신용등급 : (Bond) — (CP) —
홈페이지 : www.khvatec.com
본 사 : 경북 구미시 1공단로10길 53-12

시 장 : KOSDAQ
기업규모 : 우량
연 락 처 : 054)465-0630

설 립 일	1992.11.23	종업원수	233명	대표이사	남광희
상 장 일	2002.05.21	감사의견	적정(한영)	계 열	
결 산 기	12월	보 통 주		종속회사수	4개사
액 면 가	500원	우 선 주		구 상 호	

주주구성 (지분율,%)		출자관계 (지분율,%)		주요경쟁사 (외형,%)	
남광희	15.7	KH엘텍	100.0	KH바텍	100
김종숙	9.5	KH리빙텍	78.8	블루콤	33
(외국인)	3.5	KHV(천진)정밀제조유한공사	100.0	서원인텍	81

매출구성		비용구성		수출비중	
알루미늄 캐스팅	77.0	매출원가율	101.9	수출	—
기타	7.5	판관비율	7.0	내수	—
FPCB	7.1				

회사 개요

동사는 1992년 설립돼 비철금속을 이용해 휴대폰, 노트북 등에 사용되는 외장 및 내장재, 조립모듈 제작을 주된 사업으로 하고 있으며, FPCB, LED조명 등의 제조를 함께 영위하고 있음. 정밀기구가 매출의 95% 이상을 차지하고, 특히 마그네슘 캐스팅은 2013년에만 6,244억원의 매출을 기록해 전체 매출의 76%를 차지했음. 동사는 FPCB를 생산, 판매하는 KH엘텍과 LED조명사업을 영위하는 KH라이텍을 두고 있음.

실적 분석

동사의 2017년 누적 매출액은 3,511.3억원으로 전년동기대비 7.2% 감소. 국내 고객의 장기 생산 모델의 생산 중단과 해외 거래선 매출이 감소한 영향. 영업이익은 적자지속한 -314.5억원을 기록함. 3분기까지 진행된 구조조정에 따른 고정비 감소로 4분기 기준 영업이익은 흑자전환. 향후 매출액 변화에 따른 영업이익 레버리지는 과거 대비 크게 개선될 것으로 기대. 2018년 신제품 및 신기술 도입으로 고객사 내 입지가 강화될 것.

현금 흐름 〈단위 : 억원〉

항목	2016	2017
영업활동	327	-67
투자활동	-536	318
재무활동	-107	-208
순현금흐름	-323	15
기말현금	460	475

시장 대비 수익률

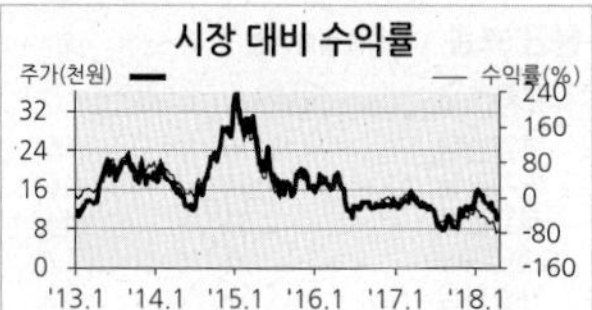

결산 실적 〈단위 : 억원〉

항목	2012	2013	2014	2015	2016	2017
매출액	3,559	8,242	5,900	7,379	3,782	3,511
영업이익	77	668	350	312	-153	-315
당기순이익	-32	572	249	199	-185	-377

분기 실적 〈단위 : 억원〉

항목	2016.3Q	2016.4Q	2017.1Q	2017.2Q	2017.3Q	2017.4Q
매출액	966	926	1,173	822	880	636
영업이익	-25	-28	-104	-119	-98	7
당기순이익	-52	-29	-144	-130	-101	-2

재무 상태 〈단위 : 억원〉

항목	2012	2013	2014	2015	2016	2017
총자산	4,043	4,441	5,763	4,554	4,146	3,201
유형자산	1,676	1,858	2,001	2,368	2,101	1,644
무형자산	63	70	83	115	103	85
유가증권	1	—	—	—	—	10
총부채	2,159	1,988	3,099	1,735	1,637	1,115
총차입금	1,147	1,152	966	852	832	570
자본금	80	80	80	100	100	100
총자본	1,884	2,453	2,664	2,818	2,508	2,086
지배주주지분	1,884	2,445	2,668	2,831	2,514	2,093

기업가치 지표

항목	2012	2013	2014	2015	2016	2017
주가(최고/저)(천원)	11.7/4.0	22.7/10.6	32.7/11.2	35.8/13.6	19.5/10.3	15.4/7.9
PER(최고/저)(배)	—/—	8.2/3.9	25.7/8.9	35.3/13.4	—/—	—/—
PBR(최고/저)(배)	1.3/0.4	1.9/0.9	2.5/0.9	2.5/1.0	1.5/0.8	1.4/0.7
EV/EBITDA(배)	13.3	4.7	10.8	6.0	18.7	—
EPS(원)	-160	2,907	1,309	1,043	-899	-1,877
BPS(원)	12,233	15,740	17,135	14,534	13,127	11,181
CFPS(원)	571	4,877	2,978	2,353	553	-589
DPS(원)	—	370	500	300	50	—
EBITDAPS(원)	1,251	5,422	3,532	2,869	685	-285

재무 비율 〈단위 : %〉

연도	영업이익률	순이익률	부채비율	차입금비율	ROA	ROE	유보율	자기자본비율	EBITDA마진율
2017	-9.0	-10.7	53.5	27.3	-10.3	-16.3	2,136.3	65.2	-1.6
2016	-4.1	-4.9	65.3	33.2	-4.3	-6.7	2,525.4	60.5	3.6
2015	4.2	2.7	61.6	30.2	3.9	7.6	2,806.8	61.9	7.8
2014	5.9	4.2	116.3	36.3	4.9	10.2	3,326.9	46.2	9.6

케이엔더블유 (A105330)
KNW

업 종 : 자동차부품
신용등급 : (Bond) — (CP) —
홈페이지 : www.knwkorea.com
본 사 : 경기도 파주시 문산읍 돈유3로 51

시 장 : KOSDAQ
기업규모 : 벤처
연 락 처 : 031)950-0200

설 립 일	2001.01.12	종업원수	100명	대표이사	오원석
상 장 일	2009.09.29	감사의견	적정(이촌)	계 열	
결 산 기	12월	보 통 주		종속회사수	6개사
액 면 가	500원	우 선 주		구 상 호	

주주구성 (지분율,%)		출자관계 (지분율,%)		주요경쟁사 (외형,%)	
오원석	22.1	케이글라스	67.0	케이엔더블유	100
오범석	17.7	북경특가기지령부건유한공사	100.0	풍강	89
(외국인)	0.2	KNWVietnam	100.0	크린앤사이언스	82

매출구성		비용구성		수출비중	
[제품]자동차 내장재	68.3	매출원가율	90.1	수출	85.6
[제품]DOF, GLP모듈 등	31.0	판관비율	11.7	내수	14.4
[상품]POP라벨 등	0.7				

회사 개요

동사는 2001년 설립된 디스플레이 부품 소재 제조 및 유통 업체로 2008년 케이엔더블유로 상호를 변경하고 2009년 코스닥 상장됨. 동사는 Display Frameless Filter 제작에 필요한 재료, 소재 제작에 필요한 중간 소재 및 기능성 필름의 기능 및 외관을 보호하는 부품 소재 사업과 태양광 모듈 보호용 Sheet등을 주 생산 품목으로 사업을 영위. 전자부품소재 31.7%, 자동차 부품 소재 68.3% 등으로 매출 구성

실적 분석

동사는 연결재무제표 기준 지난해 영업손실 16.1억원으로 적자폭이 전년 대비 1178.4% 확대된 것으로 집계. 같은 기간 당기순손실도 19.2억원으로 179.7% 늘었고, 매출액은 37.9% 증가한 937.9억원을 기록. 세계 평판 디스플레이 시장은 현재 성숙기에 진입하였으며 과거에 비해 성장 속도가 다소 더뎌지는 추세이나, 현재에도 LCD 패널은 여전히 디스플레이 산업의 주력임.

현금 흐름 〈단위 : 억원〉

항목	2016	2017
영업활동	19	-14
투자활동	-20	-30
재무활동	-9	-5
순현금흐름	-9	-49
기말현금	93	44

시장 대비 수익률

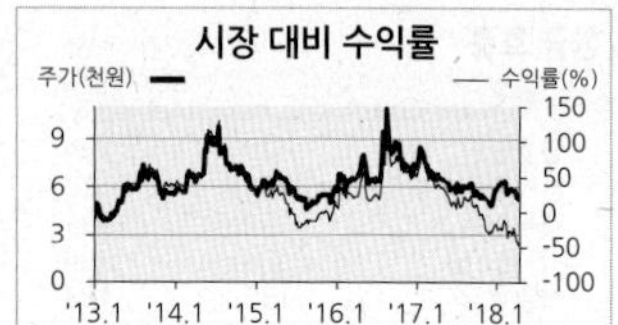

결산 실적 〈단위 : 억원〉

항목	2012	2013	2014	2015	2016	2017
매출액	386	651	716	648	680	938
영업이익	-24	1	39	16	-1	-16
당기순이익	-23	-8	32	8	-7	-19

분기 실적 〈단위 : 억원〉

항목	2016.3Q	2016.4Q	2017.1Q	2017.2Q	2017.3Q	2017.4Q
매출액	165	179	218	219	212	288
영업이익	-3	-1	-8	1	-10	1
당기순이익	-4	-3	-8	-3	-9	1

재무 상태 〈단위 : 억원〉

항목	2012	2013	2014	2015	2016	2017
총자산	517	517	630	653	682	689
유형자산	266	257	245	274	262	254
무형자산	4	3	3	3	3	3
유가증권	9	—	—	—	—	—
총부채	187	182	214	232	272	314
총차입금	115	106	99	120	111	106
자본금	22	24	28	28	28	28
총자본	331	335	416	421	410	374
지배주주지분	331	335	416	420	411	375

기업가치 지표

항목	2012	2013	2014	2015	2016	2017
주가(최고/저)(천원)	5.5/3.4	7.3/3.9	9.9/5.4	7.2/4.4	10.9/5.7	8.5/4.9
PER(최고/저)(배)	—/—	—/—	15.9/8.8	46.8/29.0	—/—	—/—
PBR(최고/저)(배)	0.7/0.5	1.0/0.5	1.3/0.7	0.9/0.6	1.5/0.8	1.3/0.7
EV/EBITDA(배)	—	10.8	3.7	7.8	14.1	28.0
EPS(원)	-525	-166	631	153	-104	-332
BPS(원)	7,831	7,365	7,496	7,577	7,404	6,775
CFPS(원)	-135	397	1,157	652	446	197
DPS(원)	—	—	100	—	—	—
EBITDAPS(원)	-156	577	1,297	787	528	244

재무 비율 〈단위 : %〉

연도	영업이익률	순이익률	부채비율	차입금비율	ROA	ROE	유보율	자기자본비율	EBITDA마진율
2017	-1.7	-2.1	84.0	28.4	-2.8	-4.8	1,254.9	54.4	1.5
2016	-0.2	-1.0	66.2	27.0	-1.0	-1.4	1,380.8	60.2	4.4
2015	2.5	1.2	55.0	28.4	1.3	2.1	1,415.4	64.5	6.9
2014	5.5	4.5	51.4	23.7	5.6	8.5	1,399.3	66.0	9.2

케이엔엔 (A058400)

KOREA NEW NETWORK

업 종 : 미디어 | 시 장 : KOSDAQ
신용등급 : (Bond) — (CP) — | 기업규모 : 우량
홈페이지 : www.knn.co.kr | 연 락 처 : 051)850-9230
본 사 : 부산시 해운대구 센텀서로 30 케이엔엔타워

설 립 일	1994.09.07	**종업원수**	128명	**대표이사**	김병근
상 장 일	2010.11.03	**감사의견**	적정(안경)	**계 열**	
결 산 기	12월	**보 통 주**		**종속회사수**	2개사
액 면 가	500원	**우 선 주**		**구 상 호**	

주주구성 (지분율,%)		출자관계 (지분율,%)		주요경쟁사 (외형,%)	
넥센	39.3	케이엔엔디앤씨	100.0	KNN	100
태영건설	6.3	iKNN	69.6	지투알	767
		BGV	50.0	디지틀조선	60

매출구성		비용구성		수출비중	
협찬사업	58.0	매출원가율	62.1	수출	0.0
방송광고(TV)	30.5	판관비율	24.8	내수	100.0
방송광고(Radio)	8.2				

회사 개요

1994년 9월에 설립된 회사로 2005년 7월 방송위원회로부터 부산, 경남지역 민영방송 광역화 사업자로 선정되었으며, 2006년 5월에 현재의 케이엔엔으로 사명 변경함. 방송법에 근거하여 지상파 TV, 라디오 방송, 광고 사업을 주된 사업으로 하고 있으며, 지상파 콘텐츠의 판매 및 전시, 공연사업 등 문화사업 비중도 점차 확대하고 있음. iKNN, iKNN//경남을 연결대상 종속회사로 보유하고 있으며 동사의 최대주주는 넥센임.

실적 분석

동사의 2017년 매출액은 전년대비 5.7% 증가한 653.6억원이며, 원가율 개선 노력에 따라 매출총이익이 27.8% 증가하였음. 영업이익은 전년대비 44.7% 증가한 85.9억원임. 법인세비용차감전순이익은 전년대비 41.7% 증가한 124억원이며, 당기순이익은 전년대비 39.3% 증가한 96억원을 기록하였음. 동사는 2017년 UHD TV방송 시작하였음.

현금 흐름

<단위 : 억원>

항목	2016	2017
영업활동	123	160
투자활동	-51	-173
재무활동	-37	-22
순현금흐름	35	-36
기말현금	111	76

시장 대비 수익률

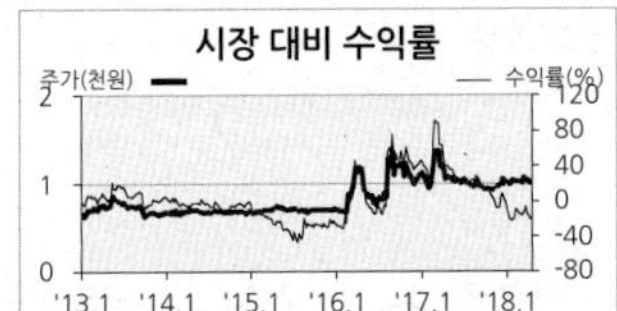

결산 실적

<단위 : 억원>

항목	2012	2013	2014	2015	2016	2017
매출액	587	588	591	627	618	654
영업이익	78	35	74	83	59	86
당기순이익	262	119	56	69	69	96

분기 실적

<단위 : 억원>

항목	2016.3Q	2016.4Q	2017.1Q	2017.2Q	2017.3Q	2017.4Q
매출액	119	228	113	159	166	215
영업이익	-5	22	15	46	28	-4
당기순이익	2	18	17	54	24	2

재무 상태

<단위 : 억원>

항목	2012	2013	2014	2015	2016	2017
총자산	1,892	1,818	1,846	1,899	1,985	2,027
유형자산	1,060	858	829	865	791	771
무형자산	10	10	10	10	10	9
유가증권	133	141	236	307	285	407
총부채	278	128	129	150	203	173
총차입금	1	0	0	0	—	—
자본금	662	662	662	662	662	662
총자본	1,614	1,690	1,717	1,749	1,782	1,854
지배주주지분	1,610	1,686	1,714	1,746	1,778	1,850

기업가치 지표

항목	2012	2013	2014	2015	2016	2017
주가(최고/저)(천원)	0.6/0.5	0.9/0.6	0.7/0.7	0.7/0.7	1.4/0.7	1.4/0.9
PER(최고/저)(배)	3.9/3.1	11.1/7.8	18.7/17.0	15.3/13.6	27.5/13.4	20.5/13.1
PBR(최고/저)(배)	0.6/0.5	0.8/0.6	0.6/0.6	0.6/0.5	1.1/0.5	1.1/0.7
EV/EBITDA(배)	6.5	7.9	5.3	5.4	11.3	7.7
EPS(원)	197	90	43	52	52	72
BPS(원)	12,159	12,731	12,940	13,187	1,343	1,397
CFPS(원)	2,223	1,260	775	873	89	107
DPS(원)	300	250	250	250	20	25
EBITDAPS(원)	840	623	907	972	82	99

재무 비율

<단위 : %>

연도	영업이익률	순이익률	부채비율	차입금비율	ROA	ROE	유보율	자기자본비율	EBITDA마진율
2017	13.1	14.7	9.4	0.0	4.8	5.3	179.4	91.5	20.1
2016	9.6	11.2	11.4	0.0	3.6	3.9	168.6	89.8	17.5
2015	13.2	11.0	8.6	0.0	3.7	4.0	163.7	92.1	20.5
2014	12.5	9.5	7.5	0.0	3.1	3.3	158.8	93.0	20.3

케이엘넷 (A039420)

KL-Net

업 종 : IT 서비스 | 시 장 : KOSDAQ
신용등급 : (Bond) — (CP) — | 기업규모 : 중견
홈페이지 : www.klnet.co.kr | 연 락 처 : 02)538-7227
본 사 : 서울시 강남구 역삼로 153, 케이엘넷빌딩 3층 (역삼동)

설 립 일	1994.03.30	**종업원수**	185명	**대표이사**	강범구,정지원
상 장 일	2002.02.28	**감사의견**	적정(대주)	**계 열**	
결 산 기	12월	**보 통 주**		**종속회사수**	2개사
액 면 가	500원	**우 선 주**		**구 상 호**	

주주구성 (지분율,%)		출자관계 (지분율,%)		주요경쟁사 (외형,%)	
정지원	22.9	해양물류정보연구소	100.0	케이엘넷	100
창명해운	4.7	양재아이티	40.0	쌍용정보통신	401
(외국인)	4.0	케이씨넷	14.7	바른테크놀로지	59

매출구성		비용구성		수출비중	
EDI	50.9	매출원가율	74.7	수출	0.0
SI	26.2	판관비율	13.4	내수	100.0
SM	21.3				

회사 개요

동사는 1994년 물류비 절감을 통한 국가경쟁력 강화를 목적으로 물류관련 기관과 기업들이 공동 출자하여 설립된 회사로, 전자문서중계서비스를 기반으로 정보시스템 구축(SI)과 IT컨설팅, 물류솔루션 개발 · 판매, IT 아웃소싱 수행 등 물류분야의 토탈 U- IT서비스를 제공하고 있는 글로벌 물류IT 전문기업임. 국내외 IT 시장이 전반적으로 줄어들 것으로 예상되면서 동사 IT 사업도 위축될 전망.

실적 분석

동사의 2017년 연결 기준 연간 누적 매출액은 전년 동기 대비 3.9% 증가한 364.5억원을 시현함. 매출이 증가한 반면 매출원가는 원가 절감 노력으로 인해 오히려 감소하면서 영업이익은 전년 동기 대비 무려 204.6% 증가한 43.4억원을 기록함. 비영업손익 부문에서 적자로 돌아섰지만 영업이익 증가 폭이 워낙 커 당기순이익은 전년 동기 대비 73.4% 증가한 27.9억원을 시현함.

현금 흐름

<단위 : 억원>

항목	2016	2017
영업활동	33	51
투자활동	-18	-56
재무활동	-4	-12
순현금흐름	10	-17
기말현금	63	45

시장 대비 수익률

결산 실적

<단위 : 억원>

항목	2012	2013	2014	2015	2016	2017
매출액	338	350	357	340	351	365
영업이익	12	9	26	29	14	43
당기순이익	-5	14	26	25	16	28

분기 실적

<단위 : 억원>

항목	2016.3Q	2016.4Q	2017.1Q	2017.2Q	2017.3Q	2017.4Q
매출액	82	126	76	100	80	109
영업이익	-4	14	11	11	8	13
당기순이익	-3	15	11	7	8	2

재무 상태

<단위 : 억원>

항목	2012	2013	2014	2015	2016	2017
총자산	383	372	368	381	404	396
유형자산	176	173	154	149	143	132
무형자산	11	11	14	16	16	19
유가증권	7	9	16	18	18	7
총부채	122	107	81	75	89	57
총차입금	—	—	0	—	—	—
자본금	121	121	121	121	121	121
총자본	260	265	287	306	315	338
지배주주지분	260	265	281	306	315	338

기업가치 지표

항목	2012	2013	2014	2015	2016	2017
주가(최고/저)(천원)	3.3/1.6	2.1/1.4	2.9/1.4	3.1/1.7	3.7/2.1	3.4/2.6
PER(최고/저)(배)	—/—	39.2/24.9	26.9/13.4	31.3/17.2	56.5/32.5	29.3/22.4
PBR(최고/저)(배)	3.1/1.5	1.9/1.2	2.3/1.2	2.4/1.3	2.7/1.6	2.2/1.7
EV/EBITDA(배)	14.0	9.4	11.3	11.8	18.1	10.3
EPS(원)	-21	57	109	102	67	116
BPS(원)	1,122	1,190	1,257	1,358	1,399	1,522
CFPS(원)	49	147	205	203	166	200
DPS(원)	—	25	—	15	20	30
EBITDAPS(원)	120	127	205	221	159	264

재무 비율

<단위 : %>

연도	영업이익률	순이익률	부채비율	차입금비율	ROA	ROE	유보율	자기자본비율	EBITDA마진율
2017	11.9	7.7	17.0	0.0	7.0	8.5	204.4	85.5	17.5
2016	4.1	4.6	28.2	0.0	4.1	5.2	179.7	78.0	10.9
2015	8.6	7.2	24.7	0.0	6.6	8.4	171.6	80.2	15.7
2014	7.4	7.4	28.4	0.1	7.1	9.6	151.4	77.9	13.9

케이엠 (A083550)

KM

업 종 : 반도체 및 관련장비 | 시 장 : KOSDAQ
신용등급 : (Bond) — (CP) — | 기업규모 : 우량
홈페이지 : www.kmbiz.com | 연 락 처 : 033)333-6660
본 사 : 강원도 평창군 평창읍 농공단지길 23-21

설 립 일	1989.09.28	**종업원수**	246명	**대표이사**	신병순
상 장 일	2005.12.19	**감사의견**	적정(이촌)	**계 열**	
결 산 기	12월	**보 통 주**		**종속회사수**	6개사
액 면 가	500원	**우 선 주**		**구 상 호**	

주주구성 (지분율,%)		**출자관계** (지분율,%)		**주요경쟁사** (외형,%)	
신병순	26.7	동산	57.5	케이엠	100
한국증권금융	4.1	케이엠헬스케어	32.8	매커스	79
(외국인)	4.2	우진무과기	100.0	엑시콘	61

매출구성		**비용구성**		**수출비중**	
기타 제품 외	74.3	매출원가율	82.0	수출	15.0
KM-4000 x외	18.4	판관비율	13.3	내수	85.0
KM PVC GLOVE 외	2.7				

회사 개요

동사는 수입에 의존해 오던 청정(크린룸) 용품을 국산화하여 생산 및 판매하고 있음. 현재 ESD CLASS 10 GLOVE는 미국 OAK사와 세계 시장을 양분하고 있으며, 한국에서는 완전 독점 생산, 공급하고 있으며 태양전지 사업 부문을 영위하고 있음. 2017년 기준 매출액은 Cleanroom Class 10 Wiper(20.5%), ESD Class 10 PVC Glove(3.7%) 등으로 구성됨.

실적 분석

동사의 2017년 연결기준 매출액은 전년 대비 1.2% 상승한 1,109.1억원을 기록한 반면, 동기간 매출원가 및 판관비는 각각 0.2%, 1.3% 감소함에 따라 동사의 2017년 영업이익은 전년 대비 45.0% 증가한 52.6억원을 기록함. 반면, 외화환산이익이 전년 대비 급감하면서 외환손실이 발생하면서 비영업손익은 적자상태가 지속되었음. 이에 따라 동사의 2017년 당기순이익은 전년 대비 20.0% 증가한 41.1억원을 기록함.

현금 흐름

〈단위 : 억원〉

항목	2016	2017
영업활동	75	60
투자활동	-69	-112
재무활동	-71	-6
순현금흐름	-57	-59
기말현금	152	92

시장 대비 수익률

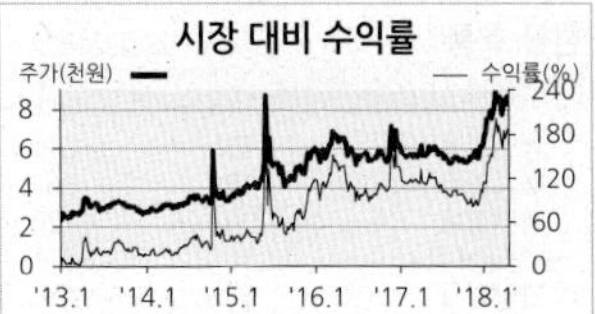

결산 실적

〈단위 : 억원〉

항목	2012	2013	2014	2015	2016	2017
매출액	1,143	1,233	1,145	1,162	1,096	1,109
영업이익	23	35	24	64	36	53
당기순이익	28	22	31	68	34	41

분기 실적

〈단위 : 억원〉

항목	2016.3Q	2016.4Q	2017.1Q	2017.2Q	2017.3Q	2017.4Q
매출액	269	290	259	280	285	285
영업이익	9	16	10	17	17	8
당기순이익	7	17	8	20	7	6

재무 상태

〈단위 : 억원〉

항목	2012	2013	2014	2015	2016	2017
총자산	1,017	1,010	976	1,031	975	1,012
유형자산	321	308	302	290	281	367
무형자산	11	12	12	22	20	14
유가증권	1	1	1	0	0	—
총부채	402	379	321	314	241	260
총차입금	223	207	171	134	88	85
자본금	49	49	49	49	49	49
총자본	614	631	655	717	735	752
지배주주지분	577	593	614	673	702	717

기업가치 지표

항목	2012	2013	2014	2015	2016	2017
주가(최고/저)(천원)	3.2/2.3	3.9/2.4	5.9/2.7	8.7/3.5	7.2/5.2	6.2/5.1
PER(최고/저)(배)	15.1/10.7	18.8/11.4	21.8/10.0	13.6/5.4	20.0/14.5	14.2/11.9
PBR(최고/저)(배)	0.6/0.4	0.7/0.4	1.0/0.4	1.3/0.5	1.0/0.7	0.8/0.7
EV/EBITDA(배)	5.3	5.5	7.4	5.6	7.2	6.7
EPS(원)	230	223	286	660	362	435
BPS(원)	6,187	6,353	6,564	7,174	7,468	7,549
CFPS(원)	745	508	568	1,000	721	764
DPS(원)	30	50	70	100	35	58
EBITDAPS(원)	746	642	523	978	721	856

재무 비율

〈단위 : %〉

연도	영업이익률	순이익률	부채비율	차입금비율	ROA	ROE	유보율	자기자본비율	EBITDA마진율
2017	4.7	3.7	34.6	11.3	4.1	6.1	1,409.8	74.3	7.6
2016	3.3	3.1	32.8	12.0	3.4	5.3	1,393.6	75.3	6.4
2015	5.5	5.8	43.7	18.7	6.8	10.3	1,334.9	69.6	8.2
2014	2.1	2.7	49.1	26.2	3.1	4.7	1,212.8	67.1	4.5

케이엠더블유 (A032500)

KMW

업 종 : 통신장비 | 시 장 : KOSDAQ
신용등급 : (Bond) — (CP) — | 기업규모 : 중견
홈페이지 : www.kmw.co.kr | 연 락 처 : 031)370-8600
본 사 : 경기도 화성시 영천로 183-19

설 립 일	1994.10.05	**종업원수**	322명	**대표이사**	김덕용
상 장 일	2000.03.12	**감사의견**	적정(진일)	**계 열**	
결 산 기	12월	**보 통 주**		**종속회사수**	11개사
액 면 가	500원	**우 선 주**		**구 상 호**	

주주구성 (지분율,%)		**출자관계** (지분율,%)		**주요경쟁사** (외형,%)	
김덕용	35.6	기가테라	100.0	케이엠더블유	100
국민연금공단	6.1	닛시	100.0	유비쿼스홀딩스	4
(외국인)	1.1	BMS코리아	100.0	웨이브일렉트로	27

매출구성		**비용구성**		**수출비중**	
FILTER 外(제품)	49.9	매출원가율	70.0	수출	91.4
RRH 류(제품)	19.5	판관비율	31.5	내수	8.6
LED(제품)	19.1				

회사 개요

1991년에 설립된 동사는 무선통신사업 관련 RF 부품산업에서 핵심 기술을 보유한 업체로 이동통신 장비를 제조, 판매하고 있음. 동사는 고성능 앰프, 초소형기지국(RRH), 세계 최초로 개발한 Black hole filter 등을 성공적으로 제조해 지난 2년간 큰 폭의 성장을 기록함. 안테나 및 RF 설계기술과 LED조명기술을 융합하여 차별화된 조명제품을 개발하여 사업을 추진 중임. 2017년 결산 기준 RF부문에서 매출의 85% 발생.

실적 분석

동사의 2017년 누적 매출은 2,037.2억원으로 전년대비 3.2% 감소함. 베트남 법인의 제조원가가 하락함으로써 매출원가가 11.7% 감소. 매출원가의 하락으로 영업손실의 폭을 줄였으나 2016년도 실적에 종속회사 처분으로 인한 중단영업이익이 포함되어 있기 때문에 2017년 기준 영업이익이 적자폭이 커짐. 금융손익과 외환손익 적자지속, 비영업이익이 적자전환됨에 따라 당기순이익도 적자전환됨.

현금 흐름

〈단위 : 억원〉

항목	2016	2017
영업활동	137	-79
투자활동	786	-5
재무활동	-820	72
순현금흐름	98	-16
기말현금	242	227

시장 대비 수익률

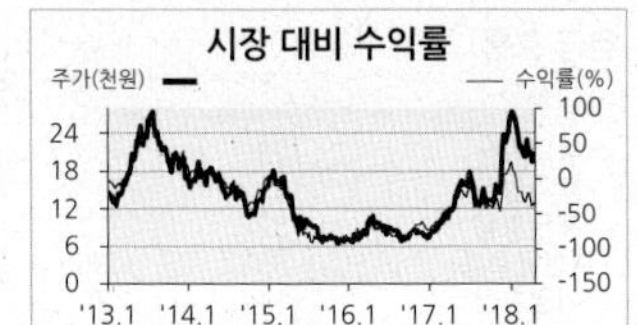

결산 실적

〈단위 : 억원〉

항목	2012	2013	2014	2015	2016	2017
매출액	2,925	3,179	2,107	2,198	2,105	2,037
영업이익	417	435	-189	-449	-145	-30
당기순이익	375	399	-125	-478	37	-87

분기 실적

〈단위 : 억원〉

항목	2016.3Q	2016.4Q	2017.1Q	2017.2Q	2017.3Q	2017.4Q
매출액	400	602	683	550	438	366
영업이익	-43	-34	57	3	7	-97
당기순이익	25	-58	36	-14	7	-116

재무 상태

〈단위 : 억원〉

항목	2012	2013	2014	2015	2016	2017
총자산	2,351	2,509	2,955	3,206	2,083	2,134
유형자산	923	1,107	1,239	1,241	848	737
무형자산	31	32	33	46	43	40
유가증권	7	5	10	6	6	6
총부채	1,871	1,639	1,936	2,609	1,627	1,621
총차입금	1,237	1,085	1,365	1,626	877	741
자본금	81	81	81	81	81	81
총자본	480	870	1,019	597	456	513
지배주주지분	462	845	847	423	456	513

기업가치 지표

항목	2012	2013	2014	2015	2016	2017
주가(최고/저)(천원)	13.7/5.0	27.8/12.2	19.4/10.0	18.2/6.2	11.4/6.4	26.3/7.8
PER(최고/저)(배)	6.0/2.2	11.4/5.0	—/—	—/—	46.6/26.2	—/—
PBR(최고/저)(배)	3.6/1.3	4.5/2.0	3.1/1.6	5.1/1.8	3.0/1.7	7.4/2.2
EV/EBITDA(배)	6.3	6.8	—	—	717.8	68.4
EPS(원)	2,268	2,435	-824	-2,976	244	-540
BPS(원)	3,804	6,182	6,192	3,560	3,763	3,569
CFPS(원)	2,895	3,009	-169	-2,133	1,161	81
DPS(원)	—	—	—	—	—	—
EBITDAPS(원)	3,214	3,274	-521	-1,945	16	431

재무 비율

〈단위 : %〉

연도	영업이익률	순이익률	부채비율	차입금비율	ROA	ROE	유보율	자기자본비율	EBITDA마진율
2017	-1.5	-4.3	315.9	144.4	-4.1	-17.9	613.9	24.1	3.4
2016	-6.9	1.8	357.2	192.5	1.4	9.0	652.7	21.9	0.1
2015	-20.4	-21.8	437.1	272.4	-15.5	-75.5	611.9	18.6	-14.2
2014	-9.0	-5.9	190.1	134.0	-4.6	-15.7	1,138.4	34.5	-4.0

케이엠에이치 (A122450)

KMH

업 종	미디어	시 장	KOSDAQ
신용등급	(Bond) — (CP) —	기업규모	중견
홈페이지	www.ikmh.co.kr	연 락 처	02)2647-1255
본 사	서울시 양천구 목동서로 201 KT정보전산센터 7층		

설 립 일	2000.10.19	**종 업 원 수**	79명	**대 표 이 사**	한찬수
상 장 일	2011.05.25	**감 사 의 견**	적정(신우)	**계 열**	
결 산 기	12월	**보 통 주**		**종속회사수**	21개사
액 면 가	500원	**우 선 주**		**구 상 호**	

주주구성 (지분율,%)		출자관계 (지분율,%)		주요경쟁사 (외형,%)	
최상주	18.8	에프앤에이치	24.0	KMH	100
KB자산운용	16.5	스카이라이프티브이	7.1	지투알	245
(외국인)	4.1	프론티어엠앤에이	5.0	디지틀조선	19

매출구성		비용구성		수출비중	
송출부문[미디어윈] 외	26.2	매출원가율	56.7	수출	—
주요종속회사[(주)케이엠에이치하이텍]	21.9	판관비율	25.6	내수	—
주요종속회사[(주)아시아경제]	20.0				

회사 개요

동사는 2000년 10월 채널사용사업을 목적으로 설립되어, 현재는 방송송출 및 전문 채널사용사업을 고유 사업으로 하고, 2011년 5월 25일부로 코스닥에 상장된 회사임. 주요 종속회사는 채널사용사업의 엠앤씨넷미디어, 신문제조업의 아시아경제신문사, 인터넷 서비스업 및 금융정보제공업의 팍스넷 등이 있음. 종속회사들의 시너지를 통해 뉴스, 경제 콘텐츠 경쟁력을 확보 중임.

실적 분석

동사의 2017년도 연결기준 연간 매출액은 2,048.5억원으로 전년도 대비 31.8% 증가함. 골프장 운영, 반도체 재료 등 신규 사업확대에 따라 매출 및 영업이익이 증가했으며, 투자자산처분이익이 반영되며 순이익은 전년도 대비 20.3% 증가한 428.3억원을 기록함. 송출사업부문에서는 지속적인 원가 절감과 가격 경쟁력 제고를 위해 노력 중이며, 채널사용사업부문에서는 광범위한 플랫폼 론칭으로 수익성을 확보하고 있음.

현금 흐름

〈단위 : 억원〉

항목	2016	2017
영업활동	402	326
투자활동	-257	-246
재무활동	-103	142
순현금흐름	43	222
기말현금	533	755

시장 대비 수익률

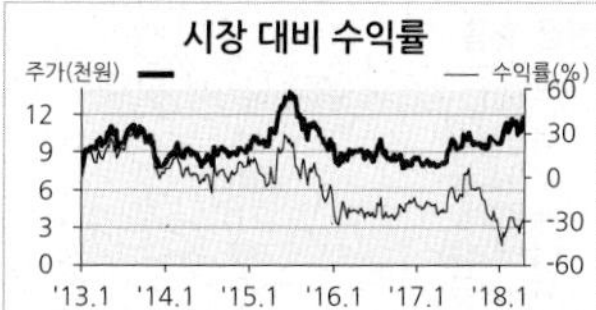

결산 실적

〈단위 : 억원〉

항목	2012	2013	2014	2015	2016	2017
매출액	620	894	1,147	989	1,554	2,049
영업이익	121	123	172	188	266	361
당기순이익	109	84	110	109	356	428

분기 실적

〈단위 : 억원〉

항목	2016.3Q	2016.4Q	2017.1Q	2017.2Q	2017.3Q	2017.4Q
매출액	431	449	401	596	531	520
영업이익	73	65	43	131	117	70
당기순이익	45	-46	118	111	104	95

재무 상태

〈단위 : 억원〉

항목	2012	2013	2014	2015	2016	2017
총자산	1,064	1,251	1,326	1,695	3,934	5,371
유형자산	232	217	216	186	2,096	3,332
무형자산	136	164	196	233	261	259
유가증권	39	83	43	30	134	208
총부채	377	380	346	301	1,168	1,427
총차입금	223	210	183	98	580	615
자본금	64	64	64	67	67	71
총자본	687	871	980	1,394	2,766	3,944
지배주주지분	722	739	827	997	1,209	1,485

기업가치 지표

항목	2012	2013	2014	2015	2016	2017
주가(최고/저)(천원)	8.4/6.2	11.4/7.6	9.9/7.9	14.7/9.1	10.0/7.6	10.8/7.8
PER(최고/저)(배)	10.1/7.4	17.8/11.9	13.9/11.1	21.0/13.0	5.6/4.2	5.3/3.8
PBR(최고/저)(배)	1.5/1.1	2.0/1.3	1.5/1.2	1.9/1.2	1.1/0.8	1.0/0.7
EV/EBITDA(배)	4.8	4.3	4.1	4.1	7.1	7.2
EPS(원)	839	640	713	699	1,787	2,039
BPS(원)	5,653	5,783	6,483	7,614	9,205	10,696
CFPS(원)	1,234	1,123	1,231	1,205	2,511	2,877
DPS(원)	—	—	—	—	—	—
EBITDAPS(원)	1,349	1,450	1,865	1,926	2,699	3,493

재무 비율

〈단위 : %〉

연도	영업이익률	순이익률	부채비율	차입금비율	ROA	ROE	유보율	자기자본비율	EBITDA마진율
2017	17.6	20.9	36.2	15.6	9.2	20.6	2,039.3	73.4	23.2
2016	17.1	22.9	42.2	21.0	12.7	21.8	1,741.1	70.3	23.4
2015	19.0	11.0	21.6	7.1	7.2	10.1	1,422.8	82.3	25.7
2014	15.0	9.6	35.3	18.6	8.6	11.6	1,196.5	73.9	20.8

케이엠에이치하이텍 (A052900)

KMH HITECH COLTD

업 종	반도체 및 관련장비	시 장	KOSDAQ
신용등급	(Bond) — (CP) —	기업규모	중견
홈페이지	www.kmhhitech.com	연 락 처	041)539-6114
본 사	충남 아산시 음봉면 연암율금로 330		

설 립 일	1997.03.05	**종 업 원 수**	146명	**대 표 이 사**	이상국
상 장 일	2005.01.18	**감 사 의 견**	적정(신우)	**계 열**	
결 산 기	12월	**보 통 주**		**종속회사수**	3개사
액 면 가	500원	**우 선 주**		**구 상 호**	

주주구성 (지분율,%)		출자관계 (지분율,%)		주요경쟁사 (외형,%)	
케이엠에이치	18.5	에프앤에이치	24.0	KMH하이텍	100
대은디브이피	2.1	케이엠에이치신라레저	17.6	KEC	460
(외국인)	2.4	매일방송	0.1	싸이맥스	318

매출구성		비용구성		수출비중	
(반도체재료)IC-Tray, Module-Tray 등	53.0	매출원가율	80.9	수출	81.3
(SSD)SSD Case, Turnkey Box	37.0	판관비율	18.0	내수	18.7
해외 장비	10.0				

회사 개요

동사는 반도체 재료 및 장비 전문기업으로서, 재료 부문이 전체매출의 70% 가량을 차지함. 재료 부문에서는 반도체 패킹용 IC-Tray 등 주로 후공정재료를 생산하고 있음. 현재 전공정 부문에 진입하고자 노력하여 일부 성과를 보임. 제조장비 부문에서는 반도체칩 제조 공정인 전공정에 사용되는 장비 중 하나인 Slurry 공급장치와 세정장치 등의 장비를 생산 중임. 2014년 들어 수출비중이 확대되며 전체 매출의 절반 이상을 차지함.

실적 분석

동사의 2017년 결산 연결 기준 매출액은 515.4억원으로 전년동기 대비 9.9% 증가함. 외형 확대에 불구하고 원가부담이 늘면서 영업이익은 오히려 68.6% 감소한 5.8억원에 그침. 비영업손실도 7.2억원을 기록하며 당기순손실 역시 4.3억원을 기록하며 적자전환. 동사는 높은 원가율로 인해 수익성이 좋지 못한 사업군을 단계적으로 축소 진행 중에 있음. 또한 반도체 전공정 재료시장 진입을 위해 연구개발 등 지속적 노력 중.

현금 흐름

〈단위 : 억원〉

항목	2016	2017
영업활동	60	17
투자활동	-100	-87
재무활동	94	41
순현금흐름	53	-29
기말현금	92	64

시장 대비 수익률

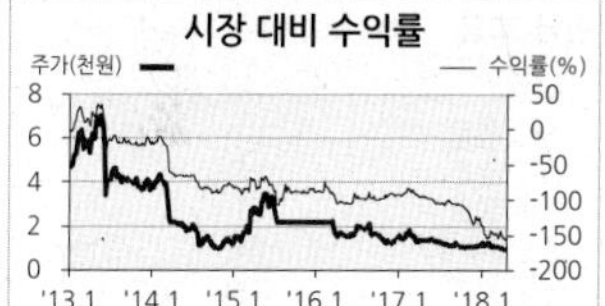

결산 실적

〈단위 : 억원〉

항목	2012	2013	2014	2015	2016	2017
매출액	775	724	733	592	469	515
영업이익	-23	3	46	6	18	6
당기순이익	-67	-265	26	6	19	-4

분기 실적

〈단위 : 억원〉

항목	2016.3Q	2016.4Q	2017.1Q	2017.2Q	2017.3Q	2017.4Q
매출액	119	137	125	133	123	134
영업이익	7	5	4	-2	5	-1
당기순이익	4	10	-9	11	7	-13

재무 상태

〈단위 : 억원〉

항목	2012	2013	2014	2015	2016	2017
총자산	757	687	544	497	634	657
유형자산	441	281	250	242	256	210
무형자산	11	11	13	7	6	2
유가증권	14	31	31	31	108	191
총부채	428	623	184	126	149	138
총차입금	253	457	94	72	71	67
자본금	55	62	180	180	219	234
총자본	329	64	361	371	485	520
지배주주지분	329	64	361	371	485	519

기업가치 지표

항목	2012	2013	2014	2015	2016	2017
주가(최고/저)(천원)	6.4/4.1	7.2/3.4	4.4/0.9	3.6/1.2	2.4/1.2	2.0/1.0
PER(최고/저)(배)	—/—	—/—	35.3/7.2	237.6/82.7	54.7/26.5	—/—
PBR(최고/저)(배)	2.5/1.6	10.1/4.8	3.9/0.8	3.1/1.1	2.0/1.0	1.6/0.9
EV/EBITDA(배)	29.4	16.5	5.8	22.7	13.9	14.0
EPS(원)	-539	-1,857	124	15	44	-9
BPS(원)	3,014	836	1,110	1,137	1,198	1,192
CFPS(원)	-143	-1,772	265	87	111	53
DPS(원)	—	—	—	—	—	—
EBITDAPS(원)	270	429	358	89	109	75

재무 비율

〈단위 : %〉

연도	영업이익률	순이익률	부채비율	차입금비율	ROA	ROE	유보율	자기자본비율	EBITDA마진율
2017	1.1	-0.8	26.5	13.0	-0.7	-0.9	138.3	79.1	6.8
2016	3.9	4.1	30.7	14.7	3.4	4.5	139.7	76.5	10.0
2015	1.1	0.9	34.1	19.4	1.1	1.5	127.4	74.6	5.4
2014	6.3	3.6	51.0	26.1	4.3	12.5	121.9	66.2	10.4

케이엠제약 (A237720)
KM PHARMACY

업종 : 개인생활용품　　시장 : KONEX
신용등급 : (Bond) —　(CP) —　　기업규모 : —
홈페이지 : www.kmkmp.com　　연락처 : 031)683-1749
본사 : 경기도 평택시 포승읍 평택항로 268번길 121

설립일	2001.06.01	**종업원수**	56명	**대표이사**	강일모
상장일	2016.02.24	**감사의견**	적정(삼정)	**계열**	
결산기	03월	**보통주**		**종속회사수**	
액면가	—	**우선주**		**구상호**	

주주구성 (지분율,%)		출자관계 (지분율,%)	주요경쟁사 (외형,%)	
강일모	62.3		케이엠제약	100
문성근	11.0		바이오제네틱스	85
			하우동천	117

매출구성		비용구성		수출비중	
구강제품(치약)	32.7	매출원가율	66.2	수출	—
구강제품(칫솔)	24.8	판관비율	20.4	내수	—
화장품(샴푸 등)	22.2				

회사 개요
동사의 핵심사업인 구강위생용품 사업의 주 제품군은 치약, 칫솔, 구강청결제등 생활필수품으로서 일상생활에서 사용하는 세정용품과 스타일링 제품으로 샴푸, 바디워시, 비누, 세탁세제, 섬유유연제, 주방세제 등의 필수 소비재를 포함하고 있음. 아이코닉스와의 캐릭터 라이센스를 통한 캐릭터를 제품화하여 유, 아동용 전문 구강제품을 생산하며 진입 장벽이 높은 생활용품시장의 니치마켓을 공략하고 있음.

실적 분석
3월이 결산월인 동사의 2017년 3월 말 기준 매출액은 전년동기 대비 9.5% 증가한 176억원을 기록했으나, 영업이익과 순이익은 감소함. 매출의 주요 증가 원인은 뽀로로 제품군의 중국시장 판매량 증가와 바디제품, 모이스춰크림 등으로 분류되는 화장품 부문에서의 매출 확대에 있음. 특히 동사의 제품 포트폴리오 구성에서 기타 부문이 크게 늘어난 것을 확인할 수 있는데 이것은 화장품 제품군의 매출 성장과 밀접한 연관이 있음.

현금 흐름 *IFRS 별도 기준 〈단위 : 억원〉

항목	2016	2017.3Q
영업활동	7	—
투자활동	-8	—
재무활동	51	—
순현금흐름	50	—
기말현금	57	—

시장 대비 수익률
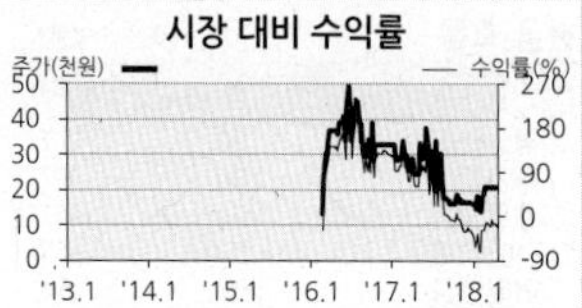

결산 실적 〈단위 : 억원〉

항목	2012	2013	2014	2015	2016	2017
매출액	67	73	83	161	176	—
영업이익	10	10	17	31	24	—
당기순이익	7	6	12	22	18	—

분기 실적 *IFRS 별도 기준 〈단위 : 억원〉

항목	2016.2Q	2016.3Q	2016.4Q	2017.1Q	2017.2Q	2017.3Q
매출액	—	—	—	—	—	—
영업이익	—	—	—	—	—	—
당기순이익	—	—	—	—	—	—

재무 상태 *IFRS 별도 기준 〈단위 : 억원〉

항목	2012	2013	2014	2015	2016	2017.3Q
총자산	94	93	106	149	222	—
유형자산	52	52	57	84	83	—
무형자산	—	0	0	0	0	—
유가증권	—	—	—	—	—	—
총부채	70	64	64	82	88	—
총차입금	61	55	51	60	62	—
자본금	2	2	2	2	2	—
총자본	24	29	42	68	135	—
지배주주지분	24	29	42	68	135	—

기업가치 지표 *IFRS 별도 기준

항목	2012	2013	2014	2015	2016	2017.3Q
주가(최고/저)(천원)	#VALUE!	—/—	—/—	—/—	—/—	—/—
PER(최고/저)(배)	0.0/0.0	0.0/0.0	0.0/0.0	33.4/9.1	62.2/27.9	—/—
PBR(최고/저)(배)	0.0/0.0	0.0/0.0	0.0/0.0	11.1/3.0	9.2/4.1	0.0/0.0
EV/EBITDA(배)	4.6	4.2	2.4	23.6	24.5	—/—
EPS(원)	337	303	603	1,109	885	—
BPS(원)	59,150	71,765	103,818	3,348	6,004	—
CFPS(원)	20,950	20,063	35,293	1,234	1,035	—
DPS(원)	—	—	—	50	50	—
EBITDAPS(원)	28,625	30,332	46,898	1,690	1,308	—

재무 비율 〈단위 : %〉

연도	영업이익률	순이익률	부채비율	차입금비율	ROA	ROE	유보율	자기자본비율	EBITDA마진율
2016	13.4	10.2	65.1	45.7	9.7	17.8	5,903.9	60.6	15.1
2015	19.5	13.8	120.7	88.6	17.4	40.7	3,247.9	45.3	21.1
2014	20.0	14.5	155.1	122.7	—	—	1,976.4	39.2	22.5
2013	13.8	8.2	223.8	191.9	6.5	23.1	1,335.3	30.9	16.5

케이이씨 (A092220)
KEC

업종 : 반도체 및 관련장비　　시장 : 거래소
신용등급 : (Bond) —　(CP) —　　기업규모 : 시가총액 소형주
홈페이지 : www.kec.co.kr　　연락처 : 02)2025-5000
본사 : 서울시 서초구 마방로 10길 5

설립일	2006.09.12	**종업원수**	607명	**대표이사**	황창섭
상장일	2006.10.16	**감사의견**	적정(삼정)	**계열**	
결산기	12월	**보통주**		**종속회사수**	2개사
액면가	500원	**우선주**		**구상호**	

주주구성 (지분율,%)		출자관계 (지분율,%)		주요경쟁사 (외형,%)	
한국전자홀딩스	32.3	WUXIKECSEMICONDUCTOR	100.0	KEC	100
곽정기	1.1	KECTHAILAND	78.0	KMH하이텍	22
(외국인)	5.7			싸이맥스	69

매출구성		비용구성		수출비중	
TR외(제품)	99.7	매출원가율	85.1	수출	77.0
설비(상품)	0.3	판관비율	12.1	내수	23.0

회사 개요
동사는 트랜지스터 생산, 판매업체로 2006년에 투자부문은 KEC홀딩스로, 사업부문은 동사로 분할설립되었음. 주력제품은 SSTR(Small Signal Transistor)로 낮은 전력소비를 필요로 하는 모바일 기기에 사용되는 전자부품임. SSTR 부문에서는 2011년 기준, 동사가 Rohm, ON SEMI, INFINEON, NXP에 이은 세계5위의 업체이나, 2~5위간 차이는 근소함. 연결대상 종속회사로 태국과 중국에 법인 4개사를 보유.

실적 분석
동사의 2017년 연결기준 매출액은 2,372.1억원으로 전년 동기 대비 4.2% 증가함. 모바일용 반도체 시장의 안정적인 매출 발생으로 성장세 유지. 외주처 변경 및 내부관리를 통한 원가 절감으로 영업이익이 크게 증가함. 최근 IT기기에 반도체 채택이 증가하고 있음. 또한, 최근 국내뿐만 아니라 중국 정부 및 업계에서도 반도체 및 디스플레이 산업에 대한 투자 확대를 준비 함에 따라 해당 산업도 크게 성장할 것으로 예상됨.

현금 흐름 〈단위 : 억원〉

항목	2016	2017
영업활동	310	124
투자활동	-291	28
재무활동	71	-220
순현금흐름	90	-70
기말현금	155	85

시장 대비 수익률
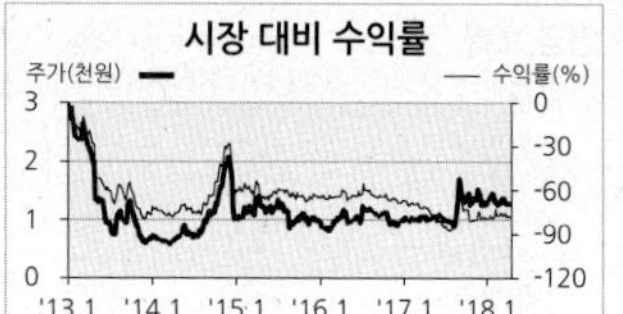

결산 실적 〈단위 : 억원〉

항목	2012	2013	2014	2015	2016	2017
매출액	2,623	2,598	2,199	2,091	2,277	2,372
영업이익	-229	-75	31	49	40	66
당기순이익	-527	-280	32	5	1	14

분기 실적 〈단위 : 억원〉

항목	2016.3Q	2016.4Q	2017.1Q	2017.2Q	2017.3Q	2017.4Q
매출액	551	623	559	587	646	580
영업이익	17	10	23	19	26	-2
당기순이익	0	-16	12	24	27	-50

재무 상태 〈단위 : 억원〉

항목	2012	2013	2014	2015	2016	2017
총자산	4,094	3,762	3,466	3,405	3,831	3,598
유형자산	2,398	2,001	1,802	1,674	2,025	1,927
무형자산	32	22	20	20	19	15
유가증권	0	0	0	—	9	9
총부채	2,547	2,203	1,953	1,895	1,809	1,372
총차입금	2,033	1,647	1,406	1,394	1,255	831
자본금	952	295	295	295	445	554
총자본	1,546	1,559	1,514	1,510	2,022	2,226
지배주주지분	1,488	1,497	1,471	1,467	1,972	2,174

기업가치 지표

항목	2012	2013	2014	2015	2016	2017
주가(최고/저)(천원)	5.7/2.9	2.9/0.6	2.2/0.6	1.4/0.9	1.3/0.8	1.8/0.9
PER(최고/저)(배)	—/—	—/—	28.2/7.5	110.1/65.5	341.8/220.6	214.6/104.7
PBR(최고/저)(배)	1.0/0.5	1.3/0.3	1.0/0.3	0.7/0.4	0.6/0.4	0.9/0.5
EV/EBITDA(배)	26.1	9.6	8.4	8.8	10.3	10.8
EPS(원)	-2,785	-914	78	13	4	8
BPS(원)	781	2,536	2,490	2,485	2,215	1,961
CFPS(원)	-137	-14	450	323	192	127
DPS(원)	—	—	—	—	—	12
EBITDAPS(원)	74	755	414	390	241	178

재무 비율 〈단위 : %〉

연도	영업이익률	순이익률	부채비율	차입금비율	ROA	ROE	유보율	자기자본비율	EBITDA마진율
2017	2.8	0.6	61.6	37.3	0.4	0.5	292.2	61.9	8.3
2016	1.8	0.0	89.5	62.1	0.0	0.2	342.9	52.8	8.1
2015	2.3	0.3	125.5	92.3	0.2	0.6	397.0	44.4	11.0
2014	1.4	1.5	129.0	92.9	0.9	3.5	398.1	43.7	11.1

케이제이프리텍 (A083470)

KJPretech

업　　종 : 휴대폰 및 관련부품　　시　　장 : KOSDAQ
신용등급 : (Bond) —　　(CP) —　　기업규모 : 우량
홈페이지 : www.kjpretech.com　　연 락 처 : 031)230-6902
본　　사 : 경기도 화성시 반월남길 77

설 립 일	1999.09.30	**종업원수**	98명	**대표이사**	남정석
상 장 일	2008.09.18	**감사의견**	적정(신승)	**계　　열**	
결 산 기	12월	**보 통 주**		**종속회사수**	4개사
액 면 가	500원	**우 선 주**		**구 상 호**	

주주구성 (지분율,%)		출자관계 (지분율,%)		주요경쟁사 (외형,%)	
마누스파트너스	6.0	아이원투자조합	99.9	KJ프리텍	100
김상호	2.4	케이파워인베스트먼트	45.6	디스플레이텍	85
(외국인)	2.0			육일씨엔에쓰	153

매출구성		비용구성		수출비중	
BLU(상품)	83.0	매출원가율	88.5	수출	60.2
금형(제품)	6.9	판관비율	14.1	내수	39.8
기술이전료(기타)	4.5				

회사 개요

동사는 1999년 일본 쥬켄 공업 계약사로 출발하여 현재 초정밀부품제조를 위한 금형제작, 초정밀부품 제조 및 중소형 백라이트유닛(BLU)을 제조하는 기업으로 주로 샤프와 LG디스플레이에 납품하고 있음. 6년간에 걸쳐 개발한 LCD 백라이트 유닛 자동화 조립·검사장비가 신성장동력이 될 전망임. 홍콩 및 중국등지에 총 4개의 연결대상 종속회사를 보유하고 있음. 최근 최대주주가 마누스파트너스에서 에스티투자조합으로 변경됨.

실적 분석

스마트폰 시장 성숙화에 따른 글로벌 수요 부진, 중국시장 포화와 동종 업체와의 경쟁 심화 등으로 구조적 저성장 기조가 고착화되면서 주력사업인 백라이트유닛의 수출 감소로 2017년 매출액은 전년 대비 22.2% 감소함. 인건비, 연구개발비 등을 판관비를 크게 축소함. 동양네트웍스 주식 815만주를 매각하여 66.7억원의 투자자산처분이익이 발생하였으나, 대손상각비, 투자자산과 무형자산손상차손 등으로 인해 당기순이익의 적자규모는 크게 늘어남.

현금 흐름

<단위 : 억원>

항목	2016	2017
영업활동	-14	-134
투자활동	-65	51
재무활동	82	76
순현금흐름	3	-34
기말현금	86	53

시장 대비 수익률

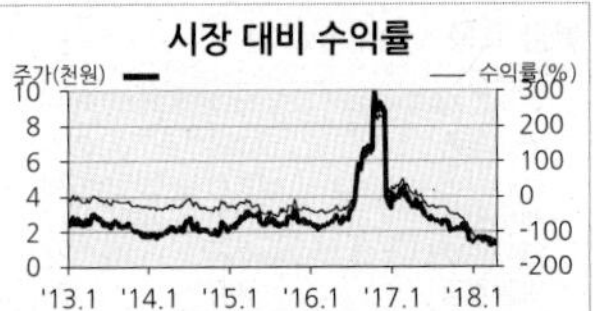

결산 실적

<단위 : 억원>

항목	2012	2013	2014	2015	2016	2017
매출액	898	1,200	1,307	1,138	1,244	968
영업이익	58	2	88	49	-20	-25
당기순이익	28	4	85	47	-31	-86

분기 실적

<단위 : 억원>

항목	2016.3Q	2016.4Q	2017.1Q	2017.2Q	2017.3Q	2017.4Q
매출액	275	347	311	270	245	142
영업이익	-17	1	3	-2	-6	-19
당기순이익	-33	17	-28	65	-23	-100

재무 상태

<단위 : 억원>

항목	2012	2013	2014	2015	2016	2017
총자산	598	721	899	929	1,035	949
유형자산	240	250	250	277	253	225
무형자산	17	23	14	34	34	15
유가증권	3	16	61	37	39	18
총부채	357	408	451	464	568	550
총차입금	196	219	202	261	305	416
자본금	70	87	97	97	105	106
총자본	241	314	448	466	467	399
지배주주지분	241	314	448	466	467	399

기업가치 지표

항목	2012	2013	2014	2015	2016	2017
주가(최고/저)(천원)	2.9/1.2	3.1/1.8	2.9/1.7	3.5/2.2	10.0/2.1	4.7/1.4
PER(최고/저)(배)	13.4/5.5	111.6/63.0	6.0/3.6	14.5/8.9	—/—	—/—
PBR(최고/저)(배)	1.7/0.7	1.7/1.0	1.2/0.7	1.5/0.9	4.5/1.0	2.5/0.7
EV/EBITDA(배)	5.3	12.4	3.5	6.8	34.6	30.6
EPS(원)	217	28	476	245	-149	-407
BPS(원)	1,730	1,795	2,312	2,403	2,222	1,880
CFPS(원)	495	255	702	468	60	-219
DPS(원)	—	—	—	—	—	—
EBITDAPS(원)	729	240	719	477	116	71

재무 비율

<단위 : %>

연도	영업이익률	순이익률	부채비율	차입금비율	ROA	ROE	유보율	자기자본비율	EBITDA마진율
2017	-2.5	-8.9	137.9	104.2	-8.7	-20.0	276.0	42.0	1.6
2016	-1.6	-2.5	121.6	65.3	-3.2	-6.7	344.5	45.1	2.0
2015	4.3	4.2	99.6	56.0	5.2	10.4	380.5	50.1	8.1
2014	6.8	6.5	100.7	45.2	10.5	22.4	362.3	49.8	9.9

케이지모빌리언스 (A046440)

KGMobilians

업　　종 : 인터넷 서비스　　시　　장 : KOSDAQ
신용등급 : (Bond) —　　(CP) —　　기업규모 : 우량
홈페이지 : www.mobilians.co.kr　　연 락 처 : 02)2192-2000
본　　사 : 경기도 성남시 분당구 대왕판교로 660 유스페이스1 A동 5층(삼평동)

설 립 일	2000.03.17	**종업원수**	145명	**대표이사**	고규영
상 장 일	2004.12.14	**감사의견**	적정(대성삼경)	**계　　열**	
결 산 기	12월	**보 통 주**		**종속회사수**	
액 면 가	500원	**우 선 주**		**구 상 호**	

주주구성 (지분율,%)		출자관계 (지분율,%)		주요경쟁사 (외형,%)	
케이지이니시스	47.5	KG에듀원	69.6	KG모빌리언스	100
한국증권금융	2.5	스룩	68.4	KG이니시스	445
(외국인)	5.3	코암인터내쇼날	20.0	NHN한국사이버결제	206

매출구성		비용구성		수출비중	
휴대폰 결제 등	77.6	매출원가율	54.6	수출	0.0
선불카드 외	9.0	판관비율	29.1	내수	100.0
공연사업 및 기타	5.3				

회사 개요

2000년 3월에 설립된 유무선전화결제서비스 업체로 국내 시장 점유율 1위임. 경쟁사인 다날과 함께 국내 시장의 90% 이상을 과점하고 있음. 온라인 휴대폰결제를 중심으로 ARS, Phone-bill결제, 계좌이체, 선불카드, 상품권 결제까지 다양한 결제수단을 서비스하고 있음. 기타 사업으로는 MOTP, 휴대폰 본인 확인 서비스를 영위하고 있으며, 신규사업으로 오프라인 휴대폰 소액결제(M-Tic)을 서비스하고 있음.

실적 분석

동사의 2017년 누적 매출액과 영업이익은 전년동기대비 각각 24.8%, 20.8% 증가한 1,706억원, 278.1억원을 기록함. Payment 사업 부문의 외형이 크게 성장한데 기인. 글로벌 핀테크 솔루션 사업을 위하여 해외진출 중. 생체인증(FIDO인증), M-OTP인증, 상품권 무인 발권기, 모바일 선불카드, 폰빌카드와 M-Tic서비스 등 O2O서비스에 초점을 맞추어 신규사업 추진 중.

현금 흐름

<단위 : 억원>

항목	2016	2017
영업활동	-48	-148
투자활동	-93	-169
재무활동	349	361
순현금흐름	208	72
기말현금	223	296

시장 대비 수익률

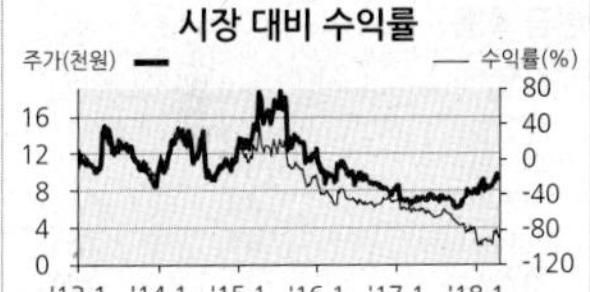

결산 실적

<단위 : 억원>

항목	2012	2013	2014	2015	2016	2017
매출액	950	1,186	1,484	1,729	1,367	1,706
영업이익	151	204	252	253	230	278
당기순이익	157	89	150	79	108	127

분기 실적

<단위 : 억원>

항목	2016.3Q	2016.4Q	2017.1Q	2017.2Q	2017.3Q	2017.4Q
매출액	329	364	331	425	452	498
영업이익	63	38	68	62	77	71
당기순이익	45	-15	48	41	56	-18

재무 상태

<단위 : 억원>

항목	2012	2013	2014	2015	2016	2017
총자산	2,629	2,788	3,121	3,859	3,783	4,643
유형자산	208	204	220	229	200	587
무형자산	37	41	38	43	59	278
유가증권	22	12	20	17	112	3
총부채	1,644	1,688	1,884	2,471	2,317	2,457
총차입금	506	673	869	1,054	1,516	1,788
자본금	93	93	94	104	104	149
총자본	985	1,099	1,237	1,388	1,466	2,187
지배주주지분	985	1,099	1,237	1,388	1,466	2,056

기업가치 지표

항목	2012	2013	2014	2015	2016	2017
주가(최고/저)(천원)	12.9/3.4	15.0/7.9	14.9/9.1	19.7/10.4	12.3/7.4	8.5/6.0
PER(최고/저)(배)	17.6/4.6	35.7/18.9	21.2/12.9	56.9/30.2	26.2/15.8	17.8/12.6
PBR(최고/저)(배)	2.8/0.7	2.9/1.5	2.6/1.6	3.0/1.6	1.8/1.1	1.2/0.8
EV/EBITDA(배)	14.8	11.6	13.4	14.5	12.5	11.5
EPS(원)	797	453	752	366	492	490
BPS(원)	5,369	5,986	6,621	7,264	7,643	7,314
CFPS(원)	918	552	884	498	648	740
DPS(원)	100	125	150	150	200	200
EBITDAPS(원)	883	1,169	1,428	1,356	1,238	1,242

재무 비율

<단위 : %>

연도	영업이익률	순이익률	부채비율	차입금비율	ROA	ROE	유보율	자기자본비율	EBITDA마진율
2017	16.3	7.4	112.4	81.8	3.0	7.8	1,362.9	47.1	20.4
2016	16.9	7.9	158.0	103.4	2.8	7.6	1,428.6	38.8	18.8
2015	14.6	4.6	178.1	76.0	2.3	6.0	1,352.9	36.0	15.9
2014	17.0	10.1	152.4	70.3	5.1	12.8	1,224.2	39.6	18.1

케이지이니시스 (A035600)

KGINICIS

업종	인터넷 서비스	시장	KOSDAQ
신용등급	(Bond) — (CP) —	기업규모	우량
홈페이지	www.inicis.com	연락처	1588-4954
본사	경기도 성남시 분당구 대왕판교로 660 유스페이스1 A동 5층		

설립일	1998.11.03	**종업원수**	207명	**대표이사**	고규영
상장일	2002.11.20	**감사의견**	적정(한영)	**계열**	
결산기	12월	**보통주**		**종속회사수**	3개사
액면가	500원	**우선주**		**구상호**	

주주구성 (지분율,%)		출자관계 (지분율,%)		주요경쟁사 (외형,%)	
KG케미칼	29.4	케이지올앳	60.0	KG이니시스	100
케이지	10.2	케이지모빌리언스	49.0	NHN한국사이버결제	46
(외국인)	13.3	이데일리	33.0	KG모빌리언스	22

매출구성		비용구성		수출비중	
수수료매출(기타)	65.1	매출원가율	69.2	수출	71.0
운송매출(기타)	31.2	판관비율	23.6	내수	29.0
용역매출(용역)	2.8				

회사 개요

동사는 지불결제시스템을 구축해 주고 지불승인과 매입, 대금정산 등의 업무를 지원하는 전자지불결제대행업(PG)을 주 사업으로 영위하고 있음. 사업부문은 전자지불결제대행서비스 및 유통망을 활용한 상품 사업부문인 전자상거래 및 유통, 화물알선, 화물 운송업 사업부문인 운송업으로 나뉨. 2002년 11월 코스닥 시장에 상장되었으며 케이지모빌리언스, 스룩, 케이지올앳 등 9개의 종속회사를 보유하고 있음.

실적 분석

동사의 2017년 연결기준 연간 매출액은 7,584.5억원으로, 전년 대비 58.7% 크게 증가함. 영업이익은 전년 대비 11.9% 증가한 546.8억원을 기록했으며, 순이익은 30.3억원을 기록함. 온라인 소비와 간편결제시장의 확대에 따른 수혜로 실적이 큰 폭으로 성장함. 동사의 지난해 국내 온라인 거래액은 전년 대비 16.5% 성장했으며 국내 전자결제대행시장에서 취급액 기준으로 점유율 1위를 기록함.

현금 흐름

〈단위 : 억원〉

항목	2016	2017
영업활동	1,182	2,031
투자활동	-701	-697
재무활동	80	-549
순현금흐름	561	785
기말현금	749	1,534

시장 대비 수익률

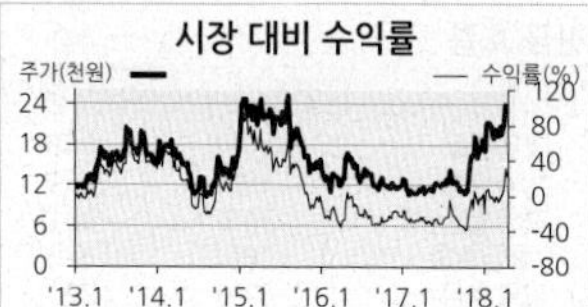

결산 실적

〈단위 : 억원〉

항목	2012	2013	2014	2015	2016	2017
매출액	3,101	4,158	5,478	6,969	4,781	7,585
영업이익	306	360	398	200	489	547
당기순이익	326	216	257	34	136	30

분기 실적

〈단위 : 억원〉

항목	2016.3Q	2016.4Q	2017.1Q	2017.2Q	2017.3Q	2017.4Q
매출액	1,715	-154	2,148	2,433	2,963	41
영업이익	105	217	84	32	84	346
당기순이익	77	-52	117	18	15	-120

재무 상태

〈단위 : 억원〉

항목	2012	2013	2014	2015	2016	2017
총자산	4,466	5,253	5,623	6,112	7,360	9,262
유형자산	260	366	382	442	463	838
무형자산	219	231	225	303	564	869
유가증권	152	242	416	557	931	877
총부채	2,513	3,099	3,275	3,861	4,785	6,165
총차입금	506	1,016	1,227	1,606	2,235	2,130
자본금	127	127	129	133	133	139
총자본	1,953	2,153	2,348	2,250	2,574	3,097
지배주주지분	1,426	1,565	1,694	1,563	1,769	1,869

기업가치 지표

항목	2012	2013	2014	2015	2016	2017
주가(최고/저)(천원)	14.4/5.2	21.3/11.0	19.3/9.8	26.4/13.5	16.6/11.0	19.1/10.6
PER(최고/저)(배)	16.5/6.0	34.3/17.7	29.4/15.0	—/—	56.5/37.5	—/—
PBR(최고/저)(배)	2.7/1.0	3.6/1.9	3.0/1.5	4.1/2.1	2.5/1.7	2.8/1.6
EV/EBITDA(배)	8.5	10.8	11.7	22.0	8.0	8.5
EPS(원)	943	664	695	-33	304	-14
BPS(원)	5,714	6,260	6,930	6,805	6,808	6,850
CFPS(원)	1,035	774	856	207	598	673
DPS(원)	125	150	200	200	250	250
EBITDAPS(원)	1,294	1,527	1,720	995	2,132	2,739

재무 비율

〈단위 : %〉

연도	영업이익률	순이익률	부채비율	차입금비율	ROA	ROE	유보율	자기자본비율	EBITDA마진율
2017	7.2	0.4	199.1	68.8	0.4	-0.2	1,269.9	33.4	9.6
2016	10.2	2.8	185.9	86.8	2.0	4.9	1,261.6	35.0	11.9
2015	2.9	0.5	171.6	71.4	0.6	-0.5	1,261.1	36.8	3.8
2014	7.3	4.7	139.5	52.3	4.7	10.9	1,286.1	41.8	8.0

케이지이티에스 (A151860)

KG Eco Technology Services

업종	에너지 시설 및 서비스	시장	KOSDAQ
신용등급	(Bond) — (CP) —	기업규모	우량
홈페이지	www.kgets.co.kr	연락처	031)488-1121
본사	경기도 시흥시 소망공원로 5 정왕동		

설립일	1999.10.29	**종업원수**	144명	**대표이사**	엄기민
상장일	2013.07.24	**감사의견**	적정(삼정)	**계열**	
결산기	12월	**보통주**		**종속회사수**	
액면가	500원	**우선주**		**구상호**	

주주구성 (지분율,%)		출자관계 (지분율,%)		주요경쟁사 (외형,%)	
케이지	41.3	이데일리	37.4	KG ETS	100
신영자산운용	5.6	KG써닝라이프	21.7	파루	27
(외국인)	9.8	KG제로인	7.3	에코바이오	26

매출구성		비용구성		수출비중	
증기	34.1	매출원가율	81.0	수출	3.2
기타	24.2	판관비율	6.3	내수	96.8
폐기물	22.0				

회사 개요

동사는 1999년 프랑스의 세계적 폐기물 처리업체인 Veolia의 투자로 설립되었으며, 2010년 4월 KG가 Veolia와 Teris의 지분을 100% 인수하면서 KG그룹에 편입됨. 동사가 소속된 기업집단 KG그룹엔 KG이니시스, KG모빌리언스, KG케미칼 등의 상장사를 비롯해 KG옐로우캡, 이데일리, KG제로인, KG패스원, KG상사 등의 비상장사들이 있음. 동사는 2011년 KG에너지와 합병하여 KG에코서비스코리아에서 사명을 변경함.

실적 분석

동사의 2017년 연간 매출액은 전년동기대비 14.1% 상승한 1,088억원을 기록하였음. 비용면에서 전년동기대비 매출원가는 증가 하였으며 인건비도 증가, 광고선전비는 감소, 기타판매비와관리비는 증가함. 이와 같이 상승한 매출액 만큼 비용증가도 있었으나 매출액의 더 큰 상승에 힘입어 최종적으로 전년동기대비 당기순이익은 크게 상승하여 117.2억원을 기록함.

현금 흐름 *IFRS 별도 기준

〈단위 : 억원〉

항목	2016	2017
영업활동	213	201
투자활동	-117	-148
재무활동	-74	-17
순현금흐름	22	36
기말현금	42	79

시장 대비 수익률

결산 실적

〈단위 : 억원〉

항목	2012	2013	2014	2015	2016	2017
매출액	940	1,008	1,057	928	954	1,088
영업이익	156	187	213	128	114	138
당기순이익	98	124	162	202	49	117

분기 실적 *IFRS 별도 기준

〈단위 : 억원〉

항목	2016.3Q	2016.4Q	2017.1Q	2017.2Q	2017.3Q	2017.4Q
매출액	214	264	281	267	267	273
영업이익	22	32	47	31	35	25
당기순이익	17	-15	40	27	19	31

재무 상태 *IFRS 별도 기준

〈단위 : 억원〉

항목	2012	2013	2014	2015	2016	2017
총자산	1,651	1,702	1,695	1,936	1,949	2,062
유형자산	1,075	1,071	1,094	1,083	1,008	967
무형자산	1	1	2	2	2	2
유가증권	55	55	33	181	181	182
총부채	871	640	497	567	565	591
총차입금	628	372	249	359	319	338
자본금	180	201	201	201	201	201
총자본	780	1,062	1,198	1,369	1,384	1,471
지배주주지분	780	1,062	1,198	1,369	1,384	1,471

기업가치 지표 *IFRS 별도 기준

항목	2012	2013	2014	2015	2016	2017
주가(최고/저)(천원)	—/—	5.0/4.0	5.6/4.1	6.3/2.6	3.9/2.5	4.8/3.1
PER(최고/저)(배)	0.0/0.0	14.7/11.8	13.7/10.0	12.1/5.1	29.7/18.9	15.2/9.9
PBR(최고/저)(배)	0.0/0.0	1.9/1.5	1.8/1.3	1.8/0.8	1.1/0.7	1.2/0.8
EV/EBITDA(배)	2.4	7.5	6.9	6.9	7.6	7.7
EPS(원)	280	378	450	562	137	326
BPS(원)	2,573	2,951	3,372	3,833	3,864	4,106
CFPS(원)	494	590	687	802	379	559
DPS(원)	—	50	100	100	100	100
EBITDAPS(원)	650	753	829	595	559	618

재무 비율

〈단위 : %〉

연도	영업이익률	순이익률	부채비율	차입금비율	ROA	ROE	유보율	자기자본비율	EBITDA마진율
2017	12.7	10.8	40.2	23.0	5.8	8.2	637.2	71.3	20.4
2016	12.0	5.2	40.8	23.0	2.5	3.6	593.7	71.0	21.1
2015	13.8	21.8	41.4	26.2	11.2	15.8	588.1	70.7	23.1
2014	20.2	15.3	41.4	20.8	9.4	14.3	504.6	70.7	28.2

케이지케미칼 (A001390)

KG Chemical

업 종	화학	시 장	거래소
신용등급	(Bond) — (CP) —	기업규모	시가총액 소형주
홈페이지	www.kgchem.co.kr	연 락 처	052)231-1840
본 사	울산시 울주군 온산읍 당월로 322		

설 립 일	1954.12.31	**종업원수**	219명	**대표이사**	김경묵
상 장 일	1989.08.25	**감사의견**	적정(삼정)	**계 열**	
결 산 기	12월	**보 통 주**		**종속회사수**	2개사
액 면 가	5,000원	**우 선 주**		**구 상 호**	

주주구성 (지분율,%)		출자관계 (지분율,%)		주요경쟁사 (외형,%)	
곽재선	17.9	케이지	81.5	KG케미칼	100
KG제로인	16.6	KG에너켐	60.0	경인양행	27
(외국인)	8.9	KG이니시스	32.5	한국알콜	19

매출구성		비용구성		수출비중	
PG	44.4	매출원가율	70.7	수출	—
택배	21.2	판관비율	22.4	내수	—
스팀,용역 외	18.8				

회사 개요

동사는 화학, 에너지, 물류, 전자결제, 미디어 및 금융 부문을 영위하고 있으며, 주력 분야는 화학 부문으로 복합비료, 가리질비료, 인산질비료 등을 생산함. 판매처는 농협중앙회, 단위농협 등임. 국내 비료시장에서 동사의 시장 점유율은 2017년 말 기준 약 6%임. 자회사인 KG이니시스는 전자결제 1위 업체로, 모바일 결제 솔루션인 이니페이 모바일을 통하여 그 영역을 확장하고 있음.

실적 분석

동사의 2017년 연간 매출액은 전년동기대비 36% 상승한 10,994.9억원을 기록하였음. 비용면에서 전년동기대비 매출원가는 증가 하였으며 인건비도 증가, 광고선전비도 크게 증가, 기타판매비와관리비는 증가함. 이와 같이 상승한 매출액 만큼 비용증가도 있었으나 매출액의 더 큰 상승에 힘입어 영업이익은 4.9% 증가함. 그러나 비영업손익의 적자지속으로 전년동기대비 당기순이익은 102.1억 원을 기록함.

현금 흐름 〈단위 : 억원〉

항목	2016	2017
영업활동	757	1,900
투자활동	-764	-1,378
재무활동	613	184
순현금흐름	607	705
기말현금	986	1,691

시장 대비 수익률

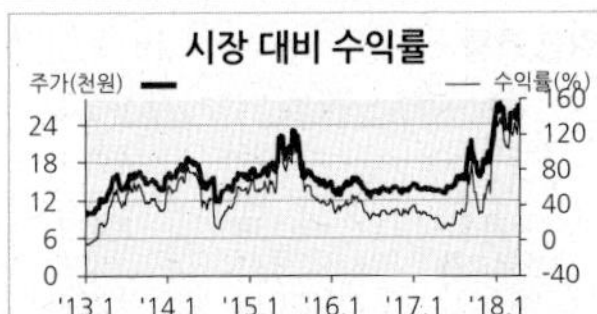

결산 실적 〈단위 : 억원〉

항목	2012	2013	2014	2015	2016	2017
매출액	8,495	8,506	8,776	10,145	8,085	10,995
영업이익	431	590	710	454	727	762
당기순이익	310	230	407	419	283	102

분기 실적 〈단위 : 억원〉

항목	2016.3Q	2016.4Q	2017.1Q	2017.2Q	2017.3Q	2017.4Q
매출액	2,458	634	2,976	3,360	3,791	868
영업이익	163	256	142	121	129	370
당기순이익	100	-80	145	68	45	-155

재무 상태 〈단위 : 억원〉

항목	2012	2013	2014	2015	2016	2017
총자산	10,115	9,111	9,289	11,425	12,635	14,807
유형자산	1,962	1,901	1,920	3,668	3,557	4,217
무형자산	1,441	1,290	1,284	1,355	1,613	1,883
유가증권	100	218	394	522	934	881
총부채	6,741	4,989	4,958	6,784	7,533	9,029
총차입금	3,791	2,263	2,362	3,888	4,390	4,356
자본금	558	558	566	597	602	642
총자본	3,374	4,123	4,332	4,640	5,102	5,778
지배주주지분	1,788	1,990	1,979	1,984	2,078	2,433

기업가치 지표

항목	2012	2013	2014	2015	2016	2017
주가(최고/저)(천원)	10.4/6.3	17.1/9.6	18.7/11.9	24.3/13.8	15.5/12.3	24.5/12.9
PER(최고/저)(배)	18.2/10.9	46.8/26.2	16.8/10.7	17.4/9.9	14.4/11.4	67.6/36.0
PBR(최고/저)(배)	0.7/0.4	1.0/0.6	1.1/0.7	1.4/0.8	0.9/0.7	1.2/0.7
EV/EBITDA(배)	8.4	5.9	5.7	11.1	7.3	7.5
EPS(원)	666	420	1,207	1,488	1,117	362
BPS(원)	17,761	19,649	19,244	18,244	18,422	19,829
CFPS(원)	2,298	2,011	2,853	3,287	3,278	3,411
DPS(원)	150	1,000	350	350	350	350
EBITDAPS(원)	5,655	7,110	8,201	5,805	8,481	9,555

재무 비율 〈단위 : %〉

연도	영업이익률	순이익률	부채비율	차입금비율	ROA	ROE	유보율	자기자본비율	EBITDA마진율
2017	6.9	0.9	156.3	75.4	0.7	1.9	282.3	39.0	10.2
2016	9.0	3.5	147.7	86.1	2.4	6.3	254.3	40.4	12.1
2015	4.5	4.1	146.2	83.8	4.0	8.5	250.8	40.6	6.5
2014	8.1	4.6	114.5	54.5	4.4	6.6	269.2	46.6	10.1

케이지피 (A109070)

KOREA GREEN PAPER MFG

업 종	종이 및 목재	시 장	거래소
신용등급	(Bond) — (CP) —	기업규모	시가총액 소형주
홈페이지	www.k-paper.kr	연 락 처	070)4858-4652
본 사	경기도 용인시 처인구 이동면 백옥대로 563		

설 립 일	2009.02.25	**종업원수**	147명	**대표이사**	최우식,곽종윤
상 장 일	2009.03.17	**감사의견**	적정(다산)	**계 열**	
결 산 기	12월	**보 통 주**		**종속회사수**	5개사
액 면 가	500원	**우 선 주**		**구 상 호**	KGP

주주구성 (지분율,%)		출자관계 (지분율,%)		주요경쟁사 (외형,%)	
더블유글로벌4호조합	8.6	알에프윈도우	45.9	컨버즈	100
더블유글로벌3호조합	2.3	엔비어스	5.4	한창제지	222
(외국인)	1.3	아이엠텍	4.8	영풍제지	116

매출구성		비용구성		수출비중	
크라프트지(시멘트,비료,벽지등)	95.3	매출원가율	100.6	수출	15.0
과실봉지(과실봉지)	4.7	판관비율	17.7	내수	85.0

회사 개요

1977년 온양펄프로 설립된 동사는 2009년 이앤페이퍼로부터 분할되어 그 해 3월 코스피 시장에 재상장함. 동사는 주사업은 각종 지류의 제조 및 판매업이며, 2017년 주식회사 위니테크놀러지와 합병하여 차량용 블랙박스 및 ICT 제품 개발, 제조 및 판매업을 함께 영위하고 있음. 주요 원재료인 화학펄프의 해외 의존도가 80% 이상으로 상당히 높은 편임. 크라프트지 국내수요 20만톤 가운데 약 15%를 점유하고 있음.

실적 분석

위니테크놀러지와의 합병으로 인해 동사의 연결기준 2017년 연간 누적 매출액은 전년동기 대비 97.2% 증가한 906.6억원을 기록함. 하지만 연결 자회사 주거래처의 신규 제품 개발 및 납품 요청에 대한 대응으로 인해 판관비가 전년동기 대비 대폭 증가하며 영업손실은 전년동기 대비 적자폭이 확대됨. 비영업이익 또한 적자가 지속되며 당기순손실은 182.5억 원을 기록함.

현금 흐름 〈단위 : 억원〉

항목	2016	2017
영업활동	-24	-35
투자활동	26	-20
재무활동	40	4
순현금흐름	62	-50
기말현금	86	36

시장 대비 수익률

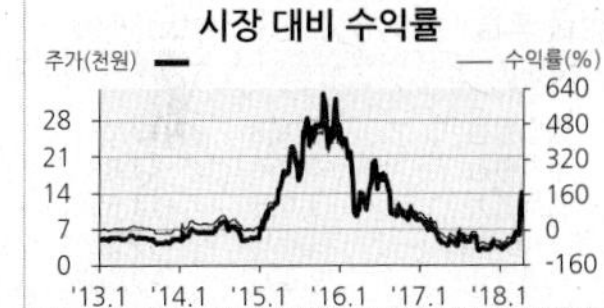

결산 실적 〈단위 : 억원〉

항목	2012	2013	2014	2015	2016	2017
매출액	910	564	504	480	460	907
영업이익	-43	-13	-17	-28	-89	-166
당기순이익	-106	-90	-48	-56	-163	-182

분기 실적 〈단위 : 억원〉

항목	2016.3Q	2016.4Q	2017.1Q	2017.2Q	2017.3Q	2017.4Q
매출액	107	122	209	237	219	241
영업이익	-11	-38	-26	-47	-31	-62
당기순이익	-12	-103	-30	-42	-34	-75

재무 상태 〈단위 : 억원〉

항목	2012	2013	2014	2015	2016	2017
총자산	1,057	745	675	683	786	646
유형자산	440	416	393	378	175	130
무형자산	—	—	—	—	79	53
유가증권	0	0	—	31	9	29
총부채	912	689	620	561	560	540
총차입금	590	516	477	392	324	238
자본금	224	67	99	189	321	45
총자본	145	56	55	121	226	106
지배주주지분	145	56	55	121	130	60

기업가치 지표

항목	2012	2013	2014	2015	2016	2017
주가(최고/저)(천원)	0.8/0.4	0.5/0.4	0.8/0.4	3.0/0.5	2.6/0.7	9.4/2.8
PER(최고/저)(배)	—/—	—/—	—/—	—/—	—/—	—/—
PBR(최고/저)(배)	1.0/0.5	1.9/1.3	4.0/2.2	11.2/1.9	14.1/3.8	13.9/4.2
EV/EBITDA(배)	—	53.8	117.8	—	—	—
EPS(원)	-6,152	-5,265	-2,524	-1,423	-3,640	-1,366
BPS(원)	3,241	415	275	322	202	674
CFPS(원)	-1,759	-495	-170	-93	-313	-813
DPS(원)	—	—	—	—	—	—
EBITDAPS(원)	-361	80	39	-15	-147	-1,295

재무 비율 〈단위 : %〉

연도	영업이익률	순이익률	부채비율	차입금비율	ROA	ROE	유보율	자기자본비율	EBITDA마진율
2017	-18.3	-20.1	507.5	223.4	-25.5	-129.1	34.8	16.5	-12.8
2016	-19.3	-35.5	일부잠식	일부잠식	-22.2	-130.2	-59.7	28.8	-14.3
2015	-5.9	-11.8	일부잠식	일부잠식	-8.3	-64.1	-35.6	17.8	-1.2
2014	-3.4	-9.6	일부잠식	일부잠식	-6.8	-87.6	-44.9	8.1	1.2

케이티 (A030200)

KT

업　　종 : 무선통신
신용등급 : (Bond) AAA　(CP) A1
홈페이지 : www.kt.com
본　　사 : 경기도 성남시 분당구 불정로 90 (정자동)
시　　장 : 거래소
기업규모 : 시가총액 대형주
연 락 처 : 031)727-0114

설 립 일	1981.12.10	**종업원수**	23,632명	**대표이사**	황창규
상 장 일	1989.12.27	**감사의견**	적정(삼일)	**계　열**	
결 산 기	12월	**보 통 주**		**종속회사수**	48개사
액 면 가	5,000원	**우 선 주**		**구 상 호**	

주주구성 (지분율,%)		출자관계 (지분율,%)		주요경쟁사 (외형,%)	
Citibank(DR)	30.9	케이티샛	100.0	KT	100
국민연금공단	10.1	케이티엠모바일	100.0	SK텔레콤	75
(외국인)	49.0	케이티엠앤에스	100.0	LG유플러스	53

매출구성		비용구성		수출비중	
서비스의 제공(기타)	86.7	매출원가율	0.0	수출	—
재화의 판매(기타)	13.4	판관비율	94.1	내수	—

회사 개요

동사는 국내 최대 통신사업자 중 하나로 초고속인터넷, 시내전화(구내, ISDN, DID포함), 이동전화, IPTV 등 다양한 사업을 영위하고 있음. 비씨카드, 지니뮤직, 케이티파워텔, 케이티서브마린, 케이티텔레캅, 케이티씨에스 등을 연결대상 종속회사로 보유하고 있음. 해외 연결대상 종속회사로는 비씨카드과학기술(상해) 유한공사, KB TO 등이 있음. 다양한 사업과 높은 진입장벽으로 인해 안정적으로 사업을 운영 중임.

실적 분석

동사의 2017년 연결기준 누적매출은 23조 3,873억원으로 전년동기 대비 2.8% 성장함. 약정할인 혜택 확대, 평창올림픽 5G 서비스 관련 비용 증가로 영업이익은 전년동기 대비 4.5% 감소한 1조 3,753억원을 시현함. 금융손실의 적자가 지속되고 관련기업투자등 관련손익이 적자전환하며 비영업손실이 전년보다 확대됨, 당기순이익은 전년대비 29.6% 감소한 5,615억원을 기록함.

현금 흐름 〈단위 : 억원〉

항목	2016	2017
영업활동	47,708	38,777
투자활동	-34,850	-34,832
재무활동	-9,433	-13,635
순현금흐름	3,408	-9,721
기말현금	29,003	19,282

시장 대비 수익률

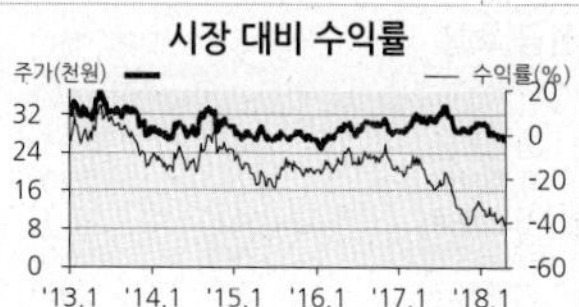

결산 실적 〈단위 : 억원〉

항목	2012	2013	2014	2015	2016	2017
매출액	238,564	238,106	223,117	222,812	227,437	233,873
영업이익	12,092	8,393	-4,066	12,929	14,400	13,753
당기순이익	11,054	-603	-9,662	6,313	7,978	5,615

분기 실적 〈단위 : 억원〉

항목	2016.3Q	2016.4Q	2017.1Q	2017.2Q	2017.3Q	2017.4Q
매출액	55,299	60,211	56,117	58,425	58,266	61,066
영업이익	4,016	2,263	4,170	4,473	3,773	1,337
당기순이익	2,345	930	2,243	2,581	2,026	-1,235

재무 상태 〈단위 : 억원〉

항목	2012	2013	2014	2015	2016	2017
총자산	345,579	348,465	337,755	293,412	305,877	295,806
유형자산	158,064	163,870	164,682	144,789	143,121	135,623
무형자산	32,136	38,274	35,440	25,998	30,228	26,327
유가증권	6,644	10,094	8,276	5,919	9,753	13,494
총부채	213,399	219,816	219,852	171,757	177,930	165,043
총차입금	116,196	117,924	130,846	89,384	84,102	70,470
자본금	15,645	15,645	15,645	15,645	15,645	15,645
총자본	132,180	128,649	117,903	121,655	127,948	130,764
지배주주지분	123,092	117,552	103,410	108,451	114,419	116,846

기업가치 지표

항목	2012	2013	2014	2015	2016	2017
주가(최고/저)(천원)	34.0/23.7	36.9/27.1	34.1/26.2	29.9/26.3	31.3/24.8	34.3/27.8
PER(최고/저)(배)	9.9/6.9	—/—	—/—	15.2/13.3	12.2/9.7	19.4/15.7
PBR(최고/저)(배)	0.8/0.6	0.8/0.6	0.9/0.7	0.7/0.6	0.7/0.6	0.7/0.6
EV/EBITDA(배)	4.1	3.9	5.7	3.0	2.8	2.8
EPS(원)	4,006	-622	-4,040	2,118	2,723	1,826
BPS(원)	50,707	48,552	42,921	44,851	47,113	48,017
CFPS(원)	16,698	13,245	10,722	16,058	15,827	14,991
DPS(원)	2,000	800	—	500	800	1,000
EBITDAPS(원)	17,322	17,081	13,206	18,892	18,618	18,433

재무 비율 〈단위 : %〉

연도	영업이익률	순이익률	부채비율	차입금비율	ROA	ROE	유보율	자기자본비율	EBITDA마진율
2017	5.9	2.4	126.2	53.9	1.9	4.1	701.4	44.2	20.6
2016	6.3	3.5	139.1	65.7	2.7	6.4	686.3	41.8	21.4
2015	5.8	2.8	141.2	73.5	2.0	5.2	648.6	41.5	22.1
2014	-1.8	-4.3	186.5	111.0	-2.8	-9.6	616.4	34.9	15.5

케이티비투자증권 (A030210)

KTB Investment & Securities

업　　종 : 증권
신용등급 : (Bond) A-　(CP) A2-
홈페이지 : www.ktb.co.kr
본　　사 : 서울시 영등포구 여의대로 66 KTB빌딩
시　　장 : 거래소
기업규모 : 시가총액 소형주
연 락 처 : 02)2184-2000

설 립 일	1981.05.01	**종업원수**	394명	**대표이사**	이병철,최석종
상 장 일	1996.10.20	**감사의견**	적정(삼정)	**계　열**	
결 산 기	12월	**보 통 주**		**종속회사수**	10개사
액 면 가	5,000원	**우 선 주**		**구 상 호**	

주주구성 (지분율,%)		출자관계 (지분율,%)		주요경쟁사 (외형,%)	
이병철	23.4	KTB네트워크	100.0	KTB투자증권	100
Empire Ocean Investments Limited	10.0	KTBST	100.0	부국증권	57
(외국인)	23.1	KTBPE	100.0	유화증권	7

수익구성		비용구성		수출비중	
금융상품 관련이익	44.2	이자비용	8.0	수출	—
수수료수익	35.7	파생상품손실	0.0	내수	—
이자수익	17.1	판관비	65.2		

회사 개요

동사는 1981년 한국기술개발주식회사로 설립되어 1996년 유가증권시장에 상장한 금융투자회사임. 주요 사업은 PEF 투자와 함께 IB업무, 기관투자자 중심의 홀세일 투자중개업과 장내파생상품 및 채권의 투자매매업을 중심으로 금융투자업무를 영위하고 있으며, 투자중개업에 있어 일반 투자자 대상의 리테일 부문까지 업무 영역을 확대하고 있음. 2017년 3분기말 현재 KTB자산운용 등 10개 연결자회사를 보유하고 있음.

실적 분석

동사의 지난해 별도 기준 당기순이익은 355억원을 기록. 이는 전년도(171억원) 같은 기간 대비 107% 가량 증가한 것. 같은 기간 매출액은 36.2% 늘어난 2,326억원을 달성. 부문별로는 자기자본으로 투자자산을 운용하는 자기매매 부문과 IB영역인 인수주선 부문의 증가폭이 두드러졌음. 자기매매 부문의 당기순이익은 81억원으로 전년대비 122.2% 증가한 모습을 보였음. 동사는 신시장 및 신상품에 대한 수익 기반을 구축으로 차별화 기대.

현금 흐름 〈단위 : 억원〉

항목	2016	2017
영업활동	-1,496	-2,813
투자활동	169	-12
재무활동	2,158	3,413
순현금흐름	831	586
기말현금	2,618	3,204

시장 대비 수익률

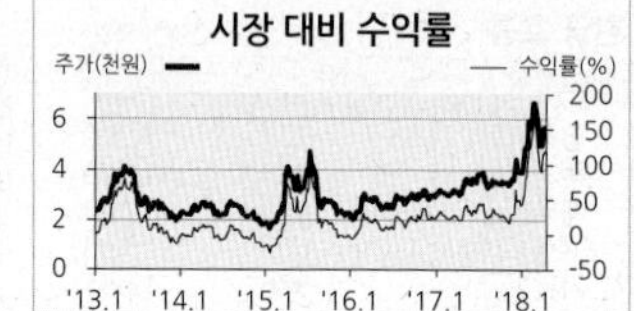

결산 실적 〈단위 : 억원〉

항목	2012	2013	2014	2015	2016	2017
순영업손익	2,219	1,260	1,601	1,579	1,917	2,327
영업이익	193	-367	78	100	287	428
당기순이익	129	-404	-534	315	364	363

분기 실적 〈단위 : 억원〉

항목	2016.3Q	2016.4Q	2017.1Q	2017.2Q	2017.3Q	2017.4Q
순영업손익	454	572	464	671	527	666
영업이익	18	136	55	168	48	157
당기순이익	27	151	24	149	39	151

재무 상태 〈단위 : 억원〉

항목	2012	2013	2014	2015	2016	2017
총자산	19,601	8,938	10,438	10,204	13,596	18,889
유형자산	219	192	218	190	124	132
무형자산	269	232	169	168	135	140
유가증권	9,936	2,949	3,708	2,877	4,179	6,645
총부채	14,809	4,638	6,661	5,992	9,017	13,986
총차입금	11,452	3,242	4,755	4,331	6,415	9,810
자본금	3,530	3,530	3,530	3,530	3,530	3,530
총자본	4,792	4,300	3,777	4,212	4,579	4,903
지배주주지분	4,742	4,263	3,763	4,204	4,540	4,844

기업가치 지표

항목	2012	2013	2014	2015	2016	2017
주가(최고/저)(천원)	3.8/1.8	4.2/2.0	2.8/1.8	4.9/1.7	3.2/1.9	4.6/2.9
PER(최고/저)(배)	22.0/10.4	—/—	—/—	11.0/3.8	6.3/3.8	9.1/5.7
PBR(최고/저)(배)	0.6/0.3	0.7/0.3	0.5/0.3	0.8/0.3	0.5/0.3	0.7/0.4
PSR(최고/저)(배)	1/1	2/1	1/1	2/1	1/1	1/1
EPS(원)	173	-570	-718	444	514	509
BPS(원)	6,808	6,113	5,404	6,029	6,431	6,862
CFPS(원)	270	-489	-627	510	573	564
DPS(원)	—	—	—	—	—	—
EBITDAPS(원)	274	-519	110	141	407	606

재무 비율 〈단위 : %〉

연도	계속사업이익률	순이익률	부채비율	차입금비율	ROA	ROE	유보율	자기자본비율	총자산증가율
2017	18.1	15.6	285.2	200.1	2.2	7.7	37.2	26.0	38.9
2016	20.3	19.0	196.9	140.1	3.1	8.3	28.6	33.7	33.2
2015	22.7	19.9	142.3	102.8	3.1	7.9	20.6	41.3	-2.2
2014	-30.9	-33.4	176.4	125.9	-5.5	-12.6	8.1	36.2	-46.8

케이티서브마린 (A060370)

KT Submarine

업 종 : 건설
신용등급 : (Bond) — (CP) —
홈페이지 : www.ktsubmarine.co.kr
본 사 : 부산시 해운대구 송정광어골로 42 kt 송정타워 6층
시 장 : KOSDAQ
기업규모 : 우량
연 락 처 : 051)709-3312

설 립 일	1995.04.17	**종업원수**	78명	**대 표 이 사**	이철규
상 장 일	2002.02.01	**감사의견**	적정(삼정)	**계 열**	
결 산 기	12월	**보 통 주**		**종속회사수**	
액 면 가	1,000원	**우 선 주**		**구 상 호**	

주주구성 (지분율,%)		출자관계 (지분율,%)		주요경쟁사 (외형,%)	
케이티	36.9			KT서브마린	100
한국증권금융	4.4			남광토건	157
(외국인)	3.5			계룡건설	3,039

매출구성		비용구성		수출비중	
건설공사(공사)	79.9	매출원가율	80.6	수출	—
유지보수(기타)	13.8	판관비율	6.6	내수	—
기타	6.3				

회사 개요

동사는 국제통신 및 초고속정보통신망의 주요 전송로인 해저케이블의 건설과 유지보수, 도서간을 연결하는 해저전력케이블의 건설 및 유지보수사업을 영위하는 업체임. 사업다각화의 일환으로 해양 Offshore 사업, 해양심층수 취수관설치사업, 해양구조물사업, 신재생에너지사업 등에 지속적으로 진출하고 있음. 특히 서해안 해상풍력단지 조성과 국내 지자체, 서남해안 지역 해상풍력단지 건설 프로젝트의 전력 연계계통 해저케이블공사 사업에 진출을 추진하고 있음.

실적 분석

동사의 연결기준 2017년 매출액은 737.4억원으로 전년대비 12.2% 감소. 외형 축소에도 원가율이 개선되면서 매출총이익은 13.9% 증가함. 영업이익은 17.3% 증가한 94.7억원을 시현. 2017년은 전년도에 비해 기타매출, 특히 선박이 투입되지 않는 해상구조물 매출이 감소하였으며 이는 저유가에 따른 Offshore 시장의 축소로 인한 영향임. 이에 매출은 감소하였지만 수익성 높은 공사 수행과 원가절감으로 영업이익 및 이익률은 향상됨.

현금 흐름 *IFRS 별도 기준 〈단위 : 억원〉

항목	2016	2017
영업활동	101	294
투자활동	-85	-57
재무활동	-44	-171
순현금흐름	-27	65
기말현금	4	69

시장 대비 수익률

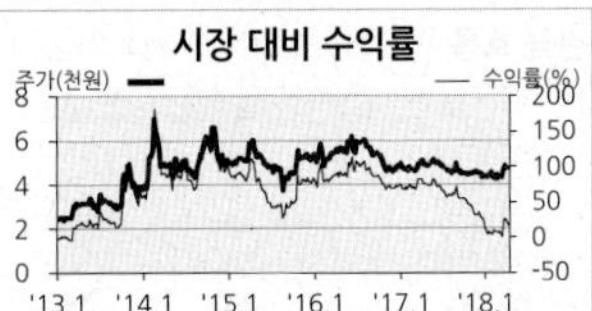

결산 실적 〈단위 : 억원〉

항목	2012	2013	2014	2015	2016	2017
매출액	689	826	767	664	840	737
영업이익	99	82	108	62	81	95
당기순이익	80	61	90	41	51	82

분기 실적 *IFRS 별도 기준 〈단위 : 억원〉

항목	2016.3Q	2016.4Q	2017.1Q	2017.2Q	2017.3Q	2017.4Q
매출액	190	187	130	236	228	143
영업이익	3	14	5	53	36	1
당기순이익	8	-2	13	38	28	3

재무 상태 *IFRS 별도 기준 〈단위 : 억원〉

항목	2012	2013	2014	2015	2016	2017
총자산	1,098	1,158	1,119	1,603	1,570	1,428
유형자산	719	661	655	1,322	1,285	1,220
무형자산	10	9	11	8	8	10
유가증권	3	—	—	3	3	4
총부채	250	274	165	635	556	341
총차입금	127	23	—	367	342	161
자본금	219	219	219	219	219	219
총자본	848	883	954	968	1,014	1,087
지배주주지분	848	883	954	968	1,014	1,087

기업가치 지표 *IFRS 별도 기준

항목	2012	2013	2014	2015	2016	2017
주가(최고/저)(천원)	3.4/2.2	5.2/2.4	7.1/3.7	6.2/3.7	6.2/4.5	5.2/4.3
PER(최고/저)(배)	10.4/6.9	20.0/9.3	18.3/9.5	33.8/20.3	26.9/19.5	13.9/11.6
PBR(최고/저)(배)	1.0/0.6	1.4/0.6	1.7/0.9	1.4/0.9	1.3/1.0	1.0/0.9
EV/EBITDA(배)	4.1	4.7	4.7	11.2	6.9	4.7
EPS(원)	363	281	412	189	235	376
BPS(원)	19,765	4,117	4,440	4,503	4,714	5,048
CFPS(원)	3,251	589	715	532	807	976
DPS(원)	500	117	120	50	50	50
EBITDAPS(원)	3,698	682	795	625	941	1,032

재무 비율 〈단위 : %〉

연도	영업이익률	순이익률	부채비율	차입금비율	ROA	ROE	유보율	자기자본비율	EBITDA마진율
2017	12.8	11.2	31.3	14.8	5.5	7.8	404.8	76.2	30.7
2016	9.6	6.1	54.8	33.7	3.2	5.2	371.4	64.6	24.5
2015	9.3	6.2	65.6	38.0	3.1	4.3	350.3	60.4	20.6
2014	14.1	11.8	17.2	0.0	7.9	9.8	344.0	85.3	22.7

케이티스 (A058860)

ktis

업 종 : 상업서비스
신용등급 : (Bond) — (CP) —
홈페이지 : www.ktis.co.kr
본 사 : 서울시 영등포구 여의대로 14, KT빌딩 10층
시 장 : 거래소
기업규모 : 시가총액 소형주
연 락 처 : 02)3215-2058

설 립 일	2001.06.27	**종업원수**	8,455명	**대 표 이 사**	김진철
상 장 일	2010.12.17	**감사의견**	적정(삼일)	**계 열**	
결 산 기	12월	**보 통 주**		**종속회사수**	
액 면 가	500원	**우 선 주**		**구 상 호**	

주주구성 (지분율,%)		출자관계 (지분율,%)		주요경쟁사 (외형,%)	
케이티	29.3	지이프리미어제1호기업구조조정부동산투자회사	18.1	케이티스	100
KB자산운용	4.5	케이티씨에스	11.6	쎄트렉아이	10
(외국인)	6.1	케이티스포츠	6.0	한국전자금융	55

매출구성		비용구성		수출비중	
업무위탁용역수익	46.6	매출원가율	0.0	수출	0.0
유통사업수익	24.7	판관비율	97.5	내수	100.0
컨택센터사업수익	17.0				

회사 개요

2001년 KT의 114번호안내서비스 사업이 분사하여 설립되었으며, KT고객센터, 114전화번호안내, 지역광고(우선번호안내서비스) 및 컨택센터, 유통사업 등을 영위함. 컨택센터 서비스 시장의 아웃소싱 총 시장규모는 10조원으로 추정됨. KT 유무선 통신상품 판매 사업자로 유무선 모두 KT 가입자 기준 각각 약 1%의 시장 점유율을 차지함. 외국인 대상 내국세 환급 사업인 KT TAX리펀드 서비스도 제공하고 있음.

실적 분석

동사의 2017년 4분기 누적 매출액은 4381.3억원으로 전년 동기(4367.3억원)과 큰 변동없음. 단 기타판매비와 관리비가 오르며 영업이익은 전년보다 16% 감소한 110.8억원을 기록함. 114 번호안내 수요의 지속 감소 및 컨택센터 시장 경쟁심화와 함께 모바일 상품을 중심으로 한 유통사업의 부진이 외형감소의 배경임. 외국인 관광객 대상 내국세 환급사업은 관광산업 활성화 및 이용률 증가로 이 부분의 지속적인 성장이 전망됨.

현금 흐름 *IFRS 별도 기준 〈단위 : 억원〉

항목	2016	2017
영업활동	69	133
투자활동	-135	165
재무활동	23	-29
순현금흐름	-43	269
기말현금	145	414

시장 대비 수익률

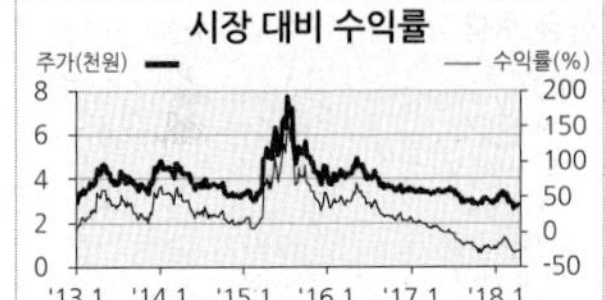

결산 실적 〈단위 : 억원〉

항목	2012	2013	2014	2015	2016	2017
매출액	3,886	3,877	4,507	4,611	4,367	4,381
영업이익	205	172	81	62	132	111
당기순이익	183	138	94	150	100	83

분기 실적 *IFRS 별도 기준 〈단위 : 억원〉

항목	2016.3Q	2016.4Q	2017.1Q	2017.2Q	2017.3Q	2017.4Q
매출액	1,088	1,165	1,079	1,085	1,078	1,139
영업이익	39	23	35	15	40	21
당기순이익	20	22	29	14	30	11

재무 상태 *IFRS 별도 기준 〈단위 : 억원〉

항목	2012	2013	2014	2015	2016	2017
총자산	1,775	1,816	2,162	2,113	2,214	2,238
유형자산	61	37	46	572	576	576
무형자산	77	96	115	94	94	89
유가증권	105	151	177	174	143	84
총부채	532	500	683	555	641	626
총차입금	9	—	—	—	—	—
자본금	174	174	174	174	174	174
총자본	1,244	1,316	1,480	1,558	1,573	1,612
지배주주지분	1,244	1,316	1,480	1,558	1,573	1,612

기업가치 지표 *IFRS 별도 기준

항목	2012	2013	2014	2015	2016	2017
주가(최고/저)(천원)	2.9/2.0	4.8/2.8	4.9/3.1	8.1/3.0	5.0/3.3	3.6/2.8
PER(최고/저)(배)	6.5/4.4	13.6/7.9	19.9/12.8	20.0/7.4	18.3/12.1	15.5/11.9
PBR(최고/저)(배)	0.9/0.6	1.3/0.8	1.3/0.8	1.9/0.7	1.1/0.8	0.8/0.6
EV/EBITDA(배)	1.1	4.6	5.7	13.8	5.3	3.8
EPS(원)	525	397	270	432	287	240
BPS(원)	3,912	4,120	4,252	4,564	4,625	4,739
CFPS(원)	634	501	363	542	397	348
DPS(원)	100	120	120	100	80	80
EBITDAPS(원)	697	597	325	289	488	427

재무 비율 〈단위 : %〉

연도	영업이익률	순이익률	부채비율	차입금비율	ROA	ROE	유보율	자기자본비율	EBITDA마진율
2017	2.5	1.9	38.8	0.0	3.8	5.2	847.8	72.0	3.4
2016	3.0	2.3	40.8	0.0	4.6	6.4	825.1	71.1	3.9
2015	1.4	3.3	35.6	0.0	7.0	9.9	812.7	73.7	2.2
2014	1.8	2.1	46.1	0.0	4.7	6.7	750.4	68.4	2.5

케이티스카이라이프 (A053210)

KT Skylife

업　　종 : 미디어
신용등급 : (Bond) AA-　　(CP) —
홈페이지 : www.ktskylife.co.kr
본　　사 : 서울시 마포구 매봉산로 75 DDMC 빌딩 8, 9층

시　　장 : 거래소
기업규모 : 시가총액 중형주
연 락 처 : 02)2003-3000

설 립 일	2001.01.12	**종업원수**	328명	**대표이사**	강국현
상 장 일	2011.06.03	**감사의견**	적정(안진)	**계　　열**	
결 산 기	12월	**보 통 주**		**종속회사수**	1개사
액 면 가	2,500원	**우 선 주**		**구 상 호**	

주주구성 (지분율,%)		출자관계 (지분율,%)		주요경쟁사 (외형,%)	
케이티	50.0	스카이라이프티브이	77.7	스카이라이프	100
KBS한국방송	6.8	KT-미시간글로벌콘텐츠펀드	31.7	에스엠	53
(외국인)	15.7	케이티스포츠	18.0	와이지엔터테인먼트	51

매출구성		비용구성		수출비중	
서비스 용역	100.0	매출원가율	0.0	수출	—
		판관비율	89.0	내수	—

회사 개요

동사는 디지털 기술을 기반으로 한 수백 개의 채널 서비스, 위성의 특징인 동시성과 광역성을 이용한 전국 동일 방송 실시, 쌍방향 커뮤니케이션을 통한 데이터방송 서비스, PPV 서비스, 전문 오디오 채널 서비스 등을 실시하는 다채널 디지털 위성방송국임. 2000년 12월 19일 위성방송 사업권을 획득한 이후 디지털 시장과 아날로그 시장 전체 기준 2017년 6월 말 현재 30,457,368명의 가입자를 유지하고 있음.

실적 분석

2017년 연결 기준 동사의 매출액은 홈쇼핑, 광고 등 플랫폼 매출 상승에 따라 전년 대비 3.1% 증가한 6,858.2억원을 기록하였음. 동사는 채널프로그램사용료, 광고판촉비, 기타 영업비용(지급수수료 등)의 증가로 전년 대비 4.5% 증가한 6,104억원을 영업비용으로 집행하였음. 이에 따라 영업이익은 6.5% 감소한 753.7억원을 기록하였음. 최종적으로 전년 대비 16.8% 감소한 573.1억원의 당기순이익을 기록하였음.

현금 흐름

〈단위 : 억원〉

항목	2016	2017
영업활동	1,593	1,026
투자활동	-2,144	-851
재무활동	-166	-197
순현금흐름	-717	-22
기말현금	680	657

시장 대비 수익률

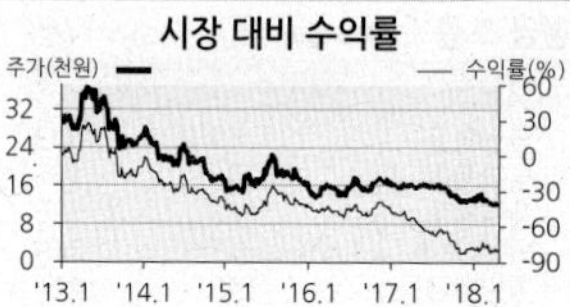

결산 실적

〈단위 : 억원〉

항목	2012	2013	2014	2015	2016	2017
매출액	5,665	6,234	6,528	6,610	6,651	6,858
영업이익	658	1,021	792	996	806	754
당기순이익	556	731	552	730	689	573

분기 실적

〈단위 : 억원〉

항목	2016.3Q	2016.4Q	2017.1Q	2017.2Q	2017.3Q	2017.4Q
매출액	1,710	1,642	1,622	1,678	1,765	1,794
영업이익	175	100	250	190	135	179
당기순이익	142	121	180	155	110	128

재무 상태

〈단위 : 억원〉

항목	2012	2013	2014	2015	2016	2017
총자산	6,373	6,822	6,830	7,113	7,779	7,929
유형자산	2,486	2,912	3,115	3,110	2,984	2,876
무형자산	549	557	582	643	647	696
유가증권	612	1,476	461	252	1,453	941
총부채	2,884	2,736	2,463	2,179	2,315	2,106
총차입금	868	864	837	646	639	641
자본금	1,195	1,196	1,196	1,196	1,196	1,196
총자본	3,489	4,086	4,367	4,934	5,465	5,823
지배주주지분	3,450	4,049	4,328	4,893	5,419	5,778

기업가치 지표

항목	2012	2013	2014	2015	2016	2017
주가(최고/저)(천원)	30.6/15.5	38.4/23.2	28.1/16.9	22.3/14.1	17.6/13.4	16.8/12.5
PER(최고/저)(배)	29.2/14.8	27.8/16.8	26.6/15.9	15.7/10.0	12.9/9.8	14.3/10.7
PBR(최고/저)(배)	4.8/2.4	5.0/3.0	3.3/2.0	2.3/1.5	1.6/1.2	1.4/1.1
EV/EBITDA(배)	11.7	7.6	4.9	3.7	3.8	3.1
EPS(원)	1,174	1,533	1,151	1,521	1,436	1,200
BPS(원)	7,220	8,589	9,207	10,388	11,488	12,239
CFPS(원)	2,511	3,065	2,937	3,527	3,504	3,275
DPS(원)	350	455	350	350	415	350
EBITDAPS(원)	2,717	3,668	3,441	4,089	3,754	3,651

재무 비율

〈단위 : %〉

연도	영업 이익률	순 이익률	부채 비율	차입금 비율	ROA	ROE	유보율	자기자본 비율	EBITDA 마진율
2017	11.0	8.4	36.2	11.0	7.3	10.3	389.6	73.5	25.5
2016	12.1	10.4	42.4	11.7	9.3	13.3	359.5	70.3	27.0
2015	15.1	11.0	44.2	13.1	10.5	15.8	315.5	69.4	29.6
2014	12.1	8.5	56.4	19.2	8.1	13.1	268.3	63.9	25.2

케이티씨에스 (A058850)

ktcs

업　　종 : 상업서비스
신용등급 : (Bond) —　　(CP) —
홈페이지 : www.ktcs.co.kr
본　　사 : 대전시 서구 갈마로 160 (괴정동)

시　　장 : 거래소
기업규모 : 시가총액 소형주
연 락 처 : 042)604-5133, 5134

설 립 일	2001.07.02	**종업원수**	9,777명	**대표이사**	남규택
상 장 일	2010.09.16	**감사의견**	적정(삼일)	**계　　열**	
결 산 기	12월	**보 통 주**		**종속회사수**	
액 면 가	500원	**우 선 주**		**구 상 호**	

주주구성 (지분율,%)		출자관계 (지분율,%)		주요경쟁사 (외형,%)	
케이티스	11.6	후후앤컴퍼니	100.0	KTcs	100
케이티하이텔	11.3	케이티커머스	81.0	양지사	5
(외국인)	6.7	케이티스포츠	6.0	한국코퍼레이션	13

매출구성		비용구성		수출비중	
B2B매출	51.0	매출원가율	0.0	수출	0.0
고객서비스수익	21.5	판관비율	99.0	내수	100.0
유통사업수익	10.7				

회사 개요

동사는 2001년 6월 케이티의 114번호안내 서비스 사업이 분사해 설립됨. kt 컨택센터, 오픈마켓 컨택센터, 114사업, 유통사업 등을 주요사업으로 영위함. 2009년 10월 21일자로 사명을 '한국인포데이타 주식회사'에서 '주식회사 케이티씨에스'로 변경함. 사업별 매출 구성비는 고객서비스사업 44.0%, 유통사업 23.9%, 114번호안내사업 5.4%,우선번호안내사업 6.4%, 컨택사업 15.3%, 기타사업 5.0% 임.

실적 분석

동사의 2017년 4분기 기준 누적 매출액은 전년 동기(9536.7억원)에서 소폭 오른 9677.6억원임. 영업이익은 전년(88억원)보다 15.3% 증가한 101.5억원을 달성함. 114 번호안내사업과 우선번호 안내 사업 실적이 전년 대비 악화됐지만 유통사업 실적이 9.6% 상승하며 수익개선을 견인함. 꾸준한 수주활동과 영업망 확대로 기존 사업들의 매출증대를 이어갈 계획.

현금 흐름

〈단위 : 억원〉

항목	2016	2017
영업활동	93	139
투자활동	-30	-50
재무활동	-43	-37
순현금흐름	20	52
기말현금	495	547

시장 대비 수익률

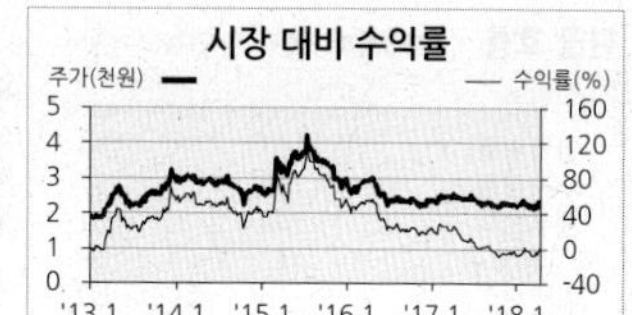

결산 실적

〈단위 : 억원〉

항목	2012	2013	2014	2015	2016	2017
매출액	3,842	3,962	5,947	10,658	9,537	9,678
영업이익	207	179	177	164	88	101
당기순이익	177	125	133	135	79	74

분기 실적

〈단위 : 억원〉

항목	2016.3Q	2016.4Q	2017.1Q	2017.2Q	2017.3Q	2017.4Q
매출액	2,224	3,178	1,754	2,244	2,281	3,398
영업이익	9	48	10	39	18	34
당기순이익	12	33	6	37	11	20

재무 상태

〈단위 : 억원〉

항목	2012	2013	2014	2015	2016	2017
총자산	1,811	1,801	3,037	3,470	3,228	3,483
유형자산	144	133	157	186	188	180
무형자산	58	70	104	101	92	104
유가증권	189	116	114	145	74	63
총부채	585	572	1,562	1,944	1,666	1,888
총차입금	2	3	2	3	2	2
자본금	238	238	238	238	238	238
총자본	1,227	1,229	1,475	1,526	1,561	1,596
지배주주지분	1,227	1,229	1,433	1,474	1,507	1,541

기업가치 지표

항목	2012	2013	2014	2015	2016	2017
주가(최고/저)(천원)	1.9/1.5	3.2/1.8	3.1/2.2	4.3/2.4	3.0/2.2	2.7/2.2
PER(최고/저)(배)	6.2/5.0	13.9/7.8	12.1/8.6	16.2/9.3	18.2/12.9	16.5/13.6
PBR(최고/저)(배)	0.8/0.6	1.2/0.7	1.1/0.8	1.3/0.8	0.9/0.6	0.8/0.6
EV/EBITDA(배)	0.9	4.3	3.7	3.7	3.3	1.9
EPS(원)	386	275	298	292	179	167
BPS(원)	2,983	3,077	3,357	3,531	3,608	3,689
CFPS(원)	414	309	363	388	273	255
DPS(원)	100	120	120	100	80	80
EBITDAPS(원)	480	425	472	479	300	326

재무 비율

〈단위 : %〉

연도	영업 이익률	순 이익률	부채 비율	차입금 비율	ROA	ROE	유보율	자기자본 비율	EBITDA 마진율
2017	1.1	0.8	118.3	0.1	2.2	4.7	560.5	45.8	1.4
2016	0.9	0.8	106.7	0.1	2.4	5.1	546.0	48.4	1.3
2015	1.5	1.3	127.3	0.2	4.2	8.6	532.2	44.0	1.9
2014	3.0	2.2	105.9	0.1	5.5	9.7	501.0	48.6	3.4

케이티앤지 (A033780)

KT&G

업　　종 : 담배
신용등급 : (Bond) —　　(CP) —
홈페이지 : www.ktng.com
본　　사 : 대전시 대덕구 벚꽃길 71
시　　장 : 거래소
기업규모 : 시가총액 대형주
연 락 처 : 042)939-5000

설 립 일	1987.04.01	**종업원수**	4,097명	**대표이사**	Baek,Bok-In
상 장 일	1999.10.08	**감사의견**	적정(삼정)	**계　열**	
결 산 기	12월	**보 통 주**		**종속회사수**	14개사
액 면 가	5,000원	**우 선 주**		**구 상 호**	

주주구성 (지분율,%)		출자관계 (지분율,%)		주요경쟁사 (외형,%)	
국민연금공단	9.6	한국인삼공사	100.0	KT&G	100
중소기업은행	6.9	케이지씨예본	100.0		
(외국인)	53.6	태아산업	100.0		

매출구성		비용구성		수출비중	
궐련(제조담배)-에쎄, 레종, 더원 등	90.0	매출원가율	40.9	수출	31.6
분양수익	4.6	판관비율	28.5	내수	68.4
향캡슐 외	2.4				

회사 개요

동사는 1987년 4월 한국전매공사로 설립됐으며, 정부의 공기업 민영화 방침에 따라 민영화됨. 담배의 제조와 판매를 주사업으로 하고 있으며, 국내는 물론 중동/중앙아 및 러시아 등 60여개국에도 수출을 하고 있음. 레종카페,라보르기니, 모히또 더블 등의 차별적인 제품 출시, 에쎄 센스의 슬림 담배 시장 성공적 런칭 등에 힘입어 국내 시장 점유율 약 60%로 1위를 유지하고 있음. 해외수출도 전년대비 8.5% 성장하며 상승세 유지.

실적 분석

동사의 2017년 연결기준 누적 매출액은 전년동기 대비 3.6% 상승한 4조 6,671.9억원을 기록함. 비용면에서 전년 동기 대비 매출원가와 판관비 증가로 영업이익은 전년보다 3% 감소한 1조4,261.1억원을 기록함. 궐련형 전자담배 디바이스 릴(lil)과 전용궐련 핏(Fiit)을 출시하며 궐련형 전자담배 시장에 성공적으로 진입해 새로운 수익 창출에 힘쓸 것.

현금 흐름

〈단위 : 억원〉

항목	2016	2017
영업활동	14,978	11,399
투자활동	-7,026	-3,299
재무활동	-4,884	-4,338
순현금흐름	3,046	3,794
기말현금	8,508	12,302

시장 대비 수익률

결산 실적

〈단위 : 억원〉

항목	2012	2013	2014	2015	2016	2017
매출액	39,847	38,217	41,129	41,698	45,033	46,672
영업이익	10,359	10,133	11,719	13,659	14,696	14,261
당기순이익	7,251	5,593	8,138	10,322	12,255	11,642

분기 실적

〈단위 : 억원〉

항목	2016.3Q	2016.4Q	2017.1Q	2017.2Q	2017.3Q	2017.4Q
매출액	12,202	11,036	11,787	11,617	12,789	10,479
영업이익	4,263	3,045	3,955	3,865	4,217	2,225
당기순이익	2,499	4,053	2,352	2,747	3,080	3,464

재무 상태

〈단위 : 억원〉

항목	2012	2013	2014	2015	2016	2017
총자산	67,960	70,750	74,187	86,734	98,121	99,759
유형자산	16,314	16,223	17,534	17,898	16,065	17,570
무형자산	2,468	2,326	1,549	1,054	1,049	847
유가증권	9,141	2,966	3,268	3,647	3,866	4,718
총부채	16,015	17,095	17,106	23,979	26,943	21,461
총차입금	2,044	2,183	2,809	3,363	2,621	2,789
자본금	9,550	9,550	9,550	9,550	9,550	9,550
총자본	51,944	53,655	57,081	62,755	71,178	78,298
지배주주지분	50,909	52,750	56,306	62,089	70,452	77,721

기업가치 지표

항목	2012	2013	2014	2015	2016	2017
주가(최고/저)(천원)	73.5/56.7	67.3/59.4	90.1/63.6	107/68.8	128/90.6	121/92.3
PER(최고/저)(배)	17.1/13.2	19.5/17.2	17.3/12.2	15.7/10.1	15.3/10.8	14.8/11.3
PBR(최고/저)(배)	2.3/1.8	2.0/1.8	2.4/1.7	2.5/1.6	2.6/1.8	2.1/1.6
EV/EBITDA(배)	8.5	8.0	7.3	8.5	7.2	8.4
EPS(원)	5,376	4,157	6,013	7,544	8,965	8,476
BPS(원)	39,550	40,891	43,481	47,679	53,706	59,000
CFPS(원)	6,675	5,448	7,194	8,723	10,120	9,649
DPS(원)	3,200	3,200	3,400	3,400	3,600	4,000
EBITDAPS(원)	8,845	8,673	9,716	11,128	11,860	11,560

재무 비율

〈단위 : %〉

연도	영업이익률	순이익률	부채비율	차입금비율	ROA	ROE	유보율	자기자본비율	EBITDA마진율
2017	30.6	24.9	27.4	3.6	11.8	15.7	748.2	78.5	34.0
2016	32.6	27.2	37.9	3.7	13.3	18.6	672.1	72.5	36.2
2015	32.8	24.8	38.2	5.4	12.8	17.5	585.5	72.4	36.6
2014	28.5	19.8	30.0	4.9	11.2	15.1	525.1	76.9	32.4

케이티하이텔 (A036030)

KT Hitel

업　　종 : 인터넷 서비스
신용등급 : (Bond) —　　(CP) —
홈페이지 : www.kthcorp.com
본　　사 : 서울시 동작구 보라매로5길 23 삼성보라매옴니타워
시　　장 : KOSDAQ
기업규모 : 우량
연 락 처 : 1588-5668

설 립 일	1991.12.09	**종업원수**	598명	**대표이사**	김태환
상 장 일	1999.12.16	**감사의견**	적정(삼정)	**계　열**	
결 산 기	12월	**보 통 주**		**종속회사수**	
액 면 가	1,000원	**우 선 주**		**구 상 호**	

주주구성 (지분율,%)		출자관계 (지분율,%)		주요경쟁사 (외형,%)	
케이티	63.7	ISU-kth콘텐츠투자조합	38.8	KTH	100
케이티스	3.4	유니온SuperIP투자조합	12.8	NAVER	2,055
(외국인)	1.6	케이티씨에스	11.3	카카오	866

매출구성		비용구성		수출비중	
T-커머스(K쇼핑)	36.9	매출원가율	92.9	수출	—
ICT플랫폼	34.7	판관비율	4.5	내수	—
콘텐츠 유통	28.4				

회사 개요

동사는 1991년에 설립된 KT그룹 계열의 인터넷포탈 업체임. 주요 사업은 IPTV, 스마트TV, 아이패드 등 스마트디바이스 기반을 중심으로 영화, 영상, 교육 등의 컨텐츠를 제공하고 있으며 통화 연결음 '링고', GIS 등 KT그룹의 네트워크인프라를 활용한 동사의 기술력을 중심으로 ICT 기반의 플랫폼 및 솔루션 구축, 운영사업을 영위하고 있음. 최근 국내 최초로 데이터방송 T커머스 채널 'K 쇼핑'을 오픈하여 T커머스 시장을 선도하고 있음.

실적 분석

동사의 2017년 연간 매출액은 2,276.3억원으로 전년대비 14.5% 성장함. T커머스 시장에서의 지배력 확대가 매출 성장의 주요 동력으로 작용함. 국내 T커머스 시장은 약 1.8조원으로 추정되며 2017년말 취급고를 기준으로 동사의 시장 점유율은 약 20%로 업계 1위 수준임. 영업이익은 전년대비 8.2% 감소한 57.5억원, 당기순이익은 전년대비 25% 감소한 32.3억원을 기록함.

현금 흐름 *IFRS 별도 기준

〈단위 : 억원〉

항목	2016	2017
영업활동	290	283
투자활동	-332	-361
재무활동	—	—
순현금흐름	-42	-78
기말현금	295	216

시장 대비 수익률

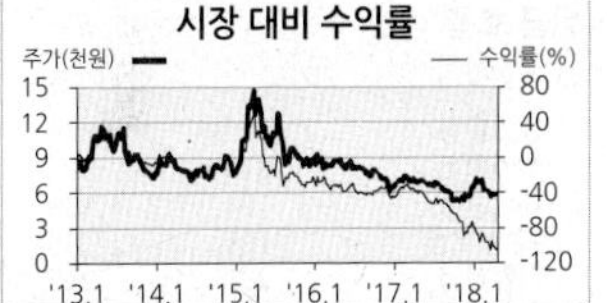

결산 실적

〈단위 : 억원〉

항목	2012	2013	2014	2015	2016	2017
매출액	4,434	5,800	1,361	1,605	1,987	2,276
영업이익	-52	70	69	53	63	57
당기순이익	-89	36	122	73	43	32

분기 실적 *IFRS 별도 기준

〈단위 : 억원〉

항목	2016.3Q	2016.4Q	2017.1Q	2017.2Q	2017.3Q	2017.4Q
매출액	472	603	544	548	554	630
영업이익	18	20	10	13	12	22
당기순이익	13	26	9	12	-4	16

재무 상태 *IFRS 별도 기준

〈단위 : 억원〉

항목	2012	2013	2014	2015	2016	2017
총자산	1,905	2,937	2,270	2,358	2,492	2,582
유형자산	212	184	167	163	172	241
무형자산	170	188	254	279	257	251
유가증권	686	752	634	290	290	325
총부채	316	1,026	314	339	469	529
총차입금	—	—	—	—	—	—
자본금	345	357	357	357	357	357
총자본	1,589	1,910	1,956	2,018	2,023	2,053
지배주주지분	1,589	1,910	1,956	2,018	2,023	2,053

기업가치 지표 *IFRS 별도 기준

항목	2012	2013	2014	2015	2016	2017
주가(최고/저)(천원)	9.3/5.0	11.9/7.2	9.6/7.1	14.8/7.6	9.3/6.1	7.4/5.2
PER(최고/저)(배)	—/—	117.6/71.0	28.0/20.8	72.8/37.4	76.9/50.7	82.0/57.0
PBR(최고/저)(배)	2.0/1.1	2.2/1.3	1.8/1.3	2.6/1.3	1.6/1.1	1.3/0.9
EV/EBITDA(배)	38.4	13.7	8.3	8.0	5.0	5.8
EPS(원)	-306	101	342	203	120	90
BPS(원)	4,605	5,348	5,476	5,651	5,663	5,748
CFPS(원)	126	592	887	893	821	746
DPS(원)	—	—	—	—	—	—
EBITDAPS(원)	217	553	739	840	875	816

재무 비율

〈단위 : %〉

연도	영업이익률	순이익률	부채비율	차입금비율	ROA	ROE	유보율	자기자본비율	EBITDA마진율
2017	2.5	1.4	25.8	0.0	1.3	1.6	474.8	79.5	12.8
2016	3.2	2.2	23.2	0.0	1.8	2.1	466.3	81.2	15.7
2015	3.3	4.5	16.8	0.0	3.1	3.7	465.1	85.6	18.7
2014	5.1	9.0	16.1	0.0	4.7	6.4	447.6	86.2	19.4

케이프 (A064820)
CAPE INDUSTREIS

업 종 : 조선
신용등급 : (Bond) — (CP) —
홈페이지 : www.cape.co.kr
본 사 : 경남 양산시 상북면 양산대로 1303

시 장 : KOSDAQ
기업규모 : 중견
연 락 처 : 055)370-1234

설 립 일	1983.12.26	**종업원수**	136명	**대표이사**	정형석
상 장 일	2007.05.29	**감사의견**	적정(세림)	**계 열**	
결 산 기	12월	**보 통 주**		**종속회사수**	10개사
액 면 가	500원	**우 선 주**		**구 상 호**	소셜미디어99

주주구성 (지분율,%)		출자관계 (지분율,%)		주요경쟁사 (외형,%)	
김종호	16.7	케이프인베스트먼트	100.0	케이프	100
백수영	9.4	소셜인어스	71.7	에스앤더블류	14
(외국인)	1.0	이니티움2016	28.4	인화정공	45

매출구성		비용구성		수출비중	
실린더 라이너	90.1	매출원가율	63.3	수출	36.9
창고 및 부지임대	6.8	판관비율	29.1	내수	63.1
기타 부산물 판매	2.2				

회사 개요

동사는 엔진 부품 대리점 사업을 목적으로 설립. 주요 사업은 신규선박에 장착되는 엔진의 실린더라이너 생산 및 교체용 실린더라이너를 생산하고 있음. 실린더라이너는 5~7년 주기로 교환을 필요로 하는 소모품이나 조선업황에 다라 영향을 많이 받는 구조임. 동사의 주요 종속회사인 LIG투자증권은 금융업무 및 부수업무를 주요사업으로 하고 있음. 매출구성은 실린더 제조부문 100.0% 등으로 구성됨.

실적 분석

동사의 2017년 4분기 연결기준 누적 매출액은 2305.6억원으로 전년 동기(1221.1억원) 대비 88.8% 증가함. 이에따라 영업이익도 176.2억원으로 전년 대비 188.2% 급증했음. 반면 이자비용과 환손실로 비영업손실이 85.6억원 나타나며 당기순이익은 전년 78.3억원에서 2017년 31.4억원까지 줄어듬. 실린더라이너 제품의 해외 수주 증가와 지속적인 공정개선이 이번 실적 향상에 밑바탕이 됐음.

현금 흐름
〈단위 : 억원〉

항목	2016	2017
영업활동	301	-883
투자활동	-873	-191
재무활동	754	1,109
순현금흐름	183	35
기말현금	220	255

시장 대비 수익률

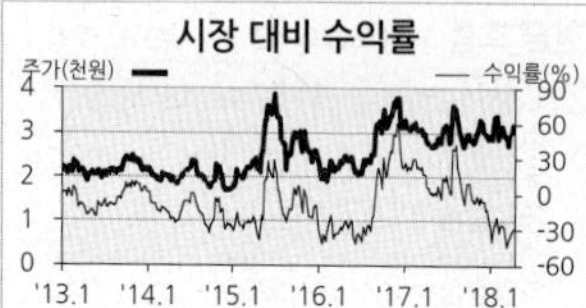

결산 실적
〈단위 : 억원〉

항목	2012	2013	2014	2015	2016	2017
매출액	258	181	224	193	1,221	2,306
영업이익	4	-44	-47	-34	61	176
당기순이익	23	-150	2	-29	78	31

분기 실적
〈단위 : 억원〉

항목	2016.3Q	2016.4Q	2017.1Q	2017.2Q	2017.3Q	2017.4Q
매출액	481	638	497	604	634	571
영업이익	51	19	21	80	27	48
당기순이익	59	-293	-4	30	0	5

재무 상태
〈단위 : 억원〉

항목	2012	2013	2014	2015	2016	2017
총자산	1,844	1,955	1,598	1,554	14,698	13,233
유형자산	790	749	722	688	935	932
무형자산	99	63	55	54	83	77
유가증권	261	274	75	87	9,992	7,559
총부채	796	1,051	686	664	13,079	11,516
총차입금	734	1,000	621	616	4,618	1,944
자본금	45	45	91	93	93	114
총자본	1,048	904	911	890	1,619	1,717
지배주주지분	1,035	891	906	887	1,254	1,334

기업가치 지표

항목	2012	2013	2014	2015	2016	2017
주가(최고/저)(천원)	3.5/2.0	2.6/1.9	2.5/1.6	4.1/1.7	3.9/1.9	4.0/2.7
PER(최고/저)(배)	24.8/14.4	—/—	78.3/51.6	—/—	10.3/5.0	124.4/82.8
PBR(최고/저)(배)	0.6/0.3	0.5/0.4	0.5/0.3	0.8/0.4	0.6/0.3	0.7/0.5
EV/EBITDA(배)	12.8	—	—	217.0	—	—
EPS(원)	140	-819	32	-146	374	32
BPS(원)	11,678	10,079	5,040	4,876	6,856	5,894
CFPS(원)	745	-1,191	234	58	577	209
DPS(원)	—	—	—	—	—	—
EBITDAPS(원)	512	-57	-56	21	533	946

재무 비율
〈단위 : %〉

연도	영업이익률	순이익률	부채비율	차입금비율	ROA	ROE	유보율	자기자본비율	EBITDA마진율
2017	7.6	1.4	670.6	113.2	0.2	0.6	1,078.9	13.0	9.4
2016	5.0	6.4	807.8	285.3	1.0	6.5	1,271.2	11.0	8.1
2015	-17.5	-15.2	74.6	69.2	-1.9	-3.0	875.1	57.3	2.0
2014	-21.1	0.7	75.3	68.1	0.1	0.7	908.0	57.0	-4.6

케이피에스 (A256940)
KPS

업 종 : 디스플레이 및 관련부품
신용등급 : (Bond) — (CP) —
홈페이지 : www.kpscorp.co.kr
본 사 : 경기도 화성시 동탄면 동탄산단10길 52

시 장 : KOSDAQ
기업규모 : 벤처
연 락 처 : 031)8041-5400

설 립 일	2000.09.04	**종업원수**	62명	**대표이사**	김정호
상 장 일	2016.12.21	**감사의견**	적정(삼일)	**계 열**	
결 산 기	12월	**보 통 주**		**종속회사수**	
액 면 가	500원	**우 선 주**		**구 상 호**	

주주구성 (지분율,%)		출자관계 (지분율,%)		주요경쟁사 (외형,%)	
송준호	17.6			케이피에스	100
김정호	10.3			엘디티	39
(외국인)	0.1			디이엔티	750

매출구성		비용구성		수출비중	
OLED 메탈 마스크 인장기	95.9	매출원가율	61.6	수출	34.9
정밀 Stage	3.8	판관비율	20.7	내수	65.1
기타제품	0.2				

회사 개요

2000년 9월 설립된 동사는 산업용 자동화 장비의 설계, 제작, 설치 용역 등을 주요 사업으로 영위하고 있음. 동사는 디스플레이 패널업체를 대상으로 OLED(Organic Light Emitting Diode) 공정에서 유기물의 진공 증착 공정과 관련하여 모바일용 분할 메탈 마스크를 처짐이 없도록 프레임에 인장, 고정하는 장비를 개발 및 공급하는 사업을 진행 중임.

실적 분석

동사의 2017년 연간 매출액은 240.4억원을 기록. 영업이익은 42.7억원, 당기순이익은 21.9억원 시현. 동사의 주요 매출원인 인장기는 생산 수율과 직결돼 있어 전체적인 OLED 제조 공정에 있어 중요도가 높은 장비임. 투자 가시성이 높은 BOE, CSOT, 티안마와 같은 고객사의 수주만 반영하더라도 내년 실적에 대한 기대치가 높음. 또한 최근 중국 경쟁사들과의 수주경쟁에서 승리하며 기술력을 입증하고 있음.

현금 흐름 *IFRS 별도 기준
〈단위 : 억원〉

항목	2016	2017
영업활동	16	65
투자활동	-10	-127
재무활동	19	45
순현금흐름	25	-17
기말현금	25	8

시장 대비 수익률

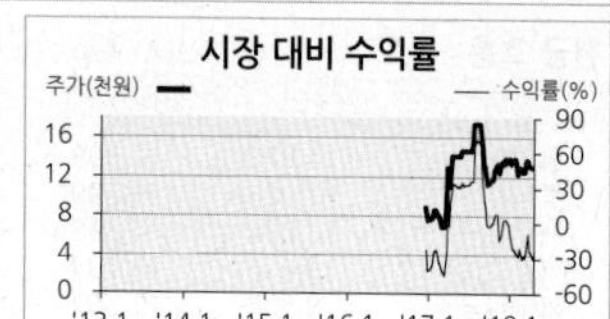

결산 실적
〈단위 : 억원〉

항목	2012	2013	2014	2015	2016	2017
매출액	—	71	109	86	175	240
영업이익	—	-13	9	-9	27	43
당기순이익	—	-15	6	-9	26	22

분기 실적 *IFRS 별도 기준
〈단위 : 억원〉

항목	2016.3Q	2016.4Q	2017.1Q	2017.2Q	2017.3Q	2017.4Q
매출액	—	—	—	47	47	—
영업이익	—	—	—	9	2	—
당기순이익	—	—	—	8	1	—

재무 상태 *IFRS 별도 기준
〈단위 : 억원〉

항목	2012	2013	2014	2015	2016	2017
총자산	—	96	125	129	271	325
유형자산	—	65	62	62	57	58
무형자산	—	4	8	8	6	8
유가증권	—	—	—	0	0	59
총부채	—	80	99	112	208	68
총차입금	—	63	63	85	143	15
자본금	—	12	12	12	15	21
총자본	—	16	26	17	62	257
지배주주지분	—	16	26	17	62	257

기업가치 지표 *IFRS 별도 기준

항목	2012	2013	2014	2015	2016	2017
주가(최고/저)(천원)	—/—	—/—	—/—	—/—	—/—	—/—
PER(최고/저)(배)	0.0/0.0	0.0/0.0	0.0/0.0	0.0/0.0	8.9/6.8	27.9/10.6
PBR(최고/저)(배)	0.0/0.0	0.0/0.0	0.0/0.0	0.0/0.0	4.1/3.1	2.9/1.1
EV/EBITDA(배)	0.0	—	4.5	—	8.3	10.0
EPS(원)	—	-620	232	-373	993	621
BPS(원)	—	681	1,057	684	2,137	6,030
CFPS(원)	—	-539	454	-20	1,428	779
DPS(원)	—	—	—	—	—	—
EBITDAPS(원)	—	-449	582	-8	1,493	1,366

재무 비율
〈단위 : %〉

연도	영업이익률	순이익률	부채비율	차입금비율	ROA	ROE	유보율	자기자본비율	EBITDA마진율
2017	17.7	9.1	26.2	5.9	7.4	13.7	1,106.0	79.2	20.1
2016	15.5	14.6	332.9	228.1	12.8	64.5	327.3	23.1	21.9
2015	-10.3	-10.6	672.5	510.6	-7.2	-42.8	36.8	13.0	-0.2
2014	8.0	5.1	383.3	245.7	5.0	26.5	111.3	20.7	12.8

케이피에프 (A024880)
Korea Parts & Fasteners

업　　종 : 기계　　　　　　　시　　장 : KOSDAQ
신용등급 : (Bond) —　　(CP) —　　기업규모 : 중견
홈페이지 : www.kpf-global.com　　연 락 처 : 031)8038-9700
본　　사 : 경기도 성남시 분당구 운중로 136 판교송현타워

설 립 일	1963.10.31	**종업원수**	442명	**대표이사**	송무현,김형노
상 장 일	1994.12.29	**감사의견**	적정(한영)	**계　　열**	
결 산 기	12월	**보 통 주**		**종속회사수**	3개사
액 면 가	500원	**우 선 주**		**구 상 호**	

주주구성 (지분율,%)		출자관계 (지분율,%)		주요경쟁사 (외형,%)	
티엠씨	43.0	KNPENERGY	51.0	케이피에프	100
국민연금공단	4.0	케이피에프글로벌	50.0	큐로	43
(외국인)	1.3	디에스정밀부품	40.0	비에이치아이	89

매출구성		비용구성		수출비중	
제품(볼트,너트,단조품)	95.7	매출원가율	86.7	수출	57.8
상품(볼트,너트,단조품)	2.4	판관비율	9.2	내수	42.2
임대료 등	1.9				

회사 개요

동사는 1963년 설립 이후1994년 상장돼 코스닥 시장에서 거래되고 있음. 건설, 산업기계, 플랜트, 중장비 등에 쓰이는 산업용 화스너와 베어링부품, 기어류 등 자동차용 단조부품을 생산해 판매하는 사업을 영위하고 있음. 사업부문별 매출은 화스너 47%, 자동차부품 53%로 구성됨. 베트남과 중국 등지에 자회사를 두고 있으며 미국, 독일, 중국 등엔 영업 사무소를 보유하고 있음.

실적 분석

동사의 2017년 연간 매출액은 전년동기대비 7.4% 상승한 3,654.1억원을 기록하였음. 비용면에서 전년동기대비 매출원가는 증가 하였으며 인건비도 증가, 광고선전비는 크게 감소, 기타판매비와관리비는 증가함. 이처럼 매출액 상승과 더불어 비용절감에도 힘을 기울였음. 최종적으로 전년동기대비 당기순이익은 크게 상승하여 128.3억원을 기록함. 외환손익은 흑자전환했으나 금융손익 등 비영업손익의 적자지속은 신경써야 할 부분으로 판단됨.

현금 흐름

〈단위 : 억원〉

항목	2016	2017
영업활동	178	-31
투자활동	-11	-354
재무활동	46	217
순현금흐름	212	-172
기말현금	263	91

시장 대비 수익률

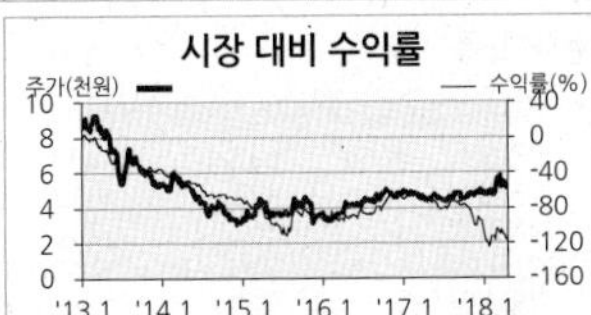

결산 실적

〈단위 : 억원〉

항목	2012	2013	2014	2015	2016	2017
매출액	3,083	3,176	3,137	3,291	3,402	3,654
영업이익	128	165	103	166	147	152
당기순이익	33	29	-234	110	44	128

분기 실적

〈단위 : 억원〉

항목	2016.3Q	2016.4Q	2017.1Q	2017.2Q	2017.3Q	2017.4Q
매출액	811	880	915	922	911	906
영업이익	30	24	40	35	53	25
당기순이익	8	-33	25	28	44	31

재무 상태

〈단위 : 억원〉

항목	2012	2013	2014	2015	2016	2017
총자산	3,303	3,747	3,668	3,804	3,959	4,180
유형자산	1,201	1,354	1,361	1,376	1,370	1,266
무형자산	70	24	24	28	23	19
유가증권	33	174	157	313	2	2
총부채	1,842	2,250	2,428	2,537	2,637	2,795
총차입금	1,418	1,747	2,008	2,087	2,174	2,343
자본금	74	74	74	74	74	74
총자본	1,460	1,498	1,241	1,267	1,321	1,385
지배주주지분	1,460	1,498	1,241	1,267	1,321	1,385

기업가치 지표

항목	2012	2013	2014	2015	2016	2017
주가(최고/저)(천원)	9.9/5.3	9.5/5.0	5.9/3.0	4.7/3.2	5.1/3.3	5.1/4.3
PER(최고/저)(배)	42.3/22.9	56.9/30.1	—/—	7.0/4.7	18.1/11.6	6.1/5.2
PBR(최고/저)(배)	1.2/0.6	1.1/0.6	0.8/0.4	0.6/0.4	0.6/0.4	0.6/0.5
EV/EBITDA(배)	12.6	8.9	9.9	8.1	8.0	7.7
EPS(원)	274	193	-1,573	741	298	862
BPS(원)	9,923	10,173	8,433	8,619	9,053	9,619
CFPS(원)	885	792	-852	1,521	1,085	1,674
DPS(원)	150	120	100	150	150	150
EBITDAPS(원)	1,684	1,708	1,415	1,895	1,775	1,836

재무 비율

〈단위 : %〉

연도	영업 이익률	순 이익률	부채 비율	차입금 비율	ROA	ROE	유보율	자기자본 비율	EBITDA 마진율
2017	4.2	3.5	201.8	169.1	3.2	9.5	1,823.8	33.1	7.5
2016	4.3	1.3	199.6	164.5	1.1	3.4	1,710.5	33.4	7.8
2015	5.0	3.4	200.2	164.7	3.0	8.8	1,623.9	33.3	8.6
2014	3.3	-7.5	195.6	161.8	-6.3	-17.1	1,586.6	33.8	6.7

케이피엑스그린케미칼 (A083420)
KPX Green Chemical

업　　종 : 화학　　　　　　　시　　장 : 거래소
신용등급 : (Bond) —　　(CP) —　　기업규모 : 시가총액 소형주
홈페이지 : www.kpxgc.com　　연 락 처 : 041)661-5000
본　　사 : 충남 서산시 대산읍 독곶2로 103

설 립 일	2003.01.01	**종업원수**	143명	**대표이사**	양준화
상 장 일	2005.10.20	**감사의견**	적정(서우)	**계　　열**	
결 산 기	12월	**보 통 주**		**종속회사수**	
액 면 가	500원	**우 선 주**		**구 상 호**	KPX그린케미칼

주주구성 (지분율,%)		출자관계 (지분율,%)		주요경쟁사 (외형,%)	
건덕상사	25.4			그린케미칼	100
양준화	19.7			세우글로벌	14
(외국인)	2.2			대정화금	26

매출구성		비용구성		수출비중	
계면활성제 외 (제품)	99.3	매출원가율	94.8	수출	48.1
상품	0.7	판관비율	3.8	내수	51.9

회사 개요

동사는 비이온계면활성제인 Ethoxylates(EOA)와 Ethanolamines(ETA) 및 Polycarbonates 중간원료인 Dimethyl Carbonate(DMC)를 전문으로 생산하는 기능성 화학제품 제조회사임. EOA ETA는 콘크리트 혼화제에 주로 사용되는 계면활성제로 고층빌딩, 원자력발전소 등 시공 시 사용비중이 확대되고 있으며, DMC는 자동차 IT에 사용되는 PC의 원료임.

실적 분석

동사의 2017년 연간 매출액은 2,536.6억원으로 전년대비 4.1% 증가함. 고정비 증가의 영향으로 영업이익은 35.3억원으로 전년대비 13.1% 감소함. 동사는 다품종 소량 생산에 적합한 생산시설을 갖추고 있어 경쟁업체들이 생산하지 못하는 특수 Grade 제품에 대한 연구개발 집중을 통해 부가가치가 높은 특수 Grade의 비중을 지속적으로 확대하고 있음.

현금 흐름 *IFRS 별도 기준

〈단위 : 억원〉

항목	2016	2017
영업활동	154	137
투자활동	-87	92
재무활동	-41	-124
순현금흐름	26	104
기말현금	57	161

시장 대비 수익률

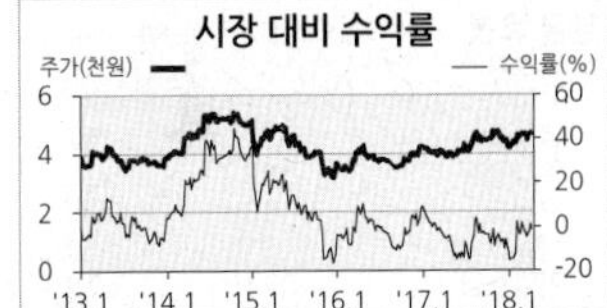

결산 실적

〈단위 : 억원〉

항목	2012	2013	2014	2015	2016	2017
매출액	2,172	2,430	2,516	2,199	2,436	2,537
영업이익	141	117	142	30	41	35
당기순이익	117	107	130	35	29	25

분기 실적 *IFRS 별도 기준

〈단위 : 억원〉

항목	2016.3Q	2016.4Q	2017.1Q	2017.2Q	2017.3Q	2017.4Q
매출액	615	638	625	606	679	627
영업이익	14	9	12	4	13	6
당기순이익	10	9	9	1	9	6

재무 상태 *IFRS 별도 기준

〈단위 : 억원〉

항목	2012	2013	2014	2015	2016	2017
총자산	1,587	1,621	1,964	2,186	2,064	1,953
유형자산	820	818	1,242	1,406	1,267	1,133
무형자산	14	32	46	58	57	58
유가증권	94	115	52	62	43	0
총부채	601	558	806	1,026	909	855
총차입금	230	140	312	545	535	493
자본금	100	100	100	100	100	100
총자본	986	1,062	1,158	1,159	1,155	1,097
지배주주지분	986	1,062	1,158	1,159	1,155	1,097

기업가치 지표 *IFRS 별도 기준

항목	2012	2013	2014	2015	2016	2017
주가(최고/저)(천원)	3.8/2.3	4.3/3.4	5.4/3.8	5.1/3.1	4.3/3.3	4.8/3.8
PER(최고/저)(배)	8.1/5.1	10.1/7.8	10.1/7.2	34.2/20.4	34.1/26.0	38.6/32.9
PBR(최고/저)(배)	1.0/0.6	1.0/0.8	1.1/0.8	1.0/0.6	0.9/0.7	0.9/0.8
EV/EBITDA(배)	4.3	3.9	4.9	6.6	5.6	5.3
EPS(원)	585	535	649	177	144	126
BPS(원)	4,928	5,311	5,791	5,797	5,775	5,487
CFPS(원)	1,024	1,026	1,246	917	1,061	1,075
DPS(원)	150	150	160	160	160	410
EBITDAPS(원)	1,142	1,077	1,307	892	1,120	1,126

재무 비율

〈단위 : %〉

연도	영업 이익률	순 이익률	부채 비율	차입금 비율	ROA	ROE	유보율	자기자본 비율	EBITDA 마진율
2017	1.4	1.0	77.9	44.9	1.3	2.2	997.4	56.2	8.9
2016	1.7	1.2	78.7	46.3	1.4	2.5	1,055.0	56.0	9.2
2015	1.4	1.6	88.5	47.0	1.7	3.1	1,059.4	53.0	8.1
2014	5.7	5.2	69.6	27.0	7.2	11.7	1,058.2	59.0	10.4

케이피엑스라이프사이언스 (A114450)

KPX LIFESCIENCE

업　　종	제약	시　　장	KOSDAQ
신용등급	(Bond) —　　(CP) —	기업규모	중견
홈페이지	www.kpxls.com	연 락 처	061)688-4600
본　　사	전남 여수시 여수산단2로 84 (화치동)		

설 립 일	2005.04.01	종업원수	62명	대표이사	양준영,최수동
상 장 일	2009.12.22	감사의견	적정(대성삼경)	계　　열	
결 산 기	12월	보 통 주		종속회사수	
액 면 가	500원	우 선 주		구 상 호	

주주구성 (지분율,%)		출자관계 (지분율,%)		주요경쟁사 (외형,%)	
KPX홀딩스	60.3			KPX생명과학	100
최수동	0.1			녹원씨엔아이	52
(외국인)	0.1			앱클론	8

매출구성		비용구성		수출비중	
AMZ	42.2	매출원가율	89.1	수출	95.6
CCIM	17.0	판관비율	5.3	내수	4.4
기타	16.0				

회사 개요

동사는 원료의약 및 의약품 중간체 제조 부문의 사업을 영위하며 견고한 성장세를 유지하고 있음. 국내 최초로 피페라실린계 항생제의 중간체인 EDP-CL을 개발하여 세계적인 제약회사에 지속적으로 공급하고 있으며, 합성공장으로서는 국내 최초로 미국 FDA 승인을 받음. 제품은 수출이 대부분을 차지하고 있으며, 주요제품으로는 AMZ, CCIM, EDP-CL이 있음.

실적 분석

동사의 2017년 누적매출액은 425.9억원으로 전년대비 1.7% 감소함. 비용측면에서 매출원가가 359.2억원에서 379.4억원으로 증가하면서 원가율이 상승해 영업이익은 전년보다 52.2% 줄어든 24.1억원을 기록함. 일본 내 추가적인 블록버스터 특허만료가 발생할 것으로 예상되는 제품에 따라 실적 성장세가 기대됨. 장기적으로는 품목경쟁력 확보 여부에 따라 일본 시장에 대한 수혜가 지속될 것으로 예상됨.

현금 흐름 *IFRS 별도 기준 〈단위 : 억원〉

항목	2016	2017
영업활동	71	57
투자활동	-46	-52
재무활동	10	-57
순현금흐름	37	-52
기말현금	71	19

시장 대비 수익률

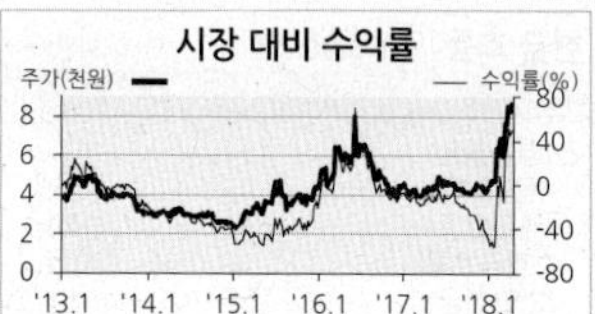

결산 실적 〈단위 : 억원〉

항목	2012	2013	2014	2015	2016	2017
매출액	542	345	371	455	433	426
영업이익	31	-19	-18	55	50	24
당기순이익	24	-13	-11	54	45	22

분기 실적 *IFRS 별도 기준 〈단위 : 억원〉

항목	2016.3Q	2016.4Q	2017.1Q	2017.2Q	2017.3Q	2017.4Q
매출액	137	84	114	100	119	93
영업이익	16	5	19	2	13	-10
당기순이익	15	9	17	3	12	-9

재무 상태 *IFRS 별도 기준 〈단위 : 억원〉

항목	2012	2013	2014	2015	2016	2017
총자산	747	721	664	671	771	730
유형자산	291	356	336	313	293	303
무형자산	15	17	8	7	9	9
유가증권	130	114	71	121	65	85
총부채	139	200	149	103	154	109
총차입금	70	115	104	67	78	41
자본금	75	75	75	75	75	75
총자본	609	521	515	569	617	621
지배주주지분	609	521	515	569	617	621

기업가치 지표 *IFRS 별도 기준

항목	2012	2013	2014	2015	2016	2017
주가(최고/저)(천원)	3.9/2.2	5.0/2.9	3.4/2.5	4.8/2.3	8.0/3.8	4.9/3.9
PER(최고/저)(배)	27.0/16.7	—/—	—/—	14.2/6.9	28.0/13.3	34.9/27.5
PBR(최고/저)(배)	1.1/0.7	1.5/0.9	1.0/0.8	1.3/0.7	2.0/1.0	1.3/1.0
EV/EBITDA(배)	7.3	60.5	43.3	7.2	6.2	7.6
EPS(원)	162	-87	-71	359	300	148
BPS(원)	4,058	3,474	3,435	3,793	4,111	4,139
CFPS(원)	383	95	105	558	528	375
DPS(원)	600	—	—	—	—	234
EBITDAPS(원)	431	55	54	569	564	387

재무 비율 〈단위 : %〉

연도	영업이익률	순이익률	부채비율	차입금비율	ROA	ROE	유보율	자기자본비율	EBITDA마진율
2017	5.7	5.2	17.5	6.7	3.0	3.6	727.9	85.1	13.6
2016	11.6	10.4	25.0	12.7	6.3	7.6	722.2	80.0	19.5
2015	12.2	11.8	18.0	11.9	8.1	9.9	658.6	84.7	18.8
2014	-4.9	-2.9	28.9	20.1	-1.5	-2.1	587.1	77.6	2.2

케이피엑스케미칼 (A025000)

KPX CHEMICAL

업　　종	화학	시　　장	거래소
신용등급	(Bond) —　　(CP) —	기업규모	시가총액 소형주
홈페이지	www.kpxchemical.com	연 락 처	02)2014-4000
본　　사	서울시 마포구 마포대로 137 KPX빌딩 17층		

설 립 일	1974.07.01	종업원수	288명	대표이사	양준영,김문영
상 장 일	1994.12.27	감사의견	적정(안진)	계　　열	
결 산 기	12월	보 통 주		종속회사수	3개사
액 면 가	5,000원	우 선 주		구 상 호	

주주구성 (지분율,%)		출자관계 (지분율,%)		주요경쟁사 (외형,%)	
KPX홀딩스	43.9	KPXCHEMICAL(INDIA)	100.0	KPX케미칼	100
Toyota Tsusho Corporation	10.1	KPXCHEMICAL(GEORGIA)	100.0	후성	35
(외국인)	31.1	KPXCHEMICAL(NANJING)	81.1	유니드	108

매출구성		비용구성		수출비중	
PPG, PU-RESIN, CHEMICAL	89.2	매출원가율	88.9	수출	—
상품	10.8	판관비율	6.9	내수	—

회사 개요

동사는 1974년 유기화학제품 및 화공약품의 제조와 판매 등을 주영업목적으로 설립됐으며, 폴리프로필렌글리콜과 전자재료의 제조 및 판매업 등을 목적사업으로 하고 있음. 주요 사업으로는 우레탄 사업, 전자재료 사업을 영위하고 있음. 전량 수입에 의존하던 폴리프로필렌글리콜을 최초로 국산화해 국내에 공급했으며, 시장점유율 1위를 고수하고 있음. 내수와 수출의 비율은 61:38 정도임.

실적 분석

동사의 2017년 연간 누적 매출액은 전년동기대비 8.7% 상승한 7,036.8억원을 기록하였음. 매출액은 상승했지만 주요 원재료 단가가 지속적으로 상승하였고 글로벌 PO업체의 PPG사업 진출에 따른 공급과잉으로 수출가격 상승 저조, 내수 경쟁 심화에 따른 내수가격 인상 지연 등 손익 구조가 악화되었음. 이로 인해 전년동기대비 영업이익은 299.8억원으로 32.3% 크게 하락 하였음.

현금 흐름 〈단위 : 억원〉

항목	2016	2017
영업활동	638	393
투자활동	-123	-412
재무활동	-196	-218
순현금흐름	325	-240
기말현금	623	383

시장 대비 수익률

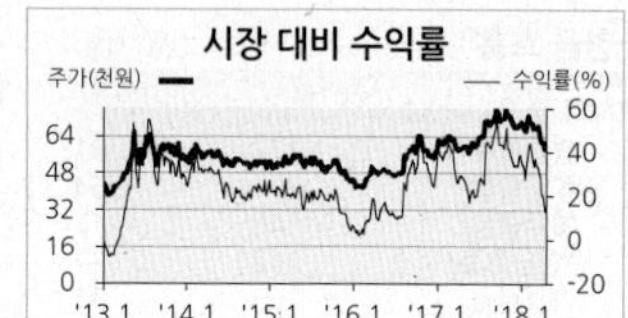

결산 실적 〈단위 : 억원〉

항목	2012	2013	2014	2015	2016	2017
매출액	7,620	7,815	8,267	7,439	6,474	7,037
영업이익	473	335	451	488	443	300
당기순이익	370	255	409	356	341	271

분기 실적 〈단위 : 억원〉

항목	2016.3Q	2016.4Q	2017.1Q	2017.2Q	2017.3Q	2017.4Q
매출액	1,609	1,798	1,712	1,712	1,923	1,691
영업이익	97	78	84	92	86	37
당기순이익	88	48	63	87	66	55

재무 상태 〈단위 : 억원〉

항목	2012	2013	2014	2015	2016	2017
총자산	4,504	4,717	5,121	5,076	5,320	5,481
유형자산	1,003	1,003	1,088	1,247	1,308	1,355
무형자산	38	149	156	87	64	62
유가증권	794	1,130	1,122	1,172	1,097	1,287
총부채	1,132	1,224	1,296	1,010	1,020	1,053
총차입금	358	474	522	412	316	242
자본금	242	242	242	242	242	242
총자본	3,372	3,492	3,825	4,066	4,300	4,428
지배주주지분	3,323	3,441	3,764	3,985	4,216	4,346

기업가치 지표

항목	2012	2013	2014	2015	2016	2017
주가(최고/저)(천원)	48.6/36.5	65.6/38.1	60.6/49.7	57.4/43.5	63.8/41.2	76.1/56.5
PER(최고/저)(배)	7.9/5.9	14.7/8.5	8.4/6.8	9.1/6.8	9.9/6.5	14.2/10.6
PBR(최고/저)(배)	0.9/0.7	1.1/0.6	0.9/0.7	0.8/0.6	0.8/0.5	0.9/0.6
EV/EBITDA(배)	3.0	6.3	3.9	2.7	2.9	4.8
EPS(원)	7,603	5,190	8,243	6,968	6,782	5,475
BPS(원)	68,667	71,094	77,767	82,337	87,108	90,852
CFPS(원)	9,848	7,504	10,558	10,345	9,967	8,661
DPS(원)	3,000	1,500	1,750	1,750	2,000	2,000
EBITDAPS(원)	12,025	9,225	11,642	13,468	12,336	9,379

재무 비율 〈단위 : %〉

연도	영업이익률	순이익률	부채비율	차입금비율	ROA	ROE	유보율	자기자본비율	EBITDA마진율
2017	4.3	3.9	23.8	5.5	5.0	6.2	1,717.0	80.8	6.5
2016	6.8	5.3	23.7	7.4	6.6	8.0	1,642.2	80.8	9.2
2015	6.6	4.8	24.8	10.1	7.0	8.7	1,546.7	80.1	8.8
2014	5.5	5.0	33.9	13.6	8.3	11.1	1,455.4	74.7	6.8

케이피엑스홀딩스 (A092230)

KPX Holdings

업 종 : 화학 | 시 장 : 거래소
신용등급 : (Bond) — (CP) — | 기업규모 : 시가총액 소형주
홈페이지 : www.kpxholdings.com | 연 락 처 : 02)2014-4150
본 사 : 서울시 마포구 마포대로 137 (공덕동) KPX빌딩 19층

설 립 일	2006.09.01	**종 업 원 수**	14명	**대 표 이 사**	양규모,양준영
상 장 일	2006.10.12	**감 사 의 견**	적정(안진)	**계 열**	
결 산 기	12월	**보 통 주**		**종속회사수**	8개사
액 면 가	5,000원	**우 선 주**		**구 상 호**	

주주구성 (지분율,%)		출자관계 (지분율,%)		주요경쟁사 (외형,%)	
Toyota Tsusho Corporation	24.9	KPX글로벌	100.0	KPX홀딩스	100
양규모	19.6	KPX개발	100.0	후성	33
(외국인)	31.6	KPX라이프사이언스	63.3	유니드	101

매출구성		비용구성		수출비중	
PPG,PU RESIN,CHEMICAL	61.8	매출원가율	88.4	수출	—
계면활성제 등	25.9	판관비율	6.8	내수	—
상 품	7.5				

회사 개요

동사는 2006년 9월 한국폴리올, 한국회인케미칼의 투자사업 부분을 각각 분할 합병하여 설립된 지주회사로 KPX케미칼, KPX화인케미칼, KPX라이프사이언스, 진양홀딩스 등 4개 상장회사와 KPX개발, KPX인더스트리 등 2개 비상장회사의 사업내용을 지배하는 것을 주된 사업으로 하고 있음. 주력 분야인 우레탄 사업 외 사업포트폴리오를 친환경케미칼, 엔지니어링 플라스틱, 의약품 중간재 등으로 다각화하고 있음.

실적 분석

동사의 2017년 연결기준 누적 매출액은 7,533.3억원으로 전년 대비 8.2% 증가함. 영업이익은 30.3% 감소한 364.4억원을 기록. 당기순이익은 전년 대비 증가한(+9.3%) 583.8억원을 기록함. 수수료수익이 전년 대비 증가하였으며 중속기업및관계기업으로부터의 배당금 수익이 증가한 영향으로 외형성장. 2018년 자회사 KPX케미칼의 S-Oi PO증설의 최대 수혜를 받을 것으로 예상되어 수익성 개선이 기대됨.

현금 흐름 <단위 : 억원>

항목	2016	2017
영업활동	1,003	611
투자활동	-367	-271
재무활동	-206	-582
순현금흐름	439	-245
기말현금	880	636

시장 대비 수익률

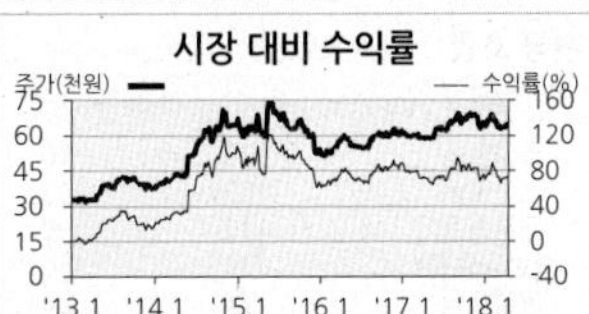

결산 실적 <단위 : 억원>

항목	2012	2013	2014	2015	2016	2017
매출액	13,190	10,521	11,067	10,140	6,965	7,533
영업이익	577	483	612	615	522	364
당기순이익	428	62	381	615	534	584

분기 실적 <단위 : 억원>

항목	2016.3Q	2016.4Q	2017.1Q	2017.2Q	2017.3Q	2017.4Q
매출액	1,761	726	2,458	2,427	2,059	589
영업이익	118	73	124	108	108	25
당기순이익	120	89	110	129	88	257

재무 상태 <단위 : 억원>

항목	2012	2013	2014	2015	2016	2017
총자산	12,249	11,802	11,540	11,712	12,099	15,125
유형자산	3,683	3,595	3,327	3,644	3,661	5,015
무형자산	129	234	241	185	165	90
유가증권	2,025	2,253	2,330	2,411	2,169	3,175
총부채	3,406	3,209	2,952	2,726	2,736	3,220
총차입금	1,468	1,410	1,442	1,559	1,517	1,013
자본금	211	211	211	211	211	211
총자본	8,843	8,593	8,588	8,986	9,362	11,905
지배주주지분	5,197	5,166	5,378	5,570	5,779	6,127

기업가치 지표

항목	2012	2013	2014	2015	2016	2017
주가(최고/저)(천원)	36.0/31.0	43.1/31.6	72.4/38.0	76.1/51.6	62.8/49.7	70.5/57.9
PER(최고/저)(배)	10.6/9.2	32.3/24.0	12.8/6.8	10.7/7.2	9.7/7.8	7.7/6.4
PBR(최고/저)(배)	0.4/0.3	0.4/0.3	0.7/0.3	0.7/0.4	0.5/0.4	0.5/0.4
EV/EBITDA(배)	5.1	6.0	5.8	5.4	5.2	8.0
EPS(원)	4,321	1,605	6,493	8,050	7,000	9,548
BPS(원)	124,443	123,691	128,703	133,251	138,216	146,451
CFPS(원)	12,618	10,184	14,806	16,438	16,216	17,997
DPS(원)	2,500	2,050	2,100	2,100	2,100	3,850
EBITDAPS(원)	21,954	20,006	22,799	22,953	21,584	17,075

재무 비율 <단위 : %>

연도	영업이익률	순이익률	부채비율	차입금비율	ROA	ROE	유보율	자기자본비율	EBITDA마진율
2017	4.8	7.8	27.1	8.5	4.3	6.8	2,829.0	78.7	9.6
2016	7.5	7.7	29.2	16.2	4.5	5.2	2,664.3	77.4	13.1
2015	6.1	6.1	30.3	17.4	5.3	6.2	2,565.0	76.7	9.6
2014	5.5	3.4	34.4	16.8	3.3	5.2	2,474.1	74.4	8.7

케이피엠테크 (A042040)

KPMTECH

업 종 : 화학 | 시 장 : KOSDAQ
신용등급 : (Bond) B- (CP) — | 기업규모 : 중견
홈페이지 : www.kpmtech.co.kr | 연 락 처 : 031)489-4100
본 사 : 경기도 안산시 단원구 산단로 163번길 122

설 립 일	1978.12.28	**종 업 원 수**	70명	**대 표 이 사**	김지훈
상 장 일	2002.12.20	**감 사 의 견**	적정(세일)	**계 열**	
결 산 기	12월	**보 통 주**		**종속회사수**	2개사
액 면 가	100원	**우 선 주**		**구 상 호**	

주주구성 (지분율,%)		출자관계 (지분율,%)		주요경쟁사 (외형,%)	
텔콘홀딩스	17.4	케이피엠인베스트먼트	100.0	케이피엠테크	100
텔콘	8.9	하나켐텍	100.0	세우글로벌	125
(외국인)	0.1	에이비온	41.7	리켐	83

매출구성		비용구성		수출비중	
[제품]PCB 도금장치,ABS 도금장치	48.7	매출원가율	95.5	수출	41.3
[제품]PCB 약품, 기능성도금, 약품 및 일반장식약	38.0	판관비율	24.4	내수	58.7
[상품]PCB 약품, 기능성도금, 약품 및 일반장식약	13.2				

회사 개요

동사는 주로 수입에 의존하던 도금약품의 국산화를 목적으로 1978년 설립된 기업으로, 도금화학약품 및 전자동 도금장치의 약품 및 도금설비 기계장치 생산을 주요사업으로 영위함. 또한 신규사업인 항균섬유산업, 반도체(TSV)산업도 시작함. 동사는 국내 표면처리 업계에서는 최고의 위치를 유지하고 있으며, 세계시장에서는 일본, 독일, 대만 업체들과 경쟁하고 있음. 가격 및 품질 경쟁력이 높아 국내시장 점유율은 더욱 증가할 것으로 예상됨.

실적 분석

동사의 2017년 누적매출액은 290.4억원으로 전년대비 32.5% 증가함. 비용측면에서 매출원가와 판관비가 각각 30.3%, 57.5% 상승하면서 영업손실은 57.7억원으로 적자폭이 확대됨. 나노공정 개발 5년만에 살균 기능의 반영구적인 항균 방취 공정을 개발해 향후 성장성이 기대됨. 동사의 자회사 에이비온은 간세포성장인자수용체(c-Met)가 변이된 암 환자를 대상으로 항암제 신약을 개발 중임.

현금 흐름 <단위 : 억원>

항목	2016	2017
영업활동	-56	-40
투자활동	-346	-410
재무활동	506	440
순현금흐름	104	-10
기말현금	113	103

시장 대비 수익률

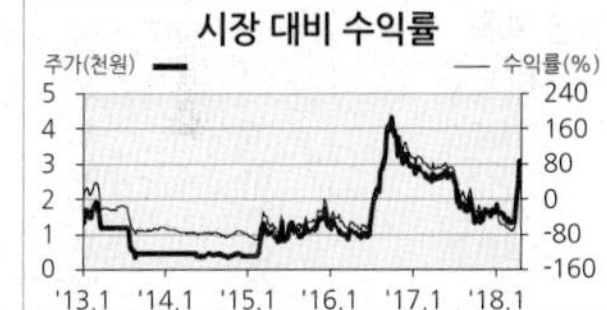

결산 실적 <단위 : 억원>

항목	2012	2013	2014	2015	2016	2017
매출액	487	209	391	481	219	290
영업이익	-106	-82	26	-21	-39	-58
당기순이익	-209	-135	40	20	-31	-56

분기 실적 <단위 : 억원>

항목	2016.3Q	2016.4Q	2017.1Q	2017.2Q	2017.3Q	2017.4Q
매출액	32	68	66	102	28	95
영업이익	-13	-5	-18	-2	-23	-14
당기순이익	1	-10	-23	-19	-56	42

재무 상태 <단위 : 억원>

항목	2012	2013	2014	2015	2016	2017
총자산	852	370	505	355	833	1,218
유형자산	324	153	141	134	128	116
무형자산	17	9	4	1	1	1
유가증권	1	0	0	0	383	553
총부채	846	350	439	271	369	453
총차입금	603	251	204	199	266	402
자본금	71	24	40	40	56	75
총자본	5	20	66	84	464	765
지배주주지분	5	23	70	89	464	765

기업가치 지표

항목	2012	2013	2014	2015	2016	2017
주가(최고/저)(천원)	14.2/5.9	9.8/1.7	2.5/1.7	9.1/1.8	21.8/4.2	3.0/1.3
PER(최고/저)(배)	—/—	—/—	4.6/3.0	35.2/7.0	—/—	—/—
PBR(최고/저)(배)	18.1/7.5	20.3/3.5	2.9/1.9	8.2/1.6	5.2/1.0	2.9/1.3
EV/EBITDA(배)	—	—	6.3	—	—	—
EPS(원)	-882	-568	109	52	-69	-85
BPS(원)	262	486	873	1,107	4,176	1,024
CFPS(원)	-1,171	-2,170	750	413	-243	-72
DPS(원)	—	—	—	—	—	—
EBITDAPS(원)	-447	-1,052	559	-111	-335	-74

재무 비율 <단위 : %>

연도	영업이익률	순이익률	부채비율	차입금비율	ROA	ROE	유보율	자기자본비율	EBITDA마진율
2017	-19.9	-19.3	59.2	52.5	-5.5	-9.1	924.2	62.8	-16.8
2016	-17.6	-13.9	79.6	57.3	-5.1	-11.1	735.2	55.7	-13.5
2015	-4.4	4.2	322.9	237.3	4.6	26.1	121.4	23.7	-1.8
2014	6.6	10.2	665.3	309.3	9.1	85.9	74.6	13.1	10.5

케이피티유 (A054410)
Korea Plasma Technology U

업　　종 : 금속 및 광물
신용등급 : (Bond) —　　(CP) —
홈페이지 : www.kpt4u.com
본　　사 : 경기도 화성시 정남면 괘랑2길 1

시　　장 : KOSDAQ
기업규모 : 벤처
연 락 처 : 031)831-3000

설 립 일	1995.08.09	**종업원수**	59명	**대표이사**	박준영
상 장 일	2002.04.25	**감사의견**	적정(신성)	**계　열**	
결 산 기	12월	**보 통 주**		**종속회사수**	1개사
액 면 가	500원	**우 선 주**		**구 상 호**	

주주구성 (지분율,%)		출자관계 (지분율,%)		주요경쟁사 (외형,%)	
알루텍	50.4	알루코	19.6	케이피티	100
이원준	4.9			삼아알미늄	518
(외국인)	0.9			피제이메탈	511

매출구성		비용구성		수출비중	
기타	40.8	매출원가율	81.9	수출	19.1
열처리(제품)	22.6	판관비율	10.0	내수	80.9
압출금형가공(제품)	19.9				

회사 개요
동사는 금속의 열처리 및 표면처리 사업을 주업종으로, 압출금형 및 프레스금형 제작, LCD 패널 생산, 공구강 및 건축자재 등의 판매 사업을 영위함. 1988년 12월 30일 금형열처리업 영위를 목적으로 개인기업 '장안종합열처리'를 개업한 후, 1995년 8월 9일 법인전환하였음. 관계사인 동양강철, 현대알미늄비나가 주요 매출처임. '동양강철', '고강알루미늄' 등 13의 계열회사를 보유하고 있음.

실적 분석
동사의 2017년 결산 연결기준 매출액은 전년동기 대비 24.1% 증가한 264.2억원으로 중국사드영향으로 기계 부품 및 국내 완성차업계 부진, 국내철강산업 부진등으로 말미암아 열악한 국내 시장환경 속에서도 주사업군인 금속열처리 및 압출금형가공 매출액이 소폭 증가 하였음. 베트남 종속법인의 빠른 안정으로 전년대비 영업이익 194.6% 증가한 21.3억이며, 순이익은 14.6% 증가한 42.4억원을 시현함.

현금 흐름 <단위 : 억원>

항목	2016	2017
영업활동	39	16
투자활동	19	-66
재무활동	-34	28
순현금흐름	24	-21
기말현금	26	4

시장 대비 수익률

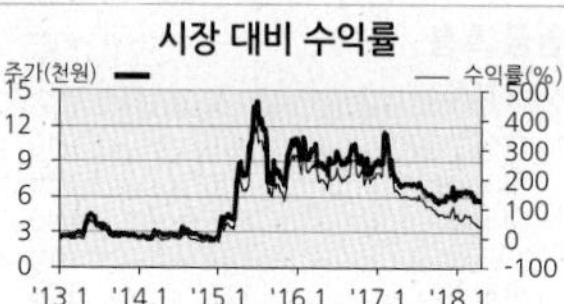

결산 실적 <단위 : 억원>

항목	2012	2013	2014	2015	2016	2017
매출액	170	220	202	224	213	264
영업이익	15	18	12	18	7	21
당기순이익	-19	4	25	48	37	42

분기 실적 <단위 : 억원>

항목	2016.3Q	2016.4Q	2017.1Q	2017.2Q	2017.3Q	2017.4Q
매출액	49	58	56	55	56	98
영업이익	0	1	2	4	2	14
당기순이익	6	-2	26	13	26	-23

재무 상태 <단위 : 억원>

항목	2012	2013	2014	2015	2016	2017
총자산	501	539	580	570	595	682
유형자산	85	96	110	108	114	145
무형자산	0	—	—	—	1	1
유가증권	0	0	0	0	0	0
총부채	288	320	358	314	311	362
총차입금	210	243	270	232	209	243
자본금	25	25	25	25	25	25
총자본	213	219	222	256	284	320
지배주주지분	213	219	222	256	284	318

기업가치 지표

항목	2012	2013	2014	2015	2016	2017
주가(최고/저)(천원)	5.4/2.3	4.7/2.5	3.4/2.4	14.7/2.5	11.2/7.6	12.3/5.4
PER(최고/저)(배)	—/—	62.3/33.4	6.8/4.8	15.9/2.7	15.6/10.6	15.3/6.7
PBR(최고/저)(배)	1.3/0.6	1.1/0.6	0.8/0.5	3.0/0.5	2.0/1.4	2.0/0.9
EV/EBITDA(배)	15.0	14.3	19.5	31.9	48.7	17.4
EPS(원)	-372	77	503	942	731	812
BPS(원)	4,204	4,336	4,397	5,055	5,617	6,285
CFPS(원)	-273	159	613	1,071	851	985
DPS(원)	—	—	—	50	50	50
EBITDAPS(원)	390	437	338	478	263	594

재무 비율 <단위 : %>

연도	영업이익률	순이익률	부채비율	차입금비율	ROA	ROE	유보율	자기자본비율	EBITDA마진율
2017	8.1	16.0	113.1	75.8	6.6	13.6	1,157.0	46.9	11.4
2016	3.4	17.4	109.3	73.4	6.4	13.7	1,023.5	47.8	6.2
2015	7.9	21.3	122.7	90.8	8.3	19.9	911.0	44.9	10.8
2014	5.7	12.6	160.8	121.4	4.6	11.5	779.3	38.4	8.5

켐온 (A217600)
CHEMON

업　　종 : 바이오
신용등급 : (Bond) —　　(CP) —
홈페이지 : www.chemon.co.kr
본　　사 : 경기도 수원시 영통구 광교로 147 경기바이오센타

시　　장 : KOSDAQ
기업규모 : 중견
연 락 처 : 031)888-6634

설 립 일	2015.03.26	**종업원수**	157명	**대표이사**	송시환
상 장 일	2015.06.26	**감사의견**	적정(한길)	**계　열**	
결 산 기	12월	**보 통 주**		**종속회사수**	
액 면 가	100원	**우 선 주**		**구 상 호**	이베스트스팩2호

주주구성 (지분율,%)		출자관계 (지분율,%)		주요경쟁사 (외형,%)	
코아스템	53.0			켐온	100
아이비케이이아주스타시커스제일호사모투자전문회사	2.6			바이오톡스텍	164
(외국인)	0.3			팬젠	15

매출구성		비용구성		수출비중	
		매출원가율	79.0	수출	0.0
		판관비율	24.3	내수	100.0

회사 개요
동사는 줄기세포 바이오벤처 코아스템의 계열사로 17년 3월 스팩기업에서 제조업으로 합병 신규상장한 기업임. 2000년 창업 당시 비임상시험 대행 뿐 아니라 신약연구개발 경험을 살려 임상시험 전략 수립, 비임상CRO 전문기관으로 전방산업인 생명공학산업(제약/바이오산업 등) 시장의 성장과 연관성이 높음. 주요 고객은 제약사, 바이오벤처, 그외 대학 및 병원 등으로 이루어져있음. 제약사의 신약개발에 따른 용역의뢰가 매출의 큰 부분을 차지하고 있음.

실적 분석
동사의 2017년도 결산 연결기준 매출액은 155.5억원으로 전년대비 0.9% 증가. 비임상 CRO사업이 국가적 차원의 산업육성정책과 규제, 그리고 국민의 안전관리 요구증대 등과 맞물려 정부기관, 일반기업 및 연구소 등의 수요가 지속적으로 증가한 것이 영향을 미친 것으로 보임. 영업손실은 5.1억원을 기록하여 적자전환함. 비영업손익 부문에서도 15억원의 손실이 일어나며 적자전환하여 당기순손실 또한 15.6억원으로 적자전환함.

현금 흐름 *IFRS 별도 기준 <단위 : 억원>

항목	2016	2017
영업활동	25	-10
투자활동	-107	-53
재무활동	112	-0
순현금흐름	31	-50
기말현금	74	24

시장 대비 수익률

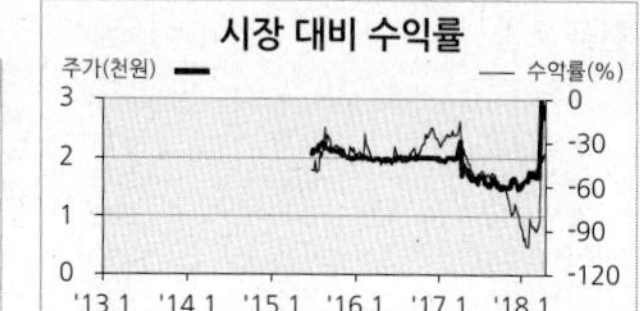

결산 실적 <단위 : 억원>

항목	2012	2013	2014	2015	2016	2017
매출액	—	—	133	146	154	155
영업이익	—	—	21	31	21	-5
당기순이익	—	—	16	25	17	-16

분기 실적 *IFRS 별도 기준 <단위 : 억원>

항목	2016.3Q	2016.4Q	2017.1Q	2017.2Q	2017.3Q	2017.4Q
매출액	39	41	44	43	44	25
영업이익	11	1	9	4	4	-22
당기순이익	9	1	-8	-0	1	-9

재무 상태 *IFRS 별도 기준 <단위 : 억원>

항목	2012	2013	2014	2015	2016	2017
총자산	—	—	153	185	312	395
유형자산	—	—	86	88	130	220
무형자산	—	—	1	1	1	3
유가증권	—	—	—	—	—	—
총부채	—	—	49	56	45	63
총차입금	—	—	—	—	—	6
자본금	—	—	35	36	55	63
총자본	—	—	104	130	268	331
지배주주지분	—	—	104	130	268	331

기업가치 지표 *IFRS 별도 기준

항목	2012	2013	2014	2015	2016	2017
주가(최고/저)(천원)	—/—	—/—	—/—	2.3/2.0	2.0/1.9	2.3/1.5
PER(최고/저)(배)	0.0/0.0	0.0/0.0	0.0/0.0	46.4/40.7	66.5/64.0	—/—
PBR(최고/저)(배)	0.0/0.0	0.0/0.0	0.0/0.0	9.0/7.9	4.7/4.5	3.6/2.3
EV/EBITDA(배)	0.0	0.0	—	2.5	0.3	131.4
EPS(원)	—	—	30	49	30	-25
BPS(원)	—	—	1,466	1,824	3,135	639
CFPS(원)	—	—	315	465	331	-6
DPS(원)	—	—	—	—	—	—
EBITDAPS(원)	—	—	391	548	385	10

재무 비율 <단위 : %>

연도	영업이익률	순이익률	부채비율	차입금비율	ROA	ROE	유보율	자기자본비율	EBITDA마진율
2017	-3.3	-10.1	19.1	1.8	-4.4	-5.2	539.5	84.0	4.2
2016	13.9	11.2	16.7	0.0	6.9	8.7	385.1	85.7	19.4
2015	21.3	17.3	42.8	0.0	14.9	21.6	264.8	70.0	26.7
2014	15.8	11.7	47.0	0.0	0.0	0.0	193.3	68.0	20.9

켐트로닉스 (A089010)
Chemtronics

업　　종 : 화학　　시　　장 : KOSDAQ
신용등급 : (Bond) —　(CP) —　　기업규모 : 중견
홈페이지 : www.chemtronics.co.kr　　연 락 처 : 044)868-3011
본　　사 : 세종시 전동면 배일길 31

설 립 일	1997.04.01	**종업원수**	312명	**대표이사**	김보균
상 장 일	2007.01.17	**감사의견**	적정(대성삼경)	**계　열**	
결 산 기	12월	**보 통 주**		**종속회사수**	7개사
액 면 가	500원	**우 선 주**		**구　상　호**	

주주구성 (지분율,%)		출자관계 (지분율,%)		주요경쟁사 (외형,%)	
김보균	15.6	협진전선	100.0	켐트로닉스	100
김응수	5.3	에이치에스솔라	60.0	동남합성	47
(외국인)	5.1	CHEMTROVINA	100.0	엔피케이	25

매출구성		비용구성		수출비중	
Glycol류, TG(제품)	45.2	매출원가율	95.3	수출	53.9
PBA, 하네스, 무선충전(제품)	31.0	판관비율	8.2	내수	46.1
Solvent류(상품)	22.3				

회사 개요

동사는 터치센서IC, 터치보드, EMC를 생산하는 전자사업, 공업용 유기화학 Solvent를 생산하는 화학사업의 2가지 사업부문을 영위하는 업체임. 다양하고 안정적인 사업 포트폴리오를 통해 삼성전자, LG전자, 동진쎄미켐, KCC, 삼화페인트 등 글로벌 우량회사를 주요 고객사를 보유하고 있으며, 천진협진전자, 에이치에스솔라 등 6개의 종속회사를 보유 중임. 무선충전 관련 제품을 통한 성장을 모색하고 있음.

실적 분석

동사의 2017년 연결기준 누적매출액은 2,927.8억원으로 전년 대비 19% 증가함. 원가 및 판관비 부담이 늘면서 영업이익은 103억원의 손실을 시현하며 적자 전환함. 당기순이익 역시 161.4억원의 손실을 시현하며 적자지속. 영업이익의 적자전환은 중국 법인 채권 대손상각비 및 기타 해외법인들의 재고자산 평가손실 129억원 등 일회성 비용이 반영된 것에 기인함. 식각 사업부와 베트남 LED 부문 매출 확대가 기대됨.

현금 흐름 〈단위 : 억원〉

항목	2016	2017
영업활동	268	131
투자활동	-193	-162
재무활동	-105	61
순현금흐름	-30	25
기말현금	92	116

시장 대비 수익률

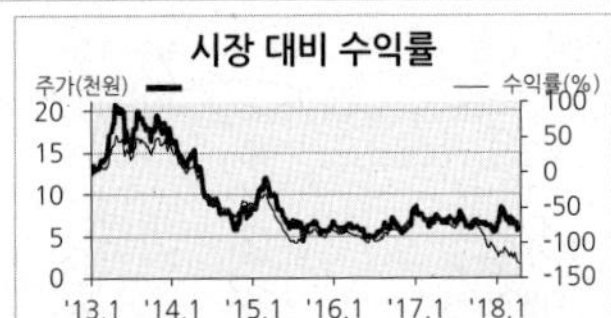

결산 실적 〈단위 : 억원〉

항목	2012	2013	2014	2015	2016	2017
매출액	2,498	3,148	2,787	2,656	2,461	2,928
영업이익	149	233	-28	-31	6	-103
당기순이익	138	209	-46	-91	-59	-161

분기 실적 〈단위 : 억원〉

항목	2016.3Q	2016.4Q	2017.1Q	2017.2Q	2017.3Q	2017.4Q
매출액	624	643	676	683	814	755
영업이익	14	4	11	-96	6	-24
당기순이익	-2	-20	0	-92	4	-74

재무 상태 〈단위 : 억원〉

항목	2012	2013	2014	2015	2016	2017
총자산	1,832	2,190	2,228	2,349	2,264	2,207
유형자산	725	1,049	1,109	1,079	1,142	1,064
무형자산	32	36	35	84	108	82
유가증권	14	34	28	13	4	—
총부채	1,079	1,251	1,373	1,557	1,490	1,455
총차입금	812	913	1,117	1,325	1,240	1,104
자본금	40	42	44	47	51	68
총자본	753	939	855	792	774	751
지배주주지분	751	937	852	788	771	747

기업가치 지표

항목	2012	2013	2014	2015	2016	2017
주가(최고/저)(천원)	13.2/6.3	21.1/11.9	17.1/5.8	12.0/4.4	8.4/4.7	8.9/5.5
PER(최고/저)(배)	9.7/4.7	10.9/6.2	—/—	—/—	—/—	—/—
PBR(최고/저)(배)	1.9/0.9	2.3/1.3	2.0/0.7	1.5/0.6	1.1/0.6	1.5/0.9
EV/EBITDA(배)	8.0	8.1	16.2	15.6	13.2	28.1
EPS(원)	1,409	1,967	-437	-858	-559	-1,306
BPS(원)	9,619	11,802	10,314	9,160	8,187	5,997
CFPS(원)	2,877	3,758	1,080	651	854	-8
DPS(원)	265	425	25	50	25	—
EBITDAPS(원)	3,009	4,055	1,289	1,302	1,499	470

재무 비율 〈단위 : %〉

연도	영업이익률	순이익률	부채비율	차입금비율	ROA	ROE	유보율	자기자본비율	EBITDA마진율
2017	-3.5	-5.5	193.7	147.0	-7.2	-21.4	1,099.4	34.1	2.0
2016	0.2	-2.4	192.4	160.2	-2.6	-7.7	1,537.5	34.2	6.2
2015	-1.2	-3.4	196.8	167.4	-4.0	-11.2	1,732.1	33.7	4.6
2014	-1.0	-1.7	160.7	130.7	-2.1	-5.2	1,962.8	38.4	4.1

켐트로스 (A220260)
Chemtros

업　　종 : 화학　　시　　장 : KOSDAQ
신용등급 : (Bond) —　(CP) —　　기업규모 : 벤처
홈페이지 : www.chemtros.com　　연 락 처 : 031)491-0653
본　　사 : 경기도 안산시 단원구 능안로 7(목내동)

설 립 일	2015.05.14	**종업원수**	103명	**대표이사**	이동훈
상 장 일	2015.07.27	**감사의견**	적정(이촌)	**계　열**	
결 산 기	12월	**보 통 주**		**종속회사수**	
액 면 가	100원	**우 선 주**		**구　상　호**	케이프이에스스팩

주주구성 (지분율,%)		출자관계 (지분율,%)		주요경쟁사 (외형,%)	
이동훈	25.7			켐트로스	100
메디치2014-1 세컨더리 투자조합	4.9			원익큐브	553
(외국인)	0.3			코오롱머티리얼	816

매출구성		비용구성		수출비중	
		매출원가율	79.8	수출	9.2
		판관비율	7.6	내수	90.8

회사 개요

동사는 유기합성기술 및 합성연구 개발 역량을 기반으로 2006년 3월 설립되었으며, IT소재 및 폴리머 소재를 생산하는 기업임. 2015년 3월 동부전자재료㈜의 폴리머사업부를 자산 및 영업 양수함으로써 기존의 유기합성 기술과 고분자 배합기술을 결합하여 산업용 특수 접착제 및 코팅소재 등 폴리머소재로 사업을 다각화함. 2017년 9월 케이프이에스기업인수목적 주식회사와 합병을 완료해, 10월 코스닥시장에 상장함.

실적 분석

동사의 2017년도 연간 매출액은 434.6억원으로 전년 대비 21.9% 증가함. 매출 비중은 첨단소재부문 약 60%, 융합소재부문 40%로 구성되어 있음. 적극적인 영업 확대 등으로 매출이 증가했으나, 케이프이에스스팩과의 합병으로 인한 비용(34억원) 반영으로 순이익이 전년 대비 63% 감소함. 동사 대비 규모가 큰 회사들과의 거래 및 공동개발활동을 통해 신제품과 새로운 적용 분야를 확대해 나가고 있음.

현금 흐름 *IFRS 별도 기준 〈단위 : 억원〉

항목	2016	2017
영업활동	29	42
투자활동	-19	35
재무활동	-7	-4
순현금흐름	4	73
기말현금	50	123

시장 대비 수익률

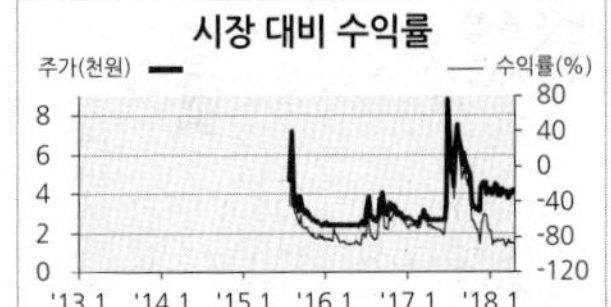

결산 실적 〈단위 : 억원〉

항목	2012	2013	2014	2015	2016	2017
매출액	146	150	—	276	357	435
영업이익	16	12	—	31	42	55
당기순이익	13	12	—	11	29	11

분기 실적 *IFRS 별도 기준 〈단위 : 억원〉

항목	2016.3Q	2016.4Q	2017.1Q	2017.2Q	2017.3Q	2017.4Q
매출액	94	—	93	—	120	—
영업이익	14	—	10	—	21	—
당기순이익	5	—	8	—	-12	—

재무 상태 *IFRS 별도 기준 〈단위 : 억원〉

항목	2012	2013	2014	2015	2016	2017
총자산	126	138	—	372	408	515
유형자산	57	58	—	218	229	242
무형자산	2	1	—	3	2	2
유가증권	0	0	—	—	—	—
총부채	45	46	—	274	203	214
총차입금	34	34	—	229	153	154
자본금	16	16	—	13	21	24
총자본	81	92	—	98	205	301
지배주주지분	81	92	—	98	205	301

기업가치 지표 *IFRS 별도 기준

항목	2012	2013	2014	2015	2016	2017
주가(최고/저)(천원)	—/—	—/—	—/—	6.5/2.0	3.5/2.0	8.8/2.5
PER(최고/저)(배)	0.0/0.0	0.0/0.0	0.0/0.0	90.5/28.1	27.4/15.3	191.8/53.5
PBR(최고/저)(배)	0.0/0.0	0.0/0.0	0.0/0.0	11.4/3.5	4.8/2.7	6.9/1.9
EV/EBITDA(배)	0.3	0.6	0.0	6.0	3.3	15.0
EPS(원)	102	90	—	85	153	46
BPS(원)	2,554	2,921	—	2,830	4,690	1,278
CFPS(원)	638	607	—	660	996	97
DPS(원)	—	—	—	—	—	—
EBITDAPS(원)	742	632	—	1,260	1,313	283

재무 비율 〈단위 : %〉

연도	영업이익률	순이익률	부채비율	차입금비율	ROA	ROE	유보율	자기자본비율	EBITDA마진율
2017	12.6	2.5	71.0	51.0	2.4	4.3	1,178.2	58.5	15.3
2016	11.7	8.2	99.1	74.7	7.5	19.4	896.8	50.2	14.5
2015	11.1	4.1	279.5	234.2	0.0	0.0	683.3	26.4	14.8
2014	0.0	0.0	0.0	0.0	0.0	0.0	0.0	0.0	0.0

코나아이 (A052400)

KONA I

업 종 : 전자 장비 및 기기
신용등급 : (Bond) — (CP) —
홈페이지 : www.konai.co.kr
본 사 : 서울시 영등포구 은행로 3 (여의도동, 익스콘벤처타워 8층)
시 장 : KOSDAQ
기업규모 : 우량
연 락 처 : 02)2168-7500

설 립 일	1998.03.11	**종 업 원 수**	238명	**대 표 이 사**	조정일
상 장 일	2001.10.11	**감 사 의 견**	적정(태성)	**계 열**	
결 산 기	12월	**보 통 주**		**종속회사수**	7개사
액 면 가	500원	**우 선 주**		**구 상 호**	

주주구성 (지분율,%)		출자관계 (지분율,%)		주요경쟁사 (외형,%)	
조정일	28.2	아트마이닝	100.0	코나아이	100
Wasatch Advisors, Inc.	4.9	코나씨	78.4	아트라스BX	617
(외국인)	4.7	핀마트	30.0	녹십자셀	19

매출구성		비용구성		수출비중	
COB외(COB, 스마트카드 외)	49.5	매출원가율	77.0	수출	43.7
스마트카드(KONA카드, 콤비카드, 통신카드)	49.0	판관비율	32.5	내수	56.3
수수료 (교통,유통,유지보수료 외)	1.5				

회사 개요

코나아이와 종속회사는 스마트카드 관련 토털 솔루션을 제공함. 스마트카드의 핵심기술인 자바(JAVA) 오픈 플랫폼 기반의 IC Chip OS를 자체 개발, 제조, 및 판매하고 있음. 최근에는 신성장 동력으로 EMV(IC카드 국제기술 표준)기반 세계 최초 개방형 충전식 모바일 결제 플랫폼 '코나머니'를 출시하는 등 인증, 결제 플랫폼과 솔루션 사업을 추진하고 있음.

실적 분석

동사의 2017년 4/4분기 연결기준 누적 매출액은 1,021.4억원으로 전년동기 대비 13.4% 감소했음. 외형 축소의 영향으로 매출원가 및 판관비가 전년동기 대비 각각 11.5%, 4.7% 감소했음에도 불구하고 영업손실은 전년동기 58.5억원에서 97.5억원으로 확대되었음. 비영업부문에서도 291.3억원의 손실을 기록함에 따라 손실 폭이 확대되어 380.3억원의 당기순손실을 기록하며 적자를 지속했음.

현금 흐름 〈단위 : 억원〉

항목	2016	2017
영업활동	313	168
투자활동	-104	-160
재무활동	-266	-148
순현금흐름	-43	-192
기말현금	886	694

시장 대비 수익률

결산 실적 〈단위 : 억원〉

항목	2012	2013	2014	2015	2016	2017
매출액	1,381	1,718	2,142	2,167	1,179	1,021
영업이익	252	257	298	361	-58	-98
당기순이익	189	214	260	292	-4	-380

분기 실적 〈단위 : 억원〉

항목	2016.3Q	2016.4Q	2017.1Q	2017.2Q	2017.3Q	2017.4Q
매출액	267	271	230	270	275	246
영업이익	-25	-72	-42	2	-15	-44
당기순이익	-64	29	-66	7	-22	-300

재무 상태 〈단위 : 억원〉

항목	2012	2013	2014	2015	2016	2017
총자산	1,954	2,554	3,065	2,898	2,534	1,968
유형자산	371	356	338	206	181	176
무형자산	361	420	493	525	524	315
유가증권	112	20	170	66	64	61
총부채	879	1,157	1,264	792	672	553
총차입금	634	855	744	566	535	453
자본금	49	53	78	78	78	78
총자본	1,076	1,397	1,801	2,106	1,862	1,415
지배주주지분	1,059	1,379	1,781	2,019	1,767	1,380

기업가치 지표

항목	2012	2013	2014	2015	2016	2017
주가(최고/저)(천원)	16.5/9.9	30.2/15.1	35.3/22.0	48.2/28.2	33.5/12.0	13.7/9.0
PER(최고/저)(배)	11.4/6.8	20.0/10.0	20.8/13.0	26.2/15.4	—/—	—/—
PBR(최고/저)(배)	2.0/1.2	3.0/1.5	3.1/1.9	3.7/2.2	2.6/0.9	1.3/0.9
EV/EBITDA(배)	7.3	10.0	12.7	10.4	34.8	133.4
EPS(원)	1,489	1,547	1,725	1,854	-78	-2,369
BPS(원)	11,153	13,224	11,588	13,124	12,719	10,322
CFPS(원)	2,724	2,841	2,463	2,602	589	-1,664
DPS(원)	200	200	250	250	—	—
EBITDAPS(원)	3,423	3,263	2,735	3,071	292	79

재무 비율 〈단위 : %〉

연도	영업이익률	순이익률	부채비율	차입금비율	ROA	ROE	유보율	자기자본비율	EBITDA마진율
2017	-9.6	-37.2	39.1	32.0	-16.9	-23.4	1,964.5	71.9	1.2
2016	-5.0	-0.4	36.1	28.7	-0.2	-0.6	2,443.8	73.5	3.9
2015	16.7	13.5	37.6	26.9	9.8	15.2	2,524.7	72.7	22.1
2014	13.9	12.1	70.2	41.3	9.3	16.3	2,217.7	58.8	19.1

코닉글로리 (A094860)

KORNICGLORYCO

업 종 : 일반 소프트웨어
신용등급 : (Bond) — (CP) —
홈페이지 : www.kornicglory.co.kr
본 사 : 서울시 강남구 학동로 155, 3, 4층 (논현동, 원영빌딩)
시 장 : KOSDAQ
기업규모 : 벤처
연 락 처 : 02)3476-4200

설 립 일	2007.02.20	**종 업 원 수**	54명	**대 표 이 사**	조명제
상 장 일	2007.04.16	**감 사 의 견**	적정(정동)	**계 열**	
결 산 기	12월	**보 통 주**		**종속회사수**	1개사
액 면 가	100원	**우 선 주**		**구 상 호**	

주주구성 (지분율,%)		출자관계 (지분율,%)		주요경쟁사 (외형,%)	
조명제	11.7	본아글로리	100.0	코닉글로리	100
임재인	3.7	네오플랜트	45.3	포시에스	138
(외국인)	0.7	시큐리티존	30.0	한컴시큐어	177

매출구성		비용구성		수출비중	
제품, 용역 (TESS TMS, AIRTMS)	98.1	매출원가율	44.4	수출	8.6
상품 (순수자아 아토더마 등)	1.9	판관비율	53.8	내수	91.4

회사 개요

동사는 보안솔루션, 네트워크 솔루션, SI사업을 주요사업으로 영위하고 있음. 보안솔루션은 인터넷 기반 및 스마트기기 사용자의 폭발적인 증가에 따라 정보보호의 중요성에 대한 인식 및 수요가 증가하고 있어 경기변동의 영향이 적은 편이며 네트워크 솔루션사업도 IT설비투자에 따라 수요가 변동됨. 한편 판매방식은 직판과 리셀러를 통한 두가지 매출로 구분되며 직판의 비중이 더 높은 편임.

실적 분석

외부침입의 탐지 및 차단하는 유무선 보안솔루션이 주력인 동사의 2017년 연간 매출액은 전년 대비 13.1% 감소한 92.6억원을 기록함. 매출 축소의 영향으로 매출원가가 전년 대비 22.3% 감소했으나, 판관비가 9.5% 증가함에 따라 영업이익은 전년 대비 79.2% 감소한 1.7억원을 시현함. 비영업부문의 흑자전환 불구하고 당기순이익은 전년 대비 75.4% 감소한 1.7억원을 기록했음.

현금 흐름 〈단위 : 억원〉

항목	2016	2017
영업활동	16	0
투자활동	-12	-17
재무활동	-5	21
순현금흐름	-0	4
기말현금	29	33

시장 대비 수익률

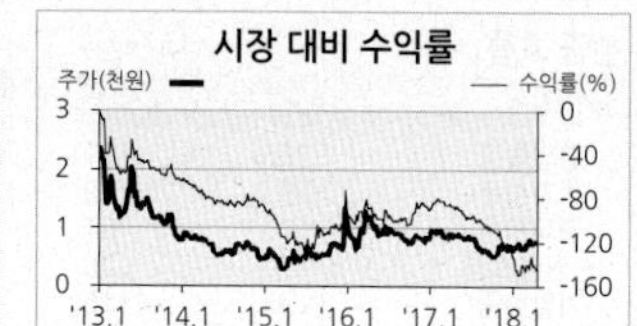

결산 실적 〈단위 : 억원〉

항목	2012	2013	2014	2015	2016	2017
매출액	247	416	346	124	107	93
영업이익	15	-18	-58	-28	8	2
당기순이익	-28	-124	-182	-34	7	2

분기 실적 〈단위 : 억원〉

항목	2016.3Q	2016.4Q	2017.1Q	2017.2Q	2017.3Q	2017.4Q
매출액	29	34	16	24	28	24
영업이익	4	6	-5	2	4	1
당기순이익	4	5	-5	2	4	1

재무 상태 〈단위 : 억원〉

항목	2012	2013	2014	2015	2016	2017
총자산	433	416	303	154	156	177
유형자산	22	17	11	5	5	7
무형자산	91	94	61	59	61	63
유가증권	0	21	4	4	4	4
총부채	167	192	183	45	38	31
총차입금	95	81	49	13	9	6
자본금	83	121	201	45	45	48
총자본	267	224	120	110	118	145
지배주주지분	267	224	120	110	118	145

기업가치 지표

항목	2012	2013	2014	2015	2016	2017
주가(최고/저)(천원)	3.7/2.2	2.3/0.8	0.9/0.4	1.5/0.3	1.3/0.6	1.0/0.5
PER(최고/저)(배)	—/—	—/—	—/—	—/—	84.0/40.8	290.4/144.5
PBR(최고/저)(배)	2.7/1.6	2.7/0.9	3.1/1.5	5.9/1.1	4.8/2.3	3.3/1.7
EV/EBITDA(배)	24.7	—	—	—	19.0	25.5
EPS(원)	-162	-512	-582	-81	15	4
BPS(원)	1,611	931	300	248	266	307
CFPS(원)	-136	-477	-531	-46	38	23
DPS(원)	—	—	—	—	—	—
EBITDAPS(원)	155	-12	-136	-33	41	23

재무 비율 〈단위 : %〉

연도	영업이익률	순이익률	부채비율	차입금비율	ROA	ROE	유보율	자기자본비율	EBITDA마진율
2017	1.8	1.8	21.6	4.3	1.0	1.3	206.7	82.3	11.6
2016	7.6	6.3	32.1	8.0	4.4	5.9	166.4	75.7	17.1
2015	-22.6	-27.2	40.6	11.4	-14.8	-29.4	147.6	71.1	-11.0
2014	-16.9	-52.7	일부잠식	일부잠식	-50.7	-105.8	-40.0	39.6	-12.3

코다코 (A046070)
KODACO CO

업 종	자동차부품	시 장	KOSDAQ
신 용 등 급	(Bond) — (CP) —	기 업 규 모	우량
홈 페 이 지	www.kodaco.co.kr	연 락 처	041)411-3100
본 사	충남 천안시 서북구 입장면 신대길 8		

설 립 일	1997.02.14	**종 업 원 수**	350명	**대 표 이 사**	인귀승,조만영
상 장 일	2000.12.15	**감 사 의 견**	적정(도원)	**계 열**	
결 산 기	12월	**보 통 주**		**종속회사수**	3개사
액 면 가	500원	**우 선 주**		**구 상 호**	

주주구성 (지분율,%)		출자관계 (지분율,%)		주요경쟁사 (외형,%)	
인귀승	12.1	코다코글로벌	66.7	코다코	100
키스톤송현밸류크리에이션 사모투자전문회사	10.5	앤케이디씨	25.2	아진산업	160
(외국인)	2.9	지코	17.4	에이엔피	38

매출구성		비용구성		수출비중	
변속부문	38.6	매출원가율	84.4	수출	62.6
엔진부문	24.2	판관비율	13.4	내수	37.4
공조부문	18.8				

회사 개요

동사는 1997년 설립된 회사로 크게 다이캐스팅 자동차부품 및 무선통신기기를 제조함. 동사는 'Stop&Start' 시스템용 어큐뮬레이터 사업과, 미래전략사업의 일환으로 전기자동차용 부품산업 분야에서 배터리히터하우징 등을 생산중. 한라비스테온 공조와 LG전자, 현대파워텍등 다수 업체에 전기차와 자동차 경량화 관련 부품을 납품하고 있음. 2017년까지 멕시코 차 부품공장을 준공할 것을 발표하였음. 전기차 및 경량화 추세에 따라 상승세임.

실적 분석

동사의 2017년 연간 매출액은 전년동기대비 5.2% 하락한 2,678.5억원을 기록하였음. 비용면에서 전년동기대비 매출원가는 감소 하였으며 인건비는 증가 했고 기타판매비와관리비는 증가함. 주춤한 모습의 매출액에 의해 전년동기대비 영업이익은 57.4억원으로 71.7% 크게 하락 하였음. 최종적으로 전년동기대비 당기순손실은 적자전환하여 23.9억원을 기록함.

현금 흐름 〈단위 : 억원〉

항목	2016	2017
영업활동	359	-54
투자활동	-557	-597
재무활동	439	460
순현금흐름	245	-200
기말현금	289	89

시장 대비 수익률

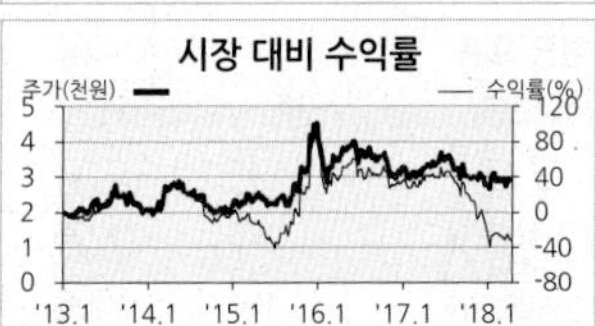

결산 실적 〈단위 : 억원〉

항목	2012	2013	2014	2015	2016	2017
매출액	2,099	2,250	2,421	2,651	2,826	2,678
영업이익	113	137	173	182	203	57
당기순이익	31	54	52	61	88	-24

분기 실적 〈단위 : 억원〉

항목	2016.3Q	2016.4Q	2017.1Q	2017.2Q	2017.3Q	2017.4Q
매출액	712	719	847	633	672	527
영업이익	56	46	64	9	6	-22
당기순이익	4	35	43	2	-11	-58

재무 상태 〈단위 : 억원〉

항목	2012	2013	2014	2015	2016	2017
총자산	2,088	2,515	2,872	3,173	3,764	4,174
유형자산	1,288	1,593	1,787	1,958	2,234	2,420
무형자산	14	17	6	11	30	27
유가증권	0	0	1	2	0	0
총부채	1,605	1,911	2,169	2,335	2,709	3,060
총차입금	1,379	1,560	1,768	1,985	2,265	2,617
자본금	105	124	141	146	182	195
총자본	483	603	703	838	1,054	1,114
지배주주지분	484	603	703	782	985	1,045

기업가치 지표

항목	2012	2013	2014	2015	2016	2017
주가(최고/저)(천원)	2.8/1.8	2.8/1.9	2.9/1.9	4.7/2.1	4.4/2.9	3.8/2.7
PER(최고/저)(배)	15.2/9.7	12.4/8.4	16.9/11.1	24.7/11.2	20.9/13.7	—/—
PBR(최고/저)(배)	1.3/0.8	1.2/0.8	1.2/0.8	1.8/0.8	1.6/1.1	1.4/1.0
EV/EBITDA(배)	6.9	6.7	6.4	8.3	7.1	10.2
EPS(원)	203	247	184	198	216	-60
BPS(원)	2,404	2,510	2,567	2,748	2,759	2,721
CFPS(원)	966	987	871	942	882	691
DPS(원)	—	50	50	55	50	55
EBITDAPS(원)	1,408	1,380	1,308	1,369	1,226	898

재무 비율 〈단위 : %〉

연도	영업이익률	순이익률	부채비율	차입금비율	ROA	ROE	유보율	자기자본비율	EBITDA마진율
2017	2.1	-0.9	274.6	234.8	-0.6	-2.3	444.1	26.7	13.1
2016	7.2	3.1	257.0	214.9	2.5	8.9	451.8	28.0	15.8
2015	6.9	2.3	278.7	236.9	2.0	7.7	449.6	26.4	15.0
2014	7.2	2.2	308.3	251.3	1.9	7.9	413.3	24.5	15.1

코데즈컴바인 (A047770)
Codes Combine

업 종	섬유 및 의복	시 장	KOSDAQ
신 용 등 급	(Bond) — (CP) —	기 업 규 모	중견
홈 페 이 지	www.codes-combine.co.kr	연 락 처	02)6361-2423
본 사	서울시 강남구 도산대로6길 14 아이올리빌딩		

설 립 일	1995.08.16	**종 업 원 수**	40명	**대 표 이 사**	김보선,송영탁
상 장 일	2001.09.05	**감 사 의 견**	적정(유진)	**계 열**	
결 산 기	12월	**보 통 주**		**종속회사수**	2개사
액 면 가	500원	**우 선 주**		**구 상 호**	

주주구성 (지분율,%)		출자관계 (지분율,%)		주요경쟁사 (외형,%)	
코튼클럽	60.0	제이앤지산	45.0	코데즈컴바인	100
박지민	0.1	정글시스템	24.0	영원무역	9,463
(외국인)	0.9	CODESCOMBINE(MACAO)	100.0	한세실업	8,059

매출구성		비용구성		수출비중	
codes combine innerwear	69.5	매출원가율	51.1	수출	—
codes combine for women/men	19.3	판관비율	40.4	내수	—
basic+ by codes combine	5.8				

회사 개요

동사는 1995년 설립돼 2001년 코스닥에 상장함. 2015년 회생절차 개시 이후 1년여만에 종결함. 국내시장을 기반으로 여성캐주얼 의류를 제조, 유통하는 패션사업을 주요사업으로영위하고 있음. SHAHGHAI YESHIN TRADING CO., LTD는 씨앤씨로우를 연결대상 종속회사로 보유하고 있으나 SHAHGHAI YESHIN TRADING CO., LTD는 실질적인 영업을 중단했고 씨앤씨로우는 2017년 청산완료함.

실적 분석

2017년 연결기준 동사 매출액은 전년도 대비 30% 증가한 212.3억원을 기록함. 매출원가는 4.1% 감소했으나 판매비와 관리비는 131.6% 증가함. 매장 수 증가로 인한 유통수수료와 판매수수료가 비용 증가의 결정적인 원인으로 보임. 비용 증가에도 영업이익은 전년도 대비 36.9% 증가한 18.1억원을 기록함. 비영업부문 이익도 1.6억원에서 3.2억원으로 증가함. 이에 당기순이익은 43.8% 증가한 21.3억원을 기록함.

현금 흐름 〈단위 : 억원〉

항목	2016	2017
영업활동	20	26
투자활동	16	-10
재무활동	-14	1
순현금흐름	22	17
기말현금	44	62

시장 대비 수익률

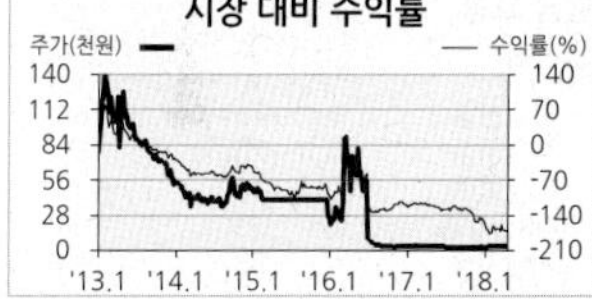

결산 실적 〈단위 : 억원〉

항목	2012	2013	2014	2015	2016	2017
매출액	1,996	1,513	1,032	176	163	212
영업이익	-80	-169	-299	-213	13	18
당기순이익	-157	-196	-238	-124	15	21

분기 실적 〈단위 : 억원〉

항목	2016.3Q	2016.4Q	2017.1Q	2017.2Q	2017.3Q	2017.4Q
매출액	47	59	40	63	54	56
영업이익	3	7	5	8	2	2
당기순이익	2	6	5	8	2	6

재무 상태 〈단위 : 억원〉

항목	2012	2013	2014	2015	2016	2017
총자산	1,764	1,332	710	291	290	316
유형자산	245	226	183	120	118	10
무형자산	12	2	1	—	—	—
유가증권	24	2	2	2	2	2
총부채	1,276	1,040	658	71	51	51
총차입금	541	468	217	30	14	14
자본금	251	254	254	189	189	189
총자본	488	292	52	221	239	265
지배주주지분	472	276	64	238	256	281

기업가치 지표

항목	2012	2013	2014	2015	2016	2017
주가(최고/저)(천원)	1.8/0.8	1.9/0.7	0.8/0.4	49.5/19.7	151/2.9	4.3/2.2
PER(최고/저)(배)	—/—	—/—	—/—	—/—	3,854.3/73.6	76.1/39.0
PBR(최고/저)(배)	0.1/0.1	0.2/0.1	0.4/0.2	78.7/31.3	223.7/4.3	5.8/3.0
EV/EBITDA(배)	—	—	—	—	77.4	47.5
EPS(원)	-413,953	-515,549	-622,025	-811	39	56
BPS(원)	955	543	126	629	675	741
CFPS(원)	-230	-312	-393	-720	47	65
DPS(원)	—	—	—	—	—	—
EBITDAPS(원)	-76	-257	-513	-1,371	43	57

재무 비율 〈단위 : %〉

연도	영업이익률	순이익률	부채비율	차입금비율	ROA	ROE	유보율	자기자본비율	EBITDA마진율
2017	8.5	10.1	19.3	5.2	7.0	8.0	48.3	83.8	10.1
2016	8.1	9.1	21.5	5.8	5.1	6.0	35.1	82.3	10.0
2015	-120.6	-70.2	31.9	13.4	-24.7	-78.2	25.8	75.8	-113.0
2014	-29.0	-23.1	일부잠식	일부잠식	-23.3	-140.5	-74.9	7.4	-25.2

*관리종목

코디 (A080530)

KODI

업　　종 : 개인생활용품
신용등급 : (Bond) —　　(CP) —
홈페이지 : www.kodi-corp.com
본　　사 : 경기도 용인시 기흥구 중부대로 200 (영덕동)
시　　장 : KOSDAQ
기업규모 :
연 락 처 : 031)322-7788

설립일	1999.02.13	**종업원수**	130명	**대표이사**	김종원
상장일	2010.01.05	**감사의견**	적정(영앤진)	**계열**	
결산기	12월	**보통주**		**종속회사수**	3개사
액면가	500원	**우선주**		**구상호**	코디에스

주주구성 (지분율,%)		출자관계 (지분율,%)		주요경쟁사 (외형,%)	
코스메틱플랫폼1호	14.5	파로스백신	50.9	코디	100
토러스대체투자전문투자형사모투자신탁제1호	9.0			에프앤리퍼블릭	631
(외국인)	1.0			한국화장품제조	548

매출구성		비용구성		수출비중	
코스메틱	42.4	매출원가율	107.0	수출	3.1
디바이스솔루션	32.1	판관비율	66.7	내수	96.9
반도체	25.0				

회사 개요

동사는 디스플레이부문에서 UHD를 포함한 Display 패널의 행상도와 휘도를 검사하는 장치 Probe Unit과 LED Chip의 회로가 설계대로 제작되었는지 검사하는 Probe Card를 생산하며, 에너지부문에서는 전기차 완속/급속 충전기 제조 및 산업용 배터리 판매 사업을 영위하고 있음. 연결대상 종속회사로는 반도체 장비를 제조하는 코디엠, 디스플레이 검사장치를 제조하는 코디에스전자(쑤저우)유한회사 등이 있음.

실적 분석

동사의 2017년도 누적매출액은 122.6억원으로 전년대비 51.7% 증가함. 비용측면에서 매출원가와 판관비가 각각 76.7%, 18.9% 상승하면서 매출 확대에도 불구하고 영업손실 90.4억원을 기록해 적자폭이 확대됨. 2017년 마린코스메틱스를 인수, 화장품 사업으로 영역을 확장하면서 사업 다변화를 위해 노력 중임. 화장품은 필수 소비재로 자리잡고 있어 향후 지속성장 가능한 산업분야로 손꼽히고 있어 실적 개선이 기대됨.

현금 흐름 〈단위 : 억원〉

항목	2016	2017
영업활동	-75	-68
투자활동	-125	139
재무활동	178	-125
순현금흐름	-33	-54
기말현금	88	34

시장 대비 수익률

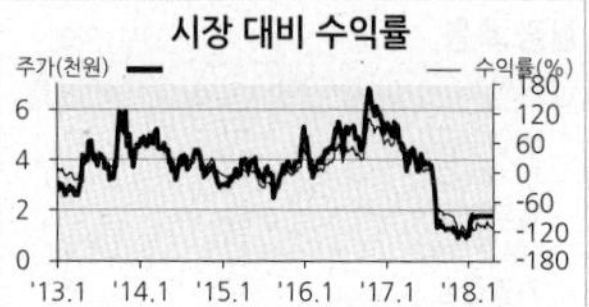

결산 실적 〈단위 : 억원〉

항목	2012	2013	2014	2015	2016	2017
매출액	391	439	537	83	81	123
영업이익	-70	11	10	-54	-62	-90
당기순이익	-74	-2	7	-40	-149	-192

분기 실적 〈단위 : 억원〉

항목	2016.3Q	2016.4Q	2017.1Q	2017.2Q	2017.3Q	2017.4Q
매출액	77	-106	46	28	24	25
영업이익	-29	-4	-14	-31	-30	-15
당기순이익	120	-236	-16	-35	-44	-97

재무 상태 〈단위 : 억원〉

항목	2012	2013	2014	2015	2016	2017
총자산	599	732	719	617	824	425
유형자산	240	231	234	199	246	285
무형자산	73	52	40	39	147	10
유가증권	17	30	51	24	233	25
총부채	355	448	369	234	384	196
총차입금	306	335	224	192	328	168
자본금	46	52	60	60	80	89
총자본	245	284	350	383	441	229
지배주주지분	232	276	334	308	371	220

기업가치 지표

항목	2012	2013	2014	2015	2016	2017
주가(최고/저)(천원)	6.8/2.6	6.2/2.6	5.2/2.8	5.3/2.5	7.0/3.3	5.6/0.9
PER(최고/저)(배)	—/—	462.8/195.7	2,091.4/1,110.1	—/—	—/—	—/—
PBR(최고/저)(배)	2.5/1.0	2.2/0.9	1.8/0.9	2.0/0.9	2.9/1.4	4.3/0.7
EV/EBITDA(배)	—	23.7	17.3	—	—	—
EPS(원)	-688	13	2	-407	-926	-1,116
BPS(원)	2,740	2,844	2,949	2,673	2,424	1,317
CFPS(원)	-431	200	163	-269	-865	-1,047
DPS(원)	—	—	—	—	—	—
EBITDAPS(원)	-506	303	244	-315	-369	-442

재무 비율 〈단위 : %〉

연도	영업이익률	순이익률	부채비율	차입금비율	ROA	ROE	유보율	자기자본비율	EBITDA마진율
2017	-73.7	-156.6	86.0	73.6	-30.8	-66.8	163.3	53.8	-63.8
2016	-76.9	-184.5	87.1	74.4	-20.7	-39.4	384.8	53.5	-66.0
2015	-65.6	-48.6	61.1	50.3	-6.0	-15.2	446.8	62.1	-45.7
2014	1.8	1.3	105.4	64.0	1.0	0.1	489.9	48.7	5.3

코디엠 (A224060)

CODI-M

업　　종 : 반도체 및 관련장비
신용등급 : (Bond) —　　(CP) —
홈페이지 : www.codi-m.com
본　　사 : 충남 천안시 서북구 백석공단2길 62 (백석동)
시　　장 : KOSDAQ
기업규모 : 중견
연 락 처 : 041)620-9000

설립일	1999.07.27	**종업원수**	99명	**대표이사**	문용배
상장일	2015.12.29	**감사의견**	적정(삼정)	**계열**	
결산기	12월	**보통주**		**종속회사수**	5개사
액면가	100원	**우선주**		**구상호**	

주주구성 (지분율,%)		출자관계 (지분율,%)		주요경쟁사 (외형,%)	
코디엠바이오컨소시엄	12.0			코디엠	100
케이바이오 투자조합	7.5			에이티세미콘	140
(외국인)	1.1			에이티테크놀러지	16

매출구성		비용구성		수출비중	
[디스플레이]HP/CP	57.0	매출원가율	88.7	수출	0.2
[반도체]세정장비	19.6	판관비율	15.9	내수	99.8
[반도체]도포·현상장비	16.1				

회사 개요

동사는 반도체 장비, LCD 장비 및 유기발광다이오드 장비의 제조/판매 등을 주 사업목적으로 1999년 7월 27일에 설립되었음. 2013년 3월 25일자로 사명을 오에프티 주식회사에서 주식회사 코디엠으로 변경하였으며 동사의 주력제품인 반도체, 디스플레이 장비의 경우 주로 삼성전자의 자회사인 세메스와 삼성디스플레이에 판매하고 있음. 의료부분의 신사업라인을 구축하며 미용 및 의료기기 매출을 확대코자 함.

실적 분석

동사의 연결기준 2017년 매출액은 전년 대비 66.1% 증가한 735억원을 기록한 반면, 판관비는 인건비와 감가상각비 중심으로 전년 동기 대비 116.9% 증가함에 따라 동기간 영업이익은 33.8억원을 기록하며 적자지속함. 반면, 비영업손실은 금융손실을 중심으로 6억원의 적자를 기록함. 이에 따라 동사의 2017년 당기순손실은 40.5억원을 기록하며 적자지속함.

현금 흐름 〈단위 : 억원〉

항목	2016	2017
영업활동	-79	-7
투자활동	-274	-5
재무활동	428	37
순현금흐름	75	24
기말현금	113	137

시장 대비 수익률

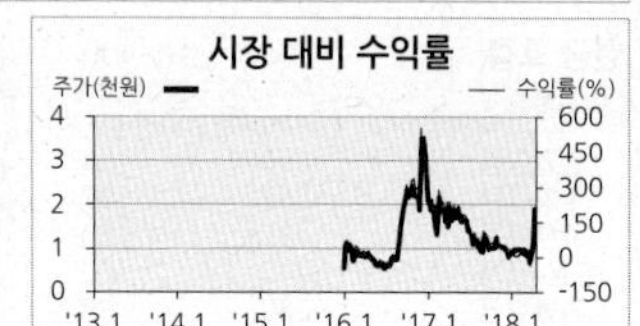

결산 실적 〈단위 : 억원〉

항목	2012	2013	2014	2015	2016	2017
매출액	234	255	381	467	443	735
영업이익	-27	-5	19	20	-40	-34
당기순이익	-31	-10	19	15	-54	-40

분기 실적 〈단위 : 억원〉

항목	2016.3Q	2016.4Q	2017.1Q	2017.2Q	2017.3Q	2017.4Q
매출액	113	243	164	174	193	203
영업이익	-13	-8	-27	-1	-8	2
당기순이익	-12	-25	-35	-19	-13	27

재무 상태 〈단위 : 억원〉

항목	2012	2013	2014	2015	2016	2017
총자산	154	202	263	201	682	610
유형자산	42	39	37	41	52	42
무형자산	2	2	2	2	14	9
유가증권	—	—	—	—	37	93
총부채	117	175	216	78	523	57
총차입금	91	85	84	47	410	16
자본금	12	12	12	19	68	123
총자본	37	27	47	123	159	553
지배주주지분	37	27	47	123	158	553

기업가치 지표

항목	2012	2013	2014	2015	2016	2017
주가(최고/저)(천원)	—/—	—/—	—/—	—/—	—/—	—/—
PER(최고/저)(배)	0.0/0.0	0.0/0.0	0.0/0.0	14.0/10.8	—/—	—/—
PBR(최고/저)(배)	0.0/0.0	0.0/0.0	0.0/0.0	2.5/1.9	15.3/2.3	4.8/1.8
EV/EBITDA(배)	—	345.6	3.4	11.8	—	—
EPS(원)	-86	-28	53	38	-92	-27
BPS(원)	15,412	11,438	19,478	3,238	235	450
CFPS(원)	-7,532	-1,805	10,345	804	-79	-16
DPS(원)	—	—	—	—	—	—
EBITDAPS(원)	-5,717	102	10,342	1,017	-55	-17

재무 비율 〈단위 : %〉

연도	영업이익률	순이익률	부채비율	차입금비율	ROA	ROE	유보율	자기자본비율	EBITDA마진율
2017	-4.6	-5.5	10.3	2.8	-6.3	-9.3	350.1	90.7	-2.8
2016	-8.9	-12.2	329.3	258.0	-12.3	-38.5	134.7	23.3	-7.3
2015	4.3	3.2	63.5	38.5	6.3	17.3	547.5	61.2	5.7
2014	5.0	5.0	462.6	179.2	8.2	51.6	289.6	17.8	6.5

코라오홀딩스 (A900140)
Kolao Holdings

업 종 : 자동차 | 시 장 : 거래소
신용등급 : (Bond) — (CP) — | 기업규모 : —
홈페이지 : www.kolaoholdings.com | 연 락 처 : —
본 사 : Capital Tower, 23 Singha Rd, Nongbone village, Saysettha dis, Vientiane, Lao P.D.R

설 립 일	2009.06.16	종업원수	3,833명	대표이사	오세영,이형승
상 장 일	2010.11.30	감사의견	적정(안진)	계 열	
결 산 기	12월	보 통 주		종속회사수	11개사
액 면 가	—	우 선 주		구 상 호	

주주구성 (지분율,%)		출자관계 (지분율,%)		주요경쟁사 (외형,%)	
오세영	44.4			코라오홀딩스	100
흥국생명보험	6.0			현대차	28,903
(외국인)	12.2			기아차	16,055

매출구성		비용구성		수출비중	
자동차	73.9	매출원가율	0.0	수출	—
오토바이	18.8	판관비율	0.0	내수	—
부품 및 소모품	6.0				

회사 개요

동사는 2009년 종속회사 코라오디벨로핑을 유가증권시장에 상장하기 위해 설립된 역외지주회사임. 코라오디벨로핑은 라오스에 신차 판매, 중고차 제조 판매, 오토바이 제조 판매 AS 등을 주력으로 하고 있음. 동사는 현대차, 기아차, 체리차 등과 계약을 체결해 라오스에서 완성 자동차 판매함. 자체 브랜드(DAEHAN) 상용트럭, 픽업트럭 진출, 자동차 할부금융 사업, 미얀마 캄보디아를 포함한 주변국으로의 사업 확대 등을 향후 신사업으로 보고 있음.

실적 분석

동사는 2017년 영업손실이 226.5억원으로 전년 동기 대비 적자전환함. 같은 기간 매출액은 3,334.4억원으로 15% 줄었으며 당기순이익은 135.9억원으로 67.4% 감소함. 주력 판매시장인 라오스 내에서 시장수요 증가율 둔화와 경쟁심화라는 이중고를 겪으며 해결책으로 지난 2015년 파키스탄, 베트남 등 신규 해외시장 진출로 성장동력을 마련하겠다고 발표한 바 있으나 부진을 지속.

현금 흐름 (단위 : 억원)

항목	2016	2017
영업활동	36	—
투자활동	-157	—
재무활동	58	—
순현금흐름	-61	—
기말현금	81	—

시장 대비 수익률

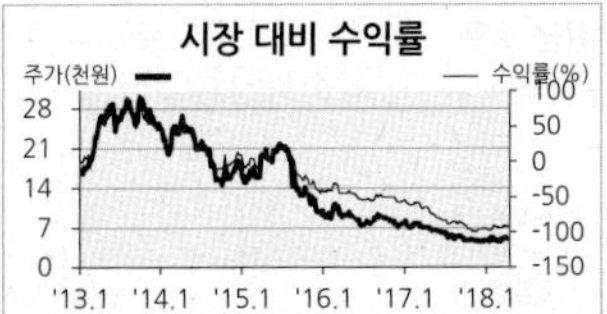

결산 실적 (단위 : 억원)

항목	2012	2013	2014	2015	2016	2017
매출액	2,759	3,345	3,800	4,445	3,923	—
영업이익	294	338	395	477	564	—
당기순이익	292	277	420	469	416	—

분기 실적 (단위 : 억원)

항목	2016.3Q	2016.4Q	2017.1Q	2017.2Q	2017.3Q	2017.4Q
매출액	948	934	891	801	810	—
영업이익	125	105	173	100	71	—
당기순이익	65	115	113	41	77	—

재무 상태 (단위 : 억원)

항목	2012	2013	2014	2015	2016	2017
총자산	1,426	3,426	4,575	6,002	6,901	—
유형자산	200	413	684	854	875	—
무형자산	0	29	59	48	101	—
유가증권	—	—	364	120	172	—
총부채	274	704	1,389	2,149	2,520	—
총차입금	114	445	1,045	1,513	1,670	—
자본금	103	119	132	140	145	—
총자본	1,152	2,722	3,186	3,853	4,381	—
지배주주지분	1,152	2,717	3,183	3,858	4,399	—

기업가치 지표

항목	2012	2013	2014	2015	2016	2017
주가(최고/저)(천원)	#VALUE!	—/—	—/—	—/—	—/—	—/—
PER(최고/저)(배)	29.3/10.6	50.0/26.4	31.7/17.1	23.4/9.6	13.3/8.0	0.0/0.0
PBR(최고/저)(배)	7.4/2.7	5.6/3.0	4.1/2.2	2.8/1.2	1.3/0.8	0.0/0.0
EV/EBITDA(배)	24.1	34.0	24.3	15.0	17.2	0.0
EPS(원)	683	638	884	994	898	—
BPS(원)	3,001	6,016	6,847	8,288	9,433	—
CFPS(원)	794	725	980	1,152	1,107	—
DPS(원)	—	—	—	—	—	—
EBITDAPS(원)	798	873	852	859	638	—

재무 비율 (단위 : %)

연도	영업이익률	순이익률	부채비율	차입금비율	ROA	ROE	유보율	자기자본비율	EBITDA마진율
2017	0.0	0.0	0.0	0.0	0.0	0.0	0.0	0.0	0.0
2016	14.4	10.6	57.5	38.1	6.5	10.4	3,022.3	63.5	7.8
2015	10.7	10.5	55.8	39.3	8.9	13.5	2,728.7	64.2	9.3
2014	10.4	11.1	43.6	32.8	10.5	14.3	2,391.5	69.6	10.7

코렌 (A078650)
KOLEN

업 종 : 휴대폰 및 관련부품 | 시 장 : KOSDAQ
신용등급 : (Bond) — (CP) — | 기업규모 :
홈페이지 : www.kolen.com | 연 락 처 : 031)740-6800
본 사 : 경기도 성남시 중원구 둔촌대로 449

설 립 일	1999.11.03	종업원수	306명	대표이사	이종진,지을렬
상 장 일	2010.10.22	감사의견	적정(삼정)	계 열	
결 산 기	12월	보 통 주		종속회사수	2개사
액 면 가	500원	우 선 주		구 상 호	

주주구성 (지분율,%)		출자관계 (지분율,%)		주요경쟁사 (외형,%)	
바이오로그디바이스	12.5	GBPLENCorporation	100.0	코렌	100
이재선	4.8	영성고려광학	100.0	디지탈옵틱	74
(외국인)	4.1			바이오로그디바이스	85

매출구성		비용구성		수출비중	
LENS ASSY	96.4	매출원가율	99.1	수출	38.1
HOLDER	2.6	판관비율	14.4	내수	61.9
기타	0.7				

회사 개요

동사는 이미지센서용 카메라렌즈를 제조 및 판매하고 있음. 휴대폰용 카메라 렌즈 사업 부문에서 삼성전자 및 LG전자 모두 동사의 제품을 채택하고 있으며, 지문인식기 시장에서 슈프리마에 대한 납품선점을 하고 있음. 터치패널 사업과 관련하여 팬택향 휴대폰용 터치패널 2개 모델을 통하여 성공적인 시장 진입을 완료하였음. 차량용, CCTV, 의료용 카메라 렌즈 모듈을 신규사업으로 진행중임.

실적 분석

동사의 2017년 전체 매출은 820억원으로 전년대비 11.8% 감소, 영업이익은 -110.6억원으로 적자지속, 당기순이익은 -226.6억원으로 전년대비 적자지속 시현. 국내 전략 거래선의 스마트폰 사업은 정상화되었으나 출하량 증가가 제한적인 가운데 경쟁업체간의 경쟁심화, 단가하락의 영향으로 수익성은 부진. 다만 2018년 듀얼 카메라 수요 증가로 렌즈 수요는 전년대비 증가할 것으로 추정되는 가운데 국내 전략 거래선내에서 점유율 증가가 중요

현금 흐름 (단위 : 억원)

항목	2016	2017
영업활동	101	16
투자활동	-53	60
재무활동	-51	-36
순현금흐름	-3	38
기말현금	6	44

시장 대비 수익률

결산 실적 (단위 : 억원)

항목	2012	2013	2014	2015	2016	2017
매출액	865	1,290	813	870	930	820
영업이익	38	146	-68	-38	-89	-111
당기순이익	20	93	-73	-133	-156	-227

분기 실적 (단위 : 억원)

항목	2016.3Q	2016.4Q	2017.1Q	2017.2Q	2017.3Q	2017.4Q
매출액	234	178	176	228	229	188
영업이익	-22	-82	-35	2	2	-79
당기순이익	-41	-102	-53	-34	-6	-134

재무 상태 (단위 : 억원)

항목	2012	2013	2014	2015	2016	2017
총자산	1,030	1,224	1,272	1,302	1,142	770
유형자산	531	782	790	869	803	497
무형자산	79	52	46	27	17	7
유가증권	5	6	5	2	1	0
총부채	759	842	939	1,049	902	513
총차입금	503	647	770	810	620	317
자본금	38	38	43	50	69	150
총자본	271	382	332	253	240	258
지배주주지분	271	382	332	253	240	258

기업가치 지표

항목	2012	2013	2014	2015	2016	2017
주가(최고/저)(천원)	5.4/2.0	9.2/4.6	7.5/2.9	5.7/2.5	8.9/3.0	4.9/1.4
PER(최고/저)(배)	16.2/6.0	7.1/3.6	—/—	—/—	—/—	—/—
PBR(최고/저)(배)	1.4/0.5	1.7/0.9	1.8/0.7	2.1/0.9	4.6/1.6	5.7/1.6
EV/EBITDA(배)	5.3	3.9	12.7	11.6	19.5	12.8
EPS(원)	292	1,134	-826	-1,256	-1,299	-1,218
BPS(원)	3,658	5,052	3,942	2,555	1,737	856
CFPS(원)	2,218	3,012	914	246	-57	-319
DPS(원)	—	—	—	—	—	—
EBITDAPS(원)	2,489	3,713	974	1,210	515	305

재무 비율 (단위 : %)

연도	영업이익률	순이익률	부채비율	차입금비율	ROA	ROE	유보율	자기자본비율	EBITDA마진율
2017	-13.5	-27.6	199.1	123.3	-23.7	-91.1	71.3	33.4	6.9
2016	-9.6	-16.8	375.9	258.2	-12.8	-63.2	247.3	21.0	6.4
2015	-4.4	-15.3	414.7	320.2	-10.4	-45.6	411.0	19.4	13.7
2014	-8.4	-9.0	282.6	231.7	-5.8	-20.4	688.4	26.1	9.8

코렌텍 (A104540)

Corentec

업 종 : 의료 장비 및 서비스
신용등급 : (Bond) — (CP) —
홈페이지 : www.corentec.com
본 사 : 충남 천안시 서북구 입장면 영산홍1길 12

시 장 : KOSDAQ
기업규모 : 기술성
연 락 처 : 041)585-7114

설 립 일	2000.05.30	**종업원수**	167명	**대표이사**	선두훈,이정훈
상 장 일	2013.03.05	**감사의견**	적정(안진)	**계 열**	
결 산 기	12월	**보 통 주**		**종속회사수**	2개사
액 면 가	500원	**우 선 주**		**구 상 호**	

주주구성 (지분율,%)		출자관계 (지분율,%)		주요경쟁사 (외형,%)	
정성이	7.3	인스텍	27.9	코렌텍	100
현대위아	7.2	CORENTECAMERICA	100.0	제이브이엠	281
(외국인)	1.6	CORENTECCHINA	100.0	엘앤케이바이오	98

매출구성		비용구성		수출비중	
THR(제품)	48.8	매출원가율	41.1	수출	36.1
TKR(제품)	47.3	판관비율	60.6	내수	63.9
SPINE(제품)	2.4				

회사 개요

동사는 인공관절 등 정형용 임플란트 제품을 생산하여 전국의 병원에 자체 브랜드로 공급중임. 국내 인공관절 시장은 2009년 이전까지는 Zimmer, Stryker, DePuy 등 다국적 기업이 지배하는 시장이었으나, 2011년 하반기부터 동사가 국내시장 점유율 1위를 차지했고, 2012년 이후에는 2위와 격차를 크게 벌리며 1위를 유지함. 터키, 이란, 미얀마, 이탈리아, 수단, 몽고, 베트남, 미국 등에 수출을 하고 있음.

실적 분석

동사의 2017년 연간 매출액은 전년동기대비 5.2% 상승한 378.5억원을 기록하였음. 소득수준과 의료수준이 점차 높아짐에 따라 인공관절 수술 수요가 증가하면서 매출액은 점진적으로 상승중에 있음. 그러나 원가가 높아 전년동기대비 영업손실은 6.4억원으로 적자전환 하였음. 최종적으로 전년동기대비 당기순손실은 적자전환하여 73.8억원을 기록함. 수출량 및 점유율이 점차 높아지고 있으므로 향후 수익성 증가가 기대됨.

현금 흐름 〈단위 : 억원〉

항목	2016	2017
영업활동	29	63
투자활동	-163	-224
재무활동	235	76
순현금흐름	102	-85
기말현금	200	115

시장 대비 수익률

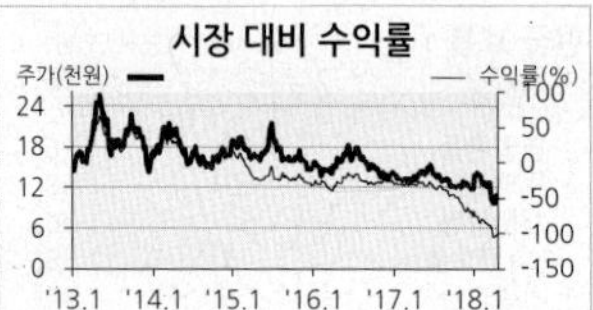

결산 실적 〈단위 : 억원〉

항목	2012	2013	2014	2015	2016	2017
매출액	234	262	266	303	360	378
영업이익	17	17	-2	10	17	-6
당기순이익	5	33	-15	-9	5	-74

분기 실적 〈단위 : 억원〉

항목	2016.3Q	2016.4Q	2017.1Q	2017.2Q	2017.3Q	2017.4Q
매출액	79	101	103	95	85	97
영업이익	1	6	6	2	-5	-10
당기순이익	-5	3	-1	2	-1	-75

재무 상태 〈단위 : 억원〉

항목	2012	2013	2014	2015	2016	2017
총자산	388	602	705	715	960	1,006
유형자산	94	104	137	149	200	312
무형자산	70	73	84	98	95	126
유가증권	—	10	5	5	5	—
총부채	187	157	222	153	358	463
총차입금	107	77	139	63	247	314
자본금	34	41	42	48	49	50
총자본	201	445	483	563	602	543
지배주주지분	201	445	483	563	602	543

기업가치 지표

항목	2012	2013	2014	2015	2016	2017
주가(최고/저)(천원)	16.2/10.7	25.7/13.8	21.4/13.7	21.6/14.1	18.2/12.6	15.4/11.6
PER(최고/저)(배)	220.6/144.8	61.2/32.9	—/—	—/—	378.8/263.0	—/—
PBR(최고/저)(배)	5.5/3.6	4.8/2.6	3.8/2.4	3.7/2.4	3.0/2.1	2.8/2.1
EV/EBITDA(배)	30.0	28.7	48.7	27.7	22.3	24.1
EPS(원)	74	420	-178	-90	48	-747
BPS(원)	2,947	5,409	5,695	5,870	6,145	5,466
CFPS(원)	457	778	225	332	517	-121
DPS(원)	—	—	—	—	—	—
EBITDAPS(원)	636	570	379	523	640	561

재무 비율 〈단위 : %〉

연도	영업 이익률	순 이익률	부채 비율	차입금 비율	ROA	ROE	유보율	자기자본 비율	EBITDA 마진율
2017	-1.7	-19.5	85.2	57.7	-7.5	-12.9	993.3	54.0	14.6
2016	4.6	1.3	59.5	41.1	0.6	0.8	1,129.0	62.7	17.3
2015	3.2	-2.8	27.1	11.2	-1.2	-1.6	1,074.0	78.7	16.5
2014	-0.8	-5.5	46.0	28.7	-2.2	-3.2	1,038.9	68.5	11.8

코리아나화장품 (A027050)

COREANA COSMETICS CO

업 종 : 개인생활용품
신용등급 : (Bond) — (CP) —
홈페이지 : www.coreana.com
본 사 : 충남 천안시 서북구 성거읍 삼곡2길 6

시 장 : KOSDAQ
기업규모 : 중견
연 락 처 : 041)560-9900

설 립 일	1988.11.15	**종업원수**	347명	**대표이사**	유학수
상 장 일	1999.12.01	**감사의견**	적정(대주)	**계 열**	
결 산 기	12월	**보 통 주**		**종속회사수**	2개사
액 면 가	500원	**우 선 주**		**구 상 호**	

주주구성 (지분율,%)		출자관계 (지분율,%)		주요경쟁사 (외형,%)	
LABORATOIRES DE BIOLOGIE VEGETALE YVES ROCHER	5.0	아트피아	63.2	코리아나	100
유민수	4.9	이노이브코리아	32.2	네오팜	48
(외국인)	3.8	비오코스	20.2	보령메디앙스	108

매출구성		비용구성		수출비중	
기초	54.9	매출원가율	39.8	수출	10.8
기타	31.2	판관비율	58.3	내수	89.2
색조	5.2				

회사 개요

동사는 1988년에 설립된 기초화장품과 색조화장품 등을 생산·판매하는 종합화장품회사로 라비다(구.코리아나), 자인, 세니떼, 비취가인, 텐세컨즈 등의 브랜드를 보유하고 있는 기업. 화장품 시장은 아모레퍼시픽, LG생활건강, 더페이스샵, 에이블씨엔씨, 동사 등이 상위권을 유지하고 있는 상황. 연결대상 종속기업으로는 코리아나천진유한공사, 아트피아 등 2개사가 있음.

실적 분석

동사의 2017년 연간 출액은 전년동기대비 9.9% 하락한 1,17.1억원을 기록하였음. 비용면에서 전년동기대비 매출원가는 감소 하였으며 인건비는 거의 동일 했고 광고선전비는 증가 했고 기타판매비와관리비는 감소함. 주춤한 모습의 매출액에 의해 전년동기대비 영업이익은 21.7억원으로 45.8% 크게 하락하였음. 최종적으로 전년동기대비 당기순이익은 크게 하락하여 17.7억원을 기록함.

현금 흐름 〈단위 : 억원〉

항목	2016	2017
영업활동	59	77
투자활동	-24	-28
재무활동	-51	-28
순현금흐름	-16	20
기말현금	56	76

시장 대비 수익률

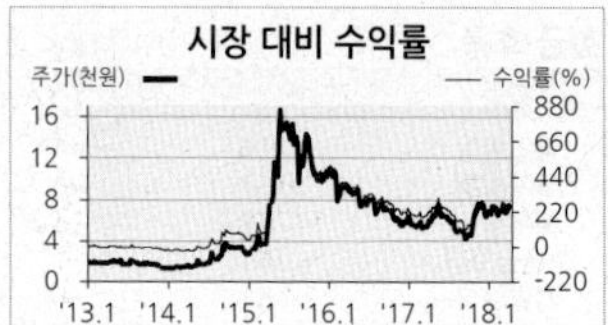

결산 실적 〈단위 : 억원〉

항목	2012	2013	2014	2015	2016	2017
매출액	977	957	1,011	1,365	1,240	1,117
영업이익	-15	-10	-50	64	40	22
당기순이익	113	3	-57	62	41	18

분기 실적 〈단위 : 억원〉

항목	2016.3Q	2016.4Q	2017.1Q	2017.2Q	2017.3Q	2017.4Q
매출액	265	306	308	321	308	180
영업이익	3	2	4	8	8	2
당기순이익	-2	8	3	11	8	-4

재무 상태 〈단위 : 억원〉

항목	2012	2013	2014	2015	2016	2017
총자산	973	1,132	1,144	1,216	1,185	1,211
유형자산	503	609	622	656	668	633
무형자산	30	25	27	24	24	27
유가증권	15	15	14	24	14	14
총부채	248	407	485	425	376	437
총차입금	21	164	219	142	113	149
자본금	200	200	200	200	200	200
총자본	726	725	660	791	810	774
지배주주지분	729	728	662	794	813	778

기업가치 지표

항목	2012	2013	2014	2015	2016	2017
주가(최고/저)(천원)	2.5/0.9	2.2/1.2	3.9/1.3	16.7/2.7	11.3/5.3	7.8/3.9
PER(최고/저)(배)	8.9/3.4	323.5/179.8	—/—	109.3/17.6	111.8/52.4	173.4/86.9
PBR(최고/저)(배)	1.2/0.4	1.0/0.6	2.0/0.7	7.5/1.2	4.9/2.3	3.4/1.7
EV/EBITDA(배)	29.3	27.3	—	44.0	34.8	44.4
EPS(원)	281	7	-143	156	102	45
BPS(원)	2,146	2,144	1,978	2,284	2,332	2,352
CFPS(원)	369	90	-52	245	190	146
DPS(원)	—	—	—	50	50	50
EBITDAPS(원)	52	57	-35	250	187	155

재무 비율 〈단위 : %〉

연도	영업 이익률	순 이익률	부채 비율	차입금 비율	ROA	ROE	유보율	자기자본 비율	EBITDA 마진율
2017	2.0	1.6	56.4	19.2	1.5	2.3	370.4	63.9	5.6
2016	3.2	3.3	46.4	14.0	3.4	5.1	366.4	68.3	6.0
2015	4.7	4.6	53.8	17.9	5.3	8.6	356.8	65.0	7.3
2014	-5.0	-5.7	73.5	33.2	-5.0	-8.2	295.6	57.6	-1.4

코리아써키트 (A007810)
KOREA CIRCUIT COLTD

업 종 : 전자 장비 및 기기
신용등급 : (Bond) — (CP) —
홈페이지 : www.kcg.co.kr
본 사 : 경기도 안산시 단원구 강촌로 139번길 9

시 장 : 거래소
기업규모 : 시가총액 소형주
연 락 처 : 031)491-3061

설 립 일	1972.04.11	종업원수	666명	대표이사	박형건
상 장 일	1985.09.09	감사의견	적정(한영)	계 열	
결 산 기	12월	보 통 주		종속회사수	1개사
액 면 가	500원	우 선 주		구 상 호	

주주구성 (지분율,%)		출자관계 (지분율,%)		주요경쟁사 (외형,%)	
영풍	36.1	테라닉스	50.1	코리아써키트	100
시그네틱스	9.5	인터플렉스	30.6	에코프로	56
(외국인)	4.8			자화전자	75

매출구성		비용구성		수출비중	
PCB	86.4	매출원가율	95.3	수출	85.7
특수 PCB	12.9	판관비율	2.8	내수	14.3
임대 외	1.5				

회사 개요
동사는 전자제품의 핵심부품인 PCB 전문 생산업체로 이동통신기기, 메모리 모듈, LCD 등에 사용하는 PCB와 반도체 Package용 PCB 등을 생산하여 국내외 전자업체에 판매 중임. 국내 PCB산업은 일본, 미국의 첨단 제품과 대만, 중국 및 동남아시아 범용제품으로 양분되는 시장에서 일본의 선진 기술과 중국 및 동남아시아의 저가공세를 받고 있어 어려운 상황임.

실적 분석
동사의 2017년 매출과 영업이익은 5,916억원, 110.7억원으로 각각 전년동기대비 8.5% 증가 31% 감소함. 주요고객사 향 고부가가치 제품을 포함해 지속적인 매출 증가를 보였으나 영업이익은 후발 주자로 진입한 시장의 실적이 저조하여 감소함. 관계기업의 실적 호전에 따른 지분법이익이 발생하여 법인세비용차감전순이익과 당기순이익은 흑자 전환함.

현금 흐름
〈단위 : 억원〉

항목	2016	2017
영업활동	148	348
투자활동	-369	-508
재무활동	-5	6
순현금흐름	-226	-155
기말현금	468	313

시장 대비 수익률
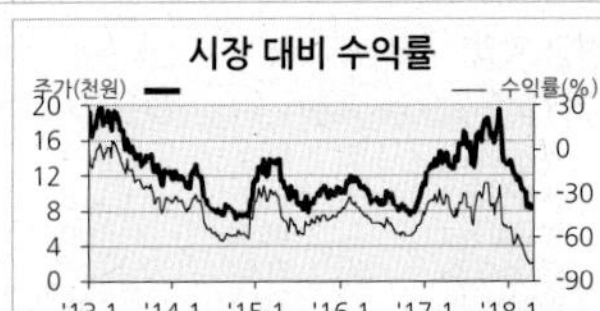

결산 실적
〈단위 : 억원〉

항목	2012	2013	2014	2015	2016	2017
매출액	5,195	5,471	5,532	5,643	5,453	5,916
영업이익	443	468	326	470	160	111
당기순이익	418	340	47	74	-42	296

분기 실적
〈단위 : 억원〉

항목	2016.3Q	2016.4Q	2017.1Q	2017.2Q	2017.3Q	2017.4Q
매출액	1,284	1,410	1,485	1,486	1,488	1,457
영업이익	0	26	45	39	24	3
당기순이익	8	-53	11	48	191	47

재무 상태
〈단위 : 억원〉

항목	2012	2013	2014	2015	2016	2017
총자산	4,623	5,512	5,426	5,270	5,205	5,565
유형자산	1,848	2,127	2,192	2,119	1,951	2,016
무형자산	5	4	5	8	8	8
유가증권	305	328	318	284	275	0
총부채	1,756	1,551	1,451	1,282	1,296	1,411
총차입금	779	484	354	356	379	417
자본금	108	137	137	137	137	137
총자본	2,867	3,961	3,974	3,988	3,909	4,154
지배주주지분	2,582	3,617	3,591	3,584	3,483	3,671

기업가치 지표

항목	2012	2013	2014	2015	2016	2017
주가(최고/저)(천원)	21.7/6.8	20.3/10.3	13.5/7.1	14.4/7.7	12.1/7.6	19.6/10.6
PER(최고/저)(배)	13.4/4.2	18.0/9.2	704.0/371.6	102.2/54.6	—/—	23.1/12.5
PBR(최고/저)(배)	2.0/0.6	1.6/0.8	1.1/0.6	1.1/0.6	1.0/0.6	1.5/0.8
EV/EBITDA(배)	6.7	4.2	4.3	2.9	5.6	7.7
EPS(원)	1,688	1,176	20	145	-248	855
BPS(원)	11,900	13,216	13,119	13,095	12,727	13,413
CFPS(원)	3,093	2,696	1,538	1,826	1,218	2,114
DPS(원)	—	100	100	100	100	—
EBITDAPS(원)	3,388	3,373	2,709	3,401	2,052	1,663

재무 비율
〈단위 : %〉

연도	영업이익률	순이익률	부채비율	차입금비율	ROA	ROE	유보율	자기자본비율	EBITDA마진율
2017	1.9	5.0	34.0	10.0	5.5	6.6	2,582.6	74.6	7.7
2016	2.9	-0.8	33.2	9.7	-0.8	-1.9	2,445.5	75.1	10.3
2015	8.3	1.3	32.2	8.9	1.4	1.1	2,518.9	75.7	16.5
2014	5.9	0.8	36.5	8.9	0.9	0.2	2,523.9	73.3	13.4

코리아에스이 (A101670)
KOREASE

업 종 : 건축자재
신용등급 : (Bond) — (CP) —
홈페이지 : www.korease.co.kr
본 사 : 경기도 광주시 오포읍 오포안로 46-10

시 장 : KOSDAQ
기업규모 : 벤처
연 락 처 : 031)766-4822

설 립 일	1995.01.27	종업원수	53명	대표이사	남홍기
상 장 일	2008.07.15	감사의견	적정(대주)	계 열	
결 산 기	12월	보 통 주		종속회사수	1개사
액 면 가	200원	우 선 주		구 상 호	

주주구성 (지분율,%)		출자관계 (지분율,%)		주요경쟁사 (외형,%)	
에스이	25.4	아즈텍	50.5	코리아에스이	100
남진기	6.8			이건홀딩스	1,329
(외국인)	27.4			덕신하우징	808

매출구성		비용구성		수출비중	
PAP 옹벽공사	41.3	매출원가율	79.1	수출	5.0
교량시공	20.3	판관비율	26.0	내수	95.0
타이케이블 외	19.0				

회사 개요
동사는 일본의 SE사와 기술제휴로 국내에 영구앵커, 타이케이블, 교량용케이블, PAP옹벽공법, 케이슨듣고리등의 신 제품을 출시하여 영구적인 사면안정공법을 보급하고 있음. 주력 제품에 해당하는 SEEE 영구앵커, 타이케이블, 케이슨듣고리, 교량용 케이블은 주로, 교량, 철도, 해운, 항만 등 SOC 건설시에 필수적인 건축자재로 정부의 SOC 예산집행의 특성상 3분기 이후에 매출이 집중됨. 2012년 4월 당진공장을 취득하여 설비 확장을 모색함.

실적 분석
동사의 연결기준 2017년 누적 매출액은 전년동기 대비 6.1% 증가한 155.8억원을 기록하였음. SOC사업 축소로 인하여 이익률이 감소하여 영업손실을 기록함. 그러나 자회사 염가매수 차익에 따라 당기순이익은 크게 증가하였음. 수주잔고는 앵커자재 2억, 교량용케이블 시공 20억, PAP패널 및 PAP 옹벽공사 수주잔고가 50억원, 기타공사 2억 합계 수주잔고가 74억원임.

현금 흐름
〈단위 : 억원〉

항목	2016	2017
영업활동	15	37
투자활동	21	-6
재무활동	-16	-7
순현금흐름	20	23
기말현금	71	94

시장 대비 수익률
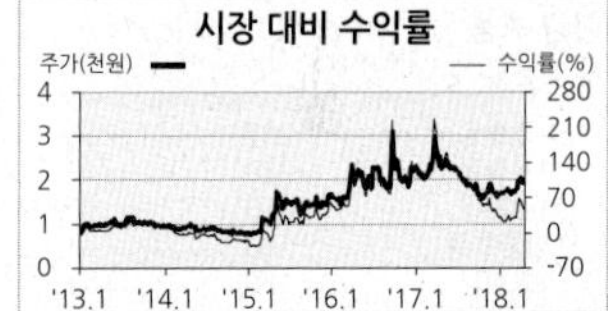

결산 실적
〈단위 : 억원〉

항목	2012	2013	2014	2015	2016	2017
매출액	150	153	101	136	147	156
영업이익	13	16	-3	9	9	-8
당기순이익	19	12	5	10	9	37

분기 실적
〈단위 : 억원〉

항목	2016.3Q	2016.4Q	2017.1Q	2017.2Q	2017.3Q	2017.4Q
매출액	42	—	—	33	40	—
영업이익	1	—	—	-4	-5	—
당기순이익	2	—	—	42	-5	—

재무 상태
〈단위 : 억원〉

항목	2012	2013	2014	2015	2016	2017
총자산	324	328	323	331	323	415
유형자산	89	88	100	98	94	177
무형자산	4	4	4	1	1	2
유가증권	29	19	35	36	14	10
총부채	35	32	27	28	24	35
총차입금	—	—	—	—	—	—
자본금	38	38	38	38	38	38
총자본	289	296	296	303	298	380
지배주주지분	289	296	296	303	298	331

기업가치 지표

항목	2012	2013	2014	2015	2016	2017
주가(최고/저)(천원)	1.2/0.8	1.2/0.8	1.0/0.8	1.9/0.8	3.6/1.5	3.0/1.6
PER(최고/저)(배)	13.6/8.5	19.6/14.0	42.5/32.7	38.3/15.4	76.9/30.9	14.8/7.7
PBR(최고/저)(배)	0.8/0.5	0.8/0.5	0.6/0.5	1.1/0.5	2.1/0.9	1.6/0.8
EV/EBITDA(배)	6.5	5.0	13.7	14.7	18.1	42.4
EPS(원)	101	64	25	51	48	203
BPS(원)	4,103	4,197	4,185	4,286	1,726	1,898
CFPS(원)	292	193	159	239	97	277
DPS(원)	80	80	30	60	40	10
EBITDAPS(원)	218	241	58	226	98	31

재무 비율
〈단위 : %〉

연도	영업이익률	순이익률	부채비율	차입금비율	ROA	ROE	유보율	자기자본비율	EBITDA마진율
2017	-5.2	23.5	9.3	0.0	10.0	12.2	849.1	91.5	3.8
2016	6.3	6.2	8.2	0.0	2.8	3.0	762.8	92.4	12.7
2015	6.4	7.1	9.2	0.0	3.0	3.2	757.2	91.6	12.5
2014	-3.0	4.6	9.3	0.0	1.4	1.6	737.0	91.5	4.3

코리아에프티 (A123410)

KOREA FUEL-TECH

업 종 : 자동차부품 | 시 장 : KOSDAQ
신용등급 : (Bond) — (CP) — | 기업규모 : 우량
홈페이지 : www.kftec.com | 연 락 처 : 070)7093-1500
본 사 : 경기도 안성시 원곡면 섬바위길 23

설 립 일	2010.02.24	**종 업 원 수**	545명	**대 표 이 사**	오원석
상 장 일	2010.08.27	**감 사 의 견**	적정(안진)	**계 열**	
결 산 기	12월	**보 통 주**		**종속회사수**	5개사
액 면 가	100원	**우 선 주**		**구 상 호**	

주주구성 (지분율,%)		출자관계 (지분율,%)		주요경쟁사 (외형,%)	
S.I.S SRL	34.9	KFTP	100.0	코리아에프티	100
김재년	16.1	KFTI	100.0	삼원강재	79
(외국인)	36.9	BKFTC	87.5	코프라	39

매출구성		비용구성		수출비중	
CANISTER	43.8	매출원가율	85.6	수출	68.0
FILLER NECK	29.3	판관비율	14.1	내수	32.0
의장부품	24.8				

회사 개요

동사는 1996년 7월 데이코코리아로 설립한 가공전문 부품업체로, 연료계통부품과 의장부품을 생산함. 주요 거래처로는 현대 기아차, GM, 르노 등이 있음. 동사는 2011년 말 해외 법인의 설비 투자가 완료되면서 2012년부터 본격적으로 글로벌 완성차 업체에 납품을 하게 됨. 연결대상 종속법인으로는 중국, 인도, 폴란드, 슬로바키아 소재의 해외 법인 5개를 보유함.

실적 분석

동사의 2017년 연간 매출액은 전년동기대비 5.1% 하락한 3,481.3억원을 기록하였음. 비용면에서 전년동기대비 매출원가는 감소 하였으며 인건비는 증가 했고 기타판매비와관리비는 증가함. 주춤한 모습의 매출액에 의해 전년동기대비 영업이익은 10억원으로 93.9% 크게 하락 하였음. 최종적으로 전년동기대비 당기순이익은 크게 하락하여 22.9억원을 기록함. 비영업손익의 흑자전환은 긍정적임.

현금 흐름

<단위 : 억원>

항목	2016	2017
영업활동	203	265
투자활동	-383	-342
재무활동	153	90
순현금흐름	-36	3
기말현금	159	162

시장 대비 수익률

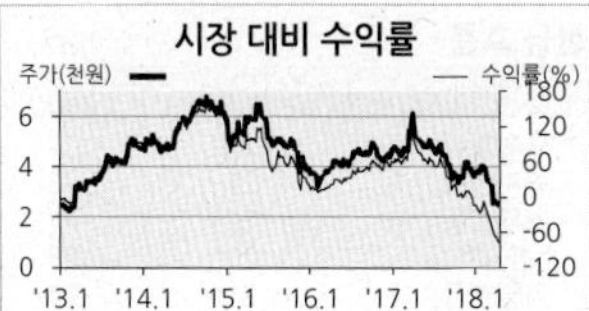

결산 실적

<단위 : 억원>

항목	2012	2013	2014	2015	2016	2017
매출액	2,404	2,622	2,759	3,106	3,667	3,481
영업이익	177	233	234	138	164	10
당기순이익	180	181	183	153	125	23

분기 실적

<단위 : 억원>

항목	2016.3Q	2016.4Q	2017.1Q	2017.2Q	2017.3Q	2017.4Q
매출액	840	950	994	787	807	894
영업이익	2	55	35	-9	-3	-13
당기순이익	5	41	15	10	9	-11

재무 상태

<단위 : 억원>

항목	2012	2013	2014	2015	2016	2017
총자산	1,780	2,009	2,363	2,689	3,041	3,271
유형자산	605	798	1,025	1,155	1,366	1,583
무형자산	61	67	78	82	86	94
유가증권	1	3	3	3	3	3
총부채	1,005	1,061	1,266	1,487	1,786	2,046
총차입금	542	581	619	619	804	1,003
자본금	27	28	28	28	28	28
총자본	775	948	1,096	1,202	1,255	1,225
지배주주지분	732	900	1,041	1,141	1,191	1,162

기업가치 지표

항목	2012	2013	2014	2015	2016	2017
주가(최고/저)(천원)	4.0/2.3	5.2/2.2	6.8/4.5	6.5/3.7	5.0/3.2	6.1/3.4
PER(최고/저)(배)	7.5/4.2	9.5/4.1	12.2/8.2	13.7/7.8	12.8/8.3	86.2/47.5
PBR(최고/저)(배)	1.6/0.9	1.7/0.7	2.0/1.3	1.7/1.0	1.2/0.8	1.5/0.8
EV/EBITDA(배)	3.8	5.0	6.1	6.1	6.5	10.5
EPS(원)	627	612	605	506	403	72
BPS(원)	2,938	3,355	3,740	4,100	4,276	4,172
CFPS(원)	968	1,023	1,017	958	934	692
DPS(원)	150	120	130	110	110	60
EBITDAPS(원)	991	1,252	1,251	949	1,121	656

재무 비율

<단위 : %>

연도	영업이익률	순이익률	부채비율	차입금비율	ROA	ROE	유보율	자기자본비율	EBITDA마진율
2017	0.3	0.7	167.1	81.9	0.7	1.7	4,072.3	37.4	5.3
2016	4.5	3.4	142.3	64.1	4.4	9.6	4,176.4	41.3	8.5
2015	4.5	4.9	123.7	51.5	6.1	12.9	3,999.9	44.7	8.5
2014	8.5	6.6	115.5	56.5	8.4	17.4	3,640.1	46.4	12.6

코리아오토글라스 (A152330)

KOREA AUTO GLASS CO

업 종 : 자동차부품 | 시 장 : 거래소
신용등급 : (Bond) — (CP) — | 기업규모 : 시가총액 소형주
홈페이지 : kac.kccworld.co.kr | 연 락 처 : 044)860-5000
본 사 : 세종시 전의면 산단길 134

설 립 일	2000.08.30	**종 업 원 수**	642명	**대 표 이 사**	우종철
상 장 일	2015.12.29	**감 사 의 견**	적정(삼정)	**계 열**	
결 산 기	12월	**보 통 주**		**종속회사수**	
액 면 가	5,000원	**우 선 주**		**구 상 호**	

주주구성 (지분율,%)		출자관계 (지분율,%)		주요경쟁사 (외형,%)	
정몽익	25.0			코리아오토글라스	100
케이씨씨	19.9			한라홀딩스	195
(외국인)	14.4			세방전지	235

매출구성		비용구성		수출비중	
접합유리	55.8	매출원가율	77.9	수출	51.3
강화유리(제품)	43.4	판관비율	11.0	내수	48.7
강화유리(상품)	0.5				

회사 개요

동사는 KCC와 일본 AGC의 합작으로 2000년 8월 설립되어 자동차용 안전유리 제조, 판매, 수출업을 영위하고 있음. 2017년 1분기 기준 고객 비중은 현대차 33%, 기아차 20%, 현대글로비스 11%, 한국GM 11%임. 동사의 매출비중은 자동차안전유리 88%, 콘크리트파일 12%로 구성되어 있음. 동사는 국내 납품 위주에서 2009년 유럽, 2010년 미국, 러시아 생산거점으로 공급 확대중에 있음

실적 분석

동사의 2017년 결산 매출액은 4,712억원, 영업이익 525억원, 순이익 448억원의 실적을 거둠. 2016년 대비 매출은 7.3%, 영업이익은 11.7%, 순이익은 6.1% 증가함. 최근 5년 동안 한 번도 성장 추세가 꺾인 적이 없음. 재무구조도 안정적. 2016년 말 삼부건설공업 인수 과정에서 차입금이 역대 최대 규모인 800억원까지 증가했지만 현금성자산이 전체 차입금보다 많은 1,167억원에 달해 순차입금은 마이너스(-) 상태임.

현금 흐름 *IFRS 별도 기준

<단위 : 억원>

항목	2016	2017
영업활동	453	1,027
투자활동	-807	-1,128
재무활동	459	100
순현금흐름	105	-1
기말현금	195	195

시장 대비 수익률

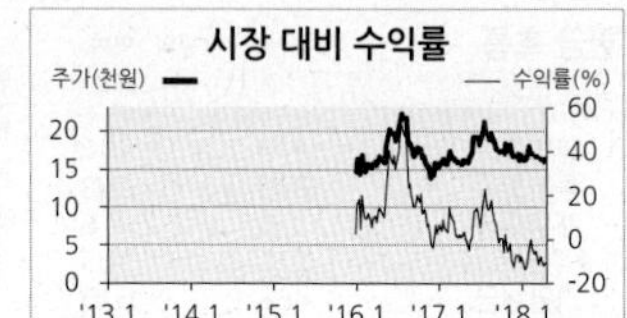

결산 실적

<단위 : 억원>

항목	2012	2013	2014	2015	2016	2017
매출액	3,904	3,900	4,297	4,371	4,402	4,721
영업이익	303	222	296	359	470	525
당기순이익	269	182	275	334	422	448

분기 실적 *IFRS 별도 기준

<단위 : 억원>

항목	2016.3Q	2016.4Q	2017.1Q	2017.2Q	2017.3Q	2017.4Q
매출액	938	1,199	1,280	1,289	1,096	1,056
영업이익	69	117	171	193	89	73
당기순이익	60	120	139	133	77	98

재무 상태 *IFRS 별도 기준

<단위 : 억원>

항목	2012	2013	2014	2015	2016	2017
총자산	3,601	3,612	3,740	3,918	4,839	5,238
유형자산	2,413	2,291	2,333	2,381	2,713	2,685
무형자산	18	19	17	23	245	231
유가증권	0	1	1	3	37	66
총부채	1,470	1,497	1,554	1,539	2,046	2,056
총차입금	640	345	281	141	620	800
자본금	1,000	1,000	1,000	1,000	1,000	1,000
총자본	2,131	2,114	2,186	2,379	2,793	3,182
지배주주지분	2,131	2,114	2,186	2,379	2,793	3,182

기업가치 지표 *IFRS 별도 기준

항목	2012	2013	2014	2015	2016	2017
주가(최고/저)(천원)	—/—	—/—	—/—	14.6/12.7	22.3/13.4	21.6/15.4
PER(최고/저)(배)	0.0/0.0	0.0/0.0	0.0/0.0	9.4/8.2	11.3/6.8	10.0/7.2
PBR(최고/저)(배)	0.0/0.0	0.0/0.0	0.0/0.0	1.3/1.1	1.7/1.0	1.4/1.0
EV/EBITDA(배)	1.2	0.7	0.5	5.2	5.0	3.8
EPS(원)	1,344	911	1,376	1,669	2,110	2,238
BPS(원)	10,656	10,572	10,930	11,895	13,964	15,910
CFPS(원)	2,359	2,099	2,576	2,922	3,339	3,513
DPS(원)	—	—	—	100	400	700
EBITDAPS(원)	2,531	2,300	2,682	3,046	3,579	3,901

재무 비율

<단위 : %>

연도	영업이익률	순이익률	부채비율	차입금비율	ROA	ROE	유보율	자기자본비율	EBITDA마진율
2017	11.1	9.5	64.6	25.1	8.9	15.0	218.2	60.7	16.5
2016	10.7	9.6	73.3	22.2	9.6	16.3	179.3	57.7	16.3
2015	8.2	7.6	64.7	5.9	8.7	14.6	137.9	60.7	13.9
2014	6.9	6.4	71.1	12.8	7.5	12.8	118.6	58.5	12.5

코리안리재보험 (A003690)

Korean Reinsurance

업 종 : 보험
신용등급 : (Bond) — (CP) —
홈페이지 : www.koreanre.co.kr
본 사 : 서울시 종로구 종로5길 68(수송동) 코리안리빌딩
시 장 : 거래소
기업규모 : 시가총액 중형주
연 락 처 : 02)3702-6000

설 립 일	1963.03.19	**종업원수**	328명	**대표이사**	원종규
상 장 일	1969.12.22	**감사의견**	적정(한영)	**계 열**	
결 산 기	12월	**보 통 주**		**종속회사수**	2개사
액 면 가	500원	**우 선 주**		**구 상 호**	

주주구성 (지분율,%)		출자관계 (지분율,%)		주요경쟁사 (외형,%)	
국민연금기금	7.4	VIG제2호PEF	14.9	코리안리	100
KB자산운용	6.1	VIG제3-1호PEF	11.9	메리츠화재	89
(외국인)	39.7	Ramayana	10.0	동양생명	71

수익구성		비용구성		수출비중	
[손해보험]장기	24.8	책임준비금전입	1.2	수출	—
[손해보험]특종	22.4	보험금비용	56.3	내수	—
[손해보험]외국수재	21.8	사업비	14.1		

회사 개요

1963년 대한손해보험공사로 설립된 동사는 1978년 주식회사로 전환해 2002년 현재의 사명으로 변경함. 동사가 영위하는 재보험업은 보험회사가 인수한 계약의 일부를 다른 보험회사에 넘기는 것으로 '보험을 위한 보험'이라고 불림. 재보험업은 기업 고객이 많아 개인고객 위주의 원수보험 시장보다 경기변동에 대한 민감도가 상대적으로 낮음. 동사의 연결대상 종속회사는 홍콩과 영국의 현지법인 2개사임.

실적 분석

동사는 지난해 연결기준 순이익이 1,328억원으로 전년 대비 17% 감소하였음. 이 기간 매출액은 7조 2,033억원으로 7.8% 늘어난 반면 영업이익은 1,773억원으로 14.4% 감소하였음. 오랜 재보험 노하우를 바탕으로 국내 대형 위험 및 신위험에 대한 인수능력 제공, 해외 재보험 네트워크를 기반으로 한 국내시장 안정화, 신상품/신시장 개발 등의 기술력 확보 등 주요 재보험자로서의 역할 증대되고 있음.

현금 흐름

〈단위 : 억원〉

항목	2016	2017
영업활동	4,171	5,596
투자활동	-3,692	-5,790
재무활동	-504	-475
순현금흐름	-27	-643
기말현금	1,936	1,293

시장 대비 수익률

결산 실적

〈단위 : 억원〉

항목	2012	2013	2014	2015	2016	2017
보험료수익	56,455	45,664	59,895	63,844	66,845	72,081
영업이익	1,865	1,646	1,584	2,453	2,072	1,756
당기순이익	1,412	1,239	1,175	1,865	1,600	1,330

분기 실적

〈단위 : 억원〉

항목	2016.3Q	2016.4Q	2017.1Q	2017.2Q	2017.3Q	2017.4Q
보험료수익	16,336	16,841	16,943	18,752	17,937	18,448
영업이익	401	231	524	1,272	308	-347
당기순이익	303	206	395	964	233	-262

재무 상태

〈단위 : 억원〉

항목	2012	2013	2014	2015	2016	2017
총자산	73,061	76,200	84,639	89,785	95,811	100,653
유형자산	794	794	826	809	811	794
무형자산	159	160	365	288	233	180
유가증권	25,635	27,297	32,413	39,293	42,873	43,417
총부채	58,933	61,691	66,249	69,617	74,695	79,023
총차입금	—	—	—	—	—	—
자본금	591	591	602	602	602	602
총자본	14,128	14,509	18,390	20,168	21,116	21,630
지배주주지분	14,128	14,509	18,390	20,168	21,116	21,630

기업가치 지표

항목	2012	2013	2014	2015	2016	2017
주가(최고/저)(천원)	12.0/8.4	11.4/8.9	10.8/8.8	13.8/9.3	13.3/10.6	12.9/10.4
PER(최고/저)(배)	11.6/8.1	12.2/9.5	12.2/9.9	9.7/6.5	10.6/8.4	12.0/9.6
PBR(최고/저)(배)	1.1/0.8	1.0/0.8	0.8/0.6	0.9/0.6	0.8/0.6	0.7/0.6
PSR(최고/저)(배)	0/0	0/0	0/0	0/0	0/0	0/0
EPS(원)	1,173	1,029	976	1,549	1,330	1,105
BPS(원)	12,260	12,583	15,571	17,048	17,836	18,263
CFPS(원)	1,214	1,063	1,016	1,624	1,407	1,187
DPS(원)	250	185	225	350	325	300
EBITDAPS(원)	1,579	1,393	1,316	2,038	1,722	1,459

재무 비율

〈단위 : %〉

연도	계속사업이익률	순이익률	부채비율	차입금비율	ROA	ROE	유보율	자기자본비율	총자산증가율
2017	2.4	1.9	365.3	0.0	1.4	6.2	3,552.6	21.5	5.1
2016	3.1	2.4	353.7	0.0	1.7	7.8	3,467.2	22.0	6.7
2015	3.8	2.9	345.2	0.0	2.1	9.7	3,309.6	22.5	6.1
2014	2.6	2.0	360.3	0.0	1.5	7.1	3,014.2	21.7	15.9

코맥스 (A036690)

Commax

업 종 : 보안장비
신용등급 : (Bond) — (CP) —
홈페이지 : www.commax.com
본 사 : 경기도 성남시 중원구 둔촌대로 494 (상대원동)
시 장 : KOSDAQ
기업규모 : 중견
연 락 처 : 031)731-8791

설 립 일	1976.12.03	**종업원수**	223명	**대표이사**	변봉덕,변우석
상 장 일	2000.01.18	**감사의견**	적정(신정)	**계 열**	
결 산 기	12월	**보 통 주**		**종속회사수**	2개사
액 면 가	500원	**우 선 주**		**구 상 호**	

주주구성 (지분율,%)		출자관계 (지분율,%)		주요경쟁사 (외형,%)	
변봉덕	24.4	이니셜티	11.8	코맥스	100
변우석	8.5			코콤	102
(외국인)	3.0			슈프리마	34

매출구성		비용구성		수출비중	
홈네트워크(제품)	46.9	매출원가율	75.9	수출	23.6
비디오폰(제품)	34.2	판관비율	16.6	내수	76.4
인터폰(제품)	12.4				

회사 개요

홈오토메이션과 홈네트워크의 원천기술인 원격제어 기술, 자동화 기술, 통합제어 기술을 자체 개발한 세계 3위의 스마트홈 전문기업임. 주요 제품 및 서비스는 인터폰, 비디오폰, 홈 오토메이션 및 홈 네트워크 시스템, CCTV 시스템, 디지털도어락 등이 있으며, 현재 세계 120개 국가로 수출하고 있음. 스마트홈과 시큐리티를 연동하는 융복합 솔루션과 사람, 사물, 공간이 함께 어우러진 IoT 솔루션 부문에 향후 집중 투자할 계획임.

실적 분석

동사의 2017년 연결 기준 연간 누적 매출액은 전년 동기 대비 6.4% 증가한 1401.9억원을 기록함. 매출이 증가하면서 매출원가도 증가하고 무엇보다 판매비와 관리비가 매출 증가율 대비 대폭 늘면서 영업이익은 전년 동기 대비 오히려 8.4% 감소한 106.1억원을 시현함. 비영업손익 부문에서도 적자 전환하고 법인세 비용은 증가해 당기순이익은 전년 동기 대비 18.4% 감소한 73.2억원을 시현함.

현금 흐름

〈단위 : 억원〉

항목	2016	2017
영업활동	118	52
투자활동	-22	-35
재무활동	-27	-14
순현금흐름	66	-0
기말현금	94	94

시장 대비 수익률

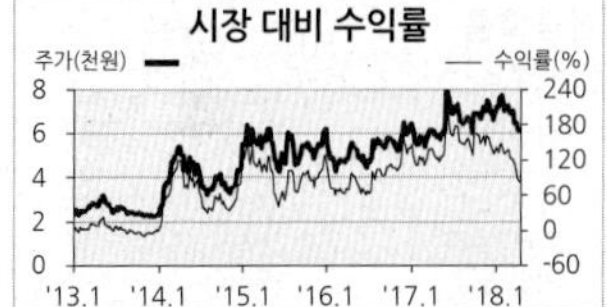

결산 실적

〈단위 : 억원〉

항목	2012	2013	2014	2015	2016	2017
매출액	885	1,012	1,096	1,143	1,318	1,402
영업이익	89	97	75	73	116	106
당기순이익	51	77	45	58	90	73

분기 실적

〈단위 : 억원〉

항목	2016.3Q	2016.4Q	2017.1Q	2017.2Q	2017.3Q	2017.4Q
매출액	303	370	317	330	354	401
영업이익	21	46	19	27	29	31
당기순이익	18	36	17	20	19	18

재무 상태

〈단위 : 억원〉

항목	2012	2013	2014	2015	2016	2017
총자산	773	835	857	891	968	1,049
유형자산	242	246	249	249	254	260
무형자산	32	33	40	39	40	37
유가증권	18	17	17	15	10	13
총부채	426	425	415	399	395	412
총차입금	268	194	130	97	87	68
자본금	66	66	66	67	69	70
총자본	347	410	442	493	573	637
지배주주지분	346	408	441	491	570	635

기업가치 지표

항목	2012	2013	2014	2015	2016	2017
주가(최고/저)(천원)	3.2/1.5	3.2/2.2	5.5/2.3	6.7/4.2	6.6/4.3	8.2/5.4
PER(최고/저)(배)	9.7/4.7	6.2/4.3	17.8/7.6	16.5/10.3	10.6/6.8	15.9/10.3
PBR(최고/저)(배)	1.4/0.7	1.1/0.8	1.8/0.7	1.9/1.2	1.6/1.0	1.8/1.2
EV/EBITDA(배)	5.8	4.9	9.9	10.5	6.7	7.5
EPS(원)	364	548	318	413	637	522
BPS(원)	2,716	3,190	3,435	3,738	4,245	4,624
CFPS(원)	468	662	435	570	783	681
DPS(원)	100	100	60	60	60	60
EBITDAPS(원)	760	814	665	684	977	916

재무 비율

〈단위 : %〉

연도	영업이익률	순이익률	부채비율	차입금비율	ROA	ROE	유보율	자기자본비율	EBITDA마진율
2017	7.6	5.2	64.6	10.7	7.3	12.1	824.7	60.8	9.2
2016	8.8	6.8	69.0	15.3	9.7	16.8	749.1	59.2	10.2
2015	6.4	5.1	80.9	19.7	6.7	12.4	647.6	55.3	8.1
2014	6.8	4.1	94.0	29.3	5.3	10.5	586.9	51.6	8.0

코메론 (A049430)
Komelon

업종 : 기계 | 시장 : KOSDAQ
신용등급 : (Bond) — (CP) — | 기업규모 : 우량
홈페이지 : www.komelon.co.kr | 연락처 : 051)290-3100
본사 : 부산시 사하구 장평로 73 (장림동)

설립일	1983.01.25	**종업원수**	97명	**대표이사**	강동헌
상장일	2000.12.30	**감사의견**	적정(한울)	**계열**	
결산기	12월	**보통주**		**종속회사수**	3개사
액면가	500원	**우선주**		**구상호**	

주주구성 (지분율,%)		출자관계 (지분율,%)		주요경쟁사 (외형,%)	
강동헌	38.1	시몬스아이케이	100.0	코메론	100
시너지아이비투자	5.4	청도정도공구유한공사	100.0	신진에스엠	83
(외국인)	5.1	K-USA	100.0	동양물산	546

매출구성		비용구성		수출비중	
STEEL POCKET TAPE,STEEL LONG TAPE 등	76.1	매출원가율	58.2	수출	65.2
PISTON HOUSING 외	11.6	판관비율	20.3	내수	34.8
특수강, 스텐강	6.6				

회사 개요

동사는 출자사업, 압연사업, 자동차부품사업을 주력으로 하는 기업임. 1963년 설립돼 2001년 한국거래소 코스닥시장에 상장함. 중국에 위치한 청도정도공구유한공사, 미국에 위치한 KOMELON USA와 SIMMONS USA, 부산에 위치한 시몬스아이케이주식회사 등을 연결대상 종속회사로 보유하고 있음. 매출은 출자 77.3%, 압연 7.9%, 자동차부품 9.3%, 톱 3.1%, 기타 2.4%로 구성

실적 분석

동사의 2017년 4/4분기 연결기준 누적매출액은 684.5억원으로 전년동기 대비 0.7% 감소했음. 외형축소에도 불구하고 매출원가가 전년동기 405.3억원에서 398.2억원으로 감소함에 따라 영업이익은 전년동기 대비 0.5% 증가한 147.3억원을 시현했음. 그러나 비영업부문에서 21.9억원의 손실을 기록해, 이익폭이 축소됨에 따라 당기순이익은 전년동기 대비 25.5% 감소한 95.0억원을 기록했음.

현금 흐름 <단위 : 억원>

항목	2016	2017
영업활동	173	117
투자활동	-132	-63
재무활동	68	-33
순현금흐름	104	11
기말현금	184	195

시장 대비 수익률

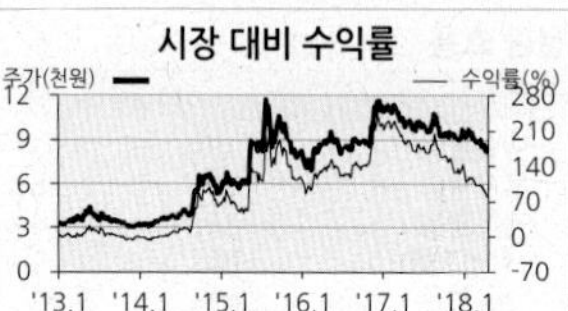

결산 실적 <단위 : 억원>

항목	2012	2013	2014	2015	2016	2017
매출액	647	573	620	679	689	685
영업이익	74	75	100	134	147	147
당기순이익	71	51	79	122	127	95

분기 실적 <단위 : 억원>

항목	2016.3Q	2016.4Q	2017.1Q	2017.2Q	2017.3Q	2017.4Q
매출액	173	157	174	203	159	149
영업이익	46	19	41	59	30	18
당기순이익	28	29	21	47	27	-0

재무 상태 <단위 : 억원>

항목	2012	2013	2014	2015	2016	2017
총자산	957	1,025	1,104	1,165	1,367	1,391
유형자산	236	207	206	195	187	185
무형자산	37	35	37	36	34	33
유가증권	106	116	198	304	314	383
총부채	180	198	213	159	242	198
총차입금	84	87	114	39	118	96
자본금	45	45	45	45	45	45
총자본	776	828	891	1,006	1,125	1,193
지배주주지분	776	828	891	1,006	1,125	1,193

기업가치 지표

항목	2012	2013	2014	2015	2016	2017
주가(최고/저)(천원)	5.4/3.0	4.4/3.0	6.8/3.1	11.7/5.5	11.9/6.9	11.7/9.0
PER(최고/저)(배)	7.6/4.2	8.3/5.8	8.2/3.8	9.0/4.3	8.7/5.0	11.3/8.7
PBR(최고/저)(배)	0.7/0.4	0.5/0.4	0.7/0.3	1.1/0.5	1.0/0.6	0.9/0.7
EV/EBITDA(배)	1.8	0.7	2.5	2.6	3.1	1.9
EPS(원)	779	569	874	1,349	1,409	1,050
BPS(원)	8,630	9,198	9,899	11,168	12,487	13,239
CFPS(원)	999	835	1,150	1,646	1,686	1,331
DPS(원)	65	50	150	120	160	130
EBITDAPS(원)	1,035	1,092	1,378	1,773	1,897	1,909

재무 비율 <단위 : %>

연도	영업이익률	순이익률	부채비율	차입금비율	ROA	ROE	유보율	자기자본비율	EBITDA마진율
2017	21.5	13.9	16.6	8.1	6.9	8.2	2,547.7	85.8	25.2
2016	21.3	18.5	21.5	10.5	10.1	12.0	2,397.4	82.3	24.9
2015	19.7	18.0	15.8	3.9	10.8	12.9	2,133.6	86.3	23.6
2014	16.1	12.7	23.9	12.8	7.4	9.2	1,879.8	80.7	20.1

코미코 (A183300)
KoMiCo

업종 : 반도체 및 관련장비 | 시장 : KOSDAQ
신용등급 : (Bond) — (CP) — | 기업규모 : 벤처
홈페이지 : www.komico.com | 연락처 : 031)8056-5800
본사 : 경기도 안성시 모산로 8(신모산동)

설립일	2013.08.13	**종업원수**	352명	**대표이사**	김태룡
상장일	2017.03.23	**감사의견**	적정(다산)	**계열**	
결산기	12월	**보통주**		**종속회사수**	4개사
액면가	500원	**우선주**		**구상호**	

주주구성 (지분율,%)		출자관계 (지분율,%)		주요경쟁사 (외형,%)	
미코	39.9			코미코	100
JF Asset Management Limited	4.2			SKC 솔믹스	106
(외국인)	25.7			프로텍	120

매출구성		비용구성		수출비중	
세정	49.2	매출원가율	52.1	수출	1.7
코팅	37.8	판관비율	26.7	내수	98.3
상품 부품	8.7				

회사 개요

동사는 2013년 주식회사 코미코에서 물적분할을 통해 신설된 회사임. 존속회사(주식회사 미코)의 반도체 부품 세정, 코팅 사업부문의 독립성과 전문성을 극대화하는 것을 목적으로 함. 20년전 국내 최초의 세정, 코팅 전문 서비스 제공을 사업화하여, 최적의 솔루션을 제시함. 한국, 미국, 중국, 대만, 싱가포르 등 반도체 최고 국가에서 Major 고객에게 서비스를 제공하며, 각지에 현지법인을 설립하여 네트워크 확장 가능성을 보유하고 있음.

실적 분석

동사의 2017년도 연결기준 연간 매출액은 1,250.6억원으로 전년대비 33.1% 증가함. 전방산업의 경기호조와 신규코팅 기술을 기반으로 국내외 법인 모두에서 매출 증가, 안정적 수익을 유지함. 신규사업으로 반도체, 태양광, 디스플레이 산업부문의 정밀 세정과 특수 코팅, 반도체 부품 판매사업을 추진 중에 있음. 관련 기술 진행을 위해 약 17억원을 투자, 2017년 6월 생산라인 건설을 완료함.

현금 흐름 <단위 : 억원>

항목	2016	2017
영업활동	153	270
투자활동	-36	-131
재무활동	-40	69
순현금흐름	68	189
기말현금	250	440

시장 대비 수익률

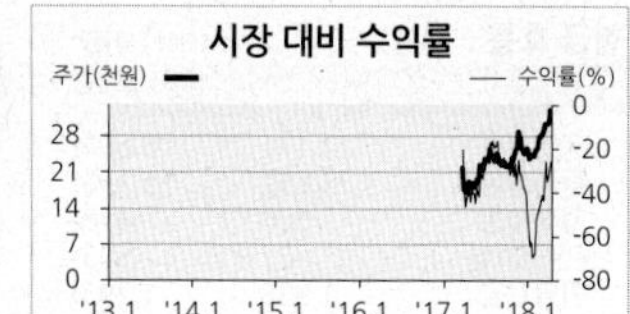

결산 실적 <단위 : 억원>

항목	2012	2013	2014	2015	2016	2017
매출액	—	287	706	842	940	1,251
영업이익	—	12	72	141	177	265
당기순이익	—	2	22	74	108	188

분기 실적 <단위 : 억원>

항목	2016.3Q	2016.4Q	2017.1Q	2017.2Q	2017.3Q	2017.4Q
매출액	226	248	266	299	330	355
영업이익	42	49	49	71	87	58
당기순이익	25	30	31	49	64	44

재무 상태 <단위 : 억원>

항목	2012	2013	2014	2015	2016	2017
총자산	—	656	767	827	932	1,211
유형자산	—	383	435	435	436	494
무형자산	—	3	4	4	3	6
유가증권	—	—	—	—	—	—
총부채	—	437	520	505	530	491
총차입금	—	320	380	313	307	189
자본금	—	35	35	35	35	44
총자본	—	219	247	322	402	720
지배주주지분	—	205	232	304	381	697

기업가치 지표

항목	2012	2013	2014	2015	2016	2017
주가(최고/저)(천원)	—/—	—/—	—/—	—/—	—/—	28.9/16.1
PER(최고/저)(배)	0.0/0.0	0.0/0.0	0.0/0.0	0.0/0.0	0.0/0.0	13.5/7.5
PBR(최고/저)(배)	0.0/0.0	0.0/0.0	0.0/0.0	0.0/0.0	0.0/0.0	3.7/2.1
EV/EBITDA(배)	0.0	10.1	2.5	0.7	0.3	6.4
EPS(원)	—	28	297	1,022	1,515	2,170
BPS(원)	—	2,932	3,311	4,343	5,446	7,948
CFPS(원)	—	197	837	1,691	2,143	2,749
DPS(원)	—	—	—	—	462	330
EBITDAPS(원)	—	348	1,566	2,677	3,161	3,677

재무 비율 <단위 : %>

연도	영업이익률	순이익률	부채비율	차입금비율	ROA	ROE	유보율	자기자본비율	EBITDA마진율
2017	21.2	15.1	68.2	26.3	17.6	34.4	1,489.7	59.4	25.1
2016	18.9	11.5	132.0	76.4	12.2	31.0	989.3	43.1	23.5
2015	16.7	8.8	156.9	97.1	9.3	26.7	768.7	38.9	22.3
2014	10.2	3.2	210.8	154.2	3.1	9.5	562.1	32.2	15.5

코미팜 (A041960)
Komipharm International

업　　종 : 제약　　　　　　　　시　　장 : KOSDAQ
신용등급 : (Bond) —　(CP) —　　기업규모 : 벤처
홈페이지 : www.komipharm.com　　연 락 처 : 031)498-6104
본　　사 : 경기도 시흥시 경제로 17 (정왕동)

설 립 일	1972.09.21	**종 업 원 수**	164명	**대 표 이 사**	양용진,문성철
상 장 일	2001.10.19	**감 사 의 견**	적정(삼덕)	**계　　열**	
결 산 기	12월	**보 통 주**		**종속회사수**	2개사
액 면 가	100원	**우 선 주**		**구 상 호**	

주주구성 (지분율,%)		출자관계 (지분율,%)		주요경쟁사 (외형,%)	
양용진	29.3	에프브이씨	36.4	코미팜	100
황부연	5.7	K.I.A,	100.0	한미사이언스	1,780
(외국인)	3.0	K.I.AU,	71.2	한미약품	2,502

매출구성		비용구성		수출비중	
기타	55.4	매출원가율	68.4	수출	39.0
돼지구제역예방백신(백신)	23.3	판관비율	32.1	내수	61.0
돼지PCV2예방유전자재조합백신(백신)	10.4				

회사 개요

동사는 1972년 9월 설립되었으며 2001년 10월 코스닥시장에 상장됨. 동물용 백신 등 동물약품을 생산 판매하고 임상병리검사 분석 대행 서비스업을 영위하고 있음. 동물의약품 사업 부문이외에 신규 사업으로 항암제 및 암성통증 치료제인 코미녹스(KML001)를 개발하고 있음. 2016년 8월 호주에서 코미녹스의 판매 허가를 받음.2016년 기준 연구개발비용은 25.6억원으로 매출액 대비 6.6%를 차지함.

실적 분석

동사의 2017년 연간 매출액은 전년동기대비 2.6% 소폭 변동한 366.4억원을 기록하였음. 비용면에서 전년동기대비 매출원가는 감소 하였으며 인건비는 증가 했고 광고선전비도 증가, 기타판매비와관리비는 증가함. 주춤한 모습의 매출액에 의해 전년동기대비 영업손실은 1.5억원으로 적자전환 하였음. 최종적으로 전년동기대비 당기순손실은 적자전환하여 52억원을 기록함.

현금 흐름 〈단위 : 억원〉

항목	2016	2017
영업활동	12	2
투자활동	-66	8
재무활동	190	3
순현금흐름	140	7
기말현금	268	276

시장 대비 수익률

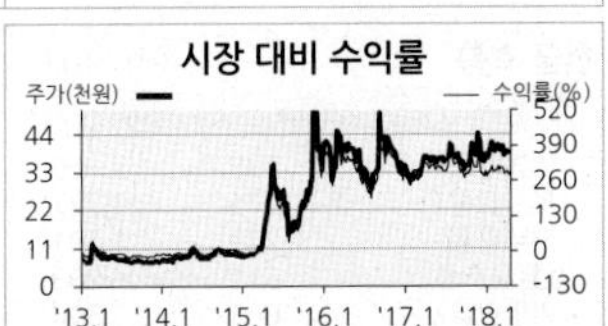

결산 실적 〈단위 : 억원〉

항목	2012	2013	2014	2015	2016	2017
매출액	221	265	345	364	376	366
영업이익	7	5	2	-6	6	-1
당기순이익	10	-1	-21	-65	2	-52

분기 실적 〈단위 : 억원〉

항목	2016.3Q	2016.4Q	2017.1Q	2017.2Q	2017.3Q	2017.4Q
매출액	77	107	83	96	82	105
영업이익	-0	-1	3	-2	1	-4
당기순이익	-8	-0	-0	0	1	-53

재무 상태 〈단위 : 억원〉

항목	2012	2013	2014	2015	2016	2017
총자산	770	1,088	1,244	1,334	1,498	1,493
유형자산	311	550	612	661	720	703
무형자산	61	98	155	190	209	140
유가증권	2	102	102	52	2	2
총부채	364	641	712	573	505	420
총차입금	318	538	642	486	453	373
자본금	50	50	52	54	55	55
총자본	406	447	532	761	993	1,073
지배주주지분	406	447	532	761	932	1,013

기업가치 지표

항목	2012	2013	2014	2015	2016	2017
주가(최고/저)(천원)	11.5/7.5	12.2/6.6	11.0/7.3	54.7/8.5	50.2/26.0	45.0/29.5
PER(최고/저)(배)	568.5/370.8	—/—	—/—	—/—	9,454.1/4,896.6	—/—
PBR(최고/저)(배)	13.6/8.9	13.2/7.2	10.4/6.9	38.8/6.0	29.4/15.2	24.4/16.0
EV/EBITDA(배)	287.1	274.2	234.9	1,031.5	491.4	631.6
EPS(원)	20	-2	-42	-124	5	-93
BPS(원)	846	923	1,062	1,408	1,711	1,845
CFPS(원)	36	19	-4	-74	66	-29
DPS(원)	—	—	—	—	—	—
EBITDAPS(원)	30	30	42	39	72	61

재무 비율 〈단위 : %〉

연도	영업이익률	순이익률	부채비율	차입금비율	ROA	ROE	유보율	자기자본비율	EBITDA마진율
2017	-0.4	-14.2	39.1	34.8	-3.5	-5.2	1,744.9	71.9	9.2
2016	1.6	0.6	50.9	45.7	0.2	0.3	1,610.6	66.3	10.5
2015	-1.6	-18.0	75.2	63.9	-5.1	-10.1	1,308.2	57.1	5.7
2014	0.5	-6.2	134.0	120.7	-1.8	-4.4	961.9	42.7	6.2

코센 (A009730)
KOSSEN

업　　종 : 금속 및 광물　　　　시　　장 : KOSDAQ
신용등급 : (Bond) —　(CP) —　　기업규모 : 중견
홈페이지 : www.kossen.co.kr　　연 락 처 : 063)584-6464
본　　사 : 전북 부안군 행안면 부안농공단지길 29

설 립 일	1974.03.25	**종 업 원 수**	77명	**대 표 이 사**	이제원,박형채
상 장 일	1990.07.27	**감 사 의 견**	적정(신한)	**계　　열**	
결 산 기	12월	**보 통 주**		**종속회사수**	1개사
액 면 가	500원	**우 선 주**		**구 상 호**	DS제강

주주구성 (지분율,%)		출자관계 (지분율,%)		주요경쟁사 (외형,%)	
이제원	21.8	IZENENERJI	35.0	코센	100
현경식	0.7	이티에이치	34.4	NI스틸	263
(외국인)	1.9	울돌목	30.0	EG	286

매출구성		비용구성		수출비중	
스테인리스강관(제품)	86.6	매출원가율	89.9	수출	3.3
STS PIPE 외(기타)	13.4	판관비율	8.3	내수	96.7

회사 개요

1974년 설립되어 스테인리스 강관사업, 태양광 발전사업 및 케이블카사업을 영위하고 있음. 강관사업은 산업전반의 경기 변동과 밀접한 관계가 있으며, 특히 건설, 조선, 플랜트 산업의 경기와 밀접한 연관이 있음. 전남 고흥에 25㎿ 규모의 태양광발전소를고 1년 반 동안 운영하다가 2017년에 매각함. 진도와 해남을 잇는 울돌목해상케이블카 프로젝트를 추진중에 있음. 2017년말 2차전지 후공정 설비업체인 이티에이치를 인수하여 사업영역을 확장함.

실적 분석

스테인레스강관 제품 등의 수출은 감소하였으나, 거래처 다변화를 통한 국내 판매 확대로 2017년 연결기준 매출액은 전년 대비 6.2% 증가함. 주요 원재료인 니켈 가격 하락에 따른 원가율 개선으로 영업이익은 10.3억원의 흑자로 전환됨. 신사업 자금 확보를 위해 태양광 발전사업을 하는 코센케이에이치 주식 179만주(약 37억원)를 KDB인프라자산운용이 운영하는 펀드에 양도함. 주식과 부동산 처분으로 약 75억원의 이익이 발생하여 순이익도 급증함.

현금 흐름 〈단위 : 억원〉

항목	2016	2017
영업활동	29	-21
투자활동	-65	46
재무활동	36	-24
순현금흐름	0	1
기말현금	5	6

시장 대비 수익률

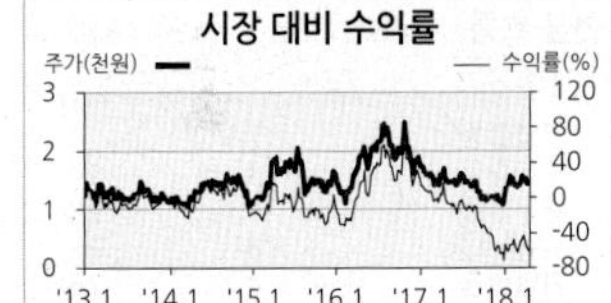

결산 실적 〈단위 : 억원〉

항목	2012	2013	2014	2015	2016	2017
매출액	575	548	606	578	539	573
영업이익	-32	18	8	17	-65	10
당기순이익	-71	9	12	11	-88	43

분기 실적 〈단위 : 억원〉

항목	2016.3Q	2016.4Q	2017.1Q	2017.2Q	2017.3Q	2017.4Q
매출액	238	53	150	133	144	146
영업이익	-6	-39	6	0	2	2
당기순이익	-9	-55	4	55	0	-15

재무 상태 〈단위 : 억원〉

항목	2012	2013	2014	2015	2016	2017
총자산	479	550	641	589	600	572
유형자산	98	105	136	99	89	81
무형자산	—	—	5	5	—	—
유가증권	0	0	12	27	27	45
총부채	353	355	404	344	363	279
총차입금	179	153	219	243	213	159
자본금	123	157	166	167	187	200
총자본	126	195	237	245	238	293
지배주주지분	126	195	234	245	238	293

기업가치 지표

항목	2012	2013	2014	2015	2016	2017
주가(최고/저)(천원)	1.8/0.6	1.5/1.0	1.6/1.0	2.1/1.1	2.5/1.1	1.8/1.0
PER(최고/저)(배)	—/—	54.3/36.1	37.5/23.9	61.6/33.7	—/—	16.8/9.4
PBR(최고/저)(배)	3.5/1.1	2.4/1.6	2.3/1.5	2.9/1.6	4.0/1.7	2.5/1.4
EV/EBITDA(배)	—	16.4	28.6	25.2	—	26.2
EPS(원)	-293	28	43	34	-235	108
BPS(원)	514	622	705	732	635	730
CFPS(원)	-240	61	77	65	-208	131
DPS(원)	—	—	—	—	—	—
EBITDAPS(원)	-81	90	59	81	-146	49

재무 비율 〈단위 : %〉

연도	영업이익률	순이익률	부채비율	차입금비율	ROA	ROE	유보율	자기자본비율	EBITDA마진율
2017	1.8	7.6	95.4	54.3	7.4	16.4	45.9	51.2	3.4
2016	-12.0	-16.3	152.6	89.5	-14.8	-36.4	27.0	39.6	-10.1
2015	2.9	1.9	140.3	99.3	1.8	4.7	46.5	41.6	4.7
2014	1.3	2.0	170.7	92.4	2.0	6.6	40.9	37.0	3.2

코셋 (A189350)

Coset

업　　종 : 통신장비
신용등급 : (Bond) —　　(CP) —
홈페이지 : www.coset.com
본　　사 : 광주시 북구 첨단벤처로 60번길 39(대촌동)

시　　장 : KONEX
기업규모 : —
연 락 처 : 062)975-8811

설 립 일	1999.10.11	**종 업 원 수**	104명	**대 표 이 사**	오치형,주관종
상 장 일	2013.12.24	**감 사 의 견**	적정(대주)	**계　　열**	
결 산 기	12월	**보 통 주**		**종속회사수**	
액 면 가	—	**우 선 주**		**구 상 호**	

주주구성 (지분율,%)		출자관계 (지분율,%)		주요경쟁사 (외형,%)	
오치형	41.3	CSLaserLiabilityPartnership	50.0	코셋	100
3S PHOTONICS	19.5			옵티시스	151
				텔레필드	316

매출구성		비용구성		수출비중	
Pump LD	100.0	매출원가율	70.0	수출	—
		판관비율	24.2	내수	—

회사 개요

1999년에 설립된 동사는 광통신에 사용되는 증폭기(Pump LD Module)를 Bonding & Packaging 하는 업체로 2013년 12월에 코넥스 시장에 상장됨. 동사의 주력 제품인 Pump LD(Laser Diode)는 광통신의 EDFA (Erbium-Doped Fiber Amplifier,어븀이 도핑된 광선로 증폭기)에 적용되어 손실된 광신호 복구에 사용되는 제품으로 광통신에 필수적 부품으로 자리잡고 있음.

실적 분석

동사의 2017년 결산 매출액은 118.4억원, 영업이익은 6.8억원, 당기순이익은 5.7억원 시현함. 광섬유 레이저 펌핑용 High Power Pump LD 모듈을 자체적으로 개발하여 현재 50W 수준의 시제품을 완성하였으며, 100W급의 펌프레이저 모듈을 개발하고 있음. 또한 기타 의료용 Tunable Laser(OCT용-Optical Coherent Tomography), Short Pulse Laser에 대한 신규 제품 개발 추진함.

현금 흐름 *IFRS 별도 기준 〈단위 : 억원〉

항목	2016	2017
영업활동	-7	8
투자활동	-11	-14
재무활동	—	28
순현금흐름	-18	22
기말현금	4	26

시장 대비 수익률

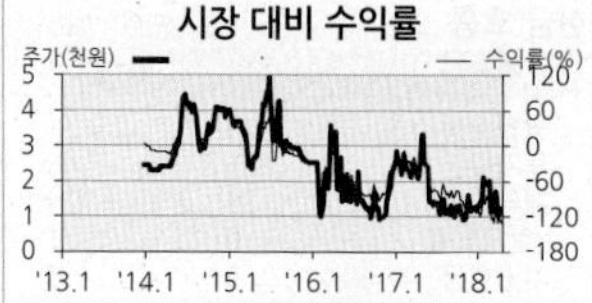

결산 실적 〈단위 : 억원〉

항목	2012	2013	2014	2015	2016	2017
매출액	87	98	82	84	108	118
영업이익	11	18	-39	4	3	7
당기순이익	13	16	-28	9	10	6

분기 실적 *IFRS 별도 기준 〈단위 : 억원〉

항목	2016.3Q	2016.4Q	2017.1Q	2017.2Q	2017.3Q	2017.4Q
매출액	—	—	—	—	—	—
영업이익	—	—	—	—	—	—
당기순이익	—	—	—	—	—	—

재무 상태 *IFRS 별도 기준 〈단위 : 억원〉

항목	2012	2013	2014	2015	2016	2017
총자산	106	131	145	147	164	216
유형자산	40	65	69	68	68	89
무형자산	0	0	—	—	0	0
유가증권	0	0	—	—	—	—
총부채	9	11	54	46	50	97
총차입금	—	—	40	30	30	58
자본금	20	20	20	20	20	20
총자본	98	120	91	101	113	120
지배주주지분	98	120	91	101	113	120

기업가치 지표 *IFRS 별도 기준

항목	2012	2013	2014	2015	2016	2017
주가(최고/저)(천원)	—/—	2.4/2.4	4.5/2.3	5.5/2.2	3.6/0.9	3.3/0.8
PER(최고/저)(배)	0.0/0.0	6.0/6.0	—/—	23.9/9.7	14.3/3.6	23.3/5.8
PBR(최고/저)(배)	0.0/0.0	0.8/0.8	2.0/1.0	2.2/0.9	1.3/0.3	1.1/0.3
EV/EBITDA(배)	—	4.1	—	13.1	17.5	7.1
EPS(원)	332	409	-711	230	248	143
BPS(원)	2,438	2,990	2,280	2,532	2,831	3,000
CFPS(원)	410	500	-578	334	355	250
DPS(원)	—	—	—	—	—	—
EBITDAPS(원)	364	549	-847	210	182	277

재무 비율 〈단위 : %〉

연도	영업이익률	순이익률	부채비율	차입금비율	ROA	ROE	유보율	자기자본비율	EBITDA마진율
2017	5.7	4.8	80.4	48.4	3.0	4.9	500.0	55.4	9.4
2016	2.8	9.2	44.4	26.5	6.4	9.3	466.1	69.3	6.7
2015	5.0	11.0	45.1	29.6	6.3	9.6	406.5	68.9	10.0
2014	-47.8	-34.7	58.8	43.9	-20.6	-27.0	355.9	63.0	-41.3

코스맥스 (A192820)

COSMAX

업　　종 : 개인생활용품
신용등급 : (Bond) —　　(CP) —
홈페이지 : www.cosmax.com
본　　사 : 경기도 화성시 향남읍 제약공단 1길27, 2길 46

시　　장 : 거래소
기업규모 : 시가총액 중형주
연 락 처 : 031)359-0300

설 립 일	1992.11.12	**종 업 원 수**	827명	**대 표 이 사**	이경수,김재천
상 장 일	2014.04.07	**감 사 의 견**	적정(삼덕)	**계　　열**	
결 산 기	12월	**보 통 주**		**종속회사수**	8개사
액 면 가	500원	**우 선 주**		**구 상 호**	

주주구성 (지분율,%)		출자관계 (지분율,%)		주요경쟁사 (외형,%)	
코스맥스비티아이	25.8	코스맥스닷랩	100.0	코스맥스	100
국민연금공단	12.6	코스맥스향약원	90.0	아모레퍼시픽	580
(외국인)	22.4	코스맥스아이큐어	51.0	아모레G	682

매출구성		비용구성		수출비중	
색조제품류	53.1	매출원가율	87.3	수출	—
기초제품류	34.0	판관비율	8.7	내수	—
기타	10.2				

회사 개요

기존 코스맥스는 2014년 4월 인적분할을 통해 코스맥스비티아이와 동사로 각각 재상장 및 신규상장함. 분할 후 종속법인인 코스맥스비티아이는 지주회사 역할을 수행할 예정으로 화장품을 제외한 건강기능식품 사업을 영위하는 코스맥스바이오 등이 코스맥스비티아이 자회사로 편입될 예정임. 사업회사인 동사는 본사 화장품 ODM 및 화장품 관련 국내외 법인을 모두 보유하게 됨.

실적 분석

동사의 2017년 누적매출액은 8,839.5억원으로 전년대비 16.8% 증가함. 비용면에서 원가율 상승과 판관비 증가로 영업이익은 전년보다 33.2% 줄어든 351.4억원을 기록함. 2017년 4분기 증설과 관련 인건비와 감가상각비 증가에도 불구, 로컬 고객사향 히트 색조 제품 탄생으로 실적 개선이 기대됨. 중국 사드 보복 회복으로 국내 실적이 정상화될 가능성이 높으며 기저효과로 높은 이익 모멘텀과 해외 성장성이 부각됨.

현금 흐름 〈단위 : 억원〉

항목	2016	2017
영업활동	235	-66
투자활동	-975	-1,727
재무활동	1,249	1,501
순현금흐름	511	-293
기말현금	683	390

시장 대비 수익률

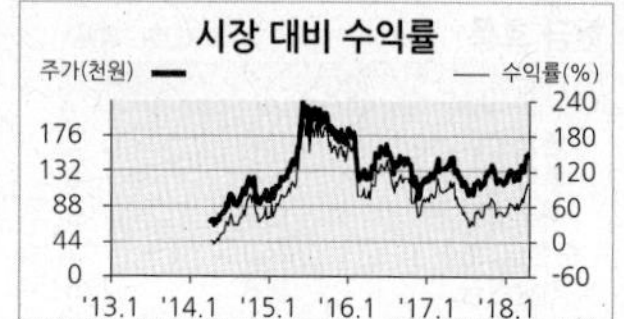

결산 실적 〈단위 : 억원〉

항목	2012	2013	2014	2015	2016	2017
매출액	—	—	3,340	5,333	7,570	8,840
영업이익	—	—	243	359	526	351
당기순이익	—	—	158	189	314	155

분기 실적 〈단위 : 억원〉

항목	2016.3Q	2016.4Q	2017.1Q	2017.2Q	2017.3Q	2017.4Q
매출액	1,861	1,997	2,191	2,323	2,085	2,240
영업이익	119	95	94	143	50	64
당기순이익	60	65	25	95	29	6

재무 상태 〈단위 : 억원〉

항목	2012	2013	2014	2015	2016	2017
총자산	—	—	3,257	4,389	6,659	9,340
유형자산	—	—	1,324	1,626	2,359	3,072
무형자산	—	—	33	54	56	907
유가증권	—	—	29	29	112	155
총부채	—	—	2,452	3,424	4,586	7,056
총차입금	—	—	1,450	2,106	2,497	4,052
자본금	—	—	45	45	50	50
총자본	—	—	805	965	2,073	2,284
지배주주지분	—	—	808	979	2,109	2,181

기업가치 지표

항목	2012	2013	2014	2015	2016	2017
주가(최고/저)(천원)	—/—	—/—	127/64.2	222/95.4	190/96.2	158/102
PER(최고/저)(배)	0.0/0.0	0.0/0.0	72.1/36.4	97.9/42.1	51.0/25.9	84.5/54.6
PBR(최고/저)(배)	0.0/0.0	0.0/0.0	14.8/7.5	21.2/9.1	9.1/4.6	7.3/4.7
EV/EBITDA(배)	0.0	0.0	33.2	40.9	21.1	28.0
EPS(원)	—	—	1,798	2,301	3,759	1,876
BPS(원)	—	—	9,003	10,900	21,013	21,728
CFPS(원)	—	—	2,577	3,375	5,115	3,890
DPS(원)	—	—	500	700	1,000	300
EBITDAPS(원)	—	—	3,436	5,007	7,042	5,510

재무 비율 〈단위 : %〉

연도	영업이익률	순이익률	부채비율	차입금비율	ROA	ROE	유보율	자기자본비율	EBITDA마진율
2017	4.0	1.8	309.0	177.4	1.9	8.8	4,245.5	24.5	6.3
2016	7.0	4.2	221.2	120.5	5.7	22.5	4,102.6	31.1	8.6
2015	6.7	3.5	354.8	218.2	4.9	23.8	2,080.0	22.0	8.5
2014	7.3	4.7	304.4	180.1	0.0	0.0	1,700.6	24.7	9.3

코스맥스비티아이 (A044820)

COSMAX BTI

업 종 : 식료품
신용등급 : (Bond) — (CP) —
홈페이지 : www.cosmaxbti.com
본 사 : 경기도 성남시 분당구 판교로 255, F동 6층 601호
시 장 : 거래소
기업규모 : 시가총액 소형주
연 락 처 : 031)789-3000

설립일	1992.11.12	종업원수	115명	대표이사	이경수,문성기
상장일	2002.02.07	감사의견	적정(삼덕)	계열	
결산기	12월	보통주		종속회사수	13개사
액면가	500원	우선주		구상호	코스맥스

주주구성 (지분율,%)		출자관계 (지분율,%)		주요경쟁사 (외형,%)	
이경수	28.1	코스맥스파마	100.0	코스맥스비티아이	100
서성석	20.6	코스맥스바이오	62.5	뉴트리바이오텍	46
(외국인)	7.0	쓰리애플즈코스메틱스	51.0	넥스트BT	28

매출구성		비용구성		수출비중	
[건강기능식품사업]기타	63.7	매출원가율	77.6	수출	—
[기타사업]기타	19.1	판관비율	19.0	내수	—
면역력	7.5				

회사 개요

동사는 코스맥스 계열 자회사들의 지주회사 역할을 하는 업체로서, 코스맥스바이오, 생명의나무에프엔비, 뉴트리바이오텍, 쓰리애플즈코스메틱스 등의 연결자회사 보유하고 있음. 2014년 3월 ODM 사업을 중심으로 화장품 제조 부문을 담당하는 코스맥스로부터 인적분할해 설립 및 재상장됐으며, 2014년 8월 코스맥스 계열 자회사들을 거느리는 지주회사 체제로 전환함.

실적 분석

동사의 2017년 결산 연결기준 매출액은 전년대비 11.8% 성장한 2,982.9억원을 기록함. 매출액 성장은 주로 신규 고객 확보 및 신제품 매출 증가에 기인함. 매출액 성장에도 불구하고 해외 공장 증설을 위한 초기 비용이 발생하여 이익 규모 축소 및 수익성이 하락함. 매출액의 70% 이상은 건강기능식품사업에 발생하고 있으나 영업이익은 건강기능식품과 기타부문에서 고르게 발생함.

현금 흐름 (단위 : 억원)

항목	2016	2017
영업활동	128	109
투자활동	-656	-814
재무활동	739	586
순현금흐름	209	-117
기말현금	336	219

시장 대비 수익률

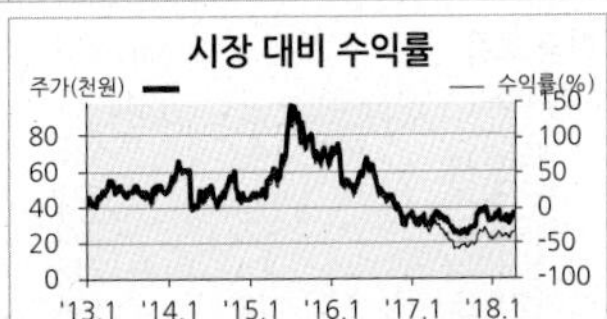

결산 실적 (단위 : 억원)

항목	2012	2013	2014	2015	2016	2017
매출액	3,126	641	1,359	1,999	2,669	2,983
영업이익	261	30	72	113	202	101
당기순이익	223	244	159	103	245	58

분기 실적 (단위 : 억원)

항목	2016.3Q	2016.4Q	2017.1Q	2017.2Q	2017.3Q	2017.4Q
매출액	697	643	665	724	774	820
영업이익	70	14	19	20	32	30
당기순이익	50	73	-6	32	15	18

재무 상태 (단위 : 억원)

항목	2012	2013	2014	2015	2016	2017
총자산	2,417	3,079	4,056	5,446	6,707	7,408
유형자산	1,025	1,274	849	1,734	2,346	2,913
무형자산	43	91	192	194	246	252
유가증권	65	34	9	9	35	52
총부채	1,617	2,056	1,300	2,192	3,241	3,971
총차입금	952	1,204	879	1,545	2,295	2,890
자본금	68	68	48	48	48	48
총자본	800	1,023	2,756	3,254	3,466	3,437
지배주주지분	772	949	2,603	2,793	2,902	2,888

기업가치 지표

항목	2012	2013	2014	2015	2016	2017
주가(최고/저)(천원)	54.3/15.0	56.7/38.6	65.9/38.6	102/44.4	77.7/28.4	39.9/23.9
PER(최고/저)(배)	37.1/10.2	36.0/24.5	39.5/23.2	123.6/53.9	49.0/17.9	99.9/59.8
PBR(최고/저)(배)	9.8/2.7	8.3/5.6	2.5/1.4	3.5/1.5	2.6/1.0	1.3/0.8
EV/EBITDA(배)	20.9	71.0	40.9	44.2	20.2	26.5
EPS(원)	1,507	1,613	1,693	833	1,599	400
BPS(원)	5,726	7,023	27,148	29,120	30,259	30,115
CFPS(원)	1,936	2,207	2,403	1,563	2,645	1,850
DPS(원)	270	330	240	130	200	100
EBITDAPS(원)	2,350	812	1,608	1,902	3,145	2,505

재무 비율 (단위 : %)

연도	영업이익률	순이익률	부채비율	차입금비율	ROA	ROE	유보율	자기자본비율	EBITDA마진율
2017	3.4	2.0	115.6	84.1	0.8	1.3	5,923.0	46.4	8.1
2016	7.6	9.2	93.5	66.2	4.0	5.4	5,951.8	51.7	11.3
2015	5.6	5.2	67.4	47.5	2.2	3.0	5,724.1	59.8	9.1
2014	5.3	11.7	47.2	31.9	4.5	7.6	5,329.7	67.9	9.5

코스메카코리아 (A241710)

COSMECCA KOREA CO

업 종 : 개인생활용품
신용등급 : (Bond) — (CP) —
홈페이지 : www.cosmecca.com
본 사 : 충북 음성군 대소면 대금로 196번길 17-12
시 장 : KOSDAQ
기업규모 : 중견
연 락 처 : 043)535-0500

설립일	1999.10.05	종업원수	494명	대표이사	조임래,박은희
상장일	2016.10.28	감사의견	적정(한영)	계열	
결산기	12월	보통주		종속회사수	5개사
액면가	500원	우선주		구상호	

주주구성 (지분율,%)		출자관계 (지분율,%)		주요경쟁사 (외형,%)	
박은희	25.2	엔돌핀코스메틱	100.0	코스메카코리아	100
조임래	7.7			한국콜마	451
(외국인)	18.5	COSMECCASUZHOU,	50.0	아모레퍼시픽	2,810

매출구성		비용구성		수출비중	
프리미엄스네일톤업크림 외	63.9	매출원가율	78.6	수출	16.7
퓨어라이트쿠션 외	35.4	판관비율	15.3	내수	83.3
에이에이치씨아이디얼앰플파운데이션	0.7				

회사 개요

동사는 1999년 10월에 설립되어 화장품 주문자 표시 제조 및 판매, 개발 등을 영위하는 업체로 2016년 10월 KOSDAQ 시장에 상장함. 현재 국내외 생산판매법인을 보유하고 있으며 연결대상 종속회사는 엔돌핀코스메틱 등 5개사를 보유하고 있음. 주요 취급 품목은 기초, 색조, 기능성, 어린이용, 헤어, 바디케어, 방향용 화장품용 제품류와 의약외품류 등임.

실적 분석

동사의 2017년 누적매출액은 1,823.3억원으로 전년대비 10.4% 증가함. 매출 확대에도 불구하고 원가율 상승과 판관비 증가로 영업이익은 전년보다 16.3% 줄어든 109.9억원을 기록함. 세계 최초로 개발한 3중 기능성 비비크림, 톤업크림, DPF 기술 등을 바탕으로 국내외 화장품 업계 영향력을 확대해 나갈 계획임. 매년 발생된 이익 전액을 신규설비 투자에 활용해 2019년까지 현재 생산능력보다 3배 증산을 목표로 하고 있음.

현금 흐름 (단위 : 억원)

항목	2016	2017
영업활동	44	104
투자활동	-132	-222
재무활동	555	—
순현금흐름	468	-118
기말현금	500	382

시장 대비 수익률

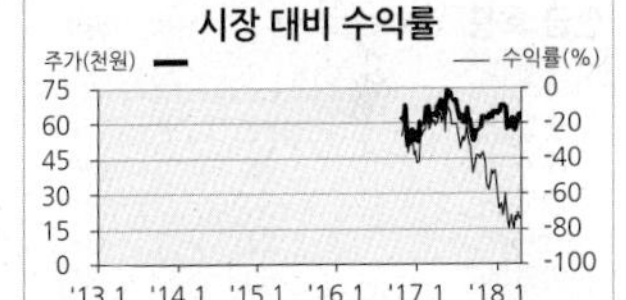

결산 실적 (단위 : 억원)

항목	2012	2013	2014	2015	2016	2017
매출액	643	629	683	991	1,652	1,823
영업이익	32	19	25	64	131	110
당기순이익	28	11	14	50	115	99

분기 실적 (단위 : 억원)

항목	2016.3Q	2016.4Q	2017.1Q	2017.2Q	2017.3Q	2017.4Q
매출액	429	447	506	499	373	446
영업이익	21	36	48	52	5	4
당기순이익	19	29	35	49	7	9

재무 상태 (단위 : 억원)

항목	2012	2013	2014	2015	2016	2017
총자산	364	401	510	699	1,430	1,511
유형자산	176	215	255	259	379	532
무형자산	0	1	3	7	7	32
유가증권	0	0	13	15	17	19
총부채	228	260	329	470	382	376
총차입금	118	143	173	181	24	21
자본금	20	20	20	20	27	27
총자본	136	140	180	229	1,048	1,135
지배주주지분	136	140	180	229	1,048	1,135

기업가치 지표

항목	2012	2013	2014	2015	2016	2017
주가(최고/저)(천원)	—/—	—/—	—/—	—/—	—/—	—/—
PER(최고/저)(배)	0.0/0.0	0.0/0.0	0.0/0.0	0.0/0.0	25.1/18.1	40.4/27.0
PBR(최고/저)(배)	0.0/0.0	0.0/0.0	0.0/0.0	0.0/0.0	3.5/2.5	3.5/2.4
EV/EBITDA(배)	1.5	3.2	2.9	1.4	15.7	20.9
EPS(원)	915	263	339	1,257	2,701	1,860
BPS(원)	33,894	35,051	45,080	57,163	19,633	21,249
CFPS(원)	15,053	7,441	8,533	18,685	3,340	2,565
DPS(원)	—	—	—	—	—	200
EBITDAPS(원)	16,506	9,510	11,378	22,085	3,721	2,763

재무 비율 (단위 : %)

연도	영업이익률	순이익률	부채비율	차입금비율	ROA	ROE	유보율	자기자본비율	EBITDA마진율
2017	6.0	5.5	33.1	1.9	6.8	9.1	4,149.8	75.1	8.1
2016	8.0	7.0	36.4	2.3	10.8	18.0	3,826.6	73.3	9.6
2015	6.4	5.1	205.7	79.1	8.3	24.6	1,043.3	32.7	8.9
2014	3.7	2.0	182.7	95.7	—	—	801.6	35.4	6.7

코스모신소재 (A005070)

Cosmo Advanced Materials & Technology

업　　종 : 컴퓨터 및 주변기기　　시　　장 : 거래소
신용등급 : (Bond) —　(CP) —　　기업규모 : 시가총액 소형주
홈페이지 : www.cosmoamt.com　　연 락 처 : 043)850-1114
본　　사 : 충북 충주시 충주호수로 36 (목행동)

설 립 일	1967.05.16	**종 업 원 수**	291명	**대 표 이 사**	홍동환
상 장 일	1987.09.28	**감 사 의 견**	적정(예일)	**계 열**	
결 산 기	12월	**보 통 주**		**종속회사수**	
액 면 가	5,000원	**우 선 주**		**구 상 호**	

주주구성 (지분율,%)		출자관계 (지분율,%)		주요경쟁사 (외형,%)	
코스모화학	34.4	SHANDONGNEWPOWDERCOSMOAM&T.	20.0	코스모신소재	100
현대캐피탈	1.9			잉크테크	18
(외국인)	3.0			미래테크놀로지	7

매출구성		비용구성		수출비중	
TONER, LCO 등	64.1	매출원가율	92.4	수출	94.3
기능성필름 등	36.0	판관비율	4.9	내수	5.7

회사 개요

동사는 1967년 설립되어 기능성필름(이형필름, 점착필름, 인슐레이션필름)과 2차전지용 양극활물질, 토너, 토너용 자성체 등을 제조 판매하는 사업을 영위하고 있음. 또한 2차전지용 양극활물질과 토너를 생산하고 있음. 동사는 2010년에 GS그룹에 인수되어 법률상 GS그룹에 속한 계열회사이었으나, 독점규제 및 공정거래에 관한 법률시행령 제3조의2 제1항에 의거 2015년 7월 22일자로 상호출자제한기업집단 'GS'에서 분리됨.

실적 분석

동사의 2017년 전체 매출은 3,146.1억원으로 전년대비 65.3% 증가, 영업이익은 84.8억원으로 전년대비 68.3% 증가, 당기순이익은 82.2억원으로 전년대비 493.7% 증가 시현. 2차전지용 양극활물질 수요 증가, 해외 거래선 다변화에 힘입어 매출액 및 이익이 큰 폭으로 증가한 것으로 분석됨. 2017년 적자사업부인 절연필름 사업 철수와 악성 재고 정리를 통해 소재사업부의 가치가 부각될 전망

현금 흐름 *IFRS 별도 기준 〈단위 : 억원〉

항목	2016	2017
영업활동	107	-12
투자활동	5	356
재무활동	-90	-381
순현금흐름	22	-38
기말현금	69	31

시장 대비 수익률

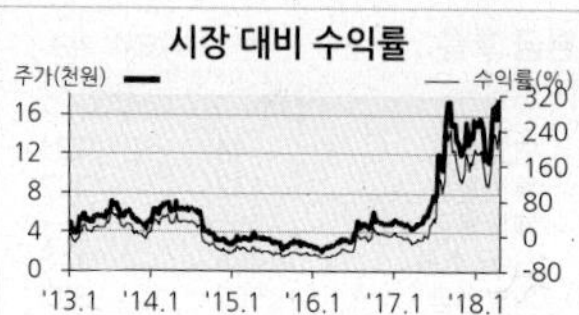

결산 실적 〈단위 : 억원〉

항목	2012	2013	2014	2015	2016	2017
매출액	1,291	1,533	1,493	1,334	1,903	3,146
영업이익	-107	-33	-132	-70	50	85
당기순이익	-149	-86	-233	-247	14	82

분기 실적 *IFRS 별도 기준 〈단위 : 억원〉

항목	2016.3Q	2016.4Q	2017.1Q	2017.2Q	2017.3Q	2017.4Q
매출액	505	518	626	780	841	899
영업이익	14	13	20	34	30	1
당기순이익	1	16	19	10	12	42

재무 상태 *IFRS 별도 기준 〈단위 : 억원〉

항목	2012	2013	2014	2015	2016	2017
총자산	2,339	2,741	2,652	2,226	2,297	1,977
유형자산	1,860	2,061	2,028	1,439	1,382	1,411
무형자산	18	19	18	13	4	6
유가증권	5	44	40	2	—	—
총부채	1,458	1,744	1,930	1,739	1,783	1,236
총차입금	1,178	1,388	1,437	1,337	1,265	722
자본금	699	749	749	749	754	927
총자본	880	997	722	487	514	741
지배주주지분	880	997	722	487	514	741

기업가치 지표 *IFRS 별도 기준

항목	2012	2013	2014	2015	2016	2017
주가(최고/저)(천원)	8.1/4.1	7.3/3.8	7.8/2.7	3.9/2.2	6.4/2.0	18.3/4.2
PER(최고/저)(배)	—/—	—/—	—/—	—/—	68.9/22.1	36.2/8.3
PBR(최고/저)(배)	1.3/0.7	1.1/0.6	1.6/0.6	1.2/0.7	1.9/0.6	4.0/0.9
EV/EBITDA(배)	—	55.7	—	90.4	15.2	19.7
EPS(원)	-1,069	-600	-1,556	-1,649	92	505
BPS(원)	6,295	6,652	4,816	3,246	3,407	4,554
CFPS(원)	-596	-104	-985	-1,056	624	982
DPS(원)	—	—	—	—	—	—
EBITDAPS(원)	-290	267	-312	124	867	998

재무 비율 〈단위 : %〉

연도	영업이익률	순이익률	부채비율	차입금비율	ROA	ROE	유보율	자기자본비율	EBITDA마진율
2017	2.7	2.6	일부잠식	일부잠식	3.9	13.1	-20.1	37.5	5.2
2016	2.7	0.7	일부잠식	일부잠식	0.6	2.8	-31.9	22.4	6.8
2015	-5.3	-18.5	일부잠식	일부잠식	-10.1	-40.9	-35.1	21.9	1.4
2014	-8.9	-15.6	일부잠식	일부잠식	-8.7	-27.1	-3.7	27.2	-3.1

코스모화학 (A005420)

Cosmo Chemical

업　　종 : 화학　　시　　장 : 거래소
신용등급 : (Bond) —　(CP) —　　기업규모 : 시가총액 중형주
홈페이지 : www.cosmochem.co.kr　　연 락 처 : 052)231-6700
본　　사 : 서울시 서초구 반포대로 43 코스모빌딩 5층

설 립 일	1968.02.12	**종 업 원 수**	190명	**대 표 이 사**	함재경
상 장 일	1987.07.23	**감 사 의 견**	적정(이현)	**계 열**	
결 산 기	12월	**보 통 주**		**종속회사수**	2개사
액 면 가	5,000원	**우 선 주**		**구 상 호**	

주주구성 (지분율,%)		출자관계 (지분율,%)		주요경쟁사 (외형,%)	
코스모턴어라운드 유한회사	29.2	코스모에코켐	100.0	코스모화학	100
허경수	4.2	코스모촉매	70.2	한솔씨앤피	11
(외국인)	1.8	코스모신소재	30.2	WISCOM	27

매출구성		비용구성		수출비중	
이산화티타늄 (아나타제,루타일)	87.2	매출원가율	88.7	수출	55.6
부산물 등	12.9	판관비율	6.5	내수	44.4

회사 개요

동사는 1968년 산화티타늄 제조판매업을 목적으로 설립되어 현재 국내 유일의 이산화티타늄(아나타제 생산, 루타일 수입) 및 황산코발트 제조업체임. 2016년 3월 효율적 경영을 위한 구조조정의 일환으로 인천공장을 매각해 현재는 온산공장의 연간 30,000톤 생산능력을 보유하고 있음. 코스모화학의 모기업인 코스모그룹은 GS그룹의 방계회사로 코스모그룹 허경수 회장은 허창수 GS그룹 회장과 사촌 관계임.

실적 분석

동사의 연결기준 2017년 매출액은 전년 대비 50.7% 증가한 4,316.5억원을 기록한 반면, 판관비는 인건비와 대손상각비 중심으로 전년 동기 대비 2.5% 감소함에 따라 동기간 영업이익은 206.8억원을 기록하며 흑자전환함. 반면, 지속적인 금융손실에도 불구하고 비영업손익은 37.3억원을 달성하며 흑자전환에 성공함. 이에 따라 동사의 2017년 당기순이익은 273.4억원을 기록하며 흑자전환함.

현금 흐름 〈단위 : 억원〉

항목	2016	2017
영업활동	-168	-349
투자활동	1,036	501
재무활동	-843	-180
순현금흐름	24	-32
기말현금	72	44

시장 대비 수익률

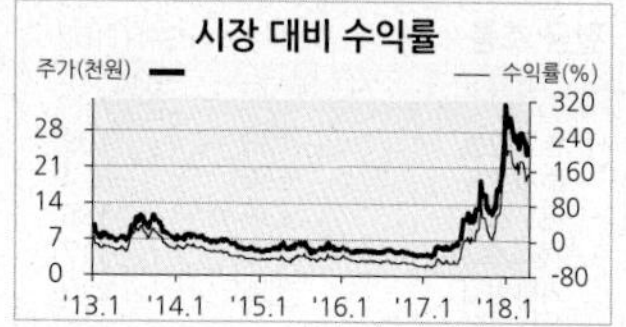

결산 실적 〈단위 : 억원〉

항목	2012	2013	2014	2015	2016	2017
매출액	3,092	3,154	2,818	2,500	2,865	4,316
영업이익	-51	-141	-361	-392	-140	207
당기순이익	-263	-58	-564	-1,219	-725	273

분기 실적 〈단위 : 억원〉

항목	2016.3Q	2016.4Q	2017.1Q	2017.2Q	2017.3Q	2017.4Q
매출액	736	715	852	1,033	1,145	1,286
영업이익	-49	-32	48	63	61	34
당기순이익	-169	-384	25	178	19	51

재무 상태 〈단위 : 억원〉

항목	2012	2013	2014	2015	2016	2017
총자산	7,168	7,642	8,089	6,305	4,781	4,548
유형자산	5,277	5,686	6,271	4,169	3,426	3,408
무형자산	47	50	43	22	13	56
유가증권	66	105	74	6	3	3
총부채	4,298	4,597	5,382	4,761	3,726	2,965
총차입금	3,239	3,446	3,419	3,097	2,322	1,927
자본금	655	655	655	666	666	748
총자본	2,869	3,044	2,707	1,544	1,055	1,584
지배주주지분	2,359	2,438	2,268	1,248	741	1,057

기업가치 지표

항목	2012	2013	2014	2015	2016	2017
주가(최고/저)(천원)	19.8/7.8	11.9/6.5	8.2/4.6	7.1/4.4	5.5/3.8	26.3/3.9
PER(최고/저)(배)	—/—	—/—	—/—	—/—	—/—	18.3/2.7
PBR(최고/저)(배)	1.1/0.4	0.6/0.4	0.5/0.3	0.8/0.5	1.0/0.7	3.7/0.6
EV/EBITDA(배)	23.3	37.2	—	—	73.6	18.0
EPS(원)	-1,347	-40	-3,225	-8,059	-5,504	1,433
BPS(원)	18,015	18,622	17,325	9,379	5,574	7,078
CFPS(원)	546	1,980	-1,143	-5,872	-4,141	2,404
DPS(원)	—	—	—	—	—	—
EBITDAPS(원)	1,505	947	-677	-773	314	2,353

재무 비율 〈단위 : %〉

연도	영업이익률	순이익률	부채비율	차입금비율	ROA	ROE	유보율	자기자본비율	EBITDA마진율
2017	4.8	6.3	187.2	121.7	5.9	23.9	41.6	34.8	8.2
2016	-4.9	-25.3	353.3	220.2	-13.1	-73.7	11.5	22.1	1.5
2015	-15.7	-48.8	308.3	200.5	-16.9	-60.8	87.6	24.5	-4.1
2014	-12.8	-20.0	198.8	126.3	-7.2	-18.0	246.5	33.5	-3.2

코스온 (A069110)

COSON

업　　종 : 개인생활용품　　시　　장 : KOSDAQ
신용등급 : (Bond) —　(CP) —　　기업규모 : 우량
홈페이지 : www.coson.co.kr　　연 락 처 : 02)3454-0276
본　　사 : 서울시 강남구 영동대로 333, 6층 (대치동, 일동빌딩)

설 립 일	1999.12.07	종업원수	260명	대표이사	이동건
상 장 일	2003.10.14	감사의견	적정(대주)	계　열	
결 산 기	12월	보 통 주		종속회사수	1개사
액 면 가	500원	우 선 주		구 상 호	

주주구성 (지분율,%)		출자관계 (지분율,%)		주요경쟁사 (외형,%)	
이동건	13.6	코스아티끄	80.0	코스온	100
우국환	4.1	빌라쥬11팩토리	49.0	케어젠	58
(외국인)	3.3	피에프디	16.0	콜마비앤에이치	418

매출구성		비용구성		수출비중	
색조화장품	56.1	매출원가율	79.3	수출	11.3
기초화장품	41.7	판관비율	16.0	내수	88.7
화장품	1.8				

회사 개요

동사는 1999년 디지털 영상저장장치 DVR 시스템 제조 및 도소매업을 영위할 목적으로 설립됨. 2012년 아모레퍼시픽 연구원 출신이 동사를 인수하면서 코스온으로 사명이 변경됨. 지난해 비화장품 부문을 정리하고 올해부터 화장품 사업에 집중하고 있음. 얼마 전 CGMP급 화장품 생산공장을 경기도 오산에 건립했음. 생산능력은 생산가 기준으로 400~500억원 규모임. 매출은 색조화장품 57.4%, 기초화장품 41.6%, 기타 등으로 구성됨.

실적 분석

동사의 2017년 누적매출액은 1,004.9억원으로 전년대비 21% 증가함. 비용측면에서 매출원가와 판관비가 각각 28.5%, 23.5% 상승하면서 영업이익이 전년보다 41.5% 줄어든 47.1억원을 기록함. OEM보다 ODM에 주력하고 국내보다 해외에 집중할 계획임. 동남아 및 중국, 일본 등의 현지 화장품 업체와의 제휴를 통해 판매 기획 중임. 중국현지 광저우에 환야그룹과 합작 현지법인을 설립해 본격적인 양산에 들어감.

현금 흐름

〈단위 : 억원〉

항목	2016	2017
영업활동	-136	12
투자활동	-94	-382
재무활동	151	355
순현금흐름	-78	-16
기말현금	75	59

시장 대비 수익률

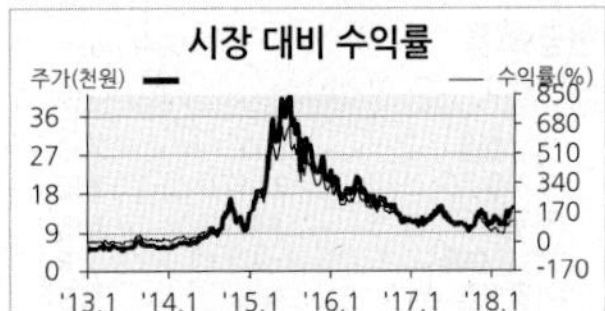

결산 실적

〈단위 : 억원〉

항목	2012	2013	2014	2015	2016	2017
매출액	196	106	265	619	831	1,005
영업이익	1	-4	22	69	81	47
당기순이익	2	-27	5	45	68	16

분기 실적

〈단위 : 억원〉

항목	2016.3Q	2016.4Q	2017.1Q	2017.2Q	2017.3Q	2017.4Q
매출액	200	214	229	264	246	265
영업이익	18	24	21	21	16	-11
당기순이익	16	26	14	16	11	-24

재무 상태

〈단위 : 억원〉

항목	2012	2013	2014	2015	2016	2017
총자산	124	231	405	740	1,018	1,394
유형자산	3	86	107	152	220	315
무형자산	0	3	2	2	5	6
유가증권	0	8	32	54	76	144
총부채	48	129	170	233	405	673
총차입금	46	112	119	115	249	494
자본금	67	69	80	89	91	94
총자본	76	102	236	507	613	721
지배주주지분	76	102	236	507	603	707

기업가치 지표

항목	2012	2013	2014	2015	2016	2017
주가(최고/저)(천원)	6.1/1.7	7.3/4.9	16.9/5.4	41.5/13.2	23.3/10.7	15.3/9.0
PER(최고/저)(배)	457.9/128.9	—/—	488.8/154.7	154.0/49.0	60.8/28.0	251.9/148.5
PBR(최고/저)(배)	10.4/2.9	10.0/6.7	11.4/3.6	14.6/4.6	6.9/3.2	4.0/2.4
EV/EBITDA(배)	470.4	—	65.6	45.7	22.4	30.2
EPS(원)	13	-198	35	270	382	61
BPS(원)	589	735	1,477	2,850	3,373	3,817
CFPS(원)	16	-186	86	344	500	216
DPS(원)	—	—	—	—	—	—
EBITDAPS(원)	10	-16	192	485	565	406

재무 비율

〈단위 : %〉

연도	영업이익률	순이익률	부채비율	차입금비율	ROA	ROE	유보율	자기자본비율	EBITDA마진율
2017	4.7	1.6	93.4	68.5	1.3	1.7	663.3	51.7	7.6
2016	9.7	8.2	66.1	40.6	7.7	12.4	574.6	60.2	12.3
2015	11.2	7.3	46.0	22.7	7.9	12.2	470.0	68.5	13.2
2014	8.2	2.0	72.0	50.4	1.7	3.2	195.4	58.2	11.2

코아스 (A071950)

KOAS CO

업　　종 : 내구소비재　　시　　장 : 거래소
신용등급 : (Bond) —　(CP) —　　기업규모 : 시가총액 소형주
홈페이지 : www.ikoas.com　　연 락 처 : 02)2163-6000
본　　사 : 서울시 영등포구 선유로52길 17

설 립 일	1992.07.24	종업원수	325명	대표이사	노재근
상 장 일	2005.08.04	감사의견	적정(한울)	계　열	
결 산 기	12월	보 통 주		종속회사수	2개사
액 면 가	500원	우 선 주		구 상 호	

주주구성 (지분율,%)		출자관계 (지분율,%)		주요경쟁사 (외형,%)	
노재근	18.2			코아스	100
노형우	6.6			한국가구	48
(외국인)	1.2			YW	23

매출구성		비용구성		수출비중	
기타	29.9	매출원가율	67.8	수출	5.6
의자	27.0	판관비율	31.6	내수	94.4
판넬 외	16.9				

회사 개요

1992년 설립된 사무용가구 전문생산업체로 밀레니엄, 후레코, 넥시스, D-MOLO, U-Plex 등의 사무용 가구와 학생용 책, 걸상인 스칼라, 임원용인 클라리스를 생산중. 전국에 170여개의 대리점을 운영중인데 200개로 확대를 추진중임. 사무용가구는 퍼시스, 리바트, 보루네오가구와 동사가 4대 메이저업체인데 2012년 기준으로 동사는 18.34%의 시장을 점유중임. 향후 동사는 교육용 가구시장 확대를 추진중임.

실적 분석

동사의 연결 기준 2017년 매출과 영업이익은 1141억원, 7억원으로 전년 대비 매출은 17.5% 증가하고 영업이익은 흑자전환함. 당기순손실은 6억원 발생해 적자를 지속함. 자산총계는 790억원으로 전년(769억원) 대비 4.8% 감소함. 부채총계는 554억원으로 전년(523억원) 대비 6% 증가함. 자본총계는 236억원으로 전년(246억원) 대비 4% 감소함.

현금 흐름

〈단위 : 억원〉

항목	2016	2017
영업활동	-20	-13
투자활동	-37	-63
재무활동	-2	7
순현금흐름	-59	-69
기말현금	80	11

시장 대비 수익률

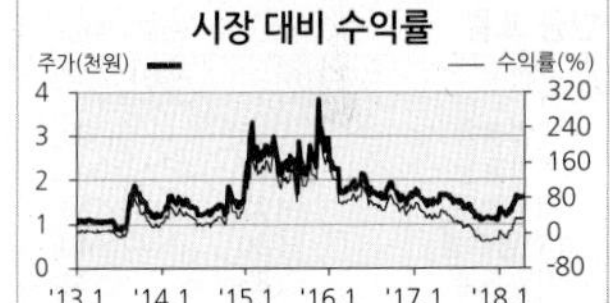

결산 실적

〈단위 : 억원〉

항목	2012	2013	2014	2015	2016	2017
매출액	767	882	989	965	971	1,141
영업이익	26	4	21	-78	-35	7
당기순이익	3	-81	6	-109	-77	-6

분기 실적

〈단위 : 억원〉

항목	2016.3Q	2016.4Q	2017.1Q	2017.2Q	2017.3Q	2017.4Q
매출액	217	279	325	246	257	313
영업이익	2	-27	12	-1	5	-9
당기순이익	1	-49	7	-3	4	-14

재무 상태

〈단위 : 억원〉

항목	2012	2013	2014	2015	2016	2017
총자산	1,034	986	1,010	894	769	791
유형자산	196	263	264	282	317	346
무형자산	14	11	12	11	8	9
유가증권	7	7	7	6	6	7
총부채	612	607	603	586	523	554
총차입금	338	286	251	219	195	200
자본금	113	133	143	148	155	155
총자본	422	379	407	308	246	237
지배주주지분	422	379	407	308	246	235

기업가치 지표

항목	2012	2013	2014	2015	2016	2017
주가(최고/저)(천원)	1.9/0.8	1.9/0.8	2.1/1.2	3.9/1.7	2.7/1.4	1.8/1.0
PER(최고/저)(배)	118.8/52.0	—/—	100.2/55.7	—/—	—/—	—/—
PBR(최고/저)(배)	1.0/0.4	1.3/0.6	1.5/0.8	3.8/1.7	3.4/1.7	2.4/1.4
EV/EBITDA(배)	13.0	29.0	19.5	—	—	17.1
EPS(원)	16	-337	21	-366	-250	-24
BPS(원)	1,866	1,424	1,423	1,041	797	760
CFPS(원)	86	-267	79	-304	-185	55
DPS(원)	—	—	—	—	—	—
EBITDAPS(원)	192	85	131	-204	-49	100

재무 비율

〈단위 : %〉

연도	영업이익률	순이익률	부채비율	차입금비율	ROA	ROE	유보율	자기자본비율	EBITDA마진율
2017	0.6	-0.5	234.1	84.7	-0.7	-3.1	52.0	29.9	2.7
2016	-3.6	-7.9	212.3	79.3	-9.3	-27.6	59.4	32.0	-1.5
2015	-8.1	-11.3	190.4	71.0	-11.4	-30.2	108.1	34.4	-6.2
2014	2.1	0.6	148.4	61.8	0.6	1.5	184.5	40.3	3.8

코아스템 (A166480)

CORESTEM

업종 : 바이오 | 시장 : KOSDAQ
신용등급 : (Bond) — (CP) — | 기업규모 : 기술성
홈페이지 : www.corestem.com | 연락처 : 02)497-3711
본사 : 경기도 성남시 분당구 판교로 255번길 24 (삼평동)

설립일	2003.12.29	종업원수	56명	대표이사	김경숙
상장일	2015.06.26	감사의견	적정(삼덕)	계열	
결산기	12월	보통주		종속회사수	2개사
액면가	500원	우선주		구상호	

주주구성 (지분율,%)		출자관계 (지분율,%)		주요경쟁사 (외형,%)	
김경숙	22.5			코아스템	100
서울글로벌바이오메디컬신성장동력투자펀드	7.3			진원생명과학	150
(외국인)	0.2			제노포커스	64

매출구성		비용구성		수출비중	
R&D서비스	85.7	매출원가율	80.8	수출	0.0
루푸스 치료제, 기타 연구용역	7.9	판관비율	47.2	내수	100.0
뉴로나타-알®	6.5				

회사 개요

동사는 줄기세포기술을 기반으로 희귀/난치성질환에 대한 새로운 줄기세포 치료제를 개발, 생산 및 판매함. 동사는 전세계에서 5번째로 줄기세포치료제의 상용화에 성공해 2005년 2월말부터 환자에게 투약을 개시했음. 또한 희귀/난치성 질환 등에 대한 줄기세포치료제들을 신규로 개발하고 있고, 2세대(차세대) 줄기세포치료제에 대한 기초연구와 공정자동화기술의 연구 및 개발을 진행 중임.

실적 분석

동사의 2017년 결산 매출액은 180.9억원으로 전년동기대비 0.8% 증가함. 영업손실은 50.7억원, 당기순손실은 47.6억원을 기록하며 적자지속. 동사는 세포배양플라스크 및 이를 구비한 세포배양장치와 관련한 특허를 취득함. 특허 기술로 자동화 세포 공정 확립에 활용할 수 있음. 또한 향후 희귀 의약품 및 줄기세포 기술 시장의 전망이 밝으므로 실적 개선이 기대됨.

현금 흐름 (단위 : 억원)

항목	2016	2017
영업활동	35	-63
투자활동	-247	1
재무활동	112	13
순현금흐름	-100	-49
기말현금	83	34

시장 대비 수익률

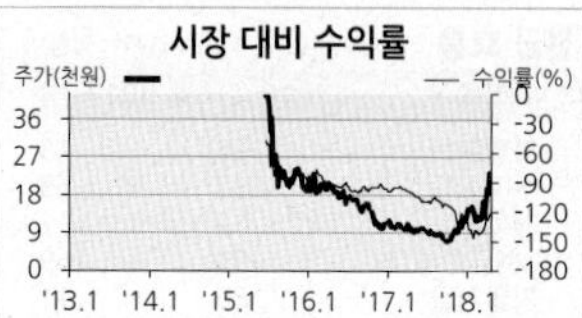

결산 실적 (단위 : 억원)

항목	2012	2013	2014	2015	2016	2017
매출액	0	37	130	186	180	181
영업이익	-16	-24	-18	14	-16	-51
당기순이익	-14	-34	-63	3	-12	-48

분기 실적 (단위 : 억원)

항목	2016.3Q	2016.4Q	2017.1Q	2017.2Q	2017.3Q	2017.4Q
매출액	52	48	51	50	50	30
영업이익	11	-11	1	-7	-8	-37
당기순이익	9	-11	-12	-7	-6	-22

재무 상태 (단위 : 억원)

항목	2012	2013	2014	2015	2016	2017
총자산	80	308	360	750	857	907
유형자산	13	83	114	126	170	261
무형자산	2	60	58	57	55	55
유가증권	—	—	—	227	381	327
총부채	106	250	203	79	79	98
총차입금	79	192	137	—	—	6
자본금	29	39	56	79	79	79
총자본	-26	59	157	671	778	809
지배주주지분	-26	24	115	630	667	656

기업가치 지표

항목	2012	2013	2014	2015	2016	2017
주가(최고/저)(천원)	—/—	—/—	—/—	45.4/18.5	23.1/10.0	13.2/6.9
PER(최고/저)(배)	0.0/0.0	0.0/0.0	0.0/0.0	—/—	—/—	—/—
PBR(최고/저)(배)	0.0/0.0	0.0/0.0	0.0/0.0	11.3/4.6	5.4/2.4	3.2/1.7
EV/EBITDA(배)	—	—	—	111.5	—	—
EPS(원)	-230	-503	-771	-35	-106	-255
BPS(원)	-3,437	2,047	877	4,011	4,245	4,174
CFPS(원)	-2,113	-3,453	-665	39	-31	-159
DPS(원)	—	—	—	—	—	—
EBITDAPS(원)	-2,588	-2,198	-99	168	-28	-227

재무 비율 (단위 : %)

연도	영업이익률	순이익률	부채비율	차입금비율	ROA	ROE	유보율	자기자본비율	EBITDA마진율
2017	-28.0	-26.3	12.1	0.8	-5.4	-6.1	734.8	89.2	-19.7
2016	-9.0	-6.8	10.2	0.0	-1.5	-2.6	749.1	90.8	-2.5
2015	7.4	1.5	11.7	0.0	0.5	-1.4	702.2	89.5	13.1
2014	-13.9	-48.7	129.8	87.4	-18.9	-97.8	105.3	43.5	-6.7

코아시아홀딩스 (A045970)

CoAsia Holdings

업종 : 전자 장비 및 기기 | 시장 : KOSDAQ
신용등급 : (Bond) B (CP) — | 기업규모 : 중견
홈페이지 : www.coasiaholdings.com | 연락처 : 032)500-1713
본사 : 인천시 남동구 남동서로 193 (고잔동)

설립일	1993.05.25	종업원수	10명	대표이사	이희준
상장일	2000.08.03	감사의견	적정(삼정)	계열	
결산기	12월	보통주		종속회사수	12개사
액면가	500원	우선주		구상호	비에스이

주주구성 (지분율,%)		출자관계 (지분율,%)		주요경쟁사 (외형,%)	
이희준	33.0	비에스이	100.0	코아시아홀딩스	100
Eastbridge Asian Mid-market Opportunity Fund, L.P	10.9	이츠웰	82.6	옵트론텍	36
(외국인)	22.4	마이티웍스	38.9	에스씨디	34

매출구성		비용구성		수출비중	
카메라모듈	53.2	매출원가율	83.1	수출	—
SPK	30.2	판관비율	12.9	내수	—
MIC	9.6				

회사 개요

동사는 지주회사로 휴대폰에 주로 쓰이는 소형 마이크(ECM, Si-MEMS, Digital MIC)분야와 스피커분야에서 세계적인 기술력과 인지도를 가지고 있는 비에스이를 자회사로 두고 있음. 이어 2007년 발광다이오드(LED) Packaging과 관련 제품을 제조 하는 이츠웰을 자회사로 편입했으며 2015년 휴대폰용 카메라모듈 제품을 제조하는 에이치엔티일렉트로닉스를 자회사로 편입함.

실적 분석

동사의 2017년 4분기 연결기준 누적 매출액은 전년 동기(3,960.6억원)보다 7.1% 성장한 4,242.5억원임. 매출 증가 대비 매출원가 증가율이 낮아 영업이익도 개선. 전년 대비 24% 늘어난 168.1억원을 달성함. 영업이익 증가와 법인세 비용 감소에 힘입어 당기순이익은 흑자로 돌아서 20.2억원을 시현함. 베트남 사업장 신설 및 조직 정비와 전산화 시스템 도입등이 영향을 미친것으로 보임.

현금 흐름 (단위 : 억원)

항목	2016	2017
영업활동	391	203
투자활동	-214	-260
재무활동	-334	131
순현금흐름	-92	78
기말현금	485	563

시장 대비 수익률

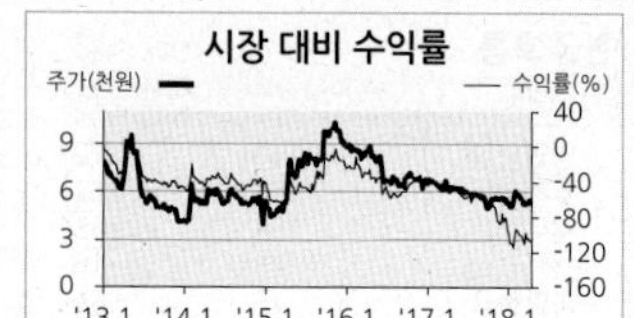

결산 실적 (단위 : 억원)

항목	2012	2013	2014	2015	2016	2017
매출액	2,327	2,876	2,562	2,776	3,961	4,243
영업이익	38	1	-168	59	136	168
당기순이익	58	-30	-224	9	-19	20

분기 실적 (단위 : 억원)

항목	2016.3Q	2016.4Q	2017.1Q	2017.2Q	2017.3Q	2017.4Q
매출액	988	992	1,044	960	1,193	1,046
영업이익	42	-3	46	46	71	4
당기순이익	2	-23	9	10	48	-48

재무 상태 (단위 : 억원)

항목	2012	2013	2014	2015	2016	2017
총자산	2,382	2,727	2,420	3,517	3,255	3,311
유형자산	637	785	827	1,267	1,234	1,195
무형자산	31	30	27	276	278	248
유가증권	6	4	1	7	1	31
총부채	1,359	1,726	1,559	2,255	1,828	1,803
총차입금	926	1,210	1,212	1,614	1,253	1,236
자본금	66	66	66	66	80	94
총자본	1,023	1,001	861	1,262	1,427	1,508
지배주주지분	1,004	965	757	928	960	1,090

기업가치 지표

항목	2012	2013	2014	2015	2016	2017
주가(최고/저)(천원)	8.2/3.7	9.8/4.0	6.5/3.9	10.3/4.3	9.2/6.0	6.8/4.9
PER(최고/저)(배)	21.7/9.7	—/—	—/—	—/—	—/—	32.4/23.4
PBR(최고/저)(배)	1.1/0.5	1.3/0.6	1.1/0.7	1.5/0.6	1.5/1.0	1.2/0.8
EV/EBITDA(배)	12.0	13.5	—	11.4	6.5	5.2
EPS(원)	378	-350	-1,768	-88	-442	210
BPS(원)	7,591	7,299	5,747	7,051	6,020	5,810
CFPS(원)	883	297	-712	1,080	726	1,219
DPS(원)	—	—	—	—	—	—
EBITDAPS(원)	789	656	-213	1,610	2,014	1,902

재무 비율 (단위 : %)

연도	영업이익률	순이익률	부채비율	차입금비율	ROA	ROE	유보율	자기자본비율	EBITDA마진율
2017	4.0	0.5	119.6	82.0	0.6	3.9	1,061.9	45.6	8.5
2016	3.4	-0.5	128.2	87.8	-0.6	-7.5	1,103.9	43.8	8.2
2015	2.1	0.3	178.7	127.9	0.3	-1.4	1,310.3	35.9	7.7
2014	-6.6	-8.7	181.2	140.8	-8.7	-27.2	1,049.3	35.6	-1.1

코엔텍 (A029960)

Korea Environment Technology

업 종 : 상업서비스
신용등급 : (Bond) — (CP) —
홈페이지 : www.koentec.co.kr
본 사 : 울산시 남구 용잠로 328 (용잠동)

시 장 : KOSDAQ
기업규모 : 벤처
연 락 처 : 052)228-7300

설 립 일	1993.07.16	**종업원수**	69명	**대표이사**	이민석
상 장 일	2004.06.18	**감사의견**	적정(삼일)	**계 열**	
결 산 기	12월	**보 통 주**		**종속회사수**	2개사
액 면 가	500원	**우 선 주**		**구 상 호**	

주주구성 (지분율,%)		출자관계 (지분율,%)		주요경쟁사 (외형,%)	
그린에너지홀딩스유한회사	40.4	용신환경개발	100.0	코엔텍	100
현대자동차	4.4			인선이엔티	262
(외국인)	8.1			C&S자산관리	330

매출구성		비용구성		수출비중	
소각처리	41.6	매출원가율	60.9	수출	0.0
스팀판매	37.4	판관비율	8.7	내수	100.0
매립처리	21.0				

회사 개요

동사는 1993년 설립된 업체로 폐기물 중간처리업, 폐기물 최종처리업, 유틸리티 공급사업 등을 주요 사업으로 하고 있음. 조선, 자동차 및 중화학 공업이 위치한 울산지역과 경북의 구미공단 등 배출업체의 가동률에 따라 계절적 변동의 영향을 받으며 정기 보수 기간에는 평월 대비 약 10% 정도 발생량이 증가하고 휴가철은 감소하는 것으로 나타남. 산업폐기물 처리산업은 과점적 성격의 산업으로 경쟁업체의 진입이 상당히 어려움.

실적 분석

동사의 2017년 4분기 연결기준 누적 매출액은 전년 동기(551억원) 대비 11.2% 증가한 612.6억원을 기록하였음. 사업장폐기물처리부문 매출액은 530.5억원으로 전체 매출액 중 86.7%를 차지하였고 건설폐기물처리부문은 81.5억원으로 전체 매출액 중 13.3%를 차지. 영업이익도 전년 154.8억원에 비해 20.1% 늘어 185.9억원을 달성함. 당기순이익은 160.6억원을 기록함.

현금 흐름 〈단위 : 억원〉

항목	2016	2017
영업활동	210	288
투자활동	-88	-100
재무활동	115	-7
순현금흐름	237	180
기말현금	289	469

시장 대비 수익률

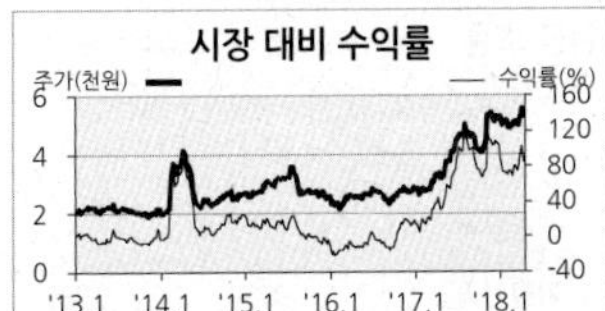

결산 실적 〈단위 : 억원〉

항목	2012	2013	2014	2015	2016	2017
매출액	380	388	416	423	551	613
영업이익	103	88	107	95	155	186
당기순이익	97	90	98	83	147	161

분기 실적 〈단위 : 억원〉

항목	2016.3Q	2016.4Q	2017.1Q	2017.2Q	2017.3Q	2017.4Q
매출액	139	159	154	162	160	136
영업이익	40	42	43	39	54	50
당기순이익	33	54	36	40	50	35

재무 상태 〈단위 : 억원〉

항목	2012	2013	2014	2015	2016	2017
총자산	838	931	1,045	1,306	1,539	1,727
유형자산	465	481	607	925	911	854
무형자산	53	53	53	53	55	72
유가증권	4	34	34	24	21	3
총부채	109	111	144	333	433	472
총차입금	—	—	—	150	269	269
자본금	250	250	250	250	250	250
총자본	729	820	901	972	1,106	1,256
지배주주지분	729	820	901	972	1,106	1,255

기업가치 지표

항목	2012	2013	2014	2015	2016	2017
주가(최고/저)(천원)	3.6/1.8	2.3/1.9	4.2/2.0	3.7/2.4	2.9/2.1	5.4/2.6
PER(최고/저)(배)	19.4/9.5	13.6/10.9	21.9/10.2	22.4/14.7	10.0/7.3	16.9/8.1
PBR(최고/저)(배)	2.6/1.3	1.5/1.2	2.4/1.1	1.9/1.3	1.3/1.0	2.2/1.0
EV/EBITDA(배)	5.3	6.4	7.2	9.3	6.0	7.7
EPS(원)	193	180	197	167	294	321
BPS(원)	1,460	1,642	1,804	1,946	2,214	2,513
CFPS(원)	297	283	301	248	430	537
DPS(원)	—	25	25	25	25	25
EBITDAPS(원)	310	279	318	270	445	587

재무 비율 〈단위 : %〉

연도	영업 이익률	순 이익률	부채 비율	차입금 비율	ROA	ROE	유보율	자기자본 비율	EBITDA 마진율
2017	30.3	26.2	37.6	21.4	9.8	13.6	402.6	72.7	48.0
2016	28.1	26.7	39.1	24.3	10.4	14.2	342.9	71.9	40.4
2015	22.4	19.7	34.3	15.4	7.1	8.9	289.3	74.5	31.9
2014	25.8	23.7	16.0	0.0	10.0	11.4	260.9	86.2	38.2

코오롱 (A002020)

Kolon

업 종 : 복합 산업
신용등급 : (Bond) — (CP) —
홈페이지 : www.kolon.com
본 사 : 경기도 과천시 코오롱로 11, 코오롱타워

시 장 : 거래소
기업규모 : 시가총액 중형주
연 락 처 : 02)3677-3111

설 립 일	1957.04.12	**종업원수**	98명	**대표이사**	이웅열,유석진
상 장 일	1975.06.23	**감사의견**	적정(삼정)	**계 열**	
결 산 기	12월	**보 통 주**		**종속회사수**	18개사
액 면 가	5,000원	**우 선 주**		**구 상 호**	

주주구성 (지분율,%)		출자관계 (지분율,%)		주요경쟁사 (외형,%)	
이웅열	47.4	코오롱오토모티브	100.0	코오롱	100
국민연금공단	6.5	코오롱엘에스아이	100.0	SK네트웍스	346
(외국인)	8.7	이노베이스	100.0	한솔홀딩스	20

매출구성		비용구성		수출비중	
HW/SW 유통	73.7	매출원가율	89.6	수출	—
용역/시스템 구축	26.3	판관비율	8.0	내수	—

회사 개요

동사는 국내 최초로 나일론 섬유을 생산하는 기업으로 설립되어 2009년 인적분할을 통해 지주회사로 전환되었음. 연결대상 회사들이 영위하는 사업으로는 종합건설, 하수 및 폐수처리, 전자제품 제조, 시스템소프트웨어 개발, 폐기물처리 등이 있음. 매출구성은 유통사업 42.2%, 건설사업 37.6%, IT사업 9.5%, 지주사업 2.3%, 환경사업 2.3%, 제약사업부문 2.1%, 기타사업등으로 이루어짐.

실적 분석

동사의 2017년 연결기준 연간 누적 매출액은 4조3929.6억원으로 전년 동기 대비 11.6% 증가함. 매출은 늘었지만 매출 증가율 대비 매출원가 증가율도 늘고 판매비와 관리비 또한 증가하면서 영업이익은 전년 동기 대비 20.4% 감소한 1067.6억원을 시현함. 비영업손익 부문에서 대규모 적자를 기록했던 전년 동기와 달리 흑자 전환에 성공하면서 당기순이익은 전년 동기 대비 285.7% 증가한 1095.9억원을 기록함.

현금 흐름 〈단위 : 억원〉

항목	2016	2017
영업활동	1,368	562
투자활동	-969	-550
재무활동	-515	377
순현금흐름	-116	368
기말현금	1,009	1,376

시장 대비 수익률

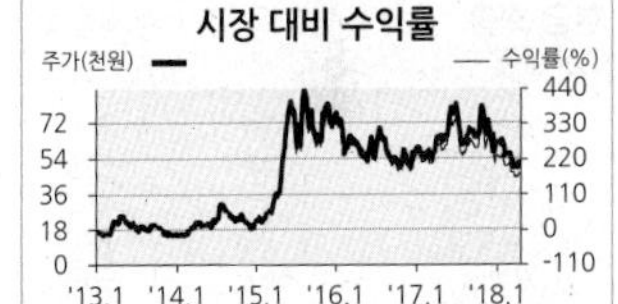

결산 실적 〈단위 : 억원〉

항목	2012	2013	2014	2015	2016	2017
매출액	47,771	44,277	36,199	35,908	39,369	43,930
영업이익	433	769	955	290	1,342	1,068
당기순이익	-120	-849	206	-758	284	1,096

분기 실적 〈단위 : 억원〉

항목	2016.3Q	2016.4Q	2017.1Q	2017.2Q	2017.3Q	2017.4Q
매출액	9,435	12,036	9,282	11,174	11,111	12,362
영업이익	325	237	284	328	294	162
당기순이익	108	-249	123	139	389	445

재무 상태 〈단위 : 억원〉

항목	2012	2013	2014	2015	2016	2017
총자산	39,173	37,756	35,784	32,918	33,336	36,994
유형자산	3,311	6,081	6,119	4,635	4,559	4,982
무형자산	1,970	2,142	1,985	1,983	1,561	1,507
유가증권	1,379	1,601	1,207	1,098	843	1,000
총부채	30,063	29,481	26,576	24,863	25,023	27,854
총차입금	15,740	15,821	14,590	12,488	12,639	14,441
자본금	657	657	657	657	657	657
총자본	9,110	8,274	9,208	8,055	8,313	9,139
지배주주지분	7,157	6,512	6,390	5,709	6,003	7,651

기업가치 지표

항목	2012	2013	2014	2015	2016	2017
주가(최고/저)(천원)	25.4/14.1	25.0/15.0	30.6/15.0	88.6/21.9	77.5/48.9	81.3/52.1
PER(최고/저)(배)	108.7/60.4	—/—	41.3/20.2	—/—	50.6/31.9	11.1/7.1
PBR(최고/저)(배)	0.5/0.3	0.5/0.3	0.7/0.3	2.1/0.5	1.7/1.1	1.4/0.9
EV/EBITDA(배)	21.2	15.3	14.6	37.2	12.7	15.8
EPS(원)	258	-3,385	775	-4,873	1,557	7,400
BPS(원)	54,480	49,570	48,642	43,459	45,691	58,235
CFPS(원)	2,514	-871	3,114	-2,479	3,698	9,719
DPS(원)	500	500	500	500	500	500
EBITDAPS(원)	5,551	8,369	9,606	4,601	12,352	10,446

재무 비율 〈단위 : %〉

연도	영업 이익률	순 이익률	부채 비율	차입금 비율	ROA	ROE	유보율	자기자본 비율	EBITDA 마진율
2017	2.4	2.5	304.8	158.0	3.1	14.2	1,064.7	24.7	3.1
2016	3.4	0.7	301.0	152.0	0.9	3.5	813.8	24.9	4.1
2015	0.8	-2.1	308.7	155.0	-2.2	-10.6	769.2	24.5	1.7
2014	2.6	0.6	288.6	158.5	0.6	1.6	872.8	25.7	3.5

코오롱글로벌 (A003070)

KOLONGLOBAL

업 종 : 건설 　　　　　　　　　　시 장 : 거래소
신용등급 : (Bond) — (CP) A3 　　기업규모 : 시가총액 소형주
홈페이지 : www.kolonglobal.com 　연 락 처 : 02)3677-5114
본 사 : 경기도 과천시 코오롱로 11

설 립 일	1960.12.28	**종업원수**	2,821명	**대 표 이 사**	윤창운
상 장 일	1978.09.15	**감사의견**	적정(삼정)	**계 열**	
결 산 기	12월	**보 통 주**		**종속회사수**	5개사
액 면 가	5,000원	**우 선 주**		**구 상 호**	

주주구성 (지분율,%)		출자관계 (지분율,%)		주요경쟁사 (외형,%)	
코오롱	75.2	네이처브리지	100.0	코오롱글로벌	100
KB자산운용	4.2	코오롱오토플랫폼	100.0	이테크건설	40
(외국인)	2.6	코오롱하우스비전	100.0	아이콘트롤스	7

매출구성		비용구성		수출비중	
건설, 주택, 토목 등(기타)	47.6	매출원가율	90.9	수출	13.1
수입 자동차 판매(상품)	29.0	판관비율	7.1	내수	86.9
철강재, 화학재, 산업소재 등(상품)	21.6				

회사 개요

동사는 1960년에 설립되어 1978년 9월에 한국거래소가 개설한 유가증권시장에 상장하였으며 1982년에 상호를 코오롱건설로 변경하였고, 2011년에 코오롱글로벌 주식회사로 상호를 변경함. 현재 토목, 건축, 주택, 플랜트, 환경공사 등을 국내 및 해외에서 영위하는 건설부문과 철강 및 산업자재 등을 수출입하는 무역부문, 수입자동차 판매를 목적으로 하는 유통서비스 부문 등으로 사업이 다각화되어 있음.

실적 분석

동사의 2017년 연결기준 결산 매출액은 전년동기대비 14.7% 상승한 3조 6,536억원을 기록하였음. 비용면에서 전년동기대비 원가율은 소폭 상승하였으나, 외형성장과 함께 판관비 비중 축소 영향으로 영업이익은 전년동기 대비 19.5% 증가한 725.1억원을 시현하며 수익성 개선된 모습. 비영업부문 손익은 지난해 수준을 유지하면서 당기순이익 또한 지난해 대비 148.5% 증가한 152.5을 시현함.

현금 흐름

〈단위 : 억원〉

항목	2016	2017
영업활동	979	385
투자활동	-649	-525
재무활동	-294	432
순현금흐름	29	292
기말현금	667	959

시장 대비 수익률

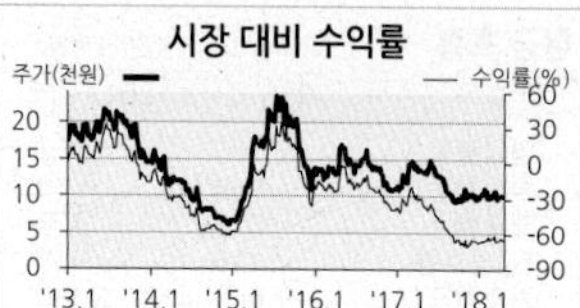

결산 실적

〈단위 : 억원〉

항목	2012	2013	2014	2015	2016	2017
매출액	40,597	36,628	28,243	30,291	31,851	36,536
영업이익	-136	218	78	421	607	725
당기순이익	-233	-760	214	-254	61	152

분기 실적

〈단위 : 억원〉

항목	2016.3Q	2016.4Q	2017.1Q	2017.2Q	2017.3Q	2017.4Q
매출액	7,509	10,188	7,598	9,317	9,211	10,410
영업이익	147	201	133	149	176	266
당기순이익	1	45	11	51	9	81

재무 상태

〈단위 : 억원〉

항목	2012	2013	2014	2015	2016	2017
총자산	27,614	24,400	22,181	19,797	20,837	22,634
유형자산	2,408	5,279	5,340	4,163	3,917	4,159
무형자산	1,051	1,196	986	1,016	973	991
유가증권	1,109	1,178	1,039	938	908	1,185
총부채	23,164	20,465	17,136	15,420	16,475	17,980
총차입금	10,881	9,598	7,920	5,934	6,134	6,844
자본금	4,188	4,188	1,058	1,058	1,061	1,277
총자본	4,450	3,935	5,044	4,376	4,362	4,654
지배주주지분	4,251	3,737	4,850	4,376	4,362	4,654

기업가치 지표

항목	2012	2013	2014	2015	2016	2017
주가(최고/저)(천원)	29.6/14.4	22.8/14.0	16.0/6.1	24.5/6.4	17.6/10.4	15.2/9.0
PER(최고/저)(배)	—/—	—/—	12.6/4.8	—/—	62.0/36.8	23.2/13.7
PBR(최고/저)(배)	1.1/0.5	1.0/0.6	0.7/0.3	1.2/0.3	0.9/0.5	0.8/0.5
EV/EBITDA(배)	—	29.6	38.7	12.7	9.0	8.8
EPS(원)	-1,395	-4,556	1,312	-1,211	292	663
BPS(원)	5,429	4,470	23,127	20,908	20,837	18,436
CFPS(원)	-145	-759	2,041	-604	973	1,399
DPS(원)	—	—	—	—	150	150
EBITDAPS(원)	-31	406	1,181	2,615	3,567	3,890

재무 비율

〈단위 : %〉

연도	영업이익률	순이익률	부채비율	차입금비율	ROA	ROE	유보율	자기자본비율	EBITDA마진율
2017	2.0	0.4	386.3	147.0	0.7	3.4	266.2	20.6	2.5
2016	1.9	0.2	377.7	140.6	0.3	1.4	313.3	20.9	2.4
2015	1.4	-0.8	352.4	135.6	-1.2	-5.5	314.7	22.1	1.8
2014	0.3	0.8	339.7	157.0	0.9	5.3	358.8	22.7	0.7

코오롱생명과학 (A102940)

KOLON LIFE SCIENCE

업 종 : 제약 　　　　　　　　　　시 장 : KOSDAQ
신용등급 : (Bond) — (CP) — 　　기업규모 : 우량
홈페이지 : www.kolonls.co.kr 　　연 락 처 : 02)3677-4150
본 사 : 경기도 과천시 코오롱로 13 (별양동, 코오롱타워별관7층)

설 립 일	2000.04.21	**종업원수**	470명	**대 표 이 사**	이우석
상 장 일	2009.04.07	**감사의견**	적정(한영)	**계 열**	
결 산 기	12월	**보 통 주**		**종속회사수**	
액 면 가	500원	**우 선 주**		**구 상 호**	

주주구성 (지분율,%)		출자관계 (지분율,%)		주요경쟁사 (외형,%)	
코오롱	20.4	TissueGene,	12.7	코오롱생명과학	100
이웅열	14.4	KOLONCHINA(HK)COMPANY	2.4	녹십자	1,091
(외국인)	6.2			녹십자홀딩스	1,241

매출구성		비용구성		수출비중	
환경사업(항균제, 수처리제 등)	44.6	매출원가율	75.7	수출	73.1
의약사업(원료의약, 의약중간체 등)	38.2	판관비율	29.0	내수	26.9
바이오사업(기술 수출)	17.2				

회사 개요

동사는 원료의약, 의약중간체, 항균제, 화학소재, 수처리제 등의 생산/판매 및 바이오신약 연구개발 등을 영위할 목적으로 2000년 4월 설립되었으며 2009년 4월 코스닥시장에 상장됨. 미래성장동력으로서 의약사업과 환경사업(환경소재, 워터솔루션)에서 축적된 연구개발력과 경험을 바이오신약사업으로 확대하고 있음.2017년 7월 골관절염 치료제 '티슈진-C'(제품명 인보사)의 식품의약품안전처 국내 품목 허가를 획득함.

실적 분석

동사의 2017년 누적매출액은 1,181억원으로 전년대비 25.4% 감소함. 원료의약, 의약중간체 등 의약사업 부문의 매출이 감소했기 때문임. 비용측면에서 매출원가는 18.5% 줄었으나 판관비가 13.5% 상승함. 같은 기간 영업손실은 55.5억원으로 적자전환함. 진입기간이 오래 소요되는 일본 제네릭업체 및 오리지널업체와의 네트웍을 확보하고 있어 향후 수출선점효과를 누릴 것으로 기대됨.

현금 흐름

*IFRS 별도 기준 　〈단위 : 억원〉

항목	2016	2017
영업활동	281	-83
투자활동	-172	-602
재무활동	996	-132
순현금흐름	1,107	-819
기말현금	1,377	558

시장 대비 수익률

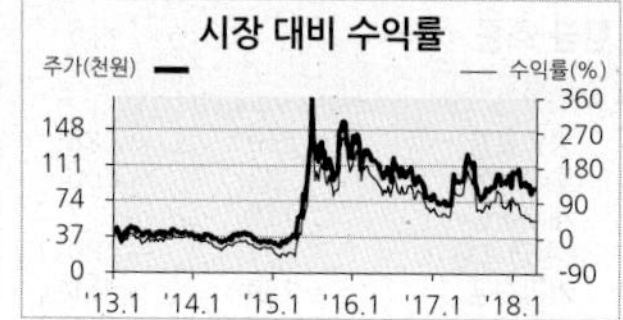

결산 실적

〈단위 : 억원〉

항목	2012	2013	2014	2015	2016	2017
매출액	1,413	1,396	1,306	1,212	1,583	1,181
영업이익	223	183	94	22	185	-55
당기순이익	189	172	59	8	127	-14

분기 실적

*IFRS 별도 기준 　〈단위 : 억원〉

항목	2016.3Q	2016.4Q	2017.1Q	2017.2Q	2017.3Q	2017.4Q
매출액	296	616	256	290	304	331
영업이익	29	94	-1	-3	-17	-34
당기순이익	24	58	3	7	-9	-15

재무 상태

*IFRS 별도 기준 　〈단위 : 억원〉

항목	2012	2013	2014	2015	2016	2017
총자산	1,923	2,069	2,089	2,286	3,546	7,168
유형자산	1,040	1,083	1,131	1,167	1,256	1,442
무형자산	51	63	108	134	148	201
유가증권	44	44	147	147	147	4,005
총부채	856	833	727	932	948	1,714
총차입금	600	617	561	752	624	503
자본금	26	26	33	33	38	38
총자본	1,067	1,236	1,362	1,354	2,598	5,454
지배주주지분	1,067	1,236	1,362	1,354	2,598	5,454

기업가치 지표

*IFRS 별도 기준

항목	2012	2013	2014	2015	2016	2017
주가(최고/저)(천원)	52.9/18.6	49.0/33.0	42.6/29.5	181/27.1	149/72.7	127/69.5
PER(최고/저)(배)	24.9/8.8	27.5/18.5	73.3/50.7	2,327.6/349.1	128.3/62.7	—/—
PBR(최고/저)(배)	4.8/1.7	3.9/2.6	3.2/2.2	13.7/2.1	6.6/3.2	2.7/1.5
EV/EBITDA(배)	17.7	17.5	20.3	120.6	29.3	206.5
EPS(원)	2,160	1,797	586	78	1,164	-123
BPS(원)	20,773	23,466	20,405	20,295	34,180	71,708
CFPS(원)	4,798	4,674	2,339	1,500	3,051	1,292
DPS(원)	750	120	200	100	200	—
EBITDAPS(원)	5,515	4,887	2,883	1,706	3,849	748

재무 비율

〈단위 : %〉

연도	영업이익률	순이익률	부채비율	차입금비율	ROA	ROE	유보율	자기자본비율	EBITDA마진율
2017	-4.7	-1.2	31.4	9.2	-0.3	-0.4	14,241.6	76.1	4.8
2016	11.7	8.0	36.5	24.0	4.3	6.4	6,736.0	73.3	17.7
2015	1.8	0.7	68.8	55.5	0.4	0.6	3,959.1	59.2	9.4
2014	7.2	4.5	53.4	41.2	2.8	4.5	3,981.0	65.2	14.4

코오롱인더스트리 (A120110)

KOLON INDUSTRIES

업　　종 : 화학　　　　　　　　　　시　　장 : 거래소
신용등급 : (Bond) A　　(CP) A2　　기업규모 : 시가총액 중형주
홈페이지 : www.kolonindustries.com　　연 락 처 : 02)3677-3114
본　　사 : 경기도 과천시 코오롱로 11 (별양동) 코오롱타워

설 립 일	2010.01.05	**종업원수**	3,725명	**대표이사**	이웅열,장희구,안태환
상 장 일	2010.02.01	**감사의견**	적정(삼정)	**계　　열**	
결 산 기	12월	**보 통 주**		**종속회사수**	40개사
액 면 가	5,000원	**우 선 주**		**구　　상　　호**	

주주구성 (지분율,%)		출자관계 (지분율,%)		주요경쟁사 (외형,%)	
코오롱	31.5	케이에프엔티	100.0	코오롱인더	100
국민연금공단	13.2	셀빅개발	88.0	LG화학	558
(외국인)	16.5	코오롱에코너지	81.8	한화케미칼	203

매출구성		비용구성		수출비중	
산업자재군(기타)	38.1	매출원가율	74.4	수출	41.8
패션군(기타)	24.9	판관비율	21.3	내수	58.2
화학소재군(기타)	17.9				

회사 개요

코오롱의 제조사업부문이 2009년 분할돼 설립된 동사와 종속회사는 자동차소재 등을 생산하고 있는 산업자재군, 종합화학제품을 생산하고 있는 화학소재군, 필름, 전자재료 및 IT용 소재를 생산하고 있는 필름/전자재료군, 패션 및 아웃도어 제품의 생산 및 판매를 담당하고 있는 패션군, 의류소재군 등의 5개 사업군으로 나뉨. 동사의 연결대상 종속회사는 총 31개임. 동사가 소속된 코오롱그룹은 국내 37개 계열사와 해외 23개 법인을 두고 있음.

실적 분석

동사의 2017년 누적매출액은 46,070.4억원으로 전년대비 1% 증가함. 같은 기간 영업이익은 전년보다 28.5% 줄어든 1,979.8억원을 기록함. 석유수지 및 에폭시 수지(IT용)는 원료가격 인상분이 제품가격에 반영됐지만 페놀수지는 판가 반영이 지연되면서 매출이 정체됨. 타이어코드 및 에어백 설비는 원료인 폴리에스터 가격 상승과 원달러 환율 하락으로 수익성이 악화됨. 필름부문은 비수기로 판매량이 부진한 가운데 원료 가격 상승 중임.

현금 흐름

〈단위 : 억원〉

항목	2016	2017
영업활동	3,396	2,766
투자활동	-2,618	-4,987
재무활동	-185	1,576
순현금흐름	536	-702
기말현금	1,472	770

시장 대비 수익률

결산 실적

〈단위 : 억원〉

항목	2012	2013	2014	2015	2016	2017
매출액	53,130	52,615	53,377	48,565	45,622	46,070
영업이익	2,940	2,316	1,688	2,805	2,767	1,980
당기순이익	1,711	1,137	396	-1,451	1,760	1,227

분기 실적

〈단위 : 억원〉

항목	2016.3Q	2016.4Q	2017.1Q	2017.2Q	2017.3Q	2017.4Q
매출액	10,373	12,403	11,501	11,237	10,863	12,469
영업이익	481	649	458	541	460	520
당기순이익	295	262	222	574	320	111

재무 상태

〈단위 : 억원〉

항목	2012	2013	2014	2015	2016	2017
총자산	46,283	47,199	47,492	49,861	52,491	56,619
유형자산	19,527	21,136	21,510	21,529	22,023	24,443
무형자산	1,274	1,249	1,601	1,970	1,918	1,772
유가증권	1,845	1,395	1,121	1,413	2,193	3,568
총부채	27,457	27,743	27,401	30,217	31,239	33,395
총차입금	17,635	18,316	18,447	18,846	19,254	21,106
자본금	1,391	1,393	1,394	1,394	1,396	1,421
총자본	18,826	19,456	20,091	19,644	21,253	23,224
지배주주지분	17,534	18,175	18,844	18,320	19,810	21,833

기업가치 지표

항목	2012	2013	2014	2015	2016	2017
주가(최고/저)(천원)	74.5/47.6	61.8/43.3	70.5/40.4	71.4/43.9	89.1/52.8	89.0/64.5
PER(최고/저)(배)	13.3/8.5	16.3/11.4	48.7/27.9	—/—	15.0/8.9	18.4/13.5
PBR(최고/저)(배)	1.2/0.8	0.9/0.7	1.1/0.6	1.1/0.7	1.3/0.8	1.2/0.9
EV/EBITDA(배)	6.9	7.7	8.7	7.3	8.0	11.1
EPS(원)	6,010	4,008	1,517	-5,177	6,102	4,830
BPS(원)	67,989	70,208	67,609	65,694	70,954	76,824
CFPS(원)	12,200	10,555	8,391	1,777	13,221	12,016
DPS(원)	900	600	500	500	1,100	1,100
EBITDAPS(원)	16,755	14,871	12,932	17,013	17,039	14,265

재무 비율

〈단위 : %〉

연도	영업이익률	순이익률	부채비율	차입금비율	ROA	ROE	유보율	자기자본비율	EBITDA 마진율
2017	4.3	2.7	143.8	90.9	2.3	6.5	1,436.5	41.0	8.7
2016	6.1	3.9	147.0	90.6	3.4	8.9	1,319.1	40.5	10.4
2015	5.8	-3.0	153.8	95.9	-3.0	-7.8	1,213.9	39.4	9.8
2014	3.2	0.7	136.4	91.8	0.8	2.3	1,252.2	42.3	6.8

코오롱패션머티리얼 (A144620)

Kolon Fashion Material

업　　종 : 화학　　　　　　　　　　시　　장 : 거래소
신용등급 : (Bond) —　　(CP) —　　기업규모 : 시가총액 소형주
홈페이지 : www.kolonfm.com　　연 락 처 : 02)3677-3745
본　　사 : 경기도 과천시 코오롱로 13 코오롱타워 별관 8층

설 립 일	2008.03.03	**종업원수**	354명	**대표이사**	최석순
상 장 일	2012.04.05	**감사의견**	적정(삼정)	**계　　열**	
결 산 기	12월	**보 통 주**		**종속회사수**	
액 면 가	1,000원	**우 선 주**		**구　　상　　호**	

주주구성 (지분율,%)		출자관계 (지분율,%)		주요경쟁사 (외형,%)	
코오롱인더스트리	66.7	나노포라	49.0	코오롱머티리얼	100
코오롱패션머티리얼우리사주조합	5.0	KOLONCHINA(HK)	2.4	씨큐브	11
(외국인)	2.3			원익큐브	68

매출구성		비용구성		수출비중	
폴리에스터	50.4	매출원가율	105.0	수출	59.0
나일론	28.9	판관비율	7.6	내수	41.0
우븐	18.5				

회사 개요

동사는 2008년 3월 코오롱에서 물적분할되어 설립, 2008년 코오롱하이텍스와 합병 후 2012년 코스피시장에 상장됨. 화학섬유의 제조, 판매 및 염색가공을 주요 사업으로 영위하고 있으며, 경기도 과천시에 본사를 두고 경상북도 김천, 구미 및 대구에 제조시설을 가지고 있음. 동사는 섬유소재의 일관 사업체제를 구축해 사업을 영위하고 있으며, 사업부문은 원사사업부문과 원단사업부문으로 구분됨.

실적 분석

동사의 연결기준 2017년 연간 누적 매출액은 전년동기 대비 4.6% 증가한 3,544.6억원을 시현함. 하지만 매출원가가 전년동기 대비 17.9억원 증가하며 447.5억원의 영업손실을 기록함. 이는 중국발 원사 수급 불균형으로 인한 국내 섬유시장 불황에 기인함. 비영업손익 또한 전년동기 대비 적자전환하며 당기순이익은 전년동기 대비 적자전환하여 571.7억원의 순손실을 기록함.

현금 흐름 *IFRS 별도 기준

〈단위 : 억원〉

항목	2016	2017
영업활동	-42	-7
투자활동	254	-65
재무활동	-193	75
순현금흐름	17	-1
기말현금	25	25

시장 대비 수익률

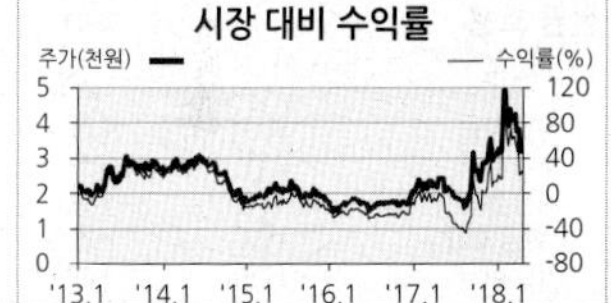

결산 실적

〈단위 : 억원〉

항목	2012	2013	2014	2015	2016	2017
매출액	5,440	5,469	4,797	3,728	3,389	3,545
영업이익	17	112	-68	-77	-25	-448
당기순이익	33	82	-100	-95	25	-572

분기 실적 *IFRS 별도 기준

〈단위 : 억원〉

항목	2016.3Q	2016.4Q	2017.1Q	2017.2Q	2017.3Q	2017.4Q
매출액	740	852	965	930	853	797
영업이익	-38	-4	-93	-72	-151	-131
당기순이익	-39	49	-105	-81	-156	-230

재무 상태 *IFRS 별도 기준

〈단위 : 억원〉

항목	2012	2013	2014	2015	2016	2017
총자산	2,942	3,024	2,947	3,035	2,882	2,551
유형자산	1,068	1,291	1,356	1,183	1,082	1,041
무형자산	153	149	159	196	195	136
유가증권	206	178	175	180	176	192
총부채	951	975	1,014	1,199	1,027	1,262
총차입금	101	102	302	568	395	496
자본금	450	450	450	450	450	450
총자본	1,991	2,049	1,932	1,836	1,855	1,289
지배주주지분	1,991	2,049	1,932	1,836	1,855	1,289

기업가치 지표 *IFRS 별도 기준

항목	2012	2013	2014	2015	2016	2017
주가(최고/저)(천원)	5.1/1.9	3.1/1.9	3.1/1.7	2.4/1.7	2.0/1.5	3.7/1.6
PER(최고/저)(배)	66.8/24.7	17.5/11.0	—/—	—/—	37.7/27.0	—/—
PBR(최고/저)(배)	1.2/0.4	0.7/0.4	0.7/0.4	0.6/0.4	0.5/0.4	1.3/0.6
EV/EBITDA(배)	14.0	7.6	—	—	31.8	—
EPS(원)	79	182	-222	-211	55	-1,270
BPS(원)	22,127	22,763	21,470	20,403	20,613	2,865
CFPS(원)	938	1,449	-473	-374	998	-1,136
DPS(원)	100	200	—	—	100	—
EBITDAPS(원)	742	1,778	-119	-178	452	-860

재무 비율

〈단위 : %〉

연도	영업이익률	순이익률	부채비율	차입금비율	ROA	ROE	유보율	자기자본비율	EBITDA 마진율
2017	-12.6	-16.1	97.9	38.5	-21.1	-36.4	186.5	50.5	-10.9
2016	-0.7	0.7	55.3	21.3	0.8	1.3	312.3	64.4	1.2
2015	-2.1	-2.6	65.3	31.0	-3.2	-5.0	308.1	60.5	-0.4
2014	-1.4	-2.1	52.5	15.6	-3.3	-5.0	329.4	65.6	-0.2

코오롱플라스틱 (A138490)

KOLON PLASTICS

업 종 : 화학
신용등급 : (Bond) — (CP) —
홈페이지 : www.kolonplastics.com
본 사 : 경북 김천시 공단3길 64 (응명동)
시 장 : 거래소
기업규모 : 시가총액 소형주
연 락 처 : 054)420-8371

설립일	1996.03.15	**종업원수**	289명	**대표이사**	김영범
상장일	2011.06.15	**감사의견**	적정(한영)	**계열**	
결산기	12월	**보통주**		**종속회사수**	1개사
액면가	1,000원	**우선주**		**구상호**	

주주구성 (지분율,%)		출자관계 (지분율,%)		주요경쟁사 (외형,%)	
코오롱인더스트리	66.7	코오롱바스프이노폼	50.0	코오롱플라스틱	100
코오롱플라스틱우리사주조합	3.8	KolonPlastics(SHANGHAI),	100.0	휴켐스	273
(외국인)	1.6	KolonPlastics(BEIJING),	90.0	송원산업	276

매출구성		비용구성		수출비중	
Compound 제품	55.7	매출원가율	82.0	수출	46.2
POM	44.3	판관비율	10.5	내수	53.8

회사 개요

동사는 엔지니어링 플라스틱의 제조, 가공, 판매업을 영위함. 구조용 및 기계 부품에 적합한 고성능 엔지니어링 플라스틱은 일반 범용 플라스틱에 비해 내열성과 인장강도, 굴곡탄성률 등에서 우수한 물적 특성을 가짐. 동사는 엔지니어링 플라스틱 중 폴리아미드(PA), 폴리옥시메틸렌(POM) 등을 생산, 판매함. 2011년 이후 엔지니어링 플라스틱 시장이 연평균 5%씩 성장하고 있음.

실적 분석

동사의 연결기준 2017년 매출액은 전년 대비 10% 증가한 2,622.40억원을 기록한 반면, 판관비는 인건비 및 광고선전비 증가의 영향으로 전년 동기 대비 9.1% 증가함. 동기간 영업이익은 전년 대비 9.4% 증가한 196.1억원을 기록함. 반면, 비영업손익은 금융이익 실현의 영향으로 전년동기대비 12.6% 증가함. 반면, 법인세비용 증가로 동사의 2017년 당기순이익은 전년 대비 0.9% 감소한 175.2억원을 기록함.

현금 흐름 <단위 : 억원>

항목	2016	2017
영업활동	382	429
투자활동	-712	-583
재무활동	439	136
순현금흐름	112	-26
기말현금	173	147

시장 대비 수익률

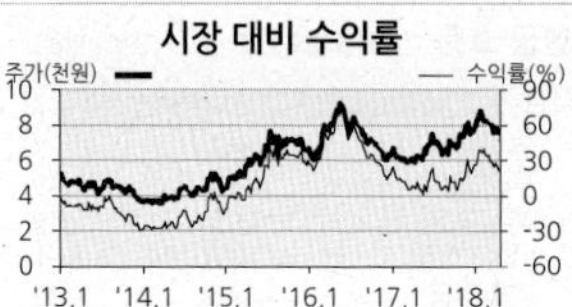

결산 실적 <단위 : 억원>

항목	2012	2013	2014	2015	2016	2017
매출액	2,301	2,229	2,453	2,504	2,384	2,622
영업이익	102	13	60	142	179	196
당기순이익	78	-31	18	90	177	175

분기 실적 <단위 : 억원>

항목	2016.3Q	2016.4Q	2017.1Q	2017.2Q	2017.3Q	2017.4Q
매출액	561	596	626	664	642	689
영업이익	50	9	37	59	79	21
당기순이익	54	33	31	66	94	-16

재무 상태 <단위 : 억원>

항목	2012	2013	2014	2015	2016	2017
총자산	2,085	2,196	2,143	2,086	3,083	3,538
유형자산	1,181	1,164	1,159	1,108	1,411	1,532
무형자산	33	33	46	68	75	74
유가증권	12	12	12	14	16	29
총부채	1,151	1,310	1,237	1,111	1,335	1,593
총차입금	786	951	867	745	615	770
자본금	290	290	290	290	380	380
총자본	934	885	905	975	1,748	1,945
지배주주지분	934	885	905	974	1,747	1,943

기업가치 지표

항목	2012	2013	2014	2015	2016	2017
주가(최고/저)(천원)	8.1/4.5	5.3/3.6	5.3/3.6	8.2/4.3	9.3/5.8	8.4/5.9
PER(최고/저)(배)	33.0/18.5	—/—	92.0/62.0	28.4/15.1	18.5/11.6	18.6/13.0
PBR(최고/저)(배)	2.8/1.5	1.9/1.3	1.8/1.2	2.6/1.4	2.1/1.3	1.7/1.2
EV/EBITDA(배)	11.9	20.4	14.5	11.6	10.7	11.4
EPS(원)	261	-106	60	301	516	460
BPS(원)	3,220	3,051	3,119	3,358	4,596	5,114
CFPS(원)	593	199	381	644	795	769
DPS(원)	50	—	50	75	100	120
EBITDAPS(원)	675	351	525	825	803	824

재무 비율 <단위 : %>

연도	영업이익률	순이익률	부채비율	차입금비율	ROA	ROE	유보율	자기자본비율	EBITDA마진율
2017	7.5	6.7	81.9	39.6	5.3	9.5	411.5	55.0	11.9
2016	7.5	7.4	76.4	35.2	6.8	13.0	359.6	56.7	11.5
2015	5.7	3.6	113.9	76.4	4.3	9.5	235.8	46.7	9.6
2014	2.4	0.8	136.7	95.8	0.9	2.0	211.9	42.3	6.2

코웨이 (A021240)

Coway

업 종 : 내구소비재
신용등급 : (Bond) — (CP) A2+
홈페이지 : www.coway.co.kr
본 사 : 충남 공주시 유구읍 유구마곡사로 136-23
시 장 : 거래소
기업규모 : 시가총액 대형주
연 락 처 : 041)850-7800

설립일	1989.05.02	**종업원수**	4,846명	**대표이사**	LeeHaesun
상장일	1996.09.02	**감사의견**	적정(한영)	**계열**	
결산기	12월	**보통주**		**종속회사수**	6개사
액면가	500원	**우선주**		**구상호**	

주주구성 (지분율,%)		출자관계 (지분율,%)		주요경쟁사 (외형,%)	
코웨이홀딩스	27.2	코웨이엔텍	100.0	코웨이	100
Goverment of Singapore Investment Corporation Pte Ltd	7.4	포천맑은물	70.0	쿠쿠홀딩스	18
(외국인)	59.9	아카데미인프라	7.8	경동나비엔	27

매출구성		비용구성		수출비중	
정수기군	38.1	매출원가율	31.7	수출	—
연결 종속회사 매출액(렌탈) 외	30.1	판관비율	49.5	내수	—
비데군	12.3				

회사 개요

동사의 주요 사업분야는 정수기, 비데, 공기청정기, 연수기를 주력으로 하는 환경가전 사업으로 국내 뿐 아니라 해외로도 판매를 확대하고 있음. 2010년에 화장품 사업에 진출하여 방문판매 중심의 고기능성 프리미엄 화장품을 판매하고 있으며, 2011년에는 매트리스 사업을 시작하여 렌탈판매 방식을 시장에 도입함. 사모펀드인 엠비케이파트너스의 경영권인수로 웅진그룹으로 부터 분리됨.

실적 분석

동사의 2017년 결산 매출액은 2조 5,168억원으로 전년동기 대비 5.9% 증가하였으며, 원가율 하락 및 판관비 증가 억제 영향으로 영업이익은 전년동기 대비 39.5% 증가함. 니켈 검출 정수기 파문으로 얼음정수기 11만대를 전량 환불 및 폐기처리하고, 이와 관련한 해약률 상승과 계정감소 등으로 일시적으로 매출액이 감소했지만 지난해 8월 이후 점진적으로 회복세를 보이고 있으며, 마케팅 확대를 바탕으로 수익성 또한 개선되고 있음.

현금 흐름 <단위 : 억원>

항목	2016	2017
영업활동	4,693	6,372
투자활동	-4,709	-3,836
재무활동	-483	-2,080
순현금흐름	-500	440
기말현금	663	1,103

시장 대비 수익률

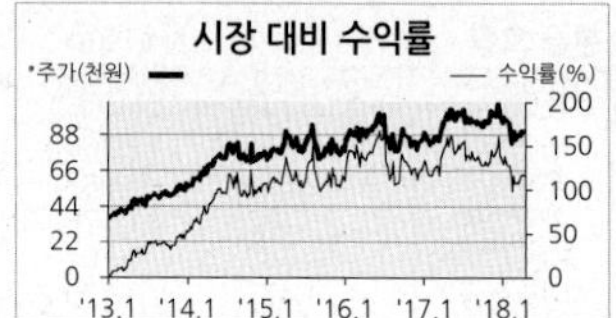

결산 실적 <단위 : 억원>

항목	2012	2013	2014	2015	2016	2017
매출액	19,928	21,183	21,603	23,152	23,763	25,168
영업이익	2,261	3,390	3,644	4,633	3,388	4,727
당기순이익	940	2,451	2,497	3,431	2,433	3,256

분기 실적 <단위 : 억원>

항목	2016.3Q	2016.4Q	2017.1Q	2017.2Q	2017.3Q	2017.4Q
매출액	5,835	6,141	6,102	6,234	6,296	6,536
영업이익	1,070	964	1,209	1,206	1,242	1,071
당기순이익	677	777	754	952	934	616

재무 상태 <단위 : 억원>

항목	2012	2013	2014	2015	2016	2017
총자산	17,551	16,679	16,216	17,754	19,677	21,589
유형자산	6,304	6,383	6,752	6,995	6,694	7,124
무형자산	1,837	1,768	1,706	1,688	1,830	1,839
유가증권	25	25	24	24	25	25
총부채	9,700	7,270	5,822	5,372	7,844	11,766
총차입금	5,943	3,419	1,655	881	3,519	6,824
자본금	407	407	407	407	407	407
총자본	7,851	9,409	10,394	12,382	11,833	9,823
지배주주지분	7,851	9,409	10,385	12,374	11,828	9,822

기업가치 지표

항목	2012	2013	2014	2015	2016	2017
주가(최고/저)(천원)	37.4/25.4	58.6/36.6	83.5/55.9	95.3/71.3	105/75.9	110/82.6
PER(최고/저)(배)	36.4/24.7	21.1/13.7	29.2/19.6	23.7/17.7	35.7/25.7	25.7/19.7
PBR(최고/저)(배)	3.9/2.7	4.9/3.2	6.3/4.2	6.0/4.5	6.3/4.5	7.2/5.6
EV/EBITDA(배)	9.3	9.7	11.3	9.3	12.2	11.0
EPS(원)	1,219	3,178	3,238	4,449	3,167	4,328
BPS(원)	11,354	13,535	15,146	17,654	17,891	15,397
CFPS(원)	3,600	5,748	6,007	7,401	6,198	7,453
DPS(원)	—	2,710	2,000	2,800	3,200	3,200
EBITDAPS(원)	5,313	6,966	7,495	8,960	7,435	9,400

재무 비율 <단위 : %>

연도	영업이익률	순이익률	부채비율	차입금비율	ROA	ROE	유보율	자기자본비율	EBITDA마진율
2017	18.8	12.9	119.8	69.5	15.8	30.1	2,733.0	45.5	28.1
2016	14.3	10.2	66.3	29.7	13.0	20.1	3,260.7	60.1	24.1
2015	20.0	14.8	43.4	7.1	20.2	30.2	3,248.4	69.7	29.9
2014	16.9	11.6	56.0	15.9	15.2	25.2	2,772.8	64.1	26.8

코웰패션 (A033290)

COWELL FASHION

업　　종 : 전자 장비 및 기기　　시　　장 : KOSDAQ
신용등급 : (Bond) ㅡ　(CP) ㅡ　　기업규모 : 우량
홈페이지 : www.cowellfashion.co.kr　　연 락 처 : 031)8060-0775
본　　사 : 경기도 수원시 영통구 신원로 270 (원천동)

설 립 일	1974.06.11	**종업원수**	401명	**대표이사**	최용석,임종민
상 장 일	1997.10.13	**감사의견**	적정(영앤진)	**계　　열**	
결 산 기	12월	**보 통 주**		**종속회사수**	4개사
액 면 가	500원	**우 선 주**		**구 상 호**	필코전자

주주구성 (지분율,%)		출자관계 (지분율,%)		주요경쟁사 (외형,%)	
대명화학	57.0	씨에프크리에이티브	100.0	코웰패션	100
이순섭	13.7	씨에프코스메틱스	73.5	아트라스BX	204
(외국인)	2.8	씨에프에이	50.0	녹십자셀	6

매출구성		비용구성		수출비중	
내의류및 잡화(기타)	64.5	매출원가율	42.5	수출	38.7
콘덴서(상품및제품)	19.8	판관비율	37.5	내수	61.3
기타	13.7				

회사 개요

동사의 사업은 콘덴서와 저항기 등 전자부품을 제조해 판매하는 전자사업 부문과 내의류, 양말 등 의류를 제조해 판매하는 패션사업 부문으로 나뉨. 부대사업으로 부동산 매매와 임대업, 관리용영업, 산업용 장비 임대업, 홍보물 제작업, 인터넷방송용 프로그램 제작 및 공급업 등도 영위함. 영성필코전자, 씨에프에이, 씨에프코스메틱스, 씨에프크리에이티브를 연결대상 종속회사로 보유하고 있음.

실적 분석

동사의 2017년 연결기준 연간 누적 매출액은 3094.4억원으로 전년 동기 대비 23.9% 증가함. 매출이 증가하면서 매출원가와 판관비도 늘었지만 매출 증가에 따른 고정비용 감소 효과가 커 영업이익은 전년 동기 대비 79.7% 증가한 620.1억원을 시현함. 비영업부문에서 적자 지속됐지만 적자 규모가 줄어 법인세 비용 부담이 커졌음에도 당기순이익은 전년 동기 대비 112.1% 증가한 466.6억원을 기록함.

현금 흐름 〈단위 : 억원〉

항목	2016	2017
영업활동	348	460
투자활동	-75	-625
재무활동	-78	179
순현금흐름	195	11
기말현금	278	289

시장 대비 수익률

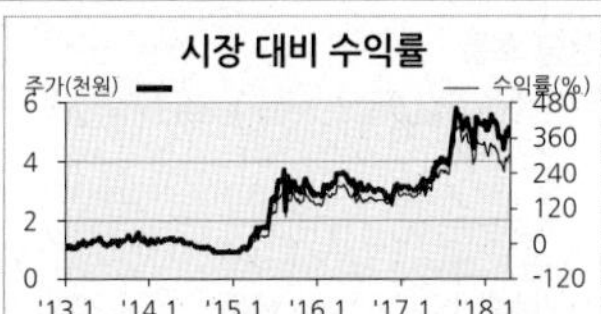

결산 실적 〈단위 : 억원〉

항목	2012	2013	2014	2015	2016	2017
매출액	525	466	492	1,615	2,497	3,094
영업이익	-15	-41	-24	170	345	620
당기순이익	-43	113	-73	104	220	467

분기 실적 〈단위 : 억원〉

항목	2016.3Q	2016.4Q	2017.1Q	2017.2Q	2017.3Q	2017.4Q
매출액	574	807	721	759	633	981
영업이익	64	124	135	153	123	210
당기순이익	50	57	95	114	96	161

재무 상태 〈단위 : 억원〉

항목	2012	2013	2014	2015	2016	2017
총자산	2,350	1,268	1,091	1,821	2,085	2,730
유형자산	1,138	641	603	711	666	742
무형자산	129	2	2	5	5	7
유가증권	69	103	223	130	120	107
총부채	1,092	423	311	645	733	1,009
총차입금	852	342	233	413	389	619
자본금	138	138	144	465	465	465
총자본	1,258	844	780	1,176	1,352	1,721
지배주주지분	692	844	780	1,161	1,312	1,665

기업가치 지표

항목	2012	2013	2014	2015	2016	2017
주가(최고/저)(천원)	1.7/1.0	1.6/1.0	1.4/0.9	3.7/0.9	3.7/2.6	5.9/3.0
PER(최고/저)(배)	—/—	—/—	—/—	30.2/7.3	17.4/12.3	12.3/6.3
PBR(최고/저)(배)	0.7/0.4	0.5/0.3	0.5/0.3	3.0/0.7	2.6/1.8	3.2/1.6
EV/EBITDA(배)	10.2	5.5	16.4	14.3	7.7	8.0
EPS(원)	-406	-22	-258	124	215	483
BPS(원)	2,517	3,070	2,701	1,247	1,456	1,866
CFPS(원)	89	504	-84	170	251	511
DPS(원)	—	—	—	—	—	30
EBITDAPS(원)	442	376	90	266	407	706

재무 비율 〈단위 : %〉

연도	영업이익률	순이익률	부채비율	차입금비율	ROA	ROE	유보율	자기자본비율	EBITDA마진율
2017	20.0	15.1	58.6	36.0	19.4	29.7	262.9	63.0	20.9
2016	13.8	8.8	54.2	28.8	11.3	16.2	191.3	64.9	15.2
2015	10.6	6.5	54.8	35.1	7.2	9.9	149.4	64.6	12.7
2014	-4.8	-14.7	39.8	29.9	-6.2	-8.9	440.2	71.5	5.1

코위버 (A056360)

Communication Weaver

업　　종 : 통신장비　　시　　장 : KOSDAQ
신용등급 : (Bond) ㅡ　(CP) ㅡ　　기업규모 : 우량
홈페이지 : www.coweaver.co.kr　　연 락 처 : 02)3140-3300
본　　사 : 서울시 마포구 동교로19길 12 (서교동)

설 립 일	2000.02.18	**종업원수**	134명	**대표이사**	황인환
상 장 일	2001.11.24	**감사의견**	적정(세일)	**계　　열**	
결 산 기	12월	**보 통 주**		**종속회사수**	2개사
액 면 가	500원	**우 선 주**		**구 상 호**	

주주구성 (지분율,%)		출자관계 (지분율,%)		주요경쟁사 (외형,%)	
황인환	16.8	위버브릿지	100.0	코위버	100
김근식	9.7	모비리안	100.0	콤텍시스템	264
(외국인)	3.7			오이솔루션	141

매출구성		비용구성		수출비중	
MSPP	28.5	매출원가율	64.0	수출	13.8
WDM	24.8	판관비율	24.9	내수	86.2
PTN	18.7				

회사 개요

유선 광전송장비 개발 및 제조 등을 주요 사업으로 영위하고 있으며, KT, LGU+, SK브로드밴드, SK C&C, 도로공사 등 국내 메이저 통신사업자 및 주요 공공기관을 거래선으로 확보하고 있음. 주력 제품인 MSPP가 전체 매출액에서 약 22%를 차지하고 있음. 또한 17년 부터는 과거 내수중심에서 WDM 제품에 대한 해외매출이 발생하며 해외시장의 활로를 넓혀 현재 전체 매출의 40% 이상의 매출을 구성함.

실적 분석

동사의 2017년 전체 매출은 543억원으로 전년대비 7.4% 감소, 영업이익은 60.3억원으로 전년대비 16.2% 증가, 당기순이익은 65.1억원으로 전년대비 1.6% 감소시현. 광전송장비 제조에 사용되는 주요 원재료인 IC, 반도체 Chip 중 PMC Chip 등의 원가 절감 노력을 통해 매출원가 개선으로 외형 감소에도 불구하고 영업이익은 증가 시현. 2018년 서버, 방송장치, PON 제품 도입을 통하여 매출 증대를 꾀함.

현금 흐름 〈단위 : 억원〉

항목	2016	2017
영업활동	48	78
투자활동	-12	-123
재무활동	33	23
순현금흐름	69	-23
기말현금	271	247

시장 대비 수익률

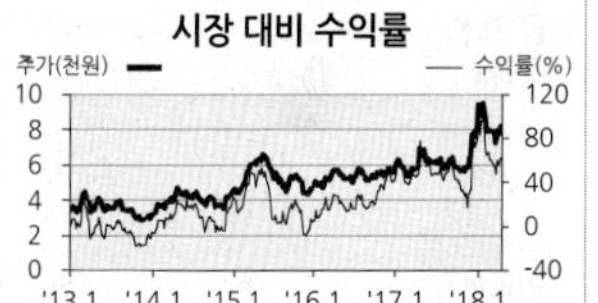

결산 실적 〈단위 : 억원〉

항목	2012	2013	2014	2015	2016	2017
매출액	453	614	587	600	587	543
영업이익	18	48	72	62	52	60
당기순이익	29	63	75	93	66	65

분기 실적 〈단위 : 억원〉

항목	2016.3Q	2016.4Q	2017.1Q	2017.2Q	2017.3Q	2017.4Q
매출액	122	269	38	177	91	237
영업이익	11	42	-22	46	-3	40
당기순이익	10	54	-23	36	6	46

재무 상태 〈단위 : 억원〉

항목	2012	2013	2014	2015	2016	2017
총자산	678	806	851	1,020	1,146	1,184
유형자산	152	148	148	148	146	282
무형자산	51	53	43	36	27	19
유가증권	5	5	47	45	62	42
총부채	78	149	130	193	262	240
총차입금	24	30	30	30	70	100
자본금	49	49	49	49	49	49
총자본	600	657	720	827	884	943
지배주주지분	600	657	720	827	884	943

기업가치 지표

항목	2012	2013	2014	2015	2016	2017
주가(최고/저)(천원)	3.2/1.5	4.6/2.8	4.7/3.2	6.9/4.2	5.8/4.7	8.3/5.4
PER(최고/저)(배)	12.1/5.7	7.9/4.8	6.6/4.4	7.6/4.7	8.8/7.1	12.6/8.2
PBR(최고/저)(배)	0.6/0.3	0.7/0.4	0.7/0.4	0.8/0.5	0.7/0.5	0.9/0.6
EV/EBITDA(배)	9.1	5.0	4.6	3.6	5.0	8.7
EPS(원)	295	643	767	948	676	665
BPS(원)	6,409	6,996	7,641	8,574	9,162	9,767
CFPS(원)	452	772	910	1,093	807	793
DPS(원)	60	100	130	100	70	100
EBITDAPS(원)	337	623	875	779	661	744

재무 비율 〈단위 : %〉

연도	영업이익률	순이익률	부채비율	차입금비율	ROA	ROE	유보율	자기자본비율	EBITDA마진율
2017	11.1	12.0	25.5	10.6	5.6	7.1	1,853.3	79.7	13.4
2016	8.8	11.3	29.7	7.9	6.1	7.7	1,732.3	77.1	11.0
2015	10.4	15.5	23.4	3.7	9.9	12.0	1,614.8	81.1	12.7
2014	12.2	12.8	18.1	4.2	9.1	10.9	1,428.3	84.7	14.6

코이즈 (A121850)
KOYJ CO

업　　종 : 디스플레이 및 관련부품　　시　　장 : KOSDAQ
신용등급 : (Bond) —　　(CP) —　　기업규모 : 벤처
홈페이지 : www.koyj.co.kr　　연 락 처 : 070)8255-6405
본　　사 : 충북 충주시 대소원면 첨단산업로 146

설 립 일	2006.02.16	**종 업 원 수**	85명	**대 표 이 사**	조재형
상 장 일	2012.09.27	**감 사 의 견**	적정(삼정)	**계　열**	
결 산 기	12월	**보 통 주**		**종속회사수**	2개사
액 면 가	500원	**우 선 주**		**구 상 호**	

주주구성 (지분율,%)		출자관계 (지분율,%)		주요경쟁사 (외형,%)	
조재형	37.4			코이즈	100
최연주	14.0			우리이티아이	5,588
(외국인)	1.2			유테크	121

매출구성		비용구성		수출비중	
광학코팅	61.3	매출원가율	110.0	수출	—
도광판	35.4	판관비율	18.6	내수	—
상품매출	1.4				

회사 개요

동사는 2006년에 설립된 보호필름 제조 및 LCD의 부품인 백라이트유닛(BLU)의 구성 요소인 광학필름의 코팅과 도광판 제조 기업으로, 2012년 9월에 코스닥시장에 신규상장됨. 광학필름 중에서도 프리즘시트 백코팅(후면 코팅) 위주로 사업을 영위하고 있으며, 자체적으로 원료를 구입하여 직접 필름 원단의 성질별로 코팅액을 조액함으로써 생산 원가 및 품질에서 우위를 보유함.

실적 분석

동사의 2017년 연간 매출액은 전년동기대비 16.1% 하락한 263.9억원을 기록하였음. 비용면에서 전년동기대비 매출원가는 증가 했으며 인건비는 감소 하였고 기타판매비와관리비는 증가함. 주춤한 모습의 매출액에 의해 전년동기대비 영업손실은 75.3억원으로 적자전환 하였음. 최종적으로 전년동기대비 당기순손실은 적자전환하여 94.9억원을 기록함. 비영업손익 부분의 적자전환이 영향을 미친것으로 판단됨.

현금 흐름 〈단위 : 억원〉

항목	2016	2017
영업활동	-7	6
투자활동	63	-0
재무활동	-49	23
순현금흐름	7	25
기말현금	62	86

시장 대비 수익률

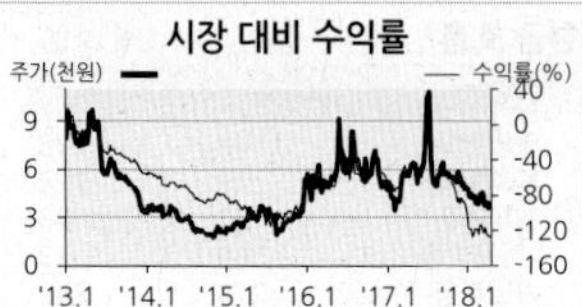

결산 실적 〈단위 : 억원〉

항목	2012	2013	2014	2015	2016	2017
매출액	355	241	279	260	314	264
영업이익	80	-1	-1	-15	8	-75
당기순이익	51	-7	-5	-24	15	-95

분기 실적 〈단위 : 억원〉

항목	2016.3Q	2016.4Q	2017.1Q	2017.2Q	2017.3Q	2017.4Q
매출액	75	79	86	70	61	47
영업이익	-2	7	-6	-12	-20	-38
당기순이익	-10	19	-16	-7	-19	-53

재무 상태 〈단위 : 억원〉

항목	2012	2013	2014	2015	2016	2017
총자산	459	591	575	580	549	457
유형자산	213	288	327	329	233	213
무형자산	17	19	21	17	16	10
유가증권	—	—	—	—	—	—
총부채	138	288	278	307	251	231
총차입금	83	234	242	261	198	196
자본금	33	33	33	48	50	53
총자본	321	303	297	273	298	225
지배주주지분	321	303	297	273	298	225

기업가치 지표

항목	2012	2013	2014	2015	2016	2017
주가(최고/저)(천원)	8.2/4.6	9.8/3.2	3.8/1.8	5.5/1.9	9.1/3.9	11.4/3.5
PER(최고/저)(배)	13.4/7.6	—/—	—/—	—/—	61.0/26.1	—/—
PBR(최고/저)(배)	2.5/1.4	3.0/1.0	1.2/0.6	1.9/0.7	2.9/1.3	5.0/1.5
EV/EBITDA(배)	7.4	14.9	12.1	44.4	16.8	—
EPS(원)	624	-72	-48	-252	153	-928
BPS(원)	4,900	4,894	4,839	3,023	3,198	2,328
CFPS(원)	1,278	311	383	57	442	-668
DPS(원)	150	—	—	—	55	—
EBITDAPS(원)	1,776	405	432	155	370	-477

재무 비율 〈단위 : %〉

연도	영업이익률	순이익률	부채비율	차입금비율	ROA	ROE	유보율	자기자본비율	EBITDA마진율
2017	-28.5	-36.0	102.6	86.8	-18.9	-36.3	365.5	49.4	-18.5
2016	2.5	4.8	84.3	66.4	2.7	5.2	539.7	54.3	11.5
2015	-5.8	-9.4	112.2	95.4	-4.2	-8.6	504.5	47.1	5.8
2014	-0.5	-1.7	93.6	81.3	-0.8	-1.6	867.7	51.6	10.2

코콤 (A015710)
Kocom

업　　종 : 보안장비　　시　　장 : KOSDAQ
신용등급 : (Bond) —　　(CP) —　　기업규모 : 우량
홈페이지 : www.kocom.co.kr　　연 락 처 : 02)6675-2135
본　　사 : 서울시 강서구 염창동 260-7

설 립 일	1976.06.01	**종 업 원 수**	153명	**대 표 이 사**	고성욱
상 장 일	1997.08.12	**감 사 의 견**	적정(대주)	**계　열**	
결 산 기	12월	**보 통 주**		**종속회사수**	1개사
액 면 가	500원	**우 선 주**		**구 상 호**	

주주구성 (지분율,%)		출자관계 (지분율,%)		주요경쟁사 (외형,%)	
한세전자	16.9	코콤하이엠	70.0	코콤	100
고성욱	16.3	정보통신공제조합	0.1	슈프리마	33
(외국인)	1.3	KOCOMSDNBHD	9.1	현대통신	82

매출구성		비용구성		수출비중	
스마트 홈 시스템(IoT/홈 네트워크 시스템 등)	85.0	매출원가율	75.0	수출	7.2
기타	9.4	판관비율	16.2	내수	92.8
LED조명	3.9				

회사 개요

2011년에 설립된 동사는 네트워크 통신기기, 디지털카메라, 비디오폰, 인터폰, LED조명기기 등의 판매를 주사업으로 하고 있음. 사업부문은 크게 주택설비 사업부문, CCTV사업부문, 솔루션 사업부문, LED조명사업부문으로 나뉨. 동사는 스마트 홈시스템 부문에서 국내 30~35%의 시장점유율을 차지하고 있을 것으로 추정됨. 매출 비중은 스마트홈시스템이 약 78.8%, CCTV 1.3%, 기타 매출이 20%를 차지함.

실적 분석

동사의 2017년 연결 기준 연간 누적 매출액은 1430.9억원으로 전년 대비 25.6% 증가함. 매출이 늘어나면서 매출원가와 판관비도 늘었지만 매출 증가율이 매출원가 증가율을 상회하면서 영업이익은 전년 대비 43.6% 증가한 127억원을 기록함. 비영업손익 부문에서 외환 손실 등으로 적자를 기록했지만 영업이익 증가 폭이 커 당기순이익은 전년 대비 48.5% 증가한 107.2억원을 기록함.

현금 흐름 〈단위 : 억원〉

항목	2016	2017
영업활동	48	148
투자활동	-61	-37
재무활동	-17	-27
순현금흐름	-29	83
기말현금	15	98

시장 대비 수익률

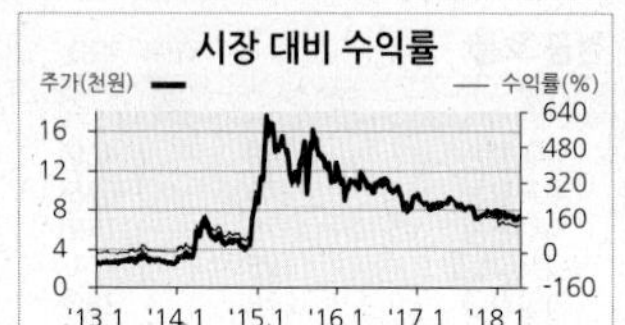

결산 실적 〈단위 : 억원〉

항목	2012	2013	2014	2015	2016	2017
매출액	833	952	1,035	1,108	1,139	1,431
영업이익	57	50	96	98	88	127
당기순이익	34	30	58	72	72	107

분기 실적 〈단위 : 억원〉

항목	2016.3Q	2016.4Q	2017.1Q	2017.2Q	2017.3Q	2017.4Q
매출액	268	367	324	339	353	415
영업이익	26	16	30	36	32	30
당기순이익	19	20	26	31	25	26

재무 상태 〈단위 : 억원〉

항목	2012	2013	2014	2015	2016	2017
총자산	1,019	1,115	1,059	1,101	1,178	1,289
유형자산	253	255	252	250	302	299
무형자산	24	21	20	16	14	14
유가증권	13	4	4	4	4	5
총부채	336	409	303	212	237	266
총차입금	151	160	112	0	3	0
자본금	88	88	88	88	88	88
총자본	683	706	756	889	940	1,023
지배주주지분	681	706	755	889	940	1,023

기업가치 지표

항목	2012	2013	2014	2015	2016	2017
주가(최고/저)(천원)	3.6/1.7	3.8/2.3	9.6/2.5	20.8/8.7	13.1/7.8	9.8/7.1
PER(최고/저)(배)	19.9/9.4	22.2/13.7	30.4/8.1	52.3/22.0	33.0/19.7	16.3/11.8
PBR(최고/저)(배)	0.9/0.4	0.9/0.6	2.2/0.6	4.2/1.8	2.5/1.5	1.7/1.2
EV/EBITDA(배)	9.0	10.0	15.7	20.3	16.7	9.1
EPS(원)	197	183	331	416	412	612
BPS(원)	4,168	4,312	4,593	5,243	5,538	6,008
CFPS(원)	248	254	412	488	478	680
DPS(원)	50	50	100	125	150	165
EBITDAPS(원)	379	358	631	634	571	793

재무 비율 〈단위 : %〉

연도	영업이익률	순이익률	부채비율	차입금비율	ROA	ROE	유보율	자기자본비율	EBITDA마진율
2017	8.9	7.5	26.0	0.0	8.7	10.9	1,101.7	79.4	9.7
2016	7.8	6.3	25.2	0.3	6.3	7.9	1,007.7	79.9	8.8
2015	8.9	6.5	23.9	0.1	6.7	8.9	948.6	80.7	10.0
2014	9.3	5.6	40.1	14.8	5.3	7.9	818.7	71.4	10.7

코텍 (A052330)
Kortek

업　　종 : 디스플레이 및 관련부품
신용등급 : (Bond) —　　(CP) —
홈페이지 : www.kortek.co.kr
본　　사 : 인천시 연수구 벤처로 24번길 26 (송도동)
시　　장 : KOSDAQ
기업규모 : 우량
연 락 처 : 032)860-3000

설 립 일	1987.03.06	**종업원수**	423명	**대표이사**	김영달
상 장 일	2001.06.27	**감사의견**	적정(한울)	**계　열**	
결 산 기	12월	**보 통 주**		**종속회사수**	
액 면 가	500원	**우 선 주**		**구 상 호**	

주주구성 (지분율,%)		출자관계 (지분율,%)		주요경쟁사 (외형,%)	
아이디스홀딩스	33.0	KORTEKCorpUSA	98.0	코텍	100
베어링자산운용	5.8			HB테크놀러지	87
(외국인)	29.9			동아엘텍	76

매출구성		비용구성		수출비중	
TFT-LCD 모니터	96.4	매출원가율	79.1	수출	96.6
AS 외	3.6	판관비율	10.7	내수	3.4

회사 개요

동사의 양대 사업축은 카지노용 모니터와 PID(Public Information Display)사업이라 할 수 있으며, 카지노 모니터는 세계 시장점유율의 50% 이상 차지하고 있음. 의료용 모니터 등 특수 목적용 모니터는 신규 사업으로 동사는 지멘스, GE 등에서 공급하는 초음파 진단기 시장에 진출함. 특수용 디스플레이는 현재 항공, 군사 분야에 집중적으로 연구개발이 진행되고 있으며 2017년 창립30주년을 맞아 새로운 도약을 계획중임.

실적 분석

동사의 2017년 연결 기준 연간 누적 매출액은 3274.8억원으로 전년 동기 대비 9.9% 증가함. 매출이 증가하면서 매출 원가는 늘어났지만 판매비와 관리비는 오히려 감소하면서 영업이익은 전년 동기 대비 14.2% 증가한 334.4억원을 기록함. 비영업손익 부문에서 외환손실로 인해 적자 전환하면서 당기순이익은 전년 동기 대비 42.5% 감소한 217.1억원을 기록함.

현금 흐름 *IFRS 별도 기준 〈단위 : 억원〉

항목	2016	2017
영업활동	200	236
투자활동	-116	-424
재무활동	-85	-45
순현금흐름	2	-244
기말현금	591	347

시장 대비 수익률

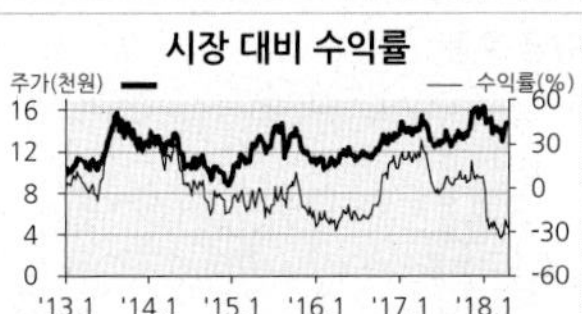

결산 실적 〈단위 : 억원〉

항목	2012	2013	2014	2015	2016	2017
매출액	1,603	1,698	1,488	2,420	2,980	3,275
영업이익	206	207	55	263	293	334
당기순이익	175	174	63	232	377	217

분기 실적 *IFRS 별도 기준 〈단위 : 억원〉

항목	2016.3Q	2016.4Q	2017.1Q	2017.2Q	2017.3Q	2017.4Q
매출액	813	897	572	724	962	1,016
영업이익	93	76	45	64	130	95
당기순이익	146	129	-2	72	110	36

재무 상태 *IFRS 별도 기준 〈단위 : 억원〉

항목	2012	2013	2014	2015	2016	2017
총자산	1,711	1,839	1,823	2,354	2,758	3,019
유형자산	441	440	429	428	447	453
무형자산	38	47	56	54	41	40
유가증권	90	79	101	70	53	24
총부채	214	195	172	226	328	405
총차입금	22	11	—	—	2	2
자본금	64	65	65	78	78	78
총자본	1,497	1,645	1,651	2,128	2,430	2,614
지배주주지분	1,497	1,645	1,651	2,128	2,430	2,614

기업가치 지표 *IFRS 별도 기준

항목	2012	2013	2014	2015	2016	2017
주가(최고/저)(천원)	11.3/8.4	16.1/9.9	14.1/8.6	15.0/9.6	14.0/10.1	16.6/12.4
PER(최고/저)(배)	9.6/7.2	13.6/8.3	32.3/19.7	9.4/6.1	6.0/4.4	12.1/9.0
PBR(최고/저)(배)	1.1/0.8	1.4/0.9	1.2/0.7	1.1/0.7	0.9/0.7	1.0/0.7
EV/EBITDA(배)	4.9	6.5	13.0	4.0	4.3	4.3
EPS(원)	1,327	1,307	475	1,694	2,424	1,394
BPS(원)	11,628	12,673	12,951	13,965	16,166	17,347
CFPS(원)	1,545	1,507	660	1,846	2,554	1,550
DPS(원)	250	250	200	250	300	300
EBITDAPS(원)	1,792	1,768	595	2,073	2,010	2,304

재무 비율 〈단위 : %〉

연도	영업이익률	순이익률	부채비율	차입금비율	ROA	ROE	유보율	자기자본비율	EBITDA마진율
2017	10.2	6.6	15.5	0.1	7.5	8.6	3,369.4	86.6	11.0
2016	9.8	12.7	13.5	0.1	14.8	16.6	3,133.2	88.1	10.5
2015	10.9	9.6	10.6	0.0	11.1	12.3	2,693.1	90.4	11.7
2014	3.7	4.3	10.4	0.0	3.5	3.8	2,490.1	90.5	5.2

코프라 (A126600)
KOPLA

업　　종 : 자동차부품
신용등급 : (Bond) —　　(CP) —
홈페이지 : www.kopla.com
본　　사 : 경기도 화성시 장안면 상두원길 142
시　　장 : KOSDAQ
기업규모 : 우량
연 락 처 : 031)499-2195

설 립 일	1997.10.13	**종업원수**	106명	**대표이사**	한상용
상 장 일	2010.11.12	**감사의견**	적정(대주)	**계　열**	
결 산 기	12월	**보 통 주**		**종속회사수**	3개사
액 면 가	500원	**우 선 주**		**구 상 호**	

주주구성 (지분율,%)		출자관계 (지분율,%)		주요경쟁사 (외형,%)	
한상용	17.1			코프라	100
조인선	11.4			삼원강재	205
(외국인)	2.5			유니온머티리얼	82

매출구성		비용구성		수출비중	
PA66	49.1	매출원가율	85.0	수출	29.7
PP	22.6	판관비율	8.8	내수	70.3
PA6	22.2				

회사 개요

동사는 고기능성 폴리머 소재를 생산·판매하는 사업을 영위하고 있음. 사업부문으로는 자동차분야, 전기전자분야, 가구 분야등이 있으며 전산업의 발전과 밀접하게 연관되어 있음. 특히 자동차분야가 80% 이상의 매출비중을 차지하고 있어 자동차 산업의 발전 및 자동차 관련 고기능성 폴리모 소재와의 연관성이 큼. 최근 중국에 신규 컴파운드 공장투자를 결정하였으며, 플라스틱 사출업체들에게 PA 컴파운드 칩을 공급할 예정임.

실적 분석

동사는 연결기준 지난해 영업이익이 83.5억원으로 전년 대비 41% 감소. 같은 기간 매출액은 1,347.9억원으로 3.6% 증가, 당기순이익은 55.9억원으로 54.6% 축소. 이는 국제 유가 상승의 영향으로 매출액은 늘었지만 수익성이 저하된 결과. 금속을 대신한 고기능성 폴리머 소재(칩)의 수요 및 중요성이 지속적으로 증가하고 있으며 이를 통해 매출 증대를 기대.

현금 흐름 〈단위 : 억원〉

항목	2016	2017
영업활동	66	42
투자활동	-62	-5
재무활동	9	53
순현금흐름	12	88
기말현금	49	137

시장 대비 수익률

결산 실적 〈단위 : 억원〉

항목	2012	2013	2014	2015	2016	2017
매출액	884	913	1,053	1,158	1,301	1,348
영업이익	71	93	104	125	141	84
당기순이익	60	71	86	105	123	56

분기 실적 〈단위 : 억원〉

항목	2016.3Q	2016.4Q	2017.1Q	2017.2Q	2017.3Q	2017.4Q
매출액	296	363	353	309	345	341
영업이익	32	32	33	18	25	6
당기순이익	25	33	16	23	24	-7

재무 상태 〈단위 : 억원〉

항목	2012	2013	2014	2015	2016	2017
총자산	538	658	839	1,072	1,247	1,423
유형자산	167	170	299	322	329	326
무형자산	5	7	8	7	8	10
유가증권	1	51	101	281	304	247
총부채	147	195	285	306	369	442
총차입금	78	102	162	183	211	200
자본금	44	44	44	49	49	106
총자본	391	463	554	766	878	981
지배주주지분	391	463	554	766	878	981

기업가치 지표

항목	2012	2013	2014	2015	2016	2017
주가(최고/저)(천원)	3.5/1.8	6.4/2.6	5.8/3.4	9.8/5.2	9.0/6.4	7.1/4.3
PER(최고/저)(배)	10.9/5.7	16.6/6.7	12.3/7.3	17.8/9.6	14.7/10.4	26.3/15.9
PBR(최고/저)(배)	1.7/0.9	2.6/1.0	1.9/1.2	2.6/1.4	2.1/1.5	1.6/0.9
EV/EBITDA(배)	7.4	5.9	8.8	10.8	7.5	7.6
EPS(원)	344	409	492	567	631	274
BPS(원)	4,496	5,318	6,257	7,861	9,005	4,648
CFPS(원)	802	950	1,157	1,367	1,506	395
DPS(원)	80	100	150	150	150	70
EBITDAPS(원)	929	1,200	1,361	1,589	1,694	531

재무 비율 〈단위 : %〉

연도	영업이익률	순이익률	부채비율	차입금비율	ROA	ROE	유보율	자기자본비율	EBITDA마진율
2017	6.2	4.2	45.0	20.4	4.2	6.0	829.6	69.0	8.0
2016	10.9	9.5	42.0	24.1	10.6	15.0	1,701.1	70.4	12.7
2015	10.8	9.1	39.9	23.9	11.0	15.9	1,472.2	71.5	12.7
2014	9.9	8.2	51.4	29.2	11.5	17.0	1,151.3	66.1	11.3

콜마비앤에이치 (A200130)

Kolmar BNH

업　　종 : 개인생활용품　　　시　　장 : KOSDAQ
신용등급 : (Bond) —　　(CP) —　　　기업규모 : 우량
홈페이지 : www.kolmarbnh.co.kr　　　연 락 처 : 044)860-4200
본　　사 : 대전시 유성구 테크노3로 22 (관평동)

설 립 일	2014.04.22	**종 업 원 수**	202명	**대 표 이 사**	정화영
상 장 일	2014.07.23	**감 사 의 견**	적정(삼일)	**계 열**	
결 산 기	12월	**보 통 주**		**종속회사수**	3개사
액 면 가	500원	**우 선 주**		**구 상 호**	미래에셋제2호스팩

주주구성 (지분율,%)		출자관계 (지분율,%)		주요경쟁사 (외형,%)	
한국콜마홀딩스	50.2	근오농림	75.0	콜마비앤에이치	100
한국원자력연구원	12.0	에치엔지	60.9	케어젠	14
(외국인)	3.3	선앤원코스메틱	40.0	에이블씨엔씨	89

매출구성		비용구성		수출비중	
헤모힘 외	47.4	매출원가율	85.4	수출	12.2
스킨케어 6 시스템 외	42.9	판관비율	3.0	내수	87.8
치약세트 외	7.0				

회사 개요

동사는 소재 연구개발 전문기업으로 천연물을 이용하여 건강기능식품, 화장품 생산에 사용되는 원료를 직접 개발하여 ODM/OEM 형태로 유통업체에게 제품을 공급함. 2001년 한국원자력연구원과 기술이전 협약을 체결하고 2004년 한국원자력연구원과 한국콜마가 공동출자를 통해 설립됨. 2015년 매출액 기준 건강기능식품이 약 55%, 화장품이 45%를 차지함. 동사는 미래에셋제2호스팩과 합병이 완료되어 2015년 2월 우회 상장됨.

실적 분석

동사의 2017년 누적매출액은 4,198.1억원으로 전년대비 64% 증가함. 같은 기간 영업이익은 전년보다 34.7% 늘어난 487.7억원을 기록함. 건강기능식품 부문의 매출규모 및 수익성이 개선되고 있음. 주력 판매처인 국내 2위 다단계 판매업체 애터미의 본격적인 해외시장 진출로 건강기능식품, 화장품 부문 수출액이 크게 늘어날 전망임. 수출 국가 확대, 중국 시장 진출로 실적 개선이 기대됨.

현금 흐름 〈단위 : 억원〉

항목	2016	2017
영업활동	213	532
투자활동	-206	-315
재무활동	41	-42
순현금흐름	48	175
기말현금	170	345

시장 대비 수익률

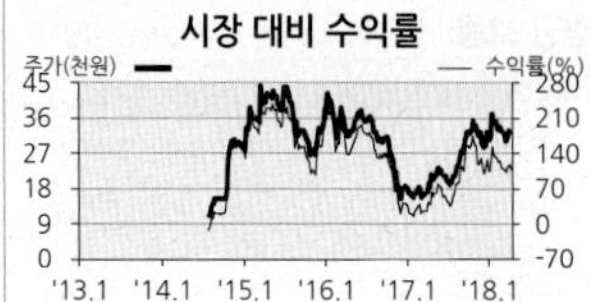

결산 실적 〈단위 : 억원〉

항목	2012	2013	2014	2015	2016	2017
매출액	883	939	1,739	2,362	2,560	4,198
영업이익	118	130	228	344	362	488
당기순이익	100	98	210	12	297	474

분기 실적 〈단위 : 억원〉

항목	2016.3Q	2016.4Q	2017.1Q	2017.2Q	2017.3Q	2017.4Q
매출액	592	655	701	1,106	1,212	1,178
영업이익	79	86	105	120	134	129
당기순이익	84	51	89	197	104	85

재무 상태 〈단위 : 억원〉

항목	2012	2013	2014	2015	2016	2017
총자산	537	606	920	1,271	1,587	2,712
유형자산	220	269	386	395	489	786
무형자산	1	6	4	4	3	151
유가증권	53	52	122	351	369	494
총부채	244	209	314	261	299	933
총차입금	77	55	55	6	70	142
자본금	24	24	65	74	148	148
총자본	293	398	606	1,009	1,287	1,779
지배주주지분	293	388	591	996	1,271	1,688

기업가치 지표

항목	2012	2013	2014	2015	2016	2017
주가(최고/저)(천원)	—/—	—/—	32.1/10.7	46.0/26.3	42.3/15.1	35.6/15.7
PER(최고/저)(배)	0.0/0.0	0.0/0.0	44.9/14.9	1,218.1/696.3	42.6/15.2	23.1/10.2
PBR(최고/저)(배)	0.0/0.0	0.0/0.0	15.9/5.3	13.8/7.9	9.9/3.6	6.3/2.8
EV/EBITDA(배)	—	—	2.5	30.0	13.0	17.2
EPS(원)	391	340	725	38	1,006	1,549
BPS(원)	62,268	82,434	125,748	6,750	4,307	5,718
CFPS(원)	25,465	22,878	47,426	204	1,078	1,666
DPS(원)	—	—	—	125	130	160
EBITDAPS(원)	29,644	29,643	51,289	2,459	1,298	1,767

재무 비율 〈단위 : %〉

연도	영업이익률	순이익률	부채비율	차입금비율	ROA	ROE	유보율	자기자본비율	EBITDA마진율
2017	11.6	11.3	52.4	8.0	22.1	30.9	1,043.7	65.6	12.4
2016	14.1	11.6	23.3	5.4	20.8	26.2	761.4	81.1	15.0
2015	14.6	0.5	25.9	0.6	1.1	1.4	1,250.0	79.4	15.4
2014	13.1	12.1	51.7	9.1	27.5	42.9	804.9	65.9	13.9

콤텍시스템 (A031820)

Comtec Systems

업　　종 : 통신장비　　　시　　장 : 거래소
신용등급 : (Bond) —　　(CP) —　　　기업규모 : 시가총액 소형주
홈페이지 : www.comtec.co.kr　　　연 락 처 : 02)3289-0114
본　　사 : 서울시 영등포구 가마산로 343

설 립 일	1983.08.18	**종 업 원 수**	350명	**대 표 이 사**	남석우
상 장 일	1997.01.09	**감 사 의 견**	적정(대주)	**계 열**	
결 산 기	12월	**보 통 주**		**종속회사수**	1개사
액 면 가	500원	**우 선 주**		**구 상 호**	

주주구성 (지분율,%)		출자관계 (지분율,%)		주요경쟁사 (외형,%)	
남석우	15.7	에스에스산업	67.4	콤텍시스템	100
남진우	6.9	알파인기술투자	38.4	오이솔루션	53
(외국인)	4.7	콤텍정보통신	29.5	아이즈비전	116

매출구성		비용구성		수출비중	
LAN부문/WAN부문	79.5	매출원가율	89.4	수출	1.0
용역 및 장비임대	19.9	판관비율	9.1	내수	99.0
섬유 보강재	0.6				

회사 개요

동사는 전통적으로 공공시장 및 금융권 네트워크통합 장비 및 솔루션 사업에서 경쟁력을 지니고 있으며 최근 SI를 포함한 토탈 서비스 전문기업으로의 전환을 이루고 있음. SW산업진흥법에 따라 대기업이 빠진 공공시장에서 성장을 이룩함. 보안사업의 경우 지식정보보안컨설팅 전문업체 지정을 추진 등의 전략 솔루션을 추가로 발굴하여 통합서비스 전문기업으로서의 성장동력을 마련.

실적 분석

동사의 2017년 4/4분기 연결기준 누적매출액은 1,436.2억원으로 전년동기 대비 13.9% 감소했음. 외형축소에도 불구하고 매출원가 및 판관비가 전년동기 대비 각각 13.8%, 20.2% 감소함에 따라 영업이익은 전년동기 대비 39.7% 증가한 21.3억원을 시현했음. 그러나 비영업부문에서 17.4억원의 손실을 시현함에 따라 이익폭이 축소되어 당기순이익은 전년동기 대비 78.6% 감소한 8.7억원을 시현하는데 그침.

현금 흐름 〈단위 : 억원〉

항목	2016	2017
영업활동	111	27
투자활동	-19	-79
재무활동	-16	-9
순현금흐름	76	-62
기말현금	305	243

시장 대비 수익률

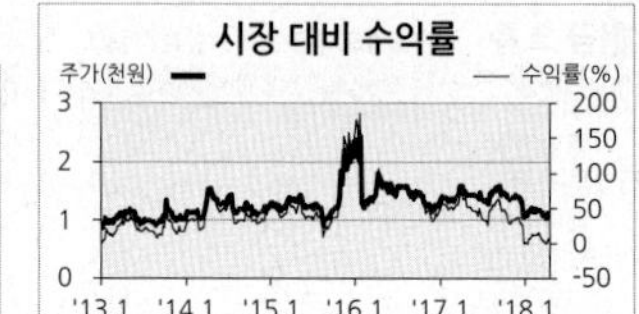

결산 실적 〈단위 : 억원〉

항목	2012	2013	2014	2015	2016	2017
매출액	1,604	1,817	1,861	1,463	1,669	1,436
영업이익	8	-10	-51	7	15	21
당기순이익	67	22	-34	18	40	9

분기 실적 〈단위 : 억원〉

항목	2016.3Q	2016.4Q	2017.1Q	2017.2Q	2017.3Q	2017.4Q
매출액	288	827	201	397	291	547
영업이익	7	46	-9	14	-7	24
당기순이익	6	81	-18	11	3	14

재무 상태 〈단위 : 억원〉

항목	2012	2013	2014	2015	2016	2017
총자산	1,197	1,198	1,169	1,078	1,303	1,067
유형자산	47	52	94	77	79	70
무형자산	22	20	20	24	22	21
유가증권	38	52	23	37	38	39
총부채	646	640	658	538	732	483
총차입금	16	26	20	40	27	18
자본금	159	159	159	159	159	159
총자본	551	558	510	540	571	583
지배주주지분	542	550	503	533	564	576

기업가치 지표

항목	2012	2013	2014	2015	2016	2017
주가(최고/저)(천원)	1.6/0.7	1.5/1.0	1.8/1.1	2.7/1.0	2.9/1.3	1.9/1.2
PER(최고/저)(배)	7.1/3.2	19.5/12.4	—/—	44.0/16.3	20.3/8.7	60.6/38.2
PBR(최고/저)(배)	0.9/0.4	0.8/0.5	1.0/0.6	1.4/0.5	1.5/0.6	0.9/0.6
EV/EBITDA(배)	1.6	—	—	22.4	4.3	1.7
EPS(원)	211	71	-106	55	128	27
BPS(원)	1,703	1,727	1,578	1,672	1,770	1,808
CFPS(원)	234	95	-73	110	184	81
DPS(원)	30	30	—	—	—	—
EBITDAPS(원)	47	-9	-129	77	105	120

재무 비율 〈단위 : %〉

연도	영업이익률	순이익률	부채비율	차입금비율	ROA	ROE	유보율	자기자본비율	EBITDA마진율
2017	1.5	0.6	82.8	3.1	0.7	1.5	261.6	54.7	2.7
2016	0.9	2.4	128.1	4.6	3.4	7.4	253.9	43.8	2.0
2015	0.5	1.2	99.5	7.5	1.6	3.4	234.4	50.1	1.7
2014	-2.8	-1.8	129.0	3.9	-2.9	-6.4	215.6	43.7	-2.2

쿠첸 (A225650)

Cuchen

업 종 : 내구소비재
신용등급 : (Bond) — (CP) —
홈페이지 : www.cuchen.com
본 사 : 서울시 강남구 삼성로 528 부방빌딩

시 장 : KOSDAQ
기업규모 : 우량
연 락 처 : 02)2008-7272

설 립 일	2015.08.04	**종업원수**	292명	**대표이사**	이대희,이재성
상 장 일	2015.09.04	**감사의견**	적정(삼정)	**계 열**	
결 산 기	12월	**보 통 주**		**종속회사수**	
액 면 가	500원	**우 선 주**		**구 상 호**	

주주구성 (지분율,%)		출자관계 (지분율,%)		주요경쟁사 (외형,%)	
부방	44.7			쿠첸	100
이중희	12.7			코웨이	1,061
(외국인)	1.5			쿠쿠홀딩스	190

매출구성		비용구성		수출비중	
IH압력밥솥	51.8	매출원가율	61.1	수출	4.5
열판압력밥솥	18.8	판관비율	42.4	내수	95.5
전기렌지	13.0				

회사 개요

동사는 2009년 리홈쿠첸 내 전기밥솥 사업부로 설립되어, 2015년 8월을 기일로 리홈쿠첸에서 전기밥솥 및 전기레인지 등 생활가전사업을 주력으로 한 리빙사업부로 분할됨. 기존 대기업 위주의 시장에서 최근 쿠첸을 비롯 쿠쿠전자 등이 전기밥솥 시장의 대부분을 차지하는 과점 형태를 보이고 있음. 2016년 기준 쿠쿠전자와의 점유는 65:35 정도로 다소 열위에 있으나, 지속적인 개발과 브랜드 관리를 통해 점차 차이를 줄여가고 있음.

실적 분석

동사의 2017년 영업실적은 매출액 2,372.6억원, 영업적자 83.8억원을 기록함. 각각 전년 대비 13.0% 감소, 적자전환한 수치. 매출 비중이 높은 IH압력밥솥, 열판압력밥솥 부문이 역성장함. 2013년 27억원에 불과했던 전기레인지 매출은 2016년에는 354.0억원으로 증가하였으나 2017년은 성장세가 둔화됨. 동사는 신제품 출시를 통해 교체수요 확대, 프리미엄 시장 점유율을 높인다는 계획임.

현금 흐름 *IFRS 별도 기준 〈단위 : 억원〉

항목	2016	2017
영업활동	43	117
투자활동	-136	-38
재무활동	—	—
순현금흐름	-93	79
기말현금	6	85

시장 대비 수익률

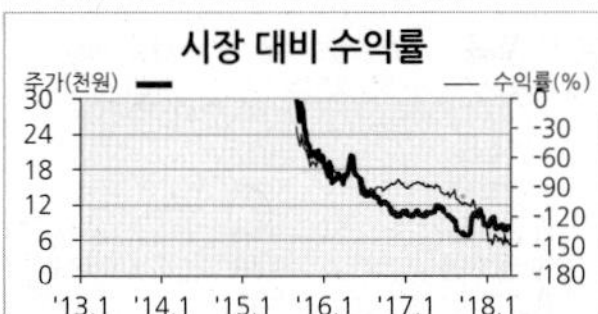

결산 실적 〈단위 : 억원〉

항목	2012	2013	2014	2015	2016	2017
매출액	—	—	—	1,058	2,726	2,373
영업이익	—	—	—	22	98	-84
당기순이익	—	—	—	16	65	-65

분기 실적 *IFRS 별도 기준 〈단위 : 억원〉

항목	2016.3Q	2016.4Q	2017.1Q	2017.2Q	2017.3Q	2017.4Q
매출액	690	704	686	493	596	597
영업이익	18	45	7	-58	-13	-20
당기순이익	16	32	6	-54	-12	-6

재무 상태 *IFRS 별도 기준 〈단위 : 억원〉

항목	2012	2013	2014	2015	2016	2017
총자산	—	—	—	978	1,064	1,058
유형자산	—	—	—	324	292	267
무형자산	—	—	—	7	6	30
유가증권	—	—	—	20	39	10
총부채	—	—	—	372	402	457
총차입금	—	—	—	—	—	—
자본금	—	—	—	53	53	53
총자본	—	—	—	606	663	601
지배주주지분	—	—	—	606	663	601

기업가치 지표 *IFRS 별도 기준

항목	2012	2013	2014	2015	2016	2017
주가(최고/저)(천원)	#VALUE!	—/—	—/—	—/—	—/—	—/—
PER(최고/저)(배)	0.0/0.0	0.0/0.0	0.0/0.0	199.5/120.7	34.0/16.3	—/—
PBR(최고/저)(배)	0.0/0.0	0.0/0.0	0.0/0.0	5.4/3.2	3.3/1.6	2.2/1.2
EV/EBITDA(배)	0.0	0.0	0.0	45.7	7.1	—
EPS(원)	—	—	—	153	607	-611
BPS(원)	—	—	—	5,686	6,216	5,638
CFPS(원)	—	—	—	360	1,132	-79
DPS(원)	—	—	—	—	—	—
EBITDAPS(원)	—	—	—	409	1,442	-253

재무 비율 〈단위 : %〉

연도	영업이익률	순이익률	부채비율	차입금비율	ROA	ROE	유보율	자기자본비율	EBITDA마진율
2017	-3.5	-2.8	76.0	0.0	-6.2	-10.3	1,027.7	56.8	-1.1
2016	3.6	2.4	60.6	0.0	6.4	10.2	1,143.1	62.3	5.7
2015	2.0	1.5	61.4	0.0	0.0	0.0	1,037.2	62.0	4.1
2014	0.0	0.0	0.0	0.0	0.0	0.0	0.0	0.0	0.0

쿠쿠홀딩스 (A192400)

CUCKOO ELECTRONICS CO

업 종 : 내구소비재
신용등급 : (Bond) — (CP) —
홈페이지 : www.cuckoo.co.kr
본 사 : 경남 양산시 유산공단2길 14 (교동)

시 장 : 거래소
기업규모 : 시가총액 중형주
연 락 처 : 055)380-0700

설 립 일	1978.11.15	**종업원수**	1,275명	**대표이사**	구본학
상 장 일	2014.08.06	**감사의견**	적정(안경)	**계 열**	
결 산 기	12월	**보 통 주**		**종속회사수**	6개사
액 면 가	500원	**우 선 주**		**구 상 호**	쿠쿠전자

주주구성 (지분율,%)		출자관계 (지분율,%)		주요경쟁사 (외형,%)	
구본학	33.1	쿠쿠전자주식회사	100.0	쿠쿠홀딩스	100
구본진	14.4	엔탑	42.2	코웨이	559
(외국인)	10.9	쿠쿠홈시스주식회사	16.8	경동나비엔	152

매출구성		비용구성		수출비중	
IH압력밥솥	44.1	매출원가율	60.6	수출	—
정수기 등	31.2	판관비율	25.1	내수	—
열판압력밥솥	16.6				

회사 개요

동사는 전기 밥솥·전기 압력 밥솥, 웰빙 쿠커·청국장 발효기·전기 그릴·식기 건조기·전기 주전자·보온 포트·믹서기 등의 주방 가전, 청소기·공기 청정기·비데 등의 생활 가전을 생산하는 회사로, 구매력이 높고 트렌드에 민감한 1~2인 가구가 늘어나면서 국내 소형 생활가전 시장이 꾸준히 성장하고 있는 것은 동사에 기회요인임. 2014년 8월 6일 유가증권시장에 상장했음.

실적 분석

동사의 2017년 매출은 중단사업 매출을 제외하고 전기 대비 7% 감소한 4,501.7억원을 기록함. 상반기 저조했던 중국수출 및 밥솥매출이 하반기 중국관계 회복과 신제품 출시의 효과로 2018년 하반기부터 회복될 것으로 예상됨. 영업이익은 647.0억원으로 전년대비 14.5% 감소함. 당기순이익은 전기 대비 464.3% 증가한 4,519.8억원을 기록함.

현금 흐름 〈단위 : 억원〉

항목	2016	2017
영업활동	15	-261
투자활동	-144	260
재무활동	108	-296
순현금흐름	-26	-300
기말현금	482	181

시장 대비 수익률

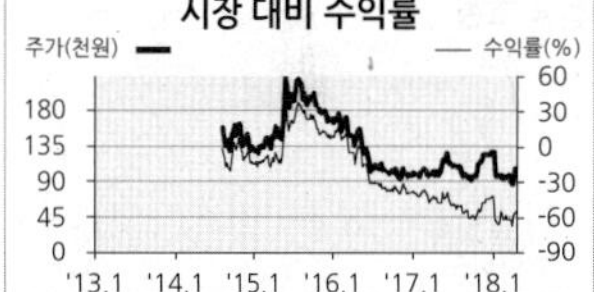

결산 실적 〈단위 : 억원〉

항목	2012	2013	2014	2015	2016	2017
매출액	3,067	5,088	5,667	6,675	4,838	4,502
영업이익	336	685	786	916	638	647
당기순이익	289	574	907	746	801	4,520

분기 실적 〈단위 : 억원〉

항목	2016.3Q	2016.4Q	2017.1Q	2017.2Q	2017.3Q	2017.4Q
매출액	1,760	-503	1,900	1,666	1,954	-1,019
영업이익	238	-98	272	153	234	-12
당기순이익	187	192	207	120	229	3,963

재무 상태 〈단위 : 억원〉

항목	2012	2013	2014	2015	2016	2017
총자산	3,952	4,559	5,533	6,210	7,148	4,896
유형자산	748	897	1,199	1,531	1,922	586
무형자산	31	29	38	45	44	15
유가증권	252	358	780	1,472	1,546	2,222
총부채	778	967	1,124	1,148	1,475	1,318
총차입금	25	29	32	1	1	—
자본금	49	49	49	49	49	27
총자본	3,174	3,592	4,410	5,062	5,673	3,578
지배주주지분	3,174	3,592	4,410	5,053	5,641	3,578

기업가치 지표

항목	2012	2013	2014	2015	2016	2017
주가(최고/저)(천원)	—/—	—/—	172/127	225/119	180/91.7	130/90.9
PER(최고/저)(배)	0.0/0.0	0.0/0.0	19.9/14.6	31.4/16.6	22.8/11.6	2.8/2.0
PBR(최고/저)(배)	0.0/0.0	0.0/0.0	3.5/2.6	4.0/2.1	2.9/1.5	1.8/1.2
EV/EBITDA(배)	—	—	14.7	17.7	10.9	14.6
EPS(원)	6,849	5,859	9,255	7,611	8,272	47,436
BPS(원)	401,007	443,612	52,489	59,047	65,635	76,238
CFPS(원)	74,977	82,728	12,152	10,228	12,099	51,899
DPS(원)	—	—	1,500	2,100	3,100	4,100
EBITDAPS(원)	86,165	93,973	10,912	11,964	10,339	11,329

재무 비율 〈단위 : %〉

연도	영업이익률	순이익률	부채비율	차입금비율	ROA	ROE	유보율	자기자본비율	EBITDA마진율
2017	14.4	100.4	36.8	0.0	75.1	97.0	15,147.7	73.1	23.7
2016	13.2	16.6	26.0	0.0	12.0	15.2	13,026.9	79.4	21.0
2015	13.7	11.2	22.7	0.0	12.7	15.8	11,709.5	81.5	17.6
2014	13.9	16.0	25.5	0.7	18.0	22.7	10,397.9	79.7	18.9

쿠쿠홈시스 (A284740)

CUCKOO HOMESYS COLTD

업　　종 : 내구소비재
신용등급 : (Bond) －　　　(CP) －
홈페이지 : www.cuckoo.co.kr
본　　사 : 경기도 시흥시 엠티브이북로 349

시　　장 : 거래소
기업규모 : 시가총액 중형주
연 락 처 : 032)457-9000

설 립 일	2017.12.01	**종업원수**	명	**대표이사**	구본학
상 장 일	2018.01.11	**감사의견**	적정(삼정)	**계　　열**	
결 산 기	12월	**보 통 주**		**종속회사수**	
액 면 가	500원	**우 선 주**		**구 상 호**	

주주구성 (지분율,%)		출자관계 (지분율,%)		주요경쟁사 (외형,%)	
구본학	33.1	CUCKOOInternational(MAL)SdnBhd	65.7	쿠쿠홈시스	100
쿠쿠홀딩스	16.8			코웨이	8,306
(외국인)	9.6			경동나비엔	2,259

매출구성	비용구성		수출비중	
	매출원가율	39.9	수출	23.8
	판관비율	43.5	내수	76.2

회사 개요

동사는 인적분할로 설립된 신설회사로 2018년 1월 재상장하였으며 분할 전 회사인 쿠쿠홀딩스가 영위하던 사업 중 렌탈사업부문을 영위하고 있음. 주력하고 있는 생활가전렌탈부문은 주로 개인고객을 대상으로 하고 있으며 주요품목은 정수기, 비데, 공기청정기 등이 있음. 2009년 정수기를 시작으로 인앤아웃정수기, 스테인리스 얼음정수기, 코드리스 공기청정기 등 매년 신규 품목을 추가중. 2017년 12월 기업 인적분할 후 2018년 1월 재상장함.

실적 분석

동사는 분할존속회사인 쿠쿠홀딩스(舊 쿠쿠전자)에서 2017년 7월 13일에 개최된 이사회 결의와 2017년 10월 31일 임시주주총회의 결의에 따라, 2017년 12월 01일을 분할기일로 인적분할 신설되어 사업 제1기로 비교대상이 없으며, 매출액 303억원, 영업이익 50억원, 당기순이익 24억원의 실적을 달성함. 매출액은 렌탈, 일시불 매출이 포함된 금액이며 정수기, 공기청정기, 비데가 주요 판매품목임.

현금 흐름 〈단위 : 억원〉

항목	2016	2017
영업활동	－	52
투자활동	－	-8
재무활동	－	0
순현금흐름	－	44
기말현금	－	146

시장 대비 수익률

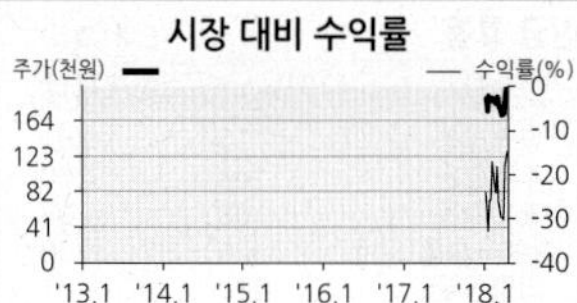

결산 실적 〈단위 : 억원〉

항목	2012	2013	2014	2015	2016	2017
매출액	－	－	－	－	－	303
영업이익	－	－	－	－	－	50
당기순이익	－	－	－	－	－	24

분기 실적 〈단위 : 억원〉

항목	2016.3Q	2016.4Q	2017.1Q	2017.2Q	2017.3Q	2017.4Q
매출액	－	－	－	－	－	303
영업이익	－	－	－	－	－	50
당기순이익	－	－	－	－	－	24

재무 상태 〈단위 : 억원〉

항목	2012	2013	2014	2015	2016	2017
총자산	－	－	－	－	－	4,295
유형자산	－	－	－	－	－	285
무형자산	－	－	－	－	－	33
유가증권	－	－	－	－	－	222
총부채	－	－	－	－	－	703
총차입금	－	－	－	－	－	0
자본금	－	－	－	－	－	22
총자본	－	－	－	－	－	3,592
지배주주지분	－	－	－	－	－	3,516

기업가치 지표

항목	2012	2013	2014	2015	2016	2017
주가(최고/저)(천원)	#VALUE!	－/－	－/－	－/－	－/－	－/－
PER(최고/저)(배)	0.0/0.0	0.0/0.0	0.0/0.0	0.0/0.0	0.0/0.0	0.0/0.0
PBR(최고/저)(배)	0.0/0.0	0.0/0.0	0.0/0.0	0.0/0.0	0.0/0.0	0.0/0.0
EV/EBITDA(배)	0.0	0.0	0.0	0.0	0.0	－
EPS(원)	－	－	－	－	－	503
BPS(원)	－	－	－	－	－	78,341
CFPS(원)	－	－	－	－	－	1,458
DPS(원)	－	－	－	－	－	－
EBITDAPS(원)	－	－	－	－	－	2,071

재무 비율 〈단위 : %〉

연도	영업이익률	순이익률	부채비율	차입금비율	ROA	ROE	유보율	자기자본비율	EBITDA마진율
2017	16.5	8.0	19.6	0.0	0.0	0.0	15,568.2	83.6	30.7
2016	0.0	0.0	0.0	0.0	0.0	0.0	0.0	0.0	0.0
2015	0.0	0.0	0.0	0.0	0.0	0.0	0.0	0.0	0.0
2014	0.0	0.0	0.0	0.0	0.0	0.0	0.0	0.0	0.0

큐렉소 (A060280)

CUREXO

업　　종 : 식료품
신용등급 : (Bond) －　　　(CP) －
홈페이지 : www.curexo.com
본　　사 : 서울시 서초구 강남대로 577 (잠원동, 4층)

시　　장 : KOSDAQ
기업규모 : 중견
연 락 처 : 02)3446-0663

설 립 일	1992.02.29	**종업원수**	42명	**대표이사**	이재준
상 장 일	2002.06.18	**감사의견**	적정(신성)	**계　　열**	
결 산 기	12월	**보 통 주**		**종속회사수**	
액 면 가	500원	**우 선 주**		**구 상 호**	

주주구성 (지분율,%)		출자관계 (지분율,%)		주요경쟁사 (외형,%)	
한국야쿠르트	33.3	ThinkSurgical,	33.3	큐렉소	100
현대중공업	5.9			오뚜기	6,350
(외국인)	0.7			농심	6,595

매출구성		비용구성		수출비중	
라면원재료 및 발효유 원재료(상품)	82.7	매출원가율	82.5	수출	－
ROBODOC 소모품 및 기타 의료기기(상품)	14.8	판관비율	15.9	내수	－
ROBODOC(제품)	1.5				

회사 개요

동사는 1992년 설립돼 2002년 코스닥 시장에 상장함. 사업 부문은 의료기기를 제조, 판매하고 있는 의료기기 부문, 식품 원료를 수입해 판매하고 있는 무역 부문으로 나뉨. 해외 종속회사인 Think Surgical, Inc.가 의료기기 부문을 영위중임. 의료기기 부문은 정형외과 수술로봇 로보닥 및 임플란트 등 기타 의료기기를 제조, 판매하고 있음. 무역사업부의 상품은 팜유와 치커리식이섬유, 냉동가당난황이 매출액의 60% 이상을 차지함.

실적 분석

동사의 2017년 연결기준 연간 누적 매출액은 334.8억원으로 전년 동기 대비 11.4% 증가함. 매출이 늘어나면서 매출원가도 증가했지만 판매비와 관리비가 크게 감소하면서 영업이익은 5.6억원으로 전년 동기 대비 흑자전환에 성공함. 비영업 부문에서 관련기업투자 손실이 크게 발생하며 적자 전환해 당기순손실은 168.9억원으로 전년 동기 대비 적자 규모가 확대됨.

현금 흐름 *IFRS 별도 기준 〈단위 : 억원〉

항목	2016	2017
영업활동	-392	-15
투자활동	-28	-44
재무활동	468	37
순현금흐름	-148	-23
기말현금	35	12

시장 대비 수익률

결산 실적 〈단위 : 억원〉

항목	2012	2013	2014	2015	2016	2017
매출액	243	311	261	275	301	335
영업이익	-142	-134	-210	-246	-404	6
당기순이익	-182	-146	-223	-250	-14	-169

분기 실적 *IFRS 별도 기준 〈단위 : 억원〉

항목	2016.3Q	2016.4Q	2017.1Q	2017.2Q	2017.3Q	2017.4Q
매출액	74	87	75	85	84	90
영업이익	-111	-82	-2	3	0	5
당기순이익	-110	309	-51	-37	-39	-42

재무 상태 *IFRS 별도 기준 〈단위 : 억원〉

항목	2012	2013	2014	2015	2016	2017
총자산	603	621	605	586	782	756
유형자산	16	13	10	35	6	10
무형자산	54	54	51	120	20	132
유가증권	－	－	－	－	－	－
총부채	11	35	20	64	52	49
총차입금	1	21	－	30	30	30
자본금	135	135	135	135	135	145
총자본	592	586	585	522	731	707
지배주주지분	592	586	585	522	731	707

기업가치 지표 *IFRS 별도 기준

항목	2012	2013	2014	2015	2016	2017
주가(최고/저)(천원)	10.9/6.1	6.2/3.7	5.3/3.8	8.9/4.7	8.0/4.5	17.3/5.0
PER(최고/저)(배)	－/－	－/－	－/－	－/－	－/－	－/－
PBR(최고/저)(배)	4.7/2.6	2.7/1.6	2.3/1.7	4.4/2.3	2.8/1.6	6.8/2.0
EV/EBITDA(배)	－	149.3	152.9	－	－	327.3
EPS(원)	-314	-22	-2	-928	-51	-612
BPS(원)	2,231	2,208	2,205	1,969	2,744	2,444
CFPS(원)	-303	-8	12	-857	67	-601
DPS(원)	－	－	－	－	－	－
EBITDAPS(원)	-205	30	32	-843	-1,380	31

재무 비율 〈단위 : %〉

연도	영업이익률	순이익률	부채비율	차입금비율	ROA	ROE	유보율	자기자본비율	EBITDA마진율
2017	1.7	-50.4	6.9	4.2	-22.0	-23.5	388.8	93.6	2.6
2016	-134.4	-4.6	7.1	4.1	-2.0	-2.6	448.8	93.4	-123.7
2015	-89.5	-90.9	12.3	5.8	-50.6	-35.7	155.2	89.0	-82.5
2014	-80.4	-85.2	189.3	157.7	-55.8	-43.8	48.3	34.6	-75.5

큐로컴 (A040350)

Curocom

업　　종 : IT 서비스　　시　　장 : KOSDAQ
신용등급 : (Bond) —　(CP) —　　기업규모 : 벤처
홈페이지 : www.curocom.com　　연 락 처 : 02)2141-3000
본　　사 : 서울시 강남구 테헤란로77길 7(삼성동, 동원빌딩 4층)

설 립 일	1997.04.24	**종 업 원 수**	31명	**대 표 이 사**	조중기
상 장 일	2001.12.29	**감 사 의 견**	적정(신정)	**계 열**	
결 산 기	12월	**보 통 주**		**종속회사수**	5개사
액 면 가	500원	**우 선 주**		**구 상 호**	

주주구성 (지분율,%)		출자관계 (지분율,%)		주요경쟁사 (외형,%)	
큐로홀딩스	8.5	스마젠	64.8	큐로컴	100
케이파트너스	7.6	큐로트레이더스	50.4	삼성에스디에스	73,316
(외국인)	1.2	큐로에프앤비	49.1	포스코 ICT	7,495

매출구성		비용구성		수출비중	
S/W 개발, 유지보수	59.8	매출원가율	81.8	수출	0.0
컴퓨터 및 주변기기	40.2	판관비율	59.5	내수	100.0

회사 개요

금융기관을 대상으로 한 금융컨설팅과 소프트웨어를 개발하여 공급하는 금융전문 IT업체임. 2005년 6월 Banking Solution 업계의 Leader인 에프엔에스닷컴과의 합병으로 솔루션을 보유한 SI업체로 출발함. 금융전문 IT업체로서 다수의 은행 및 제2금융권에 코아뱅킹 솔루션 BANCS 프레임워크와 BANCS Package를 공급하고 있음. 연결대상 회사로 AIDS백신 및 C형 간염 백신 개발하는 스마젠과 커피 체인점업체 등이 있음

실적 분석

동사의 2017년 4/4분기 연결기준 누적 매출액은 126.8억원으로 전년동기 대비 33.2% 감소. 매출원가와 판관비가 전년동기 대비 각각 34.7%, 8.3% 감소했음에도 외형축소의 영향으로 52.3억원의 영업손실을 기록하며 적자를 지속함. 비영업부문에서도 211.9억원의 손실을 기록, 손실폭이 확대되어 271.6억원의 당기순손실을 기록하며 적자를 지속함.

현금 흐름 〈단위 : 억원〉

항목	2016	2017
영업활동	-28	-53
투자활동	102	-713
재무활동	373	340
순현금흐름	447	-426
기말현금	457	30

시장 대비 수익률

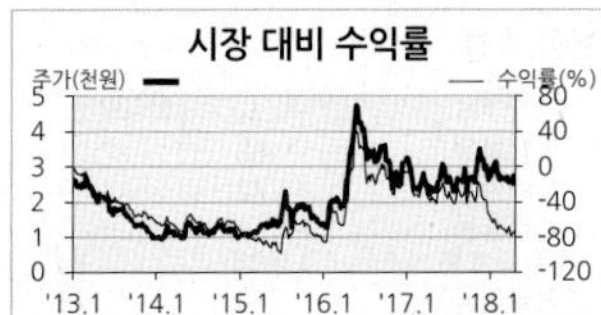

결산 실적 〈단위 : 억원〉

항목	2012	2013	2014	2015	2016	2017
매출액	183	222	213	224	190	127
영업이익	-77	-52	-56	-49	-51	-52
당기순이익	-92	-63	-62	266	-231	-272

분기 실적 〈단위 : 억원〉

항목	2016.3Q	2016.4Q	2017.1Q	2017.2Q	2017.3Q	2017.4Q
매출액	38	34	29	28	38	32
영업이익	-15	-12	-17	-13	-10	-13
당기순이익	-19	-36	-17	-26	-4	-225

재무 상태 〈단위 : 억원〉

항목	2012	2013	2014	2015	2016	2017
총자산	649	620	614	919	1,105	1,177
유형자산	5	4	3	2	1	3
무형자산	103	138	156	149	182	88
유가증권	1	1	1	109	1	1
총부채	236	105	112	109	353	421
총차입금	176	48	40	47	263	335
자본금	387	436	441	460	465	522
총자본	413	516	502	809	751	756
지배주주지분	449	526	496	830	661	748

기업가치 지표

항목	2012	2013	2014	2015	2016	2017
주가(최고/저)(천원)	5.4/2.1	2.8/1.0	1.5/0.9	2.4/1.0	4.9/1.3	3.9/2.2
PER(최고/저)(배)	—/—	—/—	—/—	7.5/3.2	—/—	—/—
PBR(최고/저)(배)	9.3/3.7	4.6/1.6	2.6/1.6	2.7/1.1	6.8/1.8	5.4/3.1
EV/EBITDA(배)	—	—	—	—	—	—
EPS(원)	-67	-39	-42	322	-222	-190
BPS(원)	587	609	569	909	716	721
CFPS(원)	-58	-36	-40	324	-220	-189
DPS(원)	—	—	—	—	—	—
EBITDAPS(원)	-90	-60	-62	-52	-53	-52

재무 비율 〈단위 : %〉

연도	영업이익률	순이익률	부채비율	차입금비율	ROA	ROE	유보율	자기자본비율	EBITDA마진율
2017	-41.2	-214.1	55.7	44.3	-23.8	-27.0	44.2	64.2	-40.7
2016	-26.9	-121.8	47.0	35.0	-22.9	-27.7	43.2	68.0	-25.9
2015	-22.0	118.5	13.5	5.8	34.7	44.2	81.7	88.1	-21.1
2014	-26.3	-29.2	22.4	8.0	-10.1	-7.2	13.8	81.7	-25.6

큐로홀딩스 (A051780)

CUROHOLDINGS

업　　종 : 미디어　　시　　장 : KOSDAQ
신용등급 : (Bond) —　(CP) —　　기업규모 : 중견
홈페이지 : www.curoholdings.com　　연 락 처 : 02)2141-3000
본　　사 : 서울시 강남구 테헤란로77길 7(삼성동, 동원빌딩4층)

설 립 일	1987.12.29	**종 업 원 수**	78명	**대 표 이 사**	조중기
상 장 일	2001.06.14	**감 사 의 견**	적정(신정)	**계 열**	
결 산 기	12월	**보 통 주**		**종속회사수**	6개사
액 면 가	500원	**우 선 주**		**구 상 호**	

주주구성 (지분율,%)		출자관계 (지분율,%)		주요경쟁사 (외형,%)	
권경훈	3.2	피아이엔터테인먼트	100.0	큐로홀딩스	100
큐캐피탈파트너스	3.2	열음엔터테인먼트	99.8	화이브라더스코리아	303
(외국인)	1.9	큐로웍스	60.0	YG PLUS	472

매출구성		비용구성		수출비중	
영화, 드라마, 출연료, 모바일게임 외	59.3	매출원가율	100.7	수출	—
커피 및 커피머신	36.3	판관비율	43.9	내수	—
Oil and Gas	4.4				

회사 개요

동사는 1987년 설립되어 반도체 장비 및 부품의 제조, 커피 및 커피 관련 제품의 판매를 주된 사업으로 영위 중임. 반도체 부문은 해외 주고객사의 파산 영향으로 2009년부터 급감하였으나, 새로운 거래처를 지속적으로 개척중임. 2009년부터는 신규사업으로서 커피유통 사업을 시작, 이탈리아 커피브랜드인 일리로부터 커피 제품을 수입하여 호텔, 백화점 및 직영매장에 공급 판매 중임. 자원개발업체 Curocom Energy를 종속회사로 두고 있음.

실적 분석

동사의 연결기준 2017년 매출액은 전년대비 5.2증가하여 153.6억원을 기록하였음. 커피사업부문 매출액이 전년대비 48% 감소하였으며 자원개발 사업부문은 약 145% 증가, 엔터테인먼트 사업부문은 18% 증가하였음. 커피사업부문은 직영매장 축소에 따른 매출 감소임. 매출원가가 크게 절감되면서 영업적자(68.6억원) 폭을 절반 이상 줄임. 다만 비영업부문 손실 확대로 당기순손실이 지속되었음.

현금 흐름 〈단위 : 억원〉

항목	2016	2017
영업활동	-56	-74
투자활동	-96	1
재무활동	132	66
순현금흐름	-7	-8
기말현금	24	17

시장 대비 수익률

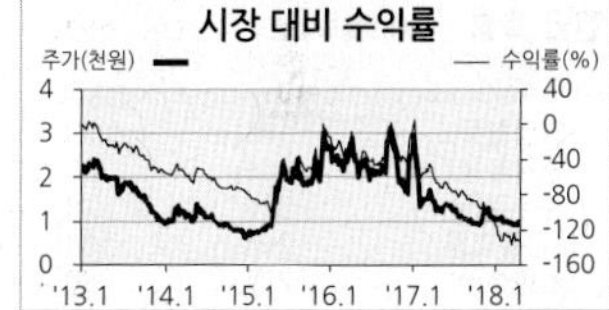

결산 실적 〈단위 : 억원〉

항목	2012	2013	2014	2015	2016	2017
매출액	170	157	131	148	146	154
영업이익	-14	4	-1	-3	-157	-69
당기순이익	-66	-35	-30	22	-171	-397

분기 실적 〈단위 : 억원〉

항목	2016.3Q	2016.4Q	2017.1Q	2017.2Q	2017.3Q	2017.4Q
매출액	23	27	30	30	53	40
영업이익	-11	-130	-15	-8	-15	-31
당기순이익	-27	-99	-30	-13	-8	-346

재무 상태 〈단위 : 억원〉

항목	2012	2013	2014	2015	2016	2017
총자산	834	764	768	922	913	549
유형자산	59	12	7	8	57	48
무형자산	445	450	457	495	435	103
유가증권	3	3	3	53	60	53
총부채	651	580	446	285	199	253
총차입금	553	507	394	266	156	213
자본금	97	107	113	189	301	301
총자본	183	183	322	637	714	295
지배주주지분	183	183	153	440	535	250

기업가치 지표

항목	2012	2013	2014	2015	2016	2017
주가(최고/저)(천원)	4.9/2.2	2.6/1.0	1.4/0.6	3.0/0.7	3.2/1.6	3.0/0.9
PER(최고/저)(배)	—/—	—/—	—/—	77.4/17.2	—/—	—/—
PBR(최고/저)(배)	4.1/1.8	2.4/0.9	1.6/0.7	2.3/0.5	3.3/1.6	5.9/1.8
EV/EBITDA(배)	—	32.0	40.5	105.5	—	—
EPS(원)	-341	-173	-139	39	-208	-440
BPS(원)	1,213	1,104	908	1,304	976	503
CFPS(원)	-275	-80	-55	98	-52	-390
DPS(원)	—	—	—	—	—	—
EBITDAPS(원)	-6	111	81	49	-109	-64

재무 비율 〈단위 : %〉

연도	영업이익률	순이익률	부채비율	차입금비율	ROA	ROE	유보율	자기자본비율	EBITDA마진율
2017	-44.6	-258.3	일부잠식	일부잠식	-54.3	-67.6	0.5	53.9	-24.9
2016	-107.7	-117.3	27.9	21.9	-18.7	-25.2	95.1	78.2	-44.4
2015	-1.9	14.8	44.7	41.8	2.6	3.6	160.9	69.1	9.1
2014	-0.6	-23.0	138.4	122.2	-4.0	-18.0	81.6	42.0	13.4

큐리언트 (A115180)
Qurient

업　　종 : 제약
신용등급 : (Bond) — (CP) —
홈페이지 : www.qurient.com
본　　사 : 경기도 성남시 분당구 판교로 242, C동 8층
시　　장 : KOSDAQ
기업규모 : 기술성
연 락 처 : 031)8060-1600

설 립 일	2008.07.02	**종업원수**	18명	**대표이사**	남기연
상 장 일	2016.02.29	**감사의견**	적정(삼일)	**계　　열**	
결 산 기	12월	**보 통 주**		**종속회사수**	
액 면 가	500원	**우 선 주**		**구　　상　　호**	

주주구성 (지분율,%)		출자관계 (지분율,%)	주요경쟁사 (외형,%)
한국파스퇴르연구소	12.9		큐리언트
국민연금공단	5.0		알보젠코리아
(외국인)	4.2		유나이티드제약

매출구성		비용구성		수출비중	
약제내성결핵치료제	100.0	매출원가율	0.0	수출	—
		판관비율	0.0	내수	—

회사 개요

동사는 의약품 연구 개발을 주요 사업으로 2008년 7월 설립, 2016년 2월 코스닥시장에 상장. 개발 단계 프로그램으로 약제내성 결핵 치료제 Q203, 아토피성 피부염 치료제 Q301, 항암면역/내성암 치료제 Q701이 있음. 연구단계 프로그램인 5LO 저해 천식 치료제, CDK7 저해 항암제가 주요 포트폴리오임. Q203은 미국 FDA 임상 1상 진행, Q301은 미국 FDA 임상 2A상을 완료함.

실적 분석

동사의 2017년 누적 매출은 발생하지 않았음. 의약품 연구 개발을 주요 사업으로 하기에 기술 수출이 이루어지지 않으면 매출이 발생하지 않는 구조임. 인건비와 경상개발비가 감소하여 판관비는 전년 동기 대비 14.9% 증가한 127.2억원임. 그 결과 영업손실도 127.2억원으로 적자폭이 확대됨. 당기순손실은 122억원으로 적자가 지속되고 있음. 기술 수출이 이루어져야만 실적 개선이 가능함.

현금 흐름 *IFRS 별도 기준 〈단위 : 억원〉

항목	2016	2017
영업활동	-105	-129
투자활동	-16	-75
재무활동	324	18
순현금흐름	204	-186
기말현금	237	50

시장 대비 수익률

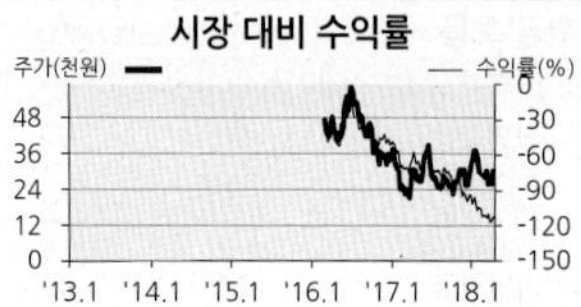

결산 실적 〈단위 : 억원〉

항목	2012	2013	2014	2015	2016	2017
매출액	—	—	2	—	—	—
영업이익	—	-43	-66	-82	-111	-127
당기순이익	—	-48	-107	-93	-105	-122

분기 실적 *IFRS 별도 기준 〈단위 : 억원〉

항목	2016.3Q	2016.4Q	2017.1Q	2017.2Q	2017.3Q	2017.4Q
매출액	—	—	—	—	—	—
영업이익	-23	-28	-25	-29	-33	-40
당기순이익	-22	-27	-24	-28	-31	-39

재무 상태 *IFRS 별도 기준 〈단위 : 억원〉

항목	2012	2013	2014	2015	2016	2017
총자산	—	24	114	39	262	157
유형자산	—	1	3	2	2	1
무형자산	—	0	0	1	1	1
유가증권	—	10	—	—	—	—
총부채	—	134	331	10	19	11
총차입금	—	126	323	—	—	—
자본금	—	9	9	28	36	38
총자본	—	-110	-217	29	243	145
지배주주지분	—	-110	-217	29	243	145

기업가치 지표 *IFRS 별도 기준

항목	2012	2013	2014	2015	2016	2017
주가(최고/저)(천원)	—/—	—/—	—/—	—/—	58.3/29.8	38.8/21.1
PER(최고/저)(배)	0.0/0.0	0.0/0.0	0.0/0.0	0.0/0.0	—/—	—/—
PBR(최고/저)(배)	0.0/0.0	0.0/0.0	0.0/0.0	0.0/0.0	17.3/8.9	20.2/11.0
EV/EBITDA(배)	0.0	—	—	—	—	—
EPS(원)	—	-1,958	-3,385	-1,969	-1,507	-1,637
BPS(원)	—	-6,466	-8,141	514	3,369	1,921
CFPS(원)	—	-3,088	-4,719	-1,939	-1,491	-1,625
DPS(원)	—	—	—	—	—	—
EBITDAPS(원)	—	-2,776	-2,915	-1,712	-1,568	-1,696

재무 비율 〈단위 : %〉

연도	영업이익률	순이익률	부채비율	차입금비율	ROA	ROE	유보율	자기자본비율	EBITDA마진율
2017	0.0	0.0	7.9	0.0	-58.2	-62.7	284.1	92.7	0.0
2016	0.0	0.0	7.8	0.0	-70.0	-77.4	573.8	92.8	0.0
2015	0.0	0.0	33.3	0.0	-121.7	전기잠식	2.8	75.0	0.0
2014	-3,087.1	-4,973.2	완전잠식	완전잠식	-154.3	잠식지속	-2,478.1	-189.7	-3,047.5

큐브엔터테인먼트 (A182360)
CUBE ENTERTAINMENT

업　　종 : 미디어
신용등급 : (Bond) — (CP) —
홈페이지 : www.cubeent.co.kr
본　　사 : 서울시 성동구 아차산로 83 (성수동) F2빌딩 7층
시　　장 : KOSDAQ
기업규모 : 중견
연 락 처 : 02)3445-1045

설 립 일	2013.07.25	**종업원수**	73명	**대표이사**	신대남
상 장 일	2013.11.21	**감사의견**	적정(삼일)	**계　　열**	
결 산 기	12월	**보 통 주**		**종속회사수**	2개사
액 면 가	100원	**우 선 주**		**구　　상　　호**	우리스팩2호

주주구성 (지분율,%)		출자관계 (지분율,%)		주요경쟁사 (외형,%)	
아이에이치큐	30.6	CUBEENTERTAINMENTJAPAN	100.0	큐브엔터	100
홍승성	14.6			티비씨	173
(외국인)	1.5			오리콤	686

매출구성		비용구성		수출비중	
기타	35.7	매출원가율	82.6	수출	18.0
음원(제품)	20.6	판관비율	16.5	내수	82.0
행사(용역)	19.0				

회사 개요

동사는 음반제작, 비주얼컨텐츠 제작, 연기자 매니지먼트, 콘서트, 신인 아티스트 발굴등을 주로 하는 종합엔터테인먼트 회사임. 대표적인 아티스트로는 비, 비스트, 지나, 비투비 등 아이돌 가수 등이 있음. 기존 아티스트의 콘서트·신규 앨범 판매에 매출이 큰 영향을 받음. 동사를 포함한 2016년 앨범 판매량 상위 10개 제작사의 전체 판매량 중 점유율은 2016년 72%에 달하는데, 5년 전 62%와 비교해 증가세를 보이고 있음.

실적 분석

동사의 연결기준 2017년 매출액은 244.2억원으로 전년대비 25.4% 증가하였음. 매출 비중은 음반 12.2%, 음원 23.7%, CF 9.7%, 행사 13.2%, 방송 3.8%, 콘텐츠 22.3% 등임. 매출원가율이 개선되면서 전년도 적자였던 매출총이익이 흑자전환하였으며 판관비가 줄면서 영업이익도 흑자전환에 성공, 2.1억원을 시현하였음. 다만 비영업부문에서 4.4억원의 손실이 발생, 동사는 9.8억원의 당기순손실을 기록함.

현금 흐름 〈단위 : 억원〉

항목	2016	2017
영업활동	-68	21
투자활동	-22	13
재무활동	2	-1
순현금흐름	-88	34
기말현금	44	78

시장 대비 수익률

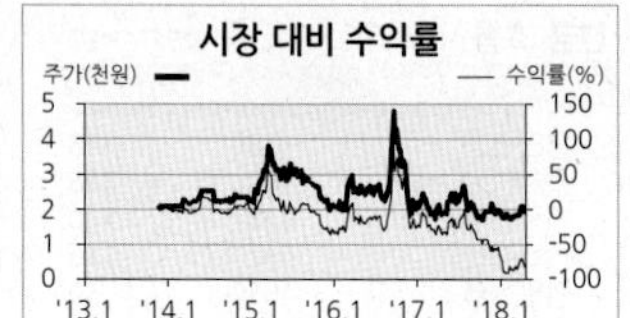

결산 실적 〈단위 : 억원〉

항목	2012	2013	2014	2015	2016	2017
매출액	244	226	194	224	195	244
영업이익	2	24	15	7	-57	2
당기순이익	0	17	10	-57	-52	-10

분기 실적 〈단위 : 억원〉

항목	2016.3Q	2016.4Q	2017.1Q	2017.2Q	2017.3Q	2017.4Q
매출액	60	44	47	51	57	90
영업이익	-4	-36	-9	-0	0	12
당기순이익	-4	-33	-7	1	-4	1

재무 상태 〈단위 : 억원〉

항목	2012	2013	2014	2015	2016	2017
총자산	105	109	119	276	215	221
유형자산	10	9	7	5	13	10
무형자산	1	1	1	0	9	8
유가증권	0	0	0	56	55	35
총부채	66	52	52	68	42	63
총차입금	—	—	—	8	—	—
자본금	1	1	18	26	27	27
총자본	39	57	67	209	172	158
지배주주지분	39	57	67	209	172	158

기업가치 지표

항목	2012	2013	2014	2015	2016	2017
주가(최고/저)(천원)	—/—	2.1/2.1	2.5/2.1	4.0/1.9	4.8/1.9	2.8/1.7
PER(최고/저)(배)	0.0/0.0	30.3/29.7	62.5/50.6	—/—	—/—	—/—
PBR(최고/저)(배)	0.0/0.0	9.2/9.1	9.5/7.7	4.9/2.3	7.4/2.9	4.8/2.8
EV/EBITDA(배)	—	3.8	6.1	40.0	—	43.1
EPS(원)	1	69	41	-223	-195	-37
BPS(원)	218,856	315,833	1,279	815	648	594
CFPS(원)	14,404	114,389	257	-211	-173	-9
DPS(원)	—	—	—	—	—	—
EBITDAPS(원)	26,011	148,744	356	40	-192	36

재무 비율 〈단위 : %〉

연도	영업이익률	순이익률	부채비율	차입금비율	ROA	ROE	유보율	자기자본비율	EBITDA마진율
2017	0.9	-4.0	40.2	0.0	-4.5	-5.9	494.1	71.3	3.9
2016	-29.3	-26.6	24.7	0.0	-21.1	-27.2	548.1	80.2	-26.2
2015	3.2	-25.5	32.6	4.0	-28.9	-41.5	714.8	75.4	4.6
2014	7.9	5.3	78.2	0.0	8.9	16.5	269.5	56.1	9.6

큐에스아이 (A066310)
QSI

업 종 : 반도체 및 관련장비
신용등급 : (Bond) — (CP) —
홈페이지 : www.qsilaser.com
본 사 : 충남 천안시 서북구 성거읍 천흥8길 17

시 장 : KOSDAQ
기업규모 : 벤처
연 락 처 : 041)410-5000

설 립 일	2000.07.07	종업원수	126명	대표이사	이청대
상 장 일	2006.11.24	감사의견	적정(한울)	계 열	
결 산 기	12월	보 통 주		종속회사수	1개사
액 면 가	500원	우 선 주		구 상 호	

주주구성 (지분율,%)		출자관계 (지분율,%)		주요경쟁사 (외형,%)	
삼화양행	29.8	지유반도체성장투자조합	18.3	큐에스아이	100
이청대	4.6	QUINTEC	100.0	KEC	1,048
(외국인)	2.1			KMH하이텍	228

매출구성		비용구성		수출비중	
Power Tool	33.0	매출원가율	75.0	수출	87.4
기타제품	24.6	판관비율	20.3	내수	12.6
Laser Beam Printer	21.1				

회사 개요

동사 및 종속회사는 반도체 레이저, 광반도체 관련 제품 등의 제조, 판매 등을 주요사업으로 영위중임. 설립초기부터 반도체 레이저 관련 기술력을 축적해 다양한 Application에 장착되는 제품을 생산 공급함. 동사 및 종속회사가 주요 제조 , 판매하는 Laser Diode의 현황으로는 Power Tools은 21.1%, BarCode Scanner은 18.9%, Laser Beam printer은 26.5%를 차지함.

실적 분석

동사의 2017년 결산 연결 기준 누적 매출액은 226.3억원으로 전년동기 대비 2.8% 증가함. 영업이익은 10.7억원을 기록하며 전년동기 대비 19.3% 증가하였으나 비영업손실 3.8억원을 기록하며 적자전환하여 당기순이익은 전년대비 47% 감소한 7.5억원을 기록하며 수익성 저하. 동사는 18년 1월 보통주 1주당 50원의 현금배당을 결정했다고 공시함. 시가배당률은 0.82%이고 배당금 총액은 약 4억원임.

현금 흐름

<단위 : 억원>

항목	2016	2017
영업활동	24	27
투자활동	-0	-26
재무활동	2	-1
순현금흐름	25	-7
기말현금	119	112

시장 대비 수익률

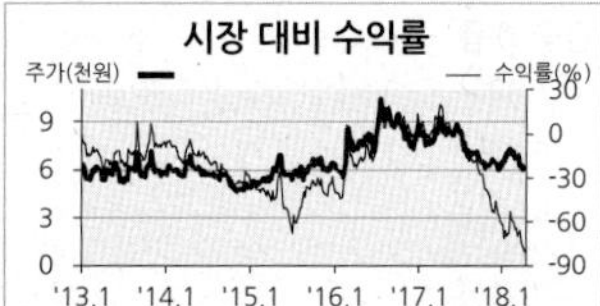

결산 실적

<단위 : 억원>

항목	2012	2013	2014	2015	2016	2017
매출액	267	256	242	255	220	226
영업이익	26	37	35	14	9	11
당기순이익	20	37	32	14	14	8

분기 실적

<단위 : 억원>

항목	2016.3Q	2016.4Q	2017.1Q	2017.2Q	2017.3Q	2017.4Q
매출액	53	49	56	56	60	55
영업이익	1	-4	6	4	6	-5
당기순이익	-5	7	1	7	9	-9

재무 상태

<단위 : 억원>

항목	2012	2013	2014	2015	2016	2017
총자산	489	536	569	557	555	550
유형자산	137	165	163	154	154	143
무형자산	25	29	30	33	33	40
유가증권	55	110	108	129	114	126
총부채	44	53	59	35	28	25
총차입금	3	3	6	2	2	—
자본금	41	41	41	41	41	41
총자본	445	483	510	522	528	526
지배주주지분	445	483	510	522	528	526

기업가치 지표

항목	2012	2013	2014	2015	2016	2017
주가(최고/저)(천원)	8.2/4.1	7.6/4.9	6.9/4.6	6.9/4.9	10.7/5.5	9.3/6.0
PER(최고/저)(배)	34.3/17.0	17.2/11.1	18.3/12.1	42.0/29.8	62.7/32.6	103.6/66.4
PBR(최고/저)(배)	1.6/0.8	1.3/0.9	1.1/0.8	1.1/0.8	1.7/0.9	1.5/0.9
EV/EBITDA(배)	9.2	5.4	4.0	9.0	15.8	9.9
EPS(원)	244	449	385	167	171	91
BPS(원)	5,379	5,829	6,170	6,324	6,407	6,446
CFPS(원)	385	675	616	445	479	413
DPS(원)	—	50	—	50	—	50
EBITDAPS(원)	455	674	651	447	415	451

재무 비율

<단위 : %>

연도	영업 이익률	순 이익률	부채 비율	차입금 비율	ROA	ROE	유보율	자기자본 비율	EBITDA 마진율
2017	4.7	3.3	4.7	0.0	1.4	1.4	1,189.2	95.5	16.5
2016	4.1	6.4	5.2	0.4	2.6	2.7	1,181.3	95.1	15.6
2015	5.5	5.4	6.8	0.5	2.5	2.7	1,164.8	93.7	14.5
2014	14.4	13.2	11.5	1.1	5.8	6.4	1,134.1	89.7	22.3

큐엠씨 (A136660)
QMC

업 종 : 반도체 및 관련장비
신용등급 : (Bond) — (CP) —
홈페이지 : www.iqmc.co.kr
본 사 : 경기도 안양시 동안구 흥안대로 439번길 55 (관양동, QMC)

시 장 : KONEX
기업규모 : —
연 락 처 : 031)427-0710

설 립 일	2003.07.29	종업원수	78명	대표이사	유병소
상 장 일	2014.07.01	감사의견	적정(동남)	계 열	
결 산 기	12월	보 통 주		종속회사수	
액 면 가	—	우 선 주		구 상 호	

주주구성 (지분율,%)		출자관계 (지분율,%)		주요경쟁사 (외형,%)	
유병소	35.3	쿤산호인기	100.0	큐엠씨	100
헤이스팅스볼케이노전문투자형사모투자신탁제1호	17.2			제이티	59
				성우테크론	70

매출구성		비용구성		수출비중	
Processing System	38.9	매출원가율	72.8	수출	43.6
Handler	34.9	판관비율	10.4	내수	56.4
Tester	19.3				

회사 개요

동사는 2003년 7월에 설립되었으며, LED, 반도체 및 에프피디(FPD) 제조에 필요한 공정장비 제조를 주된 사업으로 영위하고 있음. 제품은 LED, 반도체, FPD 등 제조공정에서 사용되는 Processing System(공정장비), Tester(검사장비), Handler(이송장비)로 크게 구분하고 있으며, 제품별 매출 비중은 각각 73%, 23%, 4%를 차지하고 있음. 국내판매는 100% 영업그룹을 통한 직접판매방식을 유지함

실적 분석

동사의 2017년 매출은 전년 대비 391.5% 증가한 545억원을 달성하였고, 영업이익과 당기순이익은 각각 92억원(전년 대비 288.1% 증가), 32억원(전년 대비 158.7% 증가)의 호실적을 달성함. 핵심 반도체 고객들의 투자가 전년대비 증가하고, 카메라모듈 관련 장비 매출이 증가한 덕분임. 자산총계는 290억원, 자본총계는 80억원, 부채총계는 209억원을 기록함.

현금 흐름 *IFRS 별도 기준

<단위 : 억원>

항목	2016	2017
영업활동	6	82
투자활동	4	-108
재무활동	-10	47
순현금흐름	-0	20
기말현금	14	34

시장 대비 수익률

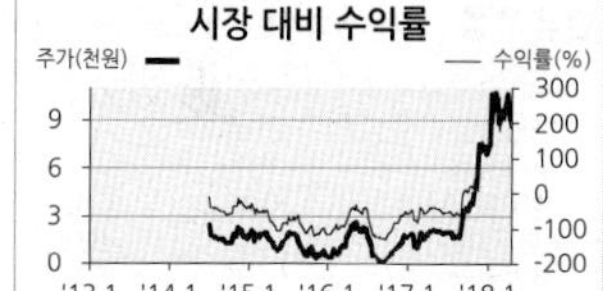

결산 실적

<단위 : 억원>

항목	2012	2013	2014	2015	2016	2017
매출액	161	123	137	—	111	545
영업이익	1	8	-22	—	-49	92
당기순이익	1	4	-41	—	-55	32

분기 실적 *IFRS 별도 기준

<단위 : 억원>

항목	2016.3Q	2016.4Q	2017.1Q	2017.2Q	2017.3Q	2017.4Q
매출액	—	—	—	—	—	—
영업이익	—	—	—	—	—	—
당기순이익	—	—	—	—	—	—

재무 상태 *IFRS 별도 기준

<단위 : 억원>

항목	2012	2013	2014	2015	2016	2017
총자산	390	401	371	—	114	291
유형자산	92	104	117	—	11	18
무형자산	18	25	23	—	11	8
유가증권	—	—	—	—	—	—
총부채	168	211	218	—	140	209
총차입금	123	157	171	—	71	84
자본금	4	4	4	—	4	5
총자본	222	191	153	—	-26	81
지배주주지분	222	191	153	—	-26	81

기업가치 지표 *IFRS 별도 기준

항목	2012	2013	2014	2015	2016	2017
주가(최고/저)(천원)	—/—	—/—	20.0/10.8	20.0/3.2	21.2/0.8	62.0/7.7
PER(최고/저)(배)	0.0/0.0	0.0/0.0	—/—	0.0/0.0	—/—	20.8/2.6
PBR(최고/저)(배)	0.0/0.0	0.0/0.0	0.8/0.4	0.0/0.0	3.2/0.1	7.9/1.0
EV/EBITDA(배)	10.6	7.2	—	0.0	—	4.9
EPS(원)	21	62	-572	—	-748	372
BPS(원)	29,275	30,922	22,675	—	5,681	6,895
CFPS(원)	604	1,295	-3,096	—	-4,207	3,560
DPS(원)	—	—	—	—	—	—
EBITDAPS(원)	571	1,728	-1,201	—	-3,533	9,963

재무 비율

<단위 : %>

연도	영업 이익률	순 이익률	부채 비율	차입금 비율	ROA	ROE	유보율	자기자본 비율	EBITDA 마진율
2017	16.8	5.9	260.3	104.3	16.1	전기잠식	1,472.9	27.8	18.7
2016	-44.0	-49.4	완전잠식	완전잠식	0.0	0.0	1,124.3	-28.1	-34.5
2015	0.0	0.0	0.0	0.0	0.0	0.0	0.0	0.0	0.0
2014	-16.4	-30.3	142.6	111.9	-10.7	-24.1	5,237.7	41.2	-8.8

큐캐피탈파트너스 (A016600)

Q Capital Partners

업　　종 : 창업투자 및 종금　　　　시　　장 : KOSDAQ
신용등급 : (Bond) —　　(CP) —　　　기업규모 : 중견
홈페이지 : www.qcapital.co.kr　　　연 락 처 : 02)538-2411~2
본　　사 : 서울시 강남구 테헤란로 306, 11층 (역삼동, 카이트타워)

설 립 일	1982.12.17	**종업원수**	26명	**대표이사**	황희연
상 장 일	1993.06.21	**감사의견**	적정(신정)	**계　　열**	
결 산 기	12월	**보 통 주**		**종속회사수**	
액 면 가	500원	**우 선 주**		**구 상 호**	

주주구성 (지분율,%)		출자관계 (지분율,%)		주요경쟁사 (외형,%)	
지엔코	51.9	에이트웍스	24.6	큐캐피탈	100
그린손해보험	2.5	KHE	21.6	대성창투	36
(외국인)	2.5	(주)미래에이비기술가치평가사모투자전문회사	14.9	에이티넘인베스트	115

수익구성		비용구성		수출비중	
투자조합운용수익	64.2	이자비용	6.7	수출	—
기타수익	32.4	파생상품손실	0.0	내수	—
여신성금융자산수익	2.9	판관비	52.4		

회사 개요

동사는 신기술사업금융회사로서, 신기술사업을 영위하는 중소기업을 대상으로 투자, 융자, 리스, 팩토링, 지급보증 등 다양한 업무를 취급하고 있음. 신기술사업금융회사는 업무영역이 투자 및 제한적 자금대여에 국한되어 있는 창업투자회사와는 달리 다양한 업무를 취급할 수 있음. 투자주식 등 투자자산 처분이익과 펀드운용을 통하여 발생하는 관리보수, 기업구조조정 및 M&A 업무수행을 통하여 발생하는 수수료 등이 동사의 주요 수익원임.

실적 분석

동사의 2017년 4분기 기준 누적 영업이익은 281억원으로 전년 동기(143.3억원) 대비 크게 증가함. 당기순이익 역시 96.2억원으로 전년 27.2억원에서 급증함. 매도가능증권 처분이익과 지분법주식 처분이익이 크게 증가한 덕분임. 동사프로젝트 사모펀드(PEF)는 총 8개로 1조174억원을 운용 중임. 2017년 'QCP 제1호 기업재무안정 PEF'를 통해 910억원을 투입함.

현금 흐름 *IFRS 별도 기준

〈단위 : 억원〉

항목	2016	2017
영업활동	5	-2
투자활동	0	-2
재무활동	-4	542
순현금흐름	2	538
기말현금	3	541

시장 대비 수익률

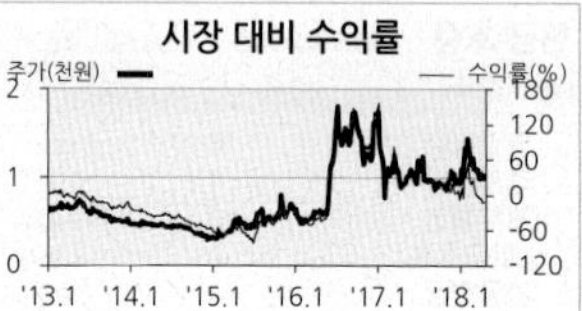

결산 실적

〈단위 : 억원〉

항목	2012	2013	2014	2015	2016	2017
순영업손익	85	59	64	26	97	218
영업이익	34	8	6	-32	39	149
당기순이익	22	6	-13	-29	27	96

분기 실적 *IFRS 별도 기준

〈단위 : 억원〉

항목	2016.3Q	2016.4Q	2017.1Q	2017.2Q	2017.3Q	2017.4Q
순영업손익	11	52	32	25	11	150
영업이익	-2	37	16	6	-4	130
당기순이익	-2	28	10	-5	-4	95

재무 상태 *IFRS 별도 기준

〈단위 : 억원〉

항목	2012	2013	2014	2015	2016	2017
총자산	685	626	717	743	762	1,421
유형자산	0	0	3	2	2	2
무형자산	5	20	20	5	5	5
유가증권	9	4	24	65	25	106
총부채	141	82	179	167	149	283
총차입금	120	64	134	139	118	233
자본금	399	399	399	454	471	671
총자본	544	545	538	576	614	1,139
지배주주지분	544	545	538	576	614	1,139

기업가치 지표 *IFRS 별도 기준

항목	2012	2013	2014	2015	2016	2017
주가(최고/저)(천원)	0.8/0.4	0.8/0.5	0.5/0.3	0.8/0.3	2.0/0.5	1.8/0.8
PER(최고/저)(배)	30.1/15.5	97.7/60.9	—/—	—/—	68.0/16.4	20.7/9.0
PBR(최고/저)(배)	1.2/0.6	1.1/0.7	0.7/0.4	1.2/0.5	3.0/0.7	2.1/0.9
PSR(최고/저)(배)	8/4	10/6	6/4	25/10	19/5	9/4
EPS(원)	28	8	-16	-36	29	85
BPS(원)	704	704	696	653	669	862
CFPS(원)	28	8	-15	-35	30	86
DPS(원)	14	—	—	—	—	—
EBITDAPS(원)	43	10	7	-40	43	132

재무 비율

〈단위 : %〉

연도	계속사업 이익률	순 이익률	부채 비율	차입금 비율	ROA	ROE	유보율	자기자본 비율	총자산 증가율
2017	58.0	44.1	24.8	20.4	8.8	11.0	72.4	80.1	86.5
2016	39.3	28.2	24.3	19.3	3.6	4.6	33.8	80.5	2.6
2015	-130.3	-110.2	29.1	24.2	-3.9	-5.1	30.6	77.5	3.5
2014	-30.3	-19.7	33.4	24.9	-1.9	-2.3	39.1	75.0	14.5

크라운제과 (A264900)

CORWN CONFECTIONERY COLTD

업　　종 : 식료품　　　　　　　　　시　　장 : 거래소
신용등급 : (Bond) —　　(CP) —　　　기업규모 : 시가총액 소형주
홈페이지 : www.crown.co.kr　　　　연 락 처 : 02)791-9133
본　　사 : 서울시 용산구 한강대로72길 3

설 립 일	2017.03.02	**종업원수**	1,431명	**대표이사**	장완수
상 장 일	2017.04.11	**감사의견**	적정(삼정)	**계　　열**	
결 산 기	12월	**보 통 주**		**종속회사수**	
액 면 가	200원	**우 선 주**		**구 상 호**	

주주구성 (지분율,%)		출자관계 (지분율,%)		주요경쟁사 (외형,%)	
크라운해태홀딩스	39.5			크라운제과	100
윤영달	20.3			크라운해태홀딩스	291
(외국인)	1.8			CJ제일제당	4,786

매출구성		비용구성		수출비중	
		매출원가율	59.1	수출	—
		판관비율	34.7	내수	—

회사 개요

해태제과와 별도 법인으로 운영하고 있으나 영업 담당을 통합하고 영업망을 공유하고 있어 시너지효과가 발생함. 국내 제과 시장은 현재 1위 기업인 롯데제과를 중심으로 오리온, 해태제과 등 메이저 4사에 의한 시장 점유가 절대적임. 최근 들어 대형 할인점 중심의 유통구조와 외국 브랜드의 증가, 외식산업의 성장, 웰빙 트랜드의 확대 및 중소제과업체의 성장 등으로 경쟁은 더욱 치열해지는 상황.

실적 분석

동사는 기존 크라운제과가 분할하면서 신설된 신규법인으로 존속법인은 크라운해태홀딩스임. 4월 11일 분할 후 신규 상장되면서 신설법인인 동사는 이제 제과사업만을 하는 법인으로 제과산업의 경쟁 이슈, 또한 수익성 회복에 대한 측정이 필요함. 신설법인인 동사의 2017년 결산 기준 매출액은 3,442.9억원, 당기순이익은 136.7억원으로 앞으로의 수익창출 여부를 기대하게 함.

현금 흐름 *IFRS 별도 기준

〈단위 : 억원〉

항목	2016	2017
영업활동	—	434
투자활동	—	-126
재무활동	—	-325
순현금흐름	—	-16
기말현금	—	23

시장 대비 수익률

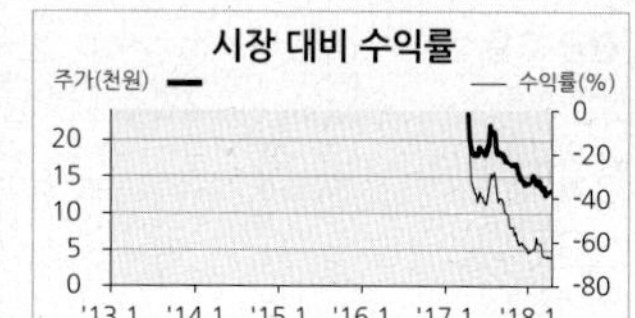

결산 실적

〈단위 : 억원〉

항목	2012	2013	2014	2015	2016	2017
매출액	—	—	—	—	—	3,443
영업이익	—	—	—	—	—	211
당기순이익	—	—	—	—	—	137

분기 실적 *IFRS 별도 기준

〈단위 : 억원〉

항목	2016.3Q	2016.4Q	2017.1Q	2017.2Q	2017.3Q	2017.4Q
매출액	—	—	388	1,028	956	1,071
영업이익	—	—	40	73	29	68
당기순이익	—	—	28	46	18	45

재무 상태 *IFRS 별도 기준

〈단위 : 억원〉

항목	2012	2013	2014	2015	2016	2017
총자산	—	—	—	—	—	3,287
유형자산	—	—	—	—	—	2,045
무형자산	—	—	—	—	—	8
유가증권	—	—	—	—	—	—
총부채	—	—	—	—	—	2,079
총차입금	—	—	—	—	—	957
자본금	—	—	—	—	—	27
총자본	—	—	—	—	—	1,208
지배주주지분	—	—	—	—	—	1,208

기업가치 지표 *IFRS 별도 기준

항목	2012	2013	2014	2015	2016	2017
주가(최고/저)(천원)	—/—	—/—	—/—	—/—	—/—	—/—
PER(최고/저)(배)	0.0/0.0	0.0/0.0	0.0/0.0	0.0/0.0	0.0/0.0	23.3/13.4
PBR(최고/저)(배)	0.0/0.0	0.0/0.0	0.0/0.0	0.0/0.0	0.0/0.0	2.7/1.5
EV/EBITDA(배)	0.0	0.0	0.0	0.0	0.0	9.6
EPS(원)	—	—	—	—	—	1,038
BPS(원)	—	—	—	—	—	9,097
CFPS(원)	—	—	—	—	—	1,634
DPS(원)	—	—	—	—	—	250
EBITDAPS(원)	—	—	—	—	—	2,201

재무 비율

〈단위 : %〉

연도	영업 이익률	순 이익률	부채 비율	차입금 비율	ROA	ROE	유보율	자기자본 비율	EBITDA 마진율
2017	6.1	4.0	172.1	79.2	0.0	0.0	4,448.6	36.8	8.4
2016	0.0	0.0	0.0	0.0	0.0	0.0	0.0	0.0	0.0
2015	0.0	0.0	0.0	0.0	0.0	0.0	0.0	0.0	0.0
2014	0.0	0.0	0.0	0.0	0.0	0.0	0.0	0.0	0.0

크라운해태홀딩스 (A005740)

CROWNHAITAI Holdings

업종 : 식료품
신용등급 : (Bond) A (CP) —
홈페이지 : www.crown.co.kr
본사 : 서울시 용산구 한강대로 72길 3 (남영동)

시장 : 거래소
기업규모 : 시가총액 소형주
연락처 : 02)791-9133

설립일	1968.09.18	**종업원수**	54명	**대표이사**	윤석빈
상장일	1976.06.30	**감사의견**	적정(삼정)	**계열**	
결산기	12월	**보통주**		**종속회사수**	9개사
액면가	500원	**우선주**		**구상호**	크라운제과

주주구성 (지분율,%)		출자관계 (지분율,%)		주요경쟁사 (외형,%)	
두라푸드	36.1	아트밸리	100.0	크라운해태홀딩스	100
윤영달	13.3	영그린	100.0	CJ제일제당	1,644
(외국인)	5.8	해성농림	95.4	롯데지주	237

매출구성		비용구성		수출비중	
[(주)크라운해태홀딩스][제품]과자류	86.2	매출원가율	63.2	수출	—
[(주)크라운해태홀딩스][상품]과자류	14.9	판관비율	33.4	내수	—
[(주)크라운해태홀딩스][용역]위탁판매용역	3.4				

회사 개요

국내 제과 시장은 현재 1위 기업인 롯데제과를 중심으로 오리온, 해태제과 등 메이저 4사에 의한 시장 점유가 절대적임. 최근 들어 대형 할인점 중심의 유통구조와 외국 브랜드의 증가, 외식산업의 성장, 웰빙 트랜드의 확대 및 중소제과업체의 성장 등으로 경쟁은 더욱 치열해지는 상황. 동사는 제과사업 부문을 2017년 3월 인적분할하여 신설법인 크라운제과로 이전한 바 있음.

실적 분석

동사의 2017년 매출액은 1조 21.1억원으로 전년 대비 15.7% 감소함. 제과사업 부문 인적분할로 연결대상회사 변동에 따른 영향. 지분법 손익으로 인식하던 훼미리 식품은 4월부터 종속기업 연결재무제표 매출액으로 합산됨. 판관비율은 33.4%로 전기과 동일한 수준이나 영업이익은 342.0억원. 전년 대비 48.1% 감소함. 분배자산집단처분이익 1,617.2억원 반영으로 당기순이익은 1,753.5억원을 시현함.

현금 흐름

〈단위 : 억원〉

항목	2016	2017
영업활동	821	432
투자활동	-665	-399
재무활동	-146	-177
순현금흐름	10	-145
기말현금	357	212

시장 대비 수익률

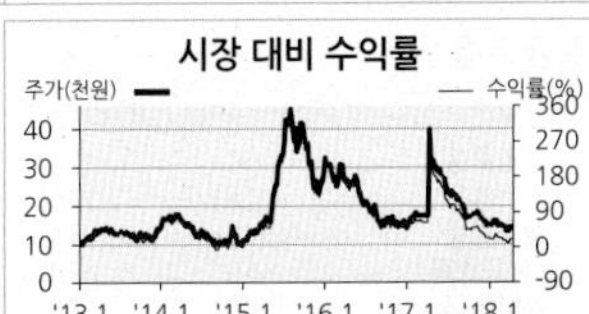

결산 실적

〈단위 : 억원〉

항목	2012	2013	2014	2015	2016	2017
매출액	11,345	11,183	10,841	12,040	11,888	10,021
영업이익	756	697	628	874	659	342
당기순이익	383	200	238	432	446	1,753

분기 실적

〈단위 : 억원〉

항목	2016.3Q	2016.4Q	2017.1Q	2017.2Q	2017.3Q	2017.4Q
매출액	3,057	2,821	2,571	2,228	2,355	2,867
영업이익	221	79	123	111	108	-0
당기순이익	127	113	1,654	71	63	-35

재무 상태

〈단위 : 억원〉

항목	2012	2013	2014	2015	2016	2017
총자산	10,880	10,918	10,898	11,216	11,778	13,113
유형자산	5,567	5,434	5,516	5,740	6,011	6,757
무형자산	1,907	1,920	1,982	1,992	1,993	2,614
유가증권	109	123	45	45	42	42
총부채	8,524	8,510	8,251	8,181	7,729	8,184
총차입금	5,323	5,180	4,977	4,706	4,152	4,403
자본금	78	78	78	78	78	77
총자본	2,356	2,408	2,647	3,035	4,049	4,930
지배주주지분	1,883	1,987	2,221	2,593	2,964	2,875

기업가치 지표

항목	2012	2013	2014	2015	2016	2017
주가(최고/저)(천원)	11.0/7.7	14.6/10.3	18.3/9.7	46.8/9.8	33.9/14.8	39.8/14.6
PER(최고/저)(배)	5.3/3.7	13.0/9.1	12.7/6.7	17.9/3.8	14.9/6.5	2.9/1.1
PBR(최고/저)(배)	0.9/0.7	1.2/0.8	1.3/0.7	2.8/0.6	1.8/0.8	2.1/0.8
EV/EBITDA(배)	8.3	9.5	8.4	10.7	9.1	12.6
EPS(원)	2,144	1,158	1,480	2,653	2,309	13,860
BPS(원)	122,510	129,084	144,013	167,743	19,128	18,737
CFPS(원)	40,220	30,946	35,301	48,345	4,550	16,598
DPS(원)	1,000	1,000	1,000	2,000	200	100
EBITDAPS(원)	67,120	63,909	60,625	77,704	6,455	5,532

재무 비율

〈단위 : %〉

연도	영업이익률	순이익률	부채비율	차입금비율	ROA	ROE	유보율	자기자본비율	EBITDA마진율
2017	3.4	17.5	166.0	89.3	14.1	58.1	3,647.4	37.6	6.8
2016	5.6	3.8	190.9	102.6	3.9	13.0	3,725.6	34.4	8.5
2015	7.3	3.6	269.6	155.1	3.9	17.2	3,254.9	27.1	10.1
2014	5.8	2.2	311.7	188.0	2.2	11.0	2,780.3	24.3	8.8

크레아플래닛 (A058530)

CREAPLANET COLTD

업종 : 전자 장비 및 기기
신용등급 : (Bond) — (CP) —
홈페이지 : www.equisnzaroo.com
본사 : 경기도 안산시 단원구 변영로 39(성곡동,728-3), 시화공단4바 204호

시장 : KOSDAQ
기업규모 : 중견
연락처 : 031)495-8262

설립일	1994.01.25	**종업원수**	86명	**대표이사**	윤강혁
상장일	2002.02.05	**감사의견**	적정(지성)	**계열**	
결산기	12월	**보통주**		**종속회사수**	3개사
액면가	500원	**우선주**		**구상호**	

주주구성 (지분율,%)		출자관계 (지분율,%)		주요경쟁사 (외형,%)	
트라이던트	7.3	크레아모터스	100.0	크레아플래닛	100
얼라이브투자조합	3.2	제이케이인터내셔날	51.0	써니전자	19
(외국인)	3.3	리싸이클파크	27.5	광전자	183

매출구성		비용구성		수출비중	
화장품 판매	51.2	매출원가율	86.7	수출	57.1
의류및신발 판매	28.7	판관비율	27.7	내수	42.9
X-ray drill M/C 외	8.8				

회사 개요

동사는 PCB(인쇄회로기판)자동화기계 제조, 스포츠의류 및 화장품 유통 사업 등을 주사업으로 영위하고 있음. 1994년 1월에 설립되어, 2002년 2월에 코스닥 시장에 상장됨. 거산산업, 남영기계, 일본의 모토로닉스와 쇼다, 이태리의 세달, 미국의 PEIRGIAMCOMI와 DIS, 대만의 양천 등이 대표적인 경쟁사로 꼽힘. 한송과기유한공사, 제이케이인터내셔날, 에이피유트레이딩, 바이칼네이처를 연결대상 종속회사로 보유함.

실적 분석

2017년 연결기준 누적 매출액은 966.9억원으로 전년 대비 61.7% 증가함. 이는 신규사업 확대로 화장품 수출 증가 및 PCB산업의 호황으로 자동화장비의 매출이 증가했기 때문임. 매출이 늘었으나 매출원가가 전년도의 2배로 증가하고 인건비와 판관비의 큰폭 증가로 인해 영업이익은 적자전환됨. 비영업부문의 적자폭이 확대되고 강화된 회계기준에 따른 손실 증가, 비용 증가 등으로 당기순이익은 적자전환됨.

현금 흐름

〈단위 : 억원〉

항목	2016	2017
영업활동	-111	-192
투자활동	-165	-210
재무활동	265	512
순현금흐름	-10	110
기말현금	27	137

시장 대비 수익률

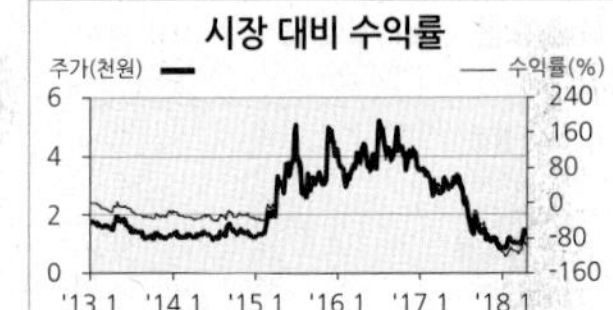

결산 실적

〈단위 : 억원〉

항목	2012	2013	2014	2015	2016	2017
매출액	216	248	225	233	598	967
영업이익	14	19	3	10	39	-139
당기순이익	-36	7	-28	4	1	-238

분기 실적

〈단위 : 억원〉

항목	2016.3Q	2016.4Q	2017.1Q	2017.2Q	2017.3Q	2017.4Q
매출액	152	297	209	153	285	320
영업이익	2	36	4	-24	4	-122
당기순이익	-0	0	2	-39	-16	-185

재무 상태

〈단위 : 억원〉

항목	2012	2013	2014	2015	2016	2017
총자산	387	412	428	507	947	1,317
유형자산	100	101	98	98	126	218
무형자산	9	18	15	17	48	55
유가증권	2	1	0	8	5	7
총부채	213	219	221	218	436	846
총차입금	154	159	153	134	320	645
자본금	117	121	137	155	173	273
총자본	174	193	208	289	511	471
지배주주지분	171	190	205	289	474	472

기업가치 지표

항목	2012	2013	2014	2015	2016	2017
주가(최고/저)(천원)	3.9/1.7	2.2/1.3	1.9/1.4	6.0/1.4	6.4/3.4	3.7/0.8
PER(최고/저)(배)	—/—	63.9/38.5	—/—	379.3/91.8	—/—	—/—
PBR(최고/저)(배)	4.6/2.0	2.5/1.5	2.3/1.6	5.6/1.4	4.1/2.2	4.3/0.9
EV/EBITDA(배)	24.5	19.5	48.5	91.8	34.4	—
EPS(원)	-159	31	-109	14	-35	-551
BPS(원)	737	794	754	942	1,377	863
CFPS(원)	-130	60	-81	39	-9	-526
DPS(원)	—	—	—	—	—	—
EBITDAPS(원)	93	111	40	58	146	-358

재무 비율

〈단위 : %〉

연도	영업이익률	순이익률	부채비율	차입금비율	ROA	ROE	유보율	자기자본비율	EBITDA마진율
2017	-14.4	-24.6	179.6	137.0	-21.0	-42.4	72.6	35.8	-13.5
2016	6.6	0.1	85.4	62.6	0.1	-3.0	175.3	53.9	8.0
2015	4.1	1.8	75.2	46.2	0.9	1.7	88.3	57.1	7.4
2014	1.3	-12.4	106.1	73.6	-6.7	-14.1	50.9	48.5	4.5

크로넥스 (A215570)
CRONEX CO

업 종 : 바이오
신용등급 : (Bond) — (CP) —
홈페이지 : www.cronex.co.kr
본 사 : 경기도 화성시 팔탄면 주석로778번길 55

시 장 : KONEX
기업규모 : —
연 락 처 : 031)352-7669

설 립 일	2012.05.01	**종업원수**	13명	**대표이사**	손영준
상 장 일	2015.12.28	**감사의견**	적정(한미)	**계 열**	
결 산 기	12월	**보 통 주**		**종속회사수**	
액 면 가	—	**우 선 주**		**구 상 호**	

주주구성 (지분율,%)		출자관계 (지분율,%)		주요경쟁사 (외형,%)	
손영준	46.0			크로넥스	100
이영길	15.0			진매트릭스	249
				메디젠휴먼케어	144

매출구성		비용구성		수출비중	
연구개발용역(용역)	90.0	매출원가율	69.1	수출	—
미니피그(제품)	9.1	판관비율	44.7	내수	—
생체조직(제품)	0.9				

회사 개요

동사는 2012년 5월 14일 설립된 의학 및 약학연구개발업, 비임상 시험 관련사업, 연구용 실험동물 생산 및 관련 사업을 주된 사업으로 영위하는 벤처중소기업으로 2015년 12월에 코넥스 시장에 상장됨. 동사가 속해있는 CRO 산업은 의약품, 세포치료제, 유전자치료제, 화학물질 등 인간의 건강과 안전에 관계되는 모든 물질을 연구함. 세포, 동물 등을 이용하여 효능과 인체의 유해성을 평가하는 바이오 산업의 인프라산업임.

실적 분석

동사의 2017년 누적매출액은 20.9억원으로 전년 14.5억원보다 증가함. 같은 기간 영업손실은 2.9억원으로 전년 10.2억원 대비 적자폭이 줄어듬. 임상 건수 및 연구개발 비용의 증가, IT기술의 급속한 발전에 따른 실험장비의 고도화, 제약산업에서 경쟁 심화 등에 따라 CRO산업의 성장성은 높은 편임. 동사가 다우진유전자연구소와 전북대 육종사업단의 연구지원 하에 유전자 판별기법 및 계통 특이성 판독기법을 개발하여 특허출원을 진행 중임.

현금 흐름 *IFRS 별도 기준

〈단위 : 억원〉

항목	2016	2017
영업활동	-5	-1
투자활동	1	-7
재무활동	39	2
순현금흐름	36	-6
기말현금	36	30

시장 대비 수익률

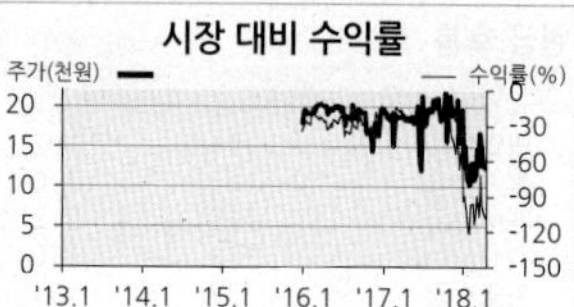

결산 실적

〈단위 : 억원〉

항목	2012	2013	2014	2015	2016	2017
매출액	2	8	10	11	15	21
영업이익	-0	0	1	-3	-10	-3
당기순이익	-0	0	1	-3	-11	-5

분기 실적 *IFRS 별도 기준

〈단위 : 억원〉

항목	2016.3Q	2016.4Q	2017.1Q	2017.2Q	2017.3Q	2017.4Q
매출액	—	—	—	—	—	—
영업이익	—	—	—	—	—	—
당기순이익	—	—	—	—	—	—

재무 상태 *IFRS 별도 기준

〈단위 : 억원〉

항목	2012	2013	2014	2015	2016	2017
총자산	4	5	11	50	78	74
유형자산	3	2	1	34	30	31
무형자산	—	1	2	4	4	2
유가증권	—	—	—	—	—	—
총부채	3	1	4	26	24	26
총차입금	2	0	2	23	22	24
자본금	2	5	5	6	7	7
총자본	2	4	7	24	53	48
지배주주지분	2	4	7	24	53	48

기업가치 지표 *IFRS 별도 기준

항목	2012	2013	2014	2015	2016	2017
주가(최고/저)(천원)	—/—	—/—	—/—	18.0/16.8	20.4/13.9	25.1/10.7
PER(최고/저)(배)	0.0/0.0	0.0/0.0	0.0/0.0	—/—	—/—	—/—
PBR(최고/저)(배)	0.0/0.0	0.0/0.0	0.0/0.0	9.3/8.7	5.7/3.9	7.8/3.3
EV/EBITDA(배)	—	—	—	—	—	84.3
EPS(원)	-68	28	106	-292	-806	-339
BPS(원)	86	86	722	1,927	3,566	3,227
CFPS(원)	-14	39	190	-100	-232	5
DPS(원)	—	—	—	—	—	—
EBITDAPS(원)	-13	40	186	-47	-185	150

재무 비율

〈단위 : %〉

연도	영업이익률	순이익률	부채비율	차입금비율	ROA	ROE	유보율	자기자본비율	EBITDA마진율
2017	-13.9	-24.3	54.1	50.4	-6.7	-10.0	545.4	64.9	10.8
2016	-70.2	-74.6	45.9	41.9	-17.0	-28.0	613.1	68.6	-17.1
2015	-22.8	-27.9	108.0	95.5	-10.0	-19.7	285.4	48.1	-4.5
2014	9.5	9.8	59.2	28.3	12.1	18.2	44.4	62.8	17.3

크로바하이텍 (A043590)
Clover Hitech

업 종 : 전자 장비 및 기기
신용등급 : (Bond) — (CP) —
홈페이지 : www.cloverhitech.com
본 사 : 충북 청주시 흥덕구 월명로55번길 57

시 장 : KOSDAQ
기업규모 : 중견
연 락 처 : 043)267-6587

설 립 일	1974.10.23	**종업원수**	137명	**대표이사**	송한준
상 장 일	2001.12.12	**감사의견**	적정(평진)	**계 열**	
결 산 기	12월	**보 통 주**		**종속회사수**	3개사
액 면 가	500원	**우 선 주**		**구 상 호**	

주주구성 (지분율,%)		출자관계 (지분율,%)		주요경쟁사 (외형,%)	
송한준	21.4	문등크로바전자유한공사	100.0	크로바하이텍	100
파워리퍼블릭얼라이언스	5.6	산동크로바전자유한공사	100.0	S&K폴리텍	310
(외국인)	1.1	혜주크로바전자유한공사	100.0	대동전자	72

매출구성		비용구성		수출비중	
TRANS/COIL	71.5	매출원가율	90.9	수출	60.3
HDD	16.6	판관비율	10.9	내수	39.7
IC Design & PKG	10.7				

회사 개요

동사는 IT 전자부품 전문기업으로 디지탈 디스플레이 전원부품공급장치 생산을 시작으로 사업을 시작함. 반도체설계 Display Drive IC Design사업과 반도체후공정 Drive IC Packaging사업, HDD사업과 전원공급 부품인 Transformer & Coil사업을 전원사업으로 운영하고 있음. 2017년 기준 매출 비중은 트랜스포머 및 코일이 45.1%, IC Design과 PKG가 19.52%, HDD 20.26%임.

실적 분석

동사의 2017년 연결 기준 연간 누적 매출액은 575.5억원으로 전년 동기 대비 4.5% 감소함. 매출이 감소했지만 매출 원가는 그대로이고 판매비와 관리비는 오히려 증가해 영업손실은 10.5억원으로 전년 동기 대비 적자전환함. 비영업 부문에서 외환 이익이 발생하면서 흑자전환에 성공했지만 영업이익 적자전환으로 인해 당기순손실은 8.8억원으로 전년 동기 대비 적자 규모가 확대됨.

현금 흐름

〈단위 : 억원〉

항목	2016	2017
영업활동	50	24
투자활동	18	-5
재무활동	-49	-44
순현금흐름	19	-24
기말현금	109	85

시장 대비 수익률

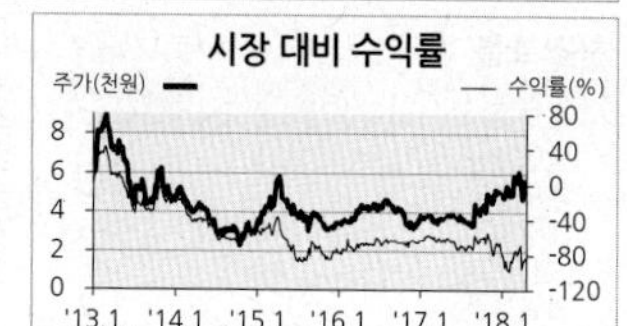

결산 실적

〈단위 : 억원〉

항목	2012	2013	2014	2015	2016	2017
매출액	938	661	629	579	602	575
영업이익	41	-56	-34	-26	18	-10
당기순이익	45	-21	-34	-35	-3	-9

분기 실적

〈단위 : 억원〉

항목	2016.3Q	2016.4Q	2017.1Q	2017.2Q	2017.3Q	2017.4Q
매출액	173	154	133	148	157	137
영업이익	6	6	2	3	0	-15
당기순이익	12	6	5	-2	-2	-10

재무 상태

〈단위 : 억원〉

항목	2012	2013	2014	2015	2016	2017
총자산	767	730	692	667	644	577
유형자산	445	392	348	317	288	281
무형자산	12	9	7	7	5	4
유가증권	2	2	—	—	—	—
총부채	366	327	320	333	306	258
총차입금	215	202	207	228	194	137
자본금	65	65	65	65	65	65
총자본	401	403	372	334	338	319
지배주주지분	401	403	372	334	338	319

기업가치 지표

항목	2012	2013	2014	2015	2016	2017
주가(최고/저)(천원)	7.0/3.6	9.2/4.1	5.4/2.3	5.9/3.0	4.8/3.1	5.4/3.3
PER(최고/저)(배)	19.9/10.3	—/—	—/—	—/—	—/—	—/—
PBR(최고/저)(배)	2.2/1.1	3.0/1.3	1.9/0.8	2.3/1.1	1.8/1.2	2.1/1.3
EV/EBITDA(배)	9.1	81.9	18.5	24.3	9.1	28.7
EPS(원)	349	-165	-261	-269	-20	-68
BPS(원)	3,155	3,100	2,861	2,599	2,673	2,528
CFPS(원)	810	335	203	99	302	198
DPS(원)	—	—	—	—	—	—
EBITDAPS(원)	775	66	199	168	457	186

재무 비율

〈단위 : %〉

연도	영업이익률	순이익률	부채비율	차입금비율	ROA	ROE	유보율	자기자본비율	EBITDA마진율
2017	-1.8	-1.5	81.0	42.9	-1.5	-2.7	405.7	55.3	4.2
2016	2.9	-0.4	90.7	57.5	-0.4	-0.8	434.5	52.4	9.9
2015	-4.5	-6.1	99.5	68.1	-5.2	-9.9	419.8	50.1	3.8
2014	-5.5	-5.4	86.1	55.6	-4.8	-8.8	472.2	53.7	4.1

크루셜텍 (A114120)
Crucialtec

업　　종 : 휴대폰 및 관련부품　　시　　장 : KOSDAQ
신용등급 : (Bond) —　(CP) —　　기업규모 : 벤처
홈페이지 : www.crucialtec.com　　연 락 처 : 031)8060-3000
본　　사 : 경기도 성남시 분당구 판교로 255번길 62 크루셜텍 빌딩

설 립 일	2001.04.20	**종 업 원 수**	165명	**대 표 이 사**	안건준
상 장 일	2010.07.21	**감 사 의 견**	적정(신한)	**계 열**	
결 산 기	12월	**보 통 주**		**종속회사수**	3개사
액 면 가	500원	**우 선 주**		**구 상 호**	

주주구성 (지분율,%)		출자관계 (지분율,%)		주요경쟁사 (외형,%)	
안건준	11.7	바이오페이	50.0	크루셜텍	100
유영선	1.7	캔버스바이오	33.3	삼성전자	138,722
(외국인)	0.3	에버시스	28.0	영풍	2,157

매출구성		비용구성		수출비중	
바이오메트릭트랙패드	90.9	매출원가율	103.7	수출	—
PL 렌즈	5.6	판관비율	19.2	내수	—
기타	3.3				

회사 개요

동사는 휴대기기 입력장치 전문기업으로 2001년에 설립됨. 동사는 스마트폰의 입력장치인 옵티컬트랙패드 제품의 원천특허를 확보하여 세계 최초로 상용화하였음. 매출의 상당부분을 차지하는 옵티컬트랙패드의 정전식 터치스크린의 단점을 보완하는 기능으로 모바일기기 니치마켓에 집중하고, 휴대폰 이외에 리모컨, 카메라, 모니터, 노트북 등 입력장치를 필요로 하는 다양한 가전기기에까지 그 적용분야를 넓혀서 신규 시장 창출함.

실적 분석

동사의 2017년 연결기준 매출액은 1,727억원을 기록, 전년 동기 대비 46% 감소함. 사드갈등으로 인하여 주요 고객사의 BTP 매출이 감소함. 영업손실을 기록한 가운데 환율하락으로 당기순손실 발생. 중화권 세트업체들도 오인식률이 낮은 동사의 제품에 우호적임. 초저가형 BTP, 디스플레이일체형 BTP, 바이오메디컬 솔루션 등 신규사업 본격화와 외부환경 완화로 실적 개선 전망.

현금 흐름 (단위 : 억원)

항목	2016	2017
영업활동	-225	-21
투자활동	-142	-73
재무활동	329	124
순현금흐름	-41	28
기말현금	58	86

시장 대비 수익률

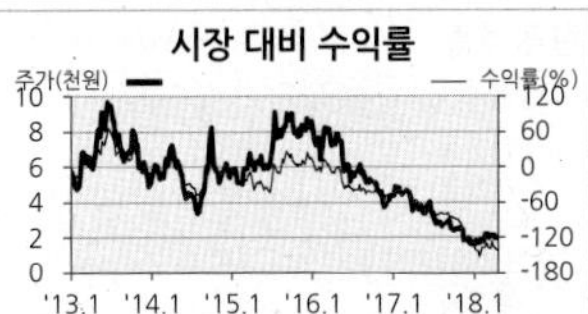

결산 실적 〈단위 : 억원〉

항목	2012	2013	2014	2015	2016	2017
매출액	2,803	4,175	734	2,625	3,200	1,727
영업이익	-82	-158	-238	143	83	-396
당기순이익	-111	-187	-347	96	3	-637

분기 실적 〈단위 : 억원〉

항목	2016.3Q	2016.4Q	2017.1Q	2017.2Q	2017.3Q	2017.4Q
매출액	926	596	433	466	429	399
영업이익	5	-19	-78	-70	-39	-210
당기순이익	-38	-40	-140	-54	-40	-404

재무 상태 〈단위 : 억원〉

항목	2012	2013	2014	2015	2016	2017
총자산	2,895	3,556	3,446	2,894	2,863	2,490
유형자산	986	1,289	1,395	504	508	482
무형자산	105	195	106	79	103	58
유가증권	186	57	76	59	51	55
총부채	1,732	2,464	2,531	1,919	1,813	1,639
총차입금	1,273	1,667	1,807	1,098	1,341	981
자본금	118	118	124	141	143	293
총자본	1,163	1,091	915	975	1,050	851
지배주주지분	983	809	567	976	1,051	852

기업가치 지표

항목	2012	2013	2014	2015	2016	2017
주가(최고/저)(천원)	17.1/6.5	17.7/8.2	15.2/6.0	17.0/9.1	15.6/6.7	5.0/1.6
PER(최고/저)(배)	—/—	—/—	—/—	46.3/24.8	1,489.5/638.7	—/—
PBR(최고/저)(배)	3.6/1.4	4.8/2.2	6.2/2.5	4.6/2.5	3.9/1.7	3.8/1.2
EV/EBITDA(배)	312.4	—	—	21.0	22.7	—
EPS(원)	-289	-567	-914	201	6	-1,086
BPS(원)	4,404	3,436	2,282	3,452	3,723	1,480
CFPS(원)	-98	-441	-951	739	258	-1,112
DPS(원)	—	—	—	—	—	—
EBITDAPS(원)	48	-145	-393	905	540	-644

재무 비율 〈단위 : %〉

연도	영업이익률	순이익률	부채비율	차입금비율	ROA	ROE	유보율	자기자본비율	EBITDA마진율
2017	-22.9	-36.9	192.6	115.3	-23.8	-66.9	195.9	34.2	-19.2
2016	2.6	0.1	172.7	127.7	0.1	0.3	644.6	36.7	4.8
2015	5.5	3.7	196.8	112.6	3.0	12.5	590.3	33.7	9.7
2014	-32.5	-47.3	276.4	197.4	-9.9	-53.9	356.5	26.6	-12.8

크리스탈신소재 (A900250)
China Crystal New Material Holdings

업　　종 : 화학　　시　　장 : KOSDAQ
신용등급 : (Bond) —　(CP) —　　기업규모 :
홈페이지 : www.crystalnewmaterial.com　　연 락 처 : 86-510-68171266
본　　사 : Artemis House, 75 Fort Street, George Town, P.O. Box 31493, Grand Cayman KY1-1206 Cayman I

설 립 일	2012.02.23	**종 업 원 수**	177명	**대 표 이 사**	다이자룽
상 장 일	2016.01.28	**감 사 의 견**	적정(신한)	**계 열**	
결 산 기	12월	**보 통 주**		**종속회사수**	3개사
액 면 가	—	**우 선 주**		**구 상 호**	

주주구성 (지분율,%)		출자관계 (지분율,%)		주요경쟁사 (외형,%)	
Dai Jia Long	38.5	장인루이자	100.0	크리스탈신소재	100
KDB Value Private Equity Fund VII	15.5	장인유자	100.0	한국카본	368
(외국인)	40.3	홍콩중운	100.0	NPC	594

매출구성		비용구성		수출비중	
합성운모 파우더	44.4	매출원가율	0.0	수출	—
합성운모 플레이크	18.4	판관비율	0.0	내수	—
천연운모 테이프	15.6				

회사 개요

동사는 중국계 소재기업으로 2016년 1월 28일 코스닥 시장에 상장됨. 2008년 글로벌 화학기업 머크와의 기술협력을 바탕으로 천연운모 대체 신소재인 합성운모의 양산에 세계 최초로 성공함. 합성운모 기술의 표준과 시장의 확대를 선도하고 있음. 2014년 생산량(5,162.3톤, 38.5% 시장 점유)을 기준으로 동사는 세계 합성운모시장에서 최대 합성운모파우더 생산업체임. 또한 동사의 합성운모 제품은 장쑤성 중소기업 전문특별신소재 인증을 획득함.

실적 분석

동사의 2017년도 3분기 매출액은 전년동기 대비 10.1% 증가한 525.9억원을 시현. 영업이익 또한 260.6억원을 기록하여 전년동기 대비 10.3% 상승, 당기순이익도 217.4억원을 기록하여 전년동기 대비 8.9% 증가하며 수익성 개선. 현재 전세계 운모산업이 성숙기에 진입했지만, 하이엔드제품에 적용되는 고급운모가 천연운모에서 합성운모로 빠르게 대체되면서 합성운모시장이 본격적인 성장기에 진입하고 있음. 4분기 보고서 미제출.

현금 흐름 〈단위 : 억원〉

항목	2016	2017
영업활동	269	—
투자활동	-29	—
재무활동	230	—
순현금흐름	470	—
기말현금	1,339	—

시장 대비 수익률

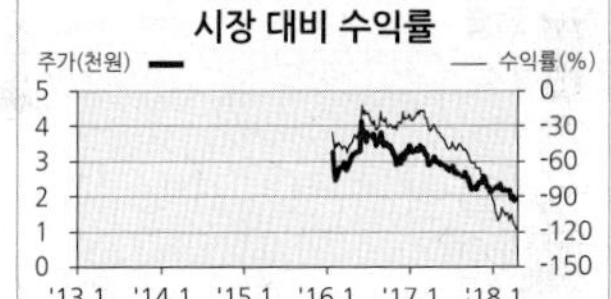

결산 실적 〈단위 : 억원〉

항목	2012	2013	2014	2015	2016	2017
매출액	292	442	541	644	650	—
영업이익	—	234	234	307	322	—
당기순이익	102	193	197	264	263	—

분기 실적 〈단위 : 억원〉

항목	2016.3Q	2016.4Q	2017.1Q	2017.2Q	2017.3Q	2017.4Q
매출액	174	163	132	194	199	—
영업이익	91	82	64	100	96	—
당기순이익	76	59	53	84	80	—

재무 상태 〈단위 : 억원〉

항목	2012	2013	2014	2015	2016	2017
총자산	609	967	1,446	1,801	2,239	—
유형자산	145	238	228	607	594	—
무형자산	30	30	31	59	55	—
유가증권	—	—	—	—	—	—
총부채	83	171	138	204	215	—
총차입금	52	70	53	78	75	—
자본금	218	238	294	299	343	—
총자본	525	795	1,309	1,598	2,024	—
지배주주지분	525	795	1,309	1,598	2,024	—

기업가치 지표

항목	2012	2013	2014	2015	2016	2017
주가(최고/저)(천원)	—/—	—/—	—/—	—/—	—/—	—/—
PER(최고/저)(배)	0.0/0.0	0.0/0.0	0.0/0.0	0.0/0.0	10.9/6.5	0.0/0.0
PBR(최고/저)(배)	0.0/0.0	0.0/0.0	0.0/0.0	0.0/0.0	1.4/0.9	0.0/0.0
EV/EBITDA(배)	—	—	—	—	3.2	0.0
EPS(원)	237	425	417	462	392	—
BPS(원)	1,340	1,879	2,524	3,081	3,284	—
CFPS(원)	271	486	496	542	461	—
DPS(원)	—	—	—	—	—	—
EBITDAPS(원)	409	585	583	625	560	—

재무 비율 〈단위 : %〉

연도	영업이익률	순이익률	부채비율	차입금비율	ROA	ROE	유보율	자기자본비율	EBITDA마진율
2017	0.0	0.0	0.0	0.0	0.0	0.0	0.0	0.0	0.0
2016	49.6	40.4	10.6	3.7	13.0	14.5	490.8	90.4	52.5
2015	47.6	40.9	12.7	4.9	16.2	18.1	433.9	88.7	50.3
2014	43.3	36.4	10.5	4.1	—	—	345.5	90.5	46.3

크리스탈지노믹스 (A083790)

CrystalGenomics

업 종 : 바이오 | 시 장 : KOSDAQ
신용등급 : (Bond) — (CP) — | 기업규모 : 기술성
홈페이지 : www.crystalgenomics.com | 연 락 처 : 031)628-2700
본 사 : 경기도 성남시 분당구 대왕판교로 700, 삼평동 코리아바이오파크 A동 5층

설 립 일	2000.07.07	**종 업 원 수**	58명	**대 표 이 사**	조중명
상 장 일	2006.01.06	**감 사 의 견**	적정(신우)	**계 열**	
결 산 기	12월	**보 통 주**		**종속회사수**	1개사
액 면 가	500원	**우 선 주**		**구 상 호**	

주주구성 (지분율,%)		출자관계 (지분율,%)		주요경쟁사 (외형,%)	
조중명	10.0	크리스탈생명과학	25.3	크리스탈	100
양대식	6.5	화일약품	23.1	셀바이오텍	501
(외국인)	5.0	CGPharmaceuticals,	100.0	파마리서치프로덕트	447

매출구성		비용구성		수출비중	
의약품제조	31.2	매출원가율	27.4	수출	4.9
임상시험분석	28.1	판관비율	125.3	내수	95.1
신약 판매	24.5				

회사 개요

동사는 질환 표적 단백질의 규명 기술과 이 구조를 기반으로 고유 선도물질을 발굴하는 기술 및 개발후보를 발굴하는 세계적인 경쟁력의 기반기술을 구축하여 개발 후보를 지속적으로 창출하고 있음. 2015년 12월 31일 현재 차세대 관절염 진통소염제(아셀렉스)는 식약처 신약승인을 받아 2015년 7월에 동아ST와 국내독점판매계약을 체결하고 2015년 9월부터전국 종합병원 및 대학병원, 클리닉 등에 공급하고 있음.

실적 분석

동사의 2017년 누적매출액은 121.8억원으로 전년대비 16.2% 감소함. 비용측면에서 매출원가는 31.4% 감소했으나 판관비는 10.9% 상승함. 영업손실은 64.1억원을 기록하며 적자폭이 확대됨. 최근 바이오기업의 개발비 회계처리 이슈가 불거졌으나 동사는 수 년째 개발비 전액을 비용처리하고 있음. 자체 개발한 골관절염치료제 아셀렉스와 백혈병치료제 CG026806 등의 수출과 임상시험이 성과를 내고 있어 실적 개선이 기대됨.

현금 흐름

〈단위 : 억원〉

항목	2016	2017
영업활동	-55	-13
투자활동	-16	-162
재무활동	51	154
순현금흐름	-11	-20
기말현금	237	217

시장 대비 수익률

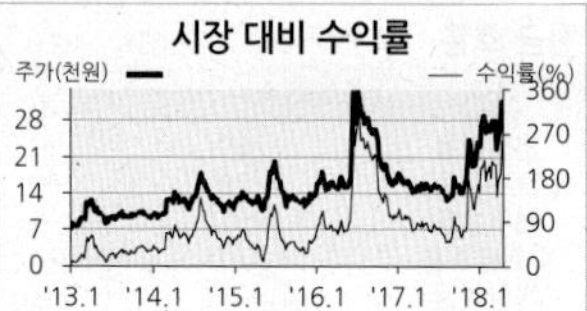

결산 실적

〈단위 : 억원〉

항목	2012	2013	2014	2015	2016	2017
매출액	37	48	45	61	145	122
영업이익	-72	-60	-72	-40	-41	-64
당기순이익	-118	-114	-119	-48	-38	-86

분기 실적

〈단위 : 억원〉

항목	2016.3Q	2016.4Q	2017.1Q	2017.2Q	2017.3Q	2017.4Q
매출액	35	3	35	32	39	16
영업이익	-4	-38	-17	-28	14	-33
당기순이익	-3	-44	-19	-23	5	-48

재무 상태

〈단위 : 억원〉

항목	2012	2013	2014	2015	2016	2017
총자산	547	888	1,061	1,273	1,287	1,195
유형자산	119	139	131	240	245	235
무형자산	96	70	52	74	70	40
유가증권	66	21	15	27	17	79
총부채	323	526	510	536	454	279
총차입금	277	455	429	390	339	194
자본금	88	97	113	123	129	136
총자본	224	362	550	736	833	916
지배주주지분	224	362	550	719	832	916

기업가치 지표

항목	2012	2013	2014	2015	2016	2017
주가(최고/저)(천원)	9.6/6.0	13.1/7.2	17.9/9.0	21.1/10.6	36.5/13.6	24.7/12.2
PER(최고/저)(배)	—/—	—/—	—/—	—/—	—/—	—/—
PBR(최고/저)(배)	7.6/4.8	7.0/3.9	7.4/3.7	7.2/3.6	11.3/4.2	7.3/3.6
EV/EBITDA(배)	—	—	—	—	—	—
EPS(원)	-670	-628	-556	-204	-85	-322
BPS(원)	1,271	1,870	2,436	2,935	3,214	3,376
CFPS(원)	-576	-551	-493	-148	-19	-276
DPS(원)	—	—	—	—	—	—
EBITDAPS(원)	-316	-255	-274	-112	-93	-195

재무 비율

〈단위 : %〉

연도	영업이익률	순이익률	부채비율	차입금비율	ROA	ROE	유보율	자기자본비율	EBITDA마진율
2017	-52.7	-70.4	30.4	21.2	-6.9	-9.8	575.1	76.7	-42.6
2016	-28.1	-25.9	54.5	40.7	-2.9	-2.8	542.7	64.7	-16.5
2015	-65.1	-79.0	72.9	52.9	-4.2	-7.6	487.0	57.9	-43.6
2014	-159.4	-263.1	92.7	77.9	-12.3	-26.2	387.2	51.9	-129.4

크린앤사이언스 (A045520)

Clean & Science

업 종 : 자동차부품 | 시 장 : KOSDAQ
신용등급 : (Bond) — (CP) — | 기업규모 : 중견
홈페이지 : www.cands.co.kr | 연 락 처 : 02)550-0800
본 사 : 서울시 강남구 영동대로 511, 무역회관 903-1호 (삼성동, 무역회관)

설 립 일	1979.12.31	**종 업 원 수**	164명	**대 표 이 사**	곽규범
상 장 일	2000.12.05	**감 사 의 견**	적정(다산)	**계 열**	
결 산 기	12월	**보 통 주**		**종속회사수**	2개사
액 면 가	500원	**우 선 주**		**구 상 호**	

주주구성 (지분율,%)		출자관계 (지분율,%)		주요경쟁사 (외형,%)	
최재원	13.9	한국여과기공업협동조합	3.5	크린앤사이언스	100
델타피디에스	11.0	한국부직포공업협동조합	1.5	케이엔더블유	122
(외국인)	1.7	CLEANANDSCIENCECHINA	100.0	풍강	108

매출구성		비용구성		수출비중	
자동차용	49.3	매출원가율	78.0	수출	35.3
Filter	26.6	판관비율	13.8	내수	64.7
상품	12.0				

회사 개요

동사는 1973년 설립된 후, 자동차용 여과지, 산업용 여과지를 비롯한 여과지 사업부문, 공조용 여과소재를 바탕으로 한 M.B사업, 가전용 및 산업용 필터와 관련한 필터사업부문을 영위하고 있음. 특히 주력사업인 자동차용 여과지 부문의 경우 자동차 OE업체에 지속적으로 제품을 공급함으로써 안정적 매출 기반 구축함. 기후변화에 따른 미세먼지 관련 산업의 수혜로 안정적 매출 신장이 예상. 미국법인 및 중국법인설립이후 판로 다양화 진행 중임.

실적 분석

동사의 연결기준 2017년 매출액은 전년 대비 28.6% 증가한 771.1억원을 기록한 반면, 판관비는 경상개발비 및 인건비 증가를 중심으로 전년 동기 대비 15.9% 증가함. 동기간 영업이익은 전년 대비 44.5% 증가한 62.9억원을 기록함. 반면, 비영업손익은 외환손실의 영향으로 적자전환함. 이에 따라 동사의 2017년 당기순이익은 전년 대비 31.2% 증가한 47.1억원을 기록함.

현금 흐름

〈단위 : 억원〉

항목	2016	2017
영업활동	63	37
투자활동	-59	-103
재무활동	9	68
순현금흐름	14	2
기말현금	43	45

시장 대비 수익률

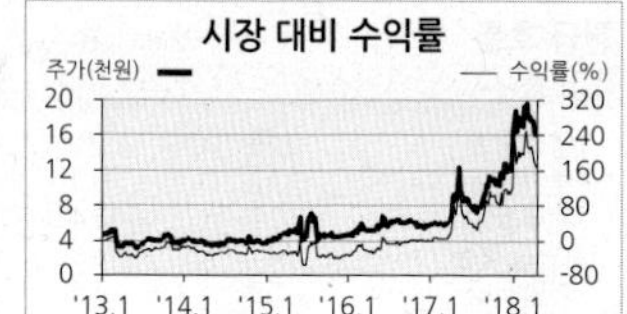

결산 실적

〈단위 : 억원〉

항목	2012	2013	2014	2015	2016	2017
매출액	471	542	562	595	600	771
영업이익	17	20	27	42	44	63
당기순이익	13	13	22	36	36	47

분기 실적

〈단위 : 억원〉

항목	2016.3Q	2016.4Q	2017.1Q	2017.2Q	2017.3Q	2017.4Q
매출액	144	189	173	204	192	202
영업이익	9	16	15	22	14	12
당기순이익	5	12	11	18	12	7

재무 상태

〈단위 : 억원〉

항목	2012	2013	2014	2015	2016	2017
총자산	389	396	393	436	506	657
유형자산	109	98	88	120	117	194
무형자산	6	6	7	6	7	6
유가증권	4	4	0	0	0	0
총부채	212	205	178	201	238	339
총차입금	127	119	102	119	126	186
자본금	37	37	37	37	37	37
총자본	177	191	215	235	268	318
지배주주지분	177	191	215	235	268	318

기업가치 지표

항목	2012	2013	2014	2015	2016	2017
주가(최고/저)(천원)	5.8/2.3	5.3/3.1	4.5/3.3	7.3/3.8	7.6/4.5	13.6/5.8
PER(최고/저)(배)	30.4/12.1	26.0/15.5	13.7/10.1	13.3/7.0	14.0/8.3	19.0/8.0
PBR(최고/저)(배)	2.2/0.9	1.8/1.1	1.4/1.0	1.9/1.0	1.8/1.1	2.7/1.2
EV/EBITDA(배)	10.1	8.9	6.9	6.6	7.0	11.8
EPS(원)	193	205	336	550	553	725
BPS(원)	2,726	2,946	3,305	3,791	4,303	5,068
CFPS(원)	469	474	602	780	769	970
DPS(원)	—	—	—	—	—	150
EBITDAPS(원)	543	573	683	880	886	1,213

재무 비율

〈단위 : %〉

연도	영업이익률	순이익률	부채비율	차입금비율	ROA	ROE	유보율	자기자본비율	EBITDA마진율
2017	8.2	6.1	106.6	58.6	8.1	16.1	802.6	48.4	10.2
2016	7.3	6.0	88.9	47.1	7.6	14.3	666.3	52.9	9.6
2015	7.1	6.0	85.7	50.5	8.6	15.9	575.1	53.9	9.6
2014	4.8	3.9	82.9	47.6	5.5	10.7	488.6	54.7	7.9

클래시스 (A214150)
CLASSYS

업　　종 : 의료 장비 및 서비스
시　　장 : KOSDAQ
신용등급 : (Bond) —　　(CP) —
기업규모 : 벤처
홈페이지 : 0
연 락 처 : 1544-3481
본　　사 : 서울특별시 강남구 테헤란로 240 역삼동, 클래시스타워

설 립 일	2015.01.15	**종업원수**	명	**대표이사**	정성재
상 장 일	2015.04.03	**감사의견**	적정(삼덕)	**계　　열**	
결 산 기	12월	**보 통 주**		**종속회사수**	
액 면 가	100원	**우 선 주**		**구 상 호**	케이티비스팩2호

주주구성 (지분율,%)		출자관계 (지분율,%)		주요경쟁사 (외형,%)	
정성재	54.5	SkedermShanghaiCo.	100.0	클래시스	100
이연주	18.0	Skederm	100.0	하이로닉	52
(외국인)	0.1			비트컴퓨터	92

매출구성		비용구성		수출비중	
		매출원가율	30.7	수출	67.4
		판관비율	38.3	내수	32.6

회사 개요

동사는 케이티비스팩2호와 합병하여 상장되었으며, 2007년부터 피부미용의료기기의 개발 및 제조, 판매를 주요 사업으로 하고 있음. 클래시스 브랜드의 병원용 의료기기 판매와 더불어 클루덤 브랜드를 통한 에스테틱샵용 시장 진출 및 스케덤 브랜드로 개인용 시장도 공략 중임. 클래시의 제품은 소모품인 카트리지와 젤패드 판매가 지속적으로 발생하는 안정적인 사업임. 전 세계 60여개국의 유통망을 구축하여 시장점유율을 높여가고 있음.

실적 분석

동사의 2017년 누적매출액은 348.7억원으로 전년대비 28% 증가함. 같은 기간 영업이익은 전년보다 30.7% 늘어난 108억원을 기록함. 2015년 이후 3년간 매출과 영업이익이 각각 연평균 41.5%, 63.7% 성장하고 있음. 5,000억원 수준으로 빠르게 확대되고 있는 국내 개인용 뷰티 디바이스 시장에 최대 수혜가 예상됨. 주요 제품인 울트라포머(국내명 슈링크)와 사이저, 클라투에 대한 호평이 이어지고 있음.

현금 흐름 *IFRS 별도 기준 〈단위 : 억원〉

항목	2016	2017
영업활동	58	86
투자활동	-5	-211
재무활동	-0	194
순현금흐름	53	68
기말현금	120	188

시장 대비 수익률

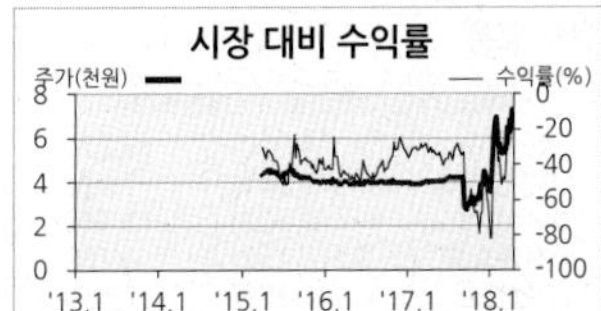

결산 실적 〈단위 : 억원〉

항목	2012	2013	2014	2015	2016	2017
매출액	75	—	—	150	272	349
영업이익	-1	—	—	40	83	108
당기순이익	-1	—	—	47	71	-51

분기 실적 *IFRS 별도 기준 〈단위 : 억원〉

항목	2016.3Q	2016.4Q	2017.1Q	2017.2Q	2017.3Q	2017.4Q
매출액	—	—	—	—	—	—
영업이익	—	—	—	—	—	—
당기순이익	—	—	—	—	—	—

재무 상태 *IFRS 별도 기준 〈단위 : 억원〉

항목	2012	2013	2014	2015	2016	2017
총자산	13	—	—	125	220	631
유형자산	0	—	—	5	5	320
무형자산	—	—	—	0	0	1
유가증권	—	—	—	—	—	—
총부채	14	—	—	32	57	280
총차입금	—	—	—	0	—	209
자본금	1	—	—	1	55	60
총자본	-1	—	—	92	163	351
지배주주지분	-1	—	—	92	163	351

기업가치 지표 *IFRS 별도 기준

항목	2012	2013	2014	2015	2016	2017
주가(최고/저)(천원)	—/—	—/—	—/—	4.6/4.0	4.2/3.9	4.6/2.7
PER(최고/저)(배)	0.0/0.0	0.0/0.0	0.0/0.0	59.3/51.3	35.6/33.3	—/—
PBR(최고/저)(배)	0.0/0.0	0.0/0.0	0.0/0.0	30.1/26.0	15.4/14.4	8.0/4.7
EV/EBITDA(배)	—	0.0	0.0	0.9	—	23.1
EPS(원)	-2	—	—	78	117	-85
BPS(원)	-2,825	—	—	462,404	16,328	580
CFPS(원)	-5,325	—	—	238,954	7,187	-81
DPS(원)	—	—	—	—	—	8
EBITDAPS(원)	-5,150	—	—	203,311	8,380	182

재무 비율 〈단위 : %〉

연도	영업이익률	순이익률	부채비율	차입금비율	ROA	ROE	유보율	자기자본비율	EBITDA마진율
2017	31.0	-14.7	80.0	59.4	-12.0	-20.0	480.3	55.6	31.6
2016	30.3	26.0	35.0	0.0	41.0	55.3	197.0	74.1	30.8
2015	26.5	31.3	35.0	0.4	0.0	0.0	9,148.1	74.1	27.1
2014	0.0	0.0	0.0	0.0	0.0	0.0	0.0	0.0	0.0

클리오 (A237880)
CLIO Cosmetics

업　　종 : 개인생활용품
시　　장 : KOSDAQ
신용등급 : (Bond) —　　(CP) —
기업규모 : 중견
홈페이지 : www.clio.co.kr
연 락 처 : 02)514-0056
본　　사 : 서울시 강남구 압구정로30길 62 (신사동)

설 립 일	1997.05.31	**종업원수**	269명	**대표이사**	한현옥
상 장 일	2016.11.09	**감사의견**	적정(삼정)	**계　　열**	
결 산 기	12월	**보 통 주**		**종속회사수**	1개사
액 면 가	500원	**우 선 주**		**구 상 호**	

주주구성 (지분율,%)		출자관계 (지분율,%)		주요경쟁사 (외형,%)	
한현옥	60.6	상해클리오(화장품)	100.0	클리오	100
BEAUTIFUL COLOR PTE. LTD	8.2	광주공아클리오화장품	40.0	한국콜마	424
(외국인)	13.7			아모레퍼시픽	2,646

매출구성		비용구성		수출비중	
베이스 메이크업	36.7	매출원가율	39.3	수출	34.2
포인트 메이크업 아이	20.3	판관비율	55.1	내수	65.8
포인트 메이크업 립	19.6				

회사 개요

동사는 색조화장품을 전문적으로 제조, 판매할 목적으로 1997년 5월 31일 설립됨. 화장품 및 화장도구 수입/수출, 화장품 화장도구의 판매 및 유통사업 추진, 화장품 매장의 개설 및 체인망 형성 등을 주요 목적사업으로 하고 있음. '클리오(CLIO)' 외에도 5가지 코스메틱 브랜드를 보유하고 있음. 2017년 12월 기준 중국 내 클리오(상해)화장품유한공사를 종속기업으로 포함하고 있으며, 해외로의 사업 영역을 확장 중임.

실적 분석

동사의 2017년도 연결기준 연간 매출액은 1,936.8억원으로 전년도 대비 소폭 증가함. 국내 매출은 증가했으나 사드 이슈의 영향으로 중국 매출이 감소함. 중장기 성장을 위한 신규브랜드 개발 및 마케팅, 디자인 투자 확대에 따른 일회성 비용이 증가하면서 영업이익은 전년도 대비 57.7% 감소함. 연령대별 선호 제품개발과 해외시장 확대에도 지속적으로 노력 중임.

현금 흐름 〈단위 : 억원〉

항목	2016	2017
영업활동	-12	-9
투자활동	-1,169	-343
재무활동	1,571	-56
순현금흐름	391	-411
기말현금	545	133

시장 대비 수익률

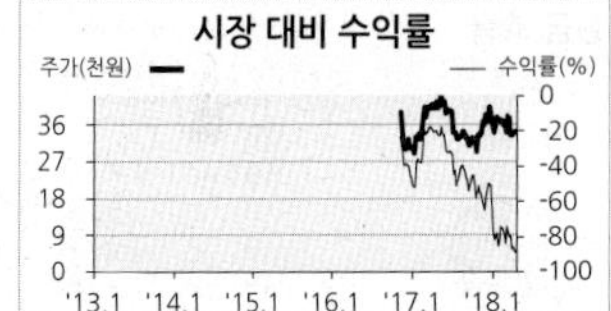

결산 실적 〈단위 : 억원〉

항목	2012	2013	2014	2015	2016	2017
매출액	282	336	425	1,071	1,936	1,937
영업이익	31	17	7	225	257	109
당기순이익	21	10	6	177	208	79

분기 실적 〈단위 : 억원〉

항목	2016.3Q	2016.4Q	2017.1Q	2017.2Q	2017.3Q	2017.4Q
매출액	502	531	573	408	468	488
영업이익	77	25	59	2	12	37
당기순이익	56	33	44	24	38	-25

재무 상태 〈단위 : 억원〉

항목	2012	2013	2014	2015	2016	2017
총자산	139	202	282	614	2,410	2,330
유형자산	2	4	28	220	240	274
무형자산	5	14	14	14	16	18
유가증권	11	5	—	—	584	451
총부채	60	114	192	349	1,000	883
총차입금	—	50	105	—	567	571
자본금	4	8	8	8	84	85
총자본	79	88	90	265	1,410	1,447
지배주주지분	79	88	90	265	1,410	1,447

기업가치 지표

항목	2012	2013	2014	2015	2016	2017
주가(최고/저)(천원)	—/—	—/—	—/—	—/—	—/—	—/—
PER(최고/저)(배)	0.0/0.0	0.0/0.0	0.0/0.0	0.0/0.0	30.3/22.4	98.7/64.3
PBR(최고/저)(배)	0.0/0.0	0.0/0.0	0.0/0.0	0.0/0.0	5.1/3.8	5.3/3.4
EV/EBITDA(배)	—	1.0	2.6	—	14.9	39.3
EPS(원)	198	83	42	1,229	1,351	436
BPS(원)	98,920	55,021	56,230	165,555	8,053	8,153
CFPS(원)	28,993	11,265	10,236	119,412	1,496	596
DPS(원)	—	—	—	—	600	100
EBITDAPS(원)	41,219	17,190	10,530	149,757	1,813	758

재무 비율 〈단위 : %〉

연도	영업이익률	순이익률	부채비율	차입금비율	ROA	ROE	유보율	자기자본비율	EBITDA마진율
2017	5.6	4.1	61.0	39.5	3.4	5.6	1,663.4	62.1	7.1
2016	13.3	10.8	70.9	40.2	13.8	24.9	1,616.9	58.5	14.4
2015	21.1	16.5	131.8	0.0	39.5	99.7	3,211.1	43.1	22.4
2014	1.5	1.4	213.9	116.7	—	—	1,024.6	31.9	4.0

키다리스튜디오 (A020120)

Daouincube

업　종 : 반도체 및 관련장비　　시　장 : 거래소
신용등급 : (Bond) —　(CP) —　　기업규모 : 시가총액 소형주
홈페이지 : www.daouincube.com　　연락처 : 02)6320-8510
본　사 : 서울시 마포구 독막로 311(염리동, 재화스퀘어)

설 립 일	1987.07.29	**종 업 원 수**	38명	**대 표 이 사**	김영훈
상 장 일	1996.06.05	**감 사 의 견**	적정(이현)	**계 열**	
결 산 기	12월	**보 통 주**		**종속회사수**	
액 면 가	500원	**우 선 주**		**구 상 호**	다우인큐브

주주구성 (지분율,%)		출자관계 (지분율,%)		주요경쟁사 (외형,%)	
다우데이타시스템	55.2	봄코믹스	100.0	키다리스튜디오	100
이머니	9.2	이매진스	41.7	GST	1,140
(외국인)	1.3			한양디지텍	537

매출구성		비용구성		수출비중	
반도체(반도체 설계용 소프트웨어 등)	64.0	매출원가율	77.2	수출	—
미디어콘텐츠(전자책콘텐츠서비스 등)	36.0	판관비율	26.3	내수	—

회사 개요

동사는 1987년 설립된 IT 업체로서, 반도체, 디스플레이 및 미디어콘텐츠 사업을 영위함. 인쇄편집 디자인 전문소프트웨어인 QuarkXPress를 국내 최초로 독점 공급함. 출판 및 디자인 업계와의 인연을 바탕으로 현재는 고품질의 디지털 출판시장 확대와 멀티미디어 기능이 가미된 디지털 콘텐츠 활성화를 위한 전자책 비즈니스에 주력하고 있음. QuarkXPress파일을 국제 전자책 표준 포맷으로 자동 변환시켜 주는 기술을 주요 기술로 보유 중임.

실적 분석

동사의 2017년 매출액은 143억원으로 전년대비 2.7% 증가함. 하지만 전기부터 이어진 일부 사업의 중단에서 발생한 해당 사업의 손익이 비용으로 인식되었고, ㈜봄코믹스 지분인수 비용 등으로 당기순손실을 기록함. 그러나 실질적으로는 당기순손실이 예년 대비 63% 정도 감소하는 등 영업실적에서 비용 및 손실 관련 지표들이 반등하고 있음. 수익구조가 점차 개선될 것으로 기대됨.

현금 흐름

<단위 : 억원>

항목	2016	2017
영업활동	-28	-1
투자활동	19	-6
재무활동	0	8
순현금흐름	-9	2
기말현금	19	22

시장 대비 수익률

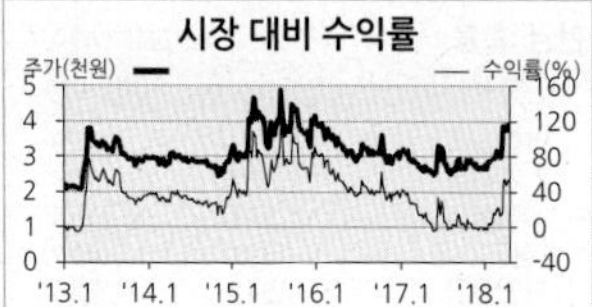

결산 실적

<단위 : 억원>

항목	2012	2013	2014	2015	2016	2017
매출액	92	222	224	283	139	143
영업이익	-34	10	20	5	9	-5
당기순이익	-31	7	39	86	-62	-23

분기 실적

<단위 : 억원>

항목	2016.3Q	2016.4Q	2017.1Q	2017.2Q	2017.3Q	2017.4Q
매출액	33	—	—	—	38	—
영업이익	-1	—	—	—	-2	—
당기순이익	-0	—	—	—	-2	—

재무 상태

<단위 : 억원>

항목	2012	2013	2014	2015	2016	2017
총자산	276	280	379	423	214	227
유형자산	9	6	4	5	2	2
무형자산	12	11	51	46	23	42
유가증권	111	111	119	105	—	1
총부채	127	129	151	120	46	62
총차입금	65	68	70	18	18	28
자본금	79	79	79	79	79	79
총자본	148	151	228	303	168	165
지배주주지분	148	151	205	303	168	165

기업가치 지표

항목	2012	2013	2014	2015	2016	2017
주가(최고/저)(천원)	2.7/1.3	3.8/2.0	3.1/2.4	5.2/2.8	4.0/2.8	3.3/2.5
PER(최고/저)(배)	—/—	90.1/46.3	14.5/11.3	9.4/5.1	—/—	—/—
PBR(최고/저)(배)	2.5/1.2	3.5/1.8	2.2/1.8	2.6/1.4	3.4/2.4	3.2/2.4
EV/EBITDA(배)	—	32.8	18.7	46.9	28.3	—
EPS(원)	-274	43	219	559	-393	-142
BPS(원)	1,105	1,106	1,413	2,033	1,181	1,041
CFPS(원)	-239	76	270	616	-359	-115
DPS(원)	—	—	30	20	—	—
EBITDAPS(원)	-272	98	176	87	91	-5

재무 비율

<단위 : %>

연도	영업이익률	순이익률	부채비율	차입금비율	ROA	ROE	유보율	자기자본비율	EBITDA마진율
2017	-3.5	-15.9	37.7	17.0	-10.3	-13.5	108.3	72.7	-0.5
2016	6.5	-44.8	27.6	10.8	-19.5	-26.5	136.2	78.3	10.4
2015	1.7	30.5	39.4	5.8	21.5	34.9	306.6	71.7	4.9
2014	8.8	17.3	66.0	30.6	11.7	19.5	182.7	60.2	12.4

키움증권 (A039490)

Kiwoom Securities

업　종 : 증권　　시　장 : 거래소
신용등급 : (Bond) AA-　(CP) A1　　기업규모 : 시가총액 중형주
홈페이지 : www.kiwoom.com　　연락처 : 02)3787-5000
본　사 : 서울시 영등포구 여의나루로4길 18 여의도동, 키움파이낸스스퀘어빌딩

설 립 일	2000.01.31	**종 업 원 수**	623명	**대 표 이 사**	이현
상 장 일	2004.04.23	**감 사 의 견**	적정(한영)	**계 열**	
결 산 기	12월	**보 통 주**		**종속회사수**	29개사
액 면 가	5,000원	**우 선 주**		**구 상 호**	

주주구성 (지분율,%)		출자관계 (지분율,%)		주요경쟁사 (외형,%)	
다우기술	47.7	키움투자자산운용	100.0	키움증권	100
국민연금공단	12.6	키움저축은행	100.0	유안타증권	61
(외국인)	20.2	키움YES저축은행	100.0	대신증권	80

수익구성		비용구성		수출비중	
수수료수익	30.2	이자비용	9.0	수출	—
금융상품 관련이익	28.1	파생상품손실	21.3	내수	—
파생상품거래이익	16.9	판관비	30.4		

회사 개요

동사는 2000년도에 설립된 국내 최초의 온라인 종합증권사로 투자매매업, 투자중개업, 투자일임업, 투자자문업을 영위함. 온라인 브로커리지에 강점을 가진 종합 금융투자회사로, 지점이 없는 온라인 증권사로 대고객 접점 확보가 어렵다는 점이 단점으로 지적되었으나 비대면 계좌 개설 서비스 등을 통하여 경쟁력 강화 중. 저비용 사업구조와 국내 최대 온라인 고객을 기반으로 10년 이상 주식위탁매매 시장점유율 1위를 유지 중임.

실적 분석

동사는 연결 재무제표 기준 지난해 당기순이익이 전년 대비 33.51% 증가한 2,402억원을 달성. 영업이익은 같은 기간 36.91% 늘어난 3,159억원을 기록했고 매출액은 28.89% 증가한 1조2,163억원을 기록. 동사는 온라인 및 모바일 위탁매매부문에서 차별화된 경쟁력을 바탕으로 개인매매 점유율 시장을 선도하면서 2017년 3분기 주식 위탁매매 점유율 14.48%를 기록하며 안정적인 고객기반 확보 하고 있음.

현금 흐름

<단위 : 억원>

항목	2016	2017
영업활동	-4,020	-8,277
투자활동	-5,647	-2,922
재무활동	9,802	11,440
순현금흐름	157	182
기말현금	1,388	1,570

시장 대비 수익률

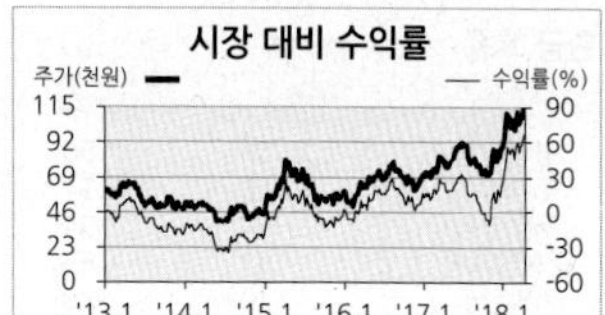

결산 실적

<단위 : 억원>

항목	2012	2013	2014	2015	2016	2017
순영업손익	2,291	1,886	3,006	4,663	4,735	5,892
영업이익	628	535	1,010	2,414	2,307	3,158
당기순이익	503	360	761	1,900	1,802	2,416

분기 실적

<단위 : 억원>

항목	2016.3Q	2016.4Q	2017.1Q	2017.2Q	2017.3Q	2017.4Q
순영업손익	1,129	1,247	1,395	1,561	1,097	1,839
영업이익	538	600	786	879	434	1,060
당기순이익	431	476	607	725	323	762

재무 상태

<단위 : 억원>

항목	2012	2013	2014	2015	2016	2017
총자산	41,991	42,246	47,149	61,522	88,571	115,906
유형자산	325	441	807	775	855	947
무형자산	338	631	608	604	479	371
유가증권	5,583	7,042	5,492	14,096	29,869	40,561
총부채	33,385	33,694	37,911	50,424	76,090	100,434
총차입금	3,230	3,763	6,652	8,908	20,238	31,952
자본금	1,105	1,105	1,105	1,105	1,105	1,105
총자본	8,606	8,552	9,238	11,098	12,480	15,472
지배주주지분	8,367	8,489	9,171	11,031	12,437	15,246

기업가치 지표

항목	2012	2013	2014	2015	2016	2017
주가(최고/저)(천원)	72.0/49.5	66.5/47.4	52.8/39.5	81.2/44.6	79.1/48.9	92.0/68.6
PER(최고/저)(배)	32.6/22.5	42.6/30.3	16.2/12.1	9.8/5.4	10.0/6.2	8.6/6.4
PBR(최고/저)(배)	2.0/1.4	1.8/1.3	1.3/1.0	1.7/0.9	1.4/0.9	1.4/1.0
PSR(최고/저)(배)	7/5	8/6	4/3	4/2	4/2	4/3
EPS(원)	2,329	1,640	3,420	8,585	8,142	10,870
BPS(원)	37,861	38,413	41,500	49,913	56,278	68,988
CFPS(원)	3,097	2,385	4,662	9,869	9,474	12,168
DPS(원)	450	350	450	700	850	1,300
EBITDAPS(원)	2,840	2,423	4,569	10,925	10,439	14,292

재무 비율

<단위 : %>

연도	계속사업이익률	순이익률	부채비율	차입금비율	ROA	ROE	유보율	자기자본비율	총자산증가율
2017	54.8	41.0	649.1	206.5	2.4	17.4	1,279.8	13.4	30.9
2016	49.8	38.1	609.7	162.2	2.4	15.3	1,025.6	14.1	44.0
2015	53.5	40.7	454.3	80.3	3.5	18.8	898.3	18.0	30.5
2014	32.5	25.3	410.4	72.0	1.7	8.6	730.0	19.6	12.3

키위미디어그룹 (A012170)

Kiwi Media Group

업　종 : 해상운수　　시　장 : 거래소
신용등급 : (Bond) —　(CP) —　　기업규모 : 시가총액 소형주
홈페이지 : www.kiwimediagroup.com　　연 락 처 : 02)1544-0332
본　사 : 서울시 강남구 언주로 729 8층(논현동, 마스터스빌딩)

설 립 일	1977.04.21	**종업원수**	73명	**대표이사**	정철웅
상 장 일	1989.12.20	**감사의견**	적정(태율)	**계　열**	
결 산 기	12월	**보 통 주**		**종속회사수**	3개사
액 면 가	500원	**우 선 주**		**구 상 호**	키스톤글로벌

주주구성 (지분율,%)		출자관계 (지분율,%)		주요경쟁사 (외형,%)	
Chung Christopher Young	2.9	아시아경제티브이	59.7	키위미디어그룹	100
키위컴퍼니	2.7	플루스1호조합	34.5	흥아해운	2,332
(외국인)	1.1	더파이브인터렉티브	17.9	인터지스	1,400

매출구성		비용구성		수출비중	
석탄	93.9	매출원가율	80.5	수출	14.4
청바지 외	6.1	판관비율	31.5	내수	85.6

회사 개요

1977년 설립되어 1989년 12월 유가증권시장에 상장한 동사는 현재 석탄사업, 콘텐츠사업, 영화사업, 엔터테인먼트 콘텐츠 사업, 공연사업을 영위하고 있음. 아시아경제티브이, KIWI MEDIA GROUP USA INC., 범죄도시문화산업전문회사를 연결대상 종속회사로 보유하고 있음. 석탄사업 부문의 경우 미국 '키스톤인더스트리'사와 아시아지역 총판권을 계약하여 국내에서 영업활동을 하고 있음.

실적 분석

동사의 2017년 결산 연결기준 매출액은 358.7억원을 보임. 전년대비 크게 차이가 나는 이유는 기존 사업부문에서 석탄매출을 제외한 용역 및 음반매출이 성장하였으며 영화, 광고, 협찬 매출 등 신규 매출이 인식되었기 때문임. 급격한 외형성장에도 불구하고 여전히 높은 원가율 및 대규모 관련기업투자손실 인식으로 영업손실 43.3억원, 당기순손실 390.0억원 등 적자를 지속함.

현금 흐름

〈단위 : 억원〉

항목	2016	2017
영업활동	-21	-116
투자활동	-106	-234
재무활동	107	348
순현금흐름	-20	-1
기말현금	12	11

시장 대비 수익률

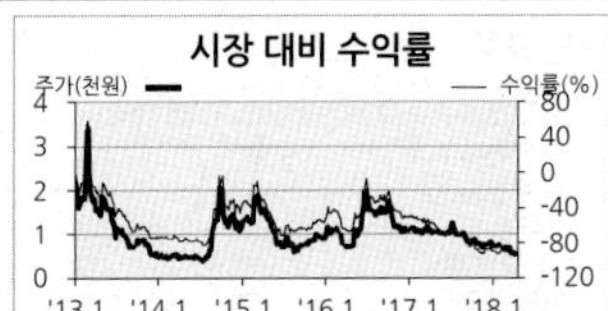

결산 실적

〈단위 : 억원〉

항목	2012	2013	2014	2015	2016	2017
매출액	621	141	76	57	58	359
영업이익	-23	-134	-70	-33	-61	-43
당기순이익	-57	-306	-180	-98	-96	-390

분기 실적

〈단위 : 억원〉

항목	2016.3Q	2016.4Q	2017.1Q	2017.2Q	2017.3Q	2017.4Q
매출액	23	-8	—	41	47	—
영업이익	-24	-11	—	-11	-37	—
당기순이익	-36	-28	—	-42	-47	—

재무 상태

〈단위 : 억원〉

항목	2012	2013	2014	2015	2016	2017
총자산	514	672	727	691	952	1,240
유형자산	4	3	4	2	6	11
무형자산	5	2	22	5	1	55
유가증권	6	12	95	55	101	204
총부채	192	285	370	253	236	725
총차입금	174	91	176	223	186	256
자본금	137	254	359	449	686	784
총자본	322	387	357	438	716	514
지배주주지분	322	387	357	438	716	510

기업가치 지표

항목	2012	2013	2014	2015	2016	2017
주가(최고/저)(천원)	5.2/1.8	3.5/0.5	2.1/0.4	2.1/0.6	2.1/0.7	1.4/0.7
PER(최고/저)(배)	—/—	—/—	—/—	—/—	—/—	—/—
PBR(최고/저)(배)	4.4/1.5	4.5/0.6	4.2/0.8	4.3/1.2	4.0/1.3	4.3/2.2
EV/EBITDA(배)	—	—	—	—	—	—
EPS(원)	-215	-730	-305	-109	-74	-244
BPS(원)	1,177	761	497	488	522	326
CFPS(원)	-176	-723	-304	-108	-73	-242
DPS(원)	—	—	—	—	—	—
EBITDAPS(원)	-45	-312	-117	-36	-46	-25

재무 비율

〈단위 : %〉

연도	영업이익률	순이익률	부채비율	차입금비율	ROA	ROE	유보율	자기자본비율	EBITDA마진율
2017	-12.1	-108.7	일부잠식	일부잠식	-35.6	-62.5	-34.8	41.5	-11.0
2016	-106.5	-167.6	32.9	25.9	-11.8	-16.7	4.4	75.2	-104.1
2015	-58.6	-172.0	일부잠식	일부잠식	-13.8	-24.6	-2.4	63.4	-56.7
2014	-91.5	-236.2	일부잠식	일부잠식	-25.7	-48.3	-0.6	49.1	-90.7

키이스트 (A054780)

Keyeast

업　종 : 미디어　　시　장 : KOSDAQ
신용등급 : (Bond) —　(CP) —　　기업규모 : 중견
홈페이지 : www.keyeast.co.kr　　연 락 처 : 02)3444-2002
본　사 : 서울시 강남구 영동대로 96길 26 5층 (삼성동)

설 립 일	1996.10.08	**종업원수**	37명	**대표이사**	신필순,배성웅
상 장 일	2003.11.14	**감사의견**	적정(신우)	**계　열**	
결 산 기	12월	**보 통 주**		**종속회사수**	3개사
액 면 가	100원	**우 선 주**		**구 상 호**	

주주구성 (지분율,%)		출자관계 (지분율,%)		주요경쟁사 (외형,%)	
배용준	25.1	콘텐츠와이	70.0	키이스트	100
Fox Video Limited	3.7	콘텐츠케이	69.3	덱스터	24
(외국인)	4.8	버디필름	49.0	SBS콘텐츠허브	186

매출구성		비용구성		수출비중	
용역(기타) 해외엔터테인먼트	32.3	매출원가율	83.9	수출	74.3
제품(용역) 해외엔터테인먼트	25.5	판관비율	15.2	내수	25.7
용역(용역) 매니지먼트	24.6				

회사 개요

동사는 1996년 10월 설립되어, 2003년 11월에 코스닥 시장에 상장됨. 연예인, 아티스트 등의 매니지먼트 사업을 기반으로 영상콘텐츠 제작 및 음반 제작 유통, 각종 엔터테인먼트 파생 상품의 머천다이징과 라이센싱 등을 주요 사업으로 영위하고 있음. 2008년 드라마 및 애니메이션의 기획과 제작을 발표하며 21세기 지식기반서비스 산업의 핵심으로 평가되는 콘텐츠 시장에 진출함.

실적 분석

2017년 동사의 매출은 전년대비 13.9% 증가한 1,061.7억원이며, 영업이익은 흑자전환하였음. 이는 해외매니지먼트 사업부분 중 일본지역 내에서의 이벤트 공연 매출 및 이익의 증가에 힘입은 결과임. 동사는 아티스트의 연예활동의 영업 전략 및 신인 아티스트의 발굴 외에도 사업 포트폴리오 다각화를 꾸준하게 추진하고 있음. 2018년에는 신인 아티스트의 활동 증대, 아티스트의 해외 진출 확대, 영화 콘텐츠 제작 매출 등으로 성장 예상됨.

현금 흐름

〈단위 : 억원〉

항목	2016	2017
영업활동	93	345
투자활동	-176	-215
재무활동	126	3
순현금흐름	52	106
기말현금	230	337

시장 대비 수익률

결산 실적

〈단위 : 억원〉

항목	2012	2013	2014	2015	2016	2017
매출액	304	695	889	1,062	932	1,062
영업이익	28	-56	79	77	-3	10
당기순이익	35	-66	67	60	-69	2

분기 실적

〈단위 : 억원〉

항목	2016.3Q	2016.4Q	2017.1Q	2017.2Q	2017.3Q	2017.4Q
매출액	224	258	214	331	250	267
영업이익	13	-24	-2	14	8	-9
당기순이익	9	-75	-4	12	12	-18

재무 상태

〈단위 : 억원〉

항목	2012	2013	2014	2015	2016	2017
총자산	717	520	843	962	1,107	1,063
유형자산	17	20	21	25	34	38
무형자산	43	18	270	286	314	291
유가증권	74	88	45	40	40	45
총부채	271	188	239	246	289	278
총차입금	12	—	17	10	10	11
자본금	69	69	76	77	77	77
총자본	447	332	605	716	818	785
지배주주지분	240	201	419	490	507	484

기업가치 지표

항목	2012	2013	2014	2015	2016	2017
주가(최고/저)(천원)	1.6/0.6	1.9/1.0	4.1/1.2	6.3/2.6	3.7/2.2	2.8/1.8
PER(최고/저)(배)	29.0/10.9	—/—	52.4/15.1	132.4/53.4	—/—	—/—
PBR(최고/저)(배)	4.7/1.8	6.6/3.5	7.5/2.2	10.0/4.0	5.7/3.4	4.4/2.8
EV/EBITDA(배)	23.1	—	12.5	14.2	10.6	6.3
EPS(원)	56	-39	79	48	-84	-14
BPS(원)	1,740	290	552	633	654	625
CFPS(원)	327	-21	171	188	154	302
DPS(원)	—	—	—	—	—	—
EBITDAPS(원)	260	-63	201	242	234	329

재무 비율

〈단위 : %〉

연도	영업이익률	순이익률	부채비율	차입금비율	ROA	ROE	유보율	자기자본비율	EBITDA마진율
2017	0.9	0.2	35.4	1.4	0.2	-2.2	525.2	73.9	24.0
2016	-0.3	-7.4	35.3	1.3	-6.7	-13.1	554.0	73.9	19.5
2015	7.3	5.7	34.3	1.4	6.7	8.0	532.8	74.4	17.4
2014	8.9	7.5	39.4	2.8	9.8	18.5	451.6	71.7	16.3

타이거일렉 (A219130)

TigerElec

업 종 : 반도체 및 관련장비
신용등급 : (Bond) — (CP) —
홈페이지 : www.tigerelec.com
본 사 : 인천시 남구 염전로187번길 33

시 장 : KOSDAQ
기업규모 : 중견
연 락 처 : 032)579-4100

설 립 일 2000.07.28 **종업원수** 180명 **대표이사** 이경섭
상 장 일 2015.09.25 **감사의견** 적정(한미) **계 열**
결 산 기 12월 **보 통 주** **종속회사수**
액 면 가 500원 **우 선 주** **구 상 호**

주주구성 (지분율,%)		출자관계 (지분율,%)		주요경쟁사 (외형,%)	
티에스이	43.7			타이거일렉	100
이경섭	11.4			에이티세미콘	309
(외국인)	1.4			코디엠	220

매출구성		비용구성		수출비중	
PROBE CARD	34.3	매출원가율	78.0	수출	30.7
LOAD BOARD	30.6	판관비율	7.9	내수	69.3
SOCKET BOARD	18.1				

회사 개요

동사는 인쇄회로기판 전문업체로서 매출구성은 Probe Card 37.68%, Socket Board 19.69%, Load Board 26.33% 이 대표적임. 동사가 고안한 반자동 리벳용 크램핑 장치를 사용하고, 신뢰성이 중요한 도금공정에서 동사가 자체 설계 및 제작한 동도금라인을 설치하는 등 꾸준한 공정개발을 진행중임. 15년 4분기에 같은 인쇄회로기판 제조 전문기업인 울트라텍을 흡수합병하였음.

실적 분석

동사의 2017년 누적 매출액과 영업이익은 전년 대비 각각 19.4%, 311.4% 증가한 334.4억원, 46.9억원을 기록함. 마진율 높은 Probe Card 부문의 매출비중이 증가하였으며, Socket/일반 Board 부문 매출 또한 크게 증가하며 외형성장. 가장 큰 비중을 차지하는 매출처인 모회사 티에스이향 매출비중은 줄고 해외 매출처가 확대되며 고객사 다변화가 진행 중에 있음.

현금 흐름 *IFRS 별도 기준 〈단위 : 억원〉

항목	2016	2017
영업활동	16	56
투자활동	-71	1
재무활동	-28	—
순현금흐름	-83	58
기말현금	38	96

시장 대비 수익률

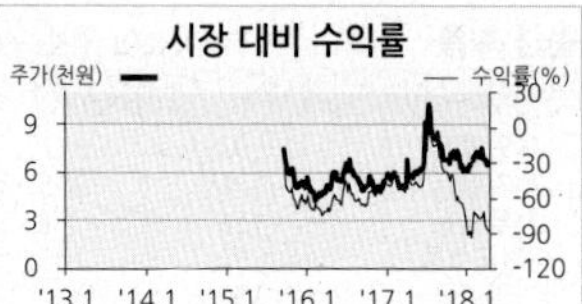

결산 실적 〈단위 : 억원〉

항목	2012	2013	2014	2015	2016	2017
매출액	211	218	259	269	280	334
영업이익	41	20	35	30	11	47
당기순이익	38	21	28	23	9	38

분기 실적 *IFRS 별도 기준 〈단위 : 억원〉

항목	2016.3Q	2016.4Q	2017.1Q	2017.2Q	2017.3Q	2017.4Q
매출액	72	73	78	90	83	83
영업이익	6	3	12	16	10	10
당기순이익	3	3	8	13	8	9

재무 상태 *IFRS 별도 기준 〈단위 : 억원〉

항목	2012	2013	2014	2015	2016	2017
총자산	244	281	304	419	400	449
유형자산	139	137	143	170	180	197
무형자산	—	—	—	5	5	5
유가증권	0	0	0	—	—	—
총부채	103	114	110	74	43	54
총차입금	71	82	66	28	—	—
자본금	20	20	20	32	32	32
총자본	141	167	194	345	357	396
지배주주지분	141	167	194	345	357	396

기업가치 지표 *IFRS 별도 기준

항목	2012	2013	2014	2015	2016	2017
주가(최고/저)(천원)	—/—	—/—	—/—	7.4/4.9	7.1/4.2	10.6/5.0
PER(최고/저)(배)	0.0/0.0	0.0/0.0	0.0/0.0	16.4/10.8	49.5/29.6	17.8/8.3
PBR(최고/저)(배)	0.0/0.0	0.0/0.0	0.0/0.0	1.4/0.9	1.3/0.8	1.7/0.8
EV/EBITDA(배)	0.6	0.7	0.4	4.9	9.1	4.3
EPS(원)	8,173	496	588	454	143	597
BPS(원)	35,243	36,454	42,289	5,460	5,648	6,265
CFPS(원)	104,384	7,716	8,729	822	458	951
DPS(원)	—	—	—	—	—	—
EBITDAPS(원)	112,367	7,364	10,015	966	495	1,096

재무 비율 〈단위 : %〉

연도	영업이익률	순이익률	부채비율	차입금비율	ROA	ROE	유보율	자기자본비율	EBITDA마진율
2017	14.0	11.3	13.6	0.0	8.9	10.0	1,152.9	88.1	20.7
2016	4.1	3.2	12.2	0.0	2.2	2.6	1,029.6	89.2	11.2
2015	11.2	8.5	21.5	8.2	6.1	8.5	991.9	82.3	18.1
2014	13.5	10.7	72.1	49.3	8.6	15.4	871.3	58.1	19.9

탑선 (A180060)

TOPSUN COLTD

업 종 : 에너지 시설 및 서비스
신용등급 : (Bond) — (CP) —
홈페이지 : www.topsun.kr
본 사 : 전남 장성군 동화면 전자농공단지길 32

시 장 : KONEX
기업규모 : —
연 락 처 : 061)399-1500

설 립 일 2008.10.07 **종업원수** 명 **대표이사** 윤정택
상 장 일 2017.10.27 **감사의견** 적정(신한) **계 열**
결 산 기 12월 **보 통 주** **종속회사수**
액 면 가 — **우 선 주** **구 상 호**

주주구성 (지분율,%)		출자관계 (지분율,%)		주요경쟁사 (외형,%)	
윤정택	40.7	탑선태양광2호	100.0	탑선	100
박찬해	12.5	문경솔라팜	100.0	에스에너지	244
		티에스에너지	100.0	파루	30

매출구성		비용구성		수출비중	
공사수입	46.3	매출원가율	76.6	수출	0.9
태양광모듈 제품	25.3	판관비율	8.2	내수	99.1
태양광모듈 상품	17.6				

회사 개요

동사는 2008년 10월 7일 태양광모듈 제조 및 판매, 태양광발전시스템 설계 및 시공, 태양광발전사업을 목적으로 설립되었음. 태양광(PV) 산업은 태양전지를 사용하여 햇빛을 직접 전기로 변환하는 프로세스임. 오늘날, 종래의 화력발전을 대체할 수 있는 재생에너지 발전기술로 급격히 성장하고 있으며 그 중요성이 점차 증대되고 있음. 태양광 발전 산업은 생존의 존폐에 내몰린 지구가 선택할 수 있는 최적의 에너지산업임.

실적 분석

동사의 2017년 연결기준 매출액은 947.3억원으로 전년대비 14.4억원 감소함. 부문별 매출 비중은 태양광모듈 제품이 32.07%, 태양광모듈 상품 3.20%, ESS 배터리 11.03%, 태양광모듈 공사 49.66% 등임. 2017년 영업이익은 144.5억원으로 전년대비 46.0억원 증가하였음. 비영업부문에서 24.8억원의 손실이 발생하였으며 법인세 비용은 33.5억원임. 당기순이익은 86.6억원을 기록함.

현금 흐름 *IFRS 별도 기준 〈단위 : 억원〉

항목	2016	2017
영업활동	138	71
투자활동	-28	-49
재무활동	-94	40
순현금흐름	16	61
기말현금	17	78

시장 대비 수익률

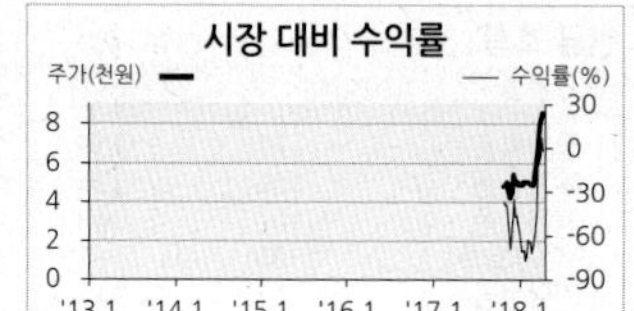

결산 실적 〈단위 : 억원〉

항목	2012	2013	2014	2015	2016	2017
매출액	338	522	531	250	962	947
영업이익	13	35	10	-45	99	144
당기순이익	11	22	14	-62	58	87

분기 실적 *IFRS 별도 기준 〈단위 : 억원〉

항목	2016.3Q	2016.4Q	2017.1Q	2017.2Q	2017.3Q	2017.4Q
매출액	—	—	—	—	—	—
영업이익	—	—	—	—	—	—
당기순이익	—	—	—	—	—	—

재무 상태 *IFRS 별도 기준 〈단위 : 억원〉

항목	2012	2013	2014	2015	2016	2017
총자산	257	389	518	414	497	604
유형자산	70	84	87	77	84	100
무형자산	0	0	1	0	0	0
유가증권	3	25	28	80	71	75
총부채	185	293	408	367	391	425
총차입금	72	160	240	272	188	243
자본금	41	41	41	44	44	44
총자본	73	96	109	47	106	179
지배주주지분	73	96	109	47	106	179

기업가치 지표 *IFRS 별도 기준

항목	2012	2013	2014	2015	2016	2017
주가(최고/저)(천원)	—/—	—/—	—/—	—/—	—/—	5.4/4.1
PER(최고/저)(배)	0.0/0.0	0.0/0.0	0.0/0.0	0.0/0.0	0.0/0.0	5.5/4.2
PBR(최고/저)(배)	0.0/0.0	0.0/0.0	0.0/0.0	0.0/0.0	0.0/0.0	2.3/1.7
EV/EBITDA(배)	2.5	3.2	9.5	—	1.3	3.4
EPS(원)	136	282	165	-761	654	984
BPS(원)	891	1,173	1,339	535	1,332	2,374
CFPS(원)	276	428	338	-636	733	1,050
DPS(원)	—	—	—	—	—	—
EBITDAPS(원)	304	567	288	-426	1,198	1,708

재무 비율 〈단위 : %〉

연도	영업이익률	순이익률	부채비율	차입금비율	ROA	ROE	유보율	자기자본비율	EBITDA마진율
2017	15.3	9.1	237.4	135.9	15.7	60.7	374.7	29.6	15.9
2016	10.2	6.0	368.2	177.4	12.6	75.1	166.5	21.4	11.0
2015	-18.1	-25.0	780.2	578.6	-13.4	-79.7	7.0	11.4	-14.0
2014	1.8	2.6	373.1	219.4	2.5	13.2	167.8	21.1	4.4

탑엔지니어링 (A065130)
Top Engineering

업 종 : 디스플레이 및 관련부품		시 장 : KOSDAQ	
신용등급 : (Bond) —	(CP) —	기업규모 : 우량	
홈페이지 : www.topengnet.com		연 락 처 : 054)482-0342	
본 사 : 경북 구미시 고아읍 농공단지길 53-17			

설 립 일	1993.11.13	**종업원수**	310명	**대표이사**	김원남,류도현
상 장 일	2003.01.25	**감사의견**	적정(삼정)	**계 열**	
결 산 기	12월	**보 통 주**		**종속회사수**	5개사
액 면 가	500원	**우 선 주**		**구 상 호**	

주주구성 (지분율,%)		출자관계 (지분율,%)		주요경쟁사 (외형,%)	
김원남	13.1	탑인터큐브	100.0	탑엔지니어링	100
박순영	5.2	탑중앙연구소	100.0	APS홀딩스	50
(외국인)	5.3	탑프리시전	100.0	DMS	153

매출구성		비용구성		수출비중	
Dispenser, GCS, Array Tester 등	79.9	매출원가율	72.6	수출	34.3
기타	12.4	판관비율	18.8	내수	65.7
구매대행	4.0				

회사 개요

동사는 LCD, OLED, LED 및 반도체 장비를 생산하는 공정장비 제조 전문기업임. 계열회사를 통해 부품과 신소재 관련 제품으로 사업영역을 확장하고 있음. 연결대상 종속회사는 탑인터큐브, 탑나노시스 등이 있음. LCD 장비인 디스펜서는 약 60%의 높은 점유율로 1위를 차지하고 있음. GCS 및 Array Tester도 국내 패널 업체에 2009년부터 공급을 시작하면서 경쟁력 있는 장비 포트폴리오를 갖추기 시작함.

실적 분석

동사의 2017년 결산 매출액은 1,761억원으로 전년동기 대비 9.3% 증가함. 외형 확대에도 불구하고 원가율 상승, 판관비 비중 확대 영향으로 수익성 하락한 모습. 영업이익은 151.3억원을 시현하며 전년동기 대비 15.9% 감소함. 경상수지는 외완손실이 비교적 큰 규모로 발생하였음에도 불구하고 영업외손익이 개선되어 전년동기 대비 31.3% 증가한 136.5억원의 당기순이익 시현하는 등 수익성 한층 강화된 모습.

현금 흐름 〈단위 : 억원〉

항목	2016	2017
영업활동	-11	203
투자활동	-87	123
재무활동	-65	41
순현금흐름	-163	366
기말현금	69	435

시장 대비 수익률

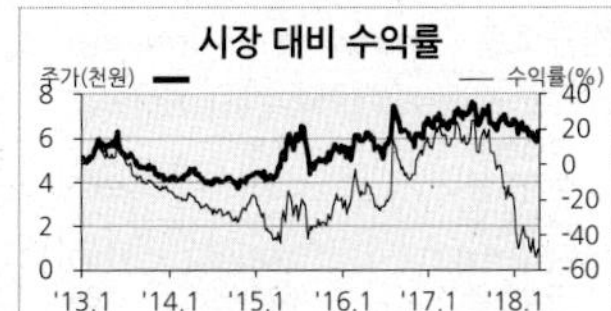

결산 실적 〈단위 : 억원〉

항목	2012	2013	2014	2015	2016	2017
매출액	641	760	1,038	1,375	1,610	1,761
영업이익	25	37	47	165	180	151
당기순이익	25	25	22	106	104	136

분기 실적 〈단위 : 억원〉

항목	2016.3Q	2016.4Q	2017.1Q	2017.2Q	2017.3Q	2017.4Q
매출액	331	514	452	554	345	410
영업이익	39	81	48	98	19	-14
당기순이익	41	28	27	92	36	-18

재무 상태 〈단위 : 억원〉

항목	2012	2013	2014	2015	2016	2017
총자산	1,963	1,946	1,925	2,236	2,222	4,625
유형자산	418	471	372	385	428	1,454
무형자산	112	183	159	96	32	401
유가증권	137	161	132	130	178	207
총부채	765	662	610	792	671	1,881
총차입금	491	345	285	290	232	687
자본금	78	78	78	83	83	83
총자본	1,197	1,284	1,315	1,444	1,551	2,745
지배주주지분	1,171	1,271	1,307	1,442	1,550	1,578

기업가치 지표

항목	2012	2013	2014	2015	2016	2017
주가(최고/저)(천원)	6.6/4.2	6.4/4.1	4.7/3.7	7.0/4.0	7.6/5.0	7.7/6.3
PER(최고/저)(배)	29.3/18.7	27.4/17.4	26.2/20.4	10.1/5.8	11.9/7.9	9.1/7.4
PBR(최고/저)(배)	0.8/0.5	0.8/0.5	0.5/0.4	0.8/0.5	0.8/0.5	0.7/0.6
EV/EBITDA(배)	24.0	11.8	8.4	4.4	5.5	12.9
EPS(원)	229	238	183	708	653	854
BPS(원)	8,377	8,586	8,851	9,126	9,802	10,539
CFPS(원)	394	428	460	975	905	1,074
DPS(원)	—	—	—	—	100	50
EBITDAPS(원)	335	436	592	1,335	1,378	1,167

재무 비율 〈단위 : %〉

연도	영업이익률	순이익률	부채비율	차입금비율	ROA	ROE	유보율	자기자본비율	EBITDA마진율
2017	8.6	7.8	68.5	25.0	4.0	8.7	1,922.6	59.3	10.6
2016	11.2	6.5	43.3	15.0	4.7	7.0	1,781.3	69.8	13.7
2015	12.0	7.7	54.9	20.1	5.1	8.0	1,651.5	64.6	15.1
2014	4.5	2.2	46.3	21.7	1.2	2.1	1,593.6	68.3	8.5

태경산업 (A015890)
Taekyung Industrial

업 종 : 복합 산업		시 장 : 거래소	
신용등급 : (Bond) —	(CP) —	기업규모 : 시가총액 소형주	
홈페이지 : www.taekyung.co.kr		연 락 처 : 031)206-0071	
본 사 : 경기도 수원시 영통구 신원로 53			

설 립 일	1982.02.15	**종업원수**	231명	**대표이사**	김해련,문희철
상 장 일	1995.12.30	**감사의견**	적정(대주)	**계 열**	
결 산 기	12월	**보 통 주**		**종속회사수**	9개사
액 면 가	500원	**우 선 주**		**구 상 호**	

주주구성 (지분율,%)		출자관계 (지분율,%)		주요경쟁사 (외형,%)	
김해련	23.3	경인에코화학	100.0	태경산업	100
태경화학	19.9	남영전구	55.3	SK네트웍스	2,697
(외국인)	3.8	태경에프앤지	51.1	코오롱	779

매출구성		비용구성		수출비중	
석회,중질탄산칼슘	33.2	매출원가율	80.5	수출	—
합금철 외	27.9	판관비율	16.0	내수	—
산화아연등	13.6				

회사 개요

동사는 1982년 한록식품으로 설립되었으며, 1988년 카바이드 제조업종을 추가하며 회사 명칭을 태경산업으로 변경한 후, 1996년 1월 상장함. 동사 외 9개의 계열회사를 가지고 있으며, 주요 사업부문으로 합금철제조, 석회제조, 탄산가스 제조판매, 전구생산판매, 아연사업부 고속도로휴게소, 기타사업 부문을 영위중임. 석회제조, 고속도로휴게소, 탄산가스, 전구사업의 경우 안정적인 수요 기반을 갖추고 있음.

실적 분석

동사의 2017년 연결기준 누적 매출액은 5637.4억원으로 전년 동기 대비 26.8% 증가함. 매출액 성장은 탄산가스를 제외한 전사업부문이 고르게 호조를 보인 결과로 특히 합금철과 석회제조 부문의 매출액 성장이 전사 외형 성장을 견인함. 또한 매출액 성장에도 판관비 증가는 억제된 결과 원가율이 개선되어 영업이익은 전년 동기 대비 60.1% 증가한 195.9억원을 시현함. 당기순이익은 전년 동기 대비 77.6% 증가한 77.5억원을 기록.

현금 흐름 〈단위 : 억원〉

항목	2016	2017
영업활동	174	399
투자활동	-266	-113
재무활동	253	-330
순현금흐름	161	-46
기말현금	355	310

시장 대비 수익률

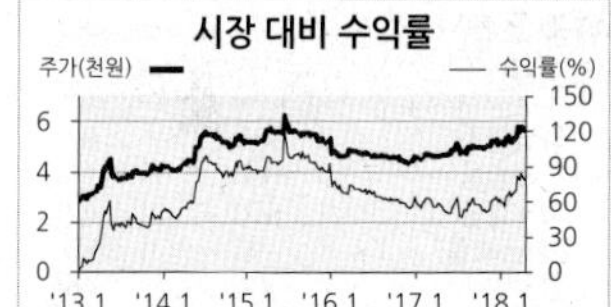

결산 실적 〈단위 : 억원〉

항목	2012	2013	2014	2015	2016	2017
매출액	4,068	4,458	4,077	3,539	4,447	5,637
영업이익	229	157	153	-33	122	196
당기순이익	246	76	73	-83	44	78

분기 실적 〈단위 : 억원〉

항목	2016.3Q	2016.4Q	2017.1Q	2017.2Q	2017.3Q	2017.4Q
매출액	1,122	1,282	1,459	1,406	1,388	1,384
영업이익	42	30	51	70	55	20
당기순이익	33	8	18	55	48	-43

재무 상태 〈단위 : 억원〉

항목	2012	2013	2014	2015	2016	2017
총자산	4,288	4,351	4,313	4,670	4,984	4,746
유형자산	1,692	1,769	1,878	2,334	2,391	2,272
무형자산	217	142	152	244	219	166
유가증권	101	91	89	97	102	101
총부채	1,527	1,534	1,612	2,097	2,358	2,111
총차입금	759	859	818	1,407	1,618	1,345
자본금	146	146	146	146	146	146
총자본	2,760	2,817	2,701	2,574	2,626	2,634
지배주주지분	2,044	2,054	1,943	1,819	1,768	1,830

기업가치 지표

항목	2012	2013	2014	2015	2016	2017
주가(최고/저)(천원)	2.9/2.3	4.5/2.8	5.6/4.1	6.3/5.1	5.2/4.3	5.3/4.5
PER(최고/저)(배)	5.9/4.7	66.2/41.4	54.2/39.0	—/—	66.2/55.0	14.7/12.3
PBR(최고/저)(배)	0.5/0.4	0.8/0.5	1.0/0.7	1.1/0.9	0.9/0.8	0.9/0.7
EV/EBITDA(배)	4.6	6.9	7.7	22.3	10.1	7.8
EPS(원)	606	80	119	-357	84	375
BPS(원)	6,993	7,027	6,647	6,223	6,047	6,261
CFPS(원)	1,240	765	831	313	850	1,167
DPS(원)	150	150	150	180	200	200
EBITDAPS(원)	1,419	1,222	1,235	558	1,184	1,462

재무 비율 〈단위 : %〉

연도	영업이익률	순이익률	부채비율	차입금비율	ROA	ROE	유보율	자기자본비율	EBITDA마진율
2017	3.5	1.4	80.2	51.1	1.6	6.1	1,152.2	55.5	7.6
2016	2.8	1.0	89.8	61.6	0.9	1.4	1,109.4	52.7	7.8
2015	-0.9	-2.3	81.5	54.7	-1.9	-5.5	1,144.6	55.1	4.6
2014	3.7	1.8	59.7	30.3	1.7	1.7	1,229.4	62.6	8.9

태경화학 (A006890)

TaeKyung Chemical

업 종 : 화학 | 시 장 : 거래소
신용등급 : (Bond) — (CP) — | 기업규모 : 시가총액 소형주
홈페이지 : www.taekyungchem.co.kr | 연 락 처 : 02)3661-8011
본 사 : 서울시 강서구 공항대로 467 (등촌동)

설 립 일	1970.11.11	**종 업 원 수**	96명	**대 표 이 사**	박기환
상 장 일	2003.01.24	**감 사 의 견**	적정(삼정)	**계 열**	
결 산 기	12월	**보 통 주**		**종속회사수**	2개사
액 면 가	500원	**우 선 주**		**구 상 호**	

주주구성 (지분율,%)		출자관계 (지분율,%)		주요경쟁사 (외형,%)	
백광소재	40.0	태경그린가스	100.0	태경화학	100
태경산업	16.4	태경가스기술	100.0	코오롱머티리얼	725
(외국인)	0.7	태경산업	19.9	씨큐브	82

매출구성		비용구성		수출비중	
(상품)일반가스外	37.4	매출원가율	74.5	수출	8.5
액체탄산	32.3	판관비율	21.9	내수	91.5
드라이아이스	18.5				

회사 개요

동사의 주요 생산제품은 액체탄산, 드라이아이스, 수산화마그네슘 및 액상소석회 등으로 액체탄산 및 드라이아이스 등의 제조, 판매를 영위할 목적으로 1970년에 설립됨. 매출은 생산 및 매출형태에 따라 탄산가스 사업부문과 환경사업부문으로 크게 구분됨. 주력 사업은 탄산가스사업으로 전체 매출의 88.9%를 차지함. 7개 원료 공급처에 의한 4개의 액체탄산 제조공장을 운영하고 있음.

실적 분석

동사의 2017년 누적매출액은 488.9억원으로 전년대비 4.8% 감소함. 비용측면에서 매출원가는 0.1% 상승했고 판관비는 4.6% 하락함. 영업이익은 전년보다 52.2% 줄어든 18억원을 기록함. 동사는 외부 상황변화에 보다 능동적으로 대처하고 액체탄산가스 및 드라이아이스 제조, 판매 사업의 리스크 분산과 경영효율성 제고를 위하여 2016년 3월 25일 현물출자 방식을 통한 광양공장의 별도 법인 분리 운영을 결의함.

현금 흐름

<단위 : 억원>

항목	2016	2017
영업활동	48	63
투자활동	-14	-19
재무활동	-27	-47
순현금흐름	6	-3
기말현금	49	46

시장 대비 수익률

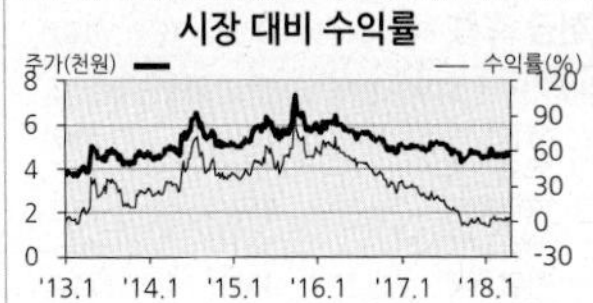

결산 실적

<단위 : 억원>

항목	2012	2013	2014	2015	2016	2017
매출액	558	519	540	509	513	489
영업이익	69	61	63	51	38	18
당기순이익	72	42	61	54	38	16

분기 실적

<단위 : 억원>

항목	2016.3Q	2016.4Q	2017.1Q	2017.2Q	2017.3Q	2017.4Q
매출액	136	135	122	123	133	110
영업이익	10	12	5	6	4	2
당기순이익	7	10	16	5	2	-7

재무 상태

<단위 : 억원>

항목	2012	2013	2014	2015	2016	2017
총자산	902	1,013	1,131	1,179	1,131	1,107
유형자산	252	268	394	476	480	470
무형자산	6	4	4	4	4	4
유가증권	224	288	339	422	333	353
총부채	128	147	184	202	175	132
총차입금	20	20	10	50	40	10
자본금	58	58	58	58	58	58
총자본	773	866	947	977	956	975
지배주주지분	773	866	947	977	956	975

기업가치 지표

항목	2012	2013	2014	2015	2016	2017
주가(최고/저)(천원)	4.6/2.7	5.2/3.6	6.6/4.4	7.5/4.9	6.6/4.7	5.3/4.3
PER(최고/저)(배)	8.8/5.2	16.5/11.3	13.9/9.3	17.6/11.6	21.2/15.2	39.0/31.5
PBR(최고/저)(배)	0.8/0.5	0.8/0.6	0.9/0.6	1.0/0.6	0.9/0.6	0.7/0.5
EV/EBITDA(배)	3.3	4.8	5.3	10.1	9.8	11.4
EPS(원)	621	359	526	463	329	141
BPS(원)	6,666	7,464	8,161	8,424	8,244	8,401
CFPS(원)	808	557	732	668	534	356
DPS(원)	150	150	150	150	150	150
EBITDAPS(원)	782	727	744	642	529	370

재무 비율

<단위 : %>

연도	영업이익률	순이익률	부채비율	차입금비율	ROA	ROE	유보율	자기자본비율	EBITDA마진율
2017	3.7	3.4	13.6	1.0	1.5	1.7	1,580.3	88.1	8.8
2016	7.3	7.4	18.3	4.2	3.3	4.0	1,548.9	84.6	12.0
2015	10.0	10.5	20.7	5.1	4.6	5.6	1,584.7	82.9	14.6
2014	11.6	11.3	19.5	1.1	5.7	6.7	1,532.1	83.7	16.0

태광 (A023160)

TAE KWANG

업 종 : 기계 | 시 장 : KOSDAQ
신용등급 : (Bond) — (CP) — | 기업규모 : 우량
홈페이지 : www.tkbend.co.kr | 연 락 처 : 051)970-6617
본 사 : 부산시 강서구 녹산산업대로 117-12 (송정동)

설 립 일	1982.09.01	**종 업 원 수**	385명	**대 표 이 사**	윤성덕
상 장 일	1994.09.07	**감 사 의 견**	적정(성도)	**계 열**	
결 산 기	12월	**보 통 주**		**종속회사수**	
액 면 가	500원	**우 선 주**		**구 상 호**	

주주구성 (지분율,%)		출자관계 (지분율,%)		주요경쟁사 (외형,%)	
대신인터내셔날	25.0	시너지파트너스	16.0	태광	100
윤성덕	8.5	부산면세점	8.7	와이지-원	210
(외국인)	12.7	매경방송	0.7	삼익THK	202

매출구성		비용구성		수출비중	
ELBOW,TEE,REDUCER, 기타	100.0	매출원가율	86.7	수출	67.2
		판관비율	10.9	내수	32.8

회사 개요

동사는 1982년 8월 1일에 태광벤드공업주식회사로 설립되었으며 1994년 9월 7일 기업공개를 실시함. 각종 배관자재, 관이음쇠류 제조 및 판매, 발전기부품 판매업 등의 사업을 영위하고 있음. 국가 기간산업 경기와 설비투자의 비중에 따라 수익 규모가 변동하는 특성이 있음. 유럽의 Tectubi, Tecnoforge, 국내 성광벤드 등이 경쟁사. 매출의 69.19%는 수출에서, 30.81%는 국내 판매에서 거둬들임.

실적 분석

동사의 연결기준 2017년 매출액은 전년 대비 -24.8% 감소한 1,841.5억원을 기록함. 판관비는 광고선전비 감소를 중심으로 전년 동기대비 5.5% 감소함에 따라 동기간 영업이익은 전년 대비 22.7% 증가한 45억원을 기록함. 반면, 비영업손익은 외환차손 감소를 중심으로 적자전환하여 261.2의 적자를 기록함.

현금 흐름 *IFRS 별도 기준

<단위 : 억원>

항목	2016	2017
영업활동	418	166
투자활동	-133	-286
재무활동	-26	-5
순현금흐름	268	-140
기말현금	627	488

시장 대비 수익률

결산 실적

<단위 : 억원>

항목	2012	2013	2014	2015	2016	2017
매출액	3,569	3,108	2,716	2,745	2,448	1,842
영업이익	469	348	121	179	37	45
당기순이익	339	285	88	159	79	-162

분기 실적 *IFRS 별도 기준

<단위 : 억원>

항목	2016.3Q	2016.4Q	2017.1Q	2017.2Q	2017.3Q	2017.4Q
매출액	596	628	489	504	393	455
영업이익	2	-12	12	8	5	20
당기순이익	-36	60	-55	40	-113	-34

재무 상태 *IFRS 별도 기준

<단위 : 억원>

항목	2012	2013	2014	2015	2016	2017
총자산	4,494	4,686	4,666	4,798	4,747	4,540
유형자산	1,294	1,463	1,440	1,432	1,393	1,375
무형자산	7	12	12	11	11	11
유가증권	92	146	124	149	183	342
총부채	625	543	536	507	394	348
총차입금	1	0	3	—	—	—
자본금	121	125	129	133	133	133
총자본	3,869	4,143	4,130	4,292	4,353	4,192
지배주주지분	3,869	4,143	4,130	4,292	4,353	4,192

기업가치 지표 *IFRS 별도 기준

항목	2012	2013	2014	2015	2016	2017
주가(최고/저)(천원)	28.8/18.1	25.1/19.5	20.7/10.7	11.4/8.3	11.7/7.9	12.6/8.2
PER(최고/저)(배)	23.0/14.5	23.8/18.5	63.4/32.7	19.5/14.2	39.7/26.8	—/—
PBR(최고/저)(배)	2.0/1.3	1.6/1.3	1.3/0.7	0.7/0.5	0.7/0.5	0.8/0.5
EV/EBITDA(배)	9.5	12.4	14.9	8.1	14.5	24.6
EPS(원)	1,278	1,077	334	599	299	-612
BPS(원)	16,130	16,762	16,473	16,619	16,850	16,241
CFPS(원)	1,594	1,368	565	814	508	-416
DPS(원)	15	15	15	100	50	50
EBITDAPS(원)	2,133	1,620	691	890	347	366

재무 비율

<단위 : %>

연도	영업이익률	순이익률	부채비율	차입금비율	ROA	ROE	유보율	자기자본비율	EBITDA마진율
2017	2.4	-8.8	8.3	0.0	-3.5	-3.8	3,148.3	92.3	5.3
2016	1.5	3.2	9.1	0.0	1.7	1.8	3,269.9	91.7	3.8
2015	6.5	5.8	11.8	0.0	3.4	3.8	3,223.8	89.4	8.6
2014	4.5	3.3	13.0	0.1	1.9	2.1	3,194.5	88.5	6.6

태광산업 (A003240)

Taekwang Industrial

업 종 : 화학
신용등급 : (Bond) — (CP) —
홈페이지 : www.taekwang.co.kr
본 사 : 서울시 중구 동호로 310 (장충동2가)
시 장 : 거래소
기업규모 : 시가총액 중형주
연 락 처 : 02)3406-0300

설 립 일	1961.09.15	**종업원수**	1,370명	**대표이사**	홍현민,김형생
상 장 일	1975.12.27	**감사의견**	적정(삼일)	**계 열**	
결 산 기	12월	**보 통 주**		**종속회사수**	10개사
액 면 가	5,000원	**우 선 주**		**구 상 호**	

주주구성 (지분율,%)		출자관계 (지분율,%)		주요경쟁사 (외형,%)	
이호진	15.8	서한물산	100.0	태광산업	100
티알엔	11.2	세광패션	100.0	롯데케미칼	544
(외국인)	10.3	한국케이블텔레콤	91.6	대한유화	61

매출구성		비용구성		수출비중	
석유화학제품	43.1	매출원가율	64.5	수출	—
방송	19.7	판관비율	27.2	내수	—
화섬사	16.6				

회사 개요

동사는 1961년 설립돼 1975년 유가증권시장에 상장됨. 태광그룹 핵심 계열사인 동사의 주요 사업은 PTA, 프로필렌, AN 등을 생산하는 석유화학부문과 원사 및 직물 등을 생산하는 섬유부문, 기타 임대 사업으로 구성돼 있음. 종속회사를 통해 종합유선방송 등 방송통신업을 영위하고 있음. 태광산업, 대한화섬, 세광패션 등이 섬유 및 석유화학부문 계열회사이며, 티브로드, 한국케이블텔레콤 등이 방송통신 부문 계열회사임.

실적 분석

동사의 2017년 누적매출액은 2조9,158.2억원으로 전년대비 9.2% 증가함. 비용측면에서 매출원가는 10.9% 상승했고 판관비는 2.6% 하락함. 매출 확대에 힘입어 영업이익은 전년보다 50.6% 늘어난 2,411.9억원을 기록함. 동사는 국내 최초로 탄소섬유 상업 생산을 시작했으나, 일본의 도레이, 미쓰비시레이온 등에 밀려 세계시장 점유율은 한자릿수에 불과함. 최근 자동차용 탄소섬유 개발에 매진하고 있음.

현금 흐름

<단위 : 억원>

항목	2016	2017
영업활동	3,461	3,452
투자활동	-3,064	-3,039
재무활동	-999	-93
순현금흐름	-570	317
기말현금	3,221	3,539

시장 대비 수익률

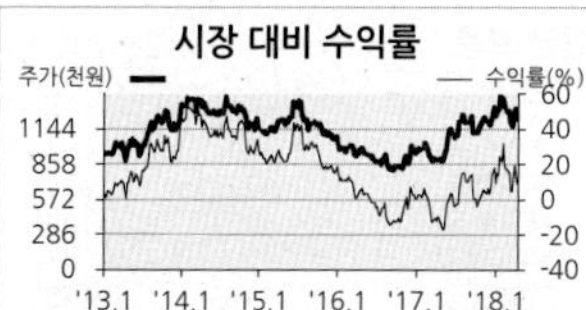

결산 실적

<단위 : 억원>

항목	2012	2013	2014	2015	2016	2017
매출액	37,152	35,134	31,622	28,044	26,711	29,158
영업이익	1,754	1,686	1,495	1,598	1,601	2,412
당기순이익	1,155	1,139	1,228	1,046	445	1,792

분기 실적

<단위 : 억원>

항목	2016.3Q	2016.4Q	2017.1Q	2017.2Q	2017.3Q	2017.4Q
매출액	6,503	6,862	7,121	7,100	7,251	7,686
영업이익	321	619	586	560	515	752
당기순이익	76	35	536	563	477	216

재무 상태

<단위 : 억원>

항목	2012	2013	2014	2015	2016	2017
총자산	38,803	39,950	38,796	38,249	38,223	41,095
유형자산	13,483	12,719	12,439	12,016	10,227	8,144
무형자산	6,012	6,627	6,600	6,581	6,595	6,578
유가증권	1,766	1,664	1,843	1,747	1,685	7,751
총부채	12,968	12,912	10,265	8,748	8,451	9,352
총차입금	6,162	6,001	4,309	2,132	1,213	1,005
자본금	56	56	56	56	56	56
총자본	25,835	27,038	28,531	29,501	29,772	31,743
지배주주지분	23,209	24,548	24,823	25,396	25,427	27,063

기업가치 지표

항목	2012	2013	2014	2015	2016	2017
주가(최고/저)(천원)	1,354/761	1,300/890	1,416/1,116	1,381/1,054	1,063/810	1,326/882
PER(최고/저)(배)	45.9/25.8	19.1/13.1	21.6/17.0	20.6/15.7	83.1/63.3	10.7/7.1
PBR(최고/저)(배)	0.6/0.3	0.6/0.4	0.6/0.5	0.6/0.4	0.4/0.3	0.5/0.3
EV/EBITDA(배)	3.4	4.3	4.5	3.3	2.3	2.5
EPS(원)	29,789	68,616	66,136	67,395	12,841	124,662
BPS(원)	2,241,506	2,366,388	2,472,019	2,523,468	2,521,714	2,671,790
CFPS(원)	215,783	259,370	231,202	240,268	181,529	271,691
DPS(원)	1,750	1,750	1,250	1,750	1,750	1,925
EBITDAPS(원)	343,503	342,183	299,349	316,398	312,499	363,657

재무 비율

<단위 : %>

연도	영업이익률	순이익률	부채비율	차입금비율	ROA	ROE	유보율	자기자본비율	EBITDA마진율
2017	8.3	6.2	29.5	3.2	4.5	5.3	53,335.8	77.2	13.9
2016	6.0	1.7	28.4	4.1	1.2	0.6	50,334.3	77.9	13.0
2015	5.7	3.7	29.7	7.2	2.7	3.0	50,369.4	77.1	12.6
2014	4.7	3.9	36.0	15.1	3.1	3.0	49,340.4	73.5	10.5

태림포장 (A011280)

Tailim Packaging

업 종 : 용기 및 포장
신용등급 : (Bond) — (CP) —
홈페이지 : www.tailim.com
본 사 : 경기도 시흥시 공단1대로 379번안길 74
시 장 : 거래소
기업규모 : 시가총액 소형주
연 락 처 : 031)499-3333

설 립 일	1976.04.12	**종업원수**	1,038명	**대표이사**	김영식
상 장 일	1988.12.20	**감사의견**	적정(삼정)	**계 열**	
결 산 기	12월	**보 통 주**		**종속회사수**	3개사
액 면 가	500원	**우 선 주**		**구 상 호**	

주주구성 (지분율,%)		출자관계 (지분율,%)		주요경쟁사 (외형,%)	
트리니티원	58.9	동림로지스틱	100.0	태림포장	100
월산	9.9	동원페이퍼	60.1	율촌화학	87
(외국인)	1.3	티에프	48.0	GRT	42

매출구성		비용구성		수출비중	
상자(제품)	34.5	매출원가율	88.5	수출	3.5
원단	30.2	판관비율	10.9	내수	96.5
상자(상품)	14.4				

회사 개요

동사는 1976년 설립돼 골판지 원단과 상자를 생산하고 있으며 상장사인 동일제지와 비상장사인 태성산업, 월산, 동일팩키지 등 총 15개의 계열회사 보유. 동사의 매출비중은 골판지 상자가 약 60%, 골판지 원단이 약 40%를 차지. 동사의 시장점유율은 2~3%대를 유지하고 있음. 국내 1인당 골판지 소비량은 선진국에 비해 크게 적으나, 전자상거래와 홈쇼핑 등의 증가로 포장 수요가 늘어날 것으로 전망됨.

실적 분석

동사는 지난해 매출액 5656억원, 영업이익 33억원을 각각 기록하였음. 당기순손실은 6억7700만원으로 적자전환. 주력 사업은 골판지 상자 생산 및 판매. 지속적인 기술 개발을 통한 고부가가치의 고강도 지관원지(CB)의 생산으로 지관원지 시장을 점차 확대. 골판지 포장산업은 전체 산업의 경기변동에 민감하게 연동되며 계절적인 경기변동은 크지 않음. 동사는 신규 성장동력 확보가 시급해 보임.

현금 흐름

<단위 : 억원>

항목	2016	2017
영업활동	33	300
투자활동	108	3
재무활동	-176	-313
순현금흐름	-36	-10
기말현금	43	33

시장 대비 수익률

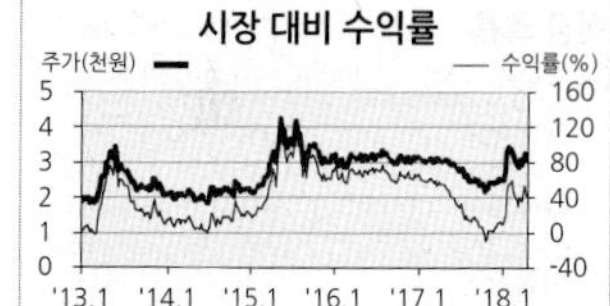

결산 실적

<단위 : 억원>

항목	2012	2013	2014	2015	2016	2017
매출액	3,914	3,669	3,520	3,504	3,779	5,657
영업이익	298	146	159	20	90	33
당기순이익	341	142	179	-123	-584	-7

분기 실적

<단위 : 억원>

항목	2016.3Q	2016.4Q	2017.1Q	2017.2Q	2017.3Q	2017.4Q
매출액	969	1,025	1,299	1,339	1,508	1,510
영업이익	47	6	2	17	-1	15
당기순이익	88	-700	5	4	-17	1

재무 상태

<단위 : 억원>

항목	2012	2013	2014	2015	2016	2017
총자산	5,376	5,681	5,628	6,220	7,288	6,332
유형자산	2,312	2,550	2,584	3,137	4,646	4,441
무형자산	21	20	21	214	118	120
유가증권	71	89	64	83	43	51
총부채	1,929	2,042	1,835	2,480	4,157	3,208
총차입금	1,087	1,203	998	1,682	2,436	2,342
자본금	354	354	354	354	354	354
총자본	3,447	3,639	3,793	3,740	3,131	3,124
지배주주지분	3,447	3,639	3,793	3,694	3,109	3,075

기업가치 지표

항목	2012	2013	2014	2015	2016	2017
주가(최고/저)(천원)	2.0/1.2	3.5/1.8	2.5/1.8	4.4/2.1	3.5/2.8	3.2/2.1
PER(최고/저)(배)	4.4/2.7	18.2/9.5	10.3/7.4	—/—	—/—	41,444.7/27,394.6
PBR(최고/저)(배)	0.4/0.3	0.7/0.4	0.5/0.4	0.9/0.4	0.8/0.6	0.7/0.5
EV/EBITDA(배)	6.0	10.3	8.7	23.2	17.5	15.0
EPS(원)	482	200	253	-115	-792	0
BPS(원)	4,883	5,140	5,357	5,217	4,390	4,380
CFPS(원)	625	361	436	93	-545	342
DPS(원)	25	25	30	8	8	8
EBITDAPS(원)	564	366	408	236	375	388

재무 비율

<단위 : %>

연도	영업이익률	순이익률	부채비율	차입금비율	ROA	ROE	유보율	자기자본비율	EBITDA마진율
2017	0.6	-0.1	102.7	75.0	-0.1	0.0	776.0	49.3	4.9
2016	2.4	-15.5	132.8	77.8	-8.6	-16.5	778.1	43.0	7.0
2015	0.6	-3.5	66.3	45.0	-2.1	-2.2	943.4	60.1	4.8
2014	4.5	5.1	48.4	26.3	3.2	4.8	971.4	67.4	8.2

태양 (A053620)

TAEYANG

업 종 : 가정생활용품 | 시 장 : KOSDAQ
신용등급 : (Bond) — (CP) — | 기업규모 : 우량
홈페이지 : www.taeyangsun.co.kr | 연 락 처 : 041)621-9810
본 사 : 충남 천안시 서북구 업성1길 27

설립일	1989.10.14	**종업원수**	265명	**대표이사**	현창수
상장일	2001.07.18	**감사의견**	적정(세일)	**계열**	
결산기	12월	**보통주**		**종속회사수**	1개사
액면가	500원	**우선주**		**구상호**	

주주구성 (지분율,%)		출자관계 (지분율,%)		주요경쟁사 (외형,%)	
현창수	23.6	에이치앤파워	10.0	태양	100
현정은	11.6	세안	8.9	LG생활건강	3,979
(외국인)	5.9	에스앤피코리아보험중개	5.0	모나리자	74

매출구성		비용구성		수출비중	
부탄가스외	69.4	매출원가율	83.0	수출	—
살충제외	30.6	판관비율	8.0	내수	—

회사 개요

동사 주요 사업은 크게 휴대용 부탄가스 사업과 에어졸 사업으로 구분됨. 휴대용 부탄가스 사업에서는 국내 시장 점유율 70% 이상을 차지하고 있으며 세계 시장에서도 점유율이 60% 이상임. 에어졸 부문에서도 동사는 국내 1위 업체로 꼽힘. 승일이 주요 경쟁사임. 연결대상 종속회사인 SUN America, Inc.는 미국을 비롯한 북미지역에 휴대용 부탄가스를 수입/판매하는 회사임.

실적 분석

2017년 연결기준 동사 매출액은 1,575.7억원을 기록함. 전년도 매출액인 1,481.6억원에 비해 6.4% 증가한 금액임. 매출은 늘었으나 매출원가가 11.7% 증가하고 판매비와 관리비가 1.3% 늘어 영업이익은 전년도 185.7억원에서 24.2% 감소한 140.7억원을 시현하는데 그침. 비영업부문도 적자가 지속됐으며 손실폭이 커짐. 이에 당기순이익은 전년도 128.5억원에서 46% 감소한 69.4억원을 기록함.

현금 흐름

〈단위 : 억원〉

항목	2016	2017
영업활동	108	116
투자활동	0	30
재무활동	-1	-60
순현금흐름	122	46
기말현금	373	419

시장 대비 수익률

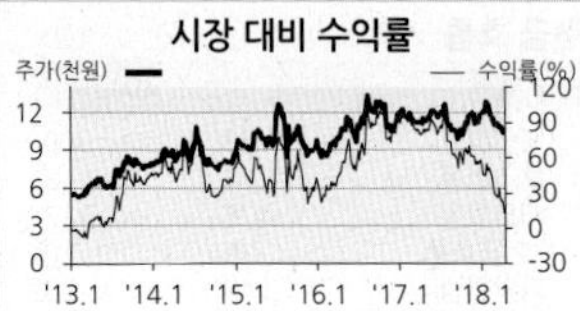

결산 실적

〈단위 : 억원〉

항목	2012	2013	2014	2015	2016	2017
매출액	1,874	2,072	2,071	1,455	1,482	1,576
영업이익	78	93	89	16	186	141
당기순이익	79	81	76	33	128	69

분기 실적

〈단위 : 억원〉

항목	2016.3Q	2016.4Q	2017.1Q	2017.2Q	2017.3Q	2017.4Q
매출액	333	369	419	376	390	391
영업이익	47	43	48	29	45	18
당기순이익	28	24	18	26	38	-13

재무 상태

〈단위 : 억원〉

항목	2012	2013	2014	2015	2016	2017
총자산	1,569	1,626	1,651	1,922	1,930	1,882
유형자산	702	698	679	1,121	1,080	990
무형자산	17	10	6	5	4	4
유가증권	24	34	34	34	8	8
총부채	417	401	357	592	474	375
총차입금	22	11	10	123	122	103
자본금	43	43	43	43	43	43
총자본	1,153	1,226	1,295	1,329	1,456	1,507
지배주주지분	1,153	1,226	1,295	1,329	1,456	1,507

기업가치 지표

항목	2012	2013	2014	2015	2016	2017
주가(최고/저)(천원)	6.1/4.9	8.5/5.3	10.8/7.4	12.9/7.8	13.5/8.5	12.8/9.8
PER(최고/저)(배)	7.0/5.6	9.4/5.8	12.5/8.5	34.4/20.9	9.3/5.8	16.0/12.3
PBR(최고/저)(배)	0.5/0.4	0.6/0.4	0.7/0.5	0.8/0.5	0.8/0.5	0.7/0.6
EV/EBITDA(배)	1.8	3.1	3.4	16.0	3.2	3.5
EPS(원)	913	937	885	385	1,494	807
BPS(원)	13,649	14,497	15,299	15,703	17,171	17,774
CFPS(원)	1,311	1,373	1,267	713	2,182	1,497
DPS(원)	100	100	—	—	190	100
EBITDAPS(원)	1,299	1,523	1,416	516	2,847	2,326

재무 비율

〈단위 : %〉

연도	영업이익률	순이익률	부채비율	차입금비율	ROA	ROE	유보율	자기자본비율	EBITDA마진율
2017	8.9	4.4	24.9	6.8	3.6	4.7	3,454.9	80.1	12.7
2016	12.5	8.7	32.6	8.4	6.7	9.2	3,334.2	75.4	16.5
2015	1.1	2.3	44.6	9.2	1.9	2.5	3,040.6	69.2	3.1
2014	4.3	3.7	27.6	0.8	4.6	6.0	2,959.9	78.4	5.9

태양금속공업 (A004100)

Taeyang Metal Industrial

업 종 : 자동차부품 | 시 장 : 거래소
신용등급 : (Bond) — (CP) — | 기업규모 : 시가총액 소형주
홈페이지 : www.taeyangmetal.com | 연 락 처 : 031)490-5500
본 사 : 경기도 안산시 단원구 해봉로 212 (성곡동)

설립일	1964.12.24	**종업원수**	642명	**대표이사**	한우삼,한하워드성
상장일	1976.05.25	**감사의견**	적정(신우)	**계열**	
결산기	12월	**보통주**		**종속회사수**	5개사
액면가	500원	**우선주**		**구상호**	

주주구성 (지분율,%)		출자관계 (지분율,%)		주요경쟁사 (외형,%)	
한우삼	38.3	프라이맥스	72.5	태양금속	100
한애삼	2.7	썬테크	19.8	우수AMS	49
(외국인)	3.1	쌍용자동차	0.0	KB오토시스	35

매출구성		비용구성		수출비중	
자동차용 및 전자부품용 냉간단조제품	96.5	매출원가율	89.0	수출	52.1
냉간단조용 선재	3.5	판관비율	8.9	내수	47.9

회사 개요

동사는 자동차 및 전자부품용 냉간단조제품과 관련 부품을 생산, 판매하는 지배적 단일사업부문으로 운영되고 있음. 생산은 고객주문생산으로 주문에 맞춰 다품종 소량 생산방식으로 이루어짐. 냉간단조제품의 주요 수요처는 자동차 산업으로, 현대차, 기아차, 한국GM, 쌍용차 등 주요 자동차 및 부품회사에 제품을 공급함. 단조제품의 제조를 위한 신공법 및 신소재를 개발하고 향후 사업 모색 진행중임.

실적 분석

동사는 연결 재무제표 기준 작년 영업이익이 99.8억원으로 전년 동기대비 36.2% 감소하였음. 같은 기간 매출액은 1.6% 줄어든 4,691.7억원을 기록했음. 당기순손실은 41.7억원으로 전년대비 적자로 돌아섰음. 이는 전방산업인 완성차 업체의 판매부진으로 매출과 영업이익이 줄고 외화환산손실이 늘어난 결과로 풀이됨. 향후 인도법인 등 일부 주요 해외법인의 실적 개선으로 수익성이 개선될 것으로 기대됨.

현금 흐름

〈단위 : 억원〉

항목	2016	2017
영업활동	181	162
투자활동	-122	-224
재무활동	-23	109
순현금흐름	22	47
기말현금	113	160

시장 대비 수익률

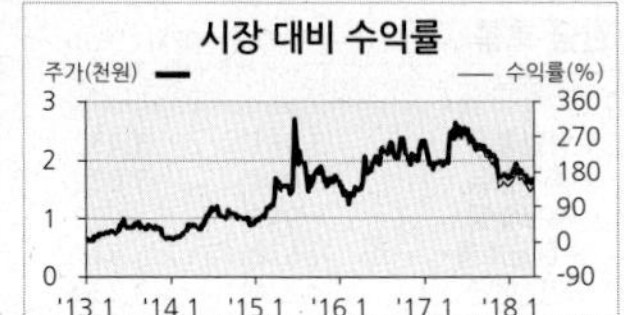

결산 실적

〈단위 : 억원〉

항목	2012	2013	2014	2015	2016	2017
매출액	4,333	4,605	4,754	4,824	4,770	4,692
영업이익	147	147	124	131	156	100
당기순이익	16	15	67	40	96	-42

분기 실적

〈단위 : 억원〉

항목	2016.3Q	2016.4Q	2017.1Q	2017.2Q	2017.3Q	2017.4Q
매출액	1,095	1,233	1,193	1,168	1,127	1,203
영업이익	14	44	29	23	28	20
당기순이익	-25	68	-9	29	15	-77

재무 상태

〈단위 : 억원〉

항목	2012	2013	2014	2015	2016	2017
총자산	4,046	3,645	3,644	3,701	3,731	3,771
유형자산	1,698	1,647	1,604	1,667	1,681	1,702
무형자산	24	37	38	38	37	37
유가증권	4	4	13	13	13	14
총부채	3,139	2,721	2,651	2,695	2,652	2,732
총차입금	1,538	1,486	1,412	1,486	1,475	1,577
자본금	200	200	200	200	200	200
총자본	908	924	993	1,007	1,078	1,038
지배주주지분	902	918	987	1,000	1,072	1,032

기업가치 지표

항목	2012	2013	2014	2015	2016	2017
주가(최고/저)(천원)	0.8/0.6	1.0/0.6	1.2/0.7	2.7/0.9	2.6/1.3	2.8/1.6
PER(최고/저)(배)	22.9/15.7	29.8/17.6	7.5/4.0	28.3/9.7	10.8/5.3	—/—
PBR(최고/저)(배)	0.4/0.3	0.5/0.3	0.5/0.3	1.1/0.4	1.0/0.5	1.1/0.6
EV/EBITDA(배)	6.9	6.2	6.3	7.9	8.7	9.0
EPS(원)	39	37	167	98	241	-102
BPS(원)	22,676	23,075	24,808	2,513	2,693	2,583
CFPS(원)	2,908	3,483	5,238	446	517	226
DPS(원)	150	150	150	15	20	5
EBITDAPS(원)	6,188	6,779	6,668	676	667	578

재무 비율

〈단위 : %〉

연도	영업이익률	순이익률	부채비율	차입금비율	ROA	ROE	유보율	자기자본비율	EBITDA마진율
2017	2.1	-0.9	263.2	151.9	-1.1	-3.9	416.7	27.5	4.9
2016	3.3	2.0	246.0	136.8	2.6	9.3	438.5	28.9	5.6
2015	2.7	0.8	267.7	147.6	1.1	3.9	402.6	27.2	5.6
2014	2.6	1.4	266.9	142.1	1.8	7.0	396.2	27.3	5.6

태양기계 (A116100)

Sun Machinery

업 종 : 자동차부품
신용등급 : (Bond) — (CP) —
홈페이지 : www.sun-mc.co.kr
본 사 : 경기도 화성시 팔탄면 푸른들판로 843-24
시 장 : KONEX
기업규모 : —
연 락 처 : 031)354-9150

설 립 일	1990.05.01	**종업원수**	85명	**대 표 이 사**	박창엽
상 장 일	2013.07.01	**감사의견**	적정(삼덕)	**계 열**	
결 산 기	12월	**보 통 주**		**종속회사수**	
액 면 가	—	**우 선 주**		**구 상 호**	

주주구성 (지분율,%)		출자관계 (지분율,%)		주요경쟁사 (외형,%)	
박창엽	33.4	두원정공	43.8	태양기계	100
유금영	5.8			대동금속	293
				한중엔시에스	275

매출구성		비용구성		수출비중	
기타제품	73.5	매출원가율	89.2	수출	33.1
EGR하우징 등	18.9	판관비율	7.6	내수	66.9
스태빌라이저 캡 마운팅	5.6				

회사 개요

동사는 디젤엔진 배기가스 재순환장치(EGR) 하우징 생산, 수출 및 상용차 중 섀시 부문 주요 부품인 유압식 파워브레이크 제동장치 어셈블리 등을 생산하는 회사로 1990년 설립됨. 최근 동사가 주력하는 사업은 EGR 하우징의 생산, 해외로의 수출이며, 부가적인 사업으로 의료기기 수입, 판매가 있음. 동사는 소재 생산기술부터 모듈조립 기술영역까지의 공정개발능력을 토대로 특정부문의 특화된 부품 사업 등에 강점을 보임.

실적 분석

동사는 지난해 매출액 254억원, 영업이익 8억원을 각각 기록. 동사는 소재생산기술부터 모듈조립 기술영역까지의 공정개발능력을 토대로 특정부문의 특화된 부품사업뿐만이 아닌 자동차 및 중장비 등의 섀시부문, 구동부문 및 엔진부문 등에 걸쳐 고객의 요구 품질을 만족시키고 있음. 동사는 향후 전방산업의 업황이 회복될 경우 실적 또한 상승곡선을 그릴 것으로 판단됨.

현금 흐름 *IFRS 별도 기준 (단위 : 억원)

항목	2016	2017
영업활동	26	-2
투자활동	-51	-13
재무활동	22	17
순현금흐름	-3	2
기말현금	26	29

시장 대비 수익률

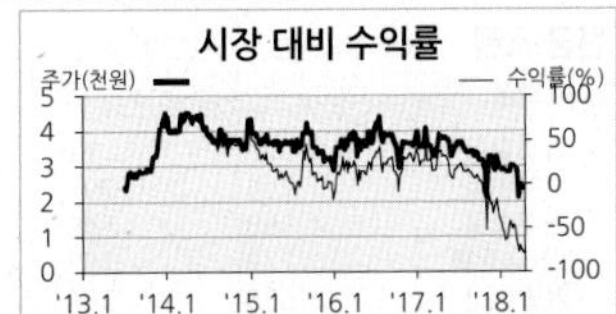

결산 실적 (단위 : 억원)

항목	2012	2013	2014	2015	2016	2017
매출액	307	331	348	330	248	255
영업이익	23	24	2	11	8	8
당기순이익	12	14	-5	4	3	-90

분기 실적 *IFRS 별도 기준 (단위 : 억원)

항목	2016.3Q	2016.4Q	2017.1Q	2017.2Q	2017.3Q	2017.4Q
매출액	—	—	—	—	—	—
영업이익	—	—	—	—	—	—
당기순이익	—	—	—	—	—	—

재무 상태 *IFRS 별도 기준 (단위 : 억원)

항목	2012	2013	2014	2015	2016	2017
총자산	338	374	349	386	417	331
유형자산	177	192	199	216	211	209
무형자산	36	37	37	38	38	0
유가증권	4	4	1	3	2	2
총부채	215	230	211	235	265	271
총차입금	184	185	171	193	218	237
자본금	31	31	31	31	31	31
총자본	122	145	138	151	152	60
지배주주지분	122	145	138	151	152	60

기업가치 지표 *IFRS 별도 기준

항목	2012	2013	2014	2015	2016	2017
주가(최고/저)(천원)	—/—	4.4/1.9	4.6/3.3	4.4/2.7	4.7/2.9	4.2/2.1
PER(최고/저)(배)	0.0/0.0	20.7/9.2	—/—	76.7/46.4	106.2/64.3	—/—
PBR(최고/저)(배)	0.0/0.0	1.9/0.9	2.1/1.5	1.9/1.1	2.0/1.2	4.3/2.2
EV/EBITDA(배)	3.9	9.7	18.6	10.5	14.1	11.7
EPS(원)	198	218	-73	59	45	-1,440
BPS(원)	1,961	2,321	2,218	2,418	2,439	970
CFPS(원)	462	526	261	399	417	-1,042
DPS(원)	30	30	30	25	25	—
EBITDAPS(원)	631	687	369	510	500	530

재무 비율 (단위 : %)

연도	영업이익률	순이익률	부채비율	차입금비율	ROA	ROE	유보율	자기자본비율	EBITDA마진율
2017	3.2	-35.3	449.5	393.6	-24.0	-84.7	94.0	18.2	13.0
2016	3.2	1.1	174.1	143.5	0.7	1.9	387.8	36.5	12.6
2015	3.2	1.1	156.2	128.0	1.0	2.5	383.7	39.0	9.6
2014	0.6	-1.3	152.3	123.6	-1.3	-3.2	343.6	39.6	6.6

태양씨앤엘 (A072520)

TAE YANG C&L COLTD

업 종 : 휴대폰 및 관련부품
신용등급 : (Bond) — (CP) —
홈페이지 : www.ty-cnl.com
본 사 : 대구시 달서구 성서4차 첨단로 146, 10블럭 3로트
시 장 : KOSDAQ
기업규모 :
연 락 처 : 053)665-8816

설 립 일	1989.07.01	**종업원수**	43명	**대 표 이 사**	방헌균,강덕신
상 장 일	2004.10.29	**감사의견**	적정(삼일)	**계 열**	
결 산 기	12월	**보 통 주**		**종속회사수**	2개사
액 면 가	100원	**우 선 주**		**구 상 호**	

주주구성 (지분율,%)		출자관계 (지분율,%)		주요경쟁사 (외형,%)	
아이피에스글로벌성장1호조합	12.8	브릿지랜드	80.0	태양씨앤엘	100
정규용	7.9			디스플레이텍	410
(외국인)	0.7			육일씨엔에쓰	735

매출구성		비용구성		수출비중	
가전 및 PC 사업부 제품	49.5	매출원가율	46.3	수출	38.9
윈도우사업부 제품, 기타	31.2	판관비율	43.0	내수	61.1
엔터사업부 용역	11.6				

회사 개요

동사는 1989년 설립되어 산업용 인쇄 및 명판 제조업 및 소재 표면 처리업, 전자부품 제조업을 주사업으로 하고 있고, 터치윈도우, 멀티컬러필름, 아크릴윈도우 등 휴대폰 부품이 매출의 100%를 차지함. 동사의 강화유리와 터치스크린 기술은 보다 나은 터치감과 디스플레이 디자인을 구현하는데 강점이 있음. 또한, 다이아몬드원 인수하여 엔터테인먼트 사업 진출을 통한 매출구조 및 재무구조 개선을 도모하고 있음.

실적 분석

동사의 2017년 전체 매출은 201.9억원으로 전년대비 205.3% 증가, 영업이익은 21.6억원으로 흑자전환, 당기순이익은 -147.5억원으로 적자지속. 전방산업의 변화로 주력 제품의 포트폴리오 변경, 매출 증가로 전체 외형과 영업이익은은 전년대비 호조세를 보임. 2018년 신규 시장 개척 및 주력 거래선내 점유율 증가 노력으로 외형 성장 지속 도모. 외형 확대는 고정비 축소, 제품 믹스 효과로 수익성 호조에 노력.

현금 흐름 (단위 : 억원)

항목	2016	2017
영업활동	-129	49
투자활동	-115	4
재무활동	174	-75
순현금흐름	-72	-24
기말현금	29	6

시장 대비 수익률

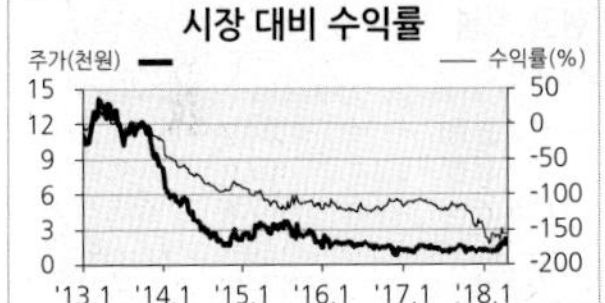

결산 실적 (단위 : 억원)

항목	2012	2013	2014	2015	2016	2017
매출액	2,260	2,324	1,335	430	66	202
영업이익	69	-42	-310	-76	-51	22
당기순이익	19	-21	-340	-337	-106	-147

분기 실적 (단위 : 억원)

항목	2016.3Q	2016.4Q	2017.1Q	2017.2Q	2017.3Q	2017.4Q
매출액	17	-167	113	108	74	-93
영업이익	-5	-37	4	-42	24	36
당기순이익	-22	-11	-7	-131	-52	43

재무 상태 (단위 : 억원)

항목	2012	2013	2014	2015	2016	2017
총자산	1,282	1,222	938	633	614	486
유형자산	515	514	549	300	273	361
무형자산	21	16	17	1	63	60
유가증권	—	—	—	—	—	18
총부채	729	701	697	537	350	336
총차입금	387	376	427	332	274	269
자본금	38	38	38	100	42	43
총자본	553	522	241	96	264	150
지배주주지분	553	522	241	96	264	147

기업가치 지표

항목	2012	2013	2014	2015	2016	2017
주가(최고/저)(천원)	12.3/7.8	14.5/8.3	8.4/1.6	3.9/1.5	2.5/0.8	1.7/1.1
PER(최고/저)(배)	52.8/33.6	—/—	—/—	—/—	—/—	—/—
PBR(최고/저)(배)	1.8/1.2	2.3/1.3	2.8/0.5	7.4/2.8	3.8/1.2	4.7/2.9
EV/EBITDA(배)	11.0	35.7	—	—	—	6.9
EPS(원)	233	-258	-4,100	-3,855	-391	-346
BPS(원)	7,377	7,038	3,351	531	651	365
CFPS(원)	975	706	-3,566	-3,177	-285	-134
DPS(원)	—	—	—	—	—	—
EBITDAPS(원)	1,637	434	-3,172	-191	-83	263

재무 비율 (단위 : %)

연도	영업이익률	순이익률	부채비율	차입금비율	ROA	ROE	유보율	자기자본비율	EBITDA마진율
2017	10.7	-73.0	224.3	179.6	-26.8	-71.7	265.1	30.8	55.4
2016	-77.4	-159.9	132.4	103.7	-17.0	-58.7	551.1	43.0	-34.0
2015	-17.7	-78.4	일부잠식	일부잠식	-42.9	-199.6	6.3	15.2	-3.9
2014	-23.3	-25.5	288.6	177.1	-31.5	-89.1	570.3	25.7	-17.8

태영건설 (A009410)

Taeyoung Engineering & Construction

업 종 : 건설 | 시 장 : 거래소
신용등급 : (Bond) A- (CP) A2- | 기업규모 : 시가총액 중형주
홈페이지 : www.taeyoung.com | 연 락 처 : 031)910-6999
본 사 : 경기도 고양시 일산동구 정발산로 24

설 립 일	1973.11.20	**종업원수**	1,226명	**대 표 이 사**	윤석민,이재규
상 장 일	1989.11.13	**감사의견**	적정(안진)	**계 열**	
결 산 기	12월	**보 통 주**		**종속회사수**	26개사
액 면 가	500원	**우 선 주**		**구 상 호**	

주주구성 (지분율,%)		출자관계 (지분율,%)		주요경쟁사 (외형,%)	
윤석민	27.1	인제스피디움	100.0	태영건설	100
국민연금공단	9.6	대구남부에이엠씨	100.0	아이에스동서	56
(외국인)	8.9	양산석계에이엠씨	100.0	동원개발	17

매출구성		비용구성		수출비중	
토목환경, 플랜트, 건축, 주택건설	52.9	매출원가율	83.7	수출	—
방송채널사용사업,방송광고사업,방송콘텐츠사업	24.5	판관비율	6.8	내수	—
수처리 및 폐기물처리, 폐기물에너지 등	18.3				

회사 개요

동사는 종합 건설업체로 토목 환경 건설, 건축 주택 건설, 플랜트 건설, 해외 건설사업, 레저사업, 임대업 등을 영위. SBS, SBS미디어홀딩스, SBS콘텐츠허브, SBS플러스 등의 상장사를 포함한 40여 개의 계열사를 보유하고 있으며 주요 매출원은 공사수입금, 분양수입금, 골프장수입금 등임. 2016년 결산기준 방송사업과 환경사업의 매출액 비중이 늘며 경기변동에 따른 탄력적인 사업부문별 매출액구성의 특성을 지님

실적 분석

동사는 다양한 형태의 개발사업 및 관급공사를 추진하여 26,750억원의 수주를 달성하였으며, 연결재무제표 기준으로 매출은 전년 대비 58.6% 증가한 32,664.2억원, 영업이익은 220.5% 증가한 3,111.3억원을 달성하였음. 동사는 2018년 수주 2.2조원, 매출 2조원을 달성하는 것이 목표임.

현금 흐름

<단위 : 억원>

항목	2016	2017
영업활동	-1,047	393
투자활동	-677	1,242
재무활동	1,875	-1,256
순현금흐름	151	370
기말현금	3,388	3,758

시장 대비 수익률

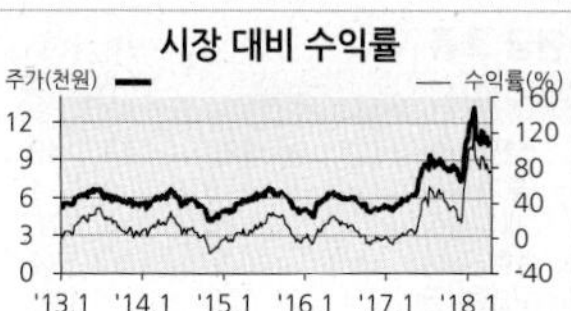

결산 실적

<단위 : 억원>

항목	2012	2013	2014	2015	2016	2017
매출액	22,802	21,804	18,750	18,835	20,593	32,664
영업이익	1,116	899	183	568	971	3,111
당기순이익	914	386	-575	166	18	1,233

분기 실적

<단위 : 억원>

항목	2016.3Q	2016.4Q	2017.1Q	2017.2Q	2017.3Q	2017.4Q
매출액	4,965	6,747	5,795	8,043	8,763	10,063
영업이익	332	537	377	915	1,079	740
당기순이익	48	283	339	638	169	87

재무 상태

<단위 : 억원>

항목	2012	2013	2014	2015	2016	2017
총자산	30,144	29,942	28,790	30,113	34,893	47,520
유형자산	9,148	9,205	9,527	9,732	9,689	11,253
무형자산	1,446	1,380	1,626	1,602	1,538	1,681
유가증권	2,935	2,854	2,530	2,721	2,647	3,576
총부채	17,813	17,313	16,458	17,472	22,280	33,167
총차입금	6,495	6,390	6,783	7,718	10,563	15,498
자본금	395	395	395	395	395	395
총자본	12,332	12,629	12,332	12,641	12,614	14,354
지배주주지분	8,633	8,728	8,311	8,481	8,272	9,569

기업가치 지표

항목	2012	2013	2014	2015	2016	2017
주가(최고/저)(천원)	6.1/4.0	6.8/5.2	6.7/4.0	6.9/4.8	6.5/4.4	10.3/5.1
PER(최고/저)(배)	7.6/5.0	45.2/34.5	—/—	359.1/247.2	3,394.9/2,320.6	9.0/4.5
PBR(최고/저)(배)	0.5/0.4	0.6/0.5	0.6/0.4	0.6/0.4	0.6/0.4	0.8/0.4
EV/EBITDA(배)	7.4	8.1	14.3	9.7	8.4	5.8
EPS(원)	816	151	-881	19	2	1,143
BPS(원)	11,594	11,715	10,924	11,140	10,875	12,518
CFPS(원)	1,300	774	-170	734	872	1,990
DPS(원)	100	—	—	—	—	90
EBITDAPS(원)	1,896	1,760	942	1,435	2,100	4,787

재무 비율

<단위 : %>

연도	영업이익률	순이익률	부채비율	차입금비율	ROA	ROE	유보율	자기자본비율	EBITDA마진율
2017	9.5	3.8	231.1	108.0	3.0	10.1	2,403.6	30.2	11.6
2016	4.7	0.1	176.6	83.7	0.1	0.0	2,075.0	36.2	8.1
2015	3.0	0.9	138.2	61.1	0.6	0.2	2,128.0	42.0	6.0
2014	1.0	-3.1	133.5	55.0	-2.0	-8.2	2,084.8	42.8	4.0

태웅 (A044490)

Taewoong

업 종 : 에너지 시설 및 서비스 | 시 장 : KOSDAQ
신용등급 : (Bond) — (CP) — | 기업규모 : 우량
홈페이지 : www.taewoong.com | 연 락 처 : 051)329-5000
본 사 : 부산시 강서구 녹산산단27로 67 (송정동)

설 립 일	1987.06.19	**종업원수**	474명	**대 표 이 사**	최승식
상 장 일	2001.10.25	**감사의견**	적정(안경)	**계 열**	
결 산 기	12월	**보 통 주**		**종속회사수**	
액 면 가	500원	**우 선 주**		**구 상 호**	

주주구성 (지분율,%)		출자관계 (지분율,%)		주요경쟁사 (외형,%)	
태웅홀딩스	27.2	가야개발	13.5	태웅	100
허용도	19.9	부산면세점	8.7	한전기술	161
(외국인)	4.0	아시아드컨트리클럽	5.6	동국S&C	121

매출구성		비용구성		수출비중	
풍력 설비	58.0	매출원가율	88.9	수출	65.8
산업플랜트용	18.2	판관비율	12.5	내수	34.2
산업기계용SLAB 등	15.8				

회사 개요

1981년 설립돼 풍력발전, 플랜트산업, 조선업, 발전, 산업기계 등 수요산업에 소요되는 핵심 단조부품을 생산, 공급하는 자유형단조사업을 영위하고 있음. 현재 단조산업은 세계적으로 구조조정중에 있으나 동사는 비교적 양호한 실적을 유지중에 있음. 2016년 결산기준 풍력발전용 제품이 전체 매출의 58.0%를 차지해 가장 큰 비중을 차지하고, 플랜트, 산업기계, 조선&선박엔진용, 발전 순으로 매출 비중이 높으며, 조선업 침체에 영향을 받음

실적 분석

동사의 연결기준 2017년 매출액은 전년 동기대비 5.5% 감소한 3,043.7억원을 기록하였음. 매출감소 대비 원가율은 상승하여 영업손실을 기록함. 동사 매출에 가장 큰 비중을 차지하고 있는 풍력은 발전기의 대형화와 기술의 성장, 발전 단가의 인하를 통해서 가장 경쟁력있는 신재생에너지가 되었음. 신규사업으로 제강사업부를 설립 했으며, 2016년 11부터 상업생산을 개시, 당초 계획한 Full capa 대비 생산량이 적은 실정.

현금 흐름 *IFRS 별도 기준

<단위 : 억원>

항목	2016	2017
영업활동	522	11
투자활동	-1,714	-795
재무활동	1,368	546
순현금흐름	179	-252
기말현금	635	384

시장 대비 수익률

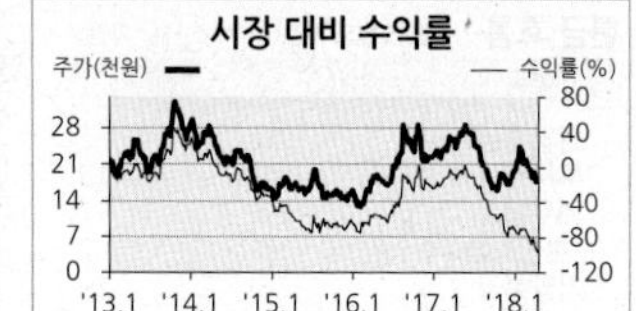

결산 실적

<단위 : 억원>

항목	2012	2013	2014	2015	2016	2017
매출액	4,215	4,101	4,115	3,653	3,220	3,044
영업이익	103	102	83	61	129	-44
당기순이익	83	59	70	78	140	-60

분기 실적 *IFRS 별도 기준

<단위 : 억원>

항목	2016.3Q	2016.4Q	2017.1Q	2017.2Q	2017.3Q	2017.4Q
매출액	680	753	653	708	765	918
영업이익	54	2	35	-17	-5	-56
당기순이익	14	25	12	15	-10	-76

재무 상태 *IFRS 별도 기준

<단위 : 억원>

항목	2012	2013	2014	2015	2016	2017
총자산	6,643	6,493	7,641	8,602	9,769	10,016
유형자산	2,262	2,244	3,532	4,983	6,128	5,933
무형자산	7	7	7	6	6	4
유가증권	85	85	85	105	81	91
총부채	2,004	1,470	1,891	2,782	3,426	3,729
총차입금	1,041	313	492	1,104	2,096	2,614
자본금	83	91	91	91	100	100
총자본	4,639	5,023	5,750	5,820	6,343	6,287
지배주주지분	4,639	5,023	5,750	5,820	6,343	6,287

기업가치 지표 *IFRS 별도 기준

항목	2012	2013	2014	2015	2016	2017
주가(최고/저)(천원)	37.6/17.3	33.5/18.2	30.2/15.3	20.2/13.9	30.5/12.7	30.1/15.9
PER(최고/저)(배)	75.2/34.5	97.3/52.9	78.5/39.8	47.0/32.4	39.9/16.6	—/—
PBR(최고/저)(배)	1.4/0.6	1.2/0.7	1.0/0.5	0.6/0.4	1.0/0.4	1.0/0.5
EV/EBITDA(배)	10.9	17.9	9.3	14.6	15.8	17.5
EPS(원)	500	344	385	429	764	-298
BPS(원)	27,929	27,653	31,651	32,038	31,701	31,426
CFPS(원)	1,245	1,032	1,016	1,060	1,648	1,248
DPS(원)	—	—	—	—	—	—
EBITDAPS(원)	1,364	1,279	1,089	966	1,592	1,328

재무 비율

<단위 : %>

연도	영업이익률	순이익률	부채비율	차입금비율	ROA	ROE	유보율	자기자본비율	EBITDA마진율
2017	-1.4	-2.0	59.3	41.6	-0.6	-0.9	6,185.2	62.8	8.7
2016	4.0	4.3	54.0	33.1	1.5	2.3	6,240.3	64.9	9.0
2015	1.7	2.1	47.8	19.0	1.0	1.4	6,307.6	67.7	4.8
2014	2.0	1.7	32.9	8.6	1.0	1.3	6,230.3	75.3	4.8

태원물산 (A001420)

Taewonmulsan

업　　종 : 자동차부품　　　시　　장 : 거래소
신용등급 : (Bond) —　(CP) —　　　기업규모 : 시가총액 소형주
홈페이지 : www.twms.co.kr　　　연 락 처 : 02)555-4301
본　　사 : 서울시 강남구 테헤란로 86길 14 (대치동)

설립일	1955.01.11	**종업원수**	59명	**대표이사**	남기영
상장일	1975.06.24	**감사의견**	적정(신한)	**계열**	
결산기	12월	**보통주**		**종속회사수**	
액면가	500원	**우선주**		**구상호**	

주주구성 (지분율,%)		출자관계 (지분율,%)		주요경쟁사 (외형,%)	
강백영	8.4			태원물산	100
남기영	8.4			디젠스	432
(외국인)	1.1			광진윈텍	390

매출구성		비용구성		수출비중	
워터펌프	44.2	매출원가율	91.8	수출	52.8
GearShift 류	19.4	판관비율	7.2	내수	47.2
기타자동차부품	14.7				

회사 개요

동사는 1955년 설립된 석고 전문 기업으로서 자동차부품사업과 석고사업을 주력으로 영위중임. 석고 부문에서는 시멘트 원료인 인산석제 석고와 기타 건축자재를 생산하며, 자동차부품 제조부문에서는 자동차 부품인 워터펌프, Gear Shift 류, 기타 자동차부품을 생산하고 있음. 자동차부품 부문의 워터펌프 및 기타 자동차부품은 전량 한국GM에 납품되며, 일부 차종을 제외한 대부분의 차종에 동사의 제품이 사용되고 있음.

실적 분석

자동차부품 부문의 매출은 주요 매출처인 한국GM의 대내외적 환경변화에 따른 생산 및 판매량 감소로 인해 전년 대비 54.6억원(21.9%) 감소하였으며, 석고사업 부문 역시 대체석고의 사용 증가에 따라 동사의 인산석제석고의 출하량이 감소하여 전년 대비 매출이 14.4억원(20.8%) 감소하였음. 매출 급감에 따른 고정비용 부담 증가로 영업이익과 당기순이익도 큰 폭으로 줄어듦. 한국GM의 군산공장 폐쇄에 따른 매출 감소가 불가피할 것으로 우려됨.

현금 흐름 *IFRS 별도 기준 (단위 : 억원)

항목	2016	2017
영업활동	39	-7
투자활동	-6	2
재무활동	-14	-17
순현금흐름	19	-21
기말현금	36	15

시장 대비 수익률

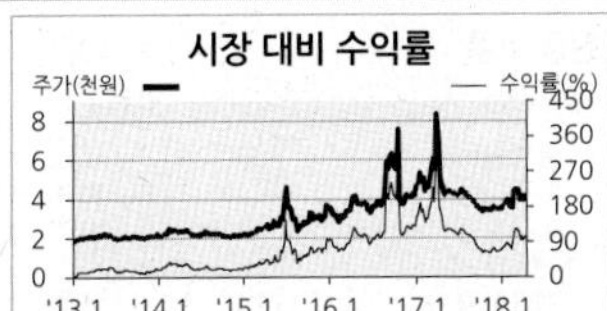

결산 실적 〈단위 : 억원〉

항목	2012	2013	2014	2015	2016	2017
매출액	446	381	316	305	318	249
영업이익	9	16	6	2	15	3
당기순이익	14	20	8	7	14	8

분기 실적 *IFRS 별도 기준 〈단위 : 억원〉

항목	2016.3Q	2016.4Q	2017.1Q	2017.2Q	2017.3Q	2017.4Q
매출액	73	75	72	69	54	54
영업이익	3	5	-1	2	-1	2
당기순이익	3	4	0	3	1	4

재무 상태 *IFRS 별도 기준 〈단위 : 억원〉

항목	2012	2013	2014	2015	2016	2017
총자산	451	424	424	437	447	411
유형자산	157	161	180	179	171	165
무형자산	1	1	0	0	0	0
유가증권	9	8	11	12	15	13
총부채	156	115	111	119	122	85
총차입금	—	—	25	28	21	12
자본금	36	36	38	38	38	38
총자본	295	309	314	318	325	326
지배주주지분	295	309	314	318	325	326

기업가치 지표 *IFRS 별도 기준

항목	2012	2013	2014	2015	2016	2017
주가(최고/저)(천원)	3.1/1.5	2.2/1.8	2.5/2.0	4.6/2.1	7.6/2.8	8.4/3.3
PER(최고/저)(배)	19.3/9.4	9.8/7.8	26.0/20.9	55.4/25.5	42.0/15.8	78.6/31.0
PBR(최고/저)(배)	0.9/0.5	0.6/0.5	0.7/0.5	1.2/0.5	1.8/0.7	2.0/0.8
EV/EBITDA(배)	1.0	1.8	5.2	15.5	7.8	12.1
EPS(원)	191	259	107	89	188	109
BPS(원)	4,176	4,368	4,233	4,284	4,376	4,392
CFPS(원)	263	336	170	186	284	204
DPS(원)	100	84	80	90	100	80
EBITDAPS(원)	194	291	139	129	290	129

재무 비율 〈단위 : %〉

연도	영업이익률	순이익률	부채비율	차입금비율	ROA	ROE	유보율	자기자본비율	EBITDA마진율
2017	1.0	3.3	26.2	3.6	1.9	2.5	778.4	79.2	4.0
2016	4.7	4.5	37.7	6.5	3.2	4.5	775.2	72.6	6.9
2015	0.8	2.2	37.4	8.8	1.6	2.1	756.7	72.8	3.2
2014	1.9	2.6	35.3	8.0	1.9	2.6	746.6	73.9	3.4

태평양물산 (A007980)

Pan-Pacific

업　　종 : 섬유 및 의복　　　시　　장 : 거래소
신용등급 : (Bond) BB+　(CP) —　　　기업규모 : 시가총액 소형주
홈페이지 : www.panpacific.co.kr　　　연 락 처 : 02)3494-9000
본　　사 : 서울시 구로구 디지털로31길 12 (구로동)

설립일	1972.06.30	**종업원수**	671명	**대표이사**	임석원
상장일	1994.12.05	**감사의견**	적정(한영)	**계열**	
결산기	12월	**보통주**		**종속회사수**	24개사
액면가	500원	**우선주**		**구상호**	

주주구성 (지분율,%)		출자관계 (지분율,%)		주요경쟁사 (외형,%)	
임석원	21.4	보니오즈	100.0	태평양물산	100
태평양물산우리사주조합	11.6	와이즈퍼시픽	100.0	TBH글로벌	75
(외국인)	1.5	나디아퍼시픽	100.0	F&F	61

매출구성		비용구성		수출비중	
자켓류, 팬츠류, 코트류	104.2	매출원가율	84.2	수출	—
D/DOWN, G/DOWN	16.6	판관비율	13.2	내수	—
쌀가루 외	3.9				

회사 개요

동사는 1972년 설립돼 수출입업, 의류 제조 및 판매업 등을 영위하고 있음. 1994년 유가증권시장에 상장됨. 현재 동사는 경기 안산시에 본사를 두고 의류, 우모 및 쌀을 가공하고 있음. 섬유의류 제조를 위해 베트남, 인도네시아, 미얀마 등에 생산기지를 구축해 놓음. OEM 수준에서 ODM 서비스로 질적 향상을 꾀하고 있음. 2004년 국내 최초로 현대식 분쇄 시설을 도입해 습식 쌀가구를 생산하고 있음. 2010년부터 부동산 임대업도 시작함.

실적 분석

동사의 2017년 연간 매출액은 전년동기대비 6.7% 상승한 9,222억원을 기록하였음. 비용면에서 전년동기대비 매출원가는 감소 하였으며 인건비는 증가 하였고 광고선전비도 증가, 기타판매비와관리비는 감소함. 이처럼 매출액 상승과 더불어 비용절감에도 힘을 기울였음. 최종적으로 전년동기대비 당기순이익은 흑자전환하여 99.2억원을 기록함. 외환손익이 흑자전환하고 비영업손익이 적자지속중이나 그 폭을 크게 줄인점이 긍정적으로 평가됨.

현금 흐름 (단위 : 억원)

항목	2016	2017
영업활동	389	213
투자활동	-134	-156
재무활동	-61	-148
순현금흐름	196	-122
기말현금	370	248

시장 대비 수익률

결산 실적 〈단위 : 억원〉

항목	2012	2013	2014	2015	2016	2017
매출액	5,933	8,184	7,989	8,426	8,647	9,222
영업이익	81	219	234	183	-486	237
당기순이익	7	32	11	-173	-533	99

분기 실적 〈단위 : 억원〉

항목	2016.3Q	2016.4Q	2017.1Q	2017.2Q	2017.3Q	2017.4Q
매출액	2,949	1,793	1,843	1,940	3,366	2,072
영업이익	-298	-33	8	19	231	-21
당기순이익	-229	-128	63	-32	140	-72

재무 상태 〈단위 : 억원〉

항목	2012	2013	2014	2015	2016	2017
총자산	4,966	5,672	6,019	6,112	5,537	5,312
유형자산	784	887	1,044	1,296	1,558	1,414
무형자산	154	146	140	135	106	87
유가증권	6	3	0	11	11	11
총부채	3,612	4,061	4,340	4,554	4,405	3,942
총차입금	2,493	2,921	3,112	3,506	3,407	2,924
자본금	120	184	196	199	216	246
총자본	1,354	1,611	1,679	1,559	1,133	1,370
지배주주지분	1,338	1,594	1,659	1,537	1,107	1,345

기업가치 지표

항목	2012	2013	2014	2015	2016	2017
주가(최고/저)(천원)	2.3/1.2	4.1/2.1	6.9/2.4	7.0/3.7	5.4/2.8	4.4/3.1
PER(최고/저)(배)	56.8/29.7	56.3/28.2	499.5/172.1	—/—	—/—	22.9/16.3
PBR(최고/저)(배)	0.5/0.3	1.0/0.5	1.7/0.6	1.9/1.0	2.1/1.1	1.6/1.2
EV/EBITDA(배)	18.2	11.9	15.6	16.5	—	11.4
EPS(원)	44	78	15	-445	-1,342	199
BPS(원)	57,842	4,467	4,310	3,954	2,635	2,797
CFPS(원)	4,163	399	275	-149	-1,010	480
DPS(원)	450	37	25	20	—	—
EBITDAPS(원)	6,979	1,028	871	760	-883	771

재무 비율 〈단위 : %〉

연도	영업이익률	순이익률	부채비율	차입금비율	ROA	ROE	유보율	자기자본비율	EBITDA마진율
2017	2.6	1.1	287.9	213.5	1.8	7.9	459.4	25.8	4.0
2016	-5.6	-6.2	388.9	300.9	-9.2	-40.6	427.0	20.5	-4.1
2015	2.2	-2.1	292.1	224.9	-2.9	-11.0	690.9	25.5	3.6
2014	2.9	0.1	258.6	185.4	0.2	0.3	762.1	27.9	4.2

테고사이언스 (A191420)
Tego Science

업 종 : 바이오
신용등급 : (Bond) — (CP) —
홈페이지 : www.tegoscience.com
본 사 : 서울시 금천구 가산디지털 2로 115 대륭테크노타운3차 101,102호
시 장 : KOSDAQ
기업규모 : 벤처
연 락 처 : 02)818-2900

설 립 일	2001.03.20	**종 업 원 수**	41명	**대 표 이 사**	전세화
상 장 일	2014.11.06	**감 사 의 견**	적정(삼정)	**계 열**	
결 산 기	12월	**보 통 주**		**종속회사수**	1개사
액 면 가	500원	**우 선 주**		**구 상 호**	

주주구성 (지분율,%)		출자관계 (지분율,%)		주요경쟁사 (외형,%)	
전세화	34.5			테고사이언스	100
전재욱	4.9			바이오니아	269
(외국인)	1.3			이수앱지스	225

매출구성		비용구성		수출비중	
[제품]세포 치료제	96.3	매출원가율	20.3	수출	0.0
[용역]기타	2.0	판관비율	55.5	내수	100.0
[제품]3차원배양 피부모델	1.7				

회사 개요

동사는 2001년 3월 20일 세포치료제의 개발, 제조 및 판매 등을 목적으로 설립됐으며, 배양피부, 배양각막의 제조 및 판매사업, 기타 세포배양과 관련된 기술개발, 판매 및 용역사업을 목적사업으로 영위하고 있음. 자기 유래 피부세포치료제, 동종유래 피부세포치료제 및 3차원 배양피부모델을 제조, 판매하고 있으며 매출구성은 2017년 기준 세포치료제 95.2%, 3차원배양 피부모델 1.2%, 기타 용역 3.6%로 구성됨.

실적 분석

동사의 연결기준 2017년 연간 누적 매출액은 세포치료제와 기타 용역 부문의 매출이 늘어나며 전년동기 대비 3.6% 증가한 86.4억원을 기록함. 하지만 판관비 증가로 영업이익은 전년동기 대비 10.6% 감소한 20.9억원을 시현함. 주식가치 상승으로 전환사채 발행에 따른 파생상품평가손실(81억원)이 발생하며 62.7억원의 당기순손실을 기록했으나, 이는 회계기준에 의한 일회성 금융비용으로 실제 발생한 손실은 아님.

현금 흐름 〈단위 : 억원〉

항목	2016	2017
영업활동	24	20
투자활동	-152	-58
재무활동	162	—
순현금흐름	33	-38
기말현금	42	4

시장 대비 수익률

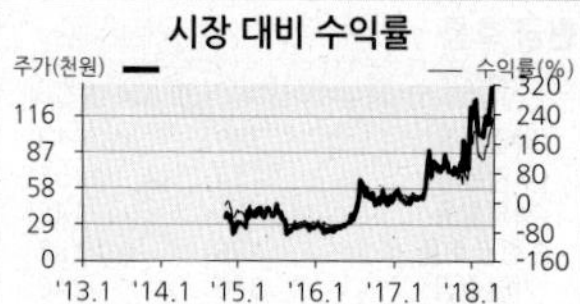

결산 실적 〈단위 : 억원〉

항목	2012	2013	2014	2015	2016	2017
매출액	64	63	67	75	83	86
영업이익	19	18	17	14	23	21
당기순이익	17	16	15	15	8	-63

분기 실적 〈단위 : 억원〉

항목	2016.3Q	2016.4Q	2017.1Q	2017.2Q	2017.3Q	2017.4Q
매출액	23	21	20	22	23	21
영업이익	8	7	3	4	7	7
당기순이익	7	-8	3	-28	3	-41

재무 상태 〈단위 : 억원〉

항목	2012	2013	2014	2015	2016	2017
총자산	157	158	244	258	446	484
유형자산	20	23	33	71	89	192
무형자산	—	1	3	6	11	9
유가증권	32	42	96	95	91	98
총부채	37	22	5	6	186	118
총차입금	15	16	—	—	179	100
자본금	15	15	19	19	19	20
총자본	120	136	239	252	261	366
지배주주지분	120	136	239	252	260	365

기업가치 지표

항목	2012	2013	2014	2015	2016	2017
주가(최고/저)(천원)	—/—	—/—	39.8/20.0	46.3/20.9	79.1/22.7	99.9/44.9
PER(최고/저)(배)	0.0/0.0	0.0/0.0	84.4/42.3	116.4/52.5	379.5/108.7	—/—
PBR(최고/저)(배)	0.0/0.0	0.0/0.0	6.2/3.1	6.8/3.1	11.3/3.2	10.8/4.8
EV/EBITDA(배)	—	—	43.4	53.6	68.9	165.2
EPS(원)	570	530	473	398	208	-1,587
BPS(원)	3,988	4,519	6,460	6,808	7,016	9,279
CFPS(원)	637	612	560	479	278	-1,528
DPS(원)	—	—	50	—	—	—
EBITDAPS(원)	695	686	613	451	700	589

재무 비율 〈단위 : %〉

연도	영업이익률	순이익률	부채비율	차입금비율	ROA	ROE	유보율	자기자본비율	EBITDA마진율
2017	24.2	-72.6	32.3	27.4	-13.5	-20.0	1,755.7	75.6	26.8
2016	28.0	9.0	71.3	68.5	2.1	3.0	1,303.3	58.4	31.1
2015	18.3	19.7	2.2	0.0	5.9	6.0	1,261.6	97.9	22.3
2014	25.3	22.8	2.0	0.0	7.6	8.2	1,192.0	98.1	29.5

테라세미콘 (A123100)
TERA SEMICON

업 종 : 디스플레이 및 관련부품
신용등급 : (Bond) — (CP) —
홈페이지 : www.terasemicon.com
본 사 : 경기도 화성시 동탄면 경기동로 267-24
시 장 : KOSDAQ
기업규모 : 우량
연 락 처 : 031)831-2500

설 립 일	2002.03.12	**종 업 원 수**	330명	**대 표 이 사**	이재경
상 장 일	2011.11.01	**감 사 의 견**	적정(한영)	**계 열**	
결 산 기	12월	**보 통 주**		**종속회사수**	2개사
액 면 가	500원	**우 선 주**		**구 상 호**	

주주구성 (지분율,%)		출자관계 (지분율,%)		주요경쟁사 (외형,%)	
원익홀딩스	28.2			테라세미콘	100
현대인베스트먼트자산운용	4.7			APS홀딩스	24
(외국인)	7.9			덕산네오룩스	28

매출구성		비용구성		수출비중	
디스플레이 장비, 반도체 장비	96.5	매출원가율	75.6	수출	26.7
기타매출	3.5	판관비율	6.9	내수	73.3

회사 개요

동사는 2002년 설립 이후 2011년에 상장했음. 반도체, 디스플레이, 태양전지 제조를 위한 장비, 재료, 부품의 제조 및 판매를 주된 사업으로 하고 반도체 공정에 적용되는 열처리 장비를 개발하여 삼성전자에 공급하고 있음. 주력장비인 열처리 장비를 삼성전자에 공급하며 국산화를 달성했으며 기술적 난이도가 높은 하이엔드 장비군으로 로드맵을 확대하고 있음. 반도체의 경우 차세대 공정으로 전환되면서 기존 수준을 뛰어넘는 매출 향상이 기대됨.

실적 분석

동사의 연결기준 2017년 매출액은 전년 대비 109.5% 증가한 3,611.4억원을 기록한 반면, 판관비는 인건비 및 경상개발비 증가의 영향으로 전년 동기 대비 40.2% 증가함. 동기간 영업이익은 전년 대비 142.8% 증가한 629.6억원을 기록함. 반면, 비영업손익은 외환손실로 적자를 지속함. 동사의 2017년 당기순이익은 전년 대비 121.6% 증가한 431.9억원을 기록함

현금 흐름 〈단위 : 억원〉

항목	2016	2017
영업활동	383	86
투자활동	-404	-119
재무활동	3	-17
순현금흐름	-16	-61
기말현금	119	58

시장 대비 수익률

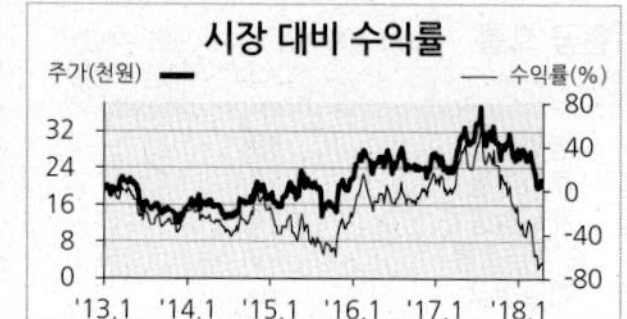

결산 실적 〈단위 : 억원〉

항목	2012	2013	2014	2015	2016	2017
매출액	768	501	716	1,067	1,724	3,611
영업이익	101	15	48	42	259	630
당기순이익	87	5	30	25	195	432

분기 실적 〈단위 : 억원〉

항목	2016.3Q	2016.4Q	2017.1Q	2017.2Q	2017.3Q	2017.4Q
매출액	379	933	1,144	1,093	688	687
영업이익	107	117	222	175	125	108
당기순이익	61	116	151	137	107	37

재무 상태 〈단위 : 억원〉

항목	2012	2013	2014	2015	2016	2017
총자산	952	929	1,099	1,138	1,910	2,062
유형자산	268	262	260	243	268	485
무형자산	27	29	30	29	30	31
유가증권	118	223	383	378	779	503
총부채	343	350	486	487	727	464
총차입금	219	244	272	303	—	—
자본금	48	49	50	50	57	57
총자본	609	579	613	651	1,183	1,597
지배주주지분	609	579	613	651	1,183	1,597

기업가치 지표

항목	2012	2013	2014	2015	2016	2017
주가(최고/저)(천원)	34.3/13.3	22.5/11.5	20.9/12.8	23.9/13.1	28.5/20.2	37.3/22.9
PER(최고/저)(배)	33.5/13.0	492.0/251.4	69.1/42.3	98.7/54.0	16.8/11.9	9.9/6.1
PBR(최고/저)(배)	5.6/2.2	3.7/1.9	3.2/2.0	3.6/2.0	2.7/1.9	2.6/1.6
EV/EBITDA(배)	11.7	36.7	22.7	29.4	7.8	3.9
EPS(원)	1,041	47	307	246	1,724	3,821
BPS(원)	6,283	6,263	6,542	6,778	10,612	14,274
CFPS(원)	1,332	295	561	505	1,949	4,089
DPS(원)	—	—	—	—	150	300
EBITDAPS(원)	1,508	402	740	676	2,519	5,838

재무 비율 〈단위 : %〉

연도	영업이익률	순이익률	부채비율	차입금비율	ROA	ROE	유보율	자기자본비율	EBITDA마진율
2017	17.4	12.0	29.1	0.0	21.8	31.1	2,754.8	77.5	18.3
2016	15.0	11.3	61.4	0.0	12.8	21.3	2,022.5	62.0	16.5
2015	3.9	2.3	74.8	46.6	2.2	3.9	1,255.5	57.2	6.4
2014	6.7	4.3	79.2	44.3	3.0	5.1	1,208.5	55.8	10.3

테라셈 (A182690)

TerraSem

업 종	전자 장비 및 기기	시 장	KOSDAQ
신용등급	(Bond) — (CP) —	기업규모	중견
홈페이지	www.terrasem.com	연 락 처	043)240-8100
본 사	충북 청주시 청원구 오창읍 과학산업5로 9		

설 립 일	2000.06.30	**종 업 원 수**	77명	**대 표 이 사**	서성기
상 장 일	2013.10.11	**감 사 의 견**	적정(다산)	**계 열**	
결 산 기	12월	**보 통 주**		**종속회사수**	
액 면 가	500원	**우 선 주**		**구 상 호**	

주주구성 (지분율,%)		출자관계 (지분율,%)		주요경쟁사 (외형,%)	
서성기	49.3	TEERASEMVINA	100.0	테라셈	100
고정환	3.8			광전자	2,202
(외국인)	0.8			대동전자	517

매출구성		비용구성		수출비중	
CCM	42.9	매출원가율	121.8	수출	46.4
CLCC	31.3	판관비율	42.4	내수	53.6
PLCC	13.5				

회사 개요

동사는 보안용 및 자동차용 카메라에 사용되는 이미지센서를 패키징하는 기업으로 세라믹 소재의 CLCC, 플라스틱 소재의 PLCC, EMC 소재의 PDIP 등을 모두 소화할 수 있는 생산설비 및 공정기술을 보유하고 있음. 이미지센서 패키지 공정에서 중요한 부분인 글라스 Sealing 공정상 동사는 UV Epoxy를 활용하여 생산성 및 제품 신뢰도를 증가시키고 있고, 이와 관련한 지적재산권을 바탕으로 진입장벽을 구축하고 있음.

실적 분석

모든 부문에서의 판매량 감소와 단가 하락으로 2017년 매출액은 전년의 절반 이하 수준으로 급감했으며, 영업이익과 당기순이익도 적자를 지속하고 있음. 평택사업장을 신설하여 기존 PKG 납품업체인 중국의 BYD와 협력사업으로 L사향 휴대폰 메탈 케이스에 대한 검사 및 TEST 용역을 2017년 9월부터 시작함. 해외 진출을 위하여 베트남에 SMD/PBA 전문기업인 TERRASEM VINA를 설립하고 공장부지 및 건물을 확보하여 공사를 진행함.

현금 흐름 *IFRS 별도 기준

〈단위 : 억원〉

항목	2016	2017
영업활동	9	-44
투자활동	-16	-23
재무활동	-12	20
순현금흐름	-19	-48
기말현금	51	3

시장 대비 수익률

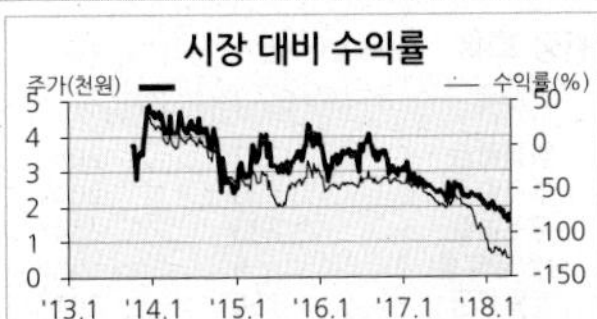

결산 실적

〈단위 : 억원〉

항목	2012	2013	2014	2015	2016	2017
매출액	242	324	279	466	175	81
영업이익	40	66	48	16	-43	-52
당기순이익	27	51	41	20	-44	-63

분기 실적 *IFRS 별도 기준

〈단위 : 억원〉

항목	2016.3Q	2016.4Q	2017.1Q	2017.2Q	2017.3Q	2017.4Q
매출액	22	42	18	22	16	24
영업이익	-12	-9	-10	-15	-12	-15
당기순이익	-13	-12	-11	-15	-12	-25

재무 상태 *IFRS 별도 기준

〈단위 : 억원〉

항목	2012	2013	2014	2015	2016	2017
총자산	153	200	236	276	180	142
유형자산	73	77	81	88	72	59
무형자산	0	1	2	1	1	1
유가증권	1	0	0	3	10	0
총부채	122	77	24	60	16	38
총차입금	97	49	—	—	—	20
자본금	109	61	70	70	70	70
총자본	32	123	213	217	165	104
지배주주지분	32	123	213	217	165	104

기업가치 지표 *IFRS 별도 기준

항목	2012	2013	2014	2015	2016	2017
주가(최고/저)(천원)	—/—	5.0/2.7	5.1/2.4	4.7/2.4	4.0/2.7	3.2/2.0
PER(최고/저)(배)	0.0/0.0	11.5/6.2	16.2/7.4	33.0/17.2	—/—	—/—
PBR(최고/저)(배)	0.0/0.0	5.1/2.8	3.5/1.6	2.9/1.5	3.1/2.1	3.8/2.4
EV/EBITDA(배)	1.7	8.6	4.5	16.8	—	—
EPS(원)	251	451	326	143	-314	-449
BPS(원)	1,446	1,014	1,524	1,622	1,286	855
CFPS(원)	1,573	518	408	236	-212	-354
DPS(원)	—	—	50	50	—	—
EBITDAPS(원)	2,137	654	465	208	-206	-275

재무 비율

〈단위 : %〉

연도	영업이익률	순이익률	부채비율	차입금비율	ROA	ROE	유보율	자기자본비율	EBITDA마진율
2017	-64.3	-78.0	46.7	19.2	-37.7	-46.8	70.5	68.2	-47.8
2016	-24.7	-25.1	9.7	0.0	-19.2	-23.0	157.2	91.2	-16.5
2015	3.5	4.3	27.6	0.0	7.8	9.3	224.4	78.4	6.2
2014	17.1	14.6	11.1	0.0	18.6	24.2	204.7	90.0	20.8

테라젠이텍스 (A066700)

Theragen Etex

업 종	제약	시 장	KOSDAQ
신용등급	(Bond) — (CP) —	기업규모	중견
홈페이지	www.thera-gen.com	연 락 처	070)4609-5549
본 사	경기도 안산시 단원구 산단로68번길 58(초지동)		

설 립 일	1990.09.27	**종 업 원 수**	288명	**대 표 이 사**	고진업,류병환,황태순
상 장 일	2004.05.27	**감 사 의 견**	적정(삼정)	**계 열**	
결 산 기	12월	**보 통 주**		**종속회사수**	4개사
액 면 가	500원	**우 선 주**		**구 상 호**	

주주구성 (지분율,%)		출자관계 (지분율,%)		주요경쟁사 (외형,%)	
유한양행	8.2	테라젠헬스케어	100.0	테라젠이텍스	100
김성진	3.5	지놈케어	63.4	삼성제약	39
(외국인)	2.7	리드팜	59.8	대한약품	134

매출구성		비용구성		수출비중	
전문의약품등	34.6	매출원가율	69.8	수출	7.4
오라클러캡슐,자큐텍스정 외	33.4	판관비율	30.0	내수	92.6
유전체 분석 서비스	12.8				

회사 개요

LCD용 관련장비, 시스템의 제조 및 판매업과 바이오 사업 및 제약사업을 영위하고 있으며, 종속회사로 의약품 유통회사인 리드팜을 보유하고 있음. 동사는 최근 유전체 해독 및 생명정보기술을 이용한 '맞춤의학 유전체정보 분석서비스'를 상용화하기 위해 테라젠 바이오 연구소에서 유전체 분석 및 개발 중임. 이를 통해 향후 병원과 검진센터에 관련정보서비스를 제공하여 시장입지를 강화할 계획임.

실적 분석

동사의 2017년 연결기준 누적 매출액은 전년대비 6.2% 증가한 1,075.9억원을 시현함. 외형확장으로 인한 비용 증가와 인건비 상승, 판관비 등의 증가로 영업이익은 84.3% 감소함. 제약사업부문은 안정된 영업망을 기반으로 매출을 유지하고 있으며, 바이오사업부문은 해외 거래선 증대 및 제품 다변화로 매출 성장을 유지함. 당기순이익은 전년대비 43.4% 감소한 11.5억원을 시현함.

현금 흐름

〈단위 : 억원〉

항목	2016	2017
영업활동	-84	18
투자활동	-118	-87
재무활동	211	58
순현금흐름	9	-12
기말현금	65	53

시장 대비 수익률

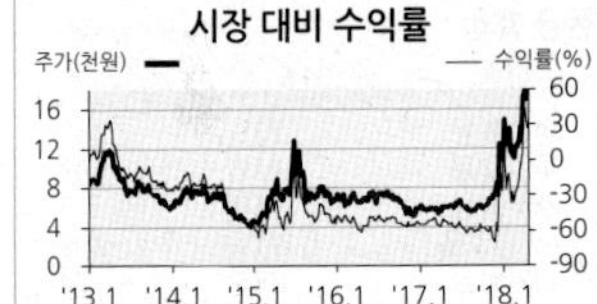

결산 실적

〈단위 : 억원〉

항목	2012	2013	2014	2015	2016	2017
매출액	793	907	897	989	1,013	1,076
영업이익	-73	24	15	25	13	2
당기순이익	-90	15	16	-85	20	12

분기 실적

〈단위 : 억원〉

항목	2016.3Q	2016.4Q	2017.1Q	2017.2Q	2017.3Q	2017.4Q
매출액	231	302	232	271	268	305
영업이익	4	1	-6	-6	-5	19
당기순이익	6	1	-6	-2	-8	27

재무 상태

〈단위 : 억원〉

항목	2012	2013	2014	2015	2016	2017
총자산	1,138	1,210	1,257	1,379	1,410	1,454
유형자산	304	314	313	372	450	447
무형자산	38	30	22	53	26	22
유가증권	17	9	11	14	96	83
총부채	421	413	437	620	619	518
총차입금	198	153	159	191	361	279
자본금	136	139	139	139	139	152
총자본	718	797	820	759	790	936
지배주주지분	664	740	762	688	721	869

기업가치 지표

항목	2012	2013	2014	2015	2016	2017
주가(최고/저)(천원)	9.6/6.2	12.3/5.9	8.3/4.0	13.0/4.1	7.8/5.0	12.6/5.3
PER(최고/저)(배)	—/—	254.3/121.4	143.7/69.0	—/—	97.2/62.3	299.4/125.9
PBR(최고/저)(배)	3.7/2.4	4.5/2.1	2.9/1.4	5.1/1.6	2.9/1.9	4.3/1.8
EV/EBITDA(배)	—	30.2	29.8	38.6	53.1	114.4
EPS(원)	-370	48	58	-294	80	42
BPS(원)	2,575	2,753	2,830	2,538	2,654	2,922
CFPS(원)	-244	171	168	-195	166	138
DPS(원)	—	—	—	—	—	—
EBITDAPS(원)	-172	210	164	188	133	102

재무 비율

〈단위 : %〉

연도	영업이익률	순이익률	부채비율	차입금비율	ROA	ROE	유보율	자기자본비율	EBITDA마진율
2017	0.2	1.1	55.3	29.8	0.8	1.6	484.4	64.4	2.9
2016	1.3	2.0	78.4	45.6	1.5	3.2	430.8	56.1	3.7
2015	2.5	-8.6	81.7	25.2	-6.5	-11.3	407.6	55.0	5.3
2014	1.7	1.8	53.3	19.4	1.3	2.1	466.0	65.2	5.1

테스 (A095610)

TES

업 종 : 반도체 및 관련장비
신용등급 : (Bond) — (CP) —
홈페이지 : www.hites.co.kr
본 사 : 경기도 용인시 처인구 양지면 중부대로 2374-36

시 장 : KOSDAQ
기업규모 : 우량
연 락 처 : 031)323-2552

설 립 일	2002.09.19	**종업원수**	272명	**대표이사**	주숭일,이재호
상 장 일	2008.05.20	**감사의견**	적정(삼화)	**계 열**	
결 산 기	12월	**보 통 주**		**종속회사수**	2개사
액 면 가	500원	**우 선 주**		**구 상 호**	

주주구성 (지분율,%)		출자관계 (지분율,%)		주요경쟁사 (외형,%)	
주숭일	19.9	티앤머티리얼스	94.3	테스	100
이재호	5.2	에타콤	43.1	이엔에프테크놀로지	140
(외국인)	22.9	애강그린텍	41.9	원익홀딩스	175

매출구성		비용구성		수출비중	
반도체 및 디스플레이, LED 장비 등	90.1	매출원가율	71.9	수출	6.6
원부자재 등	9.9	판관비율	5.1	내수	93.4

회사 개요

동사는 반도체 장비의 제조 및 개조사업을 영위하기 위해 2002년에 설립됨. 반도체 장비 중에서도 전공정 핵심장비인 CVD와 ETCH장비 제조를 주력으로 영위하고 있음. 2010년도부터 가스방식의 Dry Etcher장비의 개발에 성공하며 건식기상식각 장비 시장에 진입했고, 2012년도엔 여러 공정을 동시에 수행하는 복합장비(Hybrid System) 양산에 성공함. 2013년은 반도체 전공정 장비인 LPCVD와 새로운 PECVD의 양산에 성공함

실적 분석

동사는 2017년 한 해 동안 2758억원의 매출과 633억원의 영업이익, 543억원의 당기순이익을 달성함. 이는 전년과 대비하여 각각 54%, 74%, 74% 증가한 수치임. 상반기에 이어 하반기에도 핵심 반도체 고객들의 투자가 증가하고, 3D NAND 관련 장비 매출이 증가하며 설립 이후 최대 매출을 기록함. 2017년 말 총자산은 2425억원으로 약 576억원이 증가함.

현금 흐름

<단위 : 억원>

항목	2016	2017
영업활동	225	367
투자활동	-222	-503
재무활동	168	-73
순현금흐름	171	-209
기말현금	283	74

시장 대비 수익률

결산 실적

< 단위 : 억원 >

항목	2012	2013	2014	2015	2016	2017
매출액	704	671	1,097	1,003	1,789	2,758
영업이익	13	62	163	95	364	633
당기순이익	16	50	147	125	313	543

분기 실적

< 단위 : 억원 >

항목	2016.3Q	2016.4Q	2017.1Q	2017.2Q	2017.3Q	2017.4Q
매출액	413	569	638	1,060	456	604
영업이익	91	108	158	308	115	53
당기순이익	86	79	158	215	88	82

재무 상태

< 단위 : 억원 >

항목	2012	2013	2014	2015	2016	2017
총자산	996	916	1,106	1,206	1,848	2,425
유형자산	207	203	211	223	335	362
무형자산	121	95	86	87	100	107
유가증권	112	108	354	351	411	875
총부채	424	273	266	265	367	529
총차입금	114	134	95	120	51	94
자본금	48	48	51	51	97	99
총자본	571	642	840	942	1,482	1,896
지배주주지분	571	642	839	941	1,481	1,896

기업가치 지표

항목	2012	2013	2014	2015	2016	2017
주가(최고/저)(천원)	5.9/3.2	8.3/2.8	11.2/6.2	13.7/6.9	26.5/8.2	43.3/21.1
PER(최고/저)(배)	58.0/31.4	26.1/8.8	12.1/6.8	18.2/9.1	15.3/4.8	15.8/7.7
PBR(최고/저)(배)	1.6/0.9	2.0/0.7	2.2/1.2	2.4/1.2	3.5/1.1	4.3/2.1
EV/EBITDA(배)	8.0	11.2	7.3	10.2	11.3	10.0
EPS(원)	106	332	954	781	1,754	2,772
BPS(원)	6,056	6,795	8,171	9,145	7,636	10,122
CFPS(원)	545	903	1,925	1,587	2,001	3,034
DPS(원)	—	80	160	210	220	400
EBITDAPS(원)	511	1,032	2,088	1,288	2,284	3,492

재무 비율

< 단위 : % >

연도	영업이익률	순이익률	부채비율	차입금비율	ROA	ROE	유보율	자기자본비율	EBITDA마진율
2017	23.0	19.7	27.9	5.0	25.4	32.2	1,924.5	78.2	24.8
2016	20.3	17.5	24.8	3.4	20.5	25.9	1,427.1	80.2	22.8
2015	9.5	12.4	28.1	12.7	10.8	14.1	1,728.9	78.1	13.2
2014	14.9	13.4	31.7	11.3	14.5	19.9	1,534.2	75.9	18.8

테스나 (A131970)

TESNA

업 종 : 반도체 및 관련장비
신용등급 : (Bond) — (CP) —
홈페이지 : www.tesna.co.kr
본 사 : 경기도 평택시 산단로 16번길 72(모곡동)

시 장 : KOSDAQ
기업규모 : 벤처
연 락 처 : 031)646-8500

설 립 일	2002.09.06	**종업원수**	224명	**대표이사**	이종도
상 장 일	2013.10.22	**감사의견**	적정(한울)	**계 열**	
결 산 기	12월	**보 통 주**		**종속회사수**	
액 면 가	500원	**우 선 주**		**구 상 호**	

주주구성 (지분율,%)		출자관계 (지분율,%)		주요경쟁사 (외형,%)	
이종도	21.6			테스나	100
이종응	4.6			매커스	185
(외국인)	3.7			엑시콘	142

매출구성		비용구성		수출비중	
Wafer Test	85.6	매출원가율	75.4	수출	80.1
PKG Test	14.4	판관비율	3.7	내수	19.9
기타	0.0				

회사 개요

동사는 2002년 설립된 시스템 반도체 테스트 전문업체로 웨이퍼 테스트를 주력 사업으로 영위하고 있음. 동사는 삼성전자와 SK하이닉스를 비롯하여 국내 다수의 팹리스 업체들을 매출처로 확보하고 있으며, 테스트 제품군 역시 성장성이 높은 SoC를 비롯하여 CIS, Smart Card IC, MCU 등 다변화된 제품 포트폴리오로 구성되어 있어 사업의 안정성을 확보하고 있음.

실적 분석

동사의 2017년 매출과 영업이익은 472억원, 99억원으로 전년 대비 매출은 55.8% 증가하고 흑자전환함. 당기순이익은 90억원으로 전년 대비 1,115.4% 증가함. 반도체 업황 호조와 신규장비 투자에 따른 매출증가가 원인으로 분석됨. 2017년말 자산총계는 총 962억원으로 전기대비 23% 증가함. 자본총계는 전기 대비 15%가 증가하여 670억원을 기록함.

현금 흐름 *IFRS 별도 기준

<단위 : 억원>

항목	2016	2017
영업활동	127	204
투자활동	-33	-204
재무활동	-85	54
순현금흐름	9	54
기말현금	150	204

시장 대비 수익률

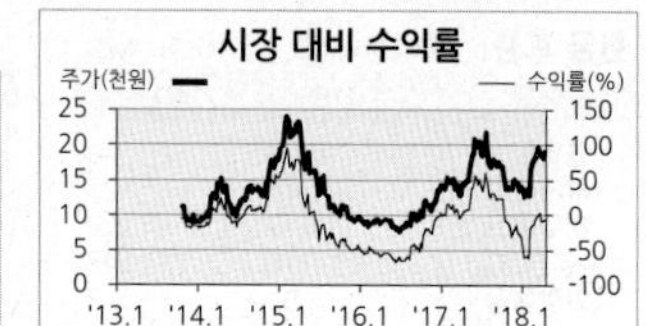

결산 실적

< 단위 : 억원 >

항목	2012	2013	2014	2015	2016	2017
매출액	553	678	478	338	303	472
영업이익	108	160	77	-33	-14	99
당기순이익	79	109	47	-42	7	90

분기 실적 *IFRS 별도 기준

< 단위 : 억원 >

항목	2016.3Q	2016.4Q	2017.1Q	2017.2Q	2017.3Q	2017.4Q
매출액	76	80	97	124	116	134
영업이익	-2	3	10	26	22	40
당기순이익	6	7	12	23	18	37

재무 상태 *IFRS 별도 기준

< 단위 : 억원 >

항목	2012	2013	2014	2015	2016	2017
총자산	1,029	1,109	997	830	782	962
유형자산	794	720	638	524	456	560
무형자산	0	0	—	—	—	—
유가증권	—	5	—	15	15	23
총부채	636	525	368	249	198	292
총차입금	554	425	289	197	139	167
자본금	31	34	34	34	34	34
총자본	393	584	629	581	585	670
지배주주지분	393	584	629	581	585	670

기업가치 지표 *IFRS 별도 기준

항목	2012	2013	2014	2015	2016	2017
주가(최고/저)(천원)	—/—	12.6/8.7	18.6/9.0	26.2/8.4	14.3/7.6	21.9/12.4
PER(최고/저)(배)	0.0/0.0	7.5/5.2	27.4/13.4	—/—	134.2/70.7	16.9/9.6
PBR(최고/저)(배)	0.0/0.0	1.5/1.0	2.0/1.0	3.1/1.0	1.7/0.9	2.2/1.3
EV/EBITDA(배)	1.6	2.3	5.0	4.9	7.5	3.8
EPS(원)	1,296	1,738	685	-612	108	1,313
BPS(원)	6,475	8,744	9,279	8,569	8,753	9,996
CFPS(원)	4,280	4,946	3,509	1,908	2,143	3,274
DPS(원)	—	170	120	—	—	150
EBITDAPS(원)	4,751	5,763	3,943	2,035	1,829	3,402

재무 비율

< 단위 : % >

연도	영업이익률	순이익률	부채비율	차입금비율	ROA	ROE	유보율	자기자본비율	EBITDA마진율
2017	20.9	19.1	43.6	24.9	10.3	14.3	1,899.2	69.6	49.4
2016	-4.7	2.4	33.8	23.8	0.9	1.3	1,650.5	74.8	41.4
2015	-9.8	-12.4	42.9	33.9	-4.6	-6.9	1,613.9	70.0	41.2
2014	16.0	9.8	58.5	45.9	4.5	7.7	1,755.8	63.1	56.5

테이팩스 (A055490)

TAPEX

업　　종 : 휴대폰 및 관련부품　　시　　장 : 거래소
신용등급 : (Bond) —　　(CP) —　　기업규모 : 시가총액 소형주
홈페이지 : www.tapex.co.kr　　연 락 처 : 031)8047-4219
본　　사 : 경기도 화성시 양감면 초록로532번길 62-16

설 립 일	1994.04.15	**종 업 원 수**	명	**대 표 이 사**	심병섭
상 장 일	2017.10.31	**감 사 의 견**	적정(삼정)	**계　　열**	
결 산 기	12월	**보 통 주**		**종속회사수**	
액 면 가	500원	**우 선 주**		**구 상 호**	

주주구성 (지분율,%)		출자관계 (지분율,%)		주요경쟁사 (외형,%)	
한솔케미칼	45.4			테이팩스	100
엔에이치아주아이비중소중견그로쓰2013사모투자전문회사	18.4			앤디포스	49
(외국인)	0.3			시노펙스	171

매출구성		비용구성		수출비중	
전자소재용	33.6	매출원가율	76.2	수출	30.5
식품포장용 랩	30.8	판관비율	12.5	내수	69.5
상품매출	16.3				

회사 개요

동사는 1994년 4월 희창산업으로 설립되었으며 전자 소재용 테이프를 생산하는 EM(Electronic Material) 사업부, 포장용 테이프 및 식품 포장용 랩(wrap)을 생산하는 TW(packaging Tape, Uni Wrap) 사업부로 구성됨. 2017년 매출액은 OCA, 2차전지 등의 EM사업 35.4%, OPP tape, Wrap 등의 TW사업 47.6%, 소비재 상품 17.0%로 구성되어있음.

실적 분석

동사의 연결기준 2017년 매출액은 전년 대비 66.5% 증가한 1,058.5억원 기록한 반면, 동기간 판관비는 19.9% 증가에 그침에 따라 동사의 2017년 영업이익은 전년 대비 123.9% 증가한 119.6억원을 기록함. 반면, 이자비용 중심으로 금융손실규모가 확대됨에 따라 비영업손익은 적자상태가 지속되었지만, 영업이익 증가가 이를 상회. 이에 따라 2017년 당기순이익은 76.5억원을 기록하며 전년 대비 크게 성장하였음.

현금 흐름 〈단위 : 억원〉

항목	2016	2017
영업활동	54	122
투자활동	-1,029	-38
재무활동	1,008	-103
순현금흐름	32	-20
기말현금	32	12

시장 대비 수익률

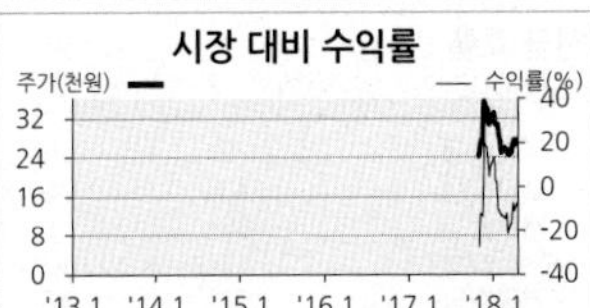

결산 실적 〈단위 : 억원〉

항목	2012	2013	2014	2015	2016	2017
매출액	1,021	1,013	1,115	1,133	636	1,059
영업이익	133	91	141	111	53	120
당기순이익	136	69	125	95	5	77

분기 실적 〈단위 : 억원〉

항목	2016.3Q	2016.4Q	2017.1Q	2017.2Q	2017.3Q	2017.4Q
매출액	—	—	—	272	—	—
영업이익	—	—	—	37	—	—
당기순이익	—	—	—	28	—	—

재무 상태 〈단위 : 억원〉

항목	2012	2013	2014	2015	2016	2017
총자산	830	1,044	1,194	1,114	1,644	1,598
유형자산	443	634	579	579	617	594
무형자산	0	1	1	1	644	646
유가증권	—	—	-0	—	—	—
총부채	261	236	261	536	930	717
총차입금	77	13	6	304	613	424
자본금	35	36	36	36	36	38
총자본	568	808	932	578	714	880
지배주주지분	568	808	932	578	714	880

기업가치 지표

항목	2012	2013	2014	2015	2016	2017
주가(최고/저)(천원)	—/—	—/—	—/—	—/—	—/—	37.3/23.6
PER(최고/저)(배)	0.0/0.0	0.0/0.0	0.0/0.0	0.0/0.0	0.0/0.0	21.3/13.5
PBR(최고/저)(배)	0.0/0.0	0.0/0.0	0.0/0.0	0.0/0.0	0.0/0.0	2.0/1.3
EV/EBITDA(배)	—	—	—	0.8	7.1	11.8
EPS(원)	1,937	973	1,761	1,802	115	1,747
BPS(원)	8,043	11,379	13,131	13,525	16,704	18,660
CFPS(원)	2,473	1,679	2,491	2,734	767	2,748
DPS(원)	—	—	—	—	—	—
EBITDAPS(원)	2,436	1,989	2,719	3,038	1,901	3,732

재무 비율 〈단위 : %〉

연도	영업이익률	순이익률	부채비율	차입금비율	ROA	ROE	유보율	자기자본비율	EBITDA마진율
2017	11.3	7.2	81.5	48.1	4.7	9.6	2,233.9	55.1	15.4
2016	8.4	0.8	130.3	85.9	0.4	0.8	1,911.1	43.4	12.8
2015	9.8	8.4	92.6	52.6	8.3	12.6	1,528.3	51.9	14.2
2014	12.7	11.2	28.0	0.7	11.2	14.4	2,526.2	78.1	17.3

테크윙 (A089030)

TECHWING

업　　종 : 반도체 및 관련장비　　시　　장 : KOSDAQ
신용등급 : (Bond) —　　(CP) —　　기업규모 : 우량
홈페이지 : www.techwing.co.kr　　연 락 처 : 031)379-8000
본　　사 : 경기도 화성시 동탄면 동탄산단6길 37

설 립 일	2002.08.01	**종 업 원 수**	455명	**대 표 이 사**	나윤성
상 장 일	2011.11.11	**감 사 의 견**	적정(대주)	**계　　열**	
결 산 기	12월	**보 통 주**		**종속회사수**	6개사
액 면 가	500원	**우 선 주**		**구 상 호**	

주주구성 (지분율,%)		출자관계 (지분율,%)		주요경쟁사 (외형,%)	
나윤성	13.1	케이클라비스마이스터신기술조합제이십일호	98.7	테크윙	100
가치투자자문	10.6	이엔씨테크놀로지	56.9	이엔에프테크놀로지	174
(외국인)	11.8			원익홀딩스	216

매출구성		비용구성		수출비중	
[반도체검사장비]Handler	63.0	매출원가율	64.9	수출	73.2
[반도체검사장비]C.O.K	20.0	판관비율	16.5	내수	26.8
[반도체검사장비]기타(Board류 등)	11.5				

회사 개요

동사는 2002년 설립되어 2011년 11월에 코스닥에 상장된 기업임. 반도체 테스트 핸들러의 설계, 제조, 판매를 주사업으로 영위함. 반도체 테스트 핸들러는 반도체 후공정 중 한 단계인 Final Test 공정에서 주검사장치인 테스터에 반도체 소자를 이송하고, 테스트 온도환경을 제공하며, 테스터의 검사결과에 따라 양품과 불량품을 자동으로 분류하는 매우 중요한 검사장비임.

실적 분석

동사의 2017년도 연결기준 연간 매출액은 2,227.7억원으로 전년 대비 56.9% 증가함. 이는 자회사 실적 증가 및 반도체 업황 호조에 따른 국내외 고객사 투자 증가가 요인임. 매출 증가 및 내부 원가절감 영향으로 영업이익 또한 415.2억원으로 전년 대비 79.8% 증가함. 향후에는 지연되고 있는 중국 메모리 후공정 투자가 본격화되어 실적개선을 기대함.

현금 흐름 〈단위 : 억원〉

항목	2016	2017
영업활동	-8	249
투자활동	-482	-452
재무활동	414	253
순현금흐름	-76	48
기말현금	65	114

시장 대비 수익률

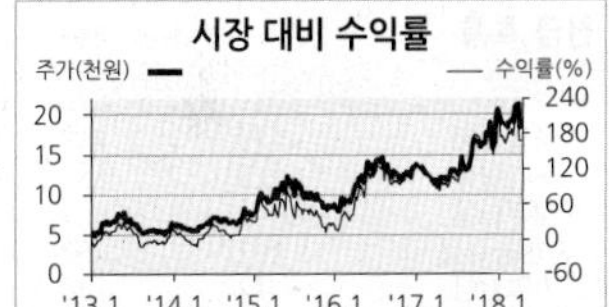

결산 실적 〈단위 : 억원〉

항목	2012	2013	2014	2015	2016	2017
매출액	911	918	1,124	1,360	1,420	2,228
영업이익	119	95	119	233	231	415
당기순이익	107	89	74	167	146	394

분기 실적 〈단위 : 억원〉

항목	2016.3Q	2016.4Q	2017.1Q	2017.2Q	2017.3Q	2017.4Q
매출액	328	269	308	453	740	726
영업이익	48	-12	34	90	169	123
당기순이익	116	-116	121	30	148	96

재무 상태 〈단위 : 억원〉

항목	2012	2013	2014	2015	2016	2017
총자산	1,195	1,499	1,735	2,116	2,676	3,424
유형자산	437	696	694	846	1,196	1,350
무형자산	82	141	140	171	184	156
유가증권	14	28	30	—	44	37
총부채	618	851	987	1,149	1,602	1,898
총차입금	423	623	664	909	1,345	1,315
자본금	83	83	87	87	91	93
총자본	577	648	748	967	1,074	1,526
지배주주지분	577	647	748	967	1,095	1,509

기업가치 지표

항목	2012	2013	2014	2015	2016	2017
주가(최고/저)(천원)	8.2/4.5	7.8/4.8	8.2/5.4	12.3/7.5	14.8/7.9	20.6/10.9
PER(최고/저)(배)	14.2/7.7	15.8/9.7	18.5/12.2	13.3/8.2	18.1/9.7	10.0/5.4
PBR(최고/저)(배)	2.4/1.3	2.0/1.2	1.9/1.3	2.3/1.4	2.4/1.3	2.5/1.3
EV/EBITDA(배)	8.7	13.2	11.8	8.4	13.2	9.9
EPS(원)	647	541	478	969	842	2,065
BPS(원)	3,793	4,281	4,672	5,594	6,378	8,283
CFPS(원)	821	737	736	1,236	1,131	2,424
DPS(원)	110	120	200	220	220	230
EBITDAPS(원)	899	773	981	1,614	1,604	2,615

재무 비율 〈단위 : %〉

연도	영업이익률	순이익률	부채비율	차입금비율	ROA	ROE	유보율	자기자본비율	EBITDA마진율
2017	18.6	17.7	124.3	86.2	12.9	29.2	1,545.2	44.6	21.6
2016	16.3	10.3	149.2	125.2	6.1	14.3	1,166.7	40.1	19.8
2015	17.1	12.3	118.9	94.1	8.7	19.5	1,010.6	45.7	20.5
2014	10.6	6.6	131.9	88.8	4.6	11.3	827.6	43.1	14.4

텔레칩스 (A054450)
Telechips

업 종 : 반도체 및 관련장비 | 시 장 : KOSDAQ
신용등급 : (Bond) — (CP) — | 기업규모 : 우량
홈페이지 : www.telechips.com | 연 락 처 : 02)3443-6792
본 사 : 서울시 송파구 올림픽로35다길 42 (신천동, 루터회관 19~23층)

설 립 일	1999.10.29	**종 업 원 수**	272명	**대 표 이 사**	이장규
상 장 일	2004.12.10	**감 사 의 견**	적정(신한)	**계 열**	
결 산 기	12월	**보 통 주**		**종속회사수**	4개사
액 면 가	500원	**우 선 주**		**구 상 호**	

주주구성 (지분율,%)		출자관계 (지분율,%)		주요경쟁사 (외형,%)	
이장규	22.7	티에스디반도체	100.0	텔레칩스	100
디비자산운용	10.4	칩스앤미디어	34.5	엘비세미콘	107
(외국인)	4.1	TELECHIPSUSA	100.0	에스엔텍	49

매출구성		비용구성		수출비중	
DMP	91.2	매출원가율	67.8	수출	45.2
모바일 TV 수신칩	5.9	판관비율	27.0	내수	54.8
기타 제품매출 등	2.9				

회사 개요

동사는 스마트 기기(테블릿PC, 스마트 TV Box등)에 적용되는 Application Processor 및 오디오/카메라/비디오 등 멀티미디어 기능을 지원하는 Digital Media Processor를 생산하는 기업임. 이와 같은 디지털컨버젼스 제품은 젊은층이 가장 큰 수요층이기에 젊은 세대의 구매유인이 많이 발생하는 연말연초에 수요가 집중되는 계절적 특성이 있음.

실적 분석

동사의 2017년 매출과 영업이익은 1227억원, 63억원으로 전년 대비 매출은 21.5% 증가하고 영업이익은 4.6% 감소함. STB용 신규칩 양산에 따른 무형자산 상각비 등 개발비용 증가가 영업이익 감소 원인으로 분석됨. 무형자산손상차손 증가 및 관계기업투자손실로 전년 대비 99.9% 감소한 500만원의 법인세비용차감전순이익을 시현함. 세액공제 효과에 따른 법인세비용 감소로 전년 대비 85.3% 감소한 15억원의 당기순이익을 기록함.

현금 흐름 (단위 : 억원)

항목	2016	2017
영업활동	129	118
투자활동	-125	-60
재무활동	3	1
순현금흐름	7	58
기말현금	72	130

시장 대비 수익률

결산 실적 (단위 : 억원)

항목	2012	2013	2014	2015	2016	2017
매출액	740	740	753	821	1,010	1,227
영업이익	-19	-79	17	46	66	63
당기순이익	7	-173	14	20	105	15

분기 실적 (단위 : 억원)

항목	2016.3Q	2016.4Q	2017.1Q	2017.2Q	2017.3Q	2017.4Q
매출액	242	281	271	291	339	326
영업이익	14	21	9	2	17	36
당기순이익	14	52	3	1	21	-9

재무 상태 (단위 : 억원)

항목	2012	2013	2014	2015	2016	2017
총자산	1,091	909	955	998	1,141	1,232
유형자산	42	38	37	37	41	39
무형자산	134	60	61	137	203	140
유가증권	14	16	32	37	38	39
총부채	227	221	264	294	337	412
총차입금	—	—	—	—	—	—
자본금	53	53	53	53	53	53
총자본	863	688	691	705	805	820
지배주주지분	863	688	691	705	805	820

기업가치 지표

항목	2012	2013	2014	2015	2016	2017
주가(최고/저)(천원)	6.5/4.0	6.0/3.6	5.7/3.2	9.8/4.6	12.2/7.9	14.2/9.8
PER(최고/저)(배)	102.9/63.1	—/—	44.4/24.6	53.2/25.0	12.6/8.2	99.1/68.0
PBR(최고/저)(배)	0.8/0.5	0.8/0.5	0.8/0.4	1.3/0.6	1.5/1.0	1.7/1.1
EV/EBITDA(배)	1.1	0.5	1.6	9.1	7.0	5.3
EPS(원)	52	-1,285	106	150	779	114
BPS(원)	9,083	7,433	7,443	7,571	8,513	8,627
CFPS(원)	818	-591	746	512	1,466	1,175
DPS(원)	50	—	70	80	130	100
EBITDAPS(원)	574	296	772	752	1,101	1,626

재무 비율 (단위 : %)

연도	영업이익률	순이익률	부채비율	차입금비율	ROA	ROE	유보율	자기자본비율	EBITDA마진율
2017	5.2	1.3	50.3	0.0	1.3	1.9	1,625.5	66.5	14.1
2016	6.6	10.4	41.8	0.0	9.8	13.9	1,602.7	70.5	11.6
2015	5.6	2.5	41.7	0.0	2.1	2.9	1,414.1	70.6	9.7
2014	2.3	1.9	38.2	0.0	1.5	2.1	1,388.7	72.4	10.9

텔레필드 (A091440)
Telefield

업 종 : 통신장비 | 시 장 : KOSDAQ
신용등급 : (Bond) — (CP) — | 기업규모 : 벤처
홈페이지 : www.telefield.com | 연 락 처 : 031)730-5900
본 사 : 경기도 성남시 분당구 판교로 255, E동 301호 (삼평동, 판교이노밸리)

설 립 일	2000.09.20	**종 업 원 수**	126명	**대 표 이 사**	박노택
상 장 일	2008.02.01	**감 사 의 견**	적정(대주)	**계 열**	
결 산 기	12월	**보 통 주**		**종속회사수**	1개사
액 면 가	500원	**우 선 주**		**구 상 호**	

주주구성 (지분율,%)		출자관계 (지분율,%)		주요경쟁사 (외형,%)	
박노택	23.7	썬웨이브텍	60.0	텔레필드	100
노병진	4.3	TELEFIELDGLOBALFORCONTRACTING&TRADING	49.0	옵티시스	48
(외국인)	2.0			이그잭스	116

매출구성		비용구성		수출비중	
MSPP 광전송장비 등	41.4	매출원가율	65.4	수출	0.0
대용량MSPP 광전송장비	28.3	판관비율	32.2	내수	100.0
공사 및 유지보수	12.6				

회사 개요

동사는 광전송장비를 연구개발 및 제조, 판매하고 있으며 그 영역 중에서 다양한 신호와 접속을 해야 하는 접속망과 기술의 연계성이 높고 상대적 고수익 사업인 백본망 시장에 집중하고 있음. 백본망은 기간전송 백본망과 인터넷백본망으로 분류되며 동사의 향후 매출증대를 위해 전략적으로 접근하고 있는 시장임. 기업전용회선 가입자들의 트래픽 개선에 따른 장비고도화, IPTV서비스에 따른 전송장치의 성능향상을 위한 투자 진행.

실적 분석

동사의 2017년 매출은 374.3억원으로 전년대비 13.2% 감소, 영업이익은 9.0억원으로 전년대비 흑자전환, 당기순이익은 6.4억원으로 전년대비 흑자전환. 국내 시장의 수요 부진과 경쟁 심화로 외형이 전년대비 축소,그러나 원가율 개선으로 수익성은 전년대비 증가. 삼성전자가 5G 시장점유율을 4G LTE대비 두배 이상 끌어올린다는 목표를 제시, 동사가 수혜 기대. 5G 관련한 매출이 2018년에 반영 전망

현금 흐름 (단위 : 억원)

항목	2016	2017
영업활동	-6	19
투자활동	-18	-26
재무활동	65	-5
순현금흐름	42	-12
기말현금	57	46

시장 대비 수익률

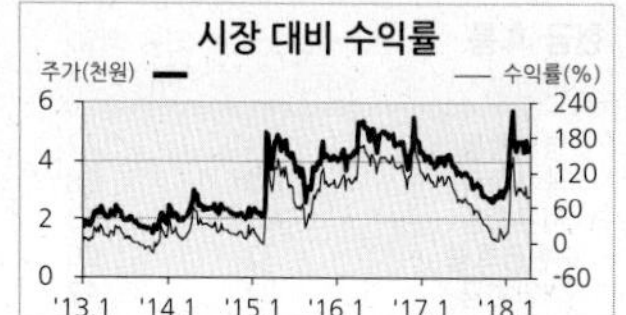

결산 실적 (단위 : 억원)

항목	2012	2013	2014	2015	2016	2017
매출액	270	280	436	374	431	374
영업이익	17	6	29	9	-17	9
당기순이익	9	3	22	8	-26	6

분기 실적 (단위 : 억원)

항목	2016.3Q	2016.4Q	2017.1Q	2017.2Q	2017.3Q	2017.4Q
매출액	59	179	47	71	56	200
영업이익	-14	4	-8	-18	-13	48
당기순이익	-13	-4	-10	-15	-17	48

재무 상태 (단위 : 억원)

항목	2012	2013	2014	2015	2016	2017
총자산	380	416	454	491	552	548
유형자산	42	40	42	40	37	36
무형자산	70	70	49	34	50	62
유가증권	0	0	0	0	1	0
총부채	144	178	193	219	303	293
총차입금	80	80	119	79	198	191
자본금	35	35	35	35	35	35
총자본	236	239	261	271	249	256
지배주주지분	236	239	261	271	245	250

기업가치 지표

항목	2012	2013	2014	2015	2016	2017
주가(최고/저)(천원)	3.3/1.2	2.6/1.5	3.0/1.9	6.6/2.0	5.6/3.7	4.5/2.6
PER(최고/저)(배)	25.5/9.0	55.0/31.9	9.5/6.0	58.9/18.3	—/—	59.7/34.3
PBR(최고/저)(배)	1.0/0.3	0.7/0.4	0.8/0.5	1.6/0.5	1.6/1.0	1.2/0.7
EV/EBITDA(배)	3.9	6.8	5.0	12.3	—	12.8
EPS(원)	130	47	317	111	-379	75
BPS(원)	3,518	3,565	3,882	4,021	3,642	3,721
CFPS(원)	388	331	683	382	-153	344
DPS(원)	—	—	—	—	—	—
EBITDAPS(원)	495	371	781	399	-17	398

재무 비율 (단위 : %)

연도	영업이익률	순이익률	부채비율	차입금비율	ROA	ROE	유보율	자기자본비율	EBITDA마진율
2017	2.4	1.7	114.4	74.7	1.2	2.1	644.1	46.6	7.4
2016	-3.9	-6.1	121.6	79.6	-5.1	-10.2	628.4	45.1	-0.3
2015	2.4	2.1	80.8	29.1	1.6	2.9	704.2	55.3	7.4
2014	6.6	5.1	74.0	45.7	5.1	8.8	676.5	57.5	12.5

텔루스 (A196450)
Tellus

업 종 : 휴대폰 및 관련부품 / 시 장 : KOSDAQ
신용등급 : (Bond) — (CP) — / 기업규모 : 중견
홈페이지 : www.itellus.co.kr / 연 락 처 : 031)705-6234
본 사 : 경기도 용인시 처인구 남사면 당하로 113-12

설 립 일	2014.05.09	종업원수	14명	대 표 이 사	원영훈
상 장 일	2014.06.02	감사의견	적정(호연)	계 열	
결 산 기	12월	보 통 주		종속회사수	3개사
액 면 가	200원	우 선 주		구 상 호	온다 엔터테인먼트

주주구성 (지분율,%)		출자관계 (지분율,%)		주요경쟁사 (외형,%)	
텔루스컨소시엄	16.1	에스엘코리아	24.7	텔루스	100
케이비즈원	4.2	엔이아이디	19.4		
(외국인)	0.2	에프원미디어	18.1		

매출구성		비용구성		수출비중	
휴대폰카메라용 렌즈 모듈, VCM	85.5	매출원가율	67.2	수출	0.0
엔터사업부문 용역	11.1	판관비율	38.5	내수	100.0
상품	3.4				

회사 개요

동사는 2014년 5월 7일을 분할 기일로 기존 차바이오앤디오스텍(현재 존속법인 차바이오텍)의 광학사업부문을 인적분할하여 설립됨. 휴대폰용 카메라렌즈 및 렌즈모듈 개발/제조를 주 영업목적으로 운영하고 있음. 2014년 6월 2일 코스닥시장에 재상장됨. 주요 제품으로는 휴대폰용 렌즈 및 렌즈모듈의 개발, 생산을 하고 있음. 매출구성은 휴대폰용 렌즈 및 렌즈모듈, VCM 85% 엔터부문 15%로 구성됨.

실적 분석

동사의 2017년 전체 매출은 142억원으로 전년대비 64.2% 감소, 영업이익은 -8.1억원으로 적자지속, 당기순이익은 -188억원으로 전년대비 적자지속. 외형 감소로 고정비 부담 증가, 알앤디 비용 반영으로 수익성도 전년대비 부진 시현. 동사는 2017년 KBS와 함께 VR 체험존을 설립을 위한 공동사업 협약 체결한 후 관련 사업 진행하고 있음 또한 K-Star VR을 순차적으로 확대할 계획. 또한 뮤지컬 제작분야에 새롭게 진출 추진

현금 흐름
〈단위 : 억원〉

항목	2016	2017
영업활동	-264	-75
투자활동	-84	-106
재무활동	282	221
순현금흐름	-72	40
기말현금	12	52

시장 대비 수익률

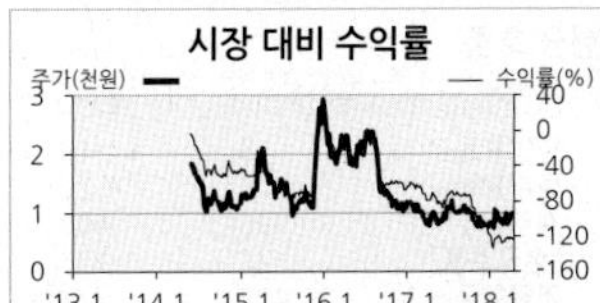

결산 실적
〈단위 : 억원〉

항목	2012	2013	2014	2015	2016	2017
매출액	—	—	340	558	397	142
영업이익	—	—	-26	-67	-225	-8
당기순이익	—	—	-30	-102	-500	-188

분기 실적
〈단위 : 억원〉

항목	2016.3Q	2016.4Q	2017.1Q	2017.2Q	2017.3Q	2017.4Q
매출액	107	113	36	19	55	32
영업이익	-79	-38	-5	-11	3	4
당기순이익	-111	-241	-1	-14	-1	-172

재무 상태
〈단위 : 억원〉

항목	2012	2013	2014	2015	2016	2017
총자산	—	—	920	999	699	683
유형자산	—	—	302	469	84	45
무형자산	—	—	27	33	11	6
유가증권	—	—	36	6	71	202
총부채	—	—	86	249	347	226
총차입금	—	—	—	40	292	210
자본금	—	—	94	94	111	170
총자본	—	—	835	750	352	458
지배주주지분	—	—	833	748	344	456

기업가치 지표

항목	2012	2013	2014	2015	2016	2017
주가(최고/저)(천원)	—/—	—/—	6.3/2.5	7.3/2.4	7.5/2.4	1.3/0.8
PER(최고/저)(배)	0.0/0.0	0.0/0.0	—/—	—/—	—/—	—/—
PBR(최고/저)(배)	0.0/0.0	0.0/0.0	1.4/0.6	1.8/0.6	4.8/1.5	2.4/1.4
EV/EBITDA(배)	0.0	0.0	9.6	560.6	—	350.1
EPS(원)	—	—	-64	-215	-964	-220
BPS(원)	—	—	4,420	3,969	1,559	539
CFPS(원)	—	—	110	-171	-2,158	-206
DPS(원)	—	—	—	—	—	—
EBITDAPS(원)	—	—	133	12	-837	3

재무 비율
〈단위 : %〉

연도	영업이익률	순이익률	부채비율	차입금비율	ROA	ROE	유보율	자기자본비율	EBITDA마진율
2017	-5.7	-132.2	49.3	45.9	-27.2	-42.4	169.5	67.0	1.4
2016	-56.8	-125.9	98.7	83.1	-58.9	-91.4	211.7	50.3	-43.7
2015	-12.0	-18.2	33.2	5.4	-10.6	-12.8	693.8	75.1	0.4
2014	-7.5	-8.8	10.2	0.0	0.0	0.0	784.0	90.7	7.4

텔코웨어 (A078000)
Telcoware

업 종 : 일반 소프트웨어 / 시 장 : 거래소
신용등급 : (Bond) — (CP) — / 기업규모 : 시가총액 소형주
홈페이지 : www.telcoware.com / 연 락 처 : 02)2105-9800
본 사 : 서울시 서초구 법원로 3길 20-7 (서초동)

설 립 일	2000.01.11	종업원수	192명	대 표 이 사	금한태
상 장 일	2004.07.20	감사의견	적정(삼일)	계 열	
결 산 기	12월	보 통 주		종속회사수	1개사
액 면 가	500원	우 선 주		구 상 호	

주주구성 (지분율,%)		출자관계 (지분율,%)		주요경쟁사 (외형,%)	
금한태	21.4	유디스	20.0	텔코웨어	100
텔코인	6.1	텔코인	9.5	한컴MDS	360
(외국인)	3.3			이니텍	589

매출구성		비용구성		수출비중	
무선데이터	78.1	매출원가율	60.8	수출	0.1
음성핵심망	21.2	판관비율	26.6	내수	99.9
기타	0.8				

회사 개요

동사는 2000년 1월 정보통신 소프트웨어 개발을 주요 사업목적으로 설립되어 2004년 유가증권 시장에 상장됨. 이동통신망에서 통신서비스를 가능하게 하는 음성핵심망 솔루션, 무선데이터 솔루션, 요소기술, Access Network 등 이동통신 코어망을 이용한 부가서비스를 제공하며, 주요 고객은 SKT로 매출비중은 약 85~90%임. 해외법인(미국법인) 1개를 두고 있음.

실적 분석

동사의 017년 연간 매출액은 전년 대비 1.2% 증가한 414억원원을 기록함. 판매비와관리비 감소로 인해 영업이익은 전년 대비 12.8% 증가한 52.1억원을 기록함. 2016년 일시적으로 둔화되었던 음성핵심망(HLR) 부문의 실적이 정상화 되면서 영업이익 회복. HLR, IMS는 모바일 통신을 함에 있어서 인프라 솔루션 성격의 사업으로 매년 업데이트 및 유지보수 수요가 발생하고 있어 사업구조가 매우 안정적.

현금 흐름
〈단위 : 억원〉

항목	2016	2017
영업활동	46	98
투자활동	148	-136
재무활동	-37	-28
순현금흐름	157	-66
기말현금	453	387

시장 대비 수익률

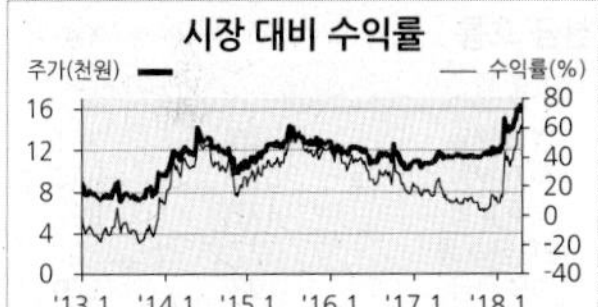

결산 실적
〈단위 : 억원〉

항목	2012	2013	2014	2015	2016	2017
매출액	623	658	506	594	409	414
영업이익	72	131	80	84	46	52
당기순이익	68	108	76	78	45	53

분기 실적
〈단위 : 억원〉

항목	2016.3Q	2016.4Q	2017.1Q	2017.2Q	2017.3Q	2017.4Q
매출액	102	133	62	113	102	138
영업이익	14	40	-5	29	17	11
당기순이익	16	37	-3	27	20	9

재무 상태
〈단위 : 억원〉

항목	2012	2013	2014	2015	2016	2017
총자산	1,104	1,274	1,155	1,196	1,160	1,192
유형자산	173	232	247	243	237	232
무형자산	102	88	87	74	74	49
유가증권	46	46	—	51	82	—
총부채	246	309	153	151	107	113
총차입금	15	13	20	18	10	8
자본금	50	50	50	50	50	50
총자본	858	965	1,002	1,045	1,053	1,078
지배주주지분	858	965	1,002	1,045	1,053	1,078

기업가치 지표

항목	2012	2013	2014	2015	2016	2017
주가(최고/저)(천원)	9.0/5.3	10.2/7.0	14.3/9.4	14.3/10.2	12.8/10.2	12.4/10.3
PER(최고/저)(배)	16.3/10.0	11.6/8.0	21.9/14.4	20.4/14.5	30.1/23.9	23.7/19.7
PBR(최고/저)(배)	0.9/0.6	1.0/0.7	1.2/0.8	1.2/0.8	1.0/0.8	0.9/0.7
EV/EBITDA(배)	6.3	2.7	6.7	6.7	6.5	5.2
EPS(원)	698	1,117	784	802	464	546
BPS(원)	12,520	13,421	13,799	14,248	14,327	14,591
CFPS(원)	968	1,350	943	963	627	723
DPS(원)	400	650	600	660	500	580
EBITDAPS(원)	1,010	1,583	985	1,027	638	714

재무 비율
〈단위 : %〉

연도	영업이익률	순이익률	부채비율	차입금비율	ROA	ROE	유보율	자기자본비율	EBITDA마진율
2017	12.6	12.8	10.5	0.7	4.5	5.0	2,716.6	90.5	16.7
2016	11.3	11.0	10.2	1.0	3.8	4.3	2,665.5	90.8	15.2
2015	14.2	13.1	14.4	1.8	6.6	7.6	2,650.5	87.4	16.8
2014	15.8	15.0	15.3	2.0	6.3	7.7	2,563.6	86.7	18.9

텔콘 (A200230)

TELCON

업 종 : 통신장비
신용등급 : (Bond) — (CP) —
홈페이지 : www.telcon.co.kr
본 사 : 경기도 용인시 기흥구 동탄기흥로 684

시 장 : KOSDAQ
기업규모 : 중견
연 락 처 : 031)370-8502

설 립 일	1999.01.08	**종업원수**	97명	**대 표 이 사**	이두현,김지훈
상 장 일	2014.11.24	**감사의견**	적정(세일)	**계 열**	
결 산 기	12월	**보 통 주**		**종속회사수**	6개사
액 면 가	100원	**우 선 주**		**구 상 호**	

주주구성 (지분율,%)		출자관계 (지분율,%)		주요경쟁사 (외형,%)	
엠마우스생명과학	8.7	텔콘제약	81.3	텔콘	100
한일진공	3.6	중원제약	78.3	디티앤씨	119
(외국인)	11.9	비보존	36.4	다산네트웍스	735

매출구성		비용구성		수출비중	
RF부문 기타	25.9	매출원가율	88.0	수출	26.3
CABLE ASS'Y	25.6	판관비율	36.7	내수	73.7
CONNECTOR	22.4				

회사 개요

동사는 1999년 1월 8일에 설립되어 기타 무선 통신장비제조에 쓰이는 커넥터와 케이블 어셈블리 등의 제조를 주요 사업으로 영위하고 있음. 향후 광전복합 커넥터 외 광Cable Ass'y 공급을 통한 광 솔루션 업체로 도약하는 데 중점을 두고 있음. 동사는 현재 연결대상 종속회사로서 무선통신장비를 제조 및 판매하는 덕통전자가 있으며, 텔콘제약과 중원제약이 신규 연결되어 제약 및 바이오산업으로 사업 확장함.

실적 분석

동사의 2017년 연결기준 누적매출액은 417.7억원으로 전년대비 40.0% 증가함. RF사업부문의 매출이 증가하고, 제약 바이오 부문 신규연결로 전체 매출은 증가했지만 사업 확장에 따른 비용 증가와 매출원가 상승, 신규 투자 등으로 비용이 증가함. 이로 인해 영업손실 및 당기순손실은 각각 103억원, 172억원으로 적자가 지속됨. POI, 인빌딩 및 광 사업장 확대와 5G시장 관련 개발, 신규연결 부문 실적 개선을 통해 매출 증대 노력중임.

현금 흐름 <단위 : 억원>

항목	2016	2017
영업활동	-40	-81
투자활동	-510	-840
재무활동	477	992
순현금흐름	-72	71
기말현금	108	179

시장 대비 수익률

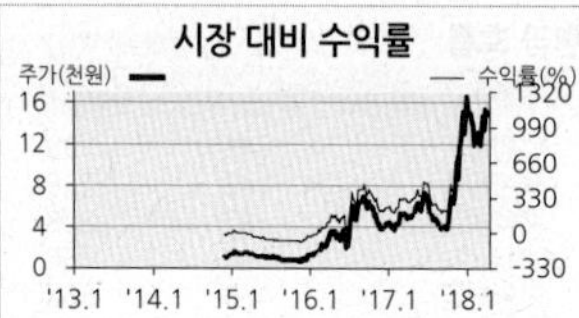

결산 실적 <단위 : 억원>

항목	2012	2013	2014	2015	2016	2017
매출액	352	466	588	285	298	418
영업이익	56	99	81	-3	-71	-103
당기순이익	45	79	67	3	-45	-172

분기 실적 <단위 : 억원>

항목	2016.3Q	2016.4Q	2017.1Q	2017.2Q	2017.3Q	2017.4Q
매출액	71	113	133	113	82	89
영업이익	-27	-22	-7	-23	-33	-41
당기순이익	18	-54	-24	-89	-65	6

재무 상태 <단위 : 억원>

항목	2012	2013	2014	2015	2016	2017
총자산	223	322	478	482	1,245	2,183
유형자산	5	12	17	15	72	161
무형자산	0	2	3	3	364	725
유가증권	3	3	10	69	47	335
총부채	74	97	45	42	361	745
총차입금	25	32	11	—	242	671
자본금	13	20	25	25	58	73
총자본	149	225	432	440	884	1,438
지배주주지분	149	225	432	440	660	1,099

기업가치 지표

항목	2012	2013	2014	2015	2016	2017
주가(최고/저)(천원)	—/—	—/—	1.4/1.0	1.7/0.7	8.4/1.2	17.3/3.7
PER(최고/저)(배)	0.0/0.0	0.0/0.0	8.3/6.3	238.3/95.2	—/—	—/—
PBR(최고/저)(배)	0.0/0.0	0.0/0.0	1.6/1.2	1.9/0.8	7.4/1.0	11.4/2.4
EV/EBITDA(배)	—	—	4.3	140.9	—	—
EPS(원)	179	234	163	7	-64	-220
BPS(원)	5,979	5,627	8,604	8,760	1,135	1,512
CFPS(원)	1,867	2,410	1,732	177	-39	-188
DPS(원)	—	—	—	—	—	—
EBITDAPS(원)	2,315	2,995	2,052	51	-108	-117

재무 비율 <단위 : %>

연도	영업이익률	순이익률	부채비율	차입금비율	ROA	ROE	유보율	자기자본비율	EBITDA마진율
2017	-24.7	-41.3	51.8	46.6	-10.1	-17.4	1,411.9	65.9	-19.5
2016	-23.9	-15.2	40.8	27.4	-5.3	-6.3	1,035.3	71.0	-19.4
2015	-1.0	1.2	9.5	0.0	0.7	0.8	1,652.0	91.4	0.9
2014	13.7	11.5	10.5	2.6	16.9	20.5	1,620.8	90.5	14.5

토니모리 (A214420)

TONYMOLY CO

업 종 : 개인생활용품
신용등급 : (Bond) — (CP) —
홈페이지 : www.etonymoly.com
본 사 : 서울시 서초구 남부순환로 2557

시 장 : 거래소
기업규모 : 시가총액 소형주
연 락 처 : 02)593-3191

설 립 일	2006.07.26	**종업원수**	178명	**대 표 이 사**	배해동
상 장 일	2015.07.10	**감사의견**	적정(대주)	**계 열**	
결 산 기	12월	**보 통 주**		**종속회사수**	6개사
액 면 가	200원	**우 선 주**		**구 상 호**	

주주구성 (지분율,%)		출자관계 (지분율,%)		주요경쟁사 (외형,%)	
배해동	32.1	메가코스	100.0	토니모리	100
정숙인	17.0	메가코스바이오	100.0	케어젠	28
(외국인)	1.1	메가코스제조	100.0	콜마비앤에이치	204

매출구성		비용구성		수출비중	
포인트 메이크업	24.6	매출원가율	40.2	수출	18.5
스킨케어 베이직	22.5	판관비율	60.8	내수	81.5
기타제품	19.8				

회사 개요

동사는 생활용품 및 화장품 등의 포장재 중 Plastic Pump Dispenser와 Plastic Hand Trigger Sprayer 제조 판매 사업을 영위하고 있으며, 보유한 기술을 바탕으로 식음료·의료용기 포장재 제품 개발을 위해 연구 개발을 진행 중임. 동사의 전방산업인 국내외 화장품, 생활용품 시장은 지난 10년 동안 연평균 약 5~6%의 꾸준한 성장세를 유지함. 2015년 7월 10일 유가증권시장에 상장함.

실적 분석

동사의 2017년 매출액은 2,057.3억원으로 전년대비 11.8% 감소함. 같은 기간 영업손실은 19.1억원으로 적자전환했고 당기순손실도 55.1억원을 기록해 적자전환함. 저가형 화장품 시장의 경쟁 심화에도 불구하고 브랜드 경쟁력과 제품 차별화 전략으로 꾸준한 성장을 이어왔으나 2017년 사드배치 문제 등 중국의 한류금지령으로 인한 매출 부진이 지속되면서 실적이 악화됨.

현금 흐름 <단위 : 억원>

항목	2016	2017
영업활동	15	-19
투자활동	-6	-520
재무활동	-36	408
순현금흐름	-27	-136
기말현금	413	277

시장 대비 수익률

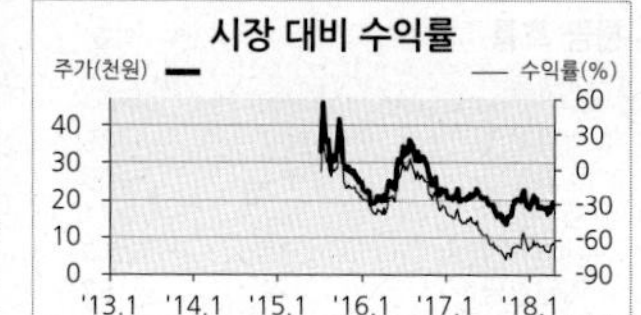

결산 실적 <단위 : 억원>

항목	2012	2013	2014	2015	2016	2017
매출액	1,506	1,700	2,051	2,199	2,331	2,057
영업이익	150	149	149	174	176	-19
당기순이익	127	139	116	134	129	-55

분기 실적 <단위 : 억원>

항목	2016.3Q	2016.4Q	2017.1Q	2017.2Q	2017.3Q	2017.4Q
매출액	597	568	622	494	474	467
영업이익	70	23	19	4	-27	-15
당기순이익	42	24	1	1	-27	-30

재무 상태 <단위 : 억원>

항목	2012	2013	2014	2015	2016	2017
총자산	610	800	973	1,556	1,819	1,997
유형자산	191	216	301	279	368	561
무형자산	6	10	11	26	88	92
유가증권	—	—	5	10	31	27
총부채	401	419	477	386	548	855
총차입금	61	45	100	40	40	487
자본금	20	20	20	24	35	35
총자본	209	381	496	1,170	1,271	1,142
지배주주지분	209	381	496	1,170	1,271	1,142

기업가치 지표

항목	2012	2013	2014	2015	2016	2017
주가(최고/저)(천원)	—/—	—/—	—/—	46.0/24.2	37.2/18.5	23.1/13.2
PER(최고/저)(배)	0.0/0.0	0.0/0.0	0.0/0.0	57.0/29.9	51.5/25.7	—/—
PBR(최고/저)(배)	0.0/0.0	0.0/0.0	0.0/0.0	7.1/3.7	5.2/2.6	3.5/2.0
EV/EBITDA(배)	—	—	—	20.3	18.8	338.5
EPS(원)	845	927	774	825	731	-312
BPS(원)	52,140	95,351	124,063	9,950	7,208	6,622
CFPS(원)	35,147	37,133	31,970	1,361	817	-149
DPS(원)	—	—	—	300	230	50
EBITDAPS(원)	40,974	39,527	40,109	1,730	1,085	55

재무 비율 <단위 : %>

연도	영업이익률	순이익률	부채비율	차입금비율	ROA	ROE	유보율	자기자본비율	EBITDA마진율
2017	-0.9	-2.7	74.9	42.7	-2.9	-4.6	3,211.1	57.2	0.5
2016	7.6	5.5	43.1	3.2	7.7	10.6	3,504.0	69.9	8.2
2015	7.9	6.1	33.0	3.4	10.6	16.1	4,875.2	75.2	8.5
2014	7.3	5.7	96.2	20.2	13.1	26.5	2,381.3	51.0	7.8

토박스코리아 (A215480)
TOEBOX KOREA

업 종 : 섬유 및 의복
시 장 : KOSDAQ
신용등급 : (Bond) — (CP) —
기업규모 : 중견
홈페이지 : www.toebox.co.kr
연 락 처 : 02)6101-3639
본 사 : 서울시 구로구 디지털로26길 111 JNK디지털타워 702호

설 립 일	2015.02.24	**종업원수**	40명	**대표이사**	이선근
상 장 일	2015.05.13	**감사의견**	적정(대주)	**계 열**	
결 산 기	12월	**보 통 주**		**종속회사수**	
액 면 가	100원	**우 선 주**		**구 상 호**	대우SBI스팩1호

주주구성 (지분율,%)		출자관계 (지분율,%)		주요경쟁사 (외형,%)	
이선근	22.5	GoldenEagle&Toebox	34.0	토박스코리아	100
Golden Eagle International Trading Limited	18.8			와이오엠	99
(외국인)	18.9			진도	420

매출구성		비용구성		수출비중	
		매출원가율	40.4	수출	—
		판관비율	44.8	내수	—

회사 개요
대우에스비아이기업인수목적1호가 토박스코리아와 2017년 4월 19일 합병하여 상호가 변경됨. 토박스코리아는 2015년에 설립. 신발,의류,스포츠용품 등 도소매업, 프랜차이즈업, 부동산 임대업 및 매매업을 영위함. 주요제품은 유아동 신발로 30여개의 프리미엄 키즈 브랜드를 판매하고 있음. 롯데, 현대, 신세계 등 국내 주요 백화점 25개점과 쇼핑몰 6개점 등에 입점해있음.

실적 분석
동사는 2017년 연간 매출액은 전년 대비 28.4% 증가한 305.4억원을 기록. 영업이익은 전년 40.6억원에서 소폭 증가한 45.4억원을 시현함. 당기순이익은 일시적 합병비용 26억원 발생으로 감소함. 출산율 하락에도 불구하고 국내 유아용품 시장규모는 꾸준히 상승중. 출생아 1인당 평균 투입금액이 증가한 탓. 시장확대로 인해 동사의 향후 성장 가능성은 양호한 것으로 판단됨.

현금 흐름 *IFRS 별도 기준
〈단위 : 억원〉

항목	2016	2017
영업활동	2	-16
투자활동	-11	-40
재무활동	14	106
순현금흐름	6	50
기말현금	18	68

시장 대비 수익률
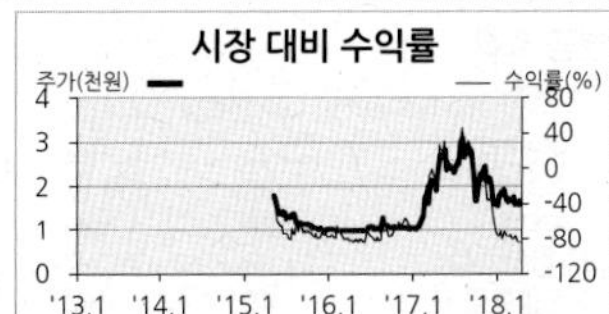

결산 실적
〈단위 : 억원〉

항목	2012	2013	2014	2015	2016	2017
매출액	—	—	43	124	238	305
영업이익	—	—	2	22	41	45
당기순이익	—	—	1	19	30	5

분기 실적 *IFRS 별도 기준
〈단위 : 억원〉

항목	2016.3Q	2016.4Q	2017.1Q	2017.2Q	2017.3Q	2017.4Q
매출액	57	—	—	114	62	—
영업이익	7	—	—	26	1	—
당기순이익	4	—	—	-7	1	—

재무 상태 *IFRS 별도 기준
〈단위 : 억원〉

항목	2012	2013	2014	2015	2016	2017
총자산	—	—	23	86	126	313
유형자산	—	—	2	5	8	12
무형자산	—	—	—	—	0	0
유가증권	—	—	—	—	—	—
총부채	—	—	25	66	24	108
총차입금	—	—	14	34	—	93
자본금	—	—	1	5	15	36
총자본	—	—	-2	20	103	206
지배주주지분	—	—	-2	20	103	206

기업가치 지표 *IFRS 별도 기준

항목	2012	2013	2014	2015	2016	2017
주가(최고/저)(천원)	—/—	—/—	—/—	4.7/2.0	2.6/2.0	3.7/1.0
PER(최고/저)(배)	0.0/0.0	0.0/0.0	0.0/0.0	27.3/11.6	14.3/10.6	247.3/67.3
PBR(최고/저)(배)	0.0/0.0	0.0/0.0	0.0/0.0	32.3/13.8	4.7/3.5	6.6/1.8
EV/EBITDA(배)	0.0	0.0	5.5	4.2	1.3	10.6
EPS(원)	—	—	9	86	93	15
BPS(원)	—	—	-19,907	41,711	161,931	567
CFPS(원)	—	—	9,251	51,635	56,292	24
DPS(원)	—	—	—	—	—	—
EBITDAPS(원)	—	—	23,035	59,173	74,128	134

재무 비율
〈단위 : %〉

연도	영업이익률	순이익률	부채비율	차입금비율	ROA	ROE	유보율	자기자본비율	EBITDA마진율
2017	14.9	1.8	52.3	45.4	2.5	3.6	467.4	65.7	15.9
2016	17.1	12.8	23.0	0.0	28.6	49.5	602.7	81.3	17.8
2015	17.3	15.1	327.3	169.8	34.3	전기잠식	317.1	23.4	18.0
2014	4.5	1.2	완전잠식	완전잠식	0.0	0.0	-299.1	-8.8	5.4

토비스 (A051360)
Tovis

업 종 : 디스플레이 및 관련부품
시 장 : KOSDAQ
신용등급 : (Bond) — (CP) —
기업규모 : 우량
홈페이지 : www.tovism.com
연 락 처 : 032)712-5100
본 사 : 인천시 연수구 갯벌로 92

설 립 일	1998.09.08	**종업원수**	271명	**대표이사**	김용범,하희조
상 장 일	2004.11.19	**감사의견**	적정(도원)	**계 열**	
결 산 기	12월	**보 통 주**		**종속회사수**	3개사
액 면 가	500원	**우 선 주**		**구 상 호**	

주주구성 (지분율,%)		출자관계 (지분율,%)		주요경쟁사 (외형,%)	
김용범	8.5	동관터비스	100.0	토비스	100
카이투자자문	5.0	나노티에스	97.2	루멘스	69
(외국인)	10.1	해피스토어	36.0	넥스트아이	11

매출구성		비용구성		수출비중	
TFT-LCD모듈(기타)	72.9	매출원가율	86.2	수출	98.2
산업용모니터(기타)	27.1	판관비율	9.9	내수	1.8

회사 개요
동사는 디스플레이 전문 기업으로서 카지노 Gaming, Amusement, Public Information Display 기기 등에 사용되는 산업용 모니터와 시장 규모가 큰 휴대폰, Tablet PC, MP4 플레이어, 디지털카메라, 네비게이션, 전장용 Display 등에 사용되는 TFT-LCD 모듈 및 모바일용 터치패널을 주로 생산함. 수출이 전체 매출의 대부분을 차지함.

실적 분석
동사의 2017년 연간 매출액은 전년동기대비 15% 상승한 5,227.2억원을 기록하였음. 비용면에서 전년동기대비 매출원가는 증가 했으며 인건비는 감소 하였고 기타판매비와관리비는 증가함. 이와 같이 상승한 매출액 대비 비용증가가 높아 매출액은 성장했지만 원가 증가로 인해 전년동기대비 영업이익은 206.2억원으로 12.1% 하락 하였음. 최종적으로 전년동기대비 당기순이익은 하락하여 129.6억원을 기록함.

현금 흐름
〈단위 : 억원〉

항목	2016	2017
영업활동	64	413
투자활동	-258	-96
재무활동	97	-292
순현금흐름	-97	25
기말현금	67	92

시장 대비 수익률
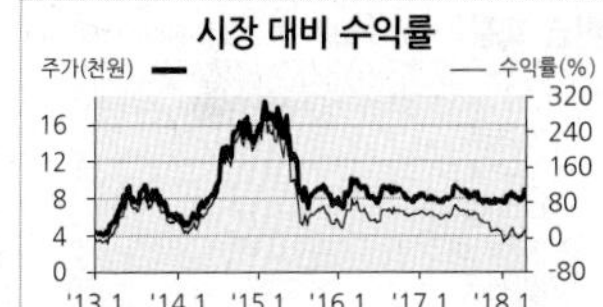

결산 실적
〈단위 : 억원〉

항목	2012	2013	2014	2015	2016	2017
매출액	3,594	4,808	6,095	4,628	4,545	5,227
영업이익	88	174	533	312	235	206
당기순이익	67	104	380	244	162	130

분기 실적
〈단위 : 억원〉

항목	2016.3Q	2016.4Q	2017.1Q	2017.2Q	2017.3Q	2017.4Q
매출액	1,244	1,349	1,421	1,506	1,177	1,123
영업이익	63	35	53	103	17	34
당기순이익	62	9	43	79	15	-6

재무 상태
〈단위 : 억원〉

항목	2012	2013	2014	2015	2016	2017
총자산	1,333	1,620	2,420	2,288	2,887	2,642
유형자산	247	373	421	698	774	751
무형자산	49	85	64	134	129	114
유가증권	19	10	8	26	32	25
총부채	762	809	1,242	830	1,337	984
총차입금	345	339	257	406	572	270
자본금	67	84	84	84	84	84
총자본	571	811	1,178	1,458	1,550	1,658
지배주주지분	567	809	1,176	1,456	1,551	1,658

기업가치 지표

항목	2012	2013	2014	2015	2016	2017
주가(최고/저)(천원)	6.2/3.8	9.5/4.2	17.0/5.0	18.6/6.9	10.2/7.0	9.7/7.5
PER(최고/저)(배)	13.1/8.1	15.5/6.8	8.0/2.4	13.5/5.0	10.9/7.5	12.9/9.9
PBR(최고/저)(배)	1.4/0.9	2.0/0.9	2.5/0.7	2.3/0.8	1.1/0.8	1.0/0.8
EV/EBITDA(배)	6.7	5.3	4.7	4.0	5.4	4.3
EPS(원)	521	667	2,286	1,462	974	773
BPS(원)	4,741	5,144	7,305	8,768	9,535	10,121
CFPS(원)	825	1,096	2,764	2,010	1,637	1,515
DPS(원)	50	100	160	200	160	160
EBITDAPS(원)	965	1,539	3,667	2,415	2,067	1,975

재무 비율
〈단위 : %〉

연도	영업이익률	순이익률	부채비율	차입금비율	ROA	ROE	유보율	자기자본비율	EBITDA마진율
2017	3.9	2.5	59.3	16.3	4.7	8.1	1,924.2	62.8	6.3
2016	5.2	3.6	86.2	36.9	6.3	10.8	1,807.1	53.7	7.6
2015	6.7	5.3	57.0	27.9	10.4	18.6	1,653.7	63.7	8.7
2014	8.7	6.2	105.5	21.8	18.8	38.5	1,361.1	48.7	10.1

토탈소프트뱅크 (A045340)
Total Soft Bank

업 종 : 운송인프라 　　시 장 : KOSDAQ
신용등급 : (Bond) — (CP) — 　　기업규모 : 벤처
홈페이지 : www.tsb.co.kr 　　연 락 처 : 070)4733-1000
본 사 : 부산시 해운대구 반송로 513번길 66-39 (석대동)

설 립 일	1989.01.14	**종 업 원 수**	96명	**대 표 이 사**	최장수
상 장 일	2002.07.12	**감 사 의 견**	적정(남경)	**계 열**	
결 산 기	12월	**보 통 주**		**종속회사수**	
액 면 가	500원	**우 선 주**		**구 상 호**	

주주구성 (지분율,%)		출자관계 (지분율,%)		주요경쟁사 (외형,%)	
최장수	29.8	PIT	50.0	토탈소프트	100
대한투자신탁운용	2.3			서호전기	458
(외국인)	1.5			데일리블록체인	506

매출구성		비용구성		수출비중	
CATOS	67.5	매출원가율	62.8	수출	87.8
E-learning	11.9	판관비율	33.0	내수	12.2
CASP	7.7				

회사 개요
동사는 컨테이너 터미널 운영시스템, 선박 탑재용 컴퓨터, 선사용 양적하시스템, 항만 커뮤니티 시스템, 다목적터미널운영시스템 개발을 주요사업으로 영위하고 있음. 수직제품군을 보유하여 시스템의 유연성과 고객지원이 가능하고, 특히 동사 CATOS는 타 기업의 제품에 비해 기능면에서 최적화 및 자동화된 Solution이라는 장점으로 경쟁 우위를 점하고 있음. 매출의 90% 이상이 해외에서 나옴.

실적 분석
동사의 2017년 4/4분기 누적매출액은 97.5억원으로 전년동기 대비 3.5% 증가했음. 그러나 매출원가가 전년동기 대비 17.7% 증가함에 따라 영업이익은 전년동기 8.2억원에서 4.1억원으로 49.3% 감소했음. 이로 인해 당기순이익은 전년동기 대비 68.5% 감소한 3.3억원을 시현하는데 그쳤음. 매출은 Marine Terminal 77.5%, Port Community 2.5%, Shipping 11.2% 등으로 구성됨.

현금 흐름 *IFRS 별도 기준 〈단위 : 억원〉

항목	2016	2017
영업활동	-5	3
투자활동	-11	9
재무활동	17	-3
순현금흐름	1	7
기말현금	22	29

시장 대비 수익률
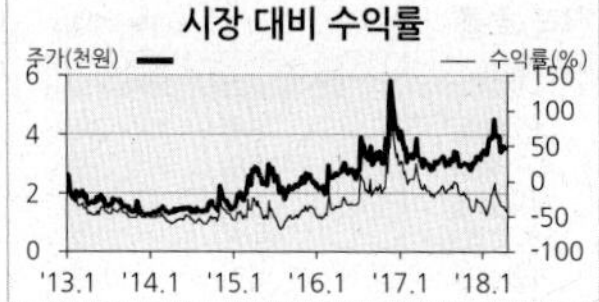

결산 실적 〈단위 : 억원〉

항목	2012	2013	2014	2015	2016	2017
매출액	101	78	76	64	94	97
영업이익	-19	-24	5	-14	8	4
당기순이익	-29	-39	4	-11	10	3

분기 실적 *IFRS 별도 기준 〈단위 : 억원〉

항목	2016.3Q	2016.4Q	2017.1Q	2017.2Q	2017.3Q	2017.4Q
매출액	26	28	23	24	25	26
영업이익	6	1	3	1	1	-0
당기순이익	4	5	1	1	3	-2

재무 상태 *IFRS 별도 기준 〈단위 : 억원〉

항목	2012	2013	2014	2015	2016	2017
총자산	151	104	135	130	159	162
유형자산	23	40	71	75	93	92
무형자산	33	9	12	11	9	7
유가증권	—	—	—	—	—	—
총부채	63	54	79	81	100	100
총차입금	10	10	30	30	48	46
자본금	43	43	43	43	43	43
총자본	88	50	56	49	59	62
지배주주지분	88	50	56	49	59	62

기업가치 지표 *IFRS 별도 기준

항목	2012	2013	2014	2015	2016	2017
주가(최고/저)(천원)	4.7/1.5	2.7/1.2	2.2/1.3	3.1/1.5	5.8/2.0	4.1/2.8
PER(최고/저)(배)	—/—	—/—	52.4/29.3	—/—	47.8/16.2	108.3/72.3
PBR(최고/저)(배)	4.6/1.5	4.7/2.1	3.4/1.9	5.4/2.6	8.4/2.8	5.7/3.8
EV/EBITDA(배)	—	—	14.6	—	26.3	30.9
EPS(원)	-340	-451	43	-134	121	38
BPS(원)	1,028	584	654	573	694	727
CFPS(원)	-187	-335	81	-69	184	104
DPS(원)	—	—	—	—	—	—
EBITDAPS(원)	-71	-164	99	-100	158	114

재무 비율 〈단위 : %〉

연도	영업이익률	순이익률	부채비율	차입금비율	ROA	ROE	유보율	자기자본비율	EBITDA마진율
2017	4.2	3.4	160.3	74.1	2.0	5.4	45.3	38.4	10.0
2016	8.7	11.0	167.6	80.1	7.2	19.2	38.8	37.4	14.3
2015	-22.2	-18.0	165.5	61.2	-8.7	-21.8	14.5	37.7	-13.5
2014	6.9	4.9	141.3	53.6	3.1	6.9	30.8	41.5	11.2

토필드 (A057880)
Topfield

업 종 : 셋톱 박스 　　시 장 : KOSDAQ
신용등급 : (Bond) — (CP) — 　　기업규모 : 중견
홈페이지 : www.topfield.co.kr 　　연 락 처 : 031)778-0800
본 사 : 경기도 성남시 분당구 정자일로 23, 토필드빌딩

설 립 일	1998.05.06	**종 업 원 수**	22명	**대 표 이 사**	서문동군,오성록
상 장 일	2003.12.29	**감 사 의 견**	적정(인덕)	**계 열**	
결 산 기	12월	**보 통 주**		**종속회사수**	5개사
액 면 가	500원	**우 선 주**		**구 상 호**	

주주구성 (지분율,%)		출자관계 (지분율,%)		주요경쟁사 (외형,%)	
글로밴스	7.8	웨이투비	100.0	토필드	100
이용철	4.7	씨앤비텍	100.0	가온미디어	3,348
(외국인)	1.0	리얼허브	34.9	휴맥스	10,211

매출구성		비용구성		수출비중	
디지털 STB 및 PVR (토필드)	100.0	매출원가율	102.1	수출	—
		판관비율	89.8	내수	—

회사 개요
동사는 셋톱박스 제조를 영위할 목적으로 1998년 설립된 업체로 디지털 셋톱박스와 PVR은 기본적으로 TV 시청하기 위한 기본도구임. 세계 디지털 셋톱박스 시장은 유럽을 중심으로 규모가 커지고 있는데, 국내뿐만 아니라 중국, 대만 업체들의 저가 공세로 가격경쟁이 치열해지고 있음. 국외 3개 종속회사를 포함하고 있으며, 2017년 상반기 중 Topfield(Thailand)는 지배력이 인정되어 종속기업으로 분류됨.

실적 분석
동사의 2017년 매출액은 157.8억원을 기록하며 전년 대비 17.1% 감소한 반면, 동기간 매출원가 및 판관비는 각각 15.6%, 39.5% 증가함에 따라 동사의 2017년 영업손실은 145.1억원으로 손실규모가 확대되었음. 또한 매도가능증권손상차손 발생과 이자비용 확대 등으로 비영업손실 규모는 전년 대비 확대되었음. 이에 따라 동사의 2017년 당기순손실은 189.6억원을 기록하며 적자상태가 지속되었음.

현금 흐름 〈단위 : 억원〉

항목	2016	2017
영업활동	-45	-28
투자활동	-38	-117
재무활동	80	139
순현금흐름	-3	-7
기말현금	49	42

시장 대비 수익률
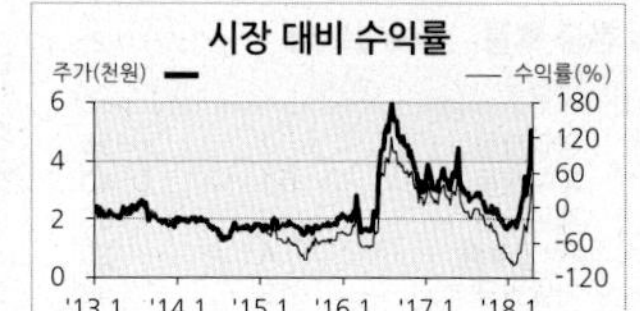

결산 실적 〈단위 : 억원〉

항목	2012	2013	2014	2015	2016	2017
매출액	541	312	155	217	190	158
영업이익	-66	-40	-274	-79	-51	-145
당기순이익	-137	-30	-386	-114	-59	-190

분기 실적 〈단위 : 억원〉

항목	2016.3Q	2016.4Q	2017.1Q	2017.2Q	2017.3Q	2017.4Q
매출액	59	67	55	37	32	34
영업이익	-2	-27	3	-47	-39	-63
당기순이익	-4	-41	-21	-22	-39	-107

재무 상태 〈단위 : 억원〉

항목	2012	2013	2014	2015	2016	2017
총자산	1,004	934	531	439	447	420
유형자산	186	182	136	134	92	130
무형자산	12	22	16	9	2	7
유가증권	—	—	—	—	23	20
총부채	251	215	175	185	177	269
총차입금	150	138	118	120	130	212
자본금	66	66	66	66	80	89
총자본	752	719	356	254	270	151
지배주주지분	754	722	360	275	293	179

기업가치 지표

항목	2012	2013	2014	2015	2016	2017
주가(최고/저)(천원)	2.8/1.7	2.7/1.7	2.1/1.2	2.3/1.4	6.0/1.5	4.4/1.6
PER(최고/저)(배)	—/—	—/—	—/—	—/—	—/—	—/—
PBR(최고/저)(배)	0.5/0.3	0.5/0.3	0.7/0.4	1.0/0.6	2.9/0.7	3.6/1.3
EV/EBITDA(배)	—	—	—	—	—	—
EPS(원)	-1,024	-222	-2,908	-729	-401	-1,016
BPS(원)	5,994	5,749	3,014	2,375	2,078	1,221
CFPS(원)	-955	-155	-2,846	-680	-370	-987
DPS(원)	—	—	—	—	—	—
EBITDAPS(원)	-434	-233	-2,009	-547	-314	-782

재무 비율 〈단위 : %〉

연도	영업이익률	순이익률	부채비율	차입금비율	ROA	ROE	유보율	자기자본비율	EBITDA마진율
2017	-91.9	-120.2	177.7	140.2	-43.7	-76.9	144.3	36.0	-88.6
2016	-26.6	-31.2	65.3	48.0	-13.4	-20.7	315.6	60.5	-24.2
2015	-36.4	-52.8	73.0	47.3	-23.6	-30.4	374.9	57.8	-33.4
2014	-176.5	-248.4	49.1	33.1	-52.7	-71.2	502.7	67.1	-171.2

톱텍 (A108230)
TOPTEC

업 종 : 디스플레이 및 관련부품 | 시 장 : KOSDAQ
신용등급 : (Bond) — (CP) — | 기업규모 : 우량
홈페이지 : www.toptec.co.kr | 연 락 처 : 054)472-1100
본 사 : 경북 구미시 산동면 산호대로 1105-65

설 립 일	1996.06.20	**종업원수**	460명	**대표이사**	이재환
상 장 일	2009.09.15	**감사의견**	적정(경신)	**계 열**	
결 산 기	12월	**보 통 주**		**종속회사수**	3개사
액 면 가	500원	**우 선 주**		**구 상 호**	

주주구성 (지분율,%)		출자관계 (지분율,%)		주요경쟁사 (외형,%)	
이재환	30.5	레몬	100.0	톱텍	100
방인복	9.1	티앤솔라	81.8	LG디스플레이	2,441
(외국인)	7.8	TOPTECVINA	100.0	에스에프에이	169

매출구성		비용구성		수출비중	
FA사업	75.9	매출원가율	79.7	수출	81.8
나노사업	23.6	판관비율	1.7	내수	18.2
태양광사업	0.5				

회사 개요

동사는 1996년 설립된 디스플레이용 공장 자동화 업체임. 공장자동화 산업 전문기업으로 FA설비의 국산화 및 개발을 통해 디스플레이 제조 장비사업, 2차전지 제조 장비사업, 자동차부품 제조장비사업, 반도체 제조 장비사업, 신성장동력 사업군인 태양광 관련 사업, 나노섬유 양산 제조장비 사업, 레이저 관련사업부분, 종이상자 자동접이기 사업부문, 2차전지용 나노분리막 사업부분을 보유함.

실적 분석

동사의 2017년 연결 기준 연간 누적 매출액은 1조 1384.4억원으로 전년 동기 대비 무려 189.9% 증가함. 매출이 큰 폭으로 증가하면서 매출원가와 판관비도 대폭 늘었지만 매출증가에 따른 고정비용 감소효과가 커 영업이익은 전년 동기 대비 403.9% 증가한 2,117억원을 시현함. 비영업 부문에서 외환손실이 발생했으나, 당기순이익은 전년 동기 대비 477.8% 증가한 1,494.7억원을 기록.

현금 흐름
〈단위 : 억원〉

항목	2016	2017
영업활동	621	1,702
투자활동	159	40
재무활동	350	-408
순현금흐름	1,131	1,109
기말현금	1,285	2,394

시장 대비 수익률

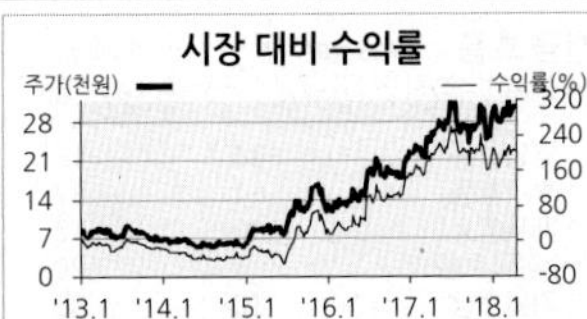

결산 실적
〈단위 : 억원〉

항목	2012	2013	2014	2015	2016	2017
매출액	1,483	2,271	1,647	2,306	3,927	11,384
영업이익	101	195	142	195	420	2,117
당기순이익	83	110	67	126	259	1,495

분기 실적
〈단위 : 억원〉

항목	2016.3Q	2016.4Q	2017.1Q	2017.2Q	2017.3Q	2017.4Q
매출액	902	1,820	3,058	5,914	1,187	1,226
영업이익	46	215	444	1,057	386	230
당기순이익	24	134	258	919	309	9

재무 상태
〈단위 : 억원〉

항목	2012	2013	2014	2015	2016	2017
총자산	1,636	2,265	2,102	2,091	4,707	4,452
유형자산	442	533	683	667	850	819
무형자산	24	22	18	12	10	10
유가증권	49	3	33	7	8	12
총부채	636	1,170	983	606	2,823	1,178
총차입금	209	565	486	201	461	163
자본금	79	81	81	89	182	182
총자본	1,000	1,095	1,118	1,485	1,885	3,274
지배주주지분	1,000	1,095	1,118	1,485	1,890	3,280

기업가치 지표

항목	2012	2013	2014	2015	2016	2017
주가(최고/저)(천원)	9.3/5.9	9.2/6.5	7.0/5.3	17.2/5.8	22.7/11.7	32.1/21.3
PER(최고/저)(배)	37.0/23.4	28.1/19.8	35.1/26.5	47.7/16.0	31.9/16.5	7.8/5.2
PBR(최고/저)(배)	3.1/1.9	2.8/2.0	2.0/1.5	4.0/1.4	4.4/2.3	3.5/2.3
EV/EBITDA(배)	21.2	9.0	10.6	18.3	16.1	3.8
EPS(원)	261	340	204	367	716	4,146
BPS(원)	6,367	6,718	6,976	8,675	5,240	9,236
CFPS(원)	629	792	581	934	809	4,222
DPS(원)	10	150	100	150	150	20
EBITDAPS(원)	742	1,297	1,025	1,325	1,255	5,945

재무 비율
〈단위 : %〉

연도	영업이익률	순이익률	부채비율	차입금비율	ROA	ROE	유보율	자기자본비율	EBITDA마진율
2017	18.6	13.1	36.0	5.0	32.6	57.9	1,733.3	73.6	18.8
2016	10.7	6.6	149.8	24.4	7.6	15.3	940.1	40.0	11.6
2015	8.5	5.5	40.8	13.5	6.0	9.7	1,635.0	71.0	10.0
2014	8.6	4.1	87.9	43.5	3.1	6.1	1,343.8	53.2	10.5

투비소프트 (A079970)
TOBESOFT

업 종 : 일반 소프트웨어 | 시 장 : KOSDAQ
신용등급 : (Bond) — (CP) — | 기업규모 : 벤처
홈페이지 : www.tobesoft.com | 연 락 처 : 02)2140-7700
본 사 : 서울시 강남구 봉은사로 617 2~5층(삼성동, 인탑스빌딩)

설 립 일	2000.07.10	**종업원수**	258명	**대표이사**	조상원,이문영
상 장 일	2010.06.01	**감사의견**	적정(한영)	**계 열**	
결 산 기	12월	**보 통 주**		**종속회사수**	5개사
액 면 가	500원	**우 선 주**		**구 상 호**	

주주구성 (지분율,%)		출자관계 (지분율,%)		주요경쟁사 (외형,%)	
피스티스파트너스	9.3			투비소프트	100
정대근	3.8			한컴MDS	377
(외국인)	1.1			이니텍	618

매출구성		비용구성		수출비중	
기업용 소프트웨어 개발 및 공급(단일 사업)	100.0	매출원가율	59.4	수출	—
		판관비율	65.9	내수	—

회사 개요

개발자용 소프트웨어 판매 및 관련 컨설팅을 주요사업으로 영위하고 있음. 기업에서 사용하는 대고객 서비스 화면이나 인사, 회계, 재무, 물류시스템 등의 UI를 개발하기 위한 개발툴 소프트웨어인 마이플랫폼(MiPlatform), 엑스플랫폼(XPLATFORM)이 주력 제품이며, 기업 업무시스템 소프트웨어 매출이 전체 매출의 100%를 차지함. 주요 경쟁업체로는 쉬프트정보통신, 컴스퀘어 등이 있음.

실적 분석

동사의 2017년 연간 매출액은 394.6억원으로 전년과 유사한 수준을 시현함. 원가 부담이 확대되고 판매비와관리비가 증가하면서 2017년 연간 영업손실은 100.1억원을 기록, 전년 대비 적자전환함. 당기순손실 역시 256.5억원을 기록, 적자 폭이 확대됨. 동사는 2중 가상화를 이용한 컴포넌트 생성방법에 관한 특허권을 취득했으며, 넥사크로17 적용 기술로 제품 고도화 및 향후 신제품 개발시 활용할 계획임.

현금 흐름
〈단위 : 억원〉

항목	2016	2017
영업활동	4	-29
투자활동	-389	-132
재무활동	418	123
순현금흐름	34	-38
기말현금	83	45

시장 대비 수익률

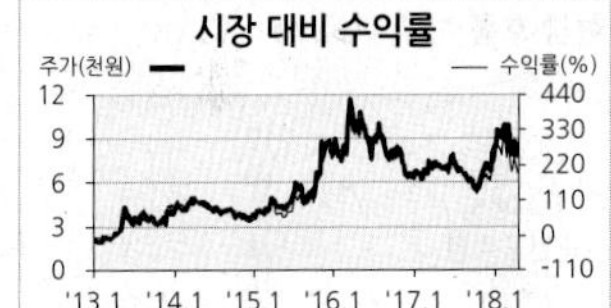

결산 실적
〈단위 : 억원〉

항목	2012	2013	2014	2015	2016	2017
매출액	288	291	315	319	392	395
영업이익	31	35	23	11	26	-100
당기순이익	31	30	24	18	-5	-256

분기 실적
〈단위 : 억원〉

항목	2016.3Q	2016.4Q	2017.1Q	2017.2Q	2017.3Q	2017.4Q
매출액	104	108	78	96	89	131
영업이익	8	9	12	7	-10	-109
당기순이익	-10	12	-11	12	-14	-243

재무 상태
〈단위 : 억원〉

항목	2012	2013	2014	2015	2016	2017
총자산	247	334	329	359	787	961
유형자산	7	6	7	7	9	49
무형자산	34	31	89	100	112	446
유가증권	9	38	15	9	47	90
총부채	50	103	60	65	371	496
총차입금	—	45	—	—	300	414
자본금	18	35	38	40	69	90
총자본	197	232	269	294	416	465
지배주주지분	197	232	269	294	416	463

기업가치 지표

항목	2012	2013	2014	2015	2016	2017
주가(최고/저)(천원)	2.9/1.7	4.4/1.9	4.9/3.4	10.1/3.5	11.7/6.1	8.1/5.2
PER(최고/저)(배)	8.9/5.4	13.9/5.9	21.3/14.8	56.3/19.8	—/—	—/—
PBR(최고/저)(배)	1.4/0.9	1.8/0.8	1.9/1.3	3.6/1.3	3.6/1.9	3.0/1.9
EV/EBITDA(배)	3.8	6.0	8.1	30.1	25.6	—
EPS(원)	335	324	236	180	-36	-1,546
BPS(원)	5,635	3,306	3,528	3,666	3,278	2,760
CFPS(원)	1,277	645	564	423	70	-1,406
DPS(원)	—	70	45	—	30	—
EBITDAPS(원)	1,261	718	550	326	295	-467

재무 비율
〈단위 : %〉

연도	영업이익률	순이익률	부채비율	차입금비율	ROA	ROE	유보율	자기자본비율	EBITDA마진율
2017	-25.4	-65.0	106.7	89.0	-29.3	-58.0	452.0	48.4	-19.5
2016	6.5	-1.2	89.2	72.1	-0.9	-1.4	555.7	52.9	10.2
2015	3.4	5.8	22.1	0.0	5.4	6.6	633.3	81.9	8.0
2014	7.3	7.6	22.4	0.0	7.2	9.6	605.6	81.7	13.3

투윈글로벌 (A066410)

TO-WIN Global

업　　종 : 미디어　　시　　장 : KOSDAQ
신용등급 : (Bond) —　(CP) —　　기업규모 : 중견
홈페이지 : www.towin-global.com　　연 락 처 : 02)3452-5079
본　　사 : 서울시 강남구 논현로75길 10 (역삼동, 영창빌딩 5층)

설 립 일	1999.02.05	**종업원수**	38명	**대표이사**	양범준
상 장 일	2003.12.19	**감사의견**	적정(대주)	**계　열**	
결 산 기	12월	**보 통 주**		**종속회사수**	
액 면 가	500원	**우 선 주**		**구 상 호**	캔들미디어

주주구성 (지분율,%)		출자관계 (지분율,%)	주요경쟁사 (외형,%)	
투윈문화투자	34.7		투윈글로벌	100
펠리칸캐비어	15.4		한국경제TV	403
(외국인)	11.8		iMBC	357

매출구성		비용구성		수출비중	
용역수입(문자서비스)	40.2	매출원가율	63.7	수출	0.4
컨텐츠매출(부가판권)	25.3	판관비율	32.1	내수	99.6
극장매출(영화상영및 기타)	16.5				

회사 개요

동사는 IPTV, 케이블방송, 스마트TV, 아이패드 등 스마트디바이스 기반을 중심으로 영화, 영상, 교육 등의 컨텐츠를 제공하는 업체로, 온라인 콘텐츠 유통의 필수 기술인 필터링 기술을 자체 보유하고 있음. 2010년 모바일콘텐츠 회사 스카이온을 흡수합병하여 대량문자 발송 및 벨소리 다운로드 등 모바일 서비스업을 영위. 2014년 4월 세종메가박스와 경주 롯데시네마를 통해 영화상영업 사업 진출. 2017년 3월 사명을 투윈글로벌로 변경함.

실적 분석

동사의 2017년 연간 매출액은 전년동기대비 10.4% 하락한 161억원을 기록하였음. 비용면에서 전년동기대비 매출원가는 크게 감소하였으며 인건비도 감소, 광고선전비도 크게 감소, 기타판매비와관리비도 마찬가지로 크게 감소함. 이와 같이 매출액은 전년동기 크게 성장하지 않았으나 이에 비해서 전년동기대비 영업이익은 6.8억원으로 흑자전환 하였음. 아마 매출원가의 감소효과가 달성한 매출액 대비 컸기 때문이라 판단됨.

현금 흐름 *IFRS 별도 기준 〈단위 : 억원〉

항목	2016	2017
영업활동	12	10
투자활동	-30	-14
재무활동	—	—
순현금흐름	-18	-3
기말현금	16	13

시장 대비 수익률

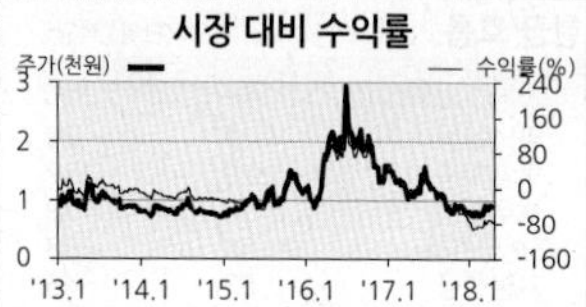

결산 실적 〈단위 : 억원〉

항목	2012	2013	2014	2015	2016	2017
매출액	141	158	217	261	180	161
영업이익	-63	6	11	10	-45	7
당기순이익	-77	-38	12	10	-97	8

분기 실적 *IFRS 별도 기준 〈단위 : 억원〉

항목	2016.3Q	2016.4Q	2017.1Q	2017.2Q	2017.3Q	2017.4Q
매출액	39	42	32	37	45	46
영업이익	0	-2	2	2	4	-1
당기순이익	0	-54	2	3	5	-1

재무 상태 *IFRS 별도 기준 〈단위 : 억원〉

항목	2012	2013	2014	2015	2016	2017
총자산	297	247	334	332	238	244
유형자산	7	8	46	41	35	33
무형자산	157	134	130	130	99	116
유가증권	8	9	19	16	37	33
총부채	46	35	36	25	30	30
총차입금	—	—	—	—	—	—
자본금	264	264	308	308	308	308
총자본	251	213	298	307	208	214
지배주주지분	251	213	298	307	208	214

기업가치 지표 *IFRS 별도 기준

항목	2012	2013	2014	2015	2016	2017
주가(최고/저)(천원)	2.4/0.6	1.3/0.8	1.0/0.7	1.7/0.7	3.2/0.9	1.8/0.7
PER(최고/저)(배)	—/—	—/—	49.9/34.8	105.6/46.5	—/—	136.2/55.2
PBR(최고/저)(배)	5.0/1.4	3.3/2.0	2.1/1.5	3.3/1.5	8.3/2.3	4.4/1.8
EV/EBITDA(배)	—	24.8	18.8	33.5	—	39.0
EPS(원)	-172	-72	21	16	-157	13
BPS(원)	474	402	483	498	386	397
CFPS(원)	-162	-55	39	32	-144	22
DPS(원)	—	—	—	—	—	—
EBITDAPS(원)	-132	28	38	33	-60	20

재무 비율 〈단위 : %〉

연도	영업이익률	순이익률	부채비율	차입금비율	ROA	ROE	유보율	자기자본비율	EBITDA마진율
2017	4.2	5.0	일부잠식	0.0	3.3	3.8	-20.6	87.6	7.7
2016	-25.0	-53.9	일부잠식	0.0	-34.0	-37.6	-22.7	87.4	-20.7
2015	3.9	3.7	일부잠식	0.0	2.9	3.2	-0.5	92.4	7.9
2014	5.2	5.6	일부잠식	0.0	4.2	4.8	-3.4	89.3	10.3

툴젠 (A199800)

ToolGen

업　　종 : 바이오　　시　　장 : KONEX
신용등급 : (Bond) —　(CP) —　　기업규모 : —
홈페이지 : www.toolgen.com　　연 락 처 : 02)873-8168
본　　사 : 서울시 금천구 가산디지털1로 219(가산동) 벽산디지털밸리 6차 1204~1206호

설 립 일	1999.10.08	**종업원수**	30명	**대표이사**	김종문
상 장 일	2014.06.25	**감사의견**	적정(한미)	**계　열**	
결 산 기	12월	**보 통 주**		**종속회사수**	
액 면 가	—	**우 선 주**		**구 상 호**	

주주구성 (지분율,%)		출자관계 (지분율,%)	주요경쟁사 (외형,%)	
김진수	19.3		툴젠	100
미래창조LB선도기업투자펀드20호	12.7		팬젠	71
			랩지노믹스	743

매출구성		비용구성		수출비중	
RGEN서비스	36.4	매출원가율	13.1	수출	77.4
RGEN제품	20.9	판관비율	208.6	내수	22.6
사용료수입 외	15.4				

회사 개요

동사는 1999년에 설립된 유전체교정기술 전문기업으로 유전체교정의 핵심도구인 유전자가위를 이용해 유전체를 교정한 배양 세포 및 실험동물을 생산, 판매하는 사업을 영위하고 있음. 2014년 7월 코넥스 시장에 상장됨. 동사는 일본의 유전자치료 전문기업인 GTRI와 유전병 치료제 개발을 위한 기술협력협약을 맺음. 동사는 미국, 일본, 대만, 독일, 싱가포르 등에 유전자가위, 유전자교정제품 등을 수출하며 수출 비중이 전체의 70% 이상을 차지함.

실적 분석

동사의 2017년 연간 매출액은 33.4억원으로 전년 대비 116.7% 증가함. 판관비가 69.7억원으로 크게 늘면서 영업손실 40.6억원을 기록해 적자폭이 확대됨. 유전체 정보분석 시장은 국내시장 규모가 해외시장에 비해 협소해 동사는 해외시장 공략에 집중하고 있음. 동사가 경쟁력을 갖고 있는 3세대 유전자가위기술은 사업화 초기 단계로 아직 연구용 시장을 중심으로 형성돼 있으나, 향후 산업 및 치료용으로 수요가 증가할 전망.

현금 흐름 *IFRS 별도 기준 〈단위 : 억원〉

항목	2016	2017
영업활동	-34	-18
투자활동	-64	37
재무활동	100	2
순현금흐름	3	20
기말현금	10	30

시장 대비 수익률

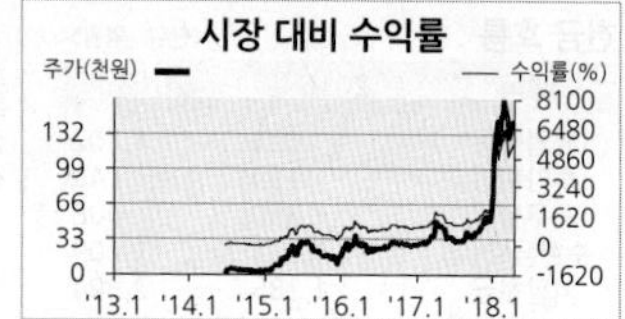

결산 실적 〈단위 : 억원〉

항목	2012	2013	2014	2015	2016	2017
매출액	6	11	15	21	15	33
영업이익	1	1	2	-2	-27	-41
당기순이익	1	1	1	-51	-30	-43

분기 실적 *IFRS 별도 기준 〈단위 : 억원〉

항목	2016.3Q	2016.4Q	2017.1Q	2017.2Q	2017.3Q	2017.4Q
매출액	—	—	—	—	—	—
영업이익	—	—	—	—	—	—
당기순이익	—	—	—	—	—	—

재무 상태 *IFRS 별도 기준 〈단위 : 억원〉

항목	2012	2013	2014	2015	2016	2017
총자산	27	30	64	111	183	152
유형자산	6	6	6	17	18	49
무형자산	6	9	8	7	2	2
유가증권	—	—	—	—	—	—
총부채	4	6	26	16	14	22
총차입금	—	—	20	8	8	8
자본금	23	23	24	27	29	29
총자본	23	24	38	96	169	130
지배주주지분	23	24	38	96	169	130

기업가치 지표 *IFRS 별도 기준

항목	2012	2013	2014	2015	2016	2017
주가(최고/저)(천원)	—/—	—/—	6.5/2.4	31.5/3.9	37.0/16.7	57.7/27.2
PER(최고/저)(배)	0.0/0.0	0.0/0.0	203.4/75.1	—/—	—/—	—/—
PBR(최고/저)(배)	0.0/0.0	0.0/0.0	8.4/3.1	17.8/2.2	12.7/5.8	25.9/12.2
EV/EBITDA(배)	—	—	54.0	—	—	—
EPS(원)	22	19	32	-964	-548	-747
BPS(원)	506	526	774	1,767	2,906	2,225
CFPS(원)	42	42	65	-931	-517	-712
DPS(원)	—	—	—	—	—	—
EBITDAPS(원)	34	36	67	-8	-466	-663

재무 비율 〈단위 : %〉

연도	영업이익률	순이익률	부채비율	차입금비율	ROA	ROE	유보율	자기자본비율	EBITDA마진율
2017	-121.7	-130.1	16.7	6.2	-26.0	-29.1	345.1	85.7	-115.6
2016	-177.4	-195.9	8.3	4.7	-20.5	-22.8	481.2	92.4	-166.3
2015	-10.2	-243.2	16.3	8.4	-58.8	-77.2	253.4	86.0	-1.9
2014	10.4	9.8	70.1	53.8	—	—	54.7	58.8	20.5

*관리종목

트레이스 (A052290)

Trais

업　　종 : 휴대폰 및 관련부품　　시　　장 : KOSDAQ
신용등급 : (Bond) B-　(CP) —　　기업규모 :
홈페이지 : www.trais.co.kr　　연 락 처 : 031)499-8960
본　　사 : 경기도 안산시 단원구 만해로 205 제4층 제에이 401(타원타크라3, 성곡동)

설 립 일	1995.01.19	종업원수	14명	대표이사	이광구
상 장 일	2001.05.25	감사의견	거절(감사범위제한)(대현)	계　열	
결 산 기	12월	보 통 주		종속회사수	2개사
액 면 가	500원	우 선 주		구　상　호	

주주구성 (지분율,%)		출자관계 (지분율,%)		주요경쟁사 (외형,%)	
김홍채	2.9	시우엘케이	100.0	트레이스	100
김홍채	1.9	제이아이리더스	100.0	에스맥	4,830
(외국인)	0.7			에너전트	1,028

매출구성		비용구성		수출비중	
터치스크린모듈	81.7	매출원가율	197.9	수출	29.4
컴퓨터 주변기기	11.3	판관비율	311.5	내수	70.6
후레쉬 광모듈	7.0				

회사 개요

동사는 미들웨어 사업 및 IT모듈 사업, LED 조명체 사업 등을 영위 중임. 건교부, 행정자치부, 대법원 등의 프로젝트에서 동사의 미들웨어가 도입된 바 있음. 휴대폰 카메라용 광모듈과 터치스크린모듈 부문은 LG전자와 팬택이 주요 거래처임. 소프트웨어 및 하드웨어 개발업체 시우엘케이 등을 자회사로 두고 있음. 전체 매출의 절반 가량을 수출이 차지함. 최근 미국 산호세에 현지법인을 설립하여 글로벌 시장 공략을 가속화하고 있음.

실적 분석

동사의 2017년 전체 매출은 34.8억원으로 전년대비 76.3% 감소, 영업이익은 -142.6억원으로 전년대비 적자지속, 당기순이익은 -364.2억원으로 적자지속 시현. 그러나 최근 사업연도의 재무제표에 대한 감사인의 감사의견이 감사범위제한으로 인한 의견거절을 공시함. 상장폐지사유가 발생하였으며, 상장폐지관련 이의 신청서를 제출했다고 공시함. 4월23일까지 코스닥시장본부는 23일까지 상장폐지여부를 심의할 계획임.

현금 흐름 〈단위 : 억원〉

항목	2016	2017
영업활동	-111	-42
투자활동	-24	-3
재무활동	127	76
순현금흐름	-9	31
기말현금	8	39

시장 대비 수익률

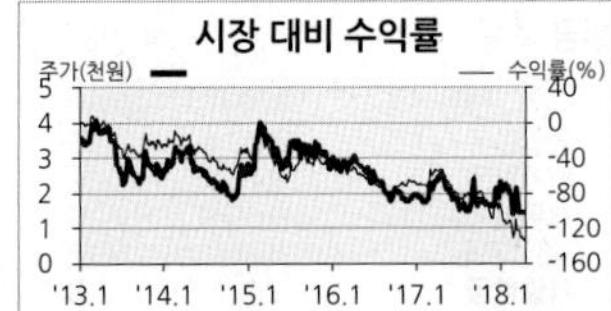

결산 실적 〈단위 : 억원〉

항목	2012	2013	2014	2015	2016	2017
매출액	307	549	315	353	147	35
영업이익	7	-48	-157	-87	-10	-143
당기순이익	-56	-126	-192	-137	-66	-364

분기 실적 〈단위 : 억원〉

항목	2016.3Q	2016.4Q	2017.1Q	2017.2Q	2017.3Q	2017.4Q
매출액	11	22	10	6	7	12
영업이익	-14	-19	-12	-23	-20	-87
당기순이익	-23	-51	-21	-90	-56	-198

재무 상태 〈단위 : 억원〉

항목	2012	2013	2014	2015	2016	2017
총자산	790	766	770	670	653	362
유형자산	199	202	196	165	131	80
무형자산	160	143	118	115	78	72
유가증권	2	2	2	2	3	3
총부채	450	494	512	358	274	194
총차입금	347	433	383	254	243	174
자본금	96	103	143	189	223	268
총자본	340	272	259	313	379	168
지배주주지분	340	272	259	313	379	168

기업가치 지표

항목	2012	2013	2014	2015	2016	2017
주가(최고/저)(천원)	5.8/2.6	4.1/2.2	3.4/1.8	4.0/2.6	3.1/1.7	2.7/1.4
PER(최고/저)(배)	—/—	—/—	—/—	—/—	—/—	—/—
PBR(최고/저)(배)	3.3/1.5	3.1/1.6	3.7/2.0	4.9/3.1	3.6/2.1	8.4/4.5
EV/EBITDA(배)	33.6	—	—	—	42.7	—
EPS(원)	-311	-644	-731	-382	-153	-686
BPS(원)	1,778	1,323	909	826	853	315
CFPS(원)	-192	-463	-587	-259	-70	-646
DPS(원)	—	—	—	—	—	—
EBITDAPS(원)	156	-65	-452	-120	60	-229

재무 비율 〈단위 : %〉

연도	영업이익률	순이익률	부채비율	차입금비율	ROA	ROE	유보율	자기자본비율	EBITDA마진율
2017	-409.5	-1,045.6	일부잠식	일부잠식	-71.8	-133.1	-37.1	46.5	-348.6
2016	-6.5	-44.8	72.2	64.2	-9.9	-19.0	70.6	58.1	17.7
2015	-24.7	-38.7	114.4	81.2	-19.0	-47.8	65.2	46.7	-12.2
2014	-49.7	-60.8	197.8	148.1	-25.0	-72.3	81.8	33.6	-37.6

트루윈 (A105550)

Truwin

업　　종 : 자동차부품　　시　　장 : KOSDAQ
신용등급 : (Bond) —　(CP) —　　기업규모 :
홈페이지 : www.truwin.co.kr　　연 락 처 : 042)612-5000
본　　사 : 대전시 유성구 엑스포로 385

설 립 일	2006.05.12	종업원수	142명	대표이사	남용현
상 장 일	2014.07.11	감사의견	적정(도원)	계　열	
결 산 기	12월	보 통 주		종속회사수	
액 면 가	500원	우 선 주		구　상　호	

주주구성 (지분율,%)		출자관계 (지분율,%)		주요경쟁사 (외형,%)	
남용현	29.2	대덕벤처드림타운	30.0	트루윈	100
박희원	10.8	시리우스	28.0	삼보모터스	2,653
(외국인)	0.5	다모아텍	20.0	인지컨트롤스	1,528

매출구성		비용구성		수출비중	
AVN	43.1	매출원가율	88.6	수출	11.4
기타	19.0	판관비율	18.5	내수	88.6
Solenoid	13.1				

회사 개요

동사는 2006년 자동차용 변위센서 생산을 목적으로 설립되었으며 2014년 코스닥시장에 상장됨. 센서 전문기업으로 인쇄전자기술, 전자기응용기술, 카메라 및 이미지센서 기술을 보유하고 있음. 자동차에 필수로 들어가는 엑셀, 브레이크, 엔진에 적용된 센서를 개발, 제조함. 동사에서 제조한 자동차용 센서는 완성차업체에 공급되는 모듈의 부품으로 1차 협력사에 공급됨. 국내 자동차부품 회사 중 센서를 직접 생산하는 곳은 동사가 유일함.

실적 분석

동사는 지난해 매출액 353억원, 영업손실 24억원을 각각 기록. 센서시장은 소비자의 안전성/편의성 등의 요구 증대로 첨단센서 비중이 높아지고 있으며, 최근 자동차의 전장화 비율 확대, 스마트폰의 급속한 보급, 로봇산업의 발전 등으로 첨단센서의 수요가 급증하고 있음. 자동차의 전장화에 따라 동사가 확보한 기술이 적용 가능한 분야가 확대되고 있음. 향후 성장동력 확보 기대.

현금 흐름 *IFRS 별도 기준 〈단위 : 억원〉

항목	2016	2017
영업활동	5	-10
투자활동	-154	77
재무활동	149	-48
순현금흐름	0	19
기말현금	7	26

시장 대비 수익률

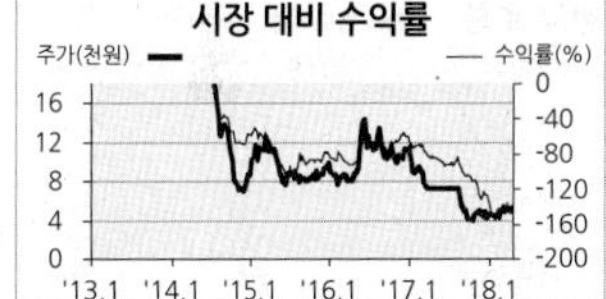

결산 실적 〈단위 : 억원〉

항목	2012	2013	2014	2015	2016	2017
매출액	224	510	362	322	332	354
영업이익	13	88	30	-31	-149	-25
당기순이익	8	78	22	-38	-195	-66

분기 실적 *IFRS 별도 기준 〈단위 : 억원〉

항목	2016.3Q	2016.4Q	2017.1Q	2017.2Q	2017.3Q	2017.4Q
매출액	106	60	93	74	110	77
영업이익	-2	-134	-48	16	3	4
당기순이익	-3	-181	-51	-5	-2	-7

재무 상태 *IFRS 별도 기준 〈단위 : 억원〉

항목	2012	2013	2014	2015	2016	2017
총자산	301	442	531	749	776	604
유형자산	152	197	234	512	379	349
무형자산	30	26	24	18	5	4
유가증권	2	2	3	3	3	3
총부채	254	317	215	423	566	430
총차입금	233	273	190	394	459	384
자본금	26	26	37	41	48	50
총자본	47	125	316	326	210	173
지배주주지분	47	125	316	326	210	173

기업가치 지표 *IFRS 별도 기준

항목	2012	2013	2014	2015	2016	2017
주가(최고/저)(천원)	—/—	—/—	15.4/5.4	10.7/5.9	12.5/6.2	11.5/3.9
PER(최고/저)(배)	0.0/0.0	0.0/0.0	57.9/20.4	—/—	—/—	—/—
PBR(최고/저)(배)	0.0/0.0	0.0/0.0	4.5/1.6	3.3/1.8	6.5/3.2	6.0/2.0
EV/EBITDA(배)	5.2	1.7	9.5	80.3	—	61.0
EPS(원)	129	1,306	329	-500	-2,130	-669
BPS(원)	796	2,102	4,249	3,954	2,382	1,925
CFPS(원)	584	2,213	734	72	-1,537	-288
DPS(원)	—	—	25	—	—	—
EBITDAPS(원)	682	2,390	846	161	-1,026	130

재무 비율 〈단위 : %〉

연도	영업이익률	순이익률	부채비율	차입금비율	ROA	ROE	유보율	자기자본비율	EBITDA마진율
2017	-7.0	-18.7	248.2	221.3	-9.6	-34.4	285.0	28.7	3.6
2016	-44.7	-58.8	269.1	218.1	-25.6	-72.9	376.4	27.1	-28.3
2015	-9.7	-11.8	129.8	121.0	-5.9	-11.8	690.8	43.5	3.8
2014	8.2	6.1	68.0	60.1	4.6	10.1	749.7	59.5	15.8

특수건설 (A026150)

Tuksu Engineering & Construction

업　　종 : 건설　　시　　장 : KOSDAQ
신용등급 : (Bond) —　　(CP) —　　기업규모 : 중견
홈페이지 : www.tuksu.co.kr　　연 락 처 : 02)590-6400
본　　사 : 서울시 서초구 효령로 358 (서초동)

설 립 일	1971.05.31	**종업원수**	250명	**대표이사**	김중헌
상 장 일	1997.08.06	**감사의견**	적정(진일)	**계　　열**	
결 산 기	12월	**보 통 주**		**종속회사수**	
액 면 가	500원	**우 선 주**		**구　　상　　호**	

주주구성 (지분율,%)		출자관계 (지분율,%)		주요경쟁사 (외형,%)	
김중헌	19.9	한국대기사	20.0	특수건설	100
김도헌	12.7	TUKSUENGINEERINGANDCONSTRUCTIONSDN BHD.	100.0	삼일기업공사	43
(외국인)	1.3			신원종합개발	149

매출구성		비용구성		수출비중	
토 목(국내도급공사)	77.1	매출원가율	91.4	수출	—
토 목(해외도급공사)	15.8	판관비율	6.6	내수	—
제품	6.6				

회사 개요

동사는 철도 및 도로 지하횡단구조물 비개착 시공, 대구경 교량기초시공, 쉴드터널 시공과 산업플랜트 제작 등을 주요사업으로 영위함. 건설부문에서는 서해대교, 광안대교, 싱가폴 고속도로 지하구간 및 지하철 등을 시공하였으며, 중공업부문에서는 자동차공장의 도장 라인 제작과 포스코 등의 산업플랜트 제작 등을 통한 수익창출을 하고 있음. 베트남, 싱가폴 등 해외시장을 개척하여 글로벌 기업으로 써의 성장 기반을 다져가고 있음.

실적 분석

동사의 연결 기준 2017년 매출액은 1,311.3억원으로 전년 1,381.2억원 대비 5.1% 감소하였음. 외형 축소에도 원가율이 개선되었으며 매출 총이익은 전년보다 46.1% 증가한 112.6억원을 기록함. 판관비가 전년 대비 21.9% 증가하였음에도 불구하고 영업이익이 전년보다 304.4% 증가, 26.7억원을 시현하였음. 비영업 부분 손실 역시 흑자전환에 성공하였으며 최종적으로 4.4억원의 당기순이익이 발생해 흑자전환함.

현금 흐름 *IFRS 별도 기준 〈단위 : 억원〉

항목	2016	2017
영업활동	-74	-15
투자활동	27	53
재무활동	39	-42
순현금흐름	-7	-3
기말현금	89	86

시장 대비 수익률

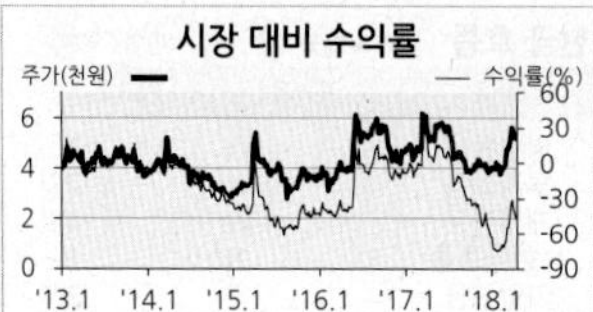

결산 실적 〈단위 : 억원〉

항목	2012	2013	2014	2015	2016	2017
매출액	1,451	1,673	1,535	1,248	1,381	1,311
영업이익	5	-48	-130	56	7	27
당기순이익	15	-39	14	-22	-69	4

분기 실적 *IFRS 별도 기준 〈단위 : 억원〉

항목	2016.3Q	2016.4Q	2017.1Q	2017.2Q	2017.3Q	2017.4Q
매출액	312	319	344	308	324	303
영업이익	-99	85	9	-7	7	18
당기순이익	-10	-74	8	-5	1	1

재무 상태 *IFRS 별도 기준 〈단위 : 억원〉

항목	2012	2013	2014	2015	2016	2017
총자산	1,463	1,503	1,388	1,254	1,180	1,159
유형자산	333	300	272	244	118	82
무형자산	3	3	3	3	2	4
유가증권	56	58	58	63	66	66
총부채	675	773	647	537	540	507
총차입금	242	365	280	141	181	151
자본금	50	50	50	50	50	50
총자본	787	730	741	716	640	652
지배주주지분	787	730	741	716	640	652

기업가치 지표 *IFRS 별도 기준

항목	2012	2013	2014	2015	2016	2017
주가(최고/저)(천원)	7.6/2.8	5.3/3.7	5.2/2.8	5.7/2.8	6.5/3.1	6.7/3.7
PER(최고/저)(배)	51.1/18.8	—/—	36.0/19.5	—/—	—/—	153.1/84.3
PBR(최고/저)(배)	1.0/0.4	0.7/0.5	0.7/0.4	0.8/0.4	1.0/0.5	1.0/0.6
EV/EBITDA(배)	13.6	—	—	4.2	14.3	8.3
EPS(원)	151	-389	144	-218	-694	44
BPS(원)	7,878	7,308	7,413	7,166	6,404	6,521
CFPS(원)	547	-7	494	148	-377	295
DPS(원)	50	—	—	—	—	—
EBITDAPS(원)	449	-99	-955	928	383	519

재무 비율 〈단위 : %〉

연도	영업이익률	순이익률	부채비율	차입금비율	ROA	ROE	유보율	자기자본비율	EBITDA마진율
2017	2.0	0.3	80.4	23.2	0.4	0.7	1,204.5	55.4	4.0
2016	0.5	-5.0	84.3	28.2	-5.7	-10.2	1,180.7	54.3	2.8
2015	4.5	-1.8	75.0	19.7	-1.7	-3.0	1,333.2	57.1	7.4
2014	-8.5	0.9	87.4	37.9	1.0	2.0	1,382.6	53.4	-6.2

티비씨 (A033830)

Taegu Broadcasting

업　　종 : 미디어　　시　　장 : KOSDAQ
신용등급 : (Bond) —　　(CP) —　　기업규모 : 중견
홈페이지 : www.tbc.co.kr　　연 락 처 : 053)760-1900
본　　사 : 대구시 수성구 동대구로 23

설 립 일	1994.10.07	**종업원수**	125명	**대표이사**	최진민,김정길
상 장 일	2010.11.29	**감사의견**	적정(신한)	**계　　열**	
결 산 기	12월	**보 통 주**		**종속회사수**	1개사
액 면 가	500원	**우 선 주**		**구　　상　　호**	대구방송

주주구성 (지분율,%)		출자관계 (지분율,%)		주요경쟁사 (외형,%)	
나노켐	13.1	티비시엔비	100.0	티비씨	100
귀뚜라미	12.3	아이앤티컴	50.0	오리콤	397
		한국민영방송연합	11.1	이매진아시아	72

매출구성		비용구성		수출비중	
TV,FM 광고 수익	45.5	매출원가율	73.5	수출	0.0
행사, 외식 사업 수익 등	38.6	판관비율	20.2	내수	100.0
프로그램 판매, DMB	8.8				

회사 개요

동사는 대구광역시의 민영방송사로 SBS와 제휴, 네트워크 프로그램으로 약 70%를 편성하고, 자체적으로 30%를 편성 방송하고 있음. 동사의 주요매출은 TV/라디오 광고 수익으로 전체 수익의 약 50%를 차지하고 있음. 광고 수익에 대한 의존도를 낮추기 위해 문화공연 사업을 확대하고 있어 이를 통해 수익구조 안정화 모색 중. 2017년 말 광고비 기준 1.09%의 시장점유율을 나타내고 있음.

실적 분석

동사의 2017년 결산 영업수익은 422.1억원을 기록하며 전년동기 대비 8.7% 증가하였음. 추가적으로 원가율 하락하여 전년동기 대비 큰 폭으로 증가한 26.8억원의 영업이익 시현함. 당기순이익 또한 전년동기 대비 15.7% 증가한30.7억원을 시현함. 타 지역 민방에 비해 문화공연 수익사업에 강점을 발휘하여 약 10년간의 문화사업 경험을 바탕으로 대형 공연사업을 성공적으로 수행하여 수익구조의 다변화를 꾀하고 있음.

현금 흐름 〈단위 : 억원〉

항목	2016	2017
영업활동	22	66
투자활동	11	-83
재무활동	-16	2
순현금흐름	17	-16
기말현금	24	8

시장 대비 수익률

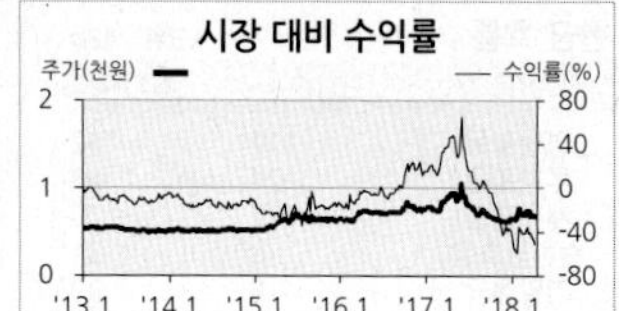

결산 실적 〈단위 : 억원〉

항목	2012	2013	2014	2015	2016	2017
매출액	363	335	352	411	388	422
영업이익	26	20	21	20	18	27
당기순이익	43	36	33	36	27	31

분기 실적 〈단위 : 억원〉

항목	2016.3Q	2016.4Q	2017.1Q	2017.2Q	2017.3Q	2017.4Q
매출액	75	148	72	102	86	162
영업이익	-7	24	0	10	2	14
당기순이익	-2	23	3	10	5	13

재무 상태 〈단위 : 억원〉

항목	2012	2013	2014	2015	2016	2017
총자산	998	1,020	1,042	1,082	1,105	1,144
유형자산	220	231	217	202	214	253
무형자산	9	9	8	4	3	3
유가증권	594	630	684	623	607	703
총부채	53	45	50	75	86	100
총차입금	15	14	16	20	45	54
자본금	500	500	500	500	500	500
총자본	945	975	992	1,007	1,019	1,043
지배주주지분	945	975	992	1,007	1,019	1,043

기업가치 지표

항목	2012	2013	2014	2015	2016	2017
주가(최고/저)(천원)	0.6/0.5	0.6/0.5	0.5/0.5	0.7/0.5	0.8/0.6	1.2/0.6
PER(최고/저)(배)	15.9/13.1	17.4/14.9	17.6/16.0	20.6/14.9	32.6/23.8	38.2/20.2
PBR(최고/저)(배)	0.7/0.6	0.6/0.5	0.6/0.5	0.7/0.5	0.8/0.6	1.1/0.6
EV/EBITDA(배)	0.6	—	—	1.8	5.8	0.4
EPS(원)	43	36	33	36	27	31
BPS(원)	9,656	9,958	10,132	10,377	10,571	1,081
CFPS(원)	848	602	611	637	451	46
DPS(원)	60	200	150	150	100	10
EBITDAPS(원)	677	438	488	474	368	42

재무 비율 〈단위 : %〉

연도	영업이익률	순이익률	부채비율	차입금비율	ROA	ROE	유보율	자기자본비율	EBITDA마진율
2017	6.3	7.3	9.6	5.2	2.7	3.0	116.3	91.2	10.0
2016	4.7	6.8	8.4	4.4	2.4	2.6	111.4	92.2	9.5
2015	4.9	8.8	7.4	2.0	3.4	3.6	107.5	93.1	11.5
2014	5.9	9.4	5.1	1.7	3.2	3.4	102.6	95.2	13.9

티비에이치글로벌 (A084870)

TBH GLOBAL COLTD

업　　종 : 섬유 및 의복　　시　　장 : 거래소
신용등급 : (Bond) —　　(CP) —　　기업규모 : 시가총액 소형주
홈페이지 : www.tbhglobal.co.kr　　연 락 처 : 02)2058-3800
본　　사 : 서울시 강남구 봉은사로 456 베이직하우스빌딩(삼성동)

설 립 일	2001.01.01	**종업원수**	338명	**대표이사**	우종완,이준호
상 장 일	2005.12.19	**감사의견**	적정(삼정)	**계　열**	
결 산 기	12월	**보 통 주**		**종속회사수**	3개사
액 면 가	500원	**우 선 주**		**구 상 호**	

주주구성 (지분율,%)		출자관계 (지분율,%)		주요경쟁사 (외형,%)	
우종완	19.6	이제	15.4	TBH글로벌	100
우한곤	12.4	TBHHONGKONG	71.6	F&F	81
(외국인)	6.8			태평양물산	133

매출구성		비용구성		수출비중	
[패션사업]캐주얼 및 남성복	99.8	매출원가율	33.0	수출	0.4
[기타사업]기타매출	1.0	판관비율	64.0	내수	99.6
[임대사업]임대료 수익	0.1				

회사 개요

동사는 한국과 중국에서 패션사업을 영위하고 있음. 패션제품의 디자인과 유통망 전개는 대부분 자체적으로 수행하고 있으나, 모든 생산은 아웃소싱으로 이루어지고 있음. 2016년말 기준 한국에서는 7개의 자체브랜드를 가두점, 백화점, 쇼핑몰 및 상설 할인점 등에서 판매하고 있으며, 변화하는 패션시장에 대응하기 위하여 수익성이 낮은 라이선스 브랜드 다반과 자체브랜드인 겸비의 철수 완료와 함께 신규 브랜드인 마크브릭과 스펠로를 론칭하였음.

실적 분석

2017년 누적 매출액은 6,944.8억원으로 전년 대비 3.9% 감소, 영업이익은 203.8억원으로 64.4%증가함. 내수 시장은 마인드 브릿지를 중심으로 브랜드 구조를 재편하면서 크게 개선되었으나 중국은 오프채널의 비용절감 노력에도 불구매장이 감소하는 과정에서 구조조정 효과가 더딘데다, 재고 부담이 증가하며 수익성이 악화됨. 남성복 '아임데이빗'을 중국 내 소비자 인지도가 높은 '베이직하우스 맨'으로 브랜드명,매장구성 변경할 예정.

현금 흐름 〈단위 : 억원〉

항목	2016	2017
영업활동	280	512
투자활동	-50	-336
재무활동	-109	12
순현금흐름	116	159
기말현금	438	597

시장 대비 수익률

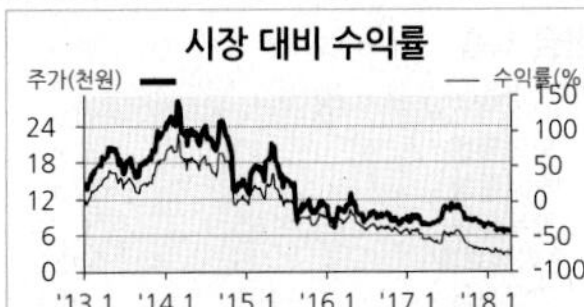

결산 실적 〈단위 : 억원〉

항목	2012	2013	2014	2015	2016	2017
매출액	5,211	5,552	5,498	6,597	7,222	6,945
영업이익	280	524	280	-53	124	204
당기순이익	164	403	242	-98	3	10

분기 실적 〈단위 : 억원〉

항목	2016.3Q	2016.4Q	2017.1Q	2017.2Q	2017.3Q	2017.4Q
매출액	1,334	2,390	1,896	1,402	1,271	2,375
영업이익	-101	168	112	4	-94	182
당기순이익	-70	48	81	1	-92	20

재무 상태 〈단위 : 억원〉

항목	2012	2013	2014	2015	2016	2017
총자산	4,296	4,457	5,238	5,873	5,609	5,538
유형자산	1,096	1,039	1,225	1,258	1,175	1,191
무형자산	21	21	42	38	38	31
유가증권	6	6	6	19	3	3
총부채	2,300	2,083	2,520	3,233	3,120	3,249
총차입금	773	497	350	686	580	586
자본금	104	104	104	104	104	104
총자본	1,995	2,374	2,718	2,640	2,489	2,289
지배주주지분	1,851	2,192	2,496	2,239	2,074	1,477

기업가치 지표

항목	2012	2013	2014	2015	2016	2017
주가(최고/저)(천원)	21.9/10.6	23.6/13.7	28.1/13.2	23.3/8.8	12.9/7.5	11.7/7.5
PER(최고/저)(배)	31.7/15.3	13.4/7.8	28.4/13.3	—/—	—/—	—/—
PBR(최고/저)(배)	2.5/1.2	2.2/1.3	2.4/1.1	2.2/0.8	1.3/0.8	1.7/1.1
EV/EBITDA(배)	6.2	6.4	5.8	8.1	4.3	4.5
EPS(원)	693	1,759	990	-606	-139	-48
BPS(원)	8,876	10,511	11,967	10,737	9,942	7,082
CFPS(원)	2,091	2,994	2,162	1,280	1,888	1,554
DPS(원)	—	50	—	—	—	—
EBITDAPS(원)	2,741	3,745	2,515	1,632	2,621	2,579

재무 비율 〈단위 : %〉

연도	영업 이익률	순 이익률	부채 비율	차입금 비율	ROA	ROE	유보율	자기자본 비율	EBITDA 마진율
2017	2.9	0.1	142.0	25.6	0.2	-0.6	1,316.4	41.3	7.8
2016	1.7	0.0	125.3	23.3	0.1	-1.4	1,888.5	44.4	7.6
2015	-0.8	-1.5	122.5	26.0	-1.8	-5.3	2,047.5	45.0	5.2
2014	5.1	4.4	92.7	12.9	5.0	8.8	2,293.4	51.9	9.5

티슈진 (A950160)

TissueGene

업　　종 : 바이오　　시　　장 : KOSDAQ
신용등급 : (Bond) —　　(CP) —　　기업규모 :
홈페이지 : www.tissuegene.com　　연 락 처 : 1-301-921-6000
본　　사 : 9605 Medical Center Dr. Suite 200, Rockville, MD 20850, USA

설 립 일	1999.06.09	**종업원수**	명	**대표이사**	이우석,이범섭
상 장 일	2017.11.06	**감사의견**	적정(한영)	**계　열**	
결 산 기	12월	**보 통 주**		**종속회사수**	
액 면 가	—	**우 선 주**		**구 상 호**	티슈진(Reg.S)

주주구성 (지분율,%)		출자관계 (지분율,%)		주요경쟁사 (외형,%)	
코오롱	27.3			코오롱티슈진(Reg.S)	100
이웅열	17.9			휴메딕스	1,714
(외국인)	4.9			쎌바이오텍	1,913

매출구성		비용구성		수출비중	
INVOSSA	100.0	매출원가율	52.2	수출	—
		판관비율	522.1	내수	—

회사 개요

동사는 1999년 6월 9일에 설립. 사업부문은 무릎 골관절염 치료제를 개발하는 신약사업부문과 더마코스메틱 브랜드를 제조판매 하는 화장품사업부문 및 헬스&뷰티 상품의 유통을 담당하는 드럭스토어사업부문으로 구분됨. 주력 개발품목인 INVOSSA™는 세계 최초 세포 유전자 치료제로 미국 임상을 진행 중. 화장품사업부문에서는 위즈더마(WISDERMA)를 론칭, 판매. 드럭스토어사업부문은 드럭스토어 체인 w-store 브랜드를 2004년부터 운영 중.

실적 분석

동사의 2017년 매출액은 31.9억원으로 전년 동기 대비 76% 감소함. 같은 기간 영업손실은 151.4억원으로 적자전환했고 당기순손실도 198.3억원으로 적자전환함. 2016년 '인보사' 기술수출에 따른 기저효과, 환율 하락 등 외부환경 악화 및 고부가 제품 매출 부진, 인보사 상업화 투자비용 및 연구개발(R&D) 비용 증가 등으로 실적이 악화됨. 향후 미국에서 DMOAD(근본적 치료제)를 획득할 경우 큰 폭의 매출 개선이 기대됨.

현금 흐름 *IFRS 별도 기준 〈단위 : 억원〉

항목	2016	2017
영업활동	67	-150
투자활동	-106	-1,809
재무활동	205	2,037
순현금흐름	166	78
기말현금	235	286

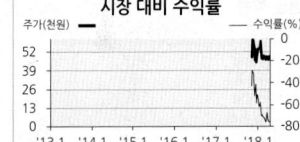

시장 대비 수익률

주가(천원) — 수익률(%)
52 / 39 / 26 / 13 / 0　　0 / -20 / -40 / -60 / -80
'13.1 '14.1 '15.1 '16.1 '17.1 '18.1

결산 실적 〈단위 : 억원〉

항목	2012	2013	2014	2015	2016	2017
매출액	—	—	—	3	133	32
영업이익	—	—	—	-61	60	-151
당기순이익	—	—	—	-63	73	-198

분기 실적 *IFRS 별도 기준 〈단위 : 억원〉

항목	2016.3Q	2016.4Q	2017.1Q	2017.2Q	2017.3Q	2017.4Q
매출액	—	—	—	—	—	—
영업이익	—	—	—	-18	—	—
당기순이익	—	—	—	-21	—	—

재무 상태 *IFRS 별도 기준 〈단위 : 억원〉

항목	2012	2013	2014	2015	2016	2017
총자산	—	—	—	106	422	2,282
유형자산	—	—	—	8	9	10
무형자산	—	—	—	29	132	368
유가증권	—	—	—	0	0	—
총부채	—	—	—	88	206	324
총차입금	—	—	—	82	169	236
자본금	—	—	—	1	1	0
총자본	—	—	—	18	216	1,957
지배주주지분	—	—	—	18	216	1,957

기업가치 지표 *IFRS 별도 기준

항목	2012	2013	2014	2015	2016	2017
주가(최고/저)(천원)	—/—	—/—	—/—	—/—	—/—	—/—
PER(최고/저)(배)	0.0/0.0	0.0/0.0	0.0/0.0	0.0/0.0	0.0/0.0	—/—
PBR(최고/저)(배)	0.0/0.0	0.0/0.0	0.0/0.0	0.0/0.0	0.0/0.0	21.2/13.2
EV/EBITDA(배)	0.0	0.0	0.0	—	—	—
EPS(원)	—	—	—	-258	299	-461
BPS(원)	—	—	—	169	2,048	3,238
CFPS(원)	—	—	—	-560	730	-448
DPS(원)	—	—	—	—	—	—
EBITDAPS(원)	—	—	—	-545	606	-339

재무 비율 〈단위 : %〉

연도	영업 이익률	순 이익률	부채 비율	차입금 비율	ROA	ROE	유보율	자기자본 비율	EBITDA 마진율
2017	-474.3	-621.2	16.6	12.0	-14.7	-18.3	7,661,221.8	85.8	-457.6
2016	45.2	55.0	95.3	78.3	27.7	62.5	24,586.4	51.2	48.2
2015	-1,962.4	-2,013.9	492.2	458.7	0.0	0.0	2,040.7	16.9	-1,847.0
2014	0.0	0.0	0.0	0.0	0.0	0.0	0.0	0.0	0.0

티씨씨동양 (A002710)

TCC Steel

업 종 : 금속 및 광물
신용등급 : (Bond) — (CP) —
홈페이지 : www.tccsteel.com
본 사 : 경북 포항시 남구 괴동로 100 (장흥동)

시 장 : 거래소
기업규모 : 시가총액 소형주
연 락 처 : 054)285-3311

설 립 일 1959.07.16		**종업원수** 276명		**대표이사** 손봉락,조석희	
상 장 일 1984.12.21		**감사의견** 적정(한영)		**계 열**	
결 산 기 12월		**보 통 주**		**종속회사수** 5개사	
액 면 가 1,000원		**우 선 주**		**구 상 호**	

주주구성 (지분율,%)		출자관계 (지분율,%)		주요경쟁사 (외형,%)	
손봉락	17.8	TAC	100.0	TCC동양	100
티씨씨통상	13.0	TCC강판	100.0	대양금속	44
(외국인)	1.3	TCC한진	100.0	SIMPAC Metal	59

매출구성		비용구성		수출비중	
전기주석도금강판,전해크롬산처리강판 등	99.8	매출원가율	91.2	수출	63.0
수입임대료	0.2	판관비율	6.7	내수	37.0
임가공 및 설비수출(PLANT) 등	0.0				

회사 개요

동사는 전기주석도금강판 등 표면처리강판의 제조와 판매업 등을 영위할 목적으로 1959년 7월 16일에 설립되었음. 또한 회사의 주식은 1984년 12월 21일 유가증권시장에 상장되었음. 연결기업은 전략적인 영업단위인 3개의 보고부문(표면처리강판, 부동산임대, 기타)을 가지고 있으며, 전략적 영업단위들은 서로 다른 생산품과 용역을 제공하며 각 영업단위별로 요구되는 기술과 마케팅 전략이 다르므로 분리되어 운영되고 있음.

실적 분석

동사의 2017년 연간 누적 매출과 영업이익은 3,913.7억원, 81.1억원으로 전년동기 대비 각각 11.9%, 47.2% 감소함. 임대사업부문 일부가 중단영업으로 분류되며 매출이 감소함. 주 매출처인 표면처리강판 사업부문에서 미국 안티덤핑에 따른 연결자회사 부진이 매출 감소로 이어짐. 환율하락, 원자재 가격 상승에 따른 원가율 상승으로 영업이익 또한 감소함.

현금 흐름 〈단위 : 억원〉

항목	2016	2017
영업활동	-353	-12
투자활동	880	3
재무활동	-543	10
순현금흐름	-15	-2
기말현금	89	87

시장 대비 수익률

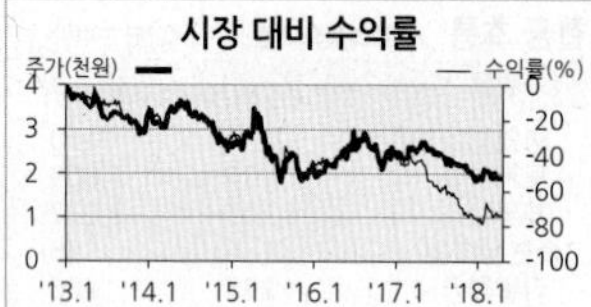

결산 실적 〈단위 : 억원〉

항목	2012	2013	2014	2015	2016	2017
매출액	5,013	5,008	4,855	4,961	4,445	3,914
영업이익	59	-77	109	159	154	81
당기순이익	1	-200	-158	-1,102	145	15

분기 실적 〈단위 : 억원〉

항목	2016.3Q	2016.4Q	2017.1Q	2017.2Q	2017.3Q	2017.4Q
매출액	1,044	1,017	982	1,022	996	914
영업이익	15	65	13	27	19	22
당기순이익	3	63	11	7	1	-4

재무 상태 〈단위 : 억원〉

항목	2012	2013	2014	2015	2016	2017
총자산	5,470	5,437	5,510	3,764	2,861	2,787
유형자산	1,438	1,566	1,516	719	647	589
무형자산	43	67	65	57	59	58
유가증권	353	367	344	268	366	358
총부채	3,210	3,380	3,620	2,904	1,852	1,778
총차입금	2,276	2,554	2,807	1,683	1,172	1,285
자본금	170	180	190	223	223	223
총자본	2,260	2,057	1,890	860	1,009	1,009
지배주주지분	2,248	2,042	1,879	856	1,005	1,006

기업가치 지표

항목	2012	2013	2014	2015	2016	2017
주가(최고/저)(천원)	4.6/3.4	4.0/2.9	3.6/2.5	3.5/1.8	3.0/1.9	2.7/1.8
PER(최고/저)(배)	611.1/451.2	—/—	—/—	—/—	4.6/2.9	40.0/26.7
PBR(최고/저)(배)	0.4/0.3	0.4/0.3	0.4/0.3	0.9/0.4	0.6/0.4	0.6/0.4
EV/EBITDA(배)	18.4	60.5	13.0	7.7	7.5	11.6
EPS(원)	8	-949	-756	-5,364	649	69
BPS(원)	13,543	11,647	10,177	4,077	4,742	4,746
CFPS(원)	550	-351	-78	-4,844	934	325
DPS(원)	184	110	107	—	—	—
EBITDAPS(원)	890	273	1,289	1,300	973	619

재무 비율 〈단위 : %〉

연도	영업이익률	순이익률	부채비율	차입금비율	ROA	ROE	유보율	자기자본비율	EBITDA마진율
2017	2.1	0.4	176.2	127.3	0.5	1.5	374.6	36.2	3.5
2016	3.5	3.3	183.6	116.2	4.4	15.6	374.3	35.3	4.9
2015	3.2	-22.2	337.6	195.7	-23.8	-80.1	307.7	22.9	5.4
2014	2.2	-3.3	191.5	148.5	-2.9	-7.7	917.7	34.3	5.0

티씨엠생명과학 (A228180)

TCM BIOSCIENCES

업 종 : 의료 장비 및 서비스
신용등급 : (Bond) — (CP) —
홈페이지 : www.tcm-s.co.kr
본 사 : 경기도 성남시 분당구 판교로 228번길 15, 3동 3층

시 장 : KONEX
기업규모 : —
연 락 처 : 031)698-3041

설 립 일 2009.08.03		**종업원수** 30명		**대표이사** 박영철	
상 장 일 2015.10.22		**감사의견** 적정(도원)		**계 열**	
결 산 기 12월		**보 통 주**		**종속회사수**	
액 면 가 —		**우 선 주**		**구 상 호** 한국티씨엠	

주주구성 (지분율,%)		출자관계 (지분율,%)		주요경쟁사 (외형,%)	
박영철	11.0	바이오리더스	10.4	티씨엠생명과학	100
EastBridge Asan Mid-market Opportunity Fund II, L.P.	8.0			비트컴퓨터	1,269
				하이로닉	721

매출구성		비용구성		수출비중	
제품, 상품, 기타	53.1	매출원가율	44.9	수출	0.0
진단서비스	47.0	판관비율	167.6	내수	100.0

회사 개요

동사는 2009년 설립돼 현재 체외진단 서비스 사업을 영위하고 있음. 조직, 세포 및 분자(유전자) 분석을 통한 체외진단 서비스를 제공하고, 이를 통해 축적된 경험을 바탕으로 체외진단 의료기기의 개발, 유전자분석 기법의 적용을 통한 새로운 진단 기법의 개발과 분석 효율 및 방법론적 개선을 수행하고 있음. 동사는 매출의 100%를 내수시장에 의존하고 있으며 향후 인도네시아 등 개발도상국 시장 진출 기회를 엿보고 있는 상태임.

실적 분석

동사의 연결기준 2017년 매출액은 전년 대비 44.5% 증가한 25.1억원을 기록. 영업손실 28.3억원을 기록하며 적자를 지속함. 당기순손실은 62.7억원을 기록하며 적자를 지속함. 분자진단 분야에서의 진단 서비스를 위한 제품 개발뿐만 아니라 세포병리진단, 분자진단 분야에서의 신규 제품 개발을 진행 중임.

현금 흐름 *IFRS 별도 기준 〈단위 : 억원〉

항목	2016	2017
영업활동	-11	-19
투자활동	-49	-126
재무활동	65	—
순현금흐름	5	-145
기말현금	191	46

시장 대비 수익률

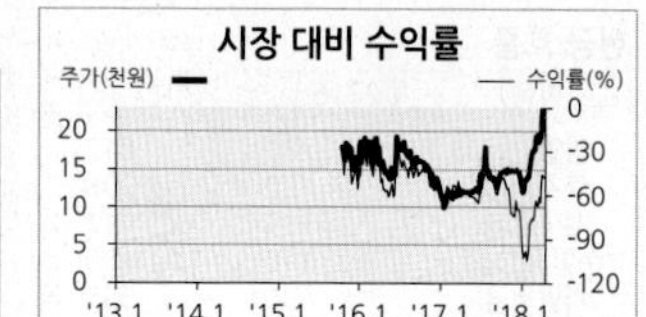

결산 실적 〈단위 : 억원〉

항목	2012	2013	2014	2015	2016	2017
매출액	8	6	8	12	17	25
영업이익	0	0	0	-7	-22	-28
당기순이익	0	0	1	-3	4	-63

분기 실적 *IFRS 별도 기준 〈단위 : 억원〉

항목	2016.3Q	2016.4Q	2017.1Q	2017.2Q	2017.3Q	2017.4Q
매출액	—	—	—	—	—	—
영업이익	—	—	—	—	—	—
당기순이익	—	—	—	—	—	—

재무 상태 *IFRS 별도 기준 〈단위 : 억원〉

항목	2012	2013	2014	2015	2016	2017
총자산	8	8	54	246	307	276
유형자산	4	4	35	37	37	39
무형자산	0	0	—	3	2	1
유가증권	—	—	—	—	39	43
총부채	3	2	23	78	256	290
총차입금	—	—	19	70	232	269
자본금	4	4	6	12	10	10
총자본	6	6	31	167	51	-14
지배주주지분	6	6	31	167	51	-14

기업가치 지표 *IFRS 별도 기준

항목	2012	2013	2014	2015	2016	2017
주가(최고/저)(천원)	—/—	—/—	—/—	—/—	—/—	—/—
PER(최고/저)(배)	0.0/0.0	0.0/0.0	0.0/0.0	—/—	125.9/68.4	—/—
PBR(최고/저)(배)	0.0/0.0	0.0/0.0	0.0/0.0	2.9/2.0	10.4/5.7	-31.6/-17.9
EV/EBITDA(배)	—	—	11.0	—	—	—
EPS(원)	125	18	86	-152	175	-2,590
BPS(원)	7,434	7,613	26,839	68,986	2,108	-563
CFPS(원)	1,846	179	1,828	-107	293	-2,476
DPS(원)	—	—	—	—	—	—
EBITDAPS(원)	1,958	195	1,340	-2,215	-774	-1,054

재무 비율 〈단위 : %〉

연도	영업이익률	순이익률	부채비율	차입금비율	ROA	ROE	유보율	자기자본비율	EBITDA마진율
2017	-112.5	-249.6	완전잠식	완전잠식	-21.5	당기잠식	-235.9	-4.9	-101.6
2016	-124.2	24.3	500.6	454.9	1.5	3.9	409.1	16.7	-107.8
2015	-53.8	-22.5	47.0	42.0	-1.9	-2.8	1,279.7	68.1	-32.8
2014	4.3	10.0	74.5	60.5	2.7	4.5	436.8	57.3	15.5

티씨케이 (A064760)
Tokai Carbon Korea

업　　종 : 반도체 및 관련장비　　시　　장 : KOSDAQ
신용등급 : (Bond) —　(CP) —　　기업규모 : 우량
홈페이지 : www.tck.co.kr　　연 락 처 : 031)677-0277
본　　사 : 경기도 안성시 미양면 개정산업단지로 71

설 립 일	1996.08.07	**종업원수**	295명	**대표이사**	쯔지마사후미,박영순
상 장 일	2003.08.18	**감사의견**	적정(삼일)	**계　　열**	
결 산 기	12월	**보 통 주**		**종속회사수**	
액 면 가	500원	**우 선 주**		**구 상 호**	

주주구성 (지분율,%)		출자관계 (지분율,%)		주요경쟁사 (외형,%)	
도카이카본주식회사	35.4			티씨케이	100
케이씨텍	28.3			지스마트글로벌	74
(외국인)	44.6			케이씨	440

매출구성		비용구성		수출비중	
반도체 공정 부품	74.6	매출원가율	53.0	수출	47.5
반도체용 고순도 흑연제품	9.4	판관비율	10.4	내수	52.5
LED 및 반도체 부품 외	8.0				

회사 개요
동사는 1996년 한국도카이카본으로 설립되어 반도체, 태양전지를 만드는 장비의 부품으로 사용되는 인조흑연(graphite)과 국내 유일하게 국산화에 성공한 LED Chip 생산용 Susceptor, 반도체 장비용 SiC-Ring, SiC-Wafer 등을 제조/판매하고 있음. 2001년 상호를 티씨케이로 변경했고, 2003년 코스닥 시장에 상장함. 최대주주는 1918년에 설립된 일본업체 도카이카본으로 지분율 35.4%임.

실적 분석
동사의 2017년 4/4분기 연결기준 누적 매출액은 1,303.1억원으로 전년동기 대비 45.7% 증가했음. 외형확대로 인해 매출원가 및 판관비가 전년동기 대비 각각 35.4%, 22.6% 증가했음에도 영업이익은 전년동기 대비 74.0% 증가한 477.3억원을 기록했음. 비영업부문에서도 3.5억원의 이익을 시현해 이익폭이 확대되어 전년동기 대비 64.0% 증가한 373.0억원의 당기순이익을 시현했음.

현금 흐름 *IFRS 별도 기준 〈단위 : 억원〉

항목	2016	2017
영업활동	249	396
투자활동	-285	-204
재무활동	1	1
순현금흐름	-35	193
기말현금	55	248

시장 대비 수익률
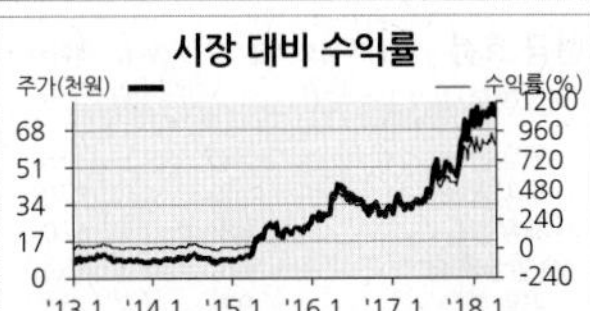

결산 실적 〈단위 : 억원〉

항목	2012	2013	2014	2015	2016	2017
매출액	488	351	452	619	894	1,303
영업이익	80	35	71	161	274	477
당기순이익	68	19	47	132	227	373

분기 실적 *IFRS 별도 기준 〈단위 : 억원〉

항목	2016.3Q	2016.4Q	2017.1Q	2017.2Q	2017.3Q	2017.4Q
매출액	236	218	244	315	364	380
영업이익	76	60	75	118	146	139
당기순이익	60	58	60	93	118	102

재무 상태 *IFRS 별도 기준 〈단위 : 억원〉

항목	2012	2013	2014	2015	2016	2017
총자산	863	841	911	1,034	1,315	1,688
유형자산	508	468	393	451	638	666
무형자산	14	9	8	7	6	6
유가증권	1	1	1	0	0	1
총부채	89	61	88	94	175	233
총차입금	—	1	0	0	2	1
자본금	58	58	58	58	58	58
총자본	774	779	823	940	1,140	1,455
지배주주지분	774	779	823	940	1,140	1,455

기업가치 지표 *IFRS 별도 기준

항목	2012	2013	2014	2015	2016	2017
주가(최고/저)(천원)	16.1/6.1	11.1/6.8	11.2/6.7	26.4/7.9	43.3/25.4	77.0/29.7
PER(최고/저)(배)	29.6/11.1	71.4/43.9	28.9/17.2	24.2/7.2	22.8/13.4	24.1/9.4
PBR(최고/저)(배)	2.6/1.0	1.8/1.1	1.7/1.0	3.4/1.0	4.6/2.7	6.2/2.4
EV/EBITDA(배)	6.2	8.7	6.3	12.6	10.0	14.7
EPS(원)	583	164	407	1,128	1,948	3,195
BPS(원)	6,632	6,676	7,048	8,056	9,763	12,458
CFPS(원)	969	593	840	1,597	2,494	3,941
DPS(원)	120	35	120	240	500	700
EBITDAPS(원)	1,070	727	1,037	1,847	2,895	4,834

재무 비율 〈단위 : %〉

연도	영업이익률	순이익률	부채비율	차입금비율	ROA	ROE	유보율	자기자본비율	EBITDA마진율
2017	36.6	28.6	16.1	0.1	24.8	28.8	2,391.7	86.2	43.3
2016	30.7	25.4	15.4	0.2	19.4	21.9	1,852.7	86.7	37.8
2015	26.0	21.3	10.0	0.0	13.5	14.9	1,511.1	91.0	34.8
2014	15.6	10.5	10.7	0.0	5.4	5.9	1,309.6	90.4	26.8

티에스아이 (A277880)
TSI CO

업　　종 : 전자 장비 및 기기　　시　　장 : KONEX
신용등급 : (Bond) —　(CP) —　　기업규모 : —
홈페이지 : www.taesungind.co.kr　　연 락 처 : 031)667-2623
본　　사 : 경기도 평택시 서탄면 수월암3길 43

설 립 일	2011.07.01	**종업원수**	명	**대표이사**	표인식
상 장 일	2017.10.30	**감사의견**	적정(우덕)	**계　　열**	
결 산 기	12월	**보 통 주**		**종속회사수**	
액 면 가	—	**우 선 주**		**구 상 호**	

주주구성 (지분율,%)		출자관계 (지분율,%)		주요경쟁사 (외형,%)	
표인식	84.1			티에스아이	100
티에스아이우리사주조합	9.4			엔에스	230
				파크시스템스	180

매출구성		비용구성		수출비중	
2차전지 Mixing System	86.4	매출원가율	82.6	수출	55.6
Mixing 장비공급	11.0	판관비율	14.9	내수	44.4
기타	1.3				

회사 개요
동사는 1996년 3월에 태성기공이라는 개인사업자로 사업을 시작하였음. 2011년 7월 2차 전지 Mixing System 설계와 장비제조를 사업 목적으로 법인 전환하였으며 특수목적용 기계 제조업을 영위하고 있음. 주력사업은 2차전지 제조 장비중 2차전지의 활물질, 도전제, 결합제, 용매를 혼합하는 Mixing 공정을 운용하는 장비와 그 시스템을 판매하는 것임. 2017년 10월 코넥스 시장에 상장함.

실적 분석
코넥스 법인인 동사의 2017년도 결산 연결매출액은 183.1억원으로 전년 대비 12.4% 성장함. 그러나 매출원가가 전년 대비 13.1% 증가하고 특히 판관비가 102.8% 증가하며 비용 증가. 영업이익은 4.5억원으로 71.1% 감소, 당기순이익도 1.9억원을 기록하여 89.1% 감소하며 수익성 감소함. 다만 동사는 삼성SDI 이외 LG화학, SK이노베이션 등 국내 수주 확대를 위해 노력중임.

현금 흐름 *IFRS 별도 기준 〈단위 : 억원〉

항목	2016	2017
영업활동	1	1
투자활동	16	-27
재무활동	-14	33
순현금흐름	3	7
기말현금	3	10

시장 대비 수익률
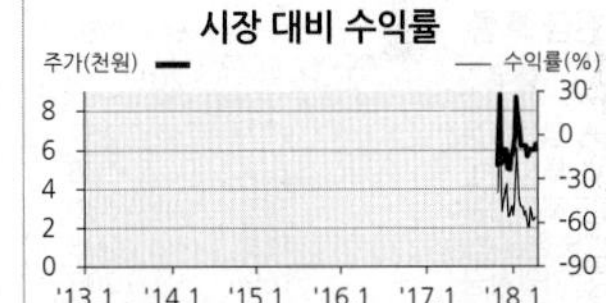

결산 실적 〈단위 : 억원〉

항목	2012	2013	2014	2015	2016	2017
매출액	—	—	79	60	163	183
영업이익	—	—	-0	-11	16	5
당기순이익	—	—	-3	-22	18	2

분기 실적 *IFRS 별도 기준 〈단위 : 억원〉

항목	2016.3Q	2016.4Q	2017.1Q	2017.2Q	2017.3Q	2017.4Q
매출액	—	—	—	—	—	—
영업이익	—	—	—	—	—	—
당기순이익	—	—	—	—	—	—

재무 상태 *IFRS 별도 기준 〈단위 : 억원〉

항목	2012	2013	2014	2015	2016	2017
총자산	—	—	95	89	163	203
유형자산	—	—	55	64	54	80
무형자산	—	—	—	—	0	1
유가증권	—	—	10	—	—	—
총부채	—	—	68	83	124	153
총차입금	—	—	55	62	39	72
자본금	—	—	27	27	29	29
총자본	—	—	27	5	39	50
지배주주지분	—	—	27	5	39	50

기업가치 지표 *IFRS 별도 기준

항목	2012	2013	2014	2015	2016	2017
주가(최고/저)(천원)	—/—	—/—	—/—	—/—	—/—	—/—
PER(최고/저)(배)	0.0/0.0	0.0/0.0	0.0/0.0	0.0/0.0	0.0/0.0	259.3/88.6
PBR(최고/저)(배)	0.0/0.0	0.0/0.0	0.0/0.0	0.0/0.0	0.0/0.0	10.2/3.5
EV/EBITDA(배)	0.0	0.0	22.8	—	2.2	52.2
EPS(원)	—	—	-64	-411	330	34
BPS(원)	—	—	5,108	1,002	6,748	864
CFPS(원)	—	—	-182	-3,906	3,416	81
DPS(원)	—	—	—	—	—	—
EBITDAPS(원)	—	—	450	-1,849	3,018	126

재무 비율 〈단위 : %〉

연도	영업이익률	순이익률	부채비율	차입금비율	ROA	ROE	유보율	자기자본비율	EBITDA마진율
2017	2.5	1.1	307.2	143.9	1.1	4.4	72.8	24.6	4.0
2016	9.7	11.0	319.0	99.8	14.3	81.1	35.0	23.9	10.1
2015	-18.3	-36.7	일부잠식	일부잠식	-23.8	-134.4	-80.0	6.0	-16.5
2014	-0.1	-4.3	248.6	202.4	0.0	0.0	2.2	28.7	3.0

티에스이 (A131290)

TSE CO

업　　종 : 반도체 및 관련장비
신용등급 : (Bond) —　　(CP) —
홈페이지 : www.tse21.com
본　　사 : 충남 천안시 서북구 직산읍 군서1길 189

시　　장 : KOSDAQ
기업규모 : 중견
연 락 처 : 041)581-9955

설 립 일	1995.08.31	**종업원수**	427명	**대 표 이 사**	권상준,김철호
상 장 일	2011.01.05	**감사의견**	적정(한미)	**계　　열**	
결 산 기	12월	**보 통 주**		**종속회사수**	7개사
액 면 가	500원	**우 선 주**		**구 상 호**	

주주구성 (지분율,%)		출자관계 (지분율,%)		주요경쟁사 (외형,%)	
권상준	36.0	이노글로벌	9.0	티에스이	100
김철호	30.4	에이엘티	8.0	엘비세미콘	71
(외국인)	0.7	파미	5.0	에스엔텍	33

매출구성		비용구성		수출비중	
Interface Board	54.7	매출원가율	74.3	수출	24.6
Probe Card	30.0	판관비율	13.4	내수	75.4
LED 검사장비	15.0				

회사 개요

동사는 반도체 및 LED 검사장비 전문(PCB) 기업으로써, 반도체 제조공정 중 전 공정(Fabrication)이 완료된 웨이퍼(Wafer) 상태에서의 Test를 위한 핵심부품인 Probe Card, 후 공정의 최종 검사단계에서의 핵심 역할을 하는 Interface Board, LED의 전기적/광학적 특성을 검사하기 위한 Total Test Solution을 생산 및 판매하고 있음.

실적 분석

동사의 2017년 연간 매출액은 1,857.5억원, 영업이익 228.2억원, 순이익은 168.9억원을 기록함. 매출액은 46.6% 성장하였으며, 영업이익 및 순이익은 대규모 흑자로 전환함. 2017년의 호실적은 반도체검사장비부문의 턴어라운드, 전자제품검사장치의 수익성 제고 등에서 기인함. 인건비 등의 감소로 판관비율이 하락한 것도 수익성 개선에 도움을 줌.

현금 흐름 〈단위 : 억원〉

항목	2016	2017
영업활동	117	257
투자활동	-187	-188
재무활동	-43	30
순현금흐름	-113	98
기말현금	105	203

시장 대비 수익률

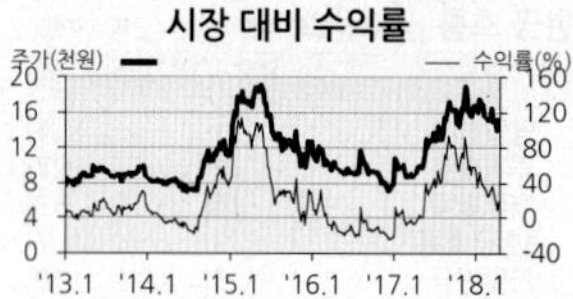

결산 실적 〈단위 : 억원〉

항목	2012	2013	2014	2015	2016	2017
매출액	987	1,107	1,456	1,322	1,267	1,857
영업이익	56	32	93	5	-127	228
당기순이익	40	-6	76	24	-138	169

분기 실적 〈단위 : 억원〉

항목	2016.3Q	2016.4Q	2017.1Q	2017.2Q	2017.3Q	2017.4Q
매출액	351	330	428	467	532	430
영업이익	-30	-33	59	64	78	27
당기순이익	-44	-32	41	65	71	-8

재무 상태 〈단위 : 억원〉

항목	2012	2013	2014	2015	2016	2017
총자산	1,705	1,707	1,794	1,930	1,893	2,062
유형자산	727	672	636	607	670	795
무형자산	130	126	119	148	130	131
유가증권	58	50	47	64	71	86
총부채	415	457	467	382	465	459
총차입금	267	287	251	197	185	215
자본금	54	54	54	55	55	55
총자본	1,290	1,250	1,327	1,548	1,428	1,603
지배주주지분	1,218	1,174	1,242	1,317	1,189	1,335

기업가치 지표

항목	2012	2013	2014	2015	2016	2017
주가(최고/저)(천원)	16.5/6.8	10.5/7.0	12.9/7.0	19.3/9.5	12.8/7.2	19.0/8.1
PER(최고/저)(배)	46.2/19.1	—/—	21.8/11.8	113.0/55.4	—/—	14.9/6.4
PBR(최고/저)(배)	1.4/0.6	0.9/0.6	1.1/0.6	1.5/0.8	1.1/0.6	1.5/0.6
EV/EBITDA(배)	3.5	5.1	4.2	8.5	81.9	5.3
EPS(원)	356	-44	592	171	-1,300	1,272
BPS(원)	11,454	11,422	12,039	12,525	11,651	12,975
CFPS(원)	1,843	1,413	2,083	1,572	-51	2,536
DPS(원)	—	—	—	—	—	—
EBITDAPS(원)	1,999	1,747	2,346	1,448	106	3,327

재무 비율 〈단위 : %〉

연도	영업이익률	순이익률	부채비율	차입금비율	ROA	ROE	유보율	자기자본비율	EBITDA마진율
2017	12.3	9.1	28.6	13.4	8.5	11.2	2,495.0	77.7	19.8
2016	-10.0	-10.9	32.5	12.9	-7.2	-11.5	2,230.1	75.5	0.9
2015	0.4	1.8	24.7	12.7	1.3	1.5	2,404.9	80.2	12.1
2014	6.4	5.2	35.2	18.9	4.3	5.3	2,307.8	74.0	17.5

티에스인베스트먼트 (A246690)

TSInvestment

업　　종 : 창업투자 및 종금
신용등급 : (Bond) —　　(CP) —
홈페이지 : www.tsinvestment.co.kr
본　　사 : 서울시 강남구 선릉로 531, 3층 302호

시　　장 : KOSDAQ
기업규모 : 중견
연 락 처 : 02)6250-5700

설 립 일	2008.02.28	**종업원수**	8명	**대 표 이 사**	김웅
상 장 일	2016.12.15	**감사의견**	적정(태성)	**계　　열**	
결 산 기	12월	**보 통 주**		**종속회사수**	
액 면 가	500원	**우 선 주**		**구 상 호**	

주주구성 (지분율,%)		출자관계 (지분율,%)		주요경쟁사 (외형,%)	
김웅	25.1			티에스인베스트먼트	100
봄비홀딩스	21.7			SBI인베스트먼트	350
(외국인)	0.6			우리종금	3,525

수익구성		비용구성		수출비중	
수수료수익	87.9	이자비용	9.0	수출	—
금융상품 관련이익	10.9	투자및금융비	0.0	내수	—
이자수익	1.1	판관비	0.0		

회사 개요

동사는 중소기업창업투자회사로서 벤처캐피탈 사업을 영위하고 있음. 2008년 2월 14일에 설립됐으며 2016년 12월 15일자로 코스닥시장에 상장됨. 동사는 1986년 제정된 '중소기업창업지원법'에 근거하여 회사의 사업을 영위하고 있으며, '벤처기업육성에 관한 특별조치법'에 의거해 벤처기업에 대한 투자를 하고 있음. 회사가 영위하는 목적사업은 벤처기업 투자, 창업투자조합의 결성 및 업무의 집행, 해외기술의 알선 등임.

실적 분석

동사의 2017년 4분기 누적 영업이익은 21.2억원으로 전년 동기 13.5억원 대비 57% 증가함. 영업비용이 4억원 늘었지만 영업수익도 12억원 증가한 덕분임. 수익 확대 주요 요인은 당기손익인식금융자산의 평가이익 및 기타유동자산 이자수익의 증가임. 당기순이익은 17억원을 기록하며 전년보다 6.6억원 늘어남. 중소, 벤처 M&A에 대한 전문성을 바탕으로 운용 펀드 규모를 확대해나가고 있음.

현금 흐름 *IFRS 별도 기준 〈단위 : 억원〉

항목	2016	2017
영업활동	-3	-8
투자활동	1	-170
재무활동	68	120
순현금흐름	66	-59
기말현금	92	33

시장 대비 수익률

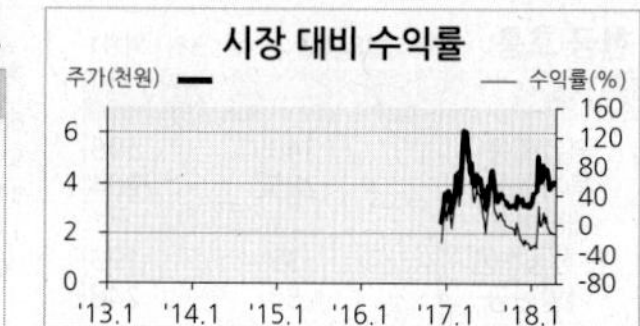

결산 실적 〈단위 : 억원〉

항목	2012	2013	2014	2015	2016	2017
영업수익	—	—	61	60	40	52
영업이익	—	—	28	33	14	22
당기순이익	—	—	23	25	10	17

분기 실적 *IFRS 별도 기준 〈단위 : 억원〉

항목	2016.3Q	2016.4Q	2017.1Q	2017.2Q	2017.3Q	2017.4Q
영업수익	14	3	13	17	6	16
영업이익	7	-4	5	8	-1	10
당기순이익	6	-3	4	6	-1	8

재무 상태 *IFRS 별도 기준 〈단위 : 억원〉

항목	2012	2013	2014	2015	2016	2017
총자산	—	—	122	139	216	364
유형자산	—	—	1	1	1	1
무형자산	—	—	0	—	—	—
유가증권	—	—	—	—	—	—
총부채	—	—	38	28	8	121
총차입금	—	—	—	—	—	—
자본금	—	—	70	70	112	112
총자본	—	—	84	111	208	243
지배주주지분	—	—	84	111	208	243

기업가치 지표 *IFRS 별도 기준

항목	2012	2013	2014	2015	2016	2017
주가(최고/저)(천원)	—/—	—/—	—/—	—/—	—/—	—/—
PER(최고/저)(배)	0.0/0.0	0.0/0.0	0.0/0.0	0.0/0.0	62.9/31.9	82.1/33.2
PBR(최고/저)(배)	0.0/0.0	0.0/0.0	0.0/0.0	0.0/0.0	4.1/2.1	5.7/2.3
PSR(최고/저)(배)	0/0	0/0	0/0	0/0	16/8	27/11
EPS(원)	—	—	115	141	60	76
BPS(원)	—	—	422	644	927	1,085
CFPS(원)	—	—	117	144	62	78
DPS(원)	—	—	—	—	—	15
EBITDAPS(원)	—	—	141	185	77	97

재무 비율 〈단위 : %〉

연도	계속사업이익률	순이익률	부채비율	차입금비율	ROA	ROE	유보율	자기자본비율	총자산증가율
2017	41.6	32.7	49.7	0.0	5.9	7.5	117.1	66.8	68.5
2016	33.8	26.2	4.1	0.0	5.9	6.6	85.4	96.1	55.6
2015	54.6	42.1	25.4	0.0	19.3	25.8	58.4	79.8	13.9
2014	45.8	37.5	44.5	0.0	0.0	0.0	20.7	69.2	0.0

티에스트릴리온 (A284610)

TALMOCOM

업 종 : 개인생활용품
신용등급 : (Bond) — (CP) —
홈페이지 : www.talmo.com
본 사 : 서울시 영등포구 국제금융로6길 33
시 장 : KONEX
기업규모 : —
연 락 처 : 02)785-8296

설 립 일	2007.08.17	종업원수	명	대표이사	장기영
상 장 일	2017.12.22	감사의견	적정(한미)	계 열	
결 산 기	12월	보 통 주		종속회사수	
액 면 가	—	우 선 주		구 상 호	

주주구성 (지분율,%)		출자관계 (지분율,%)		주요경쟁사 (외형,%)	
장기영	70.7			TS트릴리온	100
장기훈	3.7			케이엠제약	31
				바이오제네틱스	27

매출구성		비용구성		수출비중	
올뉴TS샴푸	72.3	매출원가율	37.8	수출	0.8
프리미엄TS샴푸	20.2	판관비율	57.0	내수	99.2
기타	5.5				

회사 개요

동사는 안티에이징(항노화) 산업에 속하는 탈모시장을 타겟으로 하여 헤어케어 제품 등의 제조/판매를 주요 사업으로 영위하고 있음. 2007년 설립 이래 탈모증상 완화 기능성 제품을 출시하고 있으며, 주력 제품인 샴푸, 두피영양제 등의 제품은 식약처로부터 기능성 화장품으로 허가받아 탈모시장에서의 경쟁력을 확대해왔음. 홍콩, 중국, 인도네시아 및 마카오에 진출하는 등 현재 높은 성장세를 보이고 있는 해외 헤어케어 시장 개척에 힘쓰고 있음.

실적 분석

동사의 2017년 누적매출액은 559억원, 영업이익은 29.1억원을 기록함. 동사의 주력 제품은 바이오틴, 나이아신아마이드, 징크피리치온, 판테놀을 핵심성분으로 함유, 탈모증상 완화에 도움을 주는 기능성 화장품인 TS샴푸임. 그 밖에 10여개의 두피, 모발케어 제품을 판매하고 있으며 향후 치약과 베이비샴푸 등 다량의 천연성분을 함유한 제품군의 출시를 통해 보다 더 폭넓은 연령대의 소비자층을 확보해나갈 계획임.

현금 흐름 *IFRS 별도 기준 <단위 : 억원>

항목	2016	2017
영업활동	4	-6
투자활동	-1	-5
재무활동	-1	14
순현금흐름	2	3
기말현금	3	6

시장 대비 수익률

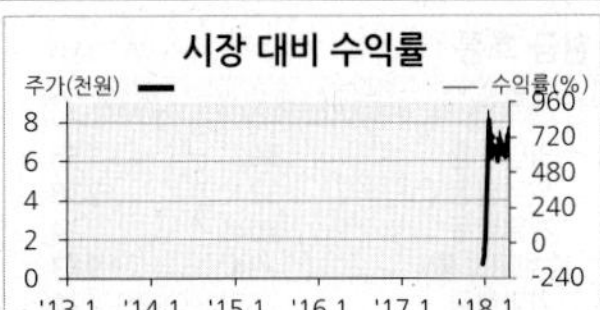

결산 실적 <단위 : 억원>

항목	2012	2013	2014	2015	2016	2017
매출액	—	—	51	92	206	559
영업이익	—	—	2	2	14	29
당기순이익	—	—	2	3	9	22

분기 실적 *IFRS 별도 기준 <단위 : 억원>

항목	2016.3Q	2016.4Q	2017.1Q	2017.2Q	2017.3Q	2017.4Q
매출액	—	—	—	—	—	—
영업이익	—	—	—	—	—	—
당기순이익	—	—	—	—	—	—

재무 상태 *IFRS 별도 기준 <단위 : 억원>

항목	2012	2013	2014	2015	2016	2017
총자산	—	—	9	22	34	93
유형자산	—	—	0	0	0	1
무형자산	—	—	—	—	—	—
유가증권	—	—	—	—	—	—
총부채	—	—	7	17	22	41
총차입금	—	—	4	3	3	—
자본금	—	—	1	1	1	18
총자본	—	—	3	5	13	52
지배주주지분	—	—	3	5	13	52

기업가치 지표 *IFRS 별도 기준

항목	2012	2013	2014	2015	2016	2017
주가(최고/저)(천원)	#VALUE!	—/—	—/—	—/—	—/—	—/—
PER(최고/저)(배)	0.0/0.0	0.0/0.0	0.0/0.0	0.0/0.0	0.0/0.0	9.3/6.2
PBR(최고/저)(배)	0.0/0.0	0.0/0.0	0.0/0.0	0.0/0.0	0.0/0.0	4.1/2.7
EV/EBITDA(배)	0.0	0.0	1.2	0.7	—	6.9
EPS(원)	—	—	10	18	52	123
BPS(원)	—	—	2,711	4,789	12,634	281
CFPS(원)	—	—	1,710	3,103	8,918	124
DPS(원)	—	—	—	—	—	10
EBITDAPS(원)	—	—	2,173	2,223	14,236	163

재무 비율 <단위 : %>

연도	영업이익률	순이익률	부채비율	차입금비율	ROA	ROE	유보율	자기자본비율	EBITDA마진율
2017	5.2	4.0	79.8	0.0	34.8	68.7	180.9	55.6	5.2
2016	6.9	4.3	170.2	21.4	31.7	101.5	2,426.9	37.0	6.9
2015	2.4	3.4	350.9	63.6	20.0	82.1	857.7	22.2	2.4
2014	4.2	3.3	240.5	161.5	0.0	0.0	442.3	29.4	4.2

티에이치엔 (A019180)

THN

업 종 : 자동차부품
신용등급 : (Bond) — (CP) —
홈페이지 : www.th-net.co.kr
본 사 : 대구시 달서구 갈산동 성서로71길 43 (갈산동)
시 장 : 거래소
기업규모 : 시가총액 소형주
연 락 처 : 053)583-3001

설 립 일	1986.07.23	종업원수	410명	대표이사	채철,양혁목
상 장 일	1996.06.30	감사의견	적정(경신)	계 열	
결 산 기	12월	보 통 주		종속회사수	5개사
액 면 가	500원	우 선 주		구 상 호	

주주구성 (지분율,%)		출자관계 (지분율,%)		주요경쟁사 (외형,%)	
채석	20.9	코렌텍	3.7	티에이치엔	100
채철	20.5	한국경제신문	0.3	구영테크	48
(외국인)	1.7	현대위아	0.0	GH신소재	17

매출구성		비용구성		수출비중	
WIRE HARNESS(제품)	97.2	매출원가율	85.8	수출	70.1
WIRE HARNESS(용역)	1.9	판관비율	11.1	내수	29.9
기타	0.9				

회사 개요

동사는 1986년 동해전장이란 이름으로 설립됨. 1996년 유가증권 시장에 상장됨. 와이어하네스를 주제품으로 자동차 부품 산업에 진출함. 계열사는 지아이티, 대영전장 등 12개임. 현대기아차로부터 기술력을 인정받아 기술5스타를 획득하기도 함. 2004년 자동차 진단 토탈 솔루션을 제공하는 벤처회사 지아이티를 인수해 시너지를 내고 있음. 생산기지 다변화를 통한 고객사 납품 능력 제고를 통해 경기 침체를 극복할 계획임.

실적 분석

동사의 2017년 연간 매출액은 전년동기대비 6.4% 상승한 3,127.2억원을 기록하였음. 비용면에서 전년동기대비 매출원가는 증가 했으며 인건비도 증가, 기타판매비와관리비는 증가함. 이와 같이 상승한 매출액 대비 비용증가가 높아 매출액은 성장했지만 원가 증가로 인해 전년동기대비 영업이익은 96.9억원으로 7.3% 하락 하였음. 최종적으로 전년동기대비 당기순이익은 크게 하락하여 31.4억원을 기록함.

현금 흐름 <단위 : 억원>

항목	2016	2017
영업활동	-19	141
투자활동	-186	-98
재무활동	44	-16
순현금흐름	-150	13
기말현금	136	149

시장 대비 수익률

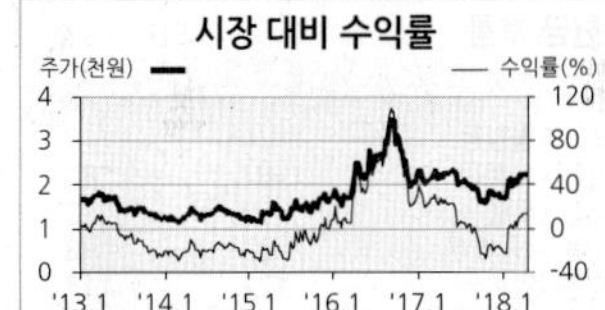

결산 실적 <단위 : 억원>

항목	2012	2013	2014	2015	2016	2017
매출액	1,629	2,255	2,293	2,762	2,938	3,127
영업이익	-123	-206	7	60	105	97
당기순이익	-101	-267	-77	-43	152	31

분기 실적 <단위 : 억원>

항목	2016.3Q	2016.4Q	2017.1Q	2017.2Q	2017.3Q	2017.4Q
매출액	650	792	807	811	704	805
영업이익	19	34	23	30	9	35
당기순이익	-31	68	4	18	10	0

재무 상태 <단위 : 억원>

항목	2012	2013	2014	2015	2016	2017
총자산	1,709	2,053	2,086	1,977	2,006	2,071
유형자산	522	628	631	697	766	777
무형자산	11	13	8	6	10	12
유가증권	189	253	224	192	227	177
총부채	1,311	1,854	1,994	1,758	1,644	1,690
총차입금	709	864	1,025	593	776	795
자본금	90	90	90	90	90	90
총자본	397	199	92	219	361	381
지배주주지분	381	198	107	254	358	378

기업가치 지표

항목	2012	2013	2014	2015	2016	2017
주가(최고/저)(천원)	2.0/1.1	1.9/1.2	1.5/1.2	1.9/1.1	3.6/1.5	2.4/1.6
PER(최고/저)(배)	—/—	—/—	—/—	—/—	4.5/1.9	14.1/9.2
PBR(최고/저)(배)	0.9/0.5	1.5/0.9	1.7/1.4	1.2/0.7	1.9/0.8	1.2/0.8
EV/EBITDA(배)	—	—	16.0	5.1	5.8	5.8
EPS(원)	-467	-1,300	-327	-42	830	176
BPS(원)	2,477	1,462	956	1,770	1,991	2,100
CFPS(원)	-298	-1,022	11	267	1,189	551
DPS(원)	40	40	20	60	55	50
EBITDAPS(원)	-517	-864	373	644	940	914

재무 비율 <단위 : %>

연도	영업이익률	순이익률	부채비율	차입금비율	ROA	ROE	유보율	자기자본비율	EBITDA마진율
2017	3.1	1.0	443.6	208.7	1.5	8.6	320.0	18.4	5.3
2016	3.6	5.2	455.2	214.8	7.7	48.8	298.2	18.0	5.8
2015	2.2	-1.5	801.8	270.5	-2.1	-4.2	253.9	11.1	4.2
2014	0.3	-3.4	2,162.0	1,111.6	-3.7	-38.5	91.2	4.4	2.9

티엘아이 (A062860)

Tli

업　　종 : 디스플레이 및 관련부품　　시　　장 : KOSDAQ
신용등급 : (Bond) —　(CP) —　　기업규모 : 중견
홈페이지 : www.tli.co.kr　　연 락 처 : 031)784-6800
본　　사 : 경기도 성남시 중원구 양현로 405번길 12 티엘아이빌딩 7~10층

설 립 일	1998.10.28	**종업원수**	149명	**대표이사**	김달수,신윤홍,송윤석
상 장 일	2006.07.25	**감사의견**	적정(대현)	**계　열**	
결 산 기	12월	**보 통 주**		**종속회사수**	1개사
액 면 가	500원	**우 선 주**		**구　상　호**	

주주구성 (지분율,%)		출자관계 (지분율,%)		주요경쟁사 (외형,%)	
김달수	10.5	센소니아	58.6	티엘아이	100
한국증권금융	3.7	스카이레이크글로벌인큐베스트제3호사모투자전문회사	49.0	우리이티아이	2,193
(외국인)	1.3	티더블유메디칼	32.0	유테크	48

매출구성		비용구성		수출비중	
Timing Controller	79.8	매출원가율	73.8	수출	—
LCD Driver IC	17.0	판관비율	32.1	내수	—
임대료 외	3.2				

회사 개요

동사는 1998년 설립한 후, LCD패널의 핵심부품인 Timing Controller와 LCD driver IC 등 시스템 반도체 설계업을 주요 사업으로 영위함. 특히 Timing Controller는 LCD 패널의 핵심 IC로서 LG디스플레이 등 안정적인 수요처를 보유하고 있음. 자회사로는 SK하이닉스를 주 고객으로 하여 반도체 패키지, 테스트업 등 반도체 후공정 사업을 영위하는 윈팩과 센서/ROIC를 주력으로 하는 센소니아를 등이 있음.

실적 분석

전방산업인 TV시장의 출하량 감소 및 대면적화 트렌드의 영향으로 주력제품인 Timing Controller의 출하량이 크게 감소함에 따라 2017년 매출액은 전년 대비 13.2% 감소함. 외형 축소에 따른 고정비용 부담으로 영업이익의 적자규모가 늘어남. 윈팩의 지분법 적용제외 효과와 투자자산처분이익 발생 등으로 영업외수지는 개선됨. 신성장동력 확보를 위하여 Nand Storage 제품인 eMMC와 스마트 인솔을 개발하여 양산 중임.

현금 흐름 <단위 : 억원>

항목	2016	2017
영업활동	74	-18
투자활동	-87	82
재무활동	-9	-72
순현금흐름	-22	-8
기말현금	122	113

시장 대비 수익률

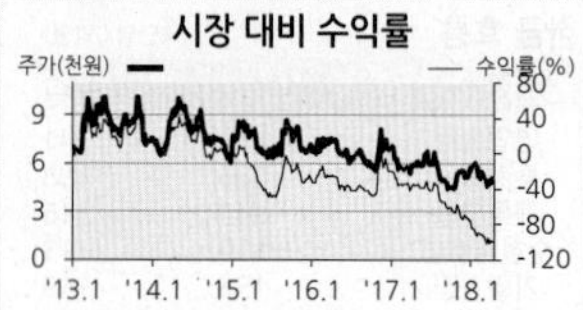

결산 실적 <단위 : 억원>

항목	2012	2013	2014	2015	2016	2017
매출액	1,298	1,160	1,334	1,328	774	672
영업이익	115	-50	71	29	-10	-40
당기순이익	67	-109	-14	-27	-5	-36

분기 실적 <단위 : 억원>

항목	2016.3Q	2016.4Q	2017.1Q	2017.2Q	2017.3Q	2017.4Q
매출액	190	197	173	183	172	145
영업이익	-9	6	6	-1	-16	-29
당기순이익	26	5	1	-5	-17	-15

재무 상태 <단위 : 억원>

항목	2012	2013	2014	2015	2016	2017
총자산	1,868	1,882	1,959	1,859	1,196	1,036
유형자산	1,047	1,023	1,045	951	309	328
무형자산	148	134	110	85	49	50
유가증권	23	13	20	80	52	96
총부채	679	573	666	560	114	102
총차입금	479	409	443	363	—	—
자본금	41	49	49	49	49	49
총자본	1,189	1,308	1,292	1,299	1,082	934
지배주주지분	975	1,063	1,055	1,064	1,051	902

기업가치 지표

항목	2012	2013	2014	2015	2016	2017
주가(최고/저)(천원)	7.5/4.7	10.7/6.4	10.0/6.2	8.9/6.2	8.3/5.4	7.1/4.2
PER(최고/저)(배)	14.3/8.9	—/—	71.3/43.8	67.8/47.3	—/—	—/—
PBR(최고/저)(배)	0.7/0.4	1.1/0.6	1.0/0.6	0.8/0.6	0.8/0.5	0.7/0.4
EV/EBITDA(배)	3.1	6.7	4.5	5.1	11.3	—
EPS(원)	557	-512	150	138	-106	-380
BPS(원)	12,060	10,810	10,973	11,132	11,072	10,298
CFPS(원)	2,986	1,732	1,806	1,747	233	-35
DPS(원)	—	—	100	100	100	120
EBITDAPS(원)	3,842	1,723	2,376	1,901	234	-57

재무 비율 <단위 : %>

연도	영업이익률	순이익률	부채비율	차입금비율	ROA	ROE	유보율	자기자본비율	EBITDA마진율
2017	-5.9	-5.4	10.9	0.0	-3.2	-3.8	1,959.6	90.2	-0.8
2016	-1.3	-0.6	10.5	0.0	-0.3	-1.0	2,114.3	90.5	3.0
2015	2.2	-2.0	43.2	27.9	-1.4	1.3	2,126.4	69.9	14.1
2014	5.3	-1.1	51.6	34.3	-0.8	1.4	2,094.5	66.0	17.5

티웨이홀딩스 (A004870)

T'way Holdingsorporation

업　　종 : 항공운수　　시　　장 : 거래소
신용등급 : (Bond) —　(CP) —　　기업규모 : 시가총액 소형주
홈페이지 : www.twayholdings.com　　연 락 처 : 02)2056-9800
본　　사 : 서울시 성동구 아차산로 153 7층 (성수동 2가, 예림출판문화센터 7층)

설 립 일	1945.10.10	**종업원수**	1,358명	**대표이사**	황정현
상 장 일	1977.06.30	**감사의견**	적정(두레)	**계　열**	
결 산 기	12월	**보 통 주**		**종속회사수**	1개사
액 면 가	500원	**우 선 주**		**구　상　호**	포켓게임즈

주주구성 (지분율,%)		출자관계 (지분율,%)		주요경쟁사 (외형,%)	
예림당	54.6	바이테리얼즈	45.8	티웨이홀딩스	100
라이브플렉스	3.8	샤프테크닉스케이	29.0	대한항공	1,973
(외국인)	4.7	글로페이베스텍컴	19.4	한진칼	188

매출구성		비용구성		수출비중	
반도체	78.8	매출원가율	83.6	수출	—
PHC파일	20.9	판관비율	8.9	내수	—
기타 제품	0.3				

회사 개요

동사는 PHC파일의 제조, 유통과 반도체 패키징사업을 주요 사업으로 영위하고 있음. 연결대상 종속회사로는 국내외 항공운송업을 하는 티웨이항공과 항공운송 관련 지상조업 사업을 하는 티웨이에어서비스가 있음. 티웨이항공은 2017년 매출은 50% 이상, 영업이익은 370% 이상 증가함. 티웨이항공은 2018년에 새 항공기 5대를 추가할 예정이며 상장을 계획하고 있음. 중장거리 노선을 모두 운항할 수 있는 항공사로 거듭나겠다는 계획임.

실적 분석

2017년 연결기준 동사 매출액은 6127.9억원을 기록함. 전년도 매출에 비해 48.8% 증가함. 매출원가가 42.8%, 판매비와 관리비가 41% 늘었으나 매출 증가에 힘입어 영업이익은 142.3억원에서 455.3억원으로 220% 증가함. 당기순이익도 35.9억원에서 371.2억원으로 크게 증가함. PHC 파일 등 일부 사업부가 부진했으나 연결대상 종속회사 티웨이항공의 선전이 실적 개선에 기여한 것으로 파악됨.

현금 흐름 <단위 : 억원>

항목	2016	2017
영업활동	392	1,158
투자활동	-324	-238
재무활동	-104	-4
순현금흐름	-34	913
기말현금	265	1,178

시장 대비 수익률

결산 실적 <단위 : 억원>

항목	2012	2013	2014	2015	2016	2017
매출액	52	1,326	2,362	2,889	4,119	6,128
영업이익	-11	30	80	41	142	455
당기순이익	-30	54	72	27	36	371

분기 실적 <단위 : 억원>

항목	2016.3Q	2016.4Q	2017.1Q	2017.2Q	2017.3Q	2017.4Q
매출액	1,235	1,059	1,433	1,324	1,735	1,636
영업이익	169	-55	150	46	259	-1
당기순이익	154	-131	139	39	260	-67

재무 상태 <단위 : 억원>

항목	2012	2013	2014	2015	2016	2017
총자산	243	749	1,155	1,467	1,756	2,964
유형자산	147	200	283	339	343	482
무형자산	17	314	323	360	359	355
유가증권	0	0	0	10	53	1
총부채	60	462	747	1,033	1,264	2,040
총차입금	—	94	202	212	172	88
자본금	51	76	79	79	81	355
총자본	183	287	408	434	492	925
지배주주지분	183	283	393	415	473	835

기업가치 지표

항목	2012	2013	2014	2015	2016	2017
주가(최고/저)(천원)	3.6/1.8	3.5/1.6	11.1/2.7	17.3/6.9	11.8/5.2	4.5/1.7
PER(최고/저)(배)	—/—	10.0/4.8	29.6/7.1	121.6/48.3	58.1/25.6	10.7/4.0
PBR(최고/저)(배)	2.0/1.0	1.9/0.9	4.5/1.1	6.6/2.6	4.0/1.8	3.8/1.4
EV/EBITDA(배)	—	8.0	12.8	8.6	3.6	2.3
EPS(원)	-109	86	94	36	51	419
BPS(원)	1,793	1,863	2,492	2,631	2,909	1,177
CFPS(원)	-300	562	715	680	830	631
DPS(원)	—	—	—	—	—	—
EBITDAPS(원)	-29	460	844	796	1,503	854

재무 비율 <단위 : %>

연도	영업이익률	순이익률	부채비율	차입금비율	ROA	ROE	유보율	자기자본비율	EBITDA마진율
2017	7.4	6.1	220.6	9.5	15.7	45.5	135.3	31.2	9.9
2016	3.5	0.9	257.2	34.9	2.2	7.4	481.8	28.0	5.9
2015	1.4	0.9	238.1	48.7	2.1	5.5	426.2	29.6	4.4
2014	3.4	3.1	183.3	49.5	7.6	17.5	398.5	35.3	5.6

티제이미디어 (A032540)
TJ MEDIA

업　　종 : 레저용품
신용등급 : (Bond) —　　(CP) —
홈페이지 : www.tjmedia.co.kr
본　　사 : 서울시 강서구 화곡로64길 23 (등촌동)
시　　장 : KOSDAQ
기업규모 : 중견
연 락 처 : 02)3663-4700

설립일	1991.04.18	**종업원수**	235명	**대표이사**	윤재환
상장일	1997.04.16	**감사의견**	적정(대주)	**계열**	
결산기	12월	**보통주**		**종속회사수**	4개사
액면가	500원	**우선주**		**구상호**	

주주구성 (지분율,%)		출자관계 (지분율,%)		주요경쟁사 (외형,%)	
김우영	21.0	TJ커뮤니케이션	99.0	TJ미디어	100
윤나라	19.4	알키미	40.0	삼익악기	314
(외국인)	0.8	DreamS.A.S	100.0	볼빅	51

매출구성		비용구성		수출비중	
노래반주기(제품)	32.7	매출원가율	74.5	수출	46.3
전자인덱스(제품)	25.6	판관비율	22.8	내수	53.7
앰프외 기타(제품)	24.1				

회사 개요

동사는 1991년 설립돼 20여년간 국내 노래반주기 시장을 선도해 왔으며, 이를 바탕으로 일본을 비롯하여 미주, 동남아 등 해외시장을 개척하고 있음. 노래반주기 사업을 기반으로 노래반주기 부문, 음악콘텐츠 부문, 전자목차본 부문 및 음원 IC부문 등 4개 부문으로 안정적인 사업영역을 구축하고 있음. 국내 노래반주기 시장은 동사와 경쟁업체인 금영이 시장을 양분하고 있음.

실적 분석

동사의 2017년 연결기준 매출액은 836.4억원으로 전년 동기 대비 7.3% 증가했음. 국내 영업 호조 및 콘텐츠 매출이 크게 증가하여 수익성이 대폭 증가함. 동사는 피드백 캔슬러 기능과 퍼펙트 싱어 기능 등 노래방기기에 소비자의 편의와 재미를 위한 다양한 기능을 추가하고 점주의 편리한 매상 집계를 돕는 기능을 더해 소비자는 물론 동전노래방 점주로부터 높은 선호를 보이며 동전노래방시장을 선점하고 있음.

현금 흐름 〈단위 : 억원〉

항목	2016	2017
영업활동	-34	60
투자활동	62	-87
재무활동	-10	37
순현금흐름	17	10
기말현금	88	98

시장 대비 수익률

결산 실적 〈단위 : 억원〉

항목	2012	2013	2014	2015	2016	2017
매출액	789	732	580	717	779	836
영업이익	49	4	-9	17	3	23
당기순이익	39	5	-2	20	9	17

분기 실적 〈단위 : 억원〉

항목	2016.3Q	2016.4Q	2017.1Q	2017.2Q	2017.3Q	2017.4Q
매출액	188	255	193	219	210	214
영업이익	1	8	5	6	7	4
당기순이익	0	13	3	6	9	-1

재무 상태 〈단위 : 억원〉

항목	2012	2013	2014	2015	2016	2017
총자산	977	960	924	947	962	989
유형자산	471	479	472	453	446	512
무형자산	23	30	27	28	46	47
유가증권	4	7	4	4	3	1
총부채	175	144	127	136	163	182
총차입금	12	17	17	7	11	57
자본금	66	70	70	70	70	70
총자본	802	816	797	811	799	806
지배주주지분	805	820	801	815	803	810

기업가치 지표

항목	2012	2013	2014	2015	2016	2017
주가(최고/저)(천원)	3.4/2.3	3.7/2.5	3.0/2.3	3.9/2.3	4.5/3.4	5.5/4.2
PER(최고/저)(배)	11.9/8.0	100.1/67.0	—/—	28.2/16.5	74.3/57.3	46.2/35.8
PBR(최고/저)(배)	0.6/0.4	0.7/0.5	0.6/0.4	0.7/0.4	0.8/0.6	1.0/0.7
EV/EBITDA(배)	4.8	10.8	15.0	9.5	20.8	13.6
EPS(원)	325	40	-16	147	62	120
BPS(원)	6,081	5,883	5,746	5,847	5,763	5,814
CFPS(원)	444	185	145	308	222	271
DPS(원)	130	80	—	100	60	80
EBITDAPS(원)	494	172	99	285	180	314

재무 비율 〈단위 : %〉

연도	영업이익률	순이익률	부채비율	차입금비율	ROA	ROE	유보율	자기자본비율	EBITDA마진율
2017	2.7	2.0	22.6	7.1	1.7	2.1	1,062.8	81.6	5.2
2016	0.4	1.1	20.4	1.4	0.9	1.1	1,052.7	83.0	3.2
2015	2.4	2.9	16.8	0.9	2.2	2.5	1,069.3	85.6	5.5
2014	-1.5	-0.4	16.0	2.2	-0.2	-0.3	1,049.3	86.2	2.4

티케이씨 (A191600)
TKC COLTD

업　　종 : 전자 장비 및 기기
신용등급 : (Bond) —　　(CP) —
홈페이지 : www.e-tkc.com
본　　사 : 인천시 남동구 남동서로269번길 4
시　　장 : KONEX
기업규모 : —
연 락 처 : 032)818-6440

설립일	2002.03.26	**종업원수**	136명	**대표이사**	김상봉
상장일	2016.08.05	**감사의견**	적정(세일)	**계열**	
결산기	12월	**보통주**		**종속회사수**	
액면가	—	**우선주**		**구상호**	

주주구성 (지분율,%)		출자관계 (지분율,%)		주요경쟁사 (외형,%)	
김상봉	100.0			티케이씨	100
				이수페타시스	2,609
				에코프로	1,616

매출구성		비용구성		수출비중	
기타	45.0	매출원가율	85.7	수출	15.0
오디오(제품)	42.7	판관비율	17.1	내수	85.0
정션박스(제품)	12.3				

회사 개요

동사는 PCB 중 AUTO MOTIVE 관련 PCB 제품을 주로 제작 및 국내외 자동차부품업체를 주 고객사로 PCB 기판을 공급하고 있음. 현대자동차, 기아자동차, 크라이슬러, 스바루 등에 전장용 PCB를 공급하며, 용도별로 크게 오디오, 정션박스색, 시트워머, 공조기, 브레이크제열 등 여러용도로 고객사에 납품하고 있음. 전기차 시장 확대에 부응하기 위해 전기차 관련 PCB 제품 생산을 확대할 계획임.

실적 분석

2017년 매출액은 203.6억원으로 전년도 매출 252.4억원 대비 19.3% 감소함. 이는 매출 비중이 큰 오디오부문 수출과 내수 감소에 기인한 것으로 분석됨. 매출원가 감소에도 불구하고 매출액 감소폭이 커서 영업손실액은 5.6억원으로 적자전환됨. 법인세비용이 감소했으나 외형이 축소되고 영업이익 이 감소되어 당기순이익도 적자전환됨.

현금 흐름 *IFRS 별도 기준 〈단위 : 억원〉

항목	2016	2017
영업활동	14	-19
투자활동	-21	-33
재무활동	17	42
순현금흐름	10	-10
기말현금	16	7

시장 대비 수익률

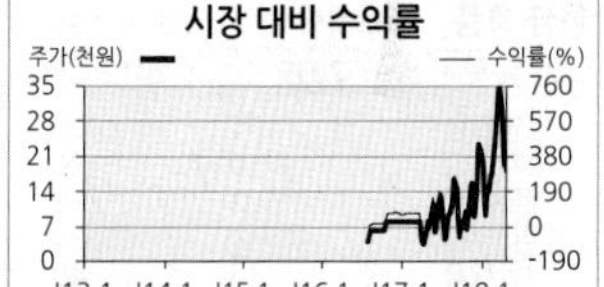

결산 실적 〈단위 : 억원〉

항목	2012	2013	2014	2015	2016	2017
매출액	151	—	136	258	252	204
영업이익	-7	-0	13	22	11	-6
당기순이익	-14	33	22	26	12	-5

분기 실적 *IFRS 별도 기준 〈단위 : 억원〉

항목	2016.3Q	2016.4Q	2017.1Q	2017.2Q	2017.3Q	2017.4Q
매출액	—	—	—	—	—	—
영업이익	—	—	—	—	—	—
당기순이익	—	—	—	—	—	—

재무 상태 *IFRS 별도 기준 〈단위 : 억원〉

항목	2012	2013	2014	2015	2016	2017
총자산	123	119	164	243	270	290
유형자산	70	—	83	130	143	129
무형자산	0	—	0	0	0	1
유가증권	—	—	—	—	—	31
총부채	136	78	100	153	162	185
총차입금	—	78	61	74	91	131
자본금	5	8	93	13	13	13
총자본	-13	41	64	90	108	106
지배주주지분	-13	41	64	90	108	106

기업가치 지표 *IFRS 별도 기준

항목	2012	2013	2014	2015	2016	2017
주가(최고/저)(천원)	—/—	—/—	—/—	—/—	8.0/4.1	24.0/3.5
PER(최고/저)(배)	0.0/0.0	0.0/0.0	0.0/0.0	0.0/0.0	18.1/9.3	—/—
PBR(최고/저)(배)	0.0/0.0	0.0/0.0	0.0/0.0	0.0/0.0	1.9/1.0	5.9/0.9
EV/EBITDA(배)	—	—	2.5	2.2	10.9	68.9
EPS(원)	-855	1,001	77	499	443	-209
BPS(원)	-13,320	2,428	10,303	34,496	4,146	4,066
CFPS(원)	-9,678	16,260	1,576	6,134	1,030	396
DPS(원)	—	—	—	—	—	—
EBITDAPS(원)	-2,323	-6	1,065	5,366	996	388

재무 비율 〈단위 : %〉

연도	영업이익률	순이익률	부채비율	차입금비율	ROA	ROE	유보율	자기자본비율	EBITDA마진율
2017	-2.8	-2.7	174.8	123.7	-1.9	-5.1	713.1	36.4	5.0
2016	4.2	4.6	150.4	84.8	4.5	11.7	729.1	39.9	10.3
2015	8.5	10.0	171.1	82.3	12.7	33.7	589.9	36.9	10.8
2014	9.7	16.5	일부잠식	일부잠식	15.8	42.5	106.1	39.0	14.1

티케이케미칼 (A104480)
TK CHEMICAL

업 종 : 화학 | 시 장 : KOSDAQ
신용등급 : (Bond) — (CP) — | 기업규모 : 우량
홈페이지 : www.tkchemi.co.kr | 연 락 처 : 053)252-4177
본 사 : 대구시 북구 원대로 128, 연우빌딩 3층

설 립 일	2007.11.09	**종업원수**	668명	**대 표 이 사**	김해규
상 장 일	2011.04.26	**감사의견**	적정(안진)	**계 열**	
결 산 기	12월	**보 통 주**		**종속회사수**	
액 면 가	500원	**우 선 주**		**구 상 호**	

주주구성 (지분율,%)		출자관계 (지분율,%)		주요경쟁사 (외형,%)	
에스엠티케미칼	32.9	에스엠상선	38.5	티케이케미칼	100
티케이케미칼홀딩스	15.0	케이엘홀딩스이호	37.7	한국카본	33
(외국인)	3.6	케이엘홀딩스	37.2	NPC	54

매출구성		비용구성		수출비중	
PET -Chip폴리에스터 원사스판덱스 원사	84.8	매출원가율	94.3	수출	46.4
아파트	15.2	판관비율	4.3	내수	53.6

회사 개요
동사는 합성섬유 및 그 원료와 관련 화학제품의 제조 판매 등을 목적으로 2007년 설립된 화학 소재 전문 기업임. 남선알미늄, 대한해운, 우방건설 등과 함께 SM그룹 계열사로, 2008년 동국무역의 화학사업부문을 영업양수 받아 현재까지 영위 중임. 사업 다각화를 위해 2014년 2월 시행사로서 건설업에 진출, 우방 아이유쉘이라는 브랜드로 아파트 분양 사업도 추진 중임.

실적 분석
동사의 2017년 누적매출액은 7,143.9억원으로 전년대비 16.7% 증가함. 같은 기간 영업이익은 전년보다 37.7% 늘어난 94.8억원을 기록함. 부동산 경기가 개선을 보이며 하이플러스카드와 우방건설산업의 지분법 이익 증가로 수익성이 개선됨. 최근 대한상선과 우방건설산업을 합병해 재무구조개선을 추진 중임. 주사업분야에서도 폴리에스터 차별화 제품인 'Neofresh' 시리즈를 내놓으며 매출 확대가 기대됨.

현금 흐름 *IFRS 별도 기준 〈단위 : 억원〉

항목	2016	2017
영업활동	104	400
투자활동	-710	-136
재무활동	592	-238
순현금흐름	-14	26
기말현금	14	40

시장 대비 수익률

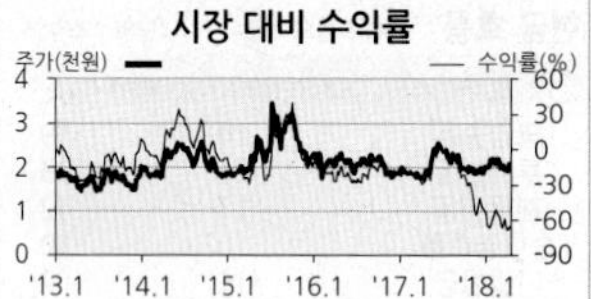

결산 실적 〈단위 : 억원〉

항목	2012	2013	2014	2015	2016	2017
매출액	8,528	8,480	7,598	6,590	6,124	7,144
영업이익	-137	3	159	90	69	95
당기순이익	-285	116	111	122	77	202

분기 실적 *IFRS 별도 기준 〈단위 : 억원〉

항목	2016.3Q	2016.4Q	2017.1Q	2017.2Q	2017.3Q	2017.4Q
매출액	1,311	1,692	1,879	1,774	1,702	1,789
영업이익	4	14	20	31	24	20
당기순이익	35	-19	90	36	99	-24

재무 상태 *IFRS 별도 기준 〈단위 : 억원〉

항목	2012	2013	2014	2015	2016	2017
총자산	4,740	5,327	5,711	5,507	6,428	6,320
유형자산	2,221	2,144	1,930	1,532	2,011	1,720
무형자산	14	14	8	15	10	8
유가증권	22	12	12	11	12	12
총부채	2,848	3,343	3,586	3,139	3,956	3,791
총차입금	1,759	1,743	2,152	1,928	2,595	2,463
자본금	450	450	450	454	454	454
총자본	1,892	1,985	2,125	2,368	2,472	2,529
지배주주지분	1,892	1,985	2,125	2,368	2,472	2,529

기업가치 지표 *IFRS 별도 기준

항목	2012	2013	2014	2015	2016	2017
주가(최고/저)(천원)	3.3/1.6	2.0/1.3	2.6/1.7	3.4/1.8	2.4/1.8	2.6/1.7
PER(최고/저)(배)	—/—	15.4/10.4	21.1/14.1	25.5/13.2	28.2/20.7	11.7/7.7
PBR(최고/저)(배)	1.5/0.7	0.9/0.6	1.1/0.7	1.3/0.7	0.9/0.6	0.9/0.6
EV/EBITDA(배)	27.3	13.2	9.6	12.3	20.2	17.6
EPS(원)	-317	129	124	135	85	222
BPS(원)	2,213	2,316	2,472	2,715	2,830	2,892
CFPS(원)	-53	396	375	380	243	370
DPS(원)	—	—	—	—	—	—
EBITDAPS(원)	112	271	428	345	234	252

재무 비율 〈단위 : %〉

연도	영업이익률	순이익률	부채비율	차입금비율	ROA	ROE	유보율	자기자본비율	EBITDA마진율
2017	1.3	2.8	149.9	97.4	3.2	8.1	478.5	40.0	3.2
2016	1.1	1.3	160.0	105.0	1.3	3.2	465.9	38.5	3.5
2015	1.4	1.9	132.6	81.4	2.2	5.4	443.0	43.0	4.8
2014	2.1	1.5	168.8	101.3	2.0	5.4	394.4	37.2	5.1

티플랙스 (A081150)
Tplex

업 종 : 금속 및 광물 | 시 장 : KOSDAQ
신용등급 : (Bond) — (CP) — | 기업규모 : 중견
홈페이지 : www.tplex.co.kr | 연 락 처 : 031)488-8800
본 사 : 경기도 안산시 단원구 엠티브이1로 75 (목내동)

설 립 일	1991.12.13	**종업원수**	47명	**대 표 이 사**	김영국
상 장 일	2009.04.23	**감사의견**	적정(선진)	**계 열**	
결 산 기	12월	**보 통 주**		**종속회사수**	
액 면 가	500원	**우 선 주**		**구 상 호**	

주주구성 (지분율,%)		출자관계 (지분율,%)		주요경쟁사 (외형,%)	
김영국	17.5			티플랙스	100
김태수	6.9			하이스틸	180
(외국인)	2.2			한국주강	25

매출구성		비용구성		수출비중	
스테인리스, 희소금속	92.0	매출원가율	92.5	수출	0.5
스테인리스	7.5	판관비율	4.3	내수	99.5
컨설팅	0.5				

회사 개요
동사는 1991년에 설립된 스테인리스 봉강 절삭가공 및 후판 전문업체임. 포스코특수강으로부터 원재료인 스테인리스 봉강을 조달받아, 기계, 선박, 플랜트, 반도체 등 전방산업에 필요한 부품소재를 공급하고 있으며, 후판사업에도 진출하여 석유화학, LNG, 담수화설비 등에 산업용 소재를 공급하고 있음. 스테인리스 봉강 절삭 가공분야에서는 국내 최대의 기업이며 안산에 공장을 두고 800여개에 이르는 판매처를 확보하고 있음.

실적 분석
동사의 2017년 연간 매출액은 전년동기대비 17.2% 상승한 1,176.9억원을 기록하였음. 비용면에서 전년동기대비 매출원가는 증가 하였으며 인건비는 감소 하였고 광고선전비는 증가, 기타판매비와관리비는 증가함. 최종적으로 전년동기대비 당기순이익은 크게 상승하여 28.6억원을 기록함. 외환손익의 흑자 전환 및 비영업손익의 손실폭이 줄어든 것이 영향을 미친것으로 보임.

현금 흐름 *IFRS 별도 기준 〈단위 : 억원〉

항목	2016	2017
영업활동	-7	-16
투자활동	-20	-11
재무활동	31	18
순현금흐름	5	-8
기말현금	49	41

시장 대비 수익률

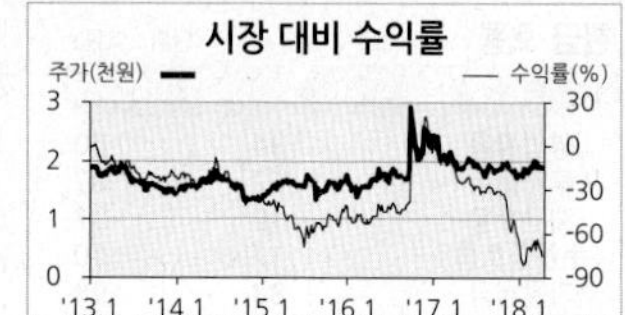

결산 실적 〈단위 : 억원〉

항목	2012	2013	2014	2015	2016	2017
매출액	1,213	1,098	1,028	932	1,004	1,177
영업이익	52	41	44	29	38	38
당기순이익	27	6	16	8	14	29

분기 실적 *IFRS 별도 기준 〈단위 : 억원〉

항목	2016.3Q	2016.4Q	2017.1Q	2017.2Q	2017.3Q	2017.4Q
매출액	252	282	296	294	300	286
영업이익	7	11	11	14	12	2
당기순이익	3	1	11	9	8	1

재무 상태 *IFRS 별도 기준 〈단위 : 억원〉

항목	2012	2013	2014	2015	2016	2017
총자산	1,338	1,411	1,136	1,243	1,292	1,348
유형자산	612	620	502	658	649	647
무형자산	8	8	11	10	7	7
유가증권	20	—	—	7	—	—
총부채	818	884	608	557	535	527
총차입금	750	786	531	464	429	411
자본금	84	84	84	84	107	121
총자본	520	527	528	686	757	822
지배주주지분	520	527	528	686	757	822

기업가치 지표 *IFRS 별도 기준

항목	2012	2013	2014	2015	2016	2017
주가(최고/저)(천원)	2.5/1.8	2.0/1.4	1.8/1.3	1.8/1.3	2.9/1.4	2.5/1.7
PER(최고/저)(배)	18.0/13.0	59.1/42.2	47.2/33.4	40.3/29.6	39.7/18.8	19.9/13.4
PBR(최고/저)(배)	0.9/0.6	0.7/0.5	0.6/0.4	0.5/0.3	0.8/0.4	0.8/0.5
EV/EBITDA(배)	17.7	19.1	12.0	15.5	15.6	14.0
EPS(원)	147	35	41	47	75	127
BPS(원)	3,090	3,132	3,138	4,078	3,524	3,385
CFPS(원)	213	102	141	146	169	207
DPS(원)	20	—	20	25	20	20
EBITDAPS(원)	368	310	364	272	299	250

재무 비율 〈단위 : %〉

연도	영업이익률	순이익률	부채비율	차입금비율	ROA	ROE	유보율	자기자본비율	EBITDA마진율
2017	3.3	2.4	64.1	50.1	2.2	3.6	577.1	60.9	4.8
2016	3.8	1.4	70.6	56.6	1.1	1.9	604.8	58.6	5.5
2015	3.1	0.8	81.2	67.7	0.7	1.8	704.6	55.2	4.9
2014	4.3	1.6	111.2	96.8	1.3	2.6	538.1	47.4	6.0

티피씨 (A130740)

TPC

업 종 : 자동차부품 | 시 장 : KOSDAQ
신용등급 : (Bond) — (CP) — | 기업규모 : 중견
홈페이지 : www.tc21.co.kr | 연 락 처 : 053)850-8319
본 사 : 경북 경산시 진량읍 일연로 574

설 립 일	1999.01.01	**종 업 원 수**	162명	**대 표 이 사**	이정훈
상 장 일	2011.01.28	**감 사 의 견**	적정(지평)	**계 열**	
결 산 기	12월	**보 통 주**		**종속회사수**	1개사
액 면 가	500원	**우 선 주**		**구 상 호**	

주주구성 (지분율,%)		출자관계 (지분율,%)		주요경쟁사 (외형,%)	
이정훈	25.3	티에스피	100.0	티피씨글로벌	100
이헌	25.2	해성굿쓰리	60.0	케이엔더블유	182
(외국인)	0.9	신영제일호사모투자전문회사	29.0	풍강	162

매출구성		비용구성		수출비중	
인발(방진)류	44.9	매출원가율	86.3	수출	12.1
FILLER NECK류	19.4	판관비율	11.2	내수	87.9
PIPE ASS'Y 외	17.6				

회사 개요

1998년 설립된 동사는 자동차부품용 인발강관의 제조, 판매를 사업목적으로 1998년 설립됨. 삼보모터스, 평화산업, SOHRYU SANGYO 등을 주요 고객사로 보유하고 있으며 동사 제품의 최종 수요처는 현대자동차, 기아자동차, 르노삼성자동차, 포드, 도요타, 닛산 등임. 매출의 84.2%는 내수로부터, 15.8%는 수출로부터 거둬들임. 자동차부품 열처리 업체인 티에스피를 연결대상 종속회사로 두고 있음.

실적 분석

2017년 연결기준 동사 매출액은 515.9억원을 기록함. 전년도 매출액인 543.9억원에서 5.1% 감소함. 매출이 줄어든 데다 판매비와 관리비가 6.4% 증가해 영업이익은 66.3% 감소함. 전년도엔 38.6억원을 기록했으나 2017년엔 13억원을 시현하는 데 그침. 비영업부문 이익 역시 52.2% 줄어들었음. 이에 당기순이익은 전년도 47.3억원에서 68.1% 감소한 15.1억원을 기록함.

현금 흐름 <단위 : 억원>

항목	2016	2017
영업활동	27	28
투자활동	-160	-181
재무활동	156	120
순현금흐름	24	-35
기말현금	77	43

시장 대비 수익률

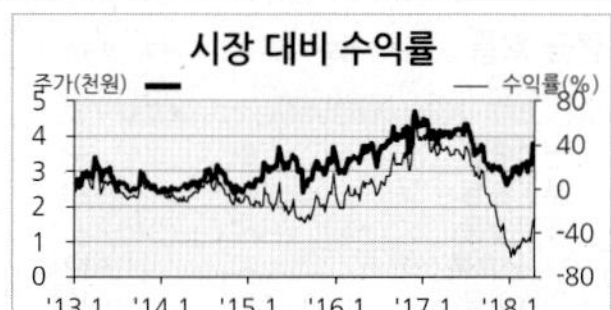

결산 실적 <단위 : 억원>

항목	2012	2013	2014	2015	2016	2017
매출액	446	445	493	508	544	516
영업이익	27	16	20	32	39	13
당기순이익	37	15	32	40	47	15

분기 실적 <단위 : 억원>

항목	2016.3Q	2016.4Q	2017.1Q	2017.2Q	2017.3Q	2017.4Q
매출액	127	156	134	137	122	123
영업이익	6	13	4	8	-2	4
당기순이익	10	13	3	11	1	0

재무 상태 <단위 : 억원>

항목	2012	2013	2014	2015	2016	2017
총자산	523	548	580	604	822	940
유형자산	180	187	183	187	298	296
무형자산	6	6	6	6	6	6
유가증권	122	114	210	204	233	416
총부채	128	143	151	140	293	391
총차입금	61	67	64	55	184	301
자본금	47	47	47	47	47	47
총자본	395	405	429	465	529	549
지배주주지분	395	405	429	465	529	549

기업가치 지표

항목	2012	2013	2014	2015	2016	2017
주가(최고/저)(천원)	8.1/2.4	3.6/2.3	3.2/2.3	3.7/2.4	5.1/2.9	4.6/2.6
PER(최고/저)(배)	21.9/6.3	23.4/15.0	9.9/7.3	9.3/5.9	10.6/6.0	29.2/16.6
PBR(최고/저)(배)	2.1/0.6	0.9/0.6	0.7/0.5	0.8/0.5	1.0/0.5	0.8/0.5
EV/EBITDA(배)	5.7	7.4	6.5	6.1	8.1	15.9
EPS(원)	394	162	336	420	501	160
BPS(원)	4,177	4,329	4,693	5,113	5,598	5,815
CFPS(원)	476	261	442	532	629	329
DPS(원)	30	—	20	40	50	—
EBITDAPS(원)	364	266	319	456	536	307

재무 비율 <단위 : %>

연도	영업이익률	순이익률	부채비율	차입금비율	ROA	ROE	유보율	자기자본비율	EBITDA마진율
2017	2.5	2.9	71.1	54.8	1.7	2.8	1,062.9	58.4	5.6
2016	7.1	8.7	55.5	34.7	6.6	9.5	1,019.7	64.3	9.3
2015	6.4	7.8	30.1	11.8	6.7	8.9	922.6	76.9	8.5
2014	4.1	6.4	35.2	14.9	5.6	7.6	838.7	74.0	6.1

티피씨메카트로닉스 (A048770)

TPC Mechatronics

업 종 : 기계 | 시 장 : KOSDAQ
신용등급 : (Bond) — (CP) — | 기업규모 : 중견
홈페이지 : www.tpcpage.co.kr | 연 락 처 : 032)580-0055
본 사 : 인천시 서구 갑문2로 39(오류동) 단해창도클러스터

설 립 일	1979.01.23	**종 업 원 수**	379명	**대 표 이 사**	엄주섭,엄재윤
상 장 일	2000.12.30	**감 사 의 견**	적정(안경)	**계 열**	
결 산 기	12월	**보 통 주**		**종속회사수**	9개사
액 면 가	500원	**우 선 주**		**구 상 호**	

주주구성 (지분율,%)		출자관계 (지분율,%)		주요경쟁사 (외형,%)	
엄재윤	15.8	시이오뉴스	100.0	TPC	100
엄재웅	15.3	케이에스티	80.0	큐로	153
(외국인)	1.1	TPC애니웍스	70.0	비에이치아이	319

매출구성		비용구성		수출비중	
액츄에이터, 방향제어기기, FRL, 악세사리 등	75.8	매출원가율	79.5	수출	—
직교로봇, 리니어모터, 리니어로봇등	20.6	판관비율	15.2	내수	—
협동로봇, 원재료 가공, 전자상거래, 언론,출판등	2.4				

회사 개요

생산 자동화기계의 핵심부품인 공압기기 전문생산업체로 1979년에 설립되어 업력이 30년이 넘은 전문업체임. 국내 공압기기 시장규모는 내수기준 6,000억원으로 추정되는데 동사는 약 15%의 시장을 점유하고 있음. 국내 자동화기계 관련 M&A와 해외 판매 및 생산법인 설립으로 13개의 회사에 지분을 투자하고 있음. 1천만 달러 이상 투자한 중국법인과 리니어모션 등 신규사업 부문의 성장성이 주목됨.

실적 분석

동사의 2017년 연간 매출액은 전년동기대비 10.4% 상승한 1,019억원을 기록하였음. 비용면에서 전년동기대비 매출원가는 증가 하였으며 인건비는 감소 하였고 광고선전비도 크게 감소, 기타판매비와관리비도 마찬가지로 감소함. 이처럼 매출액 상승과 더불어 비용절감에도 힘을 기울였음. 최종적으로 전년동기대비 당기순이익은 흑자전환하여 40.9억원을 기록함. 금융손익 등 비영업손익이 적자 지속 중이나 손실폭을 줄이고 있는것은 긍정적임.

현금 흐름 <단위 : 억원>

항목	2016	2017
영업활동	-3	9
투자활동	-6	-48
재무활동	35	-6
순현금흐름	25	-47
기말현금	78	32

시장 대비 수익률

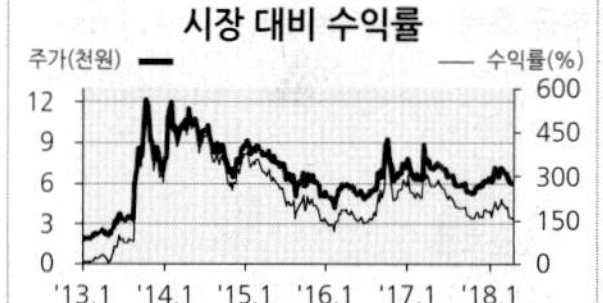

결산 실적 <단위 : 억원>

항목	2012	2013	2014	2015	2016	2017
매출액	769	794	786	867	923	1,019
영업이익	27	27	10	-27	-20	54
당기순이익	11	20	24	-30	-45	41

분기 실적 <단위 : 억원>

항목	2016.3Q	2016.4Q	2017.1Q	2017.2Q	2017.3Q	2017.4Q
매출액	221	287	233	269	271	246
영업이익	4	-8	6	13	20	15
당기순이익	3	-33	5	9	16	11

재무 상태 <단위 : 억원>

항목	2012	2013	2014	2015	2016	2017
총자산	697	818	871	827	885	946
유형자산	184	248	281	274	257	335
무형자산	34	33	29	26	20	18
유가증권	5	4	0	4	4	13
총부채	418	530	554	599	715	666
총차입금	185	219	249	302	339	331
자본금	65	65	65	65	65	65
총자본	279	288	318	228	170	280
지배주주지분	272	282	310	219	160	269

기업가치 지표

항목	2012	2013	2014	2015	2016	2017
주가(최고/저)(천원)	6.2/2.4	3.9/1.8	12.4/6.4	9.2/4.7	9.5/4.3	9.1/5.2
PER(최고/저)(배)	47.8/18.8	25.1/11.4	67.3/34.6	—/—	—/—	29.7/16.9
PBR(최고/저)(배)	3.0/1.2	1.8/0.8	5.3/2.7	5.5/2.8	7.8/3.5	4.4/2.5
EV/EBITDA(배)	9.7	13.5	44.6	—	8,116.9	13.6
EPS(원)	134	158	187	-236	-362	307
BPS(원)	2,112	2,185	2,399	1,699	1,238	2,086
CFPS(원)	283	288	342	-79	-209	481
DPS(원)	25	25	25	25	25	25
EBITDAPS(원)	361	339	228	-52	1	594

재무 비율 <단위 : %>

연도	영업이익률	순이익률	부채비율	차입금비율	ROA	ROE	유보율	자기자본비율	EBITDA마진율
2017	5.3	4.0	237.9	118.4	4.5	18.5	317.3	29.6	7.5
2016	-2.1	-4.9	420.5	199.1	-5.3	-24.6	147.6	19.2	0.0
2015	-3.1	-3.4	262.4	132.3	-3.5	-11.5	239.7	27.6	-0.8
2014	1.2	3.1	174.4	78.5	2.8	8.2	379.9	36.5	3.7

틸론 (A217880)
TILON

업 종 : IT 서비스 | 시 장 : KONEX
신용등급 : (Bond) — (CP) — | 기업규모 : —
홈페이지 : www.tilon.co.kr | 연 락 처 : 02)2627-9005
본 사 : 서울시 구로구 디지털로 288 대륭포스트타워 1차 1602호

설 립 일	2001.08.08	**종업원수**	35명	**대표이사**	최백준
상 장 일	2015.05.28	**감사의견**	적정(한미)	**계 열**	
결 산 기	12월	**보 통 주**		**종속회사수**	
액 면 가	—	**우 선 주**		**구 상 호**	

주주구성 (지분율,%)		출자관계 (지분율,%)		주요경쟁사 (외형,%)	
최백준	61.3	에이치아이컴즈	100.0	틸론	100
이우승	6.8	틸론테크놀로지	70.0	쌍용정보통신	1,408
				케이엘넷	351

매출구성		비용구성		수출비중	
Dstation(제품)	77.2	매출원가율	59.0	수출	0.1
서버 등(상품)	14.1	판관비율	32.8	내수	99.9
유지보수 등(기타)	6.5				

회사 개요

동사는 소프트웨어 개발/공급, 컴퓨터시스템 제조/판매, 토탈 솔루션 개발 및 공급업을 주업으로 하고 있으며 2001년 8월 8일에 설립됐음. 주력 사업영업은 기업이나 공공기관 등에서 도입할 수 있는 Private Cloud 사업과 개인이나 중소기업이 종량제 형식으로 사용한 내역에 대해서만 지불하고 클라우드 시스템을 활용할 수 있는 Public Cloud사업임. 동사는 클라우드 로봇, 클라우드 TV 및 클라우드 PC 사업 등에 진출하고 있음.

실적 분석

동사의 2017년 연간 매출액은 103.8억원으로 전년 동기 대비 크게 성장함. 매출증가 대비 비용감소로 영업이익과 당기순이익은 2배 이상 증가함. 클라우드 시장은 기존 PC를 대체하는 클라우드 컴퓨팅 컴퓨팅 기술 관련 전후방 제품군 시장과도 밀접한 관계를 맺고 있음. 가트너 자료에서는 2020년 기준 Thin / Zero client 세계 시장 규모가 15억 6천만불에 이를 것으로 전망하고 있으며, 연 35%의 성장 속도를 나타냄.

현금 흐름 *IFRS 별도 기준 〈단위 : 억원〉

항목	2016	2017
영업활동	1	12
투자활동	-17	-25
재무활동	21	2
순현금흐름	4	-11
기말현금	12	1

시장 대비 수익률

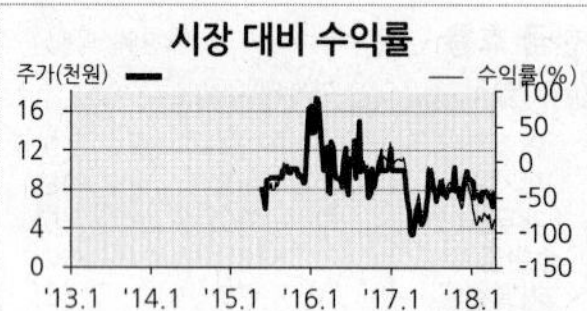

결산 실적 〈단위 : 억원〉

항목	2012	2013	2014	2015	2016	2017
매출액	30	50	55	53	72	104
영업이익	-20	4	3	-13	3	9
당기순이익	-3	2	2	-15	1	6

분기 실적 *IFRS 별도 기준 〈단위 : 억원〉

항목	2016.3Q	2016.4Q	2017.1Q	2017.2Q	2017.3Q	2017.4Q
매출액	—	—	—	—	—	—
영업이익	—	—	—	—	—	—
당기순이익	—	—	—	—	—	—

재무 상태 *IFRS 별도 기준 〈단위 : 억원〉

항목	2012	2013	2014	2015	2016	2017
총자산	55	85	82	86	127	150
유형자산	16	15	14	33	27	27
무형자산	18	16	17	11	13	21
유가증권	—	—	—	0	3	0
총부채	59	67	62	59	78	94
총차입금	40	44	40	43	41	42
자본금	11	11	11	20	21	21
총자본	-4	18	20	27	49	56
지배주주지분	-4	18	20	27	49	56

기업가치 지표 *IFRS 별도 기준

항목	2012	2013	2014	2015	2016	2017
주가(최고/저)(천원)	—/—	—/—	—/—	16.3/6.1	18.9/5.7	11.8/3.1
PER(최고/저)(배)	0.0/0.0	0.0/0.0	0.0/0.0	—/—	493.8/147.6	71.1/18.8
PBR(최고/저)(배)	0.0/0.0	0.0/0.0	0.0/0.0	21.5/8.0	14.5/4.3	8.0/2.1
EV/EBITDA(배)	—	2.6	3.2	—	27.2	15.2
EPS(원)	-111	75	53	-497	38	166
BPS(원)	528	958	1,037	760	1,305	1,471
CFPS(원)	323	593	528	-98	396	520
DPS(원)	—	—	—	—	—	—
EBITDAPS(원)	-472	692	584	-40	440	579

재무 비율 〈단위 : %〉

연도	영업이익률	순이익률	부채비율	차입금비율	ROA	ROE	유보율	자기자본비율	EBITDA마진율
2017	8.2	6.1	169.4	75.9	4.5	12.0	169.3	37.1	21.1
2016	4.2	1.9	157.5	82.6	1.3	3.6	138.9	38.8	22.1
2015	-25.3	-28.7	217.2	159.6	-18.2	-64.9	38.4	31.5	-2.3
2014	4.7	2.7	310.3	200.3	1.8	7.9	75.4	24.4	20.3

팀스 (A134790)
Teems

업 종 : 내구소비재 | 시 장 : 거래소
신용등급 : (Bond) — (CP) — | 기업규모 : 시가총액 소형주
홈페이지 : www.teems.co.kr | 연 락 처 : 02)443-1815
본 사 : 충북 음성군 감곡면 음성로 2568번길 33

설 립 일	2010.12.16	**종업원수**	6명	**대표이사**	손태일
상 장 일	2011.01.25	**감사의견**	적정(삼덕)	**계 열**	
결 산 기	12월	**보 통 주**		**종속회사수**	
액 면 가	500원	**우 선 주**		**구 상 호**	팀스

주주구성 (지분율,%)		출자관계 (지분율,%)		주요경쟁사 (외형,%)	
일룸	40.6			시디즈	100
바로스	15.2			한국가구	437
(외국인)	1.1			코아스	911

매출구성		비용구성		수출비중	
교육용 가구	100.0	매출원가율	100.1	수출	0.0
		판관비율	1.8	내수	100.0

회사 개요

동사는 2010년에 가구업체 퍼시스에서 인적분할해 설립된 교육용가구 제조업체임. 동사는 기존의 노동집약적이며 획일화된 디자인 중심의 교육용 가구 제조 분야에서, 고품질의 사무가구 시장의 리딩 컴퍼니의 경험을 바탕으로 생산 자동화를 통한 고품질과 차별화된 디자인으로 교육용 가구시장의 트랜드를 바꾸고 있음. 계열회사는 퍼시스를 비롯해 시디즈, 일룸, 바로스 등 동사를 포함한 5개임. 연 3천억원 정도로 추정되는 국내 교육용가구 시장에서 1위업체임

실적 분석

동사의 2017년 매출과 영업손실은 125억원, 2.4억원으로 전년 대비 매출은 26% 증가하고 적자를 지속함. 당기순이익은 3.1억원으로 전년 대비 130% 증가함. 매출총이익률은 -0.1%이며 판관비는 2.3억원을 기록함. 영업외수익은 7.3억원, 법인세차감전순이익은 4.9억원, 법인세비용은 1.8억원을 기록함. 자산총계는 233억원, 부채총계는 15억원, 자본총계는 218억원을 기록함.

현금 흐름 *IFRS 별도 기준 〈단위 : 억원〉

항목	2016	2017
영업활동	8	-8
투자활동	-10	20
재무활동	—	—
순현금흐름	-2	12
기말현금	10	22

시장 대비 수익률

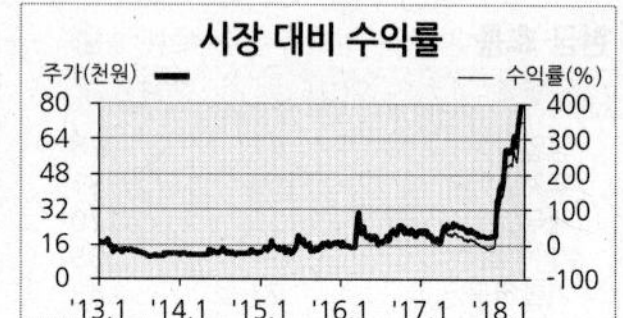

결산 실적 〈단위 : 억원〉

항목	2012	2013	2014	2015	2016	2017
매출액	819	235	108	67	99	125
영업이익	34	-9	-5	-12	-4	-2
당기순이익	35	-3	1	-5	1	3

분기 실적 *IFRS 별도 기준 〈단위 : 억원〉

항목	2016.3Q	2016.4Q	2017.1Q	2017.2Q	2017.3Q	2017.4Q
매출액	22	27	51	27	24	23
영업이익	1	-2	1	-3	-0	-1
당기순이익	2	-0	3	-1	1	-0

재무 상태 *IFRS 별도 기준 〈단위 : 억원〉

항목	2012	2013	2014	2015	2016	2017
총자산	352	238	230	226	230	233
유형자산	32	27	18	17	16	16
무형자산	5	5	5	5	5	5
유가증권	100	80	0	40	90	49
총부채	102	16	12	12	15	15
총차입금	—	—	—	—	—	—
자본금	10	10	10	10	10	10
총자본	250	223	218	214	216	218
지배주주지분	250	223	218	214	216	218

기업가치 지표 *IFRS 별도 기준

항목	2012	2013	2014	2015	2016	2017
주가(최고/저)(천원)	18.3/8.8	19.6/10.4	14.5/11.1	23.8/12.3	31.1/14.8	46.1/17.7
PER(최고/저)(배)	10.4/5.0	—/—	303.4/233.0	—/—	463.2/220.8	298.7/114.8
PBR(최고/저)(배)	1.4/0.7	1.5/0.8	1.1/0.9	1.9/1.0	2.5/1.2	3.6/1.4
EV/EBITDA(배)	1.9	—	—	—	—	—
EPS(원)	1,772	-133	48	-251	67	154
BPS(원)	13,049	12,730	12,772	12,575	12,647	12,754
CFPS(원)	1,946	32	197	-185	100	185
DPS(원)	200	—	—	—	—	—
EBITDAPS(원)	1,852	-293	-95	-511	-177	-88

재무 비율 〈단위 : %〉

연도	영업이익률	순이익률	부채비율	차입금비율	ROA	ROE	유보율	자기자본비율	EBITDA마진율
2017	-1.9	2.5	7.1	0.0	1.3	1.4	2,450.7	93.4	-1.4
2016	-4.2	1.4	6.8	0.0	0.6	0.6	2,429.3	93.7	-3.6
2015	-17.2	-7.5	5.6	0.0	-2.2	-2.3	2,414.9	94.8	-15.2
2014	-4.5	0.9	5.5	0.0	0.4	0.4	2,454.4	94.8	-1.8

팅크웨어 (A084730)

ThinkwareSystemsCorporation

업 종 : 자동차부품　　시 장 : KOSDAQ
신용등급 : (Bond) — (CP) —　　기업규모 : 중견
홈페이지 : www.thinkware.co.kr　　연 락 처 : 02)589-9135
본 사 : 경기도 성남시 분당구 판교역로 240, 삼환하이펙스 A동 9층

설 립 일	1997.03.26	**종 업 원 수**	418명	**대 표 이 사**	이흥복
상 장 일	2006.05.19	**감 사 의 견**	적정(한영)	**계 열**	
결 산 기	12월	**보 통 주**		**종속회사수**	5개사
액 면 가	500원	**우 선 주**		**구 상 호**	

주주구성 (지분율,%)		출자관계 (지분율,%)		주요경쟁사 (외형,%)	
유비벨록스	23.1	엠아이웍스	100.0	팅크웨어	100
현대인베스트먼트자산운용	3.6	팅크웨어모바일	80.4	미동앤씨네마	14
(외국인)	6.2	비글	55.9	이에스브이	8

매출구성		비용구성		수출비중	
블랙박스	68.2	매출원가율	68.8	수출	8.8
내비게이션	19.0	판관비율	27.7	내수	91.2
Tablet PC, 액세서리 등	7.0				

회사 개요

동사는 '아이나비' 제품 중심으로, 내비게이션 시장에 Total Solution(PND, 매립형, 통신형 내비게이션 및 S/W)을 제공하고 있으며, LBS시장에 블랙박스 및 통신사향 위치기반서비스 등을 공급하고 있는 기업임. 최근 무선 인터넷 기능이 탑재된 내비게이션들이 출시되면서 스마트 기기와 접목을 시도해 인터넷 사용 및 교통관련 정보의 실시간 업데이트가 가능한 통신형 내비게이션을 출시하고 통신형 위치기반서비스를 시작함.

실적 분석

동사의 2017년 매출액은 전년 대비 7.0% 증가한 1,979.2억원을 기록한 반면, 동기간 판관비는 대손상각비 및 무형자산상각비가 축소되면서 1.2% 증가에 그침에 따라 동사의 2017년 영업이익은 전년 대비 28.6% 증가한 70.5억원을 기록함. 한편, 지분법손실 발생과 무형자산손상차손 증가로 비영업손익은 적자상태가 지속되었음. 따라서 동사의 2017년 당기순이익은 전년대비 5.4% 증가한 22.2억원을 기록함.

현금 흐름

〈단위 : 억원〉

항목	2016	2017
영업활동	262	122
투자활동	-180	-100
재무활동	-21	-10
순현금흐름	61	14
기말현금	348	362

시장 대비 수익률

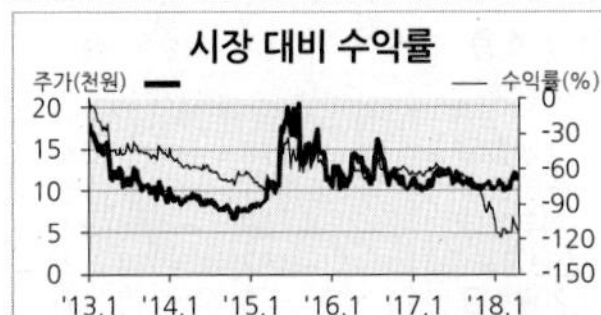

결산 실적

〈단위 : 억원〉

항목	2012	2013	2014	2015	2016	2017
매출액	1,793	1,774	1,595	1,513	1,850	1,979
영업이익	51	14	44	31	55	71
당기순이익	47	-27	10	9	21	22

분기 실적

〈단위 : 억원〉

항목	2016.3Q	2016.4Q	2017.1Q	2017.2Q	2017.3Q	2017.4Q
매출액	468	491	504	489	494	492
영업이익	18	23	20	22	18	10
당기순이익	6	9	6	34	14	-32

재무 상태

〈단위 : 억원〉

항목	2012	2013	2014	2015	2016	2017
총자산	1,630	2,080	1,977	1,990	2,071	2,057
유형자산	203	449	429	417	482	537
무형자산	209	214	198	263	240	207
유가증권	237	125	36	64	68	80
총부채	600	1,059	946	743	720	615
총차입금	297	698	669	503	403	332
자본금	40	40	40	49	49	52
총자본	1,031	1,021	1,031	1,246	1,351	1,442
지배주주지분	1,031	1,021	1,031	1,245	1,342	1,438

기업가치 지표

항목	2012	2013	2014	2015	2016	2017
주가(최고/저)(천원)	23.6/11.9	18.7/8.3	10.2/6.7	20.4/7.9	16.9/9.8	12.8/9.9
PER(최고/저)(배)	39.8/20.0	—/—	85.5/56.2	213.2/82.3	74.6/43.5	45.5/35.5
PBR(최고/저)(배)	1.5/0.8	1.2/0.5	0.6/0.4	1.4/0.5	1.1/0.7	0.9/0.7
EV/EBITDA(배)	12.3	10.8	8.4	11.1	7.5	6.3
EPS(원)	592	-340	119	95	226	280
BPS(원)	15,853	15,729	15,851	14,790	14,968	15,076
CFPS(원)	1,490	810	1,146	952	1,143	1,097
DPS(원)	—	—	—	—	—	—
EBITDAPS(원)	1,538	1,325	1,577	1,181	1,476	1,511

재무 비율

〈단위 : %〉

연도	영업이익률	순이익률	부채비율	차입금비율	ROA	ROE	유보율	자기자본비율	EBITDA마진율
2017	3.6	1.1	42.7	23.0	1.1	2.1	2,915.2	70.1	7.8
2016	3.0	1.1	53.3	29.8	1.0	1.7	2,893.6	65.3	7.8
2015	2.1	0.6	59.6	40.4	0.5	0.8	2,858.1	62.6	7.5
2014	2.8	0.6	91.8	64.9	0.5	0.9	3,070.2	52.1	7.9

파나진 (A046210)

Panagene

업 종 : 의료 장비 및 서비스　　시 장 : KOSDAQ
신용등급 : (Bond) — (CP) —　　기업규모 : 중견
홈페이지 : www.panagene.com　　연 락 처 : 042)861-9295
본 사 : 대전시 유성구 테크노10로 54

설 립 일	1976.07.01	**종 업 원 수**	56명	**대 표 이 사**	김성기
상 장 일	2000.08.16	**감 사 의 견**	적정(우리)	**계 열**	
결 산 기	12월	**보 통 주**		**종속회사수**	
액 면 가	500원	**우 선 주**		**구 상 호**	

주주구성 (지분율,%)		출자관계 (지분율,%)		주요경쟁사 (외형,%)	
김성기	12.8			파나진	100
박준곤	8.4			엑세스바이오	439
(외국인)	0.4			나노엔텍	322

매출구성		비용구성		수출비중	
유전자키트(제품)	52.1	매출원가율	41.6	수출	35.5
PNA(기타)	38.5	판관비율	94.2	내수	64.5
상품(상품)	8.7				

회사 개요

동사는 2001년 "새로운 소재와 기술개발을 통해서 분자진단의 새로운 장을 열자"는 포부를 가진 과학자들이 모여 설립됐으며, 2008년10월 합병을 통해 코스닥 시장에 상장됨. 동사의 주력사업은 분자진단시약인 PNA의 개발및 판매임. 동사의 HPV진단용 PNA칩은 국내 시장에서 높은 시장점유율을 차지하고 있음. 2015년부터는 RAF 단백질을 선택적으로 억제하는 표적 항암신약에 대한 임상시험도 진행 중임.

실적 분석

동사의 2017년 결산 매출액은 전년대비 6.2% 성장한 74.0억원을 기록함. 매출 성장은 PNA소재 및 진단제품의 매출 확대에 기인함. 다만 제품 개발 및 출시에 필요한 연구와 임상시험 비용 등이 증가하면서 높은 원가율이 유지되고 있어 영업손실 26.5억원, 당기순손실 65.5억원을 보이며 적자가 확대됨. 동사는 매출 목표 달성을 위해 글로벌 우수 판매대리점을 확충하고 브랜드 가치 향상을 추진중임.

현금 흐름 *IFRS 별도 기준

〈단위 : 억원〉

항목	2016	2017
영업활동	-11	-7
투자활동	-62	5
재무활동	75	-8
순현금흐름	2	-10
기말현금	26	16

시장 대비 수익률

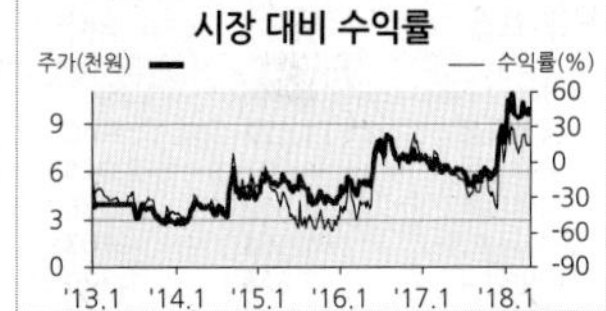

결산 실적

〈단위 : 억원〉

항목	2012	2013	2014	2015	2016	2017
매출액	32	42	50	59	70	74
영업이익	-23	-36	-9	2	-7	-26
당기순이익	-73	-48	-22	-6	-16	-65

분기 실적 *IFRS 별도 기준

〈단위 : 억원〉

항목	2016.3Q	2016.4Q	2017.1Q	2017.2Q	2017.3Q	2017.4Q
매출액	17	21	16	20	17	20
영업이익	-2	2	-9	-4	-4	-9
당기순이익	-6	3	-13	-4	-4	-45

재무 상태 *IFRS 별도 기준

〈단위 : 억원〉

항목	2012	2013	2014	2015	2016	2017
총자산	255	251	244	256	330	318
유형자산	84	43	42	41	51	90
무형자산	82	90	87	88	98	72
유가증권	—	—	—	—	—	—
총부채	166	162	155	167	119	81
총차입금	147	131	139	152	99	—
자본금	124	134	134	134	148	160
총자본	89	89	89	89	211	237
지배주주지분	89	89	89	89	211	237

기업가치 지표 *IFRS 별도 기준

항목	2012	2013	2014	2015	2016	2017
주가(최고/저)(천원)	11.9/4.5	5.2/2.7	6.2/2.7	6.0/3.8	8.3/4.5	9.2/5.0
PER(최고/저)(배)	—/—	—/—	—/—	—/—	—/—	—/—
PBR(최고/저)(배)	33.1/12.5	15.5/8.1	18.7/8.2	18.1/11.4	11.7/6.3	12.3/6.8
EV/EBITDA(배)	—	—	865.3	109.1	2,565.9	—
EPS(원)	-296	-184	-82	-23	-54	-205
BPS(원)	359	332	332	332	711	743
CFPS(원)	-254	-149	-41	15	-25	-152
DPS(원)	—	—	—	—	—	—
EBITDAPS(원)	-52	-103	6	44	3	-30

재무 비율

〈단위 : %〉

연도	영업이익률	순이익률	부채비율	차입금비율	ROA	ROE	유보율	자기자본비율	EBITDA마진율
2017	-35.8	-88.6	33.9	0.0	-20.2	-29.2	48.6	74.7	-12.8
2016	-10.8	-22.4	56.5	47.1	-5.3	-10.4	42.2	63.9	1.1
2015	2.7	-10.6	일부잠식	일부잠식	-2.5	-7.1	-33.6	34.7	19.9
2014	-18.8	-43.8	일부잠식	일부잠식	-8.9	-24.7	-33.6	36.4	3.1

파라다이스 (A034230)
Paradise

업종 : 호텔 및 레저 | 시장 : KOSDAQ
신용등급 : (Bond) AA- (CP) — | 기업규모 : 우량
홈페이지 : www.paradise.co.kr | 연락처 : 02)2277-0190
본사 : 서울시 중구 동호로 268

설립일	1972.04.27	**종업원수**	1,489명	**대표이사**	박병룡
상장일	2002.10.31	**감사의견**	적정(삼일)	**계열**	
결산기	12월	**보통주**		**종속회사수**	4개사
액면가	500원	**우선주**		**구상호**	

주주구성 (지분율,%)		출자관계 (지분율,%)		주요경쟁사 (외형,%)	
파라다이스글로벌	37.9	파라다이스호텔부산(우선주,비상장)	100.0	파라다이스	100
JF Asset Management Limited	4.9	파라다이스호텔부산(보통주,비상장)	69.5	강원랜드	240
(외국인)	3.5	파라다이스세가사미	55.0	호텔신라	600

매출구성		비용구성		수출비중	
카지노	86.8	매출원가율	89.5	수출	—
호텔	11.0	판관비율	15.0	내수	—
기타	2.2				

회사 개요
동사는 주력 사업인 카지노사업을 비롯하여 호텔, 기타 등 3개 사업부문을 영위하고 있음. 2017년 말 기준 전체 매출의 82.5%를 카지노 사업이 차지하고 있음. 2017년 기준 국내 전체 외국인 전용 카지노 입장객의 38.3%를 차지. 2017년 4분기 누적 입장객 약 83만명 중 중국인 입장객이 전체의 47.2%, 일본인 22.3%, 그 외 기타 국적의 입장객이 30.5%를 차지하고 있음.

실적 분석
동사의 2017년 4분기 누적 매출액은 전년 동기 6948.6억원보다 3.9% 감소한 6680.4억원을 기록했음. 외형축소에도 불구하고 매출원가와 판관비가 전년 대비 각각 7.4%, 38% 뛰어오르며 영업이익이 적자로 전환함. 4분기 누적 영업손실은 299.5억원임. 이에 따라 당기순이익도 적자로 돌아서며 398.5억원 당기순손실을 기록함. 중국 사드 이슈로 인한 중국인 VIP 실적 부진이 주 요인.

현금 흐름 〈단위 : 억원〉

항목	2016	2017
영업활동	1,122	40
투자활동	-4,991	-2,075
재무활동	2,302	1,936
순현금흐름	-1,565	-103
기말현금	1,823	1,720

시장 대비 수익률
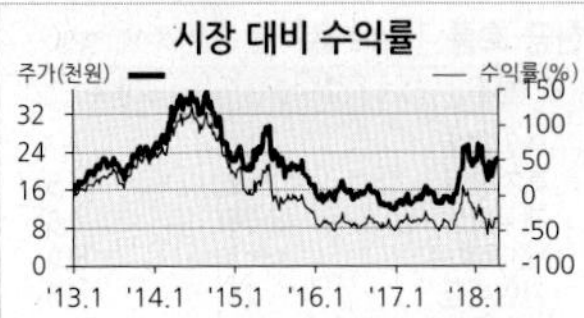

결산 실적 〈단위 : 억원〉

항목	2012	2013	2014	2015	2016	2017
매출액	5,185	6,215	6,762	6,154	6,949	6,680
영업이익	898	1,323	790	583	658	-300
당기순이익	798	1,077	1,058	718	576	-399

분기 실적 〈단위 : 억원〉

항목	2016.3Q	2016.4Q	2017.1Q	2017.2Q	2017.3Q	2017.4Q
매출액	1,752	1,736	1,424	1,399	1,961	1,896
영업이익	109	67	-77	-273	104	-54
당기순이익	104	44	13	-298	14	-128

재무 상태 〈단위 : 억원〉

항목	2012	2013	2014	2015	2016	2017
총자산	10,366	12,300	16,019	19,939	23,080	24,353
유형자산	4,835	4,836	5,501	8,309	13,370	16,242
무형자산	228	1,893	1,865	2,799	2,851	2,896
유가증권	195	194	297	546	151	176
총부채	3,087	3,404	4,237	7,074	9,984	11,420
총차입금	912	821	804	4,433	7,102	8,739
자본금	470	470	470	470	470	470
총자본	7,280	8,896	11,782	12,865	13,097	12,933
지배주주지분	6,331	7,306	10,104	10,227	10,441	9,942

기업가치 지표

항목	2012	2013	2014	2015	2016	2017
주가(최고/저)(천원)	19.1/7.1	25.4/15.3	37.9/22.0	30.7/16.6	17.9/11.7	27.1/12.1
PER(최고/저)(배)	25.7/9.6	24.9/15.0	38.4/22.3	45.0/24.3	30.4/19.9	—/—
PBR(최고/저)(배)	2.8/1.1	3.3/2.0	3.6/2.1	2.8/1.5	1.6/1.0	2.4/1.1
EV/EBITDA(배)	13.9	15.4	17.3	19.3	16.6	96.1
EPS(원)	822	1,113	1,060	717	606	-208
BPS(원)	7,419	8,492	11,302	11,533	11,768	11,220
CFPS(원)	968	1,306	1,306	1,020	963	453
DPS(원)	200	350	600	375	300	100
EBITDAPS(원)	1,134	1,647	1,116	944	1,080	332

재무 비율 〈단위 : %〉

연도	영업이익률	순이익률	부채비율	차입금비율	ROA	ROE	유보율	자기자본비율	EBITDA마진율
2017	-4.5	-6.0	88.3	67.6	-1.7	-1.9	2,069.5	53.1	4.5
2016	9.5	8.3	76.2	54.2	2.7	5.3	2,175.6	56.7	14.1
2015	9.5	11.7	55.0	34.5	4.0	6.4	2,130.0	64.5	14.0
2014	11.7	15.7	36.0	6.8	7.5	11.1	2,085.3	73.6	15.0

파라텍 (A033540)
Paratech

업종 : 기계 | 시장 : KOSDAQ
신용등급 : (Bond) — (CP) — | 기업규모 : 우량
홈페이지 : www.paratech.co.kr | 연락처 : 032)675-2287~8
본사 : 경기도 부천시 원미구 길주로 425번길 30-21

설립일	1973.06.08	**종업원수**	205명	**대표이사**	안계환
상장일	1997.12.26	**감사의견**	적정(삼정)	**계열**	
결산기	12월	**보통주**		**종속회사수**	2개사
액면가	500원	**우선주**		**구상호**	

주주구성 (지분율,%)		출자관계 (지분율,%)		주요경쟁사 (외형,%)	
베이스에이치디	54.5	레데코	60.0	파라텍	100
JF Asset Management Limited	4.9	극동정밀	29.9	큐로	60
(외국인)	1.7	까뮤이앤씨	0.7	비에이치아이	125

매출구성		비용구성		수출비중	
소화설비공사시공	69.0	매출원가율	91.7	수출	2.4
스프링클러헤드류	10.5	판관비율	4.6	내수	97.6
CPVC파이프 외	9.1				

회사 개요
동사는 1973년 설립돼 1997년 코스닥시장에 상장한 소방설비 전문기업임. 2016년말 현재 레데코, FESCO JAPAN 등 2개의 연결자회사를 보유함. 당분기 기준 사업부문별 매출비중은 소방설비시공 69%, 소방기구제조도매 31%로 구성됨. 소방기구사업은 CPVC와 자동식 소화기 및 ECARO GAS 팩케이지 등 신제품의 판매, 시공부문에서는 반도체 및 LCD에 편중된 매출을 주거용 및 일반 건축물 등으로 제품 다각화를 추진중임.

실적 분석
동사의 2017년 연간 매출액은 전년동기대비 14.5% 상승한 2,597.2억원을 기록하였음. 그에 따라 전년동기대비 당기순이익은 크게 상승하여 121.4억원을 기록함. HFC-125 청정가스소화설비와 신개념 공간안전관리 서비스인 페스코케어 서비스 사업 등 신규사업을 통한 차별성을 구체화시키고 있으며, 해외공급처 확대전략으로 제품을 중동시장에 널리 보급하고 있는 등 향후 안정적 성장이 기대되고 있음.

현금 흐름 〈단위 : 억원〉

항목	2016	2017
영업활동	-228	-35
투자활동	-21	5
재무활동	67	32
순현금흐름	-182	2
기말현금	5	7

시장 대비 수익률
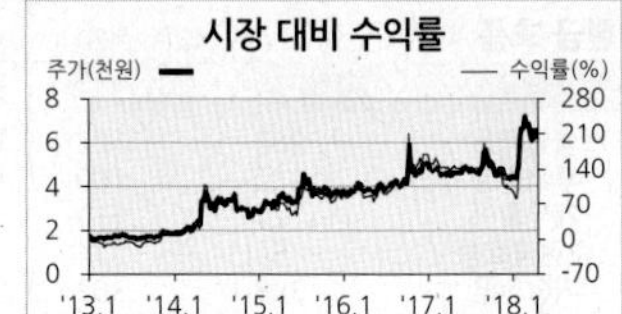

결산 실적 〈단위 : 억원〉

항목	2012	2013	2014	2015	2016	2017
매출액	914	1,087	1,321	1,482	2,269	2,597
영업이익	8	60	70	46	55	96
당기순이익	6	46	56	28	34	121

분기 실적 〈단위 : 억원〉

항목	2016.3Q	2016.4Q	2017.1Q	2017.2Q	2017.3Q	2017.4Q
매출액	606	841	804	712	631	450
영업이익	25	-17	33	22	18	23
당기순이익	18	-21	25	62	16	18

재무 상태 〈단위 : 억원〉

항목	2012	2013	2014	2015	2016	2017
총자산	829	935	1,101	1,003	1,438	1,448
유형자산	332	325	264	163	174	43
무형자산	9	9	7	7	6	5
유가증권	15	12	17	6	6	10
총부채	208	269	400	276	703	594
총차입금	1	0	0	0	86	123
자본금	56	56	56	56	56	83
총자본	621	667	702	727	735	855
지배주주지분	612	654	686	726	735	855

기업가치 지표

항목	2012	2013	2014	2015	2016	2017
주가(최고/저)(천원)	2.2/1.6	1.9/1.6	4.3/1.8	4.7/2.8	6.0/3.7	5.6/4.3
PER(최고/저)(배)	101.6/72.2	7.9/6.4	14.3/6.0	28.8/17.5	28.9/17.7	7.8/6.0
PBR(최고/저)(배)	0.6/0.5	0.5/0.4	1.1/0.5	1.1/0.7	1.3/0.8	1.1/0.8
EV/EBITDA(배)	10.7	3.8	5.4	8.4	14.1	6.5
EPS(원)	23	260	315	167	210	729
BPS(원)	5,577	5,959	6,374	6,644	6,786	5,284
CFPS(원)	133	501	583	328	389	779
DPS(원)	10	40	50	54	53	55
EBITDAPS(원)	167	655	742	489	565	625

재무 비율 〈단위 : %〉

연도	영업이익률	순이익률	부채비율	차입금비율	ROA	ROE	유보율	자기자본비율	EBITDA마진율
2017	3.7	4.7	69.5	14.4	8.4	15.3	956.8	59.0	4.0
2016	2.4	1.5	95.7	11.7	2.8	4.8	1,257.1	51.1	2.8
2015	3.1	1.9	37.9	0.0	2.7	3.9	1,228.8	72.5	3.7
2014	5.3	4.2	57.0	0.0	5.5	7.8	1,174.8	63.7	6.3

파루 (A043200)
Paru

업　　종 : 에너지 시설 및 서비스　　시　　장 : KOSDAQ
신용등급 : (Bond) B　(CP) —　　기업규모 : 우량
홈페이지 : www.paru.co.kr　　연 락 처 : 061)755-5114
본　　사 : 전남 순천시 서면 산단4길 12

설 립 일	1995.08.28	**종업원수**	135명	**대표이사**	강문식
상 장 일	2000.07.08	**감사의견**	적정(정동)	**계　　열**	
결 산 기	12월	**보 통 주**		**종속회사수**	3개사
액 면 가	500원	**우 선 주**		**구 상 호**	

주주구성 (지분율,%)		출자관계 (지분율,%)		주요경쟁사 (외형,%)	
지분	5.0	태인태양광발전소	100.0	파루	100
강문식	2.4	순천시친환경에너지타운	49.0	KG ETS	377
(외국인)	2.9			에코바이오	99

매출구성		비용구성		수출비중	
태양광 추적장치	94.6	매출원가율	105.3	수출	4.3
운반차	1.6	판관비율	74.6	내수	95.7
LED	1.3				

회사 개요
동사는 1993년에 설립되어 2000년에 코스닥시장에 상장하였고, 2002년 태인테크주식회사에서 현재의 사명으로 상호를 변경함. 신재생에너지사업(태양광사업), LED조명사업, 생물환경산업(농기계, 손세정제 외)을 영위하고 있음. 매출구성은 태양광 81.4%, 위생환경 15.1%, LED 3.5%로 구성됨. 연결대상 종속법인으로는 동사가 지분 100%를 투자하여 태양광발전을 주요사업으로 영위하는 태인태양광발전소를 보유함.

실적 분석
동사의 2017년 연결기준 4/4분기 누적매출액은 전년동기 대비 72.7% 감소한 288.7억원을 기록함. 매출감소로 인해 매출원가 및 판관비가 전년동기 대비 각각 56.2%, 31.1% 감소했음에도 230.8억원의 영업손실을 기록하며 적자전환되었음. 비영업부문에서도 50.0억원의 손실을 기록하며 적자를 지속함에 따라 적자폭은 더욱 확대되어 279.2억원의 당기순손실을 시현하며 적자전환되었음.

현금 흐름
〈단위 : 억원〉

항목	2016	2017
영업활동	-118	-171
투자활동	-77	29
재무활동	243	-116
순현금흐름	174	-260
기말현금	326	66

시장 대비 수익률

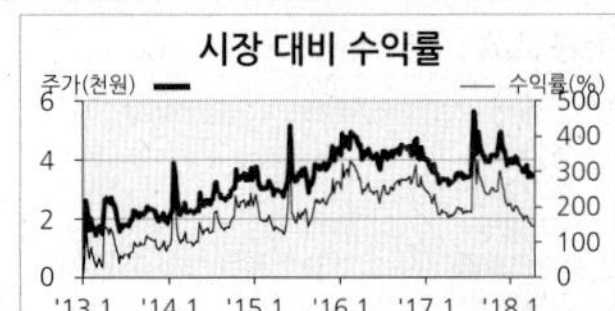

결산 실적
〈단위 : 억원〉

항목	2012	2013	2014	2015	2016	2017
매출액	389	374	579	1,266	1,057	289
영업이익	-39	11	38	98	50	-231
당기순이익	-62	-26	2	97	33	-279

분기 실적
〈단위 : 억원〉

항목	2016.3Q	2016.4Q	2017.1Q	2017.2Q	2017.3Q	2017.4Q
매출액	122	90	67	84	86	52
영업이익	11	-52	-44	-20	-4	-164
당기순이익	5	-42	-63	-46	-6	-165

재무 상태
〈단위 : 억원〉

항목	2012	2013	2014	2015	2016	2017
총자산	426	573	719	987	1,100	686
유형자산	221	247	253	259	290	273
무형자산	28	15	15	16	16	17
유가증권	9	10	10	10	23	15
총부채	263	420	399	539	280	83
총차입금	211	301	233	188	170	18
자본금	31	31	87	87	138	148
총자본	163	153	320	448	820	603
지배주주지분	163	153	320	448	785	599

기업가치 지표

항목	2012	2013	2014	2015	2016	2017
주가(최고/저)(천원)	5.4/0.8	3.1/1.0	4.5/1.8	5.7/2.7	5.4/3.7	6.7/3.2
PER(최고/저)(배)	—/—	—/—	377.0/154.8	11.7/5.6	32.1/21.6	—/—
PBR(최고/저)(배)	3.9/0.6	2.4/0.8	2.7/1.1	2.5/1.2	1.9/1.3	3.3/1.6
EV/EBITDA(배)	—	16.0	15.1	7.1	11.9	—
EPS(원)	-514	-212	12	492	169	-887
BPS(원)	2,760	2,603	1,871	2,606	2,866	2,041
CFPS(원)	-768	-186	116	647	251	-752
DPS(원)	—	—	—	—	—	—
EBITDAPS(원)	-375	426	374	653	288	-680

재무 비율
〈단위 : %〉

연도	영업이익률	순이익률	부채비율	차입금비율	ROA	ROE	유보율	자기자본비율	EBITDA마진율
2017	-80.0	-96.7	13.8	3.0	-31.3	-36.3	308.3	87.9	-66.7
2016	4.8	3.1	34.2	20.8	3.1	6.7	473.2	74.5	6.6
2015	7.8	7.7	120.3	42.0	11.4	25.3	421.2	45.4	9.0
2014	6.6	0.3	124.7	72.8	0.3	0.8	274.1	44.5	9.0

파마리서치프로덕트 (A214450)
PHARMA RESEARCH PRODUCTS

업　　종 : 바이오　　시　　장 : KOSDAQ
신용등급 : (Bond) —　(CP) —　　기업규모 : 벤처
홈페이지 : www.pr-products.co.kr　　연 락 처 : 033)645-7640
본　　사 : 강원도 강릉시 과학단지로 77-19 (대전동)

설 립 일	2001.03.03	**종업원수**	106명	**대표이사**	정상수,안원준
상 장 일	2015.07.24	**감사의견**	적정(삼덕)	**계　　열**	
결 산 기	12월	**보 통 주**		**종속회사수**	2개사
액 면 가	500원	**우 선 주**		**구 상 호**	

주주구성 (지분율,%)		출자관계 (지분율,%)		주요경쟁사 (외형,%)	
정상수	37.9	수인베스트먼트캐피탈	70.0	파마리서치프로덕트	100
김익수	6.4	ADI인터네셔날	49.8	쎌바이오텍	112
(외국인)	3.0	한국오므론헬스케어	24.5	엔지켐생명과학	48

매출구성		비용구성		수출비중	
자닥신, 에이티피 외	35.0	매출원가율	33.8	수출	26.9
리쥬비넥스, 리쥬란, 디셀 외	29.3	판관비율	39.0	내수	73.1
플라센텍스	27.0				

회사 개요
동사는 해양바이오 의약신소재인 PDRN/PN 제조 기술을 확보하고, 해당 소재를 기반으로 한 의약품, 의료기기 및 기타 헬스케어 제품을 생산, 판매하는 재생과학 전문회사임. PDRN 및 PN은 그 안전성과 유효성이 확인된 재생의학원료로 그 조성은 연어의 생식세포에서 분리된 DNA분절체임. 연어의 생식세포에서 추출한 DNA를 특화된 규격으로 분리, 정제하고, 약효를 가지는 특정 절편으로 규격화해 의약품 및 의료기기의 원재료로 사용하고 있음.

실적 분석
동사의 2017년 누적매출액은 544.7억원으로 전년대비 18.5% 증가함. 같은 기간 영업이익은 전년보다 5.2% 늘어난 148.4억원을 기록함. 자회사 바이오씨앤디를 인수해 파마리서치바이오로 사명을 바꾸고 본격적으로 보툴리눔 독소 관련 사업영역을 넓힘. 더불어 생산시설을 증설하여 해외 수요 대응 및 제품 생산량 확대를 준비 중임. 향후 중국 매출 상승과 수익성 개선이 기대됨.

현금 흐름
〈단위 : 억원〉

항목	2016	2017
영업활동	82	86
투자활동	-10	-30
재무활동	-46	-57
순현금흐름	28	-6
기말현금	176	170

시장 대비 수익률

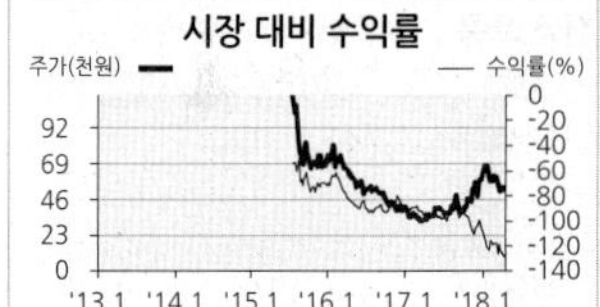

결산 실적
〈단위 : 억원〉

항목	2012	2013	2014	2015	2016	2017
매출액	119	178	248	375	460	545
영업이익	30	72	114	161	141	148
당기순이익	24	57	88	129	138	125

분기 실적
〈단위 : 억원〉

항목	2016.3Q	2016.4Q	2017.1Q	2017.2Q	2017.3Q	2017.4Q
매출액	110	111	124	127	144	149
영업이익	47	16	52	38	58	-0
당기순이익	43	8	45	37	52	-9

재무 상태
〈단위 : 억원〉

항목	2012	2013	2014	2015	2016	2017
총자산	174	245	444	1,693	1,793	1,890
유형자산	60	91	210	204	208	272
무형자산	—	7	16	16	42	33
유가증권	—	1	1	264	618	640
총부채	53	96	196	126	69	69
총차입금	22	69	147	54	—	—
자본금	9	9	30	46	47	47
총자본	121	149	248	1,567	1,725	1,822
지배주주지분	121	149	248	1,567	1,716	1,789

기업가치 지표

항목	2012	2013	2014	2015	2016	2017
주가(최고/저)(천원)	—/—	—/—	—/—	113/61.2	81.7/38.9	59.4/31.8
PER(최고/저)(배)	0.0/0.0	0.0/0.0	0.0/0.0	73.7/40.0	56.3/26.8	43.6/23.4
PBR(최고/저)(배)	0.0/0.0	0.0/0.0	0.0/0.0	6.9/3.8	4.5/2.1	3.1/1.7
EV/EBITDA(배)	—	—	0.4	32.2	17.9	29.1
EPS(원)	498	815	1,255	1,554	1,469	1,369
BPS(원)	6,441	7,520	3,388	16,559	18,416	19,421
CFPS(원)	1,810	3,061	1,363	1,678	1,590	1,507
DPS(원)	—	—	—	200	300	300
EBITDAPS(원)	2,228	3,841	1,729	2,066	1,611	1,706

재무 비율
〈단위 : %〉

연도	영업이익률	순이익률	부채비율	차입금비율	ROA	ROE	유보율	자기자본비율	EBITDA마진율
2017	27.3	23.0	3.8	0.0	6.8	7.4	3,784.1	96.4	29.7
2016	30.7	30.1	4.0	0.0	7.9	8.5	3,583.1	96.2	33.2
2015	43.0	34.4	8.0	3.5	12.1	14.2	3,320.7	92.6	45.7
2014	46.1	35.7	79.2	59.4	25.7	44.5	724.2	55.8	49.2

파미셀 (A005690)

Pharmicell

업　　종 : 바이오
신용등급 : (Bond) ─　　(CP) ─
홈페이지 : www.pharmicell.com
본　　사 : 서울시 강남구 언주로 874, 7층(신사동, 쌍봉빌딩)

시　　장 : 거래소
기업규모 : 시가총액 소형주
연 락 처 : 02)3496-0114

설 립 일	1968.08.20	**종업원수**	121명	**대표이사**	김현수,김성래
상 장 일	1988.05.20	**감사의견**	적정(신승)	**계　　열**	
결 산 기	12월	**보 통 주**		**종속회사수**	
액 면 가	500원	**우 선 주**		**구 상 호**	

주주구성 (지분율,%)		출자관계 (지분율,%)		주요경쟁사 (외형,%)	
김현수	9.2			파미셀	100
코어비트	5.5			테고사이언스	34
(외국인)	2.4			마크로젠	404

매출구성		비용구성		수출비중	
뉴클레오시드	34.5	매출원가율	68.0	수출	31.4
화장품 외	23.2	판관비율	49.7	내수	68.6
난연제	19.4				

회사 개요

동사는 세계 최초의 줄기세포치료제(하티셀그램-에이엠아이)를 개발한 바이오 제약 전문기업이며 2개의 사업부(바이오제약사업부, 바이오케미컬사업부)를 두고 있음. 바이오제약사업부는 줄기세포치료제 개발을 핵심사업으로 하며, 성체줄기세포 보관사업도 수행하고 있음. 바이오케미컬사업부는 2012년 원료의약품 등의 정밀화학 제품을 생산하는 아이디비켐㈜을 자회사로 인수한 후 2013년 3월 합병을 통해 신설된 사업부임.

실적 분석

바이오사업부문은 아직 줄기세포치료제의 시장 도입기로 매출이 미미하고 계속적인 연구개발을 통한 신약개발 비용이 많이 투입되면서 적자를 기록하고 있지만 케미컬사업부문은 수년간 우량기업들에게 화학제품을 납품하면서 매년 흑자를 유지하고 있음. 다만, 아직까지 케미컬사업부문의 이익폭이 바이오사업부문의 적자폭보다 적어 전체적인 영업손실은 적자를 기록함. 2017년 결산 순손실 역시 392.0억원으로 적자폭이 확대됨.

현금 흐름 *IFRS 별도 기준 〈단위 : 억원〉

항목	2016	2017
영업활동	10	-20
투자활동	-44	26
재무활동	10	5
순현금흐름	-23	12
기말현금	119	130

시장 대비 수익률

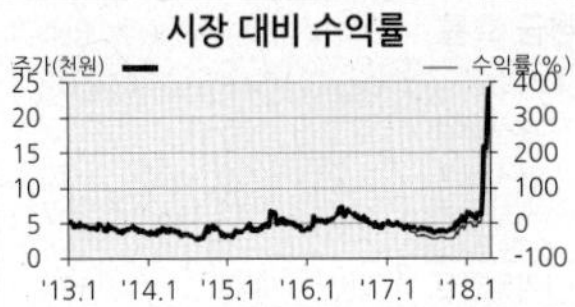

결산 실적 〈단위 : 억원〉

항목	2012	2013	2014	2015	2016	2017
매출액	111	334	202	252	278	252
영업이익	-140	-76	-84	-55	-19	-45
당기순이익	-176	-257	-288	-64	-7	-392

분기 실적 *IFRS 별도 기준 〈단위 : 억원〉

항목	2016.3Q	2016.4Q	2017.1Q	2017.2Q	2017.3Q	2017.4Q
매출액	80	63	55	69	50	77
영업이익	2	-8	-9	-17	-7	-12
당기순이익	7	-3	-12	-16	-6	-358

재무 상태 *IFRS 별도 기준 〈단위 : 억원〉

항목	2012	2013	2014	2015	2016	2017
총자산	1,308	994	988	1,021	1,020	638
유형자산	56	57	45	95	114	146
무형자산	762	766	604	602	588	222
유가증권	─	─	─	50	─	─
총부채	283	169	154	108	74	78
총차입금	254	88	90	30	─	4
자본금	209	217	263	286	292	292
총자본	1,025	824	834	913	946	560
지배주주지분	1,025	824	834	913	946	560

기업가치 지표 *IFRS 별도 기준

항목	2012	2013	2014	2015	2016	2017
주가(최고/저)(천원)	12.9/4.8	5.4/3.4	5.1/2.8	7.3/3.1	7.4/4.1	6.6/3.6
PER(최고/저)(배)	─/─	─/─	─/─	─/─	─/─	─/─
PBR(최고/저)(배)	5.3/1.9	2.8/1.8	3.2/1.8	4.6/1.9	4.5/2.5	6.9/3.8
EV/EBITDA(배)	─	─	─	─	191.8	─
EPS(원)	-432	-608	-619	-114	-12	-671
BPS(원)	2,451	1,902	1,586	1,598	1,622	961
CFPS(원)	-360	-523	-559	-68	46	-614
DPS(원)	─	─	─	─	─	─
EBITDAPS(원)	-270	-96	-121	-53	25	-19

재무 비율 〈단위 : %〉

연도	영업이익률	순이익률	부채비율	차입금비율	ROA	ROE	유보율	자기자본비율	EBITDA마진율
2017	-17.7	-155.6	13.9	0.7	-47.3	-52.1	92.1	87.8	-4.5
2016	-6.7	-2.4	7.8	0.0	-0.7	-0.7	224.5	92.8	5.3
2015	-22.0	-25.4	11.8	3.3	-6.4	-7.3	219.6	89.5	-11.7
2014	-41.8	-142.7	18.5	10.8	-29.0	-34.7	217.2	84.4	-27.9

파버나인 (A177830)

PAVONINE CO

업　　종 : 금속 및 광물
신용등급 : (Bond) ─　　(CP) ─
홈페이지 : www.pavonine.net
본　　사 : 인천시 남동구 호구포로 33 남동공단 157블럭 4로트

시　　장 : KOSDAQ
기업규모 : 벤처
연 락 처 : 032)814-6900

설 립 일	1997.07.04	**종업원수**	364명	**대표이사**	이제훈
상 장 일	2014.08.04	**감사의견**	적정(삼덕)	**계　　열**	
결 산 기	12월	**보 통 주**		**종속회사수**	2개사
액 면 가	500원	**우 선 주**		**구 상 호**	

주주구성 (지분율,%)		출자관계 (지분율,%)		주요경쟁사 (외형,%)	
이제훈	20.7	파버나인코리아	19.7	파버나인	100
오종철	14.2	자드미디어웍스	2.9	에이프로젠 KIC	42
(외국인)	0.9	PavonineAsiaPte.	100.0	대호에이엘	119

매출구성		비용구성		수출비중	
[TV 관련]TV프레임, 스탠드	56.6	매출원가율	88.9	수출	4.3
[생활가전외]가전제품 내외장재 등	26.9	판관비율	8.1	내수	95.7
[의료기기]X-ray 기기 등	11.2				

회사 개요

동사는 알루미늄 소재 가공을 통해 프리미엄 TV, 의료기기, 가전제품용 알루미늄 소재 가공 및 외관 제품을 제조하는 업체임. 1997년 설립되어 2014년 8월 코스닥시장에 상장함. 2001년 삼성과의 알루미늄 소재 가공제품 협력사 등록을 시작으로 삼성전자의 Sole Vendor 체제를 유지. 2016년 기준으로 전체 글로벌 TV판매 수량에서 동사가 납품하는 프레임의 수량 대비 전체 시장점유율을 추산할 경우 약 0.31%에 달함.

실적 분석

동사의 2017년도 결산 연결기준 누적매출액은 전년대비 37.9% 증가한 1,061.4억원을 시현. 매출원가와 판관비가 증가하여 영업이익은 31.5억원을 기록하며 전년동기대비 4.5% 감소. 비영업손익부문에서의 적자도 지속되며 당기순이익도 전년동기 대비 79.4% 감소한 7.2억원 시현. 동사는 아노다이징 표면처리 기술 및 In-Line화된 형상 가공 공정 기술에 경쟁력을 가지고 있음. 알루미늄 소재의 지속적 수요로 볼 때 밝은 전망.

현금 흐름 〈단위 : 억원〉

항목	2016	2017
영업활동	82	83
투자활동	-142	-163
재무활동	66	65
순현금흐름	6	-18
기말현금	73	55

시장 대비 수익률

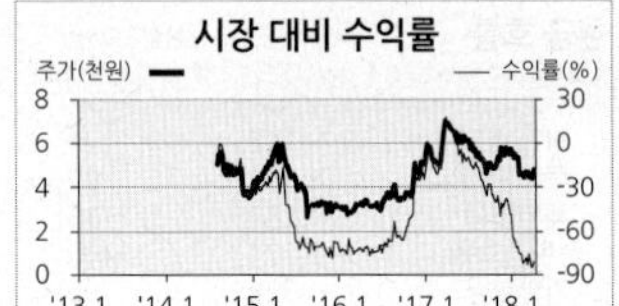

결산 실적 〈단위 : 억원〉

항목	2012	2013	2014	2015	2016	2017
매출액	464	1,198	850	517	770	1,061
영업이익	46	94	53	-46	33	31
당기순이익	29	67	48	-53	35	7

분기 실적 〈단위 : 억원〉

항목	2016.3Q	2016.4Q	2017.1Q	2017.2Q	2017.3Q	2017.4Q
매출액	221	206	272	250	245	294
영업이익	20	2	22	9	7	-6
당기순이익	14	4	15	6	6	-19

재무 상태 〈단위 : 억원〉

항목	2012	2013	2014	2015	2016	2017
총자산	586	597	764	851	1,027	1,139
유형자산	411	441	511	618	718	785
무형자산	─	3	4	4	28	33
유가증권	18	14	15	16	14	11
총부채	376	320	220	357	499	621
총차입금	331	222	113	267	333	411
자본금	15	15	27	27	27	54
총자본	210	277	543	494	528	518
지배주주지분	210	277	543	494	528	518

기업가치 지표

항목	2012	2013	2014	2015	2016	2017
주가(최고/저)(천원)	─/─	─/─	6.0/3.5	6.6/2.6	5.2/2.8	7.2/4.7
PER(최고/저)(배)	0.0/0.0	0.0/0.0	10.6/6.1	─/─	16.0/8.5	106.8/69.1
PBR(최고/저)(배)	0.0/0.0	0.0/0.0	1.2/0.7	1.4/0.6	1.1/0.6	1.5/0.9
EV/EBITDA(배)	4.4	1.7	4.9	─	10.1	9.7
EPS(원)	490	1,120	568	-499	327	67
BPS(원)	110,379	7,278	10,142	9,222	9,857	4,948
CFPS(원)	26,364	3,138	1,833	-207	1,505	677
DPS(원)	─	─	─	─	─	─
EBITDAPS(원)	35,248	4,041	1,941	-74	1,467	904

재무 비율 〈단위 : %〉

연도	영업이익률	순이익률	부채비율	차입금비율	ROA	ROE	유보율	자기자본비율	EBITDA마진율
2017	3.0	0.7	119.8	79.3	0.7	1.4	889.6	45.5	9.1
2016	4.3	4.6	94.5	63.0	3.7	6.9	1,871.4	51.4	10.2
2015	-9.0	-10.3	72.3	54.1	-6.6	-10.3	1,744.4	58.1	-0.8
2014	6.2	5.6	40.6	20.9	7.0	11.6	1,928.5	71.1	10.2

파세코 (A037070)

Paseco

업 종 : 내구소비재
신용등급 : (Bond) — (CP) —
홈페이지 : www.paseco.co.kr
본 사 : 경기도 안산시 단원구 원시로 248 (원시동)
시 장 : KOSDAQ
기업규모 : 중견
연 락 처 : 031)492-8341

설립일	1986.08.01	종업원수	253명	대표이사	유일한
상장일	1999.12.23	감사의견	적정(대현)	계열	
결산기	12월	보통주		종속회사수	
액면가	500원	우선주		구상호	

주주구성 (지분율,%)		출자관계 (지분율,%)		주요경쟁사 (외형,%)	
유일한	31.6			파세코	100
유정한	30.1			PN풍년	55
(외국인)	0.7			행남사	13

매출구성		비용구성		수출비중	
석유스토브	34.6	매출원가율	80.2	수출	31.9
기타(상품매출)	31.8	판관비율	16.6	내수	68.1
가스쿡탑	18.5				

회사 개요

동사는 1986년 8월 설립돼 석유스토브 수출 및 빌트인 가전제품 제조, 판매업을 주요 사업으로 영위함. 대표 제품인 심지식 석유난로 및 산업용 열풍기는 세계적으로 품질을 인정받고 있으며, 캠핑기기, 제습기, 모스클린 등 다양한 제품을 생산, 판매함. 국내 최대의 빌트인가전기기 제조업체로 삼성전자, 한샘 등 대기업과 ODM방식을 통한 매출을 실현하고 있음.

실적 분석

동사의 2017년도 연간 매출액은 전년대비 19% 증가한 1,212.9억원, 영업이익은 33.1% 증가한 39.3억원을 기록함. 하계가전 등 내수매출 증가와 매출증가에 따라 순이익이 증가함. 빌트인 시장 확대에 따라 자가 Brand 영업 확대를 추진 중이며, 건설회사 단납 및 틈새시장을 공략 등을 통한 시장 확대에 주력할 예정임. 또한 OEM 공급을 지속적으로 추진, 기존 B2B 사업 위주에서 B2C 사업으로도 확장할 계획임.

현금 흐름 *IFRS 별도 기준 〈단위 : 억원〉

항목	2016	2017
영업활동	30	71
투자활동	-11	-33
재무활동	11	-93
순현금흐름	31	-55
기말현금	76	20

시장 대비 수익률

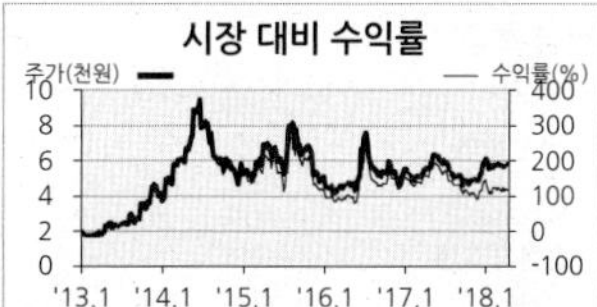

결산 실적 〈단위 : 억원〉

항목	2012	2013	2014	2015	2016	2017
매출액	1,049	1,271	1,381	1,214	1,020	1,213
영업이익	51	103	83	75	30	39
당기순이익	41	75	60	59	28	37

분기 실적 *IFRS 별도 기준 〈단위 : 억원〉

항목	2016.3Q	2016.4Q	2017.1Q	2017.2Q	2017.3Q	2017.4Q
매출액	392	285	151	264	473	324
영업이익	25	21	-19	1	35	22
당기순이익	27	12	-12	-1	32	16

재무 상태 *IFRS 별도 기준 〈단위 : 억원〉

항목	2012	2013	2014	2015	2016	2017
총자산	940	975	985	909	946	912
유형자산	591	569	582	575	558	540
무형자산	27	26	25	19	16	11
유가증권	3	3	2	6	2	1
총부채	442	380	360	242	274	231
총차입금	274	159	179	76	111	44
자본금	66	66	66	66	66	70
총자본	498	595	625	667	672	682
지배주주지분	498	595	625	667	672	682

기업가치 지표 *IFRS 별도 기준

항목	2012	2013	2014	2015	2016	2017
주가(최고/저)(천원)	2.1/1.5	4.8/1.7	9.6/3.7	8.6/4.8	7.7/4.1	6.4/4.6
PER(최고/저)(배)	8.9/6.5	10.5/3.8	25.2/9.8	22.7/12.5	40.5/21.7	25.4/18.2
PBR(최고/저)(배)	0.7/0.5	1.3/0.5	2.4/0.9	2.0/1.1	1.7/0.9	1.4/1.0
EV/EBITDA(배)	5.5	4.8	7.1	6.3	11.0	10.4
EPS(원)	291	536	428	420	203	262
BPS(원)	4,028	4,513	4,738	5,059	5,094	4,873
CFPS(원)	660	955	830	826	570	565
DPS(원)	100	150	150	170	230	210
EBITDAPS(원)	735	1,169	1,008	945	579	583

재무 비율 〈단위 : %〉

연도	영업이익률	순이익률	부채비율	차입금비율	ROA	ROE	유보율	자기자본비율	EBITDA마진율
2017	3.2	3.0	33.9	6.5	4.0	5.4	874.6	74.7	6.7
2016	2.9	2.8	40.7	16.6	3.1	4.3	918.8	71.1	7.5
2015	6.2	4.9	36.2	11.3	6.2	9.1	911.9	73.4	10.3
2014	6.1	4.3	57.7	28.7	6.1	9.8	847.6	63.4	9.6

파수닷컴 (A150900)

FASOOCOM

업 종 : 일반 소프트웨어
신용등급 : (Bond) — (CP) —
홈페이지 : www.fasoo.com
본 사 : 서울시 마포구 월드컵북로 396, 누리꿈스퀘어비즈니스센타 17층
시 장 : KOSDAQ
기업규모 : 벤처
연 락 처 : 02)300-9000

설립일	2000.06.08	종업원수	255명	대표이사	조규곤
상장일	2013.10.18	감사의견	적정(대주)	계열	
결산기	12월	보통주		종속회사수	2개사
액면가	500원	우선주		구상호	

주주구성 (지분율,%)		출자관계 (지분율,%)		주요경쟁사 (외형,%)	
조규곤	22.6	디지털페이지	100.0	파수닷컴	100
산은캐피탈	4.0	마이창고	7.0	인프라웨어	52
(외국인)	4.1	Fasoo,	100.0	피노텍	38

매출구성		비용구성		수출비중	
데이타보안	57.2	매출원가율	38.1	수출	1.7
기타	27.4	판관비율	57.5	내수	98.3
소프트웨어보안	15.4				

회사 개요

2000년 6월 설립된 소프트웨어 보안 분야 사업 영위하는 회사. 2015년 기준 국내 DRM 시장의 파수닷컴의 시장점유율은 30.5%. 2017년 2분기 기준 매출 비중은 데이타보안 49%, 소프트웨어보안 21%, 정보보호컨설팅 5%, 기타 25%로 구성됨. 기업 문서 보안 솔루션 및 서비스, 전자책 DRM 솔루션을 주로 개발. E-DRM은 보안분야에서 유일하게 외산업체가 국내 진입 못하고, 국내업체만 진출해 있음.

실적 분석

동사의 2017년 매출액은 전년 동기 대비 36.6% 증가한 292.9억원을 기록함. 주력 사업인 데이터보안 및 소프트웨어보안 사업의 매출이 크게 증가함. 원가 및 비용 절감 활동을 통하여 영업손실 폭을 축소시킴. 국내 데이터 보안 시장의 주요 경쟁 회사는 마크애니와 소프트캠프가 있음. 하반기 애플리케이션 보안 플랫폼 라인업 출시를 통한 실적 성장 기대됨.

현금 흐름 〈단위 : 억원〉

항목	2016	2017
영업활동	-10	-6
투자활동	-62	-39
재무활동	60	39
순현금흐름	-11	-7
기말현금	63	56

시장 대비 수익률

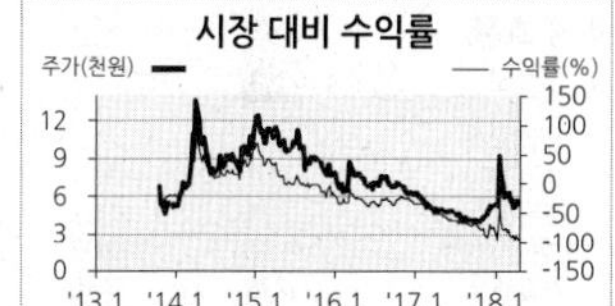

결산 실적 〈단위 : 억원〉

항목	2012	2013	2014	2015	2016	2017
매출액	203	214	231	253	214	293
영업이익	40	14	16	3	-78	13
당기순이익	43	18	22	9	-121	6

분기 실적 〈단위 : 억원〉

항목	2016.3Q	2016.4Q	2017.1Q	2017.2Q	2017.3Q	2017.4Q
매출액	59	74	51	58	63	121
영업이익	-7	-22	-18	-8	2	36
당기순이익	-8	-63	-20	-8	0	33

재무 상태 〈단위 : 억원〉

항목	2012	2013	2014	2015	2016	2017
총자산	219	314	330	411	383	416
유형자산	8	8	11	15	12	9
무형자산	46	50	66	100	127	138
유가증권	1	1	11	2	6	4
총부채	84	74	79	149	249	273
총차입금	42	20	20	74	148	191
자본금	31	40	40	40	41	41
총자본	135	240	251	261	134	143
지배주주지분	135	240	251	261	134	143

기업가치 지표

항목	2012	2013	2014	2015	2016	2017
주가(최고/저)(천원)	—/—	6.8/4.6	13.9/5.2	12.4/7.5	9.1/6.1	6.4/4.0
PER(최고/저)(배)	0.0/0.0	25.4/17.4	51.4/19.2	118.3/71.7	—/—	93.8/58.5
PBR(최고/저)(배)	0.0/0.0	2.3/1.6	4.4/1.6	3.8/2.3	5.0/3.3	3.3/2.1
EV/EBITDA(배)	0.3	10.9	27.4	28.8	—	16.3
EPS(원)	711	272	273	106	-1,495	68
BPS(원)	2,191	3,015	3,205	3,302	1,837	1,947
CFPS(원)	965	541	473	351	-1,213	338
DPS(원)	—	50	50	50	—	—
EBITDAPS(원)	904	483	404	278	-680	429

재무 비율 〈단위 : %〉

연도	영업이익률	순이익률	부채비율	차입금비율	ROA	ROE	유보율	자기자본비율	EBITDA마진율
2017	4.4	1.9	191.0	133.7	1.4	4.0	289.4	34.4	11.9
2016	-36.4	-56.6	185.6	110.7	-30.6	-61.4	267.4	35.0	-25.8
2015	1.0	3.4	57.2	28.1	2.3	3.3	560.4	63.6	8.9
2014	7.0	9.4	31.4	8.0	6.8	8.9	540.9	76.1	14.0

파워로직스 (A047310)

PowerLogics

업 종 : 전자 장비 및 기기 | 시 장 : KOSDAQ
신용등급 : (Bond) — (CP) — | 기업규모 : 우량
홈페이지 : www.powerlogics.co.kr | 연 락 처 : 043)219-5608
본 사 : 충북 청원군 옥산면 과학산업4로 163

설 립 일	1997.09.03	**종업원수**	329명	**대 표 이 사**	김원남
상 장 일	2003.07.25	**감사의견**	적정(삼덕)	**계 열**	
결 산 기	12월	**보 통 주**		**종속회사수**	8개사
액 면 가	500원	**우 선 주**		**구 상 호**	

주주구성 (지분율,%)		출자관계 (지분율,%)		주요경쟁사 (외형,%)	
탑엔지니어링	24.3	탑머티리얼즈	100.0	파워로직스	100
탑인터큐브	3.0	엘엔에스벤처캐피탈	14.7	써니전자	3
(외국인)	9.0	이앤에프프리플렛사모투자합자회사	8.6	광전자	25

매출구성		비용구성		수출비중	
CM	64.9	매출원가율	92.4	수출	86.0
PCM	16.5	판관비율	4.9	내수	14.0
SM	15.6				

회사 개요

동사는 PCM(Power Circuit Module)과 SM(Smart Module)이 주요 제품이었으나 최근에는 CM(Camera Module)이 전체 매출에서 차지하는 비중이 64.4%로 가장 높은 상황임. PCM과 SM는 스마트폰과 태블릿에서 자동차로 사업영역 확대 중에 있음. CM은 저화소 중심에서 점차 고화소로 사업영역 확대 중. PCM은 시장이 점차 위축되고 있는 상황이어서 차후 BSM 시장으로 사업영역 확대가 필요함.

실적 분석

동사의 2017년 연간 매출액은 전년동기대비 29.4% 상승한 7,056.7억원을 기록하였음. 비용면에서 전년동기대비 매출원가는 증가 하였으며 인건비는 감소 하였고 기타판매비와관리비는 증가함. 이와 같이 상승한 매출액 만큼 비용증가도 있었으나 매출액의 더 큰 상승에 힘입어 최종적으로 전년동기대비 당기순이익은 상승하여 91.7억원을 기록함. 금융손익부분의 큰 폭의 흑자전환이 영향을 미친 것으로 보임.

현금 흐름 (단위 : 억원)

항목	2016	2017
영업활동	396	151
투자활동	-167	-147
재무활동	-94	-183
순현금흐름	137	-203
기말현금	438	235

시장 대비 수익률

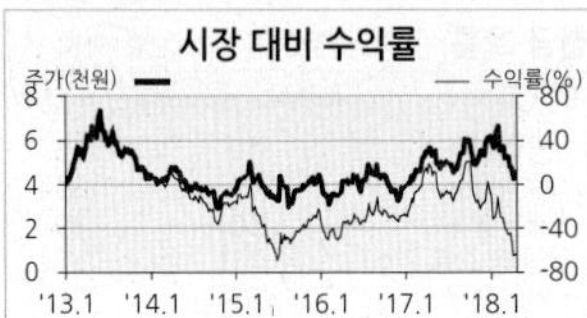

결산 실적 〈단위 : 억원〉

항목	2012	2013	2014	2015	2016	2017
매출액	5,117	5,358	5,523	5,814	5,455	7,057
영업이익	96	18	116	94	127	195
당기순이익	172	37	48	32	48	92

분기 실적 〈단위 : 억원〉

항목	2016.3Q	2016.4Q	2017.1Q	2017.2Q	2017.3Q	2017.4Q
매출액	1,303	1,559	1,607	1,820	2,015	1,615
영업이익	7	83	4	72	94	25
당기순이익	-24	85	-21	73	67	-27

재무 상태 〈단위 : 억원〉

항목	2012	2013	2014	2015	2016	2017
총자산	2,600	2,652	2,784	2,904	3,048	2,775
유형자산	910	1,063	1,092	1,209	1,119	1,014
무형자산	24	22	32	147	127	56
유가증권	78	67	57	145	151	143
총부채	1,424	1,494	1,554	1,418	1,544	1,178
총차입금	763	765	702	724	637	390
자본금	144	144	144	161	163	174
총자본	1,176	1,158	1,230	1,486	1,504	1,597
지배주주지분	1,108	1,158	1,234	1,401	1,463	1,591

기업가치 지표

항목	2012	2013	2014	2015	2016	2017
주가(최고/저)(천원)	5.5/3.4	7.3/4.0	4.8/2.8	5.0/3.0	4.9/3.1	6.3/3.9
PER(최고/저)(배)	9.1/5.6	52.1/28.5	27.8/15.9	31.9/18.9	23.6/14.9	20.2/12.7
PBR(최고/저)(배)	1.4/0.9	1.8/1.0	1.1/0.6	1.1/0.7	1.1/0.7	1.4/0.9
EV/EBITDA(배)	8.3	12.9	5.9	6.6	4.4	5.4
EPS(원)	604	141	174	158	208	310
BPS(원)	3,911	4,085	4,351	4,421	4,568	4,642
CFPS(원)	1,045	565	556	780	852	929
DPS(원)	—	—	—	—	—	—
EBITDAPS(원)	778	487	791	938	1,043	1,192

재무 비율 〈단위 : %〉

연도	영업이익률	순이익률	부채비율	차입금비율	ROA	ROE	유보율	자기자본비율	EBITDA마진율
2017	2.8	1.3	73.8	24.4	3.2	6.9	816.0	57.6	5.7
2016	2.3	0.9	102.7	42.3	1.6	4.6	800.5	49.4	6.1
2015	1.6	0.6	95.4	48.7	1.1	3.6	771.4	51.2	4.8
2014	2.1	0.9	126.3	57.1	1.8	4.1	756.2	44.2	4.1

파이오링크 (A170790)

Piolink

업 종 : 통신장비 | 시 장 : KOSDAQ
신용등급 : (Bond) — (CP) — | 기업규모 : 벤처
홈페이지 : www.piolink.com | 연 락 처 : 02)2025-6900
본 사 : 서울시 금천구 가산디지털2로 98 IT캐슬 1동 401호

설 립 일	2000.07.26	**종업원수**	166명	**대 표 이 사**	조영철
상 장 일	2013.08.01	**감사의견**	적정(삼정)	**계 열**	
결 산 기	12월	**보 통 주**		**종속회사수**	2개사
액 면 가	500원	**우 선 주**		**구 상 호**	

주주구성 (지분율,%)		출자관계 (지분율,%)		주요경쟁사 (외형,%)	
엔에이치엔엔터테인먼트	29.0	나임네트웍스	57.0	파이오링크	100
조영철	9.5	위드네트웍스	31.0	콤텍시스템	488
(외국인)	0.5	시큐레이어	20.0	오이솔루션	260

매출구성		비용구성		수출비중	
ADC	52.0	매출원가율	58.9	수출	—
기타매출	22.8	판관비율	51.4	내수	—
보안 스위치	21.9				

회사 개요

동사는 2000년 7월 애플리케이션 네트워킹 및 웹보안 관련 기술 개발 등을 목적으로 설립됨. 애플리케이션 네트워크 장비, 보안장비, 클라우드 컴퓨팅 인프라 장비 산업의 부품 제조 및 판매를 주된 사업으로 영위함. 동사가 영위하고 있는 데이터센터 최적화 솔루션 시장에서, 리드웨어와 시장점유율은 1위를 유지하고 있음. NHN엔터테인먼트에서 2015년 오픈한 토스트 클라우드 데이터센터에 대한 운영서비스 제공

실적 분석

동사의 2017년 전체 매출은 294억원으로 전년대비 17.8% 감소, 영업이익은 -30.4억원으로 전년대비 적자전환, 당기순이익은 -29.7억원으로 전년대비 적자지속. 국내 인터넷 사업 확대 및 모바일 결제 비중이 증가하면서 보안 관련한 수요 증가는 긍정적으로 평가. 또한 국내외적으로 데이터 센터 투자가 진행되는 점도 향후 매출 증가에 기여할 것으로 전망.

현금 흐름 (단위 : 억원)

항목	2016	2017
영업활동	26	20
투자활동	-35	-26
재무활동	-16	-12
순현금흐름	-25	-19
기말현금	137	117

시장 대비 수익률

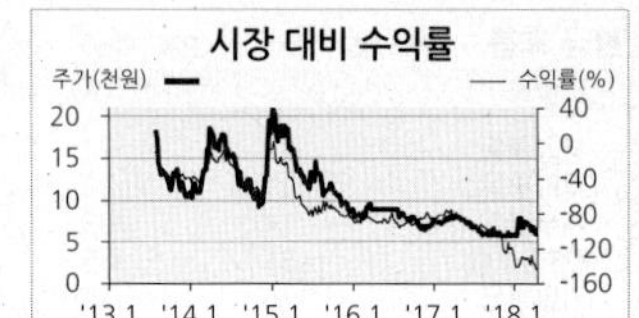

결산 실적 〈단위 : 억원〉

항목	2012	2013	2014	2015	2016	2017
매출액	202	155	237	227	358	294
영업이익	40	-2	17	-23	7	-30
당기순이익	49	8	23	-29	-22	-30

분기 실적 〈단위 : 억원〉

항목	2016.3Q	2016.4Q	2017.1Q	2017.2Q	2017.3Q	2017.4Q
매출액	87	111	44	48	56	146
영업이익	-4	15	-13	-12	-11	5
당기순이익	-5	-12	-15	2	-10	-7

재무 상태 〈단위 : 억원〉

항목	2012	2013	2014	2015	2016	2017
총자산	231	373	388	528	480	447
유형자산	24	24	30	33	30	40
무형자산	11	15	24	35	31	22
유가증권	—	—	2	13	4	4
총부채	77	111	104	125	117	122
총차입금	19	11	10	11	12	11
자본금	20	26	26	34	34	34
총자본	154	261	284	403	364	325
지배주주지분	154	262	283	402	367	333

기업가치 지표

항목	2012	2013	2014	2015	2016	2017
주가(최고/저)(천원)	—/—	18.4/9.9	19.6/8.9	21.6/8.4	9.8/6.5	8.3/5.7
PER(최고/저)(배)	0.0/0.0	88.8/47.9	43.1/19.6	—/—	—/—	—/—
PBR(최고/저)(배)	0.0/0.0	3.7/2.0	3.7/1.7	3.7/1.4	1.8/1.2	1.6/1.1
EV/EBITDA(배)	—	74.8	24.7	—	14.7	—
EPS(원)	1,240	210	457	-415	-259	-357
BPS(원)	3,902	5,091	5,359	5,856	5,602	5,297
CFPS(원)	1,351	338	601	-257	-59	-157
DPS(원)	—	80	60	—	—	—
EBITDAPS(원)	1,136	94	475	-204	302	-242

재무 비율 〈단위 : %〉

연도	영업이익률	순이익률	부채비율	차입금비율	ROA	ROE	유보율	자기자본비율	EBITDA마진율
2017	-10.3	-10.1	37.7	3.4	-6.4	-7.0	959.5	72.7	-5.6
2016	2.0	-6.2	32.1	3.3	-4.4	-4.6	1,020.4	75.7	5.8
2015	-10.3	-12.7	30.9	2.7	-6.3	-7.8	1,071.3	76.4	-5.8
2014	7.2	9.8	36.8	3.5	6.1	8.7	971.7	73.1	10.4

파인디앤씨 (A049120)

FineDNC

업　　종 : 디스플레이 및 관련부품　　시　　장 : KOSDAQ
신용등급 : (Bond) —　(CP) —　　기업규모 : 중견
홈페이지 : www.finednc.com　　연 락 처 : 041)538-9000
본　　사 : 충남 아산시 음봉면 연암산로 169

설 립 일	1999.03.19	종업원수	221명	대표이사	홍성천
상 장 일	2001.07.12	감사의견	적정(대주)	계　열	
결 산 기	12월	보 통 주		종속회사수	3개사
액 면 가	500원	우 선 주		구　상　호	

주주구성 (지분율,%)		출자관계 (지분율,%)		주요경쟁사 (외형,%)	
홍성천	16.1	UIT	100.0	파인디앤씨	100
손명완	3.1	FINEDNCSLOVAKIA,s.r.o.	83.5	디이엔티	113
(외국인)	2.0	InfinityPartenrs	49.0	이엘피	29

매출구성		비용구성		수출비중	
BOTTOM CHASSIS(해외)	61.6	매출원가율	95.7	수출	18.3
기 타(국내)	19.0	판관비율	8.0	내수	81.7
TOP CHASSIS(국내)	10.2				

회사 개요

동사는 1992년 설립된 액정표시 장치 전문업체로서, LCD TV, 모니터, 노트북용 TOP-CHASSIS, BOTTOM-CHASSIS와 자체 광능력이 없는 TFT-LCD의 형광조명반사장치인 LAMP REFLECTOR를 제조함. 노트북, 데스크탑, LCD TV의 내부 뒷부분에 장착되어 안정화 기능을 하는 BOTTOM CHASSIS 매출이 전체의 64.6% 가량을 차지함. 중국 및 슬로바키아에 현지 법인을 두고 있음.

실적 분석

동사의 2017년 결산 매출액은 1,594억원으로 전년동기 대비 10.3% 감소한 상황. 외형 축소 및 원가율 상승 영향으로 수익성은 크게 악화된 상황. 영업이익은 59억원의 손실 시현하며 전년동기 대비 적자 전환함. 비영업손익 또한 악화된 여파로 198.7억원의 순손실 시현하며 손실 폭 크게 확대된 모습. 직전분기와 견주어 매출 하락세 확대되었으며, 영업수익성 또한 하락한 상황. 기본적으로 고정비 부담이 너무 큰 모습.

현금 흐름 〈단위 : 억원〉

항목	2016	2017
영업활동	62	-63
투자활동	-263	-87
재무활동	228	124
순현금흐름	29	-26
기말현금	52	26

시장 대비 수익률

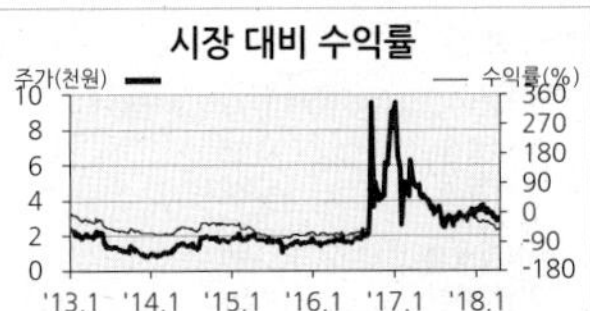

결산 실적 〈단위 : 억원〉

항목	2012	2013	2014	2015	2016	2017
매출액	1,471	1,605	2,072	1,685	1,777	1,594
영업이익	-19	-24	90	16	12	-59
당기순이익	-18	-150	21	3	-51	-199

분기 실적 〈단위 : 억원〉

항목	2016.3Q	2016.4Q	2017.1Q	2017.2Q	2017.3Q	2017.4Q
매출액	349	513	424	427	374	368
영업이익	11	-3	2	1	1	-63
당기순이익	29	-52	-13	-1	5	-190

재무 상태 〈단위 : 억원〉

항목	2012	2013	2014	2015	2016	2017
총자산	1,311	1,242	1,052	1,014	1,273	1,076
유형자산	405	305	280	301	439	383
무형자산	129	115	121	104	42	20
유가증권	33	49	25	32	39	33
총부채	672	704	466	437	723	661
총차입금	375	312	222	170	368	390
자본금	59	89	93	93	94	111
총자본	639	538	586	577	550	414
지배주주지분	639	538	586	577	550	414

기업가치 지표

항목	2012	2013	2014	2015	2016	2017
주가(최고/저)(천원)	3.2/2.2	2.4/0.8	2.0/0.8	2.2/1.1	9.5/1.4	9.5/2.5
PER(최고/저)(배)	—/—	—/—	17.4/7.1	120.6/59.7	—/—	—/—
PBR(최고/저)(배)	0.7/0.5	0.8/0.3	0.7/0.3	0.7/0.4	3.2/0.5	5.1/1.3
EV/EBITDA(배)	11.8	10.8	3.6	7.2	29.7	63.5
EPS(원)	-140	-1,026	121	19	-272	-895
BPS(원)	5,444	3,072	3,194	3,145	2,968	1,896
CFPS(원)	428	-639	410	267	21	-554
DPS(원)	25	—	25	40	25	25
EBITDAPS(원)	418	223	796	336	356	76

재무 비율 〈단위 : %〉

연도	영업이익률	순이익률	부채비율	차입금비율	ROA	ROE	유보율	자기자본비율	EBITDA마진율
2017	-3.7	-12.5	159.7	94.2	-16.9	-41.2	279.2	38.5	1.1
2016	0.7	-2.9	131.5	66.9	-4.4	-9.0	493.6	43.2	3.7
2015	1.0	0.2	75.8	29.4	0.3	0.6	529.0	56.9	3.7
2014	4.4	1.0	79.5	37.9	1.9	3.8	538.7	55.7	6.8

파인디지털 (A038950)

Finedigital

업　　종 : 자동차부품　　시　　장 : KOSDAQ
신용등급 : (Bond) —　(CP) —　　기업규모 : 우량
홈페이지 : www.finedigital.com　　연 락 처 : 031)788-8738
본　　사 : 경기도 성남시 분당구 성남대로925번길 41, 파인벤처빌딩 7층, 8층

설 립 일	1992.10.20	종업원수	155명	대표이사	김용훈
상 장 일	2000.04.22	감사의견	적정(신한)	계　열	
결 산 기	12월	보 통 주		종속회사수	3개사
액 면 가	500원	우 선 주		구　상　호	

주주구성 (지분율,%)		출자관계 (지분율,%)		주요경쟁사 (외형,%)	
박상환	13.6	파인서비스	99.9	파인디지털	100
김용훈	12.2	맵퍼스	90.3	미동앤씨네마	37
(외국인)	1.6	위트콤	66.7	팅크웨어	260

매출구성		비용구성		수출비중	
(제품)내비게이션, 블랙박스, RF 감시장치 등	56.8	매출원가율	65.3	수출	1.0
(상품서비스)내비게이션, 블랙박스	41.4	판관비율	39.6	내수	99.0
(임대)본사(분당), 방배동 사옥	1.8				

회사 개요

동사와 계열사는 내비게이션, 블랙박스, 이동통신장비 제조업체임. 2011년 2월 이탈리아의 자동차 부품 제조사인 마그네티 마렐리와 내비게이션 공급과 관련한 LOI(의향서)를 체결, 해외시장 공략에 박차를 가함. 세계적인 자동차 메이커 부품 공급사를 통해 유럽 시장에 안정적으로 진출할 수 있는 기반을 마련함. 이동통신장비 산업은 장비의 신뢰성 및 안정성이 중요하기 때문에 관련 분야에 대한 전문기술 및 운영 노하우가 가장 중요한 경쟁요소임.

실적 분석

동사는 지난해 매출액 760억원, 영업손실 36억원을 각각 기록하였음. 동사는 내비게이션 사업에서는 자회사인 맵퍼스를 통해 전자지도인「아틀란」및「파인맵」을 단기간에 프리미엄 전자지도 반열에 올려놓음은 물론 자회사인 파인서비스를 통해 자체 콜센터를 구축하였음. 전체 내비게이션 시장에서 3대 주요 map社(맵퍼스,팅크웨어,현대M&Soft) 중 1~2위권을 유지하고 있으며 국내 3D 내비게이션 시장점유율1위를 기록하고 있음.

현금 흐름 〈단위 : 억원〉

항목	2016	2017
영업활동	-67	6
투자활동	77	3
재무활동	-29	-4
순현금흐름	-20	5
기말현금	89	94

시장 대비 수익률

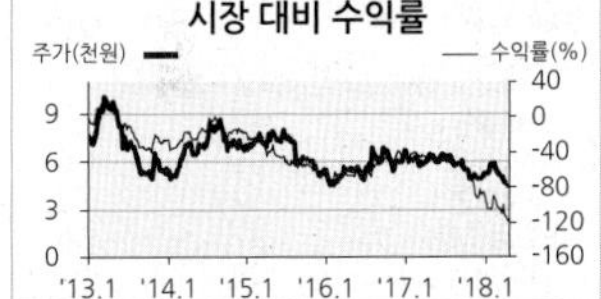

결산 실적 〈단위 : 억원〉

항목	2012	2013	2014	2015	2016	2017
매출액	998	983	958	831	780	760
영업이익	106	80	70	-14	-37	-37
당기순이익	109	70	93	9	2	-45

분기 실적 〈단위 : 억원〉

항목	2016.3Q	2016.4Q	2017.1Q	2017.2Q	2017.3Q	2017.4Q
매출액	209	212	167	175	222	197
영업이익	-11	3	-24	-5	5	-14
당기순이익	-7	28	-18	-3	6	-31

재무 상태 〈단위 : 억원〉

항목	2012	2013	2014	2015	2016	2017
총자산	1,007	1,060	1,151	1,105	1,068	1,018
유형자산	44	46	46	46	45	47
무형자산	33	28	25	26	26	27
유가증권	94	104	103	95	76	86
총부채	208	155	156	128	118	121
총차입금	26	—	—	—	—	—
자본금	50	51	51	51	51	51
총자본	799	906	994	977	950	897
지배주주지분	778	879	967	951	921	868

기업가치 지표

항목	2012	2013	2014	2015	2016	2017
주가(최고/저)(천원)	7.4/2.6	10.2/4.8	8.6/4.8	8.1/5.0	7.1/4.5	6.7/4.9
PER(최고/저)(배)	7.3/2.7	16.5/7.8	10.0/5.6	93.2/57.1	—/—	—/—
PBR(최고/저)(배)	0.9/0.3	1.2/0.6	0.9/0.5	0.9/0.5	0.7/0.5	0.7/0.5
EV/EBITDA(배)	3.3	0.9	1.6	—	—	—
EPS(원)	1,077	661	908	90	-2	-449
BPS(원)	8,387	9,171	10,003	9,837	9,744	9,209
CFPS(원)	1,218	796	1,033	214	125	-329
DPS(원)	100	100	100	100	50	50
EBITDAPS(원)	1,202	928	812	-9	-235	-241

재무 비율 〈단위 : %〉

연도	영업이익률	순이익률	부채비율	차입금비율	ROA	ROE	유보율	자기자본비율	EBITDA마진율
2017	-4.8	-6.0	13.5	0.0	-4.4	-5.1	1,741.8	88.1	-3.2
2016	-4.7	0.3	12.4	0.0	0.2	0.0	1,848.8	89.0	-3.1
2015	-1.6	1.1	13.1	0.0	0.8	1.0	1,867.4	88.4	-0.1
2014	7.3	9.7	15.7	0.0	8.4	10.0	1,900.5	86.4	8.6

파인테크닉스 (A106240)

FINETECHNIX

업 종 : 디스플레이 및 관련부품
신용등급 : (Bond) — (CP) —
홈페이지 : www.finetechnix.com
본 사 : 경기도 안양시 만안구 덕천로 38
시 장 : KOSDAQ
기업규모 : 우량
연 락 처 : 031)463-8800

설 립 일	2009.01.05	**종 업 원 수**	288명	**대 표 이 사**	최정혁
상 장 일	2009.03.16	**감 사 의 견**	적정(삼일)	**계 열**	
결 산 기	12월	**보 통 주**		**종속회사수**	12개사
액 면 가	500원	**우 선 주**		**구 상 호**	

주주구성 (지분율,%)		출자관계 (지분율,%)		주요경쟁사 (외형,%)	
홍성천	25.9	에스씨엘이디	100.0	파인테크닉스	100
유진투자증권	4.4	에프엠에스	100.0	오성첨단소재	26
(외국인)	4.2	디피에스	66.7	제이스텍	326

매출구성		비용구성		수출비중	
모바일용 부품	51.5	매출원가율	97.0	수출	26.6
LED 조명, LED 스탠드	21.9	판관비율	18.3	내수	73.4
휴대폰 내외장부품	19.3				

회사 개요

동사는 휴대폰 부품제조 및 LED조명, LED 스탠드 제조 및 판매를 주 사업으로 영위함. TFT-LCD 부문의 매출이 전체 매출의 70% 이상을 점유하고 있으며, 연결대상 종속회사로 LED 조명 판매업을 영위하는 '디피에스', '에스씨 엘이디', 'FINE TECHNIX PHIL'S INC.' 등 11개의 연결대상 종속회사를 보유하고 있음. 전방산업인 LCD, LED시장의 성장 및 확대로 안정적인 수요가 기대됨.

실적 분석

동사의 2017년 연결 기준 연간 누적 매출액은 1750억원으로 전년 동기 대비 19.1% 감소함. 매출이 감소하면서 매출원가는 줄었지만 판매비와 관리비는 오히려 증가해 영업손실은 269.1억원으로 전년 동기 대비 적자전환함. 비영업 부문에서도 금융과 외환, 관련기업 투자 등에서 대규모 손실이 발생하면서 당기순손실은 424억원으로 전년 동기 대비 적자전환함.

현금 흐름

〈단위 : 억원〉

항목	2016	2017
영업활동	-97	40
투자활동	56	-0
재무활동	-87	-68
순현금흐름	-97	-36
기말현금	100	64

시장 대비 수익률

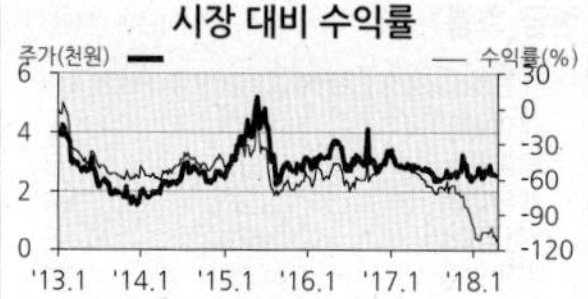

결산 실적

〈단위 : 억원〉

항목	2012	2013	2014	2015	2016	2017
매출액	4,299	3,143	3,653	1,664	2,163	1,750
영업이익	265	-107	181	77	6	-269
당기순이익	158	-237	135	47	10	-424

분기 실적

〈단위 : 억원〉

항목	2016.3Q	2016.4Q	2017.1Q	2017.2Q	2017.3Q	2017.4Q
매출액	526	503	464	518	644	124
영업이익	-7	-8	6	14	2	-290
당기순이익	43	13	12	18	-8	-446

재무 상태

〈단위 : 억원〉

항목	2012	2013	2014	2015	2016	2017
총자산	3,395	3,272	3,281	3,262	2,512	2,013
유형자산	1,151	1,385	1,312	1,217	737	556
무형자산	31	46	66	90	59	53
유가증권	28	10	2	16	19	41
총부채	2,405	2,368	2,078	2,003	1,205	1,164
총차입금	1,599	1,672	1,332	1,368	757	658
자본금	82	110	157	161	167	174
총자본	990	904	1,203	1,258	1,307	848
지배주주지분	628	571	911	984	1,034	620

기업가치 지표

항목	2012	2013	2014	2015	2016	2017
주가(최고/저)(천원)	6.2/3.2	4.3/1.5	3.0/1.7	5.3/2.2	5.2/2.6	3.5/2.3
PER(최고/저)(배)	16.2/8.4	—/—	5.5/3.1	28.3/11.9	145.5/73.0	—/—
PBR(최고/저)(배)	1.8/0.9	1.7/0.6	1.1/0.6	1.8/0.7	1.7/0.9	2.0/1.3
EV/EBITDA(배)	3.8	15.3	5.0	7.7	10.7	—
EPS(원)	397	-872	560	192	37	-1,181
BPS(원)	3,809	2,608	2,911	3,068	3,096	1,790
CFPS(원)	1,921	281	1,424	878	559	-895
DPS(원)	25	—	—	25	25	—
EBITDAPS(원)	3,106	629	1,520	927	541	-488

재무 비율

〈단위 : %〉

연도	영업이익률	순이익률	부채비율	차입금비율	ROA	ROE	유보율	자기자본비율	EBITDA마진율
2017	-15.4	-24.2	137.2	77.5	-18.7	-49.6	258.0	42.2	-9.7
2016	0.3	0.5	92.2	57.9	0.3	1.2	519.1	52.0	8.3
2015	4.7	2.8	159.2	108.7	1.4	6.5	513.5	38.6	17.9
2014	5.0	3.7	172.7	110.7	4.1	20.8	482.2	36.7	11.5

파인텍 (A131760)

FINETEK CO

업 종 : 디스플레이 및 관련부품
신용등급 : (Bond) B (CP) —
홈페이지 : www.ifinetek.com
본 사 : 경기도 고양시 일산동구 일산로 138 (백석동, 일산테크노타운) A동 324호
시 장 : KOSDAQ
기업규모 : 중견
연 락 처 : 031)900-9700

설 립 일	2008.11.19	**종 업 원 수**	162명	**대 표 이 사**	강원일
상 장 일	2015.08.17	**감 사 의 견**	적정(대주)	**계 열**	
결 산 기	12월	**보 통 주**		**종속회사수**	4개사
액 면 가	500원	**우 선 주**		**구 상 호**	

주주구성 (지분율,%)		출자관계 (지분율,%)		주요경쟁사 (외형,%)	
강원일	20.9	트랜스링크캐피탈코리아	16.7	파인텍	100
김성민	4.4	이엔에이치	11.2	리드	31
(외국인)	1.9	트루삼글로벌	7.4	상보	105

매출구성		비용구성		수출비중	
BLU(Back Light Unit)	43.5	매출원가율	84.2	수출	99.6
INLINE	36.8	판관비율	9.3	내수	0.4
LCD Module	9.2				

회사 개요

동사는 휴대기기에 적용되는 BLU, LCD Module, TSP, TSP Sensor 등의 부품을 설계, 제조하는 디스플레이 전문 기업. BLU를 제조판매하는 4개의 해외법인을 연결종속회사로 보유. 주요 경쟁업체는 이라이콤, KJ프리텍, 금호전기. 삼성전자와 Japan Display 등 글로벌 IT기업을 매출처로 확보하고 있음. 2016년 8월 AMOLED 장비 업체인 세광테크를 인수함.

실적 분석

동사의 2017년 연간 매출액은 1,222.6억원으로 전년 대비 40.3% 증가함. 매출액은 부품사업에서 343.6억원, 장비사업에서 879.0억원이 발생함. 부품사업 매출액은 전년 대비 115.9억원 증가하였으며, 이는 TouchKey 매출 증가와 신규 아이템 매출 발생에 기인함. 동사는 BLU사업 중단효과와 신규사업 매출 증가 및 수익성개선에 힘입어 2018년 실적 개선을 기대됨.

현금 흐름

〈단위 : 억원〉

항목	2016	2017
영업활동	-186	63
투자활동	-282	-24
재무활동	401	-11
순현금흐름	-67	31
기말현금	57	88

시장 대비 수익률

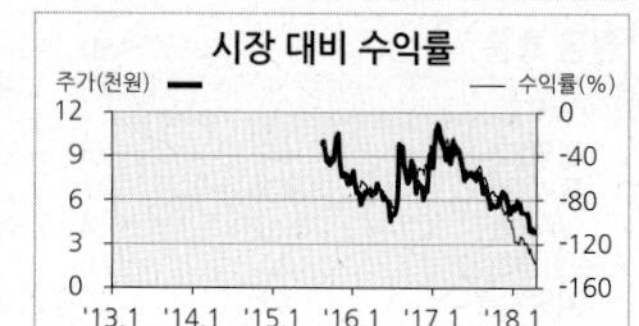

결산 실적

〈단위 : 억원〉

항목	2012	2013	2014	2015	2016	2017
매출액	1,264	1,508	2,108	2,054	871	1,223
영업이익	-2	81	93	114	61	79
당기순이익	1	43	58	30	-74	-223

분기 실적

〈단위 : 억원〉

항목	2016.3Q	2016.4Q	2017.1Q	2017.2Q	2017.3Q	2017.4Q
매출액	277	309	715	509	358	-360
영업이익	29	127	-28	-34	57	85
당기순이익	-27	59	-47	-40	-81	-54

재무 상태

〈단위 : 억원〉

항목	2012	2013	2014	2015	2016	2017
총자산	575	1,018	1,091	1,076	2,196	1,504
유형자산	171	266	369	365	531	353
무형자산	10	23	34	49	263	215
유가증권	1	2	0	26	20	10
총부채	534	876	894	593	1,727	1,089
총차입금	291	440	567	364	899	697
자본금	14	20	20	31	36	51
총자본	41	142	197	483	469	414
지배주주지분	41	142	197	483	469	414

기업가치 지표

항목	2012	2013	2014	2015	2016	2017
주가(최고/저)(천원)	—/—	—/—	—/—	15.9/7.0	10.0/4.6	11.5/5.1
PER(최고/저)(배)	0.0/0.0	0.0/0.0	0.0/0.0	33.0/14.4	—/—	—/—
PBR(최고/저)(배)	0.0/0.0	0.0/0.0	0.0/0.0	2.3/1.0	1.7/0.8	2.7/1.2
EV/EBITDA(배)	9.4	2.9	2.9	4.2	12.3	6.4
EPS(원)	24	972	1,265	482	-970	-2,259
BPS(원)	1,176	3,471	4,800	7,686	6,648	4,227
CFPS(원)	739	2,267	2,621	1,540	-46	-1,287
DPS(원)	—	—	—	—	—	—
EBITDAPS(원)	650	3,200	3,475	3,051	1,899	1,778

재무 비율

〈단위 : %〉

연도	영업이익률	순이익률	부채비율	차입금비율	ROA	ROE	유보율	자기자본비율	EBITDA마진율
2017	6.5	-18.2	262.9	168.1	-12.0	-50.4	745.4	27.6	14.3
2016	7.0	-8.5	368.3	191.7	-4.5	-16.6	1,229.6	21.4	15.7
2015	5.6	1.5	122.8	75.3	2.8	8.9	1,437.2	44.9	8.3
2014	4.4	2.8	454.2	288.3	5.5	34.4	909.3	18.0	6.8

파크시스템스 (A140860)
Park Systems

업　　종 : 전자 장비 및 기기
신용등급 : (Bond) —　　(CP) —
홈페이지 : www.parkafm.co.kr
본　　사 : 경기도 수원시 영통구 광교로 109 (이의동,나노소자특화팹센터4층)

시　　장 : KOSDAQ
기업규모 : 기술성
연 락 처 : 031)546-6800

설 립 일 1997.04.03		**종업원수** 113명		**대표이사** 박상일	
상 장 일 2015.12.17		**감사의견** 적정(다산)		**계　　열**	
결 산 기 12월		**보 통 주**		**종속회사수** 4개사	
액 면 가 500원		**우 선 주**		**구 상 호**	

주주구성 (지분율,%)		출자관계 (지분율,%)		주요경쟁사 (외형,%)	
박상일	34.0			파크시스템스	100
백지윤	4.8			엔에스	128
(외국인)	6.5			아비코전자	256

매출구성		비용구성		수출비중	
산업용장비 (산업용 나노계측장비)	61.8	매출원가율	32.1	수출	83.4
연구용장비 (연구용 나노계측장비)	33.7	판관비율	49.6	내수	16.6
기타 (연구/산업용 액세서리, 서비스 등)	4.5				

회사 개요

동사는 원자현미경(AFM)을 개발/생산/판매하는 나노계측기기 전문 기업임. 해외 수출을 확대하기 위하여 미국 캘리포니아 주 산타클라라 지역과 일본 도쿄지역에 현지 판매법인으로써 자회사를 운영하고 있으며, 싱가폴에 동남아시아 판매지원을 위한 현지법인을 자회사로 운영하고 있음. 원자현미경은 소재, 화학, 제약, 생명공학, 전자, 반도체 등 여러 산업분야에 걸쳐 나노 과학기술 연구에 광범위하게 활용도가 높아지고 있는 추세임.

실적 분석

동사의 2017년 결산 연결기준 매출액은 전년대비 34.5% 성장한 328.8억원을 기록함. 외형 성장은 주로 원자현미경에 대한 산업체의 수요 증가에 기인함. 매출액 성장이 원가율 개선으로 이어져 영업이익 60.3억원, 당기순이익 45.5억원을 보이며 전년대비 이익 규모가 대폭 확대됨. 향후 주요 반도체 및 디스플레이 업체들의 자동화원자현미경 도입 여부에 따라 실적 흐름의 방향성이 결정될 전망임.

현금 흐름 〈단위 : 억원〉

항목	2016	2017
영업활동	2	27
투자활동	-4	33
재무활동	-1	-1
순현금흐름	-2	58
기말현금	50	108

시장 대비 수익률

결산 실적 〈단위 : 억원〉

항목	2012	2013	2014	2015	2016	2017
매출액	209	163	153	200	245	329
영업이익	11	-12	-2	24	35	60
당기순이익	3	-16	-8	36	37	45

분기 실적 〈단위 : 억원〉

항목	2016.3Q	2016.4Q	2017.1Q	2017.2Q	2017.3Q	2017.4Q
매출액	30	127	29	53	91	156
영업이익	-10	46	-20	-2	22	60
당기순이익	-11	48	-27	2	23	48

재무 상태 〈단위 : 억원〉

항목	2012	2013	2014	2015	2016	2017
총자산	183	170	177	255	322	371
유형자산	17	17	6	5	14	18
무형자산	0	—	—	—	—	—
유가증권	0	0	0	0	6	5
총부채	97	102	121	29	58	65
총차입금	57	72	87	—	—	—
자본금	24	24	24	32	33	33
총자본	86	68	56	226	264	306
지배주주지분	86	68	56	226	264	306

기업가치 지표

항목	2012	2013	2014	2015	2016	2017
주가(최고/저)(천원)	—/—	—/—	—/—	9.0/7.4	19.7/9.2	30.1/16.8
PER(최고/저)(배)	0.0/0.0	0.0/0.0	0.0/0.0	13.5/11.3	34.6/16.3	43.4/24.2
PBR(최고/저)(배)	0.0/0.0	0.0/0.0	0.0/0.0	2.6/2.1	4.9/2.3	6.5/3.6
EV/EBITDA(배)	1.3	—	23.1	18.8	28.6	29.0
EPS(원)	59	-303	-153	667	572	694
BPS(원)	1,629	1,277	1,052	3,515	4,049	4,637
CFPS(원)	206	-190	-92	700	614	758
DPS(원)	—	—	—	50	50	80
EBITDAPS(원)	353	-107	28	470	574	985

재무 비율 〈단위 : %〉

연도	영업이익률	순이익률	부채비율	차입금비율	ROA	ROE	유보율	자기자본비율	EBITDA마진율
2017	18.3	13.8	21.3	0.0	13.1	16.0	827.3	82.4	19.6
2016	14.2	15.2	22.0	0.0	12.9	15.2	709.8	82.0	15.3
2015	11.8	18.1	12.9	0.0	16.7	25.6	602.9	88.6	12.7
2014	-1.2	-5.4	215.1	154.8	-4.7	-13.2	132.1	31.7	1.0

파트론 (A091700)
PARTRON

업　　종 : 휴대폰 및 관련부품
신용등급 : (Bond) —　　(CP) —
홈페이지 : www.partron.co.kr
본　　사 : 경기도 화성시 삼성1로2길 22

시　　장 : KOSDAQ
기업규모 : 우량
연 락 처 : 031)201-7700

설 립 일 2003.01.28		**종업원수** 469명		**대표이사** 김종구,김종태	
상 장 일 2006.12.13		**감사의견** 적정(삼덕)		**계　　열**	
결 산 기 12월		**보 통 주**		**종속회사수** 4개사	
액 면 가 500원		**우 선 주**		**구 상 호**	

주주구성 (지분율,%)		출자관계 (지분율,%)		주요경쟁사 (외형,%)	
김종구	14.2	엘컴텍	57.6	파트론	100
박명애	4.7	옵티맥	48.8	삼성전자	30,275
(외국인)	19.5	씨알지테크놀로지	36.7	영풍	471

매출구성		비용구성		수출비중	
휴대폰용 부품 (카메라모듈, 안테나, 수정발진기	82.2	매출원가율	90.0	수출	79.7
비휴대폰용 부품 (카메라모듈, 안테나 등)	17.8	판관비율	8.6	내수	20.3

회사 개요

동사는 2003년에 설립되어, 휴대폰 및 이동통신시스템에 채용되는 핵심부품을 제조 및 판매하는 기업임. 주요제품으로는 카메라모듈, 수정디바이스, 안테나, 유전체필터, 아이솔레이터 등이 있으며, 주요 납품처는 국내외 핸드셋업체 및 통신시스템업체, 그리고 가전업체 등임. 또한 기존사업과의 기술 및 설비공유를 통해 광마우스, 센서류, 진동모터, 마이크, RF모듈 등의 신규사업을 준비하고 있음.

실적 분석

동사의 2017년 전체 매출은 7,913억원으로 전년대비 0.01% 감소, 영업이익은 110.5억원으로 전년대비 71.1% 감소, 당기순이익은 44.7억원으로 84.2% 감소 시현. 전방산업인 스마트폰 수요 부진과 전면카메라모듈 시장의 경쟁심화로 가격 인하, 점유율 하락 영향으로 고정비 부담 가중. 외형대비 수익성이 부진. 2018년 후면 카메라모듈 시장 진출, 센서 매출 확대를 통한 외형 확대에 주력, 수익성 개선 도모

현금 흐름 〈단위 : 억원〉

항목	2016	2017
영업활동	776	230
투자활동	-472	-512
재무활동	-215	197
순현금흐름	90	-102
기말현금	302	200

시장 대비 수익률

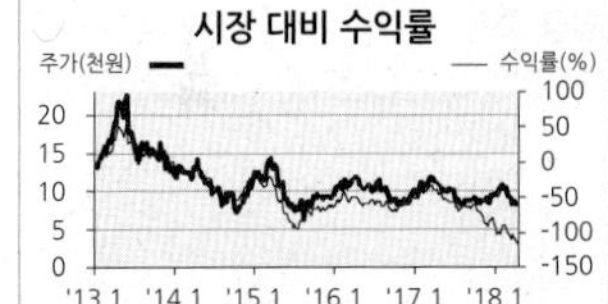

결산 실적 〈단위 : 억원〉

항목	2012	2013	2014	2015	2016	2017
매출액	8,731	10,995	7,698	8,058	7,914	7,913
영업이익	912	1,349	662	588	382	110
당기순이익	713	1,104	494	456	283	45

분기 실적 〈단위 : 억원〉

항목	2016.3Q	2016.4Q	2017.1Q	2017.2Q	2017.3Q	2017.4Q
매출액	1,768	1,702	1,802	2,198	2,120	1,794
영업이익	26	42	-29	47	56	36
당기순이익	4	53	-35	37	45	-2

재무 상태 〈단위 : 억원〉

항목	2012	2013	2014	2015	2016	2017
총자산	4,357	5,621	5,147	5,096	5,062	5,111
유형자산	1,817	2,862	2,664	2,897	2,779	2,570
무형자산	171	132	187	204	221	237
유가증권	92	61	76	84	94	80
총부채	2,379	2,586	1,788	1,470	1,211	1,523
총차입금	847	1,466	1,010	592	395	681
자본금	194	271	271	271	271	271
총자본	1,978	3,035	3,360	3,626	3,851	3,588
지배주주지분	1,946	2,849	3,100	3,259	3,385	3,091

기업가치 지표

항목	2012	2013	2014	2015	2016	2017
주가(최고/저)(천원)	12.9/5.7	23.2/12.2	14.2/7.1	14.3/6.4	11.9/8.0	11.8/8.3
PER(최고/저)(배)	10.7/4.8	13.1/6.9	17.2/8.6	20.7/9.2	30.8/20.6	526.1/369.6
PBR(최고/저)(배)	3.9/1.8	4.9/2.6	2.6/1.3	2.4/1.1	1.9/1.3	2.0/1.4
EV/EBITDA(배)	7.0	5.1	7.0	5.7	6.7	9.7
EPS(원)	1,333	1,956	894	735	402	23
BPS(원)	5,078	5,298	5,856	6,309	6,521	5,985
CFPS(원)	2,504	2,739	1,574	1,594	1,372	967
DPS(원)	300	300	250	250	200	175
EBITDAPS(원)	2,993	3,273	1,903	1,944	1,676	1,148

재무 비율 〈단위 : %〉

연도	영업이익률	순이익률	부채비율	차입금비율	ROA	ROE	유보율	자기자본비율	EBITDA마진율
2017	1.4	0.6	42.4	19.0	0.9	0.4	1,097.0	70.2	7.9
2016	4.8	3.6	31.4	10.3	5.6	6.6	1,204.2	76.1	11.5
2015	7.3	5.7	40.5	16.3	8.9	12.5	1,161.9	71.2	13.1
2014	8.6	6.4	53.2	30.1	9.2	16.3	1,071.2	65.3	13.4

*관리종목

파티게임즈 (A194510)

PATI Games

업 종 : 게임 소프트웨어 　　시 장 : KOSDAQ
신용등급 : (Bond) — 　(CP) — 　　기업규모 :
홈페이지 : www.patigames.com 　　연 락 처 : 02)6005-0985
본 사 : 서울시 강남구 테헤란로79길 6 3~5층(삼성동, 제이에스타워)

설 립 일	2011.01.05	**종 업 원 수**	79명	**대 표 이 사**	권순욱
상 장 일	2014.11.21	**감 사 의 견**	거절(불확실성)(삼정)	**계 열**	
결 산 기	12월	**보 통 주**		**종속회사수**	4개사
액 면 가	500원	**우 선 주**		**구 상 호**	

주주구성 (지분율,%)		출자관계 (지분율,%)		주요경쟁사 (외형,%)	
모다	49.8	파티스튜디오	100.0	파티게임즈	100
신밧드인베스트먼트	3.4	다다소프트	100.0	한빛소프트	129
(외국인)	3.8	스프링캠프컨텐츠투자조합1호	99.0	바른손이앤에이	103

매출구성		비용구성		수출비중	
모바일게임(아이러브커피, 아이러브파스타 등)	80.4	매출원가율	0.0	수출	23.1
웹게임(아이러브커피, 카지노스타)	19.3	판관비율	110.1	내수	76.9
기타매출(SD건담 콘텐츠 개발)	0.3				

회사 개요

동사는 소프트웨어 개발과 공급 및 게임퍼블리싱사업을 영위하고 있으며 2011년에 설립되어 2012년 아이러브커피, 2014년 아이러브파스타의 성공으로 코스닥시장에 상장함. 동사는 소셜 카지노 게임사 제작 및 서비스 회사인 다다소프트와 투자 및 경영컨설팅을 사업목적으로 하는 피인베스트먼트를 연결자회사로 보유하고 있음. 2017년 5월 주식회사 모다 외 2인으로 최대주주가 변경됨.

실적 분석

동사의 2017년 결산 연결기준 매출액(영업수익)은 전년대비 2.9% 감소한 305.4억원을 기록함. 일부 축소되기는 했으나 여전히 영업비용이 영업수익을 초과하고 있어 영업손실 30.9억원, 당기순손실 161.6억원을 보이며 적자를 지속함. 동사는 당기 감사보고서 제출시 외부감사인의 감사의견이 감사범위제한으로 인한 '의견거절'임을 공시하여 상장폐지 사유에 해당되는 바 상장폐지 여부를 심의중임.

현금 흐름

〈단위 : 억원〉

항목	2016	2017
영업활동	-57	-21
투자활동	-120	-1,479
재무활동	4	1,667
순현금흐름	-171	166
기말현금	101	267

시장 대비 수익률

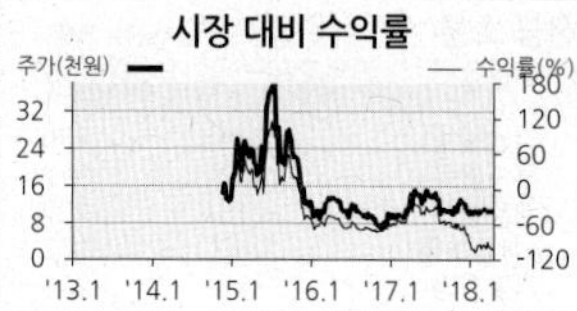

결산 실적

〈단위 : 억원〉

항목	2012	2013	2014	2015	2016	2017
매출액	179	270	249	235	314	305
영업이익	70	91	3	-63	-86	-31
당기순이익	69	87	9	-144	-217	-162

분기 실적

〈단위 : 억원〉

항목	2016.3Q	2016.4Q	2017.1Q	2017.2Q	2017.3Q	2017.4Q
매출액	108	97	84	73	75	75
영업이익	-31	-25	-9	-11	-5	-6
당기순이익	-34	-167	0	-58	-29	-75

재무 상태

〈단위 : 억원〉

항목	2012	2013	2014	2015	2016	2017
총자산	164	206	447	849	680	2,197
유형자산	1	6	7	8	7	2
무형자산	1	2	20	253	147	53
유가증권	—	5	15	36	139	995
총부채	94	49	131	154	182	844
총차입금	18	25	93	103	109	792
자본금	1	15	23	60	61	121
총자본	70	157	316	696	498	1,353
지배주주지분	70	157	316	696	492	1,352

기업가치 지표

항목	2012	2013	2014	2015	2016	2017
주가(최고/저)(천원)	—/—	—/—	35.8/21.6	39.2/11.6	13.6/6.6	15.5/8.9
PER(최고/저)(배)	0.0/0.0	0.0/0.0	147.7/89.0	—/—	—/—	—/—
PBR(최고/저)(배)	0.0/0.0	0.0/0.0	5.4/3.3	7.0/2.1	3.5/1.7	2.8/1.6
EV/EBITDA(배)	—	—	123.8	—	—	—
EPS(원)	1,022	1,214	121	-1,384	-1,718	-771
BPS(원)	271,819	4,369	6,620	5,597	3,935	5,497
CFPS(원)	287,143	2,462	379	-1,193	-1,569	-679
DPS(원)	—	—	—	—	—	—
EBITDAPS(원)	294,025	2,569	207	-416	-543	-61

재무 비율

〈단위 : %〉

연도	영업이익률	순이익률	부채비율	차입금비율	ROA	ROE	유보율	자기자본비율	EBITDA마진율
2017	-10.1	-52.9	62.4	58.5	-11.2	-16.9	1,015.6	61.6	-4.0
2016	-27.4	-69.0	36.6	22.0	-28.4	-36.1	709.9	73.2	-21.6
2015	-26.7	-61.0	22.1	14.8	-22.2	-28.4	1,052.2	81.9	-18.3
2014	1.1	3.7	41.6	29.3	2.9	4.0	1,275.3	70.6	3.2

팍스넷 (A038160)

Paxnet

업 종 : IT 서비스 　　시 장 : KOSDAQ
신용등급 : (Bond) — 　(CP) — 　　기업규모 : 중견
홈페이지 : www.paxnet.moneta.co.kr 　　연 락 처 : 02)2638-1801
본 사 : 서울시 양천구 목동서로 201 (목동, 23층 케이티정보전산센터)

설 립 일	1999.05.18	**종 업 원 수**	78명	**대 표 이 사**	김익수
상 장 일	2016.08.01	**감 사 의 견**	적정(신우)	**계 열**	
결 산 기	12월	**보 통 주**		**종속회사수**	
액 면 가	500원	**우 선 주**		**구 상 호**	

주주구성 (지분율,%)		출자관계 (지분율,%)		주요경쟁사 (외형,%)	
아시아경제	30.3			팍스넷	100
파빌리온제삼호사모투자합자회사	6.8			에프앤가이드	54
(외국인)	1.7			바른테크놀로지	118

매출구성		비용구성		수출비중	
금융솔루션 사업	57.1	매출원가율	0.0	수출	0.0
증권정보 사업	26.0	판관비율	93.1	내수	100.0
광고 사업	14.0				

회사 개요

동사는 1999년 5월 18일에 인터넷 서비스업, 금융정보제공업 및 소프트웨어 개발업 등을 영위할 목적으로 설립. 현재 누적 가입자 기준 650만 회원을 보유한 국내 1위 종합 금융 포탈로 증권 및 재테크 서비스를 제공. 동사 증권서비스는 정보중심의 콘텐츠 영역과 회원들의 관계를 기반으로 한 커뮤니티 영역으로 구성. 뉴스 및 시세, 투자전략을 중심으로 투자자에게 각종 정보 제공. 2016년 8월 코스닥 시장 신규 상장함.

실적 분석

동사의 2017년 연결기준 누적 매출액은 전년의 222.4억원 대비 17.7% 하락한 183.1억원을 기록하였음. 인건비는 증가하였고 광고선전비도 크게 증가하였으며, 기타판매비와 관리비는 감소함. 증권정보 시장 업황 악화에 따른 매출액 감소로 인하여 전년대비 영업이익은 67% 크게 하락한 12.7억원을 기록함. 당기순이익도 전년대비 크게 하락하여 18.8억원을 기록함.

현금 흐름 *IFRS 별도 기준

〈단위 : 억원〉

항목	2016	2017
영업활동	44	19
투자활동	-96	-37
재무활동	144	—
순현금흐름	92	-18
기말현금	218	200

시장 대비 수익률

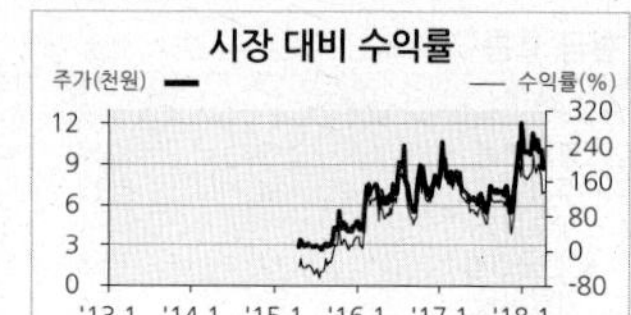

결산 실적

〈단위 : 억원〉

항목	2012	2013	2014	2015	2016	2017
매출액	342	217	186	206	222	183
영업이익	-6	9	34	46	39	13
당기순이익	-2	-15	23	36	36	19

분기 실적 *IFRS 별도 기준

〈단위 : 억원〉

항목	2016.3Q	2016.4Q	2017.1Q	2017.2Q	2017.3Q	2017.4Q
매출액	58	50	47	49	45	43
영업이익	8	6	5	5	3	0
당기순이익	7	7	5	6	4	3

재무 상태 *IFRS 별도 기준

〈단위 : 억원〉

항목	2012	2013	2014	2015	2016	2017
총자산	314	275	263	298	475	496
유형자산	24	16	23	4	4	3
무형자산	15	16	14	30	25	29
유가증권	21	1	1	1	26	105
총부채	92	69	57	56	53	54
총차입금	—	—	—	—	—	—
자본금	47	47	41	41	55	55
총자본	222	207	206	242	421	443
지배주주지분	222	207	206	242	421	443

기업가치 지표 *IFRS 별도 기준

항목	2012	2013	2014	2015	2016	2017
주가(최고/저)(천원)	—/—	—/—	—/—	5.6/2.5	12.6/4.1	12.4/5.5
PER(최고/저)(배)	0.0/0.0	0.0/0.0	0.0/0.0	12.6/5.7	33.1/10.7	73.2/32.2
PBR(최고/저)(배)	0.0/0.0	0.0/0.0	0.0/0.0	1.9/0.9	3.3/1.1	3.1/1.4
EV/EBITDA(배)	—	—	—	3.6	10.3	38.9
EPS(원)	-17	-160	244	441	380	169
BPS(원)	2,375	2,209	2,502	2,942	3,804	3,996
CFPS(원)	153	-10	377	538	457	227
DPS(원)	—	—	—	—	—	—
EBITDAPS(원)	106	250	505	660	487	172

재무 비율

〈단위 : %〉

연도	영업이익률	순이익률	부채비율	차입금비율	ROA	ROE	유보율	자기자본비율	EBITDA마진율
2017	6.9	10.3	12.1	0.0	3.9	4.3	699.3	89.2	10.4
2016	17.4	16.2	12.7	0.0	9.3	10.8	660.7	88.8	20.7
2015	22.5	17.6	23.3	0.0	12.9	16.2	488.4	81.1	26.4
2014	18.5	12.1	27.7	0.0	8.4	11.0	400.5	78.3	25.1

판도라티비 (A202960)
PANDORA TV COLTD

업 종 : 미디어 / 시 장 : KONEX
신용등급 : (Bond) — (CP) — / 기업규모 : —
홈페이지 : www.pandora.tv / 연 락 처 : 070)4484-7100
본 사 : 경기도 성남시 분당구 대왕판교로644번길 49 DTC타워 11층(삼평동, DTC타워)

설 립 일	1999.01.29	종업원수	94명	대표이사	김경익
상 장 일	2014.08.11	감사의견	적정(길인)	계 열	
결 산 기	12월	보 통 주		종속회사수	
액 면 가	—	우 선 주		구 상 호	

주주구성 (지분율,%)		출자관계 (지분율,%)		주요경쟁사 (외형,%)	
DCM V, L.P.	16.9	몬스터	100.0	판도라티비	100
김경익	13.6	희일커뮤니케이션	100.0	래몽래인	95
		카카오대구경북센터	100.0	제이웨이	36

매출구성		비용구성		수출비중	
프리즘 등	50.5	매출원가율	50.3	수출	21.7
판도라TV, KM플레이어 등	47.0	판관비율	37.8	내수	78.3
기타	2.6				

회사 개요

동사는 1999년 1월 29일 설립되어 인터넷 매체를 통해 UCC (User Created Contents)를 다루는 뉴미디어 회사로서, 동영상을 통한 광고, 유료 디지털 콘텐츠 및 인터넷과 모바일을 통한 UCC 콘텐츠 공급을 주 사업으로 하고 있음. 설립 이후 현재까지 동영상 미디어 사업을 전개하고 있으며, UCC 동영상 플랫폼인 판도라TV와 멀티 미디어 플레이어인 KM 플레이어를 서비스하고 있음.

실적 분석

코넥스 상장 기업인 동사는 2017년 연결기준으로 191.1억원의 매출액을 시현, 전년대비 41.4% 증가한 실적을 보임. 매출원가율이 개선되어 매출총이익은 75.2% 증가하였으며 판관비 역시 증가하기는 하였으나 동사는 22.8억원의 영업이익을 기록, 전년 2.3억원 대비 20.5억원 증가한 실적을 냄. 광고 네트워크 상품인 '프리즘'의 시장정착과 꾸준한 성장에 기인하며, 또한 기업인수에 따른 종속기업의 매출 일부가 포함되어 있음.

현금 흐름 *IFRS 별도 기준 〈단위 : 억원〉

항목	2016	2017
영업활동	18	21
투자활동	-72	-18
재무활동	56	-5
순현금흐름	2	-2
기말현금	24	21

시장 대비 수익률

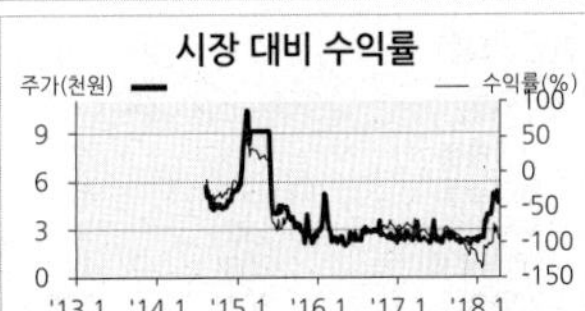

결산 실적 〈단위 : 억원〉

항목	2012	2013	2014	2015	2016	2017
매출액	103	110	116	104	135	191
영업이익	10	16	17	-5	2	23
당기순이익	5	9	12	-16	4	18

분기 실적 *IFRS 별도 기준 〈단위 : 억원〉

항목	2016.3Q	2016.4Q	2017.1Q	2017.2Q	2017.3Q	2017.4Q
매출액	—	—	—	—	—	—
영업이익	—	—	—	—	—	—
당기순이익	—	—	—	—	—	—

재무 상태 *IFRS 별도 기준 〈단위 : 억원〉

항목	2012	2013	2014	2015	2016	2017
총자산	81	101	139	137	208	214
유형자산	2	3	4	4	4	4
무형자산	15	27	41	47	55	43
유가증권	19	16	2	6	6	21
총부채	95	108	68	78	114	111
총차입금	66	82	59	54	83	82
자본금	42	42	54	54	57	57
총자본	-14	-7	71	59	94	103
지배주주지분	-14	-7	71	59	94	103

기업가치 지표 *IFRS 별도 기준

항목	2012	2013	2014	2015	2016	2017
주가(최고/저)(천원)	—/—	—/—	6.4/4.3	11.8/1.8	6.0/2.0	3.6/1.9
PER(최고/저)(배)	0.0/0.0	0.0/0.0	50.0/33.3	—/—	228.7/76.9	47.2/25.1
PBR(최고/저)(배)	0.0/0.0	0.0/0.0	9.5/6.3	21.4/3.3	7.1/2.4	4.0/2.1
EV/EBITDA(배)	3.7	3.0	7.0	76.2	22.7	16.1
EPS(원)	57	111	128	-139	26	76
BPS(원)	-157	-72	672	553	835	912
CFPS(원)	127	183	220	-59	123	180
DPS(원)	—	—	—	—	—	—
EBITDAPS(원)	194	267	276	37	123	178

재무 비율 〈단위 : %〉

연도	영업 이익률	순 이익률	부채 비율	차입금 비율	ROA	ROE	유보율	자기자본 비율	EBITDA 마진율
2017	11.9	9.5	141.0	100.2	6.6	17.3	102.2	41.5	20.3
2016	1.7	3.2	190.5	125.2	2.1	6.6	70.2	34.4	10.1
2015	-5.2	-15.1	132.2	90.7	-11.4	-23.8	9.9	43.1	3.2
2014	14.9	10.4	94.5	82.7	10.0	전기잠식	34.3	51.4	22.4

판타지오 (A032800)
Fantagio

업 종 : 미디어 / 시 장 : KOSDAQ
신용등급 : (Bond) — (CP) — / 기업규모 : 중견
홈페이지 : www.fantagio.kr / 연 락 처 : 02)3452-6100
본 사 : 서울시 강남구 역삼로248(역삼동, 판타지오빌딩)

설 립 일	1991.01.08	종업원수	42명	대표이사	워이지에
상 장 일	1997.06.26	감사의견	적정(이현)	계 열	
결 산 기	12월	보 통 주		종속회사수	4개사
액 면 가	500원	우 선 주		구 상 호	에듀컴퍼니

주주구성 (지분율,%)		출자관계 (지분율,%)		주요경쟁사 (외형,%)	
골드파이낸스코리아	50.1	판타지오뮤직	95.0	판타지오	100
이스트워드인베스트먼트	5.0	솔리드씨앤엠	50.0	한국경제TV	487
(외국인)	7.3	판타지오픽쳐스	50.0	투원글로벌	121

매출구성		비용구성		수출비중	
연예인 매니지먼트, 영화 드라마제작, 음반제작	71.2	매출원가율	115.2	수출	—
수강료,검사료,가맹비 등	26.8	판관비율	33.1	내수	—
홍삼,오디농축액 등	1.9				

회사 개요

동사가 영위하고 있는 사업은 엔터테인먼트 사업, 교육사업으로 구성되어 있음. 엔터테인먼트사업부문은 역삼지점을 중심으로 연결대상종속회사인 ㈜판타지오 뮤직, ㈜판타지오 픽쳐스, ㈜솔리드씨앤엠, 그리고 Fantagio China, Ltd.에서 배우 매니지먼트, 영화·드라마 제작, 음반제작 등의 엔터테인먼트 사업을 주요 사업으로 영위. 교육사업부문은 본사를 중심으로 영재교육 학술원 운영사업과 영재교육 프랜차이즈가맹사업을 주요 사업으로 영위 중임.

실적 분석

동사의 연결 기준 2017년 매출액은 133.1억원으로 전년 대기 14.0% 감소하였음. 같은 기간 인건비와 감가상각비가 증가하면서 판관비는 늘어났으며 이에 따라 영업손실은 64.4억원을 기록, 전년 31.9억원보다 적자폭이 확대됨. 동사는 2017년 88.4억원의 당기순손실을 기록함. 2017년 4월 교육사업부를 물적분할하며 엔터테인먼트 사업에 집중코자 함. 동사의 결손금은 443.3억원. 7월 320억원의 유상증자가 있었음.

현금 흐름 〈단위 : 억원〉

항목	2016	2017
영업활동	-24	-38
투자활동	-6	-217
재무활동	-4	334
순현금흐름	-35	80
기말현금	23	103

시장 대비 수익률

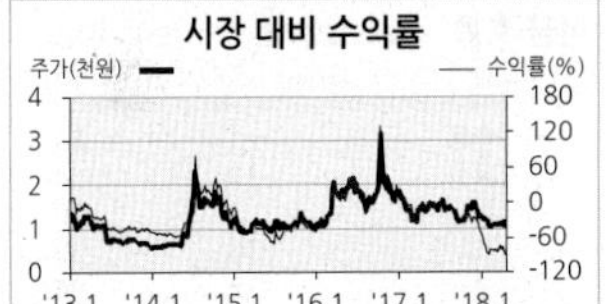

결산 실적 〈단위 : 억원〉

항목	2012	2013	2014	2015	2016	2017
매출액	98	101	126	231	155	133
영업이익	-7	-22	-42	9	-32	-64
당기순이익	-16	-43	-271	10	-38	-88

분기 실적 〈단위 : 억원〉

항목	2016.3Q	2016.4Q	2017.1Q	2017.2Q	2017.3Q	2017.4Q
매출액	48	-6	44	46	31	12
영업이익	-7	-8	-7	-15	-12	-30
당기순이익	4	-21	9	-16	-9	-72

재무 상태 〈단위 : 억원〉

항목	2012	2013	2014	2015	2016	2017
총자산	254	204	386	413	356	567
유형자산	25	28	34	25	41	31
무형자산	34	18	187	188	184	140
유가증권	—	—	19	18	15	14
총부채	81	74	149	161	137	101
총차입금	32	30	51	47	37	17
자본금	118	118	244	247	250	364
총자본	172	130	238	252	220	465
지배주주지분	167	134	251	271	245	475

기업가치 지표

항목	2012	2013	2014	2015	2016	2017
주가(최고/저)(천원)	4.2/0.7	1.4/0.6	2.4/0.6	1.4/0.9	3.2/1.0	1.9/1.1
PER(최고/저)(배)	—/—	—/—	—/—	44.8/30.2	—/—	—/—
PBR(최고/저)(배)	5.9/1.0	2.5/1.0	4.1/1.0	2.2/1.5	5.7/1.8	2.7/1.6
EV/EBITDA(배)	—	—	—	29.6	—	—
EPS(원)	-56	-142	-883	30	-63	-148
BPS(원)	708	566	582	620	566	706
CFPS(원)	-34	-113	-849	46	-42	-132
DPS(원)	—	—	—	—	—	—
EBITDAPS(원)	-8	-64	-106	34	-44	-93

재무 비율 〈단위 : %〉

연도	영업 이익률	순 이익률	부채 비율	차입금 비율	ROA	ROE	유보율	자기자본 비율	EBITDA 마진율
2017	-48.4	-66.4	21.8	3.6	-19.2	-24.1	41.2	82.1	-41.0
2016	-20.6	-24.3	일부잠식	일부잠식	-9.8	-12.2	13.2	61.7	-14.0
2015	3.8	4.3	64.0	18.7	2.5	5.7	25.2	61.0	7.3
2014	-33.1	-216.2	일부잠식	일부잠식	-92.0	-136.2	18.3	61.5	-25.1

팜스웰바이오 (A043090)
PharmswellBio

업　　종 : 제약　　시　　장 : KOSDAQ
신용등급 : (Bond) —　(CP) —　　기업규모 : 벤처
홈페이지 : www.pharmswell.com　　연 락 처 : 02)569-7610
본　　사 : 서울시 금천구 디지털로 10길 9 (가산동, 하이힐빌딩)

설 립 일	1987.04.16	**종업원수**	31명	**대표이사**	추연우,장영진
상 장 일	2001.09.19	**감사의견**	적정(유진)	**계　　열**	
결 산 기	12월	**보 통 주**		**종속회사수**	
액 면 가	500원	**우 선 주**		**구 상 호**	

주주구성 (지분율,%)		출자관계 (지분율,%)		주요경쟁사 (외형,%)	
디올제약	4.7	팜스웨딩	40.0	팜스웰바이오	100
골든브릿지투자증권	3.7	저스트나이스코리아	30.0	하이텍팜	337
(외국인)	0.7	큐브바이오	20.4	우리들제약	408

매출구성		비용구성		수출비중	
기타상품	85.2	매출원가율	74.5	수출	—
PPC-GS-1	8.2	판관비율	22.9	내수	—
GTC-GO-1 등	3.5				

회사 개요

동사는 1987년 4월 설립되어 의약품원료의 제조 및 판매를 주요 사업으로 하고 있으며 2001년 10월 코스닥시장에 상장됨. 2014년 에너지 사업부를 신설.그러나 국제유가 하락, 환율의 급격한 변동 등 대외 변수로 인하여 사업 손실을 기록하여 2015년 12월 체결하였던 계약을 해지 및 사업을 중단. 2017년 주택 및 상가를 신축 및 분양하는 부동산분양사업을 개시.

실적 분석

동사의 2017년 누적 매출액은 전년 동기 대비 24.7%증가한 195.9억원을 기록. 영업이익은 흑자전환하며 5.2억원을 시현함. 원료의약이 매출의 98.9%를 차지했던 전년동기에 비해 임대료 외 사업부문이 크게 외형 성장한 영향(33.8%). 당기순이익 또한 흑자전환한 3.5억원을 기록. 관계사인 큐브바이오의 매출 신장에 힘입어 올해 수익성 향상이 예상됨.

현금 흐름 *IFRS 별도 기준 〈단위 : 억원〉

항목	2016	2017
영업활동	-23	-33
투자활동	-21	4
재무활동	8	80
순현금흐름	-36	52
기말현금	32	84

시장 대비 수익률

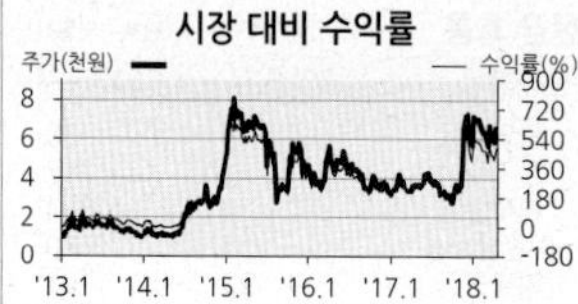

결산 실적 〈단위 : 억원〉

항목	2012	2013	2014	2015	2016	2017
매출액	225	214	207	189	157	196
영업이익	13	7	-17	1	-25	5
당기순이익	-61	2	-16	-92	-41	3

분기 실적 *IFRS 별도 기준 〈단위 : 억원〉

항목	2016.3Q	2016.4Q	2017.1Q	2017.2Q	2017.3Q	2017.4Q
매출액	40	32	38	40	55	64
영업이익	-6	-9	-1	-3	-2	10
당기순이익	-8	-20	-2	1	-3	7

재무 상태 *IFRS 별도 기준 〈단위 : 억원〉

항목	2012	2013	2014	2015	2016	2017
총자산	231	203	222	229	196	290
유형자산	81	65	2	2	3	2
무형자산	12	14	16	12	7	6
유가증권	1	1	1	1	21	1
총부채	141	109	130	143	98	118
총차입금	90	73	94	106	65	79
자본금	97	97	100	114	120	125
총자본	90	94	93	86	98	173
지배주주지분	90	94	93	86	98	173

기업가치 지표 *IFRS 별도 기준

항목	2012	2013	2014	2015	2016	2017
주가(최고/저)(천원)	1.5/0.8	2.1/1.0	4.8/1.0	8.6/2.8	5.6/3.1	8.0/2.8
PER(최고/저)(배)	—/—	117.1/53.6	—/—	—/—	—/—	573.3/196.6
PBR(최고/저)(배)	1.2/0.7	1.7/0.8	4.0/0.8	8.4/2.7	5.5/3.0	11.6/4.0
EV/EBITDA(배)	13.7	26.3	—	345.7	—	197.3
EPS(원)	-319	18	-82	-423	-176	14
BPS(원)	1,211	1,229	1,194	1,021	1,017	690
CFPS(원)	-299	23	-74	-416	-168	21
DPS(원)	—	—	—	—	—	—
EBITDAPS(원)	96	45	-9	13	-97	28

재무 비율 〈단위 : %〉

연도	영업이익률	순이익률	부채비율	차입금비율	ROA	ROE	유보율	자기자본비율	EBITDA마진율
2017	2.7	1.8	68.3	45.8	1.4	2.6	37.9	59.4	3.5
2016	-15.7	-26.4	일부잠식	일부잠식	-19.5	-45.0	103.4	50.0	-14.5
2015	0.7	-48.7	일부잠식	일부잠식	-40.7	-102.0	104.1	37.5	1.5
2014	-8.4	-7.8	일부잠식	일부잠식	-7.6	-17.0	140.3	41.7	-7.6

팜스코 (A036580)
FARMSCO

업　　종 : 식료품　　시　　장 : 거래소
신용등급 : (Bond) —　(CP) —　　기업규모 : 시가총액 중형주
홈페이지 : www.farmsco.com　　연 락 처 : 031)720-7114
본　　사 : 경기도 안성시 미양면 제2공단4길 33

설 립 일	1999.10.01	**종업원수**	392명	**대표이사**	정학상,김홍국
상 장 일	1999.10.25	**감사의견**	적정(한영)	**계　　열**	
결 산 기	12월	**보 통 주**		**종속회사수**	9개사
액 면 가	500원	**우 선 주**		**구 상 호**	

주주구성 (지분율,%)		출자관계 (지분율,%)		주요경쟁사 (외형,%)	
제일홀딩스	56.3	하이포크	100.0	팜스코	100
국민연금공단	7.9	산과들에프앤씨	100.0	이지바이오	137
(외국인)	5.4	팜스코바이오인티	95.6	대한제당	125

매출구성		비용구성		수출비중	
[사료/팜스코]양계사료 외	30.8	매출원가율	84.7	수출	0.0
[사료/팜스코]양돈사료	23.4	판관비율	11.2	내수	100.0
[신선육/팜스코]부산물 등	23.0				

회사 개요

동사는 하림그룹의 양돈용 배합사료 및 축산계열화사업을 주요 사업영역으로 담당, 계열사인 선진 등과 경쟁관계. 사료부문(매출비중 64%)은 영업이익기여도 60% 수준으로 안정적인 캐시카우 역할, 향후 성장동력인 수직계열화를 중심으로 축산농가의 구조조정 및 경쟁력 강화를 도모하고 있음. 2015년부터 정부의 축산농가에 대한 지원이 금지됨에 따라 축산농가의 대형화,수직계열화를 통한 산업구조의 재편이 필요에 따라 동사의 영업기반에 영향을 미칠 것임.

실적 분석

동사의 2017년 연간 매출액은 전년동기대비 8% 상승한 10,232.6억원을 기록하였음. 비용면에서 전년동기대비 매출원가는 증가 했으며 인건비도 증가, 광고선전비도 증가, 기타판매비와관리비는 증가함. 이와 같이 상승한 매출액 대비 비용증가가 높아 매출액은 성장했지만 원가 증가로 인해 전년동기대비 영업이익은 417.5억원으로 1.4% 하락 하였음. 그러나 비영업손익의 흑자전환으로 전년동기대비 당기순이익은 393.6억원을 기록함.

현금 흐름 〈단위 : 억원〉

항목	2016	2017
영업활동	343	458
투자활동	1,039	-422
재무활동	-1,592	152
순현금흐름	-203	144
기말현금	361	506

시장 대비 수익률

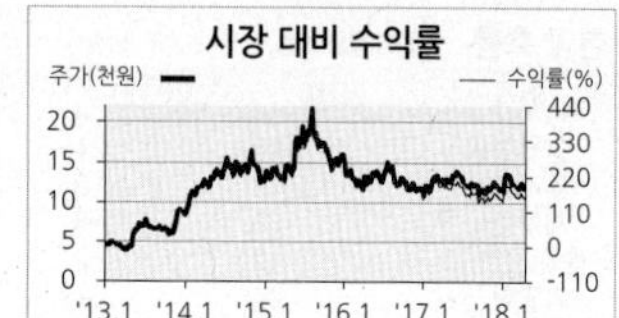

결산 실적 〈단위 : 억원〉

항목	2012	2013	2014	2015	2016	2017
매출액	6,656	7,467	8,357	8,671	9,476	10,233
영업이익	189	52	283	356	423	417
당기순이익	258	90	105	107	265	394

분기 실적 〈단위 : 억원〉

항목	2016.3Q	2016.4Q	2017.1Q	2017.2Q	2017.3Q	2017.4Q
매출액	2,333	2,511	2,378	2,745	2,658	2,451
영업이익	115	17	116	213	95	-7
당기순이익	167	-119	170	157	49	19

재무 상태 〈단위 : 억원〉

항목	2012	2013	2014	2015	2016	2017
총자산	5,632	5,648	7,275	7,761	6,631	7,253
유형자산	1,571	1,878	2,290	2,656	2,979	3,469
무형자산	47	46	47	48	125	123
유가증권	115	164	135	214	204	190
총부채	3,364	3,275	4,622	5,104	3,691	4,048
총차입금	2,636	2,332	3,661	3,943	2,560	2,841
자본금	184	184	184	184	184	184
총자본	2,269	2,373	2,652	2,658	2,940	3,205
지배주주지분	2,266	2,377	2,668	2,681	2,904	3,159

기업가치 지표

항목	2012	2013	2014	2015	2016	2017
주가(최고/저)(천원)	5.3/3.1	9.2/3.9	16.5/8.4	21.7/12.1	15.7/11.1	14.0/10.8
PER(최고/저)(배)	7.4/4.4	35.5/15.1	52.7/26.9	73.8/41.0	22.0/15.5	13.1/10.1
PBR(최고/저)(배)	0.8/0.5	1.4/0.6	2.3/1.2	3.0/1.7	2.0/1.4	1.6/1.2
EV/EBITDA(배)	12.0	43.8	17.6	17.1	11.4	11.6
EPS(원)	722	263	318	300	727	1,079
BPS(원)	6,379	6,681	7,346	7,326	7,935	8,768
CFPS(원)	850	417	504	580	1,072	1,472
DPS(원)	—	—	—	—	100	100
EBITDAPS(원)	644	296	958	1,249	1,499	1,530

재무 비율 〈단위 : %〉

연도	영업이익률	순이익률	부채비율	차입금비율	ROA	ROE	유보율	자기자본비율	EBITDA마진율
2017	4.1	3.9	126.3	88.6	5.7	13.1	1,653.7	44.2	5.5
2016	4.5	2.8	125.5	87.1	3.7	9.6	1,487.0	44.3	5.8
2015	4.1	1.2	192.0	148.4	1.4	4.1	1,365.3	34.2	5.3
2014	3.4	1.3	174.3	138.1	1.6	4.6	1,369.2	36.5	4.2

팜스토리 (A027710)

FARMSTORY CO

업　　종 : 식료품
시　　장 : KOSDAQ
신용등급 : (Bond) — (CP) —
기업규모 : 우량
홈페이지 : www.dodrambnf.co.kr
연 락 처 : 02)501-1648
본　　사 : 서울시 강남구 강남대로 310(역삼동,유니온센터) 3층

설 립 일	1991.04.17	**종 업 원 수**	330명	**대 표 이 사**	편명식
상 장 일	1996.06.06	**감 사 의 견**	적정(신우)	**계　　열**	
결 산 기	12월	**보 통 주**		**종속회사수**	10개사
액 면 가	500원	**우 선 주**		**구　상　호**	

주주구성 (지분율,%)		출자관계 (지분율,%)		주요경쟁사 (외형,%)	
이지바이오	49.9	마니커에프앤지	100.0	팜스토리	100
케이디비씨이앤에그로사모투자전문회사	2.9	팜스월드	90.0	팜스코	122
(외국인)	5.0	한국축산의희망서울사료	56.2	이지바이오	167

매출구성		비용구성		수출비중	
사료사업부(FB) 배합사료	53.8	매출원가율	88.4	수출	—
가금사업부(PB) 닭고기 등	20.4	판관비율	9.2	내수	—
육가공사업부(LB) 지육 등	14.8				

회사 개요

동사는 양돈 배합사료 전문회사와 축산물 유통사업을 영위하는 회사로 사료사업부, 도축제품제조 및 판매를 하는 육가공사업부, 육계를 취급하는 가금사업부로 나뉨. 2014년말 팜스월드와 마니커F&G를 연결 자회사로 편입, 양돈 수평계열화, 양돈 및 양계의 수직계열화를 모두 달성함. 원료의 대부분이 수입에 의존하기 때문에 환율변동에 영향을 받으나 경기가 불황일 경우에도 소비는 꾸준한 특징을 가짐.

실적 분석

동사의 2017년 연결 기준 연간 누적 매출액은 전년 동기 대비 6.9% 감소한 8385.6억원을 기록함. 매출이 감소하면서 매출원가도 감소했고 판관비도 줄었지만 매출 감소폭이 커 영업이익은 전년 동기 대비 12.7% 감소한 205.98억원을 시현함. 비영업손익 부문에서 외환손익 등의 영향으로 흑자전환에 성공했지만 영업이익 감소 폭이 커 당기순이익은 전년 동기 대비 0.6% 감소한 128.1억원을 시현함.

현금 흐름 <단위 : 억원>

항목	2016	2017
영업활동	899	366
투자활동	168	-217
재무활동	-1,392	-215
순현금흐름	-326	-67
기말현금	232	165

시장 대비 수익률

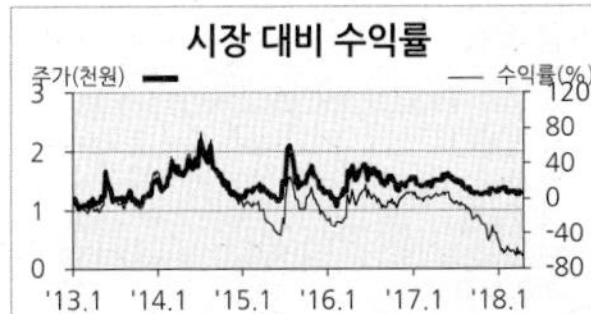

결산 실적 <단위 : 억원>

항목	2012	2013	2014	2015	2016	2017
매출액	10,643	10,446	10,239	10,626	9,005	8,386
영업이익	236	158	240	239	236	206
당기순이익	166	56	-33	18	129	128

분기 실적 <단위 : 억원>

항목	2016.3Q	2016.4Q	2017.1Q	2017.2Q	2017.3Q	2017.4Q
매출액	2,197	2,365	2,085	2,057	2,106	2,138
영업이익	96	2	64	92	49	-0
당기순이익	94	-58	14	64	19	31

재무 상태 <단위 : 억원>

항목	2012	2013	2014	2015	2016	2017
총자산	7,504	7,222	7,635	7,630	6,640	5,674
유형자산	2,157	2,221	2,259	1,945	1,862	1,366
무형자산	394	398	266	212	115	19
유가증권	18	28	22	36	49	51
총부채	6,113	5,806	6,597	6,262	4,971	3,977
총차입금	4,731	4,555	5,441	5,217	3,695	2,993
자본금	419	419	419	419	460	460
총자본	1,391	1,417	1,037	1,368	1,669	1,696
지배주주지분	1,124	1,185	992	1,066	1,377	1,598

기업가치 지표

항목	2012	2013	2014	2015	2016	2017
주가(최고/저)(천원)	1.4/0.8	1.7/1.0	2.2/1.1	2.2/1.1	1.8/1.1	1.6/1.2
PER(최고/저)(배)	7.4/4.3	16.8/10.2	864.6/449.8	61.6/30.4	10.4/6.1	7.4/5.6
PBR(최고/저)(배)	1.1/0.6	1.2/0.7	1.8/0.9	1.7/0.8	1.2/0.7	0.9/0.7
EV/EBITDA(배)	13.9	18.1	14.8	15.0	14.0	12.3
EPS(원)	200	103	3	36	177	218
BPS(원)	1,413	1,490	1,249	1,341	1,570	1,821
CFPS(원)	324	229	149	191	289	313
DPS(원)	—	25	25	—	—	—
EBITDAPS(원)	418	323	446	453	379	328

재무 비율 <단위 : %>

연도	영업이익률	순이익률	부채비율	차입금비율	ROA	ROE	유보율	자기자본비율	EBITDA마진율
2017	2.5	1.5	234.5	176.5	2.1	13.0	249.9	29.9	3.5
2016	2.6	1.4	297.8	221.4	1.8	12.8	201.7	25.1	3.7
2015	2.3	0.2	457.7	381.3	0.2	2.8	156.7	17.9	3.4
2014	2.3	-0.3	636.0	524.5	-0.5	0.2	139.0	13.6	3.5

패션플랫폼 (A225590)

Shinyoung HappyTomorrow No2 Special Purpose Acquisition

업　　종 : 섬유 및 의복
시　　장 : KOSDAQ
신용등급 : (Bond) — (CP) —
기업규모 : 중견
홈페이지 : www.shinyoung.com
연 락 처 : 02)2004-9142
본　　사 : 서울시 영등포구 국제금융로8길 16 신영증권빌딩 10층

설 립 일	2015.07.15	**종 업 원 수**	3명	**대 표 이 사**	박원희
상 장 일	2015.10.05	**감 사 의 견**	적정(다산)	**계　　열**	
결 산 기	12월	**보 통 주**		**종속회사수**	
액 면 가	100원	**우 선 주**		**구　상　호**	신영스팩2호

주주구성 (지분율,%)		출자관계 (지분율,%)		주요경쟁사 (외형,%)	
메이븐에프씨	38.6			패션플랫폼	
박원희	10.7			국동	
(외국인)	0.1			방림	

매출구성		비용구성		수출비중	
		매출원가율	0.0	수출	—
		판관비율	0.0	내수	—

회사 개요

패션플랫폼은 의류 제조 판매를 주 사업목적으로 2009년 설립됨. 백화점,할인점,대리점,직영로드샵 등전국 164개의 유통망을 확보하고 있음. 레노마레이디와 보니스팍스,헤라드레스코드 등이 주요 브랜드임. 2018년 2월 1일자를 합병기일로 신영해피투모로우제2호기업인수목적에 합병되었음. 경쟁력 강화, 경영효율성 제고, 주주가치 극대화 등이 합병을 진행한 목적임.

실적 분석

동사는 2018년 2월1일 신영해피투모로우제2호기업인수목적에 합병됨. 합병 이전 기준 2017년 동사 매출은 652.5억원을 기록함. 전년도 매출액인 554.4억원에 비해 17.7% 증가한 금액임. 매출이 증가했으나 매출원가가 21% 늘고 판매비와 관리비가 24.7% 증가함. 이에 영업이익은 전년도 대비 21% 감소한 52.3억원을 기록하는데 그침. 당기순이익은 42.4억원을 시현함.

현금 흐름 *IFRS 별도 기준 <단위 : 억원>

항목	2016	2017
영업활동	1	2
투자활동	-1	-1
재무활동	—	-2
순현금흐름	-0	-1
기말현금	18	17

시장 대비 수익률

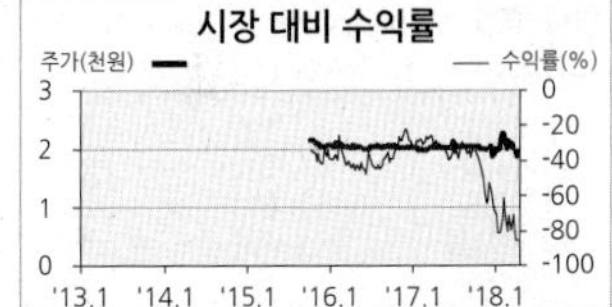

결산 실적 <단위 : 억원>

항목	2012	2013	2014	2015	2016	2017
매출액	—	153	—	358	—	—
영업이익	—	9	—	26	-0	-1
당기순이익	—	7	—	19	1	-0

분기 실적 *IFRS 별도 기준 <단위 : 억원>

항목	2016.3Q	2016.4Q	2017.1Q	2017.2Q	2017.3Q	2017.4Q
매출액	—	—	—	—	—	—
영업이익	—	—	—	—	—	—
당기순이익	—	—	—	—	—	—

재무 상태 *IFRS 별도 기준 <단위 : 억원>

항목	2012	2013	2014	2015	2016	2017
총자산	—	100	—	191	120	120
유형자산	—	6	—	12	—	—
무형자산	—	—	—	—	—	—
유가증권	—	—	—	—	—	—
총부채	—	65	—	120	18	20
총차입금	—	27	—	42	17	18
자본금	—	20	—	20	5	5
총자본	—	35	—	71	102	100
지배주주지분	—	35	—	71	102	100

기업가치 지표 *IFRS 별도 기준

항목	2012	2013	2014	2015	2016	2017
주가(최고/저)(천원)	—/—	—/—	—/—	—/—	—/—	—/—
PER(최고/저)(배)	0.0/0.0	0.0/0.0	0.0/0.0	23.3/22.1	559.8/523.4	—/—
PBR(최고/저)(배)	0.0/0.0	0.0/0.0	0.0/0.0	6.4/6.0	4.7/4.4	5.2/4.4
EV/EBITDA(배)	0.0	1.5	0.0	4.3	—	—
EPS(원)	—	31	—	93	4	-1
BPS(원)	—	8,688	—	17,705	2,348	2,125
CFPS(원)	—	2,126	—	5,526	20	-5
DPS(원)	—	—	—	—	—	—
EBITDAPS(원)	—	2,847	—	7,142	-7	-25

재무 비율 <단위 : %>

연도	영업이익률	순이익률	부채비율	차입금비율	ROA	ROE	유보율	자기자본비율	EBITDA마진율
2017	0.0	0.0	19.5	17.6	-0.2	-0.2	1,865.5	83.7	0.0
2016	0.0	0.0	17.3	16.9	0.5	0.9	1,899.2	85.3	0.0
2015	7.2	5.4	170.0	59.1	0.0	0.0	254.1	37.0	8.0
2014	0.0	0.0	0.0	0.0	0.0	0.0	0.0	0.0	0.0

팬스타엔터프라이즈 (A054300)
Panstar Enterprise

업종 : 자동차부품 | 시장 : KOSDAQ
신용등급 : (Bond) — (CP) — | 기업규모 : 중견
홈페이지 : www.panstar-enterprise.com | 연락처 : 051)240-8878
본사 : 부산시 중구 해관로 30 팬스타크루즈프라자

설립일	1995.11.21	**종업원수**	100명	**대표이사**	김현겸,최영학
상장일	2001.12.22	**감사의견**	적정(원지)	**계열**	
결산기	12월	**보통주**		**종속회사수**	
액면가	500원	**우선주**		**구상호**	헤스본

주주구성 (지분율,%)		출자관계 (지분율,%)		주요경쟁사 (외형,%)	
김현겸	10.0	오션글로벌코리아	43.9	팬스타엔터프라이즈	100
팬스타라인닷컴	7.3	리얼헤스본	40.0	두올산업	119
(외국인)	1.9	팬스타라이너스	38.0	체시스	167

매출구성		비용구성		수출비중	
유공압정비기기	80.0	매출원가율	80.9	수출	46.8
전자제어 및 환경정비기기	8.8	판관비율	10.9	내수	53.2
전자제어정비기기	8.3				

회사 개요

동사는 1991년 설립 이래 20여년간 자동차 정비기기 사업을 영위해오고 있음. 자동차 정비기기는 유공압기술을 바탕으로 한 유공압 정비기기와 얼라인먼트 등의 전자제어 정비기기로 제품군이 구분됨. 본사는 부산에 소재하고 있으며, 공장은 인천에 소재하고 있음. 2015년에 상호를 헤스본 주식회사에서 주식회사 팬스타엔터프라이즈로 변경함. 연결대상 종속회사는 없으나 팬스타그룹에 5개의 계열사가 소속되어 있음.

실적 분석

동사의 2017년 연간 매출액은 전년동기대비 19.4% 상승한 335.2억원을 기록하였음. 비용면에서 전년동기대비 매출원가는 증가 하였으며 인건비는 감소 하였고 광고선전비는 크게 증가, 기타판매비와관리비는 감소함. 이처럼 매출액 상승과 더불어 비용절감에도 힘을 기울였음. 최종적으로 전년동기대비 당기순이익은 흑자전환하여 18억원을 기록함. 비영업손익이 적자지속 중이나 손실폭을 줄여가고 있는 것은 긍정적으로 판단됨.

현금 흐름 *IFRS 별도 기준

〈단위 : 억원〉

항목	2016	2017
영업활동	-3	36
투자활동	-81	-29
재무활동	61	-28
순현금흐름	-23	-22
기말현금	36	14

시장 대비 수익률

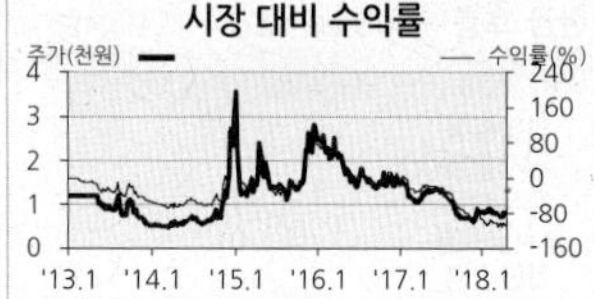

결산 실적

〈단위 : 억원〉

항목	2012	2013	2014	2015	2016	2017
매출액	336	251	246	242	281	335
영업이익	13	-16	3	-2	-24	27
당기순이익	-8	-48	-8	-8	-34	18

분기 실적 *IFRS 별도 기준

〈단위 : 억원〉

항목	2016.3Q	2016.4Q	2017.1Q	2017.2Q	2017.3Q	2017.4Q
매출액	70	88	85	92	83	75
영업이익	-6	-20	7	8	8	5
당기순이익	-9	-19	1	7	9	0

재무 상태 *IFRS 별도 기준

〈단위 : 억원〉

항목	2012	2013	2014	2015	2016	2017
총자산	265	234	193	391	421	422
유형자산	25	19	23	23	83	135
무형자산	1	1	1	2	1	1
유가증권	32	0	0	0	—	—
총부채	205	181	137	159	217	138
총차입금	141	135	94	117	171	87
자본금	42	76	85	136	136	206
총자본	60	53	56	233	204	285
지배주주지분	60	53	56	233	204	285

기업가치 지표 *IFRS 별도 기준

항목	2012	2013	2014	2015	2016	2017
주가(최고/저)(천원)	3.7/1.3	1.5/0.6	3.9/0.5	4.3/1.3	3.0/1.5	1.6/0.6
PER(최고/저)(배)	—/—	—/—	—/—	—/—	—/—	26.5/10.1
PBR(최고/저)(배)	4.5/1.6	3.8/1.4	10.4/1.3	4.7/1.4	3.7/1.9	2.2/0.9
EV/EBITDA(배)	6.3	—	103.4	448.5	—	10.9
EPS(원)	-127	-475	-47	-38	-116	59
BPS(원)	773	386	360	873	768	705
CFPS(원)	-82	-475	-32	-25	-102	92
DPS(원)	—	—	—	—	—	—
EBITDAPS(원)	274	-135	39	5	-66	122

재무 비율

〈단위 : %〉

연도	영업이익률	순이익률	부채비율	차입금비율	ROA	ROE	유보율	자기자본비율	EBITDA마진율
2017	8.1	5.4	48.3	30.5	4.3	7.4	40.9	67.4	11.1
2016	-8.5	-12.0	106.3	83.8	-8.3	-15.4	53.7	48.5	-6.4
2015	-0.8	-3.1	68.3	50.4	-2.6	-5.3	74.6	59.4	0.4
2014	1.4	-3.2	일부잠식	일부잠식	-3.7	-14.5	-28.0	29.2	2.5

팬엔터테인먼트 (A068050)
Pan Entertainment

업종 : 미디어 | 시장 : KOSDAQ
신용등급 : (Bond) — (CP) — | 기업규모 : 중견
홈페이지 : www.thepan.co.kr | 연락처 : 02)380-2100
본사 : 서울시 마포구 월드컵북로58길 10 (상암동, 더 팬)

설립일	1998.04.03	**종업원수**	38명	**대표이사**	박영석
상장일	2006.07.07	**감사의견**	적정(우리)	**계열**	
결산기	12월	**보통주**		**종속회사수**	3개사
액면가	500원	**우선주**		**구상호**	

주주구성 (지분율,%)		출자관계 (지분율,%)		주요경쟁사 (외형,%)	
박영석	42.2			팬엔터테인먼트	100
한국증권금융	2.9			에프엔씨애드컬쳐	79
(외국인)	1.0			빅텐츠	50

매출구성		비용구성		수출비중	
드라마	88.1	매출원가율	96.7	수출	14.1
임대	6.7	판관비율	5.0	내수	85.9
OST, 앨범	2.7				

회사 개요

동사는 1998년 4월 3일 설립되어 방송영상물제작 및 음반제작을 주요사업으로 영위하고 있음. 또한 2006년 3월 23일에 코스닥시장 상장을 승인받아 회사의 주식이 2006년 7월 7일자로 상장되어 코스닥시장에서 매매가 개시되었음. 사업부문별 비중은 드라마가 87%로 가장 높은 비중을 차지하고 있으며, 건물임대(7%), 음반/음원(2%) 등으로 구성되어 있음.

실적 분석

동사는 2015년 2분기부터 한류콘텐츠에 대한 중국수출시장의 폐쇄로 국내 드라마제작사의 손익이 크게 악화되어 있음. 2017년 동사의 연결기준 매출액은 423.4억원으로 전년대비 19.9% 증가하였고 영업손실은 7.4억원으로 적자전환되었음. 비영업 부문 적자가 지속돼 당기순손실 또한 16.9억원을 기록함. 향후 중국수출시장의 개방에 대비하여 주기적인 드라마의 사전제작, 영화사업부문의 진출로 사업다각화할 계획.

현금 흐름

〈단위 : 억원〉

항목	2016	2017
영업활동	-38	12
투자활동	9	3
재무활동	23	120
순현금흐름	-6	134
기말현금	17	150

시장 대비 수익률

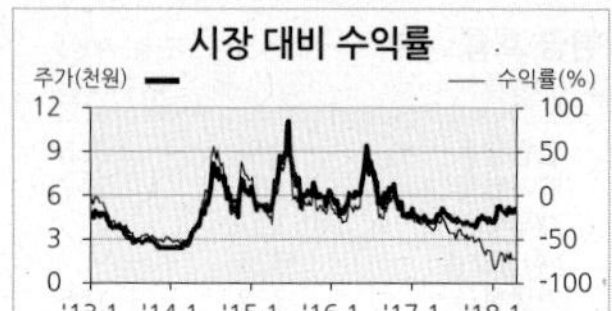

결산 실적

〈단위 : 억원〉

항목	2012	2013	2014	2015	2016	2017
매출액	377	271	343	210	353	423
영업이익	17	-2	8	-43	20	-7
당기순이익	1	-23	3	-70	6	-17

분기 실적

〈단위 : 억원〉

항목	2016.3Q	2016.4Q	2017.1Q	2017.2Q	2017.3Q	2017.4Q
매출액	127	78	56	125	116	126
영업이익	18	10	0	-12	2	2
당기순이익	19	-4	7	-22	3	-5

재무 상태

〈단위 : 억원〉

항목	2012	2013	2014	2015	2016	2017
총자산	676	683	703	667	700	802
유형자산	428	426	418	428	421	414
무형자산	7	8	6	5	5	10
유가증권	7	60	88	45	51	41
총부채	281	265	282	293	298	329
총차입금	220	205	218	225	226	258
자본금	43	46	46	47	51	69
총자본	395	418	421	374	402	473
지배주주지분	394	418	421	374	402	473

기업가치 지표

항목	2012	2013	2014	2015	2016	2017
주가(최고/저)(천원)	7.3/3.6	5.2/2.3	8.2/2.4	12.3/4.8	9.4/4.2	5.3/3.9
PER(최고/저)(배)	368.7/180.8	—/—	286.6/82.5	—/—	140.3/63.3	—/—
PBR(최고/저)(배)	1.6/0.8	1.1/0.5	1.8/0.5	3.1/1.2	2.4/1.1	1.5/1.1
EV/EBITDA(배)	22.2	96.7	41.8	—	25.0	795.3
EPS(원)	20	-247	28	-757	67	-165
BPS(원)	4,545	4,519	4,550	3,965	3,972	3,445
CFPS(원)	143	-183	122	-675	144	-86
DPS(원)	—	—	—	—	—	—
EBITDAPS(원)	365	46	176	-379	282	6

재무 비율

〈단위 : %〉

연도	영업이익률	순이익률	부채비율	차입금비율	ROA	ROE	유보율	자기자본비율	EBITDA마진율
2017	-1.8	-4.0	69.4	54.5	-2.3	-3.9	589.0	59.0	0.2
2016	5.7	1.7	74.1	56.2	0.9	1.7	694.5	57.5	7.9
2015	-20.4	-33.5	78.2	60.1	-10.3	-17.7	693.0	56.1	-16.8
2014	2.2	0.8	67.0	51.8	0.4	0.6	809.9	59.9	4.7

팬오션 (A028670)

Pan Ocean

업 종 : 해상운수
신용등급 : (Bond) A- (CP) —
홈페이지 : www.panocean.com
본 사 : 서울시 종로구 종로5길 7, Tower8

시 장 : 거래소
기업규모 : 시가총액 대형주
연 락 처 : 02)316-5114

설 립 일	1966.05.28	**종업원수**	1,000명	**대표이사**	김홍국,추성엽
상 장 일	2007.09.21	**감사의견**	적정(삼일)	**계 열**	
결 산 기	12월	**보 통 주**		**종속회사수**	13개사
액 면 가	1,000원	**우 선 주**		**구 상 호**	STX팬오션

주주구성 (지분율,%)		출자관계 (지분율,%)		주요경쟁사 (외형,%)	
제일홀딩스	50.9	포스에스엠	100.0	팬오션	100
포세이돈2014(유)	7.6	부산크로스독	20.0	흥아해운	36
(외국인)	7.3	코리아엘엔지트레이딩	18.0	대한해운	67

매출구성		비용구성		수출비중	
철광석, 석탄, 곡물 등	73.9	매출원가율	88.7	수출	—
곡물사업	12.5	판관비율	3.0	내수	—
원유 및 원유제품	9.3				

회사 개요

동사는 해상화물운송 등을 사업목적으로 1966년 설립되었으며 2005년 싱가포르 증권거래소, 2007년 한국거래소 유가증권시장에 주식을 상장함. 해운업과 곡물사업을 주요 사업으로 영위하고 있으며 주식회사 포스에스엠 등 13개 자회사를 연결대상 종속회사로 보유함. 미국, 중국 등지에 비상장 해외법인도 보유하고 있음. 현재 최대주주는 제일홀딩스외 30인으로 구성됨.

실적 분석

동사의 2017년 결산 연결기준 매출액은 전년대비 24.7% 성장한 2조 3,362.4억원을 기록함. 매출액 성장은 주로 드라이벌크 시황 회복에 기인함. 원가율은 전년도와 유사한 수준을 유지하였으나 탑라인 성장에 따라 영업이익 1,950.2억원, 당기순이익 1,412.8억원을 보이며 이익 규모가 증가함. 특히 비영업손실 축소로 순이익률은 전년대비 0.8%pt 개선됨.

현금 흐름

〈단위 : 억원〉

항목	2016	2017
영업활동	2,510	2,616
투자활동	-924	-1,172
재무활동	-1,979	-1,550
순현금흐름	-331	-374
기말현금	2,451	2,076

시장 대비 수익률

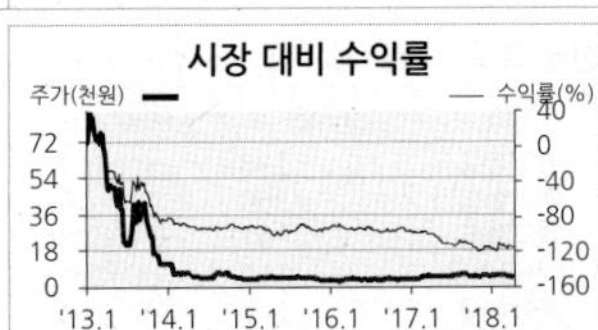

결산 실적

〈단위 : 억원〉

항목	2012	2013	2014	2015	2016	2017
매출액	54,178	26,820	16,456	18,193	18,740	23,362
영업이익	-2,117	-2,221	2,160	2,294	1,679	1,950
당기순이익	-4,640	-19,097	7,861	455	971	1,413

분기 실적

〈단위 : 억원〉

항목	2016.3Q	2016.4Q	2017.1Q	2017.2Q	2017.3Q	2017.4Q
매출액	4,658	5,126	5,229	6,325	5,838	5,970
영업이익	368	501	409	488	522	531
당기순이익	275	-297	319	200	419	475

재무 상태

〈단위 : 억원〉

항목	2012	2013	2014	2015	2016	2017
총자산	71,502	48,801	45,579	43,143	43,306	38,944
유형자산	54,136	39,698	35,212	36,404	36,780	32,236
무형자산	334	92	56	85	103	96
유가증권	1,351	832	246	14	80	362
총부채	53,712	46,392	31,353	18,828	17,648	14,846
총차입금	45,596	27,209	25,426	15,222	15,211	12,226
자본금	2,059	1,209	2,145	5,244	5,344	5,345
총자본	17,789	2,409	14,226	24,314	25,659	24,098
지배주주지분	17,703	2,327	14,213	24,062	25,407	23,890

기업가치 지표

항목	2012	2013	2014	2015	2016	2017
주가(최고/저)(천원)	127/42.2	91.6/11.4	11.4/3.6	5.4/3.4	4.3/2.9	6.7/3.8
PER(최고/저)(배)	—/—	—/—	1.9/0.6	43.6/26.9	23.5/15.6	24.9/14.3
PBR(최고/저)(배)	0.5/0.2	37.9/4.7	1.4/0.4	1.2/0.7	0.9/0.6	1.5/0.9
EV/EBITDA(배)	—	—	6.6	8.1	10.1	10.5
EPS(원)	-63,189	-159,155	6,070	125	184	268
BPS(원)	8,715	1,927	6,625	4,588	4,754	4,469
CFPS(원)	-1,358	-113,139	5,824	572	502	582
DPS(원)	—	—	—	—	—	—
EBITDAPS(원)	-126	-895	2,311	1,076	633	679

재무 비율

〈단위 : %〉

연도	영업이익률	순이익률	부채비율	차입금비율	ROA	ROE	유보율	자기자본비율	EBITDA마진율
2017	8.4	6.1	61.6	50.7	3.4	5.8	346.9	61.9	15.5
2016	9.0	5.2	68.8	59.3	2.3	4.0	375.4	59.3	18.0
2015	12.6	2.5	77.4	62.6	1.0	2.4	358.8	56.4	21.6
2014	13.1	47.8	220.4	178.7	16.7	95.1	562.5	31.2	22.8

팬젠 (A222110)

Pangen Biotech

업 종 : 바이오
신용등급 : (Bond) — (CP) —
홈페이지 : www.pangen.com
본 사 : 경기도 수원시 영통구 신원로 306, 2동 4층(원천동, 영통이노플렉스)

시 장 : KOSDAQ
기업규모 : 기술성
연 락 처 : 031)733-9165

설 립 일	2010.01.11	**종업원수**	55명	**대표이사**	김영부,윤재승
상 장 일	2016.03.11	**감사의견**	적정(한울)	**계 열**	
결 산 기	12월	**보 통 주**		**종속회사수**	
액 면 가	500원	**우 선 주**		**구 상 호**	

주주구성 (지분율,%)		출자관계 (지분율,%)		주요경쟁사 (외형,%)	
김영부	12.9			팬젠	100
윤재승	9.4			랩지노믹스	1,045
(외국인)	10.4			툴젠	141

매출구성		비용구성		수출비중	
위탁생산(CMO)	54.1	매출원가율	162.1	수출	10.0
생산세포주 및 공정 기술이전	26.6	판관비율	101.9	내수	90.0
로열티	11.4				

회사 개요

동사는 1999년 설립 이후 2006년 삼성정밀화학 바이오 사업부문 및 기술인력을 인수하고 2010년에 분할 재설립된 바이오시밀러 의약품의 개발 및 제조 전문업체임. 원천기술인 PanGen CHO-TECH™와 바이오의약품 제품화 기술을 보유하고 있으며 2016년 3월 코스닥 시장에 상장함. 현재 바이오시밀러 EPO 제품이 가장 빠른 임상 3상 시험 중임. PanGen CHO-TECH™ 는 CHO세포에 특화된 단백질 발현기술임.

실적 분석

동사의 2017년 결산 매출액은 전년대비 62.4% 성장한 23.7억원을 기록함. 아직 본격적인 매출이 발생하지 않은 상황에서 높은 고정비 부담이 이어지고 있어 영업손실 38.9억원, 당기순손실 70.2억원을 보이며 적자를 지속함. 다만 CMO 매출증가 및 FACTORVIII 전임상완료에 따른 연구개발비 감소로 영업손실 규모는 전년대비 대폭 감소함. 동사는 당기 결산일 이후 최대주주변경을 수반하는 주식담보제공계약체결을 공시함.

현금 흐름 *IFRS 별도 기준

〈단위 : 억원〉

항목	2016	2017
영업활동	-43	-7
투자활동	-91	-70
재무활동	261	29
순현금흐름	126	-48
기말현금	136	88

시장 대비 수익률

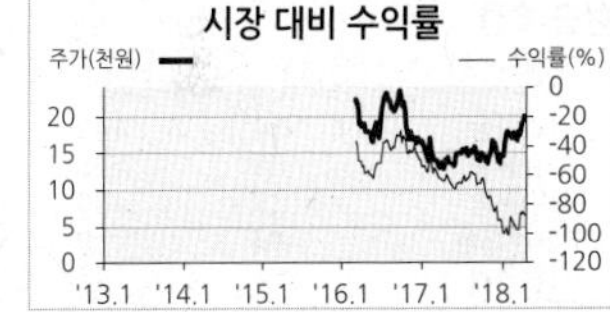

결산 실적

〈단위 : 억원〉

항목	2012	2013	2014	2015	2016	2017
매출액	27	32	34	37	15	24
영업이익	-11	-5	-20	-20	-73	-39
당기순이익	-18	-14	-21	-26	-51	-70

분기 실적 *IFRS 별도 기준

〈단위 : 억원〉

항목	2016.3Q	2016.4Q	2017.1Q	2017.2Q	2017.3Q	2017.4Q
매출액	4	4	4	9	10	1
영업이익	-20	-15	-11	-9	-7	-12
당기순이익	-20	-8	-11	-8	-7	-45

재무 상태 *IFRS 별도 기준

〈단위 : 억원〉

항목	2012	2013	2014	2015	2016	2017
총자산	102	115	169	159	374	356
유형자산	56	58	54	49	53	69
무형자산	15	26	42	58	78	74
유가증권	—	—	—	—	—	—
총부채	98	102	87	93	21	43
총차입금	92	92	73	77	—	—
자본금	11	11	14	30	45	48
총자본	4	13	82	66	353	313
지배주주지분	4	13	82	66	353	313

기업가치 지표 *IFRS 별도 기준

항목	2012	2013	2014	2015	2016	2017
주가(최고/저)(천원)	—/—	—/—	—/—	—/—	—/—	—/—
PER(최고/저)(배)	0.0/0.0	0.0/0.0	0.0/0.0	0.0/0.0	—/—	—/—
PBR(최고/저)(배)	0.0/0.0	0.0/0.0	0.0/0.0	0.0/0.0	6.3/4.1	5.5/3.9
EV/EBITDA(배)	—	24.2	—	—	—	—
EPS(원)	-389	-273	-337	-384	-599	-744
BPS(원)	180	524	2,442	946	3,902	3,256
CFPS(원)	-418	-196	-364	-231	-466	-661
DPS(원)	—	—	—	—	—	—
EBITDAPS(원)	-133	142	-332	-141	-717	-329

재무 비율

〈단위 : %〉

연도	영업이익률	순이익률	부채비율	차입금비율	ROA	ROE	유보율	자기자본비율	EBITDA마진율
2017	-164.0	-295.7	13.7	0.0	-19.2	-21.1	551.2	88.0	-130.9
2016	-497.5	-350.7	5.9	0.0	-19.2	-24.5	680.4	94.4	-419.4
2015	-54.2	-70.7	142.3	116.6	-16.1	-35.7	119.4	41.3	-25.9
2014	-59.4	-62.4	105.5	89.4	-15.0	-44.5	469.0	48.7	-30.8

퍼스텍 (A010820)

Firstec

업　　종 : 상업서비스
신용등급 : (Bond) —　　　(CP) —
홈페이지 : www.firsteccom.co.kr
본　　사 : 경남 창원시 성산구 남면로 485

시　　장 : 거래소
기업규모 : 시가총액 소형주
연 락 처 : 055)212-1606

설립일 1975.09.25　**종업원수** 412명　**대표이사** 김용민
상장일 1989.05.10　**감사의견** 적정(삼일)　**계열**
결산기 12월　**보통주**　**종속회사수** 1개사
액면가 500원　**우선주**　**구상호**

주주구성 (지분율,%)		출자관계 (지분율,%)		주요경쟁사 (외형,%)	
김근수	27.3	한텍	3.4	퍼스텍	100
김용민	18.3	트래닛	2.3	KC그린홀딩스	218
(외국인)	1.5	한국방위산업진흥회	1.7	빅텍	25

매출구성		비용구성		수출비중	
무기 및 총포탄 제조업(방위산업)	98.9	매출원가율	92.4	수출	0.0
보안서비스 개발	1.1	판관비율	6.9	내수	100.0

회사 개요

동사는 무기 제조업 및 보안서비스 제품을 생산, 판매하고 있으며, 방위사업과 시스템사업을 영위하는 업체임. 방위산업 부문이 전체 매출의 98% 이상 차지함. 차세대 주력분야인 항공 분야에서 한국형 중형헬기 UH-60을 시작으로 항공우주 사업으로 확장함. 2015년 오스트리아의 엔진 전문 업체와 엔진 국산화 및 후속 지원을 위한 양해각서 체결함. 방위시장의 점유율은 20위권임. 다만 얼굴인식 시장에서는 1위를 달림.

실적 분석

동사의 2017년 4분기 연결기준 누적 매출액은 1619.6억원으로 전년 동기(1513.2억원) 대비 7% 증가함. 영업이익은 10.7억원을 기록하며 전년보다 132.2% 증가. 당기순이익은 37.7억원을 달성해 흑자전환에 성공. 동사는 무인 항공 시스템의 선두 주자인 유콘시스템을 인수해 소형 무인기 사업 및 무인 전투체계 사업의 기술력 확보에 나서고 있음. 비행체를 원격으로 통제하고 실시간 데이터를 전송받아 분석하는 지상통제장비를 개발함.

현금 흐름 〈단위 : 억원〉

항목	2016	2017
영업활동	54	149
투자활동	-48	-28
재무활동	37	-130
순현금흐름	43	-9
기말현금	52	43

시장 대비 수익률

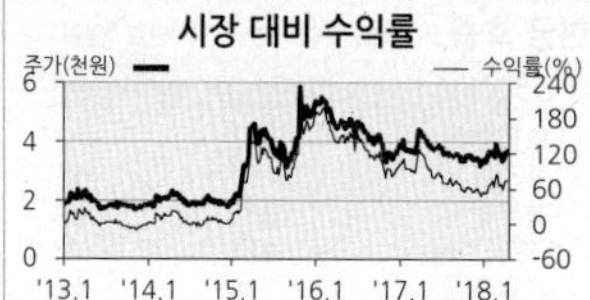

결산 실적 〈단위 : 억원〉

항목	2012	2013	2014	2015	2016	2017
매출액	915	1,088	1,156	1,388	1,513	1,620
영업이익	20	21	28	19	5	11
당기순이익	26	17	16	25	-4	38

분기 실적 〈단위 : 억원〉

항목	2016.3Q	2016.4Q	2017.1Q	2017.2Q	2017.3Q	2017.4Q
매출액	302	581	342	378	335	565
영업이익	-4	1	1	8	0	1
당기순이익	-4	0	2	21	22	-8

재무 상태 〈단위 : 억원〉

항목	2012	2013	2014	2015	2016	2017
총자산	1,321	1,476	2,000	2,036	2,023	1,972
유형자산	471	465	518	510	515	507
무형자산	101	110	148	176	178	158
유가증권	23	62	72	86	91	93
총부채	635	807	1,293	1,305	1,277	1,164
총차입금	167	211	295	452	491	362
자본금	234	234	234	234	234	234
총자본	686	668	707	732	747	807
지배주주지분	686	668	649	672	703	761

기업가치 지표

항목	2012	2013	2014	2015	2016	2017
주가(최고/저)(천원)	2.5/1.6	2.5/1.6	2.4/1.8	6.7/1.9	5.9/3.3	4.8/3.2
PER(최고/저)(배)	46.9/30.7	68.9/45.5	81.9/59.2	128.1/36.3	—/—	62.6/41.4
PBR(최고/저)(배)	1.8/1.2	1.8/1.2	1.8/1.3	4.7/1.3	3.9/2.2	3.0/2.0
EV/EBITDA(배)	20.4	21.1	20.5	55.7	45.2	34.8
EPS(원)	55	37	30	52	-11	77
BPS(원)	1,471	1,432	1,390	1,440	1,507	1,631
CFPS(원)	110	98	99	125	86	171
DPS(원)	30	25	25	—	—	—
EBITDAPS(원)	97	105	128	113	106	117

재무 비율 〈단위 : %〉

연도	영업이익률	순이익률	부채비율	차입금비율	ROA	ROE	유보율	자기자본비율	EBITDA마진율
2017	0.7	2.3	144.2	44.8	1.9	4.9	226.2	41.0	3.4
2016	0.3	-0.2	170.9	65.8	-0.2	-0.7	201.3	36.9	3.3
2015	1.3	1.8	178.3	61.8	1.3	3.7	188.0	35.9	3.8
2014	2.4	1.4	182.8	41.7	0.9	2.2	178.0	35.4	5.2

퍼시스 (A016800)

Fursys

업　　종 : 내구소비재
신용등급 : (Bond) —　　　(CP) —
홈페이지 : www.fursys.com
본　　사 : 서울시 송파구 오금로 311 (오금동)

시　　장 : 거래소
기업규모 : 시가총액 소형주
연 락 처 : 02)443-9999

설립일 1983.03.11　**종업원수** 309명　**대표이사** 이종태배상돈
상장일 1996.12.03　**감사의견** 적정(삼덕)　**계열**
결산기 12월　**보통주**　**종속회사수**
액면가 1,000원　**우선주**　**구상호**

주주구성 (지분율,%)		출자관계 (지분율,%)		주요경쟁사 (외형,%)	
시디즈	30.8			퍼시스	100
손동창	16.7			한샘	713
(외국인)	25.8			현대리바트	307

매출구성		비용구성		수출비중	
사무용 가구 제품(내수)	47.4	매출원가율	73.2	수출	13.3
사무용 가구 상품(내수)	35.9	판관비율	18.9	내수	86.7
사무용 가구 상품(수출)	11.1				

회사 개요

동사는 1983년 설립되어 사무용 가구 생산에만 주력해 국내 사무가구 1위 지위를 유지하고 있음. 국내 사무가구 시장은 1조원 정도로 추정되며 점유율은 2016년 실적 기준으로 동사(56.3%), 코아스(23.2%), 리바트(17.6%), 보루네오(2.8%)순임. 동사는 최대주주이자 비상장사 시디즈를 비롯해 상장사 팀스, 비상장사 일룸, 바로스 등 동사 포함 5개의 계열사가 있음.

실적 분석

동사의 2017년 매출과 영업이익은 2895억원, 230억원으로 전년 대비 각각 25%, 37% 증가함. 당기순이익은 220억원으로 전년 동기 대비 5% 감소함. 미국·일본 등 선진국의 수년간 이어진 경기 부양책이 소비지출과 설비투자 확대로 이어지면서 동사도 수혜를 본 것으로 분석됨. 동사는 2021년까지 전문성을 바탕으로 연평균 17% 성장해 5000억원 이상의 매출을 거둔다는 목표를 설정함.

현금 흐름 *IFRS 별도 기준 〈단위 : 억원〉

항목	2016	2017
영업활동	238	221
투자활동	-309	-79
재무활동	-91	-73
순현금흐름	-150	5
기말현금	749	754

시장 대비 수익률

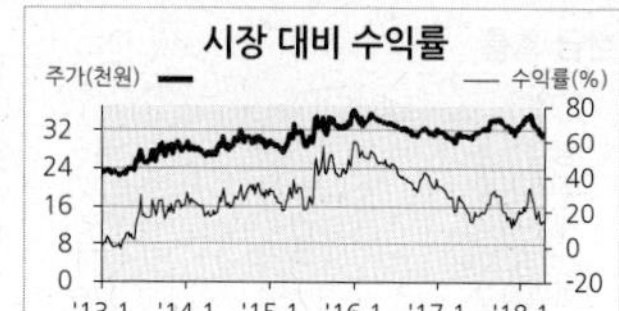

결산 실적 〈단위 : 억원〉

항목	2012	2013	2014	2015	2016	2017
매출액	2,220	2,171	2,199	2,436	2,316	2,895
영업이익	239	179	204	237	168	230
당기순이익	294	207	248	300	232	221

분기 실적 *IFRS 별도 기준 〈단위 : 억원〉

항목	2016.3Q	2016.4Q	2017.1Q	2017.2Q	2017.3Q	2017.4Q
매출액	494	640	767	682	705	741
영업이익	22	61	91	71	39	29
당기순이익	20	96	56	99	63	2

재무 상태 *IFRS 별도 기준 〈단위 : 억원〉

항목	2012	2013	2014	2015	2016	2017
총자산	3,423	3,487	3,747	4,015	4,165	4,368
유형자산	1,250	1,203	1,167	1,131	1,097	1,093
무형자산	10	10	27	27	40	44
유가증권	76	317	771	1,024	986	892
총부채	388	394	458	481	483	524
총차입금	—	—	—	—	—	—
자본금	143	143	143	143	143	143
총자본	3,035	3,093	3,289	3,534	3,682	3,844
지배주주지분	3,035	3,093	3,289	3,534	3,682	3,844

기업가치 지표 *IFRS 별도 기준

항목	2012	2013	2014	2015	2016	2017
주가(최고/저)(천원)	30.5/21.5	29.8/22.5	34.0/26.0	36.3/27.4	36.3/30.7	34.7/29.5
PER(최고/저)(배)	13.6/9.6	18.4/13.9	17.2/13.2	14.6/11.2	18.8/16.0	18.5/15.7
PBR(최고/저)(배)	1.2/0.8	1.1/0.8	1.1/0.9	1.1/0.8	1.0/0.9	0.9/0.8
EV/EBITDA(배)	4.3	9.1	9.5	10.6	10.8	7.7
EPS(원)	2,557	1,804	2,152	2,608	2,016	1,918
BPS(원)	30,375	31,632	33,283	35,340	36,832	38,309
CFPS(원)	3,057	2,312	2,662	3,121	2,490	2,417
DPS(원)	700	700	700	700	700	800
EBITDAPS(원)	2,580	2,066	2,283	2,574	1,935	2,500

재무 비율 〈단위 : %〉

연도	영업이익률	순이익률	부채비율	차입금비율	ROA	ROE	유보율	자기자본비율	EBITDA마진율
2017	8.0	7.6	13.6	0.0	5.2	5.9	2,980.8	88.0	9.9
2016	7.3	10.0	13.1	0.0	5.7	6.4	2,862.0	88.4	9.6
2015	9.7	12.3	13.6	0.0	7.7	8.8	2,742.0	88.0	12.2
2014	9.3	11.3	13.9	0.0	6.8	7.8	2,576.6	87.8	11.9

퍼시픽바이오 (A060900)

Pacific Bio

업　　종 : 에너지 시설 및 서비스　　시　　장 : KOSDAQ
신용등급 : (Bond) —　(CP) —　　기업규모 : 중견
홈페이지 : www.pacificbio.co.kr　　연 락 처 : 02)6917-5300
본　　사 : 서울시 중구 소월로 10, 26층(남대문로5가, 단암빌딩)

설 립 일	1997.02.28	종업원수	40명	대표이사	박정원,김병주
상 장 일	2002.09.09	감사의견	적정(대성삼경)	계 열	
결 산 기	12월	보 통 주		종속회사수	
액 면 가	100원	우 선 주		구 상 호	엘에너지

주주구성 (지분율,%)		출자관계 (지분율,%)		주요경쟁사 (외형,%)	
김태일	6.5			퍼시픽바이오	100
글로벌통상	6.2			에스에프씨	139
(외국인)	0.5			제이씨케미칼	534

매출구성		비용구성		수출비중	
바이오중유	57.5	매출원가율	108.3	수출	—
시스템 냉난방기 설치 시공	42.5	판관비율	11.0	내수	—

회사 개요

동사는 1997년 설립되어 2002년 코스닥에 상장하였으며 시스템 냉난방기 및 환기 공조 시스템 설치공사,바이오 중유 및 일반중유 제조, 판매업 등을 주요사업으로 영위함. 2015년 플랜트건설, 기계설비공사업을 영위하는 자회사 정진공영을 매각하였고 시스템에어컨 부문 또한 신규거래를 중단한 상태라 현재는 에너지정제사업을 주로 영위하고 있음. 매출비중은 석유정제사업부문 100% 등으로 구성됨.

실적 분석

2017년 동사의 연결기준 매출액은 전년대비 3.1% 감소한 321.4억원을 시현하였음. 매출은 전년과 비슷한 수준을 기록하였으나, 한전 자회사들의 Overhaul로 인한 입찰물량 감소와 동사의 수요 불안정에 따른 공급업체들과 경쟁 과열로 판매가격이 하락하여 적자로 전환하게 되었고, 더불어 2015년 6월 사업구조 재편 이후, 중단사업에서 발생한 비용이 추가되어 당기순손실 78.6억원을 실현하였음.

현금 흐름 *IFRS 별도 기준 〈단위 : 억원〉

항목	2016	2017
영업활동	-68	-86
투자활동	-14	2
재무활동	76	136
순현금흐름	-6	51
기말현금	0	51

시장 대비 수익률

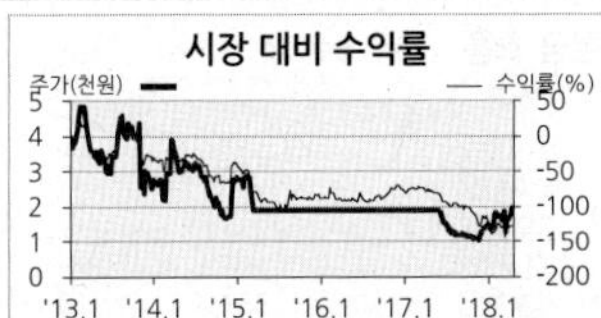

결산 실적 〈단위 : 억원〉

항목	2012	2013	2014	2015	2016	2017
매출액	473	1,373	1,141	146	332	321
영업이익	5	-21	-231	-64	4	-62
당기순이익	12	-166	-449	-77	-24	-79

분기 실적 *IFRS 별도 기준 〈단위 : 억원〉

항목	2016.3Q	2016.4Q	2017.1Q	2017.2Q	2017.3Q	2017.4Q
매출액	67	146	117	54	65	85
영업이익	3	0	4	-14	-15	-37
당기순이익	-1	7	-0	-21	-25	-33

재무 상태 *IFRS 별도 기준 〈단위 : 억원〉

항목	2012	2013	2014	2015	2016	2017
총자산	463	593	238	182	243	297
유형자산	2	41	41	50	65	68
무형자산	4	2	20	17	19	18
유가증권	28	3	3	3	3	2
총부채	309	439	474	48	127	157
총차입금	220	350	325	35	102	141
자본금	121	161	203	75	75	82
총자본	154	155	-237	134	116	140
지배주주지분	154	155	-237	134	116	140

기업가치 지표 *IFRS 별도 기준

항목	2012	2013	2014	2015	2016	2017
주가(최고/저)(천원)	3.3/1.4	3.3/1.0	2.6/1.3	1.9/1.3	1.3/1.0	—/—
PER(최고/저)(배)	53.8/38.3	—/—	—/—	85.1/55.2	—/—	—/—
PBR(최고/저)(배)	4.8/3.4	6.5/2.8	-4.2/-1.5	16.4/10.6	12.3/12.3	11.2/6.0
EV/EBITDA(배)	—	—	—	—	56.5	—
EPS(원)	92	-693	-2,157	34	-32	-98
BPS(원)	637	481	-584	889	153	168
CFPS(원)	60	-428	-1,342	159	-25	-90
DPS(원)	—	—	—	—	—	—
EBITDAPS(원)	-34	-134	-220	130	12	-70

재무 비율 〈단위 : %〉

연도	영업이익률	순이익률	부채비율	차입금비율	ROA	ROE	유보율	자기자본비율	EBITDA마진율
2017	-19.4	-24.5	112.2	100.3	-29.1	-61.4	71.3	47.1	-17.3
2016	1.1	-7.2	109.8	88.0	-11.2	-19.1	55.1	47.7	2.7
2015	-43.8	-53.0	35.7	25.9	-19.5	전기잠식	80.0	73.7	-40.2
2014	-20.2	-39.4	완전잠식	완전잠식	-57.4	당기잠식	-212.1	-38.8	-19.6

펄어비스 (A263750)

PearlAbyss

업　　종 : 게임 소프트웨어　　시　　장 : KOSDAQ
신용등급 : (Bond) —　(CP) —　　기업규모 : 중견
홈페이지 : www.pearlabyss.com　　연 락 처 : 031)476-8583
본　　사 : 경기도 안양시 동안구 시민대로327번길 24(관양동,아리온테크놀로지) 2~5층

설 립 일	2010.09.10	종업원수	242명	대표이사	정경인
상 장 일	2017.09.14	감사의견	적정(삼정)	계 열	
결 산 기	06월	보 통 주		종속회사수	
액 면 가	500원	우 선 주		구 상 호	

주주구성 (지분율,%)		출자관계 (지분율,%)		주요경쟁사 (외형,%)	
김대일	37.6	넷텐션	100.0	펄어비스	100
서용수	5.4	PearlAbyssTaiwanCorp.	100.0	엠게임	53
(외국인)	6.3	PearlAbyssEUB.V	100.0	파티게임즈	58

매출구성		비용구성		수출비중	
온라인게임 - 검은사막(해외)	78.6	매출원가율	0.0	수출	82.2
온라인게임 - 검은사막(국내)	21.4	판관비율	16.5	내수	17.8

회사 개요

동사는 2010년 9월 10일 설립된 게임 개발 및 퍼블리싱 전문 업체로 2017년 9월 14일 코스닥 시장에 상장함. 과거 게임 개발에만 집중하며 게임 유통은 권역별 주요 퍼블리셔에게 위탁해왔으나 동사의 자체 엔진을 기반으로 제작된 PC MMORPG 게임 검은사막이 히트를 하며 큰 성과를 거둠. 2년에 걸쳐 개발한 자체 게임 엔진인 'Black Desert Engine'도 강점임.

실적 분석

동사는 2017년부터 기존 6월 결산 법인에서 12월 결산 법인으로 결산 일자를 변경함. 2017년 12월 기준 6개월 누적 매출액은 523.8억원, 영업이익은 216.6억원을 기록함. 2018년 2월 28일 출시한 모바일 신작 게임 '검은사막 모바일'이 출시 직후 애플스토어 매출순위 1위, 구글플레이스토어 매출순위 2위를 달성한 후 지속적으로 최상위권 순위를 유지하고 있어 2018년 큰 폭의 실적 개선이 기대됨.

현금 흐름 〈단위 : 억원〉

항목	2017	2018.2Q
영업활동	466	—
투자활동	-275	—
재무활동	-34	—
순현금흐름	156	—
기말현금	469	—

시장 대비 수익률

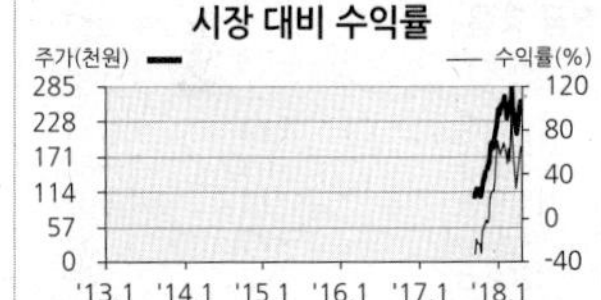

결산 실적 〈단위 : 억원〉

항목	2013	2014	2015	2016	2017	2018
매출액	—	—	217	337	927	—
영업이익	—	—	120	281	596	—
당기순이익	—	—	102	244	509	—

분기 실적 〈단위 : 억원〉

항목	2017.1Q	2017.2Q	2017.3Q	2017.4Q	2018.1Q	2018.2Q
매출액	127	152	318	330	—	—
영업이익	85	80	209	222	—	—
당기순이익	64	96	152	196	—	—

재무 상태 〈단위 : 억원〉

항목	2013	2014	2015	2016	2017	2018.2Q
총자산	—	—	193	443	1,017	—
유형자산	—	—	8	15	30	—
무형자산	—	—	4	3	10	—
유가증권	—	—	—	—	49	—
총부채	—	—	234	227	231	—
총차입금	—	—	66	60	11	—
자본금	—	—	3	4	51	—
총자본	—	—	-41	216	785	—
지배주주지분	—	—	-41	216	785	—

기업가치 지표

항목	2013	2014	2015	2016	2017	2018.2Q
주가(최고/저)(천원)	—/—	—/—	—/—	—/—	—/—	—/—
PER(최고/저)(배)	0.0/0.0	0.0/0.0	0.0/0.0	0.0/0.0	0.0/0.0	—/—
PBR(최고/저)(배)	0.0/0.0	0.0/0.0	0.0/0.0	0.0/0.0	0.0/0.0	0.0/0.0
EV/EBITDA(배)	0.0	0.0	—	—	—	—/—
EPS(원)	—	—	996	2,379	4,954	—
BPS(원)	—	—	-4,415	23,178	8,073	—
CFPS(원)	—	—	11,634	26,592	5,057	—
DPS(원)	—	—	—	—	—	—
EBITDAPS(원)	—	—	13,518	30,553	5,905	—

재무 비율 〈단위 : %〉

연도	영업이익률	순이익률	부채비율	차입금비율	ROA	ROE	유보율	자기자본비율	EBITDA마진율
2017	64.2	54.9	29.5	1.3	69.7	101.5	1,514.6	77.2	65.4
2016	83.5	72.5	105.0	27.6	76.8	전기잠식	5,750.9	48.8	84.6
2015	55.2	47.1	완전잠식	완전잠식	0.0	0.0	-1,278.3	-21.4	58.1
2014	0.0	0.0	0.0	0.0	0.0	0.0	0.0	0.0	0.0

페이퍼코리아 (A001020)
PaperCorea

업　　종 : 종이 및 목재　　시　　장 : 거래소
신용등급 : (Bond) B　(CP) —　　기업규모 : 시가총액 소형주
홈페이지 : www.papercorea.co.kr　　연 락 처 : 063)440-5000
본　　사 : 전북 군산시 구암로 50

설립일	1953.06.06	**종업원수**	181명	**대표이사**	권육상
상장일	1976.06.26	**감사의견**	적정(삼일)	**계열**	
결산기	12월	**보통주**		**종속회사수**	7개사
액면가	500원	**우선주**		**구상호**	

주주구성 (지분율,%)		출자관계 (지분율,%)		주요경쟁사 (외형,%)	
유암코기업리바운스제7차 기업재무안정사모투자합자회사	34.2	나투라페이퍼	100.0	페이퍼코리아	100
버추얼텍	6.5	디오션시티퍼스트	100.0	무림페이퍼	186
(외국인)	1.9	디오션시티쓰리	100.0	이건산업	54

매출구성		비용구성		수출비중	
신문용지등(내수)	49.7	매출원가율	99.8	수출	17.1
용지	20.5	판관비율	6.3	내수	82.9
중질지등	15.1				

회사 개요

1944년에 설립된 동사는 신문용지를 전문 생산하는 업체임. 설립 초기 주요 사업은 합판 제조업, 제재업, 기타 목재가공업이었으며, 1970년대 이후 신문용지 사업에 진출해 사세를 확장함. 주요 계열사로는 나투라개발, 나투라미디어, 디오션시티퍼스트 등이 있음. 생산제품을 신문사, 인쇄소 및 실수요처에 직접 판매하거나 대리점, 지류유통 도소매업체, 수출에이전트를 경유해 판매. 국내 주요 매출처는 조선일보, 동아일보, 매일경제 등이 있음.

실적 분석

동사의 2017년 결산기준 매출액은 5,565.2억원으로 주택용지 시행사업 등으로 인하여 전년동기 대비 31.9% 증가하였음. 매출원가는 시행사업 분양원가 등으로 1,508억이 증가하였고, 매출총이익은 162억 감소함. 종합편성채널도입으로 신문용지 수요는 감소가 예상되지만, 동사는 메이저 신문사를 주 고객으로 갖고 있어 영향은 제한적일 것으로 예상됨. 순손실 1,029.7억원으로 적자폭이 확대되었음.

현금 흐름 〈단위 : 억원〉

항목	2016	2017
영업활동	-322	-27
투자활동	-69	-1,388
재무활동	211	1,502
순현금흐름	-179	88
기말현금	143	231

시장 대비 수익률

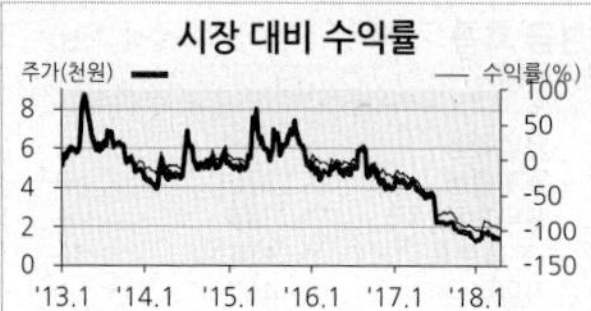

결산 실적 〈단위 : 억원〉

항목	2012	2013	2014	2015	2016	2017
매출액	2,555	2,659	2,506	2,448	4,219	5,565
영업이익	192	17	-116	-464	-223	-342
당기순이익	32	-101	-243	-593	-371	-1,030

분기 실적 〈단위 : 억원〉

항목	2016.3Q	2016.4Q	2017.1Q	2017.2Q	2017.3Q	2017.4Q
매출액	1,368	1,138	1,317	1,411	1,542	1,296
영업이익	123	-191	-84	-7	-53	-198
당기순이익	69	-228	-89	-54	-103	-784

재무 상태 〈단위 : 억원〉

항목	2012	2013	2014	2015	2016	2017
총자산	4,348	4,533	5,046	5,547	5,419	6,677
유형자산	2,838	3,007	3,081	3,126	3,074	2,542
무형자산	46	49	41	40	37	7
유가증권	82	81	53	64	16	11
총부채	3,118	3,405	3,427	4,371	4,232	6,050
총차입금	2,419	2,701	2,511	3,024	2,880	3,948
자본금	511	531	642	753	1,122	271
총자본	1,230	1,129	1,619	1,176	1,187	627
지배주주지분	1,200	1,098	1,599	1,157	1,166	611

기업가치 지표

항목	2012	2013	2014	2015	2016	2017
주가(최고/저)(천원)	1.0/0.4	1.2/0.6	0.9/0.5	1.2/0.7	0.9/0.5	4.6/1.2
PER(최고/저)(배)	26.0/11.7	—/—	—/—	—/—	—/—	—/—
PBR(최고/저)(배)	0.7/0.3	1.0/0.5	0.6/0.4	1.3/0.7	1.3/0.8	4.0/1.1
EV/EBITDA(배)	12.1	40.1	—	—	—	—
EPS(원)	276	-907	-1,722	-3,867	-1,984	-3,750
BPS(원)	1,187	1,046	1,256	777	526	1,130
CFPS(원)	87	-38	-138	-379	-134	-3,239
DPS(원)	—	—	—	—	—	—
EBITDAPS(원)	244	79	-38	-286	-49	-742

재무 비율 〈단위 : %〉

연도	영업 이익률	순 이익률	부채 비율	차입금 비율	ROA	ROE	유보율	자기자본 비율	EBITDA 마진율
2017	-6.1	-18.5	965.6	630.1	-17.0	-115.2	126.0	9.4	-3.6
2016	-5.3	-8.8	356.4	242.5	-6.8	-32.0	5.2	21.9	-2.0
2015	-19.0	-24.2	371.6	257.1	-11.2	-43.1	55.5	21.2	-16.2
2014	-4.6	-9.7	211.6	155.0	-5.1	-18.1	151.2	32.1	-1.9

펩트론 (A087010)
Peptron

업　　종 : 바이오　　시　　장 : KOSDAQ
신용등급 : (Bond) —　(CP) —　　기업규모 : 기술성
홈페이지 : www.peptron.co.kr　　연 락 처 : 042)360-8880
본　　사 : 대전시 유성구 유성대로1628번길 37-24

설립일	1997.11.21	**종업원수**	61명	**대표이사**	최호일
상장일	2015.07.22	**감사의견**	적정(삼덕)	**계열**	
결산기	12월	**보통주**		**종속회사수**	
액면가	500원	**우선주**		**구상호**	

주주구성 (지분율,%)		출자관계 (지분율,%)		주요경쟁사 (외형,%)	
최호일	9.7			펩트론	100
국민연금공단	4.3			테고사이언스	269
(외국인)	1.1			파미셀	784

매출구성		비용구성		수출비중	
펩타이드소재	55.1	매출원가율	62.1	수출	9.5
원료의약품	28.4	판관비율	186.3	내수	90.5
약효지속성의약품	13.6				

회사 개요

동사는 1997년 11월 설립 이후 펩타이드(peptide) 공학 및 약효지속화 기술을 바탕으로 약효지속성 의약품의 설계와 제조기술 개발, 펩타이드의 합성기술 개발과 신물질 발굴 등을 수행하고 있음. 2015년 7월 코스닥에 상장됨. 주요 파이프라인은 크게 전립선암 치료제, 말단비대증 치료제, 2형 당뇨병치료제, 퇴행성신경질환 치료제 등으로 구분. 매출 비중은 펩타이드 제품이 72.6%, 약효지속성의약품 14.2%, 원료의약품 13.2% 등임.

실적 분석

동사의 2017년 누적매출액은 32.2억원으로 전년대비 2.7% 증가함. 비용측면에서 매출원가와 판관비가 각각 4.6%, 25.2% 상승하면서 매출 확대에도 불구하고 영업손실 47.7억원을 기록해 적자폭이 확대됨. 동사는 성장동력 확보를 위해 품목허가를 받고 판매 중인 의약품이나 개발 중인 파이프라인을 포함하여 동사의 SmartDepot 기술을 적용하여 개발할 수 있는 신규 파이프라인 후보를 지속 탐색 중임.

현금 흐름 *IFRS 별도 기준 〈단위 : 억원〉

항목	2016	2017
영업활동	-27	-56
투자활동	-334	33
재무활동	392	-1
순현금흐름	29	-26
기말현금	35	10

시장 대비 수익률

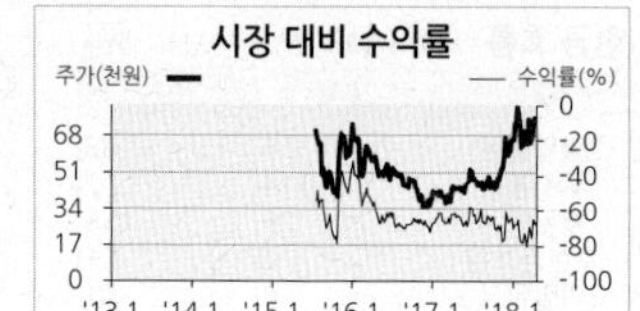

결산 실적 〈단위 : 억원〉

항목	2012	2013	2014	2015	2016	2017
매출액	31	31	25	28	31	32
영업이익	-13	-19	-26	-29	-36	-48
당기순이익	-26	-21	-30	-27	-32	-44

분기 실적 *IFRS 별도 기준 〈단위 : 억원〉

항목	2016.3Q	2016.4Q	2017.1Q	2017.2Q	2017.3Q	2017.4Q
매출액	8	9	5	6	6	15
영업이익	-8	-11	-13	-11	-10	-14
당기순이익	-7	-9	-12	-12	-9	-11

재무 상태 *IFRS 별도 기준 〈단위 : 억원〉

항목	2012	2013	2014	2015	2016	2017
총자산	158	67	116	217	579	530
유형자산	44	44	47	47	71	285
무형자산	90	14	13	12	12	11
유가증권	—	0	46	136	125	44
총부채	105	110	44	44	47	41
총차입금	81	80	23	22	20	20
자본금	18	18	28	33	37	38
총자본	53	-43	72	172	532	489
지배주주지분	53	-43	72	172	532	489

기업가치 지표 *IFRS 별도 기준

항목	2012	2013	2014	2015	2016	2017
주가(최고/저)(천원)	—/—	—/—	—/—	72.5/36.8	73.0/32.8	67.0/35.7
PER(최고/저)(배)	0.0/0.0	0.0/0.0	0.0/0.0	—/—	—/—	—/—
PBR(최고/저)(배)	0.0/0.0	0.0/0.0	0.0/0.0	27.4/13.9	10.1/4.6	10.4/5.5
EV/EBITDA(배)	—	—	—	—	—	—
EPS(원)	-721	-574	-556	-452	-450	-590
BPS(원)	1,487	-1,207	1,269	2,650	7,200	6,447
CFPS(원)	-401	-417	-450	-353	-365	-511
DPS(원)	—	—	—	—	—	—
EBITDAPS(원)	-53	-383	-370	-372	-418	-557

재무 비율 〈단위 : %〉

연도	영업 이익률	순 이익률	부채 비율	차입금 비율	ROA	ROE	유보율	자기자본 비율	EBITDA 마진율
2017	-148.5	-137.7	8.4	4.1	-8.0	-8.7	1,189.5	92.3	-130.0
2016	-113.9	-101.9	8.8	3.8	-8.0	-9.1	1,339.9	91.9	-94.6
2015	-101.3	-97.1	25.7	12.8	-16.4	-22.4	430.1	79.6	-80.1
2014	-105.1	-122.7	61.2	31.6	-33.4	전기잠식	153.7	62.0	-81.8

평화산업 (A090080)
Pyung Hwa Industrial

업　　종 : 자동차부품　　시　　장 : 거래소
신용등급 : (Bond) —　(CP) —　　기업규모 : 시가총액 소형주
홈페이지 : www.ph.co.kr　　연 락 처 : 053)610-7000
본　　사 : 대구시 달성군 논공읍 논공로 597

설 립 일	2006.05.02	**종업원수**	872명	**대 표 이 사**	김종석,김동관
상 장 일	2006.06.02	**감사의견**	적정(삼일)	**계　　열**	
결 산 기	12월	**보 통 주**		**종속회사수**	2개사
액 면 가	500원	**우 선 주**		**구 상 호**	

주주구성 (지분율,%)		출자관계 (지분율,%)		주요경쟁사 (외형,%)	
평화홀딩스	66.8	서일	100.0	평화산업	100
김종석	7.2	Pyung-HwaAmerica	100.0	우수AMS	70
(외국인)	1.8	천진평화기차배건	50.0	KB오토시스	51

매출구성		비용구성		수출비중	
방진제품	52.2	매출원가율	97.3	수출	39.3
호스제품	44.3	판관비율	5.4	내수	60.7
특수차량부품	3.6				

회사 개요

동사는 자동차 및 일반산업용 전문 부품제조업체로서 차량용 호스제품, 기타 고무관련 제품 및 방위산업용 특수차량의 부품 등을 생산하여 국내 완성차메이커인 현대,기아,한국GM 등과 방위산업체에 공급하고 있음. 주요제품으로는 자동차의 연료공급장치, 냉각장치, 조향장치, 제동장치, 냉난방장치 등에 들어가는 배관형태의 제품들임. 제품의 원재료는 계열회사인 평화씨엠비, 평화기공 외 다수의 업체에서 매입하고 있음.

실적 분석

동사의 2017년 연결기준 연간 매출액은 전년과 비슷한 실적을 시현함. 매출감소 및 원자재가격 상승으로 영업손실은 88.7억원으로 적자전환됨. 비영업부문 이익이 감소되며 당기순손실 또한 79.3억원으로 적자전환됨. 세계경기침체 및 자동차 시장 또한 중국발 사드사태의 충격이 지속될 것으로 전망되는 가운데, 해외를 포함하여 자동차 생산도 감소 될 것으로 예상됨. 동사는 지속적으로 원가절감을 노력하며 실적개선에 노력중임.

현금 흐름
〈단위 : 억원〉

항목	2016	2017
영업활동	178	46
투자활동	-172	-21
재무활동	-21	-23
순현금흐름	-16	2
기말현금	5	7

시장 대비 수익률

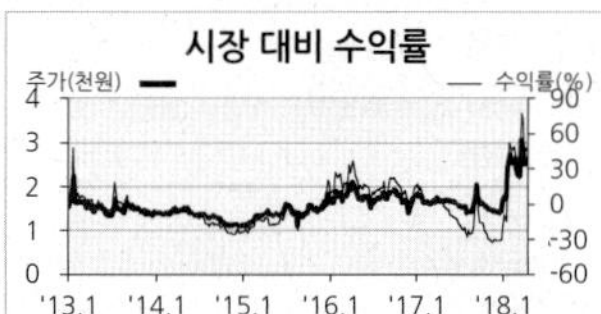

결산 실적
〈단위 : 억원〉

항목	2012	2013	2014	2015	2016	2017
매출액	1,285	1,347	2,392	3,200	3,270	3,245
영업이익	23	8	-6	6	5	-89
당기순이익	-23	10	-22	29	17	-79

분기 실적
〈단위 : 억원〉

항목	2016.3Q	2016.4Q	2017.1Q	2017.2Q	2017.3Q	2017.4Q
매출액	743	872	829	837	787	793
영업이익	-9	25	-24	-20	-34	-11
당기순이익	-5	16	-24	18	-32	-41

재무 상태
〈단위 : 억원〉

항목	2012	2013	2014	2015	2016	2017
총자산	698	682	1,612	1,643	1,651	1,783
유형자산	78	85	667	675	724	915
무형자산	4	7	16	13	8	9
유가증권	4	2	170	167	170	143
총부채	522	498	1,047	1,047	1,062	1,101
총차입금	183	182	490	495	476	457
자본금	80	80	187	187	187	187
총자본	175	184	565	596	588	682
지배주주지분	170	184	565	596	588	682

기업가치 지표

항목	2012	2013	2014	2015	2016	2017
주가(최고/저)(천원)	3.5/1.2	2.2/1.3	1.6/1.1	1.9/1.1	2.2/1.4	2.0/1.4
PER(최고/저)(배)	—/—	41.5/24.3	—/—	26.9/15.7	50.3/31.7	—/—
PBR(최고/저)(배)	3.8/1.3	2.2/1.3	1.1/0.8	1.3/0.8	1.5/0.9	1.2/0.8
EV/EBITDA(배)	6.5	7.4	10.7	9.8	10.0	41.2
EPS(원)	-139	61	-74	77	46	-212
BPS(원)	1,065	1,148	1,518	1,601	1,580	1,829
CFPS(원)	60	247	238	382	344	89
DPS(원)	—	50	—	50	50	—
EBITDAPS(원)	343	235	293	322	312	64

재무 비율
〈단위 : %〉

연도	영업이익률	순이익률	부채비율	차입금비율	ROA	ROE	유보율	자기자본비율	EBITDA마진율
2017	-2.7	-2.4	161.6	67.0	-4.6	-12.5	265.8	38.2	0.7
2016	0.2	0.5	180.5	81.0	1.0	2.9	216.0	35.6	3.6
2015	0.2	0.9	175.6	83.0	1.8	5.0	220.1	36.3	3.8
2014	-0.2	-0.9	185.1	86.7	-2.0	-6.0	203.7	35.1	3.7

평화정공 (A043370)
Pyeong Hwa Automotive

업　　종 : 자동차부품　　시　　장 : KOSDAQ
신용등급 : (Bond) —　(CP) —　　기업규모 : 우량
홈페이지 : www.phakr.com　　연 락 처 : 053)350-6311
본　　사 : 대구시 달서구 성서4차 첨단로 392 (대천동 1032번지)

설 립 일	1985.04.11	**종업원수**	658명	**대 표 이 사**	김상태,이재승
상 장 일	2001.12.01	**감사의견**	적정(예일)	**계　　열**	
결 산 기	12월	**보 통 주**		**종속회사수**	10개사
액 면 가	500원	**우 선 주**		**구 상 호**	

주주구성 (지분율,%)		출자관계 (지분율,%)		주요경쟁사 (외형,%)	
평화크랏치공업	39.1	에이에스티	100.0	평화정공	100
피에이치아이	12.5	PHAE&E	100.0	서연	276
(외국인)	7.8	에스엔텍	100.0	DRB동일	52

매출구성		비용구성		수출비중	
LATCH ASS'Y류	31.3	매출원가율	88.5	수출	—
D/MODULE ASS'Y류	31.0	판관비율	9.1	내수	—
HINGE ASS'Y류	18.8				

회사 개요

동사는 Door Latch, Hinge, Striker, Module 등의 Door System 부품 전문업체로 동종업계 국내 최고의 경쟁력 및 시장점유율 1위 업체임. 현대차, 기아차 등 국내 완성차 업체들과 GM, Arvinmeritor 등의 해외업체에 주로 공급하고 있음. 특히 현대차 주력모델의 Door Module을 독점 공급하고 있으며, 해외시장에서의 매출처 다변화가 빠르게 진행되고 있음. 인도 공장과 중국 태창공장 증설을 완료함.

실적 분석

현대차그룹 중국 가동률 부진 등에 따른 중국법인 실적 악화와 미국법인의 적자전환으로 2017년 매출과 이익 모두 부진한 실적을 나타냄. 인도 법인을 제외한 모든 법인에서 매출액이 감소함. 피에이치씨 지분 매각으로 매도가능금융자산처분이익이 862.3억원이 발생함. 올해까지 피에이치씨 잔여주식 10만 6000주를 처분해야 함. 작년 하반기부터 현대기아차 합산 중국공장판매가 증가세로 돌아서면서 동사의 실적도 회복세로 전환됨.

현금 흐름
〈단위 : 억원〉

항목	2016	2017
영업활동	821	385
투자활동	-190	95
재무활동	-258	-348
순현금흐름	365	78
기말현금	1,000	1,079

시장 대비 수익률

결산 실적
〈단위 : 억원〉

항목	2012	2013	2014	2015	2016	2017
매출액	8,828	9,986	10,568	11,491	12,225	10,538
영업이익	569	687	509	49	697	252
당기순이익	384	474	393	74	533	745

분기 실적
〈단위 : 억원〉

항목	2016.3Q	2016.4Q	2017.1Q	2017.2Q	2017.3Q	2017.4Q
매출액	2,743	3,438	2,828	2,484	2,579	2,648
영업이익	85	312	62	-7	43	154
당기순이익	19	318	618	-8	48	87

재무 상태
〈단위 : 억원〉

항목	2012	2013	2014	2015	2016	2017
총자산	6,405	7,138	7,902	8,850	9,143	8,963
유형자산	2,119	2,405	2,607	3,018	2,770	3,011
무형자산	149	150	142	140	138	156
유가증권	597	627	660	696	948	472
총부채	3,025	3,315	3,725	4,638	4,309	3,898
총차입금	1,080	1,295	1,586	1,816	1,594	1,329
자본금	105	105	105	105	105	105
총자본	3,380	3,823	4,177	4,212	4,834	5,065
지배주주지분	3,380	3,823	4,177	4,212	4,834	5,065

기업가치 지표

항목	2012	2013	2014	2015	2016	2017
주가(최고/저)(천원)	18.3/13.4	24.5/12.9	23.7/15.2	17.6/10.0	13.5/10.5	15.6/8.9
PER(최고/저)(배)	10.7/7.8	11.4/6.0	13.2/8.5	52.2/29.7	5.5/4.3	4.5/2.5
PBR(최고/저)(배)	1.2/0.9	1.4/0.7	1.2/0.8	0.9/0.5	0.6/0.5	0.7/0.4
EV/EBITDA(배)	4.5	4.9	5.1	7.0	2.4	3.0
EPS(원)	1,826	2,256	1,872	351	2,538	3,549
BPS(원)	16,097	18,203	19,892	20,056	23,017	24,122
CFPS(원)	3,496	4,234	4,060	2,940	5,258	6,256
DPS(원)	140	140	140	140	150	160
EBITDAPS(원)	4,382	5,247	4,612	2,823	6,037	3,907

재무 비율
〈단위 : %〉

연도	영업이익률	순이익률	부채비율	차입금비율	ROA	ROE	유보율	자기자본비율	EBITDA마진율
2017	2.4	7.1	77.0	26.2	8.2	15.1	4,724.3	56.5	7.8
2016	5.7	4.4	89.2	33.0	5.9	11.8	4,503.4	52.9	10.4
2015	0.4	0.6	110.1	43.1	0.9	1.8	3,911.3	47.6	5.2
2014	4.8	3.7	89.2	38.0	5.2	9.8	3,878.5	52.9	9.2

평화홀딩스 (A010770)
Pyung Hwa Holdings

업　　종 : 자동차부품　　시　　장 : 거래소
신용등급 : (Bond) —　(CP) —　　기업규모 : 시가총액 소형주
홈페이지 : www.ph.co.kr　　연 락 처 : 053)610-8500
본　　사 : 대구시 달성군 논공읍 논공로 597

설 립 일	1950.10.30	**종업원수**	107명	**대표이사**	김종석,김동관
상 장 일	1986.03.31	**감사의견**	적정(삼일)	**계　열**	
결 산 기	12월	**보 통 주**		**종속회사수**	12개사
액 면 가	500원	**우 선 주**		**구 상 호**	

주주구성 (지분율,%)		출자관계 (지분율,%)		주요경쟁사 (외형,%)	
김종석	27.1	예원파트너스	100.0	평화홀딩스	100
김주영	25.3	평화이엔지	96.6	오리엔트정공	18
(외국인)	15.9	평화기공	95.0	대우부품	11

매출구성		비용구성		수출비중	
방진제품	52.2	매출원가율	92.2	수출	—
호스제품	44.3	판관비율	8.9	내수	—
특수차량부품	3.6				

회사 개요
동사는 성장동인 확보와 경영효율 제고를 위해 2006년 5월 투자부문을 존속법인으로 하는 지주회사와 제조부문을 신설법인으로 하는 인적분할을 통해 지주회사로 전환됨. 현재 자동차부품 제조업체인 파브코, 평화산업, 평화오일씰공업, 평화기공, 평화씨엠비, 평화이엔지를 자회사로 두고 있음. 지주회사의 영업수익은 용역수익(전산용역 및 기타용역)과 배당금수익 등으로 구성됨.

실적 분석
동사는 2017년 연결기준 매출 5501억 원, 영업손실 60억 원, 순손실 55억 원을 거둠. 2016년보다 매출은 6.9% 줄었고 영업이익과 순이익은 흑자에서 적자로 전환하였음. 동사는 평화산업, 평화오일씰공업, 평화기공, 평화씨엠비, 평화이엔지, 피엔디티, 평화기술연구원을 자회사로 두고 있음. 영업수익은 용역수익(전산용역 및 기타용역)과 배당금수익 등으로 구성됨.

현금 흐름 〈단위 : 억원〉

항목	2016	2017
영업활동	334	163
투자활동	-339	-223
재무활동	14	-2
순현금흐름	9	-64
기말현금	175	111

시장 대비 수익률

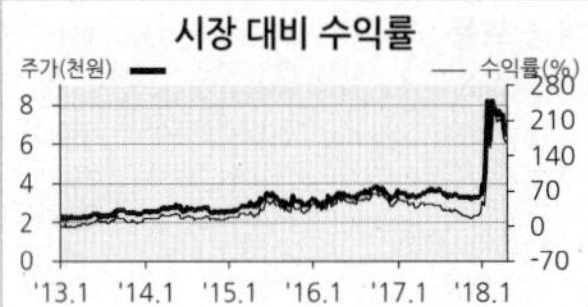

결산 실적 〈단위 : 억원〉

항목	2012	2013	2014	2015	2016	2017
매출액	5,706	5,704	5,613	5,742	5,909	5,501
영업이익	110	96	39	53	161	-60
당기순이익	-36	55	-153	11	69	-55

분기 실적 〈단위 : 억원〉

항목	2016.3Q	2016.4Q	2017.1Q	2017.2Q	2017.3Q	2017.4Q
매출액	1,351	1,645	1,405	1,266	1,360	1,469
영업이익	20	69	-33	-24	-35	32
당기순이익	-2	41	-5	15	-52	-12

재무 상태 〈단위 : 억원〉

항목	2012	2013	2014	2015	2016	2017
총자산	5,663	5,632	4,524	4,547	4,552	5,090
유형자산	1,649	1,501	1,437	1,446	1,521	1,866
무형자산	62	60	52	36	57	60
유가증권	1,245	1,181	747	582	557	587
총부채	3,931	3,937	2,940	2,969	2,975	3,223
총차입금	2,956	2,887	1,904	1,814	1,836	1,834
자본금	73	73	73	73	73	73
총자본	1,732	1,695	1,584	1,579	1,577	1,867
지배주주지분	1,484	1,473	1,378	1,370	1,376	1,650

기업가치 지표

항목	2012	2013	2014	2015	2016	2017
주가(최고/저)(천원)	2.7/2.1	2.7/2.1	2.9/2.5	3.6/2.6	3.9/2.8	3.7/3.2
PER(최고/저)(배)	—/—	15.4/12.3	—/—	111.5/79.0	10.4/7.3	—/—
PBR(최고/저)(배)	0.3/0.3	0.3/0.3	0.4/0.3	0.4/0.3	0.5/0.3	0.3/0.3
EV/EBITDA(배)	6.1	6.8	7.5	7.3	6.0	13.4
EPS(원)	-228	208	-933	36	411	-137
BPS(원)	10,227	10,146	9,496	9,446	9,482	11,360
CFPS(원)	2,031	2,239	987	1,846	2,044	1,514
DPS(원)	100	100	100	100	150	150
EBITDAPS(원)	3,010	2,687	2,190	2,175	2,736	1,243

재무 비율 〈단위 : %〉

연도	영업이익률	순이익률	부채비율	차입금비율	ROA	ROE	유보율	자기자본비율	EBITDA마진율
2017	-1.1	-1.0	172.6	98.2	-1.1	-1.3	2,172.1	36.7	3.3
2016	2.7	1.2	188.7	116.4	1.5	4.4	1,796.5	34.6	6.8
2015	0.9	0.2	188.1	114.9	0.3	0.4	1,789.2	34.7	5.5
2014	0.7	-2.7	185.6	120.2	-3.0	-9.6	1,799.2	35.0	5.7

포메탈 (A119500)
FORMETAL

업　　종 : 기계　　시　　장 : KOSDAQ
신용등급 : (Bond) —　(CP) —　　기업규모 : 중견
홈페이지 : www.formetal.co.kr　　연 락 처 : 041)670-6200
본　　사 : 충남 서산시 지곡면 무장산업로 229-7

설 립 일	1969.10.15	**종업원수**	126명	**대표이사**	오호석
상 장 일	2010.09.17	**감사의견**	적정(삼일)	**계　열**	
결 산 기	12월	**보 통 주**		**종속회사수**	
액 면 가	500원	**우 선 주**		**구 상 호**	

주주구성 (지분율,%)		출자관계 (지분율,%)		주요경쟁사 (외형,%)	
오세원	13.9			포메탈	100
오호석	11.9			디케이락	99
(외국인)	1.2			서암기계공업	76

매출구성		비용구성		수출비중	
스핀들, 너클, 요크, Arm, 커넥팅로드, 캠샤프트	31.3	매출원가율	86.7	수출	25.8
베어링, 밸브류, 보넷 등	29.4	판관비율	7.5	내수	74.2
샤프트, 홀드 플랜지 등	17.7				

회사 개요
동사는 1969년에 창업한 47여년 전통의 단조종합정밀기계부품 생산 회사임. 처음엔 자유단조품 만으로 시작했지만 현재는 각종 특수 단조설비를 구비하고 자유단조품 외에 형단조품, 복합 단조품, 중공단조품, 링 등의 단조품을 생산하고 있음. 단조공법을 사용하면서도 난해한 형상의 기계부품을 생산해내는 뛰어난 기술력이 강점. 그러나 원가경쟁력은 약하다는 단점이 있음.

실적 분석
2017년 연결기준 동사 매출액은 540.2억원을 기록함. 전년도 매출액인 458.2억원에서 17.9% 증가한 금액임. 매출원가가 19% 늘었으나 매출 증가폭이 이를 웃돌아 영업이익은 전년도 23.6억원에서 32.3% 증가한 31.3억원을 시현함. 비영업부문은 적자가 지속됐으나 손실폭은 줄어들었음. 이에 당기순이익은 전년도 18.8억원에서 30.4% 증가한 24.5억원을 기록함.

현금 흐름 *IFRS 별도 기준 〈단위 : 억원〉

항목	2016	2017
영업활동	31	35
투자활동	-9	-43
재무활동	-24	15
순현금흐름	-2	7
기말현금	25	32

시장 대비 수익률

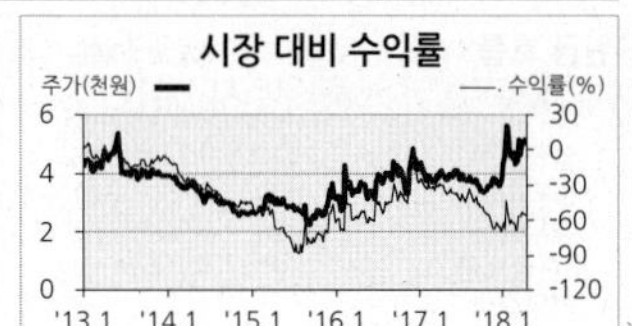

결산 실적 〈단위 : 억원〉

항목	2012	2013	2014	2015	2016	2017
매출액	518	524	514	449	458	540
영업이익	6	6	8	6	24	31
당기순이익	45	14	4	9	19	25

분기 실적 *IFRS 별도 기준 〈단위 : 억원〉

항목	2016.3Q	2016.4Q	2017.1Q	2017.2Q	2017.3Q	2017.4Q
매출액	113	128	129	144	136	131
영업이익	5	11	8	9	7	8
당기순이익	5	8	7	8	7	2

재무 상태 *IFRS 별도 기준 〈단위 : 억원〉

항목	2012	2013	2014	2015	2016	2017
총자산	600	602	597	551	551	608
유형자산	360	368	367	365	380	419
무형자산	4	3	1	1	0	0
유가증권	13	14	9	4	3	0
총부채	229	226	220	166	149	191
총차입금	138	118	110	80	57	76
자본금	60	60	60	60	60	60
총자본	371	376	377	385	402	418
지배주주지분	371	376	377	385	402	418

기업가치 지표 *IFRS 별도 기준

항목	2012	2013	2014	2015	2016	2017
주가(최고/저)(천원)	9.7/3.7	5.4/3.8	3.9/2.5	3.6/2.2	6.0/2.7	4.5/3.3
PER(최고/저)(배)	27.6/10.3	48.9/34.4	112.2/72.3	52.2/31.6	39.2/17.7	22.4/16.3
PBR(최고/저)(배)	3.4/1.3	1.8/1.2	1.3/0.8	1.2/0.7	1.8/0.8	1.3/0.9
EV/EBITDA(배)	44.3	26.8	17.1	20.4	13.6	10.2
EPS(원)	377	116	37	72	157	205
BPS(원)	3,088	3,208	3,219	3,286	3,411	3,525
CFPS(원)	449	233	166	201	289	344
DPS(원)	50	40	30	30	40	60
EBITDAPS(원)	123	169	193	175	329	400

재무 비율 〈단위 : %〉

연도	영업이익률	순이익률	부채비율	차입금비율	ROA	ROE	유보율	자기자본비율	EBITDA마진율
2017	5.8	4.5	45.6	18.3	4.2	6.0	594.7	68.7	8.9
2016	5.2	4.1	37.0	14.1	3.4	4.8	582.1	73.0	8.6
2015	1.2	1.9	43.2	20.7	1.5	2.3	557.2	69.9	4.7
2014	1.5	0.9	58.3	29.1	0.7	1.2	543.8	63.2	4.5

포비스티앤씨 (A016670)

Pobis TNC

업 종 : 일반 소프트웨어 | 시 장 : KOSDAQ
신용등급 : (Bond) — (CP) — | 기업규모 : 중견
홈페이지 : www.pobis.co.kr | 연 락 처 : 02)2046-9315
본 사 : 서울시 강남구 언주로 726 두산빌딩 11층

설 립 일	1982.12.30	**종업원수**	98명	**대표이사**	남궁정,이혁수
상 장 일	1993.04.21	**감사의견**	적정(삼덕)	**계 열**	
결 산 기	12월	**보 통 주**		**종속회사수**	1개사
액 면 가	500원	**우 선 주**		**구 상 호**	

주주구성 (지분율,%)		출자관계 (지분율,%)		주요경쟁사 (외형,%)	
미래아이앤지	16.5			포비스티앤씨	100
한국증권금융	4.3			한컴MDS	132
(외국인)	5.0			이니텍	216

매출구성		비용구성		수출비중	
소프트웨어 사업부문	98.2	매출원가율	88.7	수출	#VALUE!
컨텐츠사업부문	1.6	판관비율	10.1	내수	100.0
기타 사업부문	0.2				

회사 개요

동사는 한국 마이크로소프트의 교육용 총판으로 국내 모든 교육기관에 소프트웨어 공급. 1975년 삼미그룹 전산실로 발족해 1982년 삼미전산 설립후 1993년 코스닥 상장함. 2015년 한국마이크로소프트 국내 공공용 총판인 테크그룹을 계열사로 편입, 디모아와 더불어 총 2개의 연결자회사 보유. 지니키즈는 2016년 7월 지분100% 매각으로 연결대상 제외. 2016년 말 기준 사업부문별 매출비중은 소프트웨어부문이 98% 수준을 차지함.

실적 분석

동사의 연결기준 2017년 매출액은 전년 대비 0.9% 증가한 1,131.0억원을 기록함. 판관비가 대손상각비 증가의 영향으로 전년 대비 3.9% 증가함에 따라 동기간 영업이익은 35.4% 감소한 13.7억원을 기록함. 반면, 비영업손익은 금융이익과 외환이익 증가의 영향으로 7.0억원이 증가함. 동사의 2017년 당기순이익은 3.9% 감소한 17.3억원을 기록함.

현금 흐름

<단위 : 억원>

항목	2016	2017
영업활동	-70	36
투자활동	-149	-60
재무활동	100	—
순현금흐름	-119	-24
기말현금	302	278

시장 대비 수익률

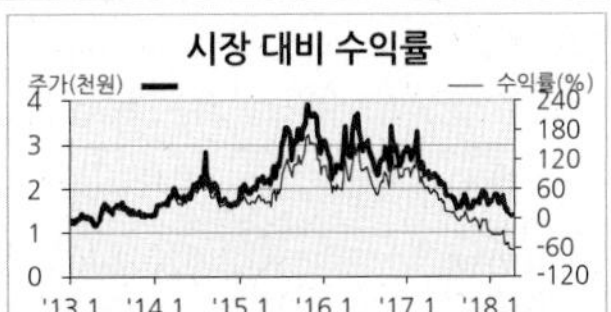

결산 실적

<단위 : 억원>

항목	2012	2013	2014	2015	2016	2017
매출액	960	1,039	1,118	1,236	1,121	1,131
영업이익	67	89	100	97	21	14
당기순이익	36	61	84	26	18	17

분기 실적

<단위 : 억원>

항목	2016.3Q	2016.4Q	2017.1Q	2017.2Q	2017.3Q	2017.4Q
매출액	189	287	279	318	243	291
영업이익	-8	5	7	15	1	-9
당기순이익	3	-6	7	14	2	-5

재무 상태

<단위 : 억원>

항목	2012	2013	2014	2015	2016	2017
총자산	522	632	732	865	832	851
유형자산	3	19	7	6	5	39
무형자산	10	13	11	5	5	5
유가증권	10	7	20	11	130	114
총부채	256	296	270	358	257	275
총차입금	25	12	5	—	30	30
자본금	178	178	200	199	200	200
총자본	265	337	463	507	575	575
지배주주지분	253	313	436	486	571	571

기업가치 지표

항목	2012	2013	2014	2015	2016	2017
주가(최고/저)(천원)	2.0/1.0	1.7/1.2	2.8/1.4	4.0/1.7	3.9/2.2	3.3/1.5
PER(최고/저)(배)	19.4/9.8	10.1/7.0	13.2/6.6	58.3/25.2	87.1/49.5	77.7/35.8
PBR(최고/저)(배)	2.1/1.1	1.6/1.1	2.2/1.1	3.1/1.3	2.7/1.6	2.3/1.1
EV/EBITDA(배)	4.9	3.9	4.2	7.6	35.2	24.0
EPS(원)	100	167	213	69	45	42
BPS(원)	914	1,081	1,271	1,313	1,426	1,426
CFPS(원)	104	179	221	77	51	48
DPS(원)	—	—	—	—	—	—
EBITDAPS(원)	193	262	273	253	60	39

재무 비율

<단위 : %>

연도	영업이익률	순이익률	부채비율	차입금비율	ROA	ROE	유보율	자기자본비율	EBITDA마진율
2017	1.2	1.5	47.9	5.2	2.1	3.0	185.1	67.6	1.4
2016	1.9	1.6	44.6	5.2	2.1	3.4	185.1	69.2	2.1
2015	7.9	2.1	70.7	0.0	3.3	5.9	162.6	58.6	8.2
2014	9.0	7.5	58.3	1.0	12.2	21.6	154.3	63.2	9.3

포스링크 (A056730)

Fourth-Link

업 종 : 부동산 | 시 장 : KOSDAQ
신용등급 : (Bond) — (CP) — | 기업규모 : 벤처
홈페이지 : www.fourthlink.co.kr | 연 락 처 : 031)724-2039
본 사 : 경기도 성남시 분당구 대왕판교로 660 유스페이스 1A동 9층,10층

설 립 일	1996.12.02	**종업원수**	26명	**대표이사**	조준영
상 장 일	2001.12.20	**감사의견**	적정(삼화)	**계 열**	
결 산 기	12월	**보 통 주**		**종속회사수**	1개사
액 면 가	500원	**우 선 주**		**구 상 호**	아큐픽스

주주구성 (지분율,%)		출자관계 (지분율,%)		주요경쟁사 (외형,%)	
SUPERB ALLAINCE LIMITED	11.2	써트온	100.0	포스링크	100
알프스투자조합	7.4	웨이브인	30.0	신라섬유	23
(외국인)	15.5	가을마루	30.0	해성산업	71

매출구성		비용구성		수출비중	
전력발전용 등(기타)	57.5	매출원가율	63.7	수출	7.5
철도통신 및 국가정보통신망 외(용역)	42.5	판관비율	35.0	내수	92.5
레저보트 등(기타)	0.0				

회사 개요

동사는 1996년에 설립되어 시스템사업, 부동산사업, 자원사업을 영위 중임. 1) 시스템사업은 철도 전송장비와 네트워크 통합 장비 등을 설치, 유지보수하는 사업이고, 2) 부동산사업은 상가의 분양과 임대, 3) 자원사업은 유연탄 트레이딩을 전문적으로 하는 사업으로 2016년 하반기부터 비중을 축소하고 있음. 종속회사로는 블록체인 및 암호화폐거래소 개발업체인 써트온이 있음. 2017년 1월 최대주주가 슈퍼 얼라인스 리미티드로 변경됨.

실적 분석

2017년 동사는 부동산(상가분양) 분양매출과 자회사 영업실적에 기인하여 전년 대비 388.1% 증가한 매출액 172.9억원을 기록하였음. 같은 기간 영업이익은 흑자전환하여 2.4억원을 달성하였으나, 법인세비용차감전순이익은 금융비용 증가와 유형자산평가손실 발생 등으로 전기대비 28.2% 감소한 78억원의 적자를 기록하였음. 당기순이익은 자원사업 중단에 따른 관련자산 손상발생으로 215.2억원의 적자를 기록하였음.

현금 흐름

<단위 : 억원>

항목	2016	2017
영업활동	-124	-203
투자활동	5	-81
재무활동	93	498
순현금흐름	-25	214
기말현금	0	214

시장 대비 수익률

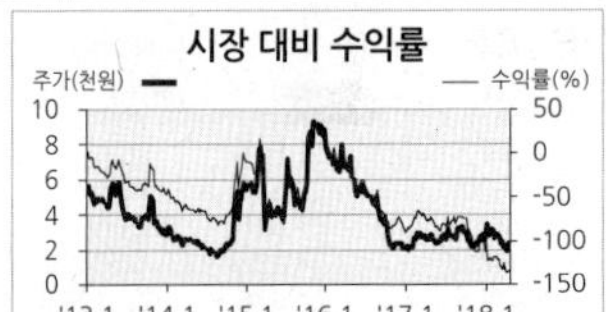

결산 실적

<단위 : 억원>

항목	2012	2013	2014	2015	2016	2017
매출액	193	114	47	188	35	173
영업이익	-24	-45	-16	11	-28	2
당기순이익	-40	-178	-69	-103	-80	-215

분기 실적

<단위 : 억원>

항목	2016.3Q	2016.4Q	2017.1Q	2017.2Q	2017.3Q	2017.4Q
매출액	4	—	—	40	46	—
영업이익	-6	—	—	-0	0	—
당기순이익	-17	—	—	-19	-1	—

재무 상태

<단위 : 억원>

항목	2012	2013	2014	2015	2016	2017
총자산	499	367	315	377	413	688
유형자산	199	196	180	171	167	71
무형자산	63	59	65	17	6	48
유가증권	20	3	3	2	19	26
총부채	223	270	232	200	260	360
총차입금	204	229	202	177	214	257
자본금	96	97	135	218	40	180
총자본	276	97	83	178	153	328
지배주주지분	276	97	83	178	153	328

기업가치 지표

항목	2012	2013	2014	2015	2016	2017
주가(최고/저)(천원)	4.6/1.4	1.7/0.8	1.6/0.5	2.8/0.8	2.5/0.5	3.7/1.9
PER(최고/저)(배)	—/—	—/—	—/—	—/—	—/—	—/—
PBR(최고/저)(배)	3.1/0.9	2.3/1.1	6.7/1.9	8.6/2.5	9.8/2.2	4.1/2.0
EV/EBITDA(배)	—	—	—	74.1	—	81.6
EPS(원)	-548	-2,445	-760	-863	-496	-817
BPS(원)	2,013	1,017	307	408	1,911	910
CFPS(원)	-137	-868	-224	-287	-983	-787
DPS(원)	—	—	—	—	—	—
EBITDAPS(원)	-54	-176	-19	48	-299	40

재무 비율

<단위 : %>

연도	영업이익률	순이익률	부채비율	차입금비율	ROA	ROE	유보율	자기자본비율	EBITDA마진율
2017	1.4	-124.4	109.8	78.4	-39.1	-89.5	82.0	47.7	6.0
2016	-77.6	-226.8	169.9	139.4	-20.3	-48.6	282.1	37.1	-65.2
2015	6.0	-54.6	일부잠식	일부잠식	-29.7	-78.9	-18.5	47.1	8.6
2014	-33.2	-145.6	일부잠식	일부잠식	-20.1	-76.1	-38.6	26.4	-10.4

포스코 (A005490)

POSCO

업　　종 : 금속 및 광물　　시　　장 : 거래소
신용등급 : (Bond) AA+　(CP) —　　기업규모 : 시가총액 대형주
홈페이지 : www.posco.co.kr　　연 락 처 : 054)220-0114
본　　사 : 경북 포항시 남구 동해안로 6261

설 립 일	1968.03.25	종업원수	17,013명	대표이사	권오준,오인환,장인화
상 장 일	1988.06.10	감사의견	적정(삼정)	계　　열	
결 산 기	12월	보 통 주		종속회사수	182개사
액 면 가	5,000원	우 선 주		구　　상　　호	

주주구성 (지분율,%)		출자관계 (지분율,%)		주요경쟁사 (외형,%)	
국민연금공단	10.8	포스코아이씨티	65.4	POSCO	100
The Bank of New York(DR)	10.5	포스코대우	62.9	현대제철	32
(외국인)	57.5	포스코켐텍	60.0	세아베스틸	5

매출구성		비용구성		수출비중	
스테인레스 외	36.1	매출원가율	86.2	수출	—
철강/금속	17.8	판관비율	6.2	내수	—
냉연	17.6				

회사 개요

동사는 열연, 냉연, 스테인리스 등 철강재를 단일 사업장 규모로 세계 최대 규모인 포항제철소와 광양제철소에서 생산하고 있음. 현재 영위하는 사업 부문은 크게 철강, 무역, 건설 및 기타 부문이 있으며, 철강 부문이 매출의 51%, 무역 31%, 건설 13%, 기타부문이 5%를 차지하고 있음. 동사의 2016년 3분기 누적 연결 기준 조강 생산량은 3,132만톤, 국내 시장점유율은 54.8%를 차지하고 있으며, 평균가동률은 87.8% 수준임.

실적 분석

동사의 2017년 매출액은 철강부문 판매단가 상승 및 트레이딩 판매증가로 7조5716억원 증가한 60조6551억원을 기록함. 영업이익은 철강 및 비철강 부문의 실적 개선 영향으로 1조7775억원 증가한 4조6218억원을 기록함. 유무형자산 손상감소 및 외환손실 감소 등으로 영업외손실은 전년도 1조4115억원에서 9694억원 감소한 4421억원이 발생. 영업외손익은 기타영업외손실 3411억원, 지분법이익 105억원, 금융손실 1116억원이 발생함

현금 흐름 〈단위 : 억원〉

항목	2016	2017
영업활동	52,694	56,073
투자활동	-37,546	-38,179
재무활동	-39,510	-15,655
순현금흐름	-24,236	1,649
기말현금	24,476	26,125

시장 대비 수익률

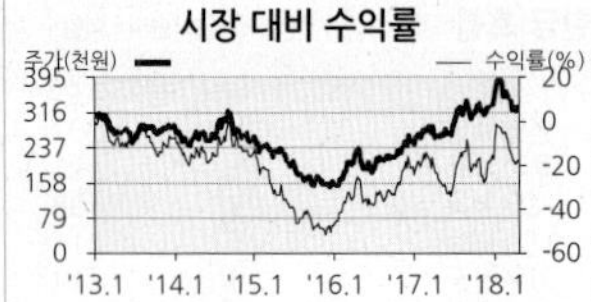

결산 실적 〈단위 : 억원〉

항목	2012	2013	2014	2015	2016	2017
매출액	636,042	618,646	650,984	581,923	530,835	606,551
영업이익	36,531	29,961	32,135	24,100	28,443	46,218
당기순이익	23,856	13,552	5,567	-962	10,482	29,735

분기 실적 〈단위 : 억원〉

항목	2016.3Q	2016.4Q	2017.1Q	2017.2Q	2017.3Q	2017.4Q
매출액	127,476	150,174	150,772	149,444	150,361	155,974
영업이익	10,343	4,717	13,650	9,791	11,257	11,521
당기순이익	4,755	137	9,769	5,301	9,066	5,599

재무 상태 〈단위 : 억원〉

항목	2012	2013	2014	2015	2016	2017
총자산	792,659	844,554	852,522	804,088	797,630	790,250
유형자산	322,764	357,601	352,412	345,229	337,703	318,835
무형자산	56,624	59,298	68,850	64,058	60,887	59,523
유가증권	39,490	41,702	24,373	22,331	25,174	19,853
총부채	368,364	386,334	399,608	353,385	339,246	315,610
총차입금	251,809	266,960	276,777	255,183	230,505	214,128
자본금	4,824	4,824	4,824	4,824	4,824	4,824
총자본	424,294	458,220	452,914	450,702	458,384	474,640
지배주주지분	394,541	420,460	415,874	412,353	423,734	437,329

기업가치 지표

항목	2012	2013	2014	2015	2016	2017
주가(최고/저)(천원)	355/259	318/250	319/239	262/148	269/147	342/238
PER(최고/저)(배)	15.0/10.9	23.5/18.5	50.3/38.0	140.2/78.2	18.1/10.0	10.8/7.6
PBR(최고/저)(배)	0.9/0.6	0.7/0.6	0.7/0.6	0.6/0.3	0.6/0.3	0.7/0.5
EV/EBITDA(배)	8.3	9.1	7.7	6.2	6.7	5.5
EPS(원)	28,239	15,787	7,181	2,072	15,637	32,001
BPS(원)	479,953	500,364	494,591	490,547	503,596	519,183
CFPS(원)	57,644	46,589	44,326	38,984	52,498	69,822
DPS(원)	8,000	8,000	8,000	8,000	8,000	8,000
EBITDAPS(원)	71,305	65,167	74,003	64,554	69,485	90,831

재무 비율 〈단위 : %〉

연도	영업이익률	순이익률	부채비율	차입금비율	ROA	ROE	유보율	자기자본비율	EBITDA마진율
2017	7.6	4.9	66.5	45.1	3.8	6.5	9,283.4	60.1	13.1
2016	5.4	2.0	74.0	50.3	1.3	3.3	9,001.7	57.5	11.4
2015	4.1	-0.2	78.4	56.6	-0.1	0.4	8,765.9	56.1	9.7
2014	4.9	0.9	88.2	61.1	0.7	1.5	8,839.0	53.1	9.9

포스코강판 (A058430)

POSCO Coated & Color Steel

업　　종 : 금속 및 광물　　시　　장 : 거래소
신용등급 : (Bond) —　(CP) —　　기업규모 : 시가총액 소형주
홈페이지 : www.poscocnc.com　　연 락 처 : 054)280-6114
본　　사 : 경북 포항시 남구 철강로 173 (장흥동)

설 립 일	1988.02.15	종업원수	369명	대표이사	하대용
상 장 일	2002.08.06	감사의견	적정(한영)	계　　열	
결 산 기	12월	보 통 주		종속회사수	1개사
액 면 가	5,000원	우 선 주		구　　상　　호	

주주구성 (지분율,%)		출자관계 (지분율,%)		주요경쟁사 (외형,%)	
포스코	56.9	우진철강	10.0	포스코강판	100
신영자산운용	15.8	엔투비	0.6	세아특수강	80
(외국인)	5.4			유성티엔에스	48

매출구성		비용구성		수출비중	
컬러강판	49.3	매출원가율	90.7	수출	52.1
도금강판	48.1	판관비율	6.6	내수	47.9
부산물 등	2.6				

회사 개요

동사는 1988년에 설립된 표면처리강판 제조 전문기업으로서 최대주주(지분율 56.9%)인 포스코로부터 소재를 안정적으로 공급 받아 아연도금강판, 알루미늄아연합금 도금강판, 알루미늄도금강판, 컬러강판 등을 제조하고 있음. 동사는 건축용판넬이나 가전재로 사용되는 컬러강판과 자동차머플러, 가전용 파이프, 건축내외장재로 사용되는 도금강판이 매출에서 차지하는 비중이 각각 50.8%, 47.0%임.

실적 분석

동사의 2017년 연간 매출액은 전년동기대비 14.3% 상승한 9,120.6억원을 기록하였음. 국내외 철강제품의 공급과잉 및 수익 사업이 부진중에 있으나 고부가가치 제품인 알루미늄도금강판등의 경쟁력 강화로 매출액은 증가중에 있음. 그러나 Full Hard 등의 원재료 원가가 증가하여 전년동기대비 영업이익은 243.9억원으로 40.6% 크게 하락 하였음.

현금 흐름 〈단위 : 억원〉

항목	2016	2017
영업활동	407	270
투자활동	193	-265
재무활동	-655	-19
순현금흐름	-55	-15
기말현금	142	126

시장 대비 수익률

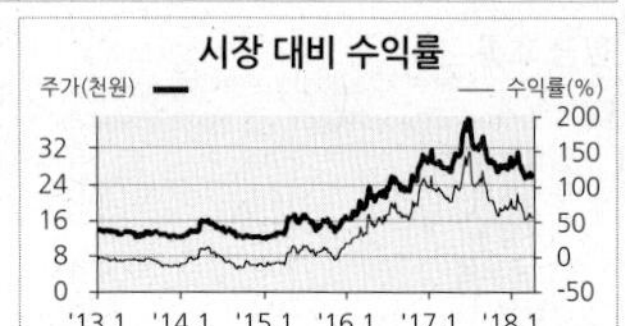

결산 실적 〈단위 : 억원〉

항목	2012	2013	2014	2015	2016	2017
매출액	8,535	8,212	8,026	8,016	7,980	9,121
영업이익	-14	26	82	231	411	244
당기순이익	-474	-52	-23	78	314	175

분기 실적 〈단위 : 억원〉

항목	2016.3Q	2016.4Q	2017.1Q	2017.2Q	2017.3Q	2017.4Q
매출액	1,922	2,210	2,246	2,299	2,284	2,291
영업이익	114	97	111	19	62	53
당기순이익	104	58	87	6	34	48

재무 상태 〈단위 : 억원〉

항목	2012	2013	2014	2015	2016	2017
총자산	4,689	4,516	4,386	4,319	4,058	4,267
유형자산	1,859	1,729	1,768	1,659	1,400	1,486
무형자산	77	88	81	62	56	52
유가증권	3	3	3	3	3	11
총부채	2,947	2,801	2,704	2,562	2,008	2,102
총차입금	1,390	1,495	1,465	1,464	861	904
자본금	300	300	300	300	300	300
총자본	1,742	1,715	1,682	1,757	2,050	2,166
지배주주지분	1,742	1,695	1,663	1,753	2,043	2,164

기업가치 지표

항목	2012	2013	2014	2015	2016	2017
주가(최고/저)(천원)	19.9/13.1	14.4/12.1	16.2/11.8	17.8/11.8	31.1/16.3	41.7/26.5
PER(최고/저)(배)	—/—	—/—	—/—	12.5/8.3	6.4/3.3	14.3/9.1
PBR(최고/저)(배)	0.8/0.5	0.6/0.5	0.7/0.5	0.7/0.5	1.0/0.5	1.2/0.8
EV/EBITDA(배)	14.2	11.2	8.5	5.7	4.4	6.0
EPS(원)	-7,907	-862	-362	1,573	5,186	2,999
BPS(원)	29,032	28,258	27,722	29,222	34,051	36,071
CFPS(원)	-4,984	2,097	2,735	4,634	7,934	5,795
DPS(원)	—	—	—	750	1,000	750
EBITDAPS(원)	2,688	3,400	4,458	6,916	9,592	6,862

재무 비율 〈단위 : %〉

연도	영업이익률	순이익률	부채비율	차입금비율	ROA	ROE	유보율	자기자본비율	EBITDA마진율
2017	2.7	1.9	97.1	41.7	4.2	8.6	621.4	50.8	4.5
2016	5.2	3.9	98.0	42.0	7.5	16.4	581.0	50.5	7.2
2015	2.9	1.0	145.9	83.3	1.8	5.5	484.5	40.7	5.2
2014	1.0	-0.3	160.8	87.1	-0.5	-1.3	454.4	38.4	3.3

포스코대우 (A047050)
POSCO DAEWOO

업 종 : 무역
신용등급 : (Bond) AA- (CP) —
홈페이지 : www.posco-daewoo.com
본 사 : 서울시 중구 통일로 10
시 장 : 거래소
기업규모 : 시가총액 대형주
연 락 처 : 02)759-2114

설 립 일	2000.12.27	**종업원수**	1,897명	**대표이사**	김영상
상 장 일	2001.03.23	**감사의견**	적정(한영)	**계 열**	
결 산 기	12월	**보 통 주**		**종속회사수**	29개사
액 면 가	5,000원	**우 선 주**		**구 상 호**	대우인터내셔널

주주구성 (지분율,%)		출자관계 (지분율,%)		주요경쟁사 (외형,%)	
포스코	62.9	포항에스알디씨	51.0	포스코대우	100
국민연금공단	6.1	POSCODAEWOOAUSTRALIAHOLDINGSPTY	100.0	LG상사	57
(외국인)	9.4	KISDevonianCanadaCORP	100.0	현대상사	19

매출구성		비용구성		수출비중	
철강/금속/화학/물자/자동차부품/기계 등(기타)	62.9	매출원가율	94.2	수출	—
철강/비철(상품)	28.2	판관비율	4.0	내수	—
자동차부품/기계(상품)	12.3				

회사 개요

동사는 2000년 대우의 무역부문 인적분할을 통해 설립되었으며, 2010년 포스코집단에 인수됨. 철강, 금속, 자동차부품 등의 무역 부문과 천연가스, 니켈, 구리, 유연탄 등의 자원개발 부문, 그리고 자동차시트, 유통 등의 제조 및 기타 부문을 영위하고 있는 국내 제 1의 종합상사임. 포스코에 인수된 이후 건설, 플랜트, 자원개발 등에서의 시너지가 확산되고 있으며, 포스코의 국내외 철강제품 물량 취급 확대가 예상됨.

실적 분석

동사의 2017년 누적매출액은 225,716.5억원으로 전년대비 36.9% 증가함. 비용측면에서 매출원가와 판관비가 각각 38.5%, 10.9% 상승했음에도 불구하고 영업이익이 전년보다 26.1% 늘어난 4,013.1억원을 기록함. 우려했던 무역부문 충당금이 발생하지 않았고 충당금 환입과 해외법인의 추가이익 발생으로 실적이 정상화됨. 유가 상승, 신규 가스 발견에 따른 가스전 자산 가치 증대가 기대됨. 해외법인 실적이 개선될 전망임.

현금 흐름
〈단위 : 억원〉

항목	2016	2017
영업활동	8,074	3,541
투자활동	-1,974	-2,034
재무활동	-6,615	-1,465
순현금흐름	-509	48
기말현금	1,737	1,785

시장 대비 수익률

결산 실적
〈단위 : 억원〉

항목	2012	2013	2014	2015	2016	2017
매출액	173,201	171,086	204,078	175,269	164,921	225,717
영업이익	1,397	1,589	3,761	3,688	3,181	4,013
당기순이익	2,155	1,330	1,764	1,086	1,222	1,668

분기 실적
〈단위 : 억원〉

항목	2016.3Q	2016.4Q	2017.1Q	2017.2Q	2017.3Q	2017.4Q
매출액	38,365	49,294	52,245	61,208	54,897	57,367
영업이익	664	719	1,103	969	980	961
당기순이익	188	-170	920	190	197	361

재무 상태
〈단위 : 억원〉

항목	2012	2013	2014	2015	2016	2017
총자산	74,656	82,686	93,409	80,433	82,888	91,700
유형자산	6,137	6,383	5,825	6,256	6,661	13,248
무형자산	13,663	16,398	17,281	17,446	16,629	16,252
유가증권	1,112	1,071	1,052	1,292	1,087	943
총부채	52,765	60,384	69,661	56,221	57,851	63,175
총차입금	35,141	40,116	50,936	41,291	36,188	40,933
자본금	5,694	5,694	5,694	5,694	5,694	6,169
총자본	21,891	22,302	23,747	24,212	25,037	28,525
지배주주지분	21,879	22,275	23,785	24,417	25,158	28,098

기업가치 지표

항목	2012	2013	2014	2015	2016	2017
주가(최고/저)(천원)	39.6/24.4	38.0/28.3	38.6/27.2	29.1/15.0	27.8/11.6	27.6/17.1
PER(최고/저)(배)	23.6/14.6	34.6/25.7	26.1/18.4	27.7/14.3	29.7/12.4	19.7/12.2
PBR(최고/저)(배)	2.3/1.4	2.1/1.6	2.0/1.4	1.5/0.8	1.3/0.6	1.3/0.8
EV/EBITDA(배)	44.1	41.7	17.0	10.4	13.2	9.9
EPS(원)	1,860	1,214	1,620	1,132	977	1,444
BPS(원)	19,213	19,561	20,887	21,442	22,093	22,774
CFPS(원)	2,158	1,605	2,610	2,638	2,438	3,210
DPS(원)	300	300	500	500	500	500
EBITDAPS(원)	1,524	1,787	4,292	4,744	4,255	5,061

재무 비율
〈단위 : %〉

연도	영업이익률	순이익률	부채비율	차입금비율	ROA	ROE	유보율	자기자본비율	EBITDA마진율
2017	1.8	0.7	221.5	143.5	1.9	6.6	355.5	31.1	2.7
2016	1.9	0.7	231.1	144.5	1.5	4.5	341.9	30.2	2.9
2015	2.1	0.6	232.2	170.5	1.3	5.4	328.8	30.1	3.1
2014	1.8	0.9	293.3	214.5	2.0	8.0	317.7	25.4	2.4

포스코아이씨티 (A022100)
POSCO ICT

업 종 : IT 서비스
신용등급 : (Bond) — (CP) A2+
홈페이지 : www.poscoict.co.kr
본 사 : 경북 포항시 남구 호동로 68
시 장 : KOSDAQ
기업규모 : 우량
연 락 처 : 054)280-1114

설 립 일	1989.11.15	**종업원수**	2,397명	**대표이사**	최두환
상 장 일	2000.11.18	**감사의견**	적정(한영)	**계 열**	
결 산 기	12월	**보 통 주**		**종속회사수**	4개사
액 면 가	500원	**우 선 주**		**구 상 호**	

주주구성 (지분율,%)		출자관계 (지분율,%)		주요경쟁사 (외형,%)	
포스코	65.4	이노밸리	28.8	포스코 ICT	100
(학)포항공과대학교	0.9	가평양평지킴이	19.8	삼성에스디에스	978
(외국인)	3.2	제주전기자동차서비스	19.8	큐로컴	1

매출구성		비용구성		수출비중	
엔지니어링	46.7	매출원가율	86.3	수출	8.4
기간시스템 개발 및 운영	36.5	판관비율	7.8	내수	91.6
시스템 유지보수 등	11.0				

회사 개요

포스코 그룹의 IT서비스와 시스템 엔지니어링 서비스를 공급하는 기업. 최근 LED 조명, 스마트그리드, 클라우드 컴퓨팅 등 신성장 사업을 위해 다양한 노력을 병행 중. 특히 그룹 내 계열사나 협력업체와 함께 기술 및 사업협력을 통한 동반성장을 도모하고, 글로벌 기업들과도 협력하여 국내는 물론 해외시장 개척과 함께 사업역량 강화를 위해 적극 노력중임. Smart X솔루션, 스마트 팩토리 및 ESS기반 마이크로그리드 등의 신규 사업 추진 중임.

실적 분석

동사의 2017년 연결 기준 연간 누적 매출액은 9505.9억원으로 전년 동기 대비 9.7% 증가함. 매출이 증가하면서 매출원가와 판관비도 늘었지만 매출 증가에 따른 고정비용 감소 효과로 인해 영업이익은 전년 동기 대비 7.3% 증가한 560.7억원을 기록함. 비영업손익 부문에서 적자 폭이 줄어들면서 당기순이익은 전년 동기 대비 11.8% 증가한 420억원을 기록함.

현금 흐름
〈단위 : 억원〉

항목	2016	2017
영업활동	481	198
투자활동	-306	-254
재무활동	-276	-59
순현금흐름	-97	-119
기말현금	712	593

시장 대비 수익률

결산 실적
〈단위 : 억원〉

항목	2012	2013	2014	2015	2016	2017
매출액	11,284	12,070	9,699	8,405	8,669	9,506
영업이익	305	659	564	140	522	561
당기순이익	117	225	239	-563	376	420

분기 실적
〈단위 : 억원〉

항목	2016.3Q	2016.4Q	2017.1Q	2017.2Q	2017.3Q	2017.4Q
매출액	1,926	2,588	2,301	2,155	2,342	2,708
영업이익	120	206	165	107	146	142
당기순이익	66	97	179	102	105	34

재무 상태
〈단위 : 억원〉

항목	2012	2013	2014	2015	2016	2017
총자산	9,084	8,426	8,244	6,939	6,622	6,463
유형자산	1,906	1,894	1,724	1,594	1,506	1,528
무형자산	1,408	1,410	1,290	325	257	237
유가증권	539	422	439	404	326	320
총부채	6,588	4,740	4,364	3,625	2,874	2,461
총차입금	2,391	1,456	1,522	548	518	387
자본금	685	760	760	760	760	760
총자본	2,497	3,686	3,880	3,315	3,748	4,002
지배주주지분	2,445	3,660	3,871	3,353	3,742	3,997

기업가치 지표

항목	2012	2013	2014	2015	2016	2017
주가(최고/저)(천원)	9.2/6.0	9.5/6.6	9.0/4.9	6.1/4.4	6.5/4.1	8.4/5.5
PER(최고/저)(배)	91.1/58.9	54.8/38.2	54.8/30.1	—/—	27.3/17.4	30.4/20.3
PBR(최고/저)(배)	5.4/3.5	4.1/2.9	3.6/2.0	2.8/2.0	2.7/1.7	3.2/2.1
EV/EBITDA(배)	18.0	10.7	8.7	14.7	10.6	15.2
EPS(원)	105	180	169	-339	243	276
BPS(원)	1,792	2,415	2,554	2,213	2,469	2,636
CFPS(원)	423	524	467	-99	429	445
DPS(원)	25	50	50	—	50	75
EBITDAPS(원)	540	818	669	331	530	538

재무 비율
〈단위 : %〉

연도	영업이익률	순이익률	부채비율	차입금비율	ROA	ROE	유보율	자기자본비율	EBITDA마진율
2017	5.9	4.4	61.5	9.7	6.4	10.8	427.2	61.9	8.6
2016	6.0	4.3	76.7	13.8	5.5	10.4	393.8	56.6	9.3
2015	1.7	-6.7	109.4	16.5	-7.4	-14.3	342.6	47.8	6.0
2014	5.8	2.5	112.5	39.2	2.9	6.8	410.7	47.1	10.5

포스코엠텍 (A009520)
POSCO M-TECH

업 종 : 금속 및 광물
신용등급 : (Bond) — (CP) —
홈페이지 : www.poscomtech.com
본 사 : 경북 포항시 남구 형산강북로 131 (효자동)

시 장 : KOSDAQ
기업규모 : 중견
연 락 처 : 054)280-8114

설 립 일	1973.12.27	**종업원수**	1,115명	**대 표 이 사**	이희명
상 장 일	1997.07.30	**감사의견**	적정(삼일)	**계 열**	
결 산 기	12월	**보 통 주**		**종속회사수**	
액 면 가	500원	**우 선 주**		**구 상 호**	

주주구성 (지분율,%)		출자관계 (지분율,%)		주요경쟁사 (외형,%)	
포스코	48.9			포스코엠텍	100
(학)포항공과대학교	4.7			동양철관	57
(외국인)	3.5			휴스틸	268

매출구성		비용구성		수출비중	
포장작업	55.7	매출원가율	90.2	수출	7.2
페로실리콘공장 위탁운영 외	16.3	판관비율	5.1	내수	92.8
펠레트	15.4				

회사 개요

동사는 1973년 포스코 철강제품 포장을 목적으로 하는 삼정강업주식회사로 시작해 1977년 5월 알루미늄 탈산제 공장을 준공하여, 포스코에 공급하는 철강부원료회사로서의 발판을 마련함. 2012년부터는 철강제품 포장 및 탈산제 공급 뿐 아니라 포스코 마그네슘공장 위탁운영을 통해 위탁운영에 대한 노하우를 장기간 축적하여 현재는 포스코 페로실리콘, 페로망간, Fe분말공장을 추가 위탁운영하고 있음. 주력 제품은 알루미늄 탈산제와 몰리브덴 브리켓임.

실적 분석

동사의 2017년 매출액은 전년대비 12억원 감소한 2578억원, 영업이익은 전년대비 37억원이 감소한 122억원을 달성함. 동사는 우리은행 차입금과 관련하여 정기예금 121억원이 질권설정돼 있음. 재고자산 중 115억원이 한국수출입은행 차입금에 대해 담보로 설정됨. 동사는 지엠알머티리얼즈와의 가처분 등과 관련하여 서울보증보험으로부터 34억원의 지급보증을 제공받고 있음.

현금 흐름

<단위 : 억원>

항목	2016	2017
영업활동	326	93
투자활동	-132	11
재무활동	-432	-120
순현금흐름	-238	-17
기말현금	33	16

시장 대비 수익률

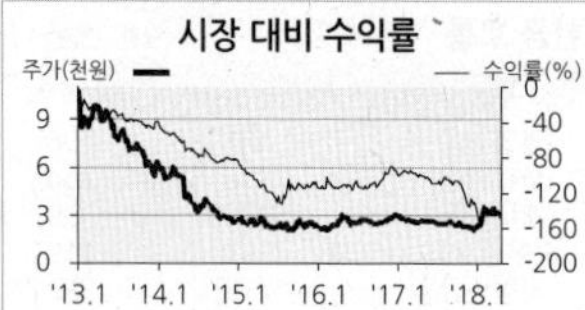

결산 실적

<단위 : 억원>

항목	2012	2013	2014	2015	2016	2017
매출액	9,588	6,995	4,462	3,665	2,665	2,578
영업이익	158	45	-246	82	140	122
당기순이익	84	-153	-1,054	262	31	99

분기 실적

<단위 : 억원>

항목	2016.3Q	2016.4Q	2017.1Q	2017.2Q	2017.3Q	2017.4Q
매출액	665	648	617	—	—	—
영업이익	43	20	35	—	—	—
당기순이익	30	-52	20	—	—	—

재무 상태

<단위 : 억원>

항목	2012	2013	2014	2015	2016	2017
총자산	4,370	4,085	2,910	2,040	1,615	1,429
유형자산	912	1,139	808	276	204	132
무형자산	140	107	26	14	8	5
유가증권	203	153	153	37	2	2
총부채	2,667	2,493	2,402	1,272	847	602
총차입금	1,893	2,011	1,910	938	531	271
자본금	208	208	208	208	208	208
총자본	1,703	1,592	507	768	768	827
지배주주지분	1,633	1,499	473	768	768	827

기업가치 지표

항목	2012	2013	2014	2015	2016	2017
주가(최고/저)(천원)	11.6/5.4	10.7/5.4	6.2/2.6	3.1/2.1	3.1/2.1	3.0/2.1
PER(최고/저)(배)	56.5/26.2	—/—	—/—	4.7/3.1	42.6/28.6	12.9/9.3
PBR(최고/저)(배)	3.2/1.5	3.2/1.6	5.8/2.4	1.8/1.2	1.7/1.2	1.5/1.1
EV/EBITDA(배)	29.7	43.5	—	8.5	7.0	5.3
EPS(원)	221	-317	-2,384	696	75	237
BPS(원)	3,921	3,601	1,136	1,844	1,845	1,985
CFPS(원)	340	-194	-2,136	856	173	308
DPS(원)	75	50	—	50	25	75
EBITDAPS(원)	497	231	-344	358	434	363

재무 비율

<단위 : %>

연도	영업 이익률	순 이익률	부채 비율	차입금 비율	ROA	ROE	유보율	자기자본 비율	EBITDA 마진율
2017	4.7	3.8	72.8	32.7	6.5	12.4	297.1	57.9	5.9
2016	5.2	1.2	110.2	69.2	1.7	4.1	269.0	47.6	6.8
2015	2.2	7.1	165.7	122.1	10.6	46.7	268.9	37.6	4.1
2014	-5.5	-23.6	473.5	376.5	-30.2	-100.6	127.2	17.4	-3.2

포스코켐텍 (A003670)
POSCO CHEMTECH

업 종 : 금속 및 광물
신용등급 : (Bond) AA- (CP) —
홈페이지 : www.poscochemtech.com
본 사 : 경북 포항시 남구 신항로 110 (주)포스코켐텍

시 장 : KOSDAQ
기업규모 : 우량
연 락 처 : 054)290-0224

설 립 일	1971.05.13	**종업원수**	1,274명	**대 표 이 사**	최정우
상 장 일	2001.10.19	**감사의견**	적정(한영)	**계 열**	
결 산 기	12월	**보 통 주**		**종속회사수**	2개사
액 면 가	500원	**우 선 주**		**구 상 호**	

주주구성 (지분율,%)		출자관계 (지분율,%)		주요경쟁사 (외형,%)	
포스코	60.0	PT.KPCC	80.0	포스코켐텍	100
(학)포항공과대학교	5.0	피엠씨텍	60.0	고려아연	551
(외국인)	11.0	PT.IPCR	30.0	나노신소재	4

매출구성		비용구성		수출비중	
생석회, 음극재, 화성품 가공 및 판매 등	63.5	매출원가율	87.0	수출	—
내화물 제조 및 산업용로재 정비	36.6	판관비율	4.3	내수	—

회사 개요

동사는 내화물의 시공 및 보수, 각종 공업로의 설계, 제작 및 판매, 석회제품 등의 제조 및 판매 등을 목적으로 1971년 설립되었으며, 1994년에 염기성내화물의 제조와 판매 등의 사업을 주목적으로 설립된 삼화화성을 흡수합병함. 동사는 기업집단 포스코 그룹의 계열사로 기업집단에 소속된 회사는 총 46개임. 동사는 국내 내화물 시장에서 약 18%(2016년 기준)의 점유율을 차지하고 있음.

실적 분석

동사의 2017년 연결 기준 결산 매출액은 1조 1,972억원으로 전년동기 대비 7.1% 증가하였으며, 원가부담 축소 및 판관비 증가 억제 노력 등으로 수익성은 한층 강화된 모습. 영업이익은 전년동기 대비 21.8% 증가한 1,040억원을 시현하였으며, 비영업손익의 개선 영향으로 당기순이익 또한 133.5% 증가한 1,040억원 시현함. 신규사업으로 수입에 위존하던 이차전지음극재 국산화 추진중에 있음.

현금 흐름

<단위 : 억원>

항목	2016	2017
영업활동	851	555
투자활동	-1,063	-462
재무활동	-223	-230
순현금흐름	-433	-138
기말현금	1,178	1,041

시장 대비 수익률

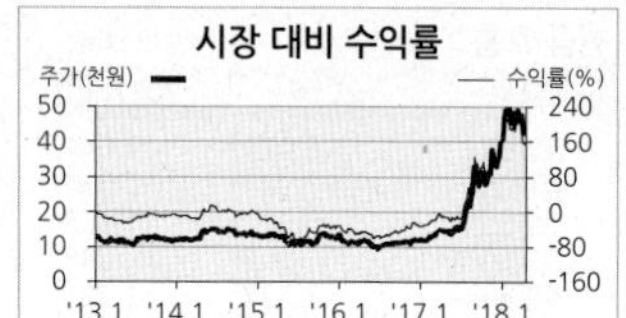

결산 실적

<단위 : 억원>

항목	2012	2013	2014	2015	2016	2017
매출액	12,957	13,299	13,711	12,212	11,177	11,972
영업이익	921	743	950	560	853	1,040
당기순이익	754	580	733	322	445	1,040

분기 실적

<단위 : 억원>

항목	2016.3Q	2016.4Q	2017.1Q	2017.2Q	2017.3Q	2017.4Q
매출액	2,818	2,867	2,859	2,941	3,072	3,100
영업이익	232	311	305	270	260	204
당기순이익	183	221	230	176	303	330

재무 상태

<단위 : 억원>

항목	2012	2013	2014	2015	2016	2017
총자산	5,404	6,304	7,216	7,175	7,239	8,358
유형자산	1,166	1,144	1,360	1,449	1,367	1,827
무형자산	75	113	103	86	66	58
유가증권	71	71	71	53	57	53
총부채	1,421	1,780	2,068	1,793	1,545	1,837
총차입금	66	391	624	597	371	278
자본금	295	295	295	295	295	295
총자본	3,983	4,524	5,148	5,382	5,694	6,522
지배주주지분	3,937	4,436	5,050	5,302	5,625	6,445

기업가치 지표

항목	2012	2013	2014	2015	2016	2017
주가(최고/저)(천원)	16.8/10.8	12.9/9.7	15.3/11.6	14.5/10.1	13.3/9.3	39.8/11.6
PER(최고/저)(배)	14.3/9.2	14.0/10.5	13.3/10.0	26.0/18.0	18.6/13.0	22.7/6.7
PBR(최고/저)(배)	2.8/1.8	1.9/1.4	1.9/1.4	1.7/1.2	1.4/1.0	3.7/1.1
EV/EBITDA(배)	6.3	7.4	6.9	10.0	5.4	18.6
EPS(원)	1,279	994	1,230	585	740	1,753
BPS(원)	66,653	75,101	85,488	8,976	9,523	10,910
CFPS(원)	14,722	12,095	14,702	831	985	1,994
DPS(원)	1,500	1,500	1,750	200	300	350
EBITDAPS(원)	17,520	14,727	18,481	1,194	1,690	2,000

재무 비율

<단위 : %>

연도	영업 이익률	순 이익률	부채 비율	차입금 비율	ROA	ROE	유보율	자기자본 비율	EBITDA 마진율
2017	8.7	8.7	28.2	4.3	13.3	17.2	2,082.0	78.0	9.9
2016	7.6	4.0	27.1	6.5	6.2	8.0	1,804.7	78.7	8.9
2015	4.6	2.6	33.3	11.1	4.5	6.7	1,695.2	75.0	5.8
2014	6.9	5.4	40.2	12.1	10.8	15.3	1,609.8	71.3	8.0

포시에스 (A189690)

FORCS

업 종 : 일반 소프트웨어	시 장 : KOSDAQ
신용등급 : (Bond) — (CP) —	기업규모 : 벤처
홈페이지 : www.forcs.com	연 락 처 : 02)6188-8200
본 사 : 서울시 강남구 논현로 646	

설 립 일 2008.07.23	**종업원수** 124명	**대표이사** 박미경,문진일
상 장 일 2015.02.11	**감사의견** 적정(한신)	**계 열**
결 산 기 06월	**보 통 주**	**종속회사수**
액 면 가 500원	**우 선 주**	**구 상 호**

주주구성 (지분율,%)		출자관계 (지분율,%)		주요경쟁사 (외형,%)	
조종민	41.8	포엔식스	100.0	포시에스	100
박미경	7.5	FORCSSingaporePte.	100.0	한컴시큐어	128
(외국인)	3.0	FORCSJapan	86.7	이글루시큐리티	469

매출구성		비용구성		수출비중	
OZ Report(제품)	74.8	매출원가율	16.9	수출	7.7
OZ e-Form(제품)	25.3	판관비율	52.4	내수	92.3

회사 개요

동사는 웹과 모바일에서 사용 가능한 기업용 전자문서 솔루션 업체로 대법원, 국세청, 신한은행 등 신인도 높은 거래처를 확보하고 있음. 자체기술로 개발한 리포팅 솔루션 '오즈 리포트'와 전자문서솔루션 '오즈 e폼' 등이 주력 제품임. 2002년 코스닥 시장에 상장했다가 2008년 우회상장을 추진하던 '미리넷'에 경영권을 매각함. 이후 미리넷은 경영 악화로 상장 폐지됐고, 미리넷 자회사로 있던 지분을 전 경영진이 다시 취득하여 재상장함.

실적 분석

동사는 6월 결산 법인임. 연결 기준 2017년 12월 누적 매출액은 110.6억원으로, 전년 동기 대비 66.3% 증가하였는데 판매관리비는 전년 동기 대비 33.3% 증가하는 데 그쳐 영업이익은 전년 동기 대비 159.4% 증가한 37.4억원을 기록함. 당기순이익은 전년 동기 대비 118.1% 증가한 32.6억원을 기록함. 동사는 몽골 및 싱가포르 시장에 적극적으로 진출을 시도하고 있으며 애플과의 공동 마케팅을 통해 일본 진출 진행 중임.

현금 흐름

〈단위 : 억원〉

항목	2017	2018.2Q
영업활동	29	42
투자활동	-71	-23
재무활동	-6	-7
순현금흐름	-49	12
기말현금	38	50

시장 대비 수익률

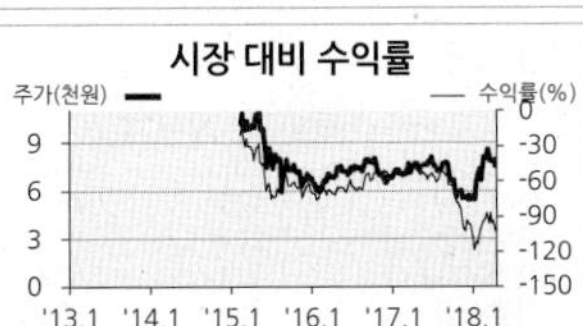

결산 실적

〈단위 : 억원〉

항목	2013	2014	2015	2016	2017	2018
매출액	121	128	131	140	128	—
영업이익	49	41	42	43	20	—
당기순이익	44	41	50	43	21	—

분기 실적

〈단위 : 억원〉

항목	2017.1Q	2017.2Q	2017.3Q	2017.4Q	2018.1Q	2018.2Q
매출액	24	43	22	40	31	79
영업이익	-1	15	-6	12	2	36
당기순이익	-0	15	-6	12	2	30

재무 상태

〈단위 : 억원〉

항목	2013	2014	2015	2016	2017	2018.2Q
총자산	148	247	416	432	443	482
유형자산	1	2	2	2	272	285
무형자산	5	7	12	15	18	18
유가증권	0	0	0	0	0	60
총부채	12	11	16	14	10	23
총차입금	—	—	—	—	—	—
자본금	20	24	31	33	34	36
총자본	136	236	400	419	433	459
지배주주지분	136	236	400	419	433	459

기업가치 지표

항목	2013	2014	2015	2016	2017	2018.2Q
주가(최고/저)(천원)	—/—	—/—	13.4/—	8.5/7.2	8.3/5.9	—/—
PER(최고/저)(배)	0.0/0.0	0.0/0.0	17.1/9.1	14.7/10.1	28.9/22.5	—/—
PBR(최고/저)(배)	0.0/0.0	0.0/0.0	2.5/1.3	1.4/1.0	1.3/1.0	1.2/0.8
EV/EBITDA(배)	—	—	6.9	4.7	21.9	—/—
EPS(원)	968	796	814	595	290	455
BPS(원)	3,428	4,838	6,463	6,716	6,617	6,675
CFPS(원)	1,138	934	954	702	353	483
DPS(원)	—	—	125	125	125	—
EBITDAPS(원)	1,250	926	788	708	343	551

재무 비율

〈단위 : %〉

연도	영업이익률	순이익률	부채비율	차입금비율	ROA	ROE	유보율	자기자본비율	EBITDA마진율
2017	15.7	16.1	2.3	0.0	4.7	4.9	1,223.5	97.8	18.3
2016	30.7	30.3	3.3	0.0	10.0	10.4	1,243.2	96.8	33.0
2015	31.8	38.4	4.0	0.0	15.2	16.0	1,192.7	96.2	32.4
2014	32.0	32.3	4.9	0.0	21.0	22.3	867.7	95.4	32.5

포인트엔지니어링 (A176560)

Point Engineering

업 종 : 디스플레이 및 관련부품	시 장 : KONEX
신용등급 : (Bond) — (CP) —	기업규모 : —
홈페이지 : www.pointeng.co.kr	연 락 처 : 041)546-5131
본 사 : 충남 아산시 둔포면 아산밸리로 89	

설 립 일 1998.05.21	**종업원수** 명	**대표이사** 안범모
상 장 일 2017.08.14	**감사의견** 적정(이촌)	**계 열**
결 산 기 12월	**보 통 주**	**종속회사수**
액 면 가 —	**우 선 주**	**구 상 호**

주주구성 (지분율,%)		출자관계 (지분율,%)		주요경쟁사 (외형,%)	
안범모	34.8	에이비엠	100.0	포인트엔지니어링	100
김명숙	14.4	에이디엘코리아	100.0	인베니아	368
		포에스텍	35.2	신화인터텍	357

매출구성		비용구성		수출비중	
DIFFUSER	45.7	매출원가율	67.6	수출	—
SUSCEPTOR	29.9	판관비율	12.8	내수	—
기타	13.6				

회사 개요

동사는 산업장비에 응용되는 AI 전기전자 부품을 제조하는 업체로, TFT-LCD 및 반도체 공정에 사용되는 공정장비의 핵심부품을 제작, 가공 및 표면처리를 충점사업으로 성장하고 있는 표면처리 전문기술 업체임. 기존의 산업에서 응용하는 알루미늄 양극산화기술(Anodizing)과는 다른 차별화 기술을 통해 업계 선두를 유지하고 있음. 최근에는 알루미늄 양극산화 기술을 이용한 다공성 양극산화피막을 이용하여 맴브레인 등의 사업을 창출하고 있음.

실적 분석

동사의 2017년 연간 매출액은 전년동기대비 53.6% 상승한 495.1억원을 기록하였음. 비용면에서 전년동기대비 매출원가는 증가 하였으며 인건비도 증가, 기타판매비와관리비는 증가함. 이와 같이 상승한 매출액 만큼 비용증가도 있었으나 매출액의 더 큰 상승에 힘입어 최종적으로 전년동기대비 당기순이익은 상승하여 69.4억원을 기록함. 모바일 시장의 확장등에 따라 향후 관련시장이 꾸준히 성장할 것으로 기대하고 있음.

현금 흐름

*IFRS 별도 기준 〈단위 : 억원〉

항목	2016	2017
영업활동	65	137
투자활동	-78	-126
재무활동	43	49
순현금흐름	30	53
기말현금	58	112

시장 대비 수익률

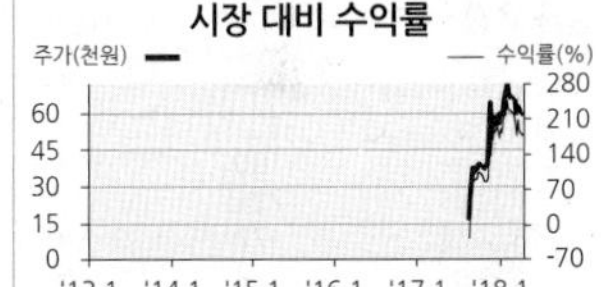

결산 실적

〈단위 : 억원〉

항목	2012	2013	2014	2015	2016	2017
매출액	167	196	214	222	313	495
영업이익	7	14	8	16	42	97
당기순이익	2	10	25	19	32	69

분기 실적

*IFRS 별도 기준 〈단위 : 억원〉

항목	2016.3Q	2016.4Q	2017.1Q	2017.2Q	2017.3Q	2017.4Q
매출액	—	—	117	—	—	—
영업이익	—	—	31	—	—	—
당기순이익	—	—	22	—	—	—

재무 상태

*IFRS 별도 기준 〈단위 : 억원〉

항목	2012	2013	2014	2015	2016	2017
총자산	368	387	368	392	485	635
유형자산	234	179	189	184	240	342
무형자산	15	16	20	25	36	42
유가증권	—	3	3	—	—	—
총부채	160	164	142	148	220	263
총차입금	143	143	120	120	162	192
자본금	12	12	12	12	12	12
총자본	208	223	226	244	266	372
지배주주지분	208	223	226	244	266	372

기업가치 지표

*IFRS 별도 기준

항목	2012	2013	2014	2015	2016	2017
주가(최고/저)(천원)	—/—	—/—	—/—	—/—	—/—	70.5/11.9
PER(최고/저)(배)	0.0/0.0	0.0/0.0	0.0/0.0	0.0/0.0	0.0/0.0	27.3/4.6
PBR(최고/저)(배)	0.0/0.0	0.0/0.0	0.0/0.0	0.0/0.0	0.0/0.0	4.7/0.8
EV/EBITDA(배)	2.6	1.9	2.5	2.0	1.4	11.5
EPS(원)	98	412	1,061	775	1,313	2,605
BPS(원)	8,818	9,287	9,397	10,172	11,069	14,992
CFPS(원)	1,222	1,457	2,116	1,709	2,396	3,960
DPS(원)	—	—	—	—	—	400
EBITDAPS(원)	1,424	1,641	1,375	1,599	2,813	5,255

재무 비율

〈단위 : %〉

연도	영업이익률	순이익률	부채비율	차입금비율	ROA	ROE	유보율	자기자본비율	EBITDA마진율
2017	19.6	14.0	71.8	50.8	12.2	21.5	2,958.0	58.2	26.5
2016	13.3	10.1	82.6	61.0	7.2	12.4	2,113.8	54.8	21.6
2015	7.2	8.4	60.7	49.2	4.9	7.9	1,934.4	62.2	17.3
2014	3.6	11.9	63.0	53.2	6.8	11.4	1,779.3	61.4	15.4

포티스 (A141020)

Fortis

업 종 : 온라인쇼핑 | 시 장 : KOSDAQ
신용등급 : (Bond) — (CP) — | 기업규모 :
홈페이지 : www.fortis.co.kr | 연 락 처 : 031)709-1407
본 사 : 경기도 성남시 분당구 성남대로779번길 17, 포티스빌딩 4층

설 립 일	2006.09.01	**종업원수**	40명	**대표이사**	정상훈,조재훈
상 장 일	2013.01.29	**감사의견**	적정(지성)	**계 열**	
결 산 기	12월	**보 통 주**		**종속회사수**	3개사
액 면 가	500원	**우 선 주**		**구 상 호**	

주주구성 (지분율,%)		출자관계 (지분율,%)		주요경쟁사 (외형,%)	
조재훈	9.3	포티웨저링	100.0	포티스	100
DYNASOURCE HOLDINGS LTD	3.0	벤크리	100.0	일양약품	581
(외국인)	4.6	에이원코스	18.0	코미팜	79

매출구성		비용구성		수출비중	
전자상거래 등(상품매출액)	98.6	매출원가율	86.4	수출	0.0
기타매출액(임대수수료 등)	1.4	판관비율	9.3	내수	100.0

회사 개요

동사는 2006년 설립돼 2013년 코스닥증권시장에 주식을 상장함. 동사는 정보통신분야 컨설팅 서비스업, 무역업 및 무역대리점업, 통신판매업 및 전자상거래업, 부동산 매매 및 임대업, 소프트웨어 개발 및 공급업 등을 영위함. 경기도 성남시에 위치한 소프트웨어 자문 및 개발사 포티웨저링, 온라인소애구자중개사 벤크리 등 총 2개 기업을 연결대상 종속회사로 보유하고 있음.

실적 분석

2017년 연결기준 동사 매출액은 464.4억원을 기록함. 전년도 매출액인 500.6억원에서 7.2% 감소한 금액임. 매출원가는 10.1% 줄었고 판매비와 관리비도 41.7% 감소함. 이에 매출이 줄었음에도 전년도 -20.1억원을 기록한 영업이익이 19.8억원을 시현하며 흑자로 돌아섰음. 비영업부문은 적자가 지속됐으나 손실폭이 줄어들었음. 이에 당기순이익도 24.5억원을 기록하며 흑자전환함.

현금 흐름

<단위 : 억원>

항목	2016	2017
영업활동	-104	-107
투자활동	-196	112
재무활동	229	79
순현금흐름	-72	84
기말현금	2	86

시장 대비 수익률

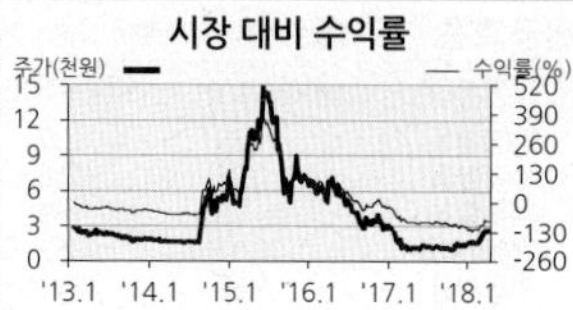

결산 실적

<단위 : 억원>

항목	2012	2013	2014	2015	2016	2017
매출액	508	165	121	483	501	464
영업이익	43	-60	-70	-40	-20	20
당기순이익	37	-46	-82	-127	-227	25

분기 실적

<단위 : 억원>

항목	2016.3Q	2016.4Q	2017.1Q	2017.2Q	2017.3Q	2017.4Q
매출액	120	103	155	98	188	23
영업이익	1	-18	5	6	7	2
당기순이익	-29	-143	2	1	6	16

재무 상태

<단위 : 억원>

항목	2012	2013	2014	2015	2016	2017
총자산	311	285	354	328	288	356
유형자산	84	83	81	88	76	2
무형자산	28	33	26	39	17	12
유가증권	3	3	6	10	32	15
총부채	163	139	131	210	227	52
총차입금	101	100	97	92	156	28
자본금	19	25	99	99	117	218
총자본	148	146	223	118	61	304
지배주주지분	148	146	224	118	62	304

기업가치 지표

항목	2012	2013	2014	2015	2016	2017
주가(최고/저)(천원)	—/—	3.3/1.7	6.6/1.6	14.9/4.7	7.2/2.8	3.1/0.9
PER(최고/저)(배)	0.0/0.0	—/—	—/—	—/—	—/—	51.5/15.5
PBR(최고/저)(배)	0.0/0.0	2.2/1.1	5.8/1.4	25.0/7.9	27.2/10.5	4.5/1.4
EV/EBITDA(배)	1.5	—	—	—	—	26.1
EPS(원)	496	-465	-592	-621	-1,056	61
BPS(원)	3,954	2,936	1,129	597	266	699
CFPS(원)	1,264	-663	-507	-590	-1,037	65
DPS(원)	—	—	—	—	—	—
EBITDAPS(원)	1,431	-952	-441	-171	-76	53

재무 비율

<단위 : %>

연도	영업이익률	순이익률	부채비율	차입금비율	ROA	ROE	유보율	자기자본비율	EBITDA마진율
2017	4.3	5.3	17.0	9.3	7.6	13.4	39.8	85.5	4.6
2016	-4.0	-45.3	일부잠식	일부잠식	-73.6	-247.1	-46.8	21.3	-3.2
2015	-8.3	-26.2	177.2	77.9	-37.1	-72.0	19.3	36.1	-7.0
2014	-58.0	-67.8	58.5	43.6	-25.7	-42.8	125.9	63.1	-48.6

폭스브레인 (A039230)

Foxbrain

업 종 : 디스플레이 및 관련부품 | 시 장 : KOSDAQ
신용등급 : (Bond) — (CP) — | 기업규모 : 중견
홈페이지 : www.foxbrain.co.kr | 연 락 처 : 02)3282-1900
본 사 : 서울시 금천구 디지털로9길 99, 309호(가산동, 스타밸리)

설 립 일	1996.06.19	**종업원수**	103명	**대표이사**	이주석,박준일
상 장 일	2000.06.22	**감사의견**	적정(참)	**계 열**	
결 산 기	12월	**보 통 주**		**종속회사수**	2개사
액 면 가	500원	**우 선 주**		**구 상 호**	솔브레인이엔지

주주구성 (지분율,%)		출자관계 (지분율,%)		주요경쟁사 (외형,%)	
바이오써포트	8.6	폭스디스플레이	100.0	폭스브레인	100
준파투자조합	4.2	에이블부동산투자1호조합	83.3	사파이어테크놀로지	36
(외국인)	0.7	FoxbrainHK.	100.0	쎄미시스코	46

매출구성		비용구성		수출비중	
디스플레이검사장비(PROBE STATION 외)(제품)	71.0	매출원가율	78.9	수출	59.5
디스플레이검사장치(PROBE UNIT)(제품)	22.0	판관비율	16.2	내수	40.5
임대/MC 외주 외(기타)	7.0				

회사 개요

동사는 반도체 및 디스플레이 패널의 검사 장비 및 검사장치를 제조하는 기업임. 검사장비로는 Probe Station(LCD 화상 점등 자동 검사장비), 검사장치로는 Probe Card (반도체 웨이퍼 검사장치), Probe Unit(LCD 화상 점등검사장치) 의 제품을 제조하고 있음. 전세계적으로 메모리, 비메모리 관련 프로브카드 업체들은 한국과 미국, 일본, 유럽, 대만 등을 포함해 약 40개사로 추정됨.

실적 분석

동사의 2017년 연결기준 누적 매출액은 전년대비 52.8% 성장한 538.8억원을 기록함. 매출액 급증은 프로브스테이션과 프로브유닛 등 검사장비의 실적 호조에 기인함. 외형 성장에 따른 고정비 부담 완화로 영업이익은 26.8억원으로 흑자전환함. 비영업부분 적자지속과 외환수익 적자전환으로 당기순이익은 적자지속함. 2017년 매출비중은 프로브스테이션 69.9%, 프로브유닛 30.1%로 구성됨.

현금 흐름

<단위 : 억원>

항목	2016	2017
영업활동	-107	-109
투자활동	429	-167
재무활동	-211	172
순현금흐름	111	-104
기말현금	154	50

시장 대비 수익률

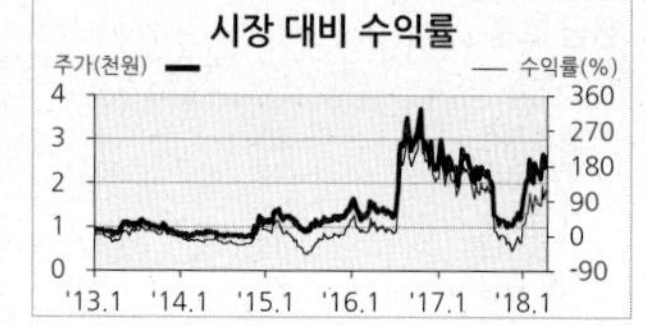

결산 실적

<단위 : 억원>

항목	2012	2013	2014	2015	2016	2017
매출액	544	483	706	505	353	539
영업이익	-56	16	18	-15	-125	27
당기순이익	-166	3	5	-2	-236	-53

분기 실적

<단위 : 억원>

항목	2016.3Q	2016.4Q	2017.1Q	2017.2Q	2017.3Q	2017.4Q
매출액	84	33	153	224	85	76
영업이익	-23	-75	12	7	14	-6
당기순이익	20	-196	-5	11	15	-74

재무 상태

<단위 : 억원>

항목	2012	2013	2014	2015	2016	2017
총자산	857	904	966	1,054	389	536
유형자산	465	465	461	464	8	8
무형자산	7	4	4	8	5	4
유가증권	9	8	4	—	2	101
총부채	509	552	608	689	245	361
총차입금	366	370	379	391	57	261
자본금	182	182	182	182	182	209
총자본	348	352	357	366	144	175
지배주주지분	348	352	357	367	144	175

기업가치 지표

항목	2012	2013	2014	2015	2016	2017
주가(최고/저)(천원)	1.5/0.8	1.2/0.8	1.3/0.8	1.5/0.9	3.7/1.1	3.2/1.0
PER(최고/저)(배)	—/—	164.8/107.4	91.4/55.0	—/—	—/—	—/—
PBR(최고/저)(배)	1.5/0.8	1.2/0.8	1.3/0.8	1.5/0.9	9.3/2.9	7.5/2.4
EV/EBITDA(배)	—	22.9	25.2	—	—	18.4
EPS(원)	-456	7	14	-13	-614	-133
BPS(원)	955	968	981	1,009	395	419
CFPS(원)	-372	40	47	26	-580	-125
DPS(원)	—	—	—	—	—	—
EBITDAPS(원)	-71	78	81	-3	-308	75

재무 비율

<단위 : %>

연도	영업이익률	순이익률	부채비율	차입금비율	ROA	ROE	유보율	자기자본비율	EBITDA마진율
2017	5.0	-9.9	일부잠식	일부잠식	-11.5	-33.5	-16.2	32.6	5.6
2016	-35.3	-66.9	일부잠식	일부잠식	-32.7	-87.4	-21.0	37.0	-31.8
2015	-3.0	-0.3	188.3	106.9	-0.2	-1.3	101.7	34.7	-0.2
2014	2.5	0.7	170.1	106.0	0.5	1.4	96.3	37.0	4.2

폴루스바이오팜 (A007630)
POLUS BioPharm

업 종	통신장비	시 장	거래소
신용등급	(Bond) — (CP) —	기업규모	시가총액 소형주
홈페이지	www.amnis.co.kr	연 락 처	1688-6820
본 사	서울시 강남구 도산대로 228, 4층 (논현동, 논현조일빌딩)		

설 립 일	1972.02.02	**종 업 원 수**	28명	**대 표 이 사**	남승헌,정운창
상 장 일	1988.10.24	**감 사 의 견**	적정(성도)	**계 열**	
결 산 기	12월	**보 통 주**		**종속회사수**	2개사
액 면 가	500원	**우 선 주**		**구 상 호**	아이카이스트랩

주주구성 (지분율,%)		출자관계 (지분율,%)		주요경쟁사 (외형,%)	
폴루스홀딩스	22.9			폴루스바이오팜	100
데이비드앤케이	4.4			라이트론	278
(외국인)	0.1			스카이문스테크놀로지	45

매출구성		비용구성		수출비중	
중계기	97.3	매출원가율	96.0	수출	0.0
용역매출 등	2.7	판관비율	21.1	내수	100.0

회사 개요
동사는 국내 최초의 계측기 제조업체로서 1972년 설립된 이래 계측기 뿐만 아니라, AMP, 필터, 중계기 등의 통신장비를 개발하여 국내통신시장을 선도함. 이동통신 장비인 중계기는 서비스를 위한 망 구축에 필수적인 고부가가치 아이템으로서 현재 국내 대형통신사업자에 납품하고 있으며, 북미와 아시아 등 해외시장 진출에도 성공함. 2018년 1월 임시주총으로 사명을 폴루스바이오팜으로 변경함.

실적 분석
동사의 2017년 결산 연결기준 매출액은 전년과 유사한 296.2억원을 기록함. 원가율은 여전히 100%를 상회하고 있어 영업손실 50.6억원, 당기순손실 29.8억원을 보임. 다만 프로젝트 손상차손 환입 및 투자부동산평가이익 증가로 비영업손익은 흑자 전환함. 당기 제품별 매출비중은 통신장비 97.22% 및 기타 등으로 구성됨. 동사는 결산일 이후 최대대주주 변경을 공시함.

현금 흐름
〈단위 : 억원〉

항목	2016	2017
영업활동	-36	-134
투자활동	-9	-100
재무활동	188	112
순현금흐름	143	-122
기말현금	144	22

시장 대비 수익률
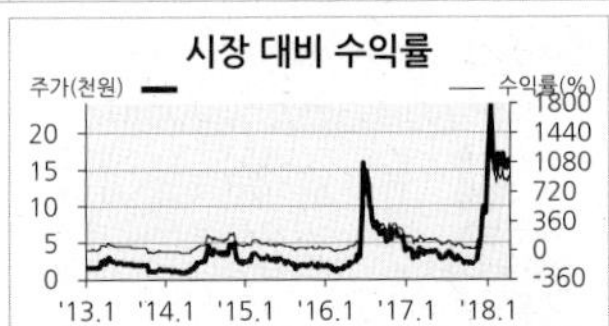

결산 실적
〈단위 : 억원〉

항목	2012	2013	2014	2015	2016	2017
매출액	537	547	587	301	299	296
영업이익	24	-64	33	-28	-56	-51
당기순이익	6	-135	11	-87	-174	-30

분기 실적
〈단위 : 억원〉

항목	2016.3Q	2016.4Q	2017.1Q	2017.2Q	2017.3Q	2017.4Q
매출액	16	195	20	68	82	126
영업이익	-6	-20	-9	-13	-2	-26
당기순이익	-8	-81	-11	-14	-1	-4

재무 상태
〈단위 : 억원〉

항목	2012	2013	2014	2015	2016	2017
총자산	693	518	521	522	596	548
유형자산	153	146	144	140	151	149
무형자산	80	63	64	47	5	8
유가증권	2	2	1	1	1	87
총부채	445	405	397	432	481	335
총차입금	287	258	233	253	212	190
자본금	295	59	59	59	85	121
총자본	248	113	124	90	115	213
지배주주지분	248	113	124	90	114	213

기업가치 지표

항목	2012	2013	2014	2015	2016	2017
주가(최고/저)(천원)	2.9/1.2	3.0/1.0	4.9/0.9	3.7/1.5	17.3/1.1	10.7/1.9
PER(최고/저)(배)	58.8/23.5	—/—	50.1/9.2	—/—	—/—	—/—
PBR(최고/저)(배)	1.4/0.6	3.1/1.0	4.6/0.8	4.8/1.9	25.5/1.6	12.1/2.1
EV/EBITDA(배)	9.1	—	9.9	—	—	—
EPS(원)	50	-1,143	97	-736	-1,259	-160
BPS(원)	843	963	1,059	771	679	881
CFPS(원)	93	-933	236	-586	-1,191	-140
DPS(원)	—	—	—	—	—	—
EBITDAPS(원)	155	-331	419	-86	-334	-253

재무 비율
〈단위 : %〉

연도	영업이익률	순이익률	부채비율	차입금비율	ROA	ROE	유보율	자기자본비율	EBITDA마진율
2017	-17.1	-10.1	157.0	88.8	-5.2	-18.1	76.3	38.9	-15.9
2016	-18.7	-58.4	418.8	184.9	-31.2	-170.7	35.8	19.3	-15.5
2015	-9.3	-28.8	480.1	280.5	-16.6	-81.1	54.2	17.2	-3.4
2014	5.6	2.0	320.0	187.5	2.2	9.7	111.8	23.8	8.4

푸드웰 (A005670)
FOODWELL

업 종	식료품	시 장	KOSDAQ
신용등급	(Bond) — (CP) —	기업규모	중견
홈페이지	www.foodwell.com	연 락 처	053)580-2430
본 사	대구시 달서구 성서서로 121		

설 립 일	1968.08.09	**종 업 원 수**	174명	**대 표 이 사**	성기준,성민겸
상 장 일	1993.12.07	**감 사 의 견**	적정(안경)	**계 열**	
결 산 기	12월	**보 통 주**		**종속회사수**	2개사
액 면 가	500원	**우 선 주**		**구 상 호**	

주주구성 (지분율,%)		출자관계 (지분율,%)		주요경쟁사 (외형,%)	
성민겸	10.0	푸르온	49.0	푸드웰	100
(사)경화회	8.4	청도푸드웰	100.0	SPC삼립	1,767
(외국인)	1.5			조흥	139

매출구성		비용구성		수출비중	
잼/시럽	25.7	매출원가율	86.4	수출	—
음료제품	22.0	판관비율	9.4	내수	—
기타제품	20.5				

회사 개요
동사는 깐밤, 딸기시럽, 만두제품 등 과실가공제품을 생산하여 일본 등지에 수출하거나 국내 식품회사에 납품함. 국내시장은 주로 중간제품과 OEM 및 임가공 제품을 생산하기 때문에 납품업체의 매출에 의해 영향을 받으며, 전체 매출액의 17% 가량을 일본에 수출하고 있어 일본 경기 및 엔화 환율에도 매우 민감함. 깐밤(수출)은 약 20%, 딸기시럽류는 약 30%의 시장을 점유하고 있는 것으로 추정됨.

실적 분석
동사의 2017년 결산 연결기준 누적 매출액은 1,168.7억원으로 전년 동기 대비 8% 증가함. 매출이 증가하면서 고정 비용 감소효과로 인해 매출원가가 늘었음에도 불구하고 영업이익은 전년 동기 대비 28.4% 증가한 48.2억원을 시현함. 비영업손익 부문에서 금융손실과 외환손실이 적자 지속중이나 당기순이익은 29.3억원을 기록하며 전년 동기 대비 36.3% 증가하며 수익성 증가.

현금 흐름
〈단위 : 억원〉

항목	2016	2017
영업활동	75	70
투자활동	-274	-27
재무활동	178	-50
순현금흐름	-20	-8
기말현금	40	32

시장 대비 수익률
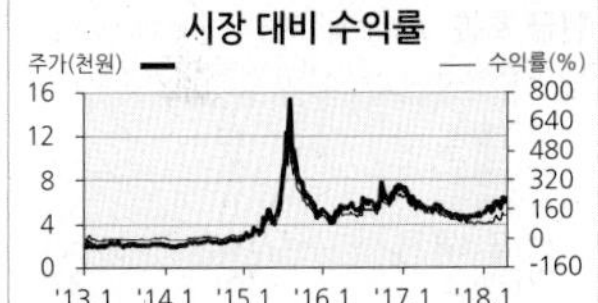

결산 실적
〈단위 : 억원〉

항목	2012	2013	2014	2015	2016	2017
매출액	987	948	952	1,028	1,082	1,169
영업이익	48	46	38	40	38	48
당기순이익	14	13	21	19	22	29

분기 실적
〈단위 : 억원〉

항목	2016.3Q	2016.4Q	2017.1Q	2017.2Q	2017.3Q	2017.4Q
매출액	267	301	257	286	293	333
영업이익	-1	19	9	12	13	14
당기순이익	-3	12	3	8	10	8

재무 상태
〈단위 : 억원〉

항목	2012	2013	2014	2015	2016	2017
총자산	969	968	1,010	1,114	1,305	1,277
유형자산	534	512	504	598	798	766
무형자산	38	31	32	32	31	30
유가증권	1	1	1	1	1	1
총부채	534	525	551	645	829	795
총차입금	378	354	363	428	627	601
자본금	20	40	40	40	40	40
총자본	435	443	459	469	476	482
지배주주지분	426	429	433	432	434	439

기업가치 지표

항목	2012	2013	2014	2015	2016	2017
주가(최고/저)(천원)	2.9/1.3	2.6/1.5	2.8/1.9	15.6/2.6	8.1/4.1	7.7/4.3
PER(최고/저)(배)	21.9/9.9	24.9/14.5	24.9/16.7	208.2/34.1	43.0/22.0	24.0/13.5
PBR(최고/저)(배)	0.6/0.3	0.5/0.3	0.6/0.4	3.0/0.5	1.5/0.8	1.4/0.8
EV/EBITDA(배)	6.1	6.5	7.2	10.8	15.4	9.8
EPS(원)	152	117	120	78	192	325
BPS(원)	10,639	5,365	5,417	5,399	5,427	5,577
CFPS(원)	1,223	588	610	549	707	1,004
DPS(원)	150	75	75	75	75	75
EBITDAPS(원)	2,116	1,043	972	970	984	1,281

재무 비율
〈단위 : %〉

연도	영업이익률	순이익률	부채비율	차입금비율	ROA	ROE	유보율	자기자본비율	EBITDA마진율
2017	4.1	2.5	165.0	124.7	2.3	6.0	1,015.5	37.7	8.8
2016	3.5	2.0	174.2	131.7	1.8	3.6	985.4	36.5	7.3
2015	3.9	1.9	137.4	91.2	1.8	1.4	979.8	42.1	7.6
2014	4.0	2.2	119.9	79.0	2.1	2.2	983.5	45.5	8.2

푸른기술 (A094940)

PULOON TECHNOLOGY

업 종 : 컴퓨터 및 주변기기 | 시 장 : KOSDAQ
신 용 등 급 : (Bond) — (CP) — | 기 업 규 모 : 벤처
홈 페 이 지 : www.puloon.co.kr | 연 락 처 : 02)6959-4700
본 사 : 서울시 서초구 효령로 60길 23-10 (주)푸른빌딩 2층

설 립 일	1997.07.24	종 업 원 수	115명	대 표 이 사	함현철
상 장 일	2007.09.14	감 사 의 견	적정(삼화)	계 열	
결 산 기	12월	보 통 주		종속회사수	
액 면 가	500원	우 선 주		구 상 호	

주주구성 (지분율,%)		출자관계 (지분율,%)		주요경쟁사 (외형,%)	
함현철	15.7	푸른에스엠	100.0	푸른기술	100
나용철	6.6	푸른케이비시스템	50.0	딜리	236
(외국인)	0.5	국제시스템산업	22.7	청호컴넷	220

매출구성		비용구성		수출비중	
지폐방출기 외	47.8	매출원가율	77.4	수출	49.9
자재 외	32.7	판관비율	19.0	내수	50.1
게이트시스템 외	14.1				

회사 개요

동사는 1997년 설립되어 무인자동단말기 사업을 영위하고 있음. 동사가 제작, 공급하는 단말기는 현금수표의 입출금, 통장정리, 공과금 수납 등을 하는 금융자동화기기(매출비중 50%), 철도나 지하철 승차권자동발매기, 교통카드충전기 등의 역무자동화기기(14.0%), 경마장 창구에서 베팅처리와 당첨금 환급처리를 담당하는 마권발매기, 로또 및 스포츠토토 발매기 등의 특수단말시스템(5%) 등으로 이루어짐.

실적 분석

동사의 2017년 전체 매출은 215억원으로 전년대비 13.2% 증가, 영업이익은 7.7억원으로 전년대비 217.4% 증가, 당기순이익은 8.5억원으로 96.5% 증가 시현. 최근 인천공항 자동출입국심사대 납품계약건과 워싱턴 WMATA AFC GATE 주요 모듈 공급건을 체결하면서 이익률 부진을 타개할 수 있을지 관건. 그 밖에도 글로벌 인식기, 지능형 경량 로봇, 스피드게이트 등의 사업 다각화 추진으로 매출액 개선중.신규 사업 확대 추진

현금 흐름 *IFRS 별도 기준 〈단위 : 억원〉

항목	2016	2017
영업활동	9	18
투자활동	7	-27
재무활동	-1	12
순현금흐름	16	2
기말현금	31	33

시장 대비 수익률

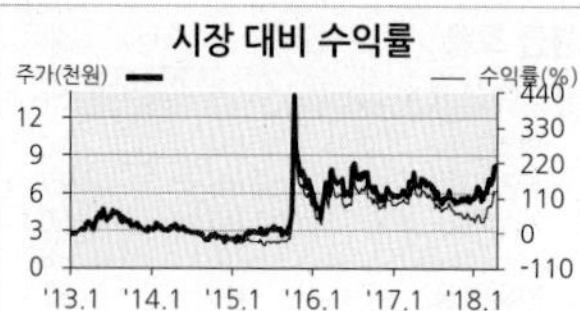

결산 실적 〈단위 : 억원〉

항목	2012	2013	2014	2015	2016	2017
매출액	278	282	151	145	190	215
영업이익	25	18	-21	-16	2	8
당기순이익	29	26	-16	-11	4	9

분기 실적 *IFRS 별도 기준 〈단위 : 억원〉

항목	2016.3Q	2016.4Q	2017.1Q	2017.2Q	2017.3Q	2017.4Q
매출액	38	42	39	42	55	79
영업이익	-1	-1	1	0	1	6
당기순이익	1	-3	2	2	1	4

재무 상태 *IFRS 별도 기준 〈단위 : 억원〉

항목	2012	2013	2014	2015	2016	2017
총자산	321	341	290	299	290	317
유형자산	77	101	98	94	94	79
무형자산	8	9	11	17	16	20
유가증권	13	13	18	20	14	11
총부채	97	95	64	84	70	76
총차입금	22	32	32	38	37	37
자본금	20	20	20	20	28	33
총자본	224	245	226	215	219	241
지배주주지분	224	245	226	215	219	241

기업가치 지표 *IFRS 별도 기준

항목	2012	2013	2014	2015	2016	2017
주가(최고/저)(천원)	4.8/1.9	4.7/2.7	3.7/2.1	14.9/2.1	8.7/4.0	7.9/5.1
PER(최고/저)(배)	11.5/4.6	12.3/6.9	—/—	—/—	132.9/61.1	61.4/39.8
PBR(최고/저)(배)	1.2/0.5	1.1/0.6	0.9/0.5	3.7/0.5	2.1/1.0	1.9/1.2
EV/EBITDA(배)	2.8	4.3	—	—	46.9	22.8
EPS(원)	447	398	-237	-164	66	130
BPS(원)	6,786	7,269	6,784	6,520	4,797	4,287
CFPS(원)	957	804	-205	-101	165	224
DPS(원)	150	150	—	—	—	30
EBITDAPS(원)	877	617	-327	-218	132	212

재무 비율 〈단위 : %〉

연도	영업 이익률	순 이익률	부채 비율	차입금 비율	ROA	ROE	유보율	자기자본 비율	EBITDA 마진율
2017	3.6	4.0	31.4	15.3	2.8	3.7	757.3	76.1	6.5
2016	1.3	2.3	32.1	17.0	1.5	2.0	859.4	75.7	3.9
2015	-10.8	-7.5	38.9	17.7	-3.7	-4.9	1,203.9	72.0	-6.2
2014	-13.6	-10.3	28.2	14.1	-4.9	-6.6	1,256.8	78.0	-8.9

푸른저축은행 (A007330)

Pureun Mutual Savings Bank

업 종 : 상호저축은행 | 시 장 : KOSDAQ
신 용 등 급 : (Bond) — (CP) — | 기 업 규 모 : 우량
홈 페 이 지 : www.prsb.co.kr | 연 락 처 : 02)545-9000
본 사 : 서울시 서초구 강남대로 581 (잠원동 28-1) 푸른빌딩

설 립 일	1971.06.17	종 업 원 수	131명	대 표 이 사	송명구,구혜원
상 장 일	1993.12.07	감 사 의 견	적정(신한)	계 열	
결 산 기	12월	보 통 주		종속회사수	
액 면 가	1,000원	우 선 주		구 상 호	

주주구성 (지분율,%)		출자관계 (지분율,%)		주요경쟁사 (외형,%)	
주신홍	17.2			푸른저축은행	100
푸른에프앤디	14.8				
(외국인)	2.0				

수익구성		비용구성		수출비중	
이자수익	69.8	이자비용	0.0	수출	—
대출채권평가 및 처분이익	25.5	대출채권손실	0.0	내수	—
유가증권평가 및 처분이익	3.2	판관비	0.0		

회사 개요

1972년 8월 제정된 상호저축은행법에 의하여 설립된 제2금융기관으로, 1971년 6월 '협성상호신용금고'로 출발. 예금과 대출을 주업무로 하고 있음. 2017년 4분기 누적 기준 동사의 수신은 전기대비 181억원 감소한 7,645억원, 여신은 426억원 증가한 8,806억원임. 중금리 신용대출, 시중은행과의 연계대출, P2P 대출 등으로 시장 확대 가능성 큼.

실적 분석

동사의 2017년 누적 영업이익은 전년 동기(284억원) 대비 6.7% 감소한 265억원을 기록함. 이자수익(556억원)과 수수료수익(18억원) 모두 전년보다 증가했지만 영업부문 제외한 기타부문 이익이 큰폭으로 줄어듬. 당기순이익 역시 20% 감소한 209억원을 기록함. 저축은행 자본 적정성을 판단할 수 있는 BIS기준 자기자본비율은 23.57%로 전년 대비 0.40%p 호전됨.

현금 흐름 *GAAP 개별 기준 〈단위 : 억원〉

항목	2016	2017
영업활동	-55	190
투자활동	-30	-137
재무활동	-24	-61
순현금흐름	-110	-8
기말현금	15	17

시장 대비 수익률

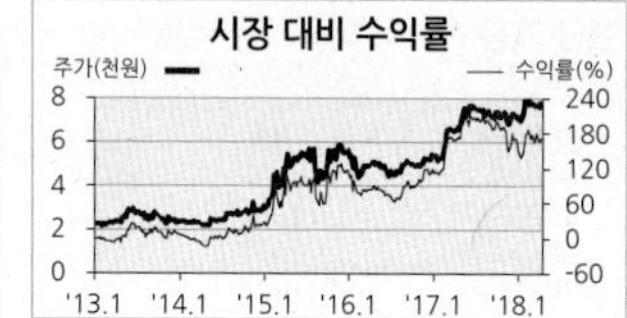

결산 실적 *GAAP 개별 기준 〈단위 : 억원〉

항목	2013	2014	2015	2016	2017	2018
영업수익	—	706	710	639	625	—
영업이익	—	30	307	283	265	—
당기순이익	—	4	254	260	209	—

분기 실적 *GAAP 개별 기준 〈단위 : 억원〉

항목	2016.3Q	2016.4Q	2017.1Q	2017.2Q	2017.3Q	2017.4Q
영업수익	162	154	152	197	153	123
영업이익	78	61	65	114	46	38
당기순이익	62	43	49	87	33	40

재무 상태 *GAAP 개별 기준 〈단위 : 억원〉

항목	2013	2014	2015	2016	2017	2018
총자산	10,984	9,534	8,782	10,561	10,291	—
유형자산	654	649	645	283	280	—
무형자산	1	1	2	18	21	—
유가증권	48	44	114	43	—	—
총부채	9,433	7,979	6,971	8,405	7,979	—
총차입금	—	—	—	—	—	—
자본금	151	151	151	151	151	—
총자본	1,551	1,555	1,811	2,155	2,312	—
지배주주지분	—	—	—	—	—	—

기업가치 지표 *GAAP 개별 기준

항목	2012	2013	2014	2015	2016	2017
주가(최고/저)(천원)	—	3.7/2.1	2.8/2.2	5.8/2.4	5.5/4.4	7.7/5.1
PER(최고/저)(배)	—	—/—	127.48/99.21	4.26/1.77	3.70/2.98	6.00/3.97
PBR(최고/저)(배)	—	0.42/0.24	0.31/0.24	0.57/0.24	0.44/0.35	0.53/0.35
PSR(최고/저)(배)	—	1/0	1/1	2/1	2/1	2/1
EPS(원)	—	-882	27	1,681	1,726	1,386
BPS(원)	—	10,819	10,846	12,530	14,689	15,697
CFPS(원)	—	1181	953	717	2,294	1,407
DPS(원)	—	—	—	300	500	550
EBITDAPS(원)	—	—	—	—	—	—

재무 비율 〈단위 : %〉

연도	계속사업 이익률	순 이익률	부채 비율	차입금 비율	ROA	ROE	유보율	자기자본 비율	총자산 증가율
2017	43.3	33.5	345.1	—	2.0	9.4	1,483.8	22.5	-2.6
2016	54.4	40.8	389.9	—	—	—	1,380.6	20.4	—
2015	36.8	31.7	396.7	—	1.4	6.6	1,213.1	20.1	7.5
2014	44.9	35.7	384.8	—	2.8	15.1	1,154.6	20.6	-7.9

풀무원 (A017810)

Pulmuone

업 종 : 식료품
신용등급 : (Bond) A- (CP) —
홈페이지 : www.pulmuone.co.kr
본 사 : 충북 음성군 대소면 삼양로 730-27
시 장 : 거래소
기업규모 : 시가총액 중형주
연 락 처 : 043)879-4500

설립일	1984.05.31	종업원수	350명	대표이사	이효율
상장일	1995.09.06	감사의견	적정(삼일)	계열	
결산기	12월	보통주		종속회사수	28개사
액면가	5,000원	우선주		구상호	풀무원홀딩스

주주구성 (지분율,%)		출자관계 (지분율,%)		주요경쟁사 (외형,%)	
남승우	60.5	이씨엠디	100.0	풀무원	100
국민연금공단	11.8	풀무원건강생활	100.0	동서	25
(외국인)	1.1	로하스아카데미	100.0	롯데푸드	81

매출구성		비용구성		수출비중	
내부거래 매출 등 외	49.9	매출원가율	73.8	수출	—
위탁급식용 식자재(급식)	16.3	판관비율	23.8	내수	—
공항, 터미널, 휴게소, 리조트, 복합몰 등	12.0				

회사 개요

동사는 1984년 풀무원효소식품으로 설립돼 1995년 풀무원으로 상호를 변경함. 2008년 인적분할을 통해 지주회사로 출범해 사업을 영위하고 있음. 두부, 나물, 계란, 면 등에서 차별화를 꾀하고 있으나 두부 제품 등은 2015년 2월 동반성장위원회의 중소기업 적합업종 재지정으로 시장 점유율을 소폭 감소함. 나물은 개당 단가가 낮은 필수 식재이지만 가격 경쟁이 치열해 수익이 높지 않음. 계란 시장도 경쟁 심화가 예상됨.

실적 분석

동사의 2017년 연결기준 연간 누적 매출액은 2조2381.2억원으로 전년 동기 대비 10.2% 증가함. 매출이 증가하면서 매출원가와 판관비가 늘었지만 매출 증가에 따른 고정비용 감소효과로 인해 영업이익은 전년 동기 대비 40.9% 증가한 534.7억원을 시현함. 비영업손익 부문에서 금융과 외환손실 등으로 적자가 지속됐지만 적자 규모가 줄면서 당기순이익은 전년 동기 대비 204.7% 증가한 304.1억원을 기록함.

현금 흐름 〈단위 : 억원〉

항목	2016	2017
영업활동	564	618
투자활동	-1,487	-950
재무활동	323	200
순현금흐름	-600	-131
기말현금	862	731

시장 대비 수익률

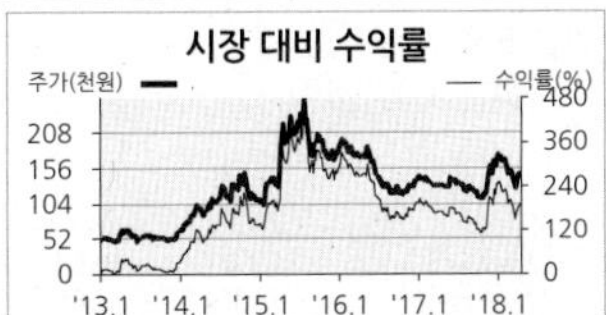

결산 실적 〈단위 : 억원〉

항목	2012	2013	2014	2015	2016	2017
매출액	14,579	15,217	16,781	18,465	20,307	22,381
영업이익	409	464	533	395	379	535
당기순이익	101	-120	505	122	100	304

분기 실적 〈단위 : 억원〉

항목	2016.3Q	2016.4Q	2017.1Q	2017.2Q	2017.3Q	2017.4Q
매출액	5,260	5,401	5,292	5,605	5,849	5,635
영업이익	87	187	44	133	217	140
당기순이익	75	81	-14	133	145	40

재무 상태 〈단위 : 억원〉

항목	2012	2013	2014	2015	2016	2017
총자산	10,255	9,814	10,536	9,760	10,614	11,030
유형자산	4,127	4,257	4,593	4,744	5,224	5,682
무형자산	405	242	247	236	492	573
유가증권	1,802	1,489	1,096	144	131	246
총부채	7,364	7,091	7,189	6,456	6,951	7,272
총차입금	5,241	4,624	4,018	3,395	3,467	3,868
자본금	190	190	190	190	190	190
총자본	2,892	2,723	3,347	3,304	3,662	3,758
지배주주지분	2,263	2,132	2,613	2,896	2,602	2,678

기업가치 지표

항목	2012	2013	2014	2015	2016	2017
주가(최고/저)(천원)	46.8/45.6	67.0/62.1	154/98.0	259/116.8	200/110	—/—
PER(최고/저)(배)	19.2/11.9	—/—	11.0/4.4	49.5/18.8	41.6/24.3	17.0/10.9
PBR(최고/저)(배)	0.8/0.5	1.2/0.8	2.3/0.9	3.4/1.3	2.9/1.7	2.4/1.6
EV/EBITDA(배)	5.9	5.5	6.5	9.5	8.9	8.8
EPS(원)	2,600	-1,654	14,445	5,334	4,882	10,109
BPS(원)	60,884	57,436	69,713	77,138	69,414	71,427
CFPS(원)	15,319	11,911	29,023	20,663	21,414	28,058
DPS(원)	1,020	1,020	1,020	1,020	1,020	1,153
EBITDAPS(원)	23,469	25,755	28,561	25,708	26,494	31,988

재무 비율 〈단위 : %〉

연도	영업이익률	순이익률	부채비율	차입금비율	ROA	ROE	유보율	자기자본비율	EBITDA마진율
2017	2.4	1.4	193.5	102.9	2.8	14.6	1,328.5	34.1	5.4
2016	1.9	0.5	189.8	94.7	1.0	6.8	1,288.3	34.5	5.0
2015	2.1	0.7	195.4	102.8	1.2	7.4	1,442.8	33.9	5.3
2014	3.2	3.0	214.8	120.0	5.0	23.2	1,294.3	31.8	6.5

풍강 (A093380)

Pungkang

업 종 : 자동차부품
신용등급 : (Bond) — (CP) —
홈페이지 : www.pungkang.com
본 사 : 경기도 화성시 우정읍 남양만로 745
시 장 : KOSDAQ
기업규모 : 중견
연 락 처 : 031)359-3600

설립일	1974.09.10	종업원수	265명	대표이사	김진용
상장일	2007.06.01	감사의견	적정(성도)	계열	
결산기	08월	보통주		종속회사수	
액면가	500원	우선주		구상호	

주주구성 (지분율,%)		출자관계 (지분율,%)		주요경쟁사 (외형,%)	
김진용	29.5	피케이메카트로닉스	50.0	풍강	100
김창덕	12.1	*SPMAUTOPARTSS.A.DEC.V.	35.0	케이엔더블유	113
(외국인)	0.7			크린앤사이언스	93

매출구성		비용구성		수출비중	
HEX NUT외	32.4	매출원가율	86.8	수출	8.5
WELD NUT(용접너트)	24.4	판관비율	9.4	내수	91.5
WHEEL NUT	20.3				

회사 개요

동사는 넛트, 볼트, 스크류의 제조, 판매 및 수출입업을 주 사업내용으로 설립됨. 현재 완성차업체의 자동차조립용 부품을 주 수요산업으로 영위함. 국내 완성차업체인 현대, 기아, 한국지엠, 르노삼성, 타타대우, 쌍용차에 직접 공급하고 있으며 일본 닛산자동차 라인과 완성차 1차 협력업체에도 공급하고 있음. 시장점유율은 4.9%로 태양금속공업, 진합, 케이피에프 등에 이어 국내 7위를 차지하고 있음. 최대주주가 김진용 대표로 변경됨.

실적 분석

8월 결산법인인 동사의 1분기 기준 매출액은 206억원, 영업이익 5억원을 각각 기록하였음. 생산제품의 주요 매출처는 완성차 업체 41%와 1차 협력업체 36%로 자동차부품으로 사용되는 비중이 높음. 거래처 다변화의 일환으로 기존의 완성차 거래업체 외에 현대자동차를 비롯하여 르노삼성, 타타대우상용차, 쌍용자동차 등에 대한 신규거래유치 및 거래유지를 확고히 하는데 영업력을 집중.

현금 흐름 〈단위 : 억원〉

항목	2017	2018.2Q
영업활동	99	3
투자활동	-68	-25
재무활동	-26	20
순현금흐름	6	-2
기말현금	20	18

시장 대비 수익률

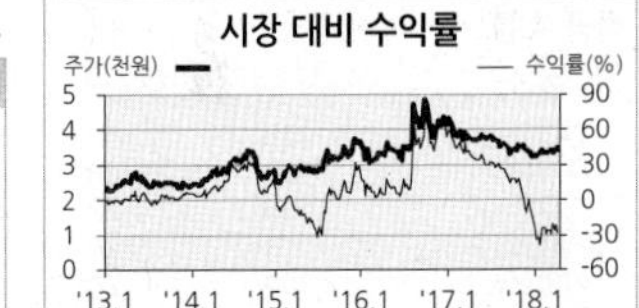

결산 실적 〈단위 : 억원〉

항목	2013	2014	2015	2016	2017	2018
매출액	883	916	894	863	833	—
영업이익	31	35	15	24	31	—
당기순이익	48	45	29	19	26	—

분기 실적 〈단위 : 억원〉

항목	2017.1Q	2017.2Q	2017.3Q	2017.4Q	2018.1Q	2018.2Q
매출액	211	214	207	201	206	179
영업이익	9	8	7	7	5	-1
당기순이익	9	5	7	6	3	-1

재무 상태 〈단위 : 억원〉

항목	2013	2014	2015	2016	2017	2018.2Q
총자산	785	851	869	913	924	939
유형자산	387	430	444	494	490	485
무형자산	7	9	8	7	6	6
유가증권	1	1	23	16	51	11
총부채	260	288	289	328	317	338
총차입금	105	126	118	213	194	222
자본금	49	49	49	49	49	49
총자본	525	562	580	585	606	601
지배주주지분	525	562	580	585	606	601

기업가치 지표

항목	2013	2014	2015	2016	2017	2018.2Q
주가(최고/저)(천원)	3.0/2.3	3.3/2.3	3.4/2.4	5.1/3.0	5.1/3.5	—/—
PER(최고/저)(배)	6.3/4.7	7.9/5.5	12.3/8.6	28.4/16.8	19.4/13.4	—/—
PBR(최고/저)(배)	0.6/0.5	0.6/0.4	0.6/0.4	0.9/0.5	0.8/0.6	0.6/0.5
EV/EBITDA(배)	5.7	6.2	7.3	8.7	6.2	—/—
EPS(원)	536	459	299	188	269	24
BPS(원)	5,415	5,783	5,966	6,018	6,229	6,079
CFPS(원)	844	784	713	625	721	224
DPS(원)	90	80	80	70	80	—
EBITDAPS(원)	655	683	562	684	769	242

재무 비율 〈단위 : %〉

연도	영업이익률	순이익률	부채비율	차입금비율	ROA	ROE	유보율	자기자본비율	EBITDA마진율
2017	3.8	3.2	52.4	31.9	2.9	4.5	1,145.8	65.6	9.1
2016	2.8	2.2	56.0	36.3	2.1	3.2	1,103.5	64.1	7.8
2015	1.6	3.3	49.8	20.3	3.4	5.2	1,093.1	66.8	6.2
2014	3.9	4.9	51.3	22.5	5.5	8.4	1,056.7	66.1	7.4

풍국주정공업 (A023900)
PUNGGUK ETHANOL INDUSTRIAL

업종 : 음료 | 시장 : KOSDAQ
신용등급 : (Bond) — (CP) — | 기업규모 : 우량
홈페이지 : www.pungguk.com | 연락처 : 053)583-2071
본사 : 대구시 달서구 성서로 72

설립일	1954.02.27	**종업원수**	40명	**대표이사**	이한용,김규호
상장일	1994.11.23	**감사의견**	적정(삼덕)	**계열**	
결산기	12월	**보통주**		**종속회사수**	2개사
액면가	500원	**우선주**		**구상호**	

주주구성 (지분율,%)		출자관계 (지분율,%)		주요경쟁사 (외형,%)	
이한용	42.0	에스디지	56.4	풍국주정	100
박순애	13.3	선도산업	50.0	진로발효	82
(외국인)	4.7	서안주정	11.4	국순당	58

매출구성		비용구성		수출비중	
주정외	50.4	매출원가율	76.3	수출	0.0
탄산가스	25.4	판관비율	13.1	내수	100.0
수소외	24.2				

회사 개요
동사는 소주의 원료로 사용되는 주정생산업체로 안정적인 수요를 바탕으로 거의 과점적 지위를 누리고 있음. 주정 제조 및 판매, 탄산가스나 수소가스 제조 및 판매, 건조주정박 제조 및 판매를 주요 사업으로 영위하고 있으며, 동사의 계열사로는 선도산업(산업용탄산가스), 에스디지(수소가스)가 있음. 현재 10개의 주정사가 전국에 각 지역별로 고르게 분포되어 있음.

실적 분석
동사의 2017년 연간 매출액은 전년동기대비 11.2% 상승한 1,075.5억원을 기록하였음. 주정은 소주 원료로 사용되므로 소주산업과 밀접한 관계를 가짐. 최근 순한 소주 및 고급소주의 수요가 확대되어 매출은 성장하였으나 원가 증가로 전년동기대비 영업이익은 113.2억원을 기록, 1.7% 하락 하였음. 경쟁 최소화 및 제조 설비 및 공정의 효율화에 따른 제조 수율, 에너지 비용, 폐수처리비용 등 원가절감이 관건임.

현금 흐름
〈단위 : 억원〉

항목	2016	2017
영업활동	128	140
투자활동	-188	-138
재무활동	56	-28
순현금흐름	-3	-26
기말현금	100	74

시장 대비 수익률
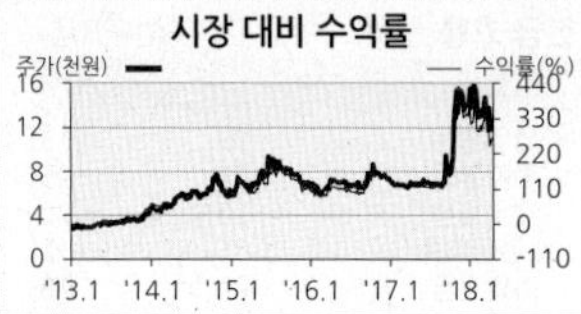

결산 실적
〈단위 : 억원〉

항목	2012	2013	2014	2015	2016	2017
매출액	918	1,003	1,078	1,015	968	1,076
영업이익	71	104	86	103	115	113
당기순이익	58	83	69	81	94	146

분기 실적
〈단위 : 억원〉

항목	2016.3Q	2016.4Q	2017.1Q	2017.2Q	2017.3Q	2017.4Q
매출액	233	255	254	279	281	262
영업이익	24	30	27	23	34	29
당기순이익	18	25	27	66	29	24

재무 상태
〈단위 : 억원〉

항목	2012	2013	2014	2015	2016	2017
총자산	1,165	1,225	1,288	1,387	1,520	1,628
유형자산	411	383	399	448	520	507
무형자산	44	45	45	45	33	43
유가증권	25	24	35	41	41	43
총부채	227	214	230	268	340	322
총차입금	90	67	57	92	182	175
자본금	42	42	42	42	63	63
총자본	938	1,011	1,057	1,119	1,180	1,306
지배주주지분	850	914	953	1,010	1,067	1,189

기업가치 지표

항목	2012	2013	2014	2015	2016	2017
주가(최고/저)(천원)	3.1/2.5	4.4/2.8	8.1/4.3	9.4/5.8	8.7/5.9	16.9/6.5
PER(최고/저)(배)	9.7/8.1	8.2/5.4	17.7/9.4	16.2/10.1	12.4/8.5	15.3/5.9
PBR(최고/저)(배)	0.5/0.4	0.7/0.4	1.2/0.6	1.2/0.8	1.1/0.7	1.8/0.7
EV/EBITDA(배)	4.4	4.2	6.0	5.7	5.6	9.2
EPS(원)	359	577	490	607	713	1,124
BPS(원)	10,123	10,876	11,341	12,022	8,466	9,439
CFPS(원)	1,146	1,533	1,428	1,518	1,150	1,609
DPS(원)	125	250	250	300	260	270
EBITDAPS(원)	1,456	1,901	1,716	1,839	1,351	1,383

재무 비율
〈단위 : %〉

연도	영업이익률	순이익률	부채비율	차입금비율	ROA	ROE	유보율	자기자본비율	EBITDA마진율
2017	10.5	13.6	24.6	13.4	9.3	12.6	1,787.7	80.2	16.2
2016	11.9	9.7	28.9	15.4	6.5	8.7	1,593.1	77.6	17.6
2015	10.2	8.0	23.9	8.2	6.1	7.8	2,304.4	80.7	15.2
2014	8.0	6.4	21.8	5.4	5.5	6.6	2,168.2	82.1	13.4

풍산 (A103140)
POONGSAN

업종 : 금속 및 광물 | 시장 : 거래소
신용등급 : (Bond) A (CP) A2 | 기업규모 : 시가총액 중형주
홈페이지 : www.poongsan.co.kr | 연락처 : 031)650-7500
본사 : 경기도 평택시 포승읍 평택항로156번길 134

설립일	2008.07.04	**종업원수**	3,351명	**대표이사**	류진,박우동
상장일	2008.07.30	**감사의견**	적정(한영)	**계열**	
결산기	12월	**보통주**		**종속회사수**	12개사
액면가	5,000원	**우선주**		**구상호**	

주주구성 (지분율,%)		출자관계 (지분율,%)		주요경쟁사 (외형,%)	
풍산홀딩스	36.8	풍산FNS	100.0	풍산	100
국민연금공단	13.5	PNT	60.0	POSCO	2,060
(외국인)	15.9	엘아이지풍산프로테크	40.0	현대제철	651

매출구성		비용구성		수출비중	
판 · 대(반도체소재 포함)	40.1	매출원가율	86.1	수출	54.5
군용탄, 스포츠탄	39.9	판관비율	5.7	내수	45.5
소전	8.3				

회사 개요
1968년에 설립된 동사는 사업부문이 비철금속 소재(동 및 동합금 판/대, 관, 봉/선, 소전 등)와 방산제품(탄)의 제조, 판매로 나뉨. 주요 종속회사로는 PMX와 Siam풍산으로 각각 미국과 태국지역의 생산, 판매를 담당하고 있음. 동사는 국내법인 7개, 해외법인 10개, 총 17개의 계열회사를 두고 있음. 전방산업이 IT, 자동차, 반도체, 건설분야로 동에 대한 수요가 점진적으로 늘고 있음. 원자재 가격 변동에 따라 수익성이 좌우됨.

실적 분석
동사의 2017년 연결 기준 매출과 영업이익은 2조9,449억원, 2,410억원으로 전년 대비 각각 4%, 10.7% 증가함. 신동부문은 세계경기의 회복으로 전기/전자 및 반도체 시장 수요가 증가하여 판매량이 증가함. LME가격의 상승으로 매출액도 증가함. 방산부문도 수출 증가로 인하여 매출액이 증가함. 당기순이익은 전년대비 9% 증가한 1,507억원을 기록함.

현금 흐름
〈단위 : 억원〉

항목	2016	2017
영업활동	2,463	1,375
투자활동	-1,008	-877
재무활동	-1,287	-565
순현금흐름	197	-164
기말현금	733	568

시장 대비 수익률
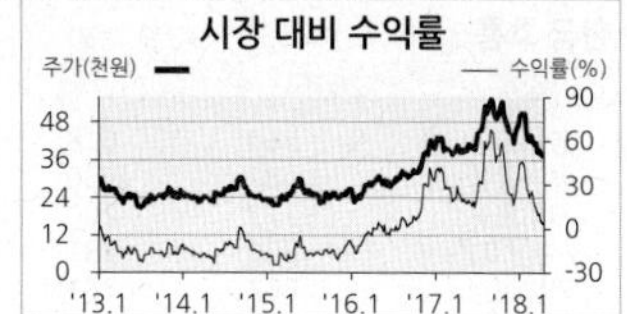

결산 실적
〈단위 : 억원〉

항목	2012	2013	2014	2015	2016	2017
매출액	29,003	30,220	30,003	28,197	28,318	29,450
영업이익	1,278	1,331	1,276	1,111	2,178	2,411
당기순이익	617	605	737	517	1,377	1,507

분기 실적
〈단위 : 억원〉

항목	2016.3Q	2016.4Q	2017.1Q	2017.2Q	2017.3Q	2017.4Q
매출액	6,969	8,109	7,073	6,991	6,958	8,427
영업이익	586	601	817	598	502	494
당기순이익	374	369	565	522	128	292

재무 상태
〈단위 : 억원〉

항목	2012	2013	2014	2015	2016	2017
총자산	26,332	26,841	28,591	26,076	27,149	27,295
유형자산	11,079	11,350	11,597	11,752	11,856	11,559
무형자산	265	256	241	200	194	248
유가증권	92	95	74	72	84	84
총부채	16,658	16,917	18,107	15,146	14,801	14,204
총차입금	12,963	13,172	13,613	11,297	10,183	9,290
자본금	1,401	1,401	1,401	1,401	1,401	1,401
총자본	9,674	9,924	10,484	10,930	12,348	13,091
지배주주지분	9,650	9,902	10,464	10,910	12,328	13,071

기업가치 지표

항목	2012	2013	2014	2015	2016	2017
주가(최고/저)(천원)	32.8/20.6	31.0/20.0	30.5/22.6	30.1/21.4	43.1/22.0	57.6/36.5
PER(최고/저)(배)	16.6/10.4	15.8/10.2	12.5/9.3	17.3/12.2	9.1/4.6	10.9/6.9
PBR(최고/저)(배)	1.1/0.7	1.0/0.6	0.9/0.7	0.8/0.6	1.0/0.5	1.3/0.8
EV/EBITDA(배)	12.0	10.6	10.0	9.6	6.9	6.7
EPS(원)	2,199	2,155	2,626	1,841	4,910	5,372
BPS(원)	34,441	35,340	37,344	38,936	43,995	46,646
CFPS(원)	4,184	4,390	5,288	4,728	7,911	8,528
DPS(원)	450	450	600	500	700	800
EBITDAPS(원)	6,546	6,985	7,214	6,850	10,773	11,758

재무 비율
〈단위 : %〉

연도	영업이익률	순이익률	부채비율	차입금비율	ROA	ROE	유보율	자기자본비율	EBITDA마진율
2017	8.2	5.1	108.5	71.0	5.5	11.9	832.9	48.0	11.2
2016	7.7	4.9	119.9	82.5	5.2	11.8	779.9	45.5	10.7
2015	3.9	1.8	138.6	103.4	1.9	4.8	678.7	41.9	6.8
2014	4.3	2.5	172.7	129.9	2.7	7.2	646.9	36.7	6.7

풍산홀딩스 (A005810)
Poongsan Holdings

업 종 : 금속 및 광물
신용등급 : (Bond) — (CP) —
홈페이지 : www.poongsanhc.co.kr
본 사 : 인천시 계양구 아나지로 156 효성동 (주)풍산홀딩스
시 장 : 거래소
기업규모 : 시가총액 중형주
연 락 처 : 032)556-4424

설 립 일	1968.10.22	**종업원수**	349명	**대표이사**	류진,최한명
상 장 일	1988.07.28	**감사의견**	적정(한영)	**계 열**	
결 산 기	12월	**보 통 주**		**종속회사수**	4개사
액 면 가	5,000원	**우 선 주**		**구 상 호**	

주주구성 (지분율,%)		출자관계 (지분율,%)		주요경쟁사 (외형,%)	
류진	32.5	풍산메탈서비스	100.0	풍산홀딩스	100
한국투자밸류자산운용	6.1	풍산특수금속	95.0	한국주철관	123
(외국인)	8.6	풍산화동양행	75.0	KISCO홀딩스	388

매출구성		비용구성		수출비중	
[㈜풍산]판 · 대(반도체소재 포함)	26.8	매출원가율	69.2	수출	—
[㈜풍산]군용탄, 스포츠탄	26.6	판관비율	7.5	내수	—
[㈜풍산]소전 외	25.1				

회사 개요

동사는 1968년에 설립되어 2008년 독점규제및공정거래에관한법률사의 지주회사로 전환함. 동사는 지주회사로 다른 회사의 주식을 소유함으로써 그 회사를 지배하는 것을 목적으로 함. 동사는 상장사인 풍산을 비롯해 국내 9개 계열회사와 해외 10개의 계열회사를 두고 있음. 동사는 주요 자회사인 풍산의 지분 35.98%를 보유하고 있고, 여타 계열회사들의 지분은 모두 50% 이상을 보유함. 연결대상 종속회사는 풍산특수금속 등 총 4개임.

실적 분석

2017년에는 영업수익이 전기 대비 5.8% 증가한 3148억원이었으며, 영업이익은 전기 대비 10.7% 증가한 736억원을 기록함. 상품매출 및 이익은 감소하였으나, 제품매출의 이익의 증가로 전체적인 영업수익은 증가함. 당기에 관계기업투자주식 염가매수차익이 17억원 증가하여 기타수익 증가의 대부분을 차지함. 금융손익에서는 저금리 기조 아래 이자수익과 외환차익감소 및 이자비용과 외환차손의 증가로 금융손익은 감소함.

현금 흐름 〈단위 : 억원〉

항목	2016	2017
영업활동	204	220
투자활동	-39	-287
재무활동	-3	41
순현금흐름	162	-26
기말현금	289	263

시장 대비 수익률

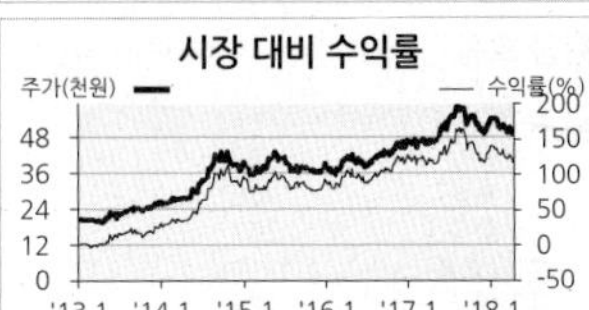

결산 실적 〈단위 : 억원〉

항목	2012	2013	2014	2015	2016	2017
매출액	2,296	2,772	2,731	2,721	2,976	3,148
영업이익	394	387	425	356	665	736
당기순이익	379	350	449	360	612	677

분기 실적 〈단위 : 억원〉

항목	2016.3Q	2016.4Q	2017.1Q	2017.2Q	2017.3Q	2017.4Q
매출액	774	919	758	787	748	854
영업이익	183	158	236	234	124	142
당기순이익	166	146	235	219	95	128

재무 상태 〈단위 : 억원〉

항목	2012	2013	2014	2015	2016	2017
총자산	6,008	6,311	6,770	6,985	7,627	8,185
유형자산	1,207	1,216	1,300	1,374	1,382	1,494
무형자산	60	48	60	70	69	78
유가증권	40	86	42	31	11	11
총부채	994	1,089	1,198	1,118	1,193	1,353
총차입금	371	381	407	396	397	432
자본금	452	452	452	452	452	452
총자본	5,014	5,222	5,573	5,868	6,434	6,832
지배주주지분	4,916	5,126	5,470	5,760	6,333	6,724

기업가치 지표

항목	2012	2013	2014	2015	2016	2017
주가(최고/저)(천원)	23.3/16.5	26.3/19.2	42.9/25.2	43.6/34.2	46.9/35.2	58.1/44.3
PER(최고/저)(배)	5.9/4.2	6.7/5.0	8.6/5.0	10.5/8.3	6.4/4.8	7.0/5.4
PBR(최고/저)(배)	0.4/0.3	0.4/0.3	0.7/0.4	0.6/0.5	0.6/0.4	0.7/0.5
EV/EBITDA(배)	3.5	4.5	6.2	7.2	4.7	4.7
EPS(원)	4,773	4,488	5,654	4,544	7,769	8,555
BPS(원)	66,431	69,106	73,504	77,203	84,511	89,509
CFPS(원)	5,402	5,168	6,342	5,322	8,604	9,449
DPS(원)	1,000	1,000	1,200	1,200	1,400	1,800
EBITDAPS(원)	5,659	5,625	6,111	5,321	9,325	10,292

재무 비율 〈단위 : %〉

연도	영업이익률	순이익률	부채비율	차입금비율	ROA	ROE	유보율	자기자본비율	EBITDA마진율
2017	23.4	21.5	19.8	6.3	8.6	10.3	1,452.4	83.5	25.6
2016	22.4	20.6	18.5	6.2	8.4	10.1	1,365.7	84.4	24.6
2015	13.1	13.3	19.1	6.8	5.2	6.3	1,239.0	84.0	15.3
2014	15.6	16.5	21.5	7.3	6.9	8.4	1,174.8	82.3	17.5

퓨전데이타 (A195440)
Fusion Data

업 종 : IT 서비스
신용등급 : (Bond) — (CP) —
홈페이지 : www.fusiondata.co.kr
본 사 : 서울시 강남구 논현로 515 아승빌딩 6층
시 장 : KOSDAQ
기업규모 : 중견
연 락 처 : 02)547-7688

설 립 일	2001.06.01	**종업원수**	120명	**대표이사**	이종명
상 장 일	2016.12.21	**감사의견**	적정(안세)	**계 열**	
결 산 기	12월	**보 통 주**		**종속회사수**	
액 면 가	500원	**우 선 주**		**구 상 호**	

주주구성 (지분율,%)		출자관계 (지분율,%)		주요경쟁사 (외형,%)	
이종명	39.6			퓨전데이타	100
이지영	3.5			이루온	141
(외국인)	2.3			케이사인	107

매출구성		비용구성		수출비중	
가상화 솔루션	82.3	매출원가율	91.5	수출	—
보안 시스템 등	13.7	판관비율	40.0	내수	—
유지보수 등	4.1				

회사 개요

동사는 2001년 6월 1일에 설립돼 시스템 통합, 소프트웨어 개발 및 공급을 주요사업으로 영위하고 있음. 2016년 12월 21일 코스닥에 상장했으며 현재 가상화 분야에서 입지를 강화하고 있으며 클라우드 시장에서 사업영역 확대를 추진. 동사는 오픈 소스 기반의 국산 가상화 솔루션을 제공하고 있으며 사용자에 최적화 된 UI, 각종 자동화 시스템을 통해 관리 효율성 극대화.

실적 분석

동사의 연결기준 2017년 매출액은 전년 대비 12.5% 감소한 247.0억원을 기록한 반면, 판관비는 대손상각비, 인건비, 경상개발비 증가의 영향으로 124.5% 증가함에 따라 동기간 영업손실은 77.9억원을 기록하며 적자전환함. 반면, 비영업손익은 금융손실 지속 영향으로 적자를 지속함. 이에 따라 동사의 2017년 당기순손실은 82.9억원을 기록하며 적자전환함.

현금 흐름 *IFRS 별도 기준 〈단위 : 억원〉

항목	2016	2017
영업활동	-42	-70
투자활동	-1	-24
재무활동	111	10
순현금흐름	68	-84
기말현금	86	2

시장 대비 수익률

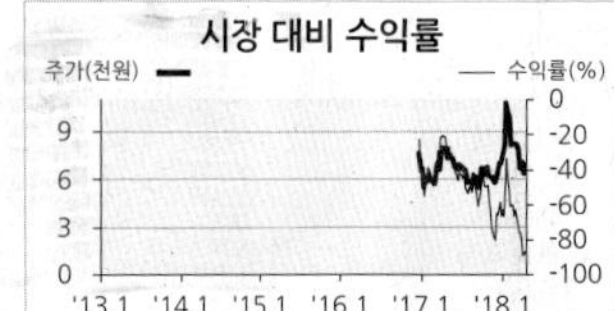

결산 실적 〈단위 : 억원〉

항목	2012	2013	2014	2015	2016	2017
매출액	—	—	168	188	282	247
영업이익	—	—	-5	49	43	-78
당기순이익	—	—	-1	28	8	-83

분기 실적 *IFRS 별도 기준 〈단위 : 억원〉

항목	2016.3Q	2016.4Q	2017.1Q	2017.2Q	2017.3Q	2017.4Q
매출액	86	69	33	32	85	97
영업이익	22	5	4	-19	-5	-58
당기순이익	16	-21	4	-18	-5	-63

재무 상태 *IFRS 별도 기준 〈단위 : 억원〉

항목	2012	2013	2014	2015	2016	2017
총자산	—	—	100	166	307	288
유형자산	—	—	11	9	8	9
무형자산	—	—	4	8	7	13
유가증권	—	—	1	1	1	0
총부채	—	—	100	138	131	185
총차입금	—	—	59	62	57	56
자본금	—	—	10	10	15	42
총자본	—	—	-0	28	176	104
지배주주지분	—	—	-0	28	176	104

기업가치 지표 *IFRS 별도 기준

항목	2012	2013	2014	2015	2016	2017
주가(최고/저)(천원)	—/—	—/—	—/—	—/—	20.3/16.3	8.4/5.5
PER(최고/저)(배)	0.0/0.0	0.0/0.0	0.0/0.0	0.0/0.0	52.3/42.0	—/—
PBR(최고/저)(배)	0.0/0.0	0.0/0.0	0.0/0.0	0.0/0.0	3.6/2.9	6.8/4.4
EV/EBITDA(배)	0.0	0.0	—	0.8	10.0	—
EPS(원)	—	—	-23	519	155	-987
BPS(원)	—	—	-20	1,186	5,238	1,234
CFPS(원)	—	—	216	1,322	501	-921
DPS(원)	—	—	—	—	—	—
EBITDAPS(원)	—	—	-1,656	2,247	1,952	-861

재무 비율 〈단위 : %〉

연도	영업이익률	순이익률	부채비율	차입금비율	ROA	ROE	유보율	자기자본비율	EBITDA마진율
2017	-31.5	-33.6	177.9	54.2	-27.8	-59.2	146.8	36.0	-29.3
2016	15.2	3.0	74.4	32.4	3.6	8.3	1,062.9	57.4	16.5
2015	26.2	14.7	499.7	222.8	20.8	전기잠식	176.7	16.7	27.9
2014	-3.0	-0.7	완전잠식	완전잠식	0.0	0.0	-100.5	-0.1	-2.1

퓨쳐스트림네트웍스 (A214270)
Futurestream Networks

업　　종 : 미디어　　시　　장 : KOSDAQ
신용등급 : (Bond) ─　(CP) ─　　기업규모 : 중견
홈페이지 : www.fsn.co.kr, www.futurestrea　　연 락 처 : 1544-8867
본　　사 : 서울시 강남구 역삼로8길 15, (홍우빌딩,7층)

설 립 일	2015.01.19	**종업원수**	102명	**대표이사**	신창균,이상석
상 장 일	2015.03.25	**감사의견**	적정(태성)	**계　　열**	
결 산 기	12월	**보 통 주**		**종속회사수**	4개사
액 면 가	100원	**우 선 주**		**구 상 호**	케이비제7호스팩

주주구성 (지분율,%)		출자관계 (지분율,%)		주요경쟁사 (외형,%)	
옐로디지털마케팅	43.6	레코벨	100.0	퓨쳐스트림네트웍스	100
신창균	7.2			에코마케팅	70
(외국인)	0.2	FSNASIAPte.	85.5	나스미디어	352

매출구성		비용구성		수출비중	
카울리	64.1	매출원가율	56.1	수출	15.3
파트너CPI	33.0	판관비율	43.3	내수	84.7
기타	2.6				

회사 개요
동사는 스마트폰이나 태블릿과 같은 모바일 디바이스에서 사용가능한 다수의 앱과 웹을 묶어서 대규모 광고 집행이 가능한 매체로 만들고 여기에 광고주의 광고를 연결해주는 플랫폼 서비스인 모바일 애드네트워크를 주 사업으로 영위하고 있음. 국내외 모바일 광고 및 마케팅을 대행하는 비상장법인을 포함한 총 91개의 계열 회사가 있으며, 2016년 9월 케이비제7호기업인수목적 회사와의 합병을 통해 국내시장에 상장함.

실적 분석
동사의 연결기준 2017년 매출액은 전년 대비 5.3% 증가한 341.9억원을 기록한 반면, 매출원가는 0.9% 감소함. 판관비는 인건비와 광고선전비 증가의 영향으로 전년 동기 대비 28.6% 증가함에 따라 동기간 영업이익은 전년 대비 87.4% 감소한 2억원을 기록함. 반면, 비영업이익은 금융이익의 영향으로 흑자전환에 성공함. 이에 따라 동사의 2017년 당기순이익은 4억원을 기록하며 흑자전환함.

현금 흐름 〈단위 : 억원〉

항목	2016	2017
영업활동	9	-14
투자활동	7	-6
재무활동	2	52
순현금흐름	19	28
기말현금	33	61

시장 대비 수익률
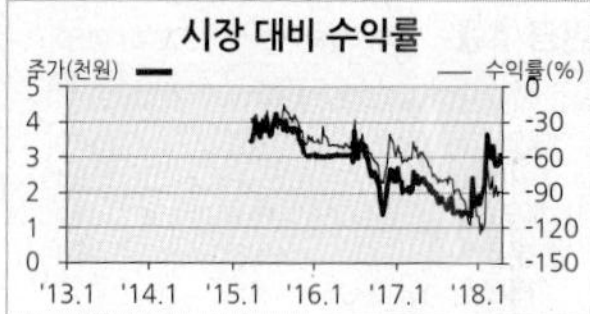

결산 실적 〈단위 : 억원〉

항목	2012	2013	2014	2015	2016	2017
매출액	80	124	257	242	325	342
영업이익	-10	-6	59	24	16	2
당기순이익	-12	-21	71	22	-69	4

분기 실적 〈단위 : 억원〉

항목	2016.3Q	2016.4Q	2017.1Q	2017.2Q	2017.3Q	2017.4Q
매출액	87	88	66	96	77	103
영업이익	4	7	-3	1	-5	9
당기순이익	-82	7	-3	2	-2	7

재무 상태 〈단위 : 억원〉

항목	2012	2013	2014	2015	2016	2017
총자산	40	43	133	167	285	380
유형자산	2	2	1	3	2	3
무형자산	0	0	0	5	29	79
유가증권	—	—	—	—	—	27
총부채	38	133	46	53	60	142
총차입금	25	104	12	—	8	35
자본금	7	5	9	35	46	54
총자본	1	-90	87	114	225	238
지배주주지분	1	-90	87	114	225	227

기업가치 지표

항목	2012	2013	2014	2015	2016	2017
주가(최고/저)(천원)	—/—	—/—	—/—	4.5/3.0	4.0/1.4	2.7/1.4
PER(최고/저)(배)	0.0/0.0	0.0/0.0	0.0/0.0	95.0/63.6	—/—	362.0/181.3
PBR(최고/저)(배)	0.0/0.0	0.0/0.0	0.0/0.0	18.1/12.1	8.1/2.7	6.4/3.2
EV/EBITDA(배)	—	—	—	2.1	49.9	193.4
EPS(원)	-47	-78	222	48	-152	7
BPS(원)	89	-6,044	5,022	327	493	424
CFPS(원)	-1,070	-1,347	4,651	66	-147	12
DPS(원)	—	—	—	—	—	—
EBITDAPS(원)	-882	-390	3,915	73	41	8

재무 비율 〈단위 : %〉

연도	영업이익률	순이익률	부채비율	차입금비율	ROA	ROE	유보율	자기자본비율	EBITDA마진율
2017	0.6	1.2	59.4	14.7	1.2	1.6	324.2	62.7	1.2
2016	5.0	-21.1	26.7	3.8	-30.4	-40.8	393.9	78.9	5.7
2015	9.9	9.0	46.5	0.0	14.5	21.6	227.4	68.3	10.4
2014	23.0	27.4	52.7	13.8	80.2	전기잠식	904.5	65.5	23.3

퓨쳐켐 (A220100)
FutureChem

업　　종 : 제약　　시　　장 : KOSDAQ
신용등급 : (Bond) ─　(CP) ─　　기업규모 : 기술성
홈페이지 : www.futurechem.co.kr　　연 락 처 : 02)497-3114
본　　사 : 서울시 성동구 연무장3길 21(성수동2가, 2층)

설 립 일	2001.08.13	**종업원수**	50명	**대표이사**	지대윤
상 장 일	2015.08.13	**감사의견**	적정(삼화)	**계　　열**	
결 산 기	12월	**보 통 주**		**종속회사수**	
액 면 가	500원	**우 선 주**		**구 상 호**	

주주구성 (지분율,%)		출자관계 (지분율,%)		주요경쟁사 (외형,%)	
박영자	9.9			퓨쳐켐	100
지대윤	9.8			한국비엔씨	501
(외국인)	0.8			이-글 벳	1,139

매출구성		비용구성		수출비중	
방사성의약품(제품)	68.4	매출원가율	116.1	수출	6.3
합성시약 및 전구체(상품)	25.8	판관비율	134.9	내수	93.7
합성시약 및전구체(상품)	5.5				

회사 개요
동사는 진단용 PET 방사성 의약품과 같은 방사성 의약품 생산에 필요한 전구체 화합물을 제조 판매하는 사업을 시작으로 2001년 8월에 설립되었음. 2015년 8월 코넥스 시장에 상장됨. 방사성 동위원소인 F-18을 이용한 표지 기술 및 파킨슨병, 폐암 진단용 제품 등을 생산 판매하고 있음. PET 촬영을 위한 제품인 FP-CIT, FLT등을 주로 생산하며 이는 파킨슨병 등의 진단을 위한 시약으로 사용됨.

실적 분석
동사의 2017년 결산 매출액은 30억원을 시현하여 전년대비 84.5% 증가함. 그러나 영업손실과 당기순손실은 각 45.3억원, 44.9억원을 기록하여 적자지속. 동사는 현재 파킨슨 진단용 의약품인 피디뷰를 수도권과 부산 영남지역에서 생산 공급중임. 2018년부터는 국내 30번째 신약품목허가를 취득한 알츠하이머 치매 진단 방사성의약품인 알자뷰를 출시할 예정임.

현금 흐름 〈단위 : 억원〉

항목	2016	2017
영업활동	-22	-28
투자활동	-66	-127
재무활동	207	42
순현금흐름	119	-114
기말현금	174	61

시장 대비 수익률
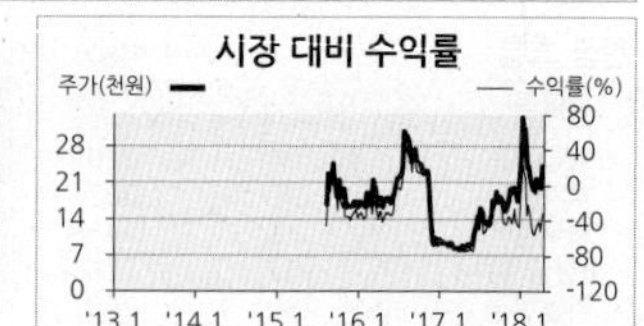

결산 실적 〈단위 : 억원〉

항목	2012	2013	2014	2015	2016	2017
매출액	7	6	7	14	16	30
영업이익	-1	0	-9	-23	-39	-45
당기순이익	-1	0	-39	-245	-273	-45

분기 실적 〈단위 : 억원〉

항목	2016.3Q	2016.4Q	2017.1Q	2017.2Q	2017.3Q	2017.4Q
매출액	4	—	—	—	6	—
영업이익	-25	—	—	—	-13	—
당기순이익	-142	—	—	—	-10	—

재무 상태 〈단위 : 억원〉

항목	2012	2013	2014	2015	2016	2017
총자산	10	33	118	158	331	360
유형자산	3	3	41	21	21	101
무형자산	1	6	8	10	11	66
유가증권	1	1	—	10	—	38
총부채	9	11	156	329	16	88
총차입금	8	10	149	321	10	52
자본금	5	6	5	13	28	28
총자본	1	21	-38	-171	315	272
지배주주지분	1	21	-38	-171	315	272

기업가치 지표

항목	2012	2013	2014	2015	2016	2017
주가(최고/저)(천원)	—/—	—/—	—/—	24.7/14.2	31.5/9.1	20.6/7.9
PER(최고/저)(배)	0.0/0.0	0.0/0.0	0.0/0.0	—/—	—/—	—/—
PBR(최고/저)(배)	0.0/0.0	0.0/0.0	0.0/0.0	-5.0/-2.9	5.6/1.6	4.3/1.6
EV/EBITDA(배)	—	—	—	—	—	—
EPS(원)	-45	6	-1,452	-7,242	-6,527	-799
BPS(원)	115	1,661	-2,304	-4,915	5,609	4,838
CFPS(원)	-36	60	-2,760	-7,130	-6,374	-622
DPS(원)	—	—	—	—	—	—
EBITDAPS(원)	-14	65	-529	-581	-776	-628

재무 비율 〈단위 : %〉

연도	영업이익률	순이익률	부채비율	차입금비율	ROA	ROE	유보율	자기자본비율	EBITDA마진율
2017	-151.0	-149.8	32.4	19.1	-13.0	-15.3	867.6	75.6	-117.8
2016	-239.0	-1,678.8	5.0	3.2	-111.6	전기잠식	1,021.8	95.2	-199.6
2015	-162.3	-1,695.5	완전잠식	완전잠식	-177.8	잠식지속	-1,432.2	-108.4	-136.1
2014	-128.7	-555.7	완전잠식	완전잠식	—	—	-833.1	-32.1	-101.2

프럼파스트 (A035200)

PlumbFast

업　　종 : 건축자재
신용등급 : (Bond) —　　(CP) —
홈페이지 : www.plumbfast.co.kr
본　　사 : 대전시 중구 동서대로 1187(태평동)
시　　장 : KOSDAQ
기업규모 : 벤처
연 락 처 : 044)865-9681

설 립 일	1992.06.24	**종업원수**	91명	**대표이사**	원재희
상 장 일	2001.12.28	**감사의견**	적정(신우)	**계　　열**	
결 산 기	12월	**보 통 주**		**종속회사수**	2개사
액 면 가	500원	**우 선 주**		**구 상 호**	

주주구성 (지분율,%)		출자관계 (지분율,%)		주요경쟁사 (외형,%)	
원재희	24.7	홈앤플러스	47.0	프럼파스트	100
Morgan Stanley & co. International Limited	3.9	랑팡동양관재유한공사	100.0	이건홀딩스	424
(외국인)	5.9			덕신하우징	258

매출구성		비용구성		수출비중	
PB파이프	35.2	매출원가율	78.3	수출	6.2
PB이음관 등	34.5	판관비율	10.0	내수	93.8
PPF파이프 등	29.4				

회사 개요

동사는 중국의 1개의 종속회사를 포함하여 총 2개의 회사로 구성된 옥내 배관재 중 PB 배관재 및 관련제품을 주로 생산하는 전문기업임. PB파이프 및 이음관의 매출비중이 전체 매출의 약 68%를 차지고 원재료를 전량 일본에서 직수입하므로 환율변동에 따른 가격 경쟁력이 영향을 받음. 배관재 산업은 건설경기 및 신규주택 건설 등에 대한 정부정책에 따라 많은 영향을 받는 산업임.

실적 분석

동사의 매출처는 약 200개사임. 매출처는 크게 전국 대리점 매출처와 국내 대형 건설사들로 구분되며, 주요 거래처별 매출 순위는 진안파이프 호남특판(7.6%), 그린씨엠(7.5%), 대한피엔에프(5.6%) 등임. 동사의 연결 기준 2017년 매출액은 전년대비 7.6% 증가한 488.0억원이며 영업이익은 41.4% 증가한 57.0억원을 기록함. 건설경기가 살아나고 신규주택 건설이 증가하며 이로 인한 수혜가 컸음.

현금 흐름

〈단위 : 억원〉

항목	2016	2017
영업활동	3	55
투자활동	-2	-25
재무활동	-7	-15
순현금흐름	-6	15
기말현금	28	44

시장 대비 수익률

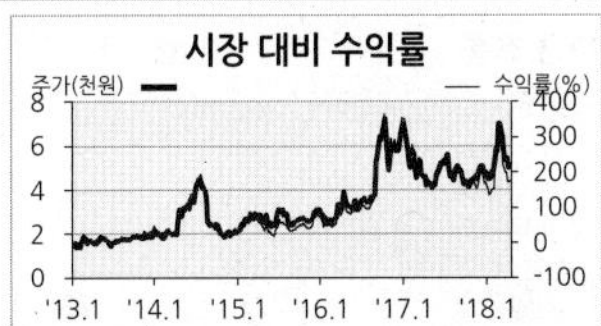

결산 실적

〈단위 : 억원〉

항목	2012	2013	2014	2015	2016	2017
매출액	426	471	444	386	453	488
영업이익	20	38	34	24	40	57
당기순이익	13	29	26	29	32	43

분기 실적

〈단위 : 억원〉

항목	2016.3Q	2016.4Q	2017.1Q	2017.2Q	2017.3Q	2017.4Q
매출액	107	136	134	130	105	118
영업이익	12	15	12	19	16	10
당기순이익	9	13	6	18	13	6

재무 상태

〈단위 : 억원〉

항목	2012	2013	2014	2015	2016	2017
총자산	329	372	382	364	392	409
유형자산	114	110	107	89	87	84
무형자산	1	1	1	2	2	4
유가증권	0	0	0	0	0	0
총부채	135	157	140	98	101	62
총차입금	97	109	84	47	45	13
자본금	31	31	31	31	37	40
총자본	194	215	242	266	291	347
지배주주지분	194	215	242	266	291	346

기업가치 지표

항목	2012	2013	2014	2015	2016	2017
주가(최고/저)(천원)	4.7/1.2	2.0/1.4	4.6/1.8	3.3/2.0	7.2/2.5	7.1/4.0
PER(최고/저)(배)	34.9/9.2	6.6/4.5	17.1/6.8	10.5/6.4	20.6/7.2	14.5/8.2
PBR(최고/저)(배)	2.3/0.6	0.9/0.6	1.8/0.7	1.1/0.7	2.2/0.8	1.9/1.0
EV/EBITDA(배)	6.8	5.9	5.8	8.6	13.2	6.0
EPS(원)	147	331	292	332	362	500
BPS(원)	3,144	3,626	4,061	4,454	4,076	4,300
CFPS(원)	431	663	611	648	556	647
DPS(원)	—	—	100	100	75	100
EBITDAPS(원)	542	811	750	559	669	806

재무 비율

〈단위 : %〉

연도	영업 이익률	순 이익률	부채 비율	차입금 비율	ROA	ROE	유보율	자기자본 비율	EBITDA 마진율
2017	11.7	8.9	17.8	3.7	10.9	13.9	760.0	84.9	13.3
2016	8.9	7.1	34.7	15.6	8.5	11.5	715.2	74.3	10.8
2015	6.2	7.6	36.7	17.6	7.9	11.6	790.9	73.2	8.9
2014	7.7	5.8	57.8	34.5	6.9	11.3	712.3	63.4	10.4

프로스테믹스 (A203690)

PROSTEMICS CO

업　　종 : 바이오
신용등급 : (Bond) —　　(CP) —
홈페이지 : www.prostemics.com
본　　사 : 서울시 강남구 언주로 708 (논현동,경원빌딩)
시　　장 : KOSDAQ
기업규모 : 벤처
연 락 처 : 02)545-2520

설 립 일	2014.06.25	**종업원수**	79명	**대표이사**	박병순,최은욱
상 장 일	2014.09.30	**감사의견**	적정(삼일)	**계　　열**	
결 산 기	12월	**보 통 주**		**종속회사수**	1개사
액 면 가	100원	**우 선 주**		**구 상 호**	케이비제3호스팩

주주구성 (지분율,%)		출자관계 (지분율,%)		주요경쟁사 (외형,%)	
산성앨엔에스	30.1			프로스테믹스	100
한국산업은행	5.9			씨젠	1,335
(외국인)	1.2			내츄럴엔도텍	141

매출구성		비용구성		수출비중	
[화장품&줄기세포배양응용제품]OEM 매출	71.6	매출원가율	42.8	수출	67.0
[화장품&줄기세포배양응용제품]기타	21.4	판관비율	121.1	내수	33.0
임대	7.0				

회사 개요

세포 치료제를 연구하는 바이오 기업인 동사는 KB제3호스팩(203690)과의 합병을 통해 2015년 10월 1일 코스닥 시장에 상장. 줄기세포 배양액 생산 원천기술을 가지고 있는 동사는 시장에서 줄기세포 배양액을 활용한 줄기세포 유래 단백질 응용 기술 등 향후 성장 가능성이 높을 것으로 기대되고 있음. 동사는 최근 8년간 미국, 일본 등의 의료시장에 병원용 화장품 공급을 통해 총 700만 달러 이상의 수출 실적을 올리고 있음.

실적 분석

동사의 2017년 연결기준 결산 매출액은 전년대비 53.7% 감소한 65.7억원이. 영업손실은 42.0억원으로 적자전환하였으며, 순손실 역시 31.6억원 발생하며 적자전환함. OEM 사업 부문에서 완제품 대신 원료 납품으로 바뀌면서 실적에 부정적인 영향이 반영된 것으로 보임. 동사는 지방 유래 줄기세포 배양액을 통해 세포의 재생 원리를 규명하는 다양한 연구를 진행하고 있음.

현금 흐름

〈단위 : 억원〉

항목	2016	2017
영업활동	59	-33
투자활동	-91	97
재무활동	—	-33
순현금흐름	-30	29
기말현금	36	66

시장 대비 수익률

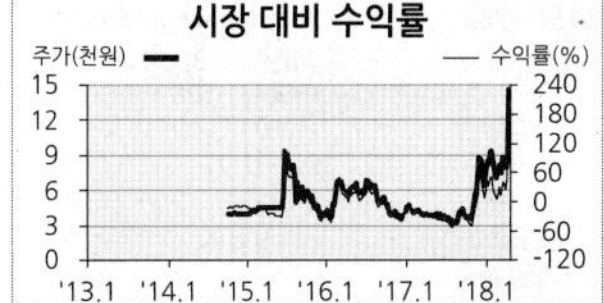

결산 실적

〈단위 : 억원〉

항목	2012	2013	2014	2015	2016	2017
매출액	49	101	105	148	142	66
영업이익	1	16	36	61	41	-42
당기순이익	-4	24	29	-85	43	-32

분기 실적

〈단위 : 억원〉

항목	2016.3Q	2016.4Q	2017.1Q	2017.2Q	2017.3Q	2017.4Q
매출액	40	32	19	19	11	16
영업이익	12	7	-5	-6	-13	-19
당기순이익	13	9	-7	-2	-10	-12

재무 상태

〈단위 : 억원〉

항목	2012	2013	2014	2015	2016	2017
총자산	66	66	155	433	471	406
유형자산	8	9	12	74	114	124
무형자산	7	5	4	6	9	10
유가증권	12	5	48	238	47	38
총부채	32	17	44	39	22	14
총차입금	27	10	27	16	—	—
자본금	54	54	55	43	45	45
총자본	34	49	110	394	449	392
지배주주지분	34	49	110	394	449	392

기업가치 지표

항목	2012	2013	2014	2015	2016	2017
주가(최고/저)(천원)	—/—	—/—	4.1/4.0	11.0/3.5	7.3/3.6	11.8/3.1
PER(최고/저)(배)	0.0/0.0	0.0/0.0	56.2/54.8	—/—	76.5/37.2	—/—
PBR(최고/저)(배)	0.0/0.0	0.0/0.0	14.9/14.5	12.1/3.9	7.4/3.6	12.5/3.3
EV/EBITDA(배)	3.6	0.2	4.2	23.7	32.0	—
EPS(원)	-11	63	73	-207	95	-70
BPS(원)	315	456	900	908	993	940
CFPS(원)	-1	251	278	-194	117	-39
DPS(원)	—	—	—	—	—	—
EBITDAPS(원)	49	176	342	162	112	-62

재무 비율

〈단위 : %〉

연도	영업 이익률	순 이익률	부채 비율	차입금 비율	ROA	ROE	유보율	자기자본 비율	EBITDA 마진율
2017	-63.9	-48.1	3.6	0.0	-7.2	-7.5	840.2	96.5	-42.9
2016	28.9	30.5	4.9	0.0	9.6	10.2	893.2	95.3	35.7
2015	41.1	-57.4	9.9	4.1	-29.0	-33.8	807.6	91.0	44.8
2014	34.9	27.6	40.2	24.1	26.3	36.3	100.5	71.3	38.7

프로텍 (A053610)

Protec

업종	반도체 및 관련장비	시장	KOSDAQ
신용등급	(Bond) — (CP) —	기업규모	우량
홈페이지	www.protec21.co.kr	연락처	031)470-0700
본사	경기도 안양시 동안구 시민대로327번길 11-14 (관양동)		

설립일	1997.09.01	**종업원수**	250명	**대표이사**	최승환
상장일	2001.08.07	**감사의견**	적정(지암)	**계열**	
결산기	12월	**보통주**		**종속회사수**	6개사
액면가	500원	**우선주**		**구상호**	

주주구성 (지분율,%)		출자관계 (지분율,%)		주요경쟁사 (외형,%)	
최승환	33.1	프로텍에이엔이	100.0	프로텍	100
가치투자자문	8.0	피에스	100.0	SKC 솔믹스	89
(외국인)	6.7	스트라토아이티	52.4	유니트론텍	118

매출구성		비용구성		수출비중	
Dispenser M/C	52.6	매출원가율	69.7	수출	30.9
기타장비 및 부품	38.0	판관비율	10.2	내수	69.1
공압실린더	8.5				

회사 개요

동사는 1997년 반도체장비 및 자동화공압부품 등의 제조를 목적으로 설립됨. 사업부문은 반도체 제조용 장비 등을 생산하는 시스템사업부가 있으며, 뉴메틱사업부에서 부품사업도 진행 중임. 연결대상 종속법인으로는 일본 소재의 반도체 제조용 기계제조회사인 MINAMI와 소프트웨어 회사 스트라토아이티 등 6개사를 보유함. 주요 고객은 삼성전자, SK하이닉스, 스태츠칩팩코리아 등이 있음.

실적 분석

동사의 2017년도 연결기준 연간 매출액은 1,498.0억원으로 전년 대비 58.0% 증가함. 시스템부문의 매출이 전년 대비 60% 증가, 이는 스마트폰 제조용 설비매출 증가에 기인함. 매출 증가에 힘입어 영업이익은 전년 대비 100.6% 증가한 300.9억원을 기록함. 기존 주력제품인 디스펜서 장비 관련 연구개발뿐만 아니라, LED제조장비 기술개발에 노력 중임.

현금 흐름

〈단위 : 억원〉

항목	2016	2017
영업활동	181	37
투자활동	-32	40
재무활동	-55	-61
순현금흐름	97	11
기말현금	199	210

시장 대비 수익률

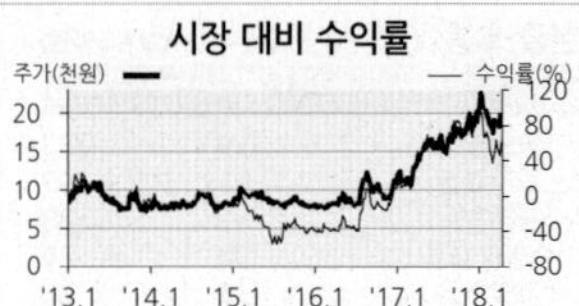

결산 실적

〈단위 : 억원〉

항목	2012	2013	2014	2015	2016	2017
매출액	811	661	925	751	948	1,498
영업이익	178	93	167	123	150	301
당기순이익	150	74	149	107	123	254

분기 실적

〈단위 : 억원〉

항목	2016.3Q	2016.4Q	2017.1Q	2017.2Q	2017.3Q	2017.4Q
매출액	238	271	292	277	435	494
영업이익	39	61	56	54	93	98
당기순이익	22	61	63	49	72	71

재무 상태

〈단위 : 억원〉

항목	2012	2013	2014	2015	2016	2017
총자산	901	1,065	1,239	1,361	1,491	1,760
유형자산	472	496	534	793	811	804
무형자산	40	37	35	40	38	31
유가증권	6	5	11	9	9	7
총부채	122	224	259	282	278	304
총차입금	—	134	164	184	129	72
자본금	45	45	45	45	47	47
총자본	778	841	980	1,080	1,213	1,456
지배주주지분	778	841	976	1,069	1,204	1,457

기업가치 지표

항목	2012	2013	2014	2015	2016	2017
주가(최고/저)(천원)	8.8/6.2	11.2/7.0	9.8/7.5	10.2/7.4	13.4/7.4	20.5/10.6
PER(최고/저)(배)	5.8/4.0	14.6/9.1	6.3/4.8	8.9/6.4	9.6/5.3	7.4/3.8
PBR(최고/저)(배)	1.1/0.8	1.3/0.8	1.0/0.7	0.9/0.6	1.1/0.6	1.3/0.7
EV/EBITDA(배)	3.8	6.2	3.4	6.0	5.7	5.4
EPS(원)	1,667	823	1,650	1,191	1,431	2,789
BPS(원)	8,683	9,374	10,881	11,917	13,058	15,643
CFPS(원)	1,762	936	1,763	1,322	1,661	3,028
DPS(원)	150	80	160	150	150	200
EBITDAPS(원)	2,078	1,145	1,963	1,499	1,860	3,427

재무 비율

〈단위 : %〉

연도	영업이익률	순이익률	부채비율	차입금비율	ROA	ROE	유보율	자기자본비율	EBITDA마진율
2017	20.1	17.0	20.9	5.0	15.6	19.8	3,028.7	82.8	21.6
2016	15.8	13.0	22.9	10.7	8.6	11.6	2,511.7	81.4	18.0
2015	16.4	14.3	26.1	17.0	8.3	10.5	2,283.4	79.3	18.0
2014	18.0	16.1	26.4	16.7	12.9	16.3	2,076.3	79.1	19.1

프리엠스 (A053160)

Freems

업종	기계	시장	KOSDAQ
신용등급	(Bond) — (CP) —	기업규모	중견
홈페이지	www.freems.co.kr	연락처	032)670-2000
본사	경기도 부천시 오정구 삼작로178번길 14(내동)		

설립일	1989.11.28	**종업원수**	85명	**대표이사**	박흥식
상장일	2001.10.18	**감사의견**	적정(정진)	**계열**	
결산기	12월	**보통주**		**종속회사수**	2개사
액면가	500원	**우선주**		**구상호**	

주주구성 (지분율,%)		출자관계 (지분율,%)		주요경쟁사 (외형,%)	
주도식	33.3			프리엠스	100
박흥식	14.0			우진플라임	801
(외국인)	3.4			파라텍	906

매출구성		비용구성		수출비중	
HHI 건설중장비HARNESS	33.2	매출원가율	82.5	수출	—
현대중공업	22.3	판관비율	12.9	내수	—
DIC 건설중장비 HARNESS	21.9				

회사 개요

1989년에 설립된 건설용 중장비 전장품과 자동제어기기 제조 및 판매사임. 2001년에 코스닥시장에 상장하였으며 경기도 부천시에 본사와 공장을 두고 있음. 건설용 중장비를 제조하는 전장 사업부문과 소량 다품종 양산품을 생산하는 기계제어사업부문을 영위 중이며, 중국 웨이하이에 위해선중전자장배유한공사와 위해부선전자장배유한공사 등 2개의 자회사를 가지고 있음. 또한 금융단말기를 OEM 생산방식으로 제조, 납품하고 있음

실적 분석

동사의 2017년 연결기준 누적 매출액은 286.6억원으로 전년동기 대비 41.5% 증가하였으며, 매출원가가 전년 대비 47% 상승하고 인건비와 판관비 등이 증가하였음에도 업황회복 및 건설장비 수요 증가에 힘입어 영업이익이 88.8%상승함. 비영업수익 감소로 인해 당기순이익은 전년 대비 30.7% 감소함. 신흥국가의 개발 등이 가시화 될 경우 건설용 중장비의 꾸준한 수요가 발생할 것으로 기대됨.

현금 흐름

〈단위 : 억원〉

항목	2016	2017
영업활동	23	-12
투자활동	-64	65
재무활동	45	-3
순현금흐름	3	56
기말현금	22	78

시장 대비 수익률

결산 실적

〈단위 : 억원〉

항목	2012	2013	2014	2015	2016	2017
매출액	386	352	299	245	203	287
영업이익	32	27	20	14	7	13
당기순이익	31	26	21	17	16	11

분기 실적

〈단위 : 억원〉

항목	2016.3Q	2016.4Q	2017.1Q	2017.2Q	2017.3Q	2017.4Q
매출액	39	58	70	76	86	55
영업이익	0	3	3	3	10	-2
당기순이익	2	3	2	4	10	-5

재무 상태

〈단위 : 억원〉

항목	2012	2013	2014	2015	2016	2017
총자산	356	366	378	382	470	475
유형자산	126	126	124	123	86	85
무형자산	9	9	3	4	7	7
유가증권	15	28	24	13	4	4
총부채	56	40	36	27	49	42
총차입금	10	4	3	0	—	—
자본금	30	30	30	30	30	30
총자본	300	326	341	356	421	433
지배주주지분	300	326	341	356	421	433

기업가치 지표

항목	2012	2013	2014	2015	2016	2017
주가(최고/저)(천원)	6.3/2.4	4.5/3.0	4.0/3.2	6.9/3.3	14.5/4.3	10.8/6.1
PER(최고/저)(배)	13.2/5.1	10.7/7.1	11.8/9.5	25.0/12.1	53.6/15.9	57.5/32.5
PBR(최고/저)(배)	1.2/0.5	0.8/0.5	0.7/0.5	1.1/0.5	2.0/0.6	1.5/0.8
EV/EBITDA(배)	1.3	1.9	0.7	7.5	35.8	12.1
EPS(원)	510	441	353	282	274	190
BPS(원)	5,448	5,872	6,134	6,372	7,285	7,479
CFPS(원)	555	490	397	322	309	224
DPS(원)	50	50	50	50	50	50
EBITDAPS(원)	570	495	380	278	153	256

재무 비율

〈단위 : %〉

연도	영업이익률	순이익률	부채비율	차입금비율	ROA	ROE	유보율	자기자본비율	EBITDA마진율
2017	4.6	4.0	9.7	0.0	2.4	2.7	1,395.8	91.1	5.4
2016	3.5	8.1	11.5	0.0	3.9	4.2	1,357.0	89.7	4.5
2015	5.8	6.9	7.5	0.1	4.5	4.9	1,174.4	93.1	6.8
2014	6.7	7.1	10.6	0.8	5.7	6.3	1,126.9	90.4	7.6

플랜티넷 (A075130)

Plantynet

업 종 : 인터넷 서비스
신용등급 : (Bond) — (CP) —
홈페이지 : www.plantynet.com
본 사 : 경기도 성남시 분당구 대왕판교로670 유스페이스2 A동 6층

시 장 : KOSDAQ
기업규모 : 벤처
연 락 처 : 070)4489-7000

설 립 일	2000.06.01	**종업원수**	85명	**대표이사**	김태주
상 장 일	2005.06.10	**감사의견**	적정(한울)	**계 열**	
결 산 기	12월	**보 통 주**		**종속회사수**	5개사
액 면 가	500원	**우 선 주**		**구 상 호**	

주주구성 (지분율,%)		출자관계 (지분율,%)		주요경쟁사 (외형,%)	
김태주	20.0	모아진	100.0	플랜티넷	100
현창룡	6.7	에이앤지모즈	100.0	이크레더블	154
(외국인)	2.0	알바트로스인베스트먼트	95.7	가비아	526

매출구성		비용구성		수출비중	
유해콘텐츠차단서비스, 매장음악영상	61.8	매출원가율	0.0	수출	11.8
유해콘텐츠차단서비스 및 관련 용역 등	21.9	판관비율	94.7	내수	88.2
디지털매거진/디지털음원, 영상관련 콘텐츠유통	9.8				

회사 개요

동사는 유해사이트 차단서비스와 매장 배경음악 등 미디어콘텐츠 서비스 사업을 주로 영위하고 있음. 유무선전자잡지 콘텐츠 개발 및 유통 회사 모아진, 온라인 음악 교육 콘텐츠 개발업체 케이노트온라인, 창투사인 알바트로스인베스트먼트 등을 자회사로 두고 있음. 주요 매출원은 유해사이트 차단 부문으로, KT와 SK브로드밴드 등 국내외 주요 통신사업자와 제휴하여 간단한 방법으로 유해 사이트를 차단하는 서비스를 제공 중임.

실적 분석

공공기관의 유해컨텐츠차단SW 공급 계약기간 만료와 국내경기 부진에 따른 신규수주 부진, 자회사 벤처캐피탈인 알바트로스인베스트먼트의 수익 급감으로 2017년 매출액은 전년 대비 20.5% 감소함. 부실채권 등 재무적으로 부담을 줄 수 있는 예상손실을 선반영함에 따라 영업이익은 72.0% 급감했으며, 당기순이익은 적자로 전환됨. 미디어사업부문의 영상서비스 거래처 확대 및 디지털사이지 서비스의 본격화를 통해 실적회복이 가능할 것으로 기대됨.

현금 흐름

〈단위 : 억원〉

항목	2016	2017
영업활동	30	39
투자활동	-28	1
재무활동	-20	-15
순현금흐름	-18	25
기말현금	121	146

시장 대비 수익률

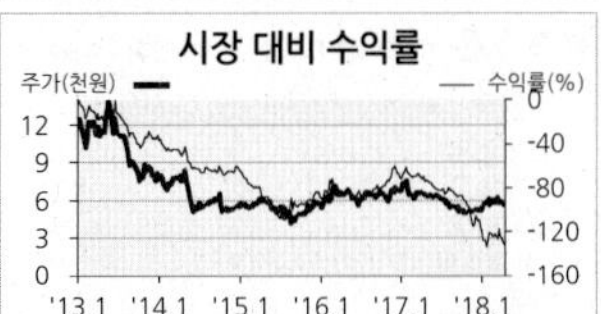

결산 실적

〈단위 : 억원〉

항목	2012	2013	2014	2015	2016	2017
매출액	255	285	233	248	278	221
영업이익	30	35	16	27	42	12
당기순이익	73	51	7	38	31	-7

분기 실적

〈단위 : 억원〉

항목	2016.3Q	2016.4Q	2017.1Q	2017.2Q	2017.3Q	2017.4Q
매출액	63	65	52	59	51	58
영업이익	6	6	4	9	2	-3
당기순이익	4	11	2	8	4	-22

재무 상태

〈단위 : 억원〉

항목	2012	2013	2014	2015	2016	2017
총자산	783	820	792	837	830	820
유형자산	147	153	135	130	123	117
무형자산	44	43	38	24	25	28
유가증권	145	161	160	157	162	163
총부채	72	63	61	79	65	73
총차입금	28	15	24	25	21	32
자본금	45	45	45	45	45	45
총자본	710	757	731	758	764	746
지배주주지분	669	717	688	693	702	683

기업가치 지표

항목	2012	2013	2014	2015	2016	2017
주가(최고/저)(천원)	14.3/4.6	14.0/7.3	8.4/5.1	6.4/4.1	7.6/5.4	7.6/4.9
PER(최고/저)(배)	21.1/6.8	29.3/15.4	160.6/96.9	38.0/24.5	27.3/19.4	—/—
PBR(최고/저)(배)	2.0/0.7	1.9/1.0	1.1/0.7	0.8/0.5	0.9/0.7	0.9/0.6
EV/EBITDA(배)	23.0	11.3	10.4	7.7	7.4	10.4
EPS(원)	798	547	58	180	292	-106
BPS(원)	8,235	8,490	8,265	8,378	8,478	8,261
CFPS(원)	988	729	265	390	497	80
DPS(원)	330	330	150	150	150	150
EBITDAPS(원)	525	576	383	507	669	315

재무 비율

〈단위 : %〉

연도	영업이익률	순이익률	부채비율	차입금비율	ROA	ROE	유보율	자기자본비율	EBITDA마진율
2017	5.3	-3.4	9.8	4.2	-0.9	-1.4	1,552.1	91.1	12.8
2016	14.9	11.2	8.5	2.8	3.7	3.8	1,595.6	92.2	21.5
2015	10.7	15.4	10.5	3.3	4.7	2.3	1,575.5	90.5	18.3
2014	6.8	3.1	8.3	3.3	0.9	0.7	1,552.9	92.4	14.7

플럼라인생명과학 (A222670)

Plumbline Life Scienes

업 종 : 바이오
신용등급 : (Bond) — (CP) —
홈페이지 : www.plumblinels.com
본 사 : 경기도 안산시 상록구 한양대학로 55, 511호

시 장 : KONEX
기업규모 : —
연 락 처 : 031)400-3857

설 립 일	2014.01.02	**종업원수**	9명	**대표이사**	김앤토니경태
상 장 일	2015.07.28	**감사의견**	적정(한영)	**계 열**	
결 산 기	12월	**보 통 주**		**종속회사수**	
액 면 가	—	**우 선 주**		**구 상 호**	

주주구성 (지분율,%)		출자관계 (지분율,%)		주요경쟁사 (외형,%)	
Kim Anthony Kyungtae	31.9	PlumblineLifeSciences,U.S.A.	100.0	플럼라인생명과학	
VGX Pharmaceuticals, Inc.	18.2			진매트릭스	
				메디젠휴먼케어	

매출구성		비용구성		수출비중	
		매출원가율	0.0	수출	—
		판관비율	0.0	내수	—

회사 개요

동사는 바이오 기술 기반 동물의약품 전문회사로, 반려동물 의약품을 전문으로 개발, 생산하는 업체임. 동사의 주력제품 후보인 강아지 암 빈혈 치료제 PLS-D1000은 전 세계에서 압도적인 비중을 차지하고 있는 미국시장을 겨냥해 현재 미국 FDA 승인을 위한 임상시험 진행 중임. 돼지 DNA 의약품은 전 세계에서 소고기와 더불어 가장 소비가 많이 되는 돼지고기 공급을 겨냥한 제품으로, 가장 큰 중국 시장이 동사의 주력 목표 매출처임.

실적 분석

동사의 2017년 영업손실은 26.5억원으로 전년 22.6억원보다 적자폭이 커짐. 향후 전망은 긍정적임. 반려견 항암 면역 치료제 'PLS-D5000' 2017년말 국내 기업 최초로 미국 농림부(USDA) 승인을 받고 혈액암을 적응증으로 임상시험을 진행 중임. 동사가 개발 중인 '구제역3가 DNA백신'은 임상시험에 앞서 면역원성과 독성 검증 실험을 하고 있는데 향후 전염성 질환에 대한 백신 수요가 증가할 것으로 예상돼 기대감이 높음.

현금 흐름 *IFRS 별도 기준

〈단위 : 억원〉

항목	2016	2017
영업활동	-32	-17
투자활동	-11	-3
재무활동	2	8
순현금흐름	-41	-12
기말현금	13	0

시장 대비 수익률

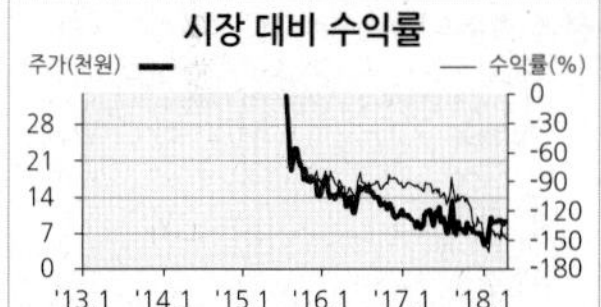

결산 실적 *IFRS 별도 기준

〈단위 : 억원〉

항목	2012	2013	2014	2015	2016	2017
매출액	—	—	—	—	—	—
영업이익	—	—	-6	-23	-23	-26
당기순이익	—	—	-8	-70	-32	-36

분기 실적 *IFRS 별도 기준

〈단위 : 억원〉

항목	2016.3Q	2016.4Q	2017.1Q	2017.2Q	2017.3Q	2017.4Q
매출액	—	—	—	—	—	—
영업이익	—	—	—	—	—	—
당기순이익	—	—	—	—	—	—

재무 상태 *IFRS 별도 기준

〈단위 : 억원〉

항목	2012	2013	2014	2015	2016	2017
총자산	—	—	32	60	22	2
유형자산	—	—	0	1	1	1
무형자산	—	—	27	—	—	—
유가증권	—	—	—	—	—	—
총부채	—	—	22	13	3	11
총차입금	—	—	11	11	—	0
자본금	—	—	5	12	12	12
총자본	—	—	10	47	20	-9
지배주주지분	—	—	10	47	20	-9

기업가치 지표 *IFRS 별도 기준

항목	2012	2013	2014	2015	2016	2017
주가(최고/저)(천원)	—/—	—/—	—/—	—/—	—/—	—/—
PER(최고/저)(배)	0.0/0.0	0.0/0.0	0.0/0.0	—/—	—/—	—/—
PBR(최고/저)(배)	0.0/0.0	0.0/0.0	0.0/0.0	17.0/6.8	22.2/12.0	-36.9/-16.7
EV/EBITDA(배)	0.0	0.0	—	—	—	—
EPS(원)	—	—	-565	-3,404	-1,356	-1,500
BPS(원)	—	—	992	2,000	829	-359
CFPS(원)	—	—	-580	-3,227	-1,351	-1,488
DPS(원)	—	—	—	—	—	—
EBITDAPS(원)	—	—	-380	-922	-957	-1,098

재무 비율

〈단위 : %〉

연도	영업이익률	순이익률	부채비율	차입금비율	ROA	ROE	유보율	자기자본비율	EBITDA마진율
2017	0.0	0.0	완전잠식	완전잠식	-290.4	당기잠식	-171.8	-391.8	0.0
2016	0.0	0.0	14.8	0.0	-77.0	-95.8	65.8	87.1	0.0
2015	0.0	0.0	28.5	24.1	-152.9	-246.9	299.9	77.8	0.0
2014	0.0	0.0	217.1	110.4	0.0	0.0	98.4	31.5	0.0

플레이위드 (A023770)

PLAYWITH

업 종 : 게임 소프트웨어 　 시 장 : KOSDAQ
신용등급 : (Bond) — (CP) — 　 기업규모 : 중견
홈페이지 : www.playwith.co.kr 　 연 락 처 : 031)724-2400
본 사 : 경기도 성남시 분당구 판교로 256번길 25 판교태크노밸리 C3-7 C동 9층

설 립 일	1984.07.25	**종 업 원 수**	46명	**대 표 이 사**	김학준
상 장 일	1994.11.07	**감 사 의 견**	적정(한울)	**계 열**	
결 산 기	12월	**보 통 주**		**종속회사수**	
액 면 가	500원	**우 선 주**		**구 상 호**	YNK코리아

주주구성 (지분율,%)		출자관계 (지분율,%)	주요경쟁사 (외형,%)	
드림아크	22.0		플레이위드	100
황금가지	3.4		엔터메이트	158
(외국인)	2.3		엠게임	231

매출구성		비용구성		수출비중	
[국내]온라인게임(용역)	78.3	매출원가율	45.9	수출	47.0
[해외]온라인게임(용역)	21.7	판관비율	45.0	내수	53.0

회사 개요

피혁제품 및 캐쥬얼화를 제조하다가 2001년 와이앤케이를 흡수합병한 이후 게임소프트웨어 개발을 주요사업으로 영위. 로한, 씰온라인, 로한오리진 등 총 4개의 게임을 퍼블리싱하여 국내외에 서비스 중. 개인과 PC방을 대상으로 IP단위 정액제와 정량제 상품을 판매하고 있으며, 일부 게임의 경우 게임에 사용되는 아이템을 판매하고 있음. 매출비중은 국내가 약 53%, 해외가 47%를 차지함.

실적 분석

동사의 2017년도 누적 매출액은 119.2억원으로 전년동기 대비 0.9% 증가함. 매출은 온라인게임 단일 부문에서 창출되며 아시아, 미국 등 해외매출은 전년 대비 11.9% 증가했으나 국내 매출이 31.7% 감소함. 신규사업 진행을 위해 인건비와 판매관리비가 대폭 증가함으로써 영업이익은 53.5% 감소함. 외형 확장에 따른 비용 발생 등으로 당기순이익이 적자전환함.

현금 흐름 *IFRS 별도 기준 〈단위 : 억원〉

항목	2016	2017
영업활동	11	-21
투자활동	-50	-24
재무활동	51	28
순현금흐름	12	-17
기말현금	21	4

시장 대비 수익률

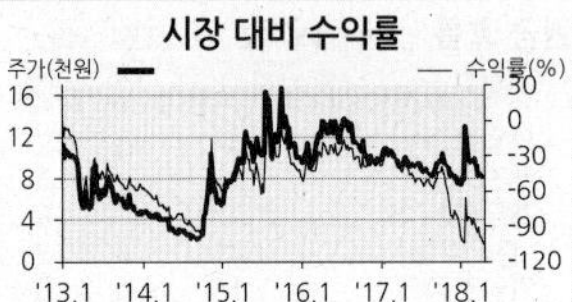

결산 실적 〈단위 : 억원〉

항목	2012	2013	2014	2015	2016	2017
매출액	176	138	79	87	118	119
영업이익	-36	-22	5	17	23	11
당기순이익	-106	-101	21	9	20	-28

분기 실적 *IFRS 별도 기준 〈단위 : 억원〉

항목	2016.3Q	2016.4Q	2017.1Q	2017.2Q	2017.3Q	2017.4Q
매출액	39	29	26	26	25	43
영업이익	11	4	4	2	1	5
당기순이익	5	-8	-4	2	-3	-24

재무 상태 *IFRS 별도 기준 〈단위 : 억원〉

항목	2012	2013	2014	2015	2016	2017
총자산	839	802	749	787	865	880
유형자산	4	7	2	2	1	3
무형자산	3	14	4	19	39	41
유가증권	2	1	—	—	—	—
총부채	756	781	709	731	757	793
총차입금	39	40	—	24	46	75
자본금	45	54	14	14	15	15
총자본	82	21	40	56	109	87
지배주주지분	82	21	40	56	109	87

기업가치 지표 *IFRS 별도 기준

항목	2012	2013	2014	2015	2016	2017
주가(최고/저)(천원)	21.1/10.3	11.6/4.2	10.5/2.2	21.2/5.5	14.4/9.0	11.6/7.5
PER(최고/저)(배)	—/—	—/—	12.7/2.6	66.8/17.3	21.7/13.6	—/—
PBR(최고/저)(배)	4.6/2.3	11.7/4.2	7.4/1.6	10.9/2.8	4.1/2.6	4.1/2.7
EV/EBITDA(배)	—	—	14.4	13.5	8.3	10.7
EPS(원)	-7,924	-4,931	825	317	663	-916
BPS(원)	915	199	1,406	1,944	3,538	2,822
CFPS(원)	-1,454	-898	1,013	485	933	-474
DPS(원)	—	—	—	—	—	—
EBITDAPS(원)	-262	-66	394	757	1,030	796

재무 비율 〈단위 : %〉

연도	영업이익률	순이익률	부채비율	차입금비율	ROA	ROE	유보율	자기자본비율	EBITDA마진율
2017	9.1	-23.6	915.7	86.7	-3.2	-28.9	464.4	9.9	20.5
2016	19.8	17.3	696.7	42.0	2.5	24.8	607.6	12.6	26.8
2015	19.5	10.5	1,312.3	43.5	1.2	19.0	288.7	7.1	25.1
2014	6.5	26.2	1,760.8	0.0	2.7	87.4	181.3	5.4	12.5

플렉스파워에이더블유에스 (A266870)

Flex Power Aws

업 종 : 개인생활용품 　 시 장 : KONEX
신용등급 : (Bond) — (CP) — 　 기업규모 : —
홈페이지 : www.flexpower.co.kr 　 연 락 처 : 02)500-8088
본 사 : 서울시 강남구 논현로 641 논현동대우아이빌 힐타운 2층

설 립 일	2014.11.24	**종 업 원 수**	명	**대 표 이 사**	박인철
상 장 일	2017.04.24	**감 사 의 견**	적정(삼덕)	**계 열**	
결 산 기	12월	**보 통 주**		**종속회사수**	
액 면 가	—	**우 선 주**		**구 상 호**	

주주구성 (지분율,%)		출자관계 (지분율,%)	주요경쟁사 (외형,%)	
박인철	35.2		플렉스파워에이더블유에스	100
박성임	10.1		미애부	407
			한국화장품	1,119

매출구성		비용구성		수출비중	
리커버리크림	97.5	매출원가율	22.8	수출	0.2
기타 상품	2.5	판관비율	66.9	내수	99.8

회사 개요

동사는 "파스 및 기타 근육이완제/물리치료/마사지"등을 대체할 수 있는 바르는 스포츠크림을 판매하는 회사로써, 스포츠분야에 사용하는 통증완화, 근육이완등의 연고제등을 판매함. 주요제품은 리커버리크림으로써, 염증치료 및 체온 상승, 관절 움직임을 돕는 크림 제품을 판매함. 주요 매출 구성은 리커버리크림 93.57%, 선블럭젤등 기타 제품 6.43%로 이루어져 있음.

실적 분석

동사의 2017년 결산 기준 매출액은 135.2억원으로 전년동기 대비 233%증가하며 외형 성장. 영업이익과 당기순이익은 각 13.8억원, 11.4억원을 기록하며 전년동기 대비 약 25%씩의 성장을 보임. 동사는 전국 휴게소 중 대형 휴게소 50곳 이상 입점하여 체험을 통한 판매, 마케팅을 진행중이며 2017년 하반기부터 홈쇼핑을 시작하여 보다 많은 고객에게 제품을 알리는 중으로 향후 성장 기대.

현금 흐름 *IFRS 별도 기준 〈단위 : 억원〉

항목	2016	2017
영업활동	7	8
투자활동	-2	-13
재무활동	37	-4
순현금흐름	43	-9
기말현금	43	34

시장 대비 수익률

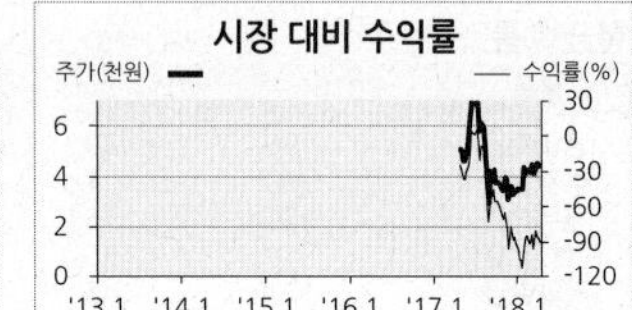

결산 실적 〈단위 : 억원〉

항목	2012	2013	2014	2015	2016	2017
매출액	—	—	—	11	41	135
영업이익	—	—	—	-1	11	14
당기순이익	—	—	—	-1	9	11

분기 실적 *IFRS 별도 기준 〈단위 : 억원〉

항목	2016.3Q	2016.4Q	2017.1Q	2017.2Q	2017.3Q	2017.4Q
매출액	—	—	—	—	—	—
영업이익	—	—	—	—	—	—
당기순이익	—	—	—	—	—	—

재무 상태 *IFRS 별도 기준 〈단위 : 억원〉

항목	2012	2013	2014	2015	2016	2017
총자산	—	—	—	3	72	81
유형자산	—	—	—	—	2	11
무형자산	—	—	—	2	8	6
유가증권	—	—	—	—	—	—
총부채	—	—	—	3	10	12
총차입금	—	—	—	3	6	6
자본금	—	—	—	1	27	27
총자본	—	—	—	-1	62	69
지배주주지분	—	—	—	-1	62	69

기업가치 지표 *IFRS 별도 기준

항목	2012	2013	2014	2015	2016	2017
주가(최고/저)(천원)	—/—	—/—	—/—	—/—	—/—	—/—
PER(최고/저)(배)	0.0/0.0	0.0/0.0	0.0/0.0	0.0/0.0	0.0/0.0	34.4/14.1
PBR(최고/저)(배)	0.0/0.0	0.0/0.0	0.0/0.0	0.0/0.0	0.0/0.0	5.4/2.2
EV/EBITDA(배)	0.0	0.0	0.0	—	—	9.0
EPS(원)	—	—	—	-893	1,082	209
BPS(원)	—	—	—	-5,328	11,347	1,347
CFPS(원)	—	—	—	-3,942	12,269	275
DPS(원)	—	—	—	—	—	—
EBITDAPS(원)	—	—	—	-3,943	14,618	320

재무 비율 〈단위 : %〉

연도	영업이익률	순이익률	부채비율	차입금비율	ROA	ROE	유보율	자기자본비율	EBITDA마진율
2017	10.2	8.4	16.7	8.4	14.9	17.4	169.3	85.7	12.9
2016	27.3	22.4	16.7	9.4	24.4	전기잠식	127.0	85.7	30.3
2015	-8.3	-8.3	완전잠식	완전잠식	0.0	0.0	-206.6	-19.8	-3.7
2014	0.0	0.0	0.0	0.0	0.0	0.0	0.0	0.0	0.0

피노텍 (A150440)
Finotek

업　　종 : 일반 소프트웨어　　시　　장 : KONEX
신 용 등 급 : (Bond) —　(CP) —　　기 업 규 모 : —
홈 페 이 지 : www.finotek.co.kr　　연　락　처 : 02)522-3558
본　　사 : 서울시 서초구 양재천로9길 1 3층(양재동,용두빌딩)

설 립 일 2008.11.13	**종 업 원 수** 82명	**대 표 이 사** 김우섭	
상 장 일 2014.12.05	**감 사 의 견** 적정(삼영)	**계　　열**	
결 산 기 12월	**보 통 주**	**종속회사수**	
액 면 가 —	**우 선 주**	**구 상 호** 엘스트로	

주주구성 (지분율,%)		출자관계 (지분율,%)	주요경쟁사 (외형,%)	
김우섭	21.9		피노텍	100
장덕수	5.3		인프라웨어	138
			SGA솔루션즈	502

매출구성		비용구성		수출비중	
SI(용역)	71.4	매출원가율	77.3	수출	0.0
비대면실명확인솔루션(용역)	17.5	판관비율	48.8	내수	100.0
유지보수 등(용역)	9.2				

회사 개요
동사는 2008년 11월 13일에 소프트웨어 개발 및 공급, 시스템통합(SI), 프로그램 개발 및 컨설팅, 시스템 ASP 서비스 등 IT서비스를 주사업으로 설립됨. 소프트웨어 산업의 IT서비스 분야 중 법률 관련 IT서비스를 제공하고 있음. 은행 등 금융기관의 비대면 금융 서비스를 위한 솔루션을 제공중이며, 2015년 금융위원회의 비대면 계좌개설의 승인 및 관련 가이드 배포 이후 "비대면 금융거래 통합 솔루션"을 개발하여 서비스함.

실적 분석
동사의 2017년 연간 매출액은 110.3억원을 기록하여 전년대비 외형 소폭 확대. 영업손실은 29억원을 기록하며 적자가 지속됨. 당기순손실 또한 36억원을 기록하며 적자 지속하여 수익성 부진. 독일 자회사 '피노텍유럽'을 중심으로 해외시장 진출에 박차를 가할 예정임. 동사가 속한 핀테크산업을 접목한 금융사업은 지속적으로 확대되고 있는 추세이며, 정부 정책적으로 핀테크산업 육성이 진행되는 점에서 전망은 긍정적임.

현금 흐름 *IFRS 별도 기준　〈단위 : 억원〉

항목	2016	2017
영업활동	-26	-34
투자활동	-10	-27
재무활동	37	48
순현금흐름	1	-12
기말현금	23	11

시장 대비 수익률

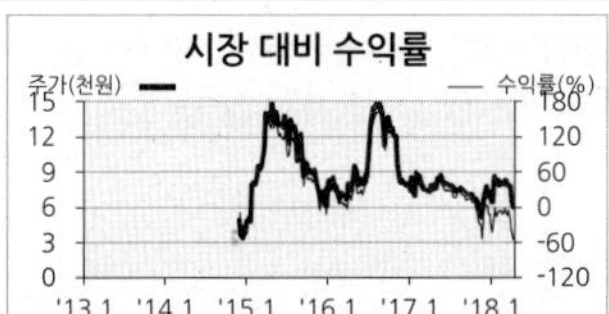

결산 실적　〈단위 : 억원〉

항목	2012	2013	2014	2015	2016	2017
매출액	12	6	27	63	109	110
영업이익	-7	-16	-15	-19	-23	-29
당기순이익	-9	-17	-24	-15	-24	-36

분기 실적 *IFRS 별도 기준　〈단위 : 억원〉

항목	2016.3Q	2016.4Q	2017.1Q	2017.2Q	2017.3Q	2017.4Q
매출액	—	—	—	—	—	—
영업이익	—	—	—	—	—	—
당기순이익	—	—	—	—	—	—

재무 상태 *IFRS 별도 기준　〈단위 : 억원〉

항목	2012	2013	2014	2015	2016	2017
총자산	26	24	45	80	87	120
유형자산	0	0	1	1	2	4
무형자산	5	8	15	29	38	53
유가증권	5	5	—	11	9	7
총부채	8	12	39	38	39	103
총차입금	3	8	31	5	13	61
자본금	27	32	35	43	45	47
총자본	17	11	5	42	48	17
지배주주지분	17	11	5	42	48	17

기업가치 지표 *IFRS 별도 기준

항목	2012	2013	2014	2015	2016	2017
주가(최고/저)(천원)	—/—	—/—	5.0/3.4	15.0/3.8	15.4/6.4	10.0/5.0
PER(최고/저)(배)	0.0/0.0	0.0/0.0	—/—	—/—	—/—	—/—
PBR(최고/저)(배)	0.0/0.0	0.0/0.0	67.3/46.2	30.4/7.8	29.0/12.1	54.5/27.3
EV/EBITDA(배)	—	—	—	—	—	—
EPS(원)	-217	-312	-360	-177	-277	-386
BPS(원)	326	174	74	492	531	183
CFPS(원)	-199	-287	-324	-114	-243	-350
DPS(원)	—	—	—	—	—	—
EBITDAPS(원)	-165	-280	-190	-165	-228	-274

재무 비율　〈단위 : %〉

연도	영업이익률	순이익률	부채비율	차입금비율	ROA	ROE	유보율	자기자본비율	EBITDA마진율
2017	-26.2	-32.6	일부잠식	일부잠식	-34.7	-111.1	-63.3	14.2	-23.1
2016	-21.0	-22.2	82.8	27.7	-29.0	-54.2	6.3	54.7	-18.2
2015	-30.7	-23.8	일부잠식	일부잠식	-24.0	-63.4	-1.7	52.3	-22.1
2014	-54.1	-86.3	일부잠식	일부잠식	-69.5	-289.1	-85.3	11.6	-45.5

피델릭스 (A032580)
Fidelix

업　　종 : 휴대폰 및 관련부품　　시　　장 : KOSDAQ
신 용 등 급 : (Bond) —　(CP) —　　기 업 규 모 : 벤처
홈 페 이 지 : www.fidelix.co.kr　　연　락　처 : 031)785-3500
본　　사 : 경기도 성남시 분당구 백현로 93(수내동, 후너스빌딩 6층)

설 립 일 1990.08.20	**종 업 원 수** 75명	**대 표 이 사** 안승한	
상 장 일 1997.04.22	**감 사 의 견** 적정(대성삼경)	**계　　열**	
결 산 기 12월	**보 통 주**	**종속회사수**	
액 면 가 500원	**우 선 주**	**구 상 호**	

주주구성 (지분율,%)		출자관계 (지분율,%)	주요경쟁사 (외형,%)	
Dosilicon Co.,LTD.	25.3		피델릭스	100
국민연금02-2KTB벤처조합	3.0		알에프세미	102
(외국인)	26.9		인포마크	92

매출구성		비용구성		수출비중	
반도체	99.5	매출원가율	82.6	수출	76.5
반도체매출 외	0.5	판관비율	14.4	내수	23.5

회사 개요
동사는 1990년 설립된 메모리 반도체 생산기업으로, 주력 제품은 Memory 반도체 중 저전력을 요구하는 모바일폰 등에 사용되는 PSRAM 및 LP-SDRAM/DDR임. 국내 대형 휴대전화 제조사가 최근 출시한 스마트폰에 모바일D램을 공급하기 시작함. 모바일D램 적용범위가 피처폰에서 스마트폰으로 확대되는 등 최근 성과가 잇따르면서 매출상승과 함께 수익성 개선속도가 빠를 것으로 예상됨.

실적 분석
동사의 2017년 전체 매출은 611.5억원으로 전년대비 8.3% 증가, 영업이익은 17.9억원으로 흑자전환, 당기순이익은 4.9억원으로 전년대비 흑자전환 시현. 전방산업인 반도체 경기 호조로 주요 제품의 매출 증가로 전체 외형 성장세 시현.원가율 개선과 판매관리비 감소 영향으로 영업이익은 흑자전환 시현. 중국 정부의 반도체 투자 확대 정책에 따라 중국동심반도체유한공사 지분율 보유한 동사의 수혜 기대.

현금 흐름 *IFRS 별도 기준　〈단위 : 억원〉

항목	2016	2017
영업활동	4	-6
투자활동	-22	-27
재무활동	14	23
순현금흐름	-4	-11
기말현금	35	24

시장 대비 수익률

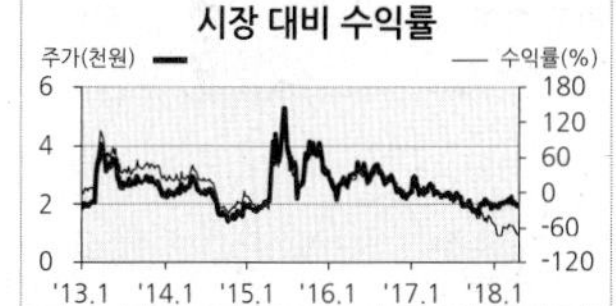

결산 실적　〈단위 : 억원〉

항목	2012	2013	2014	2015	2016	2017
매출액	933	875	781	656	565	612
영업이익	45	72	17	-19	-33	18
당기순이익	22	47	3	-62	-92	5

분기 실적 *IFRS 별도 기준　〈단위 : 억원〉

항목	2016.3Q	2016.4Q	2017.1Q	2017.2Q	2017.3Q	2017.4Q
매출액	156	117	108	134	132	238
영업이익	2	-36	-4	6	4	12
당기순이익	-0	-93	-7	6	2	5

재무 상태 *IFRS 별도 기준　〈단위 : 억원〉

항목	2012	2013	2014	2015	2016	2017
총자산	509	592	688	546	479	521
유형자산	24	28	34	19	13	11
무형자산	103	111	150	137	86	82
유가증권	21	11	11	2	1	1
총부채	210	237	336	213	238	277
총차입금	100	100	160	130	144	167
자본금	91	91	91	103	103	103
총자본	298	355	351	333	241	243
지배주주지분	298	355	351	333	241	243

기업가치 지표 *IFRS 별도 기준

항목	2012	2013	2014	2015	2016	2017
주가(최고/저)(천원)	2.1/1.6	4.5/1.8	3.0/1.4	5.5/1.7	4.0/2.2	3.2/1.7
PER(최고/저)(배)	17.0/12.7	15.7/6.5	201.7/94.8	—/—	—/—	133.9/70.8
PBR(최고/저)(배)	1.3/1.0	2.3/1.0	1.6/0.7	3.4/1.0	3.4/1.8	2.7/1.4
EV/EBITDA(배)	5.0	3.9	7.2	24.0	48.3	10.9
EPS(원)	129	289	15	-317	-448	24
BPS(원)	1,638	1,945	1,927	1,623	1,174	1,188
CFPS(원)	328	499	248	-61	-227	185
DPS(원)	30	30	—	—	—	—
EBITDAPS(원)	455	632	327	156	60	248

재무 비율　〈단위 : %〉

연도	영업이익률	순이익률	부채비율	차입금비율	ROA	ROE	유보율	자기자본비율	EBITDA마진율
2017	2.9	0.8	114.0	68.8	1.0	2.0	137.6	46.7	8.3
2016	-5.8	-16.3	99.1	59.8	-18.0	-32.1	134.9	50.2	2.2
2015	-3.0	-9.4	64.0	39.0	-10.0	-18.0	224.7	61.0	4.6
2014	2.2	0.4	95.7	45.7	0.4	1.2	286.9	51.1	7.7

피시피아비아이티 (A258250)
PCPIA BIT

업　　종 : IT 서비스　　시　　장 : KONEX
신용등급 : (Bond) —　(CP) —　　기업규모 : —
홈페이지 : www.pcpia21.co.kr　　연 락 처 : 042)822-9482
본　　사 : 대전시 유성구 유성대로 579-4(구암동)

설 립 일	2001.08.02	**종업원수**	15명	**대표이사**	김회율
상 장 일	2016.12.13	**감사의견**	적정(신승)	**계　　열**	
결 산 기	12월	**보 통 주**		**종속회사수**	
액 면 가	—	**우 선 주**		**구 상 호**	

주주구성 (지분율,%)		출자관계 (지분율,%)		주요경쟁사 (외형,%)	
김회율	37.8	메비오스파마	100.0	피시피아비아이티	100
정혜광	15.2			바른테크놀로지	200
				쌍용정보통신	1,358

매출구성		비용구성		수출비중	
분석시스템	54.3	매출원가율	77.7	수출	0.0
소모품 등	16.8	판관비율	14.2	내수	100.0
시뮬레이터	12.9				

회사 개요

2002년 08월 02일에 설립된 동사는 15년간 병원 진료시스템, 전자챠트 개발, 시뮬레이터 제작 및 유지보수에서 축적된 정보기술(IT)의 기반위에 생명공학(BT) 분야를 접목한 BIT융합 비즈니스 모델을 구축, 신규시장 개척을 위해 매년 매출 20% 성장, 매출대비 연구개발에 20%를 투자하고 있음. 국내 바이오 분석기기 제어특허를 비롯해 국내특허 등록 2건, 출원 2건, 해외 출원 1건, 서비스 4건, 프로그램 3건 등 지적재산 보유.

실적 분석

동사의 2017년 연결 기준 연간 누적 매출액은 107.6억원으로 전년 동기(75.3억원) 대비 큰 폭으로 증가함. 매출이 증가하면서 매출원가도 늘었지만 매출 증가율이 매출원가 증가율을 상회해 영업이익은 전년 동기(6.2억원) 대비 41.5% 증가한 8.8억원을 시현함. 비영업 부문에서 금융 등에서 손실이 발생했지만 영업이익 증가폭이 커 당기순이익은 전년 동기(5.9억원) 대비 큰 폭으로 늘어난 8.1억원을 시현함.

현금 흐름 *IFRS 별도 기준 〈단위 : 억원〉

항목	2016	2017
영업활동	6	3
투자활동	-11	-14
재무활동	5	11
순현금흐름	-0	-1
기말현금	2	2

시장 대비 수익률

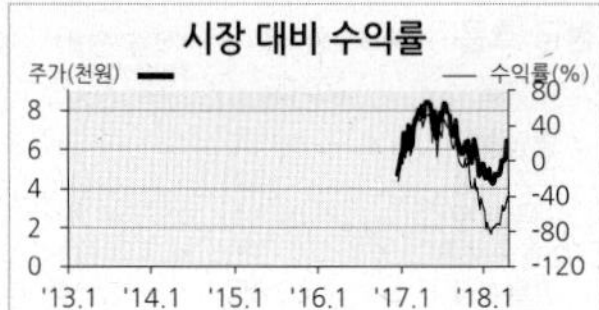

결산 실적 〈단위 : 억원〉

항목	2012	2013	2014	2015	2016	2017
매출액	—	54	53	70	75	108
영업이익	—	4	1	3	6	9
당기순이익	—	3	0	3	6	8

분기 실적 *IFRS 별도 기준 〈단위 : 억원〉

항목	2016.3Q	2016.4Q	2017.1Q	2017.2Q	2017.3Q	2017.4Q
매출액	—	—	—	—	—	—
영업이익	—	—	—	—	—	—
당기순이익	—	—	—	—	—	—

재무 상태 *IFRS 별도 기준 〈단위 : 억원〉

항목	2012	2013	2014	2015	2016	2017
총자산	—	36	35	46	58	78
유형자산	—	13	10	17	24	30
무형자산	—	0	1	1	1	1
유가증권	—	—	—	—	—	—
총부채	—	10	19	27	26	29
총차입금	—	9	16	24	22	23
자본금	—	14	14	14	18	19
총자본	—	26	16	19	31	50
지배주주지분	—	26	16	19	31	50

기업가치 지표 *IFRS 별도 기준

항목	2012	2013	2014	2015	2016	2017
주가(최고/저)(천원)	#VALUE!	—/—	—/—	—/—	—/—	—/—
PER(최고/저)(배)	0.0/0.0	0.0/0.0	0.0/0.0	0.0/0.0	36.2/18.1	41.5/21.7
PBR(최고/저)(배)	0.0/0.0	0.0/0.0	0.0/0.0	0.0/0.0	7.4/3.7	6.9/3.6
EV/EBITDA(배)	0.0	1.9	2.9	3.6	24.5	15.1
EPS(원)	—	112	6	86	172	214
BPS(원)	—	18,400	11,427	13,216	869	1,281
CFPS(원)	—	3,045	2,861	3,631	280	372
DPS(원)	—	—	—	—	—	—
EBITDAPS(원)	—	3,267	3,602	4,247	289	390

재무 비율 〈단위 : %〉

연도	영업이익률	순이익률	부채비율	차입금비율	ROA	ROE	유보율	자기자본비율	EBITDA마진율
2017	8.2	7.6	57.8	46.4	11.9	20.1	156.2	63.4	13.8
2016	8.3	7.9	84.6	71.6	11.4	23.8	73.8	54.2	12.7
2015	4.8	3.6	148.1	130.0	6.2	14.5	32.2	40.3	8.5
2014	2.3	0.3	117.9	99.8	0.5	0.8	14.3	45.9	9.5

피씨디렉트 (A051380)
PC Direct

업　　종 : 도소매　　시　　장 : KOSDAQ
신용등급 : (Bond) —　(CP) —　　기업규모 : 중견
홈페이지 : www.pcdirect.co.kr　　연 락 처 : 02)785-3001
본　　사 : 서울시 용산구 원효로 138 8층 (원효로3가, 청진빌딩)

설 립 일	1998.09.01	**종업원수**	74명	**대표이사**	서대식
상 장 일	2002.02.01	**감사의견**	적정(위드)	**계　　열**	
결 산 기	12월	**보 통 주**		**종속회사수**	
액 면 가	500원	**우 선 주**		**구 상 호**	

주주구성 (지분율,%)		출자관계 (지분율,%)		주요경쟁사 (외형,%)	
서대식	16.2			피씨디렉트	100
송승호	12.4			부방	169
(외국인)	0.5			대명코퍼레이션	104

매출구성		비용구성		수출비중	
프로세서(상품)	51.2	매출원가율	95.0	수출	1.5
스토리지(상품)	31.7	판관비율	3.8	내수	98.5
마더보드(M/B)(상품)	11.9				

회사 개요

동사는 1989년에 설립된 컴퓨터 하드웨어 및 소프트웨어 유통업체로, PC, 모바일, 디지털기기 등에 사용되는 IT 하드웨어 및 마이크로소프트社의 OS, Server 제품 등의 유통사업을 영위함. Intel의 CPU, Mobile CPU 제품, Server 제품, SSD제품의 국내총판권 등을 보유. 제휴를 통해 Foxconn, GIGABYTE, Parrot, ADATA, OCZ Storage Solutions社의 제품군을 판매하고 있음.

실적 분석

동사의 2017년 연간 매출액은 전년동기대비 9.3% 상승한 2,274.2억원을 기록하였음. 비용면에서 전년동기대비 매출원가는 증가 하였으며 인건비도 증가, 광고선전비는 감소, 기타판매비와관리비는 증가함. 이와 같이 상승한 매출액 만큼 비용증가도 있었으나 매출액의 더 큰 상승에 힘입어 최종적으로 전년동기대비 당기순이익은 크게 상승하여 30억원을 기록함. 외환손익 등 비영업손익의 흑자전환은 긍정적.

현금 흐름 *IFRS 별도 기준 〈단위 : 억원〉

항목	2016	2017
영업활동	-5	11
투자활동	0	-4
재무활동	7	4
순현금흐름	2	12
기말현금	59	71

시장 대비 수익률

결산 실적 〈단위 : 억원〉

항목	2012	2013	2014	2015	2016	2017
매출액	1,774	1,501	1,741	1,977	2,081	2,274
영업이익	13	-33	4	15	28	29
당기순이익	14	-28	-2	2	13	30

분기 실적 *IFRS 별도 기준 〈단위 : 억원〉

항목	2016.3Q	2016.4Q	2017.1Q	2017.2Q	2017.3Q	2017.4Q
매출액	474	581	606	503	538	627
영업이익	3	13	10	9	5	4
당기순이익	5	0	13	6	4	7

재무 상태 *IFRS 별도 기준 〈단위 : 억원〉

항목	2012	2013	2014	2015	2016	2017
총자산	307	384	480	485	497	536
유형자산	1	2	1	1	2	2
무형자산	1	1	3	4	4	4
유가증권	0	0	—	—	—	0
총부채	125	154	252	251	226	238
총차입금	21	49	71	103	91	96
자본금	19	35	35	35	38	38
총자본	182	231	228	234	271	299
지배주주지분	182	231	228	234	271	299

기업가치 지표 *IFRS 별도 기준

항목	2012	2013	2014	2015	2016	2017
주가(최고/저)(천원)	2.6/1.8	8.2/2.0	4.4/2.2	5.4/2.4	6.2/3.7	5.2/3.7
PER(최고/저)(배)	8.5/5.7	—/—	—/—	223.0/97.5	36.4/21.6	13.3/9.3
PBR(최고/저)(배)	0.7/0.4	2.5/0.6	1.4/0.7	1.6/0.7	1.8/1.0	1.3/0.9
EV/EBITDA(배)	0.0	—	48.2	22.9	11.6	11.1
EPS(원)	319	-552	-27	25	173	398
BPS(원)	4,726	3,332	3,290	3,377	3,591	3,964
CFPS(원)	380	-539	-17	34	183	410
DPS(원)	30	—	—	—	20	50
EBITDAPS(원)	348	-651	69	220	389	391

재무 비율 〈단위 : %〉

연도	영업이익률	순이익률	부채비율	차입금비율	ROA	ROE	유보율	자기자본비율	EBITDA마진율
2017	1.3	1.3	79.5	32.0	5.8	10.6	692.8	55.7	1.3
2016	1.3	0.6	83.6	33.5	2.6	5.0	618.3	54.5	1.4
2015	0.7	0.1	107.6	43.9	0.4	0.7	575.4	48.2	0.8
2014	0.2	-0.1	110.8	31.4	-0.4	-0.8	558.0	47.5	0.3

피씨엘 (A241820)

PCL

업　　종 : 의료 장비 및 서비스
신용등급 : (Bond) —　　　(CP) —
홈페이지 : www.pclchip.com
본　　사 : 서울시 금천구 디지털로9길 99 (가산동, 스타밸리) 701호
시　　장 : KOSDAQ
기업규모 : 기술성
연 락 처 : 070)4673-3433

설립일	2008.02.12	**종업원수**	34명	**대표이사**	김소연
상장일	2017.02.23	**감사의견**	적정(신우)	**계열**	
결산기	12월	**보통주**		**종속회사수**	
액면가	500원	**우선주**		**구상호**	

주주구성 (지분율,%)		출자관계 (지분율,%)		주요경쟁사 (외형,%)	
김소연	34.9			피씨엘	100
서울글로벌바이오메디컬신성장동력투자펀드	2.6			원익	13,286
(외국인)	1.0			루트로닉	16,946

매출구성		비용구성		수출비중	
플랫폼서비스(SolB reagent)	48.4	매출원가율	63.5	수출	37.7
플랫폼서비스 R&D Service(SD-ID)	28.8	판관비율	843.9	내수	62.3
혈액선별 스크리닝 제품(Hi3-1 등)	22.8				

회사 개요

다중 체외진단 전문기업인 동사는 2008년 2월 설립돼 3차원 SG Cap™ 고민감도 원천기술을 바탕으로 세계 최초로 고위험군 바이러스, 다중진단 임상에 성공함. 고민감도, 저비용, 고효율 다중진단 플랫폼 기술을 바탕으로 혈액선별 진단제품 개발 및 공급, POCT 제품 개발 및 공급, 플랫폼서비스 사업을 영위하고 있음. 2017년 2월 코스닥 시장에 신규 상장함.

실적 분석

동사의 연결기준 2017년 매출액은 전년 대비 14% 감소한 5.1억원을 기록한 반면, 판관비는 인건비와 경상개발비를 중심으로 전년 동기 대비 57.6% 증가함에 따라 동기간 영업손실은 전년 대비 40.9억원을 기록하며 적자를 지속함. 반면, 비영업이익은 외환손실에도 불구하고 금융이익 증가의 영향으로 전년동기대비 416.1% 증가함. 이에 따라 동사의 2017년 당기순이익은 38.7억원을 기록하며 적자지속함.

현금 흐름 *IFRS 별도 기준 〈단위 : 억원〉

항목	2016	2017
영업활동	-25	-36
투자활동	-48	-76
재무활동	47	108
순현금흐름	-26	-4
기말현금	16	11

시장 대비 수익률

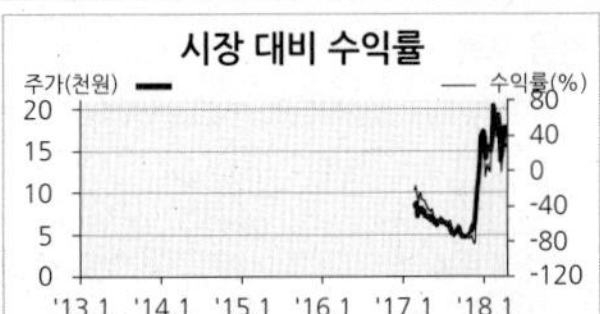

결산 실적 〈단위 : 억원〉

항목	2012	2013	2014	2015	2016	2017
매출액	—	6	1	2	6	5
영업이익	—	-3	-11	-14	-24	-41
당기순이익	—	-3	-9	-19	-23	-39

분기 실적 *IFRS 별도 기준 〈단위 : 억원〉

항목	2016.3Q	2016.4Q	2017.1Q	2017.2Q	2017.3Q	2017.4Q
매출액	1	5	1	1	2	1
영업이익	-7	-6	-7	-13	-9	-12
당기순이익	-7	-6	-7	-12	-8	-11

재무 상태 *IFRS 별도 기준 〈단위 : 억원〉

항목	2012	2013	2014	2015	2016	2017
총자산	—	93	68	66	89	159
유형자산	—	13	14	14	20	30
무형자산	—	16	—	0	1	1
유가증권	—	—	29	1	45	113
총부채	—	26	81	16	14	4
총차입금	—	15	71	10	9	—
자본금	—	8	5	17	37	45
총자본	—	67	-13	50	75	154
지배주주지분	—	67	-13	50	75	154

기업가치 지표 *IFRS 별도 기준

항목	2012	2013	2014	2015	2016	2017
주가(최고/저)(천원)	#VALUE!	—/—	—/—	—/—	—/—	—/—
PER(최고/저)(배)	0.0/0.0	0.0/0.0	0.0/0.0	0.0/0.0	0.0/0.0	—/—
PBR(최고/저)(배)	0.0/0.0	0.0/0.0	0.0/0.0	0.0/0.0	0.0/0.0	10.0/2.7
EV/EBITDA(배)	0.0	—	—	—	—	—
EPS(원)	—	-73	-184	-393	-332	-444
BPS(원)	—	4,070	-785	1,447	1,012	1,730
CFPS(원)	—	-228	-459	-678	-318	-415
DPS(원)	—	—	—	—	—	—
EBITDAPS(원)	—	-223	-622	-491	-324	-440

재무 비율 〈단위 : %〉

연도	영업이익률	순이익률	부채비율	차입금비율	ROA	ROE	유보율	자기자본비율	EBITDA마진율
2017	-807.5	-764.5	2.8	0.0	-31.2	-33.8	246.1	97.3	-758.8
2016	-404.7	-397.6	19.3	12.1	-30.2	-37.6	102.3	83.8	-387.6
2015	-560.4	-767.1	31.9	20.1	-27.9	전기잠식	189.4	75.9	-540.0
2014	-786.7	-599.7	완전잠식	완전잠식	—	—	-357.2	-18.9	-714.3

피앤씨테크 (A237750)

PNC Technologies

업　　종 : 전기장비
신용등급 : (Bond) —　　　(CP) —
홈페이지 : www.pnctech.co.kr
본　　사 : 경기도 안양시 동안구 전파로104번길 62 (호계동)
시　　장 : KOSDAQ
기업규모 : 벤처
연 락 처 : 031)452-5791

설립일	1999.03.04	**종업원수**	66명	**대표이사**	조광식
상장일	2016.07.04	**감사의견**	적정(대성삼경)	**계열**	
결산기	12월	**보통주**		**종속회사수**	
액면가	500원	**우선주**		**구상호**	

주주구성 (지분율,%)		출자관계 (지분율,%)		주요경쟁사 (외형,%)	
광명전기	29.6	광명에스지	12.4	피앤씨테크	100
조광식	4.9			LS산전	7,857
(외국인)	1.1			대한전선	5,322

매출구성		비용구성		수출비중	
배전자동화단말장치	60.9	매출원가율	73.6	수출	26.0
디지털보호계전기	12.2	판관비율	10.3	내수	74.0
개폐기	11.2				

회사 개요

동사는 1999년 설립된 전력계통의 배전분야에서 정전을 최소화하고, 안전한 전력을 공급하기 위한 디지털전력기기를 생산하는 전력 IT 전문기업임. 광명전기에 소속된 회사임. 국내 시장을 꾸준히 확보하여 고객의 굳은 신뢰성을 기반으로 현재 동남아를 비롯한 인도, 중동, 동유럽, 남미 등지에 수출함. 주요 제품은 배전자동화 단말장치, 디지털보호계전기, 개폐기 등이 있음.

실적 분석

동사의 2017년 연결기준 매출액은 298.3억원으로 전년 대비 6.3% 증가하였음. 외형 성장에도 매출액 증가율을 상회하는 매출원가와 판관비 상승률은 부담으로 작용. 이에 영업이익은 15.8% 감소한 47.9억원을 시현함. 최종적으로 당기순이익은 24.6% 감소한 38.0억원을 기록함. 해외시장에서는 수출이 70억원으로 2016년 대비 23% 감소하였으나, 고정적인 거래처를 확보하였음.

현금 흐름 *IFRS 별도 기준 〈단위 : 억원〉

항목	2016	2017
영업활동	38	46
투자활동	-249	-154
재무활동	259	19
순현금흐름	50	-91
기말현금	133	42

시장 대비 수익률

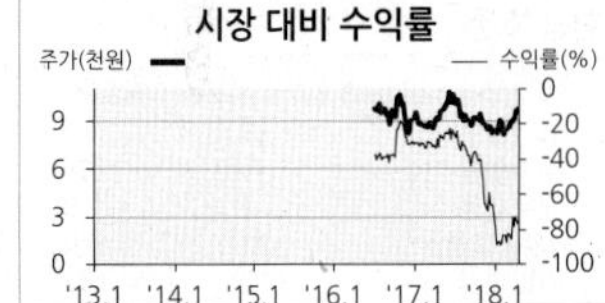

결산 실적 〈단위 : 억원〉

항목	2012	2013	2014	2015	2016	2017
매출액	220	123	180	239	281	298
영업이익	15	6	21	56	57	48
당기순이익	8	11	17	49	50	38

분기 실적 *IFRS 별도 기준 〈단위 : 억원〉

항목	2016.3Q	2016.4Q	2017.1Q	2017.2Q	2017.3Q	2017.4Q
매출액	68	59	64	112	64	59
영업이익	9	6	15	15	16	2
당기순이익	5	10	8	15	14	1

재무 상태 *IFRS 별도 기준 〈단위 : 억원〉

항목	2012	2013	2014	2015	2016	2017
총자산	237	195	213	270	579	641
유형자산	91	46	45	48	56	208
무형자산	2	2	3	3	2	6
유가증권	1	1	1	1	21	53
총부채	109	56	58	67	67	88
총차입금	27	10	6	5	5	24
자본금	20	20	20	20	32	32
총자본	128	139	155	203	512	552
지배주주지분	128	139	155	203	512	552

기업가치 지표 *IFRS 별도 기준

항목	2012	2013	2014	2015	2016	2017
주가(최고/저)(천원)	—/—	—/—	—/—	—/—	—/—	—/—
PER(최고/저)(배)	0.0/0.0	0.0/0.0	0.0/0.0	0.0/0.0	12.5/8.1	18.6/13.9
PBR(최고/저)(배)	0.0/0.0	0.0/0.0	0.0/0.0	0.0/0.0	1.5/1.0	1.3/1.0
EV/EBITDA(배)	—	—	—	—	3.4	5.1
EPS(원)	198	278	433	1,254	963	585
BPS(원)	32,843	35,708	3,976	5,214	7,878	8,502
CFPS(원)	3,129	3,721	495	1,310	1,013	645
DPS(원)	—	—	—	—	—	—
EBITDAPS(원)	5,004	2,561	609	1,483	1,137	798

재무 비율 〈단위 : %〉

연도	영업이익률	순이익률	부채비율	차입금비율	ROA	ROE	유보율	자기자본비율	EBITDA마진율
2017	16.1	12.7	16.0	4.4	6.2	7.1	1,600.4	86.2	17.4
2016	20.3	17.9	13.1	1.0	11.9	14.1	1,475.5	88.4	21.2
2015	23.2	20.4	32.8	2.5	20.3	27.3	942.8	75.3	24.2
2014	11.9	9.4	37.3	3.9	—	—	695.1	72.8	13.2

피앤이솔루션 (A131390)

PNE SOLUTION

업종	전자 장비 및 기기	시장	KOSDAQ
신용등급	(Bond) — (CP) —	기업규모	벤처
홈페이지	www.pnesolution.com	연락처	031)299-0100
본사	경기도 수원시 권선구 산업로 185(고색동)		

설립일 2004.03.16		**종업원수** 161명		**대표이사** 정대택,김용을	
상장일 2011.09.27		**감사의견** 적정(이촌)		**계열**	
결산기 12월		**보통주**		**종속회사수** 1개사	
액면가 500원		**우선주**		**구상호**	

주주구성 (지분율,%)		출자관계 (지분율,%)		주요경쟁사 (외형,%)	
정대택	36.5	피앤이이노텍	100.0	피앤이솔루션	100
한국증권금융	4.1	와이즈웍스	35.0	써니전자	25
(외국인)	6.6	피앤이시스템즈	35.0	광전자	241

매출구성		비용구성		수출비중	
포메이션 장비 외	80.8	매출원가율	72.7	수출	24.4
PCR	12.1	판관비율	15.4	내수	75.6
기타매출	3.7				

회사 개요

동사는 전지충·방전기와 전원공급장치의 제조 및 판매를 주된 사업으로 영위함. 2009년부터는 삼성SDI에 장비를 공급하기 시작했으며, SK이노베이션에도 장비를 공급하는 등 거래선을 확대하고 있음. 2차 전지 후공정 관련 장비와 연구개발용 장비, 발전소 여자기용 PCR 및 산업용 정류기 등 전력변환장치의 개발과 생산에 주력하고 있으며 향후 해외 시장을 적극적으로 개척할 예정임.

실적 분석

동사의 2017년 연결기준 누적 매출액과 영업이익은 전년 대비 각각 57.3%, 121.4% 증가한 736.3억원, 87.8억원을 기록. 전기차시장 성장에 따라 2차전지장비 매출과 전기차 충전기 인프라 관련 매출이 증가한데 기인. 중대형 2차 전지 후공정 장비 및 연구개발용 장비 국내 시장 선도하고 있으며 2차전기 업체들의 생산 설비 증설에 따른 수혜가 예상됨. 전기차 글로벌 시장은 우호적인 매크로 환경으로 인해 가속화될 것으로 전망.

현금 흐름

〈단위 : 억원〉

항목	2016	2017
영업활동	-1	20
투자활동	-9	-47
재무활동	7	9
순현금흐름	-31	-20
기말현금	112	92

시장 대비 수익률

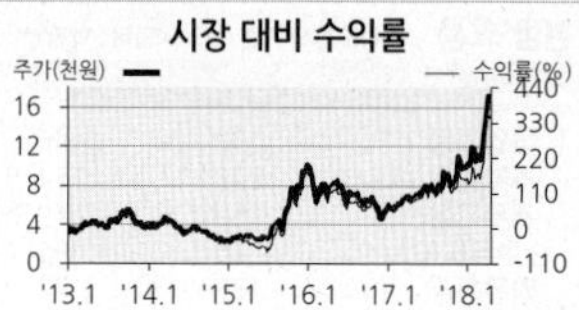

결산 실적

〈단위 : 억원〉

항목	2012	2013	2014	2015	2016	2017
매출액	475	380	324	442	468	736
영업이익	50	9	-13	20	40	88
당기순이익	52	12	3	20	48	75

분기 실적

〈단위 : 억원〉

항목	2016.3Q	2016.4Q	2017.1Q	2017.2Q	2017.3Q	2017.4Q
매출액	133	190	103	110	190	333
영업이익	9	20	14	5	34	35
당기순이익	8	26	10	7	32	27

재무 상태

〈단위 : 억원〉

항목	2012	2013	2014	2015	2016	2017
총자산	601	506	502	624	799	963
유형자산	174	237	250	242	262	282
무형자산	13	11	8	4	18	25
유가증권	4	11	5	23	11	11
총부채	232	116	117	202	333	413
총차입금	13	—	—	1	—	—
자본금	36	36	36	71	71	71
총자본	369	390	385	422	466	549
지배주주지분	369	390	385	416	461	543

기업가치 지표

항목	2012	2013	2014	2015	2016	2017
주가(최고/저)(천원)	5.7/2.9	5.6/3.2	4.8/2.3	10.3/2.2	10.4/4.5	11.1/5.5
PER(최고/저)(배)	15.9/8.1	67.4/37.9	195.3/93.6	70.7/15.3	30.7/13.4	21.6/10.6
PBR(최고/저)(배)	2.2/1.1	2.1/1.2	1.7/0.8	3.5/0.8	3.2/1.4	2.9/1.4
EV/EBITDA(배)	5.1	29.7	—	45.7	15.4	14.2
EPS(원)	362	83	24	145	339	515
BPS(원)	5,304	5,466	5,507	2,914	3,258	3,805
CFPS(원)	834	280	174	206	384	564
DPS(원)	60	—	—	—	—	—
EBITDAPS(원)	810	235	-61	198	323	664

재무 비율

〈단위 : %〉

연도	영업이익률	순이익률	부채비율	차입금비율	ROA	ROE	유보율	자기자본비율	EBITDA마진율
2017	11.9	10.2	75.2	0.0	8.6	14.6	660.9	57.1	12.9
2016	8.5	10.4	71.5	0.0	6.8	11.0	551.5	58.3	9.9
2015	4.4	4.5	48.0	0.3	3.6	5.2	482.8	67.6	6.4
2014	-4.1	1.1	30.5	0.0	0.7	0.9	1,001.3	76.6	-1.4

피앤텔 (A054340)

NRKCOLTD

업종	휴대폰 및 관련부품	시장	KOSDAQ
신용등급	(Bond) — (CP) —	기업규모	중견
홈페이지	www.nrk.co.kr	연락처	054)979-3300
본사	서울시 영등포구 선유로 27, 1111호 (문래동5가, 대륭빌딩)		

설립일 1997.06.28	**종업원수** 53명	**대표이사** 이강석
상장일 2001.12.21	**감사의견** 적정(동서)	**계열**
결산기 12월	**보통주**	**종속회사수** 3개사
액면가 500원	**우선주**	**구상호** 엔알케이

주주구성 (지분율,%)		출자관계 (지분율,%)		주요경쟁사 (외형,%)	
에이케이티케이파트너스	14.4	SVIC11호신기술사업투자조합	10.0	피앤텔	100
보나엔에스	14.3	고흥군농수축산물유통	0.1	슈피겐코리아	1,251
(외국인)	2.1	매일방송	0.0	이랜텍	3,275

매출구성		비용구성		수출비중	
블루투스 헤드셋 부품	64.6	매출원가율	105.3	수출	—
휴대폰 부품	33.2	판관비율	38.1	내수	—
부산물 및 기타	2.2				

회사 개요

동사는 휴대폰 단말기부품 중 무선헤드셋과 휴대폰케이스를 제조하는 기업임. 2017년 4분기말 기준 매출비중은 무선헤드셋 부문이 71.1%, 휴대폰케이스 부문이 20.9%, 기타 7.9%를 차지함. 삼성전자에 휴대폰 케이스를 납품하는 업체는 현재 동사를 비롯하여 인탑스, 신양, 참테크, 모베이스, 삼광, 세신 등 7개사로 과점적 형태의 경쟁시장으로 삼성전자 휴대폰 케이스 전량을 생산, 납품하고 있음.

실적 분석

동사의 2017년 4/4분기 연결기준 누적 매출액은 179.9억원으로 전년동기 대비 37.9% 감소했음. 영업손실은 78.0억원으로 적자지속, 당기순손실도 220.1억원으로 적자지속. 글로벌 경기 부진과 전방산업인 스마트폰 수요 부진, 경쟁 심화 등으로 매출 증가가 소폭에 그침. 판관비 증가 및 판가하락 영향으로 영업이익은 적자지속 시현. 스마트폰 부품 중심에서 벗어나 신규 사업의 필요성 부각. 케이스 부문의 경쟁 심화도 부담으로 작용.

현금 흐름

〈단위 : 억원〉

항목	2016	2017
영업활동	-81	-34
투자활동	9	-0
재무활동	78	25
순현금흐름	8	-13
기말현금	48	35

시장 대비 수익률

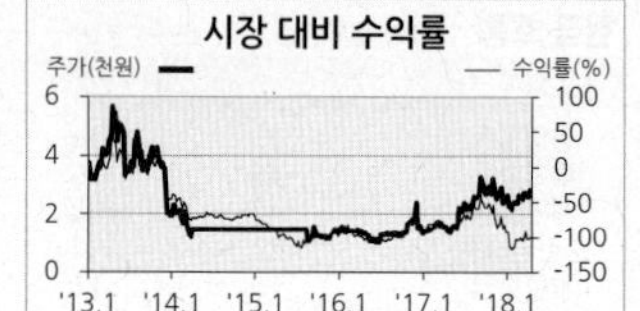

결산 실적

〈단위 : 억원〉

항목	2012	2013	2014	2015	2016	2017
매출액	1,020	1,440	636	230	290	180
영업이익	-328	-237	-241	-114	-65	-78
당기순이익	-369	-447	-320	-107	-90	-220

분기 실적

〈단위 : 억원〉

항목	2016.3Q	2016.4Q	2017.1Q	2017.2Q	2017.3Q	2017.4Q
매출액	84	71	57	50	42	31
영업이익	-10	-22	-19	-29	-15	-16
당기순이익	-22	-5	-64	-43	-28	-85

재무 상태

〈단위 : 억원〉

항목	2012	2013	2014	2015	2016	2017
총자산	1,632	1,233	641	494	429	247
유형자산	636	586	316	276	278	169
무형자산	24	31	9	7	14	2
유가증권	92	60	9	0	0	0
총부채	441	474	166	131	47	60
총차입금	138	120	—	33	—	37
자본금	84	84	84	84	123	123
총자본	1,191	759	475	363	382	186
지배주주지분	1,230	799	488	365	384	188

기업가치 지표

항목	2012	2013	2014	2015	2016	2017
주가(최고/저)(천원)	4.3/1.7	6.0/1.9	2.7/1.2	1.6/1.0	2.4/1.0	3.3/1.3
PER(최고/저)(배)	—/—	—/—	—/—	—/—	—/—	—/—
PBR(최고/저)(배)	0.6/0.2	1.2/0.4	0.9/0.4	0.7/0.4	1.4/0.6	3.7/1.5
EV/EBITDA(배)	—	—	—	—	—	—
EPS(원)	-2,168	-2,653	-1,872	-632	-496	-893
BPS(원)	7,516	4,954	3,101	2,368	1,693	898
CFPS(원)	-1,546	-1,977	-1,160	-370	-275	-746
DPS(원)	—	—	—	—	—	—
EBITDAPS(원)	-1,329	-735	-725	-415	-138	-170

재무 비율

〈단위 : %〉

연도	영업이익률	순이익률	부채비율	차입금비율	ROA	ROE	유보율	자기자본비율	EBITDA마진율
2017	-43.4	-122.4	32.4	20.0	-65.2	-76.8	79.7	75.5	-23.3
2016	-22.4	-31.0	12.3	0.0	-19.4	-24.0	238.7	89.0	-8.6
2015	-49.3	-46.3	36.0	9.2	-18.8	-24.9	373.5	73.6	-30.3
2014	-38.0	-50.4	34.9	0.0	-34.2	-48.9	520.3	74.1	-19.2

피에스엠씨 (A024850)
PSMC

업 종 : 반도체 및 관련장비
신용등급 : (Bond) — (CP) —
홈페이지 : www.psmc.kr
본 사 : 경기도 화성시 향남읍 발안공단로 4길 16 (구문천리 928)
시 장 : KOSDAQ
기업규모 : 중견
연 락 처 : 031)522-3700

설 립 일	1978.06.16	**종업원수**	270명	**대표이사**	강대균
상 장 일	2001.01.11	**감사의견**	적정(신한)	**계 열**	
결 산 기	03월	**보 통 주**		**종속회사수**	1개사
액 면 가	500원	**우 선 주**		**구 상 호**	

주주구성 (지분율,%)		출자관계 (지분율,%)		주요경쟁사 (외형,%)	
이에스브이	12.0	PSMCPHILIPPINES,	100.0	피에스엠씨	100
Richard & Company	11.5			네패스신소재	154
(외국인)	6.1			에이디칩스	175

매출구성		비용구성		수출비중	
리드프레임	63.8	매출원가율	106.9	수출	84.4
전자부품, 금형, scrap, 상품 등	36.2	판관비율	14.1	내수	15.6

회사 개요

동사는 1978년에 설립된 반도체부품 제조회사로, 1994년 협회중개시장에 등록하였다가 취소된바 있으며, 2001년 코스닥시장에 재등록함. 동사는 반도체의 전기도선 역할과 반도체를 지지해 주는 버팀대 역할을 하는 반도체 구조재료인 리드프레임을 주종으로 생산하고 있음. 세계 10위권의 점유율을 유지해왔으니 현재는 규모를 축소하고 지속적인 수익창출에 집중함. 현재 계열회사는 필리핀 소재의 PSMC PHILIPPINES, Inc.1개사만 보유함.

실적 분석

동사의 2017년 매출과 영업이익은 379억원, 9억원으로 전년 대비 매출은 25% 증가하고 흑자전환함. 당기순이익은 5억원으로 전년 당기순손실 27억원에서 흑자전환함. 동사는 방열판부착 Leadframe, 프리몰드 Leadframe과 같이 부가가치가 높고 High Tech이 요구되어 시장경쟁이 심하지 않은 제품을 집중개발해 평균가격 및 수익성 제고에 힘쓰고 있음.

현금 흐름 〈단위 : 억원〉

항목	2016	2017.3Q
영업활동	-5	-9
투자활동	54	-5
재무활동	-33	-3
순현금흐름	16	-17
기말현금	52	37

시장 대비 수익률

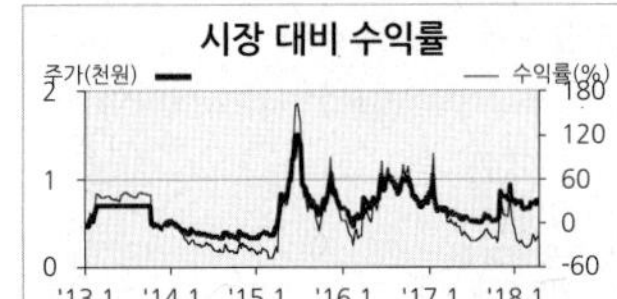

결산 실적 〈단위 : 억원〉

항목	2012	2013	2014	2015	2016	2017
매출액	949	955	806	500	409	—
영업이익	19	16	-23	-88	-86	—
당기순이익	-32	-45	-46	-118	-33	—

분기 실적 〈단위 : 억원〉

항목	2016.2Q	2016.3Q	2016.4Q	2017.1Q	2017.2Q	2017.3Q
매출액	118	91	105	121	131	128
영업이익	-18	-26	-23	3	4	2
당기순이익	-16	-3	-6	7	-1	-2

재무 상태 〈단위 : 억원〉

항목	2012	2013	2014	2015	2016	2017.3Q
총자산	701	661	626	477	409	371
유형자산	248	223	204	170	133	105
무형자산	—	—	—	—	—	—
유가증권	0	3	0	0	0	0
총부채	279	271	279	231	187	176
총차입금	111	95	72	90	61	53
자본금	179	189	189	194	194	194
총자본	422	390	347	247	223	195
지배주주지분	422	390	347	247	223	195

기업가치 지표

항목	2012	2013	2014	2015	2016	2017.3Q
주가(최고/저)(천원)	1.5/0.4	0.7/0.4	0.5/0.3	1.5/0.3	1.2/0.5	1.1/0.5
PER(최고/저)(배)	—/—	—/—	—/—	—/—	—/—	—/—
PBR(최고/저)(배)	1.3/0.3	0.7/0.4	0.6/0.4	2.4/0.5	2.0/0.8	1.9/1.0
EV/EBITDA(배)	1.3	2.4	4.4	—	—	—/—
EPS(원)	-38	-124	-122	-306	-85	13
BPS(원)	1,178	1,030	918	637	575	504
CFPS(원)	113	-13	-21	-230	-11	51
DPS(원)	—	—	—	—	—	—
EBITDAPS(원)	204	154	41	-153	-148	61

재무 비율 〈단위 : %〉

연도	영업이익률	순이익률	부채비율	차입금비율	ROA	ROE	유보율	자기자본비율	EBITDA마진율
2016	-21.0	-8.0	83.9	27.3	-7.4	-14.0	15.1	54.4	-14.1
2015	-17.6	-23.5	93.6	36.7	-21.3	-39.6	27.4	51.7	-11.8
2014	-2.9	-5.8	80.3	20.8	-7.2	-12.6	83.6	55.5	1.9
2013	1.6	-4.8	69.6	24.3	-6.7	-11.2	106.0	59.0	5.9

피에스케이 (A031980)
PSK

업 종 : 반도체 및 관련장비
신용등급 : (Bond) — (CP) —
홈페이지 : www.psk-inc.com
본 사 : 경기도 화성시 삼성1로4길 48 (석우동)
시 장 : KOSDAQ
기업규모 : 우량
연 락 처 : 031)660-8700

설 립 일	1990.06.11	**종업원수**	252명	**대표이사**	박경수
상 장 일	1997.01.07	**감사의견**	적정(한영)	**계 열**	
결 산 기	12월	**보 통 주**		**종속회사수**	4개사
액 면 가	500원	**우 선 주**		**구 상 호**	

주주구성 (지분율,%)		출자관계 (지분율,%)		주요경쟁사 (외형,%)	
금영	32.1	디엠비마케팅연구소	100.0	피에스케이	100
CDIB Capital Investment (Korea) Corp.	4.2	유원미디어	28.0	덕산하이메탈	16
(외국인)	32.5	SVIC30호신기술사업투자조합	2.1	미래산업	13

매출구성		비용구성		수출비중	
Post etch treatment 류 외	78.7	매출원가율	56.8	수출	39.4
부품 및 용역수수료 외	21.3	판관비율	22.3	내수	60.6

회사 개요

동사는 1990년에 설립된 반도체 제조장비를 제조하는 업체로 주력장비인 Dry-Strip이 세계시장에서 37%의 점유율을 기록하며 1위를 유지함. 동사는 금영 등 비상장 계열사 7개사를 두고 있고, 삼성전자 외에도 마이크론, 난야, TSMC, 차터드 등의 해외업체와도 거래하고 있음. 동사는 Etch의 신장비인 Etch Back System과 에너지 절감형 장비인 Power Device 제조용 Etcher 등으로 신규사업을 확대하고 있음.

실적 분석

동사의 2017년 매출과 영업이익은 2754억원, 577억원으로 전년 대비 각각 68.9%, 127.8% 증가함. 당기순이익은 394억원으로 전년 대비 101% 증가함. 동사는 전공정 반도체 Dry Strip 장비와 Dry Cleaning 장비, 후공정 WLP/FOWLP/FOPLP Descum, Reflow 장비를 개발 완료해 양산 Line에 납품하고 있음.충분한 내부 유보 자금 보유로 2017년도에 추가적인 대규모 유상증자 또는 차입은 없었음

현금 흐름 〈단위 : 억원〉

항목	2016	2017
영업활동	375	180
투자활동	-161	-56
재무활동	-41	-51
순현금흐름	174	61
기말현금	465	526

시장 대비 수익률

결산 실적 〈단위 : 억원〉

항목	2012	2013	2014	2015	2016	2017
매출액	844	1,291	1,486	1,384	1,631	2,754
영업이익	87	210	175	167	253	577
당기순이익	116	169	108	136	196	394

분기 실적 〈단위 : 억원〉

항목	2016.3Q	2016.4Q	2017.1Q	2017.2Q	2017.3Q	2017.4Q
매출액	434	447	560	849	694	651
영업이익	86	50	125	233	174	44
당기순이익	50	22	86	141	143	24

재무 상태 〈단위 : 억원〉

항목	2012	2013	2014	2015	2016	2017
총자산	1,572	1,898	1,986	2,066	2,355	2,767
유형자산	216	220	246	292	258	280
무형자산	336	317	308	327	304	217
유가증권	244	237	311	408	474	493
총부채	230	373	287	237	365	484
총차입금	7	—	—	—	—	—
자본금	99	101	102	102	102	102
총자본	1,342	1,525	1,699	1,828	1,989	2,283
지배주주지분	1,342	1,525	1,699	1,828	1,989	2,283

기업가치 지표

항목	2012	2013	2014	2015	2016	2017
주가(최고/저)(천원)	6.4/3.3	10.2/3.8	13.9/9.0	13.8/8.4	14.7/7.5	28.8/11.6
PER(최고/저)(배)	11.9/6.1	13.0/4.9	27.9/18.1	21.8/13.3	15.7/8.1	15.1/6.1
PBR(최고/저)(배)	1.0/0.5	1.5/0.5	1.8/1.2	1.6/1.0	1.6/0.8	2.6/1.1
EV/EBITDA(배)	2.6	5.3	11.1	5.0	5.3	6.4
EPS(원)	582	847	531	670	966	1,940
BPS(원)	6,854	7,626	8,358	8,992	9,783	11,230
CFPS(원)	693	974	662	848	1,211	2,243
DPS(원)	—	100	200	200	250	400
EBITDAPS(원)	547	1,184	993	999	1,491	3,140

재무 비율 〈단위 : %〉

연도	영업이익률	순이익률	부채비율	차입금비율	ROA	ROE	유보율	자기자본비율	EBITDA마진율
2017	20.9	14.3	21.2	0.0	15.4	18.5	2,145.9	82.5	23.2
2016	15.5	12.0	18.4	0.0	8.9	10.3	1,856.6	84.5	18.6
2015	12.1	9.8	13.0	0.0	6.7	7.7	1,698.3	88.5	14.7
2014	11.8	7.3	16.9	0.0	5.6	6.7	1,571.6	85.6	13.6

피에스텍 (A002230)
PS Tec

업종	전기장비	시장	KOSDAQ
신용등급	(Bond) — (CP) —	기업규모	중견
홈페이지	www.pstec.co.kr	연락처	02)3408-1790
본사	서울시 성동구 왕십리로 46 (성수동1가)		

설립일	1957.12.12	종업원수	133명	대표이사	김형민
상장일	1991.01.04	감사의견	적정(대주)	계열	
결산기	12월	보통주		종속회사수	1개사
액면가	500원	우선주		구상호	

주주구성 (지분율,%)		출자관계 (지분율,%)		주요경쟁사 (외형,%)	
풍성	45.0	풍성홀딩스	100.0	피에스텍	100
HSBC Global Investment Funds Asia Ex Japan Equity Smaller Companies	4.6			삼영전자	324
(외국인)	8.9			일진전기	1,076

매출구성		비용구성		수출비중	
전력량계 등	82.9	매출원가율	79.7	수출	0.0
하우징 외	17.1	판관비율	8.8	내수	100.0

회사 개요

동사는 전력기기 사업부문과 자동차부품 사업을 영위하고 있으며 자동차용 전장기기 및 계기류 제조 판매사업을 영위하고 있음. AMR System 부문과 Digital EM이 결합됨으로써 전력 공급자와 수요자 모두의 요구사양을 충족시킬 수 있는 고부가가치제품이 될 것으로 예상됨. 자동차부품 사업은 철저한 구조조정에 따른 특화 및 전문 시스템화가 절대적 요소로 부각됨.

실적 분석

동사의 2017년 연간 매출액은 전년동기대비 39.7% 상승한 708.3억원을 기록하였음. 비용면에서 전년동기대비 매출원가는 증가 하였으며 인건비도 증가, 기타판매비와관리비는 증가함. 이와 같이 상승한 매출액 만큼 비용증가도 있었으나 매출액의 더 큰 상승에 힘입어 최종적으로 전년동기대비 당기순이익은 크게 상승하여 113.3억원을 기록함. 외환손익의 흑자전환이 영향을 준 것으로 보임.

현금 흐름 (단위 : 억원)

항목	2016	2017
영업활동	-5	51
투자활동	-717	-110
재무활동	32	30
순현금흐름	-690	-29
기말현금	96	67

시장 대비 수익률

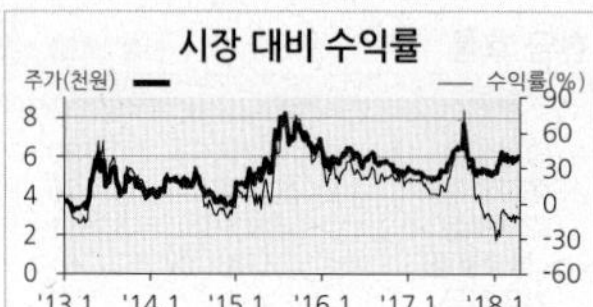

결산 실적 (단위 : 억원)

항목	2012	2013	2014	2015	2016	2017
매출액	260	393	425	561	507	708
영업이익	-6	5	45	89	45	81
당기순이익	78	246	44	93	44	113

분기 실적 (단위 : 억원)

항목	2016.3Q	2016.4Q	2017.1Q	2017.2Q	2017.3Q	2017.4Q
매출액	130	126	148	217	209	134
영업이익	14	9	10	27	27	17
당기순이익	15	3	17	26	26	44

재무 상태 (단위 : 억원)

항목	2012	2013	2014	2015	2016	2017
총자산	1,004	1,339	1,172	1,375	1,456	1,609
유형자산	33	31	35	97	115	131
무형자산	7	7	8	13	17	15
유가증권	68	91	136	304	497	1,133
총부채	253	325	75	101	147	166
총차입금	100	82	—	28	70	75
자본금	70	73	79	94	94	98
총자본	750	1,015	1,097	1,274	1,309	1,443
지배주주지분	750	1,015	1,097	1,274	1,309	1,443

기업가치 지표

항목	2012	2013	2014	2015	2016	2017
주가(최고/저)(천원)	5.4/2.7	6.4/3.2	5.3/3.4	8.4/3.9	6.8/5.1	7.7/4.8
PER(최고/저)(배)	10.5/5.2	3.9/1.9	19.3/12.3	16.6/7.7	29.7/22.0	13.0/8.1
PBR(최고/저)(배)	1.1/0.5	1.0/0.5	0.8/0.5	1.3/0.6	1.0/0.7	1.1/0.7
EV/EBITDA(배)	548.4	—	—	4.4	5.4	3.1
EPS(원)	556	1,723	287	526	237	600
BPS(원)	5,395	7,020	6,970	6,849	7,039	7,391
CFPS(원)	605	1,760	312	548	271	651
DPS(원)	50	50	50	50	75	75
EBITDAPS(원)	5	74	317	525	275	481

재무 비율 (단위 : %)

연도	영업이익률	순이익률	부채비율	차입금비율	ROA	ROE	유보율	자기자본비율	EBITDA마진율
2017	11.5	16.0	11.5	5.2	7.4	8.2	1,378.3	89.7	12.8
2016	8.9	8.8	11.2	5.4	3.1	3.4	1,307.8	89.9	10.2
2015	15.8	16.6	7.9	2.2	7.3	7.8	1,269.8	92.7	16.5
2014	10.5	10.3	6.9	0.0	3.5	4.2	1,294.0	93.6	11.4

피엔아이시스템 (A242350)
PNI System COLTD

업종	미디어	시장	KONEX
신용등급	(Bond) — (CP) —	기업규모	—
홈페이지	www.pnisys.com	연락처	070)8610-5333
본사	제주도 제주시 첨단로 245-2		

설립일	2004.07.06	종업원수	59명	대표이사	신재중
상장일	2016.12.22	감사의견	적정(삼덕)	계열	
결산기	12월	보통주		종속회사수	
액면가	—	우선주		구상호	피엔아이시스템

주주구성 (지분율,%)		출자관계 (지분율,%)		주요경쟁사 (외형,%)	
신재중	20.8			피엔아이컴퍼니	100
디에스자산운용	17.0			제이웨이	99
				래몽래인	257

매출구성		비용구성		수출비중	
3D 애니메이션 제작(용역)	60.8	매출원가율	46.9	수출	0.0
기타	12.5	판관비율	65.6	내수	100.0
국외 3D 애니메이션 제작(용역)	9.8				

회사 개요

동사는 2004년 7월 온라인 교육 콘텐츠 제작 및 시스템 구축 등 수주 기반의 용역 사업을 기반으로 사업을 시작하여, 현재는 VR 제품 및 콘텐츠 사업과 애니메이션 사업을 영위하고 있음. 현재 동사는 VR 컨텐츠 제작부터 미들웨어, 그리고 하드웨어까지 제작 가능한 VR사업 수직계열화를 완성함. 사업부문은 VR사업부, 애니메이션사업부 등으로 나뉘며, 각각 VR 시장과 미취학 아동을 대상으로 하는 TV 애니메이션 시장을 주요 목표로 하고있음.

실적 분석

동사의 2017년 연결기준 연간 누적 매출액은 70.4억원으로 전년동기 대비 7.0% 증가함. 이는 VR사업부문의 매출 성장에 기인함. 하지만 매출원가가 크게 나타나며 영업이익은 전년동기 0.6억원 대비 적자전환하여 8.8억원의 손실을 기록함. 이로 인해 당기순이익 또한 11.6억원의 손실을 기록했지만, 전년동기 당기순손실 55.6억원 대비 적자폭을 감소시킴.

현금 흐름 *IFRS 별도 기준 (단위 : 억원)

항목	2016	2017
영업활동	10	-9
투자활동	-104	-38
재무활동	92	48
순현금흐름	-2	1
기말현금	0	2

시장 대비 수익률

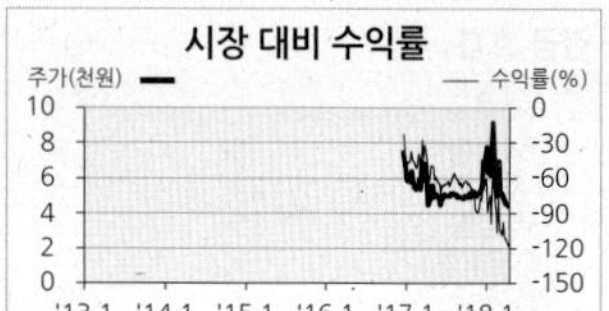

결산 실적 (단위 : 억원)

항목	2012	2013	2014	2015	2016	2017
매출액	27	37	41	41	66	70
영업이익	0	4	6	8	1	-9
당기순이익	2	3	4	5	-56	-12

분기 실적 *IFRS 별도 기준 (단위 : 억원)

항목	2016.3Q	2016.4Q	2017.1Q	2017.2Q	2017.3Q	2017.4Q
매출액	—	—	—	—	—	—
영업이익	—	—	—	—	—	—
당기순이익	—	—	—	—	—	—

재무 상태 *IFRS 별도 기준 (단위 : 억원)

항목	2012	2013	2014	2015	2016	2017
총자산	47	66	80	89	133	155
유형자산	19	25	26	22	51	52
무형자산	12	26	43	55	18	20
유가증권	0	0	1	1	1	1
총부채	26	37	47	55	79	80
총차입금	22	31	41	49	57	58
자본금	3	3	3	3	20	23
총자본	22	29	33	34	54	76
지배주주지분	22	29	33	34	54	76

기업가치 지표 *IFRS 별도 기준

항목	2012	2013	2014	2015	2016	2017
주가(최고/저)(천원)	—/—	—/—	—/—	—/—	—/—	—/—
PER(최고/저)(배)	0.0/0.0	0.0/0.0	0.0/0.0	0.0/0.0	—/—	—/—
PBR(최고/저)(배)	0.0/0.0	0.0/0.0	0.0/0.0	0.0/0.0	6.6/4.1	4.6/2.7
EV/EBITDA(배)	43.3	2.8	5.1	3.1	22.7	—
EPS(원)	68	145	173	206	-1,627	-264
BPS(원)	36,039	47,856	54,768	56,311	1,333	1,637
CFPS(원)	2,714	14,452	10,864	21,107	-1,255	-77
DPS(원)	—	—	—	—	—	—
EBITDAPS(원)	572	15,637	13,401	26,099	391	-14

재무 비율 (단위 : %)

연도	영업이익률	순이익률	부채비율	차입금비율	ROA	ROE	유보율	자기자본비율	EBITDA마진율
2017	-12.6	-16.4	105.9	76.8	-8.0	-17.9	227.5	48.6	-0.9
2016	1.0	-84.5	145.4	105.6	-50.1	-126.5	166.6	40.8	20.3
2015	19.2	11.9	164.2	144.3	5.9	14.8	1,026.2	37.9	37.8
2014	13.9	10.2	142.6	125.3	5.7	13.5	995.4	41.2	19.8

피엔에이치테크 (A239890)
P&H TECH

업 종 : 디스플레이 및 관련부품 / 시 장 : KONEX
신용등급 : (Bond) — (CP) — / 기업규모 : —
홈페이지 : www.phtech.co.kr / 연 락 처 : 031)8021-1890
본 사 : 경기도 용인시 기흥구 동백중앙로16번길 16-25, 804호(중동, 대우프론티어밸리1단지)

설 립 일	2009.09.24	**종 업 원 수**	25명	**대 표 이 사**	현서용
상 장 일	2016.08.16	**감 사 의 견**	적정(신정)	**계 열**	
결 산 기	12월	**보 통 주**		**종속회사수**	
액 면 가	—	**우 선 주**		**구 상 호**	

주주구성 (지분율,%)		출자관계 (지분율,%)		주요경쟁사 (외형,%)	
현서용	74.7			피엔에이치테크	
박갑환	18.6			덕산네오룩스	
				한국컴퓨터	

매출구성		비용구성		수출비중	
Pd 촉매	37.5	매출원가율	0.0	수출	14.7
기타	32.4	판관비율	0.0	내수	85.3
OLED 완성체	21.4				

회사 개요
동사는 2009년 8월 24일에 설립되어 유기전자 재료 사업을 영위하고 있으며, 주로 OLED용 소재, 중간체 및 OLED소재 합성에 필요한 촉매 등을 제조판매하고 있음. 동사의 시장점유율은 미미한 수준이나, 다년간의 연구개발을 통해 현재까지 약 100개의 특허를 출원했으며 2,000종이 넘는소재의 분자구조 모델링, 300건이 넘는 실제합성 경험을 통해 방대한 데이터베이스를 구축하고 있음.

실적 분석
동사의 2017년 연간 누적 매출액은 50.2억원으로 전년동기 46.5억원 대비 8.0% 증가함. 매출원가 또한 감소하여 전년동기 대비 2배가 넘는 매출총이익을 시현했지만, 판관비 부담으로 영업이익은 적자를 지속, 16.5억원의 손실을 기록함. 동사는 한국산업기술평가관리원의 과제 지원을 받아 OLED용 장비개발을 수행하고 있으며, 개발에 성공할 경우 OLED 장비관련 신규사업을 추진할 예정임.

현금 흐름 *IFRS 별도 기준 (단위 : 억원)

항목	2016	2017
영업활동	-22	—
투자활동	-17	—
재무활동	38	—
순현금흐름	-1	—
기말현금	2	—

시장 대비 수익률
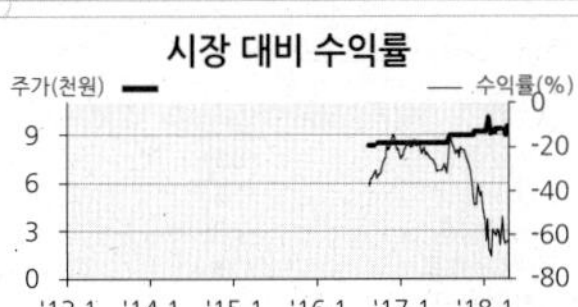

결산 실적 〈단위 : 억원〉

항목	2012	2013	2014	2015	2016	2017
매출액	—	30	27	33	47	—
영업이익	—	—	-9	-9	-20	—
당기순이익	—	-4	-13	-14	-21	—

분기 실적 *IFRS 별도 기준 〈단위 : 억원〉

항목	2016.3Q	2016.4Q	2017.1Q	2017.2Q	2017.3Q	2017.4Q
매출액	—	—	—	—	—	—
영업이익	—	—	—	—	—	—
당기순이익	—	—	—	—	—	—

재무 상태 *IFRS 별도 기준 〈단위 : 억원〉

항목	2012	2013	2014	2015	2016	2017
총자산	—	67	90	106	116	—
유형자산	—	35	57	82	77	—
무형자산	—	—	1	1	1	—
유가증권	—	—	—	—	—	—
총부채	—	55	90	75	75	—
총차입금	—	51	84	68	67	—
자본금	—	10	10	13	15	—
총자본	—	13	-0	31	41	—
지배주주지분	—	13	-0	31	41	—

기업가치 지표 *IFRS 별도 기준

항목	2012	2013	2014	2015	2016	2017
주가(최고/저)(천원)	#VALUE!	—/—	—/—	—/—	—/—	—/—
PER(최고/저)(배)	0.0/0.0	0.0/0.0	0.0/0.0	0.0/0.0	—/—	0.0/0.0
PBR(최고/저)(배)	0.0/0.0	0.0/0.0	0.0/0.0	0.0/0.0	6.3/6.1	0.0/0.0
EV/EBITDA(배)	0.0	—	—	—	—	0.0
EPS(원)	—	-191	-613	-672	-917	—
BPS(원)	—	4,762	-103	11,682	1,356	—
CFPS(원)	—	-1,490	-3,515	-3,589	-663	—
DPS(원)	—	—	—	—	—	—
EBITDAPS(원)	—	-335	-2,039	-1,797	-625	—

재무 비율 〈단위 : %〉

연도	영업이익률	순이익률	부채비율	차입금비율	ROA	ROE	유보율	자기자본비율	EBITDA마진율
2017	0.0	0.0	0.0	0.0	0.0	0.0	0.0	0.0	0.0
2016	-44.0	-45.9	183.3	162.3	-19.2	-59.4	171.2	35.3	-31.2
2015	-27.3	-41.5	242.9	221.3	-14.2	전기잠식	133.6	29.2	-14.2
2014	-32.0	-46.2	완전잠식	완전잠식	-16.1	당기잠식	-102.7	-0.3	-19.7

피엔티 (A137400)
PEOPLE & TECHNOLOGY

업 종 : 전자 장비 및 기기 / 시 장 : KOSDAQ
신용등급 : (Bond) — (CP) — / 기업규모 : 벤처
홈페이지 : www.epnt.co.kr / 연 락 처 : 054)469-6905
본 사 : 경북 구미시 1공단로 86-69(공단동)

설 립 일	2003.12.30	**종 업 원 수**	234명	**대 표 이 사**	김준섭
상 장 일	2012.07.06	**감 사 의 견**	적정(경신)	**계 열**	
결 산 기	12월	**보 통 주**		**종속회사수**	2개사
액 면 가	500원	**우 선 주**		**구 상 호**	

주주구성 (지분율,%)		출자관계 (지분율,%)		주요경쟁사 (외형,%)	
김준섭	21.5	나노기술	50.7	피엔티	100
카이투자자문	4.2	섬서인과기계설비	100.0	엔에스	28
(외국인)	1.8			파크시스템스	22

매출구성		비용구성		수출비중	
(2차전지사업부)SRS 외	65.7	매출원가율	84.2	수출	60.7
(소재사업부)PDL 외	28.4	판관비율	8.9	내수	39.3
(정밀자동화사업부)ISM외	5.8				

회사 개요
동사는 2003년 설립되어, 2012년 7월 코스닥시장에 상장된 기업으로, Roll to Roll 기술을 바탕으로 IT용 소재, 2차전지의 음극 및 분리막 소재, Copper 등의 코팅 및 슬리터 장비의 제작 판매를 주요 사업으로 영위하고 있음. 최대주주는 김준섭 대표이사로 23.4%의 지분을 보유하고 있으며, 연결대상 종속회사로는 중국소재의 특수기계 제조회사인 섬서인과기계설비(유)와 디스플레이 제조기업인 나노기술이 있음.

실적 분석
동사의 2017년 연간 매출액은 전년동기대비 38% 상승한 1,497.8억원을 기록하였음. 비용면에서 전년동기대비 매출원가는 증가 하였으며 인건비도 증가, 기타판매비와관리비는 크게 감소함. 이처럼 매출액 상승과 더불어 비용절감에도 힘을 기울였음. 그러나 비영업 손익의 적자지속으로 전년동기대비 당기순이익은 22.3억원을 기록함. 전반적인 지표가 전년동기와 비교해 악화된 점은 참고해야할 부분으로 보임.

현금 흐름 (단위 : 억원)

항목	2016	2017
영업활동	-17	-97
투자활동	-56	-20
재무활동	64	88
순현금흐름	-9	-31
기말현금	48	17

시장 대비 수익률
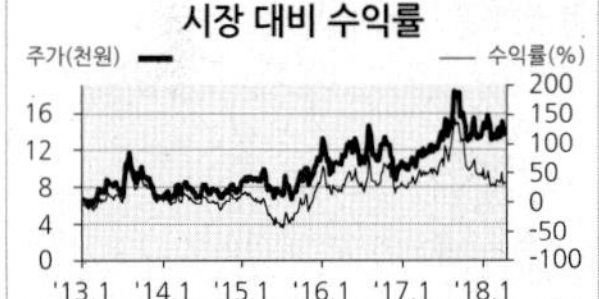

결산 실적 〈단위 : 억원〉

항목	2012	2013	2014	2015	2016	2017
매출액	547	827	1,057	913	1,085	1,498
영업이익	65	46	88	-2	75	103
당기순이익	50	33	61	-2	29	22

분기 실적 〈단위 : 억원〉

항목	2016.3Q	2016.4Q	2017.1Q	2017.2Q	2017.3Q	2017.4Q
매출액	193	352	313	328	414	444
영업이익	20	18	33	20	27	23
당기순이익	13	-9	1	19	21	-19

재무 상태 〈단위 : 억원〉

항목	2012	2013	2014	2015	2016	2017
총자산	784	729	881	1,018	1,535	2,409
유형자산	190	110	155	255	430	419
무형자산	7	8	8	7	26	31
유가증권	106	182	182	202	102	83
총부채	317	248	334	480	1,012	1,819
총차입금	17	15	110	239	370	431
자본금	38	38	38	38	38	40
총자본	467	480	547	538	523	590
지배주주지분	467	480	547	538	554	642

기업가치 지표

항목	2012	2013	2014	2015	2016	2017
주가(최고/저)(천원)	9.6/5.6	11.8/6.0	8.7/6.3	11.9/6.7	14.7/8.7	19.1/9.5
PER(최고/저)(배)	13.1/7.6	27.2/13.8	10.9/7.9	—/—	38.5/22.9	34.5/17.2
PBR(최고/저)(배)	1.6/1.0	1.9/1.0	1.2/0.9	1.7/0.9	2.0/1.2	2.3/1.2
EV/EBITDA(배)	5.3	7.3	5.0	64.5	11.1	9.9
EPS(원)	766	437	808	-31	381	552
BPS(원)	6,146	6,385	7,321	7,191	7,472	8,274
CFPS(원)	846	519	928	173	601	1,010
DPS(원)	200	—	100	—	—	—
EBITDAPS(원)	1,089	687	1,280	178	1,203	1,752

재무 비율 〈단위 : %〉

연도	영업이익률	순이익률	부채비율	차입금비율	ROA	ROE	유보율	자기자본비율	EBITDA마진율
2017	6.9	1.5	308.2	73.0	1.1	7.3	1,554.9	24.5	9.3
2016	6.9	2.7	193.3	70.8	2.3	5.3	1,394.5	34.1	8.4
2015	-0.2	-0.3	89.2	44.4	-0.3	-0.4	1,338.2	52.9	1.5
2014	8.3	5.8	61.1	20.1	7.6	12.0	1,364.2	62.1	9.2

피엔풍년 (A024940)

Pnpoongnyun

업 종 : 내구소비재
신용등급 : (Bond) — (CP) —
홈페이지 : www.pn.co.kr
본 사 : 경기도 안산시 단원구 별망로 620

시 장 : KOSDAQ
기업규모 : 벤처
연 락 처 : 031)491-2965

설 립 일	1974.11.17	**종 업 원 수**	188명	**대 표 이 사**	유재원
상 장 일	1995.01.04	**감 사 의 견**	적정(가립)	**계 열**	
결 산 기	12월	**보 통 주**		**종속회사수**	
액 면 가	500원	**우 선 주**		**구 상 호**	

주주구성 (지분율,%)		출자관계 (지분율,%)		주요경쟁사 (외형,%)	
유재원	31.4			PN풍년	100
클래드	9.3			파세코	181
(외국인)	0.7			행남사	23

매출구성		비용구성		수출비중	
압력솥외(제품)	56.0	매출원가율	70.7	수출	7.2
압력솥외(상품)	41.9	판관비율	27.0	내수	92.8
부품	2.1				

회사 개요

동사는 1954년 세광알미늄공업사로 설립된 이후 2009년 피엔풍년으로 사명을 변경하고 종합주방회사를 지향하고 있음. 동사는 주방용품 중 압력솥과 냄비, 프라이팬 등을 주로 생산하고 있음. 동사가 실적자료 등으로 추정한 결과 주력제품인 기물압력솥 시장에서 64% 정도의 점유율을 차지하고 있음. 압력솥 시장에서 주물과 전기솥은 과점이고, 그 외 판제와 스텐압력솥 시장은 다수의 업체가 경쟁하고 있음.

실적 분석

동사의 2017년 연간 매출액은 671.1억원으로 전년 대비 11.9% 감소함. 제품 및 상품 매출액 모두 감소. 수출 및 내수 매출 모두 역성장함. 중국 OEM 상품의 경우 인건비 상승의 우려가 있음. 영업이익은 15.6억원으로 전년 대비 6.1억원 감소함. 당기순이익은 14.4억원으로 전년 17.5억원 대비 3.1억원 감소함. 동사의 경기도 안산 공장 가동률은 100.2%. 금형 및 설비 투자 예정금액은 2.0억원임.

현금 흐름 *IFRS 별도 기준 (단위 : 억원)

항목	2016	2017
영업활동	27	21
투자활동	-95	1
재무활동	26	-3
순현금흐름	-42	19
기말현금	48	67

시장 대비 수익률

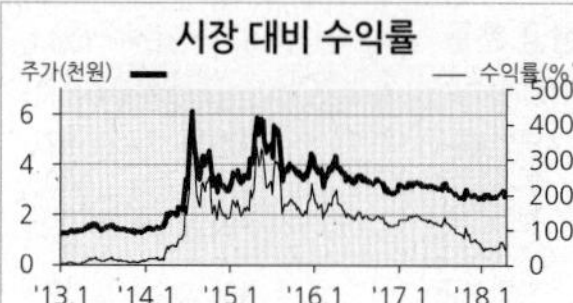

결산 실적 (단위 : 억원)

항목	2012	2013	2014	2015	2016	2017
매출액	617	741	746	745	761	671
영업이익	7	10	14	19	22	16
당기순이익	8	10	11	13	18	14

분기 실적 *IFRS 별도 기준 (단위 : 억원)

항목	2016.3Q	2016.4Q	2017.1Q	2017.2Q	2017.3Q	2017.4Q
매출액	202	203	181	157	164	169
영업이익	7	6	4	2	6	3
당기순이익	5	5	3	-1	6	7

재무 상태 *IFRS 별도 기준 (단위 : 억원)

항목	2012	2013	2014	2015	2016	2017
총자산	429	453	437	446	514	486
유형자산	169	167	160	149	144	171
무형자산	7	6	6	6	6	5
유가증권	—	5	5	—	—	17
총부채	161	178	153	152	204	165
총차입금	66	67	58	52	80	80
자본금	50	50	50	50	50	50
총자본	268	275	283	294	309	321
지배주주지분	268	275	283	294	309	321

기업가치 지표 *IFRS 별도 기준

항목	2012	2013	2014	2015	2016	2017
주가(최고/저)(천원)	1.8/1.0	1.7/1.2	6.1/1.4	6.3/3.0	4.3/2.7	3.3/2.6
PER(최고/저)(배)	24.8/14.4	18.6/13.1	59.7/13.3	48.5/23.6	25.2/15.7	23.2/18.0
PBR(최고/저)(배)	0.7/0.4	0.7/0.5	2.2/0.5	2.2/1.1	1.4/0.9	1.0/0.8
EV/EBITDA(배)	5.4	4.9	9.2	10.7	6.4	7.5
EPS(원)	76	98	106	132	175	144
BPS(원)	2,700	2,752	2,853	2,961	3,113	3,233
CFPS(원)	225	259	269	296	330	289
DPS(원)	25	25	25	25	25	25
EBITDAPS(원)	221	262	305	351	371	302

재무 비율 (단위 : %)

연도	영업이익률	순이익률	부채비율	차입금비율	ROA	ROE	유보율	자기자본비율	EBITDA마진율
2017	2.3	2.1	51.3	24.8	2.9	4.6	546.6	66.1	4.5
2016	2.9	2.3	66.0	25.8	3.7	5.8	522.6	60.3	4.9
2015	2.5	1.8	51.5	17.6	3.0	4.6	492.2	66.0	4.7
2014	1.9	1.4	54.1	20.4	2.4	3.8	470.5	64.9	4.1

피엠디아카데미 (A144740)

PMD ACADEMY CORP

업 종 : 교육
신용등급 : (Bond) — (CP) —
홈페이지 : www.pmd.co.kr
본 사 : 서울시 마포구 양화로 78, 3층(서교빌딩)

시 장 : KONEX
기업규모 : —
연 락 처 : 070)7602-5096

설 립 일	2008.08.14	**종 업 원 수**	74명	**대 표 이 사**	유준철
상 장 일	2013.07.01	**감 사 의 견**	한정(불확실성)(상화)	**계 열**	
결 산 기	12월	**보 통 주**		**종속회사수**	
액 면 가	—	**우 선 주**		**구 상 호**	

주주구성 (지분율,%)		출자관계 (지분율,%)		주요경쟁사 (외형,%)	
유준철	36.7			피엠디아카데미	100
KB자산운용	8.2			유비온	297
				UCI	297

매출구성		비용구성		수출비중	
프라임MD	85.7	매출원가율	130.5	수출	0.0
프라임PEET	9.5	판관비율	64.3	내수	100.0
PMD북스	4.8				

회사 개요

동사는 코넥스 상장 기업으로 학원 운영 및 온라인 교육사업을 영위하는 업체임. 2012년말부터 기존 학원의 콘텐츠 및 강사들을 연관해 시너지와 경쟁력을 확보할 수 있는 의 · 치대 입시 및 자연계열 논술사업에 신규 진출하였고, 2014년 부터 최상위 자연계열입시 종합학원으로 영역을 확장함. 프라임MD 및 프라임PEET 브랜드는 2017년 10월 영업을 중단함.

실적 분석

코넥스 상장기업인 동사의 2017 결산 누적 매출액은 65.3억원으로 전년동기 대비 38% 감소함. 매출원가가 전년대비 45% 대폭 감소하고 판관비도 4% 소폭 감소시켰으나 영업손실 62억원, 당기순손실 85억원을 기록하며 수익성 악화 지속. 이는 대형 경쟁사의 스타강사 마케팅과 저가정책이 원인으로 파악됨. 동사는 이미지 홍보와 정보 제공을 위해 전국 독자를 확보중인 주요 일간지광고, 서울 지하철 역사내 광고 등의 오프라인 마케팅을 펼치는 중임

현금 흐름 *IFRS 별도 기준 (단위 : 억원)

항목	2016	2017
영업활동	-88	-55
투자활동	16	39
재무활동	76	13
순현금흐름	4	-4
기말현금	6	3

시장 대비 수익률

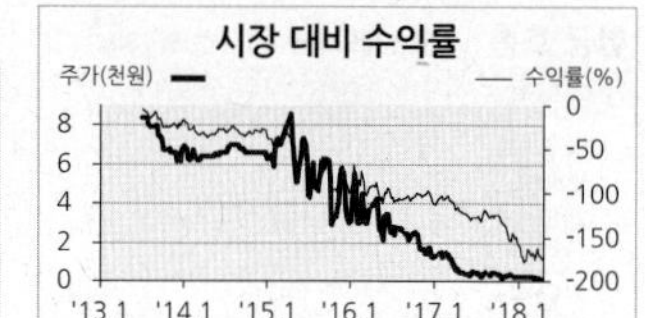

결산 실적 (단위 : 억원)

항목	2012	2013	2014	2015	2016	2017
매출액	300	289	301	310	104	65
영업이익	22	22	18	33	-93	-62
당기순이익	16	14	3	21	-103	-85

분기 실적 *IFRS 별도 기준 (단위 : 억원)

항목	2016.3Q	2016.4Q	2017.1Q	2017.2Q	2017.3Q	2017.4Q
매출액	—	—	—	—	—	—
영업이익	—	—	—	—	—	—
당기순이익	—	—	—	—	—	—

재무 상태 *IFRS 별도 기준 (단위 : 억원)

항목	2012	2013	2014	2015	2016	2017
총자산	183	180	216	146	109	28
유형자산	43	30	20	18	22	7
무형자산	3	2	33	29	15	2
유가증권	—	—	7	—	—	—
총부채	105	83	121	61	127	131
총차입금	19	5	5	14	89	99
자본금	12	13	13	13	13	13
총자본	78	96	94	85	-18	-103
지배주주지분	78	96	94	85	-18	-103

기업가치 지표 *IFRS 별도 기준

항목	2012	2013	2014	2015	2016	2017
주가(최고/저)(천원)	—/—	8.4/5.8	7.4/6.1	9.1/2.9	5.7/1.2	1.5/0.1
PER(최고/저)(배)	0.0/0.0	15.4/10.7	57.2/47.4	10.1/3.2	—/—	—/—
PBR(최고/저)(배)	0.0/0.0	2.3/1.6	2.0/1.7	2.1/0.7	-6.2/-1.3	-0.3/0.0
EV/EBITDA(배)	0.2	2.6	1.8	1.3	—	—
EPS(원)	673	560	129	899	-5,257	-4,368
BPS(원)	3,274	3,687	3,616	4,344	-913	-5,281
CFPS(원)	1,242	1,133	902	1,570	-4,581	-3,871
DPS(원)	5	200	—	—	—	—
EBITDAPS(원)	1,475	1,422	1,466	2,038	-4,115	-2,674

재무 비율 (단위 : %)

연도	영업이익률	순이익률	부채비율	차입금비율	ROA	ROE	유보율	자기자본비율	EBITDA마진율
2017	-94.8	-130.6	완전잠식	완전잠식	-124.2	잠식지속	-888.8	-371.7	-79.9
2016	-89.5	-98.2	완전잠식	완전잠식	-80.3	당기잠식	-236.3	-16.3	-76.8
2015	10.5	6.9	72.4	16.3	11.8	23.9	548.8	58.0	15.6
2014	6.0	1.1	128.1	5.3	1.7	3.5	623.1	43.8	12.7

피제이메탈 (A128660)

PJ METAL

업 종 : 금속 및 광물 | 시 장 : KOSDAQ
신용등급 : (Bond) — (CP) — | 기업규모 : 중견
홈페이지 : www.pjmetal.co.kr | 연 락 처 : 02)555-4451
본 사 : 서울시 강남구 테헤란로 81길 13 삼성동 동원빌딩 11층

설 립 일	2010.06.30	**종 업 원 수**	82명	**대 표 이 사**	원경연
상 장 일	2010.12.13	**감 사 의 견**	적정(삼일)	**계 열**	
결 산 기	12월	**보 통 주**		**종속회사수**	
액 면 가	500원	**우 선 주**		**구 상 호**	

주주구성 (지분율,%)		출자관계 (지분율,%)		주요경쟁사 (외형,%)	
풍전비철	45.9			피제이메탈	100
송동춘	14.3			삼아알미늄	101
(외국인)	1.7			이구산업	170

매출구성		비용구성		수출비중	
탈산제	72.3	매출원가율	94.0	수출	3.7
기타	27.1	판관비율	1.6	내수	96.3
조재제	0.6				

회사 개요

동사는 비철금속 제조 및 판매업 등을 영위할 목적으로 2010년 5월 알덱스사의 주주총회 결의에 따라 2010년 6월 인적분할에 의하여 설립되었음. 알루미늄산업의 업종은 크게 압연, 압출, 합금(주물사 포함), 탈산제 등으로 구분할 수 있음. 동사는 그 중에서 탈산제를 생산, 물량의 대부분을 POSCO 광양제철소의 부 원료로 공급하고 있음. 탈산제는 알루미늄 제강 공정시 과포화된 산소를 제거하는데 필수적인 부원료로 사용됨.

실적 분석

동사의 2017년 결산 매출액은 전년대비 35.9% 성장한 1,350.1억원을 보임. 급격한 매출액 성장은 신규사업 빌렛의 영업이익 개선 및 매출단가의 상승에 기인함. 외형 성장과 원가율 개선으로 영업이익 60.1억원, 당기순이익 53.5억원을 보이며 이익 규모가 전년대비 대폭 확대됨. 당기 부문별 매출비중은 탈산제 56.83%, 빌렛 43.17%로 구성됨.

현금 흐름 *IFRS 별도 기준 〈단위 : 억원〉

항목	2016	2017
영업활동	-76	-25
투자활동	-17	24
재무활동	92	-7
순현금흐름	-1	-8
기말현금	9	1

시장 대비 수익률

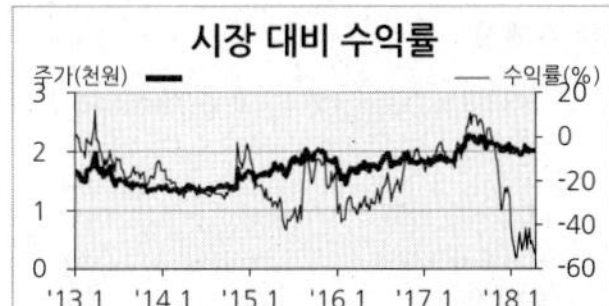

결산 실적 〈단위 : 억원〉

항목	2012	2013	2014	2015	2016	2017
매출액	1,183	1,218	1,158	1,019	994	1,350
영업이익	58	38	78	77	15	60
당기순이익	44	23	46	52	24	54

분기 실적 *IFRS 별도 기준 〈단위 : 억원〉

항목	2016.3Q	2016.4Q	2017.1Q	2017.2Q	2017.3Q	2017.4Q
매출액	254	317	370	342	331	307
영업이익	3	10	18	14	12	16
당기순이익	11	2	21	9	8	16

재무 상태 *IFRS 별도 기준 〈단위 : 억원〉

항목	2012	2013	2014	2015	2016	2017
총자산	535	537	534	578	741	739
유형자산	221	205	206	266	258	256
무형자산	20	20	20	20	15	15
유가증권	1	1	—	—	—	—
총부채	299	293	256	252	368	335
총차입금	239	225	197	219	290	301
자본금	109	109	110	110	124	124
총자본	236	244	278	327	373	404
지배주주지분	236	244	278	327	373	404

기업가치 지표 *IFRS 별도 기준

항목	2012	2013	2014	2015	2016	2017
주가(최고/저)(천원)	2.3/1.2	2.1/1.3	1.7/1.3	2.1/1.5	2.0/1.4	2.3/1.8
PER(최고/저)(배)	14.9/7.5	24.5/15.0	9.7/7.5	10.4/7.4	22.0/16.0	11.2/8.6
PBR(최고/저)(배)	2.6/1.3	2.2/1.4	1.5/1.2	1.6/1.2	1.4/1.1	1.5/1.1
EV/EBITDA(배)	9.1	11.0	6.7	7.3	20.4	9.9
EPS(원)	201	108	210	235	99	216
BPS(원)	1,145	1,192	1,332	1,487	1,505	1,629
CFPS(원)	310	165	271	297	183	308
DPS(원)	75	75	90	100	90	100
EBITDAPS(원)	377	232	418	413	145	334

재무 비율 〈단위 : %〉

연도	영업이익률	순이익률	부채비율	차입금비율	ROA	ROE	유보율	자기자본비율	EBITDA마진율
2017	4.5	4.0	82.9	74.6	7.2	13.8	225.8	54.7	6.1
2016	1.5	2.4	98.5	77.7	3.6	6.8	201.0	50.4	3.5
2015	7.6	5.1	77.0	67.1	9.3	17.1	197.3	56.5	8.9
2014	6.7	4.0	92.3	71.1	8.5	17.5	166.4	52.0	7.9

피제이전자 (A006140)

PJ Electronics

업 종 : 의료 장비 및 서비스 | 시 장 : KOSDAQ
신용등급 : (Bond) — (CP) — | 기업규모 : 우량
홈페이지 : www.pjems.co.kr | 연 락 처 : 032)326-7000
본 사 : 경기도 부천시 오정구 삼작로 22 부천테크노파크 101동 601호

설 립 일	1969.07.18	**종 업 원 수**	249명	**대 표 이 사**	김영욱
상 장 일	1993.12.07	**감 사 의 견**	적정(대성삼경)	**계 열**	
결 산 기	12월	**보 통 주**		**종속회사수**	
액 면 가	500원	**우 선 주**		**구 상 호**	

주주구성 (지분율,%)		출자관계 (지분율,%)		주요경쟁사 (외형,%)	
김재석	35.6			피제이전자	100
신영자산운용	4.7			루트로닉	87
(외국인)	0.4			인피니트헬스케어	74

매출구성		비용구성		수출비중	
초음파진단기외	91.0	매출원가율	91.1	수출	76.5
SMD	6.4	판관비율	1.3	내수	23.5
임대	2.5				

회사 개요

동사는 1969년 설립된 전자 제품 생산업체로 1993년 코스닥 시장에 상장됨. GE BRAND로 국내외에 판매되는 초음파 진단기를 전문 생산 하여 한국지이초음파에 공급 하고 있음. 에스원에 출입통제 및 보안기기등의 생산을 의뢰받아 공급하고 있음. 최근 사무 자동화정보 보안 강화에 따른 통제 SYSTEM 수요가 증가함에 따라 보안기기부문의 영역이 점차 확대되고 있음.

실적 분석

동사의 2017년 연간 매출액은 전년동기대비 7% 하락한 985.6억원을 기록하였음. 비용면에서 전년동기대비 매출원가는 감소 하였으며 인건비는 증가 하였고 기타판매비와관리비는 증가함. 이와 같이 매출액은 전년동기 크게 성장하지 않았으나 이에 비해서 전년동기대비 영업이익은 74.5억원으로 5.3% 상승 하였음. 아마 매출원가의 감소효과가 달성한 매출액 대비 컸기 때문이라 판단됨.

현금 흐름 *IFRS 별도 기준 〈단위 : 억원〉

항목	2016	2017
영업활동	32	46
투자활동	12	-49
재무활동	-42	6
순현금흐름	2	2
기말현금	9	10

시장 대비 수익률

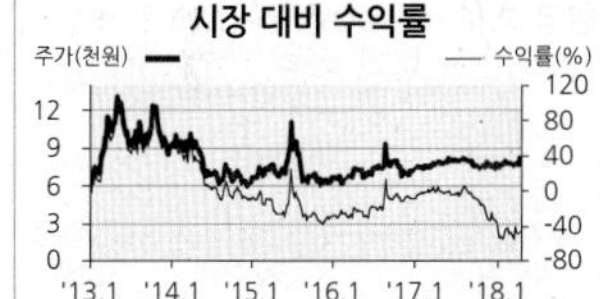

결산 실적 〈단위 : 억원〉

항목	2012	2013	2014	2015	2016	2017
매출액	1,113	1,132	1,047	1,048	1,060	986
영업이익	115	109	74	70	71	74
당기순이익	95	93	66	63	77	59

분기 실적 *IFRS 별도 기준 〈단위 : 억원〉

항목	2016.3Q	2016.4Q	2017.1Q	2017.2Q	2017.3Q	2017.4Q
매출액	261	302	226	259	252	249
영업이익	16	23	21	17	21	16
당기순이익	16	33	17	14	18	10

재무 상태 *IFRS 별도 기준 〈단위 : 억원〉

항목	2012	2013	2014	2015	2016	2017
총자산	962	1,008	991	1,094	1,149	1,195
유형자산	201	196	216	230	241	267
무형자산	3	3	3	3	3	3
유가증권	18	18	19	16	6	6
총부채	215	183	119	179	179	190
총차입금	60	30	—	20	—	30
자본금	50	50	50	50	50	50
총자본	747	825	872	915	970	1,005
지배주주지분	747	825	872	915	970	1,005

기업가치 지표 *IFRS 별도 기준

항목	2012	2013	2014	2015	2016	2017
주가(최고/저)(천원)	6.5/2.4	13.2/6.1	10.1/6.0	11.1/6.1	9.3/6.2	8.3/7.2
PER(최고/저)(배)	8.0/3.0	16.4/7.6	17.2/10.2	19.4/10.6	12.9/8.5	14.5/12.7
PBR(최고/저)(배)	1.0/0.4	1.8/0.9	1.3/0.8	1.3/0.7	1.0/0.7	0.9/0.8
EV/EBITDA(배)	5.4	7.4	5.5	6.0	6.1	7.1
EPS(원)	955	927	664	632	772	591
BPS(원)	7,467	8,250	8,725	9,150	9,704	10,053
CFPS(원)	1,137	1,131	898	876	1,041	876
DPS(원)	150	200	200	220	242	270
EBITDAPS(원)	1,334	1,299	970	944	976	1,030

재무 비율 〈단위 : %〉

연도	영업이익률	순이익률	부채비율	차입금비율	ROA	ROE	유보율	자기자본비율	EBITDA마진율
2017	7.6	6.0	18.9	3.0	5.0	6.0	1,910.7	84.1	10.5
2016	6.7	7.3	18.4	0.0	6.9	8.2	1,840.9	84.4	9.2
2015	6.7	6.0	19.6	2.2	6.1	7.1	1,730.1	83.6	9.0
2014	7.0	6.3	13.6	0.0	6.6	7.8	1,644.9	88.0	9.3

픽셀플러스 (A087600)

Pixelplus

업 종 : 반도체 및 관련장비 | 시 장 : KOSDAQ
신용등급 : (Bond) — (CP) — | 기업규모 : 우량
홈페이지 : www.pixelplus.com | 연 락 처 : 031)888-5300
본 사 : 경기도 수원시 영통구 광교로 105(이의동, 경기알앤디비센터6층)

설 립 일	2000.04.12	**종업원수**	128명	**대표이사**	이서규
상 장 일	2015.06.12	**감사의견**	적정(삼정)	**계 열**	
결 산 기	12월	**보 통 주**		**종속회사수**	
액 면 가	500원	**우 선 주**		**구 상 호**	

주주구성 (지분율,%)		출자관계 (지분율,%)		주요경쟁사 (외형,%)	
이서규	23.4	제이엑스파트너스	33.1	픽셀플러스	100
코에프씨스카이레이크그로쓰챔프2010의5호사모투자전문회사	6.8	크라스아이디	19.8	유니테스트	307
(외국인)	0.7			에스앤에스텍	98

매출구성		비용구성		수출비중	
아날로그 이미지센서	81.5	매출원가율	83.4	수출	83.9
디지털 이미지센서	15.7	판관비율	36.2	내수	16.1
기타	2.8				

회사 개요

동사는 2000년 이미지센서 및 카메라모듈 개발, 제조 및 공급을 목적으로 설립됨. 동사는 CMOS 이미지센서의 설계를 전문으로 하는 Fabless회사이며, CMOS 이미지 센서의 웨이퍼 및 패키지 공정을 위탁 제조하여 판매하는 반도체 설계 전문 회사임. 신규사업은 IP 카메라용 Camera SoC로 개발을 진행 중임. 수출비중이 80%이상이고, 차량용 카메라 이미지센서 세계시장 점유율은 2016년 22.6%로 2위를 기록함.

실적 분석

동사의 2017년 결산 매출액은 전년대비 25.3% 감소한 548.6억원을 기록함. 매출액 감소는 주력 제품의 경쟁심화에 따른 점유율 축소에 기인함. 외형 축소에 따라 원가율은 전년대비 추가적으로 악화되었으며 영업손실 107.1억원, 당기순손실 22.2억원을 보이며 적자를 지속함. 다만 재무구조 개선에 따른 금융손익 개선과 법인세 환급 등으로 당기순손실은 전년대비 적자규모가 감소함.

현금 흐름 *IFRS 별도 기준 <단위 : 억원>

항목	2016	2017
영업활동	8	-54
투자활동	180	12
재무활동	-111	-37
순현금흐름	82	-87
기말현금	224	137

시장 대비 수익률

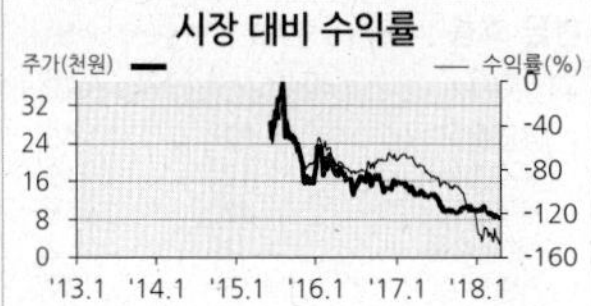

결산 실적 <단위 : 억원>

항목	2012	2013	2014	2015	2016	2017
매출액	980	1,494	1,239	1,062	734	549
영업이익	309	464	218	93	-74	-107
당기순이익	326	379	200	114	-68	-22

분기 실적 *IFRS 별도 기준 <단위 : 억원>

항목	2016.3Q	2016.4Q	2017.1Q	2017.2Q	2017.3Q	2017.4Q
매출액	183	165	155	130	129	134
영업이익	-15	-24	-30	-34	-29	-14
당기순이익	-17	-7	-36	-25	-12	52

재무 상태 *IFRS 별도 기준 <단위 : 억원>

항목	2012	2013	2014	2015	2016	2017
총자산	550	1,023	1,116	1,260	1,103	999
유형자산	10	13	16	18	12	11
무형자산	12	21	73	76	62	41
유가증권	20	37	10	81	86	68
총부채	91	187	106	61	78	34
총차입금	—	—	0	—	—	—
자본금	39	39	39	41	41	41
총자본	459	836	1,011	1,200	1,024	965
지배주주지분	459	836	1,011	1,200	1,024	965

기업가치 지표 *IFRS 별도 기준

항목	2012	2013	2014	2015	2016	2017
주가(최고/저)(천원)	—/—	—/—	—/—	36.9/14.7	23.7/13.0	16.5/9.3
PER(최고/저)(배)	0.0/0.0	0.0/0.0	0.0/0.0	26.5/10.5	—/—	—/—
PBR(최고/저)(배)	0.0/0.0	0.0/0.0	0.0/0.0	2.5/1.0	1.7/0.9	1.2/0.7
EV/EBITDA(배)	—	—	—	4.5	—	—
EPS(원)	4,403	4,860	2,592	1,425	-832	-271
BPS(원)	5,912	10,767	13,014	15,084	14,202	13,832
CFPS(원)	4,479	4,967	2,738	1,723	-551	-26
DPS(원)	—	—	—	100	100	100
EBITDAPS(원)	4,250	6,086	2,955	1,458	-629	-1,067

재무 비율 <단위 : % >

연도	영업이익률	순이익률	부채비율	차입금비율	ROA	ROE	유보율	자기자본비율	EBITDA마진율
2017	-19.5	-4.0	3.5	0.0	-2.1	-2.2	2,666.4	96.6	-15.9
2016	-10.1	-9.3	7.7	0.0	-5.8	-6.1	2,740.4	92.9	-7.0
2015	8.7	10.7	5.0	0.0	9.6	10.4	2,911.6	95.2	11.0
2014	17.6	16.1	10.4	0.0	18.6	21.6	2,503.2	90.6	18.5

필룩스 (A033180)

Feelux

업 종 : 가정생활용품 | 시 장 : 거래소
신용등급 : (Bond) — (CP) — | 기업규모 : 시가총액 소형주
홈페이지 : www.feelux.com | 연 락 처 : 070)7780-8000
본 사 : 경기도 양주시 광적면 광적로 235-48

설 립 일	1983.12.01	**종업원수**	155명	**대표이사**	안원환
상 장 일	1997.09.30	**감사의견**	적정(대주)	**계 열**	
결 산 기	12월	**보 통 주**		**종속회사수**	15개사
액 면 가	500원	**우 선 주**		**구 상 호**	

주주구성 (지분율,%)		출자관계 (지분율,%)		주요경쟁사 (외형,%)	
블루비스타	15.4	비에스피리츠	100.0	필룩스	100
Coagentus Pharma, LLC	14.9	지에스엘에이	100.0	LG생활건강	5,598
(외국인)	0.8	와이케이파트너스	100.0	모나리자	105

매출구성		비용구성		수출비중	
트랜스포머 라인필터	55.3	매출원가율	64.7	수출	48.2
LED 제품 및 일반형광제품	49.9	판관비율	27.8	내수	51.8
공사수익, 용역	11.5				

회사 개요

동사는 1984년 보안산업주식회사로 설립돼 2000년 주식회사 필룩스로 상호를 변경함. 1997년 코스닥 시장에 상장된 후 2001년 유가증권시장으로 이전상장함. LED 감성조명 및 문화 컨텐츠 사업, 트랜스포머, 라인필터, 인덕터 등을 생산하는 부품사업, 페라이트코어, 비드를 생산하는 소재사업, 전동 모터형 커튼을 생산하는 커튼 사업, 홈네트워크 사업을 영위하고 있음.

실적 분석

2017년 연결기준 동사는 매출 1,120.1억원을 기록함. 전년도 매출인 1,077.9억원에 비해 3.9% 증가한 금액임. 매출이 증가했으나 매출원가가 3.1% 증가하고 인건비 상승 등으로 인해 판매비와 관리비가 16% 늘어 영업이익은 20.9% 감소함. 비영업부문은 적자폭이 커짐. 이에 당기순이익은 전년도 58.6억원에서 36.4% 감소한 37.3억원을 기록함.

현금 흐름 <단위 : 억원>

항목	2016	2017
영업활동	-69	88
투자활동	-194	-101
재무활동	341	-42
순현금흐름	79	-54
기말현금	153	99

시장 대비 수익률

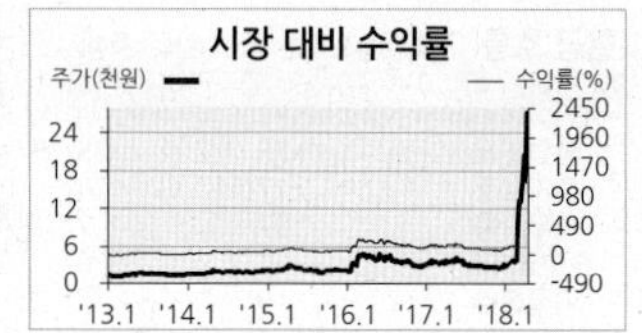

결산 실적 <단위 : 억원>

항목	2012	2013	2014	2015	2016	2017
매출액	947	973	1,034	948	1,078	1,120
영업이익	53	66	73	48	106	84
당기순이익	35	44	52	31	59	37

분기 실적 <단위 : 억원>

항목	2016.3Q	2016.4Q	2017.1Q	2017.2Q	2017.3Q	2017.4Q
매출액	308	310	264	292	296	268
영업이익	34	35	22	33	27	2
당기순이익	26	17	13	20	27	-23

재무 상태 <단위 : 억원>

항목	2012	2013	2014	2015	2016	2017
총자산	886	950	1,010	1,045	1,656	1,918
유형자산	273	289	351	422	381	632
무형자산	7	12	19	20	24	40
유가증권	1	1	1	0	35	128
총부채	319	345	355	374	861	981
총차입금	166	148	133	183	586	631
자본금	128	128	128	128	131	158
총자본	567	605	655	671	794	937
지배주주지분	567	605	655	671	762	931

기업가치 지표

항목	2012	2013	2014	2015	2016	2017
주가(최고/저)(천원)	1.5/0.9	1.8/1.1	2.3/1.4	3.0/1.7	5.2/1.9	4.5/2.5
PER(최고/저)(배)	12.5/7.5	11.9/7.1	12.0/7.6	26.3/15.2	25.6/9.5	33.9/19.2
PBR(최고/저)(배)	0.8/0.5	0.9/0.5	1.0/0.6	1.2/0.7	1.9/0.7	1.5/0.9
EV/EBITDA(배)	5.8	5.2	6.3	9.5	9.8	13.2
EPS(원)	134	167	200	117	211	134
BPS(원)	2,241	2,390	2,590	2,652	2,951	3,057
CFPS(원)	227	263	333	213	316	232
DPS(원)	30	35	40	—	78	85
EBITDAPS(원)	299	353	417	283	516	365

재무 비율 <단위 : % >

연도	영업이익률	순이익률	부채비율	차입금비율	ROA	ROE	유보율	자기자본비율	EBITDA마진율
2017	7.5	3.3	104.7	67.3	2.1	5.1	505.7	48.9	10.1
2016	9.8	5.4	108.4	73.7	4.3	7.7	483.3	48.0	12.2
2015	5.1	3.2	55.8	27.3	3.0	4.6	424.1	64.2	7.5
2014	7.1	5.1	54.1	20.3	5.3	8.3	411.9	64.9	10.2

필링크 (A064800)
Feelingk

업종 : 섬유 및 의복 | 시장 : KOSDAQ
신용등급 : (Bond) — (CP) — | 기업규모 : 중견
홈페이지 : www.feelingk.com | 연락처 : 02)2102-7300
본사 : 서울시 영등포구 영등포로 272 필링크타워10층

설립일	2000.04.06	**종업원수**	53명	**대표이사**	김상재,서영운
상장일	2002.08.13	**감사의견**	적정(삼일)	**계열**	
결산기	12월	**보통주**		**종속회사수**	7개사
액면가	100원	**우선주**		**구상호**	

주주구성 (지분율,%)		출자관계 (지분율,%)		주요경쟁사 (외형,%)	
젬백스테크놀러지	18.7	에프엠케이아이앤브이	100.0	필링크	100
윤정화	5.0	지니키즈	100.0	호전실업	170
(외국인)	0.6	필링크아이	100.0	영원무역	1,037

매출구성		비용구성		수출비중	
응용솔루션(용역)	54.2	매출원가율	42.7	수출	2.0
유지보수/운영(용역)	34.6	판관비율	45.3	내수	98.0
SMSC/LMSC(용역)	5.0				

회사 개요

동사는 무선인터넷서비스 전문기업으로 주요 사업으로는 무선 인터넷 기반 인프라에서포털, 각종 서비스 다운로드 및 전송 인프라 등을 가능케하는 솔루션 사업, 이동사의 다양한 인프라 및 서비스 플랫폼에 대한 SI 운영 및 유지보수 사업, B2B 대상의 ASP 사업 등을 수행하고 있음. 최근에는 골프웨어 제조사인 크리스에프앤씨를 인수하며 사업다각화 추진. 17년 3월 최대주주가 젬벡스로 변경되는 이슈 발생.

실적 분석

동사의 연결기준 2017년 누적매출액은 1,936.8억원으로 전년동기 대비 485% 증가함. 영업이익 또한 전년비 흑자전환 성장한 683.1억원을 기록. 국내 골프웨어 시장의 호황이 지속됨에 따라 파리게이츠 이외의 브랜드(핑, 팬텀)의 영업이익 기여도 역시 빠르게 상승. 2018년 1월 명품 병행수입 업체 라프리마 인수. 향후 TV홈쇼핑 및 브랜드 쇼핑몰 등을 통한 B2B 매출 비중이 빠르게 증가할 것으로 전망.

현금 흐름 (단위 : 억원)

항목	2016	2017
영업활동	-16	219
투자활동	-98	-1,985
재무활동	285	1,604
순현금흐름	171	-166
기말현금	278	112

시장 대비 수익률

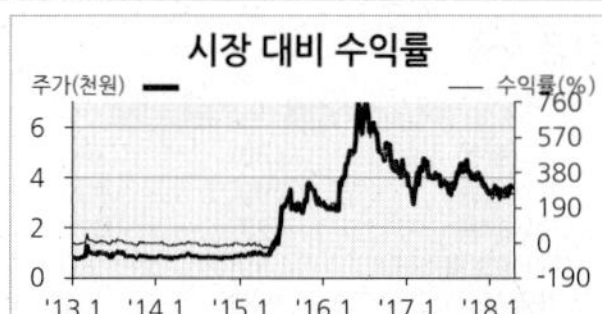

결산 실적 (단위 : 억원)

항목	2012	2013	2014	2015	2016	2017
매출액	357	284	206	159	331	1,937
영업이익	-17	-9	1	-4	-17	233
당기순이익	-15	-29	-33	12	-1	89

분기 실적 (단위 : 억원)

항목	2016.3Q	2016.4Q	2017.1Q	2017.2Q	2017.3Q	2017.4Q
매출액	60	82	36	323	635	943
영업이익	-13	-22	-10	64	97	82
당기순이익	-2	-17	-9	31	57	10

재무 상태 (단위 : 억원)

항목	2012	2013	2014	2015	2016	2017
총자산	406	345	306	397	736	3,824
유형자산	90	87	82	70	69	748
무형자산	78	53	13	8	43	1,223
유가증권	5	4	8	81	7	44
총부채	80	51	60	139	336	2,260
총차입금	3	5	8	103	284	1,597
자본금	36	36	36	36	37	55
총자본	326	294	246	258	400	1,564
지배주주지분	306	278	247	258	387	980

기업가치 지표

항목	2012	2013	2014	2015	2016	2017
주가(최고/저)(천원)	1.3/0.8	1.3/0.8	1.0/0.8	3.8/0.9	7.2/2.7	4.9/3.0
PER(최고/저)(배)	—/—	—/—	—/—	128.9/28.6	1,217.6/453.4	89.5/53.9
PBR(최고/저)(배)	1.3/0.8	1.4/0.8	1.1/0.9	4.1/0.9	6.3/2.4	2.7/1.6
EV/EBITDA(배)	359.4	50.9	17.3	314.3	—	14.2
EPS(원)	-34	-71	-41	30	6	55
BPS(원)	5,132	4,736	4,527	4,675	1,135	1,862
CFPS(원)	81	-166	-39	242	34	124
DPS(원)	30	30	50	—	—	—
EBITDAPS(원)	11	66	183	41	-17	517

재무 비율 (단위 : %)

연도	영업이익률	순이익률	부채비율	차입금비율	ROA	ROE	유보율	자기자본비율	EBITDA마진율
2017	12.0	4.6	144.5	102.1	3.9	4.2	1,761.7	40.9	13.9
2016	-5.1	-0.4	84.1	71.1	-0.2	0.7	1,035.3	54.3	-1.9
2015	-2.4	7.3	54.0	40.0	3.3	4.2	835.0	64.9	1.8
2014	0.5	-15.8	24.6	3.1	-10.0	-5.6	805.4	80.3	6.3

필옵틱스 (A161580)
PHILOPTICS CO

업종 : 디스플레이 및 관련부품 | 시장 : KOSDAQ
신용등급 : (Bond) — (CP) — | 기업규모 : 벤처
홈페이지 : www.philoptics.com | 연락처 : 031)292-8321
본사 : 경기도 수원시 권선구 산업로156번길 17(고색동)

설립일	2008.02.05	**종업원수**	403명	**대표이사**	한기수
상장일	2017.06.01	**감사의견**	적정(성지)	**계열**	
결산기	12월	**보통주**		**종속회사수**	3개사
액면가	500원	**우선주**		**구상호**	

주주구성 (지분율,%)		출자관계 (지분율,%)		주요경쟁사 (외형,%)	
한기수	33.5			필옵틱스	100
에스브이아이씨29호신기술사업투자조합	4.1			AP시스템	337
(외국인)	0.5			덕산네오룩스	35

매출구성		비용구성		수출비중	
OLED 레이저 장비	88.3	매출원가율	85.6	수출	28.7
2차전지 레이저 장비	5.3	판관비율	6.3	내수	71.3
장비개조용역 및 부품판매	5.2				

회사 개요

동사는 2008년 2월 설립되었으며 2017년 6월 1일에 상장함. 인쇄 회로 기판(PCB) 관련 장비 및 디스플레이 공정용 부품, 소재 장비를 판매하고있음. 주요 제품으로는 OLED용 레이저 커팅장비, 리프트오프(LLO)장비 등이 있음. 자동차용 2차전지 공정용 노칭 장비와 업계 최초로 개발한 DI 노광기, 발광다이오드(LED) 노광기 등 제품도 주문생산방식으로 만들고 있음.

실적 분석

동사의 2017년 연간 매출액은 전년동기대비 56.1% 상승한 2,853.6억원을 기록하였음. 비용면에서 전년동기대비 매출원가는 증가하였으며 인건비도 증가, 기타판매비와관리비는 증가함. 이와 같이 상승한 매출액 만큼 비용증가도 있었으나 매출액의 더 큰 상승에 힘입어 최종적으로 전년동기대비 당기순이익은 상승하여 174.5억원을 기록함. 금융손익 등 비영업손익의 적자폭이 커지는것은 관찰할 필요가 있음.

현금 흐름 (단위 : 억원)

항목	2016	2017
영업활동	145	192
투자활동	-80	-503
재무활동	62	572
순현금흐름	127	241
기말현금	186	428

시장 대비 수익률

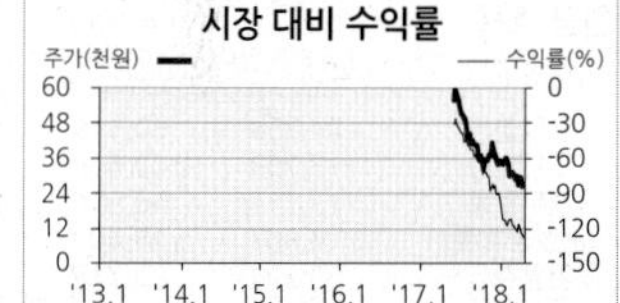

결산 실적 (단위 : 억원)

항목	2012	2013	2014	2015	2016	2017
매출액	400	1,091	294	608	1,828	2,854
영업이익	62	198	-116	-82	156	229
당기순이익	59	171	-96	-68	153	175

분기 실적 (단위 : 억원)

항목	2016.3Q	2016.4Q	2017.1Q	2017.2Q	2017.3Q	2017.4Q
매출액	495	—	—	1,012	705	—
영업이익	33	—	—	100	47	—
당기순이익	38	—	—	84	55	—

재무 상태 (단위 : 억원)

항목	2012	2013	2014	2015	2016	2017
총자산	345	547	521	469	1,158	1,566
유형자산	100	233	268	249	293	644
무형자산	35	33	19	34	41	43
유가증권	—	—	—	2	—	51
총부채	218	243	302	314	844	594
총차입금	48	118	211	270	314	399
자본금	23	23	23	23	23	29
총자본	127	304	219	156	314	971
지배주주지분	121	299	217	156	312	973

기업가치 지표

항목	2012	2013	2014	2015	2016	2017
주가(최고/저)(천원)	—/—	—/—	—/—	—/—	—/—	59.6/31.7
PER(최고/저)(배)	0.0/0.0	0.0/0.0	0.0/0.0	0.0/0.0	0.0/0.0	18.8/10.0
PBR(최고/저)(배)	0.0/0.0	0.0/0.0	0.0/0.0	0.0/0.0	0.0/0.0	3.4/1.8
EV/EBITDA(배)	0.5	—	—	—	0.7	7.4
EPS(원)	1,245	3,770	-2,036	-1,435	3,290	3,205
BPS(원)	2,641	6,533	4,738	3,403	6,750	17,689
CFPS(원)	1,410	4,046	-1,514	-865	3,878	3,964
DPS(원)	—	—	—	—	—	300
EBITDAPS(원)	1,548	4,615	-2,005	-1,230	3,983	5,060

재무 비율 (단위 : %)

연도	영업이익률	순이익률	부채비율	차입금비율	ROA	ROE	유보율	자기자본비율	EBITDA마진율
2017	8.0	6.1	61.2	41.1	12.8	26.6	3,437.8	62.0	9.5
2016	8.5	8.4	269.2	100.2	18.9	64.8	1,250.0	27.1	10.0
2015	-13.5	-11.2	201.7	173.3	-13.7	-35.3	580.5	33.2	-9.3
2014	-39.3	-32.6	137.7	96.5	-18.0	-36.1	847.7	42.1	-31.1

하나금융지주 (A086790)

Hana Financial Group

업 종 : 상업은행
신용등급 : (Bond) AAA (CP) A1
홈페이지 : www.hanafn.com
본 사 : 서울시 중구 을지로 66

시 장 : 거래소
기업규모 : 시가총액 대형주
연 락 처 : 02)2002-1110

설 립 일	2005.12.01	**종업원수**	79명	**대표이사**	김정태
상 장 일	2005.12.12	**감사의견**	적정(한영)	**계 열**	
결 산 기	12월	**보 통 주**		**종속회사수**	77개사
액 면 가	5,000원	**우 선 주**		**구 상 호**	

주주구성 (지분율,%)		출자관계 (지분율,%)		주요경쟁사 (외형,%)	
국민연금공단	9.5	KEB하나은행	100.0	하나금융지주	100
EUROPACIFIC GROWTH FUND	4.5	하나금융투자	100.0	신한지주	132
(외국인)	72.0	하나생명보험	100.0	KB금융	127

수익구성		비용구성		수출비중	
		이자비용	10.5	수출	—
		파생상품손실	0.2	내수	—
		판관비	11.1		

회사 개요

동사는 2005년 12월 1일 설립된 금융지주회사임. 주요 종속회사로는 2015년 9월 1일 하나은행과 외환은행의 통합으로 출범한 총자산 기준 국내 1위의 KEB하나은행을 비롯, 하나금융투자, 하나카드, 하나생명보험, 하나캐피탈 등이 있음. 이 중 KEB하나은행은 PB와 FX에 강점을 지니고 있으며, 향후 본격적인 통합 시너지 창출로 인한 실적 개선이 기대됨.

실적 분석

동사의 2017년 4분기 연결기준 누적 영업이익은 2조 7,181억원, 당기순이익은 2조 1,166억원을 기록하며 전년 동기 대비 각각 68.4%, 51.2% 급증함. 하나캐피탈과 중국법인 등 비은행 관계사 및 해외 관계사의 이자이익 증가에 따라 그룹의 이자이익이 개선됐고, 국내/외 증시 호조 영향으로 증권중개수수료와 신탁보수가 증가하는 등 자산관리 관련 수수료가 증가함.

현금 흐름

<단위 : 억원>

항목	2016	2017
영업활동	34,354	60,119
투자활동	-15,753	-102,530
재무활동	-13,217	40,918
순현금흐름	6,863	-5,487
기말현금	89,204	83,718

시장 대비 수익률

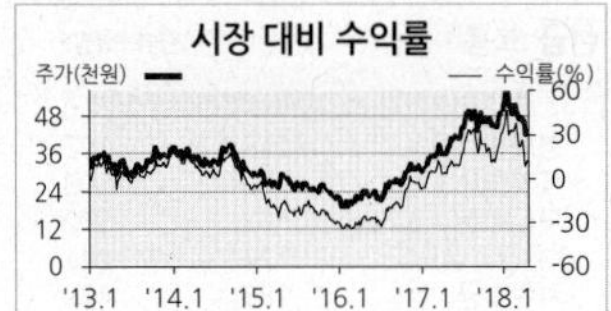

결산 실적

<단위 : 억원>

항목	2012	2013	2014	2015	2016	2017
이자수익	114,332	105,349	100,929	90,379	83,818	89,324
영업이익	20,174	11,650	12,434	10,105	16,141	27,181
당기순이익	17,292	9,930	9,798	9,543	13,997	21,166

분기 실적

<단위 : 억원>

항목	2016.3Q	2016.4Q	2017.1Q	2017.2Q	2017.3Q	2017.4Q
이자수익	20,462	20,995	21,193	22,000	22,658	23,473
영업이익	6,186	118	6,231	6,969	6,812	7,169
당기순이익	4,672	1,076	5,134	5,637	5,265	5,130

재무 상태

<단위 : 억원>

항목	2012	2013	2014	2015	2016	2017
총자산	2,849,151	2,951,886	3,155,482	3,269,127	3,481,775	3,600,893
유형자산	27,003	26,885	27,593	28,736	30,032	26,516
무형자산	15,620	13,773	11,785	10,121	9,271	7,441
유가증권	437,470	461,907	525,864	573,318	605,802	705,873
총부채	2,645,727	2,742,990	2,936,546	3,039,410	3,247,875	3,352,614
총차입금	547,944	522,532	525,721	522,106	523,374	552,363
자본금	12,152	14,495	14,495	14,800	14,800	14,800
총자본	203,424	208,896	218,936	229,717	233,900	248,279
지배주주지분	157,243	199,320	211,273	221,497	224,877	238,737

기업가치 지표

항목	2012	2013	2014	2015	2016	2017
주가(최고/저)(천원)	39.3/26.7	39.3/28.4	39.3/28.3	30.9/21.8	32.6/18.4	50.7/29.9
PER(최고/저)(배)	6.7/4.6	13.1/9.5	13.6/9.7	10.9/7.6	7.7/4.4	7.6/4.5
PBR(최고/저)(배)	0.7/0.5	0.6/0.5	0.6/0.4	0.5/0.3	0.5/0.3	0.6/0.4
PSR(최고/저)(배)	1/1	1/1	1/1	1/1	1/1	2/1
EPS(원)	6,672	3,361	3,235	3,093	4,495	6,881
BPS(원)	65,026	69,343	72,879	74,829	75,971	80,654
CFPS(원)	8,546	5,159	4,858	4,707	6,148	8,690
DPS(원)	250	250	450	500	800	1,250
EBITDAPS(원)	8,300	4,193	4,289	3,435	5,453	9,183

재무 비율

<단위 : %>

연도	계속사업 이익률	순 이익률	부채 비율	차입금 비율	ROA	ROE	유보율	자기자본 비율	총자산 증가율
2017	31.3	23.7	1,350.3	222.5	0.6	8.8	1,513.1	6.9	3.4
2016	21.7	16.7	1,388.6	223.8	0.4	6.0	1,419.4	6.7	6.5
2015	13.2	10.6	1,323.1	227.3	0.3	4.2	1,396.6	7.0	3.6
2014	12.4	9.7	1,341.3	240.1	0.3	4.6	1,357.6	6.9	6.9

하나마이크론 (A067310)

Hana Micron

업 종 : 반도체 및 관련장비
신용등급 : (Bond) — (CP) —
홈페이지 : www.hanamicron.co.kr
본 사 : 충남 아산시 음봉면 연암율금로 77

시 장 : KOSDAQ
기업규모 : 중견
연 락 처 : 041)423-7011

설 립 일	2001.08.23	**종업원수**	888명	**대표이사**	한호창
상 장 일	2005.10.11	**감사의견**	적정(안진)	**계 열**	
결 산 기	12월	**보 통 주**		**종속회사수**	8개사
액 면 가	500원	**우 선 주**		**구 상 호**	

주주구성 (지분율,%)		출자관계 (지분율,%)		주요경쟁사 (외형,%)	
최창호	24.0	하나마이크론태양광	100.0	하나마이크론	100
알리안츠글로벌인베스터스자산운용	4.3	이노메이트	79.8	오디텍	13
(외국인)	4.9	이피웍스	51.2	윈팩	13

매출구성		비용구성		수출비중	
비메모리반도체	36.6	매출원가율	85.6	수출	70.8
메모리반도체	35.8	판관비율	3.2	내수	29.2
Cathode	11.7				

회사 개요

동사는 반도체 산업의 BACK-END 분야인 반도체 조립 및 TEST 제품을 주력으로 생산하고 있으며, 업계선두의 반도체 패키징 기술을 보유하고 있는 전문엔지니어들로 구성되어 있는 반도체 패키징 전문업체임. 패키징사업의 주요 수요자로는 삼성전자, 하이닉스반도체 등이 있음. 동사는 양사 모두로부터 기술, 품질, 납기, 원가에 대한 우월성을 인정 받아 그 수주량 및 수주제품군이 지속적으로 증가하고 있음.

실적 분석

동사의 매출은 반도체 경기 회복에 따른 수주물량의 증가로 전기대비 1135억원(45%) 증가한 3658억원을 기록함. 영업이익은 매출액 증가와 가동률 상승에 따른 고정비 부담의 감소와 매출채권 회수에 따른 대손환입 등으로 전기 대비 590억원 증가한 411억원을 기록하며 흑자전환함. 당기순이익은 104억원으로 흑자전환함. 자산은 전년 대비 1032억원(25.2%) 증가한 5117억원을 기록함.

현금 흐름

<단위 : 억원>

항목	2016	2017
영업활동	330	384
투자활동	-299	-999
재무활동	27	614
순현금흐름	55	0
기말현금	91	91

시장 대비 수익률

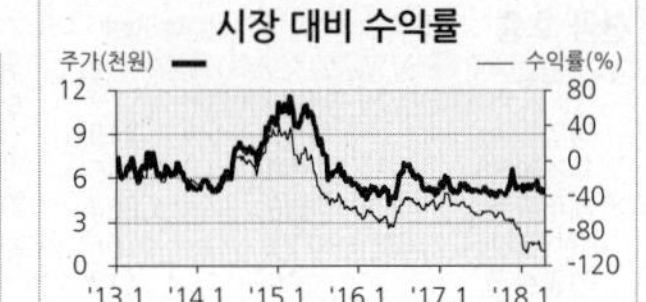

결산 실적

<단위 : 억원>

항목	2012	2013	2014	2015	2016	2017
매출액	2,588	2,781	2,945	2,862	2,523	3,658
영업이익	-73	-55	238	164	-180	411
당기순이익	-100	-193	82	45	-245	104

분기 실적

<단위 : 억원>

항목	2016.3Q	2016.4Q	2017.1Q	2017.2Q	2017.3Q	2017.4Q
매출액	748	794	732	838	1,031	1,058
영업이익	40	-125	28	50	104	228
당기순이익	8	-139	8	29	38	31

재무 상태

<단위 : 억원>

항목	2012	2013	2014	2015	2016	2017
총자산	3,104	3,681	3,850	3,948	4,085	5,117
유형자산	2,197	2,499	2,720	2,744	2,615	3,456
무형자산	45	54	45	36	42	80
유가증권	59	42	12	10	24	17
총부채	1,721	2,425	2,452	2,474	2,682	3,383
총차입금	1,459	2,111	1,992	2,166	2,052	2,511
자본금	112	112	112	112	112	112
총자본	1,383	1,256	1,397	1,474	1,403	1,734
지배주주지분	1,383	1,172	1,316	1,375	1,206	1,245

기업가치 지표

항목	2012	2013	2014	2015	2016	2017
주가(최고/저)(천원)	12.1/5.2	8.2/5.2	10.7/5.0	11.8/5.3	7.4/4.2	6.6/4.7
PER(최고/저)(배)	—/—	—/—	28.9/13.6	98.6/44.2	—/—	—/—
PBR(최고/저)(배)	1.9/0.8	1.5/1.0	1.8/0.8	1.9/0.9	1.3/0.8	1.2/0.8
EV/EBITDA(배)	11.9	10.5	8.1	7.4	28.7	5.6
EPS(원)	-460	-902	377	121	-1,250	-35
BPS(원)	6,411	5,468	6,158	6,229	5,521	5,693
CFPS(원)	1,064	741	1,657	1,450	68	1,378
DPS(원)	—	—	100	50	—	—
EBITDAPS(원)	1,186	1,399	2,345	2,062	516	3,248

재무 비율

<단위 : %>

연도	영업 이익률	순 이익률	부채 비율	차입금 비율	ROA	ROE	유보율	자기자본 비율	EBITDA 마진율
2017	11.2	2.9	195.1	144.8	2.3	-0.7	1,038.7	33.9	19.9
2016	-7.1	-9.7	191.2	146.2	-6.1	-21.7	1,004.3	34.3	4.6
2015	5.7	1.6	167.8	146.9	1.1	2.0	1,145.9	37.3	16.1
2014	8.1	2.8	175.5	142.5	2.2	6.8	1,131.7	36.3	17.8

하나머티리얼즈 (A166090)

Hana Materials

업　　종 : 반도체 및 관련장비　　시　　장 : KOSDAQ
신용등급 : (Bond) —　　(CP) —　　기업규모 : 중견
홈페이지 : www.hanamts.com　　연 락 처 : 041)410-1029
본　　사 : 충남 천안시 서북구 3공단 3로 42

설 립 일	2007.01.23	**종 업 원 수**	340명	**대 표 이 사**	오경석
상 장 일	2017.04.28	**감 사 의 견**	적정(삼일)	**계　　열**	
결 산 기	12월	**보 통 주**		**종속회사수**	
액 면 가	500원	**우 선 주**		**구　　상　　호**	

주주구성 (지분율,%)		출자관계 (지분율,%)		주요경쟁사 (외형,%)	
하나마이크론	33.5			하나머티리얼즈	100
도쿄일렉트론	12.1			원익머트리얼즈	197
(외국인)	13.8			유진테크	126

매출구성		비용구성		수출비중	
		매출원가율	67.9	수출	29.9
		판관비율	9.2	내수	70.1

회사 개요

동사는 2007년 1월 23일 설립되어 2013년 4월 3일 회사상호를 하나실리콘에서 하나머티리얼즈로 변경함. 반도체 제조공정에 사용되는 실리콘(Si; Silicon) 및 실리콘카바이드(SiC) 소재의 일렉트로드(Electrode)와 링(Ring)과 반도체/디스플레이 제조공정용 특수가스 제조 및 판매를 주요사업으로 하는 동사는 2017년 4월 28일에 한국거래소 코스닥 시장에 상장됨.

실적 분석

동사의 2017년 매출은 반도체 경기 상승에 따른 수주물량 증가로 전기 대비 416억원(67.9%) 증가한 1029억원을 기록함. 영업이익은 가동률 증가에 따른 고정비 부담 등의 감소로 전기 대비 124억원(111.42%) 증가한 235억원을 기록함. 자산은 고객수요 증대에 따른 생산능력 확충 투자로 전년 대비 622억원(85.6%) 증가한 1350억원을 기록함.

현금 흐름 *IFRS 별도 기준 〈단위 : 억원〉

항목	2016	2017
영업활동	153	310
투자활동	-79	-640
재무활동	-49	333
순현금흐름	25	3
기말현금	44	47

시장 대비 수익률

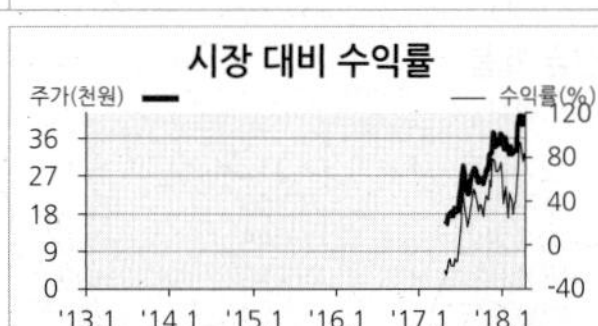

결산 실적 〈단위 : 억원〉

항목	2012	2013	2014	2015	2016	2017
매출액	401	404	317	527	613	1,029
영업이익	88	62	39	99	111	235
당기순이익	51	21	15	76	90	194

분기 실적 *IFRS 별도 기준 〈단위 : 억원〉

항목	2016.3Q	2016.4Q	2017.1Q	2017.2Q	2017.3Q	2017.4Q
매출액	158	188	197	215	294	323
영업이익	27	43	39	39	78	79
당기순이익	23	33	30	37	58	70

재무 상태 *IFRS 별도 기준 〈단위 : 억원〉

항목	2012	2013	2014	2015	2016	2017
총자산	554	584	464	674	727	1,350
유형자산	332	304	281	424	436	1,021
무형자산	9	12	11	12	26	27
유가증권	—	—	—	—	—	—
총부채	390	401	263	355	310	495
총차입금	362	375	239	294	235	335
자본금	31	31	31	36	37	47
총자본	164	183	201	319	417	855
지배주주지분	164	183	201	319	417	855

기업가치 지표 *IFRS 별도 기준

항목	2012	2013	2014	2015	2016	2017
주가(최고/저)(천원)	—/—	—/—	—/—	—/—	—/—	37.3/15.1
PER(최고/저)(배)	0.0/0.0	0.0/0.0	0.0/0.0	0.0/0.0	0.0/0.0	17.1/6.9
PBR(최고/저)(배)	0.0/0.0	0.0/0.0	0.0/0.0	0.0/0.0	0.0/0.0	4.2/1.7
EV/EBITDA(배)	2.5	3.0	2.8	1.8	1.1	12.3
EPS(원)	617	267	202	1,016	1,207	2,195
BPS(원)	1,943	2,440	2,920	4,047	5,592	9,029
CFPS(원)	1,227	976	761	1,663	1,970	3,020
DPS(원)	—	—	—	—	—	250
EBITDAPS(원)	1,672	1,509	1,086	1,971	2,252	3,482

재무 비율 〈단위 : %〉

연도	영업이익률	순이익률	부채비율	차입금비율	ROA	ROE	유보율	자기자본비율	EBITDA마진율
2017	22.9	18.9	57.8	39.2	18.7	30.6	1,705.9	63.4	30.0
2016	18.2	14.7	74.3	56.3	12.9	24.5	1,018.4	57.4	27.5
2015	18.8	14.4	111.1	91.9	13.4	29.2	779.5	47.4	28.0
2014	12.3	4.7	130.5	118.5	2.9	7.8	542.7	43.4	25.3

하나투어 (A039130)

HANATOUR SERVICE

업　　종 : 호텔 및 레저　　시　　장 : 거래소
신용등급 : (Bond) A　　(CP) —　　기업규모 : 시가총액 중형주
홈페이지 : hanatour.com　　연 락 처 : 02)2127-1000
본　　사 : 서울시 종로구 인사동5길 41 (주)하나투어

설 립 일	1993.10.25	**종 업 원 수**	2,609명	**대 표 이 사**	박상환,김진국
상 장 일	2000.11.17	**감 사 의 견**	적정(삼정)	**계　　열**	
결 산 기	12월	**보 통 주**		**종속회사수**	34개사
액 면 가	500원	**우 선 주**		**구　　상　　호**	

주주구성 (지분율,%)		출자관계 (지분율,%)		주요경쟁사 (외형,%)	
국민연금공단	12.8	하나투어아이티씨	100.0	하나투어	100
박상환	7.8	마크호텔	100.0	롯데관광개발	10
(외국인)	25.5	하나투어투자운용	100.0	모두투어	43

매출구성		비용구성		수출비중	
여행알선서비스	73.7	매출원가율	0.0	수출	—
면세점	15.0	판관비율	94.0	내수	—
여객자동차 운수업 외	5.2				

회사 개요

동사는 전세계 20여만개 여행상품을 전국 8,000여개의 협력여행사, 온라인포털, 쇼핑몰 등의 다양한 유통채널을 통해 판매하는 종합 여행 홀세일러임. 안정적인 영업네트워크를 구축하고 있고, 국내시장점유율 22.7%의 1위 여행사로서 풍부한 항공좌석의 확보, 전세계 해외지사를 통한 호텔, 식당 등의 확보가 가능하게 됨으로써 경쟁력 있는 가격대의 여행상품을 공급하고 있음. 저가 항공사들이 좌석 공급을 확대하고 있어 우호적인 사업환경이 펼쳐지고 있음

실적 분석

출국자수가 전년동기 대비 19.16% 늘어나는 등 해외여행 수요가 증가하여 2017년 4/4분기 연결기준 누적 매출액은 전년동기 대비 14.6% 증가한 6,823.1억원을 시현함. 매출 증가로 영업이익은 전년동기 대비 95.1% 증가했음. 그러나 비영업부문에서 28.1억원의 손실을 시현함에 따라 이익 폭이 축소되었음. 당기순이익은 전년동기 대비 68.9% 증가한 127.1억원을 시현했음.

현금 흐름 〈단위 : 억원〉

항목	2016	2017
영업활동	269	659
투자활동	67	-218
재무활동	-250	332
순현금흐름	96	723
기말현금	1,560	2,284

시장 대비 수익률

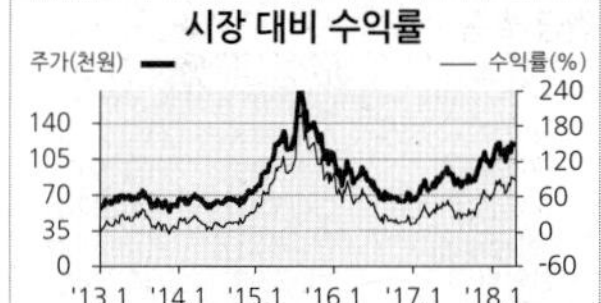

결산 실적 〈단위 : 억원〉

항목	2012	2013	2014	2015	2016	2017
매출액	3,079	3,527	3,855	4,594	5,955	6,823
영업이익	396	404	404	447	209	408
당기순이익	374	361	354	342	75	127

분기 실적 〈단위 : 억원〉

항목	2016.3Q	2016.4Q	2017.1Q	2017.2Q	2017.3Q	2017.4Q
매출액	1,600	1,469	1,713	1,626	1,669	1,814
영업이익	104	38	103	48	99	158
당기순이익	66	27	49	-37	45	70

재무 상태 〈단위 : 억원〉

항목	2012	2013	2014	2015	2016	2017
총자산	3,524	3,765	4,374	5,044	5,202	6,047
유형자산	286	348	463	593	918	826
무형자산	105	112	123	169	159	139
유가증권	54	55	83	89	66	82
총부채	1,726	1,839	2,494	2,871	3,082	3,633
총차입금	137	82	193	305	202	255
자본금	58	58	58	58	58	58
총자본	1,798	1,926	1,880	2,173	2,121	2,415
지배주주지분	1,625	1,862	1,803	1,969	1,895	2,048

기업가치 지표

항목	2012	2013	2014	2015	2016	2017
주가(최고/저)(천원)	61.9/30.7	74.6/53.4	75.8/57.6	180/73.6	109/60.1	112/61.8
PER(최고/저)(배)	22.3/11.2	27.5/19.8	27.9/21.4	68.6/28.3	163.4/89.3	100.8/56.3
PBR(최고/저)(배)	4.5/2.3	4.7/3.4	4.3/3.3	9.4/3.9	5.9/3.2	5.5/3.1
EV/EBITDA(배)	11.9	12.8	14.8	21.4	16.3	16.4
EPS(원)	3,039	2,923	2,879	2,732	692	1,116
BPS(원)	14,962	17,137	18,727	20,021	19,237	20,553
CFPS(원)	3,593	3,372	3,494	3,583	2,198	2,882
DPS(원)	1,000	1,100	1,300	1,500	1,500	1,500
EBITDAPS(원)	3,962	3,923	4,098	4,703	3,308	5,281

재무 비율 〈단위 : %〉

연도	영업이익률	순이익률	부채비율	차입금비율	ROA	ROE	유보율	자기자본비율	EBITDA마진율
2017	6.0	1.9	150.4	10.6	2.3	6.6	4,010.6	39.9	9.0
2016	3.5	1.3	145.3	9.5	1.5	4.2	3,747.4	40.8	6.5
2015	9.7	7.4	132.1	14.0	7.3	16.8	3,904.1	43.1	11.9
2014	10.5	9.2	132.7	10.3	8.7	18.3	3,645.4	43.0	12.4

하림 (A136480)
HARIM

업 종 : 식료품 | 시 장 : KOSDAQ
신용등급 : (Bond) — (CP) — | 기업규모 : 우량
홈페이지 : www.harim.com | 연 락 처 : 063)860-2114
본 사 : 전북 익산시 망성면 망성로 14

설 립 일	2011.01.04	종 업 원 수	2,098명	대 표 이 사	김홍국,이문용,이강수
상 장 일	2011.05.02	감 사 의 견	적정(삼정)	계 열	
결 산 기	12월	보 통 주		종속회사수	1개사
액 면 가	500원	우 선 주		구 상 호	

주주구성 (지분율,%)		출자관계 (지분율,%)		주요경쟁사 (외형,%)	
제일홀딩스	47.9	HBC	90.0	하림	100
국민연금공단	2.5	HARIMUSA	33.1	CJ프레시웨이	289
(외국인)	3.3			신세계푸드	139

매출구성		비용구성		수출비중	
하림 닭고기 (KS 표시)	72.6	매출원가율	81.5	수출	0.4
삼계탕,치킨너겟	17.0	판관비율	16.4	내수	99.6
육계 外	4.3				

회사 개요
동사는 1990년 설립돼 하림닭고기, 하림너겟, 하림사료 등의 브랜드를 가진 국내 닭고기 생산 1위 업체로서 시장점유율은 2015년 기준 19.4%임. 종란의 생산에서부터 부화, 사료생산, 사육, 가공 및 유통까지 각 단계를 수직 통합하여 운영함. 병아리, 사료, 약품 등을 600여개 농장에 제공하고 육계를 공급받는 방식으로 운영됨. 기업형으로 관리하며 위생이나 품질이 높으며 생산원가가 낮은 편임. 연결대상 종속회사는 HBC가 있음.

실적 분석
동사의 2017년 연결 기준 연간 누적 매출액은 8673.3억원으로 전년 동기 대비 5% 증가함. 매출이 증가했지만 매출 증가율 대비 매출원가 증가율이 높고 판매비와 관리비마저 증가하면서 영업이익은 전년 동기 대비 11.5% 감소한 180.6억원을 기록함. 비영업 부문에서 외환 손익 등의 영향으로 흑자 규모가 커져 당기순이익은 전년 동기 대비 16.2% 증가한 222.3억원을 시현함.

현금 흐름
(단위 : 억원)

항목	2016	2017
영업활동	1,073	293
투자활동	329	-1,617
재무활동	-1,533	1,370
순현금흐름	-131	47
기말현금	298	345

시장 대비 수익률
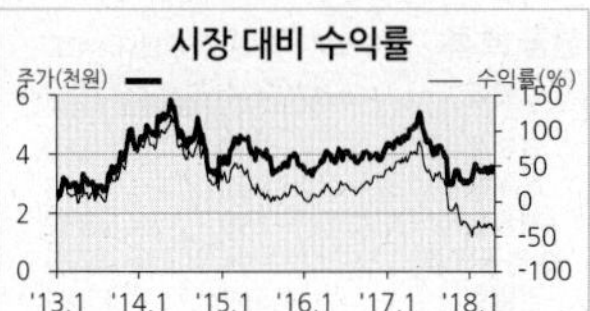

결산 실적
〈단위 : 억원〉

항목	2012	2013	2014	2015	2016	2017
매출액	7,476	7,890	7,545	7,952	8,260	8,673
영업이익	-127	114	-12	50	204	181
당기순이익	48	155	-50	-32	191	222

분기 실적
〈단위 : 억원〉

항목	2016.3Q	2016.4Q	2017.1Q	2017.2Q	2017.3Q	2017.4Q
매출액	2,520	2,050	1,878	2,601	2,272	1,922
영업이익	164	-10	30	213	-6	-57
당기순이익	164	-28	43	184	4	-9

재무 상태
〈단위 : 억원〉

항목	2012	2013	2014	2015	2016	2017
총자산	5,407	4,810	5,389	5,832	4,611	6,223
유형자산	2,367	2,402	2,345	2,338	2,262	3,288
무형자산	23	30	25	19	16	12
유가증권	18	17	17	32	35	30
총부채	3,477	2,743	3,364	3,921	2,516	3,133
총차입금	2,715	1,932	2,581	3,128	1,597	2,148
자본금	270	270	270	270	270	435
총자본	1,930	2,067	2,025	1,911	2,095	3,090
지배주주지분	1,930	2,067	2,025	1,921	2,094	3,087

기업가치 지표

항목	2012	2013	2014	2015	2016	2017
주가(최고/저)(천원)	4.7/2.1	4.9/2.3	5.9/3.0	4.8/3.3	4.8/3.3	5.4/2.9
PER(최고/저)(배)	59.3/26.2	18.8/9.1	—/—	—/—	15.1/10.3	14.9/8.0
PBR(최고/저)(배)	1.5/0.7	1.4/0.7	1.7/0.9	1.5/1.0	1.4/0.9	1.6/0.8
EV/EBITDA(배)	163.4	13.5	21.0	15.7	6.1	6.9
EPS(원)	81	265	-85	-55	327	368
BPS(원)	3,579	3,833	3,754	3,561	3,881	3,551
CFPS(원)	365	654	295	345	1,158	1,069
DPS(원)	—	—	—	—	50	—
EBITDAPS(원)	42	578	365	497	1,181	1,001

재무 비율
〈단위 : %〉

연도	영업이익률	순이익률	부채비율	차입금비율	ROA	ROE	유보율	자기자본비율	EBITDA마진율
2017	2.1	2.6	101.4	69.5	4.1	8.5	610.2	49.7	6.9
2016	2.5	2.3	120.1	76.2	3.7	9.6	676.2	45.4	7.7
2015	0.6	-0.4	205.2	163.7	-0.6	-1.6	612.1	32.8	3.4
2014	-0.2	-0.7	166.1	127.4	-1.0	-2.4	650.7	37.6	2.6

하림홀딩스 (A024660)
Harim Holdings

업 종 : 식료품 | 시 장 : KOSDAQ
신용등급 : (Bond) — (CP) — | 기업규모 : 우량
홈페이지 : www.harimholdings.com | 연 락 처 : 063)861-4597
본 사 : 전북 익산시 고봉로 228

설 립 일	1990.10.11	종 업 원 수	17명	대 표 이 사	김홍국
상 장 일	1997.07.30	감 사 의 견	적정(삼정)	계 열	
결 산 기	12월	보 통 주		종속회사수	26개사
액 면 가	500원	우 선 주		구 상 호	

주주구성 (지분율,%)		출자관계 (지분율,%)		주요경쟁사 (외형,%)	
제일홀딩스	68.1	그린바이텍	100.0	하림홀딩스	100
한국투자밸류자산운용	2.2	맥시칸	100.0	CJ프레시웨이	261
(외국인)	3.0	동림건설	100.0	신세계푸드	126

매출구성		비용구성		수출비중	
유통업	44.8	매출원가율	48.4	수출	—
사료	27.7	판관비율	41.0	내수	—
가금	15.7				

회사 개요
동사는 2011년 1월 인적분할을 통해 지주회사와 식품 제조 사업부문을 분할하고 하림홀딩스로 상호를 변경하며 순수 지주회사로 사업을 영위하고 있음. 2017년 6월말 기준 엔에스쇼핑, 그린바이텍, 주원산오리, 한강씨엠을 포함하여 총 26개 종속회사를 보유하고 있음. 배당수익, 상표권 사용수익, 임대수익 등으로 영업수익이 구성되어 있음. 최상위 지주회사인 제일홀딩스가 흡수합병예정.

실적 분석
2017년 누적 매출액은 9,600.9억원으로 전년동기대비 6.3% 증가하였으며, 영업이익은 전년동기대비 6.7% 감소한 1,022.6억원을 기록. 사료부문 선진성도/철령선진/청도선지사료 3개사 매각으로 영업이익 감소. 육가공부문 또한 매각. 핵심 자회사에 대한 지배력을 강화, 사업을 원활하게 추진하여 기업가치를 증대시키고자 노력 중. 양재동 소재의 토지를 물류/유통/첨단산업 융복합단지로 재정비 예정.

현금 흐름
(단위 : 억원)

항목	2016	2017
영업활동	915	836
투자활동	-5,365	-360
재무활동	2,935	-868
순현금흐름	-1,516	-439
기말현금	1,354	915

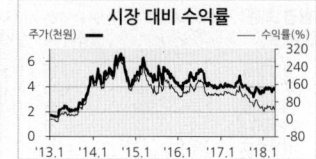

시장 대비 수익률

결산 실적
〈단위 : 억원〉

항목	2012	2013	2014	2015	2016	2017
매출액	2,028	8,290	8,307	8,963	9,034	9,601
영업이익	-30	806	1,038	1,207	1,095	1,023
당기순이익	-414	659	658	901	619	656

분기 실적
〈단위 : 억원〉

항목	2016.3Q	2016.4Q	2017.1Q	2017.2Q	2017.3Q	2017.4Q
매출액	2,192	2,229	2,431	2,531	2,434	2,204
영업이익	287	208	302	209	316	195
당기순이익	195	-35	194	142	185	135

재무 상태
〈단위 : 억원〉

항목	2012	2013	2014	2015	2016	2017
총자산	7,859	8,364	9,438	8,798	12,547	12,132
유형자산	2,621	2,778	3,111	3,165	8,114	3,346
무형자산	154	190	171	406	409	352
유가증권	147	142	138	110	81	161
총부채	3,971	3,962	4,539	3,383	6,542	5,731
총차입금	2,466	2,294	2,415	1,493	4,517	3,669
자본금	446	446	446	446	446	446
총자본	3,888	4,402	4,898	5,415	6,006	6,402
지배주주지분	2,468	2,745	2,958	3,362	3,650	3,818

기업가치 지표

항목	2012	2013	2014	2015	2016	2017
주가(최고/저)(천원)	2.6/1.6	4.8/1.6	6.6/3.9	6.4/4.1	5.4/3.8	4.9/3.2
PER(최고/저)(배)	—/—	15.0/5.0	29.4/17.2	12.0/7.8	15.2/10.5	13.6/8.9
PBR(최고/저)(배)	1.0/0.6	1.6/0.5	2.0/1.2	1.7/1.1	1.3/0.9	1.1/0.7
EV/EBITDA(배)	89.0	5.6	4.3	2.9	6.5	6.0
EPS(원)	-976	329	231	547	366	362
BPS(원)	2,838	3,149	3,388	3,841	4,164	4,352
CFPS(원)	-849	564	468	808	653	723
DPS(원)	—	—	—	—	50	50
EBITDAPS(원)	55	1,138	1,401	1,615	1,516	1,507

재무 비율
〈단위 : %〉

연도	영업이익률	순이익률	부채비율	차입금비율	ROA	ROE	유보율	자기자본비율	EBITDA마진율
2017	10.7	6.8	89.5	57.3	5.3	8.7	770.4	52.8	14.0
2016	12.1	6.9	108.9	75.2	5.8	9.3	732.9	47.9	15.0
2015	13.5	10.1	62.5	27.6	9.9	15.5	668.2	61.6	16.1
2014	12.5	7.9	92.7	49.3	7.4	7.2	577.6	51.9	15.0

하우동천 (A233990)

HAUDONGCHUN

업 종 : 개인생활용품　　시 장 : KONEX
신용등급 : (Bond) — (CP) —　　기업규모 : —
홈페이지 : www.hudc.co.kr　　연 락 처 : 070)8952-5702
본 사 : 서울시 서초구 사임당로 32, 2층(서초동, 재우빌딩)

설 립 일 2013.03.21	**종업원수** 34명	**대표이사** 최원석
상 장 일 2015.12.29	**감사의견** 적정(삼일)	**계 열**
결 산 기 12월	**보 통 주**	**종속회사수**
액 면 가 —	**우 선 주**	**구 상 호**

주주구성 (지분율,%)		출자관계 (지분율,%)		주요경쟁사 (외형,%)	
최원석	61.1	프리먼스	100.0	하우동천	100
성장사다리비엔에이치스타트업투자조합	4.5	엔퓨리	100.0	바이오제네틱스	73
		하우동천(북경)생물과기	100.0	케이엠제약	86

매출구성		비용구성		수출비중	
여성청결제(질경이)	100.0	매출원가율	6.3	수출	1.9
		판관비율	103.0	내수	98.1

회사 개요

동사는 2013년 3월 21일에 설립되었으며 영위하고 있는 사업으로는 화장품/의약품/건강식품의 제조 및 도/소매임. 동사가 영위하고 있는 주력 사업은 소금 및 당 배합물을 유효성분으로 함유하는 여성청결제로 화장품 시장 중 여성청결제 시장을 목표시장으로 하고 있음. 주력 제품인 '질경이'는 질내 염증 예방 및 치료를 목표로 하는 여성청결제 제품으로서 여성 헬스케어 시장을 목표로 하고 있음.

실적 분석

동사의 2017년 4/4분기 연결기준 누적매출액은 205.6억원으로 전년동기 대비 82.0% 증가했음. 큰 폭의 외형성장에도 불구하고 매출원가 및 판관비가 전년동기 대비 각각 10.2%, 121.3% 증가함에 따라 19.1억원의 영업손실을 기록하며 적자 전환하였음. 비영업부문에서도 0.9억원의 손실을 기록해 적자폭이 확대되며 17.4억원의 당기순손실을 기록했음. 비영업부문의 적자폭이 큰 폭으로 감소해 당기순손실 또한 현저히 줄어들었음.

현금 흐름 *IFRS 별도 기준 〈단위 : 억원〉

항목	2016	2017
영업활동	0	0
투자활동	-52	-36
재무활동	3	33
순현금흐름	-49	-3
기말현금	9	5

시장 대비 수익률

결산 실적 〈단위 : 억원〉

항목	2012	2013	2014	2015	2016	2017
매출액	—	12	19	58	113	206
영업이익	—	3	1	10	6	-19
당기순이익	—	3	1	7	-138	-17

분기 실적 *IFRS 별도 기준 〈단위 : 억원〉

항목	2016.3Q	2016.4Q	2017.1Q	2017.2Q	2017.3Q	2017.4Q
매출액	—	—	—	—	—	—
영업이익	—	—	—	—	—	—
당기순이익	—	—	—	—	—	—

재무 상태 *IFRS 별도 기준 〈단위 : 억원〉

항목	2012	2013	2014	2015	2016	2017
총자산	—	10	14	81	92	119
유형자산	—	0	4	6	48	74
무형자산	—	1	2	10	9	9
유가증권	—	—	—	—	—	—
총부채	—	5	9	20	22	58
총차입금	—	4	7	15	18	51
자본금	—	1	1	13	13	13
총자본	—	4	4	61	70	61
지배주주지분	—	4	4	61	70	61

기업가치 지표 *IFRS 별도 기준

항목	2012	2013	2014	2015	2016	2017
주가(최고/저)(천원)	#VALUE!	—/—	—/—	—/—	—/—	—/—
PER(최고/저)(배)	0.0/0.0	0.0/0.0	0.0/0.0	13.2/11.5	—/—	—/—
PBR(최고/저)(배)	0.0/0.0	0.0/0.0	0.0/0.0	7.3/6.3	23.3/7.3	38.5/17.0
EV/EBITDA(배)	0.0	—	1.7	24.8	120.0	—
EPS(원)	—	306	86	251	-1,023	-127
BPS(원)	—	406	432	454	518	454
CFPS(원)	—	330	125	308	-996	-85
DPS(원)	—	—	—	—	—	—
EBITDAPS(원)	—	365	116	402	69	-23

재무 비율 〈단위 : %〉

연도	영업이익률	순이익률	부채비율	차입금비율	ROA	ROE	유보율	자기자본비율	EBITDA마진율
2017	-9.3	-8.5	104.5	88.8	-16.2	-26.8	349.4	48.9	-6.4
2016	4.9	-121.7	31.7	26.0	-158.9	-210.6	417.9	76.0	8.1
2015	17.6	12.8	33.5	24.7	15.6	22.8	353.9	74.9	20.5
2014	4.1	4.6	219.9	165.2	7.4	20.5	331.6	31.3	6.1

하이로닉 (A149980)

Hironic

업 종 : 의료 장비 및 서비스　　시 장 : KOSDAQ
신용등급 : (Bond) — (CP) —　　기업규모 : 벤처
홈페이지 : www.hironic.com　　연 락 처 : 031)698-4900
본 사 : 경기도 용인시 수지구 신수로 767 19층(동천동, 분당수지U-TOWER)

설 립 일 2007.12.11	**종업원수** 95명	**대표이사** 이진우
상 장 일 2013.07.01	**감사의견** 적정(한울)	**계 열**
결 산 기 12월	**보 통 주**	**종속회사수** 2개사
액 면 가 100원	**우 선 주**	**구 상 호**

주주구성 (지분율,%)		출자관계 (지분율,%)		주요경쟁사 (외형,%)	
이진우	26.2	하이로닉코리아	99.5	하이로닉	100
이은숙	18.6	아띠베뷰티	96.1	비트컴퓨터	176
(외국인)	3.2	블루코어컴퍼니	53.6	메디안디노스틱	53

매출구성		비용구성		수출비중	
제품매출	95.1	매출원가율	34.5	수출	—
상품매출	4.7	판관비율	55.9	내수	—
기타매출	0.2				

회사 개요

동사는 피부, 미용 관련 의료기기를 제조, 판매, 수출하는 벤처기업으로 지속적인 R&D 투자와 지적재산권(특허 및 인증) 확보를 통해 기업경쟁력 강화, 피부미용 의료기기의 차별화된 비즈니스 구축을 목표로 하고 있음. 동사의 제품은 피부과 및 성형외과 등 메디칼 에스테틱 치료가 가능한 병원 위주로 판매되고 있으며 유럽, 중동, 남미 등 해외로도 활발히 수출되고 있음.

실적 분석

동사의 2017년 누적매출액은 181.3억원으로 전년대비 17.2% 증가함. 같은 기간 영업이익은 전년보다 403.6% 늘어난 17.5억원을 기록함. 시장 트렌드에 맞는 신제품 출시가 실적 개선에 영향을 미침. 2017년 레이저 의료기기 전문기업 블루코어컴퍼니가 계열사로 편입되면서 HIFU, 레이저, RF 등 다양한 제품 라인업을 갖췄고 초음파 리프팅기기 '더블로 골드' 등 주력 제품이 좋은 반응을 보이고 있어 매출 확대가 기대됨.

현금 흐름 〈단위 : 억원〉

항목	2016	2017
영업활동	5	14
투자활동	-6	-20
재무활동	-19	8
순현금흐름	-20	2
기말현금	16	17

시장 대비 수익률

결산 실적 〈단위 : 억원〉

항목	2012	2013	2014	2015	2016	2017
매출액	113	134	228	179	155	181
영업이익	28	36	76	21	3	17
당기순이익	26	31	64	28	6	8

분기 실적 〈단위 : 억원〉

항목	2016.3Q	2016.4Q	2017.1Q	2017.2Q	2017.3Q	2017.4Q
매출액	32	37	47	40	47	47
영업이익	-2	-1	9	2	3	3
당기순이익	-9	8	-1	6	5	-2

재무 상태 〈단위 : 억원〉

항목	2012	2013	2014	2015	2016	2017
총자산	63	94	534	459	447	500
유형자산	4	7	12	83	107	117
무형자산	0	0	1	4	5	16
유가증권	—	—	1	10	16	20
총부채	15	14	65	19	19	98
총차입금	6	—	35	—	—	60
자본금	10	10	14	14	14	14
총자본	49	79	469	440	428	402
지배주주지분	49	79	469	439	428	399

기업가치 지표

항목	2012	2013	2014	2015	2016	2017
주가(최고/저)(천원)	—/—	3.4/1.9	18.3/3.0	29.8/10.7	15.6/6.3	7.9/4.2
PER(최고/저)(배)	0.0/0.0	11.0/6.0	31.4/5.1	147.6/53.1	304.8/124.1	146.4/78.3
PBR(최고/저)(배)	0.0/0.0	4.3/2.4	5.5/0.9	8.6/3.1	4.3/1.8	2.2/1.2
EV/EBITDA(배)	—	9.2	27.2	60.6	85.6	19.5
EPS(원)	264	310	586	203	51	54
BPS(원)	2,445	3,973	16,892	3,499	3,593	3,611
CFPS(원)	1,338	1,589	3,012	230	95	116
DPS(원)	25	25	—	70	10	3
EBITDAPS(원)	1,426	1,857	3,558	177	68	186

재무 비율 〈단위 : %〉

연도	영업이익률	순이익률	부채비율	차입금비율	ROA	ROE	유보율	자기자본비율	EBITDA마진율
2017	9.6	4.2	24.5	15.0	1.6	1.9	3,511.1	80.3	14.5
2016	2.2	3.9	4.4	0.0	1.3	1.7	3,492.5	95.8	6.2
2015	11.7	15.8	4.3	0.0	5.7	6.2	3,398.9	95.9	13.8
2014	33.5	28.3	13.9	7.5	20.6	23.5	3,278.3	87.8	34.3

하이록코리아 (A013030)
Hy-Lok

업 종 : 기계
신용등급 : (Bond) — (CP) —
홈페이지 : www.hy-lok.com
본 사 : 부산시 강서구 녹산산단27로 97
시 장 : KOSDAQ
기업규모 : 우량
연 락 처 : 051)970-0800

설 립 일	1978.03.18	종업원수	559명	대표이사	문휴건,문창환
상 장 일	1989.12.15	감사의견	적정(경신)	계 열	
결 산 기	12월	보 통 주		종속회사수	5개사
액 면 가	500원	우 선 주		구 상 호	

주주구성 (지분율,%)		출자관계 (지분율,%)		주요경쟁사 (외형,%)	
문휴건	15.7	협동정공	60.0	하이록코리아	100
문영훈	15.0	협동사	50.0	두산중공업	7,949
(외국인)	48.2	하이록단조	10.0	현대엘리베이	1,091

매출구성		비용구성		수출비중	
Hy-Lok Valve	37.6	매출원가율	68.4	수출	46.0
기타	27.5	판관비율	12.2	내수	54.0
Hy-Lok Fitting	24.5				

회사 개요
동사는 관이음쇠 및 밸브 제조와 판매를 목적으로 1977년 설립됨. 석유화학, 조선, 발전, 반도체, 철도차량 등 다양한 사업영역에 진출해있음. 도금과 금속 가공업을 영위하는 협동사를 비롯해 4개의 종속회사를 두고 있음. 주요 제품 중 Hy-Lok Fitting이 매출의 28.0%, Bite Type Fitting 5.7%, Pipe Fitting 3.0%, Hy-Lok Valve 38.7%, 모듈과 기타 상품이 24.6%를 차지함.

실적 분석
동사의 2017년 연결기준 누적 매출액은 1,827억원으로 전년동기 대비 3.2% 증가함. 매출원가와 판매비와 관리비가 전년동기 대비 각각 2.9%, 21.0% 증가하여 비용구조가 악화되었으며, 글로벌 유가 하락의 지속과 전방산업의 불확실성 증대에 따른 경쟁심화로 영업이익은 전년동기 대비 4.7% 감소하였음. 당기순이익 또한 236.2억원으로 전년대비 21.8% 감소함.

현금 흐름
<단위 : 억원>

항목	2016	2017
영업활동	229	417
투자활동	-293	28
재무활동	-56	-56
순현금흐름	-115	369
기말현금	174	543

시장 대비 수익률
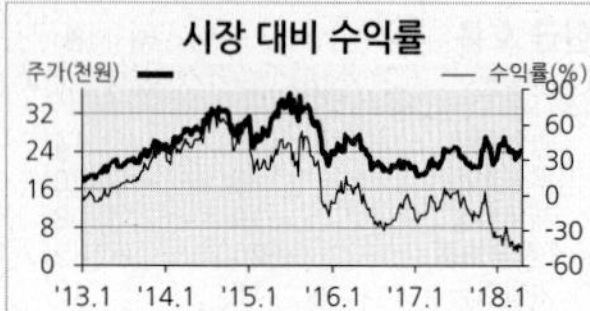

결산 실적
<단위 : 억원>

항목	2012	2013	2014	2015	2016	2017
매출액	1,879	1,876	1,930	2,092	1,771	1,827
영업이익	417	428	490	536	373	355
당기순이익	295	334	382	432	302	236

분기 실적
<단위 : 억원>

항목	2016.3Q	2016.4Q	2017.1Q	2017.2Q	2017.3Q	2017.4Q
매출액	409	468	470	483	507	367
영업이익	81	102	99	95	99	62
당기순이익	36	116	43	102	88	4

재무 상태
<단위 : 억원>

항목	2012	2013	2014	2015	2016	2017
총자산	2,484	2,759	3,055	3,352	3,533	3,794
유형자산	731	700	696	789	780	846
무형자산	67	83	84	81	72	125
유가증권	6	6	6	5	5	5
총부채	615	594	567	498	445	445
총차입금	330	280	200	150	150	170
자본금	68	68	68	68	68	68
총자본	1,869	2,164	2,489	2,854	3,089	3,350
지배주주지분	1,846	2,135	2,455	2,818	3,055	3,280

기업가치 지표

항목	2012	2013	2014	2015	2016	2017
주가(최고/저)(천원)	21.6/15.0	26.2/17.5	33.9/23.2	36.9/20.7	28.4/19.4	28.0/18.1
PER(최고/저)(배)	11.1/7.8	11.8/7.9	13.0/8.9	12.3/6.9	13.3/9.1	16.5/10.7
PBR(최고/저)(배)	1.7/1.2	1.8/1.2	2.0/1.4	1.9/1.1	1.3/0.9	1.2/0.8
EV/EBITDA(배)	5.7	6.7	6.9	4.2	4.4	4.4
EPS(원)	2,123	2,401	2,780	3,152	2,219	1,728
BPS(원)	13,558	15,682	18,034	20,702	22,443	24,092
CFPS(원)	2,402	2,687	3,064	3,453	2,535	2,092
DPS(원)	250	350	400	400	400	400
EBITDAPS(원)	3,341	3,429	3,883	4,238	3,053	2,974

재무 비율
<단위 : %>

연도	영업이익률	순이익률	부채비율	차입금비율	ROA	ROE	유보율	자기자본비율	EBITDA마진율
2017	19.4	12.9	13.3	5.1	6.5	7.4	4,718.5	88.3	22.2
2016	21.0	17.1	14.4	4.9	8.8	10.3	4,388.6	87.4	23.5
2015	25.6	20.7	17.5	5.3	13.5	16.3	4,040.5	85.1	27.6
2014	25.4	19.8	22.8	8.0	13.2	16.5	3,506.9	81.5	27.4

하이비젼시스템 (A126700)
HyVISION SYSTEM

업 종 : 휴대폰 및 관련부품
신용등급 : (Bond) — (CP) —
홈페이지 : www.hyvision.co.kr
본 사 : 경기도 성남시 중원구 사기막골로 58(상대원동)
시 장 : KOSDAQ
기업규모 : 우량
연 락 처 : 031)735-1573

설 립 일	2010.04.08	종업원수	208명	대표이사	최두원
상 장 일	2010.09.10	감사의견	적정(다산)	계 열	
결 산 기	12월	보 통 주		종속회사수	2개사
액 면 가	500원	우 선 주		구 상 호	

주주구성 (지분율,%)		출자관계 (지분율,%)		주요경쟁사 (외형,%)	
최두원	15.2	아이알브이테크	100.0	하이비젼시스템	100
나금옥	4.2	큐비콘	83.0	세코닉스	196
(외국인)	15.6	준성하이테크	44.9	엠씨넥스	396

매출구성		비용구성		수출비중	
CCM자동화 검사장비:HVT-305 시리즈 등	53.2	매출원가율	64.5	수출	—
영상평가장치 및 기타:HyIMAGE Pro V-시리즈 등	46.8	판관비율	18.9	내수	—

회사 개요
동사는 기업인수목적법인으로 설립되어 2012년1월30일 하이비젼시스템과 합병함. 동사는 휴대폰에 탑재되는 카메라모듈(CCM) 제조 공정 중 렌즈포커싱 등을 포함한 검사공정에 대한 자동화 장비를 개발하는 사업을 영위. 휴대폰 카메라가 고화소화되면서 오토포커싱, 광학줌 등 다양한 기능들이 추가됨에 따라, 자동화 장비의 수요는 최근 2년 간 급증하였고, 현재 LG이노텍 등 세계적인 카메라 모듈 업체에 장비를 납품 중임.

실적 분석
동사의 2017년 전체 매출은 1,689억원으로 전년대비 117.8% 증가, 영업이익은 280.8억원으로 전년대비 501.5% 증가, 당기순이익은 204.4억원으로 전년대비 341.5% 증가시현. 듀얼 카메라 및 3D 센싱 카메라 수요 증가로 검사 장비 매출이 급증함. 외형 확대와 제품 믹스 효과로 수익성은 전년대비 큰 폭 증가. 2018년 듀얼카메라 및 보급형 모델의 화소 상향으로 매출, 이익 상승세는 지속될 것으로 예상됨.

현금 흐름
<단위 : 억원>

항목	2016	2017
영업활동	146	272
투자활동	-176	-186
재무활동	-27	100
순현금흐름	-47	178
기말현금	121	299

시장 대비 수익률
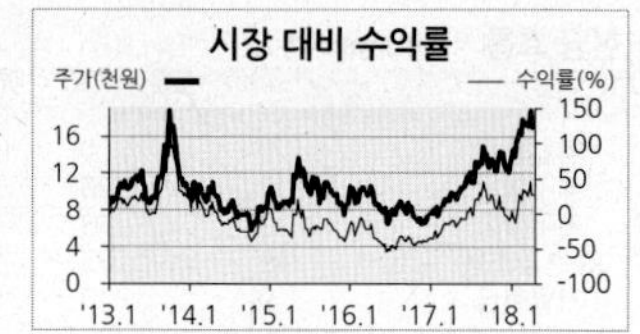

결산 실적
<단위 : 억원>

항목	2012	2013	2014	2015	2016	2017
매출액	836	683	623	877	775	1,689
영업이익	193	109	62	67	47	281
당기순이익	148	109	72	94	46	204

분기 실적
<단위 : 억원>

항목	2016.3Q	2016.4Q	2017.1Q	2017.2Q	2017.3Q	2017.4Q
매출액	240	255	139	343	595	612
영업이익	33	8	1	47	113	119
당기순이익	18	10	-2	46	99	62

재무 상태
<단위 : 억원>

항목	2012	2013	2014	2015	2016	2017
총자산	730	723	788	888	993	1,563
유형자산	111	117	120	127	120	269
무형자산	5	4	15	80	42	9
유가증권	52	281	222	98	267	260
총부채	177	86	116	126	197	589
총차입금	44	20	16	16	—	130
자본금	32	70	75	75	75	75
총자본	553	637	673	762	796	974
지배주주지분	553	637	673	758	796	971

기업가치 지표

항목	2012	2013	2014	2015	2016	2017
주가(최고/저)(천원)	10.3/7.2	19.1/8.2	11.0/5.2	13.7/7.6	10.8/6.6	15.0/7.4
PER(최고/저)(배)	9.1/6.3	25.2/10.8	22.8/10.8	22.0/12.2	32.3/19.6	11.0/5.5
PBR(최고/저)(배)	2.4/1.7	4.1/1.8	2.3/1.1	2.5/1.4	1.9/1.2	2.1/1.1
EV/EBITDA(배)	4.8	9.9	17.0	15.7	10.8	5.1
EPS(원)	1,171	782	495	634	339	1,374
BPS(원)	1,749	4,807	4,926	5,535	5,789	7,146
CFPS(원)	480	819	539	710	504	1,492
DPS(원)	—	110	50	50	20	120
EBITDAPS(원)	620	823	471	523	477	1,998

재무 비율
<단위 : %>

연도	영업이익률	순이익률	부채비율	차입금비율	ROA	ROE	유보율	자기자본비율	EBITDA마진율
2017	16.6	12.1	60.5	13.4	16.0	23.2	1,329.2	62.3	17.7
2016	6.0	6.0	24.7	0.0	4.9	6.5	1,057.9	80.2	9.2
2015	7.6	10.7	16.5	2.1	11.2	13.3	1,007.1	85.8	8.9
2014	9.9	11.5	17.2	2.4	9.5	11.0	885.1	85.4	10.9

하이셈 (A200470)
HISEM CO

업종 : 반도체 및 관련장비 | 시장 : KOSDAQ
신용등급 : (Bond) — (CP) — | 기업규모 : 중견
홈페이지 : www.hisem.co.kr | 연락처 : 031)8046-1700
본사 : 경기도 안성시 일죽면 서동대로 7280-26

설립일	2007.06.20	**종업원수**	103명	**대표이사**	장성호
상장일	2014.12.26	**감사의견**	적정(삼정)	**계열**	
결산기	12월	**보통주**		**종속회사수**	
액면가	500원	**우선주**		**구상호**	

주주구성 (지분율,%)		출자관계 (지분율,%)	주요경쟁사 (외형,%)	
팬아시아세미컨덕터서비스	25.4		하이셈	100
우리기술투자	3.5		아진엑스텍	136
(외국인)	2.9		로체시스템즈	1,488

매출구성		비용구성		수출비중	
임가공 반도체 테스트	98.0	매출원가율	80.8	수출	80.6
제조 저장장치 Primero	2.0	판관비율	10.6	내수	19.4

회사 개요
동사는 2007년 06월 20일에 반도체 제조 관련 테스트 및 엔지니어링 서비스를 주요 사업 목적으로 설립되었으며, 현재 반도체 후공정 중 테스트 외주사업 및 Nand Flash 및 관련 응용제품을 제조, 판매하는 사업을 진행하고 있음. 동사의 매출 비중의 98%를 차지하고 있는 메모리 반도체 테스트 산업은 에이티세미콘, 윈팩 등 4개사가 영위하고 있는 과점시장에 해당함. 15년 부터 저장장치 사업으로 확장.

실적 분석
동사의 2017년 매출은 226억원으로 전년 대비 약 42% 증가함. 이는 고객사의 테스트 외주물량이 증가한 영향임. 이 중 SK하이닉스향 매출이 약 80%를 차지하고 있으며, SK하이닉스 외주물량 증가에 대응하기 위해 신규 기계장치 투자가 계획되어 있음. 때문에 2018년에는 SK하이닉스 향 매출 비중이 다소 증가할 수도 있음. 영업이익과 당기순이익은 19.5억원, 8.6억원으로 흑자전환함.

현금 흐름 *IFRS 별도 기준 〈단위 : 억원〉

항목	2016	2017
영업활동	47	71
투자활동	9	-114
재무활동	-40	160
순현금흐름	17	117
기말현금	38	156

시장 대비 수익률
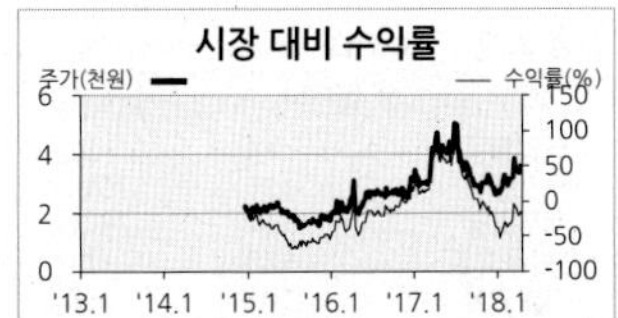

결산 실적 〈단위 : 억원〉

항목	2012	2013	2014	2015	2016	2017
매출액	317	324	315	216	159	226
영업이익	0	38	23	-42	-34	19
당기순이익	-23	21	30	-21	-37	9

분기 실적 *IFRS 별도 기준 〈단위 : 억원〉

항목	2016.3Q	2016.4Q	2017.1Q	2017.2Q	2017.3Q	2017.4Q
매출액	38	51	48	52	60	66
영업이익	-7	3	-1	5	6	9
당기순이익	-3	1	-1	4	5	-0

재무 상태 *IFRS 별도 기준 〈단위 : 억원〉

항목	2012	2013	2014	2015	2016	2017
총자산	760	695	639	572	494	689
유형자산	655	566	430	351	272	442
무형자산	1	1	1	1	1	1
유가증권	—	—	—	0	0	0
총부채	412	326	177	133	92	281
총차입금	350	291	158	118	78	239
자본금	195	195	88	88	88	88
총자본	347	369	461	439	402	408
지배주주지분	347	369	461	439	402	408

기업가치 지표 *IFRS 별도 기준

항목	2012	2013	2014	2015	2016	2017
주가(최고/저)(천원)	—/—	—/—	2.2/2.1	2.4/1.5	3.2/1.8	5.7/2.6
PER(최고/저)(배)	0.0/0.0	0.0/0.0	9.9/9.2	—/—	—/—	115.1/53.5
PBR(최고/저)(배)	0.0/0.0	0.0/0.0	0.8/0.8	1.0/0.6	1.4/0.8	2.4/1.1
EV/EBITDA(배)	1.6	1.1	2.2	3.9	10.2	5.8
EPS(원)	-179	163	225	-121	-210	49
BPS(원)	8,910	9,461	2,627	2,500	2,289	2,325
CFPS(원)	4,256	4,489	1,296	476	223	435
DPS(원)	—	—	—	—	—	—
EBITDAPS(원)	4,856	4,920	1,247	360	237	497

재무 비율 〈단위 : %〉

연도	영업이익률	순이익률	부채비율	차입금비율	ROA	ROE	유보율	자기자본비율	EBITDA마진율
2017	8.6	3.8	68.8	58.5	1.5	2.1	365.1	59.3	38.5
2016	-21.7	-23.2	23.0	19.5	-6.9	-8.8	357.8	81.3	26.2
2015	-19.2	-9.8	30.3	27.0	-3.5	-4.7	399.9	76.8	29.2
2014	7.4	9.4	38.5	34.3	4.4	7.1	425.5	72.2	52.1

하이스틸 (A071090)
Histeel

업종 : 금속 및 광물 | 시장 : 거래소
신용등급 : (Bond) — (CP) — | 기업규모 : 시가총액 소형주
홈페이지 : www.histeel.co.kr | 연락처 : 041)357-8511~4
본사 : 충남 당진시 송악읍 부곡공단 4길 28-252

설립일	2003.01.01	**종업원수**	215명	**대표이사**	엄정근
상장일	2003.02.17	**감사의견**	적정(이현)	**계열**	
결산기	12월	**보통주**		**종속회사수**	
액면가	5,000원	**우선주**		**구상호**	

주주구성 (지분율,%)		출자관계 (지분율,%)	주요경쟁사 (외형,%)	
한일철강	15.2		하이스틸	100
엄정근	10.1		한국주강	14
(외국인)	2.0		티플랙스	56

매출구성		비용구성		수출비중	
강관(제품)	89.5	매출원가율	87.3	수출	51.4
강관(상품)	10.5	판관비율	7.5	내수	48.6
강관(임가공)	0.0				

회사 개요
동사는 2003년 강관 등을 생산, 판매할 목적으로 2003년 1월 1일에 한일철강로부터 인적분할하여 설립됨. 동사는 계열회사로 한일철강, 강음한일강철유한공사가 있고, 한일철강이 하이스틸과 강음한일강철유한공사의 지분을 각각 15.23%, 60% 보유하고 있음. 동사는 국내 강관 시장에서 매출 기준으로 세아제강, 휴스틸에 이은 3위 업체임. 동사는 2016년 9월 당진2공장을 신설하고, 2017년 1월 인천2공장 매각을 완료함.

실적 분석
동사의 2017년 매출과 영업이익은 2117억원, 110억원으로 전년 대비 각각 42.2%, 55% 증가함. 매출액을 사업부문별로 보면 제품부문이 93.53%, 상품부문이 6.45%, 임가공 0.02%로 구성됨. 국내 영업부문의 매출은 전년 950억원에서 1028억원을 달성해 전년 대비 8.17% 증가함. 해외 영업매출은 전년 539억원에서 1089억원으로 전년 대비 102.07%가 증가함.

현금 흐름 *IFRS 별도 기준 〈단위 : 억원〉

항목	2016	2017
영업활동	66	-20
투자활동	-134	68
재무활동	83	-26
순현금흐름	16	20
기말현금	103	124

시장 대비 수익률
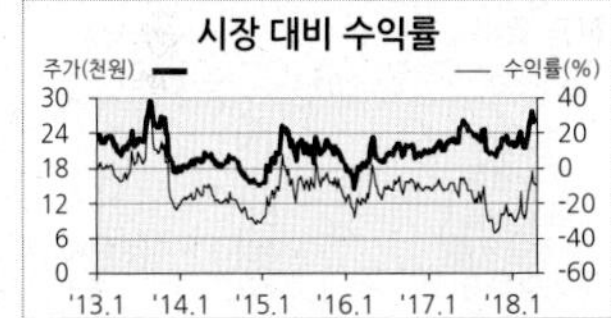

결산 실적 〈단위 : 억원〉

항목	2012	2013	2014	2015	2016	2017
매출액	2,614	1,737	1,908	1,329	1,489	2,117
영업이익	58	0	31	-72	71	110
당기순이익	21	-25	-5	-85	39	84

분기 실적 *IFRS 별도 기준 〈단위 : 억원〉

항목	2016.3Q	2016.4Q	2017.1Q	2017.2Q	2017.3Q	2017.4Q
매출액	352	472	436	429	721	531
영업이익	15	15	28	2	64	16
당기순이익	1	10	45	6	45	-11

재무 상태 *IFRS 별도 기준 〈단위 : 억원〉

항목	2012	2013	2014	2015	2016	2017
총자산	2,514	2,495	2,486	2,272	2,430	2,451
유형자산	1,613	1,575	1,545	1,552	1,531	1,497
무형자산	3	3	3	3	3	3
유가증권	15	12	18	15	6	5
총부채	1,159	1,173	1,173	1,051	1,170	1,089
총차입금	752	777	724	695	780	757
자본금	100	100	100	100	100	100
총자본	1,355	1,321	1,313	1,221	1,259	1,363
지배주주지분	1,355	1,321	1,313	1,221	1,259	1,363

기업가치 지표 *IFRS 별도 기준

항목	2012	2013	2014	2015	2016	2017
주가(최고/저)(천원)	48.9/19.9	31.4/17.2	21.3/14.7	30.2/15.3	26.0/14.7	26.3/19.7
PER(최고/저)(배)	37.9/15.4	—/—	—/—	—/—	13.7/7.7	6.3/4.7
PBR(최고/저)(배)	0.8/0.3	0.5/0.3	0.3/0.2	0.5/0.3	0.4/0.2	0.4/0.3
EV/EBITDA(배)	11.6	23.0	12.6	—	9.0	5.9
EPS(원)	1,360	-1,252	-239	-4,237	1,949	4,229
BPS(원)	67,767	66,074	65,657	61,052	62,982	68,140
CFPS(원)	4,089	950	1,934	-2,108	4,113	6,620
DPS(원)	350	100	150	—	150	350
EBITDAPS(원)	6,489	2,212	3,712	-1,450	5,699	7,912

재무 비율 〈단위 : %〉

연도	영업이익률	순이익률	부채비율	차입금비율	ROA	ROE	유보율	자기자본비율	EBITDA마진율
2017	5.2	4.0	80.2	55.6	3.4	6.4	1,261.3	55.5	7.4
2016	4.8	2.6	92.9	61.9	1.7	3.1	1,159.6	51.8	7.7
2015	-5.4	-6.4	86.1	57.0	-3.6	-6.7	1,121.1	53.7	-2.2
2014	1.6	-0.3	89.4	55.2	-0.2	-0.4	1,213.1	52.8	3.9

하이즈항공 (A221840)

HIZEAERO

업 종 : 운송인프라　　시 장 : KOSDAQ
신용등급 : (Bond) — (CP) —　　기업규모 : 중견
홈페이지 : www.hizeaero.com　　연 락 처 : 055)850-8800
본 사 : 경남 사천시 사남면 공단5로 24

설 립 일	2001.11.16	**종 업 원 수**	552명	**대 표 이 사**	하상헌
상 장 일	2015.11.25	**감 사 의 견**	적정(한영)	**계 열**	
결 산 기	12월	**보 통 주**		**종속회사수**	
액 면 가	500원	**우 선 주**		**구 상 호**	

주주구성 (지분율,%)		출자관계 (지분율,%)		주요경쟁사 (외형,%)	
하상헌	37.5	가온아이앤티	65.0	하이즈항공	100
엘비인베스트먼트	4.7	한국표면처리	1.6	동방	1,133
(외국인)	3.1			서호전기	100

매출구성		비용구성		수출비중	
조립사업부 제품	72.6	매출원가율	87.6	수출	26.5
부품사업부 제품	27.4	판관비율	8.0	내수	73.5

회사 개요

동사는 2001년 11월 설립된 항공기 부품 개발, 생산, 조립 등 항공기종합부품기업임. 2015년 코스닥 시장에 상장함. 주로 후방 동체와 날개구조물 등을 생산하고 있으며 미국 보잉의 1차 협력업체로서 B787기 센터윙박스를 독점공급하고 있음. B787 섹션 48은 듀얼 소스로 동사를 비롯해 두 기업만이 공급함. B787 주익 및 B737 꼬리날개의 주요 기계가공부품을 수주 후 개발 및 양산 진행 중임.

실적 분석

동사의 2017년 4분기 누적 매출액은 446.9억원으로 전년동기(328.6억원) 대비 36% 증가함. 중국 및 일본 주요항공기부품 제조회사들과의 계약 체결이 영향을 미친 것으로 보임. 영업이익은 19.9억원으로 흑자전환함. 7.1억원의 당기순이익을 달성하며 전년 32.6억원 순손실에서 흑자전환에 성공함. 항공기 신규/대체 수요 증가에 따라 지속적인 성장이 기대됨.

현금 흐름 〈단위 : 억원〉

항목	2016	2017
영업활동	-28	19
투자활동	-171	-35
재무활동	51	3
순현금흐름	-148	-14
기말현금	27	13

시장 대비 수익률

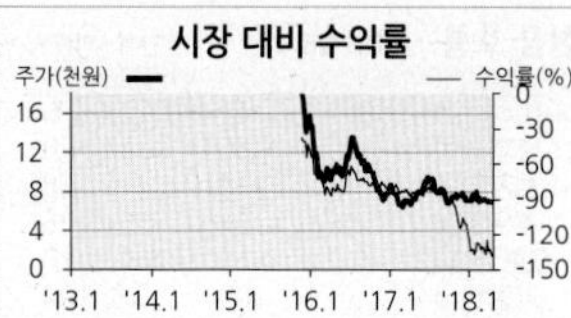

결산 실적 〈단위 : 억원〉

항목	2012	2013	2014	2015	2016	2017
매출액	205	299	313	308	329	447
영업이익	14	23	50	46	-16	20
당기순이익	14	21	31	34	-33	7

분기 실적 〈단위 : 억원〉

항목	2016.3Q	2016.4Q	2017.1Q	2017.2Q	2017.3Q	2017.4Q
매출액	70	—	—	—	125	—
영업이익	-12	—	—	—	8	—
당기순이익	-10	—	—	—	8	—

재무 상태 〈단위 : 억원〉

항목	2012	2013	2014	2015	2016	2017
총자산	275	436	501	1,245	1,275	1,308
유형자산	152	268	337	487	708	717
무형자산	12	13	8	29	34	38
유가증권	—	—	1	2	3	3
총부채	169	374	400	421	518	568
총차입금	136	321	347	363	441	476
자본금	27	20	53	87	88	88
총자본	106	63	101	824	757	741
지배주주지분	106	63	101	824	757	734

기업가치 지표

항목	2012	2013	2014	2015	2016	2017
주가(최고/저)(천원)	—/—	—/—	—/—	18.0/13.5	15.5/6.8	9.5/6.5
PER(최고/저)(배)	0.0/0.0	0.0/0.0	0.0/0.0	75.0/56.4	—/—	255.9/173.3
PBR(최고/저)(배)	0.0/0.0	0.0/0.0	0.0/0.0	3.8/2.9	3.5/1.5	2.1/1.4
EV/EBITDA(배)	3.9	6.1	3.5	36.5	86.9	22.4
EPS(원)	106	161	233	239	-185	37
BPS(원)	2,035	1,220	735	4,734	4,453	4,492
CFPS(원)	425	655	359	388	1	262
DPS(원)	—	—	—	—	—	—
EBITDAPS(원)	421	676	502	467	94	337

재무 비율 〈단위 : %〉

연도	영업 이익률	순 이익률	부채 비율	차입금 비율	ROA	ROE	유보율	자기자본 비율	EBITDA 마진율
2017	4.5	1.6	76.6	64.2	0.6	0.9	798.4	56.6	13.4
2016	-4.9	-9.9	68.4	58.2	-2.6	-4.1	790.5	59.4	5.1
2015	14.8	11.2	51.0	44.0	3.9	7.4	846.7	66.2	21.8
2014	16.0	9.9	397.8	344.6	6.6	38.1	93.2	20.1	21.4

하이텍팜 (A106190)

HIGH TECH PHARM

업 종 : 제약　　시 장 : KOSDAQ
신용등급 : (Bond) — (CP) —　　기업규모 : 우량
홈페이지 : www.htpharm.com　　연 락 처 : 043)883-0012
본 사 : 충북 음성군 대소면 신내로 280

설 립 일	1998.09.01	**종 업 원 수**	80명	**대 표 이 사**	김정수
상 장 일	2010.07.28	**감 사 의 견**	적정(한길)	**계 열**	
결 산 기	12월	**보 통 주**		**종속회사수**	
액 면 가	500원	**우 선 주**		**구 상 호**	

주주구성 (지분율,%)		출자관계 (지분율,%)		주요경쟁사 (외형,%)	
ACS DOBFAR s.p.a	39.6			하이텍팜	100
김정수	5.6			우리들제약	121
(외국인)	40.9			화일약품	155

매출구성		비용구성		수출비중	
카바페넴계	83.5	매출원가율	91.6	수출	97.5
세팔로스포린계	16.5	판관비율	3.4	내수	2.5
기타	0.1				

회사 개요

동사는 1998년 설립된 후 2010년에 코스닥 상장된 업체임. 동사는 주사제용 항생제 원료의약품을 생산하여 국내 및 해외에 수출하고 있으며, 주요 제품은 카바페넴 계열 항생제인 주사제용 무균이미페넴/실라스타틴과 세팔로스포린 계열 항생제인 무균세프트리악손이 있음. 특히 주사제용 무균이미페넴/실라스타틴은 발매이후 남미, 유럽, 아시아등의 국가에서 품질과 가격경쟁력을 유지하고 있음.

실적 분석

동사의 2017년도 연간 매출액은 660.5억원으로 전년 대비 20.5% 증가함. 반면 환율변동 및 충주공장에 대한 지속적인 투자비용으로 영업이익은 32.7억원으로 전년 대비 36.8% 감소함. 동사는 다양한 카바페넴계 항생제의 생산기술 확보에 역량을 집중하고 있음. 현재는 무균 원료 제약 공장으로 식약청의 허가를 받기 위하여 합성 및 무균제제를 제조하기 위한 공조 및 생산 설비등에 평가를 진행중임.

현금 흐름 *IFRS 별도 기준 〈단위 : 억원〉

항목	2016	2017
영업활동	14	55
투자활동	-135	-114
재무활동	-11	-11
순현금흐름	-129	-71
기말현금	101	30

시장 대비 수익률

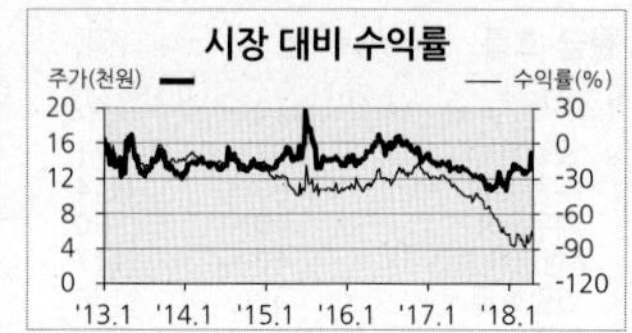

결산 실적 〈단위 : 억원〉

항목	2012	2013	2014	2015	2016	2017
매출액	539	652	569	481	548	660
영업이익	106	123	79	54	52	33
당기순이익	74	105	78	65	53	21

분기 실적 *IFRS 별도 기준 〈단위 : 억원〉

항목	2016.3Q	2016.4Q	2017.1Q	2017.2Q	2017.3Q	2017.4Q
매출액	93	165	145	185	160	170
영업이익	8	17	11	8	13	0
당기순이익	-2	25	1	11	11	-2

재무 상태 *IFRS 별도 기준 〈단위 : 억원〉

항목	2012	2013	2014	2015	2016	2017
총자산	848	956	1,066	1,114	1,183	1,191
유형자산	240	237	322	505	728	834
무형자산	—	—	—	—	—	—
유가증권	—	33	35	25	20	6
총부채	78	97	145	142	171	169
총차입금	—	—	33	6	7	7
자본금	35	35	35	35	35	35
총자본	771	858	921	972	1,012	1,022
지배주주지분	771	858	921	972	1,012	1,022

기업가치 지표 *IFRS 별도 기준

항목	2012	2013	2014	2015	2016	2017
주가(최고/저)(천원)	25.8/11.0	17.2/11.7	15.6/12.4	19.7/12.7	17.1/13.5	14.8/10.5
PER(최고/저)(배)	26.7/11.4	12.4/8.4	14.8/11.8	22.0/14.1	23.4/18.5	50.3/35.6
PBR(최고/저)(배)	2.6/1.1	1.5/1.0	1.3/1.0	1.5/1.0	1.2/1.0	1.0/0.7
EV/EBITDA(배)	6.1	4.1	6.6	11.5	16.4	21.0
EPS(원)	1,047	1,475	1,105	923	745	296
BPS(원)	10,871	12,108	12,987	13,712	14,273	14,416
CFPS(원)	1,207	1,628	1,235	1,037	841	381
DPS(원)	200	250	250	150	150	100
EBITDAPS(원)	1,657	1,885	1,242	876	827	546

재무 비율 〈단위 : %〉

연도	영업 이익률	순 이익률	부채 비율	차입금 비율	ROA	ROE	유보율	자기자본 비율	EBITDA 마진율
2017	5.0	3.2	16.5	0.7	1.8	2.1	2,783.3	85.8	5.9
2016	9.4	9.6	16.9	0.7	4.6	5.3	2,754.6	85.5	10.7
2015	11.2	13.6	14.6	0.7	6.0	6.9	2,642.5	87.2	12.9
2014	13.9	13.8	15.8	3.6	7.8	8.8	2,497.5	86.4	15.5

하이트론씨스템즈 (A019490)

Hitron Systems

업　　종 : 보안장비
신용등급 : (Bond) —　　(CP) —
홈페이지 : www.hitron.co.kr
본　　사 : 경기도 안성시 삼죽면 서동대로 5953-85
시　　장 : 거래소
기업규모 : 시가총액 소형주
연 락 처 : 031)670-9100

설 립 일	1986.11.10	종업원수	139명	대표이사	최영덕
상 장 일	1998.10.24	감사의견	적정(한영)	계 열	
결 산 기	12월	보 통 주		종속회사수	2개사
액 면 가	2,500원	우 선 주		구 상 호	

주주구성 (지분율,%)		출자관계 (지분율,%)		주요경쟁사 (외형,%)	
한세희	18.8			하이트론	100
최영덕	15.2			아이디스홀딩스	1,166
(외국인)	0.9			아이디스	253

매출구성		비용구성		수출비중	
[씨큐리티]CAMERA	54.3	매출원가율	100.1	수출	50.1
[정보통신]기타	19.3	판관비율	30.3	내수	49.9
[정보통신]SI	12.9				

회사 개요

주력사업으로 보안장비 사업을 25년 이상 영위하고 있으며, 카메라, DVR, 모니터, 컨트롤러 등 보안장비 Full Line-up을 보유하고 있는 종합 씨큐리티 업체. 중고가, 고품질 시장에 주력하였으나, 최근에는 저가시장에도 진출을 추진함. 국내에서는 도시철도, 항만, 교도소 등 관공서가 주요 영업대상이며, 해외의 보안 SI업체들과도 거래관계를 유지하고 있음. 최근 유동성 확보를 위해 서울 수서 소재 토지와 건물을 150억원에 매각함.

실적 분석

동사의 2017년 결산 매출액은 주력제품인 카메라의 수출 부진으로 전기 대비 8.7% 감소한 375.7억원을 기록함. 외형 축소와 더불어 원가율 상승 및 판관비 증가 여파로 수익성은 악화된 모습. 114.1억원의 영업손실 시현하며 손실 폭 확대된 상황이며, 비영업수익 또한 크게 줄어들면서 경상수지 역시 고전하는 모습. 113.7억원의 순손실 시현하며 전기 대비 적자 전환. 매출의 약 70% 수준인 수출시장의 확대가 시급한 상황.

현금 흐름 〈단위 : 억원〉

항목	2016	2017
영업활동	-89	-110
투자활동	79	51
재무활동	18	60
순현금흐름	9	-0
기말현금	29	29

시장 대비 수익률

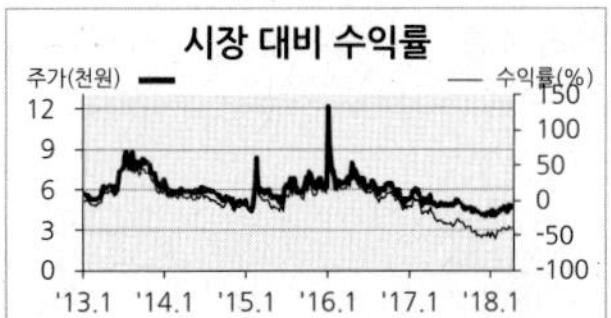

결산 실적 〈단위 : 억원〉

항목	2012	2013	2014	2015	2016	2017
매출액	1,169	968	722	545	411	376
영업이익	-21	-57	-55	-59	-80	-114
당기순이익	2	-64	-62	-58	30	-114

분기 실적 〈단위 : 억원〉

항목	2016.3Q	2016.4Q	2017.1Q	2017.2Q	2017.3Q	2017.4Q
매출액	77	140	110	67	67	131
영업이익	-23	2	0	-30	-28	-57
당기순이익	-25	-2	7	-32	-27	-61

재무 상태 〈단위 : 억원〉

항목	2012	2013	2014	2015	2016	2017
총자산	877	731	618	548	639	579
유형자산	267	258	246	240	207	211
무형자산	2	2	2	2	2	2
유가증권	9	6	6	6	6	5
총부채	302	229	179	161	197	252
총차입금	8	1	3	31	35	95
자본금	138	138	138	138	138	138
총자본	575	502	439	387	442	327
지배주주지분	575	502	439	387	442	327

기업가치 지표

항목	2012	2013	2014	2015	2016	2017
주가(최고/저)(천원)	7.7/4.7	10.1/5.1	6.8/4.6	9.0/4.5	12.1/4.9	6.1/4.0
PER(최고/저)(배)	182.3/110.9	—/—	—/—	—/—	22.2/8.9	—/—
PBR(최고/저)(배)	0.6/0.4	0.8/0.4	0.6/0.4	0.9/0.5	1.2/0.5	0.8/0.5
EV/EBITDA(배)	—	—	—	—	—	—
EPS(원)	42	-1,156	-1,124	-1,055	545	-2,056
BPS(원)	13,106	11,928	10,788	9,841	10,111	7,998
CFPS(원)	379	-832	-842	-805	796	-1,813
DPS(원)	—	—	—	—	—	—
EBITDAPS(원)	-57	-713	-708	-810	-1,197	-1,820

재무 비율 〈단위 : %〉

연도	영업이익률	순이익률	부채비율	차입금비율	ROA	ROE	유보율	자기자본비율	EBITDA마진율
2017	-30.4	-30.3	77.1	28.9	-18.7	-29.6	219.9	56.5	-26.8
2016	-19.5	7.3	44.6	7.9	5.1	7.3	304.4	69.2	-16.1
2015	-10.8	-10.7	41.7	8.1	-10.0	-14.1	293.7	70.6	-8.2
2014	-7.6	-8.6	40.7	0.8	-9.2	-13.2	331.5	71.1	-5.4

하이트진로 (A000080)

HITEJINRO CO

업　　종 : 음료
신용등급 : (Bond) —　　(CP) —
홈페이지 : www.hitejinro.com
본　　사 : 서울시 강남구 영동대로 714
시　　장 : 거래소
기업규모 : 시가총액 중형주
연 락 처 : 02)3219-0114

설 립 일	1954.06.15	종업원수	3,007명	대표이사	김인규
상 장 일	2009.10.19	감사의견	적정(한영)	계 열	
결 산 기	12월	보 통 주		종속회사수	15개사
액 면 가	5,000원	우 선 주		구 상 호	

주주구성 (지분율,%)		출자관계 (지분율,%)		주요경쟁사 (외형,%)	
하이트진로홀딩스	50.9	Jinro	100.0	하이트진로	100
국민연금기금	6.1	하이트진로산업	100.0	롯데칠성	121
(외국인)	18.3	하이트진로음료	100.0	무학	13

매출구성		비용구성		수출비중	
[제품]참이슬 등	50.0	매출원가율	57.5	수출	10.1
하이트	27.3	판관비율	37.9	내수	89.9
[상품]참이슬 등 외	8.4				

회사 개요

1924년에 설립된 주류 제조 판매기업으로, 2003년 상장폐지 되었다가 2009년에 유가증권시장에 재상장하였으며, 2011년 9월 하이트-진로간 합병에 의해 하이트진로라는 국내시장 최대의 주류업체가 됨. 소주분야에서는 '참이슬'이 절대적인 시장지배력을 가지고 있으며, 맥주분야는 OB맥주와 국내시장을 양분하고 있음. 위스키, 수입맥주, 와인 부문을 담당하고 있는 하이스코트를 흡수합병하고, 2013년 11월에는 보배를 흡수 합병함.

실적 분석

동사의 2017년 연결기준 연간 누적 매출액은 1조8899.1억원으로 전년 동기와 거의 비슷한 수준임. 매출은 그대로인 반면 매출원가는 늘고 판매비와 관리비 또한 증가하면서 영업이익은 전년 동기 대비 29.6% 감소한 872.5억원을 기록함. 비영업손익 부문에서도 금융손실과 함께 외환 부문에서 적자 전환하면서 당기순이익은 127.4억원으로 전년 동기 대비 66.9% 감소함.

현금 흐름 〈단위 : 억원〉

항목	2016	2017
영업활동	1,921	3,597
투자활동	-859	-1,042
재무활동	-1,098	-1,206
순현금흐름	1	1,289
기말현금	1,585	2,874

시장 대비 수익률

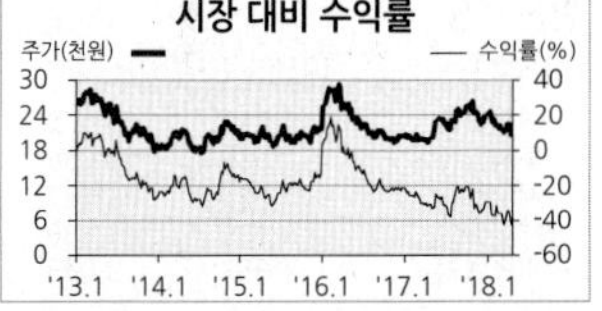

결산 실적 〈단위 : 억원〉

항목	2012	2013	2014	2015	2016	2017
매출액	20,346	18,975	18,723	19,075	18,902	18,899
영업이익	1,672	1,611	937	1,340	1,240	872
당기순이익	1,035	791	213	534	384	127

분기 실적 〈단위 : 억원〉

항목	2016.3Q	2016.4Q	2017.1Q	2017.2Q	2017.3Q	2017.4Q
매출액	4,894	4,910	4,134	4,914	5,283	4,569
영업이익	277	415	-274	350	566	231
당기순이익	83	138	-212	139	306	-105

재무 상태 〈단위 : 억원〉

항목	2012	2013	2014	2015	2016	2017
총자산	35,187	35,531	34,224	34,605	34,011	35,076
유형자산	21,878	23,380	22,832	22,415	21,036	20,683
무형자산	2,209	2,272	2,222	2,129	2,055	1,990
유가증권	430	251	139	132	171	96
총부채	21,096	21,700	20,944	21,359	21,092	22,901
총차입금	13,626	13,114	11,740	11,220	10,900	10,475
자본금	3,656	3,688	3,688	3,688	3,688	3,688
총자본	14,091	13,831	13,279	13,246	12,919	12,175
지배주주지분	14,086	13,826	13,275	13,241	12,912	12,168

기업가치 지표

항목	2012	2013	2014	2015	2016	2017
주가(최고/저)(천원)	26.1/15.6	28.5/17.4	23.1/17.5	22.2/18.4	29.3/18.9	26.3/19.3
PER(최고/저)(배)	22.8/13.7	31.4/19.1	91.2/68.9	33.3/27.7	58.5/37.7	152.6/111.8
PBR(최고/저)(배)	1.5/0.9	1.7/1.0	1.4/1.0	1.3/1.1	1.6/1.1	1.5/1.1
EV/EBITDA(배)	11.8	10.0	12.8	10.3	10.0	11.4
EPS(원)	1,465	1,117	297	747	538	178
BPS(원)	21,685	21,121	19,705	19,657	19,195	18,151
CFPS(원)	3,188	2,831	2,019	2,430	2,204	1,857
DPS(원)	1,250	1,100	1,000	1,000	900	800
EBITDAPS(원)	4,090	3,991	3,037	3,563	3,406	2,903

재무 비율 〈단위 : %〉

연도	영업이익률	순이익률	부채비율	차입금비율	ROA	ROE	유보율	자기자본비율	EBITDA마진율
2017	4.6	0.7	188.1	86.0	0.4	1.0	250.7	34.7	11.0
2016	6.6	2.0	163.3	84.4	1.1	2.9	270.9	38.0	12.8
2015	7.0	2.8	161.3	84.7	1.6	4.0	279.8	38.3	13.3
2014	5.0	1.1	157.7	88.4	0.6	1.6	280.7	38.8	11.6

하이트진로홀딩스 (A000140)
HITEJINRO HOLDINGS

업 종 : 음료
신용등급 : (Bond) A- (CP) A2-
홈페이지 : www.hitejinroholdings.com
본 사 : 서울시 강남구 영동대로 714 (청담동)
시 장 : 거래소
기업규모 : 시가총액 소형주
연 락 처 : 02)520-3115

설 립 일	1933.08.09	**종업원수**	9명	**대표이사**	김인규
상 장 일	1973.09.19	**감사의견**	적정(한영)	**계 열**	
결 산 기	12월	**보 통 주**		**종속회사수**	17개사
액 면 가	5,000원	**우 선 주**		**구 상 호**	

주주구성 (지분율,%)		출자관계 (지분율,%)		주요경쟁사 (외형,%)	
박문덕	30.3	진로소주	100.0	하이트진로홀딩스	100
서영이앤티	27.7	하이트진로	50.9	롯데칠성	121
(외국인)	4.8	세왕금속공업	21.5	보해양조	5

매출구성		비용구성		수출비중	
[하이트진로(주)]소주 등	51.5	매출원가율	56.8	수출	—
[하이트진로(주)]맥주 등	39.1	판관비율	37.9	내수	—
[하이트진로음료(주)]먹는샘물PET 외	3.5				

회사 개요
동사는 1933년 8월 9일에 맥주의 제조, 판매등을 주 영업목적으로 하여 설립됐으며, 1973년 9월에 한국거래소 유가증권시장에 상장함. 2008년 7월 1일자로 인적분할 방식에 의해 주류사업부문 등을 분할신설법인인 하이트맥주로 포괄이전했으며, 자회사 지분 출자를 통한 지주회사 체제로 전환하고 하이트진로 외 16개의 종속기업을 지배. 2016년 초에는 재무구개선을 위해 하이트진로메탄올 지분 매각.

실적 분석
동사의 2017년 연결기준 연간 매출액은 1조 8,812.2억원으로 전년 대비 0.8% 감소함. 고정비가 증가하며, 매출 감소의 영향으로 영업이익은 1,001억원으로 전년 대비 24.7% 감소함. 비영업손익 부문에서도 금융손실 등으로 인해 적자 규모가 큰 폭으로 확대되면서 당기순손실은 76.2억원으로 적자 전환함. 실적 감소 주요원인은 자회사 실적하락 및 희망퇴직으로 인한 비용증가로 볼 수 있음.

현금 흐름 〈단위 : 억원〉

항목	2016	2017
영업활동	1,739	3,469
투자활동	-89	-1,036
재무활동	-1,558	-1,187
순현금흐름	129	1,186
기말현금	1,857	3,043

시장 대비 수익률
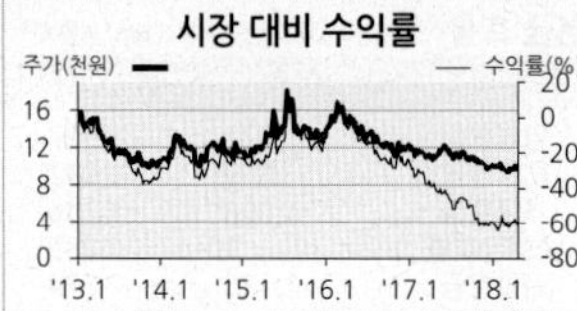

결산 실적 〈단위 : 억원〉

항목	2012	2013	2014	2015	2016	2017
매출액	20,817	19,429	18,897	19,271	18,954	18,812
영업이익	1,840	1,679	1,081	1,459	1,329	1,001
당기순이익	633	-518	-1,011	447	463	-76

분기 실적 〈단위 : 억원〉

항목	2016.3Q	2016.4Q	2017.1Q	2017.2Q	2017.3Q	2017.4Q
매출액	4,874	4,885	4,113	4,892	5,261	4,546
영업이익	313	419	-243	377	597	270
당기순이익	363	-137	-232	120	280	-243

재무 상태 〈단위 : 억원〉

항목	2012	2013	2014	2015	2016	2017
총자산	44,436	42,622	40,180	40,688	39,671	40,593
유형자산	23,709	23,354	22,823	22,434	20,974	20,660
무형자산	9,149	8,927	7,798	7,747	7,386	7,235
유가증권	497	333	277	249	261	149
총부채	30,936	30,239	29,238	29,573	27,636	29,244
총차입금	22,378	21,501	19,978	19,404	17,467	16,789
자본금	1,184	1,184	1,184	1,184	1,184	1,184
총자본	13,500	12,383	10,942	11,115	12,035	11,350
지배주주지분	6,977	5,831	4,794	4,953	5,313	4,973

기업가치 지표

항목	2012	2013	2014	2015	2016	2017
주가(최고/저)(천원)	15.5/7.7	16.6/9.7	13.6/10.0	18.2/10.9	16.7/10.8	12.5/9.7
PER(최고/저)(배)	24.8/12.2	—/—	—/—	24.6/14.7	14.6/9.5	—/—
PBR(최고/저)(배)	0.5/0.3	0.6/0.4	0.6/0.4	0.8/0.5	0.7/0.4	0.5/0.4
EV/EBITDA(배)	10.5	10.4	12.5	10.3	10.1	10.1
EPS(원)	715	-2,393	-4,949	775	1,179	-608
BPS(원)	33,723	28,887	24,522	25,196	26,680	25,241
CFPS(원)	5,787	2,600	70	5,675	6,070	4,142
DPS(원)	350	350	450	200	200	150
EBITDAPS(원)	12,841	12,084	9,584	11,060	10,505	8,977

재무 비율 〈단위 : %〉

연도	영업이익률	순이익률	부채비율	차입금비율	ROA	ROE	유보율	자기자본비율	EBITDA마진율
2017	5.3	-0.4	257.7	147.9	-0.2	-2.8	404.8	28.0	11.3
2016	7.0	2.4	229.6	145.1	1.2	5.4	433.6	30.3	13.1
2015	7.6	2.3	266.1	174.6	1.1	3.8	403.9	27.3	13.6
2014	5.7	-5.4	267.2	182.6	-2.4	-22.1	390.4	27.2	12.0

하츠 (A066130)
Haatz

업 종 : 건축자재
신용등급 : (Bond) — (CP) —
홈페이지 : www.haatz.co.kr
본 사 : 경기도 평택시 진위면 동부대로 202
시 장 : KOSDAQ
기업규모 : 우량
연 락 처 : 031)370-7500

설 립 일	1988.10.10	**종업원수**	208명	**대표이사**	김성식
상 장 일	2003.02.05	**감사의견**	적정(대영)	**계 열**	
결 산 기	12월	**보 통 주**		**종속회사수**	
액 면 가	500원	**우 선 주**		**구 상 호**	

주주구성 (지분율,%)		출자관계 (지분율,%)		주요경쟁사 (외형,%)	
벽산	46.3	그린인프라	19.5	하츠	100
한가람투자자문	5.2	인희	11.6	스페코	67
(외국인)	3.3	흥국화재	0.1	윈하이텍	67

매출구성		비용구성		수출비중	
후드 제품	43.3	매출원가율	78.1	수출	0.2
환기 공사수익	20.7	판관비율	16.8	내수	99.8
빌트인기기 상품	20.0				

회사 개요
동사는 1988년에 설립되고 2003년에 코스닥 시장에 상장된 레인지후드 및 빌트인기기 제조 판매 업체로 후드업계 1위의 시장점유율을 차지하고 있음. 제품군 중 중견 주방가구사에 주로 납품하는 중고가 레인지후드와 소형 빌트인기기 제품은 시장점유율이 높은 편임. 계열사로는 벽산, 벽산페인트, 인희, 벽산엘티씨엔터프라이즈, 인주로지스 등 5개사가 있으며 연결대상 종속법인은 없음.

실적 분석
동사의 2017년 연간 매출액은 전년동기대비 15.5% 상승한 1,019.1억원을 기록하였음. 비용면에서 전년동기대비 매출원가는 증가 하였으며 인건비도 증가, 광고선전비는 감소, 기타판매비와관리비는 증가함. 이와 같이 상승한 매출액 만큼 비용증가도 있었으나 매출액의 더 큰 상승에 힘입어 최종적으로 전년동기대비 당기순이익은 상승하여 45.3억원을 기록함. 외환손익의 흑자전환이 긍정적인 영향을 미친것으로 보임.

현금 흐름 *IFRS 별도 기준 〈단위 : 억원〉

항목	2016	2017
영업활동	-10	26
투자활동	-13	44
재무활동	-4	-6
순현금흐름	-27	64
기말현금	132	196

시장 대비 수익률
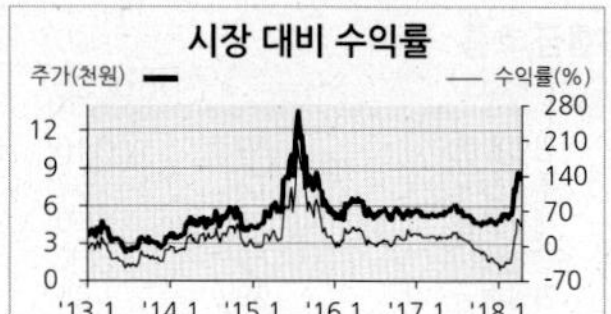

결산 실적 〈단위 : 억원〉

항목	2012	2013	2014	2015	2016	2017
매출액	714	661	761	816	882	1,019
영업이익	-24	-1	37	45	44	52
당기순이익	-31	-11	34	40	41	45

분기 실적 *IFRS 별도 기준 〈단위 : 억원〉

항목	2016.3Q	2016.4Q	2017.1Q	2017.2Q	2017.3Q	2017.4Q
매출액	220	268	234	256	263	266
영업이익	13	20	14	15	17	7
당기순이익	12	16	12	11	15	7

재무 상태 *IFRS 별도 기준 〈단위 : 억원〉

항목	2012	2013	2014	2015	2016	2017
총자산	808	803	823	873	929	961
유형자산	229	226	225	218	223	239
무형자산	27	16	13	8	8	12
유가증권	35	73	24	88	62	23
총부채	113	121	113	130	155	143
총차입금	3	24	1	—	—	—
자본금	64	64	64	64	64	64
총자본	695	682	710	743	775	818
지배주주지분	695	682	710	743	775	818

기업가치 지표 *IFRS 별도 기준

항목	2012	2013	2014	2015	2016	2017
주가(최고/저)(천원)	10.6/2.5	4.9/2.0	6.1/3.2	15.5/4.1	6.8/4.9	6.2/4.4
PER(최고/저)(배)	—/—	—/—	23.6/12.5	51.2/13.6	21.6/15.5	17.7/12.6
PBR(최고/저)(배)	2.0/0.5	0.9/0.4	1.1/0.6	2.7/0.7	1.1/0.8	1.0/0.7
EV/EBITDA(배)	—	12.9	5.0	5.7	7.6	4.5
EPS(원)	-239	-84	266	310	320	354
BPS(원)	5,467	5,363	5,578	5,833	6,081	6,417
CFPS(원)	-103	75	442	473	425	449
DPS(원)	30	30	30	30	50	50
EBITDAPS(원)	-52	154	468	513	448	506

재무 비율 〈단위 : %〉

연도	영업이익률	순이익률	부채비율	차입금비율	ROA	ROE	유보율	자기자본비율	EBITDA마진율
2017	5.2	4.4	17.5	0.0	4.8	5.7	1,183.3	85.1	6.4
2016	5.0	4.6	20.0	0.0	4.5	5.4	1,116.2	83.4	6.5
2015	5.5	4.9	17.5	0.0	4.7	5.5	1,066.6	85.1	8.1
2014	4.9	4.5	15.9	0.1	4.2	4.9	1,015.6	86.3	7.9

한국 (A050540)
HANKOOK

업　　종 : 상업서비스　　시　　장 : KOSDAQ
신용등급 : (Bond) —　(CP) —　　기업규모 : 중견
홈페이지 : www.mpc.co.kr　　연 락 처 : 02)3401-4114
본　　사 : 서울시 중구 소월로2길30 (남산트라팰리스)

설 립 일	1991.07.24	**종업원수**	4,030명	**대표이사**	김현겸,김용빈
상 장 일	2005.12.12	**감사의견**	적정(태성)	**계　열**	
결 산 기	12월	**보 통 주**		**종속회사수**	
액 면 가	500원	**우 선 주**		**구　상　호**	엠피씨

주주구성 (지분율,%)		출자관계 (지분율,%)		주요경쟁사 (외형,%)	
한국홀딩스(29654)	21.6	중부코퍼레이션	66.0	한국코퍼레이션	100
한국테크놀로지	6.9	한울정보기술	40.0	양지사	40
(외국인)	0.3	에스케이오알앤어쏘시에이츠	33.3	KTcs	753

매출구성		비용구성		수출비중	
CRM 서비스	92.4	매출원가율	91.9	수출	—
CRM 솔루션	7.0	판관비율	10.5	내수	—
ASP	0.5				

회사 개요

1991년 설립된 동사는 컨택센터 기반의 CRM 서비스와 CRM 솔루션 사업을 영위하는 컨택센터 종합서비스 전문기업임. 가장 최근연도 기준 CRM 서비스 부문의 매출은 전체 매출의 약 95.5%를 차지하고 있으며, CRM 솔루션 부문 매출이 4.4%, 기타 사업이 0.1%를 차지함. 2017년 3월 기업 이미지 제고 및 브랜드 가치 향상을 위해 사명을 한국코퍼레이션으로 바꿈.

실적 분석

동사의 2017년 4분기 기준 누적 매출액은 1,285.4억원으로 전년 동기(1,504.9억원) 대비 14.6% 줄어든 액수를 기록함. 매출총이익이 줄어듬에 따라 영업손실 31.2억원을 기록하며 적자전환하였음. 다만 전년 216.3억원에 달했던 영업손실이 흑자전환함에 따라 당기순이익도 3.3억원을 시현하며 흑자전환에 성공함. 현재 공공기관과의 추가계약을 준비 중이며 의료기관 컨택센터 등 신규 서비스분야 영역 확대를 준비 중.

현금 흐름 *IFRS 별도 기준 〈단위 : 억원〉

항목	2016	2017
영업활동	18	41
투자활동	175	-266
재무활동	-196	253
순현금흐름	-4	27
기말현금	3	30

시장 대비 수익률

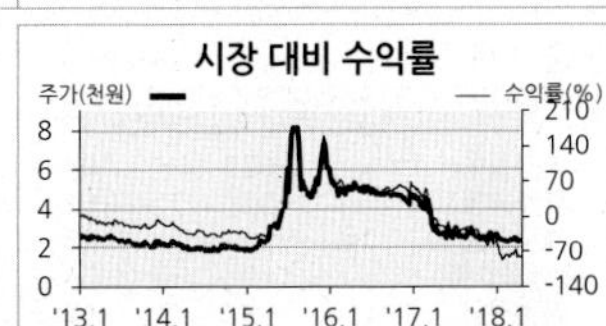

결산 실적 〈단위 : 억원〉

항목	2012	2013	2014	2015	2016	2017
매출액	1,402	1,314	1,388	1,346	1,505	1,285
영업이익	32	20	7	-29	12	-31
당기순이익	32	-130	3	-109	-202	3

분기 실적 *IFRS 별도 기준 〈단위 : 억원〉

항목	2016.3Q	2016.4Q	2017.1Q	2017.2Q	2017.3Q	2017.4Q
매출액	360	374	343	339	304	299
영업이익	8	-4	2	0	-9	-22
당기순이익	3	-264	3	41	-11	-12

재무 상태 *IFRS 별도 기준 〈단위 : 억원〉

항목	2012	2013	2014	2015	2016	2017
총자산	757	855	824	939	480	794
유형자산	85	256	107	116	66	104
무형자산	14	20	21	18	20	16
유가증권	62	62	35	78	80	114
총부채	256	452	421	546	348	395
총차입금	61	226	242	348	146	158
자본금	101	101	101	101	103	141
총자본	501	402	403	393	133	398
지배주주지분	501	402	403	393	133	398

기업가치 지표 *IFRS 별도 기준

항목	2012	2013	2014	2015	2016	2017
주가(최고/저)(천원)	3.7/2.0	2.7/2.0	2.4/1.8	9.0/1.8	6.1/4.2	4.8/2.4
PER(최고/저)(배)	35.5/19.3	—/—	241.1/186.1	—/—	—/—	61.3/30.1
PBR(최고/저)(배)	1.4/0.7	1.2/0.9	1.1/0.8	4.5/0.9	8.4/5.8	3.3/1.6
EV/EBITDA(배)	10.4	15.7	24.0	—	35.1	—
EPS(원)	103	-491	10	-218	-1,329	79
BPS(원)	2,692	2,209	2,212	2,017	724	1,472
CFPS(원)	212	-396	102	-127	-1,238	150
DPS(원)	—	—	—	—	—	—
EBITDAPS(원)	258	200	126	-50	151	-37

재무 비율 〈단위 : %〉

연도	영업이익률	순이익률	부채비율	차입금비율	ROA	ROE	유보율	자기자본비율	EBITDA마진율
2017	-2.4	0.3	104.6	42.5	0.5	1.6	189.7	48.9	-1.0
2016	0.8	-13.5	278.6	109.2	-29.1	-88.0	46.1	26.4	2.1
2015	-2.2	-8.1	170.7	106.9	-12.8	-30.0	237.0	36.9	-0.8
2014	0.5	0.2	106.6	60.5	0.4	0.8	339.9	48.4	1.9

한국가구 (A004590)
Hankook Furniture

업　　종 : 내구소비재　　시　　장 : KOSDAQ
신용등급 : (Bond) —　(CP) —　　기업규모 : 중견
홈페이지 : www.koreafurniture.com　　연 락 처 : 02)2600-7000
본　　사 : 서울시 강남구 학동로 120 (논현동, 한국가구)

설 립 일	1966.05.20	**종업원수**	50명	**대표이사**	최훈학
상 장 일	1993.06.03	**감사의견**	적정(대주)	**계　열**	
결 산 기	12월	**보 통 주**		**종속회사수**	1개사
액 면 가	1,000원	**우 선 주**		**구　상　호**	

주주구성 (지분율,%)		출자관계 (지분율,%)		주요경쟁사 (외형,%)	
최훈학	33.7	제원인터내쇼날	100.0	한국가구	100
최현주	12.0	옥방가기	50.0	코아스	208
(외국인)	0.2	페트라자산운용	18.4	YW	48

매출구성		비용구성		수출비중	
소파	34.6	매출원가율	65.3	수출	0.0
식탁 식탁의자외	31.6	판관비율	21.9	내수	100.0
특판 및 기타 소품 및 주문가구, 임대 등	15.9				

회사 개요

동사는 1966년 설립된 이래 가정용 가구를 중심으로 사무용, 특판용 가구를 제조 및 수입판매하는 사업을 영위하고 있고, 제과/제빵용 원료를 수입판매하는 제원인터내쇼날을 종속회사로 두고 있음. 국내 가구산업은 70년대 중반이후 건설업계 호황과 생활패턴의 변화로 내수시장 규모가 확대돼 최근 발표된 한국주택가구협동조합 자료에서는 국내 가구 시장 규모를 대략 10조 8000억원으로 추정하고 있음.

실적 분석

동사의 2017년 연결기준 결산 매출액은 전년동기 대비 4.7% 감소한 547.7억원이며, 영업이익은 6.1% 감소한 70.3억원임. 매출과 영업이익이 감소한 원인은 식품사업부문에서 2016년 한시적으로 발생했던 국내 중견기업에 대한 매출이 2017년에는 반영이 되지 않았기 때문. 가구사업부문에서는 3년 연속해서 매출이 감소하고 있는 추세이며, 식품사업부문은 꾸준한 성장세를 보이고 있음.

현금 흐름 〈단위 : 억원〉

항목	2016	2017
영업활동	43	39
투자활동	-8	4
재무활동	-10	-13
순현금흐름	25	30
기말현금	131	161

시장 대비 수익률

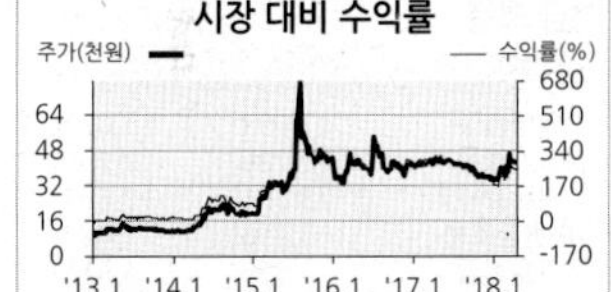

결산 실적 〈단위 : 억원〉

항목	2012	2013	2014	2015	2016	2017
매출액	391	405	462	482	575	548
영업이익	39	35	61	69	75	70
당기순이익	34	27	52	60	57	55

분기 실적 〈단위 : 억원〉

항목	2016.3Q	2016.4Q	2017.1Q	2017.2Q	2017.3Q	2017.4Q
매출액	134	183	134	128	129	156
영업이익	16	28	19	19	13	20
당기순이익	11	23	12	17	12	14

재무 상태 〈단위 : 억원〉

항목	2012	2013	2014	2015	2016	2017
총자산	858	828	872	925	997	1,108
유형자산	351	346	344	340	347	436
무형자산	143	140	139	139	138	137
유가증권	37	22	23	44	35	28
총부채	205	154	151	150	178	178
총차입금	83	42	40	42	45	46
자본금	15	15	15	15	15	15
총자본	653	673	721	774	819	930
지배주주지분	653	673	721	774	819	930

기업가치 지표

항목	2012	2013	2014	2015	2016	2017
주가(최고/저)(천원)	9.7/7.7	14.7/9.3	25.2/11.2	78.7/19.2	53.9/32.3	44.5/35.2
PER(최고/저)(배)	5.2/4.1	9.0/5.7	8.1/3.6	21.0/5.1	14.8/8.9	12.5/9.7
PBR(최고/저)(배)	0.3/0.2	0.4/0.2	0.6/0.3	1.6/0.4	1.0/0.6	0.7/0.6
EV/EBITDA(배)	3.1	4.5	3.8	8.2	6.6	5.3
EPS(원)	2,258	1,832	3,456	4,014	3,829	3,656
BPS(원)	43,552	44,877	48,049	51,627	54,607	62,031
CFPS(원)	2,683	2,284	3,915	4,463	4,261	4,111
DPS(원)	650	200	750	850	950	1,050
EBITDAPS(원)	3,045	2,768	4,510	5,083	5,419	5,140

재무 비율 〈단위 : %〉

연도	영업이익률	순이익률	부채비율	차입금비율	ROA	ROE	유보율	자기자본비율	EBITDA마진율
2017	12.8	10.0	19.1	5.0	5.2	6.3	6,103.2	84.0	14.1
2016	13.0	10.0	21.8	5.5	6.0	7.2	5,360.7	82.1	14.1
2015	14.4	12.5	19.4	5.5	6.7	8.1	5,062.7	83.7	15.8
2014	13.2	11.2	20.9	5.5	6.1	7.4	4,704.9	82.7	14.7

한국가스공사 (A036460)

Korea Gas

업　　종 : 가스　　시　　장 : 거래소
신용등급 : (Bond) AAA　(CP) A1　　기업규모 : 시가총액 대형주
홈페이지 : www.kogas.or.kr　　연 락 처 : 053)670-0114
본　　사 : 대구시 동구 첨단로120 (신서동)

설 립 일	1983.08.18	**종업원수**	3,737명	**대표이사**	정승일
상 장 일	1999.12.15	**감사의견**	적정(삼일)	**계　열**	
결 산 기	12월	**보 통 주**		**종속회사수**	21개사
액 면 가	5,000원	**우 선 주**		**구　상　호**	

주주구성 (지분율,%)		출자관계 (지분율,%)		주요경쟁사 (외형,%)	
기획재정부	26.2	한국가스기술공사	100.0	한국가스공사	100
한국전력공사	20.5	케이씨엘엔지테크	50.2	서울가스	6
(외국인)	10.7	한우즈벡실린더투자	40.4	삼천리	15

매출구성		비용구성		수출비중	
도시가스 및 발전용 천연가스 등	95.6	매출원가율	93.5	수출	4.9
공사 및 용역 서비스	3.6	판관비율	1.8	내수	95.1
원유,가스	2.2				

회사 개요

동사는 천연가스 도입 및 판매사업부문을 주요사업으로 함. 도매사업자인 한국가스공사는 천연가스 수급운영을 독자적으로 담당하고 있음. 2015년 국내 천연가스 소비량 중 자가소비 목적으로 천연가스를 직접 수입하는 물량을 제외하고는 동사에서 판매하는 천연가스 물량이 시장점유율 100%를 차지하고 있음. 1987년 천연가스 공급 개시 이후 천연가스 판매는 연평균 10.9%의 증가세를 보이며, 도시가스용 천연가스 판매는 20.6%로 높은 증가세를 보임.

실적 분석

동사의 2017년 누적매출액은 22조 1,723.1억원으로 전년대비 5% 증가함. 비용측면에서 매출원가는 5.3% 상승했고 판관비는 1.5% 하락함. 영업이익은 전년보다 3.6% 늘어난 1조 339.4억원을 기록함. 동사의 적정투자보수는 투하자본에 WACC을 곱하는 방식으로 결정되기 때문에 실적 전망에 있어 설비투자 계획이 중요한데, 동사의 국내 설비투자는 2022년까지 현재 수준을 유지할 전망임.

현금 흐름

〈단위 : 억원〉

항목	2016	2017
영업활동	47,693	25,076
투자활동	-20,789	-12,259
재무활동	-23,766	-12,661
순현금흐름	3,455	-422
기말현금	4,835	4,413

시장 대비 수익률

결산 실적

〈단위 : 억원〉

항목	2012	2013	2014	2015	2016	2017
매출액	350,313	380,627	372,849	260,527	211,081	221,723
영업이익	12,667	14,882	10,719	10,078	9,982	10,339
당기순이익	3,620	-2,036	4,472	3,192	-6,125	-11,917

분기 실적

〈단위 : 억원〉

항목	2016.3Q	2016.4Q	2017.1Q	2017.2Q	2017.3Q	2017.4Q
매출액	36,282	61,786	77,182	40,258	38,643	65,641
영업이익	-1,897	3,003	8,267	-342	-2,111	4,525
당기순이익	-2,979	-7,196	5,001	-2,587	-10,862	-3,469

재무 상태

〈단위 : 억원〉

항목	2012	2013	2014	2015	2016	2017
총자산	406,217	436,664	467,720	423,853	400,420	371,394
유형자산	195,830	224,576	250,321	264,555	260,424	247,233
무형자산	24,066	20,753	22,342	25,209	24,157	18,139
유가증권	834	3,083	4,953	4,259	3,151	1,816
총부채	322,528	347,336	370,476	323,284	305,690	289,990
총차입금	271,606	295,098	311,697	285,143	262,581	244,471
자본금	3,864	4,616	4,616	4,616	4,616	4,616
총자본	83,690	89,328	97,244	100,569	94,730	81,404
지배주주지분	83,783	89,328	97,244	100,569	93,603	78,133

기업가치 지표

항목	2012	2013	2014	2015	2016	2017
주가(최고/저)(천원)	79.0/32.8	77.0/45.0	69.0/47.6	50.7/34.6	48.3/30.8	52.6/39.8
PER(최고/저)(배)	18.3/7.6	—/—	14.7/10.1	15.0/10.3	—/—	—/—
PBR(최고/저)(배)	0.8/0.3	0.8/0.5	0.7/0.5	0.5/0.3	0.5/0.3	0.6/0.5
EV/EBITDA(배)	14.1	13.6	16.0	13.5	11.5	10.3
EPS(원)	4,550	-2,430	4,845	3,458	-6,641	-13,055
BPS(원)	109,734	97,876	106,451	110,053	102,507	85,749
CFPS(원)	18,414	11,157	17,273	18,047	10,878	5,529
DPS(원)	1,640	—	250	170	—	—
EBITDAPS(원)	30,059	31,603	24,040	25,507	28,332	29,784

재무 비율

〈단위 : %〉

연도	영업 이익률	순 이익률	부채 비율	차입금 비율	ROA	ROE	유보율	자기자본 비율	EBITDA 마진율
2017	4.7	-5.4	356.2	300.3	-3.1	-14.0	1,615.0	21.9	12.4
2016	4.7	-2.9	322.7	277.2	-1.5	-6.3	1,950.1	23.7	12.4
2015	3.9	1.2	321.5	283.5	0.7	3.2	2,101.1	23.7	9.0
2014	2.9	1.2	381.0	320.5	1.0	4.8	2,029.0	20.8	6.0

한국경제티브이 (A039340)

Korea Business News

업　　종 : 미디어　　시　　장 : KOSDAQ
신용등급 : (Bond) —　(CP) —　　기업규모 : 우량
홈페이지 : www.wowtv.co.kr　　연 락 처 : 02)6676-0000
본　　사 : 서울시 영등포구 버드나루로 84, 제일빌딩 11층

설 립 일	1999.08.31	**종업원수**	193명	**대표이사**	송재조
상 장 일	2004.07.30	**감사의견**	적정(삼일)	**계　열**	
결 산 기	12월	**보 통 주**		**종속회사수**	2개사
액 면 가	500원	**우 선 주**		**구　상　호**	

주주구성 (지분율,%)		출자관계 (지분율,%)		주요경쟁사 (외형,%)	
한국경제신문	37.8	와우에스앤에프	100.0	한국경제TV	100
박영옥	13.3	와우미디어콘텐츠	100.0	투윈글로벌	25
(외국인)	1.6	코리아엔터테인먼트미디어	42.9	iMBC	89

매출구성		비용구성		수출비중	
인터넷수입	44.0	매출원가율	0.0	수출	0.4
광고협찬수입	33.6	판관비율	86.0	내수	99.6
기타부대수입	15.7				

회사 개요

동사는 방송법에 근거 1999년 8월 설립되었으며 2004년 7월 코스닥 시장에 상장함. 2000년 1월부터 인터넷방송을 통하여 증권정보를 장중 8시간 실시간 제공하였고 2000년 9월 케이블 방송 진출, 2001년말 디지털위성방송에 참여함. 이후 2005년 방송통신위원회 데이터방송 DP등록, 2010년 지상파 DMB 개국, 2011년부터 티빙Tving 등 N스크린서비스와 IPTV 송출 등 서비스 영역을 확대해옴.

실적 분석

동사의 연결 기준 2017년 매출액은 648.5억원으로 전년 대비 13.9% 감소하였음. 영업이익은 전년보다 36.8% 감소한 90.8억원을 시현하는데 그침. 매출액 및 영업이익 감소의 주된 요인은 인터넷사업부문(와우넷파트너스) 실적이 감소했기 때문임. 다만 지난해 8월 한경앨앤디(포천힐스CC) 인수 참여 관련 360억원 규모의 타법인출자 및 대여결정에 따라 발생된 지분법이익과 이자수입의 증대로 당기순이익은 전년 대비 소폭 증가함.

현금 흐름

〈단위 : 억원〉

항목	2016	2017
영업활동	62	104
투자활동	-57	-162
재무활동	-13	63
순현금흐름	-9	4
기말현금	53	57

시장 대비 수익률

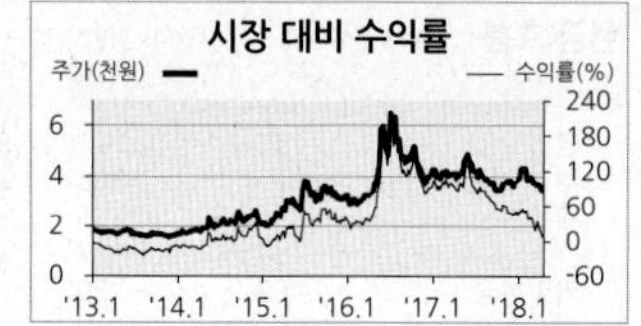

결산 실적

〈단위 : 억원〉

항목	2012	2013	2014	2015	2016	2017
매출액	661	555	584	722	753	648
영업이익	65	21	51	115	144	91
당기순이익	44	8	23	91	120	122

분기 실적

〈단위 : 억원〉

항목	2016.3Q	2016.4Q	2017.1Q	2017.2Q	2017.3Q	2017.4Q
매출액	179	178	157	164	158	169
영업이익	27	26	29	32	12	17
당기순이익	21	17	32	29	13	49

재무 상태

〈단위 : 억원〉

항목	2012	2013	2014	2015	2016	2017
총자산	741	732	795	958	986	1,192
유형자산	51	49	29	22	25	30
무형자산	32	29	11	7	5	8
유가증권	191	149	119	131	103	130
총부채	98	100	155	226	153	247
총차입금	12	5	31	—	—	80
자본금	115	115	115	115	115	115
총자본	643	632	641	732	832	946
지배주주지분	643	632	641	732	832	946

기업가치 지표

항목	2012	2013	2014	2015	2016	2017
주가(최고/저)(천원)	2.1/1.5	1.9/1.5	2.7/1.7	3.9/1.9	6.7/2.7	5.0/3.4
PER(최고/저)(배)	12.2/8.8	60.9/49.1	29.3/17.9	10.4/5.2	13.4/5.4	9.5/6.5
PBR(최고/저)(배)	0.8/0.6	0.7/0.6	1.0/0.6	1.3/0.6	1.9/0.8	1.2/0.8
EV/EBITDA(배)	3.4	7.6	5.8	3.7	3.9	8.3
EPS(원)	192	34	100	396	524	532
BPS(원)	2,918	2,873	2,909	3,307	3,744	4,236
CFPS(원)	291	145	208	468	576	581
DPS(원)	50	40	50	60	80	70
EBITDAPS(원)	384	204	328	571	678	443

재무 비율

〈단위 : %〉

연도	영업 이익률	순 이익률	부채 비율	차입금 비율	ROA	ROE	유보율	자기자본 비율	EBITDA 마진율
2017	14.0	18.9	26.1	8.5	11.2	13.8	747.1	79.3	15.7
2016	19.1	16.0	18.4	0.0	12.4	15.4	648.8	84.4	20.7
2015	15.9	12.6	30.8	0.0	10.4	13.3	561.4	76.4	18.2
2014	8.7	4.0	24.1	4.8	3.0	3.6	481.9	80.6	12.9

한국공항 (A005430)
KOREA AIRPORT SERVICE COLTD

업 종 : 항공운수　　시 장 : 거래소
신용등급 : (Bond) —　(CP) —　　기업규모 : 시가총액 소형주
홈페이지 : www.kas.co.kr　　연 락 처 : 02)2660-3114
본 사 : 서울시 강서구 양천로 13

설 립 일	1968.02.20	**종업원수**	2,973명	**대표이사**	강영식
상 장 일	1976.12.28	**감사의견**	적정(한영)	**계 열**	
결 산 기	12월	**보 통 주**		**종속회사수**	1개사
액 면 가	5,000원	**우 선 주**		**구 상 호**	

주주구성 (지분율,%)		출자관계 (지분율,%)		주요경쟁사 (외형,%)	
대한항공	59.5	에어코리아	100.0	한국공항	100
국민연금공단	4.8	엔투비	3.1	대한항공	2,491
(외국인)	5.5	체널에이	1.5	한진칼	237

매출구성		비용구성		수출비중	
항공기지상 조업 외	77.8	매출원가율	89.4	수출	0.0
항공기용역 외	6.4	판관비율	5.0	내수	100.0
기내용품세탁 외	6.3				

회사 개요

동사는 1968년 2월 20일에 설립되어 1976년 12월 23일에 주식을 상장한 공개법인으로 항공기 지상조업, 항공기 지상조업용 장비 대여 및 항공화물 하역 등의 용역사업, 광업(석회석), 농축산업, 먹는샘물 제조 및 판매업 등을 영위하고 있음. 매출은 항공운수보조 81.2%, 제품판매 6.1%, 기타사업 6.6%로 구성됨. 국내 항공운수보조 시장의 약 50%를 점유하고 있음.

실적 분석

동사의 2017년 결산 연결기준 매출액은 전년과 유사한 4,854.5억원을 기록함. 업종의 특성상 외형 성장이 정체된 모습이나 비용 효과적으로 통제되고 있어 영업이익은 전년과 유사한 270.1억원을 보임. 비영업손익 부문은 토지재평가이익발생(기타영업외수익 증가)과 매도가능금융자산손상차손감소(기타영업외비용 감소) 등의 사유로 대폭 개선되어 당기순이익은 전년대비 28.3% 증가한 223.8억원을 시현함.

현금 흐름 〈단위 : 억원〉

항목	2016	2017
영업활동	407	507
투자활동	-236	-455
재무활동	-185	-55
순현금흐름	-14	-3
기말현금	198	195

시장 대비 수익률

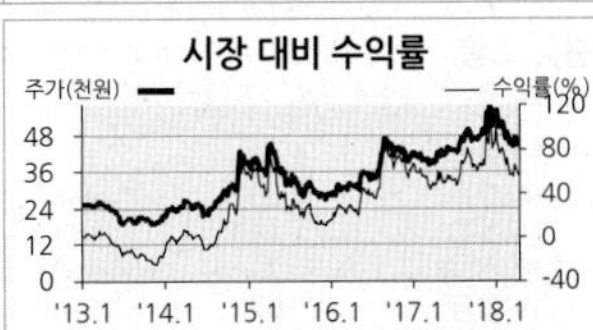

결산 실적 〈단위 : 억원〉

항목	2012	2013	2014	2015	2016	2017
매출액	4,263	4,217	4,382	4,557	4,726	4,854
영업이익	187	82	134	154	268	270
당기순이익	14	-115	280	88	174	224

분기 실적 〈단위 : 억원〉

항목	2016.3Q	2016.4Q	2017.1Q	2017.2Q	2017.3Q	2017.4Q
매출액	1,227	1,166	1,121	1,226	1,249	1,259
영업이익	81	44	36	91	101	41
당기순이익	53	24	18	85	79	41

재무 상태 〈단위 : 억원〉

항목	2012	2013	2014	2015	2016	2017
총자산	3,731	3,719	3,880	3,814	3,734	4,164
유형자산	1,231	1,461	1,503	1,533	1,739	1,830
무형자산	36	37	74	71	50	47
유가증권	1,009	849	501	184	153	180
총부채	1,363	1,281	1,223	1,128	916	1,006
총차입금	486	442	292	200	39	3
자본금	158	158	158	158	158	158
총자본	2,368	2,437	2,658	2,686	2,818	3,158
지배주주지분	2,368	2,437	2,658	2,686	2,818	3,158

기업가치 지표

항목	2012	2013	2014	2015	2016	2017
주가(최고/저)(천원)	33.0/23.9	26.5/18.0	43.0/21.4	46.6/26.3	48.2/27.4	57.5/37.8
PER(최고/저)(배)	79.8/57.9	—/—	5.1/2.6	17.4/9.8	8.9/5.1	8.2/5.4
PBR(최고/저)(배)	0.5/0.4	0.4/0.3	0.5/0.3	0.6/0.3	0.6/0.3	0.6/0.4
EV/EBITDA(배)	2.4	3.5	4.9	1.5	1.9	1.8
EPS(원)	453	-3,618	8,846	2,789	5,507	7,067
BPS(원)	74,898	77,077	84,041	84,923	89,101	99,842
CFPS(원)	5,436	-16	12,794	7,160	10,226	12,240
DPS(원)	500	500	500	500	500	500
EBITDAPS(원)	10,878	6,183	8,191	9,231	13,180	13,703

재무 비율 〈단위 : %〉

연도	영업이익률	순이익률	부채비율	차입금비율	ROA	ROE	유보율	자기자본비율	EBITDA마진율
2017	5.6	4.6	31.9	0.1	5.7	7.5	1,896.8	75.8	8.9
2016	5.7	3.7	32.5	1.4	4.6	6.3	1,682.0	75.5	8.8
2015	3.4	1.9	42.0	7.4	2.3	3.3	1,598.5	70.4	6.4
2014	3.1	6.4	46.0	11.0	7.4	11.0	1,580.8	68.5	5.9

한국기업평가 (A034950)
Korea Ratings

업 종 : 상업서비스　　시 장 : KOSDAQ
신용등급 : (Bond) —　(CP) —　　기업규모 : 중견
홈페이지 : www.korearatings.com　　연 락 처 : 02)358-5500
본 사 : 서울시 영등포구 의사당대로 97, 교보증권빌딩 7층

설 립 일	1983.12.29	**종업원수**	165명	**대표이사**	김기범
상 장 일	2002.02.07	**감사의견**	적정(안진)	**계 열**	
결 산 기	12월	**보 통 주**		**종속회사수**	2개사
액 면 가	5,000원	**우 선 주**		**구 상 호**	

주주구성 (지분율,%)		출자관계 (지분율,%)		주요경쟁사 (외형,%)	
Fitch Ratings., Ltd	73.6	이크레더블	64.5	한국기업평가	100
한국기업평가우리사주조합	5.2	코리아크레딧뷰로	12.4	아이마켓코리아	3,923
(외국인)	84.4			NICE평가정보	459

매출구성		비용구성		수출비중	
신용평가(기타)	62.5	매출원가율	0.0	수출	1.0
사업가치평가(기타)	35.5	판관비율	69.4	내수	99.0
정보사업 외(기타)	2.0				

회사 개요

동사는 신용평가, 특수평가, 정보사업을 주력으로 하는 신용평가업체로 2007년 세계 3대 신용평가기관인 피치가 최대주주가 됨에 따라 대외신인도 제고 및 글로벌 스탠더드화를 추진함. SOC 시설 등 대형 사업에 대한 프로젝트 파이낸스 분야에서 많은 업무수행경험을 가지고 있음. 금융투자협회(KOFIA)에서 실시한 신용평가기관 평가에서 정량평가 및 정성평가 양 부문 모두 1위를 차지함.

실적 분석

동사의 2017년 연결기준 누적 매출액은 전년동기(742.6억원) 대비 5.7% 늘어난 785.2억원을 기로하였음. 이에 힘입어 영업이익은 전년보다 14.9% 증가한 240.4억원을 달성함. 당기순이익도 193.3억원으로 전년 대비 증가함. 지방정부의 특정 사업수익연계 채권, 신용파생상품 및 금리연계채권, 채권형 펀드의 펀드신용도 평가 등 신규 상품 도입이 빠르게 추진될 것으로 보임.

현금 흐름 〈단위 : 억원〉

항목	2016	2017
영업활동	165	227
투자활동	-65	-56
재무활동	-87	-176
순현금흐름	14	-5
기말현금	115	111

시장 대비 수익률

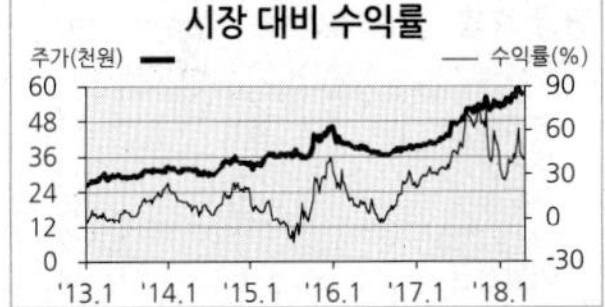

결산 실적 〈단위 : 억원〉

항목	2012	2013	2014	2015	2016	2017
매출액	674	644	614	665	743	785
영업이익	183	163	162	158	209	240
당기순이익	171	143	138	133	169	193

분기 실적 〈단위 : 억원〉

항목	2016.3Q	2016.4Q	2017.1Q	2017.2Q	2017.3Q	2017.4Q
매출액	160	150	175	310	159	142
영업이익	37	7	44	153	33	11
당기순이익	31	7	38	116	27	11

재무 상태 〈단위 : 억원〉

항목	2012	2013	2014	2015	2016	2017
총자산	1,041	1,058	1,096	1,165	1,227	1,277
유형자산	37	37	41	48	48	41
무형자산	34	28	26	28	26	28
유가증권	69	82	66	75	66	77
총부채	247	213	218	239	225	249
총차입금	—	—	—	—	—	—
자본금	245	245	245	245	245	245
총자본	794	844	878	926	1,002	1,028
지배주주지분	709	750	773	811	869	879

기업가치 지표

항목	2012	2013	2014	2015	2016	2017
주가(최고/저)(천원)	25.2/13.8	32.3/26.4	36.1/29.5	46.2/31.7	47.0/36.3	56.3/39.2
PER(최고/저)(배)	9.8/5.5	14.5/12.1	16.7/13.6	22.1/15.4	17.4/13.5	16.8/12.0
PBR(최고/저)(배)	2.0/1.1	2.3/1.9	2.4/2.0	2.8/1.9	2.6/2.0	2.9/2.1
EV/EBITDA(배)	4.2	6.5	6.6	9.3	5.0	6.5
EPS(원)	3,322	2,688	2,544	2,324	2,943	3,401
BPS(원)	16,121	17,013	17,539	18,365	19,647	19,862
CFPS(원)	3,498	2,862	2,722	2,558	3,220	3,675
DPS(원)	2,197	1,778	1,682	1,537	1,947	2,250
EBITDAPS(원)	4,216	3,758	3,739	3,716	4,886	5,568

재무 비율 〈단위 : %〉

연도	영업이익률	순이익률	부채비율	차입금비율	ROA	ROE	유보율	자기자본비율	EBITDA마진율
2017	30.6	24.6	24.2	0.0	15.4	17.7	268.8	80.5	32.2
2016	28.2	22.7	22.5	0.0	14.1	15.9	264.8	81.6	29.9
2015	23.8	20.0	25.8	0.0	11.8	13.3	241.0	79.5	25.4
2014	26.4	22.5	24.8	0.0	12.8	15.2	225.7	80.1	27.7

한국내화 (A010040)

Korea Refractories

업 종 : 금속 및 광물 | 시 장 : 거래소
신용등급 : (Bond) — (CP) — | 기업규모 : 시가총액 소형주
홈페이지 : www.fskrc.co.kr | 연 락 처 : 041)359-2200
본 사 : 충남 당진시 송산면 무수들길 370

설 립 일	1976.03.13	**종업원수**	624명	**대표이사**	김상배,김용민
상 장 일	2000.10.16	**감사의견**	적정(삼정)	**계 열**	
결 산 기	12월	**보 통 주**		**종속회사수**	
액 면 가	500원	**우 선 주**		**구 상 호**	

주주구성 (지분율,%)		출자관계 (지분율,%)		주요경쟁사 (외형,%)	
김근수	21.7	케이앤엑스	50.0	한국내화	100
후성에이치디에스	18.7	일광이앤씨	28.0	서원	95
(외국인)	1.1	영구신동내화재료유한공사	24.0	일진다이아	46

매출구성		비용구성		수출비중	
내화물(정형,부정형)	55.6	매출원가율	88.4	수출	0.0
산업로 및 고로	25.0	판관비율	7.6	내수	100.0
알루미늄합금 및 탈산제	19.4				

회사 개요

동사는 1973년에 설립된 종합내화물 회사임. 내화물은 고온에서 연화(軟化)가 안되고 고온,고열에 견뎌내는 물질로서 1300℃이상의 열처리를 하는 모든 공업에 사용되는 세라믹스로 현대제철을 포함한 현대 계열회사를 주요 거래처로 하고 있음. 내화물 시장은 과점으로 포스코엠텍과 조선내화와 포스코에, 동사가 현대제철에 주로 납품하는 구조임. 내화물 시장에서 동사의 점유율은 2016년 기준으로 11.7%임.

실적 분석

동사는 2017년 2,704.4억원의 매출과 107.9억원의 영업이익, 116.4억원의 당기순이익을 달성함. 동사는 내화물사업부와 산업로 및 고로의 설계 및 시공, 정비 등을 맡는 건설사업부의 실적이 개선되면서 매출이 늘었고, 주요 원재료값의 상승에도 생산 효율화로 매출원가의 인상폭을 제한함. 매출원가와 판매관리비 인상율이 매출증가율보다 하회해 수익성이 개선됨.

현금 흐름 *IFRS 별도 기준 〈단위 : 억원〉

항목	2016	2017
영업활동	81	-83
투자활동	-52	5
재무활동	-25	76
순현금흐름	4	-2
기말현금	6	4

시장 대비 수익률

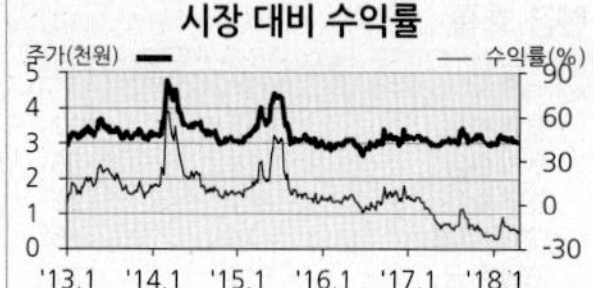

결산 실적 〈단위 : 억원〉

항목	2012	2013	2014	2015	2016	2017
매출액	2,523	2,671	2,628	2,676	2,584	2,704
영업이익	146	164	137	74	96	108
당기순이익	108	71	72	52	57	116

분기 실적 *IFRS 별도 기준 〈단위 : 억원〉

항목	2016.3Q	2016.4Q	2017.1Q	2017.2Q	2017.3Q	2017.4Q
매출액	672	724	673	658	723	650
영업이익	34	19	24	42	29	14
당기순이익	16	20	14	79	20	4

재무 상태 *IFRS 별도 기준 〈단위 : 억원〉

항목	2012	2013	2014	2015	2016	2017
총자산	1,851	1,974	1,984	2,012	2,056	2,154
유형자산	798	880	866	858	808	782
무형자산	18	13	11	10	10	7
유가증권	5	66	72	113	105	98
총부채	923	1,008	991	998	976	923
총차입금	465	556	471	430	415	496
자본금	114	114	114	114	114	114
총자본	928	967	993	1,015	1,080	1,232
지배주주지분	928	967	993	1,015	1,080	1,232

기업가치 지표 *IFRS 별도 기준

항목	2012	2013	2014	2015	2016	2017
주가(최고/저)(천원)	3.8/2.7	3.8/2.9	4.8/2.9	4.6/2.9	3.4/2.7	3.4/2.9
PER(최고/저)(배)	7.5/5.4	13.1/10.1	16.1/9.8	21.2/13.0	14.0/10.8	6.8/5.8
PBR(최고/저)(배)	1.0/0.7	0.9/0.7	1.1/0.7	1.0/0.6	0.7/0.5	0.6/0.5
EV/EBITDA(배)	6.0	6.2	6.1	8.4	6.9	7.1
EPS(원)	548	311	313	227	251	509
BPS(원)	4,330	4,499	4,615	4,708	4,996	5,658
CFPS(원)	806	553	577	494	519	765
DPS(원)	50	50	50	50	25	25
EBITDAPS(원)	998	958	864	593	688	728

재무 비율 〈단위 : %〉

연도	영업이익률	순이익률	부채비율	차입금비율	ROA	ROE	유보율	자기자본비율	EBITDA마진율
2017	4.0	4.3	74.9	40.3	5.5	10.1	1,031.7	57.2	6.2
2016	3.7	2.2	90.3	38.4	2.8	5.5	899.1	52.6	6.1
2015	2.8	1.9	98.4	42.4	2.6	5.2	841.6	50.4	5.1
2014	5.2	2.7	99.8	47.4	3.6	7.3	822.9	50.1	7.5

한국단자공업 (A025540)

Korea Electric Terminal

업 종 : 자동차부품 | 시 장 : 거래소
신용등급 : (Bond) — (CP) — | 기업규모 : 시가총액 중형주
홈페이지 : www.ket.com | 연 락 처 : 032)814-9981
본 사 : 인천시 연수구 갯벌로 38 (송도동)

설 립 일	1973.04.20	**종업원수**	1,221명	**대표이사**	이창원
상 장 일	1996.09.19	**감사의견**	적정(한영)	**계 열**	
결 산 기	12월	**보 통 주**		**종속회사수**	6개사
액 면 가	500원	**우 선 주**		**구 상 호**	

주주구성 (지분율,%)		출자관계 (지분율,%)		주요경쟁사 (외형,%)	
국민연금공단	12.2	케이이티솔루션	100.0	한국단자	100
이창원	10.9	경원산업	100.0	현대모비스	4,721
(외국인)	24.0	경원전자	100.0	한온시스템	750

매출구성		비용구성		수출비중	
[자동차]커넥터	55.1	매출원가율	83.9	수출	26.2
[자동차]자동차용 기타	16.1	판관비율	7.3	내수	73.8
[전 자]커넥터	10.4				

회사 개요

동사는 자동차, 전자 및 전기, 전장모듈 및 무선모듈 등의 제조에 사용되는 커넥터와 자동차 부품, 전장모듈부품 및 무선모듈부품, LED 부품 등을 제조, 판매하는 사업은 영위함. 7개의 계열회사와 케이이티솔루션, 케이티네트워크 등 총 7개의 종속기업을 보유하고 있음. 동사가 생산하는 커넥터는 자동차 완성품 업체인 현대자동차, 기아자동차 등의 1차 전장업체와 가전 업체인 삼성전자, LG전자 등에 납품하고 있음.

실적 분석

자동차용 커넥터와 고부가가치 부품의 판매 비중이 확대되면서, 동사의 2017년도 연결기준 연간 매출액은 7,444.5억원으로 전년도 대비 4.2% 증가함. 외형확대에도 원가율 부담이 늘면서 영업이익은 전년도 대비 26.8% 감소. 2018년에는 스포츠 이벤트 특수(평창 올림픽, 러시아 월드컵) 등으로 대형 및 프리미엄급 LED TV 중심으로 판매가 다소 증가할 것으로 예상됨.

현금 흐름 〈단위 : 억원〉

항목	2016	2017
영업활동	1,489	767
투자활동	-1,067	-754
재무활동	-130	-121
순현금흐름	290	-160
기말현금	678	518

시장 대비 수익률

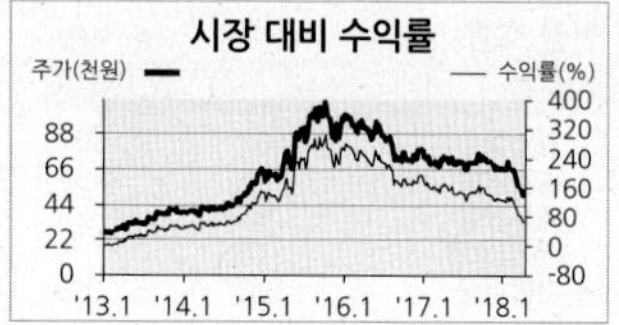

결산 실적 〈단위 : 억원〉

항목	2012	2013	2014	2015	2016	2017
매출액	4,829	5,660	6,045	6,613	7,142	7,444
영업이익	471	525	684	827	904	661
당기순이익	299	430	575	689	672	498

분기 실적 〈단위 : 억원〉

항목	2016.3Q	2016.4Q	2017.1Q	2017.2Q	2017.3Q	2017.4Q
매출액	1,684	1,983	1,929	1,841	1,855	1,820
영업이익	214	247	222	198	135	107
당기순이익	147	186	153	170	125	51

재무 상태 〈단위 : 억원〉

항목	2012	2013	2014	2015	2016	2017
총자산	4,985	5,721	6,467	7,039	8,218	8,752
유형자산	2,276	2,615	3,091	3,235	3,267	3,700
무형자산	103	101	150	173	137	129
유가증권	452	772	841	818	1,380	1,604
총부채	1,028	1,338	1,477	1,442	2,074	1,996
총차입금	74	67	92	94	34	28
자본금	52	52	52	52	52	52
총자본	3,957	4,383	4,990	5,596	6,144	6,756
지배주주지분	3,957	4,383	4,990	5,596	6,144	6,756

기업가치 지표

항목	2012	2013	2014	2015	2016	2017
주가(최고/저)(천원)	28.0/19.1	42.0/26.1	66.1/37.1	110/56.6	100/68.0	76.3/65.5
PER(최고/저)(배)	10.3/7.0	10.6/6.6	12.3/6.9	17.0/8.8	15.8/10.7	16.1/13.8
PBR(최고/저)(배)	0.8/0.5	1.0/0.7	1.4/0.8	2.1/1.1	1.7/1.2	1.2/1.0
EV/EBITDA(배)	3.3	4.2	6.2	7.5	4.9	4.8
EPS(원)	2,872	4,130	5,525	6,614	6,452	4,783
BPS(원)	37,995	42,081	47,909	53,734	58,993	64,864
CFPS(원)	5,575	7,248	8,937	10,603	10,550	9,483
DPS(원)	300	350	450	600	700	700
EBITDAPS(원)	7,229	8,161	9,976	11,926	12,778	11,050

재무 비율 〈단위 : %〉

연도	영업이익률	순이익률	부채비율	차입금비율	ROA	ROE	유보율	자기자본비율	EBITDA마진율
2017	8.9	6.7	29.6	0.4	5.9	7.7	12,872.9	77.2	15.5
2016	12.7	9.4	33.8	0.6	8.8	11.5	11,698.5	74.8	18.6
2015	12.5	10.4	25.8	1.7	10.2	13.0	10,646.8	79.5	18.8
2014	11.3	9.5	29.6	1.8	9.4	12.3	9,481.8	77.2	17.2

한국맥널티 (A222980)
Mcnulty Korea

업 종 : 식료품 | 시 장 : KOSDAQ
신용등급 : (Bond) — (CP) — | 기업규모 : 벤처
홈페이지 : www.mcnultykorea.co.kr | 연 락 처 : 041)582-0233
본 사 : 충남 천안시 서북구 성환읍 연암율금로 42

설 립 일	1997.12.19	**종 업 원 수**	157명	**대 표 이 사**	이은정
상 장 일	2015.12.23	**감 사 의 견**	적정(삼덕)	**계 열**	
결 산 기	12월	**보 통 주**		**종속회사수**	
액 면 가	500원	**우 선 주**		**구 상 호**	

주주구성 (지분율,%)		출자관계 (지분율,%)		주요경쟁사 (외형,%)	
이은정	35.2	SHANDONGMCNULTYTRADING	100.0	한국맥널티	100
고한준	33.6			뉴트리바이오텍	414
(외국인)	1.1			코스맥스비티아이	906

매출구성		비용구성		수출비중	
제품(커피)	73.5	매출원가율	70.2	수출	—
제품(제약)	22.9	판관비율	23.6	내수	—
기타(제약)	2.8				

회사 개요

동사는 1997년 12월 19일에 설립되어 커피 제조 및 가공, 제약사업을 영위하고 있으며 현재 국내 원두커피 시장점유율 1위 업체임. 2006년 제약사업을 출범하며 사업을 확장하였고, 2014년 10월 1일로 커피 및 제약 사업을 영위할 존속법인인 한국맥널티와 부동산 임대사업부문을 영위할 신설법인인 맥널티에 셋로 분할하였음. 동사의 매출구성은 커피매출 74.5%, 제약매출 25.5%임.

실적 분석

동사의 2017년 연결 기준 연간 누적 매출액은 329.1억원으로 전년 동기 대비 1.2% 증가함. 매출이 소폭 늘었지만 매출 증가율 대비 매출원가 증가율이 높고 판매비와 관리비 또한 늘어나면서 영업이익은 전년 동기 대비 45.2% 감소한 20.3억원을 시현함. 비영업부문에서도 외환 손실 등이 발생하면서 당기순이익은 전년 동기 대비 무려 54.1% 감소한 12.6억원을 기록함.

현금 흐름 (단위 : 억원)

항목	2016	2017
영업활동	35	25
투자활동	-89	-73
재무활동	-2	2
순현금흐름	-55	-48
기말현금	76	28

시장 대비 수익률

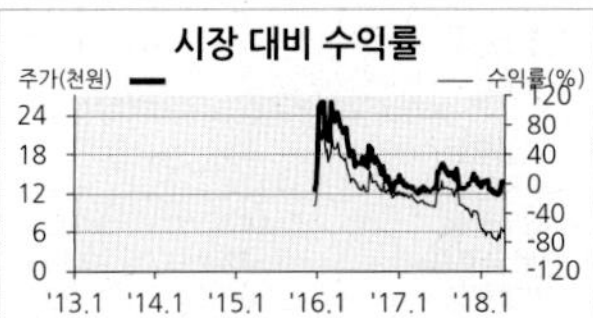

결산 실적 (단위 : 억원)

항목	2012	2013	2014	2015	2016	2017
매출액	152	155	197	271	325	329
영업이익	12	18	6	28	37	20
당기순이익	12	10	56	23	27	13

분기 실적 (단위 : 억원)

항목	2016.3Q	2016.4Q	2017.1Q	2017.2Q	2017.3Q	2017.4Q
매출액	80	86	85	82	79	82
영업이익	5	12	9	5	6	1
당기순이익	4	12	7	4	6	-4

재무 상태 (단위 : 억원)

항목	2012	2013	2014	2015	2016	2017
총자산	200	256	224	352	378	406
유형자산	119	171	106	120	164	213
무형자산	0	0	0	1	1	2
유가증권	—	—	—	—	—	0
총부채	118	164	124	97	102	123
총차입금	48	87	76	49	52	60
자본금	10	10	8	25	25	25
총자본	82	92	100	255	276	282
지배주주지분	82	92	100	255	276	282

기업가치 지표

항목	2012	2013	2014	2015	2016	2017
주가(최고/저)(천원)	#VALUE!	—/—	—/—	—/—	—/—	—/—
PER(최고/저)(배)	0.0/0.0	0.0/0.0	0.0/0.0	21.0/18.7	48.7/22.7	67.0/47.5
PBR(최고/저)(배)	0.0/0.0	0.0/0.0	0.0/0.0	2.7/2.4	4.8/2.3	3.0/2.1
EV/EBITDA(배)	0.7	1.9	1.7	14.1	11.9	17.3
EPS(원)	258	216	1,328	650	552	254
BPS(원)	41,134	46,002	66,470	5,124	5,553	5,673
CFPS(원)	9,331	8,907	39,443	1,006	829	563
DPS(원)	—	—	—	100	130	50
EBITDAPS(원)	9,383	12,877	12,616	1,129	1,023	717

재무 비율 (단위 : %)

연도	영업이익률	순이익률	부채비율	차입금비율	ROA	ROE	유보율	자기자본비율	EBITDA마진율
2017	6.2	3.8	43.7	21.3	3.2	4.5	1,034.5	69.6	10.9
2016	11.4	8.5	36.8	18.8	7.5	10.3	1,010.5	73.1	15.7
2015	10.2	8.6	38.2	19.1	8.1	13.1	924.9	72.4	14.9
2014	2.9	28.4	124.5	75.8	—	—	1,229.4	44.6	12.0

한국비엔씨 (A226610)
BNC Korea

업 종 : 제약 | 시 장 : KONEX
신용등급 : (Bond) — (CP) — | 기업규모 : —
홈페이지 : www.bnckorea.co.kr | 연 락 처 : 070)7116-0059
본 사 : 대구시 달서구 성서공단로11길 62, 대구테크노파크 벤처공장1호관 405호

설 립 일	2007.08.01	**종 업 원 수**	73명	**대 표 이 사**	최완규
상 장 일	2015.12.18	**감 사 의 견**	적정(정진)	**계 열**	
결 산 기	12월	**보 통 주**		**종속회사수**	
액 면 가	—	**우 선 주**		**구 상 호**	

주주구성 (지분율,%)		출자관계 (지분율,%)		주요경쟁사 (외형,%)	
최완규	36.5	프로앱텍	11.9	한국비엔씨	100
2010 KIF-프리미어 투자조합	5.2			이-글 벳	227
				삼일제약	613

매출구성		비용구성		수출비중	
HA필러 군(제품)	62.9	매출원가율	37.9	수출	53.1
유착방지제 군(제품)	20.3	판관비율	41.8	내수	46.9
콜라겐창상피복재 군(제품)	15.4				

회사 개요

동사는 더말필러(Dermal Filler), 창상피복재 등을 개발, 생산하는 의료기기제조업체로 2007년 8월 설립되었으며 2015년 12월 코넥스시장에 상장됨. 동사의 주요 제품으로는 히알루론산을 이용한 HA필러인 '큐젤', 유착방지제 '하이배리', 콜라겐을 이용한 콜라겐 흡수성 창상피복재 '젠타큐'가 있음. 2017년 12월 삼백만불 수출의 탑을 수상하였으며 미국 ABG LABS와 MESO-THERAPY 제품 공급계약을 체결함.

실적 분석

코넥스 상장기업인 동사의 2017년 매출액은 150.2억원으로 전년동기 대비 21% 외형 성장함. 영업이익은 30.5억원을 기록하며 전년동기 대비 134% 성장, 당기순이익 또한 18.5억원을 시현하며 전년동기 대비 262%의 큰 수익성 증가를 이룸. 안면 미용 시술에 대한 높은 수요와 기업들의 소비자 직접광고(DTC)로 인하여 높아진 안면미용 시술에 대한 인식 덕분에 이같은 성장을 이룬것으로 보임.

현금 흐름 *IFRS 별도 기준 (단위 : 억원)

항목	2016	2017
영업활동	12	57
투자활동	-44	-48
재무활동	21	9
순현금흐름	-11	16
기말현금	53	69

시장 대비 수익률

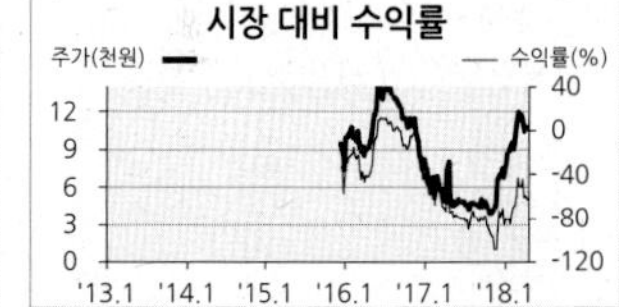

결산 실적 (단위 : 억원)

항목	2012	2013	2014	2015	2016	2017
매출액	23	43	63	106	124	150
영업이익	3	9	13	15	13	30
당기순이익	3	9	12	14	5	19

분기 실적 *IFRS 별도 기준 (단위 : 억원)

항목	2016.3Q	2016.4Q	2017.1Q	2017.2Q	2017.3Q	2017.4Q
매출액	—	—	—	—	—	—
영업이익	—	—	—	—	—	—
당기순이익	—	—	—	—	—	—

재무 상태 *IFRS 별도 기준 (단위 : 억원)

항목	2012	2013	2014	2015	2016	2017
총자산	40	44	79	163	205	241
유형자산	6	7	10	16	55	89
무형자산	11	7	9	7	7	7
유가증권	—	—	—	—	—	1
총부채	23	19	31	35	125	141
총차입금	6	8	23	18	104	120
자본금	13	13	14	34	29	29
총자본	17	26	48	128	79	100
지배주주지분	17	26	48	128	79	100

기업가치 지표 *IFRS 별도 기준

항목	2012	2013	2014	2015	2016	2017
주가(최고/저)(천원)	—/—	—/—	—/—	—/—	—/—	—/—
PER(최고/저)(배)	0.0/0.0	0.0/0.0	0.0/0.0	36.6/28.8	186.8/98.1	30.0/13.1
PBR(최고/저)(배)	0.0/0.0	0.0/0.0	0.0/0.0	5.0/3.9	12.1/6.4	5.6/2.4
EV/EBITDA(배)	0.4	0.4	1.1	17.7	25.9	11.8
EPS(원)	65	168	226	257	75	271
BPS(원)	638	957	1,712	1,880	1,166	1,460
CFPS(원)	236	462	584	369	181	376
DPS(원)	—	—	—	—	—	—
EBITDAPS(원)	236	495	618	392	298	551

재무 비율 (단위 : %)

연도	영업이익률	순이익률	부채비율	차입금비율	ROA	ROE	유보율	자기자본비율	EBITDA마진율
2017	20.3	12.3	140.1	118.9	8.3	20.6	243.2	41.7	25.1
2016	10.5	4.1	158.4	131.8	2.8	5.0	174.9	38.7	16.3
2015	14.5	13.3	27.4	14.4	11.7	16.2	276.0	78.5	20.3
2014	19.7	18.3	66.0	48.7	18.8	31.7	242.4	60.3	26.6

한국석유공업 (A004090)
Korea Petroleum Industrial

업　　종 : 건축소재
시　　장 : 거래소
신용등급 : (Bond) —　　(CP) —
기업규모 : 시가총액 소형주
홈페이지 : www.koreapetroleum.com
연 락 처 : 02)799-3114
본　　사 : 서울시 용산구 이촌로 166

설 립 일	1964.12.11	**종업원수**	163명	**대표이사**	강승모,김병집
상 장 일	1977.06.25	**감사의견**	적정(도원)	**계　열**	
결 산 기	12월	**보 통 주**		**종속회사수**	12개사
액 면 가	5,000원	**우 선 주**		**구　상　호**	

주주구성 (지분율,%)		출자관계 (지분율,%)		주요경쟁사 (외형,%)	
강승모	32.3	케이피한석유화	100.0	한국석유	100
권신정	6.5	케이피한석화학	100.0	보광산업	10
(외국인)	0.5	극동씨엠씨	100.0	일신석재	12

매출구성		비용구성		수출비중	
아스팔트-상품	31.4	매출원가율	87.4	수출	17.4
케미칼-상품	29.9	판관비율	9.3	내수	82.6
합성수지-상품	19.3				

회사 개요

동사는 아스팔트 가공 및 판매 등을 영위할 목적으로 1964년 설립되었으며, 2003년부터 아스콘 제조 및 판매업을 사업 목적에 추가하여 사업 다각화를 위해 노력하고 있음. 케이피한석유화, 케이피한석화학 등 12개의 종속회사를 보유하고 있으며, 2017년 기준 블론아스팔트 부문에서 70%, 솔벤트 부문에서 10%의 시장 점유율을 기록하고 있음. 동사의 제품은 건설경기 및 계절적 경기변화 등에 따라 등락하는 특성이 있음.

실적 분석

동사의 2017년 연결기준 연간 매출액은 전년대비 5.4% 증가한 4,244.9억원을 기록하였음. 매출원가 증가로 영업이익은 142억원으로 전년 대비 15.9% 감소함. 반면 지분법이익의 발생으로 비영업이익은 증가했으나, 당기순이익 또한 98.7억원으로 전년 대비 16.5% 감소됨. 동사는 사업 다각화의 목적으로 2018년 3월 문화사업 및 콘텐츠 제작 관련 사업을 정관상 사업목적에 추가함.

현금 흐름
〈단위 : 억원〉

항목	2016	2017
영업활동	52	62
투자활동	-49	-118
재무활동	-15	78
순현금흐름	-8	22
기말현금	72	94

시장 대비 수익률

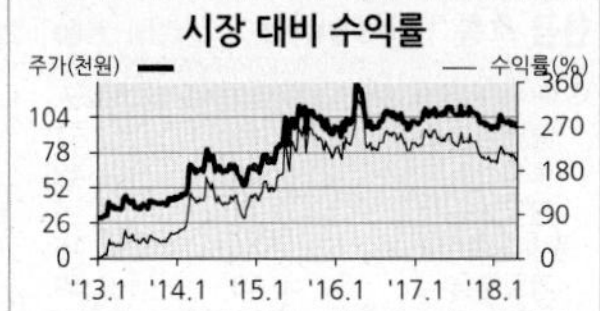

결산 실적
〈단위 : 억원〉

항목	2012	2013	2014	2015	2016	2017
매출액	3,693	3,988	3,793	3,888	4,027	4,245
영업이익	77	109	104	182	169	142
당기순이익	38	77	67	145	118	99

분기 실적
〈단위 : 억원〉

항목	2016.3Q	2016.4Q	2017.1Q	2017.2Q	2017.3Q	2017.4Q
매출액	988	1,126	962	1,118	1,064	1,102
영업이익	40	43	25	38	43	36
당기순이익	21	32	22	51	25	1

재무 상태
〈단위 : 억원〉

항목	2012	2013	2014	2015	2016	2017
총자산	2,159	2,300	2,310	2,402	2,622	2,848
유형자산	1,157	1,125	1,127	1,143	1,290	1,314
무형자산	36	34	36	58	53	116
유가증권	32	40	47	36	27	17
총부채	1,120	1,189	1,138	1,110	1,232	1,381
총차입금	714	618	601	520	637	728
자본금	33	33	33	33	33	33
총자본	1,038	1,111	1,172	1,292	1,390	1,467
지배주주지분	1,038	1,110	1,172	1,293	1,393	1,469

기업가치 지표

항목	2012	2013	2014	2015	2016	2017
주가(최고/저)(천원)	35.2/25.3	46.7/29.2	79.7/44.4	117/63.5	134/89.3	114/95.0
PER(최고/저)(배)	6.7/4.8	4.3/2.7	8.3/4.6	5.4/3.0	7.6/5.1	7.8/6.5
PBR(최고/저)(배)	0.3/0.2	0.3/0.2	0.5/0.3	0.6/0.3	0.7/0.4	0.5/0.4
EV/EBITDA(배)	9.3	7.0	7.9	5.3	6.2	7.1
EPS(원)	5,830	11,732	10,191	22,504	18,277	14,847
BPS(원)	158,371	169,465	178,801	197,369	212,575	224,172
CFPS(원)	8,703	14,817	13,608	26,159	22,999	20,118
DPS(원)	750	1,000	1,000	1,300	1,500	2,000
EBITDAPS(원)	14,569	19,667	19,225	31,364	30,496	26,943

재무 비율
〈단위 : %〉

연도	영업이익률	순이익률	부채비율	차입금비율	ROA	ROE	유보율	자기자본비율	EBITDA마진율
2017	3.3	2.3	94.1	49.6	3.6	6.8	4,383.5	51.5	4.2
2016	4.2	2.9	88.7	45.8	4.7	8.9	4,151.5	53.0	5.0
2015	4.7	3.7	85.9	40.3	6.2	12.0	3,847.4	53.8	5.3
2014	2.7	1.8	97.1	51.3	2.9	5.9	3,476.0	50.7	3.3

한국선재 (A025550)
Hankuk Steel Wire

업　　종 : 금속 및 광물
시　　장 : KOSDAQ
신용등급 : (Bond) —　　(CP) —
기업규모 : 우량
홈페이지 : www.ehansun.co.kr
연 락 처 : 051)200-4400
본　　사 : 부산시 사하구 하신번영로 27

설 립 일	1990.07.01	**종업원수**	179명	**대표이사**	이명호이제훈
상 장 일	1995.06.19	**감사의견**	적정(안경)	**계　열**	
결 산 기	12월	**보 통 주**		**종속회사수**	1개사
액 면 가	500원	**우 선 주**		**구　상　호**	

주주구성 (지분율,%)		출자관계 (지분율,%)		주요경쟁사 (외형,%)	
이제훈	26.1	한선엔지니어링	88.3	한국선재	100
금제	5.6	금제	30.0	황금에스티	135
(외국인)	1.1			GMR 머티리얼즈	69

매출구성		비용구성		수출비중	
(1차 철강산업)상품	60.3	매출원가율	87.2	수출	11.7
(1차 철강산업)아연도금철선등	21.4	판관비율	8.6	내수	88.3
(1차 철강산업)스테인리스강선	10.4				

회사 개요

동사는 선재류(아연도금철선, 스테인리스강선) 제조가공 및 판매를 영위할 목적으로 1990년에 설립됨. 동사는 실적자료를 바탕으로 한 국내 시장점유율이 아연도금철선 부문 1위, 스테인리스강선 4위, 철강재 부문 5위의 지위를 유지하고 있음. 동사는 종속회사로 튜브피팅 및 밸브 생산,판매하는 한선엔지니어링과 화물운송알선 사업을 영위하는 금제를 두고 있음. 종속회사 한선엔지니어링는 2017년 6월 27일에 전환사채 30억원을 발행함.

실적 분석

동사의 2017년 매출액은 전년 대비 9% 증가한 1667억원이며 당기순이익은 전년 대비 14억원 증가한 39억원임. 영업이익은 68억원으로 전년 대비 1.5% 증가함. 당기순이익 증가의 주된 원인은 피팅 및 밸브 부문의 실적개선과 법인세비용 감소 때문임. 올해도 피팅 및 밸브 부문은 매출액 등 성장이 예상되나 전반적인 철강경기 불황과 내수시장 부진은 지속될 것으로 예상됨.

현금 흐름
〈단위 : 억원〉

항목	2016	2017
영업활동	34	-35
투자활동	-224	-62
재무활동	147	52
순현금흐름	-42	-44
기말현금	67	23

시장 대비 수익률

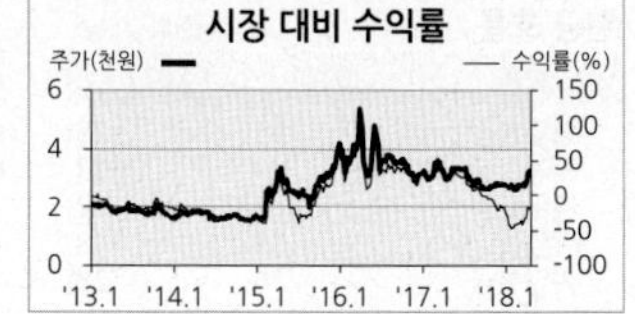

결산 실적
〈단위 : 억원〉

항목	2012	2013	2014	2015	2016	2017
매출액	2,047	1,692	1,555	1,422	1,534	1,667
영업이익	58	45	57	28	67	68
당기순이익	55	36	28	49	25	39

분기 실적
〈단위 : 억원〉

항목	2016.3Q	2016.4Q	2017.1Q	2017.2Q	2017.3Q	2017.4Q
매출액	382	475	383	435	429	420
영업이익	8	15	23	10	22	13
당기순이익	2	-3	17	3	20	-1

재무 상태
〈단위 : 억원〉

항목	2012	2013	2014	2015	2016	2017
총자산	1,651	1,587	1,564	1,508	1,664	1,824
유형자산	675	630	626	642	662	706
무형자산	4	4	5	4	3	3
유가증권	1	8	0	52	50	41
총부채	947	839	787	685	844	981
총차입금	720	675	655	559	722	790
자본금	120	123	123	123	123	123
총자본	704	748	776	823	820	843
지배주주지분	704	748	776	823	820	835

기업가치 지표

항목	2012	2013	2014	2015	2016	2017
주가(최고/저)(천원)	3.4/1.9	2.1/1.6	1.9/1.5	4.2/1.6	5.5/2.8	3.8/2.6
PER(최고/저)(배)	16.8/9.3	16.5/12.5	19.1/14.9	22.1/8.5	57.5/29.1	24.5/17.0
PBR(최고/저)(배)	1.3/0.7	0.8/0.6	0.7/0.5	1.3/0.5	1.7/0.9	1.1/0.8
EV/EBITDA(배)	14.2	14.4	11.8	29.1	15.6	14.9
EPS(원)	230	149	115	201	102	158
BPS(원)	3,043	3,164	3,280	3,468	3,437	3,498
CFPS(원)	341	257	210	302	210	278
DPS(원)	—	—	100	100	100	100
EBITDAPS(원)	354	293	326	216	383	399

재무 비율
〈단위 : %〉

연도	영업이익률	순이익률	부채비율	차입금비율	ROA	ROE	유보율	자기자본비율	EBITDA마진율
2017	4.1	2.4	116.4	93.7	2.3	4.7	599.7	46.2	5.9
2016	4.4	1.6	103.0	88.1	1.6	3.0	587.4	49.3	6.1
2015	2.0	3.5	83.3	68.0	3.2	6.2	593.6	54.6	3.7
2014	3.6	1.8	101.4	84.4	1.8	3.7	555.9	49.7	5.1

한국수출포장공업 (A002200)
Korea Export Packaging Ind

업 종 : 용기 및 포장 | 시 장 : 거래소
신용등급 : (Bond) — (CP) — | 기업규모 : 시가총액 소형주
홈페이지 : www.keppack.co.kr | 연 락 처 : 02)525-2981
본 사 : 서울시 서초구 서초중앙로63 리더스빌딩 4층

설립일	1957.11.21	**종업원수**	309명	**대표이사**	허용삼,허정훈
상장일	1974.06.28	**감사의견**	적정(삼덕)	**계열**	
결산기	12월	**보통주**		**종속회사수**	1개사
액면가	5,000원	**우선주**		**구상호**	

주주구성 (지분율,%)		출자관계 (지분율,%)		주요경쟁사 (외형,%)	
허정훈	35.9	한수팩	100.0	수출포장	100
신영자산운용	7.7	대양코리아	13.1	삼영화학	41
(외국인)	4.2	한국골판지공장공업협동조합	7.0	한국팩키지	23

매출구성		비용구성		수출비중	
상자	72.6	매출원가율	92.8	수출	0.0
원단	27.1	판관비율	10.0	내수	100.0
골판지원지	0.3				

회사 개요
동사는 오산공장의 골판지용 원지 제조 사업과 안성, 양산, 대전 공장의 골판지가공(상자 및 원단) 판매로 이루어지는 골판지용지 일관생산 전문업체로 동사 이외에 1개의 계열회사를 가지고 있음. 한수팩은 골판지 상자 및 부속품을 생산하는 지함업체로 동사에서 골판지 원단을 전량 구입하여 골판지 상자를 제조하여 공급하고 있음. 현재 동사가 보유한 한수팩의 지분율은 100%를 나타냄. 그 밖에 부동산매매 및 임대업, 수출입업을 영위하고 있음.

실적 분석
동사는 연결재무제표 기준 지난해 영업손실 68.8억으로 전년 대비 적자전환하였음. 같은 기간 당기순손실도 52.7억으로 2440.7% 줄었고, 매출액은 7.1% 증가한 2,443.8억을 기록했음. 매출단가의 상승으로 매출액이 증가하였으나 제조원가의 원재료비 상승으로 영업실적이 적자전환하였음. 골판지 포장시장의 수요는 계속해서 확대되고 있으며 소규모의 골판지 상자 전문공장은 줄어들고, 대형 일괄생산공장이 확대되고 있는 상황

현금 흐름 〈단위 : 억원〉

항목	2016	2017
영업활동	139	-80
투자활동	-110	-69
재무활동	-25	119
순현금흐름	4	-30
기말현금	86	56

시장 대비 수익률
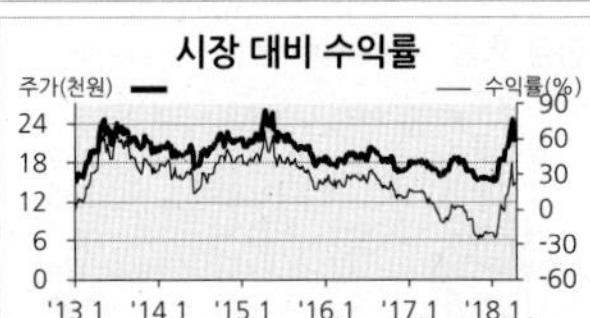

결산 실적 〈단위 : 억원〉

항목	2012	2013	2014	2015	2016	2017
매출액	2,603	2,366	2,315	2,307	2,283	2,444
영업이익	373	155	141	27	31	-69
당기순이익	260	112	113	-2	-2	-53

분기 실적 〈단위 : 억원〉

항목	2016.3Q	2016.4Q	2017.1Q	2017.2Q	2017.3Q	2017.4Q
매출액	594	594	591	613	639	601
영업이익	-3	6	-19	-2	-33	-15
당기순이익	-2	6	-18	2	-25	-12

재무 상태 〈단위 : 억원〉

항목	2012	2013	2014	2015	2016	2017
총자산	2,693	2,800	2,925	3,010	2,997	2,991
유형자산	1,976	2,106	2,275	2,160	2,076	2,207
무형자산	14	14	14	14	15	15
유가증권	22	23	23	22	27	25
총부채	580	605	642	751	756	822
총차입금	161	229	272	258	253	391
자본금	200	200	200	200	200	200
총자본	2,113	2,195	2,284	2,259	2,241	2,169
지배주주지분	2,113	2,195	2,284	2,259	2,241	2,169

기업가치 지표

항목	2012	2013	2014	2015	2016	2017
주가(최고/저)(천원)	15.4/10.0	24.7/15.0	22.8/17.0	26.0/17.3	20.3/16.2	18.9/15.3
PER(최고/저)(배)	2.8/1.8	10.0/6.1	9.0/6.7	—/—	—/—	—/—
PBR(최고/저)(배)	0.4/0.2	0.5/0.3	0.4/0.3	0.5/0.3	0.4/0.3	0.4/0.3
EV/EBITDA(배)	1.6	4.3	5.0	7.2	6.0	18.9
EPS(원)	6,492	2,794	2,814	-60	-52	-1,318
BPS(원)	52,820	54,864	57,088	56,475	56,026	54,230
CFPS(원)	8,734	4,864	5,077	2,648	2,863	1,671
DPS(원)	750	500	500	500	500	500
EBITDAPS(원)	11,566	5,954	5,799	3,382	3,682	1,269

재무 비율 〈단위 : %〉

연도	영업이익률	순이익률	부채비율	차입금비율	ROA	ROE	유보율	자기자본비율	EBITDA마진율
2017	-2.8	-2.2	37.9	18.0	-1.8	-2.4	984.6	72.5	2.1
2016	1.3	-0.1	33.7	11.3	-0.1	-0.1	1,020.5	74.8	6.5
2015	1.2	-0.1	33.3	11.4	-0.1	-0.1	1,029.5	75.0	5.9
2014	6.1	4.9	28.1	11.9	3.9	5.0	1,041.8	78.1	10.0

한국쉘석유 (A002960)
Hankook Shell Oil

업 종 : 화학 | 시 장 : 거래소
신용등급 : (Bond) — (CP) — | 기업규모 : 시가총액 중형주
홈페이지 : www.shell.co.kr | 연 락 처 : 051)620-5133
본 사 : 부산시 남구 신선로 250 (용당동)

설립일	1960.07.05	**종업원수**	111명	**대표이사**	강진원
상장일	1988.08.10	**감사의견**	적정(삼일)	**계열**	
결산기	12월	**보통주**		**종속회사수**	
액면가	5,000원	**우선주**		**구상호**	

주주구성 (지분율,%)		출자관계 (지분율,%)		주요경쟁사 (외형,%)	
Shell Petroleum N.V	53.9			한국쉘석유	100
FID Low Priced Stock Fund	4.4			남해화학	533
(외국인)	65.0			동성코퍼레이션	393

매출구성		비용구성		수출비중	
[제품]윤활유	76.7	매출원가율	66.9	수출	26.3
[상품]윤활유,그리스	15.9	판관비율	18.8	내수	73.7
[제품]그리스	6.8				

회사 개요
동사는 1960년 7월에 설립되어 윤활유 및 그리스, 기타 석유류 제품과 관련 제품의 제조, 조합, 배정 및 판매사업을 영위하고 있으며, 전국 40여개 대리점을 통한 판매와 제조 및 운수, 해운업체 등에 직접 판매하거나 국내에 입항하는 외국적 외항 선박에 공급함. 2017년 기준 매출액은 윤활유(제품, 76.5%), 윤활유 및 그리스(상품, 15.2%), 그리스(제품, 7.8%), 기타(0.5%)로 구성되어 있음.

실적 분석
동사의 2017년 매출액은 전년 대비 0.2% 감소한 2,105.4억원을 기록한 반면, 동기간 매출원가는 3.7% 증가함에 따라 매출총이익율은 감소했으며 영업이익 또한 전년 대비 14.4% 감소한 300.4억원을 기록함. 한편, 외화차손 규모가 큰 폭으로 감소하면서 외환손익이 흑자로 전환되었음. 이에 따라 동사의 2017년 당기순이익은 전년 대비 11.0% 감소한 242.4억원을 기록하였음.

현금 흐름 *IFRS 별도 기준 〈단위 : 억원〉

항목	2016	2017
영업활동	300	197
투자활동	-107	79
재무활동	-260	-221
순현금흐름	-66	55
기말현금	113	168

시장 대비 수익률
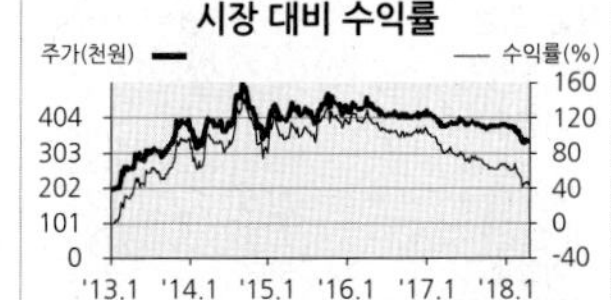

결산 실적 〈단위 : 억원〉

항목	2012	2013	2014	2015	2016	2017
매출액	2,785	2,468	2,387	2,238	2,109	2,105
영업이익	387	360	331	391	351	300
당기순이익	312	296	269	312	272	242

분기 실적 *IFRS 별도 기준 〈단위 : 억원〉

항목	2016.3Q	2016.4Q	2017.1Q	2017.2Q	2017.3Q	2017.4Q
매출액	512	499	529	535	518	523
영업이익	75	92	73	72	74	82
당기순이익	53	70	60	58	57	67

재무 상태 *IFRS 별도 기준 〈단위 : 억원〉

항목	2012	2013	2014	2015	2016	2017
총자산	1,167	1,228	1,151	1,265	1,230	1,309
유형자산	112	119	118	124	132	143
무형자산	10	15	15	14	14	13
유가증권	0	0	—	—	—	—
총부채	307	328	245	297	257	315
총차입금	—	—	—	—	—	—
자본금	70	70	70	70	70	70
총자본	860	900	906	969	973	994
지배주주지분	860	900	906	969	973	994

기업가치 지표 *IFRS 별도 기준

항목	2012	2013	2014	2015	2016	2017
주가(최고/저)(천원)	199/151	427/198	503/310	473/356	460/401	419/372
PER(최고/저)(배)	10.7/8.5	23.1/10.8	28.7/17.8	22.3/16.9	23.9/20.8	23.4/20.6
PBR(최고/저)(배)	3.9/3.1	7.6/3.5	8.5/5.3	7.2/5.4	6.7/5.8	5.7/5.0
EV/EBITDA(배)	7.3	15.3	14.2	13.9	14.3	14.3
EPS(원)	23,977	22,775	20,711	24,010	20,956	18,649
BPS(원)	66,129	69,257	69,679	74,503	74,861	76,494
CFPS(원)	24,758	23,597	21,633	24,909	21,909	19,666
DPS(원)	20,000	20,000	19,000	20,000	19,000	17,000
EBITDAPS(원)	30,525	28,544	26,371	30,958	27,937	24,125

재무 비율 〈단위 : %〉

연도	영업이익률	순이익률	부채비율	차입금비율	ROA	ROE	유보율	자기자본비율	EBITDA마진율
2017	14.3	11.5	31.7	0.0	19.1	24.6	1,320.6	75.9	14.9
2016	16.6	12.9	26.4	0.0	21.8	28.1	1,290.3	79.1	17.2
2015	17.5	14.0	30.7	0.0	25.8	33.3	1,283.6	76.5	18.0
2014	13.9	11.3	27.0	0.0	22.6	29.8	1,194.0	78.7	14.4

한국알콜산업 (A017890)
Korea Alcohol Industrial

업 종 : 화학 | 시 장 : KOSDAQ
신용등급 : (Bond) — (CP) — | 기업규모 : 우량
홈페이지 : www.ka.co.kr | 연 락 처 : 031)881-8000
본 사 : 경기도 용인시 기흥구 탑실로35번길 14 (공세동)

설 립 일	1984.07.27	**종업원수**	158명	**대표이사**	지용석,주성호,강성우
상 장 일	1992.08.04	**감사의견**	적정(세일)	**계 열**	
결 산 기	12월	**보 통 주**		**종속회사수**	1개사
액 면 가	500원	**우 선 주**		**구 상 호**	

주주구성 (지분율,%)		출자관계 (지분율,%)		주요경쟁사 (외형,%)	
케이씨엔에이	33.5	서안주정	10.1	한국알콜	100
신영자산운용	5.3	케이씨엔에이	9.9	경인양행	141
(외국인)	4.0	대한주정판매	8.1	카프로	255

매출구성		비용구성		수출비중	
초산에틸	29.1	매출원가율	82.6	수출	13.7
합성주정 외	23.1	판관비율	9.3	내수	86.3
정제주정	22.0				

회사 개요

동사는 합성에탄올, 무수에탄올, 아세트알데히드, 초산에틸, 초산부틸, 에틸아민과 정제주정 등의 제조 및 판매 사업을 영위하고 있음. 부동산 임대업을 영위하는 'SOOSAN CORPORATION'이 연결대상 종속회사임. 상장사 '이엔에프테크놀로지' 와 비상장사 3개사를 계열회사로 보유하고 있음. 동사는 수익구조는 원재료 가격과 밀접하게 연관되어 있어 원재료의 안정적인 조달에 힘쓰고 있음.

실적 분석

동사의 2017년 누적매출액은 2,124억원으로 전년대비 12.6% 증가함. 비용측면에서 매출원가와 판관비가 각각 14.9%, 20% 상승하면서 매출 확대에도 불구하고 영업이익은 전년보다 11.3% 줄어든 171.9억원을 기록함. 동사의 주정 부문은 전방산업인 소주 시장의 수요 변동이 크지 않아 원가 절감 요인 발생 유무가 중요하며 주요 원재료인 조주정, 변성주정 등의 원가가 상승하여 수익성이 악화됨.

현금 흐름 〈단위 : 억원〉

항목	2016	2017
영업활동	439	52
투자활동	-26	-532
재무활동	-146	227
순현금흐름	275	-282
기말현금	563	281

시장 대비 수익률

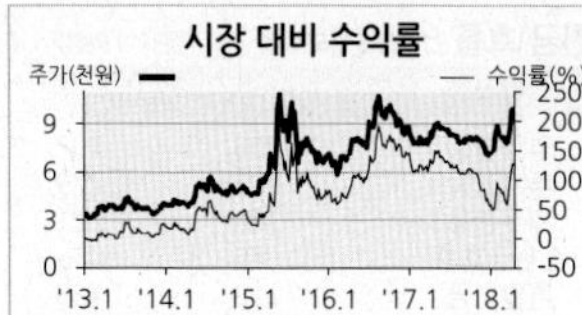

결산 실적 〈단위 : 억원〉

항목	2012	2013	2014	2015	2016	2017
매출액	2,073	1,943	1,863	1,908	1,886	2,124
영업이익	69	65	129	152	194	172
당기순이익	82	55	116	182	301	201

분기 실적 〈단위 : 억원〉

항목	2016.3Q	2016.4Q	2017.1Q	2017.2Q	2017.3Q	2017.4Q
매출액	470	468	474	507	551	592
영업이익	54	22	44	44	37	46
당기순이익	56	28	44	60	50	48

재무 상태 〈단위 : 억원〉

항목	2012	2013	2014	2015	2016	2017
총자산	2,409	2,439	2,579	2,651	3,059	3,286
유형자산	381	331	327	393	368	581
무형자산	36	34	34	26	38	49
유가증권	41	36	35	38	38	41
총부채	692	667	679	562	670	755
총차입금	431	462	418	243	111	335
자본금	108	108	108	108	108	108
총자본	1,717	1,772	1,900	2,089	2,388	2,531
지배주주지분	1,717	1,772	1,900	2,089	2,388	2,531

기업가치 지표

항목	2012	2013	2014	2015	2016	2017
주가(최고/저)(천원)	4.6/3.0	4.4/3.1	5.9/3.8	10.9/4.5	11.0/5.9	9.2/7.1
PER(최고/저)(배)	12.4/8.2	17.8/12.6	11.3/7.3	13.2/5.5	8.0/4.3	10.0/7.6
PBR(최고/저)(배)	0.6/0.4	0.5/0.4	0.7/0.4	1.1/0.5	1.0/0.5	0.8/0.6
EV/EBITDA(배)	8.3	7.6	5.9	6.4	5.5	5.7
EPS(원)	380	255	538	842	1,393	932
BPS(원)	8,167	8,432	9,027	9,902	11,285	11,947
CFPS(원)	684	593	873	1,196	1,729	1,413
DPS(원)	—	—	50	50	50	50
EBITDAPS(원)	622	639	933	1,059	1,233	1,277

재무 비율 〈단위 : %〉

연도	영업이익률	순이익률	부채비율	차입금비율	ROA	ROE	유보율	자기자본비율	EBITDA마진율
2017	8.1	9.5	29.8	13.2	6.4	8.2	2,289.4	77.0	13.0
2016	10.3	16.0	28.1	4.6	10.5	13.4	2,157.0	78.1	14.1
2015	8.0	9.5	26.9	11.6	7.0	9.1	1,880.4	78.8	12.0
2014	6.9	6.2	35.7	22.0	4.6	6.3	1,705.4	73.7	10.8

한국유나이티드제약 (A033270)
Korea United Pharm

업 종 : 제약 | 시 장 : 거래소
신용등급 : (Bond) — (CP) — | 기업규모 : 시가총액 중형주
홈페이지 : www.kup.co.kr | 연 락 처 : 044)862-5030
본 사 : 세종시 전동면 노장공단길 25-23

설 립 일	1987.12.03	**종업원수**	832명	**대표이사**	강덕영
상 장 일	1999.10.29	**감사의견**	적정(한영)	**계 열**	
결 산 기	12월	**보 통 주**		**종속회사수**	
액 면 가	500원	**우 선 주**		**구 상 호**	

주주구성 (지분율,%)		출자관계 (지분율,%)		주요경쟁사 (외형,%)	
강덕영	28.0	케일럽멀티랩	45.0	유나이티드제약	100
국민연금공단	5.0	유나이니드인터팜	44.4	알보젠코리아	96
(외국인)	23.3	KoreaUnitedPharm.Int'lJSC.	11.0	큐리언트	

매출구성		비용구성		수출비중	
실로스탄	43.6	매출원가율	43.2	수출	11.3
클란자	18.2	판관비율	40.7	내수	88.7
뉴부틴	14.7				

회사 개요

동사는 의약품 제조 및 판매 등을 영위할 목적으로 1987년 12월 설립되어 1999년 11월 코스닥시장에 상장됨. 2007년 10월 유가증권시장으로 이전 상장됨. 동사는 매출액 대비 높은 연구개발 투자와 그 결과물인 개량신약을 경쟁우위 요소로 갖고 있음. 또한 글로벌제약사 및 바이어와의 계약을 통한 기술수출 및 해외임상을 통해 유럽, 중동, 아프리카 등의 진출을 통한 해외수출 전략을 목표로 하고 있음.

실적 분석

동사의 2017년 결산 매출액은 전년대비 11.4% 성장한 1,970.2억원을 기록함. 매출액 증가는 주로 실로스탄 등 제품매출 호조에 기인함. 외형성장과 원가율 개선으로 영업이익 317.2억원, 당기순이익 278.6억원을 보이며 이익 규모 증가 및 수익성이 개선에 성공함. 수출과 내수 모두 성장하였으며 주요 제품별로도 고른 실적 성장세를 보여 향후 실적 개선에 긍정적인 요인으로 작용할 전망임.

현금 흐름 *IFRS 별도 기준 〈단위 : 억원〉

항목	2016	2017
영업활동	300	277
투자활동	-140	-355
재무활동	-211	1
순현금흐름	-45	-84
기말현금	184	100

시장 대비 수익률

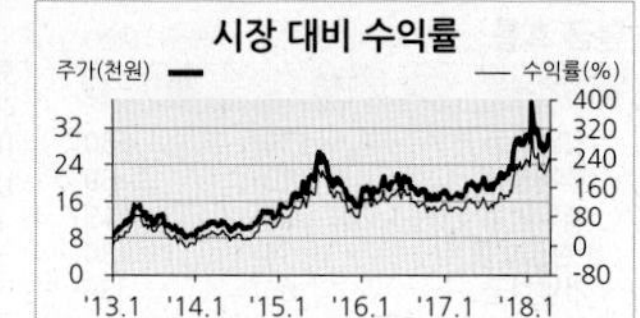

결산 실적 〈단위 : 억원〉

항목	2012	2013	2014	2015	2016	2017
매출액	1,348	1,369	1,552	1,620	1,769	1,970
영업이익	198	148	220	229	271	317
당기순이익	164	122	185	217	195	279

분기 실적 *IFRS 별도 기준 〈단위 : 억원〉

항목	2016.3Q	2016.4Q	2017.1Q	2017.2Q	2017.3Q	2017.4Q
매출액	447	462	471	497	514	488
영업이익	64	75	66	71	117	63
당기순이익	44	64	49	67	107	56

재무 상태 *IFRS 별도 기준 〈단위 : 억원〉

항목	2012	2013	2014	2015	2016	2017
총자산	1,879	1,922	2,171	2,305	2,342	2,658
유형자산	595	653	670	766	773	958
무형자산	23	23	36	44	55	65
유가증권	9	10	10	10	9	6
총부채	538	518	553	585	568	641
총차입금	232	238	248	279	212	252
자본금	77	77	81	81	81	81
총자본	1,340	1,404	1,618	1,720	1,774	2,017
지배주주지분	1,340	1,404	1,618	1,720	1,774	2,017

기업가치 지표 *IFRS 별도 기준

항목	2012	2013	2014	2015	2016	2017
주가(최고/저)(천원)	9.1/4.6	15.6/8.1	14.3/8.6	27.1/13.1	22.0/16.0	30.5/16.7
PER(최고/저)(배)	9.1/4.7	24.8/12.9	13.1/7.9	21.0/10.2	18.7/13.6	17.7/9.8
PBR(최고/저)(배)	1.1/0.6	1.8/1.0	1.5/0.9	2.5/1.2	1.8/1.3	2.2/1.2
EV/EBITDA(배)	5.4	6.5	6.8	9.1	8.1	12.2
EPS(원)	1,064	667	1,148	1,340	1,204	1,719
BPS(원)	8,656	9,242	10,154	11,300	12,312	13,811
CFPS(원)	1,373	1,078	1,592	1,748	1,659	2,178
DPS(원)	120	50	200	220	250	300
EBITDAPS(원)	1,595	1,380	1,810	1,822	2,128	2,416

재무 비율 〈단위 : %〉

연도	영업이익률	순이익률	부채비율	차입금비율	ROA	ROE	유보율	자기자본비율	EBITDA마진율
2017	16.1	14.1	31.8	12.5	11.2	14.7	2,662.3	75.9	19.9
2016	15.3	11.0	32.0	12.0	8.4	11.2	2,362.5	75.7	19.5
2015	14.1	13.4	34.0	16.2	9.7	13.0	2,160.0	74.6	18.2
2014	14.2	11.9	34.2	15.3	9.0	12.1	1,930.7	74.5	18.8

한국유리공업 (A002000)
HANKUK GLASS INDUSTRIES

업　　종 : 건축자재　　시　　장 : 거래소
신용등급 : (Bond) —　(CP) —　　기업규모 : 시가총액 소형주
홈페이지 : www.hanglas.co.kr　　연 락 처 : 02)3706-9114
본　　사 : 서울시 강남구 테헤란로 211(역삼동) 한국고등교육재단빌딩 10층

설 립 일	1957.03.25	**종업원수**	297명	**대표이사**	이용성
상 장 일	1969.06.27	**감사의견**	적정(삼일)	**계　열**	
결 산 기	12월	**보 통 주**		**종속회사수**	2개사
액 면 가	5,000원	**우 선 주**		**구 상 호**	

주주구성 (지분율,%)		출자관계 (지분율,%)		주요경쟁사 (외형,%)	
SOFIAG	44.5	생고뱅이소바코리아	100.0	한국유리	100
Northeast Asia Investments Pte. Ltd.	34.5	한국세큐리트	49.9	KCC	1,119
(외국인)	80.9	한국능률협회컨설팅	3.5	LG하우시스	943

매출구성		비용구성		수출비중	
맑은, 색, 무늬, 가공유리 원부재료	84.6	매출원가율	81.9	수출	0.8
유리섬유	15.4	판관비율	13.1	내수	99.2

회사 개요
동사는 각종 건축용 및 자동차용 원판유리를 생산하는 유리 전문업체로 1957년 설립되었음. 현재 시장점유율은 약 35% 전후 수준을 유지하고 있음. 단열성 고기능 유리인 로이유리를 비롯한 코팅유리 시장에서는 선도기업으로서 약 60% 대의 시장 점유율을 유지 중. 2014년부터는 아파트를 중심으로한 국내 건축시장이 활성화되면서 판유리 시장 공급이 높은 성장세를 나타냄.

실적 분석
동사의 2017년 연간 매출액은 전년동기대비 4.5% 상승한 3,454.3억원을 기록하였음. 비용면에서 전년동기대비 매출원가는 증가 하였으며 인건비는 감소 하였고 기타판매비와관리비는 감소함. 이처럼 매출액 상승과 더불어 비용절감에도 힘을 기울였음. 최종적으로 전년동기대비 당기순이익은 크게 상승하여 1,394.4억원을 기록함. 법인세비용의 흑자전환, 금융손익 등 비영업손익의 큰 증가가 영향을 미친것으로 판단됨.

현금 흐름 〈단위 : 억원〉

항목	2016	2017
영업활동	422	399
투자활동	14	1,891
재무활동	-136	-170
순현금흐름	299	2,116
기말현금	814	2,930

시장 대비 수익률
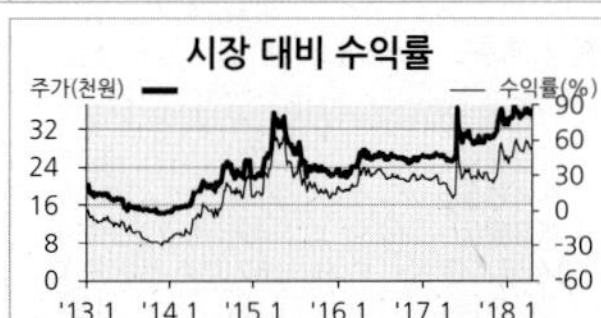

결산 실적 〈단위 : 억원〉

항목	2012	2013	2014	2015	2016	2017
매출액	3,509	3,299	3,268	2,980	3,306	3,454
영업이익	-501	-250	135	92	89	174
당기순이익	-619	-285	286	397	265	1,394

분기 실적 〈단위 : 억원〉

항목	2016.3Q	2016.4Q	2017.1Q	2017.2Q	2017.3Q	2017.4Q
매출액	785	918	802	837	890	925
영업이익	27	64	41	46	56	30
당기순이익	192	71	61	483	61	790

재무 상태 〈단위 : 억원〉

항목	2012	2013	2014	2015	2016	2017
총자산	6,575	6,329	6,463	6,785	7,107	8,529
유형자산	2,805	2,696	2,327	2,548	2,003	1,831
무형자산	36	35	32	31	50	46
유가증권	131	193	18	424	403	529
총부채	1,352	1,365	1,211	1,146	1,342	1,427
총차입금	123	120	95	53	6	8
자본금	699	699	699	699	699	699
총자본	5,223	4,965	5,252	5,639	5,765	7,102
지배주주지분	5,144	4,887	5,175	5,559	5,678	7,004

기업가치 지표

항목	2012	2013	2014	2015	2016	2017
주가(최고/저)(천원)	25.8/19.5	20.1/14.2	26.9/14.6	35.2/21.5	27.9/21.2	36.5/25.0
PER(최고/저)(배)	—/—	—/—	10.8/5.8	10.3/6.3	12.2/9.3	2.9/2.0
PBR(최고/저)(배)	0.6/0.4	0.5/0.3	0.6/0.3	0.7/0.5	0.6/0.4	0.6/0.4
EV/EBITDA(배)	—	—	6.0	7.8	7.0	1.2
EPS(원)	-5,883	-2,687	2,738	3,748	2,417	13,056
BPS(원)	48,830	46,387	49,125	52,773	53,899	66,487
CFPS(원)	-3,932	-903	4,463	5,354	4,068	14,678
DPS(원)	—	—	100	775	775	1,000
EBITDAPS(원)	-2,805	-587	3,011	2,475	2,491	3,270

재무 비율 〈단위 : %〉

연도	영업이익률	순이익률	부채비율	차입금비율	ROA	ROE	유보율	자기자본비율	EBITDA마진율
2017	5.0	40.4	20.1	0.1	17.8	21.7	902.3	83.3	10.0
2016	2.7	8.0	23.3	0.1	3.8	4.5	712.5	81.1	7.9
2015	3.1	13.3	20.3	1.0	6.0	7.4	695.5	83.1	8.8
2014	4.2	8.8	23.1	1.8	4.5	5.7	640.5	81.3	9.7

한국자산신탁 (A123890)
Korea Asset In Trust

업　　종 : 부동산　　시　　장 : 거래소
신용등급 : (Bond) —　(CP) —　　기업규모 : 시가총액 중형주
홈페이지 : www.kait.com　　연 락 처 : 02)2112-6300
본　　사 : 서울시 강남구 테헤란로 306 (역삼동, 카이트타워)

설 립 일	2001.03.20	**종업원수**	169명	**대표이사**	김규철
상 장 일	2016.07.13	**감사의견**	적정(삼정)	**계　열**	
결 산 기	12월	**보 통 주**		**종속회사수**	4개사
액 면 가	500원	**우 선 주**		**구 상 호**	

주주구성 (지분율,%)		출자관계 (지분율,%)		주요경쟁사 (외형,%)	
엠디엠	38.3	한국자산캐피탈	100.0	한국자산신탁	100
문주현	15.0	이에데스디제일호위탁관리부동산투자회사	100.0	한국토지신탁	112
(외국인)	6.8	한국자산에셋운용	40.0	SK디앤디	149

수익구성		비용구성		수출비중	
수수료수익	81.9	이자비용	9.1	수출	—
이자수익	16.3	투자및금융비	0.0	내수	—
배당금수익	1.0	판관비	0.0		

회사 개요
동사는 2001년 3월 20일 설립됐으며, 주요 사업으로 부동산 신탁업을 영위 중. 2016년 6월 30일 기준 부동산신탁회사는 동사를 비롯해 11개사. 동사는 부동산신탁, 부동산 금융 및 부동산 개발 회사를 하나의 그룹사로 두어 부동산 관련 업무를 일원화하고 있음. 영업수익의 시장 점유율이 점차 확대되는 추세이며, 영업수익이 지속적으로 증가할 것으로 기대됨. 또한 도시정비사업, 기업형민간임대주택사업(뉴스테이)을 신규사업을 추진 중에 있음.

실적 분석
동사의 2013년 이후 영업수익(매출액) 규모는 연평균 23.13% 수준으로 성장하였음. 2017년 동사는 신탁사업 수주의 호조 및 집합투자기구의 설정 증가 등으로 전년대비 영업수익이 860억원(63.0%) 증가 한 2,225억원을 기록하였음. 영업이익은 전년대비 73.4% 증가한 1,668억원, 법인세비용차감전순이익은 73.6% 증가한 1,667억원, 당기순이익은 73.2% 증가한 1,267억원을 기록하였음.

현금 흐름 〈단위 : 억원〉

항목	2016	2017
영업활동	-1,043	-1,183
투자활동	-425	708
재무활동	1,218	714
순현금흐름	-250	239
기말현금	106	345

시장 대비 수익률
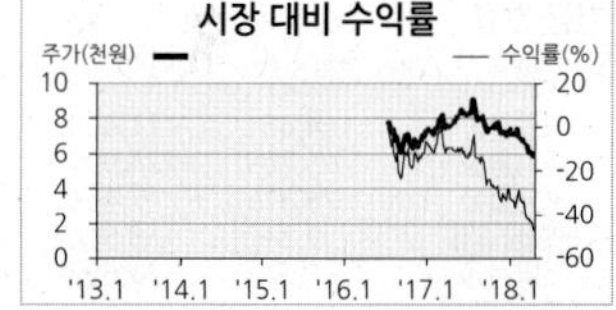

결산 실적 〈단위 : 억원〉

항목	2012	2013	2014	2015	2016	2017
영업수익	408	403	680	954	1,365	2,225
영업이익	184	188	335	584	962	1,668
당기순이익	131	137	238	422	732	1,267

분기 실적 〈단위 : 억원〉

항목	2016.3Q	2016.4Q	2017.1Q	2017.2Q	2017.3Q	2017.4Q
영업수익	366	411	486	511	582	646
영업이익	261	302	369	409	396	494
당기순이익	198	229	274	312	309	373

재무 상태 〈단위 : 억원〉

항목	2012	2013	2014	2015	2016	2017
총자산	1,937	2,222	2,854	3,507	5,676	7,796
유형자산	4	7	9	14	11	14
무형자산	10	20	20	24	24	24
유가증권	—	—	—	—	—	—
총부채	680	820	1,048	1,170	1,506	2,631
총차입금	—	—	—	—	—	—
자본금	269	269	355	367	425	468
총자본	1,256	1,401	1,806	2,337	4,170	5,165
지배주주지분	1,256	1,401	1,806	2,308	4,137	5,120

기업가치 지표

항목	2012	2013	2014	2015	2016	2017
주가(최고/저)(천원)	—/—	—/—	—/—	—/—	8.0/5.9	9.2/6.9
PER(최고/저)(배)	0.0/0.0	0.0/0.0	0.0/0.0	0.0/0.0	11.0/8.2	7.8/5.8
PBR(최고/저)(배)	0.0/0.0	0.0/0.0	0.0/0.0	0.0/0.0	2.1/1.6	1.9/1.4
PSR(최고/저)(배)	0/0	0/0	0/0	0/0	6/4	4/3
EPS(원)	201	211	365	490	761	1,222
BPS(원)	46,627	52,005	50,869	62,820	4,867	5,583
CFPS(원)	4,999	5,204	8,940	11,962	927	1,348
DPS(원)	—	—	—	—	250	250
EBITDAPS(원)	6,811	6,977	12,427	16,345	1,216	1,784

재무 비율 〈단위 : %〉

연도	계속사업이익률	순이익률	부채비율	차입금비율	ROA	ROE	유보율	자기자본비율	총자산증가율
2017	74.9	57.0	51.0	0.0	18.8	27.1	1,016.5	66.3	37.4
2016	70.3	53.6	36.1	0.0	15.9	22.6	873.5	73.5	61.9
2015	59.6	44.2	50.1	0.0	13.3	20.6	528.2	66.6	22.9
2014	46.1	35.0	58.0	0.0	9.4	14.8	408.7	63.3	28.5

한국전력공사 (A015760)

Korea Electric Power

업　　종 : 전력　　시　　장 : 거래소
신용등급 : (Bond) AAA　(CP) A1　　기업규모 : 시가총액 대형주
홈페이지 : www.kepco.co.kr　　연 락 처 : 061)345-3114
본　　사 : 전남 나주시 전력로 55

설 립 일	1961.07.01	**종업원수**	21,392명	**대표이사**	김종갑
상 장 일	1989.05.30	**감사의견**	적정(삼정)	**계 열**	
결 산 기	12월	**보 통 주**		**종속회사수**	
액 면 가	5,000원	**우 선 주**		**구 상 호**	

주주구성 (지분율,%)		출자관계 (지분율,%)		주요경쟁사 (외형,%)	
한국산업은행	32.9	한국지역난방공사	19.6	한국전력	100
정부	18.2	한국투자사모수출입은행탄소배출권특별자산투자신탁1호	14.2	한전KPS	2
(외국인)	29.8	한국실리콘	10.4	지역난방공사	3

매출구성		비용구성		수출비중	
전 기(전기판매 사업부분)	62.8	매출원가율	87.1	수출	—
전 기(화력발전 사업부문)-한국남부발전(주) 외	15.9	판관비율	4.6	내수	—
전 기(원자력발전 사업부문)	11.6				

회사 개요

동사는 전력자원의 개발, 발전, 송전, 변전, 배전 및 이와 관련되는 영업, 연구 및 기술개발, 투자/출연, 보유부동산 활용사업 및 기타 정부로부터 위탁 받은 사업 등을 영위하는 전력회사임. 사업부문은 전기판매사업부문과 원자력발전부문, 화력발전부문, 기타부문으로 구분됨. 신규 사업으로 체코/슬로바키아, 베트남 등 원자력발전사업과 베트남 해외발전사업을 진행 중에 있음.

실적 분석

동사의 2017년 매출액은 59조 8,148.6억원으로 전년 대비 0.6% 감소했음. 매출원가는 전년동기 대비 14.4% 증가했음. 이에 따라 영업이익은 전년 대비 58.7% 감소한 4조 9,531.5억원 시현에 그쳤음. 비영업부문에서도 1조 3,389.3억원의 손실을 기록하며 적자를 지속함에 따라 이익폭이 축소되어 당기순이익은 79.8% 감소한 1조 4,413.9억원을 기록.

현금 흐름

(단위 : 억원)

항목	2016	2017
영업활동	164,451	111,429
투자활동	-95,705	-124,997
재무활동	-76,375	7,456
순현금흐름	-7,317	-6,816
기말현금	30,514	23,697

시장 대비 수익률

결산 실적

(단위 : 억원)

항목	2012	2013	2014	2015	2016	2017
매출액	494,215	540,378	574,749	589,577	601,904	598,149
영업이익	-8,179	15,190	57,876	113,467	120,016	49,532
당기순이익	-30,780	1,743	27,990	134,164	71,483	14,414

분기 실적

(단위 : 억원)

항목	2016.3Q	2016.4Q	2017.1Q	2017.2Q	2017.3Q	2017.4Q
매출액	159,435	152,861	151,466	129,255	161,877	155,550
영업이익	44,242	12,676	14,632	8,465	27,729	-1,294
당기순이익	29,382	2,795	9,000	3,589	15,292	-13,468

재무 상태

(단위 : 억원)

항목	2012	2013	2014	2015	2016	2017
총자산	1,461,528	1,555,273	1,637,083	1,752,574	1,778,370	1,817,889
유형자산	1,223,761	1,296,376	1,358,125	1,413,614	1,457,431	1,508,824
무형자산	8,838	8,132	8,236	8,584	9,834	11,897
유가증권	11,434	12,591	7,188	5,881	10,180	8,145
총부채	950,886	1,040,766	1,088,833	1,073,149	1,047,865	1,088,243
총차입금	548,558	624,824	639,316	595,794	543,191	555,937
자본금	32,098	32,098	32,098	32,098	32,098	32,098
총자본	510,642	514,507	548,250	679,425	730,505	729,646
지배주주지분	498,888	502,597	536,013	666,345	717,237	716,814

기업가치 지표

항목	2012	2013	2014	2015	2016	2017
주가(최고/저)(천원)	26.5/18.7	30.4/21.6	43.2/29.2	47.1/34.6	59.1/40.5	47.8/36.6
PER(최고/저)(배)	—/—	372.8/265.8	11.8/8.0	2.6/1.9	5.7/3.9	24.1/18.5
PBR(최고/저)(배)	0.4/0.3	0.4/0.3	0.6/0.4	0.5/0.4	0.6/0.4	0.4/0.3
EV/EBITDA(배)	11.8	9.4	6.6	4.3	3.7	5.2
EPS(원)	-4,933	93	4,185	20,701	10,980	2,023
BPS(원)	78,868	79,446	83,496	103,798	111,725	111,660
CFPS(원)	5,966	11,609	16,450	33,694	24,938	17,248
DPS(원)	—	90	500	3,100	1,980	790
EBITDAPS(원)	9,625	13,881	21,280	30,669	32,654	22,940

재무 비율

(단위 : %)

연도	영업이익률	순이익률	부채비율	차입금비율	ROA	ROE	유보율	자기자본비율	EBITDA마진율
2017	8.3	2.4	149.2	76.2	0.8	1.8	2,133.2	40.1	24.6
2016	19.9	11.9	143.4	74.4	4.1	10.2	2,134.5	41.1	34.8
2015	19.3	22.8	158.0	87.7	7.9	22.1	1,976.0	38.8	33.4
2014	10.1	4.9	198.6	116.6	1.8	5.2	1,569.9	33.5	23.8

한국전력기술 (A052690)

KEPCO Engineering & Construction

업　　종 : 에너지 시설 및 서비스　　시　　장 : 거래소
신용등급 : (Bond) —　(CP) —　　기업규모 : 시가총액 중형주
홈페이지 : www.kepco-enc.com　　연 락 처 : 054)421-3114
본　　사 : 경북 김천시 혁신로 269 (율곡동)

설 립 일	1975.10.01	**종업원수**	2,245명	**대표이사**	이배수
상 장 일	2009.12.14	**감사의견**	적정(삼정)	**계 열**	
결 산 기	12월	**보 통 주**		**종속회사수**	
액 면 가	200원	**우 선 주**		**구 상 호**	

주주구성 (지분율,%)		출자관계 (지분율,%)		주요경쟁사 (외형,%)	
한국전력공사	65.8	제주한림해상풍력	20.0	한전기술	100
국민연금공단	7.1	켑코우데	2.4	동국S&C	75
(외국인)	2.9	건설공제조합	0.0	씨에스윈드	64

매출구성		비용구성		수출비중	
[원자력]용역매출(용역)	56.7	매출원가율	72.0	수출	33.4
[플랜트]용역매출(용역)	21.6	판관비율	24.3	내수	66.6
[원자로설계]용역매출(용역)	14.4				

회사 개요

동사는 발전소 및 플랜트 관련 엔지니어링 업체로서 원자력 및 수력발전소 의 설계, 발전설비 O&M, 플랜트 건설 사업 및 PM/CM 사업 등을 영위하고 있음. 원자력발전 설계사업의 경우 국내사업은 한국수력원자력이 발주하는 국내원자력발전소의 설계 및 엔지니어링을 독점하고 있으며 미국, 중국 등 해외 원자력발전소 설계사업도 기술인력 지원 형태로 참여하고 있음. 동사는 매출액의 11~12%를 연구개발에 사용해오고 있음.

실적 분석

동사의 연결기준 2017년 매출액은 4,901.9억원으로 전년 대비 3.1% 감소하였음. 외형 축소에도 매출원가가 전년 대비 10.4% 증가함에 따라 매출총이익은 26.4% 감소함. 다만 영업이익은 전년 대비 203.6% 증가한 180.5억원을 시현하였는데 이는 주요 대형사업 용역매출 증가, 소송 결과에 따른 손해배상비 572억원 등이 반영되었던 전년대비 판관비의 33.9% 감소에 따른 것임. 동사의 당기순이익은 19.3% 증가한 212억원임.

현금 흐름 *IFRS 별도 기준

(단위 : 억원)

항목	2016	2017
영업활동	187	626
투자활동	-76	-86
재무활동	-42	-569
순현금흐름	62	-31
기말현금	215	184

시장 대비 수익률

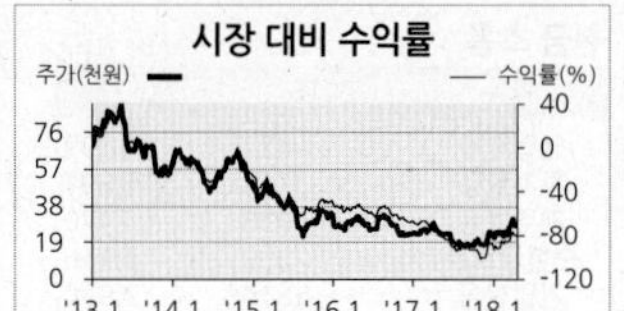

결산 실적

(단위 : 억원)

항목	2012	2013	2014	2015	2016	2017
매출액	7,856	7,555	8,419	6,576	5,060	4,902
영업이익	1,531	338	666	347	59	181
당기순이익	1,343	344	548	310	178	212

분기 실적 *IFRS 별도 기준

(단위 : 억원)

항목	2016.3Q	2016.4Q	2017.1Q	2017.2Q	2017.3Q	2017.4Q
매출액	1,022	1,578	1,022	1,188	998	1,694
영업이익	-16	-320	-16	71	19	107
당기순이익	-49	-135	14	44	22	132

재무 상태 *IFRS 별도 기준

(단위 : 억원)

항목	2012	2013	2014	2015	2016	2017
총자산	8,619	7,605	7,776	8,552	7,866	7,622
유형자산	998	1,500	2,902	3,378	3,281	3,144
무형자산	418	398	427	462	573	646
유가증권	22	20	19	18	10	10
총부채	4,359	3,785	3,705	4,384	3,647	3,051
총차입금	53	74	39	884	918	391
자본금	76	76	76	76	76	76
총자본	4,260	3,820	4,071	4,168	4,219	4,570
지배주주지분	4,260	3,820	4,071	4,168	4,219	4,570

기업가치 지표 *IFRS 별도 기준

항목	2012	2013	2014	2015	2016	2017
주가(최고/저)(천원)	112/52.3	91.8/52.0	67.5/45.0	50.8/22.4	35.0/22.6	28.0/16.9
PER(최고/저)(배)	34.2/15.9	105.9/60.0	48.6/32.4	63.8/28.1	76.2/49.3	50.9/30.7
PBR(최고/저)(배)	10.8/5.0	9.4/5.3	6.4/4.3	4.6/2.0	3.1/2.0	2.3/1.4
EV/EBITDA(배)	14.2	45.9	24.4	27.7	38.0	24.3
EPS(원)	3,514	900	1,433	812	466	555
BPS(원)	11,145	10,142	10,922	11,174	11,309	12,227
CFPS(원)	3,787	1,201	1,715	1,215	979	1,070
DPS(원)	1,932	406	575	200	110	220
EBITDAPS(원)	4,280	1,185	2,024	1,310	669	987

재무 비율

(단위 : %)

연도	영업이익률	순이익률	부채비율	차입금비율	ROA	ROE	유보율	자기자본비율	EBITDA마진율
2017	3.7	4.3	66.8	8.6	2.7	4.8	6,013.7	60.0	7.7
2016	1.2	3.5	86.4	21.8	2.2	4.2	5,554.4	53.6	5.1
2015	5.3	4.7	105.2	21.2	3.8	7.5	5,487.2	48.7	7.6
2014	7.9	6.5	91.0	1.0	7.1	13.9	5,360.9	52.4	9.2

한국전자금융 (A063570)
NICE Total Cash Management

업 종 : 상업서비스 | 시 장 : KOSDAQ
신용등급 : (Bond) — (CP) — | 기업규모 : 우량
홈페이지 : www.nicetcm.co.kr | 연 락 처 : 02)2122-5400
본 사 : 서울시 마포구 마포대로 217 (아현동, 크레디트센터 빌딩)

설 립 일	2000.01.11	**종 업 원 수**	447명	**대 표 이 사**	구자성
상 장 일	2006.07.14	**감 사 의 견**	적정(안진)	**계 열**	
결 산 기	12월	**보 통 주**		**종속회사수**	3개사
액 면 가	500원	**우 선 주**		**구 상 호**	

주주구성 (지분율,%)		출자관계 (지분율,%)		주요경쟁사 (외형,%)	
한국신용정보	35.3	NICE씨엠에스	90.3	한국전자금융	100
비지에프네트웍스	12.5	오케이포스	72.4	쎄트렉아이	18
(외국인)	9.2	무노스	70.0	나이스디앤비	18

매출구성		비용구성		수출비중	
금융/VAN/무인자동화기기 등	64.1	매출원가율	22.7	수출	2.3
결제장비사업	30.5	판관비율	68.6	내수	97.7
현금 수송 등	12.2				

회사 개요

동사는 금융 및 밴(VAN) 사업, 이와 관련되는 부수사업과 현금수송사업, 포스(POS) 및 결제장비 관련 사업 등을 영위함. 금융, VAN 사업에는 금융기관이 보유한 ATM 관리를 대행해주는 ATM관리사업과 회사가 보유한 CD기로 예금인출 등의 금융서비스를 제공하는 CD VAN사업 등이 포함돼 있음. ATM 관리사업의 시장 점유율은 58%가량으로 추정됨. CD VAN사업의 시장 점유율은 46% 내외로 추정됨.

실적 분석

동사의 2017년 연결기준 4분기 누적 매출액은 2410.4억원으로 전년 동기(2155억원)대비 11.9% 증가함. 판관비 증가에도 불구하고 매출원가율이 개선되며 영업이익은 전년(154.8억원)보다 36.1% 늘어난 210.6억원을 달성함. 당기순이익도 전년 대비 32.2억원 늘어난 164.3억원을 실현하였음. 동사는 나이스핀링크를 인수합병, 신규 사업 진출 교두보를 확보해 신성장동력을 얻겠다는 계획.

현금 흐름

<단위 : 억원>

항목	2016	2017
영업활동	253	386
투자활동	-144	240
재무활동	235	395
순현금흐름	344	1,020
기말현금	1,057	2,077

시장 대비 수익률

결산 실적

<단위 : 억원>

항목	2012	2013	2014	2015	2016	2017
매출액	1,269	1,379	1,402	1,525	2,155	2,410
영업이익	84	83	87	123	155	211
당기순이익	38	54	148	94	132	164

분기 실적

<단위 : 억원>

항목	2016.3Q	2016.4Q	2017.1Q	2017.2Q	2017.3Q	2017.4Q
매출액	520	533	529	584	571	727
영업이익	45	30	37	55	48	71
당기순이익	35	30	31	41	34	58

재무 상태

<단위 : 억원>

항목	2012	2013	2014	2015	2016	2017
총자산	1,290	1,311	1,298	1,869	2,218	3,813
유형자산	409	358	362	432	443	690
무형자산	59	27	17	303	294	498
유가증권	105	157	5	9	50	52
총부채	523	456	401	826	1,053	2,242
총차입금	344	250	230	543	807	1,822
자본금	130	130	130	130	130	130
총자본	767	854	896	1,043	1,165	1,571
지배주주지분	757	843	892	970	1,081	1,210

기업가치 지표

항목	2012	2013	2014	2015	2016	2017
주가(최고/저)(천원)	2.4/1.5	2.1/1.7	3.3/2.0	11.5/2.5	8.2/5.0	13.0/5.8
PER(최고/저)(배)	17.5/11.2	10.8/8.9	6.1/3.7	32.6/7.0	16.3/10.1	21.8/9.8
PBR(최고/저)(배)	0.9/0.6	0.7/0.6	1.0/0.6	3.2/0.7	2.0/1.2	2.8/1.3
EV/EBITDA(배)	1.9	1.4	1.2	5.6	4.1	7.6
EPS(원)	151	212	567	366	511	596
BPS(원)	2,910	3,240	3,428	3,730	4,156	4,650
CFPS(원)	706	791	1,141	979	1,225	1,441
DPS(원)	40	50	55	70	80	110
EBITDAPS(원)	878	898	909	1,086	1,309	1,655

재무 비율

<단위 : %>

연도	영업이익률	순이익률	부채비율	차입금비율	ROA	ROE	유보율	자기자본비율	EBITDA마진율
2017	8.7	6.8	142.7	116.0	5.5	13.5	830.0	41.2	17.9
2016	7.2	6.1	90.4	69.3	6.5	13.0	731.2	52.5	15.8
2015	8.1	6.2	79.2	52.1	5.9	10.2	646.0	55.8	18.5
2014	6.2	10.5	44.8	25.7	11.3	17.0	585.5	69.1	16.9

한국전자인증 (A041460)
KOREA ELECTRONIC CERTIFICATION AUTHORITY

업 종 : 상업서비스 | 시 장 : KOSDAQ
신용등급 : (Bond) — (CP) — | 기업규모 : 중견
홈페이지 : www.crosscert.com | 연 락 처 : 02)3019-5641
본 사 : 서울시 서초구 서초대로 320 하림인터내셔날빌딩 7층

설 립 일	1999.03.26	**종 업 원 수**	93명	**대 표 이 사**	신홍식
상 장 일	2010.11.19	**감 사 의 견**	적정(우리)	**계 열**	
결 산 기	12월	**보 통 주**		**종속회사수**	2개사
액 면 가	500원	**우 선 주**		**구 상 호**	

주주구성 (지분율,%)		출자관계 (지분율,%)		주요경쟁사 (외형,%)	
신홍식	13.8	COSMOTOWN,	99.9	한국전자인증	100
VeriSign, Inc.	6.4	AIBRAIN,	97.1	쎄트렉아이	160
(외국인)	1.4			한국전자금융	902

매출구성		비용구성		수출비중	
공인인증서비스	60.0	매출원가율	0.0	수출	0.0
글로벌인증서비스	26.7	판관비율	81.0	내수	100.0
인증솔루션 및 기타 제품	13.3				

회사 개요

동사는 1999년 설립돼 공인인증서 서비스 사업, 글로벌 인증 서비스 사업, 보안서버 인증서비스 사업, 인증서비스 아웃소싱 사업, 인증솔루션 사업, 글로벌 도메인등록, 인공지능로보틱스 등을 주요사업으로 영위함. 2017년 말 기준 국내 법인용 범용 공인인증서 시장에서 약 30% 내외의 시장 점유율 차지함. 개인용 범용 공인인증서 시장에서는 전체 시장의 14%를 차지하는 것으로 추정됨.

실적 분석

동사의 2017년 4분기 기준 누적 매출액은 전년 동기(266억원) 대비 0.5% 소폭 늘어난 267.3억원을 기록하였음. 영업이익은 전년과 큰 차이 없는 50.9억원을 달성함. 다만 외환손실과 관련기업 투자 손실에 따른 비영업손실 6.4억원이 발생. 최종적으로 당기순이익은 전년 47.4억원보다 28.7% 감소한 33.8억원을 시현함. 공인인증서 및 보안서버 인증서의 갱신을 기반으로 안정적인 매출 기조를 유지할 것으로 보임.

현금 흐름

<단위 : 억원>

항목	2016	2017
영업활동	56	46
투자활동	-10	3
재무활동	-6	-8
순현금흐름	44	35
기말현금	204	239

시장 대비 수익률

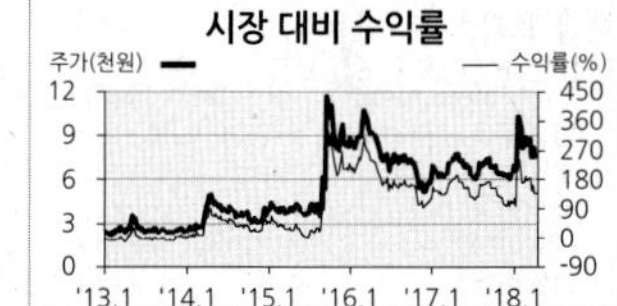

결산 실적

<단위 : 억원>

항목	2012	2013	2014	2015	2016	2017
매출액	218	234	244	252	266	267
영업이익	44	39	36	45	51	51
당기순이익	40	34	31	35	47	34

분기 실적

<단위 : 억원>

항목	2016.3Q	2016.4Q	2017.1Q	2017.2Q	2017.3Q	2017.4Q
매출액	64	71	66	67	65	69
영업이익	11	13	14	14	9	14
당기순이익	18	11	10	8	10	6

재무 상태

<단위 : 억원>

항목	2012	2013	2014	2015	2016	2017
총자산	338	356	388	421	462	485
유형자산	7	9	10	7	6	6
무형자산	22	18	29	26	12	11
유가증권	—	—	—	—	—	20
총부채	118	122	129	146	146	152
총차입금	—	—	—	8	0	0
자본금	107	107	107	107	107	107
총자본	220	234	259	274	317	333
지배주주지분	220	234	258	273	315	332

기업가치 지표

항목	2012	2013	2014	2015	2016	2017
주가(최고/저)(천원)	3.1/1.3	3.6/2.2	5.1/2.5	11.7/3.5	11.4/4.9	7.9/6.0
PER(최고/저)(배)	17.8/7.4	24.2/14.6	36.6/17.4	73.8/22.1	51.6/22.4	49.7/37.8
PBR(최고/저)(배)	2.8/1.2	2.9/1.8	3.7/1.8	7.6/2.3	6.5/2.8	4.3/3.3
EV/EBITDA(배)	5.4	6.0	12.3	28.9	16.0	18.3
EPS(원)	186	158	145	162	224	160
BPS(원)	1,189	1,315	1,434	1,574	1,765	1,843
CFPS(원)	237	211	194	217	266	190
DPS(원)	33	38	39	42	46	46
EBITDAPS(원)	257	234	216	264	281	267

재무 비율

<단위 : %>

연도	영업이익률	순이익률	부채비율	차입금비율	ROA	ROE	유보율	자기자본비율	EBITDA마진율
2017	19.0	12.7	45.5	0.0	7.1	10.6	268.6	68.7	21.4
2016	19.3	17.8	46.0	0.1	10.7	16.3	253.1	68.5	22.7
2015	17.8	13.7	53.3	2.9	8.6	13.1	214.8	65.2	22.5
2014	14.6	12.7	49.8	0.0	8.4	12.6	186.9	66.7	19.0

한국전자홀딩스 (A006200)
KEC Holdings

업 종 : 반도체 및 관련장비
신용등급 : (Bond) — (CP) —
홈페이지 : www.kecholdings.co.kr
본 사 : 서울시 서초구 마방로 10길 5
시 장 : 거래소
기업규모 : 시가총액 소형주
연 락 처 : 02)3497-5535

설 립 일	1969.09.09	**종업원수**	26명	**대표이사**	박명덕
상 장 일	1979.11.30	**감사의견**	적정(삼정)	**계 열**	
결 산 기	12월	**보 통 주**		**종속회사수**	8개사
액 면 가	500원	**우 선 주**		**구 상 호**	

주주구성 (지분율,%)		출자관계 (지분율,%)		주요경쟁사 (외형,%)	
곽정소	21.3	케이이씨암코	100.0	한국전자홀딩스	100
중경고자	6.6	티에스피에스	100.0	GST	63
(외국인)	2.3	케이이씨디바이스	100.0	키다리스튜디오	6

매출구성		비용구성		수출비중	
판매(기타)	126.4	매출원가율	81.6	수출	—
서비스(기타)	9.9	판관비율	16.0	내수	—
제조(기타)	-36.2				

회사 개요

동사는 1969년 설립되어 반도체 부품 제조 및 판매를 주요 사업으로 영위하고 있음. 2006년 인적분할을 통하여 지주회사로 전환하고 자회사로 케이이씨, 케이이씨암코, 케이이씨디바이스 등을 두고 있음. 동사는 자회사에 대한 배당, 경영컨설팅 및 임대료, 전산수수료 수입이 주 수입원임. 동사는 2017년 6월 30일 통계청의 표준산업분류개정에 따라 과학 및 기술서비스업에서 금융 및 보험업으로 업종 코드를 변경한다고 공시함.

실적 분석

동사의 2017년 경영실적은 매출액 2,574억원, 영업이익 62억원, 당기순이익 50억원을 기록함. 전년 대비 각각 6.9%, 242.8% 증가하고 흑자전환함. 동사가 속해 있는 전기전자 업종은 2009년 이후 최고의 상승 사이클을 맞이함. 전기전자 업종의 상승 사이클의 영향으로 전 세계 반도체 시장은 20% 성장했고 동사의 다수 제품이 포함되어 있는 Discrete 시장은 9.5%, IC 시장은 10.4% 성장함.

현금 흐름 〈단위 : 억원〉

항목	2016	2017
영업활동	130	161
투자활동	-9	-87
재무활동	117	-212
순현금흐름	238	-141
기말현금	417	277

시장 대비 수익률

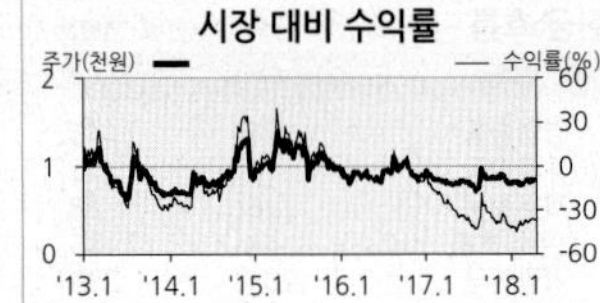

결산 실적 〈단위 : 억원〉

항목	2012	2013	2014	2015	2016	2017
매출액	2,465	2,382	1,895	1,324	2,409	2,574
영업이익	-180	-41	-3	-23	18	62
당기순이익	-361	-83	11	-83	-113	50

분기 실적 〈단위 : 억원〉

항목	2016.3Q	2016.4Q	2017.1Q	2017.2Q	2017.3Q	2017.4Q
매출액	369	1,388	349	360	380	1,484
영업이익	-1	41	-9	-5	-6	82
당기순이익	-21	-52	-0	11	8	31

재무 상태 〈단위 : 억원〉

항목	2012	2013	2014	2015	2016	2017
총자산	2,436	2,349	1,983	2,172	4,246	4,048
유형자산	236	210	184	222	2,016	1,922
무형자산	15	15	10	9	27	26
유가증권	125	6	1	82	9	9
총부채	1,118	1,133	776	977	1,813	1,423
총차입금	294	329	111	92	1,174	798
자본금	135	140	143	234	234	234
총자본	1,318	1,216	1,206	1,196	2,433	2,625
지배주주지분	1,317	1,217	1,208	1,198	1,177	1,194

기업가치 지표

항목	2012	2013	2014	2015	2016	2017
주가(최고/저)(천원)	1.8/0.8	1.3/0.6	1.4/0.7	1.5/0.8	1.2/0.8	1.0/0.7
PER(최고/저)(배)	—/—	—/—	43.5/21.1	—/—	—/—	11.0/7.8
PBR(최고/저)(배)	0.5/0.2	0.4/0.2	0.4/0.2	0.6/0.3	0.5/0.3	0.4/0.3
EV/EBITDA(배)	—	—	—	—	12.8	10.0
EPS(원)	-1,050	-232	32	-201	-275	94
BPS(원)	5,119	4,603	4,470	2,708	2,663	2,699
CFPS(원)	-1,220	-179	122	-162	65	378
DPS(원)	—	—	—	—	—	20
EBITDAPS(원)	-552	-35	69	-16	379	417

재무 비율 〈단위 : %〉

연도	영업이익률	순이익률	부채비율	차입금비율	ROA	ROE	유보율	자기자본비율	EBITDA마진율
2017	2.4	1.9	54.2	30.4	1.2	3.7	439.9	64.9	7.6
2016	0.8	-4.7	74.5	48.2	-3.5	-10.8	432.6	57.3	7.4
2015	-1.7	-6.3	81.7	7.7	-4.0	-6.9	441.5	55.0	-0.5
2014	-0.2	0.6	64.4	9.2	0.5	1.0	793.9	60.8	1.0

한국전파기지국 (A065530)
KRTnet

업 종 : 무선통신
신용등급 : (Bond) — (CP) —
홈페이지 : www.krtnet.co.kr
본 사 : 서울시 송파구 백제고분로 478, 순창빌딩 5층
시 장 : KOSDAQ
기업규모 : 우량
연 락 처 : 02)2077-3154

설 립 일	1996.12.30	**종업원수**	121명	**대표이사**	장석하,김창곤
상 장 일	2002.05.25	**감사의견**	적정(세일)	**계 열**	
결 산 기	12월	**보 통 주**		**종속회사수**	
액 면 가	5,000원	**우 선 주**		**구 상 호**	

주주구성 (지분율,%)		출자관계 (지분율,%)		주요경쟁사 (외형,%)	
장석하	31.0			전파기지국	100
장병권	18.9			SK텔레콤	21,082
(외국인)	0.3			KT	28,142

매출구성		비용구성		수출비중	
기지국사용료유지보수	61.0	매출원가율	89.7	수출	0.0
통신시설구축	39.0	판관비율	3.6	내수	100.0

회사 개요

동사는 무선기지국 전문업체로서 지상, 지하철 및 각종 터널 구간의 공용무선기지국을 시공하고, 이에 대한 운용 및 유지보수 사업을 영위함. 매출의 58%는 기지국 사용료에서, 42%는 통신시설에서 거둬들임. 이동통신 기지국 공용화 사업은 정부의 적극적인 정책지원이 있으며 공용기지국(중계망) 구축시장은 통신 및 방송인프라구축 수요에 영향을 받을 수 있으나, 지하철·도로·터널건설에 따라 발생하는 음영지역을 해소하기 위한 기지국 소요는 증가세임.

실적 분석

동사의 2017년 연간 매출액은 831억원으로 전년 대비 11.5% 감소함. 이는 신규수주 감소 및 사용료 협정 개정 영향으로 판단됨. 고정비의 감소에도 불구하고 영업이익은 55.6억원으로 전년 대비 44.4.3% 감소함. 비영업손실의 적자폭이 축소되었으나, 당기순이익 또한 41.2억원으로 전년 대비 39.9% 감소됨. 동사는 기지국건설로 인한 꾸준한 사용료 수입 증가는 이익구조를 안정하게 유지하고 있음.

현금 흐름 *IFRS 별도 기준 〈단위 : 억원〉

항목	2016	2017
영업활동	170	197
투자활동	-72	-70
재무활동	-267	-182
순현금흐름	-168	-55
기말현금	205	149

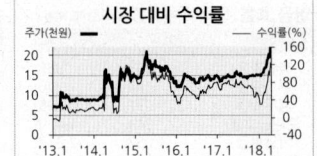

시장 대비 수익률

주가(천원) — 수익률(%)

결산 실적 〈단위 : 억원〉

항목	2012	2013	2014	2015	2016	2017
매출액	1,344	1,077	1,658	1,209	939	831
영업이익	99	110	205	118	100	56
당기순이익	97	80	146	82	69	41

분기 실적 *IFRS 별도 기준 〈단위 : 억원〉

항목	2016.3Q	2016.4Q	2017.1Q	2017.2Q	2017.3Q	2017.4Q
매출액	198	222	243	186	199	202
영업이익	4	31	26	16	6	6
당기순이익	1	23	20	12	5	5

재무 상태 *IFRS 별도 기준 〈단위 : 억원〉

항목	2012	2013	2014	2015	2016	2017
총자산	2,012	1,999	2,295	2,005	1,538	1,356
유형자산	905	1,099	1,279	1,151	992	855
무형자산	10	8	3	5	11	10
유가증권	9	9	9	9	9	9
총부채	1,456	1,390	1,567	1,222	742	593
총차입금	620	709	576	442	232	233
자본금	264	264	264	264	264	264
총자본	556	609	728	784	796	762
지배주주지분	556	609	728	784	796	762

기업가치 지표 *IFRS 별도 기준

항목	2012	2013	2014	2015	2016	2017
주가(최고/저)(천원)	7.7/4.7	10.9/7.0	20.6/8.4	21.1/12.6	15.9/12.0	16.2/13.4
PER(최고/저)(배)	5.3/3.3	8.6/5.5	8.5/3.5	15.1/9.0	13.1/9.8	21.5/17.8
PBR(최고/저)(배)	0.9/0.6	1.1/0.7	1.7/0.7	1.6/0.9	1.1/0.8	1.1/0.9
EV/EBITDA(배)	2.9	3.1	2.6	2.3	2.6	3.3
EPS(원)	1,835	1,518	2,755	1,544	1,297	779
BPS(원)	10,517	11,520	13,779	14,825	15,623	15,921
CFPS(원)	4,917	5,033	6,811	6,029	5,543	4,782
DPS(원)	500	500	500	500	500	500
EBITDAPS(원)	4,961	5,596	7,937	6,719	6,135	5,053

재무 비율 〈단위 : %〉

연도	영업이익률	순이익률	부채비율	차입금비율	ROA	ROE	유보율	자기자본비율	EBITDA마진율
2017	6.7	5.0	77.8	30.6	2.9	5.3	218.4	56.2	32.1
2016	10.6	7.3	93.2	29.1	3.9	8.7	212.5	51.8	34.6
2015	9.8	6.8	155.9	56.4	3.8	10.8	196.5	39.1	29.4
2014	12.4	8.8	215.1	79.1	6.8	21.8	175.6	31.7	25.3

*관리종목

한국정밀기계 (A101680)
HNK MACHINE TOOL

업　　종 : 기계　　시　　장 : KOSDAQ
신용등급 : (Bond) —　(CP) —　　기업규모 :
홈페이지 : www.hnkkorea.com　　연 락 처 : 070)7019-6500
본　　사 : 경남 함안군 법수면 윤외공단길 83-1

설 립 일	1988.04.21	**종업원수**	259명	**대표이사**	하종식
상 장 일	2009.05.19	**감사의견**	적정(성도)	**계　열**	
결 산 기	12월	**보 통 주**		**종속회사수**	
액 면 가	500원	**우 선 주**		**구　상　호**	

주주구성 (지분율,%)		출자관계 (지분율,%)		주요경쟁사 (외형,%)	
하종식	26.5	한국카이코	40.0	한국정밀기계	100
한국주강	13.1	한국주강	26.4	맥스로텍	86
(외국인)	2.0	한국중기계	25.0	카스	312

매출구성		비용구성		수출비중	
공작기계	69.3	매출원가율	116.3	수출	55.0
a/s 등	30.7	판관비율	14.6	내수	45.0

회사 개요

동사는 1998년 설립됐으며 공작기계와 산업기계 제조 및 판매를 주요 사업으로 영위하고 있음. 상장사인 한국주강과 비상장사인 한국중기계, 비상장사인 한국카이코를 계열사로 보유하고 있음. 동사 주력제품인 대형공작기계 시장은 동사와 한국공작기계가 과점체제를 이루고 있음. 공작기계 생산 시장은 과점구조이며 두산공작기계, 현대위아, 화천기계공업, 화천기공 등을 주요 경쟁사로 꼽을 수 있음.

실적 분석

2017년 연결기준 동사 매출액은 446.9억원을 기록함. 전년도 매출액인 230억원에서 94.3% 증가한 금액임. 매출이 늘었으나 매출원가가 107.9% 증가하고 판매비와 관리비 또한 22.6% 늘어난 결과 영업손실은 적자폭이 전년도에 비해 더 커짐. 비영업부문도 적자폭이 줄어들었으나 흑자전환에는 실패함. 이에 당기순이익 또한 270.6억원의 손실을 기록하며 흑자전환에 실패함.

현금 흐름 *IFRS 별도 기준 〈단위 : 억원〉

항목	2016	2017
영업활동	3	51
투자활동	2	0
재무활동	-15	7
순현금흐름	-10	59
기말현금	33	92

시장 대비 수익률

결산 실적 〈단위 : 억원〉

항목	2012	2013	2014	2015	2016	2017
매출액	1,002	481	598	356	230	447
영업이익	2	-30	-157	-166	-73	-138
당기순이익	22	-36	-115	-131	-212	-271

분기 실적 *IFRS 별도 기준 〈단위 : 억원〉

항목	2016.3Q	2016.4Q	2017.1Q	2017.2Q	2017.3Q	2017.4Q
매출액	54	67	29	84	93	240
영업이익	-18	-29	-13	-18	-15	-92
당기순이익	-22	-148	-15	-76	-32	-147

재무 상태 *IFRS 별도 기준 〈단위 : 억원〉

항목	2012	2013	2014	2015	2016	2017
총자산	2,144	1,985	1,846	1,590	1,371	1,091
유형자산	182	177	164	151	135	133
무형자산	47	57	65	65	27	14
유가증권	154	105	73	83	105	—
총부채	569	464	465	319	284	313
총차입금	295	258	255	207	176	174
자본금	42	42	42	42	42	42
총자본	1,575	1,520	1,381	1,271	1,086	778
지배주주지분	1,575	1,520	1,381	1,271	1,086	778

기업가치 지표 *IFRS 별도 기준

항목	2012	2013	2014	2015	2016	2017
주가(최고/저)(천원)	22.2/8.5	14.6/7.9	12.2/5.3	7.2/3.7	4.9/3.4	4.4/1.9
PER(최고/저)(배)	83.4/31.9	—/—	—/—	—/—	—/—	—/—
PBR(최고/저)(배)	1.2/0.5	0.8/0.4	0.7/0.3	0.5/0.3	0.4/0.3	0.5/0.2
EV/EBITDA(배)	29.7	—	—	—	—	—
EPS(원)	266	-433	-1,364	-1,560	-2,526	-3,219
BPS(원)	18,746	18,097	16,438	15,132	12,933	9,261
CFPS(원)	594	-119	-1,098	-1,201	-2,189	-3,096
DPS(원)	—	—	—	—	—	—
EBITDAPS(원)	346	-41	-1,598	-1,617	-533	-1,518

재무 비율 〈단위 : %〉

연도	영업이익률	순이익률	부채비율	차입금비율	ROA	ROE	유보율	자기자본비율	EBITDA마진율
2017	-30.9	-60.5	40.3	22.4	-22.0	-29.0	1,752.1	71.3	-28.6
2016	-31.8	-92.3	26.2	16.2	-14.3	-18.0	2,486.6	79.3	-19.5
2015	-46.7	-36.8	25.1	16.3	-7.6	-9.9	2,926.4	80.0	-38.2
2014	-26.2	-19.2	33.7	18.4	-6.0	-7.9	3,187.7	74.8	-22.5

한국정보공학 (A039740)
Korea Information Engineering Services

업　　종 : 도소매　　시　　장 : KOSDAQ
신용등급 : (Bond) —　(CP) —　　기업규모 : 중견
홈페이지 : www.kies.co.kr　　연 락 처 : 031)789-8690
본　　사 : 경기도 성남시 분당구 황새울로359번길 7

설 립 일	1990.12.10	**종업원수**	93명	**대표이사**	이세복,유용석
상 장 일	2000.07.06	**감사의견**	적정(한미)	**계　열**	
결 산 기	12월	**보 통 주**		**종속회사수**	5개사
액 면 가	500원	**우 선 주**		**구　상　호**	

주주구성 (지분율,%)		출자관계 (지분율,%)		주요경쟁사 (외형,%)	
유용석	43.8	화이텍인베스트먼트	100.0	한국정보공학	100
허령	4.6	알엑스바이크	86.2	부방	237
(외국인)	1.7	네모커머스	78.1	대명코퍼레이션	146

매출구성		비용구성		수출비중	
상품매출	89.8	매출원가율	90.9	수출	—
운송서비스	5.5	판관비율	9.1	내수	—
기타	2.8				

회사 개요

동사는 한국HP, EMC, 애플 등의 국내 총판으로 서버, 스토리지, 컴퓨터 등의 전산장비 유통사업을 영위하고 있는 IT하드웨어 유통 업체. 부수적으로 시스템용역과 임대사업을 영위하고 있음. 동사의 주요 매출은 IT하드웨어 유통사업 등에서 발생하고 있으며 국내위주의 영업을 전개함. 11개의 계열회사를 보유하고 있으며, 연결대상 종속회사로 '화이텍인베스트먼트', '네모커머스','알엑스바이크' 등을 보유하고 있음.

실적 분석

2017년 연간 매출액은 전년 대비 25.7% 증가한 1,615.6억원을 시현함. 그러나 영업손실과 당기순손실은 각각 0.3억원, 13.1억원을 기록하며 적자를 지속함. 매출총이익률이 9%대로 매우 낮은 수준. 화이텍인베스트먼트와 솔데스크를 제외한 3개 종속기업 모두 당기순손실 상태. ICT유통사업의 경쟁심화에도 불구하고, 부실채권 및 장기재고 증가와 관련된 충당금의 설정, 부실자산 감액 등이 적자의 주요인임.

현금 흐름 〈단위 : 억원〉

항목	2016	2017
영업활동	-68	15
투자활동	23	6
재무활동	-6	7
순현금흐름	-51	28
기말현금	44	72

시장 대비 수익률

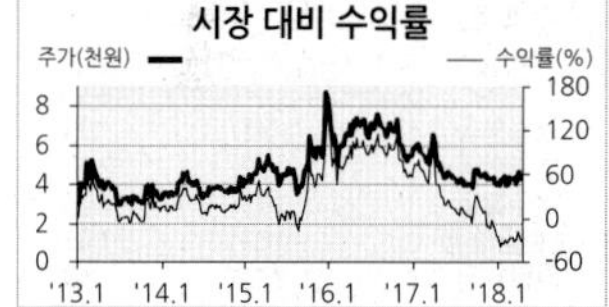

결산 실적 〈단위 : 억원〉

항목	2012	2013	2014	2015	2016	2017
매출액	1,770	1,671	1,548	1,567	1,285	1,616
영업이익	8	13	9	19	-45	-0
당기순이익	2	6	-7	5	-112	-13

분기 실적 〈단위 : 억원〉

항목	2016.3Q	2016.4Q	2017.1Q	2017.2Q	2017.3Q	2017.4Q
매출액	330	380	282	474	368	492
영업이익	6	-39	-1	4	-2	-2
당기순이익	-6	-95	-11	-3	-7	8

재무 상태 〈단위 : 억원〉

항목	2012	2013	2014	2015	2016	2017
총자산	1,093	1,047	1,050	1,022	852	994
유형자산	45	44	63	73	100	83
무형자산	117	91	77	69	39	41
유가증권	64	79	82	78	49	34
총부채	510	435	433	403	349	501
총차입금	238	200	161	103	98	97
자본금	40	40	40	40	40	40
총자본	583	612	617	619	503	493
지배주주지분	582	601	605	617	500	488

기업가치 지표

항목	2012	2013	2014	2015	2016	2017
주가(최고/저)(천원)	8.9/2.6	5.7/2.8	4.7/3.3	9.1/3.3	8.1/5.0	6.5/3.8
PER(최고/저)(배)	284.0/81.4	77.4/38.2	—/—	95.1/34.7	—/—	—/—
PBR(최고/저)(배)	1.2/0.4	0.8/0.4	0.6/0.4	1.2/0.4	1.3/0.8	1.1/0.6
EV/EBITDA(배)	9.8	7.8	7.8	15.5	—	26.0
EPS(원)	31	73	-67	96	-1,396	-106
BPS(원)	7,259	7,493	7,544	7,692	6,240	6,089
CFPS(원)	387	473	373	353	-1,143	55
DPS(원)	—	—	—	—	—	—
EBITDAPS(원)	457	567	554	488	-314	157

재무 비율 〈단위 : %〉

연도	영업이익률	순이익률	부채비율	차입금비율	ROA	ROE	유보율	자기자본비율	EBITDA마진율
2017	0.0	-0.8	101.6	19.7	-1.4	-1.7	1,117.8	49.6	0.8
2016	-3.5	-8.7	69.5	19.5	-11.9	-20.0	1,148.0	59.0	-2.0
2015	1.2	0.3	65.2	16.6	0.5	1.3	1,438.3	60.5	2.5
2014	0.6	-0.5	70.1	26.0	-0.7	-0.9	1,408.7	58.8	2.9

한국정보인증 (A053300)

KOREA INFORMATION CERTIFICATE AUTHORITYORPORATED

업 종 : 일반 소프트웨어 / 시 장 : KOSDAQ
신용등급 : (Bond) — (CP) — / 기업규모 : 중견
홈페이지 : www.sgco.kr / 연 락 처 : 1577-8787
본 사 : 경기도 성남시 분당구 판교로 242 판교디지탈파크(PDC) C동 5층

설 립 일	1999.07.02	**종업원수**	72명	**대표이사**	김상준
상 장 일	2014.02.04	**감사의견**	적정(한영)	**계 열**	
결 산 기	12월	**보 통 주**		**종속회사수**	1개사
액 면 가	500원	**우 선 주**		**구 상 호**	

주주구성 (지분율,%)		출자관계 (지분율,%)		주요경쟁사 (외형,%)	
다우기술	31.2	에스지서비스	100.0	한국정보인증	100
엘지전자	6.4	키움프라이빗에쿼티	20.0	더존비즈온	569
(외국인)	2.0	에이쓰리	18.4	안랩	416

매출구성		비용구성		수출비중	
인증서	81.1	매출원가율	0.0	수출	0.8
솔루션	9.9	판관비율	77.5	내수	99.2
기타	9.0				

회사 개요

동사는 1999년 7월에 설립되었고 국내 최초의 공인인증기관으로서 공인인증서의 발급, PKI 솔루션 개발 및 판매, SSL(웹보안서버) 판매, #메일(공인전자주소) 중계사업 등을 영위하고 있음. 동사의 주요 사업부문인 공인인증과 PKI솔루션은 각각 매출 실적의 74.2%와 15.0%의 비중을 차지하였음. 정보보안에 대한 사회적 관심이 높아짐에 따라 국내 정보보안산업의 시장 규모도 크게 증가할 것으로 전망됨.

실적 분석

동사의 2017년 4/4분기 연결기준 누적 매출액은 전년동기대비 3.4% 증가한 361.3억원을 기록함. 판매비와 관리비는 전년동기대비 소폭 증가했으며 영업이익은 전년동기대비 16.8% 증가한 81.3억원을 기록함. 그러나 관련기업투자손실의 영향으로 당기순이익은 전년동기대비 6.0% 감소한 55.1억원을 기록하는데 그침. 동사는 FIDO 인증 사업 공략을 강화하고 핀테크 사업을 확대하고 있어 향후 지속적인 수익 상승이 기대됨.

현금 흐름 <단위 : 억원>

항목	2016	2017
영업활동	95	96
투자활동	-79	-238
재무활동	153	-16
순현금흐름	169	-158
기말현금	224	66

시장 대비 수익률

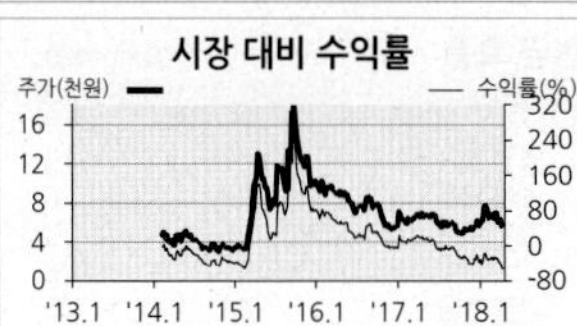

결산 실적 <단위 : 억원>

항목	2012	2013	2014	2015	2016	2017
매출액	320	293	295	324	349	361
영업이익	45	47	42	55	70	81
당기순이익	40	40	37	50	59	55

분기 실적 <단위 : 억원>

항목	2016.3Q	2016.4Q	2017.1Q	2017.2Q	2017.3Q	2017.4Q
매출액	86	89	88	91	89	93
영업이익	20	11	21	23	19	19
당기순이익	17	10	18	4	13	20

재무 상태 <단위 : 억원>

항목	2012	2013	2014	2015	2016	2017
총자산	409	460	589	658	880	934
유형자산	67	95	107	94	82	75
무형자산	43	39	46	58	52	46
유가증권	4	4	4	4	44	87
총부채	138	146	158	175	184	193
총차입금	—	—	—	—	—	—
자본금	108	108	135	135	156	156
총자본	272	314	432	482	696	741
지배주주지분	270	312	432	482	696	741

기업가치 지표

항목	2012	2013	2014	2015	2016	2017
주가(최고/저)(천원)	—/—	—/—	5.5/3.0	18.0/3.3	10.4/5.1	7.1/4.9
PER(최고/저)(배)	0.0/0.0	0.0/0.0	42.0/22.7	103.7/18.8	50.9/24.9	40.5/27.9
PBR(최고/저)(배)	0.0/0.0	0.0/0.0	3.7/2.0	10.7/2.0	4.7/2.3	3.0/2.1
EV/EBITDA(배)	—	—	9.4	32.3	12.9	13.3
EPS(원)	177	179	135	177	208	177
BPS(원)	1,259	1,454	1,606	1,789	2,234	2,377
CFPS(원)	272	279	224	277	292	244
DPS(원)	—	30	30	35	50	50
EBITDAPS(원)	295	310	241	297	331	328

재무 비율 <단위 : %>

연도	영업이익률	순이익률	부채비율	차입금비율	ROA	ROE	유보율	자기자본비율	EBITDA마진율
2017	22.5	15.3	26.1	0.0	6.1	7.7	375.4	79.3	28.3
2016	19.9	16.8	26.4	0.0	7.6	9.9	346.9	79.1	26.7
2015	17.1	15.4	36.3	0.0	8.0	10.9	257.9	73.4	24.7
2014	14.3	12.7	36.6	0.0	7.1	10.1	221.3	73.2	21.8

한국정보통신 (A025770)

Korea Information & Communications

업 종 : 상업서비스 / 시 장 : KOSDAQ
신용등급 : (Bond) — (CP) — / 기업규모 : 우량
홈페이지 : www.kicc.co.kr / 연 락 처 : 02)368-0700
본 사 : 서울시 중구 세종대로 39 대한서울상공회의소 7층

설 립 일	1986.05.09	**종업원수**	247명	**대표이사**	권순배
상 장 일	1998.01.20	**감사의견**	적정(한영)	**계 열**	
결 산 기	12월	**보 통 주**		**종속회사수**	1개사
액 면 가	500원	**우 선 주**		**구 상 호**	

주주구성 (지분율,%)		출자관계 (지분율,%)		주요경쟁사 (외형,%)	
DE WEY & CIE SA	25.6	서울투자파트너스	100.0	한국정보통신	100
박헌서	20.8	서울투자성장산업벤처조합	20.0	한국항공우주	550
(외국인)	63.5	이노렌딩랩대부	20.0	에스원	516

매출구성		비용구성		수출비중	
CCMS, DDC, DSC 등 용역	95.7	매출원가율	86.5	수출	2.6
신용카드 단말기	4.3	판관비율	3.5	내수	97.4

회사 개요

동사는 카드단말기, 포스(POS) 시스템이 설치된 100만 가맹점 네트워크와 카드사, 은행, 정유사, 포인트 제공사 등과 대외 인터페이스 및 이들을 연결하는 밴(VAN) 시스템을 통해 부가가치를 창출하는 차별화된 서비스를 제공하는 금융VAN 서비스를 영위하고 있음. VAN사업자 가운데 유일하게 자체 기술연구소를 보유하고 있음. 동사의 연결대상 종속회사인 서울투자파트너스는 창업투자 전문회사임. 전문 투자 인력 7명을 보유함.

실적 분석

동사의 2017년 4분기 연결기준 누적 매출액은 전년 동기(3,364.2억원) 대비 11.9% 늘어난 3,766억원을 달성함. 비용 면에서 인건비를 비롯한 판관비를 38.4% 감축하며 영업이익은 4.3% 증가한 377.7억원을 기록하였음. 다만 비영업분야 손실폭이 확대돼 당기순이익은 전년보다 10.9% 하락한 249.2억원을 기록함. DR센터 구축, 보안 인프라 강화 및 연구개발비 등에 사내유보자금을 지속적으로 투자해 미래수익기반을 마련함.

현금 흐름 <단위 : 억원>

항목	2016	2017
영업활동	503	594
투자활동	-449	-482
재무활동	-30	-105
순현금흐름	23	7
기말현금	120	127

시장 대비 수익률

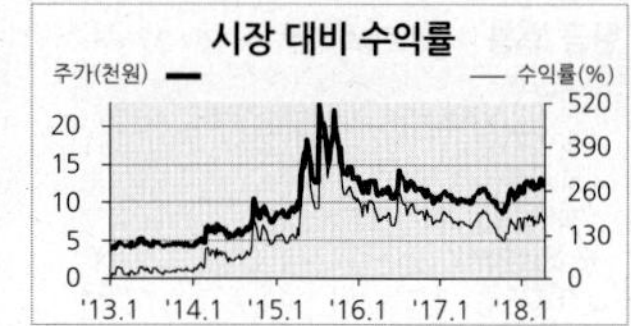

결산 실적 <단위 : 억원>

항목	2012	2013	2014	2015	2016	2017
매출액	1,844	2,068	2,271	2,716	3,364	3,766
영업이익	177	238	244	324	362	378
당기순이익	83	162	159	221	280	249

분기 실적 <단위 : 억원>

항목	2016.3Q	2016.4Q	2017.1Q	2017.2Q	2017.3Q	2017.4Q
매출액	892	838	863	944	982	977
영업이익	108	24	103	109	127	39
당기순이익	81	15	76	75	96	2

재무 상태 <단위 : 억원>

항목	2012	2013	2014	2015	2016	2017
총자산	1,301	1,526	1,778	2,080	2,376	2,649
유형자산	310	331	306	304	282	244
무형자산	29	32	32	25	24	34
유가증권	13	12	29	31	81	102
총부채	637	703	795	885	906	975
총차입금	202	181	172	170	140	85
자본금	194	194	194	194	194	194
총자본	664	823	983	1,195	1,471	1,674
지배주주지분	664	823	983	1,195	1,471	1,674

기업가치 지표

항목	2012	2013	2014	2015	2016	2017
주가(최고/저)(천원)	6.2/2.9	5.8/3.4	10.8/4.2	23.1/8.0	14.2/9.9	12.5/8.4
PER(최고/저)(배)	28.6/13.5	13.8/8.1	26.3/10.2	40.5/14.1	19.6/13.7	19.4/13.2
PBR(최고/저)(배)	3.6/1.7	2.7/1.6	4.3/1.7	7.5/2.6	3.7/2.6	2.8/1.9
EV/EBITDA(배)	3.7	3.6	6.0	9.1	6.3	6.8
EPS(원)	215	417	410	569	721	642
BPS(원)	1,712	2,120	2,533	3,080	3,789	4,442
CFPS(원)	638	818	950	1,049	1,216	1,088
DPS(원)	—	—	—	—	—	—
EBITDAPS(원)	878	1,015	1,169	1,315	1,428	1,419

재무 비율 <단위 : %>

연도	영업이익률	순이익률	부채비율	차입금비율	ROA	ROE	유보율	자기자본비율	EBITDA마진율
2017	10.0	6.6	58.3	5.1	9.9	15.9	788.3	63.2	14.6
2016	10.8	8.3	61.6	9.5	12.6	21.0	657.8	61.9	16.5
2015	11.9	8.1	74.0	14.2	11.5	20.3	516.0	57.5	18.8
2014	10.8	7.0	80.9	17.5	9.6	17.6	406.6	55.3	20.0

한국제지 (A002300)
Hankuk Paper Mfg

업 종 : 종이 및 목재 | 시 장 : 거래소
신용등급 : (Bond) — (CP) — | 기업규모 : 시가총액 소형주
홈페이지 : www.hankukpaper.com | 연 락 처 : 02)3475-7200
본 사 : 서울시 강남구 테헤란로 504, 해성빌딩 19층

설립일	1958.02.25	종업원수	525명	대표이사	이복진
상장일	1971.06.23	감사의견	적정(삼일)	계열	
결산기	12월	보통주		종속회사수	4개사
액면가	5,000원	우선주		구상호	

주주구성 (지분율,%)		출자관계 (지분율,%)		주요경쟁사 (외형,%)	
단재완	19.7	오미아한국케미칼	49.0	한국제지	100
한국투자밸류자산운용	11.8	한국팩키지	40.0	깨끗한나라	97
(외국인)	6.0	HK특수지상사	19.6	선창산업	92

매출구성		비용구성		수출비중	
비도공지(제품)	55.2	매출원가율	89.8	수출	30.9
도공지(상품)	42.2	판관비율	8.8	내수	69.1
도공지(제품)	2.6				

회사 개요

동사는 백상지 및 아트지 등 인쇄용지 제조 및 판매를 영위할 목적으로 1958년 설립됨. 인쇄용지 제조산업은 대표적인 기간산업으로 산업의 특성상 주요 원재료 중 펄프는 해외에서 수입하고 있음. 동사의 종속회사로는 식품용 포장용지를 제조하는 한국팩키지와 중국 강소성 공장에서 특수지를 제조하는 국일제지 등이 있음. 인쇄용지 생산능력은 연간 60만톤으로 내수 판매량 1위임.

실적 분석

동사의 2017년 연간 연결기준 누적 매출액은 전년 동기보다 3.1% 증가한 6,778.9억원을 기록함. 영업이익은 전년(243.6억원)보다 60.1% 감소한 97.2억원을 실현. 판관비용 절감에 성공했지만 중국의 정책 변화와 수급 불균형 심화로 펄프 등 원자재 가격이 폭등하며 원가 비용이 증가한 결과. 당기순이익 역시 전년 대비 51.3% 줄어든 80억원을 기록함.

현금 흐름 〈단위 : 억원〉

항목	2016	2017
영업활동	263	7
투자활동	-144	-265
재무활동	-137	339
순현금흐름	-15	81
기말현금	123	204

시장 대비 수익률

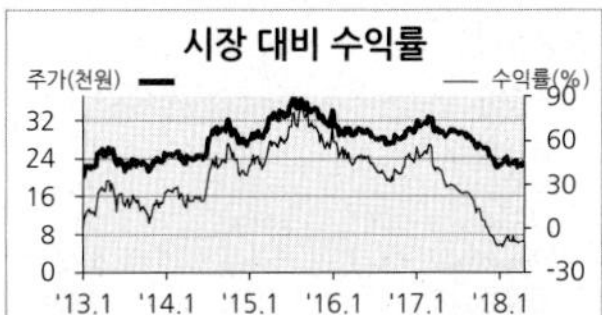

결산 실적 〈단위 : 억원〉

항목	2012	2013	2014	2015	2016	2017
매출액	6,880	7,272	6,601	6,552	6,573	6,779
영업이익	72	76	77	169	244	97
당기순이익	116	84	52	97	164	80

분기 실적 〈단위 : 억원〉

항목	2016.3Q	2016.4Q	2017.1Q	2017.2Q	2017.3Q	2017.4Q
매출액	1,613	1,731	1,654	1,642	1,659	1,824
영업이익	69	88	29	46	4	19
당기순이익	82	-13	53	28	11	-12

재무 상태 〈단위 : 억원〉

항목	2012	2013	2014	2015	2016	2017
총자산	6,526	7,065	6,728	7,199	7,301	7,714
유형자산	3,542	3,925	3,796	3,699	3,587	3,647
무형자산	15	34	31	106	66	21
유가증권	13	12	10	17	24	20
총부채	1,555	2,025	1,687	2,076	2,112	2,508
총차입금	665	925	731	1,138	1,062	1,400
자본금	250	250	250	250	250	250
총자본	4,971	5,039	5,041	5,124	5,189	5,206
지배주주지분	4,734	4,815	4,819	4,882	4,959	5,000

기업가치 지표

항목	2012	2013	2014	2015	2016	2017
주가(최고/저)(천원)	20.7/16.0	27.6/19.5	32.0/22.8	37.4/27.4	33.7/26.9	32.6/22.2
PER(최고/저)(배)	10.2/7.9	15.7/11.1	30.4/21.7	21.2/15.5	10.1/8.1	16.8/11.4
PBR(최고/저)(배)	0.2/0.2	0.3/0.2	0.4/0.3	0.4/0.3	0.4/0.3	0.3/0.2
EV/EBITDA(배)	5.4	7.1	7.1	7.6	5.5	7.7
EPS(원)	2,236	1,887	1,114	1,853	3,453	1,968
BPS(원)	95,031	96,670	96,754	98,054	99,402	100,235
CFPS(원)	5,574	5,924	5,237	6,001	7,537	6,137
DPS(원)	450	450	350	450	600	300
EBITDAPS(원)	4,776	5,551	5,655	7,534	8,952	6,111

재무 비율 〈단위 : %〉

연도	영업이익률	순이익률	부채비율	차입금비율	ROA	ROE	유보율	자기자본비율	EBITDA마진율
2017	1.4	1.2	48.2	26.9	1.1	2.0	1,904.7	67.5	4.5
2016	3.7	2.5	40.7	20.5	2.3	3.5	1,888.1	71.1	6.8
2015	2.6	1.5	40.5	22.2	1.4	1.9	1,861.1	71.2	5.8
2014	1.2	0.8	33.5	14.5	0.8	1.2	1,835.1	74.9	4.3

한국종합기술 (A023350)
Korea Engineering Consultants

업 종 : 건설 | 시 장 : 거래소
신용등급 : (Bond) — (CP) — | 기업규모 : 시가총액 소형주
홈페이지 : www.kecc.co.kr | 연 락 처 : 031)735-4555
본 사 : 경기도 성남시 중원구 산성대로476번길 6 (금광동)

설립일	1963.03.09	종업원수	1,217명	대표이사	김춘선
상장일	2011.04.28	감사의견	적정(삼일)	계열	
결산기	12월	보통주		종속회사수	
액면가	500원	우선주		구상호	

주주구성 (지분율,%)		출자관계 (지분율,%)		주요경쟁사 (외형,%)	
한국종합기술홀딩스	52.0	건설기술용역공제조합	4.0	한국종합기술	100
한진중공업홀딩스	15.0	엔지니어링공제조합	2.3	범양건영	69
(외국인)	1.7	한화손해보험	0.0	까뮤이앤씨	86

매출구성		비용구성		수출비중	
[설계]환경 외	31.8	매출원가율	92.7	수출	—
시공	25.4	판관비율	10.9	내수	—
감리	21.9				

회사 개요

동사는 한진중공업 계열의 토목 엔지니어링 전문업체로 발주처가 정부기관 위주로 형성되어 있어 정부의 사회간접자본 확충 정책에 영향을 받음. 도화엔지니어링, 삼안, 유신에 이어 국내 4위권의 시장점유율을 유지하고 있음. 환경신기술 및 건설신기술 그리고 특허 3건을 취득한 바이오리액터 기술(쓰레기 매립장 가스 증산기술)을 활용한 매립가스자원화사업에도 적극 참여하여 녹색 환경사업에서 경쟁사와는 차별화된 성과를 올리고 있음.

실적 분석

동사의 2017년 연간 매출액은 전년동기대비 0.1% 소폭 증가한 1,996.1억원을 기록하였음. 비용면에서 전년동기대비 매출원가는 증가 했으며 인건비는 감소 하였고 광고선전비는 크게 증가 했고 기타판매비와관리비는 증가함. 주춤한 모습의 매출액에 의해 전년동기대비 영업손실은 72.5억원으로 적자전환 하였음. 최종적으로 전년동기대비 당기순손실은 적자전환하여 78.2억원을 기록함.

현금 흐름 *IFRS 별도 기준 〈단위 : 억원〉

항목	2016	2017
영업활동	17	-111
투자활동	-27	-6
재무활동	-41	69
순현금흐름	-51	-47
기말현금	124	77

시장 대비 수익률

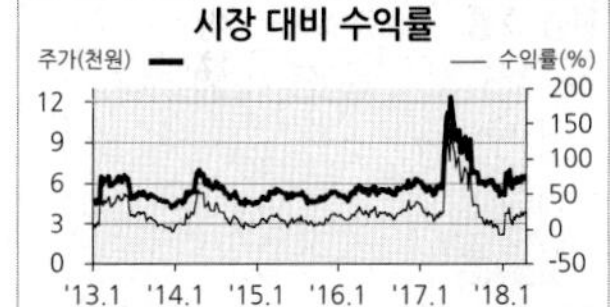

결산 실적 〈단위 : 억원〉

항목	2012	2013	2014	2015	2016	2017
매출액	1,808	1,710	1,644	1,840	1,994	1,996
영업이익	50	51	44	35	42	-73
당기순이익	13	54	29	12	31	-78

분기 실적 *IFRS 별도 기준 〈단위 : 억원〉

항목	2016.3Q	2016.4Q	2017.1Q	2017.2Q	2017.3Q	2017.4Q
매출액	398	558	538	432	434	592
영업이익	6	-3	5	3	-8	-74
당기순이익	3	-4	1	-1	-11	-67

재무 상태 *IFRS 별도 기준 〈단위 : 억원〉

항목	2012	2013	2014	2015	2016	2017
총자산	1,856	2,078	2,256	2,256	2,424	2,308
유형자산	403	691	740	721	717	707
무형자산	36	35	35	34	33	30
유가증권	245	149	149	155	157	163
총부채	665	848	1,029	1,043	1,200	1,164
총차입금	—	176	400	393	363	443
자본금	55	55	55	55	55	55
총자본	1,191	1,230	1,227	1,214	1,224	1,144
지배주주지분	1,191	1,230	1,227	1,214	1,224	1,144

기업가치 지표 *IFRS 별도 기준

항목	2012	2013	2014	2015	2016	2017
주가(최고/저)(천원)	8.4/3.6	7.1/4.2	7.1/4.3	6.4/4.3	6.6/4.7	12.4/5.0
PER(최고/저)(배)	78.6/33.2	15.9/9.3	29.1/17.5	62.1/42.5	24.5/17.5	—/—
PBR(최고/저)(배)	0.9/0.4	0.7/0.4	0.7/0.4	0.6/0.4	0.6/0.4	1.2/0.5
EV/EBITDA(배)	3.8	6.1	11.1	13.4	13.5	—
EPS(원)	121	495	265	108	280	-714
BPS(원)	10,881	11,233	11,209	11,086	11,178	10,446
CFPS(원)	190	558	422	303	470	-525
DPS(원)	100	100	100	100	100	100
EBITDAPS(원)	527	525	554	515	577	-473

재무 비율 〈단위 : %〉

연도	영업이익률	순이익률	부채비율	차입금비율	ROA	ROE	유보율	자기자본비율	EBITDA마진율
2017	-3.6	-3.9	101.8	38.7	-3.3	-6.6	1,989.2	49.6	-2.6
2016	2.1	1.5	98.1	29.6	1.3	2.5	2,135.7	50.5	3.2
2015	1.9	0.6	85.9	32.3	0.5	1.0	2,117.3	53.8	3.1
2014	2.7	1.8	83.8	32.6	1.3	2.4	2,141.8	54.4	3.7

한국주강 (A025890)
HanKook Steel

업 종 : 금속 및 광물 | 시 장 : 거래소
신용등급 : (Bond) — (CP) — | 기업규모 : 시가총액 소형주
홈페이지 : www.hascokorea.co.kr | 연 락 처 : 055)585-7001
본 사 : 경남 함안군 군북면 장백로 228

설 립 일	1987.08.26	**종업원수**	71명	**대 표 이 사**	하종식,하만규
상 장 일	1997.07.03	**감사의견**	적정(삼덕)	**계 열**	
결 산 기	12월	**보 통 주**		**종속회사수**	
액 면 가	500원	**우 선 주**		**구 상 호**	

주주구성 (지분율,%)		출자관계 (지분율,%)		주요경쟁사 (외형,%)	
한국정밀기계	26.4	한국중기계	25.0	한국주강	100
한국홀딩스	16.1	한국정밀기계	13.0	하이스틸	708
(외국인)	0.9			티플랙스	393

매출구성		비용구성		수출비중	
주강품(기타)	62.7	매출원가율	98.6	수출	2.3
압축분철(기타)	36.7	판관비율	8.4	내수	97.7
상품(상품)	0.3				

회사 개요

동사는 1986년 설립된 주물강과 주물철 등을 제조하는 업체임. 주물강은 조선, 산업플랜트, 광산기계, 발전설비 등에 사용되고, 주물철은 중장비, 공작기계, 산업기계 등에 사용됨. 동사는 상장사인 한국정밀기계를 비롯해 비상장사인 한국스틸, 한국중기계 등 동사를 포함 4개 계열회사를 두고 있음. 국내 시장에서 주강품을 생산하는 업체는 약 500여개며 단위중량 50톤 이상의 대형제품 생산업체는 두산중공업에 이어 동사가 업계 2위임.

실적 분석

동사의 2017년 연간 매출액은 전년동기대비 12.9% 상승한 299.2억원을 기록하였음. 고철사업 부문에서 압축분철 유형에 따른 분철 매입액이 원재료 전체 매입의 87%인데 해당 원재료의 가격이 크게 상승한 것이 부담으로 작용한 것으로 보임. 이에 따라 전년동기대비 영업손실은 20.9억원으로 적자지속 하였음. 향후 대형 설비투자에 따른 중, 대형 주강품의 수요가 지속적으로 증가할 것이며 이에 따라 성장할 것이라 기대함.

현금 흐름 *IFRS 별도 기준 <단위 : 억원>

항목	2016	2017
영업활동	27	-29
투자활동	-40	-4
재무활동	—	28
순현금흐름	-13	-5
기말현금	7	2

시장 대비 수익률

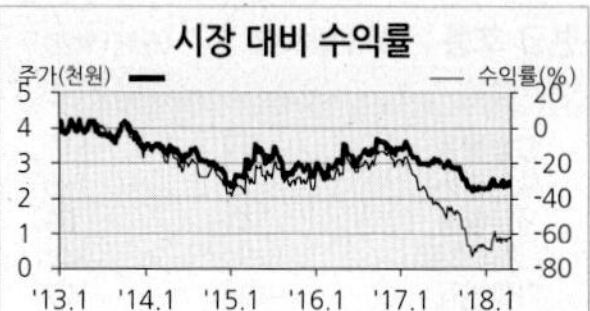

결산 실적 <단위 : 억원>

항목	2012	2013	2014	2015	2016	2017
매출액	468	351	378	337	265	299
영업이익	2	-25	2	17	-2	-21
당기순이익	47	13	-21	14	-36	-47

분기 실적 *IFRS 별도 기준 <단위 : 억원>

항목	2016.3Q	2016.4Q	2017.1Q	2017.2Q	2017.3Q	2017.4Q
매출액	51	62	79	76	67	77
영업이익	-6	-4	-2	-4	-4	-11
당기순이익	-9	-18	-1	-19	-15	-13

재무 상태 *IFRS 별도 기준 <단위 : 억원>

항목	2012	2013	2014	2015	2016	2017
총자산	761	782	757	704	648	849
유형자산	94	83	78	77	73	442
무형자산	3	2	1	0	0	—
유가증권	124	118	65	43	47	26
총부채	48	54	93	43	21	286
총차입금	—	—	50	—	—	228
자본금	57	57	57	57	57	57
총자본	713	728	665	661	627	563
지배주주지분	713	728	665	661	627	563

기업가치 지표 *IFRS 별도 기준

항목	2012	2013	2014	2015	2016	2017
주가(최고/저)(천원)	6.2/2.8	4.3/3.4	3.6/2.4	3.6/2.3	3.8/2.6	3.6/2.4
PER(최고/저)(배)	14.8/6.7	36.0/28.7	—/—	29.7/19.3	—/—	—/—
PBR(최고/저)(배)	1.0/0.4	0.7/0.5	0.6/0.4	0.6/0.4	0.7/0.5	0.7/0.4
EV/EBITDA(배)	8.6	—	7.2	3.6	29.8	—
EPS(원)	418	119	-186	120	-321	-418
BPS(원)	6,387	6,520	5,960	5,928	5,626	5,064
CFPS(원)	538	232	-86	193	-275	-364
DPS(원)	—	—	—	—	—	—
EBITDAPS(원)	139	-103	114	225	28	-130

재무 비율 <단위 : %>

연도	영업 이익률	순 이익률	부채 비율	차입금 비율	ROA	ROE	유보율	자기자본 비율	EBITDA 마진율
2017	-7.0	-15.8	50.7	40.5	-6.3	-7.9	912.8	66.3	-4.9
2016	-0.8	-13.7	3.4	0.0	-5.4	-5.6	1,025.1	96.7	1.2
2015	5.1	4.0	6.5	0.0	1.9	2.1	1,085.7	93.9	7.6
2014	0.4	-5.6	13.9	7.5	-2.7	-3.0	1,092.0	87.8	3.4

한국주철관공업 (A000970)
Korea Cast Iron Pipe Ind

업 종 : 금속 및 광물 | 시 장 : 거래소
신용등급 : (Bond) — (CP) — | 기업규모 : 시가총액 소형주
홈페이지 : www.kcip.co.kr | 연 락 처 : 051)291-5481
본 사 : 부산시 사하구 을숙도대로 525

설 립 일	1953.04.27	**종업원수**	208명	**대 표 이 사**	홍동국,김길출,김태형
상 장 일	1969.12.12	**감사의견**	적정(신한)	**계 열**	
결 산 기	03월	**보 통 주**		**종속회사수**	4개사
액 면 가	500원	**우 선 주**		**구 상 호**	

주주구성 (지분율,%)		출자관계 (지분율,%)		주요경쟁사 (외형,%)	
김길출	12.7	에이스스틸	100.0	한국주철관	100
마천캐스트	12.3	진방스틸	100.0	풍산홀딩스	81
(외국인)	1.3	한국강재	100.0	KISCO홀딩스	315

매출구성		비용구성		수출비중	
주철관	82.8	매출원가율	76.1	수출	3.4
기타(화장품)	9.4	판관비율	17.3	내수	96.6
강관	7.8				

회사 개요

1953년 4월 설립되어 상하수도용 주철관 및 각종 강관을 생산하였음. 1963년 현재의 상호로 변경함. 1968년 국내 최초로 덕타일주철관을 생산하고, 1969년 유가증권 시장에 상장됨. 강관제조기업인 진방스틸코리아와 한국강재, 화장품 제조기업인 엔프라니를 계열사로 두고 있음. 상수도관 시장은 크게 강관, 주철관, PVC관, PE관종 및 기타 군소관종 등의 시장으로 구분됨. 사업개시 후 6년만에 홀리카 브랜드샵 전국 60여개점으로 확대함.

실적 분석

동사의 2017년 매출액과 영업이익은 3,311억원, 159억원으로 전년 동기 대비 매출은 14.5% 증가, 영업이익은 5.5% 감소함. 2017년 사드 사태로 화장품 사업 실적이 악화됨. 또 2017년 말 화재로 부산공장 내 에폭시 분체도장 라인 일부가 손상을 입었으나 복구작업을 끝내고 정상가동돼 생산을 재개함. 생산재개와 관련된 매출은 378억원 규모로 전체 매출의 9.76%에 해당함.

현금 흐름 <단위 : 억원>

항목	2016	2017.3Q
영업활동	206	111
투자활동	-35	-85
재무활동	-216	111
순현금흐름	-49	135
기말현금	290	425

시장 대비 수익률

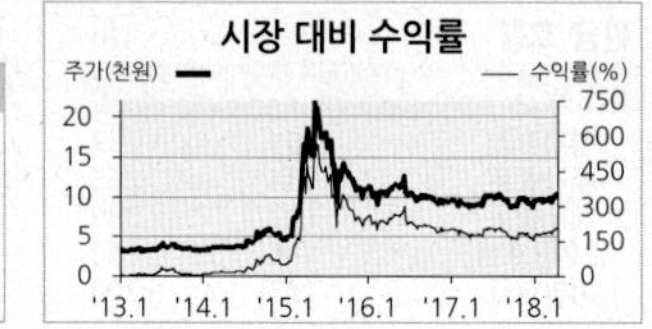

결산 실적 <단위 : 억원>

항목	2012	2013	2014	2015	2016	2017
매출액	3,270	3,265	3,155	3,333	3,873	—
영업이익	72	65	103	131	253	—
당기순이익	49	51	103	149	249	—

분기 실적 <단위 : 억원>

항목	2016.2Q	2016.3Q	2016.4Q	2017.1Q	2017.2Q	2017.3Q
매출액	805	1,132	981	1,090	1,046	1,176
영업이익	27	71	84	46	62	51
당기순이익	38	57	83	45	45	23

재무 상태 <단위 : 억원>

항목	2012	2013	2014	2015	2016	2017.3Q
총자산	3,332	3,194	3,007	3,234	3,347	3,479
유형자산	1,284	1,262	1,239	1,359	1,372	1,347
무형자산	101	94	101	106	106	105
유가증권	191	233	301	260	140	210
총부채	1,147	1,002	764	880	796	859
총차입금	402	518	284	307	121	278
자본금	120	120	120	120	120	120
총자본	2,184	2,191	2,244	2,354	2,551	2,621
지배주주지분	2,164	2,174	2,200	2,286	2,478	2,554

기업가치 지표

항목	2012	2013	2014	2015	2016	2017.3Q
주가(최고/저)(천원)	3.8/2.7	4.0/3.2	17.6/3.5	22.5/9.0	12.8/8.7	10.5/8.5
PER(최고/저)(배)	14.3/10.1	18.4/14.3	56.5/11.4	43.8/17.6	12.5/8.5	—/—
PBR(최고/저)(배)	0.5/0.3	0.5/0.4	1.9/0.4	2.4/0.9	1.2/0.8	1.0/0.8
EV/EBITDA(배)	5.5	6.2	19.2	11.2	5.4	—/—
EPS(원)	304	243	331	544	1,070	526
BPS(원)	9,611	9,657	9,770	10,146	10,988	11,322
CFPS(원)	725	663	726	904	1,489	840
DPS(원)	175	150	125	150	200	—
EBITDAPS(원)	736	705	849	937	1,529	1,013

재무 비율 <단위 : %>

연도	영업 이익률	순 이익률	부채 비율	차입금 비율	ROA	ROE	유보율	자기자본 비율	EBITDA 마진율
2016	6.5	6.4	31.2	4.7	7.6	10.3	1,987.7	76.2	9.0
2015	3.9	4.5	37.4	13.1	4.8	5.5	1,827.8	72.8	6.4
2014	3.3	3.3	34.1	12.7	3.3	3.5	1,756.3	74.6	6.1
2013	2.0	1.6	45.8	23.7	1.6	2.6	1,734.8	68.6	4.9

한국지역난방공사 (A071320)

Korea District Heating

업 종 : 전력 | 시 장 : 거래소
신용등급 : (Bond) — (CP) — | 기업규모 : 시가총액 중형주
홈페이지 : www.kdhc.co.kr | 연 락 처 : 1688-2488
본 사 : 경기도 성남시 분당구 분당로 368

설 립 일	1985.11.01	**종 업 원 수**	1,801명	**대 표 이 사**	김경원
상 장 일	2010.01.29	**감 사 의 견**	적정(한영)	**계 열**	
결 산 기	12월	**보 통 주**		**종속회사수**	
액 면 가	5,000원	**우 선 주**		**구 상 호**	

주주구성 (지분율,%)		출자관계 (지분율,%)		주요경쟁사 (외형,%)	
지식경제부	34.6	한국지역난방기술	50.0	지역난방공사	100
한국전력공사	19.6	휴세스	49.0	한국전력	3,261
(외국인)	4.9	서남바이오에너지	39.0	한전KPS	67

매출구성		비용구성		수출비중	
주택용(열)	47.9	매출원가율	88.6	수출	0.0
발전사업(전기)	38.7	판관비율	4.8	내수	100.0
업무용(열)	6.2				

회사 개요

동사는 지역난방사업, 지역냉방사업, 전력사업, 신·재생에너지사업 및 구역형집단에너지 사업등을 영위하고 있으며, 세종신도시, 광주전남혁신도시, 화성동탄2지구, 평택국제화계획지구 등에 신규사업을 추진하고 있음. 2016년 기준 동사의 난방시장 점유율은 52.4%임. 신규사업자들이 난방 시장에 꾸준히 진출하고 있으나 동사는 상대적으로 저렴한 가격에 난방을 공급해 우위에 있음.

실적 분석

동사의 2017년 4/4분기 연결기준 누적매출액은 1조 8,344.2억원으로 전년동기 대비 6.7% 증가했음. 외형성장에도 불구하고 매출원가 및 판관비가 전년동기 각각 9.9%, 13.7% 증가함에 따라 영업이익은 전년도 같은 기간 1,616.6억원에서 25.9% 감소한 1,198.0억원 시현에 그침. 비영업부문 적자 또한 지속되어 당기순이익은 전년동기 대비 44.9% 축소된 698.8억원을 기록했음.

현금 흐름 *IFRS 별도 기준 (단위 : 억원)

항목	2016	2017
영업활동	3,125	4,454
투자활동	-4,774	-6,519
재무활동	1,665	2,346
순현금흐름	16	281
기말현금	54	335

시장 대비 수익률

결산 실적 (단위 : 억원)

항목	2012	2013	2014	2015	2016	2017
매출액	28,096	28,786	23,691	20,019	17,199	18,344
영업이익	2,437	2,297	856	2,099	1,617	1,198
당기순이익	1,450	1,158	663	1,158	1,267	699

분기 실적 *IFRS 별도 기준 (단위 : 억원)

항목	2016.3Q	2016.4Q	2017.1Q	2017.2Q	2017.3Q	2017.4Q
매출액	2,047	5,031	7,287	2,583	2,267	6,207
영업이익	-481	407	1,188	-15	-474	500
당기순이익	-298	507	837	-90	-383	334

재무 상태 *IFRS 별도 기준 (단위 : 억원)

항목	2012	2013	2014	2015	2016	2017
총자산	45,120	50,079	47,416	48,438	51,338	57,216
유형자산	36,952	42,098	39,528	42,095	45,364	49,083
무형자산	326	540	293	329	456	799
유가증권	—	—	—	—	0	150
총부채	29,603	34,074	31,084	31,222	33,288	38,919
총차입금	22,366	25,455	21,543	21,900	23,994	26,788
자본금	579	579	579	579	579	579
총자본	15,518	16,005	16,331	17,217	18,050	18,297
지배주주지분	15,518	16,005	16,331	17,217	18,050	18,297

기업가치 지표 *IFRS 별도 기준

항목	2012	2013	2014	2015	2016	2017
주가(최고/저)(천원)	63.3/36.5	85.8/60.1	69.6/45.7	72.2/42.8	70.5/51.3	77.7/61.6
PER(최고/저)(배)	6.3/3.6	10.7/7.5	14.7/9.6	8.4/5.0	7.1/5.1	13.4/10.6
PBR(최고/저)(배)	0.6/0.4	0.8/0.5	0.6/0.4	0.6/0.3	0.5/0.4	0.5/0.4
EV/EBITDA(배)	7.4	8.1	9.6	7.2	9.1	10.8
EPS(원)	13,219	9,998	5,726	10,003	10,943	6,035
BPS(원)	134,017	138,230	141,046	148,691	155,889	158,025
CFPS(원)	28,743	28,828	23,477	25,886	27,130	23,385
DPS(원)	3,750	2,990	2,110	3,620	3,800	2,820
EBITDAPS(원)	35,487	37,260	25,140	34,014	30,148	27,696

재무 비율 (단위 : %)

연도	영업 이익률	순 이익률	부채 비율	차입금 비율	ROA	ROE	유보율	자기자본 비율	EBITDA 마진율
2017	6.5	3.8	212.7	146.4	1.3	3.9	3,060.5	32.0	17.5
2016	9.4	7.4	184.4	132.9	2.5	7.2	3,017.8	35.2	20.3
2015	10.5	5.8	181.4	127.2	2.4	6.9	2,873.8	35.5	19.7
2014	3.6	2.8	190.3	131.9	1.4	4.1	2,720.9	34.4	12.3

한국철강 (A104700)

KISCO

업 종 : 금속 및 광물 | 시 장 : 거래소
신용등급 : (Bond) — (CP) — | 기업규모 : 시가총액 소형주
홈페이지 : www.kisco.co.kr | 연 락 처 : 055)260-0500
본 사 : 경남 창원시 성산구 공단로103번길 12

설 립 일	2008.09.03	**종 업 원 수**	549명	**대 표 이 사**	문종인,이수하
상 장 일	2008.09.29	**감 사 의 견**	적정(삼일)	**계 열**	
결 산 기	12월	**보 통 주**		**종속회사수**	
액 면 가	5,000원	**우 선 주**		**구 상 호**	

주주구성 (지분율,%)		출자관계 (지분율,%)		주요경쟁사 (외형,%)	
KISCO홀딩스	40.8	BNK금융지주	0.4	한국철강	100
신금순	10.9	STX중공업	0.2	세아홀딩스	649
(외국인)	20.8	교보생명보험	0.1	제낙스	1

매출구성		비용구성		수출비중	
철 근	81.4	매출원가율	88.9	수출	3.8
단조강	13.5	판관비율	4.9	내수	96.2
INGOT 外	2.7				

회사 개요

동사의 최대주주 키스코홀딩스는 1957년 한국철강이란 이름으로 설립되었고, 2008년 9월 인적분할해 투자사업부문을 키스코홀딩스로 사명을 변경하고, 신설법인을 동사인 한국철강으로 함. 키스코홀딩스에 소속된 기업은 영흥철강, 라보상사, 서륭 등 총 19개임. 동사는 경남 창원의 공장에서 철근, 단조강, 파이프를 생산하고 있고, 2017년 3분기 기준 매출에서 철근이 차지하는 비중이 83.4%이고, 국내 철근시장에서 동사의 점유율은 9.4%임.

실적 분석

조선경기 침체로 인한 단조사업의 부진에도 불구하고, 동사의 주력제품인 철근 판매단가 상승으로 인하여 전기 대비 11.4% 증가한 매출액 7,389억원을 기록함. 원자재가격 상승에 따른 매출원가 상승으로 매출총이익은 전기대비 11.5% 감소한 823억원, 영업이익은 전기 대비 13.1% 감소한 461억원을 기록함. 단조부문 유형자산 손상차손 1,142억원을 기타비용으로 인식함으로 인하여 당기순손실 434억원을 기록함.

현금 흐름 *IFRS 별도 기준 (단위 : 억원)

항목	2016	2017
영업활동	780	942
투자활동	-383	-447
재무활동	-83	-83
순현금흐름	314	411
기말현금	757	1,167

시장 대비 수익률

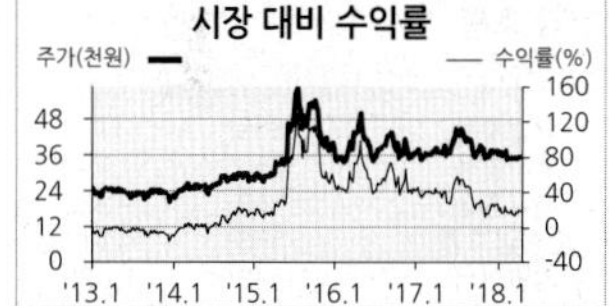

결산 실적 (단위 : 억원)

항목	2012	2013	2014	2015	2016	2017
매출액	9,870	8,211	7,471	6,845	6,634	7,389
영업이익	145	13	125	651	530	461
당기순이익	185	94	180	536	465	-434

분기 실적 *IFRS 별도 기준 (단위 : 억원)

항목	2016.3Q	2016.4Q	2017.1Q	2017.2Q	2017.3Q	2017.4Q
매출액	1,633	1,818	1,613	1,881	1,900	1,994
영업이익	76	82	82	203	57	119
당기순이익	72	63	76	182	65	-758

재무 상태 *IFRS 별도 기준 (단위 : 억원)

항목	2012	2013	2014	2015	2016	2017
총자산	9,368	9,072	9,020	8,966	9,418	8,859
유형자산	4,431	4,337	4,237	4,250	4,094	2,759
무형자산	12	9	9	9	9	15
유가증권	211	247	222	153	155	166
총부채	2,560	2,205	2,111	1,678	1,728	1,676
총차입금	261	39	132	—	—	—
자본금	461	461	461	461	461	461
총자본	6,808	6,867	6,908	7,288	7,689	7,183
지배주주지분	6,808	6,867	6,908	7,288	7,689	7,183

기업가치 지표 *IFRS 별도 기준

항목	2012	2013	2014	2015	2016	2017
주가(최고/저)(천원)	27.8/16.9	26.1/20.4	30.6/21.6	60.1/26.9	50.1/33.8	45.2/34.9
PER(최고/저)(배)	16.3/9.9	29.2/22.9	17.3/12.2	11.1/5.0	10.4/7.0	—/—
PBR(최고/저)(배)	0.4/0.3	0.4/0.3	0.5/0.3	0.8/0.4	0.6/0.4	0.6/0.5
EV/EBITDA(배)	3.5	3.7	3.6	1.8	1.0	—
EPS(원)	2,007	1,020	1,953	5,822	5,054	-4,710
BPS(원)	73,939	74,580	75,026	79,151	83,508	78,007
CFPS(원)	4,868	3,821	4,647	8,539	7,791	-1,895
DPS(원)	900	900	900	900	900	900
EBITDAPS(원)	4,435	2,947	4,047	9,789	8,497	7,820

재무 비율 (단위 : %)

연도	영업 이익률	순 이익률	부채 비율	차입금 비율	ROA	ROE	유보율	자기자본 비율	EBITDA 마진율
2017	6.2	-5.9	23.3	0.0	-4.8	-5.8	1,460.1	81.1	9.8
2016	8.0	7.0	22.5	0.0	5.1	6.2	1,570.2	81.7	11.8
2015	9.5	7.8	23.0	0.0	6.0	7.6	1,483.0	81.3	13.2
2014	1.7	2.4	30.6	1.9	2.0	2.6	1,400.5	76.6	5.0

한국카본 (A017960)
HANKUK Carbon

업 종 : 화학 | 시 장 : 거래소
신용등급 : (Bond) — (CP) — | 기업규모 : 시가총액 소형주
홈페이지 : www.hcarbon.com | 연 락 처 : 055)350-8888
본 사 : 경남 밀양시 부북면 춘화로 85

설 립 일	1984.09.17	**종업원수**	480명	**대표이사**	조문수
상 장 일	1995.06.09	**감사의견**	적정(성산)	**계 열**	
결 산 기	12월	**보 통 주**		**종속회사수**	1개사
액 면 가	500원	**우 선 주**		**구 상 호**	

주주구성 (지분율,%)		출자관계 (지분율,%)		주요경쟁사 (외형,%)	
조문수	17.9	에이치씨네트웍스	100.0	한국카본	100
MITSUI & CO.,LTD.	9.6	한국복합소재	49.9	NPC	162
(외국인)	14.3	그리드스페이스	39.0	애경유화	402

매출구성		비용구성		수출비중	
MCCL 절연적층물 LNG 보냉재 GP D/F외	89.6	매출원가율	88.7	수출	71.0
카본시트	10.4	판관비율	9.3	내수	29.0

회사 개요
1984년 설립된 동사는 낚시대 재료인 카본 시트를 생산했으나 LNG가스 수요 증대로 LNG운반선의 핵심부품인 단열판넬과 바닥장식재의 필수 재료인 글래스페이퍼를 생산, 납품하고 있음. LNG운반선용 단열판넬사업은 2008년 금융위기 이후 조선경기 침체로 신조 발주가 주춤했으나 중국, 인도 등 신흥개발국의 에너지 다변화 정책 및 미국의 셰일가스 개발에 의해 LNG선 신규 발주가 늘면서 지속적인 성장세를 이어가는 중임.

실적 분석
동사 매출기여도의 약 70%를 차지하고 있는 LNG사업의 전방인 조선과 해양플랜트 업황이 저유가기조의 지속으로 LNG선박의 공급과잉상태로 불황을 이어왔고, 원자재 부담은 지속되는 와중 수주경쟁은 과열되며 실적악화로 이어졌음. 이로 인해 2017년 결산 기준 매출액은 전년동기 대비 7.2% 감소한 2,390.6억원, 영업이익은 81.9% 큰폭으로 감소한 48.8억원의 저조한 실적을 기록.

현금 흐름 〈단위 : 억원〉

항목	2016	2017
영업활동	600	-154
투자활동	-267	130
재무활동	168	-53
순현금흐름	538	-111
기말현금	1,140	1,029

시장 대비 수익률

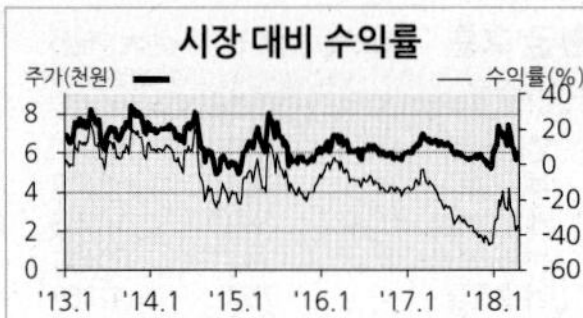

결산 실적 〈단위 : 억원〉

항목	2012	2013	2014	2015	2016	2017
매출액	1,633	2,408	2,311	2,425	2,576	2,391
영업이익	118	263	233	255	269	49
당기순이익	60	148	197	227	165	7

분기 실적 〈단위 : 억원〉

항목	2016.3Q	2016.4Q	2017.1Q	2017.2Q	2017.3Q	2017.4Q
매출액	495	668	599	600	630	562
영업이익	41	68	43	56	-7	-43
당기순이익	37	-15	74	46	2	-116

재무 상태 〈단위 : 억원〉

항목	2012	2013	2014	2015	2016	2017
총자산	2,905	2,969	3,433	3,474	3,895	3,664
유형자산	645	641	713	726	798	832
무형자산	130	114	110	103	94	26
유가증권	93	57	92	38	14	37
총부채	693	629	611	655	734	561
총차입금	260	96	118	146	177	136
자본금	188	188	205	205	220	220
총자본	2,213	2,340	2,822	2,819	3,160	3,103
지배주주지분	2,213	2,340	2,822	2,819	3,160	3,103

기업가치 지표

항목	2012	2013	2014	2015	2016	2017
주가(최고/저)(천원)	7.8/4.5	8.5/5.7	8.1/4.7	8.3/4.9	7.3/5.5	7.0/5.1
PER(최고/저)(배)	46.2/26.4	23.5/15.9	17.1/9.8	15.9/9.4	20.1/15.1	418.3/307.8
PBR(최고/저)(배)	1.4/0.8	1.4/1.0	1.3/0.7	1.2/0.7	1.0/0.8	1.0/0.7
EV/EBITDA(배)	12.6	6.8	4.1	5.8	3.3	10.4
EPS(원)	187	394	515	553	379	17
BPS(원)	6,267	6,606	6,884	7,333	7,608	7,478
CFPS(원)	416	560	686	718	526	166
DPS(원)	70	100	120	130	130	100
EBITDAPS(원)	597	864	778	787	766	260

재무 비율 〈단위 : %〉

연도	영업이익률	순이익률	부채비율	차입금비율	ROA	ROE	유보율	자기자본비율	EBITDA 마진율
2017	2.0	0.3	18.1	4.4	0.2	0.2	1,395.6	84.7	4.8
2016	10.4	6.4	23.2	5.6	4.5	5.5	1,421.6	81.1	12.9
2015	10.5	9.4	23.3	5.2	6.6	8.0	1,366.6	81.1	13.3
2014	10.1	8.5	21.6	4.2	6.2	7.6	1,276.9	82.2	12.9

한국캐피탈 (A023760)
Han Kook Capital

업 종 : 소비자 금융 | 시 장 : KOSDAQ
신용등급 : (Bond) A- (CP) A2- | 기업규모 : 우량
홈페이지 : www.hankookcapital.co.kr | 연 락 처 : 042)488-8000
본 사 : 대전시 서구 둔산서로 81 (둔산동 1305)

설 립 일	1989.11.22	**종업원수**	130명	**대표이사**	이상춘
상 장 일	1994.11.07	**감사의견**	적정(삼정)	**계 열**	
결 산 기	12월	**보 통 주**		**종속회사수**	
액 면 가	500원	**우 선 주**		**구 상 호**	

주주구성 (지분율,%)		출자관계 (지분율,%)		주요경쟁사 (외형,%)	
군인공제회	79.6			한국캐피탈	100
이상춘	0.1			삼성카드	11,876
(외국인)	0.2			텍셀네트컴	1,568

수익구성		비용구성		수출비중	
이자수익	89.5	이자비용	46.4	수출	—
금융상품 관련이익	4.3	파생상품손실	0.0	내수	—
수수료수익	2.6	판관비	19.1		

회사 개요
동사는 1989년 설립되어, 2002년 경남리스금융을 흡수합병해 여신전문금융업법에 근거해 할부금융업, 시설대여업 및 신기술사업금융업을 금융위원회에 등록하여 사업을 영위하고 있음. 동사의 최대주주는 79.6%의 지분을 보유하고 있는 군인공제회임. 동사는 장비나 설비 등을 대신 취득해 대여해주는 리스사업의 규모를 지속적으로 확대하고 있음. 리스 시장 점유율이 2010년 0.3%에서 2016년 3.5%로 증가함.

실적 분석
동사는 물건 중심의 안정적인 자산 포트폴리오의 여신성 영업자산과 유가증권 등으로부터 총 932억원의 매출을 시현함. 당기순이익은 전기대비 40.4% 감소한 62억원을 기록하며 7년 연속 흑자를 달성함. 소매금융상품 도입 및 부동산금융 활성화에 따라 자산총계는 전기대비 7.4% 증가한 1조 5819억원이며, 부채총계는 영업자산의 증가로 전기대비 8.3% 증가한 1조3810억원을 기록함.

현금 흐름 *IFRS 별도 기준 〈단위 : 억원〉

항목	2016	2017
영업활동	-298	-913
투자활동	-435	-431
재무활동	904	1,208
순현금흐름	171	-136
기말현금	786	649

시장 대비 수익률

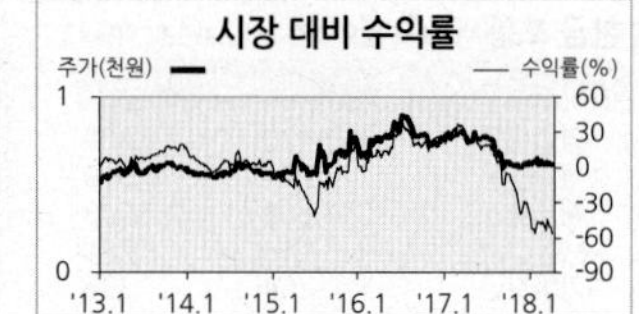

결산 실적 〈단위 : 억원〉

항목	2012	2013	2014	2015	2016	2017
순영업손익	288	210	257	309	295	254
영업이익	161	97	101	160	144	96
당기순이익	112	75	79	121	104	62

분기 실적 *IFRS 별도 기준 〈단위 : 억원〉

항목	2016.3Q	2016.4Q	2017.1Q	2017.2Q	2017.3Q	2017.4Q
순영업손익	91	32	56	55	77	65
영업이익	51	-6	18	17	39	21
당기순이익	38	-7	13	19	29	1

재무 상태 *IFRS 별도 기준 〈단위 : 억원〉

항목	2012	2013	2014	2015	2016	2017
총자산	10,990	11,648	12,290	13,681	14,733	15,819
유형자산	13	11	9	8	22	27
무형자산	21	23	21	21	19	18
유가증권	60	88	40	347	727	950
총부채	9,529	10,150	10,729	11,773	12,750	13,810
총차입금	7,966	8,244	8,662	9,547	10,505	11,758
자본금	610	610	610	841	841	841
총자본	1,460	1,498	1,561	1,908	1,983	2,009
지배주주지분	1,460	1,498	1,561	1,908	1,983	2,009

기업가치 지표 *IFRS 별도 기준

항목	2012	2013	2014	2015	2016	2017
주가(최고/저)(천원)	0.7/0.4	0.6/0.5	0.6/0.5	0.8/0.5	0.9/0.7	0.8/0.6
PER(최고/저)(배)	8.8/5.7	11.5/10.0	10.9/9.4	10.3/7.0	15.5/11.0	22.9/16.3
PBR(최고/저)(배)	0.7/0.4	0.6/0.5	0.5/0.5	0.8/0.5	0.8/0.6	0.7/0.5
PSR(최고/저)(배)	3/2	4/4	3/3	4/3	5/4	6/4
EPS(원)	92	61	65	85	62	37
BPS(원)	1,213	1,244	1,296	1,146	1,191	1,206
CFPS(원)	103	66	71	90	65	39
DPS(원)	40	25	20	26	20	13
EBITDAPS(원)	132	80	83	111	86	57

재무 비율 〈단위 : %〉

연도	계속사업이익률	순이익률	부채비율	차입금비율	ROA	ROE	유보율	자기자본비율	총자산증가율
2017	31.8	24.5	687.3	585.2	0.4	3.1	141.3	12.7	7.4
2016	46.8	35.1	643.1	529.8	0.7	5.3	138.1	13.5	7.7
2015	50.5	39.2	617.0	500.4	0.9	7.0	129.2	14.0	11.3
2014	39.5	30.8	687.2	554.8	0.7	5.2	159.2	12.7	11.8

한국컴퓨터 (A054040)

Korea Computer

업 종 : 디스플레이 및 관련부품
신용등급 : (Bond) — (CP) —
홈페이지 : www.kci.co.kr
본 사 : 경북 구미시 임수로 24

시 장 : KOSDAQ
기업규모 : 우량
연 락 처 : 041)589-3320

설 립 일	1994.09.12	**종업원수**	207명	**대표이사**	강창귀
상 장 일	2002.01.05	**감사의견**	적정(삼일)	**계 열**	
결 산 기	12월	**보 통 주**		**종속회사수**	2개사
액 면 가	500원	**우 선 주**		**구 상 호**	

주주구성 (지분율,%)		출자관계 (지분율,%)		주요경쟁사 (외형,%)	
한국컴퓨터지주	42.1	KCIVINA	100.0	한국컴퓨터	100
성진특수잉크	4.3	PACOMINTERNATIONAL	100.0	케이맥	41
(외국인)	3.8			와이엠씨	70

매출구성		비용구성		수출비중	
LCD(LCD-TV, Tablet-PC 등) Module용 부품	70.7	매출원가율	95.5	수출	45.8
LED-SMT(LCD-TV, Tablet-PC 등) 제품	13.9	판관비율	3.0	내수	54.2
INVERTER	13.6				

회사 개요

동사는 토탈 제조 시스템을 갖춘 업체로서 세트 업계의 아웃소싱 확대정책에 가장 적합한 EMS서비스 회사임. 지속중인 전자산업의 성장과 독립형, 분사형 중소EMS업체의 꾸준한 출현으로 제조분야에서의 EMS 규모는 매년 증가하고 있음. 동사 주요 제품은 LCD 모듈용 부품과 이동통신 단말기 핵심 부품인 모바일 디스플레이 모듈, 노트북, 태블릿PC용 LED-SMT 제품. 주요 고객은 삼성디스플레이, 디스플레이테크, LS산전, 멜파스 등임.

실적 분석

동사의 2017년 연간 매출액은 전년동기대비 6.1% 하락한 2,213.2억원을 기록하였음. 비용면에서 전년동기대비 매출원가는 감소 하였으며 인건비는 증가 했고 기타판매비와관리비는 크게 증가함. 주춤한 모습의 매출액에 의해 전년동기대비 영업이익은 33.7억원으로 54.8% 크게 하락 하였음. 최종적으로 전년동기대비 당기순손실은 적자전환하여 0.3억원을 기록함.

현금 흐름

<단위 : 억원>

항목	2016	2017
영업활동	69	37
투자활동	-306	-156
재무활동	27	277
순현금흐름	-206	144
기말현금	130	274

시장 대비 수익률

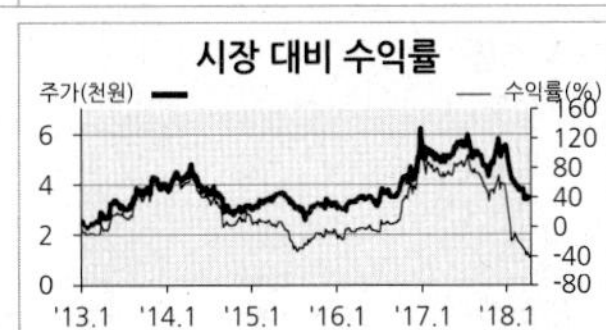

결산 실적

<단위 : 억원>

항목	2012	2013	2014	2015	2016	2017
매출액	4,232	4,099	3,633	2,959	2,356	2,213
영업이익	75	155	83	90	74	34
당기순이익	61	122	71	81	69	-0

분기 실적

<단위 : 억원>

항목	2016.3Q	2016.4Q	2017.1Q	2017.2Q	2017.3Q	2017.4Q
매출액	610	679	590	452	550	622
영업이익	15	24	5	-31	-5	65
당기순이익	10	29	1	-32	-6	37

재무 상태

<단위 : 억원>

항목	2012	2013	2014	2015	2016	2017
총자산	1,068	1,064	1,091	1,066	1,168	1,461
유형자산	349	321	379	310	347	368
무형자산	5	5	5	4	4	6
유가증권	7	7	—	51	451	250
총부채	370	261	240	144	197	514
총차입금	—	—	33	13	62	332
자본금	80	80	80	80	80	80
총자본	698	803	850	922	971	947
지배주주지분	698	803	850	922	971	947

기업가치 지표

항목	2012	2013	2014	2015	2016	2017
주가(최고/저)(천원)	2.9/2.0	4.4/2.3	4.9/2.7	3.8/2.5	6.2/3.0	6.2/4.2
PER(최고/저)(배)	9.3/6.2	6.6/3.5	12.2/6.7	8.1/5.4	14.8/7.3	—/—
PBR(최고/저)(배)	0.8/0.5	1.0/0.5	1.0/0.6	0.7/0.5	1.0/0.5	1.0/0.7
EV/EBITDA(배)	1.8	1.6	0.7	—	4.4	7.4
EPS(원)	382	762	444	502	428	-2
BPS(원)	4,529	5,182	5,478	5,904	6,211	6,060
CFPS(원)	697	1,114	833	829	682	377
DPS(원)	120	130	120	130	130	120
EBITDAPS(원)	780	1,314	908	884	717	589

재무 비율

<단위 : %>

연도	영업이익률	순이익률	부채비율	차입금비율	ROA	ROE	유보율	자기자본비율	EBITDA마진율
2017	1.5	0.0	54.3	35.1	0.0	0.0	1,112.1	64.8	4.3
2016	3.2	2.9	20.3	6.4	6.2	7.3	1,142.2	83.2	4.9
2015	3.0	2.7	15.6	1.5	7.5	9.1	1,080.9	86.5	4.8
2014	2.3	2.0	28.3	3.9	6.6	8.6	995.6	78.0	4.0

한국콜마 (A161890)

KOLMAR KOREA CO

업 종 : 개인생활용품
신용등급 : (Bond) A (CP) —
홈페이지 : www.kolmar.co.kr
본 사 : 세종시 전의면 덕고개길 12-11

시 장 : 거래소
기업규모 : 시가총액 중형주
연 락 처 : 044)862-8490

설 립 일	2012.10.02	**종업원수**	1,021명	**대표이사**	윤상현,강학희,이호경
상 장 일	2012.10.19	**감사의견**	적정(서일)	**계 열**	
결 산 기	12월	**보 통 주**		**종속회사수**	5개사
액 면 가	500원	**우 선 주**		**구 상 호**	

주주구성 (지분율,%)		출자관계 (지분율,%)		주요경쟁사 (외형,%)	
한국콜마홀딩스	23.5	한국화장품공업협동조합	12.9	한국콜마	100
국민연금공단	10.5	히트사모투자합자회사	5.1	아모레퍼시픽	624
(외국인)	48.8	미래에셋파트너스제9호사모투자합자회사	1.9	아모레G	734

매출구성		비용구성		수출비중	
슈퍼아쿠아맥스컴비네이션수분크림 외	51.8	매출원가율	78.4	수출	—
잇치페이스트 외	22.1	판관비율	13.5	내수	—
알로에수딩젤 외	14.8				

회사 개요

동사는 2012년 10월에 한국콜마홀딩스주식회사의 화장품 사업부문과 제약사업부문이 인적분할하여 설립한 분할신설회사로서 화장품 및 제약품의 주문자 표시 제조 및 판매 등을 사업으로 영위함. 주요주주는 한국콜마홀딩스와 일본콜마이며, 동가 제품은 국내 유명 브랜드 대부분에 납품되고 있음. 연결대상 종속회사로는 중국과 미국, 캐나다 소재의 화장품 제조회사 및 미국현지법인 인수를 위한 특수목적회사 등 5개사가 있음.

실적 분석

동사의 2017년 누적매출액은 8,216.2억원으로 전년 대비 23.1% 증가함. 같은 기간 영업이익은 전년보다 8.8% 줄어든 669.8억원을 기록함. 공장 증설 비용이 늘어나 수익성이 악화됨. 올해는 화장품부문에서 홈쇼핑과 헬스앤뷰티(H&B)숍 등 유통채널이 늘어나고 중국법인도 견고한 실적을 낼 것으로 예상됨. 동사는 2018년 4월 CJ헬스케어를 인수하면서 몸집을 크게 불렸음. 중장기적으로 볼 때 인수합병 효과가 나타날 것으로 기대됨.

현금 흐름

<단위 : 억원>

항목	2016	2017
영업활동	382	54
투자활동	-215	-1,562
재무활동	109	1,351
순현금흐름	107	-126
기말현금	269	143

시장 대비 수익률

결산 실적

<단위 : 억원>

항목	2012	2013	2014	2015	2016	2017
매출액	1,778	2,822	4,613	5,358	6,675	8,216
영업이익	140	197	468	607	734	670
당기순이익	120	141	328	455	532	486

분기 실적

<단위 : 억원>

항목	2016.3Q	2016.4Q	2017.1Q	2017.2Q	2017.3Q	2017.4Q
매출액	1,602	1,856	2,014	2,071	1,942	2,189
영업이익	155	189	206	170	154	140
당기순이익	97	138	157	131	126	72

재무 상태

<단위 : 억원>

항목	2012	2013	2014	2015	2016	2017
총자산	2,300	2,949	3,364	3,443	4,929	6,685
유형자산	762	901	1,214	1,458	1,849	2,362
무형자산	35	39	40	96	405	580
유가증권	0	0	10	251	11	43
총부채	1,322	1,811	1,566	1,236	2,052	3,359
총차입금	638	1,160	696	290	634	1,980
자본금	97	97	106	106	106	106
총자본	978	1,139	1,798	2,207	2,877	3,326
지배주주지분	978	1,139	1,798	2,207	2,699	3,051

기업가치 지표

항목	2012	2013	2014	2015	2016	2017
주가(최고/저)(천원)	34.7/24.1	33.5/19.8	63.0/26.8	112/43.2	107/61.5	89.9/59.0
PER(최고/저)(배)	57.5/39.9	47.0/27.9	38.9/16.6	52.7/20.3	42.7/24.7	40.3/26.4
PBR(최고/저)(배)	7.0/4.9	5.8/3.4	7.5/3.2	10.9/4.2	8.4/4.9	6.2/4.1
EV/EBITDA(배)	40.5	22.8	17.1	28.2	16.9	21.7
EPS(원)	614	722	1,641	2,155	2,516	2,240
BPS(원)	5,020	5,846	8,521	10,459	12,790	14,458
CFPS(원)	756	954	1,991	2,612	3,077	3,149
DPS(원)	105	105	160	200	250	300
EBITDAPS(원)	863	1,242	2,693	3,335	4,041	4,083

재무 비율

<단위 : %>

연도	영업이익률	순이익률	부채비율	차입금비율	ROA	ROE	유보율	자기자본비율	EBITDA마진율
2017	8.2	5.9	101.0	59.5	8.4	16.4	2,791.6	49.8	10.5
2016	11.0	8.0	71.3	22.0	12.7	21.6	2,458.0	58.4	12.8
2015	11.3	8.5	56.0	13.1	13.4	22.7	1,991.8	64.1	13.1
2014	10.2	7.1	87.1	38.7	10.4	22.3	1,604.2	53.5	11.7

한국콜마홀딩스 (A024720)

KOREA KOLMAR HOLDINGS

업 종 : 개인생활용품
신용등급 : (Bond) — (CP) —
홈페이지 : www.kolmar.co.kr
본 사 : 세종시 전의면 덕고개길 12-11
시 장 : 거래소
기업규모 : 시가총액 중형주
연 락 처 : 044)862-1057

설 립 일	1990.05.15	**종업원수**	73명	**대표이사**	윤동한,안병준,김병묵
상 장 일	1996.10.24	**감사의견**	적정(서일)	**계 열**	
결 산 기	12월	**보 통 주**		**종속회사수**	8개사
액 면 가	500원	**우 선 주**		**구 상 호**	

주주구성 (지분율,%)		출자관계 (지분율,%)		주요경쟁사 (외형,%)	
윤동한	30.2	씨엔아이개발	77.9	한국콜마홀딩스	100
윤상현	18.7	콜마파마	77.1	아모레퍼시픽	1,044
(외국인)	19.3	콜마비앤에이치	56.2	아모레G	1,229

매출구성		비용구성		수출비중	
용역수익	49.1	매출원가율	78.0	수출	—
상표권수익	21.9	판관비율	9.4	내수	—
배당수익	11.4				

회사 개요

동사는 1990년 설립됐으며 2012년 한국콜마홀딩스와 한국콜마가 인적분할하면서 변경상장함. 동사는 주력 계열사인 한국콜마 외에도 15개의 계열사를 가지고 있음. 한국콜마를 제외하면 모두 비상장사임. 동사는 투자 부문을 담당하며 주력 계열사인 한국콜마가 화장품, 제약 사업을 영위함. 자회사로부터 받는 상표권사용수익, 경영관리수수료, 지분법이익, 배당금 및 임대료 등이 주 수입원임.

실적 분석

동사의 2017년 누적매출액은 4,905.7억원으로 전년대비 48.5% 증가함. 비용측면에서 매출원가와 판관비가 각각 53.4%, 43.2% 상승했음에도 불구하고 매출 확대에 힘입어 영업이익은 전년보다 26.8% 늘어난 618억원을 기록함. 동사는 최근 한국콜마 지분을 꾸준히 매입하며 지배구조 강화 작업에 박차를 가하고 있음. CJ헬스케어 인수로 한국콜마의 기업가치가 높아진 상황에서 경영권 방어에 속도를 낼 것으로 예상됨.

현금 흐름

〈단위 : 억원〉

항목	2016	2017
영업활동	253	683
투자활동	-407	-663
재무활동	222	229
순현금흐름	68	243
기말현금	266	509

시장 대비 수익률

결산 실적

〈단위 : 억원〉

항목	2012	2013	2014	2015	2016	2017
매출액	1,066	1,323	2,225	2,996	3,304	4,906
영업이익	137	193	327	542	612	818
당기순이익	229	127	274	10	510	517

분기 실적

〈단위 : 억원〉

항목	2016.3Q	2016.4Q	2017.1Q	2017.2Q	2017.3Q	2017.4Q
매출액	780	858	912	1,193	1,386	1,414
영업이익	128	151	174	289	195	160
당기순이익	52	131	122	244	108	42

재무 상태

〈단위 : 억원〉

항목	2012	2013	2014	2015	2016	2017
총자산	2,669	2,806	3,782	4,995	5,676	7,469
유형자산	506	553	705	836	913	1,293
무형자산	61	59	48	45	47	200
유가증권	105	74	145	1,502	1,230	333
총부채	827	830	1,487	2,317	2,485	3,546
총차입금	514	524	1,022	1,893	2,090	2,075
자본금	82	82	82	84	84	84
총자본	1,842	1,976	2,295	2,678	3,191	3,922
지배주주지분	1,702	1,788	1,988	2,151	2,528	2,938

기업가치 지표

항목	2012	2013	2014	2015	2016	2017
주가(최고/저)(천원)	18.5/4.2	16.7/9.7	55.0/13.7	88.5/42.0	64.1/26.3	48.7/23.4
PER(최고/저)(배)	20.0/4.5	31.7/18.4	46.9/11.7	—/—	29.6/12.1	29.3/14.1
PBR(최고/저)(배)	1.8/0.4	1.6/0.9	4.6/1.1	7.0/3.3	4.3/1.8	2.8/1.3
EV/EBITDA(배)	17.3	12.5	23.7	22.9	12.7	11.6
EPS(원)	940	535	1,190	-44	2,188	1,674
BPS(원)	10,424	10,947	12,173	12,881	15,133	17,581
CFPS(원)	1,185	741	1,440	229	2,493	2,087
DPS(원)	65	65	100	125	155	185
EBITDAPS(원)	864	1,294	1,940	2,966	3,215	4,103

재무 비율

〈단위 : %〉

연도	영업이익률	순이익률	부채비율	차입금비율	ROA	ROE	유보율	자기자본비율	EBITDA마진율
2017	16.7	10.5	90.4	52.9	7.9	10.3	3,416.2	52.5	14.0
2016	18.5	15.4	77.9	65.5	9.6	15.7	2,926.6	56.2	16.3
2015	18.1	0.4	86.5	70.7	0.2	-0.4	2,476.2	53.6	16.6
2014	14.7	12.3	64.8	44.5	8.3	10.3	2,334.5	60.7	14.3

한국큐빅 (A021650)

Cubic Korea

업 종 : 자동차부품
신용등급 : (Bond) — (CP) —
홈페이지 : www.cubic.co.kr
본 사 : 경기도 안산시 단원구 살막길 39 (신길동)
시 장 : KOSDAQ
기업규모 : 중견
연 락 처 : 031)491-5325

설 립 일	1989.05.13	**종업원수**	153명	**대표이사**	오봉균
상 장 일	2003.01.22	**감사의견**	적정(신한)	**계 열**	
결 산 기	12월	**보 통 주**		**종속회사수**	1개사
액 면 가	500원	**우 선 주**		**구 상 호**	

주주구성 (지분율,%)		출자관계 (지분율,%)		주요경쟁사 (외형,%)	
삼영무역	24.8	삼신화학공업	100.0	한국큐빅	100
이재원	10.8			부산주공	124
(외국인)	5.5			팬스타엔터프라이즈	22

매출구성		비용구성		수출비중	
(주)한국큐빅 /곡면표면처리	100.0	매출원가율	88.8	수출	0.1
		판관비율	8.6	내수	99.9

회사 개요

동사는 1989년에 Curl-fit 공법을 이용한 곡면표면처리업 등을 주 영업목적으로 설립되었으며, 2003년 1월 코스닥시장에 상장하였음. CURL-FIT이란, 일정한 무늬가 인쇄되어 있는 특수한 폴리비닐알콜 필름을 수면 위에 띄우고 이 위에 사출물을 담금으로써 수면 위에 용해되어 있는 인쇄잉크가 수압에 의해 사출물에 전사 되도록 하는 특수 표면처리 방법으로, 자동차 내장 표면처리 및 가전제품 외장케이스 표면처리에 사용되고 있음.

실적 분석

동사는 지난해 연결기준 영업이익이 40억 345만원으로 전년대비 30.1% 늘었음. 같은 기간 매출액도 1537억6252만원으로 25% 증가했지만 당기순이익은 6억2565만원으로 67.1% 감소. 이는 영업외수익 중 외환차익 환산이익이 감소하고 영업외비용 중 외환차손 환산손실이 증가했으며 법인세비용 등이 증가해 당기순이익이 감소한 결과. 동사는 아울러 결산배당으로 보통주 1주당 15원을 현금배당하기로 결정.

현금 흐름

〈단위 : 억원〉

항목	2016	2017
영업활동	82	78
투자활동	-49	-220
재무활동	-33	280
순현금흐름	-0	138
기말현금	64	202

시장 대비 수익률

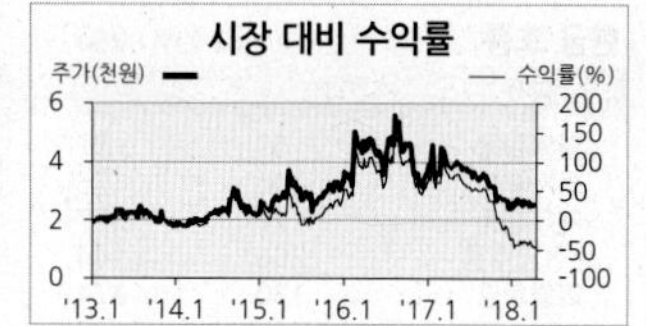

결산 실적

〈단위 : 억원〉

항목	2012	2013	2014	2015	2016	2017
매출액	1,031	991	948	1,101	1,229	1,538
영업이익	40	24	29	41	31	40
당기순이익	23	5	28	21	19	6

분기 실적

〈단위 : 억원〉

항목	2016.3Q	2016.4Q	2017.1Q	2017.2Q	2017.3Q	2017.4Q
매출액	300	363	347	407	373	411
영업이익	7	12	15	19	-2	9
당기순이익	2	8	2	16	-6	-6

재무 상태

〈단위 : 억원〉

항목	2012	2013	2014	2015	2016	2017
총자산	915	882	949	969	1,054	1,439
유형자산	393	417	437	426	425	579
무형자산	78	65	45	34	32	32
유가증권	63	55	27	28	23	20
총부채	563	525	584	589	662	943
총차입금	217	225	271	253	225	407
자본금	49	49	49	49	49	73
총자본	352	358	364	379	391	496
지배주주지분	352	358	364	379	391	496

기업가치 지표

항목	2012	2013	2014	2015	2016	2017
주가(최고/저)(천원)	2.7/1.8	2.5/1.7	3.2/1.8	3.8/2.3	5.8/3.0	5.0/2.4
PER(최고/저)(배)	13.2/9.0	59.1/42.1	12.5/6.9	19.7/11.7	32.2/16.9	86.0/40.7
PBR(최고/저)(배)	0.9/0.6	0.8/0.6	1.0/0.5	1.1/0.6	1.6/0.8	1.5/0.7
EV/EBITDA(배)	5.5	6.2	6.3	6.2	6.5	5.4
EPS(원)	223	44	271	198	181	59
BPS(원)	3,574	3,631	3,698	3,852	3,973	3,410
CFPS(원)	567	483	713	717	758	665
DPS(원)	75	50	50	50	25	15
EBITDAPS(원)	732	676	715	925	877	983

재무 비율

〈단위 : %〉

연도	영업이익률	순이익률	부채비율	차입금비율	ROA	ROE	유보율	자기자본비율	EBITDA마진율
2017	2.6	0.4	190.1	82.0	0.5	1.4	582.0	34.5	6.8
2016	2.5	1.6	169.2	57.5	1.9	4.9	694.5	37.2	7.1
2015	3.8	1.9	155.3	66.7	2.2	5.6	670.3	39.2	8.3
2014	3.0	3.0	160.4	74.3	3.1	7.9	639.7	38.4	7.5

한국타이어 (A161390)

HANKOOK TIRE

업 종 : 자동차부품 | 시 장 : 거래소
신용등급 : (Bond) AA (CP) — | 기업규모 : 시가총액 대형주
홈페이지 : kr.hankooktire.com | 연 락 처 : 02)2222-1000
본 사 : 서울시 강남구 테헤란로 133 (역삼동)

설 립 일	2012.09.01	**종 업 원 수**	6,682명	**대 표 이 사**	조현범,이수일
상 장 일	2012.10.04	**감 사 의 견**	적정(삼일)	**계 열**	
결 산 기	12월	**보 통 주**		**종속회사수**	43개사
액 면 가	500원	**우 선 주**		**구 상 호**	

주주구성 (지분율,%)		출자관계 (지분율,%)		주요경쟁사 (외형,%)	
한국타이어월드와이드	30.0	한국동그라미파트너스	100.0	한국타이어	100
국민연금공단	8.1	대화산기	95.0	한국타이어월드와이드	12
(외국인)	40.9	엠케이테크놀로지	50.1	넥센타이어	29

매출구성		비용구성		수출비중	
타이어, 튜브 등(제품)	98.6	매출원가율	65.9	수출	80.0
밧데리 등(상품)	1.2	판관비율	22.4	내수	20.0
기타 및 내부조정	0.1				

회사 개요

동사는 2012년 9월 한국타이어월드와이드의 타이어 부문이 인적분할돼 설립됨. 타이어 제조, 판매를 하는 타이어부문과 일반기계, 금형을 제조 판매하는 기타 사업부문으로 나뉨. 타이어 부문에선 국내 시장점유율 1위(40% 이상)를 차지함. 글로벌에서도 세계 시장 점유율 7위를 유지하고 있음. 국내 타이어 시장은 교환 시장 및 OEM 시장으로 구분됨. 미국 테네시 공장을 성공적으로 준공하고, 호주 최고의 유통회사인 Jax tyres를 인수함.

실적 분석

자동차 수출 확대 및 시계 시장 수요 증가로 실적 향상이 기대되고 있음. 동사의 연결 재무제표 기준 2017년 결산 연결 매출액은 전년 6조6,217.6억원에서 2.9% 증가한 6조8,128.6억원임. 매출 규모가 비슷한 수준에서 원가율 상승하면서 영업이익은 전년동기 대비 28.1% 감소한 7,934.3억원을 나타냄. 순이익 역시 31.0% 감소한 6,064.6억원을 기록함.

현금 흐름

〈단위 : 억원〉

항목	2016	2017
영업활동	12,176	8,510
투자활동	-7,395	-3,431
재무활동	-6,500	-2,821
순현금흐름	-1,720	2,288
기말현금	4,653	6,942

시장 대비 수익률

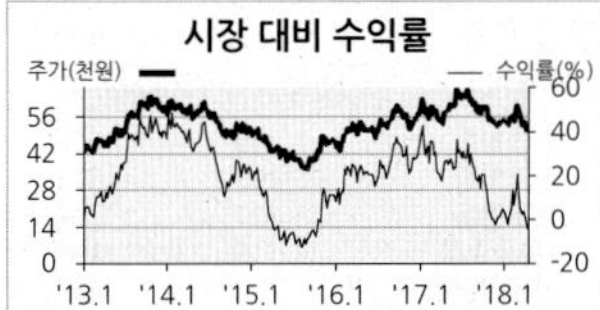

결산 실적

〈단위 : 억원〉

항목	2012	2013	2014	2015	2016	2017
매출액	23,172	70,692	66,808	64,282	66,218	68,129
영업이익	3,086	10,310	10,316	8,850	11,032	7,934
당기순이익	2,310	7,350	6,993	6,565	8,791	6,065

분기 실적

〈단위 : 억원〉

항목	2016.3Q	2016.4Q	2017.1Q	2017.2Q	2017.3Q	2017.4Q
매출액	16,576	16,106	16,392	16,669	18,245	16,823
영업이익	3,026	2,392	2,322	2,046	2,171	1,394
당기순이익	2,076	2,097	1,675	1,799	1,720	872

재무 상태

〈단위 : 억원〉

항목	2012	2013	2014	2015	2016	2017
총자산	71,825	77,767	83,201	94,961	96,220	95,188
유형자산	35,716	34,980	40,204	44,940	46,993	43,174
무형자산	1,166	1,248	1,321	1,428	1,462	1,955
유가증권	28	31	35	36	38	44
총부채	39,610	38,526	38,036	43,553	36,605	31,453
총차입금	28,175	25,785	24,237	28,957	23,285	19,765
자본금	619	619	619	619	619	619
총자본	32,215	39,241	45,165	51,408	59,615	63,735
지배주주지분	32,121	39,175	45,110	51,344	59,494	63,587

기업가치 지표

항목	2012	2013	2014	2015	2016	2017
주가(최고/저)(천원)	48.2/38.3	63.6/41.6	63.1/46.9	52.8/34.8	62.3/41.8	66.2/52.3
PER(최고/저)(배)	27.0/21.5	11.1/7.3	11.5/8.6	10.2/6.7	9.0/6.0	13.8/10.9
PBR(최고/저)(배)	1.9/1.6	2.1/1.4	1.8/1.3	1.3/0.9	1.3/0.9	1.3/1.0
EV/EBITDA(배)	18.0	6.2	5.3	5.9	5.5	6.0
EPS(원)	1,869	5,957	5,654	5,291	7,046	4,836
BPS(원)	25,939	31,634	36,424	41,457	48,036	51,340
CFPS(원)	2,961	9,291	9,117	8,995	11,105	9,269
DPS(원)	400	400	400	400	400	400
EBITDAPS(원)	3,582	11,657	11,791	10,848	12,965	10,838

재무 비율

〈단위 : %〉

연도	영업 이익률	순 이익률	부채 비율	차입금 비율	ROA	ROE	유보율	자기자본 비율	EBITDA 마진율
2017	11.7	8.9	49.4	31.0	6.3	9.7	10,168.0	67.0	19.7
2016	16.7	13.3	61.4	39.1	9.2	15.8	9,507.2	62.0	24.3
2015	13.8	10.2	84.7	56.3	7.4	13.6	8,191.3	54.1	20.9
2014	15.4	10.5	84.2	53.7	8.7	16.6	7,184.9	54.3	21.9

한국타이어월드와이드 (A000240)

Hankook Tire WorldWide

업 종 : 자동차부품 | 시 장 : 거래소
신용등급 : (Bond) — (CP) — | 기업규모 : 시가총액 중형주
홈페이지 : kr.hankooktire.com | 연 락 처 : 02)2222-1000
본 사 : 서울시 강남구 테헤란로 133 한국타이어빌딩

설 립 일	1941.05.10	**종 업 원 수**	214명	**대 표 이 사**	조현식
상 장 일	1968.12.27	**감 사 의 견**	적정(삼일)	**계 열**	
결 산 기	12월	**보 통 주**		**종속회사수**	6개사
액 면 가	500원	**우 선 주**		**구 상 호**	

주주구성 (지분율,%)		출자관계 (지분율,%)		주요경쟁사 (외형,%)	
조양래	23.6	에이치케이오토모티브	100.0	한국타이어월드와이드	100
조현식	19.3	아트라스비엑스	31.1	한국타이어	826
(외국인)	9.5	엘비세미콘	0.5	넥센타이어	238

매출구성		비용구성		수출비중	
배터리	61.0	매출원가율	64.0	수출	—
지분법이익	27.9	판관비율	11.8	내수	—
상표수익	6.9				

회사 개요

동사는 1941년 5월 설립되어 1968년 유가증권시장에 상장됨. 2012년 한국타이어와 분할하면서 사업부문을 한국타이어에 넘겨주고 동사는 지주회사 역할을 함. 타이어 제조 판매, 축전기, 기계, 금형 등 제조 판매 등을 바탕으로 한 자회사 전문성 제고와 성장 잠재력 강화를 통해 기업가치 극대화를 목표로 함. 한국타이어 등의 경영자문 용역매출, 임대사업 수익, 상표권 사용수익, 지분법이익 등이 주요 수익원임.

실적 분석

동사는 2017년 연간 매출액은 8,248.5억원으로 19.5% 늘어난 반면 영업이익이 1,993.2억원을 기록해 전년 대비 23.8% 감소하였음. 당기순이익은 1,789.6억원으로 30.7% 줄어듦. 매출증가에도 불구하고 원가율이 급증하고 판관비도 상승한 탓. 동사는 올해 계열사인 한국타이어의 미국공장 안착 등에 힘입어 지분법이익이 확대될 것으로 분석됨.

현금 흐름

〈단위 : 억원〉

항목	2016	2017
영업활동	858	1,229
투자활동	749	-2,129
재무활동	-605	-60
순현금흐름	1,007	-962
기말현금	2,257	1,295

시장 대비 수익률

결산 실적

〈단위 : 억원〉

항목	2012	2013	2014	2015	2016	2017
매출액	393	1,535	2,293	2,236	6,900	8,248
영업이익	136	1,196	1,882	1,816	2,616	1,993
당기순이익	32,772	1,602	1,838	1,727	2,695	1,790

분기 실적

〈단위 : 억원〉

항목	2016.3Q	2016.4Q	2017.1Q	2017.2Q	2017.3Q	2017.4Q
매출액	2,092	2,104	1,956	2,033	2,203	2,057
영업이익	788	445	507	584	578	324
당기순이익	742	649	445	533	521	291

재무 상태

〈단위 : 억원〉

항목	2012	2013	2014	2015	2016	2017
총자산	9,743	23,532	25,064	26,669	30,975	32,525
유형자산	315	312	303	291	1,508	1,589
무형자산	51	57	64	90	343	307
유가증권	2,969	237	207	226	531	732
총부채	1,491	818	913	1,003	2,281	2,564
총차입금	-0	—	4	27	295	500
자본금	142	465	465	465	465	465
총자본	8,253	22,713	24,151	25,666	28,694	29,961
지배주주지분	8,253	22,713	24,151	25,666	28,034	29,211

기업가치 지표

항목	2012	2013	2014	2015	2016	2017
주가(최고/저)(천원)	21.7/12.5	24.7/14.6	23.3/18.4	24.5/14.8	23.4/16.3	22.9/17.7
PER(최고/저)(배)	0.8/0.5	10.0/5.9	12.4/9.9	13.8/8.4	8.6/6.0	12.8/9.9
PBR(최고/저)(배)	0.8/0.5	1.1/0.6	0.9/0.8	0.9/0.6	0.8/0.6	0.7/0.6
EV/EBITDA(배)	0.4	13.5	9.7	6.5	5.3	7.1
EPS(원)	29,372	2,667	1,976	1,857	2,812	1,823
BPS(원)	29,537	24,537	26,083	27,712	30,257	31,522
CFPS(원)	31,595	2,710	2,005	1,885	3,008	2,093
DPS(원)	400	300	300	300	300	300
EBITDAPS(원)	2,345	2,034	2,052	1,980	3,009	2,413

재무 비율

〈단위 : %〉

연도	영업 이익률	순 이익률	부채 비율	차입금 비율	ROA	ROE	유보율	자기자본 비율	EBITDA 마진율
2017	24.2	21.7	8.6	1.7	5.6	5.9	6,204.3	92.1	27.2
2016	37.9	39.1	8.0	1.0	9.4	9.7	5,951.4	92.6	40.6
2015	81.2	77.2	3.9	0.1	6.7	6.9	5,442.3	96.2	82.4
2014	82.1	80.2	3.8	0.0	7.6	7.9	5,116.5	96.4	83.3

한국테크놀로지 (A053590)

HANKOOK Technology

업 종 : 에너지 시설 및 서비스
시 장 : KOSDAQ
신용등급 : (Bond) — (CP) —
기업규모 : 벤처
홈페이지 : www.myht.co.kr
연 락 처 : 02)2106-7500
본 사 : 서울시 중구 소월로2길 30 남산트라팰리스

설 립 일	1997.07.22	**종업원수**	63명	**대표이사**	이병길,이봉기
상 장 일	2001.08.10	**감사의견**	적정(한길)	**계 열**	
결 산 기	12월	**보 통 주**		**종속회사수**	
액 면 가	500원	**우 선 주**		**구 상 호**	

주주구성 (지분율,%)		출자관계 (지분율,%)		주요경쟁사 (외형,%)	
골든비스타투자조합1호	11.3	한국엔지니어링	100.0	한국테크놀로지	100
한국코퍼레이션	9.0	글로벌제주개발	25.0	S&TC	1,912
(외국인)	1.0	지아이에이치씨	20.8	신성이엔지	10,286

매출구성		비용구성		수출비중	
통합관제 시스템 설치공사(제품)	45.3	매출원가율	70.3	수출	48.3
건조설비 운영 및 정비(용역)	35.5	판관비율	84.1	내수	51.7
의류(상품)	19.0				

회사 개요

동사는 1997년 전기 및 전자부품 등의 제조를 목적으로 설립되어 현재는 석탄 업그레이드 사업, 슬러지 연료화 사업 등을 주로 영위중임. 자동차 전장사업부문 또한 영위중이며 이는 전체 매출액의 약 50% 수준임. 석탄 업그레이드란, 고수분 저등급 석탄을 건조시켜 적정한 수분함량을 유지할 수 있도록 함으로써 석탄의 연소효율을 향상시키는 것으로서 이러한 건조 설비의 매출이 동사 매출의 약 50% 를 차지함.

실적 분석

동사의 2017년 결산 매출액은 96.3억원으로 전년동기 대비 115% 증가함. 주력부문인 재열증기건조설비의 매출 증가와 전장사업부문의 매출 발생으로 외형 확대된 모습. 원가율 하락 및 판관비 절감으로 영업손실은 크게 줄어들었으나 여전히 고정비 부담 지속되고 있음. 반면, 영업외손실 확대되면서 당기순손실은 지난해 대비 손실 확대된 130.9억원의 순손실 시현. 보다 고정적이고 안정적인 수익원 확보 노력이 요구될 전망임.

현금 흐름 *IFRS 별도 기준 〈단위 : 억원〉

항목	2016	2017
영업활동	-50	-128
투자활동	-100	-231
재무활동	97	360
순현금흐름	-53	2
기말현금	5	7

시장 대비 수익률

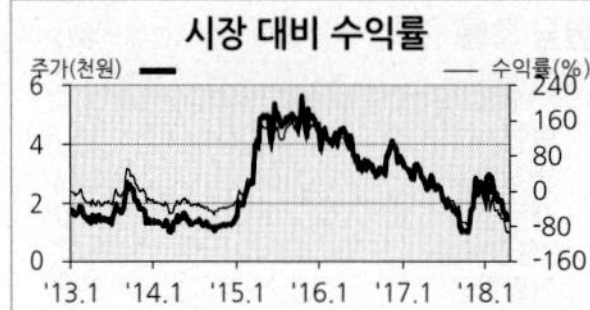

결산 실적 〈단위 : 억원〉

항목	2012	2013	2014	2015	2016	2017
매출액	57	62	209	72	45	96
영업이익	-65	-84	14	-129	-90	-52
당기순이익	-88	-95	10	-247	-105	-131

분기 실적 *IFRS 별도 기준 〈단위 : 억원〉

항목	2016.3Q	2016.4Q	2017.1Q	2017.2Q	2017.3Q	2017.4Q
매출액	9	14	5	7	9	75
영업이익	-24	-26	-20	-16	-13	-3
당기순이익	-22	-33	-22	-17	-19	-73

재무 상태 *IFRS 별도 기준 〈단위 : 억원〉

항목	2012	2013	2014	2015	2016	2017
총자산	476	337	368	375	390	652
유형자산	14	13	4	36	29	6
무형자산	10	34	42	17	15	8
유가증권	92	94	97	97	109	59
총부채	169	121	118	234	131	352
총차입금	1	25	44	190	85	292
자본금	128	128	136	168	199	231
총자본	307	216	250	141	258	301
지배주주지분	307	216	250	141	258	301

기업가치 지표 *IFRS 별도 기준

항목	2012	2013	2014	2015	2016	2017
주가(최고/저)(천원)	2.8/1.5	2.7/1.2	1.8/1.0	5.6/1.4	4.8/2.8	3.5/0.9
PER(최고/저)(배)	—/—	—/—	46.5/25.1	—/—	—/—	—/—
PBR(최고/저)(배)	2.3/1.3	3.2/1.4	2.0/1.1	13.4/3.4	7.3/4.4	5.4/1.5
EV/EBITDA(배)	—	—	17.5	—	—	—
EPS(원)	-394	-371	40	-764	-278	-322
BPS(원)	1,201	843	919	420	648	650
CFPS(원)	-382	-358	57	-750	-250	-297
DPS(원)	—	—	—	—	—	—
EBITDAPS(원)	-282	-316	70	-385	-210	-103

재무 비율 〈단위 : %〉

연도	영업이익률	순이익률	부채비율	차입금비율	ROA	ROE	유보율	자기자본비율	EBITDA마진율
2017	-54.3	-136.0	117.0	97.1	-25.1	-46.9	30.0	46.1	-43.6
2016	-200.6	-234.2	50.9	33.0	-27.4	-52.6	29.5	66.3	-176.7
2015	-179.3	-343.0	일부잠식	일부잠식	-66.5	-126.4	-15.9	37.6	-172.7
2014	6.5	4.9	47.0	17.7	2.9	4.4	83.9	68.0	8.6

한국토지신탁 (A034830)

Korea Real Estate Investment & Trust

업 종 : 부동산
시 장 : 거래소
신용등급 : (Bond) A (CP) A2
기업규모 : 시가총액 중형주
홈페이지 : www.koreit.co.kr
연 락 처 : 02)3451-1100
본 사 : 서울시 강남구 테헤란로 309

설 립 일	1996.04.04	**종업원수**	181명	**대표이사**	차정훈,최윤성
상 장 일	2001.05.22	**감사의견**	적정(한영)	**계 열**	
결 산 기	12월	**보 통 주**		**종속회사수**	21개사
액 면 가	1,000원	**우 선 주**		**구 상 호**	

주주구성 (지분율,%)		출자관계 (지분율,%)		주요경쟁사 (외형,%)	
엠케이인베스트먼트	24.3	코레이트투자운용	100.0	한국토지신탁	100
KB자산운용	15.5	키스톤에코프라임스타기업재무안정사모투자합자회사	87.0	SK디앤디	132
(외국인)	9.6	코레이트자산운용	68.9	해성산업	5

수익구성		비용구성		수출비중	
수수료수익	71.3	이자비용	19.2	수출	0.0
이자수익	19.5	투자및금융비	0.0	내수	100.0
배당금수익	5.9	판관비	0.0		

회사 개요

동사는 구 신탁업법에 근거하여 부동산신탁업을 영위할 목적으로 1996년 설립됨. 부동산 개발을 중심으로 하는 토지신탁사업과 담보신탁, 관리신탁, 처분신탁, 분양관리신탁, 대리사무 등의 비토지신탁사업, REITs, 투자사업, 해외사업 등을 수행함. 영업수익 기준 시장점유율 수위 업체로 업계 최대 자본금과 인적자원을 바탕으로 차입형 토지신탁 부문에서 강점을 보유하고 있음. 2016년 기준 시장 점유율 21%를 기록하고 있음.

실적 분석

동사의 2017년도 영업수익은 2,500억원이며 수수료수익 증가, 이자수익 증가, 기타의 영업수익 증가와 함께 대손상각비 감소, 이자비용 증가 등 기타 영업비용 증가 등으로 영업이익 1,711억원이 발생하였음. 법인세비용차감전순이익은 2,210억원, 당기순이익은 1,678억원으로 전년 대비 464억원 증가하였음. 동사는 설립 이래 최대 규모의 영업이익 및 당기순이익을 달성하였음.

현금 흐름 〈단위 : 억원〉

항목	2016	2017
영업활동	-1,249	-966
투자활동	-497	371
재무활동	1,727	794
순현금흐름	-19	199
기말현금	211	411

시장 대비 수익률

결산 실적 〈단위 : 억원〉

항목	2012	2013	2014	2015	2016	2017
영업수익	1,176	1,658	1,433	1,385	1,780	2,500
영업이익	594	677	808	890	1,140	1,711
당기순이익	476	518	599	682	1,214	1,678

분기 실적 〈단위 : 억원〉

항목	2016.3Q	2016.4Q	2017.1Q	2017.2Q	2017.3Q	2017.4Q
영업수익	415	511	544	671	636	649
영업이익	301	325	371	462	426	452
당기순이익	234	580	286	713	344	336

재무 상태 〈단위 : 억원〉

항목	2012	2013	2014	2015	2016	2017
총자산	5,756	5,564	5,175	6,534	9,543	12,107
유형자산	5	3	5	8	15	11
무형자산	24	15	15	33	29	31
유가증권	—	—	—	—	—	—
총부채	2,525	1,733	868	1,672	3,641	4,915
총차입금	—	—	—	—	—	—
자본금	2,525	2,525	2,525	2,525	2,525	2,525
총자본	3,230	3,831	4,307	4,862	5,903	7,192
지배주주지분	3,205	3,804	4,280	4,862	5,872	7,155

기업가치 지표

항목	2012	2013	2014	2015	2016	2017
주가(최고/저)(천원)	1.3/0.7	1.9/1.1	3.5/1.5	4.0/2.4	3.8/2.5	3.6/2.6
PER(최고/저)(배)	7.8/4.1	10.1/5.8	16.1/7.0	16.2/9.8	8.4/5.6	5.6/4.0
PBR(최고/저)(배)	1.1/0.6	1.4/0.8	2.2/1.0	2.2/1.3	1.7/1.1	1.3/0.9
PSR(최고/저)(배)	3/2	3/2	7/3	8/5	6/4	4/3
EPS(원)	188	205	237	270	481	662
BPS(원)	1,301	1,531	1,743	1,973	2,373	2,882
CFPS(원)	192	208	240	271	482	665
DPS(원)	—	30	40	60	75	100
EBITDAPS(원)	235	268	320	352	451	678

재무 비율 〈단위 : %〉

연도	계속사업이익률	순이익률	부채비율	차입금비율	ROA	ROE	유보율	자기자본비율	총자산증가율
2017	88.4	67.1	68.3	0.0	15.5	25.7	188.2	59.4	26.9
2016	89.4	68.2	61.7	0.0	15.1	22.6	137.3	61.9	46.1
2015	64.7	49.2	34.4	0.0	11.7	14.9	97.3	74.4	26.3
2014	56.0	41.8	20.1	0.0	11.2	14.8	74.3	83.2	-7.0

*관리종목

한국투자금융지주 (A071050)

Korea Investment Holdings

업 종 : 증권
신용등급 : (Bond) AA- (CP) A1
홈페이지 : www.koreaholdings.com
본 사 : 서울시 영등포구 의사당대로 88
시 장 : 거래소
기업규모 : 시가총액 대형주
연 락 처 : 02)3276-6400

설 립 일	2003.01.11	**종업원수**	46명	**대표이사**	김남구
상 장 일	2003.07.21	**감사의견**	적정(삼정)	**계 열**	
결 산 기	12월	**보 통 주**		**종속회사수**	27개사
액 면 가	5,000원	**우 선 주**		**구 상 호**	

주주구성 (지분율,%)		출자관계 (지분율,%)		주요경쟁사 (외형,%)	
김남구	20.2	한국투자증권	100.0	한국금융지주	100
국민연금공단	9.1	한국투자캐피탈	100.0	미래에셋대우	187
(외국인)	34.4	한국투자저축은행	100.0	삼성증권	105

수익구성	비용구성		수출비중	
	이자비용	5.9	수출	—
	파생상품손실	42.8	내수	—
	판관비	13.3		

회사 개요

국내 유일의 투자은행 중심의 금융지주회사로 증권, 자산운용, PEF, 저축은행 등의 다변화된 사업모델을 보유하고 있으며, 자회사로부터의 배당금 수입이 주 수입원임. 다양한 전략적 채널을 보유하고 있으며, 업계 최고의 역량을 보유한 투자금융 계열사들을 보유하고 있음. 한국투자증권과 자산운용 업을 영위하는 한국투자신탁운용, 한국투자밸류자산운용을 주력 자회사로 보유하고 있으며, 운용성과를 기반으로 금융상품의 질적 측면 경쟁을 높여가고 있음.

실적 분석

동사는 지난해 순이익 5,093억원을 기록. 2016년보다 82.1% 급증한 수치. 이 기간 매출은 6조6,220억 원, 영업이익은 6,511억원을 기록. 1년 전보다 매출은 24.1%, 영업이익은 79.9%씩 각각 늘어남. 이는 자회사인 한국투자증권이 지난해 사상 최대 순이익을 거둔 덕분. 한국투자증권은 지난해 순이익 5,244억을 냈고 2016년보다 121.5% 늘어남. 주요 자회사인 한국투자증권은 안정적인 수익모델을 기반으로 하고 있음.

현금 흐름 〈단위 : 억원〉

항목	2016	2017
영업활동	-255	-41,991
투자활동	-21,421	410
재무활동	21,086	40,751
순현금흐름	-573	-880
기말현금	6,426	5,546

시장 대비 수익률

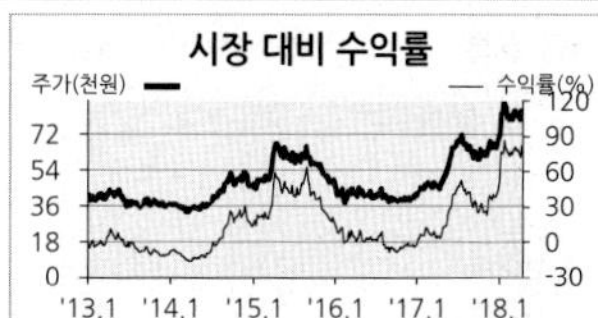

결산 실적 〈단위 : 억원〉

항목	2012	2013	2014	2015	2016	2017
이자수익	7,079	4,754	6,789	7,133	7,412	9,172
영업이익	2,407	784	3,269	3,845	3,619	6,543
당기순이익	1,891	586	2,392	3,243	2,711	4,631

분기 실적 〈단위 : 억원〉

항목	2016.3Q	2016.4Q	2017.1Q	2017.2Q	2017.3Q	2017.4Q
이자수익	1,872	1,882	1,950	2,100	2,359	2,764
영업이익	1,149	809	1,966	1,722	1,377	1,478
당기순이익	876	522	1,442	1,246	949	994

재무 상태 〈단위 : 억원〉

항목	2012	2013	2014	2015	2016	2017
총자산	207,813	212,156	253,444	315,211	373,182	487,430
유형자산	3,437	3,258	3,194	3,096	3,053	3,338
무형자산	1,021	938	821	687	682	1,398
유가증권	142,623	135,355	142,386	181,716	212,999	264,542
총부채	181,280	185,493	224,841	283,502	338,187	446,058
총차입금	96,864	100,472	109,401	133,350	161,772	193,648
자본금	3,079	3,079	3,079	3,079	3,079	3,079
총자본	26,534	26,663	28,603	31,708	34,995	41,373
지배주주지분	26,407	26,625	28,597	31,702	33,778	38,561

기업가치 지표

항목	2012	2013	2014	2015	2016	2017
주가(최고/저)(천원)	42.5/29.0	44.0/34.4	53.3/33.1	68.8/43.8	46.1/37.4	72.6/40.5
PER(최고/저)(배)	15.0/10.3	49.8/38.9	14.8/9.2	13.9/8.9	10.6/8.6	9.0/5.0
PBR(최고/저)(배)	1.1/0.7	1.1/0.8	1.2/0.8	1.4/0.9	0.9/0.7	1.2/0.7
PSR(최고/저)(배)	0/0	0/0	0/0	0/0	4/3	5/3
EPS(원)	3,072	954	3,884	5,266	4,542	8,285
BPS(원)	43,694	44,047	47,250	52,291	55,663	63,430
CFPS(원)	3,714	1,382	4,430	5,786	5,059	8,846
DPS(원)	600	200	700	1,000	800	1,600
EBITDAPS(원)	3,909	1,273	5,309	6,244	5,876	10,624

재무 비율 〈단위 : %〉

연도	계속사업이익률	순이익률	부채비율	차입금비율	ROA	ROE	유보율	자기자본비율	총자산증가율
2017	70.1	50.5	1,078.2	468.1	1.1	14.1	1,168.6	8.5	30.6
2016	49.4	36.6	966.4	462.3	0.8	8.5	1,013.3	9.4	18.4
2015	58.5	45.5	894.1	420.6	1.1	10.8	945.8	10.1	24.4
2014	47.6	35.2	786.1	382.5	1.0	8.7	845.0	11.3	22.0

한국특수형강 (A007280)

Korea Steel Shapes

업 종 : 금속 및 광물
신용등급 : (Bond) — (CP) —
홈페이지 : www.ekosco.com
본 사 : 부산시 사상구 장인로 77번길 52 (학장동)
시 장 : 거래소
기업규모 : 시가총액 소형주
연 락 처 : 051)323-2611

설 립 일	1971.05.18	**종업원수**	377명	**대표이사**	
상 장 일	1989.11.13	**감사의견**	적정(신우)	**계 열**	
결 산 기	12월	**보 통 주**		**종속회사수**	
액 면 가	500원	**우 선 주**		**구 상 호**	

주주구성 (지분율,%)		출자관계 (지분율,%)		주요경쟁사 (외형,%)	
유비제구차유동화전문유한회사	18.4	진일인터내셔널	14.0	한국특수형강	100
우리은행	4.2			세신버팔로	6
(외국인)	2.6			신화실업	18

매출구성		비용구성		수출비중	
형강	56.6	매출원가율	93.5	수출	4.2
봉강	25.3	판관비율	4.0	내수	95.8
BILLET	16.4				

회사 개요

동사는 1971년 설립되어 철강제품의 제조 및 판매를 영위하고 있음. 2015년 11월 기업회생절차개시신청해 그 해 12월 회생절차개시결정된 이후 2016년 9월 회생계획안을 부산지방법원으로부터 인가를 받았음. 동사는 고철을 주원료로 하여 BILLET 및 봉형강 제품을 생산하고 전방산업인 건설·조선·자동차·기계 산업의 영향을 받음. 동사의 매출 비중은 2017년 기준 형강 44.9%, 봉강 22.5%, BILLET 31.6%임.

실적 분석

동사의 2017년 총매출액은 3,462.7억원으로 제품 2,334억원, 반제품 1,094억원, 기타 매출액 35억원으로 구성됨. 이는 반제품 판매량 증가 및 제품판매단가 인상에 따라 수익성이 개선된 때문이며 비교 대상인 2016년은 4분기에 발생한 파업으로 인해 정상적인 영업일수가 부족하여 매출액이 대폭 감소함. 2017년 영업실적은 이런 기저효과가 반영됨. 영업이익은 85억원으로 전기대비 흑자전환함.

현금 흐름 *IFRS 별도 기준 〈단위 : 억원〉

항목	2016	2017
영업활동	69	8
투자활동	35	106
재무활동	-3	-288
순현금흐름	101	-174
기말현금	220	46

시장 대비 수익률

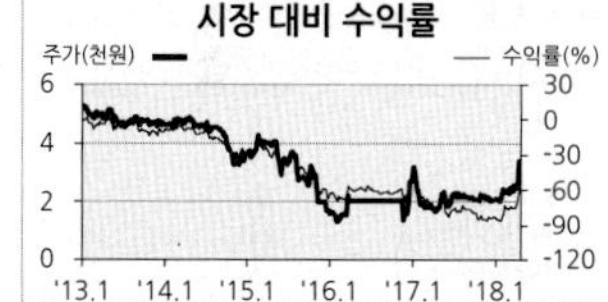

결산 실적 〈단위 : 억원〉

항목	2012	2013	2014	2015	2016	2017
매출액	6,476	5,633	4,332	2,803	2,472	3,463
영업이익	85	1	16	-197	-49	85
당기순이익	35	-110	-202	-547	41	116

분기 실적 *IFRS 별도 기준 〈단위 : 억원〉

항목	2016.3Q	2016.4Q	2017.1Q	2017.2Q	2017.3Q	2017.4Q
매출액	689	366	742	825	933	963
영업이익	-37	-57	27	3	23	33
당기순이익	209	-164	21	69	0	25

재무 상태 *IFRS 별도 기준 〈단위 : 억원〉

항목	2012	2013	2014	2015	2016	2017
총자산	5,538	5,329	5,007	3,803	3,556	3,441
유형자산	3,129	2,962	2,871	2,468	2,127	2,000
무형자산	9	9	9	9	9	9
유가증권	85	79	95	128	127	7
총부채	4,337	4,258	4,122	3,412	2,968	2,823
총차입금	3,206	2,737	3,360	2,754	2,717	2,436
자본금	50	50	50	50	90	90
총자본	1,201	1,071	885	391	589	618
지배주주지분	1,201	1,071	885	391	589	618

기업가치 지표 *IFRS 별도 기준

항목	2012	2013	2014	2015	2016	2017
주가(최고/저)(천원)	7.0/4.8	5.3/4.5	5.0/3.2	4.4/1.6	2.8/1.3	3.2/1.7
PER(최고/저)(배)	5.0/3.4	—/—	—/—	—/—	5.1/1.7	4.9/2.6
PBR(최고/저)(배)	0.1/0.1	0.1/0.1	0.1/0.1	0.3/0.1	0.9/0.3	0.9/0.5
EV/EBITDA(배)	11.3	13.7	16.2	—	33.2	12.6
EPS(원)	1,083	-3,451	-6,305	-17,094	554	643
BPS(원)	120,088	107,125	88,493	3,906	3,266	3,430
CFPS(원)	22,929	8,528	-1,504	-3,714	2,404	1,393
DPS(원)	750	300	250	—	—	—
EBITDAPS(원)	27,977	19,637	20,294	-208	1,183	1,222

재무 비율 〈단위 : %〉

연도	영업이익률	순이익률	부채비율	차입금비율	ROA	ROE	유보율	자기자본비율	EBITDA마진율
2017	2.5	3.4	456.8	394.2	3.3	19.2	585.9	18.0	6.4
2016	-2.0	1.6	504.3	461.7	1.1	8.3	553.1	16.6	3.5
2015	-7.0	-19.5	873.6	705.2	-12.4	-85.8	681.1	10.3	-0.7
2014	0.4	-4.7	465.8	379.7	-3.9	-20.6	1,669.9	17.7	4.7

한국팩키지 (A037230)
Hankuk Package

업　　종 : 용기 및 포장
신용등급 : (Bond) —　　(CP) —
홈페이지 : www.hkpak.co.kr
본　　사 : 경기도 안산시 단원구 해안로 227
시　　장 : KOSDAQ
기업규모 : 중견
연 락 처 : 031)365-8500

설 립 일	1993.11.08	**종업원수**	93명	**대표이사**	단재완,이명신
상 장 일	1999.12.10	**감사의견**	적정(삼정)	**계 열**	
결 산 기	12월	**보 통 주**		**종속회사수**	
액 면 가	500원	**우 선 주**		**구 상 호**	

주주구성 (지분율,%)		출자관계 (지분율,%)		주요경쟁사 (외형,%)	
한국제지	40.0			한국팩키지	100
단재완	12.0			수출포장	429
(외국인)	1.2			삼영화학	176

매출구성		비용구성		수출비중	
카톤팩(제품)	100.0	매출원가율	85.2	수출	35.7
기타	0.0	판관비율	10.1	내수	64.3

회사 개요

동사는 1993년 한국제지로부터 분사하여 설립된 이후, 우유나 쥬스 액체포장용기인 카톤팩 제조 및 판매업을 주요 사업으로 영위하고 있음. Elopak社와의 전략적 제휴를 통해 신기술 도입 및 고부가가치 혁신제품 생산으로 제품 차별화 및 다양화 시도 중이며, 일본을 비롯한 APA(아시아, 태평양 및 호주) 지역 14개 국가로 확장하고 있음. 이후 친환경 자동포장시스템인 Parcel 포장설비를 국내 최초로 도입하는 등 수출 비중을 높이고 있음.

실적 분석

동사의 2017년 연결기준 결산 매출액은 전년동기 대비 3.6% 감소한 569.7억원을 기록하며 외형 축소. 영업이익은 매출 감소에 따라 전년동기 대비 33.7% 감소한 26.6억원을 기록. 매출감소에 따라 당기순이익 또한 전년동기 대비 7.4% 감소한 28.5억원을 기록함. 이는 국내 카톤팩시장의 만성적 공급과잉 상태 지속과 외화환율에 따른 판매단가 하락이 악영향을 미친 것으로 판단됨.

현금 흐름 *IFRS 별도 기준

<단위 : 억원>

항목	2016	2017
영업활동	19	16
투자활동	-48	-55
재무활동	40	-1
순현금흐름	11	-40
기말현금	66	25

시장 대비 수익률

결산 실적

<단위 : 억원>

항목	2012	2013	2014	2015	2016	2017
매출액	514	492	489	559	591	570
영업이익	0	-24	-6	11	40	27
당기순이익	6	-18	-7	7	31	28

분기 실적 *IFRS 별도 기준

<단위 : 억원>

항목	2016.3Q	2016.4Q	2017.1Q	2017.2Q	2017.3Q	2017.4Q
매출액	151	146	128	152	150	140
영업이익	9	10	5	9	5	7
당기순이익	12	1	9	7	4	9

재무 상태 *IFRS 별도 기준

<단위 : 억원>

항목	2012	2013	2014	2015	2016	2017
총자산	496	501	474	498	535	538
유형자산	137	126	120	121	129	137
무형자산	4	4	4	3	3	3
유가증권	—	—	2	3	3	3
총부채	101	127	105	126	137	121
총차입금	15	24	28	37	86	91
자본금	125	125	125	125	125	125
총자본	395	374	369	373	398	417
지배주주지분	395	374	369	373	398	417

기업가치 지표 *IFRS 별도 기준

항목	2012	2013	2014	2015	2016	2017
주가(최고/저)(천원)	1.8/1.0	1.4/0.9	1.2/0.9	1.9/0.9	4.7/1.3	4.9/1.7
PER(최고/저)(배)	75.9/43.3	—/—	—/—	67.1/32.0	38.4/11.0	44.1/15.5
PBR(최고/저)(배)	1.2/0.7	1.0/0.6	0.9/0.6	1.3/0.6	3.0/0.9	3.0/1.1
EV/EBITDA(배)	7.7	—	13.3	14.6	20.7	11.1
EPS(원)	25	-72	-26	29	123	114
BPS(원)	1,580	1,496	1,476	1,491	1,594	1,669
CFPS(원)	124	-8	25	72	171	166
DPS(원)	15	—	15	20	30	30
EBITDAPS(원)	101	-31	26	89	208	159

재무 비율

<단위 : %>

연도	영업이익률	순이익률	부채비율	차입금비율	ROA	ROE	유보율	자기자본비율	EBITDA마진율
2017	4.7	5.0	29.1	21.7	5.3	7.0	233.7	77.5	7.0
2016	6.8	5.2	34.3	21.5	6.0	8.0	218.8	74.5	8.8
2015	2.0	1.3	33.7	9.9	1.5	1.9	198.2	74.8	4.0
2014	-1.3	-1.4	28.5	7.7	-1.4	-1.8	195.2	77.8	1.3

한국프랜지공업 (A010100)
KOREA FLANGE CO

업　　종 : 자동차부품
신용등급 : (Bond) —　　(CP) —
홈페이지 : www.kofco.com
본　　사 : 울산시 동구 미포1길 2 (동부동)
시　　장 : 거래소
기업규모 : 시가총액 소형주
연 락 처 : 052)233-5511

설 립 일	1974.07.15	**종업원수**	533명	**대표이사**	손진현
상 장 일	1987.10.02	**감사의견**	적정(이현)	**계 열**	
결 산 기	12월	**보 통 주**		**종속회사수**	8개사
액 면 가	5,000원	**우 선 주**		**구 상 호**	

주주구성 (지분율,%)		출자관계 (지분율,%)		주요경쟁사 (외형,%)	
김윤수	23.5	오토메탈글로벌	100.0	한국프랜지	100
김용석	11.2	울산방송	30.0	영화금속	18
(외국인)	3.2	서한워너터보시스템즈	29.0	엠에스오토텍	71

매출구성		비용구성		수출비중	
승용(F/AXLE ASS'Y)등	69.4	매출원가율	97.0	수출	48.8
H/SHAFT	23.6	판관비율	4.7	내수	51.2
비철프랜지 외	3.5				

회사 개요

동사는 자동차 부품, 프랜지, 산업기계, 철구조물, 탱크류, 열교환기 제조, 판매업 등을 영위할 목적으로 1974년 설립되었음. 1987년 유가증권 시장에 상장됨. 제동, 구동장치 등 생산중인 대부분의 자동차 부품은 현대차, 기아차, 현대모비스 등에 납품하고 있음. 매출은 차부품 94.7%, 브랜지 3.4%, 산업기계 0.4%, 기타 등으로 구성되어 있음.

실적 분석

동사의 2017년 결산 연결 매출은 미국,중국 등 완성차 판매부진으로 인한 자동차부품 매출 감소 그리고 프랜지, 산업기계의 지속적인 내수 부진이 겹쳐 전년대비 13.3% 감소한 9,850.2억원 기록. 영업이익은 원달러 환율 하락, 완성차 판매부진에 따른 주력사업의 매출감소로 인하여 -170.9억원으로 적자전환함. 순이익 역시 자동차산업 수출에서 중요한 환율변동으로 인한 화차손 발생 등의 영향으로 -236.0억원을 나타냄.

현금 흐름

<단위 : 억원>

항목	2016	2017
영업활동	413	261
투자활동	-352	-253
재무활동	211	-58
순현금흐름	277	-86
기말현금	418	332

시장 대비 수익률

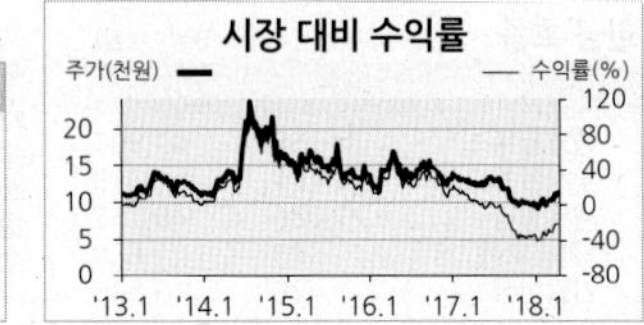

결산 실적

<단위 : 억원>

항목	2012	2013	2014	2015	2016	2017
매출액	9,542	9,692	9,730	11,325	11,365	9,850
영업이익	203	167	67	118	129	-171
당기순이익	129	95	24	143	137	-236

분기 실적

<단위 : 억원>

항목	2016.3Q	2016.4Q	2017.1Q	2017.2Q	2017.3Q	2017.4Q
매출액	2,621	2,752	2,731	2,472	2,270	2,377
영업이익	-25	73	-0	-5	-83	-83
당기순이익	-28	61	-10	-3	-80	-144

재무 상태

<단위 : 억원>

항목	2012	2013	2014	2015	2016	2017
총자산	6,145	6,118	6,567	7,171	6,897	6,325
유형자산	1,855	1,971	2,288	2,539	2,471	2,394
무형자산	79	71	73	76	70	68
유가증권	291	265	310	315	6	2
총부채	3,586	3,465	3,938	4,416	4,400	4,098
총차입금	1,428	1,236	1,756	1,809	2,095	2,002
자본금	305	305	305	305	305	305
총자본	2,559	2,653	2,629	2,754	2,496	2,228
지배주주지분	2,047	2,122	2,079	2,182	2,317	2,080

기업가치 지표

항목	2012	2013	2014	2015	2016	2017
주가(최고/저)(천원)	14.4/10.7	14.3/10.7	24.4/10.9	18.1/12.9	17.1/11.2	14.1/9.5
PER(최고/저)(배)	10.1/7.5	13.6/10.2	2,429.4/1,082.9	9.5/6.8	8.4/5.5	—/—
PBR(최고/저)(배)	0.5/0.3	0.4/0.3	0.8/0.3	0.5/0.4	0.5/0.3	0.4/0.3
EV/EBITDA(배)	5.6	5.0	8.9	6.8	6.6	19.1
EPS(원)	1,547	1,138	11	1,981	2,125	-3,541
BPS(원)	33,619	34,844	34,132	35,826	38,050	34,160
CFPS(원)	4,994	4,894	4,168	6,786	6,672	1,341
DPS(원)	—	250	250	—	250	—
EBITDAPS(원)	6,786	6,491	5,250	6,738	6,658	2,075

재무 비율

<단위 : %>

연도	영업이익률	순이익률	부채비율	차입금비율	ROA	ROE	유보율	자기자본비율	EBITDA마진율
2017	-1.7	-2.4	183.9	89.9	-3.6	-9.8	583.2	35.2	1.3
2016	1.1	1.2	176.3	83.9	2.0	5.8	661.0	36.2	3.6
2015	1.0	1.3	160.4	65.7	2.1	5.7	616.5	38.4	3.6
2014	0.7	0.3	149.8	66.8	0.4	0.0	582.6	40.0	3.3

한국항공우주산업 (A047810)
KOREA AEROSPACE INDUSTRIES

업 종 : 상업서비스 / 시 장 : 거래소
신용등급 : (Bond) AA- (CP) A1 / 기업규모 : 시가총액 대형주
홈페이지 : www.koreaaero.com / 연 락 처 : 055)851-1000
본 사 : 경남 사천시 사남면 공단1로 78

설립일	1999.12.14	종업원수	4,161명	대표이사	JoWonKim
상장일	2011.06.30	감사의견	적정(삼일)	계열	
결산기	12월	보통주		종속회사수	1개사
액면가	5,000원	우선주		구상호	

주주구성 (지분율,%)		출자관계 (지분율,%)		주요경쟁사 (외형,%)	
한국수출입은행	26.4	에스앤케이항공	29.4	한국항공우주	100
국민연금기금	7.0	한국표면처리	29.7	에스원	94
(외국인)	16.1	한국방위산업진흥협회	15.7	한화테크윈	203

매출구성		비용구성		수출비중	
T-50계열	36.7	매출원가율	101.2	수출	60.6
기체부품 등	36.1	판관비율	8.9	내수	39.4
KUH계열	20.3				

회사 개요
동사는 1999년 항공기 부품, 완제품 제조 및 판매를 목적으로 설립된 국내 대표 방위산업체임. 방위산업 특성상 군수사업은 특정 무기체계에 대한 군의 확정소요를 기반으로 하는 장기 계약사업으로 각 사업 및 품목별 국내 시장점유율은 거의 100%임. 항공기 기체구조물을 수출하는 민수사업도 민항기 시장 성장 및 생산량 증가에 따라 시장 규모가 점진적으로 커질 것으로 전망됨.

실적 분석
동사의 2017년 4분기 연결기준 누적 매출액은 2조 722.5억원으로 전년 동기(2조 9,463.3억원)보다 29.7% 감소함. 매출이 크게 줄었지만 판관비는 오히려 34.7% 늘어나며 영업손실 2,088.7억원을 기록, 적자전환하였음. 동사는 APT, 완제기 수출사업 순연 등 신규수주의 지연과 수리온 사업 차질에 따른 지체상금 및 현안해결 비용, 이라크 사업 관련 Risk 반영 등으로 영업실적이 악화됐음.

현금 흐름
〈단위 : 억원〉

항목	2016	2017
영업활동	1,875	-76
투자활동	-1,730	-1,933
재무활동	282	3,765
순현금흐름	428	1,735
기말현금	536	2,271

시장 대비 수익률
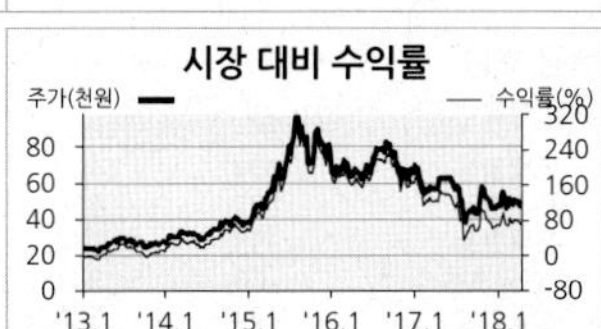

결산 실적
〈단위 : 억원〉

항목	2012	2013	2014	2015	2016	2017
매출액	15,346	19,833	23,286	30,397	29,463	20,722
영업이익	1,258	707	1,893	3,797	3,201	-2,089
당기순이익	740	365	1,324	2,592	2,648	-2,352

분기 실적
〈단위 : 억원〉

항목	2016.3Q	2016.4Q	2017.1Q	2017.2Q	2017.3Q	2017.4Q
매출액	8,061	7,074	7,118	5,451	4,772	3,381
영업이익	914	458	977	-383	-913	-1,770
당기순이익	440	716	371	-152	-813	-1,758

재무 상태
〈단위 : 억원〉

항목	2012	2013	2014	2015	2016	2017
총자산	18,925	19,515	21,090	28,082	29,808	31,662
유형자산	4,017	4,937	4,945	5,069	5,221	5,473
무형자산	2,203	2,071	2,145	2,299	2,460	3,600
유가증권	193	201	206	239	271	305
총부채	10,052	10,473	11,082	15,937	15,353	20,258
총차입금	3,173	2,771	3,645	4,509	5,447	8,998
자본금	4,874	4,874	4,874	4,874	4,874	4,874
총자본	8,873	9,042	10,007	12,144	14,456	11,404
지배주주지분	8,876	9,042	10,007	12,144	14,456	11,404

기업가치 지표

항목	2012	2013	2014	2015	2016	2017
주가(최고/저)(천원)	37.4/23.0	29.6/21.4	42.0/26.5	101/37.0	84.4/57.5	69.9/36.4
PER(최고/저)(배)	51.8/31.8	83.1/60.1	32.0/20.2	38.9/14.3	31.8/21.7	—/—
PBR(최고/저)(배)	4.3/2.7	3.3/2.4	4.2/2.7	8.3/3.1	5.8/4.0	6.1/3.2
EV/EBITDA(배)	14.5	19.5	15.4	17.1	16.5	—
EPS(원)	760	372	1,358	2,659	2,717	-2,413
BPS(원)	9,106	9,276	10,266	12,459	14,830	11,699
CFPS(원)	1,312	1,176	2,215	3,579	3,787	-1,555
DPS(원)	200	200	250	400	680	—
EBITDAPS(원)	1,842	1,530	2,799	4,815	4,354	-1,285

재무 비율
〈단위 : %〉

연도	영업이익률	순이익률	부채비율	차입금비율	ROA	ROE	유보율	자기자본비율	EBITDA마진율
2017	-10.1	-11.4	177.6	78.9	-7.7	-18.2	134.0	36.0	-6.0
2016	10.9	9.0	106.2	37.7	9.2	19.9	196.6	48.5	14.4
2015	12.5	8.5	131.2	37.1	10.5	23.4	149.2	43.3	15.4
2014	8.1	5.7	110.8	36.4	6.5	13.9	105.3	47.5	11.7

한국화장품 (A123690)
Hankook Cosmetics

업 종 : 개인생활용품 / 시 장 : 거래소
신용등급 : (Bond) — (CP) — / 기업규모 : 시가총액 소형주
홈페이지 : www.ihkcos.co.kr / 연 락 처 : 02)724-3114
본 사 : 서울시 종로구 청계천로 35 (서린동)

설립일	2010.05.03	종업원수	99명	대표이사	이용준
상장일	2010.06.01	감사의견	적정(삼덕)	계열	
결산기	12월	보통주		종속회사수	1개사
액면가	500원	우선주		구상호	

주주구성 (지분율,%)		출자관계 (지분율,%)		주요경쟁사 (외형,%)	
한국화장품제조	20.0			한국화장품	100
김숙자	11.8			코리아나	74
(외국인)	0.4			네오팜	35

매출구성		비용구성		수출비중	
기초 외	98.5	매출원가율	44.5	수출	14.1
임대 외	1.6	판관비율	50.5	내수	85.9

회사 개요
동사는 화장품의 판매를 영위하며, 기초 화장품과 색조화장품을 비롯 700여 종류를 판매하는 종합화장품 회사임. 한국화장품제조의 화장품판매 및 부동산임대 사업부문이 인적분할되어 2010년 5월에 설립됨. 화장품 산업은 고객의 소득 및 소비 수준에 민감한 영향을 받으며 현재는 자연주의, 한방, 남성 등의 화장품 시장이 확대되고 있으며 소비자층이 다양해 지고 있음. 최근 동사는 화장품판매업체인 주식회사 더샘인터내셔날을 주요 종속회사로 편입함.

실적 분석
2017년 화장품산업은 대내외적 경제 성장세에도 불구하고 사드 이슈의 영향이 본격화 되면서 동사의 연결기준 결산 매출액은 전년 동기 대비 5.9% 감소한 1,512.6억원을 시현함. 매출부진으로 영업이익 역시 51.7% 큰 폭 감소한 75.9억원을 나타냄. 유전자 맞춤형 화장품 '제네르떼'를 런칭하며 신성장동력 확보를 위하여 노력중이며, 계열사인 더샘인터내셔날은 국내 매장의 지속적인 확대와 더불어 미주, 유럽 등 적극적인 수출 다변화를 진행중임.

현금 흐름
〈단위 : 억원〉

항목	2016	2017
영업활동	182	-82
투자활동	-172	54
재무활동	—	33
순현금흐름	9	4
기말현금	25	29

시장 대비 수익률
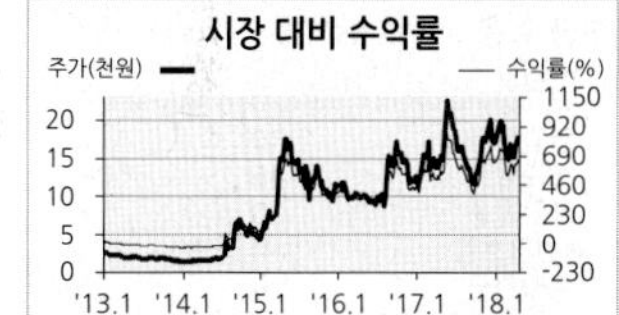

결산 실적
〈단위 : 억원〉

항목	2012	2013	2014	2015	2016	2017
매출액	730	687	763	984	1,608	1,513
영업이익	-166	-131	-109	-55	157	76
당기순이익	-199	-162	263	-91	146	40

분기 실적
〈단위 : 억원〉

항목	2016.3Q	2016.4Q	2017.1Q	2017.2Q	2017.3Q	2017.4Q
매출액	399	470	510	388	361	253
영업이익	42	51	91	17	38	-70
당기순이익	40	39	69	8	26	-63

재무 상태
〈단위 : 억원〉

항목	2012	2013	2014	2015	2016	2017
총자산	1,136	1,089	912	729	993	994
유형자산	304	277	160	146	186	191
무형자산	46	43	27	32	32	33
유가증권	36	24	12	11	2	10
총부채	735	850	408	314	436	401
총차입금	452	530	2	2	2	35
자본금	80	80	80	80	80	80
총자본	401	239	504	415	557	593
지배주주지분	401	239	504	415	557	593

기업가치 지표

항목	2012	2013	2014	2015	2016	2017
주가(최고/저)(천원)	3.5/1.7	2.7/1.5	7.6/1.4	19.7/4.5	17.3/8.8	22.6/11.0
PER(최고/저)(배)	—/—	—/—	4.6/0.9	—/—	19.0/9.7	90.1/43.7
PBR(최고/저)(배)	1.4/0.7	1.8/1.0	2.4/0.4	7.6/1.8	5.0/2.5	6.1/3.0
EV/EBITDA(배)	—	—	—	—	8.9	21.6
EPS(원)	-1,241	-1,007	1,639	-564	910	251
BPS(원)	2,496	1,487	3,139	2,582	3,466	3,691
CFPS(원)	-1,053	-813	1,823	-355	1,148	544
DPS(원)	—	—	—	—	—	—
EBITDAPS(원)	-848	-622	-494	-131	1,216	766

재무 비율
〈단위 : %〉

연도	영업이익률	순이익률	부채비율	차입금비율	ROA	ROE	유보율	자기자본비율	EBITDA마진율
2017	5.0	2.7	67.6	6.0	4.1	7.0	638.3	59.7	8.1
2016	9.8	9.1	78.3	0.4	17.0	30.1	593.3	56.1	12.2
2015	-5.5	-9.2	75.7	0.6	-11.0	-19.7	416.3	56.9	-2.1
2014	-14.3	34.5	80.9	0.5	26.3	70.9	527.9	55.3	-10.4

한국화장품제조 (A003350)
Hankook Cosmetics Manufacturing

업 종 : 개인생활용품 | 시 장 : 거래소
신용등급 : (Bond) — (CP) — | 기업규모 : 시가총액 소형주
홈페이지 : www.hkcosm.com | 연 락 처 : 02)724-3710
본 사 : 서울시 종로구 청계천로 35 (서린동)

설 립 일	1962.03.21	**종업원수**	190명	**대표이사**	임충헌,이용준
상 장 일	1978.02.06	**감사의견**	적정(삼덕)	**계 열**	
결 산 기	12월	**보 통 주**		**종속회사수**	
액 면 가	500원	**우 선 주**		**구 상 호**	

주주구성 (지분율,%)		출자관계 (지분율,%)		주요경쟁사 (외형,%)	
임충헌	11.5			한국화장품제조	100
김숙자	11.2			코리아나	166
(외국인)	0.5			네오팜	80

매출구성		비용구성		수출비중	
[제품]기 초 외	98.4	매출원가율	82.4	수출	1.0
부재료 외	1.0	판관비율	13.3	내수	99.0
[상품]기 초 외	0.7				

회사 개요

동사는 화장품 OEM 및 ODM 전문업체임. 화장품 산업은 경기침체에도 불구하고 2017년까지 약 7%의 성장을 시현할 것으로 전망. 현재 국내 화장품 산업은 성숙기에 접어 든 것으로 보임. 동사는 인적분할 이후 '화장품전문제조업체'로 새롭게 탈바꿈하기 위해 생산체계 재정비, 지속적인 연구활동을 통한 제품력 향상 등 새로운 성장동력을 만들기 위한 투자 진행중.

실적 분석

동사의 2017년 연간 매출액은 전년동기대비 3.4% 상승한 671.8억원을 기록하였음. 비용면에서 전년동기대비 매출원가는 증가 했으며 인건비도 증가, 광고선전비도 증가, 기타판매비와관리비는 증가함. 이와 같이 상승한 매출액 대비 비용증가가 높아 매출액은 성장했지만 원가 증가로 인해 전년동기대비 영업이익은 29.1억원으로 53.8% 크게 하락 하였음. 최종적으로 전년동기대비 당기순이익은 크게 하락하여 44.3억원을 기록함.

현금 흐름 *IFRS 별도 기준 〈단위 : 억원〉

항목	2016	2017
영업활동	110	-6
투자활동	-146	16
재무활동	40	-8
순현금흐름	4	1
기말현금	4	5

시장 대비 수익률

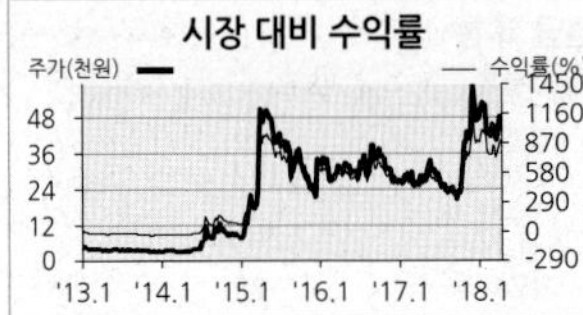

결산 실적 〈단위 : 억원〉

항목	2012	2013	2014	2015	2016	2017
매출액	313	311	355	455	649	672
영업이익	-6	-1	20	48	63	29
당기순이익	-63	-23	78	20	96	44

분기 실적 *IFRS 별도 기준 〈단위 : 억원〉

항목	2016.3Q	2016.4Q	2017.1Q	2017.2Q	2017.3Q	2017.4Q
매출액	176	145	161	220	152	139
영업이익	18	0	12	24	2	-9
당기순이익	24	22	24	25	7	-12

재무 상태 *IFRS 별도 기준 〈단위 : 억원〉

항목	2012	2013	2014	2015	2016	2017
총자산	377	404	469	502	666	699
유형자산	123	122	125	127	154	161
무형자산	1	1	1	1	2	5
유가증권	1	1	1	1	0	—
총부채	101	150	137	155	226	224
총차입금	40	70	70	63	102	98
자본금	23	23	23	23	23	23
총자본	277	254	331	347	440	475
지배주주지분	277	254	331	347	440	475

기업가치 지표 *IFRS 별도 기준

항목	2012	2013	2014	2015	2016	2017
주가(최고/저)(천원)	7.7/3.4	4.9/3.1	13.8/3.2	59.7/8.0	40.4/26.2	59.0/20.2
PER(최고/저)(배)	—/—	—/—	8.1/1.9	137.2/18.4	19.1/12.4	60.5/20.7
PBR(최고/저)(배)	1.2/0.5	0.8/0.5	1.8/0.4	7.5/1.0	4.1/2.6	5.5/1.9
EV/EBITDA(배)	—	39.1	15.5	27.1	15.9	50.9
EPS(원)	-1,385	-517	1,723	438	2,122	978
BPS(원)	6,427	5,937	7,634	7,987	10,034	10,803
CFPS(원)	-1,261	-389	1,859	602	2,343	1,266
DPS(원)	—	—	—	—	100	100
EBITDAPS(원)	-11	108	578	1,233	1,610	930

재무 비율 〈단위 : %〉

연도	영업이익률	순이익률	부채비율	차입금비율	ROA	ROE	유보율	자기자본비율	EBITDA마진율
2017	4.3	6.6	47.1	20.5	6.5	9.7	2,060.6	68.0	6.3
2016	9.7	14.8	51.4	23.2	16.5	24.4	1,906.7	66.1	11.2
2015	10.7	4.4	44.5	18.0	4.1	5.9	1,497.5	69.2	12.3
2014	5.6	22.0	41.5	21.1	17.9	26.7	1,426.8	70.7	7.4

한글과컴퓨터 (A030520)
Hancom

업 종 : 일반 소프트웨어 | 시 장 : KOSDAQ
신용등급 : (Bond) — (CP) — | 기업규모 : 우량
홈페이지 : www.hancom.com | 연 락 처 : 031)627-7000
본 사 : 경기도 성남시 분당구 대왕판교로 644번길 49 한컴타워 10층

설 립 일	1990.10.09	**종업원수**	420명	**대표이사**	김상철,노진호
상 장 일	1996.09.24	**감사의견**	적정(한영)	**계 열**	
결 산 기	12월	**보 통 주**		**종속회사수**	15개사
액 면 가	500원	**우 선 주**		**구 상 호**	

주주구성 (지분율,%)		출자관계 (지분율,%)		주요경쟁사 (외형,%)	
소프트포럼	13.5	한국디엠비	100.0	한글과컴퓨터	100
KB자산운용	9.2	한컴핀테크	99.2	더존비즈온	153
(외국인)	15.4	선명인베스트먼트	97.9	안랩	112

매출구성		비용구성		수출비중	
오피스 제품 등	90.1	매출원가율	17.9	수출	15.3
웹오피스 등	9.9	판관비율	58.1	내수	84.7
클라우딩펀딩	0.1				

회사 개요

동사는 1990년에 설립된 국내 최초 한국어용 워드 소프트웨어 개발업체로 한컴오피스 소프트웨어를 중심으로 하는 오피스SW부문과 씽크프리 모바일 및 씽크프리 서버 등을 중심으로 하는 모바일솔루션부문으로 구성됨. 2016년 1월에는 오피스 하나만으로 다른 오피스 SW에서 작성된 문서까지 편집하고, 원하는 장소에서 자유롭게 업무를 보고, 작성된 문서를 세계 각국의 언어로 번역할 수 있는 한컴오피스 네오를 출시함.

실적 분석

동사의 2017년도 결산 연결기준 누적 매출액은 전년동기 대비 32.5% 늘어난 1,341.1억원을 시현. 주력 사업인 오피스SW 사업부문에서 '한컴오피스' 및 '이지포토' 제품 매출이 가장 크며 이는 동사 총매출의 약 90%를 차지하고 있음. 이는 공공 및 교육시장의 신규채널 발굴 노력과 기업시장에 대한 적극적인 영업으로 인한 매출확대의 결과로 보임. 영업이익과 당기순이익도 전년동기 대비 11.2%, 33.1% 증가하며 수익성 개선됨.

현금 흐름 〈단위 : 억원〉

항목	2016	2017
영업활동	204	459
투자활동	-97	-1,899
재무활동	-53	1,744
순현금흐름	60	301
기말현금	277	578

시장 대비 수익률

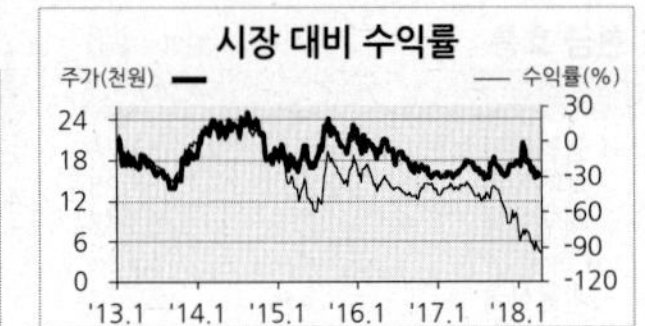

결산 실적 〈단위 : 억원〉

항목	2012	2013	2014	2015	2016	2017
매출액	656	685	758	849	1,012	1,341
영업이익	248	239	275	279	290	323
당기순이익	125	191	201	234	153	204

분기 실적 〈단위 : 억원〉

항목	2016.3Q	2016.4Q	2017.1Q	2017.2Q	2017.3Q	2017.4Q
매출액	240	255	268	287	261	525
영업이익	64	55	94	100	76	53
당기순이익	37	7	71	72	57	3

재무 상태 〈단위 : 억원〉

항목	2012	2013	2014	2015	2016	2017
총자산	1,386	1,530	1,731	2,141	2,286	5,318
유형자산	33	31	67	36	34	717
무형자산	175	244	226	550	553	2,493
유가증권	13	11	7	5	4	9
총부채	133	131	234	361	425	3,069
총차입금	—	—	75	154	99	1,869
자본금	122	122	122	122	122	122
총자본	1,253	1,399	1,497	1,780	1,862	2,249
지배주주지분	1,254	1,399	1,498	1,516	1,586	1,851

기업가치 지표

항목	2012	2013	2014	2015	2016	2017
주가(최고/저)(천원)	19.8/8.8	20.9/12.6	25.6/17.4	25.2/16.3	22.5/15.2	18.4/15.2
PER(최고/저)(배)	39.1/17.7	27.1/16.3	31.2/21.3	25.4/16.4	35.9/24.2	21.5/17.7
PBR(최고/저)(배)	3.7/1.7	3.6/2.2	3.9/2.7	3.6/2.4	3.1/2.1	2.2/1.8
EV/EBITDA(배)	15.2	13.7	12.2	15.3	9.9	13.9
EPS(원)	541	826	870	1,040	646	872
BPS(원)	5,693	6,282	6,940	7,273	7,537	8,684
CFPS(원)	699	1,056	1,196	1,362	1,016	1,263
DPS(원)	250	200	260	400	200	300
EBITDAPS(원)	1,230	1,267	1,517	1,531	1,629	1,790

재무 비율 〈단위 : %〉

연도	영업이익률	순이익률	부채비율	차입금비율	ROA	ROE	유보율	자기자본비율	EBITDA마진율
2017	24.1	15.2	136.5	83.1	5.4	11.7	1,542.6	42.3	30.8
2016	28.7	15.1	22.8	5.3	6.9	9.6	1,325.7	81.4	37.1
2015	32.9	27.5	20.3	8.7	12.1	15.9	1,275.8	83.1	41.6
2014	36.2	26.5	15.6	5.0	12.3	13.9	1,212.7	86.5	46.2

한네트 (A052600)

Hannet

업 종 : 상업서비스 / 시 장 : KOSDAQ
신용등급 : (Bond) — (CP) — / 기업규모 : 중견
홈페이지 : www.hannet.net / 연 락 처 : 02)2125-6000
본 사 : 서울시 마포구 독막로 281 (대흥동)

설 립 일	1997.04.15	**종 업 원 수**	63명	**대 표 이 사**	김선종
상 장 일	2001.06.27	**감 사 의 견**	적정(삼일)	**계 열**	
결 산 기	12월	**보 통 주**		**종속회사수**	
액 면 가	500원	**우 선 주**		**구 상 호**	

주주구성 (지분율,%)		출자관계 (지분율,%)		주요경쟁사 (외형,%)	
한국컴퓨터지주	45.1	제이티비씨	1.0	한네트	100
한국증권금융	4.5			아이씨케이	99
(외국인)	2.7			SCI평가정보	155

매출구성		비용구성		수출비중	
CD-VAN, 키오스크 판매 등	99.0	매출원가율	84.0	수출	0.0
임대수익 등	1.0	판관비율	7.1	내수	100.0

회사 개요

동사는 1990년 한국컴퓨터 밴(VAN) 사업부로 출발해 민간업체로서는 국내 최초로 점외 현금자동인출기를 설치함. 1997년 4월 VAN 사업을 목적으로 한국컴퓨터에서 별도법인으로 독립함. 지하철역, 대형 유통점, 편의점, 휴게소 등 공공장소를 중심으로 현금자동지급기를 설치함으로써 꾸준한 증가세를 유지함. 매출은 CD-VAN, 티켓발권기 판매 등을 통한 부가통신부문과 건물임대 등의 기타 사업부문에서 발생함.

실적 분석

동사의 2017년 4분기 기준 누적 매출액은 276.1억원으로 전년 동기(288.5억원) 대비 4.3% 감소함. 영업이익은 24.6억원으로 전년보다 33.7% 줄어듦. 부가통신사업, 기타 사업 부문 모두 매출이 감소한 영향. 주요 장소의 인프라를 확보해 경쟁 우위를 선점한 선두업체로서 규모나 역량 면에서의 차이로 인해 향후 지속적인 우위를 점할 수 있음. 경기 회복에 대한 기대, 신용불량자 감소 등으로 서비스 이용자 늘 것으로 전망됨.

현금 흐름 *IFRS 별도 기준 <단위 : 억원>

항목	2016	2017
영업활동	78	54
투자활동	-22	-35
재무활동	-46	67
순현금흐름	9	86
기말현금	443	528

시장 대비 수익률

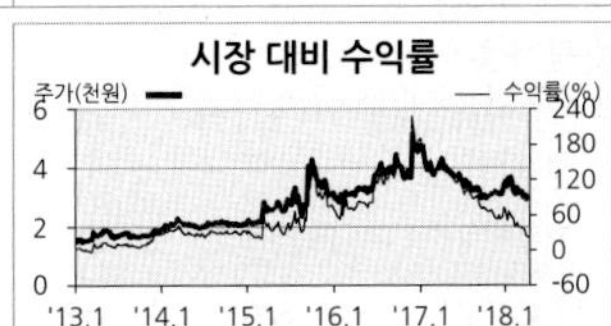

결산 실적 <단위 : 억원>

항목	2012	2013	2014	2015	2016	2017
매출액	271	283	277	282	288	276
영업이익	21	38	39	33	37	25
당기순이익	5	16	22	20	24	14

분기 실적 *IFRS 별도 기준 <단위 : 억원>

항목	2016.3Q	2016.4Q	2017.1Q	2017.2Q	2017.3Q	2017.4Q
매출액	73	73	66	72	70	67
영업이익	10	6	7	7	7	3
당기순이익	6	4	4	4	4	1

재무 상태 *IFRS 별도 기준 <단위 : 억원>

항목	2012	2013	2014	2015	2016	2017
총자산	462	562	624	711	697	774
유형자산	139	156	160	171	157	146
무형자산	3	2	1	1	1	1
유가증권	57	54	41	44	37	38
총부채	139	217	270	351	327	404
총차입금	90	175	224	298	266	347
자본금	58	58	58	58	58	58
총자본	323	346	354	360	370	370
지배주주지분	323	346	354	360	370	370

기업가치 지표 *IFRS 별도 기준

항목	2012	2013	2014	2015	2016	2017
주가(최고/저)(천원)	2.3/1.3	2.0/1.5	2.3/1.9	4.4/2.1	5.3/2.7	5.0/2.9
PER(최고/저)(배)	64.3/36.5	17.4/12.8	13.6/11.2	27.4/12.8	27.0/13.9	42.6/24.8
PBR(최고/저)(배)	1.1/0.6	0.8/0.6	0.9/0.7	1.6/0.7	1.7/0.9	1.6/0.9
EV/EBITDA(배)	0.8	1.2	1.5	3.2	4.7	3.2
EPS(원)	46	138	193	176	206	121
BPS(원)	2,793	2,989	3,061	3,111	3,202	3,202
CFPS(원)	376	501	563	549	591	489
DPS(원)	100	110	120	120	120	100
EBITDAPS(원)	513	689	707	661	705	581

재무 비율 <단위 : %>

연도	영업이익률	순이익률	부채비율	차입금비율	ROA	ROE	유보율	자기자본비율	EBITDA마진율
2017	8.9	5.1	109.1	93.8	1.9	3.8	540.4	47.8	24.3
2016	12.8	8.3	88.2	71.9	3.4	6.5	540.4	53.1	28.2
2015	11.8	7.2	97.6	83.0	3.1	5.7	522.2	50.6	27.1
2014	14.1	8.0	76.2	63.2	3.8	6.4	512.2	56.8	29.5

한농화성 (A011500)

Hannong Chemicals

업 종 : 화학 / 시 장 : 거래소
신용등급 : (Bond) — (CP) — / 기업규모 : 시가총액 소형주
홈페이지 : www.hannong.co.kr / 연 락 처 : 063)462-2455
본 사 : 전북 군산시 외항1길 24

설 립 일	1976.07.10	**종 업 원 수**	160명	**대 표 이 사**	김응상,경상호
상 장 일	2003.01.09	**감 사 의 견**	적정(한영)	**계 열**	
결 산 기	12월	**보 통 주**		**종속회사수**	
액 면 가	500원	**우 선 주**		**구 상 호**	

주주구성 (지분율,%)		출자관계 (지분율,%)		주요경쟁사 (외형,%)	
김응상	35.1	경산	29.0	한농화성	100
FID SRS INTRINSIC OPP FND	8.2	경산씨앤엘	19.0	한솔씨앤피	19
(외국인)	10.5			WISCOM	49

매출구성		비용구성		수출비중	
[제품]계면활성제 (EOA)	59.8	매출원가율	91.6	수출	28.7
[제품]글리콜에테르 (GE)	28.5	판관비율	5.0	내수	71.3
[제품]특수산업용유화제 (EM)	8.7				

회사 개요

동사는 설립 초기 농업용 화학원재료 제품만을 제조하였으나, 연구개발을 지속적으로 실시하여 글리콜에테르와 계면활성제, 특수산업용유화제 등 다양한 정밀화학제품을 생산하는 기업으로 성장함. 고부가가치의 신제품 개발노력으로 FM, 글라임 등 첨단 화학제품의 비중을 점차 높여가고 있음. 계면활성제 산업은 정밀화학의 한 분야로서 알콜, 지방산, 아민, EO 등을 주원료로 사용함. 주요 판매처는 엘지화학, 켐트로닉스, 롯데케미칼 등임.

실적 분석

동사의 2017년 연간 매출액은 2,363억원으로 전년대비 15.3% 증가함. 비용 측면에서 매출원가와 판관비가 각각 16.8%, 4.3% 상승하면서 영업이익은 전년보다 3.1% 줄어든 79.4억원을 기록함. 반도체 및 디스플레이 산업의 설비투자 확대로 동사의 글리콜에테르에 대한 수요가 증가할 것으로 기대됨. 전사적 자원관리 시스템을 통해 원가, 대금회수, 가격 데이터를 가지고 업체별 차별화된 전략으로 영업정책을 수립하고 있음.

현금 흐름 *IFRS 별도 기준 <단위 : 억원>

항목	2016	2017
영업활동	99	28
투자활동	-75	-36
재무활동	-24	33
순현금흐름	-0	24
기말현금	33	56

시장 대비 수익률

결산 실적 <단위 : 억원>

항목	2012	2013	2014	2015	2016	2017
매출액	2,112	2,244	2,178	2,010	2,050	2,363
영업이익	98	81	82	81	82	79
당기순이익	87	78	78	85	88	87

분기 실적 *IFRS 별도 기준 <단위 : 억원>

항목	2016.3Q	2016.4Q	2017.1Q	2017.2Q	2017.3Q	2017.4Q
매출액	497	575	635	536	589	603
영업이익	10	29	19	8	29	24
당기순이익	4	42	11	17	23	35

재무 상태 *IFRS 별도 기준 <단위 : 억원>

항목	2012	2013	2014	2015	2016	2017
총자산	1,289	1,309	1,490	1,405	1,571	1,653
유형자산	457	503	634	615	623	640
무형자산	9	10	6	6	6	7
유가증권	5	5	8	12	5	5
총부채	549	501	621	464	555	568
총차입금	351	263	386	273	264	314
자본금	78	78	78	78	78	78
총자본	740	808	869	940	1,015	1,084
지배주주지분	740	808	869	940	1,015	1,084

기업가치 지표 *IFRS 별도 기준

항목	2012	2013	2014	2015	2016	2017
주가(최고/저)(천원)	3.2/2.1	5.0/2.8	5.0/3.2	4.3/3.2	6.7/3.4	6.3/3.8
PER(최고/저)(배)	6.6/4.3	11.2/6.4	11.1/7.2	8.5/6.4	12.6/6.4	11.7/7.0
PBR(최고/저)(배)	0.8/0.5	1.1/0.6	1.0/0.6	0.8/0.6	1.1/0.6	0.9/0.6
EV/EBITDA(배)	5.4	5.9	6.4	5.3	7.9	5.9
EPS(원)	558	499	498	542	561	557
BPS(원)	4,774	5,209	5,601	6,056	6,535	6,978
CFPS(원)	899	800	875	976	991	979
DPS(원)	90	80	90	100	110	140
EBITDAPS(원)	967	822	899	954	955	930

재무 비율 <단위 : %>

연도	영업이익률	순이익률	부채비율	차입금비율	ROA	ROE	유보율	자기자본비율	EBITDA마진율
2017	3.4	3.7	52.4	28.9	5.4	8.3	1,295.5	65.6	6.2
2016	4.0	4.3	54.7	26.1	5.9	9.0	1,206.9	64.6	7.3
2015	4.1	4.2	49.4	29.1	5.9	9.4	1,111.2	66.9	7.4
2014	3.7	3.6	71.4	44.4	5.6	9.3	1,020.1	58.3	6.5

한독 (A002390)
Handok

업 종 : 제약
신용등급 : (Bond) BBB+ (CP) —
홈페이지 : www.handok.co.kr
본 사 : 서울시 강남구 테헤란로 132
시 장 : 거래소
기업규모 : 시가총액 중형주
연 락 처 : 02)527-5114

설립일	1954.04.27	**종업원수**	915명	**대표이사**	김영진,김철준
상장일	1976.06.30	**감사의견**	적정(삼일)	**계열**	
결산기	12월	**보통주**		**종속회사수**	2개사
액면가	500원	**우선주**		**구상호**	한독약품

주주구성 (지분율,%)		출자관계 (지분율,%)		주요경쟁사 (외형,%)	
와이앤에스인터내셔날	17.6	한독칼로스메디칼	51.0	한독	100
김영진	13.7	한독테바	49.0	신풍제약	44
(외국인)	12.2	엔비포스텍	32.1	광동제약	273

매출구성		비용구성		수출비중	
솔리리스 외	47.6	매출원가율	68.2	수출	5.0
BEP III 외	14.9	판관비율	32.2	내수	95.0
기타(상품)	13.2				

회사 개요
일반의약품 생산업체로 주력 의약품으로는 당뇨병치료제인 아마릴, 고혈압치료제인 테베텐, 트라이핀, 트렌탈, 일반의약품인 훼스탈, 케토톱이 있음. 의약품 이외에 의료기기, 건강기능식품, 유전자분석사업 등으로 사업 다각화를 추진함. 2016년에는 미국 기능성 식품 시장, 진단의료기기 개발, 국내 OTC 비강세정 시장, 컨슈머헬스사업 및 희귀질환 시장 진출 등 다양한 신규 사업을 진행함.

실적 분석
동사의 2017년 결산 연결기준 매출액은 전년대비 5.5% 성장한 4,179.7억원을 기록함. 비교적 견조한 외형 성장을 보였으나 매출원가 및 판관비 증가의 영향으로 영업손실 18.7억원을 보이며 적자전환함. 다만 대규모 관련기업투자이익이 반영되며 당기순이익은 흑자전환함. 당기 부문별 매출비중은 의약품 등 76.22%, 진단기기 및 시약 17.12% 및 기타 등으로 구성됨.

현금 흐름
<단위 : 억원>

항목	2016	2017
영업활동	-85	68
투자활동	-638	-25
재무활동	731	187
순현금흐름	8	229
기말현금	119	348

시장 대비 수익률
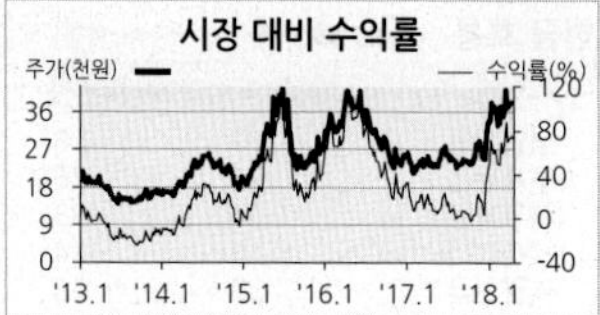

결산 실적
<단위 : 억원>

항목	2012	2013	2014	2015	2016	2017
매출액	3,146	3,279	3,483	3,584	3,961	4,180
영업이익	86	75	103	62	36	-19
당기순이익	58	123	15	-18	-74	35

분기 실적
<단위 : 억원>

항목	2016.3Q	2016.4Q	2017.1Q	2017.2Q	2017.3Q	2017.4Q
매출액	1,004	1,029	1,051	1,064	1,134	931
영업이익	13	16	13	-11	14	-35
당기순이익	-21	-17	-33	-32	41	59

재무 상태
<단위 : 억원>

항목	2012	2013	2014	2015	2016	2017
총자산	4,364	4,735	5,155	5,306	6,228	6,393
유형자산	1,337	1,328	1,334	1,384	1,545	1,621
무형자산	209	188	683	691	982	988
유가증권	431	267	18	24	25	30
총부채	1,491	1,793	2,077	2,269	3,336	3,486
총차입금	422	563	890	998	1,831	2,048
자본금	58	58	63	63	63	63
총자본	2,873	2,943	3,078	3,037	2,893	2,907
지배주주지분	2,873	2,943	3,078	2,985	2,809	2,843

기업가치 지표

항목	2012	2013	2014	2015	2016	2017
주가(최고/저)(천원)	28.6/9.8	22.5/13.0	26.7/15.9	41.5/18.5	42.1/22.2	33.0/21.6
PER(최고/저)(배)	61.2/20.9	22.4/12.9	228.9/136.5	—/—	—/—	85.4/56.3
PBR(최고/저)(배)	1.2/0.4	0.9/0.5	1.1/0.7	1.8/0.8	1.9/1.0	1.5/1.0
EV/EBITDA(배)	13.7	13.5	14.2	22.7	27.7	37.5
EPS(원)	488	1,041	119	-134	-512	387
BPS(원)	24,763	25,369	24,642	23,904	22,506	22,778
CFPS(원)	1,485	2,015	1,178	991	662	1,788
DPS(원)	150	200	150	100	125	265
EBITDAPS(원)	1,729	1,597	1,893	1,619	1,463	1,253

재무 비율
<단위 : %>

연도	영업이익률	순이익률	부채비율	차입금비율	ROA	ROE	유보율	자기자본비율	EBITDA마진율
2017	-0.5	0.8	119.9	70.5	0.6	1.7	4,455.5	45.5	3.8
2016	0.9	-1.9	115.3	63.3	-1.3	-2.2	4,401.3	46.4	4.7
2015	1.7	-0.5	74.7	32.9	-0.3	-0.6	4,680.9	57.2	5.7
2014	3.0	0.4	67.5	28.9	0.3	0.5	4,828.5	59.7	6.7

한라 (A014790)
Halla

업 종 : 건설
신용등급 : (Bond) BBB (CP) A3
홈페이지 : www.halla.co.kr
본 사 : 서울시 송파구 올림픽로 289 (신천동)
시 장 : 거래소
기업규모 : 시가총액 소형주
연 락 처 : 02)3434-5114

설립일	1980.05.02	**종업원수**	1,070명	**대표이사**	정몽원,박철홍
상장일	1994.07.13	**감사의견**	적정(삼정)	**계열**	
결산기	12월	**보통주**		**종속회사수**	18개사
액면가	5,000원	**우선주**		**구상호**	한라건설

주주구성 (지분율,%)		출자관계 (지분율,%)		주요경쟁사 (외형,%)	
정몽원	18.2	케이에코로지스	100.0	한라	100
한라홀딩스	16.9	한라엔컴	100.0	국보디자인	14
(외국인)	3.2	한라세라지오	100.0	화성산업	30

매출구성		비용구성		수출비중	
자체분양사업(기타)	29.2	매출원가율	85.5	수출	—
기타	27.2	판관비율	6.3	내수	—
레미콘(기타)	16.8				

회사 개요
동사는 1980년 5월 2일에 설립, 1994년 상장된 종합건설업체로 국내외 토목공사, 건축공사, 주택건설공사 등 건설업을 영위하고 있음. 연결대상 종속회사들은 목포신항만운영, 한라(천진)방지산개발유한공사, 한라엔컴 등이 있으며 해외(중국) 부동산개발업, 항만시설운영업 등을 영위하고 있음. 건설업은 기본적으로 수주산업이기 때문에 정부의 사회간접시설에 대한 투자규모, 타 산업의 경제활동에 민감하게 반응함.

실적 분석
2017년의 별도재무제표 기준 신규수주는 약 8,191억원. 발주물량 감소와 전략적 입찰 참가로 사업계획 대비 부진한 실적. 수익성이 상대적으로 양호한 개발사업 부문에서는 당초 사업계획을 달성함. 연결기준으로 매출액 1조 9,206억원, 영업이익은 1,572억원 기록. 수익성이 양호한 주택부문의 매출비중 확대에 따른 매출총이익 개선, 판관비 감소로 창사 이래 최대 규모의 영업이익을 시현하였음.

현금 흐름
<단위 : 억원>

항목	2016	2017
영업활동	2,080	770
투자활동	572	-2,706
재무활동	-3,051	1,536
순현금흐름	-398	-403
기말현금	820	417

시장 대비 수익률
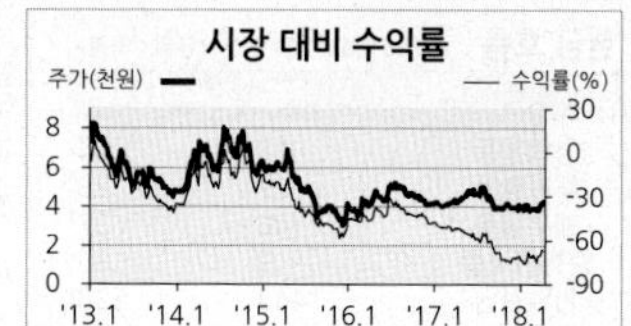

결산 실적
<단위 : 억원>

항목	2012	2013	2014	2015	2016	2017
매출액	19,863	20,027	19,033	18,553	18,318	19,206
영업이익	-1,965	-2,507	372	310	955	1,572
당기순이익	-2,343	-4,587	-1,586	-1,144	102	466

분기 실적
<단위 : 억원>

항목	2016.3Q	2016.4Q	2017.1Q	2017.2Q	2017.3Q	2017.4Q
매출액	4,215	5,436	4,206	5,086	4,894	5,020
영업이익	208	263	277	409	457	429
당기순이익	30	-35	83	147	217	18

재무 상태
<단위 : 억원>

항목	2012	2013	2014	2015	2016	2017
총자산	31,497	26,234	20,848	22,854	20,739	22,141
유형자산	4,688	2,752	2,674	6,421	6,704	8,179
무형자산	443	704	323	295	265	249
유가증권	2,884	1,755	3,012	2,029	2,565	2,669
총부채	24,726	20,183	16,369	19,622	17,221	18,215
총차입금	14,908	12,468	9,260	9,815	6,340	8,001
자본금	1,370	2,097	2,129	2,183	2,333	2,333
총자본	6,771	6,051	4,478	3,233	3,518	3,926
지배주주지분	7,058	5,938	4,381	3,132	3,420	3,827

기업가치 지표

항목	2012	2013	2014	2015	2016	2017
주가(최고/저)(천원)	15.2/7.1	8.5/4.4	8.2/4.6	7.1/3.0	5.3/3.5	5.1/3.7
PER(최고/저)(배)	—/—	—/—	—/—	—/—	23.4/15.7	5.3/3.9
PBR(최고/저)(배)	0.6/0.3	0.6/0.3	0.8/0.5	1.0/0.4	0.7/0.5	0.6/0.5
EV/EBITDA(배)	—	—	15.5	18.0	6.8	5.5
EPS(원)	-7,857	-12,085	-3,741	-2,616	231	994
BPS(원)	25,751	14,158	10,287	7,173	7,329	8,306
CFPS(원)	-7,530	-11,723	-3,423	-2,295	467	1,214
DPS(원)	150	—	—	—	—	100
EBITDAPS(원)	-6,950	-6,285	1,203	1,030	2,343	3,589

재무 비율
<단위 : %>

연도	영업이익률	순이익률	부채비율	차입금비율	ROA	ROE	유보율	자기자본비율	EBITDA마진율
2017	8.2	2.4	463.9	203.8	2.2	12.8	66.1	17.7	8.7
2016	5.2	0.6	489.5	180.2	0.5	3.2	46.6	17.0	5.8
2015	1.7	-6.2	607.0	303.6	-5.2	-30.4	43.5	14.1	2.4
2014	2.0	-8.3	365.5	206.8	-6.7	-30.5	105.7	21.5	2.7

한라아이엠에스 (A092460)
Hanla IMS

업　　종 : 조선　　시　　장 : KOSDAQ
신용등급 : (Bond) —　(CP) —　　기업규모 : 벤처
홈페이지 : www.hanlaims.com　　연 락 처 : 051)601-7000
본　　사 : 부산시 강서구 화전산단 1로 115 (화전동)

설립일	1995.07.13	**종업원수**	146명	**대표이사**	지석준,김영구
상장일	2007.05.22	**감사의견**	적정(안경)	**계열**	
결산기	12월	**보통주**		**종속회사수**	1개사
액면가	500원	**우선주**		**구상호**	

주주구성 (지분율,%)		출자관계 (지분율,%)		주요경쟁사 (외형,%)	
김영구	23.8	한라엔엠티	53.9	한라IMS	100
국민연금공단	2.9	블루싸이언스	31.4	STX중공업	714
(외국인)	0.9	한라선박기전유한공사	100.0	삼영이엔씨	107

매출구성		비용구성		수출비중	
선용원격 자동측정 시스템	33.3	매출원가율	71.9	수출	53.5
일반경보 및 측정장치	26.7	판관비율	29.9	내수	46.5
밸브원격자동 개폐시스템	17.5				

회사 개요

동사는 선용 레벨측정시스템 및 장치 제조와 선박계선 계류 조타장비를 주요 사업을 영위함. 주요 제품으로는 선용 원격자동 측정시스템, 경보시스템, 선박 및 산업용 측정 제어장치등이 있으며 내구성, 내식성, 안전성에 대한 확실한 품질보장이 요구되는 제품들임. 장기 개발과제인 해수정화장치의 제품개발에 착수하여 2015년 5월8일 해양수산부 최종승인을 취득하였음.

실적 분석

조선경기침체에 따라 동사의 2017년도 연결기준 누적 매출액은 353.8억원으로 전년대비 16.8% 감소함. 매출축소의 영향으로 영업손실은 6.3억원으로 적자전환됨. 비영업이익은 큰 폭으로 증가했음에도 불구하고 매출부진과 원화 강세에 따른 외환손실 발생으로 당기순이익은 전년대비 45,2% 감소됨. 신제품인 EcoGuardian BWTS의 향후 실적이 기대됨.

현금 흐름 〈단위 : 억원〉

항목	2016	2017
영업활동	41	38
투자활동	-48	-73
재무활동	-19	35
순현금흐름	-26	-1
기말현금	92	91

시장 대비 수익률

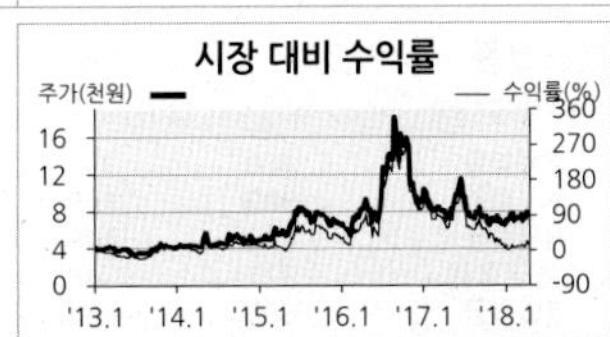

결산 실적 〈단위 : 억원〉

항목	2012	2013	2014	2015	2016	2017
매출액	388	346	421	471	425	354
영업이익	5	-16	22	42	24	-6
당기순이익	27	10	43	57	35	19

분기 실적 〈단위 : 억원〉

항목	2016.3Q	2016.4Q	2017.1Q	2017.2Q	2017.3Q	2017.4Q
매출액	90	112	80	87	79	108
영업이익	5	10	-3	-6	8	-5
당기순이익	6	16	4	1	14	1

재무 상태 〈단위 : 억원〉

항목	2012	2013	2014	2015	2016	2017
총자산	712	816	862	923	913	992
유형자산	181	203	202	289	282	290
무형자산	28	29	28	27	24	21
유가증권	130	180	332	233	268	337
총부채	177	268	276	266	219	257
총차입금	121	225	221	211	175	192
자본금	45	45	46	49	50	53
총자본	535	549	586	658	694	735
지배주주지분	535	549	586	658	694	735

기업가치 지표

항목	2012	2013	2014	2015	2016	2017
주가(최고/저)(천원)	8.8/3.7	4.7/3.3	6.1/4.1	8.8/4.9	18.2/5.4	11.5/6.4
PER(최고/저)(배)	30.2/12.6	41.9/29.4	13.4/9.0	15.3/8.5	52.5/15.5	64.0/35.3
PBR(최고/저)(배)	1.5/0.6	0.8/0.6	1.0/0.7	1.3/0.7	2.6/0.8	1.6/0.9
EV/EBITDA(배)	12.5	—	8.2	9.2	20.8	101.6
EPS(원)	305	116	472	595	351	182
BPS(원)	5,946	6,110	6,497	6,877	7,051	7,120
CFPS(원)	425	276	613	740	488	287
DPS(원)	—	—	50	100	60	60
EBITDAPS(원)	181	-15	382	586	382	45

재무 비율 〈단위 : %〉

연도	영업이익률	순이익률	부채비율	차입금비율	ROA	ROE	유보율	자기자본비율	EBITDA마진율
2017	-1.8	5.4	35.0	26.1	2.0	2.7	1,324.0	74.1	1.3
2016	5.7	8.2	31.5	25.2	3.8	5.2	1,310.1	76.1	8.9
2015	9.0	12.1	40.4	32.1	6.4	9.2	1,275.3	71.2	11.9
2014	5.2	10.2	47.0	37.7	5.1	7.5	1,199.4	68.0	8.2

한라홀딩스 (A060980)
Halla Holdings

업　　종 : 자동차부품　　시　　장 : 거래소
신용등급 : (Bond) —　(CP) —　　기업규모 : 시가총액 중형주
홈페이지 : www.hallaholdings.com　　연 락 처 : 031)280-4640
본　　사 : 경기도 용인시 기흥구 기흥단지로 46

설립일	1999.11.27	**종업원수**	278명	**대표이사**	성일모,황인용
상장일	2010.05.19	**감사의견**	적정(삼일)	**계열**	
결산기	12월	**보통주**		**종속회사수**	10개사
액면가	5,000원	**우선주**		**구상호**	만도

주주구성 (지분율,%)		출자관계 (지분율,%)		주요경쟁사 (외형,%)	
정몽원	23.4	한라우선주	100.0	한라홀딩스	100
국민연금공단	13.5	제이제이한라	100.0	세방전지	120
(외국인)	10.5	위코	100.0	에스엘	161

매출구성		비용구성		수출비중	
자동차부품 유통/물류	81.9	매출원가율	83.3	수출	—
자동차(소결)부품	18.0	판관비율	10.0	내수	—
상품, 샘플	0.1				

회사 개요

동사는 1999년 11월 27일에 설립되었으며, 2014년 9월 1일 동사와 만도로 인적분할을 통해 지주회사로 전환하였으며 별도의 사업을 영위하지 않는 순수지주회사의 성격을 취하고 있음. 동사는 2014년 9월30일 현재, 공정거래법 기준 동사를 포함하여 총 23개의 계열회사를 두고 있으며 해외계열사 41개 회사를 포함하여 총64개의 계열회사를 두고 있음.

실적 분석

동사는 지난해 9221억원의 매출액을 기록하였고 영업이익은 626억원으로 전년 동기 대비 큰 폭 감소하였음. 연결대상 종속회사들이 영위하는 사업으로는 자동차 부품 판매 및 유통(마이스터 사업부문과 그 종속회사), 기타(종속회사 제이제이한라)가 있음. 매출구성은 유통물류서비스 80.74%, 지주부문 10.33%, 자동차소결부품 5.59%, 기타부문 3.34% 등으로 구성.

현금 흐름 〈단위 : 억원〉

항목	2016	2017
영업활동	859	526
투자활동	-105	20
재무활동	-1,214	-297
순현금흐름	-453	191
기말현금	1,043	1,234

시장 대비 수익률

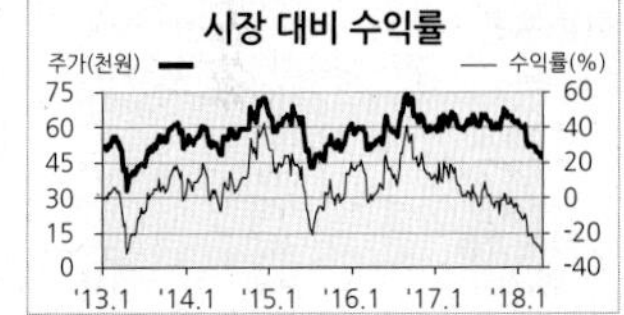

결산 실적 〈단위 : 억원〉

항목	2012	2013	2014	2015	2016	2017
매출액	50,593	9,288	9,187	8,921	8,445	9,222
영업이익	2,559	305	497	960	935	627
당기순이익	1,621	1,777	10,815	797	804	435

분기 실적 〈단위 : 억원〉

항목	2016.3Q	2016.4Q	2017.1Q	2017.2Q	2017.3Q	2017.4Q
매출액	2,165	2,378	2,289	2,495	2,170	2,268
영업이익	198	302	250	276	-78	178
당기순이익	93	298	144	435	-172	28

재무 상태 〈단위 : 억원〉

항목	2012	2013	2014	2015	2016	2017
총자산	40,347	50,771	16,794	16,060	19,140	18,523
유형자산	16,644	17,850	1,297	1,348	3,368	2,534
무형자산	1,046	1,274	232	461	487	334
유가증권	971	4,099	4,249	2,849	162	116
총부채	24,674	33,584	7,343	6,633	9,575	9,186
총차입금	10,679	18,851	5,363	4,885	6,855	6,490
자본금	911	911	551	551	551	551
총자본	15,674	17,187	9,452	9,427	9,565	9,337
지배주주지분	15,052	16,531	9,165	9,097	9,196	9,337

기업가치 지표

항목	2012	2013	2014	2015	2016	2017
주가(최고/저)(천원)	85.7/51.5	63.2/31.6	74.5/48.3	69.1/43.0	75.3/49.3	68.0/57.0
PER(최고/저)(배)	10.4/6.3	6.9/3.5	1.1/0.7	10.6/6.6	11.3/7.4	17.5/14.6
PBR(최고/저)(배)	1.1/0.7	0.7/0.4	0.9/0.6	0.9/0.5	0.9/0.6	0.8/0.7
EV/EBITDA(배)	7.5	14.3	5.8	9.8	11.5	15.7
EPS(원)	8,954	9,852	72,059	6,959	6,975	3,982
BPS(원)	85,456	93,225	85,531	84,903	85,822	87,126
CFPS(원)	18,262	20,934	81,934	8,162	8,429	5,032
DPS(원)	1,000	1,200	500	1,200	1,250	1,350
EBITDAPS(원)	23,359	12,772	13,196	10,087	10,111	6,853

재무 비율 〈단위 : %〉

연도	영업이익률	순이익률	부채비율	차입금비율	ROA	ROE	유보율	자기자본비율	EBITDA마진율
2017	6.8	4.7	98.4	69.5	2.3	4.6	1,608.6	50.4	8.0
2016	11.1	9.5	100.1	71.7	4.6	8.2	1,583.0	50.0	12.9
2015	10.8	8.9	70.4	51.8	4.9	8.2	1,565.0	58.7	12.2
2014	5.4	117.7	77.7	56.7	32.0	84.0	1,577.3	56.3	21.5

한미글로벌건축사사무소 (A053690)
HanmiGlobal

업　　종 : 건설　　시　　장 : 거래소
신용등급 : (Bond) —　(CP) —　　기업규모 : 시가총액 소형주
홈페이지 : www.hmglobal.com　　연 락 처 : 070)7118-1000
본　　사 : 서울시 강남구 테헤란로87길 36 도심공항타워 9층

설 립 일	1996.06.18	**종업원수**	725명	**대표이사**	윤요현,박서영
상 장 일	2009.06.23	**감사의견**	적정(삼일)	**계　열**	
결 산 기	12월	**보 통 주**		**종속회사수**	12개사
액 면 가	500원	**우 선 주**		**구 상 호**	

주주구성 (지분율,%)		출자관계 (지분율,%)		주요경쟁사 (외형,%)	
김종훈	10.5	피닉스에이엠씨자산관리회사	2.8	한미글로벌	100
국민연금공단	9.5	엔지니어링공제조합	0.2	국보디자인	135
(외국인)	3.7	건설공제조합	0.0	한라	956

매출구성		비용구성		수출비중	
용역형CM	95.8	매출원가율	65.9	수출	18.0
책임형CM(시공)	4.2	판관비율	28.7	내수	82.0

회사 개요

동사는 1996년 국내최초의 건설사업관리(CM) 전문회사로 설립된 이후, 용역형 CM 및 책임형 CM 사업을 영위하고 있음. 국내 매출비중이 매우 높으나 미국 엔지니어링 업체인 OTAK, Inc.와 친환경 컨설팅 업체인 에코시안을 인수하여 선진인력 pool, 시스템 및 정보력 등의 시너지 효과 확보, 신도시개발 및 인프라설계, 친환경 CM사업으로의 영역을 확대하면서 글로벌 CM업체로 도약을 준비하고 있음.

실적 분석

동사의 연결기준 2017년 매출액은 전년보다 18.8% 증가한 2,008.4억원을 기록하였음. 영업이익과 당기순이익은 각각 14.7%, 8.2%씩 증가. 2017년 동사는 종속회사인 미국 Otak의 시장확대 및 매출성장과 더불어 랜드마크디벨롭먼트에서 수행하는 방배마에스트로 개발사업 진행, 용역형 매출과 분양매출이 증가하였음. 2018년에도 미국 Otak과 랜드마크디벨롭먼트의 매출신장이 예상되며 용역형 매출과 분양매출의 성장이 예상됨.

현금 흐름 〈단위 : 억원〉

항목	2016	2017
영업활동	-265	155
투자활동	13	43
재무활동	179	-29
순현금흐름	-80	166
기말현금	149	315

시장 대비 수익률

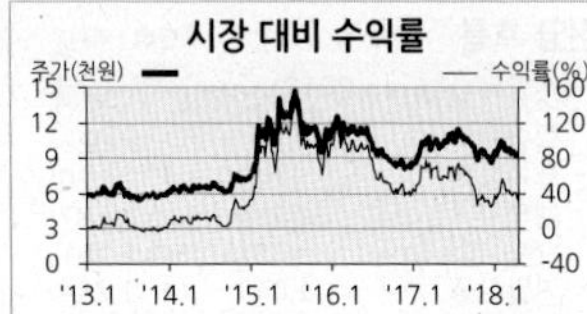

결산 실적 〈단위 : 억원〉

항목	2012	2013	2014	2015	2016	2017
매출액	2,072	1,825	1,654	1,668	1,691	2,008
영업이익	50	83	103	123	94	108
당기순이익	42	61	73	67	90	97

분기 실적 〈단위 : 억원〉

항목	2016.3Q	2016.4Q	2017.1Q	2017.2Q	2017.3Q	2017.4Q
매출액	390	507	447	473	481	607
영업이익	20	22	28	26	24	31
당기순이익	31	16	31	18	24	23

재무 상태 〈단위 : 억원〉

항목	2012	2013	2014	2015	2016	2017
총자산	1,408	1,414	1,537	1,247	1,493	1,681
유형자산	31	36	44	41	43	79
무형자산	74	72	90	93	96	193
유가증권	21	22	23	117	101	104
총부채	917	877	935	423	508	638
총차입금	505	553	595	129	230	256
자본금	36	36	37	49	54	54
총자본	491	537	601	824	985	1,043
지배주주지분	511	545	601	817	979	993

기업가치 지표

항목	2012	2013	2014	2015	2016	2017
주가(최고/저)(천원)	9.6/5.5	7.0/5.5	8.0/6.0	15.2/7.3	12.8/8.0	11.5/8.4
PER(최고/저)(배)	18.8/10.8	9.5/7.4	8.8/6.6	22.3/10.7	15.9/9.9	14.4/10.5
PBR(최고/저)(배)	1.4/0.8	0.9/0.7	1.0/0.7	1.8/0.9	1.4/0.8	1.2/0.9
EV/EBITDA(배)	9.8	6.3	6.3	5.4	7.1	5.8
EPS(원)	604	847	1,017	740	857	824
BPS(원)	8,107	8,583	9,112	9,279	10,067	10,200
CFPS(원)	763	980	1,171	881	988	1,053
DPS(원)	200	200	250	250	300	250
EBITDAPS(원)	858	1,303	1,596	1,503	1,018	1,225

재무 비율 〈단위 : %〉

연도	영업이익률	순이익률	부채비율	차입금비율	ROA	ROE	유보율	자기자본비율	EBITDA마진율
2017	5.4	4.8	61.2	24.5	6.1	9.1	1,939.9	62.0	6.6
2016	5.6	5.3	51.5	23.4	6.6	10.2	1,913.5	66.0	6.4
2015	7.4	4.0	51.4	15.7	4.8	9.5	1,755.8	66.1	8.2
2014	6.3	4.4	155.6	99.0	5.0	12.7	1,722.4	39.1	6.9

한미반도체 (A042700)
Hanmi Semiconductor

업　　종 : 반도체 및 관련장비　　시　　장 : 거래소
신용등급 : (Bond) —　(CP) —　　기업규모 : 시가총액 중형주
홈페이지 : www.hanmisemi.com　　연 락 처 : 032)571-9100
본　　사 : 인천시 서구 가좌로30번길 14(가좌동)

설 립 일	1980.12.24	**종업원수**	550명	**대표이사**	곽동신
상 장 일	2005.07.22	**감사의견**	적정(삼정)	**계　열**	
결 산 기	12월	**보 통 주**		**종속회사수**	1개사
액 면 가	200원	**우 선 주**		**구 상 호**	

주주구성 (지분율,%)		출자관계 (지분율,%)		주요경쟁사 (외형,%)	
곽동신	27.2	신호모터스	49.0	한미반도체	100
곽노권	7.1	한미네트웍스	49.0	지스마트글로벌	49
(외국인)	8.5	한빛레이저	25.3	케이씨	290

매출구성		비용구성		수출비중	
반도체 제조용 장비外	85.1	매출원가율	55.2	수출	83.3
Mold(금형), Conversion Kit등	14.9	판관비율	18.7	내수	16.7

회사 개요

동사는 반도체 초정밀금형 및 반도체 자동화 장비의 제조 및 판매업 등을 영위할 목적으로 1980년에 설립됐으며 2005년에 유가증권시장에 상장됨. 설립 이래 반도체 제조용 초정밀 금형 및 장비를 자체적으로 개발하여 국내외 유수의 반도체 소자업체 및 패키징업체에 공급해오고 있음. 최근에는 태양광 장비, LED 장비, PCB 응용장비, 레이저응용장비 및 비전 응용장비 등 첨단 IT산업용 장비도 개발, 생산하고 있음.

실적 분석

동사의 2017년 연결기준 누적 매출액은 1,973.0억원으로 전년동기 대비 18.7% 증가했음. 영업이익도 전년동기 대비 34% 증가한 516.6억원을 시현했음. 그러나 비영업부문 수익이 크게 적자전환하면서 당기순이익은 전년동기 대비 69.8% 감소한 95억원을 시현하는데 그쳤음. 금융손익의 적자가 지속되면서 325.5억원의 손실로 나타난 것이 당기순이익 감소의 주요인이었음.

현금 흐름 〈단위 : 억원〉

항목	2016	2017
영업활동	400	356
투자활동	-309	165
재무활동	211	-445
순현금흐름	327	48
기말현금	686	735

시장 대비 수익률

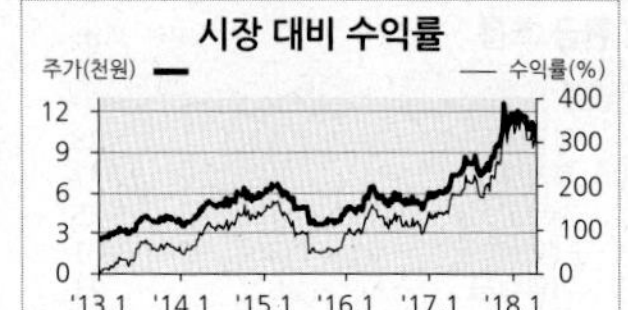

결산 실적 〈단위 : 억원〉

항목	2012	2013	2014	2015	2016	2017
매출액	1,734	1,915	1,923	1,178	1,663	1,973
영업이익	212	135	491	227	386	517
당기순이익	244	112	298	218	314	95

분기 실적 〈단위 : 억원〉

항목	2016.3Q	2016.4Q	2017.1Q	2017.2Q	2017.3Q	2017.4Q
매출액	359	356	341	611	519	502
영업이익	74	56	68	188	146	115
당기순이익	41	99	16	73	119	-112

재무 상태 〈단위 : 억원〉

항목	2012	2013	2014	2015	2016	2017
총자산	2,310	2,407	2,483	2,256	2,850	2,851
유형자산	583	772	511	503	526	574
무형자산	30	31	31	29	29	45
유가증권	56	48	48	59	30	30
총부채	480	580	433	316	756	789
총차입금	62	242	—	—	392	360
자본금	127	127	127	127	127	127
총자본	1,830	1,827	2,050	1,940	2,093	2,062
지배주주지분	1,814	1,811	2,050	1,940	2,093	2,062

기업가치 지표

항목	2012	2013	2014	2015	2016	2017
주가(최고/저)(천원)	2.5/1.5	4.4/2.4	6.4/3.5	6.7/3.5	6.6/4.5	12.7/5.6
PER(최고/저)(배)	8.1/4.9	29.5/16.3	15.4/8.4	21.5/11.3	14.0/9.5	86.7/38.4
PBR(최고/저)(배)	1.1/0.6	1.7/1.0	2.1/1.2	2.0/1.1	1.8/1.2	3.1/1.4
EV/EBITDA(배)	5.1	14.3	6.9	10.3	7.8	12.7
EPS(원)	391	176	471	343	495	149
BPS(원)	7,565	7,554	8,616	9,022	9,784	4,176
CFPS(원)	1,165	639	1,392	1,037	1,421	227
DPS(원)	500	500	500	500	500	240
EBITDAPS(원)	1,021	729	2,145	1,074	1,701	890

재무 비율 〈단위 : %〉

연도	영업이익률	순이익률	부채비율	차입금비율	ROA	ROE	유보율	자기자본비율	EBITDA마진율
2017	26.2	4.8	38.3	17.5	3.3	4.6	1,987.8	72.3	28.7
2016	23.2	18.9	36.1	18.7	12.3	15.6	1,856.7	73.5	26.0
2015	19.3	18.5	16.3	0.0	9.2	10.9	1,704.5	86.0	23.2
2014	25.5	15.5	21.1	0.0	12.2	15.5	1,623.2	82.6	28.4

한미사이언스 (A008930)
Hanmi Science

업　　종 : 제약　　　　　　　　　시　　장 : 거래소
신용등급 : (Bond) —　　(CP) —　　기업규모 : 시가총액 대형주
홈페이지 : www.hanmiscience.co.kr　　연 락 처 : 031)350-5600
본　　사 : 경기도 화성시 팔탄면 무하로 214 한미약품(주) 팔탄공단

설 립 일	1973.06.15	**종 업 원 수**	78명	**대 표 이 사**	임종윤
상 장 일	1988.06.20	**감 사 의 견**	적정(삼일)	**계　　열**	
결 산 기	12월	**보 통 주**		**종속회사수**	5개사
액 면 가	500원	**우 선 주**		**구 상 호**	

주주구성 (지분율,%)		출자관계 (지분율,%)		주요경쟁사 (외형,%)	
임성기	34.3	토모큐브	10.0	한미사이언스	100
신동국	12.1	연합뉴스TV	0.8	한미약품	141
(외국인)	4.5			유한양행	224

매출구성		비용구성		수출비중	
의약품도매(기타)	95.6	매출원가율	0.0	수출	—
지주(기타)	4.0	판관비율	97.9	내수	—
기타	0.4				

회사 개요

동사는 2011년 5월 지주회사로 전환을 승인받았음. 동사는 한미약품과 제이브이엠, 온라인팜, 에르무루스, 일본한미약품, Hanmi Europe Ltd., 한미(중국)유한공사를 자회사로 두고 있음. 동사의 2017년 4분기 연결기준 누적 수익은 기술수출 수익 1.53%, 특허권 및 상표권 수익 1.43%,임대료 및 수수료 수익 3.80%, 제품매출 0.35%, 상품매출 92.89%로 구성되어 있음.

실적 분석

동사의 2017년 누적 매출액은 전년동기대비 2.0% 감소한 6,253.2억원을 기록하였음. 외형확대에도 영업이익은 전년동기 대비 7.3% 감소한 139.7억원을 기록 하였음. 그러나 비영업이익이 전년동기 대비 크게 확대됨(+405%)에 따라 당기순이익은 전년동기 대비 크게 증가한 308.2억원을 기록.

현금 흐름
〈단위 : 억원〉

항목	2016	2017
영업활동	765	-337
투자활동	-237	-230
재무활동	-449	-61
순현금흐름	82	-642
기말현금	1,025	384

시장 대비 수익률

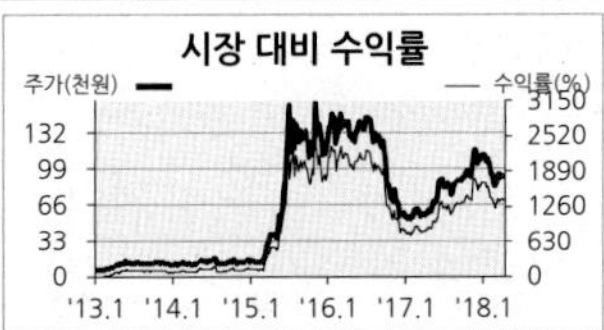

결산 실적
〈단위 : 억원〉

항목	2012	2013	2014	2015	2016	2017
매출액	202	2,204	5,329	7,766	6,653	6,523
영업이익	132	112	175	2,164	287	391
당기순이익	125	96	219	1,774	79	308

분기 실적
〈단위 : 억원〉

항목	2016.3Q	2016.4Q	2017.1Q	2017.2Q	2017.3Q	2017.4Q
매출액	1,670	1,627	1,578	1,631	1,708	1,606
영업이익	92	-244	96	121	127	46
당기순이익	55	-355	65	95	116	33

재무 상태
〈단위 : 억원〉

항목	2012	2013	2014	2015	2016	2017
총자산	4,854	5,798	7,428	9,320	9,692	9,388
유형자산	153	194	235	248	277	271
무형자산	27	38	52	72	85	125
유가증권	635	696	583	100	15	70
총부채	915	1,708	3,251	3,478	3,217	2,736
총차입금	172	172	700	400	250	250
자본금	248	260	273	286	291	311
총자본	3,939	4,091	4,177	5,842	6,476	6,652
지배주주지분	3,927	4,079	4,161	5,837	6,453	6,652

기업가치 지표

항목	2012	2013	2014	2015	2016	2017
주가(최고/저)(천원)	6.2/2.5	14.0/5.8	17.0/10.4	165/13.2	156/54.2	119/51.2
PER(최고/저)(배)	31.6/13.0	93.0/39.0	50.8/31.0	58.9/4.7	1,251.3/434.3	250.8/108.4
PBR(최고/저)(배)	1.0/0.4	2.1/0.9	2.5/1.5	17.5/1.4	15.1/5.2	11.1/4.8
EV/EBITDA(배)	78.3	88.9	87.5	50.1	190.8	376.8
EPS(원)	197	151	336	2,811	125	474
BPS(원)	8,280	8,193	7,967	10,532	11,302	10,910
CFPS(원)	269	205	416	3,157	191	558
DPS(원)	—	—	—	500	—	200
EBITDAPS(원)	102	152	195	2,607	313	300

재무 비율
〈단위 : %〉

연도	영업이익률	순이익률	부채비율	차입금비율	ROA	ROE	유보율	자기자본비율	EBITDA마진율
2017	6.0	4.7	41.1	3.8	3.2	4.6	2,082.1	70.9	2.9
2016	4.3	1.2	49.7	3.9	0.8	1.3	2,160.4	66.8	2.8
2015	27.9	22.9	59.5	6.9	21.2	35.7	2,006.4	62.7	19.2
2014	3.3	4.1	77.8	16.8	3.3	5.2	1,493.4	56.2	2.0

한미약품 (A128940)
Hanmi Pharm

업　　종 : 제약　　　　　　　　　시　　장 : 거래소
신용등급 : (Bond) A+　　(CP) A1　　기업규모 : 시가총액 대형주
홈페이지 : www.hanmi.co.kr　　연 락 처 : 031)350-5600
본　　사 : 경기도 화성시 팔탄면 무하로 214

설 립 일	2010.07.05	**종 업 원 수**	2,166명	**대 표 이 사**	우종수,권세창
상 장 일	2010.07.30	**감 사 의 견**	적정(삼일)	**계　　열**	
결 산 기	12월	**보 통 주**		**종속회사수**	2개사
액 면 가	2,500원	**우 선 주**		**구 상 호**	

주주구성 (지분율,%)		출자관계 (지분율,%)		주요경쟁사 (외형,%)	
한미사이언스	41.4	제네웰	4.1	한미약품	100
국민연금기금	9.2	아테넥스	2.3	한미사이언스	71
(외국인)	13.3	이매진	1.9	유한양행	160

매출구성		비용구성		수출비중	
아모잘탄	31.5	매출원가율	43.4	수출	—
로수젯 외	26.9	판관비율	47.6	내수	—
에소메졸	14.1				

회사 개요

동사는 의약품 제조 및 판매를 주 목적사업으로 하고 있으며, 주요 제품으로는 고혈압치료제 '아모디핀', 복합고혈압치료제 '아모잘탄', 역류성식도염치료제 '에소메졸' 등이 있음. 2011년 4월 Kinex사의 다중표적항암치료제 KX01에 대한 인라이센싱 및 아시아 판권을 획득하는 등 주요 다국적제약사와의 업무제휴가 적극적으로 추진되고 있음. 동사의 매출구조는 의약품이 75%, 원료의약품이 10%, 해외의약품이 25% 수준임.

실적 분석

동사의 2017년 연간 매출액은 전년동기대비 3.8% 상승한 9,165.9억원을 기록하였음. 이머징 마켓의 제약시장 수요 급증, 고령화 추세에 따른 노인성 질환에 대한 치료 수요 급증등으로 매출은 꾸준히 성장하고 있음. 이에 따라 전년동기대비 당기순이익은 크게 상승하여 689.7억원을 기록함. 정부 혁신형 제약기업 인증 등 제약산업의 육성 및 지원을 위한 종합계획을 기반하여 신약개발에 대한 집중으로 향후 큰 성장이 기대되고 있음.

현금 흐름
〈단위 : 억원〉

항목	2016	2017
영업활동	4,193	-629
투자활동	-3,614	-1,529
재무활동	-631	1,377
순현금흐름	-80	-831
기말현금	1,304	473

시장 대비 수익률

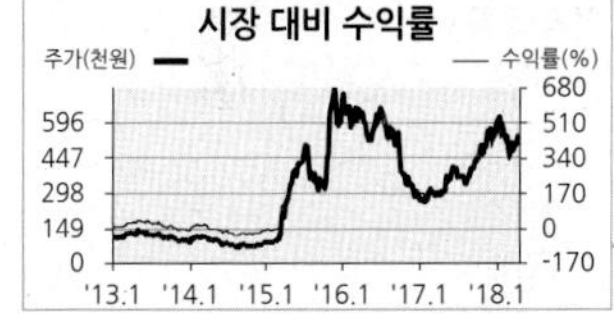

결산 실적
〈단위 : 억원〉

항목	2012	2013	2014	2015	2016	2017
매출액	6,740	7,301	7,613	13,175	8,827	9,166
영업이익	481	619	345	2,118	268	822
당기순이익	288	505	433	1,621	303	690

분기 실적
〈단위 : 억원〉

항목	2016.3Q	2016.4Q	2017.1Q	2017.2Q	2017.3Q	2017.4Q
매출액	2,197	1,721	2,335	2,228	2,276	2,326
영업이익	138	-160	314	215	278	14
당기순이익	63	-383	246	121	228	94

재무 상태
〈단위 : 억원〉

항목	2012	2013	2014	2015	2016	2017
총자산	8,356	8,809	10,333	17,226	15,970	16,609
유형자산	2,568	2,594	3,279	4,157	5,989	7,901
무형자산	781	800	879	672	401	457
유가증권	600	663	492	423	286	758
총부채	4,262	4,180	4,441	9,778	8,625	8,685
총차입금	3,137	2,809	2,722	3,676	3,322	4,762
자본금	197	207	244	256	261	279
총자본	4,093	4,629	5,892	7,448	7,345	7,924
지배주주지분	3,624	4,094	5,275	6,749	6,595	7,117

기업가치 지표

항목	2012	2013	2014	2015	2016	2017
주가(최고/저)(천원)	98.5/38.8	143/90.0	118/68.8	760/86.4	718/279	584/261
PER(최고/저)(배)	45.9/18.1	34.5/21.6	37.8/22.0	56.2/6.4	350.6/136.3	110.0/49.2
PBR(최고/저)(배)	2.9/1.1	3.7/2.3	2.6/1.5	12.8/1.5	12.2/4.8	9.1/4.1
EV/EBITDA(배)	15.6	14.4	21.4	30.0	49.8	59.6
EPS(원)	2,153	4,178	3,146	13,565	2,049	5,308
BPS(원)	46,062	49,584	54,308	66,182	64,086	65,163
CFPS(원)	7,119	8,576	6,304	19,996	5,960	8,680
DPS(원)	—	—	—	2,000	—	500
EBITDAPS(원)	10,353	10,745	6,195	25,602	6,290	10,626

재무 비율
〈단위 : %〉

연도	영업이익률	순이익률	부채비율	차입금비율	ROA	ROE	유보율	자기자본비율	EBITDA마진율
2017	9.0	7.5	109.6	60.1	4.2	8.8	2,506.5	47.7	12.9
2016	3.0	3.4	117.4	45.2	1.8	3.5	2,463.4	46.0	7.4
2015	16.1	12.3	131.3	49.4	11.8	25.7	2,547.3	43.2	19.9
2014	4.5	5.7	75.4	46.2	4.5	7.6	2,072.3	57.0	7.9

한빛소프트 (A047080)
HANBIT SOFT

업　　종 : 게임 소프트웨어　　시　　장 : KOSDAQ
신용등급 : (Bond) —　　(CP) —　　기업규모 : 중견
홈페이지 : www.hanbitsoft.co.kr　　연 락 처 : 070)4050-8000
본　　사 : 서울시 금천구 가산디지털1로 186 제이플라츠빌딩 3층

설 립 일	1999.01.06	**종업원수**	91명	**대표이사**	김유라
상 장 일	2001.12.30	**감사의견**	적정(한미)	**계　열**	
결 산 기	12월	**보 통 주**		**종속회사수**	2개사
액 면 가	500원	**우 선 주**		**구 상 호**	

주주구성 (지분율,%)		출자관계 (지분율,%)		주요경쟁사 (외형,%)	
티쓰리엔터테인먼트	27.4	한빛드론	100.0	한빛소프트	100
김영만	6.1	IMC게임즈	27.7	파티게임즈	78
(외국인)	1.6	HANBITUBIQUITOUSENTERTAINMENT	87.9	바른손이앤에이	80

매출구성		비용구성		수출비중	
게임사업(온라인/모바일)	95.7	매출원가율	70.4	수출	50.3
기타	4.3	판관비율	33.3	내수	49.7

회사 개요
동사는 게임 소프트웨어 개발 전문 업체로서 게임포털사이트인 한빛온을 통해 그라나도 에스파다, 오디션 잉글리시, 위드, 에이카, 헬게이트, 오디션, 오디션2, 삼국지천, FCM 등 온라인 게임을 서비스 중임. 2013년 이어또를 시작으로 2014년에는 FC매니저 모바일 2014, 미소스 영웅전 등 모바일 게임 서비스 사업도 영위 중임. 2015년에는 '천지를 베다'와 '런데이' 서비를 시작함.

실적 분석
동사의 2017년 결산 매출액은 393억원으로 전년동기 대비 27.9% 증가한 양호한 외형을 기록함. 원가율 하락 및 판관비 비중 감소 영향으로 지난해 같은 기간 대비 손실 폭 크게 축소된 14.6억원의 영업손실 시현함. 경상수지는 비영업수지 크게 개선되어 11.1억원의 당기순이익 시현하며 흑자전환에 성공. 국내 게임 시장 경쟁 심화에 따라 해외 등 신시장 개척에 더욱 주력해야 할 전망임.

현금 흐름
〈단위 : 억원〉

항목	2016	2017
영업활동	-26	-27
투자활동	40	69
재무활동	-1	-43
순현금흐름	15	-3
기말현금	40	38

시장 대비 수익률
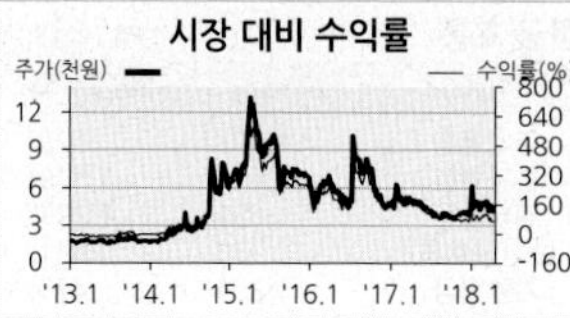

결산 실적
〈단위 : 억원〉

항목	2012	2013	2014	2015	2016	2017
매출액	402	295	263	221	307	393
영업이익	8	7	8	-5	-50	-15
당기순이익	-2	-3	-11	-33	-73	11

분기 실적
〈단위 : 억원〉

항목	2016.3Q	2016.4Q	2017.1Q	2017.2Q	2017.3Q	2017.4Q
매출액	79	79	96	110	97	90
영업이익	-6	-26	-4	0	-3	-7
당기순이익	-23	-23	-15	43	-8	-9

재무 상태
〈단위 : 억원〉

항목	2012	2013	2014	2015	2016	2017
총자산	437	347	295	408	398	364
유형자산	19	10	5	3	3	4
무형자산	65	17	7	2	3	2
유가증권	13	13	13	37	36	28
총부채	247	171	112	233	194	149
총차입금	64	47	23	141	50	40
자본금	110	110	116	116	124	124
총자본	189	176	183	175	204	215
지배주주지분	180	171	178	172	203	217

기업가치 지표

항목	2012	2013	2014	2015	2016	2017
주가(최고/저)(천원)	2.7/1.5	2.2/1.6	8.5/1.7	13.5/5.9	11.0/4.1	6.8/3.6
PER(최고/저)(배)	—/—	—/—	—/—	—/—	—/—	129.8/67.6
PBR(최고/저)(배)	3.3/1.8	2.8/2.0	11.0/2.2	18.1/7.9	13.4/5.0	7.8/4.1
EV/EBITDA(배)	6.1	10.1	47.3	—	—	—
EPS(원)	-23	-12	-51	-136	-285	53
BPS(원)	821	781	772	742	819	874
CFPS(원)	217	132	33	-124	-277	60
DPS(원)	—	—	—	—	—	—
EBITDAPS(원)	277	175	121	-12	-195	-51

재무 비율
〈단위 : %〉

연도	영업이익률	순이익률	부채비율	차입금비율	ROA	ROE	유보율	자기자본비율	EBITDA마진율
2017	-3.7	2.8	69.0	18.8	2.9	6.2	74.8	59.2	-3.2
2016	-16.3	-23.7	95.4	24.4	-18.1	-37.7	63.8	51.2	-15.7
2015	-2.5	-15.0	133.6	81.0	-9.5	-18.0	48.5	42.8	-1.2
2014	3.2	-4.4	61.4	12.8	-3.6	-6.7	54.4	62.0	10.5

한샘 (A009240)
Hanssem

업　　종 : 내구소비재　　시　　장 : 거래소
신용등급 : (Bond) A+　　(CP) A1　　기업규모 : 시가총액 대형주
홈페이지 : www.hanssem.com　　연 락 처 : 031)496-1110
본　　사 : 경기도 안산시 단원구 번영2로 144

설 립 일	1973.09.12	**종업원수**	3,025명	**대표이사**	최양하
상 장 일	2002.07.10	**감사의견**	적정(삼일)	**계　열**	
결 산 기	12월	**보 통 주**		**종속회사수**	8개사
액 면 가	1,000원	**우 선 주**		**구 상 호**	

주주구성 (지분율,%)		출자관계 (지분율,%)		주요경쟁사 (외형,%)	
조창걸	15.5	한샘서비스원	100.0	한샘	100
한샘드뷰연구재단	5.5	한샘서비스투	100.0	현대리바트	43
(외국인)	31.0	한마음	100.0	퍼시스	14

매출구성		비용구성		수출비중	
[가정용]가정용 가구/부엌	79.0	매출원가율	71.0	수출	0.2
[특판/기타]부엌/자재용 등	21.0	판관비율	22.2	내수	99.8

회사 개요
1970년 부엌가구 전문회사로 출발한 동사는, 현재 부엌, 침실, 거실, 욕실 등 주택의 각 공간에 가구와 기기, 소품, 조명, 패브릭 등을 제공하는 토탈 홈 인테리어 기업으로 성장함. 신규사업으로 토탈홈 인테리어 패키지 제공을 위한 리모델링 사업을 영위함. 2016년 4월 중국 시장에 진출하기 위해 300억원을 출자해 가구제조 및 판매를 담당할 한샘(중국)가구유한공사를 설립함. 계열사로는 한샘이펙스, 한샘서비스원 등 11개사를 보유하고 있음.

실적 분석
동사의 2017년 연결기준 연간 매출액은 2조 625.2억원으로 전년 대비 6.6% 증가함. 매출 증가에도 불구하고 고정비 증가로 영업이익은 1,405.5억원으로 전년 대비 11.9% 감소함. 비영업이익의 적자전환으로 당기순이익 또한 959.4억원으로 전년 대비 24.8% 감소됨. 동사는 온라인-오프라인 유통채널을 통해 판매 창구를 다각화하고 특히 리하우스매장을 신성장동력으로 삼아 성장세를 유지한다는 전략임.

현금 흐름
〈단위 : 억원〉

항목	2016	2017
영업활동	1,540	662
투자활동	-534	-1,543
재무활동	-201	172
순현금흐름	815	-747
기말현금	1,501	754

시장 대비 수익률
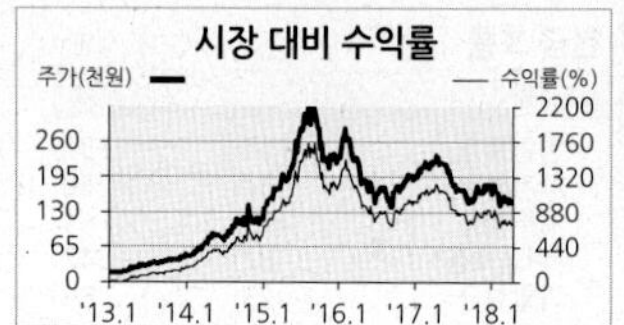

결산 실적
〈단위 : 억원〉

항목	2012	2013	2014	2015	2016	2017
매출액	7,832	10,069	13,250	17,105	19,345	20,625
영업이익	472	798	1,104	1,467	1,596	1,405
당기순이익	395	614	867	1,147	1,275	959

분기 실적
〈단위 : 억원〉

항목	2016.3Q	2016.4Q	2017.1Q	2017.2Q	2017.3Q	2017.4Q
매출액	4,937	5,576	5,131	5,033	5,561	4,900
영업이익	422	560	390	271	398	346
당기순이익	342	434	307	197	271	183

재무 상태
〈단위 : 억원〉

항목	2012	2013	2014	2015	2016	2017
총자산	3,768	5,062	5,440	7,688	8,994	9,757
유형자산	1,104	1,324	1,821	2,076	2,206	3,147
무형자산	69	65	60	70	107	158
유가증권	191	175	92	98	190	130
총부채	1,619	2,419	2,060	3,337	3,579	4,681
총차입금	268	270	189	224	200	1,507
자본금	235	235	235	235	235	235
총자본	2,149	2,643	3,380	4,352	5,415	5,076
지배주주지분	2,147	2,641	3,379	4,351	5,414	5,075

기업가치 지표

항목	2012	2013	2014	2015	2016	2017
주가(최고/저)(천원)	23.5/14.8	49.1/16.9	142/48.5	332/117	300/140	234/148
PER(최고/저)(배)	15.1/9.5	19.3/6.8	39.4/13.5	69.2/24.3	56.1/26.2	57.8/36.6
PBR(최고/저)(배)	2.2/1.4	3.8/1.3	8.8/3.0	16.3/5.7	12.1/5.6	8.4/5.3
EV/EBITDA(배)	7.1	12.3	22.0	33.2	25.1	26.5
EPS(원)	1,677	2,607	3,682	4,872	5,419	4,077
BPS(원)	11,346	13,424	16,557	20,688	25,206	28,000
CFPS(원)	1,986	2,948	4,060	5,316	6,029	4,837
DPS(원)	600	700	850	1,000	1,100	1,200
EBITDAPS(원)	2,316	3,733	5,069	6,679	7,391	6,732

재무 비율
〈단위 : %〉

연도	영업이익률	순이익률	부채비율	차입금비율	ROA	ROE	유보율	자기자본비율	EBITDA마진율
2017	6.8	4.7	92.2	29.7	10.2	18.3	2,700.0	52.0	7.7
2016	8.3	6.6	66.1	3.7	15.3	26.1	2,420.6	60.2	9.0
2015	8.6	6.7	76.7	5.1	17.5	29.7	1,968.8	56.6	9.2
2014	8.3	6.5	60.9	5.6	16.5	28.8	1,555.7	62.1	9.0

한섬 (A020000)
HANDSOME

업 종 : 섬유 및 의복
신용등급 : (Bond) — (CP) A1
홈페이지 : www.thehandsome.com
본 사 : 서울시 강남구 도산대로 523 (청담동)
시 장 : 거래소
기업규모 : 시가총액 중형주
연 락 처 : 02)3416-2000

설 립 일	1987.05.25	**종업원수**	1,049명	**대표이사**	김형종
상 장 일	1996.06.05	**감사의견**	적정(삼일)	**계 열**	
결 산 기	12월	**보 통 주**		**종속회사수**	5개사
액 면 가	500원	**우 선 주**		**구 상 호**	

주주구성 (지분율,%)		출자관계 (지분율,%)		주요경쟁사 (외형,%)	
현대홈쇼핑	34.6	현대지앤에프	100.0	한섬	100
국민연금공단	13.2	한섬글로벌	100.0	영원무역	164
(외국인)	18.3	인터내셔날퍼블리싱	50.0	한세실업	139

매출구성		비용구성		수출비중	
제 품	83.4	매출원가율	44.3	수출	—
상 품	16.1	판관비율	51.2	내수	—
수수료	0.5				

회사 개요

동사는 1987년 설립된 패션의류 전문기업임. 여성의류 제조판매업을 주요 사업으로 영위함. TIME, MINE, SYSTEM, SJSJ 등의 브랜드를 보유함. 한섬글로벌, 현대지앤에프, 한섬상새(상무)유한공사, Obzee New York, Inc, Handsome Paris 등을 연결대상 종속회사로 보유하고 있음. 소비심리 악화로 여건이 좋지 않았으나 신규 브랜드를 론칭하고 비효율 브랜드를 정리하는 등 성장기반 확충을 위해 노력하고 있음.

실적 분석

2017년 연결기준 동사 매출액은 1조2286.8억원을 기록함. 전년도 매출액인 7,120억원에서 72.6% 증가함. 매출이 크게 늘었으나 매출원가가 75.9% 증가하고 판매비와 관리비가 90.4% 늘어나는 등 비용 역시 큰 폭으로 증가해 영업이익은 23.7% 감소함. 전년도엔 720.3억을 기록했으나 2017년엔 550억원을 기록하는 데 그침. 당기순이익도 4.6% 감소한 538.6억원을 기록함.

현금 흐름

〈단위 : 억원〉

항목	2016	2017
영업활동	180	728
투자활동	-443	-1,687
재무활동	219	971
순현금흐름	-45	8
기말현금	133	141

시장 대비 수익률

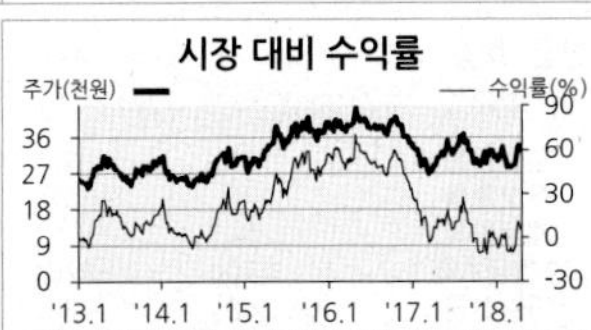

결산 실적

〈단위 : 억원〉

항목	2012	2013	2014	2015	2016	2017
매출액	4,964	4,708	5,100	6,168	7,120	12,287
영업이익	710	504	510	661	720	550
당기순이익	641	408	364	729	565	539

분기 실적

〈단위 : 억원〉

항목	2016.3Q	2016.4Q	2017.1Q	2017.2Q	2017.3Q	2017.4Q
매출액	1,472	2,460	2,445	3,006	2,824	4,012
영업이익	133	267	275	118	96	61
당기순이익	110	175	248	96	67	127

재무 상태

〈단위 : 억원〉

항목	2012	2013	2014	2015	2016	2017
총자산	8,738	10,024	10,482	9,575	10,380	12,523
유형자산	2,518	4,337	4,323	2,548	2,770	3,475
무형자산	25	25	13	34	31	364
유가증권	170	205	213	1,577	1,528	97
총부채	1,144	2,071	2,236	1,261	1,577	3,268
총차입금	343	1,149	1,225	114	384	1,500
자본금	123	123	123	123	123	123
총자본	7,594	7,953	8,247	8,314	8,803	9,255
지배주주지분	6,961	7,351	7,657	8,314	8,803	9,255

기업가치 지표

항목	2012	2013	2014	2015	2016	2017
주가(최고/저)(천원)	36.6/20.8	31.5/23.6	33.5/23.1	41.1/26.9	43.5/34.3	36.8/25.9
PER(최고/저)(배)	15.0/8.5	18.5/13.9	22.8/15.7	14.0/9.2	19.3/15.2	17.0/12.0
PBR(최고/저)(배)	1.3/0.8	1.1/0.8	1.1/0.8	1.2/0.8	1.2/1.0	1.0/0.7
EV/EBITDA(배)	8.4	13.5	12.6	9.8	8.1	10.4
EPS(원)	2,576	1,782	1,527	3,020	2,293	2,187
BPS(원)	29,165	30,749	31,990	34,656	36,644	38,477
CFPS(원)	2,912	2,346	2,333	3,776	2,972	3,439
DPS(원)	300	300	300	300	300	350
EBITDAPS(원)	3,220	2,608	2,877	3,440	3,603	3,486

재무 비율

〈단위 : %〉

연도	영업이익률	순이익률	부채비율	차입금비율	ROA	ROE	유보율	자기자본비율	EBITDA마진율
2017	4.5	4.4	35.3	16.2	4.7	6.0	7,595.3	73.9	7.0
2016	10.1	7.9	17.9	4.4	5.7	6.6	7,228.9	84.8	12.5
2015	10.7	11.8	15.2	1.4	7.3	9.3	6,831.2	86.8	13.7
2014	10.0	7.1	27.1	14.9	3.6	5.0	6,298.0	78.7	13.9

한성기업 (A003680)
Hansung Enterprise

업 종 : 식료품
신용등급 : (Bond) — (CP) B+
홈페이지 : www.hsep.com
본 사 : 부산시 영도구 태종로 63 (대교동1가)
시 장 : 거래소
기업규모 : 시가총액 소형주
연 락 처 : 051)410-7100

설 립 일	1963.03.14	**종업원수**	620명	**대표이사**	임우근,임준호
상 장 일	1989.01.26	**감사의견**	적정(삼정)	**계 열**	
결 산 기	12월	**보 통 주**		**종속회사수**	
액 면 가	5,000원	**우 선 주**		**구 상 호**	

주주구성 (지분율,%)		출자관계 (지분율,%)		주요경쟁사 (외형,%)	
극동수산	19.9	한성식품	37.0	한성기업	100
임우근	18.9	이에스에너지	25.0	사조대림	306
(외국인)	0.3	한러어업	18.6	사조씨푸드	117

매출구성		비용구성		수출비중	
수산가공품	38.9	매출원가율	83.1	수출	11.1
참치/명태외	36.5	판관비율	14.9	내수	88.9
육가공품	17.1				

회사 개요

수산업을 모태로 설립된 동사는 국내 최초 북태평양에서 조업을 시작으로 1991년 냉동식품, 1997년 육가공식품 생산 등 사업 영업을 지속적으로 확대하고 있음. 주요 생산품은 어연육제품인 한성게맛살과 크레미, 어묵, 젓갈 등이 있으며, 식품 안정성을 위해 HACCP인증을 받아 최고의 식품위생 관리 시스템을 구축하고 온라인 쇼핑몰 등 유통구조 다변화에 힘쓰고 있음. 한편 계열사로는 한성식품, 한성수산식품, 한성크린텍 등이 있음.

실적 분석

동사의 2017년 연결기준 연간 누적 매출액은 3,228억원으로 전년 동기 대비 0.7% 소폭 증가함. 매출은 늘었지만 매출원가와 판관비는 더 큰 폭으로 늘어나면서 영업이익은 전년동기 대비 14.7% 감소한 67.1억원을 시현함. 비영업손익 부문에서 적자가 지속됐지만 관련기업투자 이익이 발생해 적자 폭은 오히려 감소하면서 당기순이익은 25.9억원으로 흑자전환에 성공함.

현금 흐름 *IFRS 별도 기준

〈단위 : 억원〉

항목	2016	2017
영업활동	-27	98
투자활동	38	114
재무활동	-18	-205
순현금흐름	-7	6
기말현금	46	52

시장 대비 수익률

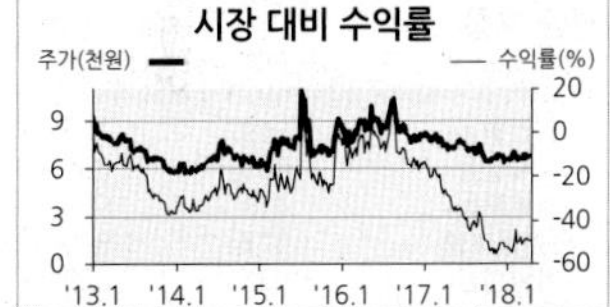

결산 실적

〈단위 : 억원〉

항목	2012	2013	2014	2015	2016	2017
매출액	2,730	2,837	2,872	2,915	3,207	3,228
영업이익	64	34	14	47	79	67
당기순이익	40	24	-122	24	-0	26

분기 실적 *IFRS 별도 기준

〈단위 : 억원〉

항목	2016.3Q	2016.4Q	2017.1Q	2017.2Q	2017.3Q	2017.4Q
매출액	787	1,032	696	788	769	975
영업이익	17	35	16	16	18	17
당기순이익	5	-13	5	7	6	9

재무 상태 *IFRS 별도 기준

〈단위 : 억원〉

항목	2012	2013	2014	2015	2016	2017
총자산	1,644	1,930	2,136	2,146	2,309	2,153
유형자산	489	624	811	661	649	627
무형자산	8	9	10	6	6	5
유가증권	22	18	18	18	3	3
총부채	1,027	1,292	1,590	1,612	1,778	1,592
총차입금	600	815	1,064	1,119	1,152	979
자본금	274	274	274	274	274	274
총자본	617	638	546	534	530	561
지배주주지분	617	638	546	534	530	561

기업가치 지표 *IFRS 별도 기준

항목	2012	2013	2014	2015	2016	2017
주가(최고/저)(천원)	14.1/7.6	9.3/5.7	7.8/5.7	11.0/5.8	11.0/7.3	8.2/6.3
PER(최고/저)(배)	21.3/11.5	24.4/14.9	—/—	25.6/13.5	—/—	17.8/13.6
PBR(최고/저)(배)	1.2/0.7	0.8/0.5	0.8/0.6	1.1/0.6	1.1/0.7	0.8/0.6
EV/EBITDA(배)	9.9	18.7	22.8	19.3	13.9	12.7
EPS(원)	679	389	-2,236	439	-9	473
BPS(원)	11,996	12,384	10,696	10,484	10,416	10,979
CFPS(원)	1,235	846	-1,451	1,004	537	1,028
DPS(원)	—	—	—	—	—	150
EBITDAPS(원)	1,653	1,028	1,040	1,428	1,981	1,780

재무 비율

〈단위 : %〉

연도	영업이익률	순이익률	부채비율	차입금비율	ROA	ROE	유보율	자기자본비율	EBITDA마진율
2017	2.1	0.8	283.6	174.3	1.2	4.8	119.6	26.1	3.0
2016	2.5	0.0	335.2	217.2	0.0	-0.1	108.3	23.0	3.4
2015	1.6	0.8	301.7	209.4	1.1	4.6	109.7	24.9	2.7
2014	0.5	-4.3	291.3	195.0	-5.8	-21.0	101.8	25.6	2.0

한세실업 (A105630)

HANSAE

업 종 : 섬유 및 의복
신용등급 : (Bond) — (CP) —
홈페이지 : www.hansae.com
본 사 : 서울시 영등포구 은행로 29 (정우빌딩 5층)
시 장 : 거래소
기업규모 : 시가총액 중형주
연 락 처 : 02)3779-0779

설립일	2009.01.06	**종업원수**	586명	**대표이사**	김익환
상장일	2009.03.20	**감사의견**	적정(삼일)	**계열**	
결산기	12월	**보통주**		**종속회사수**	20개사
액면가	500원	**우선주**		**구상호**	

주주구성 (지분율,%)		출자관계 (지분율,%)		주요경쟁사 (외형,%)	
한세예스24홀딩스	42.0	칼라앤터치	100.0	한세실업	100
국민연금공단	12.2	한세엠케이	50.0	코데즈컴바인	1
(외국인)	6.7	HansaeVietnam	100.0	영원무역	117

매출구성		비용구성		수출비중	
봉제품(제품)	91.7	매출원가율	77.2	수출	—
HANSAE VIETNAM CO., LTD(기타)	6.1	판관비율	19.5	내수	—
엠케이트렌드 (*4)(기타)	4.8				

회사 개요

동사는 미국의 유명 바이어로부터 주문을 받아 OEM(Original Equipment Manufacturing: 주문자 상표 부착 생산), ODM(Original Design Manufacturing: 제조업자개발생산) 방식으로 수출하는 글로벌 패션기업임. 주요 바이어는 TARGET, OLD NAVY, GAP, KOHL'S, WAL-MART, PINK, H&M 등이 있음.

실적 분석

2017년 연결기준 동사 매출액은 1조7113.3억원을 기록함. 전년도 매출액인 1조5476.6억원에 비해 10.6% 증가한 금액임. 매출은 늘었으나 매출원가가 5.9% 증가하고 판매비와 관리비가 52.5% 늘어 영업이익은 전년도 816.1억원에서 30.7% 감소한 565.4억원을 기록함. 전년도 적자를 기록했던 비영업부문은 흑자로 돌아섰음. 이에 당기순이익은 전년도 대비 0.3% 증가한 461억원을 시현함.

현금 흐름

〈단위 : 억원〉

항목	2016	2017
영업활동	569	718
투자활동	-503	-1,295
재무활동	421	-671
순현금흐름	518	-1,300
기말현금	1,925	625

시장 대비 수익률

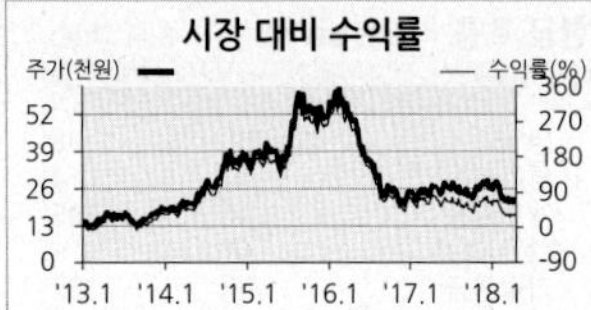

결산 실적

〈단위 : 억원〉

항목	2012	2013	2014	2015	2016	2017
매출액	11,296	12,387	13,132	15,865	15,477	17,113
영업이익	631	602	931	1,424	816	565
당기순이익	526	424	616	1,036	460	461

분기 실적

〈단위 : 억원〉

항목	2016.3Q	2016.4Q	2017.1Q	2017.2Q	2017.3Q	2017.4Q
매출액	4,176	4,407	3,865	4,010	4,968	4,270
영업이익	271	143	40	130	351	44
당기순이익	261	-96	127	66	224	45

재무 상태

〈단위 : 억원〉

항목	2012	2013	2014	2015	2016	2017
총자산	5,857	6,824	7,832	9,922	12,707	11,961
유형자산	773	947	1,144	1,076	1,894	1,729
무형자산	74	82	74	31	732	709
유가증권	1,863	1,773	3,163	3,566	2,705	3,713
총부채	3,514	4,103	4,523	5,666	7,071	6,225
총차입금	2,444	2,925	3,228	4,234	5,248	4,604
자본금	200	200	200	200	200	200
총자본	2,344	2,721	3,309	4,256	5,636	5,736
지배주주지분	2,343	2,721	3,309	4,256	4,502	4,757

기업가치 지표

항목	2012	2013	2014	2015	2016	2017
주가(최고/저)(천원)	17.4/5.9	19.4/12.7	40.8/17.8	61.8/33.0	63.5/19.9	29.1/21.8
PER(최고/저)(배)	14.0/4.7	19.1/12.5	27.5/12.0	24.8/13.2	55.7/17.5	27.4/20.5
PBR(최고/저)(배)	3.1/1.1	3.0/2.0	5.1/2.2	6.0/3.2	5.7/1.8	2.4/1.8
EV/EBITDA(배)	10.1	12.2	16.0	14.5	14.2	15.6
EPS(원)	1,316	1,065	1,544	2,586	1,174	1,081
BPS(원)	5,856	6,802	8,273	10,640	11,499	12,333
CFPS(원)	1,570	1,363	1,924	3,012	1,586	1,702
DPS(원)	120	150	200	250	330	450
EBITDAPS(원)	1,831	1,802	2,708	3,985	2,452	2,034

재무 비율

〈단위 : %〉

연도	영업이익률	순이익률	부채비율	차입금비율	ROA	ROE	유보율	자기자본비율	EBITDA마진율
2017	3.3	2.7	108.5	80.3	3.7	9.3	2,366.6	48.0	4.8
2016	5.3	3.0	125.5	93.1	4.1	10.7	2,199.7	44.4	6.3
2015	9.0	6.5	133.1	99.5	11.7	27.3	2,028.0	42.9	10.1
2014	7.1	4.7	136.7	97.6	8.4	20.5	1,554.6	42.3	8.3

한세엠케이 (A069640)

HANSAEMK COLTD

업 종 : 섬유 및 의복
신용등급 : (Bond) — (CP) —
홈페이지 : www.hansaemk.com
본 사 : 서울시 강남구 논현로 633 MK빌딩
시 장 : 거래소
기업규모 : 시가총액 소형주
연 락 처 : 02)2142-5000

설립일	1995.03.31	**종업원수**	221명	**대표이사**	김동녕,김문환
상장일	2011.06.21	**감사의견**	적정(삼정)	**계열**	
결산기	12월	**보통주**		**종속회사수**	3개사
액면가	500원	**우선주**		**구상호**	엠케이트렌드

주주구성 (지분율,%)		출자관계 (지분율,%)		주요경쟁사 (외형,%)	
한세실업	50.0	상해상무유한공사	100.0	한세엠케이	100
한국투자신탁운용	6.9	BUCKAROO	100.0	제이에스코퍼레이션	72
(외국인)	2.3			SG세계물산	87

매출구성		비용구성		수출비중	
[NBA]점퍼 외	58.1	매출원가율	40.8	수출	—
[자회사]상해	14.6	판관비율	56.3	내수	—
[BUCKAROO]기타	10.3				

회사 개요

동사는 캐주얼 패션 전문기업으로 현재 티비제이(TBJ), 버커루(BUCKAROO), 앤듀(ANDEW)와 신규 스포츠 캐주얼 브랜드인 NBA를 포함해 4개의 브랜드를 주력 사업으로 영위하고 있음. 10대 ~ 20대 연령층을 주요 고객층으로 영업을 진행하고 있으며, NBA는 2011년 8월 런칭하여 스포츠 캐주얼 시장에 진출함. 특히 2010년 이후 BUCKAROO 브랜드의 매출이 눈에 띄게 확대되면서 과거 주력 브랜드였던 TBJ 매출을 상회함.

실적 분석

동사의 2017년 연간 매출액은 전년동기대비 3.3% 상승한 3,289억원을 기록하였음. 비용면에서 전년동기대비 매출원가는 증가 했으며 인건비는 감소 하였고 광고선전비는 증가 했고 기타판매비와관리비는 증가함. 매출액은 성장했지만 원가 증가로 인해 전년동기대비 영업이익은 95.3억원으로 7.1% 하락하였음. 그러나 비영업손익의 흑자전환으로 전년동기대비 당기순이익은 74.7억원을 기록함.

현금 흐름

〈단위 : 억원〉

항목	2016	2017
영업활동	138	42
투자활동	25	-87
재무활동	-54	-122
순현금흐름	110	-170
기말현금	248	78

시장 대비 수익률

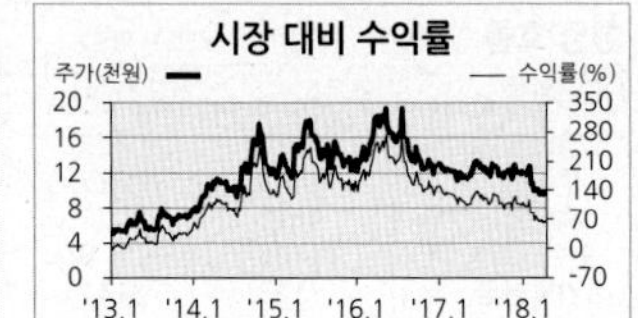

결산 실적

〈단위 : 억원〉

항목	2012	2013	2014	2015	2016	2017
매출액	2,594	2,593	2,610	2,897	3,185	3,289
영업이익	118	106	61	55	103	95
당기순이익	94	90	18	36	50	75

분기 실적

〈단위 : 억원〉

항목	2016.3Q	2016.4Q	2017.1Q	2017.2Q	2017.3Q	2017.4Q
매출액	654	1,018	801	766	670	1,053
영업이익	5	48	39	48	-6	14
당기순이익	12	-11	37	39	-22	22

재무 상태

〈단위 : 억원〉

항목	2012	2013	2014	2015	2016	2017
총자산	1,731	1,911	1,901	2,089	2,297	2,129
유형자산	442	437	445	430	357	352
무형자산	14	14	14	13	12	11
유가증권	—	0	0	—	—	12
총부채	361	475	422	571	740	543
총차입금	110	162	150	471	218	130
자본금	40	60	61	63	65	65
총자본	1,370	1,436	1,479	1,518	1,557	1,586
지배주주지분	1,370	1,436	1,479	1,518	1,557	1,586

기업가치 지표

항목	2012	2013	2014	2015	2016	2017
주가(최고/저)(천원)	8.4/4.1	7.9/5.1	17.9/7.5	18.8/11.2	19.4/11.5	13.6/11.2
PER(최고/저)(배)	11.8/5.7	11.4/7.3	128.5/53.8	68.3/40.6	51.7/30.7	23.8/19.6
PBR(최고/저)(배)	0.8/0.4	0.7/0.5	1.6/0.7	1.6/1.0	1.7/1.0	1.1/0.9
EV/EBITDA(배)	5.8	8.5	21.3	25.0	11.9	10.4
EPS(원)	783	748	148	288	388	579
BPS(원)	17,126	12,133	12,064	12,009	12,076	12,436
CFPS(원)	1,333	876	293	519	693	996
DPS(원)	200	150	150	200	200	200
EBITDAPS(원)	1,637	1,014	641	662	1,100	1,156

재무 비율

〈단위 : %〉

연도	영업이익률	순이익률	부채비율	차입금비율	ROA	ROE	유보율	자기자본비율	EBITDA마진율
2017	2.9	2.3	34.2	8.2	3.4	4.8	2,387.3	74.5	4.5
2016	3.2	1.6	47.6	14.0	2.3	3.3	2,315.3	67.8	4.5
2015	1.9	1.3	37.6	31.0	1.8	2.4	2,301.8	72.7	2.9
2014	2.3	0.7	28.5	10.1	1.0	1.2	2,312.9	77.8	3.0

한세예스투포홀딩스 (A016450)
Hansae Yes24 Holdings

업 종 : 섬유 및 의복
신용등급 : (Bond) — (CP) —
홈페이지 : www.hansaeyes24.com
본 사 : 서울시 영등포구 은행로 11 일신빌딩 6층

시 장 : 거래소
기업규모 : 시가총액 중형주
연 락 처 : 02)3779-0800

설 립 일	1982.11.18	**종 업 원 수**	20명	**대 표 이 사**	김동녕,김기호
상 장 일	2000.01.06	**감 사 의 견**	적정(삼일)	**계 열**	
결 산 기	12월	**보 통 주**		**종속회사수**	32개사
액 면 가	500원	**우 선 주**		**구 상 호**	

주주구성 (지분율,%)		출자관계 (지분율,%)		주요경쟁사 (외형,%)	
김석환	26.0	동아출판	100.0	한세예스24홀딩스	100
김익환	20.8	에프알제이	88.6	LF	65
(외국인)	3.7	한세드림	88.0	신세계인터내셔날	45

매출구성		비용구성		수출비중	
상품판매	94.7	매출원가율	73.4	수출	—
상품판매수수료등	2.1	판관비율	23.4	내수	—
배너,검색광고등	1.8				

회사 개요
동사는 1982년 한세실업으로 설립됨. 의류제조업, 온라인 도서 판매업, 출판업, 아동복 및 아동용품 제조업과 판매업 등을 영위하고 있음. 한세실업, 예스이십사, 동아출판, 한세드림 등을 연결대상 종속회사로 보유하고 있음. 올드 네이비, 타겟, 갭, 월마트, 나이키, 핑크, 등을 주요 바이어로 보유하고 있으며 주요 판매 품목은 셔츠의류, 숙녀복정장, 캐쥬얼 의류 등임.

실적 분석
2017년 연결기준 동사 매출액은 2조4623억원을 기록함. 전년도에 비해 9.9% 증가한 금액임. 그러나 매출원가가 5.5% 늘고 판매비와 관리비가 30.9% 증가해 영업이익은 8.9% 감소한 784.4억원을 기록함. OEM, ODM 시장 경쟁 심화와 원가상승, 예스이십사 투자비용 증가가 수익성 악화 원인으로 분석됨. 비영업부문은 이익 95.8억원을 기록하며 흑자로 돌아섰음. 당기순이익은 전년도 대비 43.4% 증가한 604억원을 기록함.

현금 흐름 〈단위 : 억원〉

항목	2016	2017
영업활동	843	958
투자활동	-672	-1,855
재무활동	569	-624
순현금흐름	770	-1,574
기말현금	2,378	803

시장 대비 수익률
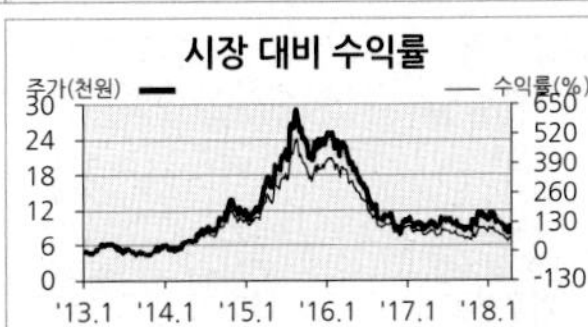

결산 실적 〈단위 : 억원〉

항목	2012	2013	2014	2015	2016	2017
매출액	14,710	15,712	17,284	20,860	22,400	24,623
영업이익	693	629	1,137	1,628	861	784
당기순이익	577	457	778	1,121	421	604

분기 실적 〈단위 : 억원〉

항목	2016.3Q	2016.4Q	2017.1Q	2017.2Q	2017.3Q	2017.4Q
매출액	5,842	6,342	5,870	5,628	6,806	6,320
영업이익	263	193	148	151	347	138
당기순이익	233	-91	207	49	216	132

재무 상태 〈단위 : 억원〉

항목	2012	2013	2014	2015	2016	2017
총자산	7,774	8,735	11,213	14,361	17,406	16,936
유형자산	1,196	1,419	2,168	2,257	3,085	2,880
무형자산	380	383	666	703	1,409	1,429
유가증권	2,074	2,592	3,453	3,864	2,976	4,327
총부채	4,458	5,015	6,751	8,869	10,606	9,924
총차입금	2,580	3,036	4,222	5,791	6,968	6,382
자본금	159	200	200	200	200	200
총자본	3,317	3,719	4,463	5,492	6,800	7,012
지배주주지분	1,652	1,821	2,154	2,635	2,649	2,853

기업가치 지표

항목	2012	2013	2014	2015	2016	2017
주가(최고/저)(천원)	6.8/3.4	6.4/4.3	14.2/5.1	30.0/10.3	26.0/8.0	12.3/8.1
PER(최고/저)(배)	12.4/6.2	14.2/9.6	17.1/6.1	23.6/8.1	69.4/21.4	15.9/10.5
PBR(최고/저)(배)	1.8/0.9	1.5/1.0	2.8/1.0	4.7/1.6	4.1/1.3	1.7/1.1
EV/EBITDA(배)	5.3	6.6	6.8	8.1	9.6	8.7
EPS(원)	589	482	872	1,323	388	792
BPS(원)	5,203	4,553	5,386	6,588	6,633	7,276
CFPS(원)	1,130	842	1,427	2,184	1,328	1,880
DPS(원)	80	80	100	120	160	220
EBITDAPS(원)	2,571	1,932	3,398	4,931	3,093	3,048

재무 비율 〈단위 : %〉

연도	영업 이익률	순 이익률	부채 비율	차입금 비율	ROA	ROE	유보율	자기자본 비율	EBITDA 마진율
2017	3.2	2.5	141.5	91.0	3.5	11.5	1,355.2	41.4	5.0
2016	3.8	1.9	156.0	102.5	2.7	5.9	1,226.6	39.1	5.5
2015	7.8	5.4	161.5	105.4	8.8	22.1	1,217.7	38.2	9.5
2014	6.6	4.5	151.3	94.6	7.8	17.6	977.2	39.8	7.9

한솔로지스틱스 (A009180)
Hansol Logistics

업 종 : 육상운수
신용등급 : (Bond) — (CP) —
홈페이지 : www.hansollogistics.com
본 사 : 서울시 중구 을지로 100 파인애비뉴 B동 22층

시 장 : 거래소
기업규모 : 시가총액 소형주
연 락 처 : 02)3287-7400

설 립 일	1973.08.14	**종 업 원 수**	282명	**대 표 이 사**	민병규
상 장 일	1989.11.13	**감 사 의 견**	적정(안진)	**계 열**	
결 산 기	12월	**보 통 주**		**종속회사수**	5개사
액 면 가	500원	**우 선 주**		**구 상 호**	한솔CSN

주주구성 (지분율,%)		출자관계 (지분율,%)		주요경쟁사 (외형,%)	
한솔홀딩스	21.8	한솔로지스틱스씨에스씨엠	100.0	한솔로지스틱스	100
한솔CSN우리사주조합	6.2	한솔로지스틱스티에스씨엠	100.0	KCTC	103
(외국인)	7.4	HANSOLLOGISTICSMALAYSIASdn.Bhd.	100.0	동양고속	40

매출구성		비용구성		수출비중	
운송하역보관(기타)	100.0	매출원가율	93.8	수출	—
		판관비율	5.5	내수	—

회사 개요
동사는 2014년 기준 업계 7위권의 업체로 국내TPL(운송, 보관, 하역)서비스, 국제TPL(해상, 항공, 국제복합운송)서비스, e-Logistice 서비스를 제공하는 종합물류 서비스(TPL) 사업을 영위하고 있음. 동사의 종속법인은 말레이시아, 멕시코, 미국에 위치하고 있으며 고객사 해외현지 법인의 판매, 조달, 창고운영 등의 종합 물류관리 서비스를 제공하고 있음.

실적 분석
동사의 2017년 연결기준 연간 매출액은 3,552.7억원으로 전년동기 대비 7.7% 감소함. 영업이익과 당기순이익 또한 각 23억원, 28.7억원을 기록하며 수익성 악화. 동사의 물류사업은 한솔그룹 계열물류의 통합서비스를 시작으로 제지산업의 물류공동화를 이루어 냄. 물류부문은 제3자 물류업체를 지향하고 있으며, 정보시스템과 글로벌 네트워크를 기반으로 물류기획에서 운영, 관리까지 원스톱 물류서비스 제공을 목표로 진행중.

현금 흐름 〈단위 : 억원〉

항목	2016	2017
영업활동	28	11
투자활동	-26	-8
재무활동	1	-3
순현금흐름	5	-0
기말현금	28	28

시장 대비 수익률
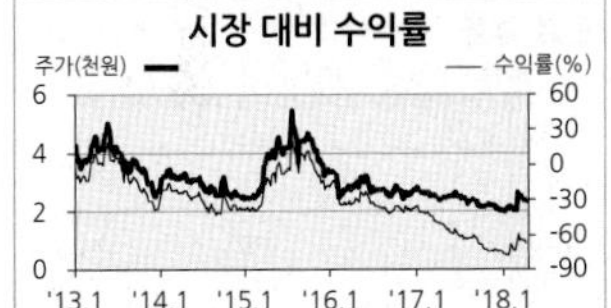

결산 실적 〈단위 : 억원〉

항목	2012	2013	2014	2015	2016	2017
매출액	4,347	4,624	3,894	3,749	3,847	3,553
영업이익	120	88	26	6	51	23
당기순이익	54	-27	10	562	36	29

분기 실적 〈단위 : 억원〉

항목	2016.3Q	2016.4Q	2017.1Q	2017.2Q	2017.3Q	2017.4Q
매출액	969	988	966	875	911	801
영업이익	20	6	16	15	3	-11
당기순이익	15	2	14	14	15	-14

재무 상태 〈단위 : 억원〉

항목	2012	2013	2014	2015	2016	2017
총자산	2,048	1,859	1,787	902	979	919
유형자산	121	113	126	99	110	94
무형자산	63	53	57	76	68	109
유가증권	433	537	546	7	32	6
총부채	990	790	714	498	539	447
총차입금	296	103	3	—	—	—
자본금	246	246	246	88	88	88
총자본	1,057	1,069	1,073	404	440	472
지배주주지분	1,057	1,069	1,073	404	440	472

기업가치 지표

항목	2012	2013	2014	2015	2016	2017
주가(최고/저)(천원)	4.6/1.4	5.1/2.5	3.5/2.4	5.7/2.3	3.4/2.4	2.9/2.0
PER(최고/저)(배)	42.6/13.2	—/—	168.1/114.1	3.3/1.3	15.9/11.2	16.6/11.7
PBR(최고/저)(배)	2.2/0.7	2.4/1.2	1.6/1.1	2.4/1.0	1.3/0.9	1.0/0.7
EV/EBITDA(배)	9.5	7.6	16.7	14.7	5.2	5.5
EPS(원)	113	-56	21	1,751	221	174
BPS(원)	2,204	2,227	2,236	2,456	2,674	2,867
CFPS(원)	246	59	80	1,843	412	374
DPS(원)	20	20	20	20	20	30
EBITDAPS(원)	383	297	113	111	498	339

재무 비율 〈단위 : %〉

연도	영업 이익률	순 이익률	부채 비율	차입금 비율	ROA	ROE	유보율	자기자본 비율	EBITDA 마진율
2017	0.7	0.8	94.7	0.0	3.0	6.3	434.3	51.4	1.6
2016	1.3	0.9	122.3	0.0	3.9	8.6	398.4	45.0	2.1
2015	0.2	15.0	123.1	0.0	41.8	76.1	357.7	44.8	1.0
2014	0.7	0.3	66.5	0.3	0.6	1.0	336.2	60.1	1.4

한솔시큐어 (A070300)
Hansol Secure

업 종 : 휴대폰 및 관련부품 | 시 장 : KOSDAQ
신용등급 : (Bond) — (CP) — | 기업규모 : 중견
홈페이지 : www.hansolsecure.com | 연 락 처 : 02)2082-0777
본 사 : 서울시 구로구 디지털로 306, 대륭포스트타워2차 508호

설 립 일	2000.09.15	**종 업 원 수**	58명	**대 표 이 사**	박상진
상 장 일	2010.06.07	**감 사 의 견**	적정(삼일)	**계 열**	
결 산 기	12월	**보 통 주**		**종속회사수**	
액 면 가	500원	**우 선 주**		**구 상 호**	

주주구성 (지분율,%)		출자관계 (지분율,%)		주요경쟁사 (외형,%)	
한솔인티큐브	27.2	티모넷	1.6	한솔시큐어	100
Giesecke+Devrient Mobile Security GmbH	16.3			피델릭스	405
(외국인)	17.3			알에프세미	412

매출구성		비용구성		수출비중	
스마트 카드	75.3	매출원가율	55.1	수출	5.1
용역	18.0	판관비율	57.3	내수	94.9
상품	6.5				

회사 개요

국내 1위 USIM 공급업체로서 휴대전화 등에 사용되는 USIM을 비롯한 신용카드 등 금융 보안영역에 사용되는 IC칩, 모바일 결제가 가능한 핀테크 솔루션 등을 제공하고 있음. 2006년 올인원칩 형태의 Combi-USIM 상용화에 성공하여 국내 3G이통시장에서 USIM 칩의 국산화를 이루었으며, 현재는 SKT 및 KT향 4G LTE NFC-USIM사업을 진행 중임. 최근 독일의 글로벌 스마트카드 업체인 G+D와 자본 및 사업제휴 계약을 체결함.

실적 분석

그룹의 지주회사체제 전환작업을 마무리하기 위해 동사가 보유한 한솔넥스지 주식 106만주를 매각하면서 차익이 70억원 이상 발생함. 매각 대금은 현재 독일 G+D사와 추진 중인 임베디드심(eSIM)·사물인터넷(IoT) 보안 사업에 사용할 것으로 보임. 2017년 사업구조 안정화와 유심 공급물량 증가에도 불구하고 유심의 가격 하락으로 매출액이 전년동기 대비 7.5% 감소했으며, 금융IC카드의 재고자산 평가충당금을 설정하여 영업이익도 적자를 지속함.

현금 흐름 *IFRS 별도 기준 〈단위 : 억원〉

항목	2016	2017
영업활동	-33	15
투자활동	-2	-70
재무활동	9	66
순현금흐름	-27	12
기말현금	13	25

시장 대비 수익률

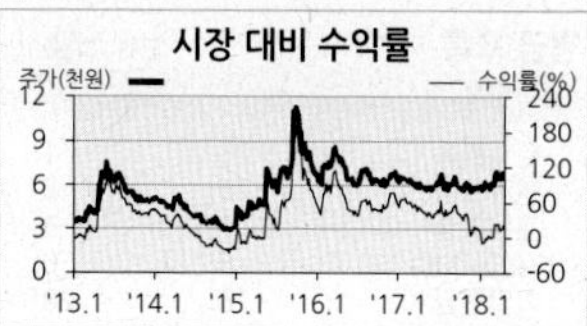

결산 실적 〈단위 : 억원〉

항목	2012	2013	2014	2015	2016	2017
매출액	130	189	106	164	163	151
영업이익	-19	13	-40	5	-31	-19
당기순이익	-5	21	-29	21	-78	54

분기 실적 *IFRS 별도 기준 〈단위 : 억원〉

항목	2016.3Q	2016.4Q	2017.1Q	2017.2Q	2017.3Q	2017.4Q
매출액	54	36	40	32	34	45
영업이익	8	-37	0	-9	-1	-9
당기순이익	6	-84	-1	4	59	-7

재무 상태 *IFRS 별도 기준 〈단위 : 억원〉

항목	2012	2013	2014	2015	2016	2017
총자산	240	259	238	265	179	301
유형자산	9	12	10	8	7	6
무형자산	22	18	16	13	10	8
유가증권	14	15	15	3	60	2
총부채	25	22	31	43	37	28
총차입금	4	—	—	—	10	—
자본금	31	31	31	31	31	37
총자본	215	236	207	222	141	273
지배주주지분	215	236	207	222	141	273

기업가치 지표 *IFRS 별도 기준

항목	2012	2013	2014	2015	2016	2017
주가(최고/저)(천원)	7.3/2.9	7.7/3.4	5.5/2.9	11.8/3.1	8.9/5.7	6.8/5.5
PER(최고/저)(배)	—/—	23.1/10.2	—/—	34.6/9.2	—/—	9.0/7.3
PBR(최고/저)(배)	2.1/0.9	2.0/0.9	1.6/0.9	3.3/0.9	3.9/2.5	1.8/1.5
EV/EBITDA(배)	—	13.6	—	30.8	—	—
EPS(원)	-85	338	-469	342	-1,272	756
BPS(원)	3,484	3,834	3,349	3,596	2,292	3,703
CFPS(원)	76	464	-337	454	-1,175	817
DPS(원)	—	20	—	20	—	—
EBITDAPS(원)	-149	339	-513	197	-405	-201

재무 비율 〈단위 : %〉

연도	영업이익률	순이익률	부채비율	차입금비율	ROA	ROE	유보율	자기자본비율	EBITDA마진율
2017	-12.4	35.7	10.3	0.0	22.5	26.1	640.5	90.7	-9.5
2016	-19.0	-48.0	26.5	7.1	-35.3	-43.2	358.4	79.0	-15.3
2015	3.2	12.9	19.6	0.0	8.4	9.8	619.1	83.6	7.4
2014	-37.7	-27.4	15.2	0.0	-11.7	-13.1	569.8	86.8	-29.9

한솔신텍 (A099660)
Hansol SeenTec

업 종 : 에너지 시설 및 서비스 | 시 장 : KOSDAQ
신용등급 : (Bond) — (CP) — | 기업규모 : 중견
홈페이지 : www.hansolseentec.com | 연 락 처 : 055)210-7000
본 사 : 경남 창원시 성산구 중앙대로 64, 1501 (상남동, 신텍타워)

설 립 일	2001.02.16	**종 업 원 수**	285명	**대 표 이 사**	박동민
상 장 일	2009.04.30	**감 사 의 견**	적정(한영)	**계 열**	
결 산 기	12월	**보 통 주**		**종속회사수**	4개사
액 면 가	500원	**우 선 주**		**구 상 호**	

주주구성 (지분율,%)		출자관계 (지분율,%)		주요경쟁사 (외형,%)	
김명순	16.6	동경화공기	80.0	한솔신텍	100
알리안츠글로벌인베스터스자산운용	0.9	자본재공제조합	1.3	S&TC	144
(외국인)	1.3	엔지니어링공제조합	0.5	신성이엔지	776

매출구성		비용구성		수출비중	
발전설비	78.1	매출원가율	111.6	수출	28.9
산업설비외	20.4	판관비율	12.4	내수	71.1
용역매출	1.5				

회사 개요

동사는 발전산업용 보일러, 파워 및 환경플랜트 엔지니어링 등을 제조 판매를 영위할 목적으로 2001년 2월 16일에 설립. 발전설비, 화공설비 및 기타 산업설비로 구분되며, 발전설비의 경우 보일러 및 HRSG 등을, 화공설비의 경우는 열교환기 및 압력용기 등을 제조함. 신규사업으로 신재생 에너지 설비와 해양플랜트 사업에 주목을 하고 있는데 신재생에너지 사업은 기존 에너지 사업의 연장선 상에서 쉽게 시장에 진입할 수 있는 장점이 있음.

실적 분석

동사의 연결기준 2017년 매출액은 1,276.1억원으로 전년대비 20.6% 감소하였음. 2017년 부문별 매출비중에서 동사의 주된 매출부문은 발전설비 플랜트분야임. 외형이 크게 축소되었음에도 매출원가가 상승하여 매출총이익이 적자전환하였음. 영업손실 역시 306.3억원으로 적자전환하였으며 비영업손실이 지속되었음. 최종적으로 동사는 458.4억원의 당기순손실을 기록해 적자 전환하였음.

현금 흐름 〈단위 : 억원〉

항목	2016	2017
영업활동	53	-31
투자활동	-25	-14
재무활동	2	22
순현금흐름	31	34
기말현금	139	173

시장 대비 수익률

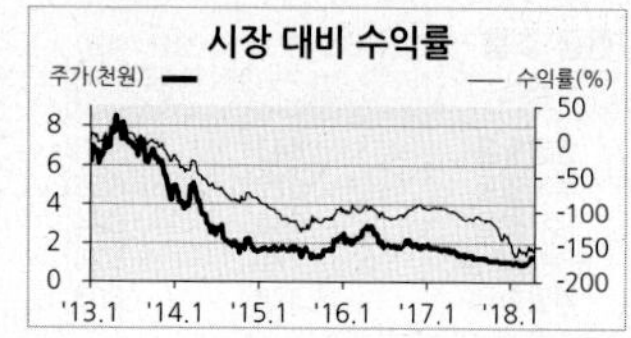

결산 실적 〈단위 : 억원〉

항목	2012	2013	2014	2015	2016	2017
매출액	1,177	2,235	1,271	1,307	1,607	1,276
영업이익	-87	-53	-253	96	101	-306
당기순이익	109	-143	-340	9	20	-458

분기 실적 〈단위 : 억원〉

항목	2016.3Q	2016.4Q	2017.1Q	2017.2Q	2017.3Q	2017.4Q
매출액	442	598	246	386	411	233
영업이익	42	2	5	-29	-7	-275
당기순이익	2	6	-9	-43	-6	-400

재무 상태 〈단위 : 억원〉

항목	2012	2013	2014	2015	2016	2017
총자산	1,853	2,266	1,728	2,251	2,325	2,058
유형자산	713	781	730	716	687	646
무형자산	15	55	62	49	34	39
유가증권	15	11	11	34	61	65
총부채	1,458	1,784	1,424	1,622	1,493	1,619
총차입금	905	1,290	869	939	765	733
자본금	48	78	133	252	320	320
총자본	395	482	304	630	832	439
지배주주지분	393	481	302	628	831	438

기업가치 지표

항목	2012	2013	2014	2015	2016	2017
주가(최고/저)(천원)	8.0/3.8	8.5/3.9	5.2/1.4	2.3/1.2	3.0/1.7	2.0/1.0
PER(최고/저)(배)	12.0/5.6	—/—	—/—	108.9/56.4	81.1/46.7	—/—
PBR(최고/저)(배)	3.3/1.5	3.5/1.6	4.9/1.3	1.9/1.0	2.2/1.3	2.8/1.4
EV/EBITDA(배)	—	—	—	14.0	12.3	—
EPS(원)	671	-723	-1,528	22	36	-716
BPS(원)	4,192	3,147	1,181	1,271	1,318	704
CFPS(원)	1,395	-731	-1,478	137	118	-632
DPS(원)	—	—	—	—	—	—
EBITDAPS(원)	-642	-145	-1,045	349	263	-395

재무 비율 〈단위 : %〉

연도	영업이익률	순이익률	부채비율	차입금비율	ROA	ROE	유보율	자기자본비율	EBITDA마진율
2017	-24.0	-35.9	369.1	167.2	-20.9	-72.2	40.8	21.3	-19.8
2016	6.3	1.2	179.3	91.9	0.9	2.8	163.7	35.8	9.2
2015	7.3	0.7	257.5	149.2	0.5	2.0	154.2	28.0	10.9
2014	-19.9	-26.7	468.4	285.9	-17.0	-86.5	136.1	17.6	-16.3

*관리종목

한솔씨앤피 (A221610)

Hansol CNP

업　　종 : 화학　　　시　　장 : KOSDAQ
신용등급 : (Bond) —　(CP) —　　　기업규모 : 중견
홈페이지 : www.hansolcnp.com　　　연 락 처 : 031)364-7400
본　　사 : 경기도 안산시 단원구 강촌로 203

설 립 일	2000.07.10	**종업원수**	103명	**대표이사**	김화주
상 장 일	2016.01.27	**감사의견**	적정(삼정)	**계　열**	
결 산 기	12월	**보 통 주**		**종속회사수**	3개사
액 면 가	500원	**우 선 주**		**구 상 호**	

주주구성 (지분율,%)		출자관계 (지분율,%)		주요경쟁사 (외형,%)	
한솔케미칼	50.1	HansolCNPVina.	100.0	한솔씨앤피	100
코에프씨교보한화그로쓰챔프2010의6호사모투자전문회사	13.4	TianjinC&PChemical	100.0	WISCOM	255
(외국인)	0.4	HansolCNPIndiaPvt.	99.0	진양산업	98

매출구성		비용구성		수출비중	
코팅재	98.0	매출원가율	68.4	수출	—
운송용역	1.2	판관비율	29.8	내수	—
원재료	0.8				

회사 개요

동사는 1996년 설립되어 모바일 및 기타 IT 기기 등에 사용되는 도료의 생산 및 판매를 주요사업으로 영위하고 있음. 주요 매출 품목은 휴대폰, 테블릿 등 모바일 IT 기기의 외장에 사용되는 기능성 특수 도료임. 도료는 유동상태로 물체의 표면에 도포하여 엷은 막을 형성, 고화함으로서 그 물체를 보호하고 외관을 아름답게 하는 제품임. 연결대상 종속회사로는 중국 천진, 베트남, 인도 소재의 현지법인 3개사가 있음.

실적 분석

동사의 2017년 연간 매출액은 전년동기대비 17.3% 하락한 458억원을 기록하였음. 비용면에서 전년동기대비 매출원가는 감소 하였으며 인건비는 증가 했고 기타판매비와관리비는 증가함. 주춤한 모습의 매출액에 의해 전년동기대비 영업이익은 8.1억원으로 86.9% 크게 하락 하였음. 최종적으로 전년동기대비 당기순손실은 적자전환하여 3.5억원을 기록함. 비영업손익의 적자지속이 영향을 미친것으로 보임.

현금 흐름

〈단위 : 억원〉

항목	2016	2017
영업활동	84	25
투자활동	-17	-17
재무활동	54	-21
순현금흐름	121	-25
기말현금	163	138

시장 대비 수익률

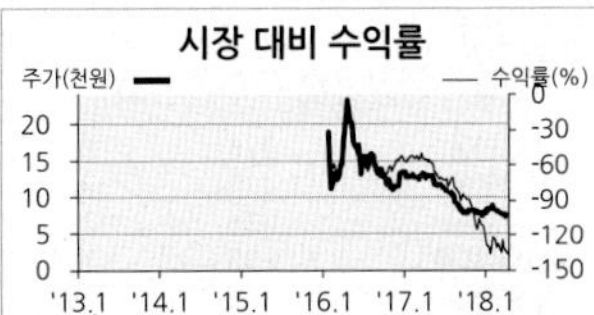

결산 실적

〈단위 : 억원〉

항목	2012	2013	2014	2015	2016	2017
매출액	205	391	509	584	554	458
영업이익	6	24	44	41	62	8
당기순이익	-1	6	37	30	54	-4

분기 실적

〈단위 : 억원〉

항목	2016.3Q	2016.4Q	2017.1Q	2017.2Q	2017.3Q	2017.4Q
매출액	125	134	127	115	117	99
영업이익	21	7	9	4	2	-7
당기순이익	15	6	7	1	3	-15

재무 상태

〈단위 : 억원〉

항목	2012	2013	2014	2015	2016	2017
총자산	233	298	444	464	573	506
유형자산	45	63	70	106	112	104
무형자산	14	12	20	32	14	6
유가증권	—	—	—	—	3	3
총부채	159	218	326	273	184	148
총차입금	84	121	159	135	40	35
자본금	10	10	10	13	20	20
총자본	74	80	118	191	389	358
지배주주지분	74	80	118	191	389	358

기업가치 지표

항목	2012	2013	2014	2015	2016	2017
주가(최고/저)(천원)	—/—	—/—	—/—	—/—	25.1/10.3	14.0/7.5
PER(최고/저)(배)	0.0/0.0	0.0/0.0	0.0/0.0	0.0/0.0	18.8/7.7	—/—
PBR(최고/저)(배)	0.0/0.0	0.0/0.0	0.0/0.0	0.0/0.0	2.8/1.2	1.7/0.9
EV/EBITDA(배)	7.3	3.3	2.4	1.3	5.5	8.2
EPS(원)	-38	288	1,824	1,458	1,475	-88
BPS(원)	29,160	31,762	46,481	7,534	9,745	8,953
CFPS(원)	1,855	5,226	18,403	2,173	1,949	333
DPS(원)	—	—	—	500	500	—
EBITDAPS(원)	4,706	12,251	20,983	2,694	2,164	623

재무 비율

〈단위 : %〉

연도	영업이익률	순이익률	부채비율	차입금비율	ROA	ROE	유보율	자기자본비율	EBITDA마진율
2017	1.8	-0.8	41.5	9.9	-0.7	-0.9	1,690.5	70.7	5.4
2016	11.2	9.7	47.3	10.4	10.4	18.6	1,849.0	67.9	14.3
2015	7.0	5.1	142.9	70.6	6.6	19.4	1,406.9	41.2	9.5
2014	8.7	7.4	277.0	134.8	10.1	37.8	1,077.5	26.5	10.5

한솔인티큐브 (A070590)

Hansol Inticube

업　　종 : IT 서비스　　　시　　장 : KOSDAQ
신용등급 : (Bond) —　(CP) —　　　기업규모 :
홈페이지 : www.hansolinticube.com　　　연 락 처 : 02)6005-3000
본　　사 : 서울시 마포구 월드컵북로 396, 누리꿈스퀘어비즈니스타워 14층

설 립 일	2003.12.16	**종업원수**	238명	**대표이사**	박상준
상 장 일	2004.01.08	**감사의견**	한정(감사범위제한)(안진)	**계　열**	
결 산 기	12월	**보 통 주**		**종속회사수**	
액 면 가	500원	**우 선 주**		**구 상 호**	

주주구성 (지분율,%)		출자관계 (지분율,%)		주요경쟁사 (외형,%)	
한솔홀딩스	22.2	한솔시큐어	27.2	한솔인티큐브	100
조현승	9.9	일신레져	0.1	민앤지	177
(외국인)	1.1	소프트웨어공제조합	0.1	인성정보	562

매출구성		비용구성		수출비중	
컨택센터/CRM 外	85.3	매출원가율	72.2	수출	0.0
SMSC,WAP G/W 등	14.7	판관비율	35.1	내수	100.0

회사 개요

동사는 2003년 주식회사 로커스의 사업부분이 인적분할된 회사로 CRM 기반 컨택센터/CRM, 무선인터넷 솔루션 등과 같은 대고객 통신서비스 분야의 특화된 시스템의 통합 및 솔루션 공급을 주된 사업으로 영위함. 전세계 컨택센터 솔루션 시장 업계 1위인 여러 공급 업체들과 partnership을 맺음과 동시에 소프트웨어 기반의 솔루션들을 국내 환경에 맞게 자체 개발함으로써 모든 컨택센터 관련 솔루션을 보유하고 있는 국내 유일의 SI업체임.

실적 분석

동사의 2017년 연결기준 결산 매출액은 455억원으로 전년동기 대비 36.7% 감소함. 주력사업인 CRM사업부문의 부진에 기인함. 원가율 하락에도 불구하고 외형 축소와 판관비 부담 증가 영향으로 적자 전환하였으며, 33.3억원의 영업손실 시현함. 반면, 비영업부문에서는 금융손실 축소 및 관련기업 투자이익 발생으로 개선된 모습. 따라서 당기순이익은 26.9억원을 시현하며 흑자전환에 성공함.

현금 흐름 *IFRS 별도 기준

〈단위 : 억원〉

항목	2016	2017
영업활동	-35	124
투자활동	-6	66
재무활동	41	-161
순현금흐름	-0	29
기말현금	3	32

시장 대비 수익률

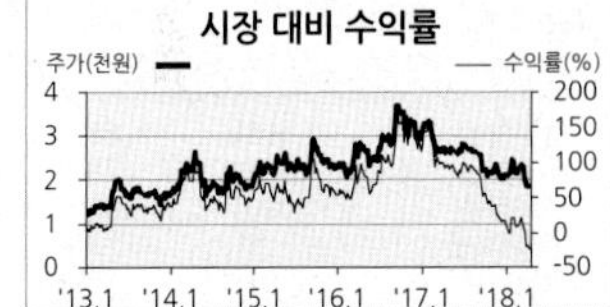

결산 실적

〈단위 : 억원〉

항목	2012	2013	2014	2015	2016	2017
매출액	569	674	648	709	719	455
영업이익	-27	26	31	43	39	-33
당기순이익	-26	20	15	36	-20	27

분기 실적 *IFRS 별도 기준

〈단위 : 억원〉

항목	2016.3Q	2016.4Q	2017.1Q	2017.2Q	2017.3Q	2017.4Q
매출액	175	268	99	103	117	136
영업이익	5	56	-17	-10	-0	-6
당기순이익	6	-5	-10	-3	44	-5

재무 상태 *IFRS 별도 기준

〈단위 : 억원〉

항목	2012	2013	2014	2015	2016	2017
총자산	405	581	619	684	648	524
유형자산	19	19	17	16	15	14
무형자산	23	32	23	25	20	19
유가증권	4	4	5	6	3	3
총부채	161	305	339	373	409	256
총차입금	36	126	141	122	166	5
자본금	69	69	69	69	69	69
총자본	244	277	280	310	239	268
지배주주지분	244	277	280	310	239	268

기업가치 지표 *IFRS 별도 기준

항목	2012	2013	2014	2015	2016	2017
주가(최고/저)(천원)	1.9/1.1	2.1/1.2	2.6/1.7	3.1/2.0	3.8/2.1	3.6/2.0
PER(최고/저)(배)	—/—	15.1/8.8	25.1/15.8	12.0/7.5	—/—	18.7/10.3
PBR(최고/저)(배)	1.1/0.7	1.1/0.6	1.3/0.8	1.4/0.9	2.2/1.2	1.9/1.0
EV/EBITDA(배)	—	10.3	11.2	8.7	12.4	—
EPS(원)	-179	142	108	264	-143	194
BPS(원)	1,772	2,005	2,027	2,250	1,725	1,934
CFPS(원)	-109	229	160	314	-96	229
DPS(원)	—	30	30	30	—	—
EBITDAPS(원)	-132	253	278	362	332	-205

재무 비율

〈단위 : %〉

연도	영업이익률	순이익률	부채비율	차입금비율	ROA	ROE	유보율	자기자본비율	EBITDA마진율
2017	-7.3	5.9	95.4	1.8	4.6	10.6	286.7	51.2	-6.2
2016	5.5	-2.8	170.6	69.3	-3.0	-7.2	245.0	37.0	6.4
2015	6.1	5.1	120.4	39.2	5.6	12.4	349.9	45.4	7.0
2014	4.8	2.3	121.4	50.4	2.5	5.4	305.5	45.2	5.9

한솔제지 (A213500)
Hansol Paper

업 종 : 종이 및 목재 | 시 장 : 거래소
신용등급 : (Bond) A (CP) A2 | 기업규모 : 시가총액 소형주
홈페이지 : www.hansolpaper.co.kr | 연 락 처 : 02)3287-6040
본 사 : 서울시 중구 을지로 100 (을지로2가, 파인애비뉴 B동)

설 립 일	2015.01.02	**종 업 원 수**	1,022명	**대 표 이 사**	이상훈
상 장 일	2015.01.26	**감 사 의 견**	적정(삼일)	**계 열**	
결 산 기	12월	**보 통 주**		**종속회사수**	21개사
액 면 가	5,000원	**우 선 주**		**구 상 호**	

주주구성 (지분율,%)		출자관계 (지분율,%)		주요경쟁사 (외형,%)	
한솔홀딩스	30.5	펜타코프	16.7	한솔제지	100
KB자산운용	10.1	무림파워텍	14.4	동화기업	44
(외국인)	12.2	한울제지원료협동조합	1.6	깨끗한나라	38

매출구성		비용구성		수출비중	
인쇄용지, 특수지	66.5	매출원가율	82.9	수출	51.6
산업용지,기타	33.5	판관비율	13.3	내수	48.4

회사 개요
동사는 2015년 1월 1일 기준 구 한솔제지가 인적분할되어 존속회사 한솔홀딩스(투자부문)와 더불어 분할된 신설회사임. 인쇄용지, 산업용지, 특수지 등의 제조사업을 영위하고 있으며, 인쇄용지와 산업용지 부문에서 생산량 기준 국내 1위의 지위를 확보하고 있음. 국내 제지산업은 구조상 대규모 장치산업이고 투자비가 많이 드는 대신 원재료와 고정비 비중이 큼. 동사의 수익성에 영향을 미치는 요인은 제품가격 및 펄프가격 동향임.

실적 분석
동사의 2017년 4분기 연결기준 누적 매출액은 1조7571.4억원으로 전년 동기(1조5305.4억원) 대비 14.8% 증가했음. 매출성장에도 불구하고 원자재 가격 상승으로 인한 매출원가 증가율이 22.5%를 기록함에 따라 영업이익은 전년 동기 대비 44.7% 줄어든 675.4억원을 시현함. 다만 환율효과로 외환부문 손익이 크게 흑자전환하며 당기순이익은 1.5% 감소에 그친 419.7억원을 달성함.

현금 흐름
〈단위 : 억원〉

항목	2016	2017
영업활동	1,598	883
투자활동	-503	-284
재무활동	-1,090	-559
순현금흐름	5	38
기말현금	91	129

시장 대비 수익률
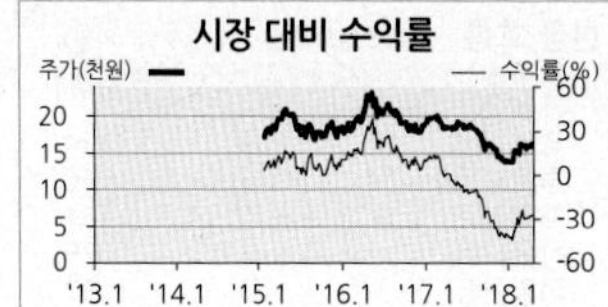

결산 실적
〈단위 : 억원〉

항목	2012	2013	2014	2015	2016	2017
매출액	—	—	—	15,117	15,305	17,571
영업이익	—	—	—	750	1,221	675
당기순이익	—	—	—	221	426	420

분기 실적
〈단위 : 억원〉

항목	2016.3Q	2016.4Q	2017.1Q	2017.2Q	2017.3Q	2017.4Q
매출액	3,750	3,878	3,960	4,423	4,532	4,656
영업이익	317	202	197	277	151	51
당기순이익	225	-108	194	84	41	101

재무 상태
〈단위 : 억원〉

항목	2012	2013	2014	2015	2016	2017
총자산	—	—	—	14,454	14,131	17,410
유형자산	—	—	—	9,737	9,343	11,423
무형자산	—	—	—	570	531	432
유가증권	—	—	—	32	15	46
총부채	—	—	—	10,936	9,661	11,966
총차입금	—	—	—	8,505	6,903	9,031
자본금	—	—	—	827	1,007	1,190
총자본	—	—	—	3,517	4,470	5,444
지배주주지분	—	—	—	3,342	4,313	5,231

기업가치 지표

항목	2012	2013	2014	2015	2016	2017
주가(최고/저)(천원)	—/—	—/—	—/—	21.3/14.6	23.3/17.3	20.2/13.5
PER(최고/저)(배)	0.0/0.0	0.0/0.0	0.0/0.0	16.6/11.3	10.7/8.0	11.6/7.7
PBR(최고/저)(배)	0.0/0.0	0.0/0.0	0.0/0.0	1.2/0.8	1.2/0.9	1.0/0.6
EV/EBITDA(배)	0.0	0.0	0.0	8.7	5.8	8.2
EPS(원)	—	—	—	1,421	2,337	1,812
BPS(원)	—	—	—	20,218	21,422	21,996
CFPS(원)	—	—	—	5,283	6,054	5,469
DPS(원)	—	—	—	500	700	600
EBITDAPS(원)	—	—	—	8,365	10,411	6,569

재무 비율
〈단위 : %〉

연도	영업이익률	순이익률	부채비율	차입금비율	ROA	ROE	유보율	자기자본비율	EBITDA마진율
2017	3.8	2.4	219.8	165.9	2.7	8.8	339.9	31.3	8.7
2016	8.0	2.8	216.1	154.4	3.0	11.1	328.5	31.6	12.4
2015	5.0	1.5	311.0	241.8	0.0	0.0	304.4	24.3	9.2
2014	0.0	0.0	0.0	0.0	0.0	0.0	0.0	0.0	0.0

한솔케미칼 (A014680)
Hansol Chemical

업 종 : 화학 | 시 장 : 거래소
신용등급 : (Bond) A (CP) — | 기업규모 : 시가총액 중형주
홈페이지 : www.hansolchemical.com | 연 락 처 : 02)2152-2399
본 사 : 서울시 강남구 테헤란로 513 K Tower 7F / 8F

설 립 일	1980.03.13	**종 업 원 수**	427명	**대 표 이 사**	박원환
상 장 일	1989.05.20	**감 사 의 견**	적정(삼정)	**계 열**	
결 산 기	12월	**보 통 주**		**종속회사수**	5개사
액 면 가	5,000원	**우 선 주**		**구 상 호**	

주주구성 (지분율,%)		출자관계 (지분율,%)		주요경쟁사 (외형,%)	
조동혁	14.5	한솔씨앤피	50.1	한솔케미칼	100
국민연금공단	13.4	삼영순화	49.0	롯데케미칼	3,044
(외국인)	15.4	테이팩스	45.4	대한유화	341

매출구성		비용구성		수출비중	
정밀화학(*)	34.0	매출원가율	72.7	수출	14.9
전자소재-(주)테이팩스 외	24.1	판관비율	12.1	내수	85.1
전자소재(제품)	17.2				

회사 개요
동사는 1980년에 설립됐으며 제지 및 섬유, 반도체 등에 사용되는 과산화수소를 시작으로 라텍스, 요소수지, 고분자응집제, 차아황산소다 및 기타 화공 약품을 제조 개발하고 있음. 동사의 주요 매출처로는 삼영순화, 한솔제지, INNOS Taiwan, 글로텍, 미래나노텍 등이 있음. 동사는 한솔그룹에 속해있으며 한솔그룹은 국내 19개사, 해외 48개사 총 67개사의 계열사를 보유하고 있음.

실적 분석
동사의 연결기준 2017년 연간 누적 매출액은 5,215.7억원으로 전년 대비 13.3% 증가함. 매출원가와 판관비 증가 등 비용 증가의 영향으로 영업이익은 전년 대비 3.7% 감소한 791.5억원을 기록함. 반도체 및 디스플레이 등의 전자재료와 합성기술을 바탕으로 한 정밀화학 분야에서 신규사업 진출을 검토 중임. IT소재분야로 진출할 수 있는 기반 확보에도 지속적으로 나서고 있음.

현금 흐름
〈단위 : 억원〉

항목	2016	2017
영업활동	976	884
투자활동	-1,474	-336
재무활동	625	-298
순현금흐름	205	231
기말현금	267	497

시장 대비 수익률

결산 실적
〈단위 : 억원〉

항목	2012	2013	2014	2015	2016	2017
매출액	3,189	3,170	3,361	3,680	4,604	5,216
영업이익	268	277	282	490	821	792
당기순이익	361	203	214	343	589	581

분기 실적
〈단위 : 억원〉

항목	2016.3Q	2016.4Q	2017.1Q	2017.2Q	2017.3Q	2017.4Q
매출액	1,302	1,224	1,337	1,230	1,352	1,297
영업이익	261	150	235	183	235	139
당기순이익	191	79	163	145	202	70

재무 상태
〈단위 : 억원〉

항목	2012	2013	2014	2015	2016	2017
총자산	3,587	4,280	4,744	5,210	6,997	7,233
유형자산	1,925	2,626	2,901	3,308	3,984	3,993
무형자산	158	193	189	178	779	748
유가증권	106	130	120	192	155	120
총부채	1,771	2,295	2,611	2,743	3,586	3,325
총차입금	1,160	1,565	1,799	1,982	2,502	2,193
자본금	565	565	565	565	565	565
총자본	1,816	1,985	2,132	2,468	3,411	3,909
지배주주지분	1,813	1,982	2,129	2,420	2,824	3,207

기업가치 지표

항목	2012	2013	2014	2015	2016	2017
주가(최고/저)(천원)	24.3/14.6	27.1/20.7	37.9/24.4	97.6/38.9	90.0/50.8	85.5/67.8
PER(최고/저)(배)	8.3/5.0	16.2/12.4	20.8/13.6	33.6/13.4	18.7/10.6	18.1/14.3
PBR(최고/저)(배)	1.6/1.0	1.6/1.3	2.1/1.4	4.7/1.9	3.7/2.1	3.0/2.4
EV/EBITDA(배)	10.1	11.2	12.8	12.5	11.2	9.5
EPS(원)	3,195	1,797	1,897	3,023	4,942	4,804
BPS(원)	16,231	17,725	19,033	21,608	25,179	28,577
CFPS(원)	4,115	2,974	3,614	5,002	7,327	7,703
DPS(원)	500	500	600	800	1,000	1,000
EBITDAPS(원)	3,291	3,634	4,214	6,317	9,657	9,907

재무 비율
〈단위 : %〉

연도	영업이익률	순이익률	부채비율	차입금비율	ROA	ROE	유보율	자기자본비율	EBITDA마진율
2017	15.2	11.1	85.1	56.1	8.2	18.0	471.5	54.0	21.5
2016	17.8	12.8	105.1	73.4	9.7	21.3	403.6	48.8	23.7
2015	13.3	9.3	111.1	80.3	6.9	15.0	332.2	47.4	19.4
2014	8.4	6.4	122.5	84.4	4.8	10.4	280.7	45.0	14.2

*관리종목

한솔테크닉스 (A004710)
Hansol Technics

업　　종 : 휴대폰 및 관련부품　　시　　장 : 거래소
신용등급 : (Bond) BBB+　(CP) —　　기업규모 : 시가총액 소형주
홈페이지 : www.hansoltechnics.com　　연 락 처 : 02)3287-7902
본　　사 : 서울시 중구 을지로 100

설 립 일	1966.08.30	**종업원수**	767명	**대 표 이 사**	이상용
상 장 일	1988.07.06	**감사의견**	적정(안진)	**계　열**	
결 산 기	12월	**보 통 주**		**종속회사수**	5개사
액 면 가	5,000원	**우 선 주**		**구 상 호**	

주주구성 (지분율,%)		출자관계 (지분율,%)		주요경쟁사 (외형,%)	
한솔홀딩스	20.0	HansolElectronicsVietnam	100.0	한솔테크닉스	100
국민연금공단	4.6	HansolTechnics(Thailand).	100.0	파트론	85
(외국인)	11.3	HansolPrecisionMaterials(KunShan)	100.0	삼성전자	25,616

매출구성		비용구성		수출비중	
[제품]휴대폰	42.8	매출원가율	89.2	수출	73.7
[상품]파워보드	23.0	판관비율	7.5	내수	26.3
[제품]솔라모듈	21.2				

회사 개요

동사는 1966년에 설립되어 국내외 LCD TV의 핵심부품인 파워모듈, BLU 및 LED Chip을 제조하기 위한 LED 잉곳/웨이퍼, 태양광 발전을 위한 모듈 생산등을 주 영업목적으로 운영. BLU, 파워모듈 산업은 TV 고급화, 차별화 및 수요에 적기 대응할 수 있는 탄력적인 시스템 구축. 원재료 수급 안정성과 소비 패턴 변화에 대한 대응 정도가 주요 경쟁 요소. 향후 색 재현성, 저전력을 앞세운 LED TV를 중심으로 수요 증대 예상됨.

실적 분석

동사의 2017년 연간 매출액은 전년동기대비 15.8% 상승한 9,352.6억원을 기록하였음. 비용면에서 전년동기대비 매출원가는 증가 하였으며 인건비도 증가, 기타판매비와관리비는 증가함. 이와 같이 상승한 매출액 만큼 비용증가도 있었으나 매출액의 더 큰 상승에 힘입어 최종적으로 전년동기대비 당기순이익은 흑자전환하여 186.8억원을 기록함. 현재 휴대폰 충전기용 파워 등 제품군 확대를 통하여 매출 확대 예정임.

현금 흐름 〈단위 : 억원〉

항목	2016	2017
영업활동	274	416
투자활동	-77	-281
재무활동	-68	-289
순현금흐름	129	-158
기말현금	371	214

시장 대비 수익률

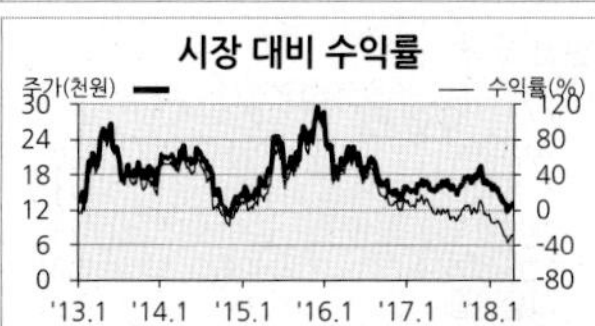

결산 실적 〈단위 : 억원〉

항목	2012	2013	2014	2015	2016	2017
매출액	5,588	5,109	5,678	6,523	8,076	9,353
영업이익	-378	-88	86	165	232	305
당기순이익	-885	-251	-153	286	-462	187

분기 실적 〈단위 : 억원〉

항목	2016.3Q	2016.4Q	2017.1Q	2017.2Q	2017.3Q	2017.4Q
매출액	2,179	2,071	2,075	2,248	2,593	2,436
영업이익	79	43	61	69	114	60
당기순이익	51	-574	36	37	93	20

재무 상태 〈단위 : 억원〉

항목	2012	2013	2014	2015	2016	2017
총자산	4,201	4,223	4,084	5,412	5,115	5,035
유형자산	2,434	2,313	2,195	2,870	2,314	2,302
무형자산	343	333	259	838	690	600
유가증권	2	41	32	4	—	0
총부채	2,742	2,520	2,068	2,828	2,963	2,902
총차입금	2,119	1,850	1,415	1,940	1,875	1,657
자본금	578	810	1,053	1,105	1,105	1,105
총자본	1,460	1,703	2,015	2,584	2,152	2,134
지배주주지분	1,458	1,700	2,012	2,491	2,043	2,131

기업가치 지표

항목	2012	2013	2014	2015	2016	2017
주가(최고/저)(천원)	22.8/8.8	27.3/12.6	22.9/10.6	29.9/13.3	27.8/13.5	19.5/14.7
PER(최고/저)(배)	—/—	—/—	—/—	23.0/10.2	—/—	23.1/17.3
PBR(최고/저)(배)	1.7/0.7	2.3/1.1	2.1/1.0	2.4/1.1	2.7/1.3	1.8/1.4
EV/EBITDA(배)	—	35.9	13.5	18.1	9.4	9.1
EPS(원)	-6,972	-1,547	-890	1,299	-2,154	846
BPS(원)	14,956	12,180	10,851	12,498	10,474	10,870
CFPS(원)	-5,550	-121	529	2,624	-800	2,018
DPS(원)	—	—	—	—	—	—
EBITDAPS(원)	-1,085	907	1,916	2,091	2,405	2,550

재무 비율 〈단위 : %〉

연도	영업이익률	순이익률	부채비율	차입금비율	ROA	ROE	유보율	자기자본비율	EBITDA마진율
2017	3.3	2.0	136.0	77.7	3.7	9.0	117.4	42.4	6.0
2016	2.9	-5.7	137.7	87.1	-8.8	-21.0	109.5	42.1	6.6
2015	2.5	4.4	109.4	75.1	6.0	12.4	150.0	47.8	6.9
2014	1.5	-2.7	102.6	70.2	-3.7	-8.3	117.0	49.4	5.8

한솔피엔에스 (A010420)
HansolPNS

업　　종 : 종이 및 목재　　시　　장 : 거래소
신용등급 : (Bond) —　(CP) A3　　기업규모 : 시가총액 소형주
홈페이지 : www.hansolpns.com　　연 락 처 : 02)772-5100
본　　사 : 서울시 중구 퇴계로 213 (충무로4가) 일흥빌딩 5층

설 립 일	1975.02.04	**종업원수**	203명	**대 표 이 사**	강준석
상 장 일	1989.05.31	**감사의견**	한정(감사범위제한)(삼정)	**계　열**	
결 산 기	12월	**보 통 주**		**종속회사수**	
액 면 가	500원	**우 선 주**		**구 상 호**	

주주구성 (지분율,%)		출자관계 (지분율,%)		주요경쟁사 (외형,%)	
한솔홀딩스	46.1	마더비	19.9	한솔PNS	100
한국증권금융	4.0	웹서브웨이	19.0	세하	74
(외국인)	6.7	스포츠러브	15.4	신풍제지	64

매출구성		비용구성		수출비중	
인쇄용지등	90.1	매출원가율	91.4	수출	0.3
시스템 유지보수	10.0	판관비율	7.0	내수	99.7

회사 개요

동사는 1975년 광림전자로 설립 후 1989년 상장됨. 1995년 한솔그룹에 인수되며 한솔텔레컴으로 사명 변경. 잉후 2008년 신규 패키징 사업을 추진하면서 한솔피엔에스로 사명을 바꿈. 동사의 사업부문은 한솔그룹 및 일부 공공기관을 대상으로 ITO 서비스를 제공하는 IT서비스부문과 인쇄용지, 신문용지, 특수지 등 국내 모든 종류 종이를 공급하는 지류유통부문으로 나뉨. 지류유통사업이 전체 매출의 약 90%를 차지하고 있음.

실적 분석

동사이 2017년 4분기 연결기준 누적 매출액은 2237.8억원으로 전년 동기(2341.5억원) 대비 4.4% 감소함. 매출감소보다 원가 개선 폭이 컸던 덕분에 영업이익은 전년 12.6억원보다 172.3% 늘어난 34.4억원을 달성함. 당기순이익도 100.3% 커진 24.7억원을 기록함. 매출감소의 주요 요인은 지류업계 시장악화로 볼 수 있으며, 당기순이익 증가 원인으로는 IT 서비스 사업부문의 이익률 개선을 꼽을 수 있음.

현금 흐름 *IFRS 별도 기준 〈단위 : 억원〉

항목	2016	2017
영업활동	39	12
투자활동	6	-166
재무활동	-12	33
순현금흐름	32	-122
기말현금	184	63

시장 대비 수익률

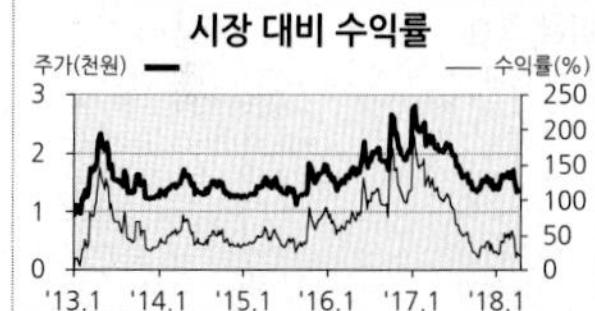

결산 실적 〈단위 : 억원〉

항목	2012	2013	2014	2015	2016	2017
매출액	1,702	2,260	2,656	2,428	2,341	2,238
영업이익	-9	44	41	16	13	34
당기순이익	5	17	26	20	12	25

분기 실적 *IFRS 별도 기준 〈단위 : 억원〉

항목	2016.3Q	2016.4Q	2017.1Q	2017.2Q	2017.3Q	2017.4Q
매출액	586	656	570	488	552	627
영업이익	6	-7	9	6	1	18
당기순이익	5	2	8	2	2	13

재무 상태 *IFRS 별도 기준 〈단위 : 억원〉

항목	2012	2013	2014	2015	2016	2017
총자산	992	1,305	1,148	1,133	1,028	1,017
유형자산	101	37	30	31	27	66
무형자산	25	27	22	16	14	15
유가증권	15	14	15	18	11	11
총부채	628	908	734	700	693	658
총차입금	137	70	7	2	—	23
자본금	130	138	138	138	102	102
총자본	363	397	413	433	334	359
지배주주지분	363	397	413	433	334	359

기업가치 지표 *IFRS 별도 기준

항목	2012	2013	2014	2015	2016	2017
주가(최고/저)(천원)	1.3/0.8	2.3/0.9	1.7/1.2	1.9/1.1	2.8/1.4	2.8/1.3
PER(최고/저)(배)	77.8/52.0	39.1/15.8	19.0/13.5	27.3/16.0	59.5/28.5	23.7/10.9
PBR(최고/저)(배)	1.0/0.7	1.7/0.7	1.2/0.9	1.3/0.7	1.8/0.9	1.6/0.7
EV/EBITDA(배)	23.5	6.1	4.0	10.0	9.6	2.5
EPS(원)	17	63	95	73	49	120
BPS(원)	1,395	1,437	1,498	1,571	1,631	1,754
CFPS(원)	93	115	145	122	99	169
DPS(원)	15	15	15	15	15	15
EBITDAPS(원)	41	217	198	107	100	216

재무 비율 〈단위 : %〉

연도	영업이익률	순이익률	부채비율	차입금비율	ROA	ROE	유보율	자기자본비율	EBITDA마진율
2017	1.5	1.1	182.9	6.4	2.4	7.1	250.8	35.4	2.0
2016	0.5	0.5	207.4	0.0	1.1	3.2	226.2	32.5	1.1
2015	0.7	0.8	161.4	0.5	1.8	4.7	214.2	38.3	1.2
2014	1.5	1.0	177.6	1.8	2.1	6.5	199.6	36.0	2.1

한솔홀딩스 (A004150)
Hansol Holdings

업　　종 : 복합 산업　　시　　장 : 거래소
신용등급 : (Bond) A-　(CP) —　　기업규모 : 시가총액 소형주
홈페이지 : www.hansol.com　　연 락 처 : 02)3287-6875
본　　사 : 서울시 중구 을지로 100 파인애비뉴 B동 24층

설 립 일	1965.01.19	**종업원수**	31명	**대표이사**	이재희
상 장 일	1972.05.17	**감사의견**	적정(삼정)	**계　　열**	
결 산 기	12월	**보 통 주**		**종속회사수**	19개사
액 면 가	5,000원	**우 선 주**		**구 상 호**	한솔제지

주주구성 (지분율,%)		출자관계 (지분율,%)		주요경쟁사 (외형,%)	
조동길	8.9	한솔페이퍼텍	99.9	한솔홀딩스	100
이인희	5.5	한솔EME	98.3	두산	1,990
(외국인)	10.5	한솔개발	91.4	SK네트웍스	1,720

매출구성		비용구성		수출비중	
인쇄용지등 외	42.6	매출원가율	91.8	수출	—
인쇄용지, 특수지	26.7	판관비율	8.3	내수	—
백판지 등	13.4				

회사 개요
동사는 2015년 1월 투자부문과 사업부문을 인적분할의 방법으로 분할, 분할되는 회사가 영위하는 일반제지 사업 중 인쇄용지, 산업용지, 특수지 제조 및 판매 및 해외 지류 도소매 사업 등의 사업부문과 투자사업부문을 분리함. 동사와 연결 종속회사는 지류 제조 판매업(한솔제지, 한솔아트원제지), 골판지 제조업(한솔페이퍼텍), 지류도소매업(한솔피엔에스 지류유통부문), IT서비스(한솔피엔에스, 한솔인티큐브), 관광단지업(한솔개발)로 구성.

실적 분석
동사의 2017년 연결기준 연간 누적 매출액은 8836.8억원으로 전년 동기 대비 14.4% 증가함. 매출은 증가했지만 매출원가 증가 폭이 매출 증가율을 상회하면서 영업이익은 전년동기(400.8억원) 대비 적자 전환. 영업손실 규모는 3.5억원이며 비영업손익 부문에서도 금융손실과 외환손실 등으로 적자가 지속되면서 당기순손실은 867.1억원으로 전년 동기 대비 적자 규모가 확대됨.

현금 흐름
<단위 : 억원>

항목	2016	2017
영업활동	1,007	479
투자활동	-780	-241
재무활동	-236	-229
순현금흐름	-51	-2
기말현금	535	533

시장 대비 수익률
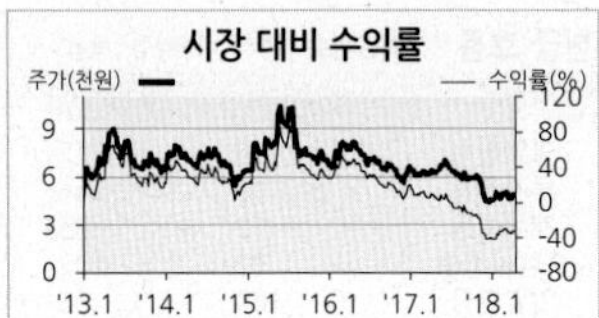

결산 실적
<단위 : 억원>

항목	2012	2013	2014	2015	2016	2017
매출액	18,597	7,427	7,806	5,540	7,724	8,837
영업이익	1,164	324	509	435	401	-4
당기순이익	228	83	-522	-106	-69	-867

분기 실적
<단위 : 억원>

항목	2016.3Q	2016.4Q	2017.1Q	2017.2Q	2017.3Q	2017.4Q
매출액	2,057	2,154	1,815	2,026	2,436	2,560
영업이익	206	-130	117	55	79	-254
당기순이익	45	-94	90	75	-98	-934

재무 상태
<단위 : 억원>

항목	2012	2013	2014	2015	2016	2017
총자산	25,434	29,609	29,779	19,741	20,067	16,294
유형자산	17,705	20,770	11,387	12,050	9,190	8,533
무형자산	96	321	156	505	267	233
유가증권	424	760	661	762	183	202
총부채	17,516	21,491	25,317	14,056	13,884	11,063
총차입금	8,365	11,340	3,492	4,807	2,194	2,075
자본금	2,181	2,181	2,181	1,930	2,318	2,318
총자본	7,918	8,119	4,463	5,686	6,184	5,231
지배주주지분	7,550	7,386	3,665	4,751	5,216	4,670

기업가치 지표

항목	2012	2013	2014	2015	2016	2017
주가(최고/저)(천원)	6.0/3.7	9.1/5.4	8.1/5.4	11.0/6.4	8.4/5.6	7.1/4.2
PER(최고/저)(배)	9.9/6.2	45.3/26.6	—/—	—/—	—/—	—/—
PBR(최고/저)(배)	0.4/0.2	0.6/0.3	0.9/0.6	0.9/0.5	0.7/0.5	0.7/0.4
EV/EBITDA(배)	6.3	13.9	5.8	8.7	6.4	14.1
EPS(원)	653	209	-873	-360	-74	-1,184
BPS(원)	17,712	17,337	8,807	13,102	11,910	10,732
CFPS(원)	2,271	2,188	1,372	993	924	-593
DPS(원)	300	300	—	—	—	50
EBITDAPS(원)	4,286	2,721	3,413	2,674	1,883	584

재무 비율
<단위 : %>

연도	영업이익률	순이익률	부채비율	차입금비율	ROA	ROE	유보율	자기자본비율	EBITDA마진율
2017	0.0	-9.8	211.5	39.7	-4.8	-11.1	114.6	32.1	3.1
2016	5.2	-0.9	224.5	35.5	-0.4	-0.7	138.2	30.8	11.0
2015	7.9	-1.9	247.2	84.6	-0.4	-2.8	162.0	28.8	15.9
2014	6.5	-6.7	567.3	78.3	-1.8	-6.9	76.1	15.0	19.1

한솔홈데코 (A025750)
Hansol Homedeco

업　　종 : 종이 및 목재　　시　　장 : 거래소
신용등급 : (Bond) BBB　(CP) A3　　기업규모 : 시가총액 소형주
홈페이지 : www.hansolhomedeco.co.kr　　연 락 처 : 02)3284-3883
본　　사 : 서울시 동작구 보라매로5길 15, 전문건설회관 27층

설 립 일	1991.12.27	**종업원수**	228명	**대표이사**	이천현
상 장 일	2003.11.04	**감사의견**	적정(한영)	**계　　열**	
결 산 기	12월	**보 통 주**		**종속회사수**	1개사
액 면 가	1,000원	**우 선 주**		**구 상 호**	

주주구성 (지분율,%)		출자관계 (지분율,%)		주요경쟁사 (외형,%)	
한솔제지	23.3	송윤화학	34.0	한솔홈데코	100
국민연금공단	4.7			깨끗한나라	259
(외국인)	5.1			한국제지	267

매출구성		비용구성		수출비중	
목질판상재(제품)	34.3	매출원가율	83.3	수출	1.0
마루판(제품)	29.9	판관비율	13.0	내수	99.0
마루판(상품) 외	18.7				

회사 개요
동사는 국내 중밀도 섬유판(MDF), 마루바닥재, 인테리어재 등을 생산, 판매를 영위하고 있으며 주택 및 리모델링산업이 전방산업으로 포진하고 있음. 국내 강화마루 시장은 소비자 성향이 고급화됨에 따라 향후 고성장세를 유지할 것으로 기대되며 동사의 강화마루 및 MDF시장점유율은 2016년 기준 각각 24%, 14%임. 강화마루의 목표시장은 아파트, 빌라, 오피스텔 등이며, 영업지역은 수도권을 포함한 전국적으로 골고루 분포되어 있음.

실적 분석
동사의 2017년 4분기 누적 매출액은 전년 동기(2,353.6억원) 대비 8.1% 증가한 2,543.3억원을 기록했음. 목재 사업부문 매출이 증가함. 단 매출원가와 판관비 증가율이 각각 9.1%, 17.5%로 매출 증가율보다 큰 폭을 기록하며 영업이익은 전년대비 27.3% 감소한 95.2억원을 시현함. 비영업손익 적자폭도 전년보다 증가해 당기순이익은 전년보다 52.5% 감소한 35.6억원을 기록함.

현금 흐름
<단위 : 억원>

항목	2016	2017
영업활동	159	150
투자활동	-109	-171
재무활동	-96	75
순현금흐름	-46	53
기말현금	35	87

시장 대비 수익률
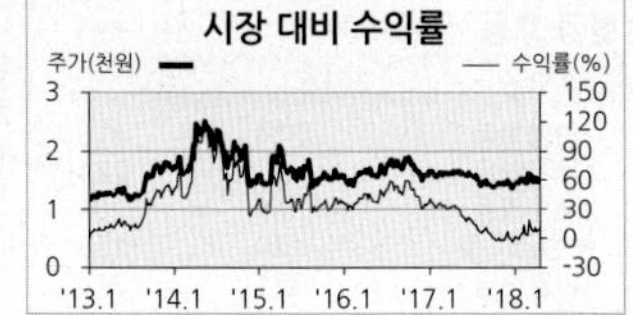

결산 실적
<단위 : 억원>

항목	2012	2013	2014	2015	2016	2017
매출액	1,892	2,340	2,353	2,415	2,354	2,543
영업이익	46	75	45	93	131	95
당기순이익	16	56	1	15	75	36

분기 실적
<단위 : 억원>

항목	2016.3Q	2016.4Q	2017.1Q	2017.2Q	2017.3Q	2017.4Q
매출액	578	647	575	650	661	657
영업이익	31	36	28	38	39	-9
당기순이익	3	14	-18	70	33	-50

재무 상태
<단위 : 억원>

항목	2012	2013	2014	2015	2016	2017
총자산	2,668	2,804	2,891	2,912	2,893	3,076
유형자산	1,579	1,609	1,675	1,629	1,603	1,667
무형자산	9	31	31	31	29	31
유가증권	0	0	0	0	2	3
총부채	1,553	1,561	1,586	1,573	1,466	1,536
총차입금	1,072	1,010	1,024	1,073	972	1,005
자본금	678	731	787	793	805	838
총자본	1,115	1,243	1,305	1,339	1,427	1,541
지배주주지분	1,115	1,243	1,305	1,339	1,427	1,541

기업가치 지표

항목	2012	2013	2014	2015	2016	2017
주가(최고/저)(천원)	1.4/1.0	1.9/1.1	2.6/1.4	2.1/1.4	1.9/1.4	1.7/1.4
PER(최고/저)(배)	48.8/35.5	22.8/13.6	3,889.3/2,089.1	111.2/71.7	20.2/14.6	38.5/31.0
PBR(최고/저)(배)	0.8/0.6	1.1/0.6	1.5/0.8	1.2/0.8	1.1/0.8	0.9/0.7
EV/EBITDA(배)	14.2	13.7	17.1	11.8	9.6	10.8
EPS(원)	29	83	1	20	97	44
BPS(원)	1,727	1,777	1,728	1,759	1,846	1,912
CFPS(원)	159	201	114	139	216	162
DPS(원)	—	—	—	—	—	20
EBITDAPS(원)	212	229	173	242	288	236

재무 비율
<단위 : %>

연도	영업이익률	순이익률	부채비율	차입금비율	ROA	ROE	유보율	자기자본비율	EBITDA마진율
2017	3.7	1.4	99.7	65.2	1.2	2.4	83.9	50.1	7.5
2016	5.6	3.2	102.7	68.1	2.6	5.4	77.3	49.3	9.5
2015	3.9	0.6	117.5	80.1	0.5	1.1	68.8	46.0	7.6
2014	1.9	0.0	121.5	78.5	0.0	0.0	65.8	45.2	5.6

한스바이오메드 (A042520)
HANS BIOMED

업 종 : 바이오 | 시 장 : KOSDAQ
신용등급 : (Bond) — (CP) — | 기업규모 : 벤처
홈페이지 : www.hansbiomed.com | 연 락 처 : 02)466-2266
본 사 : 서울시 송파구 정의로8길 7

설 립 일	1999.09.15	**종업원수**	168명	**대표이사**	황호찬
상 장 일	2009.10.09	**감사의견**	적정(한미)	**계 열**	
결 산 기	09월	**보 통 주**		**종속회사수**	2개사
액 면 가	500원	**우 선 주**		**구 상 호**	

주주구성 (지분율,%)		출자관계 (지분율,%)		주요경쟁사 (외형,%)	
황호찬	24.1	한스파마	50.3	한스바이오메드	100
마이다스에셋자산운용	4.9	비엔에스메드	34.9	코아스템	46
(외국인)	14.6	HansBiomedUSA,	100.0	진원생명과학	70

매출구성		비용구성		수출비중	
뼈이식 제품(SureFuse, ExFuse, SureOss, 등)	47.5	매출원가율	53.8	수출	58.1
실리콘관련 제품(BellaGel, Scar Clinic 등)	27.5	판관비율	25.6	내수	41.9
뼈이식 상품 등 기타	14.9				

회사 개요

동사는 인체이식용 피부와 뼈 이식재 및 실리콘제품 등의 제조와 판매를 목적으로 1999년 9월 15일 설립된 후 2009년 10월 코스닥시장에 상장됨. 화상, 교통사고, 일상생활에서 일어나는 사고로 인하여 발생하는 피부결손이나 뼈결손 등의 치료를 위한 인체조직 이식재와 유방암과 기타 유전적인 요인으로 인한 유방재건에 사용되는 인체이식용 실리콘 보형물의 연구개발에 주력해 왔으며 이러한 인체조직과 실리콘제품을 제조, 판매하는 업체임.

실적 분석

동사의 2017년 누적 매출액은 105.2억원으로 전년대비 9.6% 증가함. 비용측면에서 매출원가와 판관비가 각각 14%, 2.2% 상승했음에도 영업이익은 전년보다 7.7% 늘어난 22억원을 기록함. 비영업손실 5.9억원이 발생하면서 당기순이익은 전년대비 56.4억원 감소한 13.4억원을 기록함. 창상피복재인 GPPS, 연골이식재인 PRC, 인체조직의 대체 수복에 사용하는 생체재료 AlenFuse 등을 신규사업으로 추진 중임.

현금 흐름 <단위 : 억원>

항목	2017	2018.1Q
영업활동	47	8
투자활동	-114	-3
재무활동	95	4
순현금흐름	28	7
기말현금	47	55

시장 대비 수익률

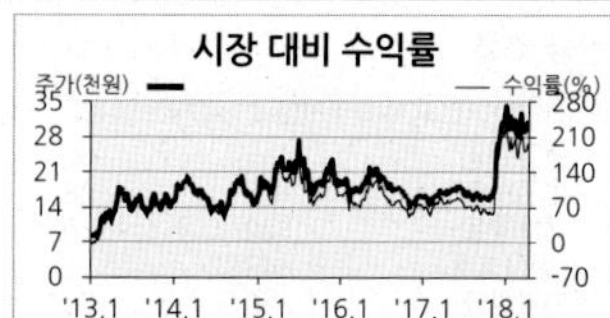

결산 실적 <단위 : 억원>

항목	2013	2014	2015	2016	2017	2018
매출액	201	210	234	290	391	—
영업이익	39	39	51	60	95	—
당기순이익	34	35	49	48	81	—

분기 실적 <단위 : 억원>

항목	2016.4Q	2017.1Q	2017.2Q	2017.3Q	2017.4Q	2018.1Q
매출액	78	96	98	101	96	105
영업이익	17	20	21	17	36	22
당기순이익	11	31	18	12	21	13

재무 상태 <단위 : 억원>

항목	2013	2014	2015	2016	2017	2018.1Q
총자산	334	443	521	647	802	#N/A
유형자산	127	247	284	364	265	#N/A
무형자산	30	35	43	51	47	265
유가증권	—	—	—	—	0	47
총부채	41	50	90	172	252	0
총차입금	—	—	36	114	200	200
자본금	47	49	49	49	49	49
총자본	293	394	432	475	550	554
지배주주지분	293	394	432	468	537	540

기업가치 지표

항목	2013	2014	2015	2016	2017	2018.1Q
주가(최고/저)(천원)	18.2/2.6	20.1/6.2	27.3/12.0	23.6/14.2	18.6/15.3	31.3/13.5
PER(최고/저)(배)	50.0/17.1	57.0/33.9	55.8/28.9	50.8/32.9	23.6/17.1	—/—
PBR(최고/저)(배)	5.5/1.9	5.0/3.0	6.1/3.2	4.9/3.2	3.4/2.4	5.6/2.8
EV/EBITDA(배)	30.8	41.5	31.7	25.5	15.8	—/—
EPS(원)	375	361	498	469	794	131
BPS(원)	3,441	4,143	4,525	4,896	5,598	5,629
CFPS(원)	462	427	583	581	961	172
DPS(원)	100	100	100	100	100	—
EBITDAPS(원)	512	469	598	719	1,126	265

재무 비율 <단위 : %>

연도	영업 이익률	순 이익률	부채 비율	차입금 비율	ROA	ROE	유보율	자기자본 비율	EBITDA 마진율
2017	24.2	20.8	45.7	36.4	11.2	15.6	1,019.5	68.6	28.4
2016	20.6	16.4	36.2	23.9	8.2	10.3	879.3	73.4	24.4
2015	21.6	21.0	20.8	8.3	10.2	11.9	805.0	82.8	25.2
2014	18.6	16.6	12.6	0.0	9.0	10.2	728.6	88.8	21.6

한신공영 (A004960)
Hanshin Construction

업 종 : 건설 | 시 장 : 거래소
신용등급 : (Bond) BBB (CP) A3 | 기업규모 : 시가총액 소형주
홈페이지 : www.hanshinc.com | 연 락 처 : 031)334-8114
본 사 : 경기도 용인시 처인구 백암면 덕평로 82

설 립 일	1967.02.24	**종업원수**	1,696명	**대표이사**	태기전,최문규
상 장 일	1976.07.07	**감사의견**	적정(삼일)	**계 열**	
결 산 기	12월	**보 통 주**		**종속회사수**	13개사
액 면 가	5,000원	**우 선 주**		**구 상 호**	

주주구성 (지분율,%)		출자관계 (지분율,%)		주요경쟁사 (외형,%)	
코암시앤시개발	37.1	드림파크개발	100.0	한신공영	100
한신공영우리사주조합	15.0	한신비엠	100.0	이테크건설	74
(외국인)	6.5	장수건강	90.0	아이콘트롤스	13

매출구성		비용구성		수출비중	
건축(공사)	57.0	매출원가율	88.7	수출	—
자체공사(공사)	22.0	판관비율	4.5	내수	—
토목(공사)	20.5				

회사 개요

동사는 1967년 2월 설립되었고, 1976년 신반포한신아파트 주택건설을 시작으로 건축, 토목, 전기 플랜트 사업 등을 영위하는 종합건설업체임. 1976년에 한국거래소에 주식을 상장하여 기업을 공개하였음. 1997년 5월 회사정리절차에 들어갔으며 2002년 11월 법정관리 종결. 이후 사업 정상화의 궤도에 오르며 2017년 국토교통부 공시 기준 시공능력 평가 16위 기록.

실적 분석

동사의 2017년 연간 매출액은 전년 대비 12.0% 상승한 1조 9,843.1억원을 기록하였음. 전년 대비 매출원가율은 감소하였으나 인건비, 광고선전비의 증가로 판관비율이 크게 증가함. 그러나 매출증가 및 매출원가율 하락의 영향으로 영업이익과 당기순이익은 전년 대비 각각 91.3%, 171.7% 증가하며 호실적을 기록함.

현금 흐름 <단위 : 억원>

항목	2016	2017
영업활동	737	-2,028
투자활동	-427	35
재무활동	163	2,326
순현금흐름	480	314
기말현금	1,981	2,295

시장 대비 수익률

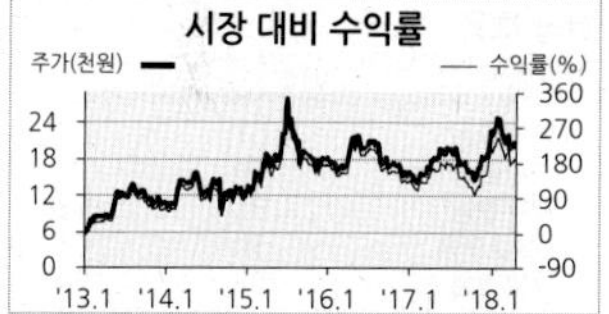

결산 실적 <단위 : 억원>

항목	2012	2013	2014	2015	2016	2017
매출액	9,264	14,101	10,908	13,581	17,723	19,843
영업이익	355	573	-724	409	697	1,333
당기순이익	54	26	-1,069	222	267	725

분기 실적 <단위 : 억원>

항목	2016.3Q	2016.4Q	2017.1Q	2017.2Q	2017.3Q	2017.4Q
매출액	3,938	5,634	4,463	4,971	4,714	5,695
영업이익	170	243	204	249	396	485
당기순이익	50	102	178	167	260	120

재무 상태 <단위 : 억원>

항목	2012	2013	2014	2015	2016	2017
총자산	15,027	15,473	13,501	15,294	15,534	19,054
유형자산	76	109	106	735	861	823
무형자산	33	32	21	18	23	31
유가증권	645	630	707	753	735	789
총부채	11,706	12,520	11,597	12,960	12,853	15,541
총차입금	5,466	4,360	3,846	1,910	2,280	4,765
자본금	496	496	496	496	509	545
총자본	3,322	2,953	1,905	2,335	2,681	3,513
지배주주지분	3,244	2,856	1,859	2,284	2,629	3,460

기업가치 지표

항목	2012	2013	2014	2015	2016	2017
주가(최고/저)(천원)	8.8/5.9	13.9/6.4	15.9/9.3	30.0/12.2	22.7/15.0	22.7/13.9
PER(최고/저)(배)	16.7/11.1	66.8/30.5	—/—	14.9/6.1	9.0/6.0	3.4/2.1
PBR(최고/저)(배)	0.3/0.2	0.5/0.2	0.9/0.5	1.4/0.6	0.9/0.6	0.7/0.5
EV/EBITDA(배)	3.6	3.2	—	0.8	0.2	2.3
EPS(원)	562	217	-10,589	2,076	2,607	6,602
BPS(원)	33,197	29,254	18,759	23,041	25,846	31,749
CFPS(원)	761	502	-10,500	2,161	2,676	6,676
DPS(원)	150	100	—	—	250	375
EBITDAPS(원)	3,778	6,062	-7,214	4,207	6,921	12,306

재무 비율 <단위 : %>

연도	영업 이익률	순 이익률	부채 비율	차입금 비율	ROA	ROE	유보율	자기자본 비율	EBITDA 마진율
2017	6.7	3.7	442.4	135.7	4.2	23.6	535.0	18.4	6.8
2016	3.9	1.5	479.4	85.0	1.7	10.8	416.9	17.3	4.0
2015	3.0	1.6	555.1	81.8	1.5	9.9	360.8	15.3	3.1
2014	-6.6	-9.8	608.9	201.9	-7.4	-44.5	275.2	14.1	-6.6

한신기계공업 (A011700)

HANSHIN Machinery

업 종 : 기계　　시 장 : 거래소
신용등급 : (Bond) — (CP) —　　기업규모 : 시가총액 소형주
홈페이지 : www.hanshin.co.kr　　연 락 처 : 031)491-3911
본 사 : 경기도 안산시 단원구 해봉로 330번길 23 (신길동)

설립일	1969.09.08	**종업원수**	97명	**대표이사**	최영민
상장일	1987.07.24	**감사의견**	적정(대성삼경)	**계열**	
결산기	12월	**보통주**		**종속회사수**	1개사
액면가	500원	**우선주**		**구상호**	

주주구성 (지분율,%)		출자관계 (지분율,%)		주요경쟁사 (외형,%)	
최영민	18.6	래디오빌	14.4	한신기계	100
STERLING GRACE INTERNATIONAL LLC	8.7	알로페론	1.7	로보스타	368
(외국인)	23.9	큐티라이프	0.5	스맥	287

매출구성		비용구성		수출비중	
Air Compressor	91.2	매출원가율	77.9	수출	16.6
기계공구	8.8	판관비율	11.1	내수	83.4

회사 개요

동사는 1969년 설립된 공기압축기 전문 제조사임. 피스톤 타입과 스크루 타입 등 전 기종을 생산해 공급하는 국내 유일 업체로 1985년 올리스 공기 압축기를 최초로 개발함. 현재 공이압축기 업계 1위 업체임. 주요 경쟁사로는 아트라스콥코제조한국, 경원기계공업, 유창기계공업 등을 꼽을 수 있음. 경기도 시흥에 위치한 한신정공과 중국 청도에 위치한 청도한신콤프레셔기계유한공사를 연결대상 종속회사로 보유하고 있음.

실적 분석

2017년 연결기준 동사 매출액은 561.6억원임. 전년도 매출인 627.3억원에서 10.5% 감소한 금액임. 매출원가가 8.5% 줄고 판매비와 관리비도 0.3% 감소했으나 매출 감소폭이 커 영업이익은 전년도 대비 28.5% 감소한 62.1억원을 기록함. 비영업부문이 적자로 전환돼 당기순이익은 전년도 61.7억원에서 24.1% 감소한 46.8억원을 기록함. 2018년엔 해외 매출 비율을 늘려 외형성장과 수익성 개선을 도모할 계획임.

현금 흐름 (단위 : 억원)

항목	2016	2017
영업활동	57	-26
투자활동	-59	1
재무활동	36	-18
순현금흐름	34	-41
기말현금	205	164

시장 대비 수익률

결산 실적 〈단위 : 억원〉

항목	2012	2013	2014	2015	2016	2017
매출액	682	706	653	627	627	562
영업이익	52	71	77	75	87	62
당기순이익	50	63	66	63	62	47

분기 실적 〈단위 : 억원〉

항목	2016.3Q	2016.4Q	2017.1Q	2017.2Q	2017.3Q	2017.4Q
매출액	154	195	116	153	134	158
영업이익	29	21	21	7	23	12
당기순이익	30	8	13	8	18	8

재무 상태 〈단위 : 억원〉

항목	2012	2013	2014	2015	2016	2017
총자산	742	834	874	920	951	903
유형자산	137	137	136	188	211	218
무형자산	11	11	9	9	6	15
유가증권	0	0	5	5	33	73
총부채	223	239	225	213	178	122
총차입금	36	26	4	2	2	17
자본금	162	162	162	162	162	162
총자본	519	595	649	706	773	781
지배주주지분	519	595	649	706	773	781

기업가치 지표

항목	2012	2013	2014	2015	2016	2017
주가(최고/저)(천원)	1.4/0.9	1.4/1.0	1.6/1.1	2.4/1.5	3.6/2.2	4.8/2.6
PER(최고/저)(배)	10.8/6.6	7.9/5.8	8.6/5.7	12.9/8.0	19.8/12.1	33.8/18.6
PBR(최고/저)(배)	1.0/0.6	0.8/0.6	0.9/0.6	1.1/0.7	1.6/1.0	2.0/1.1
EV/EBITDA(배)	5.4	2.4	2.8	6.7	7.3	15.4
EPS(원)	155	195	204	194	190	144
BPS(원)	1,648	1,884	2,051	2,224	2,394	2,419
CFPS(원)	163	203	212	203	199	156
DPS(원)	45	35	45	45	65	65
EBITDAPS(원)	170	227	245	239	277	203

재무 비율 〈단위 : %〉

연도	영업이익률	순이익률	부채비율	차입금비율	ROA	ROE	유보율	자기자본비율	EBITDA마진율
2017	11.1	8.3	15.6	2.1	5.1	6.0	383.9	86.5	11.7
2016	13.8	9.8	23.1	0.3	6.6	8.3	378.9	81.3	14.3
2015	11.9	10.1	30.2	0.3	7.0	9.3	344.9	76.8	12.4
2014	11.8	10.2	34.6	0.6	7.8	10.7	310.2	74.3	12.2

한양디지텍 (A078350)

Hanyang Digitech

업 종 : 반도체 및 관련장비　　시 장 : KOSDAQ
신용등급 : (Bond) — (CP) —　　기업규모 : 중견
홈페이지 : www.hanyangdgt.com　　연 락 처 : 031)695-5000
본 사 : 경기도 화성시 삼성1로 332-7

설립일	2004.04.19	**종업원수**	43명	**대표이사**	김형육,김윤상
상장일	2004.05.14	**감사의견**	적정(한영)	**계열**	
결산기	12월	**보통주**		**종속회사수**	1개사
액면가	500원	**우선주**		**구상호**	

주주구성 (지분율,%)		출자관계 (지분율,%)		주요경쟁사 (외형,%)	
김형육	32.3			한양디지텍	100
홍옥생	12.0			GST	212
(외국인)	1.5			키다리스튜디오	19

매출구성		비용구성		수출비중	
메모리 모듈 외	94.8	매출원가율	91.4	수출	90.1
VoIP 단말기	3.6	판관비율	12.1	내수	9.9
서비스, 임대	1.6				

회사 개요

2004년 4월 한양이엔지의 메모리모듈 제조사업부분이 인적분할하여 설립됨. 반도체 메모리 모듈을 삼성전자에 공급하고 있으며, 정보통신 관련 IP통신 제조사업을 진행하고 있음. 연결기업은 반도체 메모리 모듈 제조를 주사업으로 영위하며 2차전지 보호회로, 클라우딩 네트워크 솔루션 및 인터넷 관련기기, VoIP 장비(인터넷 전화기, VoIP 어댑터 등)를 제조하고 있음. 최근 핵심 사업에 역량을 집중하기 위해 스마트모듈 분야 사업을 중단함.

실적 분석

동사의 2017년 매출과 영업손실은 767억원, 27억원으로 전년 대비 매출은 13% 감소하고 적자전환함. 동사의 주력 제품인 PC향 메모리모듈 시장상황에 따라 생산량이 감소하여 전기 대비 매출이 감소함. 유동자산과 유동부채는 각각 151억원, 158억원으로 전년 대비 각각 57억원, 20억원 감소함. 자산, 부채, 자본 총계는 각각 589억원, 193억원, 396억원임.

현금 흐름 (단위 : 억원)

항목	2016	2017
영업활동	5	60
투자활동	-29	-28
재무활동	-20	-29
순현금흐름	-43	1
기말현금	50	51

시장 대비 수익률

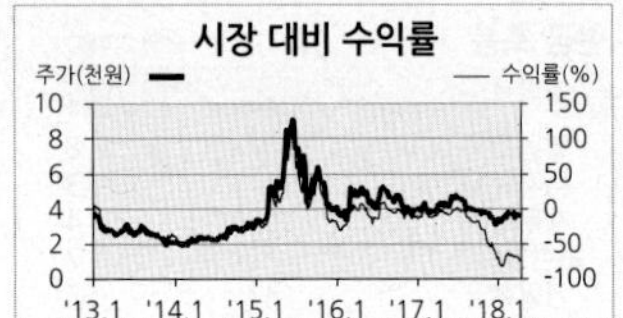

결산 실적 〈단위 : 억원〉

항목	2012	2013	2014	2015	2016	2017
매출액	655	577	941	1,271	882	767
영업이익	-1	30	80	69	5	-27
당기순이익	-31	19	60	44	-7	-22

분기 실적 〈단위 : 억원〉

항목	2016.3Q	2016.4Q	2017.1Q	2017.2Q	2017.3Q	2017.4Q
매출액	186	187	187	210	185	185
영업이익	-5	3	-6	-4	-2	-15
당기순이익	-1	-5	-2	-4	0	-16

재무 상태 〈단위 : 억원〉

항목	2012	2013	2014	2015	2016	2017
총자산	683	626	825	762	659	589
유형자산	237	185	214	249	247	232
무형자산	29	29	32	40	43	40
유가증권	7	4	4	2	1	3
총부채	348	274	411	304	223	193
총차입금	151	102	135	73	63	37
자본금	50	50	50	50	50	50
총자본	335	352	415	459	436	396
지배주주지분	335	352	415	459	436	396

기업가치 지표

항목	2012	2013	2014	2015	2016	2017
주가(최고/저)(천원)	6.3/2.9	4.2/1.9	3.2/1.9	9.4/3.1	5.9/3.4	4.9/3.1
PER(최고/저)(배)	—/—	22.2/10.3	5.3/3.2	21.4/7.1	—/—	—/—
PBR(최고/저)(배)	1.9/0.9	1.2/0.6	0.8/0.5	2.0/0.7	1.3/0.8	1.2/0.7
EV/EBITDA(배)	10.4	4.3	2.9	4.3	15.1	—
EPS(원)	-309	188	603	439	-69	-217
BPS(원)	3,345	3,517	4,147	4,613	4,459	4,133
CFPS(원)	140	539	799	665	158	23
DPS(원)	—	—	—	—	—	—
EBITDAPS(원)	441	647	991	913	278	-27

재무 비율 〈단위 : %〉

연도	영업이익률	순이익률	부채비율	차입금비율	ROA	ROE	유보율	자기자본비율	EBITDA마진율
2017	-3.5	-2.8	48.6	9.4	-3.5	-5.2	726.6	67.3	-0.4
2016	0.6	-0.8	51.3	14.4	-1.0	-1.6	791.7	66.1	3.2
2015	5.4	3.5	66.2	15.8	5.5	10.1	822.5	60.2	7.2
2014	8.5	6.4	99.0	32.5	8.3	15.8	729.3	50.2	10.5

한양이엔지 (A045100)
Hanyang ENG

업 종 : 반도체 및 관련장비
신용등급 : (Bond) — (CP) —
홈페이지 : www.hanyangeng.co.kr
본 사 : 경기도 화성시 영통로26번길 72 (반월동)
시 장 : KOSDAQ
기업규모 : 우량
연 락 처 : 031)695-0000

설 립 일	1988.07.11	**종업원수**	782명	**대표이사**	김형육,김범상
상 장 일	2000.08.31	**감사의견**	적정(삼덕)	**계 열**	
결 산 기	12월	**보 통 주**		**종속회사수**	8개사
액 면 가	500원	**우 선 주**		**구 상 호**	

주주구성 (지분율,%)		출자관계 (지분율,%)		주요경쟁사 (외형,%)	
김형육	29.0	에이치씨엠	100.0	한양이엔지	100
홍옥생	10.1	씨티피코리아	49.0	원익머트리얼즈	28
(외국인)	2.6	누트파이브	45.0	유진테크	18

매출구성		비용구성		수출비중	
엔지니어링사업부	76.9	매출원가율	91.5	수출	12.1
장치사업부	23.1	판관비율	3.4	내수	87.9

회사 개요

동사는 1988년에 설립되어 반도체라인에 필수적인 UHP Piping 프로젝트를 사업화한 곳으로, Clean Room공사 및 유틸리티 시스템을 전문으로 하는 엔지니어링 회사로, 화학약품중앙공급장치(CCSS) 설계 및 시공에서 전문 기술을 보유하고 있음. IT부분 설비는 장치산업 특성상 진입장벽이 높아 동사를 포함한 4개의 업체가 초고순도 특수설비시장에 참여하고 있음. CCSS는 경쟁사인 에스티아이와 관련 시장을 양분하고 있음.

실적 분석

동사의 2017년 매출과 영업이익은 7,140억원, 362억원으로 전년 대비 각각 33%, 140% 증가함. 당기순이익은 345억원으로 전년 대비 34.5% 감소함. 매출과 영업이익 증가 원인은 국내 IT산업의 설비투자(삼성전자의 평택 1공장, 하이닉스의 이천 M14라인 등) 증가 때문으로 분석됨. 당기순이익 감소는 종속기업(씨에스케이) 매각에 따른 일시적 처분이익이 발생함.

현금 흐름 〈단위 : 억원〉

항목	2016	2017
영업활동	-79	44
투자활동	-246	-16
재무활동	-167	-59
순현금흐름	-498	-39
기말현금	228	189

시장 대비 수익률

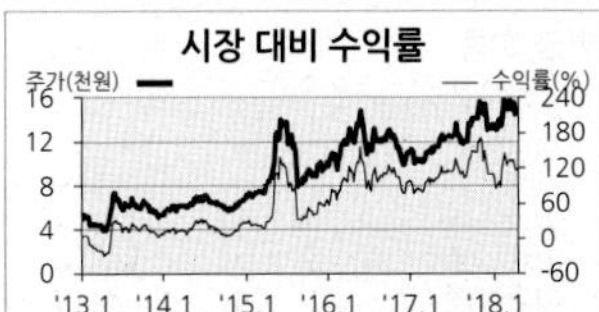

결산 실적 〈단위 : 억원〉

항목	2012	2013	2014	2015	2016	2017
매출액	2,991	3,701	4,492	5,171	5,369	7,140
영업이익	122	192	249	259	151	362
당기순이익	76	142	182	430	527	345

분기 실적 〈단위 : 억원〉

항목	2016.3Q	2016.4Q	2017.1Q	2017.2Q	2017.3Q	2017.4Q
매출액	1,519	1,842	1,721	1,600	2,027	1,793
영업이익	81	-79	54	31	145	133
당기순이익	437	-72	87	27	122	110

재무 상태 〈단위 : 억원〉

항목	2012	2013	2014	2015	2016	2017
총자산	2,178	2,594	3,141	3,794	4,208	4,227
유형자산	377	400	509	796	598	840
무형자산	18	29	26	522	24	27
유가증권	72	71	82	51	45	45
총부채	1,145	1,436	1,809	1,965	2,053	1,847
총차입금	293	318	281	300	21	52
자본금	90	90	90	90	90	90
총자본	1,032	1,157	1,332	1,829	2,155	2,380
지배주주지분	1,033	1,158	1,326	1,721	2,154	2,380

기업가치 지표

항목	2012	2013	2014	2015	2016	2017
주가(최고/저)(천원)	8.1/4.4	7.4/4.0	7.2/5.3	14.5/6.9	14.8/9.5	15.7/9.8
PER(최고/저)(배)	21.0/11.6	10.0/5.4	7.6/5.6	6.4/3.1	5.3/3.4	8.4/5.3
PBR(최고/저)(배)	1.5/0.9	1.3/0.7	1.1/0.8	1.6/0.8	1.3/0.8	1.2/0.7
EV/EBITDA(배)	7.2	4.4	4.3	4.9	3.8	3.5
EPS(원)	425	820	1,031	2,399	2,907	1,916
BPS(원)	5,796	6,491	7,425	9,562	11,969	13,497
CFPS(원)	545	956	1,214	2,705	3,232	2,192
DPS(원)	—	120	150	200	250	300
EBITDAPS(원)	798	1,200	1,567	1,744	1,161	2,288

재무 비율 〈단위 : %〉

연도	영업이익률	순이익률	부채비율	차입금비율	ROA	ROE	유보율	자기자본비율	EBITDA마진율
2017	5.1	4.8	77.6	2.2	8.2	15.2	2,599.5	56.3	5.8
2016	2.8	9.8	95.3	1.0	13.2	27.0	2,293.8	51.2	3.9
2015	5.0	8.3	107.5	16.4	12.4	28.3	1,812.5	48.2	6.1
2014	5.5	4.1	135.8	21.1	6.3	14.9	1,385.1	42.4	6.3

한양증권 (A001750)
Hanyang Securities

업 종 : 증권
신용등급 : (Bond) — (CP) —
홈페이지 : www.hygood.co.kr
본 사 : 서울시 영등포구 국제금융로 6길 7 (여의도동)
시 장 : 거래소
기업규모 : 시가총액 소형주
연 락 처 : 02)3770-5000

설 립 일	1956.03.27	**종업원수**	217명	**대표이사**	임재택
상 장 일	1988.03.04	**감사의견**	적정(신한)	**계 열**	
결 산 기	12월	**보 통 주**		**종속회사수**	
액 면 가	5,000원	**우 선 주**		**구 상 호**	

주주구성 (지분율,%)		출자관계 (지분율,%)		주요경쟁사 (외형,%)	
한양학원	16.3	액시스글로벌그로쓰신기술조합	6.4	한양증권	100
백남관광	10.9	망포개발	5.0	부국증권	286
(외국인)	4.3	한국거래소	2.9	유화증권	37

수익구성		비용구성		수출비중	
금융상품 관련이익	79.4	이자비용	6.1	수출	—
수수료수익	10.6	파생상품손실	0.0	내수	—
이자수익	8.5	판관비	24.3		

회사 개요

동사는 1956년 설립된 중소형 증권사로 1988년 유가증권시장에 상장됨. 최대주주는 지분율 16.3%의 한양학원이며, 그밖에 한양재단 소속의 백남관광, 한양학원 이사장 등이 주요 주주로 구성되어 있음. 서울 등 수도권에 8개의 지점을 통해 영업 중이며, 시장 점유율은 낮으나 일정 수준의 수수료 수익을 유지하고 있음. 파생상품거래및평가이익이 전체 매출의 50% 이상을 차지하고 있으며, 그밖에 금융상품평가이익, 수수료수익 순으로 구성됨.

실적 분석

동사는 지난해 영업이익 61억원, 당기순이익 49억원을 기록, 전년보다 각각 31.1%, 29.2% 급감하였음. 지난해 증권사들이 증시 활황으로 사상 최대 실적을 거둔 것과 대조적. 동사는 보유 채권을 운용하고 내부 자금의 선물·옵션매매로 수익을 내는 자기매매가 전체 영업수익의 80.8%에 달함. 주식 매매 수수료 등 위탁영업(브로커리지)은 6.6%, IB 등 기업금융은 5.1%에 불과할 만큼 자기매매 의존도가 절대적인 것으로 판단됨.

현금 흐름 *IFRS 별도 기준 〈단위 : 억원〉

항목	2016	2017
영업활동	288	-27
투자활동	-67	-15
재무활동	-224	45
순현금흐름	-2	3
기말현금	32	35

시장 대비 수익률

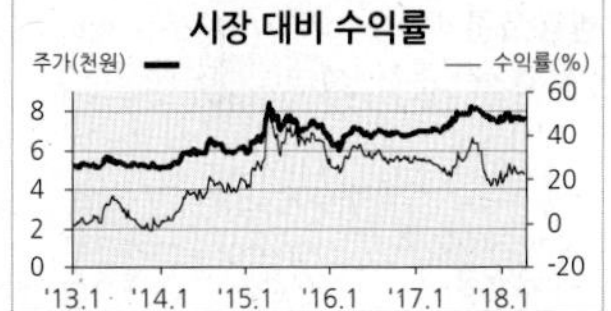

결산 실적 〈단위 : 억원〉

항목	2012	2013	2014	2015	2016	2017
순영업손익	500	489	411	560	514	461
영업이익	67	63	83	116	89	61
당기순이익	50	46	63	77	69	49

분기 실적 *IFRS 별도 기준 〈단위 : 억원〉

항목	2016.3Q	2016.4Q	2017.1Q	2017.2Q	2017.3Q	2017.4Q
순영업손익	142	104	117	127	87	130
영업이익	28	4	17	26	-5	24
당기순이익	24	-1	15	21	-3	16

재무 상태 *IFRS 별도 기준 〈단위 : 억원〉

항목	2012	2013	2014	2015	2016	2017
총자산	5,709	5,149	6,624	9,635	11,077	17,167
유형자산	171	168	163	158	156	155
무형자산	45	17	17	19	19	18
유가증권	2,315	2,707	4,040	5,989	7,953	14,761
총부채	3,079	2,589	4,027	7,009	8,395	14,478
총차입금	162	1,354	2,124	4,071	3,850	7,730
자본금	663	663	663	663	663	663
총자본	2,630	2,561	2,598	2,626	2,683	2,689
지배주주지분	2,630	2,561	2,598	2,626	2,683	2,689

기업가치 지표 *IFRS 별도 기준

항목	2012	2013	2014	2015	2016	2017
주가(최고/저)(천원)	5.6/5.0	5.7/5.1	6.6/5.6	9.1/5.9	7.2/6.0	8.3/6.9
PER(최고/저)(배)	18.4/16.6	19.6/17.4	16.0/13.6	18.3/11.7	15.0/12.6	23.4/19.5
PBR(최고/저)(배)	0.4/0.3	0.4/0.3	0.4/0.3	0.5/0.3	0.4/0.3	0.4/0.4
PSR(최고/저)(배)	2/2	2/2	2/2	3/2	2/2	2/2
EPS(원)	377	349	473	578	523	370
BPS(원)	19,881	19,360	19,640	19,855	20,280	20,329
CFPS(원)	439	424	531	643	583	435
DPS(원)	250	250	350	400	350	350
EBITDAPS(원)	503	476	628	877	669	460

재무 비율 〈단위 : %〉

연도	계속사업이익률	순이익률	부채비율	차입금비율	ROA	ROE	유보율	자기자본비율	총자산증가율
2017	14.1	10.6	538.4	287.5	0.4	1.8	306.6	15.7	55.0
2016	17.6	13.5	312.9	143.5	0.7	2.6	305.6	24.2	15.0
2015	18.1	13.7	266.9	155.0	0.9	2.9	297.1	27.3	87.1
2014	20.2	15.3	155.0	81.8	1.1	2.4	292.8	39.2	28.7

한온시스템 (A018880)
Hanon Systems

업　　종 : 자동차부품　　시　　장 : 거래소
신용등급 : (Bond) AA　　(CP) —　　기업규모 : 시가총액 대형주
홈페이지 : www.hanonsystems.com　　연 락 처 : 042)930-6114
본　　사 : 대전시 대덕구 신일서로 95 (신일동)

설 립 일	1986.03.11	**종업원수**	2,204명	**대표이사**	이인영대표집행임원
상 장 일	1996.06.30	**감사의견**	적정(삼일)	**계　열**	
결 산 기	12월	**보 통 주**		**종속회사수**	31개사
액 면 가	100원	**우 선 주**		**구 상 호**	한라비스테온공조

주주구성 (지분율,%)		출자관계 (지분율,%)		주요경쟁사 (외형,%)	
한앤코오토홀딩스유한회사	50.5	HASI	100.0	한온시스템	100
한국타이어	19.5	HanonDalian	100.0	현대모비스	629
(외국인)	19.8	HanonThailand	100.0	현대위아	134

매출구성		비용구성		수출비중	
아시아	72.3	매출원가율	83.1	수출	—
유럽	43.8	판관비율	8.6	내수	—
미주	18.4				

회사 개요

동사는 1986년 자동차용 부품, 시스템, 전자전기 기계기구용 및 기타 산업용 부품, 시스템 제조, 판매, 공급을 목적으로 설립됨. 1996년 유가증권 시장에 상장됨. OEM 납품을 주로 하는 자동차 열 관리 시스템 단일품목 제조회사로서 대전공장, 평택공장, 울산공장 등 국내에 총 3개 공장이 가동됨. 중국, 북미, 유럽, 남아시아 등에도 진출해 있음. 자동차용 공조제품 시장에서 48%의 점유율을 확보하며 1위 업체의 위상을 공고히 함.

실적 분석

동사는 지난해 매출액 5조5856억원, 영업이익 4684억원을 각각 기록하였음. 동사는 국내 자동차용 공조제품 시장에서 48%로 시장 점유율 1위를 유지하고 있으며, 2013년도에 Visteon의 공조부문을 인수하면서 글로벌 시장 점유율 2위 업체로 발돋움. 동사는 매출의 50% 이상을 차지하는 현대·기아차향 매출 급감을 포드와 폭스바겐향 매출 증가가 상당 부분 만회했음. 지역별 매출도 전 세계에 고르게 퍼져 있어 강점.

현금 흐름 〈단위 : 억원〉

항목	2016	2017
영업활동	3,892	5,667
투자활동	-4,519	-3,465
재무활동	483	-562
순현금흐름	-220	1,421
기말현금	4,252	5,673

시장 대비 수익률

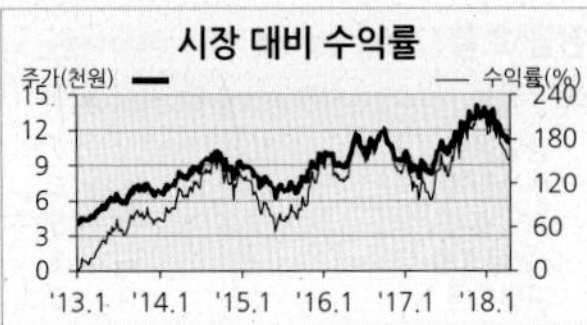

결산 실적 〈단위 : 억원〉

항목	2012	2013	2014	2015	2016	2017
매출액	36,531	51,894	54,549	55,581	57,037	55,857
영업이익	3,096	3,635	3,703	3,596	4,225	4,684
당기순이익	2,451	3,121	2,904	2,434	3,038	2,984

분기 실적 〈단위 : 억원〉

항목	2016.3Q	2016.4Q	2017.1Q	2017.2Q	2017.3Q	2017.4Q
매출액	12,831	15,017	14,490	13,733	13,389	14,245
영업이익	1,067	1,160	1,272	1,027	1,007	1,379
당기순이익	736	939	742	693	762	787

재무 상태 〈단위 : 억원〉

항목	2012	2013	2014	2015	2016	2017
총자산	22,362	29,539	32,400	34,594	38,597	41,196
유형자산	6,554	9,699	10,528	10,927	11,781	12,620
무형자산	1,540	1,560	1,718	2,074	3,503	4,377
유가증권	1	0	0	50	75	75
총부채	7,975	14,130	15,700	16,599	19,748	20,881
총차입금	837	3,130	4,176	4,105	6,768	7,603
자본금	534	534	534	534	534	534
총자본	14,387	15,409	16,700	17,994	18,849	20,314
지배주주지분	13,966	14,941	16,185	17,447	18,276	19,787

기업가치 지표

항목	2012	2013	2014	2015	2016	2017
주가(최고/저)(천원)	4.9/3.3	7.7/3.9	10.2/6.5	10.0/6.3	12.8/8.6	14.5/8.0
PER(최고/저)(배)	12.8/8.7	15.3/7.7	21.3/13.6	24.3/15.3	24.4/16.4	26.9/15.3
PBR(최고/저)(배)	2.1/1.4	3.0/1.5	3.6/2.3	3.2/2.0	3.9/2.6	3.9/2.2
EV/EBITDA(배)	5.3	7.9	9.8	10.4	9.5	11.4
EPS(원)	434	555	516	432	547	541
BPS(원)	13,082	13,995	15,160	16,342	3,424	3,707
CFPS(원)	3,223	4,293	4,129	3,788	896	918
DPS(원)	716	970	970	194	225	305
EBITDAPS(원)	3,953	4,922	5,018	4,997	1,140	1,255

재무 비율 〈단위 : %〉

연도	영업이익률	순이익률	부채비율	차입금비율	ROA	ROE	유보율	자기자본비율	EBITDA마진율
2017	8.4	5.3	102.8	37.4	7.5	15.2	3,606.8	49.3	12.0
2016	7.4	5.3	104.8	35.9	8.3	16.4	3,323.7	48.8	10.7
2015	6.5	4.4	92.3	22.8	7.3	13.7	3,168.5	52.0	9.6
2014	6.8	5.3	94.0	25.0	9.4	17.7	2,932.1	51.5	9.8

한올바이오파마 (A009420)
Hanall Biopharma

업　　종 : 제약　　시　　장 : 거래소
신용등급 : (Bond) —　　(CP) —　　기업규모 : 시가총액 중형주
홈페이지 : www.hanall.co.kr　　연 락 처 : 042)932-5997
본　　사 : 대전시 대덕구 상서당1길 43 (상서동)

설 립 일	1973.11.20	**종업원수**	313명	**대표이사**	박승국,윤재춘
상 장 일	1989.12.18	**감사의견**	적정(삼정)	**계　열**	
결 산 기	12월	**보 통 주**		**종속회사수**	1개사
액 면 가	500원	**우 선 주**		**구 상 호**	

주주구성 (지분율,%)		출자관계 (지분율,%)		주요경쟁사 (외형,%)	
대웅제약	30.0	ImmunoMET	14.3	한올바이오파마	100
김홍철	5.2	휴마시스	1.7	동아쏘시오홀딩스	819
(외국인)	4.8	HPI,	100.0	JW중외제약	597

매출구성		비용구성		수출비중	
기 타(제품)	51.6	매출원가율	49.3	수출	1.3
토미포란주 외	15.4	판관비율	46.5	내수	98.7
기 타(상품)	14.1				

회사 개요

동사는 1973년 11월 항생제 등 의약품의 제조, 판매 등을 주 영업목적으로 설립되었으며, 1989년 12월 유가증권시장에 상장됨. 2015년 7월 대웅제약 계열사에 편입됨. 자회사 HPI, Inc.는 동사가 개발한 신약의 해외 임상 진행 및 라이센싱 아웃 업무를 수행하는 미국 현지법인임. 주요 제품은 내분비계 치료제 글루코다운OR정으로 2017년 상반기 매출 비중은 9.4%임. 주요 상품은 항생제 노르믹스정으로 매출 비중은 11.1%임.

실적 분석

동사의 2017년 누적매출액은 842.3억원으로 전년대비 1.6% 증가함. 비용측면에서 매출원가가 443.8억원에서 415.5억원으로 하락하면서 영업이익은 전년보다 1,140.4% 늘어난 35.4억원을 기록함. 동사는 현재 항 TNF알파 바이오베터인 안구건조증 치료제 HL036의 임상2상 시험을 미국에서 진행하고 있으며, 자가항체를 줄여주는 신규항체 HL161은 임상1상 시험을 호주에서 진행 중임.

현금 흐름 〈단위 : 억원〉

항목	2016	2017
영업활동	40	421
투자활동	-108	-101
재무활동	71	6
순현금흐름	2	324
기말현금	95	419

시장 대비 수익률

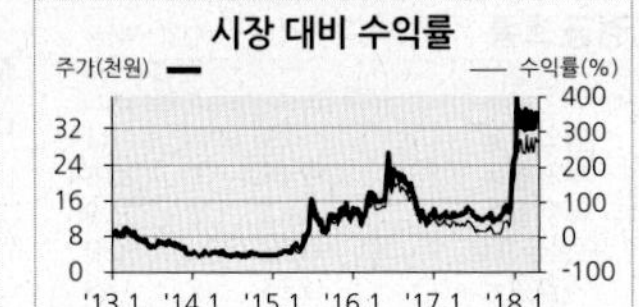

결산 실적 〈단위 : 억원〉

항목	2012	2013	2014	2015	2016	2017
매출액	760	742	809	800	829	842
영업이익	-31	-130	8	-43	3	35
당기순이익	-29	-215	-127	-71	20	58

분기 실적 〈단위 : 억원〉

항목	2016.3Q	2016.4Q	2017.1Q	2017.2Q	2017.3Q	2017.4Q
매출액	209	197	191	206	246	200
영업이익	-9	-11	-9	3	21	21
당기순이익	-3	-6	-4	5	27	30

재무 상태 〈단위 : 억원〉

항목	2012	2013	2014	2015	2016	2017
총자산	1,252	979	872	1,171	1,247	1,687
유형자산	105	122	119	122	138	134
무형자산	236	209	90	97	117	102
유가증권	6	7	12	6	92	28
총부채	465	382	414	219	204	575
총차입금	267	173	202	—	—	—
자본금	206	209	209	258	261	261
총자본	787	596	458	952	1,044	1,112
지배주주지분	787	596	458	952	1,044	1,112

기업가치 지표

항목	2012	2013	2014	2015	2016	2017
주가(최고/저)(천원)	10.5/6.4	10.0/4.0	4.7/3.6	16.4/3.7	26.7/10.6	24.4/11.2
PER(최고/저)(배)	—/—	—/—	—/—	—/—	686.2/271.2	219.3/100.7
PBR(최고/저)(배)	5.4/3.3	6.6/2.6	3.9/3.0	8.5/1.9	12.9/5.1	11.1/5.1
EV/EBITDA(배)	—	—	54.3	—	250.8	206.8
EPS(원)	-77	-516	-303	-154	39	111
BPS(원)	1,936	1,519	1,216	1,941	2,070	2,193
CFPS(원)	-32	-469	-249	-104	82	153
DPS(원)	—	—	—	—	—	—
EBITDAPS(원)	-36	-265	74	-43	48	109

재무 비율 〈단위 : %〉

연도	영업이익률	순이익률	부채비율	차입금비율	ROA	ROE	유보율	자기자본비율	EBITDA마진율
2017	4.2	6.9	51.7	0.0	4.0	5.4	338.5	65.9	6.8
2016	0.3	2.4	19.5	0.0	1.7	2.0	314.1	83.7	3.0
2015	-5.4	-8.8	23.0	0.0	-6.9	-10.0	288.2	81.3	-2.5
2014	1.0	-15.7	90.3	44.1	-13.7	-24.0	143.1	52.6	3.8

한익스프레스 (A014130)

HanExpress

업　　종 : 육상운수
신용등급 : (Bond) —　　(CP) —
홈페이지 : www.hanex.co.kr
본　　사 : 경기도 화성시 양감면 초록로 103
시　　장 : 거래소
기업규모 : 시가총액 소형주
연 락 처 : 070)4398-2787

설립일	1979.05.15	**종업원수**	365명	**대표이사**	이재현,이석환
상장일	1989.07.25	**감사의견**	적정(대주)	**계열**	
결산기	12월	**보통주**		**종속회사수**	2개사
액면가	5,000원	**우선주**		**구상호**	

주주구성 (지분율,%)		출자관계 (지분율,%)		주요경쟁사 (외형,%)	
김영혜	25.8	이앤알네트워크	33.3	한익스프레스	100
이석환	25.6	한국교통자산운용	7.5	현대글로비스	3,099
(외국인)	7.9	제주브루어리	4.6	CJ대한통운	1,347

매출구성		비용구성		수출비중	
국내운송	48.8	매출원가율	96.7	수출	0.0
유통물류	36.7	판관비율	1.4	내수	100.0
국제물류	14.3				

회사 개요

1979년 삼희통운이란 이름으로 설립돼 1997년 한익스프레스로 상호를 변경함. 전국적 물류거점을 구축하고 육상화물운송과 국제운송주선, 3PL등을 주요한 사업으로 영위하고 있음. 특히 특수화물 운송에서는 국내 최고의 위치를 점유하고 있는 종합물류기업임. 중국과 말레이시아에 현지 법인을 두고 있음. 매출은 국내운송 46.6%, 유통물류 37.2%, 국제물류 16%, 창고보관 0.2%로 구성됨.

실적 분석

동사의 2017년 연간 매출액은 전년동기대비 12.8% 상승한 5,278.7억원을 기록하였음. 중국시장이 급속히 커가면서 물류시장에 대한 관심도 커지고 있어 최종적으로 전년동기대비 당기순이익은 상승하여 66.9억원을 기록함. 물류업계는 점진적으로 경쟁 및 개선요청에 따른 수익성 악화가 지속되고 있으므로 이런 어려움 회복을 위해 동사는 출자법인 활성화 및 신사업투자를 지속하고 있음.

현금 흐름 〈단위 : 억원〉

항목	2016	2017
영업활동	38	17
투자활동	-181	-300
재무활동	124	289
순현금흐름	-19	4
기말현금	24	28

시장 대비 수익률

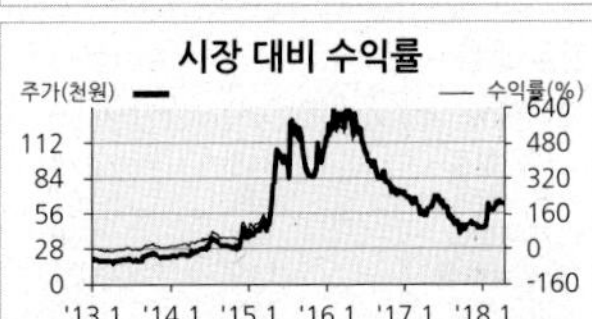

결산 실적 〈단위 : 억원〉

항목	2012	2013	2014	2015	2016	2017
매출액	2,635	3,217	3,587	4,367	4,679	5,279
영업이익	77	85	78	110	89	101
당기순이익	53	59	184	79	54	67

분기 실적 〈단위 : 억원〉

항목	2016.3Q	2016.4Q	2017.1Q	2017.2Q	2017.3Q	2017.4Q
매출액	1,207	1,230	1,242	1,300	1,386	1,351
영업이익	36	4	26	25	37	13
당기순이익	25	-1	20	21	25	1

재무 상태 〈단위 : 억원〉

항목	2012	2013	2014	2015	2016	2017
총자산	780	854	948	1,317	1,468	1,882
유형자산	245	242	247	444	556	799
무형자산	17	17	12	12	26	27
유가증권	7	7	5	10	13	13
총부채	561	575	492	783	895	1,252
총차입금	194	240	120	303	436	733
자본금	60	60	60	60	60	60
총자본	219	279	456	534	573	630
지배주주지분	219	279	456	532	572	629

기업가치 지표

항목	2012	2013	2014	2015	2016	2017
주가(최고/저)(천원)	24.5/14.9	24.9/16.7	47.6/21.2	134/37.2	141/70.5	73.4/40.6
PER(최고/저)(배)	5.9/3.6	5.3/3.6	3.3/1.5	21.0/5.8	31.6/15.9	13.4/7.4
PBR(최고/저)(배)	1.4/0.9	1.1/0.8	1.3/0.6	3.1/0.9	3.0/1.5	1.4/0.8
EV/EBITDA(배)	4.2	4.3	5.4	12.8	11.3	9.5
EPS(원)	4,391	4,925	15,292	6,631	4,568	5,580
BPS(원)	18,271	23,213	37,997	44,322	47,638	52,423
CFPS(원)	6,142	6,849	17,308	8,600	6,830	8,016
DPS(원)	—	—	500	700	700	800
EBITDAPS(원)	8,170	8,972	8,533	11,107	9,698	10,885

재무 비율 〈단위 : %〉

연도	영업 이익률	순 이익률	부채 비율	차입금 비율	ROA	ROE	유보율	자기자본 비율	EBITDA 마진율
2017	1.9	1.3	198.6	116.3	4.0	11.2	948.5	33.5	2.5
2016	1.9	1.2	156.3	76.1	3.9	9.9	852.8	39.0	2.5
2015	2.5	1.8	146.7	56.8	7.0	16.1	786.4	40.5	3.1
2014	2.2	5.1	108.0	26.2	20.4	50.0	660.0	48.1	2.9

한일네트웍스 (A046110)

HANIL NETWORKS

업　　종 : IT 서비스
신용등급 : (Bond) —　　(CP) —
홈페이지 : www.hanilnetworks.com
본　　사 : 서울시 강남구 강남대로 330 우덕빌딩 13층
시　　장 : KOSDAQ
기업규모 : 중견
연 락 처 : 02)3466-9100

설립일	1998.08.26	**종업원수**	159명	**대표이사**	박지훈
상장일	2006.01.20	**감사의견**	적정(안진)	**계열**	
결산기	12월	**보통주**		**종속회사수**	2개사
액면가	500원	**우선주**		**구상호**	

주주구성 (지분율,%)		출자관계 (지분율,%)		주요경쟁사 (외형,%)	
한일시멘트	45.2	에프앤센터	100.0	한일네트웍스	100
한국증권금융	4.4	중원	24.0	쌍용정보통신	126
(외국인)	3.6	인터베스트신성장투자조합	2.0	케이엘넷	31

매출구성		비용구성		수출비중	
서버 보안장비	59.5	매출원가율	89.6	수출	0.0
CC서비스, ERP서비스	40.5	판관비율	4.3	내수	100.0

회사 개요

동사는 한일시멘트그룹의 계열사로서 1998년 설립된 후, 애플리케이션 등을 임대하여 수익을 창출하는 ASP(Application Service Providing)와 IT장비유통사업을 영위하고 있음. ASP부문의 주요사업인 DSC사업의 경우 금융기관, 홈쇼핑업체, 제조/서비스 분야 등 50여 고객사의 서비스를 담당하고 있으며, 특히 보험분야에서는 국내에서 가장 큰 규모의 컨택센터 서비스를 제공하고 있음.

실적 분석

동사의 2017년 연결 기준 연간 누적 매출액은 1,160.7억원으로 전년 동기 대비 30.8% 증가함. 매출이 늘면서 매출원가와 판관비도 늘었지만 매출 증가에 따른 고정 비용 감소 효과로 영업이익은 전년 동기 대비 196% 늘어난 71.6억원을 기록함. 비영업손익 부문에서도 1회성 이익 증가로 크게 늘면서 당기순이익은 전년 동기 대비 275.9% 늘어난 166.8억원을 시현함.

현금 흐름 〈단위 : 억원〉

항목	2016	2017
영업활동	9	113
투자활동	-71	-99
재무활동	96	-8
순현금흐름	34	6
기말현금	82	88

시장 대비 수익률

결산 실적 〈단위 : 억원〉

항목	2012	2013	2014	2015	2016	2017
매출액	885	858	881	897	887	1,161
영업이익	25	10	-39	25	24	72
당기순이익	23	13	-0	23	44	167

분기 실적 〈단위 : 억원〉

항목	2016.3Q	2016.4Q	2017.1Q	2017.2Q	2017.3Q	2017.4Q
매출액	317	68	365	447	482	-133
영업이익	12	-8	23	31	34	-17
당기순이익	14	8	23	30	33	81

재무 상태 〈단위 : 억원〉

항목	2012	2013	2014	2015	2016	2017
총자산	438	504	520	482	740	829
유형자산	93	98	81	78	85	101
무형자산	3	6	12	5	18	3
유가증권	15	19	28	64	27	143
총부채	147	188	202	159	319	251
총차입금	24	4	30	5	70	20
자본금	56	60	60	60	60	60
총자본	291	317	319	323	421	578
지배주주지분	291	317	319	322	421	578

기업가치 지표

항목	2012	2013	2014	2015	2016	2017
주가(최고/저)(천원)	5.4/1.8	3.1/1.8	2.9/1.7	3.8/1.9	5.3/2.7	8.4/4.3
PER(최고/저)(배)	26.9/9.0	30.2/17.1	—/—	20.2/10.0	14.4/7.4	6.1/3.1
PBR(최고/저)(배)	2.0/0.7	1.1/0.6	1.0/0.6	1.3/0.6	1.5/0.8	1.7/0.9
EV/EBITDA(배)	3.1	3.8	—	5.4	9.0	3.8
EPS(원)	203	105	-3	190	371	1,395
BPS(원)	2,785	2,815	2,832	2,999	3,581	4,899
CFPS(원)	471	429	315	506	723	1,804
DPS(원)	—	—	—	—	—	70
EBITDAPS(원)	493	406	-5	523	554	1,008

재무 비율 〈단위 : %〉

연도	영업 이익률	순 이익률	부채 비율	차입금 비율	ROA	ROE	유보율	자기자본 비율	EBITDA 마진율
2017	6.2	14.4	43.3	3.5	21.3	33.4	879.9	69.8	10.4
2016	2.7	5.0	75.9	16.6	7.3	11.9	616.3	56.9	7.5
2015	2.8	2.5	49.3	1.6	4.5	7.1	499.8	67.0	7.0
2014	-4.4	0.0	63.3	9.4	-0.1	-0.1	466.4	61.3	-0.1

한일단조공업 (A024740)

Hanil Forging Industrial

업　　종 : 자동차부품
신용등급 : (Bond) —　　(CP) —
홈페이지 : www.hifg.co.kr
본　　사 : 경남 창원시 성산구 성주로 97번길 42
시　　장 : KOSDAQ
기업규모 : 중견
연 락 처 : 055)282-3201

설 립 일	1966.05.16	**종업원수**	218명	**대표이사**	권병호
상 장 일	1996.11.29	**감사의견**	적정(한영)	**계　열**	
결 산 기	12월	**보 통 주**		**종속회사수**	1개사
액 면 가	500원	**우 선 주**		**구 상 호**	

주주구성 (지분율,%)		출자관계 (지분율,%)		주요경쟁사 (외형,%)	
홍진산업	20.5	HANILFORGING(THAILAND)Co.,	85.6	한일단조	100
홍준석	5.5			팬스타엔터프라이즈	25
(외국인)	3.2			두올산업	30

매출구성		비용구성		수출비중	
AXLE SHAFT,SPINDLE류,HYPOID GEAR류등(제품)	59.3	매출원가율	92.5	수출	49.0
방산품(제품)	26.6	판관비율	7.0	내수	51.0
원재료(상품)	8.2				

회사 개요

첨단 정밀 자동차 부품인 Axle Shaft 및 Spindle류를 국내외에 공급하고 있으며, 방위산업분야의 유도탄 탄체, 탄두 및 중장비 부품, 조선·항공산업 부품 등을 생산하고 있음. 수출시장에서의 시장점유율 확대를 위하여 태국현지법인의 본격적인 매출 실현과 독자적인 생산 시스템을 통해 적극적인 마케팅 정책을 펼치고 있음. 국내 최초로 Radial Forging 설비를 도입하여 중대형 사이즈의 제품으로 전방산업 진출을 추진 중임.

실적 분석

동사의 2017년 4/4분기 영업이익은 6억 4,131만원으로 전년동기대비 87.1% 감소. 같은 기간 매출은 1,332.7억원으로 10.3% 늘었음. 당기순손실은 21.3억으로 적자전환. 이는 원재료비 상승 및 외주가공비 증가에 의해 제조원가가 상승한 결과로 환율하락에 따른 외환차손 및 외화평가손실 발생으로 당기순이익이 감소. 기존 장비의 활용과 축적된 기술력으로 조선, 풍력, 항공산업부품 개발사업 등 사업다각화에 박차를 가함.

현금 흐름

〈단위 : 억원〉

항목	2016	2017
영업활동	140	0
투자활동	-68	-143
재무활동	-82	262
순현금흐름	-7	114
기말현금	85	199

시장 대비 수익률

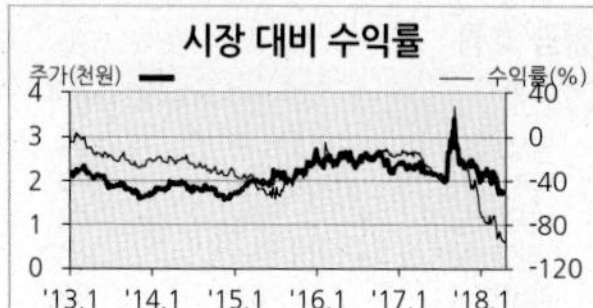

결산 실적

〈단위 : 억원〉

항목	2012	2013	2014	2015	2016	2017
매출액	1,401	1,392	1,431	1,515	1,208	1,333
영업이익	28	46	44	64	50	6
당기순이익	-24	-41	-4	22	32	-21

분기 실적

〈단위 : 억원〉

항목	2016.3Q	2016.4Q	2017.1Q	2017.2Q	2017.3Q	2017.4Q
매출액	339	239	290	323	377	343
영업이익	15	16	8	10	12	-23
당기순이익	-5	24	-4	10	8	-36

재무 상태

〈단위 : 억원〉

항목	2012	2013	2014	2015	2016	2017
총자산	2,109	2,029	2,068	2,037	2,012	2,312
유형자산	1,138	1,108	1,197	1,212	1,237	1,299
무형자산	16	16	16	19	17	17
유가증권	6	4	0	1	0	0
총부채	1,271	1,232	1,274	1,229	1,137	1,398
총차입금	1,032	959	1,037	991	922	1,143
자본금	66	66	66	66	74	89
총자본	837	797	794	807	875	914
지배주주지분	834	793	790	805	859	887

기업가치 지표

항목	2012	2013	2014	2015	2016	2017
주가(최고/저)(천원)	4.2/2.5	2.9/1.9	2.4/1.9	3.3/2.1	3.9/2.5	4.5/2.4
PER(최고/저)(배)	—/—	—/—	—/—	17.9/11.6	18.6/12.0	—/—
PBR(최고/저)(배)	0.7/0.4	0.5/0.3	0.4/0.3	0.5/0.3	0.7/0.4	0.9/0.5
EV/EBITDA(배)	15.3	10.9	12.1	10.6	11.3	19.2
EPS(원)	-142	-242	-20	158	182	-149
BPS(원)	6,374	6,059	6,038	6,156	5,850	4,985
CFPS(원)	264	170	426	657	659	247
DPS(원)	30	—	50	100	50	—
EBITDAPS(원)	641	798	780	963	793	458

재무 비율

〈단위 : %〉

연도	영업이익률	순이익률	부채비율	차입금비율	ROA	ROE	유보율	자기자본비율	EBITDA마진율
2017	0.5	-1.6	153.0	125.1	-1.0	-3.1	896.9	39.5	5.5
2016	4.1	2.7	129.9	105.3	1.6	3.6	1,069.9	43.5	9.5
2015	4.2	1.5	152.3	122.8	1.1	3.0	1,131.1	39.6	8.4
2014	3.0	-0.3	160.5	130.6	-0.2	-0.4	1,107.5	38.4	7.2

한일사료 (A005860)

HanilFeed

업　　종 : 식료품
신용등급 : (Bond) —　　(CP) —
홈페이지 : www.hanilfeed.com
본　　사 : 경기도 용인시 기흥구 하갈로 127
시　　장 : KOSDAQ
기업규모 : 중견
연 락 처 : 031)280-4025

설 립 일	1968.11.26	**종업원수**	80명	**대표이사**	차상협
상 장 일	1994.11.07	**감사의견**	적정(이촌)	**계　열**	
결 산 기	12월	**보 통 주**		**종속회사수**	10개사
액 면 가	500원	**우 선 주**		**구 상 호**	

주주구성 (지분율,%)		출자관계 (지분율,%)		주요경쟁사 (외형,%)	
차상협	13.9	케이미트	100.0	한일사료	100
최한순	13.2	한일에프에스	100.0	하림	290
(외국인)	3.0	에이티엔씨	23.9	동우팜투테이블	77

매출구성		비용구성		수출비중	
수입육외	67.4	매출원가율	91.1	수출	0.0
축우사료	23.2	판관비율	9.2	내수	100.0
양계사료	8.4				

회사 개요

동사는 1968년 11월에 설립되어 배합사료 생산 및 공급업을 영위하고 있음. 2017년말 현재 13개의 계열회사를 보유하고 있음. 2017년 매출액은 양계사료/양돈사료/축우사료 등의 가축사료(31.3%), 수입육 등의 정육유통(68.4%), 경마/한식/임대 등의 기타사업(0.3%)으로 구성됨. 배합사료산업은 향후에도 축산물 소비의 증가가 예상됨에 따라 완만한 성장이 가능할 것으로 전망되고 있음.

실적 분석

동사의 연결기준 2017년 매출액은 전년 동기대비 3.5% 감소한 2,991.5억원을 기록한 반면 매출원가는 동기간 1.4% 감소에 그침에 따라 매출총이익이 전년 대비 감소했으며, 동기간 판관비의 증가로 영업이익은 8.6억원 손실이 발생하며 적자전환하였음. 반면, 동기간 외화환산이익이 비교적 크게 발생하며 비영업손익은 흑자 전환하였음. 이에 따라 동사의 2017년 당기순이익은 전년 동기 대비 13.6% 감소한 18.8억원을 기록함.

현금 흐름

〈단위 : 억원〉

항목	2016	2017
영업활동	245	224
투자활동	-46	-161
재무활동	-80	-169
순현금흐름	119	-101
기말현금	255	155

시장 대비 수익률

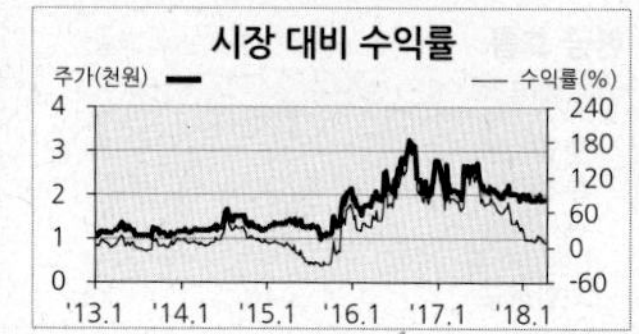

결산 실적

〈단위 : 억원〉

항목	2012	2013	2014	2015	2016	2017
매출액	2,414	2,463	2,374	2,779	3,100	2,992
영업이익	22	25	64	-96	66	-9
당기순이익	44	10	40	-43	22	19

분기 실적

〈단위 : 억원〉

항목	2016.3Q	2016.4Q	2017.1Q	2017.2Q	2017.3Q	2017.4Q
매출액	770	759	779	710	803	700
영업이익	25	21	-19	16	-8	2
당기순이익	43	-31	17	2	-18	18

재무 상태

〈단위 : 억원〉

항목	2012	2013	2014	2015	2016	2017
총자산	1,486	1,427	1,549	1,828	1,882	1,669
유형자산	637	624	617	595	598	626
무형자산	6	6	6	5	4	9
유가증권	3	9	14	10	76	66
총부채	942	881	973	1,314	1,237	1,023
총차입금	743	691	755	1,085	992	773
자본금	160	160	160	160	197	197
총자본	543	546	576	514	645	645
지배주주지분	543	546	576	514	645	646

기업가치 지표

항목	2012	2013	2014	2015	2016	2017
주가(최고/저)(천원)	1.5/0.9	1.4/1.0	1.7/1.1	2.3/1.0	3.6/1.5	2.8/1.8
PER(최고/저)(배)	13.2/8.0	51.9/38.0	15.3/9.7	—/—	56.1/24.1	60.2/38.8
PBR(최고/저)(배)	1.1/0.6	0.9/0.7	1.1/0.7	1.6/0.7	2.2/1.0	1.8/1.1
EV/EBITDA(배)	18.8	19.0	11.5	—	19.6	99.2
EPS(원)	128	28	119	-126	65	48
BPS(원)	1,702	1,711	1,805	1,610	1,637	1,638
CFPS(원)	221	106	192	-72	123	100
DPS(원)	25	25	25	25	25	25
EBITDAPS(원)	155	153	267	-239	251	30

재무 비율

〈단위 : %〉

연도	영업이익률	순이익률	부채비율	차입금비율	ROA	ROE	유보율	자기자본비율	EBITDA마진율
2017	-0.3	0.6	158.6	119.7	1.1	2.9	227.7	38.7	0.4
2016	2.1	0.7	191.8	153.8	1.2	3.8	227.5	34.3	2.8
2015	-3.5	-1.6	255.5	211.1	-2.5	-7.8	222.1	28.1	-2.7
2014	2.7	1.7	168.8	130.9	2.7	7.2	261.0	37.2	3.6

한일시멘트 (A003300)

Hanil Cement

업　　종 : 건축소재　　　　　　　시　　장 : 거래소
신용등급 : (Bond) A+　　(CP) A2+　　기업규모 : 시가총액 중형주
홈페이지 : www.hanil.com　　　연 락 처 : 02)531-7000
본　　사 : 서울시 강남구 강남대로 330 우덕빌딩

설 립 일	1961.12.28	종업원수	600명	대표이사	허기호,곽의영
상 장 일	1969.11.20	감사의견	적정(삼일)	계　　열	
결 산 기	12월	보 통 주		종속회사수	7개사
액 면 가	5,000원	우 선 주		구 상 호	

주주구성 (지분율,%)		출자관계 (지분율,%)		주요경쟁사 (외형,%)	
허기호	10.1	한일건재	100.0	한일시멘트	100
국민연금공단	7.2	한일산업	98.5	쌍용양회	96
(외국인)	11.6	AmassStarV.C.corp	98.4	동양	31

매출구성		비용구성		수출비중	
레미콘	31.0	매출원가율	79.8	수출	0.3
시멘트	30.4	판관비율	11.8	내수	99.7
레미탈	20.1				

회사 개요

동사는 시멘트 및 그 2차 제품의 제조, 판매를 주요사업으로 영위 중임. 동사와 그 종속회사의 사업부문은 크게 시멘트 사업부문과 시멘트를 주원료로 2차제품을 생산하는 레미콘/레미탈 사업부문, 기타사업부문 등 4개 사업부문으로 구성되어 있음. 계열사 중 한일산업은 레미콘/혼화제 생산판매업을, 서울랜드는 과천시 서울랜드를 운영하고 있음. 동사는 국내외 총 22개 계열사를 보유했으며 이중 상장된 회사는 현대시멘트, 한일네트웍스 등 총 2개사임.

실적 분석

2017년 연결기준 1조 5,742.7억원의 매출액을 기록하였으며 이는 전년 대비 9.2% 증가한 수치임. 매출 비중은 시멘트 32.22%, 레미콘은 한일레미콘과 레미탈에서 각각 26.11%, 24.36% 등임. 인건비 등 판관비가 크게 늘었지만 매출 원가율이 개선되면서 같은 기간 영업이익은 30.8% 증가한 1,328.5억원을 기록함. 다만 비영업 손실이 발생하였고 최종적으로 당기순이익은 전년보다 21.6% 감소한 656.4억원을 기록함.

현금 흐름 〈단위 : 억원〉

항목	2016	2017
영업활동	405	703
투자활동	446	-8,791
재무활동	-573	7,195
순현금흐름	283	-896
기말현금	3,476	2,580

시장 대비 수익률

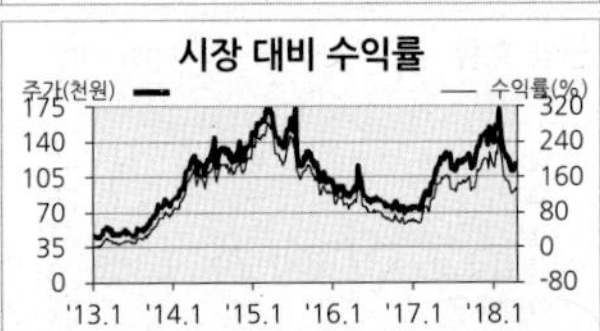

결산 실적 〈단위 : 억원〉

항목	2012	2013	2014	2015	2016	2017
매출액	11,327	12,676	13,213	13,773	14,412	15,743
영업이익	759	1,395	1,271	1,206	1,016	1,328
당기순이익	-706	831	952	649	838	656

분기 실적 〈단위 : 억원〉

항목	2016.3Q	2016.4Q	2017.1Q	2017.2Q	2017.3Q	2017.4Q
매출액	3,746	3,967	3,183	4,104	4,653	3,802
영업이익	294	353	18	527	434	349
당기순이익	-182	632	56	446	45	109

재무 상태 〈단위 : 억원〉

항목	2012	2013	2014	2015	2016	2017
총자산	21,429	21,434	21,224	21,507	21,585	33,363
유형자산	11,116	10,799	10,751	9,879	8,918	11,799
무형자산	468	455	417	404	937	5,673
유가증권	1,808	1,585	1,931	2,432	2,585	5,817
총부채	8,717	8,148	6,820	6,820	6,304	16,969
총차입금	5,983	5,120	3,254	2,449	2,039	11,237
자본금	377	377	377	377	377	377
총자본	12,712	13,287	14,403	14,687	15,280	16,394
지배주주지분	12,187	12,812	13,862	14,328	14,845	15,337

기업가치 지표

항목	2012	2013	2014	2015	2016	2017
주가(최고/저)(천원)	47.6/25.8	83.5/43.4	147/80.7	179/94.9	116/68.8	154/72.5
PER(최고/저)(배)	—/—	8.5/4.4	12.8/7.1	24.6/13.0	11.2/6.6	20.6/9.7
PBR(최고/저)(배)	0.3/0.2	0.5/0.3	0.8/0.5	1.0/0.5	0.6/0.4	0.8/0.4
EV/EBITDA(배)	7.0	5.2	7.3	3.9	2.3	8.2
EPS(원)	-9,384	10,600	12,124	7,633	10,713	7,574
BPS(원)	165,311	174,628	188,850	195,021	201,876	208,398
CFPS(원)	-3,695	16,681	18,489	14,258	17,624	16,354
DPS(원)	1,000	1,400	1,500	1,500	1,600	1,800
EBITDAPS(원)	15,749	24,570	23,209	22,612	20,375	26,387

재무 비율 〈단위 : %〉

연도	영업이익률	순이익률	부채비율	차입금비율	ROA	ROE	유보율	자기자본비율	EBITDA마진율
2017	8.4	4.2	103.5	68.5	2.4	3.8	4,068.0	49.1	12.7
2016	7.1	5.8	41.3	13.3	3.9	5.5	3,937.5	70.8	10.7
2015	8.8	4.7	46.4	16.7	3.0	4.1	3,800.4	68.3	12.4
2014	9.6	7.2	47.4	22.6	4.5	6.9	3,677.0	67.9	13.3

한일진공 (A123840)

HANIL VACUUM CO

업　　종 : 휴대폰 및 관련부품　　　　시　　장 : KOSDAQ
신용등급 : (Bond) —　　(CP) —　　기업규모 : 벤처
홈페이지 : www.vacuum-coater.com　　연 락 처 : 032)821-9300
본　　사 : 인천시 남동구 남동동로 183번길 30

설 립 일	2010.03.23	종업원수	109명	대표이사	이청균
상 장 일	2010.10.05	감사의견	적정(이촌)	계　　열	
결 산 기	12월	보 통 주		종속회사수	3개사
액 면 가	100원	우 선 주		구 상 호	키움스팩1호

주주구성 (지분율,%)		출자관계 (지분율,%)		주요경쟁사 (외형,%)	
코스인베스트먼트	15.9	한일인베스트먼트	100.0	한일진공	100
크리스탈1호사모투자조합	4.2	케이씨엑스	22.3	제주반도체	512
(외국인)	1.6	동관한일진공기계	100.0	성우전자	802

매출구성		비용구성		수출비중	
스마트폰	58.3	매출원가율	84.7	수출	73.4
기타	36.8	판관비율	30.9	내수	26.6
일반광학	4.9				

회사 개요

동사의 사업부문은 제조와 투자부문으로 구별되며, 제조부문은 진공증착장비 개발, 생산, 판매이며, 투자부문은 창업투자 및 사모투자전문회사로 창업자에 대한 투자 및 융자 등의 사업을 영위하고 있음. 종속회사로는 동관한일진공과 2016년 1월 설립된 한일인베스트먼트가 있음. 주요 제품으로는 휴대폰 Case 및 Window 코팅용 진공증착장비, 광학(렌즈) 및 휴대폰 카메라 렌즈/안경 코팅용 진공증착장비 등이 있음

실적 분석

동사의 연결기준 2017년 연간 매출액은 228.7억원으로 전년 대비 14.7% 증가함. 매출원가 및 판관비의 증가로 35.6억원의 영업손실을 시현하며 적자를 지속했음. 반면 투자자산 처분에 따른 영업외이익 증가의 영향으로 당기순이익은 전년 대비 58.9% 증가한 219.5억원을 기록했음. 동사의 매출의 상당부분이 수출에서 비롯되고 있으며, 중국, 동남아 수출에 이어 미국, 유럽 등지로 수출을 확대해 나가기 위해 노력중임.

현금 흐름 〈단위 : 억원〉

항목	2016	2017
영업활동	-8	-30
투자활동	-350	-8
재무활동	271	148
순현금흐름	-86	107
기말현금	35	142

시장 대비 수익률

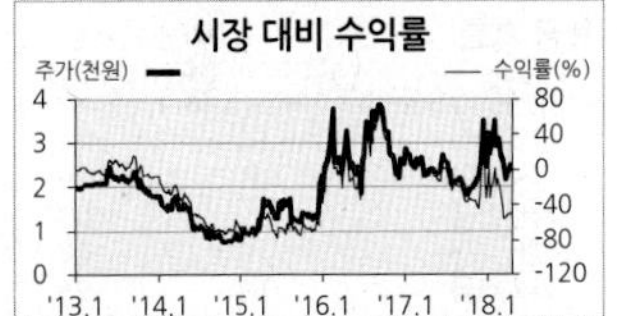

결산 실적 〈단위 : 억원〉

항목	2012	2013	2014	2015	2016	2017
매출액	416	420	127	261	199	229
영업이익	92	88	-21	42	-10	-36
당기순이익	72	28	-9	60	138	220

분기 실적 〈단위 : 억원〉

항목	2016.3Q	2016.4Q	2017.1Q	2017.2Q	2017.3Q	2017.4Q
매출액	57	44	67	71	39	52
영업이익	-3	-0	-4	-4	-12	-16
당기순이익	34	105	-7	277	-51	1

재무 상태 〈단위 : 억원〉

항목	2012	2013	2014	2015	2016	2017
총자산	406	596	515	595	1,099	1,616
유형자산	146	159	150	151	326	320
무형자산	2	4	4	3	3	3
유가증권	0	25	105	95	310	415
총부채	233	145	77	82	390	582
총차입금	108	62	29	14	270	330
자본금	3	30	31	32	32	37
총자본	173	450	439	513	708	1,034
지배주주지분	173	450	439	513	706	1,040

기업가치 지표

항목	2012	2013	2014	2015	2016	2017
주가(최고/저)(천원)	2.3/2.1	3.0/1.9	2.1/0.8	2.7/0.9	5.6/2.1	5.2/2.0
PER(최고/저)(배)	9.3/8.5	30.9/20.1	—/—	13.8/4.8	12.2/4.7	7.8/3.0
PBR(최고/저)(배)	3.9/3.5	2.0/1.3	1.4/0.6	1.6/0.6	2.4/0.9	1.7/0.7
EV/EBITDA(배)	2.5	4.5	—	12.1	3,694.0	—
EPS(원)	223	88	-26	173	401	581
BPS(원)	345,692	1,500	1,446	1,619	2,204	2,849
CFPS(원)	159,239	132	4	216	465	677
DPS(원)	—	20	—	100	—	—
EBITDAPS(원)	199,499	329	-35	163	1	-48

재무 비율 〈단위 : %〉

연도	영업이익률	순이익률	부채비율	차입금비율	ROA	ROE	유보율	자기자본비율	EBITDA마진율
2017	-15.6	96.0	56.3	31.9	16.2	26.1	2,748.8	64.0	-7.7
2016	-5.0	69.3	55.1	38.2	16.3	22.7	2,103.7	64.5	0.2
2015	16.3	22.8	16.0	2.7	10.7	12.5	1,519.3	86.2	19.9
2014	-16.3	-6.9	17.5	6.7	-1.6	-2.0	1,346.2	85.1	-8.4

한일철강 (A002220)

Hanil Iron & Steel

업 종 : 금속 및 광물
신용등급 : (Bond) — (CP) —
홈페이지 : www.hanilsteel.co.kr
본 사 : 서울시 중구 퇴계로27길 28 한영빌딩 9층
시 장 : 거래소
기업규모 : 시가총액 소형주
연 락 처 : 02)2273-2144

설 립 일	1957.12.05	**종업원수**	112명	**대표이사**	엄정헌
상 장 일	1988.10.07	**감사의견**	적정(이현)	**계 열**	
결 산 기	12월	**보 통 주**		**종속회사수**	
액 면 가	5,000원	**우 선 주**		**구 상 호**	

주주구성 (지분율,%)		출자관계 (지분율,%)		주요경쟁사 (외형,%)	
엄정헌	14.6	한일해운	60.0	한일철강	100
엄정근	8.6	하이스틸	15.2	경남스틸	184
(외국인)	0.6	강음한일강철유한공사	80.0	부국철강	94

매출구성		비용구성		수출비중	
철판(제품)	55.4	매출원가율	90.9	수출	0.0
철판,형강(상품)	35.3	판관비율	6.2	내수	100.0
COIL, SHOT	5.2				

회사 개요

동사는 1957년에 설립된 철강 판재류 및 강관류의 제조 및 판매사임. 철강제품 제조 및 판매업을 주된 사업으로 영위하고 있으며, 취급품목은 철판류, 형강류, 기타(Coil절단가공, Shot Blast)로 구성되어 있음. 강관제조및 판매사인 하이스틸과 강음한일강철유한회사를 종속회사로 두고 있으며 2008년 한일해운의 설립을 통하여 해상운송업에도 진출하였음.

실적 분석

중국발 공급과잉의 해소 및 철강가격의 지속적인 상승으로 인하여 2017년 4/4분기 동사의 연결기준 누적 매출액은 전년동기 대비 40.0% 증가한 1,557.6억원을 시현하였음. 외형확대에도 매출원가 및 판관비가 전년동기 대비 각각 46.0%, 18.6% 증가함으로 인해 영업이익은 전년동기 26.3% 감소한 44.9억원을 시현했음. 그러나 비영업부문에서 52.2억원의 이익을 시현함으로 인해 당기순이익은 전년동기 대비 98.7% 증가했음.

현금 흐름 〈단위 : 억원〉

항목	2016	2017
영업활동	50	44
투자활동	491	-119
재무활동	-539	103
순현금흐름	1	26
기말현금	67	93

시장 대비 수익률

결산 실적 〈단위 : 억원〉

항목	2012	2013	2014	2015	2016	2017
매출액	1,541	1,433	1,282	1,119	1,113	1,558
영업이익	54	22	-8	-60	61	45
당기순이익	-133	42	-35	-126	47	94

분기 실적 〈단위 : 억원〉

항목	2016.3Q	2016.4Q	2017.1Q	2017.2Q	2017.3Q	2017.4Q
매출액	277	303	375	323	451	408
영업이익	34	-20	23	6	22	-5
당기순이익	26	-36	48	3	16	27

재무 상태 〈단위 : 억원〉

항목	2012	2013	2014	2015	2016	2017
총자산	3,095	3,150	3,152	3,428	2,999	3,199
유형자산	808	784	774	981	973	1,011
무형자산	28	28	28	17	16	15
유가증권	1	1	1	1	1	1
총부채	1,468	1,485	1,522	1,919	1,447	1,558
총차입금	1,007	968	1,011	1,470	941	1,003
자본금	102	102	102	102	102	102
총자본	1,627	1,665	1,630	1,509	1,552	1,641
지배주주지분	1,580	1,620	1,584	1,470	1,518	1,612

기업가치 지표

항목	2012	2013	2014	2015	2016	2017
주가(최고/저)(천원)	16.1/10.9	16.9/11.4	20.2/13.0	28.0/14.1	25.0/16.3	30.2/22.2
PER(최고/저)(배)	—/—	8.4/5.7	—/—	—/—	10.3/6.7	6.5/4.8
PBR(최고/저)(배)	0.2/0.2	0.2/0.2	0.3/0.2	0.4/0.2	0.3/0.2	0.4/0.3
EV/EBITDA(배)	9.6	18.1	38.2	—	10.9	13.1
EPS(원)	-4,566	2,138	-1,480	-5,557	2,494	4,729
BPS(원)	79,103	81,056	79,314	73,722	76,078	80,689
CFPS(원)	-2,289	3,734	104	-3,190	5,813	8,058
DPS(원)	250	400	150	—	350	350
EBITDAPS(원)	4,939	2,653	1,198	-564	6,305	5,531

재무 비율 〈단위 : %〉

연도	영업이익률	순이익률	부채비율	차입금비율	ROA	ROE	유보율	자기자본비율	EBITDA마진율
2017	2.9	6.0	95.0	61.2	3.0	6.2	1,513.8	51.3	7.2
2016	5.5	4.2	93.3	60.6	1.5	3.4	1,421.6	51.7	11.6
2015	-5.3	-11.2	127.1	97.4	-3.8	-7.4	1,374.5	44.0	-1.0
2014	-0.6	-2.8	93.3	62.0	-1.1	-1.9	1,486.3	51.7	1.9

한일화학공업 (A007770)

Hanil Chemical Ind

업 종 : 화학
신용등급 : (Bond) — (CP) —
홈페이지 : www.hanzinc.com
본 사 : 경기도 시흥시 공단1대로 37
시 장 : KOSDAQ
기업규모 : 중견
연 락 처 : 031)362-8700

설 립 일	1972.02.28	**종업원수**	101명	**대표이사**	윤성진
상 장 일	1992.09.07	**감사의견**	적정(선명)	**계 열**	
결 산 기	12월	**보 통 주**		**종속회사수**	1개사
액 면 가	500원	**우 선 주**		**구 상 호**	

주주구성 (지분율,%)		출자관계 (지분율,%)		주요경쟁사 (외형,%)	
윤성진	36.4	한일화공(곤산)유한공사	100.0	한일화학	100
김주한	8.3			진양화학	33
(외국인)	0.2			조비	39

매출구성		비용구성		수출비중	
아 연 화 외(제품)	67.8	매출원가율	92.4	수출	57.4
부산물 등	31.2	판관비율	3.5	내수	42.6
아 연 괴(원재료)	0.9				

회사 개요

동사의 주력사업부문인 아연화 산업은 고무공업, 도료, 세라믹, 요업, 사료, 화장품 등 다양한 산업의 기초원료로 사용됨. 아연화 시장에서 동사는 안정된 영업상의 지위와 우월한 품질보증능력을 바탕으로 지속적으로 업계 선두의 점유율을 유지하고 있음. 매출 비중은 아연화 67.82%, 부산물 31.24%, 아연괴 0.94% 임. 원자재인 아연괴의 가격이 런던 중금속시장 등에서 형성되기 때문에 환율 변동에 민감함.

실적 분석

동사의 2017년 연간 매출액은 전년동기대비 3.5% 상승한 1,518.8억원을 기록하였음. 비용면에서 전년동기대비 매출원가는 증가 하였으며 인건비도 증가, 광고선전비도 크게 증가, 기타판매비와관리비는 감소함. 이와 같이 상승한 매출액 만큼 비용증가도 있었으나 매출액의 더 큰 상승에 힘입어 최종적으로 전년동기대비 당기순이익은 상승하여 33.4억원을 기록함. 금융손익 등 비영업손익의 적자지속은 관심을 가질 필요가 있어보임.

현금 흐름 〈단위 : 억원〉

항목	2016	2017
영업활동	-32	-45
투자활동	36	29
재무활동	7	21
순현금흐름	7	8
기말현금	55	62

시장 대비 수익률

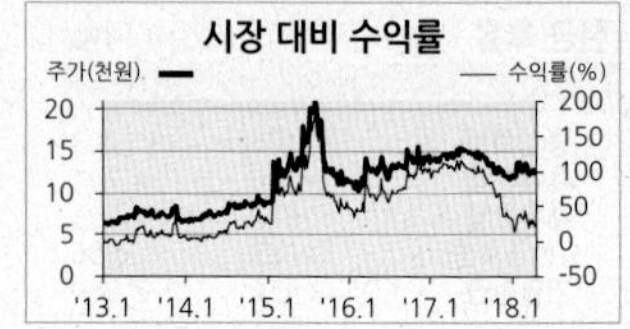

결산 실적 〈단위 : 억원〉

항목	2012	2013	2014	2015	2016	2017
매출액	998	1,036	1,106	1,072	1,468	1,519
영업이익	8	18	23	26	45	62
당기순이익	0	3	20	16	32	33

분기 실적 〈단위 : 억원〉

항목	2016.3Q	2016.4Q	2017.1Q	2017.2Q	2017.3Q	2017.4Q
매출액	359	419	318	335	454	411
영업이익	-1	31	23	12	10	17
당기순이익	-8	29	14	11	7	2

재무 상태 〈단위 : 억원〉

항목	2012	2013	2014	2015	2016	2017
총자산	1,039	1,037	1,036	1,110	1,187	1,235
유형자산	521	518	514	502	488	475
무형자산	15	14	14	14	10	10
유가증권	1	2	4	0	30	0
총부채	212	213	197	254	307	330
총차입금	79	72	66	76	88	115
자본금	18	18	18	18	18	18
총자본	827	824	839	856	881	904
지배주주지분	827	824	839	856	881	904

기업가치 지표

항목	2012	2013	2014	2015	2016	2017
주가(최고/저)(천원)	7.5/5.5	8.3/6.1	9.7/6.5	21.1/8.6	16.0/10.3	15.8/11.6
PER(최고/저)(배)	3,403.2/2,492.7	114.3/84.2	17.4/11.7	48.0/19.7	18.1/11.7	16.8/12.3
PBR(최고/저)(배)	0.4/0.3	0.4/0.3	0.4/0.3	0.9/0.4	0.7/0.4	0.6/0.5
EV/EBITDA(배)	10.9	6.6	8.0	8.2	8.0	5.8
EPS(원)	2	78	584	453	906	952
BPS(원)	23,670	23,599	24,004	24,375	25,087	25,759
CFPS(원)	406	456	1,016	898	1,329	1,367
DPS(원)	150	150	150	120	150	150
EBITDAPS(원)	629	885	1,100	1,189	1,711	2,176

재무 비율 〈단위 : %〉

연도	영업이익률	순이익률	부채비율	차입금비율	ROA	ROE	유보율	자기자본비율	EBITDA마진율
2017	4.1	2.2	36.6	12.7	2.8	3.7	5,051.8	73.2	5.0
2016	3.1	2.2	34.8	10.0	2.8	3.7	4,917.5	74.2	4.1
2015	2.4	1.5	29.7	8.8	1.5	1.9	4,775.0	77.1	3.9
2014	2.1	1.9	23.5	7.8	2.0	2.5	4,700.7	81.0	3.5

한전산업개발 (A130660)
Korea Electronic Power Industrial Development

업 종 : 에너지 시설 및 서비스 | 시 장 : 거래소
신용등급 : (Bond) — (CP) — | 기업규모 : 시가총액 소형주
홈페이지 : www.kepid.co.kr | 연 락 처 : 02)2250-2700
본 사 : 서울시 중구 서소문로 115 한산빌딩

설 립 일	1990.04.11	**종업원수**	3,827명	**대표이사**	주복원
상 장 일	2010.12.16	**감사의견**	적정(한영)	**계 열**	
결 산 기	12월	**보 통 주**		**종속회사수**	3개사
액 면 가	500원	**우 선 주**		**구 상 호**	

주주구성 (지분율,%)		출자관계 (지분율,%)		주요경쟁사 (외형,%)	
한국자유총연맹	31.0	한산기전	100.0	한전산업	100
한국전력공사	29.0	HIS	100.0	한전기술	145
(외국인)	1.9	유지에스	100.0	동국S&C	109

매출구성		비용구성		수출비중	
운전,탈황,회처리,정비, 기타 해외 사업 부분 등	64.5	매출원가율	88.3	수출	3.0
검침,송달,단전,중계, 기타 인터넷빌링 등	24.1	판관비율	6.2	내수	97.0
ESCO, 바이오매스, 태양광(열)발전 등	11.5				

회사 개요

전기계기의 검침·송달, 발전설비 운전·정비 및 신재생에너지 관련사업 등을 영위하고 있음. 전기검침사업은 전력산업의 발달 및 생활수준 향상과 더불어 지속적으로 성장해 왔으나, 최근 한전의 전력산업 IT화 추진과 경쟁입찰 시행으로 경쟁이 심화됨. 매출비중은 발전사업이 약 65%, 검침사업이 약 20% 수준임. 동사의 최대주주는 한국자유총연맹으로 지분율은 31%임. 한전이 보유하고 있는 동사 지분(29%)의 매각을 재추진할 예정임.

실적 분석

경쟁심화와 AMI구축사업 확대에 따라 검침부문의 매출이 8.0% 줄어들었으나, 수주가 꾸준히 늘어난 발전설비 운전 및 정비 사업은 7.3% 성장하였음. 신재생에너지 부문도 호조세를 보여 2017년 전체 매출액은 전년 대비 9.0% 증가함. 검침부문의 수익성이 크게 악화되었으나, 발전설비 운전정비 사업은 원가율이 개선되어 영업이익은 23.9% 증가함. 태양광 발전, 에너지저장장치 구축 등 신재생에너지 솔루션의 수주가 이어지고 있음.

현금 흐름 〈단위 : 억원〉

항목	2016	2017
영업활동	198	57
투자활동	-146	-19
재무활동	-40	-75
순현금흐름	8	-45
기말현금	168	123

시장 대비 수익률

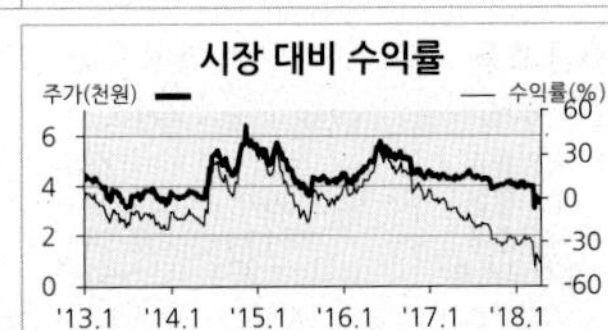

결산 실적 〈단위 : 억원〉

항목	2012	2013	2014	2015	2016	2017
매출액	2,544	2,946	3,351	3,323	3,100	3,380
영업이익	163	179	149	287	151	187
당기순이익	56	99	-99	81	132	139

분기 실적 〈단위 : 억원〉

항목	2016.3Q	2016.4Q	2017.1Q	2017.2Q	2017.3Q	2017.4Q
매출액	732	849	752	850	833	944
영업이익	88	-116	86	80	67	-45
당기순이익	61	-64	65	63	50	-39

재무 상태 〈단위 : 억원〉

항목	2012	2013	2014	2015	2016	2017
총자산	1,662	1,767	1,669	1,430	1,478	1,544
유형자산	416	469	242	149	144	126
무형자산	15	18	11	17	15	9
유가증권	2	13	25	26	48	47
총부채	994	985	1,149	807	823	829
총차입금	264	343	272	185	198	191
자본금	163	163	163	163	163	163
총자본	668	782	521	623	655	715
지배주주지분	593	708	601	623	655	713

기업가치 지표

항목	2012	2013	2014	2015	2016	2017
주가(최고/저)(천원)	6.0/4.1	4.5/3.0	6.5/3.5	5.8/3.6	5.9/4.0	4.6/3.8
PER(최고/저)(배)	34.3/23.1	17.9/12.0	408.1/218.4	26.1/16.1	15.9/10.9	11.2/9.3
PBR(최고/저)(배)	4.0/2.7	2.5/1.7	4.1/2.2	3.4/2.1	3.2/2.2	2.2/1.8
EV/EBITDA(배)	8.8	6.1	9.9	4.9	7.9	5.8
EPS(원)	215	308	18	251	405	428
BPS(원)	1,818	2,172	1,844	1,911	2,008	2,188
CFPS(원)	270	405	160	339	493	514
DPS(원)	27	198	134	169	218	198
EBITDAPS(원)	555	645	597	969	552	661

재무 비율 〈단위 : %〉

연도	영업이익률	순이익률	부채비율	차입금비율	ROA	ROE	유보율	자기자본비율	EBITDA마진율
2017	5.5	4.1	115.9	26.8	9.2	20.4	337.6	46.3	6.4
2016	4.9	4.3	125.8	30.3	9.1	20.7	301.6	44.3	5.8
2015	8.6	2.4	129.6	29.7	5.2	13.4	282.2	43.6	9.5
2014	4.4	-3.0	220.7	52.2	-5.8	0.9	268.8	31.2	5.8

한전케이피에스 (A051600)
KEPCO Plant Service & Engineering

업 종 : 전력 | 시 장 : 거래소
신용등급 : (Bond) AA (CP) — | 기업규모 : 시가총액 중형주
홈페이지 : www.kps.co.kr | 연 락 처 : 061)345-0114
본 사 : 전남 나주시 문화로 211 (빛가람동 377)

설 립 일	1984.03.27	**종업원수**	6,149명	**대표이사**	맹동열
상 장 일	2007.12.14	**감사의견**	적정(삼정)	**계 열**	
결 산 기	12월	**보 통 주**		**종속회사수**	1개사
액 면 가	200원	**우 선 주**		**구 상 호**	

주주구성 (지분율,%)		출자관계 (지분율,%)		주요경쟁사 (외형,%)	
한국전력공사	51.0	인천뉴파워	29.0	한전KPS	100
국민연금공단	9.9	스마트파워	4.4	한국전력	4,836
(외국인)	22.2	켑코우대	2.4	지역난방공사	148

매출구성		비용구성		수출비중	
화력(공사)	40.2	매출원가율	79.7	수출	—
원자력/양수(공사)	38.6	판관비율	7.0	내수	—
해외(공사)	8.1				

회사 개요

동사는 한국전력공사의 계열사로 발전설비 정비 전문회사임. 발전회사의 발전설비를 포함하여 국내 민자발전회사, 한국지역난방 열원공급설비, 산업단지 열병합설비 및 자가발전설비 등 국내외 플랜트 설비의 유지관리 사업에 참여하고 있음. KEPCO KPS PHILIPPINES CORP를 연결대상 종속회사로 보유하고 있음. 매출은 화력 부문 38.5%, 원자력/양수 부문 38.2%, 송변전 부문 6.5% 등으로 구성됨.

실적 분석

2017년 연결기준 동사 매출액은 1조2367.8억원을 기록함. 전년도에 비해 1.1% 증가한 금액임. 매출은 증가하고 매출원가는 4.3% 감소, 판매비와 관리비는 0.2% 감소한 결과 영업이익은 전년도 대비 55.1% 증가함. 전년도에는 1057.6억원을 기록했으나 2017년엔 1640.5억원을 시현함. 비영업부문은 금융이익 증가로 56.6% 늘어남. 이에 당기순이익은 전년도 대비 54% 증가한 1359.6억원을 기록함.

현금 흐름 〈단위 : 억원〉

항목	2016	2017
영업활동	1,234	1,328
투자활동	798	-1,934
재무활동	-761	-306
순현금흐름	1,272	-930
기말현금	1,910	981

시장 대비 수익률

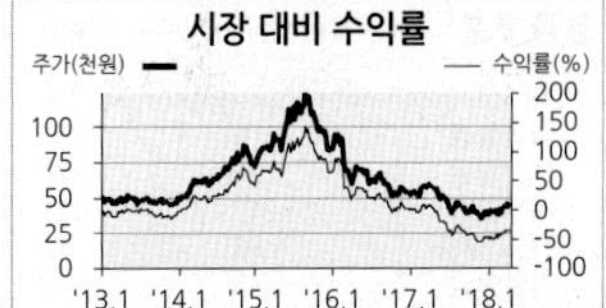

결산 실적 〈단위 : 억원〉

항목	2012	2013	2014	2015	2016	2017
매출액	10,066	11,258	10,855	11,797	12,231	12,368
영업이익	1,422	1,840	2,158	1,752	1,058	1,641
당기순이익	1,179	1,520	1,683	1,699	883	1,360

분기 실적 〈단위 : 억원〉

항목	2016.3Q	2016.4Q	2017.1Q	2017.2Q	2017.3Q	2017.4Q
매출액	2,771	3,704	2,726	3,418	2,798	3,426
영업이익	299	10	362	591	321	366
당기순이익	244	18	294	485	275	305

재무 상태 〈단위 : 억원〉

항목	2012	2013	2014	2015	2016	2017
총자산	7,562	8,411	9,255	10,336	10,925	12,000
유형자산	2,691	3,137	3,454	3,720	3,953	4,314
무형자산	74	66	76	88	103	102
유가증권	23	25	31	31	27	25
총부채	2,247	2,190	2,275	2,473	3,027	2,949
총차입금	—	—	—	—	—	—
자본금	90	90	90	90	90	90
총자본	5,315	6,221	6,980	7,863	7,898	9,051
지배주주지분	5,315	6,221	6,980	7,863	7,898	9,051

기업가치 지표

항목	2012	2013	2014	2015	2016	2017
주가(최고/저)(천원)	54.2/32.2	53.2/44.6	88.4/47.9	123/71.7	94.8/50.8	60.8/36.2
PER(최고/저)(배)	23.4/14.1	17.7/14.8	25.8/14.0	35.0/20.3	50.7/27.2	20.9/12.4
PBR(최고/저)(배)	5.2/3.1	4.3/3.6	6.2/3.4	7.6/4.4	5.7/3.0	3.1/1.9
EV/EBITDA(배)	14.8	10.7	14.0	18.1	15.8	8.0
EPS(원)	2,620	3,379	3,740	3,776	1,962	3,021
BPS(원)	11,812	13,824	15,512	17,473	17,550	20,113
CFPS(원)	3,255	4,025	4,378	4,534	2,758	3,846
DPS(원)	1,440	1,520	1,670	1,690	680	1,470
EBITDAPS(원)	3,796	4,735	5,433	4,650	3,147	4,471

재무 비율 〈단위 : %〉

연도	영업이익률	순이익률	부채비율	차입금비율	ROA	ROE	유보율	자기자본비율	EBITDA마진율
2017	13.3	11.0	32.6	0.0	11.9	16.0	9,956.4	75.4	16.3
2016	8.7	7.2	38.3	0.0	8.3	11.2	8,675.2	72.3	11.6
2015	14.9	14.4	31.5	0.0	17.4	22.9	8,636.3	76.1	17.7
2014	19.9	15.5	32.6	0.0	19.1	25.5	7,655.8	75.4	22.5

한중엔시에스 (A107640)
HanJung Natural Connectivity Systemco

업　　종 : 자동차부품
신용등급 : (Bond) —　　(CP) —
홈페이지 : www.hjncs.com
본　　사 : 경북 영천시 영천산단로 379(채신동)

시　　장 : KONEX
기업규모 : —
연 락 처 : 054)337-5050

설립일	1995.08.31	**종업원수**	338명	**대표이사**	김환식
상장일	2013.12.10	**감사의견**	적정(한영)	**계열**	
결산기	12월	**보통주**		**종속회사수**	
액면가	—	**우선주**		**구상호**	한중

주주구성 (지분율,%)		출자관계 (지분율,%)		주요경쟁사 (외형,%)	
김환식	46.4	ChangshuHanJungNCS	100.0	한중엔시에스	100
김환섭	26.2	HanjungAmerica	100.0	태양기계	36
				대동금속	107

매출구성		비용구성		수출비중	
배기시스템	39.0	매출원가율	87.7	수출	19.2
기타(자동차부품)	26.4	판관비율	11.9	내수	80.8
사출제품 외	18.2				

회사 개요

동사는 자동차 부품 제조, 판매 등의 목적으로 1995년 설립됨. 프레스가공품을 주 생산품으로 하며, 배기 시스템 부품인 테일 파이프 부품과 쉘, 브레이크 부품인 핸드 파킹 레버, 풋 파킹 브레이크 등과 램프 부품인 쉴드를 생산함. 에어백을 컨트롤하는 안전센서 모듈을 프레임에 장착한 WCS도 생산 중임. 완성차 업체를 기준으로 보면, 현대기아차가 80%, 한국지엠, 쌍용, 해외 수출이 20%를 차지함.

실적 분석

동사의 2017년도 결산 누적기준 연결 매출액은 700억원, 영업이익은 2억7000만원을 각각 기록함. 현대기아자동차의 2차 협력업체로서 설립 시부터 유지 관리해온 금형제조기술 노하우 및 타자동차 부품업체의 영업망을 활용하면서 경쟁력을 키워가고 있음. 외부전문기관을 통하여 스마트 브레이크 백업 시스템(진공스위치, 진공센서 포함)에 대해 기술성평가를 받은 결과 일정 등급(A&BBB 등급) 이상을 획득하여 기술성장기업으로도 인정받음.

현금 흐름 *IFRS 별도 기준

〈단위 : 억원〉

항목	2016	2017
영업활동	0	-13
투자활동	-74	-30
재무활동	41	42
순현금흐름	-33	-1
기말현금	5	4

시장 대비 수익률

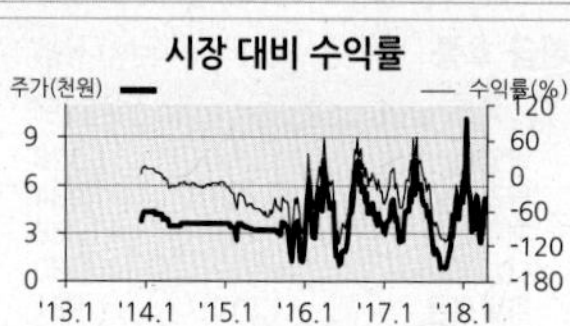

결산 실적

〈단위 : 억원〉

항목	2012	2013	2014	2015	2016	2017
매출액	618	611	—	643	725	701
영업이익	22	23	—	8	5	3
당기순이익	14	9	—	-6	-11	-13

분기 실적 *IFRS 별도 기준

〈단위 : 억원〉

항목	2016.3Q	2016.4Q	2017.1Q	2017.2Q	2017.3Q	2017.4Q
매출액	—	—	—	—	—	—
영업이익	—	—	—	—	—	—
당기순이익	—	—	—	—	—	—

재무 상태 *IFRS 별도 기준

〈단위 : 억원〉

항목	2012	2013	2014	2015	2016	2017
총자산	628	606	—	831	863	860
유형자산	294	303	—	406	444	446
무형자산	3	8	—	11	14	15
유가증권	—	5	—	1	1	1
총부채	477	375	—	634	677	675
총차입금	299	247	—	423	468	484
자본금	19	28	—	19	19	19
총자본	151	230	—	197	186	185
지배주주지분	151	230	—	197	186	185

기업가치 지표 *IFRS 별도 기준

항목	2012	2013	2014	2015	2016	2017
주가(최고/저)(천원)	—/—	4.3/3.8	4.3/3.5	4.3/0.9	8.1/0.8	8.8/0.7
PER(최고/저)(배)	0.0/0.0	29.2/25.8	0.0/0.0	—/—	—/—	—/—
PBR(최고/저)(배)	0.0/0.0	1.2/1.1	0.0/0.0	1.4/0.3	2.8/0.3	2.9/0.2
EV/EBITDA(배)	6.1	7.6	0.0	11.1	14.6	13.5
EPS(원)	268	147	—	-97	-165	-91
BPS(원)	2,870	3,492	—	2,987	2,907	3,030
CFPS(원)	694	597	—	388	350	530
DPS(원)	—	—	—	—	—	—
EBITDAPS(원)	847	820	—	613	593	774

재무 비율

〈단위 : %〉

연도	영업이익률	순이익률	부채비율	차입금비율	ROA	ROE	유보율	자기자본비율	EBITDA마진율
2017	0.4	-1.8	378.2	271.6	-1.5	-7.0	839.6	20.9	6.0
2016	0.7	-1.5	363.2	251.2	-1.3	-5.6	906.4	21.6	5.4
2015	1.3	-1.0	321.7	214.9	0.0	0.0	964.2	23.7	6.3
2014	0.0	0.0	0.0	0.0	0.0	0.0	0.0	0.0	0.0

한진 (A002320)
Hanjin Transportation

업　　종 : 육상운수
신용등급 : (Bond) BBB+　　(CP) —
홈페이지 : www.hanjin.co.kr
본　　사 : 서울시 중구 남대문로 63 (남대문로2가)

시　　장 : 거래소
기업규모 : 시가총액 소형주
연 락 처 : 02)728-5114

설립일	1958.03.10	**종업원수**	1,527명	**대표이사**	조양호,서용원
상장일	1974.08.12	**감사의견**	적정(한영)	**계열**	
결산기	12월	**보통주**		**종속회사수**	16개사
액면가	5,000원	**우선주**		**구상호**	

주주구성 (지분율,%)		출자관계 (지분율,%)		주요경쟁사 (외형,%)	
한진칼	22.2	한진인천컨테이너터미널	100.0	한진	100
조양호	6.9	평택컨테이너터미널	68.0	현대글로비스	902
(외국인)	14.8	한진부산컨테이너터미널	62.9	CJ대한통운	392

매출구성		비용구성		수출비중	
택배, 창고	34.6	매출원가율	94.7	수출	0.0
트럭운송, 철송	21.7	판관비율	4.1	내수	100.0
하역	15.2				

회사 개요

동사는 1958년에 설립된 순수종합물류기업임. 육상운수 및 항만하역, 해운, 택배, 해외, 렌터카 사업 등을 주요사업으로 영위하며 약 18,000개 회사와 거래하고 있음. 사업부문은 육운, 하역, 해운, 물류창고, 국제특송, 택배, 렌터카 사업 등으로 구성됨. 주요사업 외에도 해외 구매대행 서비스, 정비 사업 등 연관 사업을 수행하며 시너지 효과를 창출하고 있음.

실적 분석

동사의 2017년 연결기준 연간 매출액은 1조 8,126억원으로 전년 대비 2.7% 증가함. 택배사업 물동량 증가 및 물류사업 실적개선등으로 영업이익은 215.8억원으로 흑자전환됨. 반면 한진부산컨테이너터미널 전환우선주부채 상환손실 등에 따른 적자 발생하며 당기순손실은 470.1억원으로 적자전환됨. 11월 전면 개장한 한진인천컨테이너터미널은 급속한 성장을 보이는 인천항의 수요에 발맞추어 인천 신항 시대를 주도함.

현금 흐름

〈단위 : 억원〉

항목	2016	2017
영업활동	407	346
투자활동	367	1,534
재무활동	-840	-2,364
순현금흐름	-62	-503
기말현금	1,628	1,125

시장 대비 수익률

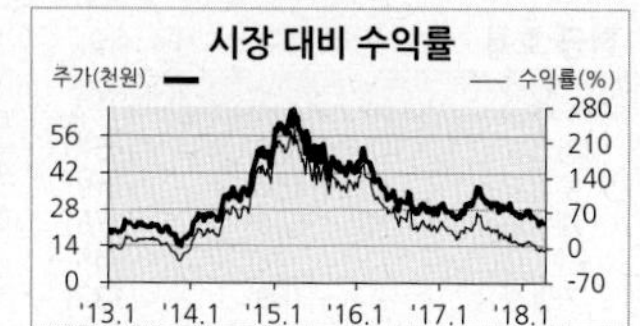

결산 실적

〈단위 : 억원〉

항목	2012	2013	2014	2015	2016	2017
매출액	14,374	14,996	15,328	16,417	17,648	18,126
영업이익	375	402	526	411	-153	216
당기순이익	-105	-84	418	987	376	-470

분기 실적

〈단위 : 억원〉

항목	2016.3Q	2016.4Q	2017.1Q	2017.2Q	2017.3Q	2017.4Q
매출액	4,362	4,452	4,330	4,450	4,692	4,655
영업이익	-305	-71	-63	106	109	64
당기순이익	-421	-142	-110	-175	-26	-159

재무 상태

〈단위 : 억원〉

항목	2012	2013	2014	2015	2016	2017
총자산	18,587	18,074	19,559	25,037	25,376	24,538
유형자산	9,658	9,571	10,173	12,878	13,366	12,563
무형자산	201	201	193	4,673	4,648	4,530
유가증권	3,898	3,291	3,477	889	911	1,061
총부채	10,914	11,033	11,700	17,692	17,673	15,846
총차입금	7,647	7,663	8,196	13,282	13,257	10,700
자본금	599	599	599	599	599	599
총자본	7,673	7,041	7,859	7,345	7,703	8,692
지배주주지분	7,544	6,928	7,748	7,174	7,553	7,172

기업가치 지표

항목	2012	2013	2014	2015	2016	2017
주가(최고/저)(천원)	23.2/15.5	23.6/14.0	52.2/18.3	66.6/39.0	51.8/26.0	37.5/24.5
PER(최고/저)(배)	—/—	—/—	14.9/5.3	8.3/4.8	16.2/8.1	—/—
PBR(최고/저)(배)	0.4/0.3	0.4/0.3	0.8/0.3	1.2/0.7	0.8/0.4	0.6/0.4
EV/EBITDA(배)	13.1	12.0	14.8	20.5	29.1	15.7
EPS(원)	-842	-577	3,634	8,373	3,304	-3,750
BPS(원)	63,506	58,354	65,204	60,410	63,581	60,399
CFPS(원)	2,102	2,559	6,735	11,981	8,941	1,995
DPS(원)	400	250	400	400	400	400
EBITDAPS(원)	6,080	6,496	7,492	7,044	4,357	7,548

재무 비율

〈단위 : %〉

연도	영업이익률	순이익률	부채비율	차입금비율	ROA	ROE	유보율	자기자본비율	EBITDA마진율
2017	1.2	-2.6	182.3	123.1	-1.9	-6.1	1,108.0	35.4	5.0
2016	-0.9	2.1	229.4	172.1	1.5	5.4	1,171.6	30.4	3.0
2015	2.5	6.0	240.9	180.8	4.4	13.4	1,108.2	29.3	5.1
2014	3.4	2.7	148.9	104.3	2.2	5.9	1,204.1	40.2	5.9

한진중공업 (A097230)
Hanjin Heayy Industries & Constrution

업 종	조선	시 장	거래소
신용등급	(Bond) — (CP) —	기업규모	시가총액 소형주
홈페이지	www.hanjinsc.com	연 락 처	051)410-3114
본 사	부산시 영도구 태종로 233		

설 립 일	2007.08.03	**종 업 원 수**	2,503명	**대 표 이 사**	이윤희
상 장 일	2007.08.31	**감 사 의 견**	적정(삼정)	**계 열**	
결 산 기	12월	**보 통 주**		**종속회사수**	5개사
액 면 가	5,000원	**우 선 주**		**구 상 호**	

주주구성 (지분율,%)		출자관계 (지분율,%)		주요경쟁사 (외형,%)	
한진중공업홀딩스	31.0	인천북항운영	91.1	한진중공업	100
국민연금공단	5.1	별내에너지	50.0	현대중공업	631
(외국인)	6.7	대륜발전	29.2	삼성중공업	322

매출구성		비용구성		수출비중	
컨테이너선, 유조선, 벌크선 등	46.3	매출원가율	99.1	수출	—
서비스협약(*), 부동산임대 등	18.6	판관비율	5.6	내수	—
공항, 오피스, 물류시설 등	13.6				

회사 개요
동사는 선박건조, 선박수리 및 건설업을 영위하고 있는 종합중공업 기업으로 2007년 8월 한진중공업홀딩스로부터 인적분할하여 설립됨. 동사는 부산 영도와 필리핀 수빅에 조선소를 운영 중이고, 선박수주 잔량 186.67만 G/T 기준으로 국내 조선업체들 가운데 점유율 5.3%를 차지하고 있음. 동사는 도시가스 판매, 지역냉난방, 항만운영, 엔지니어링업, 골프경기장업 등을 영위하는 7개 계열회사가 있으며 종속회사는 5개사.

실적 분석
2017년 연간 매출액은 2조 4,523.1원으로 전년대비 12.8% 감소. 매출비중은 조선부문 49.81%, 건설부문 33.36%, 기타부문 16.83%를 차지. 매출 감소는 주로 조선부문의 조업 물량의 감소에 기인. 전사 영업이익은 -1,166.9억원으로 전기 대비 적자폭 확대. 조선부문은 물량 감소로 인한 간접비 부담비율 증가로 공사손실충당부채를 추가설정 등으로 2,779.8억원의 당기순손실을 기록함.

현금 흐름
〈단위 : 억원〉

항목	2016	2017
영업활동	-372	3,877
투자활동	-854	1,984
재무활동	917	-5,745
순현금흐름	-242	66
기말현금	1,388	1,454

시장 대비 수익률
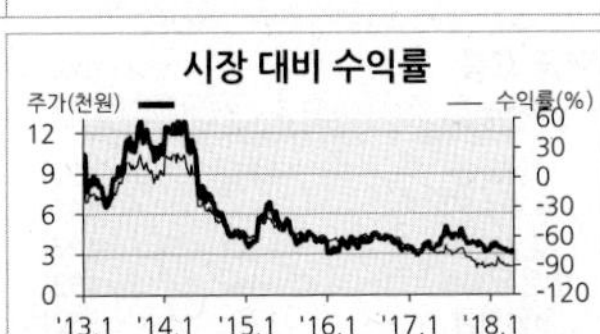

결산 실적
〈단위 : 억원〉

항목	2012	2013	2014	2015	2016	2017
매출액	25,493	25,293	25,203	30,636	28,133	24,523
영업이익	529	-696	-1,450	-2,234	-793	-1,167
당기순이익	-532	-1,902	-2,998	-3,923	-3,134	-2,780

분기 실적
〈단위 : 억원〉

항목	2016.3Q	2016.4Q	2017.1Q	2017.2Q	2017.3Q	2017.4Q
매출액	6,166	6,797	5,716	5,646	6,687	6,475
영업이익	-28	-1,663	-209	-295	172	-835
당기순이익	-757	-2,969	-743	-620	-21	-1,395

재무 상태
〈단위 : 억원〉

항목	2012	2013	2014	2015	2016	2017
총자산	65,851	66,834	64,703	57,548	52,789	42,067
유형자산	29,015	28,082	27,036	27,355	24,041	17,923
무형자산	890	813	687	540	435	328
유가증권	1,905	2,165	2,505	1,974	1,657	1,379
총부채	48,696	50,444	48,972	45,767	43,613	36,295
총차입금	37,608	38,276	34,602	31,186	32,103	25,380
자본금	2,414	3,464	5,114	5,114	5,303	5,303
총자본	17,155	16,390	15,731	11,780	9,176	5,772
지배주주지분	17,134	16,373	15,738	11,788	9,184	5,779

기업가치 지표

항목	2012	2013	2014	2015	2016	2017
주가(최고/저)(천원)	19.4/9.0	12.9/6.5	13.0/4.2	7.1/3.5	4.6/2.9	5.1/2.9
PER(최고/저)(배)	—/—	—/—	—/—	—/—	—/—	—/—
PBR(최고/저)(배)	0.6/0.3	0.6/0.3	0.8/0.3	0.6/0.3	0.5/0.3	0.9/0.5
EV/EBITDA(배)	22.1	111.5	—	—	1,467.1	—
EPS(원)	-989	-2,780	-3,594	-3,834	-3,012	-2,621
BPS(원)	35,513	23,651	15,399	11,538	8,673	5,463
CFPS(원)	1,198	-1,282	-2,417	-2,843	-2,228	-1,814
DPS(원)	—	—	—	—	—	—
EBITDAPS(원)	3,388	547	-564	-1,192	22	-292

재무 비율
〈단위 : %〉

연도	영업이익률	순이익률	부채비율	차입금비율	ROA	ROE	유보율	자기자본비율	EBITDA마진율
2017	-4.8	-11.3	628.8	439.7	-5.9	-37.2	9.3	13.7	-1.3
2016	-2.8	-11.1	475.3	349.9	-5.7	-29.9	73.5	17.4	0.1
2015	-7.3	-12.8	388.5	264.7	-6.4	-28.5	130.8	20.5	-4.0
2014	-5.8	-11.9	311.3	220.0	-4.6	-18.6	208.0	24.3	-1.9

한진중공업홀딩스 (A003480)
HANJIN HEAVY INDUSTRIES & CONSTRUCTION HOLDINGS

업 종	가스	시 장	거래소
신용등급	(Bond) — (CP) —	기업규모	시가총액 소형주
홈페이지	www.hhic-holdings.com	연 락 처	051)410-3114
본 사	부산시 중구 충장대로 6 (중앙동 4가)		

설 립 일	1937.07.10	**종 업 원 수**	7명	**대 표 이 사**	조남호,심우찬
상 장 일	1956.03.03	**감 사 의 견**	적정(삼정)	**계 열**	
결 산 기	12월	**보 통 주**		**종속회사수**	7개사
액 면 가	5,000원	**우 선 주**		**구 상 호**	

주주구성 (지분율,%)		출자관계 (지분율,%)		주요경쟁사 (외형,%)	
조남호	46.5	대륜E&S	100.0	한진중공업홀딩스	100
신영자산운용	10.0	HACOR	100.0	예스코	123
(외국인)	1.3	한일레저	100.0	대성에너지	84

매출구성		비용구성		수출비중	
컨테이너선, 유조선, 벌크선 등	46.3	매출원가율	88.6	수출	—
서비스협약(*), 부동산임대 등	18.6	판관비율	8.7	내수	—
공항, 오피스, 물류시설 등	13.6				

회사 개요
동사는 1937년 설립된 조선중공업주식회사가 모태임. 1989년 조선산업합리화 계획에 따라 한진계열기업에 양도돼 1990년 한진중공업으로 사명이 바뀜. 2007년 한진중공업에 사업부문을 인적분할하여 자회사 지분출자를 통한 지주사업 및 임대사업 부문을 영위하는 지주회사인 한진중공업홀딩스로 전환함. 종속회사들은 도시가스공급업, 엔지니어링사업, 골프장사업, 발전전기업, 기내식음료사업을 영위하고 있음.

실적 분석
동사의 2017년 결산 연결기준 누적 매출액은 전년동기 대비 소폭 감소한 9,067.2억원을 기록함. 도시가스공급업 을 제외, 지주회사와 골프장사업 등에서 외형이 축소된 결과임. 영업이익은 매출원가 감소로 전년동기대비 44.9% 증가한 243.3억원을 기록. 안정적 수익원 확보 및 다각화를 위해 부동산 임대사업도 수행 중임. 2017년 12월 15일 한국종합기술 주식 52%를 한국종합기술홀딩스에 매각.

현금 흐름
〈단위 : 억원〉

항목	2016	2017
영업활동	269	350
투자활동	65	341
재무활동	-433	-772
순현금흐름	-92	-105
기말현금	1,196	1,091

시장 대비 수익률

결산 실적
〈단위 : 억원〉

항목	2012	2013	2014	2015	2016	2017
매출액	11,395	11,984	15,201	2,752	9,683	9,067
영업이익	-10	-411	-797	-1,171	-841	-618
당기순이익	-82	-817	-1,350	-1,643	-2,911	-1,596

분기 실적
〈단위 : 억원〉

항목	2016.3Q	2016.4Q	2017.1Q	2017.2Q	2017.3Q	2017.4Q
매출액	75	7,884	760	703	258	7,347
영업이익	-204	-880	-224	-231	14	-176
당기순이익	-2,120	-804	-197	-395	-576	-429

재무 상태
〈단위 : 억원〉

항목	2012	2013	2014	2015	2016	2017
총자산	23,153	25,315	27,222	25,858	22,775	19,186
유형자산	10,644	14,407	16,383	16,213	15,920	15,215
무형자산	179	178	196	198	194	192
유가증권	358	358	158	165	265	202
총부채	10,298	13,423	16,149	16,487	16,225	14,897
총차입금	4,691	8,072	9,942	10,598	10,287	9,244
자본금	1,551	1,551	1,551	1,551	1,551	1,551
총자본	12,855	11,892	11,073	9,371	6,550	4,290
지배주주지분	11,098	10,109	8,985	7,565	4,994	3,313

기업가치 지표

항목	2012	2013	2014	2015	2016	2017
주가(최고/저)(천원)	8.8/5.9	9.5/5.8	11.8/7.6	9.0/5.9	6.0/4.1	6.4/3.9
PER(최고/저)(배)	—/—	—/—	—/—	—/—	—/—	—/—
PBR(최고/저)(배)	0.3/0.2	0.3/0.2	0.4/0.3	0.3/0.2	0.3/0.2	0.5/0.3
EV/EBITDA(배)	16.5	24.0	19.2	20.1	16.8	12.9
EPS(원)	-212	-2,670	-4,110	-4,671	-9,036	-4,722
BPS(원)	38,408	35,057	31,251	26,442	17,734	12,043
CFPS(원)	395	-1,884	-2,548	-2,836	-7,187	-2,846
DPS(원)	250	250	200	—	—	—
EBITDAPS(원)	1,402	1,614	2,341	2,139	2,418	2,700

재무 비율
〈단위 : %〉

연도	영업이익률	순이익률	부채비율	차입금비율	ROA	ROE	유보율	자기자본비율	EBITDA마진율
2017	-6.8	-17.6	347.3	215.5	-7.6	-33.6	129.2	22.4	8.8
2016	-8.7	-30.1	247.7	157.1	-12.0	-42.5	237.5	28.8	7.4
2015	-42.6	-59.7	175.9	113.1	-6.2	-16.7	403.3	36.2	23.0
2014	-5.2	-8.9	145.8	89.8	-5.1	-12.7	494.8	40.7	4.6

한진칼 (A180640)
HANJIN KAL

업종 : 항공운수 | 시장 : 거래소
신용등급 : (Bond) BBB+ (CP) — | 기업규모 : 시가총액 중형주
홈페이지 : www.hanjinkal.co.kr | 연락처 : 02)726-6166
본사 : 서울시 중구 소공로 88 (소공동)

설립일	2013.08.01	**종업원수**	29명	**대표이사**	조양호,석태수
상장일	2013.09.16	**감사의견**	적정(한영)	**계열**	
결산기	12월	**보통주**		**종속회사수**	7개사
액면가	2,500원	**우선주**		**구상호**	

주주구성 (지분율,%)		출자관계 (지분율,%)		주요경쟁사 (외형,%)	
조양호	17.8	KAL호텔네트워크	100.0	한진칼	100
국민연금공단	11.9	제동레저	100.0	대한항공	1,052
(외국인)	7.3	한진관광	100.0	아시아나항공	542

매출구성		비용구성		수출비중	
국내/국제여객	72.6	매출원가율	81.1	수출	—
객실	12.5	판관비율	8.9	내수	—
부동산임대	7.6				

회사 개요

동사는 . 지주회사로서 자회사 8개를 보유하고 있으며 영업수익은 임대사업수익, 상표권 사용수익 등으로 구성되어 있음. 주요 자회사인 대한항공은 국내 13개 도시와 해외 42개국 110개 도시에 여객 및 화물노선을 개설하여 항공운송사업을 수행함. 이와 더불어 항공기 설계 및 제작, 민항기 및 군용기 정비, 위성체 등의 연구 · 개발을 수행하는 항공우주사업, 기내식 제조사업, 기내면세품 판매사업 등 연관 사업을 영위함.

실적 분석

동사의 2017년 결산 연결기준 매출액은 1조 1,496.6억원을 기록함. 전년도 매출액인 9,910.2억원에서 16% 증가한 금액임. 매출원가가 16.9% 늘고 판매비와 관리비도 8.4% 증가했으나 매출 증가폭이 이를 웃돌아 영업이익은 전년도 989.8억원에서 16.5% 증가한 1,152.9억원을 기록함. 전년도 손실을 기록한 비영업부문은 1,523.6억원의 이익을 시현하며 흑자로 돌아섰음. 이에 당기순이익도 흑자로 전환함.

현금 흐름 〈단위 : 억원〉

항목	2016	2017
영업활동	1,388	1,644
투자활동	-2,570	-3,130
재무활동	807	3,140
순현금흐름	-380	1,631
기말현금	832	2,463

시장 대비 수익률

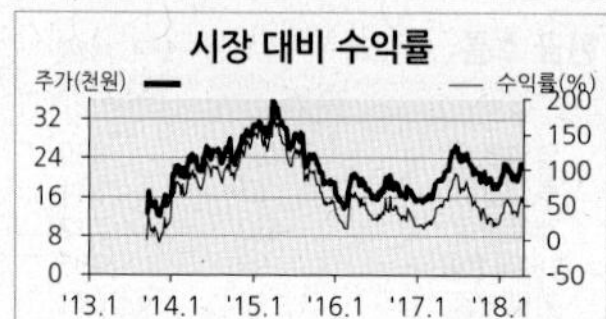

결산 실적 〈단위 : 억원〉

항목	2012	2013	2014	2015	2016	2017
매출액	—	2,414	6,250	7,223	9,910	11,497
영업이익	—	290	755	743	990	1,153
당기순이익	—	162	2,993	-2,052	-3,964	2,291

분기 실적 〈단위 : 억원〉

항목	2016.3Q	2016.4Q	2017.1Q	2017.2Q	2017.3Q	2017.4Q
매출액	2,939	2,391	2,963	2,548	3,000	2,985
영업이익	526	17	434	193	400	126
당기순이익	500	-3,388	1,731	-719	364	916

재무 상태 〈단위 : 억원〉

항목	2012	2013	2014	2015	2016	2017
총자산	—	14,252	24,168	23,150	20,620	27,758
유형자산	—	5,099	6,050	5,807	5,970	5,925
무형자산	—	80	102	90	69	56
유가증권	—	1,895	322	250	225	308
총부채	—	6,681	7,866	8,731	9,591	10,661
총차입금	—	4,826	4,971	5,203	6,172	6,347
자본금	—	722	1,325	1,333	1,493	1,493
총자본	—	7,571	16,302	14,419	11,030	17,097
지배주주지분	—	5,865	13,995	13,223	10,017	15,214

기업가치 지표

항목	2012	2013	2014	2015	2016	2017
주가(최고/저)(천원)	—/—	17.0/11.7	31.5/15.9	36.0/18.0	21.9/13.7	26.9/14.5
PER(최고/저)(배)	0.0/0.0	38.6/26.6	4.8/2.4	—/—	—/—	7.3/3.9
PBR(최고/저)(배)	0.0/0.0	0.8/0.6	1.2/0.6	1.5/0.7	1.3/0.8	1.1/0.6
EV/EBITDA(배)	0.0	22.3	21.2	13.7	9.9	8.1
EPS(원)	—	446	6,672	-4,028	-7,134	3,717
BPS(원)	—	20,765	26,650	24,804	16,778	25,482
CFPS(원)	—	715	7,423	-3,513	-6,504	4,436
DPS(원)	—	—	75	75	—	125
EBITDAPS(원)	—	1,278	3,024	1,954	2,366	2,650

재무 비율 〈단위 : %〉

연도	영업이익률	순이익률	부채비율	차입금비율	ROA	ROE	유보율	자기자본비율	EBITDA마진율
2017	10.0	19.9	62.4	37.1	9.5	17.6	919.3	61.6	13.8
2016	10.0	-40.0	87.0	56.0	-18.1	-35.0	571.1	53.5	13.6
2015	10.3	-28.4	60.6	36.1	-8.7	-15.9	892.2	62.3	14.4
2014	12.1	47.9	48.3	30.5	15.6	21.9	966.0	67.5	15.6

한창 (A005110)
Hanchang

업종 : 부동산 | 시장 : 거래소
신용등급 : (Bond) — (CP) — | 기업규모 : 시가총액 소형주
홈페이지 : www.hanchang.co.kr | 연락처 : 02)850-6500
본사 : 부산시 연제구 중앙대로1043번길 50, 4층(연산동)

설립일	1967.07.10	**종업원수**	16명	**대표이사**	최승환
상장일	1976.06.01	**감사의견**	적정(진일)	**계열**	
결산기	12월	**보통주**		**종속회사수**	12개사
액면가	500원	**우선주**		**구상호**	

주주구성 (지분율,%)		출자관계 (지분율,%)		주요경쟁사 (외형,%)	
에이치제이에프앤아이	15.9			한창	100
씨아이티랜드	4.7			한국토지신탁	223
(외국인)	7.2			SK디앤디	295

매출구성		비용구성		수출비중	
유통부문	64.1	매출원가율	83.1	수출	—
기타	26.5	판관비율	12.9	내수	—
정보	9.4				

회사 개요

동사는 가스소화설비 전국 제조업체로 국내 시장 점유율 30% 이상 차지함. 주요 제품은 HFC-23 청정소화약제 가스소화설비 등임. 2016년 2월 호텔운영법인을 자회사로 두고 라마다호텔&스위트서울남대문 등을 위탁 운영하고 있음. 미국에서도 캘리포니아에 위치한 호텔을 인수한 뒤 독자 브랜드로 호텔을 운영하고 있음. 한연개발 법인사업부를 통해 부동산개발사업을 통해 매출을 더욱 확대하고 있음.

실적 분석

동사의 2017년 매출액은 1,120.3억원으로 전년 504.6억원 대비 122% 증가함. 영업이익 역시 크게 늘어 45.5억원을 시현. 2016년 12월 러시아로부터 크랩을 수입하여 국내 유통을 시작. 2017년 중 강원도 동해시에 위치한 크랩 유통사업의 핵심시설인 수조를 경매를 통해 취득하였으며 이를 바탕으로 러시아 업체와 300톤의 크랩의 공급계약을 체결하였음. 향후 러시아 업체와 장기공급계약을 통하여 매출은 계속 성장할 것으로 기대됨.

현금 흐름 〈단위 : 억원〉

항목	2016	2017
영업활동	111	97
투자활동	-28	-131
재무활동	-128	188
순현금흐름	-46	153
기말현금	179	332

시장 대비 수익률

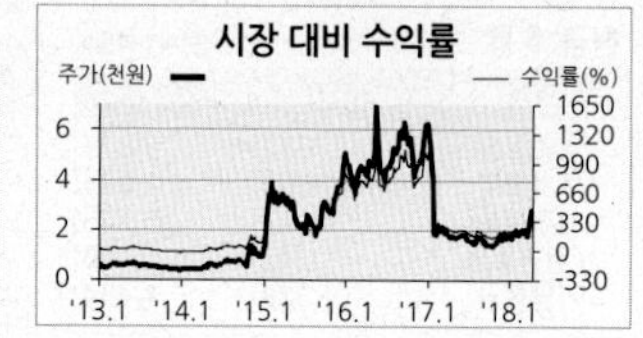

결산 실적 〈단위 : 억원〉

항목	2012	2013	2014	2015	2016	2017
매출액	168	225	169	172	505	1,120
영업이익	12	21	19	-34	8	45
당기순이익	11	9	19	-6	43	44

분기 실적 〈단위 : 억원〉

항목	2016.3Q	2016.4Q	2017.1Q	2017.2Q	2017.3Q	2017.4Q
매출액	105	191	233	248	316	324
영업이익	9	21	3	13	24	5
당기순이익	4	-19	4	8	21	11

재무 상태 〈단위 : 억원〉

항목	2012	2013	2014	2015	2016	2017
총자산	349	377	440	676	823	1,039
유형자산	62	111	94	101	4	67
무형자산	0	5	11	18	15	5
유가증권	13	1	4	3	8	11
총부채	135	154	197	336	436	629
총차입금	16	64	117	274	158	347
자본금	172	172	172	172	172	172
총자본	214	223	244	340	387	410
지배주주지분	214	223	245	354	396	388

기업가치 지표

항목	2012	2013	2014	2015	2016	2017
주가(최고/저)(천원)	1.0/0.3	0.7/0.4	1.4/0.4	5.2/1.2	7.2/3.4	6.3/1.3
PER(최고/저)(배)	32.2/9.8	30.3/16.6	24.3/7.3	221.0/52.7	59.3/28.5	154.0/32.1
PBR(최고/저)(배)	1.4/0.4	1.0/0.6	1.8/0.5	5.0/1.2	6.2/3.0	5.5/1.1
EV/EBITDA(배)	9.8	4.9	20.2	—	161.0	9.1
EPS(원)	31	25	59	24	123	41
BPS(원)	727	753	816	1,062	1,181	1,160
CFPS(원)	34	30	63	32	134	86
DPS(원)	—	—	15	16	21	—
EBITDAPS(원)	37	67	58	-89	35	177

재무 비율 〈단위 : %〉

연도	영업이익률	순이익률	부채비율	차입금비율	ROA	ROE	유보율	자기자본비율	EBITDA마진율
2017	4.1	4.0	153.6	84.8	4.8	3.6	132.0	39.4	5.4
2016	1.6	8.6	112.7	40.8	5.8	11.3	136.3	47.0	2.4
2015	-19.5	-3.7	99.0	80.5	-1.1	2.7	112.4	50.3	-17.8
2014	11.1	11.1	80.7	48.0	4.6	8.7	63.3	55.3	11.9

한창산업 (A079170)
Hanchang Industry

업　　종 : 화학
신용등급 : (Bond) —　　(CP) —
홈페이지 : www.hanchem.com
본　　사 : 경기도 화성시 양감면 암소고개로 227-14
시　　장 : KOSDAQ
기업규모 : 중견
연 락 처 : 031)353-2970

설립일	1985.09.03	**종업원수**	70명	**대표이사**	강호익,강상균
상장일	2005.02.01	**감사의견**	적정(신우)	**계열**	
결산기	12월	**보통주**		**종속회사수**	
액면가	500원	**우선주**		**구상호**	

주주구성 (지분율,%)		출자관계 (지분율,%)		주요경쟁사 (외형,%)	
강호익	18.1			한창산업	100
강상균	10.6			세우글로벌	67
(외국인)	7.9			리켐	44

매출구성		비용구성		수출비중	
아연말	61.2	매출원가율	89.2	수출	41.1
LiBr	24.5	판관비율	6.4	내수	58.9
인산아연	7.1				

회사 개요

동사는 1985년 아연말, 인산아연 등의 제조, 판매 등을 주 영업목적으로 설립됨. 주요 생산품인 아연말과, 인산아연은 선박, 컨테이너, 철 구조물에 사용되는 중방식 도료(녹 방지용 페인트)의 제조업체에 기초 원료로 사용되고 있으며, LiBr은 흡수식 냉·온수기 흡수제로 중앙집중 냉난방장치에 사용됨. 전체 매출 중 아연말이 62.95 %, LiBr 24.84%, 인산아연 6.75 %, 제올라이트 0.2%, 기타 부문이 5.25 %를 차지함

실적 분석

동사의 2017년 결산 매출액은 539.5억원으로 전년대비 13.6% 증가함. 비용측면에서 매출원가와 판관비가 각각 18.6%, 0.7% 상승하면서 영업이익은 전년보다 31.6% 줄어든 23.7억원을 기록함. 전방산업이 부진한 가운데 해외수출 등 돌파구 마련에 힘쓰고 있음. 최근 남북간 화해무드가 조성되면서 남북러 PNG(파이프라인 가스) 사업이 부각되고 있는데, 천연가스열병합 발전에 들어가는 소재를 생산하는 동사가 수혜를 입을 것으로 기대됨.

현금 흐름 *IFRS 별도 기준 (단위 : 억원)

항목	2016	2017
영업활동	-11	-18
투자활동	-0	6
재무활동	-5	9
순현금흐름	-17	-4
기말현금	40	36

시장 대비 수익률

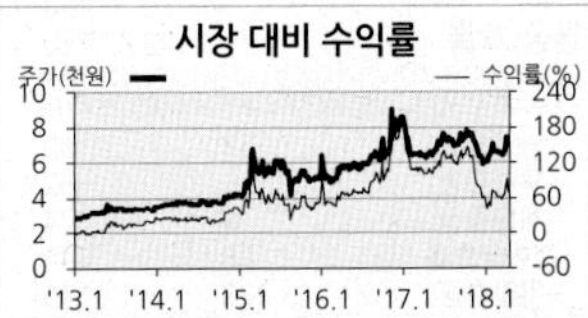

결산 실적 (단위 : 억원)

항목	2012	2013	2014	2015	2016	2017
매출액	572	524	472	478	475	539
영업이익	-2	25	8	-14	35	24
당기순이익	3	18	10	-17	20	12

분기 실적 *IFRS 별도 기준 (단위 : 억원)

항목	2016.3Q	2016.4Q	2017.1Q	2017.2Q	2017.3Q	2017.4Q
매출액	110	157	136	144	142	118
영업이익	10	10	14	8	2	-0
당기순이익	6	6	9	8	-2	-3

재무 상태 *IFRS 별도 기준 (단위 : 억원)

항목	2012	2013	2014	2015	2016	2017
총자산	581	571	585	538	557	582
유형자산	167	169	196	179	178	190
무형자산	11	8	8	7	5	5
유가증권	10	10	5	5	5	5
총부채	71	51	62	39	43	64
총차입금	—	—	—	1	2	17
자본금	26	26	26	26	26	26
총자본	510	519	522	498	514	518
지배주주지분	510	519	522	498	514	518

기업가치 지표 *IFRS 별도 기준

항목	2012	2013	2014	2015	2016	2017
주가(최고/저)(천원)	3.3/2.4	3.7/2.8	4.3/3.5	8.5/4.1	9.6/4.9	8.6/5.9
PER(최고/저)(배)	57.6/42.5	11.7/8.9	24.2/19.9	—/—	25.4/13.0	37.7/25.9
PBR(최고/저)(배)	0.4/0.3	0.4/0.3	0.5/0.4	0.9/0.4	1.0/0.5	0.9/0.6
EV/EBITDA(배)	5.6	2.3	6.8	—	8.9	8.8
EPS(원)	67	352	188	-319	390	232
BPS(원)	9,829	10,004	10,062	9,599	9,894	9,983
CFPS(원)	366	689	546	-46	538	408
DPS(원)	150	150	120	100	120	110
EBITDAPS(원)	262	812	520	-2	814	632

재무 비율 (단위 : %)

연도	영업이익률	순이익률	부채비율	차입금비율	ROA	ROE	유보율	자기자본비율	EBITDA 마진율
2017	4.4	2.2	12.3	3.3	2.1	2.3	1,896.7	89.1	6.1
2016	7.3	4.3	8.4	0.5	3.7	4.0	1,878.8	92.3	8.9
2015	-3.0	-3.5	7.9	0.1	-3.0	-3.3	1,819.9	92.7	0.0
2014	1.8	2.1	11.9	0.0	1.7	1.9	1,912.4	89.3	5.7

한창제지 (A009460)
Hanchangpaper

업　　종 : 종이 및 목재
신용등급 : (Bond) —　　(CP) —
홈페이지 : www.hanchangpaper.co.kr
본　　사 : 경남 양산시 웅상대로 1564 (용당동)
시　　장 : 거래소
기업규모 : 시가총액 소형주
연 락 처 : 055)370-2000

설립일	1973.12.06	**종업원수**	220명	**대표이사**	김길수
상장일	1987.12.23	**감사의견**	적정(삼일)	**계열**	
결산기	12월	**보통주**		**종속회사수**	
액면가	500원	**우선주**		**구상호**	

주주구성 (지분율,%)		출자관계 (지분율,%)		주요경쟁사 (외형,%)	
김승한	17.2	페리칸&플러스	25.0	한창제지	100
Tony Kim	5.9			영풍제지	52
(외국인)	3.7			국일제지	22

매출구성		비용구성		수출비중	
백판지	93.6	매출원가율	81.5	수출	42.2
지류	6.5	판관비율	9.7	내수	57.8

회사 개요

동사는 마닐라 판지 및 백판지의 제조 및 도매 등을 주요 사업으로 영위하고 있으며, 판지 제조업의 매출액이 총 매출액의 95% 가량을 차지하고 있음. 백판지 시장과 고급백판지 시장에서 판매량 기준으로 2015년 각각 6.6%, 31.7%의 시장점유를 기록하고 있으며 주요 경쟁사로는 한솔제지, 깨끗한나라 등이 있음. 제지업 중에서도 산업포장재 시장은 가격 탄력성이 비교적 낮아 시장규모는 친환경포장재 및 인터넷사업 활성화로 확대되는 추세임.

실적 분석

동사의 2017년 연간 매출액은 2,009.2억원으로 전년 1,945.3억원 대비 3.3% 증가함. 판매비와 관리비 감소로 영업이익은 확대. 전년 142.0억원에서 23.3% 증가한 175.1억원을 시현함. 공정거래위원회 과징금 환급액 38.8억원을 영업외 손익에 반영해 27.2억원 비영업손실 나타남. 당기순이익은 전년대비 26.7% 감소한 118.2억원을 시현함.

현금 흐름 *IFRS 별도 기준 (단위 : 억원)

항목	2016	2017
영업활동	321	183
투자활동	-59	-85
재무활동	-95	-104
순현금흐름	169	-11
기말현금	205	194

시장 대비 수익률

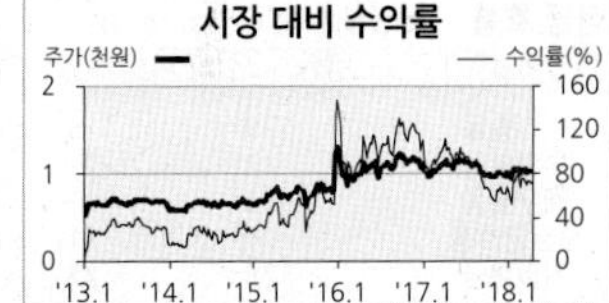

결산 실적 (단위 : 억원)

항목	2012	2013	2014	2015	2016	2017
매출액	1,633	1,813	1,742	1,769	1,945	2,009
영업이익	30	58	67	76	142	175
당기순이익	6	-116	23	34	161	118

분기 실적 *IFRS 별도 기준 (단위 : 억원)

항목	2016.3Q	2016.4Q	2017.1Q	2017.2Q	2017.3Q	2017.4Q
매출액	475	488	521	489	512	488
영업이익	39	49	49	42	41	43
당기순이익	25	100	29	34	31	25

재무 상태 *IFRS 별도 기준 (단위 : 억원)

항목	2012	2013	2014	2015	2016	2017
총자산	1,529	1,584	1,460	1,448	1,526	1,509
유형자산	909	866	871	820	776	781
무형자산	3	3	3	3	3	9
유가증권	0	1	1	1	1	1
총부채	1,042	1,213	1,066	1,021	939	807
총차입금	691	662	583	649	558	453
자본금	298	298	298	298	298	298
총자본	487	371	393	426	587	702
지배주주지분	487	371	393	426	587	702

기업가치 지표 *IFRS 별도 기준

항목	2012	2013	2014	2015	2016	2017
주가(최고/저)(천원)	1.0/0.5	0.7/0.5	0.7/0.6	1.3/0.6	1.4/0.9	1.2/1.0
PER(최고/저)(배)	90.7/48.4	—/—	18.5/15.0	23.5/11.1	5.5/3.3	6.2/4.9
PBR(최고/저)(배)	1.2/0.6	1.2/0.9	1.1/0.9	1.9/0.9	1.5/0.9	1.0/0.8
EV/EBITDA(배)	11.0	7.1	6.6	9.6	4.8	3.5
EPS(원)	11	-194	39	57	270	198
BPS(원)	817	622	659	715	984	1,177
CFPS(원)	109	-75	148	172	389	315
DPS(원)	—	—	—	—	—	20
EBITDAPS(원)	151	215	221	243	357	410

재무 비율 (단위 : %)

연도	영업이익률	순이익률	부채비율	차입금비율	ROA	ROE	유보율	자기자본비율	EBITDA 마진율
2017	8.7	5.9	114.9	64.5	7.8	18.3	135.4	46.5	12.2
2016	7.3	8.3	160.0	95.0	10.9	31.8	96.8	38.5	10.9
2015	4.3	1.9	239.5	152.2	2.3	8.3	42.9	29.5	8.2
2014	3.9	1.4	271.1	148.3	1.5	6.1	31.8	27.0	7.6

한컴시큐어 (A054920)
Hancom Secure

업　　종 : 일반 소프트웨어　　시　　장 : KOSDAQ
신용등급 : (Bond) —　　(CP) —　　기업규모 : 중견
홈페이지 : www.hsecure.co.kr　　연 락 처 : 031)622-6300
본　　사 : 경기도 성남시 분당구 대왕판교로 644번길 49 한컴타워 9층

설 립 일	1999.03.31	**종업원수**	152명	**대표이사**	노윤선,김현수
상 장 일	2001.10.24	**감사의견**	적정(동남)	**계　　열**	
결 산 기	12월	**보 통 주**		**종속회사수**	
액 면 가	500원	**우 선 주**		**구 상 호**	소프트포럼

주주구성 (지분율,%)		출자관계 (지분율,%)		주요경쟁사 (외형,%)	
김상철	21.5	캐피탈익스프레스	33.0	한컴시큐어	100
김정실	8.0	한컴지엠디	31.8	포시에스	78
(외국인)	3.2	한글과컴퓨터	13.5	이글루시큐리티	367

매출구성		비용구성		수출비중	
PKI 제품	48.0	매출원가율	48.5	수출	0.0
모바일보안 제품 외	17.6	판관비율	50.9	내수	100.0
데이타 암호 제품	17.1				

회사 개요

동사는 보안인프라 제공 업체로 한글과컴퓨터, 한컴지엠디, APS코리아 등 23개의 계열사를 보유하고 있음. DB보안, 메일보안, 지불결제보안 등 암호인증 기술을 활용한 다양한 보안제품과, SSO, EAM등의 암호인증 기술 기반의 응용 제품을 개발하고 있음. 또한, 홈네트워크 보안, DTV 보안, 모바일보안과 키보드보안, 피싱 등 통합 PC보안 제품도 공급함.

실적 분석

동사의 주요 매출원은 PKI(공개키기반구조)와 데이터암호를 기반으로 한 보안 솔루션임. 동사의 2017년 연간 매출액은 전년 대비 13.2% 증가한 163.9억원을 기록함. 외형 확대에도 불구하고 매출 원가 상승으로 원가 부담이 확대되고 무형자산상각비와 개발비 등 판매관리비가 확대되면서 영업이익은 전년대비 81.3% 감소한 0.9억원을 기록함. 비영업이익 확대로 당기순이익은 13.7억원을 기록하며 전년 대비 흑자전환함.

현금 흐름 *IFRS 별도 기준　〈단위 : 억원〉

항목	2016	2017
영업활동	29	-3
투자활동	2	-11
재무활동	-30	12
순현금흐름	1	-1
기말현금	28	27

시장 대비 수익률

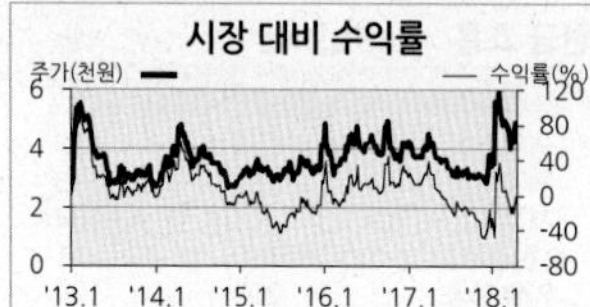

결산 실적　〈단위 : 억원〉

항목	2012	2013	2014	2015	2016	2017
매출액	201	214	181	145	145	164
영업이익	6	9	1	-9	5	1
당기순이익	19	2	-4	-37	-1	14

분기 실적 *IFRS 별도 기준　〈단위 : 억원〉

항목	2016.3Q	2016.4Q	2017.1Q	2017.2Q	2017.3Q	2017.4Q
매출액	29	48	20	33	43	68
영업이익	1	3	-12	-6	-4	22
당기순이익	4	-13	-3	4	-2	15

재무 상태 *IFRS 별도 기준　〈단위 : 억원〉

항목	2012	2013	2014	2015	2016	2017
총자산	903	899	909	858	814	872
유형자산	8	7	4	4	5	4
무형자산	52	56	64	66	67	59
유가증권	5	0	10	0	0	0
총부채	398	354	376	373	313	340
총차입금	320	294	304	336	282	293
자본금	59	59	59	63	63	63
총자본	505	545	533	485	502	532
지배주주지분	505	545	533	485	502	532

기업가치 지표 *IFRS 별도 기준

항목	2012	2013	2014	2015	2016	2017
주가(최고/저)(천원)	3.3/1.8	6.4/2.6	4.9/2.7	4.3/2.9	5.0/3.1	4.5/2.8
PER(최고/저)(배)	20.3/10.7	343.8/136.8	—/—	—/—	—/—	41.1/25.5
PBR(최고/저)(배)	0.8/0.4	1.4/0.6	1.1/0.6	1.1/0.7	1.3/0.8	1.1/0.7
EV/EBITDA(배)	36.4	25.6	43.7	160.7	33.5	39.4
EPS(원)	164	19	-30	-314	-9	109
BPS(원)	4,269	4,604	4,504	4,095	4,011	4,227
CFPS(원)	241	121	76	-197	135	240
DPS(원)	—	—	—	—	—	—
EBITDAPS(원)	132	182	114	42	187	139

재무 비율　〈단위 : %〉

연도	영업이익률	순이익률	부채비율	차입금비율	ROA	ROE	유보율	자기자본비율	EBITDA마진율
2017	0.6	8.4	63.9	55.1	1.6	2.7	745.5	61.0	10.6
2016	3.5	-0.8	62.3	56.2	-0.1	-0.2	702.1	61.6	15.5
2015	-6.2	-25.6	76.9	69.3	-4.2	-7.3	718.9	56.5	3.4
2014	0.5	-1.9	70.4	57.0	-0.4	-0.7	800.8	58.7	7.4

한컴엠디에스 (A086960)
Hancom MDS

업　　종 : 일반 소프트웨어　　시　　장 : KOSDAQ
신용등급 : (Bond) —　　(CP) —　　기업규모 : 우량
홈페이지 : www.hancommds.com/　　연 락 처 : 031)627-3000
본　　사 : 경기도 성남시 분당구 대왕판교로 644번길 49 한컴타워 3층

설 립 일	1998.12.29	**종업원수**	307명	**대표이사**	장명섭
상 장 일	2006.09.26	**감사의견**	적정(한영)	**계　　열**	
결 산 기	12월	**보 통 주**		**종속회사수**	7개사
액 면 가	500원	**우 선 주**		**구 상 호**	MDS테크

주주구성 (지분율,%)		출자관계 (지분율,%)		주요경쟁사 (외형,%)	
한글과컴퓨터	18.5	텔라딘	70.4	한컴MDS	100
린드먼글로벌협력성장사모투자전문회사	9.9	유니맥스정보시스템	66.7	이니텍	164
(외국인)	14.6	코어벨	58.1	포비스티앤씨	76

매출구성		비용구성		수출비중	
교육/SoC/보드 등	44.4	매출원가율	68.3	수출	—
OS 번들 및 서비스	30.1	판관비율	24.1	내수	—
임베디드 개발툴	23.1				

회사 개요

동사는 1998년 설립된 임베디드 소프트웨어 업체로 2006년 코스닥시장에 상장됐음. 자동차산업은 임베디드 소프트웨어 도입 및 적용이 가장 활발하게 진행되고 있음. 현대차그룹의 전장 투자 확대 및 새로운 구조를 가진 칩의 출시에 따라 현대모비스 등 신규 고객과 수주가 확대되고 있음. 최근 자동차 전장 소프트웨어와 IoT 기반의 시장이 늘어나는 추세이며, 이에 따른 산업자동화 분야의 모듈 사업권 확보, 전방산업에서의 매출확대가 가시적으로 발생중.

실적 분석

동사의 2017년 연간 매출액은 전년 대비 0.9% 감소한 1,489.3억원을 기록함. 영업이익은 전년 대비 17.2% 감소한 112.3억원, 당기순이익은 전년 대비 16.5% 감소한 91.5억원을 기록함. 자동차, 국방항공 등 다양한 전방시장의 안정적 실적 성장 지속, 4차산업혁명 확대로 인한 다양한 전방산업으로의 관련 솔루션 및 소프트웨어 확대 예상됨. 전방업체 매출 증가세 지속되고 있으며 LG, 삼성 계열 고객사도 확보해 성장이 기대됨.

현금 흐름　〈단위 : 억원〉

항목	2016	2017
영업활동	-53	89
투자활동	150	-62
재무활동	-9	-74
순현금흐름	88	-48
기말현금	223	175

시장 대비 수익률

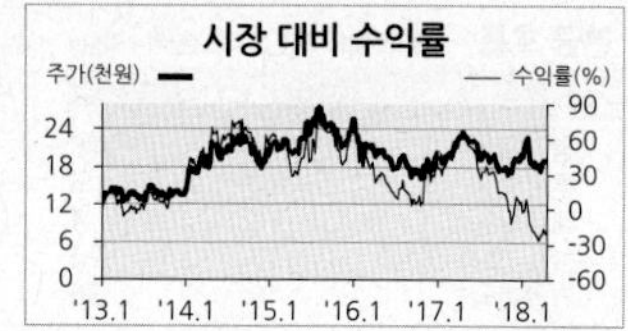

결산 실적　〈단위 : 억원〉

항목	2012	2013	2014	2015	2016	2017
매출액	727	837	1,052	1,178	1,503	1,489
영업이익	88	91	108	123	136	112
당기순이익	101	89	103	110	110	92

분기 실적　〈단위 : 억원〉

항목	2016.3Q	2016.4Q	2017.1Q	2017.2Q	2017.3Q	2017.4Q
매출액	362	536	305	447	317	420
영업이익	25	57	24	38	25	25
당기순이익	42	18	20	34	16	22

재무 상태　〈단위 : 억원〉

항목	2012	2013	2014	2015	2016	2017
총자산	894	1,028	1,192	1,286	1,467	1,432
유형자산	89	115	113	133	133	125
무형자산	78	98	124	120	161	198
유가증권	400	448	46	45	34	53
총부채	176	237	307	312	478	382
총차입금	4	25	28	20	82	111
자본금	48	48	48	48	48	48
총자본	718	791	885	974	989	1,050
지배주주지분	718	783	876	960	950	995

기업가치 지표

항목	2012	2013	2014	2015	2016	2017
주가(최고/저)(천원)	15.7/7.5	15.2/11.9	23.3/14.2	27.9/19.5	25.6/16.2	23.7/16.7
PER(최고/저)(배)	14.5/7.1	15.6/12.3	21.2/12.9	24.1/16.8	23.2/14.7	24.2/17.0
PBR(최고/저)(배)	2.1/1.0	1.8/1.4	2.5/1.5	2.7/1.9	2.2/1.4	1.9/1.3
EV/EBITDA(배)	6.9	7.5	10.1	12.0	8.8	10.6
EPS(원)	1,164	1,031	1,152	1,197	1,133	989
BPS(원)	8,255	8,991	9,960	10,894	11,791	12,564
CFPS(원)	1,283	1,159	1,308	1,435	1,399	1,270
DPS(원)	270	260	270	280	280	200
EBITDAPS(원)	1,132	1,175	1,390	1,634	1,802	1,553

재무 비율　〈단위 : %〉

연도	영업이익률	순이익률	부채비율	차입금비율	ROA	ROE	유보율	자기자본비율	EBITDA마진율
2017	7.5	6.1	36.4	10.6	6.3	9.0	2,189.4	73.3	9.2
2016	9.0	7.3	48.4	8.3	8.0	10.5	2,048.7	67.4	10.6
2015	10.4	9.4	32.0	2.0	8.9	11.5	1,885.1	75.8	12.2
2014	10.3	9.8	34.7	3.1	9.3	12.2	1,714.3	74.3	11.6

한컴지엠디 (A077280)
Hancom GMD

업종 : 일반 소프트웨어 | 시장 : KOSDAQ
신용등급 : (Bond) — (CP) — | 기업규모 : 중견
홈페이지 : www.hancomgmd.com | 연락처 : 031)622-6111
본사 : 경기도 성남시 분당구 대왕판교로 644번길49 한컴타워5층

설립일	1997.01.30	**종업원수**	45명	**대표이사**	김현수
상장일	2004.06.02	**감사의견**	적정(한영)	**계열**	
결산기	12월	**보통주**		**종속회사수**	2개사
액면가	500원	**우선주**		**구상호**	다윈텍

주주구성 (지분율,%)		출자관계 (지분율,%)		주요경쟁사 (외형,%)	
소프트포럼	31.8	캐피탈익스프레스	60.0	한컴지엠디	100
듀라소닉	7.9	에이티티알앤디	21.9	네이블	141
(외국인)	0.6	하호테크	19.7	엠로	301

매출구성		비용구성		수출비중	
임대	56.9	매출원가율	37.0	수출	4.3
포렌식	41.8	판관비율	55.6	내수	95.7
디지털 디바이스용IC	1.3				

회사 개요
동사는 모바일 포렌식 솔루션을 개발하여 국내외 국가수사기관 및 기업 감사팀에 공급하고 있으며, 디지털 디스플레이, 정보통신 분야에서 핵심 전자 부품인 비메모리반도체(ASIC)를 설계, 제작하여 국내외 전자 및 통신제품 제조업체들에게 공급하는 사업을 영위하고 있음. 동사의 2016년 기준 포렌식 MD시리즈의 국내 점유율은 80%로 전년과 동일함. 매출비중은 포렌식 42%, SOC 1%, 임대업 57%로 구성됨.

실적 분석
동사의 2017년 연간 매출액은 전년동기대비 23.1% 상승한 95.4억원을 기록하였음. 비용면에서 전년동기대비 매출원가는 증가 하였으며 인건비는 크게 감소 하였고 기타판매비와관리비는 증가함. 이처럼 매출액 상승과 더불어 비용절감에도 힘을 기울였음. 최종적으로 전년동기대비 당기순이익은 흑자전환하여 8.7억원을 기록함. 외환손익 등 비영업손이의 적자지속은 꾸준한 관찰이 필요함.

현금 흐름 〈단위 : 억원〉

항목	2016	2017
영업활동	16	52
투자활동	27	-0
재무활동	-64	-32
순현금흐름	-21	19
기말현금	46	65

시장 대비 수익률
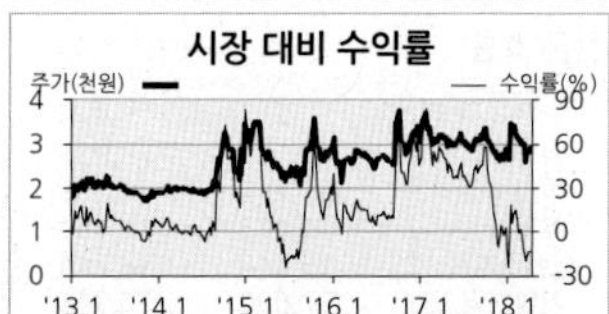

결산 실적 〈단위 : 억원〉

항목	2012	2013	2014	2015	2016	2017
매출액	533	383	403	190	78	95
영업이익	-30	-34	45	-23	0	7
당기순이익	-13	-47	-13	-30	-12	9

분기 실적 〈단위 : 억원〉

항목	2016.3Q	2016.4Q	2017.1Q	2017.2Q	2017.3Q	2017.4Q
매출액	20	-16	34	53	23	-14
영업이익	2	0	7	6	3	-10
당기순이익	2	-13	7	8	4	-10

재무 상태 〈단위 : 억원〉

항목	2012	2013	2014	2015	2016	2017
총자산	940	908	860	820	744	684
유형자산	62	62	68	47	45	2
무형자산	15	12	12	52	45	37
유가증권	4	39	0	0	0	—
총부채	459	451	429	407	329	253
총차입금	353	344	327	270	202	134
자본금	53	53	53	53	56	57
총자본	482	457	431	413	414	431
지배주주지분	461	445	411	398	403	422

기업가치 지표

항목	2012	2013	2014	2015	2016	2017
주가(최고/저)(천원)	2.8/1.6	2.4/1.7	3.5/1.9	3.7/2.0	4.3/2.1	3.7/2.4
PER(최고/저)(배)	—/—	—/—	—/—	—/—	—/—	35.2/22.9
PBR(최고/저)(배)	0.6/0.3	0.5/0.4	0.8/0.4	0.9/0.5	1.1/0.6	0.9/0.6
EV/EBITDA(배)	—	—	9.7	—	29.6	17.9
EPS(원)	-227	-391	-236	-240	-69	106
BPS(원)	4,790	4,640	4,322	3,972	3,821	3,940
CFPS(원)	-35	-199	-62	-56	78	235
DPS(원)	—	—	—	—	—	—
EBITDAPS(원)	-92	-123	591	-29	151	192

재무 비율 〈단위 : %〉

연도	영업이익률	순이익률	부채비율	차입금비율	ROA	ROE	유보율	자기자본비율	EBITDA마진율
2017	7.4	9.1	58.8	31.0	1.2	2.9	688.1	63.0	22.7
2016	0.5	-15.4	79.6	48.7	-1.5	-1.9	664.1	55.7	21.1
2015	-12.0	-15.8	98.5	65.3	-3.6	-6.4	694.5	50.4	-1.6
2014	11.1	-3.3	99.5	76.0	-1.5	-5.9	764.4	50.1	15.7

한탑 (A002680)
Hantop

업종 : 식료품 | 시장 : KOSDAQ
신용등급 : (Bond) — (CP) — | 기업규모 : 중견
홈페이지 : www.hantop.com | 연락처 : 051)626-2841
본사 : 부산시 남구 용소로 101 (대연 3동 598 - 7)

설립일	1959.06.26	**종업원수**	124명	**대표이사**	강신우
상장일	1995.07.07	**감사의견**	적정(상지원)	**계열**	
결산기	12월	**보통주**		**종속회사수**	5개사
액면가	500원	**우선주**		**구상호**	영남제분

주주구성 (지분율,%)		출자관계 (지분율,%)		주요경쟁사 (외형,%)	
류지훈	42.0	에쓰비인베스트먼트	100.0	한탑	100
한국교직원공제회	4.9	에쓰비	100.0	고려산업	140
(외국인)	1.6	영농조합법인청림농장	92.9	대주산업	68

매출구성		비용구성		수출비중	
배합사료	41.2	매출원가율	86.2	수출	0.0
소맥분	40.7	판관비율	13.7	내수	100.0
소맥피외	18.2				

회사 개요
동사의 매출은 제분부문과 사료부문이 유사한 비중으로 구성됨. 과점적 시장구조 및 성숙기에 접어든 업계 특성상 현재 제품의 가격이 가장 큰 경쟁요소이며, 원재료의 수입 의존도가 절대적인 상황으로 원재료 가격 및 수급동향에 민감한 영향을 받고 있음. 제분업은 식량산업의 기간산업적 특성으로 인해 시장의 규모는 일정하게 유지됨. 과점적 시장구조 및 성숙기에 접어든 업계 특성상 현재 제품의 가격이 가장 큰 경쟁요소임.

실적 분석
동사의 2017년 연결기준 결산 매출액은 1,251억원으로 전년 동기 대비 2.4% 소폭 감소함. 매출이 감소하면서 고정비 부담이 증가하고, 판매비와 관리비 또한 소폭 늘어나면서 지난해 대비 큰 폭으로 감소한 0.8억원의 영업이익 시현하는데 그침. 반면, 비영업손익 부분은 외환손익이 큰 폭으로 증가하면서 개선된 모습. 당기순이익은 비영업손익 영향으로 전년 동기 대비 13.1% 증가한 9억원을 시현함.

현금 흐름 〈단위 : 억원〉

항목	2016	2017
영업활동	103	34
투자활동	-23	-30
재무활동	-74	-1
순현금흐름	6	4
기말현금	24	27

시장 대비 수익률
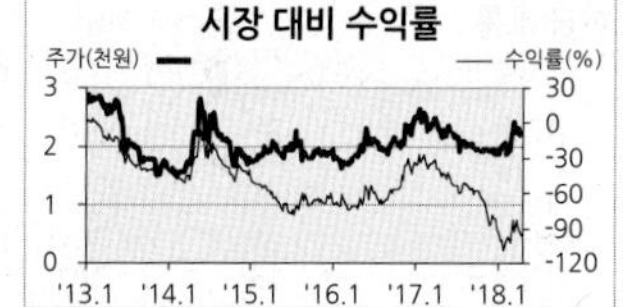

결산 실적 〈단위 : 억원〉

항목	2012	2013	2014	2015	2016	2017
매출액	1,056	1,081	1,104	1,252	1,281	1,251
영업이익	59	-2	-25	15	26	1
당기순이익	28	-33	-41	-17	8	9

분기 실적 〈단위 : 억원〉

항목	2016.3Q	2016.4Q	2017.1Q	2017.2Q	2017.3Q	2017.4Q
매출액	305	325	301	321	314	315
영업이익	5	11	-8	2	-4	11
당기순이익	14	-10	7	-2	-12	16

재무 상태 〈단위 : 억원〉

항목	2012	2013	2014	2015	2016	2017
총자산	1,532	1,283	1,346	1,295	1,226	1,229
유형자산	369	354	420	425	426	422
무형자산	33	27	25	25	24	24
유가증권	52	47	14	24	23	29
총부채	1,020	821	864	829	751	751
총차입금	903	700	756	730	672	658
자본금	104	104	104	104	104	104
총자본	512	463	482	466	474	478
지배주주지분	507	459	480	465	474	477

기업가치 지표

항목	2012	2013	2014	2015	2016	2017
주가(최고/저)(천원)	4.8/2.5	3.0/1.5	2.8/1.5	2.3/1.7	2.6/1.6	2.8/1.8
PER(최고/저)(배)	34.0/17.7	—/—	—/—	—/—	67.9/43.4	64.4/42.7
PBR(최고/저)(배)	1.9/1.0	1.3/0.7	1.2/0.6	1.0/0.7	1.1/0.7	1.2/0.8
EV/EBITDA(배)	15.3	48.3	—	34.9	25.3	59.1
EPS(원)	143	-150	-187	-77	38	43
BPS(원)	2,506	2,274	2,376	2,303	2,345	2,360
CFPS(원)	269	-47	-102	-6	115	113
DPS(원)	25	—	—	—	—	—
EBITDAPS(원)	411	92	-37	143	204	74

재무 비율 〈단위 : %〉

연도	영업이익률	순이익률	부채비율	차입금비율	ROA	ROE	유보율	자기자본비율	EBITDA마진율
2017	0.1	0.7	157.3	137.8	0.7	1.9	372.0	38.9	1.2
2016	2.1	0.6	158.4	141.7	0.6	1.7	369.0	38.7	3.3
2015	1.2	-1.4	178.2	156.8	-1.3	-3.4	360.6	36.0	2.4
2014	-2.3	-3.7	179.3	156.9	-3.1	-8.3	375.2	35.8	-0.7

한프 (A066110)
HANP

업　　종 : 컴퓨터 및 주변기기
신용등급 : (Bond) —　　(CP) —
홈페이지 : www.hanp.co.kr
본　　사 : 제주도 제주시 중앙로 217 제주벤처마루 606호
시　　장 : KOSDAQ
기업규모 : 중견
연 락 처 : 043)536-7561

설립일	1994.02.16	**종업원수**	106명	**대표이사**	김형남
상장일	2002.06.27	**감사의견**	적정(서우)	**계열**	
결산기	12월	**보통주**		**종속회사수**	2개사
액면가	500원	**우선주**		**구상호**	백산OPC

주주구성 (지분율,%)		출자관계 (지분율,%)		주요경쟁사 (외형,%)	
에스엘이노베이션스	22.8	백산OPC	100.0	한프	100
모건산업	4.6	백산OPCGmbH	100.0	잉크테크	407
(외국인)	0.6	제주자산개발	9.0	미래테크놀로지	158

매출구성		비용구성		수출비중	
OPC DRUM	85.4	매출원가율	95.9	수출	95.8
CHIP 外	14.6	판관비율	47.2	내수	4.2

회사 개요
동사는 1994년 설립되어 OPC Drum을 생산하는 업체로 Drum 뿐만 아니라 Roller, Chip, Blade 등 Cartridge 주요 핵심 부품을 세계최초로 SET화 하였음. 선진국을 중심으로 진행되어 온 환경보전 운동이 개발도상국과 후진국으로 확산되며 재생품사용 의무화 또는 권장하는 사회분위기에 따라 애프터마켓용 OPC Drum 산업의 성장이 기대됨. 2015년 6월 OPC Drum에 집중하기 위해 제조토너 사업부문 중단함.

실적 분석
동사의 2017년 전체 매출은 141.5억원으로 전년대비 23% 감소, 영업이익은 -61억원으로 전년대비 적자지속, 당기순이익은 -129.6억원으로 적자지속. 전방산업인 프린터 시장 위축으로 관련 제품 매출 감소, 고정비부담 증가로 수익성 개선은 지연. 외형 증가를 위한 신규 사업 및 매출 확대가 중요하다고 판단. 글로벌 사물인터넷 시장 확대는 데이타 전송이 비번해지면서 프린터 관련 수요 증가가 기대.

현금 흐름
〈단위 : 억원〉

항목	2016	2017
영업활동	20	-48
투자활동	-433	-81
재무활동	423	156
순현금흐름	10	26
기말현금	13	39

시장 대비 수익률
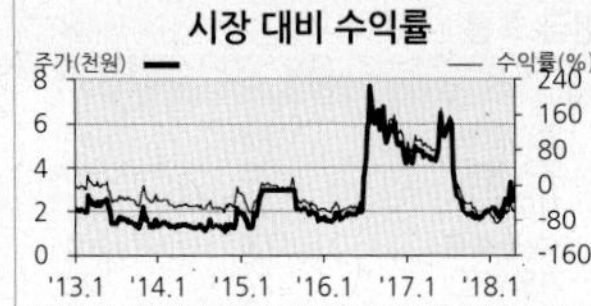

결산 실적
〈단위 : 억원〉

항목	2012	2013	2014	2015	2016	2017
매출액	567	481	325	232	184	142
영업이익	-15	-60	-44	-2	-37	-61
당기순이익	-18	-266	-115	81	-35	-130

분기 실적
〈단위 : 억원〉

항목	2016.3Q	2016.4Q	2017.1Q	2017.2Q	2017.3Q	2017.4Q
매출액	38	47	39	37	34	32
영업이익	-12	-23	-10	-8	-10	-33
당기순이익	-18	-9	-14	-22	-9	-84

재무 상태
〈단위 : 억원〉

항목	2012	2013	2014	2015	2016	2017
총자산	785	652	569	472	858	895
유형자산	415	367	361	246	651	614
무형자산	15	12	9	6	4	2
유가증권	2	2	—	—	—	—
총부채	397	527	529	187	411	434
총차입금	324	297	273	137	365	385
자본금	77	77	77	129	134	162
총자본	388	124	40	285	447	461
지배주주지분	388	124	40	285	447	461

기업가치 지표

항목	2012	2013	2014	2015	2016	2017
주가(최고/저)(천원)	2.7/1.7	2.8/1.2	2.2/1.1	3.0/1.2	7.7/1.5	6.5/1.5
PER(최고/저)(배)	—/—	—/—	—/—	5.5/2.3	—/—	—/—
PBR(최고/저)(배)	0.7/0.4	1.8/0.8	2.9/1.4	1.6/0.7	4.5/0.9	4.4/1.1
EV/EBITDA(배)	10.2	1,155.3	56.2	10.0	—	—
EPS(원)	-169	-2,521	-1,094	546	-162	-400
BPS(원)	2,789	1,067	518	1,255	1,721	1,463
CFPS(원)	304	-1,344	-418	569	-22	-310
DPS(원)	—	—	—	—	—	—
EBITDAPS(원)	322	3	52	181	-34	-98

재무 비율
〈단위 : %〉

연도	영업이익률	순이익률	부채비율	차입금비율	ROA	ROE	유보율	자기자본비율	EBITDA마진율
2017	-43.1	-91.6	94.1	83.5	-14.8	-28.5	192.5	51.5	-22.5
2016	-20.3	-18.9	91.9	81.5	-5.2	-9.5	244.3	52.1	-3.9
2015	-1.1	34.7	65.5	48.2	15.5	49.6	150.9	60.4	16.7
2014	-13.4	-35.5	일부잠식	일부잠식	-18.9	-140.4	3.6	7.1	2.4

한화 (A000880)
Hanwha

업　　종 : 복합 산업
신용등급 : (Bond) A　　(CP) A2
홈페이지 : www.hanwhacorp.co.kr
본　　사 : 서울시 중구 청계천로 86 (장교동)24층
시　　장 : 거래소
기업규모 : 시가총액 대형주
연 락 처 : 02)729-1114

설립일	1952.10.28	**종업원수**	5,782명	**대표이사**	
상장일	1976.06.24	**감사의견**	적정(안진)	**계열**	
결산기	12월	**보통주**		**종속회사수**	186개사
액면가	5,000원	**우선주**		**구상호**	

주주구성 (지분율,%)		출자관계 (지분율,%)		주요경쟁사 (외형,%)	
김승연	22.7	한화테크엠	100.0	한화	100
국민연금공단	8.4	캐스	100.0	삼성물산	58
(외국인)	27.4	한화건설	95.2	LG	23

매출구성		비용구성		수출비중	
무역[도소매업] 외	40.4	매출원가율	91.1	수출	—
생명보험[금융업]	32.7	판관비율	4.6	내수	—
손해보험[금융업]	11.7				

회사 개요
동사는 한화그룹의 지주회사로 1952년 10월 28일 설립됐으며, 산업용 화약사업, 방산사업, 기계항공사업 등을 영위하는 화약제조업과 주요 물품의 수출입 및 내수 영업을 영위하는 도소매업 등을 영위하고 있음. 종속회사로는 도소매업, 화학제조업, 건설업, 레저서비스업, 태양광사업, 금융업, 기타 업종을 영위하는 회사들의 지분을 보유하고 있음. 동사의 주력사업인 산업용 화약 및 방산부문은 국내 상위권으로 영업의 안정성이 매우 우수함.

실적 분석
동사의 2017년 연결기준 연간 누적 매출액은 50조4044.4억원으로 전년 동기 대비 7% 증가함. 매출이 증가하면서 매출원가도 증가했지만 판매비와 관리비 등은 오히려 감소하면서 영업이익은 전년 동기 대비 28.1% 증가한 2조1589.3억원을 시현함. 비영업손익 부문에서 적자 폭이 늘고 법인세 납부 비용 또한 커지면서 당기순이익은 1조3109.4억원으로 전년 동기 대비 1.7% 증가.

현금 흐름
〈단위 : 억원〉

항목	2016	2017
영업활동	65,117	78,938
투자활동	-54,248	-74,809
재무활동	4,478	-12,451
순현금흐름	15,248	-8,744
기말현금	37,690	28,946

시장 대비 수익률
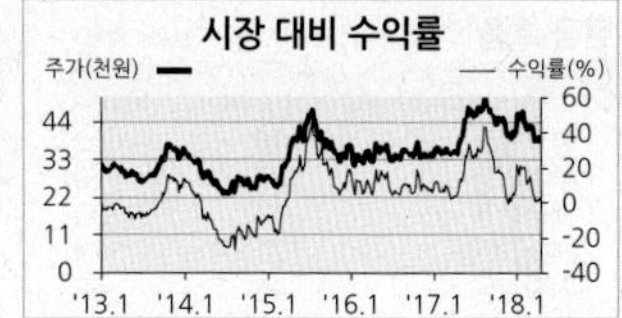

결산 실적
〈단위 : 억원〉

항목	2012	2013	2014	2015	2016	2017
매출액	356,520	387,250	374,568	413,763	471,202	504,044
영업이익	12,261	8,637	5,158	7,585	16,859	21,589
당기순이익	4,965	2,247	-1,630	1,205	12,887	13,109

분기 실적
〈단위 : 억원〉

항목	2016.3Q	2016.4Q	2017.1Q	2017.2Q	2017.3Q	2017.4Q
매출액	120,202	121,965	133,465	113,850	116,955	139,775
영업이익	6,596	668	6,458	7,762	3,883	3,485
당기순이익	3,705	901	6,162	5,437	2,830	-1,320

재무 상태
〈단위 : 억원〉

항목	2012	2013	2014	2015	2016	2017
총자산	1,040,856	1,133,226	1,236,843	1,456,217	1,548,710	1,601,950
유형자산	103,217	104,598	105,911	121,864	120,876	118,757
무형자산	10,298	9,896	10,197	12,969	19,138	19,386
유가증권	379,881	439,679	519,960	653,552	683,464	707,841
총부채	934,997	1,025,467	1,115,690	1,319,760	1,406,431	1,442,302
총차입금	100,191	107,946	107,802	189,553	190,228	161,202
자본금	3,772	3,772	3,772	3,772	4,896	4,896
총자본	105,860	107,760	121,152	136,457	142,279	159,647
지배주주지분	42,806	43,001	43,583	41,545	44,081	45,413

기업가치 지표

항목	2012	2013	2014	2015	2016	2017
주가(최고/저)(천원)	35.3/23.6	38.0/26.4	35.2/22.5	48.6/25.0	38.3/29.3	51.3/34.1
PER(최고/저)(배)	10.1/6.8	23.6/16.4	—/—	—/—	6.5/5.0	12.6/8.4
PBR(최고/저)(배)	0.7/0.5	0.7/0.5	0.6/0.4	0.9/0.5	0.9/0.7	1.1/0.7
EV/EBITDA(배)	—	—	—	—	—	—
EPS(원)	3,799	1,723	-4,831	-3,778	6,087	4,140
BPS(원)	57,018	57,276	58,049	55,347	45,234	46,594
CFPS(원)	11,618	10,767	4,396	7,098	17,782	13,542
DPS(원)	450	400	500	500	600	600
EBITDAPS(원)	24,073	20,493	16,065	20,930	32,566	31,452

재무 비율
〈단위 : %〉

연도	영업이익률	순이익률	부채비율	차입금비율	ROA	ROE	유보율	자기자본비율	EBITDA마진율
2017	4.3	2.6	903.4	101.0	0.8	9.1	831.9	10.0	6.1
2016	3.6	2.7	988.5	133.7	0.9	11.5	804.7	9.2	5.6
2015	1.8	0.3	967.2	138.9	0.1	-6.7	1,006.9	9.4	3.8
2014	1.4	-0.4	920.9	89.0	-0.1	-8.4	1,061.0	9.8	3.2

한화갤러리아타임월드 (A027390)
Hanwha Galleria Timeworld

업　　종 : 백화점　　시　　장 : 거래소
신용등급 : (Bond) BBB+　(CP) —　　기업규모 : 시가총액 소형주
홈페이지 : www.timeworld.co.kr　　연 락 처 : 042)480-5000
본　　사 : 대전시 서구 대덕대로 211 (둔산동)

설 립 일	1979.05.30	**종업원수**	428명	**대표이사**	김은수
상 장 일	1995.12.30	**감사의견**	적정(한영)	**계　　열**	
결 산 기	12월	**보 통 주**		**종속회사수**	
액 면 가	5,000원	**우 선 주**		**구 상 호**	한화타임월드

주주구성 (지분율,%)		출자관계 (지분율,%)		주요경쟁사 (외형,%)	
한화갤러리아	69.5	한화이글스	10.0	한화갤러리아타임월드	100
FID SRS INTRINSIC OPP FND	3.4	한화투자증권	4.8	롯데쇼핑	5,497
(외국인)	1.4	씨브이네트	4.1	현대백화점	559

매출구성		비용구성		수출비중	
[면세점]상품매출	52.4	매출원가율	41.0	수출	—
[백화점]상품매출	38.2	판관비율	61.2	내수	—
[백화점]기타매출액	9.4				

회사 개요
동사는 1979년 설립되 1996년 유가증권시장(코스피)에 주식을 상장한 한화그룹 소속 계열사임. 백화점 및 면세점의 설치 및 운영, 부동산의 판매알선, 임대, 각종 물품제조 및 가공, 도 · 소매업 등을 주요 목적사업으로 영위하고 있음. 사업장은 대전 둔산 중심상업지구 내에 있으며 충청지역에서 유일하게 구찌, 프라다 등 명품 매장과 공연장, 문화센터 등을 갖춤. 대전 서구 롯데백화점 대전점, 대전 중구 SAY백화점 등이 경쟁사임.

실적 분석
2017년 연결기준 동사 매출액은 3,307억원을 기록함. 전년도 매출인 2847.8억원에 비해 16.1% 증가한 금액임. 매출 증가에도 불구, 매출원가가 68.4% 증가해 영업손실은 적자를 벗어나지 못함. 다만 적자폭은 축소됨. 전년도엔 123억원의 손실을 기록했으나 2017년엔 72.7억원의 손실을 기록함. 비영업부문도 적자를 이어갔으나 손실폭은 개선됨. 당기순손실 역시 흑자전환에는 실패했으나 적자폭은 감소했음.

현금 흐름 *IFRS 별도 기준 〈단위 : 억원〉

항목	2016	2017
영업활동	-386	64
투자활동	-381	115
재무활동	209	95
순현금흐름	-558	273
기말현금	27	300

시장 대비 수익률

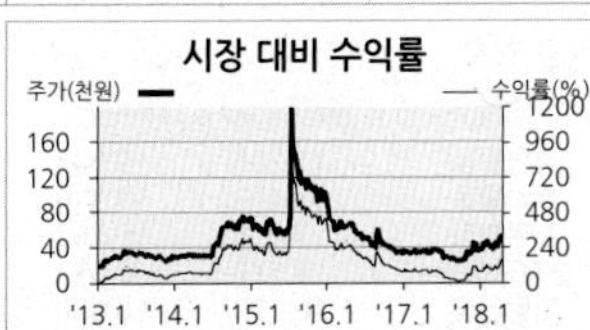

결산 실적 〈단위 : 억원〉

항목	2012	2013	2014	2015	2016	2017
매출액	1,261	1,249	1,603	1,689	2,848	3,307
영업이익	368	358	334	156	-123	-73
당기순이익	386	122	245	85	-187	-107

분기 실적 *IFRS 별도 기준 〈단위 : 억원〉

항목	2016.3Q	2016.4Q	2017.1Q	2017.2Q	2017.3Q	2017.4Q
매출액	738	815	789	693	869	956
영업이익	-70	-10	-48	-92	1	66
당기순이익	-84	-21	-33	-79	-27	32

재무 상태 *IFRS 별도 기준 〈단위 : 억원〉

항목	2012	2013	2014	2015	2016	2017
총자산	3,597	3,765	4,085	5,118	4,840	4,893
유형자산	1,907	1,859	1,847	2,332	2,400	2,293
무형자산	19	19	19	19	17	17
유가증권	16	1,170	1,263	1,126	996	1,053
총부채	1,157	1,184	1,247	2,316	2,381	2,484
총차입금	—	—	—	660	952	1,083
자본금	300	300	300	300	300	300
총자본	2,439	2,581	2,838	2,802	2,459	2,410
지배주주지분	2,439	2,581	2,838	2,802	2,459	2,410

기업가치 지표 *IFRS 별도 기준

항목	2012	2013	2014	2015	2016	2017
주가(최고/저)(천원)	19.4/15.8	36.6/18.5	78.6/28.9	198/53.8	94.6/33.2	47.4/23.0
PER(최고/저)(배)	3.3/2.7	19.0/9.6	19.8/7.3	140.9/38.3	—/—	—/—
PBR(최고/저)(배)	0.5/0.4	0.9/0.5	1.7/0.6	4.3/1.2	2.3/0.8	1.2/0.6
EV/EBITDA(배)	1.3	3.9	11.3	25.6	62.6	25.8
EPS(원)	6,439	2,035	4,076	1,419	-3,109	-1,780
BPS(원)	40,963	43,313	47,603	47,002	41,283	40,463
CFPS(원)	8,005	3,327	5,137	2,703	-282	1,358
DPS(원)	700	1,000	1,000	1,000	—	—
EBITDAPS(원)	7,705	7,260	6,627	3,884	777	1,927

재무 비율 〈단위 : %〉

연도	영업이익률	순이익률	부채비율	차입금비율	ROA	ROE	유보율	자기자본비율	EBITDA마진율
2017	-2.2	-3.2	103.1	45.0	-2.2	-4.4	709.3	49.2	3.5
2016	-4.3	-6.6	96.8	38.7	-3.8	-7.1	725.7	50.8	1.6
2015	9.2	5.0	82.7	23.5	1.9	3.0	840.0	54.7	13.8
2014	20.8	15.3	43.9	0.0	6.2	9.0	852.1	69.5	24.8

한화생명보험 (A088350)
HanWha Life Insurance

업　　종 : 보험　　시　　장 : 거래소
신용등급 : (Bond) —　(CP) —　　기업규모 : 시가총액 대형주
홈페이지 : www.hanwhalife.com　　연 락 처 : 1588-6363
본　　사 : 서울시 영등포구 63로50 (여의도동 한화금융센터 63)

설 립 일	1946.09.09	**종업원수**	3,792명	**대표이사**	차남규
상 장 일	2010.03.17	**감사의견**	적정(삼일)	**계　　열**	
결 산 기	12월	**보 통 주**		**종속회사수**	13개사
액 면 가	5,000원	**우 선 주**		**구 상 호**	

주주구성 (지분율,%)		출자관계 (지분율,%)		주요경쟁사 (외형,%)	
한화건설	25.1	한화자산운용	100.0	한화생명	100
한화	18.2	63씨티	100.0	삼성생명	111
(외국인)	18.7	한화손해사정	100.0	삼성화재	125

수익구성		비용구성		수출비중	
장기	73.1	책임준비금전입	20.8	수출	—
자동차	17.0	보험금비용	39.0	내수	—
특종	6.4	사업비	6.1		

회사 개요
동사는 국내 최초 생명보험회사로 1946년 설립됨. 보험영업 부문에서는 시장점유율 증대를 통한 양적 성장과 기업가치 향상을 위한 질적 성장을 병행해서 추진하고 있음. 자산운용부문에서는 금융시장 변동성 확대에 대응해 리스크 관리를 우선적으로 고려하면서 수익률 제고 노력을 강화하고 있음. 동사의 2017년 생명보험 시장점유율은 12.4%로 삼성생명에 이어 두번째를 유지함.

실적 분석
동사는 2017년 연결기준 당기순이익이 6,887억원으로 전년대비 18.5% 감소함. 2016년 6월 한화손해보험이 연결편입되어 동기간 영업수익은 26조871억, 영업이익은 9,534억원으로 각각 26%, 83% 증가함. 영업 경쟁력 강화를 위해 CPC기반 통합 마케팅 체계를 구축하고, 가치영업 추진을 통해 보장성/변액 보험 판매 확대, 상품 판매 속성 개선, 상품 수익성 제고에 집중하고 있음.

현금 흐름 〈단위 : 억원〉

항목	2016	2017
영업활동	40,878	33,187
투자활동	-38,236	-40,662
재무활동	-1,738	4,806
순현금흐름	920	-2,693
기말현금	8,515	5,822

시장 대비 수익률

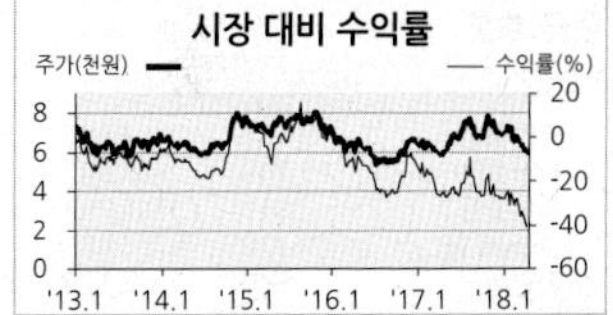

결산 실적 〈단위 : 억원〉

항목	2012	2013	2014	2015	2016	2017
보험료수익	100,052	64,121	91,767	102,750	130,666	149,501
영업이익	6,547	4,880	4,844	5,866	5,210	9,534
당기순이익	5,133	3,551	4,051	5,300	8,451	6,887

분기 실적 〈단위 : 억원〉

항목	2016.3Q	2016.4Q	2017.1Q	2017.2Q	2017.3Q	2017.4Q
보험료수익	37,227	37,237	38,740	37,069	37,129	36,563
영업이익	2,928	-1,345	2,817	4,038	2,652	27
당기순이익	2,172	-672	2,660	2,888	2,014	-675

재무 상태 〈단위 : 억원〉

항목	2012	2013	2014	2015	2016	2017
총자산	778,745	823,715	921,262	995,302	1,193,811	1,259,945
유형자산	14,406	14,287	14,755	15,460	18,676	18,188
무형자산	982	1,016	967	1,043	14,366	13,210
유가증권	371,656	396,464	470,045	536,911	630,313	660,140
총부채	708,255	753,850	834,741	908,874	1,102,220	1,157,564
총차입금	239	730	1,737	1,983	4,350	3,419
자본금	43,427	43,427	43,427	43,427	43,427	43,427
총자본	70,490	69,865	86,522	86,428	91,592	102,381
지배주주지분	70,480	69,859	86,516	86,423	85,291	93,516

기업가치 지표

항목	2012	2013	2014	2015	2016	2017
주가(최고/저)(천원)	7.4/5.5	7.0/5.8	8.0/5.8	8.1/6.8	7.0/5.3	7.9/5.8
PER(최고/저)(배)	13.8/10.2	18.6/15.4	18.6/13.5	14.0/11.9	7.9/6.0	12.0/8.8
PBR(최고/저)(배)	1.0/0.7	0.9/0.8	0.8/0.6	0.8/0.7	0.7/0.5	0.7/0.5
PSR(최고/저)(배)	1/1	1/1	1/1	1/1	0/0	0/0
EPS(원)	591	409	467	610	916	673
BPS(원)	8,335	8,264	10,348	11,014	10,884	11,831
CFPS(원)	688	490	583	733	1,123	948
DPS(원)	150	130	180	180	80	140
EBITDAPS(원)	754	562	558	675	600	1,098

재무 비율 〈단위 : %〉

연도	계속사업이익률	순이익률	부채비율	차입금비율	ROA	ROE	유보율	자기자본비율	총자산증가율
2017	6.5	4.6	1,130.6	3.3	0.6	6.5	136.6	8.1	5.5
2016	7.7	6.5	1,203.4	4.8	0.8	9.3	117.7	7.7	19.9
2015	5.9	5.2	1,051.6	2.3	0.6	6.1	120.3	8.7	8.0
2014	5.7	4.4	964.8	2.0	0.5	5.2	107.0	9.4	18.3

한화손해보험 (A000370)

Hanwha General Insurance

업　　종 : 보험　　　　　　　　　　　　시　　장 : 거래소
신용등급 : (Bond) A+　　(CP) —　　　기업규모 : 시가총액 중형주
홈페이지 : www.hwgeneralins.com　　　연 락 처 : 02)1566-8000
본　　사 : 서울시 영등포구 여의대로 56 (여의도동)

설 립 일	1946.04.01	**종업원수**	3,361명	**대표이사**	박윤식
상 장 일	1975.06.30	**감사의견**	적정(안진)	**계 열**	
결 산 기	12월	**보 통 주**		**종속회사수**	4개사
액 면 가	5,000원	**우 선 주**		**구 상 호**	

주주구성 (지분율,%)		출자관계 (지분율,%)		주요경쟁사 (외형,%)	
한화생명보험	51.4	한화글로벌사업화펀드	30.0	한화손해보험	100
한화손해보험우리사주조합	5.7	충남-한화중소기업육성펀드	20.0	메리츠화재	122
(외국인)	11.2	서울투자운용	15.0	코리안리	137

수익구성		비용구성		수출비중	
[손해보험]장기	73.1	책임준비금전입	18.1	수출	—
[손해보험]자동차	17.0	보험금비용	28.6	내수	—
[손해보험]특종	6.4	사업비	9.0		

회사 개요

동사는 1946년 신동아화재보험으로 설립돼 손해보험과 겸영가능한 자산운용 등을 영위하고 있음. 2002년 한화그룹에 편입됨. 국내 손해보험업계에는 13개 국내 원수보험사와 1개 재보험사(코리안리) 및 1개 보증보험 전업사(서울보증보험)가 있는데, 동사는 점유율 약 7%를 차지함. 최근 손해보험 시장은 자본시장통합법 시행, 생손보 교차판매 허용 등으로 경쟁이 더욱 심화되고 있음.

실적 분석

동사는 연결재무제표 기준 2017년 당기순이익이 1438억원으로 전년 동기 대비 28.8% 증가하였음. 같은 기간 매출액은 5조2915억원으로 6.8%, 영업이익은 1923억원으로 42.0% 각각 늘었음. 투자영업부문에서 성장세를 보이며 대규모 순이익을 시현함. 자동차보험 MS는 5%대로 지난해와 비슷한 수준을 유지하고 있음. 상위사의 공격적인 자동차보험 영업으로 MS 축소가 우려되었지만, 동사는 차별화된 영업전략으로 대응.

현금 흐름 (단위 : 억원)

항목	2016	2017
영업활동	5,161	9,386
투자활동	-5,748	-10,642
재무활동	811	1,752
순현금흐름	225	489
기말현금	640	1,129

시장 대비 수익률

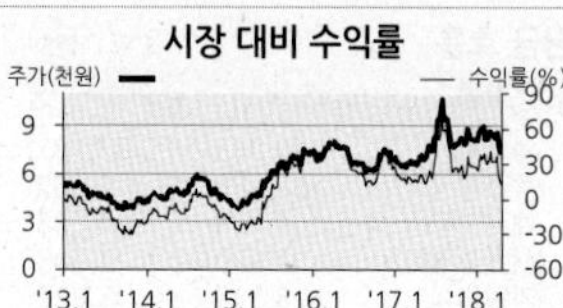

결산 실적 〈단위 : 억원〉

항목	2012	2013	2014	2015	2016	2017
보험료수익	40,105	31,263	42,797	45,343	49,381	52,773
영업이익	321	-468	277	1,191	1,354	1,975
당기순이익	323	-417	129	958	1,116	1,476

분기 실적 〈단위 : 억원〉

항목	2016.3Q	2016.4Q	2017.1Q	2017.2Q	2017.3Q	2017.4Q
보험료수익	12,478	12,713	12,868	13,249	13,379	13,277
영업이익	443	81	517	723	561	175
당기순이익	340	159	379	550	419	128

재무 상태 〈단위 : 억원〉

항목	2012	2013	2014	2015	2016	2017
총자산	78,869	89,988	103,316	118,034	132,833	148,906
유형자산	3,046	2,968	3,007	3,023	3,046	2,968
무형자산	563	548	501	437	396	432
유가증권	31,688	38,806	47,220	52,817	56,141	65,738
총부채	74,075	84,522	97,366	109,425	123,989	137,062
총차입금	1,940	1,942	1,944	1,646	2,603	2,237
자본금	2,437	4,537	4,537	4,537	4,537	5,837
총자본	4,795	5,467	5,950	8,609	8,845	11,843
지배주주지분	4,795	5,467	5,950	8,609	8,845	11,843

기업가치 지표

항목	2012	2013	2014	2015	2016	2017
주가(최고/저)(천원)	7.4/4.8	5.2/3.8	5.9/4.3	7.6/3.8	8.1/5.9	11.0/6.4
PER(최고/저)(배)	12.8/8.3	—/—	43.9/31.5	7.6/3.8	6.8/5.0	7.2/4.2
PBR(최고/저)(배)	0.9/0.6	0.9/0.7	1.0/0.7	0.8/0.4	0.9/0.6	1.1/0.6
PSR(최고/저)(배)	0/0	0/0	0/0	0/0	0/0	0/0
EPS(원)	603	-696	141	1,047	1,221	1,553
BPS(원)	9,837	6,025	6,558	9,488	9,748	10,145
CFPS(원)	1,133	-411	420	1,340	1,501	1,840
DPS(원)	—	—	—	70	100	150
EBITDAPS(원)	659	-788	306	1,313	1,492	2,078

재무 비율 〈단위 : %〉

연도	계속사업 이익률	순 이익률	부채 비율	차입금 비율	ROA	ROE	유보율	자기자본 비율	총자산 증가율
2017	3.7	2.8	1,157.3	18.9	1.1	14.3	102.9	8.0	12.1
2016	2.7	2.3	1,401.8	29.4	0.9	12.8	95.0	6.7	12.5
2015	2.6	2.1	1,271.0	19.1	0.9	13.2	89.8	7.3	14.3
2014	0.6	0.3	1,636.3	32.7	0.1	2.3	31.2	5.8	31.0

한화케미칼 (A009830)

Hanwha Chemical

업　　종 : 화학　　　　　　　　　　　　시　　장 : 거래소
신용등급 : (Bond) A+　　(CP) A2+　　기업규모 : 시가총액 대형주
홈페이지 : hcc.hanwha.co.kr　　　　　연 락 처 : 02)729-2700
본　　사 : 서울시 중구 청계천로 86 한화빌딩

설 립 일	1974.04.27	**종업원수**	2,458명	**대표이사**	김창범
상 장 일	1974.06.19	**감사의견**	적정(삼정)	**계 열**	
결 산 기	12월	**보 통 주**		**종속회사수**	95개사
액 면 가	5,000원	**우 선 주**		**구 상 호**	

주주구성 (지분율,%)		출자관계 (지분율,%)		주요경쟁사 (외형,%)	
한화	36.1	한화갤러리아	100.0	한화케미칼	100
국민연금공단	9.2	한화첨단소재	100.0	LG화학	275
(외국인)	28.7	한화도시개발	100.0	금호석유	54

매출구성		비용구성		수출비중	
태양광제품 등 [Hanwha Q CELLSGmbH 등] 외	31.5	매출원가율	79.1	수출	44.7
셀, 모듈 등	25.0	판관비율	12.8	내수	55.3
가성소다, PVC 등	17.4				

회사 개요

동사는 PE및 PVC, 가성소다를 주력으로 하는 화학업체로 1974년 4월 설립된 한화그룹 계열사임. 연결 대상 종속회사를 통하여 플라스틱제품 제조업(한화첨단소재, 한화폴리드리머 등), 소매업(한화갤러리아, 한화갤러리아타임월드 등), 부동산업(한화도시개발 등), 태양광사업(SolarOne 등) 등의 사업을 영위하고 있음. 2014년 석유화학 분야의 경쟁력 강화와 성장 기반 확보 위해 삼성종합화학 지분 26.85%를 취득하며 인수함.

실적 분석

동사의 2017년 연결기준 매출액은 9조 3,418.1억원으로 전년 동기 대비 0.9% 증가함. 기초소재는 PE/PVC제품의 견조한 가격이 이어졌으나, 원가가 되는 납사 및 에틸렌 가격 상승으로 효과는 제한적이었음. 반면, 가공소재는 중국 사드 영향이 지속되고 있으나 신제품 출시로 적자 폭은 줄어들 전망. 태양광부문도 4분기 반영된 약 450억원의 매출채권 대손충당금 반영이 소멸됨.

현금 흐름 (단위 : 억원)

항목	2016	2017
영업활동	11,206	9,007
투자활동	-4,463	-3,946
재무활동	-3,016	-6,787
순현금흐름	3,675	-2,073
기말현금	10,123	8,050

시장 대비 수익률

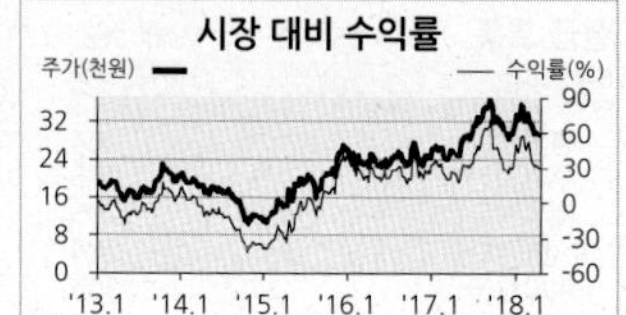

결산 실적 〈단위 : 억원〉

항목	2012	2013	2014	2015	2016	2017
매출액	69,622	78,636	80,553	80,370	92,588	93,418
영업이익	52	979	1,413	3,370	7,792	7,564
당기순이익	-1,121	-795	114	1,804	7,709	8,345

분기 실적 〈단위 : 억원〉

항목	2016.3Q	2016.4Q	2017.1Q	2017.2Q	2017.3Q	2017.4Q
매출액	23,856	23,173	21,913	24,855	23,130	23,519
영업이익	2,047	1,381	1,966	2,188	2,152	1,258
당기순이익	2,022	1,451	3,242	2,494	2,521	89

재무 상태 〈단위 : 억원〉

항목	2012	2013	2014	2015	2016	2017
총자산	124,067	128,071	125,970	138,526	138,179	136,495
유형자산	59,057	59,940	60,381	60,505	57,610	55,882
무형자산	5,312	4,710	4,685	4,408	4,262	4,220
유가증권	2,931	1,604	1,655	1,501	2,285	2,410
총부채	78,413	83,503	78,175	89,215	83,496	74,620
총차입금	51,265	55,297	49,670	50,458	48,478	44,592
자본금	7,070	7,070	8,153	8,153	8,297	8,297
총자본	45,654	44,567	47,795	49,312	54,683	61,875
지배주주지분	40,957	40,573	43,741	46,334	52,849	60,151

기업가치 지표

항목	2012	2013	2014	2015	2016	2017
주가(최고/저)(천원)	30.9/15.1	23.0/14.9	21.3/10.3	27.1/10.6	28.0/22.0	37.6/23.8
PER(최고/저)(배)	157.3/77.0	414.7/268.2	61.0/29.6	24.2/9.5	6.3/4.9	7.7/4.9
PBR(최고/저)(배)	1.1/0.6	0.8/0.6	0.8/0.4	1.0/0.4	0.9/0.7	1.1/0.7
EV/EBITDA(배)	20.8	16.3	11.5	11.1	6.4	7.3
EPS(원)	209	58	364	1,154	4,564	4,970
BPS(원)	28,964	28,692	26,824	28,415	31,850	36,250
CFPS(원)	2,708	2,814	3,070	3,927	7,255	7,595
DPS(원)	250	150	150	150	350	350
EBITDAPS(원)	2,536	3,448	3,612	4,840	7,400	7,183

재무 비율 〈단위 : %〉

연도	영업 이익률	순 이익률	부채 비율	차입금 비율	ROA	ROE	유보율	자기자본 비율	EBITDA 마진율
2017	8.1	8.9	120.6	72.1	6.1	14.6	625.0	45.3	12.8
2016	8.4	8.3	152.7	88.7	5.6	15.2	537.0	39.6	13.2
2015	4.2	2.2	180.9	102.3	1.4	4.2	468.3	35.6	9.8
2014	1.8	0.1	163.6	103.9	0.1	1.4	436.5	37.9	7.0

한화테크윈 (A012450)
HANWHA TECHWIN

업 종 : 상업서비스	시 장 : 거래소
신 용 등 급 : (Bond) AA- (CP) A1	기 업 규 모 : 시가총액 중형주
홈 페 이 지 : www.hanwhatechwin.co.kr	연 락 처 : 055)260-2114
본 사 : 경남 창원시 성산구 창원대로 1204 (성주동)	

설 립 일	1977.08.01	**종 업 원 수**	2,590명	**대 표 이 사**	ShinHyunWoo
상 장 일	1987.05.27	**감 사 의 견**	적정(삼일)	**계 열**	
결 산 기	12월	**보 통 주**		**종속회사수**	13개사
액 면 가	5,000원	**우 선 주**		**구 상 호**	삼성테크윈

주주구성 (지분율,%)		출자관계 (지분율,%)		주요경쟁사 (외형,%)	
한화	32.7	한화지상방산	100.0	한화테크윈	100
국민연금기금	8.6	한화시스템	100.0	한국항공우주	49
(외국인)	12.7	한화파워시스템	100.0	에스원	46

매출구성		비용구성		수출비중	
자주포, 탄약운반장갑차, 사격지휘차 등(기타)	41.6	매출원가율	81.8	수출	30.0
항공기용 가스터빈 엔진 및 부품 등(기타)	29.9	판관비율	16.3	내수	70.0
CCTV, 저장장치,모니터 등(기타)	18.1				

회사 개요

동사는 고도의 정밀기계분야 핵심기술을 바탕으로 국내외에서 엔진부문의 파워시스템사업, 특수부문의 DS사업, 보안/정밀제어부문 사업/MMS사업을 영위함. 각 부문에서 항공기 및 산업용 가스터빈 엔진, 자주포, 리드프레임, 칩마운터 등을 생산·판매하고 있음. 2016년 5월 인수한 두산DST(현 한화디펜스)를 통해 장갑차, 대공, 유도 무기 등으로 사업을 확장함. 유도 무기 분야 탐색기, 항공전자 분야 차세대 시현기 등 연구개발 투자를 하고 있음.

실적 분석

동사의 2017년 4분기 기준 누적 매출액은 전년 동기(3조5,188.8억원) 대비 19.8% 뛰어오른 4조2,154.7억원을 달성함. 외형 성장에도 불구하고 인건비와 광고선전비 등 판매관리비가 전년 동기 대비 21.2% 증가하며 영업이익은 오히려 감소한 829.1억원으로 전년 1,507.3억원보다 45% 축소. 전년 동기 대비 당기순이익은 적자 전환하며 -477.5억원 기록.

현금 흐름 (단위 : 억원)

항목	2016	2017
영업활동	1,961	-97
투자활동	-7,183	726
재무활동	6,379	1,404
순현금흐름	1,147	2,040
기말현금	2,574	4,614

시장 대비 수익률

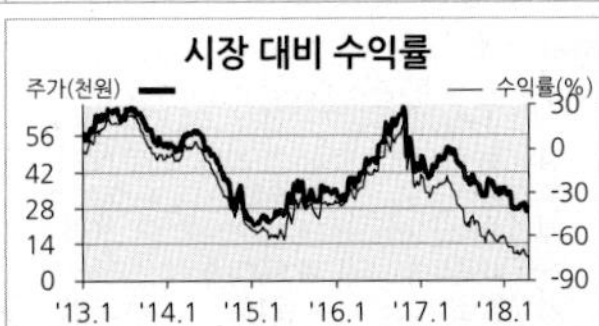

결산 실적 〈단위 : 억원〉

항목	2012	2013	2014	2015	2016	2017
매출액	29,347	26,298	26,156	26,134	35,189	42,155
영업이익	1,560	960	79	-596	1,507	829
당기순이익	1,313	1,330	-1,182	62	3,459	-477

분기 실적 〈단위 : 억원〉

항목	2016.3Q	2016.4Q	2017.1Q	2017.2Q	2017.3Q	2017.4Q
매출액	8,873	11,683	7,743	10,363	8,686	15,362
영업이익	440	305	112	232	22	463
당기순이익	294	889	102	173	-176	-576

재무 상태 〈단위 : 억원〉

항목	2012	2013	2014	2015	2016	2017
총자산	32,409	34,342	36,017	41,079	56,524	57,476
유형자산	6,585	6,457	5,338	8,449	13,601	14,266
무형자산	2,414	2,191	2,459	2,286	9,268	9,539
유가증권	2,879	3,042	5,052	11,170	7,627	3,297
총부채	16,633	17,294	19,587	18,628	33,117	35,666
총차입금	7,841	6,691	6,102	5,217	11,863	13,464
자본금	2,657	2,657	2,657	2,657	2,657	2,657
총자본	15,777	17,048	16,431	22,451	23,408	21,810
지배주주지분	15,756	17,032	16,412	22,434	23,390	21,794

기업가치 지표

항목	2012	2013	2014	2015	2016	2017
주가(최고/저)(천원)	77.4/51.3	68.8/51.9	58.5/23.3	39.6/21.0	67.3/30.8	52.8/32.5
PER(최고/저)(배)	32.4/21.5	28.3/21.3	—/—	371.8/197.3	10.4/4.8	—/—
PBR(최고/저)(배)	2.7/1.8	2.2/1.7	1.9/0.8	1.0/0.5	1.5/0.7	1.3/0.8
EV/EBITDA(배)	15.6	17.9	19.2	102.4	12.2	13.1
EPS(원)	2,466	2,494	-2,236	108	6,498	-913
BPS(원)	29,659	32,059	30,891	42,224	44,025	41,433
CFPS(원)	4,030	4,137	-734	1,581	8,122	1,467
DPS(원)	500	500	—	300	—	—
EBITDAPS(원)	4,501	3,450	1,650	352	4,461	3,950

재무 비율 〈단위 : %〉

연도	영업 이익률	순 이익률	부채 비율	차입금 비율	ROA	ROE	유보율	자기자본 비율	EBITDA 마진율
2017	2.0	-1.1	163.5	61.7	-0.8	-2.1	720.4	38.0	5.0
2016	4.3	9.8	141.5	50.7	7.1	15.1	780.5	41.4	6.7
2015	-2.3	0.2	83.0	23.2	0.2	0.3	744.5	54.7	0.7
2014	0.3	-4.5	119.2	37.1	-3.4	-7.1	517.8	45.6	3.4

한화투자증권 (A003530)
Hanwha Investment&Securities

업 종 : 증권	시 장 : 거래소
신 용 등 급 : (Bond) A (CP) A2+	기 업 규 모 : 시가총액 중형주
홈 페 이 지 : www.hanwhawm.com	연 락 처 : 02)3772-7000
본 사 : 서울시 영등포구 여의대로 56 한화증권빌딩	

설 립 일	1962.07.19	**종 업 원 수**	1,000명	**대 표 이 사**	권희백
상 장 일	1986.11.25	**감 사 의 견**	적정(삼일)	**계 열**	
결 산 기	12월	**보 통 주**		**종속회사수**	23개사
액 면 가	5,000원	**우 선 주**		**구 상 호**	

주주구성 (지분율,%)		출자관계 (지분율,%)		주요경쟁사 (외형,%)	
한화첨단소재	15.5	한화인베스트먼트	92.4	한화투자증권	100
한화호텔앤드리조트	10.9	한화글로벌사업화펀드	40.0	SK증권	75
(외국인)	6.0	케이앤세컨더리3호투자조합	25.0	현대차투자증권	77

수익구성		비용구성		수출비중	
파생상품거래이익	72.0	이자비용	3.1	수출	—
수수료수익	10.3	파생상품손실	63.5	내수	—
이자수익	7.5	판관비	12.8		

회사 개요

한화그룹계열의 증권사로서 유가증권의 매매, 위탁매매, 중개, 주선, 대리, 회사채 지급보증, 유가증권의 인수, 매출, 모집 및 매출의 주선, 신용공여, 부동산 임대, 종합자산관리 업무를 영위. 한화생명, 한화손해보험, 한화자산운용, 한화인베스트먼트, 한화저축은행과 함께 한화금융네트워크의 일원으로서 투자자의 다양한 needs를 충족시킬 수 있는 원스톱(One-stop)금융서비스체제를 갖추고 있음. 수수료수익 기준 시장점유율은 3.19%임.

실적 분석

동사의 지난해 연결 기준 당기순이익은 540억8427만원으로 전년대비 흑자 전환했음. 같은 기간 영업이익은 645억5742만원으로 흑자전환했으며 매출액은 1조7,107억원으로 8.4% 증가. 지난해 당기순이익은 2016년과 비교하면 대폭 개선된 수준. 이번 흑자 전환은 IB와 리테일 부문의 수익 증가에 따른 것. IB 사업본부가 부동산금융 대체투자부분에서 좋은 실적을 내고, 증시 활황에 따른 WM사업본부의 실적개선 덕분으로 풀이됨.

현금 흐름 (단위 : 억원)

항목	2016	2017
영업활동	-7,356	-2,258
투자활동	2,168	-141
재무활동	3,678	2,579
순현금흐름	-1,510	180
기말현금	716	896

시장 대비 수익률

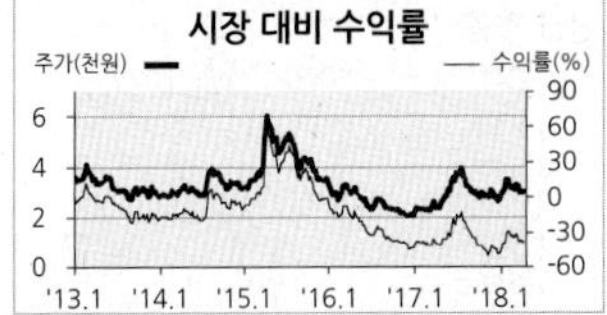

결산 실적 〈단위 : 억원〉

항목	2012	2013	2014	2015	2016	2017
순영업손익	2,768	1,606	2,293	1,764	-75	2,755
영업이익	-559	-623	125	-166	-1,929	646
당기순이익	-731	-655	88	-123	-1,608	541

분기 실적 〈단위 : 억원〉

항목	2016.3Q	2016.4Q	2017.1Q	2017.2Q	2017.3Q	2017.4Q
순영업손익	536	383	738	791	612	614
영업이익	61	-76	225	220	96	105
당기순이익	45	-256	175	183	68	114

재무 상태 〈단위 : 억원〉

항목	2012	2013	2014	2015	2016	2017
총자산	77,743	79,214	68,314	76,623	69,357	67,004
유형자산	1,379	1,331	1,290	1,247	129	97
무형자산	419	695	579	495	310	239
유가증권	54,307	50,356	44,762	49,035	41,517	40,835
총부채	69,491	71,617	60,618	68,797	61,206	58,257
총차입금	43,567	40,312	32,921	35,390	30,336	33,077
자본금	4,408	4,408	4,408	4,408	8,862	8,862
총자본	8,252	7,597	7,696	7,826	8,151	8,747
지배주주지분	8,225	7,571	7,676	7,805	8,134	8,729

기업가치 지표

항목	2012	2013	2014	2015	2016	2017
주가(최고/저)(천원)	4.1/3.0	3.7/2.7	4.0/2.8	6.1/3.1	3.3/2.0	3.9/2.1
PER(최고/저)(배)	—/—	—/—	39.1/27.1	—/—	—/—	13.0/6.9
PBR(최고/저)(배)	0.5/0.3	0.4/0.3	0.5/0.3	0.7/0.4	0.7/0.4	0.8/0.4
PSR(최고/저)(배)	1/1	2/2	2/1	3/2	-50/-30	3/1
EPS(원)	-781	-722	105	-135	-1,418	304
BPS(원)	9,659	8,916	9,031	8,969	4,641	4,976
CFPS(원)	-576	-555	372	101	-1,262	380
DPS(원)	—	—	70	—	—	—
EBITDAPS(원)	-634	-707	141	-189	-1,700	364

재무 비율 〈단위 : %〉

연도	계속사업 이익률	순 이익률	부채 비율	차입금 비율	ROA	ROE	유보율	자기자본 비율	총자산 증가율
2017	25.8	19.6	일부잠식	일부잠식	0.8	6.4	-0.5	13.1	-3.4
2016	2,468.0	2,132.8	일부잠식	일부잠식	-2.2	-20.2	-7.2	11.8	-9.5
2015	-6.2	-7.0	879.1	452.2	-0.2	-1.6	79.4	10.2	12.2
2014	5.9	3.8	787.7	427.8	0.1	1.3	80.6	11.3	-12.1

해덕파워웨이 (A102210)
Haeduk Powerway

업　　종 : 조선　　시　　장 : KOSDAQ
신용등급 : (Bond) —　(CP) —　　기업규모 : 우량
홈페이지 : www.haedukpw.com　　연 락 처 : 051)831-0101
본　　사 : 부산시 강서구 미음산단로 267(미음동)

설 립 일	1992.04.13	**종업원수**	104명	**대표이사**	구재고
상 장 일	2009.05.21	**감사의견**	적정(신우)	**계　열**	
결 산 기	12월	**보 통 주**		**종속회사수**	1개사
액 면 가	500원	**우 선 주**		**구 상 호**	

주주구성 (지분율,%)		출자관계 (지분율,%)		주요경쟁사 (외형,%)	
구재고	46.7	세보테크	70.0	해덕파워웨이	100
이지앤홀딩스	27.9	더퀸	50.0	STX중공업	606
(외국인)	0.5	대해중공(대련)	66.0	삼영이엔씨	91

매출구성		비용구성		수출비중	
RUDDER ASSEMBLY	100.0	매출원가율	91.9	수출	—
		판관비율	11.5	내수	—

회사 개요
동사는 선박의장품, 선박구성부품 등의 사업을 영위할 목적으로 1978년 설립됨. 동사의 주요 생산품목은 선박의 운항 방향을 조종하는 핵심 부품인 선박방향타(Rudder Assembly)로 해당 제품을 현대중공업, 현대미포조선, 한진중공업, STX조선해양, 룽성조선소, BMS 등 국내외 조선소에 납품하고 있음. 국내 중대형 조선소 및 해외 중대형 조선소가 동사의 주요 고객임.

실적 분석
2017년에는 회사의 전방산업인 세계조선시장의 불황으로 연결기준 결산 매출액은 416.8억원으로 전년동기 대비 59.7% 감소하였음. 이로인해 영업손실 14.4억원을 시현하며 적자전환함. 매출원가율은 2016년 85.84%에서 2017년 91.95%로 6.11% 증가함. 이는 판매가격의 일부하락이 있었으며 원가절감을 통한 단위당 제조원가의 하락이 판매가격의 하락 보다 일부 더 크게 나타나서 전기대비 매출원가율이 소폭 감소함.

현금 흐름 〈단위 : 억원〉

항목	2016	2017
영업활동	316	54
투자활동	-346	-19
재무활동	-32	-28
순현금흐름	-58	2
기말현금	116	118

시장 대비 수익률
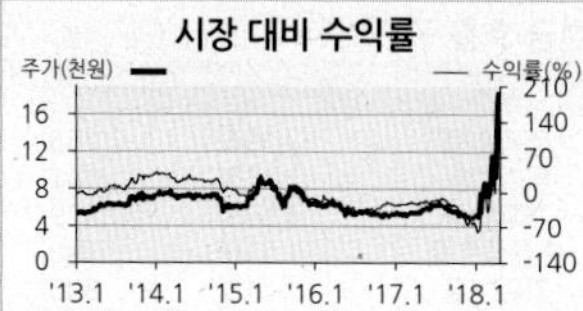

결산 실적 〈단위 : 억원〉

항목	2012	2013	2014	2015	2016	2017
매출액	602	503	623	1,215	1,034	417
영업이익	87	37	87	144	66	-14
당기순이익	84	46	38	96	23	-20

분기 실적 〈단위 : 억원〉

항목	2016.3Q	2016.4Q	2017.1Q	2017.2Q	2017.3Q	2017.4Q
매출액	534	-217	190	78	76	73
영업이익	16	10	38	-19	-8	-26
당기순이익	11	-10	17	-10	-5	-23

재무 상태 〈단위 : 억원〉

항목	2012	2013	2014	2015	2016	2017
총자산	1,507	1,964	2,146	2,449	2,336	2,240
유형자산	344	335	338	646	652	634
무형자산	4	4	4	35	18	14
유가증권	107	180	958	113	145	111
총부채	517	892	1,082	1,240	1,113	1,045
총차입금	345	727	869	945	922	904
자본금	50	50	50	51	51	51
총자본	989	1,072	1,064	1,209	1,223	1,194
지배주주지분	989	1,072	1,064	1,150	1,158	1,132

기업가치 지표

항목	2012	2013	2014	2015	2016	2017
주가(최고/저)(천원)	7.3/4.4	7.7/5.2	7.8/5.5	9.1/5.9	6.6/4.9	6.7/4.8
PER(최고/저)(배)	10.0/6.0	19.2/13.1	22.5/16.0	12.8/8.3	41.9/31.2	—/—
PBR(최고/저)(배)	0.8/0.5	0.8/0.6	0.8/0.6	0.9/0.6	0.6/0.5	0.6/0.5
EV/EBITDA(배)	2.6	7.9	4.7	4.8	4.5	28.5
EPS(원)	844	461	386	771	169	-175
BPS(원)	10,185	10,951	10,880	11,471	11,555	11,293
CFPS(원)	946	565	491	937	364	44
DPS(원)	—	250	200	100	100	250
EBITDAPS(원)	977	482	980	1,594	843	77

재무 비율 〈단위 : %〉

연도	영업이익률	순이익률	부채비율	차입금비율	ROA	ROE	유보율	자기자본비율	EBITDA마진율
2017	-3.5	-4.8	87.5	75.7	-0.9	-1.6	2,158.7	53.3	1.9
2016	6.4	2.2	91.0	75.4	1.0	1.5	2,211.1	52.4	8.3
2015	11.9	7.9	102.6	78.1	4.2	7.0	2,194.1	49.4	13.2
2014	14.0	6.2	101.6	81.7	1.9	3.6	2,076.1	49.6	15.7

해마로푸드서비스 (A220630)
Haimarrow Food Service

업　　종 : 호텔 및 레저　　시　　장 : KOSDAQ
신용등급 : (Bond) —　(CP) —　　기업규모 : 중견
홈페이지 : www.haimarrow.co.kr　　연 락 처 : 02)418-8884
본　　사 : 서울시 강동구 성내동 성내로6길 11 삼원타워 2층

설 립 일	2015.05.19	**종업원수**	176명	**대표이사**	전명일
상 장 일	2015.08.28	**감사의견**	적정(삼정)	**계　열**	
결 산 기	12월	**보 통 주**		**종속회사수**	4개사
액 면 가	100원	**우 선 주**		**구 상 호**	케이티비스팩3호

주주구성 (지분율,%)		출자관계 (지분율,%)		주요경쟁사 (외형,%)	
정현식	63.7	슈가버블	100.0	해마로푸드서비스	100
전명일	3.4	해마로	20.0	MP그룹	61
(외국인)	6.8	대오	10.0	현대그린푸드	1,058

매출구성		비용구성		수출비중	
햄버거외	82.8	매출원가율	71.8	수출	0.0
계육가공품외	14.9	판관비율	21.8	내수	100.0
로열티매출 등	2.3				

회사 개요
동사는 '맘스터치'라는 브랜드로 프랜차이즈 사업을 영위하고 있으며, 동시에 관련된 가공식품/식자재 유통업을 영위하고 있음. 2004년 설립 이후 지속적인 성장을 수행하였으며, 2011년 이후 치킨과 버거를 동시에 판매하는 형식으로 가맹사업부문을 변화시켜 2017년 상반기 기준 가맹점 1061곳을 보유함. 유통사업부문은 선진화된 물류시스템을 이용하여 약 120개의 업체에 납품을 수행함. 매출구성은 프랜차이즈 유통 79.2% 등으로 이뤄짐.

실적 분석
동사의 연결기준 2017년 4분기 누적 매출액은 2395.7억원으로 전년동기 2019.3억원 대비 18.6% 증가함. 판관비 증가로 영업이익은 전년 동기 대비 8.5% 감소한 154.6억원을 시현함. 영업이익 감소에도 불구하고 전년 큰 폭의 손실을 기록했던 비영업수지 적자폭이 줄어들면서 당기순이익은 전년동기 대비 25.8% 증가한 112.6억원을 시현함.

현금 흐름 〈단위 : 억원〉

항목	2016	2017
영업활동	192	172
투자활동	-143	-367
재무활동	151	108
순현금흐름	200	-89
기말현금	219	130

시장 대비 수익률
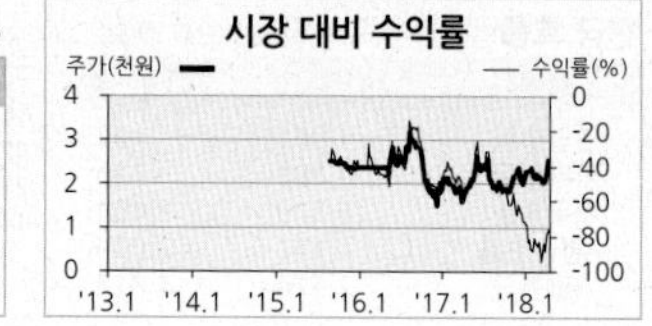

결산 실적 〈단위 : 억원〉

항목	2012	2013	2014	2015	2016	2017
매출액	—	—	795	1,486	2,019	2,396
영업이익	—	—	67	88	169	155
당기순이익	—	—	54	60	89	113

분기 실적 〈단위 : 억원〉

항목	2016.3Q	2016.4Q	2017.1Q	2017.2Q	2017.3Q	2017.4Q
매출액	520	551	517	620	618	641
영업이익	17	46	37	29	49	39
당기순이익	-35	43	28	25	42	17

재무 상태 〈단위 : 억원〉

항목	2012	2013	2014	2015	2016	2017
총자산	—	—	264	454	749	1,048
유형자산	—	—	133	170	292	353
무형자산	—	—	1	1	9	51
유가증권	—	—	—	—	3	42
총부채	—	—	186	300	317	478
총차입금	—	—	73	116	114	237
자본금	—	—	5	81	91	94
총자본	—	—	77	154	431	569
지배주주지분	—	—	77	154	431	569

기업가치 지표

항목	2012	2013	2014	2015	2016	2017
주가(최고/저)(천원)	—/—	—/—	—/—	2.5/2.3	3.2/1.5	2.7/1.6
PER(최고/저)(배)	0.0/0.0	0.0/0.0	0.0/0.0	37.3/34.2	32.3/15.3	22.8/13.4
PBR(최고/저)(배)	0.0/0.0	0.0/0.0	0.0/0.0	14.8/13.6	6.9/3.3	4.5/2.7
EV/EBITDA(배)	0.0	0.0	0.7	2.1	8.9	10.8
EPS(원)	—	—	65	70	101	120
BPS(원)	—	—	70,339	4,129	473	606
CFPS(원)	—	—	51,414	1,881	118	149
DPS(원)	—	—	—	—	25	28
EBITDAPS(원)	—	—	63,904	2,630	207	193

재무 비율 〈단위 : %〉

연도	영업이익률	순이익률	부채비율	차입금비율	ROA	ROE	유보율	자기자본비율	EBITDA마진율
2017	6.5	4.7	84.0	41.7	12.5	22.5	506.4	54.3	7.6
2016	8.4	4.4	73.5	26.4	14.9	30.5	372.9	57.6	9.1
2015	5.9	4.1	194.3	75.2	16.8	52.1	90.9	34.0	6.5
2014	8.5	6.8	240.7	94.9	0.0	0.0	1,306.8	29.4	8.9

해성디에스 (A195870)
HAESUNG DS

업 종 : 반도체 및 관련장비 | 시 장 : 거래소
신용등급 : (Bond) — (CP) — | 기업규모 : 시가총액 소형주
홈페이지 : www.haesungds.co.kr | 연 락 처 : 070)4761-0000
본 사 : 경남 창원시 성산구 웅남로 726

설 립 일	2014.04.17	**종 업 원 수**	891명	**대 표 이 사**	조돈엽
상 장 일	2016.06.24	**감 사 의 견**	적정(삼정)	**계 열**	
결 산 기	12월	**보 통 주**		**종속회사수**	2개사
액 면 가	5,000원	**우 선 주**		**구 상 호**	

주주구성 (지분율,%)		출자관계 (지분율,%)		주요경쟁사 (외형,%)	
계양전기	9.6	해성테크놀로지	66.6	해성디에스	100
한국제지	7.0	해성바이오	66.6	티씨케이	40
(외국인)	1.7	소주해성디에스	100.0	지스마트글로벌	30

매출구성		비용구성		수출비중	
Package Subatrate,리드프레임 SLF/ ELF	100.0	매출원가율	81.3	수출	97.5
그래핀	0.0	판관비율	8.3	내수	2.5

회사 개요
동사는 반도체용 Package Substrate와 리드프레임을 생산 및 판매하는 부품·소재 전문 회사임. 주요 제품은 BGA, FC-FBGA, IC, LED, QFN, LOC, TR, 그래핀 등으로 PC, Sever 등 메모리 반도체 패키징 재료 또는 모바일 기기 및 자동차 반도체 패키징 재료가 됨. 2014년 3월 6일 주식회사 엠디에스로 설립됐으며, 2014년 9월 1일 상호를 해성디에스 주식회사로 변경함.

실적 분석
동사의 2017년 연간 매출액은 전년동기대비 17.7% 상승한 3,250.6억원을 기록하였음. 반도체 산업의 후방산업에 속하기에 반도체 산업의 성장에 영향을 받음. 반도체 산업은 IT기기 고사양화 등에 따른 글로벌 수요 증가 등으로 성장세에 있으며 이에 따른 영향으로 매출액이 크게 증가한 것으로 보임. 최종적으로 전년동기대비 당기순이익은 상승하여 238.9억원을 기록함. 향후 지속적인 시장 성장으로 매출 상승이 기대됨.

현금 흐름 〈단위 : 억원〉

항목	2016	2017
영업활동	164	237
투자활동	-621	-365
재무활동	212	106
순현금흐름	-244	-25
기말현금	155	131

시장 대비 수익률
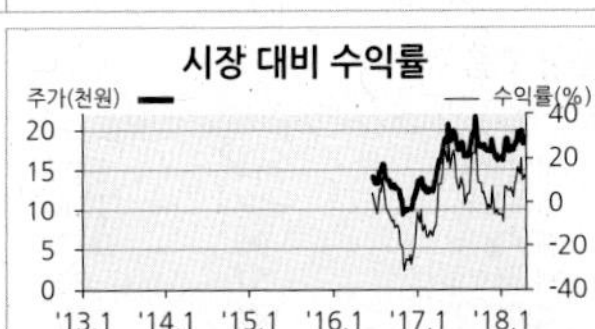

결산 실적 〈단위 : 억원〉

항목	2012	2013	2014	2015	2016	2017
매출액	—	—	1,652	2,460	2,762	3,251
영업이익	—	—	99	188	258	339
당기순이익	—	—	202	147	188	239

분기 실적 〈단위 : 억원〉

항목	2016.3Q	2016.4Q	2017.1Q	2017.2Q	2017.3Q	2017.4Q
매출액	692	682	774	817	829	831
영업이익	36	56	105	90	71	73
당기순이익	15	50	68	73	53	45

재무 상태 〈단위 : 억원〉

항목	2012	2013	2014	2015	2016	2017
총자산	—	—	2,164	2,292	2,510	2,904
유형자산	—	—	1,209	1,234	1,423	1,639
무형자산	—	—	11	14	26	29
유가증권	—	—	—	—	—	—
총부채	—	—	1,128	1,102	896	1,093
총차입금	—	—	608	606	592	726
자본금	—	—	750	750	850	850
총자본	—	—	1,036	1,189	1,614	1,811
지배주주지분	—	—	1,036	1,189	1,611	1,809

기업가치 지표

항목	2012	2013	2014	2015	2016	2017
주가(최고/저)(천원)	—/—	—/—	—/—	—/—	15.8/9.3	22.0/12.2
PER(최고/저)(배)	0.0/0.0	0.0/0.0	0.0/0.0	0.0/0.0	14.0/8.2	15.9/8.8
PBR(최고/저)(배)	0.0/0.0	0.0/0.0	0.0/0.0	0.0/0.0	1.7/1.0	2.1/1.2
EV/EBITDA(배)	0.0	0.0	2.4	0.7	7.5	7.7
EPS(원)	—	—	1,977	979	1,175	1,410
BPS(원)	—	—	6,905	7,929	9,477	10,644
CFPS(원)	—	—	2,508	1,615	1,747	2,011
DPS(원)	—	—	—	—	250	300
EBITDAPS(원)	—	—	1,501	1,889	2,181	2,592

재무 비율 〈단위 : %〉

연도	영업 이익률	순 이익률	부채 비율	차입금 비율	ROA	ROE	유보율	자기자본 비율	EBITDA 마진율
2017	10.4	7.4	60.4	40.1	8.8	14.0	112.9	62.4	13.6
2016	9.4	6.8	55.5	36.7	7.9	13.5	89.6	64.3	12.7
2015	7.6	6.0	92.7	51.0	6.6	13.2	58.6	51.9	11.5
2014	6.0	12.2	108.9	58.7	0.0	0.0	38.1	47.9	9.3

해성산업 (A034810)
Haesung Industrial

업 종 : 부동산 | 시 장 : KOSDAQ
신용등급 : (Bond) — (CP) — | 기업규모 : 중견
홈페이지 : www.haesungind.co.kr | 연 락 처 : 02)528-1244
본 사 : 서울시 강남구 테헤란로 504

설 립 일	1954.02.05	**종 업 원 수**	65명	**대 표 이 사**	단재완,김인중
상 장 일	1999.03.26	**감 사 의 견**	적정(삼일)	**계 열**	
결 산 기	12월	**보 통 주**		**종속회사수**	
액 면 가	500원	**우 선 주**		**구 상 호**	

주주구성 (지분율,%)		출자관계 (지분율,%)		주요경쟁사 (외형,%)	
단재완	30.1	계양전기	8.9	해성산업	100
단우영	15.7	한국제지	5.6	한국토지신탁	2,049
(외국인)	0.8	해성디에스	1.0	SK디앤디	2,712

매출구성		비용구성		수출비중	
오피스빌딩임대	41.8	매출원가율	0.0	수출	0.0
오피스빌딩운영	35.5	판관비율	80.2	내수	100.0
오피스빌딩관리	22.7				

회사 개요
건물관리 용역업, 부동산 임대 및 매매업, 건물 부속주차장 운영업을 영위하는 업체임. 시설관리부문은 서울 도심의 해성빌딩, 성수빌딩, 해성2빌딩에 대하여 관리용역을 수행하고 있으며, 3개의 오피스빌딩과 동해 창고, 아파트형공장 1개층의 상가에 대한 임대사업을 수행 중에 있음. 빌딩관리를 전문용역업체로 이관하는 기업의 증가와 더불어 신규빌딩 또한 증가하고 있어 시장 확대 가능성은 상존함.

실적 분석
동사의 연결 기준 2017년 매출액은 122.0억원으로 전년과 비슷한 수준을 유지함. 판관비 역시 전년과 비슷한 수준을 유지하였고 영업이익은 24.2억원을 시현, 전년과 변함 없었음. 임대전용 오피스빌딩 아웃소싱 수요가 증가할 것으로 보여 시설관리사업 시장 점차 확대될 것으로 예상. 2018년 6월 준공 목표로 복합건물 신축 진행 중. 신축 건물의 호텔 부문 향후 220년간 임대 예정으로 연간 약 450억원의 임대수입이 예상됨.

현금 흐름 *IFRS 별도 기준 〈단위 : 억원〉

항목	2016	2017
영업활동	17	7
투자활동	-41	-74
재무활동	37	74
순현금흐름	13	6
기말현금	36	42

시장 대비 수익률
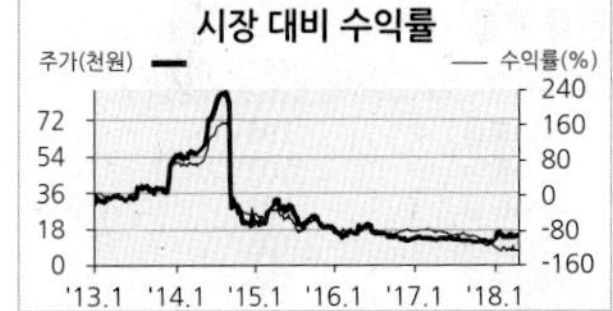

결산 실적 〈단위 : 억원〉

항목	2012	2013	2014	2015	2016	2017
매출액	127	130	130	124	121	122
영업이익	35	31	30	28	24	24
당기순이익	39	61	45	38	63	34

분기 실적 *IFRS 별도 기준 〈단위 : 억원〉

항목	2016.3Q	2016.4Q	2017.1Q	2017.2Q	2017.3Q	2017.4Q
매출액	31	30	31	30	31	30
영업이익	10	7	3	4	10	7
당기순이익	15	7	7	8	13	6

재무 상태 *IFRS 별도 기준 〈단위 : 억원〉

항목	2012	2013	2014	2015	2016	2017
총자산	1,382	1,441	1,467	1,502	1,605	1,700
유형자산	722	725	725	737	824	1,069
무형자산	2	2	4	4	4	4
유가증권	7	6	6	60	60	60
총부채	136	140	131	141	193	269
총차입금	—	—	—	—	47	133
자본금	49	49	49	49	49	49
총자본	1,246	1,301	1,335	1,361	1,411	1,431
지배주주지분	1,246	1,301	1,335	1,361	1,411	1,431

기업가치 지표 *IFRS 별도 기준

항목	2012	2013	2014	2015	2016	2017
주가(최고/저)(천원)	36.4/22.5	54.1/30.5	86.1/20.0	32.8/18.7	21.8/12.3	14.6/11.1
PER(최고/저)(배)	94.3/58.4	89.9/50.8	191.0/44.3	87.2/49.8	34.6/19.5	42.6/32.2
PBR(최고/저)(배)	3.0/1.8	4.2/2.4	6.5/1.5	2.4/1.4	1.5/0.9	1.0/0.8
EV/EBITDA(배)	72.3	145.6	53.1	53.3	42.9	47.0
EPS(원)	399	620	464	385	642	348
BPS(원)	12,745	13,302	13,652	13,913	14,430	14,632
CFPS(원)	449	667	508	429	677	381
DPS(원)	100	100	100	100	125	125
EBITDAPS(원)	406	366	354	328	283	281

재무 비율 〈단위 : %〉

연도	영업 이익률	순 이익률	부채 비율	차입금 비율	ROA	ROE	유보율	자기자본 비율	EBITDA 마진율
2017	19.8	27.9	18.8	9.3	2.1	2.4	2,826.3	84.2	22.5
2016	20.0	51.9	13.7	3.3	4.0	4.5	2,786.0	88.0	22.8
2015	22.4	30.4	10.4	0.0	2.5	2.8	2,682.7	90.6	25.9
2014	23.3	35.0	9.8	0.0	3.1	3.4	2,630.5	91.0	26.7

해성옵틱스 (A076610)
Haesung Optics

업　　종 : 휴대폰 및 관련부품　　시　　장 : KOSDAQ
신용등급 : (Bond) —　(CP) —　　기업규모 : 벤처
홈페이지 : www.hso.co.kr　　연 락 처 : 031)292-1555
본　　사 : 경기도 화성시 봉담읍 효행로 184번길 66

설 립 일	2002.03.25	**종업원수**	213명	**대표이사**	이을성,이재선
상 장 일	2013.11.06	**감사의견**	적정(대주)	**계　　열**	
결 산 기	12월	**보 통 주**		**종속회사수**	4개사
액 면 가	500원	**우 선 주**		**구 상 호**	

주주구성 (지분율,%)		출자관계 (지분율,%)		주요경쟁사 (외형,%)	
이을성	15.9	에이오스	70.7	해성옵틱스	100
이재선	8.2	엔텍로직	70.0	디지탈옵틱	18
(외국인)	1.6	해성비나	100.0	바이오로그디바이스	20

매출구성		비용구성		수출비중	
카메라 모듈	55.1	매출원가율	97.6	수출	96.7
AF엑츄에이터(VCM OIS)	35.9	판관비율	5.0	내수	3.3
LENS모듈	6.3				

회사 개요

동사는 전자제품 제조회사로서, 광학요소, 렌즈 제조 및 판매를 주요 사업으로 영위하고 있음. 주력제품은 휴대폰용 카메라렌즈이며 이외에 휴대폰용 카메라모듈을 개발 판매함. 국내 사업장에서는 2012년 하반기부터 13M급 렌즈모듈을 국내 최초로 개발하여 2013년에는 본격적으로 양산 공급하고 있음. 카메라모듈의 전 공정인 VCM공정 라인을 구축 완료하여 고화소급으로는 최초로 렌즈모듈에서 카메라모듈까지 일괄 생산할 수 있는 입지를 확보.

실적 분석

동사의 2017년 전체 매출은 3,425억원으로 전년대비 6.7% 감소, 영업이익은 -88.3억원으로 적자전환, 당기순이익은 -130.1억원으로 전년대비 적자전환. 전방산업인 스마트폰 수요 부진으로 국내 전략거래선향 매출 정체, 판가 하락 영향으로 매출대비 수익성이 상대적으로 부진. 2018년에는 듀얼카메라 국내 본격은 물론 중국향 매출 확대 등으로 실적 성장할 것으로 전망.시장은 프리미엄 수요 중심으로 성장, 전략거래선내 점유율 증가 기대

현금 흐름

<단위 : 억원>

항목	2016	2017
영업활동	296	-20
투자활동	-302	-410
재무활동	108	419
순현금흐름	103	-11
기말현금	155	144

시장 대비 수익률

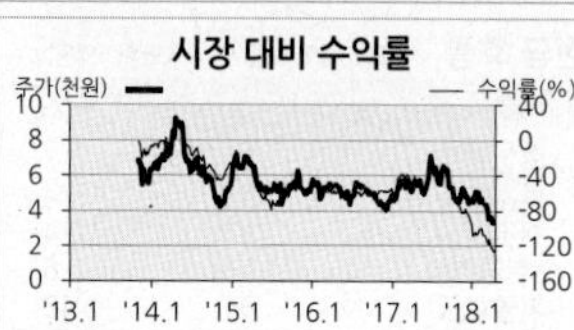

결산 실적

<단위 : 억원>

항목	2012	2013	2014	2015	2016	2017
매출액	633	1,695	1,823	2,844	3,672	3,425
영업이익	94	208	47	63	16	-88
당기순이익	49	142	31	30	19	-130

분기 실적

<단위 : 억원>

항목	2016.3Q	2016.4Q	2017.1Q	2017.2Q	2017.3Q	2017.4Q
매출액	911	956	1,056	958	802	610
영업이익	-12	-10	-77	0	22	-34
당기순이익	-42	22	-142	8	65	-61

재무 상태

<단위 : 억원>

항목	2012	2013	2014	2015	2016	2017
총자산	816	1,328	1,492	1,664	2,231	1,973
유형자산	435	654	834	884	1,017	1,185
무형자산	31	42	68	70	66	46
유가증권	2	2	19	64	77	31
총부채	690	724	848	955	1,495	1,418
총차입금	423	486	519	433	566	981
자본금	33	82	83	83	83	83
총자본	126	604	644	709	736	555
지배주주지분	126	604	642	707	732	551

기업가치 지표

항목	2012	2013	2014	2015	2016	2017
주가(최고/저)(천원)	—/—	7.0/5.4	9.4/4.1	7.3/4.3	5.9/3.9	7.1/4.4
PER(최고/저)(배)	0.0/0.0	4.8/3.7	51.3/22.3	42.3/24.9	50.9/33.7	—/—
PBR(최고/저)(배)	0.0/0.0	1.9/1.5	2.4/1.1	1.7/1.0	1.3/0.9	2.1/1.3
EV/EBITDA(배)	1.9	4.0	7.1	5.1	6.2	11.4
EPS(원)	702	1,494	188	176	117	-778
BPS(원)	9,846	3,688	3,971	4,361	4,432	3,348
CFPS(원)	9,766	2,629	1,075	1,249	1,183	594
DPS(원)	—	—	—	100	—	—
EBITDAPS(원)	13,683	3,328	1,173	1,450	1,163	842

재무 비율

<단위 : %>

연도	영업이익률	순이익률	부채비율	차입금비율	ROA	ROE	유보율	자기자본비율	EBITDA마진율
2017	-2.6	-3.8	255.5	176.7	-6.2	-20.2	569.5	28.1	4.1
2016	0.4	0.5	203.0	76.9	1.0	2.7	786.4	33.0	5.3
2015	2.2	1.1	134.6	61.0	1.9	4.4	772.3	42.6	8.5
2014	2.6	1.7	131.7	80.7	2.2	4.9	694.2	43.2	10.5

해태제과식품 (A101530)
Haitai Confectionery & Foods

업　　종 : 식료품　　시　　장 : 거래소
신용등급 : (Bond) —　(CP) —　　기업규모 : 시가총액 중형주
홈페이지 : www.ht.co.kr　　연 락 처 : 041)622-5805
본　　사 : 충남 천안시 서북구 성거읍 천흥8길 67-26

설 립 일	2001.07.11	**종업원수**	2,363명	**대표이사**	신정훈
상 장 일	2016.05.11	**감사의견**	적정(한영)	**계　　열**	
결 산 기	12월	**보 통 주**		**종속회사수**	4개사
액 면 가	500원	**우 선 주**		**구 상 호**	

주주구성 (지분율,%)		출자관계 (지분율,%)		주요경쟁사 (외형,%)	
크라운제과	60.0	빨라쪼	100.0	해태제과식품	100
신정훈	1.4	훼미리식품	92.7	CJ제일제당	2,056
(외국인)	1.0	해태가루비	50.0	롯데지주	296

매출구성		비용구성		수출비중	
과자류,아이스크림	63.4	매출원가율	63.0	수출	—
과자류,냉동식품	35.4	판관비율	34.6	내수	—
위탁판매용역	1.2				

회사 개요

동사는 과자, 아이스크림, 냉동식품등을 생산하며, 직영영업소등 전국적 영업조직망을 통해 다양한 유통경로로 최종소비자들에게 최상의 양질의 제품을 공급하고 있으며 해외시장 개척을 통해 글로벌 식품회사로 성장해가고 있음. 동사는 연양갱, 부라보콘, 고향만두, 홈런볼, 오예스, 에이스, 맛동산, 허니버터칩 등 국민들에게 사랑받는 제품을 보유하고 있음. 동사는 제과사업부문을 과자부문, 아이스크림부문, 식품사업부문, 수출부문으로 구분하여 관리하고 있음.

실적 분석

동사의 2017년 연결 기준 연간 누적 매출액은 8014.6억원으로 전년 동기 대비 1.1% 증가함. 매출이 증가했지만 매출 증가율 대비 매출 원가 증가율이 높고 판매비와 관리비도 소폭 증가하면서 영업이익은 전년 동기 대비 46.1% 감소한 189.4억원을 기록함. 비영업손익 부문에서도 금융과 외환 손실 등이 발생해 당기순이익은 전년 동기 대비 무려 70.7% 감소한 74.6억원을 시현함.

현금 흐름

<단위 : 억원>

항목	2016	2017
영업활동	354	549
투자활동	-496	-256
재무활동	90	-313
순현금흐름	-52	-20
기말현금	144	123

시장 대비 수익률

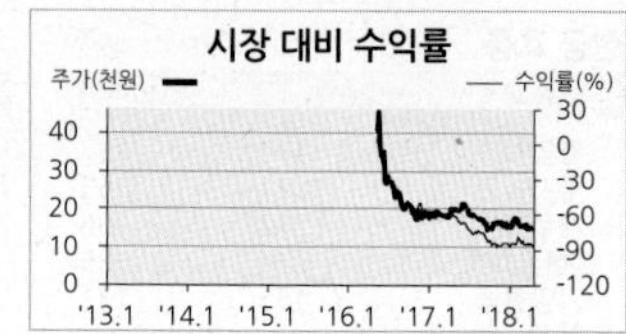

결산 실적

<단위 : 억원>

항목	2012	2013	2014	2015	2016	2017
매출액	7,255	7,290	6,900	7,983	7,928	8,015
영업이익	442	321	246	469	352	189
당기순이익	214	81	43	169	255	75

분기 실적

<단위 : 억원>

항목	2016.3Q	2016.4Q	2017.1Q	2017.2Q	2017.3Q	2017.4Q
매출액	2,134	1,829	1,829	2,101	2,232	1,853
영업이익	157	-1	47	103	105	-65
당기순이익	102	62	22	68	65	-80

재무 상태

<단위 : 억원>

항목	2012	2013	2014	2015	2016	2017
총자산	6,905	7,148	7,207	7,482	7,963	8,209
유형자산	2,699	2,783	2,772	2,911	3,126	3,545
무형자산	1,895	1,909	1,972	1,983	1,983	1,979
유가증권	31	34	39	41	40	38
총부채	5,350	5,584	5,611	5,713	5,016	5,313
총차입금	3,249	3,395	3,398	3,362	2,657	2,881
자본금	102	107	107	119	146	146
총자본	1,555	1,565	1,597	1,769	2,947	2,895
지배주주지분	1,536	1,496	1,528	1,688	2,865	2,882

기업가치 지표

항목	2012	2013	2014	2015	2016	2017
주가(최고/저)(천원)	—/—	—/—	—/—	—/—	58.9/16.7	21.2/14.2
PER(최고/저)(배)	0.0/0.0	0.0/0.0	0.0/0.0	0.0/0.0	64.7/18.3	83.8/56.1
PBR(최고/저)(배)	0.0/0.0	0.0/0.0	0.0/0.0	0.0/0.0	5.3/1.5	1.9/1.3
EV/EBITDA(배)	5.1	6.5	7.3	4.7	12.7	15.6
EPS(원)	899	359	181	708	928	256
BPS(원)	7,207	8,175	8,309	10,646	11,296	11,356
CFPS(원)	1,620	1,150	1,043	1,641	1,889	1,207
DPS(원)	—	—	—	—	150	150
EBITDAPS(원)	2,578	2,139	1,896	2,900	2,251	1,601

재무 비율

<단위 : %>

연도	영업이익률	순이익률	부채비율	차입금비율	ROA	ROE	유보율	자기자본비율	EBITDA마진율
2017	2.4	0.9	183.5	99.5	0.9	2.6	2,171.2	35.3	5.8
2016	4.4	3.2	170.2	90.2	3.3	11.1	2,159.1	37.0	7.7
2015	5.9	2.1	323.0	190.1	2.3	10.5	2,029.2	23.6	8.7
2014	3.6	0.6	351.4	212.8	0.6	2.9	1,744.1	22.2	6.6

핸디소프트 (A220180)
HANDYSOFT

업 종 : 일반 소프트웨어
신용등급 : (Bond) — (CP) —
홈페이지 : www.handysoft.co.kr
본 사 : 경기도 성남시 분당구 대왕판교로644번길 49, 5층(삼평동, 다산타워)
시 장 : KOSDAQ
기업규모 : 기술성
연 락 처 : 070)4483-9000

설 립 일	2009.11.01	**종업원수**	213명	**대표이사**	장인수
상 장 일	2015.06.29	**감사의견**	적정(삼일)	**계 열**	
결 산 기	12월	**보 통 주**		**종속회사수**	2개사
액 면 가	500원	**우 선 주**		**구 상 호**	

주주구성 (지분율,%)		출자관계 (지분율,%)		주요경쟁사 (외형,%)	
다산인베스트	26.8	핸디카	88.9	핸디소프트	100
다산네트웍스	17.6	`지에이치소프트	59.6	인프라웨어	38
(외국인)	1.3	다산카이스	50.0	피노텍	27

매출구성		비용구성		수출비중	
DASAN	48.5	매출원가율	73.8	수출	0.3
HANDY Groupware BizFlow SW 관련 개발용역 등	34.4	판관비율	29.5	내수	99.7
유지보수	17.2				

회사 개요

다산에스엠씨에 피합병된 핸디소프트는 지난 2011년 코스닥 상장폐지 후 물적분할 통해 자원개발업을 하는 핸디소프트홀딩스와 SW 사업을 하는 핸디소프트로 분할 신설됨. 이후 임직원들이 새 법인을 설립해 분할신설법인 핸디소프트의 SW사업부문을 양수했음. 코넥스에 상장되어 있었으나 기업가치 제고 및 원활한 자금조달 유동성 확보를 위해 코스닥으로 이전 상장에 성공함.

실적 분석

2017년 매출액은 연결기준으로 401억원으로, 전년 동기 대비 약 8.9% 증가. 영업손실은 13.3억원, 당기순손실은 46.3억원을 기록하며 적자전환함. 2017년 공공사업부문 매출 규모가 증가함으로써 매출액은 증가하였으나, 상품매출원가 증가 및 외부원가 증가로 인하여 매출이익은 감소함. 2017년 신규사업 추진으로 인한 임직원수의 증가와 수수료 등 증가로 인하여 판관비금액이 증가하여 영업이익이 감소함.

현금 흐름

〈단위 : 억원〉

항목	2016	2017
영업활동	10	-57
투자활동	-13	-209
재무활동	94	235
순현금흐름	91	-30
기말현금	213	183

시장 대비 수익률

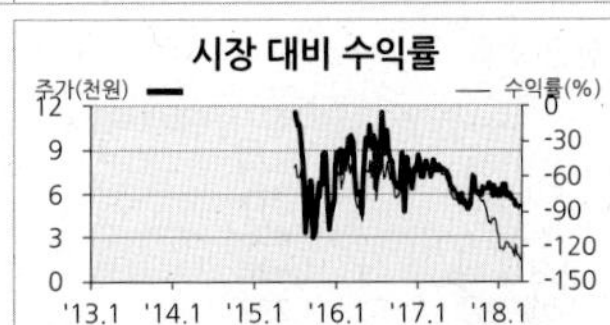

결산 실적

〈단위 : 억원〉

항목	2012	2013	2014	2015	2016	2017
매출액	573	653	496	416	369	401
영업이익	13	-16	-20	32	19	-13
당기순이익	19	-12	-52	51	15	-46

분기 실적

〈단위 : 억원〉

항목	2016.3Q	2016.4Q	2017.1Q	2017.2Q	2017.3Q	2017.4Q
매출액	108	90	58	91	79	174
영업이익	4	0	-11	-3	-3	4
당기순이익	4	-0	-7	-6	-1	-32

재무 상태

〈단위 : 억원〉

항목	2012	2013	2014	2015	2016	2017
총자산	516	480	421	391	517	678
유형자산	5	13	10	3	3	16
무형자산	10	8	20	9	11	26
유가증권	67	80	3	3	3	4
총부채	252	218	352	152	156	357
총차입금	25	13	135	11	11	182
자본금	25	26	18	27	37	37
총자본	265	262	69	239	361	322
지배주주지분	265	262	69	239	361	319

기업가치 지표

항목	2012	2013	2014	2015	2016	2017
주가(최고/저)(천원)	—/—	—/—	—/—	11.8/2.9	13.5/4.2	9.3/4.9
PER(최고/저)(배)	0.0/0.0	0.0/0.0	0.0/0.0	11.9/2.9	50.5/15.8	—/—
PBR(최고/저)(배)	0.0/0.0	0.0/0.0	0.0/0.0	2.7/0.7	2.8/0.9	2.2/1.1
EV/EBITDA(배)	—	—	—	6.0	18.2	—
EPS(원)	531	-236	-1,016	990	268	-582
BPS(원)	5,284	5,113	1,336	4,375	4,843	4,280
CFPS(원)	703	-108	-866	1,058	308	-548
DPS(원)	—	—	—	—	—	—
EBITDAPS(원)	540	-182	-229	690	370	-144

재무 비율

〈단위 : %〉

연도	영업이익률	순이익률	부채비율	차입금비율	ROA	ROE	유보율	자기자본비율	EBITDA마진율
2017	-3.3	-11.5	110.9	56.6	-7.7	-12.8	755.9	47.4	-2.7
2016	5.1	4.1	43.2	3.1	3.4	5.1	868.5	69.8	5.7
2015	7.7	12.2	63.6	4.7	12.5	33.1	775.0	61.1	8.5
2014	-3.9	-10.5	513.9	196.4	—	—	271.1	16.3	-2.4

핸즈 (A143210)
Hands

업 종 : 자동차부품
신용등급 : (Bond) — (CP) —
홈페이지 : www.handscorp.co.kr
본 사 : 인천시 서구 가정로37번길 50
시 장 : 거래소
기업규모 : 시가총액 소형주
연 락 처 : 032)870-9600

설 립 일	1972.03.03	**종업원수**	1,470명	**대표이사**	승현창
상 장 일	2016.12.02	**감사의견**	적정(삼일)	**계 열**	
결 산 기	12월	**보 통 주**		**종속회사수**	3개사
액 면 가	500원	**우 선 주**		**구 상 호**	

주주구성 (지분율,%)		출자관계 (지분율,%)		주요경쟁사 (외형,%)	
승현창	40.8	에이에스에이	4.7	핸즈코퍼레이션	100
학산문화재단	14.2	채널에이	0.3	S&T모티브	186
(외국인)	1.9			현대모비스	5,732

매출구성		비용구성		수출비중	
알루미늄 휠(제품, 상품)	99.7	매출원가율	86.2	수출	78.3
기타(부산물 등)	0.3	판관비율	8.6	내수	21.7

회사 개요

동사는 1972년 3월 3일 동화합판 주식회사로 설립되어, 1975년 3월 24일 동화상협 주식회사, 2012년 9월 3일 핸즈코퍼레이션 주식회사로 사명을 변경. 동사는 자동차부품제조업체로서 자동차용 알루미늄 휠을 전문으로 생산 중. 주로 주문자 상표 부착 생산(OEM)의 형태로 완성차 제조업체에 제품을 공급하고 있으며, 전방산업인 완성차의 수요 및 생산에 영향을 받음.

실적 분석

동사는 지난해 연결기준 영업이익이 전년보다 46.1% 감소한 319억원으로 집계. 매출액은 6131억원으로 9.5% 줄었고, 당기순이익은 232억원으로 33% 감소함. 동사가 제조하는 승용차용 알루미늄 휠은 타이어와 함께 자동차와 땅을 연결하는 부품으로써 자동차의 중량을 분산 지지하고 엔진에서 발생한 구동력을 타이어에 전달하는 역할을 함. 동사는 휠 산업에서 생산능력 기준 국내 1위, 글로벌 6위권에 위치하고 있음.

현금 흐름

〈단위 : 억원〉

항목	2016	2017
영업활동	817	252
투자활동	147	-101
재무활동	-418	81
순현금흐름	549	215
기말현금	769	984

시장 대비 수익률

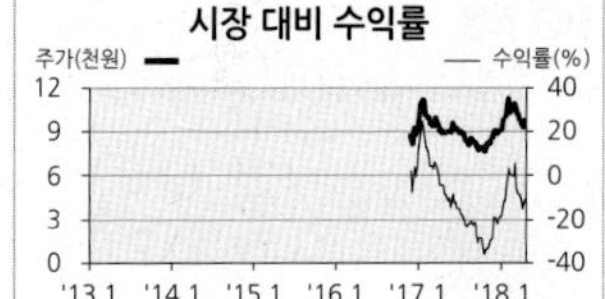

결산 실적

〈단위 : 억원〉

항목	2012	2013	2014	2015	2016	2017
매출액	5,848	5,098	5,746	6,762	6,771	6,131
영업이익	129	66	-26	454	592	319
당기순이익	147	106	-24	183	347	232

분기 실적

〈단위 : 억원〉

항목	2016.3Q	2016.4Q	2017.1Q	2017.2Q	2017.3Q	2017.4Q
매출액	1,480	1,879	1,586	1,602	1,427	1,516
영업이익	82	171	79	151	116	-27
당기순이익	77	94	63	77	79	14

재무 상태

〈단위 : 억원〉

항목	2012	2013	2014	2015	2016	2017
총자산	4,764	5,671	6,292	6,555	6,732	6,756
유형자산	1,907	2,901	3,223	3,228	3,008	2,895
무형자산	141	144	151	144	139	142
유가증권	309	228	30	14	34	8
총부채	3,665	3,932	4,669	4,665	3,686	3,519
총차입금	2,335	2,577	2,791	3,428	2,306	2,354
자본금	8	9	9	10	108	109
총자본	1,100	1,739	1,623	1,890	3,046	3,237
지배주주지분	1,100	1,739	1,623	1,890	3,046	3,232

기업가치 지표

항목	2012	2013	2014	2015	2016	2017
주가(최고/저)(천원)	—/—	—/—	—/—	—/—	9.4/7.9	11.2/7.6
PER(최고/저)(배)	0.0/0.0	0.0/0.0	0.0/0.0	0.0/0.0	4.6/3.9	10.6/7.2
PBR(최고/저)(배)	0.0/0.0	0.0/0.0	0.0/0.0	0.0/0.0	0.7/0.6	0.8/0.5
EV/EBITDA(배)	3.0	6.7	9.3	3.6	3.7	5.1
EPS(원)	1,237	798	-180	1,373	2,108	1,069
BPS(원)	1,335,674	1,843,373	1,720,145	1,827,616	14,071	14,783
CFPS(원)	622,904	376,457	275,113	545,337	4,182	2,593
DPS(원)	—	—	—	—	185	100
EBITDAPS(원)	601,667	333,833	272,978	831,805	5,686	2,984

재무 비율

〈단위 : %〉

연도	영업이익률	순이익률	부채비율	차입금비율	ROA	ROE	유보율	자기자본비율	EBITDA마진율
2017	5.2	3.8	108.7	72.7	3.5	7.5	2,856.6	47.9	10.6
2016	8.8	5.1	121.0	75.7	5.2	14.1	2,714.3	45.2	13.7
2015	6.7	2.7	246.9	181.4	2.9	10.4	18,176.2	28.8	11.6
2014	-0.5	-0.4	287.7	172.0	-0.4	-1.4	17,101.5	25.8	4.5

행남사 (A008800)
HAENGNAM CHINAWARE

업 종 : 내구소비재
신용등급 : (Bond) — (CP) —
홈페이지 : www.haengnam.co.kr
본 사 : 전남 목포시 고하대로795(연산동)
시 장 : KOSDAQ
기업규모 :
연 락 처 : 061)280-2000

설 립 일 1974.05.14	**종업원수** 91명	**대표이사** 정호열
상 장 일 1993.09.03	**감사의견** 한정(불확실성)(삼덕)	**계 열**
결 산 기 12월	**보 통 주**	**종속회사수**
액 면 가 500원	**우 선 주**	**구 상 호** 행남자기

주주구성 (지분율,%)		출자관계 (지분율,%)		주요경쟁사 (외형,%)	
마크원인베스트먼트	12.7	와이에이치2호조합	100.0	행남사	100
반경수	5.3	크레이텍	40.0	코웨이	16,431
(외국인)	1.7	모디	32.9	쿠쿠홀딩스	2,939

매출구성		비용구성		수출비중	
도자기외	73.5	매출원가율	108.6	수출	5.4
맛김	22.6	판관비율	49.2	내수	94.6
프랜트외	3.9				

회사 개요

동사는 1942년 설립되어 '본차이나'라는 브랜드로 널리 알려진 가정용 도자기 전문업체임. 도자기 시장은 봄, 가을에 성수기를 맞고 경기변동에 다소 민감한 편이나, 소득 수준 증가에 따라 플라스틱 용기 등을 대신해 도자기 등을 사용하고자 하는 수요는 꾸준히 증가하고 있음. 국내뿐만 아니라 미국, 이태리, 일본, 캐나다 등에 고정 거래처를 확보하고 있음. 동사의 국내 시장 점유율은 약 25% 수준임.

실적 분석

경기침체와 국내판매 위축에 따라 동사의 2017년 매출액은 153.2억원을 기록하며 전기 대비 45.2% 하락함. 매출 하락과 판매할인율 확대로 수익성이 저하되어 당기 영업적자는 88.6억원을 기록함. 2년 연속 적자지속 중이며 적자 폭도 전기 대비 확대됨. 관계기업의 사업중단에 따른 채권 손상차손 반영, 제상품평가충당금 설정 등으로 손실 폭이 컸음. 당기 중 유상증자 및 전환사채 자본전환을 통하여 자본금 및 자본잉여금을 확충함.

현금 흐름 〈단위 : 억원〉

항목	2016	2017
영업활동	-14	-52
투자활동	-227	-132
재무활동	237	188
순현금흐름	-4	4
기말현금	3	6

시장 대비 수익률

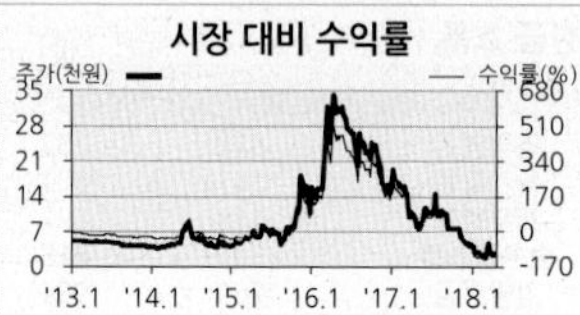

결산 실적 〈단위 : 억원〉

항목	2012	2013	2014	2015	2016	2017
매출액	461	439	424	387	280	153
영업이익	-30	14	-25	4	-40	-89
당기순이익	7	7	-43	3	-233	-186

분기 실적 〈단위 : 억원〉

항목	2016.3Q	2016.4Q	2017.1Q	2017.2Q	2017.3Q	2017.4Q
매출액	63	66	48	38	36	31
영업이익	-13	-25	-8	-14	-8	-59
당기순이익	-9	-222	-13	-11	-13	-149

재무 상태 〈단위 : 억원〉

항목	2012	2013	2014	2015	2016	2017
총자산	615	639	587	778	491	463
유형자산	160	150	140	184	87	131
무형자산	4	4	1	143	1	0
유가증권	4	4	3	4	35	138
총부채	300	307	310	433	338	199
총차입금	198	216	206	315	251	172
자본금	302	302	302	312	344	569
총자본	315	332	277	345	153	264
지배주주지분	282	290	253	284	153	264

기업가치 지표

항목	2012	2013	2014	2015	2016	2017
주가(최고/저)(천원)	0.8/0.4	0.4/0.3	0.8/0.3	1.4/0.3	2.7/0.8	1.8/0.4
PER(최고/저)(배)	6.3/2.7	5.0/3.5	—/—	22.1/4.9	—/—	—/—
PBR(최고/저)(배)	0.2/0.1	0.1/0.1	0.2/0.1	0.4/0.1	1.5/0.4	0.8/0.2
EV/EBITDA(배)	—	17.3	—	79.9	—	—
EPS(원)	158	100	-564	74	-3,526	-1,788
BPS(원)	4,819	4,965	4,344	4,552	222	232
CFPS(원)	338	249	-430	188	-346	-176
DPS(원)	—	—	—	—	—	—
EBITDAPS(원)	-313	378	-278	173	-54	-82

재무 비율 〈단위 : %〉

연도	영업이익률	순이익률	부채비율	차입금비율	ROA	ROE	유보율	자기자본비율	EBITDA마진율
2017	-57.8	-121.5	일부잠식	일부잠식	-39.0	-89.3	-53.6	57.0	-56.0
2016	-14.4	-83.5	일부잠식	일부잠식	-36.8	-107.6	-55.6	31.1	-12.8
2015	0.9	0.8	125.8	91.4	0.5	1.7	-9.0	44.3	2.7
2014	-5.9	-10.1	일부잠식	일부잠식	-7.0	-12.5	-13.1	47.1	-4.0

헝셩그룹 (A900270)
HENG SHENG HOLDING GROUP

업 종 : 레저용품
신용등급 : (Bond) — (CP) —
홈페이지 : www.hsfamilyent.com
본 사 : ROOM 6, 3F., Lladro Centre, 72-80 Hoi Yuen Road, Kwun Tong, Kowloon, Hong Kong
시 장 : KOSDAQ
기업규모 :
연 락 처 : +86-595-85225128

설 립 일 1995.11.14	**종업원수** 명	**대표이사** 후이만킷
상 장 일 2016.08.18	**감사의견** 적정(신한)	**계 열**
결 산 기 12월	**보 통 주**	**종속회사수** 3개사
액 면 가 —	**우 선 주**	**구 상 호**

주주구성 (지분율,%)		출자관계 (지분율,%)		주요경쟁사 (외형,%)	
후이만킷	41.0			헝셩그룹	100
후이메이야	16.7			손오공	52
(외국인)	72.2			오로라	72

매출구성		비용구성		수출비중	
플라스틱완구	46.3	매출원가율	0.0	수출	—
아동의류	23.5	판관비율	0.0	내수	—
봉제완구	20.3				

회사 개요

동사는 1992년 설립된 유아동용 완구 및 의류 전문 제조업체로 2014년 홍콩에 설립된 지주회사이며, 자회사로 진장헝셩완구유한회사(이하 헝셩완구)와 췐저우 JAZZIT 어패럴유한공사(이하 재즈래빗어패럴)를 두고 있음. 설립 초기에는 주로 OEM/ODM 방식의 봉제완구를 생산하다가, 최근에는 자체 브랜드 매출비중이 65%까지 확대되었고 생산 제품군도 아동복, 일회용 용기 등으로 다양화 하고 있음.

실적 분석

동사의 2017년 3분기기준 누적 매출액은 전년동기 1,530억원 대비 2.1% 소폭 변동한 1,561.9억원을 기록하였음. 비용면에서 전년동기대비 매출원가는 증가 하였으며 인건비는 감소 하였고 광고선전비는 거의 동일, 기타판매비와관리비는 증가함. 이처럼 매출액 상승과 더불어 비용절감에도 힘을 기울였음. 최종적으로 전년동기대비 당기순이익은 상승하여 262억원을 기록함. 작성일 현재 보고서 없음.

현금 흐름 〈단위 : 억원〉

항목	2016	2017
영업활동	320	—
투자활동	-11	—
재무활동	696	—
순현금흐름	1,020	—
기말현금	1,299	—

시장 대비 수익률

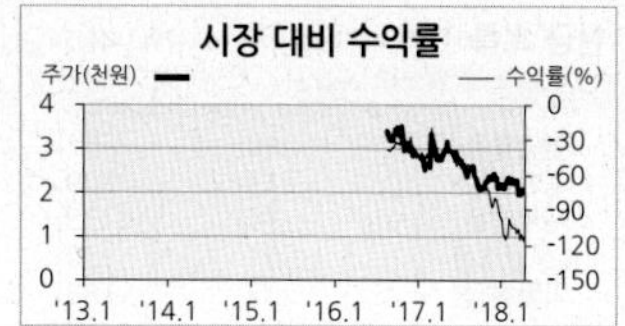

결산 실적 〈단위 : 억원〉

항목	2012	2013	2014	2015	2016	2017
매출액	—	—	1,883	2,024	1,992	—
영업이익	—	—	363	395	385	—
당기순이익	—	—	253	287	296	—

분기 실적 〈단위 : 억원〉

항목	2016.3Q	2016.4Q	2017.1Q	2017.2Q	2017.3Q	2017.4Q
매출액	640	436	377	508	675	—
영업이익	137	67	73	98	153	—
당기순이익	105	56	58	81	123	—

재무 상태 〈단위 : 억원〉

항목	2012	2013	2014	2015	2016	2017
총자산	—	—	1,415	1,721	2,693	—
유형자산	—	—	311	290	252	—
무형자산	—	—	1	1	1	—
유가증권	—	—	—	—	16	—
총부채	—	—	614	680	685	—
총차입금	—	—	455	431	409	—
자본금	—	—	21	22	722	—
총자본	—	—	801	1,041	2,008	—
지배주주지분	—	—	748	1,041	2,008	—

기업가치 지표

항목	2012	2013	2014	2015	2016	2017
주가(최고/저)(천원)	—/—	—/—	—/—	—/—	—/—	—/—
PER(최고/저)(배)	0.0/0.0	0.0/0.0	0.0/0.0	0.0/0.0	9.8/6.2	0.0/0.0
PBR(최고/저)(배)	0.0/0.0	0.0/0.0	0.0/0.0	0.0/0.0	1.7/1.1	0.0/0.0
EV/EBITDA(배)	0.0	0.0	1.0	0.3	3.4	0.0
EPS(원)	—	—	969	469	437	—
BPS(원)	—	—	1,246	1,735	2,511	—
CFPS(원)	—	—	1,081	520	479	—
DPS(원)	—	—	—	—	—	—
EBITDAPS(원)	—	—	1,506	709	609	—

재무 비율 〈단위 : %〉

연도	영업이익률	순이익률	부채비율	차입금비율	ROA	ROE	유보율	자기자본비율	EBITDA마진율
2017	0.0	0.0	0.0	0.0	0.0	0.0	0.0	0.0	0.0
2016	19.3	14.9	34.1	20.4	13.4	19.4	178.4	74.6	20.7
2015	19.5	14.2	65.4	41.4	18.3	31.4	4,733.7	60.5	21.0
2014	19.3	13.4	76.7	56.8	0.0	0.0	3,437.7	56.6	20.8

현대건설 (A000720)

Hyundai Engineering & Construction

업 종 : 건설
신용등급 : (Bond) AA- (CP) —
홈페이지 : www.hdec.kr
본 사 : 서울시 종로구 율곡로 75 현대건설빌딩
시 장 : 거래소
기업규모 : 시가총액 대형주
연 락 처 : 02)746-1114

설 립 일	1950.01.10	**종 업 원 수**	6,925명	**대 표 이 사**	박동욱
상 장 일	1984.12.22	**감 사 의 견**	적정(삼일)	**계 열**	
결 산 기	12월	**보 통 주**		**종속회사수**	30개사
액 면 가	5,000원	**우 선 주**		**구 상 호**	

주주구성 (지분율,%)		출자관계 (지분율,%)		주요경쟁사 (외형,%)	
현대자동차	21.0	현대스틸산업	100.0	현대건설	100
국민연금공단	12.2	현대도시개발	100.0	현대산업	32
(외국인)	26.0	현대도시개발	100.0	대림산업	73

매출구성		비용구성		수출비중	
[플랜트/전력]현대건설,현대엔지니어링외(기타)	40.1	매출원가율	89.5	수출	—
[인프라/환경]현대건설,HATCO외(기타)	39.3	판관비율	4.7	내수	—
[인프라/환경]현대건설,현대엔지니어링외(기타)	17.4				

회사 개요

동사는 토목과 건축 공사를 주 사업 영역으로 하며 1984년 유가증권시장에 상장됨. 건축 주택, 토목, 플랜트, 기타 등으로 사업 부문이 나뉨. 플랜트 매출이 가장 크고 건축, 토목 순임. 국내 부문에서 수주가 줄더라도 해외 대형 플랜트 수주가 지속돼 실적은 당분간 나쁘지 않을 전망. 해외 시장은 불확실성이 존재하나, CIS 지역 대규모 자원개발, 신흥국 인프라 투자 증가로 안정적 성장이 예상됨.

실적 분석

동사의 연결기준 2017년 매출액은 전년보다 10.3% 감소한 168,870.9억원을 기록함. 전년 대비 외형 감소 사유는 해외공사 매출감소에 기인함. 연결 영업이익은 전년대비 1,729억원 감소한 9,861억원을 기록함. 연결 당기순이익은 전년대비 49.2% 감소한 3,716억원을 기록함. 동사는 2017년 연결기준으로 수주 21조 7,136억원을 달성하였고 수주잔고 또한 약 67조원으로 충분한 미래 일감을 확보함.

현금 흐름

〈단위 : 억원〉

항목	2016	2017
영업활동	10,865	5,144
투자활동	-7,752	-163
재무활동	-1,769	-3,809
순현금흐름	1,526	-427
기말현금	21,500	21,072

시장 대비 수익률

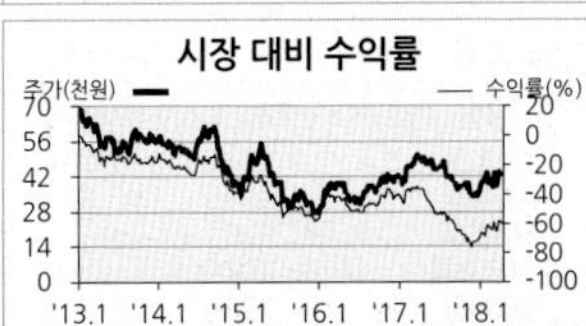

결산 실적

〈단위 : 억원〉

항목	2012	2013	2014	2015	2016	2017
매출액	133,248	138,520	172,765	192,332	188,250	168,871
영업이익	7,604	7,041	8,292	10,893	11,590	9,861
당기순이익	5,670	4,994	4,793	6,638	7,317	3,716

분기 실적

〈단위 : 억원〉

항목	2016.3Q	2016.4Q	2017.1Q	2017.2Q	2017.3Q	2017.4Q
매출액	44,669	53,638	41,297	42,081	42,431	43,062
영업이익	2,807	3,746	2,286	2,664	2,811	2,100
당기순이익	1,401	3,152	439	2,047	1,111	119

재무 상태

〈단위 : 억원〉

항목	2012	2013	2014	2015	2016	2017
총자산	127,468	146,665	182,446	193,501	198,734	184,319
유형자산	11,440	16,382	17,106	17,542	14,981	13,988
무형자산	768	846	8,743	8,573	8,103	7,602
유가증권	6,613	5,038	5,456	5,397	5,669	3,087
총부채	79,909	95,323	114,573	119,595	117,488	99,590
총차입금	17,311	23,567	26,798	27,195	26,556	23,930
자본금	5,573	5,573	5,573	5,573	5,573	5,573
총자본	47,559	51,342	67,873	73,906	81,246	84,729
지배주주지분	45,485	48,226	52,915	57,203	63,290	64,676

기업가치 지표

항목	2012	2013	2014	2015	2016	2017
주가(최고/저)(천원)	79.8/52.5	69.3/50.8	61.8/38.5	56.4/26.9	43.7/26.7	50.6/33.8
PER(최고/저)(배)	18.7/12.3	18.7/13.7	22.0/13.7	15.6/7.4	8.7/5.3	28.4/18.9
PBR(최고/저)(배)	2.1/1.4	1.7/1.3	1.4/0.9	1.2/0.6	0.8/0.5	0.9/0.6
EV/EBITDA(배)	8.9	8.9	5.9	3.4	3.9	4.1
EPS(원)	4,575	3,957	2,972	3,777	5,133	1,810
BPS(원)	40,811	43,270	47,477	51,324	56,786	58,029
CFPS(원)	5,344	4,794	4,355	5,534	6,842	3,545
DPS(원)	500	500	500	500	500	500
EBITDAPS(원)	7,592	7,154	8,822	11,531	12,107	10,582

재무 비율

〈단위 : %〉

연도	영업 이익률	순 이익률	부채 비율	차입금 비율	ROA	ROE	유보율	자기자본 비율	EBITDA 마진율
2017	5.8	2.2	117.5	28.2	1.9	3.2	1,060.6	46.0	7.0
2016	6.2	3.9	144.6	32.7	3.7	9.5	1,035.7	40.9	7.2
2015	5.7	3.5	161.8	36.8	3.5	7.7	926.5	38.2	6.7
2014	4.8	2.8	168.8	39.5	2.9	6.6	849.5	37.2	5.7

현대건설기계 (A267270)

Hyundai Construction Equipment

업 종 : 기계
신용등급 : (Bond) A- (CP) —
홈페이지 : www.hyundai-ce.com
본 사 : 서울시 종로구 율곡로 75
시 장 : 거래소
기업규모 : 시가총액 중형주
연 락 처 : 02)746-7940

설 립 일	2017.04.01	**종 업 원 수**	1,340명	**대 표 이 사**	공기영
상 장 일	2017.05.10	**감 사 의 견**	적정(삼정)	**계 열**	
결 산 기	12월	**보 통 주**		**종속회사수**	2개사
액 면 가	5,000원	**우 선 주**		**구 상 호**	

주주구성 (지분율,%)		출자관계 (지분율,%)		주요경쟁사 (외형,%)	
현대로보틱스	33.0	HyundaiConstructionEquipmentEuropeN.V	100.0	현대건설기계	100
국민연금공단	13.4	HyundaiConstructionEquipmentAmericas,	100.0	두산중공업	770
(외국인)	8.2	PT.HyundaiConstructionEquipmentAsia	100.0	현대엘리베이	106

매출구성		비용구성		수출비중	
		매출원가율	81.5	수출	77.9
		판관비율	13.5	내수	22.1

회사 개요

동사는 2017년 현대중공업으로부터 건설기계 사업부문의 경쟁력 강화를 목적으로 인적분할된 신설회사임. 건설용/산업용/농업용 기계장비 및 관련부품의 제조 판매업, 수리업, 수입판매업, 중고장비매매업, 무역업 등의 사업을 영위하고 있음. 미국에 위치한 Hyundai Construction Equipment Americas., Inc와 벨기에에 위치한 Hyundai Heavy Industries Europe N.V. 등을 연결대상 종속회사로 보유함.

실적 분석

동사는 2017년 4월 재상장 기업임. 2017년 매출액은 1조 8,867.5억원을 기록함. 매출원가는 1조5,372.2억원, 판매비와 관리비는 2,542.9억원으로 영업이익은 952.3억원을 기록함. 당기순이익은 466.1억원을 시현함. 주력시장인 건설기계시장은 소형 굴삭기 중심으로 재편되면서, 북미, 유럽을 비롯한 선진시장과 중국 등 신흥시장에서 빠르게 확대되고 있음. 이러한 시장 변화에 따른 매출 성장이 기대됨.

현금 흐름

〈단위 : 억원〉

항목	2016	2017
영업활동	—	75
투자활동	—	-1,046
재무활동	—	2,251
순현금흐름	—	1,303
기말현금	—	4,260

시장 대비 수익률

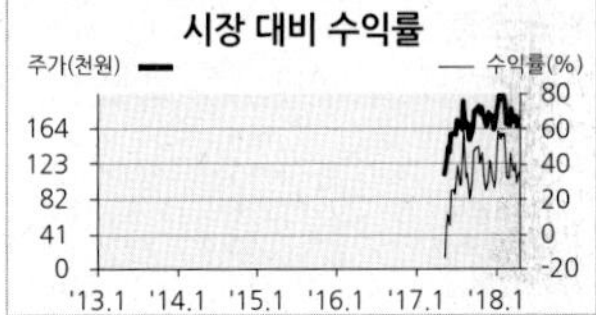

결산 실적

〈단위 : 억원〉

항목	2012	2013	2014	2015	2016	2017
매출액	—	—	—	—	—	18,867
영업이익	—	—	—	—	—	952
당기순이익	—	—	—	—	—	466

분기 실적

〈단위 : 억원〉

항목	2016.3Q	2016.4Q	2017.1Q	2017.2Q	2017.3Q	2017.4Q
매출액	—	—	—	6,832	6,132	5,903
영업이익	—	—	—	358	442	152
당기순이익	—	—	—	268	326	-128

재무 상태

〈단위 : 억원〉

항목	2012	2013	2014	2015	2016	2017
총자산	—	—	—	—	—	22,287
유형자산	—	—	—	—	—	5,390
무형자산	—	—	—	—	—	1,216
유가증권	—	—	—	—	—	—
총부채	—	—	—	—	—	10,577
총차입금	—	—	—	—	—	6,738
자본금	—	—	—	—	—	494
총자본	—	—	—	—	—	11,709
지배주주지분	—	—	—	—	—	11,717

기업가치 지표

항목	2012	2013	2014	2015	2016	2017
주가(최고/저)(천원)	—/—	—/—	—/—	—/—	—/—	—/—
PER(최고/저)(배)	0.0/0.0	0.0/0.0	0.0/0.0	0.0/0.0	0.0/0.0	31.7/17.0
PBR(최고/저)(배)	0.0/0.0	0.0/0.0	0.0/0.0	0.0/0.0	0.0/0.0	1.7/0.9
EV/EBITDA(배)	0.0	0.0	0.0	0.0	0.0	14.3
EPS(원)	—	—	—	—	—	6,228
BPS(원)	—	—	—	—	—	119,897
CFPS(원)	—	—	—	—	—	11,362
DPS(원)	—	—	—	—	—	—
EBITDAPS(원)	—	—	—	—	—	17,859

재무 비율

〈단위 : %〉

연도	영업 이익률	순 이익률	부채 비율	차입금 비율	ROA	ROE	유보율	자기자본 비율	EBITDA 마진율
2017	5.1	2.5	90.3	57.5	0.0	0.0	2,297.9	52.5	7.1
2016	0.0	0.0	0.0	0.0	0.0	0.0	0.0	0.0	0.0
2015	0.0	0.0	0.0	0.0	0.0	0.0	0.0	0.0	0.0
2014	0.0	0.0	0.0	0.0	0.0	0.0	0.0	0.0	0.0

현대공업 (A170030)
Hyundai Industrial

업 종 : 자동차부품 | 시 장 : KOSDAQ
신용등급 : (Bond) — (CP) — | 기업규모 : 우량
홈페이지 : www.hdi21.co.kr | 연 락 처 : 052)276-1900
본 사 : 울산시 북구 매곡산업5길 28 (매곡동)

설 립 일	1978.09.12	**종 업 원 수**	157명	**대 표 이 사**	강현석
상 장 일	2013.12.04	**감 사 의 견**	적정(현대)	**계 열**	
결 산 기	12월	**보 통 주**		**종속회사수**	2개사
액 면 가	500원	**우 선 주**		**구 상 호**	

주주구성 (지분율,%)		출자관계 (지분율,%)		주요경쟁사 (외형,%)	
강현석	31.8	황화현공기차부건유한공사	100.0	현대공업	100
강윤나	21.9	북경현공기차부건유한공사	100.0	삼성공조	52
(외국인)	3.5			에코플라스틱	590

매출구성		비용구성		수출비중	
암레스트	38.0	매출원가율	89.3	수출	3.9
시트패드	36.5	판관비율	5.5	내수	96.1
헤드레스트	21.5				

회사 개요

동사는 1969년 현대공업사로 설립되어 1978년 9월 주식회사 현대공업으로 사명을 변경해 법인으로 전환 설립됨. 차량용 시트부품 등 자동차부품의 제조를 주요 사업목적으로 영위하고 있음. 동사가 속한 자동차부품 제조 관련 내장재 산업은 완성차 제조산업뿐만 아니라 자동차 부품제조산업을 포함한 자동차산업 전체를 전방산업으로하여 그 영향을 받음에 따라 자동차산업 전체 경기수준에 직접적인 영향을 받음.

실적 분석

동사는 지난해 매출액 1,766억원, 영업이익 91억원을 각각 기록. 전년동기대비 17.1%, 50% 감소하며 부진한 실적을 기록함. 주요 제품인 시트패드, 암레스트, 헤드레스트에서 높은 시장점유율을 보여주고 있으며, 이러한 시장 점유율을 짧은 기간이 아닌 오랜 기간 동안 유지해 왔기 때문에 앞으로도 동사의 높은 시장 점유율은 지속될 것.

현금 흐름

<단위 : 억원>

항목	2016	2017
영업활동	164	209
투자활동	-115	-172
재무활동	-6	-14
순현금흐름	40	-1
기말현금	217	216

시장 대비 수익률

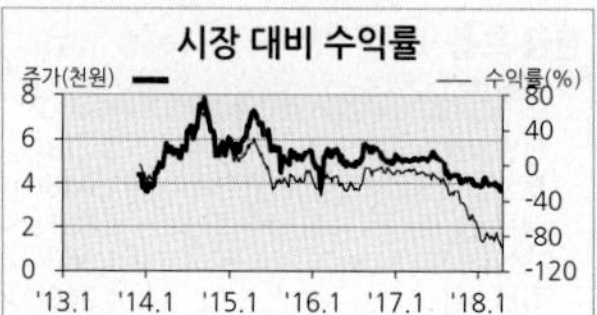

결산 실적

<단위 : 억원>

항목	2012	2013	2014	2015	2016	2017
매출액	1,072	1,539	1,804	1,980	2,132	1,766
영업이익	93	158	162	160	182	91
당기순이익	73	108	124	152	155	62

분기 실적

<단위 : 억원>

항목	2016.3Q	2016.4Q	2017.1Q	2017.2Q	2017.3Q	2017.4Q
매출액	427	628	463	478	406	419
영업이익	19	52	51	21	13	6
당기순이익	22	45	33	22	12	-5

재무 상태

<단위 : 억원>

항목	2012	2013	2014	2015	2016	2017
총자산	579	849	1,098	1,272	1,469	1,466
유형자산	146	172	230	338	296	330
무형자산	8	8	11	10	10	13
유가증권	13	9	58	92	90	127
총부채	307	283	423	445	516	491
총차입금	43	6	2	—	—	—
자본금	37	50	50	77	77	77
총자본	272	566	675	827	953	975
지배주주지분	272	566	675	827	953	975

기업가치 지표

항목	2012	2013	2014	2015	2016	2017
주가(최고/저)(천원)	—/—	4.8/3.8	7.8/3.6	7.4/4.5	6.1/3.8	5.4/3.9
PER(최고/저)(배)	0.0/0.0	5.3/4.3	10.0/4.6	7.7/4.7	6.2/3.8	13.5/9.6
PBR(최고/저)(배)	0.0/0.0	1.3/1.1	1.8/0.8	1.4/0.9	1.0/0.6	0.9/0.6
EV/EBITDA(배)	0.1	2.1	3.8	3.8	2.3	2.0
EPS(원)	670	951	827	1,001	1,010	406
BPS(원)	3,727	5,661	6,716	5,404	6,217	6,419
CFPS(원)	1,176	1,626	1,397	1,131	1,169	568
DPS(원)	—	80	90	66	92	37
EBITDAPS(원)	1,439	2,294	1,777	1,189	1,348	756

재무 비율

<단위 : %>

연도	영업이익률	순이익률	부채비율	차입금비율	ROA	ROE	유보율	자기자본비율	EBITDA마진율
2017	5.2	3.5	50.4	0.0	4.2	6.5	1,183.8	66.5	6.6
2016	8.5	7.3	54.1	0.0	11.3	17.4	1,143.3	64.9	9.7
2015	8.1	7.7	53.8	0.0	12.8	20.2	980.8	65.0	9.1
2014	9.0	6.9	62.7	0.4	12.8	20.0	1,243.3	61.5	9.9

현대그린푸드 (A005440)
Hyundai Green Food

업 종 : 호텔 및 레저 | 시 장 : 거래소
신용등급 : (Bond) — (CP) A1 | 기업규모 : 시가총액 중형주
홈페이지 : www.hyundaigreenfood.com | 연 락 처 : 031)525-2233
본 사 : 경기도 용인시 수지구 문인로 30 (동천동)

설 립 일	1968.02.27	**종 업 원 수**	4,533명	**대 표 이 사**	정지선,박홍진
상 장 일	1989.08.22	**감 사 의 견**	적정(삼정)	**계 열**	
결 산 기	12월	**보 통 주**		**종속회사수**	12개사
액 면 가	500원	**우 선 주**		**구 상 호**	

주주구성 (지분율,%)		출자관계 (지분율,%)		주요경쟁사 (외형,%)	
정교선	23.0	금강에이앤디	100.0	현대그린푸드	100
정지선	12.7	씨엔에스푸드시스템	100.0		
(외국인)	11.8	금강에이앤디	100.0		

매출구성		비용구성		수출비중	
단체급식 등	26.1	매출원가율	85.7	수출	10.0
유니폼 등	21.7	판관비율	10.8	내수	90.0
건설기계제조 등 외	21.1				

회사 개요

동사는 현대백화점그룹에 속한 회사로 식재, 푸드서비스, 유통, 급식, LED 사업, 법인 영업, 여행, 중장비, 기타 서비스업 등을 주요 사업으로 영위하고 있음. 매출 구성이 각 부문에 고루 분포됨. 외부 수익 외에 부문간 수익이 전체 6% 가량 차지. 여러 사업 부문 중 수익이 가장 큰 사업은 푸드서비스로 전체 수익의 23%가량을 차지함. 동사의 연결대상 종속회사는 총 25개임.

실적 분석

동사의 2017년 4분기 기준 누적 매출액은 전년 동기 대비 0.5% 증가한 25,339.7억원을 기록함. 단 매출원가가 소폭 늘었고 인건비를 포함한 판매 관리비가 전년 동기 대비 10% 이상 늘어 영업이익은 줄어듬. 전년 동기(1,051.8억원)보다 17.2% 감소한 870.8억원을 시현. 단 관련기업투자 등 비영업이익이 전년보다 119.4% 오른 736억원을 기록하며 당기순이익 역시 15.4% 증가한 1,214.8억원을 달성함.

현금 흐름

<단위 : 억원>

항목	2016	2017
영업활동	1,772	1,084
투자활동	-999	-829
재무활동	-670	-75
순현금흐름	107	159
기말현금	338	497

시장 대비 수익률

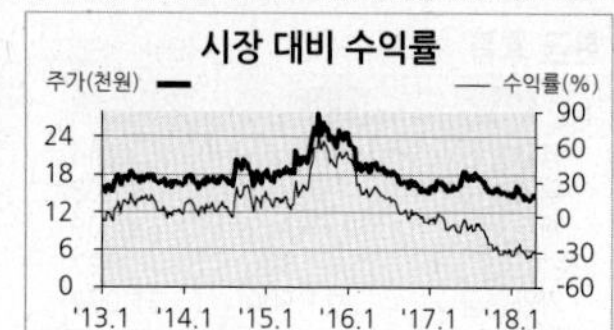

결산 실적

<단위 : 억원>

항목	2012	2013	2014	2015	2016	2017
매출액	15,566	17,628	19,659	21,128	25,217	25,340
영업이익	772	683	782	879	1,052	871
당기순이익	808	914	979	915	1,053	1,215

분기 실적

<단위 : 억원>

항목	2016.3Q	2016.4Q	2017.1Q	2017.2Q	2017.3Q	2017.4Q
매출액	6,199	6,479	6,137	6,175	6,079	6,948
영업이익	268	170	289	357	269	-45
당기순이익	219	199	390	348	281	196

재무 상태

<단위 : 억원>

항목	2012	2013	2014	2015	2016	2017
총자산	17,990	19,221	18,830	19,541	21,817	27,969
유형자산	1,402	1,505	1,665	1,770	2,407	3,942
무형자산	1,209	1,323	1,326	1,350	1,655	3,252
유가증권	8,877	9,091	7,700	6,812	7,250	7,830
총부채	4,755	4,996	5,012	4,862	5,747	7,535
총차입금	347	292	155	115	333	374
자본금	489	489	489	489	489	489
총자본	13,234	14,225	13,817	14,679	16,071	20,434
지배주주지분	13,187	14,174	13,767	14,622	15,096	16,739

기업가치 지표

항목	2012	2013	2014	2015	2016	2017
주가(최고/저)(천원)	18.4/13.7	18.6/14.8	20.8/15.7	27.7/16.8	23.4/15.1	18.5/14.5
PER(최고/저)(배)	23.0/17.1	20.3/16.2	21.2/16.0	30.1/18.2	24.3/15.7	16.0/12.5
PBR(최고/저)(배)	1.3/1.0	1.2/1.0	1.4/1.1	1.8/1.1	1.5/0.9	1.0/0.8
EV/EBITDA(배)	16.5	17.5	17.3	21.2	10.1	13.1
EPS(원)	818	930	999	929	971	1,161
BPS(원)	14,272	15,275	14,851	15,725	16,211	17,892
CFPS(원)	935	1,066	1,146	1,116	1,247	1,435
DPS(원)	50	50	60	60	60	80
EBITDAPS(원)	907	835	947	1,086	1,353	1,166

재무 비율

<단위 : %>

연도	영업이익률	순이익률	부채비율	차입금비율	ROA	ROE	유보율	자기자본비율	EBITDA마진율
2017	3.4	4.8	36.9	1.8	4.9	7.1	3,478.5	73.1	4.5
2016	4.2	4.2	35.8	2.1	5.1	6.4	3,142.2	73.7	5.2
2015	4.2	4.3	33.1	0.8	4.8	6.4	3,045.0	75.1	5.0
2014	4.0	5.0	36.3	1.1	5.2	7.0	2,870.2	73.4	4.7

현대글로비스 (A086280)

HYUNDAI GLOVIS

업　　종 : 육상운수
신용등급 : (Bond) AA　　(CP) —
홈페이지 : www.glovis.net
본　　사 : 서울시 강남구 테헤란로 301
시　　장 : 거래소
기업규모 : 시가총액 대형주
연 락 처 : 02)6191-9114

설 립 일	2001.02.22	**종업원수**	1,209명	**대표이사**	김정훈
상 장 일	2005.12.26	**감사의견**	적정(한영)	**계　열**	
결 산 기	12월	**보 통 주**		**종속회사수**	
액 면 가	500원	**우 선 주**		**구　상　호**	

주주구성 (지분율,%)		출자관계 (지분율,%)		주요경쟁사 (외형,%)	
정의선	23.3	하이자산선박사모특별자산투자신탁11호	20.0	현대글로비스	100
Den Norske Amerikalinje AS	12.0	현대엔지니어링	11.7	CJ대한통운	43
(외국인)	32.5	사천글로비스	51.0	한진	11

매출구성		비용구성		수출비중	
물류부문(기타)	48.4	매출원가율	93.1	수출	84.1
CKD부문(기타)	39.1	판관비율	2.5	내수	15.9
기타부문(기타)	12.5				

회사 개요

동사는 2001년 설립돼 2005년 유가증권시장에 상장됨. 종합물류업과 유통판매업을 영위하고 있으며 현대자동차 그룹의 물류를 담당하고 있음. 미국, 캐나다, 독일, 폴란드, 러시아, 중국 등에 연결대상 종속회사 24개를 보유하고 있음. 매출은 물류부문 48.6%, CKD부문 37.9%, 기타부문 13.5%로 구성됨. 2015년 국내 물류기업으로는 처음으로 다우존스지속가능경영지수(DJSI)에 편입된 이후 3년 연속 지위를 유지해오고 있음.

실적 분석

2017년 연결기준 동사 매출은 16조3,582.9억원을 기록함. 전년도에 비해 6.6% 증가함. 해운업 경기 회복과 베트남 신규 매출처 발굴이 매출 증가 배경임. 매출이 늘었으나 매출원가가 7% 증가하고 판매비와 관리비가 7.4% 증가한 결과 영업이익은 전년도 7,287.9억원에서 0.2% 감소한 7,270.7억원을 기록함. 그러나 비영업부문 이익이 흑자로 전환하며 당기순이익은 전년도 대비 34.6% 증가한 6,804.5억원을 기록함.

현금 흐름

〈단위 : 억원〉

항목	2016	2017
영업활동	6,063	6,027
투자활동	-5,175	-3,411
재무활동	-1,852	-2,977
순현금흐름	-809	-659
기말현금	5,952	5,293

시장 대비 수익률

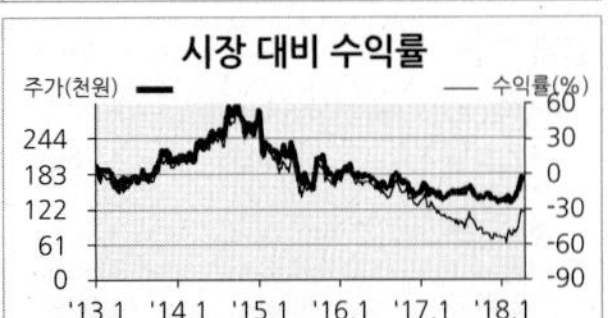

결산 실적

〈단위 : 억원〉

항목	2012	2013	2014	2015	2016	2017
매출액	117,460	128,613	139,220	146,712	153,406	163,583
영업이익	6,137	6,369	6,446	6,980	7,288	7,271
당기순이익	4,977	4,813	5,362	3,768	5,057	6,805

분기 실적

〈단위 : 억원〉

항목	2016.3Q	2016.4Q	2017.1Q	2017.2Q	2017.3Q	2017.4Q
매출액	38,192	39,198	39,773	41,889	42,258	39,663
영업이익	1,835	1,566	1,918	1,816	1,830	1,707
당기순이익	2,188	46	2,468	948	1,250	2,140

재무 상태

〈단위 : 억원〉

항목	2012	2013	2014	2015	2016	2017
총자산	42,578	50,692	61,962	74,785	79,675	81,857
유형자산	9,774	15,151	21,163	28,821	31,089	33,560
무형자산	367	393	391	724	701	716
유가증권	2,900	2,956	2,630	2,971	2,637	2,591
총부채	23,386	27,354	34,251	43,817	44,900	41,961
총차입금	10,908	13,809	16,736	18,902	18,861	16,160
자본금	188	188	188	188	188	188
총자본	19,193	23,338	27,711	30,968	34,774	39,895
지배주주지분	19,193	23,338	27,711	30,966	34,772	39,893

기업가치 지표

항목	2012	2013	2014	2015	2016	2017
주가(최고/저)(천원)	225/162	227/146	307/202	291/154	203/143	167/133
PER(최고/저)(배)	18.4/13.2	19.0/12.2	22.9/15.0	30.7/16.2	15.7/11.1	9.4/7.4
PBR(최고/저)(배)	4.8/3.4	3.9/2.5	4.4/2.9	3.7/2.0	2.3/1.6	1.6/1.3
EV/EBITDA(배)	12.7	13.0	15.9	9.7	7.4	6.4
EPS(원)	13,271	12,834	14,300	10,052	13,483	18,147
BPS(원)	51,180	62,236	73,895	82,577	92,725	106,381
CFPS(원)	15,048	14,972	16,954	13,491	17,647	22,591
DPS(원)	1,500	1,500	2,000	3,000	3,000	3,000
EBITDAPS(원)	18,143	19,122	19,844	22,053	23,598	23,833

재무 비율

〈단위 : %〉

연도	영업이익률	순이익률	부채비율	차입금비율	ROA	ROE	유보율	자기자본비율	EBITDA마진율
2017	4.4	4.2	105.2	40.5	8.4	18.2	21,176.2	48.7	5.5
2016	4.8	3.3	129.1	54.2	6.6	15.4	18,445.0	43.7	5.8
2015	4.8	2.6	141.5	61.0	5.5	12.9	16,415.3	41.4	5.6
2014	4.6	3.9	123.6	60.4	9.5	21.0	14,679.1	44.7	5.4

현대로템 (A064350)

HYUNDAI ROTEM

업　　종 : 운송인프라
신용등급 : (Bond) —　　(CP) —
홈페이지 : www.hyundai-rotem.co.kr
본　　사 : 경남 창원시 의창구 창원대로 488
시　　장 : 거래소
기업규모 : 시가총액 중형주
연 락 처 : 055)273-1341

설 립 일	1999.07.01	**종업원수**	3,559명	**대표이사**	김승탁
상 장 일	2013.10.30	**감사의견**	적정(삼일)	**계　열**	
결 산 기	12월	**보 통 주**		**종속회사수**	9개사
액 면 가	5,000원	**우 선 주**		**구　상　호**	

주주구성 (지분율,%)		출자관계 (지분율,%)		주요경쟁사 (외형,%)	
현대자동차	43.4	메인트란스	80.0	현대로템	100
MSPE Metro-Investment AB	21.5	그린에어	51.0	동방	19
(외국인)	26.1	무안환경비젼	30.0	선광	5

매출구성		비용구성		수출비중	
전동차	49.8	매출원가율	93.3	수출	—
제철프레스환경운반설비	24.2	판관비율	5.0	내수	—
방산물자	20.2				

회사 개요

동사는 철도부문, 중기부문, 플랜트부문 및 기타부문으로 구성되어있음. 국내 철도시장은 국책사업으로 추진되고 있는 고속철도망의 증가로 더욱 성장할 것으로 보임. 동사의 국내 철도차량시장 점유율은 수주금액 기준으로 90% 이상을 유지하고 있으며, 세계시장 점유율은 수출주력 차종인 교외통근형 전동차, 메트로 및 디젤동차 등을 포함하여 약 2~3%의 점유율을 유지하고 있음.

실적 분석

동사의 2017년 연결기준 4분기 누적 매출액은 전년 동기(2조9,847.8억원)보다 8.7% 감소한 2조7,256.6억원을 기록함. 외형축소와 함께 원가부담이 늘면서 영업이익은 전년 1,062.3억원에서 57.2% 줄어든 454.3억원을 달성함. 이에따라 당기순이익 역시 적자로 돌아서며 462.6억원 손실을 기록함. 지난해 크게 부진했던 철도부문 수주, 특히 해외수주가 올 들어 회복추세에 있어 실적 개선의 기대감이 존재함.

현금 흐름

〈단위 : 억원〉

항목	2016	2017
영업활동	6,111	2,192
투자활동	556	312
재무활동	-3,435	-3,918
순현금흐름	3,269	-1,444
기말현금	5,802	4,358

시장 대비 수익률

결산 실적

〈단위 : 억원〉

항목	2012	2013	2014	2015	2016	2017
매출액	31,166	32,994	31,911	33,091	29,848	27,257
영업이익	1,750	1,744	66	-1,929	1,062	454
당기순이익	994	1,261	-151	-3,045	231	-463

분기 실적

〈단위 : 억원〉

항목	2016.3Q	2016.4Q	2017.1Q	2017.2Q	2017.3Q	2017.4Q
매출액	6,825	8,557	6,514	6,690	6,527	7,526
영업이익	76	289	348	153	188	-235
당기순이익	-166	155	49	28	98	-637

재무 상태

〈단위 : 억원〉

항목	2012	2013	2014	2015	2016	2017
총자산	36,704	42,749	44,008	50,439	44,732	40,839
유형자산	13,919	14,277	13,694	13,538	12,415	11,604
무형자산	1,498	1,542	1,822	1,589	1,444	1,397
유가증권	640	252	264	213	223	223
총부채	24,871	24,854	26,622	36,063	30,060	26,656
총차입금	11,491	11,069	13,749	21,437	18,128	14,070
자본금	3,197	4,250	4,250	4,250	4,250	4,250
총자본	11,832	17,895	17,387	14,377	14,672	14,183
지배주주지분	11,138	17,135	16,610	13,587	13,920	13,440

기업가치 지표

항목	2012	2013	2014	2015	2016	2017
주가(최고/저)(천원)	—/—	38.2/28.2	30.6/19.7	22.6/14.5	23.7/10.8	22.4/16.5
PER(최고/저)(배)	0.0/0.0	22.1/16.3	—/—	—/—	93.4/42.4	—/—
PBR(최고/저)(배)	0.0/0.0	1.9/1.4	1.6/1.0	1.4/0.9	1.5/0.7	1.4/1.1
EV/EBITDA(배)	4.3	14.1	36.4	—	15.3	20.4
EPS(원)	1,371	1,756	-197	-3,602	257	-557
BPS(원)	17,419	20,159	19,541	15,985	16,376	15,811
CFPS(원)	2,395	2,791	680	-2,811	1,159	397
DPS(원)	—	125	—	—	—	—
EBITDAPS(원)	3,761	3,608	954	-1,478	2,152	1,489

재무 비율

〈단위 : %〉

연도	영업이익률	순이익률	부채비율	차입금비율	ROA	ROE	유보율	자기자본비율	EBITDA마진율
2017	1.7	-1.7	187.9	99.2	-1.1	-3.5	216.2	34.7	4.6
2016	3.6	0.8	204.9	123.6	0.5	1.6	227.5	32.8	6.1
2015	-5.8	-9.2	250.8	149.1	-6.5	-20.3	219.7	28.5	-3.8
2014	0.2	-0.5	153.1	79.1	-0.4	-1.0	290.8	39.5	2.5

현대리바트 (A079430)
HYUNDAI LIVART FURNITURE

업　　종 : 내구소비재　　시　　장 : 거래소
신용등급 : (Bond) —　(CP) —　　기업규모 : 시가총액 중형주
홈페이지 : www.hyundailivart.co.kr　　연 락 처 : 031)331-9114
본　　사 : 경기도 용인시 처인구 남사면 경기동로 316

설 립 일	1999.06.10	**종업원수**	486명	**대표이사**	김화응
상 장 일	2005.11.22	**감사의견**	적정(한영)	**계　열**	
결 산 기	12월	**보 통 주**		**종속회사수**	3개사
액 면 가	1,000원	**우 선 주**		**구 상 호**	리바트

주주구성 (지분율,%)		출자관계 (지분율,%)		주요경쟁사 (외형,%)	
현대그린푸드	39.9	현대리바트M&S	100.0	현대리바트	100
국민연금공단	13.5	바디텍메드	0.0	한샘	232
(외국인)	7.3	HYUNDAILIVARTVINA	100.0	퍼시스	33

매출구성		비용구성		수출비중	
가구/목공,주방	38.5	매출원가율	77.7	수출	—
가정용 가구	31.9	판관비율	16.7	내수	—
자재용 보드류	19.7				

회사 개요

동사는 1993년에 설립되어 가정용, 사무용, 아파트용 가구 등을 제조 및 판매를 주요사업으로 영위중인 종합가구회사임. 동사는 2012년에 최대주주가 현대그린푸드로 변경되면서 현대백화점그룹으로 편입됐고, 2014년에 사명을 리바트에서 현대리바트로 변경함. 동사는 경기도 용인시와 안성시, 경상북도 경주시 등에 공장이 위치하고 있음. 동사는 2017년 주방가구 고급수요를 공략하기 위해 해외 유명브랜드인 윌리언 소노마와 10년 독점계약을 체결함.

실적 분석

동사는 전년 대비 20.77% 신장한 매출 8884억원과 16.86% 증가된 493억원의 영업이익을 달성함. 가정용 가구는 생활용품 전문브랜드 윌리엄소노마 신규사업 런칭으로 매출액이 증가함. 주방용가구는 제휴점 확대 및 영업인력 확충으로 인한 시장점유율 확대로 매출이 증가함. 빌트인가구는 입주물량 증가에 따라 매출이 증가함. B2B부문은 현대에이치앤에스와의 합병으로 신규로 생성된 부문으로 475억원의 매출이 증가함.

현금 흐름 〈단위 : 억원〉

항목	2016	2017
영업활동	55	210
투자활동	-211	248
재무활동	-20	-20
순현금흐름	-178	437
기말현금	246	683

시장 대비 수익률

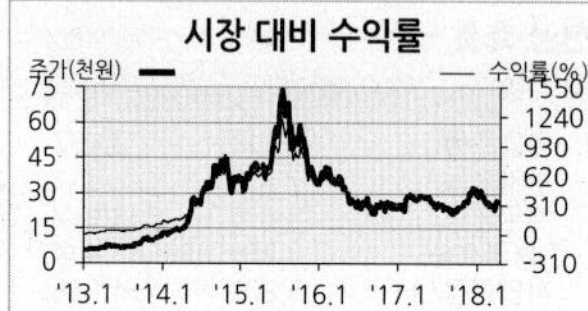

결산 실적 〈단위 : 억원〉

항목	2012	2013	2014	2015	2016	2017
매출액	5,049	5,546	6,429	6,942	7,356	8,884
영업이익	32	128	342	390	422	493
당기순이익	36	73	269	288	332	370

분기 실적 〈단위 : 억원〉

항목	2016.3Q	2016.4Q	2017.1Q	2017.2Q	2017.3Q	2017.4Q
매출액	1,843	2,114	1,949	1,943	2,226	2,766
영업이익	97	152	109	118	144	122
당기순이익	88	126	72	89	118	90

재무 상태 〈단위 : 억원〉

항목	2012	2013	2014	2015	2016	2017
총자산	3,269	3,327	3,452	3,792	4,199	6,828
유형자산	1,318	1,301	1,288	1,322	1,523	1,672
무형자산	33	28	24	19	15	324
유가증권	10	9	1	6	2	8
총부채	1,386	1,397	1,263	1,335	1,424	2,691
총차입금	337	148	30	35	29	22
자본금	173	173	173	173	173	205
총자본	1,884	1,929	2,189	2,458	2,774	4,136
지배주주지분	1,884	1,929	2,189	2,458	2,774	4,136

기업가치 지표

항목	2012	2013	2014	2015	2016	2017
주가(최고/저)(천원)	8.1/5.1	12.2/5.4	47.4/12.3	75.3/30.9	42.8/21.2	32.6/21.3
PER(최고/저)(배)	39.4/24.9	29.2/13.0	30.7/8.0	45.5/18.7	22.4/11.1	15.5/10.1
PBR(최고/저)(배)	0.8/0.5	1.1/0.5	3.7/1.0	5.3/2.2	2.7/1.3	1.6/1.1
EV/EBITDA(배)	12.5	10.3	15.4	12.5	7.9	10.1
EPS(원)	210	421	1,561	1,670	1,921	2,111
BPS(원)	11,105	11,370	12,875	14,430	16,264	20,305
CFPS(원)	519	761	1,901	2,021	2,312	2,594
DPS(원)	60	60	80	80	80	100
EBITDAPS(원)	494	1,083	2,322	2,613	2,833	3,297

재무 비율 〈단위 : %〉

연도	영업이익률	순이익률	부채비율	차입금비율	ROA	ROE	유보율	자기자본비율	EBITDA마진율
2017	5.5	4.2	65.1	0.5	6.7	10.7	1,930.5	60.6	6.5
2016	5.7	4.5	51.4	1.0	8.3	12.7	1,526.4	66.1	6.7
2015	5.6	4.2	54.3	1.4	8.0	12.4	1,343.0	64.8	6.5
2014	5.3	4.2	57.7	1.4	8.0	13.1	1,187.5	63.4	6.2

현대모비스 (A012330)
HYUNDAI MOBIS

업　　종 : 자동차부품　　시　　장 : 거래소
신용등급 : (Bond) —　(CP) —　　기업규모 : 시가총액 대형주
홈페이지 : www.mobis.co.kr　　연 락 처 : 02)2018-5114
본　　사 : 서울시 강남구 테헤란로 203

설 립 일	1977.07.01	**종업원수**	9,464명	**대표이사**	정몽구,임영득
상 장 일	1989.09.05	**감사의견**	적정(삼정)	**계　열**	
결 산 기	12월	**보 통 주**		**종속회사수**	33개사
액 면 가	5,000원	**우 선 주**		**구 상 호**	

주주구성 (지분율,%)		출자관계 (지분율,%)		주요경쟁사 (외형,%)	
기아자동차	16.9	현대아이에이치엘	90.0	현대모비스	100
국민연금공단	9.0	에이치엘그린파워	51.0	한온시스템	16
(외국인)	48.4	지아이티	45.9	현대위아	21

매출구성		비용구성		수출비중	
샤시, 칵핏모듈 등	82.5	매출원가율	87.3	수출	61.3
A/S 보수용품 등	17.5	판관비율	6.9	내수	38.7

회사 개요

동사는 자동차부품 전문 생산 업체로서 자동차 3대 핵심모듈인 샤시모듈, 칵핏모듈, 프론트엔드모듈 등을 생산하여 현대기아차에 공급하는 모듈사업과 국내외에서 운행 중인 모든 현대기아차에 소요되는 보수용부품을 공급하는 부품사업을 영위하고 있음. 종속기업인 현대라이프생명보험을 통해 금융업도 영위. 모듈 및 부품제조사업부문의 매출비중이 대부분이나, 수익성 면에서는 A/S용 부품사업부문이 우수한 이익률을 시현하고 있음.

실적 분석

동사의 2017년 연결기준 누적 매출액은 35조 1,446억원으로 전년 동기 대비 8.2% 감소함. 영업이익은 2조 249억원으로 30.3% 감소함. 외환손실이 적자전환되고 비영업부분 수익이 감소하면서 당기순이익 또한 48.9%나 감소하면서 적자폭이 확대 됨. 지난해 중국 물량 감소에 따른 고정비 부담에 더해 달러 및 위안화 약세 등 불리한 환율과 국내 파업 등의 영향으로 매출과 손익이 감소.

현금 흐름 〈단위 : 억원〉

항목	2016	2017
영업활동	28,542	24,766
투자활동	-29,609	-15,934
재무활동	-3,363	-3,955
순현금흐름	-4,486	3,586
기말현금	20,493	24,079

시장 대비 수익률

주가(천원) / 수익률(%)
244, 183, 122, 61, 0 / 40, 20, 0, -20, -40
'13.1 '14.1 '15.1 '16.1 '17.1 '18.1

결산 실적 〈단위 : 억원〉

항목	2012	2013	2014	2015	2016	2017
매출액	307,890	341,986	351,266	360,197	382,617	351,446
영업이익	29,064	29,244	31,412	29,346	29,047	20,249
당기순이익	35,420	33,964	33,925	30,400	30,473	15,577

분기 실적 〈단위 : 억원〉

항목	2016.3Q	2016.4Q	2017.1Q	2017.2Q	2017.3Q	2017.4Q
매출액	87,781	102,901	92,677	82,824	87,728	88,216
영업이익	7,217	6,799	6,687	4,924	5,444	3,194
당기순이익	7,058	6,974	7,619	4,822	4,822	-1,686

재무 상태 〈단위 : 억원〉

항목	2012	2013	2014	2015	2016	2017
총자산	300,470	344,303	391,119	377,748	417,116	417,368
유형자산	37,139	38,874	44,349	79,467	85,164	82,064
무형자산	10,469	9,790	9,673	9,310	9,610	9,570
유가증권	11,393	17,838	44,380	23,803	32,154	37,434
총부채	130,073	142,371	158,258	120,986	131,536	123,779
총차입금	27,274	30,628	33,636	33,087	33,198	30,742
자본금	4,911	4,911	4,911	4,911	4,911	4,911
총자본	170,397	201,932	232,861	256,762	285,580	293,590
지배주주지분	169,044	200,996	231,627	256,218	284,945	292,954

기업가치 지표

항목	2012	2013	2014	2015	2016	2017
주가(최고/저)(천원)	302/243	297/232	304/217	255/178	280/225	279/211
PER(최고/저)(배)	8.8/7.1	9.0/7.0	9.1/6.5	8.5/5.9	9.2/7.4	17.6/13.3
PBR(최고/저)(배)	1.9/1.5	1.5/1.2	1.3/1.0	1.0/0.7	1.0/0.8	0.9/0.7
EV/EBITDA(배)	7.2	7.0	4.8	5.9	5.9	7.2
EPS(원)	36,547	35,140	35,156	31,387	31,205	16,109
BPS(원)	174,861	207,676	239,187	266,859	296,189	304,416
CFPS(원)	41,255	40,910	40,261	36,948	37,845	23,400
DPS(원)	1,900	1,950	3,000	3,500	3,500	3,500
EBITDAPS(원)	34,557	35,805	37,372	35,707	36,477	28,093

재무 비율 〈단위 : %〉

연도	영업이익률	순이익률	부채비율	차입금비율	ROA	ROE	유보율	자기자본비율	EBITDA마진율
2017	5.8	4.4	42.2	10.5	3.7	5.4	5,934.3	70.3	7.8
2016	7.6	8.0	46.1	11.6	7.7	11.2	5,771.2	68.5	9.3
2015	8.2	8.4	47.1	12.9	7.9	12.5	5,189.8	68.0	9.7
2014	8.9	9.7	68.0	14.4	9.2	15.8	4,641.3	59.5	10.4

현대미포조선 (A010620)
Hyundai Mipo Dockyard

업 종 : 조선
신용등급 : (Bond) BBB+ (CP) A3+
홈페이지 : www.hmd.co.kr
본 사 : 울산시 동구 방어진순환도로 100 (주)현대미포조선
시 장 : 거래소
기업규모 : 시가총액 중형주
연 락 처 : 052)250-3114

설립일	1975.04.28	종업원수	3,223명	대표이사	한영석
상장일	1983.12.20	감사의견	적정(삼일)	계열	
결산기	12월	보통주		종속회사수	9개사
액면가	5,000원	우선주		구상호	

주주구성 (지분율,%)		출자관계 (지분율,%)		주요경쟁사 (외형,%)	
현대삼호중공업	42.3	현대이엔티	100.0	현대미포조선	100
국민연금공단	13.4	하이자산운용	7.6	현대중공업	630
(외국인)	10.3	현대중공업	4.8	삼성중공업	322

매출구성		비용구성		수출비중	
선박(P.C 선, B.C선,LPG선,PCTC선 등)	81.7	매출원가율	91.5	수출	71.6
금융서비스	18.3	판관비율	4.1	내수	28.4

회사 개요
동사는 현대중공업 계열의 조선업체로서 중형선박 건조부문 세계 최고의 조선소로 성장. 에틸렌 운반선, 자동차운반선, 냉동 컨테이너선, 컨-로(CON-RO)선, 아스팔트운반선, 해양작업지원선(PSV) 등 고부가 특수 선박시장에도 성공적으로 진출하였으며 선종 다변화를 도모하는 중. 1996년 베트남에 합작설립한 현대-비나신 조선소를 통해 조선부문을 확장하고, 2008년 지분을 취득한 하이투자증권 및 하이자산운용을 통해 금융투자업에 진출함.

실적 분석
2017년 누적 매출액과 영업이익은 전년동기대비 각각 28.8%, 43.5% 감소. 환율충격 및 강재가격 인상에 따른 손실충당금 293억원과 비나신조선의 태풍 여파가 원인. 매출 부진은 비나신 조선의 작업 중단의 영향, 2018년 1분기부터 정상화될 것. 수주와 관련해서는 최근 MR 탱커 용선료의 상승으로 우호적인 분위기. 아직 하이투자증권 매각이 완료되지 않았으며 현대중공업 지분도 남아 있기 때문에 현금 동원능력은 우수함.

현금 흐름
〈단위 : 억원〉

항목	2016	2017
영업활동	-1,557	-3,004
투자활동	2,852	9,636
재무활동	179	-8,062
순현금흐름	1,477	-2,421
기말현금	8,044	5,622

시장 대비 수익률
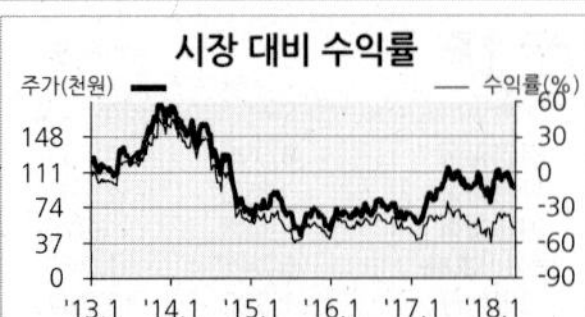

결산 실적
〈단위 : 억원〉

항목	2012	2013	2014	2015	2016	2017
매출액	44,154	39,858	39,675	46,524	34,465	24,534
영업이익	940	-2,752	-8,677	666	1,911	1,079
당기순이익	873	-2,671	-6,793	257	396	4,452

분기 실적
〈단위 : 억원〉

항목	2016.3Q	2016.4Q	2017.1Q	2017.2Q	2017.3Q	2017.4Q
매출액	9,265	3,192	9,856	8,612	6,985	-918
영업이익	383	210	512	279	651	-363
당기순이익	351	-1,447	359	1,353	1,709	1,031

재무 상태
〈단위 : 억원〉

항목	2012	2013	2014	2015	2016	2017
총자산	77,228	102,277	100,637	94,380	92,263	83,194
유형자산	9,174	8,450	8,513	8,358	11,263	10,897
무형자산	3,401	3,371	2,939	2,888	1,789	31
유가증권	40,652	64,103	55,134	53,333	52,943	2,862
총부채	43,301	69,867	81,371	76,412	69,679	59,803
총차입금	21,953	44,792	54,853	55,490	54,352	4,844
자본금	1,000	1,000	1,000	1,000	1,000	1,000
총자본	33,927	32,410	19,266	17,968	22,584	23,391
지배주주지분	31,832	30,926	17,973	16,750	21,425	22,168

기업가치 지표

항목	2012	2013	2014	2015	2016	2017
주가(최고/저)(천원)	161/102	184/105	189/69.2	95.5/44.9	83.2/49.9	119/57.1
PER(최고/저)(배)	33.7/21.3	—/—	—/—	50.3/23.6	48.4/29.0	5.5/2.6
PBR(최고/저)(배)	1.0/0.6	1.2/0.7	2.1/0.8	1.1/0.5	0.8/0.5	1.1/0.5
EV/EBITDA(배)	16.8	—	—	11.2	7.3	9.9
EPS(원)	4,876	-11,889	-31,642	1,910	1,729	21,847
BPS(원)	161,427	156,900	91,343	84,070	107,443	111,159
CFPS(원)	8,211	-8,560	-28,311	5,282	4,348	24,408
DPS(원)	1,500	800	—	—	—	—
EBITDAPS(원)	8,035	-10,429	-40,054	6,701	12,173	7,959

재무 비율
〈단위 : %〉

연도	영업이익률	순이익률	부채비율	차입금비율	ROA	ROE	유보율	자기자본비율	EBITDA마진율
2017	4.4	18.1	255.7	20.7	5.1	20.1	2,123.2	28.1	6.5
2016	5.5	1.2	308.5	240.7	0.4	1.8	2,048.9	24.5	7.1
2015	1.4	0.6	425.3	308.8	0.3	2.2	1,581.4	19.0	2.9
2014	-21.9	-17.1	422.4	284.7	-6.7	-25.9	1,726.9	19.1	-20.2

현대백화점 (A069960)
Hyundai Department Store

업 종 : 백화점
신용등급 : (Bond) AA+ (CP) A1
홈페이지 : www.ehyundai.com
본 사 : 서울시 강남구 압구정로 201
시 장 : 거래소
기업규모 : 시가총액 중형주
연 락 처 : 02)549-2233

설립일	2002.11.01	종업원수	2,637명	대표이사	정지선,이동호,박동운
상장일	2002.11.25	감사의견	적정(삼일)	계열	
결산기	12월	보통주		종속회사수	4개사
액면가	5,000원	우선주		구상호	

주주구성 (지분율,%)		출자관계 (지분율,%)		주요경쟁사 (외형,%)	
정지선	17.1	현대쇼핑	100.0	현대백화점	100
현대백화점에이치앤에스	12.1	현대백화점면세점	100.0	롯데쇼핑	984
(외국인)	27.3	현대송도개발	90.0	신세계	209

매출구성		비용구성		수출비중	
상품매출(상품)	94.9	매출원가율	16.9	수출	0.0
용역매출(용역)	5.1	판관비율	61.8	내수	100.0

회사 개요
동사는 2002년 현대그린푸드의 백화점사업부문이 분할돼 설립된 업체로 백화점 사업을 주요 사업으로 영위하고 있음. 2017년 기준 시장 점유율은 28%이며 롯데백화점과 신세계백화점이 주요 경쟁사임. 도매업과 소매업(백화점 및 아울렛)을 영위하는 한무쇼핑과 부동산 임대업(주차장 운영)을 하는 현대쇼핑, 송도아울렛 토지를 기반으로 부동산 임대업을 영위하는 현대송도개발, 현대백화점면세점을 연결대상 종속회사로 보유하고 있음.

실적 분석
2017년 연결기준 동사 매출은 1조8481.4억원으로 전년도 매출액인 1조8318억원에 비해 0.9% 증가함. 판매비와 관리비가 0.8% 증가했으나 매출이 늘고 매출원가가 1.1% 감소해 영업이익은 전년도에 비해 2.7% 증가한 3936.7억원을 시현함. 그러나 비영업부문 이익이 1.5% 감소해 당기순이익은 전년도 3211.1억원에서 5.9% 감소한 3022.5억원을 기록함.

현금 흐름
〈단위 : 억원〉

항목	2016	2017
영업활동	4,420	4,372
투자활동	-5,244	-1,457
재무활동	1,084	-2,751
순현금흐름	260	164
기말현금	700	864

시장 대비 수익률
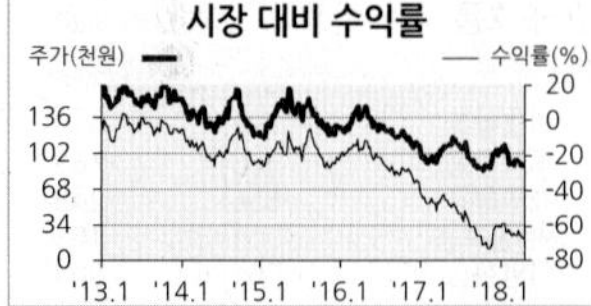

결산 실적
〈단위 : 억원〉

항목	2012	2013	2014	2015	2016	2017
매출액	15,200	15,337	15,519	16,570	18,318	18,481
영업이익	4,263	3,932	3,637	3,628	3,832	3,937
당기순이익	3,644	3,376	2,910	2,803	3,211	3,022

분기 실적
〈단위 : 억원〉

항목	2016.3Q	2016.4Q	2017.1Q	2017.2Q	2017.3Q	2017.4Q
매출액	4,236	5,001	4,952	4,359	4,223	4,948
영업이익	819	1,210	1,385	691	695	1,166
당기순이익	637	1,040	1,191	609	594	628

재무 상태
〈단위 : 억원〉

항목	2012	2013	2014	2015	2016	2017
총자산	54,001	56,007	56,839	61,608	65,873	67,773
유형자산	34,679	37,523	41,170	43,968	45,768	48,106
무형자산	399	528	519	470	455	439
유가증권	1,387	1,082	1,277	1,299	3,094	2,230
총부채	21,635	20,546	18,949	21,300	22,767	21,596
총차입금	8,577	7,491	5,006	7,195	8,591	6,197
자본금	1,170	1,170	1,170	1,170	1,170	1,170
총자본	32,365	35,461	37,890	40,309	43,106	46,177
지배주주지분	27,488	30,211	32,443	34,499	36,938	39,554

기업가치 지표

항목	2012	2013	2014	2015	2016	2017
주가(최고/저)(천원)	178/115	169/142	163/117	163/114	145/106	118/85.0
PER(최고/저)(배)	13.4/8.7	13.6/11.5	14.6/10.4	16.2/11.3	12.5/9.2	10.9/7.9
PBR(최고/저)(배)	1.5/1.0	1.3/1.1	1.2/0.9	1.1/0.8	0.9/0.7	0.7/0.5
EV/EBITDA(배)	8.5	9.1	7.8	8.2	6.8	6.4
EPS(원)	13,755	12,771	11,470	10,294	11,784	10,841
BPS(원)	119,746	131,382	140,923	151,083	161,839	173,714
CFPS(원)	17,924	17,519	16,374	15,699	17,915	16,943
DPS(원)	650	650	700	700	700	800
EBITDAPS(원)	22,384	21,551	20,443	20,909	22,504	22,923

재무 비율
〈단위 : %〉

연도	영업이익률	순이익률	부채비율	차입금비율	ROA	ROE	유보율	자기자본비율	EBITDA마진율
2017	21.3	16.4	46.8	13.4	4.5	6.6	3,374.3	68.1	29.0
2016	20.9	17.5	52.8	19.9	5.0	7.7	3,136.8	65.4	28.8
2015	21.9	16.9	52.8	17.9	4.7	7.2	2,921.7	65.4	29.5
2014	23.4	18.8	50.0	13.2	5.2	8.6	2,718.5	66.7	30.8

현대비앤지스틸 (A004560)

HYUNDAI BNG STEEL

업 종 : 금속 및 광물 | 시 장 : 거래소
신용등급 : (Bond) A- (CP) — | 기업규모 : 시가총액 소형주
홈페이지 : www.hyundai-bngsteel.com | 연 락 처 : 055)268-4114
본 사 : 경남 창원시 성산구 적현로 124

설 립 일	1966.04.07	**종업원수**	450명	**대 표 이 사**	정일선
상 장 일	1987.03.24	**감사의견**	적정(삼일)	**계 열**	
결 산 기	12월	**보 통 주**		**종속회사수**	1개사
액 면 가	5,000원	**우 선 주**		**구 상 호**	

주주구성 (지분율,%)		출자관계 (지분율,%)		주요경쟁사 (외형,%)	
아이앤아이스틸	41.1	애드스테인리스	19.9	현대비앤지스틸	100
Peter beck & Partners	5.0	솔트룩스	2.3	세아특수강	101
(외국인)	7.1	HYUNDAIBNGSTEELUSA,	100.0	유성티엔에스	60

매출구성		비용구성		수출비중	
스테인리스 강판(상품및제품)	96.9	매출원가율	90.7	수출	19.9
자동차부품	3.1	판관비율	5.1	내수	80.1

회사 개요

동사는 1966년 삼양특수강주식회사로 설립되었으며, 스테인리스 냉연강판을 전문으로 생산하는 제조업체임. 현대자동차그룹의 계열사로서 최대주주는 현대제철임(지분율 41.12%). 스테인리스 열연을 원재료로 구매해 냉간 압연을 통해 스테인리스 냉연(매출 비중 97%)을 생산하는 구조임. 생산능력은 연간 30만톤 규모로 국내 2위이며, 내수 시장의 약 25%를 점유하고 있음. 기타 사업으로 자동차 엔진을 생산하고 있음(매출 비중 약 3%).

실적 분석

스테인리스 냉연제품은 원재료비가 80% 이상 차지하므로 동사의 실적은 니켈가격과 상관관계가 매우 큼. 중국업체들의 공급과잉이 여전했지만 고객 맞춤형 전략으로 판매량을 늘리고, 니켈가격 상승으로 판매단가도 인상하여 2017년 매출액은 전년 대비 9.8% 증가함. 원재료 가격 상승과 환율 영향으로 원가율이 악화되어 영업이익은 15.4% 감소함. 전기차 생산량 증가 및 2차전지 진화에 따른 양극재 내 니켈 사용 비중이 늘어나 수요측면에서도 긍정적임.

현금 흐름 <단위 : 억원>

항목	2016	2017
영업활동	722	515
투자활동	-66	-168
재무활동	-656	-243
순현금흐름	1	103
기말현금	501	604

시장 대비 수익률

결산 실적 <단위 : 억원>

항목	2012	2013	2014	2015	2016	2017
매출액	7,472	6,967	7,116	6,890	6,608	7,259
영업이익	176	459	484	145	363	307
당기순이익	114	296	296	38	219	198

분기 실적 <단위 : 억원>

항목	2016.3Q	2016.4Q	2017.1Q	2017.2Q	2017.3Q	2017.4Q
매출액	1,567	1,810	1,953	1,835	1,831	1,640
영업이익	21	120	149	-11	113	56
당기순이익	11	78	111	-25	79	33

재무 상태 <단위 : 억원>

항목	2012	2013	2014	2015	2016	2017
총자산	6,235	6,266	6,304	5,812	5,677	5,846
유형자산	2,449	2,374	2,263	2,140	1,924	1,810
무형자산	161	162	189	183	179	185
유가증권	12	8	4	1	10	14
총부채	3,577	3,308	3,078	2,567	2,205	2,195
총차입금	2,646	2,553	2,292	1,964	1,332	1,097
자본금	759	759	759	759	759	759
총자본	2,658	2,957	3,226	3,245	3,472	3,650
지배주주지분	2,658	2,957	3,226	3,245	3,472	3,650

기업가치 지표

항목	2012	2013	2014	2015	2016	2017
주가(최고/저)(천원)	15.5/8.9	15.9/9.6	23.8/12.4	16.8/8.6	12.9/8.1	14.1/10.9
PER(최고/저)(배)	21.2/12.1	8.4/5.1	12.5/6.5	68.1/34.9	9.1/5.7	11.0/8.4
PBR(최고/저)(배)	0.9/0.5	0.8/0.5	1.1/0.6	0.8/0.4	0.6/0.4	0.6/0.5
EV/EBITDA(배)	10.2	6.0	6.2	8.1	4.7	4.4
EPS(원)	749	1,946	1,951	250	1,440	1,301
BPS(원)	17,499	19,471	21,240	21,364	22,859	24,033
CFPS(원)	1,994	3,309	3,370	1,713	2,909	2,703
DPS(원)	—	—	100	—	100	100
EBITDAPS(원)	2,403	4,387	4,607	2,419	3,861	3,426

재무 비율 <단위 : %>

연도	영업이익률	순이익률	부채비율	차입금비율	ROA	ROE	유보율	자기자본비율	EBITDA마진율
2017	4.2	2.7	60.1	30.0	3.4	5.6	380.7	62.5	7.2
2016	5.5	3.3	63.5	38.4	3.8	6.5	357.2	61.2	8.9
2015	2.1	0.6	79.1	60.5	0.6	1.2	327.3	55.8	5.3
2014	6.8	4.2	95.4	71.0	4.7	9.6	324.8	51.2	9.8

현대산업개발 (A012630)

Hyundai Development- Engineering & Construction-

업 종 : 건설 | 시 장 : 거래소
신용등급 : (Bond) A+ (CP) A2+ | 기업규모 : 시가총액 대형주
홈페이지 : www.hyundai-dvp.com | 연 락 처 : 02)2008-9114
본 사 : 서울시 용산구 한강대로 23길 55 현대아이파크몰 9층 현대산업개발

설 립 일	1977.10.14	**종업원수**	1,748명	**대 표 이 사**	김대철
상 장 일	1996.09.19	**감사의견**	적정(삼일)	**계 열**	
결 산 기	12월	**보 통 주**		**종속회사수**	19개사
액 면 가	5,000원	**우 선 주**		**구 상 호**	

주주구성 (지분율,%)		출자관계 (지분율,%)		주요경쟁사 (외형,%)	
정몽규	13.4	통영에코파워	100.0	현대산업	100
국민연금공단	10.5	통영에코파워	100.0	현대건설	315
(외국인)	40.6	호텔아이파크	100.0	대림산업	230

매출구성		비용구성		수출비중	
외주주택 등	30.2	매출원가율	81.6	수출	—
자체공사	26.0	판관비율	6.4	내수	—
토목 외	18.3				

회사 개요

동사는 1986년 합병 출범한 종합건설업체로서 아이파크 브랜드 파워를 바탕으로 주택 사업에 강점을 보유하고 있음. 주택개발 사업 이외에도 주택도급 사업, 재개발/재건축, 공공건축 및 토목 사업도 전개 중이며 민간 개발형 도급사업 등을 꾸준히 수주하여 업계 상위권의 시장지위를 유지하고 있음. 국내 민자 SOC 시장에서도 활발히 참여하고 있음. 주요 종속 회사로 현대EP, 아이서비스, 아이앤콘스, 현대아이파크몰, 영창뮤직 등이 있음.

실적 분석

동사의 연결 기준 2017년 매출액은 전년보다 12.8% 증가하여 53,586.9억원을 기록하였음. 비용면에서 전년 대비 매출원가는 비슷한 수준으로 증가하였으나 인건비 5%, 판관비가 10% 감소하였으며 이는 전년 대비 24.9% 증가한 영업이익 6,461.4억원을 시현한 배경이 됨. 비영업 부문에서는 금융손실, 외환손실 등 적자가 지속되었으며 최종적으로 동사의 2017년 당기순이익은 전년보다 25% 증가한 4,136.7억원을 기록함.

현금 흐름 <단위 : 억원>

항목	2016	2017
영업활동	8,398	4,532
투자활동	-890	-2,290
재무활동	-1,458	-976
순현금흐름	6,045	1,265
기말현금	11,522	12,787

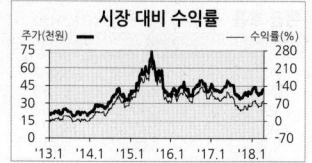

시장 대비 수익률

주가(천원) — 수익률(%)

결산 실적 <단위 : 억원>

항목	2012	2013	2014	2015	2016	2017
매출액	33,341	42,169	44,774	46,026	47,499	53,587
영업이익	1,034	-1,479	2,253	3,895	5,172	6,461
당기순이익	53	-2,012	833	2,386	3,310	4,137

분기 실적 <단위 : 억원>

항목	2016.3Q	2016.4Q	2017.1Q	2017.2Q	2017.3Q	2017.4Q
매출액	11,647	13,968	11,331	13,642	13,494	15,120
영업이익	1,422	1,284	1,410	1,412	1,716	1,923
당기순이익	884	740	1,028	1,090	1,291	727

재무 상태 <단위 : 억원>

항목	2012	2013	2014	2015	2016	2017
총자산	66,385	64,208	59,365	55,101	57,846	65,394
유형자산	8,935	8,708	8,556	8,445	8,510	10,352
무형자산	230	206	195	146	159	161
유가증권	5,089	4,667	4,583	4,443	4,591	3,998
총부채	42,106	42,185	36,636	30,391	30,297	35,770
총차입금	26,121	23,635	19,769	13,196	12,169	13,348
자본금	3,769	3,769	3,769	3,769	3,769	3,769
총자본	24,278	22,023	22,729	24,710	27,549	29,625
지배주주지분	23,523	21,217	21,806	23,576	26,220	28,034

기업가치 지표

항목	2012	2013	2014	2015	2016	2017
주가(최고/저)(천원)	26.4/16.0	26.6/18.2	43.0/21.3	74.5/34.9	50.9/33.9	50.1/32.0
PER(최고/저)(배)	—/—	—/—	50.1/24.8	27.3/12.8	13.1/8.7	9.9/6.4
PBR(최고/저)(배)	0.9/0.5	1.0/0.7	1.5/0.8	2.4/1.1	1.5/1.0	1.3/0.8
EV/EBITDA(배)	26.8	—	16.9	8.4	6.1	4.3
EPS(원)	-5	-2,768	913	2,876	4,069	5,169
BPS(원)	32,316	29,257	30,039	32,386	35,893	40,343
CFPS(원)	529	-2,107	1,468	3,440	4,621	5,699
DPS(원)	200	50	300	500	700	1,000
EBITDAPS(원)	1,906	-1,301	3,544	5,732	7,413	9,102

재무 비율 <단위 : %>

연도	영업이익률	순이익률	부채비율	차입금비율	ROA	ROE	유보율	자기자본비율	EBITDA마진율
2017	12.1	7.7	120.7	45.1	6.7	14.4	706.9	45.3	12.8
2016	10.9	7.0	110.0	44.2	5.9	12.3	617.9	47.6	11.8
2015	8.5	5.2	123.0	53.4	4.2	9.6	547.7	44.8	9.4
2014	5.0	1.9	161.2	87.0	1.4	3.2	500.8	38.3	6.0

현대상선 (A011200)
HYUNDAI MERCHANT MARINE

업종	해상운수	시장	거래소
신용등급	(Bond) BB (CP) —	기업규모	시가총액 중형주
홈페이지	www.hmm21.com	연락처	02)3706-5114
본사	서울시 종로구 율곡로 194		

설립일	1976.03.25	종업원수	1,267명	대표이사	유창근
상장일	1995.09.06	감사의견	적정(삼일)	계열	
결산기	12월	보통주		종속회사수	30개사
액면가	5,000원	우선주		구상호	

주주구성 (지분율,%)		출자관계 (지분율,%)		주요경쟁사 (외형,%)	
한국산업은행	13.2	에이치티알헤시라스	100.0	현대상선	100
한국선박해양	4.5	현대해양서비스	100.0	팬오션	46
(외국인)	6.5	현대상선퍼시픽	100.0	흥아해운	17

매출구성		비용구성		수출비중	
컨테이너 운송	81.4	매출원가율	102.0	수출	—
벌크화물 운송	12.7	판관비율	6.1	내수	—
터미널, 공사 등	5.8				

회사 개요

동사는 컨테이너, 벌크 화물, 탱커 운송 사업을 영위하는 대형 해운선사임. 해영선박, 현대해양서비스, 현대상선퍼시픽, HMM AMERICA 등을 연결대상 종속회사로 보유하고 있음. 2017년 매출은 컨테이너부문 86.6%, 벌크부문 10.8%, 기타부문 2.6%로 구성됨. 컨테이너 및 건화물 운임과 글로벌 경기에 따른 물동량 변화, 유가, 환율 등이 영업에 미치는 주요 요인임.

실적 분석

동사의 2017년 연결기준 매출액은 전년 대비 9.7% 증가한 5조 280.2억원을 기록함. 영업이익은 적자지속하였지만 적자폭 감소. 한편, 비영업부문은 외화자산 및 부채 관련손실이 전년 대비 증가했으며, 채무조정이익이 발생하지 않음에 따라 손실규모는 크게 확대되었음. 이에 따라 동사의 2017년 당기순이익은 -1조 2,185억원을 기록하며 적자가 지속되었음.

현금 흐름

〈단위 : 억원〉

항목	2016	2017
영업활동	-6,410	-2,766
투자활동	14,760	-2,268
재무활동	-5,030	6,615
순현금흐름	3,301	1,427
기말현금	5,337	6,764

시장 대비 수익률

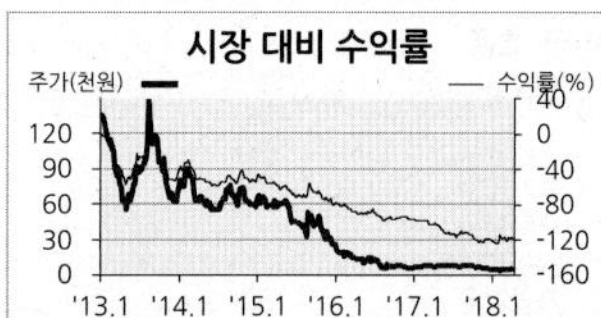

결산 실적

〈단위 : 억원〉

항목	2012	2013	2014	2015	2016	2017
매출액	80,469	70,687	65,150	56,451	45,848	50,280
영업이익	-5,096	-3,627	-2,350	-2,793	-8,334	-4,068
당기순이익	-9,886	-7,140	218	-6,270	-4,842	-12,182

분기 실적

〈단위 : 억원〉

항목	2016.3Q	2016.4Q	2017.1Q	2017.2Q	2017.3Q	2017.4Q
매출액	10,784	12,716	13,025	12,420	12,956	11,880
영업이익	-2,303	-1,861	-1,312	-1,281	-295	-1,180
당기순이익	2,971	-7,211	-7,346	-1,737	-603	-2,496

재무 상태

〈단위 : 억원〉

항목	2012	2013	2014	2015	2016	2017
총자산	89,824	88,426	72,658	59,425	43,981	36,024
유형자산	42,792	43,543	42,551	34,260	22,762	15,968
무형자산	2,219	2,713	1,792	540	297	803
유가증권	2,695	2,352	1,164	806	336	319
총부채	78,871	81,549	65,802	56,604	34,193	27,055
총차입금	67,480	67,230	53,220	49,036	26,926	21,379
자본금	7,714	8,464	9,114	11,825	8,986	15,683
총자본	10,953	6,877	6,855	2,821	9,788	8,969
지배주주지분	9,872	4,664	5,945	2,391	9,753	8,948

기업가치 지표

항목	2012	2013	2014	2015	2016	2017
주가(최고/저)(천원)	216/151	166/62.3	106/60.3	75.8/28.6	28.9/6.5	8.2/4.7
PER(최고/저)(배)	—/—	—/—	75.8/43.1	—/—	—/—	—/—
PBR(최고/저)(배)	4.2/2.9	7.1/2.7	6.0/3.4	12.5/4.7	4.8/1.1	2.9/1.7
EV/EBITDA(배)	—	—	1,515.9	—	—	—
EPS(원)	-46,066	-30,471	1,248	-14,940	-4,406	-6,226
BPS(원)	6,700	3,030	3,262	1,011	5,427	2,853
CFPS(원)	-4,903	-2,783	1,584	-1,777	-2,738	-5,616
DPS(원)	—	—	—	—	—	—
EBITDAPS(원)	-1,649	-660	24	-214	-5,921	-1,468

재무 비율

〈단위 : %〉

연도	영업이익률	순이익률	부채비율	차입금비율	ROA	ROE	유보율	자기자본비율	EBITDA마진율
2017	-8.1	-24.2	일부잠식	일부잠식	-30.5	-130.3	-42.9	24.9	-5.7
2016	-18.2	-10.6	349.3	275.1	-9.4	-80.0	8.5	22.3	-14.1
2015	-5.0	-11.1	일부잠식	일부잠식	-9.5	-147.8	-79.8	4.8	-0.8
2014	-3.6	0.3	일부잠식	일부잠식	0.3	7.0	-34.8	9.4	0.1

현대시멘트 (A006390)
Hyundai Cement

업종	건축소재	시장	거래소
신용등급	(Bond) — (CP) —	기업규모	시가총액 소형주
홈페이지	www.hdcement.co.kr	연락처	02)520-2114
본사	서울시 서초구 서초대로398 플래티넘타워		

설립일	1969.12.30	종업원수	397명	대표이사	이주환
상장일	1975.12.26	감사의견	적정(삼일)	계열	
결산기	12월	보통주		종속회사수	
액면가	5,000원	우선주		구상호	

주주구성 (지분율,%)		출자관계 (지분율,%)		주요경쟁사 (외형,%)	
에이치엘케이홀딩스	84.6	신라상호저축은행	7.3	현대시멘트	100
한국산업은행	1.7	한일대우시멘트	6.3	아세아시멘트	132
(외국인)	0.3	씨씨케이	5.8	성신양회	186

매출구성		비용구성		수출비중	
시멘트	99.8	매출원가율	78.4	수출	0.0
임대매출외	0.2	판관비율	14.4	내수	100.0

회사 개요

동사는 시멘트 제조 및 판매업을 주요사업으로 영위하고 있음. 시멘트는 중량품이면서 대량소비품목으로 5월과 10월에 소비가 가장 높고, 1월과 2월이 가장 낮게 나타나는 등 성수기와 비수기가 뚜렷하게 구분되는 계절성이 큰 상품임. 동사의 시멘트부문 국내시장점유율은 2016년 기준 9.5%임. 건설경기 및 부동산경기 회복세에 따라 국내 총수요가 증가할 것으로 예상되나, 대체제 사용량의 증가로 출하량 개선폭은 제한적일 전망임.

실적 분석

2017년 판매량 감소와 M&A 관련 일회성 비용 발생 및 유연탄가격 상승 등으로 인하여 매출액은 전년대비 8.0% 감소한 3,486.8억원, 영업이익은 전년대비 53.4% 감소한 249.0억원을 기록하였으며, 당기순이익은 영업외 수익과 비용 변동 등 영향으로 전년도 -1,500억원에서 2017년 615억원으로 흑자전환함. 2018년 SOC예산 축소 및 민간주택분양 감소 영향이 본격화될 것으로 전망되어 시장에서 치열한 경쟁이 예고됨.

현금 흐름 *IFRS 별도 기준

〈단위 : 억원〉

항목	2016	2017
영업활동	779	241
투자활동	-543	-25
재무활동	-200	-404
순현금흐름	37	-188
기말현금	274	86

시장 대비 수익률

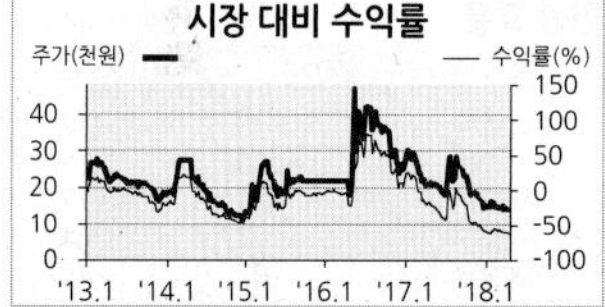

결산 실적

〈단위 : 억원〉

항목	2012	2013	2014	2015	2016	2017
매출액	2,985	3,264	3,257	3,632	3,789	3,487
영업이익	291	457	485	525	534	249
당기순이익	-388	-3,475	2,834	-110	-1,500	615

분기 실적 *IFRS 별도 기준

〈단위 : 억원〉

항목	2016.3Q	2016.4Q	2017.1Q	2017.2Q	2017.3Q	2017.4Q
매출액	886	1,032	748	1,028	843	868
영업이익	102	140	-196	213	139	92
당기순이익	164	1,166	92	326	-109	306

재무 상태 *IFRS 별도 기준

〈단위 : 억원〉

항목	2012	2013	2014	2015	2016	2017
총자산	5,338	4,793	4,696	5,051	5,199	4,961
유형자산	3,129	3,023	2,904	2,866	2,859	2,825
무형자산	43	33	33	29	23	29
유가증권	28	28	24	21	0	451
총부채	4,690	7,557	4,137	4,741	3,769	2,868
총차입금	3,719	6,595	3,129	3,301	2,315	1,520
자본금	367	367	438	438	838	838
총자본	648	-2,764	559	310	1,430	2,093
지배주주지분	648	-2,764	559	310	1,430	2,093

기업가치 지표 *IFRS 별도 기준

항목	2012	2013	2014	2015	2016	2017
주가(최고/저)(천원)	43.6/21.4	28.3/15.5	29.8/11.5	28.2/12.9	47.1/17.9	31.8/14.4
PER(최고/저)(배)	—/—	—/—	0.6/0.2	—/—	—/—	8.7/3.9
PBR(최고/저)(배)	0.5/0.2	-0.1/-0.1	3.1/1.2	4.2/1.9	5.5/2.1	2.6/1.2
EV/EBITDA(배)	9.5	11.6	6.3	6.8	8.8	8.5
EPS(원)	-37,364	-342,918	53,495	-1,254	-13,442	3,670
BPS(원)	12,584	-33,869	9,541	6,675	8,533	12,492
CFPS(원)	-3,295	-45,430	56,079	315	-12,160	4,561
DPS(원)	—	—	—	—	—	—
EBITDAPS(원)	5,836	8,089	11,746	7,568	6,065	2,377

재무 비율

〈단위 : %〉

연도	영업이익률	순이익률	부채비율	차입금비율	ROA	ROE	유보율	자기자본비율	EBITDA마진율
2017	7.1	17.6	137.0	72.6	12.1	34.9	149.8	42.2	11.4
2016	14.1	-39.6	263.6	161.9	-29.3	-172.4	70.7	27.5	17.9
2015	14.5	-3.0	일부잠식	일부잠식	-2.3	-25.3	33.5	6.1	18.2
2014	14.9	87.0	740.0	559.8	59.8	전기잠식	90.8	11.9	19.1

현대아이비티 (A048410)
HYUNDAI IBT CO

업　　종 : 디스플레이 및 관련부품 | 시　　장 : KOSDAQ
신용등급 : (Bond) —　(CP) — | 기업규모 : 중견
홈페이지 : www.hyundaiibt.com | 연 락 처 : 070)7008-0141
본　　사 : 경북 김천시 아포읍 아포공단길 106

설립일	2000.05.25	**종업원수**	61명	**대표이사**	오상기
상장일	2002.07.27	**감사의견**	적정(한울)	**계열**	
결산기	12월	**보통주**		**종속회사수**	3개사
액면가	500원	**우선주**		**구상호**	

주주구성 (지분율,%)		출자관계 (지분율,%)		주요경쟁사 (외형,%)	
씨앤팜	9.7			현대아이비티	100
토마토상호저축은행	3.1			HB테크놀러지	892
(외국인)	0.8			동아엘텍	784

매출구성		비용구성		수출비중	
LCD모니터(기타)	61.9	매출원가율	53.6	수출	35.4
바이오 제품 (양모제 등)(기타)	29.9	판관비율	41.8	내수	64.6
디지털사이니지(기타)	5.8				

회사 개요
동사는 이천 본사, 김천 공장 및 유럽, 미주, 일본의 판매법인을 통해 글로벌 생산, 판매망을 구축하고, LCD모니터, 디지털 사이니지 등 디스플레이 제품의 제조, 판매를 주요 사업으로 영위하고 있으며 매년 매출액의 90% 이상을 수출로 달성하고 있음. 디스플레이 사업의 경쟁이 심화됨에 따라 2012년 상반기부터 바이오 신규사업을 추진하고 있음. 바이오사업의 매출액이 전체 매출액에서 차지하는 비중은 아직 크지 않으나 지속적으로 확대할 계획임.

실적 분석
동사의 2017년 4/4분기 연결기준 누적 매출액은 319.7억원으로 전년 동기 대비 11.4% 감소함. 외형축소에도 매출원가와 판관비가 전년동기 대비 각각 28.9%, 29.5% 감소함에 따라 14.6억원의 영업이익을 시현하며 흑자전환했음. 비영업손실도 전년동기 11.9억원에서 2.5억원으로 대폭 감소했음. 이에 따라 12.2억원의 당기순이익을 기록하며 흑자전환했음.

현금 흐름
<단위 : 억원>

항목	2016	2017
영업활동	-43	-37
투자활동	-100	7
재무활동	121	-17
순현금흐름	-22	-49
기말현금	97	49

시장 대비 수익률
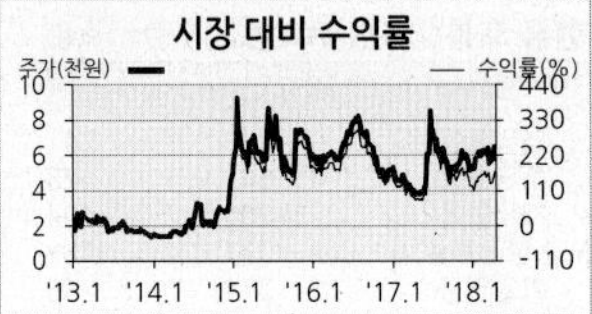

결산 실적
<단위 : 억원>

항목	2012	2013	2014	2015	2016	2017
매출액	371	255	289	407	361	320
영업이익	-52	-83	6	14	-70	15
당기순이익	-80	-104	-31	7	-81	12

분기 실적
<단위 : 억원>

항목	2016.3Q	2016.4Q	2017.1Q	2017.2Q	2017.3Q	2017.4Q
매출액	84	109	59	66	80	115
영업이익	-15	-57	-4	5	9	4
당기순이익	-21	-58	-11	1	6	16

재무 상태
<단위 : 억원>

항목	2012	2013	2014	2015	2016	2017
총자산	321	308	328	434	534	495
유형자산	72	57	57	54	101	94
무형자산	9	9	10	6	22	19
유가증권	—	—	6	6	6	—
총부채	132	90	103	188	352	186
총차입금	77	50	49	134	273	164
자본금	102	149	151	151	151	163
총자본	189	218	225	246	182	309
지배주주지분	189	218	225	246	182	309

기업가치 지표

항목	2012	2013	2014	2015	2016	2017
주가(최고/저)(천원)	3.9/1.3	3.1/1.3	5.5/4.6	9.6/4.4	8.3/3.8	8.6/5.1
PER(최고/저)(배)	—/—	—/—	—/—	406.8/196.4	—/—	228.6/101.7
PBR(최고/저)(배)	4.4/1.7	4.3/1.8	7.3/1.7	11.8/5.7	13.8/7.4	9.0/4.0
EV/EBITDA(배)	—	—	85.8	76.1	—	56.9
EPS(원)	-400	-443	-105	23	-266	37
BPS(원)	923	734	742	812	601	948
CFPS(원)	-331	-358	-67	59	-226	90
DPS(원)	—	—	—	—	—	—
EBITDAPS(원)	-184	-272	59	80	-189	97

재무 비율
<단위 : %>

연도	영업이익률	순이익률	부채비율	차입금비율	ROA	ROE	유보율	자기자본비율	EBITDA마진율
2017	4.6	3.8	60.2	53.0	2.4	5.0	89.7	62.4	9.9
2016	-19.3	-22.4	193.1	150.0	-16.7	-37.7	20.3	34.1	-15.9
2015	3.3	1.8	76.4	54.3	1.9	3.0	62.5	56.7	6.0
2014	2.2	-10.8	45.9	21.8	-9.8	-14.0	48.5	68.5	6.1

현대약품 (A004310)
Hyundai Pharmaceutical

업　　종 : 제약 | 시　　장 : 거래소
신용등급 : (Bond) —　(CP) — | 기업규모 : 시가총액 소형주
홈페이지 : www.hyundaipharm.co.kr | 연 락 처 : 041)570-5114
본　　사 : 충남 천안시 동남구 풍세면 잔다리길 55

설립일	1965.07.16	**종업원수**	390명	**대표이사**	김영학,이상준
상장일	1978.06.28	**감사의견**	적정(한영)	**계열**	
결산기	11월	**보통주**		**종속회사수**	
액면가	500원	**우선주**		**구상호**	

주주구성 (지분율,%)		출자관계 (지분율,%)		주요경쟁사 (외형,%)	
이한구	17.9	에이앤펩	40.4	현대약품	100
이상준	5.0	현대I&S	18.6	테라젠이텍스	82
(외국인)	1.6	현대B&F	15.0	삼성제약	32

매출구성		비용구성		수출비중	
마이녹실, 미에로화이바등	65.2	매출원가율	52.5	수출	0.1
타코실, 액틱 등	34.0	판관비율	46.0	내수	99.9
임대료 등	0.8				

회사 개요
동사는 1965년 7월 시노카 등의 의약품과 미에로화이바 등의 건강기능음료의 제조, 판매 등을 주 영업 목적으로 설립됨. 1978년 5월 유가증권시장에 상장됨. 2017년 상반기 제품 매출액은 408.5억원으로 전체 매출의 61.9%임. 체내 인슐린 분비를 조절하는 경구용 제2형 당뇨병 치료제 신약 과제인 HDNO-1605 (구 과제코드: HD-6277)는 유럽 임상 1상 IND 승인을 획득하여 임상 1상 진행 예정에 있음.

실적 분석
동사의 2017년 연간 누적 매출액은 전년 동기 309.1억원 대비 2.6% 증가한 317.1억원을 기록함. 외형확대에도 원가부담이 늘면서 영업손실은 전년동기 대비 55.5% 늘어난 3.7억원을 기록함. 금융손실이 있었으나 외환손익의 흑자전환으로 비영업손익은 흑자전환함. 경구용 제2형 당뇨병 치료 신약 후보물질 'HD-6277'의 임상 1상 연구를 진행 중에 있음.

현금 흐름 *IFRS 별도 기준
<단위 : 억원>

항목	2017	2018.1Q
영업활동	-20	—
투자활동	26	—
재무활동	-10	—
순현금흐름	-4	—
기말현금	82	—

시장 대비 수익률
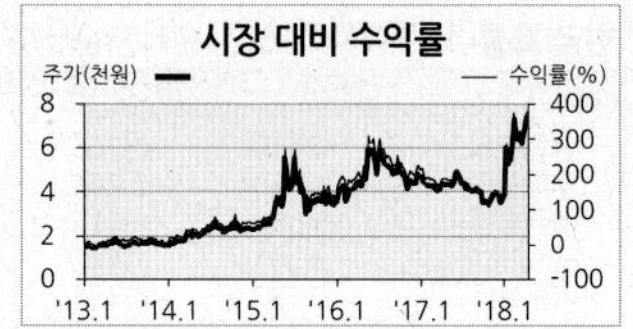

결산 실적
<단위 : 억원>

항목	2013	2014	2015	2016	2017	2018
매출액	1,081	1,078	1,098	1,200	1,305	—
영업이익	22	23	17	25	20	—
당기순이익	15	15	16	14	15	—

분기 실적 *IFRS 별도 기준
<단위 : 억원>

항목	2016.4Q	2017.1Q	2017.2Q	2017.3Q	2017.4Q	2018.1Q
매출액	300	309	351	318	326	—
영업이익	4	8	8	5	-1	—
당기순이익	3	4	5	3	3	—

재무 상태 *IFRS 별도 기준
<단위 : 억원>

항목	2013	2014	2015	2016	2017	2018.1Q
총자산	1,434	1,473	1,465	1,482	1,546	—
유형자산	333	327	325	327	330	—
무형자산	18	18	17	32	38	—
유가증권	58	110	102	74	86	—
총부채	422	426	421	505	565	—
총차입금	207	188	210	269	295	—
자본금	140	140	140	140	140	—
총자본	1,012	1,047	1,044	978	981	—
지배주주지분	1,012	1,047	1,044	978	981	—

기업가치 지표 *IFRS 별도 기준

항목	2013	2014	2015	2016	2017	2018.1Q
주가(최고/저)(천원)	2.0/1.4	2.7/1.5	5.7/2.3	6.8/3.4	5.0/3.3	7.6/3.5
PER(최고/저)(배)	42.6/29.0	56.9/31.2	106.8/42.4	144.0/71.0	100.3/66.8	—/—
PBR(최고/저)(배)	0.5/0.4	0.7/0.4	1.5/0.6	1.8/0.9	1.3/0.9	0.0/0.0
EV/EBITDA(배)	13.2	17.9	33.4	31.1	31.2	—/—
EPS(원)	50	51	55	48	50	—
BPS(원)	4,098	4,222	4,125	3,949	4,045	—
CFPS(원)	128	121	127	130	142	—
DPS(원)	43	45	48	48	50	—
EBITDAPS(원)	153	149	131	168	162	—

재무 비율
<단위 : %>

연도	영업이익률	순이익률	부채비율	차입금비율	ROA	ROE	유보율	자기자본비율	EBITDA마진율
2017	1.5	1.1	57.6	30.0	1.0	1.5	708.9	63.5	3.5
2016	2.1	1.2	51.6	27.6	1.0	1.4	689.7	66.0	3.9
2015	1.6	1.5	40.3	20.1	1.1	1.5	725.0	71.3	3.3
2014	2.1	1.4	40.7	17.9	1.0	1.4	744.4	71.1	3.9

현대에이치씨엔 (A126560)

HYUNDAI HCN CO

업 종 : 미디어
신용등급 : (Bond) — (CP) —
홈페이지 : www.hcn.co.kr
본 사 : 서울시 서초구 반포대로 19, 에이치씨엔빌딩
시 장 : 거래소
기업규모 : 시가총액 중형주
연 락 처 : 070)8100-1000

설 립 일	1992.03.16	**종업원수**	426명	**대표이사**	유정석
상 장 일	2010.12.23	**감사의견**	적정(삼정)	**계 열**	
결 산 기	12월	**보 통 주**		**종속회사수**	2개사
액 면 가	500원	**우 선 주**		**구 상 호**	

주주구성 (지분율,%)		출자관계 (지분율,%)		주요경쟁사 (외형,%)	
현대홈쇼핑	35.3	현대미디어	100.0	현대에이치씨엔	100
현대쇼핑	11.1	에브리온티브이	100.0	SBS미디어홀딩스	145
(외국인)	19.2	케이블티비브이오디	17.8	나스미디어	41

매출구성		비용구성		수출비중	
방송	42.9	매출원가율	60.0	수출	—
광고	35.5	판관비율	23.0	내수	—
인터넷	18.0				

회사 개요

동사는 방송, 인터넷, 광고를 주 사업으로 하는 업체로서 종합유선방송사업에서는 CJ헬로, 티브로드, 딜라이브에 이어 국내 4위의 시장점유율을 보유함. 총 8개 사업권역에서 서비스를 제공하고 있으며 방송, 광고, 인터넷 수익 등 4가지 매출을 통해 균형 잡힌 사업부문을 구성하고 있음. 디지털방송과의 결합상품 및 신규기술을 통한 단체가입자확보 활동으로 신규가입자 확보에 집중하고 있음.

실적 분석

동사의 2017년도 연결기준 연간 매출액은 2,902.4억원으로 전년 대비 0.6% 감소함. 업체간 경쟁이 치열한 인터넷 부문은 결합상품의 판매 호조로 안정적인 수익원으로 자리잡음. 다양한 컨텐츠와 DMC사업자 인수를 통해 최상의 인프라 구축에 힘쓰고 있음. 디지털방송은 기존 서비스보다 더 선명한 UHDTV 서비스를 출시했으며, 이를 기반으로 시장에서 선도적인 역할을 할 것으로 기대됨.

현금 흐름

〈단위 : 억원〉

항목	2016	2017
영업활동	965	872
투자활동	-530	-1,143
재무활동	-139	-44
순현금흐름	295	-315
기말현금	632	317

시장 대비 수익률

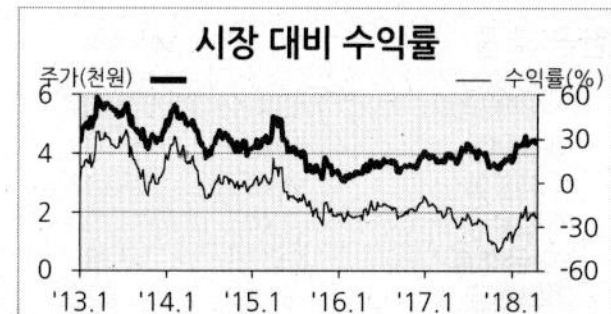

결산 실적

〈단위 : 억원〉

항목	2012	2013	2014	2015	2016	2017
매출액	2,754	3,051	3,062	2,912	2,921	2,902
영업이익	653	578	568	454	492	493
당기순이익	557	547	466	382	456	435

분기 실적

〈단위 : 억원〉

항목	2016.3Q	2016.4Q	2017.1Q	2017.2Q	2017.3Q	2017.4Q
매출액	728	740	719	745	756	683
영업이익	146	55	125	142	151	74
당기순이익	124	82	119	120	128	68

재무 상태

〈단위 : 억원〉

항목	2012	2013	2014	2015	2016	2017
총자산	5,841	6,111	6,412	6,522	6,911	7,350
유형자산	1,600	1,511	1,408	1,367	1,221	1,227
무형자산	1,696	2,130	2,146	2,134	2,126	2,106
유가증권	118	18	21	23	19	22
총부채	925	777	680	556	627	658
총차입금	382	262	120	—	—	—
자본금	539	539	539	539	564	564
총자본	4,916	5,334	5,732	5,966	6,284	6,691
지배주주지분	4,610	5,039	5,410	5,774	6,284	6,691

기업가치 지표

항목	2012	2013	2014	2015	2016	2017
주가(최고/저)(천원)	5.2/2.5	6.0/4.1	5.6/3.7	5.3/3.2	4.1/3.0	4.3/3.5
PER(최고/저)(배)	11.4/5.5	13.2/9.0	14.4/9.6	16.1/9.6	10.0/7.6	11.4/9.1
PBR(최고/저)(배)	1.3/0.6	1.3/0.9	1.2/0.8	1.0/0.6	0.7/0.6	0.7/0.6
EV/EBITDA(배)	2.6	3.0	2.9	1.8	1.7	1.4
EPS(원)	484	477	408	343	412	386
BPS(원)	4,273	4,671	5,015	5,353	5,653	6,014
CFPS(원)	925	947	862	787	840	753
DPS(원)	40	40	40	40	40	50
EBITDAPS(원)	1,047	1,006	981	865	885	804

재무 비율

〈단위 : %〉

연도	영업이익률	순이익률	부채비율	차입금비율	ROA	ROE	유보율	자기자본비율	EBITDA마진율
2017	17.0	15.0	9.8	0.0	6.1	6.7	1,102.8	91.0	31.3
2016	16.9	15.6	10.0	0.0	6.8	7.4	1,030.6	90.9	32.7
2015	15.6	13.1	9.3	0.0	5.9	6.6	970.6	91.5	32.0
2014	18.6	15.2	11.9	2.1	7.4	8.4	903.0	89.4	34.6

현대엘리베이터 (A017800)

Hyundai Elevator

업 종 : 기계
신용등급 : (Bond) A- (CP) —
홈페이지 : www.hyundaielevator.co.kr
본 사 : 경기도 이천시 부발읍 경충대로 2091 현대엘리베이터(주)
시 장 : 거래소
기업규모 : 시가총액 중형주
연 락 처 : 031)644-5114

설 립 일	1984.05.23	**종업원수**	2,158명	**대표이사**	장병우
상 장 일	1996.06.05	**감사의견**	적정(삼일)	**계 열**	
결 산 기	12월	**보 통 주**		**종속회사수**	13개사
액 면 가	5,000원	**우 선 주**		**구 상 호**	

주주구성 (지분율,%)		출자관계 (지분율,%)		주요경쟁사 (외형,%)	
Schindler Holdings AG	15.8	현대투자파트너스제1호벤처투자조합	97.5	현대엘리베이	100
국민연금공단	8.2	현대종합연수원	97.1	두산중공업	728
(외국인)	27.0	현대엘앤알	83.7	두산인프라코어	329

매출구성		비용구성		수출비중	
승강기 등	75.1	매출원가율	81.0	수출	14.2
승강기 유지보수 등	16.0	판관비율	12.2	내수	85.8
관광상품 등	5.1				

회사 개요

동사는 1984년 설립돼 승객용과 화물용 엘리베이터, 에스컬레이터, 주차설비 등을 제조, 판매, 보수, 수출하는 사업을 주요 사업으로 영위하고 있음. 에이블현대호텔앤리조트, 현대경제연구원, SHANGHAI HYUNDAI ELEVATOR CO., LTD 등을 연결대상 종속회사로 보유하고 있음. 수요산업인 건축경기에 민감하고 건축공사 공정 마무리 단계에 동사 제품이 투입되기 때문에 건설경기에 비해 1~2년 정도 후행함.

실적 분석

2017년 연결기준 동사 매출은 1조9937억원을 기록함. 전년도 매출액인 1조7587.9억원에 비해 13.4% 증가한 금액임. 매출이 증가했으나 매출원가가 18.4% 늘고 판매비와 관리비가 14% 증가함. 이에 영업이익은 전년도 1815.7억원에서 25.5% 감소한 1352.9억원을 기록함. 당기순이익도 전년도 1169.3억원에서 32.4% 감소한 790억원을 기록하는 데 그침.

현금 흐름

〈단위 : 억원〉

항목	2016	2017
영업활동	1,586	927
투자활동	3	-3,698
재무활동	-1,001	1,148
순현금흐름	604	-1,660
기말현금	4,899	3,239

시장 대비 수익률

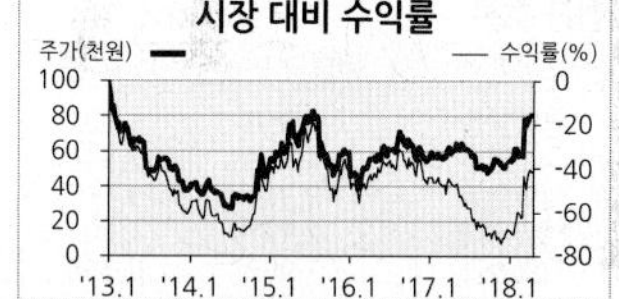

결산 실적

〈단위 : 억원〉

항목	2012	2013	2014	2015	2016	2017
매출액	9,156	10,662	13,056	14,487	17,588	19,937
영업이익	493	986	1,338	1,565	1,816	1,353
당기순이익	-2,710	-3,427	504	-50	1,169	790

분기 실적

〈단위 : 억원〉

항목	2016.3Q	2016.4Q	2017.1Q	2017.2Q	2017.3Q	2017.4Q
매출액	4,477	4,970	4,554	5,264	5,363	4,757
영업이익	539	463	299	399	386	268
당기순이익	-364	1,324	259	142	521	-132

재무 상태

〈단위 : 억원〉

항목	2012	2013	2014	2015	2016	2017
총자산	12,661	12,043	10,729	17,727	21,076	22,877
유형자산	828	1,000	1,209	4,392	6,835	7,443
무형자산	45	56	66	480	1,805	1,748
유가증권	805	2,328	510	56	138	517
총부채	8,696	10,443	7,012	11,309	13,165	14,524
총차입금	6,367	7,479	3,383	3,805	3,529	5,032
자본금	602	682	982	1,232	1,232	1,232
총자본	3,965	1,601	3,717	6,418	7,911	8,353
지배주주지분	3,965	1,592	3,706	6,415	7,785	8,363

기업가치 지표

항목	2012	2013	2014	2015	2016	2017
주가(최고/저)(천원)	121/61.9	106/37.7	58.5/26.7	85.6/46.0	71.2/38.4	65.8/44.8
PER(최고/저)(배)	—/—	—/—	23.9/10.9	—/—	13.9/7.5	17.5/11.9
PBR(최고/저)(배)	4.3/2.2	10.6/3.8	3.4/1.6	3.4/1.8	2.3/1.2	2.0/1.3
EV/EBITDA(배)	29.9	10.2	9.1	7.8	6.1	9.0
EPS(원)	-20,831	-22,989	2,499	-178	5,225	3,801
BPS(원)	32,956	11,680	18,878	26,044	31,605	33,952
CFPS(원)	-23,382	-25,936	3,215	225	6,207	4,868
DPS(원)	—	—	—	—	500	500
EBITDAPS(원)	4,979	8,176	7,654	7,299	8,354	6,560

재무 비율

〈단위 : %〉

연도	영업이익률	순이익률	부채비율	차입금비율	ROA	ROE	유보율	자기자본비율	EBITDA마진율
2017	6.8	4.0	173.9	60.3	3.6	11.6	579.1	36.5	8.1
2016	10.3	6.7	166.4	44.6	6.0	18.1	532.1	37.5	11.7
2015	10.8	-0.4	176.2	59.3	-0.4	-0.8	420.9	36.2	11.4
2014	10.3	3.9	188.7	91.0	4.4	19.1	277.6	34.6	11.0

현대위아 (A011210)
HYUNDAI WIA

업 종 : 자동차부품
신용등급 : (Bond) — (CP) —
홈페이지 : www.hyundai-wia.com
본 사 : 경남 창원시 성산구 정동로 153
시 장 : 거래소
기업규모 : 시가총액 중형주
연 락 처 : 055)280-9114

설 립 일	1976.03.29	종업원수	3,352명	대표이사	김경배
상 장 일	2011.02.21	감사의견	적정(한영)	계 열	
결 산 기	12월	보 통 주		종속회사수	8개사
액 면 가	5,000원	우 선 주		구 상 호	

주주구성 (지분율,%)		출자관계 (지분율,%)		주요경쟁사 (외형,%)	
현대자동차	25.4	현대위아터보	100.0	현대위아	100
기아자동차	13.4	현대종합특수강	40.0	현대모비스	469
(외국인)	13.4	해비치호텔앤드리조트	9.9	한온시스템	75

매출구성		비용구성		수출비중	
엔진,변속기,등속조인트,소재	56.3	매출원가율	96.1	수출	—
부품모듈	28.5	판관비율	3.7	내수	—
공작기계,전용기,산업용로봇	12.3				

회사 개요
동사의 사업은 크게 자동차부품 사업군과 기계사업군으로 구분되며, 자동차부품 사업이 매출의 86%를 차지하고 있음. 동 사업군은 변속기, 등속조인트, 엔진, 샤시모듈, 플랫폼모듈 등을 포괄하는 자동차 부품사업(매출비중: 86%)과 공작기계, 산업설비와 같은 기계사업(14%)로 구성돼 있음. 자동차 모듈부품은 광주, 안산 사업장에서 생산함. 대부분 현대기아차에 샤시, 타이어모듈을 공급하고 있음.

실적 분석
동사의 2017년 연결기준 매출액은 7조 4,874억원으로 전년 대비 1.3% 감소함. 완성차 중국 판매 부진, 서산 디젤 공장과 멕시코 공장의 고정비 부담 등으로 영업이익은 전년 동기대비 93.6% 감소한 167억원을 시현함. 가격경쟁 심화 등으로 공작기계 부진이 지속되는 가운데 산업기계 부문도 신규수주 및 매출 감소 등이 손익에 영향을 줌으로써 당기순손실은 630억원을 기록하며 적자전환됨.

현금 흐름
<단위 : 억원>

항목	2016	2017
영업활동	3,550	727
투자활동	-4,700	-2,344
재무활동	3,310	3,112
순현금흐름	2,147	1,302
기말현금	7,993	9,295

시장 대비 수익률
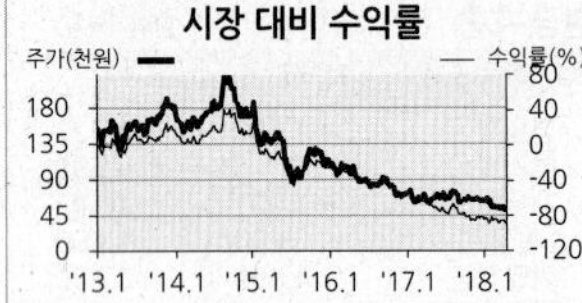

결산 실적
<단위 : 억원>

항목	2012	2013	2014	2015	2016	2017
매출액	70,211	70,920	75,956	78,842	75,894	74,874
영업이익	5,397	5,292	5,256	5,009	2,627	167
당기순이익	4,246	4,250	4,392	3,269	1,307	-630

분기 실적
<단위 : 억원>

항목	2016.3Q	2016.4Q	2017.1Q	2017.2Q	2017.3Q	2017.4Q
매출액	17,439	20,581	18,718	18,133	19,251	18,772
영업이익	640	280	431	301	151	-716
당기순이익	7	229	20	403	134	-1,187

재무 상태
<단위 : 억원>

항목	2012	2013	2014	2015	2016	2017
총자산	45,735	48,605	59,373	66,831	70,221	71,937
유형자산	13,977	15,879	19,282	23,228	25,483	26,003
무형자산	1,300	1,712	2,256	2,433	2,457	2,437
유가증권	310	521	701	692	708	737
총부채	26,914	25,492	30,884	35,199	37,635	40,536
총차입금	9,899	9,559	12,283	15,782	19,620	22,530
자본금	1,287	1,287	1,360	1,360	1,360	1,360
총자본	18,821	23,113	28,489	31,632	32,586	31,401
지배주주지분	18,330	22,546	28,489	31,632	32,586	31,401

기업가치 지표

항목	2012	2013	2014	2015	2016	2017
주가(최고/저)(천원)	184/119	192/122	221/148	186/88.5	112/66.6	79.2/59.0
PER(최고/저)(배)	11.8/7.6	12.3/7.8	13.8/9.2	16.0/7.6	23.8/14.2	—/—
PBR(최고/저)(배)	2.7/1.7	2.3/1.5	2.1/1.4	1.6/0.8	0.9/0.6	0.7/0.5
EV/EBITDA(배)	7.5	7.9	7.5	5.0	5.1	9.5
EPS(원)	16,262	16,224	16,733	12,020	4,807	-2,317
BPS(원)	71,238	87,626	109,053	120,611	123,986	119,628
CFPS(원)	20,633	21,146	22,427	18,734	12,891	6,822
DPS(원)	500	500	800	1,100	1,100	600
EBITDAPS(원)	25,346	25,491	25,940	25,135	17,745	9,754

재무 비율
<단위 : %>

연도	영업이익률	순이익률	부채비율	차입금비율	ROA	ROE	유보율	자기자본비율	EBITDA마진율
2017	0.2	-0.8	129.1	71.8	-0.9	-2.0	2,292.6	43.7	3.5
2016	3.5	1.7	115.5	60.2	1.9	4.1	2,379.7	46.4	6.4
2015	6.4	4.2	111.3	49.9	5.2	10.9	2,312.2	47.3	8.7
2014	6.9	5.8	108.4	43.1	8.1	17.0	2,081.1	48.0	8.9

현대이피 (A089470)
Hyundai Engineering Plastics

업 종 : 자동차부품
신용등급 : (Bond) — (CP) —
홈페이지 : www.hyundai-ep.com
본 사 : 충남 당진시 석문면 대호만로 1221-32
시 장 : 거래소
기업규모 : 시가총액 소형주
연 락 처 : 041)350-0500

설 립 일	2000.01.15	종업원수	392명	대표이사	강창균
상 장 일	2006.09.25	감사의견	적정(삼일)	계 열	
결 산 기	12월	보 통 주		종속회사수	5개사
액 면 가	500원	우 선 주		구 상 호	

주주구성 (지분율,%)		출자관계 (지분율,%)		주요경쟁사 (외형,%)	
현대산업개발	46.3	아이콘트롤스	14.8	현대EP	100
국민연금공단	7.1	HEPGUANGDONG	100.0	S&T홀딩스	165
(외국인)	7.7	HEPYANCHENG	100.0	S&T중공업	48

매출구성		비용구성		수출비중	
[PO]복합PP/PE	55.5	매출원가율	90.2	수출	36.9
[PS]EPS	14.3	판관비율	5.3	내수	63.1
[PS]HIPS	12.9				

회사 개요
동사는 2000년 설립되어 자동차 부품 및 산업재, 소비재 용도로 사용되는 플라스틱 소재를 공급하는 PO사업부문과 전기전자 산업, 단열재 용도로 사용되는 PS 및 EPS 소재를 공급하는 PS사업부문, 그리고 배관 및 바닥난방용 난방관을 공급하는 건자재사업부문 등 3개 사업부문으로 나누어 사업을 영위하고 있음. 자동차, 전기전자, 건축자재, 파이프 등에 사용되는 복합PP, 복합PE 및 PS/EPS 제품, 건자재 등을 생산, 판매함.

실적 분석
동사의 2017년도 결산 연결기준 매출액은 9,143.5억원으로 전년동기 대비 6.2% 증가함. 영업이익은 414.7억원으로 전년동기 대비 39.8% 감소. 당기순이익 또한 310.4억원으로 전년대비 39.3% 감소하여 수익성 저하. PP사업부문은 전년 동기 대비 2.3% 증가, PE사업부문의 매출은 35.7% 감소, PS사업부문은 16.8% 증가, 건자재사업부문은 58.3% 증가하였음.

현금 흐름
<단위 : 억원>

항목	2016	2017
영업활동	496	77
투자활동	-140	-208
재무활동	-384	54
순현금흐름	-27	-85
기말현금	315	229

시장 대비 수익률
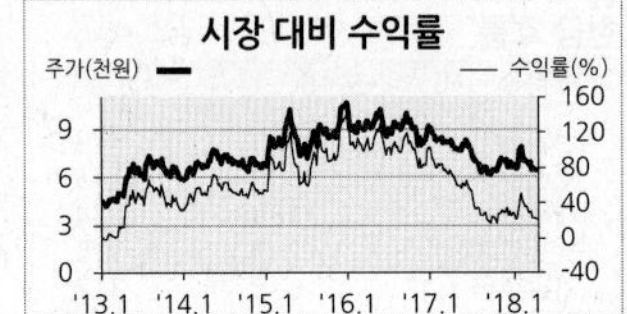

결산 실적
<단위 : 억원>

항목	2012	2013	2014	2015	2016	2017
매출액	8,071	9,182	9,450	8,677	8,612	9,144
영업이익	287	346	428	607	689	415
당기순이익	190	221	279	449	511	310

분기 실적
<단위 : 억원>

항목	2016.3Q	2016.4Q	2017.1Q	2017.2Q	2017.3Q	2017.4Q
매출액	2,068	2,303	2,211	2,275	2,377	2,281
영업이익	164	148	103	87	140	85
당기순이익	85	154	76	68	108	58

재무 상태
<단위 : 억원>

항목	2012	2013	2014	2015	2016	2017
총자산	4,835	5,472	5,638	5,606	5,772	6,127
유형자산	1,614	1,317	1,378	1,371	1,381	1,475
무형자산	51	51	49	43	61	60
유가증권	2	5	4	4	4	4
총부채	3,545	3,974	3,849	3,420	3,121	3,329
총차입금	2,350	2,473	2,475	2,154	1,837	1,954
자본금	172	172	172	172	172	172
총자본	1,290	1,498	1,789	2,187	2,650	2,798
지배주주지분	1,290	1,498	1,789	2,187	2,650	2,798

기업가치 지표

항목	2012	2013	2014	2015	2016	2017
주가(최고/저)(천원)	6.6/4.3	7.4/4.2	7.8/5.7	11.1/6.6	10.7/7.8	9.2/5.9
PER(최고/저)(배)	12.1/7.8	11.5/6.4	9.5/6.9	8.3/4.9	6.9/5.1	9.6/6.1
PBR(최고/저)(배)	1.8/1.2	1.7/1.0	1.5/1.1	1.7/1.0	1.3/1.0	1.0/0.7
EV/EBITDA(배)	10.7	10.4	9.1	7.7	5.8	7.6
EPS(원)	596	694	875	1,406	1,603	973
BPS(원)	4,044	4,697	5,609	6,855	8,396	9,052
CFPS(원)	797	925	1,122	1,674	1,885	1,275
DPS(원)	60	80	100	130	140	120
EBITDAPS(원)	1,101	1,316	1,590	2,171	2,440	1,602

재무 비율
<단위 : %>

연도	영업이익률	순이익률	부채비율	차입금비율	ROA	ROE	유보율	자기자본비율	EBITDA마진율
2017	4.5	3.4	119.0	69.8	5.2	11.4	1,578.9	45.7	5.6
2016	8.0	5.9	117.8	69.3	9.0	21.1	1,457.1	45.9	9.0
2015	7.0	5.2	156.4	98.5	8.0	22.6	1,171.4	39.0	8.0
2014	4.5	3.0	215.1	138.3	5.0	17.0	940.3	31.7	5.4

현대일렉트릭앤에너지시스템 (A267260)

HYUDAI Electric & Energy SystemsLTD

업 종 : 전기장비 | 시 장 : 거래소
신용등급 : (Bond) A- (CP) A2- | 기업규모 : 시가총액 중형주
홈페이지 : www.hyundai-elec.com | 연 락 처 : 02)746-7545
본 사 : 서울시 종로구 율곡로 75 (계동, 현대건설빌딩)

설 립 일	2017.04.01	**종업원수**	2,809명	**대표이사**	주영걸
상 장 일	2017.05.10	**감사의견**	적정(삼정)	**계 열**	
결 산 기	12월	**보 통 주**		**종속회사수**	1개사
액 면 가	5,000원	**우 선 주**		**구 상 호**	

주주구성 (지분율,%)		출자관계 (지분율,%)		주요경쟁사 (외형,%)	
현대로보틱스	34.7	자본재공제조합	0.5	현대일렉트릭	100
국민연금공단	12.9	건설공제조합	0.0	LS산전	162
(외국인)	6.8	전기공사공제조합	0.0	대한전선	110

매출구성		비용구성		수출비중	
		매출원가율	86.5	수출	54.0
		판관비율	9.1	내수	46.0

회사 개요

동사는 2017년 4월 현대중공업의 인적분할 후 5월에 재상장됨. 분할 전 회사인 현대중공업의 사업부문 중 전기전자시스템사업본부를 영위하게 됨. 계열사로는 Hyundai Technologies Center Hungary kft.가 존재함. 향후 미주, 유럽지역에서 노후 설비 교체, 전력 인프라 정비에 따른 교체 수요가 증가될 것으로 예상되며, 중동 및 동남아시아는 경제 성장에 따른 전력인프라 투자 증가로 신규수요가 기대됨.

실적 분석

동사의 2017년도 결산 연결기준 매출액은 1조 4,495.7억원, 영업이익은 624.2억원으로 4월 분할 이후부터 발생한 매출액임. 주력제품인 전력기기의 경우 북미, 중동의 경우 투자 부문이 축소된 상황이나, 아시아 지역은 동남아 지역 전략 인프라 투자 증가가 두드러질 전망임. 국내 신재생에너지 보급 확대로 인한 송배전 인프라 투자 증가가 수주에 긍정적으로 작용할 전망.

현금 흐름 〈단위 : 억원〉

항목	2016	2017
영업활동	—	-44
투자활동	—	-716
재무활동	—	1,086
순현금흐름	—	320
기말현금	—	2,414

시장 대비 수익률

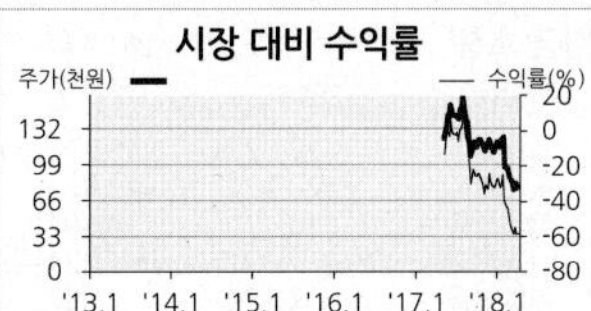

결산 실적 〈단위 : 억원〉

항목	2012	2013	2014	2015	2016	2017
매출액	—	—	—	—	—	14,496
영업이익	—	—	—	—	—	624
당기순이익	—	—	—	—	—	143

분기 실적 〈단위 : 억원〉

항목	2016.3Q	2016.4Q	2017.1Q	2017.2Q	2017.3Q	2017.4Q
매출액	—	—	—	4,912	4,690	4,894
영업이익	—	—	—	306	303	15
당기순이익	—	—	—	217	227	-301

재무 상태 〈단위 : 억원〉

항목	2012	2013	2014	2015	2016	2017
총자산	—	—	—	—	—	20,946
유형자산	—	—	—	—	—	4,716
무형자산	—	—	—	—	—	555
유가증권	—	—	—	—	—	18
총부채	—	—	—	—	—	10,545
총차입금	—	—	—	—	—	5,176
자본금	—	—	—	—	—	510
총자본	—	—	—	—	—	10,401
지배주주지분	—	—	—	—	—	10,398

기업가치 지표

항목	2012	2013	2014	2015	2016	2017
주가(최고/저)(천원)	#VALUE!	—/—	—/—	—/—	—/—	—/—
PER(최고/저)(배)	0.0/0.0	0.0/0.0	0.0/0.0	0.0/0.0	0.0/0.0	87.9/58.0
PBR(최고/저)(배)	0.0/0.0	0.0/0.0	0.0/0.0	0.0/0.0	0.0/0.0	1.6/1.0
EV/EBITDA(배)	0.0	0.0	0.0	0.0	0.0	15.3
EPS(원)	—	—	—	—	—	1,850
BPS(원)	—	—	—	—	—	103,378
CFPS(원)	—	—	—	—	—	5,949
DPS(원)	—	—	—	—	—	—
EBITDAPS(원)	—	—	—	—	—	12,184

재무 비율 〈단위 : %〉

연도	영업이익률	순이익률	부채비율	차입금비율	ROA	ROE	유보율	자기자본비율	EBITDA마진율
2017	4.3	1.0	101.4	49.8	0.0	0.0	1,967.6	49.7	6.5
2016	0.0	0.0	0.0	0.0	0.0	0.0	0.0	0.0	0.0
2015	0.0	0.0	0.0	0.0	0.0	0.0	0.0	0.0	0.0
2014	0.0	0.0	0.0	0.0	0.0	0.0	0.0	0.0	0.0

현대자동차 (A005380)

Hyundai Motor

업 종 : 자동차 | 시 장 : 거래소
신용등급 : (Bond) AAA (CP) — | 기업규모 : 시가총액 대형주
홈페이지 : www.hyundai.com | 연 락 처 : 02)3464-1114
본 사 : 서울시 서초구 헌릉로 12 (양재동)

설 립 일	1967.12.29	**종업원수**	68,194명	**대표이사**	정몽구,이원희,하언태
상 장 일	1974.06.28	**감사의견**	적정(안진)	**계 열**	
결 산 기	12월	**보 통 주**		**종속회사수**	117개사
액 면 가	5,000원	**우 선 주**		**구 상 호**	

주주구성 (지분율,%)		출자관계 (지분율,%)		주요경쟁사 (외형,%)	
현대모비스	20.8	희성피엠텍	19.9	현대차	100
국민연금공단	8.0	동부엔티에스	19.9	기아차	56
(외국인)	46.4	슈어소프트테크	19.3	쌍용차	4

매출구성		비용구성		수출비중	
차량부문	83.1	매출원가율	81.8	수출	51.3
기타부문	10.8	판관비율	13.5	내수	48.7
금융부문	6.1				

회사 개요

동사는 글로벌 완성차기업으로 자동차와 자동차부품의 제조 및 판매, 차량정비 등 사업을 운영. 2017년 매출구성은 차량부문 82.6%, 할부금융등 금융부문 11.7%, 철도차량 제조 등 기타부문 5.7%를 차지함. 환율과 FTA 효과를 활용한 수입차 업체의 가격 공세가 거세지는 가운데 산업 수요가 정체되고 있음. 동사는 지속가능한 경영을 위해 친환경차 개발, 저탄소 사회 조성 등 사회적 가치 창출을 위해 노력중임.

실적 분석

동사의 2017년도 연결기준 매출액은 전년대비 2.9% 증가한 96조 3,760.8억원을 기록. 이는 그랜저 등 신차 효과, 고급차 및 RV 비중 확대에 따른 믹스개선에 기인한 것으로 풀이됨. 영업이익은 4조 5,746.7억원으로 전년대비 11.9% 감소, 당기순이익도 4조 5,464.0억원으로 전년 대비 20.5% 감소하며 수익성 부진을 겪음. 중국시장에서의 난항이 가중되는 상황으로 신상품 개발, 신가격정책 , 서비스 개선 등을 모색중.

현금 흐름 〈단위 : 억원〉

항목	2016	2017
영업활동	16,191	44,416
투자활동	-69,285	-52,385
재무활동	56,861	21,560
순현금흐름	5,586	9,314
기말현금	78,901	88,215

시장 대비 수익률

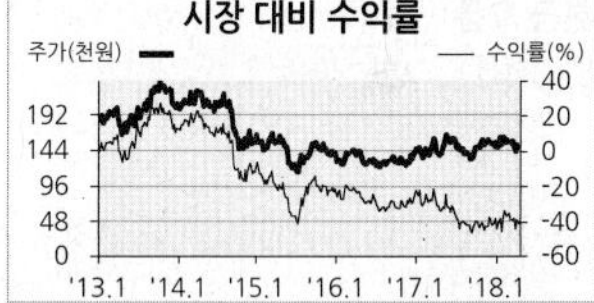

결산 실적 〈단위 : 억원〉

항목	2012	2013	2014	2015	2016	2017
매출액	844,697	873,076	892,563	919,587	936,490	963,761
영업이익	84,406	83,155	75,500	63,579	51,935	45,747
당기순이익	90,611	89,935	76,495	65,092	57,197	45,464

분기 실적 〈단위 : 억원〉

항목	2016.3Q	2016.4Q	2017.1Q	2017.2Q	2017.3Q	2017.4Q
매출액	220,837	245,380	233,660	243,080	242,013	245,008
영업이익	10,681	10,212	12,508	13,445	12,042	7,752
당기순이익	11,188	10,688	14,057	9,136	9,392	12,879

재무 상태 〈단위 : 억원〉

항목	2012	2013	2014	2015	2016	2017
총자산	1,215,378	1,334,215	1,472,251	1,653,679	1,788,359	1,781,995
유형자산	207,399	214,626	225,423	286,989	294,057	298,271
무형자산	28,832	31,291	38,217	42,981	45,862	48,093
유가증권	225,112	241,429	396,224	365,183	397,374	408,096
총부채	736,202	768,387	846,046	984,865	1,064,914	1,034,421
총차입금	457,118	485,510	546,918	657,531	736,056	724,643
자본금	14,890	14,890	14,890	14,890	14,890	14,890
총자본	479,176	565,828	626,206	668,814	723,446	747,574
지배주주지분	440,391	519,311	576,548	620,240	671,897	691,035

기업가치 지표

항목	2012	2013	2014	2015	2016	2017
주가(최고/저)(천원)	239/178	239/165	228/137	170/115	151/122	166/131
PER(최고/저)(배)	9.0/6.7	8.9/6.1	9.8/5.9	8.2/5.5	8.4/6.8	12.0/9.5
PBR(최고/저)(배)	1.7/1.3	1.4/1.0	1.2/0.7	0.8/0.6	0.7/0.5	0.7/0.5
EV/EBITDA(배)	5.7	6.5	5.6	6.8	7.5	7.9
EPS(원)	30,008	29,921	25,735	22,479	18,938	14,127
BPS(원)	158,218	185,863	206,420	222,828	241,103	247,807
CFPS(원)	38,849	38,858	34,667	32,266	30,704	26,490
DPS(원)	1,900	1,950	3,000	4,000	4,000	4,000
EBITDAPS(원)	38,408	38,065	35,379	32,058	29,958	28,388

재무 비율 〈단위 : %〉

연도	영업이익률	순이익률	부채비율	차입금비율	ROA	ROE	유보율	자기자본비율	EBITDA마진율
2017	4.8	4.7	138.4	96.9	2.6	5.9	4,651.1	42.0	8.4
2016	5.6	6.1	147.2	101.7	3.3	8.4	4,522.6	40.5	9.1
2015	6.9	7.1	147.3	98.3	4.2	10.7	4,172.2	40.4	10.0
2014	8.5	8.6	135.1	87.3	5.5	13.4	3,857.6	42.5	11.3

현대정보기술 (A026180)
Hyundai Information Technology

업종 : IT 서비스 | 시장 : KOSDAQ
신용등급 : (Bond) — (CP) — | 기업규모 : 중견
홈페이지 : www.hit.co.kr | 연락처 : 02)2626-6000
본사 : 서울시 금천구 가산디지털2로 179

설립일 1989.05.15	종업원수 572명	대표이사 김경엽
상장일 2000.07.26	감사의견 적정(삼일)	계열
결산기 12월	보통주	종속회사수 1개사
액면가 1,000원	우선주	구상호

주주구성 (지분율,%)		출자관계 (지분율,%)		주요경쟁사 (외형,%)	
롯데정보통신	59.7	SGI코리아	17.2	현대정보기술	100
하이닉스반도체	3.9	이씨뱅크	13.9	동양네트웍스	55
(외국인)	0.8	소프트웨어공제조합	1.2	오상자이엘	43

매출구성		비용구성		수출비중	
시스템 통합	81.2	매출원가율	95.4	수출	3.4
시스템 관리운영	17.4	판관비율	2.7	내수	96.6
임대기타	1.4				

회사 개요

동사는 ITO(Information Technology Outsourcing)서비스 및 시스템 통합(System Integration)사업 등을 포함한 정보처리 및 정보서비스의 제조, 판매를 주요사업으로 영위함. 현재는 롯데정보통신이 최대주주임. 신호감지시스템 등 철도 사업과 대형병원 업무 프로세스 및 정보표준화, 그리고 차세대 의료정보시스템 등의 구축 경험, 해외 전자정부 구축의 사업 경험 등을 살려 U-교통, 헬스케어 등에 주력할 계획임.

실적 분석

동사의 2017년 연결 기준 연간 누적 매출액은 전년 동기 대비 6.2% 감소한 1,574.3억원을 기록함. 매출이 감소했지만 매출감소율 대비 매출원가 감소율은 더욱 커지면서 영업이익은 오히려 전년 동기 대비 42.1% 증가한 29.8억원을 시현함. 비영업손익 부문에서 적자 폭이 확대됐지만 영업이익 증가 폭이 커 당기순이익은 전년 동기 대비 48.7% 증가한 10억원을 시현함.

현금 흐름 〈단위 : 억원〉

항목	2016	2017
영업활동	37	229
투자활동	-1	-92
재무활동	-39	-6
순현금흐름	-3	130
기말현금	9	139

시장 대비 수익률

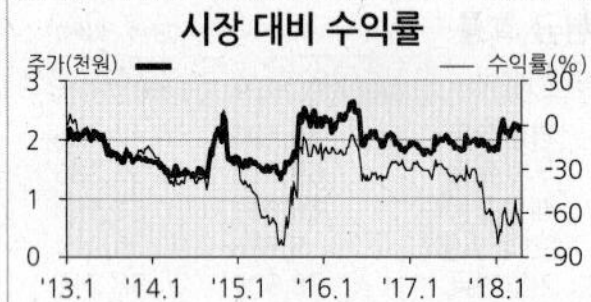

결산 실적 〈단위 : 억원〉

항목	2012	2013	2014	2015	2016	2017
매출액	1,895	1,517	1,424	1,484	1,678	1,574
영업이익	-50	-160	-61	16	21	30
당기순이익	-64	-192	-91	-19	7	10

분기 실적 〈단위 : 억원〉

항목	2016.3Q	2016.4Q	2017.1Q	2017.2Q	2017.3Q	2017.4Q
매출액	344	563	318	385	401	470
영업이익	1	9	3	9	-1	19
당기순이익	-5	9	-7	7	-7	17

재무 상태 〈단위 : 억원〉

항목	2012	2013	2014	2015	2016	2017
총자산	1,561	1,502	1,484	1,654	1,736	1,785
유형자산	759	688	643	646	654	766
무형자산	40	44	67	51	48	35
유가증권	37	44	55	58	61	51
총부채	1,051	1,168	1,202	1,168	1,232	1,283
총차입금	556	641	679	612	616	659
자본금	503	503	503	595	595	595
총자본	510	335	282	486	504	502
지배주주지분	510	335	282	486	504	502

기업가치 지표

항목	2012	2013	2014	2015	2016	2017
주가(최고/저)(천원)	2.9/1.9	2.4/1.6	2.5/1.3	3.0/1.3	2.7/1.8	2.1/1.7
PER(최고/저)(배)	—/—	—/—	—/—	—/—	242.8/157.9	124.5/102.6
PBR(최고/저)(배)	2.9/1.9	3.6/2.4	4.4/2.4	3.6/1.6	3.2/2.1	2.5/2.0
EV/EBITDA(배)	21.9	—	73.9	15.0	13.9	11.8
EPS(원)	-127	-381	-181	-37	11	17
BPS(원)	1,013	666	561	817	848	844
CFPS(원)	105	-185	-20	137	178	195
DPS(원)	—	—	—	—	—	—
EBITDAPS(원)	133	-122	39	206	202	228

재무 비율 〈단위 : %〉

연도	영업이익률	순이익률	부채비율	차입금비율	ROA	ROE	유보율	자기자본비율	EBITDA마진율
2017	1.9	0.6	일부잠식	일부잠식	0.6	2.0	-15.7	28.1	8.6
2016	1.3	0.4	일부잠식	일부잠식	0.4	1.4	-15.2	29.1	7.2
2015	1.1	-1.3	일부잠식	일부잠식	-1.2	-4.8	-18.3	29.4	7.0
2014	-4.3	-6.4	일부잠식	일부잠식	-6.1	-29.5	-43.9	19.0	1.4

현대제철 (A004020)
HYUNDAI STEEL

업종 : 금속 및 광물 | 시장 : 거래소
신용등급 : (Bond) AA (CP) A1 | 기업규모 : 시가총액 대형주
홈페이지 : www.hyundai-steel.com | 연락처 : 032)760-2114
본사 : 인천시 동구 중봉대로 63

설립일 1964.09.01	종업원수 11,281명	대표이사 우유철,강학서
상장일 1987.05.23	감사의견 적정(삼정)	계열
결산기 12월	보통주	종속회사수 20개사
액면가 5,000원	우선주	구상호

주주구성 (지분율,%)		출자관계 (지분율,%)		주요경쟁사 (외형,%)	
기아자동차	17.3	신이철강	19.5	현대제철	100
정몽구	11.8	신이피앤씨	19.3	POSCO	316
(외국인)	25.3	모아스틸	17.8	세아베스틸	16

매출구성		비용구성		수출비중	
판재	79.1	매출원가율	87.3	수출	—
봉형강	29.7	판관비율	5.6	내수	—
반제품, 부산물 外	6.5				

회사 개요

동사는 1953년 대한중공업공사로 설립돼 1960년대부터 인천중공업 또는 인천제철으로 불리던 업체임. 2004년 한보철강의 당진제철소 자산을 인수한 이후 당진공장 일관제철소의 상업생산이 2010년 시작되어 고로-전기로 제품을 모두 생산할 수 있는 제품 포트폴리오를 갖추게 됨. 전기로 제강을 통해 철근, H형강 등 각종 봉형강류와 고로제강을 통한 열연코일, 후판 등의 판재류를 생산해 건설, 자동차, 조선 산업 등에 판매하고 있음.

실적 분석

동사의 2017년 연결기준 연간 매출액은 19조1,659.6억원으로 전년 대비 14.8% 증가함. 반면 주요 원재료 단가상승 및 연결대상법인의 실적 저조로 영업이익 및 당기순이익은 각각 1조3,675.5억원, 7,275.4억원를 기록하며 전년 대비 5.4%, 16.1% 감소됨. 동사는 기술선도 제품 개발 및 지속적 R&D 능력 확보를 위한 인프라 구축할 예정이며, 전략제품 판매 확대 및 지속적 원가절감을 통한 수익 증대를 기대해봄.

현금 흐름 〈단위 : 억원〉

항목	2016	2017
영업활동	29,638	18,277
투자활동	-20,230	-13,421
재무활동	-10,170	-4,504
순현금흐름	-831	334
기말현금	7,372	7,707

시장 대비 수익률

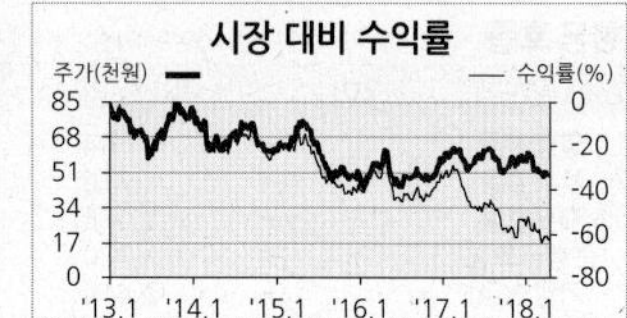

결산 실적 〈단위 : 억원〉

항목	2012	2013	2014	2015	2016	2017
매출액	148,934	135,328	167,624	161,325	166,915	191,660
영업이익	8,893	7,626	14,911	14,641	14,454	13,676
당기순이익	8,031	7,094	7,823	7,392	8,671	7,275

분기 실적 〈단위 : 억원〉

항목	2016.3Q	2016.4Q	2017.1Q	2017.2Q	2017.3Q	2017.4Q
매출액	40,634	46,586	45,741	46,925	48,202	50,791
영업이익	3,562	3,878	3,497	3,509	3,396	3,274
당기순이익	3,007	1,533	3,411	1,384	1,796	684

재무 상태 〈단위 : 억원〉

항목	2012	2013	2014	2015	2016	2017
총자산	234,663	295,203	289,338	319,364	325,408	333,738
유형자산	152,269	196,048	195,723	214,107	216,452	213,393
무형자산	1,569	13,503	13,410	18,526	17,931	17,481
유가증권	17,997	17,068	13,911	14,509	15,545	15,462
총부채	134,781	161,556	151,190	164,164	160,560	163,383
총차입금	106,042	130,009	122,641	129,539	121,304	116,746
자본금	4,266	5,827	5,827	6,672	6,672	6,672
총자본	99,882	133,647	138,148	155,200	164,848	170,355
지배주주지분	98,309	131,897	136,239	152,420	161,762	167,155

기업가치 지표

항목	2012	2013	2014	2015	2016	2017
주가(최고/저)(천원)	110/70.6	85.5/57.7	79.8/59.2	76.4/46.9	61.8/42.7	63.8/50.2
PER(최고/저)(배)	12.6/8.1	11.2/7.5	12.8/9.5	13.6/8.3	10.0/6.9	12.0/9.5
PBR(최고/저)(배)	1.0/0.7	0.8/0.5	0.7/0.5	0.7/0.4	0.5/0.4	0.5/0.4
EV/EBITDA(배)	10.5	13.3	7.1	6.9	6.8	6.6
EPS(원)	9,335	8,102	6,562	5,866	6,371	5,366
BPS(원)	115,433	113,276	117,001	115,590	122,187	126,228
CFPS(원)	18,009	16,468	16,760	16,049	16,768	16,639
DPS(원)	500	500	750	750	750	750
EBITDAPS(원)	19,098	17,296	22,992	21,890	21,228	21,520

재무 비율 〈단위 : %〉

연도	영업이익률	순이익률	부채비율	차입금비율	ROA	ROE	유보율	자기자본비율	EBITDA마진율
2017	7.1	3.8	95.9	68.5	2.2	4.4	2,424.6	51.0	15.0
2016	8.7	5.2	97.4	73.6	2.7	5.4	2,343.7	50.7	17.0
2015	9.1	4.6	105.8	83.5	2.4	5.1	2,211.8	48.6	17.0
2014	8.9	4.7	109.4	88.8	2.7	5.7	2,240.0	47.8	16.0

현대종합상사 (A011760)

Hyundai

업 종 : 무역 / 시 장 : 거래소
신용등급 : (Bond) — (CP) — / 기업규모 : 시가총액 소형주
홈페이지 : www.hyundaicorp.co.kr / 연 락 처 : 02)390-1919
본 사 : 서울시 종로구 율곡로2길 25 연합미디어센터빌딩 16층

설 립 일	1976.12.08	**종업원수**	254명	**대표이사**	정몽혁
상 장 일	1977.12.01	**감사의견**	적정(삼일)	**계 열**	
결 산 기	12월	**보 통 주**		**종속회사수**	13개사
액 면 가	5,000원	**우 선 주**		**구 상 호**	

주주구성 (지분율,%)		출자관계 (지분율,%)		주요경쟁사 (외형,%)	
현대씨앤에프	19.4	현대리뉴어블랩	100.0	현대상사	100
정몽혁	8.3	에이치앤디이	34.0	포스코대우	524
(외국인)	12.5	현대미래로	20.0	LG상사	298

매출구성		비용구성		수출비중	
상품매출(상품)	100.0	매출원가율	97.4	수출	96.7
		판관비율	1.8	내수	3.3

회사 개요

동사는 1976년 설립되어 수출입업, 삼국간 무역, 브랜드사업 및 해외자원개발 프로젝트를 영위하고 있으며, 2016년 3월 현대중공업 기업집단으로부터 계열분리하여 현대씨앤에프가 최대주주임. 산업플랜트, 차량, 철강, 화학, 자원개발, 기타 등 총 6개의 사업부문으로 구성됨. 각 사업부문별로 자동차, 철강, 기계 등을 수출하고 있으며, 선박, 플랜트 등의 수출입대행과 수입상품의 국내판매, 유전개발 등의 자원개발사업을 영위중임.

실적 분석

동사의 연결기준 2017년 매출액은 전년 대비 21% 증가한 4조 3,059.6억원을 기록한 반면, 판관비는 대손상각비와 감가상각비 중심으로 전년 동기 대비 0.3% 감소함에 따라 동기간 영업이익은 전년 대비 11.5% 증가한 339.9억원을 기록함. 반면, 금융손실의 영향으로 비영업손익은 239.5억원의 적자를 기록함. 이에 따라 동사의 2017년 당기순이익은 전년 대비 211.7% 증가한 251.4억원을 기록함.

현금 흐름 <단위 : 억원>

항목	2016	2017
영업활동	464	483
투자활동	-291	181
재무활동	1,036	-945
순현금흐름	1,238	-353
기말현금	1,936	1,583

시장 대비 수익률

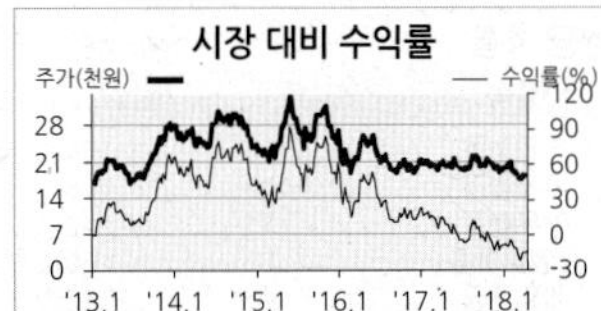

결산 실적 <단위 : 억원>

항목	2012	2013	2014	2015	2016	2017
매출액	54,684	50,825	52,649	42,619	35,588	43,060
영업이익	288	220	294	234	305	340
당기순이익	516	1,082	339	1,472	81	251

분기 실적 <단위 : 억원>

항목	2016.3Q	2016.4Q	2017.1Q	2017.2Q	2017.3Q	2017.4Q
매출액	8,855	8,972	10,500	10,481	10,656	11,422
영업이익	45	71	85	105	108	41
당기순이익	19	-58	67	194	59	-69

재무 상태 <단위 : 억원>

항목	2012	2013	2014	2015	2016	2017
총자산	19,148	17,181	19,267	15,040	15,142	12,589
유형자산	436	38	51	53	45	34
무형자산	680	608	559	312	293	240
유가증권	977	908	647	884	905	660
총부채	15,049	11,237	12,596	10,140	10,812	8,961
총차입금	6,606	4,079	4,597	3,048	4,340	3,454
자본금	1,116	1,116	1,116	661	661	661
총자본	4,099	5,944	6,670	4,900	4,329	3,628
지배주주지분	4,081	5,938	6,663	4,892	4,320	3,618

기업가치 지표

항목	2012	2013	2014	2015	2016	2017
주가(최고/저)(천원)	22.2/14.7	28.8/16.6	31.3/23.5	34.6/20.9	26.7/18.7	22.3/18.8
PER(최고/저)(배)	11.0/7.3	6.6/3.8	22.8/17.1	5.1/3.1	46.9/32.8	12.2/10.3
PBR(최고/저)(배)	1.4/0.9	1.2/0.7	1.2/0.9	1.0/0.6	0.9/0.6	0.8/0.7
EV/EBITDA(배)	15.3	26.5	18.8	17.4	13.3	11.9
EPS(원)	2,309	4,867	1,512	7,336	602	1,888
BPS(원)	18,278	26,591	29,839	36,989	33,210	28,260
CFPS(원)	3,271	5,392	2,120	7,887	1,249	2,129
DPS(원)	500	500	500	750	500	600
EBITDAPS(원)	2,252	1,508	1,924	1,720	2,952	2,810

재무 비율 <단위 : %>

연도	영업이익률	순이익률	부채비율	차입금비율	ROA	ROE	유보율	자기자본비율	EBITDA마진율
2017	0.8	0.6	247.0	95.2	1.8	6.3	465.2	28.8	0.9
2016	0.9	0.2	249.7	100.2	0.5	1.7	564.2	28.6	1.1
2015	0.6	3.5	207.0	62.2	8.6	25.5	639.8	32.6	0.8
2014	0.6	0.6	188.9	68.9	1.9	5.4	496.8	34.6	0.8

현대중공업 (A009540)

Hyundai Heavy Industries

업 종 : 조선 / 시 장 : 거래소
신용등급 : (Bond) A- (CP) — / 기업규모 : 시가총액 대형주
홈페이지 : www.hhi.co.kr / 연 락 처 : 052)202-2114
본 사 : 울산시 동구 방어진 순환도로 1000

설 립 일	1973.12.28	**종업원수**	16,634명	**대표이사**	강환구
상 장 일	1994.06.27	**감사의견**	적정(삼정)	**계 열**	
결 산 기	12월	**보 통 주**		**종속회사수**	45개사
액 면 가	5,000원	**우 선 주**		**구 상 호**	

주주구성 (지분율,%)		출자관계 (지분율,%)		주요경쟁사 (외형,%)	
현대로보틱스	27.7	현대중공업그린에너지	100.0	현대중공업	100
국민연금공단	9.1	현대힘스	100.0	삼성중공업	51
(외국인)	18.1	현대중공업모스	100.0	현대미포조선	16

매출구성		비용구성		수출비중	
선 박	37.3	매출원가율	93.3	수출	89.9
휘발유 外	29.7	판관비율	6.6	내수	10.1
해상구조물,화공	14.9				

회사 개요

동사는 수주량 기준으로 전세계 1위의 시장 점유율을 보이고 있는 조선부문, 해상구조물 제작 및 설치를 담당하는 해양부문, 화공설비 및 발전설비 등을 담당하는 플랜트부문, 건설용 기계장비 등을 생산하는 건설장비부문 등의 사업을 영위하고 있으며, 정유사업을 영위하는 종속기업 오일뱅크가 있음. 전체 매출액의 62.5%를 차지하고 있는 조선부문의 경우, 막대한 초기설비자금이 필요한 장치산업이며 최근 신조시황이 위축되어 발주물량이 감소하고 있음.

실적 분석

동사의 2017년 4분기 연결기준 누적 매출액은 15조 4,688.4억원으로 전년동기 22조 3,004.4억원 대비 30.6% 감소하였음. 구조조정을 통해 인건비를 비롯한 판매관리비용 절감에 나섰지만 영업이익은 전년 대비 96.3% 감소한 146.5억원에 그침. 다만 당기순이익은 사업분할에 따른 중단영업처분이익의 영향으로 전년 6,566.7억원에서 311.7% 늘어난 2조 7,033억원을 시현함.

현금 흐름 <단위 : 억원>

항목	2016	2017
영업활동	20,814	9,952
투자활동	-5,009	8,034
재무활동	-3,681	-27,318
순현금흐름	12,216	-10,871
기말현금	43,269	32,397

시장 대비 수익률

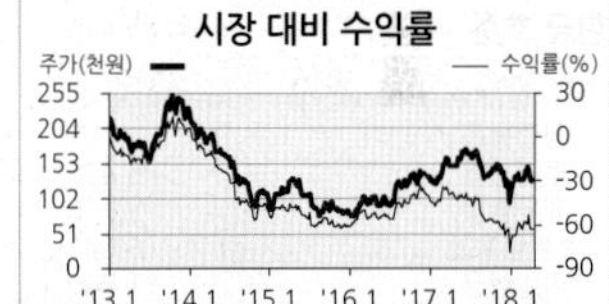

결산 실적 <단위 : 억원>

항목	2012	2013	2014	2015	2016	2017
매출액	549,737	541,881	525,824	462,317	223,004	154,688
영업이익	20,055	8,020	-32,495	-15,401	3,915	146
당기순이익	10,296	1,463	-22,061	-13,632	6,567	27,033

분기 실적 <단위 : 억원>

항목	2016.3Q	2016.4Q	2017.1Q	2017.2Q	2017.3Q	2017.4Q
매출액	52,345	42,075	48,078	46,292	38,044	22,275
영업이익	1,181	873	1,635	1,518	935	-3,940
당기순이익	3,344	-3,145	4,623	26,150	1,970	-5,711

재무 상태 <단위 : 억원>

항목	2012	2013	2014	2015	2016	2017
총자산	492,732	532,050	533,844	497,328	492,492	304,088
유형자산	155,565	157,130	160,602	163,200	190,113	110,463
무형자산	22,974	22,856	22,116	21,402	19,630	1,054
유가증권	51,693	75,862	68,486	54,268	46,385	1,355
총부채	305,318	341,754	367,458	342,339	313,594	180,368
총차입금	158,101	184,405	200,291	196,019	190,343	54,524
자본금	3,800	3,800	3,800	3,800	3,800	2,833
총자본	187,414	190,296	166,386	154,990	178,898	123,720
지배주주지분	168,808	172,496	151,738	137,361	159,365	111,214

기업가치 지표

항목	2012	2013	2014	2015	2016	2017
주가(최고/저)(천원)	339/192	286/175	254/95.1	154/81.2	158/81.2	187/96.9
PER(최고/저)(배)	24.0/13.6	71.5/43.6	—/—	—/—	20.0/10.3	4.5/2.3
PBR(최고/저)(배)	1.3/0.7	1.1/0.7	1.1/0.4	0.7/0.4	0.6/0.3	0.9/0.5
EV/EBITDA(배)	10.4	18.3	—	—	17.5	14.3
EPS(원)	13,061	3,667	-23,279	-17,762	7,173	39,878
BPS(원)	240,543	245,395	218,082	193,461	223,668	197,205
CFPS(원)	26,157	16,577	-9,882	-3,706	18,908	49,391
DPS(원)	2,500	2,000	—	—	—	—
EBITDAPS(원)	39,485	23,462	-29,359	-6,209	16,887	9,751

재무 비율 <단위 : %>

연도	영업이익률	순이익률	부채비율	차입금비율	ROA	ROE	유보율	자기자본비율	EBITDA마진율
2017	0.1	17.5	145.8	44.1	6.8	18.2	3,844.1	40.7	3.9
2016	1.8	2.9	175.3	106.4	1.3	3.7	4,373.4	36.3	5.8
2015	-3.3	-3.0	220.9	126.5	-2.6	-9.3	3,769.2	31.2	-1.0
2014	-6.2	-4.2	220.9	120.4	-4.1	-10.9	4,261.6	31.2	-4.2

현대중공업지주 (A267250)

HYUNDAI ROBOTICS COLTD

업　　종 : 석유 및 가스　　시　　장 : 거래소
신용등급 : (Bond) A-　(CP) A2-　　기업규모 : 시가총액 대형주
홈페이지 : www.hyundai-robotics.com　　연 락 처 : 053)670-7114
본　　사 : 대구시 달성군 유가면 테크노순환로3길 50

설 립 일	2017.04.03	**종 업 원 수**	276명	**대 표 이 사**	권오갑
상 장 일	2017.05.10	**감 사 의 견**	적정(삼정)	**계 열**	
결 산 기	12월	**보 통 주**		**종속회사수**	11개사
액 면 가	5,000원	**우 선 주**		**구 상 호**	현대로보틱스

주주구성 (지분율,%)		출자관계 (지분율,%)		주요경쟁사 (외형,%)	
정몽준	25.8	현대글로벌서비스	100.0	현대중공업지주	100
국민연금기금	8.5	현대오일뱅크	91.1	GS	113
(외국인)	21.8	현대일렉트릭앤에너지시스템	34.7	SK	653

매출구성		비용구성		수출비중	
		매출원가율	89.5	수출	—
		판관비율	4.0	내수	—

회사 개요

현대로보틱스는 현대중공업에서 2017년 4월 1일 인적 분할 이후 현대중공업, 현대일렉트릭앤에너지시스템 및 현대건설기계 등 자회사 지분을 13.37% 소유하여 자회사간 경영위험 전이 해소, 독립적 의사결정 강화, 한정된 자원의 효율적 배분을 통한 핵심역량 강화를 추진. 제조업용 로봇시장에 진출하며 지능화된 서비스형 로봇 개발에 집중. 또한 매출의 70% 이상이 해외로부터 발생함에 따라 환손실 및 무역 관련 위험에 노출.

실적 분석

동사의 2017년 4분기 누적 매출액은 142,893.9억원, 영업이익은 9,348.4억원을 기록함. 당기순이익은 10,429억원임. 세계 안전규격 인증인 유럽 CE, 북미 NRTL, 러시아 Gost-R, Functional safety 인정, 방폭 인증 등을 획득하여 로봇 글로벌 사업에 대응하며 산업용로봇, 클린용로봇, 제어기, 로봇자동화시스템 등 다양한 분야의 시장으로 전문화된 상품을 공급하고 있음.

현금 흐름 〈단위 : 억원〉

항목	2016	2017
영업활동	—	8,757
투자활동	—	-6,438
재무활동	—	3,756
순현금흐름	—	6,047
기말현금	—	11,849

시장 대비 수익률

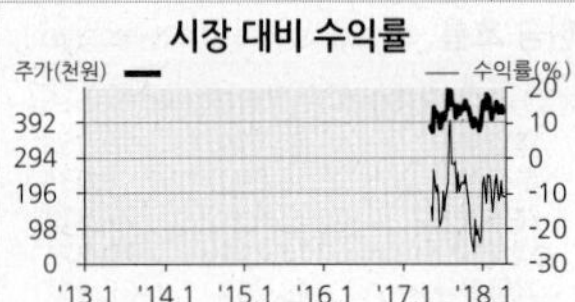

결산 실적 〈단위 : 억원〉

항목	2012	2013	2014	2015	2016	2017
매출액	—	—	—	—	—	142,894
영업이익	—	—	—	—	—	9,348
당기순이익	—	—	—	—	—	10,429

분기 실적 〈단위 : 억원〉

항목	2016.3Q	2016.4Q	2017.1Q	2017.2Q	2017.3Q	2017.4Q
매출액	—	—	—	41,975	44,158	56,761
영업이익	—	—	—	2,511	5,522	1,316
당기순이익	—	—	—	3,951	8,634	-2,156

재무 상태 〈단위 : 억원〉

항목	2012	2013	2014	2015	2016	2017
총자산	—	—	—	—	—	212,101
유형자산	—	—	—	—	—	75,370
무형자산	—	—	—	—	—	21,597
유가증권	—	—	—	—	—	55
총부채	—	—	—	—	—	109,842
총차입금	—	—	—	—	—	65,967
자본금	—	—	—	—	—	814
총자본	—	—	—	—	—	102,259
지배주주지분	—	—	—	—	—	74,878

기업가치 지표

항목	2012	2013	2014	2015	2016	2017
주가(최고/저)(천원)	#VALUE!	—/—	—/—	—/—	—/—	—/—
PER(최고/저)(배)	0.0/0.0	0.0/0.0	0.0/0.0	0.0/0.0	0.0/0.0	7.2/5.1
PBR(최고/저)(배)	0.0/0.0	0.0/0.0	0.0/0.0	0.0/0.0	0.0/0.0	1.0/0.7
EV/EBITDA(배)	0.0	0.0	0.0	0.0	0.0	11.2
EPS(원)	—	—	—	—	—	67,569
BPS(원)	—	—	—	—	—	489,808
CFPS(원)	—	—	—	—	—	91,069
DPS(원)	—	—	—	—	—	—
EBITDAPS(원)	—	—	—	—	—	91,257

재무 비율 〈단위 : %〉

연도	영업이익률	순이익률	부채비율	차입금비율	ROA	ROE	유보율	자기자본비율	EBITDA마진율
2017	6.5	7.3	107.4	64.5	0.0	0.0	9,696.2	48.2	8.8
2016	0.0	0.0	0.0	0.0	0.0	0.0	0.0	0.0	0.0
2015	0.0	0.0	0.0	0.0	0.0	0.0	0.0	0.0	0.0
2014	0.0	0.0	0.0	0.0	0.0	0.0	0.0	0.0	0.0

현대통신 (A039010)

Hyundai Telecommunication

업　　종 : 보안장비　　시　　장 : KOSDAQ
신용등급 : (Bond) —　(CP) —　　기업규모 : 벤처
홈페이지 : www.hyundaitel.co.kr　　연 락 처 : 02)2240-9211
본　　사 : 서울시 영등포구 여의대방로 107(신길동, 현대통신빌딩)

설 립 일	1998.04.25	**종 업 원 수**	126명	**대 표 이 사**	이건구
상 장 일	2000.07.11	**감 사 의 견**	적정(신한)	**계 열**	
결 산 기	12월	**보 통 주**		**종속회사수**	1개사
액 면 가	500원	**우 선 주**		**구 상 호**	

주주구성 (지분율,%)		출자관계 (지분율,%)		주요경쟁사 (외형,%)	
이건구	24.0	HYUNDAITELECOMJAPAN	65.0	현대통신	100
이내흔	14.5			코콤	122
(외국인)	9.4			슈프리마	40

매출구성		비용구성		수출비중	
HNT-4000 외	66.2	매출원가율	76.9	수출	1.2
HKT-300 외	11.4	판관비율	8.1	내수	98.8
용역매출 외	8.3				

회사 개요

하이닉스의 사업구조조정에 따라 HA사업부문이 분사하여 설립되었으며, 홈오토메이션 및 홈네트워크 시스템을 제조/판매하고 있음. 매출 구성은 홈네트워크시스템이 60%, 무인경비시스템 7%, 주방 TV 15%, 그외 LED 보안등과 디지털도어락 등 기타 상품이 차지. 홈네트워크 시스템은 신규 아파트에서 주로 수요가 발생하는 특성을 가지고 있는데, 공동주택 수직증축 리모델링 허용에 따른 추가적인 매출 발생 요인이 존재함.

실적 분석

동사의 2017년 연결 기준 연간 누적 매출액은 전년 동기 대비 33.6% 증가한 1,173.6억원을 시현함. 매출이 증가하면서 매출원가와 판매비와 관리비도 증가했으나, 매출 증가에 따른 고정비용 감소효과로 인해 영업이익은 전년 동기 대비 65.2% 증가한 176.3억원을 기록함. 비영업손익 부문에서 흑자 규모가 소폭 감소하고 법인세 부담도 늘었지만 영업이익 증가 폭이 커 당기순이익은 전년 동기 대비 45.3% 증가한 152.8억원을 기록함.

현금 흐름 〈단위 : 억원〉

항목	2016	2017
영업활동	66	131
투자활동	-142	-65
재무활동	-11	2
순현금흐름	-86	69
기말현금	43	112

시장 대비 수익률

결산 실적 〈단위 : 억원〉

항목	2012	2013	2014	2015	2016	2017
매출액	456	469	733	787	878	1,174
영업이익	2	-4	53	86	107	176
당기순이익	-1	-1	56	88	105	153

분기 실적 〈단위 : 억원〉

항목	2016.3Q	2016.4Q	2017.1Q	2017.2Q	2017.3Q	2017.4Q
매출액	216	256	228	304	292	350
영업이익	29	32	32	52	44	48
당기순이익	24	30	27	42	36	48

재무 상태 〈단위 : 억원〉

항목	2012	2013	2014	2015	2016	2017
총자산	384	477	545	634	718	1,006
유형자산	105	101	99	98	97	97
무형자산	29	25	25	26	26	25
유가증권	3	4	31	69	129	206
총부채	151	246	258	263	260	406
총차입금	—	13	—	—	—	—
자본금	43	43	43	43	43	43
총자본	233	231	287	370	458	600
지배주주지분	233	231	287	370	458	600

기업가치 지표

항목	2012	2013	2014	2015	2016	2017
주가(최고/저)(천원)	5.9/1.9	3.4/1.7	5.4/2.3	13.0/4.7	9.6/6.4	10.5/7.5
PER(최고/저)(배)	—/—	—/—	8.9/3.8	13.4/4.8	8.2/5.4	6.0/4.3
PBR(최고/저)(배)	2.3/0.8	1.3/0.7	1.7/0.7	3.2/1.1	1.9/1.3	1.5/1.1
EV/EBITDA(배)	17.0	94.4	5.7	5.9	4.1	2.4
EPS(원)	-8	-16	645	1,018	1,220	1,772
BPS(원)	2,700	2,677	3,324	4,291	5,305	6,957
CFPS(원)	70	66	693	1,067	1,261	1,830
DPS(원)	—	—	70	100	130	200
EBITDAPS(원)	101	30	660	1,052	1,279	2,102

재무 비율 〈단위 : %〉

연도	영업이익률	순이익률	부채비율	차입금비율	ROA	ROE	유보율	자기자본비율	EBITDA마진율
2017	15.0	13.0	67.7	0.0	17.7	28.9	1,291.4	59.6	15.5
2016	12.2	12.0	56.9	0.0	15.6	25.4	961.0	63.7	12.6
2015	11.0	11.2	71.1	0.0	14.9	26.7	758.1	58.4	11.5
2014	7.2	7.6	89.9	0.0	10.9	21.5	564.7	52.7	7.8

현대투자증권 (A001500)
HMC INVESTMENT SECURITIES

업 종 : 증권　　시 장 : 거래소
신용등급 : (Bond) A+　(CP) A1　　기업규모 : 시가총액 소형주
홈페이지 : www.hmcib.com　　연 락 처 : 02)3787-2114
본 사 : 서울시 영등포구 국제금융로2길 32

설 립 일	1955.07.26	**종업원수**	686명	**대표이사**	이용배
상 장 일	1990.06.09	**감사의견**	적정(한영)	**계 열**	
결 산 기	12월	**보 통 주**		**종속회사수**	18개사
액 면 가	5,000원	**우 선 주**		**구 상 호**	HMC투자증권

주주구성 (지분율,%)		출자관계 (지분율,%)		주요경쟁사 (외형,%)	
현대자동차	27.5	도미누스신성장사모투자회사	19.0	현대차투자증권	100
현대모비스	17.0	더함투자자문	9.0	SK증권	97
(외국인)	6.3	이지스자산운용	8.0	한화투자증권	130

수익구성		비용구성		수출비중	
금융상품 관련이익	26.0	이자비용	14.9	수출	—
파생상품거래이익	24.6	파생상품손실	19.7	내수	—
수수료수익	22.7	판관비	32.0		

회사 개요

1955년 신흥증권으로 설립된 동사는 2008년 5월 현대자동차그룹 계열사로 편입, 동사는 금융투자업 및 이에 부수되는 사업을 영위하고 있으며, 2017년 3월말 현재 15개 국내지점, 5개의 국내영업점을 운영하고 있음. 현대차 그룹에 편입된 이후 두 차례 유상증자를 단행해 자본 3,552억원을 확충함. 동사는 계열사와의 시너지를 바탕으로 퇴직연금, IB, 브로커리지 영업 등에서 잠재력을 가지고 있음.

실적 분석

동사는 지난해 영업이익이 668억원으로 전년 대비 26.5% 증가하였음. 이 기간 당기순이익은 502억원으로 전년 대비 26.2% 증가했음. 지난해 증시호조와 더불어 IB, 리테일 등 전 사업부문에 걸친 고른 성장이 호실적을 이끌었음. IB부문은 국내 부동산 PF 뿐만 아니라 해외부동산, 기업금융 등으로 영역을 확대해 수익구조를 다변화하였음. 안정적인 리스크 관리로 차별화된 실적 시현이 가능할 것으로 판단됨.

현금 흐름
〈단위 : 억원〉

항목	2016	2017
영업활동	1,979	-69
투자활동	-553	-3,848
재무활동	-1,953	3,903
순현금흐름	-527	-13
기말현금	1,212	1,199

시장 대비 수익률

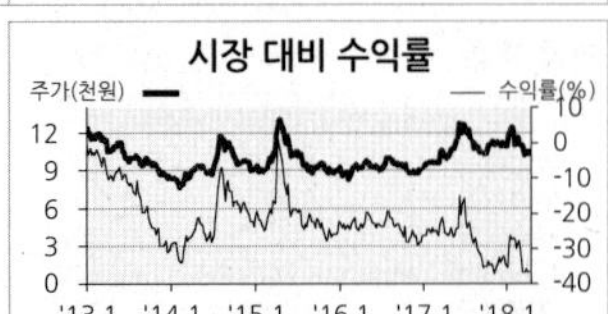

결산 실적
〈단위 : 억원〉

항목	2012	2013	2014	2015	2016	2017
순영업손익	1,992	1,072	1,820	2,016	1,830	2,123
영업이익	407	-79	140	682	528	668
당기순이익	308	-72	66	504	398	502

분기 실적
〈단위 : 억원〉

항목	2016.3Q	2016.4Q	2017.1Q	2017.2Q	2017.3Q	2017.4Q
순영업손익	486	286	480	564	660	419
영업이익	153	-21	138	179	291	60
당기순이익	115	-23	107	133	219	43

재무 상태
〈단위 : 억원〉

항목	2012	2013	2014	2015	2016	2017
총자산	40,851	45,521	55,926	58,526	58,871	70,252
유형자산	125	72	2,003	1,984	2,850	61
무형자산	315	297	249	242	235	243
유가증권	31,054	32,913	41,313	40,672	42,930	53,290
총부채	34,055	38,851	49,187	51,326	50,709	61,798
총차입금	21,193	25,650	32,866	35,248	33,427	37,448
자본금	1,467	1,467	1,467	1,467	1,467	1,467
총자본	6,796	6,670	6,739	7,200	8,162	8,454
지배주주지분	6,796	6,670	6,739	7,200	8,162	8,454

기업가치 지표

항목	2012	2013	2014	2015	2016	2017
주가(최고/저)(천원)	13.2/10.0	11.5/8.3	11.8/7.6	13.7/8.6	10.1/8.3	12.7/9.1
PER(최고/저)(배)	14.5/11.0	—/—	59.9/38.7	9.0/5.6	8.1/6.6	7.7/5.5
PBR(최고/저)(배)	0.7/0.5	0.6/0.4	0.6/0.4	0.6/0.4	0.4/0.3	0.5/0.3
PSR(최고/저)(배)	2/2	4/3	2/1	2/1	2/1	2/1
EPS(원)	1,051	-246	225	1,716	1,356	1,711
BPS(원)	23,166	22,736	22,972	24,542	27,822	28,815
CFPS(원)	1,504	23	468	1,964	1,582	1,962
DPS(원)	150	—	150	450	400	400
EBITDAPS(원)	1,386	-268	476	2,326	1,800	2,277

재무 비율
〈단위 : %〉

연도	계속사업 이익률	순 이익률	부채 비율	차입금 비율	ROA	ROE	유보율	자기자본 비율	총자산 증가율
2017	31.1	23.6	731.0	443.0	0.8	6.0	476.3	12.0	19.3
2016	28.9	21.8	621.3	409.6	0.7	5.2	456.4	13.9	0.6
2015	34.2	25.0	712.9	489.6	0.9	7.2	390.9	12.3	4.7
2014	5.6	3.6	729.9	487.7	0.1	1.0	359.4	12.1	36.9

현대해상화재보험 (A001450)
Hyundai Marine&Fire Insurance

업 종 : 보험　　시 장 : 거래소
신용등급 : (Bond) AA　(CP) —　　기업규모 : 시가총액 대형주
홈페이지 : www.hi.co.kr　　연 락 처 : 02)1588-5656
본 사 : 서울시 종로구 세종대로 163 현대해상화재보험빌딩

설 립 일	1955.03.05	**종업원수**	4,190명	**대표이사**	이철영,박찬종
상 장 일	1989.08.25	**감사의견**	적정(삼일)	**계 열**	
결 산 기	12월	**보 통 주**		**종속회사수**	9개사
액 면 가	500원	**우 선 주**		**구 상 호**	

주주구성 (지분율,%)		출자관계 (지분율,%)		주요경쟁사 (외형,%)	
정몽윤	21.9	현대인베스트먼트자산운용	100.0	현대해상	100
국민연금기금	7.1	현대하이카손해사정	100.0	삼성생명	129
(외국인)	50.0	현대씨앤알	100.0	삼성화재	145

수익구성		비용구성		수출비중	
장 기	61.2	책임준비금전입	16.1	수출	—
자동차	24.0	보험금비용	32.8	내수	—
특 종	6.5	사업비	9.2		

회사 개요

동사는 동방해상보험으로 설립돼, 1985년 현대해상화재보험으로 사명이 변경됨. 계열회사는 총 14개로 이 중 상장사는 동사가 유일함. 동사의 연결대상 종속회사로는 손해사정업과 긴급출동서비스를 맡는 현대하이카손해사정, 소프트웨어업을 영위하는 현대HDS, 자산운용업을 영위하는 현대인베스트먼트자산운용 등이 있음. 2017년 3분기 기준 동사의 손해보험시장 시장점유율은 16.8%임.

실적 분석

동사의 지난해 당기순이익은 4,644억원으로 전년 대비 13.3% 증가했음. 자동차 및 장기보험 손해율 하락으로 보험영업이익이 개선됐고 투자영업이익도 전년대비 6.3% 증가함. 지난해 동사의 전체 손해율은 83.0%로 전년동기대비 1.6%포인트 하락했음. 이중 자동차보험 손해율은 79.5%로 전년 대비 2.3%포인트 하락했고, 장기보험 손해율도 85.3%로 1.4%포인트 하락하였음.

현금 흐름
〈단위 : 억원〉

항목	2016	2017
영업활동	21,399	12,355
투자활동	-24,051	-18,797
재무활동	1,494	3,877
순현금흐름	-1,118	-2,670
기말현금	9,475	6,805

시장 대비 수익률

결산 실적
〈단위 : 억원〉

항목	2012	2013	2014	2015	2016	2017
보험료수익	106,051	84,198	117,253	124,751	126,431	128,624
영업이익	5,045	3,006	3,302	3,310	5,439	6,308
당기순이익	3,721	2,106	2,349	2,123	4,099	4,644

분기 실적
〈단위 : 억원〉

항목	2016.3Q	2016.4Q	2017.1Q	2017.2Q	2017.3Q	2017.4Q
보험료수익	31,439	32,083	31,245	32,336	32,865	32,178
영업이익	1,773	805	1,606	2,301	1,524	877
당기순이익	1,483	545	1,164	1,750	1,101	628

재무 상태
〈단위 : 억원〉

항목	2012	2013	2014	2015	2016	2017
총자산	214,573	245,361	286,104	327,814	370,574	404,925
유형자산	6,382	6,699	6,278	6,103	7,139	8,304
무형자산	737	644	468	429	536	646
유가증권	107,134	119,769	139,161	160,978	183,534	205,776
총부채	193,013	224,833	262,381	302,787	342,092	373,888
총차입금	382	—	793	5,161	6,040	11,168
자본금	447	447	447	447	447	447
총자본	21,560	20,527	23,723	25,027	28,482	31,037
지배주주지분	21,391	20,339	23,723	25,027	28,482	31,037

기업가치 지표

항목	2012	2013	2014	2015	2016	2017
주가(최고/저)(천원)	32.1/22.6	29.2/24.7	29.4/22.5	33.6/21.8	35.0/26.2	47.7/29.2
PER(최고/저)(배)	9.1/6.4	14.2/12.0	12.6/9.7	15.2/10.1	8.2/6.1	9.5/5.8
PBR(최고/저)(배)	1.6/1.1	1.4/1.2	1.2/1.0	1.3/0.8	1.2/0.9	1.4/0.9
PSR(최고/저)(배)	0/0	0/0	0/0	0/0	0/0	0/0
EPS(원)	4,140	2,334	2,628	2,375	4,585	5,195
BPS(원)	24,152	22,975	26,760	28,414	32,278	35,137
CFPS(원)	4,803	2,848	3,269	2,867	5,087	5,772
DPS(원)	1,050	550	750	750	1,350	1,500
EBITDAPS(원)	5,643	3,362	3,694	3,702	6,083	7,056

재무 비율
〈단위 : %〉

연도	계속사업 이익률	순 이익률	부채 비율	차입금 비율	ROA	ROE	유보율	자기자본 비율	총자산 증가율
2017	4.8	3.6	1,204.6	36.0	1.2	15.6	6,927.4	7.7	9.3
2016	4.2	3.2	1,201.1	21.2	1.2	15.3	6,355.6	7.7	13.0
2015	2.4	1.7	1,209.8	20.6	0.7	8.7	5,582.8	7.6	14.6
2014	2.5	2.0	1,106.0	3.3	0.9	10.7	5,252.1	8.3	33.3

현대홀딩스 (A227840)
HYUNDAI HOLDINGS

업 종 : 식료품
신용등급 : (Bond) — (CP) —
홈페이지 : www.hyundaicorpholdings.com
본 사 : 서울시 종로구 율곡로2길 25

시 장 : 거래소
기업규모 : 시가총액 소형주
연 락 처 : 02)390-1114

설 립 일	2015.10.02	**종업원수**	58명	**대표이사**	장안석
상 장 일	2015.10.23	**감사의견**	적정(삼일)	**계 열**	
결 산 기	12월	**보 통 주**		**종속회사수**	4개사
액 면 가	5,000원	**우 선 주**		**구 상 호**	현대씨앤에프

주주구성 (지분율,%)		출자관계 (지분율,%)		주요경쟁사 (외형,%)	
정몽혁	18.0	현대종합상사	20.2	현대홀딩스	100
케이씨씨	12.0				
(외국인)	3.9				

매출구성		비용구성		수출비중	
상품매출(제품)	87.1	매출원가율	84.5	수출	—
기타	12.9	판관비율	9.5	내수	—

회사 개요
동사는 현대종합상사를 모태로 인적분할을 통해 코스피에 재상장. 해외무역/자원개발은 존속법인인 현대종합상사가 담당하고 브랜드/식료사업은 신설법인인 현대씨앤에프가 맡음. 분할기일은 10월 1일이며 존속회사 현대종합상사와 신설회사 현대씨앤에프 간 분할예정비율은 0.59대 0.41임. 축산물 도매업이 전체 매출액의 85.42%를 차지하고 브랜드 사업이 14.58%를 차지. '현대'라는 브랜드 파워에 기반한 글로벌 네트워크를 활용하여 마케팅 역량 확대.

실적 분석
동사의 2017년 연간 매출액은 1,452.4억원을 기록. 영업이익은 87.4억원으로 7.3% 하락했으나, 당기순이익은 관련기업 지분법평가이익 증가로 인해 120.3억원 기록하며 전년동기 대비 87.3% 증가. 현대종합상사의 지분법평가이익이 크게 증가하여 영업익은 크게 줄었음에도 불구하고 당기순이익은 크게 증가. 동사는 '현대'라는 브랜드 파워에 기반한 브랜드 정체성 유지 관리와 마케팅 역량을 강화해 매출 증대를 꾀함.

현금 흐름 〈단위 : 억원〉

항목	2016	2017
영업활동	95	81
투자활동	-14	-24
재무활동	-18	-76
순현금흐름	63	-21
기말현금	599	579

시장 대비 수익률
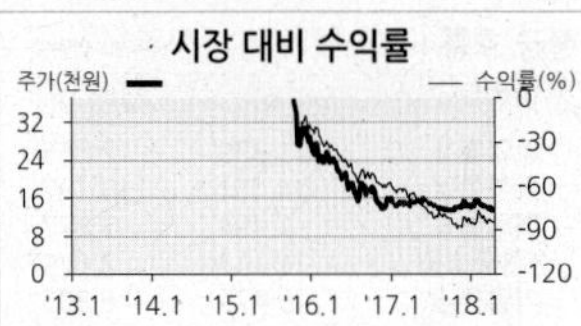

결산 실적 〈단위 : 억원〉

항목	2012	2013	2014	2015	2016	2017
매출액	—	—	—	380	1,536	1,452
영업이익	—	—	—	26	94	87
당기순이익	—	—	—	182	64	120

분기 실적 〈단위 : 억원〉

항목	2016.3Q	2016.4Q	2017.1Q	2017.2Q	2017.3Q	2017.4Q
매출액	406	359	334	316	379	423
영업이익	26	25	16	18	27	26
당기순이익	27	-17	27	50	32	11

재무 상태 〈단위 : 억원〉

항목	2012	2013	2014	2015	2016	2017
총자산	—	—	—	2,076	2,103	1,985
유형자산	—	—	—	1	0	17
무형자산	—	—	—	212	211	211
유가증권	—	—	—	—	—	—
총부채	—	—	—	155	229	202
총차입금	—	—	—	—	—	—
자본금	—	—	—	455	455	455
총자본	—	—	—	1,921	1,874	1,784
지배주주지분	—	—	—	1,921	1,874	1,781

기업가치 지표

항목	2012	2013	2014	2015	2016	2017
주가(최고/저)(천원)	#VALUE!	—/—	—/—	—/—	—/—	—/—
PER(최고/저)(배)	0.0/0.0	0.0/0.0	0.0/0.0	19.5/13.5	44.2/20.3	12.4/10.2
PBR(최고/저)(배)	0.0/0.0	0.0/0.0	0.0/0.0	1.8/1.3	1.5/0.7	0.8/0.7
EV/EBITDA(배)	0.0	0.0	0.0	87.1	9.4	8.3
EPS(원)	—	—	—	1,997	705	1,330
BPS(원)	—	—	—	21,124	20,612	20,058
CFPS(원)	—	—	—	1,999	719	1,346
DPS(원)	—	—	—	200	400	500
EBITDAPS(원)	—	—	—	285	1,050	976

재무 비율 〈단위 : %〉

연도	영업이익률	순이익률	부채비율	차입금비율	ROA	ROE	유보율	자기자본비율	EBITDA마진율
2017	6.0	8.3	11.3	0.0	5.9	6.6	301.2	89.8	6.1
2016	6.1	4.2	12.2	0.0	3.1	3.4	312.2	89.1	6.2
2015	6.8	47.8	8.1	0.0	0.0	0.0	322.5	92.5	6.8
2014	0.0	0.0	0.0	0.0	0.0	0.0	0.0	0.0	0.0

현대홈쇼핑 (A057050)
HYUNDAI HOME SHOPPING NETWORK

업 종 : 온라인쇼핑
신용등급 : (Bond) — (CP) —
홈페이지 : www.hyundaihmall.com
본 사 : 서울시 강동구 올림픽로 70길 34

시 장 : 거래소
기업규모 : 시가총액 중형주
연 락 처 : 02)2143-2000

설 립 일	2001.05.29	**종업원수**	559명	**대표이사**	정교선,강찬석
상 장 일	2010.09.13	**감사의견**	적정(삼정)	**계 열**	
결 산 기	12월	**보 통 주**		**종속회사수**	1개사
액 면 가	5,000원	**우 선 주**		**구 상 호**	

주주구성 (지분율,%)		출자관계 (지분율,%)		주요경쟁사 (외형,%)	
현대그린푸드	25.0	현대렌탈케어	100.0	현대홈쇼핑	100
현대백화점	15.8	현대에이치씨엔	35.3	GS홈쇼핑	104
(외국인)	25.4	한섬	34.6	CJ오쇼핑	217

매출구성		비용구성		수출비중	
상품매출(상품)	63.2	매출원가율	12.4	수출	0.4
기타	31.2	판관비율	75.6	내수	99.6
수수료매출(기타)	5.6				

회사 개요
동사는 2001년 설립돼 2010년 유가증권시장에 상장함. TV홈쇼핑, 인터넷쇼핑몰, 카탈로그 등의 매체를 이용하여 상품 및 서비스를 제공하는 통신판매사업자임. 매 5년마다 재승인을 받아야 함. 정수기 렌탈사업을 영위하는 현대렌탈케어를 연결대상 종속회사로 보유하고 있음. 2017년 기준 동사가 속한 현대백화점 그룹 계열사는 현대백화점을 포함해 총 28개임. 태국과 베트남 등 해외 시장에도 진출해있음.

실적 분석
2017년 연결기준 동사는 매출 1조431.3억원을 시현함. 전년도 매출액인 9694.3억원에서 7.6% 증가한 금액임. 매출원가가 40.2% 늘고 판매비와 관리비가 3% 증가했으나 매출 상승폭이 이를 상회해 영업이익은 전년도 1112.9억원에서 12.6% 증가한 1253.3억원을 시현함. 다만 비영업부문 이익이 42% 감소해 당기순이익은 전년도 대비 5.4% 감소한 1224.6억원을 기록함.

현금 흐름 〈단위 : 억원〉

항목	2016	2017
영업활동	928	279
투자활동	-1,945	1,227
재무활동	718	-1,258
순현금흐름	-299	248
기말현금	48	296

시장 대비 수익률
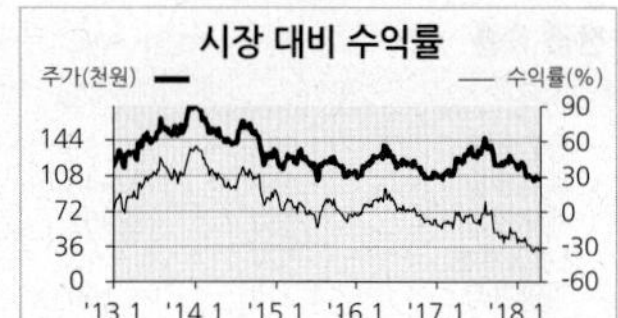

결산 실적 〈단위 : 억원〉

항목	2012	2013	2014	2015	2016	2017
매출액	7,605	7,999	8,679	8,960	9,694	10,431
영업이익	1,528	1,448	1,451	1,046	1,113	1,253
당기순이익	1,040	1,955	1,478	1,111	1,295	1,225

분기 실적 〈단위 : 억원〉

항목	2016.3Q	2016.4Q	2017.1Q	2017.2Q	2017.3Q	2017.4Q
매출액	2,290	2,686	2,610	2,563	2,529	2,730
영업이익	183	283	423	273	248	310
당기순이익	197	458	466	279	248	232

재무 상태 〈단위 : 억원〉

항목	2012	2013	2014	2015	2016	2017
총자산	13,064	14,290	15,503	16,664	19,030	18,754
유형자산	877	922	917	985	1,094	1,302
무형자산	52	49	52	57	47	47
유가증권	573	564	7,826	8,119	968	3,541
총부채	3,317	2,739	2,847	3,095	4,477	3,310
총차입금	50	—	—	—	960	—
자본금	600	600	600	600	600	600
총자본	9,747	11,552	12,655	13,569	14,553	15,444
지배주주지분	9,747	11,552	12,655	13,569	14,553	15,444

기업가치 지표

항목	2012	2013	2014	2015	2016	2017
주가(최고/저)(천원)	144/84.5	178/114	180/117	136/103	138/103	145/104
PER(최고/저)(배)	17.8/10.4	11.6/7.4	15.4/9.9	15.3/11.6	13.1/9.8	14.5/10.3
PBR(최고/저)(배)	1.9/1.1	2.0/1.3	1.8/1.1	1.2/0.9	1.2/0.9	1.1/0.8
EV/EBITDA(배)	5.6	10.5	6.0	5.2	4.3	5.0
EPS(원)	8,664	16,290	12,321	9,259	10,788	10,205
BPS(원)	81,224	96,266	107,224	114,833	123,500	131,918
CFPS(원)	9,420	16,804	12,996	10,014	11,890	11,818
DPS(원)	1,100	1,100	1,300	1,500	1,500	1,700
EBITDAPS(원)	13,492	12,579	12,770	9,469	10,376	12,057

재무 비율 〈단위 : %〉

연도	영업이익률	순이익률	부채비율	차입금비율	ROA	ROE	유보율	자기자본비율	EBITDA마진율
2017	12.0	11.7	21.4	0.0	6.5	8.2	2,538.4	82.4	13.9
2016	11.5	13.4	30.8	6.6	7.3	9.2	2,370.0	76.5	12.8
2015	11.7	12.4	22.8	0.0	6.9	8.5	2,196.7	81.4	12.7
2014	16.7	17.0	22.5	0.0	9.9	12.2	2,044.5	81.6	17.7

현성바이탈 (A204990)

HS Vital CO

업 종 : 식료품 시 장 : KOSDAQ
신용등급 : (Bond) — (CP) — 기업규모 : 기술성
홈페이지 : www.hsvital.com 연 락 처 : 02)2628-0550
본 사 : 서울시 영등포구 선유로 146, 207호(양평동 3가 이앤씨드림타워)

설 립 일	2006.08.04	종업원수	109명	대표이사	신지윤
상 장 일	2015.04.03	감사의견	적정(새시대)	계 열	
결 산 기	12월	보 통 주		종속회사수	
액 면 가	500원	우 선 주		구 상 호	

주주구성 (지분율,%)		출자관계 (지분율,%)		주요경쟁사 (외형,%)	
신지윤	68.6	에이폴	100.0	현성바이탈	100
신현우	2.5			동서	2,179
(외국인)	0.9			롯데푸드	7,088

매출구성		비용구성		수출비중	
수소수기	29.0	매출원가율	50.5	수출	0.0
환	27.1	판관비율	34.0	내수	100.0
화장품 등	20.1				

회사 개요

2006년 8월 설립된 동사는 고장초, 장명채, 삼백초, 그라비올라 및 양파 등 천연재료를 가공한 건강기능식품 및 화장품 등을 제조, 판매하고 있음. 2016년 12월 코넥스 시장에서 코스닥 시장으로 이전상장함. 관계회사인 ㈜에이폴을 통하여 합법적인 네트워크방식으로 건강식품 등을 판매하고 있음. 매출 구성은 액상, 수소수기, 환, 기타 제품 등으로 구성돼 있음.

실적 분석

동사의 2017년 연결 기준 연간 누적 매출액은 256.6억원으로 전년 동기 대비 10.4% 감소함. 매출이 감소하면서 매출원가는 줄었지만 판매비와 관리비는 오히려 증가해 영업이익은 전년 동기 대비 49.9% 감소한 39.6억원을 시현함. 비영업 부문에서도 외환손실이 발생해 법인세 비용 부담이 줄었음에도 불구하고 당기순이익은 전년 동기 대비 53.9% 감소한 31.2억원을 기록함.

현금 흐름 <단위 : 억원>

항목	2016	2017
영업활동	-1	-156
투자활동	37	45
재무활동	118	-18
순현금흐름	154	-123
기말현금	176	53

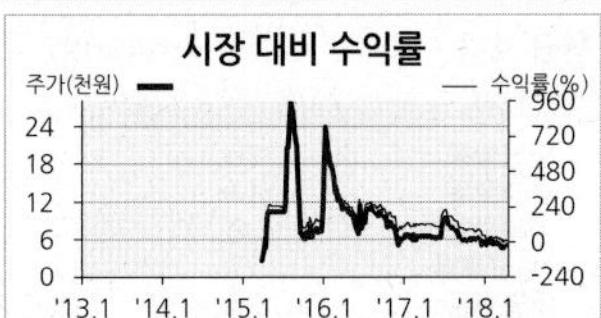

결산 실적 <단위 : 억원>

항목	2012	2013	2014	2015	2016	2017
매출액	169	191	225	258	286	257
영업이익	8	28	76	96	79	40
당기순이익	5	15	60	80	68	31

분기 실적 <단위 : 억원>

항목	2016.3Q	2016.4Q	2017.1Q	2017.2Q	2017.3Q	2017.4Q
매출액	89	—	—	—	53	—
영업이익	30	—	—	—	13	—
당기순이익	25	—	—	—	14	—

재무 상태 <단위 : 억원>

항목	2012	2013	2014	2015	2016	2017
총자산	155	174	230	322	505	1,385
유형자산	47	58	64	68	69	73
무형자산	0	0	2	2	2	700
유가증권	5	—	0	0	0	46
총부채	73	77	47	61	58	139
총차입금	23	6	—	—	—	48
자본금	38	38	100	100	109	158
총자본	82	97	182	262	448	1,246
지배주주지분	82	97	182	262	448	1,246

기업가치 지표

항목	2012	2013	2014	2015	2016	2017
주가(최고/저)(천원)	—/—	—/—	—/—	32.0/2.7	26.6/5.1	9.5/5.2
PER(최고/저)(배)	0.0/0.0	0.0/0.0	0.0/0.0	80.3/6.7	79.3/15.2	75.2/41.4
PBR(최고/저)(배)	0.0/0.0	0.0/0.0	0.0/0.0	24.5/2.0	12.9/2.5	2.4/1.3
EV/EBITDA(배)	—	—	—	24.1	12.7	34.3
EPS(원)	116	131	345	399	336	126
BPS(원)	1,076	1,279	912	1,309	2,059	3,943
CFPS(원)	338	285	384	436	374	168
DPS(원)	—	—	—	—	—	—
EBITDAPS(원)	420	457	478	516	431	202

재무 비율 <단위 : %>

연도	영업이익률	순이익률	부채비율	차입금비율	ROA	ROE	유보율	자기자본비율	EBITDA마진율
2017	15.5	12.1	11.2	3.9	3.3	3.7	688.6	90.0	19.5
2016	27.6	23.6	12.9	0.0	16.3	19.0	311.9	88.6	30.3
2015	37.2	30.9	23.1	0.0	28.9	35.9	161.8	81.2	40.0
2014	33.6	26.4	25.8	0.0	—	—	82.5	79.5	36.6

현우산업 (A092300)

HYUNWOOINDUSTRIAL

업 종 : 전자 장비 및 기기 시 장 : KOSDAQ
신용등급 : (Bond) — (CP) — 기업규모 : 중견
홈페이지 : www.hyunwoopcb.com 연 락 처 : 032)876-6105
본 사 : 인천시 남구 염전로 181

설 립 일	1996.10.08	종업원수	416명	대표이사	문병선
상 장 일	2007.10.24	감사의견	적정(새시대)	계 열	
결 산 기	12월	보 통 주		종속회사수	
액 면 가	500원	우 선 주		구 상 호	

주주구성 (지분율,%)		출자관계 (지분율,%)		주요경쟁사 (외형,%)	
문병선	34.1	쓰리비젼	28.6	현우산업	100
시너지투자자문	1.9			로보쓰리	0
(외국인)	2.6			S&K폴리텍	140

매출구성		비용구성		수출비중	
다층(PCB제품)	61.0	매출원가율	90.2	수출	84.9
양면(PCB제품)	37.0	판관비율	5.1	내수	15.1
부산물(PCB기타)	1.9				

회사 개요

동사는 1987년 설립 이래 30년간 인쇄회로기판(PCB)만을 생산해온 PCB전문 기업으로, 디스플레이와 자동차 및 전기차전장, 일반 IT기기, O.A, 백색가전 분야의 국내외 주요 고객사에 PCB를 공급함. 2016년 기준, 인터플렉스, 대덕전자 등에 이어 국내 9위권의 시장점유율을 보유 중임. 주 고객사는 LG전자, LG디스플레이 등이며, 매출 구성은 수출 85%, 내수 15%임.

실적 분석

동사의 2017년도 연간 매출액은 OLED 제품군 및 전장제품군의 판매 증가에 따라 전년대비7% 증가한 1,274.2억원을 시현. LG전자 신규해외사이트 판로확대 중이며, 이 중 폴란드와 멕시코 등에서 꾸준한 물량공급을 예상됨. 주 수요처인 LG전자의 OLED 등 생산호조로 내수부분의 안정적인 물량공급이 지속될 것으로 전망함. 전장업체 잠재적 고객과의 샘플거래를 통해 매출 다변화에도 노력 중임.

현금 흐름 *IFRS 별도 기준 <단위 : 억원>

항목	2016	2017
영업활동	182	114
투자활동	-50	-153
재무활동	-2	95
순현금흐름	129	54
기말현금	164	218

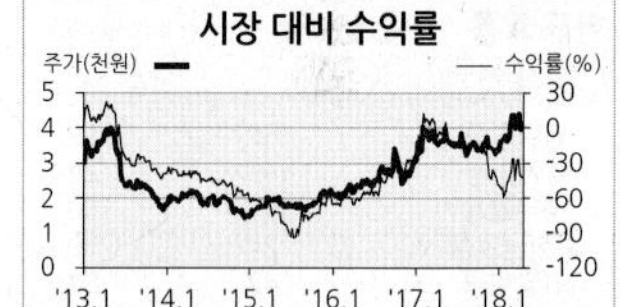

결산 실적 <단위 : 억원>

항목	2012	2013	2014	2015	2016	2017
매출액	985	949	854	1,064	1,191	1,274
영업이익	11	-19	-44	36	51	60
당기순이익	14	-25	-38	1	28	43

분기 실적 *IFRS 별도 기준 <단위 : 억원>

항목	2016.3Q	2016.4Q	2017.1Q	2017.2Q	2017.3Q	2017.4Q
매출액	301	296	311	297	343	323
영업이익	12	14	14	16	17	12
당기순이익	11	6	6	16	9	12

재무 상태 *IFRS 별도 기준 <단위 : 억원>

항목	2012	2013	2014	2015	2016	2017
총자산	1,173	1,261	1,192	1,172	1,209	1,380
유형자산	837	873	816	783	760	806
무형자산	8	8	6	6	6	6
유가증권	4	85	86	2	4	6
총부채	576	671	643	623	604	701
총차입금	413	487	479	356	324	388
자본금	50	50	50	51	61	72
총자본	597	591	549	549	605	679
지배주주지분	597	591	549	549	605	679

기업가치 지표 *IFRS 별도 기준

항목	2012	2013	2014	2015	2016	2017
주가(최고/저)(천원)	3.0/2.1	4.0/1.7	2.3/1.4	2.3/1.5	3.6/1.9	4.3/3.1
PER(최고/저)(배)	24.6/17.5	—/—	—/—	480.6/305.8	14.8/8.0	12.7/9.2
PBR(최고/저)(배)	0.6/0.4	0.8/0.3	0.5/0.3	0.5/0.3	0.8/0.4	0.9/0.7
EV/EBITDA(배)	6.6	7.7	9.9	4.1	3.9	4.5
EPS(원)	139	-248	-379	5	257	345
BPS(원)	5,969	5,908	5,486	5,408	4,992	4,742
CFPS(원)	1,013	672	574	925	1,061	999
DPS(원)	50	30	30	60	80	100
EBITDAPS(원)	985	729	516	1,277	1,278	1,135

재무 비율 <단위 : %>

연도	영업이익률	순이익률	부채비율	차입금비율	ROA	ROE	유보율	자기자본비율	EBITDA마진율
2017	4.7	3.4	103.2	57.1	3.3	6.7	848.4	49.2	11.1
2016	4.3	2.3	99.8	53.5	2.3	4.8	898.4	50.1	11.6
2015	3.4	0.1	113.5	64.8	0.0	0.1	981.5	46.8	12.0
2014	-5.1	-4.4	117.2	87.4	-3.1	-6.7	997.2	46.0	6.0

*관리종목

현진소재 (A053660)
Hyunjin Materials

업　　종 : 조선　　시　　장 : KOSDAQ
신용등급 : (Bond) B-　(CP) —　　기업규모 :
홈페이지 : www.hjmco.co.kr　　연 락 처 : 051)602-7700
본　　사 : 부산시 강서구 녹산산단289로 92

설 립 일	1978.04.25	**종업원수**	163명	**대표이사**	이창규
상 장 일	2002.01.31	**감사의견**	적정(삼덕)	**계　열**	
결 산 기	12월	**보 통 주**		**종속회사수**	
액 면 가	500원	**우 선 주**		**구　상　호**	

주주구성 (지분율,%)		출자관계 (지분율,%)		주요경쟁사 (외형,%)	
네오투자조합1호	11.8	선우CS	25.2	현진소재	100
이창규	10.4	삼현엔지니어링	19.3	에스앤더블류	24
(외국인)	1.6	더이앤엠	16.7	인화정공	75

매출구성		비용구성		수출비중	
Main Shaft 등	43.1	매출원가율	98.2	수출	54.3
Connecting Rod 등	38.1	판관비율	6.9	내수	45.7
단조품(제품)	9.4				

회사 개요

1978년 4월 설립해 금속단조제품의 제조와 판매업 등을 주요 사업목적으로 선박엔진부품 및 풍력발전부품 외 자유단조제품을 생산하고 있음. 기존 조선기자재 업체에서 발전부품전문 업체로의 변화를 꾀하고 있음. 동사는 전체 매출의 약 45% 이상이 수출품목이며, 수출액 증대를 위하여 중국, 유럽, 미주 등 신규시장 개척을 통한 영업력 확대에도 주력하고 있음. 기존의 조선기자재업체에서 발전부품전문업체로의 변화를 도모하고 있는 상황임.

실적 분석

동사의 연결기준 2017년 매출액은 전년 동기대비 20.3% 감소한 1,377.8억원을 기록함. 전방산업의 경기회복 둔화로 인하여 조선사업 역시 침체기를 겪고 있음. 자본잠식률 증가, 최근 3사업연도의 법인세비용 차감 전 계속사업 손실률 증가, 최근 4사업연도 영업손실 발생으로 어려움을 겪고 있음. 2018.03.08 운영자금 조달을 목적으로 유상증자를 결정함.

현금 흐름 *IFRS 별도 기준 〈단위 : 억원〉

항목	2016	2017
영업활동	152	-59
투자활동	449	22
재무활동	-577	50
순현금흐름	24	10
기말현금	42	52

시장 대비 수익률

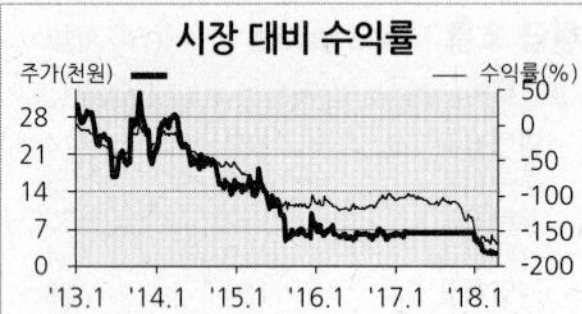

결산 실적 〈단위 : 억원〉

항목	2012	2013	2014	2015	2016	2017
매출액	3,410	2,430	3,237	2,332	1,729	1,378
영업이익	84	-189	-562	-170	88	-69
당기순이익	17	-176	-713	-828	17	-163

분기 실적 *IFRS 별도 기준 〈단위 : 억원〉

항목	2016.3Q	2016.4Q	2017.1Q	2017.2Q	2017.3Q	2017.4Q
매출액	393	377	388	324	371	295
영업이익	11	32	20	-10	18	-97
당기순이익	-21	1	-12	19	-16	-154

재무 상태 *IFRS 별도 기준 〈단위 : 억원〉

항목	2012	2013	2014	2015	2016	2017
총자산	3,966	4,179	4,784	3,160	2,038	1,808
유형자산	1,436	1,527	2,534	1,019	909	830
무형자산	16	16	12	12	4	4
유가증권	14	28	31	647	236	259
총부채	1,957	2,404	4,047	2,717	1,926	1,769
총차입금	1,586	1,906	3,400	2,073	1,460	1,427
자본금	74	74	80	152	166	49
총자본	2,009	1,775	738	443	111	39
지배주주지분	2,009	1,775	738	443	111	39

기업가치 지표 *IFRS 별도 기준

항목	2012	2013	2014	2015	2016	2017
주가(최고/저)(천원)	11.5/5.7	7.5/3.5	6.5/3.0	4.0/1.0	1.8/1.1	1.6/1.2
PER(최고/저)(배)	67.2/33.2	—/—	—/—	—/—	36.7/22.5	—/—
PBR(최고/저)(배)	1.0/0.5	0.8/0.4	1.7/0.8	3.1/0.8	5.8/3.6	17.6/13.1
EV/EBITDA(배)	11.6	136.7	—	—	8.4	56.0
EPS(원)	784	-5,911	-34,943	-15,260	217	-1,856
BPS(원)	13,584	12,004	4,638	1,460	341	414
CFPS(원)	913	-871	-8,106	-3,067	433	-704
DPS(원)	50	—	—	—	—	—
EBITDAPS(원)	1,274	107	-2,882	-37	667	363

재무 비율 〈단위 : %〉

연도	영업이익률	순이익률	부채비율	차입금비율	ROA	ROE	유보율	자기자본비율	EBITDA마진율
2017	-5.0	-11.9	일부잠식	일부잠식	-8.5	-217.0	-17.2	2.2	2.3
2016	5.1	1.0	일부잠식	일부잠식	0.6	6.0	-31.8	5.5	11.8
2015	-7.3	-35.5	613.0	467.6	-19.3	-97.6	191.9	14.0	-0.3
2014	-17.4	-22.0	265.9	229.1	-12.8	-37.9	1,474.9	27.3	-11.5

형지아이앤씨 (A011080)
HYUNGJI INNOVATION & CREATIVE

업　　종 : 섬유 및 의복　　시　　장 : KOSDAQ
신용등급 : (Bond) —　(CP) —　　기업규모 : 중견
홈페이지 : www.hyungjiinc.com　　연 락 처 : 02)2107-6500
본　　사 : 서울시 강남구 도곡로 206 (도곡동, 지오빌딩)

설 립 일	1976.02.25	**종업원수**	113명	**대표이사**	최혜원
상 장 일	2004.07.02	**감사의견**	적정(광교)	**계　열**	
결 산 기	12월	**보 통 주**		**종속회사수**	1개사
액 면 가	500원	**우 선 주**		**구　상　호**	우성I&C

주주구성 (지분율,%)		출자관계 (지분율,%)		주요경쟁사 (외형,%)	
최병오	39.9	형지엘리트	13.7	형지I&C	100
바우하우스	5.3			방림	130
(외국인)	2.7			에스마크	15

매출구성		비용구성		수출비중	
남성복(제품)	67.7	매출원가율	45.5	수출	—
남성복(상품)	32.1	판관비율	62.3	내수	—
남성복(기타)	0.3				

회사 개요

동사는 의류 제조(외주가공)와 도소매 등 의류사업을 주요 사업으로 영위함. 셔츠브랜드 'YEZAC', 남성복 브랜드 'BON', 여성복 브랜드 'Carries Note', 이태리 컨템포러리 니트웨어 'STEFANEL' 등을 보유함. 국내 백화점, 아울렛 및 가두점(대리점)에 영업기반을 두고 있음. 중국 상하이에 위치한 의류판매법체 HYUNGJI FASHION SHANG HAI Co.,Ltd를 연결대상 종속회사로 보유함.

실적 분석

2017년 연결기준 동사 매출은 1135.3억원으로 전년도 대비 11.1% 감소함. 판매비와 관리비는 10.2% 감소했으나 매출이 줄고 매출원가가 6.6% 증가해 영업이익은 적자로 전환됨. 전년도엔 4.4억원의 이익을 기록했으나 2017년엔 88.4억원의 손실을 기록함. 비영업부문 손실도 적자폭이 늘어 당기순손실 적자폭도 커짐. 전년도엔 손실 41억원을 기록했으나 2017년엔 손실 259.3억원을 기록함. 내수 침체가 실적부진 원인으로 꼽힘.

현금 흐름 〈단위 : 억원〉

항목	2016	2017
영업활동	-30	20
투자활동	14	-18
재무활동	8	-17
순현금흐름	-7	-15
기말현금	24	9

시장 대비 수익률

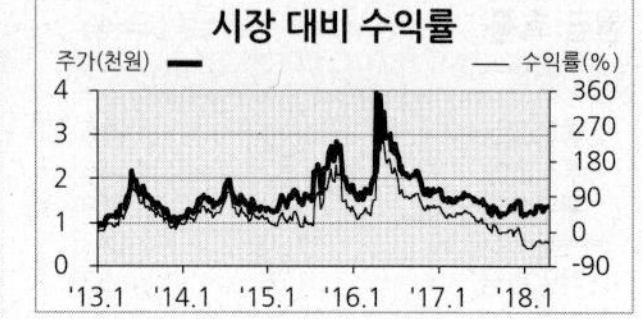

결산 실적 〈단위 : 억원〉

항목	2012	2013	2014	2015	2016	2017
매출액	613	644	929	1,178	1,276	1,135
영업이익	-104	11	21	15	4	-88
당기순이익	-100	12	17	35	-41	-259

분기 실적 〈단위 : 억원〉

항목	2016.3Q	2016.4Q	2017.1Q	2017.2Q	2017.3Q	2017.4Q
매출액	241	377	296	304	227	309
영업이익	-14	17	-1	13	-33	-68
당기순이익	-18	-2	-4	-0	-36	-219

재무 상태 〈단위 : 억원〉

항목	2012	2013	2014	2015	2016	2017
총자산	382	530	977	1,100	1,075	760
유형자산	73	73	92	50	49	32
무형자산	0	0	64	64	47	2
유가증권	0	0	1	—	—	—
총부채	235	249	547	614	550	494
총차입금	87	93	240	340	272	255
자본금	59	109	163	163	195	195
총자본	147	281	429	486	525	265
지배주주지분	147	281	429	486	525	265

기업가치 지표

항목	2012	2013	2014	2015	2016	2017
주가(최고/저)(천원)	1.7/0.5	2.2/0.9	2.0/1.1	2.9/1.2	4.0/1.4	1.8/1.2
PER(최고/저)(배)	—/—	31.1/12.9	33.3/18.6	27.2/11.5	—/—	—/—
PBR(최고/저)(배)	1.6/0.4	1.7/0.7	1.5/0.9	2.0/0.8	3.0/1.1	2.6/1.7
EV/EBITDA(배)	—	11.3	16.2	22.4	28.0	—
EPS(원)	-755	71	60	107	-105	-666
BPS(원)	1,257	1,295	1,315	1,487	1,348	681
CFPS(원)	-740	156	117	179	-32	-594
DPS(원)	—	—	15	15	—	—
EBITDAPS(원)	-775	152	130	118	85	-155

재무 비율 〈단위 : %〉

연도	영업이익률	순이익률	부채비율	차입금비율	ROA	ROE	유보율	자기자본비율	EBITDA마진율
2017	-7.8	-22.8	186.2	96.1	-28.3	-65.6	36.3	34.9	-5.3
2016	0.4	-3.2	104.7	51.8	-3.8	-8.1	169.7	48.9	2.6
2015	1.3	3.0	126.5	70.0	3.4	7.6	197.5	44.2	3.3
2014	2.3	1.9	127.4	55.9	2.3	4.9	163.0	44.0	4.1

형지엘리트 (A093240)
hyungji Elite

업종 : 섬유 및 의복
신용등급 : (Bond) — (CP) —
홈페이지 : www.hyungji-elite.com
본사 : 서울시 강남구 테헤란로38길 12 디앤와이빌딩
시장 : 거래소
기업규모 : 시가총액 소형주
연락처 : 02)3279-8015

설립일 2002.04.25		**종업원수** 68명		**대표이사** 최병오	
상장일 2009.09.28		**감사의견** 적정(삼정)		**계열**	
결산기 06월		**보통주**		**종속회사수**	
액면가 500원		**우선주**		**구상호** 에리트베이직	

주주구성 (지분율,%)		출자관계 (지분율,%)		주요경쟁사 (외형,%)	
패션그룹형지	16.1	라젤로	100.0	형지엘리트	100
우성아이앤씨	13.4	형지에스콰이아	99.3	LS네트웍스	255
(외국인)	0.5	엘리트싸이언테크	25.0	윌비스	167

매출구성		비용구성		수출비중	
중고교 교복 및 용품	81.2	매출원가율	64.6	수출	—
기업체 유니폼	18.0	판관비율	39.3	내수	—
임대매출	0.7				

회사 개요

동사는 2002년 설립돼 2009년 유가증권시장에 상장됨. 학생복, 유니폼 제조업을 주요 사업으로 영위하고 있음. 의류봉제업체 PT.ELITE, 의류 도소매업체 라젤로, 구두, 핸드백, 가방, 잡화류, 의류 제조판매업체 형지에스콰이어를 연결대상 종속회사로 보유함. 학생복, 유니폼은 경기변동성은 낮지만 정해진 수요원인을 대상으로 제품을 판매해야 해 일반 패션의류에 비해 경쟁이 치열한 시장임.

실적 분석

동사는 6월 결산법인임. 2017년 하반기 동사 매출액은 862.8억원을 기록함. 전년 동기 매출액인 895억원에 비해 3.6% 감소함. 판매비와 관리비가 4.8% 감소했으나 매출 감소폭이 이를 웃돌아 전년도 하반기 2.5억원을 기록했던 영업이익은 12.5억원의 손실을 기록하며 적자로 전환함. 비영업부문도 적자로 전환됨에 따라 당기순손실은 적자폭이 전년 동기에 비해 더 커짐.

현금 흐름
〈단위 : 억원〉

항목	2017	2018.2Q
영업활동	-171	-75
투자활동	461	213
재무활동	-296	-181
순현금흐름	-5	-42
기말현금	76	34

시장 대비 수익률

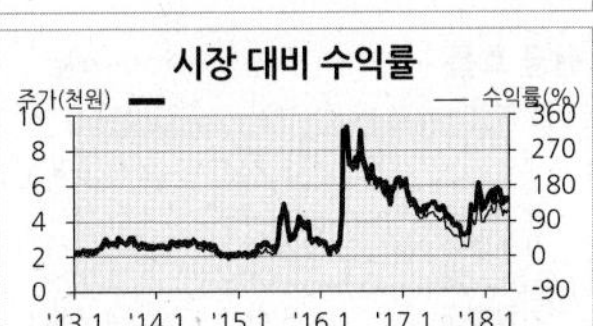

결산 실적
〈단위 : 억원〉

항목	2013	2014	2015	2016	2017	2018
매출액	993	916	854	1,560	1,741	—
영업이익	58	49	11	-61	-21	—
당기순이익	31	24	235	-240	-99	—

분기 실적
〈단위 : 억원〉

항목	2017.1Q	2017.2Q	2017.3Q	2017.4Q	2018.1Q	2018.2Q
매출액	362	533	459	387	369	494
영업이익	-24	27	-17	-6	-10	-3
당기순이익	-27	21	-25	-69	-25	-2

재무 상태
〈단위 : 억원〉

항목	2013	2014	2015	2016	2017	2018.2Q
총자산	762	745	1,880	2,076	1,660	1,647
유형자산	155	127	437	91	119	106
무형자산	6	7	25	28	25	25
유가증권	2	1	—	94	—	—
총부채	268	176	968	1,384	1,053	1,039
총차입금	94	94	682	726	557	423
자본금	52	62	81	89	92	95
총자본	494	568	912	692	607	609
지배주주지분	495	569	893	690	606	608

기업가치 지표

항목	2013	2014	2015	2016	2017	2018.2Q
주가(최고/저)(천원)	3.2/1.9	3.1/2.2	3.1/2.5	11.6/2.0	9.1/2.1	—/—
PER(최고/저)(배)	11.3/7.6	14.5/11.8	1.9/1.2	—/—	—/—	—/—
PBR(최고/저)(배)	0.7/0.5	0.7/0.6	0.6/0.4	3.0/0.6	2.7/1.3	1.9/1.0
EV/EBITDA(배)	2.6	3.1	55.9	—	110.4	—/—
EPS(원)	300	215	1,639	-1,392	-549	-137
BPS(원)	4,867	4,645	5,546	3,902	3,320	3,242
CFPS(원)	364	260	1,687	-1,268	-363	-40
DPS(원)	125	—	—	—	—	—
EBITDAPS(원)	625	467	128	-233	69	31

재무 비율
〈단위 : %〉

연도	영업이익률	순이익률	부채비율	차입금비율	ROA	ROE	유보율	자기자본비율	EBITDA마진율
2017	-1.2	-5.7	173.5	91.7	-5.3	-15.2	564.0	36.6	0.7
2016	-3.9	-15.4	199.9	104.9	-12.1	-30.1	680.4	33.4	-2.6
2015	1.3	27.6	106.2	74.8	17.9	32.2	1,009.1	48.5	2.2
2014	5.4	2.7	31.0	16.5	3.2	4.7	829.0	76.3	5.9

혜인 (A003010)
Hae In

업종 : 기계
신용등급 : (Bond) — (CP) —
홈페이지 : www.haein.com
본사 : 서울시 서초구 동산로 86 혜인빌딩
시장 : 거래소
기업규모 : 시가총액 소형주
연락처 : 02)3498-4500

설립일 1960.10.17		**종업원수** 332명		**대표이사** 원경희	
상장일 1988.09.20		**감사의견** 적정(안진)		**계열**	
결산기 12월		**보통주**		**종속회사수** 5개사	
액면가 500원		**우선주**		**구상호**	

주주구성 (지분율,%)		출자관계 (지분율,%)		주요경쟁사 (외형,%)	
원경희	12.6	혜인산업	100.0	혜인	100
원중희	8.2	미래에너지개발	77.0	우진플라임	97
(외국인)	0.8	싸이텍코리아	70.0	파라텍	109

매출구성		비용구성		수출비중	
[상품매출]건설기계, 엔진, 부품	68.1	매출원가율	85.8	수출	2.2
제품매출	18.4	판관비율	13.1	내수	97.8
[정비수입]건설기계 및 엔진	6.3				

회사 개요

동사는 1960년 설립됨. 취급품목은 캐터필라 굴삭기, 불도저 등 건설기계, 선박 및 산업용 엔진/발전기, 물류장비와 이와 관련된 부품공급과 정비. 건설사, 건설기계임대업자, 광산/골재업체, 대형 조선업체, 완성차업체 등이 주요 수요처임. 2013년부터 포드 링컨 브랜드의 일부 지역 판매를 담당했던 자회사 혜인자동차는 2016년 7월 포드코리아의 공식딜러인 더파크모터스에 매각함.

실적 분석

동사의 2017년 연간 매출액은 전년동기대비 12.6% 상승한 2,375.3억원을 기록하였음. 비용면에서 전년동기대비 매출원가는 증가했으며 인건비도 증가, 광고선전비도 증가, 기타판매비와관리비는 증가함. 이와 같이 상승한 매출액 대비 비용증가가 높아 매출액은 성장했지만 원가 증가로 인해 전년동기대비 영업이익은 25.1억원으로 51.4% 크게 하락하였음. 최종적으로 전년동기대비 당기순이익은 크게 상승하여 12.8억원을 기록함.

현금 흐름
〈단위 : 억원〉

항목	2016	2017
영업활동	16	-216
투자활동	-98	251
재무활동	23	15
순현금흐름	-58	50
기말현금	34	83

시장 대비 수익률

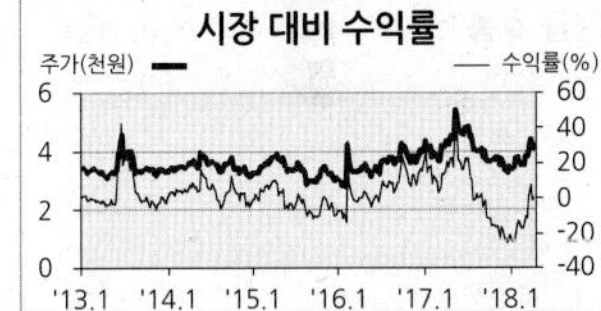

결산 실적
〈단위 : 억원〉

항목	2012	2013	2014	2015	2016	2017
매출액	1,974	2,288	2,599	2,043	2,110	2,375
영업이익	-18	7	77	47	52	25
당기순이익	-53	-67	11	-45	3	13

분기 실적
〈단위 : 억원〉

항목	2016.3Q	2016.4Q	2017.1Q	2017.2Q	2017.3Q	2017.4Q
매출액	497	453	472	658	520	725
영업이익	14	5	4	10	11	-0
당기순이익	17	-26	9	-12	-0	16

재무 상태
〈단위 : 억원〉

항목	2012	2013	2014	2015	2016	2017
총자산	2,506	2,289	2,571	2,366	2,346	2,280
유형자산	969	1,024	1,011	981	1,006	874
무형자산	5	7	6	6	6	7
유가증권	8	8	4	4	26	4
총부채	1,487	1,328	1,608	1,454	1,432	1,356
총차입금	1,064	869	1,130	916	942	940
자본금	62	63	64	64	64	64
총자본	1,019	961	963	913	913	923
지배주주지분	1,076	1,033	1,040	1,001	1,007	1,005

기업가치 지표

항목	2012	2013	2014	2015	2016	2017
주가(최고/저)(천원)	5.3/3.1	4.6/3.1	4.1/3.1	4.0/2.8	4.4/2.8	5.7/3.3
PER(최고/저)(배)	—/—	—/—	37.4/28.6	—/—	60.3/38.2	36.5/20.9
PBR(최고/저)(배)	0.6/0.4	0.6/0.4	0.5/0.4	0.5/0.4	0.5/0.3	0.7/0.4
EV/EBITDA(배)	35.3	17.0	10.5	10.9	12.1	16.5
EPS(원)	-303	-386	113	-260	74	157
BPS(원)	9,204	8,660	8,702	8,396	8,446	8,430
CFPS(원)	154	96	566	170	470	539
DPS(원)	50	50	50	30	40	30
EBITDAPS(원)	311	539	1,061	799	802	579

재무 비율
〈단위 : %〉

연도	영업이익률	순이익률	부채비율	차입금비율	ROA	ROE	유보율	자기자본비율	EBITDA마진율
2017	1.1	0.5	147.0	101.9	0.6	2.0	1,585.9	40.5	3.1
2016	2.5	0.1	156.9	103.2	0.1	0.9	1,589.2	38.9	4.8
2015	2.3	-2.2	159.3	100.3	-1.8	-3.2	1,579.3	38.6	5.0
2014	3.0	0.4	166.9	117.3	0.5	1.4	1,640.4	37.5	5.2

호전실업 (A111110)
HOJEON

업 종 : 섬유 및 의복 | 시 장 : 거래소
신용등급 : (Bond) — (CP) — | 기업규모 : 시가총액 소형주
홈페이지 : www.hojeon.com | 연 락 처 : 02)706-6613
본 사 : 서울시 마포구 마포대로 19 (마포동, 신화빌딩) 11~12층

설 립 일	1985.03.18	종업원수	155명	대표이사	박용철박진호
상 장 일	2017.02.02	감사의견	적정(한울)	계 열	
결 산 기	12월	보 통 주		종속회사수	6개사
액 면 가	500원	우 선 주		구 상 호	

주주구성 (지분율,%)		출자관계 (지분율,%)		주요경쟁사 (외형,%)	
박진호	25.6	대용무역	100.0	호전실업	100
박용철	18.5	PT.HJLINDONETWORKS	99.8	영원무역	612
(외국인)	1.4	PT.KAHOINDAHCITRAGARMENT	98.8	코데즈컴바인	6

매출구성		비용구성		수출비중	
상품	86.8	매출원가율	81.7	수출	—
제품	13.1	판관비율	13.7	내수	—
수입임대료	0.1				

회사 개요
동사는 1985년 설립돼 2017년 유가증권시장에 상장함. 스포츠 의류 및 고기능성 아웃도어 의류의 제조 및 판매업을 주요 사업으로 영위하고 있음. 대용무역, PT.KAHOINDAHCITRAGARMENT, PT.DAEHWA LEATHER LESTARI, DAEYONG TRADING CO. LIMITED, PT.YONGJIN JAVASUKA GARMENT 등을 연결대상 종속회사로 보유하고 있음.

실적 분석
2017년 연결기준 동사 매출액은 3,284.5억원을 기록함. 전년도 매출액인 3,170.3억원에 비해 3.6% 증가한 금액임. 매출이 증가했으나 매출원가가 9.6% 늘고 판매비와 관리비가 2% 증가해 영업이익은 전년도 280억원에서 46.1% 감소한 150.9억원을 기록함. 비영업부문은 적자가 지속됐으며 손실폭이 커짐. 이에 당기순이익은 전년도 160.9억원에서 72.5% 감소한 44.3억원을 기록하는데 그침.

현금 흐름
〈단위 : 억원〉

항목	2016	2017
영업활동	72	-180
투자활동	40	-277
재무활동	-71	514
순현금흐름	43	63
기말현금	91	153

시장 대비 수익률
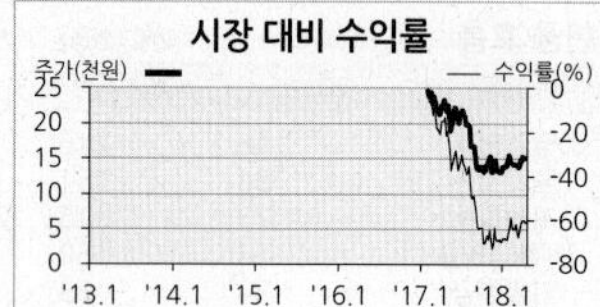

결산 실적
〈단위 : 억원〉

항목	2012	2013	2014	2015	2016	2017
매출액	2,442	2,048	2,538	2,969	3,170	3,284
영업이익	160	129	189	250	280	151
당기순이익	57	78	118	258	161	44

분기 실적
〈단위 : 억원〉

항목	2016.3Q	2016.4Q	2017.1Q	2017.2Q	2017.3Q	2017.4Q
매출액	1,154	702	569	731	1,140	845
영업이익	219	-15	-27	-6	173	11
당기순이익	92	30	-45	-25	141	-26

재무 상태
〈단위 : 억원〉

항목	2012	2013	2014	2015	2016	2017
총자산	799	1,055	1,753	2,283	2,427	2,853
유형자산	55	54	29	589	665	645
무형자산	—	—	14	103	112	101
유가증권	12	11	5	—	—	—
총부채	469	586	1,232	1,692	1,531	1,637
총차입금	425	530	1,082	1,315	1,162	1,245
자본금	20	21	20	34	41	50
총자본	330	468	520	591	896	1,215
지배주주지분	330	468	520	588	891	1,211

기업가치 지표

항목	2012	2013	2014	2015	2016	2017
주가(최고/저)(천원)	—/—	—/—	—/—	—/—	—/—	24.9/12.9
PER(최고/저)(배)	0.0/0.0	0.0/0.0	0.0/0.0	0.0/0.0	0.0/0.0	46.0/23.8
PBR(최고/저)(배)	0.0/0.0	0.0/0.0	0.0/0.0	0.0/0.0	0.0/0.0	1.7/0.9
EV/EBITDA(배)	1.0	0.8	3.3	3.3	2.1	7.8
EPS(원)	1,100	1,509	1,974	4,324	2,317	548
BPS(원)	127,759	156,968	174,404	9,478	12,961	14,825
CFPS(원)	22,846	30,963	40,311	4,389	3,224	1,348
DPS(원)	—	—	—	—	—	150
EBITDAPS(원)	62,907	50,816	64,242	4,247	4,981	2,634

재무 비율
〈단위 : %〉

연도	영업이익률	순이익률	부채비율	차입금비율	ROA	ROE	유보율	자기자본비율	EBITDA마진율
2017	4.6	1.4	134.8	102.5	1.7	4.3	2,473.2	42.6	6.6
2016	8.8	5.1	170.9	129.6	6.8	21.5	2,075.7	36.9	10.8
2015	8.4	8.7	286.4	222.6	12.8	46.6	1,650.1	25.9	8.5
2014	7.5	4.6	236.8	207.9	—	—	2,569.0	29.7	7.6

호텔신라 (A008770)
Hotel Shilla

업 종 : 호텔 및 레저 | 시 장 : 거래소
신용등급 : (Bond) AA (CP) — | 기업규모 : 시가총액 대형주
홈페이지 : www.hotelshilla.net | 연 락 처 : 02)2233-3131
본 사 : 서울시 중구 동호로 249

설 립 일	1973.05.09	종업원수	2,448명	대표이사	이부진
상 장 일	1991.03.12	감사의견	적정(삼정)	계 열	
결 산 기	12월	보 통 주		종속회사수	14개사
액 면 가	5,000원	우 선 주		구 상 호	

주주구성 (지분율,%)		출자관계 (지분율,%)		주요경쟁사 (외형,%)	
국민연금공단	12.0	에스비티엠	100.0	호텔신라	100
삼성생명보험	7.7	신라스테이	100.0	강원랜드	40
(외국인)	30.1	에이치디씨신라면세점	50.0	GKL	12

매출구성		비용구성		수출비중	
수입, 토산 상품 등	89.9	매출원가율	0.0	수출	—
객실, 연회, 식음료,레포츠, BTM 등	11.1	판관비율	98.2	내수	—
연결조정	-0.9				

회사 개요
동사는 1973년 5월 설립됐으며 1991년 3월 한국거래소 시장에 상장. 면세유통사업과 호텔사업의 글로벌 경쟁력을 강화함과 동시에 여행사업 등의 생활레저사업을 영위하고 있음. 2017년 2분기 기준 면세점유통부문 매출이 전체 약 90%를 차지함. 2008년 인천공항 면세점 입점을 시작으로 세계 최초로 루이비통을 공항면세점에 유치하는 등 지속적인 사업 확장을 통해 선진 유통기업으로의 면모를 갖춰가고 있음. 국내 호텔로는 처음으로 해외에 진출함.

실적 분석
동사의 2017년 4분기 연결기준 누적 매출액은 전 사업부문의 고른 성장으로 전년 동기(3조7153.1억원) 대비 8% 증가한 4조115억원을 기록함. 인건비와 광고선전비가 줄었지만 기타 판관비가 증가하며 영업이익은 전년 789.7억원에서 소폭 감소한 730.9억원을 달성함. 당기순이익도 9.1% 축소된 252.9억원임. 단기적으로는 중국 당국의 규제 강화에 따른 요우커 감소가 불가피함 상황임.

현금 흐름
〈단위 : 억원〉

항목	2016	2017
영업활동	1,144	1,996
투자활동	1,458	-1,633
재무활동	-2,363	941
순현금흐름	208	1,278
기말현금	3,467	4,744

시장 대비 수익률
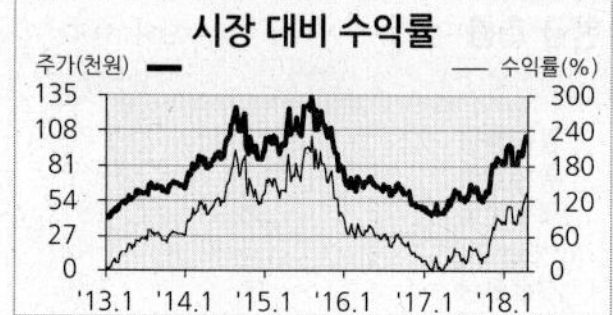

결산 실적
〈단위 : 억원〉

항목	2012	2013	2014	2015	2016	2017
매출액	22,196	22,970	29,090	32,517	37,153	40,115
영업이익	1,293	866	1,390	772	790	731
당기순이익	1,010	108	735	185	278	253

분기 실적
〈단위 : 억원〉

항목	2016.3Q	2016.4Q	2017.1Q	2017.2Q	2017.3Q	2017.4Q
매출액	9,377	9,346	10,211	8,997	10,672	10,234
영업이익	253	156	100	173	303	155
당기순이익	108	16	27	30	126	70

재무 상태
〈단위 : 억원〉

항목	2012	2013	2014	2015	2016	2017
총자산	15,476	17,121	19,075	21,767	20,410	22,499
유형자산	4,821	6,434	7,036	7,356	7,069	6,931
무형자산	262	233	327	300	482	438
유가증권	453	263	194	6	8	38
총부채	8,584	10,335	11,775	14,328	13,794	15,818
총차입금	4,694	5,886	5,986	8,582	7,515	8,701
자본금	2,000	2,000	2,000	2,000	2,000	2,000
총자본	6,892	6,786	7,300	7,439	6,615	6,681
지배주주지분	6,892	6,786	7,300	7,439	6,615	6,675

기업가치 지표

항목	2012	2013	2014	2015	2016	2017
주가(최고/저)(천원)	56.4/39.0	70.7/40.5	131/62.5	136/76.4	77.6/46.8	88.6/42.6
PER(최고/저)(배)	23.0/15.9	267.5/153.4	72.7/34.7	298.7/167.3	112.8/68.0	140.8/67.7
PBR(최고/저)(배)	3.4/2.3	4.2/2.4	7.3/3.5	7.4/4.1	4.1/2.5	4.6/2.2
EV/EBITDA(배)	11.1	21.7	19.9	23.8	15.1	26.1
EPS(원)	2,525	270	1,837	462	696	632
BPS(원)	17,328	17,062	18,348	18,697	19,150	19,299
CFPS(원)	3,647	1,548	3,433	2,312	2,558	2,418
DPS(원)	300	150	350	350	350	350
EBITDAPS(원)	4,354	3,442	5,070	3,779	3,836	3,613

재무 비율
〈단위 : %〉

연도	영업이익률	순이익률	부채비율	차입금비율	ROA	ROE	유보율	자기자본비율	EBITDA마진율
2017	1.8	0.6	236.7	130.2	1.2	3.8	286.0	29.7	3.6
2016	2.1	0.8	208.5	113.6	1.3	4.0	283.0	32.4	4.1
2015	2.4	0.6	192.6	115.4	0.9	2.5	273.9	34.2	4.7
2014	4.8	2.5	161.3	82.0	4.1	10.4	267.0	38.3	7.0

홈센타홀딩스 (A060560)
Home Center Holdings

업 종 : 건축소재 | 시 장 : KOSDAQ
신용등급 : (Bond) — (CP) — | 기업규모 : 우량
홈페이지 : www.homecenterholdings.com | 연 락 처 : 053)210-5140
본 사 : 대구시 북구 노원로 139-6

설 립 일	1988.07.25	**종업원수**	62명	**대표이사**	박병윤
상 장 일	2002.07.03	**감사의견**	적정(안경)	**계 열**	
결 산 기	12월	**보 통 주**		**종속회사수**	7개사
액 면 가	500원	**우 선 주**		**구 상 호**	홈센타

주주구성 (지분율,%)		출자관계 (지분율,%)		주요경쟁사 (외형,%)	
박병준	14.8	홈센타	100.0	홈센타홀딩스	100
박진모	9.5	에이치씨대동산업	100.0	보광산업	18
(외국인)	3.0	에이치씨제일레미콘	100.0	일신석재	22

매출구성		비용구성		수출비중	
건축자재 도소매	48.4	매출원가율	90.7	수출	—
레미콘 제조	37.6	판관비율	8.6	내수	—
수영장,헬스클럽,사우나 등	9.8				

회사 개요
동사는 1988년 소방설비공사를 목적으로 설립되어 2002년 코스닥시장에 상장됨. 동사의 매출구분은 크게 상품매출, 제품매출, 건설매출, 레미콘매출, 레져스포츠 부문으로 나눌 수 있으며, 이중 건설 매출과 레미콘 매출이 전체의 약 65%를 차지함. 동사의 건설 사업부문은 2015년 4월 1일 기준 양도 결정함. 2017년 기준 매출구성은 레미콘 사업부문은 0%, 건축자재 상품매출이 75.39%, 레저 11.69%의 실적을 나타냄.

실적 분석
동사의 연결기준 2017년 매출액은 2,343.7억원으로 전년 957.3억원 대비 144.8% 증가하였음. 영업이익은 전년 0.7억원에서 14.6억원 증가한 15.3억원을 시현하였음. 최종적으로 575.4억원의 당기순손실이 발생, 적자전환하였음. 2016년도에 매입한 자회사 보광산업 주식지분에 대하여 영업권손상차손 592억원을 기타비용으로 인식하여 당기순손실을 기록함.

현금 흐름
〈단위 : 억원〉

항목	2016	2017
영업활동	40	143
투자활동	-723	-77
재무활동	697	118
순현금흐름	14	184
기말현금	52	235

시장 대비 수익률
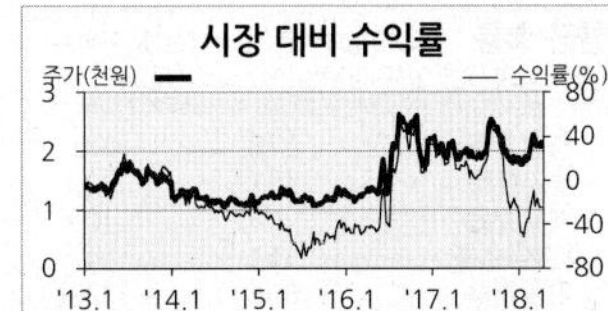

결산 실적
〈단위 : 억원〉

항목	2012	2013	2014	2015	2016	2017
매출액	989	1,101	1,075	1,195	957	2,344
영업이익	3	21	-26	22	1	15
당기순이익	43	25	-9	43	158	-575

분기 실적
〈단위 : 억원〉

항목	2016.3Q	2016.4Q	2017.1Q	2017.2Q	2017.3Q	2017.4Q
매출액	212	241	515	572	580	677
영업이익	-6	-1	-10	12	7	6
당기순이익	-5	156	-12	15	1	-579

재무 상태
〈단위 : 억원〉

항목	2012	2013	2014	2015	2016	2017
총자산	1,384	1,391	1,383	1,453	3,873	3,581
유형자산	599	615	687	742	1,417	1,689
무형자산	36	37	36	36	1,582	982
유가증권	40	39	46	25	35	27
총부채	515	523	386	412	1,678	1,925
총차입금	182	219	88	113	1,096	1,348
자본금	98	98	136	136	204	419
총자본	869	868	997	1,041	2,195	1,656
지배주주지분	869	868	997	1,041	1,601	1,050

기업가치 지표

항목	2012	2013	2014	2015	2016	2017
주가(최고/저)(천원)	2.8/1.2	1.8/1.3	1.5/1.0	1.4/1.0	2.7/1.1	3.1/1.8
PER(최고/저)(배)	29.9/13.1	33.7/23.8	—/—	19.0/13.2	10.1/4.2	—/—
PBR(최고/저)(배)	1.5/0.6	0.9/0.7	0.8/0.6	0.8/0.5	1.3/0.6	2.3/1.3
EV/EBITDA(배)	42.8	16.7	—	14.3	146.1	25.0
EPS(원)	101	58	-18	80	283	-746
BPS(원)	4,425	4,550	3,768	3,931	4,278	1,421
CFPS(원)	279	204	31	235	637	-610
DPS(원)	—	—	—	50	50	50
EBITDAPS(원)	79	185	-32	156	79	155

재무 비율
〈단위 : %〉

연도	영업이익률	순이익률	부채비율	차입금비율	ROA	ROE	유보율	자기자본비율	EBITDA마진율
2017	0.7	-24.6	116.3	81.4	-15.4	-45.9	184.2	46.2	5.4
2016	0.1	16.5	76.5	49.9	5.9	12.0	755.7	56.7	2.3
2015	1.8	3.6	39.6	10.9	3.0	4.2	686.2	71.7	3.6
2014	-2.4	-0.9	38.8	8.9	-0.7	-1.0	653.5	72.1	-0.8

홈캐스트 (A064240)
Homecast

업 종 : 셋톱 박스 | 시 장 : KOSDAQ
신용등급 : (Bond) — (CP) — | 기업규모 : 우량
홈페이지 : www.homecast.net | 연 락 처 : 02)3400-8300
본 사 : 서울시 강남구 언주로 726 두산빌딩 14층(논현동)

설 립 일	2000.04.27	**종업원수**	58명	**대표이사**	권영철
상 장 일	2003.06.11	**감사의견**	적정(삼화)	**계 열**	
결 산 기	12월	**보 통 주**		**종속회사수**	1개사
액 면 가	500원	**우 선 주**		**구 상 호**	

주주구성 (지분율,%)		출자관계 (지분율,%)		주요경쟁사 (외형,%)	
에이치바이온	4.9	디엠티	30.6	홈캐스트	100
한국증권금융	4.1	에이치바이온	22.0	휴맥스	3,938
(외국인)	5.1	룩센터	15.5	가온미디어	1,291

매출구성		비용구성		수출비중	
D-STB	91.7	매출원가율	71.4	수출	97.7
STB부품	7.2	판관비율	38.4	내수	2.3
기타	1.2				

회사 개요
동사는 2000년 설립되어 영상, 음향 및 정보통신기기 관련 소프트웨어 및 통신장비 개발 제조와 판매를 주요 사업으로 함. 주요 제품인 셋톱박스의 경우 대외 시장여건에 따라 가격 변동이 발생하며, 전자제품의 특성 상 시간의 흐름에 따라 전반적인 가격하락이 발생하였으나, 고가제품군 매출 증가 영향으로 경쟁력을 가짐. 당기 중 일부 지분 처분 및 경영진 변경으로 룩센터, 스포라이브가 종속회사에서 제외됨.

실적 분석
동사의 2017년 결산 매출액은 전년동기 대비 66.5% 감소한 409.2억원을 기록하였으며, 급격한 외형 축소 여파로 전년동기 대비 수익성 크게 감소한 모습. 디지털 셋톱박스 사업에서 북미와 남미, 아시아에서의 수요증가와 하이엔드급 IP하이브리드 제품 판매 증가 등에 힘입어 지난해 실적 크게 상승하였으나, 1분기 이후 급격하게 둔화된 모습. 향후 북미에서의 안정적인 매출과 신규시장에서의 매출 회복이 실적개선의 관건임

현금 흐름
〈단위 : 억원〉

항목	2016	2017
영업활동	99	186
투자활동	-32	-247
재무활동	123	-60
순현금흐름	193	-129
기말현금	399	269

시장 대비 수익률
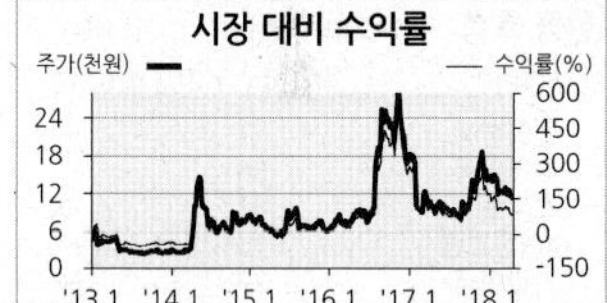

결산 실적
〈단위 : 억원〉

항목	2012	2013	2014	2015	2016	2017
매출액	985	759	715	972	1,221	409
영업이익	-7	-74	51	79	177	-40
당기순이익	-31	-162	13	77	121	-171

분기 실적
〈단위 : 억원〉

항목	2016.3Q	2016.4Q	2017.1Q	2017.2Q	2017.3Q	2017.4Q
매출액	230	188	149	106	61	93
영업이익	22	3	14	2	-12	-43
당기순이익	-10	16	-14	8	-32	-133

재무 상태
〈단위 : 억원〉

항목	2012	2013	2014	2015	2016	2017
총자산	726	673	1,144	1,230	1,458	1,102
유형자산	225	278	198	103	97	96
무형자산	41	19	42	8	11	10
유가증권	27	10	41	73	3	3
총부채	158	273	438	229	318	147
총차입금	76	136	327	17	133	72
자본금	76	76	123	158	164	164
총자본	568	400	706	1,001	1,140	955
지배주주지분	572	408	714	1,001	1,140	955

기업가치 지표

항목	2012	2013	2014	2015	2016	2017
주가(최고/저)(천원)	4.7/2.4	6.7/2.2	14.7/2.5	10.1/5.0	29.4/6.2	19.0/7.4
PER(최고/저)(배)	—/—	—/—	225.1/38.1	40.2/19.9	76.6/16.1	—/—
PBR(최고/저)(배)	1.2/0.6	2.2/0.7	4.9/0.8	3.1/1.5	8.2/1.7	6.3/2.5
EV/EBITDA(배)	84.9	—	31.2	20.1	29.9	—
EPS(원)	-187	-1,069	65	251	384	-531
BPS(원)	4,109	2,990	3,027	3,261	3,587	3,011
CFPS(원)	-93	-986	132	275	398	-520
DPS(원)	50	—	—	—	—	—
EBITDAPS(원)	46	-416	311	277	573	-112

재무 비율
〈단위 : %〉

연도	영업이익률	순이익률	부채비율	차입금비율	ROA	ROE	유보율	자기자본비율	EBITDA마진율
2017	-9.7	-41.8	15.4	7.5	-13.4	-16.3	493.0	86.6	-8.8
2016	14.5	9.9	27.9	11.7	9.0	11.3	606.5	78.2	14.8
2015	8.1	8.0	22.9	1.7	6.5	9.1	541.9	81.4	8.9
2014	7.2	1.8	62.0	46.4	1.5	2.5	493.0	61.7	9.2

화성밸브 (A039610)
HS valve

업　　종 : 기계　　　시　　장 : KOSDAQ
신용등급 : (Bond) —　　(CP) —　　기업규모 : 중견
홈페이지 : www.hsvalve.com　　연 락 처 : 053)353-5789
본　　사 : 대구시 서구 팔달로2길 29 (비산동)

설 립 일	1987.04.27	**종 업 원 수**	235명	**대 표 이 사**	장원규,장성필
상 장 일	2000.03.16	**감 사 의 견**	적정(안경)	**계　　열**	
결 산 기	03월	**보 통 주**		**종속회사수**	
액 면 가	500원	**우 선 주**		**구 상 호**	화성

주주구성 (지분율,%)		출자관계 (지분율,%)		주요경쟁사 (외형,%)	
장원규	19.3			화성밸브	100
장보필	10.8			우진플라임	526
(외국인)	0.2			파라텍	595

매출구성		비용구성		수출비중	
플랜지식밸브	34.3	매출원가율	84.5	수출	3.6
나사식밸브	27.0	판관비율	10.4	내수	96.4
기타	14.5				

회사 개요

동사는 각종 밸브 생산업체로 가스밸브 및 고온용 스팀밸브 등을 생산함. 시장 점유율은 엘피지 용기용 밸브 25%, 나사실 볼밸브 25%, 플랜지형 볼밸브 50%, 매몰형 밸브 70%임. 가스관련 밸브산업은 정밀금속공업으로 고부가 가치 산업으로 진입장벽이 높음. 동사는 미주지역에 현지법인을 설립하고 중국에 합작 또는 투자법인 설립을 통한 해외시장 개척에 노력중임. CE인증 획득으로 유럽 및 중동시장도 개척할 예정임.

실적 분석

2017년 연결기준 동사 매출액은 436.7억원을 기록함. 전년도 매출액인 547.4억원에 비해 20.2% 감소한 금액임. 매출원가가 20.5% 감소하고 판매비와 관리비 또한 18.6% 줄었으나 매출 감소폭이 이를 웃돌아 영업이익은 18.7% 감소함. 전년도엔 28.1억원을 기록했으나 2017년엔 22.9억원을 시현하는 데 그침. 비영업부문 역시 적자가 지속됨. 당기순이익은 전년도 19.5억원에서 14.6% 감소한 16.6억원을 기록함.

현금 흐름 *IFRS 별도 기준 〈단위 : 억원〉

항목	2016	2017.3Q
영업활동	-7	—
투자활동	-36	—
재무활동	33	—
순현금흐름	-10	—
기말현금	27	—

시장 대비 수익률

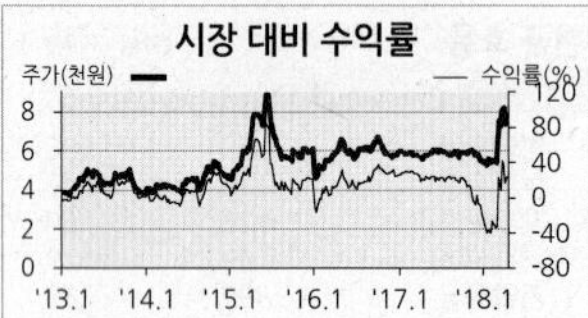

결산 실적 〈단위 : 억원〉

항목	2012	2013	2014	2015	2016	2017
매출액	657	586	458	503	547	437
영업이익	70	60	49	24	28	23
당기순이익	58	43	39	20	19	17

분기 실적 *IFRS 별도 기준 〈단위 : 억원〉

항목	2016.2Q	2016.3Q	2016.4Q	2017.1Q	2017.2Q	2017.3Q
매출액	126	168	124	122	165	—
영업이익	4	9	4	5	15	—
당기순이익	1	8	2	4	11	—

재무 상태 *IFRS 별도 기준 〈단위 : 억원〉

항목	2012	2013	2014	2015	2016	2017.3Q
총자산	668	681	667	688	752	—
유형자산	158	162	158	162	223	—
무형자산	7	7	7	10	7	—
유가증권	1	1	1	19	7	—
총부채	231	203	156	165	213	—
총차입금	90	52	41	79	119	—
자본금	36	36	36	36	36	—
총자본	438	478	511	523	539	—
지배주주지분	438	478	511	523	539	—

기업가치 지표 *IFRS 별도 기준

항목	2012	2013	2014	2015	2016	2017.3Q
주가(최고/저)(천원)	5.3/3.6	5.3/3.8	6.2/3.8	8.8/4.6	6.7/5.6	—/5.4
PER(최고/저)(배)	7.3/4.8	9.8/6.9	12.4/7.6	34.9/17.5	25.2/21.0	—/—
PBR(최고/저)(배)	0.9/0.6	0.9/0.6	0.9/0.6	1.3/0.7	0.9/0.7	0.0/0.0
EV/EBITDA(배)	5.4	5.3	8.3	13.1	12.9	—/—
EPS(원)	792	586	539	273	268	—
BPS(원)	6,191	6,749	7,204	7,379	7,601	—
CFPS(원)	919	722	677	415	421	—
DPS(원)	—	—	—	400	50	—
EBITDAPS(원)	1,090	958	810	471	540	—

재무 비율 〈단위 : %〉

연도	영업 이익률	순 이익률	부채 비율	차입금 비율	ROA	ROE	유보율	자기자본 비율	EBITDA 마진율
2016	5.1	3.6	39.5	22.2	2.7	3.7	1,420.1	71.7	7.2
2015	4.8	4.0	31.6	15.2	2.9	3.9	1,375.8	76.0	6.8
2014	10.7	8.6	30.5	8.0	5.8	7.9	1,340.7	76.7	12.9
2013	10.2	7.3	42.4	10.8	6.3	9.3	1,249.8	70.3	11.9

화성산업 (A002460)
Hwasung Industrial

업　　종 : 건설　　　시　　장 : 거래소
신용등급 : (Bond) —　　(CP) —　　기업규모 : 시가총액 소형주
홈페이지 : www.hwasung.com　　연 락 처 : 053)767-2111
본　　사 : 대구시 수성구 동대구로 111

설 립 일	1958.09.01	**종 업 원 수**	342명	**대 표 이 사**	이인중
상 장 일	1988.09.29	**감 사 의 견**	적정(안경)	**계　　열**	
결 산 기	12월	**보 통 주**		**종속회사수**	
액 면 가	5,000원	**우 선 주**		**구 상 호**	

주주구성 (지분율,%)		출자관계 (지분율,%)		주요경쟁사 (외형,%)	
이인중	10.9	화성개발	31.7	화성산업	100
화성개발	9.3	달성맑은물길	30.0	국보디자인	48
(외국인)	14.8	신세계티비쇼핑	30.0	한라	338

매출구성		비용구성		수출비중	
[건축공사]민간	70.7	매출원가율	85.1	수출	—
[토목공사]관급	23.0	판관비율	4.5	내수	—
[토목공사]민간	5.2				

회사 개요

동사는 1958년 설립되었으며, 1988년 한국거래소의 유가증권시장에 상장됨. 토목, 건축, 환경, 플랜트, 주택, 엔지니어링 컨설팅 분야가 주 사업임. 급변하는 경영 환경에 대응하기 위해 엔지니어링 환경, 신재생에너지 사업 등 미래형 사업과 대형 개발사업 및 해외사업 등 신성장사업에 적극 참여해 규모를 키우고자 함. 부문별 매출비중은 건축공사가 약 65%, 토목공사가 25%, 분양사업이 10% 수준임.

실적 분석

2017년 발주물량 감소와 치열한 경쟁으로 공공부문의 신규수주가 부진하였으나, 침산재건축사업 등의 분양사업 실적개선 지속으로 매출액은 전년 대비 14.9% 증가한 5,679.8억원, 당기순이익은 약 32.6% 증가한 446.5억원의 양호한 실적을 시현함. 자회사에 대한 지분법평가손실이 줄어들면서 영업외수지도 개선됨. 2018년 영업실적은 인천영종화성파크드림을 비롯한 분양사업의 꾸준한 실적으로 양호할 전망임. 대구공항 이전에 따른 수혜도 기대됨.

현금 흐름 *IFRS 별도 기준 〈단위 : 억원〉

항목	2016	2017
영업활동	378	-673
투자활동	-157	120
재무활동	-68	409
순현금흐름	154	-145
기말현금	866	722

시장 대비 수익률

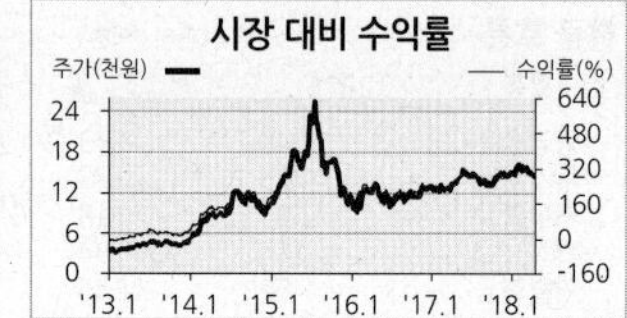

결산 실적 〈단위 : 억원〉

항목	2012	2013	2014	2015	2016	2017
매출액	3,513	3,527	4,207	4,801	4,943	5,680
영업이익	89	78	152	247	439	590
당기순이익	127	163	237	243	337	446

분기 실적 *IFRS 별도 기준 〈단위 : 억원〉

항목	2016.3Q	2016.4Q	2017.1Q	2017.2Q	2017.3Q	2017.4Q
매출액	1,253	1,405	1,170	1,586	1,596	1,328
영업이익	139	129	78	137	215	160
당기순이익	115	109	67	110	162	107

재무 상태 *IFRS 별도 기준 〈단위 : 억원〉

항목	2012	2013	2014	2015	2016	2017
총자산	3,992	4,190	5,242	4,735	5,041	5,759
유형자산	592	448	448	547	559	540
무형자산	5	5	6	5	5	5
유가증권	564	662	743	660	705	620
총부채	1,770	1,818	2,583	1,875	1,915	2,273
총차입금	161	221	218	111	111	611
자본금	623	623	623	623	623	623
총자본	2,222	2,372	2,659	2,859	3,126	3,487
지배주주지분	2,222	2,372	2,659	2,859	3,126	3,487

기업가치 지표 *IFRS 별도 기준

항목	2012	2013	2014	2015	2016	2017
주가(최고/저)(천원)	3.7/2.2	5.0/3.2	12.7/5.1	26.1/10.3	13.5/9.0	15.7/12.1
PER(최고/저)(배)	5.8/3.4	5.5/3.6	8.0/3.2	15.5/6.1	5.5/3.7	4.6/3.6
PBR(최고/저)(배)	0.3/0.2	0.3/0.2	0.7/0.3	1.3/0.5	0.6/0.4	0.6/0.5
EV/EBITDA(배)	—	1.0	0.9	2.1	1.0	2.3
EPS(원)	813	1,108	1,900	1,951	2,704	3,586
BPS(원)	18,603	19,809	21,605	23,214	25,351	28,250
CFPS(원)	959	1,275	2,127	2,203	2,962	3,857
DPS(원)	100	250	400	520	680	890
EBITDAPS(원)	855	798	1,449	2,235	3,781	5,006

재무 비율 〈단위 : %〉

연도	영업 이익률	순 이익률	부채 비율	차입금 비율	ROA	ROE	유보율	자기자본 비율	EBITDA 마진율
2017	10.4	7.9	65.2	17.5	8.3	13.5	465.0	60.5	11.0
2016	8.9	6.8	61.3	3.5	6.9	11.3	407.0	62.0	9.5
2015	5.1	5.1	65.6	3.9	4.9	8.8	364.3	60.4	5.8
2014	3.6	5.6	97.1	8.2	5.0	9.4	332.1	50.7	4.3

화승알앤에이 (A013520)

HWASEUNG R & A

업　　종 : 자동차부품
신용등급 : (Bond) BBB-　　(CP) —
홈페이지 : www.hsrna.com
본　　사 : 경남 양산시 충렬로 61

시　　장 : 거래소
기업규모 : 시가총액 소형주
연 락 처 : 055)370-3331

설 립 일	1978.09.15	**종업원수**	1,165명	**대표이사**	현지호,이정두
상 장 일	1991.02.22	**감사의견**	적정(우리)	**계　　열**	
결 산 기	12월	**보 통 주**		**종속회사수**	19개사
액 면 가	500원	**우 선 주**		**구 상 호**	

주주구성 (지분율,%)		출자관계 (지분율,%)		주요경쟁사 (외형,%)	
현지호	20.0	화승소재	100.0	화승알앤에이	100
현승훈	17.9	화승티앤드씨	100.0	평화정공	73
(외국인)	3.8	화승엑스윌	100.0	서연	202

매출구성		비용구성		수출비중	
Fluid Products/Sealing Products	67.0	매출원가율	82.1	수출	—
합성고무, 원사 철강 등	14.8	판관비율	15.4	내수	—
CMB/TPE/실리콘	13.9				

회사 개요

동사는 자동차용 고무제품을 생산 판매하는 회사로 1978년 설립됨. 1991년 유가증권 시장에 상장됨. 자동차부품이 전체 매출에서 차지하는 비중은 64%로 가장 큼. 이밖에 소재, 산업용고무(도소매), 종합 무역 등의 사업을 영위함. 자동차용 고무제품 중에서도 누수방지용 고무, 호스류 등이 현대차 등에 납품 됨. 현대차그룹으로부터 품질 5스타를 획득할 정도로 품질을 인정받고 있음.

실적 분석

동사는 지난해 연결 재무제표 기준 영업이익이 전년 대비 66.0% 감소한 357.8억원으로 집계됐음. 같은 기간 418.1억원의 당기순손실이 발생해 적자전환. 매출액도 전년 대비 10.7% 줄어든 1조4434억원을 기록. 이는 매출 감소에 따라 영업이익이 감소한 결과로 지분법 손실에 따라 당기순이익도 감소했음. 자동차 고무제품 부문은 자동차 산업경기에 연관되어 경제성장률, 실질구매력증감과 밀접한 관련이 있음.

현금 흐름

〈단위 : 억원〉

항목	2016	2017
영업활동	773	594
투자활동	-50	-392
재무활동	-360	-44
순현금흐름	341	177
기말현금	1,070	1,248

시장 대비 수익률

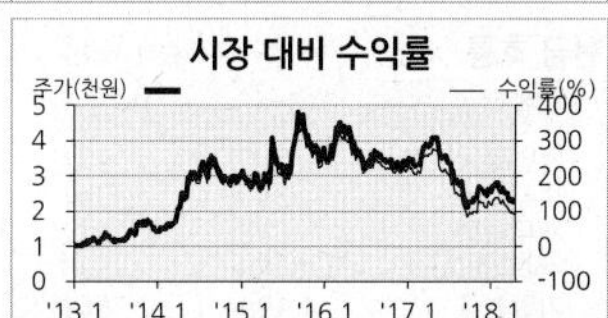

결산 실적

〈단위 : 억원〉

항목	2012	2013	2014	2015	2016	2017
매출액	14,336	16,323	16,966	16,795	16,161	14,434
영업이익	488	732	857	1,100	1,053	358
당기순이익	113	-347	95	770	588	-418

분기 실적

〈단위 : 억원〉

항목	2016.3Q	2016.4Q	2017.1Q	2017.2Q	2017.3Q	2017.4Q
매출액	3,667	4,230	3,849	3,824	3,590	3,171
영업이익	184	310	168	183	53	-46
당기순이익	188	125	38	6	-27	-436

재무 상태

〈단위 : 억원〉

항목	2012	2013	2014	2015	2016	2017
총자산	9,565	11,316	11,593	12,995	13,398	12,742
유형자산	3,449	4,216	4,427	4,663	4,503	4,637
무형자산	115	318	300	315	388	380
유가증권	29	31	26	315	1,053	598
총부채	7,194	9,377	9,685	10,307	10,146	10,039
총차입금	4,615	6,712	6,947	7,284	7,046	6,964
자본금	323	323	323	323	323	323
총자본	2,371	1,939	1,907	2,688	3,253	2,703
지배주주지분	2,371	1,953	1,922	2,686	3,246	2,694

기업가치 지표

항목	2012	2013	2014	2015	2016	2017
주가(최고/저)(천원)	1.6/0.9	1.8/1.0	3.6/1.4	4.8/2.7	4.5/3.2	4.1/2.0
PER(최고/저)(배)	10.1/5.9	—/—	25.6/10.0	4.2/2.3	5.2/3.6	—/—
PBR(최고/저)(배)	0.5/0.3	0.6/0.4	1.3/0.5	1.2/0.7	0.9/0.6	1.0/0.5
EV/EBITDA(배)	5.6	5.9	5.8	5.5	5.3	8.5
EPS(원)	176	-526	148	1,191	902	-655
BPS(원)	37,248	30,777	30,298	42,141	50,808	4,207
CFPS(원)	7,449	1,511	8,467	19,350	16,668	145
DPS(원)	250	250	250	500	500	25
EBITDAPS(원)	13,257	18,114	20,264	24,472	23,958	1,354

재무 비율

〈단위 : %〉

연도	영업 이익률	순 이익률	부채 비율	차입금 비율	ROA	ROE	유보율	자기자본 비율	EBITDA 마진율
2017	2.5	-2.9	371.4	257.7	-3.2	-14.2	741.4	21.2	6.1
2016	6.5	3.6	311.9	216.6	4.5	19.6	916.2	24.3	9.6
2015	6.6	4.6	383.5	271.0	6.3	33.4	742.8	20.7	9.4
2014	5.1	0.6	507.8	364.2	0.8	4.9	506.0	16.5	7.7

화승엔터프라이즈 (A241590)

HWASEUNG ENTERPRISE CO

업　　종 : 섬유 및 의복
신용등급 : (Bond) —　　(CP) —
홈페이지 : www.hsenterprise.co.kr
본　　사 : 서울시 서초구 서초대로 396 (서초동, 강남빌딩)

시　　장 : 거래소
기업규모 : 시가총액 중형주
연 락 처 : 02)588-8042

설 립 일	2015.11.17	**종업원수**	4명	**대표이사**	이계영
상 장 일	2016.10.04	**감사의견**	적정(한울)	**계　　열**	
결 산 기	12월	**보 통 주**		**종속회사수**	4개사
액 면 가	500원	**우 선 주**		**구 상 호**	

주주구성 (지분율,%)		출자관계 (지분율,%)		주요경쟁사 (외형,%)	
화승인더스트리	74.1	HWASEUNGVINA	100.0	화승엔터프라이즈	100
국민연금공단	6.3	PT.HwaSeungIndonesia	100.0	LS네트웍스	58
(외국인)	7.9	JangchunShoeManufacturingDalian	100.0	일신방직	64

매출구성		비용구성		수출비중	
ADIDAS ODM제품,REEBOK ODM제품/신발관련상품	96.9	매출원가율	83.6	수출	—
화학용품/산업용품	8.9	판관비율	8.8	내수	—
내부거래 매출액 제거	-5.8				

회사 개요

동사는 1953년 동양고무공업을 모태로 기차표라는 브랜드로 고무신 시대를 이끈 화승그룹의 계열사임. 1994년 리복 OEM 사업을 개시했으며, 2002년 베트남에 리복 OEM 사업을 위해 화승비나를 설립함. 2006년 아디다스가 리복을 인수하면서 화승비나는 아디다스 제품을 생산하게 됨. 현재 신발제조 기술력을 인정받아 제조업자개발생산(ODM) 사업을 영위하고 있음.

실적 분석

2017년 연결기준 동사는 매출 7682.2억원을 시현함. 전년도 매출인 6402.3억원에 비해 20% 증가한 금액임. 매출원가가 17.4% 늘고 판매비와 관리비가 36.5% 증가했으나 매출 증가폭이 이를 상회함. 이에 영업이익은 전년도 438.3억원에서 33.6% 증가한 585.4억원을 기록함. 비영업부문은 적자가 지속됐으며 손실폭이 커짐. 당기순이익은 전년도 대비 19.1% 증가한 416.1억원을 기록함.

현금 흐름

〈단위 : 억원〉

항목	2016	2017
영업활동	327	326
투자활동	-552	-972
재무활동	943	341
순현금흐름	730	-304
기말현금	778	473

시장 대비 수익률

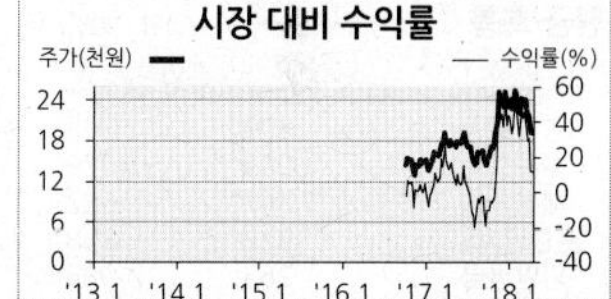

결산 실적

〈단위 : 억원〉

항목	2012	2013	2014	2015	2016	2017
매출액	—	—	—	—	6,402	7,682
영업이익	—	—	—	-0	438	585
당기순이익	—	—	—	-0	349	416

분기 실적

〈단위 : 억원〉

항목	2016.3Q	2016.4Q	2017.1Q	2017.2Q	2017.3Q	2017.4Q
매출액	1,327	2,056	1,657	1,763	1,937	2,326
영업이익	77	184	77	122	210	176
당기순이익	67	150	58	85	174	99

재무 상태

〈단위 : 억원〉

항목	2012	2013	2014	2015	2016	2017
총자산	—	—	—	2,605	4,367	6,268
유형자산	—	—	—	1,168	1,617	2,877
무형자산	—	—	—	14	22	41
유가증권	—	—	—	1	1	51
총부채	—	—	—	1,975	2,439	3,653
총차입금	—	—	—	1,264	1,346	2,131
자본금	—	—	—	104	135	151
총자본	—	—	—	630	1,928	2,615
지배주주지분	—	—	—	628	1,923	2,580

기업가치 지표

항목	2012	2013	2014	2015	2016	2017
주가(최고/저)(천원)	—/—	—/—	—/—	—/—	—/—	—/—
PER(최고/저)(배)	0.0/0.0	0.0/0.0	0.0/0.0	0.0/0.0	10.0/8.4	17.4/9.1
PBR(최고/저)(배)	0.0/0.0	0.0/0.0	0.0/0.0	0.0/0.0	2.2/1.8	3.1/1.6
EV/EBITDA(배)	0.0	0.0	0.0	—	7.2	10.3
EPS(원)	—	—	—	-1	1,551	1,501
BPS(원)	—	—	—	3,030	7,140	8,523
CFPS(원)	—	—	—	-1	2,369	2,422
DPS(원)	—	—	—	—	35	35
EBITDAPS(원)	—	—	—	-1	2,778	3,041

재무 비율

〈단위 : %〉

연도	영업 이익률	순 이익률	부채 비율	차입금 비율	ROA	ROE	유보율	자기자본 비율	EBITDA 마진율
2017	7.6	5.4	139.7	81.5	7.8	18.4	1,604.6	41.7	10.9
2016	6.9	5.5	126.5	69.8	10.0	27.2	1,327.9	44.2	9.7
2015	0.0	0.0	313.2	200.5	0.0	0.0	506.0	24.2	0.0
2014	0.0	0.0	0.0	0.0	0.0	0.0	0.0	0.0	0.0

화승인더스트리 (A006060)
HWASEUNG Industries

업　　종 : 섬유 및 의복　　시　　장 : 거래소
신용등급 : (Bond) ㅡ　(CP) ㅡ　　기업규모 : 시가총액 중형주
홈페이지 : www.hsi.co.kr　　연 락 처 : 051)311-0081
본　　사 : 부산시 연제구 중앙대로 1079 (연산동, 장천빌딩6층)

설 립 일	1969.05.07	**종 업 원 수**	387명	**대 표 이 사**	현석호
상 장 일	1991.02.04	**감 사 의 견**	적정(한울)	**계　　열**	
결 산 기	12월	**보 통 주**		**종속회사수**	16개사
액 면 가	500원	**우 선 주**		**구　상　호**	

주주구성 (지분율,%)		출자관계 (지분율,%)		주요경쟁사 (외형,%)	
현석호	16.2	에이치인베스트먼트	100.0	화승인더	100
화승알앤에이	10.0	휴노믹	100.0	한세예스24홀딩스	214
(외국인)	21.9	화승엔터프라이즈	74.1	LF	139

매출구성		비용구성		수출비중	
ADIDAS ODM제품,	81.7	매출원가율	82.3	수출	ㅡ
BOPP,통기성,PET필름,EVA시트 등	11.1	판관비율	9.5	내수	ㅡ
화학용품/산업용품	7.3				

회사 개요

동사와 22개 종속회사는 크게 필름, 신발, 유통 부문 등 3개 사업으로 나뉨. 필름부문은 OPP, PET, 통기성 필름, EVA시트, 화학용품의 제조와 패키징상품 등의 판매사업을 영위하며, 신발부문은 아디다스와 리복의 ODM 제품을 제조함. 유통부문은 화학/산업용품, 고무/후추 등을 판매함. 화승비나는 아디다스 그룹의 운동화 ODM 제조를 담당. 2016년 기준으로 아디다스 그룹의 운동화부문 내 M/S는 13%로 2위를 차지함.

실적 분석

2017년 연간 매출액은 1조 1,519.4억원으로 전년동기 대비 13.9% 증가함. 미국 및 신흥국의 소비심리 회복으로 신발 부문 매출이 크게 증가하였으며 동 부문 수익성도 개선됨. 아디다스 그룹이 대만 업체의 생산 비중을 줄여나가는 동시에 중국 지역의 인건비 상승 등으로 베트남이나 인도네시아 지역의 생산 비중을 높여가고 있어 동사의 베트남 법인인 화승비나의 점유율이 상승할 것으로 예상됨.

현금 흐름 〈단위 : 억원〉

항목	2016	2017
영업활동	299	845
투자활동	-933	-1,879
재무활동	1,547	682
순현금흐름	923	-358
기말현금	1,263	905

시장 대비 수익률

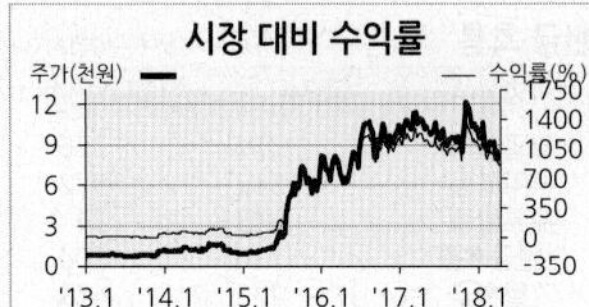

결산 실적 〈단위 : 억원〉

항목	2012	2013	2014	2015	2016	2017
매출액	5,599	5,984	5,854	7,468	10,112	11,519
영업이익	124	91	147	443	781	948
당기순이익	42	-64	-111	215	487	485

분기 실적 〈단위 : 억원〉

항목	2016.3Q	2016.4Q	2017.1Q	2017.2Q	2017.3Q	2017.4Q
매출액	2,300	3,046	2,694	2,854	3,217	2,754
영업이익	175	266	147	207	370	224
당기순이익	92	164	98	123	239	25

재무 상태 〈단위 : 억원〉

항목	2012	2013	2014	2015	2016	2017
총자산	4,573	4,730	5,177	5,611	8,039	8,757
유형자산	1,680	1,718	1,709	1,962	2,818	3,573
무형자산	42	41	289	317	338	346
유가증권	51	64	272	344	242	231
총부채	3,201	3,650	4,179	4,315	5,162	5,634
총차입금	2,464	2,737	3,032	3,006	3,519	3,884
자본금	277	277	277	277	277	277
총자본	1,371	1,080	998	1,296	2,877	3,123
지배주주지분	1,233	1,080	998	1,294	2,307	2,423

기업가치 지표

항목	2012	2013	2014	2015	2016	2017
주가(최고/저)(천원)	1.1/0.8	1.3/0.8	1.8/0.9	7.5/0.9	11.4/5.9	12.1/8.4
PER(최고/저)(배)	41.3/27.9	—/—	—/—	19.4/2.4	14.2/7.4	18.4/12.8
PBR(최고/저)(배)	0.5/0.4	0.7/0.4	1.0/0.5	3.2/0.4	2.7/1.4	2.8/1.9
EV/EBITDA(배)	7.2	8.8	7.9	10.1	8.1	7.0
EPS(원)	29	-98	-200	390	804	659
BPS(원)	2,233	1,955	1,807	2,342	4,173	4,383
CFPS(원)	350	259	144	779	1,290	1,295
DPS(원)	25	—	—	25	25	25
EBITDAPS(원)	545	522	610	1,191	1,899	2,349

재무 비율 〈단위 : %〉

연도	영업 이익률	순 이익률	부채 비율	차입금 비율	ROA	ROE	유보율	자기자본 비율	EBITDA 마진율
2017	8.2	4.2	180.4	124.4	5.8	15.4	776.6	35.7	11.3
2016	7.7	4.8	179.5	122.3	7.1	24.7	734.6	35.8	10.4
2015	5.9	2.9	332.9	231.9	4.0	18.8	368.4	23.1	8.8
2014	2.5	-1.9	419.0	303.9	-2.2	-10.7	261.3	19.3	5.8

화신 (A010690)
HwaShin

업　　종 : 자동차부품　　시　　장 : 거래소
신용등급 : (Bond) ㅡ　(CP) ㅡ　　기업규모 : 시가총액 소형주
홈페이지 : www.hwashin.co.kr　　연 락 처 : 054)330-5114
본　　사 : 경북 영천시 도남공단길 94-2

설 립 일	1975.07.01	**종 업 원 수**	799명	**대 표 이 사**	정서진,김태준
상 장 일	1993.12.16	**감 사 의 견**	적정(한영)	**계　　열**	
결 산 기	12월	**보 통 주**		**종속회사수**	6개사
액 면 가	500원	**우 선 주**		**구　상　호**	

주주구성 (지분율,%)		출자관계 (지분율,%)		주요경쟁사 (외형,%)	
글로벌오토트레이딩	16.4	새화신	100.0	화신	100
신영자산운용	6.8	HBJ	100.0	평화정공	99
(외국인)	4.0	HAL	100.0	서연	273

매출구성		비용구성		수출비중	
Link류	32.9	매출원가율	94.3	수출	ㅡ
Arm류 외	19.9	판관비율	7.8	내수	ㅡ
Module	18.1				

회사 개요

동사는 1975년 설립된 자동차 부품을 생산하는 업체임. 1994년 유가증권 시장에 상장됨. 자동차 조향 장치의 주요 구성품인 멤버, 콘트롤 암, CTBA, 차체를 구성하는 연료 탱크, 판넬 등을 생산함. 해외에서는 인도, 중국, 미국, 브라질 법인을 두고 완성차 업체(현대차)에 부품을 공급하고 있음. 현대차그룹 내 시장점유율 수준으로 1위 업체임. 현대차와 함께 브라질, 러시아 동반 진출함.

실적 분석

동사는 지난해 300억원이 넘는 순손실을 기록해 적자전환하였음. 자동차산업은 대표적인 조립산업으로서 소재와 부품 생산에 관련된 철강금속공업, 기계공업, 전기전자공업, 석유화학공업, 석유공업 등과 밀접한 관련을 맺고 있으며, 특히 2, 3차계열 부품산업의 하부구조 구축이 매우 중요. 2007년 기술연구소를 신축하여 선행연구분야, 제품설계 및 해석 분야, 시작 및 시험 분야, 성형 및 용접분야별로 끊임없는 연구개발활동을 수행하고 있음.

현금 흐름 〈단위 : 억원〉

항목	2016	2017
영업활동	576	-201
투자활동	-354	-352
재무활동	32	112
순현금흐름	286	-530
기말현금	1,199	669

시장 대비 수익률

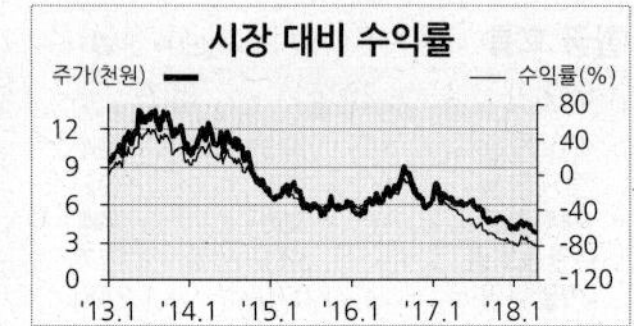

결산 실적 〈단위 : 억원〉

항목	2012	2013	2014	2015	2016	2017
매출액	16,261	14,835	13,136	12,517	12,497	10,669
영업이익	989	664	412	192	462	-228
당기순이익	246	16	439	-246	482	-309

분기 실적 〈단위 : 억원〉

항목	2016.3Q	2016.4Q	2017.1Q	2017.2Q	2017.3Q	2017.4Q
매출액	2,820	3,411	2,995	2,531	2,701	2,442
영업이익	67	45	20	-128	-31	-89
당기순이익	-37	176	-40	-124	-1	-144

재무 상태 〈단위 : 억원〉

항목	2012	2013	2014	2015	2016	2017
총자산	8,536	7,816	9,275	9,005	9,641	8,464
유형자산	3,186	3,305	3,737	4,018	4,084	3,731
무형자산	47	47	46	47	44	39
유가증권	189	200	200	154	153	95
총부채	4,872	4,470	5,499	5,371	5,703	4,937
총차입금	1,521	2,292	3,250	3,134	3,293	3,187
자본금	175	175	175	175	175	175
총자본	3,664	3,346	3,776	3,634	3,938	3,527
지배주주지분	3,401	3,327	3,759	3,628	3,930	3,527

기업가치 지표

항목	2012	2013	2014	2015	2016	2017
주가(최고/저)(천원)	12.7/7.6	14.4/9.2	12.5/7.0	7.8/5.0	9.6/5.2	7.8/4.1
PER(최고/저)(배)	20.3/12.1	539.3/343.6	10.5/5.8	—/—	7.2/3.9	—/—
PBR(최고/저)(배)	1.4/0.8	1.6/1.0	1.2/0.7	0.8/0.5	0.9/0.5	0.8/0.4
EV/EBITDA(배)	3.1	4.8	4.7	6.3	4.4	12.2
EPS(원)	677	29	1,259	-664	1,368	-868
BPS(원)	9,827	9,644	10,880	10,504	11,367	10,221
CFPS(원)	1,936	1,296	2,611	785	2,888	722
DPS(원)	100	100	100	100	100	50
EBITDAPS(원)	4,093	3,168	2,530	1,998	2,843	937

재무 비율 〈단위 : %〉

연도	영업 이익률	순 이익률	부채 비율	차입금 비율	ROA	ROE	유보율	자기자본 비율	EBITDA 마진율
2017	-2.1	-2.9	140.0	90.4	-3.4	-8.1	1,944.3	41.7	3.1
2016	3.7	3.9	144.8	83.6	5.2	12.6	2,173.5	40.9	7.9
2015	1.5	-2.0	147.8	86.2	-2.7	-6.3	2,000.7	40.4	5.6
2014	3.1	3.3	145.6	86.1	5.1	12.4	2,075.9	40.7	6.7

화신정공 (A126640)
HWASHIN PRECISION

업 종 : 자동차부품
신용등급 : (Bond) — (CP) —
홈페이지 : hsp.hwashin.co.kr
본 사 : 경북 영천시 도남공단3길 96
시 장 : KOSDAQ
기업규모 : 우량
연 락 처 : 054)330-5151

설 립 일	2010.04.28	**종업원수**	178명	**대표이사**	정서진
상 장 일	2010.08.31	**감사의견**	적정(대주)	**계 열**	
결 산 기	12월	**보 통 주**		**종속회사수**	
액 면 가	100원	**우 선 주**		**구 상 호**	

주주구성 (지분율,%)		출자관계 (지분율,%)		주요경쟁사 (외형,%)	
정서진	11.7	에이치앤디이	15.0	화신정공	100
글로벌오토트레이딩	11.3	화신	5.8	오리엔트정공	48
(외국인)	1.4			대우부품	29

매출구성		비용구성		수출비중	
COIL(톤)(제품)	43.6	매출원가율	96.4	수출	—
샤시류(제품)	25.8	판관비율	2.2	내수	—
정밀가공부품(제품)	15.9				

회사 개요

동사는 2010년 기업인수목적법인으로 설립돼 구 화신정공과의 합병을 통해 2011년 코스닥 시장에 합병신주를 추가 상장함. 자동차 섀시와 정밀가공부품을 주력 제품으로 생산함. 정밀가공부품인 일체형 Axle Housing을 개발해 현재 양산 중임. 상용차 정밀가공부품의 공급을 통해 안정적인 매출에 기여하고 있음. 알루미늄 섀시 개발로 경량화 추세에 앞장서고 있음. 2012년 상반기부터 경산공장을 완공해 원소재 1차 가공사업도 본격 가동 중임.

실적 분석

동사는 지난해 영업이익이 28억원으로 전년보다 36.5% 줄었음. 이 기간 매출액은 2004억원으로 2.2% 줄었고, 당기순이익은 31억원으로 18.7% 감소. 완성차 업체가 점차 차종과 생산량을 늘려 나가면서 샤시부품의 수도 늘어나게 되었고 크기도 점차로 커지고 생산량도 증가하게 되었음. 자동차 샤시용 부품 산업은 완성차업체들이 신모델의 개발 단계부터 샤시 공급업체와 기술을 공유하고 생산에 필요한 정보를 제공 중.

현금 흐름 *IFRS 별도 기준 <단위 : 억원>

항목	2016	2017
영업활동	74	92
투자활동	-65	-63
재무활동	-0	-11
순현금흐름	9	19
기말현금	84	103

시장 대비 수익률

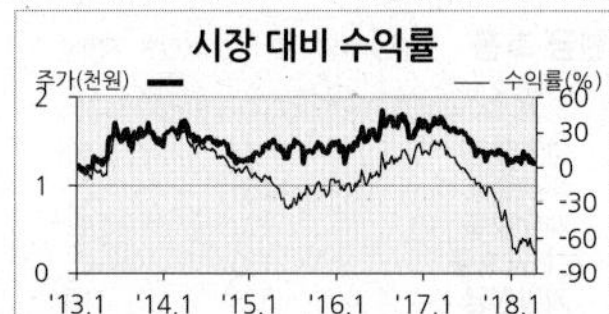

결산 실적 <단위 : 억원>

항목	2012	2013	2014	2015	2016	2017
매출액	1,870	2,548	2,490	2,323	2,050	2,004
영업이익	72	82	63	52	45	28
당기순이익	63	54	50	43	38	31

분기 실적 *IFRS 별도 기준 <단위 : 억원>

항목	2016.3Q	2016.4Q	2017.1Q	2017.2Q	2017.3Q	2017.4Q
매출액	437	594	487	483	529	505
영업이익	1	8	13	5	7	4
당기순이익	1	9	13	5	6	7

재무 상태 *IFRS 별도 기준 <단위 : 억원>

항목	2012	2013	2014	2015	2016	2017
총자산	1,085	1,195	1,113	1,047	1,175	1,080
유형자산	395	457	452	436	428	442
무형자산	2	2	2	2	2	2
유가증권	329	362	246	162	176	111
총부채	346	389	339	257	352	277
총차입금	40	61	31	20	34	29
자본금	36	36	36	36	36	36
총자본	739	806	773	790	823	803
지배주주지분	739	806	773	790	823	803

기업가치 지표 *IFRS 별도 기준

항목	2012	2013	2014	2015	2016	2017
주가(최고/저)(천원)	1.8/1.2	1.8/1.1	1.8/1.2	1.6/1.2	2.0/1.3	1.8/1.2
PER(최고/저)(배)	10.9/7.1	12.7/8.0	13.7/9.4	13.6/10.8	19.6/12.4	21.3/14.8
PBR(최고/저)(배)	0.9/0.6	0.8/0.5	0.9/0.6	0.7/0.6	0.9/0.6	0.8/0.6
EV/EBITDA(배)	4.3	5.3	4.8	5.1	6.1	4.9
EPS(원)	176	150	138	119	105	85
BPS(원)	2,125	2,299	2,180	2,227	2,316	2,263
CFPS(원)	243	241	259	248	238	224
DPS(원)	18	20	20	20	20	20
EBITDAPS(원)	269	320	295	271	256	217

재무 비율 <단위 : %>

연도	영업이익률	순이익률	부채비율	차입금비율	ROA	ROE	유보율	자기자본비율	EBITDA마진율
2017	1.4	1.6	34.5	3.6	2.8	3.8	2,162.5	74.4	3.9
2016	2.2	1.9	42.9	4.2	3.4	4.7	2,215.6	70.0	4.5
2015	2.2	1.9	32.5	2.5	4.0	5.6	2,126.8	75.5	4.2
2014	2.5	2.0	43.9	4.1	4.3	6.3	2,080.4	69.5	4.3

화신테크 (A086250)
Hwashin Tech

업 종 : 자동차부품
신용등급 : (Bond) — (CP) —
홈페이지 : www.hstech.co.kr
본 사 : 대구시 달성군 유가면 테크노중앙대로 1
시 장 : KOSDAQ
기업규모 : 중견
연 락 처 : 053)663-5400

설 립 일	1985.05.03	**종업원수**	126명	**대표이사**	정재형,정유진
상 장 일	2006.11.10	**감사의견**	적정(안경)	**계 열**	
결 산 기	12월	**보 통 주**		**종속회사수**	
액 면 가	500원	**우 선 주**		**구 상 호**	

주주구성 (지분율,%)		출자관계 (지분율,%)		주요경쟁사 (외형,%)	
정유진	19.9	화신테크티피	42.9	화신테크	100
화신테크티피	6.7			케이엔더블유	280
(외국인)	0.8			풍강	249

매출구성		비용구성		수출비중	
[일반금형]자동차 차체 및 샤시판넬	93.1	매출원가율	83.4	수출	59.7
[특수금형]자동차 샤시 PIPE용	6.5	판관비율	17.2	내수	40.3
작업폐주물 판매	0.3				

회사 개요

동사는 1985년 설립돼 차제용 프레스금형 생산을 주사업으로 영위하고 있음. 동사는 축적된 기술력과 경쟁력을 바탕으로 고부가가치 제품인 Hydroforming 및 Hot Press Forming등 특수금형을 제조·판매하고 있음. 동사는 주거래업체인 현대자동차로부터 2006~2011년 연속 베스트 금형업체로 선정됐고, 국내 5대 완성차업체와 세계적인 부품업체인 MAGNA그룹과 독일 벤트라그룹에 금형을 납품하고 있음.

실적 분석

동사는 지난해 매출액 335억원, 영업손실 2억원을 각각 기록하였음. 금형은 제품생산을 위한 기반적이고 기초적인 인프라이므로 제조업체의 성장에 필수적인 제품의 신모델 출시 등의 새로운 제품 활동이 없을 경우 제조업체의 성장이 없으므로, 금형 제품에 대한 수요는 지속적임. 특정 메이저 업체에 의존하는 형태가 아닌 다양한 고객기반을 확보하는 시장 다변화로 안정적인 수주가 가능한 매출전략을 취하고 있음.

현금 흐름 <단위 : 억원>

항목	2016	2017
영업활동	-52	12
투자활동	12	23
재무활동	59	-51
순현금흐름	19	-15
기말현금	44	29

시장 대비 수익률

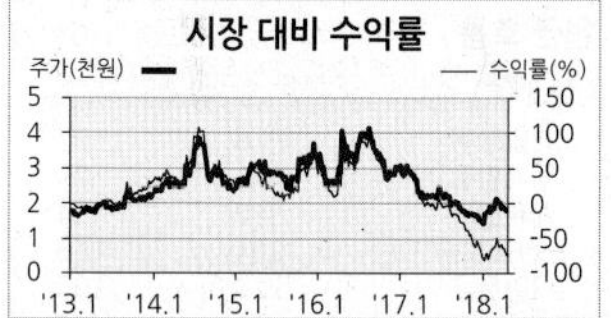

결산 실적 <단위 : 억원>

항목	2012	2013	2014	2015	2016	2017
매출액	355	350	482	520	292	335
영업이익	10	19	-23	-74	3	-2
당기순이익	24	91	-12	-79	-137	-28

분기 실적 <단위 : 억원>

항목	2016.3Q	2016.4Q	2017.1Q	2017.2Q	2017.3Q	2017.4Q
매출액	93	15	85	81	88	82
영업이익	-29	100	-13	-6	-0	17
당기순이익	-28	-34	-8	1	-11	-10

재무 상태 <단위 : 억원>

항목	2012	2013	2014	2015	2016	2017
총자산	579	689	921	952	842	784
유형자산	123	243	623	593	484	483
무형자산	5	5	8	7	9	9
유가증권	27	31	5	5	4	5
총부채	209	265	348	463	489	460
총차입금	98	110	218	333	409	365
자본금	49	49	49	49	49	49
총자본	370	423	573	490	353	325
지배주주지분	370	423	404	364	286	276

기업가치 지표

항목	2012	2013	2014	2015	2016	2017
주가(최고/저)(천원)	2.4/1.5	2.5/1.6	3.8/2.3	3.7/2.4	4.5/2.6	3.1/1.4
PER(최고/저)(배)	10.2/6.5	2.8/1.8	47.5/28.4	—/—	—/—	—/—
PBR(최고/저)(배)	0.7/0.4	0.6/0.4	0.9/0.6	1.0/0.6	1.5/0.8	1.0/0.5
EV/EBITDA(배)	16.0	6.3	—	—	15.8	24.0
EPS(원)	251	936	83	-362	-792	-101
BPS(원)	3,903	4,454	4,320	3,908	3,110	3,004
CFPS(원)	300	992	303	41	-386	139
DPS(원)	50	60	60	20	—	—
EBITDAPS(원)	153	254	-15	-361	439	219

재무 비율 <단위 : %>

연도	영업이익률	순이익률	부채비율	차입금비율	ROA	ROE	유보율	자기자본비율	EBITDA마진율
2017	-0.6	-8.5	141.6	112.5	-3.5	-3.5	500.8	41.4	6.3
2016	1.1	-47.0	138.4	115.8	-15.3	-23.6	522.0	41.9	14.6
2015	-14.3	-15.1	94.6	68.1	-8.4	-9.1	681.5	51.4	-6.7
2014	-4.7	-2.5	60.6	38.1	-1.5	2.0	763.9	62.3	-0.3

화이브라더스코리아 (A204630)
Huayi Brothers Korea

업　　종 : 미디어　　시　　장 : KOSDAQ
신용등급 : (Bond) —　　(CP) —　　기업규모 : 중견
홈페이지 : www.huayibrothersent.com　　연 락 처 : 02)2299-8089
본　　사 : 서울시 성동구 독서당로 39길 37-37 302호 (옥수동,루하우스)

설 립 일	2014.08.12	**종 업 원 수**	40명	**대 표 이 사**	지승범
상 장 일	2014.12.29	**감 사 의 견**	적정(도원)	**계　　열**	
결 산 기	12월	**보 통 주**		**종속회사수**	3개사
액 면 가	100원	**우 선 주**		**구　상　호**	화이브라더스

주주구성 (지분율,%)		출자관계 (지분율,%)		주요경쟁사 (외형,%)	
Huayi & Joy Entertainment Limited	27.5	빅토리콘텐츠	0.6	화이브라더스코리아	100
지승범	7.0			YG PLUS	156
(외국인)	29.8			초록뱀	126

매출구성		비용구성		수출비중	
매니지먼트매출	43.3	매출원가율	78.8	수출	11.9
영화/드라마제작매출	41.2	판관비율	22.3	내수	88.1
상품매출	11.3				

회사 개요

컨텐츠를 제공하기 위해 2005년 설립된 동사는 2012년 이후 영화 및 드라마 제작 등에 투자하며 가시적인 성과를 보이고 있음. 2015년 6월 현대드림SPAC2호와의 합병을 통해 코스닥 시장에 상장되었으며 현재 다양한 드라마와 영화 제작을 진행 중임. 주요 소속 배우로 김윤석, 유해진, 김상호, 강지환, 주원 등이 있으며 업계에서 신인 배우 발굴 및 육성의 요람으로 평가 받고있음.

실적 분석

동사의 2017년 연결기준 결산 매출액은 매니지먼트 및 콘텐츠 사업 확대로 매출이 증가했고 종속회사별 영업 성장에 따라 전년동기 대비 60.0% 증가한 465.2억원임. 비용면에서 매출원가 68.8% 증가, 판관비 34.1% 증가하면서 영업손실 5.1억원으로 적자지속함. 사드(THAAD·고고도 미사일 방어체계)로 냉랭했던 한국과 중국 관계가 회복되면 모회사의 중국, 동남아 유통망을 통해 콘텐츠를 판매하면서 실적이 개선될 것으로 보임.

현금 흐름 〈단위 : 억원〉

항목	2016	2017
영업활동	-8	-92
투자활동	-98	-29
재무활동	310	4
순현금흐름	204	-116
기말현금	221	105

시장 대비 수익률

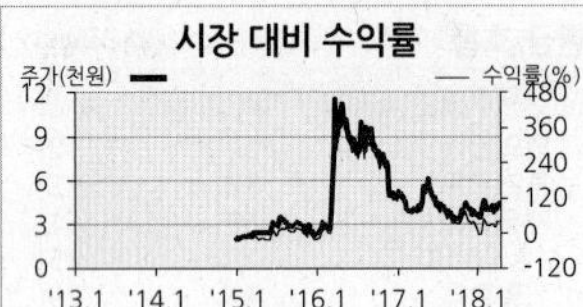

결산 실적 〈단위 : 억원〉

항목	2012	2013	2014	2015	2016	2017
매출액	—	116	152	207	291	465
영업이익	—	10	17	11	-6	-5
당기순이익	—	7	13	-68	-6	-25

분기 실적 〈단위 : 억원〉

항목	2016.3Q	2016.4Q	2017.1Q	2017.2Q	2017.3Q	2017.4Q
매출액	97	54	79	165	65	155
영업이익	7	-19	1	-7	-1	3
당기순이익	4	-13	-3	-13	-1	-8

재무 상태 〈단위 : 억원〉

항목	2012	2013	2014	2015	2016	2017
총자산	—	84	85	239	572	547
유형자산	—	15	14	33	71	74
무형자산	—	2	3	2	20	21
유가증권	—	0	2	72	59	107
총부채	—	59	47	46	140	88
총차입금	—	20	17	14	92	54
자본금	—	8	9	17	28	29
총자본	—	25	38	193	432	459
지배주주지분	—	25	38	193	430	455

기업가치 지표

항목	2012	2013	2014	2015	2016	2017
주가(최고/저)(천원)	—/—	—/—	2.1/2.0	3.6/2.1	14.5/2.3	6.2/3.3
PER(최고/저)(배)	0.0/0.0	0.0/0.0	22.3/22.2	—/—	—/—	—/—
PBR(최고/저)(배)	0.0/0.0	0.0/0.0	7.8/7.8	3.2/1.8	9.1/1.5	3.8/2.0
EV/EBITDA(배)	0.0	—	7.5	21.7	—	444.1
EPS(원)	—	52	92	-431	-24	-82
BPS(원)	—	13,096	20,199	1,121	1,597	1,625
CFPS(원)	—	5,720	8,628	-412	-3	-57
DPS(원)	—	—	—	—	—	—
EBITDAPS(원)	—	7,380	10,442	91	-3	7

재무 비율 〈단위 : %〉

연도	영업이익률	순이익률	부채비율	차입금비율	ROA	ROE	유보율	자기자본비율	EBITDA마진율
2017	-1.1	-5.3	19.2	11.7	-4.4	-5.3	1,525.0	83.9	0.4
2016	-2.0	-2.0	32.4	21.3	-1.4	-1.9	1,496.5	75.5	-0.2
2015	5.5	-32.9	23.8	7.3	-41.9	-58.9	1,021.0	80.8	7.0
2014	10.9	8.7	125.1	43.6	15.6	42.3	336.5	44.4	12.9

화인베스틸 (A133820)
FINE BESTEEL

업　　종 : 금속 및 광물　　시　　장 : 거래소
신용등급 : (Bond) —　　(CP) —　　기업규모 : 시가총액 소형주
홈페이지 : www.finebesteel.com　　연 락 처 : 055)259-2000
본　　사 : 경남 창녕군 창녕읍 창밀로 259-33

설 립 일	2007.10.01	**종 업 원 수**	177명	**대 표 이 사**	장인화
상 장 일	2014.07.22	**감 사 의 견**	적정(안경)	**계　　열**	
결 산 기	12월	**보 통 주**		**종속회사수**	
액 면 가	500원	**우 선 주**		**구　상　호**	

주주구성 (지분율,%)		출자관계 (지분율,%)		주요경쟁사 (외형,%)	
장인화	22.0	에프엔인베스트먼트	22.1	화인베스틸	100
동일철강	15.5			포스코엠텍	202
(외국인)	2.0			동양철관	115

매출구성		비용구성		수출비중	
제품	84.5	매출원가율	90.6	수출	64.2
상품	13.8	판관비율	5.7	내수	35.8
기타	1.6				

회사 개요

동사는 2007년 9월에 설립되어 열간 압연 및 압출 제품 제조업을 주요사업으로 하고 있음. 동사의 경쟁력은 빠른 납기와 다양한 제품군임. 동사가 갖춘 생산력과 원자재의 조달이 국내에서 이뤄짐을 감안하면 수요자가 원하는 시기에 납품이 대부분 가능하고, 계열회사인 동일철강에서 생산하는 중/소형 형강제품부터 대형까지 다양한 제품군을 갖춤. 고부가가치 형강인 조선용형강인 인버티드형강은 국내에서 동사와 현대제철만 생산이 가능함.

실적 분석

동사의 2017년 매출은 1,274억원으로 전년대비 357억원(21.9%) 감소함. 영업이익은 47억원으로 5억원(11.8%) 증가, 당기순이익은 11억원으로 3억원(45.5%) 증가함. 이는 동사의 전방산업인 철강 및 조선업의 불황에 따른 조선소의 수주물량 감소로 인하여 판매량이 전년대비 감소하여 매출액이 감소한 때문임. 그러나 판매단가의 인상으로 인하여 영업이익 및 당기순이익은 증가함.

현금 흐름 *IFRS 별도 기준 〈단위 : 억원〉

항목	2016	2017
영업활동	114	146
투자활동	-113	-27
재무활동	12	-133
순현금흐름	13	-13
기말현금	32	19

시장 대비 수익률

결산 실적 〈단위 : 억원〉

항목	2012	2013	2014	2015	2016	2017
매출액	2,439	2,243	2,575	2,137	1,631	1,274
영업이익	137	241	254	57	42	47
당기순이익	67	169	183	12	8	11

분기 실적 *IFRS 별도 기준 〈단위 : 억원〉

항목	2016.3Q	2016.4Q	2017.1Q	2017.2Q	2017.3Q	2017.4Q
매출액	344	420	289	312	296	377
영업이익	-2	31	11	15	6	15
당기순이익	-8	19	1	5	-3	8

재무 상태 *IFRS 별도 기준 〈단위 : 억원〉

항목	2012	2013	2014	2015	2016	2017
총자산	2,037	2,027	2,533	2,227	2,265	2,157
유형자산	1,238	1,178	1,236	1,326	1,288	1,227
무형자산	15	15	15	15	22	22
유가증권	2	1	—	2	0	—
총부채	1,642	1,449	1,484	1,217	1,248	1,161
총차입금	1,249	932	1,157	1,006	1,018	917
자본금	385	128	161	161	161	161
총자본	395	578	1,050	1,010	1,017	996
지배주주지분	395	578	1,050	1,010	1,017	996

기업가치 지표 *IFRS 별도 기준

항목	2012	2013	2014	2015	2016	2017
주가(최고/저)(천원)	—/—	—/—	5.2/4.0	4.7/2.0	3.5/1.8	3.6/2.0
PER(최고/저)(배)	0.0/0.0	0.0/0.0	8.2/6.3	125.0/52.4	147.6/77.2	104.1/58.5
PBR(최고/저)(배)	0.0/0.0	0.0/0.0	1.6/1.2	1.4/0.6	1.1/0.6	1.1/0.6
EV/EBITDA(배)	5.3	2.6	7.6	11.7	14.1	11.4
EPS(원)	262	660	637	38	24	34
BPS(원)	10,529	2,251	3,271	3,293	3,316	3,360
CFPS(원)	4,258	1,050	946	315	299	305
DPS(원)	—	—	—	—	—	—
EBITDAPS(원)	6,080	1,329	1,195	456	405	416

재무 비율 〈단위 : %〉

연도	영업이익률	순이익률	부채비율	차입금비율	ROA	ROE	유보율	자기자본비율	EBITDA마진율
2017	3.7	0.9	116.5	92.1	0.5	1.1	548.9	46.2	10.4
2016	2.6	0.5	122.8	100.1	0.3	0.8	563.2	44.9	8.0
2015	2.7	0.6	120.5	99.6	0.5	1.2	558.7	45.3	6.9
2014	9.9	7.1	141.3	110.3	8.0	22.5	554.1	41.4	13.3

화일약품 (A061250)
HWAIL PHARMACEUTICAL COLTD

업 종 : 제약 | 시 장 : KOSDAQ
신용등급 : (Bond) — (CP) — | 기업규모 : 우량
홈페이지 : www.hwail.com | 연 락 처 : 031)628-3521
본 사 : 경기도 화성시 향남읍 제약공단3길 57

설 립 일	1980.11.18	**종 업 원 수**	123명	**대 표 이 사**	조중명,박필준
상 장 일	2002.04.11	**감 사 의 견**	적정(신우)	**계 열**	
결 산 기	12월	**보 통 주**		**종속회사수**	
액 면 가	500원	**우 선 주**		**구 상 호**	

주주구성 (지분율,%)		출자관계 (지분율,%)		주요경쟁사 (외형,%)	
크리스탈지노믹스	21.7	화일인터내셔날	100.0	화일약품	100
박필준	11.1	포스코플루터스프로젝트1호투자조합	24.4	하이텍팜	64
(외국인)	1.3	크리스탈생명과학	20.2	우리들제약	78

매출구성		비용구성		수출비중	
기타	48.0	매출원가율	85.2	수출	3.0
SLIDAL등	43.7	판관비율	9.5	내수	97.0
EDST	5.9				

회사 개요

1980년 의약품 원료의 제조, 판매 등을 주 영업 목적으로 설립된 동사는 1987년부터 제조시설을 갖추고 원료의약품 제조업체로 변신함. 2002년 4월 코스닥 시장에 상장됨. 원료의약품 사업분야에서 '코엔자임큐텐'을 비롯한 식품원료, 완제 사업인 세팔로스포린계 항생제 사업으로 사업분야를 다각화함. 2015년 10월말 CGMP급 설비시설을 갖춘 원료합성 공장을 신축하여 BGMP승인을 받았음.

실적 분석

동사의 2017년 누적매출액은 1,024.6억원으로 전년대비 8.1% 감소함. 비용측면에서 매출원가와 판관비가 각각 9.7%, 10.2% 하락하면서 매출 부진에도 불구하고 영업이익이 전년보다 112.8% 늘어난 53.6억원을 기록함. 동사는 2017년부터 일본 등 선진시장의 수출에 주력하고 있음. 2018년 2월 정부가 국민들의 치매 부담을 경감할 수 있도록 '치매 국가책임제'를 실현하고자 1조원의 예산을 투입한다고 밝히면서 수혜가 기대됨.

현금 흐름
<단위 : 억원>

항목	2016	2017
영업활동	96	83
투자활동	77	5
재무활동	-138	-34
순현금흐름	36	52
기말현금	83	135

시장 대비 수익률

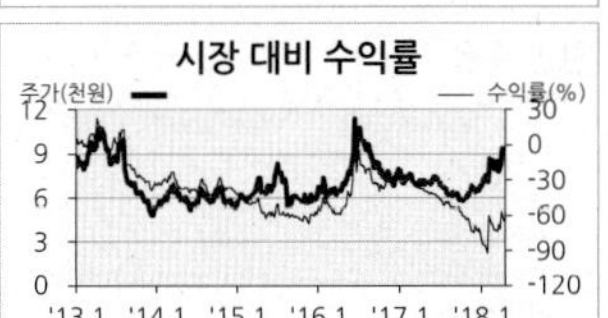

결산 실적
<단위 : 억원>

항목	2012	2013	2014	2015	2016	2017
매출액	918	942	961	1,061	1,115	1,025
영업이익	76	56	57	17	25	54
당기순이익	51	42	41	55	64	27

분기 실적
<단위 : 억원>

항목	2016.3Q	2016.4Q	2017.1Q	2017.2Q	2017.3Q	2017.4Q
매출액	262	246	278	—	—	—
영업이익	10	-10	17	—	—	—
당기순이익	5	-20	9	—	—	—

재무 상태
<단위 : 억원>

항목	2012	2013	2014	2015	2016	2017
총자산	1,131	1,230	1,229	1,403	1,286	1,239
유형자산	298	389	390	377	357	340
무형자산	7	42	48	48	42	36
유가증권	14	14	10	82	36	4
총부채	309	367	339	413	288	257
총차입금	178	217	217	268	151	138
자본금	70	72	72	72	72	72
총자본	822	863	891	989	999	982
지배주주지분	822	863	891	989	999	982

기업가치 지표

항목	2012	2013	2014	2015	2016	2017
주가(최고/저)(천원)	7.3/2.6	11.1/4.6	7.0/5.1	9.5/5.4	11.4/6.0	8.0/5.8
PER(최고/저)(배)	19.0/6.7	41.7/17.3	26.3/19.4	26.7/15.1	26.8/14.1	44.3/31.9
PBR(최고/저)(배)	1.3/0.5	1.9/0.8	1.1/0.8	1.4/0.8	1.6/0.9	1.1/0.8
EV/EBITDA(배)	11.9	13.3	12.8	25.6	22.2	11.5
EPS(원)	431	293	287	378	443	185
BPS(원)	6,327	6,439	6,630	7,315	7,379	7,262
CFPS(원)	550	391	417	571	649	378
DPS(원)	100	100	100	150	150	150
EBITDAPS(원)	770	486	523	307	380	565

재무 비율
<단위 : %>

연도	영업이익률	순이익률	부채비율	차입금비율	ROA	ROE	유보율	자기자본비율	EBITDA마진율
2017	5.2	2.6	26.2	14.0	2.1	2.7	1,352.5	79.2	7.9
2016	2.3	5.7	28.8	15.1	4.8	6.4	1,375.8	77.6	4.9
2015	1.6	5.1	41.8	27.1	4.1	5.8	1,363.1	70.5	4.2
2014	5.9	4.3	38.0	24.3	3.4	4.7	1,226.0	72.5	7.9

화진 (A134780)
HWAJIN

업 종 : 자동차부품 | 시 장 : KOSDAQ
신용등급 : (Bond) — (CP) — | 기업규모 : 우량
홈페이지 : www.hwajin-corp.com | 연 락 처 : 054)335-9655
본 사 : 경북 영천시 도남공단3길 26 (도남동)

설 립 일	1992.04.29	**종 업 원 수**	285명	**대 표 이 사**	빈센트피.최
상 장 일	2011.08.10	**감 사 의 견**	적정(서일)	**계 열**	
결 산 기	12월	**보 통 주**		**종속회사수**	4개사
액 면 가	500원	**우 선 주**		**구 상 호**	

주주구성 (지분율,%)		출자관계 (지분율,%)		주요경쟁사 (외형,%)	
에스에이치인베스트먼트	7.7	화진인터내셔널	100.0	화진	100
세종상호저축은행	6.5	에이치제이피	100.0	넥센테크	92
(외국인)	8.6	보스톤성장지원5호투자조합	85.0	동국실업	676

매출구성		비용구성		수출비중	
우드그레인외(제품)	75.9	매출원가율	80.9	수출	25.5
카랩외(상품)	24.1	판관비율	14.0	내수	74.5

회사 개요

동사는 2011년 8월 코스닥에 상장되었으며, 자동차 부품제조 기업임. 특히 자동차 내장재용 부품제조를 주요 사업으로 하고 있으며, 자동차 카랩 및 인쇄물 도매업도 영위함. 주요 제품으로 고급 자동차 내장재용 우드그레인과 IPE를 생산하고 있으며, IPE제품 시장은 70% 정도의 점유율을 차지하고 있음. 화진인터내셔널과 중국 화진고신장식재료유한공사 등 전체 7개의 종속회사를 직접보유하고 있음.

실적 분석

동사의 2017년도 연결기준 연간 매출액은 자동차시장 침체로 인한 생산량 감소로 전년대비 21.4% 감소한 890.5억원을 시현함. 당기 취득한 투자자산과 금융자산에 대한 손상 및 대손을 인식하면서 순이익은 적자전환함. 닛산 전기차 X12F에 제품을 추가 납품할 예정이며, 중국 현지법인을 중심으로 본격적인 세계자동차 시장 진출을 위해 노력 중임. 향후 중국의 내수시장 활성화에 따른 성장세가 예상됨.

현금 흐름
<단위 : 억원>

항목	2016	2017
영업활동	133	154
투자활동	-47	-207
재무활동	-33	31
순현금흐름	53	-28
기말현금	168	141

시장 대비 수익률

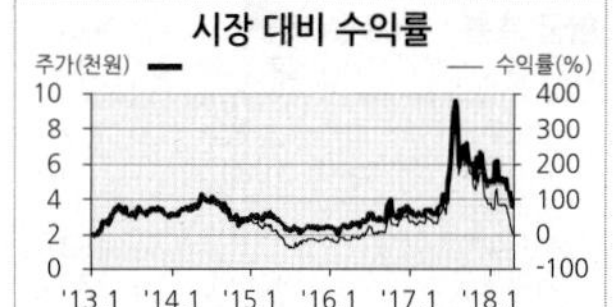

결산 실적
<단위 : 억원>

항목	2012	2013	2014	2015	2016	2017
매출액	992	1,149	1,226	1,188	1,133	890
영업이익	118	145	130	96	78	45
당기순이익	103	142	106	83	100	-66

분기 실적
<단위 : 억원>

항목	2016.3Q	2016.4Q	2017.1Q	2017.2Q	2017.3Q	2017.4Q
매출액	249	307	227	234	213	216
영업이익	12	13	9	16	12	8
당기순이익	5	53	1	15	10	-93

재무 상태
<단위 : 억원>

항목	2012	2013	2014	2015	2016	2017
총자산	827	1,081	1,317	1,366	1,344	1,266
유형자산	339	451	656	674	606	562
무형자산	18	16	75	61	34	52
유가증권	55	37	5	26	26	160
총부채	311	413	553	536	463	570
총차입금	117	146	227	263	233	377
자본금	61	62	62	62	62	120
총자본	516	668	764	829	881	696
지배주주지분	515	667	754	825	881	761

기업가치 지표

항목	2012	2013	2014	2015	2016	2017
주가(최고/저)(천원)	3.3/1.7	3.8/1.9	4.3/2.5	3.3/1.9	4.1/2.0	9.6/2.9
PER(최고/저)(배)	8.7/4.5	7.2/3.7	10.8/6.4	9.6/5.8	10.3/5.0	—/—
PBR(최고/저)(배)	1.7/0.9	1.6/0.8	1.5/0.9	1.0/0.6	1.2/0.6	3.0/0.9
EV/EBITDA(배)	3.3	4.3	4.7	3.7	4.9	11.7
EPS(원)	435	602	442	367	424	-277
BPS(원)	4,258	5,411	6,117	6,723	7,253	3,318
CFPS(원)	1,241	1,593	1,265	1,331	1,459	-25
DPS(원)	100	150	150	175	175	—
EBITDAPS(원)	1,370	1,613	1,455	1,397	1,265	439

재무 비율
<단위 : %>

연도	영업이익률	순이익률	부채비율	차입금비율	ROA	ROE	유보율	자기자본비율	EBITDA마진율
2017	5.1	-7.5	81.9	54.1	-5.1	-8.1	563.7	55.0	11.9
2016	6.9	8.9	52.5	26.4	7.4	12.0	1,350.7	65.6	13.8
2015	8.1	7.0	64.7	31.7	6.2	11.2	1,244.5	60.7	14.5
2014	10.6	8.6	72.4	29.8	8.8	15.0	1,123.4	58.0	14.6

화천기계 (A010660)

Hwacheon Machinery

업 종 : 기계 | 시 장 : 거래소
신용등급 : (Bond) — (CP) — | 기업규모 : 시가총액 소형주
홈페이지 : www.hwacheon.com | 연 락 처 : 02)523-7766
본 사 : 서울시 서초구 방배로 46 (방배동, 화천기계빌딩)

설 립 일	1975.06.14	**종 업 원 수**	343명	**대 표 이 사**	권영열,권형석
상 장 일	1988.12.12	**감 사 의 견**	적정(삼정)	**계 열**	
결 산 기	12월	**보 통 주**		**종속회사수**	
액 면 가	5,000원	**우 선 주**		**구 상 호**	

주주구성 (지분율,%)		출자관계 (지분율,%)		주요경쟁사 (외형,%)	
화천기공	30.0	여수MBC	10.0	화천기계	100
신영자산운용	8.2	에프앤가이드	7.9	아세아텍	49
(외국인)	10.1	제이티비씨	0.8	나라엠앤디	68

매출구성		비용구성		수출비중	
CNC공작기계	55.7	매출원가율	89.3	수출	25.2
자동차부품	22.9	판관비율	10.5	내수	74.8
범용공작기계	21.4				

회사 개요

동사는 1975년 설립된 공작기계 전문 기업으로서 범용 공작기계를 생산 판매하고, 화천기공으로부터 공급받는 CNC 공작기계를 내수판매함. 또한 현대차 및 기아차에 실린더블럭을 가공, 납품 중임. 다각화 일환으로 대형 풍력가공기, 대형 샤프트 가공기 등 대형 가공기계 신제품을 출하중이며, 지속적 시설투자로 성장여력 확대 중임. 동시장은 뿌리 산업에 대한 이해도 증진되고 있으며 제품 성능이 복잡화, 다기능화되면서 부가가치도 높아지고 있음.

실적 분석

M-center 및 실린더블럭 등 주력제품의 매출확대로 외형은 전년동기 대비 6.6% 증가함. 외형 확대와 더불어 원가율 하락 등 고정비 부담 완화로 2.9억원의 영업이익 시현하며 지난해 대비 수익성 확대. 생산성이 높고 24시간 무인가동이 가능한 IT융합 대형기종의 수요가 있어 이에 대한 라인업을 확장, 신기종 출하함. 전반적으로 업황 자체가 정체된 모습이나, 꾸준한 연구개발 노력으로 극복 가능할 것으로 기대.

현금 흐름 *IFRS 별도 기준 〈단위 : 억원〉

항목	2016	2017
영업활동	257	-62
투자활동	-160	14
재무활동	-18	—
순현금흐름	81	-52
기말현금	187	135

시장 대비 수익률

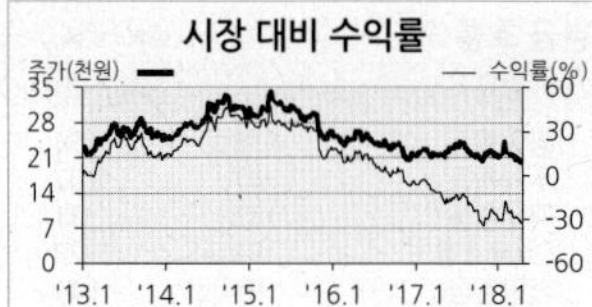

결산 실적 〈단위 : 억원〉

항목	2012	2013	2014	2015	2016	2017
매출액	2,592	2,606	2,753	2,319	1,955	2,084
영업이익	128	89	65	38	-3	3
당기순이익	121	87	69	23	-25	6

분기 실적 *IFRS 별도 기준 〈단위 : 억원〉

항목	2016.3Q	2016.4Q	2017.1Q	2017.2Q	2017.3Q	2017.4Q
매출액	400	523	551	541	578	415
영업이익	-13	5	8	7	14	-26
당기순이익	-6	-27	7	8	22	-31

재무 상태 *IFRS 별도 기준 〈단위 : 억원〉

항목	2012	2013	2014	2015	2016	2017
총자산	1,753	1,738	1,829	1,598	1,616	1,568
유형자산	595	598	579	555	671	664
무형자산	29	29	29	23	15	15
유가증권	69	69	70	50	28	31
총부채	601	515	566	335	388	336
총차입금	115	64	35	14	3	0
자본금	110	110	110	110	110	110
총자본	1,152	1,223	1,263	1,262	1,228	1,231
지배주주지분	1,152	1,223	1,263	1,262	1,228	1,231

기업가치 지표 *IFRS 별도 기준

항목	2012	2013	2014	2015	2016	2017
주가(최고/저)(천원)	27.8/20.6	30.1/21.7	33.6/24.5	34.2/24.6	26.4/20.5	24.3/20.4
PER(최고/저)(배)	5.7/4.2	8.3/5.9	11.2/8.2	33.2/23.9	—/—	92.1/77.2
PBR(최고/저)(배)	0.6/0.4	0.6/0.4	0.6/0.4	0.6/0.4	0.5/0.4	0.4/0.4
EV/EBITDA(배)	2.6	3.7	5.7	4.1	2.2	4.0
EPS(원)	5,520	3,970	3,144	1,049	-1,139	265
BPS(원)	53,162	56,380	58,221	58,183	56,606	56,769
CFPS(원)	6,622	5,182	4,497	2,407	209	2,138
DPS(원)	1,000	1,000	900	350	—	100
EBITDAPS(원)	6,935	5,243	4,293	3,069	1,228	2,006

재무 비율 〈단위 : %〉

연도	영업이익률	순이익률	부채비율	차입금비율	ROA	ROE	유보율	자기자본비율	EBITDA마진율
2017	0.1	0.3	27.3	0.0	0.4	0.5	1,035.4	78.6	2.1
2016	-0.1	-1.3	31.6	0.2	-1.6	-2.0	1,032.1	76.0	1.4
2015	1.6	1.0	26.6	1.1	1.4	1.8	1,063.7	79.0	2.9
2014	2.4	2.5	44.8	2.8	3.9	5.6	1,064.4	69.1	3.4

화천기공 (A000850)

Hwacheon Machine Tool

업 종 : 기계 | 시 장 : 거래소
신용등급 : (Bond) — (CP) — | 기업규모 : 시가총액 소형주
홈페이지 : www.hwacheon.com | 연 락 처 : 062)951-5111
본 사 : 광주시 광산구 하남산단4번로 123-17 (장덕동)

설 립 일	1977.10.12	**종 업 원 수**	337명	**대 표 이 사**	권영두,권영렬
상 장 일	1999.11.10	**감 사 의 견**	적정(승일)	**계 열**	
결 산 기	12월	**보 통 주**		**종속회사수**	5개사
액 면 가	5,000원	**우 선 주**		**구 상 호**	

주주구성 (지분율,%)		출자관계 (지분율,%)		주요경쟁사 (외형,%)	
권영열	31.0	서암기계공업	32.2	화천기공	100
FID Low Priced Stock Fund	10.0	화천기계	30.0	SIMPAC	111
(외국인)	15.8	에프앤가이드	7.4	영풍정밀	32

매출구성		비용구성		수출비중	
CNC선반, CNC밀링 및 MC부품	82.8	매출원가율	82.1	수출	—
주물(제품)	11.2	판관비율	12.6	내수	—
주물(상품)	6.0				

회사 개요

동사는 1952년 설립 이후 60년간 공작기계에 전념하는 화천그룹의 모회사임. 대형 공작기계와 차 부품을 생산하는 유가증권상장사 화천기계와 기어, 척 등을 만드는 코스닥상장사 서암기계, 자동화 설비를 제작하는 TPS Korea와 함께 밸류체인을 구축함. 수치제어 공작기계는 직접 생산 및 수출도 영위. 국내 동시장은 두산, 위아와 동사 등 3사가 과점 체제를 구축 중인데 최근 5년간 꾸준히 동사의 점유율 향상 중임.

실적 분석

동사의 결산 매출액은 2,084억원으로 전년동기 대비 19.3% 증가하였으며, 영업이익 또한 164% 증가한 모습. 견조한 외형상승과 함께 원가율 하락, 판관비 비중 축소에 따른 영향. 지난해는 국내 공작기계업의 전반적인 생산, 내수, 수출이 감소하고 있는 상황이었으나, 공작기계 시장이 점차 가격보다 품질 경쟁으로 옮아가면서 기술력과 품질을 겸비한 동사의 실적 또한 개선되고 있음. 지속적인 신제품 개발로 시장선도 업체로 발전중임.

현금 흐름 〈단위 : 억원〉

항목	2016	2017
영업활동	184	86
투자활동	-125	-99
재무활동	-68	20
순현금흐름	-15	-18
기말현금	101	83

시장 대비 수익률

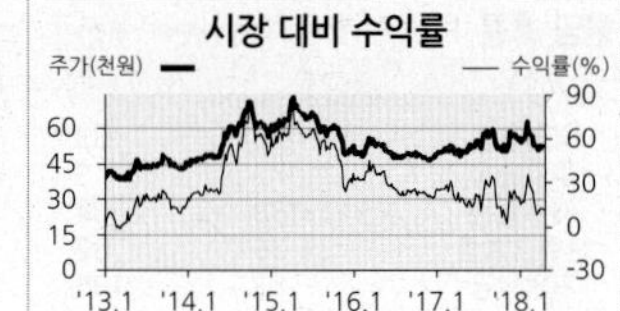

결산 실적 〈단위 : 억원〉

항목	2012	2013	2014	2015	2016	2017
매출액	2,404	2,195	2,456	1,993	1,748	2,084
영업이익	107	133	219	111	42	110
당기순이익	154	150	213	160	72	87

분기 실적 〈단위 : 억원〉

항목	2016.3Q	2016.4Q	2017.1Q	2017.2Q	2017.3Q	2017.4Q
매출액	408	485	482	497	609	497
영업이익	-4	0	28	29	52	1
당기순이익	-13	12	15	34	57	-19

재무 상태 〈단위 : 억원〉

항목	2012	2013	2014	2015	2016	2017
총자산	3,069	3,161	3,304	3,407	3,463	3,606
유형자산	413	433	455	471	469	484
무형자산	18	19	18	18	16	25
유가증권	860	782	801	827	873	869
총부채	844	862	815	770	749	832
총차입금	185	172	131	174	139	191
자본금	110	110	110	110	110	110
총자본	2,225	2,299	2,489	2,637	2,714	2,774
지배주주지분	2,225	2,299	2,489	2,637	2,714	2,774

기업가치 지표

항목	2012	2013	2014	2015	2016	2017
주가(최고/저)(천원)	50.4/35.2	53.0/38.0	72.1/44.7	73.8/48.6	55.9/46.0	59.8/48.2
PER(최고/저)(배)	8.4/5.9	8.8/6.3	8.2/5.1	10.9/7.2	18.0/14.8	15.4/12.4
PBR(최고/저)(배)	0.6/0.4	0.6/0.4	0.7/0.4	0.7/0.4	0.5/0.4	0.5/0.4
EV/EBITDA(배)	6.0	5.2	4.3	5.2	5.9	4.3
EPS(원)	6,978	6,826	9,700	7,278	3,251	3,961
BPS(원)	101,117	104,493	113,144	119,883	123,374	126,071
CFPS(원)	8,559	8,541	11,573	9,225	5,100	5,680
DPS(원)	1,000	1,500	1,500	1,500	1,250	1,250
EBITDAPS(원)	6,430	7,755	11,816	6,985	3,745	6,724

재무 비율 〈단위 : %〉

연도	영업이익률	순이익률	부채비율	차입금비율	ROA	ROE	유보율	자기자본비율	EBITDA마진율
2017	5.3	4.2	30.0	6.9	2.5	3.2	2,421.4	76.9	7.1
2016	2.4	4.1	27.6	5.1	2.1	2.7	2,367.5	78.4	4.7
2015	5.6	8.0	29.2	6.6	4.8	6.3	2,297.7	77.4	7.7
2014	8.9	8.7	32.8	5.3	6.6	8.9	2,162.9	75.3	10.6

환인제약 (A016580)
Whan In Pharm

업　　종 : 제약
신용등급 : (Bond) —　　(CP) —
홈페이지 : www.whanin.co.kr
본　　사 : 서울시 송파구 법원로6길 11 (문정도, 환인빌딩)
시　　장 : 거래소
기업규모 : 시가총액 중형주
연 락 처 : 02)405-3000

설립일	1982.12.16	종업원수	443명	대표이사	이광식,이원범
상장일	1996.06.05	감사의견	적정(안진)	계열	
결산기	12월	보통주		종속회사수	
액면가	500원	우선주		구상호	

주주구성 (지분율,%)		출자관계 (지분율,%)		주요경쟁사 (외형,%)	
이광식	18.6			환인제약	100
신영자산운용	10.3			알보젠코리아	128
(외국인)	26.7			유나이티드제약	133

매출구성		비용구성		수출비중	
정신신경용제	71.8	매출원가율	46.7	수출	0.1
기 타	9.8	판관비율	33.2	내수	99.9
순환계용약	6.7				

회사 개요

동사는1978년 6월에 설립되어 1996년 7월 유가증권시장에 상장한 정신신경계 전문의약품에 특화된 제약업체임. 전체 매출의 절반 이상을 정신신경용제 의약품이 차지하고 있음. 소화성궤양용제, 순환계용약이 큰 비율로 차지함. 주력 제품으로는 정신계열 의약품인 리페리돈, 쿠에타핀, 알프람 등이 있음. 그 외에도 위궤양치료제, 알코올중독치료제, 뇌기능개선제 등을 보유하고 있음.

실적 분석

동사의 2017년 결산 매출액은 전년대비 4.7% 성장한 1,479.5억원을 기록함. 견조한 외형 성장과 원가율의 추가적인 개선으로 영업이익 296.5억원, 당기순이익 271.7억원을 보이며 증익됨. 수익성 측면에서도 영업이익률 20.0%, 당기순이익률 18.4%를 기록하는 등 추가적인 개선을 보임. 동사는 정신신경계통 및 우울증 치료제 분야에서 꾸준한 성장을 보이고 있어 향후 실적 개선에 긍정적인 요인으로 작용할 전망임.

현금 흐름 *IFRS 별도 기준 〈단위 : 억원〉

항목	2016	2017
영업활동	198	235
투자활동	-68	-375
재무활동	-38	-38
순현금흐름	92	-178
기말현금	578	399

시장 대비 수익률

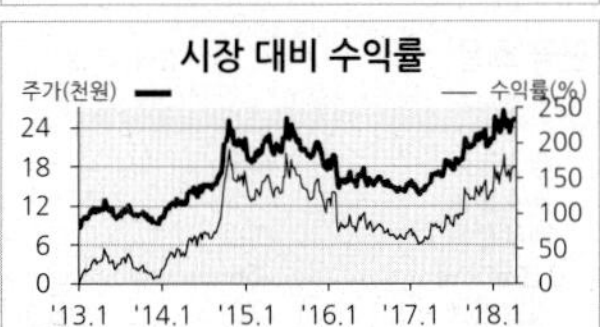

결산 실적 〈단위 : 억원〉

항목	2012	2013	2014	2015	2016	2017
매출액	1,072	1,045	1,207	1,454	1,414	1,480
영업이익	183	201	240	254	216	297
당기순이익	158	146	188	205	164	272

분기 실적 *IFRS 별도 기준 〈단위 : 억원〉

항목	2016.3Q	2016.4Q	2017.1Q	2017.2Q	2017.3Q	2017.4Q
매출액	356	341	361	367	372	379
영업이익	65	34	91	82	68	55
당기순이익	50	19	74	76	57	64

재무 상태 *IFRS 별도 기준 〈단위 : 억원〉

항목	2012	2013	2014	2015	2016	2017
총자산	1,814	1,931	2,178	2,351	2,434	2,748
유형자산	381	377	520	524	577	398
무형자산	47	38	18	22	12	18
유가증권	238	353	434	326	292	454
총부채	189	199	293	285	233	318
총차입금	—	—	—	—	—	—
자본금	97	97	97	97	97	97
총자본	1,625	1,732	1,885	2,066	2,201	2,431
지배주주지분	1,625	1,732	1,885	2,066	2,201	2,431

기업가치 지표 *IFRS 별도 기준

항목	2012	2013	2014	2015	2016	2017
주가(최고/저)(천원)	9.2/5.1	12.8/8.4	25.3/10.2	25.4/17.0	20.3/14.0	24.1/13.8
PER(최고/저)(배)	12.1/6.6	17.7/11.5	26.4/10.6	24.0/16.1	23.7/16.3	16.7/9.6
PBR(최고/저)(배)	1.1/0.6	1.4/0.9	2.5/1.0	2.3/1.5	1.7/1.2	1.8/1.0
EV/EBITDA(배)	4.5	5.5	13.6	10.8	9.1	10.4
EPS(원)	849	784	1,011	1,103	882	1,461
BPS(원)	9,258	9,832	10,655	11,627	12,355	13,589
CFPS(원)	928	876	1,113	1,206	990	1,584
DPS(원)	250	250	250	250	250	300
EBITDAPS(원)	1,062	1,176	1,392	1,469	1,271	1,717

재무 비율 〈단위 : %〉

연도	영업이익률	순이익률	부채비율	차입금비율	ROA	ROE	유보율	자기자본비율	EBITDA마진율
2017	20.0	18.4	13.1	0.0	10.5	11.7	2,505.7	88.5	21.6
2016	15.3	11.6	10.6	0.0	6.9	7.7	2,269.1	90.4	16.7
2015	17.5	14.1	13.8	0.0	9.1	10.4	2,129.5	87.9	18.8
2014	19.9	15.6	15.6	0.0	9.2	10.4	1,943.2	86.5	21.5

황금에스티 (A032560)
Hwang Kum Steel & Technology

업　　종 : 금속 및 광물
신용등급 : (Bond) —　　(CP) —
홈페이지 : www.hwangkum.com
본　　사 : 경기도 안산시 단원구 엠티브이1로 25
시　　장 : 거래소
기업규모 : 시가총액 소형주
연 락 처 : 031)363-8000

설립일	1986.08.24	종업원수	127명	대표이사	김종현
상장일	1997.04.22	감사의견	적정(참)	계열	
결산기	12월	보통주		종속회사수	4개사
액면가	500원	우선주		구상호	

주주구성 (지분율,%)		출자관계 (지분율,%)		주요경쟁사 (외형,%)	
김종현	24.9	유에스티	82.4	황금에스티	100
김종식	9.3	인터컨스텍	70.8	GMR 머티리얼즈	51
(외국인)	6.5	이상인베스트먼	62.8	금강철강	88

매출구성		비용구성		수출비중	
[제품]스테인레스 판 외	51.7	매출원가율	78.2	수출	0.0
공사수익	28.3	판관비율	9.5	내수	100.0
[상품]스테인레스 판 외	16.7				

회사 개요

동사는 1986년에 설립되어 스테인리스/철강소재 전문 기업으로 스테인리스 열연 및 냉연판, 특수강을 생산, 판매하는 스테인리스 사업 및 탄소강 판 등을 생산, 판매하는 탄소강 사업과 3차원 측정장비 판매업을 영위하고 있음. 동사의 연결대상 종속회사로는 스테인리스 파이프 제조업체인 유에스티, 교량 설계 및 시공업체인 인터컨스텍 등 총 4개이고, 계열회사는 동사 포함 총 8개임. 동사의 사업은 전방산업인 건설경기의 영향을 받고 있음.

실적 분석

동사의 2017년 매출액은 전기 대비 0.3% 감소한 2,248억원, 영업이익은 전기 대비 36.3% 증가한 275억원을 달성함. 당기순이익은 227억원으로 전기 대비 9% 감소함. 동사의 총자산은 3636억원으로 전기 대비 2.2% 감소했고 총부채는 1163억원으로 전기 대비 21.6% 감소함. 2018년은 장기적인 니켈가격 상승세 전망에 따라 동사의 이익이 개선될 것으로 기대됨.

현금 흐름 〈단위 : 억원〉

항목	2016	2017
영업활동	405	270
투자활동	-58	-66
재무활동	-389	-246
순현금흐름	116	-42
기말현금	310	268

시장 대비 수익률

결산 실적 〈단위 : 억원〉

항목	2012	2013	2014	2015	2016	2017
매출액	1,784	1,833	1,868	1,729	2,253	2,247
영업이익	52	80	120	85	202	275
당기순이익	61	68	89	54	249	227

분기 실적 〈단위 : 억원〉

항목	2016.3Q	2016.4Q	2017.1Q	2017.2Q	2017.3Q	2017.4Q
매출액	521	647	562	538	550	597
영업이익	57	79	93	53	60	69
당기순이익	77	107	85	39	45	57

재무 상태 〈단위 : 억원〉

항목	2012	2013	2014	2015	2016	2017
총자산	2,445	2,537	2,507	2,941	3,719	3,636
유형자산	1,072	1,095	1,169	1,244	1,651	1,403
무형자산	0	0	0	0	66	56
유가증권	37	37	35	29	30	36
총부채	787	819	707	1,098	1,483	1,163
총차입금	600	588	490	649	1,004	749
자본금	70	70	70	70	70	70
총자본	1,657	1,718	1,800	1,844	2,236	2,474
지배주주지분	1,560	1,615	1,686	1,722	1,981	2,174

기업가치 지표

항목	2012	2013	2014	2015	2016	2017
주가(최고/저)(천원)	4.9/3.3	4.3/3.5	6.9/3.9	6.8/4.5	9.5/5.3	11.7/8.3
PER(최고/저)(배)	13.0/8.8	10.2/8.3	12.9/7.3	22.6/14.9	6.5/3.7	8.2/5.8
PBR(최고/저)(배)	0.5/0.3	0.4/0.3	0.6/0.3	0.6/0.4	0.7/0.4	0.8/0.5
EV/EBITDA(배)	12.3	9.7	7.3	10.1	6.9	5.3
EPS(원)	398	445	553	309	1,480	1,434
BPS(원)	11,144	11,538	12,042	12,302	14,151	15,529
CFPS(원)	667	716	853	635	2,012	1,985
DPS(원)	50	50	50	25	75	100
EBITDAPS(원)	638	845	1,158	930	1,974	2,516

재무 비율 〈단위 : %〉

연도	영업이익률	순이익률	부채비율	차입금비율	ROA	ROE	유보율	자기자본비율	EBITDA마진율
2017	12.2	10.1	47.0	30.3	6.2	9.7	3,005.9	68.0	15.7
2016	9.0	11.1	66.3	44.9	7.5	11.2	2,730.1	60.1	12.3
2015	4.9	3.1	59.5	35.2	2.0	2.5	2,360.4	62.7	7.5
2014	6.4	4.8	39.3	27.2	3.5	4.7	2,308.4	71.8	8.7

효성 (A004800)
Hyosung

업　　종 : 복합 산업
신용등급 : (Bond) A+　　(CP) A2+
홈페이지 : www.hyosung.com
본　　사 : 서울시 마포구 마포대로 119 (공덕동)

시　　장 : 거래소
기업규모 : 시가총액 대형주
연 락 처 : 02)707-7000

설 립 일	1966.11.03	**종업원수**	7,852명	**대표이사**	Hyun-JunCho, Kyoo-YoungKim
상 장 일	1973.06.30	**감사의견**	적정(삼일)	**계　　열**	
결 산 기	12월	**보 통 주**		**종속회사수**	85개사
액 면 가	5,000원	**우 선 주**		**구　　상　　호**	

주주구성 (지분율,%)		출자관계 (지분율,%)		주요경쟁사 (외형,%)	
조현준	14.6	효성굿스프링스	100.0	효성	100
조현상	12.2	에프엠케이	100.0	삼성물산	233
(외국인)	20.3	효성트랜스월드	100.0	LG	94

매출구성		비용구성		수출비중	
변압기,차단기등(기타)	27.0	매출원가율	84.9	수출	—
기타	22.8	판관비율	8.9	내수	—
종합무역(기타)	22.7				

회사 개요

동사는 1966년 11월에 설립됐으며, 동사 및 종속회사가 영위하는 사업은 섬유, 산업자재, 화학, 중공업, 건설, 무역, 금융 등 7개 부문으로 구성되어 있음. 나이론, 스판덱스를 생산하는 섬유부문 및 산업용 섬유를 생산하는 산업자재 부문에서 세계 1위의 시장지위를 보유함. 매출구성은 산업자재 19.2%, 중공업 17.9%, 섬유 17%, 무역 18.2%, 화학 12%, 건설 9.2%, 기타 4.7%, 금융 1.8%로 구성됨.

실적 분석

동사의 2017년 연결기준 연간 누적 매출액은 12조5,464.1억원으로 전년 대비 5.2% 증가함. 매출은 증가했지만 매출 증가율 대비 매출원가 증가율이 더 높아지면서 영업이익은 전년 동기 대비 24.2% 감소한 7,708.1억원을 기록함. 비영업손익 부문에서 금융손실 등으로 인해 적자가 확대되면서 법인세비용이 감소했음에도 불구하고 당기순이익은 3,408.4억원으로 전년 대비 28.3% 감소함.

현금 흐름

〈단위 : 억원〉

항목	2016	2017
영업활동	18,310	7,092
투자활동	-9,074	-9,646
재무활동	-10,182	3,384
순현금흐름	-816	694
기말현금	4,317	5,011

시장 대비 수익률

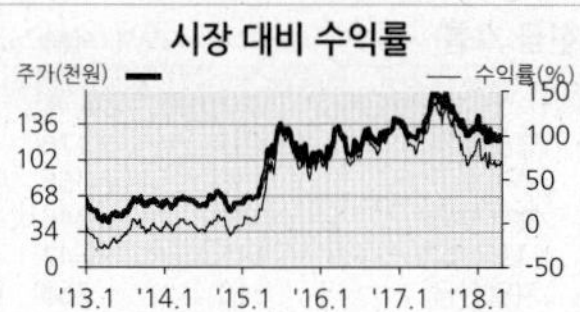

결산 실적

〈단위 : 억원〉

항목	2012	2013	2014	2015	2016	2017
매출액	126,117	125,792	121,771	124,585	119,291	125,464
영업이익	2,231	4,859	6,003	9,502	10,163	7,708
당기순이익	1,416	-2,362	2,920	5,259	4,754	3,408

분기 실적

〈단위 : 억원〉

항목	2016.3Q	2016.4Q	2017.1Q	2017.2Q	2017.3Q	2017.4Q
매출액	28,421	31,916	28,712	31,084	31,192	34,477
영업이익	2,480	2,151	2,323	2,197	1,707	1,481
당기순이익	1,968	-228	1,611	1,298	1,921	-1,422

재무 상태

〈단위 : 억원〉

항목	2012	2013	2014	2015	2016	2017
총자산	137,727	135,934	136,621	140,132	141,208	145,350
유형자산	50,942	54,509	54,857	56,288	58,450	56,632
무형자산	4,075	4,401	4,098	4,527	4,201	3,181
유가증권	2,423	1,676	3,017	4,629	4,706	4,776
총부채	107,601	109,193	107,668	105,411	102,796	106,717
총차입금	80,340	82,221	79,545	78,113	70,793	72,668
자본금	1,756	1,756	1,756	1,756	1,756	1,756
총자본	30,126	26,741	28,953	34,721	38,412	38,633
지배주주지분	29,269	25,988	27,920	32,583	36,192	36,535

기업가치 지표

항목	2012	2013	2014	2015	2016	2017
주가(최고/저)(천원)	63.9/39.2	68.6/42.7	72.3/52.8	137/58.6	143/98.4	170/119
PER(최고/저)(배)	16.6/10.3	—/—	10.7/7.8	10.8/4.6	11.8/8.1	19.0/13.3
PBR(최고/저)(배)	0.9/0.5	1.1/0.7	1.0/0.7	1.6/0.7	1.5/1.0	1.7/1.2
EV/EBITDA(배)	12.7	9.8	8.8	7.6	7.3	8.2
EPS(원)	4,460	-6,526	7,667	14,030	12,972	9,271
BPS(원)	84,321	74,978	80,480	93,756	104,034	105,011
CFPS(원)	20,739	9,226	22,498	30,263	30,722	28,195
DPS(원)	1,000	1,000	2,000	3,500	5,000	5,000
EBITDAPS(원)	22,630	29,589	31,927	43,290	46,692	40,873

재무 비율

〈단위 : %〉

연도	영업이익률	순이익률	부채비율	차입금비율	ROA	ROE	유보율	자기자본비율	EBITDA마진율
2017	6.1	2.7	276.2	188.1	2.4	9.0	2,000.2	26.6	11.4
2016	8.5	4.0	267.6	184.3	3.4	13.3	1,980.7	27.2	13.8
2015	7.6	4.2	303.6	225.0	3.8	16.3	1,775.1	24.8	12.2
2014	4.9	2.4	371.9	274.7	2.1	10.0	1,509.6	21.2	9.2

효성아이티엑스 (A094280)
HYOSUNG ITX

업　　종 : 상업서비스
신용등급 : (Bond) —　　(CP) —
홈페이지 : www.hyosungitx.com
본　　사 : 서울시 영등포구 선유동2로 57 (양평동4가)

시　　장 : 거래소
기업규모 : 시가총액 소형주
연 락 처 : 02)2102-8400

설 립 일	1997.05.09	**종업원수**	8,658명	**대표이사**	남경환
상 장 일	2007.10.25	**감사의견**	적정(서일)	**계　　열**	
결 산 기	12월	**보 통 주**		**종속회사수**	3개사
액 면 가	500원	**우 선 주**		**구　　상　　호**	

주주구성 (지분율,%)		출자관계 (지분율,%)		주요경쟁사 (외형,%)	
조현준	37.9	ITX마케팅	100.0	효성ITX	100
효성	30.1	행복두드리미	100.0	쎄트렉아이	11
(외국인)	0.9	아이티엑스엠앤에스	100.0	한국전자금융	61

매출구성		비용구성		수출비중	
컨택센터 서비스	77.1	매출원가율	91.8	수출	0.0
IT 서비스	12.8	판관비율	5.1	내수	100.0
Display Solution	6.7				

회사 개요

동사는 1997년 컨택센서 서비스를 영위할 목적으로 설립되어 2007년 유가증권시장에 상장됨. 컨택센터는 콜센터에서 한단계 진화한 고객관리 시스템으로 IVR, 웹채팅, 팩스 등의 다양한 채널을 이용하여 고객의 정보를 종합적으로 관리할 수 있는 시스템을 의미함. 전체 매출의 79.77%가 컨택센터 서비스 부문에서 발생함. 인공지능 솔루션인 Xtrm VOC와 같은 신규 사업을 추진하고 있음.

실적 분석

동사의 2017년 4분기 누적 매출액은 3,950.2억원으로 전년 동기(3,403.6억원) 대비 16.1% 증가함. 영업이익은 전년보다 8.2% 늘어난 122.2억원, 당기순이익은 30% 증가한 95.2억원을 달성하며 실적 개선에 성공함. 동사의 주력 사업인 컨택센터와 함께 클라우드와 CDN서비스를 제공하는 정보기술(IT)부문, NEC의 프로젝터를 수입 판매하는 디스플레이 부문 모두 안정적인 성장세를 나타내고 있음.

현금 흐름

〈단위 : 억원〉

항목	2016	2017
영업활동	128	45
투자활동	-7	-114
재무활동	-56	7
순현금흐름	66	-62
기말현금	70	8

시장 대비 수익률

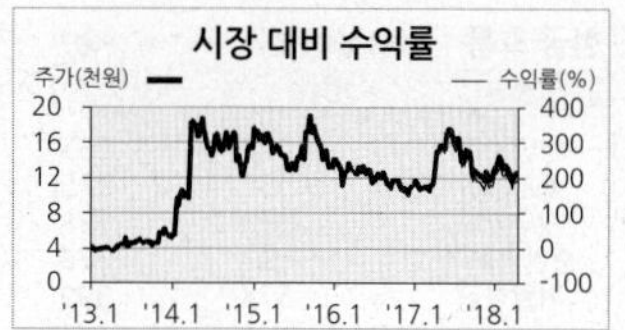

결산 실적

〈단위 : 억원〉

항목	2012	2013	2014	2015	2016	2017
매출액	2,133	2,617	2,878	3,157	3,404	3,950
영업이익	57	94	117	111	113	122
당기순이익	44	76	88	74	73	95

분기 실적

〈단위 : 억원〉

항목	2016.3Q	2016.4Q	2017.1Q	2017.2Q	2017.3Q	2017.4Q
매출액	918	916	909	881	1,026	1,134
영업이익	28	24	31	33	30	28
당기순이익	25	2	34	22	19	21

재무 상태

〈단위 : 억원〉

항목	2012	2013	2014	2015	2016	2017
총자산	717	857	1,032	1,202	1,224	1,475
유형자산	92	167	110	120	125	142
무형자산	11	9	33	32	40	41
유가증권	220	163	237	361	339	390
총부채	438	569	640	696	692	851
총차입금	144	161	191	220	213	234
자본금	62	62	62	62	62	62
총자본	279	288	393	506	531	624
지배주주지분	279	288	393	506	531	624

기업가치 지표

항목	2012	2013	2014	2015	2016	2017
주가(최고/저)(천원)	4.7/2.7	6.6/3.6	20.4/5.1	20.5/12.3	14.6/9.6	18.1/10.6
PER(최고/저)(배)	14.3/8.3	11.7/6.3	30.8/7.8	36.5/22.0	26.2/17.3	24.6/14.4
PBR(최고/저)(배)	2.3/1.3	3.0/1.6	6.8/1.7	5.2/3.1	3.4/2.2	3.5/2.1
EV/EBITDA(배)	5.7	5.5	13.8	11.7	9.2	9.6
EPS(원)	357	610	708	597	589	766
BPS(원)	2,242	2,375	3,217	4,183	4,600	5,336
CFPS(원)	740	1,009	1,138	1,012	986	1,187
DPS(원)	25	50	75	100	200	500
EBITDAPS(원)	841	1,160	1,371	1,311	1,305	1,404

재무 비율

〈단위 : %〉

연도	영업이익률	순이익률	부채비율	차입금비율	ROA	ROE	유보율	자기자본비율	EBITDA마진율
2017	3.1	2.4	136.2	37.5	7.1	16.5	967.3	42.3	4.4
2016	3.3	2.2	130.4	40.0	6.0	14.1	820.0	43.4	4.8
2015	3.5	2.4	137.4	43.5	6.6	16.5	736.7	42.1	5.2
2014	4.1	3.1	163.0	48.7	9.3	25.9	543.3	38.0	5.9

효성오앤비 (A097870)
Hyosung ONB

업 종 : 화학
신용등급 : (Bond) — (CP) —
홈페이지 : www.hsonb.com
본 사 : 충남 아산시 온천대로 1785 (신동)

시 장 : KOSDAQ
기업규모 : 중견
연 락 처 : 041)545-8116

설 립 일	1984.08.23	**종 업 원 수**	93명	**대 표 이 사**	박태헌,김방식,박문현
상 장 일	2008.04.08	**감 사 의 견**	적정(이촌)	**계 열**	
결 산 기	06월	**보 통 주**		**종속회사수**	
액 면 가	500원	**우 선 주**		**구 상 호**	

주주구성 (지분율,%)		출자관계 (지분율,%)		주요경쟁사 (외형,%)	
박태헌	20.6	황토영농조합법인	33.0	효성오앤비	100
박문현	14.4	HYOSUNGONB(PVT)	100.0	경농	600
(외국인)	2.9			바이오빌	146

매출구성		비용구성		수출비중	
혼합유박(펠렛)	55.0	매출원가율	61.7	수출	0.0
부숙유기질	16.4	판관비율	22.5	내수	100.0
혼합유기질(펠렛)	12.2				

회사 개요
동사는 1984년 충남 아산을 본사로 유기질 비료의 제조 판매를 목적으로 설립되어 1994년부터 현재까지 농협 계통 유기질 비료 납품 1위를 유지하고 있음. 제품 판매의 약 90%가 농협중앙회를 통하여 전국에 계통계약 형태로 판매가 이루어지고 있어 안정적인 판로를 확보하고 있음. 동사가 100% 지분을 보유한 스리랑카 소재의 종속회사인 HYOSUNG ONB(PVT)LTD의 매출 대부분은 동사로의 원재료 매출과 유기질비료 OEM 매출임.

실적 분석
동사의 2017년 누적매출액은 82.7억원으로 전년대비 12.5% 감소함. 비용측면에서 매출원가는 16% 하락했으나 판관비는 1.9% 늘어남. 영업이익은 전년보다 70.5% 감소한 1.2억원을 기록함. 천연 광물질 첨가 및 미량요소 성분이 보강된 유기복합으로의 전환과 바이오-테크놀러지 기술이 접목된 고 기능성 미생물제제의 개발 및 공급확대에 집중하고 있음. 다양한 광고 및 홍보 매체를 통하여 신규 고객 유치에도 적극적으로 나서는 중임.

현금 흐름
〈단위 : 억원〉

항목	2017	2018.2Q
영업활동	114	8
투자활동	-5	-56
재무활동	-132	-13
순현금흐름	-24	-60
기말현금	133	73

시장 대비 수익률
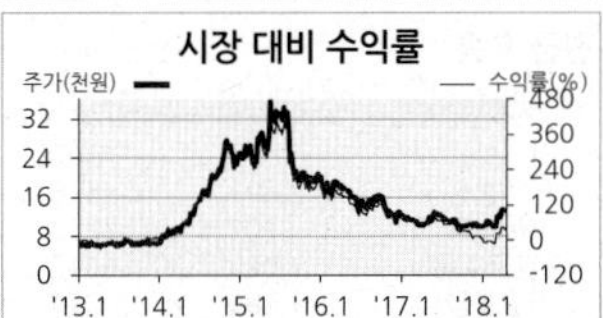

결산 실적
〈단위 : 억원〉

항목	2013	2014	2015	2016	2017	2018
매출액	331	379	408	404	344	—
영업이익	59	72	89	64	61	—
당기순이익	52	68	69	51	53	—

분기 실적
〈단위 : 억원〉

항목	2017.1Q	2017.2Q	2017.3Q	2017.4Q	2018.1Q	2018.2Q
매출액	34	61	124	126	33	50
영업이익	-2	6	30	27	-5	6
당기순이익	1	3	26	22	-4	8

재무 상태
〈단위 : 억원〉

항목	2013	2014	2015	2016	2017	2018.2Q
총자산	554	576	706	712	651	626
유형자산	159	246	272	268	258	256
무형자산	0	0	0	0	0	0
유가증권	34	13	12	12	2	2
총부채	118	71	144	115	55	61
총차입금	75	24	101	79	—	21
자본금	29	29	29	29	29	29
총자본	436	506	562	597	596	565
지배주주지분	436	506	562	597	596	565

기업가치 지표

항목	2013	2014	2015	2016	2017	2018.2Q
주가(최고/저)(천원)	7.8/5.1	15.1/5.5	35.6/6.0	36.1/14.5	16.7/13.2	—/—
PER(최고/저)(배)	9.5/6.7	13.8/5.4	31.4/12.7	43.0/15.8	18.9/11.4	—/—
PBR(최고/저)(배)	1.1/0.8	1.9/0.7	3.9/1.6	3.7/1.3	1.6/0.9	1.2/0.9
EV/EBITDA(배)	5.5	10.3	19.2	9.5	7.9	—/—
EPS(원)	896	1,170	1,194	874	911	60
BPS(원)	7,653	8,717	9,684	10,294	10,994	10,723
CFPS(원)	1,050	1,337	1,377	1,076	1,098	145
DPS(원)	200	230	250	200	350	—
EBITDAPS(원)	1,171	1,402	1,715	1,307	1,237	106

재무 비율
〈단위 : %〉

연도	영업이익률	순이익률	부채비율	차입금비율	ROA	ROE	유보율	자기자본비율	EBITDA마진율
2017	17.7	15.4	9.3	0.0	7.8	8.9	2,098.8	91.5	20.9
2016	15.9	12.6	19.2	13.3	7.2	8.8	1,958.7	83.9	18.8
2015	21.8	17.0	25.6	18.0	10.8	13.0	1,836.8	79.6	24.4
2014	18.9	17.9	14.0	4.7	12.0	14.4	1,643.5	87.8	21.4

후성 (A093370)
Foosung

업 종 : 화학
신용등급 : (Bond) — (CP) A1
홈페이지 : www.foosungchem.com
본 사 : 경기도 화성시 팔탄면 현대기아로 72-37

시 장 : 거래소
기업규모 : 시가총액 중형주
연 락 처 : 031)627-4322

설 립 일	2006.11.24	**종 업 원 수**	306명	**대 표 이 사**	송한주,김용민
상 장 일	2006.12.22	**감 사 의 견**	적정(삼일)	**계 열**	
결 산 기	12월	**보 통 주**		**종속회사수**	2개사
액 면 가	500원	**우 선 주**		**구 상 호**	

주주구성 (지분율,%)		출자관계 (지분율,%)		주요경쟁사 (외형,%)	
김용민	22.7			후성	100
김근수	15.4			유니드	306
(외국인)	2.9			미원홀딩스	47

매출구성		비용구성		수출비중	
냉매가스,반도체용 특수가스 2차전지재료등	100.0	매출원가율	75.0	수출	13.5
		판관비율	10.8	내수	86.5

회사 개요
동사는 냉매가스사업과 2차전지 전해질사업을 주력 사업부문으로 영위하고 있음. 국내 냉매가스 시장 선두업체로서 에어컨용 냉매인 K-22의 경우 국내 수요량의 70~80%인 연 7,500M/T 가량을 판매하는 등 독점적 지위를 향유하고 있으며 주요 고객으로는 삼성전자, LG전자, 캐리어, 벽산, 현대자동차, 기아자동차, 르노삼성자동차 등이 있음. 2차전지 전해질부문은 LG화학, 테크노세미켐, 파낙스이텍 등을 주요고객으로 사업을 영위함.

실적 분석
동사의 2017년 연간 매출액은 전년동기대비 29.6% 상승한 2,488.4억원을 기록하였음. 비용면에서 전년동기대비 매출원가는 증가했으며 인건비도 증가, 기타판매비와관리비는 증가함. 매출액은 성장했지만 원가 증가로 인해 전년동기대비 영업이익은 354.8억원으로 2.6% 하락 하였음. 최종적으로 전년동기대비 당기순이익은 크게 하락하여 282.2억원을 기록함.

현금 흐름
〈단위 : 억원〉

항목	2016	2017
영업활동	349	519
투자활동	-133	-316
재무활동	-68	-42
순현금흐름	79	145
기말현금	203	348

시장 대비 수익률

결산 실적
〈단위 : 억원〉

항목	2012	2013	2014	2015	2016	2017
매출액	2,227	2,034	1,870	1,612	1,921	2,488
영업이익	-59	-159	-92	152	364	355
당기순이익	169	-303	-687	137	614	282

분기 실적
〈단위 : 억원〉

항목	2016.3Q	2016.4Q	2017.1Q	2017.2Q	2017.3Q	2017.4Q
매출액	511	475	595	657	658	578
영업이익	99	92	105	110	102	38
당기순이익	92	364	129	32	95	27

재무 상태
〈단위 : 억원〉

항목	2012	2013	2014	2015	2016	2017
총자산	3,218	2,901	2,320	2,614	3,109	3,161
유형자산	2,018	1,803	1,322	1,521	1,595	1,620
무형자산	65	61	51	48	36	35
유가증권	99	95	67	126	131	228
총부채	1,613	1,581	1,706	1,634	1,517	1,072
총차입금	1,214	1,236	1,310	1,215	1,024	744
자본금	424	424	424	462	462	462
총자본	1,604	1,320	614	980	1,592	2,089
지배주주지분	1,477	1,197	495	861	1,472	1,765

기업가치 지표

항목	2012	2013	2014	2015	2016	2017
주가(최고/저)(천원)	8.1/4.2	5.1/3.1	3.9/2.1	5.4/2.8	8.2/4.0	12.4/6.3
PER(최고/저)(배)	40.5/21.2	—/—	—/—	34.2/17.4	12.5/6.1	38.8/19.9
PBR(최고/저)(배)	4.7/2.5	3.6/2.2	6.6/3.6	5.7/2.9	5.2/2.5	6.5/3.3
EV/EBITDA(배)	28.5	40.7	32.3	20.8	14.0	16.5
EPS(원)	200	-345	-792	158	659	319
BPS(원)	1,759	1,429	601	948	1,599	1,915
CFPS(원)	493	-44	-547	322	857	594
DPS(원)	—	—	—	—	—	—
EBITDAPS(원)	221	118	148	336	592	659

재무 비율
〈단위 : %〉

연도	영업이익률	순이익률	부채비율	차입금비율	ROA	ROE	유보율	자기자본비율	EBITDA마진율
2017	14.3	11.3	51.3	35.6	9.0	18.2	283.0	66.1	24.5
2016	19.0	32.0	95.3	64.3	21.5	52.2	219.7	51.2	28.5
2015	9.4	8.5	166.7	124.0	5.6	20.6	89.6	37.5	18.4
2014	-4.9	-36.7	278.0	213.5	-26.3	-80.6	20.2	26.5	6.7

휘닉스소재 (A050090)

Phoenix Materials

업　　종 : 디스플레이 및 관련부품　　시　　장 : KOSDAQ
신용등급 : (Bond) —　(CP) —　　기업규모 : 중견
홈페이지 : www.phoenixmaterials.kr　　연 락 처 : 054)470-0885
본　　사 : 경북 구미시 첨단기업1로 87

설 립 일	2000.06.17	**종업원수**	54명	**대표이사**	홍석규,고승범
상 장 일	2004.06.29	**감사의견**	적정(이정)	**계 열**	
결 산 기	12월	**보 통 주**		**종속회사수**	
액 면 가	500원	**우 선 주**		**구 상 호**	

주주구성 (지분율,%)		출자관계 (지분율,%)		주요경쟁사 (외형,%)	
홍석규	8.9	포스코ESM	24.7	휘닉스소재	100
윤한상	4.0			베셀	212
(외국인)	1.8			한국컴퓨터	581

매출구성		비용구성		수출비중	
Solar Paste Touch Paste	78.6	매출원가율	92.8	수출	—
Solder Ball	21.3	판관비율	9.1	내수	—
기타	0.0				

회사 개요

동사는 디스플레이부문의 PDP Powder, CRT 부품, 반도체소재부문의 Heat Sink, Solder Ball등의 사업을 영위하고 있음. 2차전지용 양극활물질 사업은 포스코ESM에서 영위함. 기존의 음극선관(CRT), 플라즈마디스플레이패널(PDP) 등 디스플레이소재 사업을 기반으로 차세대 신성장동력으로 추진 중인 2차전지와 태양전지 사업 등 그린소재 전문기업으로 동반 성장한다는 계획임.

실적 분석

동사의 2017년 연결 기준 연간 누적 매출액은 380.7억원으로 전년 동기 대비 11.5% 감소함. 매출이 감소하면서 매출 원가와 판관비 또한 감소했지만 매출 감소에 따른 고정 비용 증가 효과로 인해 영업손실은 7.4억원으로 전년 동기 대비 적자전환함. 비영업손익 부문에서 적자가 지속됐지만 적자 규모가 줄어 당기순손실은 24.2억원으로 전년 동기 대비 적자 지속됐지만 순손실 규모는 감소함.

현금 흐름 *IFRS 별도 기준 〈단위 : 억원〉

항목	2016	2017
영업활동	7	-12
투자활동	-4	69
재무활동	—	-55
순현금흐름	2	2
기말현금	8	9

시장 대비 수익률

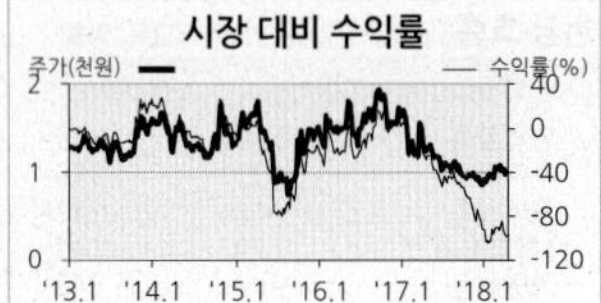

결산 실적 〈단위 : 억원〉

항목	2012	2013	2014	2015	2016	2017
매출액	589	109	132	207	430	381
영업이익	19	27	11	1	12	-7
당기순이익	86	-16	-153	-58	-34	-24

분기 실적 *IFRS 별도 기준 〈단위 : 억원〉

항목	2016.3Q	2016.4Q	2017.1Q	2017.2Q	2017.3Q	2017.4Q
매출액	103	132	91	105	116	69
영업이익	1	-4	-3	-4	3	-3
당기순이익	-15	-24	0	-10	-1	-13

재무 상태 *IFRS 별도 기준 〈단위 : 억원〉

항목	2012	2013	2014	2015	2016	2017
총자산	1,226	1,175	806	536	519	441
유형자산	473	437	220	198	124	120
무형자산	55	55	52	57	50	55
유가증권	11	7	4	—	—	—
총부채	614	561	527	317	229	133
총차입금	494	456	287	287	187	89
자본금	271	271	271	271	325	346
총자본	612	614	280	219	291	308
지배주주지분	612	614	280	219	291	308

기업가치 지표 *IFRS 별도 기준

항목	2012	2013	2014	2015	2016	2017
주가(최고/저)(천원)	1.7/1.2	1.7/1.1	2.1/1.1	1.9/0.7	2.1/1.2	1.7/0.8
PER(최고/저)(배)	3.7/2.7	583.2/367.8	—/—	—/—	—/—	—/—
PBR(최고/저)(배)	1.5/1.1	1.5/0.9	3.8/2.1	4.5/1.7	4.6/2.6	3.7/1.8
EV/EBITDA(배)	11.4	15.7	15.4	100.3	60.0	—
EPS(원)	460	3	-281	-108	-53	-35
BPS(원)	1,147	1,151	536	424	465	462
CFPS(원)	599	101	-187	-90	-39	-26
DPS(원)	—	—	—	—	—	—
EBITDAPS(원)	175	148	115	20	32	-2

재무 비율 〈단위 : %〉

연도	영업이익률	순이익률	부채비율	차입금비율	ROA	ROE	유보율	자기자본비율	EBITDA마진율
2017	-1.9	-6.4	일부잠식	일부잠식	-5.0	-8.1	-7.6	69.8	-0.4
2016	2.7	-8.0	일부잠식	일부잠식	-6.5	-13.4	-7.1	56.0	4.8
2015	0.7	-28.3	일부잠식	일부잠식	-8.7	-23.6	-15.2	40.9	5.3
2014	8.5	-115.8	188.3	102.6	-16.8	-43.4	5.6	34.7	47.5

휠라코리아 (A081660)

FILA KOREA

업　　종 : 섬유 및 의복　　시　　장 : 거래소
신용등급 : (Bond) —　(CP) —　　기업규모 : 시가총액 중형주
홈페이지 : www.fila.co.kr　　연 락 처 : 02)523-6100
본　　사 : 서울시 서초구 명달로 6 (서초동, 11호)

설 립 일	1991.07.23	**종업원수**	307명	**대표이사**	윤근창
상 장 일	2010.09.28	**감사의견**	적정(삼일)	**계 열**	
결 산 기	12월	**보 통 주**		**종속회사수**	51개사
액 면 가	5,000원	**우 선 주**		**구 상 호**	

주주구성 (지분율,%)		출자관계 (지분율,%)		주요경쟁사 (외형,%)	
에이치엠앤드디홀딩스	20.1	매그너스홀딩스	100.0	휠라코리아	100
KB자산운용	13.9	매그너스홀딩스2	100.0	코데즈컴바인	1
(외국인)	31.2			영원무역	79

매출구성		비용구성		수출비중	
상품판매	94.4	매출원가율	51.0	수출	77.5
로열티수익 등	5.7	판관비율	40.4	내수	22.5

회사 개요

동사는 1991년 섬유제품, 의복, 신발, 가죽제품, 시계, 화장품, 골프 장비 등 제조, 도소매, 수출입을 목적으로 설립됨. 현재 휠라 브랜드의 매출 비중은 54.74%임. 국내와 미국, 캐나다 등 해외에 52개의 계열회사를 보유하고 있음. 아웃도어 부문은 시장의 포화로 인해 2015년말 사업을 종료함. 자회사인 아쿠쉬네트(동사 지분 53.1%)가 뉴욕거래소에 상장됨.

실적 분석

동사의 2017년 매출액은 전년 대비 161.6% 증가한 2조 5,303.2억원을 기록했으며, 동기간 매출원가 및 판관비는 각각 135.3%, 151.3% 증가함에 따라 동사의 2017년 영업이익은 전년 대비 1,737.1% 증가한 2,174.7억원을 기록함. 반면, 은행차입금 이자비용 및 외화환산손실 증가로 금융손실이 발생하며 비영업손실 규모는 확대되었음. 따라서 동사의 2017년 당기순이익은 전년 대비 65.3% 감소한 1,081.1억원임.

현금 흐름 〈단위 : 억원〉

항목	2016	2017
영업활동	-35	300
투자활동	-2,691	-516
재무활동	3,701	222
순현금흐름	1,025	-417
기말현금	1,494	1,077

시장 대비 수익률

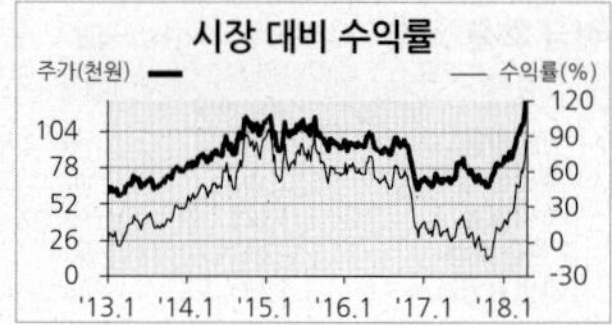

결산 실적 〈단위 : 억원〉

항목	2012	2013	2014	2015	2016	2017
매출액	6,704	7,361	7,975	8,157	9,671	25,303
영업이익	914	981	935	806	118	2,175
당기순이익	1,223	962	576	-1,333	3,111	1,081

분기 실적 〈단위 : 억원〉

항목	2016.3Q	2016.4Q	2017.1Q	2017.2Q	2017.3Q	2017.4Q
매출액	1,755	4,142	6,537	6,929	5,693	6,145
영업이익	62	-255	489	816	356	515
당기순이익	-695	3,573	255	468	207	151

재무 상태 〈단위 : 억원〉

항목	2012	2013	2014	2015	2016	2017
총자산	8,620	9,714	10,434	9,789	33,849	30,789
유형자산	447	419	395	445	3,445	3,235
무형자산	3,795	3,777	3,815	3,966	16,269	14,404
유가증권	101	41	31	31	35	35
총부채	4,627	4,793	4,750	4,998	20,828	18,446
총차입금	2,942	2,981	3,083	3,274	11,922	11,538
자본금	497	497	522	565	570	611
총자본	3,993	4,920	5,684	4,791	13,022	12,343
지배주주지분	4,075	5,018	5,736	4,799	8,576	7,990

기업가치 지표

항목	2012	2013	2014	2015	2016	2017
주가(최고/저)(천원)	88.3/57.6	80.1/56.7	117/77.8	120/88.7	105/61.2	85.2/64.8
PER(최고/저)(배)	7.2/4.7	8.4/5.9	21.8/14.5	—/—	3.7/2.2	16.6/12.6
PBR(최고/저)(배)	2.2/1.4	1.6/1.1	2.2/1.4	2.9/2.1	1.4/0.8	1.3/1.0
EV/EBITDA(배)	8.7	9.4	13.7	14.9	71.3	8.6
EPS(원)	12,485	9,730	5,418	-11,987	28,420	5,150
BPS(원)	41,007	50,489	54,898	42,440	75,175	65,368
CFPS(원)	13,423	10,727	6,344	-11,109	30,173	10,607
DPS(원)	250	250	250	250	250	250
EBITDAPS(원)	10,294	10,871	9,996	8,148	2,794	23,408

재무 비율 〈단위 : %〉

연도	영업이익률	순이익률	부채비율	차입금비율	ROA	ROE	유보율	자기자본비율	EBITDA마진율
2017	8.6	4.3	149.4	93.5	3.4	7.5	1,207.4	40.1	11.2
2016	1.2	32.2	160.0	91.6	14.3	48.4	1,403.5	38.5	3.3
2015	9.9	-16.3	104.3	68.3	-13.2	-25.2	748.8	48.9	11.1
2014	11.7	7.2	83.6	54.3	5.7	10.4	998.0	54.5	12.9

휴니드테크놀러지스 (A005870)
Huneed Technologies

업 종 : 통신장비 / 시 장 : 거래소
신용등급 : (Bond) — (CP) — / 기업규모 : 시가총액 소형주
홈페이지 : www.huneed.com / 연 락 처 : 032)457-6000
본 사 : 인천시 연수구 벤처로 87

설 립 일	1968.12.11	종업원수	368명	대표이사	신종석
상 장 일	1991.07.31	감사의견	적정(한미)	계 열	
결 산 기	12월	보 통 주		종속회사수	
액 면 가	5,000원	우 선 주		구 상 호	

주주구성 (지분율,%)		출자관계 (지분율,%)		주요경쟁사 (외형,%)	
김유진	22.2			휴니드	100
The Boeing Company	11.7			유비쿼스홀딩스	4
(외국인)	22.5			웨이브일렉트로	31

매출구성		비용구성		수출비중	
HCTRS 외	95.5	매출원가율	82.5	수출	10.8
네트워크 장비 외	4.6	판관비율	7.4	내수	89.2

회사 개요
동사는 전술통신사업 및 전술시스템사업으로 구성된 방산사업과, 전략적 제휴를 통해 절충교역 등 해외 협력업체들과 추진하는 해외사업, MRO사업 및 업무용 전산기기 유통 사업 등으로 구성된 민수사업을 영위하고 있음. 방산분야에선 전술 통신용 무전기, 특수장비, 지휘통제체계, 무기체계 등의 소프트웨어 등임. 매출 비중은 방산, 해외사업이 95% 가량임. 방위산업은 국가의 국방예산에 영향을 받고, 상대적으로 경기변동에 영향을 적게 받음.

실적 분석
동사의 2017년 결산 매출액은 전년동기 대비 소폭 증가한 1,808.5억원이며, 영업이익은 3.6% 소폭 감소한 181.2억원을 시현함. 동사는 최근 방위사업청과 대용량 무선전송체계(HCTRS: High Capacity Trunk Radio System) 2차 양산 물량 납품 계약을 체결함. 이번에 방위사업청과 체결한 계약 금액은 총 3,087억 원으로 전년도 매출액의 173%에 해당함.

현금 흐름 *IFRS 별도 기준 (단위 : 억원)

항목	2016	2017
영업활동	241	-67
투자활동	-226	113
재무활동	38	-210
순현금흐름	53	-165
기말현금	275	111

시장 대비 수익률

결산 실적 (단위 : 억원)

항목	2012	2013	2014	2015	2016	2017
매출액	410	568	403	605	1,789	1,809
영업이익	-43	2	4	21	188	181
당기순이익	-77	-9	16	12	179	162

분기 실적 *IFRS 별도 기준 (단위 : 억원)

항목	2016.3Q	2016.4Q	2017.1Q	2017.2Q	2017.3Q	2017.4Q
매출액	89	1,459	91	70	76	1,572
영업이익	3	178	-6	-7	-20	214
당기순이익	1	173	-4	-1	-25	192

재무 상태 *IFRS 별도 기준 (단위 : 억원)

항목	2012	2013	2014	2015	2016	2017
총자산	1,288	1,328	1,346	1,641	1,692	1,578
유형자산	725	722	707	697	733	749
무형자산	95	87	102	126	113	110
유가증권	31	27	23	15	17	24
총부채	674	719	703	854	706	431
총차입금	489	486	475	374	389	170
자본금	509	509	532	673	696	706
총자본	614	609	643	787	987	1,147
지배주주지분	614	609	643	787	987	1,147

기업가치 지표 *IFRS 별도 기준

항목	2012	2013	2014	2015	2016	2017
주가(최고/저)(천원)	4.8/2.8	4.7/3.1	7.3/3.5	15.2/4.5	18.0/10.4	14.6/10.0
PER(최고/저)(배)	—/—	—/—	46.1/22.1	149.8/44.6	13.7/7.9	12.7/8.7
PBR(최고/저)(배)	0.8/0.4	0.7/0.5	1.1/0.6	2.5/0.7	2.5/1.4	1.7/1.2
EV/EBITDA(배)	—	23.1	28.6	51.5	8.2	7.7
EPS(원)	-760	-89	158	101	1,319	1,149
BPS(원)	6,380	6,329	6,380	6,108	7,338	8,374
CFPS(원)	-490	181	394	283	1,555	1,399
DPS(원)	—	—	—	—	—	—
EBITDAPS(원)	-151	292	274	360	1,618	1,537

재무 비율 (단위 : %)

연도	영업이익률	순이익률	부채비율	차입금비율	ROA	ROE	유보율	자기자본비율	EBITDA마진율
2017	10.0	8.9	37.6	14.8	9.9	15.2	67.5	72.7	12.0
2016	10.5	10.0	71.6	39.5	10.8	20.2	46.8	58.3	12.3
2015	3.4	1.9	108.5	47.5	0.8	1.6	22.2	48.0	6.9
2014	1.0	4.1	109.3	73.9	1.2	2.6	27.6	47.8	7.1

휴럼 (A284420)
Hurum

업 종 : 제약 / 시 장 : KONEX
신용등급 : (Bond) — (CP) — / 기업규모 : —
홈페이지 : www.hurum.co.kr / 연 락 처 : 02)3281-3688
본 사 : 서울시 금천구 가산디지털2로 115 416호(가산동, 대륭테크노타운 3차)

설 립 일	2005.08.26	종업원수	명	대표이사	김진석
상 장 일	2017.12.12	감사의견	적정(삼덕)	계 열	
결 산 기	12월	보 통 주		종속회사수	
액 면 가	—	우 선 주		구 상 호	

주주구성 (지분율,%)		출자관계 (지분율,%)		주요경쟁사 (외형,%)	
김진석	54.0			휴럼	100
김진성	10.6			제일바이오	62
				녹원씨엔아이	49

매출구성		비용구성		수출비중	
건강식품제품	50.7	매출원가율	40.0	수출	0.9
카페전용	18.6	판관비율	52.3	내수	99.1
건강식품상품	17.5				

회사 개요
건강기능식품 전문업체인 동사는 2017년 12월 코넥스 시장에 상장함. 동사는 건강 바이오 기업으로 영역을 확대하고자 건강기능식품 전문회사인 ㈜휴럼과 합병하여, 동사의 강점인 마케팅, 영업망과 ㈜휴럼의 생산 및 연구개발을 접목시켜 신제품개발 및 유통채널다각화에 나서고 있음. 동사의 주력제품인 개별인정형 건강기능식품원료인 보이차 추출물로 만든 '황후의 보이차'의 홈쇼핑 판매 호조와 온라인 판매 증가로 실적이 개선되고 있음.

실적 분석
동사의 2017년 누적매출액은 452.2억원을 시현함. 비용측면에서 매출원가와 판관비는 각각 181억원과 236.6억원으로 영업이익이 34.6억원을 기록함. 비영업손실 3.7억원이 발생해 당기순이익은 35.4억원을 기록함. 동사는 10년 역사의 차별화된 기술력을 가진 제1 연구소(휴럼 중앙 연구소)와 제 2 연구소(기능성 소재 연구소)를 통해 다양한 개별인정형 건강기능식품을 개발하고 있음. 홍삼가공제품, 녹용, 갱년기 관련 제품이 주력임.

현금 흐름 *IFRS 별도 기준 (단위 : 억원)

항목	2016	2017
영업활동	-28	33
투자활동	30	-19
재무활동	—	-1
순현금흐름	2	13
기말현금	10	23

시장 대비 수익률
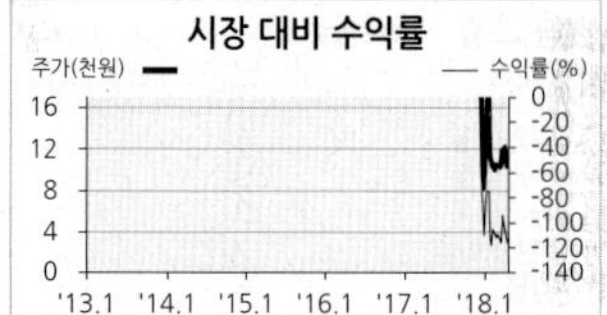

결산 실적 (단위 : 억원)

항목	2012	2013	2014	2015	2016	2017
매출액	—	—	161	367	188	452
영업이익	—	—	12	19	-16	35
당기순이익	—	—	11	-10	-96	35

분기 실적 *IFRS 별도 기준 (단위 : 억원)

항목	2016.3Q	2016.4Q	2017.1Q	2017.2Q	2017.3Q	2017.4Q
매출액	—	—	—	—	—	—
영업이익	—	—	—	—	—	—
당기순이익	—	—	—	—	—	—

재무 상태 *IFRS 별도 기준 (단위 : 억원)

항목	2012	2013	2014	2015	2016	2017
총자산	—	—	54	190	103	188
유형자산	—	—	10	10	19	47
무형자산	—	—	2	3	2	4
유가증권	—	—	—	—	—	—
총부채	—	—	34	9	11	60
총차입금	—	—	9	—	—	26
자본금	—	—	3	4	22	22
총자본	—	—	19	181	92	127
지배주주지분	—	—	19	181	92	127

기업가치 지표 *IFRS 별도 기준

항목	2012	2013	2014	2015	2016	2017
주가(최고/저)(천원)	—/—	—/—	—/—	—/—	—/—	—/—
PER(최고/저)(배)	0.0/0.0	0.0/0.0	0.0/0.0	0.0/0.0	0.0/0.0	20.9/9.6
PBR(최고/저)(배)	0.0/0.0	0.0/0.0	0.0/0.0	0.0/0.0	0.0/0.0	5.8/2.7
EV/EBITDA(배)	0.0	0.0	0.1	—	—	7.2
EPS(원)	—	—	361	-307	-2,206	813
BPS(원)	—	—	32,319	207,725	21,079	2,920
CFPS(원)	—	—	19,384	-11,608	-21,569	918
DPS(원)	—	—	—	—	—	—
EBITDAPS(원)	—	—	22,067	33,970	-3,086	899

재무 비율 (단위 : %)

연도	영업이익률	순이익률	부채비율	차입금비율	ROA	ROE	유보율	자기자본비율	EBITDA마진율
2017	7.7	7.8	47.4	20.6	24.4	32.3	484.1	67.8	8.7
2016	-8.3	-51.2	12.5	0.0	-65.5	-70.5	321.6	88.9	-7.2
2015	5.2	-2.6	5.1	0.0	-7.9	-9.6	4,054.5	95.1	5.8
2014	7.7	6.7	177.8	44.9	0.0	0.0	546.4	36.0	8.2

휴마시스 (A205470)
HUMASIS CO

업 종 : 의료 장비 및 서비스　　시 장 : KOSDAQ
신용등급 : (Bond) — (CP) —　　기업규모 : 기술성
홈페이지 : www.humasis.com　　연 락 처 : 031)478-8585
본 사 : 경기도 안양시 동안구 전파로 88 신원비젼타워 504호

설 립 일 2014.08.29		**종업원수** 87명		**대 표 이 사** 차정학	
상 장 일 2014.12.01		**감사의견** 적정(정현)		**계 열**	
결 산 기 12월		**보 통 주**		**종속회사수**	
액 면 가 100원		**우 선 주**		**구 상 호** 하이제2호스팩	

주주구성 (지분율,%)		출자관계 (지분율,%)		주요경쟁사 (외형,%)	
차정학	8.5			휴마시스	100
아주약품	5.6			티씨엠생명과학	30
(외국인)	0.5			비트컴퓨터	375

매출구성		비용구성		수출비중	
		매출원가율	57.4	수출	54.7
		판관비율	39.1	내수	45.3

회사 개요

동사는 2000년 6월 12일에 설립되었으며 업종은 그 외 기타 의료용기기 제조업으로 체외진단용의료기기(검사시약 및 면역정량분석장비)를 생산함. 하이제2호기업인수목적주식회사와 2017년 9월 28일(합병등기일)에 합병을 완료하였으며, 합병신주를 2017년 10월 17일 한국거래소 코스닥시장에 상장하였음. 체외진단분야 중에서 POCT 면역 분석시약 제품군, POCT 면역정량분석기기 제품군, 신소재 및 신규마커 개발분야에 연구 역량 집중함.

실적 분석

동사의 2017년 결산 연결기준 매출액은 85.1억원으로 전년동기 대비 4.8% 감소함. 영업이익은 3억원을 시현하며 흑자전환. 비영업손익 부문에서 78.6억원 손실을 내며 당기순손실도 92억원으로 적자전환. 말라리아 G6PD 결핍증 진단과 약제치료효과 모니터링에 관한 다중 POCT 검사시약과 면역 정량분석시약, 염증 및 급성질환분석시약(프로칼시토닌, CRP) 등), Vitamin D 면역정량분석시약 등의 신규 POCT 시스템 개발 중임.

현금 흐름 *IFRS 별도 기준 (단위 : 억원)

항목	2016	2017
영업활동	6	-24
투자활동	-19	-104
재무활동	12	137
순현금흐름	-2	9
기말현금	6	15

시장 대비 수익률

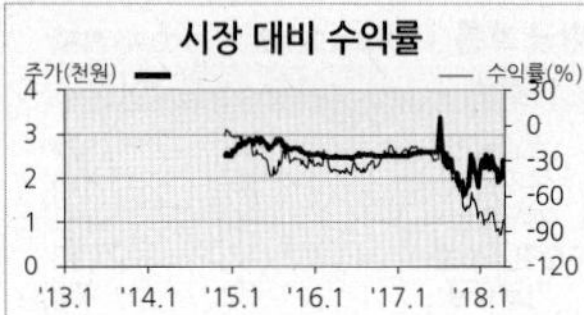

결산 실적 〈단위 : 억원〉

항목	2012	2013	2014	2015	2016	2017
매출액	—	—	89	85	89	85
영업이익	—	—	17	-8	-1	3
당기순이익	—	—	15	-19	3	-92

분기 실적 *IFRS 별도 기준 〈단위 : 억원〉

항목	2016.3Q	2016.4Q	2017.1Q	2017.2Q	2017.3Q	2017.4Q
매출액	18	—	—	—	22	—
영업이익	-1	—	—	—	1	—
당기순이익	-1	—	—	—	-21	—

재무 상태 *IFRS 별도 기준 〈단위 : 억원〉

항목	2012	2013	2014	2015	2016	2017
총자산	—	—	191	193	209	289
유형자산	—	—	37	55	67	76
무형자산	—	—	47	47	53	8
유가증권	—	—	—	—	—	—
총부채	—	—	99	75	83	126
총차입금	—	—	76	50	60	97
자본금	—	—	19	24	21	26
총자본	—	—	92	118	125	163
지배주주지분	—	—	92	118	125	163

기업가치 지표 *IFRS 별도 기준

항목	2012	2013	2014	2015	2016	2017
주가(최고/저)(천원)	—/—	—/—	2.0/2.0	2.4/2.0	2.1/2.0	4.4/1.6
PER(최고/저)(배)	0.0/0.0	0.0/0.0	35.9/35.1	—/—	212.8/202.3	—/—
PBR(최고/저)(배)	0.0/0.0	0.0/0.0	5.9/5.8	6.7/5.6	5.4/5.1	7.1/2.6
EV/EBITDA(배)	0.0	0.0	6.3	277.2	30.9	59.5
EPS(원)	—	—	71	-80	12	-349
BPS(원)	—	—	1,934	2,422	2,566	622
CFPS(원)	—	—	516	-224	177	-329
DPS(원)	—	—	—	—	—	—
EBITDAPS(원)	—	—	578	9	92	32

재무 비율 〈단위 : %〉

연도	영업 이익률	순 이익률	부채 비율	차입금 비율	ROA	ROE	유보율	자기자본 비율	EBITDA 마진율
2017	3.5	-108.1	77.2	59.4	-37.0	-63.8	522.0	56.4	9.9
2016	-1.1	3.6	66.7	48.3	1.6	2.6	505.1	60.0	5.0
2015	-9.3	-22.7	63.6	42.7	-10.0	-18.3	384.3	61.1	0.5
2014	19.4	16.5	107.2	82.5	0.0	0.0	389.8	48.3	26.2

휴맥스 (A115160)
HUMAX

업 종 : 셋톱 박스　　시 장 : KOSDAQ
신용등급 : (Bond) — (CP) A3+　　기업규모 : 우량
홈페이지 : www.humaxdigital.com　　연 락 처 : 031)776-6114
본 사 : 경기도 용인시 처인구 영문로 2 (유방동)

설 립 일 2009.10.15		**종업원수** 807명		**대 표 이 사** 김태훈	
상 장 일 2009.11.16		**감사의견** 적정(안진)		**계 열**	
결 산 기 12월		**보 통 주**		**종속회사수** 19개사	
액 면 가 500원		**우 선 주**		**구 상 호**	

주주구성 (지분율,%)		출자관계 (지분율,%)		주요경쟁사 (외형,%)	
휴맥스홀딩스	32.1	휴맥스오토모티브	100.0	휴맥스	100
국민연금공단	13.5	위너콤	45.0	홈캐스트	3
(외국인)	16.0	스마트레이더시스템	17.0	가온미디어	33

매출구성		비용구성		수출비중	
셋톱박스, 비디오 게이트웨이,브로드밴드 게이트	83.9	매출원가율	82.4	수출	—
카 오디오	16.1	판관비율	17.1	내수	—

회사 개요

동사는 전자장비 개발, 시스템 제조 및 판매업 등을 영위할 목적으로 2009년 8월 휴맥스홀딩스 주주총회 결의로 2009년 10월 인적분할에 따라 설립됨. 해외 현지법인을 판매 거점으로 수출 중심의 셋톱박스 사업을 영위함. 두바이, 영국, 미국 등의 현지에 18개의 연결대상 종속회사를 보유하고 있음. 케이블, 위성, 지상파 등 전통적인 방송 플랫폼이 IP와 결합되기 시작하면서, IP 하이브리드 셋톱박스 등 IP 관련 제품 수요가 증가하고 있음.

실적 분석

동사의 2017년 연결 기준 연간 누적 매출액은 1조 6,115.9억원으로 전년 동기 대비 19.3% 증가함. 매출이 크게 늘었지만 매출증가율 대비 매출원가 증가율이 높고 판매비와 관리비 또한 늘어나면서 영업이익은 전년동기 대비 60.2% 감소한 80억원을 시현함. 비영업 부문에서도 금융과 외환 분야에서 대규모 손실이 발생하면서 당기순손실은 316.7억원으로 전년 동기 대비 적자전환함.

현금 흐름 (단위 : 억원)

항목	2016	2017
영업활동	534	-1,466
투자활동	-152	-708
재무활동	-43	1,455
순현금흐름	352	-796
기말현금	1,877	1,081

시장 대비 수익률

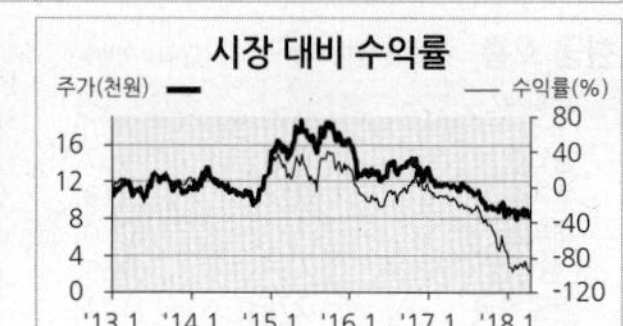

결산 실적 〈단위 : 억원〉

항목	2012	2013	2014	2015	2016	2017
매출액	10,243	11,394	14,438	14,267	13,505	16,116
영업이익	307	305	331	485	201	80
당기순이익	137	260	204	302	32	-317

분기 실적 〈단위 : 억원〉

항목	2016.3Q	2016.4Q	2017.1Q	2017.2Q	2017.3Q	2017.4Q
매출액	3,331	4,008	3,522	3,466	3,957	5,171
영업이익	15	18	5	6	7	62
당기순이익	-207	37	-38	18	-54	-241

재무 상태 〈단위 : 억원〉

항목	2012	2013	2014	2015	2016	2017
총자산	7,174	8,349	9,436	9,518	10,184	12,060
유형자산	674	997	1,043	1,272	1,265	1,370
무형자산	76	503	530	532	478	491
유가증권	168	115	62	371	231	421
총부채	3,134	3,956	4,896	4,618	5,480	7,589
총차입금	1,224	1,411	1,676	1,870	2,123	3,729
자본금	114	114	114	120	120	120
총자본	4,040	4,393	4,541	4,900	4,703	4,471
지배주주지분	4,040	4,222	4,390	4,755	4,703	4,323

기업가치 지표

항목	2012	2013	2014	2015	2016	2017
주가(최고/저)(천원)	12.5/7.2	13.1/9.8	13.5/9.5	18.9/13.9	16.3/11.8	13.5/8.3
PER(최고/저)(배)	22.6/12.9	12.1/9.1	15.4/10.8	15.2/11.1	63.7/46.0	—/—
PBR(최고/저)(배)	0.8/0.4	0.7/0.6	0.7/0.5	1.0/0.7	0.8/0.6	0.7/0.5
EV/EBITDA(배)	6.4	6.8	6.7	5.4	7.0	12.9
EPS(원)	599	1,154	919	1,295	263	-1,324
BPS(원)	18,039	18,837	19,502	20,093	20,101	18,509
CFPS(원)	955	1,674	1,930	2,439	1,445	-155
DPS(원)	200	150	150	150	150	—
EBITDAPS(원)	1,699	1,853	2,456	3,174	2,021	1,504

재무 비율 〈단위 : %〉

연도	영업 이익률	순 이익률	부채 비율	차입금 비율	ROA	ROE	유보율	자기자본 비율	EBITDA 마진율
2017	0.5	-2.0	169.7	83.4	-2.9	-7.0	3,601.9	37.1	2.2
2016	1.5	0.2	116.5	45.1	0.3	1.3	3,920.1	46.2	3.6
2015	3.4	2.1	94.3	38.2	3.2	6.8	3,918.5	51.5	5.3
2014	2.3	1.4	107.8	36.9	2.3	4.9	3,800.4	48.1	3.9

휴맥스홀딩스 (A028080)
Humax Holdings

업 종 : 셋톱 박스
신용등급 : (Bond) — (CP) —
홈페이지 : www.humaxdigital.com/hd
본 사 : 경기도 용인시 처인구 영문로 2
시 장 : KOSDAQ
기업규모 : 중견
연 락 처 : 031)776-6114

설 립 일	1989.01.09	**종 업 원 수**	4명	**대 표 이 사**	변대규
상 장 일	1997.04.16	**감 사 의 견**	적정(인덕)	**계 열**	
결 산 기	12월	**보 통 주**		**종속회사수**	3개사
액 면 가	500원	**우 선 주**		**구 상 호**	

주주구성 (지분율,%)		출자관계 (지분율,%)		주요경쟁사 (외형,%)	
변대규	35.7	휴맥스아이앤씨	100.0	휴맥스홀딩스	100
이선자	6.4	휴맥스글로벌	48.2	디엠티	1,153
		휴맥스	32.1	홈캐스트	1,002

매출구성		비용구성		수출비중	
관리용역수익 등(용역)	71.6	매출원가율	306.2	수출	—
배당수익(기타)	25.3	판관비율	58.5	내수	—
로열티수익(기타)	3.1				

회사 개요
동사는 셋톱박스의 개발, 제조 및 판매 사업을 영위하는 휴맥스를 분할 설립하고, 지주회사로 존속. 휴맥스, 휴맥스아이앤씨, 휴맥스글로벌, 알티캐스트를 자회사로 보유하고 있음. 지난 4월 회사본부, 지주회사 및 경영컨설팅 서비스업으로 업종변경을 완료하였음. 주요 계열사인 휴맥스는 수익성이 가장 높은 중동 및 일본 시장에서의 매출 확대가 기대되지만 전반적인 시장 침체로 매출이 정체되어 있음.

실적 분석
동사의 2017년 결산 연결기준 매출액(영업수익)은 전년대비 27.4% 감소한 40.8억원을 기록함. 매출액 감소는 주로 자회사 실적 부진에 기인함. 지분법손실 등에 의한 대규모 영업비용이 발생하여 영업손실 108.0억원, 당기순손실 291.1억원을 시현함. 관계기업투자손상차손 174.7억원을 인식한 결과 대규모 당기순손실로 이어짐. 자회사의 실적 악화는 주로 이자비용 증가 및 외환차손과 무형자산감액손실에 기인함.

현금 흐름
〈단위 : 억원〉

항목	2016	2017
영업활동	-3	19
투자활동	-40	-0
재무활동	50	-11
순현금흐름	7	8
기말현금	25	32

시장 대비 수익률
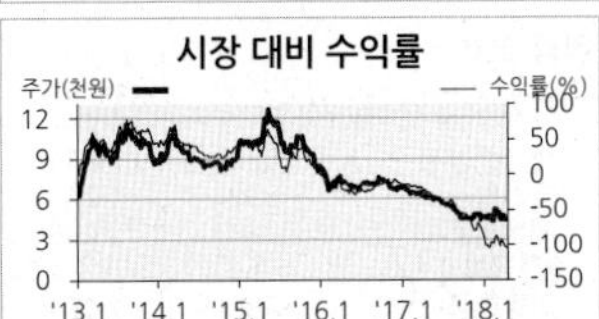

결산 실적
〈단위 : 억원〉

항목	2012	2013	2014	2015	2016	2017
매출액	135	223	167	157	56	41
영업이익	79	168	98	77	35	-108
당기순이익	48	72	22	-237	-24	-291

분기 실적
〈단위 : 억원〉

항목	2016.3Q	2016.4Q	2017.1Q	2017.2Q	2017.3Q	2017.4Q
매출액	8	-35	9	9	13	11
영업이익	-64	29	-17	2	-14	-79
당기순이익	-64	-34	-19	1	-17	-256

재무 상태
〈단위 : 억원〉

항목	2012	2013	2014	2015	2016	2017
총자산	2,429	2,486	2,410	2,221	2,215	1,926
유형자산	4	2	1	—	1	1
무형자산	0	0	30	—	—	—
유가증권	56	4	20	64	146	173
총부채	176	186	136	207	288	280
총차입금	147	148	49	154	249	249
자본금	63	63	63	63	63	63
총자본	2,253	2,300	2,274	2,014	1,927	1,647
지배주주지분	2,206	2,240	2,256	2,018	1,930	1,650

기업가치 지표

항목	2012	2013	2014	2015	2016	2017
주가(최고/저)(천원)	12.1/5.2	11.5/6.1	11.0/8.1	12.6/8.0	8.4/6.6	6.9/4.4
PER(최고/저)(배)	34.0/14.7	23.3/12.3	57.1/42.0	—/—	—/—	—/—
PBR(최고/저)(배)	0.7/0.3	0.7/0.3	0.6/0.5	0.8/0.5	0.5/0.4	0.5/0.3
EV/EBITDA(배)	11.2	7.7	12.8	15.5	31.7	—
EPS(원)	388	530	205	-1,856	-194	-2,313
BPS(원)	18,722	18,996	18,861	16,965	16,532	14,306
CFPS(원)	411	545	212	-1,840	-193	-2,310
DPS(원)	150	100	100	100	100	—
EBITDAPS(원)	652	1,355	785	630	276	-856

재무 비율
〈단위 : %〉

연도	영업이익률	순이익률	부채비율	차입금비율	ROA	ROE	유보율	자기자본비율	EBITDA마진율
2017	-264.7	-713.2	17.0	15.1	-14.1	-16.3	2,761.2	85.5	-263.8
2016	61.4	-43.4	15.0	12.9	-1.1	-1.2	3,206.3	87.0	61.8
2015	49.1	-150.6	10.3	7.7	-10.2	-10.9	3,292.9	90.7	50.3
2014	58.7	13.4	6.0	2.2	0.9	1.2	3,672.2	94.4	59.3

휴메딕스 (A200670)
Humedix

업 종 : 바이오
신용등급 : (Bond) — (CP) —
홈페이지 : www.humedix.com
본 사 : 경기도 안양시 동안구 학의로 268(관양동), 안양메가밸리 603호
시 장 : KOSDAQ
기업규모 : 벤처
연 락 처 : 070)7492-5600

설 립 일	2003.02.07	**종 업 원 수**	147명	**대 표 이 사**	정구완
상 장 일	2014.12.26	**감 사 의 견**	적정(한영)	**계 열**	
결 산 기	12월	**보 통 주**		**종속회사수**	
액 면 가	500원	**우 선 주**		**구 상 호**	

주주구성 (지분율,%)		출자관계 (지분율,%)		주요경쟁사 (외형,%)	
휴온스글로벌	40.5	파나시	50.1	휴메딕스	100
윤연상	0.6	휴노랩	15.0	셀바이오텍	112
(외국인)	7.5	휴이노베이션	5.9	파마리서치프로덕트	100

매출구성		비용구성		수출비중	
관절염 치료제, 더말필러 등	92.9	매출원가율	55.8	수출	14.7
기타 등	6.4	판관비율	22.5	내수	85.3
기타	0.7				

회사 개요
동사는 2003년 2월 27일 기능성식품 제조 및 판매를 주 목적으로 한약마을이라는 사명으로 설립됨. 2010년 3월 30일 상호를 휴메딕스로 변경했고, 2014년 12월 코스닥시장에 상장됨. 생체적합성이 매우 우수한 히알루론산 기반의 특화된 원천기술과 PEG 유도체 합성 및 이를 응용하는 PEGnology의 특화된 기술을 가지고 있는 연구개발 전문기업임. 2015년 12월 동사의 필러 '엘라비에'가 4종 유럽 CE인증을 획득함.

실적 분석
동사의 연결기준 2017년 매출액은 전년 대비 16.1% 증가한 547.3억원을 기록한 반면, 판관비r가 인건비와 광고선전비 증가의 영향으로 전년 동기 대비 27.4% 증가함에 따라 동기간 영업이익은 전년 대비 7.6% 감소한 118.6억원을 기록함. 반면, 비영업손익은 금융이익 증가의 영향으로 흑자전환함. 이에 따라 동사의 2017년 당기순이익은 전년 대비 27.8% 증가한 133.8억원을 기록함.

현금 흐름
〈단위 : 억원〉

항목	2016	2017
영업활동	76	88
투자활동	-205	-208
재무활동	49	-97
순현금흐름	-80	-217
기말현금	598	380

시장 대비 수익률
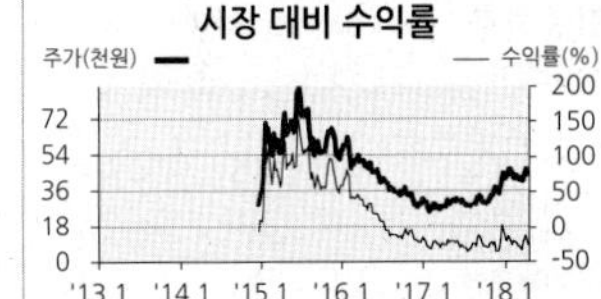

결산 실적
〈단위 : 억원〉

항목	2012	2013	2014	2015	2016	2017
매출액	117	235	292	421	471	547
영업이익	9	75	80	140	128	119
당기순이익	5	91	66	116	105	134

분기 실적
〈단위 : 억원〉

항목	2016.3Q	2016.4Q	2017.1Q	2017.2Q	2017.3Q	2017.4Q
매출액	109	139	126	143	136	143
영업이익	26	35	28	27	41	23
당기순이익	23	19	23	55	35	21

재무 상태
〈단위 : 억원〉

항목	2012	2013	2014	2015	2016	2017
총자산	173	239	592	1,159	1,312	1,286
유형자산	62	88	84	178	313	451
무형자산	4	5	5	6	9	9
유가증권	11	—	2	137	103	109
총부채	118	91	55	61	182	158
총차입금	101	67	24	0	106	100
자본금	20	23	32	44	44	45
총자본	55	147	536	1,098	1,130	1,129
지배주주지분	55	147	536	1,098	1,091	1,070

기업가치 지표

항목	2012	2013	2014	2015	2016	2017
주가(최고/저)(천원)	—/—	—/—	32.0/29.0	90.4/32.8	63.5/27.3	44.9/25.6
PER(최고/저)(배)	0.0/0.0	0.0/0.0	32.9/29.8	71.1/25.8	59.4/25.5	36.5/21.0
PBR(최고/저)(배)	0.0/0.0	0.0/0.0	5.2/4.7	7.6/2.8	5.2/2.2	3.5/2.0
EV/EBITDA(배)	2.2	0.1	22.6	30.4	16.8	23.0
EPS(원)	83	1,472	1,005	1,316	1,099	1,235
BPS(원)	1,175	2,823	8,230	13,198	13,460	13,512
CFPS(원)	366	2,062	1,507	1,588	1,430	1,823
DPS(원)	—	—	—	300	510	625
EBITDAPS(원)	450	1,741	1,770	1,881	1,724	1,858

재무 비율
〈단위 : %〉

연도	영업이익률	순이익률	부채비율	차입금비율	ROA	ROE	유보율	자기자본비율	EBITDA마진율
2017	21.7	24.4	14.0	8.9	10.3	10.7	2,602.4	87.8	30.3
2016	27.2	22.2	16.1	9.4	8.5	9.4	2,591.9	86.2	32.0
2015	33.4	27.6	5.6	0.0	13.3	14.2	2,539.7	94.7	36.9
2014	27.5	22.8	10.3	4.5	16.0	19.4	1,598.1	90.7	31.7

휴벡셀 (A212310)

HUVEXEL

업　　종 : 의료 장비 및 서비스　　시　　장 : KONEX
신용등급 : (Bond) —　(CP) —　　기업규모 : —
홈페이지 : www.diomedical.com　　연 락 처 : 031)776-3690
본　　사 : 경기도 성남시 중원구 사기막골로 124, 101~105호(상대원동, 에스케이엔테크노파크 메가센터동)

설 립 일	2006.11.10	**종업원수**	56명	**대표이사**	김종우
상 장 일	2016.07.26	**감사의견**	적정(정동)	**계　열**	
결 산 기	12월	**보 통 주**		**종속회사수**	
액 면 가	—	**우 선 주**		**구　상　호**	디오메디칼

주주구성 (지분율,%)		출자관계 (지분율,%)		주요경쟁사 (외형,%)	
김종우	44.0	DioMedical,Corp	100.0	휴벡셀	100
김종운	14.7			엘앤케이바이오	463
				제이브이엠	1,323

매출구성		비용구성		수출비중	
척추 임플란트	77.0	매출원가율	43.9	수출	59.9
수입/유통	8.5	판관비율	74.7	내수	40.1
하청제품	7.0				

회사 개요

동사는 정형외과와 신경외과에서 주로 사용되는 척추 임플란트, 척추 수술용 기구를 제조, 판매하는 의료기기 전문기업임. 척추의 퇴행, 협착, 외부충격 또는 종양으로 인한 척추 불안정성을 치료하기 위한 수술 척추 임플란트 제품을 제조, 판매 및 수출하고 있음. 3D 프린터를 활용해 생체흡수성소재를 이용한 신경외과 및 정형외과 시술용 제품을 개발해 출시 예정임. 미국 현지에 연구소를 설립하여 향후 글로벌 척추 전문 의료기기 제조사를 목표로 하고 있음.

실적 분석

동사의 2017년 누적매출액은 80.2억원이고 영업손실은 14.9억원을 기록함. 해외매출 가운데 특히 미국법인은 설립 초기 단계를 거쳐 본격적인 매출 증가로 성장세가 이어짐. 2015년 척추 관련 제품의 라인업 확대로 인해 지속적인 매출 증가가 예상됨. 3D 프린터를 이용해 기존의 신경외과 및 정형외과 골고정용 임플란트 수요를 대체할 수 있을 것으로 기대됨. 2018년도부터는 생체흡수성 제품군의 라인업을 완성할 계획임.

현금 흐름 *IFRS 별도 기준 〈단위 : 억원〉

항목	2016	2017
영업활동	-23	-17
투자활동	-20	0
재무활동	15	7
순현금흐름	-28	-10
기말현금	16	6

시장 대비 수익률

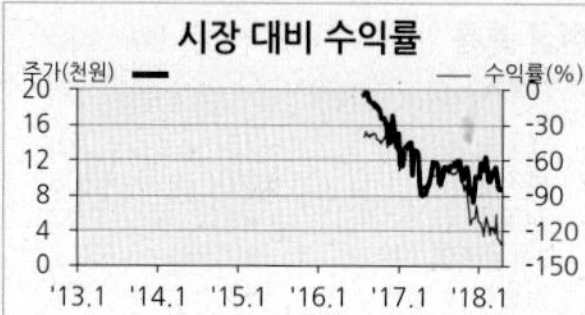

결산 실적 〈단위 : 억원〉

항목	2012	2013	2014	2015	2016	2017
매출액	—	61	—	71	87	80
영업이익	—	14	11	9	1	-15
당기순이익	—	11	8	8	-2	-25

분기 실적 *IFRS 별도 기준 〈단위 : 억원〉

항목	2016.3Q	2016.4Q	2017.1Q	2017.2Q	2017.3Q	2017.4Q
매출액	—	—	—	—	—	—
영업이익	—	—	—	—	—	—
당기순이익	—	—	—	—	—	—

재무 상태 *IFRS 별도 기준 〈단위 : 억원〉

항목	2012	2013	2014	2015	2016	2017
총자산	—	72	117	166	166	153
유형자산	—	9	11	30	28	25
무형자산	—	0	0	0	1	3
유가증권	—	7	10	—	0	0
총부채	—	41	74	84	88	99
총차입금	—	28	59	66	65	74
자본금	—	8	8	11	11	11
총자본	—	31	43	83	78	54
지배주주지분	—	31	43	83	78	54

기업가치 지표 *IFRS 별도 기준

항목	2012	2013	2014	2015	2016	2017
주가(최고/저)(천원)	—/—	—/—	—/—	—/—	20.0/12.9	14.0/6.1
PER(최고/저)(배)	0.0/0.0	0.0/0.0	0.0/0.0	0.0/0.0	—/—	—/—
PBR(최고/저)(배)	0.0/0.0	0.0/0.0	0.0/0.0	0.0/0.0	5.8/3.7	5.9/2.6
EV/EBITDA(배)	0.0	1.5	2.5	1.5	46.5	—
EPS(원)	—	702	492	430	-99	-1,084
BPS(원)	—	19,343	26,466	3,833	3,464	2,380
CFPS(원)	—	7,705	6,346	703	188	-828
DPS(원)	—	—	—	—	—	—
EBITDAPS(원)	—	9,392	8,044	719	340	-400

재무 비율 〈단위 : %〉

연도	영업이익률	순이익률	부채비율	차입금비율	ROA	ROE	유보율	자기자본비율	EBITDA마진율
2017	-18.5	-30.6	183.8	137.6	-15.4	-37.1	376.0	35.2	-11.3
2016	1.4	-2.5	112.0	83.4	-1.3	-2.7	592.8	47.2	8.6
2015	12.4	11.9	101.4	79.7	6.0	13.5	666.6	49.7	19.9
2014	17.2	12.8	172.9	137.2	8.3	21.4	429.3	36.6	20.9

휴비스 (A079980)

HUVIS

업　　종 : 화학　　시　　장 : 거래소
신용등급 : (Bond) —　(CP) —　　기업규모 : 시가총액 소형주
홈페이지 : www.huvis.com　　연 락 처 : 02)2189-4567
본　　사 : 서울시 강남구 학동로 343, POBA강남타워 12층

설 립 일	2000.11.01	**종업원수**	1,062명	**대표이사**	신유동
상 장 일	2012.02.23	**감사의견**	적정(한영)	**계　열**	
결 산 기	12월	**보 통 주**		**종속회사수**	3개사
액 면 가	5,000원	**우 선 주**		**구　상　호**	

주주구성 (지분율,%)		출자관계 (지분율,%)		주요경쟁사 (외형,%)	
에스케이신텍	25.5	휴비스워터	95.3	휴비스	100
휴비스우리사주조합	6.8	HuvisWaterVietnam	95.3	효성	19
(외국인)	9.9	사천휴비스화섬	95.0	유니드	60

매출구성		비용구성		수출비중	
폴리에스터 섬유 등	95.5	매출원가율	88.8	수출	73.5
기타	4.5	판관비율	8.9	내수	26.5

회사 개요

동사는 삼양홀딩스와 SK신텍이 공동출자한 폴리에스터 섬유제조업체임. 폴리에스터는 크게 장섬유(Filament Yarn)와 단섬유(Stable Fiber), 그리고 PET 소재, Bottle 및 필름 용도 등으로 쓰이는 폴리에스터 칩으로 나누어지는데 각각의 매출 구성은 폴리에스터칩이 93%, 기타 7%를 차지하고 있음. 화섬기술은 석유화학과 밀접한 관련을 갖는 자본집약적, 기술집약적 산업임.

실적 분석

동사의 2017년 누적매출액은 12,809.8억원으로 전년대비 12% 증가함. 비용 측면에서 매출원가와 판관비가 각각 10.7%, 12.8% 상승했음에도 불구하고 매출 확대에 힘입어 영업이익은 전년보다 96.2% 늘어난 295.7억원을 기록함. 안정적인 원료가격과 주요 제품 판매가격 상승에 따라 수익성이 개선됨. 원료가격 안정화가 지속되고 시장 수급상황도 점차 나아지고 있어 향후 수익성 회복이 본격화될 것으로 기대함.

현금 흐름 〈단위 : 억원〉

항목	2016	2017
영업활동	522	744
투자활동	-832	-244
재무활동	383	-486
순현금흐름	66	4
기말현금	480	484

시장 대비 수익률

결산 실적 〈단위 : 억원〉

항목	2012	2013	2014	2015	2016	2017
매출액	15,625	15,329	13,717	12,051	11,435	12,810
영업이익	588	431	435	336	151	296
당기순이익	526	374	284	211	91	232

분기 실적 〈단위 : 억원〉

항목	2016.3Q	2016.4Q	2017.1Q	2017.2Q	2017.3Q	2017.4Q
매출액	2,732	2,963	3,143	2,960	3,299	3,409
영업이익	28	22	6	72	110	107
당기순이익	26	-2	9	48	94	80

재무 상태 〈단위 : 억원〉

항목	2012	2013	2014	2015	2016	2017
총자산	8,255	8,263	8,997	8,566	9,141	9,003
유형자산	3,497	3,575	3,952	3,988	4,545	4,470
무형자산	67	65	799	791	761	736
유가증권	2	39	10	9	11	7
총부채	4,668	4,594	5,153	4,596	5,163	4,930
총차입금	1,381	1,511	2,090	2,027	2,520	2,118
자본금	1,725	1,725	1,725	1,725	1,725	1,725
총자본	3,586	3,669	3,844	3,970	3,978	4,073
지배주주지분	3,574	3,653	3,789	3,915	3,925	4,016

기업가치 지표

항목	2012	2013	2014	2015	2016	2017
주가(최고/저)(천원)	11.3/6.4	10.6/8.1	11.3/8.8	10.9/6.8	8.5/6.6	10.2/7.1
PER(최고/저)(배)	8.8/5.0	11.5/8.8	15.8/12.3	19.9/12.4	35.6/27.7	16.0/11.3
PBR(최고/저)(배)	1.3/0.7	1.1/0.9	1.1/0.9	1.0/0.6	0.8/0.6	0.9/0.6
EV/EBITDA(배)	4.2	5.5	6.9	5.7	8.6	6.8
EPS(원)	1,552	1,074	812	607	255	649
BPS(원)	10,361	11,112	11,507	11,871	11,899	12,163
CFPS(원)	2,421	1,948	1,725	1,668	1,418	1,994
DPS(원)	300	300	300	300	300	300
EBITDAPS(원)	2,609	2,122	2,174	2,035	1,600	2,201

재무 비율 〈단위 : %〉

연도	영업이익률	순이익률	부채비율	차입금비율	ROA	ROE	유보율	자기자본비율	EBITDA마진율
2017	2.3	1.8	121.0	52.0	2.6	5.6	143.3	45.2	5.9
2016	1.3	0.8	129.8	63.4	1.0	2.2	138.0	43.5	4.8
2015	2.8	1.8	115.8	51.1	2.4	5.4	137.4	46.3	5.8
2014	3.2	2.1	134.0	54.4	3.3	7.5	130.1	42.7	5.5

휴비츠 (A065510)
Huvitz

업　　종 : 의료 장비 및 서비스 　 시　　장 : KOSDAQ
신용등급 : (Bond) — 　 (CP) — 　 기업규모 : 우량
홈페이지 : www.huvitz.com 　 연 락 처 : 031)428-9100
본　　사 : 경기도 안양시 동안구 부림로 170번길 38 (관양동)

설 립 일	1999.04.27	**종업원수**	161명	**대표이사**	김현수
상 장 일	2003.10.31	**감사의견**	적정(이촌)	**계　　열**	
결 산 기	12월	**보 통 주**		**종속회사수**	1개사
액 면 가	500원	**우 선 주**		**구 상 호**	

주주구성 (지분율,%)		출자관계 (지분율,%)		주요경쟁사 (외형,%)	
김현수	19.7	상해휴비츠정밀의기	67.0	휴비츠	100
Mondrian Investment Partners Limited	7.8			인터로조	115
(외국인)	10.4			엘앤케이바이오	53

매출구성		비용구성		수출비중	
자동검안기	36.9	매출원가율	59.5	수출	—
렌즈가공기	24.6	판관비율	27.5	내수	—
리플렉터	17.2				

회사 개요

동사는 안과 및 안경점용 필수 진단기기인 자동 검안기, 자동 렌즈미터, 근접 시력 진단기, 디지털리프렉터, 차트 프로젝터, 리프렉션 테이블, 세극등현미경을 개발, 생산, 판매하는 안 광학의료기기 전문기업임. 전체 매출액의 약 85%가 수출로부터 발생함. 진단기기는 시장 규모면에서 미국, 유럽 주요4개국, 일본의 비중이 약 70% 이상을 차지하고 있어 향후 선진국 시장 이외에 개발국으로의 매출비중 확대가 예상됨.

실적 분석

동사의 2017년 누적매출액은 703.9억원으로 전년대비 5.2% 증가함. 비용측면에서 매출원가와 판관비가 각각 11.3%, 15.1% 상승하면서 매출 확대에도 불구하고 영업이익이 전년보다 26.7% 줄어든 91.1억원을 기록함. 대부분의 수요는 기존 제품의 대체 또는 신규 오픈 안경점에서 발생함. 동사는 전세계적으로 114여개국의 Distributor를 확보해 영업에 활용, 매출 증대에 노력하고 있음.

현금 흐름 〈단위 : 억원〉

항목	2016	2017
영업활동	124	99
투자활동	-337	-101
재무활동	135	-32
순현금흐름	-77	-36
기말현금	77	41

시장 대비 수익률

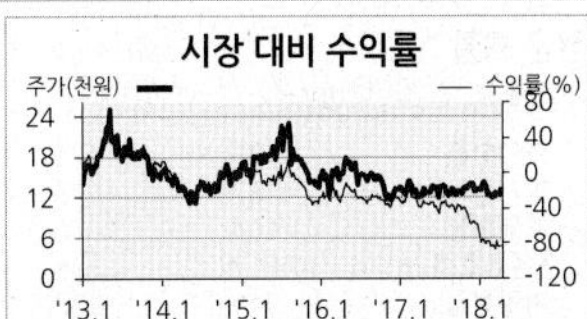

결산 실적 〈단위 : 억원〉

항목	2012	2013	2014	2015	2016	2017
매출액	673	641	640	697	669	704
영업이익	126	56	28	113	124	91
당기순이익	118	3	16	74	114	35

분기 실적 〈단위 : 억원〉

항목	2016.3Q	2016.4Q	2017.1Q	2017.2Q	2017.3Q	2017.4Q
매출액	155	169	155	184	181	183
영업이익	23	30	17	32	21	22
당기순이익	17	36	6	35	18	-24

재무 상태 〈단위 : 억원〉

항목	2012	2013	2014	2015	2016	2017
총자산	839	1,016	1,068	1,145	1,395	1,409
유형자산	290	440	431	489	769	704
무형자산	157	105	132	131	119	116
유가증권	3	15	0	0	0	0
총부채	186	363	417	403	568	567
총차입금	118	299	307	303	435	409
자본금	52	53	53	59	59	59
총자본	653	653	651	742	827	842
지배주주지분	619	612	608	689	772	787

기업가치 지표

항목	2012	2013	2014	2015	2016	2017
주가(최고/저)(천원)	16.9/7.9	25.4/13.7	17.3/11.0	22.9/12.5	17.8/11.2	14.3/11.9
PER(최고/저)(배)	16.7/7.8	—/—	136.2/86.4	40.8/22.3	19.4/12.3	55.4/45.9
PBR(최고/저)(배)	3.0/1.4	4.5/2.4	3.0/1.9	3.9/2.1	2.7/1.7	2.1/1.7
EV/EBITDA(배)	9.3	16.9	26.3	12.5	12.1	14.3
EPS(원)	1,059	-25	131	575	932	262
BPS(원)	5,898	5,829	5,910	6,083	6,837	6,957
CFPS(원)	1,471	459	577	1,002	1,299	673
DPS(원)	150	50	100	100	100	150
EBITDAPS(원)	1,617	1,022	712	1,419	1,415	1,179

재무 비율 〈단위 : %〉

연도	영업이익률	순이익률	부채비율	차입금비율	ROA	ROE	유보율	자기자본비율	EBITDA마진율
2017	12.9	4.9	67.4	48.7	2.5	4.0	1,291.4	59.7	19.9
2016	18.6	17.0	68.7	52.6	9.0	15.2	1,267.5	59.3	25.1
2015	16.2	10.7	54.4	40.8	6.7	10.1	1,116.6	64.8	23.1
2014	4.4	2.5	64.0	47.1	1.6	2.3	1,082.1	61.0	11.7

휴스틸 (A005010)
Husteel

업　　종 : 금속 및 광물 　 시　　장 : 거래소
신용등급 : (Bond) — 　 (CP) — 　 기업규모 : 시가총액 소형주
홈페이지 : www.husteel.com 　 연 락 처 : 02)828-9000
본　　사 : 서울시 강남구 테헤란로 512 (대치동, 신안빌딩 14층)

설 립 일	1967.04.18	**종업원수**	642명	**대표이사**	박훈
상 장 일	1973.06.29	**감사의견**	적정(삼정)	**계　　열**	
결 산 기	12월	**보 통 주**		**종속회사수**	1개사
액 면 가	5,000원	**우 선 주**		**구 상 호**	

주주구성 (지분율,%)		출자관계 (지분율,%)		주요경쟁사 (외형,%)	
박순석	27.7	신안종합리조트	25.8	휴스틸	100
신안	6.0	디에이테크놀로지	14.4	포스코엠텍	37
(외국인)	4.0	HUSTEELUSA	100.0	동양철관	21

매출구성		비용구성		수출비중	
흑관 백관 등(제품)	94.3	매출원가율	89.8	수출	59.3
흑관 백관 등(상품)	3.8	판관비율	6.9	내수	40.7
부산물 수탁가공	2.0				

회사 개요

강관의 제조 및 판매 등을 영위할 목적으로 1967년에 설립됨. 2001년 회사정리절차를 종결하면서 신안그룹에 인수됨. 주요 제품으로는 OCTG 및 송유관, 철탑구조용 강관, 보일러 및 열교환기용 강관, 전선관, 일반 배관용 강관, 압력 배관용 강관, 내황산부식 강관, 강관말뚝 등임. 철강협회 자료로 국내 탄소강관 시장의 7.7%, STS강관 시장의 7.5%를 점유함. 2011년 신안종합리조트의 지분 25.8%를 160억원에 인수함.

실적 분석

동사의 매출액은 국제유가의 회복으로 주수출지역인 미주지역에서 에너지 강관을 중심으로 수요가 확대되어 전년 대비 3,266억원 증가한 6,905.7억원을 기록함. 영업이익은 전년 대비 214억원 증가한 227.2억원을 달성함. 영업이익률은 전년대비 2.9%p 증가함. 당기순이익은 37억원으로 흑자전환함. 2017년말 자산총계는 전년대비 722.3억원(12.3%)이 증가한 6,590.8억원임.

현금 흐름 〈단위 : 억원〉

항목	2016	2017
영업활동	-230	-926
투자활동	-96	11
재무활동	638	706
순현금흐름	312	-209
기말현금	617	408

시장 대비 수익률

결산 실적 〈단위 : 억원〉

항목	2012	2013	2014	2015	2016	2017
매출액	5,889	5,478	5,538	4,385	3,640	6,906
영업이익	414	173	194	82	13	227
당기순이익	259	62	150	7	-6	37

분기 실적 〈단위 : 억원〉

항목	2016.3Q	2016.4Q	2017.1Q	2017.2Q	2017.3Q	2017.4Q
매출액	829	1,065	1,361	1,817	1,782	1,946
영업이익	-1	45	55	33	80	59
당기순이익	-15	45	13	34	78	-89

재무 상태 〈단위 : 억원〉

항목	2012	2013	2014	2015	2016	2017
총자산	5,560	5,616	5,787	5,140	5,868	6,591
유형자산	2,408	2,372	2,408	2,609	2,536	2,469
무형자산	46	50	46	42	42	42
유가증권	627	856	606	574	518	393
총부채	1,672	1,555	1,813	1,203	2,009	2,822
총차입금	1,088	1,007	1,264	641	1,344	2,099
자본금	346	346	346	346	346	346
총자본	3,889	4,060	3,974	3,937	3,859	3,769
지배주주지분	3,889	4,060	3,974	3,937	3,859	3,769

기업가치 지표

항목	2012	2013	2014	2015	2016	2017
주가(최고/저)(천원)	25.2/14.9	23.8/15.7	18.5/13.9	21.4/14.0	16.1/12.7	16.3/14.0
PER(최고/저)(배)	8.3/4.9	31.4/20.6	9.7/7.3	233.6/153.2	—/—	31.6/27.1
PBR(최고/저)(배)	0.6/0.3	0.5/0.3	0.4/0.3	0.4/0.3	0.3/0.2	0.3/0.3
EV/EBITDA(배)	4.9	6.9	6.7	6.5	13.1	8.0
EPS(원)	3,741	894	2,174	100	-80	533
BPS(원)	56,206	58,687	57,438	56,902	55,779	54,480
CFPS(원)	5,136	2,668	4,056	2,009	1,700	2,227
DPS(원)	1,000	700	700	400	500	500
EBITDAPS(원)	7,372	4,277	4,693	3,097	1,975	4,978

재무 비율 〈단위 : %〉

연도	영업이익률	순이익률	부채비율	차입금비율	ROA	ROE	유보율	자기자본비율	EBITDA마진율
2017	3.3	0.5	74.9	55.7	0.6	1.0	989.6	57.2	5.0
2016	0.4	-0.2	52.1	34.8	-0.1	-0.1	1,015.6	65.8	3.8
2015	1.9	0.2	30.6	16.3	0.1	0.2	1,038.0	76.6	4.9
2014	3.5	2.7	45.6	31.8	2.6	3.7	1,048.8	68.7	5.9

휴온스 (A243070)
HUONS CO

업 종 : 제약 | 시 장 : KOSDAQ
신용등급 : (Bond) — (CP) — | 기업규모 : 우량
홈페이지 : www.huons.com | 연 락 처 : 070)7492-5075
본 사 : 경기도 성남시 분당구 판교로 253 C-902

설 립 일	2016.05.03	**종업원수**	533명	**대 표 이 사**	엄기안
상 장 일	2016.06.03	**감사의견**	적정(대주)	**계 열**	
결 산 기	12월	**보 통 주**		**종속회사수**	
액 면 가	500원	**우 선 주**		**구 상 호**	

주주구성 (지분율,%)		출자관계 (지분율,%)		주요경쟁사 (외형,%)	
휴온스글로벌	40.8	바이오토피아	59.3	휴온스	100
윤성태	4.0	휴온스내츄럴	57.6		
(외국인)	17.9	죽산개발	0.8		

매출구성		비용구성		수출비중	
전문의약품	42.6	매출원가율	45.8	수출	—
웰빙의약품	25.3	판관비율	41.8	내수	—
수탁	12.3				

회사 개요

동사는 2016년 05월 01일자로 존속회사인 주식회사 휴온스글로벌과 신설회사 휴온스로 분할되어 2016년 05월 03일 설립되었음. 의약품 제조 및 판매를 주된 사업으로 영위하는 제약회사로서 최근 FTA 확대 및 보험약가 인하, 리베이트에 대한 강력한 규제와 cGMP 품질기준 강화 등 제약환경의 변화로 인해 기존의 사업과 더불어 성장을 위한 해외 현지법인 진출, 의료기기 판매 및 수탁 생산 등 사업의 다각화를 진행중임.

실적 분석

동사의 2017년 연간 매출액은 전년동기대비 68.6% 상승한 2,848.4억원을 기록하였음. 의약품뿐만 아니라 뷰티 및 헬스케어 등 부문별로 고른 성장을 한 것으로 보이며 이에 따른 결과로 매출이 크게 상승하였음. 최종적으로 전년동기대비 당기순이익은 크게 상승하여 340.9억원을 기록함. 향후 임상완료 및 인슐린주입패치의 독점 판매, 꾸준한 연구개발 등 매출신장 요인이 많으므로 지속적 성장을 기대중에 있음.

현금 흐름 <단위 : 억원>

항목	2016	2017
영업활동	289	302
투자활동	-172	-117
재무활동	22	51
순현금흐름	140	235
기말현금	160	394

시장 대비 수익률

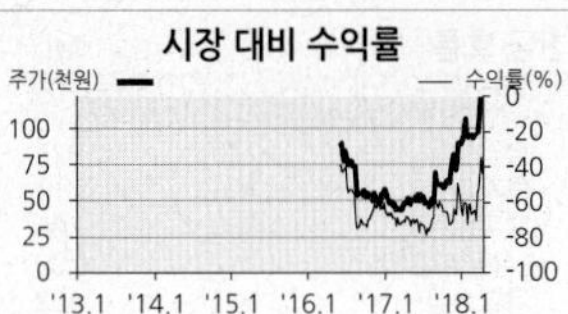

결산 실적 <단위 : 억원>

항목	2012	2013	2014	2015	2016	2017
매출액	—	—	—	—	1,690	2,848
영업이익	—	—	—	—	215	353
당기순이익	—	—	—	—	148	341

분기 실적 <단위 : 억원>

항목	2016.3Q	2016.4Q	2017.1Q	2017.2Q	2017.3Q	2017.4Q
매출액	620	657	652	721	745	731
영업이익	103	69	71	87	115	80
당기순이익	85	30	96	67	94	85

재무 상태 <단위 : 억원>

항목	2012	2013	2014	2015	2016	2017
총자산	—	—	—	—	1,793	2,113
유형자산	—	—	—	—	451	476
무형자산	—	—	—	—	31	21
유가증권	—	—	—	—	65	85
총부채	—	—	—	—	836	840
총차입금	—	—	—	—	357	387
자본금	—	—	—	—	29	31
총자본	—	—	—	—	957	1,272
지배주주지분	—	—	—	—	939	1,258

기업가치 지표

항목	2012	2013	2014	2015	2016	2017
주가(최고/저)(천원)	#VALUE!	—/—	—/—	—/—	—/—	—/—
PER(최고/저)(배)	0.0/0.0	0.0/0.0	0.0/0.0	0.0/0.0	40.0/20.8	18.4/8.6
PBR(최고/저)(배)	0.0/0.0	0.0/0.0	0.0/0.0	0.0/0.0	6.5/3.4	5.0/2.3
EV/EBITDA(배)	0.0	0.0	0.0	0.0	15.9	14.1
EPS(원)	—	—	—	—	2,252	5,063
BPS(원)	—	—	—	—	16,003	20,426
CFPS(원)	—	—	—	—	3,311	6,765
DPS(원)	—	—	—	—	25	650
EBITDAPS(원)	—	—	—	—	4,361	6,905

재무 비율 <단위 : %>

연도	영업이익률	순이익률	부채비율	차입금비율	ROA	ROE	유보율	자기자본비율	EBITDA마진율
2017	12.4	12.0	66.0	30.4	17.5	31.4	3,985.2	60.2	15.0
2016	12.7	8.8	87.3	37.3	0.0	0.0	3,100.6	53.4	15.2
2015	0.0	0.0	0.0	0.0	0.0	0.0	0.0	0.0	0.0
2014	0.0	0.0	0.0	0.0	0.0	0.0	0.0	0.0	0.0

휴온스글로벌 (A084110)
Huons Global

업 종 : 제약 | 시 장 : KOSDAQ
신용등급 : (Bond) — (CP) — | 기업규모 : 우량
홈페이지 : www.huonsglobal.com | 연 락 처 : 02)854-4700
본 사 : 경기도 성남시 분당구 판교로 253 씨-901 (삼평동, 판교이노밸리)

설 립 일	1987.07.10	**종업원수**	82명	**대 표 이 사**	윤성태,김완섭
상 장 일	2006.12.19	**감사의견**	적정(삼정)	**계 열**	
결 산 기	12월	**보 통 주**		**종속회사수**	1개사
액 면 가	500원	**우 선 주**		**구 상 호**	휴온스

주주구성 (지분율,%)		출자관계 (지분율,%)		주요경쟁사 (외형,%)	
윤성태	43.6	휴온스메디케어	68.4	휴온스글로벌	100
윤인상	4.1	휴메딕스	42.0	에스티팜	62
(외국인)	8.5	휴온스	40.9	종근당	272

매출구성		비용구성		수출비중	
의약품(휴온스)	33.8	매출원가율	40.4	수출	—
수탁 외	23.6	판관비율	40.9	내수	—
전문의약품	21.0				

회사 개요

동사는 분할 전인 2016년 05월 01일(분할기준일)까지 의약품 사업을 영위하였으며, 분할 후 존속회사인 주식회사 휴온스글로벌은 분할전 사업부문을 제외한 투자사업부문과 보톡스사업을 영위함과 동시에 지주회사로서의 역할을 수행함. 분할 후 신설회사인 주식회사 휴온스는 의약품 사업부문 일체를 영위함. 2016년 05월 03일(분할등기일) 기업 분할에 따라서 '주식회사 휴온스글로벌'로 사명을 변경함.

실적 분석

동사의 2017년 연간 매출액은 3,253.5억원으로 전년 대비 98.7% 감소함. 매출원가와 판관비가 각각 75.2% 122.9% 증가함. 매출 확대 및 원가율 하락에 힘입어 영업이익이 전년 보다 109.9% 늘어난 606.7억원을 기록함. 중국현지법인에서 히알루론산 인공눈물, 결막염, 각막염 등의 점안제가 현재 중국 국가식품약품감독관리총국(CFDA)에 허가 신청 중에 있으며 순차적으로 중국 품목승인을 받아 생산할 계획임.

현금 흐름 <단위 : 억원>

항목	2016	2017
영업활동	195	475
투자활동	-182	-578
재무활동	104	16
순현금흐름	117	-88
기말현금	911	822

시장 대비 수익률

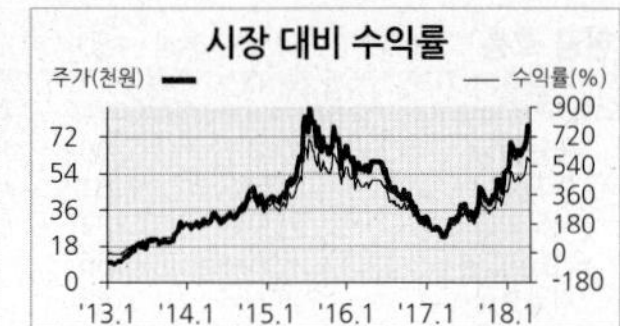

결산 실적 <단위 : 억원>

항목	2012	2013	2014	2015	2016	2017
매출액	1,341	1,582	1,823	654	1,637	3,254
영업이익	148	279	301	120	289	607
당기순이익	72	228	245	405	5,262	488

분기 실적 <단위 : 억원>

항목	2016.3Q	2016.4Q	2017.1Q	2017.2Q	2017.3Q	2017.4Q
매출액	536	734	734	820	859	840
영업이익	91	119	114	156	184	153
당기순이익	65	57	82	115	150	141

재무 상태 <단위 : 억원>

항목	2012	2013	2014	2015	2016	2017
총자산	1,855	2,062	2,545	3,141	5,571	6,029
유형자산	684	763	761	797	1,031	1,343
무형자산	70	68	59	58	1,960	1,961
유가증권	131	51	173	267	222	349
총부채	926	810	661	748	1,032	1,111
총차입금	702	546	367	335	556	661
자본금	47	53	57	57	49	50
총자본	929	1,252	1,884	2,393	4,539	4,918
지배주주지분	883	1,146	1,529	1,689	3,198	3,412

기업가치 지표

항목	2012	2013	2014	2015	2016	2017
주가(최고/저)(천원)	10.9/6.0	31.4/8.9	47.0/25.5	88.7/37.8	68.0/28.9	56.9/22.3
PER(최고/저)(배)	16.7/9.2	21.0/6.0	27.1/14.7	34.3/14.6	1.3/0.6	23.4/9.2
PBR(최고/저)(배)	1.3/0.7	3.2/0.9	3.9/2.1	6.2/2.7	2.2/0.9	1.7/0.7
EV/EBITDA(배)	7.2	12.7	15.3	54.2	11.7	9.3
EPS(원)	685	1,557	1,797	2,656	52,786	2,443
BPS(원)	9,670	10,873	13,533	15,695	33,465	34,978
CFPS(원)	1,704	2,517	2,895	3,509	57,383	4,036
DPS(원)	150	200	400	550	410	525
EBITDAPS(원)	2,596	3,529	3,737	1,722	4,045	7,592

재무 비율 <단위 : %>

연도	영업이익률	순이익률	부채비율	차입금비율	ROA	ROE	유보율	자기자본비율	EBITDA마진율
2017	18.7	15.0	22.6	13.5	8.4	7.7	6,895.6	81.6	23.1
2016	17.7	321.4	22.7	12.3	120.8	210.6	6,592.9	81.5	22.5
2015	18.4	61.9	31.3	14.0	14.3	20.1	3,039.0	76.2	30.0
2014	16.5	13.4	35.1	19.5	10.6	15.7	2,606.6	74.0	22.3

휴젤 (A145020)
Hugel

업　　종 : 제약
신용등급 : (Bond) —　　(CP) —
홈페이지 : www.hugel.co.kr
본　　사 : 강원도 춘천시 신북읍 신북로 61-20
시　　장 : KOSDAQ
기업규모 : 벤처
연 락 처 : 033)255-3882

설 립 일	2001.11.22	**종업원수**	190명	**대표이사**	문경엽,심주엽
상 장 일	2015.12.24	**감사의견**	적정(삼정)	**계　열**	
결 산 기	12월	**보 통 주**		**종속회사수**	6개사
액 면 가	500원	**우 선 주**		**구 상 호**	

주주구성 (지분율,%)		출자관계 (지분율,%)		주요경쟁사 (외형,%)	
Leguh Issuer Designated Activity Company	22.6	휴젤메디텍	100.0	휴젤	100
동양에이치씨	18.4	휴젤파마	100.0	에스티팜	111
(외국인)	55.4	아크로스	65.1	종근당	486

매출구성		비용구성		수출비중	
보툴렉스, 더채움	89.6	매출원가율	22.0	수출	64.0
기타(상품)	10.4	판관비율	22.1	내수	36.0

회사 개요
동사는 생물의학관련 제품의 개발, 제조, 판매 및 수출 등을 영위할 목적으로 2001년 11월 설립되어 2015년 12월 코스닥시장에 상장됨. 보툴렉스, 더채움 등의 바이오의약품 판매전문기업인 휴젤파마와 뇌질환 중재술용 의료기기 도매기업 휴젤메디텍을 2018년 1월 흡수합병하였으며, 주요종속회사로는 HA필러를 연구개발, 제조하는 아크로스, 무통독신 연구개발기업 에이비바이오 등이 있음.

실적 분석
동사의 연결기준 2017년 연간 매출액은 주력제품인 보툴리눔 톡신의 가파른 해외매출 성장과 HA필러의 국내 및 해외매출의 고른 성장에 힘입어 전년동기 대비 46.6% 증가한 1,820.9억원을 기록함. 영업이익과 당기순이익 또한 매출성장에 힘입어 전년동기 대비 각각 61.1%, 59.8% 증가한 1,019.2억원, 813.5억원을 시현함. 동사는 피부 전문 화장품, 흉터치료제 신약 개발 등을 신규사업으로 추진 중에 있음.

현금 흐름
(단위 : 억원)

항목	2016	2017
영업활동	451	642
투자활동	-539	-5,553
재무활동	31	4,576
순현금흐름	-56	-336
기말현금	649	313

시장 대비 수익률
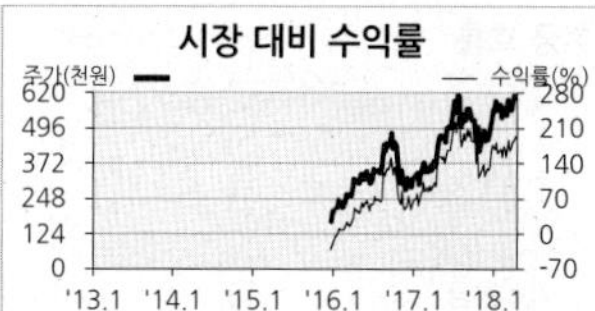

결산 실적
〈단위 : 억원〉

항목	2012	2013	2014	2015	2016	2017
매출액	207	292	403	651	1,242	1,821
영업이익	81	116	155	178	633	1,019
당기순이익	59	73	132	359	509	814

분기 실적
〈단위 : 억원〉

항목	2016.3Q	2016.4Q	2017.1Q	2017.2Q	2017.3Q	2017.4Q
매출액	328	378	443	462	416	501
영업이익	179	202	258	273	237	251
당기순이익	143	158	209	205	193	207

재무 상태
〈단위 : 억원〉

항목	2012	2013	2014	2015	2016	2017
총자산	246	781	972	2,336	2,943	8,209
유형자산	89	271	316	489	588	590
무형자산	0	6	10	643	639	637
유가증권	17	20	20	1	49	61
총부채	50	512	546	184	204	1,030
총차입금	21	469	483	14	3	796
자본금	11	11	11	16	16	22
총자본	197	269	427	2,152	2,739	7,179
지배주주지분	197	269	427	2,078	2,528	6,957

기업가치 지표

항목	2012	2013	2014	2015	2016	2017
주가(최고/저)(천원)	—/—	—/—	—/—	197/167	480/189	614/299
PER(최고/저)(배)	0.0/0.0	0.0/0.0	0.0/0.0	15.7/13.3	36.7/14.4	31.9/15.5
PBR(최고/저)(배)	0.0/0.0	0.0/0.0	0.0/0.0	3.1/2.7	6.1/2.4	3.8/1.9
EV/EBITDA(배)	—	1.7	1.2	30.2	14.3	17.6
EPS(원)	2,702	3,115	5,293	12,625	13,177	19,396
BPS(원)	8,892	10,904	17,095	63,290	79,022	161,836
CFPS(원)	3,086	3,359	5,538	13,201	14,641	21,197
DPS(원)	—	—	—	—	—	—
EBITDAPS(원)	4,063	5,183	6,479	7,184	20,727	28,947

재무 비율
〈단위 : %〉

연도	영업이익률	순이익률	부채비율	차입금비율	ROA	ROE	유보율	자기자본비율	EBITDA마진율
2017	56.0	44.7	14.4	11.1	14.6	15.4	32,267.1	87.5	59.7
2016	50.9	41.0	7.4	0.1	19.3	18.8	15,704.4	93.1	54.8
2015	27.3	55.1	8.5	0.7	21.7	27.1	12,557.9	92.1	29.7
2014	38.4	32.6	127.9	113.3	15.0	37.8	3,709.6	43.9	39.9

휴켐스 (A069260)
Huchems Fine Chemical

업　　종 : 화학
신용등급 : (Bond) A+　　(CP) —
홈페이지 : www.huchems.com
본　　사 : 서울시 중구 퇴계로 173, 19층
시　　장 : 거래소
기업규모 : 시가총액 중형주
연 락 처 : 02)2262-0600

설 립 일	2002.09.17	**종업원수**	260명	**대표이사**	최금성
상 장 일	2002.10.07	**감사의견**	적정(삼정)	**계　열**	
결 산 기	12월	**보 통 주**		**종속회사수**	3개사
액 면 가	1,000원	**우 선 주**		**구 상 호**	

주주구성 (지분율,%)		출자관계 (지분율,%)		주요경쟁사 (외형,%)	
태광실업	33.6	정산컴퍼니	63.0	휴켐스	100
국민연금공단	10.2	일렘테크놀러지	49.0	송원산업	101
(외국인)	14.5	태광파워홀딩스	20.0	삼영무역	36

매출구성		비용구성		수출비중	
DNT, MNB 등 판매	61.4	매출원가율	71.0	수출	15.8
질산, 초안 등 판매	28.3	판관비율	7.7	내수	84.2
탄소배출권, 암모니아, PB-1 등 판매	10.3				

회사 개요
태광실업의 계열사로 2002년 남해화학으로부터 기업분할을 통해 설립된 동사는 질산, DNT, MNB 등 폴리우레탄 중간원료를 생산하고 있음. 매출의 90% 이상을 차지하는 4가지 주력제품(질산, DNT, MNB, 초안)은 국내 시장에서 독점적인 점유율을 유지하고 있음. 2012년 9월 MNB공장을 증설하고, 40만톤 규모의 질산공장도 2012년 9월에 완공해 생산량을 늘리고 있음. 공장 가동률은 NT계열 77%, NA계열 92%임.

실적 분석
동사의 2017년 누적매출액은 7,157.7억원으로 전년대비 19.7% 증가함. 같은 기간 영업이익은 전년보다 98.5% 늘어난 1,526.3억원을 기록함. 2016년 11월 BASF㈜ 독일공장 폭발 수혜로 수익성이 크게 개선됐고 다운스트림인 TDI/MDI 업황이 견조해 지속 성장이 예상됨. 다만 2018년 BASF㈜ 설비 재가동으로 감익 우려가 높아지고 있음. 3월 Reactor(반응기) 교체를 완료하고 5월 전후로 생산을 재개할 계획임.

현금 흐름
〈단위 : 억원〉

항목	2016	2017
영업활동	1,155	1,564
투자활동	-580	-1,715
재무활동	-510	155
순현금흐름	58	2
기말현금	145	147

시장 대비 수익률
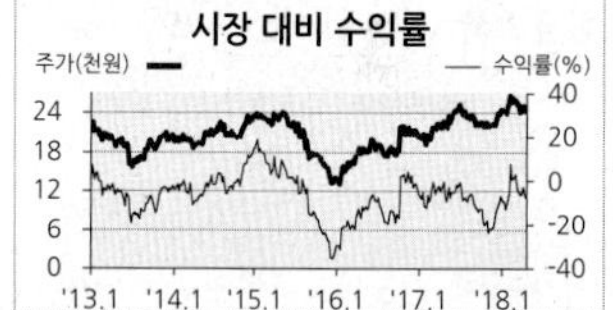

결산 실적
〈단위 : 억원〉

항목	2012	2013	2014	2015	2016	2017
매출액	7,133	7,957	7,166	6,004	5,982	7,158
영업이익	659	597	528	436	769	1,526
당기순이익	522	503	380	342	399	1,101

분기 실적
〈단위 : 억원〉

항목	2016.3Q	2016.4Q	2017.1Q	2017.2Q	2017.3Q	2017.4Q
매출액	1,540	1,497	1,878	1,851	1,796	1,632
영업이익	187	256	423	408	383	312
당기순이익	117	91	293	372	289	147

재무 상태
〈단위 : 억원〉

항목	2012	2013	2014	2015	2016	2017
총자산	7,710	7,765	7,429	7,106	7,489	8,816
유형자산	3,389	3,210	3,014	2,794	2,620	2,438
무형자산	213	179	183	174	128	78
유가증권	1,777	15	291	342	44	30
총부채	3,105	3,129	2,698	2,377	2,556	2,828
총차입금	2,093	2,278	1,834	1,680	1,404	1,426
자본금	409	409	409	409	409	409
총자본	4,605	4,636	4,731	4,729	4,933	5,988
지배주주지분	4,522	4,591	4,711	4,730	4,931	5,809

기업가치 지표

항목	2012	2013	2014	2015	2016	2017
주가(최고/저)(천원)	22.2/16.1	22.6/14.9	24.1/18.7	25.1/12.9	22.2/12.9	25.5/19.0
PER(최고/저)(배)	20.6/14.9	20.2/13.3	27.8/21.5	31.4/16.2	22.9/13.3	9.7/7.2
PBR(최고/저)(배)	2.4/1.7	2.2/1.5	2.3/1.7	2.2/1.2	1.8/1.1	1.8/1.3
EV/EBITDA(배)	11.3	9.7	11.5	6.9	7.6	4.3
EPS(원)	1,308	1,320	993	896	1,055	2,798
BPS(원)	11,299	11,967	12,261	12,623	13,143	15,428
CFPS(원)	1,988	2,291	1,888	1,790	1,891	3,536
DPS(원)	700	750	550	500	500	1,500
EBITDAPS(원)	2,293	2,431	2,186	1,961	2,717	4,471

재무 비율
〈단위 : %〉

연도	영업이익률	순이익률	부채비율	차입금비율	ROA	ROE	유보율	자기자본비율	EBITDA마진율
2017	21.3	15.4	47.2	23.8	13.5	21.3	1,442.8	67.9	25.5
2016	12.9	6.7	51.8	28.5	5.5	8.9	1,214.3	65.9	18.6
2015	7.3	5.7	50.3	35.5	4.7	7.8	1,162.3	66.6	13.4
2014	7.4	5.3	57.0	38.8	5.0	8.7	1,126.1	63.7	12.5

흥구석유 (A024060)

Hung-Gu Oil

업 종 : 석유 및 가스
신용등급 : (Bond) — (CP) —
홈페이지 : www.hunggu.kr
본 사 : 대구시 중구 동덕로 38길 5 (동인동1가)
시 장 : KOSDAQ
기업규모 : 중견
연 락 처 : 053)424-3395

설 립 일	1966.12.16	**종업원수**	97명	**대표이사**	김상우
상 장 일	1994.12.07	**감사의견**	적정(세영)	**계 열**	
결 산 기	12월	**보 통 주**		**종속회사수**	
액 면 가	100원	**우 선 주**		**구 상 호**	

주주구성 (지분율,%)		출자관계 (지분율,%)		주요경쟁사 (외형,%)	
김상우	31.6			흥구석유	100
서상덕	25.6				8
(외국인)	0.1			중앙에너비스	46

매출구성		비용구성		수출비중	
상품매출(상품)	100.0	매출원가율	94.9	수출	0.0
		판관비율	4.6	내수	100.0

회사 개요

동사는 휘발유, 등유, 경유, 방카-C유, 액화석유가스 등을 GS칼텍스에서 매입하여 대구, 경북지역에 판매하는 석유류 도소매업체로 20여개의 주유소 및 충전소를 보유하고 있음. 대구, 경북지역내의 시장은 4.58%를 점유하고 있음. 국내외 경제악화로 소비심리가 위축되어 석유류 수요가 감소하고 있으며, 과다경쟁 등으로 인한 유통마진 축소로 수익구조가 악화되어 일반대리점의 경영위축이 가속화되고 있는 실정임

실적 분석

동사의 2017년 연결기준 4분기 누적 매출액은 전년 동기(1438.4억원) 대비 8.1% 증가한 1555.2억원임. 영업이익은 22%감소한 7.5억원, 당기순이익은 5.2% 줄어든 20.7억원을 달성함. 석유류 유통구조 변화와 유가자율화 등 급변하는 환경 변화에 대처하기 위한 경영전략을 구축하여 매출 정상화에 힘쓸 예정임.대체에너지 및 녹색성장에 대한 국가적 관심이 고조되고 있는 가운데 점차적인 수요 감소도 예상됨.

현금 흐름 *IFRS 별도 기준 〈단위 : 억원〉

항목	2016	2017
영업활동	11	16
투자활동	-23	1
재무활동	1	-15
순현금흐름	-11	1
기말현금	14	16

시장 대비 수익률

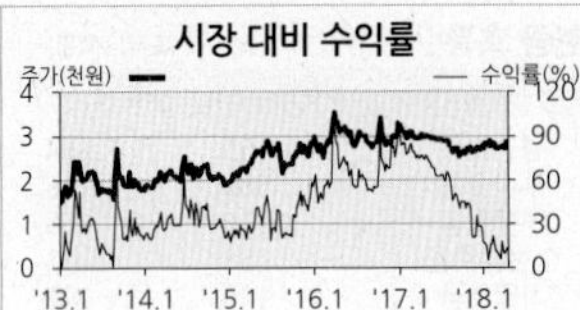

결산 실적 〈단위 : 억원〉

항목	2012	2013	2014	2015	2016	2017
매출액	2,729	2,486	1,932	1,551	1,438	1,555
영업이익	7	-2	12	5	10	8
당기순이익	14	7	18	29	22	21

분기 실적 *IFRS 별도 기준 〈단위 : 억원〉

항목	2016.3Q	2016.4Q	2017.1Q	2017.2Q	2017.3Q	2017.4Q
매출액	347	391	389	384	375	407
영업이익	5	3	0	-2	4	6
당기순이익	7	8	3	2	6	10

재무 상태 *IFRS 별도 기준 〈단위 : 억원〉

항목	2012	2013	2014	2015	2016	2017
총자산	747	712	691	781	791	799
유형자산	447	446	406	403	381	378
무형자산	1	1	1	1	1	1
유가증권	0	0	0	4	55	55
총부채	105	64	30	98	100	102
총차입금	75	40	—	50	60	60
자본금	15	15	15	15	15	15
총자본	642	647	662	682	692	698
지배주주지분	642	647	662	682	692	698

기업가치 지표 *IFRS 별도 기준

항목	2012	2013	2014	2015	2016	2017
주가(최고/저)(천원)	2.5/1.3	2.7/1.4	2.8/1.8	2.9/1.9	3.8/2.5	3.3/2.4
PER(최고/저)(배)	30.4/15.3	63.7/33.4	26.1/16.6	16.4/10.7	27.9/18.4	25.1/18.4
PBR(최고/저)(배)	0.7/0.3	0.7/0.4	0.7/0.4	0.7/0.5	0.9/0.6	0.7/0.5
EV/EBITDA(배)	26.4	163.4	17.8	56.1	37.7	35.7
EPS(원)	96	49	119	195	145	138
BPS(원)	4,328	4,360	4,457	4,594	4,657	4,696
CFPS(원)	124	76	147	222	171	164
DPS(원)	30	30	50	80	100	100
EBITDAPS(원)	77	14	105	57	90	77

재무 비율 〈단위 : %〉

연도	영업이익률	순이익률	부채비율	차입금비율	ROA	ROE	유보율	자기자본비율	EBITDA마진율
2017	0.5	1.3	14.6	8.6	2.6	3.0	4,595.8	87.3	0.7
2016	0.7	1.5	14.4	8.7	2.8	3.2	4,557.3	87.4	0.9
2015	0.3	1.9	14.4	7.3	4.0	4.4	4,494.0	87.4	0.6
2014	0.6	0.9	4.5	0.0	2.6	2.7	4,356.6	95.7	0.8

흥국 (A010240)

HEUNGKUK METALTECH

업 종 : 기계
신용등급 : (Bond) — (CP) —
홈페이지 : www.heungkuk.co.kr
본 사 : 충남 아산시 둔포면 아산밸리로 357
시 장 : KOSDAQ
기업규모 : 중견
연 락 처 : 041)546-7771

설 립 일	1974.10.17	**종업원수**	112명	**대표이사**	류명준
상 장 일	2009.05.12	**감사의견**	적정(한영)	**계 열**	
결 산 기	12월	**보 통 주**		**종속회사수**	1개사
액 면 가	500원	**우 선 주**		**구 상 호**	

주주구성 (지분율,%)		출자관계 (지분율,%)		주요경쟁사 (외형,%)	
류명준	13.6	흥국과기무석유한공사	100.0	흥국	100
류광준	8.8			수성	32
(외국인)	6.6			라온테크	31

매출구성		비용구성		수출비중	
건설기계부품(제품)	89.5	매출원가율	83.8	수출	—
단조품(제품)	9.6	판관비율	6.6	내수	—
부자재 외(상품)	0.9				

회사 개요

동사는 1974년 설립돼 2009년 코스닥시장에 상장함. 건설기계의 하부 구동 부품인 트랙롤러와 캐리어롤러, 아이들러, 텐션 실린더 및 단조품(열간 형단조) 제조를 주요 사업으로 영위하고 있음. 모두 경기 상황에 민감하게 반응하는 제조부품으로, 국내외 사회간접자본 투자정책에 크게 영향을 받음. 중국 강소성에 위치한 흥국과기유한공사를 연결대상 종속회사로 보유함. 현대건설기계, 볼보그룹, 두산인프라코어, DRB 등이 주요 고객사임.

실적 분석

2017년 연결기준 동사 매출액은 916.4억원을 기록함. 전년도 매출인 627.3억원에서 46.1% 증가함. 매출원가가 44.7% 증가하고 인건비 증가로 인해 판매비와 관리비 또한 33.3% 늘었으나 매출 성장폭이 이를 웃돌아 영업이익은 88.2억원을 기록함. 전년도 영업이익 51.5억원에서 71.2% 늘어남. 당기순이익 역시 36.2억원에서 69.5억원으로 늘어남. 건설경기 호조와 원가구조개선이 호실적 요인으로 파악됨.

현금 흐름 〈단위 : 억원〉

항목	2016	2017
영업활동	69	29
투자활동	-2	5
재무활동	-103	-29
순현금흐름	-37	2
기말현금	18	21

시장 대비 수익률

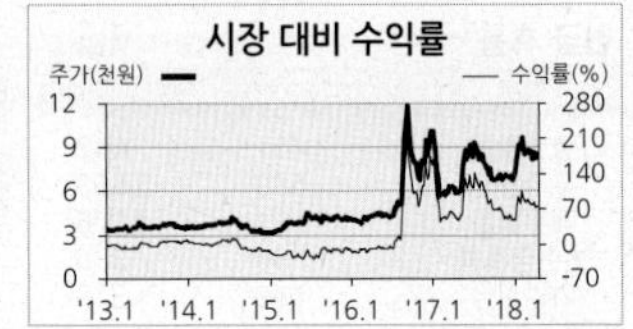

결산 실적 〈단위 : 억원〉

항목	2012	2013	2014	2015	2016	2017
매출액	903	788	730	643	627	916
영업이익	55	50	31	26	52	88
당기순이익	35	33	17	14	36	70

분기 실적 〈단위 : 억원〉

항목	2016.3Q	2016.4Q	2017.1Q	2017.2Q	2017.3Q	2017.4Q
매출액	155	171	213	233	231	239
영업이익	13	13	26	24	20	18
당기순이익	10	9	20	20	16	15

재무 상태 〈단위 : 억원〉

항목	2012	2013	2014	2015	2016	2017
총자산	895	840	791	734	695	780
유형자산	461	438	402	364	331	295
무형자산	2	1	6	4	3	3
유가증권	0	0	0	0	0	0
총부채	469	390	332	266	198	228
총차입금	369	284	237	197	100	80
자본금	31	31	31	31	31	31
총자본	426	450	459	468	497	553
지배주주지분	426	450	459	468	497	553

기업가치 지표

항목	2012	2013	2014	2015	2016	2017
주가(최고/저)(천원)	5.3/3.1	3.9/3.3	4.2/3.2	4.5/3.2	12.1/3.8	10.4/5.6
PER(최고/저)(배)	11.0/6.5	8.4/7.1	17.2/12.8	21.2/15.1	21.6/6.8	9.5/5.1
PBR(최고/저)(배)	0.9/0.5	0.6/0.5	0.6/0.5	0.6/0.5	1.6/0.5	1.2/0.7
EV/EBITDA(배)	5.7	5.3	5.7	6.0	7.5	4.1
EPS(원)	572	528	271	229	587	1,128
BPS(원)	6,909	7,304	7,454	7,600	8,070	8,968
CFPS(원)	1,141	1,180	938	911	1,241	1,667
DPS(원)	150	100	100	100	150	250
EBITDAPS(원)	1,469	1,462	1,172	1,112	1,491	1,970

재무 비율 〈단위 : %〉

연도	영업이익률	순이익률	부채비율	차입금비율	ROA	ROE	유보율	자기자본비율	EBITDA마진율
2017	9.6	7.6	41.2	14.5	9.4	13.3	1,693.6	70.8	13.3
2016	8.2	5.8	39.7	20.1	5.1	7.5	1,514.1	71.6	14.6
2015	4.1	2.2	56.8	42.1	1.9	3.0	1,420.1	63.8	10.7
2014	4.3	2.3	72.3	51.7	2.1	3.7	1,390.7	58.0	9.9

흥국에프엔비 (A189980)
HYUNGKUK F&B

업 종 : 음료　　시 장 : KOSDAQ
신용등급 : (Bond) —　(CP) —　　기업규모 : 중견
홈페이지 : www.hyungkuk.com　　연 락 처 : 02)572-2446
본 사 : 서울시 서초구 마방로 60, 24층 (양재동, 트러스트타워)

설 립 일	2008.03.25	**종업원수**	134명	**대표이사**	박철범,오길영
상 장 일	2015.08.07	**감사의견**	적정(삼정)	**계 열**	
결 산 기	12월	**보 통 주**		**종속회사수**	3개사
액 면 가	500원	**우 선 주**		**구 상 호**	

주주구성 (지분율,%)		출자관계 (지분율,%)		주요경쟁사 (외형,%)	
오길영	49.1	모닝듀에프엔비	100.0	흥국에프엔비	100
KoFC-KDBC Pioneer Champ 2010-4호 벤처투자조합	2.7	카페뉴	100.0	네이처셀	61
(외국인)	1.0	상해상하무역유한공사	100.0	풍국주정	240

매출구성		비용구성		수출비중	
과일농축액(에이드베이스 등): Mom's 에이드 등	46.0	매출원가율	65.5	수출	0.9
기타: 스노우빙 등	17.4	판관비율	28.1	내수	99.1
스무디: NEO 스무디 등	16.0				

회사 개요

동사는 2008년 천연과일주스 등의 음료 제조 및 판매업을 주요 사업으로 영위하기 위해 설립됨. 오길영 외 9인이 최대주주로 52.79%의 지분을 보유함. (2015년 8월 9일 기준) 동사에서 공급하는 과일, 채소 음료류는 외식, 커피 프랜차이즈를 비롯해 다수 개인 카페에서 다양한 음료의 주원료로 널리 사용됨. 최종 제품으로는 에이드, 주스, 스무디 등의 제품으로 최종 소비자에게 판매되고 있음.

실적 분석

동사의 2017년 연간 매출액은 전년동기대비 8.5% 상승한 449억원을 기록하였음. 비용면에서 전년동기대비 매출원가는 증가 했으며 인건비도 증가, 광고선전비는 크게 감소, 기타판매비와관리비는 증가함. 매출액은 성장했지만 원가 증가로 인해 전년동기대비 영업이익은 28.8억원으로 26.6% 크게 하락 하였음. 최종적으로 전년동기대비 당기순이익은 크게 하락하여 26.2억원을 기록함.

현금 흐름
<단위 : 억원>

항목	2016	2017
영업활동	45	56
투자활동	-4	-68
재무활동	-107	8
순현금흐름	-66	-5
기말현금	25	20

시장 대비 수익률

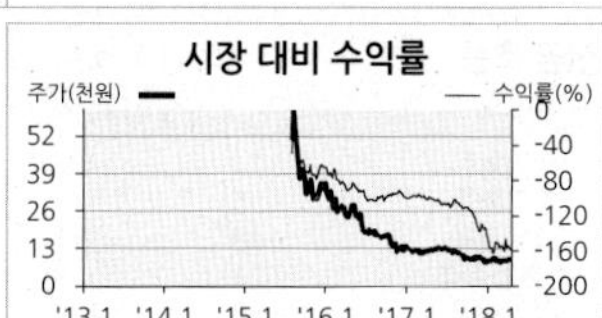

결산 실적
<단위 : 억원>

항목	2012	2013	2014	2015	2016	2017
매출액	242	303	350	396	414	449
영업이익	43	67	80	86	39	29
당기순이익	33	47	61	66	33	26

분기 실적
<단위 : 억원>

항목	2016.3Q	2016.4Q	2017.1Q	2017.2Q	2017.3Q	2017.4Q
매출액	127	79	86	147	149	67
영업이익	23	-9	3	20	19	-14
당기순이익	17	-4	1	18	15	-8

재무 상태
<단위 : 억원>

항목	2012	2013	2014	2015	2016	2017
총자산	275	330	411	751	669	702
유형자산	168	201	214	334	344	373
무형자산	2	4	5	5	9	13
유가증권	0	0	0	0	0	0
총부채	174	182	166	111	114	128
총차입금	148	148	124	74	81	96
자본금	25	25	27	37	37	37
총자본	101	148	245	640	555	574
지배주주지분	101	148	245	640	555	574

기업가치 지표

항목	2012	2013	2014	2015	2016	2017
주가(최고/저)(천원)	—/—	—/—	—/—	65.7/29.9	35.9/12.0	14.1/8.6
PER(최고/저)(배)	0.0/0.0	0.0/0.0	0.0/0.0	64.5/29.4	79.7/26.7	39.7/24.2
PBR(최고/저)(배)	0.0/0.0	0.0/0.0	0.0/0.0	7.7/3.5	4.1/1.4	1.5/0.9
EV/EBITDA(배)	2.5	1.7	1.0	23.5	14.5	9.0
EPS(원)	578	924	1,132	1,037	456	357
BPS(원)	1,987	2,908	4,485	8,721	8,913	9,178
CFPS(원)	753	1,203	1,500	1,397	903	877
DPS(원)	—	—	—	200	100	50
EBITDAPS(원)	928	1,599	1,841	1,711	981	912

재무 비율
<단위 : %>

연도	영업이익률	순이익률	부채비율	차입금비율	ROA	ROE	유보율	자기자본비율	EBITDA마진율
2017	6.4	5.8	22.3	16.7	3.8	4.6	1,735.7	81.8	14.9
2016	9.5	8.1	20.6	14.7	4.7	5.6	1,682.6	82.9	17.4
2015	21.7	16.7	17.3	11.6	11.4	14.9	1,644.3	85.3	27.5
2014	22.7	17.5	67.9	50.6	16.5	31.2	796.9	59.6	28.4

흥국화재해상보험 (A000540)
Heungkuk Fire & Marine Insurance

업 종 : 보험　　시 장 : 거래소
신용등급 : (Bond) A　(CP) —　　기업규모 : 시가총액 소형주
홈페이지 : www.heungkukfire.co.kr　　연 락 처 : 02)2002-6000
본 사 : 서울시 종로구 새문안로 68

설 립 일	1948.03.15	**종업원수**	1,171명	**대표이사**	권중원
상 장 일	1974.12.05	**감사의견**	적정(삼정)	**계 열**	
결 산 기	12월	**보 통 주**		**종속회사수**	1개사
액 면 가	5,000원	**우 선 주**		**구 상 호**	

주주구성 (지분율,%)		출자관계 (지분율,%)		주요경쟁사 (외형,%)	
흥국생명보험	60.4	패시브하우스순환형임대주택위탁관리부동산투자회사	11.4	흥국화재	100
태광산업	19.9	토러스투자자문	2.7	동양생명	163
(외국인)	2.5	대신-흥국제일호사모투자전문	1.1	한화손해보험	167

수익구성		비용구성		수출비중	
[손해보험]장기	87.0	책임준비금전입	21.2	수출	—
[손해보험]자동차	7.6	보험금비용	29.2	내수	—
[손해보험]특종	3.7	사업비	6.5		

회사 개요

1948년에 설립된 동사는 손해보험업을 영위해왔으며, 2006년 태광그룹에 편입됐음. 동사가 소속된 태광그룹은 상장사인 태광산업, 대한화섬을 비롯해 제조, 방송통신, 금융, 건설 등의 분야에 총 35개 계열회사를 두고 있음. 동사는 2016년도 3분기 기준 국내 손해보험업 분야에서 시장점유율 4.6%를 차지하며 2014년 신용등급(한국신용평가 기준)이 A+로 한단계 상승한 뒤로 현재까지 유지하고 있음.

실적 분석

동사는 연결재무제표 기준 2017년 당기순이익이 전년 동기 대비 175.2% 증가한 867억원을 기록하였음. 같은 기간 매출액은 4조 2648억원으로 1.6% 감소했고, 영업이익은 1088억원으로 593.2% 증가했음. 동사는 장기 보험료 누적효과를 최대화하기 위해 고객서비스 증대, 판매조직의 불완전판매 제재, 완전판매를 위한 모니터링 등을 통하여 계약유지율을 제고하는 전략을 시행 중.

현금 흐름
<단위 : 억원>

항목	2016	2017
영업활동	9,855	9,946
투자활동	-11,739	-9,640
재무활동	973	-59
순현금흐름	-910	246
기말현금	220	467

시장 대비 수익률

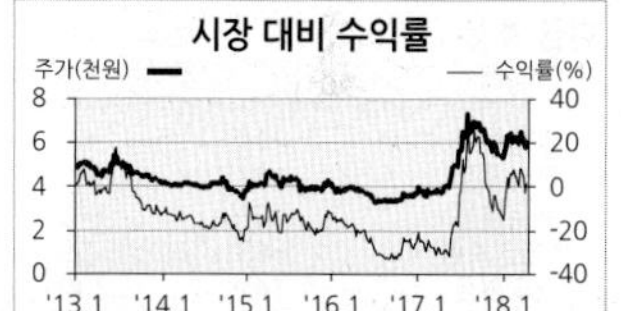

결산 실적
<단위 : 억원>

항목	2012	2013	2014	2015	2016	2017
보험료수익	29,634	22,460	30,158	33,187	33,344	31,607
영업이익	604	344	453	177	157	1,072
당기순이익	737	119	320	197	315	853

분기 실적
<단위 : 억원>

항목	2016.3Q	2016.4Q	2017.1Q	2017.2Q	2017.3Q	2017.4Q
보험료수익	8,375	8,154	8,075	7,989	7,839	7,704
영업이익	245	68	135	636	59	242
당기순이익	185	40	109	482	47	215

재무 상태
<단위 : 억원>

항목	2012	2013	2014	2015	2016	2017
총자산	58,750	65,809	77,076	89,879	102,160	111,539
유형자산	599	639	625	649	669	936
무형자산	215	403	341	297	260	223
유가증권	31,673	30,395	35,915	41,787	53,948	60,232
총부채	55,054	62,902	73,060	85,458	96,637	105,246
총차입금	1,020	1,416	1,510	2,014	2,061	2,058
자본금	3,258	3,258	3,258	3,258	3,258	3,258
총자본	3,697	2,908	4,016	4,420	5,523	6,293
지배주주지분	3,697	2,908	4,016	4,420	5,523	6,293

기업가치 지표

항목	2012	2013	2014	2015	2016	2017
주가(최고/저)(천원)	5.3/4.4	5.4/4.1	4.5/3.5	4.7/3.7	4.1/3.3	7.7/3.6
PER(최고/저)(배)	4.7/3.9	29.5/22.5	9.1/7.1	15.7/12.1	8.5/6.9	5.8/2.7
PBR(최고/저)(배)	0.9/0.8	1.2/0.9	0.7/0.6	0.7/0.5	0.5/0.4	0.8/0.4
PSR(최고/저)(배)	0/0	0/0	0/0	0/0	0/0	0/0
EPS(원)	1,131	183	492	302	483	1,309
BPS(원)	5,673	4,462	6,163	6,783	8,475	9,658
CFPS(원)	1,260	311	679	477	677	1,550
DPS(원)	—	—	—	—	—	—
EBITDAPS(원)	927	528	696	272	241	1,645

재무 비율
<단위 : %>

연도	계속사업이익률	순이익률	부채비율	차입금비율	ROA	ROE	유보율	자기자본비율	총자산증가율
2017	3.3	2.7	1,672.3	32.7	0.8	14.4	93.2	5.6	9.2
2016	0.5	0.9	1,749.9	37.3	0.3	6.3	69.5	5.4	13.7
2015	0.8	0.6	1,933.4	45.6	0.2	4.7	35.7	4.9	16.6
2014	1.4	1.1	1,819.3	37.6	0.5	9.3	23.3	5.2	31.2

흥아해운 (A003280)
Heung-A Shipping

업　　종 : 해상운수　　시　　장 : 거래소
신용등급 : (Bond) BB+　(CP) —　　기업규모 : 시가총액 소형주
홈페이지 : www.heung-a.co.kr　　연 락 처 : 02)3449-3000
본　　사 : 서울시 송파구 새말로5길 21 흥아해운 빌딩

설 립 일	1961.12.08	**종업원수**	896명	**대표이사**	이윤재,박석묵
상 장 일	1976.06.29	**감사의견**	적정(삼정)	**계 열**	
결 산 기	12월	**보 통 주**		**종속회사수**	4개사
액 면 가	500원	**우 선 주**		**구 상 호**	

주주구성 (지분율,%)		출자관계 (지분율,%)		주요경쟁사 (외형,%)	
Fairmont Partners Ltd	18.2	하스매니지먼트	100.0	흥아해운	100
한화자산운용	2.5	에이치앤브이물류	50.0	키위미디어그룹	4
(외국인)	22.2	한로해운	50.0	인터지스	60

매출구성		비용구성		수출비중	
해상운송	93.6	매출원가율	97.9	수출	—
부동산임대 외	6.4	판관비율	3.7	내수	—

회사 개요
동사는 1961년에 설립됨 아시아 지역 내 컨테이너화물과 액체석유화학제품의 해상운송을 주업으로 하고 있으며, 컨테이너야드 임대와 부동산 임대업을 행하고 있음. 계열회사 22개사(국내 11개, 해외 11개)를 보유하고 있음. 연결대상 종속회사는 하스매니지먼트, 파이오니어탱커서비스 등 4개임. 매출은 컨테이너운송 82.3%, 케미컬탱커운송 10.9%, 기타 6.8%로 구성됨.

실적 분석
2017년 연결기준 동사 매출액은 전년도 대비 소폭 증가한 8,364.3억원을 기록함. 케미컬탱커운송 부문 매출은 줄었으나 컨테이너운송 부문과 기타부문 매출이 증가한 결과임. 매출은 소폭 늘고 판매비와 관리비는 감소했으나 매출원가가 늘어 영업이익은 손실 131억원을 기록하며 적자로 전환함. 당기순손실 폭도 커짐. 글로벌 해운업 장기불황이 지속된 가운데 유가는 오르고 환율은 내린데다 지정학적 불안까지 겹친 것이 원인으로 보임.

현금 흐름
〈단위 : 억원〉

항목	2016	2017
영업활동	-14	-69
투자활동	-147	-20
재무활동	103	145
순현금흐름	-63	59
기말현금	141	200

시장 대비 수익률
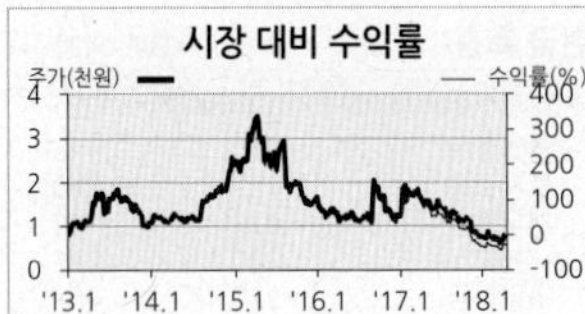

결산 실적
〈단위 : 억원〉

항목	2012	2013	2014	2015	2016	2017
매출액	7,265	7,699	8,251	8,451	8,317	8,364
영업이익	342	193	186	212	59	-131
당기순이익	164	182	183	105	-172	-735

분기 실적
〈단위 : 억원〉

항목	2016.3Q	2016.4Q	2017.1Q	2017.2Q	2017.3Q	2017.4Q
매출액	2,007	2,128	1,962	2,113	2,149	2,139
영업이익	-38	45	-62	30	-12	-87
당기순이익	-211	114	-303	-6	-106	-320

재무 상태
〈단위 : 억원〉

항목	2012	2013	2014	2015	2016	2017
총자산	5,336	5,711	6,492	7,916	9,585	8,490
유형자산	2,404	2,229	3,236	4,833	6,710	5,603
무형자산	10	10	10	11	11	9
유가증권	11	10	42	20	11	4
총부채	4,089	4,157	4,818	6,186	7,660	7,321
총차입금	2,603	2,555	2,384	2,593	2,580	2,744
자본금	354	424	424	424	639	639
총자본	1,247	1,553	1,674	1,731	1,925	1,169
지배주주지분	1,247	1,553	1,674	1,731	1,925	1,169

기업가치 지표

항목	2012	2013	2014	2015	2016	2017
주가(최고/저)(천원)	1.0/0.6	2.0/0.8	2.6/1.0	3.6/1.4	2.1/1.1	2.0/0.7
PER(최고/저)(배)	5.5/3.0	9.9/4.0	14.0/5.6	34.1/13.1	—/—	—/—
PBR(최고/저)(배)	0.7/0.4	1.2/0.5	1.5/0.6	2.0/0.8	1.5/0.8	2.4/0.9
EV/EBITDA(배)	5.7	7.9	13.2	9.0	13.0	25.9
EPS(원)	190	202	189	109	-155	-527
BPS(원)	1,801	1,865	2,008	2,075	1,528	936
CFPS(원)	427	416	361	348	79	-360
DPS(원)	7	9	9	7	5	—
EBITDAPS(원)	679	431	364	475	306	113

재무 비율
〈단위 : %〉

연도	영업이익률	순이익률	부채비율	차입금비율	ROA	ROE	유보율	자기자본비율	EBITDA마진율
2017	-1.6	-8.8	626.3	234.8	-8.1	-47.5	87.2	13.8	1.7
2016	0.7	-2.1	398.0	134.0	-2.0	-9.4	205.6	20.1	3.7
2015	2.5	1.2	357.4	149.8	1.5	6.2	314.9	21.9	4.8
2014	2.3	2.2	287.8	142.4	3.0	11.4	301.5	25.8	3.7

희림종합건축사사무소 (A037440)
Heerim Architects & Planners

업　　종 : 건설　　시　　장 : KOSDAQ
신용등급 : (Bond) —　(CP) —　　기업규모 : 중견
홈페이지 : www.heerim.com　　연 락 처 : 02)3410-9000
본　　사 : 서울시 강동구 상일로 6길 39 (상일동)

설 립 일	1996.07.30	**종업원수**	1,103명	**대표이사**	정영균,이목운
상 장 일	2000.01.22	**감사의견**	적정(영앤진)	**계 열**	
결 산 기	12월	**보 통 주**		**종속회사수**	1개사
액 면 가	500원	**우 선 주**		**구 상 호**	

주주구성 (지분율,%)		출자관계 (지분율,%)		주요경쟁사 (외형,%)	
정영균	26.8	스튜엇프라이스앤파트너스	49.0	희림	100
이영희	8.5	피투엘이디큐브	30.0	성도이엔지	245
(외국인)	1.4	건축설계정보	14.6	세보엠이씨	378

매출구성		비용구성		수출비중	
[건축설계용역]민간	45.3	매출원가율	82.3	수출	10.2
[감리용역]관급	17.8	판관비율	12.2	내수	89.8
[감리용역]민간	16.9				

회사 개요
건축물의 설계와 감리 등 건설 관련 서비스제공업체로서 중앙정부와 지방자치단체에서 발주하는 관급공사의 Turn Key 및 CM서비스 제공이 주요 수입원임. 따라서 동사의 실적은 건설경기 및 정부의 건설관련 정책과 밀접한 관계를 가짐. 해외 진출을 위한 우수한 기술인력확보와 새로운 설계시스템 등의 구축에도 투자를 계속하여 중국, 베트남, 아랍에미리트 등에서 해외설계 용역을 수주하고 있음.

실적 분석
2017년 연결 기준 동사의 매출액은 전년보다 14.1% 증가한 1,594.9억원을 기록하였음. 공항, 경기장, 병원, 호텔, 초고층빌딩 등 고부가가치 특수설계 세계적 경쟁력을 확보하고 있음. 베트남 롱탄공항을 비롯해 국내 대규모 공항 발주, 내진 설계 기준 강화 등 특수설계 분야 발주시장 개선으로 수혜 예상. 더불어 공공주도로 진행될 가능성이 높은 도시재생 뉴딜정책과 관련 해서 CM부문 고성장 기대됨.

현금 흐름
〈단위 : 억원〉

항목	2016	2017
영업활동	74	85
투자활동	-5	-16
재무활동	-48	-71
순현금흐름	21	-3
기말현금	183	179

시장 대비 수익률
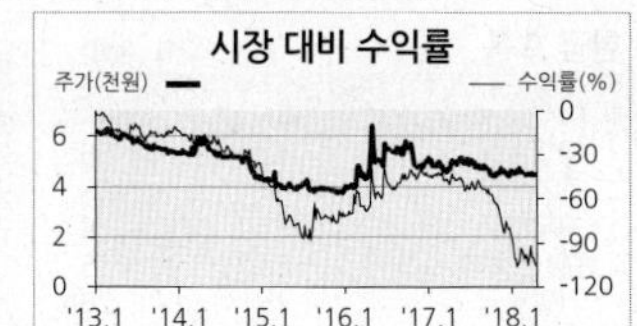

결산 실적
〈단위 : 억원〉

항목	2012	2013	2014	2015	2016	2017
매출액	1,454	1,496	1,356	1,358	1,398	1,595
영업이익	55	71	-99	70	54	87
당기순이익	10	13	-140	36	21	37

분기 실적
〈단위 : 억원〉

항목	2016.3Q	2016.4Q	2017.1Q	2017.2Q	2017.3Q	2017.4Q
매출액	360	363	352	390	410	442
영업이익	19	9	19	13	18	37
당기순이익	3	10	2	10	9	16

재무 상태
〈단위 : 억원〉

항목	2012	2013	2014	2015	2016	2017
총자산	1,275	1,292	1,389	1,425	1,434	1,346
유형자산	80	77	74	17	33	22
무형자산	20	32	35	33	30	44
유가증권	26	23	27	30	29	33
총부채	713	719	957	947	946	830
총차입금	387	446	551	527	500	445
자본금	70	70	70	70	70	70
총자본	563	573	432	478	489	516
지배주주지분	563	573	432	478	489	516

기업가치 지표

항목	2012	2013	2014	2015	2016	2017
주가(최고/저)(천원)	6.7/5.4	6.3/5.2	6.1/4.3	4.6/3.8	6.5/3.9	5.3/4.4
PER(최고/저)(배)	98.6/79.0	72.5/60.0	—/—	18.7/15.3	43.8/26.5	20.3/17.0
PBR(최고/저)(배)	1.5/1.2	1.4/1.2	1.7/1.2	1.2/1.0	1.7/1.0	1.3/1.1
EV/EBITDA(배)	19.2	14.3	—	10.7	15.2	8.3
EPS(원)	74	94	-1,003	262	154	266
BPS(원)	4,742	4,783	3,749	4,035	4,099	4,295
CFPS(원)	166	184	-912	351	235	392
DPS(원)	50	50	—	100	100	100
EBITDAPS(원)	486	602	-617	589	469	750

재무 비율
〈단위 : %〉

연도	영업이익률	순이익률	부채비율	차입금비율	ROA	ROE	유보율	자기자본비율	EBITDA마진율
2017	5.4	2.3	160.8	86.3	2.7	7.4	759.0	38.3	6.5
2016	3.9	1.5	193.5	102.3	1.5	4.4	719.8	34.1	4.7
2015	5.1	2.7	198.0	110.3	2.6	8.0	707.0	33.6	6.0
2014	-7.3	-10.3	221.5	127.4	-10.4	-27.8	649.9	31.1	-6.3

힘스 (A238490)

HIMS CO

업 종 : 디스플레이 및 관련부품
신용등급 : (Bond) — (CP) —
홈페이지 : www.hims.co.kr
본 사 : 인천시 남동구 남동서로 126(고잔동)
시 장 : KOSDAQ
기업규모 : 벤처
연 락 처 : 032)821-2511

설 립 일	1999.01.15	**종 업 원 수**	195명	**대 표 이 사**	김주환
상 장 일	2017.07.20	**감 사 의 견**	적정(신승)	**계 열**	
결 산 기	12월	**보 통 주**		**종속회사수**	
액 면 가	500원	**우 선 주**		**구 상 호**	

주주구성 (지분율,%)		출자관계 (지분율,%)		주요경쟁사 (외형,%)	
김주환	11.3	비트런	28.2	힘스	100
김주일	9.3	넥스트홀딩스	25.0	인베니아	199
(외국인)	0.5	I-VOTS	18.5	신화인터텍	193

매출구성		비용구성		수출비중	
OLED 장비	95.7	매출원가율	67.6	수출	3.6
비전모듈 등	2.7	판관비율	15.3	내수	96.4
Non-oled ? 장비	1.3				

회사 개요

동사는 1999년 1월 15일에 OLED 등 평판 디스플레이(Flat Panel Display) 관련 장비와 부품 등의 제조 및 판매를 목적으로 설립함. 디스플레이 제조사에 OLED 제조관련 마스크 공정 및 Glass 검사공정에 관련 장비를 제조, 판매하는 사업을 주요사업으로 영위하고 있음. 올해 7월 코스닥 시장에 등록했으며 FMM 공정장비서 세계적 기술력을 갖고 있음.

실적 분석

동사의 2017년 연결 기준 연간 누적 매출액은 914.3억원으로 전년 동기 대비 79.7% 증가함. 매출이 증가하면서 매출원가와 판관비도 늘었지만 매출 증가에 따른 고정비용 감소 효과로 인해 영업이익은 전년 동기 대비 137.6% 증가한 156.3억원을 시현함. 비영업 부문에서 금융과 외환 손실이 발생했고 법인세비용 부담도 늘었지만 영업이익 증가폭이 커 당기순이익은 전년 동기 대비 144.7% 증가한 121.2억원을 기록함.

현금 흐름 *IFRS 별도 기준 〈단위 : 억원〉

항목	2016	2017
영업활동	61	106
투자활동	-29	-225
재무활동	9	235
순현금흐름	44	112
기말현금	62	175

시장 대비 수익률

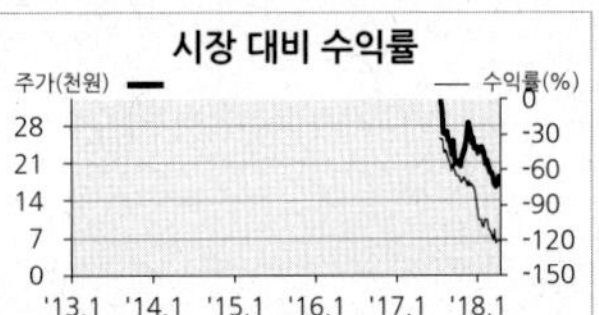

결산 실적 〈단위 : 억원〉

항목	2012	2013	2014	2015	2016	2017
매출액	320	332	268	249	509	914
영업이익	40	26	2	-11	66	156
당기순이익	35	21	6	-6	50	121

분기 실적 *IFRS 별도 기준 〈단위 : 억원〉

항목	2016.3Q	2016.4Q	2017.1Q	2017.2Q	2017.3Q	2017.4Q
매출액	146	279	226	241	390	57
영업이익	16	64	49	68	66	-27
당기순이익	16	50	35	53	53	-20

재무 상태 *IFRS 별도 기준 〈단위 : 억원〉

항목	2012	2013	2014	2015	2016	2017
총자산	297	266	296	246	485	725
유형자산	158	164	160	154	174	306
무형자산	2	3	4	4	6	9
유가증권	2	—	—	—	—	10
총부채	166	113	137	124	262	203
총차입금	113	62	62	80	43	106
자본금	21	21	21	21	21	26
총자본	131	153	159	123	223	522
지배주주지분	131	153	159	123	223	522

기업가치 지표 *IFRS 별도 기준

항목	2012	2013	2014	2015	2016	2017
주가(최고/저)(천원)	#VALUE!	—/—	—/—	—/—	—/—	—/—
PER(최고/저)(배)	0.0/0.0	0.0/0.0	0.0/0.0	0.0/0.0	0.0/0.0	14.5/7.9
PBR(최고/저)(배)	0.0/0.0	0.0/0.0	0.0/0.0	0.0/0.0	0.0/0.0	3.8/2.1
EV/EBITDA(배)	2.1	1.2	4.5	—	—	6.7
EPS(원)	799	484	137	-147	1,195	2,610
BPS(원)	3,038	3,550	3,696	3,703	5,381	9,926
CFPS(원)	891	638	331	58	1,413	2,870
DPS(원)	—	—	—	—	—	200
EBITDAPS(원)	1,020	752	236	-57	1,805	3,625

재무 비율 〈단위 : %〉

연도	영업 이익률	순 이익률	부채 비율	차입금 비율	ROA	ROE	유보율	자기자본 비율	EBITDA 마진율
2017	17.1	13.3	38.8	20.4	20.0	32.5	1,885.1	72.0	18.4
2016	12.9	9.7	117.4	19.2	13.6	28.6	976.2	46.0	14.7
2015	-4.5	-2.5	100.7	65.4	-2.3	-4.4	640.7	49.8	-1.0
2014	0.7	2.2	86.2	38.7	2.1	3.8	667.7	53.7	3.8

ETF

KODEX 200 (A069500)

● 벤치마크 : **KOSPI200**
● 테마분류 : —

● 위험등급 : **3등급**
● 평가등급(3년) : ★★★★

펀드 현황	
운용사(매니저)	삼성자산운용
판매사	—
설정일(존속기간)	2002.10.14 (15년6개월)
설정액	13,417.01억원
순자산	13,417.01억원

시장 정보 (2018년 04월 20일 기준)			
52주최고(원)	34,105	수익률(12M, %)	17.97
52주최저(원)	28,490	수익률(YTD, %)	-1.17
거래량(20일, 주)	7,948,674	변동성(120일)	0.01
거래대금(20일, 원)	253,508,321,331	구성종목수(개)	202
베타(1D/1Y)	1.067230	괴리치(원)	-48.32

누적 수익률

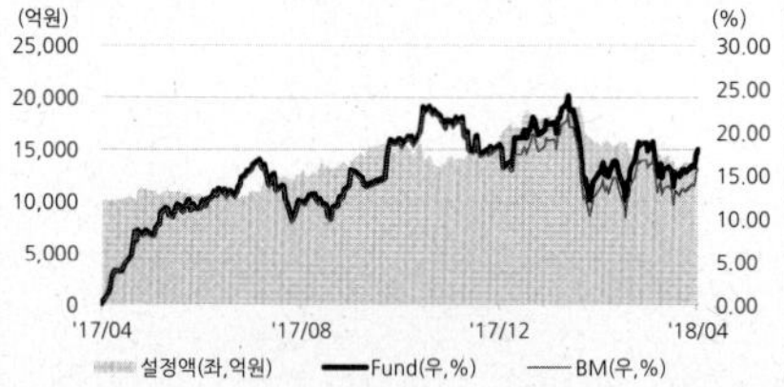

(억원) 25,000 20,000 15,000 10,000 5,000 0
(%) 30.00 25.00 20.00 15.00 10.00 5.00 0.00
'17/04 '17/08 '17/12 '18/04
설정액(좌,억원) Fund(우,%) BM(우,%)

기간별 수익률 (%)

구분	수익률	BM초과	유형초과	%순위
1주	2.18	-0.03	-0.03	85.53
1개월	0.11	0.19	-0.01	50.66
3개월	-2.58	0.28	-0.02	49.56
6개월	-0.44	1.50	-0.07	50.68
연초이후	-1.17	0.26	-0.01	42.04
1년	17.97	2.19	-0.01	33.50
3년	26.12	6.80	0.37	16.87

보수 (%, 年)	
TER	0.150
운용	0.120
판매	0.005
수탁	0.010
일반사무	0.015

투자 전략

KOSPI200지수를 추적하는 상장지수 투자신탁으로 신탁재산의 대부분을 주식 또는 주가지수선물 등의 파생상품에 투자합니다.

KOSEF 200 (A069660)

● 벤치마크 : **KOSPI200**
● 테마분류 : —

● 위험등급 : **3등급**
● 평가등급(3년) : ★★★★

펀드 현황	
운용사(매니저)	키움투자자산운용
판매사	—
설정일(존속기간)	2002.10.14 (15년6개월)
설정액	1,961.95억원
순자산	1,961.95억원

시장 정보 (2018년 04월 20일 기준)			
52주최고(원)	34,470	수익률(12M, %)	18.23
52주최저(원)	28,565	수익률(YTD, %)	-1.24
거래량(20일, 주)	137,556	변동성(120일)	0.01
거래대금(20일, 원)	4,444,749,087	구성종목수(개)	177
베타(1D/1Y)	1.055390	괴리치(원)	-33.48

누적 수익률

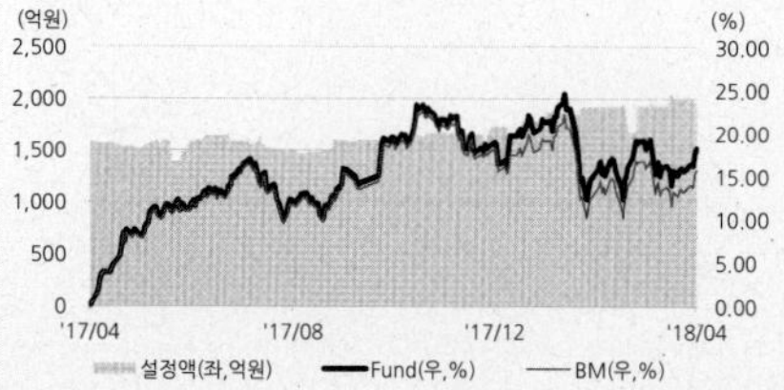

(억원) 2,500 2,000 1,500 1,000 500 0
(%) 30.00 25.00 20.00 15.00 10.00 5.00 0.00
'17/04 '17/08 '17/12 '18/04
설정액(좌,억원) Fund(우,%) BM(우,%)

기간별 수익률 (%)

구분	수익률	BM초과	유형초과	%순위
1주	2.19	-0.02	-0.02	78.51
1개월	0.04	0.11	-0.08	68.28
3개월	-2.66	0.19	-0.10	61.95
6개월	-0.47	1.48	-0.10	52.49
연초이후	-1.24	0.18	-0.09	52.65
1년	18.23	2.45	0.25	22.50
3년	26.54	7.21	0.79	10.24

보수 (%, 年)	
TER	0.130
운용	0.090
판매	0.010
수탁	0.010
일반사무	0.020

투자 전략

상장지수투자신탁(ETF)에 투자하여 시장수익률을 추종하며 주식에의 투자는 업종대표종목에 투자하여 주식시장 상승 시에 초과수익 추구. ETF에의 투자하여 운용의 투명성 및 거래비용 절감 등 효율성을 증대시키며 시장변 동성에 능동적으로 대처할 수 있는 수단(Tactical Strategy)으로 적극 활용.

KODEX 반도체 (A091160)

● 벤치마크 : **KRX 반도체**
● 테마분류 : —
● 위험등급 : **2등급**
● 평가등급(3년) : ★★★★

펀드 현황	
운용사(매니저)	삼성자산운용
판매사	—
설정일(존속기간)	2006.06.27 (11년10개월)
설정액	68.23억원
순자산	68.23억원

시장 정보 (2018년 04월 20일 기준)			
52주최고(원)	29,105	수익률(12M, %)	26.75
52주최저(원)	21,760	수익률(YTD, %)	0.18
거래량(20일, 주)	8,976	변동성(120일)	0.02
거래대금(20일, 원)	235,958,887	구성종목수(개)	31
베타(1D/1Y)	1.280220	괴리치(원)	-69.51

누적 수익률

기간별 수익률 (%)

구분	수익률	BM초과	유형초과	%순위
1주	3.02	-0.03	2.18	21.43
1개월	-2.35	-0.03	-1.13	65.71
3개월	0.95	0.07	4.43	13.04
6개월	1.50	0.36	-5.54	55.36
연초이후	0.18	0.04	-0.39	43.48
1년	26.75	-0.01	3.02	28.85
3년	44.24	0.32	31.92	22.22

보수 (%, 年)	
TER	0.450
운용	0.340
판매	0.050
수탁	0.020
일반사무	0.040

투자 전략

KODEX반도체 상장지수투자신탁(ETF)은 추적대상지수가 한국증권선물거래소가 발표하는 KRX Semicon지수인 상장지수투자신탁. 따라서 이 펀드는 당해 투자신탁의 수익률이 추적대상지수의 수익률과 동일한 수익률을 실현합니다.

KODEX 은행 (A091170)

● 벤치마크 : **KRX 은행**
● 테마분류 : —
● 위험등급 : **2등급**
● 평가등급(3년) : ★★★★

펀드 현황	
운용사(매니저)	삼성자산운용
판매사	—
설정일(존속기간)	2006.06.27 (11년10개월)
설정액	1,228.40억원
순자산	1,228.40억원

시장 정보 (2018년 04월 20일 기준)			
52주최고(원)	10,095	수익률(12M, %)	15.65
52주최저(원)	7,975	수익률(YTD, %)	-4.65
거래량(20일, 주)	204,504	변동성(120일)	0.01
거래대금(20일, 원)	1,793,554,229	구성종목수(개)	11
베타(1D/1Y)	0.811380	괴리치(원)	-19.22

누적 수익률

기간별 수익률 (%)

구분	수익률	BM초과	유형초과	%순위
1주	2.55	-0.11	1.70	31.43
1개월	-3.17	0.08	-1.95	72.86
3개월	-10.85	0.19	-7.38	85.51
6개월	-0.28	2.76	-7.32	64.29
연초이후	-4.65	-0.05	-5.21	71.01
1년	15.65	3.04	-8.08	50.00
3년	31.17	9.24	18.85	29.63

보수 (%, 年)	
TER	0.450
운용	0.340
판매	0.050
수탁	0.020
일반사무	0.040

투자 전략

KODEX은행 상장지수투자신탁(ETF)은 추적대상지수가 한국증권선물거래소가 발표하는 KRX Banks지수(추적대상 지수)인 상장지수투자신탁. 따라서 이 펀드는 당해 투자신탁의 수익률이 추적대상지수의 수익률과 동일한 수익률 실현합니다.

KODEX 자동차 (A091180)

● 벤치마크 : **KRX 자동차**
● 테마분류 : —

● 위험등급 : **2등급**
● 평가등급(3년) : ★★

펀드 현황	
운용사(매니저) 판매사	삼성자산운용 —
설정일(존속기간) 설정액 순자산	2006.06.27 (11년10개월) 50.85억원 50.85억원

시장 정보 (2018년 04월 20일 기준)			
52주최고(원)	18,180	수익률(12M, %)	3.90
52주최저(원)	15,290	수익률(YTD, %)	-7.98
거래량(20일, 주)	12,927	변동성(120일)	0.01
거래대금(20일, 원)	208,205,079	구성종목수(개)	21
베타(1D/1Y)	0.350690	괴리치(원)	-25.09

누적 수익률

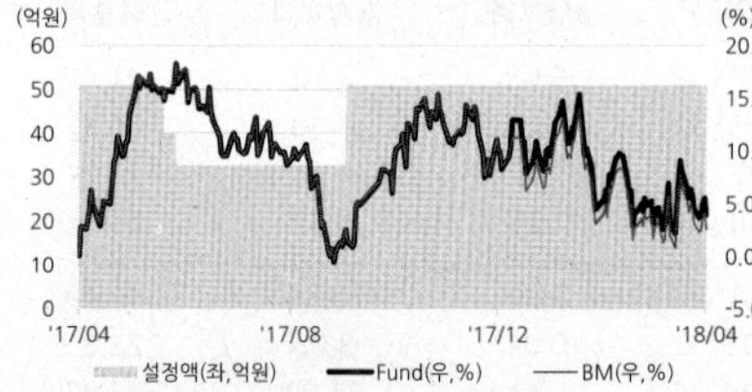

기간별 수익률 (%)

구분	수익률	BM초과	유형초과	%순위
1주	-0.59	0.00	-1.43	78.57
1개월	0.87	0.01	2.09	28.57
3개월	-7.85	-0.14	-4.37	76.81
6개월	-5.65	1.30	-12.69	91.07
연초이후	-7.98	-0.16	-8.54	92.75
1년	3.90	1.35	-19.83	84.62
3년	-8.90	3.82	-21.22	66.67

보수 (%, 年)	
TER	0.450
운용	0.340
판매	0.050
수탁	0.020
일반사무	0.040

투자 전략

KODEX자동차 상장지수투자신탁(ETF)은 추적대상지수가 한국증권선물 거래소가 발표하는 KRX Autos지수인 상장지수투자신탁.수익률이 추적대상지수의 수익률과 동일한 수익률 실현. KODEX 자동차 ETF의 자산운용회사인 삼성투신운용는 KRX Autos 지수를 구성하는 종목을 완전히복제하는 방식으로 포트폴리오를 구성합니다.

TIGER KRX100 (A091210)

● 벤치마크 : **KRX100**
● 테마분류 : —

● 위험등급 : **3등급**
● 평가등급(3년) : ★★★★

펀드 현황	
운용사(매니저) 판매사	미래에셋자산운용 —
설정일(존속기간) 설정액 순자산	2006.06.27 (11년10개월) 81.08억원 81.08억원

시장 정보 (2018년 04월 20일 기준)			
52주최고(원)	54,405	수익률(12M, %)	21.75
52주최저(원)	44,160	수익률(YTD, %)	0.13
거래량(20일, 주)	795	변동성(120일)	0.01
거래대금(20일, 원)	40,802,392	구성종목수(개)	101
베타(1D/1Y)	0.913160	괴리치(원)	47.69

누적 수익률

기간별 수익률 (%)

구분	수익률	BM초과	유형초과	%순위
1주	2.16	-0.04	1.07	42.91
1개월	-0.27	0.18	1.28	51.53
3개월	-2.03	0.26	3.15	15.25
6개월	2.09	1.65	-6.05	31.70
연초이후	0.13	0.27	-1.50	31.33
1년	21.75	1.89	-12.01	53.65
3년	26.37	6.41	-8.57	52.94

보수 (%, 年)	
TER	0.220
운용	0.130
판매	0.040
수탁	0.020
일반사무	0.030

투자 전략

한국증권선물거래소가 발표하는 KRX100을 추적대상 지수로 하는 상장지수투자신탁으로서, 펀드의 수익률이 추적대상 지수인 KRX100의 수익률과 동일한 수익률을 실현하도록 하는 것을 그 운용목적으로 합니다.

TIGER 은행 (A091220)

● 벤치마크 : **KRX 은행** ● 위험등급 : **2등급**
● 테마분류 : – ● 평가등급(3년) : ★★★★

펀드 현황	
운용사(매니저)	미래에셋자산운용
판매사	–
설정일(존속기간)	2006.06.27 (11년10개월)
설정액	58.59억원
순자산	58.59억원

시장 정보 (2018년 04월 20일 기준)			
52주최고(원)	10,370	수익률(12M, %)	15.59
52주최저(원)	8,125	수익률(YTD, %)	-4.79
거래량(20일, 주)	19,114	변동성(120일)	0.01
거래대금(20일, 원)	169,508,626	구성종목수(개)	11
베타(1D/1Y)	0.766030	괴리치(원)	-25.72

누적 수익률

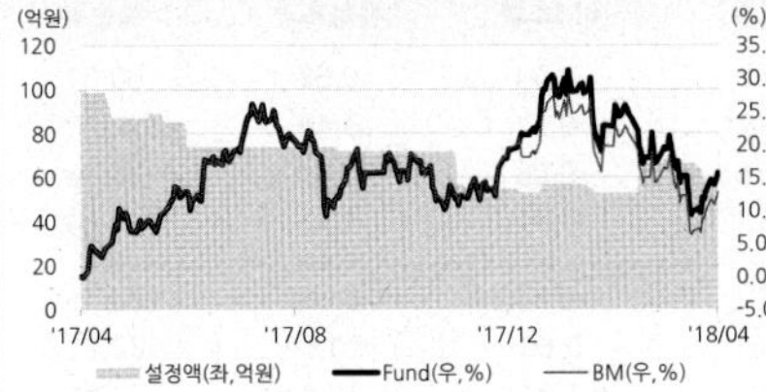

(억원) 120 100 80 60 40 20 0 / (%) 35.00 30.00 25.00 20.00 15.00 10.00 5.00 0.00 -5.00
'17/04 '17/08 '17/12 '18/04
설정액(좌,억원) Fund(우,%) BM(우,%)

기간별 수익률 (%)				
구분	수익률	BM초과	유형초과	%순위
1주	2.57	-0.09	1.72	30.00
1개월	-3.20	0.05	-1.98	75.71
3개월	-11.01	0.03	-7.53	86.96
6개월	-0.30	2.73	-7.34	66.07
연초이후	-4.79	-0.20	-5.36	72.46
1년	15.59	2.97	-8.14	51.92
3년	31.53	9.59	19.21	25.93

보수 (%, 年)	
TER	0.460
운용	0.300
판매	0.100
수탁	0.030
일반사무	0.030

투자 전략

한국증권선물거래소가 발표하는 KRX BANKS을 추적대상 지수로 하는 상장지수투자신탁으로 펀드의 수익률이 추적대상 지수인 KRX BANKS의 수익률과 동일한 수익률 실현합니다.

TIGER 반도체 (A091230)

● 벤치마크 : **KRX 반도체** ● 위험등급 : **2등급**
● 테마분류 : – ● 평가등급(3년) : ★★★★

펀드 현황	
운용사(매니저)	미래에셋자산운용
판매사	–
설정일(존속기간)	2006.06.27 (11년10개월)
설정액	114.29억원
순자산	114.29억원

시장 정보 (2018년 04월 20일 기준)			
52주최고(원)	29,600	수익률(12M, %)	27.49
52주최저(원)	22,185	수익률(YTD, %)	0.24
거래량(20일, 주)	14,153	변동성(120일)	0.02
거래대금(20일, 원)	374,730,220	구성종목수(개)	31
베타(1D/1Y)	1.259800	괴리치(원)	2.36

누적 수익률

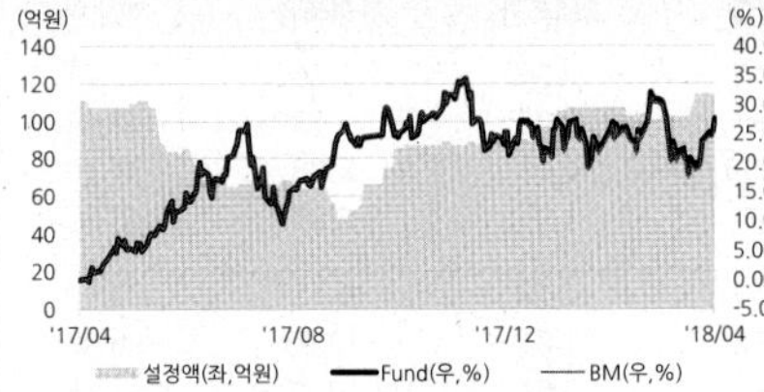

(억원) 140 120 100 80 60 40 20 0 / (%) 40.00 35.00 30.00 25.00 20.00 15.00 10.00 5.00 0.00 -5.00
'17/04 '17/08 '17/12 '18/04
설정액(좌,억원) Fund(우,%) BM(우,%)

기간별 수익률 (%)				
구분	수익률	BM초과	유형초과	%순위
1주	3.02	-0.04	2.17	22.86
1개월	-2.32	0.00	-1.09	64.29
3개월	1.00	0.11	4.48	11.59
6개월	1.90	0.77	-5.13	51.79
연초이후	0.24	0.11	-0.32	42.03
1년	27.49	0.72	3.76	25.00
3년	48.14	4.22	35.82	18.52

보수 (%, 年)	
TER	0.460
운용	0.300
판매	0.100
수탁	0.030
일반사무	0.030

투자 전략

한국증권선물거래소가 발표하는 KRX SEMICON을 추적대상 지수로 하는 상장지수투자신탁으로 펀드의 수익률이 추적대상 지수인 KRX SEMICON의 수익률과 동일한 수익률 실현합니다.

TREX 중소형가치 (A097750)

● 벤치마크 : **MKF 중소형가치**
● 테마분류 : —

● 위험등급 : **3등급**
● 평가등급(3년) : ★

펀드 현황	
운용사(매니저) 판매사	유리자산운용 —
설정일(존속기간) 설정액 순자산	2007.07.30 (10년8개월) 49.88억원 49.88억원

시장 정보 (2018년 04월 20일 기준)			
52주최고(원)	9,715	수익률(12M, %)	13.11
52주최저(원)	7,950	수익률(YTD, %)	2.31
거래량(20일, 주)	245	변동성(120일)	0.01
거래대금(20일, 원)	2,153,521	구성종목수(개)	227
베타(1D/1Y)	0.729310	괴리치(원)	-7.54

누적 수익률

기간별 수익률 (%)

구분	수익률	BM초과	유형초과	%순위
1주	1.71	-0.04	0.62	60.81
1개월	1.88	-0.12	3.44	4.07
3개월	-2.38	-0.08	2.81	20.76
6개월	9.61	0.79	1.47	13.84
연초이후	2.31	-0.37	0.68	22.75
1년	13.11	0.69	-20.64	82.81
3년	8.10	1.31	-26.84	92.65

보수 (%, 年)	
TER	0.460
운용	0.300
판매	0.100
수탁	0.030
일반사무	0.030

투자 전략

매일경제신문이 발표하는 'MKF중소형가치지수'를 추적하는 상장지수투자신탁으로서, 펀드의 수익률이 'MKF중소형가치지수'의 수익률과 동일한 수익률을 실현하도록 하는 것을 그 운용목적으로 합니다.

TIGER 방송통신 (A098560)

● 벤치마크 : **KRX 미디어통신**
● 테마분류 : —

● 위험등급 : **2등급**
● 평가등급(3년) : ★★★

펀드 현황	
운용사(매니저) 판매사	미래에셋자산운용 —
설정일(존속기간) 설정액 순자산	2007.09.07 (10년7개월) 54.79억원 54.79억원

시장 정보 (2018년 04월 20일 기준)			
52주최고(원)	10,840	수익률(12M, %)	-5.92
52주최저(원)	9,305	수익률(YTD, %)	-8.69
거래량(20일, 주)	2,495	변동성(120일)	0.01
거래대금(20일, 원)	24,065,837	구성종목수(개)	11
베타(1D/1Y)	0.464720	괴리치(원)	1.52

누적 수익률

기간별 수익률 (%)

구분	수익률	BM초과	유형초과	%순위
1주	-0.41	0.00	-1.26	75.71
1개월	-2.96	0.02	-1.73	71.43
3개월	-11.56	0.06	-8.08	91.30
6개월	-1.81	1.95	-8.85	76.79
연초이후	-8.69	-0.04	-9.25	97.10
1년	-5.92	1.81	-29.65	98.08
3년	1.97	5.52	-10.35	51.85

보수 (%, 年)	
TER	0.460
운용	0.300
판매	0.100
수탁	0.030
일반사무	0.030

투자 전략

상장지수투자신탁으로서 KRX MEDIA & TELECOM 지수의 수익률을 추종하는 것을 목적으로 합니다.

KODEX China H (A099140)

- 벤치마크 : **World - MSCI - EMF ASIA (KRW Unhedged)**
- 테마분류 : —
- 위험등급 : **2등급**
- 평가등급(3년) : ★★

펀드 현황	
운용사(매니저)	삼성자산운용
판매사	—
설정일(존속기간)	2007.10.10 (10년6개월)
설정액	619.21억원
순자산	619.21억원

시장 정보 (2018년 04월 20일 기준)			
52주최고(원)	23,690	수익률(12M, %)	3.02
52주최저(원)	17,725	수익률(YTD, %)	0.00
거래량(20일, 주)	13,451	변동성(120일)	0.01
거래대금(20일, 원)	279,981,298	구성종목수(개)	51
베타(1D/1Y)	0.598970	괴리치(원)	54.01

누적 수익률

기간별 수익률 (%)

구분	수익률	BM초과	유형초과	%순위
1주	1.44	0.55	1.06	24.61
1개월	-1.15	-1.55	1.18	34.76
3개월	-4.37	-2.10	0.78	47.21
6개월	-8.20	-3.82	-2.57	75.23
연초이후	—	-0.25	-4.22	69.19
1년	3.02	1.46	1.93	31.37
3년	16.69	-2.67	-9.95	67.69

보수 (%, 年)	
TER	0.370
운용	0.250
판매	0.050
수탁	0.040
일반사무	0.030

투자 전략

KODEX China H 상장지수투자신탁(ETF)은 홍콩증권거래소에 상장되어 있고 HSI S ervicesLimited가 발표하는 Hang Seng China Enterprises In dex를 추적대상지수로 하는 상장지수투자신탁(ETF)입니다. 따라서 이 투자신탁은 당해 투자 신탁의 수익률이 추적대상지수의 변동과 환율변동을 모두 포함한 수익률과 유사한 수익률을 실현합니다.

KOSEF KRX100 (A100910)

- 벤치마크 : **KRX100**
- 테마분류 : —
- 위험등급 : **3등급**
- 평가등급(3년) : ★★★★

펀드 현황	
운용사(매니저)	키움투자자산운용
판매사	—
설정일(존속기간)	2008.01.23 (10년3개월)
설정액	79.16억원
순자산	79.16억원

시장 정보 (2018년 04월 20일 기준)			
52주최고(원)	5,510	수익률(12M, %)	21.72
52주최저(원)	4,465	수익률(YTD, %)	0.09
거래량(20일, 주)	324	변동성(120일)	0.01
거래대금(20일, 원)	1,675,609	구성종목수(개)	101
베타(1D/1Y)	1.018750	괴리치(원)	4.67

누적 수익률

기간별 수익률 (%)

구분	수익률	BM초과	유형초과	%순위
1주	2.18	-0.01	1.09	41.55
1개월	-0.30	0.15	1.25	55.59
3개월	-2.08	0.22	3.10	16.10
6개월	2.03	1.60	-6.11	32.14
연초이후	0.09	0.22	-1.54	31.76
1년	21.72	1.86	-12.03	54.17
3년	26.45	6.48	-8.49	51.47

보수 (%, 年)	
TER	0.230
운용	0.130
판매	0.050
수탁	0.025
일반사무	0.025

투자 전략

KRX100지수에 편입된 주식 등에 중장기투자하여 비교지수*와 유사한 투자수익률을 추구하며, 추적대상지수가 증권선물거래소가산출하여 발표하는 RX100 지수로 하는 상장지수간접투자신탁입니다.

KODEX 일본TOPIX100 (A101280)

● 벤치마크 : **World - MSCI - AC ASIA PACIFIC FREE (KRW Unhedged)**
● 테마분류 : –
● 위험등급 : **2등급**
● 평가등급(3년) : ★★★★

펀드 현황	
운용사(매니저)	삼성자산운용
판매사	–
설정일(존속기간)	2008.02.20 (10년2개월)
설정액	51.34억원
순자산	51.34억원

시장 정보 (2018년 04월 20일 기준)			
52주최고(원)	13,555	수익률(12M, %)	0.67
52주최저(원)	11,270	수익률(YTD, %)	-0.35
거래량(20일, 주)	2,342	변동성(120일)	0.01
거래대금(20일, 원)	29,334,172	구성종목수(개)	99
베타(1D/1Y)	0.198230	괴리치(원)	21.86

누적 수익률

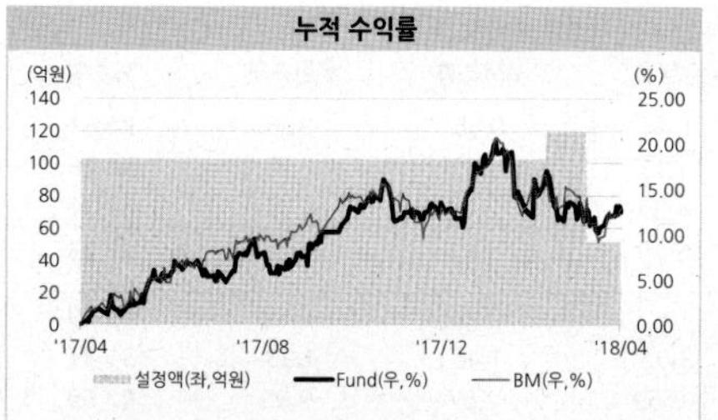

기간별 수익률 (%)				
구분	수익률	BM초과	유형초과	%순위
1주	-0.54	-0.84	-1.05	93.51
1개월	0.38	-0.66	0.83	29.97
3개월	-0.45	0.70	1.54	34.77
6개월	-4.94	-0.24	-0.15	54.33
연초이후	-0.35	0.55	-2.62	85.06
1년	0.67	0.15	1.53	34.40
3년	12.53	-0.47	-9.72	94.15

보수 (%, 年)	
TER	0.370
운용	0.250
판매	0.050
수탁	0.040
일반사무	0.030

투자 전략

KODEX Japan 상장지수투자신탁(ETF)은 동경증권거래소에 상장되어 있고 TSE가 발표하는 TokyoStock Price Index 100 를 추적대상지수로 하는 상장지수투자신탁(ETF)입니다.

TIGER 200 (A102110)

● 벤치마크 : **KOSPI200**
● 테마분류 : –
● 위험등급 : **3등급**
● 평가등급(3년) : ★★★★

펀드 현황	
운용사(매니저)	미래에셋자산운용
판매사	–
설정일(존속기간)	2008.04.03 (10년)
설정액	20,541.17억원
순자산	20,541.17억원

시장 정보 (2018년 04월 20일 기준)			
52주최고(원)	34,170	수익률(12M, %)	18.03
52주최저(원)	28,470	수익률(YTD, %)	-1.15
거래량(20일, 주)	1,735,846	변동성(120일)	0.01
거래대금(20일, 원)	55,417,801,919	구성종목수(개)	202
베타(1D/1Y)	1.067490	괴리치(원)	-48.28

누적 수익률

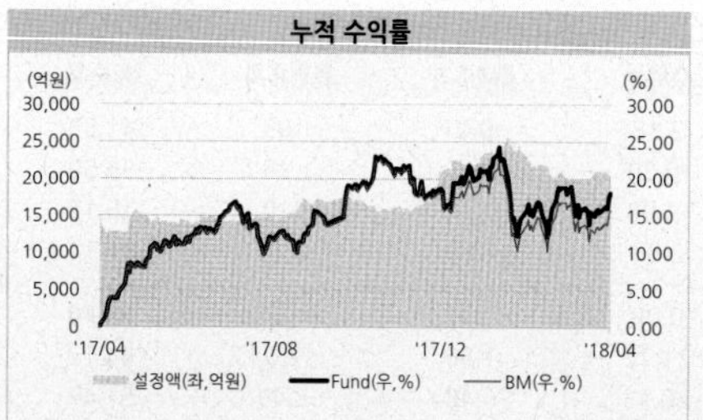

기간별 수익률 (%)				
구분	수익률	BM초과	유형초과	%순위
1주	2.17	-0.03	-0.03	89.47
1개월	0.10	0.18	-0.02	51.98
3개월	-2.58	0.27	-0.02	50.00
6개월	-0.37	1.57	-0.00	43.44
연초이후	-1.15	0.27	-0.00	40.27
1년	18.03	2.25	0.05	29.00
3년	26.33	7.01	0.59	12.65

보수 (%, 年)	
TER	0.050
운용	0.026
판매	0.004
수탁	0.010
일반사무	0.010

투자 전략

한국증권선물거래소가 발표하는 KOSPI200을 추적대상 지수로 하는 상장지수투자신탁으로서, 주식에 60% 이상 투자하여 펀드의 수익률이 추적대상 지수인 KOSPI200의 수익률과 유사한 수익률을 실현하도록 하는 것을 그 운용목적으로 합니다.

KODEX 삼성그룹 (A102780)

● 벤치마크 : **삼성그룹**
● 테마분류 : —
● 위험등급 : **2등급**
● 평가등급(3년) : ★★★

펀드 현황	
운용사(매니저)	삼성자산운용
판매사	—
설정일(존속기간)	2008.05.21 (9년11개월)
설정액	8,181.64억원
순자산	8,181.64억원

시장 정보 (2018년 04월 20일 기준)			
52주최고(원)	7,410	수익률(12M, %)	29.28
52주최저(원)	5,730	수익률(YTD, %)	6.09
거래량(20일, 주)	218,656	변동성(120일)	0.01
거래대금(20일, 원)	1,570,526,887	구성종목수(개)	16
베타(1D/1Y)	1.229090	괴리치(원)	-21.79

누적 수익률

(억원) 9,000 8,000 7,000 6,000 5,000 4,000 3,000 2,000 1,000 0
(%) 35.00 30.00 25.00 20.00 15.00 10.00 5.00 0.00
'17/04 '17/08 '17/12 '18/04
설정액(좌,억원) Fund(우,%) BM(우,%)

구분	수익률	BM초과	유형초과	%순위
1주	1.16	-0.00	0.07	69.93
1개월	1.41	0.15	2.97	5.76
3개월	1.45	0.29	6.63	1.69
6개월	5.36	1.27	-2.79	16.52
연초이후	6.09	0.36	4.46	14.16
1년	29.28	1.35	-4.47	28.65
3년	24.63	4.25	-10.31	62.50

보수 (%, 年)	
TER	0.250
운용	0.215
판매	0.005
수탁	0.010
일반사무	0.020

투자 전략

삼성 KODEX 삼성그룹주 상장지수투자신탁(ETF)은 주식회사 리만브라더스와 에프앤가이드가 산출하여 한국증권선물거래소를 통하여 발표하는 삼성그룹지수 (Samsung Group Index)를 추적대상지수로 하는 상장지수투자신탁입니다. 따라서 이 투자신탁은 당해투자신탁의 수익률이 추적대상지수의 수익률과 유사한 수익률을 실현하는 것을 그 운용목적으로 하고 있습니다.

KODEX 기계장비 (A102960)

● 벤치마크 : **KRX 조선**
● 테마분류 : —
● 위험등급 : **1등급**
● 평가등급(3년) : ★

펀드 현황	
운용사(매니저)	삼성자산운용
판매사	—
설정일(존속기간)	2008.05.29 (9년10개월)
설정액	648.52억원
순자산	648.52억원

시장 정보 (2018년 04월 20일 기준)			
52주최고(원)	6,930	수익률(12M, %)	-13.23
52주최저(원)	4,885	수익률(YTD, %)	10.71
거래량(20일, 주)	37,832	변동성(120일)	0.02
거래대금(20일, 원)	206,590,209	구성종목수(개)	26
베타(1D/1Y)	0.905420	괴리치(원)	-16.37

누적 수익률

(억원) 800 700 600 500 400 300 200 100 0
(%) 15.00 10.00 5.00 0.00 -5.00 -10.00 -15.00 -20.00 -25.00 -30.00
'17/04 '17/08 '17/12 '18/04
설정액(좌,억원) Fund(우,%) BM(우,%)

구분	수익률	BM초과	유형초과	%순위
1주	2.21	-0.13	1.36	38.57
1개월	-2.90	-0.11	-1.68	70.00
3개월	-2.66	-0.30	0.82	43.48
6개월	-11.31	-4.11	-18.35	98.21
연초이후	10.71	-0.46	10.14	17.39
1년	-13.23	-4.31	-36.96	100.00
3년	-43.57	-2.52	-55.88	100.00

보수 (%, 年)	
TER	0.450
운용	0.340
판매	0.050
수탁	0.020
일반사무	0.040

투자 전략

KRX Shipbuilding 지수를 추적대상 지수로 하여 1좌당 순자산가치의 변동률을 추적대상지수의 변동률과 유사하도록 투자신탁재산을 운용함을 그 운용목적으로 합니다.

KODEX 증권 (A102970)

● 벤치마크 : **KRX 증권**
● 테마분류 : —

● 위험등급 : **1등급**
● 평가등급(3년) : ★★★

펀드 현황	
운용사(매니저)	삼성자산운용
판매사	—
설정일(존속기간)	2008.05.29 (9년10개월)
설정액	2,355.20억원
순자산	2,355.20억원

시장 정보 (2018년 04월 20일 기준)			
52주최고(원)	9,115	수익률(12M, %)	30.74
52주최저(원)	6,245	수익률(YTD, %)	8.14
거래량(20일, 주)	431,886	변동성(120일)	0.02
거래대금(20일, 원)	3,332,480,120	구성종목수(개)	14
베타(1D/1Y)	1.684120	괴리치(원)	-6.39

누적 수익률

(억원) 3,000 2,500 2,000 1,500 1,000 500 0 / (%) 60.00 50.00 40.00 30.00 20.00 10.00 0.00
'17/04 '17/08 '17/12 '18/04
설정액(좌,억원) Fund(우,%) BM(우,%)

기간별 수익률 (%)				
구분	수익률	BM초과	유형초과	%순위
1주	4.46	-0.06	3.62	5.71
1개월	-0.84	0.00	0.38	48.57
3개월	-5.31	-0.45	-1.84	63.77
6개월	10.35	1.60	3.31	26.79
연초이후	8.14	-0.90	7.58	21.74
1년	30.74	1.34	7.01	21.15
3년	-14.01	5.21	-26.33	77.78

보수 (%, 年)	
TER	0.450
운용	0.340
판매	0.050
수탁	0.020
일반사무	0.040

투자 전략

KRX Securities 지수를 추적대상 지수로 하여 1좌당 순자산가치의 변동률을 추적대상 지수의 변동률과 유사하도록 투자신탁재산을 운용함을 그 운용목적으로 합니다.

KOSEF 블루칩 (A104520)

● 벤치마크 : **MKF 블루칩**
● 테마분류 : —

● 위험등급 : **3등급**
● 평가등급(3년) : ★★★

펀드 현황	
운용사(매니저)	키움투자자산운용
판매사	—
설정일(존속기간)	2008.07.29 (9년8개월)
설정액	78.14억원
순자산	78.14억원

시장 정보 (2018년 04월 20일 기준)			
52주최고(원)	9,545	수익률(12M, %)	21.07
52주최저(원)	7,555	수익률(YTD, %)	1.26
거래량(20일, 주)	15,146	변동성(120일)	0.01
거래대금(20일, 원)	136,241,920	구성종목수(개)	43
베타(1D/1Y)	0.848350	괴리치(원)	-1.17

누적 수익률

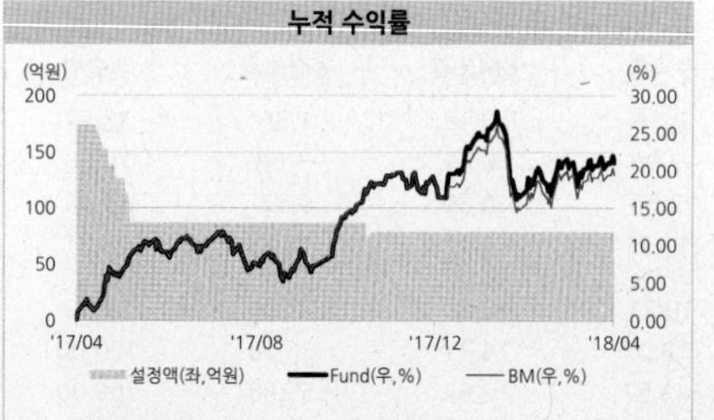

기간별 수익률 (%)				
구분	수익률	BM초과	유형초과	%순위
1주	0.63	-0.01	-0.45	77.03
1개월	0.58	-0.02	2.13	16.95
3개월	-2.76	-0.13	2.43	32.20
6개월	5.99	1.58	-2.16	16.07
연초이후	1.26	-0.13	-0.37	26.18
1년	21.07	1.63	-12.68	56.25
3년	19.04	4.50	-15.89	72.06

보수 (%, 年)	
TER	0.400
운용	0.240
판매	0.100
수탁	0.030
일반사무	0.030

투자 전략

우리CS KOSEF 블루칩 상장지수간접투자신탁은 주로 MKF 블루칩 지수에 편입된 주식 등에 중장기 투자하여 비교지수와 유사한 투자수익률을 추구하며 추적대상지수가 매경-에프앤가이드가 산출하여 발표하는 MKF 블루칩 지수로 하는 상장지수간접투자신탁입니다. 따라서 이 펀드는 당해 투자신탁의 수익률이 추적대상지수의 수익률과 동일한 수익률을 실현합니다.

KOSEF 고배당 (A104530)

● 벤치마크 : **MKF Wealth 고배당20** ● 위험등급 : **3등급**
● 테마분류 : — ● 평가등급(3년) : ★★★

펀드 현황	
운용사(매니저)	키움투자자산운용
판매사	—
설정일(존속기간)	2008.07.29 (9년8개월)
설정액	119.38억원
순자산	119.38억원

시장 정보 (2018년 04월 20일 기준)			
52주최고(원)	10,040	수익률(12M, %)	6.76
52주최저(원)	8,255	수익률(YTD, %)	-10.23
거래량(20일, 주)	3,973	변동성(120일)	0.01
거래대금(20일, 원)	34,071,211	구성종목수(개)	21
베타(1D/1Y)	0.751920	괴리치(원)	-3.89

누적 수익률

(억원) 160 140 120 100 80 60 40 20 0 (%) 30.00 25.00 20.00 15.00 10.00 5.00 0.00
'17/04 '17/08 '17/12 '18/04
설정액(좌,억원) Fund(우,%) BM(우,%)

기간별 수익률 (%)				
구분	수익률	BM초과	유형초과	%순위
1주	0.91	-0.01	-0.18	75.34
1개월	-1.27	0.04	0.28	82.71
3개월	-13.37	-0.29	-8.19	99.58
6개월	-5.22	2.57	-13.36	97.77
연초이후	-10.23	-0.35	-11.86	100.00
1년	6.76	2.80	-26.99	95.83
3년	18.95	9.02	-15.99	73.53

보수 (%, 年)	
TER	0.400
운용	0.240
판매	0.100
수탁	0.030
일반사무	0.030

투자 전략

우리CS KOSEF 고배당 상장지수간접투자신탁은 주로 MKF 웰스 고배당 20지수에 편입된 주식 등에 중장기 투자하여 비교지수와 유사한 투자수익률을 추구하며 추적대상지수가 매경-에프앤가이드가 산출하여 발표하는 MKF 웰스 고배당 20지수("추적대상 지수")로 하는 상장지수간접투자신탁입니다.

TIGER 라틴35 (A105010)

● 벤치마크 : **World - MSCI - EMF LATIN AMERICA (KRW Unhedged)** ● 위험등급 : **2등급**
● 테마분류 : — ● 평가등급(3년) : ★★★

펀드 현황	
운용사(매니저)	미래에셋자산운용
판매사	—
설정일(존속기간)	2008.08.27 (9년7개월)
설정액	62.55억원
순자산	62.55억원

시장 정보 (2018년 04월 20일 기준)			
52주최고(원)	4,485	수익률(12M, %)	11.34
52주최저(원)	3,520	수익률(YTD, %)	1.56
거래량(20일, 주)	5,287	변동성(120일)	0.01
거래대금(20일, 원)	21,990,224	구성종목수(개)	36
베타(1D/1Y)	0.323530	괴리치(원)	27.28

누적 수익률

기간별 수익률 (%)				
구분	수익률	BM초과	유형초과	%순위
1주	1.70	2.65	-0.06	73.68
1개월	0.70	0.72	0.14	29.82
3개월	1.15	-0.29	1.98	5.26
6개월	1.34	1.74	0.05	49.09
연초이후	1.56	3.28	0.01	32.08
1년	11.34	3.31	2.36	38.89
3년	13.17	2.69	-1.53	37.21

보수 (%, 年)	
TER	0.490
운용	0.300
판매	0.100
수탁	0.050
일반사무	0.040

투자 전략

The Bank of New York Mellon 이 발표하는 The Bank of New York Mellon Latin America 35 ADR Index 를 추적대상지수로 하는 상장지수투자신탁으로서, 미국 주식시장에 상장되어 거래되는 라틴아메리카 기업의 주식예탁증서에 60% 이상 투자하여 보수차감전 펀드의 수익률이 추적대상지수 수익률과 유사하도록 운용하는 것을 그 목적으로 합니다.

KINDEX 200 (A105190)

● 벤치마크 : **KOSPI200**
● 테마분류 : —
● 위험등급 : **3등급**
● 평가등급(3년) : ★★★

펀드 현황	
운용사(매니저)	한국투자신탁운용
판매사	—
설정일(존속기간)	2008.09.10 (9년7개월)
설정액	4,514.58억원
순자산	4,514.58억원

시장 정보 (2018년 04월 20일 기준)			
52주최고(원)	34,330	수익률(12M, %)	17.95
52주최저(원)	28,515	수익률(YTD, %)	-1.20
거래량(20일, 주)	342,724	변동성(120일)	0.01
거래대금(20일, 원)	10,987,936,354	구성종목수(개)	201
베타(1D/1Y)	1.056730	괴리치(원)	-71.66

누적 수익률

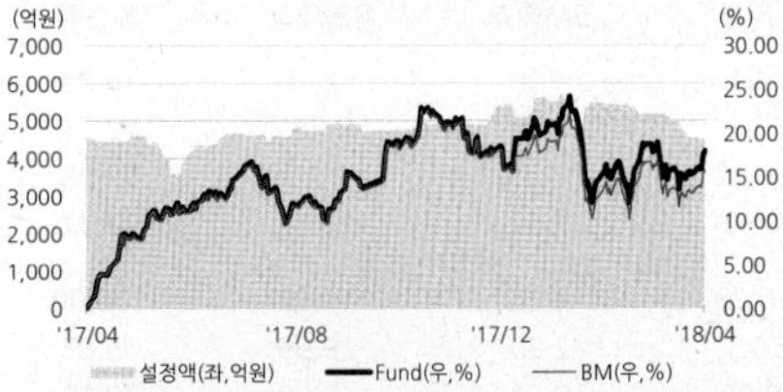

(억원) 7,000 6,000 5,000 4,000 3,000 2,000 1,000 0 / (%) 30.00 25.00 20.00 15.00 10.00 5.00 0.00
'17/04 '17/08 '17/12 '18/04
설정액(좌,억원) Fund(우,%) BM(우,%)

기간별 수익률 (%)

구분	수익률	BM초과	유형초과	%순위
1주	2.19	-0.01	-0.01	71.05
1개월	0.08	0.16	-0.04	56.83
3개월	-2.62	0.24	-0.06	56.64
6개월	-0.43	1.51	-0.06	48.87
연초이후	-1.20	0.22	-0.05	47.79
1년	17.95	2.17	-0.03	35.50
3년	25.67	6.35	-0.08	24.10

보수 (%, 年)	
TER	0.090
운용	0.050
판매	0.010
수탁	0.010
일반사무	0.020

투자 전략

한국증권선물거래소가 발표하는 "한국종합주가지수200(Korea Stock PriceIndex 200, 이하의 수익률을 추적하도록 주식에 주로 투자하는 상장지수투자신탁으로서 이 투자신탁 수익증권 1좌당 순자산가치(투자신탁보수 차감전을 말함)의 변동률을 KOSPI200의 변동률과 유사하도록 신탁재산을 운용함을 그 목적으로 합니다.

KBSTAR 5대그룹주 (A105780)

● 벤치마크 : **MKF 5대그룹주**
● 테마분류 : —
● 위험등급 : **3등급**
● 평가등급(3년) : ★★★★

펀드 현황	
운용사(매니저)	케이비자산운용
판매사	—
설정일(존속기간)	2008.10.22 (9년6개월)
설정액	68.86억원
순자산	68.86억원

시장 정보 (2018년 04월 20일 기준)			
52주최고(원)	6,240	수익률(12M, %)	27.85
52주최저(원)	4,920	수익률(YTD, %)	1.66
거래량(20일, 주)	4,591	변동성(120일)	0.01
거래대금(20일, 원)	27,776,774	구성종목수(개)	28
베타(1D/1Y)	0.872870	괴리치(원)	2.72

누적 수익률

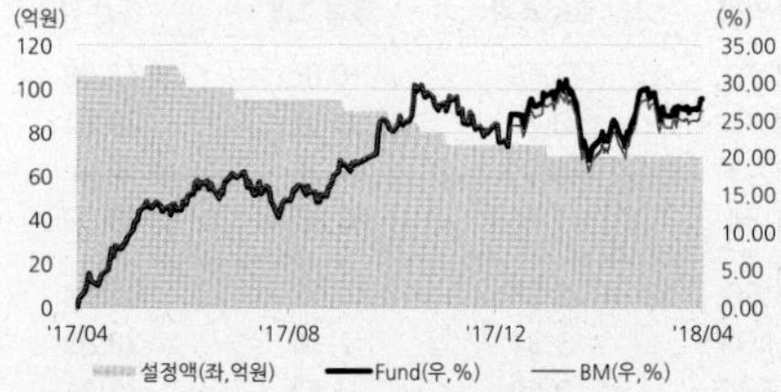

(억원) 120 100 80 60 40 20 0 / (%) 35.00 30.00 25.00 20.00 15.00 10.00 5.00 0.00
'17/04 '17/08 '17/12 '18/04
설정액(좌,억원) Fund(우,%) BM(우,%)

기간별 수익률 (%)

구분	수익률	BM초과	유형초과	%순위
1주	1.07	-0.02	-0.02	71.28
1개월	-0.08	0.03	1.47	32.20
3개월	-0.76	0.09	4.43	10.17
6개월	3.56	1.49	-4.58	25.45
연초이후	1.66	0.06	0.03	24.03
1년	27.85	1.56	-5.90	29.69
3년	27.96	6.01	-6.97	42.65

보수 (%, 年)	
TER	0.400
운용	0.300
판매	0.050
수탁	0.020
일반사무	0.030

투자 전략

FnGuide가 산출하고 한국증권선물거래소를 통하여 공표되는 5대그룹주지수(Maekyung FnGuide Top5 Group Index)를 추적대상지수로 하는 상장지수투자신탁으로, 추적대상지수의 수익률과 유사한 수익률을 실현하는 것을 목표로 합니다.

KINDEX 삼성그룹섹터가중 (A108450)

● 벤치마크 : **MKF SAMs Sector Weighted**
● 테마분류 : —

● 위험등급 : **2등급**
● 평가등급(3년) : ★★

펀드 현황	
운용사(매니저)	한국투자신탁운용
판매사	—
설정일(존속기간)	2009.01.23 (9년2개월)
설정액	171.42억원
순자산	171.42억원

시장 정보 (2018년 04월 20일 기준)			
52주최고(원)	10,820	수익률(12M, %)	28.46
52주최저(원)	8,320	수익률(YTD, %)	5.33
거래량(20일, 주)	5,207	변동성(120일)	0.01
거래대금(20일, 원)	53,871,646	구성종목수(개)	16
베타(1D/1Y)	1.336850	괴리치(원)	3.61

누적 수익률

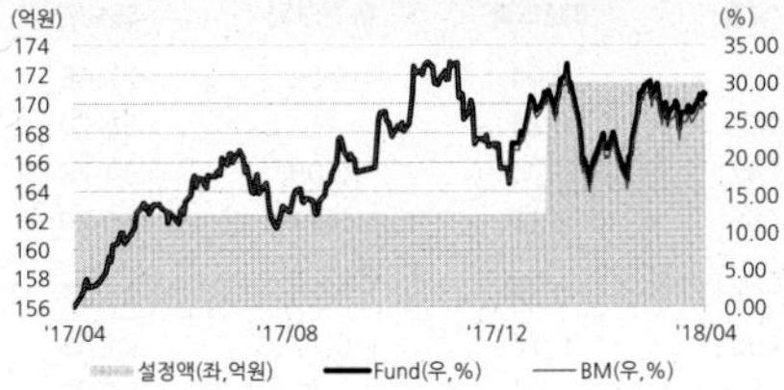

기간별 수익률 (%)

구분	수익률	BM초과	유형초과	%순위
1주	1.75	0.03	0.66	60.14
1개월	0.33	0.18	1.88	18.64
3개월	1.04	0.32	6.22	2.54
6개월	4.55	1.17	-3.60	18.30
연초이후	5.33	0.37	3.70	14.59
1년	28.46	1.42	-5.29	29.17
3년	21.73	3.64	-13.21	69.85

보수 (%, 年)	
TER	0.150
운용	0.095
판매	0.010
수탁	0.020
일반사무	0.025

투자 전략

추적대상지수인 MKF SAMs SW 지수를 구성하고 있는 종목 대부분을 편입하는 것을 원칙으로 합니다. 다만, 자산운용회사가 추적오차의 최소화 등을 위하여 필요하다고 판단하는 경우 주가지수선물 등의 파생상품에 투자할 수도 있으며, 신규 편입 예정종목에도 투자할 수 있습니다.

TREX 200 (A108590)

● 벤치마크 : **KOSPI200**
● 테마분류 : —

● 위험등급 : **3등급**
● 평가등급(3년) : ★★★★

펀드 현황	
운용사(매니저)	유리자산운용
판매사	—
설정일(존속기간)	2009.01.23 (9년2개월)
설정액	116.09억원
순자산	116.09억원

시장 정보 (2018년 04월 20일 기준)			
52주최고(원)	34,520	수익률(12M, %)	17.50
52주최저(원)	28,850	수익률(YTD, %)	-1.30
거래량(20일, 주)	1,610	변동성(120일)	0.01
거래대금(20일, 원)	52,496,685	구성종목수(개)	186
베타(1D/1Y)	1.067740	괴리치(원)	-43.56

누적 수익률

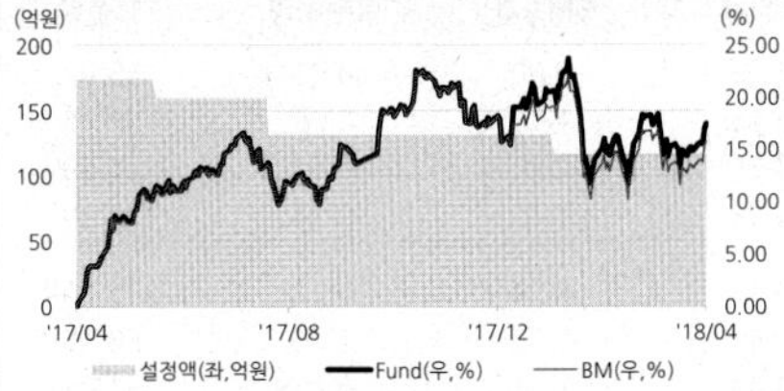

기간별 수익률 (%)

구분	수익률	BM초과	유형초과	%순위
1주	2.23	0.03	0.03	45.18
1개월	0.12	0.19	-0.01	49.78
3개월	-2.62	0.24	-0.06	56.19
6개월	-0.59	1.35	-0.22	63.35
연초이후	-1.30	0.12	-0.15	62.83
1년	17.50	1.72	-0.48	59.50
3년	25.98	6.66	0.23	18.07

보수 (%, 年)	
TER	0.325
운용	0.200
판매	0.080
수탁	0.020
일반사무	0.025

투자 전략

신탁재산의 60%이상을 주식에 투자하여 이 투자신탁 수익증권 1좌당 순자산가치(투자신탁보수 차감전을 말함)의 변동률을 (KOSPI200)의 변동률과 유사하도록 운용합니다.

KBSTAR 국고채3년 (A114100)

● 벤치마크 : **국공채 만기종합**
● 테마분류 : —
● 위험등급 : **5등급**
● 평가등급(3년) : ★★★

펀드 현황	
운용사(매니저)	케이비자산운용
판매사	—
설정일(존속기간)	2009.07.29 (8년8개월)
설정액	646.67억원
순자산	646.67억원

시장 정보 (2018년 04월 20일 기준)			
52주최고(원)	111,485	수익률(12M, %)	0.62
52주최저(원)	109,385	수익률(YTD, %)	0.64
거래량(20일, 주)	1,855	변동성(120일)	0.00
거래대금(20일, 원)	204,005,598	구성종목수(개)	4
베타(1D/1Y)	-0.001220	괴리치(원)	14.78

누적 수익률

(억원) 900 800 700 600 500 400 300 200 100 0 / (%) 1.00 0.50 0.00 -0.50 -1.00 -1.50 -2.00
'17/04 '17/08 '17/12 '18/04
설정액(좌,억원) Fund(우,%) BM(우,%)

기간별 수익률 (%)

구분	수익률	BM초과	유형초과	%순위
1주	0.02	0.04	0.02	22.46
1개월	-0.09	0.21	—	58.70
3개월	0.47	-0.12	0.09	34.78
6개월	0.66	0.19	0.17	16.79
연초이후	0.64	0.84	0.20	41.22
1년	0.62	0.76	0.27	21.48
3년	0.53	0.98	—	52.89

보수 (%, 年)	
TER	0.160
운용	0.080
판매	0.055
수탁	0.010
일반사무	0.015

투자 전략

한국거래소가 산출 및 공표하는 "KTBINDEX 시장가격지수"를 추적대상지수로 하는 상장지수 집합투자기구로, 추적대상지수의 수익률과 유사한 수익률을 실현하는 것을 목표로 합니다.

KODEX 국고채3년 (A114260)

● 벤치마크 : **MKF 국고채(총수익지수)**
● 테마분류 : —
● 위험등급 : **5등급**
● 평가등급(3년) : ★★★

펀드 현황	
운용사(매니저)	삼성자산운용
판매사	—
설정일(존속기간)	2009.07.29 (8년8개월)
설정액	497.44억원
순자산	497.44억원

시장 정보 (2018년 04월 20일 기준)			
52주최고(원)	55,815	수익률(12M, %)	0.43
52주최저(원)	54,715	수익률(YTD, %)	0.58
거래량(20일, 주)	8,882	변동성(120일)	0.00
거래대금(20일, 원)	488,404,383	구성종목수(개)	4
베타(1D/1Y)	0.001320	괴리치(원)	-58.36

누적 수익률

(억원) 600 500 400 300 200 100 0 / (%) 0.80 0.60 0.40 0.20 0.00 -0.20 -0.40 -0.60 -0.80
'17/04 '17/08 '17/12 '18/04
설정액(좌,억원) Fund(우,%) BM(우,%)

기간별 수익률 (%)

구분	수익률	BM초과	유형초과	%순위
1주	-0.08	0.00	0.01	55.07
1개월	0.43	-0.03	0.05	42.75
3개월	0.61	-0.07	0.12	24.09
6개월	0.58	-0.07	0.14	45.80
연초이후	0.58	-0.06	0.22	39.26
1년	0.43	-0.12	-0.09	54.55
3년	3.49	-0.60	0.19	51.32

보수 (%, 年)	
TER	0.150
운용	0.075
판매	0.050
수탁	0.010
일반사무	0.015

투자 전략

MKF 국고채 지수를 추적대상 지수로 하여 1좌당 순자산가치의 변동률을 추적대상지수의 변동률과 유사하도록 투자신탁재산을 운용함을 그 운용목적으로 합니다.

KINDEX 중기국고채 (A114460)

● 벤치마크 : **국공채 만기종합**　　● 위험등급 : **5등급**

● 테마분류 : —　　● 평가등급(3년) : ★★★

펀드 현황	
운용사(매니저)	한국투자신탁운용
판매사	—
설정일(존속기간)	2009.07.30 (8년8개월)
설정액	215.61억원
순자산	215.61억원

시장 정보 (2018년 04월 20일 기준)			
52주최고(원)	106,275	수익률(12M, %)	0.57
52주최저(원)	104,085	수익률(YTD, %)	0.57
거래량(20일, 주)	641	변동성(120일)	0.00
거래대금(20일, 원)	67,089,139	구성종목수(개)	4
베타(1D/1Y)	-0.012610	괴리치(원)	13.28

누적 수익률

(억원) 250 200 150 100 50 0 / (%) 1.00 0.50 0.00 -0.50 -1.00 -1.50 -2.00

'17/04 '17/08 '17/12 '18/04

설정액(좌,억원) Fund(우,%) BM(우,%)

기간별 수익률 (%)

구분	수익률	BM초과	유형초과	%순위
1주	0.01	0.04	0.01	26.81
1개월	-0.08	0.21	0.01	56.52
3개월	0.44	-0.16	0.06	41.30
6개월	0.61	0.15	0.13	21.90
연초이후	0.57	0.76	0.12	48.09
1년	0.57	0.71	0.22	40.00
3년	0.38	0.83	-0.14	57.85

보수 (%, 年)	
TER	0.150
운용	0.075
판매	0.050
수탁	0.010
일반사무	0.015

투자 전략

"KTBINDEX 시장가격지수"의 수익률을 추적하도록 국고채에 주로 투자하는 상장지수투자신탁으로서 이 투자신탁 수익증권 1좌당 순자산가치수의 변동률을 KTBINDEX 시장가격지수의 변동률과 유사하도록 투자신탁재산을 운용함을 그 목적으로 합니다.

KOSEF 국고채3년 (A114470)

● 벤치마크 : **국공채 만기종합**　　● 위험등급 : **5등급**

● 테마분류 : —　　● 평가등급(3년) : ★★★

펀드 현황	
운용사(매니저)	키움투자자산운용
판매사	—
설정일(존속기간)	2009.07.29 (8년8개월)
설정액	369.35억원
순자산	369.35억원

시장 정보 (2018년 04월 20일 기준)			
52주최고(원)	111,155	수익률(12M, %)	0.59
52주최저(원)	108,975	수익률(YTD, %)	0.58
거래량(20일, 주)	104	변동성(120일)	0.00
거래대금(20일, 원)	11,408,254	구성종목수(개)	4
베타(1D/1Y)	-0.006720	괴리치(원)	-42.04

누적 수익률

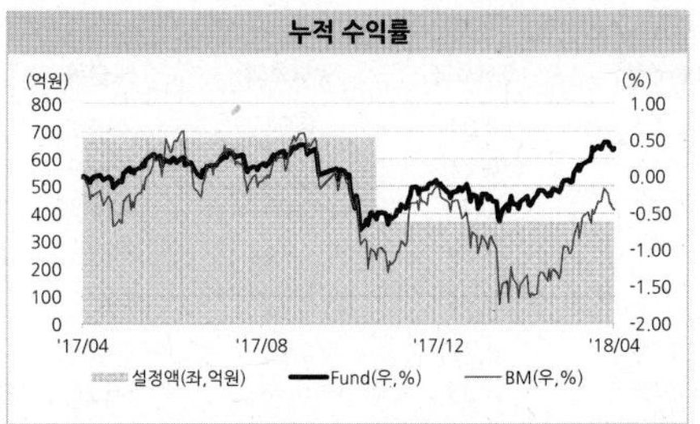

기간별 수익률 (%)

구분	수익률	BM초과	유형초과	%순위
1주	0.02	0.04	0.02	23.19
1개월	-0.09	0.21	—	57.97
3개월	0.45	-0.15	0.06	38.41
6개월	0.63	0.16	0.14	18.98
연초이후	0.58	0.77	0.13	46.56
1년	0.59	0.73	0.24	33.33
3년	0.39	0.84	-0.13	57.02

보수 (%, 年)	
TER	0.150
운용	0.080
판매	0.045
수탁	0.010
일반사무	0.015

투자 전략

추적대상지수를 지수산출기관인 한국거래소가 제공하는 KTBINDEX로 하여, 추적대상지수인 KTBINDEX에 편입된 채권 등에 중장기 투자하는 상장지수 증권투자신탁입니다.

KODEX 인버스 (A114800)

● 벤치마크 : **F-KOSPI200**
● 테마분류 : —
● 위험등급 : **3등급**
● 평가등급(3년) : ★★

펀드 현황

운용사(매니저)	삼성자산운용
판매사	—
설정일(존속기간)	2009.09.15 (8년7개월)
설정액	11,100.00억원
순자산	11,100.00억원

시장 정보 (2018년 04월 20일 기준)

52주최고(원)	7,010	수익률(12M, %)	-14.68
52주최저(원)	5,750	수익률(YTD, %)	1.42
거래량(20일, 주)	5,715,613	변동성(120일)	0.01
거래대금(20일, 원)	35,245,012,825	구성종목수(개)	3
베타(1D/1Y)	-1.064420	괴리치(원)	-24.56

누적 수익률

(억원) 30,000 25,000 20,000 15,000 10,000 5,000 0
(%) 0.00 -5.00 -10.00 -15.00 -20.00 -25.00
'17/04 '17/08 '17/12 '18/04
설정액(좌,억원) Fund(우,%) BM(우,%)

기간별 수익률 (%)

구분	수익률	BM초과	유형초과	%순위
1주	-2.27	-0.01	-1.32	75.00
1개월	0.06	-0.10	-0.79	55.00
3개월	2.68	-0.33	-1.06	46.55
6개월	0.86	-0.59	0.09	40.35
연초이후	1.42	-0.40	-0.16	34.48
1년	-14.68	-1.01	3.50	49.09
3년	-19.30	-2.77	3.68	39.13

보수 (%, 年)

TER	0.640
운용	0.580
판매	0.020
수탁	0.020
일반사무	0.020

투자 전략

KOSPI200주가지수선물의 가격수준을 종합적으로 표시하는 지수(이하"기초지수"라 한다)를 기초지수로 하여 1좌당 순자산가치의 일간변동률을 기초지수 일간변동률의 음(陰)의 1배수로 연동하여 투자신탁재산을 운용합니다.

TIGER 국채3년 (A114820)

● 벤치마크 : **국공채 만기종합**
● 테마분류 : —
● 위험등급 : **5등급**
● 평가등급(3년) : ★★★

펀드 현황

운용사(매니저)	미래에셋자산운용
판매사	—
설정일(존속기간)	2009.08.24 (8년8개월)
설정액	369.84억원
순자산	369.84억원

시장 정보 (2018년 04월 20일 기준)

52주최고(원)	109,920	수익률(12M, %)	0.59
52주최저(원)	107,790	수익률(YTD, %)	0.58
거래량(20일, 주)	2,170	변동성(120일)	0.00
거래대금(20일, 원)	235,224,569	구성종목수(개)	4
베타(1D/1Y)	0.000040	괴리치(원)	-47.23

누적 수익률

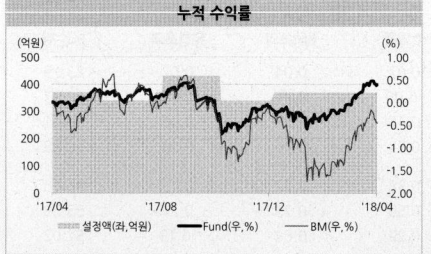

(억원) 500 400 300 200 100 0
(%) 1.00 0.50 0.00 -0.50 -1.00 -1.50 -2.00
'17/04 '17/08 '17/12 '18/04
설정액(좌,억원) Fund(우,%) BM(우,%)

기간별 수익률 (%)

구분	수익률	BM초과	유형초과	%순위
1주	0.02	0.04	0.01	23.91
1개월	-0.08	0.21	0.01	55.80
3개월	0.44	-0.16	0.05	42.03
6개월	0.62	0.16	0.13	19.71
연초이후	0.58	0.77	0.13	47.33
1년	0.59	0.72	0.23	37.04
3년	0.40	0.85	-0.13	56.20

보수 (%, 年)

TER	0.150
운용	0.070
판매	0.055
수탁	0.010
일반사무	0.015

투자 전략

국내 채권(국고채)을 주된 투자대상자산으로 하여 "KTBINDEX(시장가격지수)"를 추적대상 지수로 하여 보수차감전 1좌당 순자산가치의 변동률을 지수의 변동률과 유사하도록 투자신탁재산을 운용함을 목적으로 합니다.

KODEX 에너지화학 (A117460)

● 벤치마크 : **KRX 에너지화학**
● 테마분류 : —
● 위험등급 : **2등급**
● 평가등급(3년) : ★★★★★

펀드 현황	
운용사(매니저)	삼성자산운용
판매사	—
설정일(존속기간)	2009.10.12 (8년6개월)
설정액	95.78억원
순자산	95.78억원

시장 정보 (2018년 04월 20일 기준)			
52주최고(원)	15,005	수익률(12M, %)	26.05
52주최저(원)	11,105	수익률(YTD, %)	-2.88
거래량(20일, 주)	16,722	변동성(120일)	0.01
거래대금(20일, 원)	233,750,740	구성종목수(개)	34
베타(1D/1Y)	0.853120	괴리치(원)	-47.80

누적 수익률

기간별 수익률 (%)

구분	수익률	BM초과	유형초과	%순위
1주	-1.49	0.02	-2.33	84.29
1개월	-3.70	0.05	-2.47	85.71
3개월	-3.54	0.15	-0.06	49.28
6개월	2.29	2.03	-4.74	46.43
연초이후	-2.88	0.07	-3.45	62.32
1년	26.05	2.33	2.32	32.69
3년	49.57	7.69	37.25	14.81

보수 (%, 年)	
TER	0.450
운용	0.340
판매	0.050
수탁	0.020
일반사무	0.040

투자 전략

KRX Energy & Chemicals 지수(이하 "기초지수"라 한다)를 기초지수로 하여 1좌당 순자산가치의 변동률을 기초지수의 변동률과 유사하도록 투자신탁재산을 운용함을 그 운용 목적으로 합니다.

KODEX 철강 (A117680)

● 벤치마크 : **KRX 철강**
● 테마분류 : —
● 위험등급 : **2등급**
● 평가등급(3년) : ★★★

펀드 현황	
운용사(매니저)	삼성자산운용
판매사	—
설정일(존속기간)	2009.10.30 (8년5개월)
설정액	110.19억원
순자산	110.19억원

시장 정보 (2018년 04월 20일 기준)			
52주최고(원)	11,280	수익률(12M, %)	8.02
52주최저(원)	9,185	수익률(YTD, %)	-6.95
거래량(20일, 주)	16,276	변동성(120일)	0.01
거래대금(20일, 원)	155,632,007	구성종목수(개)	17
베타(1D/1Y)	0.716120	괴리치(원)	0.73

누적 수익률

기간별 수익률 (%)

구분	수익률	BM초과	유형초과	%순위
1주	3.42	-0.06	2.58	20.00
1개월	-1.96	0.12	-0.74	58.57
3개월	-12.31	0.23	-8.83	95.65
6개월	-8.25	1.34	-15.29	92.86
연초이후	-6.95	0.11	-7.51	88.41
1년	8.02	1.60	-15.71	75.00
3년	0.24	4.58	-12.08	55.56

보수 (%, 年)	
TER	0.450
운용	0.340
판매	0.050
수탁	0.020
일반사무	0.040

투자 전략

KRX Steels 지수를 기초지수로 하여 1좌당 순자산가치의 변동률을 기초지수의 변동률과 유사하도록 투자신탁재산을 운용함을 그 운용목적으로 합니다.

TIGER 차이나항셍25 (A117690)

● 벤치마크 : World - MSCI - EMF ASIA (KRW Unhedged)
● 테마분류 : —

● 위험등급 : 2등급
● 평가등급(3년) : ★★★

펀드 현황	
운용사(매니저)	미래에셋자산운용
판매사	—
설정일(존속기간)	2009.10.21 (8년6개월)
설정액	53.56억원
순자산	53.56억원

시장 정보 (2018년 04월 20일 기준)			
52주최고(원)	19,915	수익률(12M, %)	3.32
52주최저(원)	14,405	수익률(YTD, %)	3.62
거래량(20일, 주)	1,003	변동성(120일)	0.01
거래대금(20일, 원)	18,062,780	구성종목수(개)	26
베타(1D/1Y)	0.682920	괴리치(원)	69.74

누적 수익률

(억원) 60 50 40 30 20 10 0 (%) 45.00 40.00 35.00 30.00 25.00 20.00 15.00 10.00 5.00 0.00
'17/04 '17/08 '17/12 '18/04
설정액(좌,억원) Fund(우,%) BM(우,%)

기간별 수익률 (%)

구분	수익률	BM초과	유형초과	%순위
1주	1.22	0.33	0.84	34.33
1개월	-1.58	-1.98	0.75	46.23
3개월	-3.86	-1.58	1.29	35.78
6개월	-6.42	-2.03	-0.78	62.75
연초이후	3.62	3.37	-0.60	46.61
1년	3.32	1.77	2.23	28.32
3년	24.93	5.57	-1.71	46.15

보수 (%, 年)	
TER	0.490
운용	0.300
판매	0.100
수탁	0.050
일반사무	0.040

투자 전략

해외주식인 홍콩거래소에 상장된 주식을 주된 투자대상자산으로 하여 "항생메인랜드25지수"를 추적대상지수로 하여 보수차감전 1좌당 순자산가치의 변동률을 원화로 환산한 지수의 변동률과 유사하도록 투자신탁재산을 운용함을 목적으로 합니다.

KODEX 건설 (A117700)

● 벤치마크 : KRX 건설
● 테마분류 : —

● 위험등급 : 1등급
● 평가등급(3년) : ★★

펀드 현황	
운용사(매니저)	삼성자산운용
판매사	—
설정일(존속기간)	2009.10.30 (8년5개월)
설정액	319.81억원
순자산	319.81억원

시장 정보 (2018년 04월 20일 기준)			
52주최고(원)	3,290	수익률(12M, %)	12.39
52주최저(원)	2,555	수익률(YTD, %)	15.69
거래량(20일, 주)	175,523	변동성(120일)	0.02
거래대금(20일, 원)	542,874,776	구성종목수(개)	29
베타(1D/1Y)	0.954930	괴리치(원)	-2.58

누적 수익률

(억원) 400 350 300 250 200 150 100 50 0 (%) 15.00 10.00 5.00 0.00 -5.00 -10.00 -15.00
'17/04 '17/08 '17/12 '18/04
설정액(좌,억원) Fund(우,%) BM(우,%)

기간별 수익률 (%)

구분	수익률	BM초과	유형초과	%순위
1주	6.39	-0.16	5.55	2.86
1개월	10.67	-0.18	11.89	2.86
3개월	6.37	0.09	9.85	5.80
6개월	19.39	1.21	12.35	16.07
연초이후	15.69	-0.05	15.13	5.80
1년	12.39	0.90	-11.34	61.54
3년	-16.17	2.02	-28.49	81.48

보수 (%, 年)	
TER	0.450
운용	0.340
판매	0.050
수탁	0.020
일반사무	0.040

투자 전략

KRX Constructions 지수를 기초지수로 하여 1좌당 순자산가치의 변동률을 기초지수의 변동률과 유사하도록 투자신탁재산을 운용함을 그 운용목적으로 합니다.

ARIRANG 코스피50 (A122090)

- 벤치마크 : KOSPI50
- 테마분류 : —
- 위험등급 : 2등급
- 평가등급(3년) : ★★★★★

펀드 현황	
운용사(매니저)	한화자산운용
판매사	—
설정일(존속기간)	2010.01.07 (8년3개월)
설정액	524.17억원
순자산	524.17억원

시장 정보 (2018년 04월 20일 기준)			
52주최고(원)	23,145	수익률(12M, %)	19.62
52주최저(원)	18,815	수익률(YTD, %)	-1.63
거래량(20일, 주)	6,508	변동성(120일)	0.01
거래대금(20일, 원)	140,991,255	구성종목수(개)	51
베타(1D/1Y)	1.097570	괴리치(원)	-4.32

누적 수익률

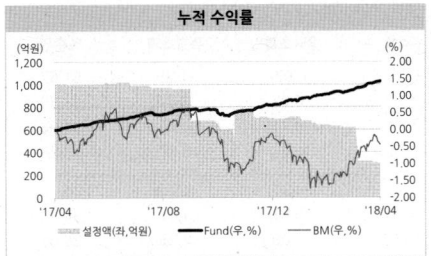

설정액(좌,억원) Fund(우,%) BM(우,%)

기간별 수익률 (%)

구분	수익률	BM초과	유형초과	%순위
1주	2.37	-0.03	1.28	34.12
1개월	-0.42	0.20	1.13	63.05
3개월	-2.39	0.26	2.80	21.19
6개월	-1.35	1.52	-9.49	63.84
연초이후	-1.63	0.27	-3.26	56.22
1년	19.62	1.83	-14.13	60.42
3년	33.80	6.46	-1.14	18.38

보수 (%, 年)	
TER	0.330
운용	0.245
판매	0.040
수탁	0.020
일반사무	0.025

투자 전략

한국거래소에서 발표하는 "KOSPI50"을 기초지수로 하여 보수차감후 1좌당 순자산가치의 변동률을 기초지수의 변동률과 유사하도록 투자신탁재산을 운용함을 목적으로 합니다.

KOSEF 통안채1년 (A122260)

- 벤치마크 : 국공채 만기종합
- 테마분류 : —
- 위험등급 : 6등급
- 평가등급(3년) : ★★★★

펀드 현황	
운용사(매니저)	키움투자자산운용
판매사	—
설정일(존속기간)	2010.01.14 (8년3개월)
설정액	300.00억원
순자산	300.00억원

시장 정보 (2018년 04월 20일 기준)			
52주최고(원)	101,795	수익률(12M, %)	0.64
52주최저(원)	100,500	수익률(YTD, %)	0.93
거래량(20일, 주)	109,424	변동성(120일)	0.00
거래대금(20일, 원)	11,063,074,088	구성종목수(개)	6
베타(1D/1Y)	0.000140	괴리치(원)	-0.07

누적 수익률

설정액(좌,억원) Fund(우,%) BM(우,%)

기간별 수익률 (%)

구분	수익률	BM초과	유형초과	%순위
1주	0.01	0.03	0.01	45.65
1개월	0.04	0.34	0.13	10.14
3개월	0.25	-0.34	-0.13	66.67
6개월	0.50	0.04	0.02	41.61
연초이후	0.93	1.12	0.48	3.82
1년	0.64	0.77	0.28	16.30
3년	1.42	1.87	0.90	19.01

보수 (%, 年)	
TER	0.150
운용	0.105
판매	0.020
수탁	0.010
일반사무	0.015

투자 전략

거래가 이루어지는 장외채권시장에서 거래되는 집합투자규약 제17조에서 정의된 채권을 주된 투자대상자산으로 하여 1좌당 순자산가치의 변동율을 지수의 변동율과 유사하도록 투자신탁재산을 운용함을 목적으로 합니다.

KODEX 레버리지 (A122630)

● 벤치마크 : **KOSPI200**
● 테마분류 : —

● 위험등급 : **1등급**
● 평가등급(3년) : ★★★

펀드 현황	
운용사(매니저)	삼성자산운용
판매사	—
설정일(존속기간)	2010.02.18 (8년2개월)
설정액	14,560.00억원
순자산	14,560.00억원

시장 정보 (2018년 04월 20일 기준)			
52주최고(원)	19,095	수익률(12M, %)	32.04
52주최저(원)	13,195	수익률(YTD, %)	-4.30
거래량(20일, 주)	15,379,367	변동성(120일)	0.02
거래대금(20일, 원)	251,673,883,745	구성종목수(개)	209
베타(1D/1Y)	2.127470	괴리치(원)	-27.95

누적 수익률

기간별 수익률 (%)				
구분	수익률	BM초과	유형초과	%순위
1주	4.54	2.34	3.45	5.07
1개월	-0.46	-0.39	1.09	66.78
3개월	-6.75	-3.90	-1.56	78.81
6개월	-3.96	-2.02	-12.10	85.71
연초이후	-4.30	-2.87	-5.93	84.12
1년	32.04	16.26	-1.72	19.27
3년	37.71	18.39	2.77	8.82

보수 (%, 年)	
TER	0.640
운용	0.580
판매	0.020
수탁	0.020
일반사무	0.020

투자 전략

한국종합주가지수200(KOSPI200주가지수, 이하"기초지수"라 한다)를 기초지수로 하여 1좌당 순자산가치의 일간변동률을 기초지수 일간변동률의 양(陽)의 2배수로 연동하여 투자신탁재산을 운용합니다.

TIGER 인버스 (A123310)

● 벤치마크 : **F-KOSPI200**
● 테마분류 : —

● 위험등급 : **3등급**
● 평가등급(3년) : ★★★

펀드 현황	
운용사(매니저)	미래에셋자산운용
판매사	—
설정일(존속기간)	2010.03.29 (8년)
설정액	610.00억원
순자산	610.00억원

시장 정보 (2018년 04월 20일 기준)			
52주최고(원)	7,550	수익률(12M, %)	-14.17
52주최저(원)	6,220	수익률(YTD, %)	1.56
거래량(20일, 주)	111,371	변동성(120일)	0.01
거래대금(20일, 원)	743,781,489	구성종목수(개)	3
베타(1D/1Y)	-1.075530	괴리치(원)	-1.42

누적 수익률

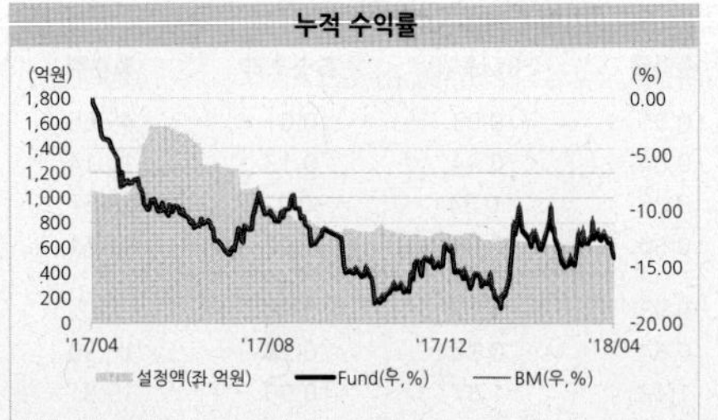

기간별 수익률 (%)				
구분	수익률	BM초과	유형초과	%순위
1주	-2.23	0.02	-1.29	51.67
1개월	0.11	-0.05	-0.74	33.33
3개월	2.80	-0.21	-0.94	37.93
6개월	1.14	-0.31	0.37	12.28
연초이후	1.56	-0.27	-0.02	15.52
1년	-14.17	-0.51	4.01	34.55
3년	-18.53	-2.00	4.45	26.09

보수 (%, 年)	
TER	0.090
운용	0.060
판매	0.010
수탁	0.010
일반사무	0.010

투자 전략

국내 주식관련 장내파생상품을 주된 투자대상자산으로 하며, KOSPI200주가지수선물의 가격수준을 종합적으로 표시하는 지수인"F-KOSPI200 지수"를 기초지수로 하여 1좌당 순자산가치의 일간 변동률을 기초지수의 일간 변동률의 음(陰)의 1배수로 연동하여 투자신탁재산을 운용합니다.

TIGER 레버리지 (A123320)

● 벤치마크 : **KOSPI200**
● 테마분류 : —
● 위험등급 : **1등급**
● 평가등급(3년) : ★★★

펀드 현황	
운용사(매니저)	미래에셋자산운용
판매사	—
설정일(존속기간)	2010.04.09 (8년)
설정액	180.00억원
순자산	180.00억원

시장 정보 (2018년 04월 20일 기준)			
52주최고(원)	17,495	수익률(12M, %)	33.89
52주최저(원)	11,940	수익률(YTD, %)	-4.05
거래량(20일, 주)	75,175	변동성(120일)	0.02
거래대금(20일, 원)	1,131,130,403	구성종목수(개)	204
베타(1D/1Y)	2.064740	괴리치(원)	-8.21

누적 수익률

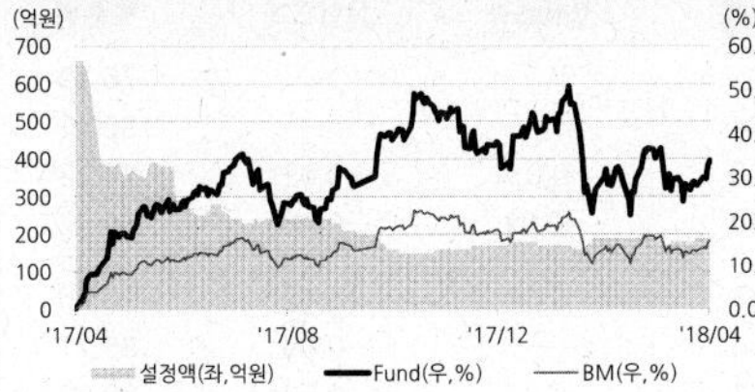

기간별 수익률 (%)				
구분	수익률	BM초과	유형초과	%순위
1주	4.51	2.31	3.42	7.43
1개월	-0.39	-0.32	1.17	61.02
3개월	-6.55	-3.70	-1.36	72.88
6개월	-3.42	-1.48	-11.57	79.46
연초이후	-4.05	-2.63	-5.68	76.82
1년	33.89	18.11	0.14	12.50
3년	40.79	21.46	5.85	—

보수 (%, 年)	
TER	0.090
운용	0.060
판매	0.010
수탁	0.010
일반사무	0.010

투자 전략

국내주식으로 구성된 주가지수인 KOSPI200주가지수를 기초지수로 하는 상장지수집합투자기구를 주된 투자대상자산으로 하며, 국내 주식으로 구성된 주가지수인 KOSPI200주가지수를 기초지수로 하여 1좌당 순자산가치의 일간변동률을 기초지수 일간변동률의 양(陽)의 2배수로 연동하여 투자신탁재산을 운용합니다.

TIGER 원유선물Enhanced(H) (A130680)

● 벤치마크 : **#N/A**
● 테마분류 : —
● 위험등급 : **1등급**
● 평가등급(3년) : ★★

펀드 현황	
운용사(매니저)	미래에셋자산운용
판매사	—
설정일(존속기간)	2010.08.02 (7년8개월)
설정액	1,770.00억원
순자산	1,770.00억원

시장 정보 (2018년 04월 20일 기준)			
52주최고(원)	5,005	수익률(12M, %)	15.13
52주최저(원)	3,555	수익률(YTD, %)	27.16
거래량(20일, 주)	196,673	변동성(120일)	0.01
거래대금(20일, 원)	948,354,959	구성종목수(개)	7
베타(1D/1Y)	0.191760	괴리치(원)	-23.59

누적 수익률

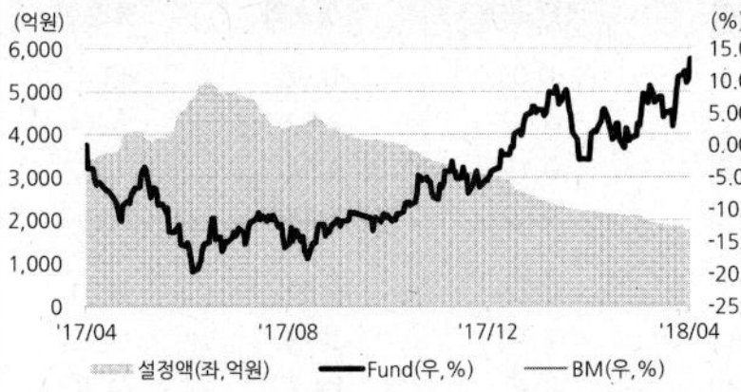

기간별 수익률 (%)				
구분	수익률	BM초과	유형초과	%순위
1주	2.89	—	1.51	2.56
1개월	2.52	—	1.80	8.97
3개월	9.66	—	5.42	7.69
6개월	7.52	—	3.95	6.49
연초이후	27.16	—	16.25	6.49
1년	15.13	—	8.29	5.19
3년	13.33	—	6.88	13.33

보수 (%, 年)	
TER	0.700
운용	0.630
판매	0.000
수탁	0.030
일반사무	0.040

투자 전략

WTI원유를 기초자산으로 하여 파생상품시장에서 거래되는 장내파생상품을 법시행령 제94조제2항 제4호에서 규정하는 주된 투자대상자산으로 하며, 원유선물지수인 S&P GSCI Crude Oil Enhanced Index Excess Return의 원화환산전 수익률 추종합니다.

KOSEF 단기자금 (A130730)

- 벤치마크 : **CD 6개월(26주)**
- 테마분류 : —
- 위험등급 : **6등급**
- 평가등급(3년) : —

펀드 현황	
운용사(매니저)	키움투자자산운용
판매사	—
설정일(존속기간)	2010.07.29 (7년8개월)
설정액	931.00억원
순자산	931.00억원

시장 정보 (2018년 04월 20일 기준)			
52주최고(원)	101,895	수익률(12M, %)	0.54
52주최저(원)	100,620	수익률(YTD, %)	0.83
거래량(20일, 주)	6,039	변동성(120일)	0.00
거래대금(20일, 원)	610,756,209	구성종목수(개)	13
베타(1D/1Y)	-0.000110	괴리치(원)	10.01

누적 수익률

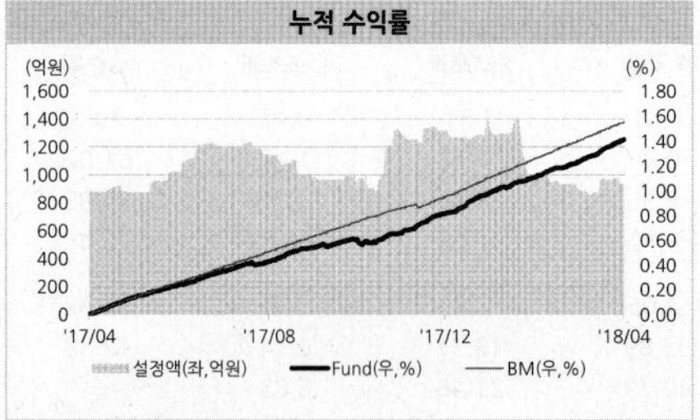

기간별 수익률 (%)				
구분	수익률	BM초과	유형초과	%순위
1주	—	—	—	76.29
1개월	0.04	—	—	80.41
3개월	0.18	0.03	-0.02	74.23
6개월	0.40	-0.02	-0.08	85.42
연초이후	0.83	0.04	-0.12	80.00
1년	0.54	—	-0.09	85.71
3년	1.41	-0.14	-0.28	80.60

보수 (%, 年)	
TER	0.150
운용	0.105
판매	0.020
수탁	0.010
일반사무	0.015

투자 전략

1좌당 순자산가치의 변동율을 지수의 변동율과 유사하도록 투자신탁재산을 운용합니다.

KINDEX 삼성그룹동일가중 (A131890)

- 벤치마크 : **MKF SAMs Equal Weighted**
- 테마분류 : —
- 위험등급 : **2등급**
- 평가등급(3년) : ★★

펀드 현황	
운용사(매니저)	한국투자신탁운용
판매사	—
설정일(존속기간)	2010.09.16 (7년7개월)
설정액	54.69억원
순자산	54.69억원

시장 정보 (2018년 04월 20일 기준)			
52주최고(원)	14,500	수익률(12M, %)	34.88
52주최저(원)	10,565	수익률(YTD, %)	8.21
거래량(20일, 주)	103	변동성(120일)	0.01
거래대금(20일, 원)	1,446,876	구성종목수(개)	16
베타(1D/1Y)	1.086610	괴리치(원)	-8.23

누적 수익률

(억원) 60 50 40 30 20 10 0 / (%) 45.00 40.00 35.00 30.00 25.00 20.00 15.00 10.00 5.00 0.00 / '17/04 '17/08 '17/12 '18/04 / 설정액(좌,억원) Fund(우,%) BM(우,%)

기간별 수익률 (%)				
구분	수익률	BM초과	유형초과	%순위
1주	0.11	-0.01	-0.98	83.45
1개월	1.27	0.02	2.82	6.44
3개월	1.46	0.12	6.64	1.27
6개월	12.60	1.42	4.45	12.50
연초이후	8.21	0.18	6.57	9.01
1년	34.88	1.50	1.13	9.90
3년	20.20	2.71	-14.73	71.32

보수 (%, 年)	
TER	0.150
운용	0.095
판매	0.010
수탁	0.020
일반사무	0.025

투자 전략

주식회사 에프앤가이드가 산출·공표하는 "MKF SAMs EW 지수 (Maekyung FnGuide SAMs Equal Weighted Index)"의 수익률을 추적하도록 주식에 주로 투자하는 상장지수투자신탁으로서 이 투자신탁 수익증권 1좌당 순자산가치의 변동률을 "MKF SAMs EW 지수"의 변동률과 유사하도록 신탁재산을 운용합니다.

KODEX 골드선물(H) (A132030)

● 벤치마크 : **#N/A**
● 테마분류 : —

● 위험등급 : **2등급**
● 평가등급(3년) : ★★★★★

펀드 현황	
운용사(매니저)	삼성자산운용
판매사	—
설정일(존속기간)	2010.09.30 (7년6개월)
설정액	540.00억원
순자산	540.00억원

시장 정보 (2018년 04월 20일 기준)			
52주최고(원)	10,215	수익률(12M, %)	3.94
52주최저(원)	9,120	수익률(YTD, %)	4.22
거래량(20일, 주)	46,316	변동성(120일)	0.01
거래대금(20일, 원)	461,810,300	구성종목수(개)	5
베타(1D/1Y)	-0.021860	괴리치(원)	-18.87

누적 수익률

기간별 수익률 (%)				
구분	수익률	BM초과	유형초과	%순위
1주	0.25	—	-1.13	92.31
1개월	-0.47	—	-1.20	71.79
3개월	2.70	—	-1.54	51.28
6개월	1.17	—	-2.41	62.34
연초이후	4.22	—	-6.69	40.26
1년	3.94	—	-2.91	40.26
3년	2.42	—	-4.03	41.33

보수 (%, 年)	
TER	0.680
운용	0.500
판매	0.100
수탁	0.040
일반사무	0.040

투자 전략

원자재선물 중에서 금선물(Gold Futures, 이하 '금(金)선물) 가격을 기초로 하는 S&PGSCI Gold TR 지수를 기초지수로 하여 1좌당 순자산가치의 변동률을 기초지수의 변동률과 유사하도록 투자신탁재산을 운용함을 그 운용목적으로 하는 특별자산상장지수투자신탁[금-파생형]입니다.

TIGER 미국나스닥100 (A133690)

● 벤치마크 : **World - MSCI - NORTH AMERICA (KRW Unhedged)**
● 테마분류 : —

● 위험등급 : **2등급**
● 평가등급(3년) : ★★★★★

펀드 현황	
운용사(매니저)	미래에셋자산운용
판매사	—
설정일(존속기간)	2010.10.18 (7년6개월)
설정액	60.00억원
순자산	60.00억원

시장 정보 (2018년 04월 20일 기준)			
52주최고(원)	34,390	수익률(12M, %)	5.33
52주최저(원)	27,965	수익률(YTD, %)	4.88
거래량(20일, 주)	12,294	변동성(120일)	0.01
거래대금(20일, 원)	393,044,609	구성종목수(개)	104
베타(1D/1Y)	0.501070	괴리치(원)	-167.55

누적 수익률

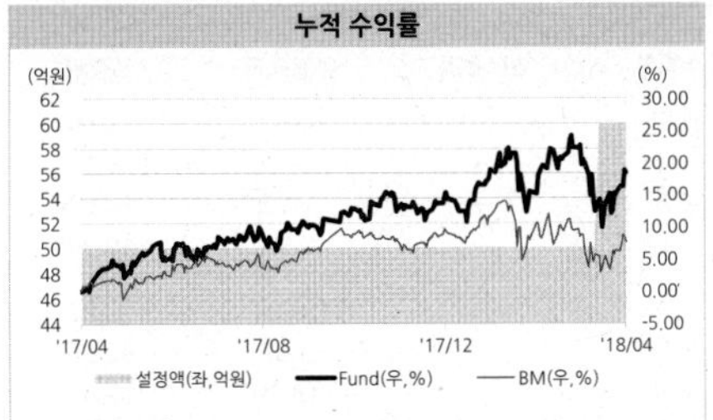

기간별 수익률 (%)				
구분	수익률	BM초과	유형초과	%순위
1주	-0.43	0.31	-0.56	84.57
1개월	2.98	1.84	0.39	14.81
3개월	-3.56	-2.72	-2.01	89.51
6개월	-0.02	4.42	2.22	4.52
연초이후	4.88	6.04	-0.06	61.33
1년	5.33	5.23	3.53	1.31
3년	18.35	10.82	2.51	22.79

보수 (%, 年)	
TER	0.490
운용	0.300
판매	0.100
수탁	0.050
일반사무	0.040

투자 전략

미국의 나스닥증권시장에 상장된 해외주식을 주된 투자대상자산으로 하여 "더나스닥헌드레드인덱스"를 기초지수로 하여 보수차감전 1좌당 순자산가치의 변동률을 원화로 환산한 지수의 변동률과 유사하도록 투자신탁재산을 운용함을 목적으로 합니다

KBSTAR 중기우량회사채 (A136340)

● 벤치마크 : **KOBI Credit**
● 테마분류 : —
● 위험등급 : **5등급**
● 평가등급(3년) : —

펀드 현황	
운용사(매니저)	케이비자산운용
판매사	—
설정일(존속기간)	2011.04.12 (7년)
설정액	510.00억원
순자산	510.00억원

시장 정보 (2018년 04월 20일 기준)			
52주최고(원)	103,425	수익률(12M, %)	1.40
52주최저(원)	101,150	수익률(YTD, %)	0.68
거래량(20일, 주)	825	변동성(120일)	0.00
거래대금(20일, 원)	83,747,933	구성종목수(개)	11
베타(1D/1Y)	0.001150	괴리치(원)	6.54

누적 수익률

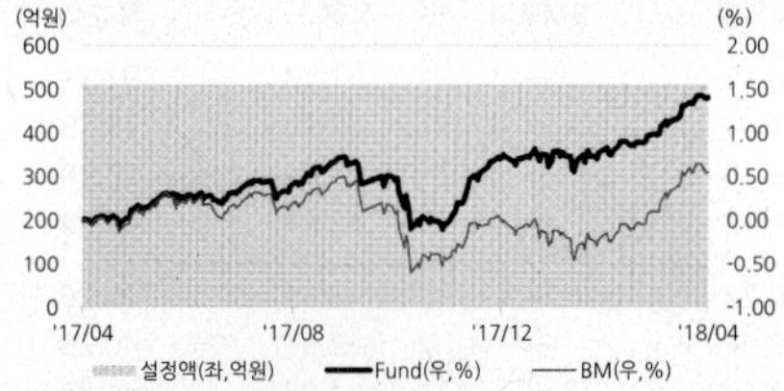

(억원) 600 500 400 300 200 100 0 / (%) 2.00 1.50 1.00 0.50 0.00 -0.50 -1.00
'17/04 '17/08 '17/12 '18/04
설정액(좌,억원) Fund(우,%) BM(우,%)

기간별 수익률 (%)				
구분	수익률	BM초과	유형초과	%순위
1주	-0.01	0.07	-0.05	100.00
1개월	0.41	-0.04	-0.03	66.67
3개월	0.60	-0.07	-0.18	93.75
6개월	1.08	0.43	-0.18	92.86
연초이후	0.68	0.05	-0.27	100.00
1년	1.40	0.84	-0.46	100.00
3년	5.03	0.94	-0.49	88.89

보수 (%, 年)	
TER	0.150
운용	0.115
판매	0.010
수탁	0.010
일반사무	0.015

투자 전략

KIS채권평가가 산출 및 공표하는 "KOBI Credit Index(총수익지수)"를 기초지수로 하는 상장지수집합투자기구로, 기초지수의 수익률과 유사한 수익률을 실현하는 것을 목표로 합니다.

TIGER 농산물선물Enhanced(H) (A137610)

● 벤치마크 : **#N/A**
● 테마분류 : —
● 위험등급 : **2등급**
● 평가등급(3년) : ★★

펀드 현황	
운용사(매니저)	미래에셋자산운용
판매사	—
설정일(존속기간)	2011.01.11 (7년3개월)
설정액	860.00억원
순자산	860.00억원

시장 정보 (2018년 04월 20일 기준)			
52주최고(원)	6,235	수익률(12M, %)	3.15
52주최저(원)	5,190	수익률(YTD, %)	0.70
거래량(20일, 주)	18,326	변동성(120일)	0.01
거래대금(20일, 원)	100,616,704	구성종목수(개)	8
베타(1D/1Y)	-0.004550	괴리치(원)	-2.27

누적 수익률

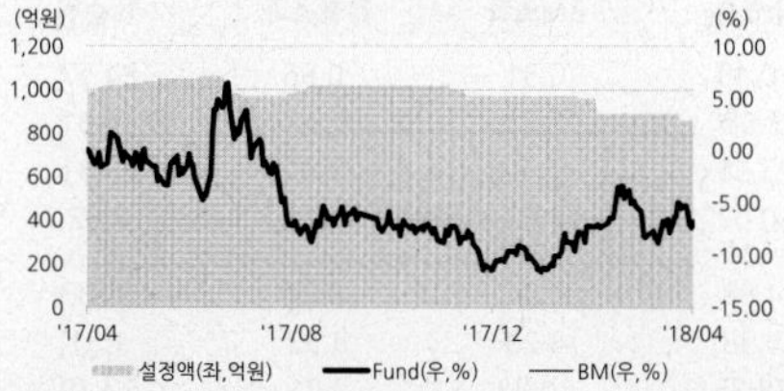

(억원) 1,200 1,000 800 600 400 200 0 / (%) 10.00 5.00 0.00 -5.00 -10.00 -15.00
'17/04 '17/08 '17/12 '18/04
설정액(좌,억원) Fund(우,%) BM(우,%)

기간별 수익률 (%)				
구분	수익률	BM초과	유형초과	%순위
1주	0.55	—	-0.83	61.54
1개월	-1.41	—	-2.14	96.15
3개월	-0.51	—	-4.75	84.62
6개월	5.12	—	1.55	10.39
연초이후	0.70	—	-10.21	77.92
1년	3.15	—	-3.69	62.34
3년	-6.83	—	-13.29	82.67

보수 (%, 年)	
TER	0.700
운용	0.530
판매	0.100
수탁	0.030
일반사무	0.040

투자 전략

농산물을 기초자산으로 하는 것으로서 농산물선물지수인 S&P GSCI Agriculture Enhanced Select Index Excess Return의 수익률 추종 합니다.

마이다스 200커버드콜5%OTM (A137930)

● 벤치마크 : **KOSPI200 커버드콜**
● 테마분류 : —
● 위험등급 : **3등급**
● 평가등급(3년) : ★★★★★

펀드 현황	
운용사(매니저)	마이다스에셋자산운용
판매사	—
설정일(존속기간)	2011.02.11 (7년2개월)
설정액	160.00억원
순자산	160.00억원

시장 정보 (2018년 04월 20일 기준)			
52주최고(원)	14,415	수익률(12M, %)	16.37
52주최저(원)	12,090	수익률(YTD, %)	-0.86
거래량(20일, 주)	2,953	변동성(120일)	0.01
거래대금(20일, 원)	40,391,572	구성종목수(개)	148
베타(1D/1Y)	0.760560	괴리치(원)	10.76

누적 수익률

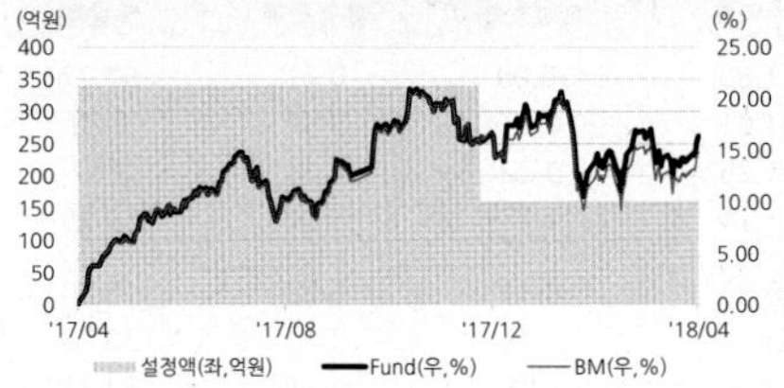

(억원) 400 350 300 250 200 150 100 50 0 / (%) 25.00 20.00 15.00 10.00 5.00 0.00
'17/04 '17/08 '17/12 '18/04
설정액(좌,억원) Fund(우,%) BM(우,%)

기간별 수익률 (%)				
구분	수익률	BM초과	유형초과	%순위
1주	2.07	-0.02	-0.13	98.25
1개월	0.18	-0.03	0.06	30.40
3개월	-1.74	0.66	0.82	2.21
6개월	-0.32	1.05	0.06	37.56
연초이후	-0.86	0.17	0.29	14.16
1년	16.37	1.52	-1.61	86.00
3년	29.32	7.68	3.57	2.41

보수 (%, 年)	
TER	0.370
운용	0.250
판매	0.060
수탁	0.030
일반사무	0.030

투자 전략

주식을 주된 투자대상자산으로 하며, 수익증권 1좌당 순자산가치의 변동률을 추적대상지수(KOSPI200 커버드콜 지수)의 변동률과 유사하도록 운용함을 목적으로 합니다.

KOSEF 미국달러선물 (A138230)

● 벤치마크 : **F-USDKRW(미국달러선물지수)**
● 테마분류 : —
● 위험등급 : **4등급**
● 평가등급(3년) : —

펀드 현황	
운용사(매니저)	키움투자자산운용
판매사	—
설정일(존속기간)	2011.02.24 (7년1개월)
설정액	959.39억원
순자산	959.39억원

시장 정보 (2018년 04월 20일 기준)			
52주최고(원)	11,835	수익률(12M, %)	-5.69
52주최저(원)	10,790	수익률(YTD, %)	-0.16
거래량(20일, 주)	30,268	변동성(120일)	0.00
거래대금(20일, 원)	329,788,794	구성종목수(개)	2
베타(1D/1Y)	-0.266440	괴리치(원)	-1.35

누적 수익률

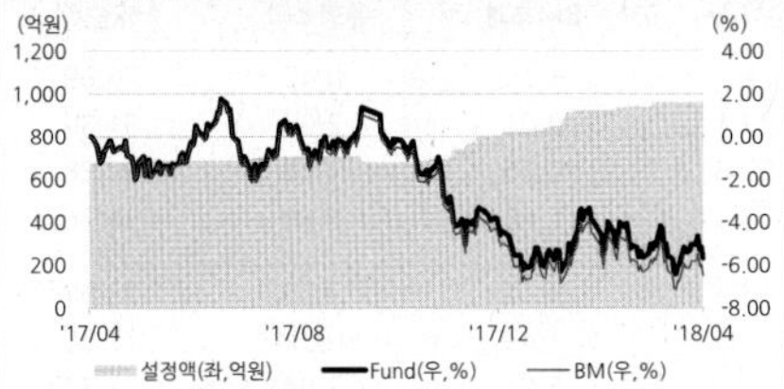

(억원) 1,200 1,000 800 600 400 200 0 / (%) 4.00 2.00 0.00 -2.00 -4.00 -6.00 -8.00
'17/04 '17/08 '17/12 '18/04
설정액(좌,억원) Fund(우,%) BM(우,%)

기간별 수익률 (%)				
구분	수익률	BM초과	유형초과	%순위
1주	-0.66	0.03	0.42	30.77
1개월	-0.68	0.11	-0.03	30.77
3개월	0.09	0.28	0.74	23.08
6개월	-5.54	0.47	-3.55	30.77
연초이후	-0.16	0.28	-0.58	30.77
1년	-5.69	0.80	-6.44	25.00
3년	-0.65	2.87	-4.30	—

보수 (%, 年)	
TER	0.370
운용	0.200
판매	0.120
수탁	0.025
일반사무	0.025

투자 전략

미국달러선물 가격을 기초로 하는 미국달러선물지수를 기초지수로 하여 1좌당 순자산가치의 변동률을 기초지수의 변동률과 유사하도록 투자신탁재산을 운용함을 그 운용목적으로 하는 특별자산상장지수투자신탁[미국달러-파생형]입니다.

TIGER 삼성그룹펀더멘털 (A138520)

● 벤치마크 : **MKF SAMs FW**
● 테마분류 : —
● 위험등급 : **2등급**
● 평가등급(3년) : ★★★

펀드 현황	
운용사(매니저)	미래에셋자산운용
판매사	—
설정일(존속기간)	2011.03.07 (7년1개월)
설정액	48.61억원
순자산	48.61억원

시장 정보 (2018년 04월 20일 기준)			
52주최고(원)	9,845	수익률(12M, %)	26.14
52주최저(원)	7,770	수익률(YTD, %)	6.85
거래량(20일, 주)	958	변동성(120일)	0.01
거래대금(20일, 원)	8,913,422	구성종목수(개)	16
베타(1D/1Y)	1.234970	괴리치(원)	-13.28

누적 수익률

(억원) 53 52 51 50 49 48 47 46 45 44 / (%) 35.00 30.00 25.00 20.00 15.00 10.00 5.00 0.00
'17/04 '17/08 '17/12 '18/04
설정액(좌,억원) Fund(우,%) BM(우,%)

구분	수익률	BM초과	유형초과	%순위
1주	1.80	-0.09	0.71	57.77
1개월	1.01	0.14	2.57	9.83
3개월	1.25	0.22	6.44	2.12
6개월	4.24	1.17	-3.90	19.20
연초이후	6.85	0.34	5.22	13.30
1년	26.14	1.32	-7.61	30.73
3년	26.44	4.88	-8.49	52.21

보수 (%, 年)	
TER	0.150
운용	0.093
판매	0.020
수탁	0.012
일반사무	0.025

투자 전략

에프앤가이드가 발표하는"MKF SAMs FW 지수"를 추적대상지수로 하여 1좌당 순자산가치의 변동률을 지수의 변동률과 유사하도록 투자신탁재산을 운용합니다.

TIGER LG그룹+펀더멘털 (A138530)

● 벤치마크 : **MKF LG그룹+FW**
● 테마분류 : —
● 위험등급 : **2등급**
● 평가등급(3년) : ★★★★

펀드 현황	
운용사(매니저)	미래에셋자산운용
판매사	—
설정일(존속기간)	2011.03.10 (7년1개월)
설정액	46.89억원
순자산	46.89억원

시장 정보 (2018년 04월 20일 기준)			
52주최고(원)	9,530	수익률(12M, %)	15.41
52주최저(원)	7,245	수익률(YTD, %)	-5.96
거래량(20일, 주)	3,893	변동성(120일)	0.01
거래대금(20일, 원)	32,729,308	구성종목수(개)	21
베타(1D/1Y)	0.826960	괴리치(원)	1.46

누적 수익률

(억원) 60 50 40 30 20 10 0 / (%) 35.00 30.00 25.00 20.00 15.00 10.00 5.00 0.00 -5.00
'17/04 '17/08 '17/12 '18/04
설정액(좌,억원) Fund(우,%) BM(우,%)

구분	수익률	BM초과	유형초과	%순위
1주	0.67	-0.02	-0.42	76.69
1개월	-3.61	0.01	-2.06	91.86
3개월	-9.46	0.06	-4.28	97.88
6개월	-0.51	1.46	-8.66	55.36
연초이후	-5.96	-0.00	-7.59	93.99
1년	15.41	1.49	-18.34	77.60
3년	30.99	5.01	-3.94	25.74

보수 (%, 年)	
TER	0.150
운용	0.093
판매	0.020
수탁	0.012
일반사무	0.025

투자 전략

에프앤가이드(FnGuide)가 발표하는"MKF LG그룹+ FW 지수"를 추적대상지수로 하여 1좌당 순자산가치의 변동률을 지수의 변동률과 유사하도록 투자신탁재산을 운용합니다.

TIGER 현대차그룹+펀더멘털 (A138540)

- 벤치마크 : MKF 현대차그룹+FW
- 테마분류 : —
- 위험등급 : 2등급
- 평가등급(3년) : ★

펀드 현황	
운용사(매니저)	미래에셋자산운용
판매사	—
설정일(존속기간)	2011.03.10 (7년1개월)
설정액	125.81억원
순자산	125.81억원

시장 정보 (2018년 04월 20일 기준)			
52주최고(원)	20,060	수익률(12M, %)	8.64
52주최저(원)	16,290	수익률(YTD, %)	0.31
거래량(20일, 주)	3,849	변동성(120일)	0.01
거래대금(20일, 원)	69,346,156	구성종목수(개)	16
베타(1D/1Y)	0.460360	괴리치(원)	-66.42

누적 수익률

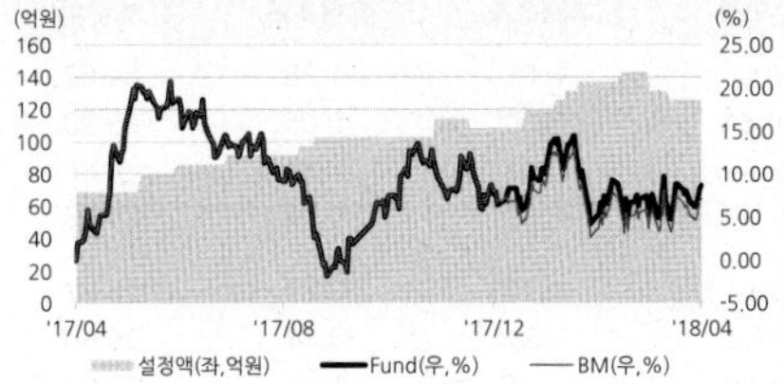

기간별 수익률 (%)

구분	수익률	BM초과	유형초과	%순위
1주	1.66	-0.04	0.57	61.82
1개월	3.27	-0.08	4.82	0.68
3개월	-4.28	0.12	0.91	49.58
6개월	1.11	1.51	-7.03	41.07
연초이후	0.31	0.02	-1.32	30.90
1년	8.64	1.53	-25.11	93.23
3년	-7.60	4.14	-42.54	100.00

보수 (%, 年)	
TER	0.150
운용	0.093
판매	0.020
수탁	0.012
일반사무	0.025

투자 전략

에프앤가이드(FnGuide)가 발표하는"MKF 현대차그룹+ FW 지수"를 추적대상지수로 하여 1좌당 순자산가치의 변동률을 지수의 변동률과 유사하도록 투자신탁재산을 운용합니다.

KODEX 구리선물(H) (A138910)

- 벤치마크 : MKF Metal sector ER
- 테마분류 : —
- 위험등급 : 2등급
- 평가등급(3년) : ★★★★

펀드 현황	
운용사(매니저)	삼성자산운용
판매사	—
설정일(존속기간)	2011.03.14 (7년1개월)
설정액	90.00억원
순자산	90.00억원

시장 정보 (2018년 04월 20일 기준)			
52주최고(원)	6,840	수익률(12M, %)	19.72
52주최저(원)	5,350	수익률(YTD, %)	-4.65
거래량(20일, 주)	6,831	변동성(120일)	0.01
거래대금(20일, 원)	43,405,608	구성종목수(개)	5
베타(1D/1Y)	0.317720	괴리치(원)	-14.32

누적 수익률

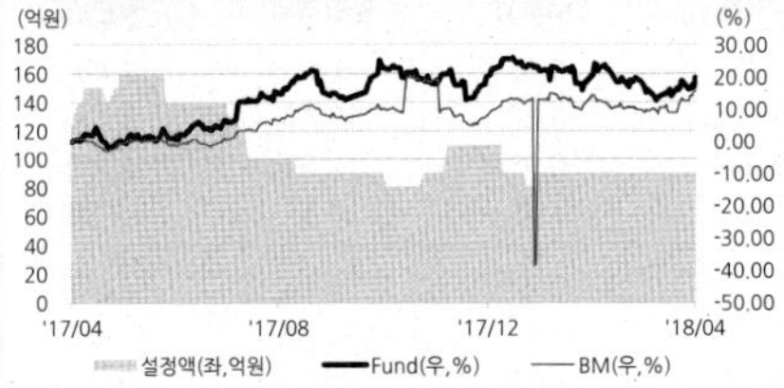

기간별 수익률 (%)

구분	수익률	BM초과	유형초과	%순위
1주	1.29	-0.98	0.56	34.62
1개월	1.59	-3.47	-2.65	69.23
3개월	-2.00	-4.10	-5.57	93.51
6개월	-2.61	-7.11	-13.52	93.51
연초이후	-4.65	-6.46	-11.49	100.00
1년	19.72	4.39	13.27	8.00
3년	3.61	-11.20	9.64	27.42

보수 (%, 年)	
TER	0.680
운용	0.500
판매	0.100
수탁	0.040
일반사무	0.040

투자 전략

COMEX(Commodity Exchange, 뉴욕상품거래소)에서 거래되는 원자재선물 중에서 구리선물가격을 기초로 하는 S&P GSCI North American Copper TR 지수를 기초지수로 하여 1좌당 순자산가치의 변동률을 기초지수의 변동률과 유사하도록 투자신탁재산을 운용함을 그 운용목적으로 하는 특별자산상장지수투자신탁[구리-파생형]입니다.

KODEX 콩선물(H) (A138920)

● 벤치마크 : **MKF Agricuture sector ER**
● 테마분류 : —
● 위험등급 : **2등급**
● 평가등급(3년) : ★★★

펀드 현황	
운용사(매니저)	삼성자산운용
판매사	—
설정일(존속기간)	2011.03.14 (7년1개월)
설정액	40.00억원
순자산	40.00억원

시장 정보 (2018년 04월 20일 기준)			
52주최고(원)	11,235	수익률(12M, %)	3.34
52주최저(원)	9,970	수익률(YTD, %)	6.17
거래량(20일, 주)	5,058	변동성(120일)	0.01
거래대금(20일, 원)	54,179,438	구성종목수(개)	5
베타(1D/1Y)	-0.022220	괴리치(원)	8.53

누적 수익률

(억원) 60 50 40 30 20 10 0 / (%) 15.00 10.00 5.00 0.00 -5.00 -10.00 -15.00
'17/04 '17/08 '17/12 '18/04
설정액(좌,억원) Fund(우,%) BM(우,%)

구분	수익률	BM초과	유형초과	%순위
1주	-0.66	1.16	-1.38	84.62
1개월	-0.81	-3.20	-5.05	85.90
3개월	5.65	-0.48	2.08	9.09
6개월	1.69	-0.52	-9.22	74.03
연초이후	6.17	-0.70	-0.67	29.87
1년	3.34	5.68	-3.11	36.00
3년	-1.60	17.35	4.43	32.26

보수 (%, 年)	
TER	0.680
운용	0.500
판매	0.100
수탁	0.040
일반사무	0.040

투자 전략

CBOT에서 거래되는 원자재선물 중에서 콩선물 가격을 기초로 하는 S&P GSCI Soybeans TR 지수를 기초지수로 하여 1좌당 순자산가치의 변동률을 기초지수의 변동률과 유사하도록 투자신탁재산을 운용함을 그 운용목적으로 하는 특별자산상장지수투자신탁[콩-파생형]입니다.

TIGER 200 건설 (A139220)

● 벤치마크 : **KOSPI200 건설기계**
● 테마분류 : —
● 위험등급 : **2등급**
● 평가등급(3년) : ★

펀드 현황	
운용사(매니저)	미래에셋자산운용
판매사	—
설정일(존속기간)	2011.04.06 (7년)
설정액	418.73억원
순자산	418.73억원

시장 정보 (2018년 04월 20일 기준)			
52주최고(원)	3,050	수익률(12M, %)	11.25
52주최저(원)	2,365	수익률(YTD, %)	17.23
거래량(20일, 주)	39,500	변동성(120일)	0.02
거래대금(20일, 원)	110,669,705	구성종목수(개)	14
베타(1D/1Y)	0.902990	괴리치(원)	0.24

누적 수익률

(억원) 700 600 500 400 300 200 100 0 / (%) 15.00 10.00 5.00 0.00 -5.00 -10.00 -15.00
'17/04 '17/08 '17/12 '18/04
설정액(좌,억원) Fund(우,%) BM(우,%)

구분	수익률	BM초과	유형초과	%순위
1주	7.25	-0.12	6.41	1.43
1개월	14.20	-0.23	15.42	1.43
3개월	9.04	-0.05	12.51	1.45
6개월	17.61	0.96	10.57	17.86
연초이후	17.23	-0.21	16.66	4.35
1년	11.25	0.85	-12.48	65.38
3년	-16.70	1.89	-29.02	85.19

보수 (%, 年)	
TER	0.400
운용	0.270
판매	0.070
수탁	0.030
일반사무	0.030

투자 전략

국내 주식을 주된 투자대상자산으로 하며, 한국거래소가 발표하는"KOSPI 200 건설기계 지수"를 추적대상지수로 하여 1좌당 순자산가치의 변동률을 지수의 변동률과 유사하도록 투자신탁재산을 운용함을 목적으로 합니다.

TIGER 200 중공업 (A139230)

● 벤치마크 : **KOSPI200 조선운송**
● 테마분류 : —
● 위험등급 : **1등급**
● 평가등급(3년) : ★★

펀드 현황	
운용사(매니저)	미래에셋자산운용
판매사	—
설정일(존속기간)	2011.04.06 (7년)
설정액	248.16억원
순자산	248.16억원

시장 정보 (2018년 04월 20일 기준)			
52주최고(원)	4,040	수익률(12M, %)	-5.72
52주최저(원)	2,710	수익률(YTD, %)	13.15
거래량(20일, 주)	117,033	변동성(120일)	0.02
거래대금(20일, 원)	365,044,087	구성종목수(개)	11
베타(1D/1Y)	1.010860	괴리치(원)	3.98

누적 수익률

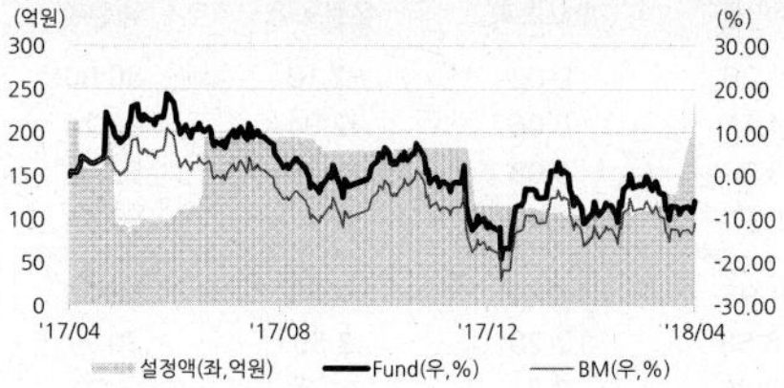

(억원) 300 250 200 150 100 50 0 (%) 30.00 20.00 10.00 0.00 -10.00 -20.00 -30.00
'17/04 '17/08 '17/12 '18/04
설정액(좌,억원) Fund(우,%) BM(우,%)

기간별 수익률 (%)

구분	수익률	BM초과	유형초과	%순위
1주	1.66	-0.25	0.82	51.43
1개월	-3.62	-0.17	-2.39	84.29
3개월	-0.87	-0.78	2.61	30.43
6개월	-11.53	-1.53	-18.57	100.00
연초이후	13.15	-1.01	12.58	13.04
1년	-5.72	5.13	-29.45	96.15
3년	-18.77	5.14	-31.09	88.89

보수 (%, 年)	
TER	0.400
운용	0.270
판매	0.070
수탁	0.030
일반사무	0.030

투자 전략

국내 주식을 주된 투자대상자산으로 하며, 한국거래소가 발표하는"KOSPI 200 조선운송 지수"를 추적대상지수로 하여 1좌당 순자산가치의 변동률을 지수의 변동률과 유사하도록 투자신탁재산을 운용함을 목적으로 합니다

TIGER 200 철강소재 (A139240)

● 벤치마크 : **KOSPI200 철강소재**
● 테마분류 : —
● 위험등급 : **2등급**
● 평가등급(3년) : ★★★

펀드 현황	
운용사(매니저)	미래에셋자산운용
판매사	—
설정일(존속기간)	2011.04.06 (7년)
설정액	50.33억원
순자산	50.33억원

시장 정보 (2018년 04월 20일 기준)			
52주최고(원)	11,665	수익률(12M, %)	7.08
52주최저(원)	9,400	수익률(YTD, %)	-7.65
거래량(20일, 주)	1,190	변동성(120일)	0.01
거래대금(20일, 원)	11,683,249	구성종목수(개)	11
베타(1D/1Y)	0.712480	괴리치(원)	2.55

누적 수익률

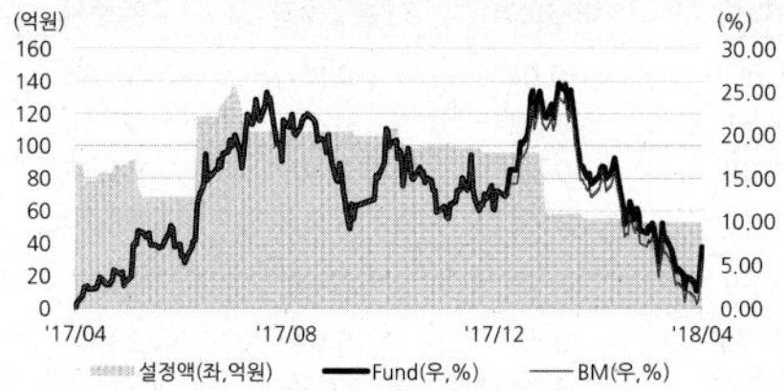

(억원) 160 140 120 100 80 60 40 20 0 (%) 30.00 25.00 20.00 15.00 10.00 5.00 0.00
'17/04 '17/08 '17/12 '18/04
설정액(좌,억원) Fund(우,%) BM(우,%)

기간별 수익률 (%)

구분	수익률	BM초과	유형초과	%순위
1주	3.45	-0.07	2.60	18.57
1개월	-2.15	0.08	-0.92	62.86
3개월	-13.36	0.19	-9.88	98.55
6개월	-10.07	1.28	-17.11	94.64
연초이후	-7.65	0.09	-8.22	91.30
1년	7.08	1.60	-16.65	78.85
3년	2.60	4.20	-9.72	48.15

보수 (%, 年)	
TER	0.400
운용	0.270
판매	0.070
수탁	0.030
일반사무	0.030

투자 전략

국내 주식을 주된 투자대상자산으로 하며, 한국거래소가 발표하는"KOSPI 200 철강소재 지수"를 추적대상지수로 하여 1좌당 순자산가치의 변동률을 지수의 변동률과 유사하도록 투자신탁재산을 운용함을 목적으로 합니다.

TIGER 200 에너지화학 (A139250)

● 벤치마크 : **KOSPI200 에너지화학** ● 위험등급 : **2등급**
● 테마분류 : – ● 평가등급(3년) : ★★★★★

펀드 현황	
운용사(매니저)	미래에셋자산운용
판매사	–
설정일(존속기간)	2011.04.06 (7년)
설정액	301.18억원
순자산	301.18억원

시장 정보 (2018년 04월 20일 기준)			
52주최고(원)	17,420	수익률(12M, %)	26.58
52주최저(원)	12,710	수익률(YTD, %)	-1.96
거래량(20일, 주)	55,873	변동성(120일)	0.01
거래대금(20일, 원)	879,776,177	구성종목수(개)	26
베타(1D/1Y)	0.890850	괴리치(원)	-22.13

누적 수익률

기간별 수익률 (%)

구분	수익률	BM초과	유형초과	%순위
1주	-1.26	0.02	-2.10	80.00
1개월	-4.16	0.06	-2.94	87.14
3개월	-3.86	0.08	-0.38	53.62
6개월	1.27	1.99	-5.77	57.14
연초이후	-1.96	-0.02	-2.53	56.52
1년	26.58	2.28	2.85	30.77
3년	53.96	7.31	41.64	3.70

보수 (%, 年)	
TER	0.400
운용	0.270
판매	0.070
수탁	0.030
일반사무	0.030

투자 전략

한국거래소가 발표하는"KOSPI 200 에너지화학 지수"를 추적대상지수로 하여 1좌당 순자산가치의 변동률을 지수의 변동률과 유사하도록 투자신탁재산을 운용합니다.

TIGER 200 IT (A139260)

● 벤치마크 : **KOSPI200 정보통신** ● 위험등급 : **2등급**
● 테마분류 : – ● 평가등급(3년) : ★★★★

펀드 현황	
운용사(매니저)	미래에셋자산운용
판매사	–
설정일(존속기간)	2011.04.06 (7년)
설정액	1,747.70억원
순자산	1,747.70억원

시장 정보 (2018년 04월 20일 기준)			
52주최고(원)	24,845	수익률(12M, %)	28.75
52주최저(원)	18,555	수익률(YTD, %)	-2.02
거래량(20일, 주)	199,784	변동성(120일)	0.01
거래대금(20일, 원)	4,582,931,979	구성종목수(개)	18
베타(1D/1Y)	1.377440	괴리치(원)	-82.32

누적 수익률

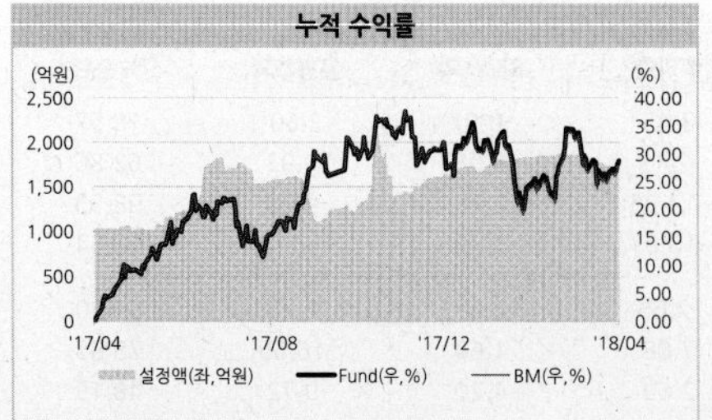

기간별 수익률 (%)

구분	수익률	BM초과	유형초과	%순위
1주	1.65	-0.04	0.81	52.86
1개월	-3.21	0.09	-1.98	77.14
3개월	-1.08	0.13	2.40	34.78
6개월	-0.25	0.73	-7.29	62.50
연초이후	-2.02	0.11	-2.59	57.97
1년	28.75	0.79	5.02	23.08
3년	49.89	3.24	37.58	11.11

보수 (%, 年)	
TER	0.400
운용	0.270
판매	0.070
수탁	0.030
일반사무	0.030

투자 전략

국내 주식을 주된 투자대상자산으로 하며, 한국거래소가 발표하는"KOSPI 200 정보통신 지수"를 추적대상지수로 하여 1좌당 순자산가치의 변동률을 지수의 변동률과 유사하도록 투자신탁재산을 운용함을 목적으로 합니다.

TIGER 200 금융 (A139270)

● 벤치마크 : **KOSPI200 금융**
● 테마분류 : —

● 위험등급 : **2등급**
● 평가등급(3년) : ★★★

펀드 현황	
운용사(매니저)	미래에셋자산운용
판매사	—
설정일(존속기간)	2011.04.06 (7년)
설정액	60.10억원
순자산	60.10억원

시장 정보 (2018년 04월 20일 기준)			
52주최고(원)	9,665	수익률(12M, %)	12.01
52주최저(원)	7,690	수익률(YTD, %)	-5.54
거래량(20일, 주)	7,045	변동성(120일)	0.01
거래대금(20일, 원)	59,788,841	구성종목수(개)	18
베타(1D/1Y)	0.838260	괴리치(원)	-0.97

누적 수익률

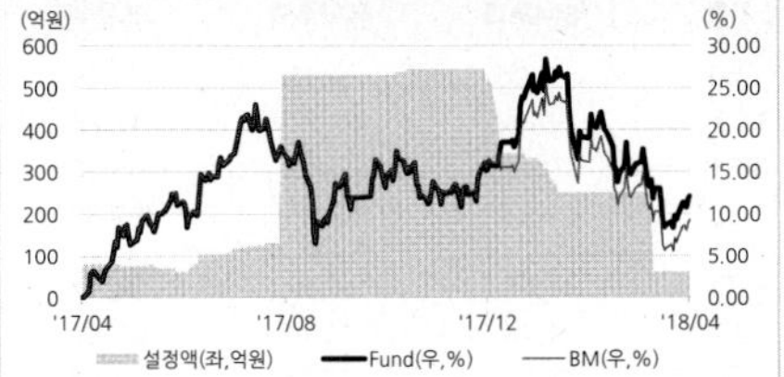

기간별 수익률 (%)

구분	수익률	BM초과	유형초과	%순위
1주	1.98	-0.06	1.14	42.86
1개월	-3.47	0.04	-2.24	81.43
3개월	-11.64	0.07	-8.16	92.75
6개월	-2.17	2.55	-9.21	78.57
연초이후	-5.54	-0.13	-6.10	81.16
1년	12.01	2.70	-11.72	63.46
3년	17.11	7.63	4.80	33.33

보수 (%, 年)	
TER	0.400
운용	0.270
판매	0.070
수탁	0.030
일반사무	0.030

투자 전략

국내 주식을 주된 투자대상자산으로 하며, 한국거래소가 발표하는"KOSPI 200 금융 지수"를 추적대상지수로 하여 1좌당 순자산가치의 변동률을 지수의 변동률과 유사하도록 투자신탁재산을 운용함을 목적으로 합니다.

TIGER 경기방어 (A139280)

● 벤치마크 : **KOSPI200 필수소비재**
● 테마분류 : —

● 위험등급 : **3등급**
● 평가등급(3년) : ★★★

펀드 현황	
운용사(매니저)	미래에셋자산운용
판매사	—
설정일(존속기간)	2011.04.06 (7년)
설정액	1,391.10억원
순자산	1,391.10억원

시장 정보 (2018년 04월 20일 기준)			
52주최고(원)	14,535	수익률(12M, %)	1.10
52주최저(원)	12,185	수익률(YTD, %)	-8.56
거래량(20일, 주)	35,985	변동성(120일)	0.01
거래대금(20일, 원)	475,066,859	구성종목수(개)	58
베타(1D/1Y)	0.533490	괴리치(원)	-7.42

누적 수익률

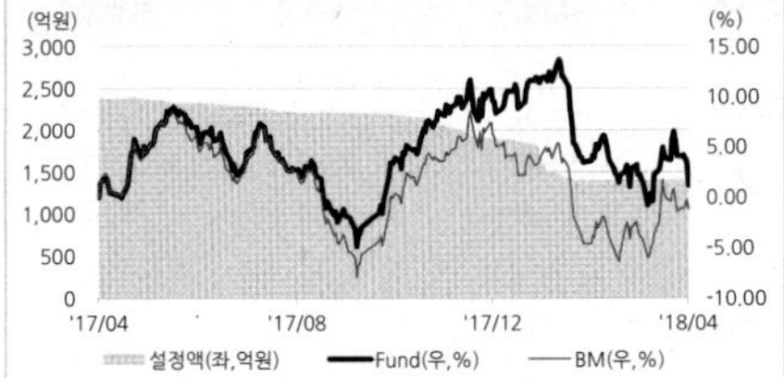

기간별 수익률 (%)

구분	수익률	BM초과	유형초과	%순위
1주	-2.84	-3.11	-3.68	91.43
1개월	-1.05	-3.17	0.17	50.00
3개월	-9.69	-3.85	-6.21	84.06
6개월	-2.69	-1.09	-9.73	82.14
연초이후	-8.56	-3.47	-9.12	94.20
1년	1.10	2.32	-22.63	88.46
3년	-4.31	2.95	-16.63	59.26

보수 (%, 年)	
TER	0.400
운용	0.270
판매	0.070
수탁	0.030
일반사무	0.030

투자 전략

국내 주식을 주된 투자대상자산으로 하며, 한국거래소가 발표하는"KOSPI 200 필수소비재 지수"를 추적대상지수로 하여 1좌당 순자산가치의 변동률을 지수의 변동률과 유사하도록 투자신탁재산을 운용함을 목적으로 합니다

TIGER 200 경기소비재 (A139290)

● 벤치마크 : **KOSPI200 자유소비재**
● 테마분류 : —
● 위험등급 : **3등급**
● 평가등급(3년) : ★★

펀드 현황	
운용사(매니저)	미래에셋자산운용
판매사	—
설정일(존속기간)	2011.04.06 (7년)
설정액	122.61억원
순자산	122.61억원

시장 정보 (2018년 04월 20일 기준)			
52주최고(원)	17,185	수익률(12M, %)	6.25
52주최저(원)	14,650	수익률(YTD, %)	-3.73
거래량(20일, 주)	12,482	변동성(120일)	0.01
거래대금(20일, 원)	196,107,195	구성종목수(개)	40
베타(1D/1Y)	0.472670	괴리치(원)	-69.26

누적 수익률

(억원) 200 150 100 50 0 / (%) 20.00 15.00 10.00 5.00 0.00 -5.00
'17/04 '17/08 '17/12 '18/04
설정액(좌,억원) Fund(우,%) BM(우,%)

기간별 수익률 (%)

구분	수익률	BM초과	유형초과	%순위
1주	-0.30	-0.00	-1.15	74.29
1개월	3.09	-0.02	4.32	12.86
3개월	-5.51	0.20	-2.03	65.22
6개월	-0.36	1.63	-7.40	67.86
연초이후	-3.73	0.25	-4.30	68.12
1년	6.25	1.74	-17.48	82.69
3년	-10.58	4.09	-22.90	74.07

보수 (%, 年)	
TER	0.400
운용	0.270
판매	0.070
수탁	0.030
일반사무	0.030

투자 전략

국내 주식을 주된 투자대상자산으로 하며, 한국거래소가 발표하는"KOSPI 200 자유소비재 지수"를 추적대상지수로 하여 1좌당 순자산가치의 변동률을 지수의변동률과 유사하도록 투자신탁 재산을 운용함을 목적으로 합니다

TIGER 금속선물(H) (A139310)

● 벤치마크 : **Metal sector ER**
● 테마분류 : —
● 위험등급 : **2등급**
● 평가등급(3년) : ★★★★

펀드 현황	
운용사(매니저)	미래에셋자산운용
판매사	—
설정일(존속기간)	2011.04.08 (7년)
설정액	60.00억원
순자산	60.00억원

시장 정보 (2018년 04월 20일 기준)			
52주최고(원)	6,465	수익률(12M, %)	26.97
52주최저(원)	5,010	수익률(YTD, %)	4.59
거래량(20일, 주)	1,086	변동성(120일)	0.01
거래대금(20일, 원)	6,513,761	구성종목수(개)	6
베타(1D/1Y)	0.151680	괴리치(원)	-10.77

누적 수익률

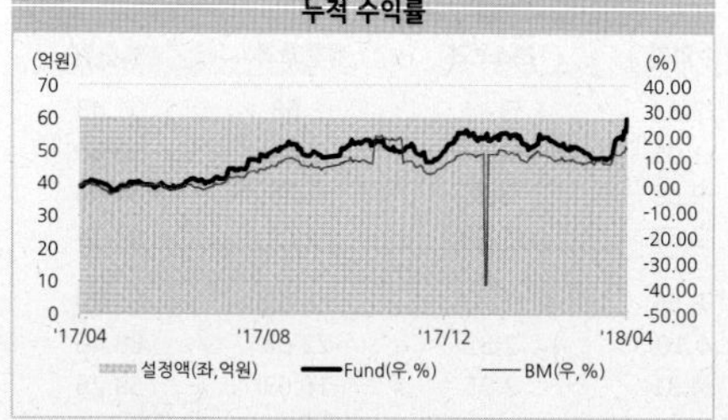

기간별 수익률 (%)

구분	수익률	BM초과	유형초과	%순위
1주	6.48	4.21	5.75	—
1개월	10.48	5.41	6.24	—
3개월	5.83	3.73	2.26	7.79
6개월	8.49	3.99	-2.41	31.17
연초이후	4.59	2.78	-2.25	33.77
1년	26.97	11.64	20.51	—
3년	13.64	-1.16	19.67	—

보수 (%, 年)	
TER	0.700
운용	0.530
판매	0.100
수탁	0.030
일반사무	0.040

투자 전략

산업용 비철금속을 기초자산으로 하는 것으로서 해외의 파생상품시장에서 거래되는 장내파생상품을 주된 투자대상자산으로 하며, 금속선물지수인 S&P GSCI Industrial Metals Select Index Total Return의 수익률을 추종합니다.

TIGER 금은선물(H) (A139320)

● 벤치마크 : **Metal sector ER**
● 테마분류 : —
● 위험등급 : **2등급**
● 평가등급(3년) : ★★★★

펀드 현황	
운용사(매니저)	미래에셋자산운용
판매사	—
설정일(존속기간)	2011.04.08 (7년)
설정액	60.00억원
순자산	60.00억원

시장 정보 (2018년 04월 20일 기준)			
52주최고(원)	8,155	수익률(12M, %)	0.62
52주최저(원)	7,305	수익률(YTD, %)	3.56
거래량(20일, 주)	641	변동성(120일)	0.01
거래대금(20일, 원)	5,058,204	구성종목수(개)	6
베타(1D/1Y)	0.000310	괴리치(원)	0.20

누적 수익률

기간별 수익률 (%)

구분	수익률	BM초과	유형초과	%순위
1주	-0.15	-2.43	-0.88	55.13
1개월	2.88	-2.18	-1.36	42.31
3개월	0.99	-1.11	-2.59	71.43
6개월	3.41	-1.10	-7.50	63.64
연초이후	3.56	1.74	-3.29	45.45
1년	0.62	-14.71	-5.84	65.33
3년	6.51	-8.29	12.54	9.68

보수 (%, 年)	
TER	0.700
운용	0.530
판매	0.100
수탁	0.030
일반사무	0.040

투자 전략

귀금속을 기초자산으로 하는 것으로서 해외의 파생상품시장에서 거래되는 장내파생상품을 귀금속선물 지수인 S&P GSCI Precious Metals Index Total Return의 수익 률 추종을 목적으로 합니다.

KOSEF 미국달러선물인버스 (A139660)

● 벤치마크 : **미국달러선물지수**
● 테마분류 : —
● 위험등급 : **4등급**
● 평가등급(3년) : ★★★★★

펀드 현황	
운용사(매니저)	키움투자자산운용
판매사	—
설정일(존속기간)	2011.03.31 (7년)
설정액	106.00억원
순자산	106.00억원

시장 정보 (2018년 04월 20일 기준)			
52주최고(원)	11,785	수익률(12M, %)	6.66
52주최저(원)	10,785	수익률(YTD, %)	0.36
거래량(20일, 주)	18,926	변동성(120일)	0.00
거래대금(20일, 원)	220,296,685	구성종목수(개)	2
베타(1D/1Y)	0.268160	괴리치(원)	2.33

누적 수익률

기간별 수익률 (%)

구분	수익률	BM초과	유형초과	%순위
1주	0.70	1.39	1.64	15.00
1개월	0.77	1.56	-0.08	25.00
3개월	0.07	0.27	-3.67	86.21
6개월	6.23	12.24	5.46	7.02
연초이후	0.36	0.80	-1.22	74.14
1년	6.66	13.16	24.84	7.27
3년	2.18	5.70	25.17	4.35

보수 (%, 年)	
TER	0.490
운용	0.350
판매	0.080
수탁	0.030
일반사무	0.030

투자 전략

투자신탁은 미국달러선물의 가격수준을 표시하는 지수(이하"기초지수"라 한다)를 기초지수로 하여 1좌당 순자산가치의 일간변동률을 기초지수 일간변동률의 음(陰)의 1배수로 연동하여 투자신탁 재산을 운용합니다.

KBSTAR 수출주 (A140570)

● 벤치마크 : **MKF 수출주**
● 테마분류 : —
● 위험등급 : **2등급**
● 평가등급(3년) : ★★

펀드 현황	
운용사(매니저)	케이비자산운용
판매사	—
설정일(존속기간)	2011.04.15 (7년)
설정액	130.89억원
순자산	130.89억원

시장 정보 (2018년 04월 20일 기준)			
52주최고(원)	10,785	수익률(12M, %)	17.03
52주최저(원)	8,730	수익률(YTD, %)	-0.27
거래량(20일, 주)	138	변동성(120일)	0.01
거래대금(20일, 원)	1,365,102	구성종목수(개)	52
베타(1D/1Y)	0.819680	괴리치(원)	1.72

누적 수익률

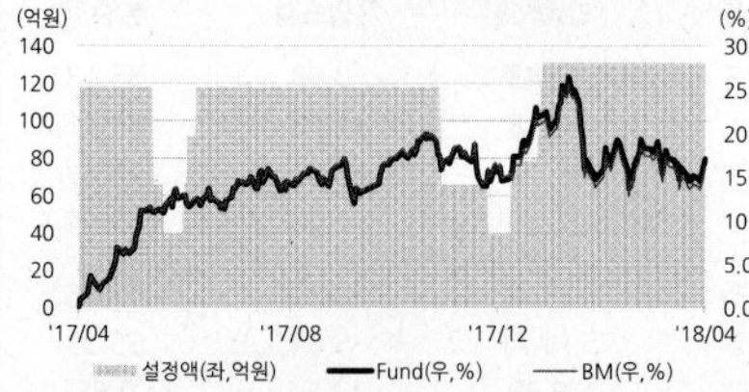

(억원) 140 120 100 80 60 40 20 0 / (%) 30.00 25.00 20.00 15.00 10.00 5.00 0.00
'17/04 '17/08 '17/12 '18/04
설정액(좌,억원) Fund(우,%) BM(우,%)

기간별 수익률 (%)				
구분	수익률	BM초과	유형초과	%순위
1주	1.64	-0.01	0.55	64.19
1개월	-0.68	0.06	0.87	77.29
3개월	-3.56	0.04	1.63	38.98
6개월	-0.11	1.00	-8.26	50.45
연초이후	-0.27	-0.07	-1.90	39.06
1년	17.03	0.92	-16.72	71.35
3년	12.83	2.84	-22.11	86.76

보수 (%, 年)	
TER	0.400
운용	0.300
판매	0.050
수탁	0.020
일반사무	0.030

투자 전략

FnGuide가 산출하고 한국거래소를 통하여 공표되는 수출주 지수(Maekyung FnGuide Exporters Index)를 추적대상지수로 하는 상장지수집합투자기구로, 추적대상지수의 수익률과 유사한 수익률을 실현

KBSTAR 우량업종 (A140580)

● 벤치마크 : **MKF 우량업종대표주**
● 테마분류 : —
● 위험등급 : **3등급**
● 평가등급(3년) : ★★

펀드 현황	
운용사(매니저)	케이비자산운용
판매사	—
설정일(존속기간)	2011.04.15 (7년)
설정액	57.24억원
순자산	57.24억원

시장 정보 (2018년 04월 20일 기준)			
52주최고(원)	12,415	수익률(12M, %)	15.65
52주최저(원)	10,280	수익률(YTD, %)	-0.24
거래량(20일, 주)	168	변동성(120일)	0.01
거래대금(20일, 원)	1,938,203	구성종목수(개)	38
베타(1D/1Y)	0.815170	괴리치(원)	-11.26

누적 수익률

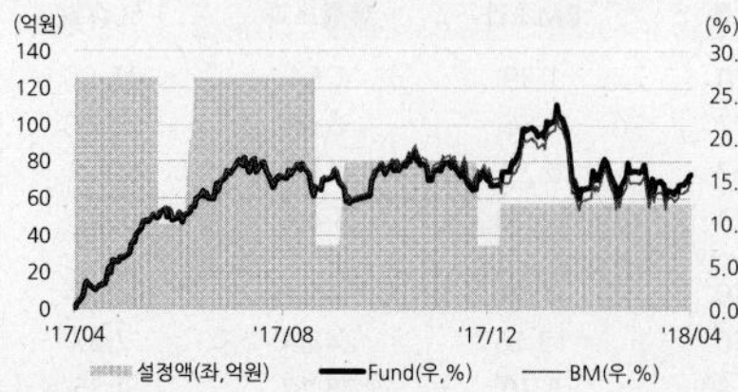

(억원) 140 120 100 80 60 40 20 0 / (%) 30.00 25.00 20.00 15.00 10.00 5.00 0.00
'17/04 '17/08 '17/12 '18/04
설정액(좌,억원) Fund(우,%) BM(우,%)

기간별 수익률 (%)				
구분	수익률	BM초과	유형초과	%순위
1주	1.07	-0.11	-0.01	70.95
1개월	-0.23	-0.41	1.33	44.41
3개월	-4.06	-0.33	1.13	48.73
6개월	-0.38	1.04	-8.52	53.57
연초이후	-0.24	-0.42	-1.88	38.20
1년	15.65	0.86	-18.10	77.08
3년	14.05	4.67	-20.88	80.15

보수 (%, 年)	
TER	0.400
운용	0.300
판매	0.050
수탁	0.020
일반사무	0.030

투자 전략

FnGuide가 산출하고 한국거래소를 통하여 공표되는 우량업종대표주 지수(Maekyung FnGuide Leading Industry Blue-chip Index)를 추적대상지수로 하는 상장지수집합투자기구로, 추적대상지수의 수익률과 유사한 수익률을 실현합니다.

KODEX 보험 (A140700)

● 벤치마크 : **KRX 보험**
● 테마분류 : ㅡ
● 위험등급 : **2등급**
● 평가등급(3년) : ★★★

펀드 현황	
운용사(매니저)	삼성자산운용
판매사	ㅡ
설정일(존속기간)	2011.04.26 (6년12개월)
설정액	104.26억원
순자산	104.26억원

시장 정보 (2018년 04월 20일 기준)			
52주최고(원)	10,425	수익률(12M, %)	0.88
52주최저(원)	8,610	수익률(YTD, %)	-11.38
거래량(20일, 주)	18,838	변동성(120일)	0.01
거래대금(20일, 원)	168,222,893	구성종목수(개)	13
베타(1D/1Y)	0.619370	괴리치(원)	-4.10

누적 수익률

기간별 수익률 (%)				
구분	수익률	BM초과	유형초과	%순위
1주	0.30	-0.02	-0.54	61.43
1개월	-6.23	0.17	-5.00	92.86
3개월	-14.51	0.45	-11.04	100.00
6개월	-10.30	2.65	-17.34	96.43
연초이후	-11.38	0.35	-11.95	100.00
1년	0.88	2.64	-22.85	90.38
3년	12.54	6.35	0.22	40.74

보수 (%, 年)	
TER	0.450
운용	0.340
판매	0.050
수탁	0.020
일반사무	0.040

투자 전략

KRX Insurance지수를 기초지수로 하여 1좌당 순자산가치의 변동률을 기초지수의 변동률과 유사하도록 투자신탁재산을 운용합니다.

KODEX 운송 (A140710)

● 벤치마크 : **KRX 운송**
● 테마분류 : ㅡ
● 위험등급 : **2등급**
● 평가등급(3년) : ★

펀드 현황	
운용사(매니저)	삼성자산운용
판매사	ㅡ
설정일(존속기간)	2011.04.26 (6년12개월)
설정액	130.92억원
순자산	130.92억원

시장 정보 (2018년 04월 20일 기준)			
52주최고(원)	3,720	수익률(12M, %)	6.50
52주최저(원)	2,825	수익률(YTD, %)	11.48
거래량(20일, 주)	73,525	변동성(120일)	0.01
거래대금(20일, 원)	227,653,380	구성종목수(개)	14
베타(1D/1Y)	0.713610	괴리치(원)	4.10

누적 수익률

기간별 수익률 (%)				
구분	수익률	BM초과	유형초과	%순위
1주	3.48	-0.04	2.63	15.71
1개월	8.16	-0.13	9.38	4.29
3개월	7.22	0.07	10.70	4.35
6개월	2.66	0.64	-4.38	44.64
연초이후	11.48	0.04	10.91	15.94
1년	6.50	0.38	-17.23	80.77
3년	-34.63	1.34	-46.95	96.30

보수 (%, 年)	
TER	0.450
운용	0.340
판매	0.050
수탁	0.020
일반사무	0.040

투자 전략

KRX Transportation 지수를 기초지수로 하여 1좌당 순자산가치의 변동률을 기초지수의 변동률과 유사하도록 투자신탁재산을 운용합니다.

파워 코스피100 (A140950)

● 벤치마크 : 파워 K100
● 테마분류 : —

● 위험등급 : 3등급
● 평가등급(3년) : ★★★★

펀드 현황	
운용사(매니저)	교보악사자산운용
판매사	—
설정일(존속기간)	2011.04.29 (6년11개월)
설정액	183.87억원
순자산	183.87억원

시장 정보 (2018년 04월 20일 기준)			
52주최고(원)	26,650	수익률(12M, %)	18.69
52주최저(원)	21,795	수익률(YTD, %)	-1.41
거래량(20일, 주)	2,362	변동성(120일)	0.01
거래대금(20일, 원)	58,159,205	구성종목수(개)	101
베타(1D/1Y)	1.031380	괴리치(원)	17.02

누적 수익률

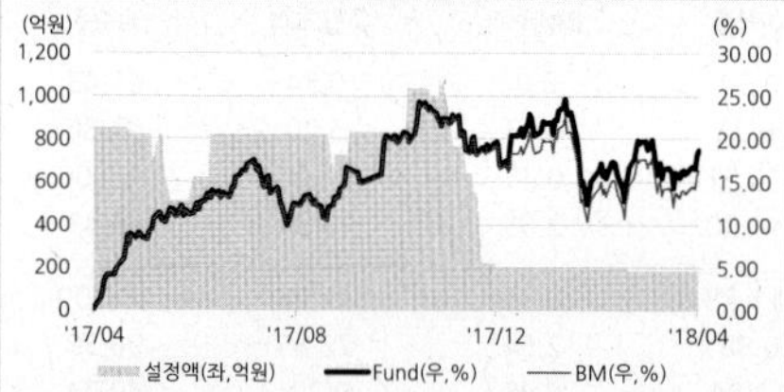

기간별 수익률 (%)				
구분	수익률	BM초과	유형초과	%순위
1주	2.25	-0.01	1.16	37.16
1개월	-0.05	0.19	1.51	30.51
3개월	-2.63	0.23	2.56	27.54
6개월	-0.70	1.74	-8.85	57.14
연초이후	-1.41	0.24	-3.04	52.36
1년	18.69	2.35	-15.06	65.63
3년	28.78	7.40	-6.16	36.03

보수 (%, 年)	
TER	0.155
운용	0.110
판매	0.010
수탁	0.010
일반사무	0.025

투자 전략

한국종합주가지수100(이하 "KOSPI 100"이라 함)을 기초지수로 하여 보수차감후 1좌당 순자산가치의 일간변동률을 기초지수의 변동률과 유사하도록 투자신탁재산을 운용합니다.

ARIRANG 코스피100동일가중 (A141240)

● 벤치마크 : KOSPI100 동일가중
● 테마분류 : —

● 위험등급 : 3등급
● 평가등급(3년) : ★

펀드 현황	
운용사(매니저)	한화자산운용
판매사	—
설정일(존속기간)	2011.05.18 (6년11개월)
설정액	69.81억원
순자산	69.81억원

시장 정보 (2018년 04월 20일 기준)			
52주최고(원)	11,640	수익률(12M, %)	10.71
52주최저(원)	9,910	수익률(YTD, %)	-1.71
거래량(20일, 주)	66	변동성(120일)	0.01
거래대금(20일, 원)	705,790	구성종목수(개)	101
베타(1D/1Y)	0.805560	괴리치(원)	5.72

누적 수익률

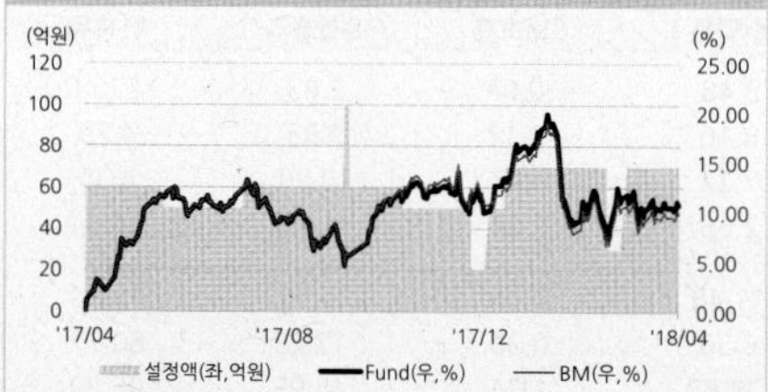

기간별 수익률 (%)				
구분	수익률	BM초과	유형초과	%순위
1주	0.20	-0.05	-0.89	82.77
1개월	-0.28	-0.08	1.28	51.86
3개월	-5.22	0.07	-0.04	67.37
6개월	-0.25	1.00	-8.40	52.23
연초이후	-1.71	0.03	-3.34	57.08
1년	10.71	0.94	-23.04	84.90
3년	5.83	3.76	-29.10	94.85

보수 (%, 年)	
TER	0.330
운용	0.245
판매	0.040
수탁	0.020
일반사무	0.025

투자 전략

한국거래소에서 발표하는 "KOSPI100 동일가중지수"를 기초지수로 하여 1좌당 순자산가치의 변동률을 기초지수의 변동률과 유사하도록 투자신탁재산을 운용합니다.

KINDEX 밸류대형 (A143460)

● 벤치마크 : **FnGuide-RAFI Korea Large**
● 테마분류 : —

● 위험등급 : **3등급**
● 평가등급(3년) : ★★★★★

펀드 현황	
운용사(매니저)	한국투자신탁운용
판매사	—
설정일(존속기간)	2011.06.20 (6년10개월)
설정액	68.72억원
순자산	68.72억원

시장 정보 (2018년 04월 20일 기준)			
52주최고(원)	8,380	수익률(12M, %)	17.65
52주최저(원)	6,995	수익률(YTD, %)	-0.51
거래량(20일, 주)	55,063	변동성(120일)	0.01
거래대금(20일, 원)	429,758,057	구성종목수(개)	103
베타(1D/1Y)	0.920840	괴리치(원)	1.58

누적 수익률

기간별 수익률 (%)				
구분	수익률	BM초과	유형초과	%순위
1주	2.86	-0.01	1.77	26.69
1개월	0.69	0.16	2.24	14.58
3개월	-2.65	0.18	2.54	30.08
6개월	0.05	1.78	-8.09	49.11
연초이후	-0.51	0.15	-2.14	42.92
1년	17.65	2.00	-16.10	68.75
3년	33.73	7.85	-1.21	19.85

보수 (%, 年)	
TER	0.150
운용	0.095
판매	0.010
수탁	0.020
일반사무	0.025

투자 전략

에프앤가이드가 산출·공표하는 "FnGuide-RAFI Korea Large 지수"의 수익률을 추적하도록 주식에 주로 투자하는 상장지수투자신탁으로서 이 투자신탁 수익증권 1좌당 순자산가치(투자신탁보수 차감전을 말함)의 변동률을 "FnGuide-RAFI Korea Large 지수"의 변동률과 유사하도록 신탁재산을 운용합니다.

TIGER 미국S&P500선물(H) (A143850)

● 벤치마크 : **World - MSCI - NORTH AMERICA (KRW Unhedged)**
● 테마분류 : —

● 위험등급 : **3등급**
● 평가등급(3년) : ★★★★

펀드 현황	
운용사(매니저)	미래에셋자산운용
판매사	—
설정일(존속기간)	2011.07.18 (6년9개월)
설정액	444.14억원
순자산	444.14억원

시장 정보 (2018년 04월 20일 기준)			
52주최고(원)	34,080	수익률(12M, %)	0.58
52주최저(원)	27,925	수익률(YTD, %)	5.40
거래량(20일, 주)	34,138	변동성(120일)	0.01
거래대금(20일, 원)	1,076,431,165	구성종목수(개)	5
베타(1D/1Y)	0.562670	괴리치(원)	-15.14

누적 수익률

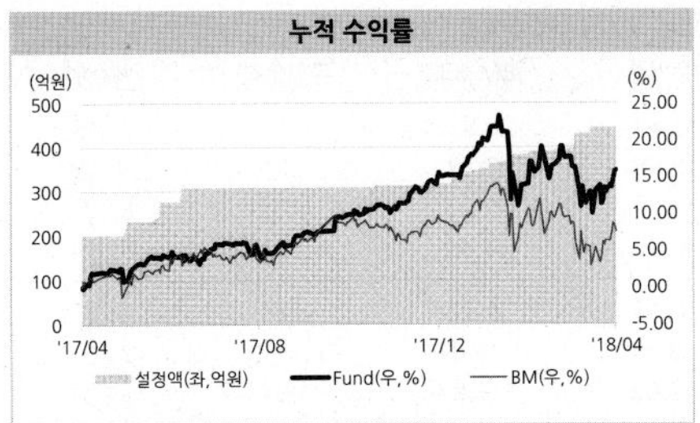

기간별 수익률 (%)				
구분	수익률	BM초과	유형초과	%순위
1주	0.11	0.85	-0.02	35.80
1개월	2.64	1.50	0.05	24.07
3개월	-1.65	-0.80	-0.09	48.15
6개월	-3.44	0.99	-1.21	67.10
연초이후	5.40	6.56	0.45	46.67
1년	0.58	0.49	-1.21	51.63
3년	15.78	8.25	-0.06	41.91

보수 (%, 年)	
TER	0.300
운용	0.160
판매	0.070
수탁	0.030
일반사무	0.040

투자 전략

미국의 S&P 500을 기초자산으로 하여 파생상품시장에서 거래되는 장내파생상품을 주된 투자대상자산으로 하며, S&P 500 Futures Excess Return Index의 수익률 추종합니다.

TIGER 헬스케어 (A143860)

- 벤치마크 : **KRX 헬스케어**
- 테마분류 : —
- 위험등급 : **1등급**
- 평가등급(3년) : ★★★★★

펀드 현황	
운용사(매니저)	미래에셋자산운용
판매사	—
설정일(존속기간)	2011.07.18 (6년9개월)
설정액	522.21억원
순자산	522.21억원

시장 정보 (2018년 04월 20일 기준)			
52주최고(원)	48,970	수익률(12M, %)	83.93
52주최저(원)	23,525	수익률(YTD, %)	14.48
거래량(20일, 주)	156,314	변동성(120일)	0.03
거래대금(20일, 원)	7,244,338,899	구성종목수(개)	77
베타(1D/1Y)	1.136840	괴리치(원)	-22.57

누적 수익률

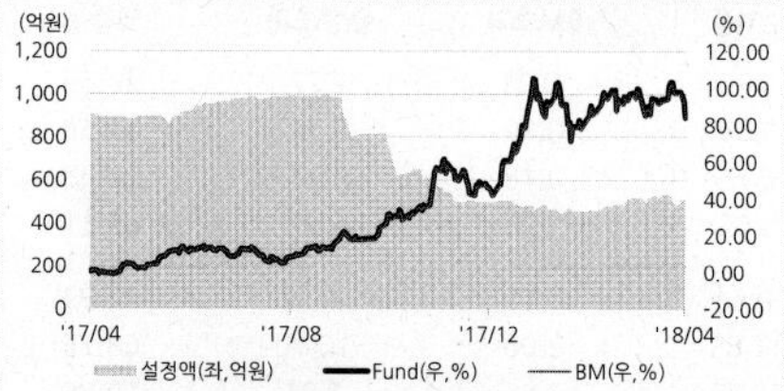

기간별 수익률 (%)				
구분	수익률	BM초과	유형초과	%순위
1주	-6.92	0.01	-7.77	98.57
1개월	-5.58	-0.00	-4.35	90.00
3개월	-1.18	0.00	2.30	36.23
6개월	42.31	0.24	35.27	3.57
연초이후	14.48	-0.08	13.91	7.25
1년	83.93	1.31	60.20	1.92
3년	94.74	6.30	82.42	—

보수 (%, 年)	
TER	0.400
운용	0.270
판매	0.070
수탁	0.030
일반사무	0.030

투자 전략

국내 주식을 투자대상자산으로 하며, 한국거래소가 발표하는"KRX Health Care 지수"를 추적대상지수로 하여 1좌당 순자산가치의 변동률을 지수의 변동률과 유사하도록 투자신탁재산을 운용합니다.

KODEX 은선물(H) (A144600)

- 벤치마크 : **S&P GSCI Silver Index(TR)**
- 테마분류 : —
- 위험등급 : **1등급**
- 평가등급(3년) : ★★

펀드 현황	
운용사(매니저)	삼성자산운용
판매사	—
설정일(존속기간)	2011.07.15 (6년9개월)
설정액	680.00억원
순자산	680.00억원

시장 정보 (2018년 04월 20일 기준)			
52주최고(원)	4,315	수익률(12M, %)	-8.34
52주최저(원)	3,660	수익률(YTD, %)	2.18
거래량(20일, 주)	47,140	변동성(120일)	0.01
거래대금(20일, 원)	183,031,135	구성종목수(개)	5
베타(1D/1Y)	0.124160	괴리치(원)	-23.76

누적 수익률

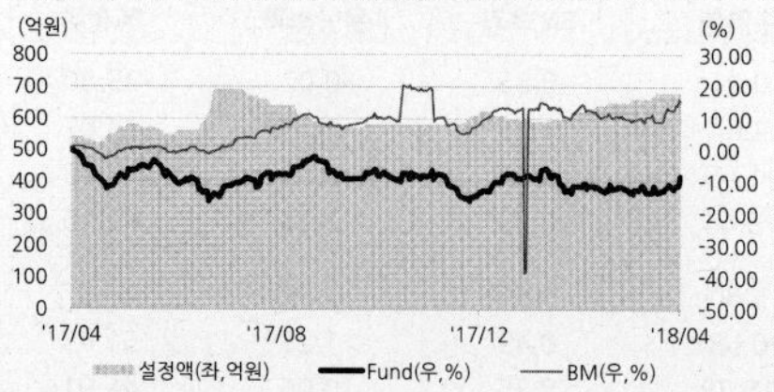

기간별 수익률 (%)				
구분	수익률	BM초과	유형초과	%순위
1주	2.84	0.57	2.11	1.28
1개월	5.85	0.79	1.61	19.23
3개월	1.07	-1.03	-2.51	66.23
6개월	0.07	-4.44	-10.84	85.71
연초이후	2.18	0.37	-4.66	81.82
1년	-8.34	-23.67	-14.80	94.67
3년	-2.06	-16.87	3.97	33.87

보수 (%, 年)	
TER	0.680
운용	0.500
판매	0.100
수탁	0.040
일반사무	0.040

투자 전략

COMEX에서 거래되는 원자재선물 중에서 은(銀) 선물(Silver Futures, 이하 ' 은(銀)선물) 가격을 기초로 하는 S&P GSCI Silver TR 지수를 기초지수로 하여 1 좌당 순자산가치의 변동률을 기초지수의 변동률과 유사하도록 투자신탁재산을 운용함을 그 운용목적으로 하는 특별자산상장지수투자신탁[은-파생형]입니다.

KINDEX 인버스 (A145670)

● 벤치마크 : **F-KOSPI200**
● 테마분류 : —
● 위험등급 : **1등급**
● 평가등급(3년) : ★★★

펀드 현황	
운용사(매니저)	한국투자신탁운용
판매사	—
설정일(존속기간)	2011.09.07 (6년7개월)
설정액	110.00억원
순자산	110.00억원

시장 정보 (2018년 04월 20일 기준)			
52주최고(원)	8,425	수익률(12M, %)	-14.24
52주최저(원)	6,925	수익률(YTD, %)	1.58
거래량(20일, 주)	10,200	변동성(120일)	0.01
거래대금(20일, 원)	76,054,222	구성종목수(개)	4
베타(1D/1Y)	-1.031300	괴리치(원)	-11.59

누적 수익률

(억원) 160 140 120 100 80 60 40 20 0 (%) 0.00 -5.00 -10.00 -15.00 -20.00
'17/04 '17/08 '17/12 '18/04
설정액(좌,억원) Fund(우,%) BM(우,%)

기간별 수익률 (%)				
구분	수익률	BM초과	유형초과	%순위
1주	-2.25	0.00	-1.31	56.67
1개월	0.06	-0.09	-0.78	48.33
3개월	2.82	-0.20	-0.93	36.21
6개월	1.09	-0.35	0.33	15.79
연초이후	1.58	-0.24	-0.00	13.79
1년	-14.24	-0.57	3.94	36.36
3년	-18.23	-1.70	4.75	21.74

보수 (%, 年)	
TER	0.150
운용	0.095
판매	0.010
수탁	0.020
일반사무	0.025

투자 전략

국내주식관련파생상품을 법시행령 제94조 제2항 제4호에서 규정하는 주된 투자대상자산으로 하며 한국종합주가지수200선물지수(F-KOSPI200)(이하 "지수"라 한다)의 변화에 연동하여 운용하는 것을 목표로 이 투자신탁 수익증권 1좌당 순자산가치의 일간변동률을 지수의 일간변동률의 음(-)의 1배수와 유사하도록 투자신탁재산을 운용합니다.

TREX 펀더멘탈 200 (A145850)

● 벤치마크 : **FnGuide-RAFI Korea200**
● 테마분류 : —
● 위험등급 : **3등급**
● 평가등급(3년) : ★★★★★

펀드 현황	
운용사(매니저)	유리자산운용
판매사	—
설정일(존속기간)	2011.09.23 (6년7개월)
설정액	57.45억원
순자산	57.45억원

시장 정보 (2018년 04월 20일 기준)			
52주최고(원)	35,080	수익률(12M, %)	16.45
52주최저(원)	29,485	수익률(YTD, %)	-0.72
거래량(20일, 주)	2	변동성(120일)	0.01
거래대금(20일, 원)	71,651	구성종목수(개)	187
베타(1D/1Y)	0.941030	괴리치(원)	-33.17

누적 수익률

기간별 수익률 (%)				
구분	수익률	BM초과	유형초과	%순위
1주	2.71	-0.04	1.62	27.70
1개월	0.60	0.10	2.15	15.93
3개월	-2.87	0.17	2.31	35.59
6개월	-0.01	1.59	-8.15	49.55
연초이후	-0.72	0.09	-2.35	46.78
1년	16.45	1.78	-17.31	73.44
3년	30.72	7.65	-4.22	27.21

보수 (%, 年)	
TER	0.340
운용	0.200
판매	0.080
수탁	0.030
일반사무	0.030

투자 전략

「FnGuide-RAFI Korea 200지수」를 기초지수로 하여 1좌당 순자산가치의 변동률을 기초지수의 변동률과 유사하도록 투자신탁재산을 운용합니다.

TIGER 모멘텀 (A147970)

● 벤치마크 : **모멘텀**
● 테마분류 : —
● 위험등급 : **2등급**
● 평가등급(3년) : ★

펀드 현황	
운용사(매니저) 판매사	미래에셋자산운용 —
설정일(존속기간) 설정액 순자산	2011.10.26 (6년5개월) 132.46억원 132.46억원

시장 정보 (2018년 04월 20일 기준)			
52주최고(원)	27,385	수익률(12M, %)	25.20
52주최저(원)	21,300	수익률(YTD, %)	5.03
거래량(20일, 주)	9,029	변동성(120일)	0.01
거래대금(20일, 원)	232,385,075	구성종목수(개)	31
베타(1D/1Y)	1.047680	괴리치(원)	-2.83

누적 수익률

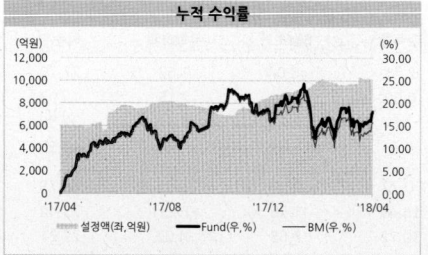

(역원) 140 120 100 80 60 40 20 0 / (%) 35.00 30.00 25.00 20.00 15.00 10.00 5.00 0.00
'17/04 '17/08 '17/12 '18/04
설정액(좌,억원) Fund(우,%) BM(우,%)

기간별 수익률 (%)				
구분	수익률	BM초과	유형초과	%순위
1주	1.05	0.02	-0.03	71.62
1개월	0.84	-0.01	2.39	12.54
3개월	-0.08	0.19	5.11	4.66
6개월	10.82	2.16	2.68	12.95
연초이후	5.03	0.07	3.39	16.31
1년	25.20	2.18	-8.55	33.85
3년	3.63	4.85	-31.31	97.79

보수 (%, 年)	
TER	0.290
운용	0.200
판매	0.030
수탁	0.030
일반사무	0.030

투자 전략

에프앤가이드(FnGuide)가 발표하는"에프앤가이드 모멘텀 지수(FnGuide Momentum Index)"를 추적대상지수로 하여 1좌 순자산가치의 변동률을 지수의 변동률과 유사하도록 투자신탁재산을 운용함을 목적으로 합니다.

KBSTAR 200 (A148020)

● 벤치마크 : **KOSPI200**
● 테마분류 : —
● 위험등급 : **1등급**
● 평가등급(3년) : ★★★★

펀드 현황	
운용사(매니저) 판매사	케이비자산운용 —
설정일(존속기간) 설정액 순자산	2011.10.20 (6년6개월) 10,156.51억원 10,156.51억원

시장 정보 (2018년 04월 20일 기준)			
52주최고(원)	34,340	수익률(12M, %)	18.08
52주최저(원)	28,610	수익률(YTD, %)	-1.19
거래량(20일, 주)	280,387	변동성(120일)	0.01
거래대금(20일, 원)	9,021,156,599	구성종목수(개)	200
베타(1D/1Y)	1.069410	괴리치(원)	-22.69

누적 수익률

(역원) 12,000 10,000 8,000 6,000 4,000 2,000 0 / (%) 30.00 25.00 20.00 15.00 10.00 5.00 0.00
'17/04 '17/08 '17/12 '18/04
설정액(좌,억원) Fund(우,%) BM(우,%)

기간별 수익률 (%)				
구분	수익률	BM초과	유형초과	%순위
1주	2.20	-0.00	-0.00	69.30
1개월	0.09	0.16	-0.03	55.51
3개월	-2.60	0.25	-0.04	53.54
6개월	-0.36	1.59	0.01	41.18
연초이후	-1.19	0.23	-0.03	46.02
1년	18.08	2.30	0.10	28.00
3년	26.43	7.10	0.68	11.45

보수 (%, 年)	
TER	0.045
운용	0.021
판매	0.004
수탁	0.010
일반사무	0.010

투자 전략

한국거래소가산출하여 공표하는 KOSPI200 지수(KOSPI200 Index)를 추적대상지수로 하는 상장지수집합투자기구로, 추적대상지수의 수익률과 유사한 수익률을 실현합니다.

KOSEF 국고채10년 (A148070)

● 벤치마크 : **국공채 만기종합**
● 테마분류 : —

● 위험등급 : **5등급**
● 평가등급(3년) : ★

펀드 현황	
운용사(매니저)	키움투자자산운용
판매사	—
설정일(존속기간)	2011.10.20 (6년6개월)
설정액	160.00억원
순자산	160.00억원

시장 정보 (2018년 04월 20일 기준)			
52주최고(원)	118,215	수익률(12M, %)	-0.49
52주최저(원)	113,290	수익률(YTD, %)	-0.50
거래량(20일, 주)	894	변동성(120일)	0.00
거래대금(20일, 원)	103,212,022	구성종목수(개)	4
베타(1D/1Y)	-0.034080	괴리치(원)	10.98

누적 수익률

기간별 수익률 (%)

구분	수익률	BM초과	유형초과	%순위
1주	0.02	0.05	0.02	—
1개월	-0.46	-0.16	-0.36	97.83
3개월	0.90	0.31	0.52	1.45
6개월	0.78	0.31	0.29	3.65
연초이후	-0.50	-0.31	-0.95	89.31
1년	-0.49	-0.36	-0.85	91.85
3년	-1.80	-1.35	-2.33	92.56

보수 (%, 年)	
TER	0.150
운용	0.105
판매	0.020
수탁	0.010
일반사무	0.015

투자 전략

기초지수를 지수산출기관인 KIS 채권평가가 제공하는 "KIS KTB 10Y Index (KIS 10년 국고채 지수)"(총수익지수를 뜻합니다.)로 하여, 기초지수인 "KIS KTB 10Y Index (KIS 10년 국고채지수)"에 편입된 채권 등에 투자하는 증권상장지수투자신탁입니다.

TIGER 중국소비테마 (A150460)

● 벤치마크 : **중국내수테마**
● 테마분류 : —

● 위험등급 : **2등급**
● 평가등급(3년) : ★

펀드 현황	
운용사(매니저)	미래에셋자산운용
판매사	—
설정일(존속기간)	2011.12.16 (6년4개월)
설정액	1,690.47억원
순자산	1,690.47억원

시장 정보 (2018년 04월 20일 기준)			
52주최고(원)	9,235	수익률(12M, %)	16.13
52주최저(원)	7,110	수익률(YTD, %)	4.79
거래량(20일, 주)	213,469	변동성(120일)	0.01
거래대금(20일, 원)	1,923,356,334	구성종목수(개)	50
베타(1D/1Y)	0.639560	괴리치(원)	-33.95

누적 수익률

기간별 수익률 (%)

구분	수익률	BM초과	유형초과	%순위
1주	1.50	-0.04	0.41	66.22
1개월	3.99	-0.17	5.54	—
3개월	0.33	-0.10	5.52	3.39
6개월	17.72	0.80	9.57	11.61
연초이후	4.79	-0.19	3.16	19.31
1년	16.13	0.90	-17.62	75.52
3년	-5.47	2.71	-40.41	99.26

보수 (%, 年)	
TER	0.500
운용	0.340
판매	0.100
수탁	0.030
일반사무	0.030

투자 전략

국내 주식을 주된 투자대상자산으로 하며, 에프앤가이드(FnGuide)가 발표하는"에프앤가이드 중국내수테마 지수"를 추적대상지수로 하여 1좌당 순자산가치의 변동률을 지수의 변동률과 유사하도록 투자신탁재산을 운용합니다.

ARIRANG 200 (A152100)

● 벤치마크 : **KOSPI200**
● 테마분류 : —

● 위험등급 : **3등급**
● 평가등급(3년) : ★★★★

펀드 현황	
운용사(매니저) 판매사	한화자산운용 —
설정일(존속기간) 설정액 순자산	2012.01.09 (6년3개월) 6,771.67억원 6,771.67억원

시장 정보 (2018년 04월 20일 기준)			
52주최고(원)	34,385	수익률(12M, %)	17.88
52주최저(원)	28,620	수익률(YTD, %)	-1.16
거래량(20일, 주)	170,667	변동성(120일)	0.01
거래대금(20일, 원)	5,496,165,749	구성종목수(개)	202
베타(1D/1Y)	1.065220	괴리치(원)	-29.03

누적 수익률

(억원) 9,000 8,000 7,000 6,000 5,000 4,000 3,000 2,000 1,000 0
(%) 30.00 25.00 20.00 15.00 10.00 5.00 0.00
'17/04 '17/08 '17/12 '18/04
설정액(좌,억원) Fund(우,%) BM(우,%)

기간별 수익률 (%)

구분	수익률	BM초과	유형초과	%순위
1주	2.18	-0.03	-0.03	83.33
1개월	0.05	0.12	-0.07	66.96
3개월	-2.60	0.25	-0.04	53.10
6개월	-0.37	1.58	0.00	42.53
연초이후	-1.16	0.26	-0.01	40.71
1년	17.88	2.10	-0.09	39.00
3년	26.14	6.82	0.40	15.66

보수 (%, 年)	
TER	0.040
운용	0.019
판매	0.001
수탁	0.010
일반사무	0.010

투자 전략

국내 주식을 주된 투자대상자산으로 하며, 수익증권 1좌당 순자산가치의 변동률을 한국거래소가 산출하여 공표하는 추적대상지수인 KOSPI200지수의 변동률과 유사하도록 운용함을 목적으로 합니다.

TIGER 생활필수품 (A152180)

● 벤치마크 : **생활소비재**
● 테마분류 : —

● 위험등급 : **2등급**
● 평가등급(3년) : ★★★

펀드 현황	
운용사(매니저) 판매사	미래에셋자산운용 —
설정일(존속기간) 설정액 순자산	2012.01.16 (6년3개월) 99.38억원 99.38억원

시장 정보 (2018년 04월 20일 기준)			
52주최고(원)	16,400	수익률(12M, %)	14.51
52주최저(원)	12,670	수익률(YTD, %)	4.03
거래량(20일, 주)	30,885	변동성(120일)	0.01
거래대금(20일, 원)	498,415,345	구성종목수(개)	35
베타(1D/1Y)	0.597040	괴리치(원)	-108.67

누적 수익률

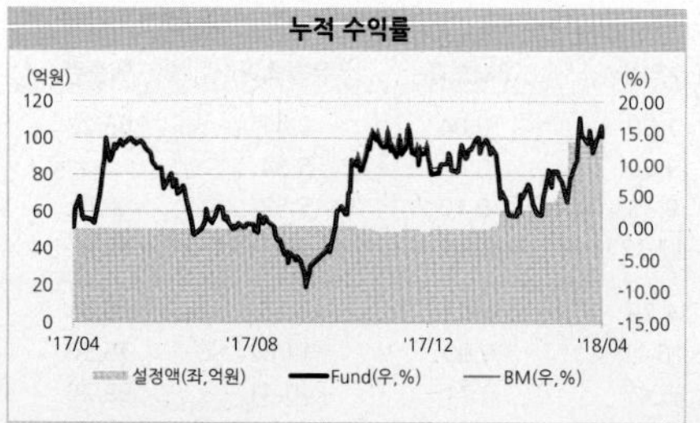

기간별 수익률 (%)

구분	수익률	BM초과	유형초과	%순위
1주	2.26	-0.03	1.42	35.71
1개월	6.00	-0.13	7.22	8.57
3개월	0.50	-0.10	3.98	15.94
6개월	10.89	0.11	3.85	23.21
연초이후	4.03	-0.16	3.46	30.43
1년	14.51	-0.15	-9.22	55.77
3년	-6.32	0.39	-18.64	62.96

보수 (%, 年)	
TER	0.400
운용	0.270
판매	0.070
수탁	0.030
일반사무	0.030

투자 전략

국내 주식을 주된 투자대상자산으로 하며, 에프앤가이드(FnGuide)가 발표하는"에프앤가이드 생활소비재 지수"를 추적대상지수로 하여 1좌당 순자산가치의 변동률을 지수의 변동률과 유사하도록 투자신탁재산을 운용함을 목적으로 합니다.

KOSEF 200 선물 (A152280)

- 벤치마크 : **F-KOSPI200**
- 테마분류 : —
- 위험등급 : **3등급**
- 평가등급(3년) : ★★★

펀드 현황	
운용사(매니저)	키움투자자산운용
판매사	—
설정일(존속기간)	2012.01.16 (6년3개월)
설정액	183.00억원
순자산	183.00억원

시장 정보 (2018년 04월 20일 기준)			
52주최고(원)	14,720	수익률(12M, %)	16.62
52주최저(원)	12,085	수익률(YTD, %)	-1.74
거래량(20일, 주)	157	변동성(120일)	0.01
거래대금(20일, 원)	2,142,310	구성종목수(개)	2
베타(1D/1Y)	1.084780	괴리치(원)	30.07

누적 수익률

기간별 수익률 (%)

구분	수익률	BM초과	유형초과	%순위
1주	2.34	4.60	1.25	35.47
1개월	-0.16	-0.31	1.40	37.63
3개월	-3.01	-6.02	2.18	38.56
6개월	-1.28	-2.73	-9.43	62.95
연초이후	-1.74	-3.57	-3.38	57.51
1년	16.62	30.29	-17.13	72.92
3년	23.10	39.63	-11.84	65.44

보수 (%, 年)	
TER	0.230
운용	0.140
판매	0.050
수탁	0.015
일반사무	0.025

투자 전략

집합투자규약 제17조에서 정의된 파생상품을 주된 투자대상자산으로 하고 있습니다.

KODEX 국채선물10년 (A152380)

- 벤치마크 : **국공채 만기종합**
- 테마분류 : —
- 위험등급 : **5등급**
- 평가등급(3년) : ★

펀드 현황	
운용사(매니저)	삼성자산운용
판매사	—
설정일(존속기간)	2012.01.19 (6년3개월)
설정액	45.00억원
순자산	45.00억원

시장 정보 (2018년 04월 20일 기준)			
52주최고(원)	65,925	수익률(12M, %)	-0.62
52주최저(원)	62,945	수익률(YTD, %)	-0.62
거래량(20일, 주)	700	변동성(120일)	0.00
거래대금(20일, 원)	44,893,271	구성종목수(개)	2
베타(1D/1Y)	-0.006220	괴리치(원)	-150.35

누적 수익률

기간별 수익률 (%)

구분	수익률	BM초과	유형초과	%순위
1주	—	0.03	—	79.71
1개월	-0.51	-0.21	-0.42	99.28
3개월	0.89	0.29	0.50	2.17
6개월	0.74	0.27	0.25	4.38
연초이후	-0.62	-0.42	-1.06	96.95
1년	-0.62	-0.48	-0.97	98.52
3년	-2.12	-1.66	-2.64	98.35

보수 (%, 年)	
TER	0.250
운용	0.200
판매	0.030
수탁	0.010
일반사무	0.010

투자 전략

한국거래소에 상장된 10 년국채선물 최근월종목의 가격을 기초로 산출되는 10 년국채선물지수(F-LKTB)(이하"기초지수"라 한다)를 기초지수로 하여 1 좌당 순자산가치의 변동률을 기초지수의 변동률과 유사하도록 투자신탁재산을 운용함을 그 운용목적으로 하는 증권상장지수투자신탁[채권-파생형]입니다.

KINDEX 레버리지 (A152500)

● 벤치마크 : KOSPI200
● 테마분류 : ㅡ
● 위험등급 : 1등급
● 평가등급(3년) : ★★★

펀드 현황	
운용사(매니저) 판매사	한국투자신탁운용 —
설정일(존속기간) 설정액 순자산	2012.01.25 (6년2개월) 105.00억원 105.00억원

시장 정보 (2018년 04월 20일 기준)			
52주최고(원)	7,400	수익률(12M, %)	33.19
52주최저(원)	5,045	수익률(YTD, %)	-4.18
거래량(20일, 주)	62,828	변동성(120일)	0.02
거래대금(20일, 원)	399,434,943	구성종목수(개)	199
베타(1D/1Y)	2.092510	괴리치(원)	9.94

누적 수익률

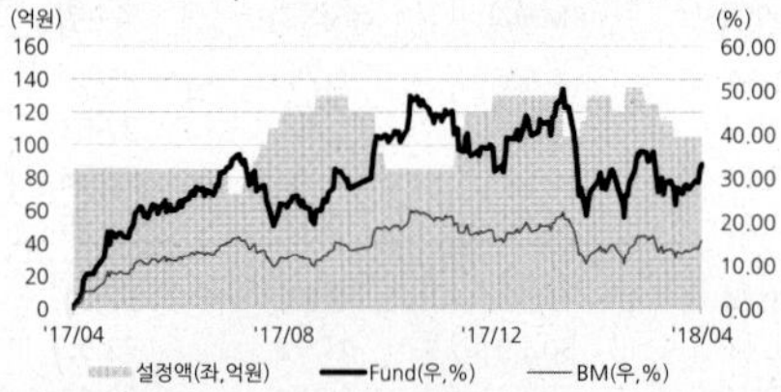

(역원) 160 140 120 100 80 60 40 20 0 / (%) 60.00 50.00 40.00 30.00 20.00 10.00 0.00
'17/04 '17/08 '17/12 '18/04
설정액(좌,억원) Fund(우,%) BM(우,%)

기간별 수익률 (%)

구분	수익률	BM초과	유형초과	%순위
1주	4.47	2.26	3.38	12.16
1개월	-0.47	-0.39	1.09	67.12
3개월	-6.66	-3.81	-1.47	74.15
6개월	-3.61	-1.66	-11.75	80.36
연초이후	-4.18	-2.76	-5.81	79.40
1년	33.19	17.41	-0.56	13.02
3년	39.22	19.90	4.28	2.94

보수 (%, 年)	
TER	0.300
운용	0.245
판매	0.010
수탁	0.020
일반사무	0.025

투자 전략

국내 주식 및 국내 주식관련파생상품을 법시행령 제94조 제2항 제4호에서 규정하는 주된 투자 대상자산으로 하며 한국종합주가지수200(KOSPI200)(이하 "지수"라 한다)의 변화에 연동하여 운용하는 것을 목표로 이 투자신탁 수익증권 1좌당 순자산가치의 일간변동률을 지수의 일간변동률의 양(+)의 2배수와 유사하도록 투자신탁재산을 운용함을 그 목적으로 합니다.

파워 200 (A152870)

● 벤치마크 : KOSPI200
● 테마분류 : ㅡ
● 위험등급 : 3등급
● 평가등급(3년) : ★★★★★

펀드 현황	
운용사(매니저) 판매사	교보악사자산운용 —
설정일(존속기간) 설정액 순자산	2012.02.10 (6년2개월) 2,415.82억원 2,415.82억원

시장 정보 (2018년 04월 20일 기준)			
52주최고(원)	34,770	수익률(12M, %)	17.94
52주최저(원)	28,875	수익률(YTD, %)	-1.25
거래량(20일, 주)	8,825	변동성(120일)	0.01
거래대금(20일, 원)	285,565,355	구성종목수(개)	202
베타(1D/1Y)	1.035280	괴리치(원)	-59.52

누적 수익률

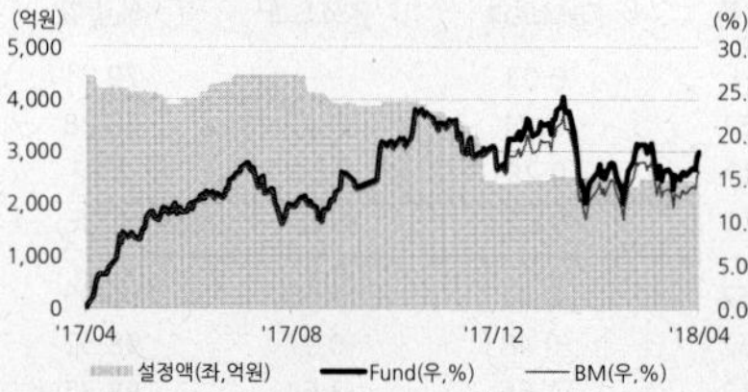

(억원) 5,000 4,000 3,000 2,000 1,000 0 / (%) 30.00 25.00 20.00 15.00 10.00 5.00 0.00
'17/04 '17/08 '17/12 '18/04
설정액(좌,억원) Fund(우,%) BM(우,%)

기간별 수익률 (%)

구분	수익률	BM초과	유형초과	%순위
1주	2.20	0.00	0.00	67.98
1개월	0.07	0.14	-0.05	62.11
3개월	-2.67	0.19	-0.11	62.83
6개월	-0.42	1.52	-0.05	46.61
연초이후	-1.25	0.17	-0.09	55.31
1년	17.94	2.16	-0.04	36.50
3년	26.54	7.22	0.79	9.64

보수 (%, 年)	
TER	0.145
운용	0.100
판매	0.010
수탁	0.010
일반사무	0.025

투자 전략

한국종합주가지수200을 기초지수로 하여 보수차감후 1좌당 순자산가치의 일간변동률을 기초지수의 변동률과 유사하도록 투자신탁재산을 운용함을 목적으로합니다.

KODEX 단기채권 (A153130)

● 벤치마크 : **KRW Cash Index**
● 테마분류 : —
● 위험등급 : **6등급**
● 평가등급(3년) : —

펀드 현황

운용사(매니저)	삼성자산운용
판매사	—
설정일(존속기간)	2012.02.21 (6년2개월)
설정액	11,444.00억원
순자산	11,444.00억원

시장 정보 (2018년 04월 20일 기준)

52주최고(원)	101,250	수익률(12M, %)	1.33
52주최저(원)	100,025	수익률(YTD, %)	0.51
거래량(20일, 주)	26,559	변동성(120일)	0.00
거래대금(20일, 원)	2,669,229,832	구성종목수(개)	14
베타(1D/1Y)	0.000020	괴리치(원)	6.18

누적 수익률

(억원) 16,000 14,000 12,000 10,000 8,000 6,000 4,000 2,000 0 / (%) 1.60 1.40 1.20 1.00 0.80 0.60 0.40 0.20 0.00
'17/04 '17/08 '17/12 '18/04
설정액(좌,억원) Fund(우,%) BM(우,%)

기간별 수익률 (%)

구분	수익률	BM초과	유형초과	%순위
1주	0.03	-0.00	-0.01	92.78
1개월	0.16	-0.01	-0.03	90.72
3개월	0.39	-0.04	-0.10	89.58
6개월	0.78	-0.07	-0.17	88.75
연초이후	0.51	-0.04	-0.11	90.11
1년	1.33	-0.17	-0.36	88.06
3년	4.17	-0.53	-0.52	54.55

보수 (%, 年)

TER	0.150
운용	0.110
판매	0.020
수탁	0.010
일반사무	0.010

투자 전략

잔존만기 1 개월 이상 1 년 이하의 국고채, 통화안정증권 등 30 종목을 지수 구성 종목으로 하는 KRW Cash Index(총수익)를 기초지수로 하여 1 좌당 순자산가치의 변동률을 기초지수의 변동률과 유사하도록 투자신탁재산을 운용

KOSEF 코스피100 (A153270)

● 벤치마크 : **KOSPI100**
● 테마분류 : —
● 위험등급 : **3등급**
● 평가등급(3년) : ★★★★

펀드 현황

운용사(매니저)	키움투자자산운용
판매사	—
설정일(존속기간)	2012.02.29 (6년1개월)
설정액	74.76억원
순자산	74.76억원

시장 정보 (2018년 04월 20일 기준)

52주최고(원)	26,150	수익률(12M, %)	18.71
52주최저(원)	21,670	수익률(YTD, %)	-1.42
거래량(20일, 주)	335	변동성(120일)	0.01
거래대금(20일, 원)	8,177,554	구성종목수(개)	99
베타(1D/1Y)	1.082990	괴리치(원)	-39.28

누적 수익률

(억원) 120 100 80 60 40 20 0 / (%) 30.00 25.00 20.00 15.00 10.00 5.00 0.00
'17/04 '17/08 '17/12 '18/04
설정액(좌,억원) Fund(우,%) BM(우,%)

기간별 수익률 (%)

구분	수익률	BM초과	유형초과	%순위
1주	2.25	-0.01	1.16	37.84
1개월	-0.07	0.17	1.49	31.86
3개월	-2.63	0.23	2.55	28.39
6개월	-0.92	1.53	-9.06	59.38
연초이후	-1.42	0.24	-3.05	52.79
1년	18.71	2.36	-15.05	65.10
3년	28.50	7.12	-6.44	38.97

보수 (%, 年)

TER	0.195
운용	0.110
판매	0.040
수탁	0.020
일반사무	0.025

투자 전략

국내 주식을 주된 투자대상자산으로 하여 "KOSPI 100"을 추적대상지수로 하여 1좌당 순자산가치의 변동률을 지수의 변동률과 유사하도록 투자신탁재산을 운용합니다.

KODEX MSCI Korea (A156080)

● 벤치마크 : **KOSPI TR**
● 테마분류 : —
● 위험등급 : **3등급**
● 평가등급(3년) : ★★★★★

펀드 현황	
운용사(매니저)	삼성자산운용
판매사	—
설정일(존속기간)	2012.04.27 (5년11개월)
설정액	813.43억원
순자산	813.43억원

시장 정보 (2018년 04월 20일 기준)			
52주최고(원)	15,675	수익률(12M, %)	1.01
52주최저(원)	12,625	수익률(YTD, %)	2.01
거래량(20일, 주)	2,277	변동성(120일)	0.01
거래대금(20일, 원)	33,701,693	구성종목수(개)	114
베타(1D/1Y)	1.004590	괴리치(원)	4.95

누적 수익률

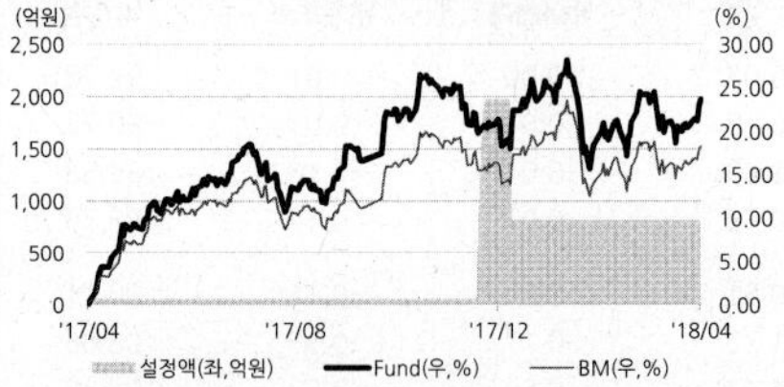

(억원) 2,500 2,000 1,500 1,000 500 0 / (%) 30.00 25.00 20.00 15.00 10.00 5.00 0.00
'17/04 '17/08 '17/12 '18/04
설정액(좌, 억원) Fund(우, %) BM(우, %)

기간별 수익률 (%)

구분	수익률	BM초과	유형초과	%순위
1주	0.55	0.30	1.16	37.16
1개월	2.48	0.71	1.40	32.77
3개월	0.35	-0.08	1.90	17.97
6개월	-0.83	0.48	4.35	10.59
연초이후	2.01	-0.04	-6.13	33.04
1년	1.01	0.20	-0.63	26.61
3년	23.69	5.39	-10.06	50.52

보수 (%, 年)	
TER	0.150
운용	0.105
판매	0.005
수탁	0.020
일반사무	0.020

투자 전략

MSCI Korea 지수(이하 "기초지수"라 한다)를 기초지수로 하여 1좌당 순자산가치의 변동률을 기초지수의 변동률과 유사하도록 투자신탁재산을 운용함을 그 운용목적으로 합니다.

TIGER 단기통안채 (A157450)

● 벤치마크 : **CD 6개월(26주)**
● 테마분류 : —
● 위험등급 : **6등급**
● 평가등급(3년) : —

펀드 현황	
운용사(매니저)	미래에셋자산운용
판매사	—
설정일(존속기간)	2012.05.15 (5년11개월)
설정액	9,993.00억원
순자산	9,993.00억원

시장 정보 (2018년 04월 20일 기준)			
52주최고(원)	101,240	수익률(12M, %)	0.45
52주최저(원)	100,030	수익률(YTD, %)	0.71
거래량(20일, 주)	5,301	변동성(120일)	0.00
거래대금(20일, 원)	532,328,513	구성종목수(개)	9
베타(1D/1Y)	-0.000220	괴리치(원)	1.41

누적 수익률

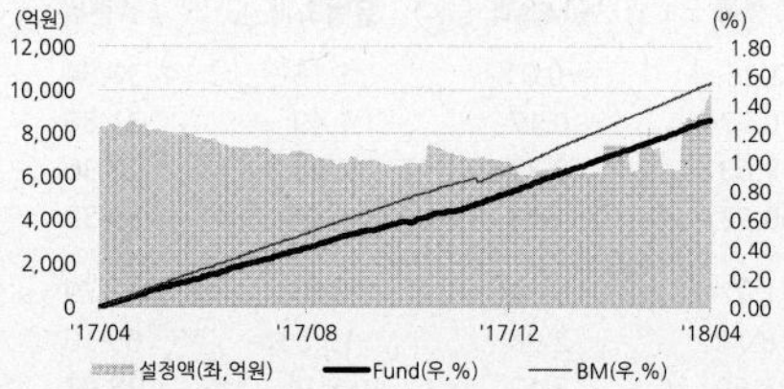

(억원) 12,000 10,000 8,000 6,000 4,000 2,000 0 / (%) 1.80 1.60 1.40 1.20 1.00 0.80 0.60 0.40 0.20 0.00
'17/04 '17/08 '17/12 '18/04
설정액(좌, 억원) Fund(우, %) BM(우, %)

기간별 수익률 (%)

구분	수익률	BM초과	유형초과	%순위
1주	—	—	—	84.54
1개월	0.03	-0.01	-0.01	97.94
3개월	0.13	-0.02	-0.06	97.94
6개월	0.36	-0.07	-0.12	96.88
연초이후	0.71	-0.08	-0.24	92.50
1년	0.45	-0.09	-0.17	97.80
3년	1.29	-0.25	-0.39	91.04

보수 (%, 年)	
TER	0.090
운용	0.055
판매	0.015
수탁	0.010
일반사무	0.010

투자 전략

국내 채권을 주된 투자대상자산으로 하며, "KIS MSB 3M Index(총수익지수)"를 추적대상지수로 하여 1좌당 순자산가치의 변동률을 지수의 변동률과 유사하도록 투자신탁재산을 운용함을 목적으로 합니다.

TIGER 소프트웨어 (A157490)

● 벤치마크 : **소프트웨어**
● 테마분류 : —

● 위험등급 : **2등급**
● 평가등급(3년) : ★★★

펀드 현황	
운용사(매니저)	미래에셋자산운용
판매사	—
설정일(존속기간)	2012.05.15 (5년11개월)
설정액	84.56억원
순자산	84.56억원

시장 정보 (2018년 04월 20일 기준)			
52주최고(원)	9,425	수익률(12M, %)	16.00
52주최저(원)	6,900	수익률(YTD, %)	-8.58
거래량(20일, 주)	53,899	변동성(120일)	0.01
거래대금(20일, 원)	449,187,567	구성종목수(개)	14
베타(1D/1Y)	1.073400	괴리치(원)	3.44

누적 수익률

기간별 수익률 (%)

구분	수익률	BM초과	유형초과	%순위
1주	-2.47	0.00	-3.31	87.14
1개월	-8.09	0.02	-6.87	98.57
3개월	-11.24	0.13	-7.76	88.41
6개월	-2.78	0.35	-9.82	83.93
연초이후	-8.58	0.08	-9.15	95.65
1년	16.00	0.11	-7.73	48.08
3년	10.48	0.72	-1.84	44.44

보수 (%, 年)	
TER	0.400
운용	0.270
판매	0.070
수탁	0.030
일반사무	0.030

투자 전략

국내 주식을 주된 투자대상자산으로 하며, 에프앤가이드(FnGuide)가 발표하는"에프앤가이드 소프트웨어 지수"를 추적대상지수로 하여 1좌당 순자산가치의 변동률을 지수의 변동률과 유사하도록 투자신탁재산을 운용함을 목적으로 합니다.

TIGER 증권 (A157500)

● 벤치마크 : **증권**
● 테마분류 : —

● 위험등급 : **1등급**
● 평가등급(3년) : ★★

펀드 현황	
운용사(매니저)	미래에셋자산운용
판매사	—
설정일(존속기간)	2012.05.15 (5년11개월)
설정액	185.58억원
순자산	185.58억원

시장 정보 (2018년 04월 20일 기준)			
52주최고(원)	5,455	수익률(12M, %)	20.16
52주최저(원)	3,970	수익률(YTD, %)	3.39
거래량(20일, 주)	63,271	변동성(120일)	0.02
거래대금(20일, 원)	285,193,738	구성종목수(개)	11
베타(1D/1Y)	1.584740	괴리치(원)	-5.01

누적 수익률

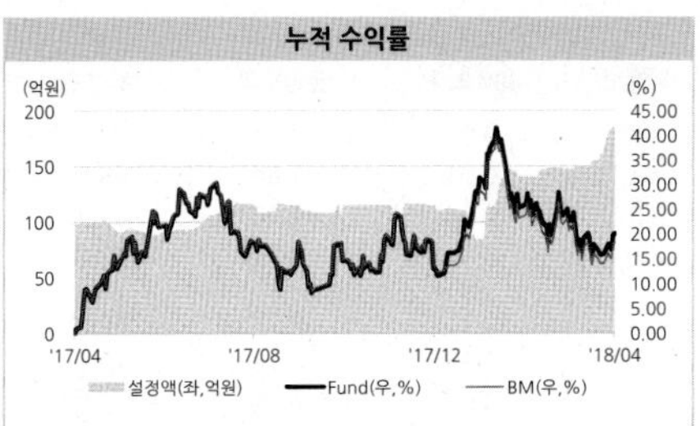

기간별 수익률 (%)

구분	수익률	BM초과	유형초과	%순위
1주	3.62	-0.07	2.78	14.29
1개월	-1.98	0.04	-0.75	60.00
3개월	-7.93	-0.32	-4.45	78.26
6개월	4.73	2.00	-2.31	35.71
연초이후	3.39	-0.69	2.83	31.88
1년	20.16	1.83	-3.57	40.38
3년	-19.91	5.29	-32.23	92.59

보수 (%, 年)	
TER	0.400
운용	0.270
판매	0.070
수탁	0.030
일반사무	0.030

투자 전략

국내 주식을 주된 투자대상자산으로 하며, 에프앤가이드(FnGuide)가 발표하는"에프앤가이드 증권 지수"를 추적대상지수로 하여 1좌당 순자산가치의 변동률을 지수의 변동률과 유사하도록 투자신탁재산을 운용함을 목적으로 합니다.

TIGER 자동차 (A157510)

● 벤치마크 : **자동차**
● 테마분류 : —

● 위험등급 : **2등급**
● 평가등급(3년) : ★★

펀드 현황	
운용사(매니저)	미래에셋자산운용
판매사	—
설정일(존속기간)	2012.05.15 (5년11개월)
설정액	52.63억원
순자산	52.63억원

시장 정보 (2018년 04월 20일 기준)			
52주최고(원)	15,400	수익률(12M, %)	3.56
52주최저(원)	12,695	수익률(YTD, %)	-6.61
거래량(20일, 주)	991	변동성(120일)	0.01
거래대금(20일, 원)	13,464,136	구성종목수(개)	30
베타(1D/1Y)	0.270520	괴리치(원)	-84.47

누적 수익률

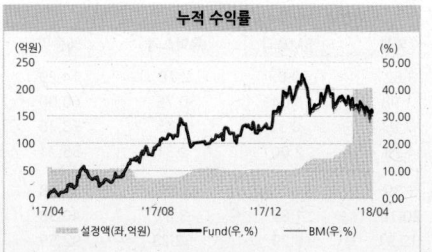

기간별 수익률 (%)

구분	수익률	BM초과	유형초과	%순위
1주	-0.44	-0.00	-1.29	77.14
1개월	1.41	-0.03	2.63	27.14
3개월	-7.32	0.15	-3.84	73.91
6개월	-4.24	1.29	-11.28	85.71
연초이후	-6.61	0.12	-7.18	85.51
1년	3.56	1.22	-20.17	86.54
3년	-10.16	3.78	-22.48	70.37

보수 (%, 年)	
TER	0.400
운용	0.270
판매	0.070
수탁	0.030
일반사무	0.030

투자 전략

국내 주식을 주된 투자대상자산으로 하며, 에프앤가이드(FnGuide)가 발표하는"에프앤가이드 자동차 지수"를 추적대상지수로 하여 1좌당 순자산가치의 변동률을 지수의 변동률과 유사하도록 투자신탁재산을 운용함을 목적으로 합니다.

TIGER 화학 (A157520)

● 벤치마크 : **화학**
● 테마분류 : —

● 위험등급 : **2등급**
● 평가등급(3년) : ★★★★

펀드 현황	
운용사(매니저)	미래에셋자산운용
판매사	—
설정일(존속기간)	2012.05.15 (5년11개월)
설정액	203.33억원
순자산	203.33억원

시장 정보 (2018년 04월 20일 기준)			
52주최고(원)	14,490	수익률(12M, %)	31.64
52주최저(원)	10,040	수익률(YTD, %)	-0.13
거래량(20일, 주)	3,327	변동성(120일)	0.01
거래대금(20일, 원)	44,001,139	구성종목수(개)	22
베타(1D/1Y)	0.929510	괴리치(원)	-20.87

누적 수익률

기간별 수익률 (%)

구분	수익률	BM초과	유형초과	%순위
1주	-1.43	0.02	-2.28	82.86
1개월	-2.57	0.01	-1.34	68.57
3개월	-4.58	0.24	-1.10	59.42
6개월	8.82	1.44	1.79	32.14
연초이후	-0.13	0.16	-0.70	46.38
1년	31.64	1.33	7.91	19.23
3년	51.26	3.64	38.94	7.41

보수 (%, 年)	
TER	0.400
운용	0.270
판매	0.070
수탁	0.030
일반사무	0.030

투자 전략

국내 주식을 주된 투자대상자산으로 하며, 에프앤가이드(FnGuide)가 발표하는"에프앤가이드 화학 지수"를 추적대상지수로 하여 1좌당 순자산가치의 변동률을 지수의 변동률과 유사하도록 투자신탁재산을 운용함을 목적으로 합니다.

마이티 코스피100 (A159800)

● 벤치마크 : **KOSPI100**
● 테마분류 : —
● 위험등급 : **2등급**
● 평가등급(3년) : ★★★★

펀드 현황	
운용사(매니저)	디비자산운용
판매사	—
설정일(존속기간)	2012.07.04 (5년9개월)
설정액	74.95억원
순자산	74.95억원

시장 정보 (2018년 04월 20일 기준)			
52주최고(원)	25,955	수익률(12M, %)	18.06
52주최저(원)	21,285	수익률(YTD, %)	-1.46
거래량(20일, 주)	1	변동성(120일)	0.01
거래대금(20일, 원)	29,173	구성종목수(개)	99
베타(1D/1Y)	0.855280	괴리치(원)	-24.62

누적 수익률

기간별 수익률 (%)				
구분	수익률	BM초과	유형초과	%순위
1주	2.23	-0.03	1.14	38.85
1개월	-0.08	0.16	1.47	32.54
3개월	-2.64	0.23	2.55	29.24
6개월	-0.94	1.51	-9.08	59.82
연초이후	-1.46	0.20	-3.09	54.08
1년	18.06	1.71	-15.69	68.23
3년	27.45	6.07	-7.48	47.79

보수 (%, 年)	
TER	0.390
운용	0.300
판매	0.040
수탁	0.020
일반사무	0.030

투자 전략

국내 주식을 주된 투자대상자산으로 하여 "KOSPI 100"을 추적대상지수로 하여 1좌당 순자산가치의 변동률을 지수의 변동률과 유사하도록 투자신탁재산을 운용함을 목적으로 합니다.

TIGER 구리실물 (A160580)

● 벤치마크 : **#N/A**
● 테마분류 : —
● 위험등급 : **2등급**
● 평가등급(3년) : ★★★★

펀드 현황	
운용사(매니저)	미래에셋자산운용
판매사	—
설정일(존속기간)	2012.12.14 (5년4개월)
설정액	104.06억원
순자산	104.06억원

시장 정보 (2018년 04월 20일 기준)			
52주최고(원)	7,695	수익률(12M, %)	-3.98
52주최저(원)	6,055	수익률(YTD, %)	-7.25
거래량(20일, 주)	2,267	변동성(120일)	0.01
거래대금(20일, 원)	15,585,771	구성종목수(개)	2
베타(1D/1Y)	-0.027300	괴리치(원)	-62.69

누적 수익률

기간별 수익률 (%)				
구분	수익률	BM초과	유형초과	%순위
1주	1.52	—	0.13	35.90
1개월	-0.69	—	-1.42	85.90
3개월	-0.86	—	-5.10	87.18
6개월	-2.25	—	-5.82	94.81
연초이후	-7.25	—	-18.16	100.00
1년	-3.98	—	-10.82	98.70
3년	13.08	—	6.63	14.67

보수 (%, 年)	
TER	0.850
운용	0.600
판매	0.150
수탁	0.050
일반사무	0.050

투자 전략

구리실물 보관에 따라 발행된 창고증권을 주된 투자대상자산으로 하며, "S&P GSCI® Cash Copper Index"를 기초지수로 하여 1좌당 순자산가치의 변동률을 기초지수(원화환산)의 변동률과 유사하도록 투자신탁재산을 운용함을 목적으로 합니다.

ARIRANG 고배당주 (A161510)

● 벤치마크 : **배당주**
● 테마분류 : —
● 위험등급 : **2등급**
● 평가등급(3년) : ★★★

펀드 현황

운용사(매니저)	한화자산운용
판매사	—
설정일(존속기간)	2012.08.28 (5년7개월)
설정액	2,623.11억원
순자산	2,623.11억원

시장 정보 (2018년 04월 20일 기준)

52주최고(원)	14,930	수익률(12M, %)	8.79
52주최저(원)	12,380	수익률(YTD, %)	-8.28
거래량(20일, 주)	51,726	변동성(120일)	0.01
거래대금(20일, 원)	681,127,280	구성종목수(개)	31
베타(1D/1Y)	0.662280	괴리치(원)	-2.73

누적 수익률

기간별 수익률 (%)

구분	수익률	BM초과	유형초과	%순위
1주	0.57	-0.01	-0.52	80.07
1개월	-2.18	-0.01	-0.63	85.08
3개월	-10.15	-0.11	-4.96	98.31
6개월	-6.22	3.18	-14.36	100.00
연초이후	-8.28	-0.13	-9.91	99.57
1년	8.79	3.95	-24.96	92.71
3년	21.85	12.35	-13.09	68.38

보수 (%, 年)

TER	0.230
운용	0.170
판매	0.010
수탁	0.020
일반사무	0.030

투자 전략

국내 주식을 법시행령 제94조 제2항 제4호에서 규정하는 주된 투자대상자산으로 하며,수익증권 1좌당 순자산가치의 변동률을 주식회사 에프앤가이드(FnGuide)가 산출하여 공표하는 추적 대상지수인 에프앤가이드 배당주 지수의 변동률과 유사하도록 운용함을 목적으로 합니다.

TIGER 200커버드콜5%OTM (A166400)

● 벤치마크 : **KOSPI TR**
● 테마분류 : —
● 위험등급 : **3등급**
● 평가등급(3년) : ★★★★

펀드 현황

운용사(매니저)	미래에셋자산운용
판매사	—
설정일(존속기간)	2012.10.24 (5년5개월)
설정액	70.00억원
순자산	70.00억원

시장 정보 (2018년 04월 20일 기준)

52주최고(원)	14,675	수익률(12M, %)	-0.85
52주최저(원)	12,180	수익률(YTD, %)	-0.12
거래량(20일, 주)	387	변동성(120일)	0.01
거래대금(20일, 원)	5,346,830	구성종목수(개)	207
베타(1D/1Y)	0.829780	괴리치(원)	-14.53

누적 수익률

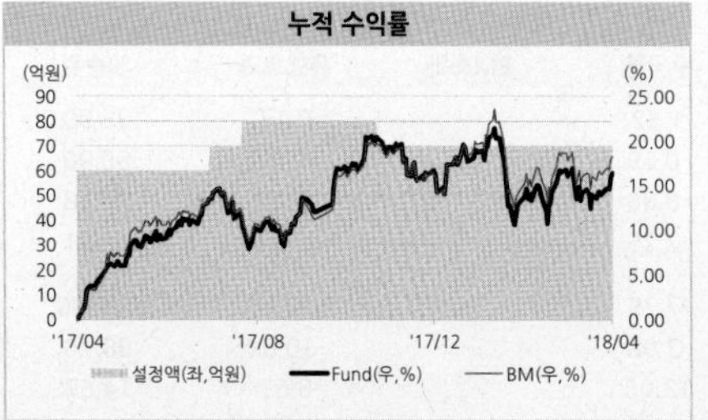

기간별 수익률 (%)

구분	수익률	BM초과	유형초과	%순위
1주	0.41	0.16	1.02	47.64
1개월	1.98	0.20	0.89	45.27
3개월	0.31	-0.12	1.86	18.98
6개월	-2.16	-0.86	3.02	17.80
연초이후	-0.12	-2.17	-8.27	50.89
1년	-0.85	-1.66	-2.49	47.64
3년	16.34	-1.96	-17.41	73.96

보수 (%, 年)

TER	0.380
운용	0.250
판매	0.070
수탁	0.030
일반사무	0.030

투자 전략

국내 주식(주식을 기초자산으로 하는 장내파생상품을 포함한다)을주된 투자대상자산으로 하며, 한국거래소에서 발표하는 KOSPI200 커버드콜 지수를 기초지수로 하여 1좌당 순자산가치의 변동률을 지수의 변동률과 유사하도록 투자신탁재산을 운용합니다.

KOSEF 국고채10년레버리지 (A167860)

● 벤치마크 : **국공채 만기종합**
● 테마분류 : —
● 위험등급 : **4등급**
● 평가등급(3년) : ★

펀드 현황	
운용사(매니저)	키움투자자산운용
판매사	—
설정일(존속기간)	2012.10.29 (5년5개월)
설정액	60.00억원
순자산	60.00억원

시장 정보 (2018년 04월 20일 기준)			
52주최고(원)	125,125	수익률(12M, %)	-1.45
52주최저(원)	114,040	수익률(YTD, %)	-1.62
거래량(20일, 주)	613	변동성(120일)	0.00
거래대금(20일, 원)	72,439,083	구성종목수(개)	5
베타(1D/1Y)	-0.045570	괴리치(원)	-110.30

누적 수익률

구분	수익률	BM초과	유형초과	%순위
1주	0.02	0.05	0.02	0.72
1개월	-0.98	-0.68	-0.89	100.00
3개월	1.67	1.08	1.29	—
6개월	1.24	0.77	0.75	—
연초이후	-1.62	-1.42	-2.06	100.00
1년	-1.45	-1.31	-1.80	100.00
3년	-4.93	-4.47	-5.45	100.00

보수 (%, 年)	
TER	0.300
운용	0.200
판매	0.075
수탁	0.010
일반사무	0.015

투자 전략

"KIS KTB 10Y Index (KIS 10년 국고채 지수)"를 기초지수로 하여 1좌당 순자산가치의 일간변동률을 기초지수 일간변동률의 2배수와 유사하도록 투자신탁재산을 운용함을 목적으로 합니다.

KTOP 코스피50 (A168300)

● 벤치마크 : **KOSPI TR**
● 테마분류 : —
● 위험등급 : **3등급**
● 평가등급(3년) : ★★★★★

펀드 현황	
운용사(매니저)	하나유비에스자산운용
판매사	—
설정일(존속기간)	2012.11.09 (5년5개월)
설정액	165.29억원
순자산	165.29억원

시장 정보 (2018년 04월 20일 기준)			
52주최고(원)	23,545	수익률(12M, %)	-1.53
52주최저(원)	19,045	수익률(YTD, %)	-1.38
거래량(20일, 주)	1,816	변동성(120일)	0.01
거래대금(20일, 원)	39,495,700	구성종목수(개)	51
베타(1D/1Y)	1.038920	괴리치(원)	-67.90

누적 수익률

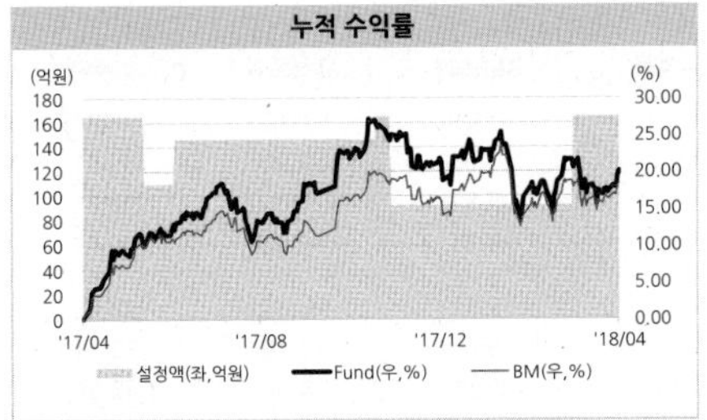

구분	수익률	BM초과	유형초과	%순위
1주	0.53	0.28	1.14	39.86
1개월	2.35	0.58	1.26	35.14
3개월	-0.42	-0.84	1.14	62.37
6개월	-2.28	-0.97	2.91	18.64
연초이후	-1.38	-3.43	-9.53	64.29
1년	-1.53	-2.34	-3.16	54.51
3년	20.01	1.71	-13.74	58.33

보수 (%, 年)	
TER	0.300
운용	0.200
판매	0.040
수탁	0.030
일반사무	0.030

투자 전략

국내 주식을 주된 투자대상자산으로 하여 "KOSPI50"을 추적대상지수로 하여 1좌당 순자산 가치의 변동률을 지수의 변동률과 유사하도록 투자신탁재산을 운용합니다.

KINDEX 중국본토CSI300 (A168580)

● 벤치마크 : **World - MSCI - EMF ASIA (KRW Unhedged)**
● 테마분류 : —

● 위험등급 : **1등급**
● 평가등급(3년) : ★★

펀드 현황	
운용사(매니저)	한국투자신탁운용
판매사	—
설정일(존속기간)	2012.11.21 (5년5개월)
설정액	973.15억원
순자산	973.15억원

시장 정보 (2018년 04월 20일 기준)			
52주최고(원)	25,115	수익률(12M, %)	-2.71
52주최저(원)	18,525	수익률(YTD, %)	-4.29
거래량(20일, 주)	43,318	변동성(120일)	0.01
거래대금(20일, 원)	951,456,075	구성종목수(개)	309
베타(1D/1Y)	0.350060	괴리치(원)	122.85

누적 수익률

(억원) 1,200 1,000 800 600 400 200 0
(%) 35.00 30.00 25.00 20.00 15.00 10.00 5.00 0.00 -5.00 -10.00
'17/04 '17/08 '17/12 '18/04
설정액(좌,억원) Fund(우,%) BM(우,%)

기간별 수익률 (%)				
구분	수익률	BM초과	유형초과	%순위
1주	0.81	-0.08	0.43	51.84
1개월	-2.78	-3.18	-0.45	76.97
3개월	-6.38	-4.11	-1.23	74.49
6개월	-10.00	-5.61	-4.36	93.39
연초이후	-4.29	-4.54	-8.51	88.18
1년	-2.71	-4.26	-3.80	70.94
3년	14.14	-5.22	-12.50	73.81

보수 (%, 年)	
TER	0.700
운용	0.585
판매	0.050
수탁	0.030
일반사무	0.035

투자 전략

외국주식 및 외국주식관련파생상품에 주로 투자하는 모투자신탁을 법시행령 제94조 제2항 제4호에서 규정하는 주된 투자대상자산으로 하며 CSI300 (China Securities Index 300) (이하"지수"라 한다)의 변화에 연동하여 운용하는 것을 목표로 이 투자신탁 수익증권 1좌당 순자산가치의 변동률을 지수의 변동률과 유사하도록 투자신탁재산을 운용함을 그 목적으로 합니다.

KODEX 중국본토 A50 (A169950)

● 벤치마크 : **World - MSCI - EMF ASIA (KRW Unhedged)**
● 테마분류 : —

● 위험등급 : **1등급**
● 평가등급(3년) : ★★

펀드 현황	
운용사(매니저)	삼성자산운용
판매사	—
설정일(존속기간)	2013.01.09 (5년3개월)
설정액	390.00억원
순자산	390.00억원

시장 정보 (2018년 04월 20일 기준)			
52주최고(원)	18,910	수익률(12M, %)	-4.10
52주최저(원)	12,625	수익률(YTD, %)	-2.92
거래량(20일, 주)	13,490	변동성(120일)	0.01
거래대금(20일, 원)	216,115,408	구성종목수(개)	53
베타(1D/1Y)	0.378940	괴리치(원)	-29.58

누적 수익률

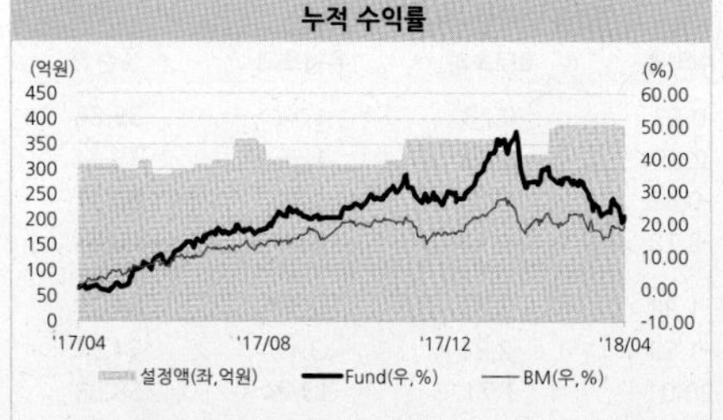

기간별 수익률 (%)				
구분	수익률	BM초과	유형초과	%순위
1주	1.20	0.31	0.82	35.81
1개월	-3.22	-3.63	-0.90	85.81
3개월	-8.14	-5.87	-2.99	97.61
6개월	-13.70	-9.31	-8.06	96.79
연초이후	-2.92	-3.17	-7.14	82.75
1년	-4.10	-5.65	-5.19	83.12
3년	22.29	2.94	-4.34	55.56

보수 (%, 年)	
TER	0.990
운용	0.670
판매	0.200
수탁	0.060
일반사무	0.060

투자 전략

기초지수인 FTSE China A50 지수를 추종하는 것을 목적으로 하여 중국 본토 A주에 주로 투자하는 모투자신탁 및 중국 본토 A 주 관련 파생상품에 주로 투자하는 모투자신탁을 주된 투자대상으로 하는 증권투자신탁[주식-파생형]입니다.

TIGER 베타플러스 (A170350)

● 벤치마크 : **베타플러스**
● 테마분류 : —
● 위험등급 : **2등급**
● 평가등급(3년) : ★★★★

펀드 현황	
운용사(매니저)	미래에셋자산운용
판매사	—
설정일(존속기간)	2013.01.16 (5년3개월)
설정액	189.51억원
순자산	189.51억원

시장 정보 (2018년 04월 20일 기준)			
52주최고(원)	15,725	수익률(12M, %)	22.61
52주최저(원)	12,605	수익률(YTD, %)	-0.65
거래량(20일, 주)	34,681	변동성(120일)	0.01
거래대금(20일, 원)	505,216,325	구성종목수(개)	71
베타(1D/1Y)	0.822310	괴리치(원)	-60.87

누적 수익률

(억원) 300 250 200 150 100 50 0 / (%) 35.00 30.00 25.00 20.00 15.00 10.00 5.00 0.00
'17/04 '17/08 '17/12 '18/04
설정액(좌,억원) Fund(우,%) BM(우,%)

기간별 수익률 (%)				
구분	수익률	BM초과	유형초과	%순위
1주	3.16	-0.13	2.07	26.35
1개월	1.74	0.09	3.29	4.41
3개월	-2.83	0.05	2.36	33.47
6개월	1.58	1.22	-6.57	37.50
연초이후	-0.65	-0.02	-2.28	45.92
1년	22.61	1.33	-11.14	53.13
3년	31.65	4.52	-3.29	22.06

보수 (%, 年)	
TER	0.400
운용	0.280
판매	0.070
수탁	0.020
일반사무	0.030

투자 전략

국내 주식을 주된 투자대상자산으로 하며, 에프앤가이드(FnGuide)가 발표하는"에프앤가이드 베타플러스 지수"를 기초지수로 하여 1좌당 순자산가치의 변동률을 지수의 변동률과 유사하도록 투자신탁재산을 운용함을 목적으로 합니다.

TIGER 로우볼 (A174350)

● 벤치마크 : **Low Volatility**
● 테마분류 : —
● 위험등급 : **2등급**
● 평가등급(3년) : ★★

펀드 현황	
운용사(매니저)	미래에셋자산운용
판매사	—
설정일(존속기간)	2013.06.19 (4년10개월)
설정액	279.34억원
순자산	279.34억원

시장 정보 (2018년 04월 20일 기준)			
52주최고(원)	14,645	수익률(12M, %)	3.36
52주최저(원)	12,970	수익률(YTD, %)	-7.01
거래량(20일, 주)	3,880	변동성(120일)	0.01
거래대금(20일, 원)	51,954,160	구성종목수(개)	41
베타(1D/1Y)	0.531260	괴리치(원)	-5.17

누적 수익률

(억원) 400 350 300 250 200 150 100 50 0 / (%) 16.00 14.00 12.00 10.00 8.00 6.00 4.00 2.00 0.00
'17/04 '17/08 '17/12 '18/04
설정액(좌,억원) Fund(우,%) BM(우,%)

기간별 수익률 (%)				
구분	수익률	BM초과	유형초과	%순위
1주	-0.26	-0.00	-1.35	85.14
1개월	-1.91	0.05	-0.36	84.75
3개월	-8.12	0.40	-2.94	91.53
6개월	-2.88	1.92	-11.02	78.13
연초이후	-7.01	0.36	-8.64	98.71
1년	3.36	1.89	-30.39	100.00
3년	8.40	5.53	-26.54	91.91

보수 (%, 年)	
TER	0.400
운용	0.280
판매	0.070
수탁	0.020
일반사무	0.030

투자 전략

국내 주식을 주된 투자대상자산으로 하며, 에프앤가이드(FnGuide)가 발표하는"FnGuid e Low Vol 지수"를 기초지수로 하여 1좌당 순자산가치의 변동률을 기초지수의 변동률과 유사하도록 투자신탁재산을 운용합니다.

KBSTAR 중국본토대형주CSI100 (A174360)

● 벤치마크 : World - MSCI - EMF ASIA (KRW Unhedged)
● 테마분류 : —
● 위험등급 : 1등급
● 평가등급(3년) : ★★

펀드 현황	
운용사(매니저)	케이비자산운용
판매사	—
설정일(존속기간)	2013.05.29 (4년10개월)
설정액	270.00억원
순자산	270.00억원

시장 정보 (2018년 04월 20일 기준)			
52주최고(원)	17,945	수익률(12M, %)	-2.57
52주최저(원)	12,155	수익률(YTD, %)	-2.83
거래량(20일, 주)	13,692	변동성(120일)	0.01
거래대금(20일, 원)	211,659,871	구성종목수(개)	102
베타(1D/1Y)	0.246960	괴리치(원)	-72.96

누적 수익률

(억원) 275, 270, 265, 260, 255, 250, 245, 240 / (%) 50.00, 40.00, 30.00, 20.00, 10.00, 0.00, -10.00
'17/04 '17/08 '17/12 '18/04
설정액(좌,억원) Fund(우,%) BM(우,%)

기간별 수익률 (%)				
구분	수익률	BM초과	유형초과	%순위
1주	0.97	0.08	0.60	44.40
1개월	-2.94	-3.35	-0.62	80.12
3개월	-7.52	-5.25	-2.37	89.90
6개월	-11.89	-7.50	-6.26	96.15
연초이후	-2.83	-3.08	-7.05	82.46
1년	-2.57	-4.12	-3.66	69.56
3년	21.92	2.56	-4.72	56.46

보수 (%, 年)	
TER	0.650
운용	0.400
판매	0.150
수탁	0.060
일반사무	0.040

투자 전략

기초지수인 CSI100(China Securities Index 100)의 수익률과 유사한 수익률을 실현하는 것을 목표로 하여 중국관련 주식 및 집합투자증권 등에 주로 투자하는 모투자신탁을 주된 투자대상으로 하는 상장지수투자신탁입니다.

파워 중기국고채 (A176710)

● 벤치마크 : 국공채 만기종합
● 테마분류 : —
● 위험등급 : 5등급
● 평가등급(3년) : ★★★

펀드 현황	
운용사(매니저)	교보악사자산운용
판매사	—
설정일(존속기간)	2013.05.10 (4년11개월)
설정액	62.41억원
순자산	62.41억원

시장 정보 (2018년 04월 20일 기준)			
52주최고(원)	101,515	수익률(12M, %)	0.57
52주최저(원)	99,865	수익률(YTD, %)	0.60
거래량(20일, 주)	16	변동성(120일)	0.00
거래대금(20일, 원)	1,561,188	구성종목수(개)	4
베타(1D/1Y)	0.000490	괴리치(원)	-63.62

누적 수익률

(억원) 250, 200, 150, 100, 50, 0 / (%) 1.00, 0.50, 0.00, -0.50, -1.00, -1.50, -2.00
'17/04 '17/08 '17/12 '18/04
설정액(좌,억원) Fund(우,%) BM(우,%)

기간별 수익률 (%)				
구분	수익률	BM초과	유형초과	%순위
1주	0.01	0.04	0.01	32.61
1개월	-0.06	0.24	0.03	50.72
3개월	0.42	-0.18	0.03	46.38
6개월	0.58	0.12	0.10	26.28
연초이후	0.60	0.80	0.16	45.04
1년	0.57	0.71	0.22	41.48
3년	0.54	0.99	0.02	51.24

보수 (%, 年)	
TER	0.145
운용	0.075
판매	0.045
수탁	0.010
일반사무	0.015

투자 전략

한국거래소가 발표하는 "KTBINDEX 시장가격지수 (Korea Treasury Bond Index Gross Price Index)"를 기초지수로 하여 보수차감후 1좌당 순자산가치의 일간변동률을 기초지수의 변동률과 유사하도록 투자신탁재산을 운용

KODEX 국채선물10년인버스 (A176950)

● 벤치마크 : **#N/A**
● 테마분류 : —

● 위험등급 : **5등급**
● 평가등급(3년) : ★★★★★

펀드 현황

운용사(매니저)	삼성자산운용
판매사	—
설정일(존속기간)	2013.05.30 (4년10개월)
설정액	3,555.00억원
순자산	3,555.00억원

시장 정보 (2018년 04월 20일 기준)

52주최고(원)	49,805	수익률(12M, %)	1.30
52주최저(원)	47,030	수익률(YTD, %)	1.65
거래량(20일, 주)	41,568	변동성(120일)	0.00
거래대금(20일, 원)	2,042,255,769	구성종목수(개)	2
베타(1D/1Y)	0.018430	괴리치(원)	28.67

누적 수익률

기간별 수익률 (%)

구분	수익률	BM초과	유형초과	%순위
1주	—	—	0.11	16.67
1개월	0.55	—	1.49	18.33
3개월	-0.68	—	-1.52	95.00
6개월	-0.21	—	-3.96	93.10
연초이후	1.65	—	0.88	10.53
1년	1.30	—	-0.29	44.83
3년	4.06	—	22.24	9.09

보수 (%, 年)

TER	0.070
운용	0.045
판매	0.005
수탁	0.010
일반사무	0.010

투자 전략

한국거래소에 상장된 10년국채선물 최근월종목의 가격을 기초로 산출되는 지수(이하"기초지수"라 한다)를 기초지수로 하여 1좌당 순자산가치의 일간변동률을 기초지수 일간변동률의 음(陰)의 1배수로 연동하여 투자신탁재산을 운용함을 그 운용목적으로 하는 증권상장지수투자신탁[채권-파생형]입니다.

KINDEX 미국다우존스리츠(합성 H) (A181480)

● 벤치마크 : **#N/A**
● 테마분류 : —

● 위험등급 : **1등급**
● 평가등급(3년) : —

펀드 현황

운용사(매니저)	한국투자신탁운용
판매사	—
설정일(존속기간)	2013.07.30 (4년8개월)
설정액	50.00억원
순자산	50.00억원

시장 정보 (2018년 04월 20일 기준)

52주최고(원)	70,605	수익률(12M, %)	-5.48
52주최저(원)	62,080	수익률(YTD, %)	-5.30
거래량(20일, 주)	50	변동성(120일)	0.01
거래대금(20일, 원)	3,220,008	구성종목수(개)	2
베타(1D/1Y)	0.478710	괴리치(원)	326.50

누적 수익률

기간별 수익률 (%)

구분	수익률	BM초과	유형초과	%순위
1주	-0.19	—	-0.03	32.00
1개월	0.95	—	0.36	4.00
3개월	-0.29	—	-0.63	96.00
6개월	-1.05	—	0.77	4.00
연초이후	-5.30	—	-0.35	83.33
1년	-5.48	—	-0.29	66.67
3년	-3.65	—	1.01	52.17

보수 (%, 年)

TER	0.300
운용	0.200
판매	0.045
수탁	0.025
일반사무	0.030

투자 전략

장외파생상품을 법시행령 제94조 제2항 제4호에서 규정하는 주된 투자대상자산으로 하며 Dow Jones이 산출 · 공표하는 "Dow Jones US Real Estate Index"의 수익률을 추적하도록 장외파생상품에 주로 투자하는 상장지수투자신탁입니다.

TIGER 미국MSCI리츠(합성 H) (A182480)

● 벤치마크 : **#N/A**
● 테마분류 : —

● 위험등급 : **3등급**
● 평가등급(3년) : —

펀드 현황	
운용사(매니저)	미래에셋자산운용
판매사	—
설정일(존속기간)	2013.10.08 (4년6개월)
설정액	350.00억원
순자산	350.00억원

시장 정보 (2018년 04월 20일 기준)			
52주최고(원)	13,120	수익률(12M, %)	-7.29
52주최저(원)	11,135	수익률(YTD, %)	-7.99
거래량(20일, 주)	13,985	변동성(120일)	0.01
거래대금(20일, 원)	162,666,380	구성종목수(개)	4
베타(1D/1Y)	0.339080	괴리치(원)	49.55

누적 수익률

(억원) 400 350 300 250 200 150 100 50 0
(%) 4.00 2.00 0.00 -2.00 -4.00 -6.00 -8.00 -10.00 -12.00 -14.00
'17/04 '17/08 '17/12 '18/04
설정액(좌,억원) Fund(우,%) BM(우,%)

기간별 수익률 (%)

구분	수익률	BM초과	유형초과	%순위
1주	-0.20	—	-0.04	44.00
1개월	0.98	—	0.39	—
3개월	0.13	—	-0.21	84.00
6개월	-2.28	—	-0.46	72.00
연초이후	-7.99	—	-3.04	100.00
1년	-7.29	—	-2.10	100.00
3년	-7.63	—	-2.97	100.00

보수 (%, 年)	
TER	0.250
운용	0.150
판매	0.045
수탁	0.025
일반사무	0.030

투자 전략

미국 리츠를 기초자산으로 하여 파생상품시장에서 거래되는 장외파생상품을 주된 투자대상자산으로 하며, "MSCI US REIT 지수"의 수익률 추종을 목적으로 합니다.

TIGER 단기선진하이일드(합성 H) (A182490)

● 벤치마크 : **#N/A**
● 테마분류 : —

● 위험등급 : **2등급**
● 평가등급(3년) : ★★★

펀드 현황	
운용사(매니저)	미래에셋자산운용
판매사	—
설정일(존속기간)	2014.03.21 (4년1개월)
설정액	300.00억원
순자산	300.00억원

시장 정보 (2018년 04월 20일 기준)			
52주최고(원)	11,210	수익률(12M, %)	1.18
52주최저(원)	10,835	수익률(YTD, %)	0.99
거래량(20일, 주)	8,982	변동성(120일)	0.00
거래대금(20일, 원)	99,473,206	구성종목수(개)	5
베타(1D/1Y)	0.040140	괴리치(원)	-27.71

누적 수익률

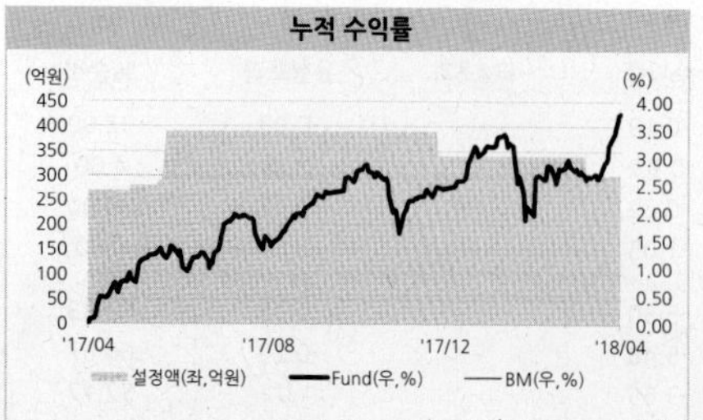

기간별 수익률 (%)

구분	수익률	BM초과	유형초과	%순위
1주	0.02	—	0.03	14.58
1개월	0.51	—	0.16	29.17
3개월	0.95	—	0.53	1.04
6개월	0.58	—	1.36	—
연초이후	0.99	—	1.12	—
1년	1.18	—	0.99	—
3년	3.78	—	1.27	24.69

보수 (%, 年)	
TER	0.250
운용	0.150
판매	0.045
수탁	0.025
일반사무	0.030

투자 전략

이 투자신탁은 하이일드 채권을 기초자산으로 하여 파생상품시장에서 거래되는 장외파생상품을주된 투자대상자산으로 하며, "Markit iBoxx USD Liquid High Yield 0 -5 지수"의 수익률 추종을 목적으로 합니다.

KBSTAR 채권혼합 (A183700)

- 벤치마크 : **KOSPI TR(30%)*KIS채권종합(70%)**
- 테마분류 : —
- 위험등급 : **5등급**
- 평가등급(3년) : ★★★★

펀드 현황	
운용사(매니저)	케이비자산운용
판매사	—
설정일(존속기간)	2013.10.16 (4년6개월)
설정액	150.32억원
순자산	150.32억원

시장 정보 (2018년 04월 20일 기준)			
52주최고(원)	57,110	수익률(12M, %)	0.06
52주최저(원)	54,080	수익률(YTD, %)	0.32
거래량(20일, 주)	843	변동성(120일)	0.00
거래대금(20일, 원)	47,344,473	구성종목수(개)	192
베타(1D/1Y)	0.304250	괴리치(원)	-25.06

누적 수익률

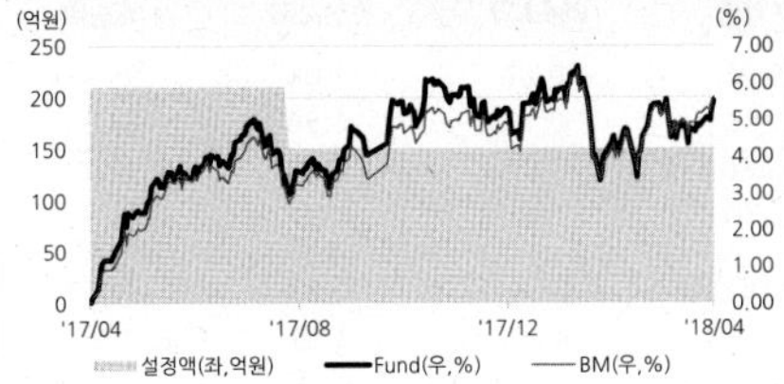

(억원) 250, 200, 150, 100, 50, 0 / (%) 7.00, 6.00, 5.00, 4.00, 3.00, 2.00, 1.00, 0.00
'17/04 '17/08 '17/12 '18/04
설정액(좌,억원) Fund(우,%) BM(우,%)

기간별 수익률 (%)				
구분	수익률	BM초과	유형초과	%순위
1주	0.15	0.08	0.04	32.24
1개월	0.59	0.18	0.09	34.18
3개월	0.31	-0.20	-0.26	67.86
6개월	-0.34	-0.39	-0.50	68.02
연초이후	0.32	-0.61	-2.02	89.05
1년	0.06	-0.41	-0.95	77.41
3년	5.48	-0.11	0.65	44.91

보수 (%, 年)	
TER	0.200
운용	0.130
판매	0.045
수탁	0.010
일반사무	0.015

투자 전략

국내채권을 법에서 정하는 주된 투자대상으로 하되, 주식관련 자산에도 일정수준 이하로 투자하여 수익을 추구합니다. KOSPI200 구성종목과 KTB 3년지수의 구성종목으로 구성하여 한국거래소가 산출 및 공표하는 "KRX 주식국채혼합(채권형)지수[COBIX, KRX COnse rvative Balanced IndeX]"를 기초지수로 하는 상장지수 집합투자기구로, 기초지수의 수익률과 유사한 수익률을 실현하는 것을 목표로 합니다.

KBSTAR 주식혼합 (A183710)

- 벤치마크 : **KOSPI TR(50%)*KIS채권종합(50%)**
- 테마분류 : —
- 위험등급 : **4등급**
- 평가등급(3년) : ★★★★

펀드 현황	
운용사(매니저)	케이비자산운용
판매사	—
설정일(존속기간)	2013.10.16 (4년6개월)
설정액	120.60억원
순자산	120.60억원

시장 정보 (2018년 04월 20일 기준)			
52주최고(원)	37,220	수익률(12M, %)	-0.71
52주최저(원)	32,475	수익률(YTD, %)	-0.16
거래량(20일, 주)	596	변동성(120일)	0.01
거래대금(20일, 원)	21,164,167	구성종목수(개)	198
베타(1D/1Y)	0.735100	괴리치(원)	11.79

누적 수익률

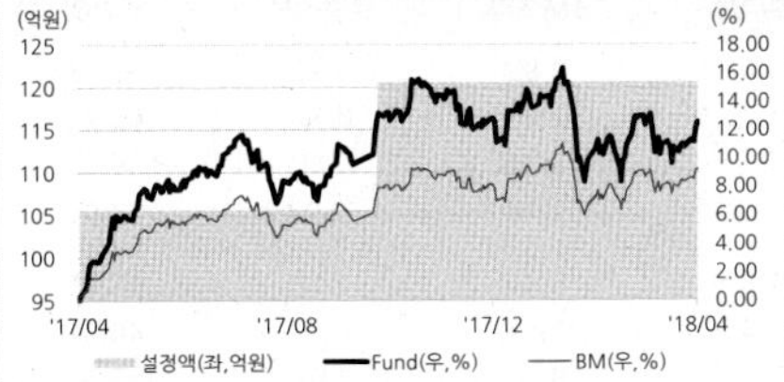

(억원) 125, 120, 115, 110, 105, 100, 95 / (%) 18.00, 16.00, 14.00, 12.00, 10.00, 8.00, 6.00, 4.00, 2.00, 0.00
'17/04 '17/08 '17/12 '18/04
설정액(좌,억원) Fund(우,%) BM(우,%)

기간별 수익률 (%)				
구분	수익률	BM초과	유형초과	%순위
1주	0.33	0.21	-0.01	53.97
1개월	1.50	0.70	0.16	33.88
3개월	0.15	-0.34	-0.54	82.51
6개월	-1.69	-1.38	-0.74	82.78
연초이후	-0.16	-1.46	-1.46	91.72
1년	-0.71	-1.31	-0.67	82.56
3년	12.46	3.30	3.34	14.77

보수 (%, 年)	
TER	0.250
운용	0.180
판매	0.045
수탁	0.010
일반사무	0.015

투자 전략

국내주식을 법에서 정하는 주된 투자대상으로 하며, KOSPI200 구성종목과 KTB 3년지수 구성종목으로 구성하여 한국거래소가 산출 및 공표하는 "KRX 주식국채혼합(주식형)지수[MO BIX,KRX MOderate Balanced IndeX]"를 기초지수로 하는 상장지수 집합투자기구로, 기초지수의 수익률과 유사한 수익률을 실현하는 것을 목표로 합니다.

KODEX 미국S&P바이오(합성) (A185680)

● 벤치마크 : **World - MSCI - NORTH AMERICA (KRW Unhedged)** ● 위험등급 : **2등급**
● 테마분류 : — ● 평가등급(3년) : ★★

펀드 현황	
운용사(매니저)	삼성자산운용
판매사	—
설정일(존속기간)	2013.10.30 (4년5개월)
설정액	28.10억원
순자산	28.10억원

시장 정보 (2018년 04월 20일 기준)			
52주최고(원)	23,085	수익률(12M, %)	4.68
52주최저(원)	16,750	수익률(YTD, %)	-0.62
거래량(20일, 주)	4,262	변동성(120일)	0.02
거래대금(20일, 원)	88,239,664	구성종목수(개)	3
베타(1D/1Y)	0.348930	괴리치(원)	47.41

누적 수익률

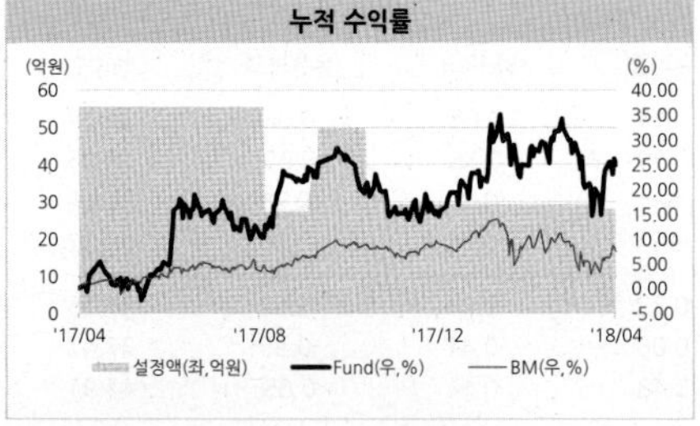

기간별 수익률 (%)

구분	수익률	BM초과	유형초과	%순위
1주	-0.95	-0.21	-1.08	98.77
1개월	1.03	-0.11	-1.56	93.83
3개월	-3.86	-3.02	-2.30	90.74
6개월	2.76	7.20	4.99	—
연초이후	-0.62	0.54	-5.57	80.67
1년	4.68	4.59	2.89	1.96
3년	24.95	17.42	9.11	—

보수 (%, 年)	
TER	0.250
운용	0.190
판매	0.020
수탁	0.020
일반사무	0.020

투자 전략

S&P Biotechnology Select Industry Index(KRW 기준, 환헷지 안함, 이하"기초지수"라 한다)를 기초지수로 하여 1좌당 순자산가치의 변동률을 기초지수 변동률과 연동하여 투자신탁재산을 운용함을 그 운용목적으로 합니다.

ARIRANG 글로벌MSCI(합성 H) (A189400)

● 벤치마크 : **World - MSCI - AC WORLD INDEX FREE (KRW Unhedged)** ● 위험등급 : **2등급**
● 테마분류 : — ● 평가등급(3년) : ★★★

펀드 현황	
운용사(매니저)	한화자산운용
판매사	—
설정일(존속기간)	2013.12.06 (4년4개월)
설정액	51.00억원
순자산	51.00억원

시장 정보 (2018년 04월 20일 기준)			
52주최고(원)	13,995	수익률(12M, %)	1.46
52주최저(원)	11,370	수익률(YTD, %)	4.81
거래량(20일, 주)	1,675	변동성(120일)	0.01
거래대금(20일, 원)	21,750,083	구성종목수(개)	3
베타(1D/1Y)	0.433130	괴리치(원)	-15.98

누적 수익률

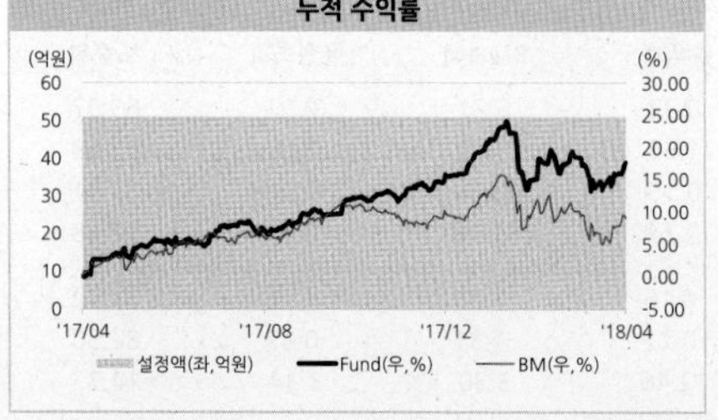

기간별 수익률 (%)

구분	수익률	BM초과	유형초과	%순위
1주	0.41	0.83	0.15	29.48
1개월	1.71	0.57	0.17	43.25
3개월	-0.71	-0.45	0.85	39.61
6개월	-2.98	1.40	-0.72	53.01
연초이후	4.81	6.41	1.10	35.76
1년	1.46	1.13	-0.32	46.51
3년	17.57	8.56	3.07	35.87

보수 (%, 年)	
TER	0.400
운용	0.300
판매	0.045
수탁	0.025
일반사무	0.030

투자 전략

장외파생상품을 법시행령 제94조 제2항 제4호에서 규정하는 주된 투자대상자산으로 하며, 수익증권 1좌당 순자산가치의 변동률을 MSCI(Morgan Stanly Capital International)가 산출해 발표하는 MSCI AC World Daily TR Net USD Index의 변동률과 유사하도록 운용함을 목적으로 합니다.

ARIRANG 바벨 채권 (A190150)

● 벤치마크 : **종합 만기종합**
● 테마분류 : —
● 위험등급 : **5등급**
● 평가등급(3년) : ★★★

펀드 현황	
운용사(매니저)	한화자산운용
판매사	—
설정일(존속기간)	2013.12.17 (4년4개월)
설정액	120.00억원
순자산	120.00억원

시장 정보 (2018년 04월 20일 기준)			
52주최고(원)	111,220	수익률(12M, %)	0.07
52주최저(원)	110,125	수익률(YTD, %)	0.23
거래량(20일, 주)	3	변동성(120일)	0.00
거래대금(20일, 원)	371,655	구성종목수(개)	5
베타(1D/1Y)	-0.003580	괴리치(원)	0.50

누적 수익률

기간별 수익률 (%)				
구분	수익률	BM초과	유형초과	%순위
1주	0.01	0.02	—	41.10
1개월	-0.14	0.04	-0.12	80.93
3개월	0.41	-0.10	0.01	51.27
6개월	0.45	-0.09	-0.18	76.79
연초이후	0.23	-0.10	-0.64	88.15
1년	0.07	-0.16	-0.59	95.98
3년	0.09	-0.28	-1.05	82.42

보수 (%, 年)	
TER	0.135
운용	0.080
판매	0.030
수탁	0.010
일반사무	0.015

투자 전략

국내 채권을 법시행령 제94조 제2항 제4호에서 규정하는 주된 투자대상자산으로 하며,수익증권 1좌당 순자산가치의 변동률을 한국자산평가가 산출하여 공표하는 추적대상지수인 "KAPBarbell Index"의 변동률과 유사하도록 운용함을 목적으로 합니다.

ARIRANG 단기유동성 (A190160)

● 벤치마크 : **CD 6개월(26주)**
● 테마분류 : —
● 위험등급 : **6등급**
● 평가등급(3년) : —

펀드 현황	
운용사(매니저)	한화자산운용
판매사	—
설정일(존속기간)	2013.12.17 (4년4개월)
설정액	458.00억원
순자산	458.00억원

시장 정보 (2018년 04월 20일 기준)			
52주최고(원)	108,075	수익률(12M, %)	0.53
52주최저(원)	106,585	수익률(YTD, %)	0.80
거래량(20일, 주)	136	변동성(120일)	0.00
거래대금(20일, 원)	14,688,101	구성종목수(개)	6
베타(1D/1Y)	0.000090	괴리치(원)	4.84

누적 수익률

기간별 수익률 (%)				
구분	수익률	BM초과	유형초과	%순위
1주	0.01	—	—	69.07
1개월	0.03	—	-0.01	81.44
3개월	0.17	0.02	-0.03	81.44
6개월	0.39	-0.03	-0.09	88.54
연초이후	0.80	0.01	-0.15	85.00
1년	0.53	—	-0.09	86.81
3년	1.39	-0.16	-0.30	82.09

보수 (%, 年)	
TER	0.105
운용	0.060
판매	0.020
수탁	0.010
일반사무	0.015

투자 전략

국내 채권을 법시행령 제94조 제2항 제4호에서 규정하는 주된 투자대상자산으로 하며,수익증권 1좌당 순자산가치의 변동률을 한국자산평가가 산출하여 공표하는 추적대상지수인 "KAPMoney Market Index"의 변동률과 유사하도록 운용함을 목적으로 합니다.

KINDEX 단기통안채 (A190620)

● 벤치마크 : **CD 6개월(26주)**
● 테마분류 : —
● 위험등급 : **5등급**
● 평가등급(3년) : —

펀드 현황	
운용사(매니저)	한국투자신탁운용
판매사	—
설정일(존속기간)	2013.12.19 (4년4개월)
설정액	1,190.00억원
순자산	1,190.00억원

시장 정보 (2018년 04월 20일 기준)			
52주최고(원)	101,320	수익률(12M, %)	0.47
52주최저(원)	100,090	수익률(YTD, %)	0.74
거래량(20일, 주)	849	변동성(120일)	0.00
거래대금(20일, 원)	85,381,965	구성종목수(개)	8
베타(1D/1Y)	0.000290	괴리치(원)	6.50

누적 수익률

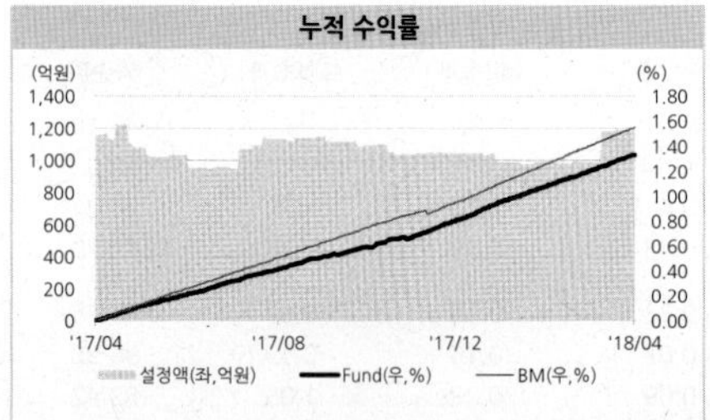

기간별 수익률 (%)

구분	수익률	BM초과	유형초과	%순위
1주	—	—	—	83.51
1개월	0.03	—	-0.01	96.91
3개월	0.13	-0.01	-0.06	96.91
6개월	0.37	-0.06	-0.12	94.79
연초이후	0.74	-0.05	-0.21	90.00
1년	0.47	-0.06	-0.15	96.70
3년	1.33	-0.22	-0.35	86.57

보수 (%, 年)	
TER	0.070
운용	0.040
판매	0.010
수탁	0.010
일반사무	0.010

투자 전략

국내 채권을 법시행령 제94조 제2항 제4호에서 규정하는 주된 투자대상자산으로 하며 KIS채권평가㈜가 발표하는 "KIS MSB 단기 INDEX(총수익지수)"의 수익률을 추적하도록 한국은행 통화안정증권에 주로 투자하는 상장지수투자신탁으로서 이 투자신탁 수익증권 1좌당 순자산가치(투자신탁보수 차감전을 말함)의 변동률을 KIS MSB 단기 INDEX(총수익지수)의 변동률과 유사하도록 투자신탁재산을 운용함을 그 목적으로 합니다.

TIGER 차이나CSI300 (A192090)

● 벤치마크 : **World - MSCI - EMF ASIA (KRW Unhedged)**
● 테마분류 : —
● 위험등급 : **2등급**
● 평가등급(3년) : ★★

펀드 현황	
운용사(매니저)	미래에셋자산운용
판매사	—
설정일(존속기간)	2014.01.27 (4년2개월)
설정액	1,380.00억원
순자산	1,380.00억원

시장 정보 (2018년 04월 20일 기준)			
52주최고(원)	9,815	수익률(12M, %)	-2.14
52주최저(원)	7,250	수익률(YTD, %)	-4.20
거래량(20일, 주)	1,108,939	변동성(120일)	0.01
거래대금(20일, 원)	9,677,158,442	구성종목수(개)	312
베타(1D/1Y)	0.393180	괴리치(원)	69.91

누적 수익률

기간별 수익률 (%)

구분	수익률	BM초과	유형초과	%순위
1주	0.78	-0.11	0.40	52.28
1개월	-2.86	-3.27	-0.54	79.51
3개월	-6.41	-4.13	-1.26	74.76
6개월	-9.78	-5.39	-4.14	91.28
연초이후	-4.20	-4.45	-8.42	87.69
1년	-2.14	-3.70	-3.23	66.88
3년	14.60	-4.76	-12.04	71.88

보수 (%, 年)	
TER	0.630
운용	0.490
판매	0.050
수탁	0.050
일반사무	0.040

투자 전략

중국본토 주식 및 주식관련파생상품에 주로 투자하는 모투자신탁을 주된 투자대상자산으로 하며, "CSI 300 지수"를 기초지수로 하여 1좌당 순자산가치의 변동률을 기초지수 변동률과 유사하도록 투자신탁재산을 운용함을 목적으로 합니다.

파워 고배당저변동성 (A192720)

● 벤치마크 : **KOSPI TR**
● 테마분류 : —

● 위험등급 : **2등급**
● 평가등급(3년) : ★★★

펀드 현황	
운용사(매니저)	교보악사자산운용
판매사	—
설정일(존속기간)	2014.02.19 (4년2개월)
설정액	141.93억원
순자산	141.93억원

시장 정보 (2018년 04월 20일 기준)			
52주최고(원)	33,620	수익률(12M, %)	-6.17
52주최저(원)	28,560	수익률(YTD, %)	-2.37
거래량(20일, 주)	660	변동성(120일)	0.01
거래대금(20일, 원)	20,016,374	구성종목수(개)	51
베타(1D/1Y)	0.614500	괴리치(원)	-10.23

누적 수익률

기간별 수익률 (%)				
구분	수익률	BM초과	유형초과	%순위
1주	0.19	-0.06	0.80	66.22
1개월	1.22	-0.56	0.13	68.24
3개월	-0.20	-0.62	1.36	41.36
6개월	-6.94	-5.64	-1.76	84.32
연초이후	-2.37	-4.42	-10.52	75.89
1년	-6.17	-6.98	-7.81	94.42
3년	9.77	-8.53	-23.98	87.50

보수 (%, 年)	
TER	0.230
운용	0.170
판매	0.010
수탁	0.020
일반사무	0.030

투자 전략

'KOSPI 200 고배당지수(KOSPI 200 Low Volatility High Divi dend Index)'를 기초지수로 하여 보수차감전 1좌당 순자산가치의 일간변동률을 기초지수의 변동률과 유사하도록 투자신탁재산을 운용함을 목적으로 합니다.

TIGER 일본TOPIX(합성 H) (A195920)

● 벤치마크 : **World - MSCI - AC ASIA PACIFIC FREE (KRW Unhedged)**
● 테마분류 : —

● 위험등급 : **2등급**
● 평가등급(3년) : ★★

펀드 현황	
운용사(매니저)	미래에셋자산운용
판매사	—
설정일(존속기간)	2014.04.29 (3년11개월)
설정액	230.00억원
순자산	230.00억원

시장 정보 (2018년 04월 20일 기준)			
52주최고(원)	16,020	수익률(12M, %)	-3.72
52주최저(원)	12,510	수익률(YTD, %)	0.89
거래량(20일, 주)	34,353	변동성(120일)	0.01
거래대금(20일, 원)	491,562,887	구성종목수(개)	5
베타(1D/1Y)	0.582330	괴리치(원)	-9.56

누적 수익률

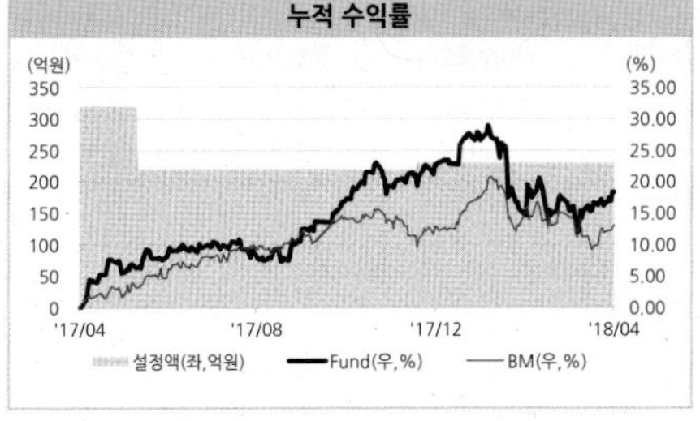

기간별 수익률 (%)				
구분	수익률	BM초과	유형초과	%순위
1주	0.01	-0.29	-0.50	66.56
1개월	1.80	0.76	2.25	10.75
3개월	2.35	3.49	4.33	12.58
6개월	-7.21	-2.51	-2.41	79.24
연초이후	0.89	1.79	-1.38	72.80
1년	-3.72	-4.24	-2.86	88.65
3년	18.28	5.28	-3.97	83.41

보수 (%, 年)	
TER	0.250
운용	0.150
판매	0.045
수탁	0.025
일반사무	0.030

투자 전략

이 투자신탁은 일본에 상장된 주식을 기초자산으로 하여 파생상품시장에서 거래되는 장외파생상품을 주된 투자대상자산으로 하며, "TOPIX 지수"의 수익률 추종을 목적으로 합니다.

TIGER 유로스탁스50(합성 H) (A195930)

● 벤치마크 : **World - MSCI - EUROPE (KRW Unhedged)**
● 테마분류 : —
● 위험등급 : **2등급**
● 평가등급(3년) : ★

펀드 현황	
운용사(매니저)	미래에셋자산운용
판매사	—
설정일(존속기간)	2014.04.29 (3년11개월)
설정액	300.00억원
순자산	300.00억원

시장 정보 (2018년 04월 20일 기준)			
52주최고(원)	12,125	수익률(12M, %)	-1.51
52주최저(원)	10,755	수익률(YTD, %)	-3.47
거래량(20일, 주)	9,658	변동성(120일)	0.01
거래대금(20일, 원)	106,561,487	구성종목수(개)	4
베타(1D/1Y)	0.592330	괴리치(원)	-111.28

누적 수익률

(억원) 400 350 300 250 200 150 100 50 0
(%) 20.00 15.00 10.00 5.00 0.00 -5.00
'17/04 '17/08 '17/12 '18/04
설정액(좌,억원) Fund(우,%) BM(우,%)

기간별 수익률 (%)

구분	수익률	BM초과	유형초과	%순위
1주	0.37	0.63	-0.05	43.75
1개월	2.14	0.92	0.45	14.58
3개월	1.74	-0.61	0.51	31.43
6개월	-3.43	0.58	-0.87	54.68
연초이후	-3.47	0.10	-2.04	89.05
1년	-1.51	-1.97	-1.63	72.66
3년	3.58	-5.80	-4.42	81.20

보수 (%, 年)	
TER	0.250
운용	0.150
판매	0.045
수탁	0.025
일반사무	0.030

투자 전략

이 투자신탁은 유로존에 상장된 주식을 기초자산으로 하여 파생상품시장에서 거래되는 장외파생상품을 주된 투자대상자산으로 하며, "EURO STOXX 50 지수"의 수익률 추종을 목적으로 합니다.

ARIRANG 선진국MSCI(합성 H) (A195970)

● 벤치마크 : **World - MSCI - AC WORLD INDEX FREE (KRW Unhedged)**
● 테마분류 : —
● 위험등급 : **2등급**
● 평가등급(3년) : ★★

펀드 현황	
운용사(매니저)	한화자산운용
판매사	—
설정일(존속기간)	2014.05.12 (3년11개월)
설정액	54.00억원
순자산	54.00억원

시장 정보 (2018년 04월 20일 기준)			
52주최고(원)	11,785	수익률(12M, %)	1.78
52주최저(원)	9,345	수익률(YTD, %)	3.79
거래량(20일, 주)	3,923	변동성(120일)	0.01
거래대금(20일, 원)	42,034,118	구성종목수(개)	3
베타(1D/1Y)	0.369030	괴리치(원)	-89.32

누적 수익률

(억원) 60 50 40 30 20 10 0
(%) 30.00 25.00 20.00 15.00 10.00 5.00 0.00
'17/04 '17/08 '17/12 '18/04
설정액(좌,억원) Fund(우,%) BM(우,%)

기간별 수익률 (%)

구분	수익률	BM초과	유형초과	%순위
1주	0.68	1.10	0.42	9.09
1개월	1.19	0.06	-0.35	69.97
3개월	1.39	1.65	2.94	3.32
6개월	-2.79	1.59	-0.53	50.14
연초이후	3.79	5.39	0.08	47.58
1년	1.78	1.45	—	42.44
3년	18.40	9.39	3.91	30.38

보수 (%, 年)	
TER	0.500
운용	0.400
판매	0.045
수탁	0.025
일반사무	0.030

투자 전략

이 투자신탁은 장외파생상품을 법시행령 제94조 제2항 제4호에서 규정하는 주된 투자대상자산으로 하며, 수익증권 1좌당 순자산가치의 변동률을 MSCI(Morgan Stanly Capit al International)가 산출해 발표하는 MSCI EAFE Index의 변동률과 유사하도록 운용함을 목적으로 합니다.

ARIRANG 신흥국MSCI(합성 H) (A195980)

● 벤치마크 : **World - MSCI - EMF (EMERGING MARKETS FREE) (KRW Unhedged)**
● 테마분류 : —

● 위험등급 : **2등급**
● 평가등급(3년) : ★★

펀드 현황	
운용사(매니저)	한화자산운용
판매사	—
설정일(존속기간)	2014.05.12 (3년11개월)
설정액	334.00억원
순자산	334.00억원

시장 정보 (2018년 04월 20일 기준)			
52주최고(원)	12,690	수익률(12M, %)	2.76
52주최저(원)	9,490	수익률(YTD, %)	4.55
거래량(20일, 주)	26,349	변동성(120일)	0.01
거래대금(20일, 원)	308,751,121	구성종목수(개)	4
베타(1D/1Y)	0.707230	괴리치(원)	-128.64

누적 수익률

기간별 수익률 (%)				
구분	수익률	BM초과	유형초과	%순위
1주	1.01	0.51	-0.30	58.67
1개월	0.07	-0.56	-0.19	60.00
3개월	-2.91	-1.01	1.35	25.17
6개월	-4.01	0.18	0.60	39.10
연초이후	4.55	4.52	1.32	12.70
1년	2.76	0.93	-0.07	41.98
3년	24.16	7.69	-0.81	26.67

보수 (%, 年)	
TER	0.500
운용	0.400
판매	0.045
수탁	0.025
일반사무	0.030

투자 전략

이 투자신탁은 장외파생상품을 법시행령 제94조 제2항 제4호에서 규정하는 주된 투자대상자산으로 하며, 수익증권 1좌당 순자산가치의 변동률을 MSCI(Morgan Stanly Capital International)가 산출해 발표하는 MSCI Emerging Markets Index의 변동률과 유사하도록 운용함을 목적으로 합니다.

KINDEX 일본TOPIX레버리지(H) (A196030)

● 벤치마크 : **World - MSCI - AC ASIA PACIFIC FREE (KRW Unhedged)**
● 테마분류 : —

● 위험등급 : **1등급**
● 평가등급(3년) : ★

펀드 현황	
운용사(매니저)	한국투자신탁운용
판매사	—
설정일(존속기간)	2014.06.11 (3년10개월)
설정액	50.00억원
순자산	50.00억원

시장 정보 (2018년 04월 20일 기준)			
52주최고(원)	21,030	수익률(12M, %)	-7.41
52주최저(원)	12,655	수익률(YTD, %)	1.95
거래량(20일, 주)	15,396	변동성(120일)	0.02
거래대금(20일, 원)	260,614,062	구성종목수(개)	8
베타(1D/1Y)	1.279800	괴리치(원)	-79.63

누적 수익률

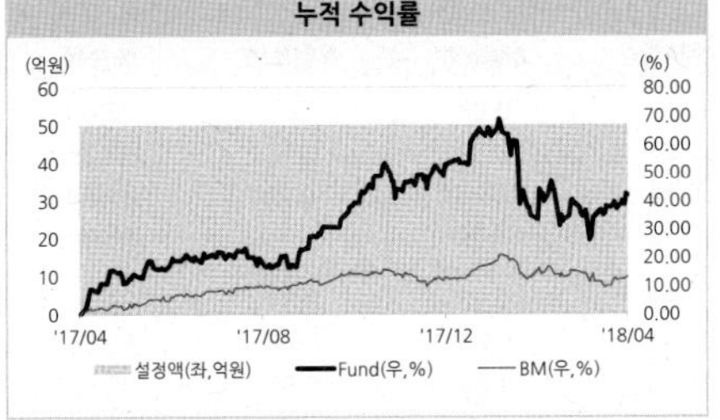

기간별 수익률 (%)				
구분	수익률	BM초과	유형초과	%순위
1주	-0.19	-0.50	-0.71	76.95
1개월	3.62	2.59	4.07	—
3개월	5.11	6.25	7.09	—
6개월	-14.03	-9.33	-9.23	100.00
연초이후	1.95	2.84	-0.33	67.43
1년	-7.41	-7.93	-6.56	95.74
3년	41.90	28.90	19.65	3.90

보수 (%, 年)	
TER	0.500
운용	0.360
판매	0.070
수탁	0.030
일반사무	0.040

투자 전략

일본의 도쿄증권거래소가 산출.발표하는 TOPIX(Tokyo Stock Price Index, 기초지수)의 변화에 연동하여 운용하는 것을 목표로 일본 주식, TOPIX를 기초지수로 하는 ETF, 레버리지 ETF,주가지수선물 등에 투자하여 이 투자신탁 수익증권 1좌당 순자산가치의 변동률을 기초지수의 일간 변동률의 양(+)의 2배수와 유사하도록 투자신탁재산을 운용할 예정입니다.

KBSTAR 일본TOPIX레버리지(H) (A196220)

● 벤치마크 : **World - MSCI - AC ASIA PACIFIC FREE (KRW Unhedged)**
● 테마분류 : —
● 위험등급 : **1등급**
● 평가등급(3년) : ★

펀드 현황	
운용사(매니저)	케이비자산운용
판매사	—
설정일(존속기간)	2014.06.11 (3년10개월)
설정액	40.00억원
순자산	40.00억원

시장 정보 (2018년 04월 20일 기준)			
52주최고(원)	20,330	수익률(12M, %)	-7.27
52주최저(원)	12,320	수익률(YTD, %)	2.11
거래량(20일, 주)	762	변동성(120일)	0.02
거래대금(20일, 원)	12,440,107	구성종목수(개)	8
베타(1D/1Y)	1.238740	괴리치(원)	98.36

누적 수익률

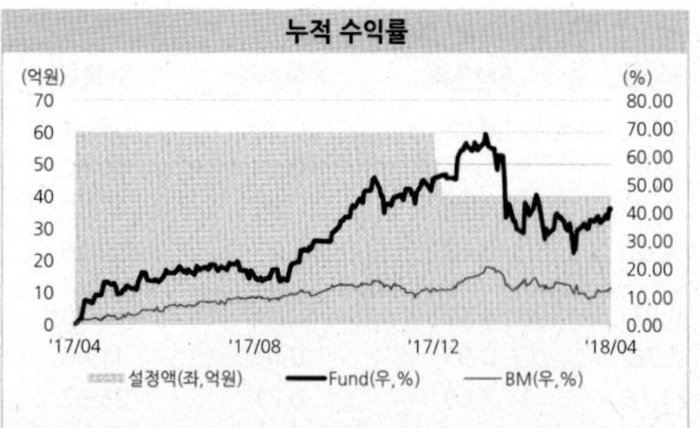

기간별 수익률 (%)

구분	수익률	BM초과	유형초과	%순위
1주	-0.22	-0.53	-0.74	84.74
1개월	3.56	2.52	4.01	0.33
3개월	4.96	6.11	6.94	0.33
6개월	-13.99	-9.29	-9.19	99.65
연초이후	2.11	3.01	-0.16	65.90
1년	-7.27	-7.78	-6.41	95.39
3년	41.28	28.27	19.03	4.88

보수 (%, 年)	
TER	0.500
운용	0.355
판매	0.070
수탁	0.035
일반사무	0.040

투자 전략

일본 주식관련 집합투자증권, 일본 주식관련 파생상품 및 일본 주식을 법에서 정하는 주된 투자대상으로 하며, 일본의 도쿄증권거래소가 산출.발표하는 "TOPIX Index"를 기초지수로 하여 1좌당 순자산가치의 변동률을 기초지수의 일일 변동률의 양(陽)의 2배에 연동하도록 투자신탁재산을 운용하는 것을 목적으로 하는 투자신탁입니다.

KBSTAR 단기통안채 (A196230)

● 벤치마크 : **국공채 만기종합**
● 테마분류 : —
● 위험등급 : **6등급**
● 평가등급(3년) : ★★★★

펀드 현황	
운용사(매니저)	케이비자산운용
판매사	—
설정일(존속기간)	2014.05.14 (3년11개월)
설정액	3,673.00억원
순자산	3,673.00억원

시장 정보 (2018년 04월 20일 기준)			
52주최고(원)	104,150	수익률(12M, %)	0.51
52주최저(원)	102,850	수익률(YTD, %)	0.79
거래량(20일, 주)	172,878	변동성(120일)	0.00
거래대금(20일, 원)	17,862,799,344	구성종목수(개)	11
베타(1D/1Y)	0.000230	괴리치(원)	2.36

누적 수익률

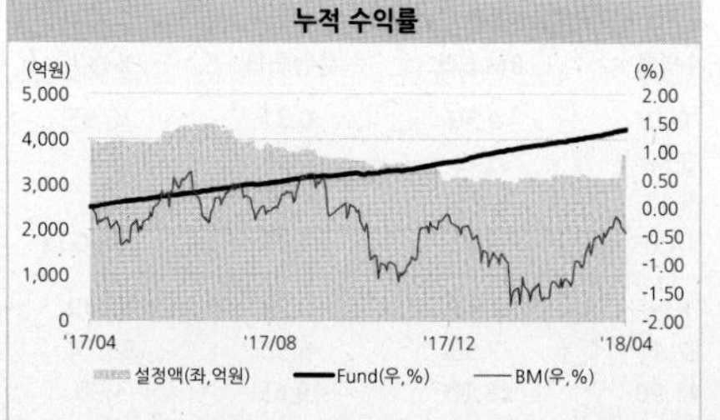

기간별 수익률 (%)

구분	수익률	BM초과	유형초과	%순위
1주	—	0.03	—	76.09
1개월	0.03	0.33	0.12	31.16
3개월	0.15	-0.44	-0.23	99.28
6개월	0.38	-0.08	-0.10	86.86
연초이후	0.79	0.98	0.34	32.06
1년	0.51	0.65	0.16	55.56
3년	1.38	1.83	0.85	25.62

보수 (%, 年)	
TER	0.130
운용	0.090
판매	0.020
수탁	0.010
일반사무	0.010

투자 전략

이 투자신탁은 국내채권을 법에서 정하는 주된 투자대상으로 하되, 잔존만기 10개월 이하의 한국은행 통화안정증권 10개 종목으로 구성된 "KIS MSB 5M Index(총수익지수)"을 기초지수로 하여 1좌당 순자산가치의 변동률을 기초지수의 변동률과 유사하도록 투자신탁재산을 운용함을 목적으로 하는 상장지수투자신탁입니다.

KODEX 미국S&P IT(합성) (A200020)

● 벤치마크 : **World - MSCI - NORTH AMERICA (KRW Unhedged)**
● 테마분류 : —
● 위험등급 : **2등급**
● 평가등급(3년) : ★★★★★

펀드 현황	
운용사(매니저)	삼성자산운용
판매사	—
설정일(존속기간)	2014.06.11 (3년10개월)
설정액	50.70억원
순자산	50.70억원

시장 정보 (2018년 04월 20일 기준)			
52주최고(원)	19,110	수익률(12M, %)	4.56
52주최저(원)	15,400	수익률(YTD, %)	4.34
거래량(20일, 주)	1,117	변동성(120일)	0.01
거래대금(20일, 원)	19,861,679	구성종목수(개)	4
베타(1D/1Y)	0.411690	괴리치(원)	58.26

누적 수익률

기간별 수익률 (%)				
구분	수익률	BM초과	유형초과	%순위
1주	-0.91	-0.17	-1.04	98.15
1개월	2.47	1.33	-0.12	35.80
3개월	-3.56	-2.72	-2.01	90.12
6개월	-0.21	4.22	2.02	10.32
연초이후	4.34	5.50	-0.60	66.67
1년	4.56	4.46	2.76	2.61
3년	19.06	11.53	3.22	18.38

보수 (%, 年)	
TER	0.250
운용	0.190
판매	0.020
수탁	0.020
일반사무	0.020

투자 전략

S&P Select Sector Technology Index(KRW 기준, 환헷지 안함, 이하"기초지수"라 한다)를 기초지수로 하여 1좌당 순자산가치의 변동률을 기초지수 변동률과 연동하여 투자신탁재산을 운용함을 그 운용목적으로 합니다.

KODEX 미국S&P산업재(합성) (A200030)

● 벤치마크 : **World - MSCI - NORTH AMERICA (KRW Unhedged)**
● 테마분류 : —
● 위험등급 : **2등급**
● 평가등급(3년) : ★★★

펀드 현황	
운용사(매니저)	삼성자산운용
판매사	—
설정일(존속기간)	2014.06.11 (3년10개월)
설정액	64.40억원
순자산	64.40억원

시장 정보 (2018년 04월 20일 기준)			
52주최고(원)	15,235	수익률(12M, %)	-0.42
52주최저(원)	12,950	수익률(YTD, %)	-0.99
거래량(20일, 주)	3,841	변동성(120일)	0.01
거래대금(20일, 원)	53,983,948	구성종목수(개)	4
베타(1D/1Y)	0.195530	괴리치(원)	72.82

누적 수익률

기간별 수익률 (%)				
구분	수익률	BM초과	유형초과	%순위
1주	0.34	1.08	0.21	17.28
1개월	3.29	2.16	0.70	1.85
3개월	-1.65	-0.80	-0.09	48.77
6개월	-4.67	-0.23	-2.44	89.03
연초이후	-0.99	0.18	-5.93	83.33
1년	-0.42	-0.51	-2.21	75.16
3년	9.62	2.09	-6.22	72.79

보수 (%, 年)	
TER	0.250
운용	0.190
판매	0.020
수탁	0.020
일반사무	0.020

투자 전략

S&P Select Sector Industrial Index(KRW 기준, 환헷지 안함, 이하"기초지수"라 한다)를 기초지수로 하여 1좌당 순자산가치의 변동률을 기초지수 변동률과 연동하여 투자신탁재산을 운용함을 그 운용목적으로 합니다.

KODEX 미국S&P금융(합성) (A200040)

● 벤치마크 : World - MSCI - NORTH AMERICA (KRW Unhedged)
● 테마분류 : —
● 위험등급 : 2등급
● 평가등급(3년) : ★★★

펀드 현황

운용사(매니저)	삼성자산운용
판매사	—
설정일(존속기간)	2014.06.11 (3년10개월)
설정액	37.00억원
순자산	37.00억원

시장 정보 (2018년 04월 20일 기준)

항목	값	항목	값
52주최고(원)	16,915	수익률(12M, %)	-2.93
52주최저(원)	13,570	수익률(YTD, %)	-2.15
거래량(20일, 주)	985	변동성(120일)	0.01
거래대금(20일, 원)	15,100,565	구성종목수(개)	3
베타(1D/1Y)	0.249350	괴리치(원)	-8.29

누적 수익률

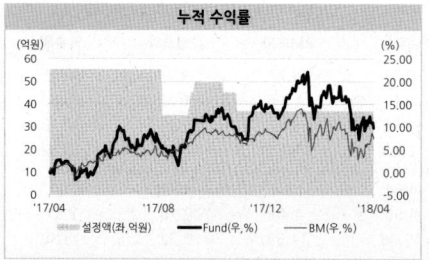

(억원) 60 50 40 30 20 10 0 / (%) 25.00 20.00 15.00 10.00 5.00 0.00 -5.00
'17/04 '17/08 '17/12 '18/04
설정액(좌,억원) Fund(우,%) BM(우,%)

기간별 수익률 (%)

구분	수익률	BM초과	유형초과	%순위
1주	-1.04	-0.29	-1.17	99.38
1개월	-0.49	-1.62	-3.07	97.53
3개월	-5.97	-5.13	-4.41	97.53
6개월	-6.84	-2.41	-4.61	97.42
연초이후	-2.15	-0.98	-7.09	84.00
1년	-2.93	-3.03	-4.73	94.77
3년	9.83	2.30	-6.01	72.06

보수 (%, 年)

TER	0.250
운용	0.190
판매	0.020
수탁	0.020
일반사무	0.020

투자 전략

S&P Select Sector Financials Index(KRW 기준, 환헷지 안함, 이하"기초지수"라 한다)를 기초지수로 하여 1좌당 순자산가치의 변동률을 기초지수 변동률과 연동하여 투자신탁재산을 운용함을 그 운용목적으로 합니다.

KODEX 독일MSCI(합성) (A200050)

● 벤치마크 : World - MSCI - EUROPE (KRW Unhedged)
● 테마분류 : —
● 위험등급 : 2등급
● 평가등급(3년) : ★★★

펀드 현황

운용사(매니저)	삼성자산운용
판매사	—
설정일(존속기간)	2014.06.11 (3년10개월)
설정액	50.10억원
순자산	50.10억원

시장 정보 (2018년 04월 20일 기준)

항목	값	항목	값
52주최고(원)	11,820	수익률(12M, %)	-1.06
52주최저(원)	9,970	수익률(YTD, %)	-5.05
거래량(20일, 주)	5,437	변동성(120일)	0.01
거래대금(20일, 원)	56,853,439	구성종목수(개)	2
베타(1D/1Y)	0.241620	괴리치(원)	-15.91

누적 수익률

(억원) 120 100 80 60 40 20 0 / (%) 20.00 15.00 10.00 5.00 0.00 -5.00
'17/04 '17/08 '17/12 '18/04
설정액(좌,억원) Fund(우,%) BM(우,%)

기간별 수익률 (%)

구분	수익률	BM초과	유형초과	%순위
1주	-0.29	-0.03	-0.71	100.00
1개월	1.68	0.46	-0.01	47.92
3개월	1.27	-1.08	0.03	45.00
6개월	-5.14	-1.13	-2.58	97.84
연초이후	-5.05	-1.48	-3.62	98.54
1년	-1.06	-1.52	-1.18	48.92
3년	9.16	-0.22	1.15	28.21

보수 (%, 年)

TER	0.250
운용	0.190
판매	0.020
수탁	0.020
일반사무	0.020

투자 전략

MSCI Germany Index(KRW 기준, 환헷지 안함, 이하"기초지수"라 한다)를 기초지수로 하여 1좌당 순자산가치의 변동률을 기초지수 변동률과 연동하여 투자신탁재산을 운용함을 그 운용목적으로 합니다.

KOSEF 인도Nifty50(합성) (A200250)

● 벤치마크 : **World - MSCI - EMF ASIA (KRW Unhedged)**
● 테마분류 : —
● 위험등급 : **1등급**
● 평가등급(3년) : ★★★

펀드 현황	
운용사(매니저)	키움투자자산운용
판매사	—
설정일(존속기간)	2014.06.25 (3년10개월)
설정액	100.00억원
순자산	100.00억원

시장 정보 (2018년 04월 20일 기준)			
52주최고(원)	13,595	수익률(12M, %)	-5.70
52주최저(원)	11,730	수익률(YTD, %)	-6.64
거래량(20일, 주)	7,398	변동성(120일)	0.01
거래대금(20일, 원)	89,939,877	구성종목수(개)	4
베타(1D/1Y)	0.352240	괴리치(원)	-11.18

누적 수익률

구분	수익률	BM초과	유형초과	%순위
1주	-3.35	-4.24	-3.73	98.25
1개월	-2.59	-2.99	-0.26	71.54
3개월	-1.20	1.08	3.95	18.16
6개월	-8.27	-3.88	-2.63	75.87
연초이후	-6.64	-6.89	-10.86	94.77
1년	-5.70	-7.26	-6.80	92.99
3년	2.59	-16.77	-24.05	94.10

기간별 수익률 (%)

보수 (%, 年)	
TER	0.490
운용	0.390
판매	0.045
수탁	0.025
일반사무	0.030

투자 전략

이 투자신탁은 집합투자규약 제17조에서 정의된 장외파생상품을 주된 투자대상자산으로 하여 1좌당 순자산가치의 변동률을 기초자산인 "CNX Nifty Index"의 변동률과 유사하도록 투자신탁재산을 운용함을 목적으로 합니다.

TIGER 미국나스닥바이오 (A203780)

● 벤치마크 : **World - MSCI - NORTH AMERICA (KRW Unhedged)**
● 테마분류 : —
● 위험등급 : **2등급**
● 평가등급(3년) : ★

펀드 현황	
운용사(매니저)	미래에셋자산운용
판매사	—
설정일(존속기간)	2014.08.26 (3년7개월)
설정액	87.55억원
순자산	87.55억원

시장 정보 (2018년 04월 20일 기준)			
52주최고(원)	15,125	수익률(12M, %)	-1.22
52주최저(원)	12,500	수익률(YTD, %)	-10.21
거래량(20일, 주)	13,514	변동성(120일)	0.01
거래대금(20일, 원)	175,939,740	구성종목수(개)	195
베타(1D/1Y)	0.296860	괴리치(원)	56.98

누적 수익률

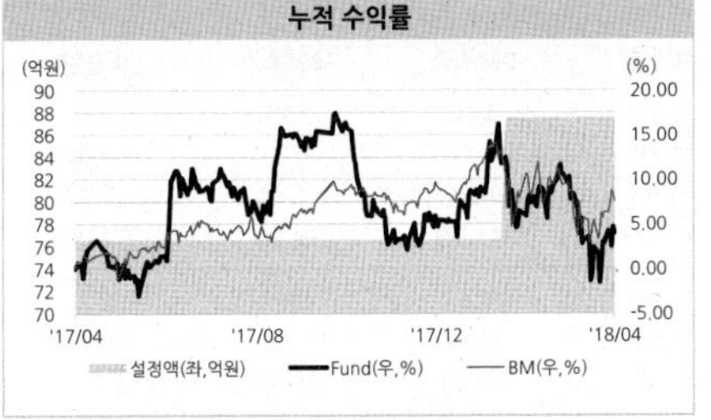

기간별 수익률 (%)

구분	수익률	BM초과	유형초과	%순위
1주	-0.62	0.12	-0.75	91.98
1개월	1.10	-0.04	-1.49	93.21
3개월	-5.69	-4.85	-4.13	96.91
6개월	-4.09	0.35	-1.85	81.94
연초이후	-10.21	-9.05	-15.15	97.33
1년	-1.22	-1.31	-3.01	88.24
3년	3.97	-3.56	-11.87	93.38

보수 (%, 年)	
TER	0.300
운용	0.160
판매	0.070
수탁	0.030
일반사무	0.040

투자 전략

이 투자신탁은 미국에 상장된 주식을 주된 투자대상자산으로 하며, "나스닥 바이오테크놀로지 지수(NASDAQ Biotechnology Index)"를 기초지수로 하여 1좌당 순자산가치의 변동률을 원화로 환산한 기초지수의 변동률과 유사하도록 투자신탁재산을 운용함을 목적으로 합니다.

ARIRANG 차이나H 레버리지(합성 H) (A204420)

● 벤치마크 : World - MSCI - EMF ASIA (KRW Unhedged)
● 테마분류 : —
● 위험등급 : **1등급**
● 평가등급(3년) : ★

펀드 현황	
운용사(매니저)	한화자산운용
판매사	—
설정일(존속기간)	2014.08.22 (3년8개월)
설정액	115.00억원
순자산	115.00억원

시장 정보 (2018년 04월 20일 기준)			
52주최고(원)	11,680	수익률(12M, %)	7.81
52주최저(원)	6,395	수익률(YTD, %)	13.14
거래량(20일, 주)	2,162	변동성(120일)	0.03
거래대금(20일, 원)	19,348,320	구성종목수(개)	199
베타(1D/1Y)	1.817460	괴리치(원)	77.43

누적 수익률

(억원) 121 120 119 118 117 116 115 114 113 112
(%) 100.00 80.00 60.00 40.00 20.00 0.00 -20.00
'17/04 '17/08 '17/12 '18/04
설정액(좌,억원) Fund(우,%) BM(우,%)

기간별 수익률 (%)				
구분	수익률	BM초과	유형초과	%순위
1주	4.19	3.29	3.81	0.09
1개월	-0.94	-1.34	1.39	31.17
3개월	-6.89	-4.61	-1.73	80.96
6개월	-14.93	-10.54	-9.29	96.97
연초이후	13.14	12.89	8.92	9.88
1년	7.81	6.26	6.72	8.58
3년	43.70	24.34	17.06	6.35

보수 (%, 年)	
TER	0.800
운용	0.600
판매	0.145
수탁	0.025
일반사무	0.030

투자 전략

이 투자신탁은 장외파생상품을 주된 투자대상자산으로 하며 HSCEI 지수의 일일 등락률의 양(陽)의 2배 수익률을 추적대상으로 하여 1좌당 순자산가치의 일일 변동률을 HSCEI 지수의 일일 등락률의 양(陽)의 2배에 연동하도록 투자신탁재산을 운용함을 목적으로 합니다.

KODEX China H 레버리지(H) (A204450)

● 벤치마크 : World - MSCI - EMF ASIA (KRW Unhedged)
● 테마분류 : —
● 위험등급 : **2등급**
● 평가등급(3년) : ★

펀드 현황	
운용사(매니저)	삼성자산운용
판매사	—
설정일(존속기간)	2014.09.11 (3년7개월)
설정액	530.00억원
순자산	530.00억원

시장 정보 (2018년 04월 20일 기준)			
52주최고(원)	13,100	수익률(12M, %)	6.65
52주최저(원)	6,915	수익률(YTD, %)	10.89
거래량(20일, 주)	216,666	변동성(120일)	0.03
거래대금(20일, 원)	2,155,799,238	구성종목수(개)	56
베타(1D/1Y)	1.749560	괴리치(원)	49.13

누적 수익률

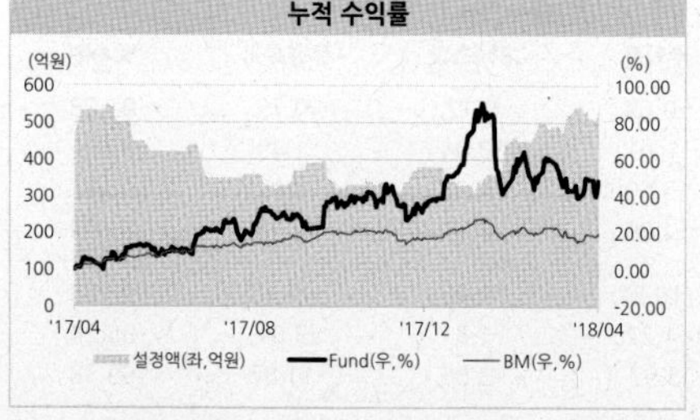

기간별 수익률 (%)				
구분	수익률	BM초과	유형초과	%순위
1주	4.35	3.46	3.97	—
1개월	-0.60	-1.01	1.72	20.67
3개월	-6.56	-4.28	-1.40	76.97
6개월	-15.59	-11.20	-9.95	97.06
연초이후	10.89	10.64	6.67	11.24
1년	6.65	5.09	5.56	9.41
3년	47.98	28.63	21.35	2.72

보수 (%, 年)	
TER	0.640
운용	0.520
판매	0.040
수탁	0.040
일반사무	0.040

투자 전략

이 투자신탁은 HSCEI(Hang Seng China Enterprises Index, 이하 "기초지수"라 한다)를 기초지수로 하여 1좌당 순자산가치의 일간변동률을 기초지수 일간변동률의 양(陽)의 2배수로 연동하여 투자신탁재산을 운용함을 그 운용목적으로 합니다.

TIGER 차이나CSI300레버리지(합성) (A204480)

● 벤치마크 : **World - MSCI - EMF ASIA (KRW Unhedged)**
● 테마분류 : —
● 위험등급 : **1등급**
● 평가등급(3년) : ★

펀드 현황	
운용사(매니저)	미래에셋자산운용
판매사	—
설정일(존속기간)	2014.08.28 (3년7개월)
설정액	1,160.00억원
순자산	1,160.00억원

시장 정보 (2018년 04월 20일 기준)			
52주최고(원)	26,250	수익률(12M, %)	-5.73
52주최저(원)	14,920	수익률(YTD, %)	-10.02
거래량(20일, 주)	125,621	변동성(120일)	0.02
거래대금(20일, 원)	2,539,087,010	구성종목수(개)	12
베타(1D/1Y)	0.751470	괴리치(원)	-63.99

누적 수익률

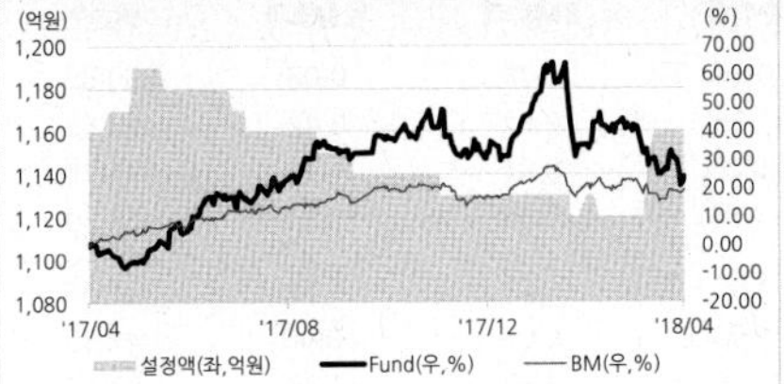

(억원) 1,200 1,180 1,160 1,140 1,120 1,100 1,080 / (%) 70.00 60.00 50.00 40.00 30.00 20.00 10.00 0.00 -10.00 -20.00
'17/04 '17/08 '17/12 '18/04
설정액(좌,억원) Fund(우,%) BM(우,%)

기간별 수익률 (%)				
구분	수익률	BM초과	유형초과	%순위
1주	1.77	0.88	1.39	12.96
1개월	-5.72	-6.13	-3.40	98.25
3개월	-12.94	-10.66	-7.79	99.91
6개월	-19.53	-15.15	-13.90	98.44
연초이후	-10.02	-10.27	-14.24	98.64
1년	-5.73	-7.29	-6.82	93.08
3년	23.72	4.37	-2.91	50.34

보수 (%, 年)	
TER	0.590
운용	0.450
판매	0.070
수탁	0.030
일반사무	0.040

투자 전략

"이 투자신탁은 중국본토에 상장된 주식관련 집합투자증권 및 파생상품을 주된 투자대상자산으로 하며, 중국본토 주식으로 구성된 CSI300 지수를 기초지수로 하여 1좌당 순자산 가치의 일간변동률을 기초지수 일간변동률의 양(陽)의 2배수로 연동하여 투자신탁재산을 운용함을 목적으로 합니다."

KINDEX 일본TOPIX인버스(합성 H) (A205720)

● 벤치마크 : **#N/A**
● 테마분류 : —
● 위험등급 : **1등급**
● 평가등급(3년) : —

펀드 현황	
운용사(매니저)	한국투자신탁운용
판매사	—
설정일(존속기간)	2014.09.22 (3년7개월)
설정액	150.00억원
순자산	150.00억원

시장 정보 (2018년 04월 20일 기준)			
52주최고(원)	7,230	수익률(12M, %)	1.53
52주최저(원)	5,540	수익률(YTD, %)	-3.90
거래량(20일, 주)	6,263	변동성(120일)	0.01
거래대금(20일, 원)	37,943,915	구성종목수(개)	2
베타(1D/1Y)	-0.641820	괴리치(원)	5.19

누적 수익률

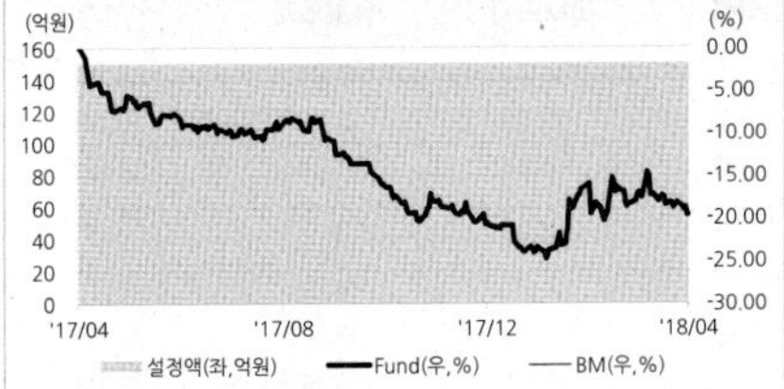

(억원) 160 140 120 100 80 60 40 20 0 / (%) 0.00 -5.00 -10.00 -15.00 -20.00 -25.00 -30.00
'17/04 '17/08 '17/12 '18/04
설정액(좌,억원) Fund(우,%) BM(우,%)

기간별 수익률 (%)				
구분	수익률	BM초과	유형초과	%순위
1주	-0.03	—	0.07	20.00
1개월	-1.83	—	-0.89	31.67
3개월	-2.92	—	-3.76	96.67
6개월	5.59	—	1.85	6.90
연초이후	-3.90	—	-4.66	80.70
1년	1.53	—	-0.05	18.97
3년	-19.69	—	-1.51	67.27

보수 (%, 年)	
TER	0.500
운용	0.360
판매	0.070
수탁	0.030
일반사무	0.040

투자 전략

이 투자신탁은 장외파생상품을 법시행령 제94 조 제2항 제4호에서 규정하는 주된 투자대상자산으로 하여 1좌당 순자산가치의 변동률을 기초지수인 "TOPIX 지수 (시장가격지수, TOPIX Price Return Index)"의 일간변동률의 음(-)의 1배수와 유사하도록 투자신탁재산을 운용함을 목적으로 합니다 .

SMART 선진국MSCI World(합성 H) (A208470)

● 벤치마크 : **World - MSCI - AC WORLD INDEX FREE (KRW Unhedged)**
● 테마분류 : —

● 위험등급 : **2등급**
● 평가등급(3년) : ★★★★

펀드 현황	
운용사(매니저)	신한비엔피파리바자산운용
판매사	—
설정일(존속기간)	2014.11.21 (3년5개월)
설정액	110.00억원
순자산	110.00억원

시장 정보 (2018년 04월 20일 기준)			
52주최고(원)	13,560	수익률(12M, %)	1.38
52주최저(원)	11,035	수익률(YTD, %)	4.95
거래량(20일, 주)	25	변동성(120일)	0.01
거래대금(20일, 원)	316,695	구성종목수(개)	2
베타(1D/1Y)	0.372020	괴리치(원)	3.58

누적 수익률

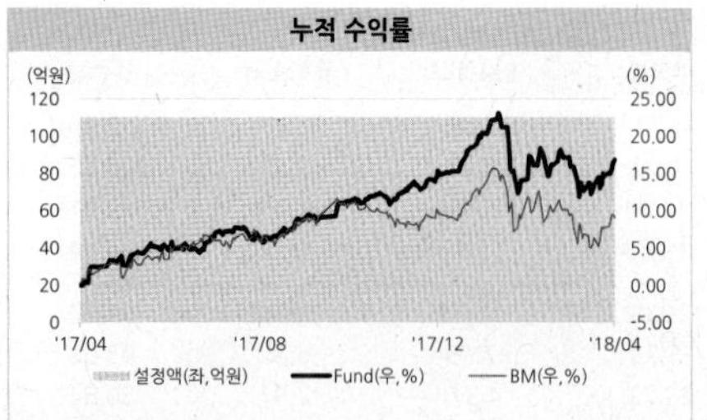

기간별 수익률 (%)				
구분	수익률	BM초과	유형초과	%순위
1주	0.34	0.76	0.08	30.85
1개월	1.96	0.82	0.42	17.63
3개월	-0.25	0.01	1.30	25.21
6개월	-2.84	1.54	-0.58	51.29
연초이후	4.95	6.55	1.24	31.21
1년	1.38	1.05	-0.40	47.38
3년	16.83	7.82	2.33	37.55

보수 (%, 年)	
TER	0.350
운용	0.250
판매	0.045
수탁	0.025
일반사무	0.030

투자 전략

이 투자신탁은 전세계 선진국 주식을 기초자산으로 하여 파생상품시장에서 거래되는 장외파생상품을 법시행령 제94조제2항제4호에서 규정하는 주된 투자대상자산으로 하며, MSCI World Index (Bloomberg Ticker: MXWO Index)의 수익률 추종을 목적으로 한다.

TIGER 코스피고배당 (A210780)

● 벤치마크 : **KOSPI TR**
● 테마분류 : —

● 위험등급 : **2등급**
● 평가등급(3년) : ★★

펀드 현황	
운용사(매니저)	미래에셋자산운용
판매사	—
설정일(존속기간)	2014.12.04 (3년4개월)
설정액	99.75억원
순자산	99.75억원

시장 정보 (2018년 04월 20일 기준)			
52주최고(원)	14,445	수익률(12M, %)	-6.92
52주최저(원)	11,955	수익률(YTD, %)	-0.22
거래량(20일, 주)	3,531	변동성(120일)	0.01
거래대금(20일, 원)	45,018,621	구성종목수(개)	51
베타(1D/1Y)	0.647990	괴리치(원)	-32.40

누적 수익률

기간별 수익률 (%)				
구분	수익률	BM초과	유형초과	%순위
1주	0.20	-0.04	0.81	65.54
1개월	1.14	-0.64	0.05	70.61
3개월	-1.00	-1.43	0.55	81.69
6개월	-8.12	-6.81	-2.93	91.10
연초이후	-0.22	-2.27	-8.36	51.79
1년	-6.92	-7.72	-8.55	97.85
3년	9.63	-8.67	-24.12	88.02

보수 (%, 年)	
TER	0.290
운용	0.210
판매	0.030
수탁	0.020
일반사무	0.030

투자 전략

이 투자신탁은 국내 주식을 주된 투자대상자산으로 하며, 한국거래소가 발표하는"코스피 고배당 50 지수"를 기초지수로 하여 1좌당 순자산가치의 변동률을 기초지수의 변동률과 유사하도록 투자신탁재산을 운용함을 목적으로 합니다.

마이티 코스피고배당 (A211210)

● 벤치마크 : **KOSPI TR**
● 테마분류 : —

● 위험등급 : **2등급**
● 평가등급(3년) : ★★

펀드 현황	
운용사(매니저)	디비자산운용
판매사	—
설정일(존속기간)	2014.12.10 (3년4개월)
설정액	180.72억원
순자산	180.72억원

시장 정보 (2018년 04월 20일 기준)			
52주최고(원)	14,570	수익률(12M, %)	-7.06
52주최저(원)	12,015	수익률(YTD, %)	-0.30
거래량(20일, 주)	53	변동성(120일)	0.01
거래대금(20일, 원)	684,580	구성종목수(개)	51
베타(1D/1Y)	0.494720	괴리치(원)	-11.65

누적 수익률

(억원) 300 250 200 150 100 50 0 / (%) 25.00 20.00 15.00 10.00 5.00 0.00
'17/04 '17/08 '17/12 '18/04
설정액(좌,억원) Fund(우,%) BM(우,%)

기간별 수익률 (%)				
구분	수익률	BM초과	유형초과	%순위
1주	0.20	-0.05	0.81	65.88
1개월	1.18	-0.60	0.09	68.92
3개월	-1.04	-1.46	0.52	82.03
6개월	-8.30	-7.00	-3.12	96.19
연초이후	-0.30	-2.35	-8.44	52.68
1년	-7.06	-7.87	-8.70	99.14
3년	9.52	-8.78	-24.23	88.54

보수 (%, 年)	
TER	0.280
운용	0.190
판매	0.040
수탁	0.020
일반사무	0.030

투자 전략

이 투자신탁은 국내 주식을 주된 투자대상자산으로 하여 "코스피 고배당 50 지수"를 추적대상 지수로 하여 1좌당 순자산가치의 변동률을 지수의 변동률과 유사하도록 투자신탁재산을 운용함을 목적으로 합니다.

KINDEX 배당성장 (A211260)

● 벤치마크 : **KOSPI TR**
● 테마분류 : —

● 위험등급 : **2등급**
● 평가등급(3년) : ★★

펀드 현황	
운용사(매니저)	한국투자신탁운용
판매사	—
설정일(존속기간)	2014.12.10 (3년4개월)
설정액	53.99억원
순자산	53.99억원

시장 정보 (2018년 04월 20일 기준)			
52주최고(원)	38,335	수익률(12M, %)	-6.20
52주최저(원)	31,720	수익률(YTD, %)	1.50
거래량(20일, 주)	35	변동성(120일)	0.01
거래대금(20일, 원)	1,195,728	구성종목수(개)	51
베타(1D/1Y)	0.702510	괴리치(원)	3.11

누적 수익률

(억원) 60 50 40 30 20 10 0 / (%) 25.00 20.00 15.00 10.00 5.00 0.00 -5.00
'17/04 '17/08 '17/12 '18/04
설정액(좌,억원) Fund(우,%) BM(우,%)

기간별 수익률 (%)				
구분	수익률	BM초과	유형초과	%순위
1주	-0.40	-0.65	0.21	81.76
1개월	0.25	-1.52	-0.83	82.43
3개월	-1.59	-2.01	-0.03	83.73
6개월	-5.67	-4.36	-0.48	69.92
연초이후	1.50	-0.55	-6.65	39.29
1년	-6.20	-7.01	-7.83	95.28
3년	8.99	-9.32	-24.77	92.19

보수 (%, 年)	
TER	0.150
운용	0.095
판매	0.010
수탁	0.020
일반사무	0.025

투자 전략

이 투자신탁은 국내 주식을 법시행령 제94조 제2항 제4호에서 규정하는 주된 투자대상자산으로 하며 한국거래소가 발표하는 "코스피 배당성장지수 50(KOSPI Dividend Growt h 50)"의 수익률을 추적하도록 주식에 주로 투자하는 상장지수투자신탁으로서 이 투자신탁 수익증권 1좌당 순자산가치(투자신탁보수 차감전을 말함)의 변동률을 코스피 배당성장지수 50의 변동률과 유사하도록 투자신탁재산을 운용함을 그 목적으로 합니다.

TIGER 배당성장 (A211560)

● 벤치마크 : **KOSPI TR**
● 테마분류 : –

● 위험등급 : **2등급**
● 평가등급(3년) : ★★

펀드 현황

운용사(매니저)	미래에셋자산운용
판매사	–
설정일(존속기간)	2014.12.16 (3년4개월)
설정액	275.73억원
순자산	275.73억원

시장 정보 (2018년 04월 20일 기준)

52주최고(원)	18,860	수익률(12M, %)	-6.19
52주최저(원)	15,805	수익률(YTD, %)	1.40
거래량(20일, 주)	13,265	변동성(120일)	0.01
거래대금(20일, 원)	225,066,693	구성종목수(개)	51
베타(1D/1Y)	0.702300	괴리치(원)	-25.11

누적 수익률

(억원) 900 800 700 600 500 400 300 200 100 0 / (%) 25.00 20.00 15.00 10.00 5.00 0.00 -5.00
'17/04 '17/08 '17/12 '18/04
설정액(좌,억원) Fund(우,%) BM(우,%)

기간별 수익률 (%)

구분	수익률	BM초과	유형초과	%순위
1주	-0.39	-0.64	0.22	80.41
1개월	0.27	-1.51	-0.82	81.76
3개월	-1.71	-2.14	-0.16	84.07
6개월	-5.65	-4.34	-0.47	69.49
연초이후	1.40	-0.65	-6.74	39.73
1년	-6.19	-6.99	-7.82	94.85
3년	8.31	-9.99	-25.44	94.79

보수 (%, 年)

TER	0.150
운용	0.105
판매	0.010
수탁	0.010
일반사무	0.025

투자 전략

이 투자신탁은 국내 주식을 주된 투자대상자산으로 하며, 한국거래소가 발표하는"코스피 배당성장 50 지수"를 기초지수로 하여 1좌당 순자산가치의 변동률을 기초지수의 변동률과 유사하도록 투자신탁재산을 운용함을 목적으로 합니다.

KODEX 배당성장 (A211900)

● 벤치마크 : **KOSPI TR**
● 테마분류 : –

● 위험등급 : **2등급**
● 평가등급(3년) : ★★

펀드 현황

운용사(매니저)	삼성자산운용
판매사	–
설정일(존속기간)	2014.12.16 (3년4개월)
설정액	308.16억원
순자산	308.16억원

시장 정보 (2018년 04월 20일 기준)

52주최고(원)	15,165	수익률(12M, %)	-6.24
52주최저(원)	12,610	수익률(YTD, %)	1.28
거래량(20일, 주)	12,524	변동성(120일)	0.01
거래대금(20일, 원)	171,107,103	구성종목수(개)	51
베타(1D/1Y)	0.714730	괴리치(원)	-68.68

누적 수익률

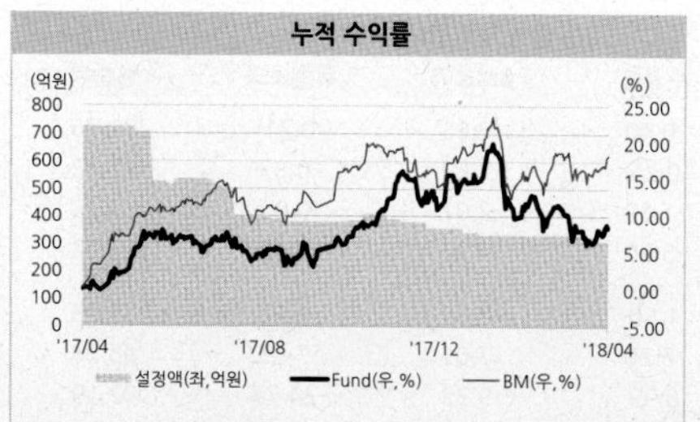

기간별 수익률 (%)

구분	수익률	BM초과	유형초과	%순위
1주	-0.39	-0.64	0.22	80.74
1개월	0.26	-1.51	-0.83	82.09
3개월	-1.76	-2.18	-0.20	84.41
6개월	-5.71	-4.41	-0.53	70.34
연초이후	1.28	-0.77	-6.87	40.63
1년	-6.24	-7.05	-7.88	95.71
3년	8.41	-9.90	-25.35	94.27

보수 (%, 年)

TER	0.150
운용	0.120
판매	0.010
수탁	0.010
일반사무	0.010

투자 전략

이 투자신탁은 코스피 배당성장50 지수(이하 "기초지수"라 한다)를 기초지수로 하여 1좌당 순자산가치의 변동률을 기초지수의 변동률과 유사하도록 투자신탁재산을 운용함을 그 운용목적으로 합니다.

KODEX 삼성그룹밸류 (A213610)

● 벤치마크 : KOSPI TR
● 테마분류 : —

● 위험등급 : 2등급
● 평가등급(3년) : ★★★

펀드 현황	
운용사(매니저)	삼성자산운용
판매사	—
설정일(존속기간)	2015.01.07 (3년3개월)
설정액	288.32억원
순자산	288.32억원

시장 정보 (2018년 04월 20일 기준)			
52주최고(원)	8,045	수익률(12M, %)	5.42
52주최저(원)	6,275	수익률(YTD, %)	4.46
거래량(20일, 주)	1,139	변동성(120일)	0.01
거래대금(20일, 원)	8,783,962	구성종목수(개)	17
베타(1D/1Y)	1.151570	괴리치(원)	-11.91

누적 수익률

(억원) 700 600 500 400 300 200 100 0 (%) 35.00 30.00 25.00 20.00 15.00 10.00 5.00 0.00
'17/04 '17/08 '17/12 '18/04
설정액(좌,억원) Fund(우,%) BM(우,%)

기간별 수익률 (%)				
구분	수익률	BM초과	유형초과	%순위
1주	-0.29	-0.54	-0.06	55.71
1개월	1.10	-0.68	0.26	55.71
3개월	0.15	-0.28	1.37	34.29
6개월	-0.18	1.13	3.30	21.74
연초이후	4.46	2.41	-2.58	37.50
1년	5.42	4.62	4.86	26.09
3년	26.81	8.51	3.08	26.92

보수 (%, 年)	
TER	0.150
운용	0.105
판매	0.010
수탁	0.010
일반사무	0.025

투자 전략

이 투자신탁은 삼성그룹밸류지수(WISEfn사가 제공하는 WISE삼성그룹밸류인덱스를 말하며, 이하 "기초지수"라 한다)를 기초지수로 하여 1좌당 순자산가치의 변동률을 기초지수의 변동률과 유사하도록 투자신탁재산을 운용함을 그 운용목적으로 합니다.

ARIRANG 미국다우존스고배당주(합성 H) (A213630)

● 벤치마크 : World - MSCI - NORTH AMERICA (KRW Unhedged)
● 테마분류 : —

● 위험등급 : 2등급
● 평가등급(3년) : ★★★

펀드 현황	
운용사(매니저)	한화자산운용
판매사	—
설정일(존속기간)	2015.01.23 (3년2개월)
설정액	65.00억원
순자산	65.00억원

시장 정보 (2018년 04월 20일 기준)			
52주최고(원)	13,350	수익률(12M, %)	-1.11
52주최저(원)	11,570	수익률(YTD, %)	2.85
거래량(20일, 주)	677	변동성(120일)	0.01
거래대금(20일, 원)	8,389,014	구성종목수(개)	2
베타(1D/1Y)	0.347830	괴리치(원)	63.46

누적 수익률

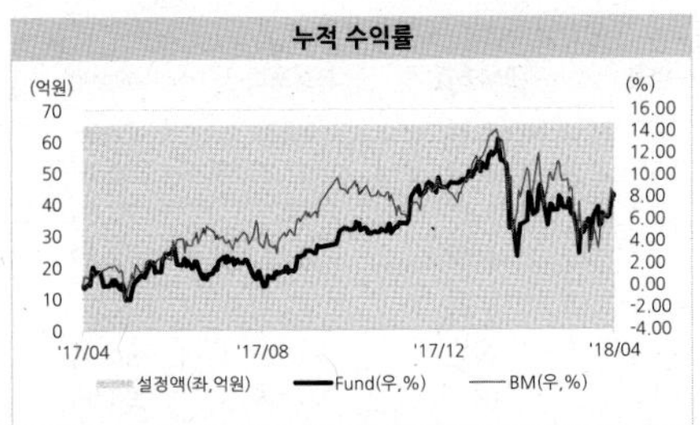

기간별 수익률 (%)				
구분	수익률	BM초과	유형초과	%순위
1주	-0.12	0.62	-0.25	74.07
1개월	1.70	0.56	-0.89	76.54
3개월	0.29	1.13	1.85	1.23
6개월	-2.29	2.15	-0.05	36.13
연초이후	2.85	4.02	-2.09	72.00
1년	-1.11	-1.20	-2.90	87.58
3년	8.03	0.50	-7.81	78.68

보수 (%, 年)	
TER	0.400
운용	0.300
판매	0.045
수탁	0.025
일반사무	0.030

투자 전략

이 투자신탁은 장외파생상품을 법시행령 제94조 제2항 제4호에서 규정하는 주된 투자대상자산으로하며, 수익증권 1좌당 순자산가치의 변동률을 S&P Dow Jones Indices가 산출해 발표하는 Dow Jones USSelect Dividend Index의 변동률과 유사하도록 운용함을 목적으로 합니다.

KODEX 단기채권PLUS (A214980)

● 벤치마크 : **종합 만기종합**
● 테마분류 : —
● 위험등급 : **5등급**
● 평가등급(3년) : ★★★★

펀드 현황

운용사(매니저)	삼성자산운용
판매사	—
설정일(존속기간)	2015.03.02 (3년1개월)
설정액	8,862.00억원
순자산	8,862.00억원

시장 정보 (2018년 04월 20일 기준)

52주최고(원)	101,330	수익률(12M, %)	0.56
52주최저(원)	100,025	수익률(YTD, %)	0.85
거래량(20일, 주)	3,108	변동성(120일)	0.00
거래대금(20일, 원)	312,466,935	구성종목수(개)	57
베타(1D/1Y)	-0.000290	괴리치(원)	0.37

누적 수익률

(억원) 12,000 10,000 8,000 6,000 4,000 2,000 0 / (%) 2.00 1.50 1.00 0.50 0.00 -0.50 -1.00
'17/04 '17/08 '17/12 '18/04
설정액(좌,억원) Fund(우,%) BM(우,%)

기간별 수익률 (%)

구분	수익률	BM초과	유형초과	%순위
1주	—	0.02	—	70.76
1개월	0.04	0.21	0.05	33.05
3개월	0.18	-0.33	-0.22	92.37
6개월	0.42	-0.12	-0.21	84.38
연초이후	0.85	0.53	-0.02	35.55
1년	0.56	0.34	-0.09	42.86
3년	1.42	1.04	0.27	18.79

보수 (%, 年)

TER	0.150
운용	0.120
판매	0.010
수탁	0.010
일반사무	0.010

투자 전략

이 투자신탁은 한국자산평가社가 산출하는 KRW Cash PLUS Index(총수익)(이하 "기초지수"라 한다)를 기초지수로 하여 1 좌당 순자산가치의 변동률을 추적대상지수의 변동률과 유사하도록 투자신탁재산을 운용함을 그 운용목적으로 합니다.

흥국 S&P코리아로우볼 (A215620)

● 벤치마크 : **KOSPI TR**
● 테마분류 : —
● 위험등급 : **2등급**
● 평가등급(3년) : ★★

펀드 현황

운용사(매니저)	흥국자산운용
판매사	—
설정일(존속기간)	2015.03.24 (3년)
설정액	78.35억원
순자산	78.35억원

시장 정보 (2018년 04월 20일 기준)

52주최고(원)	12,650	수익률(12M, %)	-2.08
52주최저(원)	11,300	수익률(YTD, %)	-0.52
거래량(20일, 주)	70	변동성(120일)	0.01
거래대금(20일, 원)	807,311	구성종목수(개)	51
베타(1D/1Y)	0.468140	괴리치(원)	-63.20

누적 수익률

(억원) 300 250 200 150 100 50 0 / (%) 25.00 20.00 15.00 10.00 5.00 0.00
'17/04 '17/08 '17/12 '18/04
설정액(좌,억원) Fund(우,%) BM(우,%)

기간별 수익률 (%)

구분	수익률	BM초과	유형초과	%순위
1주	-0.09	-0.34	0.52	72.97
1개월	0.56	-1.22	-0.53	80.74
3개월	-0.73	-1.16	0.82	77.63
6개월	-3.79	-2.49	1.39	45.34
연초이후	-0.52	-2.57	-8.66	55.80
1년	-2.08	-2.89	-3.72	59.66
3년	4.11	-14.19	-29.64	98.96

보수 (%, 年)

TER	0.400
운용	0.300
판매	0.050
수탁	0.020
일반사무	0.030

투자 전략

이 투자신탁은 국내 주식을 법 시행령 제94조제2항제4호에서 규정하는 주된 투자대상자산으로 하며, "S&P Korea Low-Vol 지수"를 기초지수로 하여 1좌당 순자산가치의 변동률을 기초지수의 변동률과 유사하도록 투자신탁재산을 운용함을 목적으로 합니다.

TIGER 원유선물인버스(H) (A217770)

● 벤치마크 : **#N/A**
● 테마분류 : —

● 위험등급 : **1등급**
● 평가등급(3년) : —

펀드 현황	
운용사(매니저)	미래에셋자산운용
판매사	—
설정일(존속기간)	2015.04.28 (2년11개월)
설정액	80.00억원
순자산	80.00억원

시장 정보 (2018년 04월 20일 기준)			
52주최고(원)	15,555	수익률(12M, %)	-15.17
52주최저(원)	9,300	수익률(YTD, %)	-26.05
거래량(20일, 주)	34,463	변동성(120일)	0.01
거래대금(20일, 원)	340,178,683	구성종목수(개)	4
베타(1D/1Y)	-0.083750	괴리치(원)	-10.93

누적 수익률

(억원) 100 80 60 40 20 0 / (%) 30.00 20.00 10.00 0.00 -10.00 -20.00 -30.00
'17/04 '17/08 '17/12 '18/04
설정액(좌,억원) Fund(우,%) BM(우,%)

기간별 수익률 (%)				
구분	수익률	BM초과	유형초과	%순위
1주	-3.03	—	-2.93	100.00
1개월	-2.76	—	-1.82	81.67
3개월	-9.62	—	-10.47	100.00
6개월	-8.82	—	-12.57	100.00
연초이후	-26.05	—	-26.81	94.74
1년	-15.17	—	-16.75	100.00
3년	-25.66	—	-7.48	76.36

보수 (%, 年)	
TER	0.700
운용	0.530
판매	0.100
수탁	0.030
일반사무	0.040

투자 전략

이 투자신탁은 WTI원유(WTI Crude Oil)를 기초자산으로 하여 파생상품시장에서 거래되는 장내파생상품을 법시행령 제94조제2항제4호에서 규정하는 주된 투자대상자산으로 하며, 원유선물지수인 "S&P GSCI® CrudeOil Index Excess Return"를 기초지수로 하여 1좌당 순자산가치의 일간 변동률을 기초지수의 일간 변동률의 음(陰)의 1배수로 연동하여 투자신탁재산을 운용함을 목적으로 합니다.

TIGER 차이나CSI300인버스(합성) (A217780)

● 벤치마크 : **#N/A**
● 테마분류 : —

● 위험등급 : **1등급**
● 평가등급(3년) : —

펀드 현황	
운용사(매니저)	미래에셋자산운용
판매사	—
설정일(존속기간)	2015.06.08 (2년10개월)
설정액	400.00억원
순자산	400.00억원

시장 정보 (2018년 04월 20일 기준)			
52주최고(원)	15,055	수익률(12M, %)	0.61
52주최저(원)	11,025	수익률(YTD, %)	2.25
거래량(20일, 주)	2,221	변동성(120일)	0.01
거래대금(20일, 원)	27,311,207	구성종목수(개)	5
베타(1D/1Y)	-0.326750	괴리치(원)	24.84

누적 수익률

(억원) 450 400 350 300 250 200 150 100 50 0 / (%) 10.00 5.00 0.00 -5.00 -10.00 -15.00 -20.00 -25.00 -30.00
'17/04 '17/08 '17/12 '18/04
설정액(좌,억원) Fund(우,%) BM(우,%)

기간별 수익률 (%)				
구분	수익률	BM초과	유형초과	%순위
1주	-0.84	—	-0.74	71.67
1개월	2.66	—	3.60	1.67
3개월	6.48	—	5.64	—
6개월	9.45	—	5.70	—
연초이후	2.25	—	1.49	8.77
1년	0.61	—	-0.98	70.69
3년	-14.06	—	4.12	30.91

보수 (%, 年)	
TER	0.590
운용	0.450
판매	0.070
수탁	0.030
일반사무	0.040

투자 전략

이 투자신탁은 CSI(China Securities Index Co., Ltd.)가 발표하는 "CSI 300 지수"를 기초지수로 하여 기초지수의일간수익률의 음(陰)의 1배수 수익률과 연동하는 것을 목적으로 하는 상장지수투자신탁으로서, 채권 및 채권관련 집합투자증권을 주된 투자대상으로 하여 투자신탁의 일간수익률이 기초지수 일간수익률의 음(陰)의 1배수 수익률과 연동하도록 운용합니다.

TIGER 가격조정 (A217790)

● 벤치마크 : **Contrarian**
● 테마분류 : —

● 위험등급 : **2등급**
● 평가등급(3년) : —

펀드 현황	
운용사(매니저)	미래에셋자산운용
판매사	—
설정일(존속기간)	2015.04.28 (2년11개월)
설정액	189.40억원
순자산	189.40억원

시장 정보 (2018년 04월 20일 기준)			
52주최고(원)	29,395	수익률(12M, %)	20.82
52주최저(원)	23,335	수익률(YTD, %)	-2.78
거래량(20일, 주)	4,502	변동성(120일)	0.01
거래대금(20일, 원)	125,405,565	구성종목수(개)	31
베타(1D/1Y)	0.759120	괴리치(원)	1.53

누적 수익률

(억원) 250 200 150 100 50 0 / (%) 30.00 25.00 20.00 15.00 10.00 5.00 0.00
'17/04 '17/08 '17/12 '18/04
설정액(좌,억원) Fund(우,%) BM(우,%)

구분	수익률	BM초과	유형초과	%순위
1주	2.21	0.99	0.00	28.57
1개월	-1.10	0.76	0.03	25.00
3개월	-0.48	0.34	0.11	15.20
6개월	11.68	1.63	0.26	15.93
연초이후	-2.78	0.47	0.21	8.73
1년	20.82	1.74	0.19	24.27
3년	32.74	4.64	-0.32	35.82

기간별 수익률 (%)

보수 (%, 年)	
TER	0.290
운용	0.200
판매	0.030
수탁	0.030
일반사무	0.030

투자 전략

이 투자신탁은 국내 주식을 법 시행령 제94조제2항제4호에서 규정하는 주된 투자대상자산으로 하며, 에프앤가이드(FnGuide)가 발표하는"에프앤가이드 컨트레리안 지수(FnGuide Contrarian Index)"를 기초지수로 하여 1좌당 순자산가치의 변동률을 기초지수의 변동률과 유사하도록 투자신탁재산을 운용함을 목적으로 합니다.

KODEX 미국S&P에너지(합성) (A218420)

● 벤치마크 : **World - MSCI - NORTH AMERICA (KRW Unhedged)**
● 테마분류 : —

● 위험등급 : **2등급**
● 평가등급(3년) : —

펀드 현황	
운용사(매니저)	삼성자산운용
판매사	—
설정일(존속기간)	2015.04.27 (2년11개월)
설정액	111.10억원
순자산	111.10억원

시장 정보 (2018년 04월 20일 기준)			
52주최고(원)	9,510	수익률(12M, %)	0.62
52주최저(원)	7,940	수익률(YTD, %)	1.38
거래량(20일, 주)	5,675	변동성(120일)	0.01
거래대금(20일, 원)	47,205,918	구성종목수(개)	3
베타(1D/1Y)	0.060000	괴리치(원)	-32.56

누적 수익률

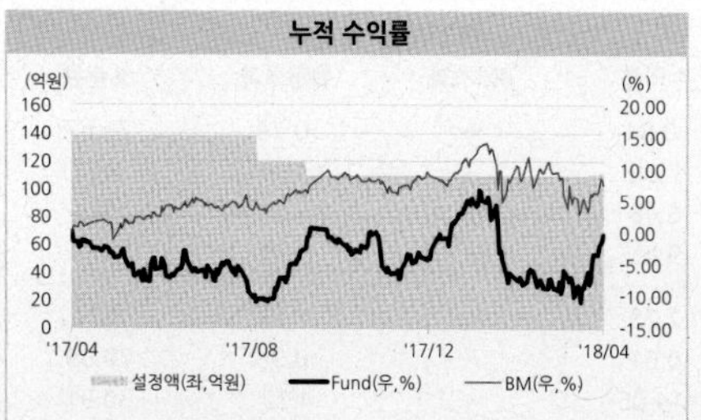

기간별 수익률 (%)

구분	수익률	BM초과	유형초과	%순위
1주	0.86	1.60	0.73	0.62
1개월	3.27	2.13	0.68	2.47
3개월	7.93	8.77	9.48	0.62
6개월	-4.32	0.12	-2.08	85.16
연초이후	1.38	2.55	-3.56	73.33
1년	0.62	0.53	-1.18	50.33
3년	-0.33	-7.86	-16.17	97.06

보수 (%, 年)	
TER	0.250
운용	0.190
판매	0.020
수탁	0.020
일반사무	0.020

투자 전략

이 투자신탁은 S&P Select Sector Energy Index(KRW 기준, 환헷지 안함, 이하"기초지수"라 한다)를 기초지수로 하여 1좌당 순자산가치의 변동률을 기초지수 변동률과 연동하여 투자신탁재산을 운용함을 그 운용목적으로 합니다.

KBSTAR 미국S&P원유생산기업(합성 H) (A219390)

- 벤치마크 : World - MSCI - NORTH AMERICA (KRW Unhedged)
- 테마분류 : —
- 위험등급 : 1등급
- 평가등급(3년) : —

펀드 현황	
운용사(매니저)	케이비자산운용
판매사	—
설정일(존속기간)	2015.06.01 (2년10개월)
설정액	140.00억원
순자산	140.00억원

시장 정보 (2018년 04월 20일 기준)			
52주최고(원)	7,790	수익률(12M, %)	4.39
52주최저(원)	5,710	수익률(YTD, %)	15.87
거래량(20일, 주)	3,731	변동성(120일)	0.02
거래대금(20일, 원)	26,495,390	구성종목수(개)	3
베타(1D/1Y)	0.328330	괴리치(원)	-19.25

누적 수익률

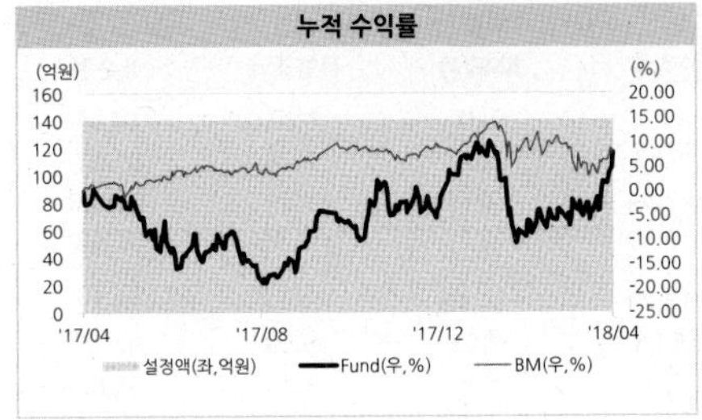

기간별 수익률 (%)				
구분	수익률	BM초과	유형초과	%순위
1주	2.99	3.73	2.86	—
1개월	5.87	4.73	3.28	—
3개월	13.11	13.95	14.67	—
6개월	0.42	4.85	2.65	1.29
연초이후	15.87	17.04	10.93	—
1년	4.39	4.29	2.59	3.92
3년	7.82	0.29	-8.02	79.41

보수 (%, 年)	
TER	0.250
운용	0.160
판매	0.045
수탁	0.020
일반사무	0.025

투자 전략

이 투자신탁은 장외파생상품을 법에서 정하는 주된 투자대상으로 하며, 스탠다드 앤 푸어스사가 산출·발표하는 "S&P Oil & Gas Exploration & Production Se lect Industry Index"를 기초지수로 하여 1좌당 순자산가치의 변동률을 기초지수의 변동률과 유사하도록 투자신탁재산을 운용하는 것을 목적으로 하는 투자신탁입니다.

KODEX 미국S&P500선물(H) (A219480)

- 벤치마크 : World - MSCI - NORTH AMERICA (KRW Unhedged)
- 테마분류 : —
- 위험등급 : 2등급
- 평가등급(3년) : —

펀드 현황	
운용사(매니저)	삼성자산운용
판매사	—
설정일(존속기간)	2015.05.27 (2년10개월)
설정액	240.00억원
순자산	240.00억원

시장 정보 (2018년 04월 20일 기준)			
52주최고(원)	13,780	수익률(12M, %)	0.51
52주최저(원)	11,260	수익률(YTD, %)	5.39
거래량(20일, 주)	35,035	변동성(120일)	0.01
거래대금(20일, 원)	439,987,592	구성종목수(개)	5
베타(1D/1Y)	0.592520	괴리치(원)	5.66

누적 수익률

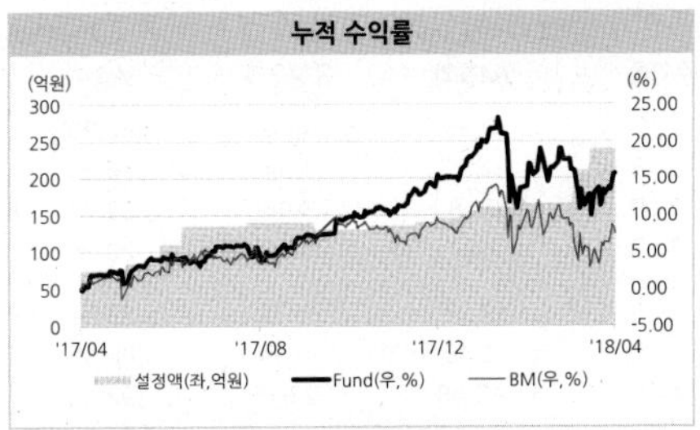

기간별 수익률 (%)				
구분	수익률	BM초과	유형초과	%순위
1주	0.09	0.83	-0.04	36.42
1개월	2.60	1.46	0.01	24.69
3개월	-1.64	-0.80	-0.09	47.53
6개월	-3.49	0.95	-1.25	69.03
연초이후	5.39	6.56	0.45	49.33
1년	0.51	0.41	-1.29	54.25
3년	15.66	8.13	-0.18	44.12

보수 (%, 年)	
TER	0.250
운용	0.190
판매	0.020
수탁	0.020
일반사무	0.020

투자 전략

이 투자신탁은 CME(Chicago Mercantile Exchange, 시카고상업거래소)에서 거래되는 주가지수선물 중에서 S&P500지수 E-Mini 선물(S&P500 E-Mini Futures, 이하 'S&P500 E-Mini선물) 가격을 기초로 하는 S&P500 Fu tures Total Return Index를 기초지수로 하여 1좌당 순자산가치의 변동률을 기초지수의 변동률과 유사하도록 투자신탁재산을 운용합니다.

KINDEX 중국본토CSI300레버리지(합성) (A219900)

● 벤치마크 : **World - MSCI - EMF ASIA (KRW Unhedged)**
● 테마분류 : —
● 위험등급 : **1등급**
● 평가등급(3년) : —

펀드 현황	
운용사(매니저)	한국투자신탁운용
판매사	—
설정일(존속기간)	2015.05.20 (2년11개월)
설정액	550.00억원
순자산	550.00억원

시장 정보 (2018년 04월 20일 기준)			
52주최고(원)	4,840	수익률(12M, %)	-5.50
52주최저(원)	2,800	수익률(YTD, %)	-10.24
거래량(20일, 주)	54,070	변동성(120일)	0.02
거래대금(20일, 원)	202,598,953	구성종목수(개)	4
베타(1D/1Y)	0.750370	괴리치(원)	2.47

누적 수익률

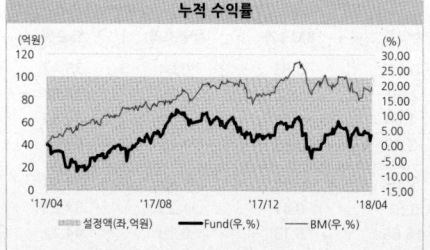

기간별 수익률 (%)

구분	수익률	BM초과	유형초과	%순위
1주	1.70	0.81	1.32	14.54
1개월	-5.67	-6.07	-3.34	97.81
3개월	-12.94	-10.67	-7.79	100.00
6개월	-19.59	-15.20	-13.95	98.53
연초이후	-10.24	-10.49	-14.46	99.22
1년	-5.50	-7.05	-6.59	92.16
3년	22.29	2.93	-4.35	55.67

보수 (%, 年)	
TER	0.500
운용	0.360
판매	0.070
수탁	0.030
일반사무	0.040

투자 전략

이 투자신탁은 CSI300(China Securities Index 300) 원화환산지수의 일간수익률의 양(+)의 2배수에 연동하여 운용하는 것을 목표로 이 투자신탁 수익증권 1좌당 순자산가치의 변동률을 지수의 일간변동률의 양(+)의 2배수와 유사하도록 투자신탁재산을 운용함을 그 목적으로 합니다.

SMART 중국본토 중소형 CSI500(합성 H) (A220130)

● 벤치마크 : **World - MSCI - EMF ASIA (KRW Unhedged)**
● 테마분류 : —
● 위험등급 : **2등급**
● 평가등급(3년) : —

펀드 현황	
운용사(매니저)	신한비엔피파리바자산운용
판매사	—
설정일(존속기간)	2015.06.05 (2년10개월)
설정액	100.00억원
순자산	100.00억원

시장 정보 (2018년 04월 20일 기준)			
52주최고(원)	5,465	수익률(12M, %)	0.16
52주최저(원)	4,470	수익률(YTD, %)	-3.13
거래량(20일, 주)	6,370	변동성(120일)	0.01
거래대금(20일, 원)	31,906,277	구성종목수(개)	2
베타(1D/1Y)	0.505140	괴리치(원)	49.66

누적 수익률

기간별 수익률 (%)

구분	수익률	BM초과	유형초과	%순위
1주	0.36	-0.53	-0.02	66.99
1개월	-0.78	-1.19	1.54	26.53
3개월	-2.09	0.18	3.06	23.74
6개월	-2.57	1.81	3.06	20.18
연초이후	-3.13	-3.37	-7.35	83.62
1년	0.16	-1.40	-0.94	46.59
3년	3.48	-15.88	-23.15	92.52

보수 (%, 年)	
TER	0.600
운용	0.500
판매	0.045
수탁	0.025
일반사무	0.030

투자 전략

이 투자신탁은 중국 본토 중소형 주식을 기초자산으로 하여 파생상품시장에서 거래되는 장외파생상품을법 시행령 제94조제2항제4호에서 규정하는 주된 투자대상자산으로 하며, CSI 500 I ndex(BloombergTicker: SH000905 Index)의 USD 환산 지수 수익률 추종을 목적으로 한다.

ARIRANG S&P한국배당성장 (A222170)

● 벤치마크 : **KOSPI TR**
● 테마분류 : —

● 위험등급 : **2등급**
● 평가등급(3년) : —

펀드 현황	
운용사(매니저)	한화자산운용
판매사	—
설정일(존속기간)	2015.06.26 (2년9개월)
설정액	61.50억원
순자산	61.50억원

시장 정보 (2018년 04월 20일 기준)			
52주최고(원)	12,040	수익률(12M, %)	-6.94
52주최저(원)	10,240	수익률(YTD, %)	-4.16
거래량(20일, 주)	2,751	변동성(120일)	0.01
거래대금(20일, 원)	29,163,333	구성종목수(개)	51
베타(1D/1Y)	0.712980	괴리치(원)	-10.76

누적 수익률

(억원) 70 60 50 40 30 20 10 0 / (%) 25.00 20.00 15.00 10.00 5.00 0.00
'17/04 '17/08 '17/12 '18/04
설정액(좌,억원) Fund(우,%) BM(우,%)

기간별 수익률 (%)

구분	수익률	BM초과	유형초과	%순위
1주	-0.07	-0.32	0.54	71.28
1개월	0.61	-1.17	-0.48	77.36
3개월	-0.94	-1.36	0.62	80.68
6개월	-8.48	-7.17	-3.29	97.46
연초이후	-4.16	-6.21	-12.30	87.95
1년	-6.94	-7.74	-8.57	98.28
3년	5.77	-12.53	-27.98	96.88

보수 (%, 年)	
TER	0.350
운용	0.270
판매	0.040
수탁	0.010
일반사무	0.030

투자 전략

이 투자신탁은 국내 주식을 법시행령 제94조 제2항 제4호에서 규정하는 주된 투자대상자산으로 하며, 수익증권 1좌당 순자산가치의 변동률을 S&P DOW JONES INDICES가 산출하여 공표하는 추적대상지수인 S&P Korea Dividend Opportunity 지수의 변동률과 유사하도록 운용함을 목적으로 합니다.

ARIRANG 스마트베타 Value (A222180)

● 벤치마크 : **KOSPI TR**
● 테마분류 : —

● 위험등급 : **2등급**
● 평가등급(3년) : —

펀드 현황	
운용사(매니저)	한화자산운용
판매사	—
설정일(존속기간)	2015.06.26 (2년9개월)
설정액	116.63억원
순자산	116.63억원

시장 정보 (2018년 04월 20일 기준)			
52주최고(원)	12,170	수익률(12M, %)	-0.90
52주최저(원)	10,415	수익률(YTD, %)	-1.20
거래량(20일, 주)	6,904	변동성(120일)	0.01
거래대금(20일, 원)	75,907,466	구성종목수(개)	51
베타(1D/1Y)	0.756200	괴리치(원)	3.83

누적 수익률

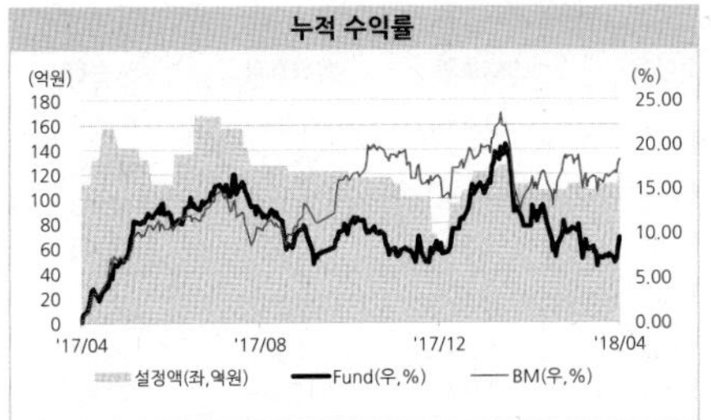

기간별 수익률 (%)

구분	수익률	BM초과	유형초과	%순위
1주	0.93	0.68	1.54	14.19
1개월	1.75	-0.03	0.66	60.47
3개월	-0.90	-1.33	0.65	79.32
6개월	-5.48	-4.18	-0.30	68.64
연초이후	-1.20	-3.25	-9.34	61.61
1년	-0.90	-1.70	-2.53	48.93
3년	9.47	-8.83	-24.28	89.06

보수 (%, 年)	
TER	0.350
운용	0.270
판매	0.040
수탁	0.010
일반사무	0.030

투자 전략

이 투자신탁은 주식회사 와이즈에프앤(WISEfn)이 산출하여 공표하는 추적대상지수인 WISE 스마트베타 Value 지수의 성과를 가장 효율적으로 추종할 수 있도록 추적대상지수를 구성하고 있는 종목 대부분 을 편입하는 것을 원칙으로 합니다.

ARIRANG 스마트베타 Momentum (A222190)

● 벤치마크 : **KOSPI TR**
● 테마분류 : —
● 위험등급 : **2등급**
● 평가등급(3년) : —

펀드 현황	
운용사(매니저)	한화자산운용
판매사	—
설정일(존속기간)	2015.06.26 (2년9개월)
설정액	56.48억원
순자산	56.48억원

시장 정보 (2018년 04월 20일 기준)			
52주최고(원)	10,625	수익률(12M, %)	-1.57
52주최저(원)	8,770	수익률(YTD, %)	2.03
거래량(20일, 주)	130	변동성(120일)	0.01
거래대금(20일, 원)	1,250,296	구성종목수(개)	51
베타(1D/1Y)	0.890050	괴리치(원)	2.45

누적 수익률

(억원) 100 80 60 40 20 0 / (%) 25.00 20.00 15.00 10.00 5.00 0.00
'17/04 '17/08 '17/12 '18/04
설정액(좌,억원) Fund(우,%) BM(우,%)

기간별 수익률 (%)				
구분	수익률	BM초과	유형초과	%순위
1주	-0.19	-0.44	0.42	73.99
1개월	0.53	-1.24	-0.56	81.08
3개월	0.35	-0.08	1.90	18.31
6개월	-6.22	-4.91	-1.03	71.19
연초이후	2.03	-0.02	-6.11	32.59
1년	-1.57	-2.37	-3.20	55.36
3년	12.28	-6.03	-21.48	83.33

보수 (%, 年)	
TER	0.350
운용	0.270
판매	0.040
수탁	0.010
일반사무	0.030

투자 전략

이 투자신탁은 국내 주식을 법시행령 제94조 제2항 제4호에서 규정하는 주된 투자대상자산으로 하며, 수익증권 1좌당 순자산가치의 변동률을 주식회사 와이즈에프앤(WISEfn)이 산출하여 공표하는 추적대상지수인 WISE스마트베타Momentum 지수의 변동률과 유사하도록 운용함을 목적으로 합니다.

ARIRANG 스마트베타 Quality (A222200)

● 벤치마크 : **KOSPI TR**
● 테마분류 : —
● 위험등급 : **2등급**
● 평가등급(3년) : —

펀드 현황	
운용사(매니저)	한화자산운용
판매사	—
설정일(존속기간)	2015.06.26 (2년9개월)
설정액	55.80억원
순자산	55.80억원

시장 정보 (2018년 04월 20일 기준)			
52주최고(원)	10,950	수익률(12M, %)	-3.49
52주최저(원)	9,260	수익률(YTD, %)	1.61
거래량(20일, 주)	213	변동성(120일)	0.01
거래대금(20일, 원)	2,128,708	구성종목수(개)	51
베타(1D/1Y)	0.552550	괴리치(원)	-71.50

누적 수익률

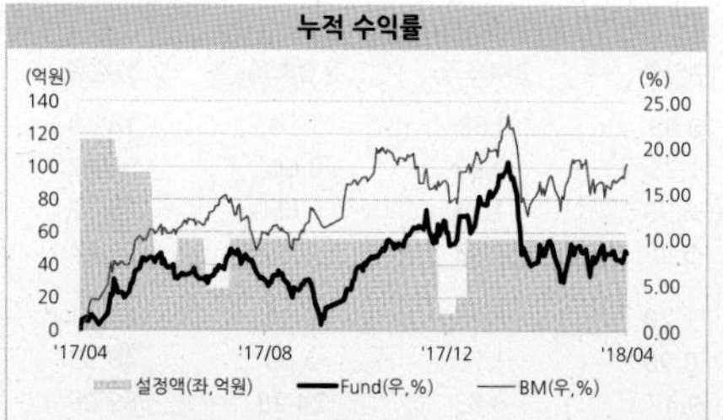

기간별 수익률 (%)				
구분	수익률	BM초과	유형초과	%순위
1주	-0.20	-0.45	0.03	54.29
1개월	0.63	-1.15	-0.22	60.00
3개월	-0.09	-0.52	1.13	41.43
6개월	-5.95	-4.64	-2.47	72.46
연초이후	1.61	-0.44	-5.43	53.57
1년	-3.49	-4.29	-4.05	66.67
3년	8.53	-9.77	-15.20	69.23

보수 (%, 年)	
TER	0.350
운용	0.270
판매	0.040
수탁	0.010
일반사무	0.030

투자 전략

이 투자신탁은 주식회사 와이즈에프앤(WISEfn)이 산출하여 공표하는 추적대상지수인 WISE 스마트베타Quality 지수의 성과를 가장 효율적으로 추종할 수 있도록 추적대상지수를 구성하고 있는 종목 대부분을 편입하는 것을 원칙으로 합니다.

KODEX 200가치저변동 (A223190)

● 벤치마크 : **KOSPI TR**
● 테마분류 : —
● 위험등급 : **2등급**
● 평가등급(3년) : —

펀드 현황	
운용사(매니저)	삼성자산운용
판매사	—
설정일(존속기간)	2015.06.25 (2년10개월)
설정액	906.88억원
순자산	906.88억원

시장 정보 (2018년 04월 20일 기준)			
52주최고(원)	9,815	수익률(12M, %)	0.76
52주최저(원)	8,185	수익률(YTD, %)	1.02
거래량(20일, 주)	101,029	변동성(120일)	0.01
거래대금(20일, 원)	928,891,046	구성종목수(개)	197
베타(1D/1Y)	1.058070	괴리치(원)	-1.65

누적 수익률

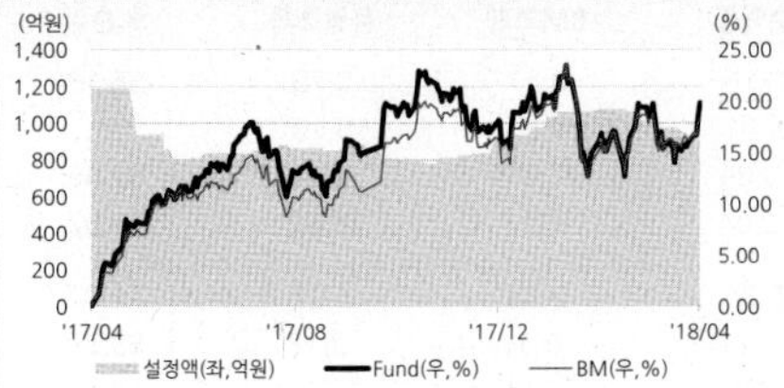

(억원) 1,400 1,200 1,000 800 600 400 200 0
(%) 25.00 20.00 15.00 10.00 5.00 0.00
'17/04 '17/08 '17/12 '18/04
설정액(좌,억원) Fund(우,%) BM(우,%)

기간별 수익률 (%)

구분	수익률	BM초과	유형초과	%순위
1주	1.08	0.83	1.69	0.68
1개월	3.28	1.51	2.20	25.34
3개월	1.01	0.59	2.57	9.49
6개월	-0.67	0.64	4.52	9.75
연초이후	1.02	-1.03	-7.13	41.96
1년	0.76	-0.05	-0.88	27.90
3년	19.80	1.50	-13.95	58.85

보수 (%, 年)	
TER	0.300
운용	0.250
판매	0.010
수탁	0.020
일반사무	0.020

투자 전략

이 투자신탁은 기본적으로 지수 구성종목들의 비중을 단순시가총액이 아닌 내재가치를 기초로 산출하는 S&P의GIVI(Global Intrinsic Value Index) 방법론을 적용한 코스피 200 내재가치지수(이하 기초지수라 합니다)를 완전복제하는 방식으로 포트폴리오를 구성할 예정입니다.

TIGER 미국S&P500선물인버스(H) (A225030)

● 벤치마크 : **#N/A**
● 테마분류 : —
● 위험등급 : **1등급**
● 평가등급(3년) : —

펀드 현황	
운용사(매니저)	미래에셋자산운용
판매사	—
설정일(존속기간)	2015.07.27 (2년8개월)
설정액	135.00억원
순자산	135.00억원

시장 정보 (2018년 04월 20일 기준)			
52주최고(원)	8,360	수익률(12M, %)	-1.75
52주최저(원)	6,825	수익률(YTD, %)	-6.35
거래량(20일, 주)	13,131	변동성(120일)	0.01
거래대금(20일, 원)	96,775,449	구성종목수(개)	4
베타(1D/1Y)	-0.656410	괴리치(원)	4.33

누적 수익률

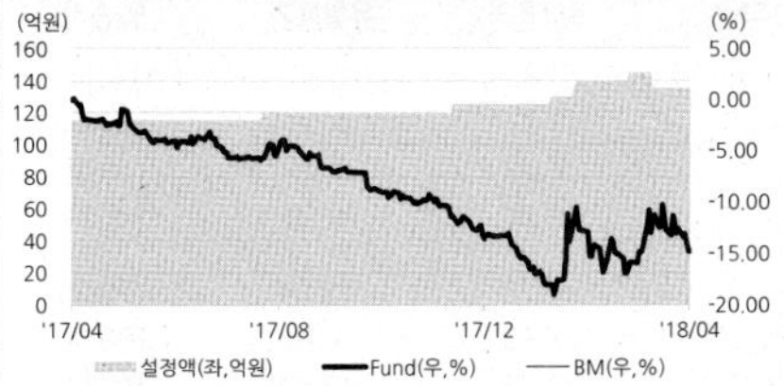

(억원) 160 140 120 100 80 60 40 20 0
(%) 5.00 0.00 -5.00 -10.00 -15.00 -20.00
'17/04 '17/08 '17/12 '18/04
설정액(좌,억원) Fund(우,%) BM(우,%)

기간별 수익률 (%)

구분	수익률	BM초과	유형초과	%순위
1주	-0.12	—	-0.02	21.67
1개월	-2.55	—	-1.61	80.00
3개월	1.30	—	0.46	21.67
6개월	2.35	—	-1.40	77.59
연초이후	-6.35	—	-7.11	84.21
1년	-1.75	—	-3.33	82.76
3년	-14.83	—	3.35	52.73

보수 (%, 年)	
TER	0.590
운용	0.450
판매	0.070
수탁	0.030
일반사무	0.040

투자 전략

이 투자신탁은 주식관련 파생상품을 법 시행령 제94조제2항제4호에서 규정하는 주된 투자대상자산으로 하며, 미국 주식관련 장내파생상품으로 구성된 “S&P 500 Futures Total Return 지수”를 기초지수로 하여 1좌당 순자산가치의 일간변동률을 기초지수 일간변동률의 음의 1배수로 연동하여 투자신탁재산을 운용함을 목적으로 합니다.

TIGER 미국S&P500레버리지(합성 H) (A225040)

● 벤치마크 : **MSCI ACWI(KRW unhedged) 50% + KIS채권종합 50%**
● 테마분류 : —
● 위험등급 : **1등급**
● 평가등급(3년) : —

펀드 현황	
운용사(매니저)	미래에셋자산운용
판매사	—
설정일(존속기간)	2015.07.27 (2년8개월)
설정액	100.00억원
순자산	100.00억원

시장 정보 (2018년 04월 20일 기준)			
52주최고(원)	17,985	수익률(12M, %)	-0.27
52주최저(원)	12,200	수익률(YTD, %)	8.85
거래량(20일, 주)	20,715	변동성(120일)	0.02
거래대금(20일, 원)	306,533,558	구성종목수(개)	5
베타(1D/1Y)	1.236020	괴리치(원)	-126.98

누적 수익률

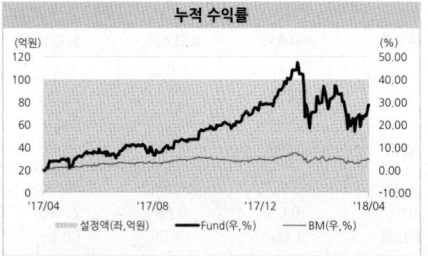

(억원) 120 100 80 60 40 20 0 (%) 50.00 40.00 30.00 20.00 10.00 0.00 -10.00
'17/04 '17/08 '17/12 '18/04
설정액(좌,억원) Fund(우,%) BM(우,%)

기간별 수익률 (%)

구분	수익률	BM초과	유형초과	%순위
1주	0.16	0.37	0.79	56.13
1개월	5.01	4.53	6.10	—
3개월	-3.81	-3.97	-1.51	82.46
6개월	-8.04	-6.18	-6.88	99.52
연초이후	8.85	9.38	2.07	12.37
1년	-0.27	-0.64	-3.17	63.29
3년	28.72	23.95	12.18	17.42

보수 (%, 年)	
TER	0.590
운용	0.450
판매	0.070
수탁	0.030
일반사무	0.040

투자 전략

이 투자신탁은 주식관련 파생상품 및 집합투자증권을 법 시행령 제94조제2항제4호에서 규정하는 주된 투자대상자산으로 하며, 미국 주식으로 구성된 S&P 500 지수를 기초지수로 하여 1좌당 순자산가치의 일간변동률을 기초지수 일간변동률의 양(陽)의 2배수로 연동하여 투자신탁재산을 운용함을 목적으로 합니다.

TIGER 유로스탁스레버리지(합성 H) (A225050)

● 벤치마크 : **MSCI ACWI(KRW unhedged) 50% + KIS채권종합 50%**
● 테마분류 : —
● 위험등급 : **1등급**
● 평가등급(3년) : —

펀드 현황	
운용사(매니저)	미래에셋자산운용
판매사	—
설정일(존속기간)	2015.07.27 (2년8개월)
설정액	100.00억원
순자산	100.00억원

시장 정보 (2018년 04월 20일 기준)			
52주최고(원)	9,785	수익률(12M, %)	-4.24
52주최저(원)	7,710	수익률(YTD, %)	-8.26
거래량(20일, 주)	20,077	변동성(120일)	0.02
거래대금(20일, 원)	163,154,086	구성종목수(개)	5
베타(1D/1Y)	1.171690	괴리치(원)	-68.00

누적 수익률

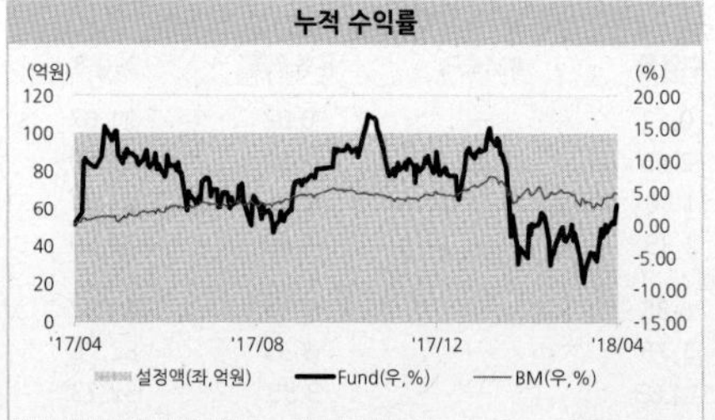

기간별 수익률 (%)

구분	수익률	BM초과	유형초과	%순위
1주	0.66	0.88	1.30	14.15
1개월	4.20	3.72	5.30	0.47
3개월	3.05	2.89	5.35	—
6개월	-7.75	-5.89	-6.59	99.04
연초이후	-8.26	-7.73	-15.04	100.00
1년	-4.24	-4.62	-7.14	100.00
3년	3.10	-1.66	-13.44	94.84

보수 (%, 年)	
TER	0.590
운용	0.450
판매	0.070
수탁	0.030
일반사무	0.040

투자 전략

이 투자신탁은 주식관련 파생상품 및 집합투자증권을 법 시행령 제94조제2항제4호에서 규정하는 주된 투자대상자산으로 하며, 유로존 주식으로 구성된 EURO STOXX 50 지수를 기초지수로 하여 1좌당 순자산가치의 일간변동률을 기초지수 일간변동률의 양의 2배수로 연동하여 투자신탁재산을 운용함을 목적으로 합니다.

TIGER 이머징마켓MSCI레버리지(합성 H) (A225060)

● 벤치마크 : **MSCI ACWI(KRW unhedged) 50% + KIS채권종합 50%**
● 테마분류 : —
● 위험등급 : **1등급**
● 평가등급(3년) : —

펀드 현황	
운용사(매니저)	미래에셋자산운용
판매사	—
설정일(존속기간)	2015.07.27 (2년8개월)
설정액	100.00억원
순자산	100.00억원

시장 정보 (2018년 04월 20일 기준)			
52주최고(원)	17,780	수익률(12M, %)	3.50
52주최저(원)	10,385	수익률(YTD, %)	5.84
거래량(20일, 주)	3,018	변동성(120일)	0.02
거래대금(20일, 원)	44,503,674	구성종목수(개)	5
베타(1D/1Y)	1.520920	괴리치(원)	-208.37

누적 수익률

(억원) 120 100 80 60 40 20 0 / (%) 80.00 70.00 60.00 50.00 40.00 30.00 20.00 10.00 0.00 -10.00
'17/04 '17/08 '17/12 '18/04
설정액(좌,억원) Fund(우,%) BM(우,%)

기간별 수익률 (%)

구분	수익률	BM초과	유형초과	%순위
1주	1.93	2.15	2.56	—
1개월	0.06	-0.42	1.16	65.57
3개월	-6.00	-6.16	-3.70	100.00
6개월	-9.79	-7.93	-8.62	100.00
연초이후	5.84	6.37	-0.94	19.59
1년	3.50	3.12	0.60	11.59
3년	44.82	40.06	28.28	8.39

보수 (%, 年)	
TER	0.590
운용	0.450
판매	0.070
수탁	0.030
일반사무	0.040

투자 전략

이 투자신탁은 주식관련 파생상품 및 집합투자증권을 주된 투자대상자산으로 하며, 이머징마켓 주식으로 구성된 MSCI Emerging Markets 지수를 기초지수로 하여 1좌당 순자산가치의 일간변동률을 기초지수 일간변동률의 양(陽)의 2배수로 연동하여 투자신탁재산을 운용함을 목적으로 합니다.

KINDEX 골드선물 레버리지(합성 H) (A225130)

● 벤치마크 : **#N/A**
● 테마분류 : —
● 위험등급 : **1등급**
● 평가등급(3년) : —

펀드 현황	
운용사(매니저)	한국투자신탁운용
판매사	—
설정일(존속기간)	2015.07.20 (2년9개월)
설정액	170.00억원
순자산	170.00억원

시장 정보 (2018년 04월 20일 기준)			
52주최고(원)	13,440	수익률(12M, %)	8.29
52주최저(원)	10,900	수익률(YTD, %)	7.66
거래량(20일, 주)	16,009	변동성(120일)	0.01
거래대금(20일, 원)	204,240,732	구성종목수(개)	3
베타(1D/1Y)	-0.053330	괴리치(원)	-200.38

누적 수익률

(억원) 300 250 200 150 100 50 0 / (%) 10.00 5.00 0.00 -5.00 -10.00 -15.00
'17/04 '17/08 '17/12 '18/04
설정액(좌,억원) Fund(우,%) BM(우,%)

기간별 수익률 (%)

구분	수익률	BM초과	유형초과	%순위
1주	0.17	—	-1.22	93.59
1개월	-0.52	—	-1.25	83.33
3개월	4.00	—	-0.24	34.62
6개월	0.44	—	-3.13	92.21
연초이후	7.66	—	-3.25	32.47
1년	8.29	—	1.45	7.79
3년	2.76	—	-3.69	38.67

보수 (%, 年)	
TER	0.490
운용	0.350
판매	0.070
수탁	0.030
일반사무	0.040

투자 전략

이 투자신탁은 장외파생상품을 법시행령 제94조 제2항 제4호에서 규정하는 주된 투자대상자산으로 하여 S&P 가 산출 · 발표하는 S&P WCI Gold Excess Return Index 의 일간 수익률의 양(+)의 2배수에 연동하여 운용하는 것을 목표 합니다.

KOSEF 미국달러선물 레버리지(합성) (A225800)

● 벤치마크 : **#N/A**
● 테마분류 : —

● 위험등급 : **1등급**
● 평가등급(3년) : —

펀드 현황	
운용사(매니저)	키움투자자산운용
판매사	—
설정일(존속기간)	2015.08.05 (2년8개월)
설정액	1,633.00억원
순자산	1,633.00억원

시장 정보 (2018년 04월 20일 기준)			
52주최고(원)	9,165	수익률(12M, %)	-1.21
52주최저(원)	7,605	수익률(YTD, %)	-11.98
거래량(20일, 주)	239,072	변동성(120일)	0.01
거래대금(20일, 원)	1,854,539,707	구성종목수(개)	4
베타(1D/1Y)	-0.543310	괴리치(원)	-4.92

누적 수익률

(억원) 2,000 1,500 1,000 500 0 / (%) 5.00 0.00 -5.00 -10.00 -15.00 -20.00
'17/04 '17/08 '17/12 '18/04
설정액(좌,억원) Fund(우,%) BM(우,%)

기간별 수익률 (%)

구분	수익률	BM초과	유형초과	%순위
1주	-1.13	—	-0.25	92.31
1개월	-1.38	—	-0.29	92.31
3개월	-1.68	—	-1.03	100.00
6개월	-0.61	—	0.05	92.31
연초이후	-11.98	—	-9.99	100.00
1년	-1.21	—	-1.64	92.31
3년	-13.24	—	-13.99	100.00

보수 (%, 年)	
TER	0.640
운용	0.475
판매	0.100
수탁	0.025
일반사무	0.040

투자 전략

이 투자신탁은 집합투자규약 제17조에서 정의된 채권 및 파생상품을 법 시행령 제94조제2항제4호에서 규정하는 주된 투자대상자산으로 하여 1좌당 순자산가치의 일간변동률을기초지수인 "미국달러선물지수(F-USDKRW)"의 일간변동률의 양(陽)의 2배수로 연동하여 투자신탁재산을 운용함을 목적으로 합니다.

KINDEX 한류 (A226380)

● 벤치마크 : **FnGuide 한류스타 지수**
● 테마분류 : —

● 위험등급 : **2등급**
● 평가등급(3년) : —

펀드 현황	
운용사(매니저)	한국투자신탁운용
판매사	—
설정일(존속기간)	2015.08.11 (2년8개월)
설정액	75.97억원
순자산	75.97억원

시장 정보 (2018년 04월 20일 기준)			
52주최고(원)	8,030	수익률(12M, %)	20.60
52주최저(원)	6,285	수익률(YTD, %)	-3.07
거래량(20일, 주)	649	변동성(120일)	0.01
거래대금(20일, 원)	5,054,861	구성종목수(개)	54
베타(1D/1Y)	0.700740	괴리치(원)	10.91

누적 수익률

(억원) 80 70 60 50 40 30 20 10 0 / (%) 25.00 20.00 15.00 10.00 5.00 0.00 -5.00 -10.00
'17/04 '17/08 '17/12 '18/04
설정액(좌,억원) Fund(우,%) BM(우,%)

기간별 수익률 (%)

구분	수익률	BM초과	유형초과	%순위
1주	2.20	0.98	-0.00	30.83
1개월	-1.19	0.67	-0.06	48.48
3개월	-0.77	0.04	-0.18	40.80
6개월	11.33	1.28	-0.09	28.32
연초이후	-3.07	0.18	-0.09	34.13
1년	20.60	1.52	-0.03	30.10
3년	30.21	2.11	-2.85	73.13

보수 (%, 年)	
TER	0.500
운용	0.340
판매	0.100
수탁	0.030
일반사무	0.030

투자 전략

이 투자신탁은 국내 주식을 법시행령 제94조 제2항 제4호에서 규정하는 주된 투자대상자산으로 하며 에프앤가이드(FnGuide)가 산출 · 발표하는 "에프앤가이드 한류스타 지수(FnGuide K-culture Star Index)"를 기초지수로 하여 이 투자신탁 수익증권 1좌당 순자산가치의 변동률을 기초지수의 변동률과 유사하도록 투자신탁재산을 운용함을 목적으로 합니다.

KODEX 코스피 (A226490)

● 벤치마크 : **KOSPI TR**
● 테마분류 : —

● 위험등급 : **2등급**
● 평가등급(3년) : —

펀드 현황	
운용사(매니저) 판매사	삼성자산운용 —
설정일(존속기간) 설정액 순자산	2015.08.21 (2년8개월) 1,782.64억원 1,782.64억원

시장 정보 (2018년 04월 20일 기준)			
52주최고(원)	26,400	수익률(12M, %)	0.78
52주최저(원)	21,980	수익률(YTD, %)	1.80
거래량(20일, 주)	72,723	변동성(120일)	0.01
거래대금(20일, 원)	1,796,530,719	구성종목수(개)	742
베타(1D/1Y)	0.912510	괴리치(원)	-7.52

누적 수익률

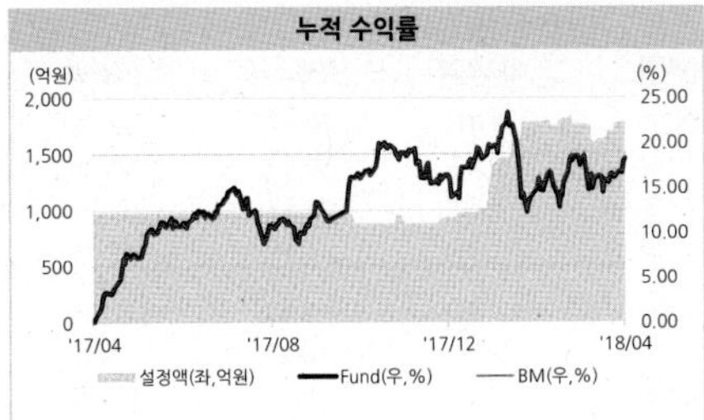

기간별 수익률 (%)				
구분	수익률	BM초과	유형초과	%순위
1주	0.25	—	0.86	64.19
1개월	1.77	—	0.69	58.11
3개월	0.58	0.16	2.14	16.27
6개월	-1.28	0.03	3.91	12.71
연초이후	1.80	-0.25	-6.34	35.27
1년	0.78	-0.03	-0.85	27.04
3년	18.16	-0.14	-15.59	67.71

보수 (%, 年)	
TER	0.300
운용	0.250
판매	0.010
수탁	0.020
일반사무	0.020

투자 전략

이 투자신탁은 코스피 지수를 기초지수로 하여 1좌당 순자산가치의 변동률을 기초지수의 변동률과 유사하도록 투자신탁재산을 운용함을 그 운용목적으로 합니다.

파워 단기채 (A226810)

● 벤치마크 : **종합 만기종합**
● 테마분류 : —

● 위험등급 : **5등급**
● 평가등급(3년) : —

펀드 현황	
운용사(매니저) 판매사	교보악사자산운용 —
설정일(존속기간) 설정액 순자산	2015.08.24 (2년8개월) 370.00억원 370.00억원

시장 정보 (2018년 04월 20일 기준)			
52주최고(원)	103,905	수익률(12M, %)	0.56
52주최저(원)	102,460	수익률(YTD, %)	0.82
거래량(20일, 주)	25	변동성(120일)	0.00
거래대금(20일, 원)	2,601,316	구성종목수(개)	5
베타(1D/1Y)	0.000490	괴리치(원)	0.99

누적 수익률

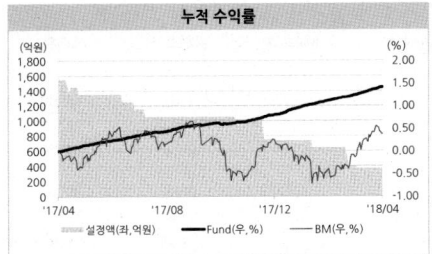

(억원) 1,800 1,600 1,400 1,200 1,000 800 600 400 200 0
(%) 2.00 1.50 1.00 0.50 0.00 -0.50 -1.00
'17/04 '17/08 '17/12 '18/04
설정액(좌,억원) Fund(우,%) BM(우,%)

기간별 수익률 (%)				
구분	수익률	BM초과	유형초과	%순위
1주	—	0.02	—	76.69
1개월	0.04	0.21	0.06	32.20
3개월	0.18	-0.34	-0.22	92.80
6개월	0.42	-0.12	-0.22	86.16
연초이후	0.82	0.50	-0.05	37.91
1년	0.56	0.33	-0.09	43.75
3년	1.41	1.04	0.27	19.39

보수 (%, 年)	
TER	0.120
운용	0.080
판매	0.020
수탁	0.010
일반사무	0.010

투자 전략

투자신탁은 채권을 법 시행령 제94조제2항제4호에서 규정하는 주된 투자대상자산으로 하며, 한국자산평가가 발표하는 "KAP단기채권지수(총수익)"를 기초지수로 하여 보수차감후 1좌당 순자산가치의일간변동률을 기초지수의 변동률과 유사하도록 투자신탁재산을 운용함을 목적으로 합니다.

KODEX 200 중소형 (A226980)

● 벤치마크 : **KOSPI TR**
● 테마분류 : —

● 위험등급 : **2등급**
● 평가등급(3년) : —

펀드 현황	
운용사(매니저)	삼성자산운용
판매사	—
설정일(존속기간)	2015.08.31 (2년7개월)
설정액	1,149.19억원
순자산	1,149.19억원

시장 정보 (2018년 04월 20일 기준)			
52주최고(원)	12,220	수익률(12M, %)	1.35
52주최저(원)	10,030	수익률(YTD, %)	4.67
거래량(20일, 주)	50,815	변동성(120일)	0.01
거래대금(20일, 원)	559,827,612	구성종목수(개)	102
베타(1D/1Y)	0.804950	괴리치(원)	-37.61

누적 수익률

(억원) 1,400 1,200 1,000 800 600 400 200 0
(%) 25.00 20.00 15.00 10.00 5.00 0.00 -5.00
'17/04 '17/08 '17/12 '18/04
설정액(좌,억원) Fund(우,%) BM(우,%)

기간별 수익률 (%)				
구분	수익률	BM초과	유형초과	%순위
1주	0.26	0.01	0.87	63.18
1개월	1.59	-0.19	0.50	64.86
3개월	2.03	1.60	3.58	3.73
6개월	-2.70	-1.39	2.49	31.36
연초이후	4.67	2.62	-3.47	17.86
1년	1.35	0.54	-0.29	25.32
3년	8.63	-9.68	-25.13	93.75

보수 (%, 年)	
TER	0.300
운용	0.250
판매	0.010
수탁	0.020
일반사무	0.020

투자 전략

이 투자신탁은 코스피200 중소형지수의 성과를 추적하는 운용목적을 달성하기 위하여 코스피200 중소형지수의 구성 종목을 중심으로 투자신탁재산을 운용합니다.나. 한국거래소가 산출 발표하는 코스피200 중소형지수를 기초지수로 하기 때문에 이 투자신탁은 아래에서 정하고 있는 비교지수를 사용합니다.

TIGER 200 헬스케어 (A227540)

● 벤치마크 : **KOSPI TR**
● 테마분류 : —

● 위험등급 : **2등급**
● 평가등급(3년) : —

펀드 현황	
운용사(매니저)	미래에셋자산운용
판매사	—
설정일(존속기간)	2015.09.22 (2년7개월)
설정액	90.32억원
순자산	90.32억원

시장 정보 (2018년 04월 20일 기준)			
52주최고(원)	27,445	수익률(12M, %)	0.05
52주최저(원)	16,950	수익률(YTD, %)	9.53
거래량(20일, 주)	11,024	변동성(120일)	0.02
거래대금(20일, 원)	282,605,980	구성종목수(개)	20
베타(1D/1Y)	0.999920	괴리치(원)	7.45

누적 수익률

기간별 수익률 (%)				
구분	수익률	BM초과	유형초과	%순위
1주	-3.79	-4.03	-3.56	95.71
1개월	-7.47	-9.25	-8.32	100.00
3개월	0.02	-0.41	1.24	38.57
6개월	-3.44	-2.14	0.04	46.38
연초이후	9.53	7.48	2.49	28.57
1년	0.05	-0.76	-0.52	44.93
3년	43.07	24.77	19.34	13.46

보수 (%, 年)	
TER	0.400
운용	0.270
판매	0.070
수탁	0.030
일반사무	0.030

투자 전략

이 투자신탁은 한국거래소가 발표하는 "코스피 200 헬스케어 지수"를 기초지수로 하는 상장지수투자신탁으로서, 투자목적 달성을 위해서 국내 거래소에 상장된 주식에 투자신탁 자산총액의 60% 이상을 투자합니다.

TIGER 200 산업재 (A227550)

● 벤치마크 : KOSPI TR
● 테마분류 : –

● 위험등급 : **2등급**
● 평가등급(3년) : –

펀드 현황	
운용사(매니저)	미래에셋자산운용
판매사	–
설정일(존속기간)	2015.09.22 (2년7개월)
설정액	51.47억원
순자산	51.47억원

시장 정보 (2018년 04월 20일 기준)			
52주최고(원)	6,565	수익률(12M, %)	5.24
52주최저(원)	5,485	수익률(YTD, %)	-2.48
거래량(20일, 주)	4,865	변동성(120일)	0.01
거래대금(20일, 원)	28,565,952	구성종목수(개)	14
베타(1D/1Y)	0.615070	괴리치(원)	-3.71

누적 수익률

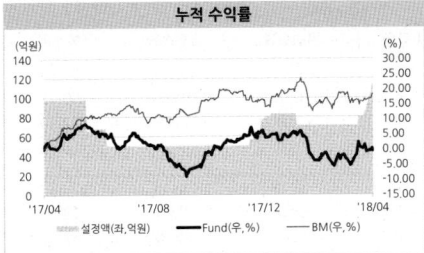

(억원) 100 80 60 40 20 0 / (%) 30.00 25.00 20.00 15.00 10.00 5.00 0.00 -5.00 -10.00 -15.00
'17/04 '17/08 '17/12 '18/04
설정액(좌,억원) Fund(우,%) BM(우,%)

기간별 수익률 (%)

구분	수익률	BM초과	유형초과	%순위
1주	0.23	-0.02	0.46	42.86
1개월	2.78	1.01	1.94	27.14
3개월	2.69	2.27	3.92	15.71
6개월	0.37	1.68	3.85	18.84
연초이후	-2.48	-4.53	-9.52	80.36
1년	5.24	4.43	4.67	28.99
3년	-1.08	-19.38	-24.81	94.23

보수 (%, 年)	
TER	0.400
운용	0.270
판매	0.070
수탁	0.030
일반사무	0.030

투자 전략

이 투자신탁은 한국거래소가 발표하는 "코스피 200 산업재 지수"를 기초지수로 하는 상장지수 투자신탁으로서, 투자목적 달성을 위해서 국내 거래소에 상장된 주식에 투자신탁 자산총액의 60 % 이상을 투자합니다.

TIGER 200 생활소비재 (A227560)

● 벤치마크 : KOSPI TR
● 테마분류 : –

● 위험등급 : **2등급**
● 평가등급(3년) : –

펀드 현황	
운용사(매니저)	미래에셋자산운용
판매사	–
설정일(존속기간)	2015.09.22 (2년7개월)
설정액	115.40억원
순자산	115.40억원

시장 정보 (2018년 04월 20일 기준)			
52주최고(원)	14,230	수익률(12M, %)	-5.20
52주최저(원)	11,950	수익률(YTD, %)	0.22
거래량(20일, 주)	32,087	변동성(120일)	0.01
거래대금(20일, 원)	413,926,890	구성종목수(개)	39
베타(1D/1Y)	0.383120	괴리치(원)	6.18

누적 수익률

(억원) 140 120 100 80 60 40 20 0 / (%) 30.00 25.00 20.00 15.00 10.00 5.00 0.00 -5.00 -10.00 -15.00
'17/04 '17/08 '17/12 '18/04
설정액(좌,억원) Fund(우,%) BM(우,%)

기간별 수익률 (%)

구분	수익률	BM초과	유형초과	%순위
1주	-0.91	-1.16	-0.68	72.86
1개월	0.27	-1.51	-0.58	65.71
3개월	2.05	1.62	3.27	22.86
6개월	-5.92	-4.62	-2.44	71.01
연초이후	0.22	-1.83	-6.82	58.93
1년	-5.20	-6.00	-5.76	78.26
3년	-0.64	-18.95	-24.37	92.31

보수 (%, 年)	
TER	0.400
운용	0.270
판매	0.070
수탁	0.030
일반사무	0.030

투자 전략

이 투자신탁은 한국거래소가 발표하는 "코스피 200 생활소비재 지수"를 기초지수로 하는 상장지수투자신탁으로서,투자목적 달성을 위해서 국내 거래소에 상장된 주식에 투자신탁 자산총액의 60% 이상을 투자합니다.

TIGER 우량가치 (A227570)

● 벤치마크 : **FnGuide 퀄리티 밸류 지수**
● 테마분류 : —
● 위험등급 : **2등급**
● 평가등급(3년) : —

펀드 현황	
운용사(매니저)	미래에셋자산운용
판매사	—
설정일(존속기간)	2015.09.22 (2년7개월)
설정액	130.35억원
순자산	130.35억원

시장 정보 (2018년 04월 20일 기준)			
52주최고(원)	14,095	수익률(12M, %)	10.07
52주최저(원)	11,825	수익률(YTD, %)	-2.05
거래량(20일, 주)	3,476	변동성(120일)	0.01
거래대금(20일, 원)	43,943,972	구성종목수(개)	51
베타(1D/1Y)	0.541640	괴리치(원)	0.67

누적 수익률

(억원) 140 120 100 80 60 40 20 0 / (%) 25.00 20.00 15.00 10.00 5.00 0.00
'17/04 '17/08 '17/12 '18/04
설정액(좌,억원) Fund(우,%) BM(우,%)

기간별 수익률 (%)

구분	수익률	BM초과	유형초과	%순위
1주	1.53	0.00	0.45	65.88
1개월	1.56	0.01	3.11	5.08
3개월	-5.31	0.10	-0.13	67.80
6개월	3.18	1.73	-4.96	27.68
연초이후	-2.05	0.04	-3.69	58.80
1년	10.07	1.64	-23.69	86.46
3년	—	—	—	—

보수 (%, 年)	
TER	0.400
운용	0.280
판매	0.070
수탁	0.020
일반사무	0.030

투자 전략

이 투자신탁은 국내 주식을 주된 투자대상자산으로 하며, 에프앤가이드가 발표하는"에프앤가이드 퀄리티 밸류 지수(FnGuide Quality Value Index)"를 기초지수로 하여 1좌당 순자산가치의 변동률을 기초지수의 변동률과 유사하도록 투자신탁재산을 운용함을 목적으로 합니다.

ARIRANG 코스피 (A227830)

● 벤치마크 : **KOSPI TR**
● 테마분류 : —
● 위험등급 : **3등급**
● 평가등급(3년) : —

펀드 현황	
운용사(매니저)	한화자산운용
판매사	—
설정일(존속기간)	2015.09.22 (2년7개월)
설정액	460.00억원
순자산	460.00억원

시장 정보 (2018년 04월 20일 기준)			
52주최고(원)	26,700	수익률(12M, %)	0.75
52주최저(원)	22,230	수익률(YTD, %)	1.86
거래량(20일, 주)	100,415	변동성(120일)	0.01
거래대금(20일, 원)	2,542,438,102	구성종목수(개)	707
베타(1D/1Y)	0.997870	괴리치(원)	9.04

누적 수익률

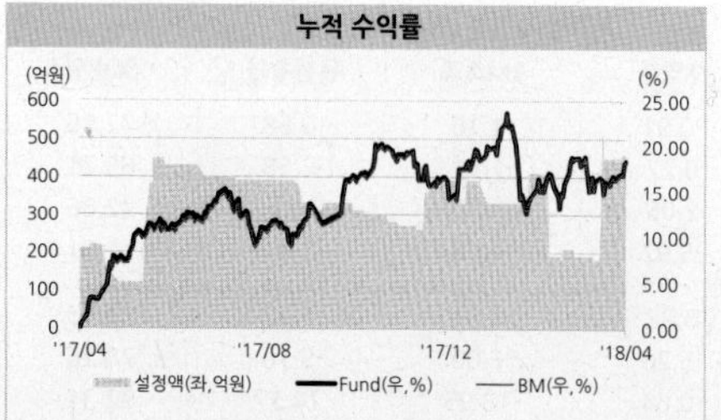

기간별 수익률 (%)

구분	수익률	BM초과	유형초과	%순위
1주	0.24	-0.01	0.85	64.86
1개월	1.77	-0.01	0.68	59.12
3개월	0.46	0.03	2.01	17.63
6개월	-1.29	0.01	3.89	13.14
연초이후	1.86	-0.19	-6.29	34.38
1년	0.75	-0.06	-0.89	28.33
3년	18.43	0.13	-15.32	67.19

보수 (%, 年)	
TER	0.200
운용	0.140
판매	0.020
수탁	0.010
일반사무	0.030

투자 전략

이 투자신탁은 한국거래소가 산출하여 공표하는 추적대상지수인 KOSPI 지수의 성과를 가장 효율적으로 추종할 수 있도록 추적대상지수를 구성하고 있는 종목 대부분을 편입하는 것을 원칙으로 합니다. 다만, 추적대상지수의 구성종목에 변경이 있을 경우에는 추적대상지수에 포함되지 않은 종목에 투자될 수도 있습니다.

TIGER 화장품 (A228790)

● 벤치마크 : **KOSPI TR**
● 테마분류 : —

● 위험등급 : **2등급**
● 평가등급(3년) : —

펀드 현황	
운용사(매니저)	미래에셋자산운용
판매사	—
설정일(존속기간)	2015.10.06 (2년6개월)
설정액	145.22억원
순자산	145.22억원

시장 정보 (2018년 04월 20일 기준)			
52주최고(원)	5,445	수익률(12M, %)	14.24
52주최저(원)	3,725	수익률(YTD, %)	23.79
거래량(20일, 주)	142,364	변동성(120일)	0.02
거래대금(20일, 원)	751,001,603	구성종목수(개)	20
베타(1D/1Y)	0.756340	괴리치(원)	-13.39

누적 수익률

(억원) 200 150 100 50 0 / (%) 30.00 25.00 20.00 15.00 10.00 5.00 0.00 -5.00 -10.00 -15.00 -20.00
'17/04 '17/08 '17/12 '18/04
설정액(좌,억원) Fund(우,%) BM(우,%)

구분	수익률	BM초과	유형초과	%순위
1주	-0.20	-0.44	0.03	52.86
1개월	5.01	3.23	4.16	4.29
3개월	7.52	7.09	8.74	5.71
6개월	3.00	4.31	6.48	10.14
연초이후	23.79	21.74	16.75	14.29
1년	14.24	13.43	13.67	8.70
3년	22.69	4.38	-1.04	38.46

보수 (%, 年)	
TER	0.500
운용	0.340
판매	0.100
수탁	0.030
일반사무	0.030

투자 전략

이 투자신탁은 와이즈에프엔이 발표하는 "와이즈 화장품 지수"를 기초지수로 하는 상장지수투자신탁으로서, 투자목적 달성을 위해서 국내 거래소에 상장된 주식에 투자신탁 자산총액의 60% 이상을 투자합니다.

TIGER 여행레저 (A228800)

● 벤치마크 : **KOSPI TR**
● 테마분류 : —

● 위험등급 : **2등급**
● 평가등급(3년) : —

펀드 현황	
운용사(매니저)	미래에셋자산운용
판매사	—
설정일(존속기간)	2015.10.06 (2년6개월)
설정액	75.69억원
순자산	75.69억원

시장 정보 (2018년 04월 20일 기준)			
52주최고(원)	5,010	수익률(12M, %)	17.60
52주최저(원)	3,515	수익률(YTD, %)	30.27
거래량(20일, 주)	30,923	변동성(120일)	0.01
거래대금(20일, 원)	151,674,939	구성종목수(개)	18
베타(1D/1Y)	0.803770	괴리치(원)	-26.08

누적 수익률

(억원) 120 100 80 60 40 20 0 / (%) 40.00 30.00 20.00 10.00 0.00 -10.00
'17/04 '17/08 '17/12 '18/04
설정액(좌,억원) Fund(우,%) BM(우,%)

구분	수익률	BM초과	유형초과	%순위
1주	-0.39	-0.64	-0.16	61.43
1개월	3.99	2.22	3.15	7.14
3개월	6.98	6.55	8.20	7.14
6개월	7.69	8.99	11.17	2.90
연초이후	30.27	28.22	23.23	10.71
1년	17.60	16.79	17.03	1.45
3년	34.75	16.45	11.02	15.38

보수 (%, 年)	
TER	0.500
운용	0.340
판매	0.100
수탁	0.030
일반사무	0.030

투자 전략

이 투자신탁은 와이즈에프엔이 발표하는 "와이즈 여행레저 지수"를 기초지수로 하는 상장지수투자신탁으로서, 투자목적 달성을 위해서 국내 거래소에 상장된 주식에 투자신탁 자산총액의 60% 이상을 투자합니다.

TIGER 미디어컨텐츠 (A228810)

● 벤치마크 : **KOSPI TR**
● 테마분류 : —

● 위험등급 : **2등급**
● 평가등급(3년) : —

펀드 현황	
운용사(매니저)	미래에셋자산운용
판매사	—
설정일(존속기간)	2015.10.06 (2년6개월)
설정액	109.46억원
순자산	109.46억원

시장 정보 (2018년 04월 20일 기준)			
52주최고(원)	7,970	수익률(12M, %)	12.05
52주최저(원)	5,295	수익률(YTD, %)	31.75
거래량(20일, 주)	28,821	변동성(120일)	0.02
거래대금(20일, 원)	221,194,461	구성종목수(개)	18
베타(1D/1Y)	0.702170	괴리치(원)	-4.86

누적 수익률

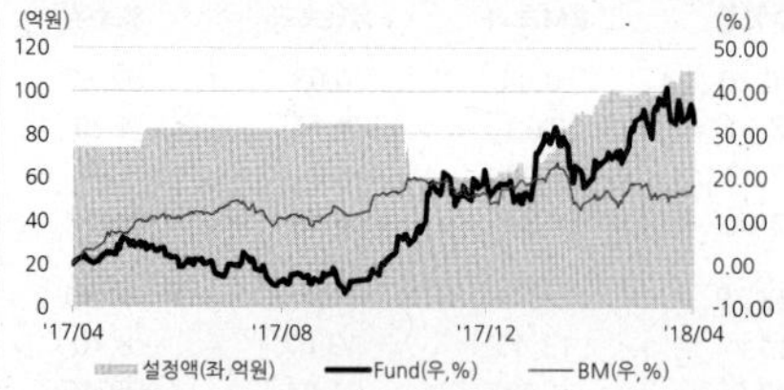

(억원) 120 100 80 60 40 20 0 / (%) 50.00 40.00 30.00 20.00 10.00 0.00 -10.00
'17/04 '17/08 '17/12 '18/04
설정액(좌,억원) Fund(우,%) BM(우,%)

기간별 수익률 (%)

구분	수익률	BM초과	유형초과	%순위
1주	-1.98	-2.23	-1.75	87.14
1개월	-0.21	-1.98	-1.05	71.43
3개월	-1.15	-1.58	0.07	51.43
6개월	3.69	5.00	7.17	8.70
연초이후	31.75	29.70	24.72	8.93
1년	12.05	11.25	11.48	14.49
3년	32.76	14.46	9.03	17.31

보수 (%, 年)	
TER	0.500
운용	0.340
판매	0.100
수탁	0.030
일반사무	0.030

투자 전략

이 투자신탁은 와이즈에프엔이 발표하는 "와이즈 미디어컨텐츠 지수"를 기초지수로 하는 상장지수투자신탁으로서,투자목적 달성을 위해서 국내 거래소에 상장된 주식에 투자신탁 자산총액의 60% 이상을 투자합니다.

TIGER KTOP30 (A228820)

● 벤치마크 : **KOSPI TR**
● 테마분류 : —

● 위험등급 : **2등급**
● 평가등급(3년) : —

펀드 현황	
운용사(매니저)	미래에셋자산운용
판매사	—
설정일(존속기간)	2015.10.13 (2년6개월)
설정액	53.56억원
순자산	53.56억원

시장 정보 (2018년 04월 20일 기준)			
52주최고(원)	8,630	수익률(12M, %)	0.72
52주최저(원)	6,975	수익률(YTD, %)	2.85
거래량(20일, 주)	1,534	변동성(120일)	0.01
거래대금(20일, 원)	12,509,450	구성종목수(개)	31
베타(1D/1Y)	0.916320	괴리치(원)	-0.01

누적 수익률

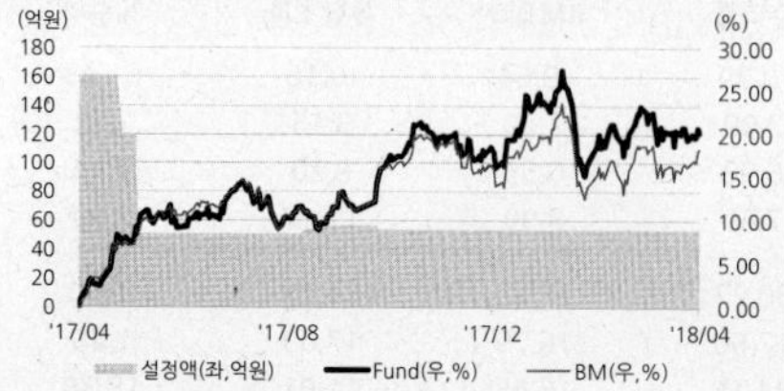

(억원) 180 160 140 120 100 80 60 40 20 0 / (%) 30.00 25.00 20.00 15.00 10.00 5.00 0.00
'17/04 '17/08 '17/12 '18/04
설정액(좌,억원) Fund(우,%) BM(우,%)

기간별 수익률 (%)

구분	수익률	BM초과	유형초과	%순위
1주	-0.39	-0.64	0.21	81.08
1개월	0.69	-1.09	-0.40	76.01
3개월	-0.94	-1.37	0.61	81.02
6개월	-2.33	-1.03	2.85	20.34
연초이후	2.85	0.80	-5.30	29.02
1년	0.72	-0.09	-0.92	28.76
3년	20.27	1.97	-13.48	57.29

보수 (%, 年)	
TER	0.250
운용	0.200
판매	0.010
수탁	0.020
일반사무	0.020

투자 전략

이 투자신탁은 한국거래소가 발표하는 "KTOP 30 지수"를 기초지수로 하는 상장지수투자신탁으로서, 투자목적 달성을 위해서 국내 거래소에 상장된 주식에 투자신탁 자산총액의 60% 이상을 투자합니다.

KODEX 코스닥 150 (A229200)

● 벤치마크 : **KOSPI TR**
● 테마분류 : —

● 위험등급 : **2등급**
● 평가등급(3년) : —

펀드 현황	
운용사(매니저)	삼성자산운용
판매사	—
설정일(존속기간)	2015.09.30 (2년6개월)
설정액	8,135.57억원
순자산	8,135.57억원

시장 정보 (2018년 04월 20일 기준)			
52주최고(원)	17,160	수익률(12M, %)	7.51
52주최저(원)	9,405	수익률(YTD, %)	34.08
거래량(20일, 주)	4,565,406	변동성(120일)	0.02
거래대금(20일, 원)	70,813,691,569	구성종목수(개)	152
베타(1D/1Y)	1.194090	괴리치(원)	-37.30

누적 수익률

구분	수익률	BM초과	유형초과	%순위
1주	-1.78	-2.02	-1.17	91.55
1개월	-1.77	-3.55	-2.86	91.55
3개월	-3.43	-3.86	-1.88	91.53
6개월	-5.32	-4.02	-0.14	68.22
연초이후	34.08	32.03	25.93	5.36
1년	7.51	6.71	5.88	12.02
3년	61.31	43.01	27.56	3.65

보수 (%, 年)	
TER	0.250
운용	0.200
판매	0.010
수탁	0.020
일반사무	0.020

투자 전략

이 투자신탁은 코스닥150지수의 성과를 추적하는 운용목적을 달성하기 위하여 코스닥150지수의 구성 종목을 중심으로 투자신탁재산을 운용합니다.나. 한국거래소가 산출 발표하는 코스닥150 지수를 기초지수로 하기 때문에 이 투자신탁은 아래에서 정하고 있는 비교지수를 사용합니다.

KODEX KTOP30 (A229720)

● 벤치마크 : **KOSPI TR**
● 테마분류 : —

● 위험등급 : **2등급**
● 평가등급(3년) : —

펀드 현황	
운용사(매니저)	삼성자산운용
판매사	—
설정일(존속기간)	2015.10.13 (2년6개월)
설정액	178.52억원
순자산	178.52억원

시장 정보 (2018년 04월 20일 기준)			
52주최고(원)	17,250	수익률(12M, %)	0.64
52주최저(원)	13,940	수익률(YTD, %)	2.79
거래량(20일, 주)	2,829	변동성(120일)	0.01
거래대금(20일, 원)	45,950,252	구성종목수(개)	31
베타(1D/1Y)	0.924010	괴리치(원)	-5.36

누적 수익률

구분	수익률	BM초과	유형초과	%순위
1주	-0.40	-0.64	0.21	81.42
1개월	0.68	-1.09	-0.41	76.35
3개월	-0.95	-1.38	0.61	81.36
6개월	-2.39	-1.09	2.79	22.03
연초이후	2.79	0.74	-5.35	29.91
1년	0.64	-0.16	-0.99	29.18
3년	19.67	1.36	-14.09	59.90

보수 (%, 年)	
TER	0.250
운용	0.200
판매	0.010
수탁	0.020
일반사무	0.020

투자 전략

이 투자신탁은 한국거래소(KRX)가 산출하여 발표하는 KTOP 30지수를 기초지수로 하여 1좌당 순자산가치의 변동률을 기초지수의 변동률과 유사하도록 투자신탁재산을 운용함을 그 운용목적으로 합니다.

KOSEF 미국달러선물 인버스2X(합성) (A230480)

● 벤치마크 : #N/A
● 테마분류 : —
● 위험등급 : 1등급
● 평가등급(3년) : —

펀드 현황	
운용사(매니저)	키움투자자산운용
판매사	—
설정일(존속기간)	2015.11.11 (2년5개월)
설정액	246.00억원
순자산	246.00억원

시장 정보 (2018년 04월 20일 기준)			
52주최고(원)	11,260	수익률(12M, %)	0.09
52주최저(원)	9,555	수익률(YTD, %)	11.84
거래량(20일, 주)	69,880	변동성(120일)	0.01
거래대금(20일, 원)	767,776,679	구성종목수(개)	4
베타(1D/1Y)	0.534030	괴리치(원)	8.61

누적 수익률

(억원) 350 300 250 200 150 100 50 0 / (%) 15.00 10.00 5.00 0.00 -5.00
'17/04 '17/08 '17/12 '18/04
설정액(좌,억원) Fund(우,%) BM(우,%)

기간별 수익률 (%)

구분	수익률	BM초과	유형초과	%순위
1주	1.14	—	1.24	6.67
1개월	1.37	—	2.31	13.33
3개월	1.39	—	0.55	20.00
6개월	-0.30	—	-4.05	94.83
연초이후	11.84	—	11.08	3.51
1년	0.09	—	-1.49	81.03
3년	11.74	—	29.92	3.64

보수 (%, 年)	
TER	0.640
운용	0.475
판매	0.100
수탁	0.025
일반사무	0.040

투자 전략

이 투자신탁은 "미국달러선물지수(F-USDKRW)"를 기초지수로 하여 기초지수의 일간수익률의 음(陰)의 2 배수 수익률과 연동하는 것을 목적으로 하는 상장지수투자신탁으로서, 채권 및미국달러선물 관련 파생상품을 주된 투자대상으로 하여 투자신탁의 일간수익률이 기초지수 일간수익률의 음(陰)의 2 배수 수익률과 연동하도록 운용합니다.

TIGER 코스닥150 (A232080)

● 벤치마크 : KOSPI TR
● 테마분류 : —
● 위험등급 : 2등급
● 평가등급(3년) : —

펀드 현황	
운용사(매니저)	미래에셋자산운용
판매사	—
설정일(존속기간)	2015.11.11 (2년5개월)
설정액	3,922.66억원
순자산	3,922.66억원

시장 정보 (2018년 04월 20일 기준)			
52주최고(원)	17,200	수익률(12M, %)	7.97
52주최저(원)	9,460	수익률(YTD, %)	34.64
거래량(20일, 주)	1,343,705	변동성(120일)	0.02
거래대금(20일, 원)	20,885,026,797	구성종목수(개)	151
베타(1D/1Y)	1.187560	괴리치(원)	6.14

누적 수익률

(억원) 6,000 5,000 4,000 3,000 2,000 1,000 0 / (%) 90.00 80.00 70.00 60.00 50.00 40.00 30.00 20.00 10.00 0.00 -10.00
'17/04 '17/08 '17/12 '18/04
설정액(좌,억원) Fund(우,%) BM(우,%)

기간별 수익률 (%)

구분	수익률	BM초과	유형초과	%순위
1주	-1.77	-2.02	-1.16	91.22
1개월	-1.77	-3.55	-2.86	91.89
3개월	-3.36	-3.79	-1.81	91.19
6개월	-4.97	-3.66	0.21	66.53
연초이후	34.64	32.59	26.50	3.57
1년	7.97	7.16	6.34	9.44
3년	61.57	43.27	27.82	3.13

보수 (%, 年)	
TER	0.190
운용	0.140
판매	0.010
수탁	0.020
일반사무	0.020

투자 전략

이 투자신탁은 국내 주식을 주된 투자대상자산으로 하며, 한국거래소가 발표하는"코스닥 150 지수"를 기초지수로 하여 1좌당 순자산가치의 변동률을 기초지수의 변동률과 유사하도록 투자신탁재산을 운용함을 목적으로 합니다.

KINDEX 골드선물 인버스2X(합성 H) (A232590)

● 벤치마크 : **#N/A**
● 테마분류 : —

● 위험등급 : **1등급**
● 평가등급(3년) : —

펀드 현황	
운용사(매니저)	한국투자신탁운용
판매사	—
설정일(존속기간)	2015.11.27 (2년4개월)
설정액	110.00억원
순자산	110.00억원

시장 정보 (2018년 04월 20일 기준)			
52주최고(원)	6,945	수익률(12M, %)	-9.41
52주최저(원)	5,495	수익률(YTD, %)	-9.60
거래량(20일, 주)	15,583	변동성(120일)	0.01
거래대금(20일, 원)	88,264,352	구성종목수(개)	2
베타(1D/1Y)	0.005920	괴리치(원)	65.35

누적 수익률

설정액(좌,억원) Fund(우,%) BM(우,%)

기간별 수익률 (%)

구분	수익률	BM초과	유형초과	%순위
1주	-0.17	—	-0.07	23.33
1개월	0.45	—	1.40	20.00
3개월	-4.38	—	-5.23	98.33
6개월	-2.05	—	-5.80	96.55
연초이후	-9.60	—	-10.36	92.98
1년	-9.41	—	-10.99	93.10
3년	-8.72	—	9.46	10.91

보수 (%, 年)	
TER	0.490
운용	0.350
판매	0.070
수탁	0.030
일반사무	0.040

투자 전략

이 투자신탁은 S&P가 산출 · 발표하는 S&P WCI(World Commodity Index) Gold Excess ReturnIndex(이하 "지수"라 한다)의 일간수익률의 음(-)의 2배수에 연동하여 운용하는 것을 목표로 이투자신탁 수익증권 1좌당 순자산가치의 변동률을 지수의 일간변동률의 음(-)의 2배수와 유사하도록 투자신탁재산을 운용함을 그 목적으로 합니다.

TIGER 코스닥150 레버리지 (A233160)

● 벤치마크 : **KOSPI TR**
● 테마분류 : —

● 위험등급 : **1등급**
● 평가등급(3년) : —

펀드 현황	
운용사(매니저)	미래에셋자산운용
판매사	—
설정일(존속기간)	2015.12.15 (2년4개월)
설정액	575.00억원
순자산	575.00억원

시장 정보 (2018년 04월 20일 기준)			
52주최고(원)	29,510	수익률(12M, %)	11.79
52주최저(원)	9,165	수익률(YTD, %)	68.56
거래량(20일, 주)	845,784	변동성(120일)	0.04
거래대금(20일, 원)	19,788,214,960	구성종목수(개)	153
베타(1D/1Y)	2.332840	괴리치(원)	-29.13

누적 수익률

설정액(좌,억원) Fund(우,%) BM(우,%)

기간별 수익률 (%)

구분	수익률	BM초과	유형초과	%순위
1주	-3.59	-3.84	-2.98	99.66
1개월	-3.12	-4.90	-4.21	100.00
3개월	-7.15	-7.58	-5.60	100.00
6개월	-12.94	-11.63	-7.75	98.73
연초이후	68.56	66.51	60.42	0.45
1년	11.79	10.98	10.16	—
3년	144.17	125.87	110.42	0.52

보수 (%, 年)	
TER	0.320
운용	0.250
판매	0.030
수탁	0.020
일반사무	0.020

투자 전략

이 투자신탁은 한국거래소가 발표하는 "코스닥 150 지수"를 기초지수로 하여 기초지수의 일간 수익률의 양(陽)의 2배수 수익률과 연동하는 것을 목적으로 하는 상장지수투자신탁으로서, 국내 주식 및 주식관련 파생상품을 주된 투자대상으로 하여 투자신탁의 일간수익률이 기초지수 일간 수익률의 양(陽)의 2배수 수익률과 연동하도록 운용합니다.

KODEX 코스닥150 레버리지 (A233740)

● 벤치마크 : **KOSPI TR**
● 테마분류 : —
● 위험등급 : **1등급**
● 평가등급(3년) : —

펀드 현황	
운용사(매니저)	삼성자산운용
판매사	—
설정일(존속기간)	2015.12.16 (2년4개월)
설정액	6,150.00억원
순자산	6,150.00억원

시장 정보 (2018년 04월 20일 기준)			
52주최고(원)	28,395	수익률(12M, %)	11.41
52주최저(원)	8,725	수익률(YTD, %)	69.35
거래량(20일, 주)	10,333,095	변동성(120일)	0.04
거래대금(20일, 원)	231,773,014,963	구성종목수(개)	157
베타(1D/1Y)	2.358350	괴리치(원)	-47.57

누적 수익률

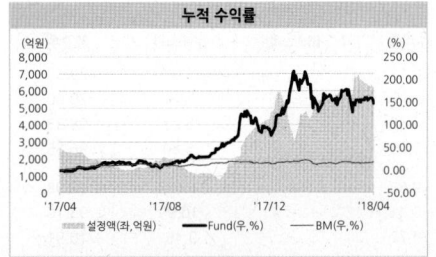

기간별 수익률 (%)

구분	수익률	BM초과	유형초과	%순위
1주	-3.43	-3.67	-2.82	98.99
1개월	-2.99	-4.76	-4.07	99.66
3개월	-7.14	-7.57	-5.59	99.66
6개월	-13.08	-11.78	-7.90	99.15
연초이후	69.35	67.30	61.21	—
1년	11.41	10.61	9.78	1.29
3년	146.51	128.20	112.75	—

보수 (%, 年)	
TER	0.640
운용	0.550
판매	0.050
수탁	0.020
일반사무	0.020

투자 전략

투자신탁의 순자산가치의 일간변동률을 코스닥150지수의 일별 수익률의 양(陽)의 2배수의 수익률로 추적하고자 하는 운용목적을 달성하기 위하여 코스닥150지수에 포함된 코스닥150주가지수 관련 파생상품 및 현금성 자산 또는 주식, 채권 등으로 포트폴리오를 구성하고, 필요에 따라 환매조건부증권의 매도 등 기타 효율적인 방법을 활용할 예정입니다

KBSTAR V&S셀렉트밸류 (A234310)

● 벤치마크 : **FnGuide 셀렉트밸류 지수**
● 테마분류 : —
● 위험등급 : **2등급**
● 평가등급(3년) : —

펀드 현황	
운용사(매니저)	케이비자산운용
판매사	—
설정일(존속기간)	2016.02.01 (2년2개월)
설정액	91.98억원
순자산	91.98억원

시장 정보 (2018년 04월 20일 기준)			
52주최고(원)	12,550	수익률(12M, %)	13.17
52주최저(원)	10,510	수익률(YTD, %)	-3.07
거래량(20일, 주)	1,344	변동성(120일)	0.01
거래대금(20일, 원)	15,301,379	구성종목수(개)	72
베타(1D/1Y)	0.686530	괴리치(원)	5.54

누적 수익률

기간별 수익률 (%)

구분	수익률	BM초과	유형초과	%순위
1주	1.76	-0.07	0.92	47.14
1개월	0.61	-0.11	1.84	31.43
3개월	-4.46	-0.01	-0.98	57.97
6개월	1.96	1.27	-5.07	50.00
연초이후	-3.07	-0.19	-3.63	63.77
1년	13.17	1.10	-10.56	57.69
3년	—	—	—	—

보수 (%, 年)	
TER	0.300
운용	0.250
판매	0.010
수탁	0.010
일반사무	0.030

투자 전략

이 투자신탁은 국내주식을 법에서 정하는 주된 투자대상으로 하며, FnGuide가 산출하는 " FnGuide 셀렉트밸류 지수(FnGuide Select Value Index)"를 기초지수로 하여 1좌당 순자산가치의 변동률을 기초지수의 변동률과 유사하도록 투자신탁재산을 운용하는 것을 목적으로 하는 투자신탁입니다.

TIGER 인도니프티50레버리지(합성) (A236350)

● 벤치마크 : **World - MSCI - EMF ASIA (KRW Unhedged)**
● 테마분류 : —
● 위험등급 : **1등급**
● 평가등급(3년) : —

펀드 현황	
운용사(매니저)	미래에셋자산운용
판매사	—
설정일(존속기간)	2016.05.11 (1년11개월)
설정액	100.00억원
순자산	100.00억원

시장 정보 (2018년 04월 20일 기준)			
52주최고(원)	16,790	수익률(12M, %)	-7.31
52주최저(원)	12,790	수익률(YTD, %)	-10.66
거래량(20일, 주)	6,865	변동성(120일)	0.02
거래대금(20일, 원)	94,431,500	구성종목수(개)	4
베타(1D/1Y)	0.642480	괴리치(원)	-33.91

누적 수익률

(억원) 120 100 80 60 40 20 0 / (%) 35.00 30.00 25.00 20.00 15.00 10.00 5.00 0.00 -5.00
'17/04 '17/08 '17/12 '18/04
설정액(좌,억원) Fund(우,%) BM(우,%)

기간별 수익률 (%)				
구분	수익률	BM초과	유형초과	%순위
1주	-1.92	-2.81	-2.29	90.98
1개월	-0.58	-0.99	1.74	19.70
3개월	2.05	4.33	7.21	4.07
6개월	-12.54	-8.15	-6.90	96.70
연초이후	-10.66	-10.91	-14.88	99.61
1년	-7.31	-8.87	-8.40	95.39
3년	7.06	-12.30	-19.58	89.80

보수 (%, 年)	
TER	0.590
운용	0.450
판매	0.070
수탁	0.030
일반사무	0.040

투자 전략

이 투자신탁은 "Nifty 50 지수"를 기초지수로 하여 기초지수의 일간수익률의 양(陽)의 2배수 수익률과 연동하는 것을 목적으로 하는 상장지수투자신탁으로서, 인도 주식관련 파생상품 및 집합투자증권을 주된 투자대상으로 하여 투자신탁의 일간수익률이 기초지수 일간수익률의 양(陽)의 2배수 수익률과 연동하도록 운용합니다.

ARIRANG 스마트베타 LowVOL (A236460)

● 벤치마크 : **KOSPI TR**
● 테마분류 : —
● 위험등급 : **2등급**
● 평가등급(3년) : —

펀드 현황	
운용사(매니저)	한화자산운용
판매사	—
설정일(존속기간)	2016.01.11 (2년3개월)
설정액	54.25억원
순자산	54.25억원

시장 정보 (2018년 04월 20일 기준)			
52주최고(원)	11,970	수익률(12M, %)	-6.29
52주최저(원)	10,225	수익률(YTD, %)	-1.79
거래량(20일, 주)	2,378	변동성(120일)	0.01
거래대금(20일, 원)	25,789,051	구성종목수(개)	51
베타(1D/1Y)	0.591150	괴리치(원)	1.96

누적 수익률

(억원) 140 120 100 80 60 40 20 0 / (%) 25.00 20.00 15.00 10.00 5.00 0.00
'17/04 '17/08 '17/12 '18/04
설정액(좌,억원) Fund(우,%) BM(우,%)

기간별 수익률 (%)				
구분	수익률	BM초과	유형초과	%순위
1주	0.38	0.13	0.61	37.14
1개월	1.07	-0.71	0.23	57.14
3개월	-1.60	-2.03	-0.38	54.29
6개월	-7.93	-6.63	-4.46	79.71
연초이후	-1.79	-3.84	-8.83	75.00
1년	-6.29	-7.10	-6.86	82.61
3년	7.39	-10.92	-16.34	76.92

보수 (%, 年)	
TER	0.350
운용	0.270
판매	0.040
수탁	0.010
일반사무	0.030

투자 전략

이 투자신탁은 주식회사 와이즈에프앤(WISEfn)이 산출하여 공표하는 추적대상지수인 WISE 스마트베타 LowVOL 지수의 성과를 가장 효율적으로 추종할 수 있도록 추적대상지수를 구성하고 있는 종목 대부분을 편입하는 것을 원칙으로 합니다.

KODEX 코스피100 (A237350)

● 벤치마크 : **KOSPI TR**
● 테마분류 : —
● 위험등급 : **2등급**
● 평가등급(3년) : —

펀드 현황	
운용사(매니저)	삼성자산운용
판매사	—
설정일(존속기간)	2016.01.26 (2년2개월)
설정액	125.60억원
순자산	125.60억원

시장 정보 (2018년 04월 20일 기준)			
52주최고(원)	25,935	수익률(12M, %)	-1.40
52주최저(원)	21,465	수익률(YTD, %)	-0.93
거래량(20일, 주)	3,763	변동성(120일)	0.01
거래대금(20일, 원)	91,468,763	구성종목수(개)	101
베타(1D/1Y)	1.047270	괴리치(원)	-1.41

누적 수익률

(억원) 250 200 150 100 50 0 / (%) 30.00 25.00 20.00 15.00 10.00 5.00 0.00
'17/04 '17/08 '17/12 '18/04
설정액(좌,억원) Fund(우,%) BM(우,%)

기간별 수익률 (%)

구분	수익률	BM초과	유형초과	%순위
1주	0.47	0.22	0.70	32.86
1개월	2.18	0.41	1.34	40.00
3개월	-0.04	-0.47	1.18	40.00
6개월	-2.60	-1.29	0.88	40.58
연초이후	-0.93	-2.98	-7.97	69.64
1년	-1.40	-2.21	-1.97	52.17
3년	17.97	-0.34	-5.76	44.23

보수 (%, 年)	
TER	0.150
운용	0.100
판매	0.010
수탁	0.020
일반사무	0.020

투자 전략

이 투자신탁은 코스피100지수를 기초지수로 하여 1좌당 순자산가치의 변동률을 기초지수의 변동률과 유사하도록 투자신탁재산을 운용함을 그 운용목적으로 합니다.

KODEX 배당성장채권혼합 (A237370)

● 벤치마크 : **KOSPI TR(30%)+KIS채권종합(70%)**
● 테마분류 : —
● 위험등급 : **4등급**
● 평가등급(3년) : —

펀드 현황	
운용사(매니저)	삼성자산운용
판매사	—
설정일(존속기간)	2016.01.26 (2년2개월)
설정액	192.11억원
순자산	192.11억원

시장 정보 (2018년 04월 20일 기준)			
52주최고(원)	11,260	수익률(12M, %)	-1.45
52주최저(원)	10,605	수익률(YTD, %)	1.08
거래량(20일, 주)	5,989	변동성(120일)	0.00
거래대금(20일, 원)	65,437,051	구성종목수(개)	55
베타(1D/1Y)	0.230090	괴리치(원)	-4.77

누적 수익률

(억원) 220 215 210 205 200 195 190 185 180 / (%) 7.00 6.00 5.00 4.00 3.00 2.00 1.00 0.00 -1.00
'17/04 '17/08 '17/12 '18/04
설정액(좌,억원) Fund(우,%) BM(우,%)

기간별 수익률 (%)

구분	수익률	BM초과	유형초과	%순위
1주	-0.11	-0.17	-0.22	86.63
1개월	0.02	-0.38	-0.47	90.64
3개월	-0.25	-0.76	-0.82	96.58
6개월	-1.32	-1.37	-1.48	97.90
연초이후	1.08	0.14	-1.27	68.08
1년	-1.45	-1.92	-2.46	99.40
3년	3.45	-2.15	-1.39	74.55

보수 (%, 年)	
TER	0.190
운용	0.150
판매	0.010
수탁	0.010
일반사무	0.020

투자 전략

이 투자신탁은 기본적으로 KRX배당성장채권혼합지수(이하 기초지수라 합니다)를 완전복제하는 방식으로 포트폴리오를 구성할 예정입니다. 다만, 필요에 따라서 기초지수의 구성종목 중에서 부도리스크, 유동성 등을 감안하여 투자가능대상 종목을 선별하고, 당해 투자가능대상종목 중에서 추적오차를 감안하여 최종 투자대상종목을 구성하는 표본추출(Sampling) 방식을병행할 수 있습니다.

TIGER 경기방어채권혼합 (A237440)

● 벤치마크 : **KOSPI TR(30%)*KIS채권종합(70%)**
● 테마분류 : —
● 위험등급 : **4등급**
● 평가등급(3년) : —

펀드 현황	
운용사(매니저)	미래에셋자산운용
판매사	—
설정일(존속기간)	2016.01.26 (2년2개월)
설정액	170.62억원
순자산	170.62억원

시장 정보 (2018년 04월 20일 기준)			
52주최고(원)	10,170	수익률(12M, %)	-2.23
52주최저(원)	9,730	수익률(YTD, %)	-0.37
거래량(20일, 주)	4,969	변동성(120일)	0.00
거래대금(20일, 원)	49,296,016	구성종목수(개)	64
베타(1D/1Y)	0.153930	괴리치(원)	-16.75

누적 수익률

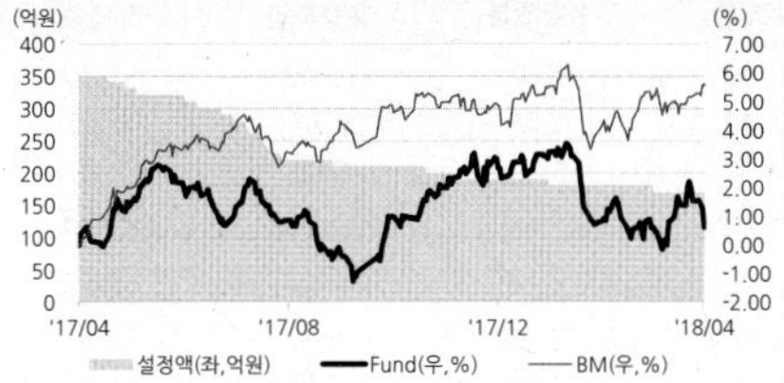

(억원) 400 350 300 250 200 150 100 50 0 / (%) 7.00 6.00 5.00 4.00 3.00 2.00 1.00 0.00 -1.00 -2.00
'17/04 '17/08 '17/12 '18/04
설정액(좌,억원) Fund(우,%) BM(우,%)

기간별 수익률 (%)				
구분	수익률	BM초과	유형초과	%순위
1주	-0.67	-0.73	-0.77	99.85
1개월	-0.93	-1.33	-1.42	99.85
3개월	0.02	-0.49	-0.56	89.73
6개월	-2.57	-2.62	-2.73	99.70
연초이후	-0.37	-1.31	-2.72	98.90
1년	-2.23	-2.70	-3.24	99.85
3년	0.61	-4.99	-4.23	98.00

보수 (%, 年)	
TER	0.200
운용	0.140
판매	0.040
수탁	0.010
일반사무	0.010

투자 전략

이 투자신탁은 한국거래소가 발표하는 "필수소비재 채권혼합 지수"를 기초지수로 하는 상장지수투자신탁으로서, 투자목적 달성을 위해서 채권 및 채권관련 집합투자증권에 투자신탁 자산총액의 90% 이하, 주식 및 주식관련 집합투자증권에 투자신탁 자산총액의 50% 이하를 투자합니다.

ARIRANG 스마트베타Quality채권혼합 (A238670)

● 벤치마크 : **KOSPI TR(30%)*KIS채권종합(70%)**
● 테마분류 : —
● 위험등급 : **4등급**
● 평가등급(3년) : —

펀드 현황	
운용사(매니저)	한화자산운용
판매사	—
설정일(존속기간)	2016.02.23 (2년1개월)
설정액	60.04억원
순자산	60.04억원

시장 정보 (2018년 04월 20일 기준)			
52주최고(원)	10,440	수익률(12M, %)	-0.54
52주최저(원)	9,965	수익률(YTD, %)	1.06
거래량(20일, 주)	474	변동성(120일)	0.00
거래대금(20일, 원)	4,846,822	구성종목수(개)	56
베타(1D/1Y)	0.197950	괴리치(원)	-1.62

누적 수익률

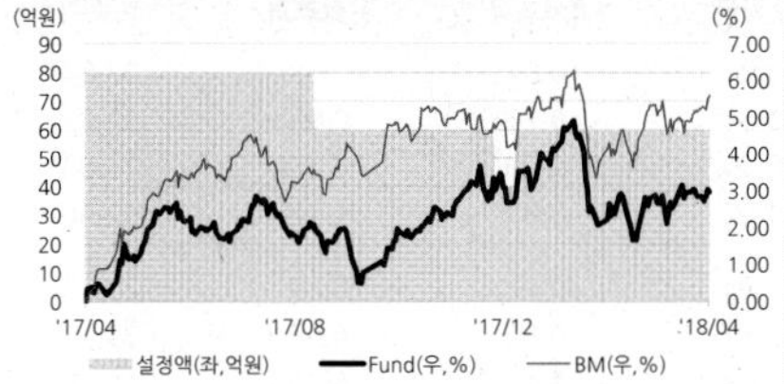

(억원) 90 80 70 60 50 40 30 20 10 0 / (%) 7.00 6.00 5.00 4.00 3.00 2.00 1.00 0.00
'17/04 '17/08 '17/12 '18/04
설정액(좌,억원) Fund(우,%) BM(우,%)

기간별 수익률 (%)				
구분	수익률	BM초과	유형초과	%순위
1주	-0.05	-0.12	-0.16	81.28
1개월	0.12	-0.29	-0.38	83.36
3개월	0.27	-0.24	-0.31	72.77
6개월	-1.27	-1.33	-1.43	97.45
연초이후	1.06	0.12	-1.29	68.86
1년	-0.54	-1.01	-1.55	96.84
3년	2.97	-2.62	-1.86	79.09

보수 (%, 年)	
TER	0.200
운용	0.140
판매	0.020
수탁	0.010
일반사무	0.030

투자 전략

이 투자신탁은 주식회사 와이즈에프앤(WISEfn)이 산출하여 공표하는 추적대상지수인 WISE-KAP스마트베타Quality채권혼합 지수의 성과를 가장 효율적으로 추종할 수 있도록 추적대상지수를 구성하고 있는 종목 대부분을 편입하고 채권부문과 주식비중이 매일 7:3으로 유지되도록 구성하는 것을 원칙으로 합니다.

KINDEX 일본Nikkei225(H) (A238720)

● 벤치마크 : **World - MSCI - AC ASIA PACIFIC FREE (KRW Unhedged)**
● 테마분류 : —
● 위험등급 : **2등급**
● 평가등급(3년) : —

펀드 현황	
운용사(매니저)	한국투자신탁운용
판매사	—
설정일(존속기간)	2016.02.26 (2년1개월)
설정액	60.00억원
순자산	60.00억원

시장 정보 (2018년 04월 20일 기준)			
52주최고(원)	15,300	수익률(12M, %)	-2.03
52주최저(원)	11,690	수익률(YTD, %)	4.25
거래량(20일, 주)	6,480	변동성(120일)	0.01
거래대금(20일, 원)	88,852,373	구성종목수(개)	229
베타(1D/1Y)	0.786900	괴리치(원)	19.18

누적 수익률

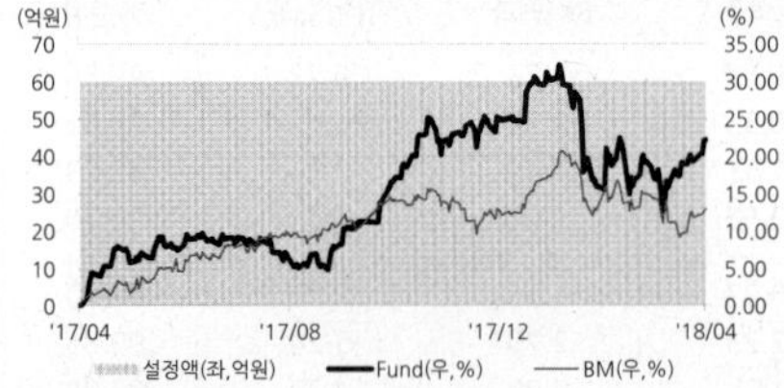

(억원) 70 60 50 40 30 20 10 0
(%) 35.00 30.00 25.00 20.00 15.00 10.00 5.00 0.00
'17/04 '17/08 '17/12 '18/04
설정액(좌,억원) Fund(우,%) BM(우,%)

기간별 수익률 (%)

구분	수익률	BM초과	유형초과	%순위
1주	0.09	-0.21	-0.42	53.57
1개월	2.40	1.36	2.85	0.65
3개월	3.97	5.12	5.96	1.99
6개월	-6.30	-1.60	-1.50	70.93
연초이후	4.25	5.15	1.98	29.89
1년	-2.03	-2.55	-1.17	74.47
3년	22.20	9.20	-0.05	45.85

보수 (%, 年)	
TER	0.300
운용	0.230
판매	0.020
수탁	0.020
일반사무	0.030

투자 전략

이 투자신탁은 일본 니혼게이자이가 산출 · 발표하는 "니케이225 지수 (Nikkei Stock Average Index,Nikkei225 Index)"를 기초지수로 하여 이 투자신탁 수익증권 1좌당 순자산가치의 변동률을 기초지수의 변동률과 유사하도록 투자신탁재산을 운용함을 목적으로 하며, 투자목적 달성을 위해 해외 주식 및 해외 주식관련파생상품에 투자신탁 자산 총액의 60%이상을 투자합니다.

ARIRANG 우량회사채50 1년 (A239660)

● 벤치마크 : **종합 만기종합**
● 테마분류 : —
● 위험등급 : **5등급**
● 평가등급(3년) : —

펀드 현황	
운용사(매니저)	한화자산운용
판매사	—
설정일(존속기간)	2016.03.21 (2년1개월)
설정액	460.00억원
순자산	460.00억원

시장 정보 (2018년 04월 20일 기준)			
52주최고(원)	103,105	수익률(12M, %)	0.72
52주최저(원)	101,575	수익률(YTD, %)	1.04
거래량(20일, 주)	2,824	변동성(120일)	0.00
거래대금(20일, 원)	291,059,509	구성종목수(개)	15
베타(1D/1Y)	-0.000170	괴리치(원)	21.25

누적 수익률

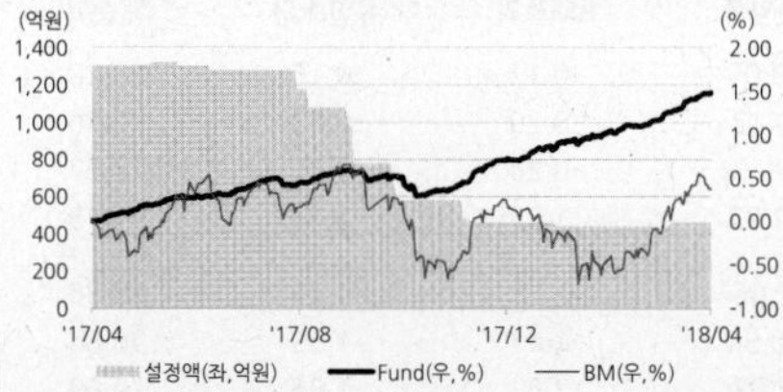

(억원) 1,400 1,200 1,000 800 600 400 200 0
(%) 2.00 1.50 1.00 0.50 0.00 -0.50 -1.00
'17/04 '17/08 '17/12 '18/04
설정액(좌,억원) Fund(우,%) BM(우,%)

기간별 수익률 (%)

구분	수익률	BM초과	유형초과	%순위
1주	0.01	0.02	—	52.54
1개월	0.03	0.21	0.05	34.32
3개월	0.30	-0.21	-0.10	77.54
6개월	0.55	0.01	-0.09	62.50
연초이후	1.04	0.72	0.17	27.49
1년	0.72	0.49	0.06	35.27
3년	1.48	1.11	0.33	16.36

보수 (%, 年)	
TER	0.135
운용	0.080
판매	0.030
수탁	0.010
일반사무	0.015

투자 전략

이 투자신탁은 KIS채권평가㈜에서 산출하여 공표하는 추적대상지수인 KOBI Half Credit Index(총수익)의 성과를 가장 효율적으로 추종할 수 있도록, 추적대상지수를 구성하고 있는 종목 대부분을 편입합니다.

TIGER 일본니케이225 (A241180)

● 벤치마크 : **World - MSCI - AC ASIA PACIFIC FREE (KRW Unhedged)**
● 테마분류 : —

● 위험등급 : **2등급**
● 평가등급(3년) : —

펀드 현황	
운용사(매니저)	미래에셋자산운용
판매사	—
설정일(존속기간)	2016.03.29 (2년)
설정액	100.00억원
순자산	100.00억원

시장 정보 (2018년 04월 20일 기준)			
52주최고(원)	13,860	수익률(12M, %)	1.90
52주최저(원)	11,285	수익률(YTD, %)	3.09
거래량(20일, 주)	2,888	변동성(120일)	0.01
거래대금(20일, 원)	36,927,300	구성종목수(개)	227
베타(1D/1Y)	0.415040	괴리치(원)	13.15

누적 수익률

(억원) 120, 100, 80, 60, 40, 20, 0 / (%) 25.00, 20.00, 15.00, 10.00, 5.00, 0.00, -5.00
'17/04 '17/08 '17/12 '18/04
설정액(좌,억원) Fund(우,%) BM(우,%)

기간별 수익률 (%)				
구분	수익률	BM초과	유형초과	%순위
1주	-0.46	-0.77	-0.98	90.58
1개월	1.35	0.31	1.80	17.92
3개월	1.58	2.72	3.56	20.20
6개월	-3.62	1.08	1.18	30.80
연초이후	3.09	3.98	0.81	45.21
1년	1.90	1.38	2.76	20.92
3년	15.75	2.75	-6.49	87.32

보수 (%, 年)	
TER	0.350
운용	0.240
판매	0.050
수탁	0.030
일반사무	0.030

투자 전략

이 투자신탁은 니케이(Nikkei Inc)에서 발표하는 "니케이 225 지수"를 기초지수로 하는 상장지수투자신탁으로서, 이 지수를 구성하는 일본에 상장된 주식에 투자신탁 자산총액의 60% 이상 투자하여 투자신탁의 수익률이 기초지수 수익률과 유사하도록 운용하는 것을 그 목적으로 합니다.

KBSTAR V&S셀렉트밸류채권혼합 (A241390)

● 벤치마크 : **FnGuide 셀렉트밸류 채권혼합 지수**
● 테마분류 : —

● 위험등급 : **4등급**
● 평가등급(3년) : —

펀드 현황	
운용사(매니저)	케이비자산운용
판매사	—
설정일(존속기간)	2016.04.11 (2년)
설정액	60.13억원
순자산	60.13억원

시장 정보 (2018년 04월 20일 기준)			
52주최고(원)	10,730	수익률(12M, %)	5.31
52주최저(원)	10,005	수익률(YTD, %)	-0.98
거래량(20일, 주)	227	변동성(120일)	0.00
거래대금(20일, 원)	2,354,934	구성종목수(개)	77
베타(1D/1Y)	0.271300	괴리치(원)	-5.53

누적 수익률

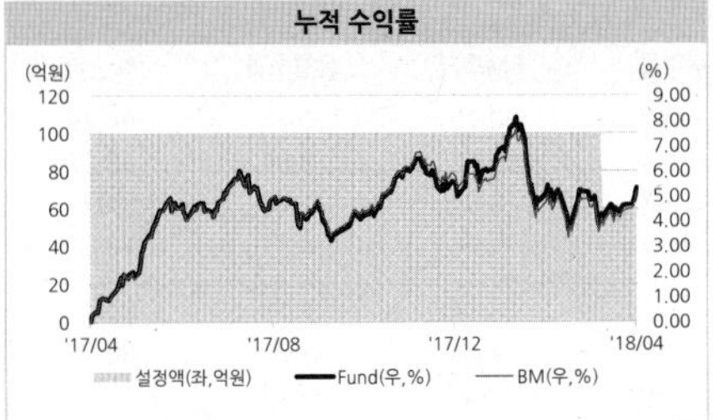

기간별 수익률 (%)				
구분	수익률	BM초과	유형초과	%순위
1주	0.67	-0.01	0.18	26.45
1개월	0.46	-0.12	-0.11	51.04
3개월	-1.54	-0.19	-1.70	98.65
6개월	1.09	0.34	-1.26	67.92
연초이후	-0.98	-0.28	-1.99	98.49
1년	5.31	0.18	0.47	49.27
3년	—	—	—	—

보수 (%, 年)	
TER	0.230
운용	0.165
판매	0.020
수탁	0.015
일반사무	0.030

투자 전략

이 투자신탁은 국내채권을 주된 투자대상으로 하되, 주식관련 자산에도 일정수준 이하로 투자하여 기초지수인 FnGuide 셀렉트밸류채권혼합지수(FnGuide Select Value Bal anced Index)의 수익률과 유사한 수익률을 실현하는 것을 목표로 하는 상장지수투자신탁입니다. 기초지수: FnGuide 셀렉트밸류채권혼합지수 * 100%

TIGER 200IT레버리지 (A243880)

● 벤치마크 : **KOSPI TR**
● 테마분류 : —
● 위험등급 : **1등급**
● 평가등급(3년) : —

펀드 현황	
운용사(매니저)	미래에셋자산운용
판매사	—
설정일(존속기간)	2016.05.12 (1년11개월)
설정액	185.00억원
순자산	185.00억원

시장 정보 (2018년 04월 20일 기준)			
52주최고(원)	34,865	수익률(12M, %)	-6.38
52주최저(원)	19,750	수익률(YTD, %)	-4.33
거래량(20일, 주)	53,288	변동성(120일)	0.03
거래대금(20일, 원)	1,540,317,911	구성종목수(개)	29
베타(1D/1Y)	2.620520	괴리치(원)	61.88

누적 수익률

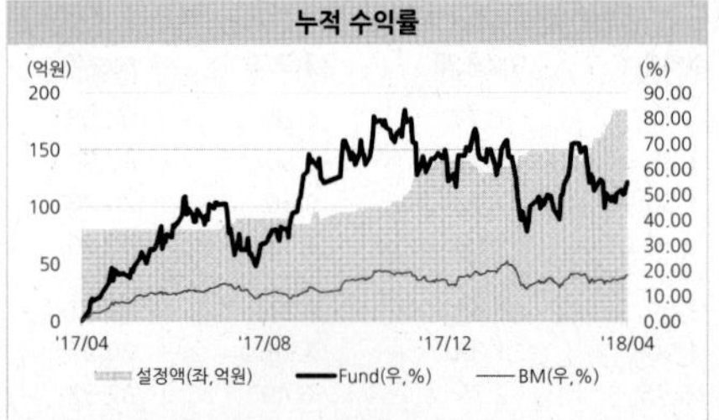

기간별 수익률 (%)

구분	수익률	BM초과	유형초과	%순위
1주	1.08	0.83	1.31	20.00
1개월	2.92	1.14	2.07	24.29
3개월	-7.13	-7.56	-5.90	94.29
6개월	-4.34	-3.03	-0.86	55.07
연초이후	-4.33	-6.38	-11.37	87.50
1년	-6.38	-7.19	-6.95	84.06
3년	54.56	36.26	30.83	9.62

보수 (%, 年)	
TER	0.690
운용	0.550
판매	0.080
수탁	0.030
일반사무	0.030

투자 전략

이 투자신탁은 한국거래소가 발표하는 "코스피 200 정보기술 지수"를 기초지수로 하여 기초지수의 일간 수익률의 양(陽)의 2배수 수익률과 연동하는 것을 목적으로 하는 상장지수투자신탁으로서, 국내 주식 및 주식관련 파생상품을 주된 투자대상으로 하여 투자신탁의 일간수익률이 기초지수 일간 수익률의 양(陽)의 2배수 수익률과 연동하도록 운용합니다.

TIGER 200에너지화학레버리지 (A243890)

● 벤치마크 : **KOSPI TR**
● 테마분류 : —
● 위험등급 : **1등급**
● 평가등급(3년) : —

펀드 현황	
운용사(매니저)	미래에셋자산운용
판매사	—
설정일(존속기간)	2016.05.12 (1년11개월)
설정액	170.00억원
순자산	170.00억원

시장 정보 (2018년 04월 20일 기준)			
52주최고(원)	19,285	수익률(12M, %)	-6.63
52주최저(원)	10,415	수익률(YTD, %)	-1.12
거래량(20일, 주)	53,672	변동성(120일)	0.02
거래대금(20일, 원)	847,851,610	구성종목수(개)	37
베타(1D/1Y)	1.772240	괴리치(원)	-66.43

누적 수익률

기간별 수익률 (%)

구분	수익률	BM초과	유형초과	%순위
1주	-0.50	-0.75	-0.27	64.29
1개월	-2.74	-4.52	-3.58	88.57
3개월	-8.98	-9.41	-7.76	100.00
6개월	-9.65	-8.34	-6.17	82.61
연초이후	-1.12	-3.17	-8.16	71.43
1년	-6.63	-7.44	-7.20	86.96
3년	50.90	32.60	27.17	11.54

보수 (%, 年)	
TER	0.690
운용	0.550
판매	0.080
수탁	0.030
일반사무	0.030

투자 전략

이 투자신탁은 한국거래소가 발표하는 "코스피 200 에너지화학 지수"를 기초지수로 하여 기초지수의 일간 수익률의 양(陽)의 2배수 수익률과 연동하는 것을 목적으로 하는 상장지수투자신탁으로서, 국내 주식 및 주식관련 파생상품을주된 투자대상으로 하여 투자신탁의 일간수익률이 기초지수 일간 수익률의 양(陽)의 2배수 수익률과 연동하도록 운용합니다.

KODEX 바이오 (A244580)

● 벤치마크 : **FnGuide 바이오 지수**
● 테마분류 : —

● 위험등급 : **2등급**
● 평가등급(3년) : —

펀드 현황	
운용사(매니저) 판매사	삼성자산운용 —
설정일(존속기간) 설정액 순자산	2016.05.12 (1년11개월) 91.56억원 91.56억원

시장 정보 (2018년 04월 20일 기준)			
52주최고(원)	15,420	수익률(12M, %)	71.45
52주최저(원)	7,810	수익률(YTD, %)	21.59
거래량(20일, 주)	47,593	변동성(120일)	0.03
거래대금(20일, 원)	690,076,218	구성종목수(개)	51
베타(1D/1Y)	1.202710	괴리치(원)	6.98

누적 수익률

(억원) 140 120 100 80 60 40 20 0 / (%) 100.00 80.00 60.00 40.00 20.00 0.00 -20.00
'17/04 '17/08 '17/12 '18/04
설정액(좌,억원) Fund(우,%) BM(우,%)

기간별 수익률 (%)

구분	수익률	BM초과	유형초과	%순위
1주	-6.70	0.02	-7.55	95.71
1개월	2.25	-0.08	3.48	21.43
3개월	3.99	-0.18	7.46	7.25
6개월	53.84	-0.45	46.80	—
연초이후	21.59	-0.30	21.02	—
1년	71.45	-1.06	47.72	5.77
3년	—	—	—	—

보수 (%, 年)	
TER	0.450
운용	0.390
판매	0.020
수탁	0.020
일반사무	0.020

투자 전략

이 투자신탁은 기본적으로 에프앤가이가 산출,발표하는 FnGuide 바이오지수(이하 기초지수라 합니다)를 완전복제하는 방식으로 포트폴리오를 구성할 예정입니다. 본 투자신탁의 기초지수는 국내 상장 기업 중 바이오 사업을 영위하는 국내 기업을 대상으로 시가총액과 거래대금 등의 조건을 감안하여 투자 대상 기업을 선별한 후 동일가중방식으로 산출한 지수입니다.

KODEX 모멘텀Plus (A244620)

● 벤치마크 : **FnGuide 모멘텀PLUS 지수**
● 테마분류 : —

● 위험등급 : **2등급**
● 평가등급(3년) : —

펀드 현황	
운용사(매니저) 판매사	삼성자산운용 —
설정일(존속기간) 설정액 순자산	2016.05.12 (1년11개월) 217.26억원 217.26억원

시장 정보 (2018년 04월 20일 기준)			
52주최고(원)	12,440	수익률(12M, %)	37.94
52주최저(원)	8,935	수익률(YTD, %)	9.69
거래량(20일, 주)	39,872	변동성(120일)	0.01
거래대금(20일, 원)	488,159,085	구성종목수(개)	51
베타(1D/1Y)	0.966000	괴리치(원)	10.29

누적 수익률

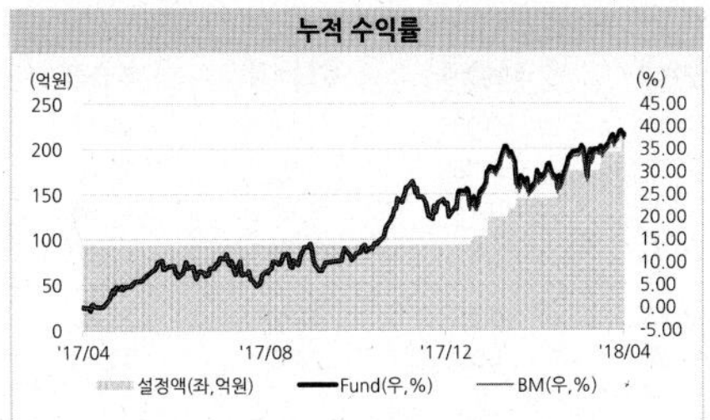

기간별 수익률 (%)

구분	수익률	BM초과	유형초과	%순위
1주	1.15	-0.02	0.06	70.27
1개월	2.63	-0.07	4.18	1.69
3개월	5.59	-0.07	10.77	—
6개월	23.29	1.00	15.15	10.27
연초이후	9.69	-0.14	8.05	4.72
1년	37.94	0.93	4.19	7.81
3년	—	—	—	—

보수 (%, 年)	
TER	0.300
운용	0.250
판매	0.010
수탁	0.020
일반사무	0.020

투자 전략

이 투자신탁은 기본적으로 에프앤가이드가 산출,발표하는 FnGuide 모멘텀 Plus 지수를 완전복제하는방식으로 포트폴리오를 구성할 예정입니다. 본 투자신탁의 기초지수는 유가증권시장 상장기업 중 수익률 및 변동성, 영업과 관련된 수익성 지표들을 고려하여 장기 모멘텀이 상위인 종목들을 구성 종목으로 편입하는 지수입니다.

KODEX 퀄리티Plus (A244660)

- 벤치마크 : **FnGuide 퀄리티PLUS 지수**
- 테마분류 : —
- 위험등급 : **2등급**
- 평가등급(3년) : —

펀드 현황	
운용사(매니저)	삼성자산운용
판매사	—
설정일(존속기간)	2016.05.12 (1년11개월)
설정액	183.94억원
순자산	183.94억원

시장 정보 (2018년 04월 20일 기준)			
52주최고(원)	11,595	수익률(12M, %)	16.34
52주최저(원)	9,010	수익률(YTD, %)	6.61
거래량(20일, 주)	30,364	변동성(120일)	0.01
거래대금(20일, 원)	344,035,844	구성종목수(개)	39
베타(1D/1Y)	0.665010	괴리치(원)	-33.76

누적 수익률

(억원) 200 150 100 50 0 / (%) 20.00 15.00 10.00 5.00 0.00 -5.00 -10.00 -15.00

'17/04 '17/08 '17/12 '18/04

설정액(좌,억원) Fund(우,%) BM(우,%)

기간별 수익률 (%)

구분	수익률	BM초과	유형초과	%순위
1주	2.03	-0.03	0.94	43.58
1개월	3.75	-0.04	5.30	0.34
3개월	2.67	0.01	7.85	0.85
6개월	21.56	1.02	13.41	10.71
연초이후	6.61	-0.06	4.97	13.73
1년	16.34	0.75	-17.42	74.48
3년	—	—	—	—

보수 (%, 年)	
TER	0.300
운용	0.250
판매	0.010
수탁	0.020
일반사무	0.020

투자 전략

이 투자신탁은 기본적으로 에프앤가이드가 산출,발표하는 FnGuide 퀄리티 Plus 지수를 완전복제하는방식으로 포트폴리오를 구성할 예정입니다. 본 투자신탁의 기초지수는 유가증권시장 상장기업 중 수익률 및 변동성, 영업과 관련된 수익성 지표들을 고려하여 영업 효율 및 수익성이 상위인 종목들을 구성 종목으로 편입하는 지수입니다.

KODEX 밸류Plus (A244670)

- 벤치마크 : **FnGuide 밸류PLUS 지수**
- 테마분류 : —
- 위험등급 : **2등급**
- 평가등급(3년) : —

펀드 현황	
운용사(매니저)	삼성자산운용
판매사	—
설정일(존속기간)	2016.05.12 (1년11개월)
설정액	131.64억원
순자산	131.64억원

시장 정보 (2018년 04월 20일 기준)			
52주최고(원)	11,665	수익률(12M, %)	9.08
52주최저(원)	9,380	수익률(YTD, %)	3.43
거래량(20일, 주)	16,903	변동성(120일)	0.01
거래대금(20일, 원)	181,404,535	구성종목수(개)	42
베타(1D/1Y)	0.593140	괴리치(원)	-5.23

누적 수익률

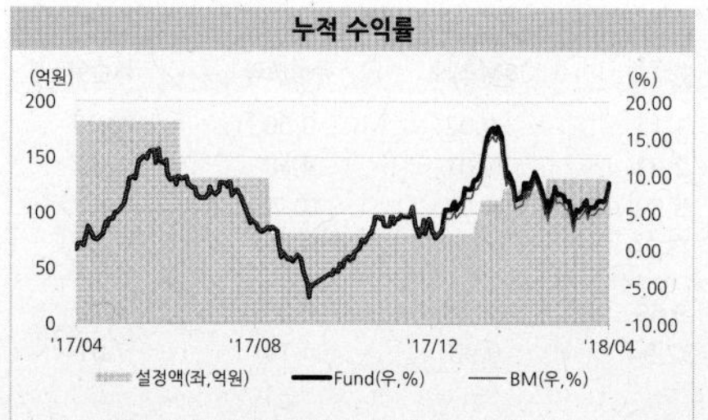

기간별 수익률 (%)

구분	수익률	BM초과	유형초과	%순위
1주	2.22	-0.03	1.14	39.19
1개월	2.27	-0.06	3.82	2.37
3개월	-1.38	-0.14	3.81	13.56
6개월	10.73	1.18	2.58	13.39
연초이후	3.43	-0.25	1.80	20.60
1년	9.08	1.05	-24.67	90.63
3년	—	—	—	—

보수 (%, 年)	
TER	0.300
운용	0.250
판매	0.010
수탁	0.020
일반사무	0.020

투자 전략

이 투자신탁은 기본적으로 에프앤가이드가 산출,발표하는 "FnGuide 밸류 Plus 지수를 완전복제하는방식으로 포트폴리오를 구성할 예정입니다.본 투자신탁의 기초지수는 유가증권시장 상장기업 중 PBR과 같은 가치지표, 영업과 관련된 수익성지표들을 고려하여 가치 지표가 상위인 종목들을 구성 종목으로 편입하는 지수입니다.

ARIRANG 스마트베타4종결합 (A244820)

● 벤치마크 : **KOSPI TR**
● 테마분류 : —

● 위험등급 : **2등급**
● 평가등급(3년) : —

펀드 현황	
운용사(매니저)	한화자산운용
판매사	—
설정일(존속기간)	2016.05.18 (1년11개월)
설정액	54.56억원
순자산	54.56억원

시장 정보 (2018년 04월 20일 기준)			
52주최고(원)	11,810	수익률(12M, %)	-3.01
52주최저(원)	9,960	수익률(YTD, %)	0.27
거래량(20일, 주)	1,260	변동성(120일)	0.01
거래대금(20일, 원)	13,402,803	구성종목수(개)	126
베타(1D/1Y)	0.719030	괴리치(원)	13.12

누적 수익률

기간별 수익률 (%)				
구분	수익률	BM초과	유형초과	%순위
1주	0.23	-0.02	0.84	65.20
1개월	0.99	-0.78	-0.09	71.96
3개월	-0.56	-0.99	0.99	72.20
6개월	-6.33	-5.03	-1.15	72.03
연초이후	0.27	-1.78	-7.87	47.77
1년	-3.01	-3.81	-4.64	72.96
3년	9.46	-8.84	-24.29	90.10

보수 (%, 年)	
TER	0.350
운용	0.270
판매	0.040
수탁	0.010
일반사무	0.030

투자 전략

이 투자신탁은 와이즈에프엔(WISEfn)에서 산출하여 공표하는 추적대상지수인 WISE스마트베타지수의 성과를 가장 효율적으로 추종할 수 있도록, 추적대상지수를 구성하고 있는 종목 대부분을 편입합니다. 다만, 추적대상지수의 구성종목에 변경이 있을 경우에는 추적대상지수에 포함되지 않은 종목에 투자될 수도 있습니다.

TIGER 미국다우존스30 (A245340)

● 벤치마크 : **World - MSCI - NORTH AMERICA (KRW Unhedged)**
● 테마분류 : —

● 위험등급 : **2등급**
● 평가등급(3년) : —

펀드 현황	
운용사(매니저)	미래에셋자산운용
판매사	—
설정일(존속기간)	2016.06.29 (1년9개월)
설정액	160.00억원
순자산	160.00억원

시장 정보 (2018년 04월 20일 기준)			
52주최고(원)	14,365	수익률(12M, %)	-0.68
52주최저(원)	11,585	수익률(YTD, %)	0.81
거래량(20일, 주)	125,576	변동성(120일)	0.01
거래대금(20일, 원)	1,643,383,751	구성종목수(개)	32
베타(1D/1Y)	0.353590	괴리치(원)	43.56

누적 수익률

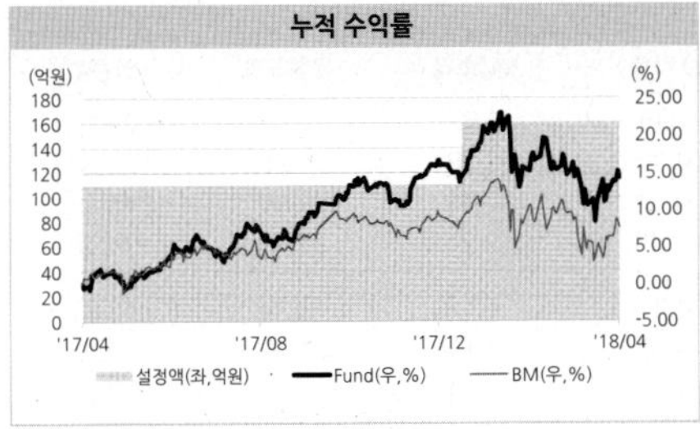

기간별 수익률 (%)				
구분	수익률	BM초과	유형초과	%순위
1주	-0.85	-0.11	-0.98	97.53
1개월	1.54	0.40	-1.05	79.63
3개월	-1.78	-0.94	-0.23	73.46
6개월	-4.97	-0.53	-2.73	94.84
연초이후	0.81	1.98	-4.13	74.00
1년	-0.68	-0.78	-2.48	83.01
3년	14.19	6.65	-1.65	57.35

보수 (%, 年)	
TER	0.350
운용	0.240
판매	0.050
수탁	0.030
일반사무	0.030

투자 전략

이 투자신탁은 S&P Dow Jones Indices에서 발표하는 "다우존스산업평균지수"를 기초지수로 하는 상장지수투자신탁으로서, 이 지수를 구성하는 미국에 상장된 주식에 투자신탁 자산총액의 60% 이상 투자하여 투자신탁의 수익률이 기초지수 수익률과 유사하도록 운용하는 것을 그 목적으로 합니다.

TIGER 유로스탁스배당30 (A245350)

● 벤치마크 : **World - MSCI - EUROPE (KRW Unhedged)**
● 테마분류 : —
● 위험등급 : **2등급**
● 평가등급(3년) : —

펀드 현황	
운용사(매니저)	미래에셋자산운용
판매사	—
설정일(존속기간)	2016.06.29 (1년9개월)
설정액	100.00억원
순자산	100.00억원

시장 정보 (2018년 04월 20일 기준)			
52주최고(원)	13,985	수익률(12M, %)	2.26
52주최저(원)	11,630	수익률(YTD, %)	-3.45
거래량(20일, 주)	2,602	변동성(120일)	0.01
거래대금(20일, 원)	33,122,456	구성종목수(개)	32
베타(1D/1Y)	0.232340	괴리치(원)	12.34

누적 수익률

기간별 수익률 (%)				
구분	수익률	BM초과	유형초과	%순위
1주	-0.08	0.19	-0.50	95.14
1개월	1.87	0.65	0.18	28.47
3개월	2.53	0.19	1.30	10.00
6개월	-2.02	1.99	0.54	16.55
연초이후	-3.45	0.12	-2.01	88.32
1년	2.26	1.80	2.13	—
3년	14.99	5.60	6.98	—

보수 (%, 年)	
TER	0.350
운용	0.240
판매	0.050
수탁	0.030
일반사무	0.030

투자 전략

이 투자신탁은 STOXX Limited에서 발표하는 "Euro STOXX Select Dividend 30 지수"를 기초지수로 하는 상장지수투자신탁으로서, 이 지수를 구성하는 유로존에 상장된 주식에 투자신탁 자산총액의 60% 이상 투자하여 투자신탁의 수익률이 기초지수 수익률과 유사하도록 운용하는 것을 그 목적으로 합니다.

TIGER 차이나HSCEI (A245360)

● 벤치마크 : **World - MSCI - EMF ASIA (KRW Unhedged)**
● 테마분류 : —
● 위험등급 : **2등급**
● 평가등급(3년) : —

펀드 현황	
운용사(매니저)	미래에셋자산운용
판매사	—
설정일(존속기간)	2016.06.14 (1년10개월)
설정액	510.00억원
순자산	510.00억원

시장 정보 (2018년 04월 20일 기준)			
52주최고(원)	15,350	수익률(12M, %)	3.16
52주최저(원)	11,460	수익률(YTD, %)	0.09
거래량(20일, 주)	70,283	변동성(120일)	0.01
거래대금(20일, 원)	947,048,186	구성종목수(개)	52
베타(1D/1Y)	0.639450	괴리치(원)	79.08

누적 수익률

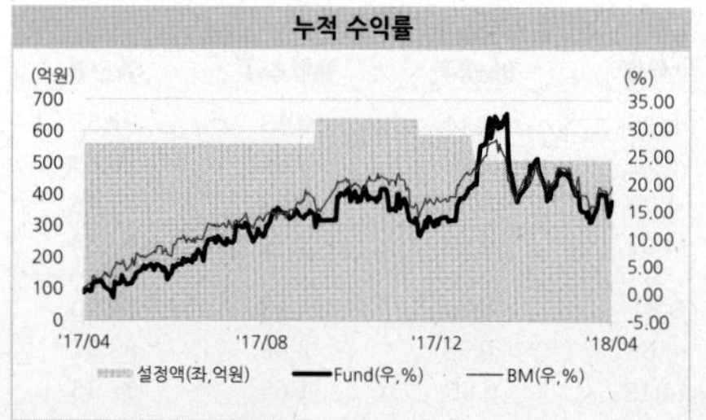

기간별 수익률 (%)				
구분	수익률	BM초과	유형초과	%순위
1주	1.46	0.57	1.08	24.17
1개월	-1.12	-1.52	1.21	33.98
3개월	-4.31	-2.03	0.84	45.62
6개월	-8.09	-3.70	-2.45	74.40
연초이후	0.09	-0.16	-4.14	68.70
1년	3.16	1.60	2.06	30.26
3년	16.75	-2.61	-9.89	67.35

보수 (%, 年)	
TER	0.350
운용	0.240
판매	0.050
수탁	0.030
일반사무	0.030

투자 전략

이 투자신탁은 중국(홍콩)에 상장된 주식을 주된 투자대상자산으로하며, "HSCEI"를 기초지수로 하여 1좌당 순자산가치의 변동률을 원화로 환산한 기초지수의 변동률과 유사하도록 투자신탁재산을 운용함을 목적으로 합니다.

KINDEX 베트남VN30(합성) (A245710)

● 벤치마크 : **World - MSCI - EMF ASIA (KRW Unhedged)**
● 테마분류 : —
● 위험등급 : **2등급**
● 평가등급(3년) : —

펀드 현황	
운용사(매니저)	한국투자신탁운용
판매사	—
설정일(존속기간)	2016.06.28 (1년9개월)
설정액	1,130.00억원
순자산	1,130.00억원

시장 정보 (2018년 04월 20일 기준)			
52주최고(원)	16,430	수익률(12M, %)	8.09
52주최저(원)	10,200	수익률(YTD, %)	20.71
거래량(20일, 주)	223,300	변동성(120일)	0.01
거래대금(20일, 원)	3,613,368,986	구성종목수(개)	4
베타(1D/1Y)	0.226990	괴리치(원)	-11.61

누적 수익률

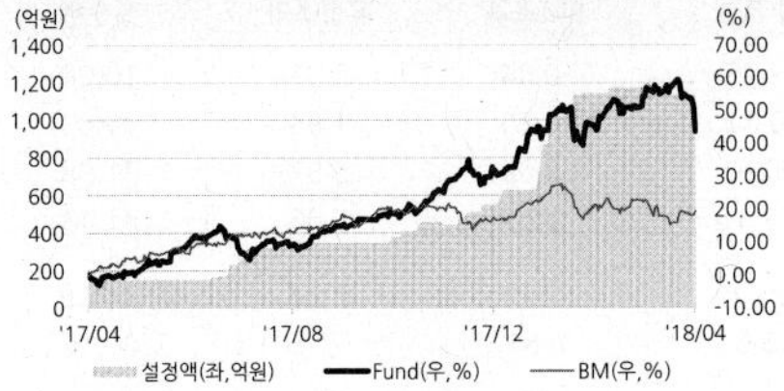

기간별 수익률 (%)

구분	수익률	BM초과	유형초과	%순위
1주	-5.04	-5.93	-5.42	100.00
1개월	-7.37	-7.77	-5.05	100.00
3개월	-7.01	-4.73	-1.86	83.61
6개월	-0.32	4.07	5.32	11.01
연초이후	20.71	20.46	16.49	6.01
1년	8.09	6.53	7.00	8.21
3년	43.61	24.25	16.97	6.69

보수 (%, 年)	
TER	0.700
운용	0.620
판매	0.020
수탁	0.030
일반사무	0.030

투자 전략

이 투자신탁은 베트남 호치민거래소(HOSE)가 산출 · 발표하는 VN30 지수(VN30 Price ReturnIndex)(이하 "지수"라 한다)의 변화에 연동하여 운용하기 위하여 이 투자신탁은 기초지수의 수익률 과 연동하여 수익이 결정되는 장외파생상품(Swap) 등에 주로 투자합니다. 또한, 동 지수수익률 추종을 위해 채권 및 어음, 기타 집합투자증권 등에도 일부 투자할 수 있습니다.

KODEX 가치투자 (A247780)

● 벤치마크 : **FnGuide 가치투자형 지수**
● 테마분류 : —
● 위험등급 : **2등급**
● 평가등급(3년) : —

펀드 현황	
운용사(매니저)	삼성자산운용
판매사	—
설정일(존속기간)	2016.06.23 (1년10개월)
설정액	79.94억원
순자산	79.94억원

시장 정보 (2018년 04월 20일 기준)			
52주최고(원)	12,870	수익률(12M, %)	9.02
52주최저(원)	11,135	수익률(YTD, %)	0.83
거래량(20일, 주)	6,714	변동성(120일)	0.01
거래대금(20일, 원)	79,999,515	구성종목수(개)	31
베타(1D/1Y)	0.654440	괴리치(원)	-7.63

누적 수익률

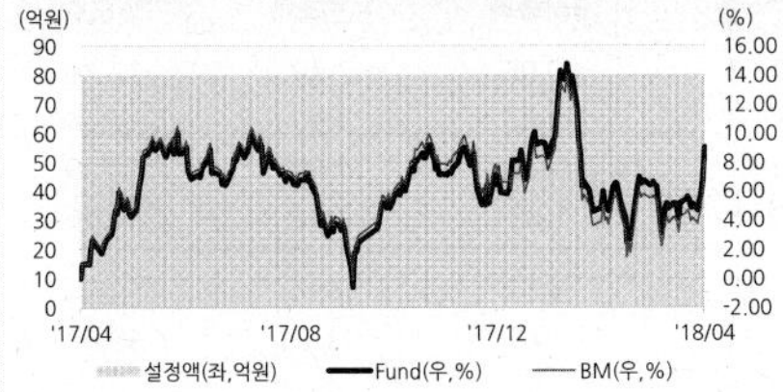

기간별 수익률 (%)

구분	수익률	BM초과	유형초과	%순위
1주	3.74	-0.08	2.90	11.43
1개월	2.46	-0.06	3.68	20.00
3개월	-0.47	-0.02	3.01	26.09
6개월	3.34	1.33	-3.70	39.29
연초이후	0.83	-0.06	0.26	39.13
1년	9.02	0.88	-14.71	67.31
3년	—	—	—	—

보수 (%, 年)	
TER	0.450
운용	0.390
판매	0.020
수탁	0.020
일반사무	0.020

투자 전략

이 투자신탁은 FnGuide社가 산출·발표하는 FnGuide 가치투자형 지수를 기초지수로 하여 1좌당 순자산가치의 변동률을 기초지수의 변동률과 유사하도록 투자신탁재산을 운용함을 그 운용목적으로 합니다.

KODEX 성장투자 (A247790)

● 벤치마크 : **FnGuide 성장투자형 지수**
● 테마분류 : —
● 위험등급 : **2등급**
● 평가등급(3년) : —

펀드 현황	
운용사(매니저)	삼성자산운용
판매사	—
설정일(존속기간)	2016.06.23 (1년10개월)
설정액	99.36억원
순자산	99.36억원

시장 정보 (2018년 04월 20일 기준)			
52주최고(원)	12,730	수익률(12M, %)	16.54
52주최저(원)	10,050	수익률(YTD, %)	2.78
거래량(20일, 주)	9,186	변동성(120일)	0.01
거래대금(20일, 원)	104,953,509	구성종목수(개)	31
베타(1D/1Y)	0.731570	괴리치(원)	8.38

누적 수익률

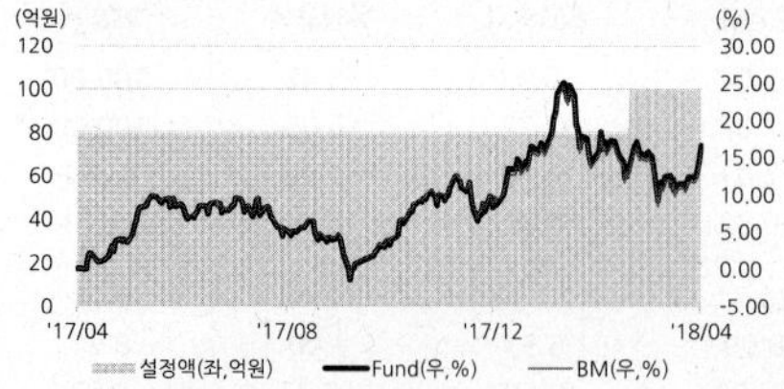

기간별 수익률 (%)				
구분	수익률	BM초과	유형초과	%순위
1주	3.75	-0.04	2.91	10.00
1개월	0.71	-0.10	1.94	30.00
3개월	-0.91	-0.09	2.57	31.88
6개월	12.10	0.83	5.06	21.43
연초이후	2.78	-0.15	2.22	34.78
1년	16.54	0.61	-7.19	46.15
3년	—	—	—	—

보수 (%, 年)	
TER	0.450
운용	0.390
판매	0.020
수탁	0.020
일반사무	0.020

투자 전략

이 투자신탁은 FnGuide社가 산출·발표하는 FnGuide 성장투자형 지수를 기초지수로 하여 1좌당 순자산가치의 변동률을 기초지수의 변동률과 유사하도록 투자신탁재산을 운용함을 그 운용목적으로 합니다.

KODEX 턴어라운드투자 (A247800)

● 벤치마크 : **FnGuide 턴어라운드투자형 지수**
● 테마분류 : —
● 위험등급 : **2등급**
● 평가등급(3년) : —

펀드 현황	
운용사(매니저)	삼성자산운용
판매사	—
설정일(존속기간)	2016.06.23 (1년10개월)
설정액	90.13억원
순자산	90.13억원

시장 정보 (2018년 04월 20일 기준)			
52주최고(원)	12,475	수익률(12M, %)	12.50
52주최저(원)	10,205	수익률(YTD, %)	6.93
거래량(20일, 주)	11,866	변동성(120일)	0.01
거래대금(20일, 원)	136,230,615	구성종목수(개)	31
베타(1D/1Y)	0.674480	괴리치(원)	3.62

누적 수익률

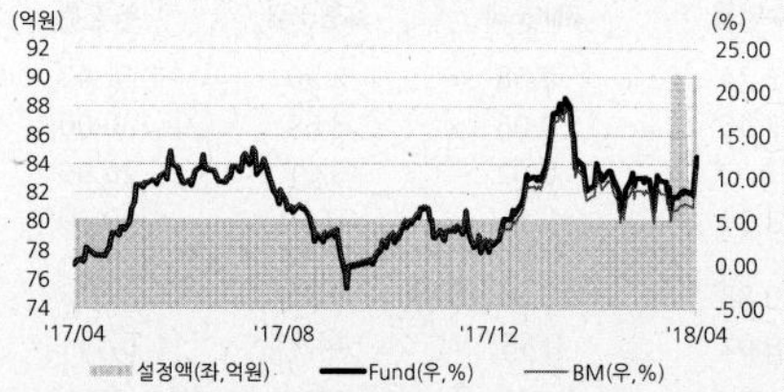

기간별 수익률 (%)				
구분	수익률	BM초과	유형초과	%순위
1주	3.63	-0.06	2.79	12.86
1개월	2.68	-0.02	3.90	17.14
3개월	0.92	0.38	4.40	14.49
6개월	9.36	1.89	2.32	30.36
연초이후	6.93	0.27	6.36	24.64
1년	12.50	1.49	-11.23	59.62
3년	—	—	—	—

보수 (%, 年)	
TER	0.450
운용	0.390
판매	0.020
수탁	0.020
일반사무	0.020

투자 전략

이 투자신탁은 FnGuide社가 산출·발표하는 FnGuide 턴어라운드투자형 지수를 기초지수로 하여 1좌당 순자산가치의 변동률을 기초지수의 변동률과 유사하도록 투자신탁재산을 운용함을 그 운용목적으로합니다.

TIGER 일본TOPIX헬스케어(합성) (A248260)

● 벤치마크 : **World - MSCI - AC ASIA PACIFIC FREE (KRW Unhedged)**
● 테마분류 : —

● 위험등급 : **2등급**
● 평가등급(3년) : —

펀드 현황	
운용사(매니저)	미래에셋자산운용
판매사	—
설정일(존속기간)	2016.06.29 (1년9개월)
설정액	100.00억원
순자산	100.00억원

시장 정보 (2018년 04월 20일 기준)			
52주최고(원)	10,300	수익률(12M, %)	5.04
52주최저(원)	8,890	수익률(YTD, %)	1.74
거래량(20일, 주)	636	변동성(120일)	0.01
거래대금(20일, 원)	6,351,758	구성종목수(개)	4
베타(1D/1Y)	0.163760	괴리치(원)	38.72

누적 수익률

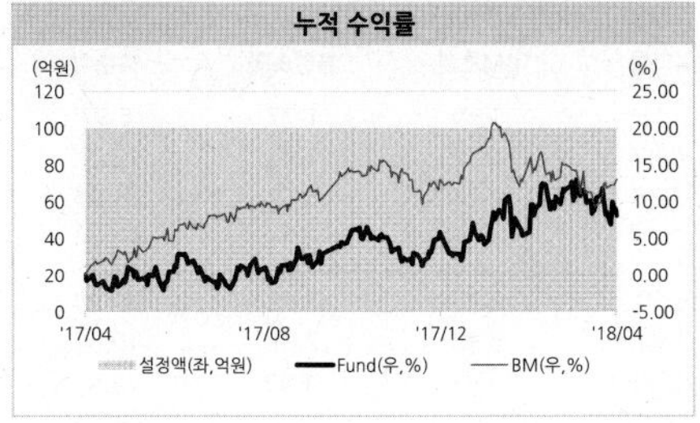

기간별 수익률 (%)

구분	수익률	BM초과	유형초과	%순위
1주	-0.86	-1.17	-1.38	100.00
1개월	-0.50	-1.54	-0.05	61.89
3개월	-4.02	-2.87	-2.03	81.79
6개월	3.17	7.87	7.97	—
연초이후	1.74	2.64	-0.53	68.20
1년	5.04	4.52	5.89	2.48
3년	8.09	-4.92	-14.16	98.05

보수 (%, 年)	
TER	0.400
운용	0.300
판매	0.045
수탁	0.025
일반사무	0.030

투자 전략

이 투자신탁은TSE(Tokyo Stock Exchange, Inc)가 발표하는"TOPIX-17 Pharmaceutical지수"를 기초지수로 하는 상장지수투자신탁으로서, 기초지수의 수익률 추종을 목적으로 장외파생상품에 주로 투자합니다.

TIGER S&P글로벌헬스케어(합성) (A248270)

● 벤치마크 : **World - MSCI - AC WORLD INDEX FREE (KRW Unhedged)**
● 테마분류 : —

● 위험등급 : **2등급**
● 평가등급(3년) : —

펀드 현황	
운용사(매니저)	미래에셋자산운용
판매사	—
설정일(존속기간)	2016.06.29 (1년9개월)
설정액	100.00억원
순자산	100.00억원

시장 정보 (2018년 04월 20일 기준)			
52주최고(원)	11,500	수익률(12M, %)	-0.04
52주최저(원)	9,980	수익률(YTD, %)	-5.97
거래량(20일, 주)	1,293	변동성(120일)	0.01
거래대금(20일, 원)	13,465,470	구성종목수(개)	4
베타(1D/1Y)	0.159440	괴리치(원)	22.14

누적 수익률

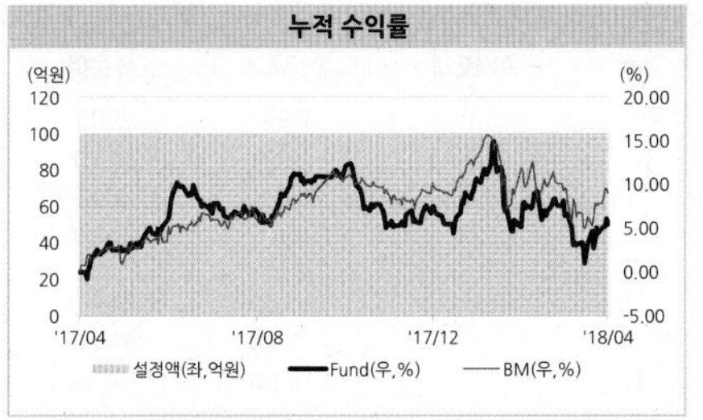

기간별 수익률 (%)

구분	수익률	BM초과	유형초과	%순위
1주	-0.61	-0.19	-1.09	97.15
1개월	1.06	-0.08	-0.92	74.00
3개월	-2.51	-2.25	-1.02	66.67
6개월	-4.32	0.06	-2.01	76.85
연초이후	-5.97	-4.37	-9.20	93.24
1년	-0.04	-0.37	-1.69	72.90
3년	5.44	-3.57	-6.68	71.70

보수 (%, 年)	
TER	0.400
운용	0.300
판매	0.045
수탁	0.025
일반사무	0.030

투자 전략

이 투자신탁은 S&P Dow Jones Indices가 발표하는"S&P Global 1200 Health Care 지수"를 기초지수로 하는 상장지수투자신탁으로서, 기초지수의 수익률 추종을 목적으로 장외파생상품에 주로 투자합니다.

KBSTAR 차이나HSCEI(H) (A250730)

● 벤치마크 : **World - MSCI - EMF ASIA (KRW Unhedged)** ● 위험등급 : **2등급**
● 테마분류 : — ● 평가등급(3년) : —

펀드 현황	
운용사(매니저)	케이비자산운용
판매사	—
설정일(존속기간)	2016.08.04 (1년8개월)
설정액	80.00억원
순자산	80.00억원

시장 정보 (2018년 04월 20일 기준)			
52주최고(원)	15,245	수익률(12M, %)	3.92
52주최저(원)	10,765	수익률(YTD, %)	6.60
거래량(20일, 주)	730	변동성(120일)	0.01
거래대금(20일, 원)	9,660,470	구성종목수(개)	54
베타(1D/1Y)	0.760010	괴리치(원)	90.73

누적 수익률

기간별 수익률 (%)				
구분	수익률	BM초과	유형초과	%순위
1주	2.15	1.25	1.77	6.57
1개월	-0.37	-0.78	1.95	13.31
3개월	-3.36	-1.09	1.79	31.44
6개월	-7.77	-3.38	-2.13	72.84
연초이후	6.60	6.36	2.38	29.94
1년	3.92	2.36	2.83	19.65
3년	25.21	5.85	-1.42	44.44

보수 (%, 年)	
TER	0.400
운용	0.290
판매	0.050
수탁	0.030
일반사무	0.030

투자 전략

이 투자신탁은 홍콩에 상장된 중국관련 주식 및 파생상품을 법에서 정하는 주된 투자대상으로 하며,기초지수인 HSCEI(Hang Seng China Enterprises Index)(이하 "기초지수"라 한다) 지수의 수익률과 유사한 수익률을 실현하는 것을 목표로 하는 상장지수 투자신탁입니다.

TIGER 코스닥150선물인버스 (A250780)

● 벤치마크 : **#N/A** ● 위험등급 : **1등급**
● 테마분류 : — ● 평가등급(3년) : —

펀드 현황	
운용사(매니저)	미래에셋자산운용
판매사	—
설정일(존속기간)	2016.08.09 (1년8개월)
설정액	475.00억원
순자산	475.00억원

시장 정보 (2018년 04월 20일 기준)			
52주최고(원)	10,500	수익률(12M, %)	-10.41
52주최저(원)	5,450	수익률(YTD, %)	-29.56
거래량(20일, 주)	1,383,692	변동성(120일)	0.02
거래대금(20일, 원)	8,164,592,557	구성종목수(개)	3
베타(1D/1Y)	-1.190390	괴리치(원)	5.19

누적 수익률

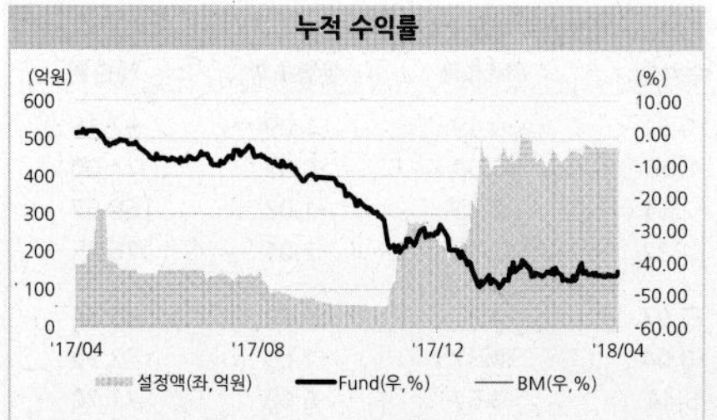

기간별 수익률 (%)				
구분	수익률	BM초과	유형초과	%순위
1주	1.81	—	1.91	5.00
1개월	1.37	—	2.32	11.67
3개월	2.35	—	1.50	3.33
6개월	3.07	—	-0.68	29.31
연초이후	-29.56	—	-30.32	96.49
1년	-10.41	—	-11.99	94.83
3년	-42.78	—	-24.60	98.18

보수 (%, 年)	
TER	0.320
운용	0.250
판매	0.030
수탁	0.020
일반사무	0.020

투자 전략

이 투자신탁은 국내 주식관련장내파생상품을 주된 투자대상자산으로 하며, 코스닥150 지수선물의 가격수준을 표시하는 지수인"F-코스닥150 지수"를 기초지수로 하여 1좌당 순자산가치의 일간변동률을 기초지수의 일간변동률의 음(陰)의 1배수로 연동하여 투자신탁재산을 운용함을 목적으로 합니다.

KODEX 코스닥150선물인버스 (A251340)

● 벤치마크 : **#N/A**
● 테마분류 : —

● 위험등급 : **1등급**
● 평가등급(3년) : —

펀드 현황	
운용사(매니저)	삼성자산운용
판매사	—
설정일(존속기간)	2016.08.09 (1년8개월)
설정액	3,860.00억원
순자산	3,860.00억원

시장 정보 (2018년 04월 20일 기준)			
52주최고(원)	10,460	수익률(12M, %)	-10.74
52주최저(원)	5,395	수익률(YTD, %)	-29.73
거래량(20일, 주)	17,584,936	변동성(120일)	0.02
거래대금(20일, 원)	102,862,423,983	구성종목수(개)	2
베타(1D/1Y)	-1.171370	괴리치(원)	2.03

누적 수익률

기간별 수익률 (%)				
구분	수익률	BM초과	유형초과	%순위
1주	1.83	—	1.93	—
1개월	1.38	—	2.33	8.33
3개월	2.23	—	1.39	8.33
6개월	2.80	—	-0.94	39.66
연초이후	-29.73	—	-30.49	98.25
1년	-10.74	—	-12.32	96.55
3년	-43.17	—	-24.99	100.00

보수 (%, 年)	
TER	0.640
운용	0.550
판매	0.050
수탁	0.020
일반사무	0.020

투자 전략

이 투자신탁은 KOSDAQ150 지수선물의 가격수준을 종합적으로 표시하는 F-KOSDAQ15 0 지수(이하"기초지수"라 한다)를 기초지수로 하여 1좌당 순자산가치의 일간변동률을 기초지수 일간변동률의 음(陰)의 1배수로 연하여 투자신탁재산을 운용함을 그 운용목적으로 합니다.

KODEX 선진국MSCI World (A251350)

● 벤치마크 : **World - MSCI - AC WORLD INDEX FREE (KRW Unhedged)**
● 테마분류 : —

● 위험등급 : **2등급**
● 평가등급(3년) : —

펀드 현황	
운용사(매니저)	삼성자산운용
판매사	—
설정일(존속기간)	2016.08.08 (1년8개월)
설정액	1,120.00억원
순자산	1,120.00억원

시장 정보 (2018년 04월 20일 기준)			
52주최고(원)	12,905	수익률(12M, %)	0.62
52주최저(원)	11,040	수익률(YTD, %)	-0.75
거래량(20일, 주)	21,850	변동성(120일)	0.01
거래대금(20일, 원)	258,777,720	구성종목수(개)	1,642
베타(1D/1Y)	0.163430	괴리치(원)	-5.47

누적 수익률

기간별 수익률 (%)				
구분	수익률	BM초과	유형초과	%순위
1주	-0.35	0.07	-0.61	91.74
1개월	1.46	0.33	-0.08	61.98
3개월	-0.98	-0.72	0.57	44.88
6개월	-3.29	1.09	-1.03	63.90
연초이후	-0.75	0.85	-4.46	86.97
1년	0.62	0.29	-1.15	54.94
3년	10.06	1.06	-4.43	76.37

보수 (%, 年)	
TER	0.500
운용	0.370
판매	0.050
수탁	0.040
일반사무	0.040

투자 전략

이 투자신탁은 MSCI World Index(이하 "기초지수"라 한다. 원화환산기준)를 추적 대상 지수로 하여 1좌당순자산가치의 변동률을 추적대상지수의 변동률과 유사하도록 투자신탁재산을 운용함을 그 운용목적으로 합니다.

ARIRANG 고배당저변동50 (A251590)

● 벤치마크 : **FnGuide 고배당저변동50 지수**
● 테마분류 : —

● 위험등급 : **2등급**
● 평가등급(3년) : —

펀드 현황	
운용사(매니저)	한화자산운용
판매사	—
설정일(존속기간)	2016.08.10 (1년8개월)
설정액	217.02억원
순자산	217.02억원

시장 정보 (2018년 04월 20일 기준)			
52주최고(원)	12,465	수익률(12M, %)	8.46
52주최저(원)	10,730	수익률(YTD, %)	-3.45
거래량(20일, 주)	17,831	변동성(120일)	0.01
거래대금(20일, 원)	205,504,621	구성종목수(개)	51
베타(1D/1Y)	0.448230	괴리치(원)	15.25

누적 수익률

(억원) 250 200 150 100 50 0 / (%) 20.00 15.00 10.00 5.00 0.00
'17/04 '17/08 '17/12 '18/04
설정액(좌,억원) Fund(우,%) BM(우,%)

기간별 수익률 (%)				
구분	수익률	BM초과	유형초과	%순위
1주	0.25	-0.01	-0.60	67.14
1개월	-1.29	0.07	-0.07	52.86
3개월	-5.00	0.04	-1.52	60.87
6개월	-0.17	2.88	-7.21	60.71
연초이후	-3.45	0.02	-4.01	65.22
1년	8.46	3.08	-15.27	71.15
3년	—	—	—	—

보수 (%, 年)	
TER	0.230
운용	0.160
판매	0.020
수탁	0.020
일반사무	0.030

투자 전략

이 투자신탁은 국내 주식을 주된 투자대상자산으로 하고, 수익증권 1좌당 순자산가치의 변동률을 에프앤가이드(FnGuide)에서 산출하여 공표하는 추적대상지수인 FnGuide 고배당저변동 50지수의 변동률과 유사하도록 운용함을 목적으로 합니다.

ARIRANG 고배당주채권혼합 (A251600)

● 벤치마크 : **FnGuide 고배당주 채권혼합 지수**
● 테마분류 : —

● 위험등급 : **4등급**
● 평가등급(3년) : —

펀드 현황	
운용사(매니저)	한화자산운용
판매사	—
설정일(존속기간)	2016.08.10 (1년8개월)
설정액	140.81억원
순자산	140.81억원

시장 정보 (2018년 04월 20일 기준)			
52주최고(원)	11,040	수익률(12M, %)	3.88
52주최저(원)	10,270	수익률(YTD, %)	-2.92
거래량(20일, 주)	4,139	변동성(120일)	0.00
거래대금(20일, 원)	43,698,097	구성종목수(개)	37
베타(1D/1Y)	0.269580	괴리치(원)	1.51

누적 수익률

(억원) 250 200 150 100 50 0 / (%) 9.00 8.00 7.00 6.00 5.00 4.00 3.00 2.00 1.00 0.00
'17/04 '17/08 '17/12 '18/04
설정액(좌,억원) Fund(우,%) BM(우,%)

기간별 수익률 (%)				
구분	수익률	BM초과	유형초과	%순위
1주	0.17	-0.01	-0.32	80.24
1개월	-0.61	-0.03	-1.19	98.81
3개월	-3.70	-0.01	-3.86	100.00
6개월	-2.07	1.31	-4.42	99.84
연초이후	-2.92	-0.04	-3.93	100.00
1년	3.88	1.44	-0.96	68.73
3년	—	—	—	—

보수 (%, 年)	
TER	0.200
운용	0.130
판매	0.020
수탁	0.020
일반사무	0.030

투자 전략

이 투자신탁은 국내 채권을 주된 투자대상자산으로 하고, 국내 주식에도 일부 투자하며, 수익증권1좌당 순자산가치의 변동률을 에프앤가이드(FnGuide)에서 산출하여 공표하는 추적대상지수인 FnGuide고배당주 채권혼합 지수의 변동률과 유사하도록 운용함을 목적으로 합니다.

KINDEX 코스닥(합성) (A251890)

● 벤치마크 : **KOSPI TR**
● 테마분류 : –
● 위험등급 : **1등급**
● 평가등급(3년) : –

펀드 현황	
운용사(매니저)	한국투자신탁운용
판매사	–
설정일(존속기간)	2016.09.01 (1년7개월)
설정액	100.00억원
순자산	100.00억원

시장 정보 (2018년 04월 20일 기준)			
52주최고(원)	13,580	수익률(12M, %)	10.36
52주최저(원)	9,185	수익률(YTD, %)	31.90
거래량(20일, 주)	173	변동성(120일)	0.01
거래대금(20일, 원)	2,212,264	구성종목수(개)	2
베타(1D/1Y)	0.810200	괴리치(원)	-15.76

누적 수익률

(억원) 120 100 80 60 40 20 0 / (%) 50.00 40.00 30.00 20.00 10.00 0.00 -10.00
'17/04 '17/08 '17/12 '18/04
설정액(좌,억원) Fund(우,%) BM(우,%)

구분	수익률	BM초과	유형초과	%순위
1주	-1.18	-1.42	-0.57	85.47
1개월	0.14	-1.64	-0.95	83.11
3개월	0.16	-0.26	1.72	22.03
6개월	0.19	1.50	5.38	3.81
연초이후	31.90	29.85	23.75	9.38
1년	10.36	9.56	8.73	4.29
3년	37.96	19.66	4.21	7.29

보수 (%, 年)	
TER	0.300
운용	0.230
판매	0.020
수탁	0.020
일반사무	0.030

투자 전략

이 투자신탁은 한국거래소(KRX)가 산출 · 발표하는 "코스닥150 지수(KRX KOSDAQ150 Index)"를기초지수로 하여 1좌당 순자산가치의 변동률을 기초지수 일간 변동률의 양(+)의 2배수와유사하도록 투자신탁재산을 운용함을 목적으로 하며, 투자목적 달성을 위해 국내 주식 및 국내주식관련파생상품에 투자신탁 자산총액의 60%이상을 투자합니다.

TIGER 200동일가중 (A252000)

● 벤치마크 : **KOSPI TR**
● 테마분류 : –
● 위험등급 : **2등급**
● 평가등급(3년) : –

펀드 현황	
운용사(매니저)	미래에셋자산운용
판매사	–
설정일(존속기간)	2016.09.19 (1년7개월)
설정액	666.55억원
순자산	666.55억원

시장 정보 (2018년 04월 20일 기준)			
52주최고(원)	12,185	수익률(12M, %)	-0.54
52주최저(원)	10,140	수익률(YTD, %)	4.09
거래량(20일, 주)	147,161	변동성(120일)	0.01
거래대금(20일, 원)	1,639,270,832	구성종목수(개)	202
베타(1D/1Y)	0.601010	괴리치(원)	-10.59

누적 수익률

(억원) 700 600 500 400 300 200 100 0 / (%) 25.00 20.00 15.00 10.00 5.00 0.00
'17/04 '17/08 '17/12 '18/04
설정액(좌,억원) Fund(우,%) BM(우,%)

구분	수익률	BM초과	유형초과	%순위
1주	0.17	-0.08	0.78	66.89
1개월	1.17	-0.60	0.09	69.26
3개월	1.16	0.73	2.71	8.47
6개월	-3.72	-2.42	1.46	43.22
연초이후	4.09	2.04	-4.05	19.64
1년	-0.54	-1.34	-2.17	44.21
3년	10.67	-7.63	-23.08	85.42

보수 (%, 年)	
TER	0.250
운용	0.200
판매	0.010
수탁	0.020
일반사무	0.020

투자 전략

이 투자신탁은 한국거래소가 발표하는 "코스피 200 동일가중 지수"를 기초지수로 하는 상장지수투자신탁으로서, 투자목적 달성을 위해서 국내 거래소에 상장된 주식에 투자신탁 자산총액의 60% 이상을 투자합니다.

KBSTAR 200선물레버리지 (A252400)

● 벤치마크 : **KOSPI TR**
● 테마분류 : —
● 위험등급 : **1등급**
● 평가등급(3년) : —

펀드 현황	
운용사(매니저)	케이비자산운용
판매사	—
설정일(존속기간)	2016.09.08 (1년7개월)
설정액	260.00억원
순자산	260.00억원

시장 정보 (2018년 04월 20일 기준)			
52주최고(원)	17,330	수익률(12M, %)	-4.82
52주최저(원)	11,960	수익률(YTD, %)	-4.40
거래량(20일, 주)	53,212	변동성(120일)	0.02
거래대금(20일, 원)	789,353,300	구성종목수(개)	4
베타(1D/1Y)	2.134950	괴리치(원)	41.15

누적 수익률

(억원) 300 250 200 150 100 50 0 (%) 60.00 50.00 40.00 30.00 20.00 10.00 0.00
'17/04 '17/08 '17/12 '18/04
설정액(좌,억원) Fund(우,%) BM(우,%)

기간별 수익률 (%)				
구분	수익률	BM초과	유형초과	%순위
1주	0.89	0.65	1.50	16.22
1개월	4.62	2.85	3.54	3.04
3개월	-0.67	-1.10	0.88	76.95
6개월	-7.08	-5.78	-1.90	85.59
연초이후	-4.40	-6.45	-12.55	93.75
1년	-4.82	-5.62	-6.45	90.13
3년	31.40	13.09	-2.36	25.00

보수 (%, 年)	
TER	0.600
운용	0.450
판매	0.100
수탁	0.020
일반사무	0.030

투자 전략

이 투자신탁은 한국거래소가 산출하는 "F-KOSPI200 지수"를 기초지수로 하여 1좌당 순자산가치의 일간변동률을 기초지수의 일간변동률의 양(陽)의 2배수로 연동하여 투자신탁재산을 운용하는 것을 목표로 합니다.

KBSTAR 200선물인버스 (A252410)

● 벤치마크 : **#N/A**
● 테마분류 : —
● 위험등급 : **2등급**
● 평가등급(3년) : —

펀드 현황	
운용사(매니저)	케이비자산운용
판매사	—
설정일(존속기간)	2016.09.08 (1년7개월)
설정액	110.00억원
순자산	110.00억원

시장 정보 (2018년 04월 20일 기준)			
52주최고(원)	9,065	수익률(12M, %)	1.42
52주최저(원)	7,435	수익률(YTD, %)	0.83
거래량(20일, 주)	6,786	변동성(120일)	0.01
거래대금(20일, 원)	53,938,437	구성종목수(개)	4
베타(1D/1Y)	-1.041840	괴리치(원)	-6.99

누적 수익률

(억원) 250 200 150 100 50 0 (%) 0.00 -5.00 -10.00 -15.00 -20.00 -25.00
'17/04 '17/08 '17/12 '18/04
설정액(좌,억원) Fund(우,%) BM(우,%)

기간별 수익률 (%)				
구분	수익률	BM초과	유형초과	%순위
1주	-0.44	—	-0.34	50.00
1개월	-2.28	—	-1.33	76.67
3개월	0.06	—	-0.78	46.67
6개월	2.65	—	-1.09	50.00
연초이후	0.83	—	0.07	43.86
1년	1.42	—	-0.16	36.21
3년	-14.68	—	3.50	50.91

보수 (%, 年)	
TER	0.600
운용	0.450
판매	0.100
수탁	0.020
일반사무	0.030

투자 전략

이 투자신탁은 국내주식관련 장내파생상품을 법에서 정하는 주된 투자대상으로 하며, 한국거래소가 산출하는 "F-KOSPI200 지수"를 기초지수로 하여 1좌당 순자산가치의 일간변동률을 기초지수의 일간 변동률의 음(陰)의 1배수로 연동하여 투자신탁재산을 운용하는 것을 목적으로 하는 투자신탁입니다

KBSTAR 200선물인버스2X (A252420)

- 벤치마크 : **#N/A**
- 테마분류 : —
- 위험등급 : **1등급**
- 평가등급(3년) : —

펀드 현황	
운용사(매니저)	케이비자산운용
판매사	—
설정일(존속기간)	2016.09.21 (1년7개월)
설정액	1,150.00억원
순자산	1,150.00억원

시장 정보 (2018년 04월 20일 기준)			
52주최고(원)	8,060	수익률(12M, %)	1.86
52주최저(원)	5,355	수익률(YTD, %)	0.40
거래량(20일, 주)	284,448	변동성(120일)	0.02
거래대금(20일, 원)	1,743,004,059	구성종목수(개)	5
베타(1D/1Y)	-2.102470	괴리치(원)	-18.33

누적 수익률

설정액(좌,억원) Fund(우,%) BM(우,%)

기간별 수익률 (%)

구분	수익률	BM초과	유형초과	%순위
1주	-0.89	—	-0.79	76.67
1개월	-4.48	—	-3.54	93.33
3개월	-0.15	—	-0.99	76.67
6개월	4.53	—	0.79	20.69
연초이후	0.40	—	-0.37	70.18
1년	1.86	—	0.28	5.17
3년	-28.70	—	-10.52	87.27

보수 (%, 年)	
TER	0.600
운용	0.450
판매	0.100
수탁	0.020
일반사무	0.030

투자 전략

이 투자신탁은 한국거래소가 산출하는 "F-KOSPI200 지수"를 기초지수로 하여 1좌당 순자산가치의일간변동률을 기초지수의 일간변동률의 음(陰)의 2배수로 연동하여 투자신탁재산을 운용하는 것을 목표로 합니다.

KODEX 200동일가중 (A252650)

- 벤치마크 : **KOSPI TR**
- 테마분류 : —
- 위험등급 : **2등급**
- 평가등급(3년) : —

펀드 현황	
운용사(매니저)	삼성자산운용
판매사	—
설정일(존속기간)	2016.09.19 (1년7개월)
설정액	158.00억원
순자산	158.00억원

시장 정보 (2018년 04월 20일 기준)			
52주최고(원)	12,190	수익률(12M, %)	-0.56
52주최저(원)	10,200	수익률(YTD, %)	3.77
거래량(20일, 주)	42,001	변동성(120일)	0.01
거래대금(20일, 원)	463,615,515	구성종목수(개)	202
베타(1D/1Y)	0.696240	괴리치(원)	-45.57

누적 수익률

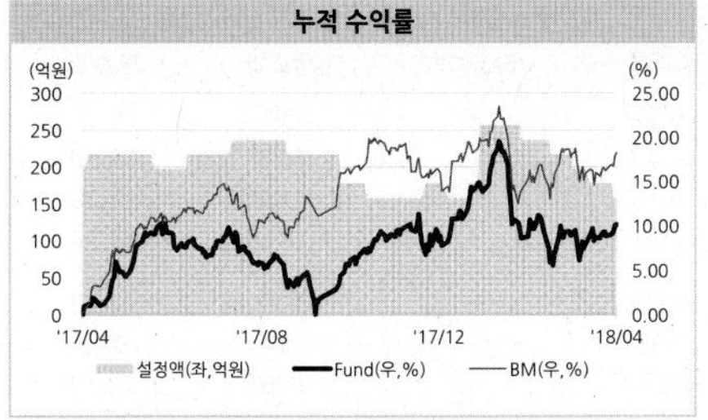

기간별 수익률 (%)

구분	수익률	BM초과	유형초과	%순위
1주	0.17	-0.07	0.78	66.55
1개월	1.20	-0.58	0.11	68.58
3개월	1.18	0.75	2.73	7.80
6개월	-3.75	-2.44	1.44	44.07
연초이후	3.77	1.72	-4.37	22.77
1년	-0.56	-1.36	-2.19	45.06
3년	10.20	-8.11	-23.56	85.94

보수 (%, 年)	
TER	0.250
운용	0.200
판매	0.010
수탁	0.020
일반사무	0.020

투자 전략

이 투자신탁은 기본적으로 한국거래소(KRX)가 산출,발표하는 코스피200동일가중지수를 완전복제 하는 방식으로 포트폴리오를 구성할 예정입니다.

KODEX 200선물인버스2X (A252670)

● 벤치마크 : **#N/A**
● 테마분류 : —

● 위험등급 : **1등급**
● 평가등급(3년) : —

펀드 현황	
운용사(매니저)	삼성자산운용
판매사	—
설정일(존속기간)	2016.09.21 (1년7개월)
설정액	5,470.00억원
순자산	5,470.00억원

시장 정보 (2018년 04월 20일 기준)			
52주최고(원)	8,060	수익률(12M, %)	2.03
52주최저(원)	5,340	수익률(YTD, %)	0.46
거래량(20일, 주)	11,654,724	변동성(120일)	0.02
거래대금(20일, 원)	71,385,587,666	구성종목수(개)	3
베타(1D/1Y)	-2.155210	괴리치(원)	-28.27

누적 수익률

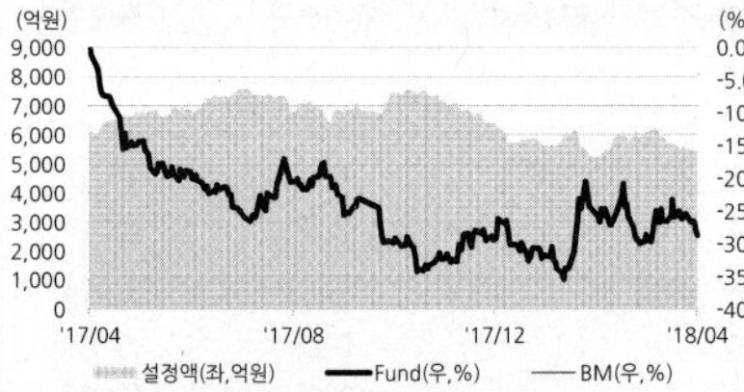

기간별 수익률 (%)

구분	수익률	BM초과	유형초과	%순위
1주	-0.87	—	-0.77	73.33
1개월	-4.51	—	-3.57	98.33
3개월	-0.17	—	-1.02	80.00
6개월	4.63	—	0.88	15.52
연초이후	0.46	—	-0.31	68.42
1년	2.03	—	0.44	—
3년	-28.68	—	-10.49	85.45

보수 (%, 年)	
TER	0.640
운용	0.580
판매	0.020
수탁	0.020
일반사무	0.020

투자 전략

이 투자신탁의 순자산가치의 일간변동률을 F-KOSPI200 지수의 일별 수익률의 음(陰) 2배수(-2배수)의수익률로 추적하고자 하는 운용목적을 달성하기 위하여 KOSPI200 지수 관련 파생상품 및 집합투자기구 등으로 포트폴리오를 구성하고, 필요에 따라 증권의 차입 등 기타 효율적인 방법을 활용할 예정입니다.

TIGER 200선물인버스2X (A252710)

● 벤치마크 : **#N/A**
● 테마분류 : —

● 위험등급 : **1등급**
● 평가등급(3년) : —

펀드 현황	
운용사(매니저)	미래에셋자산운용
판매사	—
설정일(존속기간)	2016.09.21 (1년7개월)
설정액	1,830.00억원
순자산	1,830.00억원

시장 정보 (2018년 04월 20일 기준)			
52주최고(원)	8,105	수익률(12M, %)	1.95
52주최저(원)	5,410	수익률(YTD, %)	0.67
거래량(20일, 주)	1,044,407	변동성(120일)	0.02
거래대금(20일, 원)	6,473,515,607	구성종목수(개)	4
베타(1D/1Y)	-2.123870	괴리치(원)	-11.66

누적 수익률

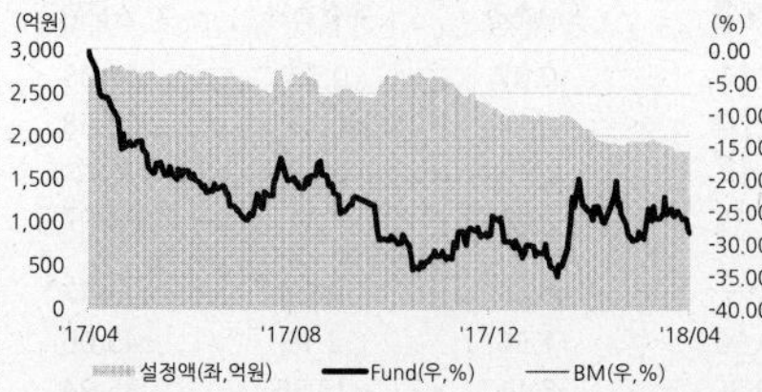

기간별 수익률 (%)

구분	수익률	BM초과	유형초과	%순위
1주	-0.91	—	-0.81	80.00
1개월	-4.49	—	-3.55	95.00
3개월	-0.16	—	-1.00	78.33
6개월	4.59	—	0.84	17.24
연초이후	0.67	—	-0.10	47.37
1년	1.95	—	0.37	3.45
3년	-28.28	—	-10.10	78.18

보수 (%, 年)	
TER	0.090
운용	0.050
판매	0.010
수탁	0.020
일반사무	0.010

투자 전략

이 투자신탁은 한국거래소가 발표하는 "코스피 200 선물지수"를 기초지수로 하는 상장지수투자신탁으로서, 국내 주식관련 장내파생상품 투자에 따른 위험평가액이 투자신탁 자산총액의 60% 이상이 되도록 투자하여 1좌당 순자산가치의 일간변동률을 코스피 200 선물지수의 일간변동률의 음(陰)의 2배수에 연동하도록 투자신탁재산을 운용함을 목적으로 합니다.

KBSTAR 모멘텀밸류 (A252720)

● 벤치마크 : **FnGuide 모멘텀&로우볼 지수**
● 테마분류 : –

● 위험등급 : **2등급**
● 평가등급(3년) : –

펀드 현황	
운용사(매니저) 판매사	케이비자산운용 –
설정일(존속기간) 설정액 순자산	2016.10.13 (1년6개월) 352.57억원 352.57억원

시장 정보 (2018년 04월 20일 기준)			
52주최고(원)	14,280	수익률(12M, %)	23.57
52주최저(원)	11,325	수익률(YTD, %)	1.29
거래량(20일, 주)	35,982	변동성(120일)	0.01
거래대금(20일, 원)	481,234,192	구성종목수(개)	51
베타(1D/1Y)	1.044210	괴리치(원)	6.76

누적 수익률

기간별 수익률 (%)				
구분	수익률	BM초과	유형초과	%순위
1주	3.24	0.03	2.15	25.68
1개월	-0.74	0.20	0.81	77.97
3개월	-2.84	-0.07	2.34	34.32
6개월	3.19	2.73	-4.96	27.23
연초이후	1.29	1.34	-0.34	25.75
1년	23.57	0.81	-10.18	51.04
3년	–	–	–	–

보수 (%, 年)	
TER	0.350
운용	0.300
판매	0.010
수탁	0.020
일반사무	0.020

투자 전략

이 투자신탁은 국내주식을 주된 투자대상으로 하며, FnGuide가 산출하는 FnGuide 모멘텀&밸류 지수(FnGuide Momentum&Value Index)를 기초지수로 하여 1좌당 순자산가치의 변동률을 기초지수의 변동률과 유사하도록 투자신탁재산을 운용하는 것을 목적으로 하는 투자신탁입니다.

KBSTAR 모멘텀로우볼 (A252730)

● 벤치마크 : **FnGuide 모멘텀&밸류 지수**
● 테마분류 : –

● 위험등급 : **2등급**
● 평가등급(3년) : –

펀드 현황	
운용사(매니저) 판매사	케이비자산운용 –
설정일(존속기간) 설정액 순자산	2016.10.13 (1년6개월) 291.98억원 291.98억원

시장 정보 (2018년 04월 20일 기준)			
52주최고(원)	13,595	수익률(12M, %)	24.72
52주최저(원)	10,785	수익률(YTD, %)	0.02
거래량(20일, 주)	44,294	변동성(120일)	0.01
거래대금(20일, 원)	563,748,427	구성종목수(개)	51
베타(1D/1Y)	1.123500	괴리치(원)	4.34

누적 수익률

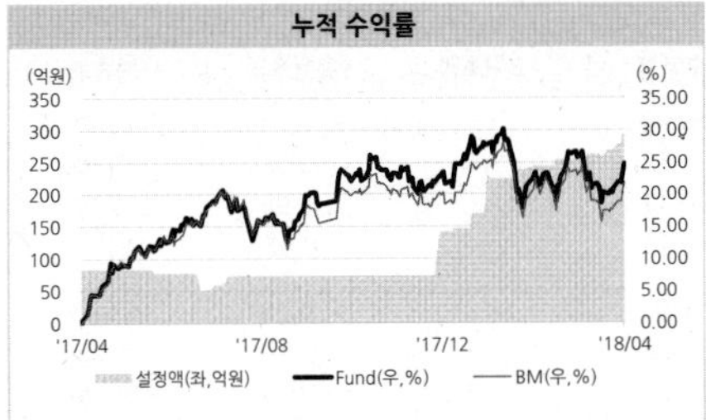

기간별 수익률 (%)				
구분	수익률	BM초과	유형초과	%순위
1주	3.16	-0.13	2.07	26.01
1개월	-0.78	0.11	0.78	78.31
3개월	-2.63	0.30	2.55	28.81
6개월	2.21	0.62	-5.93	31.25
연초이후	0.02	-1.26	-1.61	33.05
1년	24.72	2.98	-9.04	39.58
3년	–	–	–	–

보수 (%, 年)	
TER	0.350
운용	0.300
판매	0.010
수탁	0.020
일반사무	0.020

투자 전략

이 투자신탁은 국내주식을 주된 투자대상으로 하며, FnGuide가 산출하는 FnGuide 모멘텀&로우볼 지수(FnGuide Momentum&LowVol Index)를 기초지수로 하여 1좌당 순자산가치의 변동률을 기초지수의 변동률과 유사하도록 투자신탁재산을 운용하는 것을 목적으로 하는 투자신탁입니다.

ARIRANG 200선물레버리지 (A253150)

● 벤치마크 : **KOSPI TR**
● 테마분류 : —

● 위험등급 : **2등급**
● 평가등급(3년) : —

펀드 현황	
운용사(매니저)	한화자산운용
판매사	—
설정일(존속기간)	2016.09.27 (1년6개월)
설정액	60.00억원
순자산	60.00억원

시장 정보 (2018년 04월 20일 기준)			
52주최고(원)	34,370	수익률(12M, %)	-4.64
52주최저(원)	23,540	수익률(YTD, %)	-4.06
거래량(20일, 주)	1,105	변동성(120일)	0.02
거래대금(20일, 원)	32,205,625	구성종목수(개)	3
베타(1D/1Y)	2.144440	괴리치(원)	76.09

누적 수익률

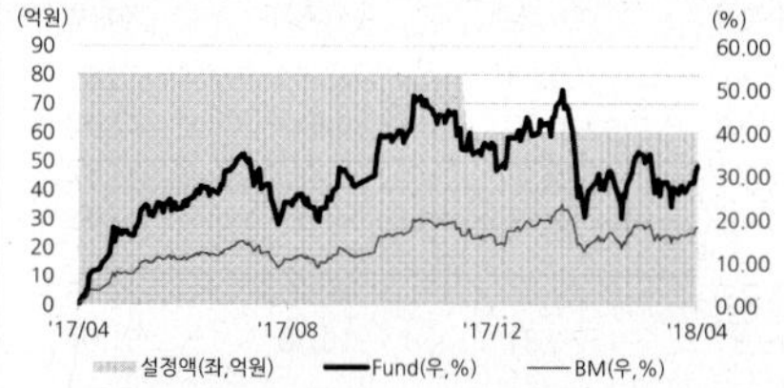

설정액(좌,억원) Fund(우,%) BM(우,%)

기간별 수익률 (%)				
구분	수익률	BM초과	유형초과	%순위
1주	0.89	0.65	1.50	15.88
1개월	4.68	2.90	3.59	2.70
3개월	-0.59	-1.02	0.96	73.56
6개월	-6.90	-5.59	-1.72	83.47
연초이후	-4.06	-6.11	-12.21	86.61
1년	-4.64	-5.44	-6.27	88.41
3년	32.31	14.01	-1.44	16.67

보수 (%, 年)	
TER	0.060
운용	0.015
판매	0.005
수탁	0.020
일반사무	0.020

투자 전략

이 투자신탁은 수익증권 1좌당 순자산가치의 변동률을 한국거래소에서 산출하여 공표하는추적대상지수인 F-KOSPI200지수의 일간변동률의 양(陽)의 2배와 유사하도록 운용함을 목적으로합니다.

ARIRANG 200선물인버스2X (A253160)

● 벤치마크 : **#N/A**
● 테마분류 : —

● 위험등급 : **1등급**
● 평가등급(3년) : —

펀드 현황	
운용사(매니저)	한화자산운용
판매사	—
설정일(존속기간)	2016.09.20 (1년7개월)
설정액	60.00억원
순자산	60.00억원

시장 정보 (2018년 04월 20일 기준)			
52주최고(원)	16,025	수익률(12M, %)	1.96
52주최저(원)	10,680	수익률(YTD, %)	0.56
거래량(20일, 주)	8,852	변동성(120일)	0.02
거래대금(20일, 원)	107,936,069	구성종목수(개)	4
베타(1D/1Y)	-2.147440	괴리치(원)	-28.02

누적 수익률

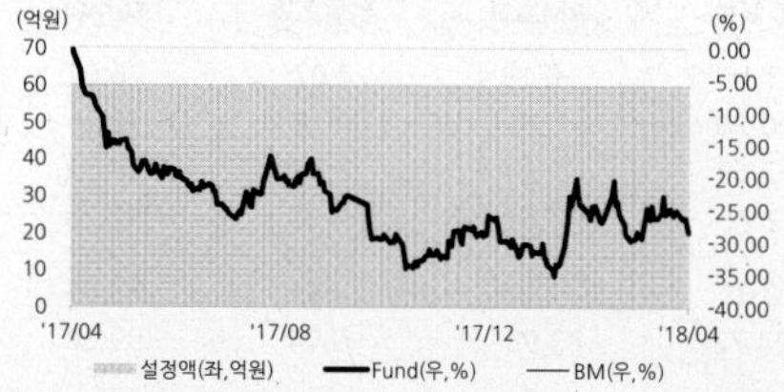

설정액(좌,억원) Fund(우,%) BM(우,%)

기간별 수익률 (%)				
구분	수익률	BM초과	유형초과	%순위
1주	-0.88	—	-0.78	75.00
1개월	-4.52	—	-3.58	100.00
3개월	-0.11	—	-0.95	75.00
6개월	4.57	—	0.82	18.97
연초이후	0.56	—	-0.20	61.40
1년	1.96	—	0.37	1.72
3년	-28.47	—	-10.28	80.00

보수 (%, 年)	
TER	0.060
운용	0.015
판매	0.005
수탁	0.020
일반사무	0.020

투자 전략

이 투자신탁은 한국거래소에서 산출하여 공표하는 추적대상지수인 F-KOSPI200지수의 일간변동률의 -2배의 성과를 추종할 수 있도록, KOSPI200주가지수 관련 장내파생상품 및 집합투자증권 등을 편입합니 다. 다만, 추적대상지수의 구성종목에 변경이 있을 경우에는 추적대상지수에 포함되지 않은 종목에 투자할 수도 있습니다.

KOSEF 200선물인버스2X (A253230)

● 벤치마크 : **#N/A**
● 테마분류 : —

● 위험등급 : **1등급**
● 평가등급(3년) : —

펀드 현황	
운용사(매니저) 판매사	키움투자자산운용 —
설정일(존속기간) 설정액 순자산	2016.09.21 (1년7개월) 165.00억원 165.00억원

시장 정보 (2018년 04월 20일 기준)			
52주최고(원)	8,065	수익률(12M, %)	1.72
52주최저(원)	5,370	수익률(YTD, %)	0.47
거래량(20일, 주)	21,234	변동성(120일)	0.02
거래대금(20일, 원)	129,257,899	구성종목수(개)	2
베타(1D/1Y)	-2.088230	괴리치(원)	-7.17

누적 수익률

(억원) 185 180 175 170 165 160 155 / (%) 0.00 -5.00 -10.00 -15.00 -20.00 -25.00 -30.00 -35.00 -40.00

'17/04 '17/08 '17/12 '18/04

설정액(좌,억원) Fund(우,%) BM(우,%)

기간별 수익률 (%)				
구분	수익률	BM초과	유형초과	%순위
1주	-0.89	—	-0.79	78.33
1개월	-4.50	—	-3.55	96.67
3개월	-0.05	—	-0.89	66.67
6개월	4.43	—	0.69	24.14
연초이후	0.47	—	-0.29	64.91
1년	1.72	—	0.13	10.34
3년	-28.75	—	-10.57	89.09

보수 (%, 年)	
TER	0.460
운용	0.360
판매	0.050
수탁	0.020
일반사무	0.030

투자 전략

이 투자신탁은 한국거래소가 발표하는 "F-KOSPI200 지수"를 기초지수로 하는상장지수투자 신탁으로서, 주식관련장내파생상품 투자에 따른 위험평가액이 투자신탁 자산총액의60% 이상이 되도록 투자하여 1 좌당 순자산가치의 일간 변동률을 F-KOSPI200 지수의 일간 변동률의 음(陰)의 2 배수(-2 배수)에 연동되도록 투자신탁재산을 운용함을 목적으로 합니다.

KOSEF 200선물인버스 (A253240)

● 벤치마크 : **#N/A**
● 테마분류 : —

● 위험등급 : **1등급**
● 평가등급(3년) : —

펀드 현황	
운용사(매니저) 판매사	키움투자자산운용 —
설정일(존속기간) 설정액 순자산	2016.09.09 (1년7개월) 97.00억원 97.00억원

시장 정보 (2018년 04월 20일 기준)			
52주최고(원)	9,050	수익률(12M, %)	1.45
52주최저(원)	7,440	수익률(YTD, %)	0.96
거래량(20일, 주)	3,939	변동성(120일)	0.01
거래대금(20일, 원)	31,525,301	구성종목수(개)	2
베타(1D/1Y)	-1.062310	괴리치(원)	-0.07

누적 수익률

(억원) 120 100 80 60 40 20 0 / (%) 0.00 -5.00 -10.00 -15.00 -20.00 -25.00

'17/04 '17/08 '17/12 '18/04

설정액(좌,억원) Fund(우,%) BM(우,%)

기간별 수익률 (%)				
구분	수익률	BM초과	유형초과	%순위
1주	-0.44	—	-0.34	51.67
1개월	-2.26	—	-1.32	68.33
3개월	0.13	—	-0.72	31.67
6개월	2.68	—	-1.06	44.83
연초이후	0.96	—	0.20	28.07
1년	1.45	—	-0.13	29.31
3년	-14.62	—	3.56	47.27

보수 (%, 年)	
TER	0.460
운용	0.360
판매	0.050
수탁	0.020
일반사무	0.030

투자 전략

이 투자신탁은 한국거래소가 발표하는 "F-KOSPI200 지수"를 기초지수로 하는상장지수투자 신탁으로서, 주식관련장내파생상품 투자에 따른 위험평가액이 투자신탁 자산총액의60% 이상이 되도록 투자하여 1 좌당 순자산가치의 일간 변동률을 F-KOSPI200 지수의 일간 변동률의 음(陰)의 1 배수(-1 배수)에 연동되도록 투자신탁재산을 운용함을 목적으로 합니다.

KOSEF 200선물레버리지 (A253250)

● 벤치마크 : **KOSPI TR**
● 테마분류 : —

● 위험등급 : **1등급**
● 평가등급(3년) : —

펀드 현황	
운용사(매니저)	키움투자자산운용
판매사	—
설정일(존속기간)	2016.09.09 (1년7개월)
설정액	181.00억원
순자산	181.00억원

시장 정보 (2018년 04월 20일 기준)			
52주최고(원)	17,325	수익률(12M, %)	-4.73
52주최저(원)	11,945	수익률(YTD, %)	-4.30
거래량(20일, 주)	37,327	변동성(120일)	0.02
거래대금(20일, 원)	553,220,367	구성종목수(개)	2
베타(1D/1Y)	2.104970	괴리치(원)	33.47

누적 수익률

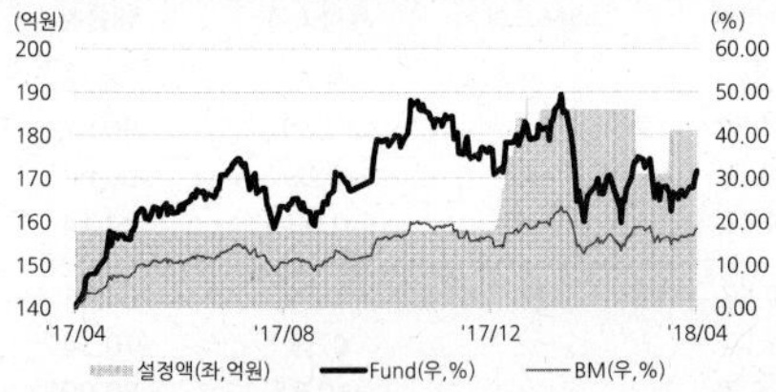

(억원) 200 190 180 170 160 150 140 / (%) 60.00 50.00 40.00 30.00 20.00 10.00 0.00
'17/04 '17/08 '17/12 '18/04
설정액(좌,억원) Fund(우,%) BM(우,%)

기간별 수익률 (%)				
구분	수익률	BM초과	유형초과	%순위
1주	0.89	0.64	1.49	16.89
1개월	4.69	2.91	3.60	2.36
3개월	-0.59	-1.02	0.96	74.58
6개월	-7.02	-5.72	-1.84	85.17
연초이후	-4.30	-6.35	-12.45	91.96
1년	-4.73	-5.54	-6.37	89.70
3년	31.64	13.34	-2.11	23.96

보수 (%, 年)	
TER	0.460
운용	0.360
판매	0.050
수탁	0.020
일반사무	0.030

투자 전략

이 투자신탁은 한국거래소가 발표하는 "F-KOSPI200 지수"를 기초지수로 하는 상장지수투자신탁으로서, 주식관련장내파생상품 투자에 따른 위험평가액이 투자신탁 자산총액의60% 이상이 되도록 투자하여 투자신탁의 일간수익률이 기초지수 일간 수익률의 양(陽)의 2 배수 수익률과 연동하도록 투자신탁재산을 운용함을 목적으로 합니다.

KBSTAR 헬스케어 (A253280)

● 벤치마크 : **FnGuide 헬스케어 지수**
● 테마분류 : —

● 위험등급 : **2등급**
● 평가등급(3년) : —

펀드 현황	
운용사(매니저)	케이비자산운용
판매사	—
설정일(존속기간)	2016.09.22 (1년7개월)
설정액	88.04억원
순자산	88.04억원

시장 정보 (2018년 04월 20일 기준)			
52주최고(원)	15,490	수익률(12M, %)	61.44
52주최저(원)	8,485	수익률(YTD, %)	8.25
거래량(20일, 주)	1,897	변동성(120일)	0.02
거래대금(20일, 원)	27,890,321	구성종목수(개)	45
베타(1D/1Y)	1.032590	괴리치(원)	-18.72

누적 수익률

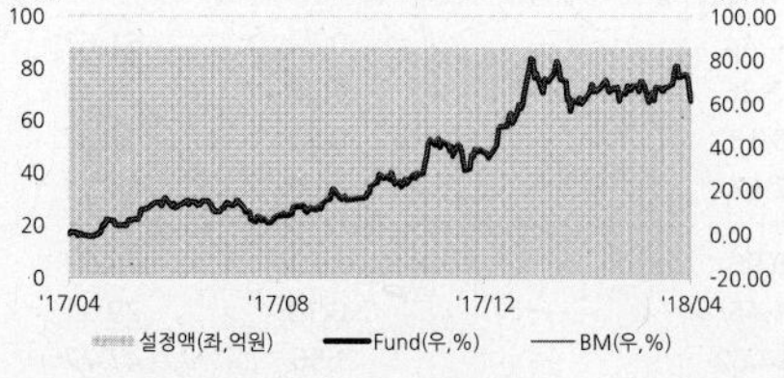

(억원) 100 80 60 40 20 0 / (%) 100.00 80.00 60.00 40.00 20.00 0.00 -20.00
'17/04 '17/08 '17/12 '18/04
설정액(좌,억원) Fund(우,%) BM(우,%)

기간별 수익률 (%)				
구분	수익률	BM초과	유형초과	%순위
1주	-6.24	0.02	-7.08	94.29
1개월	-2.48	0.08	-1.26	67.14
3개월	-2.99	0.09	0.49	44.93
6개월	28.62	0.33	21.58	12.50
연초이후	8.25	0.15	7.68	20.29
1년	61.44	-0.53	37.71	7.69
3년	—	—	—	—

보수 (%, 年)	
TER	0.400
운용	0.330
판매	0.030
수탁	0.020
일반사무	0.020

투자 전략

이 투자신탁은 에프앤가이드가 산출하는 "FnGuide 헬스케어채권혼합 지수(FnGuide Healthcare BalancedIndex)"를 기초지수로 하여 1좌당 순자산가치의 변동률을 기초지수의 변동률과 유사하도록 투자신탁재산을 운용하는 것을 목표로 합니다.

KBSTAR 헬스케어채권혼합 (A253290)

● 벤치마크 : **FnGuide 헬스케어 채권혼합 지수**
● 테마분류 : —

● 위험등급 : **4등급**
● 평가등급(3년) : —

펀드 현황	
운용사(매니저)	케이비자산운용
판매사	—
설정일(존속기간)	2016.09.22 (1년7개월)
설정액	80.85억원
순자산	80.85억원

시장 정보 (2018년 04월 20일 기준)			
52주최고(원)	11,480	수익률(12M, %)	16.68
52주최저(원)	9,500	수익률(YTD, %)	3.26
거래량(20일, 주)	3,992	변동성(120일)	0.01
거래대금(20일, 원)	45,082,004	구성종목수(개)	50
베타(1D/1Y)	0.318220	괴리치(원)	0.41

누적 수익률

기간별 수익률 (%)				
구분	수익률	BM초과	유형초과	%순위
1주	-2.01	-0.05	-2.50	100.00
1개월	-0.48	-0.12	-1.05	98.51
3개월	-0.48	-0.28	-0.64	73.27
6개월	8.93	-0.01	6.59	0.94
연초이후	3.26	-0.01	2.25	6.63
1년	16.68	-0.30	11.84	0.73
3년	—	—	—	—

보수 (%, 年)	
TER	0.350
운용	0.280
판매	0.030
수탁	0.020
일반사무	0.020

투자 전략

이 투자신탁은 국내채권을 주된 투자대상으로 하되, 주식관련 자산에도 일정수준 이하로 투자하며, 에프앤가이가 산출하는 FnGuide 헬스케어채권혼합지수(FnGuide-healthcare Balanced Index)를 기초지수로 하여 1좌당 순자산가치의 변동률을 기초지수의 변동률과 유사하도록 투자신탁재산을 운용하는 것을 목적으로 하는 투자신탁입니다.

TIGER 대만TAIEX선물(H) (A253990)

● 벤치마크 : **World - MSCI - EMF ASIA (KRW Unhedged)**
● 테마분류 : —

● 위험등급 : **2등급**
● 평가등급(3년) : —

펀드 현황	
운용사(매니저)	미래에셋자산운용
판매사	—
설정일(존속기간)	2016.10.05 (1년6개월)
설정액	100.00억원
순자산	100.00억원

시장 정보 (2018년 04월 20일 기준)			
52주최고(원)	12,750	수익률(12M, %)	4.58
52주최저(원)	10,510	수익률(YTD, %)	2.68
거래량(20일, 주)	1,323	변동성(120일)	0.01
거래대금(20일, 원)	16,402,702	구성종목수(개)	5
베타(1D/1Y)	0.487990	괴리치(원)	-41.07

누적 수익률

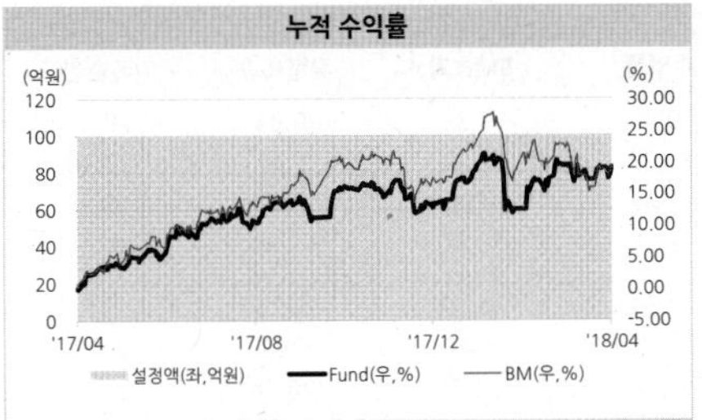

기간별 수익률 (%)				
구분	수익률	BM초과	유형초과	%순위
1주	1.07	0.17	0.69	42.56
1개월	0.25	-0.16	2.57	1.14
3개월	-0.28	1.99	4.87	14.08
6개월	-0.91	3.47	4.72	13.67
연초이후	2.68	2.43	-1.54	52.42
1년	4.58	3.03	3.49	14.30
3년	19.19	-0.17	-7.45	64.06

보수 (%, 年)	
TER	0.300
운용	0.170
판매	0.070
수탁	0.030
일반사무	0.030

투자 전략

이 투자신탁은 대만 주식을 기초자산으로 하여 파생상품시장에서 거래되는 장내파생상품을 주된 투자대상자산으로 하며, "Taiwan Stock Exchange Capitalization WeightedStock 지수"의 수익률 추종을 목적으로 합니다.

KINDEX 인도네시아MSCI(합성) (A256440)

- 벤치마크 : **World - MSCI - EMF ASIA (KRW Unhedged)**
- 테마분류 : —
- 위험등급 : **1등급**
- 평가등급(3년) : —

펀드 현황	
운용사(매니저)	한국투자신탁운용
판매사	—
설정일(존속기간)	2016.10.27 (1년5개월)
설정액	250.00억원
순자산	250.00억원

시장 정보 (2018년 04월 20일 기준)			
52주최고(원)	10,865	수익률(12M, %)	-5.28
52주최저(원)	9,395	수익률(YTD, %)	-4.81
거래량(20일, 주)	10,691	변동성(120일)	0.01
거래대금(20일, 원)	103,328,745	구성종목수(개)	2
베타(1D/1Y)	0.102560	괴리치(원)	-21.73

누적 수익률

(억원) 300 250 200 150 100 50 0 / (%) 30.00 25.00 20.00 15.00 10.00 5.00 0.00 -5.00
'17/04 '17/08 '17/12 '18/04
설정액(좌,억원) Fund(우,%) BM(우,%)

기간별 수익률 (%)				
구분	수익률	BM초과	유형초과	%순위
1주	-0.12	-1.01	-0.49	74.08
1개월	-2.42	-2.82	-0.09	67.60
3개월	-1.66	0.62	3.49	20.28
6개월	-8.85	-4.46	-3.21	82.57
연초이후	-4.81	-5.06	-9.03	90.21
1년	-5.28	-6.83	-6.37	90.68
3년	-0.48	-19.83	-27.11	98.19

보수 (%, 年)	
TER	0.700
운용	0.620
판매	0.020
수탁	0.030
일반사무	0.030

투자 전략

이 투자신탁은 장외파생상품을 주된 투자대상자산으로하여 MSCI가 산출 · 발표하는 MSCI 인도네시아 지수(MSCI Indonesia Price return Index)의 변화에 연동하여 운용하는 것을 목표로 이 투자신탁 수익증권 1좌당 순자산가치의 변동률을 지수의 변동률과 유사하도록 투자신탁재산을 운용함을 그 목적으로 합니다.

ARIRANG 심천차이넥스트(합성) (A256450)

- 벤치마크 : **World - MSCI - EMF ASIA (KRW Unhedged)**
- 테마분류 : —
- 위험등급 : **1등급**
- 평가등급(3년) : —

펀드 현황	
운용사(매니저)	한화자산운용
판매사	—
설정일(존속기간)	2016.11.07 (1년5개월)
설정액	60.00억원
순자산	60.00억원

시장 정보 (2018년 04월 20일 기준)			
52주최고(원)	9,035	수익률(12M, %)	7.02
52주최저(원)	7,405	수익률(YTD, %)	-4.54
거래량(20일, 주)	293	변동성(120일)	0.02
거래대금(20일, 원)	2,421,601	구성종목수(개)	3
베타(1D/1Y)	0.125060	괴리치(원)	54.78

누적 수익률

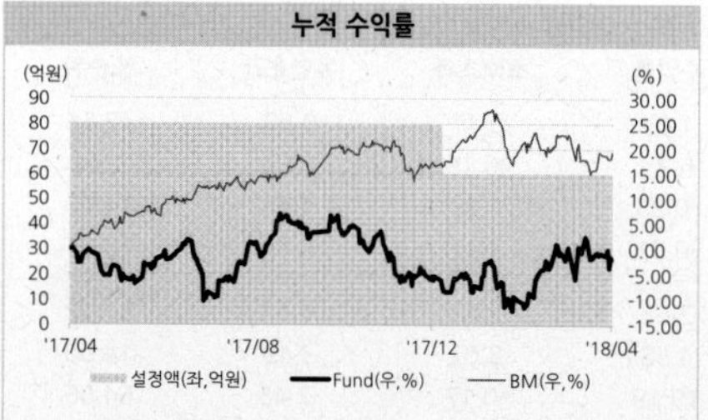

기간별 수익률 (%)				
구분	수익률	BM초과	유형초과	%순위
1주	-0.46	-1.35	-0.84	78.20
1개월	-1.06	-1.47	1.26	33.19
3개월	-1.33	0.95	3.82	18.95
6개월	6.21	10.60	11.84	0.09
연초이후	-4.54	-4.79	-8.76	88.86
1년	7.02	5.46	5.93	9.13
3년	-2.00	-21.36	-28.64	98.87

보수 (%, 年)	
TER	0.500
운용	0.400
판매	0.045
수탁	0.025
일반사무	0.030

투자 전략

이 투자신탁은 장외파생상품을 법시행령 제94조 제2항 제4호에서 규정하는 주된투자대상자산으로 하며, 수익증권 1좌당 순자산가치의 변동률을 Shenzhen Securities InformationCo., Ltd가 산출해 발표하는 ChiNext Index(중국 심천거래소가 공표하는 지수 명칭은 "ChiNext Price Index")의 변동률과 유사하도록 운용함을 목적으로 합니다.

KODEX 심천ChiNext(합성) (A256750)

● 벤치마크 : **World - MSCI - EMF ASIA (KRW Unhedged)**
● 테마분류 : —
● 위험등급 : **2등급**
● 평가등급(3년) : —

펀드 현황	
운용사(매니저)	삼성자산운용
판매사	—
설정일(존속기간)	2016.11.07 (1년5개월)
설정액	80.00억원
순자산	80.00억원

시장 정보 (2018년 04월 20일 기준)			
52주최고(원)	8,980	수익률(12M, %)	7.09
52주최저(원)	7,460	수익률(YTD, %)	-4.48
거래량(20일, 주)	3,123	변동성(120일)	0.01
거래대금(20일, 원)	26,142,226	구성종목수(개)	3
베타(1D/1Y)	0.158060	괴리치(원)	74.79

누적 수익률

기간별 수익률 (%)				
구분	수익률	BM초과	유형초과	%순위
1주	-0.47	-1.36	-0.85	78.28
1개월	-0.95	-1.36	1.37	32.14
3개월	-1.43	0.85	3.73	19.22
6개월	6.42	10.81	12.05	—
연초이후	-4.48	-4.73	-8.70	88.76
1년	7.09	5.53	5.99	8.86
3년	-1.78	-21.13	-28.41	98.64

보수 (%, 年)	
TER	0.470
운용	0.400
판매	0.030
수탁	0.020
일반사무	0.020

투자 전략

이 투자신탁은 ChiNext Index(KRW 기준, 환헷지 안함, 이하"기초지수"라 한다)를 기초지수로 하여 1좌당순자산가치의 변동률을 기초지수 변동률과 연동하여 투자신탁재산을 운용함을 그 운용목적으로 합니다.

KOSEF 배당바이백Plus (A260200)

● 벤치마크 : **KOSPI TR**
● 테마분류 : —
● 위험등급 : **2등급**
● 평가등급(3년) : —

펀드 현황	
운용사(매니저)	키움투자자산운용
판매사	—
설정일(존속기간)	2016.12.15 (1년4개월)
설정액	111.26억원
순자산	111.26억원

시장 정보 (2018년 04월 20일 기준)			
52주최고(원)	17,210	수익률(12M, %)	-2.42
52주최저(원)	14,325	수익률(YTD, %)	3.41
거래량(20일, 주)	142	변동성(120일)	0.01
거래대금(20일, 원)	2,206,258	구성종목수(개)	31
베타(1D/1Y)	0.691610	괴리치(원)	13.11

누적 수익률

기간별 수익률 (%)				
구분	수익률	BM초과	유형초과	%순위
1주	0.56	0.32	1.17	36.49
1개월	0.88	-0.90	-0.21	75.68
3개월	1.52	1.09	3.08	5.42
6개월	-4.04	-2.74	1.14	48.31
연초이후	3.41	1.36	-4.73	26.79
1년	-2.42	-3.22	-4.05	62.66
3년	10.90	-7.40	-22.85	84.38

보수 (%, 年)	
TER	0.400
운용	0.300
판매	0.050
수탁	0.020
일반사무	0.030

투자 전략

이 투자신탁은 추적대상지수를 지수산출기관인 와이즈에프엔(WISEfn)사가 발표하는 WISE배당바이백플러스 지수(이하 "추적대상지수")로 하여, 추적대상지수에 편입된 주식 등에 투자하여 추적대상지수와 유사한 투자수익률을 추구하는 상장지수증권투자신탁 입니다.

KOSEF 저PBR가중 (A260270)

● 벤치마크 : **FnGuide 저PBR 가중지수**
● 테마분류 : —

● 위험등급 : **2등급**
● 평가등급(3년) : —

펀드 현황	
운용사(매니저)	키움투자자산운용
판매사	—
설정일(존속기간)	2016.12.15 (1년4개월)
설정액	113.69억원
순자산	113.69억원

시장 정보 (2018년 04월 20일 기준)			
52주최고(원)	16,250	수익률(12M, %)	9.01
52주최저(원)	13,680	수익률(YTD, %)	-1.66
거래량(20일, 주)	849	변동성(120일)	0.01
거래대금(20일, 원)	12,366,891	구성종목수(개)	158
베타(1D/1Y)	0.682660	괴리치(원)	8.07

누적 수익률

(억원) 120 100 80 60 40 20 0 / (%) 25.00 20.00 15.00 10.00 5.00 0.00
'17/04 '17/08 '17/12 '18/04
설정액(좌,억원) Fund(우,%) BM(우,%)

기간별 수익률 (%)

구분	수익률	BM초과	유형초과	%순위
1주	1.77	-0.02	0.68	58.78
1개월	1.02	-0.05	2.58	9.15
3개월	-4.45	-0.07	0.73	52.54
6개월	2.84	1.20	-5.31	29.46
연초이후	-1.66	-0.14	-3.29	56.65
1년	9.01	1.42	-24.74	91.15
3년	—	—	—	—

보수 (%, 年)	
TER	0.400
운용	0.300
판매	0.050
수탁	0.020
일반사무	0.030

투자 전략

이 투자신탁은 추적대상지수를 지수산출기관인 에프엔가이드가 발표하는 FnGuide 저PBR가중지수("추적대상 지수")로 하여, 추적대상지수에 편입된 주식 등에 중장기 투자하여 비교지수*와 유사한 투자수익률을 추구하는 상장지수증권투자신탁입니다.

TIGER 코스닥150IT (A261060)

● 벤치마크 : **KOSPI TR**
● 테마분류 : —

● 위험등급 : **2등급**
● 평가등급(3년) : —

펀드 현황	
운용사(매니저)	미래에셋자산운용
판매사	—
설정일(존속기간)	2016.12.14 (1년4개월)
설정액	224.46억원
순자산	224.46억원

시장 정보 (2018년 04월 20일 기준)			
52주최고(원)	15,860	수익률(12M, %)	-2.20
52주최저(원)	11,910	수익률(YTD, %)	10.46
거래량(20일, 주)	82,013	변동성(120일)	0.02
거래대금(20일, 원)	1,207,297,934	구성종목수(개)	50
베타(1D/1Y)	0.982330	괴리치(원)	-14.38

누적 수익률

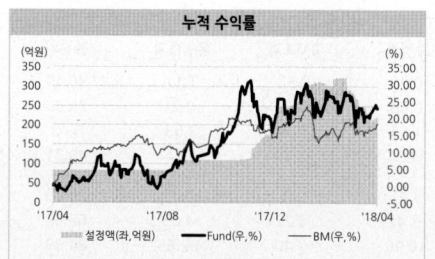

(억원) 350 300 250 200 150 100 50 0 / (%) 35.00 30.00 25.00 20.00 15.00 10.00 5.00 0.00 -5.00
'17/04 '17/08 '17/12 '18/04
설정액(좌,억원) Fund(우,%) BM(우,%)

기간별 수익률 (%)

구분	수익률	BM초과	유형초과	%순위
1주	-0.07	-0.32	0.16	50.00
1개월	1.12	-0.65	0.28	54.29
3개월	-1.80	-2.23	-0.58	57.14
6개월	-3.48	-2.17	—	47.83
연초이후	10.46	8.41	3.42	25.00
1년	-2.20	-3.01	-2.77	59.42
3년	22.88	4.57	-0.86	36.54

보수 (%, 年)	
TER	0.400
운용	0.280
판매	0.070
수탁	0.020
일반사무	0.030

투자 전략

이 투자신탁은 국내 주식을 주된 투자대상자산으로 하며, 한국거래소가 발표하는"코스닥 150 정보기술 지수"를 기초지수로 하여 1좌당 순자산가치의 변동률을 기초지수의 변동률과 유사하도록 투자신탁재산을 운용함을 목적으로 합니다.

TIGER 코스닥150바이오테크 (A261070)

● 벤치마크 : **KOSPI TR**
● 테마분류 : —

● 위험등급 : **2등급**
● 평가등급(3년) : —

펀드 현황	
운용사(매니저)	미래에셋자산운용
판매사	—
설정일(존속기간)	2016.12.14 (1년4개월)
설정액	83.64억원
순자산	83.64억원

시장 정보 (2018년 04월 20일 기준)			
52주최고(원)	18,380	수익률(12M, %)	9.19
52주최저(원)	8,190	수익률(YTD, %)	45.80
거래량(20일, 주)	14,821	변동성(120일)	0.03
거래대금(20일, 원)	235,467,256	구성종목수(개)	40
베타(1D/1Y)	1.297140	괴리치(원)	-0.46

누적 수익률

(억원) 160 140 120 100 80 60 40 20 0
(%) 140.00 120.00 100.00 80.00 60.00 40.00 20.00 0.00 -20.00
'17/04 '17/08 '17/12 '18/04
설정액(좌,억원) Fund(우,%) BM(우,%)

기간별 수익률 (%)

구분	수익률	BM초과	유형초과	%순위
1주	-3.44	-3.69	-3.21	92.86
1개월	-5.02	-6.80	-5.87	92.86
3개월	-7.76	-8.19	-6.53	95.71
6개월	-8.12	-6.81	-4.64	81.16
연초이후	45.80	43.75	38.76	1.79
1년	9.19	8.39	8.63	18.84
3년	85.02	66.72	61.29	—

보수 (%, 年)	
TER	0.400
운용	0.280
판매	0.070
수탁	0.020
일반사무	0.030

투자 전략

이 투자신탁은 국내 주식을 주된 투자대상자산으로 하며, 한국거래소가 발표하는"코스닥 150 생명기술 지수"를 기초지수로 하여 1좌당 순자산가치의 변동률을 기초지수의 변동률과 유사하도록 투자신탁재산을 운용함을 목적으로 합니다.

TIGER 미국달러선물레버리지 (A261110)

● 벤치마크 : **#N/A**
● 테마분류 : —

● 위험등급 : **1등급**
● 평가등급(3년) : —

펀드 현황	
운용사(매니저)	미래에셋자산운용
판매사	—
설정일(존속기간)	2016.12.23 (1년3개월)
설정액	150.00억원
순자산	150.00억원

시장 정보 (2018년 04월 20일 기준)			
52주최고(원)	9,300	수익률(12M, %)	-0.94
52주최저(원)	7,785	수익률(YTD, %)	-11.51
거래량(20일, 주)	12,656	변동성(120일)	0.01
거래대금(20일, 원)	100,032,205	구성종목수(개)	4
베타(1D/1Y)	-0.548850	괴리치(원)	-7.05

누적 수익률

(억원) 180 160 140 120 100 80 60 40 20 0
(%) 5.00 0.00 -5.00 -10.00 -15.00
'17/04 '17/08 '17/12 '18/04
설정액(좌,억원) Fund(우,%) BM(우,%)

기간별 수익률 (%)

구분	수익률	BM초과	유형초과	%순위
1주	-1.12	—	-0.24	84.62
1개월	-1.37	—	-0.29	76.92
3개월	-1.59	—	-0.94	92.31
6개월	-0.38	—	0.28	76.92
연초이후	-11.51	—	-9.51	84.62
1년	-0.94	—	-1.36	69.23
3년	-12.30	—	-13.06	83.33

보수 (%, 年)	
TER	0.470
운용	0.400
판매	0.030
수탁	0.020
일반사무	0.020

투자 전략

이 투자신탁은 미국달러를 기초자산으로 하여 파생상품시장에서 거래되는 장내파생상품을 주된 투자대상자산으로 하며, "미국달러선물지수"를 기초지수로 하여 1좌당 순자산가치의 일간변동률을 기초지수의 일간변동률의 양(陽)의 2배로 연동하여 투자신탁재산을 운용함을 목적으로합니다.

TIGER 미국달러선물인버스2X (A261120)

● 벤치마크 : **#N/A**
● 테마분류 : —
● 위험등급 : **1등급**
● 평가등급(3년) : —

펀드 현황

운용사(매니저)	미래에셋자산운용
판매사	—
설정일(존속기간)	2016.12.23 (1년3개월)
설정액	130.00억원
순자산	130.00억원

시장 정보 (2018년 04월 20일 기준)

52주최고(원)	12,570	수익률(12M, %)	0.41
52주최저(원)	10,625	수익률(YTD, %)	12.26
거래량(20일, 주)	5,672	변동성(120일)	0.01
거래대금(20일, 원)	70,215,978	구성종목수(개)	3
베타(1D/1Y)	0.544300	괴리치(원)	5.92

누적 수익률

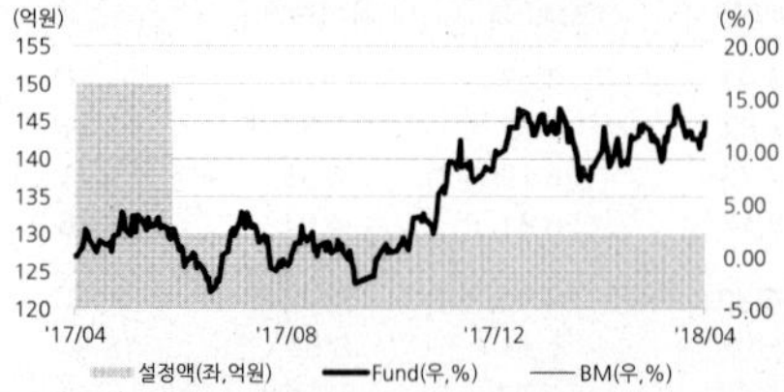

(억원) 155 150 145 140 135 130 125 120 (%) 20.00 15.00 10.00 5.00 0.00 -5.00
'17/04 '17/08 '17/12 '18/04
설정액(좌,억원) Fund(우,%) BM(우,%)

기간별 수익률 (%)

구분	수익률	BM초과	유형초과	%순위
1주	1.11	—	1.21	10.00
1개월	1.38	—	2.33	10.00
3개월	1.53	—	0.69	16.67
6개월	-0.05	—	-3.79	87.93
연초이후	12.26	—	11.50	1.75
1년	0.41	—	-1.18	72.41
3년	12.74	—	30.92	1.82

보수 (%, 年)

TER	0.470
운용	0.400
판매	0.030
수탁	0.020
일반사무	0.020

투자 전략

이 투자신탁은 미국달러를 기초자산으로 하여 파생상품시장에서 거래되는 장내파생상품을주된 투자대상자산으로 하며, "미국달러선물지수"를 기초지수로 하여 1좌당 순자산가치의 일간변동률을 기초지수의 일간변동률의 음(陰)의 2배로 연동하여 투자신탁재산을 운용함을 목적으로합니다.

TIGER 우선주 (A261140)

● 벤치마크 : **KOSPI TR**
● 테마분류 : —
● 위험등급 : **2등급**
● 평가등급(3년) : —

펀드 현황

운용사(매니저)	미래에셋자산운용
판매사	—
설정일(존속기간)	2017.01.05 (1년3개월)
설정액	287.86억원
순자산	287.86억원

시장 정보 (2018년 04월 20일 기준)

52주최고(원)	12,370	수익률(12M, %)	-0.25
52주최저(원)	9,855	수익률(YTD, %)	2.91
거래량(20일, 주)	7,088	변동성(120일)	0.01
거래대금(20일, 원)	82,554,662	구성종목수(개)	19
베타(1D/1Y)	0.836830	괴리치(원)	-23.75

누적 수익률

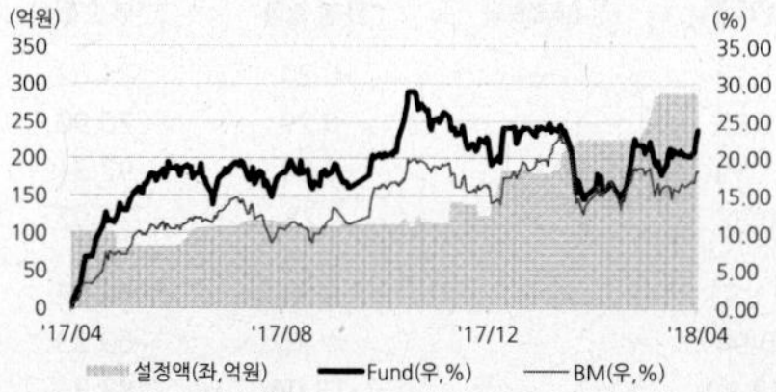

(억원) 350 300 250 200 150 100 50 0 (%) 35.00 30.00 25.00 20.00 15.00 10.00 5.00 0.00
'17/04 '17/08 '17/12 '18/04
설정액(좌,억원) Fund(우,%) BM(우,%)

기간별 수익률 (%)

구분	수익률	BM초과	유형초과	%순위
1주	0.89	0.64	1.50	16.55
1개월	2.79	1.01	1.70	27.36
3개월	2.57	2.15	4.13	2.03
6개월	-0.09	1.22	5.10	5.08
연초이후	2.91	0.86	-5.23	28.57
1년	-0.25	-1.06	-1.88	38.63
3년	23.78	5.48	-9.97	50.00

보수 (%, 年)

TER	0.290
운용	0.210
판매	0.030
수탁	0.020
일반사무	0.030

투자 전략

이 투자신탁은 한국거래소가 발표하는 "코스피 우선주 지수"를 기초지수로 하는 상장지수투자신탁으로서, 투자목적 달성을 위해서 국내 거래소에 상장된 주식에 투자신탁 자산총액의 60% 이상을 투자합니다.

KODEX WTI원유선물(H) (A261220)

● 벤치마크 : **#N/A**
● 테마분류 : —

● 위험등급 : **2등급**
● 평가등급(3년) : —

펀드 현황	
운용사(매니저)	삼성자산운용
판매사	—
설정일(존속기간)	2016.12.23 (1년3개월)
설정액	45.00억원
순자산	45.00억원

시장 정보 (2018년 04월 20일 기준)			
52주최고(원)	23,830	수익률(12M, %)	15.59
52주최저(원)	15,100	수익률(YTD, %)	30.92
거래량(20일, 주)	6,484	변동성(120일)	0.01
거래대금(20일, 원)	145,655,496	구성종목수(개)	4
베타(1D/1Y)	0.101790	괴리치(원)	-12.78

누적 수익률

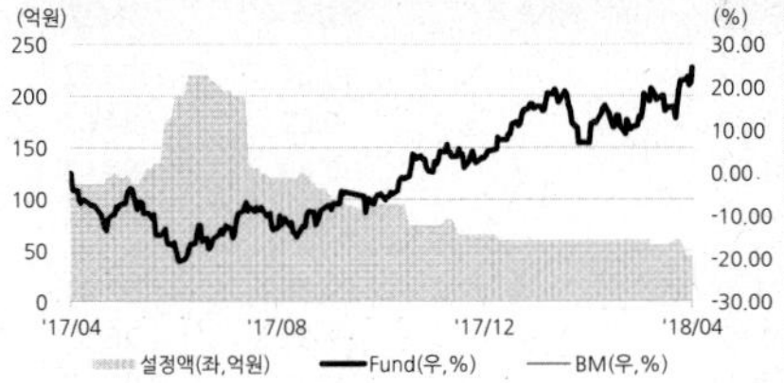

(억원) 250 200 150 100 50 0 / (%) 30.00 20.00 10.00 0.00 -10.00 -20.00 -30.00
'17/04 '17/08 '17/12 '18/04
설정액(좌,억원) Fund(우,%) BM(우,%)

기간별 수익률 (%)				
구분	수익률	BM초과	유형초과	%순위
1주	2.96	—	1.57	1.28
1개월	2.63	—	1.90	7.69
3개월	10.00	—	5.76	1.28
6개월	7.91	—	4.34	5.19
연초이후	30.92	—	20.01	1.30
1년	15.59	—	8.74	—
3년	24.66	—	18.20	4.00

보수 (%, 年)	
TER	0.350
운용	0.290
판매	0.020
수탁	0.020
일반사무	0.020

투자 전략

이 투자신탁은 NYMEX(New York Mercantile Exchange, 뉴욕상업거래소)에서 거래되는 원자재선물 중에서 WTI 원유선물(NYMEX Light CrudeSweet Oil Futures, 이하 'WTI원유선물) 가격을 기초로 하는 S&P GSCI Crud eOil Index Excess Return를 기초지수로 하여 1좌당 순자산가치의 변동률을 기초지수의 변동률과 유사하도록 투자신탁재산을 운용함.

KODEX 미국달러선물 (A261240)

● 벤치마크 : **#N/A**
● 테마분류 : —

● 위험등급 : **2등급**
● 평가등급(3년) : —

펀드 현황	
운용사(매니저)	삼성자산운용
판매사	—
설정일(존속기간)	2016.12.26 (1년3개월)
설정액	202.00억원
순자산	202.00억원

시장 정보 (2018년 04월 20일 기준)			
52주최고(원)	9,685	수익률(12M, %)	-0.08
52주최저(원)	8,905	수익률(YTD, %)	-5.45
거래량(20일, 주)	10,108	변동성(120일)	0.00
거래대금(20일, 원)	90,892,370	구성종목수(개)	2
베타(1D/1Y)	-0.269630	괴리치(원)	-4.58

누적 수익률

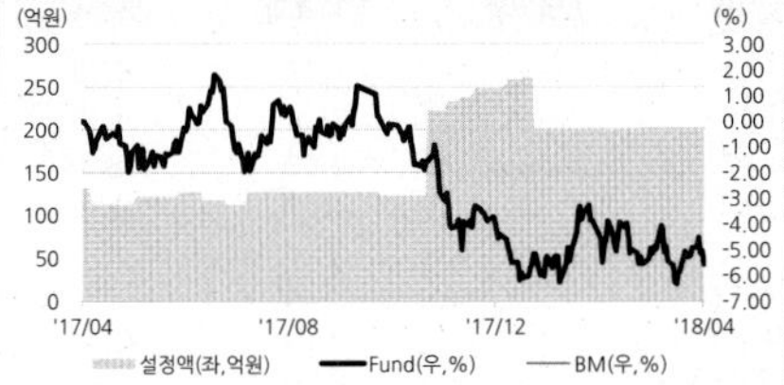

(억원) 300 250 200 150 100 50 0 / (%) 3.00 2.00 1.00 0.00 -1.00 -2.00 -3.00 -4.00 -5.00 -6.00 -7.00
'17/04 '17/08 '17/12 '18/04
설정액(좌,억원) Fund(우,%) BM(우,%)

기간별 수익률 (%)				
구분	수익률	BM초과	유형초과	%순위
1주	-0.55	—	0.33	23.08
1개월	-0.66	—	0.42	23.08
3개월	-0.65	—	—	23.08
6개월	0.15	—	0.81	15.38
연초이후	-5.45	—	-3.46	23.08
1년	-0.08	—	-0.50	23.08
3년	-5.56	—	-6.32	16.67

보수 (%, 年)	
TER	0.250
운용	0.190
판매	0.020
수탁	0.020
일반사무	0.020

투자 전략

이 투자신탁은 한국거래소(KRX)에서 거래되는 미국달러선물의 가격 수준을 종합적으로 표시하는 미국달러선물지수(이하 "기초지수"라 한다)를 기초지수로 하여 1좌당 순자산가치의 일간변동률을 기초지수 변동률과 유사하도록 투자신탁재산을 운용함을 그 운용목적으로 합니다.

KODEX 미국달러선물레버리지 (A261250)

● 벤치마크 : **#N/A**
● 테마분류 : —
● 위험등급 : **1등급**
● 평가등급(3년) : —

펀드 현황	
운용사(매니저)	삼성자산운용
판매사	—
설정일(존속기간)	2016.12.26 (1년3개월)
설정액	1,301.00억원
순자산	1,301.00억원

시장 정보 (2018년 04월 20일 기준)			
52주최고(원)	9,285	수익률(12M, %)	-0.97
52주최저(원)	7,750	수익률(YTD, %)	-11.68
거래량(20일, 주)	190,807	변동성(120일)	0.01
거래대금(20일, 원)	1,508,678,276	구성종목수(개)	4
베타(1D/1Y)	-0.532060	괴리치(원)	-14.85

누적 수익률

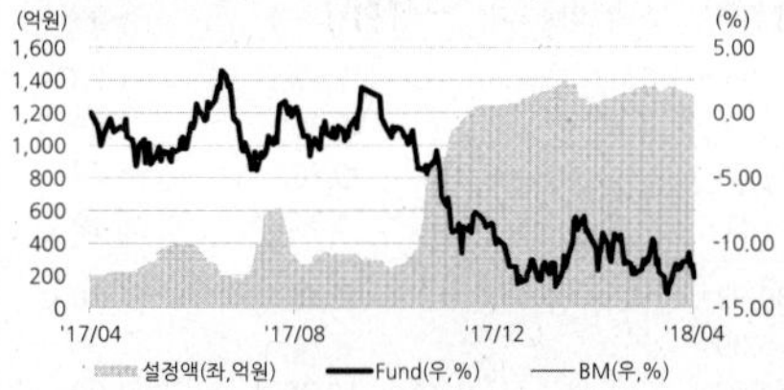

(억원) 1,600 1,400 1,200 1,000 800 600 400 200 0 / (%) 5.00 0.00 -5.00 -10.00 -15.00
'17/04 '17/08 '17/12 '18/04
설정액(좌,억원) Fund(우,%) BM(우,%)

기간별 수익률 (%)				
구분	수익률	BM초과	유형초과	%순위
1주	-1.12	—	-0.24	76.92
1개월	-1.38	—	-0.29	84.62
3개월	-1.54	—	-0.89	84.62
6개월	-0.33	—	0.32	61.54
연초이후	-11.68	—	-9.68	92.31
1년	-0.97	—	-1.39	76.92
3년	-12.66	—	-13.41	91.67

보수 (%, 年)	
TER	0.450
운용	0.390
판매	0.020
수탁	0.020
일반사무	0.020

투자 전략

이 투자신탁은 한국거래소(KRX)에서 거래되는 미국달러선물의 가격수준을 종합적으로 표시하는 미국달러선물지수(이하 "기초지수"라 한다)를 기초지수로 하여 1좌당 순자산가치의 일간변동률을 기초지수 일간변동률의 양(陽)의 2배수로 연동하여 투자신탁재산을 운용함을 그 운용목적으로 합니다.

KODEX 미국달러선물인버스2X (A261260)

● 벤치마크 : **#N/A**
● 테마분류 : —
● 위험등급 : **1등급**
● 평가등급(3년) : —

펀드 현황	
운용사(매니저)	삼성자산운용
판매사	—
설정일(존속기간)	2016.12.26 (1년3개월)
설정액	60.00억원
순자산	60.00억원

시장 정보 (2018년 04월 20일 기준)			
52주최고(원)	12,605	수익률(12M, %)	0.34
52주최저(원)	10,620	수익률(YTD, %)	12.35
거래량(20일, 주)	16,696	변동성(120일)	0.01
거래대금(20일, 원)	205,271,751	구성종목수(개)	3
베타(1D/1Y)	0.545350	괴리치(원)	-2.27

누적 수익률

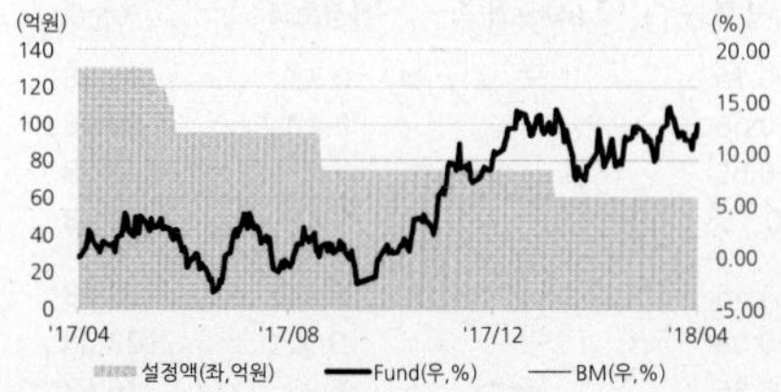

(억원) 140 120 100 80 60 40 20 0 / (%) 20.00 15.00 10.00 5.00 0.00 -5.00
'17/04 '17/08 '17/12 '18/04
설정액(좌,억원) Fund(우,%) BM(우,%)

기간별 수익률 (%)				
구분	수익률	BM초과	유형초과	%순위
1주	1.12	—	1.22	8.33
1개월	1.40	—	2.34	3.33
3개월	1.47	—	0.63	18.33
6개월	-0.13	—	-3.88	91.38
연초이후	12.35	—	11.59	—
1년	0.34	—	-1.24	77.59
3년	12.83	—	31.02	—

보수 (%, 年)	
TER	0.450
운용	0.390
판매	0.020
수탁	0.020
일반사무	0.020

투자 전략

이 투자신탁은 한국거래소(KRX)에서 거래되는 미국달러선물 가격 수준을 종합적으로 표시하는 미국달러선물지수(이하 "기초지수"라 한다)를 기초지수로 하여 1좌당 순자산가치의 일간 변동률을 기초지수 일간 변동률의 음(陰)의 2배수를 추종하도록 투자신탁재산을 운용함을 그 운용 목적으로 합니다.

KODEX 미국달러선물인버스 (A261270)

● 벤치마크 : **#N/A**
● 테마분류 : —

● 위험등급 : **1등급**
● 평가등급(3년) : —

펀드 현황	
운용사(매니저)	삼성자산운용
판매사	—
설정일(존속기간)	2016.12.26 (1년3개월)
설정액	50.00억원
순자산	50.00억원

시장 정보 (2018년 04월 20일 기준)			
52주최고(원)	11,300	수익률(12M, %)	0.35
52주최저(원)	10,350	수익률(YTD, %)	6.29
거래량(20일, 주)	1,322	변동성(120일)	0.00
거래대금(20일, 원)	14,859,359	구성종목수(개)	2
베타(1D/1Y)	0.220940	괴리치(원)	4.91

누적 수익률

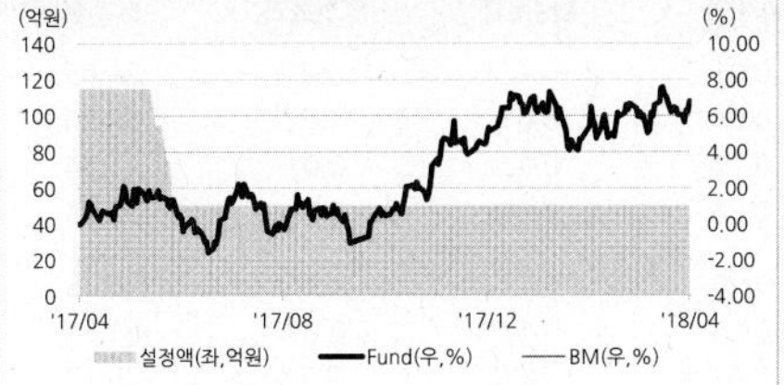

(억원) 140 120 100 80 60 40 20 0 / (%) 10.00 8.00 6.00 4.00 2.00 0.00 -2.00 -4.00
'17/04 '17/08 '17/12 '18/04
설정액(좌,억원) Fund(우,%) BM(우,%)

기간별 수익률 (%) 구분	수익률	BM초과	유형초과	%순위
1주	0.56	—	0.66	13.33
1개월	0.70	—	1.64	16.67
3개월	0.77	—	-0.08	23.33
6개월	0.09	—	-3.66	84.48
연초이후	6.29	—	5.53	5.26
1년	0.35	—	-1.24	75.86
3년	6.80	—	24.98	5.45

보수 (%, 年)	
TER	0.450
운용	0.390
판매	0.020
수탁	0.020
일반사무	0.020

투자 전략

이 투자신탁은 한국거래소(KRX)에서 거래되는 미국달러선물 가격 수준을 종합적으로 표시하는 미국달러선물 지수(이하 "기초지수"라 한다)를 기초지수로 하여 1좌당 순자산가치의 일간 변동률을 기초지수 일간 변동 률의 음(陰)의 1배수를 추종하도록 투자신탁재산을 운용함을 그 운용목적으로 합니다.

KINDEX 필리핀MSCI(합성) (A261920)

● 벤치마크 : **World - MSCI - EMF ASIA (KRW Unhedged)**
● 테마분류 : —

● 위험등급 : **1등급**
● 평가등급(3년) : —

펀드 현황	
운용사(매니저)	한국투자신탁운용
판매사	—
설정일(존속기간)	2016.12.23 (1년3개월)
설정액	60.00억원
순자산	60.00억원

시장 정보 (2018년 04월 20일 기준)			
52주최고(원)	17,475	수익률(12M, %)	-13.20
52주최저(원)	14,080	수익률(YTD, %)	-15.92
거래량(20일, 주)	1,132	변동성(120일)	0.01
거래대금(20일, 원)	16,468,294	구성종목수(개)	2
베타(1D/1Y)	0.041940	괴리치(원)	216.73

누적 수익률

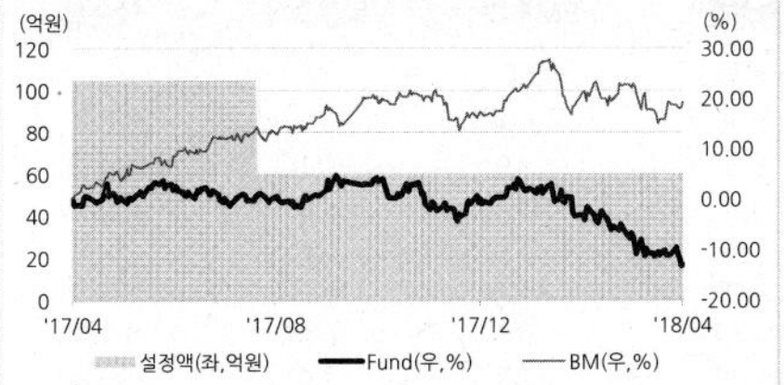

(억원) 120 100 80 60 40 20 0 / (%) 30.00 20.00 10.00 0.00 -10.00 -20.00
'17/04 '17/08 '17/12 '18/04
설정액(좌,억원) Fund(우,%) BM(우,%)

기간별 수익률 (%) 구분	수익률	BM초과	유형초과	%순위
1주	0.34	-0.55	-0.03	67.16
1개월	-2.36	-2.76	-0.03	65.67
3개월	-6.62	-4.35	-1.47	77.68
6개월	-13.95	-9.56	-8.31	96.88
연초이후	-15.92	-16.17	-20.14	100.00
1년	-13.20	-14.76	-14.29	100.00
3년	-12.93	-32.29	-39.57	100.00

보수 (%, 年)	
TER	0.500
운용	0.420
판매	0.020
수탁	0.030
일반사무	0.030

투자 전략

이 투자신탁은 장외파생상품을 주된 투자대상자산으로 하여 MSCI가 산출 · 발표하는 MSCI 필리핀 지수(MSCI Philippines IMI Price return Index)의 변화에 연동하여 운용하는 것을 목표로 이 투자신탁 수익증권 1좌당 순자산가치의 변동률을 지수의 변동률과 유사하도록 투자신탁재산을 운용함을 그 목적으로 합니다.

ARIRANG 단기우량채권 (A263190)

● 벤치마크 : **CD 6개월(26주)**
● 테마분류 : —
● 위험등급 : **5등급**
● 평가등급(3년) : —

펀드 현황	
운용사(매니저)	한화자산운용
판매사	—
설정일(존속기간)	2017.01.24 (1년2개월)
설정액	330.00억원
순자산	330.00억원

시장 정보 (2018년 04월 20일 기준)			
52주최고(원)	50,965	수익률(12M, %)	0.66
52주최저(원)	50,225	수익률(YTD, %)	0.90
거래량(20일, 주)	29,093	변동성(120일)	0.00
거래대금(20일, 원)	1,480,647,327	구성종목수(개)	12
베타(1D/1Y)	-0.001750	괴리치(원)	3.61

누적 수익률

기간별 수익률 (%)

구분	수익률	BM초과	유형초과	%순위
1주	0.01	—	—	21.65
1개월	0.04	0.01	—	56.70
3개월	0.27	0.12	0.07	11.34
6개월	0.51	0.09	0.03	56.25
연초이후	0.90	0.11	-0.05	76.25
1년	0.66	0.12	0.03	61.54
3년	1.47	-0.08	-0.21	76.12

보수 (%, 年)	
TER	0.120
운용	0.085
판매	0.010
수탁	0.010
일반사무	0.015

투자 전략

이 투자신탁은 국내 채권을 주된 투자대상자산으로 하고, 수익증권 1좌당 순자산가치의 변동률을 한국자산평가㈜에서 산출하여 공표하는 추적대상지수인 KAP Money Market Credit Index (TotalReturn)의 변동률과 유사하도록 운용함을 목적으로 합니다.

KINDEX 러시아MSCI(합성) (A265690)

● 벤치마크 : **World - MSCI - EM EUROPE (KRW Unhedged)**
● 테마분류 : —
● 위험등급 : **2등급**
● 평가등급(3년) : —

펀드 현황	
운용사(매니저)	한국투자신탁운용
판매사	—
설정일(존속기간)	2017.03.16 (1년1개월)
설정액	130.00억원
순자산	130.00억원

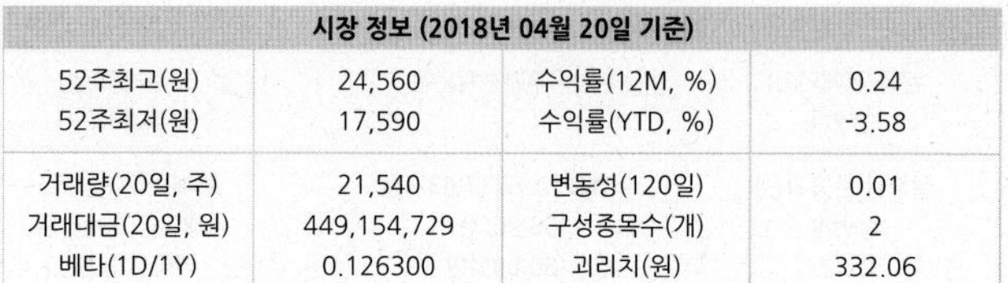

시장 정보 (2018년 04월 20일 기준)			
52주최고(원)	24,560	수익률(12M, %)	0.24
52주최저(원)	17,590	수익률(YTD, %)	-3.58
거래량(20일, 주)	21,540	변동성(120일)	0.01
거래대금(20일, 원)	449,154,729	구성종목수(개)	2
베타(1D/1Y)	0.126300	괴리치(원)	332.06

누적 수익률

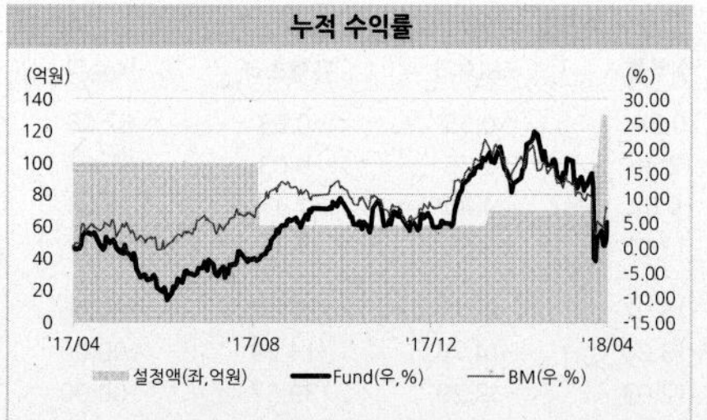

기간별 수익률 (%)

구분	수익률	BM초과	유형초과	%순위
1주	3.35	3.58	1.27	—
1개월	3.08	0.60	-1.97	98.81
3개월	-8.82	-5.19	-2.40	100.00
6개월	-9.92	-1.76	-1.57	89.87
연초이후	-3.58	-0.03	-1.80	82.05
1년	0.24	1.63	0.89	30.38
3년	5.09	-2.83	-5.41	100.00

보수 (%, 年)	
TER	0.500
운용	0.420
판매	0.020
수탁	0.030
일반사무	0.030

투자 전략

이 투자신탁은 장외파생상품을 주된 투자대상자산으로 하여 1좌당 순자산가치의 변동률을 기초지수인 "MSCI 러시아 지수(시장가격지수, MSCI Russia 25%Capped Price return Index)"의 일간변동률과 유사하도록 투자신탁재산을 운용함을 그 목적으로합니다.

TIGER 지속배당 (A266140)

● 벤치마크 : **KOSPI TR**
● 테마분류 : —

● 위험등급 : **2등급**
● 평가등급(3년) : —

펀드 현황	
운용사(매니저)	미래에셋자산운용
판매사	—
설정일(존속기간)	2017.03.29 (1년)
설정액	63.38억원
순자산	63.38억원

시장 정보 (2018년 04월 20일 기준)			
52주최고(원)	16,525	수익률(12M, %)	-4.15
52주최저(원)	14,050	수익률(YTD, %)	-1.61
거래량(20일, 주)	1,097	변동성(120일)	0.01
거래대금(20일, 원)	16,699,971	구성종목수(개)	31
베타(1D/1Y)	0.453050	괴리치(원)	-15.23

누적 수익률

기간별 수익률 (%)

구분	수익률	BM초과	유형초과	%순위
1주	0.33	0.08	0.94	48.65
1개월	1.67	-0.11	0.58	61.49
3개월	1.15	0.72	2.70	8.81
6개월	-4.61	-3.31	0.57	57.20
연초이후	-1.61	-3.66	-9.76	66.52
1년	-4.15	-4.96	-5.79	78.11
3년	11.09	-7.21	-22.66	83.85

보수 (%, 年)	
TER	0.290
운용	0.210
판매	0.030
수탁	0.020
일반사무	0.030

투자 전략

이 투자신탁은 국내 주식을 법 시행령 제94조제2항제4호에서 규정하는 주된 투자대상자산으로 하며, 와이즈에프엔(WISEfn)이 발표하는"WISE 지속배당 지수"를 기초지수로 하여 1좌당 순자산가치의 변동률을 기초지수의 변동률과 유사하도록 투자신탁재산을 운용함을 목적으로 합니다.

KBSTAR 고배당 (A266160)

● 벤치마크 : **FnGuide 고배당포커스 지수**
● 테마분류 : —

● 위험등급 : **2등급**
● 평가등급(3년) : —

펀드 현황	
운용사(매니저)	케이비자산운용
판매사	—
설정일(존속기간)	2017.04.13 (1년)
설정액	542.28억원
순자산	542.28억원

시장 정보 (2018년 04월 20일 기준)			
52주최고(원)	12,035	수익률(12M, %)	13.93
52주최저(원)	10,030	수익률(YTD, %)	-3.43
거래량(20일, 주)	17,958	변동성(120일)	0.01
거래대금(20일, 원)	197,536,191	구성종목수(개)	81
베타(1D/1Y)	0.842710	괴리치(원)	-2.08

누적 수익률

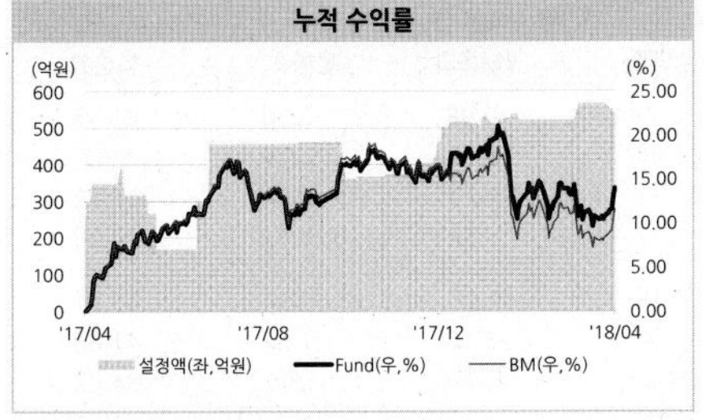

기간별 수익률 (%)

구분	수익률	BM초과	유형초과	%순위
1주	2.83	-0.12	1.75	27.03
1개월	0.58	0.16	2.13	16.61
3개월	-4.20	0.06	0.98	49.15
6개월	-2.19	2.60	-10.33	72.32
연초이후	-3.43	0.07	-5.07	75.97
1년	13.93	2.38	-19.83	82.29
3년	—	—	—	—

보수 (%, 年)	
TER	0.200
운용	0.160
판매	0.010
수탁	0.010
일반사무	0.020

투자 전략

이 투자신탁은 국내주식을 법에서 정하는 주된 투자대상으로 하며, FnGuide 고배당포커스 지수(FnGuide High Dividend Focus Index)를 기초지수로 하여 1좌당 순자산가치의 변동률을 기초지수의 변동률과 유사하도록 투자신탁재산을 운용하는 것을 목적으로 하는 투자신탁입니다.

KODEX IT소프트웨어 (A266360)

● 벤치마크 : **KOSPI TR**
● 테마분류 : —
● 위험등급 : **2등급**
● 평가등급(3년) : —

펀드 현황	
운용사(매니저)	삼성자산운용
판매사	—
설정일(존속기간)	2017.03.27 (1년)
설정액	109.39억원
순자산	109.39억원

시장 정보 (2018년 04월 20일 기준)			
52주최고(원)	14,095	수익률(12M, %)	-10.48
52주최저(원)	10,335	수익률(YTD, %)	-5.38
거래량(20일, 주)	7,060	변동성(120일)	0.01
거래대금(20일, 원)	90,784,695	구성종목수(개)	23
베타(1D/1Y)	1.036580	괴리치(원)	1.53

누적 수익률

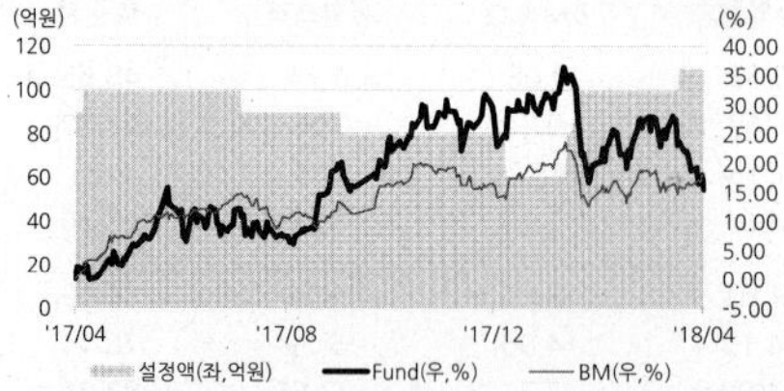

기간별 수익률 (%)

구분	수익률	BM초과	유형초과	%순위
1주	-2.12	-2.37	-1.89	90.00
1개월	-2.77	-4.55	-3.62	90.00
3개월	-8.04	-8.46	-6.81	97.14
6개월	-11.74	-10.43	-8.26	94.20
연초이후	-5.38	-7.43	-12.42	89.29
1년	-10.48	-11.29	-11.05	98.55
3년	15.44	-2.86	-8.29	53.85

보수 (%, 年)	
TER	0.450
운용	0.390
판매	0.020
수탁	0.020
일반사무	0.020

투자 전략

이 투자신탁은 한국거래소(KRX)가 산출·발표하는 KRX IT소프트웨어 지수를 기초지수로 하여 1좌당 순자산가치의 변동률을 기초지수의 변동률과 유사하도록 투자신탁재산을 운용함을 그 운용목적으로 합니다.

KODEX IT하드웨어 (A266370)

● 벤치마크 : **KOSPI TR**
● 테마분류 : —
● 위험등급 : **2등급**
● 평가등급(3년) : —

펀드 현황	
운용사(매니저)	삼성자산운용
판매사	—
설정일(존속기간)	2017.03.27 (1년)
설정액	108.55억원
순자산	108.55억원

시장 정보 (2018년 04월 20일 기준)			
52주최고(원)	13,825	수익률(12M, %)	-0.75
52주최저(원)	10,080	수익률(YTD, %)	2.13
거래량(20일, 주)	18,639	변동성(120일)	0.02
거래대금(20일, 원)	220,118,304	구성종목수(개)	20
베타(1D/1Y)	1.372560	괴리치(원)	1.16

누적 수익률

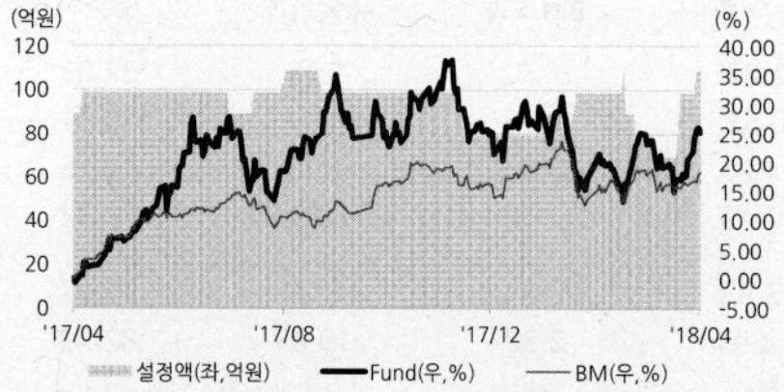

기간별 수익률 (%)

구분	수익률	BM초과	유형초과	%순위
1주	-0.73	-0.98	-0.50	71.43
1개월	3.94	2.16	3.09	8.57
3개월	1.71	1.29	2.94	25.71
6개월	0.22	1.52	3.70	20.29
연초이후	2.13	0.08	-4.91	48.21
1년	-0.75	-1.56	-1.32	47.83
3년	25.27	6.97	1.54	34.62

보수 (%, 年)	
TER	0.450
운용	0.390
판매	0.020
수탁	0.020
일반사무	0.020

투자 전략

이 투자신탁은 한국거래소(KRX)가 산출·발표하는 KRX IT하드웨어 지수를기초지수로 하여 1좌당 순자산가치의 변동률을 기초지수의 변동률과 유사하도록 투자신탁재산을 운용함을 그 운용목적으로 합니다.

KODEX 경기소비재 (A266390)

● 벤치마크 : **KOSPI TR**
● 테마분류 : —

● 위험등급 : **2등급**
● 평가등급(3년) : —

펀드 현황	
운용사(매니저)	삼성자산운용
판매사	—
설정일(존속기간)	2017.03.27 (1년)
설정액	92.98억원
순자산	92.98억원

시장 정보 (2018년 04월 20일 기준)			
52주최고(원)	12,975	수익률(12M, %)	2.98
52주최저(원)	10,190	수익률(YTD, %)	14.62
거래량(20일, 주)	11,872	변동성(120일)	0.01
거래대금(20일, 원)	152,027,094	구성종목수(개)	48
베타(1D/1Y)	0.543900	괴리치(원)	-43.83

누적 수익률

(억원) 94 92 90 88 86 84 82 80 78 76
(%) 25.00 20.00 15.00 10.00 5.00 0.00 -5.00 -10.00
'17/04 '17/08 '17/12 '18/04
설정액(좌,억원) Fund(우,%) BM(우,%)

기간별 수익률 (%)				
구분	수익률	BM초과	유형초과	%순위
1주	-0.58	-0.83	-0.35	65.71
1개월	0.16	-1.61	-0.68	68.57
3개월	5.43	5.00	6.66	10.00
6개월	-0.28	1.03	3.20	23.19
연초이후	14.62	12.57	7.58	19.64
1년	2.98	2.18	2.42	33.33
3년	19.69	1.39	-4.04	42.31

보수 (%, 年)	
TER	0.450
운용	0.390
판매	0.020
수탁	0.020
일반사무	0.020

투자 전략

이 투자신탁은 한국거래소(KRX)가 산출·발표하는 KRX 경기소비재 지수를기초지수로 하여 1좌당 순자산가치의 변동률을 기초지수의 변동률과 유사하도록 투자신탁재산을 운용함을 그 운용목적으로 합니다.

KODEX 필수소비재 (A266410)

● 벤치마크 : **KOSPI TR**
● 테마분류 : —

● 위험등급 : **2등급**
● 평가등급(3년) : —

펀드 현황	
운용사(매니저)	삼성자산운용
판매사	—
설정일(존속기간)	2017.03.27 (1년)
설정액	511.22억원
순자산	511.22억원

시장 정보 (2018년 04월 20일 기준)			
52주최고(원)	11,960	수익률(12M, %)	-0.85
52주최저(원)	9,590	수익률(YTD, %)	7.19
거래량(20일, 주)	1,454	변동성(120일)	0.01
거래대금(20일, 원)	16,604,839	구성종목수(개)	42
베타(1D/1Y)	0.442160	괴리치(원)	-44.16

누적 수익률

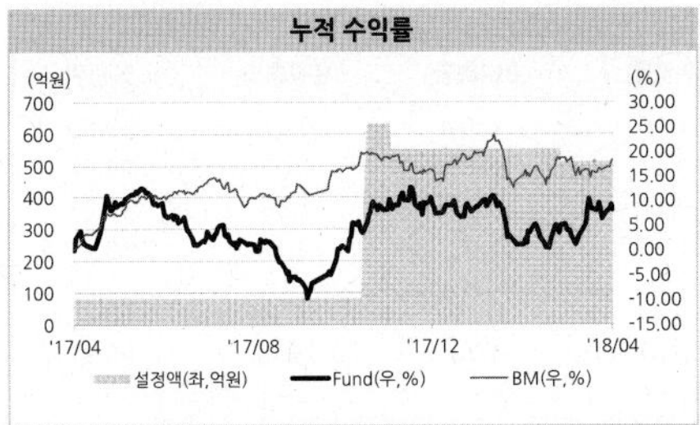

기간별 수익률 (%)				
구분	수익률	BM초과	유형초과	%순위
1주	-0.95	-1.20	-0.72	75.71
1개월	1.68	-0.10	0.84	50.00
3개월	3.89	3.47	5.12	11.43
6개월	-1.45	-0.14	2.03	37.68
연초이후	7.19	5.14	0.15	33.93
1년	-0.85	-1.65	-1.41	49.28
3년	8.13	-10.18	-15.60	73.08

보수 (%, 年)	
TER	0.450
운용	0.390
판매	0.020
수탁	0.020
일반사무	0.020

투자 전략

이 투자신탁은 한국거래소(KRX)가 산출·발표하는 KRX 필수소비재 지수를 기초지수로 하여 1좌당 순자산가치의 변동률을 기초지수의 변동률과 유사하도록 투자신탁재산을 운용함을 그 운용 목적으로 합니다.

KODEX 헬스케어 (A266420)

● 벤치마크 : **KOSPI TR**
● 테마분류 : —

● 위험등급 : **2등급**
● 평가등급(3년) : —

펀드 현황	
운용사(매니저)	삼성자산운용
판매사	—
설정일(존속기간)	2017.03.27 (1년)
설정액	90.65억원
순자산	90.65억원

시장 정보 (2018년 04월 20일 기준)			
52주최고(원)	21,730	수익률(12M, %)	13.33
52주최저(원)	10,535	수익률(YTD, %)	40.63
거래량(20일, 주)	11,987	변동성(120일)	0.03
거래대금(20일, 원)	243,241,127	구성종목수(개)	76
베타(1D/1Y)	1.181820	괴리치(원)	4.07

누적 수익률

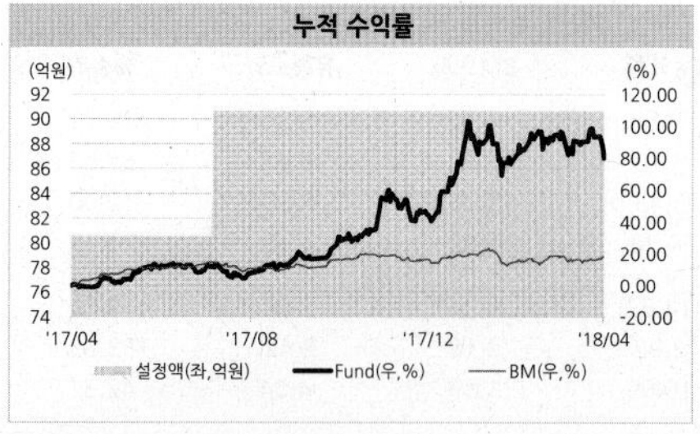

기간별 수익률 (%)

구분	수익률	BM초과	유형초과	%순위
1주	-4.05	-4.30	-3.82	98.57
1개월	-6.82	-8.60	-7.66	97.14
3개월	-6.17	-6.60	-4.95	91.43
6개월	-2.13	-0.82	1.35	39.13
연초이후	40.63	38.58	33.59	5.36
1년	13.33	12.53	12.77	11.59
3년	80.22	61.92	56.49	3.85

보수 (%, 年)	
TER	0.450
운용	0.390
판매	0.020
수탁	0.020
일반사무	0.020

투자 전략

이 투자신탁은 한국거래소(KRX)가 산출·발표하는 KRX 헬스케어 지수(이하 "기초지수"라 한다)를 기초지수로 하여 1좌당 순자산가치의 변동률을 기초지수의 변동률과 유사하도록 투자신탁재산을 운용함을 그 운용목적으로 합니다.

ARIRANG 중형주저변동50 (A266550)

● 벤치마크 : **FnGuide 중형주저변동50지수**
● 테마분류 : —

● 위험등급 : **2등급**
● 평가등급(3년) : —

펀드 현황	
운용사(매니저)	한화자산운용
판매사	—
설정일(존속기간)	2017.03.27 (1년)
설정액	225.31억원
순자산	225.31억원

시장 정보 (2018년 04월 20일 기준)			
52주최고(원)	11,985	수익률(12M, %)	6.83
52주최저(원)	10,120	수익률(YTD, %)	-1.11
거래량(20일, 주)	4,251	변동성(120일)	0.01
거래대금(20일, 원)	46,193,666	구성종목수(개)	50
베타(1D/1Y)	0.680520	괴리치(원)	9.75

누적 수익률

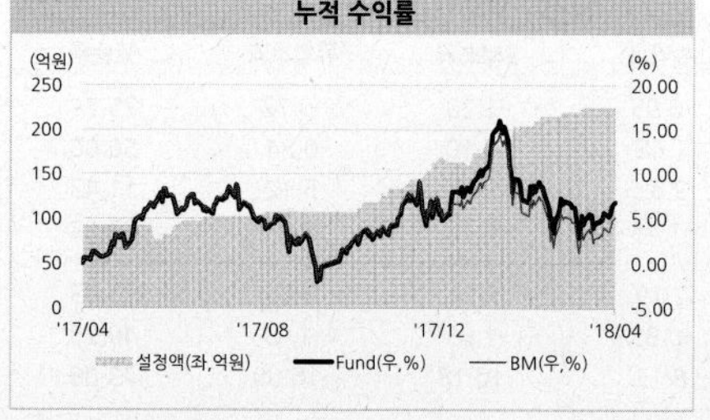

기간별 수익률 (%)

구분	수익률	BM초과	유형초과	%순위
1주	1.16	-0.01	0.07	69.59
1개월	0.11	-0.03	1.66	24.07
3개월	-3.60	0.31	1.59	39.83
6개월	4.36	1.92	-3.78	18.75
연초이후	-1.11	0.29	-2.74	50.21
1년	6.83	1.70	-26.92	95.31
3년	—	—	—	—

보수 (%, 年)	
TER	0.230
운용	0.160
판매	0.020
수탁	0.020
일반사무	0.030

투자 전략

이 투자신탁은 국내 주식을 주된 투자대상자산으로하며, 수익증권 1좌당 순자산가치의 변동률을 주식회사 에프엔가이드(FnGuide)가 산출하여 공표하는추적대상지수인 FnGuide 중형주저변동50 지수의 변동률과 유사하도록 운용함을 목적으로 합니다.

TIGER 코스닥150로우볼 (A267300)

● 벤치마크 : **KOSPI TR**
● 테마분류 : —
● 위험등급 : **2등급**
● 평가등급(3년) : —

펀드 현황	
운용사(매니저)	미래에셋자산운용
판매사	—
설정일(존속기간)	2017.04.24 (12개월)
설정액	53.66억원
순자산	53.66억원

시장 정보 (2018년 04월 20일 기준)			
52주최고(원)	15,435	수익률(12M, %)	—
52주최저(원)	10,300	수익률(YTD, %)	31.12
거래량(20일, 주)	23,216	변동성(120일)	0.02
거래대금(20일, 원)	327,375,521	구성종목수(개)	49
베타(1D/1Y)	0.956450	괴리치(원)	-29.04

누적 수익률

(억원) (%)
'17/04 '17/08 '17/12
설정액(좌,억원) Fund(우,%) BM(우,%)

기간별 수익률 (%)				
구분	수익률	BM초과	유형초과	%순위
1주	0.63	0.38	1.23	34.46
1개월	2.65	0.87	1.56	28.72
3개월	-1.40	-1.83	0.15	83.39
6개월	-2.12	-0.81	3.06	16.95
연초이후	31.12	29.07	22.98	9.82
1년	7.48	6.68	5.85	12.45
3년	—	—	—	—

보수 (%, 年)	
TER	0.400
운용	0.280
판매	0.070
수탁	0.020
일반사무	0.030

투자 전략

이 투자신탁은 국내 주식을 법 시행령 제94조제2항제4호에서 규정하는 주된 투자대상자산으로 하며, 한국거래소가 발표하는"코스닥 150 저변동성 지수"를 기초지수로 하여 1좌당 순자산 가치의 변동률을 기초지수의 변동률과 유사하도록 투자신탁재산을 운용함을 목적으로 합니다.

KBSTAR 미국장기국채선물(H) (A267440)

● 벤치마크 : **#N/A**
● 테마분류 : —
● 위험등급 : **2등급**
● 평가등급(3년) : —

펀드 현황	
운용사(매니저)	케이비자산운용
판매사	—
설정일(존속기간)	2017.04.14 (1년)
설정액	60.00억원
순자산	60.00억원

시장 정보 (2018년 04월 20일 기준)			
52주최고(원)	10,470	수익률(12M, %)	-4.68
52주최저(원)	9,495	수익률(YTD, %)	-4.00
거래량(20일, 주)	702	변동성(120일)	0.00
거래대금(20일, 원)	6,880,171	구성종목수(개)	4
베타(1D/1Y)	0.000630	괴리치(원)	-6.71

누적 수익률

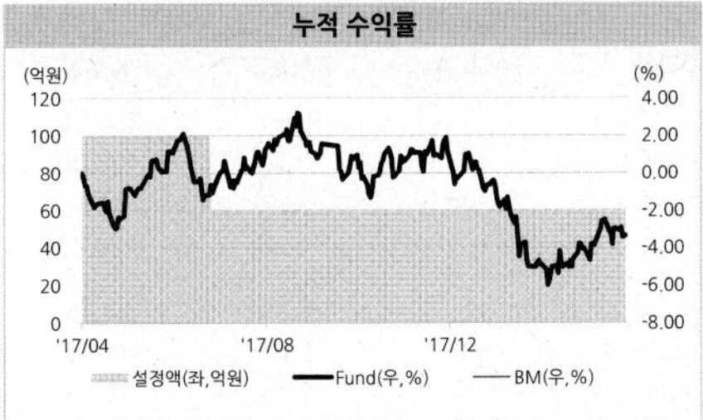

기간별 수익률 (%)				
구분	수익률	BM초과	유형초과	%순위
1주	-0.74	—	-0.50	81.82
1개월	-0.82	—	-0.39	77.27
3개월	0.35	—	0.31	5.56
6개월	-2.44	—	-0.95	100.00
연초이후	-4.00	—	-2.14	100.00
1년	-4.68	—	-2.62	100.00
3년	-3.74	—	-4.22	100.00

보수 (%, 年)	
TER	0.400
운용	0.340
판매	0.020
수탁	0.020
일반사무	0.020

투자 전략

이 투자신탁은 미국채권 관련 장내파생상품을 법에서 정하는 주된 투자대상으로 하며, S&P D owJones Indices, LLC사가 산출·발표하는 S&P U.S Treasury Bon d Futures Excess Return Index를 기초지수로 하여 1좌당 순자산가치의 변동률을 기초지수의 변동률과 유사하도록 투자신탁재산을 운용하는 것을 목적으로 하는 투자신탁 입니다

KBSTAR 미국장기국채선물인버스(H) (A267450)

● 벤치마크 : **#N/A**
● 테마분류 : —
● 위험등급 : **2등급**
● 평가등급(3년) : —

펀드 현황	
운용사(매니저)	케이비자산운용
판매사	—
설정일(존속기간)	2017.04.14 (1년)
설정액	60.00억원
순자산	60.00억원

시장 정보 (2018년 04월 20일 기준)			
52주최고(원)	10,425	수익률(12M, %)	4.58
52주최저(원)	9,520	수익률(YTD, %)	3.58
거래량(20일, 주)	664	변동성(120일)	0.01
거래대금(20일, 원)	6,742,197	구성종목수(개)	4
베타(1D/1Y)	-0.004950	괴리치(원)	6.48

누적 수익률

(억원) 160 140 120 100 80 60 40 20 0 / (%) 6.00 4.00 2.00 0.00 -2.00 -4.00
'17/04 '17/08 '17/12 '18/04
설정액(좌,억원) Fund(우,%) BM(우,%)

기간별 수익률 (%)

구분	수익률	BM초과	유형초과	%순위
1주	0.74	—	1.62	7.69
1개월	0.82	—	1.90	7.69
3개월	-0.42	—	0.23	7.69
6개월	2.20	—	2.85	7.69
연초이후	3.58	—	5.58	7.69
1년	4.58	—	4.16	7.69
3년	2.90	—	2.15	8.33

보수 (%, 年)	
TER	0.400
운용	0.340
판매	0.020
수탁	0.020
일반사무	0.020

투자 전략

이 투자신탁은 미국채권 관련 장내파생상품을 법에서 정하는 주된 투자대상으로 하며, S&P DowJones Indices, LLC사가 산출·발표하는 S&P U.S Treasury Bond Futures Excess Return Index를기초지수로 하여 1좌당 순자산가치의 일간변동률을 기초지수의 일간변동률의 음(陰)의 1배수로 연하여 투자신탁재산을 운용하는 것을 목적으로 하는 투자신탁입니다.

KBSTAR 미국장기국채선물레버리지(합성 H) (A267490)

● 벤치마크 : **#N/A**
● 테마분류 : —
● 위험등급 : **1등급**
● 평가등급(3년) : —

펀드 현황	
운용사(매니저)	케이비자산운용
판매사	—
설정일(존속기간)	2017.04.14 (1년)
설정액	70.00억원
순자산	70.00억원

시장 정보 (2018년 04월 20일 기준)			
52주최고(원)	10,890	수익률(12M, %)	-9.25
52주최저(원)	8,965	수익률(YTD, %)	-8.16
거래량(20일, 주)	584	변동성(120일)	0.01
거래대금(20일, 원)	5,515,188	구성종목수(개)	4
베타(1D/1Y)	0.004430	괴리치(원)	6.86

누적 수익률

(억원) 120 100 80 60 40 20 0 / (%) 10.00 5.00 0.00 -5.00 -10.00 -15.00
'17/04 '17/08 '17/12 '18/04
설정액(좌,억원) Fund(우,%) BM(우,%)

기간별 수익률 (%)

구분	수익률	BM초과	유형초과	%순위
1주	-1.49	—	-0.61	100.00
1개월	-1.85	—	-0.76	100.00
3개월	0.54	—	1.19	—
6개월	-4.91	—	-4.26	100.00
연초이후	-8.16	—	-6.16	38.46
1년	-9.25	—	-9.67	100.00
3년	-8.40	—	-9.15	33.33

보수 (%, 年)	
TER	0.500
운용	0.440
판매	0.020
수탁	0.020
일반사무	0.020

투자 전략

이 투자신탁은 미국채권 관련 장외파생상품을 법에서 정하는 주된 투자대상으로 하며, S&P DowJones Indices, LLC사가 산출·발표하는 S&P U.S Treasury Bond Futures Excess Return Index를기초지수로 하여 1좌당 순자산가치의 일간변동률을 기초지수의 일간변동률의 양(陽)의 2배수로 연동하여 투자신탁재산을 운용하는 것을 목적으로 하는 투자신탁입니다.

KBSTAR 미국장기국채선물인버스2X(합성 H) (A267500)

● 벤치마크 : **#N/A**
● 테마분류 : —

● 위험등급 : **1등급**
● 평가등급(3년) : —

펀드 현황	
운용사(매니저)	케이비자산운용
판매사	—
설정일(존속기간)	2017.04.14 (1년)
설정액	70.00억원
순자산	70.00억원

시장 정보 (2018년 04월 20일 기준)			
52주최고(원)	10,810	수익률(12M, %)	8.73
52주최저(원)	9,050	수익률(YTD, %)	6.94
거래량(20일, 주)	3,438	변동성(120일)	0.01
거래대금(20일, 원)	35,146,370	구성종목수(개)	4
베타(1D/1Y)	0.000350	괴리치(원)	5.11

누적 수익률

기간별 수익률 (%)

구분	수익률	BM초과	유형초과	%순위
1주	1.50	—	2.38	—
1개월	1.42	—	2.50	—
3개월	-1.02	—	-0.37	38.46
6개월	4.23	—	4.89	—
연초이후	6.94	—	8.93	—
1년	8.73	—	8.31	—
3년	5.17	—	4.42	—

보수 (%, 年)	
TER	0.500
운용	0.440
판매	0.020
수탁	0.020
일반사무	0.020

투자 전략

이 투자신탁은 미국채권 관련 장외파생상품을 법에서 정하는 주된 투자대상으로 하며, S&P DowJones Indices, LLC사가 산출·발표하는 S&P U.S Treasury Bond Futures Excess Return Index를기초지수로 하여 1좌당 순자산가치의 일간변동률을 기초지수의 일간변동률의 음(陰)의 2배수로 연동하여 투자신탁재산을 운용하는 것을 목적으로 하는 투자신탁입니다.

TIGER 200선물레버리지 (A267770)

● 벤치마크 : **#N/A**
● 테마분류 : —

● 위험등급 : **1등급**
● 평가등급(3년) : —

펀드 현황	
운용사(매니저)	미래에셋자산운용
판매사	—
설정일(존속기간)	2017.04.24 (12개월)
설정액	980.00억원
순자산	980.00억원

시장 정보 (2018년 04월 20일 기준)			
52주최고(원)	14,305	수익률(12M, %)	—
52주최저(원)	10,220	수익률(YTD, %)	-4.26
거래량(20일, 주)	703,318	변동성(120일)	0.02
거래대금(20일, 원)	8,635,292,400	구성종목수(개)	5
베타(1D/1Y)	2.123280	괴리치(원)	26.43

누적 수익률

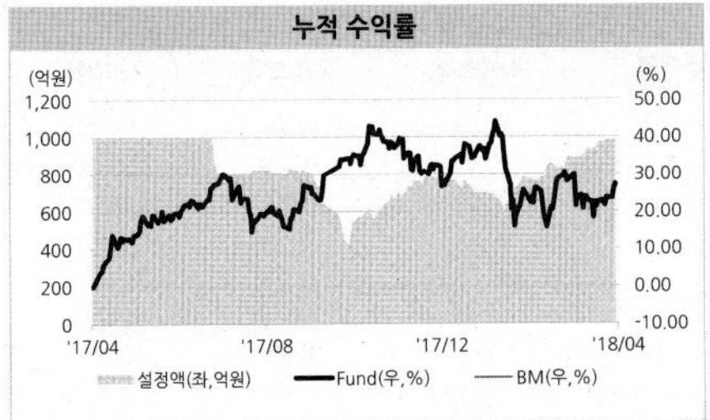

기간별 수익률 (%)

구분	수익률	BM초과	유형초과	%순위
1주	0.89	—	0.99	11.67
1개월	4.66	—	5.60	—
3개월	-0.63	—	-1.47	93.33
6개월	-7.01	—	-10.76	98.28
연초이후	-4.26	—	-5.02	82.46
1년	-4.74	—	-6.32	84.48
3년	—	—	—	—

보수 (%, 年)	
TER	0.090
운용	0.050
판매	0.010
수탁	0.020
일반사무	0.010

투자 전략

이 투자신탁은 국내 주식관련 장내파생상품을 법 시행령 제94조제2항제4호에서 규정하는 주된 투자대상자산으로 하며, 코스피 200 지수 선물의 가격수준을 종합적으로 표시하는 지수인"코스피 200 선물지수"를 기초지수로 하여 1좌당 순자산가치의 일간변동률을 기초지수의 일간변동률의 양(陽)의 2배수로 연동하여 투자신탁재산을 운용함을 목적으로 합니다.

TIGER S&P글로벌인프라(합성) (A269370)

- 벤치마크 : **World - MSCI - AC WORLD INDEX FREE (KRW Unhedged)**
- 테마분류 : —
- 위험등급 : **2등급**
- 평가등급(3년) : —

펀드 현황	
운용사(매니저)	미래에셋자산운용
판매사	—
설정일(존속기간)	2017.05.15 (11개월)
설정액	100.00억원
순자산	100.00억원

시장 정보 (2018년 04월 20일 기준)			
52주최고(원)	10,940	수익률(12M, %)	—
52주최저(원)	9,440	수익률(YTD, %)	-8.52
거래량(20일, 주)	25	변동성(120일)	0.01
거래대금(20일, 원)	242,943	구성종목수(개)	4
베타(1D/1Y)	0.078180	괴리치(원)	-51.22

누적 수익률

(억원) 120 100 80 60 40 20 0 / (%) 15.00 10.00 5.00 0.00 -5.00 -10.00

'17/05 '17/09 '18/01

설정액(좌,억원) Fund(우,%) BM(우,%)

기간별 수익률 (%)				
구분	수익률	BM초과	유형초과	%순위
1주	-0.28	0.14	-0.76	88.03
1개월	0.72	-0.41	-1.25	88.86
3개월	0.79	1.05	2.29	35.92
6개월	-3.96	0.42	-1.66	64.51
연초이후	-8.52	-6.92	-11.75	98.31
1년	-3.22	-3.55	-4.87	87.23
3년	—	—	—	—

보수 (%, 年)	
TER	0.400
운용	0.300
판매	0.045
수탁	0.025
일반사무	0.030

투자 전략

이 투자신탁은 주식을 기초자산으로 하여 파생상품시장에서 거래되는 장외파생상품을 법 시행령 제94조제2항제4호에서 규정하는 주된 투자대상자산으로 하며, "S&P Global Infrastructure 지수"를 기초지수로 하여 1좌당 순자산가치의 변동률을 원화로 환산한 기초지수의 변동률과 유사하도록 투자신탁재산을 운용함을 목적으로합니다.

KODEX S&P글로벌인프라(합성) (A269420)

- 벤치마크 : **World - MSCI - AC WORLD INDEX FREE (KRW Unhedged)**
- 테마분류 : —
- 위험등급 : **2등급**
- 평가등급(3년) : —

펀드 현황	
운용사(매니저)	삼성자산운용
판매사	—
설정일(존속기간)	2017.05.15 (11개월)
설정액	100.00억원
순자산	100.00억원

시장 정보 (2018년 04월 20일 기준)			
52주최고(원)	10,970	수익률(12M, %)	—
52주최저(원)	9,470	수익률(YTD, %)	-8.93
거래량(20일, 주)	315	변동성(120일)	0.01
거래대금(20일, 원)	3,034,729	구성종목수(개)	4
베타(1D/1Y)	0.075430	괴리치(원)	60.11

누적 수익률

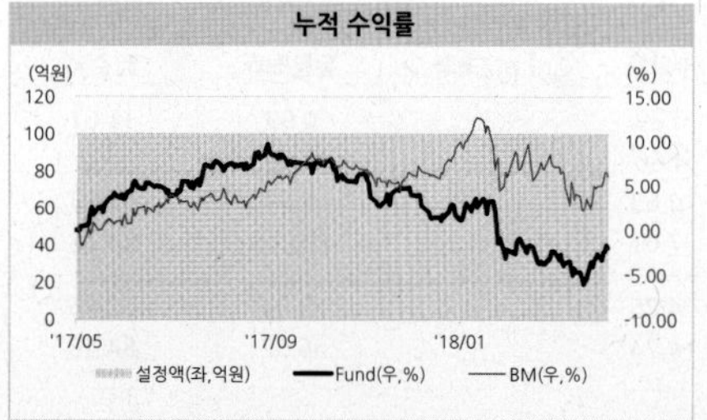

기간별 수익률 (%)				
구분	수익률	BM초과	유형초과	%순위
1주	-0.32	0.11	-0.79	88.60
1개월	0.69	-0.45	-1.29	89.14
3개월	0.74	1.00	2.24	36.21
6개월	-4.04	0.34	-1.73	69.75
연초이후	-8.93	-7.33	-12.16	98.99
1년	-3.34	-3.67	-4.99	87.54
3년	—	—	—	—

보수 (%, 年)	
TER	0.260
운용	0.200
판매	0.020
수탁	0.020
일반사무	0.020

투자 전략

이 투자신탁은 S&P Global Infrastructure Index(KRW 기준, 환헷지 안함, 이하"기초지수"라 한다)를 기초지수로 하여 1좌당 순자산가치의 변동률을 기초지수 변동률과 연동하여 투자신탁재산을 운용함을 그 운용목적으로 합니다.

ARIRANG S&P글로벌인프라 (A269530)

● 벤치마크 : **World - MSCI - AC WORLD INDEX FREE (KRW Unhedged)**
● 테마분류 : —

● 위험등급 : **2등급**
● 평가등급(3년) : —

펀드 현황	
운용사(매니저)	한화자산운용
판매사	—
설정일(존속기간)	2017.05.10 (11개월)
설정액	65.00억원
순자산	65.00억원

시장 정보 (2018년 04월 20일 기준)			
52주최고(원)	10,890	수익률(12M, %)	—
52주최저(원)	9,440	수익률(YTD, %)	-8.68
거래량(20일, 주)	201	변동성(120일)	0.01
거래대금(20일, 원)	1,929,955	구성종목수(개)	77
베타(1D/1Y)	0.075490	괴리치(원)	23.19

누적 수익률

(억원) 90 80 70 60 50 40 30 20 10 0
(%) 15.00 10.00 5.00 0.00 -5.00 -10.00
'17/05 '17/09 '18/01
설정액(좌,억원) Fund(우,%) BM(우,%)

기간별 수익률 (%)				
구분	수익률	BM초과	유형초과	%순위
1주	-0.30	0.12	-0.78	88.32
1개월	0.84	-0.30	-1.13	82.00
3개월	0.83	1.09	2.33	35.63
6개월	-4.03	0.35	-1.73	68.83
연초이후	-8.68	-7.08	-11.91	98.65
1년	-3.40	-3.73	-5.05	87.85
3년	—	—	—	—

보수 (%, 年)	
TER	0.300
운용	0.200
판매	0.020
수탁	0.040
일반사무	0.040

투자 전략

이 투자신탁은 해외 및 국내 주식을 법시행령 제94조 제2항 제4호에서 규정하는 주된 투자대상자산으로 하며, 수익증권 1좌당 순자산가치의 변동률을 주식회사 S&P Dow Jones Indices가산출하여 공표하는 추적대상지수인 S&P Global Infrastructure 지수의 변동률과 유사하도록 운용함을목적으로 합니다.

ARIRANG 미국S&P500(H) (A269540)

● 벤치마크 : **World - MSCI - NORTH AMERICA (KRW Unhedged)**
● 테마분류 : —

● 위험등급 : **2등급**
● 평가등급(3년) : —

펀드 현황	
운용사(매니저)	한화자산운용
판매사	—
설정일(존속기간)	2017.05.11 (11개월)
설정액	140.00억원
순자산	140.00억원

시장 정보 (2018년 04월 20일 기준)			
52주최고(원)	11,935	수익률(12M, %)	—
52주최저(원)	9,825	수익률(YTD, %)	5.66
거래량(20일, 주)	2,779	변동성(120일)	0.01
거래대금(20일, 원)	30,268,784	구성종목수(개)	505
베타(1D/1Y)	0.579980	괴리치(원)	0.14

누적 수익률

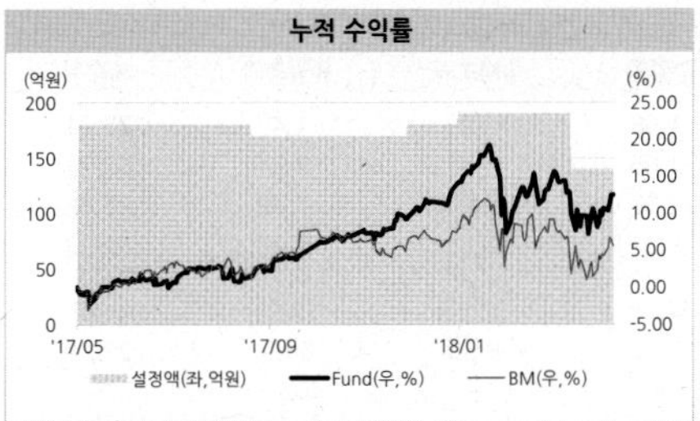

기간별 수익률 (%)				
구분	수익률	BM초과	유형초과	%순위
1주	0.03	0.78	-0.09	56.17
1개월	2.53	1.40	-0.05	34.57
3개월	-1.65	-0.81	-0.09	50.00
6개월	-3.18	1.26	-0.95	56.13
연초이후	5.66	6.82	0.71	42.67
1년	0.95	0.86	-0.84	44.44
3년	—	—	—	—

보수 (%, 年)	
TER	0.300
운용	0.200
판매	0.020
수탁	0.040
일반사무	0.040

투자 전략

이 투자신탁은 해외 및 국내 주식을 법시행령 제94조 제2항 제4호에서 규정하는 주된투자대상자산으로 하며, 수익증권 1좌당 순자산가치의 변동률을 주식회사 S&P Dow Jones Indices가산출하여 공표하는 추적대상지수인 S&P 500 지수의 변동률과 유사하도록 운용함을 목적으로 합니다.

KBSTAR KQ고배당 (A270800)

● 벤치마크 : **FnGuide KQ고배당포커스 지수**
● 테마분류 : —
● 위험등급 : **2등급**
● 평가등급(3년) : —

펀드 현황	
운용사(매니저)	케이비자산운용
판매사	—
설정일(존속기간)	2017.07.06 (9개월)
설정액	706.11억원
순자산	706.11억원

시장 정보 (2018년 04월 20일 기준)			
52주최고(원)	14,270	수익률(12M, %)	—
52주최저(원)	9,735	수익률(YTD, %)	2.58
거래량(20일, 주)	22,548	변동성(120일)	0.02
거래대금(20일, 원)	292,066,110	구성종목수(개)	77
베타(1D/1Y)	0.929980	괴리치(원)	-16.23

누적 수익률

(억원) 800 700 600 500 400 300 200 100 0 / (%) 50.00 40.00 30.00 20.00 10.00 0.00 -10.00
'17/07 '17/11 '18/03
설정액(좌,억원) Fund(우,%) BM(우,%)

기간별 수익률 (%)

구분	수익률	BM초과	유형초과	%순위
1주	-1.74	0.03	-2.83	91.22
1개월	-5.45	0.03	-3.89	95.25
3개월	-6.69	-0.02	-1.50	75.42
6개월	19.52	1.50	11.38	11.16
연초이후	2.58	-0.23	0.94	21.89
1년	—	—	—	—
3년	—	—	—	—

보수 (%, 年)	
TER	0.300
운용	0.250
판매	0.010
수탁	0.020
일반사무	0.020

투자 전략

이 투자신탁은 국내주식을 법에서 정하는 주된 투자대상으로 하며 FnGuide KQ 고배당 포커스 지수를 기초지수로 하여 1좌당 순자산가치의 변동률을 기초지수의 변동률과 유사하도록 투자신탁재산을 운용하는 것을 목적으로 하는 투자신탁입니다

KBSTAR 코스닥150 (A270810)

● 벤치마크 : **KOSPI TR**
● 테마분류 : —
● 위험등급 : **2등급**
● 평가등급(3년) : —

펀드 현황	
운용사(매니저)	케이비자산운용
판매사	—
설정일(존속기간)	2017.06.15 (10개월)
설정액	2,054.56억원
순자산	2,054.56억원

시장 정보 (2018년 04월 20일 기준)			
52주최고(원)	16,920	수익률(12M, %)	—
52주최저(원)	9,645	수익률(YTD, %)	34.08
거래량(20일, 주)	153,146	변동성(120일)	0.02
거래대금(20일, 원)	2,335,483,551	구성종목수(개)	151
베타(1D/1Y)	1.320180	괴리치(원)	-7.65

누적 수익률

기간별 수익률 (%)

구분	수익률	BM초과	유형초과	%순위
1주	-1.68	-1.92	-1.45	85.71
1개월	-1.66	-3.44	-2.51	85.71
3개월	-3.52	-3.94	-2.29	82.86
6개월	-5.31	-4.00	-1.83	62.32
연초이후	34.08	32.03	27.05	7.14
1년	7.45	6.65	6.89	23.19
3년	—	—	—	—

보수 (%, 年)	
TER	0.180
운용	0.140
판매	0.010
수탁	0.010
일반사무	0.020

투자 전략

이 투자신탁은 국내주식을 법에서 정하는 주된 투자대상으로 하며, 코스닥150 지수(KOSDAQ150 Index)를 기초지수로 하여 1좌당 순자산가치의 변동률을 기초지수의 변동률과 유사하도록 투자신탁재산을 운용하는 것을 목적으로 하는 투자신탁입니다.

KODEX WTI원유선물인버스(H) (A271050)

● 벤치마크 : **#N/A**
● 테마분류 : —

● 위험등급 : **2등급**
● 평가등급(3년) : —

펀드 현황	
운용사(매니저)	삼성자산운용
판매사	—
설정일(존속기간)	2017.06.12 (10개월)
설정액	55.00억원
순자산	55.00억원

시장 정보 (2018년 04월 20일 기준)			
52주최고(원)	21,770	수익률(12M, %)	—
52주최저(원)	13,130	수익률(YTD, %)	-25.84
거래량(20일, 주)	3,285	변동성(120일)	0.02
거래대금(20일, 원)	44,952,501	구성종목수(개)	4
베타(1D/1Y)	-0.160290	괴리치(원)	41.70

누적 수익률

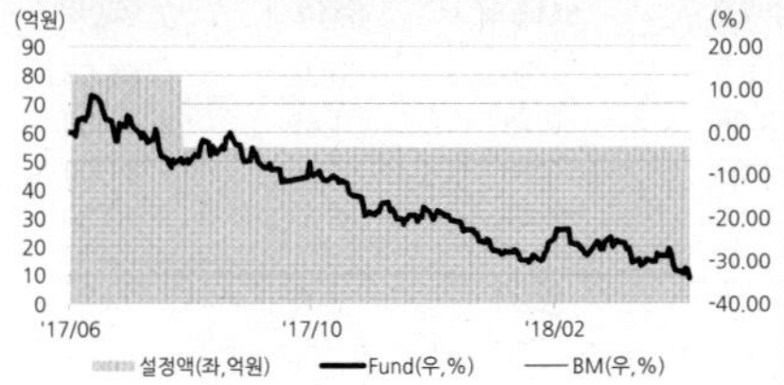

(억원) 90 80 70 60 50 40 30 20 10 0 / (%) 20.00 10.00 0.00 -10.00 -20.00 -30.00 -40.00
'17/06 '17/10 '18/02
설정액(좌,억원) Fund(우,%) BM(우,%)

기간별 수익률 (%)

구분	수익률	BM초과	유형초과	%순위
1주	-2.97	—	-3.02	100.00
1개월	-2.69	—	-3.28	100.00
3개월	-9.55	—	-10.55	100.00
6개월	-8.71	—	-7.32	70.51
연초이후	-25.84	—	-23.61	100.00
1년	-14.95	—	-14.05	100.00
3년	—	—	—	—

보수 (%, 年)	
TER	0.350
운용	0.290
판매	0.020
수탁	0.020
일반사무	0.020

투자 전략

이 투자신탁은 NYMEX에서 거래되는 원자재선물 중에서 WTI원유선물(NYMEX Light Sweet Crude Oil Futures, 이하 'WTI원유선물') 가격을 기초로 하는 S&P GSCI CrudeOil Index Excess Return(이하 "기초지수"라 한다)를 기초지수로 하여 1좌당 순자산가치의 일간변동률을기초지수의 음(陰)의 1배의 일간변동률과 유사하도록 투자신탁재산을 운용함

KODEX 3대농산물선물(H) (A271060)

● 벤치마크 : **#N/A**
● 테마분류 : —

● 위험등급 : **2등급**
● 평가등급(3년) : —

펀드 현황	
운용사(매니저)	삼성자산운용
판매사	—
설정일(존속기간)	2017.06.12 (10개월)
설정액	75.00억원
순자산	75.00억원

시장 정보 (2018년 04월 20일 기준)			
52주최고(원)	11,105	수익률(12M, %)	—
52주최저(원)	8,860	수익률(YTD, %)	2.97
거래량(20일, 주)	3,065	변동성(120일)	0.01
거래대금(20일, 원)	29,507,764	구성종목수(개)	7
베타(1D/1Y)	-0.039190	괴리치(원)	-22.71

누적 수익률

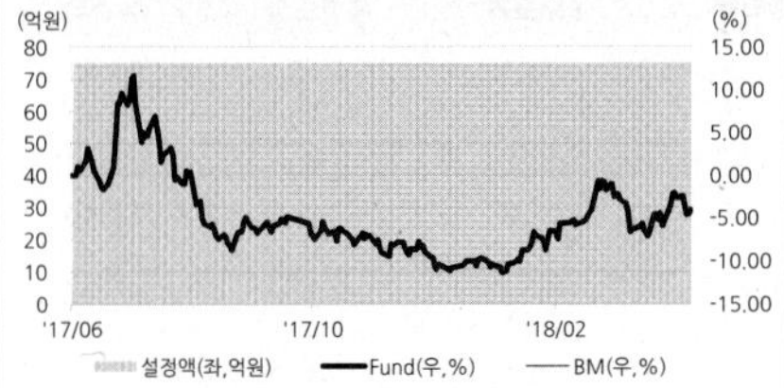

(억원) 80 70 60 50 40 30 20 10 0 / (%) 15.00 10.00 5.00 0.00 -5.00 -10.00 -15.00
'17/06 '17/10 '18/02
설정액(좌,억원) Fund(우,%) BM(우,%)

기간별 수익률 (%)

구분	수익률	BM초과	유형초과	%순위
1주	0.53	—	0.47	11.39
1개월	-1.42	—	-2.02	98.73
3개월	0.16	—	-0.84	69.62
6개월	6.85	—	8.23	—
연초이후	2.97	—	5.20	9.59
1년	6.62	—	7.52	—
3년	—	—	—	—

보수 (%, 年)	
TER	0.550
운용	0.490
판매	0.020
수탁	0.020
일반사무	0.020

투자 전략

이 투자신탁은 CBOT(Chicago Board of Trade, 시카고상품거래소)에 상장된 옥수수, 콩, 밀 선물가격의 움직임을 나타내는 지수 S&P GSCI Grains Selec t Index Excess Return(이하 "기초지수"라 한다)를 기초지수로하여 1좌당 순자산가치의 변동률을 기초지수의 변동률과 유사하도록 투자신탁재산을 운용함.

KINDEX 스마트모멘텀 (A272220)

● 벤치마크 : **FnGuide 스마트 모멘텀 지수**
● 테마분류 : —
● 위험등급 : **2등급**
● 평가등급(3년) : —

펀드 현황	
운용사(매니저)	한국투자신탁운용
판매사	—
설정일(존속기간)	2017.07.07 (9개월)
설정액	89.81억원
순자산	89.81억원

시장 정보 (2018년 04월 20일 기준)			
52주최고(원)	14,295	수익률(12M, %)	—
52주최저(원)	12,445	수익률(YTD, %)	0.37
거래량(20일, 주)	9,047	변동성(120일)	0.01
거래대금(20일, 원)	121,797,216	구성종목수(개)	88
베타(1D/1Y)	1.066500	괴리치(원)	-11.91

누적 수익률

(억원) 100, 80, 60, 40, 20, 0 / (%) 14.00, 12.00, 10.00, 8.00, 6.00, 4.00, 2.00, 0.00, -2.00, -4.00, -6.00
'17/07 '17/11 '18/03
설정액(좌,억원) Fund(우,%) BM(우,%)

기간별 수익률 (%)				
구분	수익률	BM초과	유형초과	%순위
1주	1.41	-0.01	0.32	66.55
1개월	-0.06	0.15	1.49	31.53
3개월	-1.09	0.18	4.09	11.02
6개월	2.44	1.42	-5.71	30.80
연초이후	0.37	0.17	-1.27	30.47
1년	—	—	—	—
3년	—	—	—	—

보수 (%, 年)	
TER	0.190
운용	0.140
판매	0.010
수탁	0.020
일반사무	0.020

투자 전략

이 투자신탁은 에프앤가이드가 산출,발표하는 에프앤가이드 스마트 모멘텀 지수를 기초지수로 하여 이 투자신탁 수익증권 1좌당 순자산가치의 변동률을 기초지수의 변동률과 유사하도록 투자신탁재산을 운용함을 목적으로 합니다

KINDEX 스마트밸류 (A272230)

● 벤치마크 : **FnGuide 스마트 밸류 지수**
● 테마분류 : —
● 위험등급 : **2등급**
● 평가등급(3년) : —

펀드 현황	
운용사(매니저)	한국투자신탁운용
판매사	—
설정일(존속기간)	2017.07.07 (9개월)
설정액	82.44억원
순자산	82.44억원

시장 정보 (2018년 04월 20일 기준)			
52주최고(원)	12,895	수익률(12M, %)	—
52주최저(원)	11,565	수익률(YTD, %)	-0.87
거래량(20일, 주)	16,989	변동성(120일)	0.01
거래대금(20일, 원)	205,978,343	구성종목수(개)	75
베타(1D/1Y)	0.966990	괴리치(원)	-11.69

누적 수익률

(억원) 90, 80, 70, 60, 50, 40, 30, 20, 10, 0 / (%) 12.00, 10.00, 8.00, 6.00, 4.00, 2.00, 0.00, -2.00, -4.00
'17/07 '17/11 '18/03
설정액(좌,억원) Fund(우,%) BM(우,%)

기간별 수익률 (%)				
구분	수익률	BM초과	유형초과	%순위
1주	2.32	-0.03	1.23	35.81
1개월	-0.25	0.14	1.30	47.12
3개월	-2.39	0.21	2.80	21.61
6개월	-0.45	1.59	-8.60	54.46
연초이후	-0.87	0.18	-2.50	48.07
1년	—	—	—	—
3년	—	—	—	—

보수 (%, 年)	
TER	0.190
운용	0.140
판매	0.010
수탁	0.020
일반사무	0.020

투자 전략

이 투자신탁은 국내 주식을 주된 투자대상자산으로 하며 에프앤가이드가 산출,발표하는 에프앤가이드 스마트 밸류 지수를 기초지수로 하여 이 투자신탁 수익증권 1좌당 순자산가치의 변동률을 기초지수의 변동률과 유사하도록 투자신탁재산을 운용함을 목적으로 합니다

KBSTAR 단기국공채액티브 (A272560)

● 벤치마크 : **국공채 만기종합**
● 테마분류 : —
● 위험등급 : **6등급**
● 평가등급(3년) : —

펀드 현황

운용사(매니저)	케이비자산운용
판매사	—
설정일(존속기간)	2017.06.28 (9개월)
설정액	1,473.00억원
순자산	1,473.00억원

시장 정보 (2018년 04월 20일 기준)

52주최고(원)	100,705	수익률(12M, %)	—
52주최저(원)	100,030	수익률(YTD, %)	0.88
거래량(20일, 주)	95	변동성(120일)	0.00
거래대금(20일, 원)	9,551,308	구성종목수(개)	13
베타(1D/1Y)	-0.000410	괴리치(원)	13.63

누적 수익률

(억원) 3,500 3,000 2,500 2,000 1,500 1,000 500 0
(%) 1.50 1.00 0.50 0.00 -0.50 -1.00 -1.50 -2.00 -2.50 -3.00
'17/06 '17/10 '18/02
설정액(좌,억원) Fund(우,%) BM(우,%)

기간별 수익률 (%)

구분	수익률	BM초과	유형초과	%순위
1주	0.01	0.03	0.01	59.42
1개월	0.04	0.34	0.13	10.87
3개월	0.24	-0.36	-0.15	67.39
6개월	0.48	0.02	—	46.72
연초이후	0.88	1.08	0.44	12.98
1년	0.63	0.77	0.28	17.04
3년	—	—	—	—

보수 (%, 年)

TER	0.070
운용	0.055
판매	0.005
수탁	0.005
일반사무	0.005

투자 전략

이 투자신탁은 국내채권을 법에서 정하는 주된 투자대상으로 하되, 잔존만기 3개월 이상에서 1.5년이하의 국공채로 구성된 "KIS종합채권국공채3M~1.5Y 지수"을 비교지수로 하여 1좌당 순자산가치의 변동률을 비교지수의 변동률과 유사하도록 투자신탁재산을 운용하되, 비교지수 대비 안정적인 초과수익률 실현을 목적으로 하는 상장지수투자신탁입니다

KBSTAR 중장기국공채액티브 (A272570)

● 벤치마크 : **국공채 만기종합**
● 테마분류 : —
● 위험등급 : **6등급**
● 평가등급(3년) : —

펀드 현황

운용사(매니저)	케이비자산운용
판매사	—
설정일(존속기간)	2017.06.28 (9개월)
설정액	655.00억원
순자산	655.00억원

시장 정보 (2018년 04월 20일 기준)

52주최고(원)	100,145	수익률(12M, %)	—
52주최저(원)	98,410	수익률(YTD, %)	0.54
거래량(20일, 주)	9	변동성(120일)	0.00
거래대금(20일, 원)	941,354	구성종목수(개)	6
베타(1D/1Y)	-0.009250	괴리치(원)	14.13

누적 수익률

(억원) 3,000 2,500 2,000 1,500 1,000 500 0
(%) 0.50 0.00 -0.50 -1.00 -1.50 -2.00 -2.50
'17/06 '17/10 '18/02
설정액(좌,억원) Fund(우,%) BM(우,%)

기간별 수익률 (%)

구분	수익률	BM초과	유형초과	%순위
1주	0.02	0.04	0.02	18.84
1개월	-0.15	0.14	-0.06	71.74
3개월	0.64	0.04	0.25	9.42
6개월	0.83	0.37	0.34	0.73
연초이후	0.54	0.74	0.10	51.15
1년	0.67	0.80	0.32	9.63
3년	—	—	—	—

보수 (%, 年)

TER	0.070
운용	0.055
판매	0.005
수탁	0.005
일반사무	0.005

투자 전략

이 투자신탁은 국내채권을 법에서 정하는 주된 투자대상으로 하되, 잔존만기 4년 이상에서 5년 이하의 국공채로 구성된 "KIS 종합채권 국공채 4~5Y 지수"을 비교지수로 하여 1좌당 순자산가치의 변동률을 비교지수의 변동률과 유사하도록 투자신탁재산을 운용하되, 비교지수 대비 안정적인 초과수익률실현을 목적으로 하는 상장지수투자신탁입니다.

TIGER 단기채권액티브 (A272580)

- 벤치마크 : **KOSPI TR(30%)*KIS채권종합(70%)**
- 테마분류 : —
- 위험등급 : **5등급**
- 평가등급(3년) : —

펀드 현황	
운용사(매니저)	미래에셋자산운용
판매사	—
설정일(존속기간)	2017.06.28 (9개월)
설정액	6,964.00억원
순자산	6,964.00억원

시장 정보 (2018년 04월 20일 기준)			
52주최고(원)	50,330	수익률(12M, %)	—
52주최저(원)	50,010	수익률(YTD, %)	0.86
거래량(20일, 주)	738	변동성(120일)	0.00
거래대금(20일, 원)	37,103,185	구성종목수(개)	21
베타(1D/1Y)	-0.000250	괴리치(원)	0.02

누적 수익률

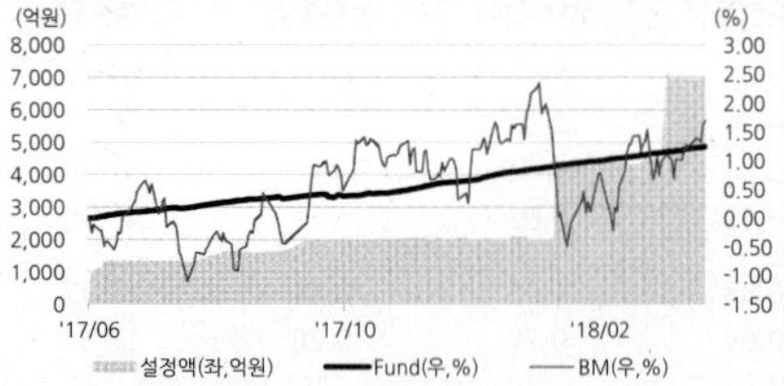

(억원) 8,000 7,000 6,000 5,000 4,000 3,000 2,000 1,000 0 / (%) 3.00 2.50 2.00 1.50 1.00 0.50 0.00 -0.50 -1.00 -1.50 / '17/06 '17/10 '18/02 / 설정액(좌,억원) Fund(우,%) BM(우,%)

기간별 수익률 (%)				
구분	수익률	BM초과	유형초과	%순위
1주	—	-0.06	—	81.44
1개월	0.03	-0.37	-0.01	83.51
3개월	0.15	-0.36	-0.04	94.85
6개월	0.41	0.36	-0.07	83.33
연초이후	0.86	-0.07	-0.09	77.50
1년	0.55	0.08	-0.07	83.52
3년	—	—	—	—

보수 (%, 年)	
TER	0.070
운용	0.055
판매	0.005
수탁	0.005
일반사무	0.005

투자 전략

이 투자신탁은 국내 채권을 법 시행령 제94조제2항제4호에서 규정하는 주된 투자대상자산으로 하여 운용함을 목적으로 합니다. 국내 채권에 투자신탁 자산총액의 60% 이상을 투자합니다.

KINDEX 중장기국공채액티브 (A272910)

- 벤치마크 : **국공채 만기종합**
- 테마분류 : —
- 위험등급 : **5등급**
- 평가등급(3년) : —

펀드 현황	
운용사(매니저)	한국투자신탁운용
판매사	—
설정일(존속기간)	2017.06.23 (10개월)
설정액	638.00억원
순자산	638.00억원

시장 정보 (2018년 04월 20일 기준)			
52주최고(원)	100,025	수익률(12M, %)	—
52주최저(원)	97,680	수익률(YTD, %)	0.44
거래량(20일, 주)	113	변동성(120일)	0.00
거래대금(20일, 원)	11,087,038	구성종목수(개)	12
베타(1D/1Y)	-0.006280	괴리치(원)	0.37

누적 수익률

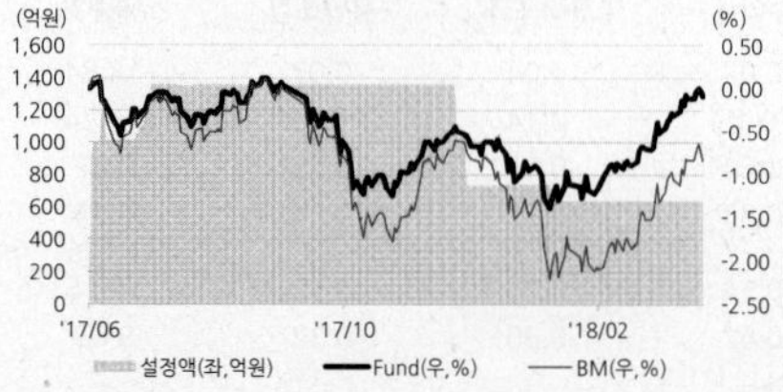

(억원) 1,600 1,400 1,200 1,000 800 600 400 200 0 / (%) 0.50 0.00 -0.50 -1.00 -1.50 -2.00 -2.50 / '17/06 '17/10 '18/02 / 설정액(좌,억원) Fund(우,%) BM(우,%)

기간별 수익률 (%)				
구분	수익률	BM초과	유형초과	%순위
1주	0.02	0.05	0.02	8.70
1개월	-0.10	0.19	-0.01	62.32
3개월	0.61	0.01	0.23	10.14
6개월	0.80	0.34	0.31	2.19
연초이후	0.44	0.63	-0.01	61.07
1년	0.53	0.66	0.18	52.59
3년	—	—	—	—

보수 (%, 年)	
TER	0.080
운용	0.050
판매	0.010
수탁	0.010
일반사무	0.010

투자 전략

이 투자신탁은 국공채에 신탁재산의 60%이상 투자할 계획입니다.- 효율적인 투자전략을 통하여 시장 수익률 대비 초과수익을 추구합니다. ㅇ 동일 위험 → 수익률 극대화 추구, 동일 기대수익 → 낮은 위험과 유동성 높은 종목 선호 ㅇ 크레딧 투자시 펀더멘털(경제기초여건)뿐만 아니라 투자만기와 자금성격, 평가금리 반영 정도등을 종합적으로 고려 - 엄격한 리스크관리 규정과 금융지표 변동 예측으로 리스크 최소화를 추구합니다.

KODEX 종합채권(AA-이상)액티브 (A273130)

● 벤치마크 : **종합 만기종합**
● 테마분류 : —

● 위험등급 : **5등급**
● 평가등급(3년) : —

펀드 현황	
운용사(매니저)	삼성자산운용
판매사	—
설정일(존속기간)	2017.06.16 (10개월)
설정액	5,273.00억원
순자산	5,273.00억원

시장 정보 (2018년 04월 20일 기준)			
52주최고(원)	100,165	수익률(12M, %)	—
52주최저(원)	98,740	수익률(YTD, %)	0.59
거래량(20일, 주)	1,158	변동성(120일)	0.00
거래대금(20일, 원)	115,757,112	구성종목수(개)	107
베타(1D/1Y)	-0.010400	괴리치(원)	40.60

누적 수익률

구분	수익률	BM초과	유형초과	%순위
1주	0.01	0.02	—	22.03
1개월	-0.14	0.03	-0.13	82.63
3개월	0.58	0.07	0.18	5.08
6개월	0.72	0.18	0.08	20.98
연초이후	0.59	0.27	-0.28	56.87
1년	0.48	0.25	-0.18	63.84
3년	—	—	—	—

보수 (%, 年)	
TER	0.070
운용	0.050
판매	0.005
수탁	0.005
일반사무	0.010

투자 전략

이 투자신탁은 우량 국내채권으로 포트폴리오를 구성하되, 주로 AA-등급 이상의 국채, 통안채, 공사채, 회사채, 금융채 등 국내 발행 채권 전체 섹터에 분산하여 투자하여 운용할 계획입니다.

KODEX 단기변동금리부채권액티브 (A273140)

● 벤치마크 : **종합 만기종합**
● 테마분류 : —

● 위험등급 : **5등급**
● 평가등급(3년) : —

펀드 현황	
운용사(매니저)	삼성자산운용
판매사	—
설정일(존속기간)	2017.06.28 (9개월)
설정액	1,303.00억원
순자산	1,303.00억원

시장 정보 (2018년 04월 20일 기준)			
52주최고(원)	100,630	수익률(12M, %)	—
52주최저(원)	100,015	수익률(YTD, %)	0.79
거래량(20일, 주)	289	변동성(120일)	0.00
거래대금(20일, 원)	29,006,965	구성종목수(개)	11
베타(1D/1Y)	0.000040	괴리치(원)	19.93

누적 수익률

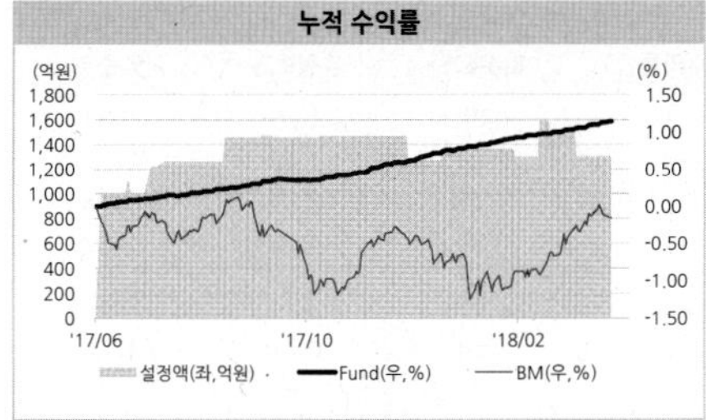

구분	수익률	BM초과	유형초과	%순위
1주	—	0.02	-0.01	77.12
1개월	0.03	0.21	0.05	34.75
3개월	0.14	-0.37	-0.26	96.61
6개월	0.37	-0.17	-0.26	93.30
연초이후	0.79	0.46	-0.08	39.34
1년	0.50	0.27	-0.15	57.14
3년	—	—	—	—

보수 (%, 年)	
TER	0.150
운용	0.110
판매	0.020
수탁	0.005
일반사무	0.015

투자 전략

이 투자신탁은 신탁재산을 주로 은행이 발행한 1년 이내의 CD금리연계 변동금리부채권(FRN: FloatingRate Note)에 투자하며, 비교지수 대비 초과성과 창출을 목적으로 합니다.

KODEX MSCI모멘텀 (A275280)

- 벤치마크 : KOSPI TR
- 테마분류 : —
- 위험등급 : **2등급**
- 평가등급(3년) : —

펀드 현황	
운용사(매니저)	삼성자산운용
판매사	—
설정일(존속기간)	2017.07.10 (9개월)
설정액	160.11억원
순자산	160.11억원

시장 정보 (2018년 04월 20일 기준)			
52주최고(원)	11,490	수익률(12M, %)	—
52주최저(원)	9,675	수익률(YTD, %)	4.83
거래량(20일, 주)	58,348	변동성(120일)	0.01
거래대금(20일, 원)	640,426,875	구성종목수(개)	201
베타(1D/1Y)	1.110940	괴리치(원)	-1.08

누적 수익률

기간별 수익률 (%)

구분	수익률	BM초과	유형초과	%순위
1주	0.48	0.23	1.09	41.22
1개월	1.94	0.17	0.85	45.61
3개월	-1.10	-1.53	0.45	82.37
6개월	0.38	1.68	5.56	2.97
연초이후	4.83	2.78	-3.31	17.41
1년	3.41	2.60	1.77	21.03
3년	—	—	—	—

보수 (%, 年)	
TER	0.300
운용	0.250
판매	0.010
수탁	0.020
일반사무	0.020

투자 전략

이 투자신탁은 MSCI KOREA IMI Momentum 지수를 기초지수로 하여 1좌당순자산 가치의 변동률을 기초지수의 변동률과 유사하도록 투자신탁재산을 운용함을 그 운용목적으로 합니다

KODEX MSCI밸류 (A275290)

- 벤치마크 : KOSPI TR
- 테마분류 : —
- 위험등급 : **2등급**
- 평가등급(3년) : —

펀드 현황	
운용사(매니저)	삼성자산운용
판매사	—
설정일(존속기간)	2017.07.10 (9개월)
설정액	270.07억원
순자산	270.07억원

시장 정보 (2018년 04월 20일 기준)			
52주최고(원)	10,815	수익률(12M, %)	—
52주최저(원)	9,540	수익률(YTD, %)	5.03
거래량(20일, 주)	11,711	변동성(120일)	0.01
거래대금(20일, 원)	119,837,974	구성종목수(개)	81
베타(1D/1Y)	0.878600	괴리치(원)	-7.43

누적 수익률

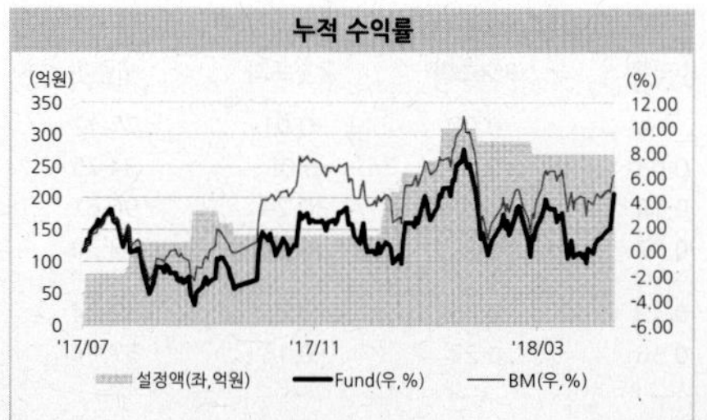

기간별 수익률 (%)

구분	수익률	BM초과	유형초과	%순위
1주	1.14	0.89	1.75	0.34
1개월	3.54	1.76	2.45	14.86
3개월	2.21	1.78	3.76	3.05
6개월	-0.49	0.82	4.70	9.32
연초이후	5.03	2.98	-3.11	16.96
1년	2.34	1.54	0.71	22.32
3년	—	—	—	—

보수 (%, 年)	
TER	0.300
운용	0.250
판매	0.010
수탁	0.020
일반사무	0.020

투자 전략

이 투자신탁은 MSCI KOREA IMI Enhanced Value 지수를 기초지수로 하여 1좌당 순자산가치의 변동률을 기초지수의 변동률과 유사하도록 투자신탁재산을 운용함을 그 운용 목적으로 합니다.

KODEX MSCI퀄리티 (A275300)

● 벤치마크 : **KOSPI TR**
● 테마분류 : —
● 위험등급 : **2등급**
● 평가등급(3년) : —

펀드 현황	
운용사(매니저)	삼성자산운용
판매사	—
설정일(존속기간)	2017.07.10 (9개월)
설정액	127.32억원
순자산	127.32억원

시장 정보 (2018년 04월 20일 기준)			
52주최고(원)	10,755	수익률(12M, %)	—
52주최저(원)	9,105	수익률(YTD, %)	3.13
거래량(20일, 주)	11,416	변동성(120일)	0.01
거래대금(20일, 원)	115,647,229	구성종목수(개)	74
베타(1D/1Y)	0.625320	괴리치(원)	3.03

누적 수익률

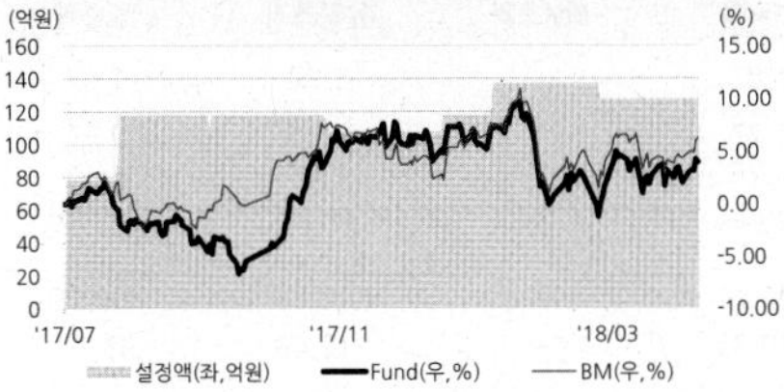

(억원) 160 140 120 100 80 60 40 20 0 / (%) 15.00 10.00 5.00 0.00 -5.00 -10.00
'17/07 '17/11 '18/03
설정액(좌,억원) Fund(우,%) BM(우,%)

기간별 수익률 (%)				
구분	수익률	BM초과	유형초과	%순위
1주	-0.30	-0.54	0.31	79.05
1개월	1.89	0.11	0.80	50.34
3개월	0.77	0.35	2.33	13.22
6개월	-2.89	-1.58	2.29	36.44
연초이후	3.13	1.08	-5.02	28.13
1년	-3.15	-3.95	-4.78	73.82
3년	—	—	—	—

보수 (%, 年)	
TER	0.300
운용	0.250
판매	0.010
수탁	0.020
일반사무	0.020

투자 전략

이 투자신탁은 MSCI KOREA IMI Quality 지수를 기초지수로 하여 1좌당 순자산 가치의 변동률을 기초지수의 변동률과 유사하도록 투자신탁재산을 운용함을 그 운용목적으로 합니다

파워 스마트밸류 (A275540)

● 벤치마크 : **KOSPI TR**
● 테마분류 : —
● 위험등급 : **2등급**
● 평가등급(3년) : —

펀드 현황	
운용사(매니저)	교보악사자산운용
판매사	—
설정일(존속기간)	2017.07.10 (9개월)
설정액	195.73억원
순자산	195.73억원

시장 정보 (2018년 04월 20일 기준)			
52주최고(원)	16,850	수익률(12M, %)	—
52주최저(원)	14,695	수익률(YTD, %)	-0.50
거래량(20일, 주)	71	변동성(120일)	0.01
거래대금(20일, 원)	1,094,319	구성종목수(개)	93
베타(1D/1Y)	0.707320	괴리치(원)	-8.55

누적 수익률

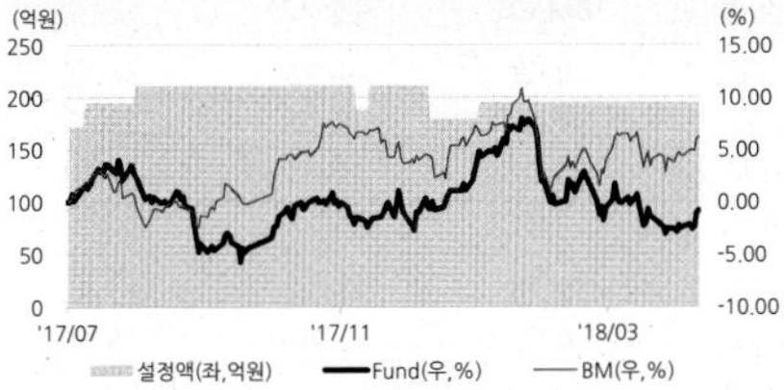

(억원) 250 200 150 100 50 0 / (%) 15.00 10.00 5.00 0.00 -5.00 -10.00
'17/07 '17/11 '18/03
설정액(좌,억원) Fund(우,%) BM(우,%)

기간별 수익률 (%)				
구분	수익률	BM초과	유형초과	%순위
1주	0.30	0.05	0.90	52.70
1개월	1.65	-0.13	0.56	63.18
3개월	-0.57	-1.00	0.98	72.54
6개월	-6.44	-5.13	-1.25	72.46
연초이후	-0.50	-2.55	-8.64	54.91
1년	-1.87	-2.68	-3.50	57.94
3년	—	—	—	—

보수 (%, 年)	
TER	0.250
운용	0.190
판매	0.010
수탁	0.020
일반사무	0.030

투자 전략

이 투자신탁은 KRX 스마트 밸류지수KRX Smart Value Index를 기초지수로 하여 보수차감전 1좌당 순자산가치의 일간변동률을 기초지수의 변동률과 유사하도록 투자신탁재산을 운용함을 목적으로 합니다

KBSTAR 코스닥150선물인버스 (A275750)

● 벤치마크 : **#N/A** ● 위험등급 : **1등급**
● 테마분류 : — ● 평가등급(3년) : —

펀드 현황	
운용사(매니저) 판매사	케이비자산운용 —
설정일(존속기간) 설정액 순자산	2017.07.31 (8개월) 95.00억원 95.00억원

시장 정보 (2018년 04월 20일 기준)			
52주최고(원)	10,365	수익률(12M, %)	—
52주최저(원)	5,635	수익률(YTD, %)	-30.11
거래량(20일, 주)	357,167	변동성(120일)	0.02
거래대금(20일, 원)	2,191,402,626	구성종목수(개)	2
베타(1D/1Y)	-1.268430	괴리치(원)	7.10

누적 수익률

구분	수익률	BM초과	유형초과	%순위
1주	1.82	—	1.92	1.67
1개월	1.39	—	2.34	6.67
3개월	2.25	—	1.40	6.67
6개월	2.64	—	-1.10	51.72
연초이후	-30.11	—	-30.88	100.00
1년	-10.89	—	-12.48	98.28
3년	—	—	—	—

기간별 수익률 (%)

보수 (%, 年)	
TER	0.600
운용	0.510
판매	0.050
수탁	0.020
일반사무	0.020

투자 전략

이 투자신탁은 국내주식관련 장내파생상품을 법에서 정하는 주된 투자대상으로 하며 한국거래소가 산출하는 F코스닥150 지수를 기초지수로 하여 1좌당 순자산가치의 일간변동률을 기초지수의 일간변동률의 음의 1배수로 연동하여 투자신탁재산을 운용하는 것을 목적으로 하는 투자신탁입니다

TIGER 글로벌4차산업혁신기술(합성 H) (A275980)

● 벤치마크 : **World - MSCI - AC WORLD INDEX FREE (KRW Unhedged)** ● 위험등급 : **2등급**
● 테마분류 : — ● 평가등급(3년) : —

펀드 현황	
운용사(매니저) 판매사	미래에셋자산운용 —
설정일(존속기간) 설정액 순자산	2017.07.28 (8개월) 2,700.00억원 2,700.00억원

시장 정보 (2018년 04월 20일 기준)			
52주최고(원)	11,765	수익률(12M, %)	—
52주최저(원)	9,855	수익률(YTD, %)	6.19
거래량(20일, 주)	330,824	변동성(120일)	0.01
거래대금(20일, 원)	3,661,654,332	구성종목수(개)	4
베타(1D/1Y)	0.492230	괴리치(원)	39.17

누적 수익률

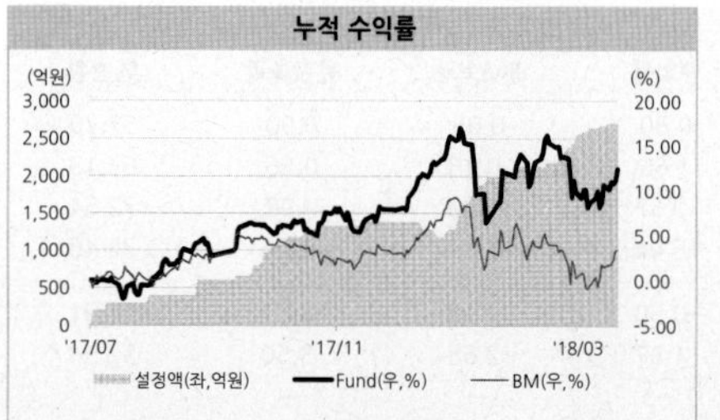

기간별 수익률 (%)

구분	수익률	BM초과	유형초과	%순위
1주	0.26	0.68	-0.22	55.56
1개월	2.37	1.24	0.40	29.43
3개월	-1.92	-1.67	-0.43	52.01
6개월	-0.75	3.63	1.56	21.60
연초이후	6.19	7.79	2.96	37.84
1년	4.35	4.02	2.70	15.58
3년	—	—	—	—

보수 (%, 年)	
TER	0.400
운용	0.300
판매	0.045
수탁	0.025
일반사무	0.030

투자 전략

이 투자신탁은 주식을 기초자산으로 하여 파생상품시장에서 거래되는 장외파생상품을 법 시행령 제94조제2항제4호에서 규정하는 주된 투자대상자산으로 하며 Morningstar Exponential Technologies 지수를 기초지수로 하여 1좌당 순자산가치의 변동률을 기초지수의 변동률과 유사하도록 투자신탁재산을 운용함을 목적으로 합니다

TIGER 글로벌자원생산기업(합성 H) (A276000)

● 벤치마크 : **World - MSCI - AC WORLD INDEX FREE (KRW Unhedged)** ● 위험등급 : **2등급**
● 테마분류 : — ● 평가등급(3년) : —

펀드 현황	
운용사(매니저)	미래에셋자산운용
판매사	—
설정일(존속기간)	2017.07.28 (8개월)
설정액	100.00억원
순자산	100.00억원

시장 정보 (2018년 04월 20일 기준)			
52주최고(원)	11,950	수익률(12M, %)	—
52주최저(원)	9,870	수익률(YTD, %)	9.32
거래량(20일, 주)	1,319	변동성(120일)	0.01
거래대금(20일, 원)	14,351,745	구성종목수(개)	3
베타(1D/1Y)	0.379620	괴리치(원)	-5.50

누적 수익률

(억원) 120 100 80 60 40 20 0 / (%) 20.00 15.00 10.00 5.00 0.00 -5.00
'17/07 '17/11 '18/03
설정액(좌,억원) Fund(우,%) BM(우,%)

기간별 수익률 (%)				
구분	수익률	BM초과	유형초과	%순위
1주	1.78	2.20	1.30	17.66
1개월	3.13	1.99	1.15	20.86
3개월	4.97	5.23	6.47	21.26
6개월	-0.18	4.20	2.12	18.83
연초이후	9.32	10.92	6.09	4.73
1년	4.55	4.21	2.90	15.26
3년	—	—	—	—

보수 (%, 年)	
TER	0.400
운용	0.300
판매	0.045
수탁	0.025
일반사무	0.030

투자 전략

이 투자신탁은 주식을 기초자산으로 하여 파생상품시장에서 거래되는 장외파생상품을 법 시행령 제94조제2항제4호에서 규정하는 주된 투자대상자산으로 하며 Morningstar Global Upstream Natural Resources 지수 를 기초지수로 하여 1좌당 순자산가치의 변동률을 기초지수의 변동률과 유사하도록 투자신탁재산을 운용함을 목적으로 합니다

KBSTAR 글로벌4차산업IT(합성 H) (A276650)

● 벤치마크 : **World - MSCI - AC WORLD INDEX FREE (KRW Unhedged)** ● 위험등급 : **2등급**
● 테마분류 : — ● 평가등급(3년) : —

펀드 현황	
운용사(매니저)	케이비자산운용
판매사	—
설정일(존속기간)	2017.08.14 (8개월)
설정액	70.00억원
순자산	70.00억원

시장 정보 (2018년 04월 20일 기준)			
52주최고(원)	12,190	수익률(12M, %)	—
52주최저(원)	9,890	수익률(YTD, %)	9.37
거래량(20일, 주)	90,608	변동성(120일)	0.01
거래대금(20일, 원)	1,023,149,973	구성종목수(개)	3
베타(1D/1Y)	0.861990	괴리치(원)	-17.98

누적 수익률

(억원) 80 70 60 50 40 30 20 10 0 / (%) 25.00 20.00 15.00 10.00 5.00 0.00 -5.00
'17/07 '17/11 '18/03
설정액(좌,억원) Fund(우,%) BM(우,%)

기간별 수익률 (%)				
구분	수익률	BM초과	유형초과	%순위
1주	-0.05	0.37	-0.53	71.23
1개월	2.61	1.48	0.64	23.71
3개월	-3.35	-3.09	-1.86	78.45
6개월	-0.68	3.70	1.62	21.30
연초이후	9.37	10.97	6.14	4.39
1년	5.24	4.90	3.59	10.59
3년	—	—	—	—

보수 (%, 年)	
TER	0.400
운용	0.340
판매	0.010
수탁	0.020
일반사무	0.030

투자 전략

이 투자신탁은 국내외 주식 관련 장외파생상품에 주로 투자하여 기초지수인 SP Global 1200 Information Technology Index의 변동률과 이 투자신탁의 1좌당 순자산가치의 변동률이 유사하도록투자신탁재산을 운용하는 것을 목적으로 합니다 또한 환율변동으로 인한 위험을 관리하기 위하여장외파생상품 계약에 환헤지 전략을 반영할 계획입니다

KODEX 미국S&P고배당커버드콜(합성 H) (A276970)

● 벤치마크 : **World - MSCI - NORTH AMERICA (KRW Unhedged)** ● 위험등급 : **2등급**

● 테마분류 : — ● 평가등급(3년) : —

펀드 현황	
운용사(매니저)	삼성자산운용
판매사	—
설정일(존속기간)	2017.08.09 (8개월)
설정액	230.00억원
순자산	230.00억원

시장 정보 (2018년 04월 20일 기준)			
52주최고(원)	10,395	수익률(12M, %)	—
52주최저(원)	9,435	수익률(YTD, %)	-0.15
거래량(20일, 주)	11,495	변동성(120일)	0.01
거래대금(20일, 원)	109,749,327	구성종목수(개)	2
베타(1D/1Y)	0.339090	괴리치(원)	-4.30

누적 수익률

(억원) (%)

'17/08 '17/12 '18/04

설정액(좌,억원) Fund(우,%) BM(우,%)

기간별 수익률 (%)

구분	수익률	BM초과	유형초과	%순위
1주	0.17	0.91	0.04	30.25
1개월	2.11	0.98	-0.47	62.96
3개월	-0.42	0.43	1.14	11.11
6개월	-2.16	2.28	0.08	35.48
연초이후	-0.15	1.02	-5.09	77.33
1년	-2.91	-3.00	-4.70	94.12
3년	—	—	—	—

보수 (%, 年)	
TER	0.300
운용	0.240
판매	0.020
수탁	0.020
일반사무	0.020

투자 전략

이 투자신탁은 SP500 Dividend Aristocrat Covered Call72 Premium Index를 기초지수로 하여 1좌당 순자산가치의 변동률을 기초지수 변동률과 연동하여 투자신탁재산을 운용함을 그 운용목적으로 합니다. USD 기준 환헷지 실행하는 것 참고.

KODEX 글로벌4차산업로보틱스(합성) (A276990)

● 벤치마크 : **World - MSCI - AC WORLD INDEX FREE (KRW Unhedged)** ● 위험등급 : **2등급**

● 테마분류 : — ● 평가등급(3년) : —

펀드 현황	
운용사(매니저)	삼성자산운용
판매사	—
설정일(존속기간)	2017.08.16 (8개월)
설정액	195.00억원
순자산	195.00억원

시장 정보 (2018년 04월 20일 기준)			
52주최고(원)	12,135	수익률(12M, %)	—
52주최저(원)	9,925	수익률(YTD, %)	0.84
거래량(20일, 주)	13,674	변동성(120일)	0.01
거래대금(20일, 원)	147,999,807	구성종목수(개)	3
베타(1D/1Y)	0.220820	괴리치(원)	-29.99

누적 수익률

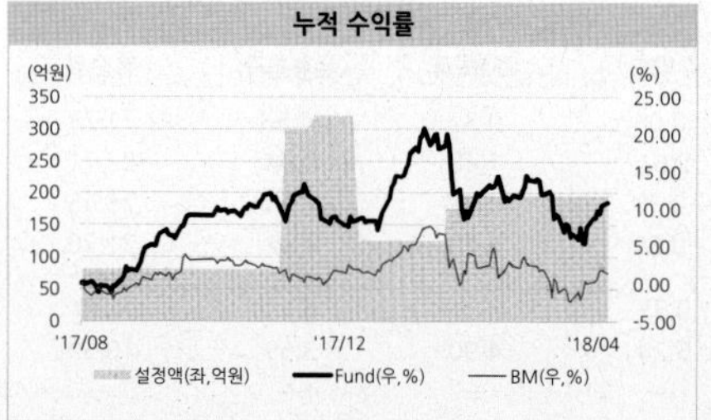

기간별 수익률 (%)

구분	수익률	BM초과	유형초과	%순위
1주	0.35	0.77	-0.13	49.29
1개월	1.90	0.76	-0.07	41.71
3개월	-2.66	-2.41	-1.17	68.68
6개월	-5.89	-1.51	-3.58	90.43
연초이후	0.84	2.44	-2.39	62.84
1년	2.25	1.92	0.60	40.19
3년	—	—	—	—

보수 (%, 年)	
TER	0.300
운용	0.250
판매	0.010
수탁	0.020
일반사무	0.020

투자 전략

이 투자신탁은 ROBO Global Robotics Automation UCITS Price Return Index를 기초지수로 하여 1좌당 순자산가치의 변동률을 기초지수 변동률과 연동하여 투자신탁재산을 운용함을 그 운용목적으로 합니다. KRW 기준 환헷지 안하는 것 참고

KINDEX S&P아시아TOP50 (A277540)

● 벤치마크 : World - MSCI - AC ASIA PACIFIC FREE (KRW Unhedged)
● 테마분류 : —

● 위험등급 : **2등급**
● 평가등급(3년) : —

펀드 현황	
운용사(매니저)	한국투자신탁운용
판매사	—
설정일(존속기간)	2017.08.18 (8개월)
설정액	735.00억원
순자산	735.00억원

시장 정보 (2018년 04월 20일 기준)			
52주최고(원)	11,445	수익률(12M, %)	—
52주최저(원)	10,060	수익률(YTD, %)	2.20
거래량(20일, 주)	25,485	변동성(120일)	0.01
거래대금(20일, 원)	271,340,110	구성종목수(개)	52
베타(1D/1Y)	0.766150	괴리치(원)	46.93

누적 수익률

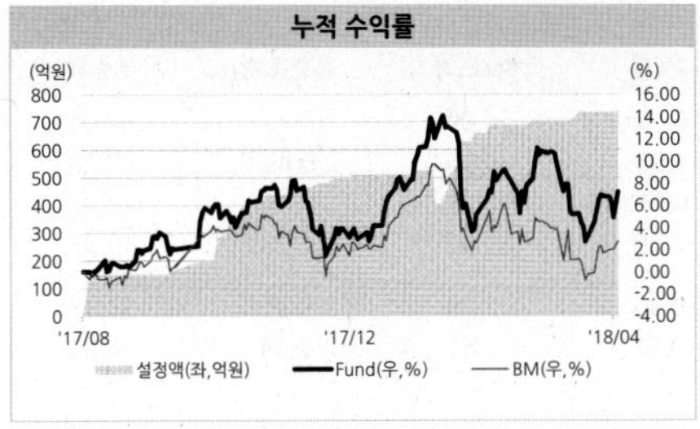

기간별 수익률 (%)

구분	수익률	BM초과	유형초과	%순위
1주	0.97	0.66	0.45	10.06
1개월	0.34	-0.70	0.79	30.29
3개월	-3.26	-2.11	-1.28	70.53
6개월	-3.70	1.01	1.10	31.49
연초이후	2.20	3.10	-0.07	64.75
1년	2.88	2.36	3.73	10.64
3년	—	—	—	—

보수 (%, 年)	
TER	0.700
운용	0.640
판매	0.020
수탁	0.020
일반사무	0.020

투자 전략

투자신탁은 국내,외 주식 및 주식관련 파생상품을 법시행령 제94조 제2항 제4호에서 규정하는 주된 투자대상자산으로 하며 아시아 주요국에 상장된 유동시가총액 상위 50종목으로 구성된 S PASIA50 Index를 기초지수로 하여 이 투자신탁 수익증권 1좌당 순자산가치의 변동률을 기초지수의변동률과 유사하도록 투자신탁재산을 운용함을 목적으로 합니다

TIGER 코스피 (A277630)

● 벤치마크 : KOSPI TR
● 테마분류 : —

● 위험등급 : **2등급**
● 평가등급(3년) : —

펀드 현황	
운용사(매니저)	미래에셋자산운용
판매사	—
설정일(존속기간)	2017.08.30 (7개월)
설정액	1,328.48억원
순자산	1,328.48억원

시장 정보 (2018년 04월 20일 기준)			
52주최고(원)	26,230	수익률(12M, %)	—
52주최저(원)	23,200	수익률(YTD, %)	1.94
거래량(20일, 주)	601,539	변동성(120일)	0.01
거래대금(20일, 원)	14,929,969,683	구성종목수(개)	692
베타(1D/1Y)	0.891990	괴리치(원)	-13.95

누적 수익률

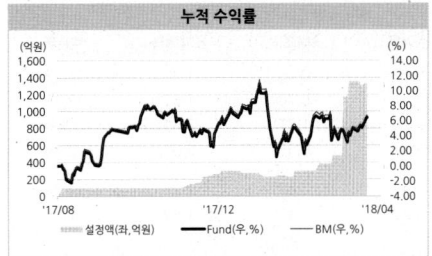

(억원) 1,600 1,400 1,200 1,000 800 600 400 200 0 (%) 14.00 12.00 10.00 8.00 6.00 4.00 2.00 0.00 -2.00 -4.00 '17/08 '17/12 '18/04 설정액(좌,억원) Fund(우,%) BM(우,%)

기간별 수익률 (%)

구분	수익률	BM초과	유형초과	%순위
1주	0.24	—	0.85	64.53
1개월	1.75	-0.03	0.66	59.80
3개월	0.57	0.14	2.12	17.29
6개월	-1.24	0.07	3.95	11.86
연초이후	1.94	-0.11	-6.20	33.93
1년	0.78	-0.03	-0.86	27.47
3년	—	—	—	—

보수 (%, 年)	
TER	0.150
운용	0.110
판매	0.010
수탁	0.010
일반사무	0.020

투자 전략

이 투자신탁은 국내 주식을 법 시행령 제94조제2항제4호에서 규정하는 주된 투자대상자산으로 하며 한국거래소가 발표하는 코스피 지수를 기초지수로 하여 1좌당 순자산가치의 변동률을 기초지수의 변동률과 유사하도록 투자신탁재산을 운용함을 목적으로 합니다.

TIGER 코스피대형주 (A277640)

● 벤치마크 : **KOSPI TR**
● 테마분류 : —
● 위험등급 : **2등급**
● 평가등급(3년) : —

펀드 현황	
운용사(매니저)	미래에셋자산운용
판매사	—
설정일(존속기간)	2017.08.30 (7개월)
설정액	52.10억원
순자산	52.10억원

시장 정보 (2018년 04월 20일 기준)			
52주최고(원)	12,750	수익률(12M, %)	—
52주최저(원)	11,335	수익률(YTD, %)	-0.35
거래량(20일, 주)	1,536	변동성(120일)	0.01
거래대금(20일, 원)	18,415,717	구성종목수(개)	101
베타(1D/1Y)	0.814830	괴리치(원)	15.72

누적 수익률

(억원) 100 80 60 40 20 0 / (%) 14.00 12.00 10.00 8.00 6.00 4.00 2.00 0.00 -2.00 -4.00
'17/08 '17/12
설정액(좌,억원) Fund(우,%) BM(우,%)

기간별 수익률 (%)

구분	수익률	BM초과	유형초과	%순위
1주	0.16	-0.09	0.77	67.23
1개월	1.58	-0.20	0.49	65.20
3개월	0.11	-0.31	1.67	23.73
6개월	-2.29	-0.98	2.89	19.07
연초이후	-0.35	-2.40	-8.50	53.13
1년	-0.71	-1.51	-2.34	46.35
3년	—	—	—	—

보수 (%, 年)	
TER	0.290
운용	0.210
판매	0.030
수탁	0.020
일반사무	0.030

투자 전략

투자신탁은 국내 주식을 법 시행령 제94조제2항제4호에서 규정하는 주된 투자대상자산으로 하며 한국거래소가 발표하는코스피 대형주 지수를 기초지수로 하여 1좌당 순자산가치의 변동률을 기초지수의 변동률과 유사하도록 투자신탁재산을 운용함을 목적으로 합니다

TIGER 코스피중형주 (A277650)

● 벤치마크 : **KOSPI TR**
● 테마분류 : —
● 위험등급 : **2등급**
● 평가등급(3년) : —

펀드 현황	
운용사(매니저)	미래에셋자산운용
판매사	—
설정일(존속기간)	2017.08.30 (7개월)
설정액	1,143.45억원
순자산	1,143.45억원

시장 정보 (2018년 04월 20일 기준)			
52주최고(원)	15,245	수익률(12M, %)	—
52주최저(원)	12,510	수익률(YTD, %)	9.48
거래량(20일, 주)	248,116	변동성(120일)	0.01
거래대금(20일, 원)	3,464,561,594	구성종목수(개)	199
베타(1D/1Y)	0.681670	괴리치(원)	15.08

누적 수익률

(억원) 1,400 1,200 1,000 800 600 400 200 0 / (%) 15.00 10.00 5.00 0.00 -5.00 -10.00
'17/08 '17/12
설정액(좌,억원) Fund(우,%) BM(우,%)

기간별 수익률 (%)

구분	수익률	BM초과	유형초과	%순위
1주	0.65	0.40	1.25	34.12
1개월	2.47	0.70	1.39	33.11
3개월	2.20	1.77	3.75	3.39
6개월	-1.24	0.07	3.95	12.29
연초이후	9.48	7.43	1.33	14.29
1년	3.22	2.41	1.59	21.46
3년	—	—	—	—

보수 (%, 年)	
TER	0.290
운용	0.210
판매	0.030
수탁	0.020
일반사무	0.030

투자 전략

이 투자신탁은 국내 주식을 법 시행령 제94조제2항제4호에서 규정하는 주된 투자대상자산으로 하며 한국거래소가 발표하는코스피 중형주 지수를 기초지수로 하여 1좌당 순자산가치의 변동률을 기초지수의 변동률과 유사하도록 투자신탁재산을 운용함을 목적으로 합니다

KBSTAR 코스닥150선물레버리지 (A278240)

● 벤치마크 : **KOSPI TR**
● 테마분류 : —
● 위험등급 : **1등급**
● 평가등급(3년) : —

펀드 현황	
운용사(매니저)	케이비자산운용
판매사	—
설정일(존속기간)	2017.08.30 (7개월)
설정액	1,410.00억원
순자산	1,410.00억원

시장 정보 (2018년 04월 20일 기준)			
52주최고(원)	27,285	수익률(12M, %)	—
52주최저(원)	9,965	수익률(YTD, %)	67.93
거래량(20일, 주)	621,658	변동성(120일)	0.04
거래대금(20일, 원)	13,235,236,089	구성종목수(개)	5
베타(1D/1Y)	2.407440	괴리치(원)	-81.28

누적 수익률

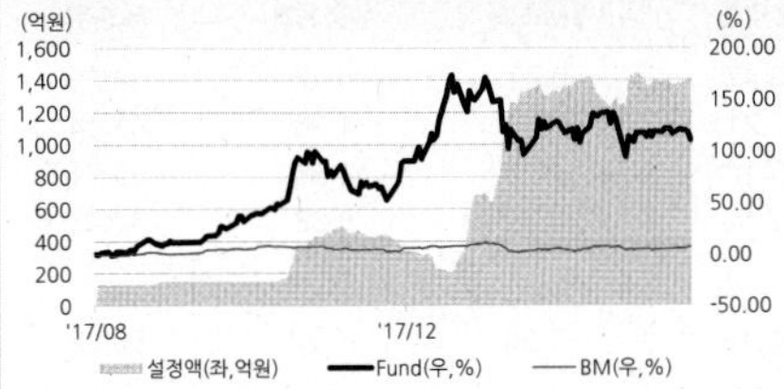

(억원) 1,600 1,400 1,200 1,000 800 600 400 200 0 / (%) 200.00 150.00 100.00 50.00 0.00 -50.00
'17/08 '17/12
설정액(좌,억원) Fund(우,%) BM(우,%)

기간별 수익률 (%)				
구분	수익률	BM초과	유형초과	%순위
1주	-3.61	-3.86	-3.00	100.00
1개월	-2.83	-4.61	-3.92	99.32
3개월	-6.96	-7.39	-5.41	98.98
6개월	-13.76	-12.45	-8.57	100.00
연초이후	67.93	65.88	59.79	0.89
1년	10.51	9.70	8.87	3.86
3년	—	—	—	—

보수 (%, 年)	
TER	0.600
운용	0.510
판매	0.050
수탁	0.020
일반사무	0.020

투자 전략

이 투자신탁은 국내주식관련 장내파생상품을 법에서 정하는 주된 투자대상으로 하며 한국거래소가산출하는 F코스닥150 지수를 기초지수로 하여 1좌당 순자산가치의 일간변동률을 기초지수의 일간변동률의 양의 2배수로 연동하여 투자신탁재산을 운용하는 것을 목적으로 하는 투자신탁입니다

ARIRANG ESG우수기업 (A278420)

● 벤치마크 : **KOSPI TR**
● 테마분류 : —
● 위험등급 : **2등급**
● 평가등급(3년) : —

펀드 현황	
운용사(매니저)	한화자산운용
판매사	—
설정일(존속기간)	2017.08.29 (7개월)
설정액	225.29억원
순자산	225.29억원

시장 정보 (2018년 04월 20일 기준)			
52주최고(원)	10,555	수익률(12M, %)	—
52주최저(원)	9,565	수익률(YTD, %)	-0.79
거래량(20일, 주)	974	변동성(120일)	0.01
거래대금(20일, 원)	9,536,923	구성종목수(개)	51
베타(1D/1Y)	0.683390	괴리치(원)	0.81

누적 수익률

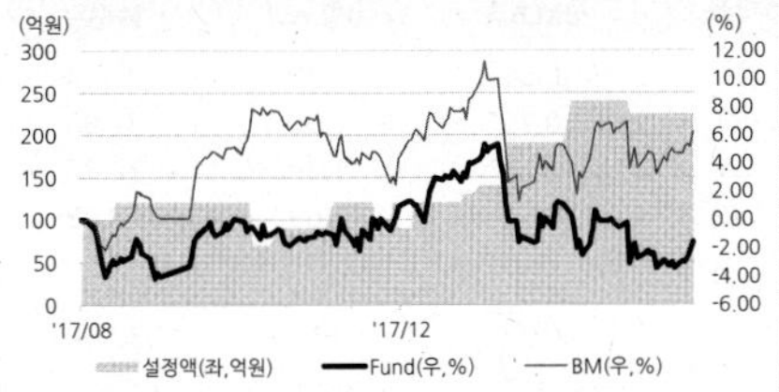

(억원) 300 250 200 150 100 50 0 / (%) 12.00 10.00 8.00 6.00 4.00 2.00 0.00 -2.00 -4.00 -6.00
'17/08 '17/12
설정액(좌,억원) Fund(우,%) BM(우,%)

기간별 수익률 (%)				
구분	수익률	BM초과	유형초과	%순위
1주	-0.03	-0.28	0.58	70.95
1개월	1.35	-0.42	0.27	67.57
3개월	-1.38	-1.80	0.18	83.05
6개월	-4.76	-3.45	0.43	62.29
연초이후	-0.79	-2.84	-8.94	58.93
1년	-2.87	-3.68	-4.51	71.24
3년	—	—	—	—

보수 (%, 年)	
TER	0.230
운용	0.160
판매	0.020
수탁	0.020
일반사무	0.030

투자 전략

이 투자신탁은 국내 주식을 주된 투자대상자산으로 하고 수익증권 1좌당 순자산가치의 변동률을 와이즈에프엔에서 산출하여 공표하는 추적대상지수인 WISE ESG우수기업 지수의 변동률과 유사하도록 운용함을 목적으로 합니다

KODEX 200TR (A278530)

● 벤치마크 : **KOSPI TR**
● 테마분류 : —
● 위험등급 : **2등급**
● 평가등급(3년) : —

펀드 현황	
운용사(매니저)	삼성자산운용
판매사	—
설정일(존속기간)	2017.11.20 (5개월)
설정액	5,818.14억원
순자산	5,818.14억원

시장 정보 (2018년 04월 20일 기준)			
52주최고(원)	10,290	수익률(12M, %)	—
52주최저(원)	9,265	수익률(YTD, %)	0.00
거래량(20일, 주)	3,107,500	변동성(120일)	0.00
거래대금(20일, 원)	29,785,737,304	구성종목수(개)	202
베타(1D/1Y)	1.054020	괴리치(원)	-21.29

누적 수익률

(억원) 7,000 6,000 5,000 4,000 3,000 2,000 1,000 0 / (%) 6.00 4.00 2.00 0.00 -2.00 -4.00 -6.00 -8.00 / '17/11 '18/03
설정액(좌,억원) Fund(우,%) BM(우,%)

기간별 수익률 (%)

구분	수익률	BM초과	유형초과	%순위
1주	0.47	0.22	0.70	34.29
1개월	2.21	0.43	1.36	37.14
3개월	0.14	-0.29	1.36	35.71
6개월	-2.60	-1.29	0.88	42.03
연초이후	—	—	—	—
1년	-1.16	-1.96	-1.72	50.72
3년	—	—	—	—

보수 (%, 年)	
TER	0.100
운용	0.079
판매	0.001
수탁	0.010
일반사무	0.010

투자 전략

이 투자신탁은 KOSPI200 TR 지수이하 기초지수를 기초지수로 하여 1좌당 순자산가치의 변동률을 기초지수의 변동률과 유사하도록 투자신탁재산을 운용함을 그 운용목적으로 합니다

KODEX MSCI Korea TR (A278540)

● 벤치마크 : **KOSPI TR**
● 테마분류 : —
● 위험등급 : **2등급**
● 평가등급(3년) : —

펀드 현황	
운용사(매니저)	삼성자산운용
판매사	—
설정일(존속기간)	2017.11.08 (5개월)
설정액	7,012.33억원
순자산	7,012.33억원

시장 정보 (2018년 04월 20일 기준)			
52주최고(원)	10,115	수익률(12M, %)	—
52주최저(원)	9,155	수익률(YTD, %)	0.00
거래량(20일, 주)	1,051,531	변동성(120일)	0.00
거래대금(20일, 원)	10,003,569,734	구성종목수(개)	114
베타(1D/1Y)	1.072280	괴리치(원)	-27.48

누적 수익률

(억원) 12,000 10,000 8,000 6,000 4,000 2,000 0 / (%) 6.00 4.00 2.00 0.00 -2.00 -4.00 -6.00 -8.00 -10.00 / '17/11 '18/03
설정액(좌,억원) Fund(우,%) BM(우,%)

기간별 수익률 (%)

구분	수익률	BM초과	유형초과	%순위
1주	0.56	0.31	0.79	27.14
1개월	2.53	0.75	1.68	32.86
3개월	0.37	-0.06	1.59	32.86
6개월	-0.79	0.51	2.69	28.99
연초이후	—	—	—	—
1년	1.07	0.27	0.51	37.68
3년	—	—	—	—

보수 (%, 年)	
TER	0.150
운용	0.125
판매	0.005
수탁	0.010
일반사무	0.010

투자 전략

이 투자신탁은 MSCI KOREA GROSS TR 지수를 기초지수로 하여 1좌당 순자산가치의 변동률을 기초지수의 변동률과 유사하도록 투자신탁재산을 운용함을 그 운용목적으로 합니다.

ARIRANG 단기채권액티브 (A278620)

● 벤치마크 : **종합 만기종합**

● 테마분류 : —

● 위험등급 : **5등급**

● 평가등급(3년) : —

펀드 현황	
운용사(매니저)	한화자산운용
판매사	—
설정일(존속기간)	2017.09.25 (6개월)
설정액	1,010.00억원
순자산	1,010.00억원

시장 정보 (2018년 04월 20일 기준)			
52주최고(원)	100,965	수익률(12M, %)	—
52주최저(원)	99,600	수익률(YTD, %)	1.11
거래량(20일, 주)	141	변동성(120일)	0.00
거래대금(20일, 원)	14,211,758	구성종목수(개)	17
베타(1D/1Y)	-0.002280	괴리치(원)	-0.14

누적 수익률

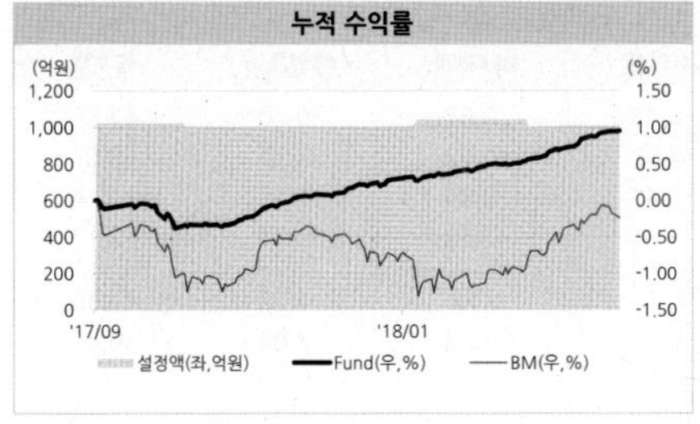

기간별 수익률 (%)				
구분	수익률	BM초과	유형초과	%순위
1주	0.01	0.02	—	44.49
1개월	0.03	0.20	0.05	35.17
3개월	0.36	-0.16	-0.04	66.95
6개월	0.65	0.11	0.02	40.18
연초이후	1.11	0.79	0.24	25.12
1년	0.84	0.61	0.18	29.46
3년	—	—	—	—

보수 (%, 年)	
TER	0.130
운용	0.095
판매	0.010
수탁	0.010
일반사무	0.015

투자 전략

이 투자신탁은 국내 채권을 법 시행령 제94조제2항제4호에서 규정하는 주된 투자대상자산으로하며 KAP Investable Credit Bond 1Y IndexTotal return를 비교지수로 하여 1좌당 순자산가치의 변동률을 비교지수의 변동률을 초과하도록 투자신탁재산을 운용할 계획입니다

KODEX 고배당 (A279530)

● 벤치마크 : **KOSPI TR**

● 테마분류 : —

● 위험등급 : **2등급**

● 평가등급(3년) : —

펀드 현황	
운용사(매니저)	삼성자산운용
판매사	—
설정일(존속기간)	2017.10.16 (6개월)
설정액	490.33억원
순자산	490.33억원

시장 정보 (2018년 04월 20일 기준)			
52주최고(원)	10,800	수익률(12M, %)	—
52주최저(원)	9,760	수익률(YTD, %)	-1.42
거래량(20일, 주)	6,794	변동성(120일)	0.01
거래대금(20일, 원)	66,363,133	구성종목수(개)	51
베타(1D/1Y)	0.507650	괴리치(원)	-22.95

누적 수익률

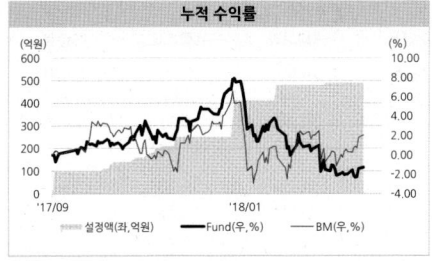

(억원) 600 500 400 300 200 100 0 (%) 10.00 8.00 6.00 4.00 2.00 0.00 -2.00 -4.00 '17/09 '18/01 설정액(좌,억원) Fund(우,%) BM(우,%)

기간별 수익률 (%)				
구분	수익률	BM초과	유형초과	%순위
1주	0.15	-0.10	0.38	47.14
1개월	0.29	-1.48	-0.55	62.86
3개월	-1.67	-2.10	-0.45	55.71
6개월	-5.70	-4.39	-2.22	66.67
연초이후	-1.42	-3.47	-8.46	73.21
1년	-4.85	-5.65	-5.41	73.91
3년	—	—	—	—

보수 (%, 年)	
TER	0.300
운용	0.250
판매	0.010
수탁	0.020
일반사무	0.020

투자 전략

이 투자신탁은 FnGuide 고배당 Plus 지수를 기초지수로 하여 1좌당 순자산가치의 변동률을 기초지수의 변동률과 유사하도록 투자신탁재산을 운용함을 그 운용목적으로 합니다

KODEX 최소변동성 (A279540)

● 벤치마크 : **KOSPI TR**
● 테마분류 : —
● 위험등급 : **2등급**
● 평가등급(3년) : —

펀드 현황	
운용사(매니저)	삼성자산운용
판매사	—
설정일(존속기간)	2017.10.16 (6개월)
설정액	99.86억원
순자산	99.86억원

시장 정보 (2018년 04월 20일 기준)			
52주최고(원)	11,065	수익률(12M, %)	—
52주최저(원)	9,985	수익률(YTD, %)	2.77
거래량(20일, 주)	3,198	변동성(120일)	0.01
거래대금(20일, 원)	33,050,585	구성종목수(개)	131
베타(1D/1Y)	0.715520	괴리치(원)	-1.26

누적 수익률

(억원) 120 100 80 60 40 20 0 / (%) 12.00 10.00 8.00 6.00 4.00 2.00 0.00 -2.00 -4.00
'17/10 '18/02
설정액(좌,억원) Fund(우,%) BM(우,%)

기간별 수익률 (%)

구분	수익률	BM초과	유형초과	%순위
1주	-0.43	-0.68	-0.20	62.86
1개월	0.86	-0.92	0.02	58.57
3개월	-0.47	-0.89	0.76	47.14
6개월	-3.85	-2.54	-0.37	52.17
연초이후	2.77	0.72	-4.27	42.86
1년	-2.47	-3.28	-3.04	60.87
3년	—	—	—	—

보수 (%, 年)	
TER	0.300
운용	0.250
판매	0.010
수탁	0.020
일반사무	0.020

투자 전략

이 투자신탁은 KRX 최소변동성 지수를 기초지수로 하여 1좌당 순자산가치의 변동률을 기초지수의 변동률과 유사하도록 투자신탁재산을 운용함을 그 운용목적으로 합니다

KINDEX 미국4차산업인터넷(합성 H) (A280320)

● 벤치마크 : **World - MSCI - AC WORLD INDEX FREE (KRW Unhedged)**
● 테마분류 : —
● 위험등급 : **2등급**
● 평가등급(3년) : —

펀드 현황	
운용사(매니저)	한국투자신탁운용
판매사	—
설정일(존속기간)	2017.10.12 (6개월)
설정액	80.00억원
순자산	80.00억원

시장 정보 (2018년 04월 20일 기준)			
52주최고(원)	12,395	수익률(12M, %)	—
52주최저(원)	9,885	수익률(YTD, %)	18.96
거래량(20일, 주)	8,113	변동성(120일)	0.01
거래대금(20일, 원)	93,282,950	구성종목수(개)	2
베타(1D/1Y)	0.707110	괴리치(원)	-99.89

누적 수익률

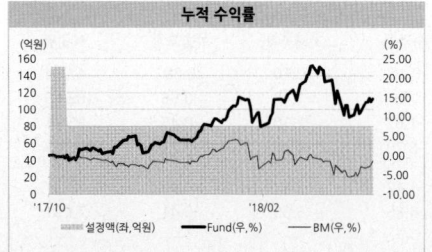

(억원) 160 140 120 100 80 60 40 20 0 / (%) 25.00 20.00 15.00 10.00 5.00 0.00 -5.00 -10.00
'17/10 '18/02
설정액(좌,억원) Fund(우,%) BM(우,%)

기간별 수익률 (%)

구분	수익률	BM초과	유형초과	%순위
1주	0.18	0.60	-0.30	56.70
1개월	4.26	3.13	2.29	—
3개월	-2.76	-2.50	-1.26	68.97
6개월	8.71	13.09	11.01	—
연초이후	18.96	20.56	15.73	—
1년	14.18	13.84	12.53	—
3년	—	—	—	—

보수 (%, 年)	
TER	0.500
운용	0.440
판매	0.020
수탁	0.020
일반사무	0.020

투자 전략

이 투자신탁은 장외파생상품을 법시행령 제94조 제2항 제4호에서 규정하는 주된 투자대상자산으로 하여 1좌당 순자산가치의 변동률을 기초지수인 다우존스 인터넷 종합지수SP Dow Jones Internet Composite Price return Index의 일간변동률과 유사하도록 투자신탁재산을 운용함을 그 목적으로 합니다

ARIRANG 주도업종 (A280920)

● 벤치마크 : **KOSPI TR**
● 테마분류 : —

● 위험등급 : **2등급**
● 평가등급(3년) : —

펀드 현황	
운용사(매니저)	한화자산운용
판매사	—
설정일(존속기간)	2017.10.16 (6개월)
설정액	168.32억원
순자산	168.32억원

시장 정보 (2018년 04월 20일 기준)			
52주최고(원)	10,390	수익률(12M, %)	—
52주최저(원)	9,365	수익률(YTD, %)	2.80
거래량(20일, 주)	7,731	변동성(120일)	0.01
거래대금(20일, 원)	76,606,824	구성종목수(개)	31
베타(1D/1Y)	1.117870	괴리치(원)	5.99

누적 수익률

(억원) 200 150 100 50 0 / (%) 8.00 6.00 4.00 2.00 0.00 -2.00 -4.00 -6.00 -8.00
'17/10 '18/02
설정액(좌,억원) Fund(우,%) BM(우,%)

기간별 수익률 (%)				
구분	수익률	BM초과	유형초과	%순위
1주	0.95	0.70	1.18	21.43
1개월	2.79	1.01	1.95	25.71
3개월	-0.31	-0.74	0.91	44.29
6개월	-0.32	0.98	3.16	24.64
연초이후	2.80	0.75	-4.24	41.07
1년	1.57	0.76	1.00	36.23
3년	—	—	—	—

보수 (%, 年)	
TER	0.230
운용	0.170
판매	0.010
수탁	0.020
일반사무	0.030

투자 전략

이 투자신탁은 국내 주식을 주된 투자대상자산으로 하고 수익증권 1좌당 순자산가치의 변동률을 주식회사 에프앤가이드가 산출하여 공표하는 추적대상지수인 FnGuide 주도업종 지수의 변동률과 유사하도록 운용함을 목적으로 합니다

KODEX 미국러셀2000(H) (A280930)

● 벤치마크 : **World - MSCI - NORTH AMERICA (KRW Unhedged)**
● 테마분류 : —

● 위험등급 : **2등급**
● 평가등급(3년) : —

펀드 현황	
운용사(매니저)	삼성자산운용
판매사	—
설정일(존속기간)	2017.11.07 (5개월)
설정액	50.00억원
순자산	50.00억원

시장 정보 (2018년 04월 20일 기준)			
52주최고(원)	10,900	수익률(12M, %)	—
52주최저(원)	9,755	수익률(YTD, %)	0.00
거래량(20일, 주)	48	변동성(120일)	0.00
거래대금(20일, 원)	505,332	구성종목수(개)	4
베타(1D/1Y)	0.625190	괴리치(원)	15.93

누적 수익률

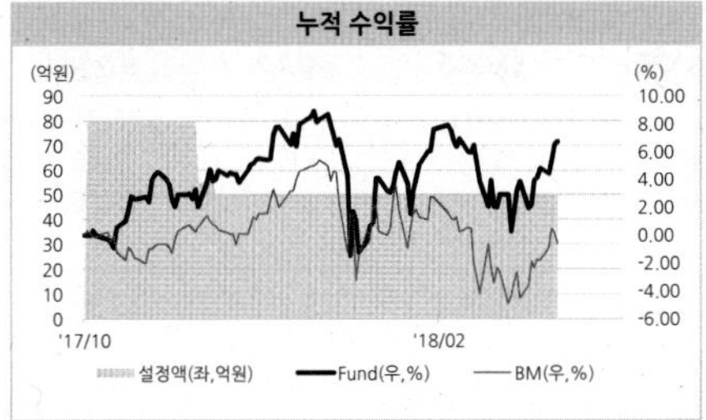

기간별 수익률 (%)				
구분	수익률	BM초과	유형초과	%순위
1주	0.20	0.94	0.07	29.63
1개월	2.50	1.36	-0.09	35.19
3개월	-0.19	0.65	1.36	9.88
6개월	0.31	4.74	2.54	1.94
연초이후	—	—	—	—
1년	2.24	2.14	0.44	26.14
3년	—	—	—	—

보수 (%, 年)	
TER	0.450
운용	0.390
판매	0.020
수탁	0.020
일반사무	0.020

투자 전략

이 투자신탁은 Russell 2000 지수를 기초지수로 하여 1좌당 순자산가치의 변동률을 기초지수의 변동률과 유사하도록 투자신탁재산을 운용 함을 그 운용 목적으로 합니다

KODEX 골드선물인버스(H) (A280940)

● 벤치마크 : **#N/A**
● 테마분류 : **—**

● 위험등급 : **2등급**
● 평가등급(3년) : —

펀드 현황	
운용사(매니저)	삼성자산운용
판매사	—
설정일(존속기간)	2017.11.07 (5개월)
설정액	50.00억원
순자산	50.00억원

시장 정보 (2018년 04월 20일 기준)			
52주최고(원)	10,260	수익률(12M, %)	—
52주최저(원)	9,360	수익률(YTD, %)	0.00
거래량(20일, 주)	24	변동성(120일)	0.00
거래대금(20일, 원)	228,246	구성종목수(개)	4
베타(1D/1Y)	-0.077370	괴리치(원)	0.36

누적 수익률

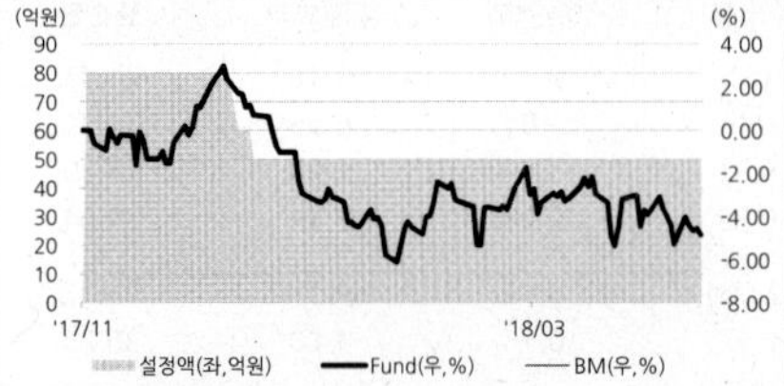

(억원) 90 80 70 60 50 40 30 20 10 0 / (%) 4.00 2.00 0.00 -2.00 -4.00 -6.00 -8.00
'17/11 '18/03
설정액(좌,억원) Fund(우,%) BM(우,%)

기간별 수익률 (%)

구분	수익률	BM초과	유형초과	%순위
1주	-0.29	—	-0.34	56.96
1개월	0.46	—	-0.13	45.57
3개월	-2.71	—	-3.70	98.73
6개월	-1.21	—	0.17	46.15
연초이후	—	—	—	—
1년	-3.86	—	-2.96	65.79
3년	—	—	—	—

보수 (%, 年)	
TER	0.450
운용	0.390
판매	0.020
수탁	0.020
일반사무	0.020

투자 전략

이 투자신탁은 CMEChicago Mercantile Exchange 시카고상품거래소에서 거래되는 원자재선물 중에서 금선물Gold Futures가격을 기초로 하는 SP GSCI Gold Index Excess Return를 기초지수로 하여 1좌당 순자산가치의 일간변동률을 기초지수의 음의 1배의 일간변동률과 유사하도록 투자신탁재산을 운용함을 그 운용목적으로 합니다

KBSTAR 중소형고배당 (A281990)

● 벤치마크 : **FnGuide 중소형 고배당포커스 지수**
● 테마분류 : **—**

● 위험등급 : **2등급**
● 평가등급(3년) : —

펀드 현황	
운용사(매니저)	케이비자산운용
판매사	—
설정일(존속기간)	2017.11.01 (5개월)
설정액	740.39억원
순자산	740.39억원

시장 정보 (2018년 04월 20일 기준)			
52주최고(원)	11,535	수익률(12M, %)	—
52주최저(원)	9,970	수익률(YTD, %)	-5.02
거래량(20일, 주)	10,046	변동성(120일)	0.00
거래대금(20일, 원)	102,727,255	구성종목수(개)	79
베타(1D/1Y)	0.799350	괴리치(원)	-1.14

누적 수익률

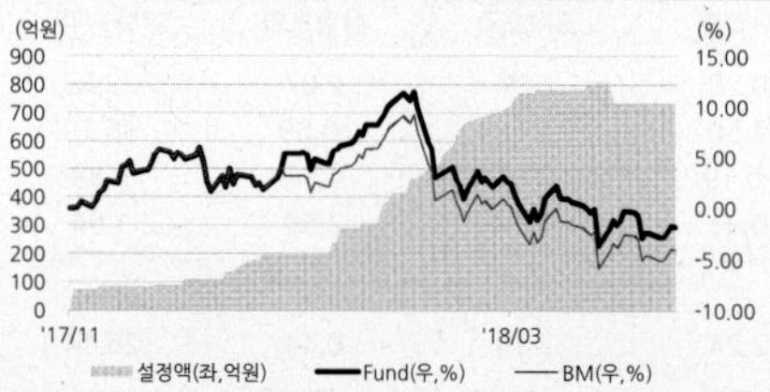

(억원) 900 800 700 600 500 400 300 200 100 0 / (%) 15.00 10.00 5.00 0.00 -5.00 -10.00
'17/11 '18/03
설정액(좌,억원) Fund(우,%) BM(우,%)

기간별 수익률 (%)

구분	수익률	BM초과	유형초과	%순위
1주	1.86	-0.04	1.01	45.71
1개월	-0.15	0.04	1.07	42.86
3개월	-7.47	0.09	-3.99	75.36
6개월	—	—	—	—
연초이후	-5.02	0.08	-5.58	75.36
1년	—	—	—	—
3년	—	—	—	—

보수 (%, 年)	
TER	0.300
운용	0.250
판매	0.010
수탁	0.020
일반사무	0.020

투자 전략

이 투자신탁은 국내주식을 법에서 정하는 주된 투자대상으로 하며 FnGuide 중소형 고배당포커스 지수를 기초지수로 하여 1좌당 순자산가치의 변동률을 기초지수의 변동률과 유사하도록 투자신탁재산을 운용하는 것을 목적으로 하는 투자신탁입니다

KBSTAR 국고채3년선물인버스 (A282000)

- 벤치마크 : **#N/A**
- 테마분류 : —
- 위험등급 : **5등급**
- 평가등급(3년) : —

펀드 현황	
운용사(매니저)	케이비자산운용
판매사	—
설정일(존속기간)	2017.11.08 (5개월)
설정액	11,077.00억원
순자산	11,077.00억원

시장 정보 (2018년 04월 20일 기준)			
52주최고(원)	100,670	수익률(12M, %)	—
52주최저(원)	99,780	수익률(YTD, %)	0.00
거래량(20일, 주)	100,006	변동성(120일)	0.00
거래대금(20일, 원)	10,018,126,594	구성종목수(개)	2
베타(1D/1Y)	0.012510	괴리치(원)	-0.18

누적 수익률

(억원) 12,000 10,000 8,000 6,000 4,000 2,000 0 / (%) 0.80 0.60 0.40 0.20 0.00 -0.20 -0.40 / '17/11 '18/03 / 설정액(좌,억원) Fund(우,%) BM(우,%)

기간별 수익률 (%)				
구분	수익률	BM초과	유형초과	%순위
1주	-0.01	—	0.10	18.33
1개월	0.16	—	1.10	21.67
3개월	-0.24	—	-1.08	81.67
6개월	-0.07	—	-3.82	89.66
연초이후	—	—	—	—
1년	0.14	—	-1.45	79.31
3년	—	—	—	—

보수 (%, 年)	
TER	0.070
운용	0.045
판매	0.005
수탁	0.010
일반사무	0.010

투자 전략

이 투자신탁은 국내채권 관련 장내파생상품에 주로 투자하며 한국거래소에 상장된 3년 국채선물의 최근월종목을 기초자산으로 하는 국채선물지수를 기초지수로 하여 1좌당 순자산가치의 일간변동률을 기초지수의 일간변동률의 음의 1배수로 연동하여 투자신탁재산을 운용하는 것을 목적으로 합니다

KODEX 중국본토CSI300 (A283580)

- 벤치마크 : **World - MSCI - EMF ASIA (KRW Unhedged)**
- 테마분류 : —
- 위험등급 : **2등급**
- 평가등급(3년) : —

펀드 현황	
운용사(매니저)	삼성자산운용
판매사	—
설정일(존속기간)	2017.11.29 (4개월)
설정액	500.00억원
순자산	500.00억원

시장 정보 (2018년 04월 20일 기준)			
52주최고(원)	11,240	수익률(12M, %)	—
52주최저(원)	9,645	수익률(YTD, %)	0.00
거래량(20일, 주)	44,374	변동성(120일)	0.00
거래대금(20일, 원)	440,076,863	구성종목수(개)	298
베타(1D/1Y)	0.494440	괴리치(원)	37.64

누적 수익률

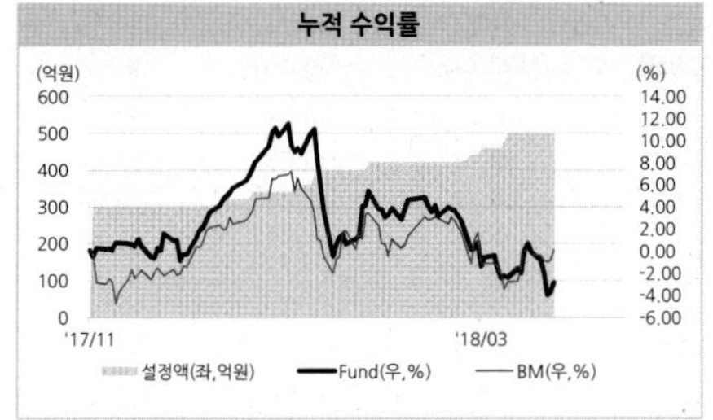

기간별 수익률 (%)				
구분	수익률	BM초과	유형초과	%순위
1주	0.83	-0.06	0.46	50.44
1개월	-2.81	-3.22	-0.49	79.07
3개월	-6.50	-4.23	-1.35	76.53
6개월	-10.11	-5.72	-4.48	93.49
연초이후	—	—	—	—
1년	-2.53	-4.08	-3.62	69.19
3년	—	—	—	—

보수 (%, 年)	
TER	0.550
운용	0.420
판매	0.040
수탁	0.050
일반사무	0.040

투자 전략

이 투자신탁은 CSI300China Securities Index 300지수를 기초지수로 하여 1좌당 순자산가치의 변동률을 기초지수의 변동률과 유사하도록 투자신탁재산을 운용함을 그 운용 목적으로 합니다. KRW 기준 환헷지 안하는 것 참고.

KBSTAR 지주회사 (A283930)

● 벤치마크 : **KOSPI TR**
● 테마분류 : —

● 위험등급 : **2등급**
● 평가등급(3년) : —

펀드 현황	
운용사(매니저)	케이비자산운용
판매사	—
설정일(존속기간)	2017.11.29 (4개월)
설정액	105.00억원
순자산	105.00억원

시장 정보 (2018년 04월 20일 기준)			
52주최고(원)	10,980	수익률(12M, %)	—
52주최저(원)	9,600	수익률(YTD, %)	0.00
거래량(20일, 주)	10,718	변동성(120일)	0.00
거래대금(20일, 원)	108,135,324	구성종목수(개)	54
베타(1D/1Y)	0.799180	괴리치(원)	-40.85

누적 수익률

기간별 수익률 (%)

구분	수익률	BM초과	유형초과	%순위
1주	-0.18	-0.43	0.05	51.43
1개월	-0.20	-1.98	-1.04	70.00
3개월	-0.38	-0.80	0.85	45.71
6개월	-4.37	-3.07	-0.89	56.52
연초이후	—	—	—	—
1년	0.45	-0.36	-0.12	40.58
3년	—	—	—	—

보수 (%, 年)	
TER	0.300
운용	0.250
판매	0.010
수탁	0.020
일반사무	0.020

투자 전략

이 투자신탁은 국내주식을 법에서 정하는 주된 투자대상으로 하며 와이즈지주회사테마 지수를 기초지수로 하여 1좌당 순자산가치의 변동률을 기초지수의 변동률과 유사하도록 투자신탁재산을 운용하는 것을 목적으로 하는 투자신탁입니다

KODEX 200미국채혼합 (A284430)

● 벤치마크 : **MSCI ACWI(KRW unhedged) 30% + KIS채권종합 70%**
● 테마분류 : —

● 위험등급 : **4등급**
● 평가등급(3년) : —

펀드 현황	
운용사(매니저)	삼성자산운용
판매사	—
설정일(존속기간)	2017.11.28 (4개월)
설정액	100.01억원
순자산	100.01억원

시장 정보 (2018년 04월 20일 기준)			
52주최고(원)	10,400	수익률(12M, %)	—
52주최저(원)	9,890	수익률(YTD, %)	0.00
거래량(20일, 주)	5,101	변동성(120일)	0.00
거래대금(20일, 원)	50,979,169	구성종목수(개)	203
베타(1D/1Y)	0.241630	괴리치(원)	6.60

누적 수익률

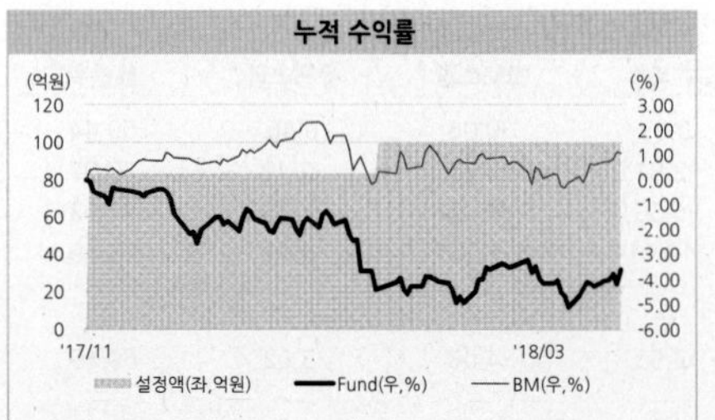

기간별 수익률 (%)

구분	수익률	BM초과	유형초과	%순위
1주	-0.37	-0.23	-0.48	94.25
1개월	0.10	-0.12	-0.08	67.82
3개월	-0.46	-0.77	0.11	55.94
6개월	-2.01	-1.13	-1.03	75.40
연초이후	—	—	—	—
1년	-2.50	-2.83	-2.75	97.58
3년	—	—	—	—

보수 (%, 年)	
TER	0.350
운용	0.300
판매	0.010
수탁	0.020
일반사무	0.020

투자 전략

이 투자신탁은 KOSPI200미국채혼합지수를 기초지수로 하여 1좌당 순자산가치의 변동률을 기초지수의 변동률과 유사하도록 투자신탁재산을 운용함을 그 운용목적으로 합니다

KBSTAR 200금융 (A284980)

● 벤치마크 : **KOSPI TR**
● 테마분류 : —

● 위험등급 : **2등급**
● 평가등급(3년) : —

펀드 현황	
운용사(매니저)	케이비자산운용
판매사	—
설정일(존속기간)	2017.12.07 (4개월)
설정액	51.19억원
순자산	51.19억원

시장 정보 (2018년 04월 20일 기준)			
52주최고(원)	11,690	수익률(12M, %)	—
52주최저(원)	9,835	수익률(YTD, %)	0.00
거래량(20일, 주)	181	변동성(120일)	0.00
거래대금(20일, 원)	1,832,948	구성종목수(개)	18
베타(1D/1Y)	0.852290	괴리치(원)	-48.56

누적 수익률

(억원) 80 70 60 50 40 30 20 10 0 / (%) 20.00 15.00 10.00 5.00 0.00 -5.00
'17/12 '18/04
설정액(좌,억원) Fund(우,%) BM(우,%)

기간별 수익률 (%)				
구분	수익률	BM초과	유형초과	%순위
1주	0.35	0.10	0.58	38.57
1개월	2.00	0.22	1.15	41.43
3개월	-3.43	-3.86	-2.21	78.57
6개월	-11.55	-10.25	-8.07	89.86
연초이후	—	—	—	—
1년	-5.44	-6.25	-6.01	79.71
3년	—	—	—	—

보수 (%, 年)	
TER	0.190
운용	0.140
판매	0.010
수탁	0.020
일반사무	0.020

투자 전략

이 투자신탁은 국내주식을 법에서 정하는 주된 투자대상으로 하며 코스피200금융지수를 기초지수로 하여 1좌당 순자산가치의 변동률을 기초지수의 변동률과 유사하도록 투자신탁재산을 운용하는 것을 목적으로 하는 투자신탁입니다

KBSTAR 200에너지화학 (A284990)

● 벤치마크 : **KOSPI TR**
● 테마분류 : —

● 위험등급 : **2등급**
● 평가등급(3년) : —

펀드 현황	
운용사(매니저)	케이비자산운용
판매사	—
설정일(존속기간)	2017.12.07 (4개월)
설정액	68.73억원
순자산	68.73억원

시장 정보 (2018년 04월 20일 기준)			
52주최고(원)	11,445	수익률(12M, %)	—
52주최저(원)	9,955	수익률(YTD, %)	0.00
거래량(20일, 주)	6,083	변동성(120일)	0.00
거래대금(20일, 원)	62,628,428	구성종목수(개)	26
베타(1D/1Y)	1.053360	괴리치(원)	-44.89

누적 수익률

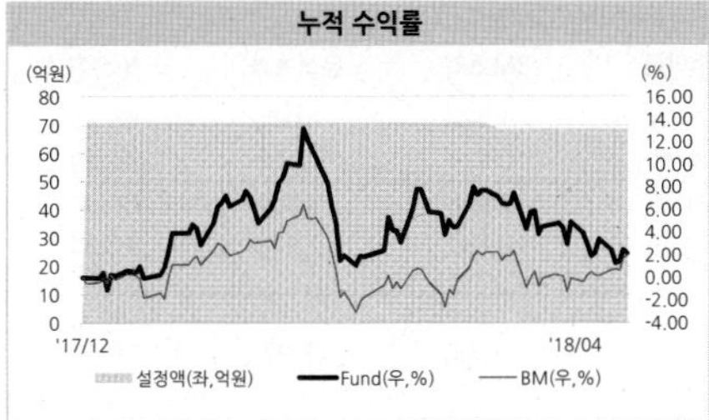

기간별 수익률 (%)				
구분	수익률	BM초과	유형초과	%순위
1주	-0.32	-0.57	-0.09	58.57
1개월	-1.26	-3.04	-2.10	81.43
3개월	-4.17	-4.59	-2.94	88.57
6개월	-3.76	-2.46	-0.28	50.72
연초이후	—	—	—	—
1년	-1.75	-2.56	-2.32	53.62
3년	—	—	—	—

보수 (%, 年)	
TER	0.190
운용	0.140
판매	0.010
수탁	0.020
일반사무	0.020

투자 전략

이 투자신탁은 국내주식을 법에서 정하는 주된 투자대상으로 하며 코스피200에너지화학지수를 기초지수로 하여 1좌당 순자산가치의 변동률을 기초지수의 변동률과 유사하도록 투자신탁재산을 운용하는 것을 목적으로 하는 투자신탁입니다

KBSTAR 200IT (A285000)

● 벤치마크 : **KOSPI TR**
● 테마분류 : —

● 위험등급 : **2등급**
● 평가등급(3년) : —

펀드 현황	
운용사(매니저)	케이비자산운용
판매사	—
설정일(존속기간)	2017.12.07 (4개월)
설정액	88.22억원
순자산	88.22억원

시장 정보 (2018년 04월 20일 기준)			
52주최고(원)	10,765	수익률(12M, %)	—
52주최저(원)	9,515	수익률(YTD, %)	0.00
거래량(20일, 주)	11,888	변동성(120일)	0.00
거래대금(20일, 원)	119,804,485	구성종목수(개)	18
베타(1D/1Y)	1.239820	괴리치(원)	-15.60

누적 수익률

(억원) 100 80 60 40 20 0 / (%) 8.00 6.00 4.00 2.00 0.00 -2.00 -4.00 -6.00 -8.00
'17/12 '18/04
설정액(좌,억원) Fund(우,%) BM(우,%)

기간별 수익률 (%)

구분	수익률	BM초과	유형초과	%순위
1주	0.52	0.28	0.75	30.00
1개월	1.68	-0.09	0.84	48.57
3개월	-3.18	-3.61	-1.96	74.29
6개월	-1.00	0.30	2.48	33.33
연초이후	—	—	—	—
1년	-1.93	-2.74	-2.50	55.07
3년	—	—	—	—

보수 (%, 年)	
TER	0.190
운용	0.140
판매	0.010
수탁	0.020
일반사무	0.020

투자 전략

이 투자신탁은 국내주식을 법에서 정하는 주된 투자대상으로 하며 코스피200정보기술지수를 기초지수로 하여 1좌당 순자산가치의 변동률을 기초지수의 변동률과 유사하도록 투자신탁재산을 운용하는 것을 목적으로 하는 투자신탁입니다

KBSTAR 200중공업 (A285010)

● 벤치마크 : **KOSPI TR**
● 테마분류 : —

● 위험등급 : **2등급**
● 평가등급(3년) : —

펀드 현황	
운용사(매니저)	케이비자산운용
판매사	—
설정일(존속기간)	2017.12.07 (4개월)
설정액	54.89억원
순자산	54.89억원

시장 정보 (2018년 04월 20일 기준)			
52주최고(원)	10,710	수익률(12M, %)	—
52주최저(원)	8,365	수익률(YTD, %)	0.00
거래량(20일, 주)	8,054	변동성(120일)	0.00
거래대금(20일, 원)	80,090,549	구성종목수(개)	10
베타(1D/1Y)	1.184530	괴리치(원)	-27.93

누적 수익률

(억원) 70 60 50 40 30 20 10 0 / (%) 15.00 10.00 5.00 0.00 -5.00 -10.00 -15.00
'17/12 '18/04
설정액(좌,억원) Fund(우,%) BM(우,%)

기간별 수익률 (%)

구분	수익률	BM초과	유형초과	%순위
1주	1.68	1.43	1.91	14.29
1개월	1.94	0.17	1.10	44.29
3개월	-3.45	-3.88	-2.23	80.00
6개월	-0.66	0.64	2.82	27.54
연초이후	—	—	—	—
1년	13.54	12.73	12.97	10.14
3년	—	—	—	—

보수 (%, 年)	
TER	0.190
운용	0.140
판매	0.010
수탁	0.020
일반사무	0.020

투자 전략

이 투자신탁은 국내주식을 법에서 정하는 주된 투자대상으로 하며 코스피200중공업지수를 기초지수로 하여 1좌당 순자산가치의 변동률을 기초지수의 변동률과 유사하도록 투자신탁재산을 운용하는 것을 목적으로 하는 투자신탁입니다.

KBSTAR 200철강소재 (A285020)

● 벤치마크 : **KOSPI TR**
● 테마분류 : —

● 위험등급 : **2등급**
● 평가등급(3년) : —

펀드 현황	
운용사(매니저) 판매사	케이비자산운용 —
설정일(존속기간) 설정액 순자산	2017.12.07 (4개월) 63.71억원 63.71억원

시장 정보 (2018년 04월 20일 기준)			
52주최고(원)	11,115	수익률(12M, %)	—
52주최저(원)	9,015	수익률(YTD, %)	0.00
거래량(20일, 주)	763	변동성(120일)	0.00
거래대금(20일, 원)	7,078,497	구성종목수(개)	11
베타(1D/1Y)	0.800770	괴리치(원)	-33.62

누적 수익률

기간별 수익률 (%)				
구분	수익률	BM초과	유형초과	%순위
1주	2.46	2.22	2.69	5.71
1개월	3.45	1.67	2.61	17.14
3개월	-2.11	-2.54	-0.89	61.43
6개월	-13.26	-11.95	-9.78	97.10
연초이후	—	—	—	—
1년	-7.54	-8.34	-8.10	89.86
3년	—	—	—	—

보수 (%, 年)	
TER	0.190
운용	0.140
판매	0.010
수탁	0.020
일반사무	0.020

투자 전략

이 투자신탁은 국내주식을 법에서 정하는 주된 투자대상으로 하며 코스피200철강소재지수를 기초지수로 하여 1좌당 순자산가치의 변동률을 기초지수의 변동률과 유사하도록 투자신탁재산을 운용하는 것을 목적으로 하는 투자신탁입니다

FOCUS ESG리더스 (A285690)

● 벤치마크 : **KOSPI TR**
● 테마분류 : —

● 위험등급 : **2등급**
● 평가등급(3년) : —

펀드 현황	
운용사(매니저) 판매사	하이자산운용 —
설정일(존속기간) 설정액 순자산	2017.12.12 (4개월) 330.22억원 330.22억원

시장 정보 (2018년 04월 20일 기준)			
52주최고(원)	10,665	수익률(12M, %)	—
52주최저(원)	9,685	수익률(YTD, %)	0.00
거래량(20일, 주)	151	변동성(120일)	0.00
거래대금(20일, 원)	1,495,992	구성종목수(개)	146
베타(1D/1Y)	0.832830	괴리치(원)	-15.18

누적 수익률

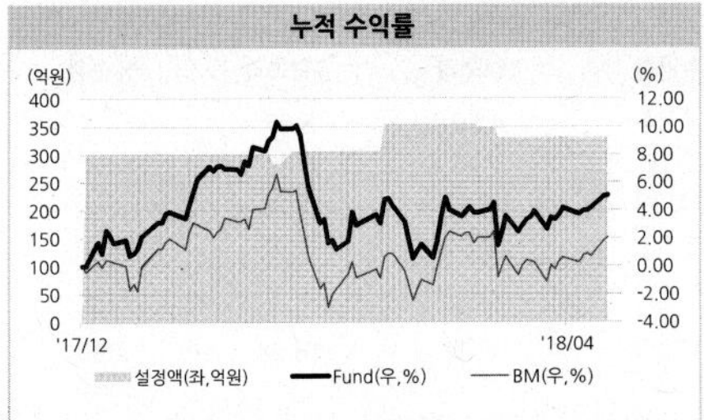

기간별 수익률 (%)				
구분	수익률	BM초과	유형초과	%순위
1주	0.08	-0.16	0.69	69.26
1개월	1.28	-0.50	0.19	67.91
3개월	1.24	0.81	2.79	6.78
6개월	-2.30	-0.99	2.89	19.49
연초이후	—	—	—	—
1년	1.88	1.07	0.25	23.18
3년	—	—	—	—

보수 (%, 年)	
TER	0.100
운용	0.050
판매	0.020
수탁	0.010
일반사무	0.020

투자 전략

이 투자신탁은 법 시행령 제246조제1호에서 정하는 시장에서 거래되는 종목으로 구성한 ESG Leaders 150 지수, 한국거래소가 산출하여 발표하는 KRX ESG Leaders 1 50 Index를 추적대상지수로 하여 1좌당 순자산가치의 변동률을 지수의 변동률과 유사하도록 투자신탁재산을 운용하는 것을 목적으로 합니다

ARIRANG 미국나스닥기술주 (A287180)

● 벤치마크 : **World - MSCI - NORTH AMERICA (KRW Unhedged)**
● 테마분류 : —
● 위험등급 : **2등급**
● 평가등급(3년) : —

펀드 현황	
운용사(매니저)	한화자산운용
판매사	—
설정일(존속기간)	2017.12.12 (4개월)
설정액	85.00억원
순자산	85.00억원

시장 정보 (2018년 04월 20일 기준)			
52주최고(원)	11,225	수익률(12M, %)	—
52주최저(원)	9,765	수익률(YTD, %)	0.00
거래량(20일, 주)	7,512	변동성(120일)	0.00
거래대금(20일, 원)	77,169,781	구성종목수(개)	39
베타(1D/1Y)	0.531890	괴리치(원)	16.46

누적 수익률

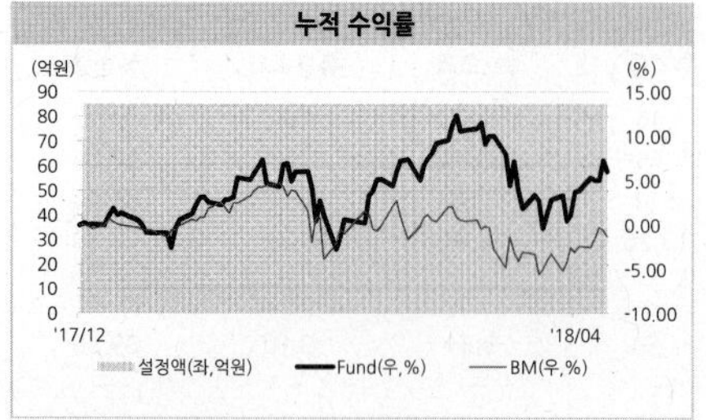

기간별 수익률 (%)

구분	수익률	BM초과	유형초과	%순위
1주	-1.14	-0.39	-1.27	100.00
1개월	2.13	0.99	-0.46	58.02
3개월	-4.91	-4.07	-3.36	96.30
6개월	0.92	5.36	3.15	0.65
연초이후	—	—	—	—
1년	7.03	6.94	5.24	—
3년	—	—	—	—

보수 (%, 年)	
TER	0.500
운용	0.400
판매	0.020
수탁	0.040
일반사무	0.040

투자 전략

이 투자신탁은 해외 주식을 법시행령 제94조 제2항 제4호에서 규정하는 주된 투자대상자산으로 하며 수익증권 1좌당 순자산가치의 변동률을 주식회사 NASDAQ이 산출하여 공표하는 추적대상 지수인 NASDAQ 100 Technology Sector Index의 변동률과 유사하도록 운용함을 목적으로 합니다

KBSTAR 200건설 (A287300)

● 벤치마크 : **KOSPI TR**
● 테마분류 : —
● 위험등급 : **2등급**
● 평가등급(3년) : —

펀드 현황	
운용사(매니저)	케이비자산운용
판매사	—
설정일(존속기간)	2017.12.21 (4개월)
설정액	68.11억원
순자산	68.11억원

시장 정보 (2018년 04월 20일 기준)			
52주최고(원)	12,050	수익률(12M, %)	—
52주최저(원)	9,910	수익률(YTD, %)	0.00
거래량(20일, 주)	10,783	변동성(120일)	0.00
거래대금(20일, 원)	121,175,343	구성종목수(개)	14
베타(1D/1Y)	1.128850	괴리치(원)	-26.11

누적 수익률

(억원) 80 70 60 50 40 30 20 10 0 (%) 25.00 20.00 15.00 10.00 5.00 0.00 -5.00 '17/12 '18/04 설정액(좌,억원) Fund(우,%) BM(우,%)

기간별 수익률 (%)

구분	수익률	BM초과	유형초과	%순위
1주	4.84	4.59	5.07	—
1개월	7.26	5.48	6.41	—
3개월	14.23	13.80	15.45	—
6개월	9.30	10.61	12.78	—
연초이후	—	—	—	—
1년	17.55	16.74	16.98	2.90
3년	—	—	—	—

보수 (%, 年)	
TER	0.190
운용	0.140
판매	0.010
수탁	0.020
일반사무	0.020

투자 전략

이 투자신탁은 국내주식을 법에서 정하는 주된 투자대상으로 하며 코스피200건설지수를 기초지수로 하여 1좌당 순자산가치의 변동률을 기초지수의 변동률과 유사하도록 투자신탁재산을 운용하는 것을 목적으로 하는 투자신탁입니다

KBSTAR 200경기소비재 (A287310)

● 벤치마크 : **KOSPI TR**
● 테마분류 : —

● 위험등급 : **2등급**
● 평가등급(3년) : —

펀드 현황	
운용사(매니저)	케이비자산운용
판매사	—
설정일(존속기간)	2017.12.21 (4개월)
설정액	63.83억원
순자산	63.83억원

시장 정보 (2018년 04월 20일 기준)			
52주최고(원)	10,545	수익률(12M, %)	—
52주최저(원)	9,435	수익률(YTD, %)	0.00
거래량(20일, 주)	1,595	변동성(120일)	0.00
거래대금(20일, 원)	15,740,723	구성종목수(개)	39
베타(1D/1Y)	0.559680	괴리치(원)	-40.57

누적 수익률

구분	수익률	BM초과	유형초과	%순위
1주	-1.31	-1.56	-1.08	78.57
1개월	-0.30	-2.08	-1.15	72.86
3개월	2.95	2.52	4.18	14.29
6개월	-5.74	-4.43	-2.26	68.12
연초이후	—	—	—	—
1년	-4.05	-4.86	-4.62	69.57
3년	—	—	—	—

기간별 수익률 (%)

보수 (%, 年)	
TER	0.190
운용	0.140
판매	0.010
수탁	0.020
일반사무	0.020

투자 전략

이 투자신탁은 국내주식을 법에서 정하는 주된 투자대상으로 하며 코스피200경기소비재지수를 기초지수로 하여 1좌당 순자산가치의 변동률을 기초지수의 변동률과 유사하도록 투자신탁재산을 운용하는 것을 목적으로 하는 투자신탁입니다

KBSTAR 200산업재 (A287320)

● 벤치마크 : **KOSPI TR**
● 테마분류 : —

● 위험등급 : **2등급**
● 평가등급(3년) : —

펀드 현황	
운용사(매니저)	케이비자산운용
판매사	—
설정일(존속기간)	2017.12.21 (4개월)
설정액	68.20억원
순자산	68.20억원

시장 정보 (2018년 04월 20일 기준)			
52주최고(원)	11,200	수익률(12M, %)	—
52주최저(원)	9,865	수익률(YTD, %)	0.00
거래량(20일, 주)	8,016	변동성(120일)	0.00
거래대금(20일, 원)	85,745,333	구성종목수(개)	14
베타(1D/1Y)	0.812270	괴리치(원)	-31.56

누적 수익률

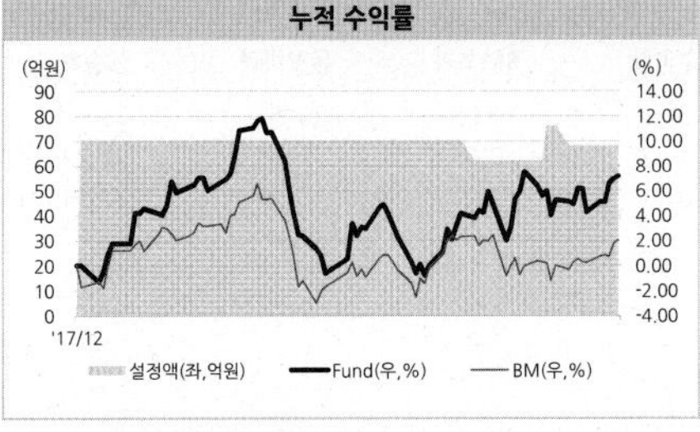

기간별 수익률 (%)

구분	수익률	BM초과	유형초과	%순위
1주	0.22	-0.03	0.45	44.29
1개월	2.76	0.99	1.92	28.57
3개월	2.68	2.25	3.90	18.57
6개월	0.44	1.74	3.92	17.39
연초이후	—	—	—	—
1년	5.31	4.50	4.74	27.54
3년	—	—	—	—

보수 (%, 年)	
TER	0.190
운용	0.140
판매	0.010
수탁	0.020
일반사무	0.020

투자 전략

이 투자신탁은 국내주식을 법에서 정하는 주된 투자대상으로 하며 코스피200산업재지수를 기초지수로 하여 1좌당 순자산가치의 변동률을 기초지수의 변동률과 유사하도록 투자신탁재산을 운용하는 것을 목적으로 하는 투자신탁입니다

KBSTAR 200생활소비재 (A287330)

● 벤치마크 : **KOSPI TR**
● 테마분류 : —
● 위험등급 : **2등급**
● 평가등급(3년) : —

펀드 현황	
운용사(매니저)	케이비자산운용
판매사	—
설정일(존속기간)	2017.12.21 (4개월)
설정액	67.11억원
순자산	67.11억원

시장 정보 (2018년 04월 20일 기준)			
52주최고(원)	10,395	수익률(12M, %)	—
52주최저(원)	9,235	수익률(YTD, %)	0.00
거래량(20일, 주)	2,689	변동성(120일)	0.00
거래대금(20일, 원)	26,248,893	구성종목수(개)	39
베타(1D/1Y)	0.567630	괴리치(원)	-33.21

누적 수익률

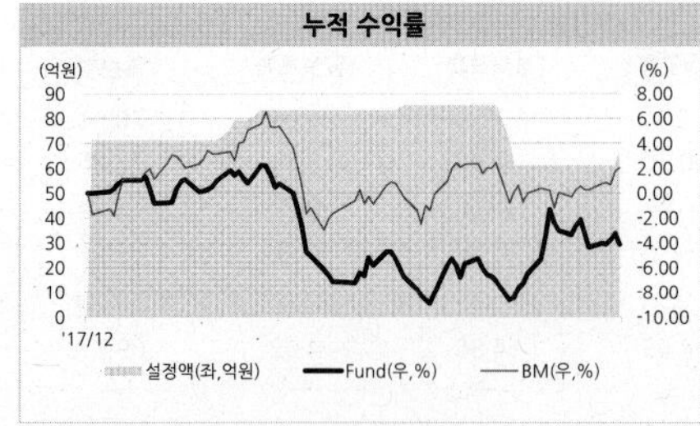

기간별 수익률 (%)

구분	수익률	BM초과	유형초과	%순위
1주	-0.91	-1.16	-0.68	74.29
1개월	0.27	-1.50	-0.57	64.29
3개월	2.04	1.61	3.26	24.29
6개월	-5.83	-4.52	-2.35	69.57
연초이후	—	—	—	—
1년	-5.10	-5.90	-5.66	76.81
3년	—	—	—	—

보수 (%, 年)	
TER	0.190
운용	0.140
판매	0.010
수탁	0.020
일반사무	0.020

투자 전략

이 투자신탁은 국내주식을 법에서 정하는 주된 투자대상으로 하며 코스피200생활소비재지수를 기초지수로 하여 1좌당 순자산가치의 변동률을 기초지수의 변동률과 유사하도록 투자신탁재산을 운용하는 것을 목적으로 하는 투자신탁입니다

KODEX MSCI KOREA ESG유니버설 (A289040)

● 벤치마크 : **KOSPI TR**
● 테마분류 : —
● 위험등급 : **2등급**
● 평가등급(3년) : —

펀드 현황	
운용사(매니저)	삼성자산운용
판매사	—
설정일(존속기간)	2018.02.06 (2개월)
설정액	238.81억원
순자산	238.81억원

시장 정보 (2018년 04월 20일 기준)			
52주최고(원)	9,770	수익률(12M, %)	—
52주최저(원)	9,160	수익률(YTD, %)	—
거래량(20일, 주)	4,037	변동성(120일)	0.00
거래대금(20일, 원)	37,966,781	구성종목수(개)	108
베타(1D/1Y)	0.969580	괴리치(원)	-5.26

누적 수익률

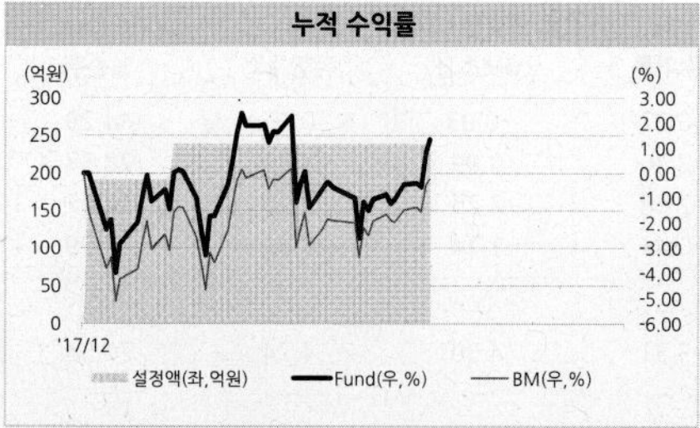

기간별 수익률 (%)

구분	수익률	BM초과	유형초과	%순위
1주	0.53	0.28	0.76	28.57
1개월	2.42	0.65	1.58	34.29
3개월	0.11	-0.32	1.34	37.14
6개월	—	—	—	—
연초이후	—	—	—	—
1년	—	—	—	—
3년	—	—	—	—

보수 (%, 年)	
TER	0.300
운용	0.250
판매	0.010
수탁	0.020
일반사무	0.020

투자 전략

이 투자신탁은 MSCI KOREA ESG Universal Capped 지수(이하 "기초지수"라 한다)를 기초지수로 하여 1좌당 순자산가치의 변동률을 기초지수의 변동률과 유사하도록 투자신탁재산을 운용함을 그 운용목적으로 합니다.

TIGER MSCI KOREA ESG유니버설 (A289250)

● 벤치마크 : **KOSPI TR**
● 테마분류 : —

● 위험등급 : **2등급**
● 평가등급(3년) : —

펀드 현황	
운용사(매니저)	미래에셋자산운용
판매사	—
설정일(존속기간)	2018.02.06 (2개월)
설정액	96.00억원
순자산	96.00억원

시장 정보 (2018년 04월 20일 기준)			
52주최고(원)	9,645	수익률(12M, %)	—
52주최저(원)	9,005	수익률(YTD, %)	—
거래량(20일, 주)	15	변동성(120일)	0.00
거래대금(20일, 원)	141,496	구성종목수(개)	108
베타(1D/1Y)	0.822780	괴리치(원)	-0.95

누적 수익률

(억원) 120 100 80 60 40 20 0 / (%) 3.00 2.00 1.00 0.00 -1.00 -2.00 -3.00 -4.00 -5.00 -6.00 / '18/02

설정액(좌,억원) Fund(우,%) BM(우,%)

기간별 수익률 (%)				
구분	수익률	BM초과	유형초과	%순위
1주	0.61	0.36	1.21	34.80
1개월	2.57	0.80	1.48	30.74
3개월	0.22	-0.21	1.77	20.34
6개월	—	—	—	—
연초이후	—	—	—	—
1년	—	—	—	—
3년	—	—	—	—

보수 (%, 年)	
TER	0.400
운용	0.280
판매	0.070
수탁	0.020
일반사무	0.030

투자 전략

이 투자신탁은 국내 주식을 법 시행령 제94 조제 2항제 4호에서 규정하는 주된 투자대상자산으로 하며 , MSCI MSCI Inc.가 발표하는 "MSCI KOREA ESG UNIVERSAL 지수 "를 기초지수로 하여 1좌당 순자산가치의 순자산가치의 변동률을 기초지수의 변동률과 유사하도록 투자신탁재산을 운용함을 목적으로 합니다.

TIGER MSCI KOREA ESG리더스 (A289260)

● 벤치마크 : **KOSPI TR**
● 테마분류 : —

● 위험등급 : **2등급**
● 평가등급(3년) : —

펀드 현황	
운용사(매니저)	미래에셋자산운용
판매사	—
설정일(존속기간)	2018.02.06 (2개월)
설정액	93.14억원
순자산	93.14억원

시장 정보 (2018년 04월 20일 기준)			
52주최고(원)	9,455	수익률(12M, %)	—
52주최저(원)	8,850	수익률(YTD, %)	—
거래량(20일, 주)	79,783	변동성(120일)	0.00
거래대금(20일, 원)	733,228,941	구성종목수(개)	56
베타(1D/1Y)	0.649950	괴리치(원)	-37.59

누적 수익률

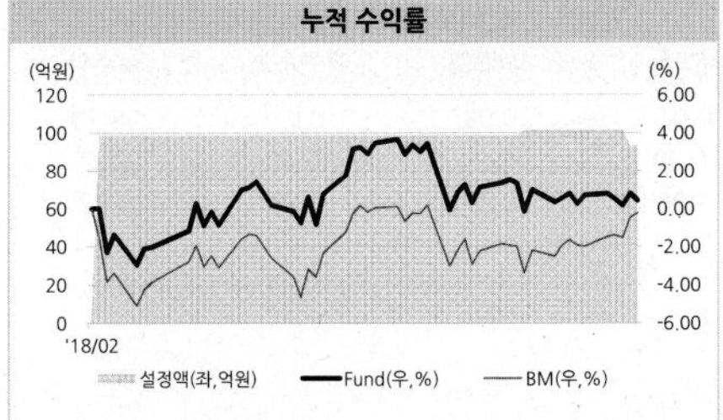

기간별 수익률 (%)				
구분	수익률	BM초과	유형초과	%순위
1주	-0.36	-0.61	0.25	79.73
1개월	-0.27	-2.05	-1.36	85.47
3개월	-2.38	-2.81	-0.83	85.42
6개월	—	—	—	—
연초이후	—	—	—	—
1년	—	—	—	—
3년	—	—	—	—

보수 (%, 年)	
TER	0.400
운용	0.280
판매	0.070
수탁	0.020
일반사무	0.030

투자 전략

이 투자신탁은 국내 주식을 법 시행령 제94 조제 2항제 4호에서 규정하는 주된 투자대상자산으로 하며 , MSCI Inc.가 발표하는 "MSCI KOREA COUNTRY ESG LEADERS CAPPED 지수 "를 기초지수로 하여 1좌당 순자산가치의 변동률을 기초지수의 변동률과 유사하도록 투자신탁재산을 운용함을 목적으로 합니다.

TIGER 200커버드콜ATM (A289480)

● 벤치마크 : **KOSPI TR**
● 테마분류 : —
● 위험등급 : **2등급**
● 평가등급(3년) : —

펀드 현황	
운용사(매니저)	미래에셋자산운용
판매사	—
설정일(존속기간)	2018.02.08 (2개월)
설정액	120.00억원
순자산	120.00억원

시장 정보 (2018년 04월 20일 기준)			
52주최고(원)	10,430	수익률(12M, %)	—
52주최저(원)	9,825	수익률(YTD, %)	—
거래량(20일, 주)	138,913	변동성(120일)	0.00
거래대금(20일, 원)	1,412,918,023	구성종목수(개)	206
베타(1D/1Y)	0.525950	괴리치(원)	-9.32

누적 수익률

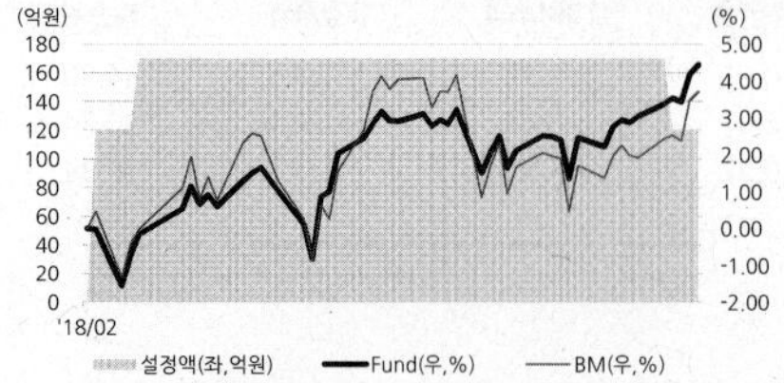

(억원) 180 160 140 120 100 80 60 40 20 0 / (%) 5.00 4.00 3.00 2.00 1.00 0.00 -1.00 -2.00
'18/02
설정액(좌,억원) Fund(우,%) BM(우,%)

기간별 수익률 (%)				
구분	수익률	BM초과	유형초과	%순위
1주	0.25	—	0.86	63.85
1개월	1.37	-0.40	0.29	67.23
3개월	1.62	1.19	3.17	4.75
6개월	—	—	—	—
연초이후	—	—	—	—
1년	—	—	—	—
3년	—	—	—	—

보수 (%, 年)	
TER	0.380
운용	0.250
판매	0.070
수탁	0.030
일반사무	0.030

투자 전략

이 투자신탁은 국내 주식 및 주식관련 장내파생상품을 법 시행령 제94 조제 2항제 4호에서 규정하는 주된 투자대 투자대상자산으로 하며 , 한국거래소에서 발표하는 "코스피 200 커버드콜 ATM 지수 "를 기초지수로 하여 1좌당 순자산가치의 변동률을 기초 지수의 지수의 변동률과 유사하도록 투자신탁재산을 운용함을 목적으로 합니다 .

ARIRANG 국채선물10년 (A289670)

● 벤치마크 : **국공채 만기종합**
● 테마분류 : —
● 위험등급 : **5등급**
● 평가등급(3년) : —

펀드 현황	
운용사(매니저)	한화자산운용
판매사	—
설정일(존속기간)	2018.02.05 (2개월)
설정액	60.00억원
순자산	60.00억원

시장 정보 (2018년 04월 20일 기준)			
52주최고(원)	51,295	수익률(12M, %)	—
52주최저(원)	50,065	수익률(YTD, %)	—
거래량(20일, 주)	2,118	변동성(120일)	0.00
거래대금(20일, 원)	107,748,968	구성종목수(개)	2
베타(1D/1Y)	-0.055900	괴리치(원)	-74.33

누적 수익률

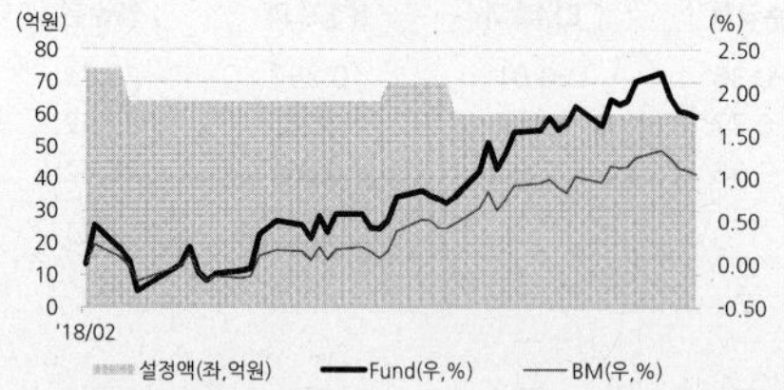

(억원) 80 70 60 50 40 30 20 10 0 / (%) 2.50 2.00 1.50 1.00 0.50 0.00 -0.50
'18/02
설정액(좌,억원) Fund(우,%) BM(우,%)

기간별 수익률 (%)				
구분	수익률	BM초과	유형초과	%순위
1주	0.01	0.03	0.01	58.70
1개월	-0.49	-0.20	-0.40	98.55
3개월	0.96	0.37	0.58	0.72
6개월	—	—	—	—
연초이후	—	—	—	—
1년	—	—	—	—
3년	—	—	—	—

보수 (%, 年)	
TER	0.130
운용	0.100
판매	0.010
수탁	0.010
일반사무	0.010

투자 전략

이 투자신탁은 국내 채권 및 채권관련 파생상품을 주된 투자대상자산으로 하고, 수익증권 1좌당 순자산가치의 변동률을 한국거래소에서 산출하여 공표하는 추적대상지수인 10년국채선물지수(F-LKTB)의 변동률과 유사하도록 운용함을 목적으로 합니다.

KBSTAR 200고배당커버드콜ATM (A290080)

● 벤치마크 : **KOSPI TR**
● 테마분류 : —

● 위험등급 : **2등급**
● 평가등급(3년) : —

펀드 현황	
운용사(매니저) 판매사	케이비자산운용 —
설정일(존속기간) 설정액 순자산	2018.02.26 (1개월) 70.00억원 70.00억원

시장 정보 (2018년 04월 20일 기준)			
52주최고(원)	10,075	수익률(12M, %)	—
52주최저(원)	9,720	수익률(YTD, %)	—
거래량(20일, 주)	173	변동성(120일)	0.00
거래대금(20일, 원)	1,710,207	구성종목수(개)	54
베타(1D/1Y)	0.334490	괴리치(원)	-1.66

누적 수익률

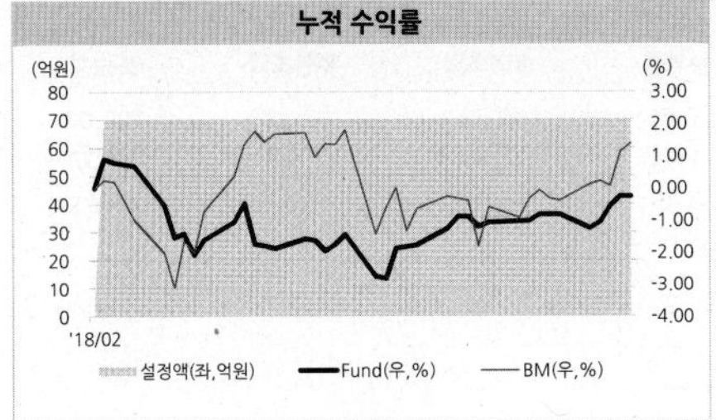

기간별 수익률 (%)				
구분	수익률	BM초과	유형초과	%순위
1주	—	-0.25	0.60	70.61
1개월	0.57	-1.21	-0.52	80.41
3개월	1.39	0.96	2.94	6.10
6개월	—	—	—	—
연초이후	—	—	—	—
1년	—	—	—	—
3년	—	—	—	—

보수 (%, 年)	
TER	0.400
운용	0.350
판매	0.010
수탁	0.020
일반사무	0.020

투자 전략

이 투자신탁은 국내주식 및 국내주식 관련 장내파생상품을 법에서 정하는 주된 투자대상으로 하며
, 코스피200 고배당 커버드콜 ATM 지수(C-KOSPI 200 LVHD-A Index)를
기초지수로 하여 1좌당 순자산가치의 변동률을 기초지수의 변동률과 유사하도록 투자신탁재산을
투자신탁입니다.

KBSTAR ESG사회책임투자 (A290130)

● 벤치마크 : **KOSPI TR**
● 테마분류 : —

● 위험등급 : **2등급**
● 평가등급(3년) : —

펀드 현황	
운용사(매니저) 판매사	케이비자산운용 —
설정일(존속기간) 설정액 순자산	2018.02.26 (1개월) 71.02억원 71.02억원

시장 정보 (2018년 04월 20일 기준)			
52주최고(원)	10,285	수익률(12M, %)	—
52주최저(원)	9,855	수익률(YTD, %)	—
거래량(20일, 주)	18	변동성(120일)	0.00
거래대금(20일, 원)	184,518	구성종목수(개)	89
베타(1D/1Y)	1.055160	괴리치(원)	-46.80

누적 수익률

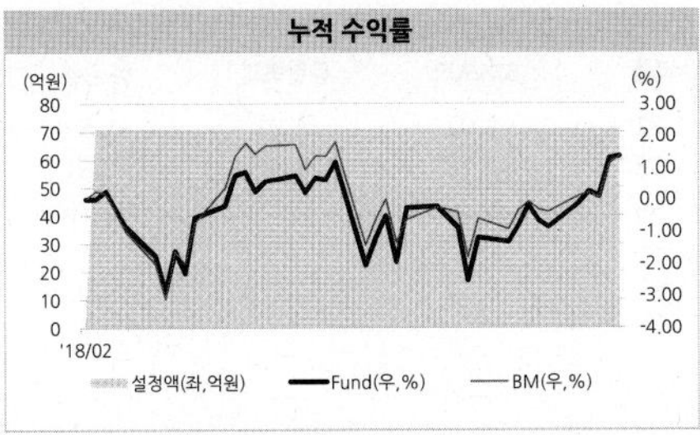

기간별 수익률 (%)				
구분	수익률	BM초과	유형초과	%순위
1주	0.07	-0.18	0.67	69.93
1개월	2.25	0.47	1.16	37.50
3개월	1.16	0.74	2.72	8.14
6개월	—	—	—	—
연초이후	—	—	—	—
1년	—	—	—	—
3년	—	—	—	—

보수 (%, 年)	
TER	0.300
운용	0.250
판매	0.010
수탁	0.020
일반사무	0.020

투자 전략

이 투자신탁은 국내주식을 법에서 정하는 주된 투자대상으로 하며, KRX ESG 사회책임경영지
수(S)(KRX ESG Social Index)를 기초지수로 하여 1좌당 순자산가치의 변동률
을 기초지수의 변동률과 유사하도록 투자신탁재산을 운용하는 것을 목적으로 하는 투자신탁입니다.
※ ESG: 환경(Environment), 사회(Social), 지배구조(Governanc
e)의 요소를 의미하며, 기업의 지속가능한 발전성을 판단하기 위한 지표

KINDEX 멕시코MSCI(합성) (A291130)

● 벤치마크 : **World - MSCI - EMF LATIN AMERICA (KRW Unhedged)**
● 테마분류 : —

● 위험등급 : **2등급**
● 평가등급(3년) : —

펀드 현황	
운용사(매니저)	한국투자신탁운용
판매사	—
설정일(존속기간)	2018.03.06 (1개월)
설정액	80.00억원
순자산	80.00억원

시장 정보 (2018년 04월 20일 기준)			
52주최고(원)	10,710	수익률(12M, %)	—
52주최저(원)	9,905	수익률(YTD, %)	—
거래량(20일, 주)	213,796	변동성(120일)	0.00
거래대금(20일, 원)	2,157,765,000	구성종목수(개)	2
베타(1D/1Y)	0.388780	괴리치(원)	78.88

누적 수익률

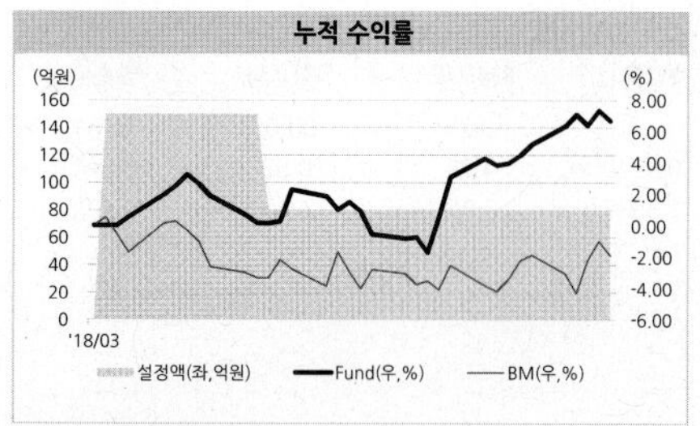

기간별 수익률 (%)				
구분	수익률	BM초과	유형초과	%순위
1주	-0.61	0.33	-2.38	100.00
1개월	1.44	1.47	0.89	28.07
3개월	6.49	5.05	7.32	—
6개월	—	—	—	—
연초이후	—	—	—	—
1년	—	—	—	—
3년	—	—	—	—

보수 (%, 年)	
TER	0.000
운용	0.000
판매	0.000
수탁	0.000
일반사무	0.000

투자 전략

이 투자신탁은 장외파생상품을 법시행령 제94조 제2항 제4호에서 규정하는 주된 투자대상자산으로 하여 MSCI가 산출 · 발표하는 MSCI 멕시코 지수(MSCI MEXICO IMI 25/50 Price Return Index)의 변화에 연동하여 운용하는 것을 목표로 이 투자신탁 수익증권 1좌당 순자산가치의 변동률을 지수의 변동률과 유사하도록 투자신탁재산을 운용함을 그 목적으로 합니다.

KOSEF 코스닥150선물 (A291610)

● 벤치마크 : **KOSPI TR**
● 테마분류 : —

● 위험등급 : **2등급**
● 평가등급(3년) : —

펀드 현황	
운용사(매니저)	키움투자자산운용
판매사	—
설정일(존속기간)	2018.03.15 (1개월)
설정액	196.00억원
순자산	196.00억원

시장 정보 (2018년 04월 20일 기준)			
52주최고(원)	10,030	수익률(12M, %)	—
52주최저(원)	9,135	수익률(YTD, %)	—
거래량(20일, 주)	259,732	변동성(120일)	0.00
거래대금(20일, 원)	2,494,435,605	구성종목수(개)	2
베타(1D/1Y)	1.470850	괴리치(원)	-11.41

누적 수익률

(억원) 250 200 150 100 50 0 '18/03 (%) 2.00 0.00 -2.00 -4.00 -6.00 -8.00 -10.00

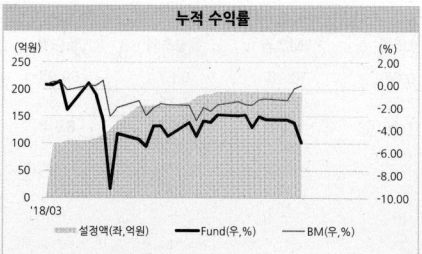

설정액(좌,억원) Fund(우,%) BM(우,%)

기간별 수익률 (%)				
구분	수익률	BM초과	유형초과	%순위
1주	-1.82	-2.07	-1.21	91.89
1개월	-1.38	-3.15	-2.47	85.81
3개월	-2.96	-3.39	-1.41	85.76
6개월	—	—	—	—
연초이후	—	—	—	—
1년	—	—	—	—
3년	—	—	—	—

보수 (%, 年)	
TER	0.000
운용	0.000
판매	0.000
수탁	0.000
일반사무	0.000

투자 전략

이 투자신탁은 집합투자규약 제17조에서 정의된 파생상품을 법 시행령 제94조제2항제4호에서 규정하는 주된 투자대상자산으로 하고 있습니다. 이 투자신탁은 KOSDAQ150 주가지수선물의 가격수준을 표시하는 지수(이하 "기초지수"라 합니다)를 기초지수로 하여 1좌당 순자산가치의 변동률을 기초지수 변동률과 유사하도록 투자신탁재산을 운용함을 그 운용목적으로 합니다.

KOSEF 코스닥150선물인버스 (A291620)

● 벤치마크 : **#N/A**
● 테마분류 : —
● 위험등급 : **1등급**
● 평가등급(3년) : —

펀드 현황	
운용사(매니저)	키움투자자산운용
판매사	—
설정일(존속기간)	2018.03.15 (1개월)
설정액	100.00억원
순자산	100.00억원

시장 정보 (2018년 04월 20일 기준)			
52주최고(원)	10,940	수익률(12M, %)	—
52주최저(원)	9,965	수익률(YTD, %)	—
거래량(20일, 주)	133,305	변동성(120일)	0.00
거래대금(20일, 원)	1,380,282,846	구성종목수(개)	2
베타(1D/1Y)	-1.456080	괴리치(원)	10.71

누적 수익률

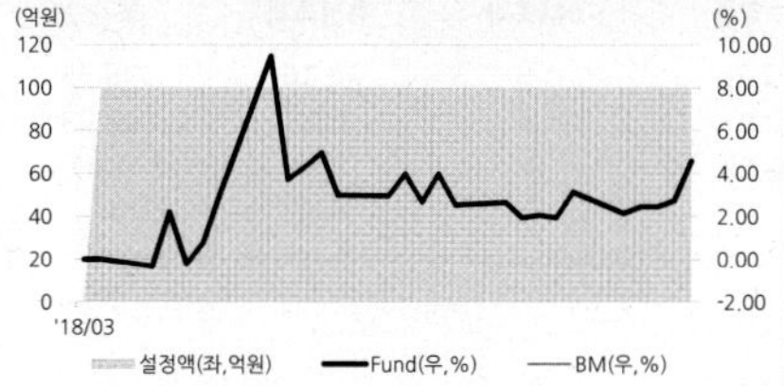

(억원) 120 100 80 60 40 20 0 / (%) 10.00 8.00 6.00 4.00 2.00 0.00 -2.00 / '18/03
설정액(좌,억원) Fund(우,%) BM(우,%)

기간별 수익률 (%)

구분	수익률	BM초과	유형초과	%순위
1주	1.81	—	1.91	3.33
1개월	1.40	—	2.34	5.00
3개월	2.34	—	1.50	5.00
6개월	—	—	—	—
연초이후	—	—	—	—
1년	—	—	—	—
3년	—	—	—	—

보수 (%, 年)	
TER	0.000
운용	0.000
판매	0.000
수탁	0.000
일반사무	0.000

투자 전략

이 투자신탁은 집합투자규약 제 17 조에서 정의된 파생상품을 법 시행령 제 94 조제 2 항 제 4 호에서 규정하는 주된 투자대상자산으로 하며, KOSDAQ150 주가지수선물의 가격수준을 종합적으로 표시하는 지수인 "F-KOSDAQ150 지수"를 기초지수로 하여 1 좌당 순자 기초지수의 일간 변동률의 음(陰)의 1 배수로 연동하여 투자신탁재산을 운용함을 목적으로 합니다.

KOSEF 코스닥150선물레버리지 (A291630)

● 벤치마크 : **#N/A**
● 테마분류 : —
● 위험등급 : **1등급**
● 평가등급(3년) : —

펀드 현황	
운용사(매니저)	키움투자자산운용
판매사	—
설정일(존속기간)	2018.03.15 (1개월)
설정액	200.00억원
순자산	200.00억원

시장 정보 (2018년 04월 20일 기준)			
52주최고(원)	10,025	수익률(12M, %)	—
52주최저(원)	8,225	수익률(YTD, %)	—
거래량(20일, 주)	122,684	변동성(120일)	0.00
거래대금(20일, 원)	1,100,581,425	구성종목수(개)	3
베타(1D/1Y)	3.103720	괴리치(원)	-15.53

누적 수익률

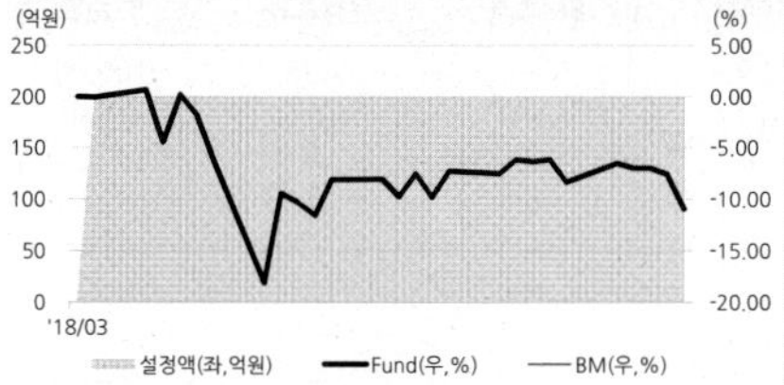

(억원) 250 200 150 100 50 0 / (%) 5.00 0.00 -5.00 -10.00 -15.00 -20.00 / '18/03
설정액(좌,억원) Fund(우,%) BM(우,%)

기간별 수익률 (%)

구분	수익률	BM초과	유형초과	%순위
1주	-3.63	—	-2.78	100.00
1개월	-2.80	—	-2.84	100.00
3개월	-6.80	—	-7.43	100.00
6개월	—	—	—	—
연초이후	—	—	—	—
1년	—	—	—	—
3년	—	—	—	—

보수 (%, 年)	
TER	0.000
운용	0.000
판매	0.000
수탁	0.000
일반사무	0.000

투자 전략

이 투자신탁은 집합투자규약 제 17 조에서 정의된 파생상품을 법 시행령 제 94 조제 2 항 제 4 호에서 규정하는 주된 투자대상자산으로 하며, KOSDAQ150 주가지수선물의 가격수준을 종합적으로 표시하는 지수인 "F-KOSDAQ150 지수"를 기초지수로 하여 1 좌당 순자 산가치의 일간 변동률을 기초지수의 일간 변동률의 양(陽)의 2 배수로 연동하여 투자신탁재산을 운용함을 목적으로 합니다.

KODEX China H선물인버스(H) (A291660)

● 벤치마크 : **#N/A**
● 테마분류 : –
● 위험등급 : **1등급**
● 평가등급(3년) : –

펀드 현황

운용사(매니저)	삼성자산운용
판매사	–
설정일(존속기간)	2018.03.15 (1개월)
설정액	80.00억원
순자산	80.00억원

시장 정보 (2018년 04월 20일 기준)

52주최고(원)	10,625	수익률(12M, %)	–
52주최저(원)	9,970	수익률(YTD, %)	–
거래량(20일, 주)	320	변동성(120일)	0.00
거래대금(20일, 원)	3,355,898	구성종목수(개)	3
베타(1D/1Y)	-0.869600	괴리치(원)	-77.72

누적 수익률

(억원) 90 80 70 60 50 40 30 20 10 0 / (%) 8.00 7.00 6.00 5.00 4.00 3.00 2.00 1.00 0.00 -1.00
'18/03
설정액(좌,억원) Fund(우,%) BM(우,%)

기간별 수익률 (%)

구분	수익률	BM초과	유형초과	%순위
1주	-2.26	–	-2.16	98.33
1개월	0.01	–	0.96	23.33
3개월	2.58	–	1.74	1.67
6개월	–	–	–	–
연초이후	–	–	–	–
1년	–	–	–	–
3년	–	–	–	–

보수 (%, 年)

TER	0.000
운용	0.000
판매	0.000
수탁	0.000
일반사무	0.000

투자 전략

이 투자신탁은 Hang Seng China Enterprises Futures Index를 기초지수로 하여 1좌당 순자산가치의 일간변동률을 기초지수 일간변동률의 음(陰)의 1배수로 연동하여 투자신탁재산을 운용함을 그 운용목적으로 합니다.

KBSTAR 차이나H선물인버스(H) (A291680)

● 벤치마크 : **#N/A**
● 테마분류 : –
● 위험등급 : **1등급**
● 평가등급(3년) : –

펀드 현황

운용사(매니저)	케이비자산운용
판매사	–
설정일(존속기간)	2018.03.22 ()
설정액	70.00억원
순자산	70.00억원

시장 정보 (2018년 04월 20일 기준)

52주최고(원)	10,640	수익률(12M, %)	–
52주최저(원)	9,960	수익률(YTD, %)	–
거래량(20일, 주)	943	변동성(120일)	0.00
거래대금(20일, 원)	9,620,770	구성종목수(개)	4
베타(1D/1Y)	-0.414610	괴리치(원)	-76.31

누적 수익률

(억원) 80 70 60 50 40 30 20 10 0 / (%) 2.00 1.50 1.00 0.50 0.00 -0.50 -1.00 -1.50 -2.00 -2.50
'18/03
설정액(좌,억원) Fund(우,%) BM(우,%)

기간별 수익률 (%)

구분	수익률	BM초과	유형초과	%순위
1주	-2.23	–	-1.35	100.00
1개월	-0.07	–	1.01	7.69
3개월	–	–	–	–
6개월	–	–	–	–
연초이후	–	–	–	–
1년	–	–	–	–
3년	–	–	–	–

보수 (%, 年)

TER	0.000
운용	0.000
판매	0.000
수탁	0.000
일반사무	0.000

투자 전략

이 투자신탁은 홍콩에 상장된 중국주식 관련 장내파생상품 등에 주로 투자하여 1좌당 순자산가치의 일간변동률을 Hang Seng Index Company Ltd(HSIL)에서 산출 및 공표하는 "HSCEI 선물지수(HangSeng China Enterprises Futures Index)" 일간변동률의 음(陰)의 1배수 내외로 연동되도록 투자신탁재산을 운용하는 것을 목적으로 하는 투자신탁입니다.

KODEX MSCI EM선물(H) (A291890)

- 벤치마크 : **#N/A**
- 테마분류 : —
- 위험등급 : **2등급**
- 평가등급(3년) : —

펀드 현황	
운용사(매니저)	삼성자산운용
판매사	—
설정일(존속기간)	2018.03.21 (1개월)
설정액	80.00억원
순자산	80.00억원

시장 정보 (2018년 04월 20일 기준)			
52주최고(원)	9,775	수익률(12M, %)	—
52주최저(원)	9,550	수익률(YTD, %)	—
거래량(20일, 주)	1,398	변동성(120일)	0.00
거래대금(20일, 원)	13,487,277	구성종목수(개)	5
베타(1D/1Y)	0.537900	괴리치(원)	-47.52

누적 수익률

(억원) 90 80 70 60 50 40 30 20 10 0 / (%) 1.00 0.00 -1.00 -2.00 -3.00 -4.00 -5.00 -6.00 / '18/03
설정액(좌,억원) Fund(우,%) BM(우,%)

기간별 수익률 (%)

구분	수익률	BM초과	유형초과	%순위
1주	0.85	—	1.73	—
1개월	0.12	—	1.20	7.69
3개월	—	—	—	—
6개월	—	—	—	—
연초이후	—	—	—	—
1년	—	—	—	—
3년	—	—	—	—

보수 (%, 年)	
TER	0.000
운용	0.000
판매	0.000
수탁	0.000
일반사무	0.000

투자 전략

이 투자신탁은 MSCI Emerging Markets Index의 선물(mini MSCI Emerging Market Index Futures) 가격움직임을 나타내는 SGX Emerging Markets Futures Index를 기초지수로 하여 1좌당 순자산가치의 변동률을 기초지수 변동률과 연동하여 투자신탁재산을 운용함을 그 운용목적으로 합니다.

KBSTAR KRX300 (A292050)

- 벤치마크 : **KOSPI TR**
- 테마분류 : —
- 위험등급 : **2등급**
- 평가등급(3년) : —

펀드 현황	
운용사(매니저)	케이비자산운용
판매사	—
설정일(존속기간)	2018.03.23 ()
설정액	2,255.26억원
순자산	2,255.26억원

시장 정보 (2018년 04월 20일 기준)			
52주최고(원)	14,855	수익률(12M, %)	—
52주최저(원)	14,385	수익률(YTD, %)	—
거래량(20일, 주)	692,464	변동성(120일)	0.00
거래대금(20일, 원)	10,122,803,878	구성종목수(개)	274
베타(1D/1Y)	0.000000	괴리치(원)	-11.64

누적 수익률

(억원) 2,500 2,000 1,500 1,000 500 0 / (%) 3.00 2.00 1.00 0.00 -1.00 -2.00 -3.00 -4.00 / '18/03
설정액(좌,억원) Fund(우,%) BM(우,%)

기간별 수익률 (%)

구분	수익률	BM초과	유형초과	%순위
1주	0.29	0.04	0.52	40.00
1개월	1.91	0.13	1.06	44.29
3개월	—	—	—	—
6개월	—	—	—	—
연초이후	—	—	—	—
1년	—	—	—	—
3년	—	—	—	—

보수 (%, 年)	
TER	0.000
운용	0.000
판매	0.000
수탁	0.000
일반사무	0.000

투자 전략

이 투자신탁은 국내주식을 법에서 정하는 주된 투자대상으로 하며, 한국거래소가 산출하는 KRX 300지수를 기초지수로 하여 1좌당 순자산가치의 변동률을 기초지수의 변동률과 유사하도록 투자신탁재산을 운용하는 것을 목적으로 하는 투자신탁입니다.

TIGER 대형성장 (A292100)

● 벤치마크 : **FnGuide 대형성장 지수**
● 테마분류 : –
● 위험등급 : **2등급**
● 평가등급(3년) : –

펀드 현황	
운용사(매니저)	미래에셋자산운용
판매사	–
설정일(존속기간)	2018.03.29 ()
설정액	104.76억원
순자산	104.76억원

시장 정보 (2018년 04월 20일 기준)			
52주최고(원)	9,590	수익률(12M, %)	–
52주최저(원)	9,370	수익률(YTD, %)	–
거래량(20일, 주)	32	변동성(120일)	0.00
거래대금(20일, 원)	304,818	구성종목수(개)	81
베타(1D/1Y)	0.000000	괴리치(원)	31.53

누적 수익률

(억원) 120 100 80 60 40 20 0 · (%) 2.00 1.50 1.00 0.50 0.00 -0.50 -1.00 -1.50 -2.00 · '18/03
설정액(좌,억원) Fund(우,%) BM(우,%)

기간별 수익률 (%)

구분	수익률	BM초과	유형초과	%순위
1주	0.66	0.01	-0.19	58.57
1개월	–	–	–	–
3개월	–	–	–	–
6개월	–	–	–	–
연초이후	–	–	–	–
1년	–	–	–	–
3년	–	–	–	–

보수 (%, 年)	
TER	0.000
운용	0.000
판매	0.000
수탁	0.000
일반사무	0.000

투자 전략

투자신탁은 국내 법 시행령 제94조 제2항 제4호에서 주된 투자대상자산으로 하며, 에프앤가이드 (FnGuide)가 발표하는 "FnGuide 대형 성장 지수 "를 기초지수로 하여 1좌당 순자산가치의 변동률을 기초 지수의 변동률과 유사하도록 투자신탁재산을 운용함을 목적으로 합니다.

TIGER 대형가치 (A292110)

● 벤치마크 : **FnGuide 대형가치 지수**
● 테마분류 : –
● 위험등급 : **2등급**
● 평가등급(3년) : –

펀드 현황	
운용사(매니저)	미래에셋자산운용
판매사	–
설정일(존속기간)	2018.03.29 ()
설정액	97.87억원
순자산	97.87억원

시장 정보 (2018년 04월 20일 기준)			
52주최고(원)	10,090	수익률(12M, %)	–
52주최저(원)	9,705	수익률(YTD, %)	–
거래량(20일, 주)	15	변동성(120일)	0.00
거래대금(20일, 원)	149,141	구성종목수(개)	70
베타(1D/1Y)	0.000000	괴리치(원)	3.15

누적 수익률

(억원) 120 100 80 60 40 20 0 · (%) 4.00 3.00 2.00 1.00 0.00 -1.00 -2.00 · '18/03
설정액(좌,억원) Fund(우,%) BM(우,%)

기간별 수익률 (%)

구분	수익률	BM초과	유형초과	%순위
1주	3.25	-0.02	2.41	20.00
1개월	–	–	–	–
3개월	–	–	–	–
6개월	–	–	–	–
연초이후	–	–	–	–
1년	–	–	–	–
3년	–	–	–	–

보수 (%, 年)	
TER	0.000
운용	0.000
판매	0.000
수탁	0.000
일반사무	0.000

투자 전략

이 투자신탁은 국내 주식을 법 시행령 제94조제2항제4호에서 규정하는 주된 투자대상자산으로 하며, 에프앤가이드(FnGuide)가 발표하는 "FnGuide 대형가치 지수"를 기초지수로 하여 1좌당 순자산가치의 변동률을 기초지수의 변동률과 유사하도록 투자신탁재산을 운용함을 목적으로 합니다.

TIGER 중소형 (A292120)

● 벤치마크 : **FnGuide 중소형 지수**
● 테마분류 : —
● 위험등급 : **2등급**
● 평가등급(3년) : —

펀드 현황	
운용사(매니저)	미래에셋자산운용
판매사	—
설정일(존속기간)	2018.03.29 ()
설정액	98.85억원
순자산	98.85억원

시장 정보 (2018년 04월 20일 기준)			
52주최고(원)	10,160	수익률(12M, %)	—
52주최저(원)	9,860	수익률(YTD, %)	—
거래량(20일, 주)	6,360	변동성(120일)	0.00
거래대금(20일, 원)	63,566,613	구성종목수(개)	260
베타(1D/1Y)	0.000000	괴리치(원)	-48.81

누적 수익률

구분	수익률	BM초과	유형초과	%순위
1주	1.31	-0.00	0.47	52.86
1개월	—	—	—	—
3개월	—	—	—	—
6개월	—	—	—	—
연초이후	—	—	—	—
1년	—	—	—	—
3년	—	—	—	—

보수 (%, 年)	
TER	0.000
운용	0.000
판매	0.000
수탁	0.000
일반사무	0.000

투자 전략

이 투자신탁은 국내 법 시행령 제94조 제2항 제4호에서 주된 투자대상자산으로 하며, 에프앤가이드 (FnGuide)가 발표하는 "FnGuide 중소형 지수 "를 기초지수로 하여 1좌당 순자산가치의 변동률을 기초 지수의 변동률과 유사하도록 투자신탁재산을 운용함을 목적으로 합니다.

TIGER 중소형성장 (A292130)

● 벤치마크 : **FnGuide 중소형성장 지수**
● 테마분류 : —
● 위험등급 : **2등급**
● 평가등급(3년) : —

펀드 현황	
운용사(매니저)	미래에셋자산운용
판매사	—
설정일(존속기간)	2018.03.29 ()
설정액	109.14억원
순자산	109.14억원

시장 정보 (2018년 04월 20일 기준)			
52주최고(원)	10,290	수익률(12M, %)	—
52주최저(원)	9,970	수익률(YTD, %)	—
거래량(20일, 주)	57	변동성(120일)	0.00
거래대금(20일, 원)	577,220	구성종목수(개)	179
베타(1D/1Y)	0.000000	괴리치(원)	18.99

누적 수익률

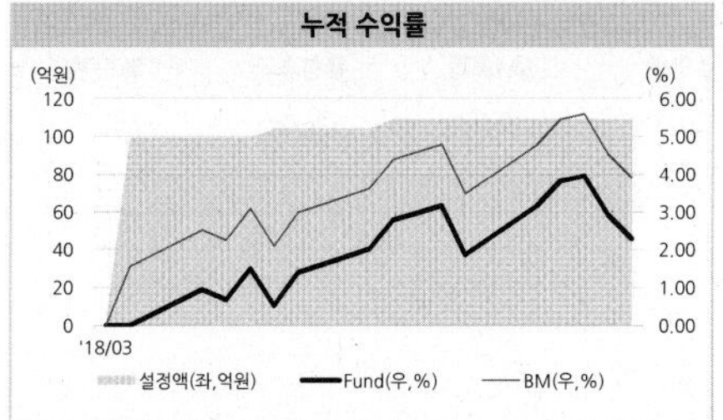

구분	수익률	BM초과	유형초과	%순위
1주	0.41	0.00	-0.43	60.00
1개월	—	—	—	—
3개월	—	—	—	—
6개월	—	—	—	—
연초이후	—	—	—	—
1년	—	—	—	—
3년	—	—	—	—

보수 (%, 年)	
TER	0.000
운용	0.000
판매	0.000
수탁	0.000
일반사무	0.000

투자 전략

투자신탁은 국내 법 시행령 제94조 제2항 제4호에서 주된 투자대상자산으로 하며, 에프앤가이드 (FnGuide)가 발표하는 "FnGuide 중소형성장 지수 "를 기초지수로 하여 1좌당 순자산가치의 변동률을 기초 지수의 변동률과 유사하도록 투자신탁재산을 운용함을 목적으로 합니다.

TIGER 중소형가치 (A292140)

● 벤치마크 : **FnGuide 중소형가치 지수** ● 위험등급 : **2등급**
● 테마분류 : — ● 평가등급(3년) : —

펀드 현황	
운용사(매니저)	미래에셋자산운용
판매사	—
설정일(존속기간)	2018.03.29 ()
설정액	98.76억원
순자산	98.76억원

시장 정보 (2018년 04월 20일 기준)			
52주최고(원)	10,165	수익률(12M, %)	—
52주최저(원)	9,815	수익률(YTD, %)	—
거래량(20일, 주)	87	변동성(120일)	0.00
거래대금(20일, 원)	875,386	구성종목수(개)	188
베타(1D/1Y)	0.000000	괴리치(원)	9.28

누적 수익률

(억원) 120, 100, 80, 60, 40, 20, 0 / (%) 3.00, 2.50, 2.00, 1.50, 1.00, 0.50, 0.00, -0.50, -1.00 / '18/03
설정액(좌,억원) Fund(우,%) BM(우,%)

기간별 수익률 (%)				
구분	수익률	BM초과	유형초과	%순위
1주	2.24	-0.02	1.40	35.71
1개월	—	—	—	—
3개월	—	—	—	—
6개월	—	—	—	—
연초이후	—	—	—	—
1년	—	—	—	—
3년	—	—	—	—

보수 (%, 年)	
TER	0.000
운용	0.000
판매	0.000
수탁	0.000
일반사무	0.000

투자 전략

투자신탁은 국내 법 시행령 제94조 제2항 제4호에서 주된 투자대상자산으로 하며, 에프앤가이드 (FnGuide)가 발표하는 "FnGuide 중소형가치 지수 "를 기초지수로 하여 1좌당 순자산가치의 변동률을 기초 지수의 변동률과 유사하도록 투자신탁재산을 운용함을 목적으로 합니다.

TIGER TOP10 (A292150)

● 벤치마크 : **FnGuide TOP10 지수** ● 위험등급 : **2등급**
● 테마분류 : — ● 평가등급(3년) : —

펀드 현황	
운용사(매니저)	미래에셋자산운용
판매사	—
설정일(존속기간)	2018.03.29 ()
설정액	95.59억원
순자산	95.59억원

시장 정보 (2018년 04월 20일 기준)			
52주최고(원)	9,750	수익률(12M, %)	—
52주최저(원)	9,370	수익률(YTD, %)	—
거래량(20일, 주)	111	변동성(120일)	0.00
거래대금(20일, 원)	1,071,119	구성종목수(개)	11
베타(1D/1Y)	0.000000	괴리치(원)	7.20

누적 수익률

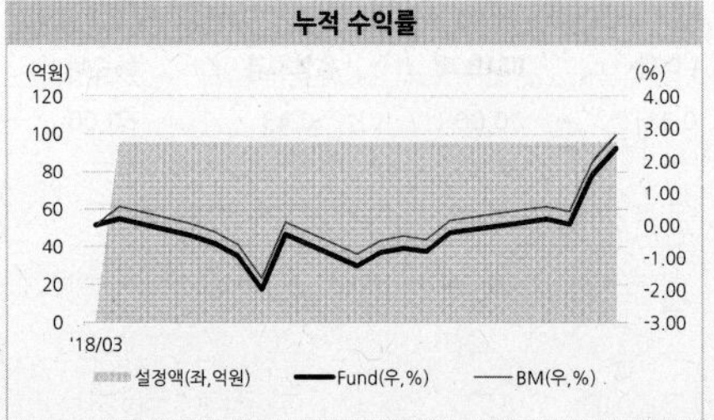

기간별 수익률 (%)				
구분	수익률	BM초과	유형초과	%순위
1주	2.63	-0.03	1.78	28.57
1개월	—	—	—	—
3개월	—	—	—	—
6개월	—	—	—	—
연초이후	—	—	—	—
1년	—	—	—	—
3년	—	—	—	—

보수 (%, 年)	
TER	0.000
운용	0.000
판매	0.000
수탁	0.000
일반사무	0.000

투자 전략

투자신탁은 국내 법 시행령 제94조 제2항 제4호에서 주된 투자대상자산으로 하며, 에프앤가이드 (FnGuide)가 발표하는 "FnGuide TOP10 지수 "를 기초지수로 하여 1좌당 순자산가치의 변동률을 기초 지수의 변동률과 유사하도록 투자신탁재산을 운용함을 목적으로 합니다.

TIGER KRX300 (A292160)

● 벤치마크 : **KOSPI TR**
● 테마분류 : —
● 위험등급 : **2등급**
● 평가등급(3년) : —

펀드 현황	
운용사(매니저)	미래에셋자산운용
판매사	—
설정일(존속기간)	2018.03.23 ()
설정액	1,276.23억원
순자산	1,276.23억원

시장 정보 (2018년 04월 20일 기준)			
52주최고(원)	14,870	수익률(12M, %)	—
52주최저(원)	14,400	수익률(YTD, %)	—
거래량(20일, 주)	1,350,976	변동성(120일)	0.00
거래대금(20일, 원)	19,732,896,802	구성종목수(개)	305
베타(1D/1Y)	0.000000	괴리치(원)	-17.36

누적 수익률

(억원) 1,400 1,200 1,000 800 600 400 200 0 / (%) 3.00 2.00 1.00 0.00 -1.00 -2.00 -3.00 -4.00 / '18/03
설정액(좌,억원) Fund(우,%) BM(우,%)

구분	수익률	BM초과	유형초과	%순위
1주	0.29	0.04	0.52	40.00
1개월	1.90	0.13	1.06	44.29
3개월	—	—	—	—
6개월	—	—	—	—
연초이후	—	—	—	—
1년	—	—	—	—
3년	—	—	—	—

보수 (%, 年)	
TER	0.000
운용	0.000
판매	0.000
수탁	0.000
일반사무	0.000

투자 전략

이 투자신탁은 국내 주식을 법 시행령 제94조 제2항 제4호에서 규정하는 주된 투자대상으로 하며 한국거래소가 발표하는 KRX300지수를 기초지수로 하여 1좌당 순자산가치의 변동률을 기초지수의 변동률과 유사하도록 투자신탁대산을 운용함을 목적으로 합니다.

KODEX KRX300 (A292190)

● 벤치마크 : **KOSPI TR**
● 테마분류 : —
● 위험등급 : **2등급**
● 평가등급(3년) : —

펀드 현황	
운용사(매니저)	삼성자산운용
판매사	—
설정일(존속기간)	2018.03.23 ()
설정액	3,510.18억원
순자산	3,510.18억원

시장 정보 (2018년 04월 20일 기준)			
52주최고(원)	14,840	수익률(12M, %)	—
52주최저(원)	14,405	수익률(YTD, %)	—
거래량(20일, 주)	1,911,782	변동성(120일)	0.00
거래대금(20일, 원)	27,949,763,720	구성종목수(개)	305
베타(1D/1Y)	0.000000	괴리치(원)	-31.64

누적 수익률

(억원) 4,000 3,500 3,000 2,500 2,000 1,500 1,000 500 0 / (%) 3.00 2.00 1.00 0.00 -1.00 -2.00 -3.00 -4.00 / '18/03
설정액(좌,억원) Fund(우,%) BM(우,%)

구분	수익률	BM초과	유형초과	%순위
1주	0.29	0.05	0.90	53.04
1개월	1.92	0.14	0.83	47.97
3개월	—	—	—	—
6개월	—	—	—	—
연초이후	—	—	—	—
1년	—	—	—	—
3년	—	—	—	—

보수 (%, 年)	
TER	0.000
운용	0.000
판매	0.000
수탁	0.000
일반사무	0.000

투자 전략

이 투자신탁은 한국거래소(KRX)에서 산출·발표하는 KRX300 지수(이하 "기초지수"라 한다)를 기초지수로 하여 1좌당 순자산가치의 변동률을 기초지수의 변동률과 유사하도록 투자신탁재산을 운용함을 그 운용목적으로 합니다.

마이티 200커버드콜ATM레버리지 (A292340)

● 벤치마크 : **#N/A**
● 테마분류 : —
● 위험등급 : **1등급**
● 평가등급(3년) : —

펀드 현황	
운용사(매니저)	디비자산운용
판매사	—
설정일(존속기간)	2018.03.19 (1개월)
설정액	200.00억원
순자산	200.00억원

시장 정보 (2018년 04월 20일 기준)			
52주최고(원)	10,305	수익률(12M, %)	—
52주최저(원)	9,725	수익률(YTD, %)	—
거래량(20일, 주)	825	변동성(120일)	0.00
거래대금(20일, 원)	8,184,430	구성종목수(개)	199
베타(1D/1Y)	1.248110	괴리치(원)	-11.24

누적 수익률

(억원) 250 200 150 100 50 0 / (%) 4.00 3.00 2.00 1.00 0.00 -1.00 -2.00 -3.00 -4.00 / '18/03
설정액(좌,억원) Fund(우,%) BM(우,%)

기간별 수익률 (%)				
구분	수익률	BM초과	유형초과	%순위
1주	0.47	—	1.32	—
1개월	3.00	—	2.96	—
3개월	2.87	—	2.24	—
6개월	—	—	—	—
연초이후	—	—	—	—
1년	—	—	—	—
3년	—	—	—	—

보수 (%, 年)	
TER	0.000
운용	0.000
판매	0.000
수탁	0.000
일반사무	0.000

투자 전략

이 투자신탁은 국내주식 및 주식관련 장내파생상품을 법 시행령 제94조제2항제4호에서 규정하는 주된 투자대상자산으로 하며 '코스피200 커버드콜ATM 지수'를 기초지수로 하여 1좌당 순자산가치의 일간변동률을 기초지수 일간변동률의 양(陽)의 2배수로 연동하도록 투자신탁재산을 운용함을 목적으로 한다.

SMART KRX300 (A292500)

● 벤치마크 : **KOSPI TR**
● 테마분류 : —
● 위험등급 : **2등급**
● 평가등급(3년) : —

펀드 현황	
운용사(매니저)	신한비엔피파리바자산운용
판매사	—
설정일(존속기간)	2018.03.23 ()
설정액	522.42억원
순자산	522.42억원

시장 정보 (2018년 04월 20일 기준)			
52주최고(원)	14,875	수익률(12M, %)	—
52주최저(원)	14,405	수익률(YTD, %)	—
거래량(20일, 주)	69,116	변동성(120일)	0.00
거래대금(20일, 원)	1,012,106,883	구성종목수(개)	299
베타(1D/1Y)	0.000000	괴리치(원)	-41.24

누적 수익률

(억원) 600 500 400 300 200 100 0 / (%) 3.00 2.00 1.00 0.00 -1.00 -2.00 -3.00 -4.00 / '18/03
설정액(좌,억원) Fund(우,%) BM(우,%)

기간별 수익률 (%)				
구분	수익률	BM초과	유형초과	%순위
1주	0.29	0.04	0.52	40.00
1개월	1.91	0.13	1.07	44.29
3개월	—	—	—	—
6개월	—	—	—	—
연초이후	—	—	—	—
1년	—	—	—	—
3년	—	—	—	—

보수 (%, 年)	
TER	0.000
운용	0.000
판매	0.000
수탁	0.000
일반사무	0.000

투자 전략

이 집합투자기구는 국내주식을 법 시행령 제 94 조제 2 항제 4 호에서 규정하는 주된 투자대상자산으로 하며 "KRX300 지수"를 기초지수로 하여 1 좌당 순자산가치의 변동률을 기초지수의 변동률과 유사하도록 투자신탁재산을 운용함을 목적으로 합니다.

TIGER 일본엔선물 (A292560)

● 벤치마크 : **#N/A**
● 테마분류 : —
● 위험등급 : **2등급**
● 평가등급(3년) : —

펀드 현황	
운용사(매니저)	미래에셋자산운용
판매사	—
설정일(존속기간)	2018.04.16 ()
설정액	100.00억원
순자산	100.00억원

시장 정보 (2018년 04월 20일 기준)			
52주최고(원)	9,970	수익률(12M, %)	—
52주최저(원)	9,865	수익률(YTD, %)	—
거래량(20일, 주)	3,298	변동성(120일)	0.00
거래대금(20일, 원)	32,670,469	구성종목수(개)	2
베타(1D/1Y)	0.000000	괴리치(원)	-0.11

누적 수익률

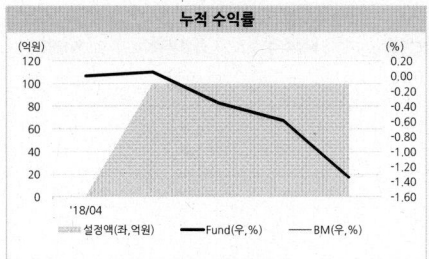

기간별 수익률 (%)

구분	수익률	BM초과	유형초과	%순위
1주	-0.75	—	-0.76	100.00
1개월	—	—	—	—
3개월	—	—	—	—
6개월	—	—	—	—
연초이후	—	—	—	—
1년	—	—	—	—
3년	—	—	—	—

보수 (%, 年)	
TER	0.000
운용	0.000
판매	0.000
수탁	0.000
일반사무	0.000

투자 전략

이 투자신탁은 일본엔을 기초자산으로 하여 파생상품시장에서 거래되는 장내파생상품을 법 시행령 제94조 제2항 제4호에서 규정하는 주된 투자대상자산으로 하며, 엔선물지수를 기초지수로 하여 1좌당 순자산가치의 변동률을 기초지수의 변동률과 유사하도록 투자신탁재산을 운용함을 목적으로 합니다.

TIGER 일본엔선물레버리지 (A292570)

● 벤치마크 : **#N/A**
● 테마분류 : —
● 위험등급 : **1등급**
● 평가등급(3년) : —

펀드 현황	
운용사(매니저)	미래에셋자산운용
판매사	—
설정일(존속기간)	2018.04.16 ()
설정액	100.00억원
순자산	100.00억원

시장 정보 (2018년 04월 20일 기준)			
52주최고(원)	9,935	수익률(12M, %)	—
52주최저(원)	9,735	수익률(YTD, %)	—
거래량(20일, 주)	654	변동성(120일)	0.00
거래대금(20일, 원)	6,464,708	구성종목수(개)	3
베타(1D/1Y)	0.000000	괴리치(원)	4.55

누적 수익률

기간별 수익률 (%)

구분	수익률	BM초과	유형초과	%순위
1주	-1.51	—	-1.53	100.00
1개월	—	—	—	—
3개월	—	—	—	—
6개월	—	—	—	—
연초이후	—	—	—	—
1년	—	—	—	—
3년	—	—	—	—

보수 (%, 年)	
TER	0.000
운용	0.000
판매	0.000
수탁	0.000
일반사무	0.000

투자 전략

이 투자신탁은 일본엔을 기초자산으로 하여 파생상품시장에서 거래되는 장내파생상품을 법 시행령 제94조 제2항 제4호에서 규정하는 주된 투자대상자산으로 하며, "엔선물 지수"를 기초지수로 하여 1좌당 순자산가치의 일간변동률을 기초지수의 일간변동률의 일간변동률의 양(陽)의 2배로 연동하여 투자신탁재산을 운용함을 목적으로 합니다.

TIGER 일본엔선물인버스 (A292580)

● 벤치마크 : **#N/A**
● 테마분류 : —
● 위험등급 : **1등급**
● 평가등급(3년) : —

펀드 현황	
운용사(매니저)	미래에셋자산운용
판매사	—
설정일(존속기간)	2018.04.16 ()
설정액	100.00억원
순자산	100.00억원

시장 정보 (2018년 04월 20일 기준)			
52주최고(원)	10,150	수익률(12M, %)	—
52주최저(원)	10,045	수익률(YTD, %)	—
거래량(20일, 주)	35,129	변동성(120일)	0.00
거래대금(20일, 원)	352,236,445	구성종목수(개)	3
베타(1D/1Y)	0.000000	괴리치(원)	18.46

누적 수익률

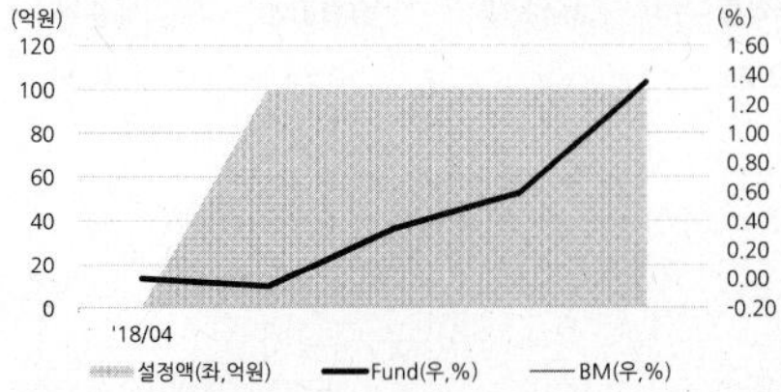

기간별 수익률 (%)				
구분	수익률	BM초과	유형초과	%순위
1주	0.76	—	0.75	—
1개월	—	—	—	—
3개월	—	—	—	—
6개월	—	—	—	—
연초이후	—	—	—	—
1년	—	—	—	—
3년	—	—	—	—

보수 (%, 年)	
TER	0.000
운용	0.000
판매	0.000
수탁	0.000
일반사무	0.000

투자 전략

이 투자신탁은 일본엔을 기초자산으로 하여 파생상품시장에서 거래되는 장내파생상품을 법 시행령 제94조 제2항 제4호에서 규정하는 주된 투자대상자산으로 하며, "엔선물 지수"를 기초지수로 하여 1좌당 순자산가치의 일간변동률을 기초지수의 일간변동률의 일간변동률의 음(陰)의 1배로 연동하여 투자신탁재산을 운용함을 목적으로 합니다.

TIGER 일본엔선물인버스2X (A292590)

● 벤치마크 : **#N/A**
● 테마분류 : —
● 위험등급 : **1등급**
● 평가등급(3년) : —

펀드 현황	
운용사(매니저)	미래에셋자산운용
판매사	—
설정일(존속기간)	2018.04.16 ()
설정액	100.00억원
순자산	100.00억원

시장 정보 (2018년 04월 20일 기준)			
52주최고(원)	10,285	수익률(12M, %)	—
52주최저(원)	10,085	수익률(YTD, %)	—
거래량(20일, 주)	2,066	변동성(120일)	0.00
거래대금(20일, 원)	20,922,210	구성종목수(개)	3
베타(1D/1Y)	0.000000	괴리치(원)	16.66

누적 수익률

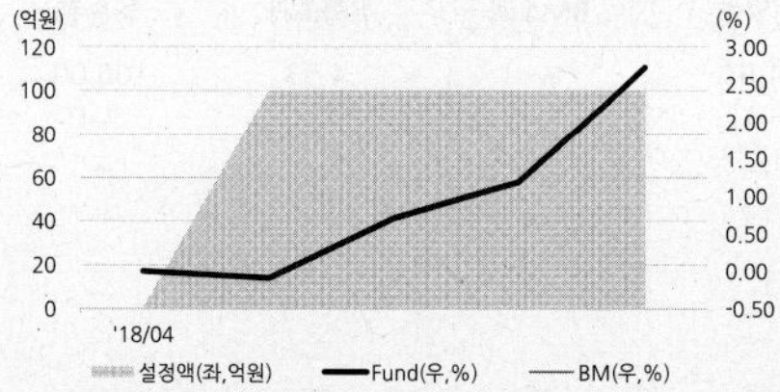

기간별 수익률 (%)				
구분	수익률	BM초과	유형초과	%순위
1주	1.51	—	1.50	—
1개월	—	—	—	—
3개월	—	—	—	—
6개월	—	—	—	—
연초이후	—	—	—	—
1년	—	—	—	—
3년	—	—	—	—

보수 (%, 年)	
TER	0.000
운용	0.000
판매	0.000
수탁	0.000
일반사무	0.000

투자 전략

이 투자신탁은 일본엔을 기초자산으로 하여 파생상품시장에서 거래되는 장내파생상품을 법 시행령 제94조 제2항 제4호에서 규정하는 주된 투자대상자산으로 하며, "엔선물 지수"를 기초지수로 하여 1좌당 순자산가치의 일간변동률을 기초지수의 일간변동률의 일간변동률의 음(陰)의 2배로 연동하여 투자신탁재산을 운용함을 목적으로 합니다.

FOCUS KRX300 (A292730)

● 벤치마크 : KOSPI TR
● 테마분류 : —

● 위험등급 : 2등급
● 평가등급(3년) : —

펀드 현황	
운용사(매니저)	하이자산운용
판매사	—
설정일(존속기간)	2018.03.23 ()
설정액	246.57억원
순자산	246.57억원

시장 정보 (2018년 04월 20일 기준)			
52주최고(원)	14,895	수익률(12M, %)	—
52주최저(원)	14,415	수익률(YTD, %)	—
거래량(20일, 주)	2,393	변동성(120일)	0.00
거래대금(20일, 원)	35,162,899	구성종목수(개)	305
베타(1D/1Y)	0.000000	괴리치(원)	-18.17

누적 수익률

기간별 수익률 (%)				
구분	수익률	BM초과	유형초과	%순위
1주	0.30	0.05	0.90	52.36
1개월	1.92	0.14	0.83	47.64
3개월	—	—	—	—
6개월	—	—	—	—
연초이후	—	—	—	—
1년	—	—	—	—
3년	—	—	—	—

보수 (%, 年)	
TER	0.000
운용	0.000
판매	0.000
수탁	0.000
일반사무	0.000

투자 전략

이 투자신탁은 법 시행령 제246조제1호에서 정하는 시장에서 거래되는 종목으로 구성한 KRX 300 지수(한국거래소가 산출하여 발표하는 "KRX300 지수"를 말한다)를 추적대상지수로 하여 1좌당 순자산가치의 변동률을 지수의 변동률과 유사하도록 투자신탁재산을 운용하는 것을 목적으로 합니다.

ARIRANG KRX300 (A292750)

● 벤치마크 : KOSPI TR
● 테마분류 : —

● 위험등급 : 2등급
● 평가등급(3년) : —

펀드 현황	
운용사(매니저)	한화자산운용
판매사	—
설정일(존속기간)	2018.03.23 ()
설정액	609.19억원
순자산	609.19억원

시장 정보 (2018년 04월 20일 기준)			
52주최고(원)	14,830	수익률(12M, %)	—
52주최저(원)	14,365	수익률(YTD, %)	—
거래량(20일, 주)	45,682	변동성(120일)	0.00
거래대금(20일, 원)	670,370,018	구성종목수(개)	305
베타(1D/1Y)	0.000000	괴리치(원)	-3.05

누적 수익률

기간별 수익률 (%)				
구분	수익률	BM초과	유형초과	%순위
1주	0.29	0.05	0.90	53.38
1개월	1.91	0.13	0.82	48.65
3개월	—	—	—	—
6개월	—	—	—	—
연초이후	—	—	—	—
1년	—	—	—	—
3년	—	—	—	—

보수 (%, 年)	
TER	0.000
운용	0.000
판매	0.000
수탁	0.000
일반사무	0.000

투자 전략

이 투자신탁은 국내 주식을 주된 투자대상자산으로 하고, 수익증권 1좌당 순자산가치의 변동률을 한국거래소가 산출하여 공표하는 추적대상지수인 KRX300 지수의 변동률과 유사하도록 운용함을 목적으로 합니다.

KODEX 국채선물3년인버스 (A292770)

● 벤치마크 : **#N/A**
● 테마분류 : —

● 위험등급 : **5등급**
● 평가등급(3년) : —

펀드 현황	
운용사(매니저)	삼성자산운용
판매사	—
설정일(존속기간)	2018.04.12 ()
설정액	78.00억원
순자산	78.00억원

시장 정보 (2018년 04월 20일 기준)			
52주최고(원)	50,090	수익률(12M, %)	—
52주최저(원)	50,010	수익률(YTD, %)	—
거래량(20일, 주)	0	변동성(120일)	0.00
거래대금(20일, 원)	16,683	구성종목수(개)	2
베타(1D/1Y)	0.000000	괴리치(원)	-4.98

누적 수익률

(억원) 90 80 70 60 50 40 30 20 10 0 / (%) 0.18 0.16 0.14 0.12 0.10 0.08 0.06 0.04 0.02 0.00 / '18/04

설정액(좌,억원) Fund(우,%) BM(우,%)

기간별 수익률 (%)				
구분	수익률	BM초과	유형초과	%순위
1주	-0.02	—	0.86	7.69
1개월	0.14	—	1.23	7.69
3개월	—	—	—	—
6개월	—	—	—	—
연초이후	—	—	—	—
1년	—	—	—	—
3년	—	—	—	—

보수 (%, 年)	
TER	0.000
운용	0.000
판매	0.000
수탁	0.000
일반사무	0.000

투자 전략

이 투자신탁은 한국거래소에 상장된 3년국채선물 최근월종목의 가격을 기초로 산출되는 지수(이하 "기초지수"라 한다)를 기초지수로 하여 1좌당 순자산가치의 일간변동률을 기초지수 일간변동률의 음(陰)의 1배수로 연동하여 투자신탁재산을 운용함을 그 운용목적으로 하는 증권상장지수투자신탁[채권-파생형]입니다.

HANARO 200 (A293180)

● 벤치마크 : **KOSPI200 TR**
● 테마분류 : —

● 위험등급 : **2등급**
● 평가등급(3년) : —

펀드 현황	
운용사(매니저)	엔에이치아문디자산운용
판매사	—
설정일(존속기간)	2018.03.29 ()
설정액	1,241.68억원
순자산	1,241.68억원

시장 정보 (2018년 04월 20일 기준)			
52주최고(원)	32,020	수익률(12M, %)	—
52주최저(원)	30,890	수익률(YTD, %)	—
거래량(20일, 주)	152,035	변동성(120일)	0.00
거래대금(20일, 원)	4,772,382,406	구성종목수(개)	202
베타(1D/1Y)	0.000000	괴리치(원)	-38.65

누적 수익률

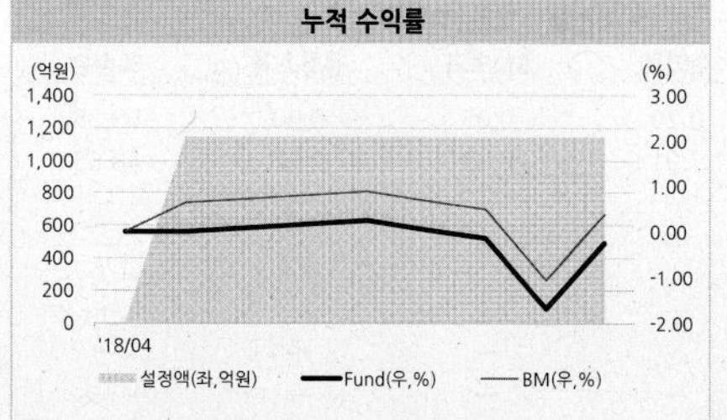

기간별 수익률 (%)				
구분	수익률	BM초과	유형초과	%순위
1주	0.47	—	-0.01	73.68
1개월	2.20	-0.01	-0.01	69.74
3개월	—	—	—	—
6개월	—	—	—	—
연초이후	—	—	—	—
1년	—	—	—	—
3년	—	—	—	—

보수 (%, 年)	
TER	0.000
운용	0.000
판매	0.000
수탁	0.000
일반사무	0.000

투자 전략

이 투자신탁은 KOSPI200 지수(이하 "기초지수")를 기초지수로 하여 1좌당 순자산가치의 변동률을 기초지수의 변동률과 유사하도록 투자신탁재산을 운용함을 목적으로 합니다.

KOSEF 200TR (A294400)

● 벤치마크 : **KOSPI TR**
● 테마분류 : –
● 위험등급 : **2등급**
● 평가등급(3년) : –

펀드 현황	
운용사(매니저)	키움투자자산운용
판매사	–
설정일(존속기간)	2018.04.20 ()
설정액	0.00억원
순자산	0.00억원

시장 정보 (2018년 04월 20일 기준)			
52주최고(원)	0	수익률(12M, %)	–
52주최저(원)	0	수익률(YTD, %)	–
거래량(20일, 주)	0	변동성(120일)	0.00
거래대금(20일, 원)	0	구성종목수(개)	0
베타(1D/1Y)	0.000000	괴리치(원)	0.00

누적 수익률

(억원) 1, 1, 1, 0, 0, 0 / (%) 1.00, 0.80, 0.60, 0.40, 0.20, 0.00 / '18/04
설정액(좌,억원) Fund(우,%) BM(우,%)

기간별 수익률 (%)				
구분	수익률	BM초과	유형초과	%순위
1주	–	–	–	–
1개월	–	–	–	–
3개월	–	–	–	–
6개월	–	–	–	–
연초이후	–	–	–	–
1년	–	–	–	–
3년	–	–	–	–

보수 (%, 年)	
TER	0.000
운용	0.000
판매	0.000
수탁	0.000
일반사무	0.000

투자 전략

이 투자신탁은 집합투자규약 제17조에서 정의된 주식을 법 시행령 제94조제2항제4호에서 규정하는 주된 투자대상자산으로 하고 있습니다. 이 투자신탁은 추적대상지수를 한국거래소가 산출하여 발표하는 'KOSPI200TR지수("추적대상지수")'로 하여, 추적대상지수에 편입된 주식 등에 투자하여 추적대상지수와 유사한 투자수익률을 추구하는 상장지수증권투자신탁 입니다.

SMART 200TR (A295040)

● 벤치마크 : **KOSPI TR**
● 테마분류 : –
● 위험등급 : **2등급**
● 평가등급(3년) : –

펀드 현황	
운용사(매니저)	신한비엔피파리바자산운용
판매사	–
설정일(존속기간)	2018.04.20 ()
설정액	0.00억원
순자산	0.00억원

시장 정보 (2018년 04월 20일 기준)			
52주최고(원)	0	수익률(12M, %)	–
52주최저(원)	0	수익률(YTD, %)	–
거래량(20일, 주)	0	변동성(120일)	0.00
거래대금(20일, 원)	0	구성종목수(개)	0
베타(1D/1Y)	0.000000	괴리치(원)	0.00

누적 수익률

(억원) 1, 1, 1, 0, 0, 0 / (%) 1.00, 0.80, 0.60, 0.40, 0.20, 0.00 / '18/04
설정액(좌,억원) Fund(우,%) BM(우,%)

기간별 수익률 (%)				
구분	수익률	BM초과	유형초과	%순위
1주	–	–	–	–
1개월	–	–	–	–
3개월	–	–	–	–
6개월	–	–	–	–
연초이후	–	–	–	–
1년	–	–	–	–
3년	–	–	–	–

보수 (%, 年)	
TER	0.000
운용	0.000
판매	0.000
수탁	0.000
일반사무	0.000

투자 전략

이 집합투자기구는 국내주식을 법 시행령 제 94 조제 2 항제 4 호에서 규정하는 주된 투자대상자산으로 하며 "KOSPI200 TR 지수"를 기초지수로 하여 1 좌당 순자산가치의 변동률을 기초지수의 변동률과 유사하도록 투자신탁재산을 운용함을 목적으로 합니다.

2018

MEMO

2018

MEMO

2018

MEMO

2018

MEMO

2018

MEMO

2018

MEMO

2018

MEMO

2018

MEMO